Lohnsteuer Super-Tabelle 2023

2. Auflage

D1675374

Wichtige Änderungen für die Lohn- und Gehaltsabrechnung

Aufgrund des Gesetzgebungsverfahrens zum **Jahressteuergesetz 2022** musste der Programmablaufplan vom 18. November 2022, der die Grundlage für die Berechnung der Lohnsteuer im Jahr 2023 bildet, nochmals geändert werden. **Das BMF hat mit dem Schreiben vom 13. Februar 2023 einen geänderten Programmablaufplan aufgestellt und bekannt gegeben**. Darin enthalten ist die **rückwirkende** Anhebung des Arbeitnehmer-Pauschbetrags und des Entlastungsbetrags für Alleinerziehende **ab dem 1. Januar 2023**. Beide Beträge wirken sich auf die Höhe der Lohnsteuer aus, weshalb die Finanzverwaltung einen **geänderten Lohnsteuertarif für 2023** verabschiedet hat.

Aus diesem Grund erhalten Sie mit dieser Ausgabe die neue, geänderte Lohnsteuer-Supertabelle mit den Steuerwerten, die rückwirkend ab 1. Januar 2023 gelten. **Die neue, geänderte Lohnsteuer-Supertabelle ist ab dem 1. April 2023 verpflichtend anzuwenden.**

Wichtig: Sofern Sie die Abrechnung für die Monate Januar bis März anhand der Lohnsteuer-Supertabelle auf Basis des Programmablaufplans vom 18. November 2022 vorgenommen haben, müssen Sie den Lohnsteuerabzug nach § 41c Abs. 1 Satz 1 Nr. 2 und Satz 2 EStG für diese Monate korrigieren. Einzelheiten finden sich im Lexikon-Stichwort **"Lohnsteuererstattung"**.

Ihre neue Lohnsteuer Super-Tabelle bietet Ihnen alle geänderten Lohnsteuerwerte in einem Band:

> Allgemeine Lohnsteuertabelle für rentenversicherungspflichtige Arbeitnehmer
> Besondere Lohnsteuertabelle für nicht gesetzlich rentenversicherte Arbeitnehmer

Außerdem haben unsere Experten Erläuterungen zur Anwendung der Tabellen für Sie zusammengestellt. Hier lesen Sie, wann Sie die Allgemeine oder die Besondere Tabelle anwenden, wie Sie typische Ablesefehler vermeiden und wie Sie die Lohnsteuer für sonstige Bezüge, wie z. B. das Weihnachtsgeld, berechnen.

Tipp: Wir möchten Sie schon heute auf das **Haufe Onlinetraining am 21.Juli 2023** hinweisen. Hier erhalten Sie ein kompaktes Update mit den **wichtigsten Änderungen in der Entgeltabrechnung**. Wie Sie das Seminar bequem via Internet an Ihrem Bildschirm verfolgen können, erfahren Sie auf der Rückseite. Einfacher und effektiver geht Weiterbildung nicht.

Mit Haufe setzen Sie die gesetzlichen Änderungen einfach und sicher in die Praxis um.

Entgeltwissen PLUS

Zwei Online-Seminare in Ihrem Abonnement inklusive

Um an den Onlinetrainings teilnehmen zu können, müssen Sie den Zugang zur Online-Nutzung von Entgeltwissen PLUS freigeschaltet haben. Sollten Sie diesen noch nicht aktiviert haben, schicken Sie uns eine Nachricht über www.haufe.de/kontakt. Wählen Sie das Anliegen "Produktsupport & Freischaltcode" aus, tragen Sie in das Feld Produkt "Entgeltwissen Plus" ein und geben Sie in die Nachricht "Produktzugang freischalten" ein.
Oder rufen Sie uns kostenlos an unter 0800 50 50 445 (Mo-Fr 8-20 Uhr und Sa 9-14 Uhr). Sie erhalten eine E-Mail mit einer Schritt-für-Schritt-Anleitung, wie Sie in Ihr Online-Produkt gelangen. Wenn Sie Ihr Produkt über den Buchhandel bezogen haben, wenden Sie sich bitte an Ihren Buchhändler. Er hilft Ihnen gerne weiter.

1. Anmeldung

Für die Anmeldung zum Live-Seminar klicken Sie auf der Startseite von Entgeltwissen PLUS im Portlet "Haufe Onlinetraining" auf den Seminartitel.

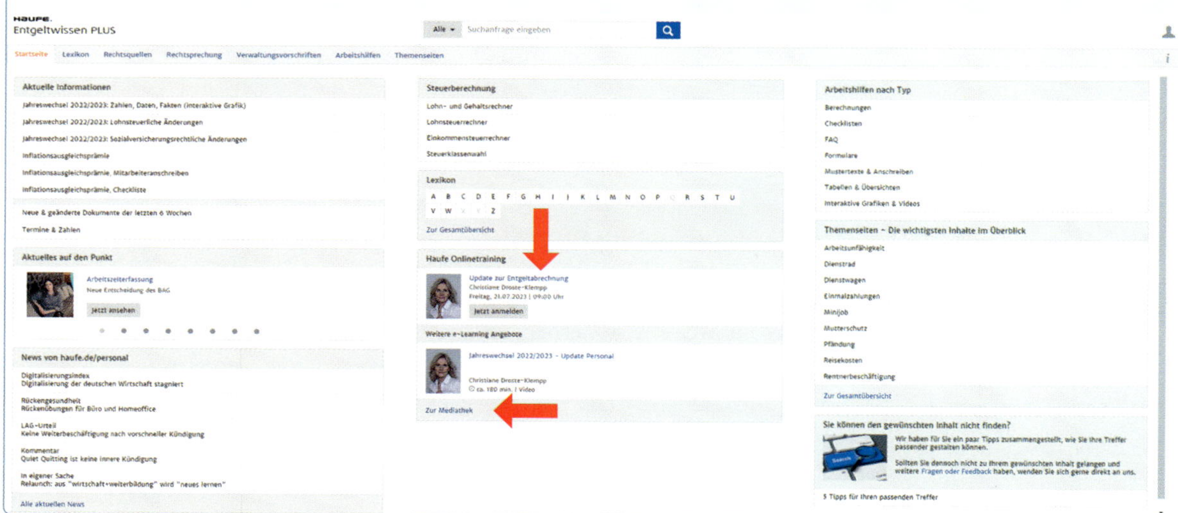

2. Teilnahme

Hinterlegen Sie erstmalig Ihre E-Mail-Adresse sowie ein persönliches Passwort. Anschließend buchen Sie per Mausklick auf "Anmelden" das Online-Seminar.
Nach Abschluss der Anmeldung erhalten Sie eine Bestätigungs-Mail mit einem Zugangslink, über den Sie ca. 15 Minuten vor Seminarbeginn in den Online-Seminarraum gelangen.

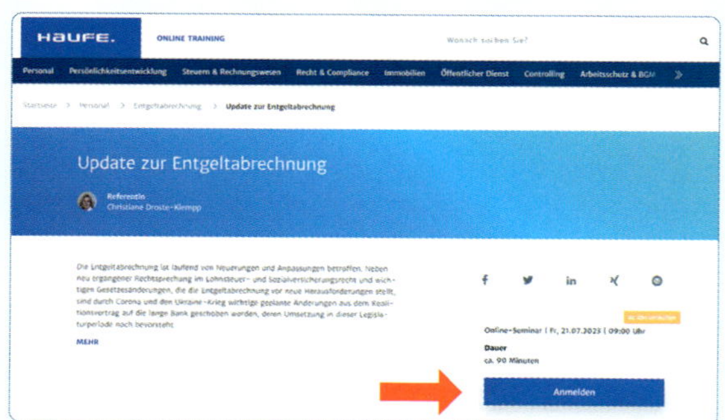

3. Videoaufzeichnungen der Online-Seminare

Sollten Sie einen Live-Termin verpasst haben, können Sie sich in der Mediathek jederzeit die Videoaufzeichnung des Seminars ansehen.
Klicken Sie dazu auf „Zur Mediathek" im Portlet "Haufe Onlinetraining" – siehe oben.
Sie gelangen direkt zur Übersicht über bevorstehende Termine und den Videoaufzeichnungen vergangener Online-Seminare. Vergangene im Abo enthaltene Videos bleiben dort dauerhaft nutzbar.

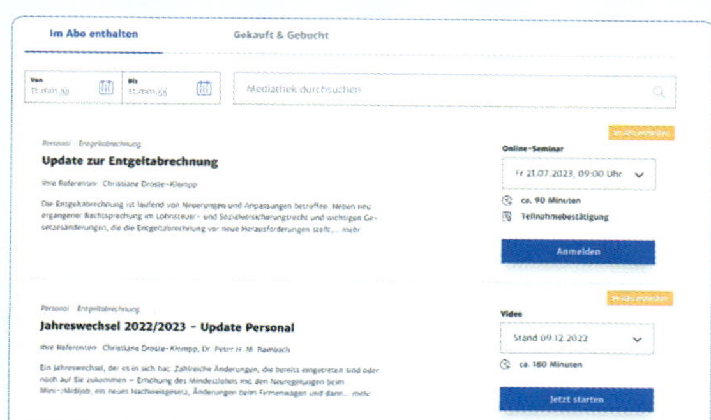

Anwendung der Lohnsteuer Super-Tabelle

Weil die Lohnsteuer eine besondere Erhebungsform der Einkommensteuer ist, bauen die Lohnsteuertabellen auf dem Einkommensteuertarif auf. Lohnsteuertabellen werden für den Lohnsteuerabzug benötigt. Sie listen insbesondere für den Arbeitgeber auf, in welcher Höhe er für einen bestimmten Bruttoarbeitslohn des Arbeitnehmers die fällige Lohnsteuer und ggf. Solidaritätszuschlag und Kirchensteuer einzubehalten hat. Auf diese Weise kann der Bruttolohn um die notwendigen Abzüge gekürzt und der Nettolohn berechnet werden. Andererseits kann so für Gehaltsverhandlungen von einem bestimmten Nettolohn ausgehend der erforderliche Bruttoarbeitslohn bestimmt werden.

Gesetze, Vorschriften und Rechtsprechung

Rechtsgrundlage der Lohnsteuertabellen sind die Regelungen in § 39b Abs. 6 und § 51 Abs. 4 Nr. 1a EStG. Sie bestimmen, auf welche Art und Weise der Einkommensteuertarif für die einzelne Steuerklasse anzuwenden ist, in welcher Höhe und für welche Steuerklassen der Grundfreibetrag anzusetzen ist und die Berücksichtigung der weiteren steuerlichen Frei- und Pauschbeträge.

Ferner wird das Bundesfinanzministerium verpflichtet, im Einvernehmen mit den obersten Finanzbehörden der Länder jährlich 2 **jahresbezogene Programmablaufpläne** zu erstellen und zu veröffentlichen. Diese Programmablaufpläne sind die Grundlage für die Berechnung der Lohnsteuer, des Solidaritätszuschlags und der Bemessungsgrundlage für die Kirchensteuer:

1. Programmablaufplan für die **maschinelle Berechnung** der vom Arbeitslohn einzubehaltenden Lohnsteuer und Zuschlagsteuern in Computerprogrammen (Abrechnungssoftware).
2. Programmablaufplan für die Erstellung von Lohnsteuertabellen zur **manuellen Berechnung** der Lohnsteuer und Zuschlagsteuern.

Aufgrund des Gesetzgebungsverfahrens zum **Jahressteuergesetz 2022** mit der beschlossenen Anhebung des Arbeitnehmer-Pauschbetrags und des Entlastungsbetrags für Alleinerziehende mussten die Programmablaufpläne vom 18.11.2022, IV C 5 – S 2361/19/10008 :006 nochmals geändert werden. Das BMF hat die **geänderten Programmablaufpläne mit Schreiben v. 13.2.2023**, IV C 5 – S 2361/19/10008 :008 mit Rückwirkung zum 1.1.2023 aufgestellt und bekannt gegeben. **Diese sind ab dem 1.4.2023 verpflichtend anzuwenden.**

Für einen **Übergangszeitraum bis Ende März** war es zulässig auf Basis der Programmablaufpläne vom 18.11.2022 abzurechnen. In diesem Fall muss der Arbeitgeber **den Lohnsteuerabzug für die abgerechneten Monate Januar bis März** nach § 41c Abs. 1 Satz 1 Nr. 2 und Satz 2 EStG **korrigieren.**

1 Unterschiede zwischen manueller und maschineller Steuerberechnung

Seit dem Kalenderjahr 2004 wird für den Lohnsteuerabzug grundsätzlich die **elektronische Lohnsteuerberechnung** unterstellt. Die Anwendung der (Print-)Lohnsteuertabelle ist für den Lohnsteuerabzug nicht mehr der „Regelfall". Im Zuge dieser Umstellung ist die früher für die Steuerermittlung erforderliche **Stufenbildung** für die Arbeitslöhne **entfallen**. Weil dies im Einkommensteuertarif ebenso umgesetzt wurde, ergibt sich für **jeden** Euro grundsätzlich eine **andere** Einkommen- bzw. Lohnsteuer; dies führt u. a. zu einem höheren Steueraufkommen.

Lohnsteuerberechnung in der Jahrestabelle in 36-EUR-Schritten

Damit die Lohnsteuertabellen einen handhabbaren Umfang behalten, schreibt das Einkommensteuergesetz für die manuelle Berechnung der Lohnsteuer die **Stufenbildung** des Arbeitslohns mit Schritten von **36 EUR** vor (Jahrestabelle). Weil die in den Tabellenstufen ausgewiesene Lohnsteuer aus dem Arbeitslohn der Stufen-Obergrenze zu berechnen ist, stimmt der Tabellenbetrag nur für diesen Arbeitslohn mit der maschinell ermittelten Lohnsteuer überein. Für die Arbeitslöhne unterhalb der Stufen-Obergrenze ist die Tabellensteuer tendenziell geringfügig höher als der maschinell ermittelte Betrag.

Differenzen aufgrund von Freibeträgen und Pauschalen

Geringe **Unterschiede** zwischen der Tabellenlohnsteuer und der elektronisch ermittelten Lohnsteuer können sich ferner ergeben, wenn ein persönlicher Freibetrag oder Hinzurechnungsbetrag in den ELStAM berücksichtigt wird. Muss der Arbeitgeber bei der Lohnsteuerberechnung einen Freibetrag (oder Hinzurechnungsbetrag) ansetzen, wird bei der elektronischen Lohnsteuerberechnung die **Vorsorgepauschale** vom Bruttoarbeitslohn berechnet. In der Lohnsteuertabelle wird die Vorsorgepauschale nach dem Bruttolohn der jeweiligen Tabellenstufe ermittelt. Folglich kann die Vorsorgepauschale bei elektronisch berechneter Lohnsteuer niedriger oder höher sein als die in der Tabellenstufe eingearbeitete Vorsorgepauschale.

Differenzen aufgrund Besonderheiten in der Pflegeversicherung

Die Höhe der Lohnsteuer wird gemindert durch

- einen **höheren Arbeitnehmeranteil im Bundesland Sachsen** sowie
- den **Zuschlag zur Pflegeversicherung bei kinderlosen Arbeitnehmern** über 23 Jahre in Höhe von 0,35 % als Teilbetrag der Vorsorgepauschale.

Programmtechnisch werden diese Besonderheiten nur in Computerprogrammen berücksichtigt. In den Lohnsteuertabellen kann dieser höhere Versicherungsbeitrag **nicht abgebildet** werden. Folglich **unterstellt** die Tabellenberechnung, dass für in Sachsen ansässige Personen der bundeseinheitliche Beitragssatz – **kein höherer Arbeitnehmeranteil** – zu berücksichtigen und **kein Zuschlag zur Pflegeversicherung** anzusetzen ist.

Haftungsausschluss: Rechtssicherheit für den Anwender

Hat ein Arbeitgeber die fällige Lohnsteuer in der vorliegenden Tabelle abgelesen und diesen Betrag so erhoben, ist er auf der „sicheren" Seite. Er braucht nicht zu befürchten, dass er für einen evtl. Unterschiedsbetrag haftet, z. B. bei einer Lohnsteuer-Außenprüfung. Die Lohnsteuer gemäß dieser nach amtlichen Vorgaben erstellten Tabelle ist stets der **zutreffende Steuerabzug**, wenn die Lohnsteuer nicht elektronisch berechnet worden ist.

In der **Einkommensteuerveranlagung** des Arbeitnehmers werden ggf. geringfügige Unterschiedsbeträge über die Anrechnung der Lohnsteuer auf die festgesetzte Einkommensteuer **ausgeglichen**.

Berechnung der Zuschlagsteuern im Lohnsteuerabzugsverfahren

Die vorgenannten Grundsätze gelten auch für die auf der Lohnsteuer aufbauenden Zuschlagsteuern, den **Solidaritätszuschlag** sowie die **Kirchensteuer**.

2 Schnelleinstieg

2.1 Auswahl Allgemeine Tabelle oder Besondere Tabelle

Für die Ermittlung der Lohnsteuer nach dem Lohnsteuertarif sind bestimmte Parameter erforderlich. So ist neben dem Arbeitslohn eine **Vorsorgepauschale** für Vorsorgeaufwendungen anzusetzen, die sich an den tatsächlich vom Arbeitnehmer zu zahlenden Beiträgen orientiert. Die Vorsorgeaufwendungen[1] orientieren sich daran, ob der Arbeitnehmer

1. in sämtlichen Zweigen **sozialversicherungspflichtig** ist (Fallgruppe 1) oder ob er
2. nicht rentenversicherungspflichtig ist (keine Versicherungspflicht in der gesetzlichen Rentenversicherung) (Fallgruppe 2).

Abhängig hiervon wird die Vorsorgepauschale angesetzt.

Für Arbeitnehmer der **Fallgruppe 1** wird die allgemeine Vorsorgepauschale angesetzt. Für die sich danach ergebende Lohnsteuer wird die **Allgemeine Tabelle** herausgegeben.

Beispiel: Allgemeine Tabelle

Allgemeine Tabelle ←

MONAT bis 3.149,99 €

Lohn/Gehalt bis	Steuerklasse	Lohnsteuer	ohne Kinderfreibetrag			Anzahl Kinderfreibeträge (nur Steuerklassen I–IV): 0,5			1,0			1,5			2,0			2,5			3,0		
			SolZ 5,5%	Kirchensteuer 8%	Kirchensteuer 9%	SolZ 5,5%	Kirchensteuer 8%	Kirchensteuer 9%	SolZ 5,5%	Kirchensteuer 8%	Kirchensteuer 9%	SolZ 5,5%	Kirchensteuer 8%	Kirchensteuer 9%	SolZ 5,5%	Kirchensteuer 8%	Kirchensteuer 9%	SolZ 5,5%	Kirchensteuer 8%	Kirchensteuer 9%	SolZ 5,5%	Kirchensteuer 8%	Kirchensteuer 9%
3.107,99	I	369,33	-	29,54	33,23	-	21,14	23,78	-	13,26	14,91	-	5,89	6,62	-	0,25	0,28	-	-	-	-	-	-
	II	269,25	-	21,54	24,23	-	13,62	15,32	-	6,23	7,01	-	0,46	0,52	-	-	-	-	-	-	-	-	-
	III	106,16	-	8,49	9,55	-	2,85	3,20	-	-	-	-	-	-	-	-	-	-	-	-	-	-	-
	IV	369,33	-	29,54	33,23	-	25,28	28,44	-	21,14	23,78	-	17,14	19,28	-	13,26	14,91	-	9,51	10,70	-	5,89	6,62
	V	703,16	-	56,25	63,28																		
	VI	746,00	-	59,68	67,14																		
3.110,99	I	370,00	-	29,60	33,30	-	21,20	23,85	-	13,31	14,97	-	5,94	6,68	-	0,28	0,31	-	-	-	-	-	-
	II	269,91	-	21,59	24,29	-	13,68	15,39	-	6,28	7,06	-	0,49	0,55	-	-	-	-	-	-	-	-	-
	III	106,66	-	8,53	9,59	-	2,88	3,24	-	-	-	-	-	-	-	-	-	-	-	-	-	-	-
	IV	370,00	-	29,60	33,30	-	25,33	28,49	-	21,20	23,85	-	17,18	19,33	-	13,31	14,97	-	9,56	10,75	-	5,94	6,68
	V	704,00	-	56,32	63,36																		
	VI	747,00	-	59,76	67,23																		
3.113,99	I	370,75	-	29,66	33,36	-	21,25	23,90	-	13,36	15,03	-	5,98	6,73	-	0,31	0,35	-	-	-	-	-	-
	II	270,58	-	21,64	24,35	-	13,73	15,44	-	6,32	7,11	-	0,52	0,59	-	-	-	-	-	-	-	-	-
	III	107,16	-	8,57	9,64	-	2,92	3,28	-	-	-	-	-	-	-	-	-	-	-	-	-	-	-
	IV	370,75	-	29,66	33,36	-	25,39	28,56	-	21,25	23,90	-	17,24	19,39	-	13,36	15,03	-	9,60	10,80	-	5,98	6,73
	V	705,00	-	56,40	63,45																		
	VI	748,00	-	59,84	67,32																		

Sind Arbeitnehmer nicht rentenversicherungspflichtig (**Fallgruppe 2**), wird beim Lohnsteuerabzug nur eine **Mindestvorsorgepauschale** berücksichtigt. Um die Lohnsteuer vom Arbeitslohn solcher Arbeitnehmer ermitteln zu können, wird die **Besondere Tabelle** aufgelegt.

Beispiel: Besondere Tabelle

Besondere Tabelle ←

MONAT bis 3.149,99 €

Lohn/Gehalt bis	Steuerklasse	Lohnsteuer	ohne Kinderfreibetrag			Anzahl Kinderfreibeträge (nur Steuerklassen I–IV): 0,5			1,0			1,5			2,0			2,5			3,0		
			SolZ 5,5%	Kirchensteuer 8%	Kirchensteuer 9%	SolZ 5,5%	Kirchensteuer 8%	Kirchensteuer 9%	SolZ 5,5%	Kirchensteuer 8%	Kirchensteuer 9%	SolZ 5,5%	Kirchensteuer 8%	Kirchensteuer 9%	SolZ 5,5%	Kirchensteuer 8%	Kirchensteuer 9%	SolZ 5,5%	Kirchensteuer 8%	Kirchensteuer 9%	SolZ 5,5%	Kirchensteuer 8%	Kirchensteuer 9%
3.107,99	I	495,41	-	39,63	44,58	-	30,65	34,48	-	22,18	24,95	-	14,24	16,02	-	6,80	7,65	-	0,82	0,92	-	-	-
	II	388,41	-	31,07	34,95	-	22,58	25,40	-	14,60	16,43	-	7,14	8,03	-	1,05	1,18	-	-	-	-	-	-
	III	181,66	-	14,53	16,34	-	7,76	8,73	-	2,26	2,54	-	-	-	-	-	-	-	-	-	-	-	-
	IV	495,41	-	39,63	44,58	-	35,08	39,46	-	30,65	34,48	-	26,35	29,64	-	22,18	24,95	-	18,14	20,41	-	14,24	16,02
	V	877,83	-	70,22	79,00																		
	VI	922,16	-	73,77	82,99																		
3.110,99	I	496,33	-	39,70	44,66	-	30,72	34,56	-	22,25	25,03	-	14,30	16,08	-	6,86	7,71	-	0,86	0,97	-	-	-
	II	389,33	-	31,14	35,03	-	22,65	25,48	-	14,67	16,50	-	7,20	8,10	-	1,09	1,22	-	-	-	-	-	-
	III	182,33	-	14,58	16,40	-	7,81	8,78	-	2,30	2,59	-	-	-	-	-	-	-	-	-	-	-	-
	IV	496,33	-	39,70	44,66	-	35,15	39,54	-	30,72	34,56	-	26,42	29,72	-	22,25	25,03	-	18,21	20,48	-	14,30	16,08
	V	879,08	-	70,32	79,11																		
	VI	923,41	-	73,87	83,10																		
3.113,99	I	497,25	-	39,78	44,75	-	30,79	34,64	-	22,32	25,11	-	14,36	16,15	-	6,92	7,78	-	0,90	1,01	-	-	-
	II	390,16	-	31,21	35,11	-	22,72	25,56	-	14,73	16,57	-	7,26	8,17	-	1,13	1,27	-	-	-	-	-	-
	III	183,16	-	14,65	16,48	-	7,86	8,84	-	2,34	2,63	-	-	-	-	-	-	-	-	-	-	-	-
	IV	497,25	-	39,78	44,75	-	35,22	39,62	-	30,79	34,64	-	26,49	29,80	-	22,32	25,11	-	18,27	20,55	-	14,36	16,15
	V	880,33	-	70,42	79,22																		
	VI	924,66	-	73,97	83,21																		

Die Besondere Lohnsteuertabelle ist insbesondere **anzuwenden für**

- Beamte,
- Richter,
- Berufssoldaten,
- nicht rentenversicherungspflichtige (beherrschende) GmbH-Gesellschafter-Geschäftsführer sowie
- Vorstandsmitglieder von Aktiengesellschaften.

1 Beiträge an Renten-, Kranken- und Pflegeversicherung.

2.2 Auswahl Monats-, Tages- oder Jahrestabelle

Neben dieser grundsätzlichen Unterscheidung (Allgemeine oder Besondere Tabelle) bietet die Lohnsteuer Super-Tabelle des Verlags einen weiteren Service: Entsprechend den unterschiedlichen Lohnzahlungszeiträumen kann der Leser auf **Monats-, Tages- und Jahreslohnsteuertabellen** zurückgreifen.

Beispiel: Allgemeine Tabelle für Jahreslöhne bis 79.379,99 EUR

JAHR bis 79.379,99 € ⟵⟶ **Allgemeine Tabelle**

Lohn/ Gehalt bis	Steuerklasse	Lohnsteuer	ohne Kinderfreibetrag			Anzahl Kinderfreibeträge (nur Steuerklassen I–IV)																	
						0,5			1,0			1,5			2,0			2,5			3,0		
			SolZ 5,5%	Kirchensteuer 8%	Kirchensteuer 9%	SolZ 5,5%	Kirchensteuer 8%	Kirchensteuer 9%	SolZ 5,5%	Kirchensteuer 8%	Kirchensteuer 9%	SolZ 5,5%	Kirchensteuer 8%	Kirchensteuer 9%	SolZ 5,5%	Kirchensteuer 8%	Kirchensteuer 9%	SolZ 5,5%	Kirchensteuer 8%	Kirchensteuer 9%	SolZ 5,5%	Kirchensteuer 8%	Kirchensteuer 9%
78.875,99	I	17.197	–	1.375,76	1.547,73	–	1.226,40	1.379,70	–	1.082,72	1.218,06	–	945,12	1.063,26	–	813,76	915,48	–	688,56	774,63	–	569,52	640,71
	II	15.419	–	1.233,52	1.387,71	–	1.089,52	1.225,71	–	951,60	1.070,55	–	819,92	922,41	–	694,40	781,20	–	575,12	647,01	–	461,92	519,66
	III	10.798	–	863,84	971,82	–	756,96	851,58	–	653,28	734,94	–	552,64	621,72	–	455,04	511,92	–	360,48	405,54	–	269,12	302,76
	IV	17.197	–	1.375,76	1.547,73	–	1.300,64	1.463,22	–	1.226,40	1.379,70	–	1.153,76	1.297,98	–	1.082,72	1.218,06	–	1.013,12	1.139,76	–	945,12	1.063,26
	V	23.370	693,41	1.869,60	2.103,30																		
	VI	23.902	756,72	1.912,16	2.151,18																		
78.911,99	I	17.211	–	1.376,88	1.548,99	–	1.227,52	1.380,96	–	1.083,76	1.219,23	–	946,16	1.064,43	–	814,72	916,56	–	689,44	775,62	–	570,32	641,61
	II	15.432	–	1.234,56	1.388,88	–	1.090,56	1.226,88	–	952,64	1.071,72	–	820,88	923,49	–	695,36	782,28	–	575,92	647,91	–	462,72	520,56
	III	10.808	–	864,64	972,72	–	757,76	852,48	–	653,92	735,66	–	553,28	622,44	–	455,68	512,64	–	361,28	406,44	–	269,76	303,48
	IV	17.211	–	1.376,88	1.548,99	–	1.301,68	1.464,39	–	1.227,52	1.380,96	–	1.154,88	1.299,24	–	1.083,76	1.219,23	–	1.014,16	1.140,93	–	946,16	1.064,43
	V	23.384	695,07	1.870,72	2.104,56																		
	VI	23.916	758,38	1.913,28	2.152,44																		

Beispiel: Allgemeine Tabelle für Tageslöhne bis 139,49 EUR

TAG bis 139,49 € ⟵⟶ **Allgemeine Tabelle**

Lohn/ Gehalt bis	Steuerklasse	Lohnsteuer	ohne Kinderfreibetrag			Anzahl Kinderfreibeträge (nur Steuerklassen I–IV)																	
						0,5			1,0			1,5			2,0			2,5			3,0		
			SolZ 5,5%	Kirchensteuer 8%	Kirchensteuer 9%	SolZ 5,5%	Kirchensteuer 8%	Kirchensteuer 9%	SolZ 5,5%	Kirchensteuer 8%	Kirchensteuer 9%	SolZ 5,5%	Kirchensteuer 8%	Kirchensteuer 9%	SolZ 5,5%	Kirchensteuer 8%	Kirchensteuer 9%	SolZ 5,5%	Kirchensteuer 8%	Kirchensteuer 9%	SolZ 5,5%	Kirchensteuer 8%	Kirchensteuer 9%
138,09	I	21,00	–	1,68	1,89	–	1,36	1,53	–	1,05	1,19	–	0,77	0,87	–	0,50	0,57	–	0,25	0,28	–	0,04	0,05
	II	17,20	–	1,37	1,54	–	1,07	1,20	–	0,78	0,88	–	0,52	0,58	–	0,26	0,30	–	0,05	0,06	–	–	–
	III	10,29	–	0,82	0,92	–	0,57	0,64	–	0,33	0,38	–	0,13	0,15	–	–	–	–	–	–	–	–	–
	IV	21,00	–	1,68	1,89	–	1,51	1,70	–	1,36	1,53	–	1,20	1,35	–	1,05	1,19	–	0,91	1,02	–	0,77	0,87
	V	35,16	–	2,81	3,16																		
	VI	36,64	–	2,93	3,29																		
138,19	I	21,02	–	1,68	1,89	–	1,36	1,53	–	1,06	1,19	–	0,77	0,87	–	0,50	0,57	–	0,25	0,29	–	0,04	0,05
	II	17,23	–	1,37	1,55	–	1,07	1,21	–	0,79	0,88	–	0,52	0,58	–	0,27	0,30	–	0,05	0,06	–	–	–
	III	10,31	–	0,82	0,92	–	0,57	0,64	–	0,34	0,38	–	0,14	0,15	–	–	–	–	–	–	–	–	–
	IV	21,02	–	1,68	1,89	–	1,52	1,71	–	1,36	1,53	–	1,21	1,36	–	1,06	1,19	–	0,91	1,03	–	0,77	0,87
	V	35,19	–	2,81	3,16																		
	VI	36,67	–	2,93	3,30																		

Folgende **Grundsätze** sind für die Anwendung der Lohnsteuertabellen zu beachten:

1. Der Arbeitgeber hat zunächst den **steuerpflichtigen** Bruttoarbeitslohn des Arbeitnehmers zu ermitteln. Zu diesem Betrag werden in den Lohnsteuertabellen die fälligen und einzubehaltenden **Steuerbeträge** ausgewiesen.
2. Von diesem Bruttoarbeitslohn sind jeweils entsprechend dem Lohnzahlungszeitraum **zeitanteilig** abzuziehen (falls die Voraussetzungen dafür vorliegen):
   - ein vom Finanzamt mitgeteilter **persönlicher Freibetrag** des Arbeitnehmers,

   (Bitte beachten: ein mitgeteilter **Hinzurechnungsbetrag** ist dem Arbeitslohn hinzuzurechnen.)[2]
   - der **Altersentlastungsbetrag**.[3]
   - der **Versorgungsfreibetrag** sowie der Zuschlag zum Versorgungsfreibetrag.[4]

   Ob die beiden letztgenannten Beträge abzuziehen sind, muss der Arbeitgeber selbst entscheiden; hierfür erhält er **keine** Mitteilung vom Finanzamt.
3. Nachdem der Arbeitgeber den maßgebenden Arbeitslohn ermittelt hat, ist zu entscheiden, ob für den Arbeitnehmer die **Allgemeine** oder die **Besondere Tabelle** anzuwenden ist.
4. Als weiteren Schritt muss der Arbeitgeber den **Lohnzahlungszeitraum** ermitteln. Umfasst er einen Monat, ist die **Monatstabelle** anzuwenden. Wird der Arbeitslohn für kürzere Zeiträume gezahlt, z. B. für 3 Wochen oder ein bzw. mehrere Tag(e), ist die Lohnsteuer aus der **Tagestabelle** abzulesen.
5. Für die Ermittlung der Lohnsteuer von **sonstigen Bezügen**[5] und für den **betrieblichen Lohnsteuer-Jahresausgleich**[6] ist die **Jahrestabelle** zu verwenden.

---

2 § 39a EStG.
3 § 24a EStG, R 39b.4 Abs. 1 und 2 LStR.
4 § 19 Abs. 2 EStG; R 19.8 LStR; R 39b.3 Abs. 1 LStR.
5 § 39b Abs. 3 EStG; R 39b.6 LStR.
6 § 42b EStG; R 42b LStR.

Beispiel: Anwendung der Tagestabelle

Arbeitnehmer B wird für die Pfingstzeit vom 30. Mai bis zum 23. Juni 2023 befristet eingestellt und erhält seinen Arbeitslohn für die Zeit bis 23.6.2023 = 18 Kalendertage. Der Arbeitslohn für die 18 Tage beträgt insgesamt 1.620 EUR.

Ergebnis: Da kein monatlicher Lohnzahlungszeitraum vorliegt, ist die Tagestabelle anzuwenden.

Bei der kalendertäglichen Berechnung, bei der für jeden Kalendertag der entsprechende Bruchteil des Monatslohns angesetzt wird, ist der maßgebende Arbeitslohn **durch 18 zu teilen** (1.620 EUR / 18 Tage = 90 EUR). Für diesen Betrag ist die Lohnsteuer nach der **Tagestabelle** abzulesen (hier: Lohnsteuerklasse I, keine Kinder):

TAG bis 91,49 € — **Allgemeine Tabelle**

Lohn/ Gehalt bis	Steuerklasse	Lohnsteuer	ohne Kinderfreibetrag			Anzahl Kinderfreibeträge (nur Steuerklassen I–IV) 0,5			1,0			1,5			2,0			2,5			3,0		
			SolZ 5,5%	Kirchensteuer 8%	9%	SolZ 5,5%	Kirchensteuer 8%	9%	SolZ 5,5%	Kirchensteuer 8%	9%	SolZ 5,5%	Kirchensteuer 8%	9%	SolZ 5,5%	Kirchensteuer 8%	9%	SolZ 5,5%	Kirchensteuer 8%	9%	SolZ 5,5%	Kirchensteuer 8%	9%
90,09	I	9,20	-	0,73	0,82	-	0,47	0,53	-	0,22	0,25	-	0,02	0,02	-	-	-	-	-	-	-	-	-
	II	6,05	-	0,48	0,54	-	0,23	0,26	-	0,03	0,03	-	-	-	-	-	-	-	-	-	-	-	-
	III	1,43	-	0,11	0,12	-	-	-	-	-	-	-	-	-	-	-	-	-	-	-	-	-	-
	IV	9,20	-	0,73	0,82	-	0,60	0,67	-	0,47	0,53	-	0,34	0,38	-	0,22	0,25	-	0,11	0,12	-	0,02	0,02
	V	19,18	-	1,53	1,72																		
	VI	20,50	-	1,64	1,84																		
90,19	I	9,23	-	0,73	0,83	-	0,47	0,53	-	0,22	0,25	-	0,02	0,02	-	-	-	-	-	-	-	-	-
	II	6,07	-	0,48	0,54	-	0,23	0,26	-	0,03	0,03	-	-	-	-	-	-	-	-	-	-	-	-
	III	1,45	-	0,11	0,13	-	-	-	-	-	-	-	-	-	-	-	-	-	-	-	-	-	-
	IV	9,23	-	0,73	0,83	-	0,60	0,67	-	0,47	0,53	-	0,34	0,39	-	0,22	0,25	-	0,11	0,12	-	0,02	0,02
	V	19,21	-	1,53	1,72																		
	VI	20,54	-	1,64	1,84																		

Der so ermittelte Steuerbetrag (9,20 EUR) ist mit 18 zu vervielfachen und ergibt die einzubehaltende Lohnsteuer: 9,20 EUR x 18 Tage = 165,60 EUR.

Für einen etwaigen Solidaritätszuschlag und die Kirchensteuer ist genauso zu verfahren.

2.3 Auswahl Steuerklasse

Die einzubehaltende Lohnsteuer ist abhängig von der **Steuerklasse**.[7] Die Steuerklasse legt das Finanzamt fest, ggf. erst nach Antrag[8] des Arbeitnehmers. Der Arbeitgeber ist grundsätzlich an die vom Finanzamt mitgeteilte Steuerklasse gebunden. Liegt dem Arbeitgeber aufgrund eines Verschuldens seines Arbeitnehmers **keine** Mitteilung über die Steuerklasse vor, muss er die Lohnsteuer nach **Steuerklasse VI** erheben.

Beispiel: Auswahl der Steuerklasse

Allgemeine Tabelle — **MONAT bis 3.149,99 €**

Lohn/ Gehalt bis	Steuerklasse	Lohnsteuer	ohne Kinderfreibetrag			Anzahl Kinderfreibeträge (nur Steuerklassen I–IV) 0,5			1,0			1,5			2,0			2,5			3,0		
			SolZ 5,5%	Kirchensteuer 8%	9%	SolZ 5,5%	Kirchensteuer 8%	9%	SolZ 5,5%	Kirchensteuer 8%	9%	SolZ 5,5%	Kirchensteuer 8%	9%	SolZ 5,5%	Kirchensteuer 8%	9%	SolZ 5,5%	Kirchensteuer 8%	9%	SolZ 5,5%	Kirchensteuer 8%	9%
3.107,99	I	369,33	-	29,54	33,23	-	21,14	23,78	-	13,26	14,91	-	5,89	6,62	-	0,25	0,28	-	-	-	-	-	-
	II	269,25	-	21,54	24,23	-	13,62	15,32	-	6,23	7,01	-	0,46	0,52	-	-	-	-	-	-	-	-	-
	III	106,16	-	8,49	9,55	-	2,85	3,20	-	-	-	-	-	-	-	-	-	-	-	-	-	-	-
	IV	369,33	-	29,54	33,23	-	25,28	28,44	-	21,14	23,78	-	17,14	19,28	-	13,26	14,91	-	9,51	10,70	-	5,89	6,62
	V	703,16	-	56,25	63,28																		
	VI	746,00	-	59,68	67,14																		
3.110,99	I	370,00	-	29,60	33,30	-	21,20	23,85	-	13,31	14,97	-	5,94	6,68	-	0,28	0,31	-	-	-	-	-	-
	II	269,91	-	21,59	24,29	-	13,68	15,39	-	6,28	7,06	-	0,49	0,55	-	-	-	-	-	-	-	-	-
	III	106,66	-	8,53	9,59	-	2,88	3,24	-	-	-	-	-	-	-	-	-	-	-	-	-	-	-
	IV	370,00	-	29,60	33,30	-	25,33	28,49	-	21,20	23,85	-	17,18	19,33	-	13,31	14,97	-	9,56	10,75	-	5,94	6,68
	V	704,00	-	56,32	63,36																		
	VI	747,00	-	59,76	67,23																		
3.113,99	I	370,75	-	29,66	33,36	-	21,25	23,90	-	13,36	15,03	-	5,98	6,73	-	0,31	0,35	-	-	-	-	-	-
	II	270,58	-	21,64	24,35	-	13,73	15,44	-	6,32	7,11	-	0,52	0,59	-	-	-	-	-	-	-	-	-
	III	107,16	-	8,57	9,64	-	2,92	3,28	-	-	-	-	-	-	-	-	-	-	-	-	-	-	-
	IV	370,75	-	29,66	33,36	-	25,39	28,56	-	21,25	23,90	-	17,24	19,39	-	13,36	15,03	-	9,60	10,80	-	5,98	6,73
	V	705,00	-	56,40	63,45																		
	VI	748,00	-	59,84	67,32																		

7 § 38b EStG.
8 R 39.2 LStR.

2.4 Auswahl Freibeträge für Kinder

Freibeträge für Kinder[9] werden für die Berechnung der **Lohnsteuer** grundsätzlich **nicht** berücksichtigt. Folglich ist die Lohnsteuer für Arbeitnehmer mit und ohne Kinder gleich hoch. Kinder bzw. die anzusetzenden Freibeträge wirken sich **jedoch auf** die **Kirchensteuer** und den **Solidaritätszuschlag** aus; sog. Annexsteuern.

Beispiel: Auswahl der Freibeträge für Kinder

Allgemeine Tabelle **MONAT bis 3.149,99 €**

Lohn/ Gehalt bis	Steuerklasse	Lohn-steuer	ohne Kinderfreibetrag			Anzahl Kinderfreibeträge (nur Steuerklassen I–IV)																	
						0,5			1,0			1,5			2,0			2,5			3,0		
			SolZ 5,5%	Kirchensteuer 8%	Kirchensteuer 9%	SolZ 5,5%	Kirchensteuer 8%	Kirchensteuer 9%	SolZ 5,5%	Kirchensteuer 8%	Kirchensteuer 9%	SolZ 5,5%	Kirchensteuer 8%	Kirchensteuer 9%	SolZ 5,5%	Kirchensteuer 8%	Kirchensteuer 9%	SolZ 5,5%	Kirchensteuer 8%	Kirchensteuer 9%	SolZ 5,5%	Kirchensteuer 8%	Kirchensteuer 9%
3.107,99	I	369,33	-	29,54	33,23	-	21,14	23,78	-	13,26	14,91	-	5,89	6,62	-	0,25	0,28	-	-	-	-	-	-
	II	269,25	-	21,54	24,23	-	13,62	15,32	-	6,23	7,01	-	0,46	0,52	-	-	-	-	-	-	-	-	-
	III	106,16	-	8,49	9,55	-	2,85	3,20	-	-	-	-	-	-	-	-	-	-	-	-	-	-	-
	IV	369,33	-	29,54	33,23	-	25,28	28,44	-	21,14	23,78	-	17,14	19,28	-	13,26	14,91	-	9,51	10,70	-	5,89	6,62
	V	703,16	-	56,25	63,28																		
	VI	746,00	-	59,68	67,14																		
3.110,99	I	370,00	-	29,60	33,30	-	21,20	23,85	-	13,31	14,97	-	5,94	6,68	-	0,28	0,31	-	-	-	-	-	-
	II	269,91	-	21,59	24,29	-	13,68	15,39	-	6,28	7,06	-	0,49	0,55	-	-	-	-	-	-	-	-	-
	III	106,66	-	8,53	9,59	-	2,88	3,24	-	-	-	-	-	-	-	-	-	-	-	-	-	-	-
	IV	370,00	-	29,60	33,30	-	25,33	28,49	-	21,20	23,85	-	17,18	19,33	-	13,31	14,97	-	9,56	10,75	-	5,94	6,68
	V	704,00	-	56,32	63,36																		
	VI	747,00	-	59,76	67,23																		
3.113,99	I	370,75	-	29,66	33,36	-	21,25	23,90	-	13,36	15,03	-	5,98	6,73	-	0,31	0,35	-	-	-	-	-	-
	II	270,58	-	21,64	24,35	-	13,73	15,44	-	6,32	7,11	-	0,52	0,59	-	-	-	-	-	-	-	-	-
	III	107,16	-	8,57	9,64	-	2,92	3,28	-	-	-	-	-	-	-	-	-	-	-	-	-	-	-
	IV	370,75	-	29,66	33,36	-	25,39	28,56	-	21,25	23,90	-	17,24	19,39	-	13,36	15,03	-	9,60	10,80	-	5,98	6,73
	V	705,00	-	56,40	63,45																		
	VI	748,00	-	59,84	67,32																		

Kinderfreibeträge bzw. Kinderzähler werden dem Arbeitgeber vom Finanzamt als elektronische Lohnsteuerabzugsmerkmale (ELStAM)[10] mitgeteilt. Bei der Berechnung der Annexsteuern wird nicht die tatsächlich gezahlte Lohnsteuer zugrunde gelegt, sondern eine **fiktive Lohnsteuer**; sog. Maßstabsteuer. Dazu wird eine „zweite Lohnsteuer" von einem um den bzw. die Kinderfreibetrag/-beträge verminderten Arbeitslohn berechnet.

Lohnsteuerliche Berücksichtigung der Kinderfreibeträge

Jeder Elternteil erhält für jedes zu berücksichtigende **Kind** als Lohnsteuerabzugsmerkmal den **Zähler 0,5**. Im Kalenderjahr 2023 werden dadurch als jährlicher Freibetrag 4.476 EUR angesetzt (Kinderfreibetrag i. H. v. 3.012 EUR + Betreuungsfreibetrag i. H. v. 1.464 EUR). Dieser „Zähler" wird in der Lohnsteuertabelle als „Kinderfreibetrag" bezeichnet.

Der Zähler/Kinderfreibetrag erhöht sich auf 1 mit einem jährlichen Freibetrag in 2023 i. H. v. 8.952 EUR (Kinderfreibetrag i. H. v. 6.024 EUR + Betreuungsfreibetrag i. H. v. 2.928 EUR), wenn

- die unbeschränkt einkommensteuerpflichtigen leiblichen Eltern oder Pflegeeltern eines Kindes miteinander **verheiratet** sind und nicht dauernd getrennt leben,
- nicht dauernd getrennt lebende und unbeschränkt einkommensteuerpflichtige Ehegatten ein Kind gemeinsam **adoptiert** haben,
- der andere leibliche Elternteil oder Adoptivelternteil eines Kindes vor Beginn des maßgebenden Kalenderjahres **verstorben** ist,
- der Arbeitnehmer oder sein nicht dauernd getrennt lebender Ehegatte **allein** das Kind **adoptiert** hat,
- der **Wohnsitz** des anderen Elternteils **nicht zu ermitteln** ist,
- der **Vater** des Kindes amtlich **nicht feststellbar ist** (z. B. weil die Mutter den Namen des Vaters nicht bekannt gegeben hat) oder
- der andere Elternteil während des gesamten Kalenderjahres **nicht unbeschränkt einkommensteuerpflichtig** ist und keinen Anspruch auf einen Kinderfreibetrag für das Kind hat.

Für **Kinder unter 18 Jahren** werden die Kinderzähler/-freibeträge regelmäßig ab der Geburt des Kindes bis zum 18. Lebensjahr als (elektronische) Lohnsteuerabzugsmerkmale von der Finanzverwaltung automatisiert gebildet und entsprechend berücksichtigt.

Kinder ab 18 Jahren sowie Pflegekinder werden nur auf Antrag der Eltern bei der Lohnsteuer berücksichtigt. Darüber hinaus können die Kinderfreibeträge für mehrere Jahre gebildet werden, wenn nach den vorliegenden Verhältnissen zu erwarten ist, dass die Voraussetzungen für die Berücksichtigung der Kinderfreibeträge bestehen bleiben.

2.5 Auswahl Tabellenstufe

Als nächster Schritt ist die Tabellenstufe auszuwählen, in welche der maßgebende Arbeitslohn fällt.

Beispiel: Ablesen der zutreffenden Lohnsteuer

Arbeitgeber B möchte für einen monatlichen Bruttoarbeitslohn von 2.480 EUR die Lohnsteuer ablesen. Der Arbeitnehmer hat laut seinen ELStAM die Steuerklasse IV und hat einen Kinderzähler von 1,0. Es ist weder ein Freibetrag noch der Altersentlastungsbetrag oder der Versorgungsfreibetrag anzusetzen.

Ergebnis: Die maßgebliche Lohnsteuer ist im Tabellenteil „Monat" abzulesen in der Zeile (Lohn/Gehalt bis) 2.480,99 EUR (Spalte 1):

9 § 32 EStG; R 32.2 – 32.13 EStR.
10 § 39 Abs. 4 EStG.

Allgemeine Tabelle **MONAT bis 2.519,99 €**

Lohn/ Gehalt bis	Steuerklasse	Lohn-steuer	ohne Kinderfreibetrag			Anzahl Kinderfreibeträge (nur Steuerklassen I-IV)																	
						0,5			1,0			1,5			2,0			2,5			3,0		
			SolZ 5,5%	Kirchensteuer 8%	Kirchensteuer 9%	SolZ 5,5%	Kirchensteuer 8%	Kirchensteuer 9%	SolZ 5,5%	Kirchensteuer 8%	Kirchensteuer 9%	SolZ 5,5%	Kirchensteuer 8%	Kirchensteuer 9%	SolZ 5,5%	Kirchensteuer 8%	Kirchensteuer 9%	SolZ 5,5%	Kirchensteuer 8%	Kirchensteuer 9%	SolZ 5,5%	Kirchensteuer 8%	Kirchensteuer 9%
2.477,99	I	226,66	-	18,13	20,39	-	10,44	11,74	-	3,48	3,91	-	-	-	-	-	-	-	-	-	-	-	-
	II	135,00	-	10,80	12,15	-	3,76	4,23	-	-	-	-	-	-	-	-	-	-	-	-	-	-	-
	III	10,50	-	0,84	0,94	-	-	-	-	-	-	-	-	-	-	-	-	-	-	-	-	-	-
	IV	226,66	-	18,13	20,39	-	14,22	15,99	-	10,44	11,74	-	6,78	7,63	-	3,48	3,91	-	0,82	0,92	-	-	-
	V	509,00	-	40,72	45,81																		
	VI	547,00	-	43,76	49,23																		
2.480,99	I	227,33	-	18,18	20,45	-	10,48	11,79	-	3,51	3,95	-	-	-	-	-	-	-	-	-	-	-	-
	II	[illegible]	-	10,84	12,20	-	3,80	4,28	[illegible]	[illegible]	-	-	-	-	-	-	-	-	-	-	-	-	-
	III	[illegible]	-	0,88	0,99	-	-	-	-	[illegible]	-	-	-	-	-	-	-	-	-	-	-	-	-
	IV	227,33	-	18,18	20,45	-	14,27	16,05	-	10,48	11,79	-	6,83	7,68	-	3,51	3,95	-	0,84	0,95	-	-	-
	V	510,00	-	40,80	45,90																		
	VI	547,83	-	43,82	49,30																		

Der Lohnsteuerbetrag steht in der Zeile „Steuerklasse IV“ und beträgt 227,33 EUR; der Solidaritätszuschlag bei 1,0 Kinderzählern beträgt 0,00 EUR und die Kirchensteuer 10,48 EUR (8 %) bzw. 11,79 EUR (9 %).

2.6 Typische Ablesefehler vermeiden

Bitte beachten Sie, dass die Lohnsteuertabellen nur bei bestimmungsgemäßer Benutzung die zutreffenden Ergebnisse liefern. Dies erfordert, dass mit der erforderlichen Konzentration zutreffend folgende Werte richtig ausgewählt und abgelesen werden:

1. Bei Wahl der Tabellenstufe die **Vorgabe „Lohn/Gehalt bis“** – und nicht „ab“ – beachten.
2. Beim Ablesen der Steuerklasse die richtige **Zeile „Steuerklasse“** als auch die **zutreffende Spalte der Kinderfreibeträge** auswählen.
3. Ggf. bei Abzug von Kirchensteuer darauf achten, ob 8 % oder 9 % Kirchensteuer einbehalten werden müssen.

Ablesefehler können zu einem unzutreffenden Lohnsteuereinbehalt oder bei Gehaltsverhandlungen zu einem unzutreffenden Brutto-Gehalt führen, das dann ggf. im Arbeitsvertrag festgeschrieben wird.

3 Allgemeine oder Besondere Tabelle

3.1 Unterschiede zwischen Allgemeiner und Besonderer Tabelle

Die Entscheidung der anzuwendenden Tabellenart, ob also die Allgemeine Tabelle oder die Besondere Tabelle anzuwenden ist, ist für den Lohnsteuerabzug **wesentlich**.

Diese Unterscheidung beruht darauf, dass in die Lohnsteuertabellen als einer der wichtigsten Tabellenfreibeträge eine **Vorsorgepauschale**[11] für Vorsorgeaufwendungen[12] in **unterschiedlicher Höhe** eingearbeitet ist: die **Allgemeine Tabelle mit der ungekürzten Vorsorgepauschale** und die **Besondere Tabelle mit der gekürzten Vorsorgepauschale**. Die Höhe sowohl der ungekürzten als auch der gekürzten Vorsorgepauschale bemisst sich nach dem Arbeitslohn und danach, ob der Arbeitnehmer sozialversicherungspflichtig ist oder nicht.

Hinweis: Berücksichtigung der tatsächlichen Aufwendungen im Veranlagungsverfahren

Im Veranlagungsverfahren zur Einkommensteuer wird **keine Vorsorgepauschale** berücksichtigt. Stattdessen werden die vom Arbeitnehmer/Steuerpflichtigen **tatsächlich geleisteten Vorsorgeaufwendungen** angesetzt.

Aufgrund der unterschiedlich hohen Abzugsbeträge ergeben sich auch **unterschiedliche Steuerbeträge**.

Beispiel: Belastungsunterschied Allgemeine Tabelle vs. Besondere Tabelle

Für einen monatlichen Bruttoarbeitslohn von 3.425 EUR (Steuerklasse I, weder Freibetrag noch Altersentlastungsbetrag) ergeben sich folgende Beträge:

11 § 39b Abs. 2 Satz 5 Nr. 3 EStG; BMF, Schreiben v. 26.11.2013, IV C 5 – S 2367/13/10001, BStBl 2013 I S. 1532, das Schreiben ist teilweise überholt.

12 Beiträge zur Renten-, Kranken- und Pflegeversicherung.

Allgemeine Tabelle

Nach der Allgemeinen Tabelle ergibt sich eine Lohnsteuer von 445,91 EUR, der Solidaritätszuschlag beträgt 0,00 EUR und die Kirchensteuer (8 %) 35,67 EUR.

MONAT bis 3.464,99 €

Allgemeine Tabelle

Lohn/ Gehalt bis	Steuerklasse	Lohn- steuer	ohne Kinderfreibetrag			Anzahl Kinderfreibeträge (nur Steuerklassen I–IV) 0,5			1,0			1,5			2,0			2,5			3,0		
			SolZ 5,5%	Kirchensteuer 8%	9%	SolZ 5,5%	Kirchensteuer 8%	9%	SolZ 5,5%	Kirchensteuer 8%	9%	SolZ 5,5%	Kirchensteuer 8%	9%	SolZ 5,5%	Kirchensteuer 8%	9%	SolZ 5,5%	Kirchensteuer 8%	9%	SolZ 5,5%	Kirchensteuer 8%	9%
3.422,99	I	445,16	-	35,61	40,06	-	26,86	30,21	-	18,62	20,95	-	10,90	12,26	-	3,85	4,33	-	-	-	-	-	-
	II	340,91	-	27,27	30,68	-	19,00	21,38	-	11,26	12,66	-	4,14	4,66	-	-	-	-	-	-	-	-	-
	III	164,16	-	13,13	14,77	-	6,58	7,40	-	1,36	1,53	-	-	-	-	-	-	-	-	-	-	-	-
	IV	445,16	-	35,61	40,06	-	31,17	35,06	-	26,86	30,21	-	22,68	25,51	-	18,62	20,95	-	14,70	16,53	-	10,90	12,26
	V	808,83	-	64,70	72,79																		
	VI	853,16	-	68,25	76,78																		
3.425,99	I	445,91	-	35,67	40,13	-	26,92	30,28	-	18,67	21,00	-	10,94	12,31	-	3,89	4,37	-	-	-	-	-	-
	II	341,58	-	27,32	30,74	-	19,06	21,44	-	11,30	12,71	-	4,19	4,71	-	-	-	-	-	-	-	-	-
	III	164,83	-	13,18	14,83	-	6,62	7,45	-	1,38	1,55	-	-	-	-	-	-	-	-	-	-	-	-
	IV	445,91	-	35,67	40,13	-	31,23	35,13	-	26,92	30,28	-	22,73	25,57	-	18,67	21,00	-	14,74	16,58	-	10,94	12,31
	V	809,83	-	64,78	72,88																		
	VI	854,16	-	68,33	76,87																		

Besondere Tabelle

Nach der Besonderen Tabelle ergibt sich eine Lohnsteuer von 596,16 EUR, der Solidaritätszuschlag beträgt 0,00 EUR und die Kirchensteuer (8 %) 47,69 EUR.

MONAT bis 3.464,99 €

Besondere Tabelle

Lohn/ Gehalt bis	Steuerklasse	Lohn- steuer	ohne Kinderfreibetrag			Anzahl Kinderfreibeträge (nur Steuerklassen I–IV) 0,5			1,0			1,5			2,0			2,5			3,0		
			SolZ 5,5%	Kirchensteuer 8%	9%	SolZ 5,5%	Kirchensteuer 8%	9%	SolZ 5,5%	Kirchensteuer 8%	9%	SolZ 5,5%	Kirchensteuer 8%	9%	SolZ 5,5%	Kirchensteuer 8%	9%	SolZ 5,5%	Kirchensteuer 8%	9%	SolZ 5,5%	Kirchensteuer 8%	9%
3.422,99	I	595,16	-	47,61	53,56	-	38,20	42,97	-	29,30	32,96	-	20,92	23,53	-	13,04	14,67	-	5,70	6,41	-	0,13	0,14
	II	483,08	-	38,64	43,47	-	29,72	33,43	-	21,31	23,97	-	13,41	15,08	-	6,04	6,79	-	0,34	0,38	-	-	-
	III	259,00	-	20,72	23,31	-	13,41	15,08	-	6,82	7,67	-	1,53	1,72	-	-	-	-	-	-	-	-	-
	IV	595,16	-	47,61	53,56	-	42,84	48,20	-	38,20	42,97	-	33,68	37,89	-	29,30	32,96	-	25,04	28,17	-	20,92	23,53
	V	1.010,16	-	80,81	90,91																		
	VI	1.054,41	-	84,35	94,89																		
3.425,99	I	596,16	-	47,69	53,65	-	38,27	43,05	-	29,37	33,04	-	20,98	23,60	-	13,10	14,74	-	5,76	6,48	-	0,16	0,18
	II	484,00	-	38,72	43,56	-	29,79	33,51	-	21,37	24,04	-	13,48	15,16	-	6,09	6,85	-	0,38	0,42	-	-	-
	III	259,66	-	20,77	23,36	-	13,46	15,14	-	6,86	7,72	-	1,57	1,76	-	-	-	-	-	-	-	-	-
	IV	596,16	-	47,69	53,65	-	42,92	48,28	-	38,27	43,05	-	33,76	37,98	-	29,37	33,04	-	25,11	28,25	-	20,98	23,60
	V	1.011,41	-	80,91	91,02																		
	VI	1.055,66	-	84,45	95,00																		

3.2 Allgemeine Tabelle für rentenversicherungspflichtige Arbeitnehmer

Folgende Grundsätze sind für die zutreffende Tabellenwahl zu beachten:

Für Arbeitnehmer, die in **allen** Zweigen der Sozialversicherung (Renten-, Kranken- und Pflegeversicherung) versichert sind (sozialversicherungspflichtige Arbeitnehmer), ist die **Allgemeine Tabelle** anzuwenden. Denn die beim Lohnsteuerabzug zu berücksichtigende Vorsorgepauschale wird aus den folgenden **Teilbeträgen** errechnet:

- der vom Arbeitnehmer gezahlte Teilbetrag für die Beiträge zur **Rentenversicherung**, wenn der Arbeitnehmer in der gesetzlichen Rentenversicherung pflichtversichert ist oder wenn aufgrund seiner Versicherung in einer berufsständischen Versorgungseinrichtung eine Befreiung von der gesetzlichen Rentenversicherung vorliegt,[13]
- ein Teilbetrag für die Beiträge zur **gesetzlichen Krankenversicherung** und
- ein Teilbetrag für die Beiträge zur **gesetzlichen Pflegeversicherung**.

Ob die Voraussetzungen für den Ansatz der einzelnen Teilbeträge vorliegen, muss der Arbeitgeber jeweils gesondert prüfen. Maßgebend hierfür ist stets der **Versicherungsstatus** des Arbeitnehmers **am Ende** des jeweiligen Lohnzahlungszeitraums.[14] Für diese Entscheidung/Tabellenwahl darf das Dienstverhältnis nicht auf Teilmonate aufgeteilt werden.

Die o. g. Teilbeträge sind jeweils einzeln zu berechnen; die Summe aller Teilbeträge ergibt die anzusetzende **Vorsorgepauschale**.

Bemessungsgrundlage für die Berechnung dieser einzelnen Teilbeträge der Vorsorgepauschale ist der Arbeitslohn im jeweiligen Lohnzahlungszeitraum.

---

13 Seit dem Jahr 2023 erfolgt der vollständige Sonderausgabenabzug für Altersvorsorgeaufwendungen nach § 39b Abs. 2 Satz 5 Nr. 3 Buchst. a und Abs. 4 EStG. Bis 2022 wurde nur ein prozentualer Anteil der Arbeitnehmer-Beiträge zur RV bei der Vorsorgepauschale berücksichtigt.

14 R 39b.5 Abs. 1 LStR.

Besonderheiten

Entschädigungszahlungen, z. B. anlässlich einer Entlassung, werden nicht als Arbeitslohnbestandteil berücksichtigt. Ferner ist für sämtliche Teilbeträge der Vorsorgepauschale die jeweilige **Beitragsbemessungsgrenze**[15] zu beachten. Bei den Rentenversicherungsbeiträgen ist folglich zwischen der sog. Beitragsbemessungsgrenze West und der Beitragsbemessungsgrenze Ost zu unterscheiden.

Hinweis: Erleichterung durch Lohnsteuertabellen

All diese Berechnungsvorschriften und Restriktionen brauchen Sie als Anwender der Lohnsteuertabellen nicht zu beachten. Diese komplizierten Berechnungen sind bei der Ermittlung des Lohnsteuerbetrags bereits berücksichtigt.

3.3 Besondere Tabelle für nicht rentenversicherungspflichtige Arbeitnehmer

Besteht für den Arbeitnehmer **keine Rentenversicherungspflicht**, wird eine besondere Vorsorgepauschale angesetzt. Für die Beiträge zur Krankenversicherung und Pflegeversicherung wird eine **Mindestvorsorgepauschale** berücksichtigt. Sie beträgt 12 % des Arbeitslohns, höchstens 1.900 EUR in den Steuerklassen I, II, IV, V, VI bzw. höchstens 3.000 EUR in der Steuerklasse III. Auch diese Beträge sind in die **(Besondere) Lohnsteuertabelle** eingearbeitet.

Freiwillig rentenversicherte Arbeitnehmer

Neben der Mindestvorsorgepauschale wird der Teilbetrag der Vorsorgepauschale für die gesetzliche Rentenversicherung berücksichtigt (s. o.), wenn für den Arbeitnehmer die entsprechenden Voraussetzungen vorliegen.

Die Besondere Tabelle ist anzuwenden für

- Beamte,
- Richter,
- Berufssoldaten,
- Soldaten auf Zeit und
- die Arbeitnehmer, die nicht in der gesetzlichen Rentenversicherung pflichtversichert sind.

3.4 Nachweis höherer Kranken- und Pflegeversicherungsbeiträge

Liegen die vom Arbeitnehmer tatsächlich geleisteten und abziehbaren Beiträge für die Kranken- und Pflegeversicherung über der Mindestvorsorgepauschale, können die höheren Beiträge auch **beim Lohnsteuerabzug berücksichtigt** werden. Dazu hat der Arbeitnehmer die höheren abziehbaren Beiträge für private Kranken- und Pflegeversicherungen mit einer Bescheinigung der Versicherungsgesellschaft dem Arbeitgeber nachzuweisen.

Wie Sie in diesem Fall die zutreffende Tabellen-Lohnsteuer ermitteln, finden Sie im Anhang *„Hinweise zur Anwendung der Zusatztabelle »Abzugsbetrag bei privat Kranken- und Pflegeversicherten« zu den Allgemeinen Lohnsteuertabellen“*.

4 Monats-, Tages oder Jahrestabelle

4.1 Lohnzahlungszeitraum

Arbeitgeber müssen die Lohnsteuer grundsätzlich bei jeder Lohnzahlung vom Arbeitslohn einbehalten. Damit der Lohnsteuerabzug zusammengefasst für den gesamten Arbeitslohn des Arbeitnehmers vorgenommen werden kann, muss die Lohnsteuer **bezogen auf den Lohnzahlungszeitraum** berechnet werden. Sie knüpft an die i. d. R. arbeitsrechtlich üblichen unterjährigen Zeiträume für die Auszahlung des laufenden Arbeitslohns an; z. B. Monat oder Tag. Der während des jeweiligen Lohnzahlungszeitraums **zugeflossene Arbeitslohn**, ggf. auch dessen zugeflossene Teile, sind zusammenzurechnen. Die Summe ist die Grundlage für die Berechnung der Lohnsteuer.

Lohnzahlungszeitraum ist üblicherweise der Monat

Lohnzahlungszeitraum[16] ist der Zeitraum, für den jeweils der laufende Arbeitslohn gezahlt wird. Maßgebend ist derjenige Zeitraum, für den der Lohn auch **tatsächlich** gezahlt worden ist. Üblicherweise wird der Lohnzahlungszeitraum **im Arbeitsvertrag festgelegt**. In den Lohnzahlungszeitraum sind, solange das Arbeitsverhältnis besteht, auch die Arbeitstage einzubeziehen, für die **kein** Arbeitslohn gezahlt wird, z. B. wegen **Krankheit**.

Auf der Grundlage des festgestellten monatlichen, wöchentlichen oder täglichen Lohnzahlungszeitraums ist die Lohnsteuer zu ermitteln. Weil wöchentliche Lohnsteuertabellen nicht mehr aufgelegt werden, stehen nur noch Tabellen für einen **monatlichen**, **täglichen** oder **jährlichen** Lohnzahlungszeitraum zur Verfügung.

4.2 Anwendung der Monatstabelle

Regelmäßig wird der Monat als Lohnzahlungszeitraum im Arbeitsvertrag festgelegt. Für diesen **Hauptfall** der Lohnabrechnung wird die Monatstabelle aufgelegt.

---

15 Grundlage für die Anwendung der Beitragsbemessungsgrenzen für die Krankenversicherung ist § 223 Abs. 3 SGB V, für die Pflegeversicherung § 54 Abs. 2 SGB XI und für die Rentenversicherung § 159 SGB VI.

16 R 39b.5 LStR.

Beispiel: Anwendung der Monatstabelle

Arbeitnehmer B wird zum 1.6.2023 dauerhaft eingestellt. Sein monatlicher Arbeitslohn beträgt 3.515 EUR. Die Arbeitszeit ist mit 5 Tagen pro Woche festgelegt. Der Arbeitnehmer hat die Steuerklasse III, zwei Kinder und ist kirchensteuerpflichtig mit 9 %. Ab Juni ist für jeden monatlichen Lohnzahlungszeitraum die Lohnsteuer nach der Monatstabelle zu ermitteln.

Ergebnis: Die Lohnsteuer ist in der Monatstabelle in Zeile (Lohn/Gehalt bis) 3.515,99 EUR abzulesen. Der einzubehaltende Solidaritätszuschlag sowie die Kirchensteuer sind ebenso zu ermitteln. Nach der Allgemeinen Tabelle ergibt sich eine Lohnsteuer von 182,50 EUR, der Solidaritätszuschlag beträgt 0,00 EUR und die Kirchensteuer (9 %) 0,00 EUR.

MONAT bis 3.554,99 €

Allgemeine Tabelle

Lohn/ Gehalt bis	Steuerklasse	Lohn-steuer	ohne Kinderfreibetrag			Anzahl Kinderfreibeträge (nur Steuerklassen I–IV)																	
						0,5			1,0			1,5			2,0			2,5			3,0		
			SolZ 5,5%	Kirchensteuer 8%	Kirchensteuer 9%	SolZ 5,5%	Kirchensteuer 8%	Kirchensteuer 9%	SolZ 5,5%	Kirchensteuer 8%	Kirchensteuer 9%	SolZ 5,5%	Kirchensteuer 8%	Kirchensteuer 9%	SolZ 5,5%	Kirchensteuer 8%	Kirchensteuer 9%	SolZ 5,5%	Kirchensteuer 8%	Kirchensteuer 9%	SolZ 5,5%	Kirchensteuer 8%	Kirchensteuer 9%
3.512,99	I	467,41	-	37,39	42,06	-	28,54	32,10	-	20,20	22,72	-	12,37	13,91	-	5,10	5,74	-	-	-	-	-	-
	II	361,91	-	28,95	32,57	-	20,59	23,16	-	12,74	14,33	-	5,42	6,10	-	-	-	-	-	-	-	-	-
	III	181,83	-	14,54	16,36	-	7,77	8,74	-	2,28	2,56	-	-	-	-	-	-	-	-	-	-	-	-
	IV	467,41	-	37,39	42,06	-	32,90	37,01	-	28,54	32,10	-	24,30	27,34	-	20,20	22,72	-	16,22	18,25	-	12,37	13,91
	V	839,58	-	67,16	75,56																		
	VI	883,91	-	70,71	79,55																		
3.515,99 (1)	I	(2) …16	-	37,45	42,13	-	28,59	32,16	-	20,25	22,78	-	12,42	13,97	(3) -	5,14	(4) …8	-	-	-	-	-	-
	II	362,66	-	29,01	32,63	-	20,64	23,22	-	12,79	14,39	-	5,47	6,15	-	-	-	-	-	-	-	-	-
	III	182,50	-	14,60	16,42	-	7,81	8,78	-	2,30	2,59	-	-	-	-	-	-	-	-	-	-	-	-
	IV	468,16	-	37,45	42,13	-	32,96	37,08	-	28,59	32,16	-	24,36	27,40	-	20,25	22,78	-	16,27	18,30	-	12,42	13,97
	V	840,66	-	67,25	75,65																		
	VI	884,91	-	70,79	79,64																		

4.3 Anwendung der Tagestabelle

Sie ist anzuwenden, wenn **kein monatlicher** Lohnzahlungszeitraum vorliegt. Dies ist z. B. der Fall, wenn ein Arbeitsverhältnis **im Laufe eines Monats beginnt oder endet** oder das Arbeitsverhältnis für weniger als einen Monat abgeschlossen worden ist.

In diesen Fällen kann die Lohnsteuer nicht auf der Grundlage eines monatlichen Lohnzahlungszeitraums ermittelt werden. Denn der Lohn ist tatsächlich nicht für einen Monat gezahlt worden (**verkürzter Lohnzahlungszeitraum** oder sog. **Teillohnzahlungszeitraum**). Folglich ist der während dieser Zeit bezogene Arbeitslohn auf die **einzelnen** Kalendertage umzurechnen. Die Lohnsteuer ergibt sich aus dem mit der Zahl der Kalendertage vervielfachten Betrag der **Lohnsteuer-Tagestabelle**.[17]

Berechnungsschema: Ermittlung des Tageslohns

- Tageslohn = Arbeitslohn : Anzahl der Arbeitstage

Ermittlung der Lohnsteuer für den Beschäftigungszeitraum

- Lohnsteuer = Lohnsteuer für den Tageslohn × Anzahl der Arbeitstage des Teillohnzahlungszeitraums.

Beispiel: Anwendung der Tagestabelle

Arbeitnehmer B wird am 15.5.2023 dauerhaft eingestellt. Sein monatlicher Arbeitslohn beträgt 3.693 EUR, im Mai erhält er anteilig 1.354,10 EUR, die Arbeitszeit ist mit 5 Tagen pro Woche festgelegt. Der Arbeitnehmer hat die Steuerklasse III, 2 Kinder und ist kirchensteuerpflichtig mit 9 %.

Für den **Mai** ergeben sich 11 tatsächliche Arbeitstage. Da im Mai kein monatlicher Lohnzahlungszeitraum vorliegt, ist die **Tagestabelle** anzuwenden. Das Teilmonatsentgelt wird nach dem Verhältnis der Ist-Arbeitstage zu den möglichen Arbeitstagen berechnet.

Ergebnis: Liegt ein Teillohnzahlungszeitraum vor, ist der während dieser Zeit bezogene Arbeitslohn auf die einzelnen Kalendertage des Beschäftigungszeitraums (hier Arbeitstage) umzurechnen. Für den ermittelten Tageslohn gilt die Lohnsteuer-Tagestabelle. Die tägliche Lohnsteuer wird mit der Zahl der Kalendertage, für die Anspruch auf Arbeitslohn besteht, vervielfacht.

- Arbeitslohn 1.354,10 EUR : 11 Arbeitstage = 123,10 EUR

Die Lohnsteuer ist in der Tagestabelle in Zeile (Lohn/Gehalt bis) 123,19 EUR abzulesen. Der einzubehaltende Solidaritätszuschlag sowie die Kirchensteuer sind ebenso zu ermitteln. Nach der Allgemeinen Tabelle ergibt sich eine Lohnsteuer von 7,27 EUR, der Solidaritätszuschlag beträgt 0,00 EUR und die Kirchensteuer (9 %) 0,00 EUR.

TAG bis 124,49 €

Allgemeine Tabelle

Lohn/ Gehalt bis	Steuerklasse	Lohn-steuer	ohne Kinderfreibetrag			Anzahl Kinderfreibeträge (nur Steuerklassen I–IV)																	
						0,5			1,0			1,5			2,0			2,5			3,0		
			SolZ 5,5%	Kirchensteuer 8%	Kirchensteuer 9%	SolZ 5,5%	Kirchensteuer 8%	Kirchensteuer 9%	SolZ 5,5%	Kirchensteuer 8%	Kirchensteuer 9%	SolZ 5,5%	Kirchensteuer 8%	Kirchensteuer 9%	SolZ 5,5%	Kirchensteuer 8%	Kirchensteuer 9%	SolZ 5,5%	Kirchensteuer 8%	Kirchensteuer 9%	SolZ 5,5%	Kirchensteuer 8%	Kirchensteuer 9%
123,09	I	17,08	-	1,36	1,53	-	1,06	1,19	-	0,78	0,87	-	0,51	0,57	-	0,26	0,29	-	0,05	0,05	-	-	-
	II	13,49	-	1,07	1,21	-	0,79	0,89	-	0,52	0,59	-	0,27	0,30	-	0,06	0,06	-	-	-	-	-	-
	III	7,25	-	0,58	0,65	-	0,34	0,38	-	0,14	0,16	-	-	-	-	-	-	-	-	-	-	-	-
	IV	17,08	-	1,36	1,53	-	1,21	1,36	-	1,06	1,19	-	0,92	1,03	-	0,78	0,87	-	0,64	0,72	-	0,51	0,57
	V	30,03	-	2,40	2,70																		
	VI	31,51	-	2,52	2,83																		
123,19 (1)	I	(2) …11	-	1,36	1,53	-	1,06	1,19	-	0,78	0,87	-	0,51	0,57	(3) -	0,26	(4)	-	0,05	0,05	-	-	-
	II	13,51	-	1,08	1,21	-	0,79	0,89	-	0,52	0,59	-	0,27	0,30	-	0,06	0,06	-	-	-	-	-	-
	III	7,27	-	0,58	0,65	-	0,34	0,38	-	0,14	0,16	-	-	-	-	-	-	-	-	-	-	-	-
	IV	17,11	-	1,36	1,53	-	1,21	1,36	-	1,06	1,19	-	0,92	1,03	-	0,78	0,87	-	0,64	0,72	-	0,51	0,57
	V	30,07	-	2,40	2,70																		
	VI	31,55	-	2,52	2,83																		

17 § 39b Abs. 2 EStG.

Die **insgesamt** einzubehaltende Lohnsteuer ist wie folgt zu ermitteln: 7,27 EUR × 11 = 79,97 EUR.

Der einzubehaltende Solidaritätszuschlag sowie die ggf. einzubehaltende Kirchensteuer sind ebenso zu berechnen.

- Solidaritätszuschlag: 0,00 EUR × 11 = gesamt 0,00 EUR
- Kirchensteuer (9%): 0,00 EUR × 11 = gesamt 0,00 EUR

Durch die Anwendung der Lohnsteuer-Tagestabelle kommt es zu einer höheren steuerlichen Belastung als bei Anwendung der Lohnsteuer-Monatstabelle.

4.4 Anwendung der Jahrestabelle

Für die Lohnsteuerermittlung unterscheidet das Steuerrecht zwischen dem sog. laufenden Arbeitslohn und einem sonstigen Bezug. Die Unterscheidung zwischen beiden Lohnarten ist für die zutreffende Lohnsteuerermittlung und die Auswahl der Lohnsteuertabelle erforderlich.

Laufender Arbeitslohn

Der Begriff laufender Arbeitslohn wird in den Lohnsteuer-Richtlinien beschrieben als Arbeitslohn, der dem Arbeitnehmer **regelmäßig fortlaufend** zufließt, z. B. Monatsgehälter, Wochen- und Tageslöhne, Mehrarbeitsvergütungen, Zuschläge und Zulagen.

Sonstiger Bezug

Im Gegensatz zum laufenden Arbeitslohn wird ein sonstiger Bezug nur einmalig oder wenige Male im Kalenderjahr und **nicht regelmäßig wiederkehrend** gezahlt. Dies sind z. B.

- das 13. und 14. Monatsgehalt,
- Urlaubs- und Weihnachtsgeld,
- nicht fortlaufend gezahlte Gratifikationen und Tantiemen, Vergütungen für Erfindungen,
- Jubiläumszuwendungen sowie
- nur einmalig gezahlte Abfindungen und Entschädigungen.[18]

Auch **Nach- und Vorauszahlungen** des Arbeitslohns rechnen dazu, wenn sich der Gesamtbetrag oder ein Teilbetrag der Nachzahlung oder der Vorauszahlung auf solche Lohnzahlungszeiträume bezieht, die in einem anderen Jahr als dem der Zahlung enden.

Nachzahlungen in diesem Sinne liegen auch dann vor, wenn Arbeitslohn für Lohnzahlungszeiträume des abgelaufenen Kalenderjahres später als 3 Wochen nach Ablauf dieses Jahres zufließt. Folglich darf ein sonstiger Bezug für die Lohnsteuerermittlung nicht dem laufenden monatlichen Arbeitslohn, sondern dem voraussichtlichen Jahresarbeitslohn hinzugerechnet werden.

Lohnsteuerermittlung bei sonstigen Bezügen

Würde die Lohnsteuer aus der Monatslohnsteuertabelle abgelesen werden, ergäben sich bei sonstigen Bezügen **überhöhte Lohnsteuerbeträge und Annexsteuern**. Denn die Monatstabelle unterstellt, dass der Arbeitslohn im Kalenderjahr stets in gleichbleibender Höhe zufließt. Folglich wird der Lohn des Lohnzahlungszeitraums lohnsteuertechnisch auf einen Jahreslohn hochgerechnet:

- Monatslohn × 12 = Jahreslohn

und die so ermittelte Jahreslohnsteuer durch die Anzahl der Lohnzahlungszeiträume geteilt:

- Jahreslohnsteuer : 12 = Monatslohnsteuer.

Für die Ermittlung der auf den sonstigen Bezug entfallenden Lohnsteuer wird hingegen vom **voraussichtlichen Jahresarbeitslohn** ausgegangen. Die Lohnsteuer wird dann nach einem besonderen Berechnungsschema ermittelt.

Berechnungsschema zur Ermittlung der Lohnsteuer für einen sonstigen Bezug

Für sonstige Bezüge ist die Lohnsteuer nach folgendem gesetzlich vorgeschriebenen Verfahren zu ermitteln:

Zunächst wird die Jahreslohnsteuer für den Jahresarbeitslohn **ohne sonstigen Bezug** berechnet und anschließend die sich für den Jahresarbeitslohn **einschließlich des sonstigen Bezugs** ergebende Jahreslohnsteuer.
Die **Differenz beider Steuerbeträge** ist die Lohnsteuer, die für den sonstigen Bezug einzubehalten ist.
Im Anschluss daran sind in einem vierten Schritt der **Solidaritätszuschlag** und ggf. die **Kirchensteuer** zu ermitteln. Das Berechnungsschema zur Ermittlung der Lohnsteuer für einen sonstigen Bezug wird im nächsten Kapitel ausführlich dargestellt.

Zahlt der Arbeitgeber in einem Monat laufenden Arbeitslohn und einen sonstigen Bezug, sind **zwei getrennte Lohnsteuerberechnungen** durchzuführen:

1. Für den **laufenden Bezug** erfolgt die Ermittlung der Lohnsteuer nach der **Monatstabelle**.
2. Für den **sonstigen Bezug** erfolgt die Ermittlung der Lohnsteuer nach einem besonderen Berechnungsschema und unter Anwendung der **Jahrestabelle**.

4.5 Berechnungsschema „Sonstige Bezüge“

Nach den Gesetzesregelungen ist die Lohnsteuer in **3 Berechnungsschritten** zu ermitteln[19]:

1. Ermittlung Jahreslohnsteuer für den **bereits gezahlten Jahresarbeitslohn** einschließlich der zuvor gezahlten sonstigen Bezüge;
2. Ermittlung **voraussichtlicher Jahresarbeitslohn** einschließlich des aktuellen sonstigen Bezugs unter Berücksichtigung von Abzugsbeträgen;
3. Ermittlung der Steuerbeträge für beide Jahresarbeitslöhne. Die **Differenz beider Steuerbeträge** ist die Lohnsteuer, die für den sonstigen Bezug einzubehalten ist.

In einem weiteren Schritt sind ggf. **Solidaritätszuschlag** und **Kirchensteuer** zu ermitteln.

18 § 38a Abs. 1 EStG; R 39b.2 LStR.
19 § 39b Abs. 3 EStG; H 39b.6 LStH.

4.5.1 Beträge für abgelaufene Lohnzahlungszeiträume

Der bisher während des Kalenderjahres **bereits gezahlte** Arbeitslohn einschließlich der gezahlten sonstigen Bezüge sowie die dafür einbehaltene Lohnsteuer sind dem **Lohnkonto**[20] zu entnehmen.

4.5.2 Ermittlung voraussichtlicher Jahresarbeitslohn

Zur Ermittlung der von einem sonstigen Bezug einzubehaltenden Lohnsteuer ist jeweils der voraussichtliche Jahresarbeitslohn des Kalenderjahres zugrunde zu legen, in dem der sonstige Bezug dem Arbeitnehmer zufließt. Dabei sind der laufende Arbeitslohn, der für die im Kalenderjahr bereits abgelaufenen Lohnzahlungszeiträume zugeflossen ist, und die in diesem Kalenderjahr bereits gezahlten sonstigen Bezüge mit dem **laufenden Arbeitslohn** zusammenzurechnen, der sich voraussichtlich **für das restliche Kalenderjahr** ergibt. Alternativ kann der voraussichtlich für das restliche Kalenderjahr zu zahlende laufende Arbeitslohn durch Umrechnung des bisher zugeflossenen laufenden Arbeitslohns ermittelt werden.

Besonderheiten bei sonstigen Bezügen

Bereits im Kalenderjahr gezahlte **ermäßigt besteuerte sonstige Bezüge** wie Entlassungsentschädigungen, Entschädigungen und Vergütungen für eine mehrjährige Tätigkeit[21] sind **nur mit 1/5 des Gesamtbetrags** anzusetzen.

Anders verhält es sich bei Entschädigungen, die **nicht ermäßigt besteuert** werden können. Sie sind als üblicher und **nach den allgemeinen Regelungen zu besteuernder sonstiger Bezug** zu behandeln. Aus Vereinfachungsgründen wird es nicht beanstandet, wenn dieser sonstige Bezug bei der Ermittlung der Vorsorgepauschale berücksichtigt wird. Diese Vereinfachungsregelung sichert die zutreffende Anwendung der Lohnsteuertabellen.

Künftige sonstige Bezüge, die bis zum Jahresende noch erwartet werden, z. B. das 13. oder 14. Monatsgehalt oder Weihnachtsgeld, sind bei der Feststellung des voraussichtlichen Jahresarbeitslohns **nicht zu berücksichtigen**.

Ermittlung des Jahresarbeitslohns bei Arbeitgeberwechsel

War der Arbeitnehmer im Kalenderjahr zunächst **bei einem anderen Arbeitgeber beschäftigt**, ist die Ermittlung des Jahresarbeitslohns erschwert. In diesen Fällen hat der Arbeitgeber **2 Möglichkeiten**:

1. entweder die Einbeziehung und Berücksichtigung des vom früheren Arbeitgeber **(tatsächlich) gezahlten Arbeitslohns** oder
2. die **Hochrechnung** aufgrund des gegenwärtigen Arbeitslohns.

Für die **1. Variante** muss der Arbeitnehmer die Besondere Lohnsteuerbescheinigung oder den Ausdruck der elektronisch übermittelten **Lohnsteuerbescheinigung** des bzw. der früheren Arbeitgeber/s vorlegen. Die darin enthaltenen Angaben (Höhe des Arbeitslohns und der einbehaltenen Lohnsteuer) sind **im Lohnkonto aufzuzeichnen**.

Liegen die **Lohnsteuerbescheinigungen** früherer Arbeitgeber **nicht** vor, ist bei der Ermittlung des voraussichtlichen Jahresarbeitslohns der Arbeitslohn für Beschäftigungszeiten bei früheren Arbeitgebern mit dem Betrag anzusetzen, der sich ergibt, wenn der **laufende Arbeitslohn** im Monat der Zahlung des sonstigen Bezugs entsprechend der Beschäftigungsdauer bei früheren Arbeitgebern **hochgerechnet** wird.

Beispiel: Berechnung des voraussichtlichen Jahresarbeitslohns

Arbeitgeber A zahlt dem im Kalenderjahr neu eingestellten Arbeitnehmer im September einen sonstigen Bezug von 1.200 EUR. Der Arbeitnehmer hat A zwei Ausdrucke der elektronischen Lohnsteuerbescheinigungen seiner vorherigen Arbeitgeber vorgelegt:

a) Dienstverhältnis beim **Arbeitgeber X** vom **1.1. bis 31.3.**, Arbeitslohn:	8.400 EUR
b) Dienstverhältnis beim **Arbeitgeber Z** vom **1.5. bis 30.6.**, Arbeitslohn:	4.200 EUR
Gesamt	**12.600 EUR**

Im April war der Arbeitnehmer arbeitslos.

Beim **Arbeitgeber A** steht der Arbeitnehmer seit dem 1.7. in einem Dienstverhältnis; er hat für die Monate Juli und August ein Monatsgehalt von **2.400 EUR** bezogen, außerdem erhielt er am 20.8. einen sonstigen Bezug von **500 EUR**. Vom 1.9. an erhält er ein Monatsgehalt von **2.800 EUR** zuzüglich eines halben (13.) Monatsgehalts am 1.12.

Der vom **Arbeitgeber A** im September zu ermittelnde voraussichtliche Jahresarbeitslohn (ohne den sonstigen Bezug, für den die Lohnsteuer ermittelt werden soll) beträgt hiernach:

• Arbeitslohn **1.1. bis 30.6.** (8.400 EUR + 4.200 EUR)	12.600 EUR
• Arbeitslohn **1.7. bis 31.8.** (2 × 2.400 EUR + 500 EUR)	5.300 EUR
• Arbeitslohn **1.9. bis 31.12.** (voraussichtlich 4 × 2.800 EUR)	11.200 EUR
Summe	**29.100 EUR**

Das **halbe 13. Monatsgehalt** ist ein zukünftiger sonstiger Bezug und **bleibt außer Betracht**.

Abwandlung 1:

Legt der Arbeitnehmer seinem Arbeitgeber A zwar den **Nachweis über seine Arbeitslosigkeit** im April vor, nicht aber die Ausdrucke der elektronischen Lohnsteuerbescheinigungen der Arbeitgeber X und Y, ergibt sich folgender voraussichtliche Jahresarbeitslohn:

• Arbeitslohn 1.1. bis 31.3. (3 × 2.800 EUR[22])	8.400 EUR
• Arbeitslohn 1.4. bis 30.4. (Arbeitslosigkeit)	0 EUR
• Arbeitslohn 1.5. bis 30.6. (2 × 2.800 EUR[22])	5.600 EUR
• Arbeitslohn 1.7. bis 31.8. (2 × 2.400 EUR + 500 EUR)	5.300 EUR
• Arbeitslohn 1.9. bis 31.12. (voraussichtlich 4 × 2.800 EUR)	11.200 EUR
Summe	**30.500 EUR**

20 § 41 EStG; §§ 4 und 5 LStDV.
21 I. S. d. § 34 Abs. 1 und 2 Nr. 2 und 4 EStG.
22 Hochrechnung des laufenden Arbeitslohns im Monat der Zahlung des sonstigen Bezugs entsprechend der Beschäftigungsdauer bei früheren Arbeitgebern.

Abwandlung 2:

Ist dem Arbeitgeber A **nicht bekannt**, dass der Arbeitnehmer im April **arbeitslos** war, ist der Arbeitslohn für die Monate **Januar bis Juni** mit 6 × 2.800 EUR = **16.800 EUR** zu berücksichtigen.

Jahresarbeitslohn zuzüglich sonstiger Bezug

Dem ermittelten zugeflossenen Jahresarbeitslohn[23] ist der sonstige Bezug, der im Lohnzahlungszeitraum gezahlt werden soll, hinzuzurechnen; dies ergibt den **voraussichtlichen Jahresarbeitslohn**.

Lohnsteuerliche Abzugsbeträge

Nach der Ermittlung des voraussichtlichen Jahresarbeitslohns sind als **lohnsteuerlich berücksichtigungsfähige Beträge** einzubeziehen:

- der vom Finanzamt mitgeteilte Jahresfreibetrag ist abzuziehen oder es ist ein **Hinzurechnungsbetrag** zu addieren,
- ein in Betracht kommender Altersentlastungsbetrag ist abzuziehen sowie
- ein eventueller Versorgungsfreibetrag und Zuschlag zum Versorgungsfreibetrag vermindert ebenfalls den steuerpflichtigen Betrag.

Der sich so ergebende Betrag ist der **maßgebende Jahresarbeitslohn**.

Pflicht zur Abgabe einer Einkommensteuererklärung

Weil der voraussichtliche Jahresarbeitslohn oft nicht exakt ermittelt werden kann, wird die **Lohnsteuer ggf. zu hoch oder zu gering** einbehalten. Gleichwohl bleibt es bei der so ermittelten Lohnsteuer. Ein hierdurch unzutreffender Lohnsteuereinbehalt kann jedoch im Rahmen einer Einkommensteuerveranlagung korrigiert werden. Deshalb ist der Arbeitnehmer in Fällen der Hochrechnung des Arbeitslohns **zur Abgabe einer Einkommensteuererklärung verpflichtet**.

4.5.3 Ermittlung der Jahreslohnsteuer

Sowohl für den zugeflossenen als auch für den voraussichtlichen bzw. maßgebenden Jahresarbeitslohn muss der Arbeitgeber die Jahreslohnsteuer aus der Jahrestabelle ablesen (Allgemeine oder Besondere Tabelle). Die **Differenz beider Steuerbeträge** ist die Lohnsteuer, die für den sonstigen Bezug einzubehalten ist.

Beispiel: Lohnsteuerermittlung für einen sonstigen Bezug

Arbeitgeber A zahlt dem rentenversicherungspflichtigen Arbeitnehmer B mit der Steuerklasse I im August 2023 einen sonstigen Bezug von 2.700 EUR. Der monatlich gezahlte laufende Arbeitslohn beträgt 2.975 EUR.

Ergebnis: Die Lohnsteuer für den sonstigen Bezug von 2.700 EUR im Monat August errechnet sich wie folgt:

• Zugeflossener Arbeitslohn vom 1.1. bis 31.7. (2.975 EUR × 7 Monate)	20.825 EUR
• Arbeitslohn vom 1.8. bis 31.12. (2.975 EUR × 5 Monate)	14.875 EUR
• das 13. Monatsgehalt ist ein künftiger sonstiger Bezug und deshalb nicht anzusetzen	0 EUR
Voraussichtlicher Jahresarbeitslohn (Bemessungsgrundlage I)	**35.700 EUR**
• zzgl. sonstiger Bezug	2.700 EUR
Maßgebender Jahresarbeitslohn (Bemessungsgrundlage II)	**38.400 EUR**

Ermittlung der Lohnsteuer für den sonstigen Bezug (Steuerklasse I, Allgemeine Tabelle „Jahr")

	Lohnsteuer	**Solidaritätszuschlag**
Maßgebender Jahresarbeitslohn: 38.400 EUR (Bemessungsgrundlage II)	4.697,00 EUR	0,00 EUR
./. **Voraussichtlicher Jahresarbeitslohn:** 35.700 EUR (Bemessungsgrundlage I)	4.061,00 EUR	0,00 EUR
Steuerabzug sonstiger Bezug	**636,00 EUR**	**0,00 EUR**

4.6 Besonderheiten bei der Lohnsteuerermittlung von sonstigen Bezügen

4.6.1 Ermäßigte Besteuerung

Die Besteuerung der sonstigen Bezüge[24] bei Zufluss führt zu einer **erhöhten Steuerbelastung**, wenn Arbeitslohn für eine mehrjährige Tätigkeit gezahlt wird, z. B. eine Jubiläumszuwendung. Denn es ergäbe sich regelmäßig eine niedrigere Steuer, wenn der Arbeitgeber eine Jubiläumszahlung über mehrere Kalenderjahre verteilt auszahlt statt in einem Einmalbetrag (gleichbleibenden Jahresarbeitslohn unterstellt).

Um für Einmalzahlungen eine überhöhte Steuerbelastung zu vermeiden, sieht das Einkommensteuergesetz die Steuerberechnung nach der sog. **Fünftelregelung**[25] vor, die auch im Lohnsteuerabzugsverfahren zu berücksichtigen ist.[26]

Eine Tätigkeit ist dann **„mehrjährig"**, wenn sie sich über **mindestens 2 Kalenderjahre** (Veranlagungszeiträume) erstreckt; auf die Dauer kommt es nicht an. Typische Beispiele sind Entschädigungen wie Entlassungsabfindungen und Vergütungen für eine mehrjährige Tätigkeit (Jubiläumszuwendung).

23 S. Tz. 4.5.1 Beträge für abgelaufene Lohnzahlungszeiträume.
24 § 39b Abs. 3 EStG; R 39b.6 LStR.
25 § 34 Abs. 1 EStG.
26 H 39b.6 LStH.

Voraussetzung für die Anwendung der Fünftelregelung ist, dass als Einmalbetrag

- eine Entschädigungszahlung als Ersatz für entgangene oder entgehende Einnahmen geleistet wird,
- eine Jubiläumszuwendung als Vergütung für eine mehr als 12 Monate dauernde Tätigkeit gezahlt wird,
- Arbeitslohn für mehr als ein Jahr nachgezahlt wird.

Weitere Voraussetzung für die ermäßigte Besteuerung nach der sog. Fünftelregelung ist, dass die Zahlung zu einer **Zusammenballung von Einkünften** (= außerordentliche Einkünfte) beim Arbeitnehmer führt.

Eine **Zusammenballung** liegt vor, wenn

- die **Abfindungszahlung höher als der Arbeitslohn** ist, den der Arbeitnehmer bei Fortsetzung des Dienstverhältnisses bis zum Ende des Kalenderjahres noch bezogen hätte. Dabei reicht eine **geringfügige Überschreitung** des wegfallenden Arbeitslohns um 1 EUR aus.
- die Jubiläumszahlung **innerhalb eines Kalenderjahres ausgezahlt** wird und der Arbeitnehmer voraussichtlich bis zum Ende des Kalenderjahres **nicht aus dem Dienstverhältnis ausscheidet** oder er später Versorgungsbezüge erhält.

Beispiel: Besteuerung nach der Fünftelregelung

Ein rentenversicherungspflichtiger Arbeitnehmer mit der Steuerklasse I erhält neben seinem laufenden Jahresarbeitslohn von 40.000 EUR im November 2023 ein Weihnachtsgeld von 3.200 EUR und daneben eine Jubiläumszuwendung i. H. v. 3.000 EUR, die ermäßigt zu besteuern ist.[27]

Steuerabzug für das Weihnachtsgeld (Steuerklasse I, Allgemeine Tabelle „Jahr")

	Lohnsteuer	**Solidaritätszuschlag**
Jahresarbeitslohn zzgl. Weihnachtsgeld (43.200 EUR = 40.000 EUR + 3.200 EUR)	5.879,00 EUR	0,00 EUR
./. Jahresarbeitslohn ohne Weihnachtsgeld (40.000 EUR)	5.087,00 EUR	0,00 EUR
Steuerabzug für das Weihnachtsgeld	**792,00 EUR**	**0,00 EUR**

Steuerabzug für die Jubiläumszuwendung (Steuerklasse I, Allgemeine Tabelle „Jahr")

	Lohnsteuer	**Solidaritätszuschlag**
Jahresarbeitslohn zzgl. Weihnachtsgeld und zzgl. 1/5 der Jubiläumszuwendung (43.800 EUR = 40.000 EUR + 3.200 EUR + 600 EUR)	6.024,00 EUR	0,00 EUR
./. Jahresarbeitslohn zzgl. Weihnachtsgeld (43.200 EUR = 40.000 EUR + 3.200 EUR)	5.879,00 EUR	0,00 EUR
Steuerabzug für die Jubiläumszuwendung	**145,00 EUR**	**0,00 EUR**
Anzusetzen ist das 5-fache dieses Betrags	**725,00 EUR**	**0,00 EUR**
	(= 145,00 EUR × 5)	(0,00 EUR × 5)

Insgesamt ist für die beiden sonstigen Bezüge Lohnsteuer in Höhe von 1.517,00 EUR und Solidaritätszuschlag in Höhe von 0,00 EUR einzubehalten.

4.6.2 Lohnzahlungen nach Beendigung des Dienstverhältnisses

Erhält ein früherer Arbeitnehmer eine **Arbeitslohn-Nachzahlung für frühere Kalenderjahre**, handelt es sich um einen sonstigen Bezug, für dessen Besteuerung die Lohnsteuerabzugsmerkmale zum Ende des Lohnzahlungszeitraums des Zuflusses des sonstigen Bezugs maßgebend sind.

Ist mit dem Zufließen von weiterem Arbeitslohn im Laufe des Kalenderjahres, z. B. wegen Alters oder Erwerbsunfähigkeit des Arbeitnehmers, **nicht** zu rechnen, braucht der Arbeitgeber **keinen fiktiven voraussichtlichen Jahresarbeitslohn** zu berechnen und anzusetzen. Als Arbeitslohn ist lediglich der sonstige Bezug zu versteuern.

4.6.3 Altersentlastungsbetrag und Versorgungsfreibetrag

Von einem sonstigen Bezug darf der Altersentlastungsbetrag[28] nur abgezogen werden, soweit er bei der Feststellung des voraussichtlich laufenden Jahresarbeitslohns **nicht aufgebraucht** ist (Vergleich beider Jahresbeträge).

Erhält ein Altersrentner **nebeneinander von mehreren Arbeitgebern** Arbeitslohn, hat jeder Arbeitgeber den Altersentlastungsbetrag zu ermittelten und in voller Höhe anzusetzen. Der Arbeitslohn eines weiteren Dienstverhältnisses ist **nicht** zu berücksichtigen. Hierdurch kann sich insgesamt ein höherer Jahresbetrag ergeben, als beim Arbeitnehmer tatsächlich zu berücksichtigen ist. Deshalb ist der Arbeitnehmer **verpflichtet**, nach Ablauf des Kalenderjahres eine **Einkommensteuererklärung** abzugeben. Im Rahmen der Einkommensteuerveranlagung wird ein ggf. zu hoch berücksichtigter Altersentlastungsbetrag ausgeglichen.

Ebenso ist zu verfahren für verbleibende, also beim voraussichtlichen Jahresarbeitslohn **nicht berücksichtigte Teile des Versorgungsfreibetrags** sowie für den maßgebenden Zuschlag zum Versorgungsfreibetrag.[29] Auch diese Beträge sind von jedem Arbeitgeber anzusetzen. Sie dürfen von den steuerpflichtigen sonstigen Bezügen abgezogen werden, **soweit** sie beim angesetzten voraussichtlichen Jahresarbeitslohn **nicht ausgeschöpft** werden konnten.

27 §§ 39b Abs. 3 Satz 9 i. V. m. 34 Abs. 1 und 2 Nr. 4 EStG.
28 § 24a EStG.
29 § 19 Abs. 2 EStG; R 19.8 LStR; H 19.8 LStH.

5 Berechnungsgrundlagen

5.1 Ausgangsgröße Bruttolohn

Die Lohnsteuer Super-Tabelle darf nur für den Steuerabzug vom **(Brutto-)Arbeitslohn** verwendet werden. Sie baut auf dem Bruttoarbeitslohn des Jahres, des Monats oder des Tages auf. Für diese Zahlungszeiträume liefern die Tabellen zutreffende Ergebnisse.

Steuerlicher (Brutto-)Arbeitslohn ist regelmäßig der **arbeitsvertraglich** festgelegte und gezahlte Bruttolohn. Leistet der Arbeitgeber freiwillige **Sonderzahlungen** oder überlässt er Sachbezüge, sind diese für die Lohnsteuerermittlung dem vereinbarten Arbeitslohn hinzuzurechnen. Zahlt der Arbeitgeber einen **geringeren** Bruttolohn, ist dieser anzusetzen. In diesem Fall ist es unmaßgeblich, welchen Betrag der Arbeitgeber hätte zahlen müssen.

Für den Lohnsteuerabzug vom Arbeitslohn spielt es **keine** Rolle, unter welcher **Bezeichnung** und in welcher Form dem Arbeitnehmer die Arbeitslohnteile zufließen; z. B.:

- Lohnzuschläge für Mehrarbeit,
- Erschwerniszuschläge,
- Entschädigungen für nicht genommenen Urlaub,
- Urlaubs- und Weihnachtsgeld sowie
- Personalrabatte.

Es ist auch **unbeachtlich**, ob die Einnahmen aufgrund des **gegenwärtigen**, **früheren** oder für ein **zukünftiges** Dienstverhältnis bezogen werden, ob sie **einmalig** oder **laufend** gezahlt werden und ob ein **Rechtsanspruch** auf sie besteht.

Den steuerpflichtigen Arbeitslohn muss der Arbeitgeber ermitteln.

Lohnzahlung durch Dritte

Von Dritten an den Arbeitnehmer gegebene Belohnungen oder Lohnteile, z. B. Rabatte oder Vorteile aus Aktienoptionen im Konzernverbund, gehören grundsätzlich auch zum **steuerpflichtigen** Arbeitslohn.[30]

Steuerfreier Arbeitslohn

Nicht zum Arbeitslohn rechnen steuerfreie Lohnteile, z. B. **bestimmte Zuschläge** für Sonntag-, Feiertags- und Nachtarbeit.[31] Auch **Trinkgelder** sind in voller Höhe steuerfrei, wenn sie anlässlich einer Arbeitsleistung dem Arbeitnehmer von Dritten freiwillig und ohne dass ein Rechtsanspruch auf sie besteht, zusätzlich zu dem Betrag gegeben werden, der für diese Arbeitsleistung zu zahlen ist.[32]

5.2 Eingearbeitete Tabellen-Freibeträge

Für eine unkomplizierte Anwendung der Lohnsteuertabellen sind die stets bei der Lohnsteuerberechnung anzusetzenden steuerlichen Frei- und Pauschbeträge (sog. Tabellenfreibeträge) bereits **berücksichtigt**. Es handelt sich um

- den **Grundfreibetrag** (für das Kalenderjahr 2023 i. H. v. **10.908 EUR**)[33]. Er wird in den Steuerklassen I, II und IV berücksichtigt. In der Steuerklasse III wird er aufgrund des **Splittingverfahrens**[34] in doppelter Höhe angesetzt (für 2023: 21.816 EUR); deshalb wird in der Steuerklasse V **kein** Grundfreibetrag berücksichtigt. Ebenso wenig in Steuerklasse VI bei weiteren Dienstverhältnissen eines Arbeitnehmers.
- den **Arbeitnehmer-Pauschbetrag** für anfallende Werbungskosten i. H. v. jährlich **1.230 EUR**[35]. Er steht einem Arbeitnehmer **jährlich nur einmal** zu und ist daher in die Steuerklassen I, II, III, IV und V eingearbeitet; **nicht** in Steuerklasse VI bei weiteren Dienstverhältnissen eines Arbeitnehmers.

Achtung: Kein Arbeitnehmer-Pauschbetrag bei Versorgungsbezügen

Für Versorgungsbezüge ist der Arbeitnehmer-Pauschbetrag **nicht** anzuwenden. Bei Versorgungsbezügen wird nur ein **Werbungskostenpauschbetrag**[36] i. H. v. 102 EUR berücksichtigt. Folglich muss zum Ausgleich ein **Korrekturbetrag** i. H. v. 1.128 EUR jährlich (bzw. ein dem Lohnzahlungszeitraum entsprechender Teilbetrag) angesetzt werden (1.230 EUR – 102 EUR).

- den **Sonderausgaben-Pauschbetrag**[37] für solche Sonderausgaben, die keine Vorsorgeaufwendungen sind (z. B. für Kirchensteuern, Spenden). Er beträgt jährlich **36 EUR** und ist in die Steuerklassen I, II, III, IV und V eingearbeitet. In der Steuerklasse III wird der Pauschbetrag **nicht verdoppelt**.[38]
- die **Vorsorgepauschale** für Vorsorgeaufwendungen. Sie ist in sämtliche Steuerklassen eingearbeitet und wird in der Steuerklasse III grundsätzlich nicht erhöht (nur höhere Mindestvorsorgepauschale).[39]
- den **Entlastungsbetrag für Alleinerziehende** i. H. v. **4.260 EUR**[40], der nach der Kinderzahl gestaffelt ist. Er erhöht sich für das zweite und jedes weitere Kind zusätzlich um 240 EUR jährlich. Der Entlastungsbetrag für Alleinerziehende für 1 Kind (4.260 EUR) ist in der **Steuerklasse II** eingearbeitet.[41] Der **zusätzliche** Entlastungsbetrag für das zweite und jedes weitere Kind (jeweils 240 EUR) ist als persönlicher Freibetrag beim Finanzamt zu **beantragen**.

30 § 38 Abs. 1 Satz 3 EStG; R 38.4 LStR; H 38.4 LStH.
31 § 3b EStG.
32 § 3 Nr. 51 EStG.
33 § 32a Abs. 1 Satz 2 Nr. 1 EStG.
34 § 32a Abs. 5 EStG.
35 § 9a Satz 1 Nr. 1a EStG. Die Erhöhung war im vom BMF veröffentlichten finalen Programmablaufplan vom 18.11.2022, IV C 5 – S 2361/19/10008 :006, noch nicht berücksichtigt.
36 § 9a Satz 1 Nr. 1b EStG.
37 § 10c Satz 1 EStG.
38 § 39b Abs. 2 Satz 5 Nr. 2 EStG.
39 § 39b Abs. 2 Satz 5 Nr. 3 EStG.
40 § 24b EStG. Die Erhöhung war im vom BMF veröffentlichten finalen Programmablaufplan vom 18.11.2022, IV C 5 – S 2361/19/10008 :006, noch nicht berücksichtigt.
41 § 38b Abs. 1 Satz 2 Nr. 2 EStG.

- einen Freibetrag oder mehrere **Freibeträge für Kinder**. Sie setzen sich zusammen aus dem Kinderfreibetrag[42] (2023 = 3.012 EUR) sowie dem Freibetrag für den Betreuungs- und Erziehungs- oder Ausbildungsbedarf des Kindes (sog. Betreuungsfreibetrag oder BEA-Freibetrag[43]) i. H. v. 1.464 EUR.

Besonderheit der Kinderfreibeträge

Die Freibeträge für Kinder haben **keinen Einfluss** auf die Höhe der Lohnsteuer (im laufenden Kalenderjahr wird dafür das Kindergeld als Steuervergütung monatlich gezahlt), sondern nur auf die Höhe der Zuschlagsteuern. Dies sind der Solidaritätszuschlag und die Kirchensteuer. Dort wirken sich diese Freibeträge durch eine zweite Berechnung zur rechnerischen Kürzung der Lohnsteuer als Maßstabsteuer steuermindernd aus. Diese Berechnung müssen Sie **nicht** selbst durchführen. Das Ergebnis dieser Berechnung wird in den Lohnsteuertabellen bereits als abzulesender Betrag ausgewiesen.

5.3 Persönliche Freibeträge

Das Lohnsteuerabzugsverfahren ist danach ausgerichtet, einen zu hohen Lohnsteuerabzug zu vermeiden. Deshalb hat der Arbeitnehmer die Möglichkeit, besondere persönliche Freibeträge berücksichtigen zu lassen. Hierfür ist ein Antrag beim Finanzamt erforderlich, das den ermittelten Betrag dem Arbeitgeber mitteilt – sog. **Lohnsteuer-Ermäßigungsverfahren**.[44] Um diesen Betrag ist der steuerpflichtige Bruttoarbeitslohn vor Anwendung der Lohnsteuertabellen zu vermindern.

Abzuziehen ist

- ein mit den elektronischen Lohnsteuerabzugsmerkmalen mitgeteilter oder in der vom Finanzamt ausgestellten arbeitgeberbezogenen Bescheinigung zur Durchführung des Lohnsteuerabzugs eingetragener **persönlicher Freibetrag**,
- der **Altersentlastungsbetrag** und
- der **Versorgungsfreibetrag** sowie der Zuschlag zum Versorgungsfreibetrag.

Hinzuzurechnen ist ggf.

- ein mit den elektronischen Lohnsteuerabzugsmerkmalen mitgeteilter oder in der vom Finanzamt ausgestellten arbeitgeberbezogenen Bescheinigung zur Durchführung des Lohnsteuerabzugs eingetragener **Hinzurechnungsbetrag**.

Altersentlastungsbetrag

Ein Altersentlastungsbetrag[45] (Freibetrag) ist bei Arbeitnehmern zu berücksichtigen, die vor Beginn des Kalenderjahres das **64. Lebensjahr vollendet** haben (für das Kalenderjahr 2023 vor dem 2.1.1959 geboren). Der im Jahr der erstmaligen Berücksichtigung (**Erstjahr**) ermittelte Prozentsatz sowie der Höchstbetrag bleiben dem Arbeitnehmer **zeitlebens** erhalten.

Wichtig: Arbeitgeber muss prüfen, ob Anspruch auf Altersentlastungsbetrag besteht

Der Arbeitgeber ist **verpflichtet**, den Ansatz des Altersentlastungsbetrags selbstständig **zu prüfen**.

Bemessungsgrundlage des Altersentlastungsbetrags ist der steuerpflichtige Bruttolohn ohne Kürzung um den Arbeitnehmer-Pauschbetrag oder einen als Lohnsteuerabzugsmerkmal vom Finanzamt mitgeteilten Freibetrag.

Steuerfreie und pauschal besteuerte Arbeitslohnteile sind bei der Ermittlung des Altersentlastungsbetrags **nicht zu berücksichtigen**. Ebenso wenig steuerbegünstigte **Versorgungsbezüge**: sie bleiben bei der Berechnung außer Betracht, sie sind **nicht** begünstigt.

Im **Kalenderjahr 2023** beträgt der Altersentlastungsbetrag beim Lohnsteuerabzug **13,6 % des Arbeitslohns**, höchstens 646 EUR (Jahresbetrag). Er ist auf den nächsten vollen Eurobetrag aufzurunden.

Der auf den **Lohnzahlungszeitraum** entfallende Anteil des Altersentlastungsbetrags ist zu ermitteln mit 1/12 für den **Monat** und mit 1/30 des Monatsbetrags für den **Tag**.

Der dem Lohnzahlungszeitraum entsprechende **anteilige Höchstbetrag** darf auch dann nicht überschritten werden, wenn in den vorangegangenen Lohnzahlungszeiträumen desselben Kalenderjahres der Höchstbetrag nicht ausgeschöpft worden ist.

Bei im **Ausland ansässigen** (beschränkt einkommensteuerpflichtigen) Arbeitnehmern ist ebenfalls ein Altersentlastungsbetrag abzuziehen.

Versorgungsfreibetrag

Ein Versorgungsfreibetrag sowie ein Zuschlag zum Versorgungsfreibetrag[46] sind abzuziehen, wenn es sich bei einem Teil des Arbeitslohns oder insgesamt um **Versorgungsbezüge** handelt.

Wichtig: Arbeitgeber muss Anspruch auf Versorgungsfreibetrag und Zuschlag prüfen

Auch hier ist der Arbeitgeber gefordert; er muss den Ansatz des Freibetrags/Entlastungsbetrags selbstständig prüfen.

Versorgungsbezüge sind auf früheren Dienstleistungen beruhende Bezüge und Vorteile (**Altersbezüge** wie Ruhegehalt, Witwen- oder Waisengeld, wegen Berufs- oder Erwerbsunfähigkeit). Bezüge, die wegen Erreichens einer Altersgrenze gezahlt werden, gelten erst dann als Versorgungsbezüge, wenn der Steuerpflichtige das 63. Lebensjahr vollendet hat (für 2023 vor dem 2.1.1959 geboren) oder – wenn er Schwerbehinderter ist – das 60. Lebensjahr vollendet hat.

Bemessungsgrundlage für den Versorgungsfreibetrag ist das 12-fache des **ersten vollen** Monatsbezugs zuzüglich voraussichtlicher Sonderzahlungen. Die danach einmal berechnete Höhe der Freibeträge für Versorgungsbezüge gelten grundsätzlich **für die gesamte Laufzeit** des Versorgungsbezugs (betragsmäßige Festschreibung). Regelmäßige Anpassungen der Versorgungsbezüge führen also nicht zu einer Neuberechnung.

Wegen dieser Komplizierungen wird auf die Darstellung der Versorgungsbezüge in den Tabellen verzichtet. Die Lohnsteuer kann jedoch mit den Tabellen annähernd ermittelt werden, wenn von dem Versorgungsbezug ein **Korrekturbetrag** für den Versorgungsfreibetrag und den Zuschlag zum Versorgungsfreibetrag abgezogen wird, der sich nach dem Erstjahr richtet (begünstigter Versorgungsbeginn).

---

42 § 32 Abs. 6 Satz 1 erster Halbsatz EStG.
43 § 32 Abs. 6 Satz 1 zweiter Halbsatz EStG.
44 § 39a EStG.
45 § 24a EStG.
46 § 19 Abs. 2 EStG.

Der Versorgungsfreibetrag beträgt bei Versorgungsbeginn bis 2005 40 % der Versorgungsbezüge, höchstens jedoch 3.000 EUR jährlich. Ferner ist der Zuschlag zum Versorgungsfreibetrag i. H. v. 900 EUR abzuziehen. Für **2023** betragen der Versorgungsfreibetrag **13,6 % der Versorgungsbezüge**, **höchstens jedoch 1.020 EUR** jährlich und der **Zuschlag zum Versorgungsfreibetrag 306 EUR** (jeweils Jahresbeträge).

Der auf den Lohnzahlungszeitraum insgesamt entfallende Anteil dieser Freibeträge für Versorgungsbezüge ist zu ermitteln mit **1/12 der Jahresbeträge** für einen Monat und mit **1/30 des Monatsbetrags** für einen Tag.

5.4 Korrekturbetrag bei Nachweis höherer Kranken- und Pflegeversicherungsbeiträge

Bei rentenversicherungspflichtigen Arbeitnehmern, die **privat kranken- und pflegeversichert** sind, dürfen im Lohnsteuerabzugsverfahren nach Steuerklasse I bis V die **tatsächlichen Beiträge** zur Basiskranken- und Pflegepflichtversicherung berücksichtigt werden, wenn der Arbeitnehmer seinem Arbeitgeber eine entsprechende **Beitragsbescheinigung** des Versicherungsunternehmens vorlegt.

Diese besondere Beitragsbescheinigung weist die zu berücksichtigenden Basiskranken- und Pflegepflichtbeiträge des Arbeitnehmers als **Monatsbeitrag** aus – und ggf. seines mitversicherten Ehegatten und seiner mitversicherten Kinder. Die nachgewiesenen Beiträge werden dann im Lohnsteuerabzugsverfahren unter Berücksichtigung eines typisierten steuerfreien Arbeitgeberzuschusses angesetzt.

Einzelheiten hierzu und wie die Berechnung im Detail erfolgt, sind im Anhang *„Hinweise zur Anwendung der Zusatztabelle „Abzugsbetrag bei privat Kranken- und Pflegeversicherten" zu den Allgemeinen Lohnsteuertabellen"*, beschrieben.

Allgemeine Tabelle

für rentenversicherungspflichtige Arbeitnehmer

Tabellenwerte

Monatslöhne	bis	€	14.939,99
Tageslöhne	bis	€	252,29
Jahreslöhne	bis	€	138.959,99

Lohn/ Gehalt bis	Steuerklasse	Lohn- steuer	ohne Kinderfreibetrag		
			SolZ 5,5%	Kirchensteuer 8%	9%
2,99	V	-	-	-	-
	VI	0,25	-	0,02	0,02
5,99	V	-	-	-	-
	VI	0,58	-	0,04	0,05
8,99	V	-	-	-	-
	VI	0,91	-	0,07	0,08
11,99	V	-	-	-	-
	VI	1,25	-	0,10	0,11
14,99	V	-	-	-	-
	VI	1,58	-	0,12	0,14
17,99	V	-	-	-	-
	VI	1,91	-	0,15	0,17
20,99	V	-	-	-	-
	VI	2,25	-	0,18	0,20
23,99	V	-	-	-	-
	VI	2,58	-	0,20	0,23
26,99	V	-	-	-	-
	VI	2,91	-	0,23	0,26
29,99	V	-	-	-	-
	VI	3,25	-	0,26	0,29
32,99	V	-	-	-	-
	VI	3,58	-	0,28	0,32
35,99	V	-	-	-	-
	VI	3,91	-	0,31	0,35
38,99	V	-	-	-	-
	VI	4,25	-	0,34	0,38
41,99	V	-	-	-	-
	VI	4,58	-	0,36	0,41
44,99	V	-	-	-	-
	VI	4,91	-	0,39	0,44
47,99	V	-	-	-	-
	VI	5,25	-	0,42	0,47
50,99	V	-	-	-	-
	VI	5,58	-	0,44	0,50
53,99	V	-	-	-	-
	VI	5,91	-	0,47	0,53
56,99	V	-	-	-	-
	VI	6,25	-	0,50	0,56
59,99	V	-	-	-	-
	VI	6,58	-	0,52	0,59
62,99	V	-	-	-	-
	VI	6,91	-	0,55	0,62
65,99	V	-	-	-	-
	VI	7,25	-	0,58	0,65
68,99	V	-	-	-	-
	VI	7,58	-	0,60	0,68
71,99	V	-	-	-	-
	VI	7,83	-	0,62	0,70
74,99	V	-	-	-	-
	VI	8,16	-	0,65	0,73
77,99	V	-	-	-	-
	VI	8,50	-	0,68	0,76
80,99	V	-	-	-	-
	VI	8,83	-	0,70	0,79
83,99	V	-	-	-	-
	VI	9,16	-	0,73	0,82
86,99	V	-	-	-	-
	VI	9,50	-	0,76	0,85
89,99	V	-	-	-	-
	VI	9,83	-	0,78	0,88
92,99	V	-	-	-	-
	VI	10,16	-	0,81	0,91
95,99	V	-	-	-	-
	VI	10,50	-	0,84	0,94
98,99	V	-	-	-	-
	VI	10,83	-	0,86	0,97
101,99	V	-	-	-	-
	VI	11,16	-	0,89	1,00
104,99	V	-	-	-	-
	VI	11,50	-	0,92	1,03
107,99	V	-	-	-	-
	VI	11,83	-	0,94	1,06
110,99	V	-	-	-	-
	VI	12,16	-	0,97	1,09
113,99	V	-	-	-	-
	VI	12,50	-	1,00	1,12
116,99	V	-	-	-	-
	VI	12,83	-	1,02	1,15
119,99	V	-	-	-	-
	VI	13,16	-	1,05	1,18
122,99	V	-	-	-	-
	VI	13,50	-	1,08	1,21
125,99	V	-	-	-	-
	VI	13,83	-	1,10	1,24
128,99	V	-	-	-	-
	VI	14,16	-	1,13	1,27
131,99	V	-	-	-	-
	VI	14,50	-	1,16	1,30
134,99	V	-	-	-	-
	VI	14,83	-	1,18	1,33
137,99	V	0,41	-	0,03	0,03
	VI	15,16	-	1,21	1,36
140,99	V	0,66	-	0,05	0,05
	VI	15,50	-	1,24	1,39
143,99	V	1,00	-	0,08	0,09
	VI	15,83	-	1,26	1,42
146,99	V	1,33	-	0,10	0,11
	VI	16,16	-	1,29	1,45
149,99	V	1,66	-	0,13	0,14
	VI	16,50	-	1,32	1,48
152,99	V	2,00	-	0,16	0,18
	VI	16,83	-	1,34	1,51
155,99	V	2,33	-	0,18	0,20
	VI	17,16	-	1,37	1,54
158,99	V	2,66	-	0,21	0,23
	VI	17,50	-	1,40	1,57
161,99	V	3,00	-	0,24	0,27
	VI	17,75	-	1,42	1,59
164,99	V	3,33	-	0,26	0,29
	VI	18,08	-	1,44	1,62
167,99	V	3,66	-	0,29	0,32
	VI	18,41	-	1,47	1,65
170,99	V	4,00	-	0,32	0,36
	VI	18,75	-	1,50	1,68
173,99	V	4,33	-	0,34	0,38
	VI	19,08	-	1,52	1,71
176,99	V	4,66	-	0,37	0,41
	VI	19,41	-	1,55	1,74
179,99	V	5,00	-	0,40	0,45
	VI	19,75	-	1,58	1,77
182,99	V	5,33	-	0,42	0,47
	VI	20,08	-	1,60	1,80
185,99	V	5,66	-	0,45	0,50
	VI	20,41	-	1,63	1,83
188,99	V	6,00	-	0,48	0,54
	VI	20,75	-	1,66	1,86
191,99	V	6,33	-	0,50	0,56
	VI	21,08	-	1,68	1,89
194,99	V	6,66	-	0,53	0,59
	VI	21,41	-	1,71	1,92
197,99	V	7,00	-	0,56	0,63
	VI	21,75	-	1,74	1,95
200,99	V	7,33	-	0,58	0,65
	VI	22,08	-	1,76	1,98
203,99	V	7,66	-	0,61	0,68
	VI	22,41	-	1,79	2,01
206,99	V	8,00	-	0,64	0,72
	VI	22,75	-	1,82	2,04
209,99	V	8,33	-	0,66	0,74
	VI	23,08	-	1,84	2,07
212,99	V	8,66	-	0,69	0,77
	VI	23,41	-	1,87	2,10
215,99	V	9,00	-	0,72	0,81
	VI	23,75	-	1,90	2,13
218,99	V	9,33	-	0,74	0,83
	VI	24,08	-	1,92	2,16
221,99	V	9,66	-	0,77	0,86
	VI	24,41	-	1,95	2,19
224,99	V	9,91	-	0,79	0,89
	VI	24,75	-	1,98	2,22
227,99	V	10,33	-	0,82	0,92
	VI	25,08	-	2,00	2,25
230,99	V	10,58	-	0,84	0,95
	VI	25,41	-	2,03	2,28
233,99	V	10,91	-	0,87	0,98
	VI	25,75	-	2,06	2,31
236,99	V	11,25	-	0,90	1,01
	VI	26,08	-	2,08	2,34
239,99	V	11,58	-	0,92	1,04
	VI	26,41	-	2,11	2,37
242,99	V	11,91	-	0,95	1,07
	VI	26,75	-	2,14	2,40
245,99	V	12,25	-	0,98	1,10
	VI	27,08	-	2,16	2,43
248,99	V	12,58	-	1,00	1,13
	VI	27,41	-	2,19	2,46
251,99	V	12,91	-	1,03	1,16
	VI	27,66	-	2,21	2,48
254,99	V	13,25	-	1,06	1,19
	VI	28,00	-	2,24	2,52
257,99	V	13,58	-	1,08	1,22
	VI	28,33	-	2,26	2,54
260,99	V	13,91	-	1,11	1,25
	VI	28,66	-	2,29	2,57
263,99	V	14,25	-	1,14	1,28
	VI	29,00	-	2,32	2,61
266,99	V	14,58	-	1,16	1,31
	VI	29,33	-	2,34	2,63
269,99	V	14,91	-	1,19	1,34
	VI	29,66	-	2,37	2,66

s monatlich 1.289,99 € entstehen für die Steuerklassen I bis IV keine Steuerabzüge.

MONAT bis 647,99 €

Allgemeine Tabelle

Lohn/ Gehalt bis	Steuerklasse	Lohnsteuer	ohne Kinderfreibetrag SolZ 5,5%	Kirchensteuer 8%	Kirchensteuer 9%
272,99	V	15,25	-	1,22	1,37
	VI	30,00	-	2,40	2,70
275,99	V	15,58	-	1,24	1,40
	VI	30,33	-	2,42	2,72
278,99	V	15,91	-	1,27	1,43
	VI	30,66	-	2,45	2,75
281,99	V	16,25	-	1,30	1,46
	VI	31,00	-	2,48	2,79
284,99	V	16,58	-	1,32	1,49
	VI	31,33	-	2,50	2,81
287,99	V	16,91	-	1,35	1,52
	VI	31,66	-	2,53	2,84
290,99	V	17,25	-	1,38	1,55
	VI	32,00	-	2,56	2,88
293,99	V	17,58	-	1,40	1,58
	VI	32,33	-	2,58	2,90
296,99	V	17,91	-	1,43	1,61
	VI	32,66	-	2,61	2,93
299,99	V	18,25	-	1,46	1,64
	VI	33,00	-	2,64	2,97
302,99	V	18,58	-	1,48	1,67
	VI	33,33	-	2,66	2,99
305,99	V	18,91	-	1,51	1,70
	VI	33,66	-	2,69	3,02
308,99	V	19,25	-	1,54	1,73
	VI	34,00	-	2,72	3,06
311,99	V	19,58	-	1,56	1,76
	VI	34,33	-	2,74	3,08
314,99	V	19,83	-	1,58	1,78
	VI	34,66	-	2,77	3,11
317,99	V	20,25	-	1,62	1,82
	VI	35,00	-	2,80	3,15
320,99	V	20,50	-	1,64	1,84
	VI	35,33	-	2,82	3,17
323,99	V	20,83	-	1,66	1,87
	VI	35,66	-	2,85	3,20
326,99	V	21,16	-	1,69	1,90
	VI	36,00	-	2,88	3,24
329,99	V	21,50	-	1,72	1,93
	VI	36,33	-	2,90	3,26
332,99	V	21,83	-	1,74	1,96
	VI	36,66	-	2,93	3,29
335,99	V	22,16	-	1,77	1,99
	VI	37,00	-	2,96	3,33
338,99	V	22,50	-	1,80	2,02
	VI	37,33	-	2,98	3,35
341,99	V	22,83	-	1,82	2,05
	VI	37,58	-	3,00	3,38
344,99	V	23,16	-	1,85	2,08
	VI	37,91	-	3,03	3,41
347,99	V	23,50	-	1,88	2,11
	VI	38,25	-	3,06	3,44
350,99	V	23,83	-	1,90	2,14
	VI	38,58	-	3,08	3,47
353,99	V	24,16	-	1,93	2,17
	VI	38,91	-	3,11	3,50
356,99	V	24,50	-	1,96	2,20
	VI	39,25	-	3,14	3,53
359,99	V	24,83	-	1,98	2,23
	VI	39,58	-	3,16	3,56
362,99	V	25,16	-	2,01	2,26
	VI	39,91	-	3,19	3,59
365,99	V	25,50	-	2,04	2,29
	VI	40,25	-	3,22	3,62
368,99	V	25,83	-	2,06	2,32
	VI	40,58	-	3,24	3,65
371,99	V	26,16	-	2,09	2,35
	VI	40,91	-	3,27	3,68
374,99	V	26,50	-	2,12	2,38
	VI	41,25	-	3,30	3,71
377,99	V	26,83	-	2,14	2,41
	VI	41,58	-	3,32	3,74
380,99	V	27,16	-	2,17	2,44
	VI	41,91	-	3,35	3,77
383,99	V	27,50	-	2,20	2,47
	VI	42,25	-	3,38	3,80
386,99	V	27,83	-	2,22	2,50
	VI	42,58	-	3,40	3,83
389,99	V	28,16	-	2,25	2,53
	VI	42,91	-	3,43	3,86
392,99	V	28,50	-	2,28	2,56
	VI	43,25	-	3,46	3,89
395,99	V	28,83	-	2,30	2,59
	VI	43,58	-	3,48	3,92

Lohn/ Gehalt bis	Steuerklasse	Lohnsteuer	ohne Kinderfreibetrag SolZ 5,5%	Kirchensteuer 8%	Kirchensteuer 9%
398,99	V	29,16	-	2,33	2,62
	VI	43,91	-	3,51	3,95
401,99	V	29,50	-	2,36	2,65
	VI	44,25	-	3,54	3,98
404,99	V	29,75	-	2,38	2,67
	VI	44,58	-	3,56	4,01
407,99	V	30,16	-	2,41	2,71
	VI	44,91	-	3,59	4,04
410,99	V	30,41	-	2,43	2,73
	VI	45,25	-	3,62	4,07
413,99	V	30,75	-	2,46	2,76
	VI	45,58	-	3,64	4,10
416,99	V	31,08	-	2,48	2,79
	VI	45,91	-	3,67	4,13
419,99	V	31,41	-	2,51	2,82
	VI	46,25	-	3,70	4,16
422,99	V	31,75	-	2,54	2,85
	VI	46,58	-	3,72	4,19
425,99	V	32,08	-	2,56	2,88
	VI	46,91	-	3,75	4,22
428,99	V	32,41	-	2,59	2,91
	VI	47,25	-	3,78	4,25
431,99	V	32,75	-	2,62	2,94
	VI	47,50	-	3,80	4,27
434,99	V	33,08	-	2,64	2,97
	VI	47,83	-	3,82	4,30
437,99	V	33,41	-	2,67	3,00
	VI	48,16	-	3,85	4,33
440,99	V	33,75	-	2,70	3,03
	VI	48,50	-	3,88	4,36
443,99	V	34,08	-	2,72	3,06
	VI	48,83	-	3,90	4,39
446,99	V	34,41	-	2,75	3,09
	VI	49,16	-	3,93	4,42
449,99	V	34,75	-	2,78	3,12
	VI	49,50	-	3,96	4,45
452,99	V	35,08	-	2,80	3,15
	VI	49,83	-	3,98	4,48
455,99	V	35,41	-	2,83	3,18
	VI	50,16	-	4,01	4,51
458,99	V	35,75	-	2,86	3,21
	VI	50,50	-	4,04	4,54
461,99	V	36,08	-	2,88	3,24
	VI	50,83	-	4,06	4,57
464,99	V	36,41	-	2,91	3,27
	VI	51,16	-	4,09	4,60
467,99	V	36,75	-	2,94	3,30
	VI	51,50	-	4,12	4,63
470,99	V	37,08	-	2,96	3,33
	VI	51,83	-	4,14	4,66
473,99	V	37,41	-	2,99	3,36
	VI	52,16	-	4,17	4,69
476,99	V	37,75	-	3,02	3,39
	VI	52,50	-	4,20	4,72
479,99	V	38,08	-	3,04	3,42
	VI	52,83	-	4,22	4,75
482,99	V	38,41	-	3,07	3,45
	VI	53,16	-	4,25	4,78
485,99	V	38,75	-	3,10	3,48
	VI	53,50	-	4,28	4,81
488,99	V	39,08	-	3,12	3,51
	VI	53,83	-	4,30	4,84
491,99	V	39,41	-	3,15	3,54
	VI	54,16	-	4,33	4,87
494,99	V	39,66	-	3,17	3,56
	VI	54,50	-	4,36	4,90
497,99	V	40,08	-	3,20	3,60
	VI	54,83	-	4,38	4,93
500,99	V	40,33	-	3,22	3,62
	VI	55,16	-	4,41	4,96
503,99	V	40,66	-	3,25	3,65
	VI	55,50	-	4,44	4,99
506,99	V	41,00	-	3,28	3,69
	VI	55,83	-	4,46	5,02
509,99	V	41,33	-	3,30	3,71
	VI	56,16	-	4,49	5,05
512,99	V	41,66	-	3,33	3,74
	VI	56,50	-	4,52	5,08
515,99	V	42,00	-	3,36	3,78
	VI	56,83	-	4,54	5,11
518,99	V	42,33	-	3,38	3,80
	VI	57,16	-	4,57	5,14
521,99	V	42,66	-	3,41	3,83
	VI	57,41	-	4,59	5,16

Lohn/ Gehalt bis	Steuerklasse	Lohnsteuer	ohne Kinderfreibetrag SolZ 5,5%	Kirchensteuer 8%	Kirchensteuer 9%
524,99	V	43,00	-	3,44	[illegible]
	VI	57,75	-	4,62	[illegible]
527,99	V	43,33	-	3,46	[illegible]
	VI	58,08	-	4,64	[illegible]
530,99	V	43,66	-	3,49	[illegible]
	VI	58,41	-	4,67	[illegible]
533,99	V	44,00	-	3,52	[illegible]
	VI	58,75	-	4,70	[illegible]
536,99	V	44,33	-	3,54	[illegible]
	VI	59,08	-	4,72	[illegible]
539,99	V	44,66	-	3,57	[illegible]
	VI	59,41	-	4,75	[illegible]
542,99	V	45,00	-	3,60	[illegible]
	VI	59,75	-	4,78	[illegible]
545,99	V	45,33	-	3,62	[illegible]
	VI	60,08	-	4,80	[illegible]
548,99	V	45,66	-	3,65	[illegible]
	VI	60,41	-	4,83	[illegible]
551,99	V	46,00	-	3,68	[illegible]
	VI	60,75	-	4,86	[illegible]
554,99	V	46,33	-	3,70	[illegible]
	VI	61,08	-	4,88	[illegible]
557,99	V	46,66	-	3,73	[illegible]
	VI	61,41	-	4,91	[illegible]
560,99	V	47,00	-	3,76	[illegible]
	VI	61,75	-	4,94	[illegible]
563,99	V	47,33	-	3,78	[illegible]
	VI	62,08	-	4,96	[illegible]
566,99	V	47,66	-	3,81	[illegible]
	VI	62,41	-	4,99	[illegible]
569,99	V	48,00	-	3,84	[illegible]
	VI	62,75	-	5,02	[illegible]
572,99	V	48,33	-	3,86	[illegible]
	VI	63,08	-	5,04	[illegible]
575,99	V	48,66	-	3,89	[illegible]
	VI	63,41	-	5,07	[illegible]
578,99	V	49,00	-	3,92	[illegible]
	VI	63,75	-	5,10	[illegible]
581,99	V	49,33	-	3,94	[illegible]
	VI	64,08	-	5,12	[illegible]
584,99	V	49,58	-	3,96	[illegible]
	VI	64,41	-	5,15	[illegible]
587,99	V	50,00	-	4,00	[illegible]
	VI	64,75	-	5,18	[illegible]
590,99	V	50,25	-	4,02	[illegible]
	VI	65,08	-	5,20	[illegible]
593,99	V	50,58	-	4,04	[illegible]
	VI	65,41	-	5,23	[illegible]
596,99	V	50,91	-	4,07	[illegible]
	VI	65,75	-	5,26	[illegible]
599,99	V	51,25	-	4,10	[illegible]
	VI	66,08	-	5,28	[illegible]
602,99	V	51,58	-	4,12	[illegible]
	VI	66,41	-	5,31	[illegible]
605,99	V	51,91	-	4,15	[illegible]
	VI	66,75	-	5,34	[illegible]
608,99	V	52,25	-	4,18	[illegible]
	VI	67,08	-	5,36	[illegible]
611,99	V	52,58	-	4,20	[illegible]
	VI	67,33	-	5,38	[illegible]
614,99	V	52,91	-	4,23	[illegible]
	VI	67,66	-	5,41	[illegible]
617,99	V	53,25	-	4,26	[illegible]
	VI	68,00	-	5,44	[illegible]
620,99	V	53,58	-	4,28	[illegible]
	VI	68,33	-	5,46	[illegible]
623,99	V	53,91	-	4,31	[illegible]
	VI	68,66	-	5,49	[illegible]
626,99	V	54,25	-	4,34	[illegible]
	VI	69,00	-	5,52	[illegible]
629,99	V	54,58	-	4,36	[illegible]
	VI	69,33	-	5,54	[illegible]
632,99	V	54,91	-	4,39	[illegible]
	VI	69,66	-	5,57	[illegible]
635,99	V	55,25	-	4,42	[illegible]
	VI	70,00	-	5,60	[illegible]
638,99	V	55,58	-	4,44	[illegible]
	VI	70,33	-	5,62	[illegible]
641,99	V	55,91	-	4,47	[illegible]
	VI	70,66	-	5,65	[illegible]
644,99	V	56,25	-	4,50	[illegible]
	VI	71,00	-	5,68	[illegible]
647,99	V	56,58	-	4,52	[illegible]
	VI	71,33	-	5,70	[illegible]

Bis monatlich 1.289,99 € entstehen für die Steuerklassen I bis IV keine Steuerabzü

Lohn/ Gehalt bis	Steuerklasse	Lohn-steuer	ohne Kinderfreibetrag SolZ 5,5%	Kirchensteuer 8%	9%
650,99	V	56,91	-	4,55	5,12
	VI	71,66	-	5,73	6,44
653,99	V	57,25	-	4,58	5,15
	VI	72,00	-	5,76	6,48
656,99	V	57,58	-	4,60	5,18
	VI	72,33	-	5,78	6,50
659,99	V	57,91	-	4,63	5,21
	VI	72,66	-	5,81	6,53
662,99	V	58,25	-	4,66	5,24
	VI	73,00	-	5,84	6,57
665,99	V	58,58	-	4,68	5,27
	VI	73,33	-	5,86	6,59
668,99	V	58,91	-	4,71	5,30
	VI	73,66	-	5,89	6,62
671,99	V	59,25	-	4,74	5,33
	VI	74,00	-	5,92	6,66
674,99	V	59,50	-	4,76	5,35
	VI	74,33	-	5,94	6,68
677,99	V	59,91	-	4,79	5,39
	VI	74,66	-	5,97	6,71
680,99	V	60,16	-	4,81	5,41
	VI	75,00	-	6,00	6,75
683,99	V	60,50	-	4,84	5,44
	VI	75,33	-	6,02	6,77
686,99	V	60,83	-	4,86	5,47
	VI	75,66	-	6,05	6,80
689,99	V	61,16	-	4,89	5,50
	VI	76,00	-	6,08	6,84
692,99	V	61,50	-	4,92	5,53
	VI	76,33	-	6,10	6,86
695,99	V	61,83	-	4,94	5,56
	VI	76,66	-	6,13	6,89
698,99	V	62,16	-	4,97	5,59
	VI	77,00	-	6,16	6,93
701,99	V	62,50	-	5,00	5,62
	VI	77,25	-	6,18	6,95
704,99	V	62,83	-	5,02	5,65
	VI	77,58	-	6,20	6,98
707,99	V	63,16	-	5,05	5,68
	VI	77,91	-	6,23	7,01
710,99	V	63,50	-	5,08	5,71
	VI	78,25	-	6,26	7,04
713,99	V	63,83	-	5,10	5,74
	VI	78,58	-	6,28	7,07
716,99	V	64,16	-	5,13	5,77
	VI	78,91	-	6,31	7,10
719,99	V	64,50	-	5,16	5,80
	VI	79,25	-	6,34	7,13
722,99	V	64,83	-	5,18	5,83
	VI	79,58	-	6,36	7,16
725,99	V	65,16	-	5,21	5,86
	VI	79,91	-	6,39	7,19
728,99	V	65,50	-	5,24	5,89
	VI	80,25	-	6,42	7,22
731,99	V	65,83	-	5,26	5,92
	VI	80,58	-	6,44	7,25
734,99	V	66,16	-	5,29	5,95
	VI	80,91	-	6,47	7,28
737,99	V	66,50	-	5,32	5,98
	VI	81,25	-	6,50	7,31
740,99	V	66,83	-	5,34	6,01
	VI	81,58	-	6,52	7,34
743,99	V	67,16	-	5,37	6,04
	VI	81,91	-	6,55	7,37
746,99	V	67,50	-	5,40	6,07
	VI	82,25	-	6,58	7,40
749,99	V	67,83	-	5,42	6,10
	VI	82,58	-	6,60	7,43
752,99	V	68,16	-	5,45	6,13
	VI	82,91	-	6,63	7,46
755,99	V	68,50	-	5,48	6,16
	VI	83,25	-	6,66	7,49
758,99	V	68,83	-	5,50	6,19
	VI	83,58	-	6,68	7,52
761,99	V	69,16	-	5,53	6,22
	VI	83,91	-	6,71	7,55
764,99	V	69,41	-	5,55	6,24
	VI	84,25	-	6,74	7,58
767,99	V	69,83	-	5,58	6,28
	VI	84,58	-	6,76	7,61
770,99	V	70,08	-	5,60	6,30
	VI	84,91	-	6,79	7,64
773,99	V	70,41	-	5,63	6,33
	VI	85,25	-	6,82	7,67
776,99	V	70,75	-	5,66	6,36
	VI	85,58	-	6,84	7,70
779,99	V	71,08	-	5,68	6,39
	VI	85,91	-	6,87	7,73
782,99	V	71,41	-	5,71	6,42
	VI	86,25	-	6,90	7,76
785,99	V	71,75	-	5,74	6,45
	VI	86,58	-	6,92	7,79
788,99	V	72,08	-	5,76	6,48
	VI	86,91	-	6,95	7,82
791,99	V	72,41	-	5,79	6,51
	VI	87,16	-	6,97	7,84
794,99	V	72,75	-	5,82	6,54
	VI	87,50	-	7,00	7,87
797,99	V	73,08	-	5,84	6,57
	VI	87,83	-	7,02	7,90
800,99	V	73,41	-	5,87	6,60
	VI	88,16	-	7,05	7,93
803,99	V	73,75	-	5,90	6,63
	VI	88,50	-	7,08	7,96
806,99	V	74,08	-	5,92	6,66
	VI	88,83	-	7,10	7,99
809,99	V	74,41	-	5,95	6,69
	VI	89,16	-	7,13	8,02
812,99	V	74,75	-	5,98	6,72
	VI	89,50	-	7,16	8,05
815,99	V	75,08	-	6,00	6,75
	VI	89,83	-	7,18	8,08
818,99	V	75,41	-	6,03	6,78
	VI	90,16	-	7,21	8,11
821,99	V	75,75	-	6,06	6,81
	VI	90,50	-	7,24	8,14
824,99	V	76,08	-	6,08	6,84
	VI	90,83	-	7,26	8,17
827,99	V	76,41	-	6,11	6,87
	VI	91,16	-	7,29	8,20
830,99	V	76,75	-	6,14	6,90
	VI	91,50	-	7,32	8,23
833,99	V	77,08	-	6,16	6,93
	VI	91,83	-	7,34	8,26
836,99	V	77,41	-	6,19	6,96
	VI	92,16	-	7,37	8,29
839,99	V	77,75	-	6,22	6,99
	VI	92,50	-	7,40	8,32
842,99	V	78,08	-	6,24	7,02
	VI	92,83	-	7,42	8,35
845,99	V	78,41	-	6,27	7,05
	VI	93,16	-	7,45	8,38
848,99	V	78,75	-	6,30	7,08
	VI	93,50	-	7,48	8,41
851,99	V	79,08	-	6,32	7,11
	VI	93,83	-	7,50	8,44
854,99	V	79,33	-	6,34	7,13
	VI	94,16	-	7,53	8,47
857,99	V	79,66	-	6,37	7,16
	VI	94,50	-	7,56	8,50
860,99	V	80,00	-	6,40	7,20
	VI	94,83	-	7,58	8,53
863,99	V	80,33	-	6,42	7,22
	VI	95,16	-	7,61	8,56
866,99	V	80,66	-	6,45	7,25
	VI	95,50	-	7,64	8,59
869,99	V	81,00	-	6,48	7,29
	VI	95,83	-	7,66	8,62
872,99	V	81,33	-	6,50	7,31
	VI	96,16	-	7,69	8,65
875,99	V	81,66	-	6,53	7,34
	VI	96,41	-	7,71	8,67
878,99	V	82,00	-	6,56	7,38
	VI	96,83	-	7,74	8,71
881,99	V	82,33	-	6,58	7,40
	VI	97,08	-	7,76	8,73
884,99	V	82,66	-	6,61	7,43
	VI	97,41	-	7,79	8,76
887,99	V	83,00	-	6,64	7,47
	VI	97,75	-	7,82	8,79
890,99	V	83,33	-	6,66	7,49
	VI	98,08	-	7,84	8,82
893,99	V	83,66	-	6,69	7,52
	VI	98,41	-	7,87	8,85
896,99	V	84,00	-	6,72	7,56
	VI	98,75	-	7,90	8,88
899,99	V	84,33	-	6,74	7,58
	VI	99,08	-	7,92	8,91
902,99	I	-	-	-	-
	II	-	-	-	-
	III	-	-	-	-
	IV	-	-	-	-
	V	84,66	-	6,77	7,61
	VI	99,41	-	7,95	8,94
905,99	I	-	-	-	-
	II	-	-	-	-
	III	-	-	-	-
	IV	-	-	-	-
	V	85,00	-	6,80	7,65
	VI	99,75	-	7,98	8,97
908,99	I	-	-	-	-
	II	-	-	-	-
	III	-	-	-	-
	IV	-	-	-	-
	V	85,33	-	6,82	7,67
	VI	100,08	-	8,00	9,00
911,99	I	-	-	-	-
	II	-	-	-	-
	III	-	-	-	-
	IV	-	-	-	-
	V	85,66	-	6,85	7,70
	VI	100,41	-	8,03	9,03
914,99	I	-	-	-	-
	II	-	-	-	-
	III	-	-	-	-
	IV	-	-	-	-
	V	86,00	-	6,88	7,74
	VI	100,75	-	8,06	9,06
917,99	I	-	-	-	-
	II	-	-	-	-
	III	-	-	-	-
	IV	-	-	-	-
	V	86,33	-	6,90	7,76
	VI	101,08	-	8,08	9,09
920,99	I	-	-	-	-
	II	-	-	-	-
	III	-	-	-	-
	IV	-	-	-	-
	V	86,66	-	6,93	7,79
	VI	101,41	-	8,11	9,12
923,99	I	-	-	-	-
	II	-	-	-	-
	III	-	-	-	-
	IV	-	-	-	-
	V	87,00	-	6,96	7,83
	VI	101,75	-	8,14	9,15
926,99	I	-	-	-	-
	II	-	-	-	-
	III	-	-	-	-
	IV	-	-	-	-
	V	87,33	-	6,98	7,85
	VI	102,08	-	8,16	9,18
929,99	I	-	-	-	-
	II	-	-	-	-
	III	-	-	-	-
	IV	-	-	-	-
	V	87,66	-	7,01	7,88
	VI	102,41	-	8,19	9,21
932,99	I	-	-	-	-
	II	-	-	-	-
	III	-	-	-	-
	IV	-	-	-	-
	V	88,00	-	7,04	7,92
	VI	102,75	-	8,22	9,24
935,99	I	-	-	-	-
	II	-	-	-	-
	III	-	-	-	-
	IV	-	-	-	-
	V	88,33	-	7,06	7,94
	VI	103,08	-	8,24	9,27
938,99	I	-	-	-	-
	II	-	-	-	-
	III	-	-	-	-
	IV	-	-	-	-
	V	88,66	-	7,09	7,97
	VI	103,41	-	8,27	9,30
941,99	I	-	-	-	-
	II	-	-	-	-
	III	-	-	-	-
	IV	-	-	-	-
	V	89,00	-	7,12	8,01
	VI	103,75	-	8,30	9,33
944,99	I	-	-	-	-
	II	-	-	-	-
	III	-	-	-	-
	IV	-	-	-	-
	V	89,25	-	7,14	8,03
	VI	104,08	-	8,32	9,36

is monatlich 1.289,99 € entstehen für die Steuerklassen I bis IV keine Steuerabzüge.

MONAT bis 1.079,99 €

Allgemeine Tabelle

Lohn/ Gehalt bis	Steuerklasse	Lohnsteuer	ohne Kinderfreibetrag SolZ 5,5%	Kirchensteuer 8%	Kirchensteuer 9%
947,99	I	-	-	-	-
	II	-	-	-	-
	III	-	-	-	-
	IV	-	-	-	-
	V	89,58	-	7,16	8,06
	VI	104,41	-	8,35	9,39
950,99	I	-	-	-	-
	II	-	-	-	-
	III	-	-	-	-
	IV	-	-	-	-
	V	89,91	-	7,19	8,09
	VI	104,75	-	8,38	9,42
953,99	I	-	-	-	-
	II	-	-	-	-
	III	-	-	-	-
	IV	-	-	-	-
	V	90,25	-	7,22	8,12
	VI	105,08	-	8,40	9,45
956,99	I	-	-	-	-
	II	-	-	-	-
	III	-	-	-	-
	IV	-	-	-	-
	V	90,58	-	7,24	8,15
	VI	105,41	-	8,43	9,48
959,99	I	-	-	-	-
	II	-	-	-	-
	III	-	-	-	-
	IV	-	-	-	-
	V	90,91	-	7,27	8,18
	VI	105,75	-	8,46	9,51
962,99	I	-	-	-	-
	II	-	-	-	-
	III	-	-	-	-
	IV	-	-	-	-
	V	91,25	-	7,30	8,21
	VI	106,08	-	8,48	9,54
965,99	I	-	-	-	-
	II	-	-	-	-
	III	-	-	-	-
	IV	-	-	-	-
	V	91,58	-	7,32	8,24
	VI	106,33	-	8,50	9,56
968,99	I	-	-	-	-
	II	-	-	-	-
	III	-	-	-	-
	IV	-	-	-	-
	V	91,91	-	7,35	8,27
	VI	106,75	-	8,54	9,60
971,99	I	-	-	-	-
	II	-	-	-	-
	III	-	-	-	-
	IV	-	-	-	-
	V	92,25	-	7,38	8,30
	VI	107,00	-	8,56	9,63
974,99	I	-	-	-	-
	II	-	-	-	-
	III	-	-	-	-
	IV	-	-	-	-
	V	92,58	-	7,40	8,33
	VI	107,33	-	8,58	9,65
977,99	I	-	-	-	-
	II	-	-	-	-
	III	-	-	-	-
	IV	-	-	-	-
	V	92,91	-	7,43	8,36
	VI	107,66	-	8,61	9,68
980,99	I	-	-	-	-
	II	-	-	-	-
	III	-	-	-	-
	IV	-	-	-	-
	V	93,25	-	7,46	8,39
	VI	108,00	-	8,64	9,72
983,99	I	-	-	-	-
	II	-	-	-	-
	III	-	-	-	-
	IV	-	-	-	-
	V	93,58	-	7,48	8,42
	VI	108,33	-	8,66	9,74
986,99	I	-	-	-	-
	II	-	-	-	-
	III	-	-	-	-
	IV	-	-	-	-
	V	93,91	-	7,51	8,45
	VI	108,66	-	8,69	9,77
989,99	I	-	-	-	-
	II	-	-	-	-
	III	-	-	-	-
	IV	-	-	-	-
	V	94,25	-	7,54	8,48
	VI	109,00	-	8,72	9,81
992,99	I	-	-	-	-
	II	-	-	-	-
	III	-	-	-	-
	IV	-	-	-	-
	V	94,58	-	7,56	8,51
	VI	109,33	-	8,74	9,83
995,99	I	-	-	-	-
	II	-	-	-	-
	III	-	-	-	-
	IV	-	-	-	-
	V	94,91	-	7,59	8,54
	VI	109,66	-	8,77	9,86
998,99	I	-	-	-	-
	II	-	-	-	-
	III	-	-	-	-
	IV	-	-	-	-
	V	95,25	-	7,62	8,57
	VI	110,00	-	8,80	9,90
1.001,99	I	-	-	-	-
	II	-	-	-	-
	III	-	-	-	-
	IV	-	-	-	-
	V	95,58	-	7,64	8,60
	VI	110,33	-	8,82	9,92
1.004,99	I	-	-	-	-
	II	-	-	-	-
	III	-	-	-	-
	IV	-	-	-	-
	V	95,91	-	7,67	8,63
	VI	110,66	-	8,85	9,95
1.007,99	I	-	-	-	-
	II	-	-	-	-
	III	-	-	-	-
	IV	-	-	-	-
	V	96,25	-	7,70	8,66
	VI	111,00	-	8,88	9,99
1.010,99	I	-	-	-	-
	II	-	-	-	-
	III	-	-	-	-
	IV	-	-	-	-
	V	96,58	-	7,72	8,69
	VI	111,33	-	8,90	10,01
1.013,99	I	-	-	-	-
	II	-	-	-	-
	III	-	-	-	-
	IV	-	-	-	-
	V	96,91	-	7,75	8,72
	VI	111,66	-	8,93	10,04
1.016,99	I	-	-	-	-
	II	-	-	-	-
	III	-	-	-	-
	IV	-	-	-	-
	V	97,25	-	7,78	8,75
	VI	112,00	-	8,96	10,08
1.019,99	I	-	-	-	-
	II	-	-	-	-
	III	-	-	-	-
	IV	-	-	-	-
	V	97,58	-	7,80	8,78
	VI	112,33	-	8,98	10,10
1.022,99	I	-	-	-	-
	II	-	-	-	-
	III	-	-	-	-
	IV	-	-	-	-
	V	97,91	-	7,83	8,81
	VI	112,66	-	9,01	10,13
1.025,99	I	-	-	-	-
	II	-	-	-	-
	III	-	-	-	-
	IV	-	-	-	-
	V	98,25	-	7,86	8,84
	VI	113,00	-	9,04	10,17
1.028,99	I	-	-	-	-
	II	-	-	-	-
	III	-	-	-	-
	IV	-	-	-	-
	V	98,58	-	7,88	8,87
	VI	113,33	-	9,06	10,19
1.031,99	I	-	-	-	-
	II	-	-	-	-
	III	-	-	-	-
	IV	-	-	-	-
	V	98,91	-	7,91	8,90
	VI	113,66	-	9,09	10,22
1.034,99	I	-	-	-	-
	II	-	-	-	-
	III	-	-	-	-
	IV	-	-	-	-
	V	99,16	-	7,93	8,92
	VI	114,00	-	9,12	10,26

Lohn/ Gehalt bis	Steuerklasse	Lohnsteuer	ohne Kinderfreibetrag SolZ 5,5%	Kirchensteuer 8%	Kirchensteuer 9%	mit 0,5 Kinderfreibetr SolZ 5,5%	Kirchenste 8%	9
1.037,99	I	-	-	-	-	-	-	
	II	-	-	-	-	-	-	
	III	-	-	-	-	-	-	
	IV	-	-	-	-	-	-	
	V	99,50	-	7,96	8,95			
	VI	114,33	-	9,14	10,28			
1.040,99	I	-	-	-	-	-	-	
	II	-	-	-	-	-	-	
	III	-	-	-	-	-	-	
	IV	-	-	-	-	-	-	
	V	99,83	-	7,98	8,98			
	VI	114,66	-	9,17	10,31			
1.043,99	I	-	-	-	-	-	-	
	II	-	-	-	-	-	-	
	III	-	-	-	-	-	-	
	IV	-	-	-	-	-	-	
	V	100,16	-	8,01	9,01			
	VI	115,00	-	9,20	10,35			
1.046,99	I	-	-	-	-	-	-	
	II	-	-	-	-	-	-	
	III	-	-	-	-	-	-	
	IV	-	-	-	-	-	-	
	V	100,50	-	8,04	9,04			
	VI	115,33	-	9,22	10,37			
1.049,99	I	-	-	-	-	-	-	
	II	-	-	-	-	-	-	
	III	-	-	-	-	-	-	
	IV	-	-	-	-	-	-	
	V	100,83	-	8,06	9,07			
	VI	115,66	-	9,25	10,40			
1.052,99	I	-	-	-	-	-	-	
	II	-	-	-	-	-	-	
	III	-	-	-	-	-	-	
	IV	-	-	-	-	-	-	
	V	101,16	-	8,09	9,10			
	VI	116,00	-	9,28	10,44			
1.055,99	I	-	-	-	-	-	-	
	II	-	-	-	-	-	-	
	III	-	-	-	-	-	-	
	IV	-	-	-	-	-	-	
	V	101,50	-	8,12	9,13			
	VI	116,25	-	9,30	10,46			
1.058,99	I	-	-	-	-	-	-	
	II	-	-	-	-	-	-	
	III	-	-	-	-	-	-	
	IV	-	-	-	-	-	-	
	V	101,83	-	8,14	9,16			
	VI	116,66	-	9,33	10,49			
1.061,99	I	-	-	-	-	-	-	
	II	-	-	-	-	-	-	
	III	-	-	-	-	-	-	
	IV	-	-	-	-	-	-	
	V	102,16	-	8,17	9,19			
	VI	116,91	-	9,35	10,52			
1.064,99	I	-	-	-	-	-	-	
	II	-	-	-	-	-	-	
	III	-	-	-	-	-	-	
	IV	-	-	-	-	-	-	
	V	102,50	-	8,20	9,22			
	VI	117,25	-	9,38	10,55			
1.067,99	I	-	-	-	-	-	-	
	II	-	-	-	-	-	-	
	III	-	-	-	-	-	-	
	IV	-	-	-	-	-	-	
	V	102,83	-	8,22	9,25			
	VI	117,58	-	9,40	10,58			
1.070,99	I	-	-	-	-	-	-	
	II	-	-	-	-	-	-	
	III	-	-	-	-	-	-	
	IV	-	-	-	-	-	-	
	V	103,16	-	8,25	9,28			
	VI	117,91	-	9,43	10,61			
1.073,99	I	-	-	-	-	-	-	
	II	-	-	-	-	-	-	
	III	-	-	-	-	-	-	
	IV	-	-	-	-	-	-	
	V	103,50	-	8,28	9,31			
	VI	118,25	-	9,46	10,64			
1.076,99	I	-	-	-	-	-	-	
	II	-	-	-	-	-	-	
	III	-	-	-	-	-	-	
	IV	-	-	-	-	-	-	
	V	103,83	-	8,30	9,34			
	VI	118,58	-	9,48	10,67			
1.079,99	I	-	-	-	-	-	-	
	II	-	-	-	-	-	-	
	III	-	-	-	-	-	-	
	IV	-	-	-	-	-	-	
	V	104,16	-	8,33	9,37			
	VI	118,91	-	9,51	10,70			

Bis monatlich 1.289,99 € entstehen für die Steuerklassen I bis IV keine Steuerabzüg

Allgemeine Tabelle

MONAT bis 1.169,99 €

Lohn/Gehalt bis	Steuerklasse	Lohnsteuer	ohne Kinderfreibetrag SolZ 5,5%	ohne Kinderfreibetrag Kirchensteuer 8%	ohne Kinderfreibetrag Kirchensteuer 9%	mit 0,5 Kinderfreibetrag SolZ 5,5%	mit 0,5 Kinderfreibetrag Kirchensteuer 8%	mit 0,5 Kinderfreibetrag Kirchensteuer 9%
1.082,99	I	-	-	-	-	-	-	-
	II	-	-	-	-	-	-	-
	III	-	-	-	-	-	-	-
	IV	-	-	-	-	-	-	-
	V	104,50	-	8,36	9,40			
	VI	119,25	-	9,54	10,73			
1.085,99	I	-	-	-	-	-	-	-
	II	-	-	-	-	-	-	-
	III	-	-	-	-	-	-	-
	IV	-	-	-	-	-	-	-
	V	104,83	-	8,38	9,43			
	VI	119,58	-	9,56	10,76			
1.088,99	I	-	-	-	-	-	-	-
	II	-	-	-	-	-	-	-
	III	-	-	-	-	-	-	-
	IV	-	-	-	-	-	-	-
	V	105,16	-	8,41	9,46			
	VI	119,91	-	9,59	10,79			
1.091,99	I	-	-	-	-	-	-	-
	II	-	-	-	-	-	-	-
	III	-	-	-	-	-	-	-
	IV	-	-	-	-	-	-	-
	V	105,50	-	8,44	9,49			
	VI	120,25	-	9,62	10,82			
1.094,99	I	-	-	-	-	-	-	-
	II	-	-	-	-	-	-	-
	III	-	-	-	-	-	-	-
	IV	-	-	-	-	-	-	-
	V	105,83	-	8,46	9,52			
	VI	120,58	-	9,64	10,85			
1.097,99	I	-	-	-	-	-	-	-
	II	-	-	-	-	-	-	-
	III	-	-	-	-	-	-	-
	IV	-	-	-	-	-	-	-
	V	106,16	-	8,49	9,55			
	VI	120,91	-	9,67	10,88			
1.100,99	I	-	-	-	-	-	-	-
	II	-	-	-	-	-	-	-
	III	-	-	-	-	-	-	-
	IV	-	-	-	-	-	-	-
	V	106,50	-	8,52	9,58			
	VI	121,25	-	9,70	10,91			
1.103,99	I	-	-	-	-	-	-	-
	II	-	-	-	-	-	-	-
	III	-	-	-	-	-	-	-
	IV	-	-	-	-	-	-	-
	V	106,83	-	8,54	9,61			
	VI	121,58	-	9,72	10,94			
1.106,99	I	-	-	-	-	-	-	-
	II	-	-	-	-	-	-	-
	III	-	-	-	-	-	-	-
	IV	-	-	-	-	-	-	-
	V	107,16	-	8,57	9,64			
	VI	121,91	-	9,75	10,97			
1.109,99	I	-	-	-	-	-	-	-
	II	-	-	-	-	-	-	-
	III	-	-	-	-	-	-	-
	IV	-	-	-	-	-	-	-
	V	107,50	-	8,60	9,67			
	VI	122,25	-	9,78	11,00			
1.112,99	I	-	-	-	-	-	-	-
	II	-	-	-	-	-	-	-
	III	-	-	-	-	-	-	-
	IV	-	-	-	-	-	-	-
	V	107,83	-	8,62	9,70			
	VI	122,58	-	9,80	11,03			
1.115,99	I	-	-	-	-	-	-	-
	II	-	-	-	-	-	-	-
	III	-	-	-	-	-	-	-
	IV	-	-	-	-	-	-	-
	V	108,16	-	8,65	9,73			
	VI	122,91	-	9,83	11,06			
1.118,99	I	-	-	-	-	-	-	-
	II	-	-	-	-	-	-	-
	III	-	-	-	-	-	-	-
	IV	-	-	-	-	-	-	-
	V	108,50	-	8,68	9,76			
	VI	123,25	-	9,86	11,09			
1.121,99	I	-	-	-	-	-	-	-
	II	-	-	-	-	-	-	-
	III	-	-	-	-	-	-	-
	IV	-	-	-	-	-	-	-
	V	108,83	-	8,70	9,79			
	VI	123,58	-	9,88	11,12			
1.124,99	I	-	-	-	-	-	-	-
	II	-	-	-	-	-	-	-
	III	-	-	-	-	-	-	-
	IV	-	-	-	-	-	-	-
	V	109,08	-	8,72	9,81			
	VI	123,91	-	9,91	11,15			
1.127,99	I	-	-	-	-	-	-	-
	II	-	-	-	-	-	-	-
	III	-	-	-	-	-	-	-
	IV	-	-	-	-	-	-	-
	V	109,41	-	8,75	9,84			
	VI	124,25	-	9,94	11,18			
1.130,99	I	-	-	-	-	-	-	-
	II	-	-	-	-	-	-	-
	III	-	-	-	-	-	-	-
	IV	-	-	-	-	-	-	-
	V	109,75	-	8,78	9,87			
	VI	124,58	-	9,96	11,21			
1.133,99	I	-	-	-	-	-	-	-
	II	-	-	-	-	-	-	-
	III	-	-	-	-	-	-	-
	IV	-	-	-	-	-	-	-
	V	110,08	-	8,80	9,90			
	VI	124,91	-	9,99	11,24			
1.136,99	I	-	-	-	-	-	-	-
	II	-	-	-	-	-	-	-
	III	-	-	-	-	-	-	-
	IV	-	-	-	-	-	-	-
	V	110,41	-	8,83	9,93			
	VI	125,25	-	10,02	11,27			
1.139,99	I	-	-	-	-	-	-	-
	II	-	-	-	-	-	-	-
	III	-	-	-	-	-	-	-
	IV	-	-	-	-	-	-	-
	V	110,75	-	8,86	9,96			
	VI	125,58	-	10,04	11,30			
1.142,99	I	-	-	-	-	-	-	-
	II	-	-	-	-	-	-	-
	III	-	-	-	-	-	-	-
	IV	-	-	-	-	-	-	-
	V	111,08	-	8,88	9,99			
	VI	125,91	-	10,07	11,33			
1.145,99	I	-	-	-	-	-	-	-
	II	-	-	-	-	-	-	-
	III	-	-	-	-	-	-	-
	IV	-	-	-	-	-	-	-
	V	111,41	-	8,91	10,02			
	VI	126,16	-	10,09	11,35			
1.148,99	I	-	-	-	-	-	-	-
	II	-	-	-	-	-	-	-
	III	-	-	-	-	-	-	-
	IV	-	-	-	-	-	-	-
	V	111,75	-	8,94	10,05			
	VI	126,58	-	10,12	11,39			
1.151,99	I	-	-	-	-	-	-	-
	II	-	-	-	-	-	-	-
	III	-	-	-	-	-	-	-
	IV	-	-	-	-	-	-	-
	V	112,08	-	8,96	10,08			
	VI	126,83	-	10,14	11,41			
1.154,99	I	-	-	-	-	-	-	-
	II	-	-	-	-	-	-	-
	III	-	-	-	-	-	-	-
	IV	-	-	-	-	-	-	-
	V	112,41	-	8,99	10,11			
	VI	127,16	-	10,17	11,44			
1.157,99	I	-	-	-	-	-	-	-
	II	-	-	-	-	-	-	-
	III	-	-	-	-	-	-	-
	IV	-	-	-	-	-	-	-
	V	112,75	-	9,02	10,14			
	VI	127,50	-	10,20	11,47			
1.160,99	I	-	-	-	-	-	-	-
	II	-	-	-	-	-	-	-
	III	-	-	-	-	-	-	-
	IV	-	-	-	-	-	-	-
	V	113,08	-	9,04	10,17			
	VI	127,83	-	10,22	11,50			
1.163,99	I	-	-	-	-	-	-	-
	II	-	-	-	-	-	-	-
	III	-	-	-	-	-	-	-
	IV	-	-	-	-	-	-	-
	V	113,41	-	9,07	10,20			
	VI	128,16	-	10,25	11,53			
1.166,99	I	-	-	-	-	-	-	-
	II	-	-	-	-	-	-	-
	III	-	-	-	-	-	-	-
	IV	-	-	-	-	-	-	-
	V	113,75	-	9,10	10,23			
	VI	128,50	-	10,28	11,56			
1.169,99	I	-	-	-	-	-	-	-
	II	-	-	-	-	-	-	-
	III	-	-	-	-	-	-	-
	IV	-	-	-	-	-	-	-
	V	114,08	-	9,12	10,26			
	VI	128,83	-	10,30	11,59			

is monatlich 1.289,99 € entstehen für die Steuerklassen I bis IV keine Steuerabzüge.

Lohn/ Gehalt bis	Steuerklasse	Lohn- steuer	ohne Kinderfreibetrag SolZ 5,5%	ohne Kinderfreibetrag Kirchensteuer 8%	ohne Kinderfreibetrag Kirchensteuer 9%	0,5 SolZ 5,5%	0,5 Kirchensteuer 8%	0,5 Kirchensteuer 9%	1,0 SolZ 5,5%	1,0 Kirchensteuer 8%	1,0 Kirchensteuer 9%	1,5 SolZ 5,5%	1,5 Kirchensteuer 8%	1,5 Kirchensteuer 9%	2,0 SolZ 5,5%	2,0 Kirchensteuer 8%	2,0 Kirchensteuer 9%	2,5 SolZ 5,5%	2,5 Kirchensteuer 8%	2,5 Kirchensteuer 9%	3,0 SolZ 5,5%	3,0 Kirchensteuer 8%	3,0 Kirchensteuer 9%
1.172,99	I	-	-	-	-	-	-	-	-	-	-	-	-	-	-	-	-	-	-	-	-	-	
	II	-	-	-	-	-	-	-	-	-	-	-	-	-	-	-	-	-	-	-	-	-	
	III	-	-	-	-	-	-	-	-	-	-	-	-	-	-	-	-	-	-	-	-	-	
	IV	-	-	-	-	-	-	-	-	-	-	-	-	-	-	-	-	-	-	-	-	-	
	V	114,41	-	9,15	10,29																		
	VI	129,16	-	10,33	11,62																		
1.175,99	I	-	-	-	-	-	-	-	-	-	-	-	-	-	-	-	-	-	-	-	-	-	
	II	-	-	-	-	-	-	-	-	-	-	-	-	-	-	-	-	-	-	-	-	-	
	III	-	-	-	-	-	-	-	-	-	-	-	-	-	-	-	-	-	-	-	-	-	
	IV	-	-	-	-	-	-	-	-	-	-	-	-	-	-	-	-	-	-	-	-	-	
	V	114,75	-	9,18	10,32																		
	VI	129,50	-	10,36	11,65																		
1.178,99	I	-	-	-	-	-	-	-	-	-	-	-	-	-	-	-	-	-	-	-	-	-	
	II	-	-	-	-	-	-	-	-	-	-	-	-	-	-	-	-	-	-	-	-	-	
	III	-	-	-	-	-	-	-	-	-	-	-	-	-	-	-	-	-	-	-	-	-	
	IV	-	-	-	-	-	-	-	-	-	-	-	-	-	-	-	-	-	-	-	-	-	
	V	115,08	-	9,20	10,35																		
	VI	129,83	-	10,38	11,68																		
1.181,99	I	-	-	-	-	-	-	-	-	-	-	-	-	-	-	-	-	-	-	-	-	-	
	II	-	-	-	-	-	-	-	-	-	-	-	-	-	-	-	-	-	-	-	-	-	
	III	-	-	-	-	-	-	-	-	-	-	-	-	-	-	-	-	-	-	-	-	-	
	IV	-	-	-	-	-	-	-	-	-	-	-	-	-	-	-	-	-	-	-	-	-	
	V	115,41	-	9,23	10,38																		
	VI	130,16	-	10,41	11,71																		
1.184,99	I	-	-	-	-	-	-	-	-	-	-	-	-	-	-	-	-	-	-	-	-	-	
	II	-	-	-	-	-	-	-	-	-	-	-	-	-	-	-	-	-	-	-	-	-	
	III	-	-	-	-	-	-	-	-	-	-	-	-	-	-	-	-	-	-	-	-	-	
	IV	-	-	-	-	-	-	-	-	-	-	-	-	-	-	-	-	-	-	-	-	-	
	V	115,75	-	9,26	10,41																		
	VI	130,50	-	10,44	11,74																		
1.187,99	I	-	-	-	-	-	-	-	-	-	-	-	-	-	-	-	-	-	-	-	-	-	
	II	-	-	-	-	-	-	-	-	-	-	-	-	-	-	-	-	-	-	-	-	-	
	III	-	-	-	-	-	-	-	-	-	-	-	-	-	-	-	-	-	-	-	-	-	
	IV	-	-	-	-	-	-	-	-	-	-	-	-	-	-	-	-	-	-	-	-	-	
	V	116,08	-	9,28	10,44																		
	VI	130,83	-	10,46	11,77																		
1.190,99	I	-	-	-	-	-	-	-	-	-	-	-	-	-	-	-	-	-	-	-	-	-	
	II	-	-	-	-	-	-	-	-	-	-	-	-	-	-	-	-	-	-	-	-	-	
	III	-	-	-	-	-	-	-	-	-	-	-	-	-	-	-	-	-	-	-	-	-	
	IV	-	-	-	-	-	-	-	-	-	-	-	-	-	-	-	-	-	-	-	-	-	
	V	116,41	-	9,31	10,47																		
	VI	131,16	-	10,49	11,80																		
1.193,99	I	-	-	-	-	-	-	-	-	-	-	-	-	-	-	-	-	-	-	-	-	-	
	II	-	-	-	-	-	-	-	-	-	-	-	-	-	-	-	-	-	-	-	-	-	
	III	-	-	-	-	-	-	-	-	-	-	-	-	-	-	-	-	-	-	-	-	-	
	IV	-	-	-	-	-	-	-	-	-	-	-	-	-	-	-	-	-	-	-	-	-	
	V	116,75	-	9,34	10,50																		
	VI	131,50	-	10,52	11,83																		
1.196,99	I	-	-	-	-	-	-	-	-	-	-	-	-	-	-	-	-	-	-	-	-	-	
	II	-	-	-	-	-	-	-	-	-	-	-	-	-	-	-	-	-	-	-	-	-	
	III	-	-	-	-	-	-	-	-	-	-	-	-	-	-	-	-	-	-	-	-	-	
	IV	-	-	-	-	-	-	-	-	-	-	-	-	-	-	-	-	-	-	-	-	-	
	V	117,08	-	9,36	10,53																		
	VI	131,83	-	10,54	11,86																		
1.199,99	I	-	-	-	-	-	-	-	-	-	-	-	-	-	-	-	-	-	-	-	-	-	
	II	-	-	-	-	-	-	-	-	-	-	-	-	-	-	-	-	-	-	-	-	-	
	III	-	-	-	-	-	-	-	-	-	-	-	-	-	-	-	-	-	-	-	-	-	
	IV	-	-	-	-	-	-	-	-	-	-	-	-	-	-	-	-	-	-	-	-	-	
	V	117,41	-	9,39	10,56																		
	VI	132,16	-	10,57	11,89																		
1.202,99	I	-	-	-	-	-	-	-	-	-	-	-	-	-	-	-	-	-	-	-	-	-	
	II	-	-	-	-	-	-	-	-	-	-	-	-	-	-	-	-	-	-	-	-	-	
	III	-	-	-	-	-	-	-	-	-	-	-	-	-	-	-	-	-	-	-	-	-	
	IV	-	-	-	-	-	-	-	-	-	-	-	-	-	-	-	-	-	-	-	-	-	
	V	117,75	-	9,42	10,59																		
	VI	132,50	-	10,60	11,92																		
1.205,99	I	-	-	-	-	-	-	-	-	-	-	-	-	-	-	-	-	-	-	-	-	-	
	II	-	-	-	-	-	-	-	-	-	-	-	-	-	-	-	-	-	-	-	-	-	
	III	-	-	-	-	-	-	-	-	-	-	-	-	-	-	-	-	-	-	-	-	-	
	IV	-	-	-	-	-	-	-	-	-	-	-	-	-	-	-	-	-	-	-	-	-	
	V	118,08	-	9,44	10,62																		
	VI	132,83	-	10,62	11,95																		
1.208,99	I	-	-	-	-	-	-	-	-	-	-	-	-	-	-	-	-	-	-	-	-	-	
	II	-	-	-	-	-	-	-	-	-	-	-	-	-	-	-	-	-	-	-	-	-	
	III	-	-	-	-	-	-	-	-	-	-	-	-	-	-	-	-	-	-	-	-	-	
	IV	-	-	-	-	-	-	-	-	-	-	-	-	-	-	-	-	-	-	-	-	-	
	V	118,41	-	9,47	10,65																		
	VI	133,16	-	10,65	11,98																		
1.211,99	I	-	-	-	-	-	-	-	-	-	-	-	-	-	-	-	-	-	-	-	-	-	
	II	-	-	-	-	-	-	-	-	-	-	-	-	-	-	-	-	-	-	-	-	-	
	III	-	-	-	-	-	-	-	-	-	-	-	-	-	-	-	-	-	-	-	-	-	
	IV	-	-	-	-	-	-	-	-	-	-	-	-	-	-	-	-	-	-	-	-	-	
	V	118,75	-	9,50	10,68																		
	VI	133,50	-	10,68	12,01																		
1.214,99	I	-	-	-	-	-	-	-	-	-	-	-	-	-	-	-	-	-	-	-	-	-	
	II	-	-	-	-	-	-	-	-	-	-	-	-	-	-	-	-	-	-	-	-	-	
	III	-	-	-	-	-	-	-	-	-	-	-	-	-	-	-	-	-	-	-	-	-	
	IV	-	-	-	-	-	-	-	-	-	-	-	-	-	-	-	-	-	-	-	-	-	
	V	119,00	-	9,52	10,71																		
	VI	133,83	-	10,70	12,04																		

Anzahl Kinderfreibeträge (nur Steuerklassen I–IV)

Bis monatlich 1.289,99 € entstehen für die Steuerklassen I bis IV keine Steuerabzüg

Lohn/ Gehalt bis	Steuerklasse	Lohnsteuer	ohne Kinderfreibetrag			Anzahl Kinderfreibeträge (nur Steuerklassen I–IV)																	
						0,5			1,0			1,5			2,0			2,5			3,0		
			SolZ 5,5%	Kirchensteuer 8%	Kirchensteuer 9%	SolZ 5,5%	Kirchensteuer 8%	Kirchensteuer 9%	SolZ 5,5%	Kirchensteuer 8%	Kirchensteuer 9%	SolZ 5,5%	Kirchensteuer 8%	Kirchensteuer 9%	SolZ 5,5%	Kirchensteuer 8%	Kirchensteuer 9%	SolZ 5,5%	Kirchensteuer 8%	Kirchensteuer 9%	SolZ 5,5%	Kirchensteuer 8%	Kirchensteuer 9%
1.217,99	I	-	-	-	-	-	-	-	-	-	-	-	-	-	-	-	-	-	-	-	-	-	-
	II	-	-	-	-	-	-	-	-	-	-	-	-	-	-	-	-	-	-	-	-	-	-
	III	-	-	-	-	-	-	-	-	-	-	-	-	-	-	-	-	-	-	-	-	-	-
	IV	-	-	-	-	-	-	-	-	-	-	-	-	-	-	-	-	-	-	-	-	-	-
	V	119,33	-	9,54	10,73																		
	VI	134,16	-	10,73	12,07																		
1.220,99	I	-	-	-	-	-	-	-	-	-	-	-	-	-	-	-	-	-	-	-	-	-	-
	II	-	-	-	-	-	-	-	-	-	-	-	-	-	-	-	-	-	-	-	-	-	-
	III	-	-	-	-	-	-	-	-	-	-	-	-	-	-	-	-	-	-	-	-	-	-
	IV	-	-	-	-	-	-	-	-	-	-	-	-	-	-	-	-	-	-	-	-	-	-
	V	119,66	-	9,57	10,76																		
	VI	134,50	-	10,76	12,10																		
1.223,99	I	-	-	-	-	-	-	-	-	-	-	-	-	-	-	-	-	-	-	-	-	-	-
	II	-	-	-	-	-	-	-	-	-	-	-	-	-	-	-	-	-	-	-	-	-	-
	III	-	-	-	-	-	-	-	-	-	-	-	-	-	-	-	-	-	-	-	-	-	-
	IV	-	-	-	-	-	-	-	-	-	-	-	-	-	-	-	-	-	-	-	-	-	-
	V	120,00	-	9,60	10,80																		
	VI	134,83	-	10,78	12,13																		
1.226,99	I	-	-	-	-	-	-	-	-	-	-	-	-	-	-	-	-	-	-	-	-	-	-
	II	-	-	-	-	-	-	-	-	-	-	-	-	-	-	-	-	-	-	-	-	-	-
	III	-	-	-	-	-	-	-	-	-	-	-	-	-	-	-	-	-	-	-	-	-	-
	IV	-	-	-	-	-	-	-	-	-	-	-	-	-	-	-	-	-	-	-	-	-	-
	V	120,33	-	9,62	10,82																		
	VI	135,16	-	10,81	12,16																		
1.229,99	I	-	-	-	-	-	-	-	-	-	-	-	-	-	-	-	-	-	-	-	-	-	-
	II	-	-	-	-	-	-	-	-	-	-	-	-	-	-	-	-	-	-	-	-	-	-
	III	-	-	-	-	-	-	-	-	-	-	-	-	-	-	-	-	-	-	-	-	-	-
	IV	-	-	-	-	-	-	-	-	-	-	-	-	-	-	-	-	-	-	-	-	-	-
	V	120,66	-	9,65	10,85																		
	VI	135,50	-	10,84	12,19																		
1.232,99	I	-	-	-	-	-	-	-	-	-	-	-	-	-	-	-	-	-	-	-	-	-	-
	II	-	-	-	-	-	-	-	-	-	-	-	-	-	-	-	-	-	-	-	-	-	-
	III	-	-	-	-	-	-	-	-	-	-	-	-	-	-	-	-	-	-	-	-	-	-
	IV	-	-	-	-	-	-	-	-	-	-	-	-	-	-	-	-	-	-	-	-	-	-
	V	121,00	-	9,68	10,89																		
	VI	135,83	-	10,86	12,22																		
1.235,99	I	-	-	-	-	-	-	-	-	-	-	-	-	-	-	-	-	-	-	-	-	-	-
	II	-	-	-	-	-	-	-	-	-	-	-	-	-	-	-	-	-	-	-	-	-	-
	III	-	-	-	-	-	-	-	-	-	-	-	-	-	-	-	-	-	-	-	-	-	-
	IV	-	-	-	-	-	-	-	-	-	-	-	-	-	-	-	-	-	-	-	-	-	-
	V	121,33	-	9,70	10,91																		
	VI	136,08	-	10,88	12,24																		
1.238,99	I	-	-	-	-	-	-	-	-	-	-	-	-	-	-	-	-	-	-	-	-	-	-
	II	-	-	-	-	-	-	-	-	-	-	-	-	-	-	-	-	-	-	-	-	-	-
	III	-	-	-	-	-	-	-	-	-	-	-	-	-	-	-	-	-	-	-	-	-	-
	IV	-	-	-	-	-	-	-	-	-	-	-	-	-	-	-	-	-	-	-	-	-	-
	V	121,66	-	9,73	10,94																		
	VI	136,50	-	10,92	12,28																		
1.241,99	I	-	-	-	-	-	-	-	-	-	-	-	-	-	-	-	-	-	-	-	-	-	-
	II	-	-	-	-	-	-	-	-	-	-	-	-	-	-	-	-	-	-	-	-	-	-
	III	-	-	-	-	-	-	-	-	-	-	-	-	-	-	-	-	-	-	-	-	-	-
	IV	-	-	-	-	-	-	-	-	-	-	-	-	-	-	-	-	-	-	-	-	-	-
	V	122,00	-	9,76	10,98																		
	VI	136,75	-	10,94	12,30																		
1.244,99	I	-	-	-	-	-	-	-	-	-	-	-	-	-	-	-	-	-	-	-	-	-	-
	II	-	-	-	-	-	-	-	-	-	-	-	-	-	-	-	-	-	-	-	-	-	-
	III	-	-	-	-	-	-	-	-	-	-	-	-	-	-	-	-	-	-	-	-	-	-
	IV	-	-	-	-	-	-	-	-	-	-	-	-	-	-	-	-	-	-	-	-	-	-
	V	122,33	-	9,78	11,00																		
	VI	137,08	-	10,96	12,33																		
1.247,99	I	-	-	-	-	-	-	-	-	-	-	-	-	-	-	-	-	-	-	-	-	-	-
	II	-	-	-	-	-	-	-	-	-	-	-	-	-	-	-	-	-	-	-	-	-	-
	III	-	-	-	-	-	-	-	-	-	-	-	-	-	-	-	-	-	-	-	-	-	-
	IV	-	-	-	-	-	-	-	-	-	-	-	-	-	-	-	-	-	-	-	-	-	-
	V	122,66	-	9,81	11,03																		
	VI	137,41	-	10,99	12,36																		
1.250,99	I	-	-	-	-	-	-	-	-	-	-	-	-	-	-	-	-	-	-	-	-	-	-
	II	-	-	-	-	-	-	-	-	-	-	-	-	-	-	-	-	-	-	-	-	-	-
	III	-	-	-	-	-	-	-	-	-	-	-	-	-	-	-	-	-	-	-	-	-	-
	IV	-	-	-	-	-	-	-	-	-	-	-	-	-	-	-	-	-	-	-	-	-	-
	V	123,00	-	9,84	11,07																		
	VI	137,75	-	11,02	12,39																		
1.253,99	I	-	-	-	-	-	-	-	-	-	-	-	-	-	-	-	-	-	-	-	-	-	-
	II	-	-	-	-	-	-	-	-	-	-	-	-	-	-	-	-	-	-	-	-	-	-
	III	-	-	-	-	-	-	-	-	-	-	-	-	-	-	-	-	-	-	-	-	-	-
	IV	-	-	-	-	-	-	-	-	-	-	-	-	-	-	-	-	-	-	-	-	-	-
	V	123,33	-	9,86	11,09																		
	VI	138,08	-	11,04	12,42																		
1.256,99	I	-	-	-	-	-	-	-	-	-	-	-	-	-	-	-	-	-	-	-	-	-	-
	II	-	-	-	-	-	-	-	-	-	-	-	-	-	-	-	-	-	-	-	-	-	-
	III	-	-	-	-	-	-	-	-	-	-	-	-	-	-	-	-	-	-	-	-	-	-
	IV	-	-	-	-	-	-	-	-	-	-	-	-	-	-	-	-	-	-	-	-	-	-
	V	123,66	-	9,89	11,12																		
	VI	138,41	-	11,07	12,45																		
1.259,99	I	-	-	-	-	-	-	-	-	-	-	-	-	-	-	-	-	-	-	-	-	-	-
	II	-	-	-	-	-	-	-	-	-	-	-	-	-	-	-	-	-	-	-	-	-	-
	III	-	-	-	-	-	-	-	-	-	-	-	-	-	-	-	-	-	-	-	-	-	-
	IV	-	-	-	-	-	-	-	-	-	-	-	-	-	-	-	-	-	-	-	-	-	-
	V	124,00	-	9,92	11,16																		
	VI	138,75	-	11,10	12,48																		

Bis monatlich 1.289,99 € entstehen für die Steuerklassen I bis IV keine Steuerabzüge.

MONAT bis 1.304,99 €

Allgemeine Tabelle

Lohn/ Gehalt bis	Steuerklasse	Lohnsteuer	ohne Kinderfreibetrag SolZ 5,5%	ohne Kinderfreibetrag Kirchensteuer 8%	ohne Kinderfreibetrag Kirchensteuer 9%	0,5 SolZ 5,5%	0,5 Kirchensteuer 8%	0,5 Kirchensteuer 9%	1,0 SolZ 5,5%	1,0 Kirchensteuer 8%	1,0 Kirchensteuer 9%	1,5 SolZ 5,5%	1,5 Kirchensteuer 8%	1,5 Kirchensteuer 9%	2,0 SolZ 5,5%	2,0 Kirchensteuer 8%	2,0 Kirchensteuer 9%	2,5 SolZ 5,5%	2,5 Kirchensteuer 8%	2,5 Kirchensteuer 9%	3,0 SolZ 5,5%	3,0 Kirchensteuer 8%	3,0 Kirchensteuer 9%
1.262,99	I	-	-	-	-	-	-	-	-	-	-	-	-	-	-	-	-	-	-	-	-	-	
	II	-	-	-	-	-	-	-	-	-	-	-	-	-	-	-	-	-	-	-	-	-	
	III	-	-	-	-	-	-	-	-	-	-	-	-	-	-	-	-	-	-	-	-	-	
	IV	-	-	-	-	-	-	-	-	-	-	-	-	-	-	-	-	-	-	-	-	-	
	V	124,33	-	9,94	11,18																		
	VI	139,08	-	11,12	12,51																		
1.265,99	I	-	-	-	-	-	-	-	-	-	-	-	-	-	-	-	-	-	-	-	-	-	
	II	-	-	-	-	-	-	-	-	-	-	-	-	-	-	-	-	-	-	-	-	-	
	III	-	-	-	-	-	-	-	-	-	-	-	-	-	-	-	-	-	-	-	-	-	
	IV	-	-	-	-	-	-	-	-	-	-	-	-	-	-	-	-	-	-	-	-	-	
	V	124,66	-	9,97	11,21																		
	VI	139,41	-	11,15	12,54																		
1.268,99	I	-	-	-	-	-	-	-	-	-	-	-	-	-	-	-	-	-	-	-	-	-	
	II	-	-	-	-	-	-	-	-	-	-	-	-	-	-	-	-	-	-	-	-	-	
	III	-	-	-	-	-	-	-	-	-	-	-	-	-	-	-	-	-	-	-	-	-	
	IV	-	-	-	-	-	-	-	-	-	-	-	-	-	-	-	-	-	-	-	-	-	
	V	125,00	-	10,00	11,25																		
	VI	139,75	-	11,18	12,57																		
1.271,99	I	-	-	-	-	-	-	-	-	-	-	-	-	-	-	-	-	-	-	-	-	-	
	II	-	-	-	-	-	-	-	-	-	-	-	-	-	-	-	-	-	-	-	-	-	
	III	-	-	-	-	-	-	-	-	-	-	-	-	-	-	-	-	-	-	-	-	-	
	IV	-	-	-	-	-	-	-	-	-	-	-	-	-	-	-	-	-	-	-	-	-	
	V	125,33	-	10,02	11,27																		
	VI	140,08	-	11,20	12,60																		
1.274,99	I	-	-	-	-	-	-	-	-	-	-	-	-	-	-	-	-	-	-	-	-	-	
	II	-	-	-	-	-	-	-	-	-	-	-	-	-	-	-	-	-	-	-	-	-	
	III	-	-	-	-	-	-	-	-	-	-	-	-	-	-	-	-	-	-	-	-	-	
	IV	-	-	-	-	-	-	-	-	-	-	-	-	-	-	-	-	-	-	-	-	-	
	V	125,66	-	10,05	11,30																		
	VI	140,41	-	11,23	12,63																		
1.277,99	I	-	-	-	-	-	-	-	-	-	-	-	-	-	-	-	-	-	-	-	-	-	
	II	-	-	-	-	-	-	-	-	-	-	-	-	-	-	-	-	-	-	-	-	-	
	III	-	-	-	-	-	-	-	-	-	-	-	-	-	-	-	-	-	-	-	-	-	
	IV	-	-	-	-	-	-	-	-	-	-	-	-	-	-	-	-	-	-	-	-	-	
	V	126,00	-	10,08	11,34																		
	VI	140,75	-	11,26	12,66																		
1.280,99	I	-	-	-	-	-	-	-	-	-	-	-	-	-	-	-	-	-	-	-	-	-	
	II	-	-	-	-	-	-	-	-	-	-	-	-	-	-	-	-	-	-	-	-	-	
	III	-	-	-	-	-	-	-	-	-	-	-	-	-	-	-	-	-	-	-	-	-	
	IV	-	-	-	-	-	-	-	-	-	-	-	-	-	-	-	-	-	-	-	-	-	
	V	126,33	-	10,10	11,36																		
	VI	141,08	-	11,28	12,69																		
1.283,99	I	-	-	-	-	-	-	-	-	-	-	-	-	-	-	-	-	-	-	-	-	-	
	II	-	-	-	-	-	-	-	-	-	-	-	-	-	-	-	-	-	-	-	-	-	
	III	-	-	-	-	-	-	-	-	-	-	-	-	-	-	-	-	-	-	-	-	-	
	IV	-	-	-	-	-	-	-	-	-	-	-	-	-	-	-	-	-	-	-	-	-	
	V	126,66	-	10,13	11,39																		
	VI	141,41	-	11,31	12,72																		
1.286,99	I	-	-	-	-	-	-	-	-	-	-	-	-	-	-	-	-	-	-	-	-	-	
	II	-	-	-	-	-	-	-	-	-	-	-	-	-	-	-	-	-	-	-	-	-	
	III	-	-	-	-	-	-	-	-	-	-	-	-	-	-	-	-	-	-	-	-	-	
	IV	-	-	-	-	-	-	-	-	-	-	-	-	-	-	-	-	-	-	-	-	-	
	V	127,00	-	10,16	11,43																		
	VI	141,75	-	11,34	12,75																		
1.289,99	I	-	-	-	-	-	-	-	-	-	-	-	-	-	-	-	-	-	-	-	-	-	
	II	-	-	-	-	-	-	-	-	-	-	-	-	-	-	-	-	-	-	-	-	-	
	III	-	-	-	-	-	-	-	-	-	-	-	-	-	-	-	-	-	-	-	-	-	
	IV	-	-	-	-	-	-	-	-	-	-	-	-	-	-	-	-	-	-	-	-	-	
	V	127,33	-	10,18	11,45																		
	VI	142,08	-	11,36	12,78																		
1.292,99	I	0,41	-	0,03	0,03	-	-	-	-	-	-	-	-	-	-	-	-	-	-	-	-	-	
	II	-	-	-	-	-	-	-	-	-	-	-	-	-	-	-	-	-	-	-	-	-	
	III	-	-	-	-	-	-	-	-	-	-	-	-	-	-	-	-	-	-	-	-	-	
	IV	0,41	-	0,03	0,03	-	-	-	-	-	-	-	-	-	-	-	-	-	-	-	-	-	
	V	127,66	-	10,21	11,48																		
	VI	142,41	-	11,39	12,81																		
1.295,99	I	0,75	-	0,06	0,06	-	-	-	-	-	-	-	-	-	-	-	-	-	-	-	-	-	
	II	-	-	-	-	-	-	-	-	-	-	-	-	-	-	-	-	-	-	-	-	-	
	III	-	-	-	-	-	-	-	-	-	-	-	-	-	-	-	-	-	-	-	-	-	
	IV	0,75	-	0,06	0,06	-	-	-	-	-	-	-	-	-	-	-	-	-	-	-	-	-	
	V	128,00	-	10,24	11,52																		
	VI	142,75	-	11,42	12,84																		
1.298,99	I	1,00	-	0,08	0,09	-	-	-	-	-	-	-	-	-	-	-	-	-	-	-	-	-	
	II	-	-	-	-	-	-	-	-	-	-	-	-	-	-	-	-	-	-	-	-	-	
	III	-	-	-	-	-	-	-	-	-	-	-	-	-	-	-	-	-	-	-	-	-	
	IV	1,00	-	0,08	0,09	-	-	-	-	-	-	-	-	-	-	-	-	-	-	-	-	-	
	V	128,33	-	10,26	11,54																		
	VI	143,08	-	11,44	12,87																		
1.301,99	I	1,41	-	0,11	0,12	-	-	-	-	-	-	-	-	-	-	-	-	-	-	-	-	-	
	II	-	-	-	-	-	-	-	-	-	-	-	-	-	-	-	-	-	-	-	-	-	
	III	-	-	-	-	-	-	-	-	-	-	-	-	-	-	-	-	-	-	-	-	-	
	IV	1,41	-	0,11	0,12	-	-	-	-	-	-	-	-	-	-	-	-	-	-	-	-	-	
	V	128,66	-	10,29	11,57																		
	VI	143,41	-	11,47	12,90																		
1.304,99	I	1,75	-	0,14	0,15	-	-	-	-	-	-	-	-	-	-	-	-	-	-	-	-	-	
	II	-	-	-	-	-	-	-	-	-	-	-	-	-	-	-	-	-	-	-	-	-	
	III	-	-	-	-	-	-	-	-	-	-	-	-	-	-	-	-	-	-	-	-	-	
	IV	1,75	-	0,14	0,15	-	-	-	-	-	-	-	-	-	-	-	-	-	-	-	-	-	
	V	128,91	-	10,31	11,60																		
	VI	143,75	-	11,50	12,93																		

Bis monatlich 1.289,99 € entstehen für die Steuerklassen I bis IV keine Steuerabzüge

Lohn/ Gehalt bis	Steuerklasse	Lohnsteuer	ohne Kinderfreibetrag			Anzahl Kinderfreibeträge (nur Steuerklassen I–IV)																	
						0,5			1,0			1,5			2,0			2,5			3,0		
			SolZ 5,5%	Kirchensteuer 8%	Kirchensteuer 9%	SolZ 5,5%	Kirchensteuer 8%	Kirchensteuer 9%	SolZ 5,5%	Kirchensteuer 8%	Kirchensteuer 9%	SolZ 5,5%	Kirchensteuer 8%	Kirchensteuer 9%	SolZ 5,5%	Kirchensteuer 8%	Kirchensteuer 9%	SolZ 5,5%	Kirchensteuer 8%	Kirchensteuer 9%	SolZ 5,5%	Kirchensteuer 8%	Kirchensteuer 9%
1.307,99	I	2,08	-	0,16	0,18	-	-	-	-	-	-	-	-	-	-	-	-	-	-	-	-	-	-
	II	-	-	-	-	-	-	-	-	-	-	-	-	-	-	-	-	-	-	-	-	-	-
	III	-	-	-	-	-	-	-	-	-	-	-	-	-	-	-	-	-	-	-	-	-	-
	IV	2,08	-	0,16	0,18	-	-	-	-	-	-	-	-	-	-	-	-	-	-	-	-	-	-
	V	129,25	-	10,34	11,63																		
	VI	144,08	-	11,52	12,96																		
1.310,99	I	2,41	-	0,19	0,21	-	-	-	-	-	-	-	-	-	-	-	-	-	-	-	-	-	-
	II	-	-	-	-	-	-	-	-	-	-	-	-	-	-	-	-	-	-	-	-	-	-
	III	-	-	-	-	-	-	-	-	-	-	-	-	-	-	-	-	-	-	-	-	-	-
	IV	2,41	-	0,19	0,21	-	-	-	-	-	-	-	-	-	-	-	-	-	-	-	-	-	-
	V	129,58	-	10,36	11,66																		
	VI	144,41	-	11,55	12,99																		
1.313,99	I	2,75	-	0,22	0,24	-	-	-	-	-	-	-	-	-	-	-	-	-	-	-	-	-	-
	II	-	-	-	-	-	-	-	-	-	-	-	-	-	-	-	-	-	-	-	-	-	-
	III	-	-	-	-	-	-	-	-	-	-	-	-	-	-	-	-	-	-	-	-	-	-
	IV	2,75	-	0,22	0,24	-	-	-	-	-	-	-	-	-	-	-	-	-	-	-	-	-	-
	V	129,91	-	10,39	11,69																		
	VI	144,75	-	11,58	13,02																		
1.316,99	I	3,08	-	0,24	0,27	-	-	-	-	-	-	-	-	-	-	-	-	-	-	-	-	-	-
	II	-	-	-	-	-	-	-	-	-	-	-	-	-	-	-	-	-	-	-	-	-	-
	III	-	-	-	-	-	-	-	-	-	-	-	-	-	-	-	-	-	-	-	-	-	-
	IV	3,08	-	0,24	0,27	-	-	-	-	-	-	-	-	-	-	-	-	-	-	-	-	-	-
	V	130,25	-	10,42	11,72																		
	VI	145,08	-	11,60	13,05																		
1.319,99	I	3,41	-	0,27	0,30	-	-	-	-	-	-	-	-	-	-	-	-	-	-	-	-	-	-
	II	-	-	-	-	-	-	-	-	-	-	-	-	-	-	-	-	-	-	-	-	-	-
	III	-	-	-	-	-	-	-	-	-	-	-	-	-	-	-	-	-	-	-	-	-	-
	IV	3,41	-	0,27	0,30	-	-	-	-	-	-	-	-	-	-	-	-	-	-	-	-	-	-
	V	130,58	-	10,44	11,75																		
	VI	145,41	-	11,63	13,08																		
1.322,99	I	3,83	-	0,30	0,34	-	-	-	-	-	-	-	-	-	-	-	-	-	-	-	-	-	-
	II	-	-	-	-	-	-	-	-	-	-	-	-	-	-	-	-	-	-	-	-	-	-
	III	-	-	-	-	-	-	-	-	-	-	-	-	-	-	-	-	-	-	-	-	-	-
	IV	3,83	-	0,30	0,34	-	-	-	-	-	-	-	-	-	-	-	-	-	-	-	-	-	-
	V	131,00	-	10,48	11,79																		
	VI	146,00	-	11,68	13,14																		
1.325,99	I	4,25	-	0,34	0,38	-	-	-	-	-	-	-	-	-	-	-	-	-	-	-	-	-	-
	II	-	-	-	-	-	-	-	-	-	-	-	-	-	-	-	-	-	-	-	-	-	-
	III	-	-	-	-	-	-	-	-	-	-	-	-	-	-	-	-	-	-	-	-	-	-
	IV	4,25	-	0,34	0,38	-	-	-	-	-	-	-	-	-	-	-	-	-	-	-	-	-	-
	V	131,41	-	10,51	11,82																		
	VI	147,16	-	11,77	13,24																		
1.328,99	I	4,58	-	0,36	0,41	-	-	-	-	-	-	-	-	-	-	-	-	-	-	-	-	-	-
	II	-	-	-	-	-	-	-	-	-	-	-	-	-	-	-	-	-	-	-	-	-	-
	III	-	-	-	-	-	-	-	-	-	-	-	-	-	-	-	-	-	-	-	-	-	-
	IV	4,58	-	0,36	0,41	-	-	-	-	-	-	-	-	-	-	-	-	-	-	-	-	-	-
	V	131,75	-	10,54	11,85																		
	VI	148,25	-	11,86	13,34																		
1.331,99	I	5,00	-	0,40	0,45	-	-	-	-	-	-	-	-	-	-	-	-	-	-	-	-	-	-
	II	-	-	-	-	-	-	-	-	-	-	-	-	-	-	-	-	-	-	-	-	-	-
	III	-	-	-	-	-	-	-	-	-	-	-	-	-	-	-	-	-	-	-	-	-	-
	IV	5,00	-	0,40	0,45	-	-	-	-	-	-	-	-	-	-	-	-	-	-	-	-	-	-
	V	132,16	-	10,57	11,89																		
	VI	149,41	-	11,95	13,44																		
1.334,99	I	5,41	-	0,43	0,48	-	-	-	-	-	-	-	-	-	-	-	-	-	-	-	-	-	-
	II	-	-	-	-	-	-	-	-	-	-	-	-	-	-	-	-	-	-	-	-	-	-
	III	-	-	-	-	-	-	-	-	-	-	-	-	-	-	-	-	-	-	-	-	-	-
	IV	5,41	-	0,43	0,48	-	-	-	-	-	-	-	-	-	-	-	-	-	-	-	-	-	-
	V	132,50	-	10,60	11,92																		
	VI	150,58	-	12,04	13,55																		
1.337,99	I	5,83	-	0,46	0,52	-	-	-	-	-	-	-	-	-	-	-	-	-	-	-	-	-	-
	II	-	-	-	-	-	-	-	-	-	-	-	-	-	-	-	-	-	-	-	-	-	-
	III	-	-	-	-	-	-	-	-	-	-	-	-	-	-	-	-	-	-	-	-	-	-
	IV	5,83	-	0,46	0,52	-	-	-	-	-	-	-	-	-	-	-	-	-	-	-	-	-	-
	V	132,91	-	10,63	11,96																		
	VI	151,66	-	12,13	13,64																		
1.340,99	I	6,25	-	0,50	0,56	-	-	-	-	-	-	-	-	-	-	-	-	-	-	-	-	-	-
	II	-	-	-	-	-	-	-	-	-	-	-	-	-	-	-	-	-	-	-	-	-	-
	III	-	-	-	-	-	-	-	-	-	-	-	-	-	-	-	-	-	-	-	-	-	-
	IV	6,25	-	0,50	0,56	-	-	-	-	-	-	-	-	-	-	-	-	-	-	-	-	-	-
	V	133,25	-	10,66	11,99																		
	VI	152,83	-	12,22	13,75																		
1.343,99	I	6,66	-	0,53	0,59	-	-	-	-	-	-	-	-	-	-	-	-	-	-	-	-	-	-
	II	-	-	-	-	-	-	-	-	-	-	-	-	-	-	-	-	-	-	-	-	-	-
	III	-	-	-	-	-	-	-	-	-	-	-	-	-	-	-	-	-	-	-	-	-	-
	IV	6,66	-	0,53	0,59	-	-	-	-	-	-	-	-	-	-	-	-	-	-	-	-	-	-
	V	133,66	-	10,69	12,02																		
	VI	154,00	-	12,32	13,86																		
1.346,99	I	7,08	-	0,56	0,63	-	-	-	-	-	-	-	-	-	-	-	-	-	-	-	-	-	-
	II	-	-	-	-	-	-	-	-	-	-	-	-	-	-	-	-	-	-	-	-	-	-
	III	-	-	-	-	-	-	-	-	-	-	-	-	-	-	-	-	-	-	-	-	-	-
	IV	7,08	-	0,56	0,63	-	-	-	-	-	-	-	-	-	-	-	-	-	-	-	-	-	-
	V	134,08	-	10,72	12,06																		
	VI	155,16	-	12,41	13,96																		
1.349,99	I	7,50	-	0,60	0,67	-	-	-	-	-	-	-	-	-	-	-	-	-	-	-	-	-	-
	II	-	-	-	-	-	-	-	-	-	-	-	-	-	-	-	-	-	-	-	-	-	-
	III	-	-	-	-	-	-	-	-	-	-	-	-	-	-	-	-	-	-	-	-	-	-
	IV	7,50	-	0,60	0,67	-	-	-	-	-	-	-	-	-	-	-	-	-	-	-	-	-	-
	V	134,41	-	10,75	12,09																		
	VI	156,25	-	12,50	14,06																		

MONAT bis 1.394,99 €

Allgemeine Tabelle

Lohn/ Gehalt bis	Steuerklasse	Lohn-steuer	ohne Kinderfreibetrag			Anzahl Kinderfreibeträge (nur Steuerklassen I–IV) 0,5			1,0			1,5			2,0			2,5			3,0	
			SolZ 5,5%	Kirchensteuer 8%	9%	SolZ 5,5%	Kirchensteuer 8%	9%	SolZ 5,5%	Kirchensteuer 8%	9%	SolZ 5,5%	Kirchensteuer 8%	9%	SolZ 5,5%	Kirchensteuer 8%	9%	SolZ 5,5%	Kirchensteuer 8%	9%	SolZ 5,5%	Kirchensteu 8%
1.352,99	I	7,91	–	0,63	0,71	–	–	–	–	–	–	–	–	–	–	–	–	–	–	–	–	–
	II	–	–	–	–	–	–	–	–	–	–	–	–	–	–	–	–	–	–	–	–	–
	III	–	–	–	–	–	–	–	–	–	–	–	–	–	–	–	–	–	–	–	–	–
	IV	7,91	–	0,63	0,71	–	–	–	–	–	–	–	–	–	–	–	–	–	–	–	–	–
	V	134,83	–	10,78	12,13																	
	VI	157,41	–	12,59	14,16																	
1.355,99	I	8,33	–	0,66	0,74	–	–	–	–	–	–	–	–	–	–	–	–	–	–	–	–	–
	II	–	–	–	–	–	–	–	–	–	–	–	–	–	–	–	–	–	–	–	–	–
	III	–	–	–	–	–	–	–	–	–	–	–	–	–	–	–	–	–	–	–	–	–
	IV	8,33	–	0,66	0,74	–	–	–	–	–	–	–	–	–	–	–	–	–	–	–	–	–
	V	135,16	–	10,81	12,16																	
	VI	158,58	–	12,68	14,27																	
1.358,99	I	8,75	–	0,70	0,78	–	–	–	–	–	–	–	–	–	–	–	–	–	–	–	–	–
	II	–	–	–	–	–	–	–	–	–	–	–	–	–	–	–	–	–	–	–	–	–
	III	–	–	–	–	–	–	–	–	–	–	–	–	–	–	–	–	–	–	–	–	–
	IV	8,75	–	0,70	0,78	–	–	–	–	–	–	–	–	–	–	–	–	–	–	–	–	–
	V	135,58	–	10,84	12,20																	
	VI	159,75	–	12,78	14,37																	
1.361,99	I	9,16	–	0,73	0,82	–	–	–	–	–	–	–	–	–	–	–	–	–	–	–	–	–
	II	–	–	–	–	–	–	–	–	–	–	–	–	–	–	–	–	–	–	–	–	–
	III	–	–	–	–	–	–	–	–	–	–	–	–	–	–	–	–	–	–	–	–	–
	IV	9,16	–	0,73	0,82	–	–	–	–	–	–	–	–	–	–	–	–	–	–	–	–	–
	V	135,91	–	10,87	12,23																	
	VI	160,83	–	12,86	14,47																	
1.364,99	I	9,58	–	0,76	0,86	–	–	–	–	–	–	–	–	–	–	–	–	–	–	–	–	–
	II	–	–	–	–	–	–	–	–	–	–	–	–	–	–	–	–	–	–	–	–	–
	III	–	–	–	–	–	–	–	–	–	–	–	–	–	–	–	–	–	–	–	–	–
	IV	9,58	–	0,76	0,86	–	–	–	–	–	–	–	–	–	–	–	–	–	–	–	–	–
	V	136,33	–	10,90	12,26																	
	VI	162,00	–	12,96	14,58																	
1.367,99	I	10,00	–	0,80	0,90	–	–	–	–	–	–	–	–	–	–	–	–	–	–	–	–	–
	II	–	–	–	–	–	–	–	–	–	–	–	–	–	–	–	–	–	–	–	–	–
	III	–	–	–	–	–	–	–	–	–	–	–	–	–	–	–	–	–	–	–	–	–
	IV	10,00	–	0,80	0,90	–	–	–	–	–	–	–	–	–	–	–	–	–	–	–	–	–
	V	136,75	–	10,94	12,30																	
	VI	163,16	–	13,05	14,68																	
1.370,99	I	10,41	–	0,83	0,93	–	–	–	–	–	–	–	–	–	–	–	–	–	–	–	–	–
	II	–	–	–	–	–	–	–	–	–	–	–	–	–	–	–	–	–	–	–	–	–
	III	–	–	–	–	–	–	–	–	–	–	–	–	–	–	–	–	–	–	–	–	–
	IV	10,41	–	0,83	0,93	–	–	–	–	–	–	–	–	–	–	–	–	–	–	–	–	–
	V	137,08	–	10,96	12,33																	
	VI	164,25	–	13,14	14,78																	
1.373,99	I	10,83	–	0,86	0,97	–	–	–	–	–	–	–	–	–	–	–	–	–	–	–	–	–
	II	–	–	–	–	–	–	–	–	–	–	–	–	–	–	–	–	–	–	–	–	–
	III	–	–	–	–	–	–	–	–	–	–	–	–	–	–	–	–	–	–	–	–	–
	IV	10,83	–	0,86	0,97	–	–	–	–	–	–	–	–	–	–	–	–	–	–	–	–	–
	V	137,50	–	11,00	12,37																	
	VI	165,41	–	13,23	14,88																	
1.376,99	I	11,25	–	0,90	1,01	–	–	–	–	–	–	–	–	–	–	–	–	–	–	–	–	–
	II	–	–	–	–	–	–	–	–	–	–	–	–	–	–	–	–	–	–	–	–	–
	III	–	–	–	–	–	–	–	–	–	–	–	–	–	–	–	–	–	–	–	–	–
	IV	11,25	–	0,90	1,01	–	–	–	–	–	–	–	–	–	–	–	–	–	–	–	–	–
	V	137,83	–	11,02	12,40																	
	VI	166,58	–	13,32	14,99																	
1.379,99	I	11,66	–	0,93	1,04	–	–	–	–	–	–	–	–	–	–	–	–	–	–	–	–	–
	II	–	–	–	–	–	–	–	–	–	–	–	–	–	–	–	–	–	–	–	–	–
	III	–	–	–	–	–	–	–	–	–	–	–	–	–	–	–	–	–	–	–	–	–
	IV	11,66	–	0,93	1,04	–	–	–	–	–	–	–	–	–	–	–	–	–	–	–	–	–
	V	138,25	–	11,06	12,44																	
	VI	167,66	–	13,41	15,08																	
1.382,99	I	12,16	–	0,97	1,09	–	–	–	–	–	–	–	–	–	–	–	–	–	–	–	–	–
	II	–	–	–	–	–	–	–	–	–	–	–	–	–	–	–	–	–	–	–	–	–
	III	–	–	–	–	–	–	–	–	–	–	–	–	–	–	–	–	–	–	–	–	–
	IV	12,16	–	0,97	1,09	–	–	–	–	–	–	–	–	–	–	–	–	–	–	–	–	–
	V	138,58	–	11,08	12,47																	
	VI	168,83	–	13,50	15,19																	
1.385,99	I	12,58	–	1,00	1,13	–	–	–	–	–	–	–	–	–	–	–	–	–	–	–	–	–
	II	–	–	–	–	–	–	–	–	–	–	–	–	–	–	–	–	–	–	–	–	–
	III	–	–	–	–	–	–	–	–	–	–	–	–	–	–	–	–	–	–	–	–	–
	IV	12,58	–	1,00	1,13	–	–	–	–	–	–	–	–	–	–	–	–	–	–	–	–	–
	V	139,00	–	11,12	12,51																	
	VI	170,00	–	13,60	15,30																	
1.388,99	I	13,00	–	1,04	1,17	–	–	–	–	–	–	–	–	–	–	–	–	–	–	–	–	–
	II	–	–	–	–	–	–	–	–	–	–	–	–	–	–	–	–	–	–	–	–	–
	III	–	–	–	–	–	–	–	–	–	–	–	–	–	–	–	–	–	–	–	–	–
	IV	13,00	–	1,04	1,17	–	–	–	–	–	–	–	–	–	–	–	–	–	–	–	–	–
	V	139,41	–	11,15	12,54																	
	VI	171,16	–	13,69	15,40																	
1.391,99	I	13,41	–	1,07	1,20	–	–	–	–	–	–	–	–	–	–	–	–	–	–	–	–	–
	II	–	–	–	–	–	–	–	–	–	–	–	–	–	–	–	–	–	–	–	–	–
	III	–	–	–	–	–	–	–	–	–	–	–	–	–	–	–	–	–	–	–	–	–
	IV	13,41	–	1,07	1,20	–	–	–	–	–	–	–	–	–	–	–	–	–	–	–	–	–
	V	139,75	–	11,18	12,57																	
	VI	172,25	–	13,78	15,50																	
1.394,99	I	13,91	–	1,11	1,25	–	–	–	–	–	–	–	–	–	–	–	–	–	–	–	–	–
	II	–	–	–	–	–	–	–	–	–	–	–	–	–	–	–	–	–	–	–	–	–
	III	–	–	–	–	–	–	–	–	–	–	–	–	–	–	–	–	–	–	–	–	–
	IV	13,91	–	1,11	1,25	–	–	–	–	–	–	–	–	–	–	–	–	–	–	–	–	–
	V	140,16	–	11,21	12,61																	
	VI	173,41	–	13,87	15,60																	

Allgemeine Tabelle

Lohn/ Gehalt bis	Steuerklasse	Lohn-steuer	ohne Kinderfreibetrag			Anzahl Kinderfreibeträge (nur Steuerklassen I–IV) 0,5			1,0			1,5			2,0			2,5			3,0		
			SolZ 5,5%	Kirchensteuer 8%	9%	SolZ 5,5%	Kirchensteuer 8%	9%	SolZ 5,5%	Kirchensteuer 8%	9%	SolZ 5,5%	Kirchensteuer 8%	9%	SolZ 5,5%	Kirchensteuer 8%	9%	SolZ 5,5%	Kirchensteuer 8%	9%	SolZ 5,5%	Kirchensteuer 8%	9%
1.397,99	I	14,33	-	1,14	1,28	-	-	-	-	-	-	-	-	-	-	-	-	-	-	-	-	-	-
	II	-	-	-	-	-	-	-	-	-	-	-	-	-	-	-	-	-	-	-	-	-	-
	III	-	-	-	-	-	-	-	-	-	-	-	-	-	-	-	-	-	-	-	-	-	-
	IV	14,33	-	1,14	1,28	-	-	-	-	-	-	-	-	-	-	-	-	-	-	-	-	-	-
	V	140,50	-	11,24	12,64																		
	VI	174,58	-	13,96	15,71																		
1.400,99	I	14,75	-	1,18	1,32	-	-	-	-	-	-	-	-	-	-	-	-	-	-	-	-	-	-
	II	-	-	-	-	-	-	-	-	-	-	-	-	-	-	-	-	-	-	-	-	-	-
	III	-	-	-	-	-	-	-	-	-	-	-	-	-	-	-	-	-	-	-	-	-	-
	IV	14,75	-	1,18	1,32	-	-	-	-	-	-	-	-	-	-	-	-	-	-	-	-	-	-
	V	140,91	-	11,27	12,68																		
	VI	175,75	-	14,06	15,81																		
1.403,99	I	15,25	-	1,22	1,37	-	-	-	-	-	-	-	-	-	-	-	-	-	-	-	-	-	-
	II	-	-	-	-	-	-	-	-	-	-	-	-	-	-	-	-	-	-	-	-	-	-
	III	-	-	-	-	-	-	-	-	-	-	-	-	-	-	-	-	-	-	-	-	-	-
	IV	15,25	-	1,22	1,37	-	-	-	-	-	-	-	-	-	-	-	-	-	-	-	-	-	-
	V	141,25	-	11,30	12,71																		
	VI	176,83	-	14,14	15,91																		
1.406,99	I	15,66	-	1,25	1,40	-	-	-	-	-	-	-	-	-	-	-	-	-	-	-	-	-	-
	II	-	-	-	-	-	-	-	-	-	-	-	-	-	-	-	-	-	-	-	-	-	-
	III	-	-	-	-	-	-	-	-	-	-	-	-	-	-	-	-	-	-	-	-	-	-
	IV	15,66	-	1,25	1,40	-	-	-	-	-	-	-	-	-	-	-	-	-	-	-	-	-	-
	V	141,66	-	11,33	12,74																		
	VI	178,00	-	14,24	16,02																		
1.409,99	I	16,08	-	1,28	1,44	-	-	-	-	-	-	-	-	-	-	-	-	-	-	-	-	-	-
	II	-	-	-	-	-	-	-	-	-	-	-	-	-	-	-	-	-	-	-	-	-	-
	III	-	-	-	-	-	-	-	-	-	-	-	-	-	-	-	-	-	-	-	-	-	-
	IV	16,08	-	1,28	1,44	-	-	-	-	-	-	-	-	-	-	-	-	-	-	-	-	-	-
	V	142,08	-	11,36	12,78																		
	VI	179,16	-	14,33	16,12																		
1.412,99	I	16,58	-	1,32	1,49	-	-	-	-	-	-	-	-	-	-	-	-	-	-	-	-	-	-
	II	-	-	-	-	-	-	-	-	-	-	-	-	-	-	-	-	-	-	-	-	-	-
	III	-	-	-	-	-	-	-	-	-	-	-	-	-	-	-	-	-	-	-	-	-	-
	IV	16,58	-	1,32	1,49	-	-	-	-	-	-	-	-	-	-	-	-	-	-	-	-	-	-
	V	142,41	-	11,39	12,81																		
	VI	180,33	-	14,42	16,22																		
1.415,99	I	17,00	-	1,36	1,53	-	-	-	-	-	-	-	-	-	-	-	-	-	-	-	-	-	-
	II	-	-	-	-	-	-	-	-	-	-	-	-	-	-	-	-	-	-	-	-	-	-
	III	-	-	-	-	-	-	-	-	-	-	-	-	-	-	-	-	-	-	-	-	-	-
	IV	17,00	-	1,36	1,53	-	-	-	-	-	-	-	-	-	-	-	-	-	-	-	-	-	-
	V	142,83	-	11,42	12,85																		
	VI	181,41	-	14,51	16,32																		
1.418,99	I	17,50	-	1,40	1,57	-	-	-	-	-	-	-	-	-	-	-	-	-	-	-	-	-	-
	II	-	-	-	-	-	-	-	-	-	-	-	-	-	-	-	-	-	-	-	-	-	-
	III	-	-	-	-	-	-	-	-	-	-	-	-	-	-	-	-	-	-	-	-	-	-
	IV	17,50	-	1,40	1,57	-	-	-	-	-	-	-	-	-	-	-	-	-	-	-	-	-	-
	V	143,16	-	11,45	12,88																		
	VI	182,58	-	14,60	16,43																		
1.421,99	I	17,91	-	1,43	1,61	-	-	-	-	-	-	-	-	-	-	-	-	-	-	-	-	-	-
	II	-	-	-	-	-	-	-	-	-	-	-	-	-	-	-	-	-	-	-	-	-	-
	III	-	-	-	-	-	-	-	-	-	-	-	-	-	-	-	-	-	-	-	-	-	-
	IV	17,91	-	1,43	1,61	-	-	-	-	-	-	-	-	-	-	-	-	-	-	-	-	-	-
	V	143,58	-	11,48	12,92																		
	VI	183,75	-	14,70	16,53																		
1.424,99	I	18,33	-	1,46	1,64	-	-	-	-	-	-	-	-	-	-	-	-	-	-	-	-	-	-
	II	-	-	-	-	-	-	-	-	-	-	-	-	-	-	-	-	-	-	-	-	-	-
	III	-	-	-	-	-	-	-	-	-	-	-	-	-	-	-	-	-	-	-	-	-	-
	IV	18,33	-	1,46	1,64	-	-	-	-	-	-	-	-	-	-	-	-	-	-	-	-	-	-
	V	143,91	-	11,51	12,95																		
	VI	184,83	-	14,78	16,63																		
1.427,99	I	18,83	-	1,50	1,69	-	-	-	-	-	-	-	-	-	-	-	-	-	-	-	-	-	-
	II	-	-	-	-	-	-	-	-	-	-	-	-	-	-	-	-	-	-	-	-	-	-
	III	-	-	-	-	-	-	-	-	-	-	-	-	-	-	-	-	-	-	-	-	-	-
	IV	18,83	-	1,50	1,69	-	-	-	-	-	-	-	-	-	-	-	-	-	-	-	-	-	-
	V	144,33	-	11,54	12,98																		
	VI	186,00	-	14,88	16,74																		
1.430,99	I	19,33	-	1,54	1,73	-	-	-	-	-	-	-	-	-	-	-	-	-	-	-	-	-	-
	II	-	-	-	-	-	-	-	-	-	-	-	-	-	-	-	-	-	-	-	-	-	-
	III	-	-	-	-	-	-	-	-	-	-	-	-	-	-	-	-	-	-	-	-	-	-
	IV	19,33	-	1,54	1,73	-	-	-	-	-	-	-	-	-	-	-	-	-	-	-	-	-	-
	V	144,75	-	11,58	13,02																		
	VI	187,16	-	14,97	16,84																		
1.433,99	I	19,75	-	1,58	1,77	-	-	-	-	-	-	-	-	-	-	-	-	-	-	-	-	-	-
	II	-	-	-	-	-	-	-	-	-	-	-	-	-	-	-	-	-	-	-	-	-	-
	III	-	-	-	-	-	-	-	-	-	-	-	-	-	-	-	-	-	-	-	-	-	-
	IV	19,75	-	1,58	1,77	-	-	-	-	-	-	-	-	-	-	-	-	-	-	-	-	-	-
	V	145,08	-	11,60	13,05																		
	VI	188,25	-	15,06	16,94																		
1.436,99	I	20,25	-	1,62	1,82	-	-	-	-	-	-	-	-	-	-	-	-	-	-	-	-	-	-
	II	-	-	-	-	-	-	-	-	-	-	-	-	-	-	-	-	-	-	-	-	-	-
	III	-	-	-	-	-	-	-	-	-	-	-	-	-	-	-	-	-	-	-	-	-	-
	IV	20,25	-	1,62	1,82	-	-	-	-	-	-	-	-	-	-	-	-	-	-	-	-	-	-
	V	145,50	-	11,64	13,09																		
	VI	189,41	-	15,15	17,04																		
1.439,99	I	20,66	-	1,65	1,85	-	-	-	-	-	-	-	-	-	-	-	-	-	-	-	-	-	-
	II	-	-	-	-	-	-	-	-	-	-	-	-	-	-	-	-	-	-	-	-	-	-
	III	-	-	-	-	-	-	-	-	-	-	-	-	-	-	-	-	-	-	-	-	-	-
	IV	20,66	-	1,65	1,85	-	-	-	-	-	-	-	-	-	-	-	-	-	-	-	-	-	-
	V	146,25	-	11,70	13,16																		
	VI	190,58	-	15,24	17,15																		

MONAT bis 1.484,99 €

Allgemeine Tabelle

Lohn/ Gehalt bis	Steuerklasse	Lohn-steuer	ohne Kinderfreibetrag SolZ 5,5%	ohne Kinderfreibetrag Kirchensteuer 8%	ohne Kinderfreibetrag Kirchensteuer 9%	0,5 SolZ 5,5%	0,5 Kirchensteuer 8%	0,5 Kirchensteuer 9%	1,0 SolZ 5,5%	1,0 Kirchensteuer 8%	1,0 Kirchensteuer 9%	1,5 SolZ 5,5%	1,5 Kirchensteuer 8%	1,5 Kirchensteuer 9%	2,0 SolZ 5,5%	2,0 Kirchensteuer 8%	2,0 Kirchensteuer 9%	2,5 SolZ 5,5%	2,5 Kirchensteuer 8%	2,5 Kirchensteuer 9%	3,0 SolZ 5,5%	3,0 Kirchensteuer 8%	3,0 Kirchensteuer 9%
1.442,99	I	21,16	-	1,69	1,90	-	-	-	-	-	-	-	-	-	-	-	-	-	-	-	-	-	
	II	-	-	-	-	-	-	-	-	-	-	-	-	-	-	-	-	-	-	-	-	-	
	III	-	-	-	-	-	-	-	-	-	-	-	-	-	-	-	-	-	-	-	-	-	
	IV	21,16	-	1,69	1,90	-	-	-	-	-	-	-	-	-	-	-	-	-	-	-	-	-	
	V	147,41	-	11,79	13,26																		
	VI	191,66	-	15,33	17,24																		
1.445,99	I	21,58	-	1,72	1,94	-	-	-	-	-	-	-	-	-	-	-	-	-	-	-	-	-	
	II	-	-	-	-	-	-	-	-	-	-	-	-	-	-	-	-	-	-	-	-	-	
	III	-	-	-	-	-	-	-	-	-	-	-	-	-	-	-	-	-	-	-	-	-	
	IV	21,58	-	1,72	1,94	-	-	-	-	-	-	-	-	-	-	-	-	-	-	-	-	-	
	V	148,58	-	11,88	13,37																		
	VI	192,83	-	15,42	17,35																		
1.448,99	I	22,08	-	1,76	1,98	-	-	-	-	-	-	-	-	-	-	-	-	-	-	-	-	-	
	II	-	-	-	-	-	-	-	-	-	-	-	-	-	-	-	-	-	-	-	-	-	
	III	-	-	-	-	-	-	-	-	-	-	-	-	-	-	-	-	-	-	-	-	-	
	IV	22,08	-	1,76	1,98	-	-	-	-	-	-	-	-	-	-	-	-	-	-	-	-	-	
	V	149,66	-	11,97	13,46																		
	VI	194,00	-	15,52	17,46																		
1.451,99	I	22,58	-	1,80	2,03	-	-	-	-	-	-	-	-	-	-	-	-	-	-	-	-	-	
	II	-	-	-	-	-	-	-	-	-	-	-	-	-	-	-	-	-	-	-	-	-	
	III	-	-	-	-	-	-	-	-	-	-	-	-	-	-	-	-	-	-	-	-	-	
	IV	22,58	-	1,80	2,03	-	-	-	-	-	-	-	-	-	-	-	-	-	-	-	-	-	
	V	150,83	-	12,06	13,57																		
	VI	195,16	-	15,61	17,56																		
1.454,99	I	23,00	-	1,84	2,07	-	-	-	-	-	-	-	-	-	-	-	-	-	-	-	-	-	
	II	-	-	-	-	-	-	-	-	-	-	-	-	-	-	-	-	-	-	-	-	-	
	III	-	-	-	-	-	-	-	-	-	-	-	-	-	-	-	-	-	-	-	-	-	
	IV	23,00	-	1,84	2,07	-	-	-	-	-	-	-	-	-	-	-	-	-	-	-	-	-	
	V	152,00	-	12,16	13,68																		
	VI	196,33	-	15,70	17,66																		
1.457,99	I	23,50	-	1,88	2,11	-	-	-	-	-	-	-	-	-	-	-	-	-	-	-	-	-	
	II	-	-	-	-	-	-	-	-	-	-	-	-	-	-	-	-	-	-	-	-	-	
	III	-	-	-	-	-	-	-	-	-	-	-	-	-	-	-	-	-	-	-	-	-	
	IV	23,50	-	1,88	2,11	-	-	-	-	-	-	-	-	-	-	-	-	-	-	-	-	-	
	V	153,08	-	12,24	13,77																		
	VI	197,41	-	15,79	17,76																		
1.460,99	I	24,00	-	1,92	2,16	-	-	-	-	-	-	-	-	-	-	-	-	-	-	-	-	-	
	II	-	-	-	-	-	-	-	-	-	-	-	-	-	-	-	-	-	-	-	-	-	
	III	-	-	-	-	-	-	-	-	-	-	-	-	-	-	-	-	-	-	-	-	-	
	IV	24,00	-	1,92	2,16	-	-	-	-	-	-	-	-	-	-	-	-	-	-	-	-	-	
	V	154,25	-	12,34	13,88																		
	VI	198,58	-	15,88	17,87																		
1.463,99	I	24,50	-	1,96	2,20	-	-	-	-	-	-	-	-	-	-	-	-	-	-	-	-	-	
	II	-	-	-	-	-	-	-	-	-	-	-	-	-	-	-	-	-	-	-	-	-	
	III	-	-	-	-	-	-	-	-	-	-	-	-	-	-	-	-	-	-	-	-	-	
	IV	24,50	-	1,96	2,20	-	-	-	-	-	-	-	-	-	-	-	-	-	-	-	-	-	
	V	155,41	-	12,43	13,98																		
	VI	199,75	-	15,98	17,97																		
1.466,99	I	24,91	-	1,99	2,24	-	-	-	-	-	-	-	-	-	-	-	-	-	-	-	-	-	
	II	-	-	-	-	-	-	-	-	-	-	-	-	-	-	-	-	-	-	-	-	-	
	III	-	-	-	-	-	-	-	-	-	-	-	-	-	-	-	-	-	-	-	-	-	
	IV	24,91	-	1,99	2,24	-	-	-	-	-	-	-	-	-	-	-	-	-	-	-	-	-	
	V	156,50	-	12,52	14,08																		
	VI	200,83	-	16,06	18,07																		
1.469,99	I	25,41	-	2,03	2,28	-	-	-	-	-	-	-	-	-	-	-	-	-	-	-	-	-	
	II	-	-	-	-	-	-	-	-	-	-	-	-	-	-	-	-	-	-	-	-	-	
	III	-	-	-	-	-	-	-	-	-	-	-	-	-	-	-	-	-	-	-	-	-	
	IV	25,41	-	2,03	2,28	-	-	-	-	-	-	-	-	-	-	-	-	-	-	-	-	-	
	V	157,66	-	12,61	14,18																		
	VI	202,00	-	16,16	18,18																		
1.472,99	I	25,91	-	2,07	2,33	-	-	-	-	-	-	-	-	-	-	-	-	-	-	-	-	-	
	II	-	-	-	-	-	-	-	-	-	-	-	-	-	-	-	-	-	-	-	-	-	
	III	-	-	-	-	-	-	-	-	-	-	-	-	-	-	-	-	-	-	-	-	-	
	IV	25,91	-	2,07	2,33	-	-	-	-	-	-	-	-	-	-	-	-	-	-	-	-	-	
	V	158,83	-	12,70	14,29																		
	VI	203,16	-	16,25	18,28																		
1.475,99	I	26,41	-	2,11	2,37	-	-	-	-	-	-	-	-	-	-	-	-	-	-	-	-	-	
	II	-	-	-	-	-	-	-	-	-	-	-	-	-	-	-	-	-	-	-	-	-	
	III	-	-	-	-	-	-	-	-	-	-	-	-	-	-	-	-	-	-	-	-	-	
	IV	26,41	-	2,11	2,37	-	-	-	-	-	-	-	-	-	-	-	-	-	-	-	-	-	
	V	160,00	-	12,80	14,40																		
	VI	204,25	-	16,34	18,38																		
1.478,99	I	26,91	-	2,15	2,42	-	-	-	-	-	-	-	-	-	-	-	-	-	-	-	-	-	
	II	-	-	-	-	-	-	-	-	-	-	-	-	-	-	-	-	-	-	-	-	-	
	III	-	-	-	-	-	-	-	-	-	-	-	-	-	-	-	-	-	-	-	-	-	
	IV	26,91	-	2,15	2,42	-	-	-	-	-	-	-	-	-	-	-	-	-	-	-	-	-	
	V	161,08	-	12,88	14,49																		
	VI	205,41	-	16,43	18,48																		
1.481,99	I	27,41	-	2,19	2,46	-	-	-	-	-	-	-	-	-	-	-	-	-	-	-	-	-	
	II	-	-	-	-	-	-	-	-	-	-	-	-	-	-	-	-	-	-	-	-	-	
	III	-	-	-	-	-	-	-	-	-	-	-	-	-	-	-	-	-	-	-	-	-	
	IV	27,41	-	2,19	2,46	-	-	-	-	-	-	-	-	-	-	-	-	-	-	-	-	-	
	V	162,25	-	12,98	14,60																		
	VI	206,58	-	16,52	18,59																		
1.484,99	I	27,83	-	2,22	2,50	-	-	-	-	-	-	-	-	-	-	-	-	-	-	-	-	-	
	II	-	-	-	-	-	-	-	-	-	-	-	-	-	-	-	-	-	-	-	-	-	
	III	-	-	-	-	-	-	-	-	-	-	-	-	-	-	-	-	-	-	-	-	-	
	IV	27,83	-	2,22	2,50	-	-	-	-	-	-	-	-	-	-	-	-	-	-	-	-	-	
	V	163,41	-	13,07	14,70																		
	VI	207,66	-	16,61	18,68																		

Allgemeine Tabelle

Lohn/ Gehalt bis	Steuerklasse	Lohnsteuer	ohne Kinderfreibetrag			Anzahl Kinderfreibeträge (nur Steuerklassen I–IV) 0,5			1,0			1,5			2,0			2,5			3,0		
			SolZ 5,5%	Kirchensteuer 8%	Kirchensteuer 9%	SolZ 5,5%	Kirchensteuer 8%	Kirchensteuer 9%	SolZ 5,5%	Kirchensteuer 8%	Kirchensteuer 9%	SolZ 5,5%	Kirchensteuer 8%	Kirchensteuer 9%	SolZ 5,5%	Kirchensteuer 8%	Kirchensteuer 9%	SolZ 5,5%	Kirchensteuer 8%	Kirchensteuer 9%	SolZ 5,5%	Kirchensteuer 8%	Kirchensteuer 9%
1.487,99	I	28,33	-	2,26	2,54	-	-	-	-	-	-	-	-	-	-	-	-	-	-	-	-	-	-
	II	-	-	-	-	-	-	-	-	-	-	-	-	-	-	-	-	-	-	-	-	-	-
	III	-	-	-	-	-	-	-	-	-	-	-	-	-	-	-	-	-	-	-	-	-	-
	IV	28,33	-	2,26	2,54	-	-	-	-	-	-	-	-	-	-	-	-	-	-	-	-	-	-
	V	164,58	-	13,16	14,81																		
	VI	208,83	-	16,70	18,79																		
1.490,99	I	28,83	-	2,30	2,59	-	-	-	-	-	-	-	-	-	-	-	-	-	-	-	-	-	-
	II	-	-	-	-	-	-	-	-	-	-	-	-	-	-	-	-	-	-	-	-	-	-
	III	-	-	-	-	-	-	-	-	-	-	-	-	-	-	-	-	-	-	-	-	-	-
	IV	28,83	-	2,30	2,59	-	-	-	-	-	-	-	-	-	-	-	-	-	-	-	-	-	-
	V	165,66	-	13,25	14,90																		
	VI	210,00	-	16,80	18,90																		
1.493,99	I	29,33	-	2,34	2,63	-	-	-	-	-	-	-	-	-	-	-	-	-	-	-	-	-	-
	II	-	-	-	-	-	-	-	-	-	-	-	-	-	-	-	-	-	-	-	-	-	-
	III	-	-	-	-	-	-	-	-	-	-	-	-	-	-	-	-	-	-	-	-	-	-
	IV	29,33	-	2,34	2,63	-	-	-	-	-	-	-	-	-	-	-	-	-	-	-	-	-	-
	V	166,83	-	13,34	15,01																		
	VI	211,16	-	16,89	19,00																		
1.496,99	I	29,83	-	2,38	2,68	-	-	-	-	-	-	-	-	-	-	-	-	-	-	-	-	-	-
	II	-	-	-	-	-	-	-	-	-	-	-	-	-	-	-	-	-	-	-	-	-	-
	III	-	-	-	-	-	-	-	-	-	-	-	-	-	-	-	-	-	-	-	-	-	-
	IV	29,83	-	2,38	2,68	-	-	-	-	-	-	-	-	-	-	-	-	-	-	-	-	-	-
	V	168,00	-	13,44	15,12																		
	VI	212,25	-	16,98	19,10																		
1.499,99	I	30,33	-	2,42	2,72	-	-	-	-	-	-	-	-	-	-	-	-	-	-	-	-	-	-
	II	-	-	-	-	-	-	-	-	-	-	-	-	-	-	-	-	-	-	-	-	-	-
	III	-	-	-	-	-	-	-	-	-	-	-	-	-	-	-	-	-	-	-	-	-	-
	IV	30,33	-	2,42	2,72	-	-	-	-	-	-	-	-	-	-	-	-	-	-	-	-	-	-
	V	169,16	-	13,53	15,22																		
	VI	213,41	-	17,07	19,20																		
1.502,99	I	30,83	-	2,46	2,77	-	-	-	-	-	-	-	-	-	-	-	-	-	-	-	-	-	-
	II	-	-	-	-	-	-	-	-	-	-	-	-	-	-	-	-	-	-	-	-	-	-
	III	-	-	-	-	-	-	-	-	-	-	-	-	-	-	-	-	-	-	-	-	-	-
	IV	30,83	-	2,46	2,77	-	0,04	0,04	-	-	-	-	-	-	-	-	-	-	-	-	-	-	-
	V	170,25	-	13,62	15,32																		
	VI	214,58	-	17,16	19,31																		
1.505,99	I	31,33	-	2,50	2,81	-	-	-	-	-	-	-	-	-	-	-	-	-	-	-	-	-	-
	II	-	-	-	-	-	-	-	-	-	-	-	-	-	-	-	-	-	-	-	-	-	-
	III	-	-	-	-	-	-	-	-	-	-	-	-	-	-	-	-	-	-	-	-	-	-
	IV	31,33	-	2,50	2,81	-	0,06	0,07	-	-	-	-	-	-	-	-	-	-	-	-	-	-	-
	V	171,41	-	13,71	15,42																		
	VI	215,75	-	17,26	19,41																		
1.508,99	I	31,83	-	2,54	2,86	-	-	-	-	-	-	-	-	-	-	-	-	-	-	-	-	-	-
	II	-	-	-	-	-	-	-	-	-	-	-	-	-	-	-	-	-	-	-	-	-	-
	III	-	-	-	-	-	-	-	-	-	-	-	-	-	-	-	-	-	-	-	-	-	-
	IV	31,83	-	2,54	2,86	-	0,10	0,11	-	-	-	-	-	-	-	-	-	-	-	-	-	-	-
	V	172,50	-	13,80	15,52																		
	VI	216,83	-	17,34	19,51																		
1.511,99	I	32,33	-	2,58	2,90	-	-	-	-	-	-	-	-	-	-	-	-	-	-	-	-	-	-
	II	-	-	-	-	-	-	-	-	-	-	-	-	-	-	-	-	-	-	-	-	-	-
	III	-	-	-	-	-	-	-	-	-	-	-	-	-	-	-	-	-	-	-	-	-	-
	IV	32,33	-	2,58	2,90	-	0,13	0,14	-	-	-	-	-	-	-	-	-	-	-	-	-	-	-
	V	173,66	-	13,89	15,62																		
	VI	218,00	-	17,44	19,62																		
1.514,99	I	32,91	-	2,63	2,96	-	-	-	-	-	-	-	-	-	-	-	-	-	-	-	-	-	-
	II	-	-	-	-	-	-	-	-	-	-	-	-	-	-	-	-	-	-	-	-	-	-
	III	-	-	-	-	-	-	-	-	-	-	-	-	-	-	-	-	-	-	-	-	-	-
	IV	32,91	-	2,63	2,96	-	0,16	0,18	-	-	-	-	-	-	-	-	-	-	-	-	-	-	-
	V	174,83	-	13,98	15,73																		
	VI	219,16	-	17,53	19,72																		
1.517,99	I	33,41	-	2,67	3,00	-	-	-	-	-	-	-	-	-	-	-	-	-	-	-	-	-	-
	II	-	-	-	-	-	-	-	-	-	-	-	-	-	-	-	-	-	-	-	-	-	-
	III	-	-	-	-	-	-	-	-	-	-	-	-	-	-	-	-	-	-	-	-	-	-
	IV	33,41	-	2,67	3,00	-	0,19	0,21	-	-	-	-	-	-	-	-	-	-	-	-	-	-	-
	V	175,91	-	14,07	15,83																		
	VI	220,25	-	17,62	19,82																		
1.520,99	I	33,91	-	2,71	3,05	-	-	-	-	-	-	-	-	-	-	-	-	-	-	-	-	-	-
	II	-	-	-	-	-	-	-	-	-	-	-	-	-	-	-	-	-	-	-	-	-	-
	III	-	-	-	-	-	-	-	-	-	-	-	-	-	-	-	-	-	-	-	-	-	-
	IV	33,91	-	2,71	3,05	-	0,22	0,25	-	-	-	-	-	-	-	-	-	-	-	-	-	-	-
	V	177,08	-	14,16	15,93																		
	VI	221,41	-	17,71	19,92																		
1.523,99	I	34,41	-	2,75	3,09	-	-	-	-	-	-	-	-	-	-	-	-	-	-	-	-	-	-
	II	-	-	-	-	-	-	-	-	-	-	-	-	-	-	-	-	-	-	-	-	-	-
	III	-	-	-	-	-	-	-	-	-	-	-	-	-	-	-	-	-	-	-	-	-	-
	IV	34,41	-	2,75	3,09	-	0,26	0,29	-	-	-	-	-	-	-	-	-	-	-	-	-	-	-
	V	178,25	-	14,26	16,04																		
	VI	222,58	-	17,80	20,03																		
1.526,99	I	34,91	-	2,79	3,14	-	-	-	-	-	-	-	-	-	-	-	-	-	-	-	-	-	-
	II	-	-	-	-	-	-	-	-	-	-	-	-	-	-	-	-	-	-	-	-	-	-
	III	-	-	-	-	-	-	-	-	-	-	-	-	-	-	-	-	-	-	-	-	-	-
	IV	34,91	-	2,79	3,14	-	0,28	0,32	-	-	-	-	-	-	-	-	-	-	-	-	-	-	-
	V	179,41	-	14,35	16,14																		
	VI	223,66	-	17,89	20,12																		
1.529,99	I	35,41	-	2,83	3,18	-	-	-	-	-	-	-	-	-	-	-	-	-	-	-	-	-	-
	II	-	-	-	-	-	-	-	-	-	-	-	-	-	-	-	-	-	-	-	-	-	-
	III	-	-	-	-	-	-	-	-	-	-	-	-	-	-	-	-	-	-	-	-	-	-
	IV	35,41	-	2,83	3,18	-	0,32	0,36	-	-	-	-	-	-	-	-	-	-	-	-	-	-	-
	V	180,58	-	14,44	16,25																		
	VI	224,83	-	17,98	20,23																		

Lohn/ Gehalt bis	Steuerklasse	Lohnsteuer	ohne Kinderfreibetrag			Anzahl Kinderfreibeträge (nur Steuerklassen I–IV)																	
						0,5			1,0			1,5			2,0			2,5			3,0		
			SolZ 5,5%	Kirchensteuer 8%	9%	SolZ 5,5%	Kirchensteuer 8%	9%	SolZ 5,5%	Kirchensteuer 8%	9%	SolZ 5,5%	Kirchensteuer 8%	9%	SolZ 5,5%	Kirchensteuer 8%	9%	SolZ 5,5%	Kirchensteuer 8%	9%	SolZ 5,5%	Kirchensteuer 8%	9%
1.532,99	I	36,00	-	2,88	3,24	-	-	-	-	-	-	-	-	-	-	-	-	-	-	-	-	-	
	II	-	-	-	-	-	-	-	-	-	-	-	-	-	-	-	-	-	-	-	-	-	
	III	-	-	-	-	-	-	-	-	-	-	-	-	-	-	-	-	-	-	-	-	-	
	IV	36,00	-	2,88	3,24	-	0,35	0,39	-	-	-	-	-	-	-	-	-	-	-	-	-	-	
	V	181,66	-	14,53	16,34																		
	VI	226,00	-	18,08	20,34																		
1.535,99	I	36,50	-	2,92	3,28	-	-	-	-	-	-	-	-	-	-	-	-	-	-	-	-	-	
	II	-	-	-	-	-	-	-	-	-	-	-	-	-	-	-	-	-	-	-	-	-	
	III	-	-	-	-	-	-	-	-	-	-	-	-	-	-	-	-	-	-	-	-	-	
	IV	36,50	-	2,92	3,28	-	0,38	0,43	-	-	-	-	-	-	-	-	-	-	-	-	-	-	
	V	182,83	-	14,62	16,45																		
	VI	227,16	-	18,17	20,44																		
1.538,99	I	37,00	-	2,96	3,33	-	-	-	-	-	-	-	-	-	-	-	-	-	-	-	-	-	
	II	-	-	-	-	-	-	-	-	-	-	-	-	-	-	-	-	-	-	-	-	-	
	III	-	-	-	-	-	-	-	-	-	-	-	-	-	-	-	-	-	-	-	-	-	
	IV	37,00	-	2,96	3,33	-	0,42	0,47	-	-	-	-	-	-	-	-	-	-	-	-	-	-	
	V	184,00	-	14,72	16,56																		
	VI	228,25	-	18,26	20,54																		
1.541,99	I	37,50	-	3,00	3,37	-	-	-	-	-	-	-	-	-	-	-	-	-	-	-	-	-	
	II	-	-	-	-	-	-	-	-	-	-	-	-	-	-	-	-	-	-	-	-	-	
	III	-	-	-	-	-	-	-	-	-	-	-	-	-	-	-	-	-	-	-	-	-	
	IV	37,50	-	3,00	3,37	-	0,44	0,50	-	-	-	-	-	-	-	-	-	-	-	-	-	-	
	V	185,16	-	14,81	16,66																		
	VI	229,41	-	18,35	20,64																		
1.544,99	I	38,08	-	3,04	3,42	-	-	-	-	-	-	-	-	-	-	-	-	-	-	-	-	-	
	II	-	-	-	-	-	-	-	-	-	-	-	-	-	-	-	-	-	-	-	-	-	
	III	-	-	-	-	-	-	-	-	-	-	-	-	-	-	-	-	-	-	-	-	-	
	IV	38,08	-	3,04	3,42	-	0,48	0,54	-	-	-	-	-	-	-	-	-	-	-	-	-	-	
	V	186,25	-	14,90	16,76																		
	VI	230,58	-	18,44	20,75																		
1.547,99	I	38,58	-	3,08	3,47	-	-	-	-	-	-	-	-	-	-	-	-	-	-	-	-	-	
	II	-	-	-	-	-	-	-	-	-	-	-	-	-	-	-	-	-	-	-	-	-	
	III	-	-	-	-	-	-	-	-	-	-	-	-	-	-	-	-	-	-	-	-	-	
	IV	38,58	-	3,08	3,47	-	0,51	0,57	-	-	-	-	-	-	-	-	-	-	-	-	-	-	
	V	187,41	-	14,99	16,86																		
	VI	231,75	-	18,54	20,85																		
1.550,99	I	39,08	-	3,12	3,51	-	-	-	-	-	-	-	-	-	-	-	-	-	-	-	-	-	
	II	-	-	-	-	-	-	-	-	-	-	-	-	-	-	-	-	-	-	-	-	-	
	III	-	-	-	-	-	-	-	-	-	-	-	-	-	-	-	-	-	-	-	-	-	
	IV	39,08	-	3,12	3,51	-	0,54	0,61	-	-	-	-	-	-	-	-	-	-	-	-	-	-	
	V	188,58	-	15,08	16,97																		
	VI	232,83	-	18,62	20,95																		
1.553,99	I	39,66	-	3,17	3,56	-	-	-	-	-	-	-	-	-	-	-	-	-	-	-	-	-	
	II	-	-	-	-	-	-	-	-	-	-	-	-	-	-	-	-	-	-	-	-	-	
	III	-	-	-	-	-	-	-	-	-	-	-	-	-	-	-	-	-	-	-	-	-	
	IV	39,66	-	3,17	3,56	-	0,58	0,65	-	-	-	-	-	-	-	-	-	-	-	-	-	-	
	V	189,66	-	15,17	17,06																		
	VI	234,00	-	18,72	21,06																		
1.556,99	I	40,16	-	3,21	3,61	-	-	-	-	-	-	-	-	-	-	-	-	-	-	-	-	-	
	II	-	-	-	-	-	-	-	-	-	-	-	-	-	-	-	-	-	-	-	-	-	
	III	-	-	-	-	-	-	-	-	-	-	-	-	-	-	-	-	-	-	-	-	-	
	IV	40,16	-	3,21	3,61	-	0,61	0,68	-	-	-	-	-	-	-	-	-	-	-	-	-	-	
	V	190,83	-	15,26	17,17																		
	VI	235,16	-	18,81	21,16																		
1.559,99	I	40,75	-	3,26	3,66	-	-	-	-	-	-	-	-	-	-	-	-	-	-	-	-	-	
	II	-	-	-	-	-	-	-	-	-	-	-	-	-	-	-	-	-	-	-	-	-	
	III	-	-	-	-	-	-	-	-	-	-	-	-	-	-	-	-	-	-	-	-	-	
	IV	40,75	-	3,26	3,66	-	0,64	0,72	-	-	-	-	-	-	-	-	-	-	-	-	-	-	
	V	192,00	-	15,36	17,28																		
	VI	236,33	-	18,90	21,26																		
1.562,99	I	41,25	-	3,30	3,71	-	-	-	-	-	-	-	-	-	-	-	-	-	-	-	-	-	
	II	-	-	-	-	-	-	-	-	-	-	-	-	-	-	-	-	-	-	-	-	-	
	III	-	-	-	-	-	-	-	-	-	-	-	-	-	-	-	-	-	-	-	-	-	
	IV	41,25	-	3,30	3,71	-	0,68	0,76	-	-	-	-	-	-	-	-	-	-	-	-	-	-	
	V	193,08	-	15,44	17,37																		
	VI	237,41	-	18,99	21,36																		
1.565,99	I	41,75	-	3,34	3,75	-	-	-	-	-	-	-	-	-	-	-	-	-	-	-	-	-	
	II	-	-	-	-	-	-	-	-	-	-	-	-	-	-	-	-	-	-	-	-	-	
	III	-	-	-	-	-	-	-	-	-	-	-	-	-	-	-	-	-	-	-	-	-	
	IV	41,75	-	3,34	3,75	-	0,71	0,80	-	-	-	-	-	-	-	-	-	-	-	-	-	-	
	V	194,25	-	15,54	17,48																		
	VI	238,58	-	19,08	21,47																		
1.568,99	I	42,33	-	3,38	3,80	-	-	-	-	-	-	-	-	-	-	-	-	-	-	-	-	-	
	II	-	-	-	-	-	-	-	-	-	-	-	-	-	-	-	-	-	-	-	-	-	
	III	-	-	-	-	-	-	-	-	-	-	-	-	-	-	-	-	-	-	-	-	-	
	IV	42,33	-	3,38	3,80	-	0,74	0,83	-	-	-	-	-	-	-	-	-	-	-	-	-	-	
	V	195,41	-	15,63	17,58																		
	VI	239,75	-	19,18	21,57																		
1.571,99	I	42,83	-	3,42	3,85	-	-	-	-	-	-	-	-	-	-	-	-	-	-	-	-	-	
	II	-	-	-	-	-	-	-	-	-	-	-	-	-	-	-	-	-	-	-	-	-	
	III	-	-	-	-	-	-	-	-	-	-	-	-	-	-	-	-	-	-	-	-	-	
	IV	42,83	-	3,42	3,85	-	0,78	0,87	-	-	-	-	-	-	-	-	-	-	-	-	-	-	
	V	196,50	-	15,72	17,68																		
	VI	240,83	-	19,26	21,67																		
1.574,99	I	43,41	-	3,47	3,90	-	-	-	-	-	-	-	-	-	-	-	-	-	-	-	-	-	
	II	-	-	-	-	-	-	-	-	-	-	-	-	-	-	-	-	-	-	-	-	-	
	III	-	-	-	-	-	-	-	-	-	-	-	-	-	-	-	-	-	-	-	-	-	
	IV	43,41	-	3,47	3,90	-	0,81	0,91	-	-	-	-	-	-	-	-	-	-	-	-	-	-	
	V	197,66	-	15,81	17,78																		
	VI	242,00	-	19,36	21,78																		

Allgemeine Tabelle

MONAT bis 1.619,99 €

Lohn/ Gehalt bis	Steuerklasse	Lohn-steuer	ohne Kinderfreibetrag SolZ 5,5%	Kirchensteuer 8%	9%	0,5 SolZ 5,5%	Kirchensteuer 8%	9%	1,0 SolZ 5,5%	Kirchensteuer 8%	9%	1,5 SolZ 5,5%	Kirchensteuer 8%	9%	2,0 SolZ 5,5%	Kirchensteuer 8%	9%	2,5 SolZ 5,5%	Kirchensteuer 8%	9%	3,0 SolZ 5,5%	Kirchensteuer 8%	9%
1.577,99	I	43,91	-	3,51	3,95	-	-	-	-	-	-	-	-	-	-	-	-	-	-	-	-	-	-
	II	-	-	-	-	-	-	-	-	-	-	-	-	-	-	-	-	-	-	-	-	-	-
	III	-	-	-	-	-	-	-	-	-	-	-	-	-	-	-	-	-	-	-	-	-	-
	IV	43,91	-	3,51	3,95	-	0,84	0,95	-	-	-	-	-	-	-	-	-	-	-	-	-	-	-
	V	198,83	-	15,90	17,89																		
	VI	243,08	-	19,44	21,87																		
1.580,99	I	44,50	-	3,56	4,00	-	-	-	-	-	-	-	-	-	-	-	-	-	-	-	-	-	-
	II	-	-	-	-	-	-	-	-	-	-	-	-	-	-	-	-	-	-	-	-	-	-
	III	-	-	-	-	-	-	-	-	-	-	-	-	-	-	-	-	-	-	-	-	-	-
	IV	44,50	-	3,56	4,00	-	0,88	0,99	-	-	-	-	-	-	-	-	-	-	-	-	-	-	-
	V	200,00	-	16,00	18,00																		
	VI	244,25	-	19,54	21,98																		
1.583,99	I	45,08	-	3,60	4,05	-	-	-	-	-	-	-	-	-	-	-	-	-	-	-	-	-	-
	II	-	-	-	-	-	-	-	-	-	-	-	-	-	-	-	-	-	-	-	-	-	-
	III	-	-	-	-	-	-	-	-	-	-	-	-	-	-	-	-	-	-	-	-	-	-
	IV	45,08	-	3,60	4,05	-	0,92	1,03	-	-	-	-	-	-	-	-	-	-	-	-	-	-	-
	V	201,08	-	16,08	18,09																		
	VI	245,41	-	19,63	22,08																		
1.586,99	I	45,58	-	3,64	4,10	-	-	-	-	-	-	-	-	-	-	-	-	-	-	-	-	-	-
	II	-	-	-	-	-	-	-	-	-	-	-	-	-	-	-	-	-	-	-	-	-	-
	III	-	-	-	-	-	-	-	-	-	-	-	-	-	-	-	-	-	-	-	-	-	-
	IV	45,58	-	3,64	4,10	-	0,95	1,07	-	-	-	-	-	-	-	-	-	-	-	-	-	-	-
	V	202,25	-	16,18	18,20																		
	VI	246,58	-	19,72	22,19																		
1.589,99	I	46,16	-	3,69	4,15	-	-	-	-	-	-	-	-	-	-	-	-	-	-	-	-	-	-
	II	-	-	-	-	-	-	-	-	-	-	-	-	-	-	-	-	-	-	-	-	-	-
	III	-	-	-	-	-	-	-	-	-	-	-	-	-	-	-	-	-	-	-	-	-	-
	IV	46,16	-	3,69	4,15	-	0,98	1,10	-	-	-	-	-	-	-	-	-	-	-	-	-	-	-
	V	203,41	-	16,27	18,30																		
	VI	247,66	-	19,81	22,28																		
1.592,99	I	46,75	-	3,74	4,20	-	-	-	-	-	-	-	-	-	-	-	-	-	-	-	-	-	-
	II	-	-	-	-	-	-	-	-	-	-	-	-	-	-	-	-	-	-	-	-	-	-
	III	-	-	-	-	-	-	-	-	-	-	-	-	-	-	-	-	-	-	-	-	-	-
	IV	46,75	-	3,74	4,20	-	1,02	1,14	-	-	-	-	-	-	-	-	-	-	-	-	-	-	-
	V	204,58	-	16,36	18,41																		
	VI	248,83	-	19,90	22,39																		
1.595,99	I	47,25	-	3,78	4,25	-	-	-	-	-	-	-	-	-	-	-	-	-	-	-	-	-	-
	II	-	-	-	-	-	-	-	-	-	-	-	-	-	-	-	-	-	-	-	-	-	-
	III	-	-	-	-	-	-	-	-	-	-	-	-	-	-	-	-	-	-	-	-	-	-
	IV	47,25	-	3,78	4,25	-	1,05	1,18	-	-	-	-	-	-	-	-	-	-	-	-	-	-	-
	V	205,66	-	16,45	18,50																		
	VI	250,00	-	20,00	22,50																		
1.598,99	I	47,83	-	3,82	4,30	-	-	-	-	-	-	-	-	-	-	-	-	-	-	-	-	-	-
	II	-	-	-	-	-	-	-	-	-	-	-	-	-	-	-	-	-	-	-	-	-	-
	III	-	-	-	-	-	-	-	-	-	-	-	-	-	-	-	-	-	-	-	-	-	-
	IV	47,83	-	3,82	4,30	-	1,09	1,22	-	-	-	-	-	-	-	-	-	-	-	-	-	-	-
	V	206,83	-	16,54	18,61																		
	VI	251,16	-	20,09	22,60																		
1.601,99	I	48,41	-	3,87	4,35	-	-	-	-	-	-	-	-	-	-	-	-	-	-	-	-	-	-
	II	-	-	-	-	-	-	-	-	-	-	-	-	-	-	-	-	-	-	-	-	-	-
	III	-	-	-	-	-	-	-	-	-	-	-	-	-	-	-	-	-	-	-	-	-	-
	IV	48,41	-	3,87	4,35	-	1,12	1,26	-	-	-	-	-	-	-	-	-	-	-	-	-	-	-
	V	208,00	-	16,64	18,72																		
	VI	252,33	-	20,18	22,70																		
1.604,99	I	48,91	-	3,91	4,40	-	-	-	-	-	-	-	-	-	-	-	-	-	-	-	-	-	-
	II	-	-	-	-	-	-	-	-	-	-	-	-	-	-	-	-	-	-	-	-	-	-
	III	-	-	-	-	-	-	-	-	-	-	-	-	-	-	-	-	-	-	-	-	-	-
	IV	48,91	-	3,91	4,40	-	1,16	1,30	-	-	-	-	-	-	-	-	-	-	-	-	-	-	-
	V	209,08	-	16,72	18,81																		
	VI	253,41	-	20,27	22,80																		
1.607,99	I	49,50	-	3,96	4,45	-	-	-	-	-	-	-	-	-	-	-	-	-	-	-	-	-	-
	II	-	-	-	-	-	-	-	-	-	-	-	-	-	-	-	-	-	-	-	-	-	-
	III	-	-	-	-	-	-	-	-	-	-	-	-	-	-	-	-	-	-	-	-	-	-
	IV	49,50	-	3,96	4,45	-	1,20	1,35	-	-	-	-	-	-	-	-	-	-	-	-	-	-	-
	V	210,25	-	16,82	18,92																		
	VI	254,58	-	20,36	22,91																		
1.610,99	I	50,08	-	4,00	4,50	-	-	-	-	-	-	-	-	-	-	-	-	-	-	-	-	-	-
	II	-	-	-	-	-	-	-	-	-	-	-	-	-	-	-	-	-	-	-	-	-	-
	III	-	-	-	-	-	-	-	-	-	-	-	-	-	-	-	-	-	-	-	-	-	-
	IV	50,08	-	4,00	4,50	-	1,23	1,38	-	-	-	-	-	-	-	-	-	-	-	-	-	-	-
	V	211,41	-	16,91	19,02																		
	VI	255,75	-	20,46	23,01																		
1.613,99	I	50,66	-	4,05	4,55	-	-	-	-	-	-	-	-	-	-	-	-	-	-	-	-	-	-
	II	-	-	-	-	-	-	-	-	-	-	-	-	-	-	-	-	-	-	-	-	-	-
	III	-	-	-	-	-	-	-	-	-	-	-	-	-	-	-	-	-	-	-	-	-	-
	IV	50,66	-	4,05	4,55	-	1,26	1,42	-	-	-	-	-	-	-	-	-	-	-	-	-	-	-
	V	212,50	-	17,00	19,12																		
	VI	256,83	-	20,54	23,11																		
1.616,99	I	51,16	-	4,09	4,60	-	-	-	-	-	-	-	-	-	-	-	-	-	-	-	-	-	-
	II	-	-	-	-	-	-	-	-	-	-	-	-	-	-	-	-	-	-	-	-	-	-
	III	-	-	-	-	-	-	-	-	-	-	-	-	-	-	-	-	-	-	-	-	-	-
	IV	51,16	-	4,09	4,60	-	1,30	1,46	-	-	-	-	-	-	-	-	-	-	-	-	-	-	-
	V	213,66	-	17,09	19,22																		
	VI	258,00	-	20,64	23,22																		
1.619,99	I	51,75	-	4,14	4,65	-	-	-	-	-	-	-	-	-	-	-	-	-	-	-	-	-	-
	II	-	-	-	-	-	-	-	-	-	-	-	-	-	-	-	-	-	-	-	-	-	-
	III	-	-	-	-	-	-	-	-	-	-	-	-	-	-	-	-	-	-	-	-	-	-
	IV	51,75	-	4,14	4,65	-	1,34	1,50	-	-	-	-	-	-	-	-	-	-	-	-	-	-	-
	V	214,83	-	17,18	19,33																		
	VI	259,16	-	20,73	23,32																		

Anzahl Kinderfreibeträge (nur Steuerklassen I–IV)

Lohn/ Gehalt bis	Steuerklasse	Lohn-steuer	ohne Kinderfreibetrag			Anzahl Kinderfreibeträge (nur Steuerklassen I–IV) 0,5			1,0			1,5			2,0			2,5			3,0		
			SolZ 5,5%	Kirchensteuer 8%	9%	SolZ 5,5%	Kirchensteuer 8%	9%	SolZ 5,5%	Kirchensteuer 8%	9%	SolZ 5,5%	Kirchensteuer 8%	9%	SolZ 5,5%	Kirchensteuer 8%	9%	SolZ 5,5%	Kirchensteuer 8%	9%	SolZ 5,5%	Kirchensteuer 8%	9
1.622,99	I	52,33	-	4,18	4,70	-	-	-	-	-	-	-	-	-	-	-	-	-	-	-	-	-	
	II	-	-	-	-	-	-	-	-	-	-	-	-	-	-	-	-	-	-	-	-	-	
	III	-	-	-	-	-	-	-	-	-	-	-	-	-	-	-	-	-	-	-	-	-	
	IV	52,33	-	4,18	4,70	-	1,38	1,55	-	-	-	-	-	-	-	-	-	-	-	-	-	-	
	V	216,00	-	17,28	19,44																		
	VI	260,25	-	20,82	23,42																		
1.625,99	I	52,91	-	4,23	4,76	-	-	-	-	-	-	-	-	-	-	-	-	-	-	-	-	-	
	II	-	-	-	-	-	-	-	-	-	-	-	-	-	-	-	-	-	-	-	-	-	
	III	-	-	-	-	-	-	-	-	-	-	-	-	-	-	-	-	-	-	-	-	-	
	IV	52,91	-	4,23	4,76	-	1,41	1,58	-	-	-	-	-	-	-	-	-	-	-	-	-	-	
	V	217,08	-	17,36	19,53																		
	VI	261,41	-	20,91	23,52																		
1.628,99	I	53,50	-	4,28	4,81	-	-	-	-	-	-	-	-	-	-	-	-	-	-	-	-	-	
	II	-	-	-	-	-	-	-	-	-	-	-	-	-	-	-	-	-	-	-	-	-	
	III	-	-	-	-	-	-	-	-	-	-	-	-	-	-	-	-	-	-	-	-	-	
	IV	53,50	-	4,28	4,81	-	1,45	1,63	-	-	-	-	-	-	-	-	-	-	-	-	-	-	
	V	218,25	-	17,46	19,64																		
	VI	262,58	-	21,00	23,63																		
1.631,99	I	54,08	-	4,32	4,86	-	-	-	-	-	-	-	-	-	-	-	-	-	-	-	-	-	
	II	-	-	-	-	-	-	-	-	-	-	-	-	-	-	-	-	-	-	-	-	-	
	III	-	-	-	-	-	-	-	-	-	-	-	-	-	-	-	-	-	-	-	-	-	
	IV	54,08	-	4,32	4,86	-	1,48	1,67	-	-	-	-	-	-	-	-	-	-	-	-	-	-	
	V	219,41	-	17,55	19,74																		
	VI	263,66	-	21,09	23,72																		
1.634,99	I	54,66	-	4,37	4,91	-	-	-	-	-	-	-	-	-	-	-	-	-	-	-	-	-	
	II	-	-	-	-	-	-	-	-	-	-	-	-	-	-	-	-	-	-	-	-	-	
	III	-	-	-	-	-	-	-	-	-	-	-	-	-	-	-	-	-	-	-	-	-	
	IV	54,66	-	4,37	4,91	-	1,52	1,71	-	-	-	-	-	-	-	-	-	-	-	-	-	-	
	V	220,58	-	17,64	19,85																		
	VI	264,83	-	21,18	23,83																		
1.637,99	I	55,25	-	4,42	4,97	-	-	-	-	-	-	-	-	-	-	-	-	-	-	-	-	-	
	II	-	-	-	-	-	-	-	-	-	-	-	-	-	-	-	-	-	-	-	-	-	
	III	-	-	-	-	-	-	-	-	-	-	-	-	-	-	-	-	-	-	-	-	-	
	IV	55,25	-	4,42	4,97	-	1,56	1,75	-	-	-	-	-	-	-	-	-	-	-	-	-	-	
	V	221,66	-	17,73	19,94																		
	VI	266,00	-	21,28	23,94																		
1.640,99	I	55,83	-	4,46	5,02	-	-	-	-	-	-	-	-	-	-	-	-	-	-	-	-	-	
	II	-	-	-	-	-	-	-	-	-	-	-	-	-	-	-	-	-	-	-	-	-	
	III	-	-	-	-	-	-	-	-	-	-	-	-	-	-	-	-	-	-	-	-	-	
	IV	55,83	-	4,46	5,02	-	1,60	1,80	-	-	-	-	-	-	-	-	-	-	-	-	-	-	
	V	222,83	-	17,82	20,05																		
	VI	267,16	-	21,37	24,04																		
1.643,99	I	56,41	-	4,51	5,07	-	-	-	-	-	-	-	-	-	-	-	-	-	-	-	-	-	
	II	-	-	-	-	-	-	-	-	-	-	-	-	-	-	-	-	-	-	-	-	-	
	III	-	-	-	-	-	-	-	-	-	-	-	-	-	-	-	-	-	-	-	-	-	
	IV	56,41	-	4,51	5,07	-	1,63	1,83	-	-	-	-	-	-	-	-	-	-	-	-	-	-	
	V	224,00	-	17,92	20,16																		
	VI	268,25	-	21,46	24,14																		
1.646,99	I	57,00	-	4,56	5,13	-	-	-	-	-	-	-	-	-	-	-	-	-	-	-	-	-	
	II	-	-	-	-	-	-	-	-	-	-	-	-	-	-	-	-	-	-	-	-	-	
	III	-	-	-	-	-	-	-	-	-	-	-	-	-	-	-	-	-	-	-	-	-	
	IV	57,00	-	4,56	5,13	-	1,67	1,88	-	-	-	-	-	-	-	-	-	-	-	-	-	-	
	V	225,08	-	18,00	20,25																		
	VI	269,41	-	21,55	24,24																		
1.649,99	I	57,58	-	4,60	5,18	-	-	-	-	-	-	-	-	-	-	-	-	-	-	-	-	-	
	II	-	-	-	-	-	-	-	-	-	-	-	-	-	-	-	-	-	-	-	-	-	
	III	-	-	-	-	-	-	-	-	-	-	-	-	-	-	-	-	-	-	-	-	-	
	IV	57,58	-	4,60	5,18	-	1,70	1,91	-	-	-	-	-	-	-	-	-	-	-	-	-	-	
	V	226,25	-	18,10	20,36																		
	VI	270,58	-	21,64	24,35																		
1.652,99	I	58,16	-	4,65	5,23	-	-	-	-	-	-	-	-	-	-	-	-	-	-	-	-	-	
	II	-	-	-	-	-	-	-	-	-	-	-	-	-	-	-	-	-	-	-	-	-	
	III	-	-	-	-	-	-	-	-	-	-	-	-	-	-	-	-	-	-	-	-	-	
	IV	58,16	-	4,65	5,23	-	1,74	1,96	-	-	-	-	-	-	-	-	-	-	-	-	-	-	
	V	227,41	-	18,19	20,46																		
	VI	271,75	-	21,74	24,45																		
1.655,99	I	58,75	-	4,70	5,28	-	-	-	-	-	-	-	-	-	-	-	-	-	-	-	-	-	
	II	-	-	-	-	-	-	-	-	-	-	-	-	-	-	-	-	-	-	-	-	-	
	III	-	-	-	-	-	-	-	-	-	-	-	-	-	-	-	-	-	-	-	-	-	
	IV	58,75	-	4,70	5,28	-	1,78	2,00	-	-	-	-	-	-	-	-	-	-	-	-	-	-	
	V	228,50	-	18,28	20,56																		
	VI	272,83	-	21,82	24,55																		
1.658,99	I	59,33	-	4,74	5,33	-	-	-	-	-	-	-	-	-	-	-	-	-	-	-	-	-	
	II	-	-	-	-	-	-	-	-	-	-	-	-	-	-	-	-	-	-	-	-	-	
	III	-	-	-	-	-	-	-	-	-	-	-	-	-	-	-	-	-	-	-	-	-	
	IV	59,33	-	4,74	5,33	-	1,82	2,04	-	-	-	-	-	-	-	-	-	-	-	-	-	-	
	V	229,66	-	18,37	20,66																		
	VI	274,00	-	21,92	24,66																		
1.661,99	I	59,91	-	4,79	5,39	-	-	-	-	-	-	-	-	-	-	-	-	-	-	-	-	-	
	II	-	-	-	-	-	-	-	-	-	-	-	-	-	-	-	-	-	-	-	-	-	
	III	-	-	-	-	-	-	-	-	-	-	-	-	-	-	-	-	-	-	-	-	-	
	IV	59,91	-	4,79	5,39	-	1,86	2,09	-	-	-	-	-	-	-	-	-	-	-	-	-	-	
	V	230,83	-	18,46	20,77																		
	VI	275,16	-	22,01	24,76																		
1.664,99	I	60,50	-	4,84	5,44	-	-	-	-	-	-	-	-	-	-	-	-	-	-	-	-	-	
	II	-	-	-	-	-	-	-	-	-	-	-	-	-	-	-	-	-	-	-	-	-	
	III	-	-	-	-	-	-	-	-	-	-	-	-	-	-	-	-	-	-	-	-	-	
	IV	60,50	-	4,84	5,44	-	1,90	2,13	-	-	-	-	-	-	-	-	-	-	-	-	-	-	
	V	231,91	-	18,55	20,87																		
	VI	276,25	-	22,10	24,86																		

Lohn/Gehalt bis	Steuerklasse	Lohnsteuer	ohne Kinderfreibetrag			Anzahl Kinderfreibeträge (nur Steuerklassen I–IV): 0,5			1,0			1,5			2,0			2,5			3,0		
			SolZ 5,5%	Kirchensteuer 8%	Kirchensteuer 9%	SolZ 5,5%	Kirchensteuer 8%	Kirchensteuer 9%	SolZ 5,5%	Kirchensteuer 8%	Kirchensteuer 9%	SolZ 5,5%	Kirchensteuer 8%	Kirchensteuer 9%	SolZ 5,5%	Kirchensteuer 8%	Kirchensteuer 9%	SolZ 5,5%	Kirchensteuer 8%	Kirchensteuer 9%	SolZ 5,5%	Kirchensteuer 8%	Kirchensteuer 9%
1.667,99	I	61,08	-	4,88	5,49	-	-	-	-	-	-	-	-	-	-	-	-	-	-	-	-	-	-
	II	-	-	-	-	-	-	-	-	-	-	-	-	-	-	-	-	-	-	-	-	-	-
	III	-	-	-	-	-	-	-	-	-	-	-	-	-	-	-	-	-	-	-	-	-	-
	IV	61,08	-	4,88	5,49	-	1,93	2,17	-	-	-	-	-	-	-	-	-	-	-	-	-	-	-
	V	233,08	-	18,64	20,97																		
	VI	277,41	-	22,19	24,96																		
1.670,99	I	61,75	-	4,94	5,55	-	-	-	-	-	-	-	-	-	-	-	-	-	-	-	-	-	-
	II	-	-	-	-	-	-	-	-	-	-	-	-	-	-	-	-	-	-	-	-	-	-
	III	-	-	-	-	-	-	-	-	-	-	-	-	-	-	-	-	-	-	-	-	-	-
	IV	61,75	-	4,94	5,55	-	1,97	2,21	-	-	-	-	-	-	-	-	-	-	-	-	-	-	-
	V	234,25	-	18,74	21,08																		
	VI	278,58	-	22,28	25,07																		
1.673,99	I	62,33	-	4,98	5,60	-	-	-	-	-	-	-	-	-	-	-	-	-	-	-	-	-	-
	II	-	-	-	-	-	-	-	-	-	-	-	-	-	-	-	-	-	-	-	-	-	-
	III	-	-	-	-	-	-	-	-	-	-	-	-	-	-	-	-	-	-	-	-	-	-
	IV	62,33	-	4,98	5,60	-	2,01	2,26	-	-	-	-	-	-	-	-	-	-	-	-	-	-	-
	V	235,41	-	18,83	21,18																		
	VI	279,66	-	22,37	25,16																		
1.676,99	I	62,91	-	5,03	5,66	-	-	-	-	-	-	-	-	-	-	-	-	-	-	-	-	-	-
	II	-	-	-	-	-	-	-	-	-	-	-	-	-	-	-	-	-	-	-	-	-	-
	III	-	-	-	-	-	-	-	-	-	-	-	-	-	-	-	-	-	-	-	-	-	-
	IV	62,91	-	5,03	5,66	-	2,05	2,30	-	-	-	-	-	-	-	-	-	-	-	-	-	-	-
	V	236,58	-	18,92	21,29																		
	VI	280,83	-	22,46	25,27																		
1.679,99	I	63,50	-	5,08	5,71	-	-	-	-	-	-	-	-	-	-	-	-	-	-	-	-	-	-
	II	-	-	-	-	-	-	-	-	-	-	-	-	-	-	-	-	-	-	-	-	-	-
	III	-	-	-	-	-	-	-	-	-	-	-	-	-	-	-	-	-	-	-	-	-	-
	IV	63,50	-	5,08	5,71	-	2,09	2,35	-	-	-	-	-	-	-	-	-	-	-	-	-	-	-
	V	237,66	-	19,01	21,38																		
	VI	282,00	-	22,56	25,38																		
1.682,99	I	64,16	-	5,13	5,77	-	-	-	-	-	-	-	-	-	-	-	-	-	-	-	-	-	-
	II	-	-	-	-	-	-	-	-	-	-	-	-	-	-	-	-	-	-	-	-	-	-
	III	-	-	-	-	-	-	-	-	-	-	-	-	-	-	-	-	-	-	-	-	-	-
	IV	64,16	-	5,13	5,77	-	2,12	2,39	-	-	-	-	-	-	-	-	-	-	-	-	-	-	-
	V	238,83	-	19,10	21,49																		
	VI	283,16	-	22,65	25,48																		
1.685,99	I	64,75	-	5,18	5,82	-	-	-	-	-	-	-	-	-	-	-	-	-	-	-	-	-	-
	II	0,16	-	0,01	0,01	-	-	-	-	-	-	-	-	-	-	-	-	-	-	-	-	-	-
	III	-	-	-	-	-	-	-	-	-	-	-	-	-	-	-	-	-	-	-	-	-	-
	IV	64,75	-	5,18	5,82	-	2,16	2,43	-	-	-	-	-	-	-	-	-	-	-	-	-	-	-
	V	240,00	-	19,20	21,60																		
	VI	284,25	-	22,74	25,58																		
1.688,99	I	65,33	-	5,22	5,87	-	-	-	-	-	-	-	-	-	-	-	-	-	-	-	-	-	-
	II	0,50	-	0,04	0,04	-	-	-	-	-	-	-	-	-	-	-	-	-	-	-	-	-	-
	III	-	-	-	-	-	-	-	-	-	-	-	-	-	-	-	-	-	-	-	-	-	-
	IV	65,33	-	5,22	5,87	-	2,20	2,48	-	-	-	-	-	-	-	-	-	-	-	-	-	-	-
	V	241,16	-	19,29	21,70																		
	VI	285,41	-	22,83	25,68																		
1.691,99	I	66,00	-	5,28	5,94	-	-	-	-	-	-	-	-	-	-	-	-	-	-	-	-	-	-
	II	0,91	-	0,07	0,08	-	-	-	-	-	-	-	-	-	-	-	-	-	-	-	-	-	-
	III	-	-	-	-	-	-	-	-	-	-	-	-	-	-	-	-	-	-	-	-	-	-
	IV	66,00	-	5,28	5,94	-	2,24	2,52	-	-	-	-	-	-	-	-	-	-	-	-	-	-	-
	V	242,25	-	19,38	21,80																		
	VI	286,58	-	22,92	25,79																		
1.694,99	I	66,58	-	5,32	5,99	-	-	-	-	-	-	-	-	-	-	-	-	-	-	-	-	-	-
	II	1,25	-	0,10	0,11	-	-	-	-	-	-	-	-	-	-	-	-	-	-	-	-	-	-
	III	-	-	-	-	-	-	-	-	-	-	-	-	-	-	-	-	-	-	-	-	-	-
	IV	66,58	-	5,32	5,99	-	2,28	2,57	-	-	-	-	-	-	-	-	-	-	-	-	-	-	-
	V	243,41	-	19,47	21,90																		
	VI	287,75	-	23,02	25,89																		
1.697,99	I	67,16	-	5,37	6,04	-	-	-	-	-	-	-	-	-	-	-	-	-	-	-	-	-	-
	II	1,66	-	0,13	0,14	-	-	-	-	-	-	-	-	-	-	-	-	-	-	-	-	-	-
	III	-	-	-	-	-	-	-	-	-	-	-	-	-	-	-	-	-	-	-	-	-	-
	IV	67,16	-	5,37	6,04	-	2,32	2,61	-	-	-	-	-	-	-	-	-	-	-	-	-	-	-
	V	244,50	-	19,56	22,00																		
	VI	288,83	-	23,10	25,99																		
1.700,99	I	67,75	-	5,42	6,09	-	-	-	-	-	-	-	-	-	-	-	-	-	-	-	-	-	-
	II	2,00	-	0,16	0,18	-	-	-	-	-	-	-	-	-	-	-	-	-	-	-	-	-	-
	III	-	-	-	-	-	-	-	-	-	-	-	-	-	-	-	-	-	-	-	-	-	-
	IV	67,75	-	5,42	6,09	-	2,36	2,65	-	-	-	-	-	-	-	-	-	-	-	-	-	-	-
	V	245,58	-	19,64	22,10																		
	VI	289,91	-	23,19	26,09																		
1.703,99	I	68,33	-	5,46	6,14	-	-	-	-	-	-	-	-	-	-	-	-	-	-	-	-	-	-
	II	2,33	-	0,18	0,20	-	-	-	-	-	-	-	-	-	-	-	-	-	-	-	-	-	-
	III	-	-	-	-	-	-	-	-	-	-	-	-	-	-	-	-	-	-	-	-	-	-
	IV	68,33	-	5,46	6,14	-	2,40	2,70	-	-	-	-	-	-	-	-	-	-	-	-	-	-	-
	V	246,58	-	19,72	22,19																		
	VI	290,91	-	23,27	26,18																		
1.706,99	I	68,83	-	5,50	6,19	-	0,01	0,01	-	-	-	-	-	-	-	-	-	-	-	-	-	-	-
	II	2,75	-	0,22	0,24	-	-	-	-	-	-	-	-	-	-	-	-	-	-	-	-	-	-
	III	-	-	-	-	-	-	-	-	-	-	-	-	-	-	-	-	-	-	-	-	-	-
	IV	68,83	-	5,50	6,19	-	2,43	2,73	-	0,01	0,01	-	-	-	-	-	-	-	-	-	-	-	-
	V	247,58	-	19,80	22,28																		
	VI	291,91	-	23,35	26,27																		
1.709,99	I	69,41	-	5,55	6,24	-	0,04	0,04	-	-	-	-	-	-	-	-	-	-	-	-	-	-	-
	II	3,08	-	0,24	0,27	-	-	-	-	-	-	-	-	-	-	-	-	-	-	-	-	-	-
	III	-	-	-	-	-	-	-	-	-	-	-	-	-	-	-	-	-	-	-	-	-	-
	IV	69,41	-	5,55	6,24	-	2,47	2,78	-	0,04	0,04	-	-	-	-	-	-	-	-	-	-	-	-
	V	248,66	-	19,89	22,37																		
	VI	293,00	-	23,44	26,37																		

Lohn/ Gehalt bis	Steuerklasse	Lohn-steuer	ohne Kinderfreibetrag			Anzahl Kinderfreibeträge (nur Steuerklassen I–IV) 0,5			1,0			1,5			2,0			2,5			3,0		
			SolZ 5,5%	Kirchensteuer 8%	9%	SolZ 5,5%	Kirchensteuer 8%	9%	SolZ 5,5%	Kirchensteuer 8%	9%	SolZ 5,5%	Kirchensteuer 8%	9%	SolZ 5,5%	Kirchensteuer 8%	9%	SolZ 5,5%	Kirchensteuer 8%	9%	SolZ 5,5%	Kirchensteuer 8%	9
1.712,99	I	70,00	-	5,60	6,30	-	0,06	0,07	-	-	-	-	-	-	-	-	-	-	-	-	-	-	
	II	3,41	-	0,27	0,30	-	-	-	-	-	-	-	-	-	-	-	-	-	-	-	-	-	
	III	-	-	-	-	-	-	-	-	-	-	-	-	-	-	-	-	-	-	-	-	-	
	IV	70,00	-	5,60	6,30	-	2,50	2,81	-	0,06	0,07	-	-	-	-	-	-	-	-	-	-	-	
	V	249,66	-	19,97	22,46																		
	VI	294,00	-	23,52	26,46																		
1.715,99	I	70,50	-	5,64	6,34	-	0,09	0,10	-	-	-	-	-	-	-	-	-	-	-	-	-	-	
	II	3,75	-	0,30	0,33	-	-	-	-	-	-	-	-	-	-	-	-	-	-	-	-	-	
	III	-	-	-	-	-	-	-	-	-	-	-	-	-	-	-	-	-	-	-	-	-	
	IV	70,50	-	5,64	6,34	-	2,54	2,85	-	0,09	0,10	-	-	-	-	-	-	-	-	-	-	-	
	V	250,66	-	20,05	22,55																		
	VI	295,00	-	23,60	26,55																		
1.718,99	I	71,08	-	5,68	6,39	-	0,12	0,14	-	-	-	-	-	-	-	-	-	-	-	-	-	-	
	II	4,16	-	0,33	0,37	-	-	-	-	-	-	-	-	-	-	-	-	-	-	-	-	-	
	III	-	-	-	-	-	-	-	-	-	-	-	-	-	-	-	-	-	-	-	-	-	
	IV	71,08	-	5,68	6,39	-	2,58	2,90	-	0,12	0,14	-	-	-	-	-	-	-	-	-	-	-	
	V	251,75	-	20,14	22,65																		
	VI	296,08	-	23,68	26,64																		
1.721,99	I	71,66	-	5,73	6,44	-	0,15	0,17	-	-	-	-	-	-	-	-	-	-	-	-	-	-	
	II	4,50	-	0,36	0,40	-	-	-	-	-	-	-	-	-	-	-	-	-	-	-	-	-	
	III	-	-	-	-	-	-	-	-	-	-	-	-	-	-	-	-	-	-	-	-	-	
	IV	71,66	-	5,73	6,44	-	2,61	2,93	-	0,15	0,17	-	-	-	-	-	-	-	-	-	-	-	
	V	252,75	-	20,22	22,74																		
	VI	297,08	-	23,76	26,73																		
1.724,99	I	72,25	-	5,78	6,50	-	0,18	0,20	-	-	-	-	-	-	-	-	-	-	-	-	-	-	
	II	4,83	-	0,38	0,43	-	-	-	-	-	-	-	-	-	-	-	-	-	-	-	-	-	
	III	-	-	-	-	-	-	-	-	-	-	-	-	-	-	-	-	-	-	-	-	-	
	IV	72,25	-	5,78	6,50	-	2,65	2,98	-	0,18	0,20	-	-	-	-	-	-	-	-	-	-	-	
	V	253,75	-	20,30	22,83																		
	VI	298,08	-	23,84	26,82																		
1.727,99	I	72,75	-	5,82	6,54	-	0,20	0,23	-	-	-	-	-	-	-	-	-	-	-	-	-	-	
	II	5,25	-	0,42	0,47	-	-	-	-	-	-	-	-	-	-	-	-	-	-	-	-	-	
	III	-	-	-	-	-	-	-	-	-	-	-	-	-	-	-	-	-	-	-	-	-	
	IV	72,75	-	5,82	6,54	-	2,68	3,02	-	0,20	0,23	-	-	-	-	-	-	-	-	-	-	-	
	V	254,75	-	20,38	22,92																		
	VI	299,08	-	23,92	26,91																		
1.730,99	I	73,33	-	5,86	6,59	-	0,23	0,26	-	-	-	-	-	-	-	-	-	-	-	-	-	-	
	II	5,58	-	0,44	0,50	-	-	-	-	-	-	-	-	-	-	-	-	-	-	-	-	-	
	III	-	-	-	-	-	-	-	-	-	-	-	-	-	-	-	-	-	-	-	-	-	
	IV	73,33	-	5,86	6,59	-	2,72	3,06	-	0,23	0,26	-	-	-	-	-	-	-	-	-	-	-	
	V	255,83	-	20,46	23,02																		
	VI	300,16	-	24,01	27,01																		
1.733,99	I	73,91	-	5,91	6,65	-	0,26	0,29	-	-	-	-	-	-	-	-	-	-	-	-	-	-	
	II	5,91	-	0,47	0,53	-	-	-	-	-	-	-	-	-	-	-	-	-	-	-	-	-	
	III	-	-	-	-	-	-	-	-	-	-	-	-	-	-	-	-	-	-	-	-	-	
	IV	73,91	-	5,91	6,65	-	2,76	3,10	-	0,26	0,29	-	-	-	-	-	-	-	-	-	-	-	
	V	256,83	-	20,54	23,11																		
	VI	301,16	-	24,09	27,10																		
1.736,99	I	74,50	-	5,96	6,70	-	0,29	0,32	-	-	-	-	-	-	-	-	-	-	-	-	-	-	
	II	6,33	-	0,50	0,56	-	-	-	-	-	-	-	-	-	-	-	-	-	-	-	-	-	
	III	-	-	-	-	-	-	-	-	-	-	-	-	-	-	-	-	-	-	-	-	-	
	IV	74,50	-	5,96	6,70	-	2,80	3,15	-	0,29	0,32	-	-	-	-	-	-	-	-	-	-	-	
	V	257,83	-	20,62	23,20																		
	VI	302,16	-	24,17	27,19																		
1.739,99	I	75,08	-	6,00	6,75	-	0,32	0,36	-	-	-	-	-	-	-	-	-	-	-	-	-	-	
	II	6,66	-	0,53	0,59	-	-	-	-	-	-	-	-	-	-	-	-	-	-	-	-	-	
	III	-	-	-	-	-	-	-	-	-	-	-	-	-	-	-	-	-	-	-	-	-	
	IV	75,08	-	6,00	6,75	-	2,83	3,18	-	0,32	0,36	-	-	-	-	-	-	-	-	-	-	-	
	V	258,91	-	20,71	23,30																		
	VI	303,25	-	24,26	27,29																		
1.742,99	I	75,66	-	6,05	6,80	-	0,34	0,38	-	-	-	-	-	-	-	-	-	-	-	-	-	-	
	II	7,08	-	0,56	0,63	-	-	-	-	-	-	-	-	-	-	-	-	-	-	-	-	-	
	III	-	-	-	-	-	-	-	-	-	-	-	-	-	-	-	-	-	-	-	-	-	
	IV	75,66	-	6,05	6,80	-	2,87	3,23	-	0,34	0,38	-	-	-	-	-	-	-	-	-	-	-	
	V	259,91	-	20,79	23,39																		
	VI	304,25	-	24,34	27,38																		
1.745,99	I	76,16	-	6,09	6,85	-	0,38	0,42	-	-	-	-	-	-	-	-	-	-	-	-	-	-	
	II	7,41	-	0,59	0,66	-	-	-	-	-	-	-	-	-	-	-	-	-	-	-	-	-	
	III	-	-	-	-	-	-	-	-	-	-	-	-	-	-	-	-	-	-	-	-	-	
	IV	76,16	-	6,09	6,85	-	2,91	3,27	-	0,38	0,42	-	-	-	-	-	-	-	-	-	-	-	
	V	260,91	-	20,87	23,48																		
	VI	305,25	-	24,42	27,47																		
1.748,99	I	76,75	-	6,14	6,90	-	0,40	0,45	-	-	-	-	-	-	-	-	-	-	-	-	-	-	
	II	7,83	-	0,62	0,70	-	-	-	-	-	-	-	-	-	-	-	-	-	-	-	-	-	
	III	-	-	-	-	-	-	-	-	-	-	-	-	-	-	-	-	-	-	-	-	-	
	IV	76,75	-	6,14	6,90	-	2,94	3,31	-	0,40	0,45	-	-	-	-	-	-	-	-	-	-	-	
	V	261,91	-	20,95	23,57																		
	VI	306,25	-	24,50	27,56																		
1.751,99	I	77,33	-	6,18	6,95	-	0,44	0,49	-	-	-	-	-	-	-	-	-	-	-	-	-	-	
	II	8,16	-	0,65	0,73	-	-	-	-	-	-	-	-	-	-	-	-	-	-	-	-	-	
	III	-	-	-	-	-	-	-	-	-	-	-	-	-	-	-	-	-	-	-	-	-	
	IV	77,33	-	6,18	6,95	-	2,98	3,35	-	0,44	0,49	-	-	-	-	-	-	-	-	-	-	-	
	V	263,00	-	21,04	23,67																		
	VI	307,33	-	24,58	27,65																		
1.754,99	I	77,91	-	6,23	7,01	-	0,46	0,52	-	-	-	-	-	-	-	-	-	-	-	-	-	-	
	II	8,58	-	0,68	0,77	-	-	-	-	-	-	-	-	-	-	-	-	-	-	-	-	-	
	III	-	-	-	-	-	-	-	-	-	-	-	-	-	-	-	-	-	-	-	-	-	
	IV	77,91	-	6,23	7,01	-	3,02	3,40	-	0,46	0,52	-	-	-	-	-	-	-	-	-	-	-	
	V	264,00	-	21,12	23,76																		
	VI	308,33	-	24,66	27,74																		

Allgemeine Tabelle

MONAT bis 1.799,99 €

Lohn/ Gehalt bis	Steuerklasse	Lohn- steuer	ohne Kinderfreibetrag			Anzahl Kinderfreibeträge (nur Steuerklassen I–IV) 0,5			1,0			1,5			2,0			2,5			3,0		
			SolZ 5,5%	Kirchensteuer 8%	9%	SolZ 5,5%	Kirchensteuer 8%	9%	SolZ 5,5%	Kirchensteuer 8%	9%	SolZ 5,5%	Kirchensteuer 8%	9%	SolZ 5,5%	Kirchensteuer 8%	9%	SolZ 5,5%	Kirchensteuer 8%	9%	SolZ 5,5%	Kirchensteuer 8%	9%
1.757,99	I	78,50	-	6,28	7,06	-	0,49	0,55	-	-	-	-	-	-	-	-	-	-	-	-	-	-	-
	II	8,91	-	0,71	0,80	-	-	-	-	-	-	-	-	-	-	-	-	-	-	-	-	-	-
	III	-	-	-	-	-	-	-	-	-	-	-	-	-	-	-	-	-	-	-	-	-	-
	IV	78,50	-	6,28	7,06	-	3,06	3,44	-	0,49	0,55	-	-	-	-	-	-	-	-	-	-	-	-
	V	265,00	-	21,20	23,85																		
	VI	309,33	-	24,74	27,83																		
1.760,99	I	79,08	-	6,32	7,11	-	0,52	0,59	-	-	-	-	-	-	-	-	-	-	-	-	-	-	-
	II	9,33	-	0,74	0,83	-	-	-	-	-	-	-	-	-	-	-	-	-	-	-	-	-	-
	III	-	-	-	-	-	-	-	-	-	-	-	-	-	-	-	-	-	-	-	-	-	-
	IV	79,08	-	6,32	7,11	-	3,10	3,48	-	0,52	0,59	-	-	-	-	-	-	-	-	-	-	-	-
	V	266,08	-	21,28	23,94																		
	VI	310,41	-	24,83	27,93																		
1.763,99	I	79,66	-	6,37	7,16	-	0,55	0,62	-	-	-	-	-	-	-	-	-	-	-	-	-	-	-
	II	9,66	-	0,77	0,86	-	-	-	-	-	-	-	-	-	-	-	-	-	-	-	-	-	-
	III	-	-	-	-	-	-	-	-	-	-	-	-	-	-	-	-	-	-	-	-	-	-
	IV	79,66	-	6,37	7,16	-	3,14	3,53	-	0,55	0,62	-	-	-	-	-	-	-	-	-	-	-	-
	V	267,08	-	21,36	24,03																		
	VI	311,41	-	24,91	28,02																		
1.766,99	I	80,25	-	6,42	7,22	-	0,58	0,65	-	-	-	-	-	-	-	-	-	-	-	-	-	-	-
	II	10,08	-	0,80	0,90	-	-	-	-	-	-	-	-	-	-	-	-	-	-	-	-	-	-
	III	-	-	-	-	-	-	-	-	-	-	-	-	-	-	-	-	-	-	-	-	-	-
	IV	80,25	-	6,42	7,22	-	3,17	3,56	-	0,58	0,65	-	-	-	-	-	-	-	-	-	-	-	-
	V	268,08	-	21,44	24,12																		
	VI	312,41	-	24,99	28,11																		
1.769,99	I	80,83	-	6,46	7,27	-	0,61	0,68	-	-	-	-	-	-	-	-	-	-	-	-	-	-	-
	II	10,41	-	0,83	0,93	-	-	-	-	-	-	-	-	-	-	-	-	-	-	-	-	-	-
	III	-	-	-	-	-	-	-	-	-	-	-	-	-	-	-	-	-	-	-	-	-	-
	IV	80,83	-	6,46	7,27	-	3,21	3,61	-	0,61	0,68	-	-	-	-	-	-	-	-	-	-	-	-
	V	269,16	-	21,53	24,22																		
	VI	313,50	-	25,08	28,21																		
1.772,99	I	81,41	-	6,51	7,32	-	0,64	0,72	-	-	-	-	-	-	-	-	-	-	-	-	-	-	-
	II	10,83	-	0,86	0,97	-	-	-	-	-	-	-	-	-	-	-	-	-	-	-	-	-	-
	III	-	-	-	-	-	-	-	-	-	-	-	-	-	-	-	-	-	-	-	-	-	-
	IV	81,41	-	6,51	7,32	-	3,25	3,65	-	0,64	0,72	-	-	-	-	-	-	-	-	-	-	-	-
	V	270,16	-	21,61	24,31																		
	VI	314,50	-	25,16	28,30																		
1.775,99	I	82,00	-	6,56	7,38	-	0,67	0,75	-	-	-	-	-	-	-	-	-	-	-	-	-	-	-
	II	11,25	-	0,90	1,01	-	-	-	-	-	-	-	-	-	-	-	-	-	-	-	-	-	-
	III	-	-	-	-	-	-	-	-	-	-	-	-	-	-	-	-	-	-	-	-	-	-
	IV	82,00	-	6,56	7,38	-	3,29	3,70	-	0,67	0,75	-	-	-	-	-	-	-	-	-	-	-	-
	V	271,16	-	21,69	24,40																		
	VI	315,50	-	25,24	28,39																		
1.778,99	I	82,58	-	6,60	7,43	-	0,70	0,78	-	-	-	-	-	-	-	-	-	-	-	-	-	-	-
	II	11,58	-	0,92	1,04	-	-	-	-	-	-	-	-	-	-	-	-	-	-	-	-	-	-
	III	-	-	-	-	-	-	-	-	-	-	-	-	-	-	-	-	-	-	-	-	-	-
	IV	82,58	-	6,60	7,43	-	3,32	3,74	-	0,70	0,78	-	-	-	-	-	-	-	-	-	-	-	-
	V	272,16	-	21,77	24,49																		
	VI	316,50	-	25,32	28,48																		
1.781,99	I	83,16	-	6,65	7,48	-	0,73	0,82	-	-	-	-	-	-	-	-	-	-	-	-	-	-	-
	II	12,00	-	0,96	1,08	-	-	-	-	-	-	-	-	-	-	-	-	-	-	-	-	-	-
	III	-	-	-	-	-	-	-	-	-	-	-	-	-	-	-	-	-	-	-	-	-	-
	IV	83,16	-	6,65	7,48	-	3,36	3,78	-	0,73	0,82	-	-	-	-	-	-	-	-	-	-	-	-
	V	273,25	-	21,86	24,59																		
	VI	317,58	-	25,40	28,58																		
1.784,99	I	83,75	-	6,70	7,53	-	0,76	0,86	-	-	-	-	-	-	-	-	-	-	-	-	-	-	-
	II	12,33	-	0,98	1,10	-	-	-	-	-	-	-	-	-	-	-	-	-	-	-	-	-	-
	III	-	-	-	-	-	-	-	-	-	-	-	-	-	-	-	-	-	-	-	-	-	-
	IV	83,75	-	6,70	7,53	-	3,40	3,83	-	0,76	0,86	-	-	-	-	-	-	-	-	-	-	-	-
	V	274,25	-	21,94	24,68																		
	VI	318,58	-	25,48	28,67																		
1.787,99	I	84,33	-	6,74	7,58	-	0,79	0,89	-	-	-	-	-	-	-	-	-	-	-	-	-	-	-
	II	12,75	-	1,02	1,14	-	-	-	-	-	-	-	-	-	-	-	-	-	-	-	-	-	-
	III	-	-	-	-	-	-	-	-	-	-	-	-	-	-	-	-	-	-	-	-	-	-
	IV	84,33	-	6,74	7,58	-	3,44	3,87	-	0,79	0,89	-	-	-	-	-	-	-	-	-	-	-	-
	V	275,25	-	22,02	24,77																		
	VI	319,58	-	25,56	28,76																		
1.790,99	I	85,00	-	6,80	7,65	-	0,82	0,92	-	-	-	-	-	-	-	-	-	-	-	-	-	-	-
	II	13,16	-	1,05	1,18	-	-	-	-	-	-	-	-	-	-	-	-	-	-	-	-	-	-
	III	-	-	-	-	-	-	-	-	-	-	-	-	-	-	-	-	-	-	-	-	-	-
	IV	85,00	-	6,80	7,65	-	3,48	3,92	-	0,82	0,92	-	-	-	-	-	-	-	-	-	-	-	-
	V	276,33	-	22,10	24,86																		
	VI	320,66	-	25,65	28,85																		
1.793,99	I	85,58	-	6,84	7,70	-	0,85	0,95	-	-	-	-	-	-	-	-	-	-	-	-	-	-	-
	II	13,58	-	1,08	1,22	-	-	-	-	-	-	-	-	-	-	-	-	-	-	-	-	-	-
	III	-	-	-	-	-	-	-	-	-	-	-	-	-	-	-	-	-	-	-	-	-	-
	IV	85,58	-	6,84	7,70	-	3,52	3,96	-	0,85	0,95	-	-	-	-	-	-	-	-	-	-	-	-
	V	277,33	-	22,18	24,95																		
	VI	321,66	-	25,73	28,94																		
1.796,99	I	86,16	-	6,89	7,75	-	0,88	0,99	-	-	-	-	-	-	-	-	-	-	-	-	-	-	-
	II	13,91	-	1,11	1,25	-	-	-	-	-	-	-	-	-	-	-	-	-	-	-	-	-	-
	III	-	-	-	-	-	-	-	-	-	-	-	-	-	-	-	-	-	-	-	-	-	-
	IV	86,16	-	6,89	7,75	-	3,56	4,00	-	0,88	0,99	-	-	-	-	-	-	-	-	-	-	-	-
	V	278,33	-	22,26	25,04																		
	VI	322,66	-	25,81	29,03																		
1.799,99	I	86,75	-	6,94	7,80	-	0,92	1,03	-	-	-	-	-	-	-	-	-	-	-	-	-	-	-
	II	14,33	-	1,14	1,28	-	-	-	-	-	-	-	-	-	-	-	-	-	-	-	-	-	-
	III	-	-	-	-	-	-	-	-	-	-	-	-	-	-	-	-	-	-	-	-	-	-
	IV	86,75	-	6,94	7,80	-	3,60	4,05	-	0,92	1,03	-	-	-	-	-	-	-	-	-	-	-	-
	V	279,41	-	22,35	25,14																		
	VI	323,75	-	25,90	29,13																		

Lohn/ Gehalt bis	Steuerklasse	Lohn-steuer	ohne Kinderfreibetrag			Anzahl Kinderfreibeträge (nur Steuerklassen I–IV): 0,5			1,0			1,5			2,0			2,5			3,0		
			SolZ 5,5%	Kirchensteuer 8%	9%	SolZ 5,5%	Kirchensteuer 8%	9%	SolZ 5,5%	Kirchensteuer 8%	9%	SolZ 5,5%	Kirchensteuer 8%	9%	SolZ 5,5%	Kirchensteuer 8%	9%	SolZ 5,5%	Kirchensteuer 8%	9%	SolZ 5,5%	Kirchensteuer 8%	9%
1.802,99	I	87,33	–	6,98	7,85	–	0,94	1,06	–	–	–	–	–	–	–	–	–	–	–	–	–	–	
	II	14,75	–	1,18	1,32	–	–	–	–	–	–	–	–	–	–	–	–	–	–	–	–	–	
	III	–	–	–	–	–	–	–	–	–	–	–	–	–	–	–	–	–	–	–	–	–	
	IV	87,33	–	6,98	7,85	–	3,64	4,09	–	0,94	1,06	–	–	–	–	–	–	–	–	–	–	–	
	V	280,41	–	22,43	25,23																		
	VI	324,75	–	25,98	29,22																		
1.805,99	I	87,91	–	7,03	7,91	–	0,98	1,10	–	–	–	–	–	–	–	–	–	–	–	–	–	–	
	II	15,16	–	1,21	1,36	–	–	–	–	–	–	–	–	–	–	–	–	–	–	–	–	–	
	III	–	–	–	–	–	–	–	–	–	–	–	–	–	–	–	–	–	–	–	–	–	
	IV	87,91	–	7,03	7,91	–	3,68	4,14	–	0,98	1,10	–	–	–	–	–	–	–	–	–	–	–	
	V	281,41	–	22,51	25,32																		
	VI	325,75	–	26,06	29,31																		
1.808,99	I	88,50	–	7,08	7,96	–	1,00	1,13	–	–	–	–	–	–	–	–	–	–	–	–	–	–	
	II	15,50	–	1,24	1,39	–	–	–	–	–	–	–	–	–	–	–	–	–	–	–	–	–	
	III	–	–	–	–	–	–	–	–	–	–	–	–	–	–	–	–	–	–	–	–	–	
	IV	88,50	–	7,08	7,96	–	3,72	4,18	–	1,00	1,13	–	–	–	–	–	–	–	–	–	–	–	
	V	282,50	–	22,60	25,42																		
	VI	326,75	–	26,14	29,40																		
1.811,99	I	89,08	–	7,12	8,01	–	1,04	1,17	–	–	–	–	–	–	–	–	–	–	–	–	–	–	
	II	15,91	–	1,27	1,43	–	–	–	–	–	–	–	–	–	–	–	–	–	–	–	–	–	
	III	–	–	–	–	–	–	–	–	–	–	–	–	–	–	–	–	–	–	–	–	–	
	IV	89,08	–	7,12	8,01	–	3,76	4,23	–	1,04	1,17	–	–	–	–	–	–	–	–	–	–	–	
	V	283,50	–	22,68	25,51																		
	VI	327,83	–	26,22	29,50																		
1.814,99	I	89,66	–	7,17	8,06	–	1,07	1,20	–	–	–	–	–	–	–	–	–	–	–	–	–	–	
	II	16,33	–	1,30	1,46	–	–	–	–	–	–	–	–	–	–	–	–	–	–	–	–	–	
	III	–	–	–	–	–	–	–	–	–	–	–	–	–	–	–	–	–	–	–	–	–	
	IV	89,66	–	7,17	8,06	–	3,80	4,27	–	1,07	1,20	–	–	–	–	–	–	–	–	–	–	–	
	V	284,50	–	22,76	25,60																		
	VI	328,83	–	26,30	29,59																		
1.817,99	I	90,25	–	7,22	8,12	–	1,10	1,24	–	–	–	–	–	–	–	–	–	–	–	–	–	–	
	II	16,75	–	1,34	1,50	–	–	–	–	–	–	–	–	–	–	–	–	–	–	–	–	–	
	III	–	–	–	–	–	–	–	–	–	–	–	–	–	–	–	–	–	–	–	–	–	
	IV	90,25	–	7,22	8,12	–	3,84	4,32	–	1,10	1,24	–	–	–	–	–	–	–	–	–	–	–	
	V	285,58	–	22,84	25,70																		
	VI	329,83	–	26,38	29,68																		
1.820,99	I	90,83	–	7,26	8,17	–	1,13	1,27	–	–	–	–	–	–	–	–	–	–	–	–	–	–	
	II	17,16	–	1,37	1,54	–	–	–	–	–	–	–	–	–	–	–	–	–	–	–	–	–	
	III	–	–	–	–	–	–	–	–	–	–	–	–	–	–	–	–	–	–	–	–	–	
	IV	90,83	–	7,26	8,17	–	3,88	4,36	–	1,13	1,27	–	–	–	–	–	–	–	–	–	–	–	
	V	286,58	–	22,92	25,79																		
	VI	330,91	–	26,47	29,78																		
1.823,99	I	91,41	–	7,31	8,22	–	1,16	1,31	–	–	–	–	–	–	–	–	–	–	–	–	–	–	
	II	17,58	–	1,40	1,58	–	–	–	–	–	–	–	–	–	–	–	–	–	–	–	–	–	
	III	–	–	–	–	–	–	–	–	–	–	–	–	–	–	–	–	–	–	–	–	–	
	IV	91,41	–	7,31	8,22	–	3,92	4,41	–	1,16	1,31	–	–	–	–	–	–	–	–	–	–	–	
	V	287,58	–	23,00	25,88																		
	VI	331,91	–	26,55	29,87																		
1.826,99	I	92,00	–	7,36	8,28	–	1,20	1,35	–	–	–	–	–	–	–	–	–	–	–	–	–	–	
	II	18,00	–	1,44	1,62	–	–	–	–	–	–	–	–	–	–	–	–	–	–	–	–	–	
	III	–	–	–	–	–	–	–	–	–	–	–	–	–	–	–	–	–	–	–	–	–	
	IV	92,00	–	7,36	8,28	–	3,96	4,45	–	1,20	1,35	–	–	–	–	–	–	–	–	–	–	–	
	V	288,58	–	23,08	25,97																		
	VI	332,91	–	26,63	29,96																		
1.829,99	I	92,58	–	7,40	8,33	–	1,23	1,38	–	–	–	–	–	–	–	–	–	–	–	–	–	–	
	II	18,33	–	1,46	1,64	–	–	–	–	–	–	–	–	–	–	–	–	–	–	–	–	–	
	III	–	–	–	–	–	–	–	–	–	–	–	–	–	–	–	–	–	–	–	–	–	
	IV	92,58	–	7,40	8,33	–	4,00	4,50	–	1,23	1,38	–	–	–	–	–	–	–	–	–	–	–	
	V	289,66	–	23,17	26,06																		
	VI	333,91	–	26,71	30,05																		
1.832,99	I	93,25	–	7,46	8,39	–	1,26	1,41	–	–	–	–	–	–	–	–	–	–	–	–	–	–	
	II	18,75	–	1,50	1,68	–	–	–	–	–	–	–	–	–	–	–	–	–	–	–	–	–	
	III	–	–	–	–	–	–	–	–	–	–	–	–	–	–	–	–	–	–	–	–	–	
	IV	93,25	–	7,46	8,39	–	4,04	4,55	–	1,26	1,41	–	–	–	–	–	–	–	–	–	–	–	
	V	290,66	–	23,25	26,15																		
	VI	335,00	–	26,80	30,15																		
1.835,99	I	93,83	–	7,50	8,44	–	1,29	1,45	–	–	–	–	–	–	–	–	–	–	–	–	–	–	
	II	19,16	–	1,53	1,72	–	–	–	–	–	–	–	–	–	–	–	–	–	–	–	–	–	
	III	–	–	–	–	–	–	–	–	–	–	–	–	–	–	–	–	–	–	–	–	–	
	IV	93,83	–	7,50	8,44	–	4,08	4,59	–	1,29	1,45	–	–	–	–	–	–	–	–	–	–	–	
	V	291,66	–	23,33	26,24																		
	VI	336,00	–	26,88	30,24																		
1.838,99	I	94,41	–	7,55	8,49	–	1,32	1,49	–	–	–	–	–	–	–	–	–	–	–	–	–	–	
	II	19,58	–	1,56	1,76	–	–	–	–	–	–	–	–	–	–	–	–	–	–	–	–	–	
	III	–	–	–	–	–	–	–	–	–	–	–	–	–	–	–	–	–	–	–	–	–	
	IV	94,41	–	7,55	8,49	–	4,12	4,64	–	1,32	1,49	–	–	–	–	–	–	–	–	–	–	–	
	V	292,75	–	23,42	26,34																		
	VI	337,00	–	26,96	30,33																		
1.841,99	I	95,00	–	7,60	8,55	–	1,36	1,53	–	–	–	–	–	–	–	–	–	–	–	–	–	–	
	II	20,00	–	1,60	1,80	–	–	–	–	–	–	–	–	–	–	–	–	–	–	–	–	–	
	III	–	–	–	–	–	–	–	–	–	–	–	–	–	–	–	–	–	–	–	–	–	
	IV	95,00	–	7,60	8,55	–	4,16	4,68	–	1,36	1,53	–	–	–	–	–	–	–	–	–	–	–	
	V	293,75	–	23,50	26,43																		
	VI	338,08	–	27,04	30,42																		
1.844,99	I	95,58	–	7,64	8,60	–	1,39	1,56	–	–	–	–	–	–	–	–	–	–	–	–	–	–	
	II	20,41	–	1,63	1,83	–	–	–	–	–	–	–	–	–	–	–	–	–	–	–	–	–	
	III	–	–	–	–	–	–	–	–	–	–	–	–	–	–	–	–	–	–	–	–	–	
	IV	95,58	–	7,64	8,60	–	4,20	4,73	–	1,39	1,56	–	–	–	–	–	–	–	–	–	–	–	
	V	294,75	–	23,58	26,52																		
	VI	339,08	–	27,12	30,51																		

Lohn/ Gehalt bis	Steuerklasse	Lohn- steuer	ohne Kinderfreibetrag			Anzahl Kinderfreibeträge (nur Steuerklassen I–IV)																	
						0,5			1,0			1,5			2,0			2,5			3,0		
			SolZ 5,5%	Kirchensteuer 8%	Kirchensteuer 9%	SolZ 5,5%	Kirchensteuer 8%	Kirchensteuer 9%	SolZ 5,5%	Kirchensteuer 8%	Kirchensteuer 9%	SolZ 5,5%	Kirchensteuer 8%	Kirchensteuer 9%	SolZ 5,5%	Kirchensteuer 8%	Kirchensteuer 9%	SolZ 5,5%	Kirchensteuer 8%	Kirchensteuer 9%	SolZ 5,5%	Kirchensteuer 8%	Kirchensteuer 9%
1.847,99	I	96,16	-	7,69	8,65	-	1,42	1,60	-	-	-	-	-	-	-	-	-	-	-	-	-	-	-
	II	20,83	-	1,66	1,87	-	-	-	-	-	-	-	-	-	-	-	-	-	-	-	-	-	-
	III	-	-	-	-	-	-	-	-	-	-	-	-	-	-	-	-	-	-	-	-	-	-
	IV	96,16	-	7,69	8,65	-	4,24	4,77	-	1,42	1,60	-	-	-	-	-	-	-	-	-	-	-	-
	V	295,83	-	23,66	26,62																		
	VI	340,08	-	27,20	30,60																		
1.850,99	I	96,75	-	7,74	8,70	-	1,46	1,64	-	-	-	-	-	-	-	-	-	-	-	-	-	-	-
	II	21,25	-	1,70	1,91	-	-	-	-	-	-	-	-	-	-	-	-	-	-	-	-	-	-
	III	-	-	-	-	-	-	-	-	-	-	-	-	-	-	-	-	-	-	-	-	-	-
	IV	96,75	-	7,74	8,70	-	4,28	4,82	-	1,46	1,64	-	-	-	-	-	-	-	-	-	-	-	-
	V	296,83	-	23,74	26,71																		
	VI	341,16	-	27,29	30,70																		
1.853,99	I	97,33	-	7,78	8,75	-	1,49	1,67	-	-	-	-	-	-	-	-	-	-	-	-	-	-	-
	II	21,66	-	1,73	1,94	-	-	-	-	-	-	-	-	-	-	-	-	-	-	-	-	-	-
	III	-	-	-	-	-	-	-	-	-	-	-	-	-	-	-	-	-	-	-	-	-	-
	IV	97,33	-	7,78	8,75	-	4,33	4,87	-	1,49	1,67	-	-	-	-	-	-	-	-	-	-	-	-
	V	297,83	-	23,82	26,80																		
	VI	342,16	-	27,37	30,79																		
1.856,99	I	97,91	-	7,83	8,81	-	1,52	1,71	-	-	-	-	-	-	-	-	-	-	-	-	-	-	-
	II	22,08	-	1,76	1,98	-	-	-	-	-	-	-	-	-	-	-	-	-	-	-	-	-	-
	III	-	-	-	-	-	-	-	-	-	-	-	-	-	-	-	-	-	-	-	-	-	-
	IV	97,91	-	7,83	8,81	-	4,37	4,91	-	1,52	1,71	-	-	-	-	-	-	-	-	-	-	-	-
	V	298,91	-	23,91	26,90																		
	VI	343,16	-	27,45	30,88																		
1.859,99	I	98,50	-	7,88	8,86	-	1,55	1,74	-	-	-	-	-	-	-	-	-	-	-	-	-	-	-
	II	22,50	-	1,80	2,02	-	-	-	-	-	-	-	-	-	-	-	-	-	-	-	-	-	-
	III	-	-	-	-	-	-	-	-	-	-	-	-	-	-	-	-	-	-	-	-	-	-
	IV	98,50	-	7,88	8,86	-	4,41	4,96	-	1,55	1,74	-	-	-	-	-	-	-	-	-	-	-	-
	V	299,91	-	23,99	26,99																		
	VI	344,16	-	27,53	30,97																		
1.862,99	I	99,16	-	7,93	8,92	-	1,58	1,78	-	-	-	-	-	-	-	-	-	-	-	-	-	-	-
	II	23,00	-	1,84	2,07	-	-	-	-	-	-	-	-	-	-	-	-	-	-	-	-	-	-
	III	-	-	-	-	-	-	-	-	-	-	-	-	-	-	-	-	-	-	-	-	-	-
	IV	99,16	-	7,93	8,92	-	4,45	5,00	-	1,58	1,78	-	-	-	-	-	-	-	-	-	-	-	-
	V	300,91	-	24,07	27,08																		
	VI	345,25	-	27,62	31,07																		
1.865,99	I	99,75	-	7,98	8,97	-	1,62	1,82	-	-	-	-	-	-	-	-	-	-	-	-	-	-	-
	II	23,41	-	1,87	2,10	-	-	-	-	-	-	-	-	-	-	-	-	-	-	-	-	-	-
	III	-	-	-	-	-	-	-	-	-	-	-	-	-	-	-	-	-	-	-	-	-	-
	IV	99,75	-	7,98	8,97	-	4,50	5,06	-	1,62	1,82	-	-	-	-	-	-	-	-	-	-	-	-
	V	301,91	-	24,15	27,17																		
	VI	346,25	-	27,70	31,16																		
1.868,99	I	100,33	-	8,02	9,02	-	1,65	1,85	-	-	-	-	-	-	-	-	-	-	-	-	-	-	-
	II	23,83	-	1,90	2,14	-	-	-	-	-	-	-	-	-	-	-	-	-	-	-	-	-	-
	III	-	-	-	-	-	-	-	-	-	-	-	-	-	-	-	-	-	-	-	-	-	-
	IV	100,33	-	8,02	9,02	-	4,54	5,10	-	1,65	1,85	-	-	-	-	-	-	-	-	-	-	-	-
	V	303,00	-	24,24	27,27																		
	VI	347,25	-	27,78	31,25																		
1.871,99	I	100,91	-	8,07	9,08	-	1,69	1,90	-	-	-	-	-	-	-	-	-	-	-	-	-	-	-
	II	24,25	-	1,94	2,18	-	-	-	-	-	-	-	-	-	-	-	-	-	-	-	-	-	-
	III	-	-	-	-	-	-	-	-	-	-	-	-	-	-	-	-	-	-	-	-	-	-
	IV	100,91	-	8,07	9,08	-	4,58	5,15	-	1,69	1,90	-	-	-	-	-	-	-	-	-	-	-	-
	V	304,00	-	24,32	27,36																		
	VI	348,33	-	27,86	31,34																		
1.874,99	I	101,50	-	8,12	9,13	-	1,72	1,94	-	-	-	-	-	-	-	-	-	-	-	-	-	-	-
	II	24,66	-	1,97	2,21	-	-	-	-	-	-	-	-	-	-	-	-	-	-	-	-	-	-
	III	-	-	-	-	-	-	-	-	-	-	-	-	-	-	-	-	-	-	-	-	-	-
	IV	101,50	-	8,12	9,13	-	4,62	5,20	-	1,72	1,94	-	-	-	-	-	-	-	-	-	-	-	-
	V	305,00	-	24,40	27,45																		
	VI	349,33	-	27,94	31,43																		
1.877,99	I	102,08	-	8,16	9,18	-	1,76	1,98	-	-	-	-	-	-	-	-	-	-	-	-	-	-	-
	II	25,08	-	2,00	2,25	-	-	-	-	-	-	-	-	-	-	-	-	-	-	-	-	-	-
	III	-	-	-	-	-	-	-	-	-	-	-	-	-	-	-	-	-	-	-	-	-	-
	IV	102,08	-	8,16	9,18	-	4,66	5,24	-	1,76	1,98	-	-	-	-	-	-	-	-	-	-	-	-
	V	306,08	-	24,48	27,54																		
	VI	350,33	-	28,02	31,52																		
1.880,99	I	102,66	-	8,21	9,23	-	1,79	2,01	-	-	-	-	-	-	-	-	-	-	-	-	-	-	-
	II	25,58	-	2,04	2,30	-	-	-	-	-	-	-	-	-	-	-	-	-	-	-	-	-	-
	III	-	-	-	-	-	-	-	-	-	-	-	-	-	-	-	-	-	-	-	-	-	-
	IV	102,66	-	8,21	9,23	-	4,70	5,29	-	1,79	2,01	-	-	-	-	-	-	-	-	-	-	-	-
	V	307,08	-	24,56	27,63																		
	VI	351,41	-	28,11	31,62																		
1.883,99	I	103,33	-	8,26	9,29	-	1,82	2,05	-	-	-	-	-	-	-	-	-	-	-	-	-	-	-
	II	26,00	-	2,08	2,34	-	-	-	-	-	-	-	-	-	-	-	-	-	-	-	-	-	-
	III	-	-	-	-	-	-	-	-	-	-	-	-	-	-	-	-	-	-	-	-	-	-
	IV	103,33	-	8,26	9,29	-	4,75	5,34	-	1,82	2,05	-	-	-	-	-	-	-	-	-	-	-	-
	V	308,08	-	24,64	27,72																		
	VI	352,41	-	28,19	31,71																		
1.886,99	I	103,91	-	8,31	9,35	-	1,86	2,09	-	-	-	-	-	-	-	-	-	-	-	-	-	-	-
	II	26,41	-	2,11	2,37	-	-	-	-	-	-	-	-	-	-	-	-	-	-	-	-	-	-
	III	-	-	-	-	-	-	-	-	-	-	-	-	-	-	-	-	-	-	-	-	-	-
	IV	103,91	-	8,31	9,35	-	4,79	5,39	-	1,86	2,09	-	-	-	-	-	-	-	-	-	-	-	-
	V	309,16	-	24,73	27,82																		
	VI	353,41	-	28,27	31,80																		
1.889,99	I	104,50	-	8,36	9,40	-	1,89	2,12	-	-	-	-	-	-	-	-	-	-	-	-	-	-	-
	II	26,83	-	2,14	2,41	-	-	-	-	-	-	-	-	-	-	-	-	-	-	-	-	-	-
	III	-	-	-	-	-	-	-	-	-	-	-	-	-	-	-	-	-	-	-	-	-	-
	IV	104,50	-	8,36	9,40	-	4,83	5,43	-	1,89	2,12	-	-	-	-	-	-	-	-	-	-	-	-
	V	310,16	-	24,81	27,91																		
	VI	354,41	-	28,35	31,89																		

Lohn/ Gehalt bis	Steuerklasse	Lohn- steuer	ohne Kinderfreibetrag			Anzahl Kinderfreibeträge (nur Steuerklassen I–IV)																	
						0,5			1,0			1,5			2,0			2,5			3,0		
			SolZ 5,5%	Kirchensteuer 8%	9%	SolZ 5,5%	Kirchensteuer 8%	9%	SolZ 5,5%	Kirchensteuer 8%	9%	SolZ 5,5%	Kirchensteuer 8%	9%	SolZ 5,5%	Kirchensteuer 8%	9%	SolZ 5,5%	Kirchensteuer 8%	9%	SolZ 5,5%	Kirchensteuer 8%	9%
1.892,99	I	105,08	-	8,40	9,45	-	1,92	2,16	-	-	-	-	-	-	-	-	-	-	-	-	-	-	
	II	27,33	-	2,18	2,45	-	-	-	-	-	-	-	-	-	-	-	-	-	-	-	-	-	
	III	-	-	-	-	-	-	-	-	-	-	-	-	-	-	-	-	-	-	-	-	-	
	IV	105,08	-	8,40	9,45	-	4,88	5,49	-	1,92	2,16	-	-	-	-	-	-	-	-	-	-	-	
	V	311,16	-	24,89	28,00																		
	VI	355,50	-	28,44	31,99																		
1.895,99	I	105,66	-	8,45	9,50	-	1,96	2,20	-	-	-	-	-	-	-	-	-	-	-	-	-	-	
	II	27,75	-	2,22	2,49	-	-	-	-	-	-	-	-	-	-	-	-	-	-	-	-	-	
	III	-	-	-	-	-	-	-	-	-	-	-	-	-	-	-	-	-	-	-	-	-	
	IV	105,66	-	8,45	9,50	-	4,92	5,53	-	1,96	2,20	-	-	-	-	-	-	-	-	-	-	-	
	V	312,25	-	24,98	28,10																		
	VI	356,50	-	28,52	32,08																		
1.898,99	I	106,25	-	8,50	9,56	-	1,99	2,24	-	-	-	-	-	-	-	-	-	-	-	-	-	-	
	II	28,16	-	2,25	2,53	-	-	-	-	-	-	-	-	-	-	-	-	-	-	-	-	-	
	III	-	-	-	-	-	-	-	-	-	-	-	-	-	-	-	-	-	-	-	-	-	
	IV	106,25	-	8,50	9,56	-	4,96	5,58	-	1,99	2,24	-	-	-	-	-	-	-	-	-	-	-	
	V	313,25	-	25,06	28,19																		
	VI	357,50	-	28,60	32,17																		
1.901,99	I	106,91	-	8,55	9,62	-	2,03	2,28	-	-	-	-	-	-	-	-	-	-	-	-	-	-	
	II	28,66	-	2,29	2,57	-	-	-	-	-	-	-	-	-	-	-	-	-	-	-	-	-	
	III	-	-	-	-	-	-	-	-	-	-	-	-	-	-	-	-	-	-	-	-	-	
	IV	106,91	-	8,55	9,62	-	5,00	5,63	-	2,03	2,28	-	-	-	-	-	-	-	-	-	-	-	
	V	314,25	-	25,14	28,28																		
	VI	358,58	-	28,68	32,27																		
1.904,99	I	107,50	-	8,60	9,67	-	2,06	2,32	-	-	-	-	-	-	-	-	-	-	-	-	-	-	
	II	29,08	-	2,32	2,61	-	-	-	-	-	-	-	-	-	-	-	-	-	-	-	-	-	
	III	-	-	-	-	-	-	-	-	-	-	-	-	-	-	-	-	-	-	-	-	-	
	IV	107,50	-	8,60	9,67	-	5,05	5,68	-	2,06	2,32	-	-	-	-	-	-	-	-	-	-	-	
	V	315,33	-	25,22	28,37																		
	VI	359,58	-	28,76	32,36																		
1.907,99	I	108,08	-	8,64	9,72	-	2,10	2,36	-	-	-	-	-	-	-	-	-	-	-	-	-	-	
	II	29,50	-	2,36	2,65	-	-	-	-	-	-	-	-	-	-	-	-	-	-	-	-	-	
	III	-	-	-	-	-	-	-	-	-	-	-	-	-	-	-	-	-	-	-	-	-	
	IV	108,08	-	8,64	9,72	-	5,09	5,72	-	2,10	2,36	-	-	-	-	-	-	-	-	-	-	-	
	V	316,33	-	25,30	28,46																		
	VI	360,58	-	28,84	32,45																		
1.910,99	I	108,66	-	8,69	9,77	-	2,13	2,39	-	-	-	-	-	-	-	-	-	-	-	-	-	-	
	II	29,91	-	2,39	2,69	-	-	-	-	-	-	-	-	-	-	-	-	-	-	-	-	-	
	III	-	-	-	-	-	-	-	-	-	-	-	-	-	-	-	-	-	-	-	-	-	
	IV	108,66	-	8,69	9,77	-	5,14	5,78	-	2,13	2,39	-	-	-	-	-	-	-	-	-	-	-	
	V	317,33	-	25,38	28,55																		
	VI	361,66	-	28,93	32,54																		
1.913,99	I	109,25	-	8,74	9,83	-	2,17	2,44	-	-	-	-	-	-	-	-	-	-	-	-	-	-	
	II	30,41	-	2,43	2,73	-	-	-	-	-	-	-	-	-	-	-	-	-	-	-	-	-	
	III	-	-	-	-	-	-	-	-	-	-	-	-	-	-	-	-	-	-	-	-	-	
	IV	109,25	-	8,74	9,83	-	5,18	5,82	-	2,17	2,44	-	-	-	-	-	-	-	-	-	-	-	
	V	318,33	-	25,46	28,64																		
	VI	362,66	-	29,01	32,63																		
1.916,99	I	109,83	-	8,78	9,88	-	2,20	2,48	-	-	-	-	-	-	-	-	-	-	-	-	-	-	
	II	30,83	-	2,46	2,77	-	-	-	-	-	-	-	-	-	-	-	-	-	-	-	-	-	
	III	-	-	-	-	-	-	-	-	-	-	-	-	-	-	-	-	-	-	-	-	-	
	IV	109,83	-	8,78	9,88	-	5,22	5,87	-	2,20	2,48	-	-	-	-	-	-	-	-	-	-	-	
	V	319,41	-	25,55	28,74																		
	VI	363,66	-	29,09	32,72																		
1.919,99	I	110,41	-	8,83	9,93	-	2,24	2,52	-	-	-	-	-	-	-	-	-	-	-	-	-	-	
	II	31,33	-	2,50	2,81	-	-	-	-	-	-	-	-	-	-	-	-	-	-	-	-	-	
	III	-	-	-	-	-	-	-	-	-	-	-	-	-	-	-	-	-	-	-	-	-	
	IV	110,41	-	8,83	9,93	-	5,26	5,92	-	2,24	2,52	-	-	-	-	-	-	-	-	-	-	-	
	V	320,41	-	25,63	28,83																		
	VI	364,75	-	29,18	32,82																		
1.922,99	I	111,08	-	8,88	9,99	-	2,28	2,56	-	-	-	-	-	-	-	-	-	-	-	-	-	-	
	II	31,75	-	2,54	2,85	-	-	-	-	-	-	-	-	-	-	-	-	-	-	-	-	-	
	III	-	-	-	-	-	-	-	-	-	-	-	-	-	-	-	-	-	-	-	-	-	
	IV	111,08	-	8,88	9,99	-	5,31	5,97	-	2,28	2,56	-	-	-	-	-	-	-	-	-	-	-	
	V	321,41	-	25,71	28,92																		
	VI	365,75	-	29,26	32,91																		
1.925,99	I	111,66	-	8,93	10,04	-	2,31	2,60	-	-	-	-	-	-	-	-	-	-	-	-	-	-	
	II	32,25	-	2,58	2,90	-	-	-	-	-	-	-	-	-	-	-	-	-	-	-	-	-	
	III	-	-	-	-	-	-	-	-	-	-	-	-	-	-	-	-	-	-	-	-	-	
	IV	111,66	-	8,93	10,04	-	5,36	6,03	-	2,31	2,60	-	-	-	-	-	-	-	-	-	-	-	
	V	322,50	-	25,80	29,02																		
	VI	366,75	-	29,34	33,00																		
1.928,99	I	112,25	-	8,98	10,10	-	2,34	2,63	-	-	-	-	-	-	-	-	-	-	-	-	-	-	
	II	32,66	-	2,61	2,93	-	-	-	-	-	-	-	-	-	-	-	-	-	-	-	-	-	
	III	-	-	-	-	-	-	-	-	-	-	-	-	-	-	-	-	-	-	-	-	-	
	IV	112,25	-	8,98	10,10	-	5,40	6,07	-	2,34	2,63	-	-	-	-	-	-	-	-	-	-	-	
	V	323,50	-	25,88	29,11																		
	VI	367,83	-	29,42	33,10																		
1.931,99	I	112,83	-	9,02	10,15	-	2,38	2,67	-	-	-	-	-	-	-	-	-	-	-	-	-	-	
	II	33,16	-	2,65	2,98	-	-	-	-	-	-	-	-	-	-	-	-	-	-	-	-	-	
	III	-	-	-	-	-	-	-	-	-	-	-	-	-	-	-	-	-	-	-	-	-	
	IV	112,83	-	9,02	10,15	-	5,44	6,12	-	2,38	2,67	-	-	-	-	-	-	-	-	-	-	-	
	V	324,50	-	25,96	29,20																		
	VI	368,83	-	29,50	33,19																		
1.934,99	I	113,50	-	9,08	10,21	-	2,42	2,72	-	-	-	-	-	-	-	-	-	-	-	-	-	-	
	II	33,58	-	2,68	3,02	-	-	-	-	-	-	-	-	-	-	-	-	-	-	-	-	-	
	III	-	-	-	-	-	-	-	-	-	-	-	-	-	-	-	-	-	-	-	-	-	
	IV	113,50	-	9,08	10,21	-	5,49	6,17	-	2,42	2,72	-	-	-	-	-	-	-	-	-	-	-	
	V	325,58	-	26,04	29,30																		
	VI	369,83	-	29,58	33,28																		

Allgemeine Tabelle

Lohn/ Gehalt bis	Steuerklasse	Lohnsteuer	ohne Kinderfreibetrag			Anzahl Kinderfreibeträge (nur Steuerklassen I–IV)																	
						0,5			1,0			1,5			2,0			2,5			3,0		
			SolZ 5,5%	Kirchensteuer 8%	9%	SolZ 5,5%	Kirchensteuer 8%	9%	SolZ 5,5%	Kirchensteuer 8%	9%	SolZ 5,5%	Kirchensteuer 8%	9%	SolZ 5,5%	Kirchensteuer 8%	9%	SolZ 5,5%	Kirchensteuer 8%	9%	SolZ 5,5%	Kirchensteuer 8%	9%
1.937,99	I	114,08	-	9,12	10,26	-	2,45	2,75	-	-	-	-	-	-	-	-	-	-	-	-	-	-	-
	II	34,08	-	2,72	3,06	-	-	-	-	-	-	-	-	-	-	-	-	-	-	-	-	-	-
	III	-	-	-	-	-	-	-	-	-	-	-	-	-	-	-	-	-	-	-	-	-	-
	IV	114,08	-	9,12	10,26	-	5,53	6,22	-	2,45	2,75	-	0,02	0,02	-	-	-	-	-	-	-	-	-
	V	326,58	-	26,12	29,39																		
	VI	370,83	-	29,66	33,37																		
1.940,99	I	114,66	-	9,17	10,31	-	2,49	2,80	-	-	-	-	-	-	-	-	-	-	-	-	-	-	-
	II	34,50	-	2,76	3,10	-	-	-	-	-	-	-	-	-	-	-	-	-	-	-	-	-	-
	III	-	-	-	-	-	-	-	-	-	-	-	-	-	-	-	-	-	-	-	-	-	-
	IV	114,66	-	9,17	10,31	-	5,58	6,27	-	2,49	2,80	-	0,06	0,06	-	-	-	-	-	-	-	-	-
	V	327,58	-	26,20	29,48																		
	VI	371,91	-	29,75	33,47																		
1.943,99	I	115,25	-	9,22	10,37	-	2,52	2,84	-	-	-	-	-	-	-	-	-	-	-	-	-	-	-
	II	35,00	-	2,80	3,15	-	-	-	-	-	-	-	-	-	-	-	-	-	-	-	-	-	-
	III	-	-	-	-	-	-	-	-	-	-	-	-	-	-	-	-	-	-	-	-	-	-
	IV	115,25	-	9,22	10,37	-	5,62	6,32	-	2,52	2,84	-	0,08	0,09	-	-	-	-	-	-	-	-	-
	V	328,66	-	26,29	29,57																		
	VI	372,91	-	29,83	33,56																		
1.946,99	I	115,83	-	9,26	10,42	-	2,56	2,88	-	-	-	-	-	-	-	-	-	-	-	-	-	-	-
	II	35,41	-	2,83	3,18	-	-	-	-	-	-	-	-	-	-	-	-	-	-	-	-	-	-
	III	-	-	-	-	-	-	-	-	-	-	-	-	-	-	-	-	-	-	-	-	-	-
	IV	115,83	-	9,26	10,42	-	5,66	6,37	-	2,56	2,88	-	0,11	0,12	-	-	-	-	-	-	-	-	-
	V	329,66	-	26,37	29,66																		
	VI	373,91	-	29,91	33,65																		
1.949,99	I	116,50	-	9,32	10,48	-	2,60	2,92	-	-	-	-	-	-	-	-	-	-	-	-	-	-	-
	II	35,91	-	2,87	3,23	-	-	-	-	-	-	-	-	-	-	-	-	-	-	-	-	-	-
	III	-	-	-	-	-	-	-	-	-	-	-	-	-	-	-	-	-	-	-	-	-	-
	IV	116,50	-	9,32	10,48	-	5,71	6,42	-	2,60	2,92	-	0,14	0,15	-	-	-	-	-	-	-	-	-
	V	330,66	-	26,45	29,75																		
	VI	375,00	-	30,00	33,75																		
1.952,99	I	117,08	-	9,36	10,53	-	2,64	2,97	-	-	-	-	-	-	-	-	-	-	-	-	-	-	-
	II	36,41	-	2,91	3,27	-	-	-	-	-	-	-	-	-	-	-	-	-	-	-	-	-	-
	III	-	-	-	-	-	-	-	-	-	-	-	-	-	-	-	-	-	-	-	-	-	-
	IV	117,08	-	9,36	10,53	-	5,76	6,48	-	2,64	2,97	-	0,16	0,18	-	-	-	-	-	-	-	-	-
	V	331,66	-	26,53	29,84																		
	VI	376,00	-	30,08	33,84																		
1.955,99	I	117,66	-	9,41	10,58	-	2,67	3,00	-	-	-	-	-	-	-	-	-	-	-	-	-	-	-
	II	36,83	-	2,94	3,31	-	-	-	-	-	-	-	-	-	-	-	-	-	-	-	-	-	-
	III	-	-	-	-	-	-	-	-	-	-	-	-	-	-	-	-	-	-	-	-	-	-
	IV	117,66	-	9,41	10,58	-	5,80	6,53	-	2,67	3,00	-	0,19	0,21	-	-	-	-	-	-	-	-	-
	V	332,75	-	26,62	29,94																		
	VI	377,00	-	30,16	33,93																		
1.958,99	I	118,25	-	9,46	10,64	-	2,71	3,05	-	-	-	-	-	-	-	-	-	-	-	-	-	-	-
	II	37,33	-	2,98	3,35	-	-	-	-	-	-	-	-	-	-	-	-	-	-	-	-	-	-
	III	-	-	-	-	-	-	-	-	-	-	-	-	-	-	-	-	-	-	-	-	-	-
	IV	118,25	-	9,46	10,64	-	5,85	6,58	-	2,71	3,05	-	0,22	0,25	-	-	-	-	-	-	-	-	-
	V	333,75	-	26,70	30,03																		
	VI	378,08	-	30,24	34,02																		
1.961,99	I	118,83	-	9,50	10,69	-	2,74	3,08	-	-	-	-	-	-	-	-	-	-	-	-	-	-	-
	II	37,75	-	3,02	3,39	-	-	-	-	-	-	-	-	-	-	-	-	-	-	-	-	-	-
	III	-	-	-	-	-	-	-	-	-	-	-	-	-	-	-	-	-	-	-	-	-	-
	IV	118,83	-	9,50	10,69	-	5,89	6,62	-	2,74	3,08	-	0,25	0,28	-	-	-	-	-	-	-	-	-
	V	334,75	-	26,78	30,12																		
	VI	379,08	-	30,32	34,11																		
1.964,99	I	119,50	-	9,56	10,75	-	2,78	3,13	-	-	-	-	-	-	-	-	-	-	-	-	-	-	-
	II	38,25	-	3,06	3,44	-	-	-	-	-	-	-	-	-	-	-	-	-	-	-	-	-	-
	III	-	-	-	-	-	-	-	-	-	-	-	-	-	-	-	-	-	-	-	-	-	-
	IV	119,50	-	9,56	10,75	-	5,94	6,68	-	2,78	3,13	-	0,28	0,31	-	-	-	-	-	-	-	-	-
	V	335,83	-	26,86	30,22																		
	VI	380,08	-	30,40	34,20																		
1.967,99	I	120,08	-	9,60	10,80	-	2,82	3,17	-	-	-	-	-	-	-	-	-	-	-	-	-	-	-
	II	38,75	-	3,10	3,48	-	-	-	-	-	-	-	-	-	-	-	-	-	-	-	-	-	-
	III	-	-	-	-	-	-	-	-	-	-	-	-	-	-	-	-	-	-	-	-	-	-
	IV	120,08	-	9,60	10,80	-	5,98	6,73	-	2,82	3,17	-	0,30	0,34	-	-	-	-	-	-	-	-	-
	V	336,83	-	26,94	30,31																		
	VI	381,16	-	30,49	34,30																		
1.970,99	I	120,66	-	9,65	10,85	-	2,86	3,21	-	-	-	-	-	-	-	-	-	-	-	-	-	-	-
	II	39,16	-	3,13	3,52	-	-	-	-	-	-	-	-	-	-	-	-	-	-	-	-	-	-
	III	-	-	-	-	-	-	-	-	-	-	-	-	-	-	-	-	-	-	-	-	-	-
	IV	120,66	-	9,65	10,85	-	6,03	6,78	-	2,86	3,21	-	0,34	0,38	-	-	-	-	-	-	-	-	-
	V	337,83	-	27,02	30,40																		
	VI	382,16	-	30,57	34,39																		
1.973,99	I	121,33	-	9,70	10,91	-	2,89	3,25	-	-	-	-	-	-	-	-	-	-	-	-	-	-	-
	II	39,66	-	3,17	3,56	-	-	-	-	-	-	-	-	-	-	-	-	-	-	-	-	-	-
	III	-	-	-	-	-	-	-	-	-	-	-	-	-	-	-	-	-	-	-	-	-	-
	IV	121,33	-	9,70	10,91	-	6,08	6,84	-	2,89	3,25	-	0,36	0,41	-	-	-	-	-	-	-	-	-
	V	338,91	-	27,11	30,50																		
	VI	383,16	-	30,65	34,48																		
1.976,99	I	121,91	-	9,75	10,97	-	2,93	3,29	-	-	-	-	-	-	-	-	-	-	-	-	-	-	-
	II	40,16	-	3,21	3,61	-	-	-	-	-	-	-	-	-	-	-	-	-	-	-	-	-	-
	III	-	-	-	-	-	-	-	-	-	-	-	-	-	-	-	-	-	-	-	-	-	-
	IV	121,91	-	9,75	10,97	-	6,12	6,89	-	2,93	3,29	-	0,39	0,44	-	-	-	-	-	-	-	-	-
	V	339,91	-	27,19	30,59																		
	VI	384,16	-	30,73	34,57																		
1.979,99	I	122,50	-	9,80	11,02	-	2,97	3,34	-	-	-	-	-	-	-	-	-	-	-	-	-	-	-
	II	40,66	-	3,25	3,65	-	-	-	-	-	-	-	-	-	-	-	-	-	-	-	-	-	-
	III	-	-	-	-	-	-	-	-	-	-	-	-	-	-	-	-	-	-	-	-	-	-
	IV	122,50	-	9,80	11,02	-	6,17	6,94	-	2,97	3,34	-	0,42	0,47	-	-	-	-	-	-	-	-	-
	V	340,91	-	27,27	30,68																		
	VI	385,25	-	30,82	34,67																		

Lohn/ Gehalt bis	Steuerklasse	Lohn-steuer	ohne Kinderfreibetrag			Anzahl Kinderfreibeträge (nur Steuerklassen I–IV)																
						0,5			1,0			1,5			2,0			2,5			3,0	
			SolZ 5,5%	Kirchensteuer 8%	9%	SolZ 5,5%	Kirchensteuer 8%	9%	SolZ 5,5%	Kirchensteuer 8%	9%	SolZ 5,5%	Kirchensteuer 8%	9%	SolZ 5,5%	Kirchensteuer 8%	9%	SolZ 5,5%	Kirchensteuer 8%	9%	SolZ 5,5%	Kirchensteu 8%
1.982,99	I	123,08	-	9,84	11,07	-	3,00	3,38	-	-	-	-	-	-	-	-	-	-	-	-	-	-
	II	41,16	-	3,29	3,70	-	-	-	-	-	-	-	-	-	-	-	-	-	-	-	-	-
	III	-	-	-	-	-	-	-	-	-	-	-	-	-	-	-	-	-	-	-	-	-
	IV	123,08	-	9,84	11,07	-	6,22	6,99	-	3,00	3,38	-	0,45	0,50	-	-	-	-	-	-	-	-
	V	342,00	-	27,36	30,78																	
	VI	386,25	-	30,90	34,76																	
1.985,99	I	123,75	-	9,90	11,13	-	3,04	3,42	-	-	-	-	-	-	-	-	-	-	-	-	-	-
	II	41,58	-	3,32	3,74	-	-	-	-	-	-	-	-	-	-	-	-	-	-	-	-	-
	III	-	-	-	-	-	-	-	-	-	-	-	-	-	-	-	-	-	-	-	-	-
	IV	123,75	-	9,90	11,13	-	6,26	7,04	-	3,04	3,42	-	0,48	0,54	-	-	-	-	-	-	-	-
	V	343,00	-	27,44	30,87																	
	VI	387,25	-	30,98	34,85																	
1.988,99	I	124,33	-	9,94	11,18	-	3,08	3,47	-	-	-	-	-	-	-	-	-	-	-	-	-	-
	II	42,08	-	3,36	3,78	-	-	-	-	-	-	-	-	-	-	-	-	-	-	-	-	-
	III	-	-	-	-	-	-	-	-	-	-	-	-	-	-	-	-	-	-	-	-	-
	IV	124,33	-	9,94	11,18	-	6,30	7,09	-	3,08	3,47	-	0,51	0,57	-	-	-	-	-	-	-	-
	V	344,00	-	27,52	30,96																	
	VI	388,33	-	31,06	34,94																	
1.991,99	I	124,91	-	9,99	11,24	-	3,12	3,51	-	-	-	-	-	-	-	-	-	-	-	-	-	-
	II	42,58	-	3,40	3,83	-	-	-	-	-	-	-	-	-	-	-	-	-	-	-	-	-
	III	-	-	-	-	-	-	-	-	-	-	-	-	-	-	-	-	-	-	-	-	-
	IV	124,91	-	9,99	11,24	-	6,35	7,14	-	3,12	3,51	-	0,54	0,60	-	-	-	-	-	-	-	-
	V	345,00	-	27,60	31,05																	
	VI	389,33	-	31,14	35,03																	
1.994,99	I	125,50	-	10,04	11,29	-	3,16	3,55	-	-	-	-	-	-	-	-	-	-	-	-	-	-
	II	43,08	-	3,44	3,87	-	-	-	-	-	-	-	-	-	-	-	-	-	-	-	-	-
	III	-	-	-	-	-	-	-	-	-	-	-	-	-	-	-	-	-	-	-	-	-
	IV	125,50	-	10,04	11,29	-	6,40	7,20	-	3,16	3,55	-	0,57	0,64	-	-	-	-	-	-	-	-
	V	346,08	-	27,68	31,14																	
	VI	390,33	-	31,22	35,12																	
1.997,99	I	126,16	-	10,09	11,35	-	3,20	3,60	-	-	-	-	-	-	-	-	-	-	-	-	-	-
	II	43,58	-	3,48	3,92	-	-	-	-	-	-	-	-	-	-	-	-	-	-	-	-	-
	III	-	-	-	-	-	-	-	-	-	-	-	-	-	-	-	-	-	-	-	-	-
	IV	126,16	-	10,09	11,35	-	6,44	7,25	-	3,20	3,60	-	0,60	0,67	-	-	-	-	-	-	-	-
	V	347,08	-	27,76	31,23																	
	VI	391,41	-	31,31	35,22																	
2.000,99	I	126,75	-	10,14	11,40	-	3,23	3,63	-	-	-	-	-	-	-	-	-	-	-	-	-	-
	II	44,00	-	3,52	3,96	-	-	-	-	-	-	-	-	-	-	-	-	-	-	-	-	-
	III	-	-	-	-	-	-	-	-	-	-	-	-	-	-	-	-	-	-	-	-	-
	IV	126,75	-	10,14	11,40	-	6,49	7,30	-	3,23	3,63	-	0,63	0,71	-	-	-	-	-	-	-	-
	V	348,08	-	27,84	31,32																	
	VI	392,41	-	31,39	35,31																	
2.003,99	I	127,33	-	10,18	11,45	-	3,27	3,68	-	-	-	-	-	-	-	-	-	-	-	-	-	-
	II	44,50	-	3,56	4,00	-	-	-	-	-	-	-	-	-	-	-	-	-	-	-	-	-
	III	-	-	-	-	-	-	-	-	-	-	-	-	-	-	-	-	-	-	-	-	-
	IV	127,33	-	10,18	11,45	-	6,54	7,36	-	3,27	3,68	-	0,66	0,74	-	-	-	-	-	-	-	-
	V	349,16	-	27,93	31,42																	
	VI	393,41	-	31,47	35,40																	
2.006,99	I	127,91	-	10,23	11,51	-	3,31	3,72	-	-	-	-	-	-	-	-	-	-	-	-	-	-
	II	45,00	-	3,60	4,05	-	-	-	-	-	-	-	-	-	-	-	-	-	-	-	-	-
	III	-	-	-	-	-	-	-	-	-	-	-	-	-	-	-	-	-	-	-	-	-
	IV	127,91	-	10,23	11,51	-	6,59	7,41	-	3,31	3,72	-	0,69	0,77	-	-	-	-	-	-	-	-
	V	350,16	-	28,01	31,51																	
	VI	394,50	-	31,56	35,50																	
2.009,99	I	128,58	-	10,28	11,57	-	3,35	3,77	-	-	-	-	-	-	-	-	-	-	-	-	-	-
	II	45,50	-	3,64	4,09	-	-	-	-	-	-	-	-	-	-	-	-	-	-	-	-	-
	III	-	-	-	-	-	-	-	-	-	-	-	-	-	-	-	-	-	-	-	-	-
	IV	128,58	-	10,28	11,57	-	6,64	7,47	-	3,35	3,77	-	0,72	0,81	-	-	-	-	-	-	-	-
	V	351,16	-	28,09	31,60																	
	VI	395,50	-	31,64	35,59																	
2.012,99	I	129,16	-	10,33	11,62	-	3,39	3,81	-	-	-	-	-	-	-	-	-	-	-	-	-	-
	II	46,00	-	3,68	4,14	-	-	-	-	-	-	-	-	-	-	-	-	-	-	-	-	-
	III	-	-	-	-	-	-	-	-	-	-	-	-	-	-	-	-	-	-	-	-	-
	IV	129,16	-	10,33	11,62	-	6,68	7,52	-	3,39	3,81	-	0,75	0,84	-	-	-	-	-	-	-	-
	V	352,16	-	28,17	31,69																	
	VI	396,50	-	31,72	35,68																	
2.015,99	I	129,75	-	10,38	11,67	-	3,43	3,86	-	-	-	-	-	-	-	-	-	-	-	-	-	-
	II	46,50	-	3,72	4,18	-	-	-	-	-	-	-	-	-	-	-	-	-	-	-	-	-
	III	-	-	-	-	-	-	-	-	-	-	-	-	-	-	-	-	-	-	-	-	-
	IV	129,75	-	10,38	11,67	-	6,73	7,57	-	3,43	3,86	-	0,78	0,87	-	-	-	-	-	-	-	-
	V	353,25	-	28,26	31,79																	
	VI	397,58	-	31,80	35,78																	
2.018,99	I	130,41	-	10,43	11,73	-	3,46	3,89	-	-	-	-	-	-	-	-	-	-	-	-	-	-
	II	47,00	-	3,76	4,23	-	-	-	-	-	-	-	-	-	-	-	-	-	-	-	-	-
	III	-	-	-	-	-	-	-	-	-	-	-	-	-	-	-	-	-	-	-	-	-
	IV	130,41	-	10,43	11,73	-	6,78	7,62	-	3,46	3,89	-	0,81	0,91	-	-	-	-	-	-	-	-
	V	354,25	-	28,34	31,88																	
	VI	398,58	-	31,88	35,87																	
2.021,99	I	131,00	-	10,48	11,79	-	3,50	3,94	-	-	-	-	-	-	-	-	-	-	-	-	-	-
	II	47,50	-	3,80	4,27	-	-	-	-	-	-	-	-	-	-	-	-	-	-	-	-	-
	III	-	-	-	-	-	-	-	-	-	-	-	-	-	-	-	-	-	-	-	-	-
	IV	131,00	-	10,48	11,79	-	6,82	7,67	-	3,50	3,94	-	0,84	0,94	-	-	-	-	-	-	-	-
	V	355,25	-	28,42	31,97																	
	VI	399,58	-	31,96	35,96																	
2.024,99	I	131,58	-	10,52	11,84	-	3,54	3,98	-	-	-	-	-	-	-	-	-	-	-	-	-	-
	II	48,00	-	3,84	4,32	-	-	-	-	-	-	-	-	-	-	-	-	-	-	-	-	-
	III	-	-	-	-	-	-	-	-	-	-	-	-	-	-	-	-	-	-	-	-	-
	IV	131,58	-	10,52	11,84	-	6,87	7,73	-	3,54	3,98	-	0,87	0,98	-	-	-	-	-	-	-	-
	V	356,33	-	28,50	32,06																	
	VI	400,58	-	32,04	36,05																	

Lohn/ Gehalt bis	Steuerklasse	Lohn-steuer	ohne Kinderfreibetrag			Anzahl Kinderfreibeträge (nur Steuerklassen I–IV)																	
						0,5			1,0			1,5			2,0			2,5			3,0		
			SolZ 5,5%	Kirchensteuer 8%	9%	SolZ 5,5%	Kirchensteuer 8%	9%	SolZ 5,5%	Kirchensteuer 8%	9%	SolZ 5,5%	Kirchensteuer 8%	9%	SolZ 5,5%	Kirchensteuer 8%	9%	SolZ 5,5%	Kirchensteuer 8%	9%	SolZ 5,5%	Kirchensteuer 8%	9%
2.027,99	I	132,25	-	10,58	11,90	-	3,58	4,03	-	-	-	-	-	-	-	-	-	-	-	-	-	-	-
	II	48,50	-	3,88	4,36	-	-	-	-	-	-	-	-	-	-	-	-	-	-	-	-	-	-
	III	-	-	-	-	-	-	-	-	-	-	-	-	-	-	-	-	-	-	-	-	-	-
	IV	132,25	-	10,58	11,90	-	6,92	7,78	-	3,58	4,03	-	0,90	1,01	-	-	-	-	-	-	-	-	-
	V	357,33	-	28,58	32,15																		
	VI	401,66	-	32,13	36,14																		
2.030,99	I	132,83	-	10,62	11,95	-	3,62	4,07	-	-	-	-	-	-	-	-	-	-	-	-	-	-	-
	II	49,00	-	3,92	4,41	-	-	-	-	-	-	-	-	-	-	-	-	-	-	-	-	-	-
	III	-	-	-	-	-	-	-	-	-	-	-	-	-	-	-	-	-	-	-	-	-	-
	IV	132,83	-	10,62	11,95	-	6,96	7,83	-	3,62	4,07	-	0,93	1,04	-	-	-	-	-	-	-	-	-
	V	358,33	-	28,66	32,24																		
	VI	402,66	-	32,21	36,23																		
2.033,99	I	133,41	-	10,67	12,00	-	3,66	4,12	-	-	-	-	-	-	-	-	-	-	-	-	-	-	-
	II	49,50	-	3,96	4,45	-	-	-	-	-	-	-	-	-	-	-	-	-	-	-	-	-	-
	III	-	-	-	-	-	-	-	-	-	-	-	-	-	-	-	-	-	-	-	-	-	-
	IV	133,41	-	10,67	12,00	-	7,01	7,88	-	3,66	4,12	-	0,96	1,08	-	-	-	-	-	-	-	-	-
	V	359,41	-	28,75	32,34																		
	VI	403,66	-	32,29	36,32																		
2.036,99	I	134,08	-	10,72	12,06	-	3,70	4,16	-	-	-	-	-	-	-	-	-	-	-	-	-	-	-
	II	50,00	-	4,00	4,50	-	-	-	-	-	-	-	-	-	-	-	-	-	-	-	-	-	-
	III	-	-	-	-	-	-	-	-	-	-	-	-	-	-	-	-	-	-	-	-	-	-
	IV	134,08	-	10,72	12,06	-	7,06	7,94	-	3,70	4,16	-	1,00	1,12	-	-	-	-	-	-	-	-	-
	V	360,41	-	28,83	32,43																		
	VI	404,75	-	32,38	36,42																		
2.039,99	I	134,66	-	10,77	12,11	-	3,74	4,21	-	-	-	-	-	-	-	-	-	-	-	-	-	-	-
	II	50,50	-	4,04	4,54	-	-	-	-	-	-	-	-	-	-	-	-	-	-	-	-	-	-
	III	-	-	-	-	-	-	-	-	-	-	-	-	-	-	-	-	-	-	-	-	-	-
	IV	134,66	-	10,77	12,11	-	7,10	7,99	-	3,74	4,21	-	1,02	1,15	-	-	-	-	-	-	-	-	-
	V	361,41	-	28,91	32,52																		
	VI	405,75	-	32,46	36,51																		
2.042,99	I	135,25	-	10,82	12,17	-	3,78	4,25	-	-	-	-	-	-	-	-	-	-	-	-	-	-	-
	II	51,00	-	4,08	4,59	-	-	-	-	-	-	-	-	-	-	-	-	-	-	-	-	-	-
	III	-	-	-	-	-	-	-	-	-	-	-	-	-	-	-	-	-	-	-	-	-	-
	IV	135,25	-	10,82	12,17	-	7,15	8,04	-	3,78	4,25	-	1,06	1,19	-	-	-	-	-	-	-	-	-
	V	362,41	-	28,99	32,61																		
	VI	406,75	-	32,54	36,60																		
2.045,99	I	135,91	-	10,87	12,23	-	3,82	4,30	-	-	-	-	-	-	-	-	-	-	-	-	-	-	-
	II	51,58	-	4,12	4,64	-	-	-	-	-	-	-	-	-	-	-	-	-	-	-	-	-	-
	III	-	-	-	-	-	-	-	-	-	-	-	-	-	-	-	-	-	-	-	-	-	-
	IV	135,91	-	10,87	12,23	-	7,20	8,10	-	3,82	4,30	-	1,09	1,22	-	-	-	-	-	-	-	-	-
	V	363,50	-	29,08	32,71																		
	VI	407,83	-	32,62	36,70																		
2.048,99	I	136,50	-	10,92	12,28	-	3,86	4,34	-	-	-	-	-	-	-	-	-	-	-	-	-	-	-
	II	52,08	-	4,16	4,68	-	-	-	-	-	-	-	-	-	-	-	-	-	-	-	-	-	-
	III	-	-	-	-	-	-	-	-	-	-	-	-	-	-	-	-	-	-	-	-	-	-
	IV	136,50	-	10,92	12,28	-	7,24	8,15	-	3,86	4,34	-	1,12	1,26	-	-	-	-	-	-	-	-	-
	V	364,50	-	29,16	32,80																		
	VI	408,83	-	32,70	36,79																		
2.051,99	I	137,08	-	10,96	12,33	-	3,90	4,39	-	-	-	-	-	-	-	-	-	-	-	-	-	-	-
	II	52,58	-	4,20	4,73	-	-	-	-	-	-	-	-	-	-	-	-	-	-	-	-	-	-
	III	-	-	-	-	-	-	-	-	-	-	-	-	-	-	-	-	-	-	-	-	-	-
	IV	137,08	-	10,96	12,33	-	7,29	8,20	-	3,90	4,39	-	1,15	1,29	-	-	-	-	-	-	-	-	-
	V	365,50	-	29,24	32,89																		
	VI	409,83	-	32,78	36,88																		
2.054,99	I	137,75	-	11,02	12,39	-	3,94	4,43	-	-	-	-	-	-	-	-	-	-	-	-	-	-	-
	II	53,08	-	4,24	4,77	-	-	-	-	-	-	-	-	-	-	-	-	-	-	-	-	-	-
	III	-	-	-	-	-	-	-	-	-	-	-	-	-	-	-	-	-	-	-	-	-	-
	IV	137,75	-	11,02	12,39	-	7,34	8,26	-	3,94	4,43	-	1,18	1,33	-	-	-	-	-	-	-	-	-
	V	366,58	-	29,32	32,99																		
	VI	410,91	-	32,87	36,98																		
2.057,99	I	138,33	-	11,06	12,44	-	3,98	4,48	-	-	-	-	-	-	-	-	-	-	-	-	-	-	-
	II	53,58	-	4,28	4,82	-	-	-	-	-	-	-	-	-	-	-	-	-	-	-	-	-	-
	III	-	-	-	-	-	-	-	-	-	-	-	-	-	-	-	-	-	-	-	-	-	-
	IV	138,33	-	11,06	12,44	-	7,39	8,31	-	3,98	4,48	-	1,22	1,37	-	-	-	-	-	-	-	-	-
	V	367,58	-	29,40	33,08																		
	VI	411,91	-	32,95	37,07																		
2.060,99	I	138,91	-	11,11	12,50	-	4,02	4,52	-	-	-	-	-	-	-	-	-	-	-	-	-	-	-
	II	54,08	-	4,32	4,86	-	-	-	-	-	-	-	-	-	-	-	-	-	-	-	-	-	-
	III	-	-	-	-	-	-	-	-	-	-	-	-	-	-	-	-	-	-	-	-	-	-
	IV	138,91	-	11,11	12,50	-	7,44	8,37	-	4,02	4,52	-	1,24	1,40	-	-	-	-	-	-	-	-	-
	V	368,58	-	29,48	33,17																		
	VI	412,91	-	33,03	37,16																		
2.063,99	I	139,50	-	11,16	12,55	-	4,06	4,57	-	-	-	-	-	-	-	-	-	-	-	-	-	-	-
	II	54,66	-	4,37	4,91	-	-	-	-	-	-	-	-	-	-	-	-	-	-	-	-	-	-
	III	-	-	-	-	-	-	-	-	-	-	-	-	-	-	-	-	-	-	-	-	-	-
	IV	139,50	-	11,16	12,55	-	7,48	8,42	-	4,06	4,57	-	1,28	1,44	-	-	-	-	-	-	-	-	-
	V	369,58	-	29,56	33,26																		
	VI	413,91	-	33,11	37,25																		
2.066,99	I	140,16	-	11,21	12,61	-	4,10	4,61	-	-	-	-	-	-	-	-	-	-	-	-	-	-	-
	II	55,16	-	4,41	4,96	-	-	-	-	-	-	-	-	-	-	-	-	-	-	-	-	-	-
	III	-	-	-	-	-	-	-	-	-	-	-	-	-	-	-	-	-	-	-	-	-	-
	IV	140,16	-	11,21	12,61	-	7,53	8,47	-	4,10	4,61	-	1,31	1,47	-	-	-	-	-	-	-	-	-
	V	370,66	-	29,65	33,35																		
	VI	415,00	-	33,20	37,35																		
2.069,99	I	140,75	-	11,26	12,66	-	4,14	4,66	-	-	-	-	-	-	-	-	-	-	-	-	-	-	-
	II	55,66	-	4,45	5,00	-	-	-	-	-	-	-	-	-	-	-	-	-	-	-	-	-	-
	III	-	-	-	-	-	-	-	-	-	-	-	-	-	-	-	-	-	-	-	-	-	-
	IV	140,75	-	11,26	12,66	-	7,58	8,52	-	4,14	4,66	-	1,34	1,51	-	-	-	-	-	-	-	-	-
	V	371,66	-	29,73	33,44																		
	VI	416,00	-	33,28	37,44																		

MONAT bis 2.114,99 €

Allgemeine Tabelle

Lohn/ Gehalt bis	Steuerklasse	Lohn-steuer	ohne Kinderfreibetrag SolZ 5,5%	Kirchensteuer 8%	Kirchensteuer 9%	0,5 SolZ 5,5%	0,5 Kirchensteuer 8%	0,5 Kirchensteuer 9%	1,0 SolZ 5,5%	1,0 Kirchensteuer 8%	1,0 Kirchensteuer 9%	1,5 SolZ 5,5%	1,5 Kirchensteuer 8%	1,5 Kirchensteuer 9%	2,0 SolZ 5,5%	2,0 Kirchensteuer 8%	2,0 Kirchensteuer 9%	2,5 SolZ 5,5%	2,5 Kirchensteuer 8%	2,5 Kirchensteuer 9%	3,0 SolZ 5,5%	3,0 Kirchensteuer 8%	3,0 Kirchensteuer 9%
2.072,99	I	141,33	-	11,30	12,71	-	4,19	4,71	-	-	-	-	-	-	-	-	-	-	-	-	-	-	
	II	56,16	-	4,49	5,05	-	-	-	-	-	-	-	-	-	-	-	-	-	-	-	-	-	
	III	-	-	-	-	-	-	-	-	-	-	-	-	-	-	-	-	-	-	-	-	-	
	IV	141,33	-	11,30	12,71	-	7,62	8,57	-	4,19	4,71	-	1,38	1,55	-	-	-	-	-	-	-	-	
	V	372,66	-	29,81	33,53																		
	VI	417,00	-	33,36	37,53																		
2.075,99	I	142,00	-	11,36	12,78	-	4,23	4,76	-	-	-	-	-	-	-	-	-	-	-	-	-	-	
	II	56,75	-	4,54	5,10	-	-	-	-	-	-	-	-	-	-	-	-	-	-	-	-	-	
	III	-	-	-	-	-	-	-	-	-	-	-	-	-	-	-	-	-	-	-	-	-	
	IV	142,00	-	11,36	12,78	-	7,67	8,63	-	4,23	4,76	-	1,41	1,58	-	-	-	-	-	-	-	-	
	V	373,75	-	29,90	33,63																		
	VI	418,08	-	33,44	37,62																		
2.078,99	I	142,58	-	11,40	12,83	-	4,27	4,80	-	-	-	-	-	-	-	-	-	-	-	-	-	-	
	II	57,25	-	4,58	5,15	-	-	-	-	-	-	-	-	-	-	-	-	-	-	-	-	-	
	III	-	-	-	-	-	-	-	-	-	-	-	-	-	-	-	-	-	-	-	-	-	
	IV	142,58	-	11,40	12,83	-	7,72	8,68	-	4,27	4,80	-	1,44	1,62	-	-	-	-	-	-	-	-	
	V	374,75	-	29,98	33,72																		
	VI	419,08	-	33,52	37,71																		
2.081,99	I	143,25	-	11,46	12,89	-	4,31	4,85	-	-	-	-	-	-	-	-	-	-	-	-	-	-	
	II	57,75	-	4,62	5,19	-	-	-	-	-	-	-	-	-	-	-	-	-	-	-	-	-	
	III	-	-	-	-	-	-	-	-	-	-	-	-	-	-	-	-	-	-	-	-	-	
	IV	143,25	-	11,46	12,89	-	7,76	8,73	-	4,31	4,85	-	1,48	1,66	-	-	-	-	-	-	-	-	
	V	375,75	-	30,06	33,81																		
	VI	420,08	-	33,60	37,80																		
2.084,99	I	143,83	-	11,50	12,94	-	4,35	4,89	-	-	-	-	-	-	-	-	-	-	-	-	-	-	
	II	58,33	-	4,66	5,24	-	-	-	-	-	-	-	-	-	-	-	-	-	-	-	-	-	
	III	-	-	-	-	-	-	-	-	-	-	-	-	-	-	-	-	-	-	-	-	-	
	IV	143,83	-	11,50	12,94	-	7,82	8,79	-	4,35	4,89	-	1,51	1,70	-	-	-	-	-	-	-	-	
	V	376,83	-	30,14	33,91																		
	VI	421,16	-	33,69	37,90																		
2.087,99	I	144,41	-	11,55	12,99	-	4,40	4,95	-	-	-	-	-	-	-	-	-	-	-	-	-	-	
	II	58,83	-	4,70	5,29	-	-	-	-	-	-	-	-	-	-	-	-	-	-	-	-	-	
	III	-	-	-	-	-	-	-	-	-	-	-	-	-	-	-	-	-	-	-	-	-	
	IV	144,41	-	11,55	12,99	-	7,86	8,84	-	4,40	4,95	-	1,54	1,73	-	-	-	-	-	-	-	-	
	V	377,83	-	30,22	34,00																		
	VI	422,16	-	33,77	37,99																		
2.090,99	I	145,08	-	11,60	13,05	-	4,44	4,99	-	-	-	-	-	-	-	-	-	-	-	-	-	-	
	II	59,33	-	4,74	5,33	-	-	-	-	-	-	-	-	-	-	-	-	-	-	-	-	-	
	III	-	-	-	-	-	-	-	-	-	-	-	-	-	-	-	-	-	-	-	-	-	
	IV	145,08	-	11,60	13,05	-	7,91	8,90	-	4,44	4,99	-	1,57	1,76	-	-	-	-	-	-	-	-	
	V	378,83	-	30,30	34,09																		
	VI	423,16	-	33,85	38,08																		
2.093,99	I	145,66	-	11,65	13,10	-	4,48	5,04	-	-	-	-	-	-	-	-	-	-	-	-	-	-	
	II	59,91	-	4,79	5,39	-	-	-	-	-	-	-	-	-	-	-	-	-	-	-	-	-	
	III	-	-	-	-	-	-	-	-	-	-	-	-	-	-	-	-	-	-	-	-	-	
	IV	145,66	-	11,65	13,10	-	7,96	8,95	-	4,48	5,04	-	1,60	1,80	-	-	-	-	-	-	-	-	
	V	379,83	-	30,38	34,18																		
	VI	424,16	-	33,93	38,17																		
2.096,99	I	146,33	-	11,70	13,16	-	4,52	5,08	-	-	-	-	-	-	-	-	-	-	-	-	-	-	
	II	60,41	-	4,83	5,43	-	-	-	-	-	-	-	-	-	-	-	-	-	-	-	-	-	
	III	-	-	-	-	-	-	-	-	-	-	-	-	-	-	-	-	-	-	-	-	-	
	IV	146,33	-	11,70	13,16	-	8,00	9,00	-	4,52	5,08	-	1,64	1,85	-	-	-	-	-	-	-	-	
	V	380,91	-	30,47	34,28																		
	VI	425,25	-	34,02	38,27																		
2.099,99	I	146,91	-	11,75	13,22	-	4,56	5,13	-	-	-	-	-	-	-	-	-	-	-	-	-	-	
	II	61,00	-	4,88	5,49	-	-	-	-	-	-	-	-	-	-	-	-	-	-	-	-	-	
	III	-	-	-	-	-	-	-	-	-	-	-	-	-	-	-	-	-	-	-	-	-	
	IV	146,91	-	11,75	13,22	-	8,05	9,05	-	4,56	5,13	-	1,67	1,88	-	-	-	-	-	-	-	-	
	V	381,91	-	30,55	34,37																		
	VI	426,25	-	34,10	38,36																		
2.102,99	I	147,50	-	11,80	13,27	-	4,60	5,18	-	-	-	-	-	-	-	-	-	-	-	-	-	-	
	II	61,50	-	4,92	5,53	-	-	-	-	-	-	-	-	-	-	-	-	-	-	-	-	-	
	III	-	-	-	-	-	-	-	-	-	-	-	-	-	-	-	-	-	-	-	-	-	
	IV	147,50	-	11,80	13,27	-	8,10	9,11	-	4,60	5,18	-	1,70	1,91	-	-	-	-	-	-	-	-	
	V	382,91	-	30,63	34,46																		
	VI	427,25	-	34,18	38,45																		
2.105,99	I	148,16	-	11,85	13,33	-	4,64	5,22	-	-	-	-	-	-	-	-	-	-	-	-	-	-	
	II	62,08	-	4,96	5,58	-	-	-	-	-	-	-	-	-	-	-	-	-	-	-	-	-	
	III	-	-	-	-	-	-	-	-	-	-	-	-	-	-	-	-	-	-	-	-	-	
	IV	148,16	-	11,85	13,33	-	8,15	9,17	-	4,64	5,22	-	1,74	1,96	-	-	-	-	-	-	-	-	
	V	384,00	-	30,72	34,56																		
	VI	428,33	-	34,26	38,54																		
2.108,99	I	148,75	-	11,90	13,38	-	4,69	5,27	-	-	-	-	-	-	-	-	-	-	-	-	-	-	
	II	62,58	-	5,00	5,63	-	-	-	-	-	-	-	-	-	-	-	-	-	-	-	-	-	
	III	-	-	-	-	-	-	-	-	-	-	-	-	-	-	-	-	-	-	-	-	-	
	IV	148,75	-	11,90	13,38	-	8,20	9,22	-	4,69	5,27	-	1,78	2,00	-	-	-	-	-	-	-	-	
	V	385,00	-	30,80	34,65																		
	VI	429,33	-	34,34	38,63																		
2.111,99	I	149,33	-	11,94	13,43	-	4,73	5,32	-	-	-	-	-	-	-	-	-	-	-	-	-	-	
	II	63,16	-	5,05	5,68	-	-	-	-	-	-	-	-	-	-	-	-	-	-	-	-	-	
	III	-	-	-	-	-	-	-	-	-	-	-	-	-	-	-	-	-	-	-	-	-	
	IV	149,33	-	11,94	13,43	-	8,24	9,27	-	4,73	5,32	-	1,81	2,03	-	-	-	-	-	-	-	-	
	V	386,00	-	30,88	34,74																		
	VI	430,33	-	34,42	38,72																		
2.114,99	I	150,00	-	12,00	13,50	-	4,77	5,36	-	-	-	-	-	-	-	-	-	-	-	-	-	-	
	II	63,66	-	5,09	5,72	-	-	-	-	-	-	-	-	-	-	-	-	-	-	-	-	-	
	III	-	-	-	-	-	-	-	-	-	-	-	-	-	-	-	-	-	-	-	-	-	
	IV	150,00	-	12,00	13,50	-	8,29	9,32	-	4,77	5,36	-	1,84	2,07	-	-	-	-	-	-	-	-	
	V	387,08	-	30,96	34,83																		
	VI	431,33	-	34,50	38,81																		

Anzahl Kinderfreibeträge (nur Steuerklassen I–IV)

Lohn/ Gehalt bis	Steuerklasse	Lohn-steuer	ohne Kinderfreibetrag			Anzahl Kinderfreibeträge (nur Steuerklassen I–IV)																	
						0,5			1,0			1,5			2,0			2,5			3,0		
			SolZ 5,5%	Kirchensteuer 8%	9%	SolZ 5,5%	Kirchensteuer 8%	9%	SolZ 5,5%	Kirchensteuer 8%	9%	SolZ 5,5%	Kirchensteuer 8%	9%	SolZ 5,5%	Kirchensteuer 8%	9%	SolZ 5,5%	Kirchensteuer 8%	9%	SolZ 5,5%	Kirchensteuer 8%	9%
2.117,99	I	150,58	-	12,04	13,55	-	4,82	5,42	-	-	-	-	-	-	-	-	-	-	-	-	-	-	-
	II	64,25	-	5,14	5,78	-	-	-	-	-	-	-	-	-	-	-	-	-	-	-	-	-	-
	III	-	-	-	-	-	-	-	-	-	-	-	-	-	-	-	-	-	-	-	-	-	-
	IV	150,58	-	12,04	13,55	-	8,34	9,38	-	4,82	5,42	-	1,88	2,11	-	-	-	-	-	-	-	-	-
	V	388,08	-	31,04	34,92																		
	VI	432,41	-	34,59	38,91																		
2.120,99	I	151,25	-	12,10	13,61	-	4,86	5,46	-	-	-	-	-	-	-	-	-	-	-	-	-	-	-
	II	64,75	-	5,18	5,82	-	-	-	-	-	-	-	-	-	-	-	-	-	-	-	-	-	-
	III	-	-	-	-	-	-	-	-	-	-	-	-	-	-	-	-	-	-	-	-	-	-
	IV	151,25	-	12,10	13,61	-	8,38	9,43	-	4,86	5,46	-	1,91	2,15	-	-	-	-	-	-	-	-	-
	V	389,08	-	31,12	35,01																		
	VI	433,41	-	34,67	39,00																		
2.123,99	I	151,83	-	12,14	13,66	-	4,90	5,51	-	-	-	-	-	-	-	-	-	-	-	-	-	-	-
	II	65,33	-	5,22	5,87	-	-	-	-	-	-	-	-	-	-	-	-	-	-	-	-	-	-
	III	-	-	-	-	-	-	-	-	-	-	-	-	-	-	-	-	-	-	-	-	-	-
	IV	151,83	-	12,14	13,66	-	8,43	9,48	-	4,90	5,51	-	1,94	2,18	-	-	-	-	-	-	-	-	-
	V	390,08	-	31,20	35,10																		
	VI	434,41	-	34,75	39,09																		
2.126,99	I	152,50	-	12,20	13,72	-	4,94	5,56	-	-	-	-	-	-	-	-	-	-	-	-	-	-	-
	II	65,83	-	5,26	5,92	-	-	-	-	-	-	-	-	-	-	-	-	-	-	-	-	-	-
	III	-	-	-	-	-	-	-	-	-	-	-	-	-	-	-	-	-	-	-	-	-	-
	IV	152,50	-	12,20	13,72	-	8,48	9,54	-	4,94	5,56	-	1,98	2,22	-	-	-	-	-	-	-	-	-
	V	391,16	-	31,29	35,20																		
	VI	435,50	-	34,84	39,19																		
2.129,99	I	153,08	-	12,24	13,77	-	4,99	5,61	-	-	-	-	-	-	-	-	-	-	-	-	-	-	-
	II	66,41	-	5,31	5,97	-	-	-	-	-	-	-	-	-	-	-	-	-	-	-	-	-	-
	III	-	-	-	-	-	-	-	-	-	-	-	-	-	-	-	-	-	-	-	-	-	-
	IV	153,08	-	12,24	13,77	-	8,53	9,59	-	4,99	5,61	-	2,02	2,27	-	-	-	-	-	-	-	-	-
	V	392,16	-	31,37	35,29																		
	VI	436,50	-	34,92	39,28																		
2.132,99	I	153,66	-	12,29	13,82	-	5,03	5,66	-	-	-	-	-	-	-	-	-	-	-	-	-	-	-
	II	66,91	-	5,35	6,02	-	-	-	-	-	-	-	-	-	-	-	-	-	-	-	-	-	-
	III	-	-	-	-	-	-	-	-	-	-	-	-	-	-	-	-	-	-	-	-	-	-
	IV	153,66	-	12,29	13,82	-	8,58	9,65	-	5,03	5,66	-	2,05	2,30	-	-	-	-	-	-	-	-	-
	V	393,16	-	31,45	35,38																		
	VI	437,50	-	35,00	39,37																		
2.135,99	I	154,33	-	12,34	13,88	-	5,08	5,71	-	-	-	-	-	-	-	-	-	-	-	-	-	-	-
	II	67,50	-	5,40	6,07	-	-	-	-	-	-	-	-	-	-	-	-	-	-	-	-	-	-
	III	-	-	-	-	-	-	-	-	-	-	-	-	-	-	-	-	-	-	-	-	-	-
	IV	154,33	-	12,34	13,88	-	8,62	9,70	-	5,08	5,71	-	2,08	2,34	-	-	-	-	-	-	-	-	-
	V	394,25	-	31,54	35,48																		
	VI	438,58	-	35,08	39,47																		
2.138,99	I	154,91	-	12,39	13,94	-	5,12	5,76	-	-	-	-	-	-	-	-	-	-	-	-	-	-	-
	II	68,08	-	5,44	6,12	-	-	-	-	-	-	-	-	-	-	-	-	-	-	-	-	-	-
	III	-	-	-	-	-	-	-	-	-	-	-	-	-	-	-	-	-	-	-	-	-	-
	IV	154,91	-	12,39	13,94	-	8,67	9,75	-	5,12	5,76	-	2,12	2,38	-	-	-	-	-	-	-	-	-
	V	395,25	-	31,62	35,57																		
	VI	439,58	-	35,16	39,56																		
2.141,99	I	155,58	-	12,44	14,00	-	5,16	5,81	-	-	-	-	-	-	-	-	-	-	-	-	-	-	-
	II	68,58	-	5,48	6,17	-	-	-	-	-	-	-	-	-	-	-	-	-	-	-	-	-	-
	III	-	-	-	-	-	-	-	-	-	-	-	-	-	-	-	-	-	-	-	-	-	-
	IV	155,58	-	12,44	14,00	-	8,72	9,81	-	5,16	5,81	-	2,16	2,43	-	-	-	-	-	-	-	-	-
	V	396,25	-	31,70	35,66																		
	VI	440,58	-	35,24	39,65																		
2.144,99	I	156,16	-	12,49	14,05	-	5,20	5,85	-	-	-	-	-	-	-	-	-	-	-	-	-	-	-
	II	69,16	-	5,53	6,22	-	0,02	0,02	-	-	-	-	-	-	-	-	-	-	-	-	-	-	-
	III	-	-	-	-	-	-	-	-	-	-	-	-	-	-	-	-	-	-	-	-	-	-
	IV	156,16	-	12,49	14,05	-	8,76	9,86	-	5,20	5,85	-	2,19	2,46	-	-	-	-	-	-	-	-	-
	V	397,33	-	31,78	35,75																		
	VI	441,58	-	35,32	39,74																		
2.147,99	I	156,83	-	12,54	14,11	-	5,25	5,90	-	-	-	-	-	-	-	-	-	-	-	-	-	-	-
	II	69,75	-	5,58	6,27	-	0,06	0,06	-	-	-	-	-	-	-	-	-	-	-	-	-	-	-
	III	-	-	-	-	-	-	-	-	-	-	-	-	-	-	-	-	-	-	-	-	-	-
	IV	156,83	-	12,54	14,11	-	8,82	9,92	-	5,25	5,90	-	2,22	2,50	-	-	-	-	-	-	-	-	-
	V	398,33	-	31,86	35,84																		
	VI	442,66	-	35,41	39,83																		
2.150,99	I	157,41	-	12,59	14,16	-	5,29	5,95	-	-	-	-	-	-	-	-	-	-	-	-	-	-	-
	II	70,33	-	5,62	6,32	-	0,08	0,09	-	-	-	-	-	-	-	-	-	-	-	-	-	-	-
	III	-	-	-	-	-	-	-	-	-	-	-	-	-	-	-	-	-	-	-	-	-	-
	IV	157,41	-	12,59	14,16	-	8,86	9,97	-	5,29	5,95	-	2,26	2,54	-	-	-	-	-	-	-	-	-
	V	399,33	-	31,94	35,93																		
	VI	443,66	-	35,49	39,92																		
2.153,99	I	158,00	-	12,64	14,22	-	5,34	6,00	-	-	-	-	-	-	-	-	-	-	-	-	-	-	-
	II	70,83	-	5,66	6,37	-	0,11	0,12	-	-	-	-	-	-	-	-	-	-	-	-	-	-	-
	III	-	-	-	-	-	-	-	-	-	-	-	-	-	-	-	-	-	-	-	-	-	-
	IV	158,00	-	12,64	14,22	-	8,91	10,02	-	5,34	6,00	-	2,30	2,58	-	-	-	-	-	-	-	-	-
	V	400,41	-	32,03	36,03																		
	VI	444,66	-	35,57	40,01																		
2.156,99	I	158,66	-	12,69	14,27	-	5,38	6,05	-	-	-	-	-	-	-	-	-	-	-	-	-	-	-
	II	71,41	-	5,71	6,42	-	0,14	0,15	-	-	-	-	-	-	-	-	-	-	-	-	-	-	-
	III	-	-	-	-	-	-	-	-	-	-	-	-	-	-	-	-	-	-	-	-	-	-
	IV	158,66	-	12,69	14,27	-	8,96	10,08	-	5,38	6,05	-	2,33	2,62	-	-	-	-	-	-	-	-	-
	V	401,41	-	32,11	36,12																		
	VI	445,75	-	35,66	40,11																		
2.159,99	I	159,25	-	12,74	14,33	-	5,42	6,10	-	-	-	-	-	-	-	-	-	-	-	-	-	-	-
	II	72,00	-	5,76	6,48	-	0,16	0,18	-	-	-	-	-	-	-	-	-	-	-	-	-	-	-
	III	-	-	-	-	-	-	-	-	-	-	-	-	-	-	-	-	-	-	-	-	-	-
	IV	159,25	-	12,74	14,33	-	9,01	10,13	-	5,42	6,10	-	2,36	2,66	-	-	-	-	-	-	-	-	-
	V	402,41	-	32,19	36,21																		
	VI	446,75	-	35,74	40,20																		

Lohn/ Gehalt bis	Steuerklasse	Lohn-steuer	ohne Kinderfreibetrag			Anzahl Kinderfreibeträge (nur Steuerklassen I–IV)																
						0,5			1,0			1,5			2,0			2,5			3,0	
			SolZ 5,5%	Kirchensteuer 8%	Kirchensteuer 9%	SolZ 5,5%	Kirchensteuer 8%	Kirchensteuer 9%	SolZ 5,5%	Kirchensteuer 8%	Kirchensteuer 9%	SolZ 5,5%	Kirchensteuer 8%	Kirchensteuer 9%	SolZ 5,5%	Kirchensteuer 8%	Kirchensteuer 9%	SolZ 5,5%	Kirchensteuer 8%	Kirchensteuer 9%	SolZ 5,5%	Kirchensteuer 8%
2.162,99	I	159,91	-	12,79	14,39	-	5,47	6,15	-	-	-	-	-	-	-	-	-	-	-	-	-	-
	II	72,58	-	5,80	6,53	-	0,19	0,21	-	-	-	-	-	-	-	-	-	-	-	-	-	-
	III	-	-	-	-	-	-	-	-	-	-	-	-	-	-	-	-	-	-	-	-	-
	IV	159,91	-	12,79	14,39	-	9,06	10,19	-	5,47	6,15	-	2,40	2,70	-	-	-	-	-	-	-	-
	V	403,41	-	32,27	36,30																	
	VI	447,75	-	35,82	40,29																	
2.165,99	I	160,50	-	12,84	14,44	-	5,52	6,21	-	0,02	0,02	-	-	-	-	-	-	-	-	-	-	-
	II	73,16	-	5,85	6,58	-	0,22	0,25	-	-	-	-	-	-	-	-	-	-	-	-	-	-
	III	-	-	-	-	-	-	-	-	-	-	-	-	-	-	-	-	-	-	-	-	-
	IV	160,50	-	12,84	14,44	-	9,10	10,24	-	5,52	6,21	-	2,44	2,74	-	0,02	0,02	-	-	-	-	-
	V	404,50	-	32,36	36,40																	
	VI	448,83	-	35,90	40,39																	
2.168,99	I	161,16	-	12,89	14,50	-	5,56	6,25	-	0,04	0,05	-	-	-	-	-	-	-	-	-	-	-
	II	73,66	-	5,89	6,62	-	0,25	0,28	-	-	-	-	-	-	-	-	-	-	-	-	-	-
	III	-	-	-	-	-	-	-	-	-	-	-	-	-	-	-	-	-	-	-	-	-
	IV	161,16	-	12,89	14,50	-	9,15	10,29	-	5,56	6,25	-	2,48	2,79	-	0,04	0,05	-	-	-	-	-
	V	405,50	-	32,44	36,49																	
	VI	449,83	-	35,98	40,48																	
2.171,99	I	161,75	-	12,94	14,55	-	5,60	6,30	-	0,07	0,08	-	-	-	-	-	-	-	-	-	-	-
	II	74,25	-	5,94	6,68	-	0,28	0,31	-	-	-	-	-	-	-	-	-	-	-	-	-	-
	III	-	-	-	-	-	-	-	-	-	-	-	-	-	-	-	-	-	-	-	-	-
	IV	161,75	-	12,94	14,55	-	9,20	10,35	-	5,60	6,30	-	2,51	2,82	-	0,07	0,08	-	-	-	-	-
	V	406,50	-	32,52	36,58																	
	VI	450,83	-	36,06	40,57																	
2.174,99	I	162,41	-	12,99	14,61	-	5,65	6,35	-	0,10	0,11	-	-	-	-	-	-	-	-	-	-	-
	II	74,83	-	5,98	6,73	-	0,30	0,34	-	-	-	-	-	-	-	-	-	-	-	-	-	-
	III	-	-	-	-	-	-	-	-	-	-	-	-	-	-	-	-	-	-	-	-	-
	IV	162,41	-	12,99	14,61	-	9,24	10,40	-	5,65	6,35	-	2,54	2,86	-	0,10	0,11	-	-	-	-	-
	V	407,58	-	32,60	36,68																	
	VI	451,83	-	36,14	40,66																	
2.177,99	I	163,00	-	13,04	14,67	-	5,70	6,41	-	0,12	0,14	-	-	-	-	-	-	-	-	-	-	-
	II	75,41	-	6,03	6,78	-	0,34	0,38	-	-	-	-	-	-	-	-	-	-	-	-	-	-
	III	-	-	-	-	-	-	-	-	-	-	-	-	-	-	-	-	-	-	-	-	-
	IV	163,00	-	13,04	14,67	-	9,30	10,46	-	5,70	6,41	-	2,58	2,90	-	0,12	0,14	-	-	-	-	-
	V	408,58	-	32,68	36,77																	
	VI	452,91	-	36,23	40,76																	
2.180,99	I	163,66	-	13,09	14,72	-	5,74	6,45	-	0,16	0,18	-	-	-	-	-	-	-	-	-	-	-
	II	76,00	-	6,08	6,84	-	0,36	0,41	-	-	-	-	-	-	-	-	-	-	-	-	-	-
	III	-	-	-	-	-	-	-	-	-	-	-	-	-	-	-	-	-	-	-	-	-
	IV	163,66	-	13,09	14,72	-	9,34	10,51	-	5,74	6,45	-	2,62	2,94	-	0,16	0,18	-	-	-	-	-
	V	409,58	-	32,76	36,86																	
	VI	453,91	-	36,31	40,85																	
2.183,99	I	164,25	-	13,14	14,78	-	5,78	6,50	-	0,18	0,20	-	-	-	-	-	-	-	-	-	-	-
	II	76,50	-	6,12	6,88	-	0,39	0,44	-	-	-	-	-	-	-	-	-	-	-	-	-	-
	III	-	-	-	-	-	-	-	-	-	-	-	-	-	-	-	-	-	-	-	-	-
	IV	164,25	-	13,14	14,78	-	9,39	10,56	-	5,78	6,50	-	2,66	2,99	-	0,18	0,20	-	-	-	-	-
	V	410,66	-	32,85	36,95																	
	VI	454,91	-	36,39	40,94																	
2.186,99	I	164,91	-	13,19	14,84	-	5,83	6,56	-	0,21	0,23	-	-	-	-	-	-	-	-	-	-	-
	II	77,16	-	6,17	6,94	-	0,42	0,47	-	-	-	-	-	-	-	-	-	-	-	-	-	-
	III	-	-	-	-	-	-	-	-	-	-	-	-	-	-	-	-	-	-	-	-	-
	IV	164,91	-	13,19	14,84	-	9,44	10,62	-	5,83	6,56	-	2,69	3,02	-	0,21	0,23	-	-	-	-	-
	V	411,66	-	32,93	37,04																	
	VI	456,00	-	36,48	41,04																	
2.189,99	I	165,50	-	13,24	14,89	-	5,88	6,61	-	0,24	0,27	-	-	-	-	-	-	-	-	-	-	-
	II	77,66	-	6,21	6,98	-	0,45	0,50	-	-	-	-	-	-	-	-	-	-	-	-	-	-
	III	-	-	-	-	-	-	-	-	-	-	-	-	-	-	-	-	-	-	-	-	-
	IV	165,50	-	13,24	14,89	-	9,49	10,67	-	5,88	6,61	-	2,73	3,07	-	0,24	0,27	-	-	-	-	-
	V	412,66	-	33,01	37,13																	
	VI	457,00	-	36,56	41,13																	
2.192,99	I	166,08	-	13,28	14,94	-	5,92	6,66	-	0,26	0,29	-	-	-	-	-	-	-	-	-	-	-
	II	78,25	-	6,26	7,04	-	0,48	0,54	-	-	-	-	-	-	-	-	-	-	-	-	-	-
	III	-	-	-	-	-	-	-	-	-	-	-	-	-	-	-	-	-	-	-	-	-
	IV	166,08	-	13,28	14,94	-	9,54	10,73	-	5,92	6,66	-	2,76	3,11	-	0,26	0,29	-	-	-	-	-
	V	413,75	-	33,10	37,23																	
	VI	458,00	-	36,64	41,22																	
2.195,99	I	166,75	-	13,34	15,00	-	5,96	6,71	-	0,30	0,33	-	-	-	-	-	-	-	-	-	-	-
	II	78,83	-	6,30	7,09	-	0,51	0,57	-	-	-	-	-	-	-	-	-	-	-	-	-	-
	III	-	-	-	-	-	-	-	-	-	-	-	-	-	-	-	-	-	-	-	-	-
	IV	166,75	-	13,34	15,00	-	9,58	10,78	-	5,96	6,71	-	2,80	3,15	-	0,30	0,33	-	-	-	-	-
	V	414,75	-	33,18	37,32																	
	VI	459,00	-	36,72	41,31																	
2.198,99	I	167,41	-	13,39	15,06	-	6,01	6,76	-	0,32	0,36	-	-	-	-	-	-	-	-	-	-	-
	II	79,41	-	6,35	7,14	-	0,54	0,60	-	-	-	-	-	-	-	-	-	-	-	-	-	-
	III	-	-	-	-	-	-	-	-	-	-	-	-	-	-	-	-	-	-	-	-	-
	IV	167,41	-	13,39	15,06	-	9,63	10,83	-	6,01	6,76	-	2,84	3,20	-	0,32	0,36	-	-	-	-	-
	V	415,75	-	33,26	37,41																	
	VI	460,08	-	36,80	41,40																	
2.201,99	I	168,00	-	13,44	15,12	-	6,06	6,81	-	0,35	0,39	-	-	-	-	-	-	-	-	-	-	-
	II	80,00	-	6,40	7,20	-	0,57	0,64	-	-	-	-	-	-	-	-	-	-	-	-	-	-
	III	-	-	-	-	-	-	-	-	-	-	-	-	-	-	-	-	-	-	-	-	-
	IV	168,00	-	13,44	15,12	-	9,68	10,89	-	6,06	6,81	-	2,88	3,24	-	0,35	0,39	-	-	-	-	-
	V	416,83	-	33,34	37,51																	
	VI	461,08	-	36,88	41,49																	
2.204,99	I	168,58	-	13,48	15,17	-	6,10	6,86	-	0,38	0,43	-	-	-	-	-	-	-	-	-	-	-
	II	80,58	-	6,44	7,25	-	0,60	0,67	-	-	-	-	-	-	-	-	-	-	-	-	-	-
	III	-	-	-	-	-	-	-	-	-	-	-	-	-	-	-	-	-	-	-	-	-
	IV	168,58	-	13,48	15,17	-	9,73	10,94	-	6,10	6,86	-	2,92	3,28	-	0,38	0,43	-	-	-	-	-
	V	417,83	-	33,42	37,60																	
	VI	462,08	-	36,96	41,58																	

Lohn/ Gehalt bis	Steuerklasse	Lohn-steuer	ohne Kinderfreibetrag SolZ 5,5%	ohne Kinderfreibetrag Kirchensteuer 8%	ohne Kinderfreibetrag Kirchensteuer 9%	0,5 SolZ 5,5%	0,5 Kirchensteuer 8%	0,5 Kirchensteuer 9%	1,0 SolZ 5,5%	1,0 Kirchensteuer 8%	1,0 Kirchensteuer 9%	1,5 SolZ 5,5%	1,5 Kirchensteuer 8%	1,5 Kirchensteuer 9%	2,0 SolZ 5,5%	2,0 Kirchensteuer 8%	2,0 Kirchensteuer 9%	2,5 SolZ 5,5%	2,5 Kirchensteuer 8%	2,5 Kirchensteuer 9%	3,0 SolZ 5,5%	3,0 Kirchensteuer 8%	3,0 Kirchensteuer 9%
						Anzahl Kinderfreibeträge (nur Steuerklassen I–IV)																	
2.207,99	I	169,25	-	13,54	15,23	-	6,15	6,92	-	0,41	0,46	-	-	-	-	-	-	-	-	-	-	-	-
	II	81,16	-	6,49	7,30	-	0,63	0,71	-	-	-	-	-	-	-	-	-	-	-	-	-	-	-
	III	-	-	-	-	-	-	-	-	-	-	-	-	-	-	-	-	-	-	-	-	-	-
	IV	169,25	-	13,54	15,23	-	9,78	11,00	-	6,15	6,92	-	2,95	3,32	-	0,41	0,46	-	-	-	-	-	-
	V	418,83	-	33,50	37,69																		
	VI	463,16	-	37,05	41,68																		
2.210,99	I	169,91	-	13,59	15,29	-	6,20	6,97	-	0,44	0,49	-	-	-	-	-	-	-	-	-	-	-	-
	II	81,75	-	6,54	7,35	-	0,66	0,74	-	-	-	-	-	-	-	-	-	-	-	-	-	-	-
	III	-	-	-	-	-	-	-	-	-	-	-	-	-	-	-	-	-	-	-	-	-	-
	IV	169,91	-	13,59	15,29	-	9,82	11,05	-	6,20	6,97	-	2,99	3,36	-	0,44	0,49	-	-	-	-	-	-
	V	419,83	-	33,58	37,78																		
	VI	464,16	-	37,13	41,77																		
2.213,99	I	170,50	-	13,64	15,34	-	6,24	7,02	-	0,47	0,53	-	-	-	-	-	-	-	-	-	-	-	-
	II	82,33	-	6,58	7,40	-	0,69	0,77	-	-	-	-	-	-	-	-	-	-	-	-	-	-	-
	III	-	-	-	-	-	-	-	-	-	-	-	-	-	-	-	-	-	-	-	-	-	-
	IV	170,50	-	13,64	15,34	-	9,88	11,11	-	6,24	7,02	-	3,03	3,41	-	0,47	0,53	-	-	-	-	-	-
	V	420,91	-	33,67	37,88																		
	VI	465,16	-	37,21	41,86																		
2.216,99	I	171,16	-	13,69	15,40	-	6,29	7,07	-	0,50	0,56	-	-	-	-	-	-	-	-	-	-	-	-
	II	83,00	-	6,64	7,47	-	0,72	0,81	-	-	-	-	-	-	-	-	-	-	-	-	-	-	-
	III	-	-	-	-	-	-	-	-	-	-	-	-	-	-	-	-	-	-	-	-	-	-
	IV	171,16	-	13,69	15,40	-	9,92	11,16	-	6,29	7,07	-	3,06	3,44	-	0,50	0,56	-	-	-	-	-	-
	V	421,91	-	33,75	37,97																		
	VI	466,25	-	37,30	41,96																		
2.219,99	I	171,75	-	13,74	15,45	-	6,34	7,13	-	0,53	0,59	-	-	-	-	-	-	-	-	-	-	-	-
	II	83,58	-	6,68	7,52	-	0,75	0,84	-	-	-	-	-	-	-	-	-	-	-	-	-	-	-
	III	-	-	-	-	-	-	-	-	-	-	-	-	-	-	-	-	-	-	-	-	-	-
	IV	171,75	-	13,74	15,45	-	9,97	11,21	-	6,34	7,13	-	3,10	3,49	-	0,53	0,59	-	-	-	-	-	-
	V	422,91	-	33,83	38,06																		
	VI	467,25	-	37,38	42,05																		
2.222,99	I	172,41	-	13,79	15,51	-	6,38	7,18	-	0,56	0,63	-	-	-	-	-	-	-	-	-	-	-	-
	II	84,08	-	6,72	7,56	-	0,78	0,87	-	-	-	-	-	-	-	-	-	-	-	-	-	-	-
	III	-	-	-	-	-	-	-	-	-	-	-	-	-	-	-	-	-	-	-	-	-	-
	IV	172,41	-	13,79	15,51	-	10,02	11,27	-	6,38	7,18	-	3,14	3,53	-	0,56	0,63	-	-	-	-	-	-
	V	424,00	-	33,92	38,16																		
	VI	468,25	-	37,46	42,14																		
2.225,99	I	173,00	-	13,84	15,57	-	6,43	7,23	-	0,58	0,65	-	-	-	-	-	-	-	-	-	-	-	-
	II	84,66	-	6,77	7,61	-	0,81	0,91	-	-	-	-	-	-	-	-	-	-	-	-	-	-	-
	III	-	-	-	-	-	-	-	-	-	-	-	-	-	-	-	-	-	-	-	-	-	-
	IV	173,00	-	13,84	15,57	-	10,07	11,33	-	6,43	7,23	-	3,18	3,57	-	0,58	0,65	-	-	-	-	-	-
	V	425,00	-	34,00	38,25																		
	VI	469,33	-	37,54	42,23																		
2.228,99	I	173,66	-	13,89	15,62	-	6,48	7,29	-	0,62	0,69	-	-	-	-	-	-	-	-	-	-	-	-
	II	85,33	-	6,82	7,67	-	0,84	0,94	-	-	-	-	-	-	-	-	-	-	-	-	-	-	-
	III	-	-	-	-	-	-	-	-	-	-	-	-	-	-	-	-	-	-	-	-	-	-
	IV	173,66	-	13,89	15,62	-	10,12	11,38	-	6,48	7,29	-	3,22	3,62	-	0,62	0,69	-	-	-	-	-	-
	V	426,00	-	34,08	38,34																		
	VI	470,33	-	37,62	42,32																		
2.231,99	I	174,25	-	13,94	15,68	-	6,52	7,34	-	0,64	0,72	-	-	-	-	-	-	-	-	-	-	-	-
	II	85,91	-	6,87	7,73	-	0,87	0,98	-	-	-	-	-	-	-	-	-	-	-	-	-	-	-
	III	-	-	-	-	-	-	-	-	-	-	-	-	-	-	-	-	-	-	-	-	-	-
	IV	174,25	-	13,94	15,68	-	10,16	11,43	-	6,52	7,34	-	3,26	3,66	-	0,64	0,72	-	-	-	-	-	-
	V	427,08	-	34,16	38,43																		
	VI	471,33	-	37,70	42,41																		
2.234,99	I	174,91	-	13,99	15,74	-	6,57	7,39	-	0,68	0,76	-	-	-	-	-	-	-	-	-	-	-	-
	II	86,50	-	6,92	7,78	-	0,90	1,01	-	-	-	-	-	-	-	-	-	-	-	-	-	-	-
	III	-	-	-	-	-	-	-	-	-	-	-	-	-	-	-	-	-	-	-	-	-	-
	IV	174,91	-	13,99	15,74	-	10,21	11,48	-	6,57	7,39	-	3,30	3,71	-	0,68	0,76	-	-	-	-	-	-
	V	428,08	-	34,24	38,52																		
	VI	472,33	-	37,78	42,50																		
2.237,99	I	175,50	-	14,04	15,79	-	6,62	7,44	-	0,70	0,79	-	-	-	-	-	-	-	-	-	-	-	-
	II	87,08	-	6,96	7,83	-	0,93	1,04	-	-	-	-	-	-	-	-	-	-	-	-	-	-	-
	III	-	-	-	-	-	-	-	-	-	-	-	-	-	-	-	-	-	-	-	-	-	-
	IV	175,50	-	14,04	15,79	-	10,26	11,54	-	6,62	7,44	-	3,34	3,75	-	0,70	0,79	-	-	-	-	-	-
	V	429,08	-	34,32	38,61																		
	VI	473,41	-	37,87	42,60																		
2.240,99	I	176,16	-	14,09	15,85	-	6,66	7,49	-	0,74	0,83	-	-	-	-	-	-	-	-	-	-	-	-
	II	87,66	-	7,01	7,88	-	0,96	1,08	-	-	-	-	-	-	-	-	-	-	-	-	-	-	-
	III	-	-	-	-	-	-	-	-	-	-	-	-	-	-	-	-	-	-	-	-	-	-
	IV	176,16	-	14,09	15,85	-	10,31	11,60	-	6,66	7,49	-	3,37	3,79	-	0,74	0,83	-	-	-	-	-	-
	V	430,16	-	34,41	38,71																		
	VI	474,41	-	37,95	42,69																		
2.243,99	I	176,75	-	14,14	15,90	-	6,71	7,55	-	0,76	0,86	-	-	-	-	-	-	-	-	-	-	-	-
	II	88,25	-	7,06	7,94	-	0,99	1,11	-	-	-	-	-	-	-	-	-	-	-	-	-	-	-
	III	-	-	-	-	-	-	-	-	-	-	-	-	-	-	-	-	-	-	-	-	-	-
	IV	176,75	-	14,14	15,90	-	10,36	11,65	-	6,71	7,55	-	3,41	3,83	-	0,76	0,86	-	-	-	-	-	-
	V	431,16	-	34,49	38,80																		
	VI	475,41	-	38,03	42,78																		
2.246,99	I	177,41	-	14,19	15,96	-	6,76	7,60	-	0,80	0,90	-	-	-	-	-	-	-	-	-	-	-	-
	II	88,83	-	7,10	7,99	-	1,02	1,15	-	-	-	-	-	-	-	-	-	-	-	-	-	-	-
	III	-	-	-	-	-	-	-	-	-	-	-	-	-	-	-	-	-	-	-	-	-	-
	IV	177,41	-	14,19	15,96	-	10,41	11,71	-	6,76	7,60	-	3,45	3,88	-	0,80	0,90	-	-	-	-	-	-
	V	432,16	-	34,57	38,89																		
	VI	476,50	-	38,12	42,88																		
2.249,99	I	178,00	-	14,24	16,02	-	6,80	7,65	-	0,83	0,93	-	-	-	-	-	-	-	-	-	-	-	-
	II	89,41	-	7,15	8,04	-	1,06	1,19	-	-	-	-	-	-	-	-	-	-	-	-	-	-	-
	III	-	-	-	-	-	-	-	-	-	-	-	-	-	-	-	-	-	-	-	-	-	-
	IV	178,00	-	14,24	16,02	-	10,46	11,76	-	6,80	7,65	-	3,49	3,92	-	0,83	0,93	-	-	-	-	-	-
	V	433,16	-	34,65	38,98																		
	VI	477,50	-	38,20	42,97																		

Lohn/ Gehalt bis	Steuerklasse	Lohn- steuer	ohne Kinderfreibetrag			Anzahl Kinderfreibeträge (nur Steuerklassen I–IV) 0,5			1,0			1,5			2,0			2,5			3,0	
			SolZ 5,5%	Kirchensteuer 8%	9%	SolZ 5,5%	Kirchensteuer 8%	9%	SolZ 5,5%	Kirchensteuer 8%	9%	SolZ 5,5%	Kirchensteuer 8%	9%	SolZ 5,5%	Kirchensteuer 8%	9%	SolZ 5,5%	Kirchensteuer 8%	9%	SolZ 5,5%	Kirchensteuer 8%
2.252,99	I	178,66	-	14,29	16,07	-	6,85	7,70	-	0,86	0,96	-	-	-	-	-	-	-	-	-	-	-
	II	90,00	-	7,20	8,10	-	1,09	1,22	-	-	-	-	-	-	-	-	-	-	-	-	-	-
	III	-	-	-	-	-	-	-	-	-	-	-	-	-	-	-	-	-	-	-	-	-
	IV	178,66	-	14,29	16,07	-	10,50	11,81	-	6,85	7,70	-	3,53	3,97	-	0,86	0,96	-	-	-	-	-
	V	434,25	-	34,74	39,08																	
	VI	478,50	-	38,28	43,06																	
2.255,99	I	179,25	-	14,34	16,13	-	6,90	7,76	-	0,89	1,00	-	-	-	-	-	-	-	-	-	-	-
	II	90,58	-	7,24	8,15	-	1,12	1,26	-	-	-	-	-	-	-	-	-	-	-	-	-	-
	III	-	-	-	-	-	-	-	-	-	-	-	-	-	-	-	-	-	-	-	-	-
	IV	179,25	-	14,34	16,13	-	10,56	11,88	-	6,90	7,76	-	3,57	4,01	-	0,89	1,00	-	-	-	-	-
	V	435,25	-	34,82	39,17																	
	VI	479,58	-	38,36	43,16																	
2.258,99	I	179,91	-	14,39	16,19	-	6,94	7,81	-	0,92	1,03	-	-	-	-	-	-	-	-	-	-	-
	II	91,16	-	7,29	8,20	-	1,15	1,29	-	-	-	-	-	-	-	-	-	-	-	-	-	-
	III	-	-	-	-	-	-	-	-	-	-	-	-	-	-	-	-	-	-	-	-	-
	IV	179,91	-	14,39	16,19	-	10,60	11,93	-	6,94	7,81	-	3,61	4,06	-	0,92	1,03	-	-	-	-	-
	V	436,25	-	34,90	39,26																	
	VI	480,58	-	38,44	43,25																	
2.261,99	I	180,58	-	14,44	16,25	-	6,99	7,86	-	0,95	1,07	-	-	-	-	-	-	-	-	-	-	-
	II	91,75	-	7,34	8,25	-	1,18	1,33	-	-	-	-	-	-	-	-	-	-	-	-	-	-
	III	-	-	-	-	-	-	-	-	-	-	-	-	-	-	-	-	-	-	-	-	-
	IV	180,58	-	14,44	16,25	-	10,65	11,98	-	6,99	7,86	-	3,65	4,10	-	0,95	1,07	-	-	-	-	-
	V	437,33	-	34,98	39,35																	
	VI	481,58	-	38,52	43,34																	
2.264,99	I	181,16	-	14,49	16,30	-	7,04	7,92	-	0,98	1,10	-	-	-	-	-	-	-	-	-	-	-
	II	92,33	-	7,38	8,30	-	1,22	1,37	-	-	-	-	-	-	-	-	-	-	-	-	-	-
	III	-	-	-	-	-	-	-	-	-	-	-	-	-	-	-	-	-	-	-	-	-
	IV	181,16	-	14,49	16,30	-	10,70	12,04	-	7,04	7,92	-	3,68	4,14	-	0,98	1,10	-	-	-	-	-
	V	438,33	-	35,06	39,44																	
	VI	482,66	-	38,61	43,43																	
2.267,99	I	181,83	-	14,54	16,36	-	7,08	7,97	-	1,01	1,13	-	-	-	-	-	-	-	-	-	-	-
	II	93,00	-	7,44	8,37	-	1,24	1,40	-	-	-	-	-	-	-	-	-	-	-	-	-	-
	III	-	-	-	-	-	-	-	-	-	-	-	-	-	-	-	-	-	-	-	-	-
	IV	181,83	-	14,54	16,36	-	10,75	12,09	-	7,08	7,97	-	3,73	4,19	-	1,01	1,13	-	-	-	-	-
	V	439,33	-	35,14	39,53																	
	VI	483,66	-	38,69	43,52																	
2.270,99	I	182,41	-	14,59	16,41	-	7,13	8,02	-	1,04	1,17	-	-	-	-	-	-	-	-	-	-	-
	II	93,58	-	7,48	8,42	-	1,28	1,44	-	-	-	-	-	-	-	-	-	-	-	-	-	-
	III	-	-	-	-	-	-	-	-	-	-	-	-	-	-	-	-	-	-	-	-	-
	IV	182,41	-	14,59	16,41	-	10,80	12,15	-	7,13	8,02	-	3,76	4,23	-	1,04	1,17	-	-	-	-	-
	V	440,41	-	35,23	39,63																	
	VI	484,66	-	38,77	43,61																	
2.273,99	I	183,08	-	14,64	16,47	-	7,18	8,07	-	1,08	1,21	-	-	-	-	-	-	-	-	-	-	-
	II	94,16	-	7,53	8,47	-	1,31	1,47	-	-	-	-	-	-	-	-	-	-	-	-	-	-
	III	-	-	-	-	-	-	-	-	-	-	-	-	-	-	-	-	-	-	-	-	-
	IV	183,08	-	14,64	16,47	-	10,85	12,20	-	7,18	8,07	-	3,80	4,28	-	1,08	1,21	-	-	-	-	-
	V	441,41	-	35,31	39,72																	
	VI	485,66	-	38,85	43,70																	
2.276,99	I	183,66	-	14,69	16,52	-	7,22	8,12	-	1,10	1,24	-	-	-	-	-	-	-	-	-	-	-
	II	94,75	-	7,58	8,52	-	1,34	1,51	-	-	-	-	-	-	-	-	-	-	-	-	-	-
	III	-	-	-	-	-	-	-	-	-	-	-	-	-	-	-	-	-	-	-	-	-
	IV	183,66	-	14,69	16,52	-	10,90	12,26	-	7,22	8,12	-	3,84	4,32	-	1,10	1,24	-	-	-	-	-
	V	442,41	-	35,39	39,81																	
	VI	486,75	-	38,94	43,80																	
2.279,99	I	184,33	-	14,74	16,58	-	7,28	8,19	-	1,14	1,28	-	-	-	-	-	-	-	-	-	-	-
	II	95,33	-	7,62	8,57	-	1,38	1,55	-	-	-	-	-	-	-	-	-	-	-	-	-	-
	III	-	-	-	-	-	-	-	-	-	-	-	-	-	-	-	-	-	-	-	-	-
	IV	184,33	-	14,74	16,58	-	10,94	12,31	-	7,28	8,19	-	3,89	4,37	-	1,14	1,28	-	-	-	-	-
	V	443,50	-	35,48	39,91																	
	VI	487,75	-	39,02	43,89																	
2.282,99	I	185,00	-	14,80	16,65	-	7,32	8,24	-	1,17	1,31	-	-	-	-	-	-	-	-	-	-	-
	II	95,91	-	7,67	8,63	-	1,41	1,58	-	-	-	-	-	-	-	-	-	-	-	-	-	-
	III	-	-	-	-	-	-	-	-	-	-	-	-	-	-	-	-	-	-	-	-	-
	IV	185,00	-	14,80	16,65	-	11,00	12,37	-	7,32	8,24	-	3,93	4,42	-	1,17	1,31	-	-	-	-	-
	V	444,50	-	35,56	40,00																	
	VI	488,75	-	39,10	43,98																	
2.285,99	I	185,58	-	14,84	16,70	-	7,37	8,29	-	1,20	1,35	-	-	-	-	-	-	-	-	-	-	-
	II	96,50	-	7,72	8,68	-	1,44	1,62	-	-	-	-	-	-	-	-	-	-	-	-	-	-
	III	-	-	-	-	-	-	-	-	-	-	-	-	-	-	-	-	-	-	-	-	-
	IV	185,58	-	14,84	16,70	-	11,04	12,42	-	7,37	8,29	-	3,97	4,46	-	1,20	1,35	-	-	-	-	-
	V	445,50	-	35,64	40,09																	
	VI	489,83	-	39,18	44,08																	
2.288,99	I	186,25	-	14,90	16,76	-	7,42	8,34	-	1,24	1,39	-	-	-	-	-	-	-	-	-	-	-
	II	97,08	-	7,76	8,73	-	1,48	1,66	-	-	-	-	-	-	-	-	-	-	-	-	-	-
	III	-	-	-	-	-	-	-	-	-	-	-	-	-	-	-	-	-	-	-	-	-
	IV	186,25	-	14,90	16,76	-	11,09	12,47	-	7,42	8,34	-	4,01	4,51	-	1,24	1,39	-	-	-	-	-
	V	446,58	-	35,72	40,19																	
	VI	490,83	-	39,26	44,17																	
2.291,99	I	186,83	-	14,94	16,81	-	7,46	8,39	-	1,26	1,42	-	-	-	-	-	-	-	-	-	-	-
	II	97,66	-	7,81	8,78	-	1,50	1,69	-	-	-	-	-	-	-	-	-	-	-	-	-	-
	III	-	-	-	-	-	-	-	-	-	-	-	-	-	-	-	-	-	-	-	-	-
	IV	186,83	-	14,94	16,81	-	11,14	12,53	-	7,46	8,39	-	4,05	4,55	-	1,26	1,42	-	-	-	-	-
	V	447,58	-	35,80	40,28																	
	VI	491,83	-	39,34	44,26																	
2.294,99	I	187,50	-	15,00	16,87	-	7,51	8,45	-	1,30	1,46	-	-	-	-	-	-	-	-	-	-	-
	II	98,25	-	7,86	8,84	-	1,54	1,73	-	-	-	-	-	-	-	-	-	-	-	-	-	-
	III	-	-	-	-	-	-	-	-	-	-	-	-	-	-	-	-	-	-	-	-	-
	IV	187,50	-	15,00	16,87	-	11,19	12,59	-	7,51	8,45	-	4,09	4,60	-	1,30	1,46	-	-	-	-	-
	V	448,58	-	35,88	40,37																	
	VI	492,91	-	39,43	44,36																	

Lohn/ Gehalt bis	Steuerklasse	Lohn-steuer	ohne Kinderfreibetrag			Anzahl Kinderfreibeträge (nur Steuerklassen I–IV)																	
						0,5			1,0			1,5			2,0			2,5			3,0		
			SolZ 5,5%	Kirchensteuer 8%	9%	SolZ 5,5%	Kirchensteuer 8%	9%	SolZ 5,5%	Kirchensteuer 8%	9%	SolZ 5,5%	Kirchensteuer 8%	9%	SolZ 5,5%	Kirchensteuer 8%	9%	SolZ 5,5%	Kirchensteuer 8%	9%	SolZ 5,5%	Kirchensteuer 8%	9%
2.297,99	I	188,16	-	15,05	16,93	-	7,56	8,50	-	1,33	1,49	-	-	-	-	-	-	-	-	-	-	-	-
	II	98,83	-	7,90	8,89	-	1,57	1,76	-	-	-	-	-	-	-	-	-	-	-	-	-	-	-
	III	-	-	-	-	-	-	-	-	-	-	-	-	-	-	-	-	-	-	-	-	-	-
	IV	188,16	-	15,05	16,93	-	11,24	12,64	-	7,56	8,50	-	4,13	4,64	-	1,33	1,49	-	-	-	-	-	-
	V	449,58	-	35,96	40,46																		
	VI	493,91	-	39,51	44,45																		
2.300,99	I	188,75	-	15,10	16,98	-	7,60	8,55	-	1,36	1,53	-	-	-	-	-	-	-	-	-	-	-	-
	II	99,50	-	7,96	8,95	-	1,60	1,80	-	-	-	-	-	-	-	-	-	-	-	-	-	-	-
	III	-	-	-	-	-	-	-	-	-	-	-	-	-	-	-	-	-	-	-	-	-	-
	IV	188,75	-	15,10	16,98	-	11,29	12,70	-	7,60	8,55	-	4,17	4,69	-	1,36	1,53	-	-	-	-	-	-
	V	450,66	-	36,05	40,55																		
	VI	494,91	-	39,59	44,54																		
2.303,99	I	189,41	-	15,15	17,04	-	7,65	8,60	-	1,40	1,57	-	-	-	-	-	-	-	-	-	-	-	-
	II	100,08	-	8,00	9,00	-	1,64	1,84	-	-	-	-	-	-	-	-	-	-	-	-	-	-	-
	III	-	-	-	-	-	-	-	-	-	-	-	-	-	-	-	-	-	-	-	-	-	-
	IV	189,41	-	15,15	17,04	-	11,34	12,75	-	7,65	8,60	-	4,21	4,73	-	1,40	1,57	-	-	-	-	-	-
	V	451,66	-	36,13	40,64																		
	VI	496,00	-	39,68	44,64																		
2.306,99	I	190,00	-	15,20	17,10	-	7,70	8,66	-	1,43	1,61	-	-	-	-	-	-	-	-	-	-	-	-
	II	100,66	-	8,05	9,05	-	1,67	1,88	-	-	-	-	-	-	-	-	-	-	-	-	-	-	-
	III	-	-	-	-	-	-	-	-	-	-	-	-	-	-	-	-	-	-	-	-	-	-
	IV	190,00	-	15,20	17,10	-	11,38	12,80	-	7,70	8,66	-	4,25	4,78	-	1,43	1,61	-	-	-	-	-	-
	V	452,66	-	36,21	40,73																		
	VI	497,00	-	39,76	44,73																		
2.309,99	I	190,66	-	15,25	17,15	-	7,75	8,72	-	1,46	1,64	-	-	-	-	-	-	-	-	-	-	-	-
	II	101,25	-	8,10	9,11	-	1,70	1,91	-	-	-	-	-	-	-	-	-	-	-	-	-	-	-
	III	-	-	-	-	-	-	-	-	-	-	-	-	-	-	-	-	-	-	-	-	-	-
	IV	190,66	-	15,25	17,15	-	11,44	12,87	-	7,75	8,72	-	4,30	4,83	-	1,46	1,64	-	-	-	-	-	-
	V	453,75	-	36,30	40,83																		
	VI	498,00	-	39,84	44,82																		
2.312,99	I	191,33	-	15,30	17,21	-	7,80	8,77	-	1,50	1,68	-	-	-	-	-	-	-	-	-	-	-	-
	II	101,83	-	8,14	9,16	-	1,74	1,95	-	-	-	-	-	-	-	-	-	-	-	-	-	-	-
	III	-	-	-	-	-	-	-	-	-	-	-	-	-	-	-	-	-	-	-	-	-	-
	IV	191,33	-	15,30	17,21	-	11,48	12,92	-	7,80	8,77	-	4,34	4,88	-	1,50	1,68	-	-	-	-	-	-
	V	454,75	-	36,38	40,92																		
	VI	498,83	-	39,90	44,89																		
2.315,99	I	191,91	-	15,35	17,27	-	7,84	8,82	-	1,53	1,72	-	-	-	-	-	-	-	-	-	-	-	-
	II	102,41	-	8,19	9,21	-	1,77	1,99	-	-	-	-	-	-	-	-	-	-	-	-	-	-	-
	III	-	-	-	-	-	-	-	-	-	-	-	-	-	-	-	-	-	-	-	-	-	-
	IV	191,91	-	15,35	17,27	-	11,53	12,97	-	7,84	8,82	-	4,38	4,92	-	1,53	1,72	-	-	-	-	-	-
	V	455,75	-	36,46	41,01																		
	VI	499,83	-	39,98	44,98																		
2.318,99	I	192,58	-	15,40	17,33	-	7,89	8,87	-	1,56	1,76	-	-	-	-	-	-	-	-	-	-	-	-
	II	103,08	-	8,24	9,27	-	1,81	2,03	-	-	-	-	-	-	-	-	-	-	-	-	-	-	-
	III	-	-	-	-	-	-	-	-	-	-	-	-	-	-	-	-	-	-	-	-	-	-
	IV	192,58	-	15,40	17,33	-	11,58	13,03	-	7,89	8,87	-	4,42	4,97	-	1,56	1,76	-	-	-	-	-	-
	V	456,83	-	36,54	41,11																		
	VI	500,50	-	40,04	45,04																		
2.321,99	I	193,25	-	15,46	17,39	-	7,94	8,93	-	1,60	1,80	-	-	-	-	-	-	-	-	-	-	-	-
	II	103,66	-	8,29	9,32	-	1,84	2,07	-	-	-	-	-	-	-	-	-	-	-	-	-	-	-
	III	-	-	-	-	-	-	-	-	-	-	-	-	-	-	-	-	-	-	-	-	-	-
	IV	193,25	-	15,46	17,39	-	11,63	13,08	-	7,94	8,93	-	4,46	5,02	-	1,60	1,80	-	-	-	-	-	-
	V	457,83	-	36,62	41,20																		
	VI	501,50	-	40,12	45,13																		
2.324,99	I	193,83	-	15,50	17,44	-	7,98	8,98	-	1,62	1,82	-	-	-	-	-	-	-	-	-	-	-	-
	II	104,25	-	8,34	9,38	-	1,88	2,11	-	-	-	-	-	-	-	-	-	-	-	-	-	-	-
	III	-	-	-	-	-	-	-	-	-	-	-	-	-	-	-	-	-	-	-	-	-	-
	IV	193,83	-	15,50	17,44	-	11,68	13,14	-	7,98	8,98	-	4,50	5,06	-	1,62	1,82	-	-	-	-	-	-
	V	458,83	-	36,70	41,29																		
	VI	502,33	-	40,18	45,20																		
2.327,99	I	194,50	-	15,56	17,50	-	8,03	9,03	-	1,66	1,86	-	-	-	-	-	-	-	-	-	-	-	-
	II	104,83	-	8,38	9,43	-	1,91	2,15	-	-	-	-	-	-	-	-	-	-	-	-	-	-	-
	III	-	-	-	-	-	-	-	-	-	-	-	-	-	-	-	-	-	-	-	-	-	-
	IV	194,50	-	15,56	17,50	-	11,73	13,19	-	8,03	9,03	-	4,54	5,11	-	1,66	1,86	-	-	-	-	-	-
	V	459,83	-	36,78	41,38																		
	VI	503,16	-	40,25	45,28																		
2.330,99	I	195,16	-	15,61	17,56	-	8,08	9,09	-	1,70	1,91	-	-	-	-	-	-	-	-	-	-	-	-
	II	105,41	-	8,43	9,48	-	1,94	2,18	-	-	-	-	-	-	-	-	-	-	-	-	-	-	-
	III	-	-	-	-	-	-	-	-	-	-	-	-	-	-	-	-	-	-	-	-	-	-
	IV	195,16	-	15,61	17,56	-	11,78	13,25	-	8,08	9,09	-	4,59	5,16	-	1,70	1,91	-	-	-	-	-	-
	V	460,91	-	36,87	41,48																		
	VI	504,00	-	40,32	45,36																		
2.333,99	I	195,75	-	15,66	17,61	-	8,13	9,14	-	1,73	1,94	-	-	-	-	-	-	-	-	-	-	-	-
	II	106,00	-	8,48	9,54	-	1,98	2,22	-	-	-	-	-	-	-	-	-	-	-	-	-	-	-
	III	-	-	-	-	-	-	-	-	-	-	-	-	-	-	-	-	-	-	-	-	-	-
	IV	195,75	-	15,66	17,61	-	11,83	13,31	-	8,13	9,14	-	4,63	5,21	-	1,73	1,94	-	-	-	-	-	-
	V	461,91	-	36,95	41,57																		
	VI	505,00	-	40,40	45,45																		
2.336,99	I	196,41	-	15,71	17,67	-	8,18	9,20	-	1,76	1,98	-	-	-	-	-	-	-	-	-	-	-	-
	II	106,58	-	8,52	9,59	-	2,01	2,26	-	-	-	-	-	-	-	-	-	-	-	-	-	-	-
	III	-	-	-	-	-	-	-	-	-	-	-	-	-	-	-	-	-	-	-	-	-	-
	IV	196,41	-	15,71	17,67	-	11,88	13,36	-	8,18	9,20	-	4,67	5,25	-	1,76	1,98	-	-	-	-	-	-
	V	462,91	-	37,03	41,66																		
	VI	505,66	-	40,45	45,50																		
2.339,99	I	197,08	-	15,76	17,73	-	8,22	9,25	-	1,80	2,02	-	-	-	-	-	-	-	-	-	-	-	-
	II	107,25	-	8,58	9,65	-	2,05	2,30	-	-	-	-	-	-	-	-	-	-	-	-	-	-	-
	III	-	-	-	-	-	-	-	-	-	-	-	-	-	-	-	-	-	-	-	-	-	-
	IV	197,08	-	15,76	17,73	-	11,93	13,42	-	8,22	9,25	-	4,72	5,31	-	1,80	2,02	-	-	-	-	-	-
	V	464,00	-	37,12	41,76																		
	VI	506,66	-	40,53	45,59																		

Lohn/ Gehalt bis	Steuerklasse	Lohn-steuer	ohne Kinderfreibetrag			Anzahl Kinderfreibeträge (nur Steuerklassen I–IV)																	
						0,5			1,0			1,5			2,0			2,5			3,0		
			SolZ 5,5%	Kirchensteuer 8%	9%	SolZ 5,5%	Kirchensteuer 8%	9%	SolZ 5,5%	Kirchensteuer 8%	9%	SolZ 5,5%	Kirchensteuer 8%	9%	SolZ 5,5%	Kirchensteuer 8%	9%	SolZ 5,5%	Kirchensteuer 8%	9%	SolZ 5,5%	Kirchensteu 8%	9
2.342,99	I	197,66	-	15,81	17,78	-	8,27	9,30	-	1,83	2,06	-	-	-	-	-	-	-	-	-	-	-	
	II	107,83	-	8,62	9,70	-	2,08	2,34	-	-	-	-	-	-	-	-	-	-	-	-	-	-	
	III	-	-	-	-	-	-	-	-	-	-	-	-	-	-	-	-	-	-	-	-	-	
	IV	197,66	-	15,81	17,78	-	11,98	13,47	-	8,27	9,30	-	4,76	5,35	-	1,83	2,06	-	-	-	-	-	
	V	465,00	-	37,20	41,85																		
	VI	507,50	-	40,60	45,67																		
2.345,99	I	198,33	-	15,86	17,84	-	8,32	9,36	-	1,86	2,09	-	-	-	-	-	-	-	-	-	-	-	
	II	108,41	-	8,67	9,75	-	2,12	2,38	-	-	-	-	-	-	-	-	-	-	-	-	-	-	
	III	-	-	-	-	-	-	-	-	-	-	-	-	-	-	-	-	-	-	-	-	-	
	IV	198,33	-	15,86	17,84	-	12,02	13,52	-	8,32	9,36	-	4,80	5,40	-	1,86	2,09	-	-	-	-	-	
	V	466,00	-	37,28	41,94																		
	VI	508,33	-	40,66	45,74																		
2.348,99	I	198,91	-	15,91	17,90	-	8,36	9,41	-	1,90	2,13	-	-	-	-	-	-	-	-	-	-	-	
	II	109,00	-	8,72	9,81	-	2,15	2,42	-	-	-	-	-	-	-	-	-	-	-	-	-	-	
	III	-	-	-	-	-	-	-	-	-	-	-	-	-	-	-	-	-	-	-	-	-	
	IV	198,91	-	15,91	17,90	-	12,08	13,59	-	8,36	9,41	-	4,84	5,45	-	1,90	2,13	-	-	-	-	-	
	V	467,00	-	37,36	42,03																		
	VI	509,16	-	40,73	45,82																		
2.351,99	I	199,58	-	15,96	17,96	-	8,42	9,47	-	1,93	2,17	-	-	-	-	-	-	-	-	-	-	-	
	II	109,58	-	8,76	9,86	-	2,19	2,46	-	-	-	-	-	-	-	-	-	-	-	-	-	-	
	III	-	-	-	-	-	-	-	-	-	-	-	-	-	-	-	-	-	-	-	-	-	
	IV	199,58	-	15,96	17,96	-	12,12	13,64	-	8,42	9,47	-	4,88	5,49	-	1,93	2,17	-	-	-	-	-	
	V	468,08	-	37,44	42,12																		
	VI	510,00	-	40,80	45,90																		
2.354,99	I	200,25	-	16,02	18,02	-	8,46	9,52	-	1,96	2,21	-	-	-	-	-	-	-	-	-	-	-	
	II	110,25	-	8,82	9,92	-	2,22	2,50	-	-	-	-	-	-	-	-	-	-	-	-	-	-	
	III	-	-	-	-	-	-	-	-	-	-	-	-	-	-	-	-	-	-	-	-	-	
	IV	200,25	-	16,02	18,02	-	12,18	13,70	-	8,46	9,52	-	4,93	5,54	-	1,96	2,21	-	-	-	-	-	
	V	469,08	-	37,52	42,21																		
	VI	511,00	-	40,88	45,99																		
2.357,99	I	200,83	-	16,06	18,07	-	8,51	9,57	-	2,00	2,25	-	-	-	-	-	-	-	-	-	-	-	
	II	110,83	-	8,86	9,97	-	2,26	2,54	-	-	-	-	-	-	-	-	-	-	-	-	-	-	
	III	-	-	-	-	-	-	-	-	-	-	-	-	-	-	-	-	-	-	-	-	-	
	IV	200,83	-	16,06	18,07	-	12,22	13,75	-	8,51	9,57	-	4,97	5,59	-	2,00	2,25	-	-	-	-	-	
	V	470,08	-	37,60	42,30																		
	VI	511,83	-	40,94	46,06																		
2.360,99	I	201,50	-	16,12	18,13	-	8,56	9,63	-	2,04	2,29	-	-	-	-	-	-	-	-	-	-	-	
	II	111,41	-	8,91	10,02	-	2,30	2,58	-	-	-	-	-	-	-	-	-	-	-	-	-	-	
	III	-	-	-	-	-	-	-	-	-	-	-	-	-	-	-	-	-	-	-	-	-	
	IV	201,50	-	16,12	18,13	-	12,27	13,80	-	8,56	9,63	-	5,02	5,64	-	2,04	2,29	-	-	-	-	-	
	V	471,16	-	37,69	42,40																		
	VI	512,66	-	41,01	46,13																		
2.363,99	I	202,16	-	16,17	18,19	-	8,60	9,68	-	2,07	2,33	-	-	-	-	-	-	-	-	-	-	-	
	II	112,00	-	8,96	10,08	-	2,33	2,62	-	-	-	-	-	-	-	-	-	-	-	-	-	-	
	III	-	-	-	-	-	-	-	-	-	-	-	-	-	-	-	-	-	-	-	-	-	
	IV	202,16	-	16,17	18,19	-	12,32	13,86	-	8,60	9,68	-	5,06	5,69	-	2,07	2,33	-	-	-	-	-	
	V	472,16	-	37,77	42,49																		
	VI	513,66	-	41,09	46,22																		
2.366,99	I	202,75	-	16,22	18,24	-	8,65	9,73	-	2,10	2,36	-	-	-	-	-	-	-	-	-	-	-	
	II	112,58	-	9,00	10,13	-	2,36	2,66	-	-	-	-	-	-	-	-	-	-	-	-	-	-	
	III	-	-	-	-	-	-	-	-	-	-	-	-	-	-	-	-	-	-	-	-	-	
	IV	202,75	-	16,22	18,24	-	12,37	13,91	-	8,65	9,73	-	5,10	5,74	-	2,10	2,36	-	-	-	-	-	
	V	473,16	-	37,85	42,58																		
	VI	514,50	-	41,16	46,30																		
2.369,99	I	203,41	-	16,27	18,30	-	8,70	9,79	-	2,14	2,41	-	-	-	-	-	-	-	-	-	-	-	
	II	113,25	-	9,06	10,19	-	2,40	2,70	-	-	-	-	-	-	-	-	-	-	-	-	-	-	
	III	-	-	-	-	-	-	-	-	-	-	-	-	-	-	-	-	-	-	-	-	-	
	IV	203,41	-	16,27	18,30	-	12,42	13,97	-	8,70	9,79	-	5,14	5,78	-	2,14	2,41	-	-	-	-	-	
	V	474,25	-	37,94	42,68																		
	VI	515,33	-	41,22	46,37																		
2.372,99	I	204,08	-	16,32	18,36	-	8,75	9,84	-	2,18	2,45	-	-	-	-	-	-	-	-	-	-	-	
	II	113,83	-	9,10	10,24	-	2,44	2,74	-	-	-	-	-	-	-	-	-	-	-	-	-	-	
	III	-	-	-	-	-	-	-	-	-	-	-	-	-	-	-	-	-	-	-	-	-	
	IV	204,08	-	16,32	18,36	-	12,47	14,03	-	8,75	9,84	-	5,19	5,84	-	2,18	2,45	-	-	-	-	-	
	V	475,25	-	38,02	42,77																		
	VI	516,16	-	41,29	46,45																		
2.375,99	I	204,66	-	16,37	18,41	-	8,80	9,90	-	2,21	2,48	-	-	-	-	-	-	-	-	-	-	-	
	II	114,41	-	9,15	10,29	-	2,47	2,78	-	-	-	-	-	-	-	-	-	-	-	-	-	-	
	III	-	-	-	-	-	-	-	-	-	-	-	-	-	-	-	-	-	-	-	-	-	
	IV	204,66	-	16,37	18,41	-	12,52	14,09	-	8,80	9,90	-	5,23	5,88	-	2,21	2,48	-	-	-	-	-	
	V	476,25	-	38,10	42,86																		
	VI	517,00	-	41,36	46,53																		
2.378,99	I	205,33	-	16,42	18,47	-	8,84	9,95	-	2,24	2,52	-	-	-	-	-	-	-	-	-	-	-	
	II	115,00	-	9,20	10,35	-	2,51	2,82	-	-	-	-	-	-	-	-	-	-	-	-	-	-	
	III	-	-	-	-	-	-	-	-	-	-	-	-	-	-	-	-	-	-	-	-	-	
	IV	205,33	-	16,42	18,47	-	12,57	14,14	-	8,84	9,95	-	5,28	5,94	-	2,24	2,52	-	-	-	-	-	
	V	477,25	-	38,18	42,95																		
	VI	517,83	-	41,42	46,60																		
2.381,99	I	206,00	-	16,48	18,54	-	8,89	10,00	-	2,28	2,57	-	-	-	-	-	-	-	-	-	-	-	
	II	115,58	-	9,24	10,40	-	2,54	2,86	-	-	-	-	-	-	-	-	-	-	-	-	-	-	
	III	-	-	-	-	-	-	-	-	-	-	-	-	-	-	-	-	-	-	-	-	-	
	IV	206,00	-	16,48	18,54	-	12,62	14,20	-	8,89	10,00	-	5,32	5,99	-	2,28	2,57	-	-	-	-	-	
	V	478,33	-	38,26	43,04																		
	VI	518,83	-	41,50	46,69																		
2.384,99	I	206,66	-	16,53	18,59	-	8,94	10,05	-	2,32	2,61	-	-	-	-	-	-	-	-	-	-	-	
	II	116,25	-	9,30	10,46	-	2,58	2,90	-	-	-	-	-	-	-	-	-	-	-	-	-	-	
	III	-	-	-	-	-	-	-	-	-	-	-	-	-	-	-	-	-	-	-	-	-	
	IV	206,66	-	16,53	18,59	-	12,67	14,25	-	8,94	10,05	-	5,36	6,03	-	2,32	2,61	-	-	-	-	-	
	V	479,33	-	38,34	43,13																		
	VI	519,66	-	41,57	46,76																		

Allgemeine Tabelle

MONAT bis 2.429,99 €

Lohn/ Gehalt bis	Steuerklasse	Lohnsteuer	ohne Kinderfreibetrag SolZ 5,5%	Kirchensteuer 8%	9%	Anzahl Kinderfreibeträge (nur Steuerklassen I–IV) 0,5 SolZ 5,5%	Kirchensteuer 8%	9%	1,0 SolZ 5,5%	Kirchensteuer 8%	9%	1,5 SolZ 5,5%	Kirchensteuer 8%	9%	2,0 SolZ 5,5%	Kirchensteuer 8%	9%	2,5 SolZ 5,5%	Kirchensteuer 8%	9%	3,0 SolZ 5,5%	Kirchensteuer 8%	9%
2.387,99	I	207,25	-	16,58	18,65	-	8,99	10,11	-	2,35	2,64	-	-	-	-	-	-	-	-	-	-	-	-
	II	116,83	-	9,34	10,51	-	2,62	2,94	-	-	-	-	-	-	-	-	-	-	-	-	-	-	-
	III	-	-	-	-	-	-	-	-	-	-	-	-	-	-	-	-	-	-	-	-	-	-
	IV	207,25	-	16,58	18,65	-	12,72	14,31	-	8,99	10,11	-	5,41	6,08	-	2,35	2,64	-	-	-	-	-	-
	V	480,33	-	38,42	43,22																		
	VI	520,50	-	41,64	46,84																		
2.390,99	I	207,91	-	16,63	18,71	-	9,04	10,17	-	2,39	2,69	-	-	-	-	-	-	-	-	-	-	-	-
	II	117,41	-	9,39	10,56	-	2,66	2,99	-	-	-	-	-	-	-	-	-	-	-	-	-	-	-
	III	-	-	-	-	-	-	-	-	-	-	-	-	-	-	-	-	-	-	-	-	-	-
	IV	207,91	-	16,63	18,71	-	12,77	14,36	-	9,04	10,17	-	5,45	6,13	-	2,39	2,69	-	-	-	-	-	-
	V	481,41	-	38,51	43,32																		
	VI	521,33	-	41,70	46,91																		
2.393,99	I	208,58	-	16,68	18,77	-	9,08	10,22	-	2,42	2,72	-	-	-	-	-	-	-	-	-	-	-	-
	II	118,00	-	9,44	10,62	-	2,69	3,02	-	-	-	-	-	-	-	-	-	-	-	-	-	-	-
	III	-	-	-	-	-	-	-	-	-	-	-	-	-	-	-	-	-	-	-	-	-	-
	IV	208,58	-	16,68	18,77	-	12,82	14,42	-	9,08	10,22	-	5,50	6,18	-	2,42	2,72	-	-	-	-	-	-
	V	482,41	-	38,59	43,41																		
	VI	522,33	-	41,78	47,00																		
2.396,99	I	209,16	-	16,73	18,82	-	9,13	10,27	-	2,46	2,76	-	-	-	-	-	-	-	-	-	-	-	-
	II	118,58	-	9,48	10,67	-	2,73	3,07	-	-	-	-	-	-	-	-	-	-	-	-	-	-	-
	III	-	-	-	-	-	-	-	-	-	-	-	-	-	-	-	-	-	-	-	-	-	-
	IV	209,16	-	16,73	18,82	-	12,87	14,48	-	9,13	10,27	-	5,54	6,23	-	2,46	2,76	-	0,03	0,03	-	-	-
	V	483,41	-	38,67	43,50																		
	VI	523,16	-	41,85	47,08																		
2.399,99	I	209,83	-	16,78	18,88	-	9,18	10,33	-	2,50	2,81	-	-	-	-	-	-	-	-	-	-	-	-
	II	119,25	-	9,54	10,73	-	2,76	3,11	-	-	-	-	-	-	-	-	-	-	-	-	-	-	-
	III	0,33	-	0,02	0,02	-	-	-	-	-	-	-	-	-	-	-	-	-	-	-	-	-	-
	IV	209,83	-	16,78	18,88	-	12,92	14,53	-	9,18	10,33	-	5,59	6,29	-	2,50	2,81	-	0,06	0,06	-	-	-
	V	484,50	-	38,76	43,60																		
	VI	524,00	-	41,92	47,16																		
2.402,99	I	210,50	-	16,84	18,94	-	9,23	10,38	-	2,53	2,84	-	-	-	-	-	-	-	-	-	-	-	-
	II	119,83	-	9,58	10,78	-	2,80	3,15	-	-	-	-	-	-	-	-	-	-	-	-	-	-	-
	III	0,66	-	0,05	0,05	-	-	-	-	-	-	-	-	-	-	-	-	-	-	-	-	-	-
	IV	210,50	-	16,84	18,94	-	12,97	14,59	-	9,23	10,38	-	5,63	6,33	-	2,53	2,84	-	0,09	0,10	-	-	-
	V	485,50	-	38,84	43,69																		
	VI	525,00	-	42,00	47,25																		
2.405,99	I	211,16	-	16,89	19,00	-	9,28	10,44	-	2,57	2,89	-	-	-	-	-	-	-	-	-	-	-	-
	II	120,41	-	9,63	10,83	-	2,84	3,19	-	-	-	-	-	-	-	-	-	-	-	-	-	-	-
	III	1,16	-	0,09	0,10	-	-	-	-	-	-	-	-	-	-	-	-	-	-	-	-	-	-
	IV	211,16	-	16,89	19,00	-	13,02	14,64	-	9,28	10,44	-	5,68	6,39	-	2,57	2,89	-	0,12	0,13	-	-	-
	V	486,50	-	38,92	43,78																		
	VI	525,66	-	42,05	47,30																		
2.408,99	I	211,75	-	16,94	19,05	-	9,32	10,49	-	2,60	2,93	-	-	-	-	-	-	-	-	-	-	-	-
	II	121,00	-	9,68	10,89	-	2,88	3,24	-	-	-	-	-	-	-	-	-	-	-	-	-	-	-
	III	1,50	-	0,12	0,13	-	-	-	-	-	-	-	-	-	-	-	-	-	-	-	-	-	-
	IV	211,75	-	16,94	19,05	-	13,06	14,69	-	9,32	10,49	-	5,72	6,44	-	2,60	2,93	-	0,14	0,16	-	-	-
	V	487,50	-	39,00	43,87																		
	VI	526,66	-	42,13	47,39																		
2.411,99	I	212,41	-	16,99	19,11	-	9,37	10,54	-	2,64	2,97	-	-	-	-	-	-	-	-	-	-	-	-
	II	121,66	-	9,73	10,94	-	2,92	3,28	-	-	-	-	-	-	-	-	-	-	-	-	-	-	-
	III	1,83	-	0,14	0,16	-	-	-	-	-	-	-	-	-	-	-	-	-	-	-	-	-	-
	IV	212,41	-	16,99	19,11	-	13,12	14,76	-	9,37	10,54	-	5,76	6,48	-	2,64	2,97	-	0,17	0,19	-	-	-
	V	488,58	-	39,08	43,97																		
	VI	527,66	-	42,21	47,48																		
2.414,99	I	213,08	-	17,04	19,17	-	9,42	10,60	-	2,68	3,01	-	-	-	-	-	-	-	-	-	-	-	-
	II	122,25	-	9,78	11,00	-	2,95	3,32	-	-	-	-	-	-	-	-	-	-	-	-	-	-	-
	III	2,33	-	0,18	0,20	-	-	-	-	-	-	-	-	-	-	-	-	-	-	-	-	-	-
	IV	213,08	-	17,04	19,17	-	13,17	14,81	-	9,42	10,60	-	5,81	6,53	-	2,68	3,01	-	0,20	0,22	-	-	-
	V	489,58	-	39,16	44,06																		
	VI	528,33	-	42,26	47,54																		
2.417,99	I	213,66	-	17,09	19,22	-	9,47	10,65	-	2,72	3,06	-	-	-	-	-	-	-	-	-	-	-	-
	II	122,83	-	9,82	11,05	-	2,99	3,36	-	-	-	-	-	-	-	-	-	-	-	-	-	-	-
	III	2,66	-	0,21	0,23	-	-	-	-	-	-	-	-	-	-	-	-	-	-	-	-	-	-
	IV	213,66	-	17,09	19,22	-	13,22	14,87	-	9,47	10,65	-	5,86	6,59	-	2,72	3,06	-	0,23	0,26	-	-	-
	V	490,58	-	39,24	44,15																		
	VI	529,33	-	42,34	47,63																		
2.420,99	I	214,33	-	17,14	19,28	-	9,52	10,71	-	2,75	3,09	-	-	-	-	-	-	-	-	-	-	-	-
	II	123,50	-	9,88	11,11	-	3,03	3,41	-	-	-	-	-	-	-	-	-	-	-	-	-	-	-
	III	3,00	-	0,24	0,27	-	-	-	-	-	-	-	-	-	-	-	-	-	-	-	-	-	-
	IV	214,33	-	17,14	19,28	-	13,27	14,93	-	9,52	10,71	-	5,90	6,64	-	2,75	3,09	-	0,26	0,29	-	-	-
	V	491,66	-	39,33	44,24																		
	VI	530,16	-	42,41	47,71																		
2.423,99	I	215,00	-	17,20	19,35	-	9,56	10,76	-	2,79	3,14	-	-	-	-	-	-	-	-	-	-	-	-
	II	124,08	-	9,92	11,16	-	3,06	3,44	-	-	-	-	-	-	-	-	-	-	-	-	-	-	-
	III	3,50	-	0,28	0,31	-	-	-	-	-	-	-	-	-	-	-	-	-	-	-	-	-	-
	IV	215,00	-	17,20	19,35	-	13,32	14,98	-	9,56	10,76	-	5,95	6,69	-	2,79	3,14	-	0,28	0,32	-	-	-
	V	492,66	-	39,41	44,33																		
	VI	531,00	-	42,48	47,79																		
2.426,99	I	215,66	-	17,25	19,40	-	9,61	10,81	-	2,82	3,17	-	-	-	-	-	-	-	-	-	-	-	-
	II	124,66	-	9,97	11,21	-	3,10	3,49	-	-	-	-	-	-	-	-	-	-	-	-	-	-	-
	III	3,83	-	0,30	0,34	-	-	-	-	-	-	-	-	-	-	-	-	-	-	-	-	-	-
	IV	215,66	-	17,25	19,40	-	13,36	15,03	-	9,61	10,81	-	5,99	6,74	-	2,82	3,17	-	0,31	0,35	-	-	-
	V	493,66	-	39,49	44,42																		
	VI	532,00	-	42,56	47,88																		
2.429,99	I	216,25	-	17,30	19,46	-	9,66	10,87	-	2,86	3,22	-	-	-	-	-	-	-	-	-	-	-	-
	II	125,25	-	10,02	11,27	-	3,14	3,53	-	-	-	-	-	-	-	-	-	-	-	-	-	-	-
	III	4,16	-	0,33	0,37	-	-	-	-	-	-	-	-	-	-	-	-	-	-	-	-	-	-
	IV	216,25	-	17,30	19,46	-	13,42	15,09	-	9,66	10,87	-	6,04	6,79	-	2,86	3,22	-	0,34	0,38	-	-	-
	V	494,66	-	39,57	44,51																		
	VI	532,83	-	42,62	47,95																		

MONAT bis 2.474,99 €

Allgemeine Tabelle

Lohn/ Gehalt bis	Steuerklasse	Lohn-steuer	ohne Kinderfreibetrag SolZ 5,5%	ohne Kinderfreibetrag Kirchensteuer 8%	ohne Kinderfreibetrag Kirchensteuer 9%	0,5 SolZ 5,5%	0,5 Kirchensteuer 8%	0,5 Kirchensteuer 9%	1,0 SolZ 5,5%	1,0 Kirchensteuer 8%	1,0 Kirchensteuer 9%	1,5 SolZ 5,5%	1,5 Kirchensteuer 8%	1,5 Kirchensteuer 9%	2,0 SolZ 5,5%	2,0 Kirchensteuer 8%	2,0 Kirchensteuer 9%	2,5 SolZ 5,5%	2,5 Kirchensteuer 8%	2,5 Kirchensteuer 9%	3,0 SolZ 5,5%	3,0 Kirchensteuer 8%	3,0 Kirchensteuer 9%
						Anzahl Kinderfreibeträge (nur Steuerklassen I–IV)																	
2.432,99	I	216,91	–	17,35	19,52	–	9,71	10,92	–	2,90	3,26	–	–	–	–	–	–	–	–	–	–	–	
	II	125,91	–	10,07	11,33	–	3,18	3,57	–	–	–	–	–	–	–	–	–	–	–	–	–	–	
	III	4,66	–	0,37	0,41	–	–	–	–	–	–	–	–	–	–	–	–	–	–	–	–	–	
	IV	216,91	–	17,35	19,52	–	13,47	15,15	–	9,71	10,92	–	6,08	6,84	–	2,90	3,26	–	0,37	0,41	–	–	
	V	495,75	–	39,66	44,61																		
	VI	533,83	–	42,70	48,04																		
2.435,99	I	217,58	–	17,40	19,58	–	9,76	10,98	–	2,94	3,30	–	–	–	–	–	–	–	–	–	–	–	
	II	126,50	–	10,12	11,38	–	3,22	3,62	–	–	–	–	–	–	–	–	–	–	–	–	–	–	
	III	5,00	–	0,40	0,45	–	–	–	–	–	–	–	–	–	–	–	–	–	–	–	–	–	
	IV	217,58	–	17,40	19,58	–	13,52	15,21	–	9,76	10,98	–	6,13	6,89	–	2,94	3,30	–	0,40	0,45	–	–	
	V	496,75	–	39,74	44,70																		
	VI	534,50	–	42,76	48,10																		
2.438,99	I	218,25	–	17,46	19,64	–	9,80	11,03	–	2,98	3,35	–	–	–	–	–	–	–	–	–	–	–	
	II	127,08	–	10,16	11,43	–	3,26	3,66	–	–	–	–	–	–	–	–	–	–	–	–	–	–	
	III	5,33	–	0,42	0,47	–	–	–	–	–	–	–	–	–	–	–	–	–	–	–	–	–	
	IV	218,25	–	17,46	19,64	–	13,56	15,26	–	9,80	11,03	–	6,18	6,95	–	2,98	3,35	–	0,43	0,48	–	–	
	V	497,75	–	39,82	44,79																		
	VI	535,50	–	42,84	48,19																		
2.441,99	I	218,91	–	17,51	19,70	–	9,86	11,09	–	3,02	3,39	–	–	–	–	–	–	–	–	–	–	–	
	II	127,66	–	10,21	11,48	–	3,30	3,71	–	–	–	–	–	–	–	–	–	–	–	–	–	–	
	III	5,83	–	0,46	0,52	–	–	–	–	–	–	–	–	–	–	–	–	–	–	–	–	–	
	IV	218,91	–	17,51	19,70	–	13,62	15,32	–	9,86	11,09	–	6,22	7,00	–	3,02	3,39	–	0,46	0,51	–	–	
	V	498,66	–	39,89	44,87																		
	VI	536,33	–	42,90	48,26																		
2.444,99	I	219,50	–	17,56	19,75	–	9,90	11,14	–	3,05	3,43	–	–	–	–	–	–	–	–	–	–	–	
	II	128,33	–	10,26	11,54	–	3,33	3,74	–	–	–	–	–	–	–	–	–	–	–	–	–	–	
	III	6,16	–	0,49	0,55	–	–	–	–	–	–	–	–	–	–	–	–	–	–	–	–	–	
	IV	219,50	–	17,56	19,75	–	13,67	15,38	–	9,90	11,14	–	6,27	7,05	–	3,05	3,43	–	0,48	0,54	–	–	
	V	499,66	–	39,97	44,96																		
	VI	537,16	–	42,97	48,34																		
2.447,99	I	220,16	–	17,61	19,81	–	9,95	11,19	–	3,09	3,47	–	–	–	–	–	–	–	–	–	–	–	
	II	128,91	–	10,31	11,60	–	3,37	3,79	–	–	–	–	–	–	–	–	–	–	–	–	–	–	
	III	6,50	–	0,52	0,58	–	–	–	–	–	–	–	–	–	–	–	–	–	–	–	–	–	
	IV	220,16	–	17,61	19,81	–	13,72	15,43	–	9,95	11,19	–	6,32	7,11	–	3,09	3,47	–	0,52	0,58	–	–	
	V	500,50	–	40,04	45,04																		
	VI	538,16	–	43,05	48,43																		
2.450,99	I	220,83	–	17,66	19,87	–	10,00	11,25	–	3,13	3,52	–	–	–	–	–	–	–	–	–	–	–	
	II	129,50	–	10,36	11,65	–	3,41	3,83	–	–	–	–	–	–	–	–	–	–	–	–	–	–	
	III	7,00	–	0,56	0,63	–	–	–	–	–	–	–	–	–	–	–	–	–	–	–	–	–	
	IV	220,83	–	17,66	19,87	–	13,77	15,49	–	10,00	11,25	–	6,36	7,16	–	3,13	3,52	–	0,54	0,61	–	–	
	V	501,33	–	40,10	45,11																		
	VI	539,00	–	43,12	48,51																		
2.453,99	I	221,50	–	17,72	19,93	–	10,05	11,30	–	3,16	3,56	–	–	–	–	–	–	–	–	–	–	–	
	II	130,16	–	10,41	11,71	–	3,45	3,88	–	–	–	–	–	–	–	–	–	–	–	–	–	–	
	III	7,33	–	0,58	0,65	–	–	–	–	–	–	–	–	–	–	–	–	–	–	–	–	–	
	IV	221,50	–	17,72	19,93	–	13,82	15,54	–	10,05	11,30	–	6,41	7,21	–	3,16	3,56	–	0,58	0,65	–	–	
	V	502,16	–	40,17	45,19																		
	VI	540,00	–	43,20	48,60																		
2.456,99	I	222,08	–	17,76	19,98	–	10,10	11,36	–	3,20	3,60	–	–	–	–	–	–	–	–	–	–	–	
	II	130,75	–	10,46	11,76	–	3,49	3,92	–	–	–	–	–	–	–	–	–	–	–	–	–	–	
	III	7,83	–	0,62	0,70	–	–	–	–	–	–	–	–	–	–	–	–	–	–	–	–	–	
	IV	222,08	–	17,76	19,98	–	13,87	15,60	–	10,10	11,36	–	6,46	7,26	–	3,20	3,60	–	0,60	0,68	–	–	
	V	503,00	–	40,24	45,27																		
	VI	540,66	–	43,25	48,65																		
2.459,99	I	222,75	–	17,82	20,04	–	10,14	11,41	–	3,24	3,65	–	–	–	–	–	–	–	–	–	–	–	
	II	131,33	–	10,50	11,81	–	3,53	3,97	–	–	–	–	–	–	–	–	–	–	–	–	–	–	
	III	8,16	–	0,65	0,73	–	–	–	–	–	–	–	–	–	–	–	–	–	–	–	–	–	
	IV	222,75	–	17,82	20,04	–	13,92	15,66	–	10,14	11,41	–	6,50	7,31	–	3,24	3,65	–	0,64	0,72	–	–	
	V	503,83	–	40,30	45,34																		
	VI	541,66	–	43,33	48,74																		
2.462,99	I	223,41	–	17,87	20,10	–	10,20	11,47	–	3,28	3,69	–	–	–	–	–	–	–	–	–	–	–	
	II	132,00	–	10,56	11,88	–	3,57	4,01	–	–	–	–	–	–	–	–	–	–	–	–	–	–	
	III	8,50	–	0,68	0,76	–	–	–	–	–	–	–	–	–	–	–	–	–	–	–	–	–	
	IV	223,41	–	17,87	20,10	–	13,97	15,71	–	10,20	11,47	–	6,55	7,37	–	3,28	3,69	–	0,66	0,74	–	–	
	V	504,83	–	40,38	45,43																		
	VI	542,50	–	43,40	48,82																		
2.465,99	I	224,08	–	17,92	20,16	–	10,24	11,52	–	3,32	3,73	–	–	–	–	–	–	–	–	–	–	–	
	II	132,58	–	10,60	11,93	–	3,60	4,05	–	–	–	–	–	–	–	–	–	–	–	–	–	–	
	III	9,00	–	0,72	0,81	–	–	–	–	–	–	–	–	–	–	–	–	–	–	–	–	–	
	IV	224,08	–	17,92	20,16	–	14,02	15,77	–	10,24	11,52	–	6,60	7,42	–	3,32	3,73	–	0,70	0,78	–	–	
	V	505,50	–	40,44	45,49																		
	VI	543,50	–	43,48	48,91																		
2.468,99	I	224,66	–	17,97	20,21	–	10,29	11,57	–	3,36	3,78	–	–	–	–	–	–	–	–	–	–	–	
	II	133,16	–	10,65	11,98	–	3,64	4,10	–	–	–	–	–	–	–	–	–	–	–	–	–	–	
	III	9,33	–	0,74	0,83	–	–	–	–	–	–	–	–	–	–	–	–	–	–	–	–	–	
	IV	224,66	–	17,97	20,21	–	14,07	15,83	–	10,29	11,57	–	6,64	7,47	–	3,36	3,78	–	0,72	0,81	–	–	
	V	506,50	–	40,52	45,58																		
	VI	544,33	–	43,54	48,98																		
2.471,99	I	225,33	–	18,02	20,27	–	10,34	11,63	–	3,40	3,82	–	–	–	–	–	–	–	–	–	–	–	
	II	133,83	–	10,70	12,04	–	3,68	4,14	–	–	–	–	–	–	–	–	–	–	–	–	–	–	
	III	9,83	–	0,78	0,88	–	–	–	–	–	–	–	–	–	–	–	–	–	–	–	–	–	
	IV	225,33	–	18,02	20,27	–	14,12	15,88	–	10,34	11,63	–	6,69	7,52	–	3,40	3,82	–	0,76	0,85	–	–	
	V	507,33	–	40,58	45,65																		
	VI	545,16	–	43,61	49,06																		
2.474,99	I	226,00	–	18,08	20,34	–	10,39	11,69	–	3,44	3,87	–	–	–	–	–	–	–	–	–	–	–	
	II	134,41	–	10,75	12,09	–	3,72	4,19	–	–	–	–	–	–	–	–	–	–	–	–	–	–	
	III	10,16	–	0,81	0,91	–	–	–	–	–	–	–	–	–	–	–	–	–	–	–	–	–	
	IV	226,00	–	18,08	20,34	–	14,17	15,94	–	10,39	11,69	–	6,74	7,58	–	3,44	3,87	–	0,78	0,88	–	–	
	V	508,16	–	40,65	45,73																		
	VI	546,16	–	43,69	49,15																		

Allgemeine Tabelle

MONAT bis 2.519,99 €

Lohn/ Gehalt bis	Steuerklasse	Lohn- steuer	ohne Kinderfreibetrag			Anzahl Kinderfreibeträge (nur Steuerklassen I–IV)																	
						0,5			1,0			1,5			2,0			2,5			3,0		
			SolZ 5,5%	Kirchensteuer 8%	9%	SolZ 5,5%	Kirchensteuer 8%	9%	SolZ 5,5%	Kirchensteuer 8%	9%	SolZ 5,5%	Kirchensteuer 8%	9%	SolZ 5,5%	Kirchensteuer 8%	9%	SolZ 5,5%	Kirchensteuer 8%	9%	SolZ 5,5%	Kirchensteuer 8%	9%
2.477,99	I	226,66	–	18,13	20,39	–	10,44	11,74	–	3,48	3,91	–	–	–	–	–	–	–	–	–	–	–	–
	II	135,00	–	10,80	12,15	–	3,76	4,23	–	–	–	–	–	–	–	–	–	–	–	–	–	–	–
	III	10,50	–	0,84	0,94	–	–	–	–	–	–	–	–	–	–	–	–	–	–	–	–	–	–
	IV	226,66	–	18,13	20,39	–	14,22	15,99	–	10,44	11,74	–	6,78	7,63	–	3,48	3,91	–	0,82	0,92	–	–	–
	V	509,00	–	40,72	45,81																		
	VI	547,00	–	43,76	49,23																		
2.480,99	I	227,33	–	18,18	20,45	–	10,48	11,79	–	3,51	3,95	–	–	–	–	–	–	–	–	–	–	–	–
	II	135,58	–	10,84	12,20	–	3,80	4,28	–	–	–	–	–	–	–	–	–	–	–	–	–	–	–
	III	11,00	–	0,88	0,99	–	–	–	–	–	–	–	–	–	–	–	–	–	–	–	–	–	–
	IV	227,33	–	18,18	20,45	–	14,27	16,05	–	10,48	11,79	–	6,83	7,68	–	3,51	3,95	–	0,84	0,95	–	–	–
	V	510,00	–	40,80	45,90																		
	VI	547,83	–	43,82	49,30																		
2.483,99	I	228,00	–	18,24	20,52	–	10,54	11,85	–	3,55	3,99	–	–	–	–	–	–	–	–	–	–	–	–
	II	136,25	–	10,90	12,26	–	3,84	4,32	–	–	–	–	–	–	–	–	–	–	–	–	–	–	–
	III	11,33	–	0,90	1,01	–	–	–	–	–	–	–	–	–	–	–	–	–	–	–	–	–	–
	IV	228,00	–	18,24	20,52	–	14,32	16,11	–	10,54	11,85	–	6,88	7,74	–	3,55	3,99	–	0,88	0,99	–	–	–
	V	510,83	–	40,86	45,97																		
	VI	548,66	–	43,89	49,37																		
2.486,99	I	228,58	–	18,28	20,57	–	10,58	11,90	–	3,59	4,04	–	–	–	–	–	–	–	–	–	–	–	–
	II	136,83	–	10,94	12,31	–	3,88	4,37	–	–	–	–	–	–	–	–	–	–	–	–	–	–	–
	III	11,83	–	0,94	1,06	–	–	–	–	–	–	–	–	–	–	–	–	–	–	–	–	–	–
	IV	228,58	–	18,28	20,57	–	14,37	16,16	–	10,58	11,90	–	6,92	7,79	–	3,59	4,04	–	0,91	1,02	–	–	–
	V	511,66	–	40,93	46,04																		
	VI	549,66	–	43,97	49,46																		
2.489,99	I	229,25	–	18,34	20,63	–	10,63	11,96	–	3,63	4,08	–	–	–	–	–	–	–	–	–	–	–	–
	II	137,41	–	10,99	12,36	–	3,92	4,41	–	–	–	–	–	–	–	–	–	–	–	–	–	–	–
	III	12,16	–	0,97	1,09	–	–	–	–	–	–	–	–	–	–	–	–	–	–	–	–	–	–
	IV	229,25	–	18,34	20,63	–	14,42	16,22	–	10,63	11,96	–	6,97	7,84	–	3,63	4,08	–	0,94	1,05	–	–	–
	V	512,50	–	41,00	46,12																		
	VI	550,50	–	44,04	49,54																		
2.492,99	I	229,91	–	18,39	20,69	–	10,68	12,02	–	3,67	4,13	–	–	–	–	–	–	–	–	–	–	–	–
	II	138,08	–	11,04	12,42	–	3,97	4,46	–	–	–	–	–	–	–	–	–	–	–	–	–	–	–
	III	12,66	–	1,01	1,13	–	–	–	–	–	–	–	–	–	–	–	–	–	–	–	–	–	–
	IV	229,91	–	18,39	20,69	–	14,47	16,28	–	10,68	12,02	–	7,02	7,90	–	3,67	4,13	–	0,97	1,09	–	–	–
	V	513,33	–	41,06	46,19																		
	VI	551,50	–	44,12	49,63																		
2.495,99	I	230,58	–	18,44	20,75	–	10,73	12,07	–	3,71	4,17	–	–	–	–	–	–	–	–	–	–	–	–
	II	138,66	–	11,09	12,47	–	4,01	4,51	–	–	–	–	–	–	–	–	–	–	–	–	–	–	–
	III	13,00	–	1,04	1,17	–	–	–	–	–	–	–	–	–	–	–	–	–	–	–	–	–	–
	IV	230,58	–	18,44	20,75	–	14,52	16,34	–	10,73	12,07	–	7,07	7,95	–	3,71	4,17	–	1,00	1,13	–	–	–
	V	514,33	–	41,14	46,28																		
	VI	552,33	–	44,18	49,70																		
2.498,99	I	231,25	–	18,50	20,81	–	10,78	12,12	–	3,75	4,22	–	–	–	–	–	–	–	–	–	–	–	–
	II	139,25	–	11,14	12,53	–	4,05	4,55	–	–	–	–	–	–	–	–	–	–	–	–	–	–	–
	III	13,50	–	1,08	1,21	–	–	–	–	–	–	–	–	–	–	–	–	–	–	–	–	–	–
	IV	231,25	–	18,50	20,81	–	14,57	16,39	–	10,78	12,12	–	7,12	8,01	–	3,75	4,22	–	1,03	1,16	–	–	–
	V	515,00	–	41,20	46,35																		
	VI	553,16	–	44,25	49,78																		
2.501,99	I	231,91	–	18,55	20,87	–	10,83	12,18	–	3,79	4,26	–	–	–	–	–	–	–	–	–	–	–	–
	II	139,91	–	11,19	12,59	–	4,09	4,60	–	–	–	–	–	–	–	–	–	–	–	–	–	–	–
	III	13,83	–	1,10	1,24	–	–	–	–	–	–	–	–	–	–	–	–	–	–	–	–	–	–
	IV	231,91	–	18,55	20,87	–	14,62	16,45	–	10,83	12,18	–	7,16	8,06	–	3,79	4,26	–	1,06	1,19	–	–	–
	V	516,00	–	41,28	46,44																		
	VI	554,00	–	44,32	49,86																		
2.504,99	I	232,50	–	18,60	20,92	–	10,88	12,24	–	3,83	4,31	–	–	–	–	–	–	–	–	–	–	–	–
	II	140,50	–	11,24	12,64	–	4,13	4,64	–	–	–	–	–	–	–	–	–	–	–	–	–	–	–
	III	14,33	–	1,14	1,28	–	–	–	–	–	–	–	–	–	–	–	–	–	–	–	–	–	–
	IV	232,50	–	18,60	20,92	–	14,68	16,51	–	10,88	12,24	–	7,21	8,11	–	3,83	4,31	–	1,10	1,23	–	–	–
	V	516,83	–	41,34	46,51																		
	VI	555,00	–	44,40	49,95																		
2.507,99	I	233,16	–	18,65	20,98	–	10,92	12,29	–	3,87	4,35	–	–	–	–	–	–	–	–	–	–	–	–
	II	141,08	–	11,28	12,69	–	4,17	4,69	–	–	–	–	–	–	–	–	–	–	–	–	–	–	–
	III	14,66	–	1,17	1,31	–	–	–	–	–	–	–	–	–	–	–	–	–	–	–	–	–	–
	IV	233,16	–	18,65	20,98	–	14,72	16,56	–	10,92	12,29	–	7,26	8,16	–	3,87	4,35	–	1,12	1,26	–	–	–
	V	517,66	–	41,41	46,58																		
	VI	556,00	–	44,48	50,04																		
2.510,99	I	233,83	–	18,70	21,04	–	10,98	12,35	–	3,91	4,40	–	–	–	–	–	–	–	–	–	–	–	–
	II	141,75	–	11,34	12,75	–	4,21	4,73	–	–	–	–	–	–	–	–	–	–	–	–	–	–	–
	III	15,16	–	1,21	1,36	–	–	–	–	–	–	–	–	–	–	–	–	–	–	–	–	–	–
	IV	233,83	–	18,70	21,04	–	14,78	16,62	–	10,98	12,35	–	7,30	8,21	–	3,91	4,40	–	1,16	1,30	–	–	–
	V	518,66	–	41,49	46,67																		
	VI	556,83	–	44,54	50,11																		
2.513,99	I	234,50	–	18,76	21,10	–	11,02	12,40	–	3,95	4,44	–	–	–	–	–	–	–	–	–	–	–	–
	II	142,33	–	11,38	12,80	–	4,25	4,78	–	–	–	–	–	–	–	–	–	–	–	–	–	–	–
	III	15,50	–	1,24	1,39	–	–	–	–	–	–	–	–	–	–	–	–	–	–	–	–	–	–
	IV	234,50	–	18,76	21,10	–	14,82	16,67	–	11,02	12,40	–	7,35	8,27	–	3,95	4,44	–	1,19	1,34	–	–	–
	V	519,50	–	41,56	46,75																		
	VI	557,83	–	44,62	50,20																		
2.516,99	I	235,16	–	18,81	21,16	–	11,07	12,45	–	3,99	4,49	–	–	–	–	–	–	–	–	–	–	–	–
	II	143,00	–	11,44	12,87	–	4,30	4,83	–	–	–	–	–	–	–	–	–	–	–	–	–	–	–
	III	16,00	–	1,28	1,44	–	–	–	–	–	–	–	–	–	–	–	–	–	–	–	–	–	–
	IV	235,16	–	18,81	21,16	–	14,88	16,74	–	11,07	12,45	–	7,40	8,32	–	3,99	4,49	–	1,22	1,37	–	–	–
	V	520,33	–	41,62	46,82																		
	VI	558,50	–	44,68	50,26																		
2.519,99	I	235,75	–	18,86	21,21	–	11,12	12,51	–	4,03	4,53	–	–	–	–	–	–	–	–	–	–	–	–
	II	143,58	–	11,48	12,92	–	4,34	4,88	–	–	–	–	–	–	–	–	–	–	–	–	–	–	–
	III	16,33	–	1,30	1,46	–	–	–	–	–	–	–	–	–	–	–	–	–	–	–	–	–	–
	IV	235,75	–	18,86	21,21	–	14,92	16,79	–	11,12	12,51	–	7,44	8,37	–	4,03	4,53	–	1,25	1,40	–	–	–
	V	521,33	–	41,70	46,91																		
	VI	559,50	–	44,76	50,35																		

Lohn/ Gehalt bis	Steuerklasse	Lohn-steuer	ohne Kinderfreibetrag			Anzahl Kinderfreibeträge (nur Steuerklassen I–IV)																	
						0,5			1,0			1,5			2,0			2,5			3,0		
			SolZ 5,5%	Kirchensteuer 8%	Kirchensteuer 9%	SolZ 5,5%	Kirchensteuer 8%	Kirchensteuer 9%	SolZ 5,5%	Kirchensteuer 8%	Kirchensteuer 9%	SolZ 5,5%	Kirchensteuer 8%	Kirchensteuer 9%	SolZ 5,5%	Kirchensteuer 8%	Kirchensteuer 9%	SolZ 5,5%	Kirchensteuer 8%	Kirchensteuer 9%	SolZ 5,5%	Kirchensteuer 8%	Kirchensteuer 9%
2.522,99	I	236,41	–	18,91	21,27	–	11,17	12,56	–	4,08	4,59	–	–	–	–	–	–	–	–	–	–	–	
	II	144,16	–	11,53	12,97	–	4,38	4,92	–	–	–	–	–	–	–	–	–	–	–	–	–	–	
	III	16,66	–	1,33	1,49	–	–	–	–	–	–	–	–	–	–	–	–	–	–	–	–	–	
	IV	236,41	–	18,91	21,27	–	14,98	16,85	–	11,17	12,56	–	7,49	8,42	–	4,08	4,59	–	1,28	1,44	–	–	
	V	522,16	–	41,77	46,99																		
	VI	560,33	–	44,82	50,42																		
2.525,99	I	237,08	–	18,96	21,33	–	11,22	12,62	–	4,12	4,63	–	–	–	–	–	–	–	–	–	–	–	
	II	144,83	–	11,58	13,03	–	4,42	4,97	–	–	–	–	–	–	–	–	–	–	–	–	–	–	
	III	17,16	–	1,37	1,54	–	–	–	–	–	–	–	–	–	–	–	–	–	–	–	–	–	
	IV	237,08	–	18,96	21,33	–	15,03	16,91	–	11,22	12,62	–	7,54	8,48	–	4,12	4,63	–	1,32	1,48	–	–	
	V	523,00	–	41,84	47,07																		
	VI	561,33	–	44,90	50,51																		
2.528,99	I	237,75	–	19,02	21,39	–	11,27	12,68	–	4,16	4,68	–	–	–	–	–	–	–	–	–	–	–	
	II	145,41	–	11,63	13,08	–	4,46	5,01	–	–	–	–	–	–	–	–	–	–	–	–	–	–	
	III	17,66	–	1,41	1,58	–	–	–	–	–	–	–	–	–	–	–	–	–	–	–	–	–	
	IV	237,75	–	19,02	21,39	–	15,08	16,96	–	11,27	12,68	–	7,58	8,53	–	4,16	4,68	–	1,35	1,52	–	–	
	V	523,83	–	41,90	47,14																		
	VI	562,16	–	44,97	50,59																		
2.531,99	I	238,41	–	19,07	21,45	–	11,32	12,73	–	4,20	4,72	–	–	–	–	–	–	–	–	–	–	–	
	II	146,00	–	11,68	13,14	–	4,50	5,06	–	–	–	–	–	–	–	–	–	–	–	–	–	–	
	III	18,00	–	1,44	1,62	–	–	–	–	–	–	–	–	–	–	–	–	–	–	–	–	–	
	IV	238,41	–	19,07	21,45	–	15,13	17,02	–	11,32	12,73	–	7,63	8,58	–	4,20	4,72	–	1,38	1,55	–	–	
	V	524,66	–	41,97	47,21																		
	VI	563,16	–	45,05	50,68																		
2.534,99	I	239,08	–	19,12	21,51	–	11,36	12,78	–	4,24	4,77	–	–	–	–	–	–	–	–	–	–	–	
	II	146,66	–	11,73	13,19	–	4,54	5,11	–	–	–	–	–	–	–	–	–	–	–	–	–	–	
	III	18,33	–	1,46	1,64	–	–	–	–	–	–	–	–	–	–	–	–	–	–	–	–	–	
	IV	239,08	–	19,12	21,51	–	15,18	17,08	–	11,36	12,78	–	7,68	8,64	–	4,24	4,77	–	1,42	1,59	–	–	
	V	525,66	–	42,05	47,30																		
	VI	564,00	–	45,12	50,76																		
2.537,99	I	239,75	–	19,18	21,57	–	11,42	12,84	–	4,28	4,81	–	–	–	–	–	–	–	–	–	–	–	
	II	147,25	–	11,78	13,25	–	4,58	5,15	–	–	–	–	–	–	–	–	–	–	–	–	–	–	
	III	18,83	–	1,50	1,69	–	–	–	–	–	–	–	–	–	–	–	–	–	–	–	–	–	
	IV	239,75	–	19,18	21,57	–	15,23	17,13	–	11,42	12,84	–	7,73	8,69	–	4,28	4,81	–	1,45	1,63	–	–	
	V	526,50	–	42,12	47,38																		
	VI	564,83	–	45,18	50,83																		
2.540,99	I	240,33	–	19,22	21,62	–	11,46	12,89	–	4,32	4,86	–	–	–	–	–	–	–	–	–	–	–	
	II	147,83	–	11,82	13,30	–	4,63	5,21	–	–	–	–	–	–	–	–	–	–	–	–	–	–	
	III	19,33	–	1,54	1,73	–	–	–	–	–	–	–	–	–	–	–	–	–	–	–	–	–	
	IV	240,33	–	19,22	21,62	–	15,28	17,19	–	11,46	12,89	–	7,78	8,75	–	4,32	4,86	–	1,48	1,67	–	–	
	V	527,33	–	42,18	47,45																		
	VI	565,66	–	45,25	50,90																		
2.543,99	I	241,08	–	19,28	21,69	–	11,52	12,96	–	4,36	4,91	–	–	–	–	–	–	–	–	–	–	–	
	II	148,50	–	11,88	13,36	–	4,67	5,25	–	–	–	–	–	–	–	–	–	–	–	–	–	–	
	III	19,66	–	1,57	1,76	–	–	–	–	–	–	–	–	–	–	–	–	–	–	–	–	–	
	IV	241,08	–	19,28	21,69	–	15,33	17,24	–	11,52	12,96	–	7,82	8,80	–	4,36	4,91	–	1,52	1,71	–	–	
	V	528,16	–	42,25	47,53																		
	VI	566,66	–	45,33	50,99																		
2.546,99	I	241,66	–	19,33	21,74	–	11,56	13,01	–	4,40	4,95	–	–	–	–	–	–	–	–	–	–	–	
	II	149,08	–	11,92	13,41	–	4,71	5,30	–	–	–	–	–	–	–	–	–	–	–	–	–	–	
	III	20,16	–	1,61	1,81	–	–	–	–	–	–	–	–	–	–	–	–	–	–	–	–	–	
	IV	241,66	–	19,33	21,74	–	15,38	17,30	–	11,56	13,01	–	7,87	8,85	–	4,40	4,95	–	1,55	1,74	–	–	
	V	529,16	–	42,33	47,62																		
	VI	567,50	–	45,40	51,07																		
2.549,99	I	242,33	–	19,38	21,80	–	11,61	13,06	–	4,44	5,00	–	–	–	–	–	–	–	–	–	–	–	
	II	149,75	–	11,98	13,47	–	4,76	5,35	–	–	–	–	–	–	–	–	–	–	–	–	–	–	
	III	20,50	–	1,64	1,84	–	–	–	–	–	–	–	–	–	–	–	–	–	–	–	–	–	
	IV	242,33	–	19,38	21,80	–	15,44	17,37	–	11,61	13,06	–	7,92	8,91	–	4,44	5,00	–	1,58	1,77	–	–	
	V	530,00	–	42,40	47,70																		
	VI	568,50	–	45,48	51,16																		
2.552,99	I	243,00	–	19,44	21,87	–	11,66	13,12	–	4,49	5,05	–	–	–	–	–	–	–	–	–	–	–	
	II	150,33	–	12,02	13,52	–	4,80	5,40	–	–	–	–	–	–	–	–	–	–	–	–	–	–	
	III	21,00	–	1,68	1,89	–	–	–	–	–	–	–	–	–	–	–	–	–	–	–	–	–	
	IV	243,00	–	19,44	21,87	–	15,48	17,42	–	11,66	13,12	–	7,96	8,96	–	4,49	5,05	–	1,62	1,82	–	–	
	V	530,83	–	42,46	47,77																		
	VI	569,33	–	45,54	51,23																		
2.555,99	I	243,66	–	19,49	21,92	–	11,71	13,17	–	4,53	5,09	–	–	–	–	–	–	–	–	–	–	–	
	II	151,00	–	12,08	13,59	–	4,84	5,45	–	–	–	–	–	–	–	–	–	–	–	–	–	–	
	III	21,33	–	1,70	1,91	–	–	–	–	–	–	–	–	–	–	–	–	–	–	–	–	–	
	IV	243,66	–	19,49	21,92	–	15,54	17,48	–	11,71	13,17	–	8,02	9,02	–	4,53	5,09	–	1,65	1,85	–	–	
	V	531,83	–	42,54	47,86																		
	VI	570,33	–	45,62	51,32																		
2.558,99	I	244,33	–	19,54	21,98	–	11,76	13,23	–	4,57	5,14	–	–	–	–	–	–	–	–	–	–	–	
	II	151,58	–	12,12	13,64	–	4,88	5,49	–	–	–	–	–	–	–	–	–	–	–	–	–	–	
	III	21,83	–	1,74	1,96	–	–	–	–	–	–	–	–	–	–	–	–	–	–	–	–	–	
	IV	244,33	–	19,54	21,98	–	15,58	17,53	–	11,76	13,23	–	8,06	9,07	–	4,57	5,14	–	1,68	1,89	–	–	
	V	532,50	–	42,60	47,92																		
	VI	571,16	–	45,69	51,40																		
2.561,99	I	245,00	–	19,60	22,05	–	11,81	13,28	–	4,61	5,18	–	–	–	–	–	–	–	–	–	–	–	
	II	152,16	–	12,17	13,69	–	4,92	5,54	–	–	–	–	–	–	–	–	–	–	–	–	–	–	
	III	22,16	–	1,77	1,99	–	–	–	–	–	–	–	–	–	–	–	–	–	–	–	–	–	
	IV	245,00	–	19,60	22,05	–	15,64	17,59	–	11,81	13,28	–	8,11	9,12	–	4,61	5,18	–	1,72	1,93	–	–	
	V	533,50	–	42,68	48,01																		
	VI	572,16	–	45,77	51,49																		
2.564,99	I	245,66	–	19,65	22,10	–	11,86	13,34	–	4,66	5,24	–	–	–	–	–	–	–	–	–	–	–	
	II	152,83	–	12,22	13,75	–	4,97	5,59	–	–	–	–	–	–	–	–	–	–	–	–	–	–	
	III	22,66	–	1,81	2,03	–	–	–	–	–	–	–	–	–	–	–	–	–	–	–	–	–	
	IV	245,66	–	19,65	22,10	–	15,69	17,65	–	11,86	13,34	–	8,16	9,18	–	4,66	5,24	–	1,75	1,97	–	–	
	V	534,33	–	42,74	48,08																		
	VI	573,00	–	45,84	51,57																		

Lohn/ Gehalt bis	Steuerklasse	Lohn- steuer	ohne Kinderfreibetrag			Anzahl Kinderfreibeträge (nur Steuerklassen I–IV) 0,5			1,0			1,5			2,0			2,5			3,0		
			SolZ 5,5%	Kirchensteuer 8%	9%	SolZ 5,5%	Kirchensteuer 8%	9%	SolZ 5,5%	Kirchensteuer 8%	9%	SolZ 5,5%	Kirchensteuer 8%	9%	SolZ 5,5%	Kirchensteuer 8%	9%	SolZ 5,5%	Kirchensteuer 8%	9%	SolZ 5,5%	Kirchensteuer 8%	9%
2.567,99	I	246,33	-	19,70	22,16	-	11,91	13,40	-	4,70	5,28	-	-	-	-	-	-	-	-	-	-	-	-
	II	153,41	-	12,27	13,80	-	5,01	5,63	-	-	-	-	-	-	-	-	-	-	-	-	-	-	-
	III	23,16	-	1,85	2,08	-	-	-	-	-	-	-	-	-	-	-	-	-	-	-	-	-	-
	IV	246,33	-	19,70	22,16	-	15,74	17,70	-	11,91	13,40	-	8,20	9,23	-	4,70	5,28	-	1,78	2,00	-	-	-
	V	535,33	-	42,82	48,17																		
	VI	574,00	-	45,92	51,66																		
2.570,99	I	246,91	-	19,75	22,22	-	11,96	13,45	-	4,74	5,33	-	-	-	-	-	-	-	-	-	-	-	-
	II	154,08	-	12,32	13,86	-	5,06	5,69	-	-	-	-	-	-	-	-	-	-	-	-	-	-	-
	III	23,50	-	1,88	2,11	-	-	-	-	-	-	-	-	-	-	-	-	-	-	-	-	-	-
	IV	246,91	-	19,75	22,22	-	15,79	17,76	-	11,96	13,45	-	8,25	9,28	-	4,74	5,33	-	1,82	2,04	-	-	-
	V	536,16	-	42,89	48,25																		
	VI	574,66	-	45,97	51,71																		
2.573,99	I	247,58	-	19,80	22,28	-	12,01	13,51	-	4,78	5,38	-	-	-	-	-	-	-	-	-	-	-	-
	II	154,66	-	12,37	13,91	-	5,10	5,74	-	-	-	-	-	-	-	-	-	-	-	-	-	-	-
	III	24,00	-	1,92	2,16	-	-	-	-	-	-	-	-	-	-	-	-	-	-	-	-	-	-
	IV	247,58	-	19,80	22,28	-	15,84	17,82	-	12,01	13,51	-	8,30	9,33	-	4,78	5,38	-	1,85	2,08	-	-	-
	V	537,00	-	42,96	48,33																		
	VI	575,83	-	46,06	51,82																		
2.576,99	I	248,25	-	19,86	22,34	-	12,06	13,56	-	4,82	5,42	-	-	-	-	-	-	-	-	-	-	-	-
	II	155,33	-	12,42	13,97	-	5,14	5,78	-	-	-	-	-	-	-	-	-	-	-	-	-	-	-
	III	24,33	-	1,94	2,18	-	-	-	-	-	-	-	-	-	-	-	-	-	-	-	-	-	-
	IV	248,25	-	19,86	22,34	-	15,89	17,87	-	12,06	13,56	-	8,35	9,39	-	4,82	5,42	-	1,88	2,12	-	-	-
	V	538,00	-	43,04	48,42																		
	VI	576,66	-	46,13	51,89																		
2.579,99	I	248,91	-	19,91	22,40	-	12,10	13,61	-	4,87	5,48	-	-	-	-	-	-	-	-	-	-	-	-
	II	155,91	-	12,47	14,03	-	5,19	5,84	-	-	-	-	-	-	-	-	-	-	-	-	-	-	-
	III	24,83	-	1,98	2,23	-	-	-	-	-	-	-	-	-	-	-	-	-	-	-	-	-	-
	IV	248,91	-	19,91	22,40	-	15,94	17,93	-	12,10	13,61	-	8,40	9,45	-	4,87	5,48	-	1,92	2,16	-	-	-
	V	538,66	-	43,09	48,47																		
	VI	577,50	-	46,20	51,97																		
2.582,99	I	249,58	-	19,96	22,46	-	12,16	13,68	-	4,91	5,52	-	-	-	-	-	-	-	-	-	-	-	-
	II	156,58	-	12,52	14,09	-	5,23	5,88	-	-	-	-	-	-	-	-	-	-	-	-	-	-	-
	III	25,33	-	2,02	2,27	-	-	-	-	-	-	-	-	-	-	-	-	-	-	-	-	-	-
	IV	249,58	-	19,96	22,46	-	16,00	18,00	-	12,16	13,68	-	8,44	9,50	-	4,91	5,52	-	1,95	2,19	-	-	-
	V	539,66	-	43,17	48,56																		
	VI	578,50	-	46,28	52,06																		
2.585,99	I	250,25	-	20,02	22,52	-	12,20	13,73	-	4,96	5,58	-	-	-	-	-	-	-	-	-	-	-	-
	II	157,16	-	12,57	14,14	-	5,28	5,94	-	-	-	-	-	-	-	-	-	-	-	-	-	-	-
	III	25,66	-	2,05	2,30	-	-	-	-	-	-	-	-	-	-	-	-	-	-	-	-	-	-
	IV	250,25	-	20,02	22,52	-	16,04	18,05	-	12,20	13,73	-	8,49	9,55	-	4,96	5,58	-	1,99	2,24	-	-	-
	V	540,50	-	43,24	48,64																		
	VI	579,33	-	46,34	52,13																		
2.588,99	I	250,91	-	20,07	22,58	-	12,25	13,78	-	5,00	5,62	-	-	-	-	-	-	-	-	-	-	-	-
	II	157,75	-	12,62	14,19	-	5,32	5,98	-	-	-	-	-	-	-	-	-	-	-	-	-	-	-
	III	26,16	-	2,09	2,35	-	-	-	-	-	-	-	-	-	-	-	-	-	-	-	-	-	-
	IV	250,91	-	20,07	22,58	-	16,10	18,11	-	12,25	13,78	-	8,54	9,60	-	5,00	5,62	-	2,02	2,27	-	-	-
	V	541,50	-	43,32	48,73																		
	VI	580,16	-	46,41	52,21																		
2.591,99	I	251,58	-	20,12	22,64	-	12,30	13,84	-	5,04	5,67	-	-	-	-	-	-	-	-	-	-	-	-
	II	158,41	-	12,67	14,25	-	5,36	6,03	-	-	-	-	-	-	-	-	-	-	-	-	-	-	-
	III	26,66	-	2,13	2,39	-	-	-	-	-	-	-	-	-	-	-	-	-	-	-	-	-	-
	IV	251,58	-	20,12	22,64	-	16,15	18,17	-	12,30	13,84	-	8,58	9,65	-	5,04	5,67	-	2,06	2,31	-	-	-
	V	542,33	-	43,38	48,80																		
	VI	581,16	-	46,49	52,30																		
2.594,99	I	252,25	-	20,18	22,70	-	12,35	13,89	-	5,08	5,72	-	-	-	-	-	-	-	-	-	-	-	-
	II	159,00	-	12,72	14,31	-	5,41	6,08	-	-	-	-	-	-	-	-	-	-	-	-	-	-	-
	III	27,00	-	2,16	2,43	-	-	-	-	-	-	-	-	-	-	-	-	-	-	-	-	-	-
	IV	252,25	-	20,18	22,70	-	16,20	18,23	-	12,35	13,89	-	8,64	9,72	-	5,08	5,72	-	2,09	2,35	-	-	-
	V	543,16	-	43,45	48,88																		
	VI	582,00	-	46,56	52,38																		
2.597,99	I	252,91	-	20,23	22,76	-	12,40	13,95	-	5,13	5,77	-	-	-	-	-	-	-	-	-	-	-	-
	II	159,66	-	12,77	14,36	-	5,45	6,13	-	-	-	-	-	-	-	-	-	-	-	-	-	-	-
	III	27,50	-	2,20	2,47	-	-	-	-	-	-	-	-	-	-	-	-	-	-	-	-	-	-
	IV	252,91	-	20,23	22,76	-	16,25	18,28	-	12,40	13,95	-	8,68	9,77	-	5,13	5,77	-	2,12	2,39	-	-	-
	V	544,16	-	43,53	48,97																		
	VI	583,00	-	46,64	52,47																		
2.600,99	I	253,58	-	20,28	22,82	-	12,45	14,00	-	5,17	5,81	-	-	-	-	-	-	-	-	-	-	-	-
	II	160,25	-	12,82	14,42	-	5,50	6,18	-	-	-	-	-	-	-	-	-	-	-	-	-	-	-
	III	27,83	-	2,22	2,50	-	-	-	-	-	-	-	-	-	-	-	-	-	-	-	-	-	-
	IV	253,58	-	20,28	22,82	-	16,30	18,34	-	12,45	14,00	-	8,73	9,82	-	5,17	5,81	-	2,16	2,43	-	-	-
	V	545,00	-	43,60	49,05																		
	VI	583,83	-	46,70	52,54																		
2.603,99	I	254,25	-	20,34	22,88	-	12,50	14,06	-	5,22	5,87	-	-	-	-	-	-	-	-	-	-	-	-
	II	160,91	-	12,87	14,48	-	5,54	6,23	-	0,03	0,03	-	-	-	-	-	-	-	-	-	-	-	-
	III	28,33	-	2,26	2,54	-	-	-	-	-	-	-	-	-	-	-	-	-	-	-	-	-	-
	IV	254,25	-	20,34	22,88	-	16,36	18,40	-	12,50	14,06	-	8,78	9,87	-	5,22	5,87	-	2,20	2,47	-	-	-
	V	546,00	-	43,68	49,14																		
	VI	584,83	-	46,78	52,63																		
2.606,99	I	254,91	-	20,39	22,94	-	12,55	14,12	-	5,26	5,91	-	-	-	-	-	-	-	-	-	-	-	-
	II	161,50	-	12,92	14,53	-	5,58	6,28	-	0,06	0,06	-	-	-	-	-	-	-	-	-	-	-	-
	III	28,83	-	2,30	2,59	-	-	-	-	-	-	-	-	-	-	-	-	-	-	-	-	-	-
	IV	254,91	-	20,39	22,94	-	16,40	18,45	-	12,55	14,12	-	8,82	9,92	-	5,26	5,91	-	2,23	2,51	-	-	-
	V	546,66	-	43,73	49,19																		
	VI	585,66	-	46,85	52,70																		
2.609,99	I	255,50	-	20,44	22,99	-	12,60	14,17	-	5,30	5,96	-	-	-	-	-	-	-	-	-	-	-	-
	II	162,08	-	12,96	14,58	-	5,63	6,33	-	0,08	0,09	-	-	-	-	-	-	-	-	-	-	-	-
	III	29,16	-	2,33	2,62	-	-	-	-	-	-	-	-	-	-	-	-	-	-	-	-	-	-
	IV	255,50	-	20,44	22,99	-	16,46	18,51	-	12,60	14,17	-	8,87	9,98	-	5,30	5,96	-	2,26	2,54	-	-	-
	V	547,66	-	43,81	49,28																		
	VI	586,66	-	46,93	52,79																		

Anzahl Kinderfreibeträge (nur Steuerklassen I–IV)

Lohn/ Gehalt bis	Steuerklasse	Lohnsteuer	ohne Kinderfreibetrag			0,5			1,0			1,5			2,0			2,5			3,0		
			SolZ 5,5%	Kirchensteuer 8%	Kirchensteuer 9%	SolZ 5,5%	Kirchensteuer 8%	Kirchensteuer 9%	SolZ 5,5%	Kirchensteuer 8%	Kirchensteuer 9%	SolZ 5,5%	Kirchensteuer 8%	Kirchensteuer 9%	SolZ 5,5%	Kirchensteuer 8%	Kirchensteuer 9%	SolZ 5,5%	Kirchensteuer 8%	Kirchensteuer 9%	SolZ 5,5%	Kirchensteu 8%	9%
2.612,99	I	256,16	-	20,49	23,05	-	12,65	14,23	-	5,34	6,01	-	-	-	-	-	-	-	-	-	-	-	
	II	162,75	-	13,02	14,64	-	5,68	6,39	-	0,12	0,13	-	-	-	-	-	-	-	-	-	-	-	
	III	29,66	-	2,37	2,66	-	-	-	-	-	-	-	-	-	-	-	-	-	-	-	-	-	
	IV	256,16	-	20,49	23,05	-	16,50	18,56	-	12,65	14,23	-	8,92	10,04	-	5,34	6,01	-	2,30	2,59	-	-	
	V	548,66	-	43,89	49,37																		
	VI	587,50	-	47,00	52,87																		
2.615,99	I	256,91	-	20,55	23,12	-	12,70	14,28	-	5,39	6,06	-	-	-	-	-	-	-	-	-	-	-	
	II	163,33	-	13,06	14,69	-	5,72	6,44	-	0,14	0,16	-	-	-	-	-	-	-	-	-	-	-	
	III	30,16	-	2,41	2,71	-	-	-	-	-	-	-	-	-	-	-	-	-	-	-	-	-	
	IV	256,91	-	20,55	23,12	-	16,56	18,63	-	12,70	14,28	-	8,97	10,09	-	5,39	6,06	-	2,34	2,63	-	-	
	V	549,50	-	43,96	49,45																		
	VI	588,50	-	47,08	52,96																		
2.618,99	I	257,50	-	20,60	23,17	-	12,75	14,34	-	5,44	6,12	-	-	-	-	-	-	-	-	-	-	-	
	II	164,00	-	13,12	14,76	-	5,76	6,48	-	0,17	0,19	-	-	-	-	-	-	-	-	-	-	-	
	III	30,50	-	2,44	2,74	-	-	-	-	-	-	-	-	-	-	-	-	-	-	-	-	-	
	IV	257,50	-	20,60	23,17	-	16,61	18,68	-	12,75	14,34	-	9,02	10,14	-	5,44	6,12	-	2,38	2,67	-	-	
	V	550,50	-	44,04	49,54																		
	VI	589,33	-	47,14	53,03																		
2.621,99	I	258,16	-	20,65	23,23	-	12,80	14,40	-	5,48	6,16	-	-	-	-	-	-	-	-	-	-	-	
	II	164,58	-	13,16	14,81	-	5,81	6,53	-	0,20	0,22	-	-	-	-	-	-	-	-	-	-	-	
	III	31,00	-	2,48	2,79	-	-	-	-	-	-	-	-	-	-	-	-	-	-	-	-	-	
	IV	258,16	-	20,65	23,23	-	16,66	18,74	-	12,80	14,40	-	9,06	10,19	-	5,48	6,16	-	2,41	2,71	-	-	
	V	551,16	-	44,09	49,60																		
	VI	590,33	-	47,22	53,12																		
2.624,99	I	258,83	-	20,70	23,29	-	12,85	14,45	-	5,52	6,21	-	0,02	0,02	-	-	-	-	-	-	-	-	
	II	165,25	-	13,22	14,87	-	5,86	6,59	-	0,23	0,26	-	-	-	-	-	-	-	-	-	-	-	
	III	31,50	-	2,52	2,83	-	-	-	-	-	-	-	-	-	-	-	-	-	-	-	-	-	
	IV	258,83	-	20,70	23,29	-	16,71	18,80	-	12,85	14,45	-	9,12	10,26	-	5,52	6,21	-	2,44	2,75	-	0,02	0,
	V	552,16	-	44,17	49,69																		
	VI	591,33	-	47,30	53,21																		
2.627,99	I	259,50	-	20,76	23,35	-	12,90	14,51	-	5,57	6,26	-	0,05	0,05	-	-	-	-	-	-	-	-	
	II	165,83	-	13,26	14,92	-	5,90	6,64	-	0,26	0,29	-	-	-	-	-	-	-	-	-	-	-	
	III	31,83	-	2,54	2,86	-	-	-	-	-	-	-	-	-	-	-	-	-	-	-	-	-	
	IV	259,50	-	20,76	23,35	-	16,76	18,86	-	12,90	14,51	-	9,16	10,31	-	5,57	6,26	-	2,48	2,79	-	0,05	0,
	V	553,00	-	44,24	49,77																		
	VI	592,16	-	47,37	53,29																		
2.630,99	I	260,16	-	20,81	23,41	-	12,95	14,57	-	5,61	6,31	-	0,08	0,09	-	-	-	-	-	-	-	-	
	II	166,50	-	13,32	14,98	-	5,94	6,68	-	0,28	0,32	-	-	-	-	-	-	-	-	-	-	-	
	III	32,33	-	2,58	2,90	-	-	-	-	-	-	-	-	-	-	-	-	-	-	-	-	-	
	IV	260,16	-	20,81	23,41	-	16,82	18,92	-	12,95	14,57	-	9,21	10,36	-	5,61	6,31	-	2,52	2,83	-	0,08	0,
	V	554,00	-	44,32	49,86																		
	VI	593,00	-	47,44	53,37																		
2.633,99	I	260,83	-	20,86	23,47	-	13,00	14,62	-	5,66	6,36	-	0,10	0,11	-	-	-	-	-	-	-	-	
	II	167,08	-	13,36	15,03	-	5,99	6,74	-	0,31	0,35	-	-	-	-	-	-	-	-	-	-	-	
	III	32,83	-	2,62	2,95	-	-	-	-	-	-	-	-	-	-	-	-	-	-	-	-	-	
	IV	260,83	-	20,86	23,47	-	16,87	18,98	-	13,00	14,62	-	9,26	10,41	-	5,66	6,36	-	2,56	2,88	-	0,10	0,1
	V	554,83	-	44,38	49,93																		
	VI	594,00	-	47,52	53,46																		
2.636,99	I	261,50	-	20,92	23,53	-	13,05	14,68	-	5,70	6,41	-	0,13	0,14	-	-	-	-	-	-	-	-	
	II	167,75	-	13,42	15,09	-	6,04	6,79	-	0,34	0,38	-	-	-	-	-	-	-	-	-	-	-	
	III	33,33	-	2,66	2,99	-	-	-	-	-	-	-	-	-	-	-	-	-	-	-	-	-	
	IV	261,50	-	20,92	23,53	-	16,92	19,03	-	13,05	14,68	-	9,30	10,46	-	5,70	6,41	-	2,59	2,91	-	0,13	0,1
	V	555,83	-	44,46	50,02																		
	VI	595,00	-	47,60	53,55																		
2.639,99	I	262,16	-	20,97	23,59	-	13,10	14,73	-	5,75	6,47	-	0,16	0,18	-	-	-	-	-	-	-	-	
	II	168,33	-	13,46	15,14	-	6,08	6,84	-	0,37	0,41	-	-	-	-	-	-	-	-	-	-	-	
	III	33,66	-	2,69	3,02	-	-	-	-	-	-	-	-	-	-	-	-	-	-	-	-	-	
	IV	262,16	-	20,97	23,59	-	16,97	19,09	-	13,10	14,73	-	9,35	10,52	-	5,75	6,47	-	2,63	2,96	-	0,16	0,1
	V	556,50	-	44,52	50,08																		
	VI	595,83	-	47,66	53,62																		
2.642,99	I	262,83	-	21,02	23,65	-	13,14	14,78	-	5,79	6,51	-	0,19	0,21	-	-	-	-	-	-	-	-	
	II	169,00	-	13,52	15,21	-	6,13	6,89	-	0,40	0,45	-	-	-	-	-	-	-	-	-	-	-	
	III	34,16	-	2,73	3,07	-	-	-	-	-	-	-	-	-	-	-	-	-	-	-	-	-	
	IV	262,83	-	21,02	23,65	-	17,02	19,15	-	13,14	14,78	-	9,40	10,58	-	5,79	6,51	-	2,66	2,99	-	0,19	0,2
	V	557,50	-	44,60	50,17																		
	VI	596,83	-	47,74	53,71																		
2.645,99	I	263,50	-	21,08	23,71	-	13,20	14,85	-	5,84	6,57	-	0,22	0,24	-	-	-	-	-	-	-	-	
	II	169,58	-	13,56	15,26	-	6,18	6,95	-	0,43	0,48	-	-	-	-	-	-	-	-	-	-	-	
	III	34,66	-	2,77	3,11	-	-	-	-	-	-	-	-	-	-	-	-	-	-	-	-	-	
	IV	263,50	-	21,08	23,71	-	17,08	19,21	-	13,20	14,85	-	9,45	10,63	-	5,84	6,57	-	2,70	3,04	-	0,22	0,2
	V	558,33	-	44,66	50,24																		
	VI	597,66	-	47,81	53,78																		
2.648,99	I	264,16	-	21,13	23,77	-	13,25	14,90	-	5,88	6,62	-	0,24	0,27	-	-	-	-	-	-	-	-	
	II	170,25	-	13,62	15,32	-	6,22	7,00	-	0,46	0,51	-	-	-	-	-	-	-	-	-	-	-	
	III	35,00	-	2,80	3,15	-	-	-	-	-	-	-	-	-	-	-	-	-	-	-	-	-	
	IV	264,16	-	21,13	23,77	-	17,12	19,26	-	13,25	14,90	-	9,50	10,68	-	5,88	6,62	-	2,74	3,08	-	0,24	0,2
	V	559,33	-	44,74	50,33																		
	VI	598,66	-	47,89	53,87																		
2.651,99	I	264,83	-	21,18	23,83	-	13,30	14,96	-	5,93	6,67	-	0,27	0,30	-	-	-	-	-	-	-	-	
	II	170,83	-	13,66	15,37	-	6,27	7,05	-	0,48	0,54	-	-	-	-	-	-	-	-	-	-	-	
	III	35,50	-	2,84	3,19	-	-	-	-	-	-	-	-	-	-	-	-	-	-	-	-	-	
	IV	264,83	-	21,18	23,83	-	17,18	19,32	-	13,30	14,96	-	9,54	10,73	-	5,93	6,67	-	2,78	3,12	-	0,27	0,3
	V	560,16	-	44,81	50,41																		
	VI	599,50	-	47,96	53,95																		
2.654,99	I	265,50	-	21,24	23,89	-	13,35	15,02	-	5,98	6,72	-	0,30	0,34	-	-	-	-	-	-	-	-	
	II	171,50	-	13,72	15,43	-	6,32	7,11	-	0,52	0,58	-	-	-	-	-	-	-	-	-	-	-	
	III	36,00	-	2,88	3,24	-	-	-	-	-	-	-	-	-	-	-	-	-	-	-	-	-	
	IV	265,50	-	21,24	23,89	-	17,23	19,38	-	13,35	15,02	-	9,60	10,80	-	5,98	6,72	-	2,81	3,16	-	0,30	0,34
	V	561,16	-	44,89	50,50																		
	VI	600,33	-	48,02	54,02																		

Lohn/ Gehalt bis	Steuerklasse	Lohn-steuer	ohne Kinderfreibetrag			Anzahl Kinderfreibeträge (nur Steuerklassen I–IV) 0,5			1,0			1,5			2,0			2,5			3,0		
			SolZ 5,5%	Kirchensteuer 8%	9%	SolZ 5,5%	Kirchensteuer 8%	9%	SolZ 5,5%	Kirchensteuer 8%	9%	SolZ 5,5%	Kirchensteuer 8%	9%	SolZ 5,5%	Kirchensteuer 8%	9%	SolZ 5,5%	Kirchensteuer 8%	9%	SolZ 5,5%	Kirchensteuer 8%	9%
2.657,99	I	266,16	–	21,29	23,95	–	13,40	15,07	–	6,02	6,77	–	0,33	0,37	–	–	–	–	–	–	–	–	–
	II	172,08	–	13,76	15,48	–	6,36	7,16	–	0,54	0,61	–	–	–	–	–	–	–	–	–	–	–	–
	III	36,50	–	2,92	3,28	–	–	–	–	–	–	–	–	–	–	–	–	–	–	–	–	–	–
	IV	266,16	–	21,29	23,95	–	17,28	19,44	–	13,40	15,07	–	9,64	10,85	–	6,02	6,77	–	2,85	3,20	–	0,33	0,37
	V	562,00	–	44,96	50,58																		
	VI	601,33	–	48,10	54,11																		
2.660,99	I	266,83	–	21,34	24,01	–	13,44	15,12	–	6,06	6,82	–	0,36	0,40	–	–	–	–	–	–	–	–	–
	II	172,75	–	13,82	15,54	–	6,41	7,21	–	0,58	0,65	–	–	–	–	–	–	–	–	–	–	–	–
	III	36,83	–	2,94	3,31	–	–	–	–	–	–	–	–	–	–	–	–	–	–	–	–	–	–
	IV	266,83	–	21,34	24,01	–	17,33	19,49	–	13,44	15,12	–	9,69	10,90	–	6,06	6,82	–	2,88	3,24	–	0,36	0,40
	V	562,83	–	45,02	50,65																		
	VI	602,16	–	48,17	54,19																		
2.663,99	I	267,50	–	21,40	24,07	–	13,50	15,18	–	6,11	6,87	–	0,39	0,44	–	–	–	–	–	–	–	–	–
	II	173,33	–	13,86	15,59	–	6,46	7,26	–	0,60	0,68	–	–	–	–	–	–	–	–	–	–	–	–
	III	37,33	–	2,98	3,35	–	–	–	–	–	–	–	–	–	–	–	–	–	–	–	–	–	–
	IV	267,50	–	21,40	24,07	–	17,38	19,55	–	13,50	15,18	–	9,74	10,95	–	6,11	6,87	–	2,92	3,29	–	0,39	0,44
	V	563,83	–	45,10	50,74																		
	VI	603,16	–	48,25	54,28																		
2.666,99	I	268,16	–	21,45	24,13	–	13,55	15,24	–	6,16	6,93	–	0,42	0,47	–	–	–	–	–	–	–	–	–
	II	174,00	–	13,92	15,66	–	6,50	7,31	–	0,64	0,72	–	–	–	–	–	–	–	–	–	–	–	–
	III	37,83	–	3,02	3,40	–	–	–	–	–	–	–	–	–	–	–	–	–	–	–	–	–	–
	IV	268,16	–	21,45	24,13	–	17,44	19,62	–	13,55	15,24	–	9,79	11,01	–	6,16	6,93	–	2,96	3,33	–	0,42	0,47
	V	564,66	–	45,17	50,81																		
	VI	604,16	–	48,33	54,37																		
2.669,99	I	268,83	–	21,50	24,19	–	13,60	15,30	–	6,20	6,98	–	0,44	0,50	–	–	–	–	–	–	–	–	–
	II	174,66	–	13,97	15,71	–	6,55	7,37	–	0,66	0,74	–	–	–	–	–	–	–	–	–	–	–	–
	III	38,33	–	3,06	3,44	–	–	–	–	–	–	–	–	–	–	–	–	–	–	–	–	–	–
	IV	268,83	–	21,50	24,19	–	17,48	19,67	–	13,60	15,30	–	9,84	11,07	–	6,20	6,98	–	3,00	3,37	–	0,44	0,50
	V	565,66	–	45,25	50,90																		
	VI	605,16	–	48,41	54,46																		
2.672,99	I	269,50	–	21,56	24,25	–	13,64	15,35	–	6,25	7,03	–	0,48	0,54	–	–	–	–	–	–	–	–	–
	II	175,25	–	14,02	15,77	–	6,60	7,42	–	0,69	0,77	–	–	–	–	–	–	–	–	–	–	–	–
	III	38,66	–	3,09	3,47	–	–	–	–	–	–	–	–	–	–	–	–	–	–	–	–	–	–
	IV	269,50	–	21,56	24,25	–	17,54	19,73	–	13,64	15,35	–	9,88	11,12	–	6,25	7,03	–	3,04	3,42	–	0,48	0,54
	V	566,50	–	45,32	50,98																		
	VI	606,00	–	48,48	54,54																		
2.675,99	I	270,16	–	21,61	24,31	–	13,70	15,41	–	6,30	7,08	–	0,50	0,56	–	–	–	–	–	–	–	–	–
	II	175,91	–	14,07	15,83	–	6,64	7,47	–	0,72	0,81	–	–	–	–	–	–	–	–	–	–	–	–
	III	39,16	–	3,13	3,52	–	–	–	–	–	–	–	–	–	–	–	–	–	–	–	–	–	–
	IV	270,16	–	21,61	24,31	–	17,59	19,79	–	13,70	15,41	–	9,94	11,18	–	6,30	7,08	–	3,08	3,46	–	0,50	0,56
	V	567,33	–	45,38	51,05																		
	VI	606,83	–	48,54	54,61																		
2.678,99	I	270,83	–	21,66	24,37	–	13,75	15,47	–	6,34	7,13	–	0,54	0,60	–	–	–	–	–	–	–	–	–
	II	176,50	–	14,12	15,88	–	6,69	7,52	–	0,76	0,85	–	–	–	–	–	–	–	–	–	–	–	–
	III	39,66	–	3,17	3,56	–	–	–	–	–	–	–	–	–	–	–	–	–	–	–	–	–	–
	IV	270,83	–	21,66	24,37	–	17,64	19,85	–	13,75	15,47	–	9,98	11,23	–	6,34	7,13	–	3,11	3,50	–	0,54	0,60
	V	568,33	–	45,46	51,14																		
	VI	607,83	–	48,62	54,70																		
2.681,99	I	271,50	–	21,72	24,43	–	13,80	15,52	–	6,39	7,19	–	0,56	0,63	–	–	–	–	–	–	–	–	–
	II	177,16	–	14,17	15,94	–	6,74	7,58	–	0,78	0,88	–	–	–	–	–	–	–	–	–	–	–	–
	III	40,16	–	3,21	3,61	–	–	–	–	–	–	–	–	–	–	–	–	–	–	–	–	–	–
	IV	271,50	–	21,72	24,43	–	17,69	19,90	–	13,80	15,52	–	10,03	11,28	–	6,39	7,19	–	3,15	3,54	–	0,56	0,63
	V	569,33	–	45,54	51,23																		
	VI	608,66	–	48,69	54,77																		
2.684,99	I	272,16	–	21,77	24,49	–	13,85	15,58	–	6,44	7,24	–	0,59	0,66	–	–	–	–	–	–	–	–	–
	II	177,75	–	14,22	15,99	–	6,78	7,63	–	0,82	0,92	–	–	–	–	–	–	–	–	–	–	–	–
	III	40,50	–	3,24	3,64	–	–	–	–	–	–	–	–	–	–	–	–	–	–	–	–	–	–
	IV	272,16	–	21,77	24,49	–	17,74	19,96	–	13,85	15,58	–	10,08	11,34	–	6,44	7,24	–	3,19	3,59	–	0,59	0,66
	V	570,16	–	45,61	51,31																		
	VI	609,66	–	48,77	54,86																		
2.687,99	I	272,83	–	21,82	24,55	–	13,90	15,63	–	6,48	7,29	–	0,62	0,70	–	–	–	–	–	–	–	–	–
	II	178,41	–	14,27	16,05	–	6,83	7,68	–	0,84	0,95	–	–	–	–	–	–	–	–	–	–	–	–
	III	40,83	–	3,26	3,67	–	–	–	–	–	–	–	–	–	–	–	–	–	–	–	–	–	–
	IV	272,83	–	21,82	24,55	–	17,80	20,02	–	13,90	15,63	–	10,13	11,39	–	6,48	7,29	–	3,23	3,63	–	0,62	0,70
	V	571,16	–	45,69	51,40																		
	VI	610,66	–	48,85	54,95																		
2.690,99	I	273,50	–	21,88	24,61	–	13,95	15,69	–	6,53	7,34	–	0,65	0,73	–	–	–	–	–	–	–	–	–
	II	179,00	–	14,32	16,11	–	6,88	7,74	–	0,88	0,99	–	–	–	–	–	–	–	–	–	–	–	–
	III	41,33	–	3,30	3,71	–	–	–	–	–	–	–	–	–	–	–	–	–	–	–	–	–	–
	IV	273,50	–	21,88	24,61	–	17,85	20,08	–	13,95	15,69	–	10,18	11,45	–	6,53	7,34	–	3,26	3,67	–	0,65	0,73
	V	571,83	–	45,74	51,46																		
	VI	611,66	–	48,93	55,04																		
2.693,99	I	274,16	–	21,93	24,67	–	14,00	15,75	–	6,58	7,40	–	0,68	0,77	–	–	–	–	–	–	–	–	–
	II	179,66	–	14,37	16,16	–	6,92	7,79	–	0,90	1,01	–	–	–	–	–	–	–	–	–	–	–	–
	III	41,66	–	3,33	3,74	–	–	–	–	–	–	–	–	–	–	–	–	–	–	–	–	–	–
	IV	274,16	–	21,93	24,67	–	17,90	20,14	–	14,00	15,75	–	10,22	11,50	–	6,58	7,40	–	3,30	3,71	–	0,68	0,77
	V	572,83	–	45,82	51,55																		
	VI	612,50	–	49,00	55,12																		
2.696,99	I	274,91	–	21,99	24,74	–	14,05	15,80	–	6,62	7,45	–	0,71	0,80	–	–	–	–	–	–	–	–	–
	II	180,33	–	14,42	16,22	–	6,97	7,84	–	0,94	1,05	–	–	–	–	–	–	–	–	–	–	–	–
	III	42,16	–	3,37	3,79	–	–	–	–	–	–	–	–	–	–	–	–	–	–	–	–	–	–
	IV	274,91	–	21,99	24,74	–	17,96	20,20	–	14,05	15,80	–	10,27	11,55	–	6,62	7,45	–	3,34	3,76	–	0,71	0,80
	V	573,66	–	45,89	51,62																		
	VI	613,33	–	49,06	55,19																		
2.699,99	I	275,58	–	22,04	24,80	–	14,10	15,86	–	6,67	7,50	–	0,74	0,83	–	–	–	–	–	–	–	–	–
	II	180,91	–	14,47	16,28	–	7,02	7,89	–	0,97	1,09	–	–	–	–	–	–	–	–	–	–	–	–
	III	42,66	–	3,41	3,83	–	–	–	–	–	–	–	–	–	–	–	–	–	–	–	–	–	–
	IV	275,58	–	22,04	24,80	–	18,00	20,25	–	14,10	15,86	–	10,32	11,61	–	6,67	7,50	–	3,38	3,80	–	0,74	0,83
	V	574,66	–	45,97	51,71																		
	VI	614,33	–	49,14	55,28																		

Lohn/ Gehalt bis	Steuerklasse	Lohnsteuer	ohne Kinderfreibetrag			Anzahl Kinderfreibeträge (nur Steuerklassen I–IV)																	
						0,5			1,0			1,5			2,0			2,5			3,0		
			SolZ 5,5%	Kirchensteuer 8%	9%	SolZ 5,5%	Kirchensteuer 8%	9%	SolZ 5,5%	Kirchensteuer 8%	9%	SolZ 5,5%	Kirchensteuer 8%	9%	SolZ 5,5%	Kirchensteuer 8%	9%	SolZ 5,5%	Kirchensteuer 8%	9%	SolZ 5,5%	Kirchensteu 8%	9%
2.702,99	I	276,16	-	22,09	24,85	-	14,15	15,92	-	6,72	7,56	-	0,77	0,86	-	-	-	-	-	-	-	-	
	II	181,58	-	14,52	16,34	-	7,06	7,94	-	1,00	1,12	-	-	-	-	-	-	-	-	-	-	-	
	III	43,00	-	3,44	3,87	-	-	-	-	-	-	-	-	-	-	-	-	-	-	-	-	-	
	IV	276,16	-	22,09	24,85	-	18,06	20,31	-	14,15	15,92	-	10,37	11,66	-	6,72	7,56	-	3,42	3,84	-	0,77	(
	V	575,50	-	46,04	51,79																		
	VI	615,16	-	49,21	55,36																		
2.705,99	I	276,91	-	22,15	24,92	-	14,20	15,98	-	6,76	7,61	-	0,80	0,90	-	-	-	-	-	-	-	-	
	II	182,16	-	14,57	16,39	-	7,12	8,01	-	1,03	1,16	-	-	-	-	-	-	-	-	-	-	-	
	III	43,50	-	3,48	3,91	-	-	-	-	-	-	-	-	-	-	-	-	-	-	-	-	-	
	IV	276,91	-	22,15	24,92	-	18,11	20,37	-	14,20	15,98	-	10,42	11,72	-	6,76	7,61	-	3,46	3,89	-	0,80	(
	V	576,33	-	46,10	51,86																		
	VI	616,33	-	49,30	55,46																		
2.708,99	I	277,58	-	22,20	24,98	-	14,25	16,03	-	6,81	7,66	-	0,84	0,94	-	-	-	-	-	-	-	-	
	II	182,83	-	14,62	16,45	-	7,16	8,06	-	1,06	1,19	-	-	-	-	-	-	-	-	-	-	-	
	III	43,83	-	3,50	3,94	-	-	-	-	-	-	-	-	-	-	-	-	-	-	-	-	-	
	IV	277,58	-	22,20	24,98	-	18,16	20,43	-	14,25	16,03	-	10,47	11,78	-	6,81	7,66	-	3,50	3,93	-	0,84	(
	V	577,33	-	46,18	51,95																		
	VI	617,16	-	49,37	55,54																		
2.711,99	I	278,25	-	22,26	25,04	-	14,30	16,08	-	6,86	7,71	-	0,86	0,97	-	-	-	-	-	-	-	-	
	II	183,41	-	14,67	16,50	-	7,21	8,11	-	1,10	1,23	-	-	-	-	-	-	-	-	-	-	-	
	III	44,33	-	3,54	3,98	-	-	-	-	-	-	-	-	-	-	-	-	-	-	-	-	-	
	IV	278,25	-	22,26	25,04	-	18,21	20,48	-	14,30	16,08	-	10,52	11,83	-	6,86	7,71	-	3,54	3,98	-	0,86	0
	V	578,33	-	46,26	52,04																		
	VI	618,16	-	49,45	55,63																		
2.714,99	I	278,91	-	22,31	25,10	-	14,35	16,14	-	6,90	7,76	-	0,90	1,01	-	-	-	-	-	-	-	-	
	II	184,08	-	14,72	16,56	-	7,26	8,16	-	1,12	1,26	-	-	-	-	-	-	-	-	-	-	-	
	III	44,66	-	3,57	4,01	-	-	-	-	-	-	-	-	-	-	-	-	-	-	-	-	-	
	IV	278,91	-	22,31	25,10	-	18,26	20,54	-	14,35	16,14	-	10,56	11,88	-	6,90	7,76	-	3,58	4,02	-	0,90	1
	V	579,16	-	46,33	52,12																		
	VI	619,00	-	49,52	55,71																		
2.717,99	I	279,58	-	22,36	25,16	-	14,40	16,20	-	6,96	7,83	-	0,92	1,04	-	-	-	-	-	-	-	-	
	II	184,75	-	14,78	16,62	-	7,30	8,21	-	1,16	1,30	-	-	-	-	-	-	-	-	-	-	-	
	III	45,16	-	3,61	4,06	-	-	-	-	-	-	-	-	-	-	-	-	-	-	-	-	-	
	IV	279,58	-	22,36	25,16	-	18,32	20,61	-	14,40	16,20	-	10,62	11,94	-	6,96	7,83	-	3,62	4,07	-	0,92	1
	V	580,00	-	46,40	52,20																		
	VI	619,83	-	49,58	55,78																		
2.720,99	I	280,25	-	22,42	25,22	-	14,45	16,25	-	7,00	7,88	-	0,96	1,08	-	-	-	-	-	-	-	-	
	II	185,33	-	14,82	16,67	-	7,35	8,27	-	1,19	1,34	-	-	-	-	-	-	-	-	-	-	-	
	III	45,50	-	3,64	4,09	-	-	-	-	-	-	-	-	-	-	-	-	-	-	-	-	-	
	IV	280,25	-	22,42	25,22	-	18,37	20,66	-	14,45	16,25	-	10,66	11,99	-	7,00	7,88	-	3,66	4,11	-	0,96	1
	V	581,00	-	46,48	52,29																		
	VI	620,83	-	49,66	55,87																		
2.723,99	I	280,91	-	22,47	25,28	-	14,50	16,31	-	7,05	7,93	-	0,99	1,11	-	-	-	-	-	-	-	-	
	II	186,00	-	14,88	16,74	-	7,40	8,32	-	1,22	1,37	-	-	-	-	-	-	-	-	-	-	-	
	III	46,00	-	3,68	4,14	-	-	-	-	-	-	-	-	-	-	-	-	-	-	-	-	-	
	IV	280,91	-	22,47	25,28	-	18,42	20,72	-	14,50	16,31	-	10,71	12,05	-	7,05	7,93	-	3,70	4,16	-	0,99	1,
	V	582,00	-	46,56	52,38																		
	VI	621,66	-	49,73	55,94																		
2.726,99	I	281,58	-	22,52	25,34	-	14,55	16,37	-	7,10	7,98	-	1,02	1,14	-	-	-	-	-	-	-	-	
	II	186,58	-	14,92	16,79	-	7,44	8,37	-	1,25	1,40	-	-	-	-	-	-	-	-	-	-	-	
	III	46,50	-	3,72	4,18	-	-	-	-	-	-	-	-	-	-	-	-	-	-	-	-	-	
	IV	281,58	-	22,52	25,34	-	18,48	20,79	-	14,55	16,37	-	10,76	12,11	-	7,10	7,98	-	3,74	4,20	-	1,02	1,
	V	582,83	-	46,62	52,45																		
	VI	622,66	-	49,81	56,03																		
2.729,99	I	282,25	-	22,58	25,40	-	14,60	16,43	-	7,14	8,03	-	1,05	1,18	-	-	-	-	-	-	-	-	
	II	187,25	-	14,98	16,85	-	7,49	8,42	-	1,28	1,44	-	-	-	-	-	-	-	-	-	-	-	
	III	46,83	-	3,74	4,21	-	-	-	-	-	-	-	-	-	-	-	-	-	-	-	-	-	
	IV	282,25	-	22,58	25,40	-	18,52	20,84	-	14,60	16,43	-	10,81	12,16	-	7,14	8,03	-	3,78	4,25	-	1,05	1,
	V	583,66	-	46,69	52,52																		
	VI	623,66	-	49,89	56,12																		
2.732,99	I	282,91	-	22,63	25,46	-	14,65	16,48	-	7,19	8,09	-	1,08	1,22	-	-	-	-	-	-	-	-	
	II	187,83	-	15,02	16,90	-	7,54	8,48	-	1,32	1,48	-	-	-	-	-	-	-	-	-	-	-	
	III	47,33	-	3,78	4,25	-	-	-	-	-	-	-	-	-	-	-	-	-	-	-	-	-	
	IV	282,91	-	22,63	25,46	-	18,58	20,90	-	14,65	16,48	-	10,86	12,21	-	7,19	8,09	-	3,82	4,29	-	1,08	1,2
	V	584,66	-	46,77	52,61																		
	VI	624,50	-	49,96	56,20																		
2.735,99	I	283,58	-	22,68	25,52	-	14,70	16,54	-	7,24	8,14	-	1,12	1,26	-	-	-	-	-	-	-	-	
	II	188,50	-	15,08	16,96	-	7,58	8,53	-	1,35	1,52	-	-	-	-	-	-	-	-	-	-	-	
	III	47,66	-	3,81	4,28	-	-	-	-	-	-	-	-	-	-	-	-	-	-	-	-	-	
	IV	283,58	-	22,68	25,52	-	18,63	20,96	-	14,70	16,54	-	10,91	12,27	-	7,24	8,14	-	3,86	4,34	-	1,12	1,2
	V	585,50	-	46,84	52,69																		
	VI	625,66	-	50,05	56,30																		
2.738,99	I	284,25	-	22,74	25,58	-	14,76	16,60	-	7,28	8,19	-	1,14	1,28	-	-	-	-	-	-	-	-	
	II	189,16	-	15,13	17,02	-	7,63	8,58	-	1,38	1,55	-	-	-	-	-	-	-	-	-	-	-	
	III	48,16	-	3,85	4,33	-	-	-	-	-	-	-	-	-	-	-	-	-	-	-	-	-	
	IV	284,25	-	22,74	25,58	-	18,68	21,02	-	14,76	16,60	-	10,96	12,33	-	7,28	8,19	-	3,90	4,38	-	1,14	1,2
	V	586,50	-	46,92	52,78																		
	VI	626,50	-	50,12	56,38																		
2.741,99	I	284,91	-	22,79	25,64	-	14,80	16,65	-	7,33	8,24	-	1,18	1,32	-	-	-	-	-	-	-	-	
	II	189,75	-	15,18	17,07	-	7,68	8,64	-	1,42	1,59	-	-	-	-	-	-	-	-	-	-	-	
	III	48,50	-	3,88	4,36	-	-	-	-	-	-	-	-	-	-	-	-	-	-	-	-	-	
	IV	284,91	-	22,79	25,64	-	18,74	21,08	-	14,80	16,65	-	11,00	12,38	-	7,33	8,24	-	3,94	4,43	-	1,18	1,3
	V	587,33	-	46,98	52,85																		
	VI	627,50	-	50,20	56,47																		
2.744,99	I	285,58	-	22,84	25,70	-	14,86	16,71	-	7,38	8,30	-	1,21	1,36	-	-	-	-	-	-	-	-	
	II	190,41	-	15,23	17,13	-	7,73	8,69	-	1,45	1,63	-	-	-	-	-	-	-	-	-	-	-	
	III	49,00	-	3,92	4,41	-	-	-	-	-	-	-	-	-	-	-	-	-	-	-	-	-	
	IV	285,58	-	22,84	25,70	-	18,78	21,13	-	14,86	16,71	-	11,05	12,43	-	7,38	8,30	-	3,98	4,47	-	1,21	1,3
	V	588,33	-	47,06	52,94																		
	VI	628,33	-	50,26	56,54																		

Allgemeine Tabelle

MONAT bis 2.789,99 €

Lohn/ Gehalt bis	Steuerklasse	Lohn- steuer	ohne Kinderfreibetrag			Anzahl Kinderfreibeträge (nur Steuerklassen I–IV) 0,5			1,0			1,5			2,0			2,5			3,0		
			SolZ 5,5%	Kirchensteuer 8%	Kirchensteuer 9%	SolZ 5,5%	Kirchensteuer 8%	Kirchensteuer 9%	SolZ 5,5%	Kirchensteuer 8%	Kirchensteuer 9%	SolZ 5,5%	Kirchensteuer 8%	Kirchensteuer 9%	SolZ 5,5%	Kirchensteuer 8%	Kirchensteuer 9%	SolZ 5,5%	Kirchensteuer 8%	Kirchensteuer 9%	SolZ 5,5%	Kirchensteuer 8%	Kirchensteuer 9%
2.747,99	I	286,33	–	22,90	25,76	–	14,91	16,77	–	7,42	8,35	–	1,24	1,40	–	–	–	–	–	–	–	–	–
	II	191,08	–	15,28	17,19	–	7,78	8,75	–	1,48	1,67	–	–	–	–	–	–	–	–	–	–	–	–
	III	49,33	–	3,94	4,43	–	–	–	–	–	–	–	–	–	–	–	–	–	–	–	–	–	–
	IV	286,33	–	22,90	25,76	–	18,84	21,20	–	14,91	16,77	–	11,10	12,49	–	7,42	8,35	–	4,02	4,52	–	1,24	1,40
	V	589,16	–	47,13	53,02																		
	VI	629,33	–	50,34	56,63																		
2.750,99	I	287,00	–	22,96	25,83	–	14,96	16,83	–	7,47	8,40	–	1,27	1,43	–	–	–	–	–	–	–	–	–
	II	191,66	–	15,33	17,24	–	7,82	8,80	–	1,51	1,70	–	–	–	–	–	–	–	–	–	–	–	–
	III	49,83	–	3,98	4,48	–	–	–	–	–	–	–	–	–	–	–	–	–	–	–	–	–	–
	IV	287,00	–	22,96	25,83	–	18,89	21,25	–	14,96	16,83	–	11,15	12,54	–	7,47	8,40	–	4,06	4,56	–	1,27	1,43
	V	590,16	–	47,21	53,11																		
	VI	630,33	–	50,42	56,72																		
2.753,99	I	287,66	–	23,01	25,88	–	15,01	16,88	–	7,52	8,46	–	1,30	1,46	–	–	–	–	–	–	–	–	–
	II	192,33	–	15,38	17,30	–	7,87	8,85	–	1,54	1,73	–	–	–	–	–	–	–	–	–	–	–	–
	III	50,33	–	4,02	4,52	–	–	–	–	–	–	–	–	–	–	–	–	–	–	–	–	–	–
	IV	287,66	–	23,01	25,88	–	18,94	21,31	–	15,01	16,88	–	11,20	12,60	–	7,52	8,46	–	4,10	4,61	–	1,30	1,46
	V	591,00	–	47,28	53,19																		
	VI	631,16	–	50,49	56,80																		
2.756,99	I	288,33	–	23,06	25,94	–	15,06	16,94	–	7,57	8,51	–	1,34	1,50	–	–	–	–	–	–	–	–	–
	II	193,00	–	15,44	17,37	–	7,92	8,91	–	1,58	1,77	–	–	–	–	–	–	–	–	–	–	–	–
	III	50,66	–	4,05	4,55	–	–	–	–	–	–	–	–	–	–	–	–	–	–	–	–	–	–
	IV	288,33	–	23,06	25,94	–	19,00	21,37	–	15,06	16,94	–	11,25	12,65	–	7,57	8,51	–	4,14	4,65	–	1,34	1,50
	V	592,00	–	47,36	53,28																		
	VI	632,00	–	50,56	56,88																		
2.759,99	I	289,00	–	23,12	26,01	–	15,11	17,00	–	7,62	8,57	–	1,37	1,54	–	–	–	–	–	–	–	–	–
	II	193,58	–	15,48	17,42	–	7,96	8,96	–	1,61	1,81	–	–	–	–	–	–	–	–	–	–	–	–
	III	51,16	–	4,09	4,60	–	–	–	–	–	–	–	–	–	–	–	–	–	–	–	–	–	–
	IV	289,00	–	23,12	26,01	–	19,05	21,43	–	15,11	17,00	–	11,30	12,71	–	7,62	8,57	–	4,18	4,70	–	1,37	1,54
	V	592,83	–	47,42	53,35																		
	VI	633,16	–	50,65	56,98																		
2.762,99	I	289,66	–	23,17	26,06	–	15,16	17,05	–	7,66	8,62	–	1,40	1,58	–	–	–	–	–	–	–	–	–
	II	194,25	–	15,54	17,48	–	8,01	9,01	–	1,64	1,85	–	–	–	–	–	–	–	–	–	–	–	–
	III	51,50	–	4,12	4,63	–	–	–	–	–	–	–	–	–	–	–	–	–	–	–	–	–	–
	IV	289,66	–	23,17	26,06	–	19,10	21,49	–	15,16	17,05	–	11,34	12,76	–	7,66	8,62	–	4,22	4,75	–	1,40	1,58
	V	593,83	–	47,50	53,44																		
	VI	634,00	–	50,72	57,06																		
2.765,99	I	290,41	–	23,23	26,13	–	15,21	17,11	–	7,71	8,67	–	1,44	1,62	–	–	–	–	–	–	–	–	–
	II	194,83	–	15,58	17,53	–	8,06	9,07	–	1,68	1,89	–	–	–	–	–	–	–	–	–	–	–	–
	III	52,00	–	4,16	4,68	–	–	–	–	–	–	–	–	–	–	–	–	–	–	–	–	–	–
	IV	290,41	–	23,23	26,13	–	19,16	21,55	–	15,21	17,11	–	11,40	12,82	–	7,71	8,67	–	4,26	4,79	–	1,44	1,62
	V	594,66	–	47,57	53,51																		
	VI	634,83	–	50,78	57,13																		
2.768,99	I	291,08	–	23,28	26,19	–	15,26	17,17	–	7,76	8,73	–	1,47	1,65	–	–	–	–	–	–	–	–	–
	II	195,50	–	15,64	17,59	–	8,11	9,12	–	1,72	1,93	–	–	–	–	–	–	–	–	–	–	–	–
	III	52,50	–	4,20	4,72	–	–	–	–	–	–	–	–	–	–	–	–	–	–	–	–	–	–
	IV	291,08	–	23,28	26,19	–	19,21	21,61	–	15,26	17,17	–	11,44	12,87	–	7,76	8,73	–	4,30	4,84	–	1,47	1,65
	V	595,50	–	47,64	53,59																		
	VI	635,83	–	50,86	57,22																		
2.771,99	I	291,75	–	23,34	26,25	–	15,31	17,22	–	7,80	8,78	–	1,50	1,69	–	–	–	–	–	–	–	–	–
	II	196,16	–	15,69	17,65	–	8,16	9,18	–	1,75	1,97	–	–	–	–	–	–	–	–	–	–	–	–
	III	52,83	–	4,22	4,75	–	–	–	–	–	–	–	–	–	–	–	–	–	–	–	–	–	–
	IV	291,75	–	23,34	26,25	–	19,26	21,66	–	15,31	17,22	–	11,50	12,93	–	7,80	8,78	–	4,34	4,88	–	1,50	1,69
	V	596,50	–	47,72	53,68																		
	VI	636,83	–	50,94	57,31																		
2.774,99	I	292,41	–	23,39	26,31	–	15,36	17,28	–	7,85	8,83	–	1,54	1,73	–	–	–	–	–	–	–	–	–
	II	196,75	–	15,74	17,70	–	8,20	9,23	–	1,78	2,00	–	–	–	–	–	–	–	–	–	–	–	–
	III	53,33	–	4,26	4,79	–	–	–	–	–	–	–	–	–	–	–	–	–	–	–	–	–	–
	IV	292,41	–	23,39	26,31	–	19,31	21,72	–	15,36	17,28	–	11,54	12,98	–	7,85	8,83	–	4,38	4,93	–	1,54	1,73
	V	597,33	–	47,78	53,75																		
	VI	637,83	–	51,02	57,40																		
2.777,99	I	293,08	–	23,44	26,37	–	15,42	17,34	–	7,90	8,89	–	1,57	1,76	–	–	–	–	–	–	–	–	–
	II	197,41	–	15,79	17,76	–	8,25	9,28	–	1,82	2,04	–	–	–	–	–	–	–	–	–	–	–	–
	III	53,83	–	4,30	4,84	–	–	–	–	–	–	–	–	–	–	–	–	–	–	–	–	–	–
	IV	293,08	–	23,44	26,37	–	19,36	21,78	–	15,42	17,34	–	11,59	13,04	–	7,90	8,89	–	4,43	4,98	–	1,57	1,76
	V	598,50	–	47,88	53,86																		
	VI	638,66	–	51,09	57,47																		
2.780,99	I	293,75	–	23,50	26,43	–	15,46	17,39	–	7,95	8,94	–	1,60	1,80	–	–	–	–	–	–	–	–	–
	II	198,08	–	15,84	17,82	–	8,30	9,33	–	1,85	2,08	–	–	–	–	–	–	–	–	–	–	–	–
	III	54,16	–	4,33	4,87	–	–	–	–	–	–	–	–	–	–	–	–	–	–	–	–	–	–
	IV	293,75	–	23,50	26,43	–	19,42	21,84	–	15,46	17,39	–	11,64	13,10	–	7,95	8,94	–	4,47	5,03	–	1,60	1,80
	V	599,33	–	47,94	53,93																		
	VI	639,66	–	51,17	57,56																		
2.783,99	I	294,41	–	23,55	26,49	–	15,52	17,46	–	8,00	9,00	–	1,63	1,83	–	–	–	–	–	–	–	–	–
	II	198,66	–	15,89	17,87	–	8,34	9,38	–	1,88	2,12	–	–	–	–	–	–	–	–	–	–	–	–
	III	54,66	–	4,37	4,91	–	–	–	–	–	–	–	–	–	–	–	–	–	–	–	–	–	–
	IV	294,41	–	23,55	26,49	–	19,47	21,90	–	15,52	17,46	–	11,69	13,15	–	8,00	9,00	–	4,51	5,07	–	1,63	1,83
	V	600,33	–	48,02	54,02																		
	VI	640,66	–	51,25	57,65																		
2.786,99	I	295,08	–	23,60	26,55	–	15,57	17,51	–	8,04	9,05	–	1,67	1,88	–	–	–	–	–	–	–	–	–
	II	199,33	–	15,94	17,93	–	8,40	9,45	–	1,92	2,16	–	–	–	–	–	–	–	–	–	–	–	–
	III	55,16	–	4,41	4,96	–	–	–	–	–	–	–	–	–	–	–	–	–	–	–	–	–	–
	IV	295,08	–	23,60	26,55	–	19,52	21,96	–	15,57	17,51	–	11,74	13,21	–	8,04	9,05	–	4,56	5,13	–	1,67	1,88
	V	601,16	–	48,09	54,10																		
	VI	641,50	–	51,32	57,73																		
2.789,99	I	295,83	–	23,66	26,62	–	15,62	17,57	–	8,09	9,10	–	1,70	1,91	–	–	–	–	–	–	–	–	–
	II	200,00	–	16,00	18,00	–	8,44	9,50	–	1,95	2,19	–	–	–	–	–	–	–	–	–	–	–	–
	III	55,50	–	4,44	4,99	–	–	–	–	–	–	–	–	–	–	–	–	–	–	–	–	–	–
	IV	295,83	–	23,66	26,62	–	19,58	22,02	–	15,62	17,57	–	11,79	13,26	–	8,09	9,10	–	4,60	5,17	–	1,70	1,91
	V	602,16	–	48,17	54,19																		
	VI	642,50	–	51,40	57,82																		

Lohn/ Gehalt bis	Steuerklasse	Lohn-steuer	ohne Kinderfreibetrag			Anzahl Kinderfreibeträge (nur Steuerklassen I–IV) 0,5			1,0			1,5			2,0			2,5			3,0		
			SolZ 5,5%	Kirchensteuer 8%	9%	SolZ 5,5%	Kirchensteuer 8%	9%	SolZ 5,5%	Kirchensteuer 8%	9%	SolZ 5,5%	Kirchensteuer 8%	9%	SolZ 5,5%	Kirchensteuer 8%	9%	SolZ 5,5%	Kirchensteuer 8%	9%	SolZ 5,5%	Kirchensteu 8%	9%
2.792,99	I	296,50	–	23,72	26,68	–	15,67	17,63	–	8,14	9,15	–	1,74	1,95	–	–	–	–	–	–	–	–	
	II	200,58	–	16,04	18,05	–	8,49	9,55	–	1,98	2,23	–	–	–	–	–	–	–	–	–	–	–	
	III	56,00	–	4,48	5,04	–	–	–	–	–	–	–	–	–	–	–	–	–	–	–	–	–	
	IV	296,50	–	23,72	26,68	–	19,63	22,08	–	15,67	17,63	–	11,84	13,32	–	8,14	9,15	–	4,64	5,22	–	1,74	1
	V	603,00	–	48,24	54,27																		
	VI	643,50	–	51,48	57,91																		
2.795,99	I	297,16	–	23,77	26,74	–	15,72	17,68	–	8,18	9,20	–	1,77	1,99	–	–	–	–	–	–	–	–	
	II	201,25	–	16,10	18,11	–	8,54	9,60	–	2,02	2,27	–	–	–	–	–	–	–	–	–	–	–	
	III	56,33	–	4,50	5,06	–	–	–	–	–	–	–	–	–	–	–	–	–	–	–	–	–	
	IV	297,16	–	23,77	26,74	–	19,68	22,14	–	15,72	17,68	–	11,89	13,37	–	8,18	9,20	–	4,68	5,26	–	1,77	1
	V	604,00	–	48,32	54,36																		
	VI	644,33	–	51,54	57,98																		
2.798,99	I	297,83	–	23,82	26,80	–	15,77	17,74	–	8,23	9,26	–	1,80	2,03	–	–	–	–	–	–	–	–	
	II	201,91	–	16,15	18,17	–	8,58	9,65	–	2,06	2,31	–	–	–	–	–	–	–	–	–	–	–	
	III	56,83	–	4,54	5,11	–	–	–	–	–	–	–	–	–	–	–	–	–	–	–	–	–	
	IV	297,83	–	23,82	26,80	–	19,73	22,19	–	15,77	17,74	–	11,94	13,43	–	8,23	9,26	–	4,72	5,31	–	1,80	2
	V	604,83	–	48,38	54,43																		
	VI	645,50	–	51,64	58,09																		
2.801,99	I	298,50	–	23,88	26,86	–	15,82	17,80	–	8,28	9,32	–	1,84	2,07	–	–	–	–	–	–	–	–	
	II	202,50	–	16,20	18,22	–	8,63	9,71	–	2,09	2,35	–	–	–	–	–	–	–	–	–	–	–	
	III	57,33	–	4,58	5,15	–	–	–	–	–	–	–	–	–	–	–	–	–	–	–	–	–	
	IV	298,50	–	23,88	26,86	–	19,78	22,25	–	15,82	17,80	–	11,98	13,48	–	8,28	9,32	–	4,76	5,36	–	1,84	2,
	V	605,66	–	48,45	54,50																		
	VI	646,33	–	51,70	58,16																		
2.804,99	I	299,16	–	23,93	26,92	–	15,87	17,85	–	8,33	9,37	–	1,87	2,10	–	–	–	–	–	–	–	–	
	II	203,16	–	16,25	18,28	–	8,68	9,76	–	2,12	2,39	–	–	–	–	–	–	–	–	–	–	–	
	III	57,66	–	4,61	5,18	–	–	–	–	–	–	–	–	–	–	–	–	–	–	–	–	–	
	IV	299,16	–	23,93	26,92	–	19,84	22,32	–	15,87	17,85	–	12,04	13,54	–	8,33	9,37	–	4,81	5,41	–	1,87	2,
	V	606,66	–	48,53	54,59																		
	VI	647,16	–	51,77	58,24																		
2.807,99	I	299,91	–	23,99	26,99	–	15,92	17,91	–	8,38	9,42	–	1,90	2,14	–	–	–	–	–	–	–	–	
	II	203,83	–	16,30	18,34	–	8,73	9,82	–	2,16	2,43	–	–	–	–	–	–	–	–	–	–	–	
	III	58,16	–	4,65	5,23	–	–	–	–	–	–	–	–	–	–	–	–	–	–	–	–	–	
	IV	299,91	–	23,99	26,99	–	19,89	22,37	–	15,92	17,91	–	12,08	13,59	–	8,38	9,42	–	4,85	5,45	–	1,90	2,
	V	607,66	–	48,61	54,68																		
	VI	648,33	–	51,86	58,34																		
2.810,99	I	300,58	–	24,04	27,05	–	15,98	17,97	–	8,42	9,47	–	1,94	2,18	–	–	–	–	–	–	–	–	
	II	204,41	–	16,35	18,39	–	8,78	9,87	–	2,20	2,47	–	–	–	–	–	–	–	–	–	–	–	
	III	58,66	–	4,69	5,27	–	–	–	–	–	–	–	–	–	–	–	–	–	–	–	–	–	
	IV	300,58	–	24,04	27,05	–	19,94	22,43	–	15,98	17,97	–	12,14	13,65	–	8,42	9,47	–	4,90	5,51	–	1,94	2,
	V	608,66	–	48,69	54,77																		
	VI	649,16	–	51,93	58,42																		
2.813,99	I	301,25	–	24,10	27,11	–	16,02	18,02	–	8,47	9,53	–	1,97	2,21	–	–	–	–	–	–	–	–	
	II	205,08	–	16,40	18,45	–	8,82	9,92	–	2,23	2,51	–	–	–	–	–	–	–	–	–	–	–	
	III	59,00	–	4,72	5,31	–	–	–	–	–	–	–	–	–	–	–	–	–	–	–	–	–	
	IV	301,25	–	24,10	27,11	–	20,00	22,50	–	16,02	18,02	–	12,18	13,70	–	8,47	9,53	–	4,94	5,55	–	1,97	2,2
	V	609,50	–	48,76	54,85																		
	VI	650,00	–	52,00	58,50																		
2.816,99	I	301,91	–	24,15	27,17	–	16,08	18,09	–	8,52	9,58	–	2,01	2,26	–	–	–	–	–	–	–	–	
	II	205,75	–	16,46	18,51	–	8,87	9,98	–	2,26	2,54	–	–	–	–	–	–	–	–	–	–	–	
	III	59,50	–	4,76	5,35	–	–	–	–	–	–	–	–	–	–	–	–	–	–	–	–	–	
	IV	301,91	–	24,15	27,17	–	20,05	22,55	–	16,08	18,09	–	12,24	13,77	–	8,52	9,58	–	4,98	5,60	–	2,01	2,2
	V	610,33	–	48,82	54,92																		
	VI	651,16	–	52,09	58,60																		
2.819,99	I	302,58	–	24,20	27,23	–	16,13	18,14	–	8,57	9,64	–	2,04	2,30	–	–	–	–	–	–	–	–	
	II	206,33	–	16,50	18,56	–	8,92	10,04	–	2,30	2,59	–	–	–	–	–	–	–	–	–	–	–	
	III	60,00	–	4,80	5,40	–	–	–	–	–	–	–	–	–	–	–	–	–	–	–	–	–	
	IV	302,58	–	24,20	27,23	–	20,10	22,61	–	16,13	18,14	–	12,28	13,82	–	8,57	9,64	–	5,02	5,65	–	2,04	2,3
	V	611,33	–	48,90	55,01																		
	VI	652,00	–	52,16	58,68																		
2.822,99	I	303,25	–	24,26	27,29	–	16,18	18,20	–	8,62	9,69	–	2,08	2,34	–	–	–	–	–	–	–	–	
	II	207,00	–	16,56	18,63	–	8,97	10,09	–	2,34	2,63	–	–	–	–	–	–	–	–	–	–	–	
	III	60,33	–	4,82	5,42	–	–	–	–	–	–	–	–	–	–	–	–	–	–	–	–	–	
	IV	303,25	–	24,26	27,29	–	20,16	22,68	–	16,18	18,20	–	12,33	13,87	–	8,62	9,69	–	5,06	5,69	–	2,08	2,3
	V	612,16	–	48,97	55,09																		
	VI	652,83	–	52,22	58,75																		
2.825,99	I	303,91	–	24,31	27,35	–	16,23	18,26	–	8,66	9,74	–	2,11	2,37	–	–	–	–	–	–	–	–	
	II	207,66	–	16,61	18,68	–	9,02	10,14	–	2,37	2,66	–	–	–	–	–	–	–	–	–	–	–	
	III	60,83	–	4,86	5,47	–	0,02	0,02	–	–	–	–	–	–	–	–	–	–	–	–	–	–	
	IV	303,91	–	24,31	27,35	–	20,21	22,73	–	16,23	18,26	–	12,38	13,93	–	8,66	9,74	–	5,11	5,75	–	2,11	2,3
	V	613,16	–	49,05	55,18																		
	VI	654,00	–	52,32	58,86																		
2.828,99	I	304,66	–	24,37	27,41	–	16,28	18,32	–	8,71	9,80	–	2,15	2,42	–	–	–	–	–	–	–	–	
	II	208,33	–	16,66	18,74	–	9,06	10,19	–	2,41	2,71	–	–	–	–	–	–	–	–	–	–	–	
	III	61,33	–	4,90	5,51	–	0,05	0,05	–	–	–	–	–	–	–	–	–	–	–	–	–	–	
	IV	304,66	–	24,37	27,41	–	20,26	22,79	–	16,28	18,32	–	12,43	13,98	–	8,71	9,80	–	5,16	5,80	–	2,15	2,42
	V	614,16	–	49,13	55,27																		
	VI	654,83	–	52,38	58,93																		
2.831,99	I	305,33	–	24,42	27,47	–	16,33	18,37	–	8,76	9,85	–	2,18	2,45	–	–	–	–	–	–	–	–	
	II	208,91	–	16,71	18,80	–	9,11	10,25	–	2,44	2,75	–	–	–	–	–	–	–	–	–	–	–	
	III	61,83	–	4,94	5,56	–	0,08	0,09	–	–	–	–	–	–	–	–	–	–	–	–	–	–	
	IV	305,33	–	24,42	27,47	–	20,32	22,86	–	16,33	18,37	–	12,48	14,04	–	8,76	9,85	–	5,20	5,85	–	2,18	2,45
	V	615,16	–	49,21	55,36																		
	VI	655,83	–	52,46	59,02																		
2.834,99	I	306,00	–	24,48	27,54	–	16,38	18,43	–	8,80	9,90	–	2,22	2,49	–	–	–	–	–	–	–	–	
	II	209,58	–	16,76	18,86	–	9,16	10,30	–	2,48	2,79	–	–	–	–	–	–	–	–	–	–	–	
	III	62,16	–	4,97	5,59	–	0,10	0,11	–	–	–	–	–	–	–	–	–	–	–	–	–	–	
	IV	306,00	–	24,48	27,54	–	20,36	22,91	–	16,38	18,43	–	12,53	14,09	–	8,80	9,90	–	5,24	5,90	–	2,22	2,49
	V	616,00	–	49,28	55,44																		
	VI	656,83	–	52,54	59,11																		

Allgemeine Tabelle

Lohn/ Gehalt bis	Steuerklasse	Lohn-steuer	ohne Kinderfreibetrag SolZ 5,5%	ohne Kinderfreibetrag Kirchensteuer 8%	ohne Kinderfreibetrag Kirchensteuer 9%	0,5 SolZ 5,5%	0,5 Kirchensteuer 8%	0,5 Kirchensteuer 9%	1,0 SolZ 5,5%	1,0 Kirchensteuer 8%	1,0 Kirchensteuer 9%	1,5 SolZ 5,5%	1,5 Kirchensteuer 8%	1,5 Kirchensteuer 9%	2,0 SolZ 5,5%	2,0 Kirchensteuer 8%	2,0 Kirchensteuer 9%	2,5 SolZ 5,5%	2,5 Kirchensteuer 8%	2,5 Kirchensteuer 9%	3,0 SolZ 5,5%	3,0 Kirchensteuer 8%	3,0 Kirchensteuer 9%
						Anzahl Kinderfreibeträge (nur Steuerklassen I–IV)																	
2.837,99	I	306,66	-	24,53	27,59	-	16,44	18,49	-	8,86	9,96	-	2,25	2,53	-	-	-	-	-	-	-	-	-
	II	210,25	-	16,82	18,92	-	9,21	10,36	-	2,52	2,83	-	-	-	-	-	-	-	-	-	-	-	-
	III	62,66	-	5,01	5,63	-	0,13	0,14	-	-	-	-	-	-	-	-	-	-	-	-	-	-	-
	IV	306,66	-	24,53	27,59	-	20,42	22,97	-	16,44	18,49	-	12,58	14,15	-	8,86	9,96	-	5,28	5,94	-	2,25	2,53
	V	616,83	-	49,34	55,51																		
	VI	657,83	-	52,62	59,20																		
2.840,99	I	307,33	-	24,58	27,65	-	16,49	18,55	-	8,90	10,01	-	2,29	2,57	-	-	-	-	-	-	-	-	-
	II	210,83	-	16,86	18,97	-	9,26	10,41	-	2,56	2,88	-	-	-	-	-	-	-	-	-	-	-	-
	III	63,16	-	5,05	5,68	-	0,16	0,18	-	-	-	-	-	-	-	-	-	-	-	-	-	-	-
	IV	307,33	-	24,58	27,65	-	20,47	23,03	-	16,49	18,55	-	12,63	14,21	-	8,90	10,01	-	5,33	5,99	-	2,29	2,57
	V	617,83	-	49,42	55,60																		
	VI	658,66	-	52,69	59,27																		
2.843,99	I	308,08	-	24,64	27,72	-	16,54	18,60	-	8,95	10,07	-	2,32	2,61	-	-	-	-	-	-	-	-	-
	II	211,50	-	16,92	19,03	-	9,30	10,46	-	2,59	2,91	-	-	-	-	-	-	-	-	-	-	-	-
	III	63,50	-	5,08	5,71	-	0,18	0,20	-	-	-	-	-	-	-	-	-	-	-	-	-	-	-
	IV	308,08	-	24,64	27,72	-	20,52	23,09	-	16,54	18,60	-	12,68	14,26	-	8,95	10,07	-	5,37	6,04	-	2,32	2,61
	V	618,83	-	49,50	55,69																		
	VI	659,66	-	52,77	59,36																		
2.846,99	I	308,75	-	24,70	27,78	-	16,59	18,66	-	9,00	10,12	-	2,36	2,65	-	-	-	-	-	-	-	-	-
	II	212,16	-	16,97	19,09	-	9,35	10,52	-	2,62	2,95	-	-	-	-	-	-	-	-	-	-	-	-
	III	64,00	-	5,12	5,76	-	0,21	0,23	-	-	-	-	-	-	-	-	-	-	-	-	-	-	-
	IV	308,75	-	24,70	27,78	-	20,58	23,15	-	16,59	18,66	-	12,73	14,32	-	9,00	10,12	-	5,42	6,09	-	2,36	2,65
	V	619,83	-	49,58	55,78																		
	VI	660,50	-	52,84	59,44																		
2.849,99	I	309,41	-	24,75	27,84	-	16,64	18,72	-	9,04	10,17	-	2,40	2,70	-	-	-	-	-	-	-	-	-
	II	212,83	-	17,02	19,15	-	9,40	10,58	-	2,66	2,99	-	-	-	-	-	-	-	-	-	-	-	-
	III	64,50	-	5,16	5,80	-	0,25	0,28	-	-	-	-	-	-	-	-	-	-	-	-	-	-	-
	IV	309,41	-	24,75	27,84	-	20,63	23,21	-	16,64	18,72	-	12,78	14,37	-	9,04	10,17	-	5,46	6,14	-	2,40	2,70
	V	620,66	-	49,65	55,85																		
	VI	661,50	-	52,92	59,53																		
2.852,99	I	310,08	-	24,80	27,90	-	16,69	18,77	-	9,10	10,23	-	2,43	2,73	-	-	-	-	-	-	-	-	-
	II	213,41	-	17,07	19,20	-	9,45	10,63	-	2,70	3,03	-	-	-	-	-	-	-	-	-	-	-	-
	III	65,00	-	5,20	5,85	-	0,28	0,31	-	-	-	-	-	-	-	-	-	-	-	-	-	-	-
	IV	310,08	-	24,80	27,90	-	20,68	23,27	-	16,69	18,77	-	12,83	14,43	-	9,10	10,23	-	5,50	6,19	-	2,43	2,73
	V	621,50	-	49,72	55,93																		
	VI	662,50	-	53,00	59,62																		
2.855,99	I	310,75	-	24,86	27,96	-	16,74	18,83	-	9,14	10,28	-	2,47	2,78	-	-	-	-	-	-	-	-	-
	II	214,08	-	17,12	19,26	-	9,50	10,68	-	2,74	3,08	-	-	-	-	-	-	-	-	-	-	-	-
	III	65,33	-	5,22	5,87	-	0,30	0,34	-	-	-	-	-	-	-	-	-	-	-	-	-	-	-
	IV	310,75	-	24,86	27,96	-	20,74	23,33	-	16,74	18,83	-	12,88	14,49	-	9,14	10,28	-	5,55	6,24	-	2,47	2,78
	V	622,50	-	49,80	56,02																		
	VI	663,50	-	53,08	59,71																		
2.858,99	I	311,50	-	24,92	28,03	-	16,80	18,90	-	9,19	10,34	-	2,50	2,81	-	-	-	-	-	-	-	-	-
	II	214,75	-	17,18	19,32	-	9,54	10,73	-	2,78	3,12	-	-	-	-	-	-	-	-	-	-	-	-
	III	65,83	-	5,26	5,92	-	0,33	0,37	-	-	-	-	-	-	-	-	-	-	-	-	-	-	-
	IV	311,50	-	24,92	28,03	-	20,79	23,39	-	16,80	18,90	-	12,93	14,54	-	9,19	10,34	-	5,60	6,30	-	2,50	2,81
	V	623,50	-	49,88	56,11																		
	VI	664,33	-	53,14	59,78																		
2.861,99	I	312,16	-	24,97	28,09	-	16,85	18,95	-	9,24	10,39	-	2,54	2,85	-	-	-	-	-	-	-	-	-
	II	215,41	-	17,23	19,38	-	9,60	10,80	-	2,81	3,16	-	-	-	-	-	-	-	-	-	-	-	-
	III	66,33	-	5,30	5,96	-	0,36	0,40	-	-	-	-	-	-	-	-	-	-	-	-	-	-	-
	IV	312,16	-	24,97	28,09	-	20,84	23,45	-	16,85	18,95	-	12,98	14,60	-	9,24	10,39	-	5,64	6,35	-	2,54	2,85
	V	624,50	-	49,96	56,20																		
	VI	665,50	-	53,24	59,89																		
2.864,99	I	312,83	-	25,02	28,15	-	16,90	19,01	-	9,28	10,44	-	2,58	2,90	-	-	-	-	-	-	-	-	-
	II	216,00	-	17,28	19,44	-	9,64	10,85	-	2,85	3,20	-	-	-	-	-	-	-	-	-	-	-	-
	III	66,83	-	5,34	6,01	-	0,38	0,43	-	-	-	-	-	-	-	-	-	-	-	-	-	-	-
	IV	312,83	-	25,02	28,15	-	20,90	23,51	-	16,90	19,01	-	13,03	14,66	-	9,28	10,44	-	5,68	6,39	-	2,58	2,90
	V	625,33	-	50,02	56,27																		
	VI	666,33	-	53,30	59,96																		
2.867,99	I	313,58	-	25,08	28,22	-	16,95	19,07	-	9,34	10,50	-	2,61	2,93	-	-	-	-	-	-	-	-	-
	II	216,66	-	17,33	19,49	-	9,69	10,90	-	2,88	3,24	-	-	-	-	-	-	-	-	-	-	-	-
	III	67,16	-	5,37	6,04	-	0,41	0,46	-	-	-	-	-	-	-	-	-	-	-	-	-	-	-
	IV	313,58	-	25,08	28,22	-	20,95	23,57	-	16,95	19,07	-	13,08	14,71	-	9,34	10,50	-	5,73	6,44	-	2,61	2,93
	V	626,16	-	50,09	56,35																		
	VI	667,33	-	53,38	60,05																		
2.870,99	I	314,25	-	25,14	28,28	-	17,00	19,13	-	9,38	10,55	-	2,65	2,98	-	-	-	-	-	-	-	-	-
	II	217,33	-	17,38	19,55	-	9,74	10,95	-	2,92	3,29	-	-	-	-	-	-	-	-	-	-	-	-
	III	67,66	-	5,41	6,08	-	0,44	0,49	-	-	-	-	-	-	-	-	-	-	-	-	-	-	-
	IV	314,25	-	25,14	28,28	-	21,00	23,63	-	17,00	19,13	-	13,13	14,77	-	9,38	10,55	-	5,78	6,50	-	2,65	2,98
	V	627,33	-	50,18	56,45																		
	VI	668,16	-	53,45	60,13																		
2.873,99	I	314,91	-	25,19	28,34	-	17,05	19,18	-	9,43	10,61	-	2,68	3,02	-	-	-	-	-	-	-	-	-
	II	218,00	-	17,44	19,62	-	9,78	11,00	-	2,96	3,33	-	-	-	-	-	-	-	-	-	-	-	-
	III	68,16	-	5,45	6,13	-	0,46	0,52	-	-	-	-	-	-	-	-	-	-	-	-	-	-	-
	IV	314,91	-	25,19	28,34	-	21,06	23,69	-	17,05	19,18	-	13,18	14,82	-	9,43	10,61	-	5,82	6,55	-	2,68	3,02
	V	628,16	-	50,25	56,53																		
	VI	669,33	-	53,54	60,23																		
2.876,99	I	315,58	-	25,24	28,40	-	17,10	19,24	-	9,48	10,66	-	2,72	3,06	-	-	-	-	-	-	-	-	-
	II	218,58	-	17,48	19,67	-	9,84	11,07	-	3,00	3,37	-	-	-	-	-	-	-	-	-	-	-	-
	III	68,66	-	5,49	6,17	-	0,50	0,56	-	-	-	-	-	-	-	-	-	-	-	-	-	-	-
	IV	315,58	-	25,24	28,40	-	21,11	23,75	-	17,10	19,24	-	13,22	14,87	-	9,48	10,66	-	5,86	6,59	-	2,72	3,06
	V	629,16	-	50,33	56,62																		
	VI	670,16	-	53,61	60,31																		
2.879,99	I	316,25	-	25,30	28,46	-	17,16	19,30	-	9,53	10,72	-	2,76	3,10	-	-	-	-	-	-	-	-	-
	II	219,25	-	17,54	19,73	-	9,88	11,12	-	3,04	3,42	-	-	-	-	-	-	-	-	-	-	-	-
	III	69,00	-	5,52	6,21	-	0,53	0,59	-	-	-	-	-	-	-	-	-	-	-	-	-	-	-
	IV	316,25	-	25,30	28,46	-	21,16	23,81	-	17,16	19,30	-	13,28	14,94	-	9,53	10,72	-	5,91	6,65	-	2,76	3,10
	V	630,00	-	50,40	56,70																		
	VI	671,16	-	53,69	60,40																		

Lohn/ Gehalt bis	Steuerklasse	Lohnsteuer	ohne Kinderfreibetrag			Anzahl Kinderfreibeträge (nur Steuerklassen I–IV)																	
						0,5			1,0			1,5			2,0			2,5			3,0		
			SolZ 5,5%	Kirchensteuer 8%	9%	SolZ 5,5%	Kirchensteuer 8%	9%	SolZ 5,5%	Kirchensteuer 8%	9%	SolZ 5,5%	Kirchensteuer 8%	9%	SolZ 5,5%	Kirchensteuer 8%	9%	SolZ 5,5%	Kirchensteuer 8%	9%	SolZ 5,5%	Kirchensteuer 8%	9%
2.882,99	I	317,00	-	25,36	28,53	-	17,21	19,36	-	9,58	10,77	-	2,80	3,15	-	-	-	-	-	-	-	-	
	II	219,91	-	17,59	19,79	-	9,93	11,17	-	3,07	3,45	-	-	-	-	-	-	-	-	-	-	-	
	III	69,50	-	5,56	6,25	-	0,56	0,63	-	-	-	-	-	-	-	-	-	-	-	-	-	-	
	IV	317,00	-	25,36	28,53	-	21,22	23,87	-	17,21	19,36	-	13,33	14,99	-	9,58	10,77	-	5,96	6,70	-	2,80	3
	V	631,00	-	50,48	56,79																		
	VI	672,16	-	53,77	60,49																		
2.885,99	I	317,66	-	25,41	28,58	-	17,26	19,41	-	9,62	10,82	-	2,83	3,18	-	-	-	-	-	-	-	-	
	II	220,58	-	17,64	19,85	-	9,98	11,22	-	3,11	3,50	-	-	-	-	-	-	-	-	-	-	-	
	III	70,00	-	5,60	6,30	-	0,58	0,65	-	-	-	-	-	-	-	-	-	-	-	-	-	-	
	IV	317,66	-	25,41	28,58	-	21,27	23,93	-	17,26	19,41	-	13,38	15,05	-	9,62	10,82	-	6,00	6,75	-	2,83	3
	V	632,00	-	50,56	56,88																		
	VI	673,00	-	53,84	60,57																		
2.888,99	I	318,33	-	25,46	28,64	-	17,31	19,47	-	9,67	10,88	-	2,87	3,23	-	-	-	-	-	-	-	-	
	II	221,16	-	17,69	19,90	-	10,03	11,28	-	3,15	3,54	-	-	-	-	-	-	-	-	-	-	-	
	III	70,50	-	5,64	6,34	-	0,61	0,68	-	-	-	-	-	-	-	-	-	-	-	-	-	-	
	IV	318,33	-	25,46	28,64	-	21,32	23,99	-	17,31	19,47	-	13,43	15,11	-	9,67	10,88	-	6,05	6,80	-	2,87	3
	V	632,83	-	50,62	56,95																		
	VI	674,00	-	53,92	60,66																		
2.891,99	I	319,00	-	25,52	28,71	-	17,36	19,53	-	9,72	10,94	-	2,91	3,27	-	-	-	-	-	-	-	-	
	II	221,83	-	17,74	19,96	-	10,08	11,34	-	3,19	3,59	-	-	-	-	-	-	-	-	-	-	-	
	III	70,83	-	5,66	6,37	-	0,64	0,72	-	-	-	-	-	-	-	-	-	-	-	-	-	-	
	IV	319,00	-	25,52	28,71	-	21,38	24,05	-	17,36	19,53	-	13,48	15,16	-	9,72	10,94	-	6,10	6,86	-	2,91	3
	V	633,66	-	50,69	57,02																		
	VI	675,16	-	54,01	60,76																		
2.894,99	I	319,75	-	25,58	28,77	-	17,42	19,59	-	9,77	10,99	-	2,94	3,31	-	-	-	-	-	-	-	-	
	II	222,50	-	17,80	20,02	-	10,12	11,39	-	3,22	3,62	-	-	-	-	-	-	-	-	-	-	-	
	III	71,33	-	5,70	6,41	-	0,66	0,74	-	-	-	-	-	-	-	-	-	-	-	-	-	-	
	IV	319,75	-	25,58	28,77	-	21,43	24,11	-	17,42	19,59	-	13,53	15,22	-	9,77	10,99	-	6,14	6,91	-	2,94	3
	V	634,83	-	50,78	57,13																		
	VI	676,00	-	54,08	60,84																		
2.897,99	I	320,41	-	25,63	28,83	-	17,46	19,64	-	9,82	11,04	-	2,98	3,35	-	-	-	-	-	-	-	-	
	II	223,16	-	17,85	20,08	-	10,18	11,45	-	3,26	3,67	-	-	-	-	-	-	-	-	-	-	-	
	III	71,83	-	5,74	6,46	-	0,69	0,77	-	-	-	-	-	-	-	-	-	-	-	-	-	-	
	IV	320,41	-	25,63	28,83	-	21,48	24,17	-	17,46	19,64	-	13,58	15,27	-	9,82	11,04	-	6,18	6,95	-	2,98	3,
	V	635,66	-	50,85	57,20																		
	VI	676,83	-	54,14	60,91																		
2.900,99	I	321,08	-	25,68	28,89	-	17,52	19,71	-	9,86	11,09	-	3,02	3,40	-	-	-	-	-	-	-	-	
	II	223,83	-	17,90	20,14	-	10,22	11,50	-	3,30	3,71	-	-	-	-	-	-	-	-	-	-	-	
	III	72,33	-	5,78	6,50	-	0,73	0,82	-	-	-	-	-	-	-	-	-	-	-	-	-	-	
	IV	321,08	-	25,68	28,89	-	21,54	24,23	-	17,52	19,71	-	13,63	15,33	-	9,86	11,09	-	6,24	7,02	-	3,02	3,
	V	636,50	-	50,92	57,28																		
	VI	677,83	-	54,22	61,00																		
2.903,99	I	321,75	-	25,74	28,95	-	17,57	19,76	-	9,92	11,16	-	3,06	3,44	-	-	-	-	-	-	-	-	
	II	224,41	-	17,95	20,19	-	10,27	11,55	-	3,34	3,76	-	-	-	-	-	-	-	-	-	-	-	
	III	72,83	-	5,82	6,55	-	0,76	0,85	-	-	-	-	-	-	-	-	-	-	-	-	-	-	
	IV	321,75	-	25,74	28,95	-	21,59	24,29	-	17,57	19,76	-	13,68	15,39	-	9,92	11,16	-	6,28	7,06	-	3,06	3,
	V	637,50	-	51,00	57,37																		
	VI	679,00	-	54,32	61,11																		
2.906,99	I	322,50	-	25,80	29,02	-	17,62	19,82	-	9,96	11,21	-	3,10	3,48	-	-	-	-	-	-	-	-	
	II	225,08	-	18,00	20,25	-	10,32	11,61	-	3,38	3,80	-	-	-	-	-	-	-	-	-	-	-	
	III	73,16	-	5,85	6,58	-	0,78	0,88	-	-	-	-	-	-	-	-	-	-	-	-	-	-	
	IV	322,50	-	25,80	29,02	-	21,64	24,35	-	17,62	19,82	-	13,73	15,44	-	9,96	11,21	-	6,32	7,11	-	3,10	3,4
	V	638,50	-	51,08	57,46																		
	VI	679,83	-	54,38	61,18																		
2.909,99	I	323,16	-	25,85	29,08	-	17,68	19,89	-	10,01	11,26	-	3,14	3,53	-	-	-	-	-	-	-	-	
	II	225,75	-	18,06	20,31	-	10,37	11,66	-	3,42	3,84	-	-	-	-	-	-	-	-	-	-	-	
	III	73,66	-	5,89	6,62	-	0,81	0,91	-	-	-	-	-	-	-	-	-	-	-	-	-	-	
	IV	323,16	-	25,85	29,08	-	21,70	24,41	-	17,68	19,89	-	13,78	15,50	-	10,01	11,26	-	6,37	7,16	-	3,14	3,5
	V	639,50	-	51,16	57,55																		
	VI	680,83	-	54,46	61,27																		
2.912,99	I	323,83	-	25,90	29,14	-	17,72	19,94	-	10,06	11,31	-	3,17	3,56	-	-	-	-	-	-	-	-	
	II	226,41	-	18,11	20,37	-	10,42	11,72	-	3,46	3,89	-	-	-	-	-	-	-	-	-	-	-	
	III	74,16	-	5,93	6,67	-	0,84	0,94	-	-	-	-	-	-	-	-	-	-	-	-	-	-	
	IV	323,83	-	25,90	29,14	-	21,75	24,47	-	17,72	19,94	-	13,83	15,56	-	10,06	11,31	-	6,42	7,22	-	3,17	3,5
	V	640,33	-	51,22	57,62																		
	VI	681,83	-	54,54	61,36																		
2.915,99	I	324,58	-	25,96	29,21	-	17,78	20,00	-	10,11	11,37	-	3,21	3,61	-	-	-	-	-	-	-	-	
	II	227,00	-	18,16	20,43	-	10,46	11,77	-	3,50	3,93	-	-	-	-	-	-	-	-	-	-	-	
	III	74,66	-	5,97	6,71	-	0,88	0,99	-	-	-	-	-	-	-	-	-	-	-	-	-	-	
	IV	324,58	-	25,96	29,21	-	21,80	24,53	-	17,78	20,00	-	13,88	15,61	-	10,11	11,37	-	6,46	7,27	-	3,21	3,6
	V	641,33	-	51,30	57,71																		
	VI	682,83	-	54,62	61,45																		
2.918,99	I	325,25	-	26,02	29,27	-	17,83	20,06	-	10,16	11,43	-	3,25	3,65	-	-	-	-	-	-	-	-	
	II	227,66	-	18,21	20,48	-	10,52	11,83	-	3,54	3,98	-	-	-	-	-	-	-	-	-	-	-	
	III	75,16	-	6,01	6,76	-	0,90	1,01	-	-	-	-	-	-	-	-	-	-	-	-	-	-	
	IV	325,25	-	26,02	29,27	-	21,86	24,59	-	17,83	20,06	-	13,93	15,67	-	10,16	11,43	-	6,52	7,33	-	3,25	3,6
	V	642,33	-	51,38	57,80																		
	VI	683,66	-	54,69	61,52																		
2.921,99	I	325,91	-	26,07	29,33	-	17,88	20,12	-	10,20	11,48	-	3,29	3,70	-	-	-	-	-	-	-	-	
	II	228,33	-	18,26	20,54	-	10,56	11,88	-	3,58	4,02	-	-	-	-	-	-	-	-	-	-	-	
	III	75,66	-	6,05	6,80	-	0,93	1,04	-	-	-	-	-	-	-	-	-	-	-	-	-	-	
	IV	325,91	-	26,07	29,33	-	21,91	24,65	-	17,88	20,12	-	13,98	15,72	-	10,20	11,48	-	6,56	7,38	-	3,29	3,7
	V	643,16	-	51,45	57,88																		
	VI	684,66	-	54,77	61,61																		
2.924,99	I	326,58	-	26,12	29,39	-	17,93	20,17	-	10,25	11,53	-	3,32	3,74	-	-	-	-	-	-	-	-	
	II	229,00	-	18,32	20,61	-	10,61	11,93	-	3,62	4,07	-	-	-	-	-	-	-	-	-	-	-	
	III	76,00	-	6,08	6,84	-	0,96	1,08	-	-	-	-	-	-	-	-	-	-	-	-	-	-	
	IV	326,58	-	26,12	29,39	-	21,96	24,71	-	17,93	20,17	-	14,03	15,78	-	10,25	11,53	-	6,60	7,43	-	3,32	3,7
	V	644,16	-	51,53	57,97																		
	VI	685,66	-	54,85	61,70																		

Lohn/ Gehalt bis	Steuerklasse	Lohn-steuer	ohne Kinderfreibetrag SolZ 5,5%	Kirchensteuer 8%	Kirchensteuer 9%	0,5 SolZ 5,5%	Kirchensteuer 8%	Kirchensteuer 9%	1,0 SolZ 5,5%	Kirchensteuer 8%	Kirchensteuer 9%	1,5 SolZ 5,5%	Kirchensteuer 8%	Kirchensteuer 9%	2,0 SolZ 5,5%	Kirchensteuer 8%	Kirchensteuer 9%	2,5 SolZ 5,5%	Kirchensteuer 8%	Kirchensteuer 9%	3,0 SolZ 5,5%	Kirchensteuer 8%	Kirchensteuer 9%
						Anzahl Kinderfreibeträge (nur Steuerklassen I–IV)																	
2.927,99	I	327,33	-	26,18	29,45	-	17,98	20,23	-	10,30	11,59	-	3,36	3,78	-	-	-	-	-	-	-	-	-
	II	229,66	-	18,37	20,66	-	10,66	11,99	-	3,66	4,11	-	-	-	-	-	-	-	-	-	-	-	-
	III	76,50	-	6,12	6,88	-	0,98	1,10	-	-	-	-	-	-	-	-	-	-	-	-	-	-	-
	IV	327,33	-	26,18	29,45	-	22,02	24,77	-	17,98	20,23	-	14,08	15,84	-	10,30	11,59	-	6,65	7,48	-	3,36	3,78
	V	645,16	-	51,61	58,06																		
	VI	686,66	-	54,93	61,79																		
2.930,99	I	328,00	-	26,24	29,52	-	18,04	20,29	-	10,35	11,64	-	3,40	3,83	-	-	-	-	-	-	-	-	-
	II	230,33	-	18,42	20,72	-	10,71	12,05	-	3,70	4,16	-	-	-	-	-	-	-	-	-	-	-	-
	III	77,00	-	6,16	6,93	-	1,02	1,15	-	-	-	-	-	-	-	-	-	-	-	-	-	-	-
	IV	328,00	-	26,24	29,52	-	22,07	24,83	-	18,04	20,29	-	14,13	15,89	-	10,35	11,64	-	6,70	7,54	-	3,40	3,83
	V	646,00	-	51,68	58,14																		
	VI	687,66	-	55,01	61,88																		
2.933,99	I	328,66	-	26,29	29,57	-	18,09	20,35	-	10,40	11,70	-	3,44	3,87	-	-	-	-	-	-	-	-	-
	II	230,91	-	18,47	20,78	-	10,76	12,10	-	3,74	4,20	-	-	-	-	-	-	-	-	-	-	-	-
	III	77,50	-	6,20	6,97	-	1,05	1,18	-	-	-	-	-	-	-	-	-	-	-	-	-	-	-
	IV	328,66	-	26,29	29,57	-	22,12	24,89	-	18,09	20,35	-	14,18	15,95	-	10,40	11,70	-	6,75	7,59	-	3,44	3,87
	V	647,00	-	51,76	58,23																		
	VI	688,66	-	55,09	61,97																		
2.936,99	I	329,41	-	26,35	29,64	-	18,14	20,41	-	10,45	11,75	-	3,48	3,92	-	-	-	-	-	-	-	-	-
	II	231,58	-	18,52	20,84	-	10,81	12,16	-	3,77	4,24	-	-	-	-	-	-	-	-	-	-	-	-
	III	78,00	-	6,24	7,02	-	1,08	1,21	-	-	-	-	-	-	-	-	-	-	-	-	-	-	-
	IV	329,41	-	26,35	29,64	-	22,18	24,95	-	18,14	20,41	-	14,23	16,01	-	10,45	11,75	-	6,80	7,65	-	3,48	3,92
	V	648,00	-	51,84	58,32																		
	VI	689,50	-	55,16	62,05																		
2.939,99	I	330,08	-	26,40	29,70	-	18,20	20,47	-	10,50	11,81	-	3,52	3,96	-	-	-	-	-	-	-	-	-
	II	232,25	-	18,58	20,90	-	10,86	12,21	-	3,82	4,29	-	-	-	-	-	-	-	-	-	-	-	-
	III	78,50	-	6,28	7,06	-	1,10	1,24	-	-	-	-	-	-	-	-	-	-	-	-	-	-	-
	IV	330,08	-	26,40	29,70	-	22,24	25,02	-	18,20	20,47	-	14,28	16,07	-	10,50	11,81	-	6,84	7,70	-	3,52	3,96
	V	649,00	-	51,92	58,41																		
	VI	690,50	-	55,24	62,14																		
2.942,99	I	330,75	-	26,46	29,76	-	18,24	20,52	-	10,54	11,86	-	3,56	4,01	-	-	-	-	-	-	-	-	-
	II	232,91	-	18,63	20,96	-	10,90	12,26	-	3,86	4,34	-	-	-	-	-	-	-	-	-	-	-	-
	III	79,00	-	6,32	7,11	-	1,13	1,27	-	-	-	-	-	-	-	-	-	-	-	-	-	-	-
	IV	330,75	-	26,46	29,76	-	22,29	25,07	-	18,24	20,52	-	14,33	16,12	-	10,54	11,86	-	6,89	7,75	-	3,56	4,01
	V	650,00	-	52,00	58,50																		
	VI	691,50	-	55,32	62,23																		
2.945,99	I	331,50	-	26,52	29,83	-	18,30	20,58	-	10,60	11,92	-	3,60	4,05	-	-	-	-	-	-	-	-	-
	II	233,58	-	18,68	21,02	-	10,96	12,33	-	3,90	4,38	-	-	-	-	-	-	-	-	-	-	-	-
	III	79,33	-	6,34	7,13	-	1,17	1,31	-	-	-	-	-	-	-	-	-	-	-	-	-	-	-
	IV	331,50	-	26,52	29,83	-	22,34	25,13	-	18,30	20,58	-	14,38	16,18	-	10,60	11,92	-	6,94	7,80	-	3,60	4,05
	V	650,83	-	52,06	58,57																		
	VI	692,50	-	55,40	62,32																		
2.948,99	I	332,16	-	26,57	29,89	-	18,35	20,64	-	10,64	11,97	-	3,64	4,09	-	-	-	-	-	-	-	-	-
	II	234,16	-	18,73	21,07	-	11,00	12,38	-	3,94	4,43	-	-	-	-	-	-	-	-	-	-	-	-
	III	79,83	-	6,38	7,18	-	1,20	1,35	-	-	-	-	-	-	-	-	-	-	-	-	-	-	-
	IV	332,16	-	26,57	29,89	-	22,40	25,20	-	18,35	20,64	-	14,43	16,23	-	10,64	11,97	-	6,98	7,85	-	3,64	4,09
	V	651,66	-	52,13	58,64																		
	VI	693,50	-	55,48	62,41																		
2.951,99	I	332,83	-	26,62	29,95	-	18,40	20,70	-	10,69	12,02	-	3,68	4,14	-	-	-	-	-	-	-	-	-
	II	234,83	-	18,78	21,13	-	11,05	12,43	-	3,98	4,47	-	-	-	-	-	-	-	-	-	-	-	-
	III	80,33	-	6,42	7,22	-	1,22	1,37	-	-	-	-	-	-	-	-	-	-	-	-	-	-	-
	IV	332,83	-	26,62	29,95	-	22,45	25,25	-	18,40	20,70	-	14,48	16,29	-	10,69	12,02	-	7,03	7,91	-	3,68	4,14
	V	652,83	-	52,22	58,75																		
	VI	694,50	-	55,56	62,50																		
2.954,99	I	333,58	-	26,68	30,02	-	18,45	20,75	-	10,74	12,08	-	3,72	4,18	-	-	-	-	-	-	-	-	-
	II	235,50	-	18,84	21,19	-	11,10	12,49	-	4,02	4,52	-	-	-	-	-	-	-	-	-	-	-	-
	III	80,83	-	6,46	7,27	-	1,25	1,40	-	-	-	-	-	-	-	-	-	-	-	-	-	-	-
	IV	333,58	-	26,68	30,02	-	22,50	25,31	-	18,45	20,75	-	14,53	16,34	-	10,74	12,08	-	7,08	7,96	-	3,72	4,18
	V	653,66	-	52,29	58,82																		
	VI	695,33	-	55,62	62,57																		
2.957,99	I	334,25	-	26,74	30,08	-	18,50	20,81	-	10,79	12,14	-	3,76	4,23	-	-	-	-	-	-	-	-	-
	II	236,16	-	18,89	21,25	-	11,15	12,54	-	4,06	4,56	-	-	-	-	-	-	-	-	-	-	-	-
	III	81,33	-	6,50	7,31	-	1,28	1,44	-	-	-	-	-	-	-	-	-	-	-	-	-	-	-
	IV	334,25	-	26,74	30,08	-	22,56	25,38	-	18,50	20,81	-	14,58	16,40	-	10,79	12,14	-	7,12	8,01	-	3,76	4,23
	V	654,66	-	52,37	58,91																		
	VI	696,50	-	55,72	62,68																		
2.960,99	I	334,91	-	26,79	30,14	-	18,56	20,88	-	10,84	12,19	-	3,80	4,27	-	-	-	-	-	-	-	-	-
	II	236,83	-	18,94	21,31	-	11,20	12,60	-	4,10	4,61	-	-	-	-	-	-	-	-	-	-	-	-
	III	81,83	-	6,54	7,36	-	1,32	1,48	-	-	-	-	-	-	-	-	-	-	-	-	-	-	-
	IV	334,91	-	26,79	30,14	-	22,61	25,43	-	18,56	20,88	-	14,64	16,47	-	10,84	12,19	-	7,17	8,06	-	3,80	4,27
	V	655,50	-	52,44	58,99																		
	VI	697,33	-	55,78	62,75																		
2.963,99	I	335,66	-	26,85	30,20	-	18,61	20,93	-	10,89	12,25	-	3,84	4,32	-	-	-	-	-	-	-	-	-
	II	237,50	-	19,00	21,37	-	11,25	12,65	-	4,14	4,65	-	-	-	-	-	-	-	-	-	-	-	-
	III	82,33	-	6,58	7,40	-	1,34	1,51	-	-	-	-	-	-	-	-	-	-	-	-	-	-	-
	IV	335,66	-	26,85	30,20	-	22,66	25,49	-	18,61	20,93	-	14,68	16,52	-	10,89	12,25	-	7,22	8,12	-	3,84	4,32
	V	656,50	-	52,52	59,08																		
	VI	698,33	-	55,86	62,84																		
2.966,99	I	336,33	-	26,90	30,26	-	18,66	20,99	-	10,94	12,30	-	3,88	4,36	-	-	-	-	-	-	-	-	-
	II	238,16	-	19,05	21,43	-	11,30	12,71	-	4,18	4,70	-	-	-	-	-	-	-	-	-	-	-	-
	III	82,83	-	6,62	7,45	-	1,37	1,54	-	-	-	-	-	-	-	-	-	-	-	-	-	-	-
	IV	336,33	-	26,90	30,26	-	22,72	25,56	-	18,66	20,99	-	14,74	16,58	-	10,94	12,30	-	7,26	8,17	-	3,88	4,36
	V	657,50	-	52,60	59,17																		
	VI	699,16	-	55,93	62,92																		
2.969,99	I	337,00	-	26,96	30,33	-	18,72	21,06	-	10,98	12,35	-	3,92	4,41	-	-	-	-	-	-	-	-	-
	II	238,83	-	19,10	21,49	-	11,34	12,76	-	4,22	4,75	-	-	-	-	-	-	-	-	-	-	-	-
	III	83,16	-	6,65	7,48	-	1,41	1,58	-	-	-	-	-	-	-	-	-	-	-	-	-	-	-
	IV	337,00	-	26,96	30,33	-	22,77	25,61	-	18,72	21,06	-	14,78	16,63	-	10,98	12,35	-	7,31	8,22	-	3,92	4,41
	V	658,33	-	52,66	59,24																		
	VI	700,33	-	56,02	63,02																		

Lohn/ Gehalt bis	Steuerklasse	Lohn- steuer	ohne Kinderfreibetrag			Anzahl Kinderfreibeträge (nur Steuerklassen I–IV)																	
						0,5			1,0			1,5			2,0			2,5			3,0		
			SolZ 5,5%	Kirchensteuer 8%	Kirchensteuer 9%	SolZ 5,5%	Kirchensteuer 8%	Kirchensteuer 9%	SolZ 5,5%	Kirchensteuer 8%	Kirchensteuer 9%	SolZ 5,5%	Kirchensteuer 8%	Kirchensteuer 9%	SolZ 5,5%	Kirchensteuer 8%	Kirchensteuer 9%	SolZ 5,5%	Kirchensteuer 8%	Kirchensteuer 9%	SolZ 5,5%	Kirchensteu 8%	9%
2.972,99	I	337,75	–	27,02	30,39	–	18,77	21,11	–	11,04	12,42	–	3,96	4,45	–	–	–	–	–	–	–	–	
	II	239,41	–	19,15	21,54	–	11,40	12,82	–	4,26	4,79	–	–	–	–	–	–	–	–	–	–	–	
	III	83,66	–	6,69	7,52	–	1,44	1,62	–	–	–	–	–	–	–	–	–	–	–	–	–	–	
	IV	337,75	–	27,02	30,39	–	22,82	25,67	–	18,77	21,11	–	14,84	16,69	–	11,04	12,42	–	7,36	8,28	–	3,96	4
	V	659,50	–	52,76	59,35																		
	VI	701,33	–	56,10	63,11																		
2.975,99	I	338,41	–	27,07	30,45	–	18,82	21,17	–	11,08	12,47	–	4,00	4,50	–	–	–	–	–	–	–	–	
	II	240,08	–	19,20	21,60	–	11,44	12,87	–	4,30	4,84	–	–	–	–	–	–	–	–	–	–	–	
	III	84,16	–	6,73	7,57	–	1,46	1,64	–	–	–	–	–	–	–	–	–	–	–	–	–	–	
	IV	338,41	–	27,07	30,45	–	22,88	25,74	–	18,82	21,17	–	14,88	16,74	–	11,08	12,47	–	7,41	8,33	–	4,00	4
	V	660,33	–	52,82	59,42																		
	VI	702,16	–	56,17	63,19																		
2.978,99	I	339,08	–	27,12	30,51	–	18,87	21,23	–	11,13	12,52	–	4,04	4,55	–	–	–	–	–	–	–	–	
	II	240,75	–	19,26	21,66	–	11,49	12,92	–	4,34	4,88	–	–	–	–	–	–	–	–	–	–	–	
	III	84,66	–	6,77	7,61	–	1,49	1,67	–	–	–	–	–	–	–	–	–	–	–	–	–	–	
	IV	339,08	–	27,12	30,51	–	22,93	25,79	–	18,87	21,23	–	14,94	16,80	–	11,13	12,52	–	7,46	8,39	–	4,04	4
	V	661,33	–	52,90	59,51																		
	VI	703,16	–	56,25	63,28																		
2.981,99	I	339,83	–	27,18	30,58	–	18,92	21,29	–	11,18	12,58	–	4,08	4,59	–	–	–	–	–	–	–	–	
	II	241,41	–	19,31	21,72	–	11,54	12,98	–	4,38	4,93	–	–	–	–	–	–	–	–	–	–	–	
	III	85,16	–	6,81	7,66	–	1,53	1,72	–	–	–	–	–	–	–	–	–	–	–	–	–	–	
	IV	339,83	–	27,18	30,58	–	22,99	25,86	–	18,92	21,29	–	14,99	16,86	–	11,18	12,58	–	7,50	8,44	–	4,08	4,
	V	662,33	–	52,98	59,60																		
	VI	704,33	–	56,34	63,38																		
2.984,99	I	340,50	–	27,24	30,64	–	18,98	21,35	–	11,23	12,63	–	4,12	4,64	–	–	–	–	–	–	–	–	
	II	242,08	–	19,36	21,78	–	11,59	13,04	–	4,43	4,98	–	–	–	–	–	–	–	–	–	–	–	
	III	85,66	–	6,85	7,70	–	1,56	1,75	–	–	–	–	–	–	–	–	–	–	–	–	–	–	
	IV	340,50	–	27,24	30,64	–	23,04	25,92	–	18,98	21,35	–	15,04	16,92	–	11,23	12,63	–	7,55	8,49	–	4,12	4,
	V	663,16	–	53,05	59,68																		
	VI	705,16	–	56,41	63,46																		
2.987,99	I	341,16	–	27,29	30,70	–	19,03	21,41	–	11,28	12,69	–	4,16	4,68	–	–	–	–	–	–	–	–	
	II	242,75	–	19,42	21,84	–	11,64	13,09	–	4,47	5,03	–	–	–	–	–	–	–	–	–	–	–	
	III	86,16	–	6,89	7,75	–	1,58	1,78	–	–	–	–	–	–	–	–	–	–	–	–	–	–	
	IV	341,16	–	27,29	30,70	–	23,10	25,98	–	19,03	21,41	–	15,09	16,97	–	11,28	12,69	–	7,60	8,55	–	4,16	4,
	V	664,33	–	53,14	59,78																		
	VI	706,16	–	56,49	63,55																		
2.990,99	I	341,91	–	27,35	30,77	–	19,08	21,47	–	11,33	12,74	–	4,20	4,73	–	–	–	–	–	–	–	–	
	II	243,41	–	19,47	21,90	–	11,69	13,15	–	4,51	5,07	–	–	–	–	–	–	–	–	–	–	–	
	III	86,66	–	6,93	7,79	–	1,62	1,82	–	–	–	–	–	–	–	–	–	–	–	–	–	–	
	IV	341,91	–	27,35	30,77	–	23,15	26,04	–	19,08	21,47	–	15,14	17,03	–	11,33	12,74	–	7,64	8,60	–	4,20	4,
	V	665,16	–	53,21	59,86																		
	VI	707,16	–	56,57	63,64																		
2.993,99	I	342,58	–	27,40	30,83	–	19,14	21,53	–	11,38	12,80	–	4,24	4,77	–	–	–	–	–	–	–	–	
	II	244,08	–	19,52	21,96	–	11,74	13,20	–	4,55	5,12	–	–	–	–	–	–	–	–	–	–	–	
	III	87,16	–	6,97	7,84	–	1,65	1,85	–	–	–	–	–	–	–	–	–	–	–	–	–	–	
	IV	342,58	–	27,40	30,83	–	23,20	26,10	–	19,14	21,53	–	15,19	17,09	–	11,38	12,80	–	7,69	8,65	–	4,24	4,
	V	666,16	–	53,29	59,95																		
	VI	708,33	–	56,66	63,74																		
2.996,99	I	343,25	–	27,46	30,89	–	19,18	21,58	–	11,42	12,85	–	4,28	4,82	–	–	–	–	–	–	–	–	
	II	244,66	–	19,57	22,01	–	11,79	13,26	–	4,60	5,17	–	–	–	–	–	–	–	–	–	–	–	
	III	87,66	–	7,01	7,88	–	1,68	1,89	–	–	–	–	–	–	–	–	–	–	–	–	–	–	
	IV	343,25	–	27,46	30,89	–	23,26	26,16	–	19,18	21,58	–	15,24	17,15	–	11,42	12,85	–	7,74	8,70	–	4,28	4,8
	V	667,00	–	53,36	60,03																		
	VI	709,16	–	56,73	63,82																		
2.999,99	I	344,00	–	27,52	30,96	–	19,24	21,64	–	11,48	12,91	–	4,33	4,87	–	–	–	–	–	–	–	–	
	II	245,41	–	19,63	22,08	–	11,84	13,32	–	4,64	5,22	–	–	–	–	–	–	–	–	–	–	–	
	III	88,16	–	7,05	7,93	–	1,70	1,91	–	–	–	–	–	–	–	–	–	–	–	–	–	–	
	IV	344,00	–	27,52	30,96	–	23,32	26,23	–	19,24	21,64	–	15,29	17,20	–	11,48	12,91	–	7,78	8,75	–	4,33	4,8
	V	668,16	–	53,45	60,13																		
	VI	710,16	–	56,81	63,91																		
3.002,99	I	344,66	–	27,57	31,01	–	19,29	21,70	–	11,52	12,96	–	4,37	4,91	–	–	–	–	–	–	–	–	
	II	246,00	–	19,68	22,14	–	11,89	13,37	–	4,68	5,26	–	–	–	–	–	–	–	–	–	–	–	
	III	88,66	–	7,09	7,97	–	1,74	1,96	–	–	–	–	–	–	–	–	–	–	–	–	–	–	
	IV	344,66	–	27,57	31,01	–	23,37	26,29	–	19,29	21,70	–	15,34	17,26	–	11,52	12,96	–	7,84	8,82	–	4,37	4,9
	V	669,00	–	53,52	60,21																		
	VI	711,16	–	56,89	64,00																		
3.005,99	I	345,41	–	27,63	31,08	–	19,34	21,76	–	11,57	13,01	–	4,41	4,96	–	–	–	–	–	–	–	–	
	II	246,66	–	19,73	22,19	–	11,94	13,43	–	4,72	5,31	–	–	–	–	–	–	–	–	–	–	–	
	III	89,16	–	7,13	8,02	–	1,77	1,99	–	–	–	–	–	–	–	–	–	–	–	–	–	–	
	IV	345,41	–	27,63	31,08	–	23,42	26,35	–	19,34	21,76	–	15,40	17,32	–	11,57	13,01	–	7,88	8,87	–	4,41	4,9
	V	670,00	–	53,60	60,30																		
	VI	712,00	–	56,96	64,08																		
3.008,99	I	346,08	–	27,68	31,14	–	19,40	21,82	–	11,62	13,07	–	4,45	5,00	–	–	–	–	–	–	–	–	
	II	247,33	–	19,78	22,25	–	11,98	13,48	–	4,76	5,36	–	–	–	–	–	–	–	–	–	–	–	
	III	89,50	–	7,16	8,05	–	1,80	2,02	–	–	–	–	–	–	–	–	–	–	–	–	–	–	
	IV	346,08	–	27,68	31,14	–	23,48	26,41	–	19,40	21,82	–	15,44	17,37	–	11,62	13,07	–	7,93	8,92	–	4,45	5,0
	V	671,00	–	53,68	60,39																		
	VI	713,16	–	57,05	64,18																		
3.011,99	I	346,83	–	27,74	31,21	–	19,45	21,88	–	11,67	13,13	–	4,50	5,06	–	–	–	–	–	–	–	–	
	II	248,00	–	19,84	22,32	–	12,04	13,54	–	4,81	5,41	–	–	–	–	–	–	–	–	–	–	–	
	III	90,00	–	7,20	8,10	–	1,84	2,07	–	–	–	–	–	–	–	–	–	–	–	–	–	–	
	IV	346,83	–	27,74	31,21	–	23,53	26,47	–	19,45	21,88	–	15,50	17,43	–	11,67	13,13	–	7,98	8,97	–	4,50	5,0
	V	672,00	–	53,76	60,48																		
	VI	714,16	–	57,13	64,27																		
3.014,99	I	347,50	–	27,80	31,27	–	19,50	21,94	–	11,72	13,19	–	4,54	5,10	–	–	–	–	–	–	–	–	
	II	248,66	–	19,89	22,37	–	12,08	13,59	–	4,85	5,45	–	–	–	–	–	–	–	–	–	–	–	
	III	90,66	–	7,25	8,15	–	1,86	2,09	–	–	–	–	–	–	–	–	–	–	–	–	–	–	
	IV	347,50	–	27,80	31,27	–	23,58	26,53	–	19,50	21,94	–	15,54	17,48	–	11,72	13,19	–	8,02	9,02	–	4,54	5,1
	V	672,83	–	53,82	60,55																		
	VI	715,00	–	57,20	64,35																		

Lohn/ Gehalt bis	Steuerklasse	Lohn-steuer	ohne Kinderfreibetrag			Anzahl Kinderfreibeträge (nur Steuerklassen I–IV) 0,5			1,0			1,5			2,0			2,5			3,0		
			SolZ 5,5%	Kirchensteuer 8%	9%	SolZ 5,5%	Kirchensteuer 8%	9%	SolZ 5,5%	Kirchensteuer 8%	9%	SolZ 5,5%	Kirchensteuer 8%	9%	SolZ 5,5%	Kirchensteuer 8%	9%	SolZ 5,5%	Kirchensteuer 8%	9%	SolZ 5,5%	Kirchensteuer 8%	9%
3.017,99	I	348,16	-	27,85	31,33	-	19,55	21,99	-	11,77	13,24	-	4,58	5,15	-	-	-	-	-	-	-	-	-
	II	249,33	-	19,94	22,43	-	12,13	13,64	-	4,89	5,50	-	-	-	-	-	-	-	-	-	-	-	-
	III	91,00	-	7,28	8,19	-	1,89	2,12	-	-	-	-	-	-	-	-	-	-	-	-	-	-	-
	IV	348,16	-	27,85	31,33	-	23,64	26,59	-	19,55	21,99	-	15,60	17,55	-	11,77	13,24	-	8,07	9,08	-	4,58	5,15
	V	673,83	-	53,90	60,64																		
	VI	716,00	-	57,28	64,44																		
3.020,99	I	348,91	-	27,91	31,40	-	19,61	22,06	-	11,82	13,29	-	4,62	5,20	-	-	-	-	-	-	-	-	-
	II	250,00	-	20,00	22,50	-	12,18	13,70	-	4,94	5,55	-	-	-	-	-	-	-	-	-	-	-	-
	III	91,50	-	7,32	8,23	-	1,93	2,17	-	-	-	-	-	-	-	-	-	-	-	-	-	-	-
	IV	348,91	-	27,91	31,40	-	23,70	26,66	-	19,61	22,06	-	15,65	17,60	-	11,82	13,29	-	8,12	9,13	-	4,62	5,20
	V	674,83	-	53,98	60,73																		
	VI	717,00	-	57,36	64,53																		
3.023,99	I	349,58	-	27,96	31,46	-	19,66	22,11	-	11,87	13,35	-	4,66	5,24	-	-	-	-	-	-	-	-	-
	II	250,66	-	20,05	22,55	-	12,23	13,76	-	4,98	5,60	-	-	-	-	-	-	-	-	-	-	-	-
	III	92,00	-	7,36	8,28	-	1,96	2,20	-	-	-	-	-	-	-	-	-	-	-	-	-	-	-
	IV	349,58	-	27,96	31,46	-	23,75	26,72	-	19,66	22,11	-	15,70	17,66	-	11,87	13,35	-	8,16	9,18	-	4,66	5,24
	V	675,83	-	54,06	60,82																		
	VI	718,16	-	57,45	64,63																		
3.026,99	I	350,25	-	28,02	31,52	-	19,71	22,17	-	11,92	13,41	-	4,70	5,29	-	-	-	-	-	-	-	-	-
	II	251,33	-	20,10	22,61	-	12,28	13,82	-	5,02	5,65	-	-	-	-	-	-	-	-	-	-	-	-
	III	92,50	-	7,40	8,32	-	1,98	2,23	-	-	-	-	-	-	-	-	-	-	-	-	-	-	-
	IV	350,25	-	28,02	31,52	-	23,80	26,78	-	19,71	22,17	-	15,75	17,72	-	11,92	13,41	-	8,22	9,24	-	4,70	5,29
	V	676,66	-	54,13	60,89																		
	VI	719,00	-	57,52	64,71																		
3.029,99	I	351,00	-	28,08	31,59	-	19,76	22,23	-	11,96	13,46	-	4,75	5,34	-	-	-	-	-	-	-	-	-
	II	251,91	-	20,15	22,67	-	12,33	13,87	-	5,06	5,69	-	-	-	-	-	-	-	-	-	-	-	-
	III	93,00	-	7,44	8,37	-	2,02	2,27	-	-	-	-	-	-	-	-	-	-	-	-	-	-	-
	IV	351,00	-	28,08	31,59	-	23,86	26,84	-	19,76	22,23	-	15,80	17,78	-	11,96	13,46	-	8,26	9,29	-	4,75	5,34
	V	677,66	-	54,21	60,98																		
	VI	720,00	-	57,60	64,80																		
3.032,99	I	351,66	-	28,13	31,64	-	19,82	22,29	-	12,02	13,52	-	4,79	5,39	-	-	-	-	-	-	-	-	-
	II	252,66	-	20,21	22,73	-	12,38	13,93	-	5,11	5,75	-	-	-	-	-	-	-	-	-	-	-	-
	III	93,50	-	7,48	8,41	-	2,05	2,30	-	-	-	-	-	-	-	-	-	-	-	-	-	-	-
	IV	351,66	-	28,13	31,64	-	23,91	26,90	-	19,82	22,29	-	15,85	17,83	-	12,02	13,52	-	8,31	9,35	-	4,79	5,39
	V	678,66	-	54,29	61,07																		
	VI	721,00	-	57,68	64,89																		
3.035,99	I	352,41	-	28,19	31,71	-	19,87	22,35	-	12,06	13,57	-	4,84	5,44	-	-	-	-	-	-	-	-	-
	II	253,25	-	20,26	22,79	-	12,43	13,98	-	5,15	5,79	-	-	-	-	-	-	-	-	-	-	-	-
	III	94,00	-	7,52	8,46	-	2,08	2,34	-	-	-	-	-	-	-	-	-	-	-	-	-	-	-
	IV	352,41	-	28,19	31,71	-	23,96	26,96	-	19,87	22,35	-	15,90	17,89	-	12,06	13,57	-	8,36	9,40	-	4,84	5,44
	V	679,66	-	54,37	61,16																		
	VI	722,00	-	57,76	64,98																		
3.038,99	I	353,08	-	28,24	31,77	-	19,92	22,41	-	12,12	13,63	-	4,88	5,49	-	-	-	-	-	-	-	-	-
	II	253,91	-	20,31	22,85	-	12,48	14,04	-	5,20	5,85	-	-	-	-	-	-	-	-	-	-	-	-
	III	94,50	-	7,56	8,50	-	2,12	2,38	-	-	-	-	-	-	-	-	-	-	-	-	-	-	-
	IV	353,08	-	28,24	31,77	-	24,02	27,02	-	19,92	22,41	-	15,96	17,95	-	12,12	13,63	-	8,40	9,45	-	4,88	5,49
	V	680,66	-	54,45	61,25																		
	VI	723,00	-	57,84	65,07																		
3.041,99	I	353,83	-	28,30	31,84	-	19,98	22,47	-	12,16	13,68	-	4,92	5,54	-	-	-	-	-	-	-	-	-
	II	254,58	-	20,36	22,91	-	12,53	14,09	-	5,24	5,90	-	-	-	-	-	-	-	-	-	-	-	-
	III	95,00	-	7,60	8,55	-	2,14	2,41	-	-	-	-	-	-	-	-	-	-	-	-	-	-	-
	IV	353,83	-	28,30	31,84	-	24,08	27,09	-	19,98	22,47	-	16,00	18,00	-	12,16	13,68	-	8,45	9,50	-	4,92	5,54
	V	681,66	-	54,53	61,34																		
	VI	724,00	-	57,92	65,16																		
3.044,99	I	354,50	-	28,36	31,90	-	20,03	22,53	-	12,22	13,74	-	4,96	5,58	-	-	-	-	-	-	-	-	-
	II	255,25	-	20,42	22,97	-	12,58	14,15	-	5,28	5,94	-	-	-	-	-	-	-	-	-	-	-	-
	III	95,50	-	7,64	8,59	-	2,17	2,44	-	-	-	-	-	-	-	-	-	-	-	-	-	-	-
	IV	354,50	-	28,36	31,90	-	24,13	27,14	-	20,03	22,53	-	16,06	18,06	-	12,22	13,74	-	8,50	9,56	-	4,96	5,58
	V	682,50	-	54,60	61,42																		
	VI	725,00	-	58,00	65,25																		
3.047,99	I	355,16	-	28,41	31,96	-	20,08	22,59	-	12,26	13,79	-	5,00	5,63	-	-	-	-	-	-	-	-	-
	II	255,91	-	20,47	23,03	-	12,63	14,21	-	5,33	5,99	-	-	-	-	-	-	-	-	-	-	-	-
	III	96,00	-	7,68	8,64	-	2,21	2,48	-	-	-	-	-	-	-	-	-	-	-	-	-	-	-
	IV	355,16	-	28,41	31,96	-	24,18	27,20	-	20,08	22,59	-	16,11	18,12	-	12,26	13,79	-	8,55	9,62	-	5,00	5,63
	V	683,50	-	54,68	61,51																		
	VI	725,83	-	58,06	65,32																		
3.050,99	I	355,91	-	28,47	32,03	-	20,14	22,65	-	12,32	13,86	-	5,05	5,68	-	-	-	-	-	-	-	-	-
	II	256,58	-	20,52	23,09	-	12,68	14,26	-	5,37	6,04	-	-	-	-	-	-	-	-	-	-	-	-
	III	96,50	-	7,72	8,68	-	2,24	2,52	-	-	-	-	-	-	-	-	-	-	-	-	-	-	-
	IV	355,91	-	28,47	32,03	-	24,24	27,27	-	20,14	22,65	-	16,16	18,18	-	12,32	13,86	-	8,60	9,67	-	5,05	5,68
	V	684,50	-	54,76	61,60																		
	VI	727,00	-	58,16	65,43																		
3.053,99	I	356,58	-	28,52	32,09	-	20,19	22,71	-	12,36	13,91	-	5,09	5,72	-	-	-	-	-	-	-	-	-
	II	257,25	-	20,58	23,15	-	12,73	14,32	-	5,42	6,09	-	-	-	-	-	-	-	-	-	-	-	-
	III	97,00	-	7,76	8,73	-	2,26	2,54	-	-	-	-	-	-	-	-	-	-	-	-	-	-	-
	IV	356,58	-	28,52	32,09	-	24,29	27,32	-	20,19	22,71	-	16,21	18,23	-	12,36	13,91	-	8,64	9,72	-	5,09	5,72
	V	685,50	-	54,84	61,69																		
	VI	728,00	-	58,24	65,52																		
3.056,99	I	357,33	-	28,58	32,15	-	20,24	22,77	-	12,41	13,96	-	5,14	5,78	-	-	-	-	-	-	-	-	-
	II	257,91	-	20,63	23,21	-	12,78	14,37	-	5,46	6,14	-	-	-	-	-	-	-	-	-	-	-	-
	III	97,50	-	7,80	8,77	-	2,30	2,59	-	-	-	-	-	-	-	-	-	-	-	-	-	-	-
	IV	357,33	-	28,58	32,15	-	24,34	27,38	-	20,24	22,77	-	16,26	18,29	-	12,41	13,96	-	8,69	9,77	-	5,14	5,78
	V	686,33	-	54,90	61,76																		
	VI	729,00	-	58,32	65,61																		
3.059,99	I	358,00	-	28,64	32,22	-	20,29	22,82	-	12,46	14,02	-	5,18	5,82	-	-	-	-	-	-	-	-	-
	II	258,58	-	20,68	23,27	-	12,83	14,43	-	5,50	6,19	-	0,01	0,01	-	-	-	-	-	-	-	-	-
	III	98,00	-	7,84	8,82	-	2,33	2,62	-	-	-	-	-	-	-	-	-	-	-	-	-	-	-
	IV	358,00	-	28,64	32,22	-	24,40	27,45	-	20,29	22,82	-	16,31	18,35	-	12,46	14,02	-	8,74	9,83	-	5,18	5,82
	V	687,50	-	55,00	61,87																		
	VI	729,83	-	58,38	65,68																		

Lohn/ Gehalt bis	Steuerklasse	Lohnsteuer	ohne Kinderfreibetrag SolZ 5,5%	ohne Kinderfreibetrag Kirchensteuer 8%	ohne Kinderfreibetrag Kirchensteuer 9%	0,5 SolZ 5,5%	0,5 Kirchensteuer 8%	0,5 Kirchensteuer 9%	1,0 SolZ 5,5%	1,0 Kirchensteuer 8%	1,0 Kirchensteuer 9%	1,5 SolZ 5,5%	1,5 Kirchensteuer 8%	1,5 Kirchensteuer 9%	2,0 SolZ 5,5%	2,0 Kirchensteuer 8%	2,0 Kirchensteuer 9%	2,5 SolZ 5,5%	2,5 Kirchensteuer 8%	2,5 Kirchensteuer 9%	3,0 SolZ 5,5%	3,0 Kirchensteuer 8%	3,0 Kirchensteuer 9%
3.062,99	I	358,75	-	28,70	32,28	-	20,34	22,88	-	12,51	14,07	-	5,22	5,87	-	-	-	-	-	-	-	-	
	II	259,25	-	20,74	23,33	-	12,88	14,49	-	5,55	6,24	-	0,04	0,04	-	-	-	-	-	-	-	-	
	III	98,50	-	7,88	8,86	-	2,37	2,66	-	-	-	-	-	-	-	-	-	-	-	-	-	-	
	IV	358,75	-	28,70	32,28	-	24,46	27,51	-	20,34	22,88	-	16,36	18,41	-	12,51	14,07	-	8,79	9,89	-	5,22	5
	V	688,50	-	55,08	61,96																		
	VI	730,83	-	58,46	65,77																		
3.065,99	I	359,41	-	28,75	32,34	-	20,40	22,95	-	12,56	14,13	-	5,27	5,93	-	-	-	-	-	-	-	-	
	II	259,91	-	20,79	23,39	-	12,93	14,54	-	5,60	6,30	-	0,06	0,07	-	-	-	-	-	-	-	-	
	III	99,00	-	7,92	8,91	-	2,40	2,70	-	-	-	-	-	-	-	-	-	-	-	-	-	-	
	IV	359,41	-	28,75	32,34	-	24,51	27,57	-	20,40	22,95	-	16,42	18,47	-	12,56	14,13	-	8,84	9,94	-	5,27	5
	V	689,33	-	55,14	62,03																		
	VI	732,00	-	58,56	65,88																		
3.068,99	I	360,08	-	28,80	32,40	-	20,45	23,00	-	12,61	14,18	-	5,31	5,97	-	-	-	-	-	-	-	-	
	II	260,58	-	20,84	23,45	-	12,98	14,60	-	5,64	6,34	-	0,09	0,10	-	-	-	-	-	-	-	-	
	III	99,50	-	7,96	8,95	-	2,42	2,72	-	-	-	-	-	-	-	-	-	-	-	-	-	-	
	IV	360,08	-	28,80	32,40	-	24,56	27,63	-	20,45	23,00	-	16,46	18,52	-	12,61	14,18	-	8,88	9,99	-	5,31	5
	V	690,33	-	55,22	62,12																		
	VI	733,00	-	58,64	65,97																		
3.071,99	I	360,83	-	28,86	32,47	-	20,50	23,06	-	12,66	14,24	-	5,36	6,03	-	-	-	-	-	-	-	-	
	II	261,25	-	20,90	23,51	-	13,03	14,66	-	5,68	6,39	-	0,12	0,14	-	-	-	-	-	-	-	-	
	III	100,16	-	8,01	9,01	-	2,46	2,77	-	-	-	-	-	-	-	-	-	-	-	-	-	-	
	IV	360,83	-	28,86	32,47	-	24,62	27,70	-	20,50	23,06	-	16,52	18,58	-	12,66	14,24	-	8,93	10,04	-	5,36	6
	V	691,33	-	55,30	62,21																		
	VI	734,00	-	58,72	66,06																		
3.074,99	I	361,50	-	28,92	32,53	-	20,56	23,13	-	12,71	14,30	-	5,40	6,08	-	-	-	-	-	-	-	-	
	II	261,91	-	20,95	23,57	-	13,08	14,71	-	5,73	6,44	-	0,15	0,17	-	-	-	-	-	-	-	-	
	III	100,66	-	8,05	9,05	-	2,49	2,80	-	-	-	-	-	-	-	-	-	-	-	-	-	-	
	IV	361,50	-	28,92	32,53	-	24,68	27,76	-	20,56	23,13	-	16,57	18,64	-	12,71	14,30	-	8,98	10,10	-	5,40	6
	V	692,33	-	55,38	62,30																		
	VI	735,00	-	58,80	66,15																		
3.077,99	I	362,25	-	28,98	32,60	-	20,61	23,18	-	12,76	14,35	-	5,44	6,12	-	-	-	-	-	-	-	-	
	II	262,58	-	21,00	23,63	-	13,12	14,76	-	5,78	6,50	-	0,18	0,20	-	-	-	-	-	-	-	-	
	III	101,16	-	8,09	9,10	-	2,52	2,83	-	-	-	-	-	-	-	-	-	-	-	-	-	-	
	IV	362,25	-	28,98	32,60	-	24,73	27,82	-	20,61	23,18	-	16,62	18,70	-	12,76	14,35	-	9,02	10,15	-	5,44	6
	V	693,16	-	55,45	62,38																		
	VI	735,83	-	58,86	66,22																		
3.080,99	I	362,91	-	29,03	32,66	-	20,66	23,24	-	12,81	14,41	-	5,49	6,17	-	-	-	-	-	-	-	-	
	II	263,25	-	21,06	23,69	-	13,18	14,82	-	5,82	6,54	-	0,20	0,23	-	-	-	-	-	-	-	-	
	III	101,66	-	8,13	9,14	-	2,56	2,88	-	-	-	-	-	-	-	-	-	-	-	-	-	-	
	IV	362,91	-	29,03	32,66	-	24,78	27,88	-	20,66	23,24	-	16,67	18,75	-	12,81	14,41	-	9,08	10,21	-	5,49	6
	V	694,16	-	55,53	62,47																		
	VI	737,00	-	58,96	66,33																		
3.083,99	I	363,66	-	29,09	32,72	-	20,72	23,31	-	12,86	14,46	-	5,54	6,23	-	0,03	0,03	-	-	-	-	-	
	II	263,91	-	21,11	23,75	-	13,22	14,87	-	5,86	6,59	-	0,23	0,26	-	-	-	-	-	-	-	-	
	III	102,16	-	8,17	9,19	-	2,58	2,90	-	-	-	-	-	-	-	-	-	-	-	-	-	-	
	IV	363,66	-	29,09	32,72	-	24,84	27,94	-	20,72	23,31	-	16,72	18,81	-	12,86	14,46	-	9,12	10,26	-	5,54	6
	V	695,33	-	55,62	62,57																		
	VI	738,00	-	59,04	66,42																		
3.086,99	I	364,33	-	29,14	32,78	-	20,77	23,36	-	12,91	14,52	-	5,58	6,27	-	0,06	0,06	-	-	-	-	-	
	II	264,58	-	21,16	23,81	-	13,28	14,94	-	5,91	6,65	-	0,26	0,29	-	-	-	-	-	-	-	-	
	III	102,66	-	8,21	9,23	-	2,62	2,95	-	-	-	-	-	-	-	-	-	-	-	-	-	-	
	IV	364,33	-	29,14	32,78	-	24,89	28,00	-	20,77	23,36	-	16,78	18,87	-	12,91	14,52	-	9,17	10,31	-	5,58	6,
	V	696,16	-	55,69	62,65																		
	VI	739,00	-	59,12	66,51																		
3.089,99	I	365,08	-	29,20	32,85	-	20,82	23,42	-	12,96	14,58	-	5,62	6,32	-	0,08	0,09	-	-	-	-	-	
	II	265,25	-	21,22	23,87	-	13,32	14,99	-	5,96	6,70	-	0,29	0,32	-	-	-	-	-	-	-	-	
	III	103,16	-	8,25	9,28	-	2,65	2,98	-	-	-	-	-	-	-	-	-	-	-	-	-	-	
	IV	365,08	-	29,20	32,85	-	24,95	28,07	-	20,82	23,42	-	16,82	18,92	-	12,96	14,58	-	9,22	10,37	-	5,62	6,
	V	697,16	-	55,77	62,74																		
	VI	740,00	-	59,20	66,60																		
3.092,99	I	365,75	-	29,26	32,91	-	20,88	23,49	-	13,01	14,63	-	5,67	6,38	-	0,11	0,12	-	-	-	-	-	
	II	265,91	-	21,27	23,93	-	13,38	15,05	-	6,00	6,75	-	0,32	0,36	-	-	-	-	-	-	-	-	
	III	103,66	-	8,29	9,32	-	2,69	3,02	-	-	-	-	-	-	-	-	-	-	-	-	-	-	
	IV	365,75	-	29,26	32,91	-	25,00	28,13	-	20,88	23,49	-	16,88	18,99	-	13,01	14,63	-	9,27	10,43	-	5,67	6,
	V	698,16	-	55,85	62,83																		
	VI	741,00	-	59,28	66,69																		
3.095,99	I	366,50	-	29,32	32,98	-	20,93	23,54	-	13,06	14,69	-	5,71	6,42	-	0,14	0,15	-	-	-	-	-	
	II	266,58	-	21,32	23,99	-	13,42	15,10	-	6,05	6,80	-	0,34	0,38	-	-	-	-	-	-	-	-	
	III	104,16	-	8,33	9,37	-	2,72	3,06	-	-	-	-	-	-	-	-	-	-	-	-	-	-	
	IV	366,50	-	29,32	32,98	-	25,06	28,19	-	20,93	23,54	-	16,93	19,04	-	13,06	14,69	-	9,32	10,48	-	5,71	6,4
	V	699,16	-	55,93	62,92																		
	VI	741,83	-	59,34	66,76																		
3.098,99	I	367,16	-	29,37	33,04	-	20,98	23,60	-	13,11	14,75	-	5,76	6,48	-	0,16	0,18	-	-	-	-	-	
	II	267,25	-	21,38	24,05	-	13,48	15,16	-	6,09	6,85	-	0,38	0,42	-	-	-	-	-	-	-	-	
	III	104,66	-	8,37	9,41	-	2,76	3,10	-	-	-	-	-	-	-	-	-	-	-	-	-	-	
	IV	367,16	-	29,37	33,04	-	25,11	28,25	-	20,98	23,60	-	16,98	19,10	-	13,11	14,75	-	9,36	10,53	-	5,76	6,4
	V	700,16	-	56,01	63,01																		
	VI	743,00	-	59,44	66,87																		
3.101,99	I	367,91	-	29,43	33,11	-	21,04	23,67	-	13,16	14,80	-	5,80	6,53	-	0,20	0,22	-	-	-	-	-	
	II	267,91	-	21,43	24,11	-	13,53	15,22	-	6,14	6,91	-	0,40	0,45	-	-	-	-	-	-	-	-	
	III	105,16	-	8,41	9,46	-	2,78	3,13	-	-	-	-	-	-	-	-	-	-	-	-	-	-	
	IV	367,91	-	29,43	33,11	-	25,17	28,31	-	21,04	23,67	-	17,03	19,16	-	13,16	14,80	-	9,41	10,58	-	5,80	6,5
	V	701,16	-	56,09	63,10																		
	VI	744,00	-	59,52	66,96																		
3.104,99	I	368,58	-	29,48	33,17	-	21,09	23,72	-	13,21	14,86	-	5,85	6,58	-	0,22	0,25	-	-	-	-	-	
	II	268,58	-	21,48	24,17	-	13,58	15,27	-	6,18	6,95	-	0,44	0,49	-	-	-	-	-	-	-	-	
	III	105,66	-	8,45	9,50	-	2,81	3,16	-	-	-	-	-	-	-	-	-	-	-	-	-	-	
	IV	368,58	-	29,48	33,17	-	25,22	28,37	-	21,09	23,72	-	17,08	19,22	-	13,21	14,86	-	9,46	10,64	-	5,85	6,5
	V	702,00	-	56,16	63,18																		
	VI	745,00	-	59,60	67,05																		

Allgemeine Tabelle

MONAT bis 3.149,99 €

Lohn/ Gehalt bis	Steuerklasse	Lohnsteuer	ohne Kinderfreibetrag			Anzahl Kinderfreibeträge (nur Steuerklassen I–IV) 0,5			1,0			1,5			2,0			2,5			3,0		
			SolZ 5,5%	Kirchensteuer 8%	9%	SolZ 5,5%	Kirchensteuer 8%	9%	SolZ 5,5%	Kirchensteuer 8%	9%	SolZ 5,5%	Kirchensteuer 8%	9%	SolZ 5,5%	Kirchensteuer 8%	9%	SolZ 5,5%	Kirchensteuer 8%	9%	SolZ 5,5%	Kirchensteuer 8%	9%
3.107,99	I	369,33	-	29,54	33,23	-	21,14	23,78	-	13,26	14,91	-	5,89	6,62	-	0,25	0,28	-	-	-	-	-	-
	II	269,25	-	21,54	24,23	-	13,62	15,32	-	6,23	7,01	-	0,46	0,52	-	-	-	-	-	-	-	-	-
	III	106,16	-	8,49	9,55	-	2,85	3,20	-	-	-	-	-	-	-	-	-	-	-	-	-	-	-
	IV	369,33	-	29,54	33,23	-	25,28	28,44	-	21,14	23,78	-	17,14	19,28	-	13,26	14,91	-	9,51	10,70	-	5,89	6,62
	V	703,16	-	56,25	63,28																		
	VI	746,00	-	59,68	67,14																		
3.110,99	I	370,00	-	29,60	33,30	-	21,20	23,85	-	13,31	14,97	-	5,94	6,68	-	0,28	0,31	-	-	-	-	-	-
	II	269,91	-	21,59	24,29	-	13,68	15,39	-	6,28	7,06	-	0,49	0,55	-	-	-	-	-	-	-	-	-
	III	106,66	-	8,53	9,59	-	2,88	3,24	-	-	-	-	-	-	-	-	-	-	-	-	-	-	-
	IV	370,00	-	29,60	33,30	-	25,33	28,49	-	21,20	23,85	-	17,18	19,33	-	13,31	14,97	-	9,56	10,75	-	5,94	6,68
	V	704,00	-	56,32	63,36																		
	VI	747,00	-	59,76	67,23																		
3.113,99	I	370,75	-	29,66	33,36	-	21,25	23,90	-	13,36	15,03	-	5,98	6,73	-	0,31	0,35	-	-	-	-	-	-
	II	270,58	-	21,64	24,35	-	13,73	15,44	-	6,32	7,11	-	0,52	0,59	-	-	-	-	-	-	-	-	-
	III	107,16	-	8,57	9,64	-	2,92	3,28	-	-	-	-	-	-	-	-	-	-	-	-	-	-	-
	IV	370,75	-	29,66	33,36	-	25,39	28,56	-	21,25	23,90	-	17,24	19,39	-	13,36	15,03	-	9,60	10,80	-	5,98	6,73
	V	705,00	-	56,40	63,45																		
	VI	748,00	-	59,84	67,32																		
3.116,99	I	371,41	-	29,71	33,42	-	21,30	23,96	-	13,41	15,08	-	6,03	6,78	-	0,34	0,38	-	-	-	-	-	-
	II	271,25	-	21,70	24,41	-	13,78	15,50	-	6,37	7,16	-	0,55	0,62	-	-	-	-	-	-	-	-	-
	III	107,83	-	8,62	9,70	-	2,94	3,31	-	-	-	-	-	-	-	-	-	-	-	-	-	-	-
	IV	371,41	-	29,71	33,42	-	25,44	28,62	-	21,30	23,96	-	17,29	19,45	-	13,41	15,08	-	9,65	10,85	-	6,03	6,78
	V	706,00	-	56,48	63,54																		
	VI	749,00	-	59,92	67,41																		
3.119,99	I	372,16	-	29,77	33,49	-	21,36	24,03	-	13,46	15,14	-	6,08	6,84	-	0,36	0,41	-	-	-	-	-	-
	II	271,91	-	21,75	24,47	-	13,82	15,55	-	6,42	7,22	-	0,58	0,65	-	-	-	-	-	-	-	-	-
	III	108,33	-	8,66	9,74	-	2,98	3,35	-	-	-	-	-	-	-	-	-	-	-	-	-	-	-
	IV	372,16	-	29,77	33,49	-	25,50	28,68	-	21,36	24,03	-	17,34	19,51	-	13,46	15,14	-	9,70	10,91	-	6,08	6,84
	V	707,00	-	56,56	63,63																		
	VI	750,00	-	60,00	67,50																		
3.122,99	I	372,83	-	29,82	33,55	-	21,41	24,08	-	13,51	15,20	-	6,12	6,89	-	0,40	0,45	-	-	-	-	-	-
	II	272,58	-	21,80	24,53	-	13,88	15,61	-	6,46	7,27	-	0,61	0,68	-	-	-	-	-	-	-	-	-
	III	108,83	-	8,70	9,79	-	3,01	3,38	-	-	-	-	-	-	-	-	-	-	-	-	-	-	-
	IV	372,83	-	29,82	33,55	-	25,56	28,75	-	21,41	24,08	-	17,40	19,57	-	13,51	15,20	-	9,75	10,97	-	6,12	6,89
	V	708,00	-	56,64	63,72																		
	VI	751,00	-	60,08	67,59																		
3.125,99	I	373,58	-	29,88	33,62	-	21,46	24,14	-	13,56	15,25	-	6,17	6,94	-	0,42	0,47	-	-	-	-	-	-
	II	273,25	-	21,86	24,59	-	13,93	15,67	-	6,51	7,32	-	0,64	0,72	-	-	-	-	-	-	-	-	-
	III	109,33	-	8,74	9,83	-	3,05	3,43	-	-	-	-	-	-	-	-	-	-	-	-	-	-	-
	IV	373,58	-	29,88	33,62	-	25,61	28,81	-	21,46	24,14	-	17,44	19,62	-	13,56	15,25	-	9,80	11,02	-	6,17	6,94
	V	709,00	-	56,72	63,81																		
	VI	752,00	-	60,16	67,68																		
3.128,99	I	374,25	-	29,94	33,68	-	21,52	24,21	-	13,61	15,31	-	6,22	6,99	-	0,45	0,50	-	-	-	-	-	-
	II	273,91	-	21,91	24,65	-	13,98	15,72	-	6,56	7,38	-	0,67	0,75	-	-	-	-	-	-	-	-	-
	III	109,83	-	8,78	9,88	-	3,08	3,46	-	-	-	-	-	-	-	-	-	-	-	-	-	-	-
	IV	374,25	-	29,94	33,68	-	25,66	28,87	-	21,52	24,21	-	17,50	19,68	-	13,61	15,31	-	9,84	11,07	-	6,22	6,99
	V	709,83	-	56,78	63,88																		
	VI	753,00	-	60,24	67,77																		
3.131,99	I	375,00	-	30,00	33,75	-	21,57	24,26	-	13,66	15,36	-	6,26	7,04	-	0,48	0,54	-	-	-	-	-	-
	II	274,58	-	21,96	24,71	-	14,03	15,78	-	6,60	7,43	-	0,70	0,78	-	-	-	-	-	-	-	-	-
	III	110,33	-	8,82	9,92	-	3,12	3,51	-	-	-	-	-	-	-	-	-	-	-	-	-	-	-
	IV	375,00	-	30,00	33,75	-	25,72	28,93	-	21,57	24,26	-	17,55	19,74	-	13,66	15,36	-	9,90	11,13	-	6,26	7,04
	V	711,00	-	56,88	63,99																		
	VI	754,00	-	60,32	67,86																		
3.134,99	I	375,66	-	30,05	33,80	-	21,62	24,32	-	13,71	15,42	-	6,31	7,10	-	0,51	0,57	-	-	-	-	-	-
	II	275,25	-	22,02	24,77	-	14,08	15,84	-	6,65	7,48	-	0,73	0,82	-	-	-	-	-	-	-	-	-
	III	110,83	-	8,86	9,97	-	3,14	3,53	-	-	-	-	-	-	-	-	-	-	-	-	-	-	-
	IV	375,66	-	30,05	33,80	-	25,78	29,00	-	21,62	24,32	-	17,60	19,80	-	13,71	15,42	-	9,94	11,18	-	6,31	7,10
	V	712,00	-	56,96	64,08																		
	VI	755,00	-	60,40	67,95																		
3.137,99	I	376,41	-	30,11	33,87	-	21,68	24,39	-	13,76	15,48	-	6,36	7,15	-	0,54	0,60	-	-	-	-	-	-
	II	275,91	-	22,07	24,83	-	14,13	15,89	-	6,70	7,53	-	0,76	0,86	-	-	-	-	-	-	-	-	-
	III	111,33	-	8,90	10,01	-	3,17	3,56	-	-	-	-	-	-	-	-	-	-	-	-	-	-	-
	IV	376,41	-	30,11	33,87	-	25,83	29,06	-	21,68	24,39	-	17,65	19,85	-	13,76	15,48	-	9,99	11,24	-	6,36	7,15
	V	712,83	-	57,02	64,15																		
	VI	756,16	-	60,49	68,05																		
3.140,99	I	377,08	-	30,16	33,93	-	21,73	24,44	-	13,81	15,53	-	6,40	7,20	-	0,57	0,64	-	-	-	-	-	-
	II	276,58	-	22,12	24,89	-	14,18	15,95	-	6,74	7,58	-	0,79	0,89	-	-	-	-	-	-	-	-	-
	III	112,00	-	8,96	10,08	-	3,21	3,61	-	-	-	-	-	-	-	-	-	-	-	-	-	-	-
	IV	377,08	-	30,16	33,93	-	25,88	29,12	-	21,73	24,44	-	17,70	19,91	-	13,81	15,53	-	10,04	11,29	-	6,40	7,20
	V	713,83	-	57,10	64,24																		
	VI	757,16	-	60,57	68,14																		
3.143,99	I	377,83	-	30,22	34,00	-	21,78	24,50	-	13,86	15,59	-	6,45	7,25	-	0,60	0,67	-	-	-	-	-	-
	II	277,25	-	22,18	24,95	-	14,23	16,01	-	6,80	7,65	-	0,82	0,92	-	-	-	-	-	-	-	-	-
	III	112,50	-	9,00	10,12	-	3,25	3,65	-	-	-	-	-	-	-	-	-	-	-	-	-	-	-
	IV	377,83	-	30,22	34,00	-	25,94	29,18	-	21,78	24,50	-	17,76	19,98	-	13,86	15,59	-	10,09	11,35	-	6,45	7,25
	V	714,83	-	57,18	64,33																		
	VI	758,16	-	60,65	68,23																		
3.146,99	I	378,50	-	30,28	34,06	-	21,84	24,57	-	13,91	15,65	-	6,50	7,31	-	0,63	0,71	-	-	-	-	-	-
	II	277,91	-	22,23	25,01	-	14,28	16,06	-	6,84	7,70	-	0,85	0,95	-	-	-	-	-	-	-	-	-
	III	113,00	-	9,04	10,17	-	3,28	3,69	-	-	-	-	-	-	-	-	-	-	-	-	-	-	-
	IV	378,50	-	30,28	34,06	-	26,00	29,25	-	21,84	24,57	-	17,81	20,03	-	13,91	15,65	-	10,14	11,40	-	6,50	7,31
	V	716,00	-	57,28	64,44																		
	VI	759,16	-	60,73	68,32																		
3.149,99	I	379,25	-	30,34	34,13	-	21,89	24,62	-	13,96	15,70	-	6,54	7,36	-	0,66	0,74	-	-	-	-	-	-
	II	278,58	-	22,28	25,07	-	14,33	16,12	-	6,89	7,75	-	0,88	0,99	-	-	-	-	-	-	-	-	-
	III	113,50	-	9,08	10,21	-	3,32	3,73	-	-	-	-	-	-	-	-	-	-	-	-	-	-	-
	IV	379,25	-	30,34	34,13	-	26,05	29,30	-	21,89	24,62	-	17,86	20,09	-	13,96	15,70	-	10,18	11,45	-	6,54	7,36
	V	716,83	-	57,34	64,51																		
	VI	760,00	-	60,80	68,40																		

Lohn/ Gehalt bis	Steuerklasse	Lohn-steuer	ohne Kinderfreibetrag			Anzahl Kinderfreibeträge (nur Steuerklassen I–IV) 0,5			1,0			1,5			2,0			2,5			3,0		
			SolZ 5,5%	Kirchensteuer 8%	9%	SolZ 5,5%	Kirchensteuer 8%	9%	SolZ 5,5%	Kirchensteuer 8%	9%	SolZ 5,5%	Kirchensteuer 8%	9%	SolZ 5,5%	Kirchensteuer 8%	9%	SolZ 5,5%	Kirchensteuer 8%	9%	SolZ 5,5%	Kirchensteuer 8%	9%
3.152,99	I	380,00	-	30,40	34,20	-	21,94	24,68	-	14,01	15,76	-	6,59	7,41	-	0,69	0,77	-	-	-	-	-	
	II	279,33	-	22,34	25,13	-	14,38	16,18	-	6,94	7,80	-	0,92	1,03	-	-	-	-	-	-	-	-	
	III	114,00	-	9,12	10,26	-	3,34	3,76	-	-	-	-	-	-	-	-	-	-	-	-	-	-	
	IV	380,00	-	30,40	34,20	-	26,10	29,36	-	21,94	24,68	-	17,91	20,15	-	14,01	15,76	-	10,24	11,52	-	6,59	7
	V	717,83	-	57,42	64,60																		
	VI	761,16	-	60,89	68,50																		
3.155,99	I	380,66	-	30,45	34,25	-	22,00	24,75	-	14,06	15,81	-	6,64	7,47	-	0,72	0,81	-	-	-	-	-	
	II	280,00	-	22,40	25,20	-	14,43	16,23	-	6,98	7,85	-	0,94	1,06	-	-	-	-	-	-	-	-	
	III	114,50	-	9,16	10,30	-	3,38	3,80	-	-	-	-	-	-	-	-	-	-	-	-	-	-	
	IV	380,66	-	30,45	34,25	-	26,16	29,43	-	22,00	24,75	-	17,96	20,21	-	14,06	15,81	-	10,28	11,57	-	6,64	7
	V	718,83	-	57,50	64,69																		
	VI	762,16	-	60,97	68,59																		
3.158,99	I	381,41	-	30,51	34,32	-	22,05	24,80	-	14,11	15,87	-	6,68	7,52	-	0,75	0,84	-	-	-	-	-	
	II	280,66	-	22,45	25,25	-	14,48	16,29	-	7,03	7,91	-	0,98	1,10	-	-	-	-	-	-	-	-	
	III	115,16	-	9,21	10,36	-	3,41	3,83	-	-	-	-	-	-	-	-	-	-	-	-	-	-	
	IV	381,41	-	30,51	34,32	-	26,22	29,49	-	22,05	24,80	-	18,02	20,27	-	14,11	15,87	-	10,33	11,62	-	6,68	7
	V	719,66	-	57,57	64,76																		
	VI	763,16	-	61,05	68,68																		
3.161,99	I	382,08	-	30,56	34,38	-	22,10	24,86	-	14,16	15,93	-	6,73	7,57	-	0,78	0,87	-	-	-	-	-	
	II	281,33	-	22,50	25,31	-	14,53	16,34	-	7,08	7,96	-	1,00	1,13	-	-	-	-	-	-	-	-	
	III	115,66	-	9,25	10,40	-	3,45	3,88	-	-	-	-	-	-	-	-	-	-	-	-	-	-	
	IV	382,08	-	30,56	34,38	-	26,27	29,55	-	22,10	24,86	-	18,07	20,33	-	14,16	15,93	-	10,38	11,67	-	6,73	7
	V	720,83	-	57,66	64,87																		
	VI	764,16	-	61,13	68,77																		
3.164,99	I	382,83	-	30,62	34,45	-	22,16	24,93	-	14,21	15,98	-	6,78	7,62	-	0,81	0,91	-	-	-	-	-	
	II	282,00	-	22,56	25,38	-	14,58	16,40	-	7,12	8,01	-	1,04	1,17	-	-	-	-	-	-	-	-	
	III	116,16	-	9,29	10,45	-	3,48	3,91	-	-	-	-	-	-	-	-	-	-	-	-	-	-	
	IV	382,83	-	30,62	34,45	-	26,32	29,61	-	22,16	24,93	-	18,12	20,39	-	14,21	15,98	-	10,43	11,73	-	6,78	7,
	V	721,83	-	57,74	64,96																		
	VI	765,16	-	61,21	68,86																		
3.167,99	I	383,50	-	30,68	34,51	-	22,21	24,98	-	14,26	16,04	-	6,82	7,67	-	0,84	0,95	-	-	-	-	-	
	II	282,66	-	22,61	25,43	-	14,63	16,46	-	7,17	8,06	-	1,07	1,20	-	-	-	-	-	-	-	-	
	III	116,66	-	9,33	10,49	-	3,52	3,96	-	-	-	-	-	-	-	-	-	-	-	-	-	-	
	IV	383,50	-	30,68	34,51	-	26,38	29,68	-	22,21	24,98	-	18,17	20,44	-	14,26	16,04	-	10,48	11,79	-	6,82	7
	V	722,83	-	57,82	65,05																		
	VI	766,16	-	61,29	68,95																		
3.170,99	I	384,25	-	30,74	34,58	-	22,26	25,04	-	14,31	16,10	-	6,87	7,73	-	0,87	0,98	-	-	-	-	-	
	II	283,33	-	22,66	25,49	-	14,68	16,52	-	7,22	8,12	-	1,10	1,24	-	-	-	-	-	-	-	-	
	III	117,16	-	9,37	10,54	-	3,54	3,98	-	-	-	-	-	-	-	-	-	-	-	-	-	-	
	IV	384,25	-	30,74	34,58	-	26,44	29,74	-	22,26	25,04	-	18,22	20,50	-	14,31	16,10	-	10,52	11,84	-	6,87	7,
	V	723,66	-	57,89	65,12																		
	VI	767,16	-	61,37	69,04																		
3.173,99	I	385,00	-	30,80	34,65	-	22,32	25,11	-	14,36	16,16	-	6,92	7,78	-	0,90	1,01	-	-	-	-	-	
	II	284,00	-	22,72	25,56	-	14,74	16,58	-	7,26	8,17	-	1,13	1,27	-	-	-	-	-	-	-	-	
	III	117,66	-	9,41	10,58	-	3,58	4,03	-	-	-	-	-	-	-	-	-	-	-	-	-	-	
	IV	385,00	-	30,80	34,65	-	26,49	29,80	-	22,32	25,11	-	18,28	20,56	-	14,36	16,16	-	10,58	11,90	-	6,92	7,
	V	724,66	-	57,97	65,21																		
	VI	768,16	-	61,45	69,13																		
3.176,99	I	385,66	-	30,85	34,70	-	22,38	25,17	-	14,41	16,21	-	6,96	7,83	-	0,93	1,04	-	-	-	-	-	
	II	284,66	-	22,77	25,61	-	14,78	16,63	-	7,31	8,22	-	1,16	1,31	-	-	-	-	-	-	-	-	
	III	118,33	-	9,46	10,64	-	3,61	4,06	-	-	-	-	-	-	-	-	-	-	-	-	-	-	
	IV	385,66	-	30,85	34,70	-	26,55	29,87	-	22,38	25,17	-	18,33	20,62	-	14,41	16,21	-	10,62	11,95	-	6,96	7,
	V	725,83	-	58,06	65,32																		
	VI	769,16	-	61,53	69,22																		
3.179,99	I	386,41	-	30,91	34,77	-	22,43	25,23	-	14,46	16,27	-	7,01	7,88	-	0,96	1,08	-	-	-	-	-	
	II	285,33	-	22,82	25,67	-	14,84	16,69	-	7,36	8,28	-	1,20	1,35	-	-	-	-	-	-	-	-	
	III	118,83	-	9,50	10,69	-	3,65	4,10	-	-	-	-	-	-	-	-	-	-	-	-	-	-	
	IV	386,41	-	30,91	34,77	-	26,60	29,93	-	22,43	25,23	-	18,38	20,68	-	14,46	16,27	-	10,67	12,00	-	7,01	7,8
	V	726,83	-	58,14	65,41																		
	VI	770,16	-	61,61	69,31																		
3.182,99	I	387,08	-	30,96	34,83	-	22,48	25,29	-	14,51	16,32	-	7,06	7,94	-	1,00	1,12	-	-	-	-	-	
	II	286,00	-	22,88	25,74	-	14,88	16,74	-	7,41	8,33	-	1,23	1,38	-	-	-	-	-	-	-	-	
	III	119,33	-	9,54	10,73	-	3,68	4,14	-	-	-	-	-	-	-	-	-	-	-	-	-	-	
	IV	387,08	-	30,96	34,83	-	26,66	29,99	-	22,48	25,29	-	18,44	20,74	-	14,51	16,32	-	10,72	12,06	-	7,06	7,9
	V	727,83	-	58,22	65,50																		
	VI	771,16	-	61,69	69,40																		
3.185,99	I	387,83	-	31,02	34,90	-	22,54	25,35	-	14,56	16,38	-	7,10	7,99	-	1,02	1,15	-	-	-	-	-	
	II	286,66	-	22,93	25,79	-	14,94	16,80	-	7,46	8,39	-	1,26	1,41	-	-	-	-	-	-	-	-	
	III	119,83	-	9,58	10,78	-	3,72	4,18	-	-	-	-	-	-	-	-	-	-	-	-	-	-	
	IV	387,83	-	31,02	34,90	-	26,72	30,06	-	22,54	25,35	-	18,48	20,79	-	14,56	16,38	-	10,77	12,11	-	7,10	7,9
	V	728,66	-	58,29	65,57																		
	VI	772,33	-	61,78	69,50																		
3.188,99	I	388,50	-	31,08	34,96	-	22,59	25,41	-	14,61	16,43	-	7,15	8,04	-	1,06	1,19	-	-	-	-	-	
	II	287,41	-	22,99	25,86	-	14,98	16,85	-	7,50	8,44	-	1,29	1,45	-	-	-	-	-	-	-	-	
	III	120,33	-	9,62	10,82	-	3,74	4,21	-	-	-	-	-	-	-	-	-	-	-	-	-	-	
	IV	388,50	-	31,08	34,96	-	26,77	30,11	-	22,59	25,41	-	18,54	20,85	-	14,61	16,43	-	10,82	12,17	-	7,15	8,0
	V	729,66	-	58,37	65,66																		
	VI	773,33	-	61,86	69,59																		
3.191,99	I	389,25	-	31,14	35,03	-	22,64	25,47	-	14,66	16,49	-	7,20	8,10	-	1,09	1,22	-	-	-	-	-	
	II	288,08	-	23,04	25,92	-	15,04	16,92	-	7,55	8,49	-	1,32	1,49	-	-	-	-	-	-	-	-	
	III	121,00	-	9,68	10,89	-	3,78	4,25	-	-	-	-	-	-	-	-	-	-	-	-	-	-	
	IV	389,25	-	31,14	35,03	-	26,82	30,17	-	22,64	25,47	-	18,59	20,91	-	14,66	16,49	-	10,87	12,23	-	7,20	8,1
	V	730,83	-	58,46	65,77																		
	VI	774,33	-	61,94	69,68																		
3.194,99	I	390,00	-	31,20	35,10	-	22,70	25,53	-	14,72	16,56	-	7,25	8,15	-	1,12	1,26	-	-	-	-	-	
	II	288,75	-	23,10	25,98	-	15,09	16,97	-	7,60	8,55	-	1,36	1,53	-	-	-	-	-	-	-	-	
	III	121,50	-	9,72	10,93	-	3,82	4,30	-	-	-	-	-	-	-	-	-	-	-	-	-	-	
	IV	390,00	-	31,20	35,10	-	26,88	30,24	-	22,70	25,53	-	18,64	20,97	-	14,72	16,56	-	10,92	12,28	-	7,25	8,1
	V	731,83	-	58,54	65,86																		
	VI	775,33	-	62,02	69,77																		

Allgemeine Tabelle

Lohn/ Gehalt bis	Steuerklasse	Lohn-steuer	ohne Kinderfreibetrag SolZ 5,5%	Kirchensteuer 8%	Kirchensteuer 9%	0,5 SolZ 5,5%	0,5 Kirchensteuer 8%	0,5 Kirchensteuer 9%	1,0 SolZ 5,5%	1,0 Kirchensteuer 8%	1,0 Kirchensteuer 9%	1,5 SolZ 5,5%	1,5 Kirchensteuer 8%	1,5 Kirchensteuer 9%	2,0 SolZ 5,5%	2,0 Kirchensteuer 8%	2,0 Kirchensteuer 9%	2,5 SolZ 5,5%	2,5 Kirchensteuer 8%	2,5 Kirchensteuer 9%	3,0 SolZ 5,5%	3,0 Kirchensteuer 8%	3,0 Kirchensteuer 9%
						Anzahl Kinderfreibeträge (nur Steuerklassen I–IV)																	
3.197,99	I	390,66	-	31,25	35,15	-	22,75	25,59	-	14,76	16,61	-	7,30	8,21	-	1,15	1,29	-	-	-	-	-	-
	II	289,41	-	23,15	26,04	-	15,14	17,03	-	7,64	8,60	-	1,39	1,56	-	-	-	-	-	-	-	-	-
	III	122,00	-	9,76	10,98	-	3,85	4,33	-	-	-	-	-	-	-	-	-	-	-	-	-	-	-
	IV	390,66	-	31,25	35,15	-	26,94	30,30	-	22,75	25,59	-	18,70	21,03	-	14,76	16,61	-	10,96	12,33	-	7,30	8,21
	V	732,66	-	58,61	65,93																		
	VI	776,33	-	62,10	69,86																		
3.200,99	I	391,41	-	31,31	35,22	-	22,80	25,65	-	14,82	16,67	-	7,34	8,26	-	1,18	1,33	-	-	-	-	-	-
	II	290,08	-	23,20	26,10	-	15,19	17,09	-	7,69	8,65	-	1,42	1,60	-	-	-	-	-	-	-	-	-
	III	122,50	-	9,80	11,02	-	3,89	4,37	-	-	-	-	-	-	-	-	-	-	-	-	-	-	-
	IV	391,41	-	31,31	35,22	-	26,99	30,36	-	22,80	25,65	-	18,74	21,08	-	14,82	16,67	-	11,02	12,39	-	7,34	8,26
	V	733,66	-	58,69	66,02																		
	VI	777,33	-	62,18	69,95																		
3.203,99	I	392,08	-	31,36	35,28	-	22,86	25,71	-	14,87	16,73	-	7,39	8,31	-	1,22	1,37	-	-	-	-	-	-
	II	290,75	-	23,26	26,16	-	15,24	17,15	-	7,74	8,70	-	1,46	1,64	-	-	-	-	-	-	-	-	-
	III	123,16	-	9,85	11,08	-	3,92	4,41	-	-	-	-	-	-	-	-	-	-	-	-	-	-	-
	IV	392,08	-	31,36	35,28	-	27,05	30,43	-	22,86	25,71	-	18,80	21,15	-	14,87	16,73	-	11,06	12,44	-	7,39	8,31
	V	734,66	-	58,77	66,11																		
	VI	778,50	-	62,28	70,06																		
3.206,99	I	392,83	-	31,42	35,35	-	22,91	25,77	-	14,92	16,78	-	7,44	8,37	-	1,25	1,40	-	-	-	-	-	-
	II	291,41	-	23,31	26,22	-	15,29	17,20	-	7,78	8,75	-	1,49	1,67	-	-	-	-	-	-	-	-	-
	III	123,66	-	9,89	11,12	-	3,96	4,45	-	-	-	-	-	-	-	-	-	-	-	-	-	-	-
	IV	392,83	-	31,42	35,35	-	27,10	30,49	-	22,91	25,77	-	18,85	21,20	-	14,92	16,78	-	11,11	12,50	-	7,44	8,37
	V	735,83	-	58,86	66,22																		
	VI	779,33	-	62,34	70,13																		
3.209,99	I	393,58	-	31,48	35,42	-	22,96	25,83	-	14,97	16,84	-	7,48	8,42	-	1,28	1,44	-	-	-	-	-	-
	II	292,08	-	23,36	26,28	-	15,34	17,26	-	7,83	8,81	-	1,52	1,71	-	-	-	-	-	-	-	-	-
	III	124,16	-	9,93	11,17	-	4,00	4,50	-	-	-	-	-	-	-	-	-	-	-	-	-	-	-
	IV	393,58	-	31,48	35,42	-	27,16	30,55	-	22,96	25,83	-	18,90	21,26	-	14,97	16,84	-	11,16	12,56	-	7,48	8,42
	V	736,83	-	58,94	66,31																		
	VI	780,33	-	62,42	70,22																		
3.212,99	I	394,25	-	31,54	35,48	-	23,02	25,89	-	15,02	16,89	-	7,53	8,47	-	1,31	1,47	-	-	-	-	-	-
	II	292,75	-	23,42	26,34	-	15,39	17,31	-	7,88	8,86	-	1,55	1,74	-	-	-	-	-	-	-	-	-
	III	124,66	-	9,97	11,21	-	4,02	4,52	-	-	-	-	-	-	-	-	-	-	-	-	-	-	-
	IV	394,25	-	31,54	35,48	-	27,22	30,62	-	23,02	25,89	-	18,96	21,33	-	15,02	16,89	-	11,21	12,61	-	7,53	8,47
	V	737,66	-	59,01	66,38																		
	VI	781,50	-	62,52	70,33																		
3.215,99	I	395,00	-	31,60	35,55	-	23,08	25,96	-	15,07	16,95	-	7,58	8,52	-	1,34	1,51	-	-	-	-	-	-
	II	293,50	-	23,48	26,41	-	15,44	17,37	-	7,93	8,92	-	1,58	1,78	-	-	-	-	-	-	-	-	-
	III	125,16	-	10,01	11,26	-	4,06	4,57	-	-	-	-	-	-	-	-	-	-	-	-	-	-	-
	IV	395,00	-	31,60	35,55	-	27,27	30,68	-	23,08	25,96	-	19,01	21,38	-	15,07	16,95	-	11,26	12,66	-	7,58	8,52
	V	738,66	-	59,09	66,47																		
	VI	782,66	-	62,61	70,43																		
3.218,99	I	395,66	-	31,65	35,60	-	23,13	26,02	-	15,12	17,01	-	7,62	8,57	-	1,38	1,55	-	-	-	-	-	-
	II	294,16	-	23,53	26,47	-	15,50	17,43	-	7,98	8,97	-	1,62	1,82	-	-	-	-	-	-	-	-	-
	III	125,83	-	10,06	11,32	-	4,09	4,60	-	-	-	-	-	-	-	-	-	-	-	-	-	-	-
	IV	395,66	-	31,65	35,60	-	27,32	30,74	-	23,13	26,02	-	19,06	21,44	-	15,12	17,01	-	11,31	12,72	-	7,62	8,57
	V	739,66	-	59,17	66,56																		
	VI	783,41	-	62,67	70,50																		
3.221,99	I	396,41	-	31,71	35,67	-	23,18	26,08	-	15,17	17,06	-	7,67	8,63	-	1,41	1,58	-	-	-	-	-	-
	II	294,83	-	23,58	26,53	-	15,54	17,48	-	8,02	9,02	-	1,65	1,85	-	-	-	-	-	-	-	-	-
	III	126,33	-	10,10	11,36	-	4,13	4,64	-	-	-	-	-	-	-	-	-	-	-	-	-	-	-
	IV	396,41	-	31,71	35,67	-	27,38	30,80	-	23,18	26,08	-	19,11	21,50	-	15,17	17,06	-	11,36	12,78	-	7,67	8,63
	V	740,83	-	59,26	66,67																		
	VI	784,41	-	62,75	70,59																		
3.224,99	I	397,16	-	31,77	35,74	-	23,24	26,14	-	15,22	17,12	-	7,72	8,69	-	1,44	1,62	-	-	-	-	-	-
	II	295,50	-	23,64	26,59	-	15,60	17,55	-	8,07	9,08	-	1,69	1,90	-	-	-	-	-	-	-	-	-
	III	126,83	-	10,14	11,41	-	4,17	4,69	-	-	-	-	-	-	-	-	-	-	-	-	-	-	-
	IV	397,16	-	31,77	35,74	-	27,44	30,87	-	23,24	26,14	-	19,16	21,56	-	15,22	17,12	-	11,41	12,83	-	7,72	8,69
	V	741,83	-	59,34	66,76																		
	VI	785,50	-	62,84	70,69																		
3.227,99	I	397,83	-	31,82	35,80	-	23,29	26,20	-	15,27	17,18	-	7,77	8,74	-	1,48	1,66	-	-	-	-	-	-
	II	296,16	-	23,69	26,65	-	15,65	17,60	-	8,12	9,13	-	1,72	1,94	-	-	-	-	-	-	-	-	-
	III	127,33	-	10,18	11,45	-	4,20	4,72	-	-	-	-	-	-	-	-	-	-	-	-	-	-	-
	IV	397,83	-	31,82	35,80	-	27,50	30,93	-	23,29	26,20	-	19,22	21,62	-	15,27	17,18	-	11,46	12,89	-	7,77	8,74
	V	742,83	-	59,42	66,85																		
	VI	786,50	-	62,92	70,78																		
3.230,99	I	398,58	-	31,88	35,87	-	23,34	26,26	-	15,32	17,24	-	7,82	8,79	-	1,51	1,70	-	-	-	-	-	-
	II	296,83	-	23,74	26,71	-	15,70	17,66	-	8,16	9,18	-	1,76	1,98	-	-	-	-	-	-	-	-	-
	III	128,00	-	10,24	11,52	-	4,24	4,77	-	-	-	-	-	-	-	-	-	-	-	-	-	-	-
	IV	398,58	-	31,88	35,87	-	27,55	30,99	-	23,34	26,26	-	19,27	21,68	-	15,32	17,24	-	11,50	12,94	-	7,82	8,79
	V	743,66	-	59,49	66,92																		
	VI	787,50	-	63,00	70,87																		
3.233,99	I	399,33	-	31,94	35,93	-	23,40	26,33	-	15,38	17,30	-	7,86	8,84	-	1,54	1,73	-	-	-	-	-	-
	II	297,58	-	23,80	26,78	-	15,75	17,72	-	8,22	9,24	-	1,79	2,01	-	-	-	-	-	-	-	-	-
	III	128,50	-	10,28	11,56	-	4,26	4,79	-	-	-	-	-	-	-	-	-	-	-	-	-	-	-
	IV	399,33	-	31,94	35,93	-	27,61	31,06	-	23,40	26,33	-	19,32	21,74	-	15,38	17,30	-	11,56	13,00	-	7,86	8,84
	V	744,83	-	59,58	67,03																		
	VI	788,58	-	63,08	70,97																		
3.236,99	I	400,00	-	32,00	36,00	-	23,46	26,39	-	15,42	17,35	-	7,91	8,90	-	1,58	1,77	-	-	-	-	-	-
	II	298,25	-	23,86	26,84	-	15,80	17,78	-	8,26	9,29	-	1,82	2,05	-	-	-	-	-	-	-	-	-
	III	129,00	-	10,32	11,61	-	4,30	4,84	-	-	-	-	-	-	-	-	-	-	-	-	-	-	-
	IV	400,00	-	32,00	36,00	-	27,66	31,12	-	23,46	26,39	-	19,38	21,80	-	15,42	17,35	-	11,60	13,05	-	7,91	8,90
	V	745,66	-	59,65	67,10																		
	VI	789,58	-	63,16	71,06																		
3.239,99	I	400,75	-	32,06	36,06	-	23,51	26,45	-	15,48	17,41	-	7,96	8,95	-	1,61	1,81	-	-	-	-	-	-
	II	298,91	-	23,91	26,90	-	15,85	17,83	-	8,31	9,35	-	1,86	2,09	-	-	-	-	-	-	-	-	-
	III	129,50	-	10,36	11,65	-	4,34	4,88	-	-	-	-	-	-	-	-	-	-	-	-	-	-	-
	IV	400,75	-	32,06	36,06	-	27,72	31,18	-	23,51	26,45	-	19,43	21,86	-	15,48	17,41	-	11,65	13,10	-	7,96	8,95
	V	746,66	-	59,73	67,19																		
	VI	790,58	-	63,24	71,15																		

Lohn/ Gehalt bis	Steuerklasse	Lohn-steuer	ohne Kinderfreibetrag			Anzahl Kinderfreibeträge (nur Steuerklassen I–IV) 0,5			1,0			1,5			2,0			2,5			3,0		
			SolZ 5,5%	Kirchensteuer 8%	9%	SolZ 5,5%	Kirchensteuer 8%	9%	SolZ 5,5%	Kirchensteuer 8%	9%	SolZ 5,5%	Kirchensteuer 8%	9%	SolZ 5,5%	Kirchensteuer 8%	9%	SolZ 5,5%	Kirchensteuer 8%	9%	SolZ 5,5%	Kirchensteuer 8%	9%
3.242,99	I	401,41	-	32,11	36,12	-	23,56	26,51	-	15,52	17,46	-	8,00	9,00	-	1,64	1,85	-	-	-	-	-	
	II	299,58	-	23,96	26,96	-	15,90	17,89	-	8,36	9,40	-	1,89	2,12	-	-	-	-	-	-	-	-	
	III	130,16	-	10,41	11,71	-	4,37	4,91	-	-	-	-	-	-	-	-	-	-	-	-	-	-	
	IV	401,41	-	32,11	36,12	-	27,77	31,24	-	23,56	26,51	-	19,48	21,91	-	15,52	17,46	-	11,70	13,16	-	8,00	9
	V	747,83	-	59,82	67,30																		
	VI	791,66	-	63,33	71,24																		
3.245,99	I	402,16	-	32,17	36,19	-	23,62	26,57	-	15,58	17,52	-	8,05	9,05	-	1,68	1,89	-	-	-	-	-	
	II	300,25	-	24,02	27,02	-	15,96	17,95	-	8,40	9,45	-	1,92	2,16	-	-	-	-	-	-	-	-	
	III	130,66	-	10,45	11,75	-	4,41	4,96	-	-	-	-	-	-	-	-	-	-	-	-	-	-	
	IV	402,16	-	32,17	36,19	-	27,83	31,31	-	23,62	26,57	-	19,53	21,97	-	15,58	17,52	-	11,75	13,22	-	8,05	9
	V	748,83	-	59,90	67,39																		
	VI	792,66	-	63,41	71,33																		
3.248,99	I	402,91	-	32,23	36,26	-	23,67	26,63	-	15,63	17,58	-	8,10	9,11	-	1,71	1,92	-	-	-	-	-	
	II	300,91	-	24,07	27,08	-	16,00	18,00	-	8,45	9,50	-	1,96	2,20	-	-	-	-	-	-	-	-	
	III	131,16	-	10,49	11,80	-	4,45	5,00	-	-	-	-	-	-	-	-	-	-	-	-	-	-	
	IV	402,91	-	32,23	36,26	-	27,88	31,37	-	23,67	26,63	-	19,58	22,03	-	15,63	17,58	-	11,80	13,27	-	8,10	9
	V	749,83	-	59,98	67,48																		
	VI	793,66	-	63,49	71,42																		
3.251,99	I	403,58	-	32,28	36,32	-	23,72	26,69	-	15,68	17,64	-	8,15	9,17	-	1,74	1,96	-	-	-	-	-	
	II	301,58	-	24,12	27,14	-	16,06	18,06	-	8,50	9,56	-	1,99	2,24	-	-	-	-	-	-	-	-	
	III	131,83	-	10,54	11,86	-	4,48	5,04	-	-	-	-	-	-	-	-	-	-	-	-	-	-	
	IV	403,58	-	32,28	36,32	-	27,94	31,43	-	23,72	26,69	-	19,64	22,09	-	15,68	17,64	-	11,85	13,33	-	8,15	9,
	V	750,83	-	60,06	67,57																		
	VI	794,75	-	63,58	71,52																		
3.254,99	I	404,33	-	32,34	36,38	-	23,78	26,75	-	15,73	17,69	-	8,20	9,22	-	1,78	2,00	-	-	-	-	-	
	II	302,33	-	24,18	27,20	-	16,11	18,12	-	8,55	9,62	-	2,03	2,28	-	-	-	-	-	-	-	-	
	III	132,33	-	10,58	11,90	-	4,52	5,08	-	-	-	-	-	-	-	-	-	-	-	-	-	-	
	IV	404,33	-	32,34	36,38	-	28,00	31,50	-	23,78	26,75	-	19,69	22,15	-	15,73	17,69	-	11,90	13,38	-	8,20	9,
	V	751,83	-	60,14	67,66																		
	VI	795,75	-	63,66	71,61																		
3.257,99	I	405,08	-	32,40	36,45	-	23,84	26,82	-	15,78	17,75	-	8,24	9,27	-	1,81	2,03	-	-	-	-	-	
	II	303,00	-	24,24	27,27	-	16,16	18,18	-	8,60	9,67	-	2,06	2,32	-	-	-	-	-	-	-	-	
	III	132,83	-	10,62	11,95	-	4,56	5,13	-	-	-	-	-	-	-	-	-	-	-	-	-	-	
	IV	405,08	-	32,40	36,45	-	28,06	31,56	-	23,84	26,82	-	19,74	22,21	-	15,78	17,75	-	11,95	13,44	-	8,24	9,
	V	752,83	-	60,22	67,75																		
	VI	796,75	-	63,74	71,70																		
3.260,99	I	405,75	-	32,46	36,51	-	23,89	26,87	-	15,83	17,81	-	8,29	9,32	-	1,84	2,07	-	-	-	-	-	
	II	303,66	-	24,29	27,32	-	16,21	18,23	-	8,64	9,72	-	2,10	2,36	-	-	-	-	-	-	-	-	
	III	133,50	-	10,68	12,01	-	4,58	5,15	-	-	-	-	-	-	-	-	-	-	-	-	-	-	
	IV	405,75	-	32,46	36,51	-	28,11	31,62	-	23,89	26,87	-	19,80	22,27	-	15,83	17,81	-	12,00	13,50	-	8,29	9,
	V	753,83	-	60,30	67,84																		
	VI	797,75	-	63,82	71,79																		
3.263,99	I	406,50	-	32,52	36,58	-	23,94	26,93	-	15,88	17,87	-	8,34	9,38	-	1,88	2,11	-	-	-	-	-	
	II	304,33	-	24,34	27,38	-	16,26	18,29	-	8,69	9,77	-	2,13	2,39	-	-	-	-	-	-	-	-	
	III	134,00	-	10,72	12,06	-	4,62	5,20	-	-	-	-	-	-	-	-	-	-	-	-	-	-	
	IV	406,50	-	32,52	36,58	-	28,16	31,68	-	23,94	26,93	-	19,85	22,33	-	15,88	17,87	-	12,04	13,55	-	8,34	9,
	V	754,83	-	60,38	67,93																		
	VI	798,83	-	63,90	71,89																		
3.266,99	I	407,25	-	32,58	36,65	-	24,00	27,00	-	15,94	17,93	-	8,38	9,43	-	1,91	2,15	-	-	-	-	-	
	II	305,08	-	24,40	27,45	-	16,31	18,35	-	8,74	9,83	-	2,17	2,44	-	-	-	-	-	-	-	-	
	III	134,50	-	10,76	12,10	-	4,66	5,24	-	-	-	-	-	-	-	-	-	-	-	-	-	-	
	IV	407,25	-	32,58	36,65	-	28,22	31,75	-	24,00	27,00	-	19,90	22,39	-	15,94	17,93	-	12,10	13,61	-	8,38	9,4
	V	755,83	-	60,46	68,02																		
	VI	799,83	-	63,98	71,98																		
3.269,99	I	407,91	-	32,63	36,71	-	24,05	27,05	-	15,98	17,98	-	8,43	9,48	-	1,94	2,18	-	-	-	-	-	
	II	305,75	-	24,46	27,51	-	16,36	18,41	-	8,78	9,88	-	2,20	2,48	-	-	-	-	-	-	-	-	
	III	135,16	-	10,81	12,16	-	4,69	5,27	-	-	-	-	-	-	-	-	-	-	-	-	-	-	
	IV	407,91	-	32,63	36,71	-	28,28	31,81	-	24,05	27,05	-	19,96	22,45	-	15,98	17,98	-	12,14	13,66	-	8,43	9,4
	V	756,83	-	60,54	68,11																		
	VI	800,83	-	64,06	72,07																		
3.272,99	I	408,66	-	32,69	36,77	-	24,10	27,11	-	16,04	18,04	-	8,48	9,54	-	1,98	2,22	-	-	-	-	-	
	II	306,41	-	24,51	27,57	-	16,42	18,47	-	8,83	9,93	-	2,24	2,52	-	-	-	-	-	-	-	-	
	III	135,66	-	10,85	12,20	-	4,73	5,32	-	-	-	-	-	-	-	-	-	-	-	-	-	-	
	IV	408,66	-	32,69	36,77	-	28,34	31,88	-	24,10	27,11	-	20,00	22,50	-	16,04	18,04	-	12,20	13,72	-	8,48	9,5
	V	757,83	-	60,62	68,20																		
	VI	801,91	-	64,15	72,17																		
3.275,99	I	409,41	-	32,75	36,84	-	24,16	27,18	-	16,09	18,10	-	8,53	9,59	-	2,02	2,27	-	-	-	-	-	
	II	307,08	-	24,56	27,63	-	16,46	18,52	-	8,88	9,99	-	2,28	2,56	-	-	-	-	-	-	-	-	
	III	136,16	-	10,89	12,25	-	4,77	5,36	-	-	-	-	-	-	-	-	-	-	-	-	-	-	
	IV	409,41	-	32,75	36,84	-	28,39	31,94	-	24,16	27,18	-	20,06	22,57	-	16,09	18,10	-	12,24	13,77	-	8,53	9,5
	V	758,83	-	60,70	68,29																		
	VI	802,91	-	64,23	72,26																		
3.278,99	I	410,08	-	32,80	36,90	-	24,22	27,24	-	16,14	18,15	-	8,58	9,65	-	2,05	2,30	-	-	-	-	-	
	II	307,75	-	24,62	27,69	-	16,52	18,58	-	8,93	10,04	-	2,31	2,60	-	-	-	-	-	-	-	-	
	III	136,66	-	10,93	12,29	-	4,80	5,40	-	-	-	-	-	-	-	-	-	-	-	-	-	-	
	IV	410,08	-	32,80	36,90	-	28,45	32,00	-	24,22	27,24	-	20,11	22,62	-	16,14	18,15	-	12,30	13,83	-	8,58	9,6
	V	759,83	-	60,78	68,38																		
	VI	803,91	-	64,31	72,35																		
3.281,99	I	410,83	-	32,86	36,97	-	24,27	27,30	-	16,19	18,21	-	8,62	9,70	-	2,08	2,34	-	-	-	-	-	
	II	308,41	-	24,67	27,75	-	16,57	18,64	-	8,98	10,10	-	2,34	2,63	-	-	-	-	-	-	-	-	
	III	137,33	-	10,98	12,35	-	4,84	5,44	-	-	-	-	-	-	-	-	-	-	-	-	-	-	
	IV	410,83	-	32,86	36,97	-	28,50	32,06	-	24,27	27,30	-	20,16	22,68	-	16,19	18,21	-	12,34	13,88	-	8,62	9,7
	V	761,00	-	60,88	68,49																		
	VI	805,00	-	64,40	72,45																		
3.284,99	I	411,58	-	32,92	37,04	-	24,32	27,36	-	16,24	18,27	-	8,67	9,75	-	2,12	2,38	-	-	-	-	-	
	II	309,16	-	24,73	27,82	-	16,62	18,70	-	9,02	10,15	-	2,38	2,68	-	-	-	-	-	-	-	-	
	III	137,83	-	11,02	12,40	-	4,88	5,49	-	0,02	0,02	-	-	-	-	-	-	-	-	-	-	-	
	IV	411,58	-	32,92	37,04	-	28,56	32,13	-	24,32	27,36	-	20,22	22,74	-	16,24	18,27	-	12,39	13,94	-	8,67	9,75
	V	762,00	-	60,96	68,58																		
	VI	806,00	-	64,48	72,54																		

Allgemeine Tabelle

Lohn/ Gehalt bis	Steuerklasse	Lohn- steuer	ohne Kinderfreibetrag			Anzahl Kinderfreibeträge (nur Steuerklassen I–IV)																	
						0,5			1,0			1,5			2,0			2,5			3,0		
			SolZ 5,5%	Kirchensteuer 8%	Kirchensteuer 9%	SolZ 5,5%	Kirchensteuer 8%	Kirchensteuer 9%	SolZ 5,5%	Kirchensteuer 8%	Kirchensteuer 9%	SolZ 5,5%	Kirchensteuer 8%	Kirchensteuer 9%	SolZ 5,5%	Kirchensteuer 8%	Kirchensteuer 9%	SolZ 5,5%	Kirchensteuer 8%	Kirchensteuer 9%	SolZ 5,5%	Kirchensteuer 8%	Kirchensteuer 9%
3.287,99	I	412,33	–	32,98	37,10	–	24,38	27,42	–	16,29	18,32	–	8,72	9,81	–	2,16	2,43	–	–	–	–	–	–
	II	309,83	–	24,78	27,88	–	16,67	18,75	–	9,08	10,21	–	2,42	2,72	–	–	–	–	–	–	–	–	–
	III	138,50	–	11,08	12,46	–	4,90	5,51	–	0,06	0,07	–	–	–	–	–	–	–	–	–	–	–	–
	IV	412,33	–	32,98	37,10	–	28,62	32,19	–	24,38	27,42	–	20,27	22,80	–	16,29	18,32	–	12,44	14,00	–	8,72	9,81
	V	763,00	–	61,04	68,67																		
	VI	807,00	–	64,56	72,63																		
3.290,99	I	413,00	–	33,04	37,17	–	24,44	27,49	–	16,34	18,38	–	8,77	9,86	–	2,19	2,46	–	–	–	–	–	–
	II	310,50	–	24,84	27,94	–	16,72	18,81	–	9,12	10,26	–	2,45	2,75	–	–	–	–	–	–	–	–	–
	III	139,00	–	11,12	12,51	–	4,94	5,56	–	0,09	0,10	–	–	–	–	–	–	–	–	–	–	–	–
	IV	413,00	–	33,04	37,17	–	28,67	32,25	–	24,44	27,49	–	20,32	22,86	–	16,34	18,38	–	12,49	14,05	–	8,77	9,86
	V	764,00	–	61,12	68,76																		
	VI	808,08	–	64,64	72,72																		
3.293,99	I	413,75	–	33,10	37,23	–	24,49	27,55	–	16,40	18,45	–	8,82	9,92	–	2,22	2,50	–	–	–	–	–	–
	II	311,16	–	24,89	28,00	–	16,77	18,86	–	9,17	10,31	–	2,49	2,80	–	–	–	–	–	–	–	–	–
	III	139,50	–	11,16	12,55	–	4,98	5,60	–	0,12	0,13	–	–	–	–	–	–	–	–	–	–	–	–
	IV	413,75	–	33,10	37,23	–	28,73	32,32	–	24,49	27,55	–	20,38	22,92	–	16,40	18,45	–	12,54	14,11	–	8,82	9,92
	V	765,00	–	61,20	68,85																		
	VI	809,08	–	64,72	72,81																		
3.296,99	I	414,50	–	33,16	37,30	–	24,54	27,61	–	16,45	18,50	–	8,86	9,97	–	2,26	2,54	–	–	–	–	–	–
	II	311,91	–	24,95	28,07	–	16,82	18,92	–	9,22	10,37	–	2,52	2,84	–	–	–	–	–	–	–	–	–
	III	140,16	–	11,21	12,61	–	5,02	5,65	–	0,14	0,16	–	–	–	–	–	–	–	–	–	–	–	–
	IV	414,50	–	33,16	37,30	–	28,78	32,38	–	24,54	27,61	–	20,43	22,98	–	16,45	18,50	–	12,59	14,16	–	8,86	9,97
	V	766,00	–	61,28	68,94																		
	VI	810,08	–	64,80	72,90																		
3.299,99	I	415,16	–	33,21	37,36	–	24,60	27,67	–	16,50	18,56	–	8,91	10,02	–	2,30	2,58	–	–	–	–	–	–
	II	312,58	–	25,00	28,13	–	16,88	18,99	–	9,26	10,42	–	2,56	2,88	–	–	–	–	–	–	–	–	–
	III	140,66	–	11,25	12,65	–	5,05	5,68	–	0,17	0,19	–	–	–	–	–	–	–	–	–	–	–	–
	IV	415,16	–	33,21	37,36	–	28,84	32,45	–	24,60	27,67	–	20,48	23,04	–	16,50	18,56	–	12,64	14,22	–	8,91	10,02
	V	767,00	–	61,36	69,03																		
	VI	811,08	–	64,88	72,99																		
3.302,99	I	415,91	–	33,27	37,43	–	24,65	27,73	–	16,55	18,62	–	8,96	10,08	–	2,33	2,62	–	–	–	–	–	–
	II	313,25	–	25,06	28,19	–	16,93	19,04	–	9,32	10,48	–	2,60	2,92	–	–	–	–	–	–	–	–	–
	III	141,16	–	11,29	12,70	–	5,09	5,72	–	0,20	0,22	–	–	–	–	–	–	–	–	–	–	–	–
	IV	415,91	–	33,27	37,43	–	28,90	32,51	–	24,65	27,73	–	20,54	23,10	–	16,55	18,62	–	12,69	14,27	–	8,96	10,08
	V	768,00	–	61,44	69,12																		
	VI	812,16	–	64,97	73,09																		
3.305,99	I	416,66	–	33,33	37,49	–	24,71	27,80	–	16,60	18,68	–	9,01	10,13	–	2,37	2,66	–	–	–	–	–	–
	II	313,91	–	25,11	28,25	–	16,98	19,10	–	9,36	10,53	–	2,64	2,97	–	–	–	–	–	–	–	–	–
	III	141,83	–	11,34	12,76	–	5,13	5,77	–	0,22	0,25	–	–	–	–	–	–	–	–	–	–	–	–
	IV	416,66	–	33,33	37,49	–	28,96	32,58	–	24,71	27,80	–	20,59	23,16	–	16,60	18,68	–	12,74	14,33	–	9,01	10,13
	V	769,00	–	61,52	69,21																		
	VI	813,16	–	65,05	73,18																		
3.308,99	I	417,41	–	33,39	37,56	–	24,76	27,86	–	16,65	18,73	–	9,06	10,19	–	2,40	2,70	–	–	–	–	–	–
	II	314,58	–	25,16	28,31	–	17,03	19,16	–	9,41	10,58	–	2,67	3,00	–	–	–	–	–	–	–	–	–
	III	142,33	–	11,38	12,80	–	5,16	5,80	–	0,25	0,28	–	–	–	–	–	–	–	–	–	–	–	–
	IV	417,41	–	33,39	37,56	–	29,01	32,63	–	24,76	27,86	–	20,64	23,22	–	16,65	18,73	–	12,79	14,39	–	9,06	10,19
	V	770,16	–	61,61	69,31																		
	VI	814,16	–	65,13	73,27																		
3.311,99	I	418,08	–	33,44	37,62	–	24,82	27,92	–	16,70	18,79	–	9,10	10,24	–	2,44	2,74	–	–	–	–	–	–
	II	315,33	–	25,22	28,37	–	17,08	19,22	–	9,46	10,64	–	2,71	3,05	–	–	–	–	–	–	–	–	–
	III	142,83	–	11,42	12,85	–	5,20	5,85	–	0,28	0,31	–	–	–	–	–	–	–	–	–	–	–	–
	IV	418,08	–	33,44	37,62	–	29,06	32,69	–	24,82	27,92	–	20,70	23,28	–	16,70	18,79	–	12,84	14,44	–	9,10	10,24
	V	771,16	–	61,69	69,40																		
	VI	815,25	–	65,22	73,37																		
3.314,99	I	418,83	–	33,50	37,69	–	24,87	27,98	–	16,76	18,85	–	9,15	10,29	–	2,48	2,79	–	–	–	–	–	–
	II	316,00	–	25,28	28,44	–	17,14	19,28	–	9,50	10,69	–	2,74	3,08	–	–	–	–	–	–	–	–	–
	III	143,50	–	11,48	12,91	–	5,24	5,89	–	0,30	0,34	–	–	–	–	–	–	–	–	–	–	–	–
	IV	418,83	–	33,50	37,69	–	29,12	32,76	–	24,87	27,98	–	20,75	23,34	–	16,76	18,85	–	12,89	14,50	–	9,15	10,29
	V	772,00	–	61,76	69,48																		
	VI	816,25	–	65,30	73,46																		
3.317,99	I	419,58	–	33,56	37,76	–	24,93	28,04	–	16,80	18,90	–	9,20	10,35	–	2,51	2,82	–	–	–	–	–	–
	II	316,66	–	25,33	28,49	–	17,18	19,33	–	9,56	10,75	–	2,78	3,13	–	–	–	–	–	–	–	–	–
	III	144,00	–	11,52	12,96	–	5,28	5,94	–	0,33	0,37	–	–	–	–	–	–	–	–	–	–	–	–
	IV	419,58	–	33,56	37,76	–	29,18	32,82	–	24,93	28,04	–	20,80	23,40	–	16,80	18,90	–	12,94	14,55	–	9,20	10,35
	V	773,16	–	61,85	69,58																		
	VI	817,25	–	65,38	73,55																		
3.320,99	I	420,25	–	33,62	37,82	–	24,98	28,10	–	16,86	18,96	–	9,25	10,40	–	2,55	2,87	–	–	–	–	–	–
	II	317,33	–	25,38	28,55	–	17,24	19,39	–	9,60	10,80	–	2,82	3,17	–	–	–	–	–	–	–	–	–
	III	144,66	–	11,57	13,01	–	5,30	5,96	–	0,36	0,40	–	–	–	–	–	–	–	–	–	–	–	–
	IV	420,25	–	33,62	37,82	–	29,24	32,89	–	24,98	28,10	–	20,86	23,46	–	16,86	18,96	–	12,99	14,61	–	9,25	10,40
	V	774,16	–	61,93	69,67																		
	VI	818,33	–	65,46	73,64																		
3.323,99	I	421,00	–	33,68	37,89	–	25,04	28,17	–	16,91	19,02	–	9,30	10,46	–	2,58	2,90	–	–	–	–	–	–
	II	318,08	–	25,44	28,62	–	17,29	19,45	–	9,65	10,85	–	2,86	3,21	–	–	–	–	–	–	–	–	–
	III	145,16	–	11,61	13,06	–	5,34	6,01	–	0,38	0,43	–	–	–	–	–	–	–	–	–	–	–	–
	IV	421,00	–	33,68	37,89	–	29,29	32,95	–	25,04	28,17	–	20,91	23,52	–	16,91	19,02	–	13,04	14,67	–	9,30	10,46
	V	775,16	–	62,01	69,76																		
	VI	819,33	–	65,54	73,73																		
3.326,99	I	421,75	–	33,74	37,95	–	25,09	28,22	–	16,96	19,08	–	9,34	10,51	–	2,62	2,95	–	–	–	–	–	–
	II	318,75	–	25,50	28,68	–	17,34	19,51	–	9,70	10,91	–	2,89	3,25	–	–	–	–	–	–	–	–	–
	III	145,66	–	11,65	13,10	–	5,38	6,05	–	0,42	0,47	–	–	–	–	–	–	–	–	–	–	–	–
	IV	421,75	–	33,74	37,95	–	29,35	33,02	–	25,09	28,22	–	20,96	23,58	–	16,96	19,08	–	13,09	14,72	–	9,34	10,51
	V	776,16	–	62,09	69,85																		
	VI	820,33	–	65,62	73,82																		
3.329,99	I	422,50	–	33,80	38,02	–	25,14	28,28	–	17,01	19,13	–	9,39	10,56	–	2,66	2,99	–	–	–	–	–	–
	II	319,41	–	25,55	28,74	–	17,39	19,56	–	9,75	10,97	–	2,93	3,29	–	–	–	–	–	–	–	–	–
	III	146,33	–	11,70	13,16	–	5,42	6,10	–	0,45	0,50	–	–	–	–	–	–	–	–	–	–	–	–
	IV	422,50	–	33,80	38,02	–	29,40	33,08	–	25,14	28,28	–	21,02	23,64	–	17,01	19,13	–	13,14	14,78	–	9,39	10,56
	V	777,16	–	62,17	69,94																		
	VI	821,41	–	65,71	73,92																		

Lohn/ Gehalt bis	Steuerklasse	Lohnsteuer	ohne Kinderfreibetrag SolZ 5,5%	ohne Kinderfreibetrag Kirchensteuer 8%	ohne Kinderfreibetrag Kirchensteuer 9%	0,5 SolZ 5,5%	0,5 Kirchensteuer 8%	0,5 Kirchensteuer 9%	1,0 SolZ 5,5%	1,0 Kirchensteuer 8%	1,0 Kirchensteuer 9%	1,5 SolZ 5,5%	1,5 Kirchensteuer 8%	1,5 Kirchensteuer 9%	2,0 SolZ 5,5%	2,0 Kirchensteuer 8%	2,0 Kirchensteuer 9%	2,5 SolZ 5,5%	2,5 Kirchensteuer 8%	2,5 Kirchensteuer 9%	3,0 SolZ 5,5%	3,0 Kirchensteuer 8%	3,0 Kirchensteuer 9%
3.332,99	I	423,16	–	33,85	38,08	–	25,20	28,35	–	17,06	19,19	–	9,44	10,62	–	2,69	3,02	–	–	–	–	–	
	II	320,08	–	25,60	28,80	–	17,44	19,62	–	9,80	11,02	–	2,97	3,34	–	–	–	–	–	–	–	–	
	III	146,83	–	11,74	13,21	–	5,45	6,13	–	0,48	0,54	–	–	–	–	–	–	–	–	–	–	–	
	IV	423,16	–	33,85	38,08	–	29,46	33,14	–	25,20	28,35	–	21,07	23,70	–	17,06	19,19	–	13,19	14,84	–	9,44	10
	V	778,33	–	62,26	70,04																		
	VI	822,41	–	65,79	74,01																		
3.335,99	I	423,91	–	33,91	38,15	–	25,26	28,41	–	17,12	19,26	–	9,49	10,67	–	2,73	3,07	–	–	–	–	–	
	II	320,83	–	25,66	28,87	–	17,50	19,68	–	9,84	11,07	–	3,00	3,38	–	–	–	–	–	–	–	–	
	III	147,33	–	11,78	13,25	–	5,49	6,17	–	0,50	0,56	–	–	–	–	–	–	–	–	–	–	–	
	IV	423,91	–	33,91	38,15	–	29,52	33,21	–	25,26	28,41	–	21,12	23,76	–	17,12	19,26	–	13,24	14,89	–	9,49	10
	V	779,33	–	62,34	70,13																		
	VI	823,41	–	65,87	74,10																		
3.338,99	I	424,66	–	33,97	38,21	–	25,31	28,47	–	17,17	19,31	–	9,54	10,73	–	2,77	3,11	–	–	–	–	–	
	II	321,50	–	25,72	28,93	–	17,55	19,74	–	9,90	11,13	–	3,04	3,42	–	–	–	–	–	–	–	–	
	III	148,00	–	11,84	13,32	–	5,53	6,22	–	0,53	0,59	–	–	–	–	–	–	–	–	–	–	–	
	IV	424,66	–	33,97	38,21	–	29,58	33,27	–	25,31	28,47	–	21,18	23,82	–	17,17	19,31	–	13,29	14,95	–	9,54	10
	V	780,33	–	62,42	70,22																		
	VI	824,50	–	65,96	74,20																		
3.341,99	I	425,41	–	34,03	38,28	–	25,36	28,53	–	17,22	19,37	–	9,58	10,78	–	2,80	3,15	–	–	–	–	–	
	II	322,16	–	25,77	28,99	–	17,60	19,80	–	9,94	11,18	–	3,08	3,47	–	–	–	–	–	–	–	–	
	III	148,50	–	11,88	13,36	–	5,57	6,26	–	0,56	0,63	–	–	–	–	–	–	–	–	–	–	–	
	IV	425,41	–	34,03	38,28	–	29,63	33,33	–	25,36	28,53	–	21,23	23,88	–	17,22	19,37	–	13,34	15,00	–	9,58	10
	V	781,33	–	62,50	70,31																		
	VI	825,50	–	66,04	74,29																		
3.344,99	I	426,08	–	34,08	38,34	–	25,42	28,59	–	17,27	19,43	–	9,63	10,83	–	2,84	3,20	–	–	–	–	–	
	II	322,83	–	25,82	29,05	–	17,65	19,85	–	9,99	11,24	–	3,12	3,51	–	–	–	–	–	–	–	–	
	III	149,16	–	11,93	13,42	–	5,61	6,31	–	0,58	0,65	–	–	–	–	–	–	–	–	–	–	–	
	IV	426,08	–	34,08	38,34	–	29,69	33,40	–	25,42	28,59	–	21,28	23,94	–	17,27	19,43	–	13,39	15,06	–	9,63	10
	V	782,33	–	62,58	70,40																		
	VI	826,50	–	66,12	74,38																		
3.347,99	I	426,83	–	34,14	38,41	–	25,48	28,66	–	17,32	19,49	–	9,68	10,89	–	2,88	3,24	–	–	–	–	–	
	II	323,58	–	25,88	29,12	–	17,70	19,91	–	10,04	11,29	–	3,16	3,55	–	–	–	–	–	–	–	–	
	III	149,66	–	11,97	13,46	–	5,64	6,34	–	0,62	0,70	–	–	–	–	–	–	–	–	–	–	–	
	IV	426,83	–	34,14	38,41	–	29,74	33,46	–	25,48	28,66	–	21,34	24,00	–	17,32	19,49	–	13,44	15,12	–	9,68	10
	V	783,25	–	62,66	70,49																		
	VI	827,50	–	66,20	74,47																		
3.350,99	I	427,58	–	34,20	38,48	–	25,53	28,72	–	17,38	19,55	–	9,73	10,94	–	2,92	3,28	–	–	–	–	–	
	II	324,25	–	25,94	29,18	–	17,76	19,98	–	10,09	11,35	–	3,20	3,60	–	–	–	–	–	–	–	–	
	III	150,33	–	12,02	13,52	–	5,68	6,39	–	0,65	0,73	–	–	–	–	–	–	–	–	–	–	–	
	IV	427,58	–	34,20	38,48	–	29,80	33,53	–	25,53	28,72	–	21,39	24,06	–	17,38	19,55	–	13,49	15,17	–	9,73	10
	V	784,25	–	62,74	70,58																		
	VI	828,58	–	66,28	74,57																		
3.353,99	I	428,33	–	34,26	38,54	–	25,58	28,78	–	17,42	19,60	–	9,78	11,00	–	2,95	3,32	–	–	–	–	–	
	II	324,91	–	25,99	29,24	–	17,80	20,03	–	10,14	11,40	–	3,23	3,63	–	–	–	–	–	–	–	–	
	III	150,83	–	12,06	13,57	–	5,72	6,43	–	0,68	0,76	–	–	–	–	–	–	–	–	–	–	–	
	IV	428,33	–	34,26	38,54	–	29,86	33,59	–	25,58	28,78	–	21,44	24,12	–	17,42	19,60	–	13,54	15,23	–	9,78	11,
	V	785,25	–	62,82	70,67																		
	VI	829,58	–	66,36	74,66																		
3.356,99	I	429,08	–	34,32	38,61	–	25,64	28,85	–	17,48	19,66	–	9,83	11,06	–	2,99	3,36	–	–	–	–	–	
	II	325,66	–	26,05	29,30	–	17,86	20,09	–	10,18	11,45	–	3,27	3,68	–	–	–	–	–	–	–	–	
	III	151,50	–	12,12	13,63	–	5,76	6,48	–	0,70	0,79	–	–	–	–	–	–	–	–	–	–	–	
	IV	429,08	–	34,32	38,61	–	29,92	33,66	–	25,64	28,85	–	21,50	24,18	–	17,48	19,66	–	13,59	15,29	–	9,83	11,
	V	786,33	–	62,90	70,76																		
	VI	830,58	–	66,44	74,75																		
3.359,99	I	429,75	–	34,38	38,67	–	25,70	28,91	–	17,53	19,72	–	9,88	11,11	–	3,03	3,41	–	–	–	–	–	
	II	326,33	–	26,10	29,36	–	17,91	20,15	–	10,23	11,51	–	3,31	3,72	–	–	–	–	–	–	–	–	
	III	152,00	–	12,16	13,68	–	5,78	6,50	–	0,73	0,82	–	–	–	–	–	–	–	–	–	–	–	
	IV	429,75	–	34,38	38,67	–	29,97	33,71	–	25,70	28,91	–	21,55	24,24	–	17,53	19,72	–	13,64	15,34	–	9,88	11,
	V	787,33	–	62,98	70,85																		
	VI	831,66	–	66,53	74,84																		
3.362,99	I	430,50	–	34,44	38,74	–	25,75	28,97	–	17,58	19,78	–	9,92	11,16	–	3,06	3,44	–	–	–	–	–	
	II	327,00	–	26,16	29,43	–	17,96	20,21	–	10,28	11,57	–	3,35	3,77	–	–	–	–	–	–	–	–	
	III	152,50	–	12,20	13,72	–	5,82	6,55	–	0,76	0,85	–	–	–	–	–	–	–	–	–	–	–	
	IV	430,50	–	34,44	38,74	–	30,03	33,78	–	25,75	28,97	–	21,60	24,30	–	17,58	19,78	–	13,69	15,40	–	9,92	11,
	V	788,33	–	63,06	70,94																		
	VI	832,66	–	66,61	74,93																		
3.365,99	I	431,25	–	34,50	38,81	–	25,81	29,03	–	17,63	19,83	–	9,97	11,21	–	3,10	3,49	–	–	–	–	–	
	II	327,75	–	26,22	29,49	–	18,02	20,27	–	10,33	11,62	–	3,39	3,81	–	–	–	–	–	–	–	–	
	III	153,16	–	12,25	13,78	–	5,86	6,59	–	0,80	0,90	–	–	–	–	–	–	–	–	–	–	–	
	IV	431,25	–	34,50	38,81	–	30,09	33,85	–	25,81	29,03	–	21,66	24,36	–	17,63	19,83	–	13,74	15,45	–	9,97	11,2
	V	789,41	–	63,15	71,04																		
	VI	833,66	–	66,69	75,02																		
3.368,99	I	432,00	–	34,56	38,88	–	25,86	29,09	–	17,68	19,89	–	10,02	11,27	–	3,14	3,53	–	–	–	–	–	
	II	328,41	–	26,27	29,55	–	18,07	20,33	–	10,38	11,67	–	3,43	3,86	–	–	–	–	–	–	–	–	
	III	153,66	–	12,29	13,82	–	5,90	6,64	–	0,82	0,92	–	–	–	–	–	–	–	–	–	–	–	
	IV	432,00	–	34,56	38,88	–	30,14	33,91	–	25,86	29,09	–	21,71	24,42	–	17,68	19,89	–	13,79	15,51	–	10,02	11,2
	V	790,41	–	63,23	71,13																		
	VI	834,75	–	66,78	75,12																		
3.371,99	I	432,66	–	34,61	38,93	–	25,92	29,16	–	17,74	19,95	–	10,07	11,33	–	3,18	3,58	–	–	–	–	–	
	II	329,08	–	26,32	29,61	–	18,12	20,38	–	10,43	11,73	–	3,46	3,89	–	–	–	–	–	–	–	–	
	III	154,33	–	12,34	13,88	–	5,94	6,68	–	0,85	0,95	–	–	–	–	–	–	–	–	–	–	–	
	IV	432,66	–	34,61	38,93	–	30,20	33,98	–	25,92	29,16	–	21,76	24,48	–	17,74	19,95	–	13,84	15,57	–	10,07	11,3
	V	791,41	–	63,31	71,22																		
	VI	835,75	–	66,86	75,21																		
3.374,99	I	433,41	–	34,67	39,00	–	25,97	29,21	–	17,79	20,01	–	10,12	11,38	–	3,22	3,62	–	–	–	–	–	
	II	329,75	–	26,38	29,67	–	18,17	20,44	–	10,48	11,79	–	3,50	3,94	–	–	–	–	–	–	–	–	
	III	154,83	–	12,38	13,93	–	5,97	6,71	–	0,88	0,99	–	–	–	–	–	–	–	–	–	–	–	
	IV	433,41	–	34,67	39,00	–	30,26	34,04	–	25,97	29,21	–	21,82	24,54	–	17,79	20,01	–	13,89	15,62	–	10,12	11,3
	V	792,41	–	63,39	71,31																		
	VI	836,75	–	66,94	75,30																		

Anzahl Kinderfreibeträge (nur Steuerklassen I–IV)

Lohn/ Gehalt bis	Steuerklasse	Lohn-steuer	ohne Kinderfreibetrag SolZ 5,5%	ohne Kinderfreibetrag Kirchensteuer 8%	ohne Kinderfreibetrag Kirchensteuer 9%	0,5 SolZ 5,5%	0,5 Kirchensteuer 8%	0,5 Kirchensteuer 9%	1,0 SolZ 5,5%	1,0 Kirchensteuer 8%	1,0 Kirchensteuer 9%	1,5 SolZ 5,5%	1,5 Kirchensteuer 8%	1,5 Kirchensteuer 9%	2,0 SolZ 5,5%	2,0 Kirchensteuer 8%	2,0 Kirchensteuer 9%	2,5 SolZ 5,5%	2,5 Kirchensteuer 8%	2,5 Kirchensteuer 9%	3,0 SolZ 5,5%	3,0 Kirchensteuer 8%	3,0 Kirchensteuer 9%
3.377,99	I	434,16	-	34,73	39,07	-	26,03	29,28	-	17,84	20,07	-	10,17	11,44	-	3,26	3,66	-	-	-	-	-	-
	II	330,50	-	26,44	29,74	-	18,22	20,50	-	10,52	11,84	-	3,54	3,98	-	-	-	-	-	-	-	-	-
	III	155,50	-	12,44	13,99	-	6,01	6,76	-	0,90	1,01	-	-	-	-	-	-	-	-	-	-	-	-
	IV	434,16	-	34,73	39,07	-	30,32	34,11	-	26,03	29,28	-	21,87	24,60	-	17,84	20,07	-	13,94	15,68	-	10,17	11,44
	V	793,50	-	63,48	71,41																		
	VI	837,83	-	67,02	75,40																		
3.380,99	I	434,91	-	34,79	39,14	-	26,08	29,34	-	17,89	20,12	-	10,22	11,49	-	3,30	3,71	-	-	-	-	-	-
	II	331,16	-	26,49	29,80	-	18,28	20,56	-	10,58	11,90	-	3,58	4,03	-	-	-	-	-	-	-	-	-
	III	156,00	-	12,48	14,04	-	6,05	6,80	-	0,93	1,04	-	-	-	-	-	-	-	-	-	-	-	-
	IV	434,91	-	34,79	39,14	-	30,37	34,16	-	26,08	29,34	-	21,92	24,66	-	17,89	20,12	-	13,99	15,74	-	10,22	11,49
	V	794,50	-	63,56	71,50																		
	VI	838,83	-	67,10	75,49																		
3.383,99	I	435,58	-	34,84	39,20	-	26,14	29,40	-	17,94	20,18	-	10,26	11,54	-	3,34	3,75	-	-	-	-	-	-
	II	331,83	-	26,54	29,86	-	18,33	20,62	-	10,62	11,95	-	3,62	4,07	-	-	-	-	-	-	-	-	-
	III	156,66	-	12,53	14,09	-	6,09	6,85	-	0,97	1,09	-	-	-	-	-	-	-	-	-	-	-	-
	IV	435,58	-	34,84	39,20	-	30,43	34,23	-	26,14	29,40	-	21,98	24,72	-	17,94	20,18	-	14,04	15,79	-	10,26	11,54
	V	795,50	-	63,64	71,59																		
	VI	839,83	-	67,18	75,58																		
3.386,99	I	436,33	-	34,90	39,26	-	26,20	29,47	-	18,00	20,25	-	10,31	11,60	-	3,38	3,80	-	-	-	-	-	-
	II	332,58	-	26,60	29,93	-	18,38	20,68	-	10,67	12,00	-	3,66	4,12	-	-	-	-	-	-	-	-	-
	III	157,16	-	12,57	14,14	-	6,13	6,89	-	1,00	1,12	-	-	-	-	-	-	-	-	-	-	-	-
	IV	436,33	-	34,90	39,26	-	30,48	34,29	-	26,20	29,47	-	22,03	24,78	-	18,00	20,25	-	14,09	15,85	-	10,31	11,60
	V	796,58	-	63,72	71,69																		
	VI	840,83	-	67,26	75,67																		
3.389,99	I	437,08	-	34,96	39,33	-	26,25	29,53	-	18,05	20,30	-	10,36	11,66	-	3,41	3,83	-	-	-	-	-	-
	II	333,25	-	26,66	29,99	-	18,43	20,73	-	10,72	12,06	-	3,70	4,16	-	-	-	-	-	-	-	-	-
	III	157,83	-	12,62	14,20	-	6,17	6,94	-	1,02	1,15	-	-	-	-	-	-	-	-	-	-	-	-
	IV	437,08	-	34,96	39,33	-	30,54	34,36	-	26,25	29,53	-	22,08	24,84	-	18,05	20,30	-	14,14	15,91	-	10,36	11,66
	V	797,58	-	63,80	71,78																		
	VI	841,91	-	67,35	75,77																		
3.392,99	I	437,83	-	35,02	39,40	-	26,30	29,59	-	18,10	20,36	-	10,41	11,71	-	3,45	3,88	-	-	-	-	-	-
	II	333,91	-	26,71	30,05	-	18,48	20,79	-	10,77	12,11	-	3,74	4,21	-	-	-	-	-	-	-	-	-
	III	158,33	-	12,66	14,24	-	6,21	6,98	-	1,05	1,18	-	-	-	-	-	-	-	-	-	-	-	-
	IV	437,83	-	35,02	39,40	-	30,60	34,42	-	26,30	29,59	-	22,14	24,90	-	18,10	20,36	-	14,19	15,96	-	10,41	11,71
	V	798,58	-	63,88	71,87																		
	VI	842,91	-	67,43	75,86																		
3.395,99	I	438,58	-	35,08	39,47	-	26,36	29,65	-	18,15	20,42	-	10,46	11,76	-	3,49	3,92	-	-	-	-	-	-
	II	334,66	-	26,77	30,11	-	18,54	20,85	-	10,82	12,17	-	3,78	4,25	-	-	-	-	-	-	-	-	-
	III	159,00	-	12,72	14,31	-	6,24	7,02	-	1,08	1,21	-	-	-	-	-	-	-	-	-	-	-	-
	IV	438,58	-	35,08	39,47	-	30,66	34,49	-	26,36	29,65	-	22,19	24,96	-	18,15	20,42	-	14,24	16,02	-	10,46	11,76
	V	799,58	-	63,96	71,96																		
	VI	843,91	-	67,51	75,95																		
3.398,99	I	439,33	-	35,14	39,53	-	26,42	29,72	-	18,20	20,48	-	10,51	11,82	-	3,53	3,97	-	-	-	-	-	-
	II	335,33	-	26,82	30,17	-	18,59	20,91	-	10,87	12,23	-	3,82	4,30	-	-	-	-	-	-	-	-	-
	III	159,50	-	12,76	14,35	-	6,28	7,06	-	1,12	1,26	-	-	-	-	-	-	-	-	-	-	-	-
	IV	439,33	-	35,14	39,53	-	30,72	34,56	-	26,42	29,72	-	22,24	25,02	-	18,20	20,48	-	14,29	16,07	-	10,51	11,82
	V	800,66	-	64,05	72,05																		
	VI	845,00	-	67,60	76,05																		
3.401,99	I	440,00	-	35,20	39,60	-	26,47	29,78	-	18,26	20,54	-	10,56	11,88	-	3,57	4,01	-	-	-	-	-	-
	II	336,00	-	26,88	30,24	-	18,64	20,97	-	10,92	12,28	-	3,86	4,34	-	-	-	-	-	-	-	-	-
	III	160,16	-	12,81	14,41	-	6,32	7,11	-	1,14	1,28	-	-	-	-	-	-	-	-	-	-	-	-
	IV	440,00	-	35,20	39,60	-	30,77	34,61	-	26,47	29,78	-	22,30	25,08	-	18,26	20,54	-	14,34	16,13	-	10,56	11,88
	V	801,66	-	64,13	72,14																		
	VI	846,00	-	67,68	76,14																		
3.404,99	I	440,75	-	35,26	39,66	-	26,52	29,84	-	18,31	20,60	-	10,60	11,93	-	3,61	4,06	-	-	-	-	-	-
	II	336,75	-	26,94	30,30	-	18,69	21,02	-	10,96	12,33	-	3,90	4,39	-	-	-	-	-	-	-	-	-
	III	160,66	-	12,85	14,45	-	6,36	7,15	-	1,17	1,31	-	-	-	-	-	-	-	-	-	-	-	-
	IV	440,75	-	35,26	39,66	-	30,83	34,68	-	26,52	29,84	-	22,35	25,14	-	18,31	20,60	-	14,39	16,19	-	10,60	11,93
	V	802,66	-	64,21	72,23																		
	VI	847,00	-	67,76	76,23																		
3.407,99	I	441,50	-	35,32	39,73	-	26,58	29,90	-	18,36	20,66	-	10,66	11,99	-	3,65	4,10	-	-	-	-	-	-
	II	337,41	-	26,99	30,36	-	18,74	21,08	-	11,02	12,39	-	3,94	4,43	-	-	-	-	-	-	-	-	-
	III	161,33	-	12,90	14,51	-	6,40	7,20	-	1,20	1,35	-	-	-	-	-	-	-	-	-	-	-	-
	IV	441,50	-	35,32	39,73	-	30,88	34,74	-	26,58	29,90	-	22,41	25,21	-	18,36	20,66	-	14,44	16,25	-	10,66	11,99
	V	803,75	-	64,30	72,33																		
	VI	848,08	-	67,84	76,32																		
3.410,99	I	442,25	-	35,38	39,80	-	26,64	29,97	-	18,41	20,71	-	10,70	12,04	-	3,69	4,15	-	-	-	-	-	-
	II	338,16	-	27,05	30,43	-	18,80	21,15	-	11,06	12,44	-	3,98	4,48	-	-	-	-	-	-	-	-	-
	III	161,83	-	12,94	14,56	-	6,44	7,24	-	1,24	1,39	-	-	-	-	-	-	-	-	-	-	-	-
	IV	442,25	-	35,38	39,80	-	30,94	34,81	-	26,64	29,97	-	22,46	25,27	-	18,41	20,71	-	14,49	16,30	-	10,70	12,04
	V	804,75	-	64,38	72,42																		
	VI	849,08	-	67,92	76,41																		
3.413,99	I	443,00	-	35,44	39,87	-	26,69	30,02	-	18,46	20,77	-	10,75	12,09	-	3,73	4,19	-	-	-	-	-	-
	II	338,83	-	27,10	30,49	-	18,85	21,20	-	11,11	12,50	-	4,02	4,52	-	-	-	-	-	-	-	-	-
	III	162,50	-	13,00	14,62	-	6,48	7,29	-	1,26	1,42	-	-	-	-	-	-	-	-	-	-	-	-
	IV	443,00	-	35,44	39,87	-	31,00	34,87	-	26,69	30,02	-	22,52	25,33	-	18,46	20,77	-	14,54	16,36	-	10,75	12,09
	V	805,75	-	64,46	72,51																		
	VI	850,08	-	68,00	76,50																		
3.416,99	I	443,75	-	35,50	39,93	-	26,75	30,09	-	18,52	20,83	-	10,80	12,15	-	3,77	4,24	-	-	-	-	-	-
	II	339,50	-	27,16	30,55	-	18,90	21,26	-	11,16	12,56	-	4,06	4,57	-	-	-	-	-	-	-	-	-
	III	163,00	-	13,04	14,67	-	6,52	7,33	-	1,29	1,45	-	-	-	-	-	-	-	-	-	-	-	-
	IV	443,75	-	35,50	39,93	-	31,06	34,94	-	26,75	30,09	-	22,57	25,39	-	18,52	20,83	-	14,60	16,42	-	10,80	12,15
	V	806,83	-	64,54	72,61																		
	VI	851,16	-	68,09	76,60																		
3.419,99	I	444,41	-	35,55	39,99	-	26,80	30,15	-	18,57	20,89	-	10,85	12,20	-	3,81	4,28	-	-	-	-	-	-
	II	340,25	-	27,22	30,62	-	18,96	21,33	-	11,21	12,61	-	4,10	4,61	-	-	-	-	-	-	-	-	-
	III	163,66	-	13,09	14,72	-	6,54	7,36	-	1,32	1,48	-	-	-	-	-	-	-	-	-	-	-	-
	IV	444,41	-	35,55	39,99	-	31,12	35,01	-	26,80	30,15	-	22,62	25,45	-	18,57	20,89	-	14,64	16,47	-	10,85	12,20
	V	807,83	-	64,62	72,70																		
	VI	852,16	-	68,17	76,69																		

Anzahl Kinderfreibeträge (nur Steuerklassen I–IV)

Lohn/ Gehalt bis	Steuerklasse	Lohn-steuer	ohne Kinderfreibetrag			Anzahl Kinderfreibeträge (nur Steuerklassen I–IV)																	
						0,5			1,0			1,5			2,0			2,5			3,0		
			SolZ 5,5%	Kirchensteuer 8%	9%	SolZ 5,5%	Kirchensteuer 8%	9%	SolZ 5,5%	Kirchensteuer 8%	9%	SolZ 5,5%	Kirchensteuer 8%	9%	SolZ 5,5%	Kirchensteuer 8%	9%	SolZ 5,5%	Kirchensteuer 8%	9%	SolZ 5,5%	Kirchensteuer 8%	9%
3.422,99	I	445,16	-	35,61	40,06	-	26,86	30,21	-	18,62	20,95	-	10,90	12,26	-	3,85	4,33	-	-	-	-	-	
	II	340,91	-	27,27	30,68	-	19,00	21,38	-	11,26	12,66	-	4,14	4,66	-	-	-	-	-	-	-	-	
	III	164,16	-	13,13	14,77	-	6,58	7,40	-	1,36	1,53	-	-	-	-	-	-	-	-	-	-	-	
	IV	445,16	-	35,61	40,06	-	31,17	35,06	-	26,86	30,21	-	22,68	25,51	-	18,62	20,95	-	14,70	16,53	-	10,90	12
	V	808,83	-	64,70	72,79																		
	VI	853,16	-	68,25	76,78																		
3.425,99	I	445,91	-	35,67	40,13	-	26,92	30,28	-	18,67	21,00	-	10,94	12,31	-	3,89	4,37	-	-	-	-	-	
	II	341,58	-	27,32	30,74	-	19,06	21,44	-	11,30	12,71	-	4,19	4,71	-	-	-	-	-	-	-	-	
	III	164,83	-	13,18	14,83	-	6,62	7,45	-	1,38	1,55	-	-	-	-	-	-	-	-	-	-	-	
	IV	445,91	-	35,67	40,13	-	31,23	35,13	-	26,92	30,28	-	22,73	25,57	-	18,67	21,00	-	14,74	16,58	-	10,94	12
	V	809,83	-	64,78	72,88																		
	VI	854,16	-	68,33	76,87																		
3.428,99	I	446,66	-	35,73	40,19	-	26,97	30,34	-	18,72	21,06	-	11,00	12,37	-	3,93	4,42	-	-	-	-	-	
	II	342,33	-	27,38	30,80	-	19,11	21,50	-	11,36	12,78	-	4,23	4,76	-	-	-	-	-	-	-	-	
	III	165,33	-	13,22	14,87	-	6,66	7,49	-	1,41	1,58	-	-	-	-	-	-	-	-	-	-	-	
	IV	446,66	-	35,73	40,19	-	31,28	35,19	-	26,97	30,34	-	22,78	25,63	-	18,72	21,06	-	14,80	16,65	-	11,00	12
	V	810,91	-	64,87	72,98																		
	VI	855,25	-	68,42	76,97																		
3.431,99	I	447,41	-	35,79	40,26	-	27,02	30,40	-	18,78	21,12	-	11,04	12,42	-	3,97	4,46	-	-	-	-	-	
	II	343,00	-	27,44	30,87	-	19,16	21,56	-	11,40	12,83	-	4,27	4,80	-	-	-	-	-	-	-	-	
	III	166,00	-	13,28	14,94	-	6,70	7,54	-	1,44	1,62	-	-	-	-	-	-	-	-	-	-	-	
	IV	447,41	-	35,79	40,26	-	31,34	35,26	-	27,02	30,40	-	22,84	25,69	-	18,78	21,12	-	14,84	16,70	-	11,04	12
	V	811,91	-	64,95	73,07																		
	VI	856,25	-	68,50	77,06																		
3.434,99	I	448,16	-	35,85	40,33	-	27,08	30,47	-	18,83	21,18	-	11,09	12,47	-	4,01	4,51	-	-	-	-	-	
	II	343,66	-	27,49	30,92	-	19,22	21,62	-	11,46	12,89	-	4,31	4,85	-	-	-	-	-	-	-	-	
	III	166,50	-	13,32	14,98	-	6,74	7,58	-	1,46	1,64	-	-	-	-	-	-	-	-	-	-	-	
	IV	448,16	-	35,85	40,33	-	31,40	35,32	-	27,08	30,47	-	22,89	25,75	-	18,83	21,18	-	14,90	16,76	-	11,09	12
	V	812,91	-	65,03	73,16																		
	VI	857,25	-	68,58	77,15																		
3.437,99	I	448,91	-	35,91	40,40	-	27,14	30,53	-	18,88	21,24	-	11,14	12,53	-	4,05	4,55	-	-	-	-	-	
	II	344,41	-	27,55	30,99	-	19,27	21,68	-	11,50	12,94	-	4,35	4,89	-	-	-	-	-	-	-	-	
	III	167,16	-	13,37	15,04	-	6,78	7,63	-	1,50	1,69	-	-	-	-	-	-	-	-	-	-	-	
	IV	448,91	-	35,91	40,40	-	31,46	35,39	-	27,14	30,53	-	22,94	25,81	-	18,88	21,24	-	14,95	16,82	-	11,14	12,
	V	814,00	-	65,12	73,26																		
	VI	858,33	-	68,66	77,24																		
3.440,99	I	449,58	-	35,96	40,46	-	27,19	30,59	-	18,94	21,30	-	11,19	12,59	-	4,09	4,60	-	-	-	-	-	
	II	345,08	-	27,60	31,05	-	19,32	21,74	-	11,55	12,99	-	4,40	4,95	-	-	-	-	-	-	-	-	
	III	167,66	-	13,41	15,08	-	6,82	7,67	-	1,53	1,72	-	-	-	-	-	-	-	-	-	-	-	
	IV	449,58	-	35,96	40,46	-	31,52	35,46	-	27,19	30,59	-	23,00	25,87	-	18,94	21,30	-	15,00	16,87	-	11,19	12
	V	815,00	-	65,20	73,35																		
	VI	859,33	-	68,74	77,33																		
3.443,99	I	450,33	-	36,02	40,52	-	27,25	30,65	-	18,98	21,35	-	11,24	12,64	-	4,13	4,64	-	-	-	-	-	
	II	345,83	-	27,66	31,12	-	19,38	21,80	-	11,60	13,05	-	4,44	4,99	-	-	-	-	-	-	-	-	
	III	168,33	-	13,46	15,14	-	6,86	7,72	-	1,56	1,75	-	-	-	-	-	-	-	-	-	-	-	
	IV	450,33	-	36,02	40,52	-	31,57	35,51	-	27,25	30,65	-	23,05	25,93	-	18,98	21,35	-	15,05	16,93	-	11,24	12,
	V	816,00	-	65,28	73,44																		
	VI	860,33	-	68,82	77,42																		
3.446,99	I	451,08	-	36,08	40,59	-	27,30	30,71	-	19,04	21,42	-	11,29	12,70	-	4,17	4,69	-	-	-	-	-	
	II	346,50	-	27,72	31,18	-	19,42	21,85	-	11,65	13,10	-	4,48	5,04	-	-	-	-	-	-	-	-	
	III	168,83	-	13,50	15,19	-	6,90	7,76	-	1,60	1,80	-	-	-	-	-	-	-	-	-	-	-	
	IV	451,08	-	36,08	40,59	-	31,63	35,58	-	27,30	30,71	-	23,11	26,00	-	19,04	21,42	-	15,10	16,98	-	11,29	12,
	V	817,00	-	65,36	73,53																		
	VI	861,33	-	68,90	77,51																		
3.449,99	I	451,83	-	36,14	40,66	-	27,36	30,78	-	19,09	21,47	-	11,34	12,75	-	4,22	4,74	-	-	-	-	-	
	II	347,16	-	27,77	31,24	-	19,48	21,91	-	11,70	13,16	-	4,52	5,08	-	-	-	-	-	-	-	-	
	III	169,50	-	13,56	15,25	-	6,94	7,81	-	1,62	1,82	-	-	-	-	-	-	-	-	-	-	-	
	IV	451,83	-	36,14	40,66	-	31,69	35,65	-	27,36	30,78	-	23,16	26,06	-	19,09	21,47	-	15,15	17,04	-	11,34	12,
	V	818,08	-	65,44	73,62																		
	VI	862,41	-	68,99	77,61																		
3.452,99	I	452,58	-	36,20	40,73	-	27,42	30,84	-	19,14	21,53	-	11,38	12,80	-	4,26	4,79	-	-	-	-	-	
	II	347,91	-	27,83	31,31	-	19,53	21,97	-	11,75	13,22	-	4,56	5,13	-	-	-	-	-	-	-	-	
	III	170,00	-	13,60	15,30	-	6,97	7,84	-	1,65	1,85	-	-	-	-	-	-	-	-	-	-	-	
	IV	452,58	-	36,20	40,73	-	31,74	35,71	-	27,42	30,84	-	23,22	26,12	-	19,14	21,53	-	15,20	17,10	-	11,38	12,8
	V	819,08	-	65,52	73,71																		
	VI	863,41	-	69,07	77,70																		
3.455,99	I	453,33	-	36,26	40,79	-	27,47	30,90	-	19,20	21,60	-	11,44	12,87	-	4,30	4,83	-	-	-	-	-	
	II	348,58	-	27,88	31,37	-	19,58	22,03	-	11,80	13,27	-	4,60	5,18	-	-	-	-	-	-	-	-	
	III	170,66	-	13,65	15,35	-	7,01	7,88	-	1,69	1,90	-	-	-	-	-	-	-	-	-	-	-	
	IV	453,33	-	36,26	40,79	-	31,80	35,78	-	27,47	30,90	-	23,27	26,18	-	19,20	21,60	-	15,25	17,15	-	11,44	12,8
	V	820,08	-	65,60	73,80																		
	VI	864,41	-	69,15	77,79																		
3.458,99	I	454,08	-	36,32	40,86	-	27,53	30,97	-	19,25	21,65	-	11,48	12,92	-	4,34	4,88	-	-	-	-	-	
	II	349,33	-	27,94	31,43	-	19,64	22,09	-	11,85	13,33	-	4,64	5,22	-	-	-	-	-	-	-	-	
	III	171,33	-	13,70	15,41	-	7,05	7,93	-	1,72	1,93	-	-	-	-	-	-	-	-	-	-	-	
	IV	454,08	-	36,32	40,86	-	31,86	35,84	-	27,53	30,97	-	23,32	26,24	-	19,25	21,65	-	15,30	17,21	-	11,48	12,9
	V	821,16	-	65,69	73,90																		
	VI	865,50	-	69,24	77,89																		
3.461,99	I	454,83	-	36,38	40,93	-	27,58	31,03	-	19,30	21,71	-	11,54	12,98	-	4,38	4,92	-	-	-	-	-	
	II	350,00	-	28,00	31,50	-	19,69	22,15	-	11,90	13,38	-	4,69	5,27	-	-	-	-	-	-	-	-	
	III	171,83	-	13,74	15,46	-	7,09	7,97	-	1,74	1,96	-	-	-	-	-	-	-	-	-	-	-	
	IV	454,83	-	36,38	40,93	-	31,92	35,91	-	27,58	31,03	-	23,38	26,30	-	19,30	21,71	-	15,36	17,28	-	11,54	12,9
	V	822,16	-	65,77	73,99																		
	VI	866,50	-	69,32	77,98																		
3.464,99	I	455,50	-	36,44	40,99	-	27,64	31,09	-	19,36	21,78	-	11,58	13,03	-	4,42	4,97	-	-	-	-	-	
	II	350,66	-	28,05	31,55	-	19,74	22,21	-	11,94	13,43	-	4,73	5,32	-	-	-	-	-	-	-	-	
	III	172,50	-	13,80	15,52	-	7,13	8,02	-	1,77	1,99	-	-	-	-	-	-	-	-	-	-	-	
	IV	455,50	-	36,44	40,99	-	31,98	35,97	-	27,64	31,09	-	23,43	26,36	-	19,36	21,78	-	15,40	17,33	-	11,58	13,0
	V	823,16	-	65,85	74,08																		
	VI	867,50	-	69,40	78,07																		

Allgemeine Tabelle

MONAT bis 3.509,99 €

Lohn/ Gehalt bis	Steuerklasse	Lohn-steuer	ohne Kinderfreibetrag SolZ 5,5%	Kirchensteuer 8%	9%	Anzahl Kinderfreibeträge (nur Steuerklassen I–IV) 0,5 SolZ 5,5%	Kirchensteuer 8%	9%	1,0 SolZ 5,5%	Kirchensteuer 8%	9%	1,5 SolZ 5,5%	Kirchensteuer 8%	9%	2,0 SolZ 5,5%	Kirchensteuer 8%	9%	2,5 SolZ 5,5%	Kirchensteuer 8%	9%	3,0 SolZ 5,5%	Kirchensteuer 8%	9%
3.467,99	I	456,25	-	36,50	41,06	-	27,70	31,16	-	19,41	21,83	-	11,63	13,08	-	4,46	5,02	-	-	-	-	-	-
	II	351,41	-	28,11	31,62	-	19,80	22,27	-	12,00	13,50	-	4,78	5,37	-	-	-	-	-	-	-	-	-
	III	173,00	-	13,84	15,57	-	7,17	8,06	-	1,81	2,03	-	-	-	-	-	-	-	-	-	-	-	-
	IV	456,25	-	36,50	41,06	-	32,04	36,04	-	27,70	31,16	-	23,49	26,42	-	19,41	21,83	-	15,46	17,39	-	11,63	13,08
	V	824,25	-	65,94	74,18																		
	VI	868,58	-	69,48	78,17																		
3.470,99	I	457,00	-	36,56	41,13	-	27,75	31,22	-	19,46	21,89	-	11,68	13,14	-	4,50	5,06	-	-	-	-	-	-
	II	352,08	-	28,16	31,68	-	19,85	22,33	-	12,04	13,55	-	4,82	5,42	-	-	-	-	-	-	-	-	-
	III	173,50	-	13,88	15,61	-	7,21	8,11	-	1,84	2,07	-	-	-	-	-	-	-	-	-	-	-	-
	IV	457,00	-	36,56	41,13	-	32,09	36,10	-	27,75	31,22	-	23,54	26,48	-	19,46	21,89	-	15,50	17,44	-	11,68	13,14
	V	825,25	-	66,02	74,27																		
	VI	869,58	-	69,56	78,26																		
3.473,99	I	457,75	-	36,62	41,19	-	27,81	31,28	-	19,51	21,95	-	11,73	13,19	-	4,54	5,11	-	-	-	-	-	-
	II	352,83	-	28,22	31,75	-	19,90	22,39	-	12,10	13,61	-	4,86	5,46	-	-	-	-	-	-	-	-	-
	III	174,16	-	13,93	15,67	-	7,25	8,15	-	1,86	2,09	-	-	-	-	-	-	-	-	-	-	-	-
	IV	457,75	-	36,62	41,19	-	32,15	36,17	-	27,81	31,28	-	23,60	26,55	-	19,51	21,95	-	15,56	17,50	-	11,73	13,19
	V	826,25	-	66,10	74,36																		
	VI	870,58	-	69,64	78,35																		
3.476,99	I	458,50	-	36,68	41,26	-	27,86	31,34	-	19,56	22,01	-	11,78	13,25	-	4,59	5,16	-	-	-	-	-	-
	II	353,50	-	28,28	31,81	-	19,95	22,44	-	12,14	13,66	-	4,90	5,51	-	-	-	-	-	-	-	-	-
	III	174,66	-	13,97	15,71	-	7,29	8,20	-	1,90	2,14	-	-	-	-	-	-	-	-	-	-	-	-
	IV	458,50	-	36,68	41,26	-	32,20	36,23	-	27,86	31,34	-	23,65	26,60	-	19,56	22,01	-	15,61	17,56	-	11,78	13,25
	V	827,33	-	66,18	74,45																		
	VI	871,58	-	69,72	78,44																		
3.479,99	I	459,25	-	36,74	41,33	-	27,92	31,41	-	19,62	22,07	-	11,83	13,31	-	4,63	5,21	-	-	-	-	-	-
	II	354,25	-	28,34	31,88	-	20,00	22,50	-	12,20	13,72	-	4,94	5,56	-	-	-	-	-	-	-	-	-
	III	175,33	-	14,02	15,77	-	7,33	8,24	-	1,93	2,17	-	-	-	-	-	-	-	-	-	-	-	-
	IV	459,25	-	36,74	41,33	-	32,26	36,29	-	27,92	31,41	-	23,70	26,66	-	19,62	22,07	-	15,66	17,61	-	11,83	13,31
	V	828,33	-	66,26	74,54																		
	VI	872,66	-	69,81	78,53																		
3.482,99	I	460,00	-	36,80	41,40	-	27,98	31,47	-	19,67	22,13	-	11,88	13,36	-	4,67	5,25	-	-	-	-	-	-
	II	354,91	-	28,39	31,94	-	20,06	22,56	-	12,24	13,77	-	4,99	5,61	-	-	-	-	-	-	-	-	-
	III	176,00	-	14,08	15,84	-	7,37	8,29	-	1,96	2,20	-	-	-	-	-	-	-	-	-	-	-	-
	IV	460,00	-	36,80	41,40	-	32,32	36,36	-	27,98	31,47	-	23,76	26,73	-	19,67	22,13	-	15,71	17,67	-	11,88	13,36
	V	829,33	-	66,34	74,63																		
	VI	873,66	-	69,89	78,62																		
3.485,99	I	460,75	-	36,86	41,46	-	28,03	31,53	-	19,72	22,19	-	11,93	13,42	-	4,72	5,31	-	-	-	-	-	-
	II	355,58	-	28,44	32,00	-	20,11	22,62	-	12,29	13,82	-	5,03	5,66	-	-	-	-	-	-	-	-	-
	III	176,50	-	14,12	15,88	-	7,41	8,33	-	2,00	2,25	-	-	-	-	-	-	-	-	-	-	-	-
	IV	460,75	-	36,86	41,46	-	32,38	36,42	-	28,03	31,53	-	23,81	26,78	-	19,72	22,19	-	15,76	17,73	-	11,93	13,42
	V	830,33	-	66,42	74,72																		
	VI	874,66	-	69,97	78,71																		
3.488,99	I	461,50	-	36,92	41,53	-	28,09	31,60	-	19,78	22,25	-	11,98	13,47	-	4,76	5,35	-	-	-	-	-	-
	II	356,33	-	28,50	32,06	-	20,16	22,68	-	12,34	13,88	-	5,08	5,71	-	-	-	-	-	-	-	-	-
	III	177,16	-	14,17	15,94	-	7,45	8,38	-	2,02	2,27	-	-	-	-	-	-	-	-	-	-	-	-
	IV	461,50	-	36,92	41,53	-	32,44	36,49	-	28,09	31,60	-	23,87	26,85	-	19,78	22,25	-	15,81	17,78	-	11,98	13,47
	V	831,41	-	66,51	74,82																		
	VI	875,75	-	70,06	78,81																		
3.491,99	I	462,25	-	36,98	41,60	-	28,14	31,66	-	19,83	22,31	-	12,03	13,53	-	4,80	5,40	-	-	-	-	-	-
	II	357,00	-	28,56	32,13	-	20,22	22,74	-	12,39	13,94	-	5,12	5,76	-	-	-	-	-	-	-	-	-
	III	177,66	-	14,21	15,98	-	7,49	8,42	-	2,05	2,30	-	-	-	-	-	-	-	-	-	-	-	-
	IV	462,25	-	36,98	41,60	-	32,50	36,56	-	28,14	31,66	-	23,92	26,91	-	19,83	22,31	-	15,86	17,84	-	12,03	13,53
	V	832,41	-	66,59	74,91																		
	VI	876,75	-	70,14	78,90																		
3.494,99	I	462,91	-	37,03	41,66	-	28,20	31,72	-	19,88	22,37	-	12,08	13,59	-	4,84	5,45	-	-	-	-	-	-
	II	357,75	-	28,62	32,19	-	20,27	22,80	-	12,44	14,00	-	5,16	5,81	-	-	-	-	-	-	-	-	-
	III	178,33	-	14,26	16,04	-	7,53	8,47	-	2,09	2,35	-	-	-	-	-	-	-	-	-	-	-	-
	IV	462,91	-	37,03	41,66	-	32,55	36,62	-	28,20	31,72	-	23,98	26,97	-	19,88	22,37	-	15,92	17,91	-	12,08	13,59
	V	833,41	-	66,67	75,00																		
	VI	877,75	-	70,22	78,99																		
3.497,99	I	463,66	-	37,09	41,72	-	28,26	31,79	-	19,93	22,42	-	12,12	13,64	-	4,88	5,49	-	-	-	-	-	-
	II	358,41	-	28,67	32,25	-	20,32	22,86	-	12,49	14,05	-	5,20	5,85	-	-	-	-	-	-	-	-	-
	III	178,83	-	14,30	16,09	-	7,57	8,51	-	2,12	2,38	-	-	-	-	-	-	-	-	-	-	-	-
	IV	463,66	-	37,09	41,72	-	32,61	36,68	-	28,26	31,79	-	24,03	27,03	-	19,93	22,42	-	15,96	17,96	-	12,12	13,64
	V	834,50	-	66,76	75,10																		
	VI	878,75	-	70,30	79,08																		
3.500,99	I	464,41	-	37,15	41,79	-	28,31	31,85	-	19,99	22,49	-	12,18	13,70	-	4,93	5,54	-	-	-	-	-	-
	II	359,16	-	28,73	32,32	-	20,38	22,92	-	12,54	14,11	-	5,25	5,90	-	-	-	-	-	-	-	-	-
	III	179,50	-	14,36	16,15	-	7,61	8,56	-	2,14	2,41	-	-	-	-	-	-	-	-	-	-	-	-
	IV	464,41	-	37,15	41,79	-	32,67	36,75	-	28,31	31,85	-	24,08	27,09	-	19,99	22,49	-	16,02	18,02	-	12,18	13,70
	V	835,50	-	66,84	75,19																		
	VI	879,83	-	70,38	79,18																		
3.503,99	I	465,16	-	37,21	41,86	-	28,37	31,91	-	20,04	22,54	-	12,22	13,75	-	4,97	5,59	-	-	-	-	-	-
	II	359,83	-	28,78	32,38	-	20,43	22,98	-	12,59	14,16	-	5,29	5,95	-	-	-	-	-	-	-	-	-
	III	180,00	-	14,40	16,20	-	7,65	8,60	-	2,18	2,45	-	-	-	-	-	-	-	-	-	-	-	-
	IV	465,16	-	37,21	41,86	-	32,72	36,81	-	28,37	31,91	-	24,14	27,15	-	20,04	22,54	-	16,07	18,08	-	12,22	13,75
	V	836,50	-	66,92	75,28																		
	VI	880,83	-	70,46	79,27																		
3.506,99	I	465,91	-	37,27	41,93	-	28,42	31,97	-	20,09	22,60	-	12,27	13,80	-	5,02	5,64	-	-	-	-	-	-
	II	360,50	-	28,84	32,44	-	20,48	23,04	-	12,64	14,22	-	5,34	6,00	-	-	-	-	-	-	-	-	-
	III	180,66	-	14,45	16,25	-	7,69	8,65	-	2,21	2,48	-	-	-	-	-	-	-	-	-	-	-	-
	IV	465,91	-	37,27	41,93	-	32,78	36,88	-	28,42	31,97	-	24,19	27,21	-	20,09	22,60	-	16,12	18,13	-	12,27	13,80
	V	837,58	-	67,00	75,38																		
	VI	881,83	-	70,54	79,36																		
3.509,99	I	466,66	-	37,33	41,99	-	28,48	32,04	-	20,14	22,66	-	12,32	13,86	-	5,06	5,69	-	-	-	-	-	-
	II	361,25	-	28,90	32,51	-	20,54	23,10	-	12,69	14,27	-	5,38	6,05	-	-	-	-	-	-	-	-	-
	III	181,33	-	14,50	16,31	-	7,73	8,69	-	2,25	2,53	-	-	-	-	-	-	-	-	-	-	-	-
	IV	466,66	-	37,33	41,99	-	32,84	36,95	-	28,48	32,04	-	24,25	27,28	-	20,14	22,66	-	16,17	18,19	-	12,32	13,86
	V	838,58	-	67,08	75,47																		
	VI	882,91	-	70,63	79,46																		

MONAT bis 3.554,99 €

Lohn/ Gehalt bis	Steuerklasse	Lohn- steuer	ohne Kinderfreibetrag			Anzahl Kinderfreibeträge (nur Steuerklassen I–IV)																	
						0,5			1,0			1,5			2,0			2,5			3,0		
			SolZ 5,5%	Kirchensteuer 8%	9%	SolZ 5,5%	Kirchensteuer 8%	9%	SolZ 5,5%	Kirchensteuer 8%	9%	SolZ 5,5%	Kirchensteuer 8%	9%	SolZ 5,5%	Kirchensteuer 8%	9%	SolZ 5,5%	Kirchensteuer 8%	9%	SolZ 5,5%	Kirchensteu 8%	9%
3.512,99	I	467,41	–	37,39	42,06	–	28,54	32,10	–	20,20	22,72	–	12,37	13,91	–	5,10	5,74	–	–	–	–	–	
	II	361,91	–	28,95	32,57	–	20,59	23,16	–	12,74	14,33	–	5,42	6,10	–	–	–	–	–	–	–	–	
	III	181,83	–	14,54	16,36	–	7,77	8,74	–	2,28	2,56	–	–	–	–	–	–	–	–	–	–	–	
	IV	467,41	–	37,39	42,06	–	32,90	37,01	–	28,54	32,10	–	24,30	27,34	–	20,20	22,72	–	16,22	18,25	–	12,37	13
	V	839,58	–	67,16	75,56																		
	VI	883,91	–	70,71	79,55																		
3.515,99	I	468,16	–	37,45	42,13	–	28,59	32,16	–	20,25	22,78	–	12,42	13,97	–	5,14	5,78	–	–	–	–	–	
	II	362,66	–	29,01	32,63	–	20,64	23,22	–	12,79	14,39	–	5,47	6,15	–	–	–	–	–	–	–	–	
	III	182,50	–	14,60	16,42	–	7,81	8,78	–	2,30	2,59	–	–	–	–	–	–	–	–	–	–	–	
	IV	468,16	–	37,45	42,13	–	32,96	37,08	–	28,59	32,16	–	24,36	27,40	–	20,25	22,78	–	16,27	18,30	–	12,42	13
	V	840,66	–	67,25	75,65																		
	VI	884,91	–	70,79	79,64																		
3.518,99	I	468,91	–	37,51	42,20	–	28,65	32,23	–	20,30	22,84	–	12,47	14,03	–	5,19	5,84	–	–	–	–	–	
	II	363,33	–	29,06	32,69	–	20,70	23,28	–	12,84	14,44	–	5,52	6,21	–	0,02	0,02	–	–	–	–	–	
	III	183,00	–	14,64	16,47	–	7,85	8,83	–	2,34	2,63	–	–	–	–	–	–	–	–	–	–	–	
	IV	468,91	–	37,51	42,20	–	33,02	37,14	–	28,65	32,23	–	24,41	27,46	–	20,30	22,84	–	16,32	18,36	–	12,47	14
	V	841,66	–	67,33	75,74																		
	VI	886,00	–	70,88	79,74																		
3.521,99	I	469,66	–	37,57	42,26	–	28,70	32,29	–	20,36	22,90	–	12,52	14,09	–	5,23	5,88	–	–	–	–	–	
	II	364,08	–	29,12	32,76	–	20,75	23,34	–	12,89	14,50	–	5,56	6,25	–	0,04	0,05	–	–	–	–	–	
	III	183,66	–	14,69	16,52	–	7,89	8,87	–	2,37	2,66	–	–	–	–	–	–	–	–	–	–	–	
	IV	469,66	–	37,57	42,26	–	33,08	37,21	–	28,70	32,29	–	24,47	27,53	–	20,36	22,90	–	16,38	18,42	–	12,52	14
	V	842,66	–	67,41	75,83																		
	VI	887,00	–	70,96	79,83																		
3.524,99	I	470,41	–	37,63	42,33	–	28,76	32,36	–	20,41	22,96	–	12,57	14,14	–	5,28	5,94	–	–	–	–	–	
	II	364,75	–	29,18	32,82	–	20,80	23,40	–	12,94	14,55	–	5,60	6,30	–	0,07	0,08	–	–	–	–	–	
	III	184,16	–	14,73	16,57	–	7,93	8,92	–	2,40	2,70	–	–	–	–	–	–	–	–	–	–	–	
	IV	470,41	–	37,63	42,33	–	33,13	37,27	–	28,76	32,36	–	24,52	27,59	–	20,41	22,96	–	16,42	18,47	–	12,57	14
	V	843,75	–	67,50	75,93																		
	VI	888,00	–	71,04	79,92																		
3.527,99	I	471,16	–	37,69	42,40	–	28,82	32,42	–	20,46	23,02	–	12,62	14,20	–	5,32	5,99	–	–	–	–	–	
	II	365,50	–	29,24	32,89	–	20,85	23,45	–	12,99	14,61	–	5,65	6,35	–	0,10	0,11	–	–	–	–	–	
	III	184,83	–	14,78	16,63	–	7,97	8,96	–	2,44	2,74	–	–	–	–	–	–	–	–	–	–	–	
	IV	471,16	–	37,69	42,40	–	33,19	37,34	–	28,82	32,42	–	24,58	27,65	–	20,46	23,02	–	16,48	18,54	–	12,62	14
	V	844,75	–	67,58	76,02																		
	VI	889,00	–	71,12	80,01																		
3.530,99	I	471,91	–	37,75	42,47	–	28,88	32,49	–	20,52	23,08	–	12,67	14,25	–	5,36	6,03	–	–	–	–	–	
	II	366,16	–	29,29	32,95	–	20,91	23,52	–	13,04	14,67	–	5,70	6,41	–	0,12	0,14	–	–	–	–	–	
	III	185,33	–	14,82	16,67	–	8,01	9,01	–	2,46	2,77	–	–	–	–	–	–	–	–	–	–	–	
	IV	471,91	–	37,75	42,47	–	33,25	37,40	–	28,88	32,49	–	24,63	27,71	–	20,52	23,08	–	16,53	18,59	–	12,67	14,
	V	845,75	–	67,66	76,11																		
	VI	890,08	–	71,20	80,10																		
3.533,99	I	472,66	–	37,81	42,53	–	28,93	32,54	–	20,57	23,14	–	12,72	14,31	–	5,41	6,08	–	–	–	–	–	
	II	366,91	–	29,35	33,02	–	20,96	23,58	–	13,09	14,72	–	5,74	6,45	–	0,16	0,18	–	–	–	–	–	
	III	186,00	–	14,88	16,74	–	8,05	9,05	–	2,50	2,81	–	–	–	–	–	–	–	–	–	–	–	
	IV	472,66	–	37,81	42,53	–	33,30	37,46	–	28,93	32,54	–	24,68	27,77	–	20,57	23,14	–	16,58	18,65	–	12,72	14,
	V	846,75	–	67,74	76,20																		
	VI	891,08	–	71,28	80,19																		
3.536,99	I	473,41	–	37,87	42,60	–	28,99	32,61	–	20,62	23,20	–	12,77	14,36	–	5,45	6,13	–	–	–	–	–	
	II	367,58	–	29,40	33,08	–	21,01	23,63	–	13,14	14,78	–	5,78	6,50	–	0,18	0,20	–	–	–	–	–	
	III	186,50	–	14,92	16,78	–	8,09	9,10	–	2,53	2,84	–	–	–	–	–	–	–	–	–	–	–	
	IV	473,41	–	37,87	42,60	–	33,36	37,53	–	28,99	32,61	–	24,74	27,83	–	20,62	23,20	–	16,63	18,71	–	12,77	14,
	V	847,83	–	67,82	76,30																		
	VI	892,08	–	71,36	80,28																		
3.539,99	I	474,16	–	37,93	42,67	–	29,04	32,67	–	20,68	23,26	–	12,82	14,42	–	5,50	6,18	–	–	–	–	–	
	II	368,33	–	29,46	33,14	–	21,07	23,70	–	13,19	14,84	–	5,83	6,56	–	0,21	0,23	–	–	–	–	–	
	III	187,16	–	14,97	16,84	–	8,13	9,14	–	2,56	2,88	–	–	–	–	–	–	–	–	–	–	–	
	IV	474,16	–	37,93	42,67	–	33,42	37,60	–	29,04	32,67	–	24,80	27,90	–	20,68	23,26	–	16,68	18,77	–	12,82	14,
	V	848,83	–	67,90	76,39																		
	VI	893,16	–	71,45	80,38																		
3.542,99	I	474,91	–	37,99	42,74	–	29,10	32,74	–	20,73	23,32	–	12,87	14,48	–	5,54	6,23	–	0,03	0,03	–	–	
	II	369,00	–	29,52	33,21	–	21,12	23,76	–	13,24	14,89	–	5,88	6,61	–	0,24	0,27	–	–	–	–	–	
	III	187,83	–	15,02	16,90	–	8,17	9,19	–	2,60	2,92	–	–	–	–	–	–	–	–	–	–	–	
	IV	474,91	–	37,99	42,74	–	33,48	37,67	–	29,10	32,74	–	24,85	27,95	–	20,73	23,32	–	16,74	18,83	–	12,87	14,
	V	849,83	–	67,98	76,48																		
	VI	894,16	–	71,53	80,47																		
3.545,99	I	475,66	–	38,05	42,80	–	29,16	32,80	–	20,78	23,38	–	12,92	14,53	–	5,59	6,29	–	0,06	0,06	–	–	
	II	369,75	–	29,58	33,27	–	21,17	23,81	–	13,28	14,94	–	5,92	6,66	–	0,26	0,29	–	–	–	–	–	
	III	188,33	–	15,06	16,94	–	8,21	9,23	–	2,62	2,95	–	–	–	–	–	–	–	–	–	–	–	
	IV	475,66	–	38,05	42,80	–	33,54	37,73	–	29,16	32,80	–	24,90	28,01	–	20,78	23,38	–	16,78	18,88	–	12,92	14,5
	V	850,91	–	68,07	76,58																		
	VI	895,16	–	71,61	80,56																		
3.548,99	I	476,41	–	38,11	42,87	–	29,21	32,86	–	20,83	23,43	–	12,97	14,59	–	5,63	6,33	–	0,09	0,10	–	–	
	II	370,41	–	29,63	33,33	–	21,22	23,87	–	13,34	15,00	–	5,96	6,71	–	0,30	0,33	–	–	–	–	–	
	III	189,00	–	15,12	17,01	–	8,25	9,28	–	2,66	2,99	–	–	–	–	–	–	–	–	–	–	–	
	IV	476,41	–	38,11	42,87	–	33,60	37,80	–	29,21	32,86	–	24,96	28,08	–	20,83	23,43	–	16,84	18,94	–	12,97	14,5
	V	851,91	–	68,15	76,67																		
	VI	896,25	–	71,70	80,66																		
3.551,99	I	477,16	–	38,17	42,94	–	29,27	32,93	–	20,89	23,50	–	13,02	14,64	–	5,68	6,39	–	0,12	0,13	–	–	
	II	371,16	–	29,69	33,40	–	21,28	23,94	–	13,39	15,06	–	6,01	6,76	–	0,32	0,36	–	–	–	–	–	
	III	189,50	–	15,16	17,05	–	8,30	9,34	–	2,69	3,02	–	–	–	–	–	–	–	–	–	–	–	
	IV	477,16	–	38,17	42,94	–	33,66	37,86	–	29,27	32,93	–	25,02	28,14	–	20,89	23,50	–	16,89	19,00	–	13,02	14,6
	V	852,91	–	68,23	76,76																		
	VI	897,25	–	71,78	80,75																		
3.554,99	I	477,91	–	38,23	43,01	–	29,32	32,99	–	20,94	23,56	–	13,07	14,70	–	5,72	6,44	–	0,14	0,16	–	–	
	II	371,83	–	29,74	33,46	–	21,33	23,99	–	13,44	15,12	–	6,06	6,81	–	0,35	0,39	–	–	–	–	–	
	III	190,16	–	15,21	17,11	–	8,34	9,38	–	2,73	3,07	–	–	–	–	–	–	–	–	–	–	–	
	IV	477,91	–	38,23	43,01	–	33,71	37,92	–	29,32	32,99	–	25,07	28,20	–	20,94	23,56	–	16,94	19,05	–	13,07	14,7
	V	854,00	–	68,32	76,86																		
	VI	898,25	–	71,86	80,84																		

Allgemeine Tabelle

MONAT bis 3.599,99 €

Lohn/ Gehalt bis	Steuerklasse	Lohn-steuer	ohne Kinderfreibetrag			Anzahl Kinderfreibeträge (nur Steuerklassen I–IV) 0,5			1,0			1,5			2,0			2,5			3,0		
			SolZ 5,5%	Kirchensteuer 8%	Kirchensteuer 9%	SolZ 5,5%	Kirchensteuer 8%	Kirchensteuer 9%	SolZ 5,5%	Kirchensteuer 8%	Kirchensteuer 9%	SolZ 5,5%	Kirchensteuer 8%	Kirchensteuer 9%	SolZ 5,5%	Kirchensteuer 8%	Kirchensteuer 9%	SolZ 5,5%	Kirchensteuer 8%	Kirchensteuer 9%	SolZ 5,5%	Kirchensteuer 8%	Kirchensteuer 9%
3.557,99	I	478,66	-	38,29	43,07	-	29,38	33,05	-	20,99	23,61	-	13,12	14,76	-	5,76	6,48	-	0,17	0,19	-	-	-
	II	372,58	-	29,80	33,53	-	21,38	24,05	-	13,48	15,17	-	6,10	6,86	-	0,38	0,43	-	-	-	-	-	-
	III	190,66	-	15,25	17,15	-	8,38	9,43	-	2,76	3,10	-	-	-	-	-	-	-	-	-	-	-	-
	IV	478,66	-	38,29	43,07	-	33,77	37,99	-	29,38	33,05	-	25,12	28,26	-	20,99	23,61	-	16,99	19,11	-	13,12	14,76
	V	855,00	-	68,40	76,95																		
	VI	899,25	-	71,94	80,93																		
3.560,99	I	479,41	-	38,35	43,14	-	29,44	33,12	-	21,05	23,68	-	13,17	14,81	-	5,81	6,53	-	0,20	0,22	-	-	-
	II	373,25	-	29,86	33,59	-	21,44	24,12	-	13,54	15,23	-	6,15	6,92	-	0,41	0,46	-	-	-	-	-	-
	III	191,33	-	15,30	17,21	-	8,42	9,47	-	2,80	3,15	-	-	-	-	-	-	-	-	-	-	-	-
	IV	479,41	-	38,35	43,14	-	33,83	38,06	-	29,44	33,12	-	25,18	28,32	-	21,05	23,68	-	17,04	19,17	-	13,17	14,81
	V	856,00	-	68,48	77,04																		
	VI	900,33	-	72,02	81,02																		
3.563,99	I	480,16	-	38,41	43,21	-	29,50	33,18	-	21,10	23,74	-	13,22	14,87	-	5,86	6,59	-	0,23	0,26	-	-	-
	II	374,00	-	29,92	33,66	-	21,50	24,18	-	13,59	15,29	-	6,20	6,97	-	0,44	0,49	-	-	-	-	-	-
	III	191,83	-	15,34	17,26	-	8,46	9,52	-	2,82	3,17	-	-	-	-	-	-	-	-	-	-	-	-
	IV	480,16	-	38,41	43,21	-	33,89	38,12	-	29,50	33,18	-	25,24	28,39	-	21,10	23,74	-	17,10	19,23	-	13,22	14,87
	V	857,08	-	68,56	77,13																		
	VI	901,33	-	72,10	81,11																		
3.566,99	I	480,91	-	38,47	43,28	-	29,55	33,24	-	21,15	23,79	-	13,27	14,93	-	5,90	6,64	-	0,26	0,29	-	-	-
	II	374,66	-	29,97	33,71	-	21,54	24,23	-	13,64	15,34	-	6,24	7,02	-	0,47	0,53	-	-	-	-	-	-
	III	192,50	-	15,40	17,32	-	8,50	9,56	-	2,85	3,20	-	-	-	-	-	-	-	-	-	-	-	-
	IV	480,91	-	38,47	43,28	-	33,94	38,18	-	29,55	33,24	-	25,29	28,45	-	21,15	23,79	-	17,14	19,28	-	13,27	14,93
	V	858,08	-	68,64	77,22																		
	VI	902,33	-	72,18	81,20																		
3.569,99	I	481,66	-	38,53	43,34	-	29,61	33,31	-	21,21	23,86	-	13,32	14,98	-	5,95	6,69	-	0,28	0,32	-	-	-
	II	375,41	-	30,03	33,78	-	21,60	24,30	-	13,69	15,40	-	6,29	7,07	-	0,50	0,56	-	-	-	-	-	-
	III	193,16	-	15,45	17,38	-	8,54	9,61	-	2,89	3,25	-	-	-	-	-	-	-	-	-	-	-	-
	IV	481,66	-	38,53	43,34	-	34,00	38,25	-	29,61	33,31	-	25,34	28,51	-	21,21	23,86	-	17,20	19,35	-	13,32	14,98
	V	859,08	-	68,72	77,31																		
	VI	903,41	-	72,27	81,30																		
3.572,99	I	482,41	-	38,59	43,41	-	29,67	33,38	-	21,26	23,92	-	13,37	15,04	-	6,00	6,75	-	0,31	0,35	-	-	-
	II	376,08	-	30,08	33,84	-	21,66	24,36	-	13,74	15,45	-	6,34	7,13	-	0,53	0,59	-	-	-	-	-	-
	III	193,66	-	15,49	17,42	-	8,58	9,65	-	2,92	3,28	-	-	-	-	-	-	-	-	-	-	-	-
	IV	482,41	-	38,59	43,41	-	34,06	38,32	-	29,67	33,38	-	25,40	28,57	-	21,26	23,92	-	17,25	19,40	-	13,37	15,04
	V	860,08	-	68,80	77,40																		
	VI	904,41	-	72,35	81,39																		
3.575,99	I	483,16	-	38,65	43,48	-	29,72	33,44	-	21,31	23,97	-	13,42	15,09	-	6,04	6,79	-	0,34	0,38	-	-	-
	II	376,83	-	30,14	33,91	-	21,71	24,42	-	13,79	15,51	-	6,38	7,18	-	0,56	0,63	-	-	-	-	-	-
	III	194,33	-	15,54	17,48	-	8,62	9,70	-	2,96	3,33	-	-	-	-	-	-	-	-	-	-	-	-
	IV	483,16	-	38,65	43,48	-	34,12	38,39	-	29,72	33,44	-	25,46	28,64	-	21,31	23,97	-	17,30	19,46	-	13,42	15,09
	V	861,16	-	68,89	77,50																		
	VI	905,41	-	72,43	81,48																		
3.578,99	I	483,91	-	38,71	43,55	-	29,78	33,50	-	21,36	24,03	-	13,47	15,15	-	6,08	6,84	-	0,37	0,41	-	-	-
	II	377,50	-	30,20	33,97	-	21,76	24,48	-	13,84	15,57	-	6,43	7,23	-	0,58	0,65	-	-	-	-	-	-
	III	194,83	-	15,58	17,53	-	8,66	9,74	-	2,98	3,35	-	-	-	-	-	-	-	-	-	-	-	-
	IV	483,91	-	38,71	43,55	-	34,18	38,45	-	29,78	33,50	-	25,51	28,70	-	21,36	24,03	-	17,35	19,52	-	13,47	15,15
	V	862,16	-	68,97	77,59																		
	VI	906,50	-	72,52	81,58																		
3.581,99	I	484,66	-	38,77	43,61	-	29,84	33,57	-	21,42	24,10	-	13,52	15,21	-	6,13	6,89	-	0,40	0,45	-	-	-
	II	378,25	-	30,26	34,04	-	21,82	24,54	-	13,89	15,62	-	6,48	7,29	-	0,62	0,69	-	-	-	-	-	-
	III	195,50	-	15,64	17,59	-	8,70	9,79	-	3,02	3,40	-	-	-	-	-	-	-	-	-	-	-	-
	IV	484,66	-	38,77	43,61	-	34,24	38,52	-	29,84	33,57	-	25,56	28,76	-	21,42	24,10	-	17,40	19,58	-	13,52	15,21
	V	863,16	-	69,05	77,68																		
	VI	907,50	-	72,60	81,67																		
3.584,99	I	485,41	-	38,83	43,68	-	29,90	33,63	-	21,48	24,16	-	13,57	15,26	-	6,18	6,95	-	0,43	0,48	-	-	-
	II	378,91	-	30,31	34,10	-	21,87	24,60	-	13,94	15,68	-	6,52	7,34	-	0,64	0,72	-	-	-	-	-	-
	III	196,00	-	15,68	17,64	-	8,76	9,85	-	3,05	3,43	-	-	-	-	-	-	-	-	-	-	-	-
	IV	485,41	-	38,83	43,68	-	34,30	38,58	-	29,90	33,63	-	25,62	28,82	-	21,48	24,16	-	17,46	19,64	-	13,57	15,26
	V	864,25	-	69,14	77,78																		
	VI	908,50	-	72,68	81,76																		
3.587,99	I	486,16	-	38,89	43,75	-	29,95	33,69	-	21,52	24,21	-	13,62	15,32	-	6,22	7,00	-	0,46	0,51	-	-	-
	II	379,66	-	30,37	34,16	-	21,92	24,66	-	13,99	15,74	-	6,57	7,39	-	0,68	0,76	-	-	-	-	-	-
	III	196,66	-	15,73	17,69	-	8,80	9,90	-	3,09	3,47	-	-	-	-	-	-	-	-	-	-	-	-
	IV	486,16	-	38,89	43,75	-	34,36	38,65	-	29,95	33,69	-	25,68	28,89	-	21,52	24,21	-	17,51	19,70	-	13,62	15,32
	V	865,25	-	69,22	77,87																		
	VI	909,58	-	72,76	81,86																		
3.590,99	I	486,91	-	38,95	43,82	-	30,01	33,76	-	21,58	24,28	-	13,67	15,38	-	6,27	7,05	-	0,49	0,55	-	-	-
	II	380,41	-	30,43	34,23	-	21,98	24,72	-	14,04	15,79	-	6,62	7,44	-	0,70	0,79	-	-	-	-	-	-
	III	197,16	-	15,77	17,74	-	8,84	9,94	-	3,12	3,51	-	-	-	-	-	-	-	-	-	-	-	-
	IV	486,91	-	38,95	43,82	-	34,42	38,72	-	30,01	33,76	-	25,73	28,94	-	21,58	24,28	-	17,56	19,76	-	13,67	15,38
	V	866,25	-	69,30	77,96																		
	VI	910,58	-	72,84	81,95																		
3.593,99	I	487,66	-	39,01	43,88	-	30,06	33,82	-	21,64	24,34	-	13,72	15,43	-	6,32	7,11	-	0,52	0,58	-	-	-
	II	381,08	-	30,48	34,29	-	22,03	24,78	-	14,09	15,85	-	6,66	7,49	-	0,74	0,83	-	-	-	-	-	-
	III	197,83	-	15,82	17,80	-	8,88	9,99	-	3,16	3,55	-	-	-	-	-	-	-	-	-	-	-	-
	IV	487,66	-	39,01	43,88	-	34,47	38,78	-	30,06	33,82	-	25,78	29,00	-	21,64	24,34	-	17,61	19,81	-	13,72	15,43
	V	867,33	-	69,38	78,05																		
	VI	911,58	-	72,92	82,04																		
3.596,99	I	488,41	-	39,07	43,95	-	30,12	33,89	-	21,69	24,40	-	13,77	15,49	-	6,36	7,16	-	0,54	0,61	-	-	-
	II	381,83	-	30,54	34,36	-	22,08	24,84	-	14,14	15,90	-	6,71	7,55	-	0,76	0,86	-	-	-	-	-	-
	III	198,33	-	15,86	17,84	-	8,92	10,03	-	3,18	3,58	-	-	-	-	-	-	-	-	-	-	-	-
	IV	488,41	-	39,07	43,95	-	34,53	38,84	-	30,12	33,89	-	25,84	29,07	-	21,69	24,40	-	17,66	19,87	-	13,77	15,49
	V	868,33	-	69,46	78,14																		
	VI	912,58	-	73,00	82,13																		
3.599,99	I	489,16	-	39,13	44,02	-	30,18	33,95	-	21,74	24,46	-	13,82	15,54	-	6,41	7,21	-	0,58	0,65	-	-	-
	II	382,50	-	30,60	34,42	-	22,14	24,90	-	14,19	15,96	-	6,76	7,60	-	0,80	0,90	-	-	-	-	-	-
	III	199,00	-	15,92	17,91	-	8,96	10,08	-	3,22	3,62	-	-	-	-	-	-	-	-	-	-	-	-
	IV	489,16	-	39,13	44,02	-	34,59	38,91	-	30,18	33,95	-	25,90	29,13	-	21,74	24,46	-	17,72	19,93	-	13,82	15,54
	V	869,33	-	69,54	78,23																		
	VI	913,66	-	73,09	82,22																		

Lohn/ Gehalt bis	Steuerklasse	Lohn-steuer	ohne Kinderfreibetrag			Anzahl Kinderfreibeträge (nur Steuerklassen I–IV)																	
						0,5			1,0			1,5			2,0			2,5			3,0		
			SolZ 5,5%	Kirchensteuer 8%	Kirchensteuer 9%	SolZ 5,5%	Kirchensteuer 8%	Kirchensteuer 9%	SolZ 5,5%	Kirchensteuer 8%	Kirchensteuer 9%	SolZ 5,5%	Kirchensteuer 8%	Kirchensteuer 9%	SolZ 5,5%	Kirchensteuer 8%	Kirchensteuer 9%	SolZ 5,5%	Kirchensteuer 8%	Kirchensteuer 9%	SolZ 5,5%	Kirchensteuer 8%	Kirchensteuer 9%
3.602,99	I	489,91	–	39,19	44,09	–	30,24	34,02	–	21,80	24,52	–	13,87	15,60	–	6,46	7,26	–	0,60	0,68	–	–	
	II	383,25	–	30,66	34,49	–	22,19	24,96	–	14,24	16,02	–	6,80	7,65	–	0,83	0,93	–	–	–	–	–	
	III	199,66	–	15,97	17,96	–	9,00	10,12	–	3,25	3,65	–	–	–	–	–	–	–	–	–	–	–	
	IV	489,91	–	39,19	44,09	–	34,65	38,98	–	30,24	34,02	–	25,95	29,19	–	21,80	24,52	–	17,77	19,99	–	13,87	15
	V	870,41	–	69,63	78,33																		
	VI	914,66	–	73,17	82,31																		
3.605,99	I	490,66	–	39,25	44,15	–	30,29	34,07	–	21,85	24,58	–	13,92	15,66	–	6,50	7,31	–	0,64	0,72	–	–	
	II	383,91	–	30,71	34,55	–	22,24	25,02	–	14,29	16,07	–	6,85	7,70	–	0,86	0,96	–	–	–	–	–	
	III	200,16	–	16,01	18,01	–	9,04	10,17	–	3,29	3,70	–	–	–	–	–	–	–	–	–	–	–	
	IV	490,66	–	39,25	44,15	–	34,70	39,04	–	30,29	34,07	–	26,00	29,25	–	21,85	24,58	–	17,82	20,04	–	13,92	15
	V	871,41	–	69,71	78,42																		
	VI	915,66	–	73,25	82,40																		
3.608,99	I	491,41	–	39,31	44,22	–	30,35	34,14	–	21,90	24,64	–	13,97	15,71	–	6,55	7,37	–	0,66	0,74	–	–	
	II	384,66	–	30,77	34,61	–	22,30	25,08	–	14,34	16,13	–	6,90	7,76	–	0,89	1,00	–	–	–	–	–	
	III	200,83	–	16,06	18,07	–	9,09	10,22	–	3,32	3,73	–	–	–	–	–	–	–	–	–	–	–	
	IV	491,41	–	39,31	44,22	–	34,76	39,11	–	30,35	34,14	–	26,06	29,32	–	21,90	24,64	–	17,87	20,10	–	13,97	15
	V	872,41	–	69,79	78,51																		
	VI	916,75	–	73,34	82,50																		
3.611,99	I	492,16	–	39,37	44,29	–	30,40	34,20	–	21,96	24,70	–	14,02	15,77	–	6,60	7,42	–	0,70	0,78	–	–	
	II	385,41	–	30,83	34,68	–	22,35	25,14	–	14,39	16,19	–	6,94	7,81	–	0,92	1,03	–	–	–	–	–	
	III	201,33	–	16,10	18,11	–	9,13	10,27	–	3,36	3,78	–	–	–	–	–	–	–	–	–	–	–	
	IV	492,16	–	39,37	44,29	–	34,82	39,17	–	30,40	34,20	–	26,12	29,38	–	21,96	24,70	–	17,92	20,16	–	14,02	15
	V	873,50	–	69,88	78,61																		
	VI	917,75	–	73,42	82,59																		
3.614,99	I	492,91	–	39,43	44,36	–	30,46	34,27	–	22,01	24,76	–	14,07	15,83	–	6,64	7,47	–	0,72	0,81	–	–	
	II	386,08	–	30,88	34,74	–	22,40	25,20	–	14,44	16,25	–	6,99	7,86	–	0,95	1,07	–	–	–	–	–	
	III	202,00	–	16,16	18,18	–	9,17	10,31	–	3,38	3,80	–	–	–	–	–	–	–	–	–	–	–	
	IV	492,91	–	39,43	44,36	–	34,88	39,24	–	30,46	34,27	–	26,17	29,44	–	22,01	24,76	–	17,98	20,22	–	14,07	15,
	V	874,50	–	69,96	78,70																		
	VI	918,75	–	73,50	82,68																		
3.617,99	I	493,66	–	39,49	44,42	–	30,52	34,33	–	22,06	24,82	–	14,12	15,88	–	6,69	7,52	–	0,76	0,85	–	–	
	II	386,83	–	30,94	34,81	–	22,46	25,26	–	14,49	16,30	–	7,04	7,92	–	0,98	1,10	–	–	–	–	–	
	III	202,50	–	16,20	18,22	–	9,21	10,36	–	3,42	3,85	–	–	–	–	–	–	–	–	–	–	–	
	IV	493,66	–	39,49	44,42	–	34,94	39,31	–	30,52	34,33	–	26,22	29,50	–	22,06	24,82	–	18,02	20,27	–	14,12	15,
	V	875,50	–	70,04	78,79																		
	VI	919,83	–	73,58	82,78																		
3.620,99	I	494,41	–	39,55	44,49	–	30,58	34,40	–	22,12	24,88	–	14,17	15,94	–	6,74	7,58	–	0,78	0,88	–	–	
	II	387,50	–	31,00	34,87	–	22,52	25,33	–	14,54	16,36	–	7,08	7,97	–	1,01	1,13	–	–	–	–	–	
	III	203,16	–	16,25	18,28	–	9,25	10,40	–	3,45	3,88	–	–	–	–	–	–	–	–	–	–	–	
	IV	494,41	–	39,55	44,49	–	35,00	39,38	–	30,58	34,40	–	26,28	29,57	–	22,12	24,88	–	18,08	20,34	–	14,17	15,
	V	876,50	–	70,12	78,88																		
	VI	920,83	–	73,66	82,87																		
3.623,99	I	495,16	–	39,61	44,56	–	30,64	34,47	–	22,17	24,94	–	14,22	16,00	–	6,78	7,63	–	0,82	0,92	–	–	
	II	388,25	–	31,06	34,94	–	22,57	25,39	–	14,59	16,41	–	7,13	8,02	–	1,04	1,17	–	–	–	–	–	
	III	203,83	–	16,30	18,34	–	9,29	10,45	–	3,49	3,92	–	–	–	–	–	–	–	–	–	–	–	
	IV	495,16	–	39,61	44,56	–	35,06	39,44	–	30,64	34,47	–	26,34	29,63	–	22,17	24,94	–	18,13	20,39	–	14,22	16,
	V	877,58	–	70,20	78,98																		
	VI	921,83	–	73,74	82,96																		
3.626,99	I	495,91	–	39,67	44,63	–	30,69	34,52	–	22,22	25,00	–	14,27	16,05	–	6,83	7,68	–	0,84	0,95	–	–	
	II	388,91	–	31,11	35,00	–	22,62	25,45	–	14,64	16,47	–	7,18	8,07	–	1,08	1,21	–	–	–	–	–	
	III	204,33	–	16,34	18,38	–	9,34	10,51	–	3,52	3,96	–	–	–	–	–	–	–	–	–	–	–	
	IV	495,91	–	39,67	44,63	–	35,12	39,51	–	30,69	34,52	–	26,39	29,69	–	22,22	25,00	–	18,18	20,45	–	14,27	16,
	V	878,58	–	70,28	79,07																		
	VI	922,91	–	73,83	83,06																		
3.629,99	I	496,66	–	39,73	44,69	–	30,75	34,59	–	22,28	25,06	–	14,32	16,11	–	6,88	7,74	–	0,88	0,99	–	–	
	II	389,66	–	31,17	35,06	–	22,68	25,51	–	14,69	16,52	–	7,22	8,12	–	1,10	1,24	–	–	–	–	–	
	III	205,00	–	16,40	18,45	–	9,38	10,55	–	3,56	4,00	–	–	–	–	–	–	–	–	–	–	–	
	IV	496,66	–	39,73	44,69	–	35,18	39,57	–	30,75	34,59	–	26,45	29,75	–	22,28	25,06	–	18,24	20,52	–	14,32	16,1
	V	879,58	–	70,36	79,16																		
	VI	923,91	–	73,91	83,15																		
3.632,99	I	497,50	–	39,80	44,77	–	30,80	34,65	–	22,33	25,12	–	14,37	16,16	–	6,93	7,79	–	0,91	1,02	–	–	
	II	390,41	–	31,23	35,13	–	22,73	25,57	–	14,74	16,58	–	7,28	8,19	–	1,14	1,28	–	–	–	–	–	
	III	205,50	–	16,44	18,49	–	9,42	10,60	–	3,58	4,03	–	–	–	–	–	–	–	–	–	–	–	
	IV	497,50	–	39,80	44,77	–	35,24	39,64	–	30,80	34,65	–	26,50	29,81	–	22,33	25,12	–	18,29	20,57	–	14,37	16,1
	V	880,66	–	70,45	79,25																		
	VI	924,91	–	73,99	83,24																		
3.635,99	I	498,25	–	39,86	44,84	–	30,86	34,72	–	22,38	25,18	–	14,42	16,22	–	6,98	7,85	–	0,94	1,05	–	–	
	II	391,08	–	31,28	35,19	–	22,78	25,63	–	14,80	16,65	–	7,32	8,24	–	1,17	1,31	–	–	–	–	–	
	III	206,16	–	16,49	18,55	–	9,46	10,64	–	3,62	4,07	–	–	–	–	–	–	–	–	–	–	–	
	IV	498,25	–	39,86	44,84	–	35,30	39,71	–	30,86	34,72	–	26,56	29,88	–	22,38	25,18	–	18,34	20,63	–	14,42	16,2
	V	881,66	–	70,53	79,34																		
	VI	926,00	–	74,08	83,34																		
3.638,99	I	499,00	–	39,92	44,91	–	30,92	34,78	–	22,44	25,24	–	14,47	16,28	–	7,02	7,90	–	0,97	1,09	–	–	
	II	391,83	–	31,34	35,26	–	22,84	25,69	–	14,84	16,70	–	7,37	8,29	–	1,20	1,35	–	–	–	–	–	
	III	206,66	–	16,53	18,59	–	9,50	10,69	–	3,65	4,10	–	–	–	–	–	–	–	–	–	–	–	
	IV	499,00	–	39,92	44,91	–	35,35	39,77	–	30,92	34,78	–	26,62	29,94	–	22,44	25,24	–	18,39	20,69	–	14,47	16,2
	V	882,66	–	70,61	79,43																		
	VI	927,00	–	74,16	83,43																		
3.641,99	I	499,75	–	39,98	44,97	–	30,98	34,85	–	22,49	25,30	–	14,52	16,34	–	7,07	7,95	–	1,00	1,13	–	–	
	II	392,50	–	31,40	35,32	–	22,89	25,75	–	14,90	16,76	–	7,42	8,34	–	1,24	1,39	–	–	–	–	–	
	III	207,33	–	16,58	18,65	–	9,56	10,75	–	3,69	4,15	–	–	–	–	–	–	–	–	–	–	–	
	IV	499,75	–	39,98	44,97	–	35,41	39,83	–	30,98	34,85	–	26,67	30,00	–	22,49	25,30	–	18,44	20,75	–	14,52	16,3
	V	883,75	–	70,70	79,53																		
	VI	928,00	–	74,24	83,52																		
3.644,99	I	500,50	–	40,04	45,04	–	31,04	34,92	–	22,54	25,36	–	14,58	16,40	–	7,12	8,01	–	1,03	1,16	–	–	
	II	393,25	–	31,46	35,39	–	22,94	25,81	–	14,94	16,81	–	7,46	8,39	–	1,26	1,42	–	–	–	–	–	
	III	208,00	–	16,64	18,72	–	9,60	10,80	–	3,73	4,19	–	–	–	–	–	–	–	–	–	–	–	
	IV	500,50	–	40,04	45,04	–	35,47	39,90	–	31,04	34,92	–	26,72	30,06	–	22,54	25,36	–	18,50	20,81	–	14,58	16,4
	V	884,75	–	70,78	79,62																		
	VI	929,00	–	74,32	83,61																		

Allgemeine Tabelle

MONAT bis 3.689,99 €

Lohn/ Gehalt bis	Steuerklasse	Lohn-steuer	ohne Kinderfreibetrag			Anzahl Kinderfreibeträge (nur Steuerklassen I–IV)																	
						0,5			1,0			1,5			2,0			2,5			3,0		
			SolZ 5,5%	Kirchensteuer 8%	9%	SolZ 5,5%	Kirchensteuer 8%	9%	SolZ 5,5%	Kirchensteuer 8%	9%	SolZ 5,5%	Kirchensteuer 8%	9%	SolZ 5,5%	Kirchensteuer 8%	9%	SolZ 5,5%	Kirchensteuer 8%	9%	SolZ 5,5%	Kirchensteuer 8%	9%
3.647,99	I	501,25	–	40,10	45,11	–	31,09	34,97	–	22,60	25,42	–	14,62	16,45	–	7,16	8,06	–	1,06	1,19	–	–	–
	II	394,00	–	31,52	35,46	–	23,00	25,87	–	15,00	16,87	–	7,51	8,45	–	1,30	1,46	–	–	–	–	–	–
	III	208,50	–	16,68	18,76	–	9,64	10,84	–	3,76	4,23	–	–	–	–	–	–	–	–	–	–	–	–
	IV	501,25	–	40,10	45,11	–	35,53	39,97	–	31,09	34,97	–	26,78	30,13	–	22,60	25,42	–	18,55	20,87	–	14,62	16,45
	V	885,75	–	70,86	79,71																		
	VI	930,08	–	74,40	83,70																		
3.650,99	I	502,00	–	40,16	45,18	–	31,15	35,04	–	22,66	25,49	–	14,68	16,51	–	7,21	8,11	–	1,10	1,23	–	–	–
	II	394,66	–	31,57	35,51	–	23,05	25,93	–	15,05	16,93	–	7,56	8,50	–	1,33	1,49	–	–	–	–	–	–
	III	209,16	–	16,73	18,82	–	9,68	10,89	–	3,80	4,27	–	–	–	–	–	–	–	–	–	–	–	–
	IV	502,00	–	40,16	45,18	–	35,59	40,04	–	31,15	35,04	–	26,84	30,19	–	22,66	25,49	–	18,60	20,93	–	14,68	16,51
	V	886,83	–	70,94	79,81																		
	VI	931,08	–	74,48	83,79																		
3.653,99	I	502,75	–	40,22	45,24	–	31,20	35,10	–	22,71	25,55	–	14,72	16,56	–	7,26	8,16	–	1,13	1,27	–	–	–
	II	395,41	–	31,63	35,58	–	23,11	26,00	–	15,10	16,98	–	7,60	8,55	–	1,36	1,53	–	–	–	–	–	–
	III	209,66	–	16,77	18,86	–	9,73	10,94	–	3,82	4,30	–	–	–	–	–	–	–	–	–	–	–	–
	IV	502,75	–	40,22	45,24	–	35,65	40,10	–	31,20	35,10	–	26,89	30,25	–	22,71	25,55	–	18,65	20,98	–	14,72	16,56
	V	887,83	–	71,02	79,90																		
	VI	932,08	–	74,56	83,88																		
3.656,99	I	503,50	–	40,28	45,31	–	31,26	35,17	–	22,76	25,61	–	14,78	16,62	–	7,30	8,21	–	1,16	1,30	–	–	–
	II	396,08	–	31,68	35,64	–	23,16	26,06	–	15,15	17,04	–	7,65	8,60	–	1,40	1,57	–	–	–	–	–	–
	III	210,33	–	16,82	18,92	–	9,77	10,99	–	3,86	4,34	–	–	–	–	–	–	–	–	–	–	–	–
	IV	503,50	–	40,28	45,31	–	35,70	40,16	–	31,26	35,17	–	26,95	30,32	–	22,76	25,61	–	18,70	21,04	–	14,78	16,62
	V	888,83	–	71,10	79,99																		
	VI	933,16	–	74,65	83,98																		
3.659,99	I	504,25	–	40,34	45,38	–	31,32	35,23	–	22,82	25,67	–	14,82	16,67	–	7,35	8,27	–	1,19	1,34	–	–	–
	II	396,83	–	31,74	35,71	–	23,22	26,12	–	15,20	17,10	–	7,70	8,66	–	1,43	1,61	–	–	–	–	–	–
	III	210,83	–	16,86	18,97	–	9,81	11,03	–	3,89	4,37	–	–	–	–	–	–	–	–	–	–	–	–
	IV	504,25	–	40,34	45,38	–	35,76	40,23	–	31,32	35,23	–	27,00	30,38	–	22,82	25,67	–	18,76	21,10	–	14,82	16,67
	V	889,83	–	71,18	80,08																		
	VI	934,16	–	74,73	84,07																		
3.662,99	I	505,08	–	40,40	45,45	–	31,38	35,30	–	22,87	25,73	–	14,88	16,74	–	7,40	8,32	–	1,22	1,37	–	–	–
	II	397,58	–	31,80	35,78	–	23,27	26,18	–	15,25	17,15	–	7,75	8,72	–	1,46	1,64	–	–	–	–	–	–
	III	211,50	–	16,92	19,03	–	9,85	11,08	–	3,93	4,42	–	–	–	–	–	–	–	–	–	–	–	–
	IV	505,08	–	40,40	45,45	–	35,82	40,30	–	31,38	35,30	–	27,06	30,44	–	22,87	25,73	–	18,81	21,16	–	14,88	16,74
	V	890,91	–	71,27	80,18																		
	VI	935,16	–	74,81	84,16																		
3.665,99	I	505,83	–	40,46	45,52	–	31,44	35,37	–	22,92	25,79	–	14,93	16,79	–	7,44	8,37	–	1,26	1,41	–	–	–
	II	398,25	–	31,86	35,84	–	23,32	26,24	–	15,30	17,21	–	7,80	8,77	–	1,50	1,68	–	–	–	–	–	–
	III	212,16	–	16,97	19,09	–	9,89	11,12	–	3,96	4,45	–	–	–	–	–	–	–	–	–	–	–	–
	IV	505,83	–	40,46	45,52	–	35,88	40,37	–	31,44	35,37	–	27,12	30,51	–	22,92	25,79	–	18,86	21,22	–	14,93	16,79
	V	891,91	–	71,35	80,27																		
	VI	936,25	–	74,90	84,26																		
3.668,99	I	506,58	–	40,52	45,59	–	31,49	35,42	–	22,98	25,85	–	14,98	16,85	–	7,49	8,42	–	1,28	1,44	–	–	–
	II	399,00	–	31,92	35,91	–	23,38	26,30	–	15,35	17,27	–	7,84	8,82	–	1,53	1,72	–	–	–	–	–	–
	III	212,66	–	17,01	19,13	–	9,94	11,18	–	4,00	4,50	–	–	–	–	–	–	–	–	–	–	–	–
	IV	506,58	–	40,52	45,59	–	35,94	40,43	–	31,49	35,42	–	27,17	30,56	–	22,98	25,85	–	18,91	21,27	–	14,98	16,85
	V	892,91	–	71,43	80,36																		
	VI	937,25	–	74,98	84,35																		
3.671,99	I	507,33	–	40,58	45,65	–	31,55	35,49	–	23,03	25,91	–	15,03	16,91	–	7,54	8,48	–	1,32	1,48	–	–	–
	II	399,75	–	31,98	35,97	–	23,43	26,36	–	15,40	17,33	–	7,89	8,87	–	1,56	1,76	–	–	–	–	–	–
	III	213,33	–	17,06	19,19	–	9,98	11,23	–	4,04	4,54	–	–	–	–	–	–	–	–	–	–	–	–
	IV	507,33	–	40,58	45,65	–	36,00	40,50	–	31,55	35,49	–	27,23	30,63	–	23,03	25,91	–	18,97	21,34	–	15,03	16,91
	V	894,00	–	71,52	80,46																		
	VI	938,25	–	75,06	84,44																		
3.674,99	I	508,08	–	40,64	45,72	–	31,61	35,56	–	23,08	25,97	–	15,08	16,96	–	7,59	8,54	–	1,35	1,52	–	–	–
	II	400,41	–	32,03	36,03	–	23,48	26,42	–	15,46	17,39	–	7,94	8,93	–	1,60	1,80	–	–	–	–	–	–
	III	213,83	–	17,10	19,24	–	10,02	11,27	–	4,06	4,57	–	–	–	–	–	–	–	–	–	–	–	–
	IV	508,08	–	40,64	45,72	–	36,06	40,57	–	31,61	35,56	–	27,28	30,69	–	23,08	25,97	–	19,02	21,39	–	15,08	16,96
	V	895,00	–	71,60	80,55																		
	VI	939,33	–	75,14	84,53																		
3.677,99	I	508,83	–	40,70	45,79	–	31,66	35,62	–	23,14	26,03	–	15,13	17,02	–	7,64	8,59	–	1,38	1,55	–	–	–
	II	401,16	–	32,09	36,10	–	23,54	26,48	–	15,50	17,44	–	7,98	8,98	–	1,62	1,82	–	–	–	–	–	–
	III	214,50	–	17,16	19,30	–	10,06	11,32	–	4,10	4,61	–	–	–	–	–	–	–	–	–	–	–	–
	IV	508,83	–	40,70	45,79	–	36,12	40,63	–	31,66	35,62	–	27,34	30,75	–	23,14	26,03	–	19,07	21,45	–	15,13	17,02
	V	896,00	–	71,68	80,64																		
	VI	940,33	–	75,22	84,62																		
3.680,99	I	509,58	–	40,76	45,86	–	31,72	35,69	–	23,20	26,10	–	15,18	17,08	–	7,68	8,64	–	1,42	1,59	–	–	–
	II	401,83	–	32,14	36,16	–	23,59	26,54	–	15,56	17,50	–	8,03	9,03	–	1,66	1,86	–	–	–	–	–	–
	III	215,00	–	17,20	19,35	–	10,10	11,36	–	4,13	4,64	–	–	–	–	–	–	–	–	–	–	–	–
	IV	509,58	–	40,76	45,86	–	36,18	40,70	–	31,72	35,69	–	27,39	30,81	–	23,20	26,10	–	19,12	21,51	–	15,18	17,08
	V	897,00	–	71,76	80,73																		
	VI	941,33	–	75,30	84,71																		
3.683,99	I	510,33	–	40,82	45,92	–	31,78	35,75	–	23,25	26,15	–	15,23	17,13	–	7,73	8,69	–	1,45	1,63	–	–	–
	II	402,58	–	32,20	36,23	–	23,65	26,60	–	15,61	17,56	–	8,08	9,09	–	1,70	1,91	–	–	–	–	–	–
	III	215,66	–	17,25	19,40	–	10,16	11,43	–	4,17	4,69	–	–	–	–	–	–	–	–	–	–	–	–
	IV	510,33	–	40,82	45,92	–	36,24	40,77	–	31,78	35,75	–	27,45	30,88	–	23,25	26,15	–	19,18	21,57	–	15,23	17,13
	V	898,08	–	71,84	80,82																		
	VI	942,33	–	75,38	84,80																		
3.686,99	I	511,08	–	40,88	45,99	–	31,84	35,82	–	23,30	26,21	–	15,28	17,19	–	7,78	8,75	–	1,48	1,67	–	–	–
	II	403,33	–	32,26	36,29	–	23,70	26,66	–	15,66	17,61	–	8,13	9,14	–	1,73	1,94	–	–	–	–	–	–
	III	216,33	–	17,30	19,46	–	10,20	11,47	–	4,21	4,73	–	–	–	–	–	–	–	–	–	–	–	–
	IV	511,08	–	40,88	45,99	–	36,30	40,83	–	31,84	35,82	–	27,50	30,94	–	23,30	26,21	–	19,23	21,63	–	15,28	17,19
	V	899,08	–	71,92	80,91																		
	VI	943,41	–	75,47	84,90																		
3.689,99	I	511,83	–	40,94	46,06	–	31,90	35,88	–	23,36	26,28	–	15,33	17,24	–	7,82	8,80	–	1,52	1,71	–	–	–
	II	404,00	–	32,32	36,36	–	23,76	26,73	–	15,71	17,67	–	8,18	9,20	–	1,76	1,98	–	–	–	–	–	–
	III	216,83	–	17,34	19,51	–	10,24	11,52	–	4,24	4,77	–	–	–	–	–	–	–	–	–	–	–	–
	IV	511,83	–	40,94	46,06	–	36,36	40,90	–	31,90	35,88	–	27,56	31,01	–	23,36	26,28	–	19,28	21,69	–	15,33	17,24
	V	900,08	–	72,00	81,00																		
	VI	944,41	–	75,55	84,99																		

Lohn/ Gehalt bis	Steuerklasse	Lohn-steuer	ohne Kinderfreibetrag			Anzahl Kinderfreibeträge (nur Steuerklassen I–IV) 0,5			1,0			1,5			2,0			2,5			3,0		
			SolZ 5,5%	Kirchensteuer 8%	9%	SolZ 5,5%	Kirchensteuer 8%	9%	SolZ 5,5%	Kirchensteuer 8%	9%	SolZ 5,5%	Kirchensteuer 8%	9%	SolZ 5,5%	Kirchensteuer 8%	9%	SolZ 5,5%	Kirchensteuer 8%	9%	SolZ 5,5%	Kirchensteuer 8%	9%
3.692,99	I	512,66	-	41,01	46,13	-	31,95	35,94	-	23,41	26,33	-	15,38	17,30	-	7,87	8,85	-	1,55	1,74	-	-	
	II	404,75	-	32,38	36,42	-	23,81	26,78	-	15,76	17,73	-	8,22	9,25	-	1,80	2,02	-	-	-	-	-	
	III	217,50	-	17,40	19,57	-	10,29	11,57	-	4,28	4,81	-	-	-	-	-	-	-	-	-	-	-	
	IV	512,66	-	41,01	46,13	-	36,42	40,97	-	31,95	35,94	-	27,62	31,07	-	23,41	26,33	-	19,34	21,75	-	15,38	17
	V	901,16	-	72,09	81,10																		
	VI	945,41	-	75,63	85,08																		
3.695,99	I	513,41	-	41,07	46,20	-	32,01	36,01	-	23,46	26,39	-	15,44	17,37	-	7,92	8,91	-	1,58	1,78	-	-	
	II	405,50	-	32,44	36,49	-	23,86	26,84	-	15,81	17,78	-	8,27	9,30	-	1,83	2,06	-	-	-	-	-	
	III	218,16	-	17,45	19,63	-	10,33	11,62	-	4,32	4,86	-	-	-	-	-	-	-	-	-	-	-	
	IV	513,41	-	41,07	46,20	-	36,48	41,04	-	32,01	36,01	-	27,68	31,14	-	23,46	26,39	-	19,38	21,80	-	15,44	17
	V	902,16	-	72,17	81,19																		
	VI	946,50	-	75,72	85,18																		
3.698,99	I	514,16	-	41,13	46,27	-	32,07	36,08	-	23,52	26,46	-	15,48	17,42	-	7,96	8,96	-	1,62	1,82	-	-	
	II	406,16	-	32,49	36,55	-	23,92	26,91	-	15,86	17,84	-	8,32	9,36	-	1,86	2,09	-	-	-	-	-	
	III	218,66	-	17,49	19,67	-	10,37	11,66	-	4,34	4,88	-	-	-	-	-	-	-	-	-	-	-	
	IV	514,16	-	41,13	46,27	-	36,54	41,10	-	32,07	36,08	-	27,73	31,19	-	23,52	26,46	-	19,44	21,87	-	15,48	17
	V	903,16	-	72,25	81,28																		
	VI	947,50	-	75,80	85,27																		
3.701,99	I	514,91	-	41,19	46,34	-	32,12	36,14	-	23,58	26,52	-	15,54	17,48	-	8,02	9,02	-	1,65	1,85	-	-	
	II	406,91	-	32,55	36,62	-	23,98	26,97	-	15,92	17,91	-	8,36	9,41	-	1,90	2,13	-	-	-	-	-	
	III	219,33	-	17,54	19,73	-	10,41	11,71	-	4,38	4,93	-	-	-	-	-	-	-	-	-	-	-	
	IV	514,91	-	41,19	46,34	-	36,60	41,17	-	32,12	36,14	-	27,78	31,25	-	23,58	26,52	-	19,49	21,92	-	15,54	17
	V	904,25	-	72,34	81,38																		
	VI	948,50	-	75,88	85,36																		
3.704,99	I	515,66	-	41,25	46,40	-	32,18	36,20	-	23,63	26,58	-	15,59	17,54	-	8,06	9,07	-	1,68	1,89	-	-	
	II	407,66	-	32,61	36,68	-	24,03	27,03	-	15,96	17,96	-	8,42	9,47	-	1,93	2,17	-	-	-	-	-	
	III	219,83	-	17,58	19,78	-	10,46	11,77	-	4,42	4,97	-	-	-	-	-	-	-	-	-	-	-	
	IV	515,66	-	41,25	46,40	-	36,66	41,24	-	32,18	36,20	-	27,84	31,32	-	23,63	26,58	-	19,54	21,98	-	15,59	17
	V	905,25	-	72,42	81,47																		
	VI	949,58	-	75,96	85,46																		
3.707,99	I	516,41	-	41,31	46,47	-	32,24	36,27	-	23,68	26,64	-	15,64	17,59	-	8,11	9,12	-	1,72	1,93	-	-	
	II	408,33	-	32,66	36,74	-	24,08	27,09	-	16,02	18,02	-	8,46	9,52	-	1,96	2,21	-	-	-	-	-	
	III	220,50	-	17,64	19,84	-	10,50	11,81	-	4,45	5,00	-	-	-	-	-	-	-	-	-	-	-	
	IV	516,41	-	41,31	46,47	-	36,71	41,30	-	32,24	36,27	-	27,90	31,38	-	23,68	26,64	-	19,60	22,05	-	15,64	17
	V	906,25	-	72,50	81,56																		
	VI	950,58	-	76,04	85,55																		
3.710,99	I	517,25	-	41,38	46,55	-	32,30	36,33	-	23,74	26,70	-	15,69	17,65	-	8,16	9,18	-	1,75	1,97	-	-	
	II	409,08	-	32,72	36,81	-	24,14	27,15	-	16,06	18,07	-	8,51	9,57	-	2,00	2,25	-	-	-	-	-	
	III	221,00	-	17,68	19,89	-	10,54	11,86	-	4,49	5,05	-	-	-	-	-	-	-	-	-	-	-	
	IV	517,25	-	41,38	46,55	-	36,77	41,36	-	32,30	36,33	-	27,95	31,44	-	23,74	26,70	-	19,65	22,10	-	15,69	17
	V	907,25	-	72,58	81,65																		
	VI	951,58	-	76,12	85,64																		
3.713,99	I	518,00	-	41,44	46,62	-	32,36	36,40	-	23,79	26,76	-	15,74	17,71	-	8,20	9,23	-	1,78	2,00	-	-	
	II	409,83	-	32,78	36,88	-	24,19	27,21	-	16,12	18,13	-	8,56	9,63	-	2,04	2,29	-	-	-	-	-	
	III	221,66	-	17,73	19,94	-	10,60	11,92	-	4,53	5,09	-	-	-	-	-	-	-	-	-	-	-	
	IV	518,00	-	41,44	46,62	-	36,83	41,43	-	32,36	36,40	-	28,01	31,51	-	23,79	26,76	-	19,70	22,16	-	15,74	17,
	V	908,33	-	72,66	81,74																		
	VI	952,66	-	76,21	85,73																		
3.716,99	I	518,75	-	41,50	46,68	-	32,42	36,47	-	23,84	26,82	-	15,79	17,76	-	8,25	9,28	-	1,82	2,04	-	-	
	II	410,58	-	32,84	36,95	-	24,25	27,28	-	16,17	18,19	-	8,60	9,68	-	2,07	2,33	-	-	-	-	-	
	III	222,33	-	17,78	20,00	-	10,64	11,97	-	4,56	5,13	-	-	-	-	-	-	-	-	-	-	-	
	IV	518,75	-	41,50	46,68	-	36,89	41,50	-	32,42	36,47	-	28,06	31,57	-	23,84	26,82	-	19,76	22,23	-	15,79	17,
	V	909,33	-	72,74	81,83																		
	VI	953,66	-	76,29	85,82																		
3.719,99	I	519,50	-	41,56	46,75	-	32,47	36,53	-	23,90	26,88	-	15,84	17,82	-	8,30	9,33	-	1,85	2,08	-	-	
	II	411,25	-	32,90	37,01	-	24,30	27,34	-	16,22	18,24	-	8,65	9,73	-	2,10	2,36	-	-	-	-	-	
	III	222,83	-	17,82	20,05	-	10,68	12,01	-	4,60	5,17	-	-	-	-	-	-	-	-	-	-	-	
	IV	519,50	-	41,56	46,75	-	36,95	41,57	-	32,47	36,53	-	28,12	31,64	-	23,90	26,88	-	19,80	22,28	-	15,84	17,
	V	910,33	-	72,82	81,92																		
	VI	954,66	-	76,37	85,91																		
3.722,99	I	520,25	-	41,62	46,82	-	32,53	36,59	-	23,96	26,95	-	15,90	17,88	-	8,35	9,39	-	1,88	2,12	-	-	
	II	412,00	-	32,96	37,08	-	24,36	27,40	-	16,27	18,30	-	8,70	9,79	-	2,14	2,41	-	-	-	-	-	
	III	223,50	-	17,88	20,11	-	10,73	12,07	-	4,64	5,22	-	-	-	-	-	-	-	-	-	-	-	
	IV	520,25	-	41,62	46,82	-	37,01	41,63	-	32,53	36,59	-	28,18	31,70	-	23,96	26,95	-	19,86	22,34	-	15,90	17,
	V	911,41	-	72,91	82,02																		
	VI	955,75	-	76,46	86,01																		
3.725,99	I	521,08	-	41,68	46,89	-	32,59	36,66	-	24,01	27,01	-	15,94	17,93	-	8,40	9,45	-	1,92	2,16	-	-	
	II	412,75	-	33,02	37,14	-	24,41	27,46	-	16,32	18,36	-	8,75	9,84	-	2,18	2,45	-	-	-	-	-	
	III	224,00	-	17,92	20,16	-	10,77	12,11	-	4,66	5,24	-	-	-	-	-	-	-	-	-	-	-	
	IV	521,08	-	41,68	46,89	-	37,07	41,70	-	32,59	36,66	-	28,24	31,77	-	24,01	27,01	-	19,91	22,40	-	15,94	17,
	V	912,41	-	72,99	82,11																		
	VI	956,75	-	76,54	86,10																		
3.728,99	I	521,83	-	41,74	46,96	-	32,64	36,72	-	24,06	27,07	-	16,00	18,00	-	8,44	9,50	-	1,95	2,19	-	-	
	II	413,41	-	33,07	37,20	-	24,46	27,52	-	16,37	18,41	-	8,80	9,90	-	2,21	2,48	-	-	-	-	-	
	III	224,66	-	17,97	20,21	-	10,81	12,16	-	4,70	5,29	-	-	-	-	-	-	-	-	-	-	-	
	IV	521,83	-	41,74	46,96	-	37,13	41,77	-	32,64	36,72	-	28,29	31,82	-	24,06	27,07	-	19,96	22,46	-	16,00	18,
	V	913,41	-	73,07	82,20																		
	VI	957,75	-	76,62	86,19																		
3.731,99	I	522,58	-	41,80	47,03	-	32,70	36,79	-	24,12	27,13	-	16,04	18,05	-	8,49	9,55	-	1,99	2,24	-	-	
	II	414,16	-	33,13	37,27	-	24,52	27,58	-	16,42	18,47	-	8,84	9,95	-	2,24	2,52	-	-	-	-	-	
	III	225,33	-	18,02	20,27	-	10,85	12,20	-	4,73	5,32	-	-	-	-	-	-	-	-	-	-	-	
	IV	522,58	-	41,80	47,03	-	37,19	41,84	-	32,70	36,79	-	28,34	31,88	-	24,12	27,13	-	20,02	22,52	-	16,04	18,0
	V	914,41	-	73,15	82,29																		
	VI	958,75	-	76,70	86,28																		
3.734,99	I	523,33	-	41,86	47,09	-	32,76	36,86	-	24,17	27,19	-	16,10	18,11	-	8,54	9,60	-	2,02	2,27	-	-	
	II	414,91	-	33,19	37,34	-	24,58	27,65	-	16,48	18,54	-	8,89	10,00	-	2,28	2,57	-	-	-	-	-	
	III	225,83	-	18,06	20,32	-	10,90	12,26	-	4,77	5,36	-	-	-	-	-	-	-	-	-	-	-	
	IV	523,33	-	41,86	47,09	-	37,25	41,90	-	32,76	36,86	-	28,40	31,95	-	24,17	27,19	-	20,07	22,58	-	16,10	18,1
	V	915,50	-	73,24	82,39																		
	VI	959,83	-	76,78	86,38																		

Lohn/ Gehalt bis	Steuerklasse	Lohn-steuer	ohne Kinderfreibetrag SolZ 5,5%	ohne Kinderfreibetrag Kirchensteuer 8%	ohne Kinderfreibetrag Kirchensteuer 9%	0,5 SolZ 5,5%	0,5 Kirchensteuer 8%	0,5 Kirchensteuer 9%	1,0 SolZ 5,5%	1,0 Kirchensteuer 8%	1,0 Kirchensteuer 9%	1,5 SolZ 5,5%	1,5 Kirchensteuer 8%	1,5 Kirchensteuer 9%	2,0 SolZ 5,5%	2,0 Kirchensteuer 8%	2,0 Kirchensteuer 9%	2,5 SolZ 5,5%	2,5 Kirchensteuer 8%	2,5 Kirchensteuer 9%	3,0 SolZ 5,5%	3,0 Kirchensteuer 8%	3,0 Kirchensteuer 9%
3.737,99	I	524,08	-	41,92	47,16	-	32,82	36,92	-	24,23	27,26	-	16,15	18,17	-	8,58	9,65	-	2,06	2,31	-	-	-
	II	415,58	-	33,24	37,40	-	24,63	27,71	-	16,53	18,59	-	8,94	10,05	-	2,32	2,61	-	-	-	-	-	-
	III	226,50	-	18,12	20,38	-	10,94	12,31	-	4,81	5,41	-	-	-	-	-	-	-	-	-	-	-	-
	IV	524,08	-	41,92	47,16	-	37,31	41,97	-	32,82	36,92	-	28,46	32,01	-	24,23	27,26	-	20,12	22,64	-	16,15	18,17
	V	916,50	-	73,32	82,48																		
	VI	960,83	-	76,86	86,47																		
3.740,99	I	524,83	-	41,98	47,23	-	32,88	36,99	-	24,28	27,32	-	16,20	18,23	-	8,64	9,72	-	2,09	2,35	-	-	-
	II	416,33	-	33,30	37,46	-	24,68	27,77	-	16,58	18,65	-	8,99	10,11	-	2,35	2,64	-	-	-	-	-	-
	III	227,00	-	18,16	20,43	-	10,98	12,35	-	4,85	5,45	-	0,01	0,01	-	-	-	-	-	-	-	-	-
	IV	524,83	-	41,98	47,23	-	37,36	42,03	-	32,88	36,99	-	28,52	32,08	-	24,28	27,32	-	20,18	22,70	-	16,20	18,23
	V	917,50	-	73,40	82,57																		
	VI	961,83	-	76,94	86,56																		
3.743,99	I	525,66	-	42,05	47,30	-	32,94	37,05	-	24,34	27,38	-	16,25	18,28	-	8,68	9,77	-	2,13	2,39	-	-	-
	II	417,08	-	33,36	37,53	-	24,74	27,83	-	16,63	18,71	-	9,04	10,17	-	2,39	2,69	-	-	-	-	-	-
	III	227,66	-	18,21	20,48	-	11,04	12,42	-	4,88	5,49	-	0,04	0,04	-	-	-	-	-	-	-	-	-
	IV	525,66	-	42,05	47,30	-	37,43	42,11	-	32,94	37,05	-	28,57	32,14	-	24,34	27,38	-	20,23	22,76	-	16,25	18,28
	V	918,58	-	73,48	82,67																		
	VI	962,91	-	77,03	86,66																		
3.746,99	I	526,41	-	42,11	47,37	-	32,99	37,11	-	24,39	27,44	-	16,30	18,34	-	8,73	9,82	-	2,16	2,43	-	-	-
	II	417,83	-	33,42	37,60	-	24,80	27,90	-	16,68	18,77	-	9,08	10,22	-	2,42	2,72	-	-	-	-	-	-
	III	228,33	-	18,26	20,54	-	11,08	12,46	-	4,92	5,53	-	0,06	0,07	-	-	-	-	-	-	-	-	-
	IV	526,41	-	42,11	47,37	-	37,48	42,17	-	32,99	37,11	-	28,63	32,21	-	24,39	27,44	-	20,28	22,82	-	16,30	18,34
	V	919,58	-	73,56	82,76																		
	VI	963,91	-	77,11	86,75																		
3.749,99	I	527,16	-	42,17	47,44	-	33,05	37,18	-	24,44	27,50	-	16,36	18,40	-	8,78	9,87	-	2,20	2,47	-	-	-
	II	418,50	-	33,48	37,66	-	24,85	27,95	-	16,73	18,82	-	9,13	10,27	-	2,46	2,76	-	-	-	-	-	-
	III	228,83	-	18,30	20,59	-	11,12	12,51	-	4,96	5,58	-	0,09	0,10	-	-	-	-	-	-	-	-	-
	IV	527,16	-	42,17	47,44	-	37,54	42,23	-	33,05	37,18	-	28,68	32,27	-	24,44	27,50	-	20,34	22,88	-	16,36	18,40
	V	920,58	-	73,64	82,85																		
	VI	964,91	-	77,19	86,84																		
3.752,99	I	527,91	-	42,23	47,51	-	33,11	37,25	-	24,50	27,56	-	16,40	18,45	-	8,83	9,93	-	2,23	2,51	-	-	-
	II	419,25	-	33,54	37,73	-	24,90	28,01	-	16,78	18,88	-	9,18	10,33	-	2,50	2,81	-	-	-	-	-	-
	III	229,50	-	18,36	20,65	-	11,17	12,56	-	4,98	5,60	-	0,12	0,13	-	-	-	-	-	-	-	-	-
	IV	527,91	-	42,23	47,51	-	37,61	42,31	-	33,11	37,25	-	28,74	32,33	-	24,50	27,56	-	20,39	22,94	-	16,40	18,45
	V	921,66	-	73,73	82,94																		
	VI	966,00	-	77,28	86,94																		
3.755,99	I	528,75	-	42,30	47,58	-	33,17	37,31	-	24,56	27,63	-	16,46	18,51	-	8,88	9,99	-	2,27	2,55	-	-	-
	II	420,00	-	33,60	37,80	-	24,96	28,08	-	16,84	18,94	-	9,23	10,38	-	2,53	2,84	-	-	-	-	-	-
	III	230,16	-	18,41	20,71	-	11,21	12,61	-	5,02	5,65	-	0,14	0,16	-	-	-	-	-	-	-	-	-
	IV	528,75	-	42,30	47,58	-	37,66	42,37	-	33,17	37,31	-	28,80	32,40	-	24,56	27,63	-	20,44	23,00	-	16,46	18,51
	V	922,66	-	73,81	83,03																		
	VI	967,00	-	77,36	87,03																		
3.758,99	I	529,50	-	42,36	47,65	-	33,22	37,37	-	24,61	27,68	-	16,51	18,57	-	8,92	10,04	-	2,30	2,59	-	-	-
	II	420,66	-	33,65	37,85	-	25,01	28,13	-	16,89	19,00	-	9,28	10,44	-	2,57	2,89	-	-	-	-	-	-
	III	230,66	-	18,45	20,75	-	11,25	12,65	-	5,06	5,69	-	0,17	0,19	-	-	-	-	-	-	-	-	-
	IV	529,50	-	42,36	47,65	-	37,72	42,44	-	33,22	37,37	-	28,85	32,45	-	24,61	27,68	-	20,50	23,06	-	16,51	18,57
	V	923,66	-	73,89	83,12																		
	VI	968,00	-	77,44	87,12																		
3.761,99	I	530,25	-	42,42	47,72	-	33,28	37,44	-	24,66	27,74	-	16,56	18,63	-	8,97	10,09	-	2,34	2,63	-	-	-
	II	421,41	-	33,71	37,92	-	25,07	28,20	-	16,94	19,05	-	9,32	10,49	-	2,60	2,93	-	-	-	-	-	-
	III	231,33	-	18,50	20,81	-	11,30	12,71	-	5,10	5,74	-	0,20	0,22	-	-	-	-	-	-	-	-	-
	IV	530,25	-	42,42	47,72	-	37,78	42,50	-	33,28	37,44	-	28,91	32,52	-	24,66	27,74	-	20,55	23,12	-	16,56	18,63
	V	924,66	-	73,97	83,21																		
	VI	969,00	-	77,52	87,21																		
3.764,99	I	531,00	-	42,48	47,79	-	33,34	37,51	-	24,72	27,81	-	16,61	18,68	-	9,02	10,14	-	2,38	2,67	-	-	-
	II	422,16	-	33,77	37,99	-	25,12	28,26	-	16,99	19,11	-	9,37	10,54	-	2,64	2,97	-	-	-	-	-	-
	III	231,83	-	18,54	20,86	-	11,34	12,76	-	5,13	5,77	-	0,22	0,25	-	-	-	-	-	-	-	-	-
	IV	531,00	-	42,48	47,79	-	37,84	42,57	-	33,34	37,51	-	28,96	32,58	-	24,72	27,81	-	20,60	23,18	-	16,61	18,68
	V	925,75	-	74,06	83,31																		
	VI	970,08	-	77,60	87,30																		
3.767,99	I	531,75	-	42,54	47,85	-	33,40	37,57	-	24,78	27,87	-	16,66	18,74	-	9,06	10,19	-	2,41	2,71	-	-	-
	II	422,91	-	33,83	38,06	-	25,18	28,32	-	17,04	19,17	-	9,42	10,60	-	2,68	3,01	-	-	-	-	-	-
	III	232,50	-	18,60	20,92	-	11,40	12,82	-	5,17	5,81	-	0,25	0,28	-	-	-	-	-	-	-	-	-
	IV	531,75	-	42,54	47,85	-	37,90	42,64	-	33,40	37,57	-	29,02	32,65	-	24,78	27,87	-	20,66	23,24	-	16,66	18,74
	V	926,75	-	74,14	83,40																		
	VI	971,08	-	77,68	87,39																		
3.770,99	I	532,50	-	42,60	47,92	-	33,46	37,64	-	24,83	27,93	-	16,71	18,80	-	9,12	10,26	-	2,44	2,75	-	-	-
	II	423,58	-	33,88	38,12	-	25,23	28,38	-	17,09	19,22	-	9,47	10,65	-	2,72	3,06	-	-	-	-	-	-
	III	233,16	-	18,65	20,98	-	11,44	12,87	-	5,21	5,86	-	0,29	0,32	-	-	-	-	-	-	-	-	-
	IV	532,50	-	42,60	47,92	-	37,96	42,71	-	33,46	37,64	-	29,08	32,71	-	24,83	27,93	-	20,70	23,29	-	16,71	18,80
	V	927,75	-	74,22	83,49																		
	VI	972,08	-	77,76	87,48																		
3.773,99	I	533,33	-	42,66	47,99	-	33,52	37,71	-	24,88	27,99	-	16,76	18,86	-	9,16	10,31	-	2,48	2,79	-	-	-
	II	424,33	-	33,94	38,18	-	25,29	28,45	-	17,14	19,28	-	9,52	10,71	-	2,75	3,09	-	-	-	-	-	-
	III	233,66	-	18,69	21,02	-	11,49	12,92	-	5,25	5,90	-	0,32	0,36	-	-	-	-	-	-	-	-	-
	IV	533,33	-	42,66	47,99	-	38,02	42,77	-	33,52	37,71	-	29,14	32,78	-	24,88	27,99	-	20,76	23,36	-	16,76	18,86
	V	928,83	-	74,30	83,59																		
	VI	973,16	-	77,85	87,58																		
3.776,99	I	534,08	-	42,72	48,06	-	33,58	37,77	-	24,94	28,05	-	16,82	18,92	-	9,21	10,36	-	2,52	2,83	-	-	-
	II	425,08	-	34,00	38,25	-	25,34	28,51	-	17,20	19,35	-	9,56	10,76	-	2,79	3,14	-	-	-	-	-	-
	III	234,33	-	18,74	21,08	-	11,53	12,97	-	5,28	5,94	-	0,34	0,38	-	-	-	-	-	-	-	-	-
	IV	534,08	-	42,72	48,06	-	38,08	42,84	-	33,58	37,77	-	29,19	32,84	-	24,94	28,05	-	20,81	23,41	-	16,82	18,92
	V	929,83	-	74,38	83,68																		
	VI	974,16	-	77,93	87,67																		
3.779,99	I	534,83	-	42,78	48,13	-	33,63	37,83	-	24,99	28,11	-	16,87	18,98	-	9,26	10,41	-	2,56	2,88	-	-	-
	II	425,83	-	34,06	38,32	-	25,40	28,57	-	17,25	19,40	-	9,61	10,81	-	2,82	3,17	-	-	-	-	-	-
	III	234,83	-	18,78	21,13	-	11,57	13,01	-	5,32	5,98	-	0,37	0,41	-	-	-	-	-	-	-	-	-
	IV	534,83	-	42,78	48,13	-	38,14	42,91	-	33,63	37,83	-	29,25	32,90	-	24,99	28,11	-	20,86	23,47	-	16,87	18,98
	V	930,83	-	74,46	83,77																		
	VI	975,16	-	78,01	87,76																		

Lohn/ Gehalt bis	Steuerklasse	Lohn-steuer	ohne Kinderfreibetrag			Anzahl Kinderfreibeträge (nur Steuerklassen I–IV)																	
						0,5			1,0			1,5			2,0			2,5			3,0		
			SolZ 5,5%	Kirchensteuer 8%	9%	SolZ 5,5%	Kirchensteuer 8%	9%	SolZ 5,5%	Kirchensteuer 8%	9%	SolZ 5,5%	Kirchensteuer 8%	9%	SolZ 5,5%	Kirchensteuer 8%	9%	SolZ 5,5%	Kirchensteuer 8%	9%	SolZ 5,5%	Kirchensteuer 8%	9%
3.782,99	I	535,66	-	42,85	48,20	-	33,69	37,90	-	25,05	28,18	-	16,92	19,04	-	9,31	10,47	-	2,59	2,91	-	-	
	II	426,58	-	34,12	38,39	-	25,46	28,64	-	17,30	19,46	-	9,66	10,87	-	2,86	3,22	-	-	-	-	-	
	III	235,50	-	18,84	21,19	-	11,62	13,07	-	5,36	6,03	-	0,40	0,45	-	-	-	-	-	-	-	-	
	IV	535,66	-	42,85	48,20	-	38,20	42,98	-	33,69	37,90	-	29,30	32,96	-	25,05	28,18	-	20,92	23,54	-	16,92	1
	V	931,91	-	74,55	83,87																		
	VI	976,25	-	78,10	87,86																		
3.785,99	I	536,41	-	42,91	48,27	-	33,75	37,97	-	25,10	28,24	-	16,97	19,09	-	9,36	10,53	-	2,63	2,96	-	-	
	II	427,25	-	34,18	38,45	-	25,51	28,70	-	17,35	19,52	-	9,71	10,92	-	2,90	3,26	-	-	-	-	-	
	III	236,16	-	18,89	21,25	-	11,66	13,12	-	5,38	6,05	-	0,42	0,47	-	-	-	-	-	-	-	-	
	IV	536,41	-	42,91	48,27	-	38,26	43,04	-	33,75	37,97	-	29,36	33,03	-	25,10	28,24	-	20,97	23,59	-	16,97	1
	V	932,91	-	74,63	83,96																		
	VI	977,25	-	78,18	87,95																		
3.788,99	I	537,16	-	42,97	48,34	-	33,80	38,03	-	25,16	28,30	-	17,02	19,15	-	9,40	10,58	-	2,66	2,99	-	-	
	II	428,00	-	34,24	38,52	-	25,56	28,76	-	17,40	19,58	-	9,76	10,98	-	2,94	3,30	-	-	-	-	-	
	III	236,66	-	18,93	21,29	-	11,70	13,16	-	5,42	6,10	-	0,45	0,50	-	-	-	-	-	-	-	-	
	IV	537,16	-	42,97	48,34	-	38,32	43,11	-	33,80	38,03	-	29,42	33,09	-	25,16	28,30	-	21,02	23,65	-	17,02	1
	V	933,91	-	74,71	84,05																		
	VI	978,25	-	78,26	88,04																		
3.791,99	I	537,91	-	43,03	48,41	-	33,86	38,09	-	25,21	28,36	-	17,08	19,21	-	9,45	10,63	-	2,70	3,04	-	-	
	II	428,75	-	34,30	38,58	-	25,62	28,82	-	17,46	19,64	-	9,80	11,03	-	2,98	3,35	-	-	-	-	-	
	III	237,33	-	18,98	21,35	-	11,76	13,23	-	5,46	6,14	-	0,48	0,54	-	-	-	-	-	-	-	-	
	IV	537,91	-	43,03	48,41	-	38,38	43,18	-	33,86	38,09	-	29,48	33,16	-	25,21	28,36	-	21,08	23,71	-	17,08	19
	V	934,91	-	74,79	84,14																		
	VI	979,25	-	78,34	88,13																		
3.794,99	I	538,75	-	43,10	48,48	-	33,92	38,16	-	25,27	28,43	-	17,12	19,26	-	9,50	10,68	-	2,74	3,08	-	-	
	II	429,50	-	34,36	38,65	-	25,68	28,89	-	17,51	19,70	-	9,86	11,09	-	3,02	3,39	-	-	-	-	-	
	III	237,83	-	19,02	21,40	-	11,80	13,27	-	5,50	6,19	-	0,50	0,56	-	-	-	-	-	-	-	-	
	IV	538,75	-	43,10	48,48	-	38,44	43,25	-	33,92	38,16	-	29,53	33,22	-	25,27	28,43	-	21,13	23,77	-	17,12	19
	V	936,00	-	74,88	84,24																		
	VI	980,33	-	78,42	88,22																		
3.797,99	I	539,50	-	43,16	48,55	-	33,98	38,23	-	25,32	28,49	-	17,18	19,32	-	9,55	10,74	-	2,78	3,12	-	-	
	II	430,16	-	34,41	38,71	-	25,73	28,94	-	17,56	19,75	-	9,90	11,14	-	3,05	3,43	-	-	-	-	-	
	III	238,50	-	19,08	21,46	-	11,85	13,33	-	5,54	6,23	-	0,54	0,61	-	-	-	-	-	-	-	-	
	IV	539,50	-	43,16	48,55	-	38,50	43,31	-	33,98	38,23	-	29,59	33,29	-	25,32	28,49	-	21,18	23,83	-	17,18	19
	V	937,00	-	74,96	84,33																		
	VI	981,33	-	78,50	88,31																		
3.800,99	I	540,25	-	43,22	48,62	-	34,04	38,29	-	25,38	28,55	-	17,23	19,38	-	9,60	10,80	-	2,81	3,16	-	-	
	II	430,91	-	34,47	38,78	-	25,78	29,00	-	17,61	19,81	-	9,95	11,19	-	3,09	3,47	-	-	-	-	-	
	III	239,16	-	19,13	21,52	-	11,89	13,37	-	5,57	6,26	-	0,57	0,64	-	-	-	-	-	-	-	-	
	IV	540,25	-	43,22	48,62	-	38,56	43,38	-	34,04	38,29	-	29,64	33,35	-	25,38	28,55	-	21,24	23,89	-	17,23	19
	V	938,00	-	75,04	84,42																		
	VI	982,33	-	78,58	88,40																		
3.803,99	I	541,00	-	43,28	48,69	-	34,10	38,36	-	25,43	28,61	-	17,28	19,44	-	9,64	10,85	-	2,85	3,20	-	-	
	II	431,66	-	34,53	38,84	-	25,84	29,07	-	17,66	19,87	-	10,00	11,25	-	3,13	3,52	-	-	-	-	-	
	III	239,66	-	19,17	21,56	-	11,93	13,42	-	5,61	6,31	-	0,60	0,67	-	-	-	-	-	-	-	-	
	IV	541,00	-	43,28	48,69	-	38,62	43,45	-	34,10	38,36	-	29,70	33,41	-	25,43	28,61	-	21,29	23,95	-	17,28	19
	V	939,08	-	75,12	84,51																		
	VI	983,41	-	78,67	88,50																		
3.806,99	I	541,83	-	43,34	48,76	-	34,16	38,43	-	25,49	28,67	-	17,33	19,49	-	9,69	10,90	-	2,89	3,25	-	-	
	II	432,41	-	34,59	38,91	-	25,90	29,13	-	17,72	19,93	-	10,05	11,30	-	3,16	3,56	-	-	-	-	-	
	III	240,33	-	19,22	21,62	-	11,98	13,48	-	5,65	6,35	-	0,62	0,70	-	-	-	-	-	-	-	-	
	IV	541,83	-	43,34	48,76	-	38,68	43,52	-	34,16	38,43	-	29,76	33,48	-	25,49	28,67	-	21,34	24,01	-	17,33	19,
	V	940,08	-	75,20	84,60																		
	VI	984,41	-	78,75	88,59																		
3.809,99	I	542,58	-	43,40	48,83	-	34,22	38,49	-	25,54	28,73	-	17,38	19,55	-	9,74	10,96	-	2,92	3,29	-	-	
	II	433,08	-	34,64	38,97	-	25,95	29,19	-	17,76	19,98	-	10,10	11,36	-	3,20	3,60	-	-	-	-	-	
	III	240,83	-	19,26	21,67	-	12,02	13,52	-	5,69	6,40	-	0,65	0,73	-	-	-	-	-	-	-	-	
	IV	542,58	-	43,40	48,83	-	38,74	43,58	-	34,22	38,49	-	29,82	33,54	-	25,54	28,73	-	21,40	24,07	-	17,38	19,
	V	941,08	-	75,28	84,69																		
	VI	985,41	-	78,83	88,68																		
3.812,99	I	543,33	-	43,46	48,89	-	34,27	38,55	-	25,60	28,80	-	17,44	19,62	-	9,79	11,01	-	2,96	3,33	-	-	
	II	433,83	-	34,70	39,04	-	26,00	29,25	-	17,82	20,04	-	10,14	11,41	-	3,24	3,65	-	-	-	-	-	
	III	241,50	-	19,32	21,73	-	12,08	13,59	-	5,73	6,44	-	0,68	0,76	-	-	-	-	-	-	-	-	
	IV	543,33	-	43,46	48,89	-	38,80	43,65	-	34,27	38,55	-	29,87	33,60	-	25,60	28,80	-	21,45	24,13	-	17,44	19,
	V	942,16	-	75,37	84,79																		
	VI	986,41	-	78,91	88,77																		
3.815,99	I	544,08	-	43,52	48,96	-	34,33	38,62	-	25,65	28,85	-	17,49	19,67	-	9,84	11,07	-	3,00	3,37	-	-	
	II	434,58	-	34,76	39,11	-	26,06	29,32	-	17,87	20,10	-	10,20	11,47	-	3,28	3,69	-	-	-	-	-	
	III	242,16	-	19,37	21,79	-	12,12	13,63	-	5,76	6,48	-	0,72	0,81	-	-	-	-	-	-	-	-	
	IV	544,08	-	43,52	48,96	-	38,86	43,72	-	34,33	38,62	-	29,93	33,67	-	25,65	28,85	-	21,50	24,19	-	17,49	19,
	V	943,16	-	75,45	84,88																		
	VI	987,50	-	79,00	88,87																		
3.818,99	I	544,91	-	43,59	49,04	-	34,39	38,69	-	25,71	28,92	-	17,54	19,73	-	9,88	11,12	-	3,04	3,42	-	-	
	II	435,33	-	34,82	39,17	-	26,12	29,38	-	17,92	20,16	-	10,24	11,52	-	3,32	3,73	-	-	-	-	-	
	III	242,66	-	19,41	21,83	-	12,17	13,69	-	5,80	6,52	-	0,74	0,83	-	-	-	-	-	-	-	-	
	IV	544,91	-	43,59	49,04	-	38,92	43,79	-	34,39	38,69	-	29,98	33,73	-	25,71	28,92	-	21,56	24,25	-	17,54	19,7
	V	944,16	-	75,53	84,97																		
	VI	988,50	-	79,08	88,96																		
3.821,99	I	545,66	-	43,65	49,10	-	34,45	38,75	-	25,76	28,98	-	17,59	19,79	-	9,94	11,18	-	3,08	3,46	-	-	
	II	436,08	-	34,88	39,24	-	26,17	29,44	-	17,97	20,21	-	10,29	11,57	-	3,36	3,78	-	-	-	-	-	
	III	243,33	-	19,46	21,89	-	12,21	13,73	-	5,84	6,57	-	0,77	0,86	-	-	-	-	-	-	-	-	
	IV	545,66	-	43,65	49,10	-	38,98	43,85	-	34,45	38,75	-	30,04	33,80	-	25,76	28,98	-	21,61	24,31	-	17,59	19,7
	V	945,25	-	75,62	85,07																		
	VI	989,50	-	79,16	89,05																		
3.824,99	I	546,41	-	43,71	49,17	-	34,51	38,82	-	25,82	29,04	-	17,64	19,85	-	9,98	11,23	-	3,11	3,50	-	-	
	II	436,83	-	34,94	39,31	-	26,22	29,50	-	18,02	20,27	-	10,34	11,63	-	3,40	3,82	-	-	-	-	-	
	III	244,00	-	19,52	21,96	-	12,26	13,79	-	5,88	6,61	-	0,80	0,90	-	-	-	-	-	-	-	-	
	IV	546,41	-	43,71	49,17	-	39,04	43,92	-	34,51	38,82	-	30,10	33,86	-	25,82	29,04	-	21,67	24,38	-	17,64	19,8
	V	946,25	-	75,70	85,16																		
	VI	990,58	-	79,24	89,15																		

Lohn/ Gehalt bis	Steuerklasse	Lohn-steuer	ohne Kinderfreibetrag			Anzahl Kinderfreibeträge (nur Steuerklassen I–IV) 0,5			1,0			1,5			2,0			2,5			3,0		
			SolZ 5,5%	Kirchensteuer 8%	Kirchensteuer 9%	SolZ 5,5%	Kirchensteuer 8%	Kirchensteuer 9%	SolZ 5,5%	Kirchensteuer 8%	Kirchensteuer 9%	SolZ 5,5%	Kirchensteuer 8%	Kirchensteuer 9%	SolZ 5,5%	Kirchensteuer 8%	Kirchensteuer 9%	SolZ 5,5%	Kirchensteuer 8%	Kirchensteuer 9%	SolZ 5,5%	Kirchensteuer 8%	Kirchensteuer 9%
3.827,99	I	547,25	–	43,78	49,25	–	34,56	38,88	–	25,88	29,11	–	17,70	19,91	–	10,03	11,28	–	3,15	3,54	–	–	–
	II	437,50	–	35,00	39,37	–	26,28	29,57	–	18,08	20,34	–	10,39	11,69	–	3,44	3,87	–	–	–	–	–	–
	III	244,50	–	19,56	22,00	–	12,30	13,84	–	5,90	6,64	–	0,82	0,92	–	–	–	–	–	–	–	–	–
	IV	547,25	–	43,78	49,25	–	39,10	43,99	–	34,56	38,88	–	30,16	33,93	–	25,88	29,11	–	21,72	24,43	–	17,70	19,91
	V	947,25	–	75,78	85,25																		
	VI	991,58	–	79,32	89,24																		
3.830,99	I	548,00	–	43,84	49,32	–	34,62	38,95	–	25,93	29,17	–	17,74	19,96	–	10,08	11,34	–	3,19	3,59	–	–	–
	II	438,25	–	35,06	39,44	–	26,34	29,63	–	18,13	20,39	–	10,44	11,74	–	3,48	3,91	–	–	–	–	–	–
	III	245,16	–	19,61	22,06	–	12,36	13,90	–	5,94	6,68	–	0,85	0,95	–	–	–	–	–	–	–	–	–
	IV	548,00	–	43,84	49,32	–	39,16	44,06	–	34,62	38,95	–	30,21	33,98	–	25,93	29,17	–	21,77	24,49	–	17,74	19,96
	V	948,25	–	75,86	85,34																		
	VI	992,58	–	79,40	89,33																		
3.833,99	I	548,75	–	43,90	49,38	–	34,68	39,02	–	25,98	29,23	–	17,80	20,02	–	10,13	11,39	–	3,23	3,63	–	–	–
	II	439,00	–	35,12	39,51	–	26,39	29,69	–	18,18	20,45	–	10,49	11,80	–	3,52	3,96	–	–	–	–	–	–
	III	245,83	–	19,66	22,12	–	12,40	13,95	–	5,98	6,73	–	0,89	1,00	–	–	–	–	–	–	–	–	–
	IV	548,75	–	43,90	49,38	–	39,23	44,13	–	34,68	39,02	–	30,27	34,05	–	25,98	29,23	–	21,83	24,56	–	17,80	20,02
	V	949,33	–	75,94	85,43																		
	VI	993,66	–	79,49	89,42																		
3.836,99	I	549,50	–	43,96	49,45	–	34,74	39,08	–	26,04	29,29	–	17,85	20,08	–	10,18	11,45	–	3,26	3,67	–	–	–
	II	439,75	–	35,18	39,57	–	26,45	29,75	–	18,24	20,52	–	10,54	11,85	–	3,55	3,99	–	–	–	–	–	–
	III	246,33	–	19,70	22,16	–	12,44	13,99	–	6,02	6,77	–	0,92	1,03	–	–	–	–	–	–	–	–	–
	IV	549,50	–	43,96	49,45	–	39,28	44,19	–	34,74	39,08	–	30,32	34,11	–	26,04	29,29	–	21,88	24,62	–	17,85	20,08
	V	950,33	–	76,02	85,52																		
	VI	994,66	–	79,57	89,51																		
3.839,99	I	550,33	–	44,02	49,52	–	34,80	39,15	–	26,10	29,36	–	17,90	20,14	–	10,22	11,50	–	3,30	3,71	–	–	–
	II	440,50	–	35,24	39,64	–	26,50	29,81	–	18,28	20,57	–	10,58	11,90	–	3,59	4,04	–	–	–	–	–	–
	III	247,00	–	19,76	22,23	–	12,49	14,05	–	6,06	6,82	–	0,94	1,06	–	–	–	–	–	–	–	–	–
	IV	550,33	–	44,02	49,52	–	39,34	44,26	–	34,80	39,15	–	30,38	34,18	–	26,10	29,36	–	21,94	24,68	–	17,90	20,14
	V	951,33	–	76,10	85,61																		
	VI	995,66	–	79,65	89,60																		
3.842,99	I	551,08	–	44,08	49,59	–	34,86	39,21	–	26,15	29,42	–	17,96	20,20	–	10,27	11,55	–	3,34	3,76	–	–	–
	II	441,16	–	35,29	39,70	–	26,56	29,88	–	18,34	20,63	–	10,63	11,96	–	3,63	4,08	–	–	–	–	–	–
	III	247,50	–	19,80	22,27	–	12,53	14,09	–	6,10	6,86	–	0,97	1,09	–	–	–	–	–	–	–	–	–
	IV	551,08	–	44,08	49,59	–	39,40	44,33	–	34,86	39,21	–	30,44	34,24	–	26,15	29,42	–	21,99	24,74	–	17,96	20,20
	V	952,41	–	76,19	85,71																		
	VI	996,66	–	79,73	89,69																		
3.845,99	I	551,83	–	44,14	49,66	–	34,92	39,28	–	26,20	29,48	–	18,01	20,26	–	10,32	11,61	–	3,38	3,80	–	–	–
	II	441,91	–	35,35	39,77	–	26,62	29,94	–	18,39	20,69	–	10,68	12,02	–	3,67	4,13	–	–	–	–	–	–
	III	248,16	–	19,85	22,33	–	12,58	14,15	–	6,13	6,89	–	1,00	1,12	–	–	–	–	–	–	–	–	–
	IV	551,83	–	44,14	49,66	–	39,47	44,40	–	34,92	39,28	–	30,50	34,31	–	26,20	29,48	–	22,04	24,80	–	18,01	20,26
	V	953,41	–	76,27	85,80																		
	VI	997,75	–	79,82	89,79																		
3.848,99	I	552,66	–	44,21	49,73	–	34,98	39,35	–	26,26	29,54	–	18,06	20,31	–	10,37	11,66	–	3,42	3,85	–	–	–
	II	442,66	–	35,41	39,83	–	26,67	30,00	–	18,44	20,75	–	10,73	12,07	–	3,71	4,17	–	–	–	–	–	–
	III	248,83	–	19,90	22,39	–	12,62	14,20	–	6,17	6,94	–	1,04	1,17	–	–	–	–	–	–	–	–	–
	IV	552,66	–	44,21	49,73	–	39,53	44,47	–	34,98	39,35	–	30,56	34,38	–	26,26	29,54	–	22,10	24,86	–	18,06	20,31
	V	954,41	–	76,35	85,89																		
	VI	998,75	–	79,90	89,88																		
3.851,99	I	553,41	–	44,27	49,80	–	35,04	39,42	–	26,32	29,61	–	18,11	20,37	–	10,42	11,72	–	3,46	3,89	–	–	–
	II	443,41	–	35,47	39,90	–	26,72	30,06	–	18,50	20,81	–	10,78	12,12	–	3,75	4,22	–	–	–	–	–	–
	III	249,33	–	19,94	22,43	–	12,68	14,26	–	6,21	6,98	–	1,06	1,19	–	–	–	–	–	–	–	–	–
	IV	553,41	–	44,27	49,80	–	39,59	44,54	–	35,04	39,42	–	30,61	34,43	–	26,32	29,61	–	22,15	24,92	–	18,11	20,37
	V	955,50	–	76,44	85,99																		
	VI	999,75	–	79,98	89,97																		
3.854,99	I	554,16	–	44,33	49,87	–	35,10	39,48	–	26,37	29,66	–	18,16	20,43	–	10,47	11,78	–	3,50	3,93	–	–	–
	II	444,16	–	35,53	39,97	–	26,78	30,13	–	18,55	20,87	–	10,83	12,18	–	3,79	4,26	–	–	–	–	–	–
	III	250,00	–	20,00	22,50	–	12,72	14,31	–	6,25	7,03	–	1,09	1,22	–	–	–	–	–	–	–	–	–
	IV	554,16	–	44,33	49,87	–	39,65	44,60	–	35,10	39,48	–	30,67	34,50	–	26,37	29,66	–	22,20	24,98	–	18,16	20,43
	V	956,50	–	76,52	86,08																		
	VI	1.000,83	–	80,06	90,07																		
3.857,99	I	555,00	–	44,40	49,95	–	35,15	39,54	–	26,43	29,73	–	18,22	20,49	–	10,52	11,83	–	3,54	3,98	–	–	–
	II	444,91	–	35,59	40,04	–	26,84	30,19	–	18,60	20,92	–	10,88	12,24	–	3,83	4,31	–	–	–	–	–	–
	III	250,66	–	20,05	22,55	–	12,77	14,36	–	6,29	7,07	–	1,12	1,26	–	–	–	–	–	–	–	–	–
	IV	555,00	–	44,40	49,95	–	39,71	44,67	–	35,15	39,54	–	30,72	34,56	–	26,43	29,73	–	22,26	25,04	–	18,22	20,49
	V	957,50	–	76,60	86,17																		
	VI	1.001,83	–	80,14	90,16																		
3.860,99	I	555,75	–	44,46	50,01	–	35,21	39,61	–	26,48	29,79	–	18,26	20,54	–	10,56	11,88	–	3,58	4,02	–	–	–
	II	445,58	–	35,64	40,10	–	26,89	30,25	–	18,65	20,98	–	10,92	12,29	–	3,87	4,35	–	–	–	–	–	–
	III	251,16	–	20,09	22,60	–	12,81	14,41	–	6,33	7,12	–	1,14	1,28	–	–	–	–	–	–	–	–	–
	IV	555,75	–	44,46	50,01	–	39,77	44,74	–	35,21	39,61	–	30,78	34,63	–	26,48	29,79	–	22,31	25,10	–	18,26	20,54
	V	958,58	–	76,68	86,27																		
	VI	1.002,83	–	80,22	90,25																		
3.863,99	I	556,50	–	44,52	50,08	–	35,27	39,68	–	26,54	29,85	–	18,32	20,61	–	10,62	11,94	–	3,62	4,07	–	–	–
	II	446,33	–	35,70	40,16	–	26,94	30,31	–	18,70	21,04	–	10,98	12,35	–	3,91	4,40	–	–	–	–	–	–
	III	251,83	–	20,14	22,66	–	12,86	14,47	–	6,37	7,16	–	1,18	1,33	–	–	–	–	–	–	–	–	–
	IV	556,50	–	44,52	50,08	–	39,83	44,81	–	35,27	39,68	–	30,84	34,69	–	26,54	29,85	–	22,36	25,16	–	18,32	20,61
	V	959,58	–	76,76	86,36																		
	VI	1.003,83	–	80,30	90,34																		
3.866,99	I	557,33	–	44,58	50,15	–	35,33	39,74	–	26,59	29,91	–	18,37	20,66	–	10,66	11,99	–	3,66	4,11	–	–	–
	II	447,08	–	35,76	40,23	–	27,00	30,38	–	18,76	21,10	–	11,02	12,40	–	3,95	4,44	–	–	–	–	–	–
	III	252,50	–	20,20	22,72	–	12,90	14,51	–	6,41	7,21	–	1,21	1,36	–	–	–	–	–	–	–	–	–
	IV	557,33	–	44,58	50,15	–	39,89	44,87	–	35,33	39,74	–	30,90	34,76	–	26,59	29,91	–	22,42	25,22	–	18,37	20,66
	V	960,58	–	76,84	86,45																		
	VI	1.004,91	–	80,39	90,44																		
3.869,99	I	558,08	–	44,64	50,22	–	35,39	39,81	–	26,65	29,98	–	18,42	20,72	–	10,71	12,05	–	3,70	4,16	–	–	–
	II	447,83	–	35,82	40,30	–	27,06	30,44	–	18,81	21,16	–	11,07	12,45	–	3,99	4,49	–	–	–	–	–	–
	III	253,00	–	20,24	22,77	–	12,96	14,58	–	6,44	7,24	–	1,24	1,39	–	–	–	–	–	–	–	–	–
	IV	558,08	–	44,64	50,22	–	39,95	44,94	–	35,39	39,81	–	30,96	34,83	–	26,65	29,98	–	22,47	25,28	–	18,42	20,72
	V	961,58	–	76,92	86,54																		
	VI	1.005,91	–	80,47	90,53																		

Lohn/ Gehalt bis	Steuerklasse	Lohn-steuer	ohne Kinderfreibetrag			Anzahl Kinderfreibeträge (nur Steuerklassen I–IV)																	
						0,5			1,0			1,5			2,0			2,5			3,0		
			SolZ 5,5%	Kirchensteuer 8%	9%	SolZ 5,5%	Kirchensteuer 8%	9%	SolZ 5,5%	Kirchensteuer 8%	9%	SolZ 5,5%	Kirchensteuer 8%	9%	SolZ 5,5%	Kirchensteuer 8%	9%	SolZ 5,5%	Kirchensteuer 8%	9%	SolZ 5,5%	Kirchensteuer 8%	9
3.872,99	I	558,83	-	44,70	50,29	-	35,44	39,87	-	26,70	30,04	-	18,48	20,79	-	10,76	12,11	-	3,74	4,20	-	-	
	II	448,58	-	35,88	40,37	-	27,12	30,51	-	18,86	21,21	-	11,12	12,51	-	4,03	4,53	-	-	-	-	-	
	III	253,66	-	20,29	22,82	-	13,00	14,62	-	6,48	7,29	-	1,26	1,42	-	-	-	-	-	-	-	-	
	IV	558,83	-	44,70	50,29	-	40,01	45,01	-	35,44	39,87	-	31,01	34,88	-	26,70	30,04	-	22,52	25,34	-	18,48	2
	V	962,66	-	77,01	86,63																		
	VI	1.006,91	-	80,55	90,62																		
3.875,99	I	559,66	-	44,77	50,36	-	35,51	39,95	-	26,76	30,11	-	18,53	20,84	-	10,81	12,16	-	3,78	4,25	-	-	
	II	449,33	-	35,94	40,43	-	27,17	30,56	-	18,91	21,27	-	11,17	12,56	-	4,08	4,59	-	-	-	-	-	
	III	254,33	-	20,34	22,88	-	13,05	14,68	-	6,52	7,33	-	1,30	1,46	-	-	-	-	-	-	-	-	
	IV	559,66	-	44,77	50,36	-	40,07	45,08	-	35,51	39,95	-	31,07	34,95	-	26,76	30,11	-	22,58	25,40	-	18,53	2
	V	963,66	-	77,09	86,72																		
	VI	1.008,00	-	80,64	90,72																		
3.878,99	I	560,41	-	44,83	50,43	-	35,56	40,01	-	26,82	30,17	-	18,58	20,90	-	10,86	12,21	-	3,82	4,29	-	-	
	II	450,08	-	36,00	40,50	-	27,22	30,62	-	18,96	21,33	-	11,22	12,62	-	4,12	4,63	-	-	-	-	-	
	III	254,83	-	20,38	22,93	-	13,09	14,72	-	6,56	7,38	-	1,33	1,49	-	-	-	-	-	-	-	-	
	IV	560,41	-	44,83	50,43	-	40,13	45,14	-	35,56	40,01	-	31,12	35,01	-	26,82	30,17	-	22,63	25,46	-	18,58	2
	V	964,66	-	77,17	86,81																		
	VI	1.009,00	-	80,72	90,81																		
3.881,99	I	561,16	-	44,89	50,50	-	35,62	40,07	-	26,87	30,23	-	18,63	20,96	-	10,91	12,27	-	3,86	4,34	-	-	
	II	450,75	-	36,06	40,56	-	27,28	30,69	-	19,02	21,39	-	11,27	12,68	-	4,16	4,68	-	-	-	-	-	
	III	255,50	-	20,44	22,99	-	13,14	14,78	-	6,60	7,42	-	1,36	1,53	-	-	-	-	-	-	-	-	
	IV	561,16	-	44,89	50,50	-	40,19	45,21	-	35,62	40,07	-	31,18	35,08	-	26,87	30,23	-	22,68	25,52	-	18,63	2
	V	965,75	-	77,26	86,91																		
	VI	1.010,00	-	80,80	90,90																		
3.884,99	I	562,00	-	44,96	50,58	-	35,68	40,14	-	26,93	30,29	-	18,68	21,02	-	10,96	12,33	-	3,90	4,38	-	-	
	II	451,50	-	36,12	40,63	-	27,34	30,75	-	19,07	21,45	-	11,32	12,73	-	4,20	4,72	-	-	-	-	-	
	III	256,00	-	20,48	23,04	-	13,20	14,85	-	6,64	7,47	-	1,38	1,55	-	-	-	-	-	-	-	-	
	IV	562,00	-	44,96	50,58	-	40,26	45,29	-	35,68	40,14	-	31,24	35,15	-	26,93	30,29	-	22,74	25,58	-	18,68	2
	V	966,75	-	77,34	87,00																		
	VI	1.011,08	-	80,88	90,99																		
3.887,99	I	562,75	-	45,02	50,64	-	35,74	40,21	-	26,98	30,35	-	18,74	21,08	-	11,00	12,38	-	3,94	4,43	-	-	
	II	452,25	-	36,18	40,70	-	27,39	30,81	-	19,12	21,51	-	11,36	12,78	-	4,24	4,77	-	-	-	-	-	
	III	256,66	-	20,53	23,09	-	13,24	14,89	-	6,68	7,51	-	1,41	1,58	-	-	-	-	-	-	-	-	
	IV	562,75	-	45,02	50,64	-	40,32	45,36	-	35,74	40,21	-	31,30	35,21	-	26,98	30,35	-	22,80	25,65	-	18,74	2
	V	967,75	-	77,42	87,09																		
	VI	1.012,08	-	80,96	91,08																		
3.890,99	I	563,50	-	45,08	50,71	-	35,80	40,28	-	27,04	30,42	-	18,79	21,14	-	11,06	12,44	-	3,98	4,47	-	-	
	II	453,00	-	36,24	40,77	-	27,45	30,88	-	19,18	21,57	-	11,42	12,84	-	4,28	4,81	-	-	-	-	-	
	III	257,33	-	20,58	23,15	-	13,29	14,95	-	6,72	7,56	-	1,45	1,63	-	-	-	-	-	-	-	-	
	IV	563,50	-	45,08	50,71	-	40,38	45,42	-	35,80	40,28	-	31,36	35,28	-	27,04	30,42	-	22,85	25,70	-	18,79	2
	V	968,83	-	77,50	87,19																		
	VI	1.013,08	-	81,04	91,17																		
3.893,99	I	564,33	-	45,14	50,78	-	35,86	40,34	-	27,09	30,47	-	18,84	21,20	-	11,10	12,49	-	4,02	4,52	-	-	
	II	453,75	-	36,30	40,83	-	27,50	30,94	-	19,22	21,62	-	11,46	12,89	-	4,32	4,86	-	-	-	-	-	
	III	257,83	-	20,62	23,20	-	13,33	14,99	-	6,74	7,58	-	1,48	1,66	-	-	-	-	-	-	-	-	
	IV	564,33	-	45,14	50,78	-	40,44	45,49	-	35,86	40,34	-	31,41	35,33	-	27,09	30,47	-	22,90	25,76	-	18,84	21
	V	969,83	-	77,58	87,28																		
	VI	1.014,08	-	81,12	91,26																		
3.896,99	I	565,08	-	45,20	50,85	-	35,92	40,41	-	27,15	30,54	-	18,90	21,26	-	11,15	12,54	-	4,06	4,56	-	-	
	II	454,50	-	36,36	40,90	-	27,56	31,01	-	19,28	21,69	-	11,52	12,96	-	4,36	4,91	-	-	-	-	-	
	III	258,50	-	20,68	23,26	-	13,37	15,04	-	6,78	7,63	-	1,50	1,69	-	-	-	-	-	-	-	-	
	IV	565,08	-	45,20	50,85	-	40,50	45,56	-	35,92	40,41	-	31,47	35,40	-	27,15	30,54	-	22,96	25,83	-	18,90	2
	V	970,83	-	77,66	87,37																		
	VI	1.015,16	-	81,21	91,36																		
3.899,99	I	565,83	-	45,26	50,92	-	35,98	40,47	-	27,20	30,60	-	18,94	21,31	-	11,20	12,60	-	4,10	4,61	-	-	
	II	455,25	-	36,42	40,97	-	27,62	31,07	-	19,33	21,74	-	11,56	13,01	-	4,40	4,95	-	-	-	-	-	
	III	259,16	-	20,73	23,32	-	13,42	15,10	-	6,82	7,67	-	1,54	1,73	-	-	-	-	-	-	-	-	
	IV	565,83	-	45,26	50,92	-	40,56	45,63	-	35,98	40,47	-	31,53	35,47	-	27,20	30,60	-	23,01	25,88	-	18,94	21
	V	971,91	-	77,75	87,47																		
	VI	1.016,16	-	81,29	91,45																		
3.902,99	I	566,66	-	45,33	50,99	-	36,04	40,54	-	27,26	30,66	-	19,00	21,37	-	11,25	12,65	-	4,14	4,65	-	-	
	II	456,00	-	36,48	41,04	-	27,67	31,13	-	19,38	21,80	-	11,61	13,06	-	4,44	5,00	-	-	-	-	-	
	III	259,66	-	20,77	23,36	-	13,46	15,14	-	6,86	7,72	-	1,57	1,76	-	-	-	-	-	-	-	-	
	IV	566,66	-	45,33	50,99	-	40,62	45,69	-	36,04	40,54	-	31,58	35,53	-	27,26	30,66	-	23,06	25,94	-	19,00	21
	V	972,91	-	77,83	87,56																		
	VI	1.017,16	-	81,37	91,54																		
3.905,99	I	567,41	-	45,39	51,06	-	36,10	40,61	-	27,32	30,73	-	19,05	21,43	-	11,30	12,71	-	4,18	4,70	-	-	
	II	456,75	-	36,54	41,10	-	27,73	31,19	-	19,44	21,87	-	11,66	13,12	-	4,49	5,05	-	-	-	-	-	
	III	260,33	-	20,82	23,42	-	13,52	15,21	-	6,90	7,76	-	1,60	1,80	-	-	-	-	-	-	-	-	
	IV	567,41	-	45,39	51,06	-	40,68	45,77	-	36,10	40,61	-	31,64	35,60	-	27,32	30,73	-	23,12	26,01	-	19,05	21
	V	973,91	-	77,91	87,65																		
	VI	1.018,25	-	81,46	91,64																		
3.908,99	I	568,25	-	45,46	51,14	-	36,16	40,68	-	27,37	30,79	-	19,10	21,49	-	11,35	12,77	-	4,22	4,75	-	-	
	II	457,41	-	36,59	41,16	-	27,78	31,25	-	19,49	21,92	-	11,71	13,17	-	4,53	5,09	-	-	-	-	-	
	III	261,00	-	20,88	23,49	-	13,57	15,26	-	6,94	7,81	-	1,62	1,82	-	-	-	-	-	-	-	-	
	IV	568,25	-	45,46	51,14	-	40,74	45,83	-	36,16	40,68	-	31,70	35,66	-	27,37	30,79	-	23,17	26,06	-	19,10	21
	V	975,00	-	78,00	87,75																		
	VI	1.019,25	-	81,54	91,73																		
3.911,99	I	569,00	-	45,52	51,21	-	36,22	40,74	-	27,43	30,86	-	19,16	21,55	-	11,40	12,82	-	4,26	4,79	-	-	
	II	458,16	-	36,65	41,23	-	27,84	31,32	-	19,54	21,98	-	11,76	13,23	-	4,57	5,14	-	-	-	-	-	
	III	261,50	-	20,92	23,53	-	13,61	15,31	-	6,98	7,85	-	1,66	1,87	-	-	-	-	-	-	-	-	
	IV	569,00	-	45,52	51,21	-	40,80	45,90	-	36,22	40,74	-	31,76	35,73	-	27,43	30,86	-	23,23	26,13	-	19,16	21,
	V	976,00	-	78,08	87,84																		
	VI	1.020,25	-	81,62	91,82																		
3.914,99	I	569,75	-	45,58	51,27	-	36,27	40,80	-	27,48	30,92	-	19,21	21,61	-	11,44	12,87	-	4,30	4,84	-	-	
	II	458,91	-	36,71	41,30	-	27,90	31,38	-	19,60	22,05	-	11,81	13,28	-	4,61	5,18	-	-	-	-	-	
	III	262,16	-	20,97	23,59	-	13,66	15,37	-	7,02	7,90	-	1,69	1,90	-	-	-	-	-	-	-	-	
	IV	569,75	-	45,58	51,27	-	40,86	45,97	-	36,27	40,80	-	31,82	35,79	-	27,48	30,92	-	23,28	26,19	-	19,21	21,
	V	977,00	-	78,16	87,93																		
	VI	1.021,33	-	81,70	91,91																		

Lohn/ Gehalt bis	Steuerklasse	Lohn-steuer	ohne Kinderfreibetrag			Anzahl Kinderfreibeträge (nur Steuerklassen I–IV)																	
						0,5			1,0			1,5			2,0			2,5			3,0		
			SolZ 5,5%	Kirchensteuer 8%	9%	SolZ 5,5%	Kirchensteuer 8%	9%	SolZ 5,5%	Kirchensteuer 8%	9%	SolZ 5,5%	Kirchensteuer 8%	9%	SolZ 5,5%	Kirchensteuer 8%	9%	SolZ 5,5%	Kirchensteuer 8%	9%	SolZ 5,5%	Kirchensteuer 8%	9%
3.917,99	I	570,58	-	45,64	51,35	-	36,34	40,88	-	27,54	30,98	-	19,26	21,67	-	11,50	12,93	-	4,34	4,88	-	-	-
	II	459,66	-	36,77	41,36	-	27,95	31,44	-	19,65	22,10	-	11,86	13,34	-	4,66	5,24	-	-	-	-	-	-
	III	262,83	-	21,02	23,65	-	13,70	15,41	-	7,06	7,94	-	1,72	1,93	-	-	-	-	-	-	-	-	-
	IV	570,58	-	45,64	51,35	-	40,92	46,04	-	36,34	40,88	-	31,87	35,85	-	27,54	30,98	-	23,34	26,25	-	19,26	21,67
	V	978,00	-	78,24	88,02																		
	VI	1.022,33	-	81,78	92,00																		
3.920,99	I	571,33	-	45,70	51,41	-	36,39	40,94	-	27,60	31,05	-	19,31	21,72	-	11,54	12,98	-	4,39	4,94	-	-	-
	II	460,41	-	36,83	41,43	-	28,01	31,51	-	19,70	22,16	-	11,91	13,40	-	4,70	5,28	-	-	-	-	-	-
	III	263,33	-	21,06	23,69	-	13,76	15,48	-	7,10	7,99	-	1,76	1,98	-	-	-	-	-	-	-	-	-
	IV	571,33	-	45,70	51,41	-	40,98	46,10	-	36,39	40,94	-	31,93	35,92	-	27,60	31,05	-	23,39	26,31	-	19,31	21,72
	V	979,08	-	78,32	88,11																		
	VI	1.023,33	-	81,86	92,09																		
3.923,99	I	572,08	-	45,76	51,48	-	36,45	41,00	-	27,65	31,10	-	19,36	21,78	-	11,59	13,04	-	4,43	4,98	-	-	-
	II	461,16	-	36,89	41,50	-	28,06	31,57	-	19,75	22,22	-	11,96	13,45	-	4,74	5,33	-	-	-	-	-	-
	III	264,00	-	21,12	23,76	-	13,80	15,52	-	7,14	8,03	-	1,78	2,00	-	-	-	-	-	-	-	-	-
	IV	572,08	-	45,76	51,48	-	41,04	46,17	-	36,45	41,00	-	31,98	35,98	-	27,65	31,10	-	23,44	26,37	-	19,36	21,78
	V	980,08	-	78,40	88,20																		
	VI	1.024,41	-	81,95	92,19																		
3.926,99	I	572,91	-	45,83	51,56	-	36,51	41,07	-	27,71	31,17	-	19,42	21,84	-	11,64	13,10	-	4,47	5,03	-	-	-
	II	461,91	-	36,95	41,57	-	28,12	31,64	-	19,80	22,28	-	12,01	13,51	-	4,78	5,38	-	-	-	-	-	-
	III	264,66	-	21,17	23,81	-	13,85	15,58	-	7,18	8,08	-	1,81	2,03	-	-	-	-	-	-	-	-	-
	IV	572,91	-	45,83	51,56	-	41,11	46,25	-	36,51	41,07	-	32,04	36,05	-	27,71	31,17	-	23,50	26,43	-	19,42	21,84
	V	981,08	-	78,48	88,29																		
	VI	1.025,41	-	82,03	92,28																		
3.929,99	I	573,66	-	45,89	51,62	-	36,57	41,14	-	27,76	31,23	-	19,47	21,90	-	11,69	13,15	-	4,51	5,07	-	-	-
	II	462,66	-	37,01	41,63	-	28,18	31,70	-	19,86	22,34	-	12,06	13,56	-	4,82	5,42	-	-	-	-	-	-
	III	265,16	-	21,21	23,86	-	13,89	15,62	-	7,22	8,12	-	1,84	2,07	-	-	-	-	-	-	-	-	-
	IV	573,66	-	45,89	51,62	-	41,17	46,31	-	36,57	41,14	-	32,10	36,11	-	27,76	31,23	-	23,55	26,49	-	19,47	21,90
	V	982,16	-	78,57	88,39																		
	VI	1.026,41	-	82,11	92,37																		
3.932,99	I	574,50	-	45,96	51,70	-	36,63	41,21	-	27,82	31,29	-	19,52	21,96	-	11,74	13,21	-	4,56	5,13	-	-	-
	II	463,41	-	37,07	41,70	-	28,23	31,76	-	19,91	22,40	-	12,10	13,61	-	4,87	5,48	-	-	-	-	-	-
	III	265,83	-	21,26	23,92	-	13,94	15,68	-	7,26	8,17	-	1,88	2,11	-	-	-	-	-	-	-	-	-
	IV	574,50	-	45,96	51,70	-	41,23	46,38	-	36,63	41,21	-	32,16	36,18	-	27,82	31,29	-	23,60	26,55	-	19,52	21,96
	V	983,16	-	78,65	88,48																		
	VI	1.027,50	-	82,20	92,47																		
3.935,99	I	575,25	-	46,02	51,77	-	36,69	41,27	-	27,88	31,36	-	19,58	22,02	-	11,79	13,26	-	4,60	5,17	-	-	-
	II	464,16	-	37,13	41,77	-	28,29	31,82	-	19,96	22,46	-	12,16	13,68	-	4,91	5,52	-	-	-	-	-	-
	III	266,50	-	21,32	23,98	-	13,98	15,73	-	7,30	8,21	-	1,90	2,14	-	-	-	-	-	-	-	-	-
	IV	575,25	-	46,02	51,77	-	41,29	46,45	-	36,69	41,27	-	32,22	36,24	-	27,88	31,36	-	23,66	26,62	-	19,58	22,02
	V	984,16	-	78,73	88,57																		
	VI	1.028,50	-	82,28	92,56																		
3.938,99	I	576,08	-	46,08	51,84	-	36,75	41,34	-	27,93	31,42	-	19,63	22,08	-	11,84	13,32	-	4,64	5,22	-	-	-
	II	464,91	-	37,19	41,84	-	28,34	31,88	-	20,02	22,52	-	12,20	13,73	-	4,96	5,58	-	-	-	-	-	-
	III	267,00	-	21,36	24,03	-	14,04	15,79	-	7,34	8,26	-	1,93	2,17	-	-	-	-	-	-	-	-	-
	IV	576,08	-	46,08	51,84	-	41,35	46,52	-	36,75	41,34	-	32,28	36,31	-	27,93	31,42	-	23,72	26,68	-	19,63	22,08
	V	985,25	-	78,82	88,67																		
	VI	1.029,50	-	82,36	92,65																		
3.941,99	I	576,83	-	46,14	51,91	-	36,81	41,41	-	27,99	31,49	-	19,68	22,14	-	11,89	13,37	-	4,68	5,27	-	-	-
	II	465,58	-	37,24	41,90	-	28,40	31,95	-	20,07	22,58	-	12,25	13,78	-	5,00	5,62	-	-	-	-	-	-
	III	267,66	-	21,41	24,08	-	14,08	15,84	-	7,38	8,30	-	1,97	2,21	-	-	-	-	-	-	-	-	-
	IV	576,83	-	46,14	51,91	-	41,41	46,58	-	36,81	41,41	-	32,33	36,37	-	27,99	31,49	-	23,77	26,74	-	19,68	22,14
	V	986,25	-	78,90	88,76																		
	VI	1.030,50	-	82,44	92,74																		
3.944,99	I	577,58	-	46,20	51,98	-	36,86	41,47	-	28,04	31,55	-	19,73	22,19	-	11,94	13,43	-	4,72	5,31	-	-	-
	II	466,33	-	37,30	41,96	-	28,46	32,01	-	20,12	22,64	-	12,30	13,84	-	5,04	5,67	-	-	-	-	-	-
	III	268,16	-	21,45	24,13	-	14,13	15,89	-	7,42	8,35	-	2,00	2,25	-	-	-	-	-	-	-	-	-
	IV	577,58	-	46,20	51,98	-	41,47	46,65	-	36,86	41,47	-	32,39	36,44	-	28,04	31,55	-	23,82	26,80	-	19,73	22,19
	V	987,25	-	78,98	88,85																		
	VI	1.031,58	-	82,52	92,84																		
3.947,99	I	578,41	-	46,27	52,05	-	36,93	41,54	-	28,10	31,61	-	19,79	22,26	-	11,99	13,49	-	4,77	5,36	-	-	-
	II	467,08	-	37,36	42,03	-	28,52	32,08	-	20,18	22,70	-	12,35	13,89	-	5,08	5,72	-	-	-	-	-	-
	III	268,83	-	21,50	24,19	-	14,17	15,94	-	7,46	8,39	-	2,02	2,27	-	-	-	-	-	-	-	-	-
	IV	578,41	-	46,27	52,05	-	41,54	46,73	-	36,93	41,54	-	32,45	36,50	-	28,10	31,61	-	23,88	26,86	-	19,79	22,26
	V	988,33	-	79,06	88,94																		
	VI	1.032,58	-	82,60	92,93																		
3.950,99	I	579,16	-	46,33	52,12	-	36,98	41,60	-	28,16	31,68	-	19,84	22,32	-	12,04	13,54	-	4,81	5,41	-	-	-
	II	467,83	-	37,42	42,10	-	28,57	32,14	-	20,23	22,76	-	12,40	13,95	-	5,13	5,77	-	-	-	-	-	-
	III	269,50	-	21,56	24,25	-	14,22	16,00	-	7,50	8,44	-	2,06	2,32	-	-	-	-	-	-	-	-	-
	IV	579,16	-	46,33	52,12	-	41,60	46,80	-	36,98	41,60	-	32,50	36,56	-	28,16	31,68	-	23,93	26,92	-	19,84	22,32
	V	989,33	-	79,14	89,03																		
	VI	1.033,58	-	82,68	93,02																		
3.953,99	I	580,00	-	46,40	52,20	-	37,04	41,67	-	28,21	31,73	-	19,89	22,37	-	12,08	13,59	-	4,85	5,45	-	-	-
	II	468,58	-	37,48	42,17	-	28,62	32,20	-	20,28	22,82	-	12,45	14,00	-	5,17	5,81	-	-	-	-	-	-
	III	270,00	-	21,60	24,30	-	14,26	16,04	-	7,53	8,47	-	2,09	2,35	-	-	-	-	-	-	-	-	-
	IV	580,00	-	46,40	52,20	-	41,66	46,86	-	37,04	41,67	-	32,56	36,63	-	28,21	31,73	-	23,99	26,99	-	19,89	22,37
	V	990,33	-	79,22	89,12																		
	VI	1.034,66	-	82,77	93,11																		
3.956,99	I	580,75	-	46,46	52,26	-	37,10	41,74	-	28,27	31,80	-	19,94	22,43	-	12,14	13,65	-	4,90	5,51	-	-	-
	II	469,33	-	37,54	42,23	-	28,68	32,27	-	20,34	22,88	-	12,50	14,06	-	5,22	5,87	-	-	-	-	-	-
	III	270,66	-	21,65	24,35	-	14,32	16,11	-	7,58	8,53	-	2,13	2,39	-	-	-	-	-	-	-	-	-
	IV	580,75	-	46,46	52,26	-	41,72	46,93	-	37,10	41,74	-	32,62	36,70	-	28,27	31,80	-	24,04	27,05	-	19,94	22,43
	V	991,33	-	79,30	89,21																		
	VI	1.035,66	-	82,85	93,20																		
3.959,99	I	581,58	-	46,52	52,34	-	37,16	41,81	-	28,32	31,86	-	20,00	22,50	-	12,18	13,70	-	4,94	5,55	-	-	-
	II	470,08	-	37,60	42,30	-	28,74	32,33	-	20,39	22,94	-	12,55	14,12	-	5,26	5,91	-	-	-	-	-	-
	III	271,33	-	21,70	24,41	-	14,37	16,16	-	7,62	8,57	-	2,16	2,43	-	-	-	-	-	-	-	-	-
	IV	581,58	-	46,52	52,34	-	41,78	47,00	-	37,16	41,81	-	32,68	36,77	-	28,32	31,86	-	24,10	27,11	-	20,00	22,50
	V	992,41	-	79,39	89,31																		
	VI	1.036,66	-	82,93	93,29																		

Lohn/ Gehalt bis	Steuerklasse	Lohnsteuer	ohne Kinderfreibetrag			Anzahl Kinderfreibeträge (nur Steuerklassen I–IV)																	
						0,5			1,0			1,5			2,0			2,5			3,0		
			SolZ 5,5%	Kirchensteuer 8%	9%	SolZ 5,5%	Kirchensteuer 8%	9%	SolZ 5,5%	Kirchensteuer 8%	9%	SolZ 5,5%	Kirchensteuer 8%	9%	SolZ 5,5%	Kirchensteuer 8%	9%	SolZ 5,5%	Kirchensteuer 8%	9%	SolZ 5,5%	Kirchensteuer 8%	9%
3.962,99	I	582,33	-	46,58	52,40	-	37,22	41,87	-	28,38	31,92	-	20,05	22,55	-	12,24	13,77	-	4,98	5,60	-	-	
	II	470,83	-	37,66	42,37	-	28,80	32,40	-	20,44	22,99	-	12,60	14,17	-	5,30	5,96	-	-	-	-	-	
	III	271,83	-	21,74	24,46	-	14,41	16,21	-	7,65	8,60	-	2,18	2,45	-	-	-	-	-	-	-	-	
	IV	582,33	-	46,58	52,40	-	41,84	47,07	-	37,22	41,87	-	32,74	36,83	-	28,38	31,92	-	24,15	27,17	-	20,05	2
	V	993,41	-	79,47	89,40																		
	VI	1.037,75	-	83,02	93,39																		
3.965,99	I	583,16	-	46,65	52,48	-	37,28	41,94	-	28,44	31,99	-	20,10	22,61	-	12,28	13,82	-	5,02	5,65	-	-	
	II	471,58	-	37,72	42,44	-	28,85	32,45	-	20,50	23,06	-	12,65	14,23	-	5,35	6,02	-	-	-	-	-	
	III	272,50	-	21,80	24,52	-	14,46	16,27	-	7,70	8,66	-	2,22	2,50	-	-	-	-	-	-	-	-	
	IV	583,16	-	46,65	52,48	-	41,90	47,14	-	37,28	41,94	-	32,80	36,90	-	28,44	31,99	-	24,20	27,23	-	20,10	2
	V	994,41	-	79,55	89,49																		
	VI	1.038,75	-	83,10	93,48																		
3.968,99	I	583,91	-	46,71	52,55	-	37,34	42,01	-	28,49	32,05	-	20,16	22,68	-	12,34	13,88	-	5,07	5,70	-	-	
	II	472,33	-	37,78	42,50	-	28,91	32,52	-	20,55	23,12	-	12,70	14,28	-	5,39	6,06	-	-	-	-	-	
	III	273,16	-	21,85	24,58	-	14,50	16,31	-	7,74	8,71	-	2,25	2,53	-	-	-	-	-	-	-	-	
	IV	583,91	-	46,71	52,55	-	41,96	47,21	-	37,34	42,01	-	32,86	36,96	-	28,49	32,05	-	24,26	27,29	-	20,16	2
	V	995,50	-	79,64	89,59																		
	VI	1.039,75	-	83,18	93,57																		
3.971,99	I	584,66	-	46,77	52,61	-	37,40	42,08	-	28,55	32,12	-	20,21	22,73	-	12,38	13,93	-	5,11	5,75	-	-	
	II	473,08	-	37,84	42,57	-	28,96	32,58	-	20,60	23,17	-	12,75	14,34	-	5,44	6,12	-	-	-	-	-	
	III	273,66	-	21,89	24,62	-	14,56	16,38	-	7,78	8,75	-	2,28	2,56	-	-	-	-	-	-	-	-	
	IV	584,66	-	46,77	52,61	-	42,02	47,27	-	37,40	42,08	-	32,91	37,02	-	28,55	32,12	-	24,32	27,36	-	20,21	2
	V	996,50	-	79,72	89,68																		
	VI	1.040,83	-	83,26	93,67																		
3.974,99	I	585,50	-	46,84	52,69	-	37,46	42,14	-	28,60	32,18	-	20,26	22,79	-	12,43	13,98	-	5,16	5,80	-	-	
	II	473,83	-	37,90	42,64	-	29,02	32,64	-	20,65	23,23	-	12,80	14,40	-	5,48	6,16	-	-	-	-	-	
	III	274,33	-	21,94	24,68	-	14,60	16,42	-	7,82	8,80	-	2,32	2,61	-	-	-	-	-	-	-	-	
	IV	585,50	-	46,84	52,69	-	42,08	47,34	-	37,46	42,14	-	32,97	37,09	-	28,60	32,18	-	24,37	27,41	-	20,26	2
	V	997,50	-	79,80	89,77																		
	VI	1.041,83	-	83,34	93,76																		
3.977,99	I	586,25	-	46,90	52,76	-	37,52	42,21	-	28,66	32,24	-	20,32	22,86	-	12,48	14,04	-	5,20	5,85	-	-	
	II	474,58	-	37,96	42,71	-	29,08	32,71	-	20,70	23,29	-	12,85	14,45	-	5,52	6,21	-	0,02	0,02	-	-	
	III	275,00	-	22,00	24,75	-	14,65	16,48	-	7,86	8,84	-	2,34	2,63	-	-	-	-	-	-	-	-	
	IV	586,25	-	46,90	52,76	-	42,14	47,41	-	37,52	42,21	-	33,03	37,16	-	28,66	32,24	-	24,42	27,47	-	20,32	2
	V	998,58	-	79,88	89,87																		
	VI	1.042,83	-	83,42	93,85																		
3.980,99	I	587,08	-	46,96	52,83	-	37,58	42,28	-	28,72	32,31	-	20,37	22,91	-	12,53	14,09	-	5,24	5,90	-	-	
	II	475,33	-	38,02	42,77	-	29,14	32,78	-	20,76	23,35	-	12,90	14,51	-	5,57	6,26	-	0,05	0,05	-	-	
	III	275,50	-	22,04	24,79	-	14,69	16,52	-	7,90	8,89	-	2,37	2,66	-	-	-	-	-	-	-	-	
	IV	587,08	-	46,96	52,83	-	42,21	47,48	-	37,58	42,28	-	33,08	37,22	-	28,72	32,31	-	24,48	27,54	-	20,37	22
	V	999,58	-	79,96	89,96																		
	VI	1.043,83	-	83,50	93,94																		
3.983,99	I	587,83	-	47,02	52,90	-	37,64	42,35	-	28,78	32,37	-	20,42	22,97	-	12,58	14,15	-	5,28	5,94	-	-	
	II	476,08	-	38,08	42,84	-	29,19	32,84	-	20,81	23,41	-	12,95	14,57	-	5,61	6,31	-	0,08	0,09	-	-	
	III	276,16	-	22,09	24,85	-	14,74	16,58	-	7,94	8,93	-	2,41	2,71	-	-	-	-	-	-	-	-	
	IV	587,83	-	47,02	52,90	-	42,27	47,55	-	37,64	42,35	-	33,14	37,28	-	28,78	32,37	-	24,53	27,59	-	20,42	22
	V	1.000,58	-	80,04	90,05																		
	VI	1.044,91	-	83,59	94,04																		
3.986,99	I	588,66	-	47,09	52,97	-	37,70	42,41	-	28,83	32,43	-	20,48	23,04	-	12,63	14,21	-	5,33	5,99	-	-	
	II	476,83	-	38,14	42,91	-	29,25	32,90	-	20,86	23,47	-	13,00	14,62	-	5,66	6,36	-	0,10	0,11	-	-	
	III	276,83	-	22,14	24,91	-	14,80	16,65	-	7,98	8,98	-	2,44	2,74	-	-	-	-	-	-	-	-	
	IV	588,66	-	47,09	52,97	-	42,33	47,62	-	37,70	42,41	-	33,20	37,35	-	28,83	32,43	-	24,59	27,66	-	20,48	23
	V	1.001,66	-	80,13	90,14																		
	VI	1.045,91	-	83,67	94,13																		
3.989,99	I	589,41	-	47,15	53,04	-	37,76	42,48	-	28,89	32,50	-	20,53	23,09	-	12,68	14,27	-	5,38	6,05	-	-	
	II	477,58	-	38,20	42,98	-	29,30	32,96	-	20,92	23,53	-	13,05	14,68	-	5,70	6,41	-	0,13	0,14	-	-	
	III	277,33	-	22,18	24,95	-	14,84	16,69	-	8,02	9,02	-	2,48	2,79	-	-	-	-	-	-	-	-	
	IV	589,41	-	47,15	53,04	-	42,39	47,69	-	37,76	42,48	-	33,26	37,42	-	28,89	32,50	-	24,64	27,72	-	20,53	23
	V	1.002,66	-	80,21	90,23																		
	VI	1.046,91	-	83,75	94,22																		
3.992,99	I	590,16	-	47,21	53,11	-	37,82	42,55	-	28,94	32,56	-	20,58	23,15	-	12,73	14,32	-	5,42	6,09	-	-	
	II	478,33	-	38,26	43,04	-	29,36	33,03	-	20,97	23,59	-	13,10	14,73	-	5,75	6,47	-	0,16	0,18	-	-	
	III	278,00	-	22,24	25,02	-	14,89	16,75	-	8,06	9,07	-	2,50	2,81	-	-	-	-	-	-	-	-	
	IV	590,16	-	47,21	53,11	-	42,45	47,75	-	37,82	42,55	-	33,32	37,48	-	28,94	32,56	-	24,70	27,78	-	20,58	23
	V	1.003,66	-	80,29	90,32																		
	VI	1.048,00	-	83,84	94,32																		
3.995,99	I	591,00	-	47,28	53,19	-	37,88	42,62	-	29,00	32,62	-	20,63	23,21	-	12,78	14,37	-	5,46	6,14	-	-	
	II	479,08	-	38,32	43,11	-	29,42	33,09	-	21,02	23,65	-	13,14	14,78	-	5,79	6,51	-	0,19	0,21	-	-	
	III	278,66	-	22,29	25,07	-	14,93	16,79	-	8,10	9,11	-	2,53	2,84	-	-	-	-	-	-	-	-	
	IV	591,00	-	47,28	53,19	-	42,52	47,83	-	37,88	42,62	-	33,38	37,55	-	29,00	32,62	-	24,75	27,84	-	20,63	23
	V	1.004,66	-	80,37	90,41																		
	VI	1.049,00	-	83,92	94,41																		
3.998,99	I	591,83	-	47,34	53,26	-	37,94	42,68	-	29,06	32,69	-	20,68	23,27	-	12,83	14,43	-	5,51	6,20	-	0,01	0
	II	479,83	-	38,38	43,18	-	29,48	33,16	-	21,08	23,71	-	13,20	14,85	-	5,84	6,57	-	0,22	0,24	-	-	
	III	279,16	-	22,33	25,12	-	14,98	16,85	-	8,14	9,16	-	2,57	2,89	-	-	-	-	-	-	-	-	
	IV	591,83	-	47,34	53,26	-	42,58	47,90	-	37,94	42,68	-	33,44	37,62	-	29,06	32,69	-	24,81	27,91	-	20,68	23,
	V	1.005,75	-	80,46	90,51																		
	VI	1.050,00	-	84,00	94,50																		
4.001,99	I	592,58	-	47,40	53,33	-	38,00	42,75	-	29,11	32,75	-	20,74	23,33	-	12,88	14,49	-	5,55	6,24	-	0,04	0
	II	480,58	-	38,44	43,25	-	29,53	33,22	-	21,13	23,77	-	13,25	14,90	-	5,88	6,62	-	0,24	0,27	-	-	
	III	279,83	-	22,38	25,18	-	15,02	16,90	-	8,18	9,20	-	2,60	2,92	-	-	-	-	-	-	-	-	
	IV	592,58	-	47,40	53,33	-	42,64	47,97	-	38,00	42,75	-	33,49	37,67	-	29,11	32,75	-	24,86	27,97	-	20,74	23,
	V	1.006,75	-	80,54	90,60																		
	VI	1.051,08	-	84,08	94,59																		
4.004,99	I	593,33	-	47,46	53,39	-	38,06	42,81	-	29,17	32,81	-	20,79	23,39	-	12,93	14,54	-	5,60	6,30	-	0,06	0,
	II	481,33	-	38,50	43,31	-	29,58	33,28	-	21,18	23,83	-	13,30	14,96	-	5,93	6,67	-	0,27	0,30	-	-	
	III	280,50	-	22,44	25,24	-	15,08	16,96	-	8,22	9,25	-	2,64	2,97	-	-	-	-	-	-	-	-	
	IV	593,33	-	47,46	53,39	-	42,70	48,03	-	38,06	42,81	-	33,55	37,74	-	29,17	32,81	-	24,92	28,03	-	20,79	23,
	V	1.007,75	-	80,62	90,69																		
	VI	1.052,08	-	84,16	94,68																		

Allgemeine Tabelle

MONAT bis 4.049,99 €

Lohn/ Gehalt bis	Steuerklasse	Lohn- steuer	ohne Kinderfreibetrag			Anzahl Kinderfreibeträge (nur Steuerklassen I–IV)																	
						0,5			1,0			1,5			2,0			2,5			3,0		
			SolZ 5,5%	Kirchensteuer 8%	9%	SolZ 5,5%	Kirchensteuer 8%	9%	SolZ 5,5%	Kirchensteuer 8%	9%	SolZ 5,5%	Kirchensteuer 8%	9%	SolZ 5,5%	Kirchensteuer 8%	9%	SolZ 5,5%	Kirchensteuer 8%	9%	SolZ 5,5%	Kirchensteuer 8%	9%
4.007,99	I	594,16	-	47,53	53,47	-	38,12	42,89	-	29,22	32,87	-	20,84	23,45	-	12,98	14,60	-	5,64	6,35	-	0,10	0,11
	II	482,08	-	38,56	43,38	-	29,64	33,35	-	21,24	23,89	-	13,35	15,02	-	5,98	6,72	-	0,30	0,34	-	-	-
	III	281,00	-	22,48	25,29	-	15,12	17,01	-	8,26	9,29	-	2,66	2,99	-	-	-	-	-	-	-	-	-
	IV	594,16	-	47,53	53,47	-	42,76	48,11	-	38,12	42,89	-	33,61	37,81	-	29,22	32,87	-	24,97	28,09	-	20,84	23,45
	V	1.008,83	-	80,70	90,79																		
	VI	1.053,08	-	84,24	94,77																		
4.010,99	I	594,91	-	47,59	53,54	-	38,18	42,95	-	29,28	32,94	-	20,90	23,51	-	13,03	14,66	-	5,68	6,39	-	0,12	0,14
	II	482,83	-	38,62	43,45	-	29,70	33,41	-	21,29	23,95	-	13,40	15,07	-	6,02	6,77	-	0,33	0,37	-	-	-
	III	281,66	-	22,53	25,34	-	15,17	17,06	-	8,30	9,34	-	2,70	3,04	-	-	-	-	-	-	-	-	-
	IV	594,91	-	47,59	53,54	-	42,82	48,17	-	38,18	42,95	-	33,67	37,88	-	29,28	32,94	-	25,02	28,15	-	20,90	23,51
	V	1.009,83	-	80,78	90,88																		
	VI	1.054,16	-	84,33	94,87																		
4.013,99	I	595,75	-	47,66	53,61	-	38,24	43,02	-	29,34	33,00	-	20,95	23,57	-	13,08	14,71	-	5,73	6,44	-	0,15	0,17
	II	483,58	-	38,68	43,52	-	29,76	33,48	-	21,34	24,01	-	13,44	15,12	-	6,06	6,82	-	0,36	0,40	-	-	-
	III	282,33	-	22,58	25,40	-	15,21	17,11	-	8,34	9,38	-	2,73	3,07	-	-	-	-	-	-	-	-	-
	IV	595,75	-	47,66	53,61	-	42,88	48,24	-	38,24	43,02	-	33,72	37,94	-	29,34	33,00	-	25,08	28,22	-	20,95	23,57
	V	1.010,83	-	80,86	90,97																		
	VI	1.055,16	-	84,41	94,96																		
4.016,99	I	596,58	-	47,72	53,69	-	38,30	43,09	-	29,40	33,07	-	21,00	23,63	-	13,13	14,77	-	5,78	6,50	-	0,18	0,20
	II	484,33	-	38,74	43,58	-	29,82	33,54	-	21,40	24,07	-	13,50	15,18	-	6,12	6,88	-	0,39	0,44	-	-	-
	III	282,83	-	22,62	25,45	-	15,26	17,17	-	8,38	9,43	-	2,77	3,11	-	-	-	-	-	-	-	-	-
	IV	596,58	-	47,72	53,69	-	42,94	48,31	-	38,30	43,09	-	33,78	38,00	-	29,40	33,07	-	25,14	28,28	-	21,00	23,63
	V	1.011,91	-	80,95	91,07																		
	VI	1.056,16	-	84,49	95,05																		
4.019,99	I	597,33	-	47,78	53,75	-	38,36	43,16	-	29,45	33,13	-	21,06	23,69	-	13,18	14,82	-	5,82	6,55	-	0,20	0,23
	II	485,08	-	38,80	43,65	-	29,87	33,60	-	21,45	24,13	-	13,55	15,24	-	6,16	6,93	-	0,42	0,47	-	-	-
	III	283,50	-	22,68	25,51	-	15,32	17,23	-	8,44	9,49	-	2,80	3,15	-	-	-	-	-	-	-	-	-
	IV	597,33	-	47,78	53,75	-	43,01	48,38	-	38,36	43,16	-	33,84	38,07	-	29,45	33,13	-	25,19	28,34	-	21,06	23,69
	V	1.012,91	-	81,03	91,16																		
	VI	1.057,25	-	84,58	95,15																		
4.022,99	I	598,08	-	47,84	53,82	-	38,42	43,22	-	29,51	33,20	-	21,11	23,75	-	13,23	14,88	-	5,87	6,60	-	0,24	0,27
	II	485,83	-	38,86	43,72	-	29,92	33,66	-	21,50	24,19	-	13,60	15,30	-	6,20	6,98	-	0,44	0,50	-	-	-
	III	284,16	-	22,73	25,57	-	15,36	17,28	-	8,46	9,52	-	2,82	3,17	-	-	-	-	-	-	-	-	-
	IV	598,08	-	47,84	53,82	-	43,07	48,45	-	38,42	43,22	-	33,90	38,13	-	29,51	33,20	-	25,24	28,40	-	21,11	23,75
	V	1.013,91	-	81,11	91,25																		
	VI	1.058,25	-	84,66	95,24																		
4.025,99	I	598,91	-	47,91	53,90	-	38,48	43,29	-	29,56	33,26	-	21,16	23,81	-	13,28	14,94	-	5,91	6,65	-	0,26	0,29
	II	486,58	-	38,92	43,79	-	29,98	33,73	-	21,56	24,25	-	13,64	15,35	-	6,25	7,03	-	0,48	0,54	-	-	-
	III	284,66	-	22,77	25,61	-	15,41	17,33	-	8,52	9,58	-	2,86	3,22	-	-	-	-	-	-	-	-	-
	IV	598,91	-	47,91	53,90	-	43,13	48,52	-	38,48	43,29	-	33,96	38,20	-	29,56	33,26	-	25,30	28,46	-	21,16	23,81
	V	1.014,91	-	81,19	91,34																		
	VI	1.059,25	-	84,74	95,33																		
4.028,99	I	599,75	-	47,98	53,97	-	38,54	43,36	-	29,62	33,32	-	21,22	23,87	-	13,33	14,99	-	5,96	6,70	-	0,29	0,32
	II	487,33	-	38,98	43,85	-	30,04	33,80	-	21,61	24,31	-	13,70	15,41	-	6,30	7,08	-	0,50	0,56	-	-	-
	III	285,33	-	22,82	25,67	-	15,45	17,38	-	8,56	9,63	-	2,89	3,25	-	-	-	-	-	-	-	-	-
	IV	599,75	-	47,98	53,97	-	43,19	48,59	-	38,54	43,36	-	34,02	38,27	-	29,62	33,32	-	25,36	28,53	-	21,22	23,87
	V	1.016,00	-	81,28	91,44																		
	VI	1.060,25	-	84,82	95,42																		
4.031,99	I	600,50	-	48,04	54,04	-	38,60	43,43	-	29,68	33,39	-	21,27	23,93	-	13,38	15,05	-	6,00	6,75	-	0,32	0,36
	II	488,08	-	39,04	43,92	-	30,10	33,86	-	21,66	24,37	-	13,75	15,47	-	6,34	7,13	-	0,54	0,60	-	-	-
	III	286,00	-	22,88	25,74	-	15,50	17,44	-	8,60	9,67	-	2,93	3,29	-	-	-	-	-	-	-	-	-
	IV	600,50	-	48,04	54,04	-	43,26	48,66	-	38,60	43,43	-	34,08	38,34	-	29,68	33,39	-	25,41	28,58	-	21,27	23,93
	V	1.017,00	-	81,36	91,53																		
	VI	1.061,33	-	84,90	95,51																		
4.034,99	I	601,25	-	48,10	54,11	-	38,66	43,49	-	29,74	33,45	-	21,32	23,99	-	13,43	15,11	-	6,05	6,80	-	0,35	0,39
	II	488,83	-	39,10	43,99	-	30,16	33,93	-	21,72	24,43	-	13,80	15,52	-	6,39	7,19	-	0,56	0,63	-	-	-
	III	286,66	-	22,93	25,79	-	15,54	17,48	-	8,64	9,72	-	2,96	3,33	-	-	-	-	-	-	-	-	-
	IV	601,25	-	48,10	54,11	-	43,32	48,73	-	38,66	43,49	-	34,13	38,39	-	29,74	33,45	-	25,46	28,64	-	21,32	23,99
	V	1.018,00	-	81,44	91,62																		
	VI	1.062,33	-	84,98	95,60																		
4.037,99	I	602,08	-	48,16	54,18	-	38,72	43,56	-	29,79	33,51	-	21,38	24,05	-	13,48	15,16	-	6,10	6,86	-	0,38	0,42
	II	489,58	-	39,16	44,06	-	30,21	33,98	-	21,77	24,49	-	13,85	15,58	-	6,44	7,24	-	0,59	0,66	-	-	-
	III	287,16	-	22,97	25,84	-	15,60	17,55	-	8,68	9,76	-	3,00	3,37	-	-	-	-	-	-	-	-	-
	IV	602,08	-	48,16	54,18	-	43,38	48,80	-	38,72	43,56	-	34,19	38,46	-	29,79	33,51	-	25,52	28,71	-	21,38	24,05
	V	1.019,08	-	81,52	91,71																		
	VI	1.063,33	-	85,06	95,69																		
4.040,99	I	602,91	-	48,23	54,26	-	38,78	43,63	-	29,85	33,58	-	21,43	24,11	-	13,53	15,22	-	6,14	6,91	-	0,40	0,45
	II	490,33	-	39,22	44,12	-	30,27	34,05	-	21,82	24,55	-	13,90	15,63	-	6,48	7,29	-	0,62	0,70	-	-	-
	III	287,83	-	23,02	25,90	-	15,64	17,59	-	8,72	9,81	-	3,02	3,40	-	-	-	-	-	-	-	-	-
	IV	602,91	-	48,23	54,26	-	43,44	48,87	-	38,78	43,63	-	34,25	38,53	-	29,85	33,58	-	25,58	28,77	-	21,43	24,11
	V	1.020,08	-	81,60	91,80																		
	VI	1.064,41	-	85,15	95,79																		
4.043,99	I	603,66	-	48,29	54,32	-	38,84	43,70	-	29,90	33,64	-	21,48	24,17	-	13,58	15,27	-	6,19	6,96	-	0,44	0,49
	II	491,08	-	39,28	44,19	-	30,32	34,11	-	21,88	24,61	-	13,95	15,69	-	6,53	7,34	-	0,65	0,73	-	-	-
	III	288,50	-	23,08	25,96	-	15,69	17,65	-	8,76	9,85	-	3,06	3,44	-	-	-	-	-	-	-	-	-
	IV	603,66	-	48,29	54,32	-	43,50	48,94	-	38,84	43,70	-	34,31	38,60	-	29,90	33,64	-	25,63	28,83	-	21,48	24,17
	V	1.021,08	-	81,68	91,89																		
	VI	1.065,41	-	85,23	95,88																		
4.046,99	I	604,41	-	48,35	54,39	-	38,90	43,76	-	29,96	33,71	-	21,54	24,23	-	13,63	15,33	-	6,24	7,02	-	0,46	0,52
	II	491,83	-	39,34	44,26	-	30,38	34,18	-	21,93	24,67	-	14,00	15,75	-	6,58	7,40	-	0,68	0,77	-	-	-
	III	289,00	-	23,12	26,01	-	15,73	17,69	-	8,80	9,90	-	3,09	3,47	-	-	-	-	-	-	-	-	-
	IV	604,41	-	48,35	54,39	-	43,56	49,01	-	38,90	43,76	-	34,36	38,66	-	29,96	33,71	-	25,68	28,89	-	21,54	24,23
	V	1.022,08	-	81,76	91,98																		
	VI	1.066,41	-	85,31	95,97																		
4.049,99	I	605,25	-	48,42	54,47	-	38,96	43,83	-	30,02	33,77	-	21,59	24,29	-	13,68	15,39	-	6,28	7,07	-	0,49	0,55
	II	492,58	-	39,40	44,33	-	30,44	34,24	-	21,99	24,74	-	14,05	15,80	-	6,62	7,45	-	0,71	0,80	-	-	-
	III	289,66	-	23,17	26,06	-	15,78	17,75	-	8,84	9,94	-	3,13	3,52	-	-	-	-	-	-	-	-	-
	IV	605,25	-	48,42	54,47	-	43,62	49,07	-	38,96	43,83	-	34,42	38,72	-	30,02	33,77	-	25,74	28,96	-	21,59	24,29
	V	1.023,16	-	81,85	92,08																		
	VI	1.067,50	-	85,40	96,07																		

Lohn/ Gehalt bis	Steuerklasse	Lohn-steuer	ohne Kinderfreibetrag			Anzahl Kinderfreibeträge (nur Steuerklassen I–IV)																	
						0,5			1,0			1,5			2,0			2,5			3,0		
			SolZ 5,5%	Kirchensteuer 8%	9%	SolZ 5,5%	Kirchensteuer 8%	9%	SolZ 5,5%	Kirchensteuer 8%	9%	SolZ 5,5%	Kirchensteuer 8%	9%	SolZ 5,5%	Kirchensteuer 8%	9%	SolZ 5,5%	Kirchensteuer 8%	9%	SolZ 5,5%	Kirchensteuer 8%	9%
4.052,99	I	606,08	-	48,48	54,54	-	39,02	43,90	-	30,08	33,84	-	21,64	24,35	-	13,73	15,44	-	6,33	7,12	-	0,52	
	II	493,33	-	39,46	44,39	-	30,50	34,31	-	22,04	24,80	-	14,10	15,86	-	6,67	7,50	-	0,74	0,83	-	-	
	III	290,33	-	23,22	26,12	-	15,84	17,82	-	8,89	10,00	-	3,16	3,55	-	-	-	-	-	-	-	-	
	IV	606,08	-	48,48	54,54	-	43,69	49,15	-	39,02	43,90	-	34,48	38,79	-	30,08	33,84	-	25,80	29,02	-	21,64	2
	V	1.024,16	-	81,93	92,17																		
	VI	1.068,50	-	85,48	96,16																		
4.055,99	I	606,83	-	48,54	54,61	-	39,08	43,97	-	30,13	33,89	-	21,70	24,41	-	13,78	15,50	-	6,37	7,16	-	0,55	
	II	494,08	-	39,52	44,46	-	30,55	34,37	-	22,09	24,85	-	14,15	15,92	-	6,72	7,56	-	0,77	0,86	-	-	
	III	290,83	-	23,26	26,17	-	15,88	17,86	-	8,93	10,04	-	3,20	3,60	-	-	-	-	-	-	-	-	
	IV	606,83	-	48,54	54,61	-	43,75	49,22	-	39,08	43,97	-	34,54	38,86	-	30,13	33,89	-	25,85	29,08	-	21,70	2
	V	1.025,16	-	82,01	92,26																		
	VI	1.069,50	-	85,56	96,25																		
4.058,99	I	607,66	-	48,61	54,68	-	39,14	44,03	-	30,19	33,96	-	21,75	24,47	-	13,83	15,56	-	6,42	7,22	-	0,58	
	II	494,91	-	39,59	44,54	-	30,61	34,43	-	22,15	24,92	-	14,20	15,98	-	6,76	7,61	-	0,80	0,90	-	-	
	III	291,50	-	23,32	26,23	-	15,93	17,92	-	8,97	10,09	-	3,22	3,62	-	-	-	-	-	-	-	-	
	IV	607,66	-	48,61	54,68	-	43,81	49,28	-	39,14	44,03	-	34,60	38,93	-	30,19	33,96	-	25,91	29,15	-	21,75	2
	V	1.026,25	-	82,10	92,36																		
	VI	1.070,58	-	85,64	96,35																		
4.061,99	I	608,41	-	48,67	54,75	-	39,20	44,10	-	30,25	34,03	-	21,80	24,53	-	13,88	15,61	-	6,47	7,28	-	0,61	
	II	495,66	-	39,65	44,60	-	30,67	34,50	-	22,20	24,98	-	14,25	16,03	-	6,81	7,66	-	0,84	0,94	-	-	
	III	292,16	-	23,37	26,29	-	15,97	17,96	-	9,01	10,13	-	3,26	3,67	-	-	-	-	-	-	-	-	
	IV	608,41	-	48,67	54,75	-	43,87	49,35	-	39,20	44,10	-	34,66	38,99	-	30,25	34,03	-	25,96	29,21	-	21,80	2
	V	1.027,25	-	82,18	92,45																		
	VI	1.071,58	-	85,72	96,44																		
4.064,99	I	609,25	-	48,74	54,83	-	39,26	44,17	-	30,30	34,09	-	21,86	24,59	-	13,93	15,67	-	6,52	7,33	-	0,64	
	II	496,41	-	39,71	44,67	-	30,72	34,56	-	22,26	25,04	-	14,30	16,08	-	6,86	7,71	-	0,86	0,97	-	-	
	III	292,66	-	23,41	26,33	-	16,02	18,02	-	9,05	10,18	-	3,29	3,70	-	-	-	-	-	-	-	-	
	IV	609,25	-	48,74	54,83	-	43,94	49,43	-	39,26	44,17	-	34,72	39,06	-	30,30	34,09	-	26,02	29,27	-	21,86	24
	V	1.028,25	-	82,26	92,54																		
	VI	1.072,58	-	85,80	96,53																		
4.067,99	I	610,08	-	48,80	54,90	-	39,32	44,24	-	30,36	34,16	-	21,92	24,66	-	13,98	15,73	-	6,56	7,38	-	0,67	
	II	497,16	-	39,77	44,74	-	30,78	34,63	-	22,31	25,10	-	14,35	16,14	-	6,91	7,77	-	0,90	1,01	-	-	
	III	293,33	-	23,46	26,39	-	16,06	18,07	-	9,09	10,22	-	3,33	3,74	-	-	-	-	-	-	-	-	
	IV	610,08	-	48,80	54,90	-	44,00	49,50	-	39,32	44,24	-	34,78	39,12	-	30,36	34,16	-	26,07	29,33	-	21,92	24
	V	1.029,33	-	82,34	92,63																		
	VI	1.073,58	-	85,88	96,62																		
4.070,99	I	610,83	-	48,86	54,97	-	39,38	44,30	-	30,42	34,22	-	21,97	24,71	-	14,03	15,78	-	6,61	7,43	-	0,70	
	II	497,91	-	39,83	44,81	-	30,84	34,69	-	22,36	25,16	-	14,40	16,20	-	6,96	7,83	-	0,92	1,04	-	-	
	III	294,00	-	23,52	26,46	-	16,12	18,13	-	9,14	10,28	-	3,36	3,78	-	-	-	-	-	-	-	-	
	IV	610,83	-	48,86	54,97	-	44,06	49,56	-	39,38	44,30	-	34,84	39,19	-	30,42	34,22	-	26,13	29,39	-	21,97	24
	V	1.030,33	-	82,42	92,72																		
	VI	1.074,66	-	85,97	96,71																		
4.073,99	I	611,58	-	48,92	55,04	-	39,44	44,37	-	30,48	34,29	-	22,02	24,77	-	14,08	15,84	-	6,66	7,49	-	0,73	
	II	498,66	-	39,89	44,87	-	30,90	34,76	-	22,42	25,22	-	14,45	16,25	-	7,00	7,88	-	0,96	1,08	-	-	
	III	294,50	-	23,56	26,50	-	16,17	18,19	-	9,18	10,33	-	3,40	3,82	-	-	-	-	-	-	-	-	
	IV	611,58	-	48,92	55,04	-	44,12	49,64	-	39,44	44,37	-	34,90	39,26	-	30,48	34,29	-	26,18	29,45	-	22,02	24
	V	1.031,33	-	82,50	92,81																		
	VI	1.075,66	-	86,05	96,80																		
4.076,99	I	612,41	-	48,99	55,11	-	39,50	44,44	-	30,53	34,34	-	22,07	24,83	-	14,13	15,89	-	6,70	7,54	-	0,76	
	II	499,41	-	39,95	44,94	-	30,95	34,82	-	22,47	25,28	-	14,50	16,31	-	7,05	7,93	-	0,99	1,11	-	-	
	III	295,16	-	23,61	26,56	-	16,21	18,23	-	9,22	10,37	-	3,42	3,85	-	-	-	-	-	-	-	-	
	IV	612,41	-	48,99	55,11	-	44,18	49,70	-	39,50	44,44	-	34,95	39,32	-	30,53	34,34	-	26,24	29,52	-	22,07	24
	V	1.032,33	-	82,58	92,90																		
	VI	1.076,66	-	86,13	96,89																		
4.079,99	I	613,25	-	49,06	55,19	-	39,56	44,51	-	30,59	34,41	-	22,13	24,89	-	14,18	15,95	-	6,75	7,59	-	0,79	0
	II	500,16	-	40,01	45,01	-	31,01	34,88	-	22,52	25,34	-	14,55	16,37	-	7,10	7,98	-	1,02	1,14	-	-	
	III	295,83	-	23,66	26,62	-	16,26	18,29	-	9,26	10,42	-	3,46	3,89	-	-	-	-	-	-	-	-	
	IV	613,25	-	49,06	55,19	-	44,24	49,77	-	39,56	44,51	-	35,01	39,38	-	30,59	34,41	-	26,30	29,58	-	22,13	24
	V	1.033,41	-	82,67	93,00																		
	VI	1.077,75	-	86,22	96,99																		
4.082,99	I	614,00	-	49,12	55,26	-	39,62	44,57	-	30,64	34,47	-	22,18	24,95	-	14,23	16,01	-	6,80	7,65	-	0,82	0
	II	500,91	-	40,07	45,08	-	31,07	34,95	-	22,58	25,40	-	14,60	16,43	-	7,14	8,03	-	1,05	1,18	-	-	
	III	296,50	-	23,72	26,68	-	16,30	18,34	-	9,30	10,46	-	3,49	3,92	-	-	-	-	-	-	-	-	
	IV	614,00	-	49,12	55,26	-	44,31	49,85	-	39,62	44,57	-	35,07	39,45	-	30,64	34,47	-	26,35	29,64	-	22,18	24
	V	1.034,41	-	82,75	93,09																		
	VI	1.078,75	-	86,30	97,08																		
4.085,99	I	614,83	-	49,18	55,33	-	39,68	44,64	-	30,70	34,54	-	22,24	25,02	-	14,28	16,07	-	6,84	7,70	-	0,85	0
	II	501,66	-	40,13	45,14	-	31,12	35,01	-	22,63	25,46	-	14,65	16,48	-	7,19	8,09	-	1,08	1,22	-	-	
	III	297,00	-	23,76	26,73	-	16,36	18,40	-	9,34	10,51	-	3,53	3,97	-	-	-	-	-	-	-	-	
	IV	614,83	-	49,18	55,33	-	44,37	49,91	-	39,68	44,64	-	35,13	39,52	-	30,70	34,54	-	26,40	29,70	-	22,24	25
	V	1.035,41	-	82,83	93,18																		
	VI	1.079,75	-	86,38	97,17																		
4.088,99	I	615,66	-	49,25	55,40	-	39,74	44,71	-	30,76	34,61	-	22,29	25,07	-	14,33	16,12	-	6,89	7,75	-	0,88	0,
	II	502,41	-	40,19	45,21	-	31,18	35,08	-	22,68	25,52	-	14,70	16,54	-	7,24	8,14	-	1,12	1,26	-	-	
	III	297,66	-	23,81	26,78	-	16,41	18,46	-	9,40	10,57	-	3,56	4,00	-	-	-	-	-	-	-	-	
	IV	615,66	-	49,25	55,40	-	44,43	49,98	-	39,74	44,71	-	35,19	39,59	-	30,76	34,61	-	26,46	29,77	-	22,29	25,
	V	1.036,50	-	82,92	93,28																		
	VI	1.080,83	-	86,46	97,27																		
4.091,99	I	616,41	-	49,31	55,47	-	39,80	44,78	-	30,82	34,67	-	22,34	25,13	-	14,38	16,18	-	6,94	7,80	-	0,92	1,
	II	503,16	-	40,25	45,28	-	31,24	35,14	-	22,74	25,58	-	14,76	16,60	-	7,28	8,19	-	1,14	1,28	-	-	
	III	298,33	-	23,86	26,84	-	16,45	18,50	-	9,44	10,62	-	3,60	4,05	-	-	-	-	-	-	-	-	
	IV	616,41	-	49,31	55,47	-	44,50	50,06	-	39,80	44,78	-	35,25	39,65	-	30,82	34,67	-	26,52	29,83	-	22,34	25,
	V	1.037,50	-	83,00	93,37																		
	VI	1.081,83	-	86,54	97,36																		
4.094,99	I	617,16	-	49,37	55,54	-	39,86	44,84	-	30,88	34,74	-	22,40	25,20	-	14,43	16,23	-	6,98	7,85	-	0,94	1,
	II	503,91	-	40,31	45,35	-	31,30	35,21	-	22,79	25,64	-	14,80	16,65	-	7,33	8,24	-	1,18	1,32	-	-	
	III	298,83	-	23,90	26,89	-	16,50	18,56	-	9,48	10,66	-	3,62	4,07	-	-	-	-	-	-	-	-	
	IV	617,16	-	49,37	55,54	-	44,56	50,13	-	39,86	44,84	-	35,30	39,71	-	30,88	34,74	-	26,57	29,89	-	22,40	25,
	V	1.038,50	-	83,08	93,46																		
	VI	1.082,83	-	86,62	97,45																		

Lohn/ Gehalt bis	Steuerklasse	Lohnsteuer	ohne Kinderfreibetrag			Anzahl Kinderfreibeträge (nur Steuerklassen I–IV) 0,5			1,0			1,5			2,0			2,5			3,0		
			SolZ 5,5%	Kirchensteuer 8%	9%	SolZ 5,5%	Kirchensteuer 8%	9%	SolZ 5,5%	Kirchensteuer 8%	9%	SolZ 5,5%	Kirchensteuer 8%	9%	SolZ 5,5%	Kirchensteuer 8%	9%	SolZ 5,5%	Kirchensteuer 8%	9%	SolZ 5,5%	Kirchensteuer 8%	9%
4.097,99	I	618,00	-	49,44	55,62	-	39,92	44,91	-	30,93	34,79	-	22,45	25,25	-	14,48	16,29	-	7,03	7,91	-	0,98	1,10
	II	504,75	-	40,38	45,42	-	31,35	35,27	-	22,84	25,70	-	14,86	16,71	-	7,38	8,30	-	1,21	1,36	-	-	-
	III	299,50	-	23,96	26,95	-	16,54	18,61	-	9,52	10,71	-	3,66	4,12	-	-	-	-	-	-	-	-	-
	IV	618,00	-	49,44	55,62	-	44,62	50,19	-	39,92	44,91	-	35,36	39,78	-	30,93	34,79	-	26,62	29,95	-	22,45	25,25
	V	1.039,50	-	83,16	93,55																		
	VI	1.083,83	-	86,70	97,54																		
4.100,99	I	618,83	-	49,50	55,69	-	39,99	44,99	-	30,99	34,86	-	22,50	25,31	-	14,54	16,35	-	7,08	7,96	-	1,01	1,13
	II	505,50	-	40,44	45,49	-	31,41	35,33	-	22,90	25,76	-	14,91	16,77	-	7,42	8,35	-	1,24	1,40	-	-	-
	III	300,16	-	24,01	27,01	-	16,60	18,67	-	9,56	10,75	-	3,69	4,15	-	-	-	-	-	-	-	-	-
	IV	618,83	-	49,50	55,69	-	44,68	50,27	-	39,99	44,99	-	35,42	39,85	-	30,99	34,86	-	26,68	30,02	-	22,50	25,31
	V	1.040,58	-	83,24	93,65																		
	VI	1.084,91	-	86,79	97,64																		
4.103,99	I	619,58	-	49,56	55,76	-	40,05	45,05	-	31,04	34,92	-	22,56	25,38	-	14,58	16,40	-	7,12	8,01	-	1,04	1,17
	II	506,25	-	40,50	45,56	-	31,47	35,40	-	22,96	25,83	-	14,96	16,83	-	7,47	8,40	-	1,27	1,43	-	-	-
	III	300,83	-	24,06	27,07	-	16,64	18,72	-	9,61	10,81	-	3,73	4,19	-	-	-	-	-	-	-	-	-
	IV	619,58	-	49,56	55,76	-	44,74	50,33	-	40,05	45,05	-	35,48	39,92	-	31,04	34,92	-	26,74	30,08	-	22,56	25,38
	V	1.041,58	-	83,32	93,74																		
	VI	1.085,91	-	86,87	97,73																		
4.106,99	I	620,41	-	49,63	55,83	-	40,11	45,12	-	31,10	34,99	-	22,61	25,43	-	14,64	16,47	-	7,17	8,06	-	1,07	1,20
	II	507,00	-	40,56	45,63	-	31,52	35,46	-	23,01	25,88	-	15,01	16,88	-	7,52	8,46	-	1,30	1,46	-	-	-
	III	301,33	-	24,10	27,11	-	16,69	18,77	-	9,65	10,85	-	3,77	4,24	-	-	-	-	-	-	-	-	-
	IV	620,41	-	49,63	55,83	-	44,80	50,40	-	40,11	45,12	-	35,54	39,98	-	31,10	34,99	-	26,79	30,14	-	22,61	25,43
	V	1.042,58	-	83,40	93,83																		
	VI	1.086,91	-	86,95	97,82																		
4.109,99	I	621,25	-	49,70	55,91	-	40,17	45,19	-	31,16	35,06	-	22,66	25,49	-	14,68	16,52	-	7,22	8,12	-	1,10	1,24
	II	507,75	-	40,62	45,69	-	31,58	35,53	-	23,06	25,94	-	15,06	16,94	-	7,57	8,51	-	1,34	1,50	-	-	-
	III	302,00	-	24,16	27,18	-	16,73	18,82	-	9,69	10,90	-	3,80	4,27	-	-	-	-	-	-	-	-	-
	IV	621,25	-	49,70	55,91	-	44,87	50,48	-	40,17	45,19	-	35,60	40,05	-	31,16	35,06	-	26,85	30,20	-	22,66	25,49
	V	1.043,66	-	83,49	93,92																		
	VI	1.088,00	-	87,04	97,92																		
4.112,99	I	622,00	-	49,76	55,98	-	40,23	45,26	-	31,22	35,12	-	22,72	25,56	-	14,74	16,58	-	7,26	8,17	-	1,14	1,28
	II	508,50	-	40,68	45,76	-	31,64	35,60	-	23,12	26,01	-	15,11	17,00	-	7,62	8,57	-	1,37	1,54	-	-	-
	III	302,66	-	24,21	27,23	-	16,78	18,88	-	9,73	10,94	-	3,84	4,32	-	-	-	-	-	-	-	-	-
	IV	622,00	-	49,76	55,98	-	44,93	50,54	-	40,23	45,26	-	35,66	40,11	-	31,22	35,12	-	26,90	30,26	-	22,72	25,56
	V	1.044,66	-	83,57	94,01																		
	VI	1.089,00	-	87,12	98,01																		
4.115,99	I	622,83	-	49,82	56,05	-	40,29	45,32	-	31,28	35,19	-	22,77	25,61	-	14,78	16,63	-	7,31	8,22	-	1,16	1,31
	II	509,25	-	40,74	45,83	-	31,70	35,66	-	23,17	26,06	-	15,16	17,05	-	7,66	8,62	-	1,40	1,58	-	-	-
	III	303,16	-	24,25	27,28	-	16,84	18,94	-	9,77	10,99	-	3,86	4,34	-	-	-	-	-	-	-	-	-
	IV	622,83	-	49,82	56,05	-	44,99	50,61	-	40,29	45,32	-	35,72	40,18	-	31,28	35,19	-	26,96	30,33	-	22,77	25,61
	V	1.045,66	-	83,65	94,10																		
	VI	1.090,00	-	87,20	98,10																		
4.118,99	I	623,58	-	49,88	56,12	-	40,35	45,39	-	31,33	35,24	-	22,83	25,68	-	14,84	16,69	-	7,36	8,28	-	1,20	1,35
	II	510,08	-	40,80	45,90	-	31,76	35,73	-	23,23	26,13	-	15,21	17,11	-	7,71	8,67	-	1,44	1,62	-	-	-
	III	303,83	-	24,30	27,34	-	16,88	18,99	-	9,82	11,05	-	3,90	4,39	-	-	-	-	-	-	-	-	-
	IV	623,58	-	49,88	56,12	-	45,06	50,69	-	40,35	45,39	-	35,78	40,25	-	31,33	35,24	-	27,02	30,39	-	22,83	25,68
	V	1.046,75	-	83,74	94,20																		
	VI	1.091,08	-	87,28	98,19																		
4.121,99	I	624,41	-	49,95	56,19	-	40,41	45,46	-	31,39	35,31	-	22,88	25,74	-	14,89	16,75	-	7,41	8,33	-	1,23	1,38
	II	510,83	-	40,86	45,97	-	31,82	35,79	-	23,28	26,19	-	15,26	17,17	-	7,76	8,73	-	1,47	1,65	-	-	-
	III	304,50	-	24,36	27,40	-	16,93	19,04	-	9,86	11,09	-	3,94	4,43	-	-	-	-	-	-	-	-	-
	IV	624,41	-	49,95	56,19	-	45,12	50,76	-	40,41	45,46	-	35,84	40,32	-	31,39	35,31	-	27,07	30,45	-	22,88	25,74
	V	1.047,75	-	83,82	94,29																		
	VI	1.092,08	-	87,36	98,28																		
4.124,99	I	625,25	-	50,02	56,27	-	40,47	45,53	-	31,45	35,38	-	22,94	25,80	-	14,94	16,80	-	7,46	8,39	-	1,26	1,42
	II	511,58	-	40,92	46,04	-	31,87	35,85	-	23,34	26,25	-	15,31	17,22	-	7,80	8,78	-	1,50	1,69	-	-	-
	III	305,00	-	24,40	27,45	-	16,97	19,09	-	9,90	11,14	-	3,97	4,46	-	-	-	-	-	-	-	-	-
	IV	625,25	-	50,02	56,27	-	45,18	50,82	-	40,47	45,53	-	35,90	40,38	-	31,45	35,38	-	27,12	30,51	-	22,94	25,80
	V	1.048,75	-	83,90	94,38																		
	VI	1.093,08	-	87,44	98,37																		
4.127,99	I	626,00	-	50,08	56,34	-	40,53	45,59	-	31,50	35,44	-	22,99	25,86	-	14,99	16,86	-	7,50	8,44	-	1,29	1,45
	II	512,33	-	40,98	46,10	-	31,93	35,92	-	23,39	26,31	-	15,36	17,28	-	7,85	8,83	-	1,54	1,73	-	-	-
	III	305,66	-	24,45	27,50	-	17,02	19,15	-	9,94	11,18	-	4,01	4,51	-	-	-	-	-	-	-	-	-
	IV	626,00	-	50,08	56,34	-	45,24	50,90	-	40,53	45,59	-	35,96	40,45	-	31,50	35,44	-	27,18	30,58	-	22,99	25,86
	V	1.049,75	-	83,98	94,47																		
	VI	1.094,08	-	87,52	98,46																		
4.130,99	I	626,83	-	50,14	56,41	-	40,60	45,67	-	31,56	35,51	-	23,04	25,92	-	15,04	16,92	-	7,55	8,49	-	1,32	1,49
	II	513,08	-	41,04	46,17	-	31,98	35,98	-	23,44	26,37	-	15,42	17,34	-	7,90	8,89	-	1,57	1,76	-	-	-
	III	306,33	-	24,50	27,56	-	17,08	19,21	-	10,00	11,25	-	4,04	4,54	-	-	-	-	-	-	-	-	-
	IV	626,83	-	50,14	56,41	-	45,30	50,96	-	40,60	45,67	-	36,02	40,52	-	31,56	35,51	-	27,24	30,64	-	23,04	25,92
	V	1.050,83	-	84,06	94,57																		
	VI	1.095,16	-	87,61	98,56																		
4.133,99	I	627,58	-	50,20	56,48	-	40,66	45,74	-	31,62	35,57	-	23,10	25,98	-	15,09	16,97	-	7,60	8,55	-	1,36	1,53
	II	513,83	-	41,10	46,24	-	32,04	36,05	-	23,50	26,43	-	15,46	17,39	-	7,95	8,94	-	1,60	1,80	-	-	-
	III	306,83	-	24,54	27,61	-	17,12	19,26	-	10,04	11,29	-	4,08	4,59	-	-	-	-	-	-	-	-	-
	IV	627,58	-	50,20	56,48	-	45,36	51,03	-	40,66	45,74	-	36,07	40,58	-	31,62	35,57	-	27,30	30,71	-	23,10	25,98
	V	1.051,83	-	84,14	94,66																		
	VI	1.096,16	-	87,69	98,65																		
4.136,99	I	628,41	-	50,27	56,55	-	40,72	45,81	-	31,68	35,64	-	23,15	26,04	-	15,14	17,03	-	7,64	8,60	-	1,39	1,56
	II	514,58	-	41,16	46,31	-	32,10	36,11	-	23,55	26,49	-	15,52	17,46	-	8,00	9,00	-	1,63	1,83	-	-	-
	III	307,50	-	24,60	27,67	-	17,17	19,31	-	10,08	11,34	-	4,10	4,61	-	-	-	-	-	-	-	-	-
	IV	628,41	-	50,27	56,55	-	45,43	51,11	-	40,72	45,81	-	36,13	40,64	-	31,68	35,64	-	27,35	30,77	-	23,15	26,04
	V	1.052,83	-	84,22	94,75																		
	VI	1.097,16	-	87,77	98,74																		
4.139,99	I	629,25	-	50,34	56,63	-	40,78	45,87	-	31,74	35,70	-	23,20	26,10	-	15,19	17,09	-	7,69	8,65	-	1,42	1,60
	II	515,41	-	41,23	46,38	-	32,16	36,18	-	23,60	26,55	-	15,57	17,51	-	8,04	9,05	-	1,67	1,88	-	-	-
	III	308,16	-	24,65	27,73	-	17,21	19,36	-	10,12	11,38	-	4,14	4,66	-	-	-	-	-	-	-	-	-
	IV	629,25	-	50,34	56,63	-	45,49	51,17	-	40,78	45,87	-	36,19	40,71	-	31,74	35,70	-	27,40	30,83	-	23,20	26,10
	V	1.053,91	-	84,31	94,85																		
	VI	1.098,25	-	87,86	98,84																		

Lohn/ Gehalt bis	Steuerklasse	Lohnsteuer	ohne Kinderfreibetrag SolZ 5,5%	ohne Kinderfreibetrag Kirchensteuer 8%	ohne Kinderfreibetrag Kirchensteuer 9%	0,5 SolZ 5,5%	0,5 Kirchensteuer 8%	0,5 Kirchensteuer 9%	1,0 SolZ 5,5%	1,0 Kirchensteuer 8%	1,0 Kirchensteuer 9%	1,5 SolZ 5,5%	1,5 Kirchensteuer 8%	1,5 Kirchensteuer 9%	2,0 SolZ 5,5%	2,0 Kirchensteuer 8%	2,0 Kirchensteuer 9%	2,5 SolZ 5,5%	2,5 Kirchensteuer 8%	2,5 Kirchensteuer 9%	3,0 SolZ 5,5%	3,0 Kirchensteuer 8%	3,0 Kirchensteuer 9%
						Anzahl Kinderfreibeträge (nur Steuerklassen I–IV)																	
4.142,99	I	630,00	-	50,40	56,70	-	40,84	45,94	-	31,79	35,76	-	23,26	26,17	-	15,24	17,15	-	7,74	8,70	-	1,46	
	II	516,16	-	41,29	46,45	-	32,22	36,24	-	23,66	26,62	-	15,62	17,57	-	8,09	9,10	-	1,70	1,91	-	-	
	III	308,83	-	24,70	27,79	-	17,26	19,42	-	10,16	11,43	-	4,18	4,70	-	-	-	-	-	-	-	-	
	IV	630,00	-	50,40	56,70	-	45,56	51,25	-	40,84	45,94	-	36,25	40,78	-	31,79	35,76	-	27,46	30,89	-	23,26	2
	V	1.054,91	-	84,39	94,94																		
	VI	1.099,25	-	87,94	98,93																		
4.145,99	I	630,83	-	50,46	56,77	-	40,90	46,01	-	31,85	35,83	-	23,32	26,23	-	15,29	17,20	-	7,78	8,75	-	1,49	
	II	516,91	-	41,35	46,52	-	32,28	36,31	-	23,72	26,68	-	15,67	17,63	-	8,14	9,15	-	1,74	1,95	-	-	
	III	309,33	-	24,74	27,83	-	17,32	19,48	-	10,21	11,48	-	4,21	4,73	-	-	-	-	-	-	-	-	
	IV	630,83	-	50,46	56,77	-	45,62	51,32	-	40,90	46,01	-	36,31	40,85	-	31,85	35,83	-	27,52	30,96	-	23,32	2
	V	1.055,91	-	84,47	95,03																		
	VI	1.100,25	-	88,02	99,02																		
4.148,99	I	631,58	-	50,52	56,84	-	40,96	46,08	-	31,90	35,89	-	23,37	26,29	-	15,34	17,26	-	7,84	8,82	-	1,52	
	II	517,66	-	41,41	46,58	-	32,33	36,37	-	23,77	26,74	-	15,72	17,68	-	8,18	9,20	-	1,77	1,99	-	-	
	III	310,00	-	24,80	27,90	-	17,36	19,53	-	10,25	11,53	-	4,25	4,78	-	-	-	-	-	-	-	-	
	IV	631,58	-	50,52	56,84	-	45,68	51,39	-	40,96	46,08	-	36,37	40,91	-	31,90	35,89	-	27,57	31,01	-	23,37	26
	V	1.057,00	-	84,56	95,13																		
	VI	1.101,25	-	88,10	99,11																		
4.151,99	I	632,41	-	50,59	56,91	-	41,02	46,15	-	31,96	35,96	-	23,42	26,35	-	15,40	17,32	-	7,88	8,87	-	1,56	1
	II	518,41	-	41,47	46,65	-	32,39	36,44	-	23,82	26,80	-	15,77	17,74	-	8,23	9,26	-	1,80	2,03	-	-	
	III	310,66	-	24,85	27,95	-	17,41	19,58	-	10,29	11,57	-	4,29	4,82	-	-	-	-	-	-	-	-	
	IV	632,41	-	50,59	56,91	-	45,74	51,46	-	41,02	46,15	-	36,43	40,98	-	31,96	35,96	-	27,63	31,08	-	23,42	26
	V	1.058,00	-	84,64	95,22																		
	VI	1.102,33	-	88,18	99,20																		
4.154,99	I	633,25	-	50,66	56,99	-	41,08	46,22	-	32,02	36,02	-	23,48	26,41	-	15,44	17,37	-	7,93	8,92	-	1,59	1
	II	519,16	-	41,53	46,72	-	32,45	36,50	-	23,88	26,86	-	15,82	17,80	-	8,28	9,32	-	1,84	2,07	-	-	
	III	311,33	-	24,90	28,01	-	17,45	19,63	-	10,34	11,63	-	4,32	4,86	-	-	-	-	-	-	-	-	
	IV	633,25	-	50,66	56,99	-	45,80	51,53	-	41,08	46,22	-	36,49	41,05	-	32,02	36,02	-	27,68	31,14	-	23,48	26
	V	1.059,00	-	84,72	95,31																		
	VI	1.103,33	-	88,26	99,29																		
4.157,99	I	634,00	-	50,72	57,06	-	41,14	46,28	-	32,08	36,09	-	23,53	26,47	-	15,50	17,43	-	7,98	8,97	-	1,62	1
	II	519,91	-	41,59	46,79	-	32,50	36,56	-	23,93	26,92	-	15,87	17,85	-	8,33	9,37	-	1,87	2,10	-	-	
	III	311,83	-	24,94	28,06	-	17,50	19,69	-	10,38	11,68	-	4,36	4,90	-	-	-	-	-	-	-	-	
	IV	634,00	-	50,72	57,06	-	45,86	51,59	-	41,14	46,28	-	36,54	41,11	-	32,08	36,09	-	27,74	31,21	-	23,53	26
	V	1.060,08	-	84,80	95,40																		
	VI	1.104,33	-	88,34	99,38																		
4.160,99	I	634,83	-	50,78	57,13	-	41,20	46,35	-	32,14	36,15	-	23,58	26,53	-	15,55	17,49	-	8,02	9,02	-	1,66	1
	II	520,75	-	41,66	46,86	-	32,56	36,63	-	23,99	26,99	-	15,92	17,91	-	8,38	9,42	-	1,90	2,14	-	-	
	III	312,50	-	25,00	28,12	-	17,54	19,73	-	10,42	11,72	-	4,38	4,93	-	-	-	-	-	-	-	-	
	IV	634,83	-	50,78	57,13	-	45,93	51,67	-	41,20	46,35	-	36,61	41,18	-	32,14	36,15	-	27,80	31,27	-	23,58	26
	V	1.061,08	-	84,88	95,49																		
	VI	1.105,41	-	88,43	99,48																		
4.163,99	I	635,66	-	50,85	57,20	-	41,26	46,42	-	32,20	36,22	-	23,64	26,59	-	15,60	17,55	-	8,07	9,08	-	1,69	1
	II	521,50	-	41,72	46,93	-	32,62	36,70	-	24,04	27,05	-	15,98	17,97	-	8,42	9,47	-	1,94	2,18	-	-	
	III	313,16	-	25,05	28,18	-	17,60	19,80	-	10,46	11,77	-	4,42	4,97	-	-	-	-	-	-	-	-	
	IV	635,66	-	50,85	57,20	-	45,99	51,74	-	41,26	46,42	-	36,66	41,24	-	32,20	36,22	-	27,85	31,33	-	23,64	26
	V	1.062,08	-	84,96	95,58																		
	VI	1.106,41	-	88,51	99,57																		
4.166,99	I	636,41	-	50,91	57,27	-	41,32	46,49	-	32,25	36,28	-	23,70	26,66	-	15,65	17,60	-	8,12	9,13	-	1,72	1
	II	522,25	-	41,78	47,00	-	32,68	36,76	-	24,10	27,11	-	16,02	18,02	-	8,47	9,53	-	1,97	2,21	-	-	
	III	313,66	-	25,09	28,22	-	17,65	19,85	-	10,52	11,83	-	4,46	5,02	-	-	-	-	-	-	-	-	
	IV	636,41	-	50,91	57,27	-	46,06	51,81	-	41,32	46,49	-	36,72	41,31	-	32,25	36,28	-	27,91	31,40	-	23,70	26
	V	1.063,08	-	85,04	95,67																		
	VI	1.107,41	-	88,59	99,66																		
4.169,99	I	637,25	-	50,98	57,35	-	41,39	46,56	-	32,31	36,35	-	23,75	26,72	-	15,70	17,66	-	8,17	9,19	-	1,76	1
	II	523,00	-	41,84	47,07	-	32,74	36,83	-	24,15	27,17	-	16,08	18,09	-	8,52	9,58	-	2,01	2,26	-	-	
	III	314,33	-	25,14	28,28	-	17,69	19,90	-	10,56	11,88	-	4,49	5,05	-	-	-	-	-	-	-	-	
	IV	637,25	-	50,98	57,35	-	46,12	51,88	-	41,39	46,56	-	36,78	41,38	-	32,31	36,35	-	27,96	31,46	-	23,75	26,
	V	1.064,16	-	85,13	95,77																		
	VI	1.108,50	-	88,68	99,76																		
4.172,99	I	638,08	-	51,04	57,42	-	41,45	46,63	-	32,37	36,41	-	23,80	26,78	-	15,75	17,72	-	8,22	9,24	-	1,79	2,
	II	523,75	-	41,90	47,13	-	32,80	36,90	-	24,20	27,23	-	16,13	18,14	-	8,57	9,64	-	2,04	2,30	-	-	
	III	315,00	-	25,20	28,35	-	17,74	19,96	-	10,60	11,92	-	4,53	5,09	-	-	-	-	-	-	-	-	
	IV	638,08	-	51,04	57,42	-	46,18	51,95	-	41,45	46,63	-	36,84	41,45	-	32,37	36,41	-	28,02	31,52	-	23,80	26,
	V	1.065,16	-	85,21	95,86																		
	VI	1.109,50	-	88,76	99,85																		
4.175,99	I	638,91	-	51,11	57,50	-	41,51	46,70	-	32,42	36,47	-	23,86	26,84	-	15,80	17,78	-	8,26	9,29	-	1,82	2,
	II	524,58	-	41,96	47,21	-	32,85	36,95	-	24,26	27,29	-	16,18	18,20	-	8,62	9,69	-	2,08	2,34	-	-	
	III	315,66	-	25,25	28,40	-	17,78	20,00	-	10,65	11,98	-	4,57	5,14	-	-	-	-	-	-	-	-	
	IV	638,91	-	51,11	57,50	-	46,24	52,02	-	41,51	46,70	-	36,90	41,51	-	32,42	36,47	-	28,08	31,59	-	23,86	26,
	V	1.066,16	-	85,29	95,95																		
	VI	1.110,50	-	88,84	99,94																		
4.178,99	I	639,66	-	51,17	57,56	-	41,57	46,76	-	32,48	36,54	-	23,91	26,90	-	15,85	17,83	-	8,31	9,35	-	1,86	2,
	II	525,33	-	42,02	47,27	-	32,91	37,02	-	24,31	27,35	-	16,23	18,26	-	8,66	9,74	-	2,11	2,37	-	-	
	III	316,16	-	25,29	28,45	-	17,84	20,07	-	10,69	12,02	-	4,60	5,17	-	-	-	-	-	-	-	-	
	IV	639,66	-	51,17	57,56	-	46,30	52,09	-	41,57	46,76	-	36,96	41,58	-	32,48	36,54	-	28,13	31,64	-	23,91	26,
	V	1.067,25	-	85,38	96,05																		
	VI	1.111,50	-	88,92	100,03																		
4.181,99	I	640,50	-	51,24	57,64	-	41,63	46,83	-	32,54	36,61	-	23,96	26,96	-	15,90	17,89	-	8,36	9,40	-	1,89	2,
	II	526,08	-	42,08	47,34	-	32,97	37,09	-	24,37	27,41	-	16,28	18,32	-	8,71	9,80	-	2,15	2,42	-	-	
	III	316,83	-	25,34	28,51	-	17,89	20,12	-	10,73	12,07	-	4,64	5,22	-	-	-	-	-	-	-	-	
	IV	640,50	-	51,24	57,64	-	46,37	52,16	-	41,63	46,83	-	37,02	41,65	-	32,54	36,61	-	28,19	31,71	-	23,96	26,
	V	1.068,25	-	85,46	96,14																		
	VI	1.112,58	-	89,00	100,13																		
4.184,99	I	641,33	-	51,30	57,71	-	41,69	46,90	-	32,60	36,67	-	24,02	27,02	-	15,96	17,95	-	8,40	9,45	-	1,92	2,
	II	526,83	-	42,14	47,41	-	33,02	37,15	-	24,42	27,47	-	16,33	18,37	-	8,76	9,85	-	2,18	2,45	-	-	
	III	317,50	-	25,40	28,57	-	17,93	20,17	-	10,77	12,11	-	4,68	5,26	-	-	-	-	-	-	-	-	
	IV	641,33	-	51,30	57,71	-	46,43	52,23	-	41,69	46,90	-	37,08	41,72	-	32,60	36,67	-	28,24	31,77	-	24,02	27,
	V	1.069,25	-	85,54	96,23																		
	VI	1.113,58	-	89,08	100,22																		

Allgemeine Tabelle

MONAT bis 4.229,99 €

Lohn/ Gehalt bis	Steuerklasse	Lohn-steuer	ohne Kinderfreibetrag			Anzahl Kinderfreibeträge (nur Steuerklassen I–IV)																	
						0,5			1,0			1,5			2,0			2,5			3,0		
			SolZ 5,5%	Kirchensteuer 8%	9%	SolZ 5,5%	Kirchensteuer 8%	9%	SolZ 5,5%	Kirchensteuer 8%	9%	SolZ 5,5%	Kirchensteuer 8%	9%	SolZ 5,5%	Kirchensteuer 8%	9%	SolZ 5,5%	Kirchensteuer 8%	9%	SolZ 5,5%	Kirchensteuer 8%	9%
4.187,99	I	642,08	-	51,36	57,78	-	41,75	46,97	-	32,66	36,74	-	24,08	27,09	-	16,00	18,00	-	8,45	9,50	-	1,96	2,20
	II	527,58	-	42,20	47,48	-	33,08	37,22	-	24,48	27,54	-	16,38	18,43	-	8,80	9,90	-	2,22	2,49	-	-	-
	III	318,16	-	25,45	28,63	-	17,98	20,23	-	10,82	12,17	-	4,70	5,29	-	-	-	-	-	-	-	-	-
	IV	642,08	-	51,36	57,78	-	46,50	52,31	-	41,75	46,97	-	37,14	41,78	-	32,66	36,74	-	28,30	31,84	-	24,08	27,09
	V	1.070,33	-	85,62	96,32																		
	VI	1.114,58	-	89,16	100,31																		
4.190,99	I	642,91	-	51,43	57,86	-	41,82	47,04	-	32,72	36,81	-	24,13	27,14	-	16,06	18,06	-	8,50	9,56	-	2,00	2,25
	II	528,41	-	42,27	47,55	-	33,14	37,28	-	24,53	27,59	-	16,44	18,49	-	8,86	9,96	-	2,25	2,53	-	-	-
	III	318,66	-	25,49	28,67	-	18,04	20,29	-	10,86	12,22	-	4,74	5,33	-	-	-	-	-	-	-	-	-
	IV	642,91	-	51,43	57,86	-	46,56	52,38	-	41,82	47,04	-	37,20	41,85	-	32,72	36,81	-	28,36	31,90	-	24,13	27,14
	V	1.071,33	-	85,70	96,41																		
	VI	1.115,66	-	89,25	100,40																		
4.193,99	I	643,75	-	51,50	57,93	-	41,88	47,11	-	32,77	36,86	-	24,18	27,20	-	16,11	18,12	-	8,55	9,62	-	2,03	2,28
	II	529,16	-	42,33	47,62	-	33,20	37,35	-	24,58	27,65	-	16,49	18,55	-	8,90	10,01	-	2,29	2,57	-	-	-
	III	319,33	-	25,54	28,73	-	18,08	20,34	-	10,90	12,26	-	4,78	5,38	-	-	-	-	-	-	-	-	-
	IV	643,75	-	51,50	57,93	-	46,62	52,45	-	41,88	47,11	-	37,26	41,92	-	32,77	36,86	-	28,42	31,97	-	24,18	27,20
	V	1.072,33	-	85,78	96,50																		
	VI	1.116,66	-	89,33	100,49																		
4.196,99	I	644,50	-	51,56	58,00	-	41,94	47,18	-	32,83	36,93	-	24,24	27,27	-	16,16	18,18	-	8,60	9,67	-	2,06	2,32
	II	529,91	-	42,39	47,69	-	33,26	37,41	-	24,64	27,72	-	16,54	18,60	-	8,95	10,07	-	2,32	2,61	-	-	-
	III	320,00	-	25,60	28,80	-	18,13	20,39	-	10,96	12,33	-	4,81	5,41	-	-	-	-	-	-	-	-	-
	IV	644,50	-	51,56	58,00	-	46,68	52,52	-	41,94	47,18	-	37,32	41,98	-	32,83	36,93	-	28,47	32,03	-	24,24	27,27
	V	1.073,41	-	85,87	96,60																		
	VI	1.117,66	-	89,41	100,58																		
4.199,99	I	645,33	-	51,62	58,07	-	42,00	47,25	-	32,89	37,00	-	24,30	27,33	-	16,21	18,23	-	8,64	9,72	-	2,10	2,36
	II	530,66	-	42,45	47,75	-	33,32	37,48	-	24,70	27,78	-	16,59	18,66	-	9,00	10,12	-	2,36	2,66	-	-	-
	III	320,66	-	25,65	28,85	-	18,17	20,44	-	11,00	12,37	-	4,85	5,45	-	0,01	0,01	-	-	-	-	-	-
	IV	645,33	-	51,62	58,07	-	46,75	52,59	-	42,00	47,25	-	37,38	42,05	-	32,89	37,00	-	28,53	32,09	-	24,30	27,33
	V	1.074,41	-	85,95	96,69																		
	VI	1.118,75	-	89,50	100,68																		
4.202,99	I	646,16	-	51,69	58,15	-	42,06	47,32	-	32,95	37,07	-	24,35	27,39	-	16,26	18,29	-	8,69	9,77	-	2,14	2,40
	II	531,50	-	42,52	47,83	-	33,38	37,55	-	24,75	27,84	-	16,64	18,72	-	9,04	10,17	-	2,40	2,70	-	-	-
	III	321,16	-	25,69	28,90	-	18,22	20,50	-	11,04	12,42	-	4,89	5,50	-	0,04	0,04	-	-	-	-	-	-
	IV	646,16	-	51,69	58,15	-	46,81	52,66	-	42,06	47,32	-	37,44	42,12	-	32,95	37,07	-	28,58	32,15	-	24,35	27,39
	V	1.075,41	-	86,03	96,78																		
	VI	1.119,75	-	89,58	100,77																		
4.205,99	I	646,91	-	51,75	58,22	-	42,12	47,39	-	33,00	37,13	-	24,40	27,45	-	16,32	18,36	-	8,74	9,83	-	2,17	2,44
	II	532,25	-	42,58	47,90	-	33,43	37,61	-	24,80	27,90	-	16,69	18,77	-	9,10	10,23	-	2,43	2,73	-	-	-
	III	321,83	-	25,74	28,96	-	18,26	20,54	-	11,09	12,47	-	4,93	5,54	-	0,06	0,07	-	-	-	-	-	-
	IV	646,91	-	51,75	58,22	-	46,87	52,73	-	42,12	47,39	-	37,50	42,18	-	33,00	37,13	-	28,64	32,22	-	24,40	27,45
	V	1.076,50	-	86,12	96,88																		
	VI	1.120,75	-	89,66	100,86																		
4.208,99	I	647,75	-	51,82	58,29	-	42,18	47,45	-	33,06	37,19	-	24,46	27,51	-	16,36	18,41	-	8,79	9,89	-	2,20	2,48
	II	533,00	-	42,64	47,97	-	33,49	37,67	-	24,86	27,96	-	16,74	18,83	-	9,14	10,28	-	2,47	2,78	-	-	-
	III	322,33	-	25,78	29,00	-	18,32	20,61	-	11,13	12,52	-	4,96	5,58	-	0,09	0,10	-	-	-	-	-	-
	IV	647,75	-	51,82	58,29	-	46,94	52,80	-	42,18	47,45	-	37,56	42,25	-	33,06	37,19	-	28,70	32,28	-	24,46	27,51
	V	1.077,50	-	86,20	96,97																		
	VI	1.121,75	-	89,74	100,95																		
4.211,99	I	648,58	-	51,88	58,37	-	42,24	47,52	-	33,12	37,26	-	24,51	27,57	-	16,42	18,47	-	8,84	9,94	-	2,24	2,52
	II	533,75	-	42,70	48,03	-	33,55	37,74	-	24,92	28,03	-	16,80	18,90	-	9,19	10,34	-	2,50	2,81	-	-	-
	III	323,00	-	25,84	29,07	-	18,37	20,66	-	11,18	12,58	-	5,00	5,62	-	0,12	0,13	-	-	-	-	-	-
	IV	648,58	-	51,88	58,37	-	47,00	52,87	-	42,24	47,52	-	37,62	42,32	-	33,12	37,26	-	28,75	32,34	-	24,51	27,57
	V	1.078,50	-	86,28	97,06																		
	VI	1.122,83	-	89,82	101,05																		
4.214,99	I	649,41	-	51,95	58,44	-	42,30	47,59	-	33,18	37,32	-	24,56	27,63	-	16,47	18,53	-	8,88	9,99	-	2,28	2,56
	II	534,50	-	42,76	48,10	-	33,61	37,81	-	24,97	28,09	-	16,85	18,95	-	9,24	10,39	-	2,54	2,85	-	-	-
	III	323,66	-	25,89	29,12	-	18,41	20,71	-	11,22	12,62	-	5,04	5,67	-	0,16	0,18	-	-	-	-	-	-
	IV	649,41	-	51,95	58,44	-	47,06	52,94	-	42,30	47,59	-	37,68	42,39	-	33,18	37,32	-	28,81	32,41	-	24,56	27,63
	V	1.079,50	-	86,36	97,15																		
	VI	1.123,83	-	89,90	101,14																		
4.217,99	I	650,16	-	52,01	58,51	-	42,37	47,66	-	33,24	37,39	-	24,62	27,70	-	16,52	18,58	-	8,93	10,04	-	2,31	2,60
	II	535,33	-	42,82	48,17	-	33,66	37,87	-	25,02	28,15	-	16,90	19,01	-	9,28	10,44	-	2,58	2,90	-	-	-
	III	324,33	-	25,94	29,18	-	18,46	20,77	-	11,26	12,67	-	5,06	5,69	-	0,18	0,20	-	-	-	-	-	-
	IV	650,16	-	52,01	58,51	-	47,12	53,01	-	42,37	47,66	-	37,74	42,45	-	33,24	37,39	-	28,86	32,47	-	24,62	27,70
	V	1.080,58	-	86,44	97,25																		
	VI	1.124,83	-	89,98	101,23																		
4.220,99	I	651,00	-	52,08	58,59	-	42,43	47,73	-	33,30	37,46	-	24,68	27,76	-	16,57	18,64	-	8,98	10,10	-	2,35	2,64
	II	536,08	-	42,88	48,24	-	33,72	37,94	-	25,08	28,22	-	16,95	19,07	-	9,34	10,50	-	2,61	2,93	-	-	-
	III	325,00	-	26,00	29,25	-	18,50	20,81	-	11,32	12,73	-	5,10	5,74	-	0,21	0,23	-	-	-	-	-	-
	IV	651,00	-	52,08	58,59	-	47,19	53,09	-	42,43	47,73	-	37,80	42,52	-	33,30	37,46	-	28,92	32,54	-	24,68	27,76
	V	1.081,58	-	86,52	97,34																		
	VI	1.125,91	-	90,07	101,33																		
4.223,99	I	651,83	-	52,14	58,66	-	42,49	47,80	-	33,35	37,52	-	24,73	27,82	-	16,62	18,70	-	9,03	10,16	-	2,38	2,68
	II	536,83	-	42,94	48,31	-	33,78	38,00	-	25,14	28,28	-	17,00	19,13	-	9,38	10,55	-	2,65	2,98	-	-	-
	III	325,50	-	26,04	29,29	-	18,56	20,88	-	11,36	12,78	-	5,14	5,78	-	0,24	0,27	-	-	-	-	-	-
	IV	651,83	-	52,14	58,66	-	47,25	53,15	-	42,49	47,80	-	37,86	42,59	-	33,35	37,52	-	28,98	32,60	-	24,73	27,82
	V	1.082,58	-	86,60	97,43																		
	VI	1.126,91	-	90,15	101,42																		
4.226,99	I	652,58	-	52,20	58,73	-	42,55	47,87	-	33,41	37,58	-	24,78	27,88	-	16,67	18,75	-	9,08	10,21	-	2,42	2,72
	II	537,58	-	43,00	48,38	-	33,84	38,07	-	25,19	28,34	-	17,05	19,18	-	9,43	10,61	-	2,68	3,02	-	-	-
	III	326,16	-	26,09	29,35	-	18,61	20,93	-	11,40	12,82	-	5,18	5,83	-	0,26	0,29	-	-	-	-	-	-
	IV	652,58	-	52,20	58,73	-	47,32	53,23	-	42,55	47,87	-	37,92	42,66	-	33,41	37,58	-	29,04	32,67	-	24,78	27,88
	V	1.083,66	-	86,69	97,52																		
	VI	1.127,91	-	90,23	101,51																		
4.229,99	I	653,41	-	52,27	58,80	-	42,61	47,93	-	33,47	37,65	-	24,84	27,94	-	16,72	18,81	-	9,12	10,26	-	2,45	2,75
	II	538,33	-	43,06	48,44	-	33,90	38,13	-	25,24	28,40	-	17,10	19,24	-	9,48	10,66	-	2,72	3,06	-	-	-
	III	326,83	-	26,14	29,41	-	18,65	20,98	-	11,45	12,88	-	5,21	5,86	-	0,29	0,32	-	-	-	-	-	-
	IV	653,41	-	52,27	58,80	-	47,38	53,30	-	42,61	47,93	-	37,98	42,72	-	33,47	37,65	-	29,09	32,72	-	24,84	27,94
	V	1.084,66	-	86,77	97,61																		
	VI	1.129,00	-	90,32	101,61																		

MONAT bis 4.274,99 €

Allgemeine Tabelle

Lohn/ Gehalt bis	Steuerklasse	Lohn-steuer	ohne Kinderfreibetrag			Anzahl Kinderfreibeträge (nur Steuerklassen I–IV)																	
						0,5			1,0			1,5			2,0			2,5			3,0		
			SolZ 5,5%	Kirchensteuer 8%	9%	SolZ 5,5%	Kirchensteuer 8%	9%	SolZ 5,5%	Kirchensteuer 8%	9%	SolZ 5,5%	Kirchensteuer 8%	9%	SolZ 5,5%	Kirchensteuer 8%	9%	SolZ 5,5%	Kirchensteuer 8%	9%	SolZ 5,5%	Kirchensteuer 8%	9%
4.232,99	I	654,25	-	52,34	58,88	-	42,68	48,01	-	33,53	37,72	-	24,90	28,01	-	16,78	18,87	-	9,17	10,31	-	2,49	
	II	539,16	-	43,13	48,52	-	33,96	38,20	-	25,30	28,46	-	17,16	19,30	-	9,53	10,72	-	2,76	3,10	-	-	
	III	327,50	-	26,20	29,47	-	18,70	21,04	-	11,49	12,92	-	5,25	5,90	-	0,32	0,36	-	-	-	-	-	
	IV	654,25	-	52,34	58,88	-	47,44	53,37	-	42,68	48,01	-	38,04	42,79	-	33,53	37,72	-	29,15	32,79	-	24,90	2
	V	1.085,66	-	86,85	97,70																		
	VI	1.130,00	-	90,40	101,70																		
4.235,99	I	655,08	-	52,40	58,95	-	42,74	48,08	-	33,58	37,78	-	24,95	28,07	-	16,83	18,93	-	9,22	10,37	-	2,52	
	II	539,91	-	43,19	48,59	-	34,02	38,27	-	25,36	28,53	-	17,21	19,36	-	9,58	10,77	-	2,80	3,15	-	-	
	III	328,00	-	26,24	29,52	-	18,74	21,08	-	11,53	12,97	-	5,29	5,95	-	0,34	0,38	-	-	-	-	-	
	IV	655,08	-	52,40	58,95	-	47,50	53,44	-	42,74	48,08	-	38,10	42,86	-	33,58	37,78	-	29,20	32,85	-	24,95	2,
	V	1.086,75	-	86,94	97,80																		
	VI	1.131,00	-	90,48	101,79																		
4.238,99	I	655,83	-	52,46	59,02	-	42,80	48,15	-	33,64	37,85	-	25,00	28,13	-	16,88	18,99	-	9,27	10,43	-	2,56	2
	II	540,66	-	43,25	48,65	-	34,07	38,33	-	25,41	28,58	-	17,26	19,41	-	9,62	10,82	-	2,83	3,18	-	-	
	III	328,66	-	26,29	29,57	-	18,80	21,15	-	11,58	13,03	-	5,33	5,99	-	0,37	0,41	-	-	-	-	-	
	IV	655,83	-	52,46	59,02	-	47,57	53,51	-	42,80	48,15	-	38,16	42,93	-	33,64	37,85	-	29,26	32,91	-	25,00	28
	V	1.087,75	-	87,02	97,89																		
	VI	1.132,00	-	90,56	101,88																		
4.241,99	I	656,66	-	52,53	59,09	-	42,86	48,22	-	33,70	37,91	-	25,06	28,19	-	16,93	19,04	-	9,32	10,48	-	2,60	2
	II	541,50	-	43,32	48,73	-	34,13	38,39	-	25,46	28,64	-	17,31	19,47	-	9,67	10,88	-	2,87	3,23	-	-	
	III	329,33	-	26,34	29,63	-	18,85	21,20	-	11,62	13,07	-	5,36	6,03	-	0,40	0,45	-	-	-	-	-	
	IV	656,66	-	52,53	59,09	-	47,63	53,58	-	42,86	48,22	-	38,22	42,99	-	33,70	37,91	-	29,32	32,98	-	25,06	28
	V	1.088,75	-	87,10	97,98																		
	VI	1.133,08	-	90,64	101,97																		
4.244,99	I	657,50	-	52,60	59,17	-	42,92	48,29	-	33,76	37,98	-	25,12	28,26	-	16,98	19,10	-	9,36	10,53	-	2,64	2
	II	542,25	-	43,38	48,80	-	34,19	38,46	-	25,52	28,71	-	17,36	19,53	-	9,72	10,94	-	2,91	3,27	-	-	
	III	329,83	-	26,38	29,68	-	18,89	21,25	-	11,68	13,14	-	5,40	6,07	-	0,44	0,49	-	-	-	-	-	
	IV	657,50	-	52,60	59,17	-	47,70	53,66	-	42,92	48,29	-	38,28	43,06	-	33,76	37,98	-	29,37	33,04	-	25,12	28
	V	1.089,83	-	87,18	98,08																		
	VI	1.134,08	-	90,72	102,06																		
4.247,99	I	658,33	-	52,66	59,24	-	42,98	48,35	-	33,82	38,04	-	25,17	28,31	-	17,03	19,16	-	9,41	10,58	-	2,67	3
	II	543,00	-	43,44	48,87	-	34,25	38,53	-	25,58	28,77	-	17,42	19,59	-	9,77	10,99	-	2,94	3,31	-	-	
	III	330,50	-	26,44	29,74	-	18,94	21,31	-	11,72	13,18	-	5,44	6,12	-	0,46	0,52	-	-	-	-	-	
	IV	658,33	-	52,66	59,24	-	47,76	53,73	-	42,98	48,35	-	38,34	43,13	-	33,82	38,04	-	29,43	33,11	-	25,17	28
	V	1.090,83	-	87,26	98,17																		
	VI	1.135,08	-	90,80	102,15																		
4.250,99	I	659,16	-	52,73	59,32	-	43,04	48,42	-	33,88	38,11	-	25,22	28,37	-	17,08	19,22	-	9,46	10,64	-	2,71	3
	II	543,83	-	43,50	48,94	-	34,31	38,60	-	25,63	28,83	-	17,47	19,65	-	9,82	11,04	-	2,98	3,35	-	-	
	III	331,16	-	26,49	29,80	-	19,00	21,37	-	11,77	13,24	-	5,48	6,16	-	0,49	0,55	-	-	-	-	-	
	IV	659,16	-	52,73	59,32	-	47,82	53,80	-	43,04	48,42	-	38,40	43,20	-	33,88	38,11	-	29,49	33,17	-	25,22	28
	V	1.091,83	-	87,34	98,26																		
	VI	1.136,16	-	90,89	102,25																		
4.253,99	I	659,91	-	52,79	59,39	-	43,10	48,49	-	33,94	38,18	-	25,28	28,44	-	17,14	19,28	-	9,51	10,70	-	2,74	3
	II	544,58	-	43,56	49,01	-	34,36	38,66	-	25,68	28,89	-	17,52	19,71	-	9,86	11,09	-	3,02	3,40	-	-	
	III	331,83	-	26,54	29,86	-	19,04	21,42	-	11,81	13,28	-	5,50	6,19	-	0,52	0,58	-	-	-	-	-	
	IV	659,91	-	52,79	59,39	-	47,88	53,87	-	43,10	48,49	-	38,46	43,26	-	33,94	38,18	-	29,54	33,23	-	25,28	28
	V	1.092,83	-	87,42	98,35																		
	VI	1.137,16	-	90,97	102,34																		
4.256,99	I	660,75	-	52,86	59,46	-	43,17	48,56	-	34,00	38,25	-	25,34	28,50	-	17,19	19,34	-	9,56	10,75	-	2,78	3
	II	545,33	-	43,62	49,07	-	34,42	38,72	-	25,74	28,95	-	17,57	19,76	-	9,92	11,16	-	3,06	3,44	-	-	
	III	332,33	-	26,58	29,90	-	19,09	21,47	-	11,85	13,33	-	5,54	6,23	-	0,54	0,61	-	-	-	-	-	
	IV	660,75	-	52,86	59,46	-	47,95	53,94	-	43,17	48,56	-	38,52	43,33	-	34,00	38,25	-	29,60	33,30	-	25,34	28,
	V	1.093,91	-	87,51	98,45																		
	VI	1.138,16	-	91,05	102,43																		
4.259,99	I	661,58	-	52,92	59,54	-	43,23	48,63	-	34,05	38,30	-	25,39	28,56	-	17,24	19,39	-	9,60	10,80	-	2,82	3,
	II	546,08	-	43,68	49,14	-	34,48	38,79	-	25,80	29,02	-	17,62	19,82	-	9,96	11,21	-	3,10	3,48	-	-	
	III	333,00	-	26,64	29,97	-	19,13	21,52	-	11,90	13,39	-	5,58	6,28	-	0,57	0,64	-	-	-	-	-	
	IV	661,58	-	52,92	59,54	-	48,01	54,01	-	43,23	48,63	-	38,58	43,40	-	34,05	38,30	-	29,66	33,36	-	25,39	28,
	V	1.094,91	-	87,59	98,54																		
	VI	1.139,25	-	91,14	102,53																		
4.262,99	I	662,41	-	52,99	59,61	-	43,29	48,70	-	34,11	38,37	-	25,44	28,62	-	17,29	19,45	-	9,66	10,86	-	2,86	3,
	II	546,91	-	43,75	49,22	-	34,54	38,86	-	25,85	29,08	-	17,68	19,89	-	10,01	11,26	-	3,14	3,53	-	-	
	III	333,66	-	26,69	30,02	-	19,18	21,58	-	11,94	13,43	-	5,62	6,32	-	0,60	0,67	-	-	-	-	-	
	IV	662,41	-	52,99	59,61	-	48,08	54,09	-	43,29	48,70	-	38,64	43,47	-	34,11	38,37	-	29,72	33,43	-	25,44	28,
	V	1.095,91	-	87,67	98,63																		
	VI	1.140,25	-	91,22	102,62																		
4.265,99	I	663,16	-	53,05	59,68	-	43,35	48,77	-	34,17	38,44	-	25,50	28,68	-	17,34	19,51	-	9,70	10,91	-	2,90	3,
	II	547,66	-	43,81	49,28	-	34,60	38,93	-	25,90	29,14	-	17,72	19,94	-	10,06	11,31	-	3,17	3,56	-	-	
	III	334,33	-	26,74	30,08	-	19,24	21,64	-	12,00	13,50	-	5,66	6,37	-	0,62	0,70	-	-	-	-	-	
	IV	663,16	-	53,05	59,68	-	48,14	54,15	-	43,35	48,77	-	38,70	43,53	-	34,17	38,44	-	29,77	33,49	-	25,50	28,
	V	1.097,00	-	87,76	98,73																		
	VI	1.141,25	-	91,30	102,71																		
4.268,99	I	664,00	-	53,12	59,76	-	43,42	48,84	-	34,22	38,50	-	25,56	28,75	-	17,40	19,57	-	9,75	10,97	-	2,93	3,
	II	548,41	-	43,87	49,35	-	34,66	38,99	-	25,96	29,21	-	17,78	20,00	-	10,11	11,37	-	3,21	3,61	-	-	
	III	334,83	-	26,78	30,13	-	19,28	21,69	-	12,04	13,54	-	5,69	6,40	-	0,66	0,74	-	-	-	-	-	
	IV	664,00	-	53,12	59,76	-	48,20	54,23	-	43,42	48,84	-	38,76	43,60	-	34,22	38,50	-	29,82	33,55	-	25,56	28,
	V	1.098,00	-	87,84	98,82																		
	VI	1.142,33	-	91,38	102,80																		
4.271,99	I	664,83	-	53,18	59,83	-	43,48	48,91	-	34,28	38,57	-	25,61	28,81	-	17,45	19,63	-	9,80	11,02	-	2,97	3,
	II	549,25	-	43,94	49,43	-	34,72	39,06	-	26,02	29,27	-	17,83	20,06	-	10,16	11,43	-	3,25	3,65	-	-	
	III	335,50	-	26,84	30,19	-	19,33	21,74	-	12,08	13,59	-	5,73	6,44	-	0,69	0,77	-	-	-	-	-	
	IV	664,83	-	53,18	59,83	-	48,26	54,29	-	43,48	48,91	-	38,82	43,67	-	34,28	38,57	-	29,88	33,62	-	25,61	28,
	V	1.099,00	-	87,92	98,91																		
	VI	1.143,33	-	91,46	102,89																		
4.274,99	I	665,66	-	53,25	59,90	-	43,54	48,98	-	34,34	38,63	-	25,66	28,87	-	17,50	19,68	-	9,85	11,08	-	3,01	3,
	II	550,00	-	44,00	49,50	-	34,78	39,12	-	26,07	29,33	-	17,88	20,12	-	10,20	11,48	-	3,29	3,70	-	-	
	III	336,16	-	26,89	30,25	-	19,38	21,80	-	12,13	13,64	-	5,77	6,49	-	0,72	0,81	-	-	-	-	-	
	IV	665,66	-	53,25	59,90	-	48,33	54,37	-	43,54	48,98	-	38,88	43,74	-	34,34	38,63	-	29,94	33,68	-	25,66	28,
	V	1.100,08	-	88,00	99,00																		
	VI	1.144,33	-	91,54	102,98																		

Allgemeine Tabelle

Lohn/ Gehalt bis	Steuerklasse	Lohn- steuer	ohne Kinderfreibetrag SolZ 5,5%	Kirchensteuer 8%	Kirchensteuer 9%	0,5 SolZ 5,5%	0,5 Kirchensteuer 8%	0,5 Kirchensteuer 9%	1,0 SolZ 5,5%	1,0 Kirchensteuer 8%	1,0 Kirchensteuer 9%	1,5 SolZ 5,5%	1,5 Kirchensteuer 8%	1,5 Kirchensteuer 9%	2,0 SolZ 5,5%	2,0 Kirchensteuer 8%	2,0 Kirchensteuer 9%	2,5 SolZ 5,5%	2,5 Kirchensteuer 8%	2,5 Kirchensteuer 9%	3,0 SolZ 5,5%	3,0 Kirchensteuer 8%	3,0 Kirchensteuer 9%
						Anzahl Kinderfreibeträge (nur Steuerklassen I–IV)																	
4.277,99	I	666,41	-	53,31	59,97	-	43,60	49,05	-	34,40	38,70	-	25,72	28,93	-	17,55	19,74	-	9,90	11,13	-	3,04	3,42
	II	550,75	-	44,06	49,56	-	34,84	39,19	-	26,12	29,39	-	17,93	20,17	-	10,25	11,53	-	3,32	3,74	-	-	-
	III	336,83	-	26,94	30,31	-	19,42	21,85	-	12,17	13,69	-	5,81	6,53	-	0,74	0,83	-	-	-	-	-	-
	IV	666,41	-	53,31	59,97	-	48,39	54,44	-	43,60	49,05	-	38,94	43,80	-	34,40	38,70	-	30,00	33,75	-	25,72	28,93
	V	1.101,08	-	88,08	99,09																		
	VI	1.145,33	-	91,62	103,07																		
4.280,99	I	667,25	-	53,38	60,05	-	43,66	49,12	-	34,46	38,77	-	25,78	29,00	-	17,60	19,80	-	9,94	11,18	-	3,08	3,47
	II	551,50	-	44,12	49,63	-	34,89	39,25	-	26,18	29,45	-	17,98	20,23	-	10,30	11,59	-	3,36	3,78	-	-	-
	III	337,33	-	26,98	30,35	-	19,48	21,91	-	12,22	13,75	-	5,84	6,57	-	0,77	0,86	-	-	-	-	-	-
	IV	667,25	-	53,38	60,05	-	48,46	54,51	-	43,66	49,12	-	39,00	43,87	-	34,46	38,77	-	30,05	33,80	-	25,78	29,00
	V	1.102,08	-	88,16	99,18																		
	VI	1.146,41	-	91,71	103,17																		
4.283,99	I	668,08	-	53,44	60,12	-	43,72	49,19	-	34,52	38,84	-	25,83	29,06	-	17,66	19,86	-	9,99	11,24	-	3,12	3,51
	II	552,33	-	44,18	49,70	-	34,95	39,32	-	26,24	29,52	-	18,04	20,29	-	10,35	11,64	-	3,40	3,83	-	-	-
	III	338,00	-	27,04	30,42	-	19,53	21,97	-	12,26	13,79	-	5,88	6,61	-	0,80	0,90	-	-	-	-	-	-
	IV	668,08	-	53,44	60,12	-	48,52	54,59	-	43,72	49,19	-	39,06	43,94	-	34,52	38,84	-	30,11	33,87	-	25,83	29,06
	V	1.103,16	-	88,25	99,28																		
	VI	1.147,41	-	91,79	103,26																		
4.286,99	I	668,91	-	53,51	60,20	-	43,78	49,25	-	34,58	38,90	-	25,88	29,12	-	17,70	19,91	-	10,04	11,30	-	3,16	3,55
	II	553,08	-	44,24	49,77	-	35,01	39,38	-	26,29	29,57	-	18,09	20,35	-	10,40	11,70	-	3,44	3,87	-	-	-
	III	338,66	-	27,09	30,47	-	19,57	22,01	-	12,32	13,86	-	5,92	6,66	-	0,84	0,94	-	-	-	-	-	-
	IV	668,91	-	53,51	60,20	-	48,58	54,65	-	43,78	49,25	-	39,12	44,01	-	34,58	38,90	-	30,17	33,94	-	25,88	29,12
	V	1.104,16	-	88,33	99,37																		
	VI	1.148,41	-	91,87	103,35																		
4.289,99	I	669,66	-	53,57	60,26	-	43,85	49,33	-	34,64	38,97	-	25,94	29,18	-	17,76	19,98	-	10,09	11,35	-	3,20	3,60
	II	553,83	-	44,30	49,84	-	35,07	39,45	-	26,35	29,64	-	18,14	20,41	-	10,45	11,75	-	3,48	3,92	-	-	-
	III	339,33	-	27,14	30,53	-	19,62	22,07	-	12,36	13,90	-	5,96	6,70	-	0,86	0,97	-	-	-	-	-	-
	IV	669,66	-	53,57	60,26	-	48,64	54,72	-	43,85	49,33	-	39,18	44,07	-	34,64	38,97	-	30,22	34,00	-	25,94	29,18
	V	1.105,16	-	88,41	99,46																		
	VI	1.149,50	-	91,96	103,45																		
4.292,99	I	670,58	-	53,64	60,35	-	43,91	49,40	-	34,70	39,03	-	26,00	29,25	-	17,81	20,03	-	10,14	11,40	-	3,24	3,64
	II	554,66	-	44,37	49,91	-	35,13	39,52	-	26,40	29,70	-	18,20	20,47	-	10,50	11,81	-	3,52	3,96	-	-	-
	III	340,00	-	27,20	30,60	-	19,66	22,12	-	12,41	13,96	-	6,00	6,75	-	0,89	1,00	-	-	-	-	-	-
	IV	670,58	-	53,64	60,35	-	48,71	54,80	-	43,91	49,40	-	39,24	44,14	-	34,70	39,03	-	30,28	34,07	-	26,00	29,25
	V	1.106,25	-	88,50	99,56																		
	VI	1.150,50	-	92,04	103,54																		
4.295,99	I	671,33	-	53,70	60,41	-	43,97	49,46	-	34,76	39,10	-	26,05	29,30	-	17,86	20,09	-	10,19	11,46	-	3,28	3,69
	II	555,41	-	44,43	49,98	-	35,19	39,59	-	26,46	29,76	-	18,24	20,52	-	10,54	11,86	-	3,56	4,01	-	-	-
	III	340,50	-	27,24	30,64	-	19,72	22,18	-	12,45	14,00	-	6,04	6,79	-	0,92	1,03	-	-	-	-	-	-
	IV	671,33	-	53,70	60,41	-	48,78	54,87	-	43,97	49,46	-	39,30	44,21	-	34,76	39,10	-	30,34	34,13	-	26,05	29,30
	V	1.107,25	-	88,58	99,65																		
	VI	1.151,50	-	92,12	103,63																		
4.298,99	I	672,16	-	53,77	60,49	-	44,04	49,54	-	34,81	39,16	-	26,10	29,36	-	17,91	20,15	-	10,24	11,52	-	3,31	3,72
	II	556,16	-	44,49	50,05	-	35,24	39,65	-	26,52	29,83	-	18,30	20,58	-	10,60	11,92	-	3,60	4,05	-	-	-
	III	341,16	-	27,29	30,70	-	19,77	22,24	-	12,50	14,06	-	6,06	6,82	-	0,94	1,06	-	-	-	-	-	-
	IV	672,16	-	53,77	60,49	-	48,84	54,94	-	44,04	49,54	-	39,36	44,28	-	34,81	39,16	-	30,40	34,20	-	26,10	29,36
	V	1.108,25	-	88,66	99,74																		
	VI	1.152,58	-	92,20	103,73																		
4.301,99	I	673,00	-	53,84	60,57	-	44,10	49,61	-	34,87	39,23	-	26,16	29,43	-	17,96	20,21	-	10,28	11,57	-	3,35	3,77
	II	557,00	-	44,56	50,13	-	35,30	39,71	-	26,57	29,89	-	18,35	20,64	-	10,64	11,97	-	3,64	4,10	-	-	-
	III	341,83	-	27,34	30,76	-	19,81	22,28	-	12,54	14,11	-	6,10	6,86	-	0,98	1,10	-	-	-	-	-	-
	IV	673,00	-	53,84	60,57	-	48,90	55,01	-	44,10	49,61	-	39,42	44,35	-	34,87	39,23	-	30,45	34,25	-	26,16	29,43
	V	1.109,25	-	88,74	99,83																		
	VI	1.153,58	-	92,28	103,82																		
4.304,99	I	673,83	-	53,90	60,64	-	44,16	49,68	-	34,93	39,29	-	26,22	29,49	-	18,02	20,27	-	10,33	11,62	-	3,39	3,81
	II	557,75	-	44,62	50,19	-	35,36	39,78	-	26,62	29,95	-	18,40	20,70	-	10,69	12,02	-	3,68	4,14	-	-	-
	III	342,33	-	27,38	30,80	-	19,86	22,34	-	12,60	14,17	-	6,14	6,91	-	1,01	1,13	-	-	-	-	-	-
	IV	673,83	-	53,90	60,64	-	48,96	55,08	-	44,16	49,68	-	39,48	44,42	-	34,93	39,29	-	30,51	34,32	-	26,22	29,49
	V	1.110,33	-	88,82	99,92																		
	VI	1.154,58	-	92,36	103,91																		
4.307,99	I	674,58	-	53,96	60,71	-	44,22	49,75	-	34,99	39,36	-	26,27	29,55	-	18,07	20,33	-	10,38	11,68	-	3,43	3,86
	II	558,50	-	44,68	50,26	-	35,42	39,85	-	26,68	30,02	-	18,45	20,75	-	10,74	12,08	-	3,72	4,18	-	-	-
	III	343,00	-	27,44	30,87	-	19,92	22,41	-	12,64	14,22	-	6,18	6,95	-	1,04	1,17	-	-	-	-	-	-
	IV	674,58	-	53,96	60,71	-	49,03	55,16	-	44,22	49,75	-	39,54	44,48	-	34,99	39,36	-	30,56	34,38	-	26,27	29,55
	V	1.111,33	-	88,90	100,01																		
	VI	1.155,66	-	92,45	104,00																		
4.310,99	I	675,41	-	54,03	60,78	-	44,28	49,82	-	35,05	39,43	-	26,32	29,61	-	18,12	20,39	-	10,43	11,73	-	3,47	3,90
	II	559,33	-	44,74	50,33	-	35,48	39,92	-	26,74	30,08	-	18,50	20,81	-	10,79	12,14	-	3,76	4,23	-	-	-
	III	343,66	-	27,49	30,92	-	19,96	22,45	-	12,68	14,26	-	6,22	7,00	-	1,06	1,19	-	-	-	-	-	-
	IV	675,41	-	54,03	60,78	-	49,09	55,22	-	44,28	49,82	-	39,60	44,55	-	35,05	39,43	-	30,62	34,45	-	26,32	29,61
	V	1.112,33	-	88,98	100,10																		
	VI	1.156,66	-	92,53	104,09																		
4.313,99	I	676,25	-	54,10	60,86	-	44,34	49,88	-	35,11	39,50	-	26,38	29,68	-	18,18	20,45	-	10,48	11,79	-	3,51	3,95
	II	560,08	-	44,80	50,40	-	35,54	39,98	-	26,79	30,14	-	18,56	20,88	-	10,84	12,19	-	3,80	4,27	-	-	-
	III	344,33	-	27,54	30,98	-	20,01	22,51	-	12,73	14,32	-	6,26	7,04	-	1,09	1,22	-	-	-	-	-	-
	IV	676,25	-	54,10	60,86	-	49,16	55,30	-	44,34	49,88	-	39,66	44,62	-	35,11	39,50	-	30,68	34,52	-	26,38	29,68
	V	1.113,41	-	89,07	100,20																		
	VI	1.157,66	-	92,61	104,18																		
4.316,99	I	677,08	-	54,16	60,93	-	44,41	49,96	-	35,16	39,56	-	26,44	29,74	-	18,22	20,50	-	10,53	11,84	-	3,54	3,98
	II	560,83	-	44,86	50,47	-	35,60	40,05	-	26,85	30,20	-	18,61	20,93	-	10,89	12,25	-	3,84	4,32	-	-	-
	III	345,00	-	27,60	31,05	-	20,05	22,55	-	12,78	14,38	-	6,30	7,09	-	1,13	1,27	-	-	-	-	-	-
	IV	677,08	-	54,16	60,93	-	49,22	55,37	-	44,41	49,96	-	39,72	44,69	-	35,16	39,56	-	30,74	34,58	-	26,44	29,74
	V	1.114,41	-	89,15	100,29																		
	VI	1.158,75	-	92,70	104,28																		
4.319,99	I	677,91	-	54,23	61,01	-	44,47	50,03	-	35,22	39,62	-	26,49	29,80	-	18,28	20,56	-	10,58	11,90	-	3,58	4,03
	II	561,66	-	44,93	50,54	-	35,66	40,11	-	26,90	30,26	-	18,66	20,99	-	10,94	12,30	-	3,88	4,36	-	-	-
	III	345,50	-	27,64	31,09	-	20,10	22,61	-	12,82	14,42	-	6,33	7,12	-	1,16	1,30	-	-	-	-	-	-
	IV	677,91	-	54,23	61,01	-	49,28	55,44	-	44,47	50,03	-	39,78	44,75	-	35,22	39,62	-	30,80	34,65	-	26,49	29,80
	V	1.115,41	-	89,23	100,38																		
	VI	1.159,75	-	92,78	104,37																		

MONAT bis 4.364,99 €

Allgemeine Tabelle

Lohn/ Gehalt bis	Steuerklasse	Lohn-steuer	ohne Kinderfreibetrag			Anzahl Kinderfreibeträge (nur Steuerklassen I–IV) 0,5			1,0			1,5			2,0			2,5			3,0		
			SolZ 5,5%	Kirchensteuer 8%	9%	SolZ 5,5%	Kirchensteuer 8%	9%	SolZ 5,5%	Kirchensteuer 8%	9%	SolZ 5,5%	Kirchensteuer 8%	9%	SolZ 5,5%	Kirchensteuer 8%	9%	SolZ 5,5%	Kirchensteuer 8%	9%	SolZ 5,5%	Kirchensteuer 8%	9
4.322,99	I	678,75	-	54,30	61,08	-	44,53	50,09	-	35,28	39,69	-	26,55	29,87	-	18,33	20,62	-	10,62	11,95	-	3,62	
	II	562,41	-	44,99	50,61	-	35,72	40,18	-	26,96	30,33	-	18,72	21,06	-	10,98	12,35	-	3,92	4,41	-	-	
	III	346,16	-	27,69	31,15	-	20,16	22,68	-	12,88	14,49	-	6,37	7,16	-	1,18	1,33	-	-	-	-	-	
	IV	678,75	-	54,30	61,08	-	49,35	55,52	-	44,53	50,09	-	39,84	44,82	-	35,28	39,69	-	30,85	34,70	-	26,55	2
	V	1.116,50	-	89,32	100,48																		
	VI	1.160,75	-	92,86	104,46																		
4.325,99	I	679,50	-	54,36	61,15	-	44,60	50,17	-	35,34	39,76	-	26,60	29,93	-	18,38	20,68	-	10,68	12,01	-	3,66	
	II	563,16	-	45,05	50,68	-	35,78	40,25	-	27,02	30,39	-	18,77	21,11	-	11,04	12,42	-	3,96	4,45	-	-	
	III	346,83	-	27,74	31,21	-	20,20	22,72	-	12,92	14,53	-	6,41	7,21	-	1,21	1,36	-	-	-	-	-	
	IV	679,50	-	54,36	61,15	-	49,41	55,58	-	44,60	50,17	-	39,90	44,89	-	35,34	39,76	-	30,91	34,77	-	26,60	2
	V	1.117,50	-	89,40	100,57																		
	VI	1.161,75	-	92,94	104,55																		
4.328,99	I	680,33	-	54,42	61,22	-	44,66	50,24	-	35,40	39,83	-	26,66	29,99	-	18,44	20,74	-	10,72	12,06	-	3,70	4
	II	564,00	-	45,12	50,76	-	35,84	40,32	-	27,07	30,45	-	18,82	21,17	-	11,08	12,47	-	4,00	4,50	-	-	
	III	347,33	-	27,78	31,25	-	20,25	22,78	-	12,97	14,59	-	6,45	7,25	-	1,24	1,39	-	-	-	-	-	
	IV	680,33	-	54,42	61,22	-	49,48	55,66	-	44,66	50,24	-	39,96	44,96	-	35,40	39,83	-	30,96	34,83	-	26,66	29
	V	1.118,50	-	89,48	100,66																		
	VI	1.162,83	-	93,02	104,65																		
4.331,99	I	681,16	-	54,49	61,30	-	44,72	50,31	-	35,46	39,89	-	26,72	30,06	-	18,48	20,79	-	10,77	12,11	-	3,74	4
	II	564,75	-	45,18	50,82	-	35,90	40,38	-	27,12	30,51	-	18,87	21,23	-	11,13	12,52	-	4,04	4,55	-	-	
	III	348,00	-	27,84	31,32	-	20,30	22,84	-	13,01	14,63	-	6,49	7,30	-	1,28	1,44	-	-	-	-	-	
	IV	681,16	-	54,49	61,30	-	49,54	55,73	-	44,72	50,31	-	40,02	45,02	-	35,46	39,89	-	31,02	34,90	-	26,72	30
	V	1.119,50	-	89,56	100,75																		
	VI	1.163,83	-	93,10	104,74																		
4.334,99	I	682,00	-	54,56	61,38	-	44,78	50,38	-	35,52	39,96	-	26,77	30,11	-	18,54	20,85	-	10,82	12,17	-	3,78	4
	II	565,58	-	45,24	50,90	-	35,96	40,45	-	27,18	30,58	-	18,92	21,29	-	11,18	12,58	-	4,08	4,59	-	-	
	III	348,66	-	27,89	31,37	-	20,34	22,88	-	13,06	14,69	-	6,53	7,34	-	1,30	1,46	-	-	-	-	-	
	IV	682,00	-	54,56	61,38	-	49,60	55,80	-	44,78	50,38	-	40,08	45,09	-	35,52	39,96	-	31,08	34,97	-	26,77	30
	V	1.120,58	-	89,64	100,85																		
	VI	1.164,83	-	93,18	104,83																		
4.337,99	I	682,83	-	54,62	61,45	-	44,84	50,45	-	35,58	40,02	-	26,82	30,17	-	18,59	20,91	-	10,87	12,23	-	3,82	4
	II	566,33	-	45,30	50,96	-	36,01	40,51	-	27,24	30,64	-	18,98	21,35	-	11,23	12,63	-	4,12	4,64	-	-	
	III	349,33	-	27,94	31,43	-	20,40	22,95	-	13,10	14,74	-	6,57	7,39	-	1,33	1,49	-	-	-	-	-	
	IV	682,83	-	54,62	61,45	-	49,67	55,88	-	44,84	50,45	-	40,14	45,16	-	35,58	40,02	-	31,14	35,03	-	26,82	30
	V	1.121,58	-	89,72	100,94																		
	VI	1.165,91	-	93,27	104,93																		
4.340,99	I	683,66	-	54,69	61,52	-	44,90	50,51	-	35,64	40,09	-	26,88	30,24	-	18,64	20,97	-	10,92	12,28	-	3,86	4
	II	567,08	-	45,36	51,03	-	36,07	40,58	-	27,29	30,70	-	19,03	21,41	-	11,28	12,69	-	4,16	4,68	-	-	
	III	350,00	-	28,00	31,50	-	20,44	22,99	-	13,16	14,80	-	6,61	7,43	-	1,36	1,53	-	-	-	-	-	
	IV	683,66	-	54,69	61,52	-	49,73	55,94	-	44,90	50,51	-	40,20	45,23	-	35,64	40,09	-	31,20	35,10	-	26,88	30
	V	1.122,58	-	89,80	101,03																		
	VI	1.166,91	-	93,35	105,02																		
4.343,99	I	684,50	-	54,76	61,60	-	44,97	50,59	-	35,70	40,16	-	26,94	30,30	-	18,70	21,03	-	10,97	12,34	-	3,90	4
	II	567,91	-	45,43	51,11	-	36,13	40,64	-	27,35	30,77	-	19,08	21,47	-	11,33	12,74	-	4,20	4,73	-	-	
	III	350,50	-	28,04	31,54	-	20,49	23,05	-	13,20	14,85	-	6,65	7,48	-	1,40	1,57	-	-	-	-	-	
	IV	684,50	-	54,76	61,60	-	49,80	56,02	-	44,97	50,59	-	40,27	45,30	-	35,70	40,16	-	31,25	35,15	-	26,94	30
	V	1.123,66	-	89,89	101,12																		
	VI	1.167,91	-	93,43	105,11																		
4.346,99	I	685,25	-	54,82	61,67	-	45,03	50,66	-	35,76	40,23	-	27,00	30,37	-	18,75	21,09	-	11,02	12,39	-	3,94	4
	II	568,66	-	45,49	51,17	-	36,19	40,71	-	27,40	30,83	-	19,14	21,53	-	11,38	12,80	-	4,24	4,77	-	-	
	III	351,16	-	28,09	31,60	-	20,54	23,11	-	13,25	14,90	-	6,68	7,51	-	1,42	1,60	-	-	-	-	-	
	IV	685,25	-	54,82	61,67	-	49,86	56,09	-	45,03	50,66	-	40,33	45,37	-	35,76	40,23	-	31,31	35,22	-	27,00	30,
	V	1.124,66	-	89,97	101,21																		
	VI	1.169,00	-	93,52	105,21																		
4.349,99	I	686,08	-	54,88	61,74	-	45,09	50,72	-	35,81	40,28	-	27,05	30,43	-	18,80	21,15	-	11,06	12,44	-	3,98	4
	II	569,41	-	45,55	51,24	-	36,25	40,78	-	27,46	30,89	-	19,18	21,58	-	11,42	12,85	-	4,28	4,82	-	-	
	III	351,83	-	28,14	31,66	-	20,58	23,15	-	13,29	14,95	-	6,72	7,56	-	1,45	1,63	-	-	-	-	-	
	IV	686,08	-	54,88	61,74	-	49,92	56,16	-	45,09	50,72	-	40,39	45,44	-	35,81	40,28	-	31,36	35,28	-	27,05	30,
	V	1.125,66	-	90,05	101,30																		
	VI	1.170,00	-	93,60	105,30																		
4.352,99	I	686,91	-	54,95	61,82	-	45,16	50,80	-	35,88	40,36	-	27,10	30,49	-	18,85	21,20	-	11,12	12,51	-	4,02	4,
	II	570,25	-	45,62	51,32	-	36,31	40,85	-	27,52	30,96	-	19,24	21,64	-	11,48	12,91	-	4,33	4,87	-	-	
	III	352,50	-	28,20	31,72	-	20,64	23,22	-	13,34	15,01	-	6,76	7,60	-	1,49	1,67	-	-	-	-	-	
	IV	686,91	-	54,95	61,82	-	49,99	56,24	-	45,16	50,80	-	40,45	45,50	-	35,88	40,36	-	31,42	35,35	-	27,10	30,
	V	1.126,75	-	90,14	101,40																		
	VI	1.171,00	-	93,68	105,39																		
4.355,99	I	687,75	-	55,02	61,89	-	45,22	50,87	-	35,93	40,42	-	27,16	30,56	-	18,90	21,26	-	11,16	12,56	-	4,06	4,
	II	571,00	-	45,68	51,39	-	36,37	40,91	-	27,57	31,01	-	19,29	21,70	-	11,52	12,96	-	4,37	4,91	-	-	
	III	353,00	-	28,24	31,77	-	20,69	23,27	-	13,38	15,05	-	6,80	7,65	-	1,52	1,71	-	-	-	-	-	
	IV	687,75	-	55,02	61,89	-	50,05	56,30	-	45,22	50,87	-	40,51	45,57	-	35,93	40,42	-	31,48	35,42	-	27,16	30,
	V	1.127,75	-	90,22	101,49																		
	VI	1.172,08	-	93,76	105,48																		
4.358,99	I	688,58	-	55,08	61,97	-	45,28	50,94	-	35,99	40,49	-	27,22	30,62	-	18,96	21,33	-	11,21	12,61	-	4,11	4,
	II	571,83	-	45,74	51,46	-	36,43	40,98	-	27,63	31,08	-	19,34	21,76	-	11,57	13,01	-	4,41	4,96	-	-	
	III	353,66	-	28,29	31,82	-	20,73	23,32	-	13,44	15,12	-	6,84	7,69	-	1,54	1,73	-	-	-	-	-	
	IV	688,58	-	55,08	61,97	-	50,12	56,38	-	45,28	50,94	-	40,57	45,64	-	35,99	40,49	-	31,54	35,48	-	27,22	30,6
	V	1.128,75	-	90,30	101,58																		
	VI	1.173,08	-	93,84	105,57																		
4.361,99	I	689,41	-	55,15	62,04	-	45,34	51,01	-	36,05	40,55	-	27,27	30,68	-	19,01	21,38	-	11,26	12,66	-	4,15	4,6
	II	572,58	-	45,80	51,53	-	36,48	41,04	-	27,68	31,14	-	19,40	21,82	-	11,62	13,07	-	4,45	5,00	-	-	
	III	354,33	-	28,34	31,88	-	20,78	23,38	-	13,48	15,16	-	6,88	7,74	-	1,57	1,76	-	-	-	-	-	
	IV	689,41	-	55,15	62,04	-	50,18	56,45	-	45,34	51,01	-	40,63	45,71	-	36,05	40,55	-	31,60	35,55	-	27,27	30,6
	V	1.129,75	-	90,38	101,67																		
	VI	1.174,08	-	93,92	105,66																		
4.364,99	I	690,25	-	55,22	62,12	-	45,40	51,08	-	36,11	40,62	-	27,33	30,74	-	19,06	21,44	-	11,31	12,72	-	4,19	4,7
	II	573,33	-	45,86	51,59	-	36,54	41,11	-	27,74	31,21	-	19,45	21,88	-	11,67	13,13	-	4,50	5,06	-	-	
	III	355,00	-	28,40	31,95	-	20,84	23,44	-	13,53	15,22	-	6,92	7,78	-	1,61	1,81	-	-	-	-	-	
	IV	690,25	-	55,22	62,12	-	50,24	56,52	-	45,40	51,08	-	40,69	45,77	-	36,11	40,62	-	31,66	35,61	-	27,33	30,7
	V	1.130,83	-	90,46	101,77																		
	VI	1.175,08	-	94,00	105,75																		

Lohn/ Gehalt bis	Steuerklasse	Lohnsteuer	ohne Kinderfreibetrag SolZ 5,5%	ohne Kinderfreibetrag Kirchensteuer 8%	ohne Kinderfreibetrag Kirchensteuer 9%	0,5 SolZ 5,5%	0,5 Kirchensteuer 8%	0,5 Kirchensteuer 9%	1,0 SolZ 5,5%	1,0 Kirchensteuer 8%	1,0 Kirchensteuer 9%	1,5 SolZ 5,5%	1,5 Kirchensteuer 8%	1,5 Kirchensteuer 9%	2,0 SolZ 5,5%	2,0 Kirchensteuer 8%	2,0 Kirchensteuer 9%	2,5 SolZ 5,5%	2,5 Kirchensteuer 8%	2,5 Kirchensteuer 9%	3,0 SolZ 5,5%	3,0 Kirchensteuer 8%	3,0 Kirchensteuer 9%
						Anzahl Kinderfreibeträge (nur Steuerklassen I–IV)																	
4.367,99	I	691,08	-	55,28	62,19	-	45,47	51,15	-	36,17	40,69	-	27,38	30,80	-	19,12	21,51	-	11,36	12,78	-	4,23	4,76
	II	574,16	-	45,93	51,67	-	36,60	41,18	-	27,80	31,27	-	19,50	21,94	-	11,72	13,19	-	4,54	5,10	-	-	-
	III	355,66	-	28,45	32,00	-	20,88	23,49	-	13,57	15,26	-	6,96	7,83	-	1,64	1,84	-	-	-	-	-	-
	IV	691,08	-	55,28	62,19	-	50,31	56,60	-	45,47	51,15	-	40,75	45,84	-	36,17	40,69	-	31,71	35,67	-	27,38	30,80
	V	1.131,83	-	90,54	101,86																		
	VI	1.176,16	-	94,09	105,85																		
4.370,99	I	691,83	-	55,34	62,26	-	45,53	51,22	-	36,22	40,75	-	27,44	30,87	-	19,16	21,56	-	11,41	12,83	-	4,27	4,80
	II	574,91	-	45,99	51,74	-	36,66	41,24	-	27,85	31,33	-	19,55	21,99	-	11,77	13,24	-	4,58	5,15	-	-	-
	III	356,16	-	28,49	32,05	-	20,93	23,54	-	13,62	15,32	-	7,00	7,87	-	1,66	1,87	-	-	-	-	-	-
	IV	691,83	-	55,34	62,26	-	50,37	56,66	-	45,53	51,22	-	40,82	45,92	-	36,22	40,75	-	31,77	35,74	-	27,44	30,87
	V	1.132,83	-	90,62	101,95																		
	VI	1.177,16	-	94,17	105,94																		
4.373,99	I	692,66	-	55,41	62,33	-	45,59	51,29	-	36,29	40,82	-	27,50	30,93	-	19,22	21,62	-	11,46	12,89	-	4,32	4,86
	II	575,75	-	46,06	51,81	-	36,72	41,31	-	27,91	31,40	-	19,61	22,06	-	11,82	13,29	-	4,62	5,20	-	-	-
	III	356,83	-	28,54	32,11	-	20,98	23,60	-	13,66	15,37	-	7,04	7,92	-	1,69	1,90	-	-	-	-	-	-
	IV	692,66	-	55,41	62,33	-	50,44	56,74	-	45,59	51,29	-	40,88	45,99	-	36,29	40,82	-	31,83	35,81	-	27,50	30,93
	V	1.133,91	-	90,71	102,05																		
	VI	1.178,16	-	94,25	106,03																		
4.376,99	I	693,50	-	55,48	62,41	-	45,66	51,36	-	36,34	40,88	-	27,55	30,99	-	19,27	21,68	-	11,50	12,94	-	4,36	4,90
	II	576,50	-	46,12	51,88	-	36,78	41,38	-	27,96	31,46	-	19,66	22,11	-	11,87	13,35	-	4,66	5,24	-	-	-
	III	357,50	-	28,60	32,17	-	21,02	23,65	-	13,72	15,43	-	7,08	7,96	-	1,73	1,94	-	-	-	-	-	-
	IV	693,50	-	55,48	62,41	-	50,50	56,81	-	45,66	51,36	-	40,94	46,05	-	36,34	40,88	-	31,88	35,87	-	27,55	30,99
	V	1.134,91	-	90,79	102,14																		
	VI	1.179,25	-	94,34	106,13																		
4.379,99	I	694,33	-	55,54	62,48	-	45,72	51,43	-	36,40	40,95	-	27,61	31,06	-	19,32	21,74	-	11,56	13,00	-	4,40	4,95
	II	577,25	-	46,18	51,95	-	36,84	41,45	-	28,02	31,52	-	19,71	22,17	-	11,92	13,41	-	4,70	5,29	-	-	-
	III	358,16	-	28,65	32,23	-	21,08	23,71	-	13,76	15,48	-	7,10	7,99	-	1,76	1,98	-	-	-	-	-	-
	IV	694,33	-	55,54	62,48	-	50,56	56,88	-	45,72	51,43	-	41,00	46,12	-	36,40	40,95	-	31,94	35,93	-	27,61	31,06
	V	1.135,91	-	90,87	102,23																		
	VI	1.180,25	-	94,42	106,22																		
4.382,99	I	695,16	-	55,61	62,56	-	45,78	51,50	-	36,46	41,02	-	27,66	31,12	-	19,38	21,80	-	11,60	13,05	-	4,44	4,99
	II	578,08	-	46,24	52,02	-	36,90	41,51	-	28,08	31,59	-	19,76	22,23	-	11,97	13,46	-	4,75	5,34	-	-	-
	III	358,66	-	28,69	32,27	-	21,13	23,77	-	13,81	15,53	-	7,14	8,03	-	1,78	2,00	-	-	-	-	-	-
	IV	695,16	-	55,61	62,56	-	50,63	56,96	-	45,78	51,50	-	41,06	46,19	-	36,46	41,02	-	32,00	36,00	-	27,66	31,12
	V	1.137,00	-	90,96	102,33																		
	VI	1.181,25	-	94,50	106,31																		
4.385,99	I	696,00	-	55,68	62,64	-	45,84	51,57	-	36,52	41,09	-	27,72	31,18	-	19,43	21,86	-	11,66	13,11	-	4,48	5,04
	II	578,83	-	46,30	52,09	-	36,96	41,58	-	28,13	31,64	-	19,82	22,29	-	12,02	13,52	-	4,79	5,39	-	-	-
	III	359,33	-	28,74	32,33	-	21,17	23,81	-	13,86	15,59	-	7,18	8,08	-	1,82	2,05	-	-	-	-	-	-
	IV	696,00	-	55,68	62,64	-	50,70	57,03	-	45,84	51,57	-	41,12	46,26	-	36,52	41,09	-	32,06	36,06	-	27,72	31,18
	V	1.138,00	-	91,04	102,42																		
	VI	1.182,33	-	94,58	106,40																		
4.388,99	I	696,83	-	55,74	62,71	-	45,90	51,64	-	36,58	41,15	-	27,78	31,25	-	19,48	21,92	-	11,70	13,16	-	4,52	5,09
	II	579,66	-	46,37	52,16	-	37,02	41,65	-	28,19	31,71	-	19,87	22,35	-	12,06	13,57	-	4,84	5,44	-	-	-
	III	360,00	-	28,80	32,40	-	21,22	23,87	-	13,90	15,64	-	7,22	8,12	-	1,85	2,08	-	-	-	-	-	-
	IV	696,83	-	55,74	62,71	-	50,76	57,10	-	45,90	51,64	-	41,18	46,32	-	36,58	41,15	-	32,12	36,13	-	27,78	31,25
	V	1.139,00	-	91,12	102,51																		
	VI	1.183,33	-	94,66	106,49																		
4.391,99	I	697,66	-	55,81	62,78	-	45,97	51,71	-	36,64	41,22	-	27,83	31,31	-	19,53	21,97	-	11,75	13,22	-	4,56	5,13
	II	580,41	-	46,43	52,23	-	37,08	41,71	-	28,24	31,77	-	19,92	22,41	-	12,12	13,63	-	4,88	5,49	-	-	-
	III	360,66	-	28,85	32,45	-	21,28	23,94	-	13,96	15,70	-	7,26	8,17	-	1,88	2,11	-	-	-	-	-	-
	IV	697,66	-	55,81	62,78	-	50,82	57,17	-	45,97	51,71	-	41,24	46,39	-	36,64	41,22	-	32,17	36,19	-	27,83	31,31
	V	1.140,00	-	91,20	102,60																		
	VI	1.184,33	-	94,74	106,58																		
4.394,99	I	698,50	-	55,88	62,86	-	46,03	51,78	-	36,70	41,29	-	27,89	31,37	-	19,59	22,04	-	11,80	13,28	-	4,60	5,18
	II	581,25	-	46,50	52,31	-	37,14	41,78	-	28,30	31,84	-	19,98	22,47	-	12,16	13,68	-	4,92	5,54	-	-	-
	III	361,33	-	28,90	32,51	-	21,32	23,98	-	14,00	15,75	-	7,30	8,21	-	1,92	2,16	-	-	-	-	-	-
	IV	698,50	-	55,88	62,86	-	50,89	57,25	-	46,03	51,78	-	41,30	46,46	-	36,70	41,29	-	32,23	36,26	-	27,89	31,37
	V	1.141,08	-	91,28	102,69																		
	VI	1.185,41	-	94,83	106,68																		
4.397,99	I	699,33	-	55,94	62,93	-	46,10	51,86	-	36,76	41,36	-	27,94	31,43	-	19,64	22,09	-	11,85	13,33	-	4,65	5,23
	II	582,00	-	46,56	52,38	-	37,20	41,85	-	28,36	31,90	-	20,03	22,53	-	12,22	13,74	-	4,96	5,58	-	-	-
	III	361,83	-	28,94	32,56	-	21,37	24,04	-	14,05	15,80	-	7,34	8,26	-	1,94	2,18	-	-	-	-	-	-
	IV	699,33	-	55,94	62,93	-	50,95	57,32	-	46,10	51,86	-	41,36	46,53	-	36,76	41,36	-	32,29	36,32	-	27,94	31,43
	V	1.142,08	-	91,36	102,78																		
	VI	1.186,41	-	94,91	106,77																		
4.400,99	I	700,08	-	56,00	63,00	-	46,16	51,93	-	36,82	41,42	-	28,00	31,50	-	19,69	22,15	-	11,90	13,38	-	4,69	5,27
	II	582,75	-	46,62	52,44	-	37,26	41,91	-	28,41	31,96	-	20,08	22,59	-	12,26	13,79	-	5,00	5,63	-	-	-
	III	362,50	-	29,00	32,62	-	21,42	24,10	-	14,09	15,85	-	7,38	8,30	-	1,97	2,21	-	-	-	-	-	-
	IV	700,08	-	56,00	63,00	-	51,02	57,39	-	46,16	51,93	-	41,42	46,60	-	36,82	41,42	-	32,34	36,38	-	28,00	31,50
	V	1.143,08	-	91,44	102,87																		
	VI	1.187,41	-	94,99	106,86																		
4.403,99	I	701,00	-	56,08	63,09	-	46,22	51,99	-	36,88	41,49	-	28,06	31,56	-	19,74	22,21	-	11,95	13,44	-	4,73	5,32
	II	583,58	-	46,68	52,52	-	37,32	41,98	-	28,47	32,03	-	20,14	22,65	-	12,32	13,86	-	5,05	5,68	-	-	-
	III	363,16	-	29,05	32,68	-	21,46	24,14	-	14,14	15,91	-	7,42	8,35	-	2,01	2,26	-	-	-	-	-	-
	IV	701,00	-	56,08	63,09	-	51,08	57,47	-	46,22	51,99	-	41,48	46,67	-	36,88	41,49	-	32,40	36,45	-	28,06	31,56
	V	1.144,16	-	91,53	102,97																		
	VI	1.188,50	-	95,08	106,96																		
4.406,99	I	701,75	-	56,14	63,15	-	46,28	52,07	-	36,94	41,55	-	28,11	31,62	-	19,80	22,27	-	12,00	13,50	-	4,78	5,37
	II	584,33	-	46,74	52,58	-	37,38	42,05	-	28,52	32,09	-	20,19	22,71	-	12,36	13,91	-	5,09	5,72	-	-	-
	III	363,83	-	29,10	32,74	-	21,52	24,21	-	14,18	15,95	-	7,46	8,39	-	2,04	2,29	-	-	-	-	-	-
	IV	701,75	-	56,14	63,15	-	51,14	57,53	-	46,28	52,07	-	41,54	46,73	-	36,94	41,55	-	32,46	36,52	-	28,11	31,62
	V	1.145,16	-	91,61	103,06																		
	VI	1.189,50	-	95,16	107,05																		
4.409,99	I	702,58	-	56,20	63,23	-	46,34	52,13	-	37,00	41,62	-	28,17	31,69	-	19,85	22,33	-	12,05	13,55	-	4,82	5,42
	II	585,16	-	46,81	52,66	-	37,44	42,12	-	28,58	32,15	-	20,24	22,77	-	12,41	13,96	-	5,14	5,78	-	-	-
	III	364,50	-	29,16	32,80	-	21,57	24,26	-	14,24	16,02	-	7,50	8,44	-	2,06	2,32	-	-	-	-	-	-
	IV	702,58	-	56,20	63,23	-	51,21	57,61	-	46,34	52,13	-	41,61	46,81	-	37,00	41,62	-	32,52	36,58	-	28,17	31,69
	V	1.146,16	-	91,69	103,15																		
	VI	1.190,50	-	95,24	107,14																		

Lohn/ Gehalt bis	Steuerklasse	Lohn-steuer	ohne Kinderfreibetrag SolZ 5,5%	Kirchensteuer 8%	9%	0,5 SolZ 5,5%	Kirchensteuer 8%	9%	1,0 SolZ 5,5%	Kirchensteuer 8%	9%	1,5 SolZ 5,5%	Kirchensteuer 8%	9%	2,0 SolZ 5,5%	Kirchensteuer 8%	9%	2,5 SolZ 5,5%	Kirchensteuer 8%	9%	3,0 SolZ 5,5%	Kirchensteuer 8%	9%
						Anzahl Kinderfreibeträge (nur Steuerklassen I–IV)																	
4.412,99	I	703,41	–	56,27	63,30	–	46,40	52,20	–	37,06	41,69	–	28,22	31,75	–	19,90	22,39	–	12,10	13,61	–	4,86	
	II	585,91	–	46,87	52,73	–	37,50	42,18	–	28,64	32,22	–	20,29	22,82	–	12,46	14,02	–	5,18	5,82	–	–	
	III	365,00	–	29,20	32,85	–	21,61	24,31	–	14,28	16,06	–	7,54	8,48	–	2,10	2,36	–	–	–	–	–	
	IV	703,41	–	56,27	63,30	–	51,28	57,69	–	46,40	52,20	–	41,67	46,88	–	37,06	41,69	–	32,58	36,65	–	28,22	3
	V	1.147,16	–	91,77	103,24																		
	VI	1.191,50	–	95,32	107,23																		
4.415,99	I	704,25	–	56,34	63,38	–	46,47	52,28	–	37,12	41,76	–	28,28	31,81	–	19,96	22,45	–	12,14	13,66	–	4,90	
	II	586,75	–	46,94	52,80	–	37,56	42,25	–	28,70	32,28	–	20,34	22,88	–	12,51	14,07	–	5,22	5,87	–	–	
	III	365,66	–	29,25	32,90	–	21,66	24,37	–	14,33	16,12	–	7,58	8,53	–	2,13	2,39	–	–	–	–	–	
	IV	704,25	–	56,34	63,38	–	51,34	57,76	–	46,47	52,28	–	41,73	46,94	–	37,12	41,76	–	32,64	36,72	–	28,28	3
	V	1.148,25	–	91,86	103,34																		
	VI	1.192,58	–	95,40	107,33																		
4.418,99	I	705,08	–	56,40	63,45	–	46,53	52,34	–	37,18	41,82	–	28,34	31,88	–	20,01	22,51	–	12,20	13,72	–	4,95	
	II	587,50	–	47,00	52,87	–	37,62	42,32	–	28,75	32,34	–	20,40	22,95	–	12,56	14,13	–	5,27	5,93	–	–	
	III	366,33	–	29,30	32,96	–	21,72	24,43	–	14,37	16,16	–	7,62	8,57	–	2,16	2,43	–	–	–	–	–	
	IV	705,08	–	56,40	63,45	–	51,40	57,83	–	46,53	52,34	–	41,79	47,01	–	37,18	41,82	–	32,69	36,77	–	28,34	3
	V	1.149,25	–	91,94	103,43																		
	VI	1.193,58	–	95,48	107,42																		
4.421,99	I	705,91	–	56,47	63,53	–	46,60	52,42	–	37,24	41,89	–	28,39	31,94	–	20,06	22,57	–	12,24	13,77	–	4,99	
	II	588,33	–	47,06	52,94	–	37,68	42,39	–	28,80	32,40	–	20,45	23,00	–	12,61	14,18	–	5,31	5,97	–	–	
	III	367,00	–	29,36	33,03	–	21,76	24,48	–	14,42	16,22	–	7,66	8,62	–	2,20	2,47	–	–	–	–	–	
	IV	705,91	–	56,47	63,53	–	51,47	57,90	–	46,60	52,42	–	41,85	47,08	–	37,24	41,89	–	32,75	36,84	–	28,39	3
	V	1.150,25	–	92,02	103,52																		
	VI	1.194,58	–	95,56	107,51																		
4.424,99	I	706,75	–	56,54	63,60	–	46,66	52,49	–	37,30	41,96	–	28,45	32,00	–	20,12	22,63	–	12,30	13,83	–	5,04	5
	II	589,08	–	47,12	53,01	–	37,74	42,45	–	28,86	32,47	–	20,50	23,06	–	12,66	14,24	–	5,36	6,03	–	–	
	III	367,50	–	29,40	33,07	–	21,81	24,53	–	14,46	16,27	–	7,70	8,66	–	2,22	2,50	–	–	–	–	–	
	IV	706,75	–	56,54	63,60	–	51,54	57,98	–	46,66	52,49	–	41,92	47,16	–	37,30	41,96	–	32,81	36,91	–	28,45	32
	V	1.151,33	–	92,10	103,61																		
	VI	1.195,66	–	95,65	107,60																		
4.427,99	I	707,58	–	56,60	63,68	–	46,72	52,56	–	37,36	42,03	–	28,50	32,06	–	20,17	22,69	–	12,34	13,88	–	5,08	5
	II	589,91	–	47,19	53,09	–	37,80	42,52	–	28,92	32,53	–	20,56	23,13	–	12,71	14,30	–	5,40	6,08	–	–	
	III	368,16	–	29,45	33,13	–	21,86	24,59	–	14,52	16,33	–	7,74	8,71	–	2,26	2,54	–	–	–	–	–	
	IV	707,58	–	56,60	63,68	–	51,60	58,05	–	46,72	52,56	–	41,98	47,22	–	37,36	42,03	–	32,86	36,97	–	28,50	32
	V	1.152,33	–	92,18	103,70																		
	VI	1.196,66	–	95,73	107,69																		
4.430,99	I	708,41	–	56,67	63,75	–	46,78	52,63	–	37,42	42,09	–	28,56	32,13	–	20,22	22,74	–	12,39	13,94	–	5,12	5
	II	590,66	–	47,25	53,15	–	37,86	42,59	–	28,98	32,60	–	20,61	23,18	–	12,76	14,35	–	5,44	6,12	–	–	
	III	368,83	–	29,50	33,19	–	21,90	24,64	–	14,56	16,38	–	7,78	8,75	–	2,29	2,57	–	–	–	–	–	
	IV	708,41	–	56,67	63,75	–	51,66	58,12	–	46,78	52,63	–	42,04	47,29	–	37,42	42,09	–	32,92	37,04	–	28,56	32
	V	1.153,33	–	92,26	103,79																		
	VI	1.197,66	–	95,81	107,78																		
4.433,99	I	709,25	–	56,74	63,83	–	46,85	52,70	–	37,48	42,16	–	28,62	32,19	–	20,28	22,81	–	12,44	14,00	–	5,16	5
	II	591,50	–	47,32	53,23	–	37,92	42,66	–	29,04	32,67	–	20,66	23,24	–	12,81	14,41	–	5,49	6,17	–	–	
	III	369,50	–	29,56	33,25	–	21,96	24,70	–	14,61	16,43	–	7,82	8,80	–	2,32	2,61	–	–	–	–	–	
	IV	709,25	–	56,74	63,83	–	51,73	58,19	–	46,85	52,70	–	42,10	47,36	–	37,48	42,16	–	32,98	37,10	–	28,62	32
	V	1.154,41	–	92,35	103,89																		
	VI	1.198,75	–	95,90	107,88																		
4.436,99	I	710,08	–	56,80	63,90	–	46,91	52,77	–	37,54	42,23	–	28,68	32,26	–	20,32	22,86	–	12,49	14,05	–	5,21	5
	II	592,25	–	47,38	53,30	–	37,98	42,72	–	29,09	32,72	–	20,72	23,31	–	12,86	14,46	–	5,54	6,23	–	0,03	0
	III	370,16	–	29,61	33,31	–	22,01	24,76	–	14,66	16,49	–	7,86	8,84	–	2,36	2,65	–	–	–	–	–	
	IV	710,08	–	56,80	63,90	–	51,79	58,26	–	46,91	52,77	–	42,16	47,43	–	37,54	42,23	–	33,04	37,17	–	28,68	32
	V	1.155,41	–	92,43	103,98																		
	VI	1.199,75	–	95,98	107,97																		
4.439,99	I	710,91	–	56,87	63,98	–	46,98	52,85	–	37,60	42,30	–	28,73	32,32	–	20,38	22,92	–	12,54	14,11	–	5,25	5
	II	593,00	–	47,44	53,37	–	38,04	42,79	–	29,14	32,78	–	20,77	23,36	–	12,91	14,52	–	5,58	6,27	–	0,06	0
	III	370,66	–	29,65	33,35	–	22,05	24,80	–	14,70	16,54	–	7,90	8,89	–	2,38	2,68	–	–	–	–	–	
	IV	710,91	–	56,87	63,98	–	51,86	58,34	–	46,98	52,85	–	42,22	47,49	–	37,60	42,30	–	33,10	37,23	–	28,73	32
	V	1.156,41	–	92,51	104,07																		
	VI	1.200,75	–	96,06	108,06																		
4.442,99	I	711,75	–	56,94	64,05	–	47,04	52,92	–	37,66	42,36	–	28,78	32,38	–	20,43	22,98	–	12,59	14,16	–	5,30	5,
	II	593,83	–	47,50	53,44	–	38,10	42,86	–	29,20	32,85	–	20,82	23,42	–	12,96	14,58	–	5,62	6,32	–	0,08	0,
	III	371,33	–	29,70	33,41	–	22,10	24,86	–	14,76	16,60	–	7,94	8,93	–	2,41	2,71	–	–	–	–	–	
	IV	711,75	–	56,94	64,05	–	51,92	58,41	–	47,04	52,92	–	42,28	47,57	–	37,66	42,36	–	33,16	37,30	–	28,78	32,
	V	1.157,41	–	92,59	104,16																		
	VI	1.201,75	–	96,14	108,15																		
4.445,99	I	712,58	–	57,00	64,13	–	47,10	52,99	–	37,72	42,43	–	28,84	32,45	–	20,48	23,04	–	12,64	14,22	–	5,34	6,
	II	594,66	–	47,57	53,51	–	38,16	42,93	–	29,26	32,91	–	20,88	23,49	–	13,01	14,63	–	5,67	6,38	–	0,11	0,
	III	372,00	–	29,76	33,48	–	22,16	24,93	–	14,80	16,65	–	7,98	8,98	–	2,45	2,75	–	–	–	–	–	
	IV	712,58	–	57,00	64,13	–	51,99	58,49	–	47,10	52,99	–	42,34	47,63	–	37,72	42,43	–	33,22	37,37	–	28,84	32,
	V	1.158,50	–	92,68	104,26																		
	VI	1.202,83	–	96,22	108,25																		
4.448,99	I	713,41	–	57,07	64,20	–	47,16	53,06	–	37,78	42,50	–	28,90	32,51	–	20,54	23,10	–	12,69	14,27	–	5,38	6,
	II	595,41	–	47,63	53,58	–	38,22	42,99	–	29,32	32,98	–	20,93	23,54	–	13,06	14,69	–	5,71	6,42	–	0,14	0,
	III	372,66	–	29,81	33,53	–	22,20	24,97	–	14,85	16,70	–	8,02	9,02	–	2,48	2,79	–	–	–	–	–	
	IV	713,41	–	57,07	64,20	–	52,05	58,55	–	47,16	53,06	–	42,40	47,70	–	37,78	42,50	–	33,27	37,43	–	28,90	32,
	V	1.159,50	–	92,76	104,35																		
	VI	1.203,83	–	96,30	108,34																		
4.451,99	I	714,25	–	57,14	64,28	–	47,22	53,12	–	37,83	42,56	–	28,96	32,58	–	20,59	23,16	–	12,74	14,33	–	5,43	6,
	II	596,16	–	47,69	53,65	–	38,28	43,06	–	29,37	33,04	–	20,98	23,60	–	13,11	14,75	–	5,76	6,48	–	0,16	0,
	III	373,33	–	29,86	33,59	–	22,25	25,03	–	14,89	16,75	–	8,06	9,07	–	2,52	2,83	–	–	–	–	–	
	IV	714,25	–	57,14	64,28	–	52,12	58,63	–	47,22	53,12	–	42,46	47,77	–	37,83	42,56	–	33,33	37,49	–	28,96	32,
	V	1.160,50	–	92,84	104,44																		
	VI	1.204,83	–	96,38	108,43																		
4.454,99	I	715,08	–	57,20	64,35	–	47,29	53,20	–	37,90	42,63	–	29,01	32,63	–	20,64	23,22	–	12,79	14,39	–	5,47	6,
	II	597,00	–	47,76	53,73	–	38,34	43,13	–	29,43	33,11	–	21,04	23,67	–	13,16	14,80	–	5,80	6,53	–	0,20	0,2
	III	374,00	–	29,92	33,66	–	22,30	25,09	–	14,94	16,81	–	8,12	9,13	–	2,54	2,86	–	–	–	–	–	
	IV	715,08	–	57,20	64,35	–	52,18	58,70	–	47,29	53,20	–	42,53	47,84	–	37,90	42,63	–	33,39	37,56	–	29,01	32,6
	V	1.161,58	–	92,92	104,54																		
	VI	1.205,91	–	96,47	108,53																		

Lohn/ Gehalt bis	Steuerklasse	Lohnsteuer	ohne Kinderfreibetrag			Anzahl Kinderfreibeträge (nur Steuerklassen I–IV) 0,5			1,0			1,5			2,0			2,5			3,0		
			SolZ 5,5%	Kirchensteuer 8%	9%	SolZ 5,5%	Kirchensteuer 8%	9%	SolZ 5,5%	Kirchensteuer 8%	9%	SolZ 5,5%	Kirchensteuer 8%	9%	SolZ 5,5%	Kirchensteuer 8%	9%	SolZ 5,5%	Kirchensteuer 8%	9%	SolZ 5,5%	Kirchensteuer 8%	9%
4.457,99	I	715,91	-	57,27	64,43	-	47,36	53,28	-	37,96	42,70	-	29,07	32,70	-	20,70	23,28	-	12,84	14,45	-	5,52	6,21
	II	597,83	-	47,82	53,80	-	38,40	43,20	-	29,48	33,17	-	21,09	23,72	-	13,21	14,86	-	5,85	6,58	-	0,22	0,25
	III	374,50	-	29,96	33,70	-	22,34	25,13	-	14,98	16,85	-	8,16	9,18	-	2,57	2,89	-	-	-	-	-	-
	IV	715,91	-	57,27	64,43	-	52,24	58,77	-	47,36	53,28	-	42,59	47,91	-	37,96	42,70	-	33,44	37,62	-	29,07	32,70
	V	1.162,58	-	93,00	104,63																		
	VI	1.206,91	-	96,55	108,62																		
4.460,99	I	716,75	-	57,34	64,50	-	47,42	53,34	-	38,01	42,76	-	29,12	32,76	-	20,75	23,34	-	12,89	14,50	-	5,56	6,26
	II	598,58	-	47,88	53,87	-	38,46	43,26	-	29,54	33,23	-	21,14	23,78	-	13,26	14,91	-	5,89	6,62	-	0,25	0,28
	III	375,16	-	30,01	33,76	-	22,40	25,20	-	15,04	16,92	-	8,20	9,22	-	2,61	2,93	-	-	-	-	-	-
	IV	716,75	-	57,34	64,50	-	52,31	58,85	-	47,42	53,34	-	42,65	47,98	-	38,01	42,76	-	33,50	37,69	-	29,12	32,76
	V	1.163,58	-	93,08	104,72																		
	VI	1.207,91	-	96,63	108,71																		
4.463,99	I	717,50	-	57,40	64,57	-	47,48	53,41	-	38,07	42,83	-	29,18	32,82	-	20,80	23,40	-	12,94	14,55	-	5,60	6,30
	II	599,33	-	47,94	53,93	-	38,52	43,33	-	29,60	33,30	-	21,20	23,85	-	13,31	14,97	-	5,94	6,68	-	0,28	0,31
	III	375,83	-	30,06	33,82	-	22,44	25,24	-	15,08	16,96	-	8,24	9,27	-	2,64	2,97	-	-	-	-	-	-
	IV	717,50	-	57,40	64,57	-	52,38	58,92	-	47,48	53,41	-	42,71	48,05	-	38,07	42,83	-	33,56	37,76	-	29,18	32,82
	V	1.164,58	-	93,16	104,81																		
	VI	1.208,91	-	96,71	108,80																		
4.466,99	I	718,41	-	57,47	64,65	-	47,54	53,48	-	38,14	42,90	-	29,24	32,89	-	20,86	23,46	-	12,99	14,61	-	5,65	6,35
	II	600,16	-	48,01	54,01	-	38,58	43,40	-	29,66	33,36	-	21,25	23,90	-	13,36	15,03	-	5,98	6,73	-	0,31	0,35
	III	376,50	-	30,12	33,88	-	22,49	25,30	-	15,13	17,02	-	8,28	9,31	-	2,68	3,01	-	-	-	-	-	-
	IV	718,41	-	57,47	64,65	-	52,44	59,00	-	47,54	53,48	-	42,78	48,12	-	38,14	42,90	-	33,62	37,82	-	29,24	32,89
	V	1.165,66	-	93,25	104,90																		
	VI	1.210,00	-	96,80	108,90																		
4.469,99	I	719,25	-	57,54	64,73	-	47,60	53,55	-	38,19	42,96	-	29,30	32,96	-	20,91	23,52	-	13,04	14,67	-	5,70	6,41
	II	601,00	-	48,08	54,09	-	38,64	43,47	-	29,71	33,42	-	21,30	23,96	-	13,41	15,08	-	6,03	6,78	-	0,34	0,38
	III	377,00	-	30,16	33,93	-	22,54	25,36	-	15,18	17,08	-	8,32	9,36	-	2,70	3,04	-	-	-	-	-	-
	IV	719,25	-	57,54	64,73	-	52,50	59,06	-	47,60	53,55	-	42,84	48,19	-	38,19	42,96	-	33,68	37,89	-	29,30	32,96
	V	1.166,66	-	93,33	104,99																		
	VI	1.211,00	-	96,88	108,99																		
4.472,99	I	720,00	-	57,60	64,80	-	47,67	53,63	-	38,25	43,03	-	29,35	33,02	-	20,96	23,58	-	13,09	14,72	-	5,74	6,46
	II	601,75	-	48,14	54,15	-	38,70	43,53	-	29,77	33,49	-	21,36	24,03	-	13,46	15,14	-	6,08	6,84	-	0,36	0,41
	III	377,66	-	30,21	33,98	-	22,58	25,40	-	15,22	17,12	-	8,36	9,40	-	2,74	3,08	-	-	-	-	-	-
	IV	720,00	-	57,60	64,80	-	52,57	59,14	-	47,67	53,63	-	42,90	48,26	-	38,25	43,03	-	33,74	37,95	-	29,35	33,02
	V	1.167,66	-	93,41	105,08																		
	VI	1.212,00	-	96,96	109,08																		
4.475,99	I	720,91	-	57,67	64,88	-	47,74	53,70	-	38,32	43,11	-	29,41	33,08	-	21,02	23,64	-	13,14	14,78	-	5,78	6,50
	II	602,58	-	48,20	54,23	-	38,76	43,60	-	29,82	33,55	-	21,41	24,08	-	13,51	15,20	-	6,12	6,89	-	0,40	0,45
	III	378,33	-	30,26	34,04	-	22,64	25,47	-	15,28	17,19	-	8,40	9,45	-	2,77	3,11	-	-	-	-	-	-
	IV	720,91	-	57,67	64,88	-	52,64	59,22	-	47,74	53,70	-	42,96	48,33	-	38,32	43,11	-	33,80	38,02	-	29,41	33,08
	V	1.168,75	-	93,50	105,18																		
	VI	1.213,08	-	97,04	109,17																		
4.478,99	I	721,75	-	57,74	64,95	-	47,80	53,77	-	38,37	43,16	-	29,46	33,14	-	21,07	23,70	-	13,19	14,84	-	5,83	6,56
	II	603,33	-	48,26	54,29	-	38,82	43,67	-	29,88	33,62	-	21,46	24,14	-	13,56	15,25	-	6,17	6,94	-	0,42	0,47
	III	379,00	-	30,32	34,11	-	22,69	25,52	-	15,32	17,23	-	8,44	9,49	-	2,81	3,16	-	-	-	-	-	-
	IV	721,75	-	57,74	64,95	-	52,70	59,29	-	47,80	53,77	-	43,02	48,40	-	38,37	43,16	-	33,86	38,09	-	29,46	33,14
	V	1.169,75	-	93,58	105,27																		
	VI	1.214,08	-	97,12	109,26																		
4.481,99	I	722,58	-	57,80	65,03	-	47,86	53,84	-	38,43	43,23	-	29,52	33,21	-	21,12	23,76	-	13,24	14,89	-	5,88	6,61
	II	604,16	-	48,33	54,37	-	38,88	43,74	-	29,94	33,68	-	21,52	24,21	-	13,61	15,31	-	6,22	6,99	-	0,45	0,50
	III	379,66	-	30,37	34,16	-	22,73	25,57	-	15,37	17,29	-	8,48	9,54	-	2,84	3,19	-	-	-	-	-	-
	IV	722,58	-	57,80	65,03	-	52,76	59,36	-	47,86	53,84	-	43,08	48,47	-	38,43	43,23	-	33,91	38,15	-	29,52	33,21
	V	1.170,75	-	93,66	105,36																		
	VI	1.215,08	-	97,20	109,35																		
4.484,99	I	723,41	-	57,87	65,10	-	47,92	53,91	-	38,50	43,31	-	29,58	33,27	-	21,18	23,82	-	13,29	14,95	-	5,92	6,66
	II	604,91	-	48,39	54,44	-	38,94	43,80	-	30,00	33,75	-	21,57	24,26	-	13,66	15,36	-	6,26	7,04	-	0,48	0,54
	III	380,16	-	30,41	34,21	-	22,78	25,63	-	15,41	17,33	-	8,52	9,58	-	2,86	3,22	-	-	-	-	-	-
	IV	723,41	-	57,87	65,10	-	52,83	59,43	-	47,92	53,91	-	43,14	48,53	-	38,50	43,31	-	33,97	38,21	-	29,58	33,27
	V	1.171,83	-	93,74	105,46																		
	VI	1.216,16	-	97,29	109,45																		
4.487,99	I	724,25	-	57,94	65,18	-	47,99	53,99	-	38,55	43,37	-	29,64	33,34	-	21,23	23,88	-	13,34	15,00	-	5,97	6,71
	II	605,75	-	48,46	54,51	-	39,00	43,87	-	30,05	33,80	-	21,62	24,32	-	13,71	15,42	-	6,31	7,10	-	0,51	0,57
	III	380,83	-	30,46	34,27	-	22,84	25,69	-	15,46	17,39	-	8,56	9,63	-	2,90	3,26	-	-	-	-	-	-
	IV	724,25	-	57,94	65,18	-	52,90	59,51	-	47,99	53,99	-	43,20	48,60	-	38,55	43,37	-	34,03	38,28	-	29,64	33,34
	V	1.172,83	-	93,82	105,55																		
	VI	1.217,16	-	97,37	109,54																		
4.490,99	I	725,08	-	58,00	65,25	-	48,05	54,05	-	38,61	43,43	-	29,69	33,40	-	21,28	23,94	-	13,39	15,06	-	6,01	6,76
	II	606,50	-	48,52	54,58	-	39,06	43,94	-	30,11	33,87	-	21,68	24,39	-	13,76	15,48	-	6,36	7,15	-	0,54	0,60
	III	381,50	-	30,52	34,33	-	22,89	25,75	-	15,50	17,44	-	8,60	9,67	-	2,93	3,29	-	-	-	-	-	-
	IV	725,08	-	58,00	65,25	-	52,96	59,58	-	48,05	54,05	-	43,27	48,68	-	38,61	43,43	-	34,09	38,35	-	29,69	33,40
	V	1.173,83	-	93,90	105,64																		
	VI	1.218,16	-	97,45	109,63																		
4.493,99	I	725,91	-	58,07	65,33	-	48,11	54,12	-	38,67	43,50	-	29,74	33,46	-	21,34	24,00	-	13,44	15,12	-	6,06	6,81
	II	607,33	-	48,58	54,65	-	39,12	44,01	-	30,16	33,93	-	21,73	24,44	-	13,81	15,53	-	6,40	7,20	-	0,57	0,64
	III	382,16	-	30,57	34,39	-	22,93	25,79	-	15,56	17,50	-	8,65	9,73	-	2,97	3,34	-	-	-	-	-	-
	IV	725,91	-	58,07	65,33	-	53,02	59,65	-	48,11	54,12	-	43,33	48,74	-	38,67	43,50	-	34,14	38,41	-	29,74	33,46
	V	1.174,91	-	93,99	105,74																		
	VI	1.219,16	-	97,53	109,72																		
4.496,99	I	726,75	-	58,14	65,40	-	48,18	54,20	-	38,74	43,58	-	29,80	33,53	-	21,39	24,06	-	13,49	15,17	-	6,10	6,86
	II	608,08	-	48,64	54,72	-	39,18	44,07	-	30,22	34,00	-	21,78	24,50	-	13,86	15,59	-	6,45	7,25	-	0,60	0,67
	III	382,83	-	30,62	34,45	-	22,98	25,85	-	15,61	17,56	-	8,69	9,77	-	3,00	3,37	-	-	-	-	-	-
	IV	726,75	-	58,14	65,40	-	53,09	59,72	-	48,18	54,20	-	43,39	48,81	-	38,74	43,58	-	34,20	38,48	-	29,80	33,53
	V	1.175,91	-	94,07	105,83																		
	VI	1.220,25	-	97,62	109,82																		
4.499,99	I	727,58	-	58,20	65,48	-	48,24	54,27	-	38,79	43,64	-	29,86	33,59	-	21,44	24,12	-	13,54	15,23	-	6,15	6,92
	II	608,91	-	48,71	54,80	-	39,24	44,14	-	30,28	34,06	-	21,84	24,57	-	13,91	15,65	-	6,50	7,31	-	0,63	0,71
	III	383,33	-	30,66	34,49	-	23,04	25,92	-	15,65	17,60	-	8,73	9,82	-	3,04	3,42	-	-	-	-	-	-
	IV	727,58	-	58,20	65,48	-	53,16	59,80	-	48,24	54,27	-	43,45	48,88	-	38,79	43,64	-	34,26	38,54	-	29,86	33,59
	V	1.176,91	-	94,15	105,92																		
	VI	1.221,25	-	97,70	109,91																		

Lohn/ Gehalt bis	Steuerklasse	Lohn- steuer	ohne Kinderfreibetrag			Anzahl Kinderfreibeträge (nur Steuerklassen I–IV)																	
						0,5			1,0			1,5			2,0			2,5			3,0		
			SolZ 5,5%	Kirchensteuer 8%	9%	SolZ 5,5%	Kirchensteuer 8%	9%	SolZ 5,5%	Kirchensteuer 8%	9%	SolZ 5,5%	Kirchensteuer 8%	9%	SolZ 5,5%	Kirchensteuer 8%	9%	SolZ 5,5%	Kirchensteuer 8%	9%	SolZ 5,5%	Kirchensteuer 8%	9%
4.502,99	I	728,41	-	58,27	65,55	-	48,30	54,34	-	38,85	43,70	-	29,92	33,66	-	21,50	24,18	-	13,59	15,29	-	6,20	
	II	609,66	-	48,77	54,86	-	39,30	44,21	-	30,34	34,13	-	21,89	24,62	-	13,96	15,70	-	6,54	7,36	-	0,66	
	III	384,00	-	30,72	34,56	-	23,08	25,96	-	15,70	17,66	-	8,77	9,86	-	3,06	3,44	-	-	-	-	-	
	IV	728,41	-	58,27	65,55	-	53,22	59,87	-	48,30	54,34	-	43,52	48,96	-	38,85	43,70	-	34,32	38,61	-	29,92	33
	V	1.178,00	-	94,24	106,02																		
	VI	1.222,25	-	97,78	110,00																		
4.505,99	I	729,25	-	58,34	65,63	-	48,37	54,41	-	38,92	43,78	-	29,98	33,72	-	21,55	24,24	-	13,64	15,34	-	6,24	7
	II	610,50	-	48,84	54,94	-	39,36	44,28	-	30,40	34,20	-	21,94	24,68	-	14,01	15,76	-	6,59	7,41	-	0,69	(
	III	384,66	-	30,77	34,61	-	23,13	26,02	-	15,74	17,71	-	8,81	9,91	-	3,10	3,49	-	-	-	-	-	
	IV	729,25	-	58,34	65,63	-	53,29	59,95	-	48,37	54,41	-	43,58	49,02	-	38,92	43,78	-	34,38	38,68	-	29,98	33
	V	1.179,00	-	94,32	106,11																		
	VI	1.223,33	-	97,86	110,09																		
4.508,99	I	730,08	-	58,40	65,70	-	48,43	54,48	-	38,98	43,85	-	30,03	33,78	-	21,60	24,30	-	13,69	15,40	-	6,29	7
	II	611,33	-	48,90	55,01	-	39,42	44,34	-	30,45	34,25	-	22,00	24,75	-	14,06	15,81	-	6,64	7,47	-	0,72	C
	III	385,33	-	30,82	34,67	-	23,18	26,08	-	15,80	17,77	-	8,85	9,95	-	3,13	3,52	-	-	-	-	-	
	IV	730,08	-	58,40	65,70	-	53,35	60,02	-	48,43	54,48	-	43,64	49,09	-	38,98	43,85	-	34,44	38,74	-	30,03	33
	V	1.180,00	-	94,40	106,20																		
	VI	1.224,33	-	97,94	110,18																		
4.511,99	I	730,91	-	58,47	65,78	-	48,50	54,56	-	39,04	43,92	-	30,09	33,85	-	21,66	24,36	-	13,74	15,45	-	6,34	7
	II	612,08	-	48,96	55,08	-	39,48	44,41	-	30,51	34,32	-	22,05	24,80	-	14,11	15,87	-	6,68	7,52	-	0,75	0
	III	386,00	-	30,88	34,74	-	23,22	26,12	-	15,84	17,82	-	8,89	10,00	-	3,17	3,56	-	-	-	-	-	
	IV	730,91	-	58,47	65,78	-	53,42	60,09	-	48,50	54,56	-	43,70	49,16	-	39,04	43,92	-	34,50	38,81	-	30,09	33
	V	1.181,00	-	94,48	106,29																		
	VI	1.225,33	-	98,02	110,27																		
4.514,99	I	731,75	-	58,54	65,85	-	48,56	54,63	-	39,09	43,97	-	30,14	33,91	-	21,71	24,42	-	13,79	15,51	-	6,38	7
	II	612,91	-	49,03	55,16	-	39,54	44,48	-	30,56	34,38	-	22,10	24,86	-	14,16	15,93	-	6,73	7,57	-	0,78	0
	III	386,50	-	30,92	34,78	-	23,28	26,19	-	15,89	17,87	-	8,93	10,04	-	3,20	3,60	-	-	-	-	-	
	IV	731,75	-	58,54	65,85	-	53,48	60,17	-	48,56	54,63	-	43,76	49,23	-	39,09	43,97	-	34,56	38,88	-	30,14	33
	V	1.182,08	-	94,56	106,38																		
	VI	1.226,33	-	98,10	110,36																		
4.517,99	I	732,58	-	58,60	65,93	-	48,62	54,70	-	39,16	44,05	-	30,20	33,98	-	21,76	24,48	-	13,84	15,57	-	6,43	7
	II	613,66	-	49,09	55,22	-	39,60	44,55	-	30,62	34,45	-	22,16	24,93	-	14,21	15,98	-	6,78	7,62	-	0,81	0,
	III	387,16	-	30,97	34,84	-	23,33	26,24	-	15,93	17,92	-	8,98	10,10	-	3,24	3,64	-	-	-	-	-	
	IV	732,58	-	58,60	65,93	-	53,55	60,24	-	48,62	54,70	-	43,82	49,30	-	39,16	44,05	-	34,62	38,94	-	30,20	33
	V	1.183,08	-	94,64	106,47																		
	VI	1.227,41	-	98,19	110,46																		
4.520,99	I	733,41	-	58,67	66,00	-	48,68	54,77	-	39,22	44,12	-	30,26	34,04	-	21,82	24,54	-	13,89	15,62	-	6,48	7
	II	614,50	-	49,16	55,30	-	39,66	44,61	-	30,68	34,51	-	22,21	24,98	-	14,26	16,04	-	6,82	7,67	-	0,84	0
	III	387,83	-	31,02	34,90	-	23,38	26,30	-	15,98	17,98	-	9,02	10,15	-	3,26	3,67	-	-	-	-	-	
	IV	733,41	-	58,67	66,00	-	53,62	60,32	-	48,68	54,77	-	43,88	49,37	-	39,22	44,12	-	34,67	39,00	-	30,26	34
	V	1.184,08	-	94,72	106,56																		
	VI	1.228,41	-	98,27	110,55																		
4.523,99	I	734,25	-	58,74	66,08	-	48,75	54,84	-	39,28	44,19	-	30,32	34,11	-	21,87	24,60	-	13,94	15,68	-	6,52	7,
	II	615,25	-	49,22	55,37	-	39,72	44,68	-	30,74	34,58	-	22,26	25,04	-	14,31	16,10	-	6,87	7,73	-	0,87	0,
	III	388,50	-	31,08	34,96	-	23,42	26,35	-	16,04	18,04	-	9,06	10,19	-	3,30	3,71	-	-	-	-	-	
	IV	734,25	-	58,74	66,08	-	53,68	60,39	-	48,75	54,84	-	43,95	49,44	-	39,28	44,19	-	34,73	39,07	-	30,32	34,
	V	1.185,16	-	94,81	106,66																		
	VI	1.229,41	-	98,35	110,64																		
4.526,99	I	735,08	-	58,80	66,15	-	48,82	54,92	-	39,34	44,25	-	30,37	34,16	-	21,92	24,66	-	13,99	15,74	-	6,57	7,
	II	616,08	-	49,28	55,44	-	39,78	44,75	-	30,80	34,65	-	22,32	25,11	-	14,36	16,16	-	6,92	7,78	-	0,90	1,
	III	389,16	-	31,13	35,02	-	23,48	26,41	-	16,08	18,09	-	9,10	10,24	-	3,33	3,74	-	-	-	-	-	
	IV	735,08	-	58,80	66,15	-	53,74	60,46	-	48,82	54,92	-	44,01	49,51	-	39,34	44,25	-	34,79	39,14	-	30,37	34,
	V	1.186,16	-	94,89	106,75																		
	VI	1.230,50	-	98,44	110,74																		
4.529,99	I	735,91	-	58,87	66,23	-	48,88	54,99	-	39,40	44,32	-	30,43	34,23	-	21,98	24,72	-	14,04	15,80	-	6,62	7,
	II	616,91	-	49,35	55,52	-	39,84	44,82	-	30,85	34,70	-	22,38	25,17	-	14,41	16,21	-	6,96	7,83	-	0,93	1,0
	III	389,83	-	31,18	35,08	-	23,53	26,47	-	16,13	18,14	-	9,14	10,28	-	3,37	3,79	-	-	-	-	-	
	IV	735,91	-	58,87	66,23	-	53,81	60,53	-	48,88	54,99	-	44,07	49,58	-	39,40	44,32	-	34,85	39,20	-	30,43	34,
	V	1.187,16	-	94,97	106,84																		
	VI	1.231,50	-	98,52	110,83																		
4.532,99	I	736,75	-	58,94	66,30	-	48,94	55,05	-	39,46	44,39	-	30,48	34,29	-	22,03	24,78	-	14,09	15,85	-	6,66	7,4
	II	617,66	-	49,41	55,58	-	39,90	44,89	-	30,91	34,77	-	22,43	25,23	-	14,46	16,27	-	7,01	7,88	-	0,96	1,0
	III	390,33	-	31,22	35,12	-	23,57	26,51	-	16,17	18,19	-	9,18	10,33	-	3,40	3,82	-	-	-	-	-	
	IV	736,75	-	58,94	66,30	-	53,88	60,61	-	48,94	55,05	-	44,13	49,64	-	39,46	44,39	-	34,90	39,26	-	30,48	34,2
	V	1.188,25	-	95,06	106,94																		
	VI	1.232,50	-	98,60	110,92																		
4.535,99	I	737,66	-	59,01	66,38	-	49,00	55,13	-	39,52	44,46	-	30,54	34,36	-	22,08	24,84	-	14,14	15,91	-	6,71	7,5
	II	618,50	-	49,48	55,66	-	39,96	44,96	-	30,96	34,83	-	22,48	25,29	-	14,51	16,32	-	7,06	7,94	-	1,00	1,1
	III	391,00	-	31,28	35,19	-	23,62	26,57	-	16,22	18,25	-	9,22	10,37	-	3,44	3,87	-	-	-	-	-	
	IV	737,66	-	59,01	66,38	-	53,94	60,68	-	49,00	55,13	-	44,20	49,72	-	39,52	44,46	-	34,96	39,33	-	30,54	34,3
	V	1.189,25	-	95,14	107,03																		
	VI	1.233,58	-	98,68	111,02																		
4.538,99	I	738,50	-	59,08	66,46	-	49,07	55,20	-	39,58	44,52	-	30,60	34,43	-	22,14	24,90	-	14,19	15,96	-	6,76	7,6
	II	619,25	-	49,54	55,73	-	40,02	45,02	-	31,02	34,90	-	22,54	25,35	-	14,56	16,38	-	7,10	7,99	-	1,02	1,1
	III	391,66	-	31,33	35,24	-	23,68	26,64	-	16,28	18,31	-	9,28	10,44	-	3,46	3,89	-	-	-	-	-	
	IV	738,50	-	59,08	66,46	-	54,00	60,75	-	49,07	55,20	-	44,26	49,79	-	39,58	44,52	-	35,02	39,40	-	30,60	34,4
	V	1.190,25	-	95,22	107,12																		
	VI	1.234,58	-	98,76	111,11																		
4.541,99	I	739,25	-	59,14	66,53	-	49,13	55,27	-	39,64	44,59	-	30,66	34,49	-	22,19	24,96	-	14,24	16,02	-	6,80	7,6
	II	620,08	-	49,60	55,80	-	40,08	45,09	-	31,08	34,96	-	22,59	25,41	-	14,61	16,43	-	7,15	8,04	-	1,06	1,1
	III	392,33	-	31,38	35,30	-	23,72	26,68	-	16,32	18,36	-	9,32	10,48	-	3,50	3,94	-	-	-	-	-	
	IV	739,25	-	59,14	66,53	-	54,07	60,83	-	49,13	55,27	-	44,32	49,86	-	39,64	44,59	-	35,08	39,47	-	30,66	34,4
	V	1.191,33	-	95,30	107,21																		
	VI	1.235,58	-	98,84	111,20																		
4.544,99	I	740,08	-	59,20	66,60	-	49,20	55,35	-	39,70	44,66	-	30,72	34,56	-	22,24	25,02	-	14,29	16,07	-	6,85	7,7
	II	620,83	-	49,66	55,87	-	40,14	45,16	-	31,14	35,03	-	22,64	25,47	-	14,66	16,49	-	7,20	8,10	-	1,09	1,2
	III	393,00	-	31,44	35,37	-	23,77	26,74	-	16,37	18,41	-	9,36	10,53	-	3,53	3,97	-	-	-	-	-	
	IV	740,08	-	59,20	66,60	-	54,14	60,90	-	49,20	55,35	-	44,38	49,93	-	39,70	44,66	-	35,14	39,53	-	30,72	34,5
	V	1.192,33	-	95,38	107,30																		
	VI	1.236,58	-	98,92	111,29																		

Allgemeine Tabelle

Lohn/ Gehalt bis	Steuerklasse	Lohn- steuer	ohne Kinderfreibetrag			Anzahl Kinderfreibeträge (nur Steuerklassen I–IV) 0,5			1,0			1,5			2,0			2,5			3,0		
			SolZ 5,5%	Kirchensteuer 8%	9%	SolZ 5,5%	Kirchensteuer 8%	9%	SolZ 5,5%	Kirchensteuer 8%	9%	SolZ 5,5%	Kirchensteuer 8%	9%	SolZ 5,5%	Kirchensteuer 8%	9%	SolZ 5,5%	Kirchensteuer 8%	9%	SolZ 5,5%	Kirchensteuer 8%	9%
4.547,99	I	741,00	-	59,28	66,69	-	49,26	55,41	-	39,76	44,73	-	30,77	34,61	-	22,30	25,09	-	14,34	16,13	-	6,90	7,76
	II	621,66	-	49,73	55,94	-	40,20	45,23	-	31,20	35,10	-	22,70	25,53	-	14,72	16,56	-	7,25	8,15	-	1,12	1,26
	III	393,66	-	31,49	35,42	-	23,82	26,80	-	16,41	18,46	-	9,40	10,57	-	3,57	4,01	-	-	-	-	-	-
	IV	741,00	-	59,28	66,69	-	54,20	60,98	-	49,26	55,41	-	44,44	50,00	-	39,76	44,73	-	35,20	39,60	-	30,77	34,61
	V	1.193,33	-	95,46	107,39																		
	VI	1.237,66	-	99,01	111,38																		
4.550,99	I	741,83	-	59,34	66,76	-	49,32	55,49	-	39,82	44,79	-	30,83	34,68	-	22,36	25,15	-	14,39	16,19	-	6,94	7,81
	II	622,50	-	49,80	56,02	-	40,26	45,29	-	31,25	35,15	-	22,75	25,59	-	14,76	16,61	-	7,30	8,21	-	1,15	1,29
	III	394,16	-	31,53	35,47	-	23,86	26,84	-	16,46	18,52	-	9,44	10,62	-	3,60	4,05	-	-	-	-	-	-
	IV	741,83	-	59,34	66,76	-	54,27	61,05	-	49,32	55,49	-	44,50	50,06	-	39,82	44,79	-	35,26	39,66	-	30,83	34,68
	V	1.194,33	-	95,54	107,48																		
	VI	1.238,66	-	99,09	111,47																		
4.553,99	I	742,66	-	59,41	66,83	-	49,38	55,55	-	39,88	44,86	-	30,88	34,74	-	22,41	25,21	-	14,44	16,25	-	6,99	7,86
	II	623,25	-	49,86	56,09	-	40,32	45,36	-	31,31	35,22	-	22,80	25,65	-	14,82	16,67	-	7,34	8,26	-	1,18	1,33
	III	394,83	-	31,58	35,53	-	23,92	26,91	-	16,50	18,56	-	9,49	10,67	-	3,64	4,09	-	-	-	-	-	-
	IV	742,66	-	59,41	66,83	-	54,33	61,12	-	49,38	55,55	-	44,57	50,14	-	39,88	44,86	-	35,32	39,73	-	30,88	34,74
	V	1.195,41	-	95,63	107,58																		
	VI	1.239,66	-	99,17	111,56																		
4.556,99	I	743,50	-	59,48	66,91	-	49,45	55,63	-	39,94	44,93	-	30,94	34,81	-	22,46	25,27	-	14,50	16,31	-	7,04	7,92
	II	624,08	-	49,92	56,16	-	40,39	45,44	-	31,36	35,28	-	22,86	25,71	-	14,87	16,73	-	7,39	8,31	-	1,22	1,37
	III	395,50	-	31,64	35,59	-	23,97	26,96	-	16,56	18,63	-	9,53	10,72	-	3,68	4,14	-	-	-	-	-	-
	IV	743,50	-	59,48	66,91	-	54,40	61,20	-	49,45	55,63	-	44,63	50,21	-	39,94	44,93	-	35,38	39,80	-	30,94	34,81
	V	1.196,41	-	95,71	107,67																		
	VI	1.240,75	-	99,26	111,66																		
4.559,99	I	744,33	-	59,54	66,98	-	49,52	55,71	-	40,00	45,00	-	31,00	34,88	-	22,52	25,33	-	14,54	16,36	-	7,09	7,97
	II	624,91	-	49,99	56,24	-	40,45	45,50	-	31,42	35,35	-	22,91	25,77	-	14,92	16,78	-	7,44	8,37	-	1,25	1,40
	III	396,16	-	31,69	35,65	-	24,02	27,02	-	16,60	18,67	-	9,57	10,76	-	3,70	4,16	-	-	-	-	-	-
	IV	744,33	-	59,54	66,98	-	54,46	61,27	-	49,52	55,71	-	44,70	50,28	-	40,00	45,00	-	35,44	39,87	-	31,00	34,88
	V	1.197,41	-	95,79	107,76																		
	VI	1.241,75	-	99,34	111,75																		
4.562,99	I	745,16	-	59,61	67,06	-	49,58	55,77	-	40,06	45,07	-	31,06	34,94	-	22,57	25,39	-	14,60	16,42	-	7,14	8,03
	II	625,66	-	50,05	56,30	-	40,51	45,57	-	31,48	35,42	-	22,96	25,83	-	14,97	16,84	-	7,48	8,42	-	1,28	1,44
	III	396,83	-	31,74	35,71	-	24,06	27,07	-	16,65	18,73	-	9,61	10,81	-	3,74	4,21	-	-	-	-	-	-
	IV	745,16	-	59,61	67,06	-	54,53	61,34	-	49,58	55,77	-	44,76	50,35	-	40,06	45,07	-	35,50	39,93	-	31,06	34,94
	V	1.198,50	-	95,88	107,86																		
	VI	1.242,75	-	99,42	111,84																		
4.565,99	I	746,00	-	59,68	67,14	-	49,64	55,85	-	40,12	45,14	-	31,12	35,01	-	22,62	25,45	-	14,64	16,47	-	7,18	8,08
	II	626,50	-	50,12	56,38	-	40,57	45,64	-	31,54	35,48	-	23,02	25,90	-	15,02	16,89	-	7,53	8,47	-	1,31	1,47
	III	397,50	-	31,80	35,77	-	24,12	27,13	-	16,70	18,79	-	9,65	10,85	-	3,77	4,24	-	-	-	-	-	-
	IV	746,00	-	59,68	67,14	-	54,60	61,42	-	49,64	55,85	-	44,82	50,42	-	40,12	45,14	-	35,56	40,00	-	31,12	35,01
	V	1.199,50	-	95,96	107,95																		
	VI	1.243,83	-	99,50	111,94																		
4.568,99	I	746,83	-	59,74	67,21	-	49,71	55,92	-	40,18	45,20	-	31,17	35,06	-	22,68	25,51	-	14,70	16,53	-	7,23	8,13
	II	627,25	-	50,18	56,45	-	40,63	45,71	-	31,60	35,55	-	23,08	25,96	-	15,07	16,95	-	7,58	8,52	-	1,34	1,51
	III	398,00	-	31,84	35,82	-	24,17	27,19	-	16,74	18,83	-	9,70	10,91	-	3,81	4,28	-	-	-	-	-	-
	IV	746,83	-	59,74	67,21	-	54,66	61,49	-	49,71	55,92	-	44,88	50,49	-	40,18	45,20	-	35,62	40,07	-	31,17	35,06
	V	1.200,50	-	96,04	108,04																		
	VI	1.244,83	-	99,58	112,03																		
4.571,99	I	747,66	-	59,81	67,28	-	49,77	55,99	-	40,24	45,27	-	31,23	35,13	-	22,73	25,57	-	14,74	16,58	-	7,28	8,19
	II	628,08	-	50,24	56,52	-	40,69	45,77	-	31,65	35,60	-	23,13	26,02	-	15,12	17,01	-	7,62	8,57	-	1,38	1,55
	III	398,66	-	31,89	35,87	-	24,21	27,23	-	16,80	18,90	-	9,74	10,96	-	3,84	4,32	-	-	-	-	-	-
	IV	747,66	-	59,81	67,28	-	54,73	61,57	-	49,77	55,99	-	44,94	50,56	-	40,24	45,27	-	35,67	40,13	-	31,23	35,13
	V	1.201,58	-	96,12	108,14																		
	VI	1.245,83	-	99,66	112,12																		
4.574,99	I	748,50	-	59,88	67,36	-	49,84	56,07	-	40,30	45,34	-	31,28	35,19	-	22,78	25,63	-	14,80	16,65	-	7,32	8,24
	II	628,91	-	50,31	56,60	-	40,75	45,84	-	31,71	35,67	-	23,18	26,08	-	15,17	17,06	-	7,67	8,63	-	1,41	1,58
	III	399,33	-	31,94	35,93	-	24,26	27,29	-	16,84	18,94	-	9,78	11,00	-	3,88	4,36	-	-	-	-	-	-
	IV	748,50	-	59,88	67,36	-	54,79	61,64	-	49,84	56,07	-	45,00	50,63	-	40,30	45,34	-	35,73	40,19	-	31,28	35,19
	V	1.202,58	-	96,20	108,23																		
	VI	1.246,83	-	99,74	112,21																		
4.577,99	I	749,41	-	59,95	67,44	-	49,90	56,13	-	40,36	45,41	-	31,34	35,26	-	22,84	25,69	-	14,85	16,70	-	7,37	8,29
	II	629,66	-	50,37	56,66	-	40,82	45,92	-	31,77	35,74	-	23,24	26,14	-	15,22	17,12	-	7,72	8,69	-	1,44	1,62
	III	400,00	-	32,00	36,00	-	24,32	27,36	-	16,89	19,00	-	9,82	11,05	-	3,90	4,39	-	-	-	-	-	-
	IV	749,41	-	59,95	67,44	-	54,86	61,71	-	49,90	56,13	-	45,07	50,70	-	40,36	45,41	-	35,79	40,26	-	31,34	35,26
	V	1.203,58	-	96,28	108,32																		
	VI	1.247,91	-	99,83	112,31																		
4.580,99	I	750,25	-	60,02	67,52	-	49,96	56,21	-	40,42	45,47	-	31,40	35,33	-	22,89	25,75	-	14,90	16,76	-	7,42	8,34
	II	630,50	-	50,44	56,74	-	40,88	45,99	-	31,82	35,80	-	23,29	26,20	-	15,27	17,18	-	7,77	8,74	-	1,48	1,66
	III	400,66	-	32,05	36,05	-	24,37	27,41	-	16,94	19,06	-	9,88	11,11	-	3,94	4,43	-	-	-	-	-	-
	IV	750,25	-	60,02	67,52	-	54,92	61,79	-	49,96	56,21	-	45,13	50,77	-	40,42	45,47	-	35,85	40,33	-	31,40	35,33
	V	1.204,66	-	96,37	108,41																		
	VI	1.248,91	-	99,91	112,40																		
4.583,99	I	751,08	-	60,08	67,59	-	50,02	56,27	-	40,48	45,54	-	31,46	35,39	-	22,94	25,81	-	14,95	16,82	-	7,46	8,39
	II	631,33	-	50,50	56,81	-	40,94	46,05	-	31,88	35,87	-	23,34	26,26	-	15,32	17,24	-	7,82	8,79	-	1,51	1,70
	III	401,16	-	32,09	36,10	-	24,41	27,46	-	16,98	19,10	-	9,92	11,16	-	3,98	4,48	-	-	-	-	-	-
	IV	751,08	-	60,08	67,59	-	54,99	61,86	-	50,02	56,27	-	45,19	50,84	-	40,48	45,54	-	35,91	40,40	-	31,46	35,39
	V	1.205,66	-	96,45	108,50																		
	VI	1.249,91	-	99,99	112,49																		
4.586,99	I	751,91	-	60,15	67,67	-	50,09	56,35	-	40,55	45,62	-	31,52	35,46	-	23,00	25,88	-	15,00	16,88	-	7,51	8,45
	II	632,08	-	50,56	56,88	-	41,00	46,12	-	31,94	35,93	-	23,40	26,33	-	15,38	17,30	-	7,86	8,84	-	1,54	1,73
	III	401,83	-	32,14	36,16	-	24,46	27,52	-	17,04	19,17	-	9,96	11,20	-	4,01	4,51	-	-	-	-	-	-
	IV	751,91	-	60,15	67,67	-	55,06	61,94	-	50,09	56,35	-	45,26	50,91	-	40,55	45,62	-	35,97	40,46	-	31,52	35,46
	V	1.206,66	-	96,53	108,59																		
	VI	1.251,00	-	100,08	112,59																		
4.589,99	I	752,75	-	60,22	67,74	-	50,16	56,43	-	40,61	45,68	-	31,58	35,52	-	23,06	25,94	-	15,05	16,93	-	7,56	8,51
	II	632,91	-	50,63	56,96	-	41,06	46,19	-	32,00	36,00	-	23,46	26,39	-	15,42	17,35	-	7,91	8,90	-	1,58	1,77
	III	402,50	-	32,20	36,22	-	24,52	27,58	-	17,08	19,21	-	10,00	11,25	-	4,05	4,55	-	-	-	-	-	-
	IV	752,75	-	60,22	67,74	-	55,12	62,01	-	50,16	56,43	-	45,32	50,98	-	40,61	45,68	-	36,03	40,53	-	31,58	35,52
	V	1.207,75	-	96,62	108,69																		
	VI	1.252,00	-	100,16	112,68																		

Lohn/ Gehalt bis	Steuerklasse	Lohnsteuer	ohne Kinderfreibetrag			Anzahl Kinderfreibeträge (nur Steuerklassen I–IV)																	
						0,5			1,0			1,5			2,0			2,5			3,0		
			SolZ 5,5%	Kirchensteuer 8%	Kirchensteuer 9%	SolZ 5,5%	Kirchensteuer 8%	Kirchensteuer 9%	SolZ 5,5%	Kirchensteuer 8%	Kirchensteuer 9%	SolZ 5,5%	Kirchensteuer 8%	Kirchensteuer 9%	SolZ 5,5%	Kirchensteuer 8%	Kirchensteuer 9%	SolZ 5,5%	Kirchensteuer 8%	Kirchensteuer 9%	SolZ 5,5%	Kirchensteuer 8%	Kirchensteuer 9%
4.592,99	I	753,58	–	60,28	67,82	–	50,22	56,49	–	40,67	45,75	–	31,63	35,58	–	23,11	26,00	–	15,10	16,99	–	7,61	[illegible]
	II	633,66	–	50,69	57,02	–	41,12	46,26	–	32,06	36,06	–	23,51	26,45	–	15,48	17,41	–	7,96	8,95	–	1,61	[illegible]
	III	403,16	–	32,25	36,28	–	24,56	27,63	–	17,13	19,27	–	10,04	11,29	–	4,08	4,59	–	–	–	–	–	
	IV	753,58	–	60,28	67,82	–	55,19	62,09	–	50,22	56,49	–	45,38	51,05	–	40,67	45,75	–	36,08	40,59	–	31,63	[illegible]
	V	1.208,75	–	96,70	108,78																		
	VI	1.253,00	–	100,24	112,77																		
4.595,99	I	754,41	–	60,35	67,89	–	50,28	56,57	–	40,73	45,82	–	31,69	35,65	–	23,16	26,06	–	15,15	17,04	–	7,66	[illegible]
	II	634,50	–	50,76	57,10	–	41,18	46,32	–	32,11	36,12	–	23,56	26,51	–	15,52	17,46	–	8,00	9,00	–	1,64	[illegible]
	III	403,83	–	32,30	36,34	–	24,61	27,68	–	17,17	19,31	–	10,09	11,35	–	4,12	4,63	–	–	–	–	–	
	IV	754,41	–	60,35	67,89	–	55,25	62,15	–	50,28	56,57	–	45,44	51,12	–	40,73	45,82	–	36,14	40,66	–	31,69	[illegible]
	V	1.209,75	–	96,78	108,87																		
	VI	1.254,08	–	100,32	112,86																		
4.598,99	I	755,33	–	60,42	67,97	–	50,35	56,64	–	40,79	45,89	–	31,75	35,72	–	23,22	26,12	–	15,20	17,10	–	7,70	[illegible]
	II	635,33	–	50,82	57,17	–	41,24	46,39	–	32,17	36,19	–	23,62	26,57	–	15,58	17,52	–	8,05	9,05	–	1,68	[illegible]
	III	404,50	–	32,36	36,40	–	24,66	27,74	–	17,22	19,37	–	10,13	11,39	–	4,16	4,68	–	–	–	–	–	
	IV	755,33	–	60,42	67,97	–	55,32	62,24	–	50,35	56,64	–	45,50	51,19	–	40,79	45,89	–	36,20	40,73	–	31,75	[illegible]
	V	1.210,75	–	96,86	108,96																		
	VI	1.255,08	–	100,40	112,95																		
4.601,99	I	756,16	–	60,49	68,05	–	50,41	56,71	–	40,85	45,95	–	31,80	35,78	–	23,27	26,18	–	15,25	17,15	–	7,75	[illegible]
	II	636,16	–	50,89	57,25	–	41,30	46,46	–	32,23	36,26	–	23,67	26,63	–	15,63	17,58	–	8,10	9,11	–	1,71	[illegible]
	III	405,16	–	32,41	36,46	–	24,70	27,79	–	17,28	19,44	–	10,17	11,44	–	4,18	4,70	–	–	–	–	–	
	IV	756,16	–	60,49	68,05	–	55,38	62,30	–	50,41	56,71	–	45,57	51,26	–	40,85	45,95	–	36,26	40,79	–	31,80	[illegible]
	V	1.211,83	–	96,94	109,06																		
	VI	1.256,08	–	100,48	113,04																		
4.604,99	I	757,00	–	60,56	68,13	–	50,48	56,79	–	40,91	46,02	–	31,86	35,84	–	23,32	26,24	–	15,30	17,21	–	7,80	[illegible]
	II	636,91	–	50,95	57,32	–	41,36	46,53	–	32,28	36,32	–	23,72	26,69	–	15,68	17,64	–	8,15	9,17	–	1,74	[illegible]
	III	405,66	–	32,45	36,50	–	24,76	27,85	–	17,32	19,48	–	10,21	11,48	–	4,22	4,75	–	–	–	–	–	
	IV	757,00	–	60,56	68,13	–	55,45	62,38	–	50,48	56,79	–	45,63	51,33	–	40,91	46,02	–	36,32	40,86	–	31,86	[illegible]
	V	1.212,83	–	97,02	109,15																		
	VI	1.257,16	–	100,57	113,14																		
4.607,99	I	757,83	–	60,62	68,20	–	50,54	56,86	–	40,98	46,10	–	31,92	35,91	–	23,38	26,30	–	15,36	17,28	–	7,84	[illegible]
	II	637,75	–	51,02	57,39	–	41,42	46,60	–	32,34	36,38	–	23,78	26,75	–	15,73	17,69	–	8,20	9,22	–	1,78	[illegible]
	III	406,33	–	32,50	36,56	–	24,81	27,91	–	17,37	19,54	–	10,26	11,54	–	4,26	4,79	–	–	–	–	–	
	IV	757,83	–	60,62	68,20	–	55,52	62,46	–	50,54	56,86	–	45,70	51,41	–	40,98	46,10	–	36,38	40,93	–	31,92	[illegible]
	V	1.213,83	–	97,10	109,24																		
	VI	1.258,16	–	100,65	113,23																		
4.610,99	I	758,66	–	60,69	68,27	–	50,60	56,93	–	41,04	46,17	–	31,98	35,97	–	23,44	26,37	–	15,40	17,33	–	7,89	[illegible]
	II	638,58	–	51,08	57,47	–	41,48	46,67	–	32,40	36,45	–	23,84	26,82	–	15,78	17,75	–	8,24	9,27	–	1,81	[illegible]
	III	407,00	–	32,56	36,63	–	24,86	27,97	–	17,41	19,58	–	10,30	11,59	–	4,29	4,82	–	–	–	–	–	
	IV	758,66	–	60,69	68,27	–	55,58	62,53	–	50,60	56,93	–	45,76	51,48	–	41,04	46,17	–	36,44	41,00	–	31,98	[illegible]
	V	1.214,91	–	97,19	109,34																		
	VI	1.259,16	–	100,73	113,32																		
4.613,99	I	759,50	–	60,76	68,35	–	50,67	57,00	–	41,10	46,23	–	32,04	36,04	–	23,49	26,42	–	15,46	17,39	–	7,94	[illegible]
	II	639,33	–	51,14	57,53	–	41,54	46,73	–	32,46	36,51	–	23,89	26,87	–	15,83	17,81	–	8,29	9,32	–	1,84	[illegible]
	III	407,66	–	32,61	36,68	–	24,90	28,01	–	17,46	19,64	–	10,34	11,63	–	4,33	4,87	–	–	–	–	–	
	IV	759,50	–	60,76	68,35	–	55,65	62,60	–	50,67	57,00	–	45,82	51,54	–	41,10	46,23	–	36,50	41,06	–	32,04	[illegible]
	V	1.215,91	–	97,27	109,43																		
	VI	1.260,25	–	100,82	113,42																		
4.616,99	I	760,41	–	60,83	68,43	–	50,74	57,08	–	41,16	46,30	–	32,09	36,10	–	23,54	26,48	–	15,51	17,45	–	7,99	[illegible]
	II	640,16	–	51,21	57,61	–	41,61	46,81	–	32,52	36,58	–	23,94	26,93	–	15,88	17,87	–	8,34	9,38	–	1,88	[illegible]
	III	408,33	–	32,66	36,74	–	24,96	28,08	–	17,52	19,71	–	10,40	11,70	–	4,36	4,90	–	–	–	–	–	
	IV	760,41	–	60,83	68,43	–	55,72	62,68	–	50,74	57,08	–	45,88	51,62	–	41,16	46,30	–	36,56	41,13	–	32,09	[illegible]
	V	1.216,91	–	97,35	109,52																		
	VI	1.261,25	–	100,90	113,51																		
4.619,99	I	761,25	–	60,90	68,51	–	50,80	57,15	–	41,22	46,37	–	32,15	36,17	–	23,60	26,55	–	15,56	17,50	–	8,04	[illegible]
	II	641,00	–	51,28	57,69	–	41,67	46,88	–	32,58	36,65	–	24,00	27,00	–	15,94	17,93	–	8,38	9,43	–	1,91	[illegible]
	III	409,00	–	32,72	36,81	–	25,01	28,13	–	17,56	19,75	–	10,44	11,74	–	4,40	4,95	–	–	–	–	–	
	IV	761,25	–	60,90	68,51	–	55,78	62,75	–	50,80	57,15	–	45,94	51,68	–	41,22	46,37	–	36,62	41,19	–	32,15	[illegible]
	V	1.218,00	–	97,44	109,62																		
	VI	1.262,25	–	100,98	113,60																		
4.622,99	I	762,08	–	60,96	68,58	–	50,86	57,22	–	41,28	46,44	–	32,21	36,23	–	23,65	26,60	–	15,61	17,56	–	8,08	[illegible]
	II	641,75	–	51,34	57,75	–	41,73	46,94	–	32,63	36,71	–	24,05	27,05	–	15,98	17,98	–	8,43	9,48	–	1,94	[illegible]
	III	409,66	–	32,77	36,86	–	25,06	28,19	–	17,61	19,81	–	10,48	11,79	–	4,44	4,99	–	–	–	–	–	
	IV	762,08	–	60,96	68,58	–	55,85	62,83	–	50,86	57,22	–	46,00	51,75	–	41,28	46,44	–	36,68	41,26	–	32,21	[illegible]
	V	1.219,00	–	97,52	109,71																		
	VI	1.263,25	–	101,06	113,69																		
4.625,99	I	762,91	–	61,03	68,66	–	50,92	57,29	–	41,34	46,50	–	32,26	36,29	–	23,70	26,66	–	15,66	17,61	–	8,13	[illegible]
	II	642,58	–	51,40	57,83	–	41,79	47,01	–	32,69	36,77	–	24,10	27,11	–	16,04	18,04	–	8,48	9,54	–	1,98	[illegible]
	III	410,16	–	32,81	36,91	–	25,10	28,24	–	17,65	19,85	–	10,52	11,83	–	4,46	5,02	–	–	–	–	–	
	IV	762,91	–	61,03	68,66	–	55,92	62,91	–	50,92	57,29	–	46,07	51,83	–	41,34	46,50	–	36,74	41,33	–	32,26	[illegible]
	V	1.220,00	–	97,60	109,80																		
	VI	1.264,33	–	101,14	113,78																		
4.628,99	I	763,75	–	61,10	68,73	–	50,99	57,36	–	41,40	46,58	–	32,32	36,36	–	23,76	26,73	–	15,71	17,67	–	8,18	[illegible]
	II	643,41	–	51,47	57,90	–	41,85	47,08	–	32,75	36,84	–	24,16	27,18	–	16,09	18,10	–	8,53	9,59	–	2,02	[illegible]
	III	410,83	–	32,86	36,97	–	25,16	28,30	–	17,70	19,91	–	10,57	11,89	–	4,50	5,06	–	–	–	–	–	
	IV	763,75	–	61,10	68,73	–	55,98	62,98	–	50,99	57,36	–	46,13	51,89	–	41,40	46,58	–	36,80	41,40	–	32,32	[illegible]
	V	1.221,08	–	97,68	109,89																		
	VI	1.265,33	–	101,22	113,87																		
4.631,99	I	764,58	–	61,16	68,81	–	51,06	57,44	–	41,46	46,64	–	32,38	36,43	–	23,82	26,79	–	15,76	17,73	–	8,22	[illegible]
	II	644,16	–	51,53	57,97	–	41,91	47,15	–	32,80	36,90	–	24,22	27,24	–	16,14	18,15	–	8,58	9,65	–	2,05	[illegible]
	III	411,50	–	32,92	37,03	–	25,21	28,36	–	17,76	19,98	–	10,61	11,93	–	4,54	5,11	–	–	–	–	–	
	IV	764,58	–	61,16	68,81	–	56,05	63,05	–	51,06	57,44	–	46,20	51,97	–	41,46	46,64	–	36,86	41,46	–	32,38	[illegible]
	V	1.222,08	–	97,76	109,98																		
	VI	1.266,33	–	101,30	113,96																		
4.634,99	I	765,41	–	61,23	68,88	–	51,12	57,51	–	41,52	46,71	–	32,44	36,49	–	23,87	26,85	–	15,81	17,78	–	8,27	[illegible]
	II	645,00	–	51,60	58,05	–	41,97	47,21	–	32,86	36,97	–	24,27	27,30	–	16,19	18,21	–	8,62	9,70	–	2,08	[illegible]
	III	412,16	–	32,97	37,09	–	25,25	28,40	–	17,80	20,02	–	10,65	11,98	–	4,57	5,14	–	–	–	–	–	
	IV	765,41	–	61,23	68,88	–	56,11	63,12	–	51,12	57,51	–	46,26	52,04	–	41,52	46,71	–	36,92	41,53	–	32,44	[illegible]
	V	1.223,08	–	97,84	110,07																		
	VI	1.267,41	–	101,39	114,06																		

Lohn/ Gehalt bis	Steuerklasse	Lohn-steuer	ohne Kinderfreibetrag SolZ 5,5%	Kirchensteuer 8%	9%	0,5 SolZ 5,5%	Kirchensteuer 8%	9%	1,0 SolZ 5,5%	Kirchensteuer 8%	9%	1,5 SolZ 5,5%	Kirchensteuer 8%	9%	2,0 SolZ 5,5%	Kirchensteuer 8%	9%	2,5 SolZ 5,5%	Kirchensteuer 8%	9%	3,0 SolZ 5,5%	Kirchensteuer 8%	9%
						Anzahl Kinderfreibeträge (nur Steuerklassen I–IV)																	
4.637,99	I	766,33	-	61,30	68,96	-	51,18	57,58	-	41,58	46,78	-	32,50	36,56	-	23,92	26,91	-	15,86	17,84	-	8,32	9,36
	II	645,83	-	51,66	58,12	-	42,04	47,29	-	32,92	37,04	-	24,32	27,36	-	16,24	18,27	-	8,67	9,75	-	2,12	2,38
	III	412,83	-	33,02	37,15	-	25,30	28,46	-	17,85	20,08	-	10,70	12,04	-	4,61	5,18	-	-	-	-	-	-
	IV	766,33	-	61,30	68,96	-	56,18	63,20	-	51,18	57,58	-	46,32	52,11	-	41,58	46,78	-	36,98	41,60	-	32,50	36,56
	V	1.224,08	-	97,92	110,16																		
	VI	1.268,41	-	101,47	114,15																		
4.640,99	I	767,16	-	61,37	69,04	-	51,25	57,65	-	41,64	46,85	-	32,56	36,63	-	23,98	26,97	-	15,92	17,91	-	8,37	9,41
	II	646,58	-	51,72	58,19	-	42,10	47,36	-	32,98	37,10	-	24,38	27,42	-	16,29	18,32	-	8,72	9,81	-	2,16	2,43
	III	413,50	-	33,08	37,21	-	25,36	28,53	-	17,89	20,12	-	10,74	12,08	-	4,65	5,23	-	-	-	-	-	-
	IV	767,16	-	61,37	69,04	-	56,24	63,27	-	51,25	57,65	-	46,38	52,18	-	41,64	46,85	-	37,04	41,67	-	32,56	36,63
	V	1.225,16	-	98,01	110,26																		
	VI	1.269,41	-	101,55	114,24																		
4.643,99	I	768,00	-	61,44	69,12	-	51,32	57,73	-	41,70	46,91	-	32,61	36,68	-	24,03	27,03	-	15,96	17,96	-	8,42	9,47
	II	647,41	-	51,79	58,26	-	42,16	47,43	-	33,04	37,17	-	24,44	27,49	-	16,34	18,38	-	8,77	9,86	-	2,19	2,46
	III	414,00	-	33,12	37,26	-	25,40	28,57	-	17,94	20,18	-	10,78	12,13	-	4,68	5,26	-	-	-	-	-	-
	IV	768,00	-	61,44	69,12	-	56,31	63,35	-	51,32	57,73	-	46,44	52,25	-	41,70	46,91	-	37,10	41,73	-	32,61	36,68
	V	1.226,16	-	98,09	110,35																		
	VI	1.270,50	-	101,64	114,34																		
4.646,99	I	768,83	-	61,50	69,19	-	51,38	57,80	-	41,76	46,98	-	32,67	36,75	-	24,08	27,09	-	16,02	18,02	-	8,46	9,52
	II	648,25	-	51,86	58,34	-	42,22	47,49	-	33,10	37,23	-	24,49	27,55	-	16,40	18,45	-	8,82	9,92	-	2,22	2,50
	III	414,66	-	33,17	37,31	-	25,45	28,63	-	18,00	20,25	-	10,84	12,19	-	4,72	5,31	-	-	-	-	-	-
	IV	768,83	-	61,50	69,19	-	56,38	63,42	-	51,38	57,80	-	46,51	52,32	-	41,76	46,98	-	37,15	41,79	-	32,67	36,75
	V	1.227,16	-	98,17	110,44																		
	VI	1.271,50	-	101,72	114,43																		
4.649,99	I	769,75	-	61,58	69,27	-	51,44	57,87	-	41,83	47,06	-	32,73	36,82	-	24,14	27,16	-	16,07	18,08	-	8,51	9,57
	II	649,08	-	51,92	58,41	-	42,28	47,57	-	33,16	37,30	-	24,54	27,61	-	16,45	18,50	-	8,86	9,97	-	2,26	2,54
	III	415,33	-	33,22	37,37	-	25,50	28,69	-	18,04	20,29	-	10,88	12,24	-	4,76	5,35	-	-	-	-	-	-
	IV	769,75	-	61,58	69,27	-	56,44	63,50	-	51,44	57,87	-	46,57	52,39	-	41,83	47,06	-	37,22	41,87	-	32,73	36,82
	V	1.228,25	-	98,26	110,54																		
	VI	1.272,50	-	101,80	114,52																		
4.652,99	I	770,58	-	61,64	69,35	-	51,51	57,95	-	41,89	47,12	-	32,78	36,88	-	24,20	27,22	-	16,12	18,13	-	8,56	9,63
	II	649,83	-	51,98	58,48	-	42,34	47,63	-	33,21	37,36	-	24,60	27,67	-	16,50	18,56	-	8,91	10,02	-	2,30	2,58
	III	416,00	-	33,28	37,44	-	25,56	28,75	-	18,09	20,35	-	10,92	12,28	-	4,78	5,38	-	-	-	-	-	-
	IV	770,58	-	61,64	69,35	-	56,51	63,57	-	51,51	57,95	-	46,64	52,47	-	41,89	47,12	-	37,27	41,93	-	32,78	36,88
	V	1.229,25	-	98,34	110,63																		
	VI	1.273,58	-	101,88	114,62																		
4.655,99	I	771,41	-	61,71	69,42	-	51,57	58,01	-	41,95	47,19	-	32,84	36,95	-	24,25	27,28	-	16,17	18,19	-	8,60	9,68
	II	650,66	-	52,05	58,55	-	42,40	47,70	-	33,27	37,43	-	24,65	27,73	-	16,55	18,62	-	8,96	10,08	-	2,33	2,62
	III	416,66	-	33,33	37,49	-	25,60	28,80	-	18,13	20,39	-	10,97	12,34	-	4,82	5,42	-	-	-	-	-	-
	IV	771,41	-	61,71	69,42	-	56,58	63,65	-	51,57	58,01	-	46,70	52,53	-	41,95	47,19	-	37,33	41,99	-	32,84	36,95
	V	1.230,25	-	98,42	110,72																		
	VI	1.274,58	-	101,96	114,71																		
4.658,99	I	772,25	-	61,78	69,50	-	51,64	58,09	-	42,01	47,26	-	32,90	37,01	-	24,30	27,34	-	16,22	18,25	-	8,66	9,74
	II	651,50	-	52,12	58,63	-	42,46	47,77	-	33,33	37,49	-	24,71	27,80	-	16,60	18,68	-	9,01	10,13	-	2,37	2,66
	III	417,33	-	33,38	37,55	-	25,65	28,85	-	18,18	20,45	-	11,01	12,38	-	4,86	5,47	-	0,02	0,02	-	-	-
	IV	772,25	-	61,78	69,50	-	56,64	63,72	-	51,64	58,09	-	46,76	52,61	-	42,01	47,26	-	37,39	42,06	-	32,90	37,01
	V	1.231,33	-	98,50	110,81																		
	VI	1.275,58	-	102,04	114,80																		
4.661,99	I	773,08	-	61,84	69,57	-	51,70	58,16	-	42,08	47,34	-	32,96	37,08	-	24,36	27,40	-	16,28	18,31	-	8,70	9,79
	II	652,25	-	52,18	58,70	-	42,52	47,84	-	33,39	37,56	-	24,76	27,86	-	16,65	18,73	-	9,06	10,19	-	2,40	2,70
	III	417,83	-	33,42	37,60	-	25,70	28,91	-	18,24	20,52	-	11,05	12,43	-	4,89	5,50	-	0,05	0,05	-	-	-
	IV	773,08	-	61,84	69,57	-	56,71	63,80	-	51,70	58,16	-	46,82	52,67	-	42,08	47,34	-	37,45	42,13	-	32,96	37,08
	V	1.232,33	-	98,58	110,90																		
	VI	1.276,58	-	102,12	114,89																		
4.664,99	I	773,91	-	61,91	69,65	-	51,76	58,23	-	42,14	47,40	-	33,02	37,14	-	24,41	27,46	-	16,32	18,36	-	8,75	9,84
	II	653,08	-	52,24	58,77	-	42,59	47,91	-	33,44	37,62	-	24,82	27,92	-	16,70	18,79	-	9,10	10,24	-	2,44	2,74
	III	418,50	-	33,48	37,66	-	25,76	28,98	-	18,28	20,56	-	11,10	12,49	-	4,93	5,54	-	0,08	0,09	-	-	-
	IV	773,91	-	61,91	69,65	-	56,78	63,87	-	51,76	58,23	-	46,88	52,74	-	42,14	47,40	-	37,51	42,20	-	33,02	37,14
	V	1.233,33	-	98,66	110,99																		
	VI	1.277,66	-	102,21	114,98																		
4.667,99	I	774,83	-	61,98	69,73	-	51,83	58,31	-	42,20	47,47	-	33,08	37,21	-	24,47	27,53	-	16,38	18,42	-	8,80	9,90
	II	653,91	-	52,31	58,85	-	42,65	47,98	-	33,50	37,69	-	24,87	27,98	-	16,76	18,85	-	9,15	10,29	-	2,48	2,79
	III	419,16	-	33,53	37,72	-	25,81	29,03	-	18,33	20,62	-	11,14	12,53	-	4,97	5,59	-	0,10	0,11	-	-	-
	IV	774,83	-	61,98	69,73	-	56,84	63,95	-	51,83	58,31	-	46,95	52,82	-	42,20	47,47	-	37,57	42,26	-	33,08	37,21
	V	1.234,41	-	98,75	111,09																		
	VI	1.278,66	-	102,29	115,07																		
4.670,99	I	775,66	-	62,05	69,80	-	51,90	58,38	-	42,26	47,54	-	33,13	37,27	-	24,52	27,59	-	16,43	18,48	-	8,84	9,95
	II	654,75	-	52,38	58,92	-	42,71	48,05	-	33,56	37,76	-	24,93	28,04	-	16,80	18,90	-	9,20	10,35	-	2,51	2,82
	III	419,83	-	33,58	37,78	-	25,85	29,08	-	18,37	20,66	-	11,18	12,58	-	5,01	5,63	-	0,13	0,14	-	-	-
	IV	775,66	-	62,05	69,80	-	56,91	64,02	-	51,90	58,38	-	47,01	52,88	-	42,26	47,54	-	37,63	42,33	-	33,13	37,27
	V	1.235,41	-	98,83	111,18																		
	VI	1.279,66	-	102,37	115,16																		
4.673,99	I	776,50	-	62,12	69,88	-	51,96	58,46	-	42,32	47,61	-	33,19	37,34	-	24,58	27,65	-	16,48	18,54	-	8,90	10,01
	II	655,50	-	52,44	58,99	-	42,77	48,11	-	33,62	37,82	-	24,98	28,10	-	16,86	18,96	-	9,25	10,40	-	2,55	2,87
	III	420,50	-	33,64	37,84	-	25,90	29,14	-	18,42	20,72	-	11,24	12,64	-	5,04	5,67	-	0,16	0,18	-	-	-
	IV	776,50	-	62,12	69,88	-	56,98	64,10	-	51,96	58,46	-	47,08	52,96	-	42,32	47,61	-	37,69	42,40	-	33,19	37,34
	V	1.236,41	-	98,91	111,27																		
	VI	1.280,75	-	102,46	115,26																		
4.676,99	I	777,33	-	62,18	69,95	-	52,02	58,52	-	42,38	47,67	-	33,25	37,40	-	24,63	27,71	-	16,53	18,59	-	8,94	10,06
	II	656,33	-	52,50	59,06	-	42,83	48,18	-	33,68	37,89	-	25,04	28,17	-	16,91	19,02	-	9,30	10,46	-	2,58	2,90
	III	421,16	-	33,69	37,90	-	25,94	29,18	-	18,46	20,77	-	11,28	12,69	-	5,08	5,71	-	0,18	0,20	-	-	-
	IV	777,33	-	62,18	69,95	-	57,04	64,17	-	52,02	58,52	-	47,14	53,03	-	42,38	47,67	-	37,75	42,47	-	33,25	37,40
	V	1.237,41	-	98,99	111,36																		
	VI	1.281,75	-	102,54	115,35																		
4.679,99	I	778,25	-	62,26	70,04	-	52,09	58,60	-	42,44	47,75	-	33,31	37,47	-	24,69	27,77	-	16,58	18,65	-	8,99	10,11
	II	657,16	-	52,57	59,14	-	42,90	48,26	-	33,74	37,95	-	25,09	28,22	-	16,96	19,08	-	9,34	10,51	-	2,62	2,95
	III	421,83	-	33,74	37,96	-	26,00	29,25	-	18,52	20,83	-	11,32	12,73	-	5,12	5,76	-	0,21	0,23	-	-	-
	IV	778,25	-	62,26	70,04	-	57,11	64,25	-	52,09	58,60	-	47,20	53,10	-	42,44	47,75	-	37,81	42,53	-	33,31	37,47
	V	1.238,50	-	99,08	111,46																		
	VI	1.282,75	-	102,62	115,44																		

Lohn/ Gehalt bis	Steuerklasse	Lohnsteuer	ohne Kinderfreibetrag SolZ 5,5%	ohne Kinderfreibetrag Kirchensteuer 8%	ohne Kinderfreibetrag Kirchensteuer 9%	0,5 SolZ 5,5%	0,5 Kirchensteuer 8%	0,5 Kirchensteuer 9%	1,0 SolZ 5,5%	1,0 Kirchensteuer 8%	1,0 Kirchensteuer 9%	1,5 SolZ 5,5%	1,5 Kirchensteuer 8%	1,5 Kirchensteuer 9%	2,0 SolZ 5,5%	2,0 Kirchensteuer 8%	2,0 Kirchensteuer 9%	2,5 SolZ 5,5%	2,5 Kirchensteuer 8%	2,5 Kirchensteuer 9%	3,0 SolZ 5,5%	3,0 Kirchensteuer 8%	3,0 Kirchensteuer 9
						Anzahl Kinderfreibeträge (nur Steuerklassen I–IV)																	
4.682,99	I	779,08	–	62,32	70,11	–	52,16	58,68	–	42,50	47,81	–	33,36	37,53	–	24,74	27,83	–	16,63	18,71	–	9,04	1
	II	658,00	–	52,64	59,22	–	42,96	48,33	–	33,80	38,02	–	25,14	28,28	–	17,01	19,13	–	9,39	10,56	–	2,66	
	III	422,50	–	33,80	38,02	–	26,05	29,30	–	18,57	20,89	–	11,37	12,79	–	5,14	5,78	–	0,24	0,27	–	–	
	IV	779,08	–	62,32	70,11	–	57,18	64,32	–	52,16	58,68	–	47,26	53,17	–	42,50	47,81	–	37,87	42,60	–	33,36	3
	V	1.239,50	–	99,16	111,55																		
	VI	1.283,83	–	102,70	115,54																		
4.685,99	I	779,91	–	62,39	70,19	–	52,22	58,74	–	42,56	47,88	–	33,42	37,60	–	24,80	27,90	–	16,68	18,77	–	9,08	1
	II	658,75	–	52,70	59,28	–	43,02	48,39	–	33,85	38,08	–	25,20	28,35	–	17,06	19,19	–	9,44	10,62	–	2,69	
	III	423,00	–	33,84	38,07	–	26,10	29,36	–	18,61	20,93	–	11,41	12,83	–	5,18	5,83	–	0,26	0,29	–	–	
	IV	779,91	–	62,39	70,19	–	57,24	64,40	–	52,22	58,74	–	47,33	53,24	–	42,56	47,88	–	37,93	42,67	–	33,42	3
	V	1.240,50	–	99,24	111,64																		
	VI	1.284,83	–	102,78	115,63																		
4.688,99	I	780,75	–	62,46	70,26	–	52,28	58,82	–	42,63	47,96	–	33,48	37,67	–	24,85	27,95	–	16,74	18,83	–	9,14	1
	II	659,58	–	52,76	59,36	–	43,08	48,47	–	33,91	38,15	–	25,26	28,41	–	17,12	19,26	–	9,49	10,67	–	2,73	
	III	423,66	–	33,89	38,12	–	26,16	29,43	–	18,66	20,99	–	11,45	12,88	–	5,22	5,87	–	0,29	0,32	–	–	
	IV	780,75	–	62,46	70,26	–	57,31	64,47	–	52,28	58,82	–	47,39	53,31	–	42,63	47,96	–	37,99	42,74	–	33,48	3
	V	1.241,58	–	99,32	111,74																		
	VI	1.285,83	–	102,86	115,72																		
4.691,99	I	781,66	–	62,53	70,34	–	52,35	58,89	–	42,69	48,02	–	33,54	37,73	–	24,90	28,01	–	16,79	18,89	–	9,18	1
	II	660,41	–	52,83	59,43	–	43,14	48,53	–	33,97	38,21	–	25,31	28,47	–	17,17	19,31	–	9,54	10,73	–	2,77	
	III	424,33	–	33,94	38,18	–	26,20	29,47	–	18,72	21,06	–	11,50	12,94	–	5,26	5,92	–	0,33	0,37	–	–	
	IV	781,66	–	62,53	70,34	–	57,38	64,55	–	52,35	58,89	–	47,46	53,39	–	42,69	48,02	–	38,05	42,80	–	33,54	37
	V	1.242,58	–	99,40	111,83																		
	VI	1.286,91	–	102,95	115,82																		
4.694,99	I	782,50	–	62,60	70,42	–	52,42	58,97	–	42,75	48,09	–	33,60	37,80	–	24,96	28,08	–	16,84	18,94	–	9,23	10
	II	661,25	–	52,90	59,51	–	43,20	48,60	–	34,03	38,28	–	25,36	28,53	–	17,22	19,37	–	9,58	10,78	–	2,80	
	III	425,00	–	34,00	38,25	–	26,25	29,53	–	18,76	21,10	–	11,54	12,98	–	5,29	5,95	–	0,36	0,40	–	–	
	IV	782,50	–	62,60	70,42	–	57,44	64,62	–	52,42	58,97	–	47,52	53,46	–	42,75	48,09	–	38,11	42,87	–	33,60	37
	V	1.243,58	–	99,48	111,92																		
	VI	1.287,91	–	103,03	115,91																		
4.697,99	I	783,33	–	62,66	70,49	–	52,48	59,04	–	42,81	48,16	–	33,66	37,86	–	25,02	28,14	–	16,89	19,00	–	9,28	10
	II	662,00	–	52,96	59,58	–	43,26	48,67	–	34,08	38,34	–	25,42	28,59	–	17,27	19,43	–	9,63	10,83	–	2,84	3
	III	425,66	–	34,05	38,30	–	26,30	29,59	–	18,81	21,16	–	11,60	13,05	–	5,33	5,99	–	0,38	0,43	–	–	
	IV	783,33	–	62,66	70,49	–	57,50	64,69	–	52,48	59,04	–	47,58	53,53	–	42,81	48,16	–	38,17	42,94	–	33,66	37
	V	1.244,58	–	99,56	112,01																		
	VI	1.288,91	–	103,11	116,00																		
4.700,99	I	784,16	–	62,73	70,57	–	52,54	59,11	–	42,87	48,23	–	33,72	37,93	–	25,07	28,20	–	16,94	19,06	–	9,33	10
	II	662,83	–	53,02	59,65	–	43,33	48,74	–	34,14	38,41	–	25,48	28,66	–	17,32	19,49	–	9,68	10,89	–	2,88	3
	III	426,33	–	34,10	38,36	–	26,36	29,65	–	18,86	21,22	–	11,64	13,09	–	5,37	6,04	–	0,41	0,46	–	–	
	IV	784,16	–	62,73	70,57	–	57,58	64,77	–	52,54	59,11	–	47,64	53,60	–	42,87	48,23	–	38,23	43,01	–	33,72	37
	V	1.245,66	–	99,65	112,10																		
	VI	1.290,00	–	103,20	116,10																		
4.703,99	I	785,08	–	62,80	70,65	–	52,61	59,18	–	42,94	48,30	–	33,77	37,99	–	25,12	28,26	–	16,99	19,11	–	9,38	10
	II	663,66	–	53,09	59,72	–	43,39	48,81	–	34,20	38,48	–	25,53	28,72	–	17,38	19,55	–	9,73	10,94	–	2,92	3
	III	427,00	–	34,16	38,43	–	26,40	29,70	–	18,90	21,26	–	11,68	13,14	–	5,41	6,08	–	0,44	0,49	–	–	
	IV	785,08	–	62,80	70,65	–	57,64	64,85	–	52,61	59,18	–	47,71	53,67	–	42,94	48,30	–	38,29	43,07	–	33,77	37
	V	1.246,66	–	99,73	112,19																		
	VI	1.291,00	–	103,28	116,19																		
4.706,99	I	785,91	–	62,87	70,73	–	52,68	59,26	–	43,00	48,37	–	33,83	38,06	–	25,18	28,32	–	17,04	19,17	–	9,42	10
	II	664,50	–	53,16	59,80	–	43,45	48,88	–	34,26	38,54	–	25,58	28,78	–	17,42	19,60	–	9,78	11,00	–	2,95	3,
	III	427,66	–	34,21	38,48	–	26,45	29,75	–	18,96	21,33	–	11,73	13,19	–	5,44	6,12	–	0,46	0,52	–	–	
	IV	785,91	–	62,87	70,73	–	57,71	64,92	–	52,68	59,26	–	47,77	53,74	–	43,00	48,37	–	38,35	43,14	–	33,83	38
	V	1.247,66	–	99,81	112,28																		
	VI	1.292,00	–	103,36	116,28																		
4.709,99	I	786,75	–	62,94	70,80	–	52,74	59,33	–	43,06	48,44	–	33,89	38,12	–	25,24	28,39	–	17,10	19,23	–	9,47	10,
	II	665,33	–	53,22	59,87	–	43,52	48,96	–	34,32	38,61	–	25,64	28,85	–	17,48	19,66	–	9,83	11,06	–	2,99	3,
	III	428,16	–	34,25	38,53	–	26,50	29,81	–	19,00	21,37	–	11,77	13,24	–	5,48	6,16	–	0,49	0,55	–	–	
	IV	786,75	–	62,94	70,80	–	57,78	65,00	–	52,74	59,33	–	47,84	53,82	–	43,06	48,44	–	38,41	43,21	–	33,89	38,
	V	1.248,75	–	99,90	112,38																		
	VI	1.293,00	–	103,44	116,37																		
4.712,99	I	787,58	–	63,00	70,88	–	52,80	59,40	–	43,12	48,51	–	33,95	38,19	–	25,29	28,45	–	17,15	19,29	–	9,52	10,
	II	666,08	–	53,28	59,94	–	43,58	49,02	–	34,38	38,67	–	25,70	28,91	–	17,53	19,72	–	9,88	11,11	–	3,03	3,
	III	428,83	–	34,30	38,59	–	26,54	29,86	–	19,05	21,43	–	11,82	13,30	–	5,52	6,21	–	0,52	0,58	–	–	
	IV	787,58	–	63,00	70,88	–	57,84	65,07	–	52,80	59,40	–	47,90	53,88	–	43,12	48,51	–	38,47	43,28	–	33,95	38,
	V	1.249,75	–	99,98	112,47																		
	VI	1.294,08	–	103,52	116,46																		
4.715,99	I	788,50	–	63,08	70,96	–	52,87	59,48	–	43,18	48,58	–	34,00	38,25	–	25,34	28,51	–	17,20	19,35	–	9,57	10,
	II	666,91	–	53,35	60,02	–	43,64	49,09	–	34,44	38,74	–	25,75	28,97	–	17,58	19,78	–	9,92	11,16	–	3,06	3,
	III	429,50	–	34,36	38,65	–	26,60	29,92	–	19,10	21,49	–	11,86	13,34	–	5,56	6,25	–	0,56	0,63	–	–	
	IV	788,50	–	63,08	70,96	–	57,91	65,15	–	52,87	59,48	–	47,96	53,96	–	43,18	48,58	–	38,53	43,34	–	34,00	38,
	V	1.250,75	–	100,06	112,56																		
	VI	1.295,08	–	103,60	116,55																		
4.718,99	I	789,33	–	63,14	71,03	–	52,94	59,55	–	43,24	48,65	–	34,06	38,32	–	25,40	28,58	–	17,25	19,40	–	9,62	10,
	II	667,75	–	53,42	60,09	–	43,70	49,16	–	34,50	38,81	–	25,81	29,03	–	17,63	19,83	–	9,97	11,21	–	3,10	3,
	III	430,16	–	34,41	38,71	–	26,65	29,98	–	19,14	21,53	–	11,92	13,41	–	5,60	6,30	–	0,58	0,65	–	–	
	IV	789,33	–	63,14	71,03	–	57,98	65,22	–	52,94	59,55	–	48,02	54,02	–	43,24	48,65	–	38,59	43,41	–	34,06	38,3
	V	1.251,83	–	100,14	112,66																		
	VI	1.296,08	–	103,68	116,64																		
4.721,99	I	790,16	–	63,21	71,11	–	53,00	59,63	–	43,30	48,71	–	34,12	38,39	–	25,46	28,64	–	17,30	19,46	–	9,66	10,8
	II	668,58	–	53,48	60,17	–	43,76	49,23	–	34,56	38,88	–	25,86	29,09	–	17,68	19,89	–	10,02	11,27	–	3,14	3,5
	III	430,83	–	34,46	38,77	–	26,70	30,04	–	19,20	21,60	–	11,96	13,45	–	5,62	6,32	–	0,61	0,68	–	–	
	IV	790,16	–	63,21	71,11	–	58,04	65,30	–	53,00	59,63	–	48,09	54,10	–	43,30	48,71	–	38,65	43,48	–	34,12	38,3
	V	1.252,83	–	100,22	112,75																		
	VI	1.297,16	–	103,77	116,74																		
4.724,99	I	791,00	–	63,28	71,19	–	53,06	59,69	–	43,36	48,78	–	34,18	38,45	–	25,51	28,70	–	17,36	19,53	–	9,71	10,9
	II	669,33	–	53,54	60,23	–	43,82	49,30	–	34,61	38,93	–	25,92	29,16	–	17,74	19,95	–	10,07	11,33	–	3,18	3,5
	III	431,50	–	34,52	38,83	–	26,74	30,08	–	19,24	21,64	–	12,00	13,50	–	5,66	6,37	–	0,64	0,72	–	–	
	IV	791,00	–	63,28	71,19	–	58,11	65,37	–	53,06	59,69	–	48,15	54,17	–	43,36	48,78	–	38,71	43,55	–	34,18	38,4
	V	1.253,83	–	100,30	112,84																		
	VI	1.298,16	–	103,85	116,83																		

Lohn/ Gehalt bis	Steuerklasse	Lohn- steuer	ohne Kinderfreibetrag			Anzahl Kinderfreibeträge (nur Steuerklassen I–IV) 0,5			1,0			1,5			2,0			2,5			3,0		
			SolZ 5,5%	Kirchensteuer 8%	Kirchensteuer 9%	SolZ 5,5%	Kirchensteuer 8%	Kirchensteuer 9%	SolZ 5,5%	Kirchensteuer 8%	Kirchensteuer 9%	SolZ 5,5%	Kirchensteuer 8%	Kirchensteuer 9%	SolZ 5,5%	Kirchensteuer 8%	Kirchensteuer 9%	SolZ 5,5%	Kirchensteuer 8%	Kirchensteuer 9%	SolZ 5,5%	Kirchensteuer 8%	Kirchensteuer 9%
4.727,99	I	791,91	-	63,35	71,27	-	53,13	59,77	-	43,43	48,86	-	34,24	38,52	-	25,56	28,76	-	17,40	19,58	-	9,76	10,98
	II	670,16	-	53,61	60,31	-	43,88	49,37	-	34,67	39,00	-	25,97	29,21	-	17,79	20,01	-	10,12	11,38	-	3,22	3,62
	III	432,00	-	34,56	38,88	-	26,80	30,15	-	19,29	21,70	-	12,05	13,55	-	5,70	6,41	-	0,66	0,74	-	-	-
	IV	791,91	-	63,35	71,27	-	58,18	65,45	-	53,13	59,77	-	48,22	54,24	-	43,43	48,86	-	38,77	43,61	-	34,24	38,52
	V	1.254,83	-	100,38	112,93																		
	VI	1.299,16	-	103,93	116,92																		
4.730,99	I	792,75	-	63,42	71,34	-	53,20	59,85	-	43,49	48,92	-	34,30	38,58	-	25,62	28,82	-	17,46	19,64	-	9,81	11,03
	II	671,00	-	53,68	60,39	-	43,95	49,44	-	34,73	39,07	-	26,03	29,28	-	17,84	20,07	-	10,17	11,44	-	3,26	3,66
	III	432,66	-	34,61	38,93	-	26,85	30,20	-	19,34	21,76	-	12,09	13,60	-	5,74	6,46	-	0,69	0,77	-	-	-
	IV	792,75	-	63,42	71,34	-	58,24	65,52	-	53,20	59,85	-	48,28	54,31	-	43,49	48,92	-	38,83	43,68	-	34,30	38,58
	V	1.255,91	-	100,47	113,03																		
	VI	1.300,25	-	104,02	117,02																		
4.733,99	I	793,58	-	63,48	71,42	-	53,26	59,92	-	43,55	48,99	-	34,36	38,65	-	25,68	28,89	-	17,51	19,70	-	9,86	11,09
	II	671,83	-	53,74	60,46	-	44,01	49,51	-	34,79	39,14	-	26,08	29,34	-	17,89	20,12	-	10,22	11,49	-	3,30	3,71
	III	433,33	-	34,66	38,99	-	26,90	30,26	-	19,38	21,80	-	12,14	13,66	-	5,78	6,50	-	0,72	0,81	-	-	-
	IV	793,58	-	63,48	71,42	-	58,31	65,60	-	53,26	59,92	-	48,34	54,38	-	43,55	48,99	-	38,89	43,75	-	34,36	38,65
	V	1.256,91	-	100,55	113,12																		
	VI	1.301,25	-	104,10	117,11																		
4.736,99	I	794,41	-	63,55	71,49	-	53,32	59,99	-	43,61	49,06	-	34,42	38,72	-	25,73	28,94	-	17,56	19,76	-	9,90	11,14
	II	672,66	-	53,81	60,53	-	44,07	49,58	-	34,84	39,20	-	26,14	29,40	-	17,94	20,18	-	10,26	11,54	-	3,34	3,75
	III	434,00	-	34,72	39,06	-	26,94	30,31	-	19,44	21,87	-	12,18	13,70	-	5,81	6,53	-	0,74	0,83	-	-	-
	IV	794,41	-	63,55	71,49	-	58,38	65,67	-	53,32	59,99	-	48,40	54,45	-	43,61	49,06	-	38,95	43,82	-	34,42	38,72
	V	1.257,91	-	100,63	113,21																		
	VI	1.302,25	-	104,18	117,20																		
4.739,99	I	795,33	-	63,62	71,57	-	53,39	60,06	-	43,68	49,14	-	34,48	38,79	-	25,79	29,01	-	17,62	19,82	-	9,96	11,20
	II	673,50	-	53,88	60,61	-	44,13	49,64	-	34,90	39,26	-	26,20	29,47	-	18,00	20,25	-	10,31	11,60	-	3,38	3,80
	III	434,66	-	34,77	39,11	-	27,00	30,37	-	19,49	21,92	-	12,24	13,77	-	5,85	6,58	-	0,78	0,88	-	-	-
	IV	795,33	-	63,62	71,57	-	58,44	65,75	-	53,39	60,06	-	48,47	54,53	-	43,68	49,14	-	39,01	43,88	-	34,48	38,79
	V	1.259,00	-	100,72	113,31																		
	VI	1.303,33	-	104,26	117,29																		
4.742,99	I	796,16	-	63,69	71,65	-	53,46	60,14	-	43,74	49,20	-	34,53	38,84	-	25,84	29,07	-	17,66	19,87	-	10,00	11,25
	II	674,25	-	53,94	60,68	-	44,20	49,72	-	34,96	39,33	-	26,25	29,53	-	18,05	20,30	-	10,36	11,66	-	3,41	3,83
	III	435,33	-	34,82	39,17	-	27,05	30,43	-	19,53	21,97	-	12,28	13,81	-	5,89	6,62	-	0,81	0,91	-	-	-
	IV	796,16	-	63,69	71,65	-	58,51	65,82	-	53,46	60,14	-	48,53	54,59	-	43,74	49,20	-	39,07	43,95	-	34,53	38,84
	V	1.260,00	-	100,80	113,40																		
	VI	1.304,33	-	104,34	117,38																		
4.745,99	I	797,00	-	63,76	71,73	-	53,52	60,21	-	43,80	49,27	-	34,59	38,91	-	25,90	29,13	-	17,72	19,93	-	10,05	11,30
	II	675,08	-	54,00	60,75	-	44,26	49,79	-	35,02	39,40	-	26,30	29,59	-	18,10	20,36	-	10,41	11,71	-	3,45	3,88
	III	436,00	-	34,88	39,24	-	27,10	30,49	-	19,58	22,03	-	12,32	13,86	-	5,93	6,67	-	0,84	0,94	-	-	-
	IV	797,00	-	63,76	71,73	-	58,58	65,90	-	53,52	60,21	-	48,60	54,67	-	43,80	49,27	-	39,13	44,02	-	34,59	38,91
	V	1.261,00	-	100,88	113,49																		
	VI	1.305,33	-	104,42	117,47																		
4.748,99	I	797,91	-	63,83	71,81	-	53,58	60,28	-	43,86	49,34	-	34,65	38,98	-	25,95	29,19	-	17,77	19,99	-	10,10	11,36
	II	675,91	-	54,07	60,83	-	44,32	49,86	-	35,08	39,47	-	26,36	29,65	-	18,15	20,42	-	10,46	11,76	-	3,49	3,92
	III	436,66	-	34,93	39,29	-	27,14	30,53	-	19,62	22,07	-	12,37	13,91	-	5,97	6,71	-	0,86	0,97	-	-	-
	IV	797,91	-	63,83	71,81	-	58,64	65,97	-	53,58	60,28	-	48,66	54,74	-	43,86	49,34	-	39,19	44,09	-	34,65	38,98
	V	1.262,00	-	100,96	113,58																		
	VI	1.306,33	-	104,50	117,56																		
4.751,99	I	798,75	-	63,90	71,88	-	53,66	60,36	-	43,92	49,41	-	34,71	39,05	-	26,01	29,26	-	17,82	20,05	-	10,15	11,42
	II	676,75	-	54,14	60,90	-	44,38	49,93	-	35,14	39,53	-	26,42	29,72	-	18,20	20,48	-	10,51	11,82	-	3,53	3,97
	III	437,33	-	34,98	39,35	-	27,20	30,60	-	19,68	22,14	-	12,41	13,96	-	6,00	6,75	-	0,89	1,00	-	-	-
	IV	798,75	-	63,90	71,88	-	58,71	66,05	-	53,66	60,36	-	48,72	54,81	-	43,92	49,41	-	39,25	44,15	-	34,71	39,05
	V	1.263,08	-	101,04	113,67																		
	VI	1.307,41	-	104,59	117,66																		
4.754,99	I	799,58	-	63,96	71,96	-	53,72	60,43	-	43,98	49,48	-	34,76	39,11	-	26,06	29,32	-	17,87	20,10	-	10,20	11,47
	II	677,58	-	54,20	60,98	-	44,44	50,00	-	35,20	39,60	-	26,47	29,78	-	18,26	20,54	-	10,56	11,88	-	3,57	4,01
	III	437,83	-	35,02	39,40	-	27,25	30,65	-	19,73	22,19	-	12,46	14,02	-	6,04	6,79	-	0,93	1,04	-	-	-
	IV	799,58	-	63,96	71,96	-	58,78	66,12	-	53,72	60,43	-	48,79	54,89	-	43,98	49,48	-	39,31	44,22	-	34,76	39,11
	V	1.264,08	-	101,12	113,76																		
	VI	1.308,41	-	104,67	117,75																		
4.757,99	I	800,50	-	64,04	72,04	-	53,78	60,50	-	44,04	49,55	-	34,82	39,17	-	26,12	29,38	-	17,92	20,16	-	10,24	11,52
	II	678,33	-	54,26	61,04	-	44,50	50,06	-	35,26	39,66	-	26,52	29,84	-	18,31	20,60	-	10,60	11,93	-	3,61	4,06
	III	438,50	-	35,08	39,46	-	27,30	30,71	-	19,77	22,24	-	12,50	14,06	-	6,08	6,84	-	0,96	1,08	-	-	-
	IV	800,50	-	64,04	72,04	-	58,84	66,20	-	53,78	60,50	-	48,85	54,95	-	44,04	49,55	-	39,37	44,29	-	34,82	39,17
	V	1.265,08	-	101,20	113,85																		
	VI	1.309,41	-	104,75	117,84																		
4.760,99	I	801,33	-	64,10	72,11	-	53,85	60,58	-	44,11	49,62	-	34,88	39,24	-	26,18	29,45	-	17,98	20,22	-	10,30	11,58
	II	679,16	-	54,33	61,12	-	44,57	50,14	-	35,32	39,73	-	26,58	29,90	-	18,36	20,66	-	10,66	11,99	-	3,65	4,10
	III	439,16	-	35,13	39,52	-	27,36	30,78	-	19,82	22,30	-	12,56	14,13	-	6,12	6,88	-	0,98	1,10	-	-	-
	IV	801,33	-	64,10	72,11	-	58,91	66,27	-	53,85	60,58	-	48,92	55,03	-	44,11	49,62	-	39,43	44,36	-	34,88	39,24
	V	1.266,16	-	101,29	113,95																		
	VI	1.310,50	-	104,84	117,94																		
4.763,99	I	802,16	-	64,17	72,19	-	53,92	60,66	-	44,17	49,69	-	34,94	39,31	-	26,23	29,51	-	18,03	20,28	-	10,34	11,63
	II	680,00	-	54,40	61,20	-	44,63	50,21	-	35,38	39,80	-	26,64	29,97	-	18,41	20,71	-	10,70	12,04	-	3,69	4,15
	III	439,83	-	35,18	39,58	-	27,40	30,82	-	19,88	22,36	-	12,60	14,17	-	6,16	6,93	-	1,01	1,13	-	-	-
	IV	802,16	-	64,17	72,19	-	58,98	66,35	-	53,92	60,66	-	48,98	55,10	-	44,17	49,69	-	39,49	44,42	-	34,94	39,31
	V	1.267,16	-	101,37	114,04																		
	VI	1.311,50	-	104,92	118,03																		
4.766,99	I	803,08	-	64,24	72,27	-	53,98	60,72	-	44,23	49,76	-	35,00	39,38	-	26,28	29,57	-	18,08	20,34	-	10,39	11,69
	II	680,83	-	54,46	61,27	-	44,69	50,27	-	35,44	39,87	-	26,69	30,02	-	18,46	20,77	-	10,75	12,09	-	3,73	4,19
	III	440,50	-	35,24	39,64	-	27,45	30,88	-	19,92	22,41	-	12,65	14,23	-	6,20	6,97	-	1,04	1,17	-	-	-
	IV	803,08	-	64,24	72,27	-	59,04	66,42	-	53,98	60,72	-	49,04	55,17	-	44,23	49,76	-	39,55	44,49	-	35,00	39,38
	V	1.268,16	-	101,45	114,13																		
	VI	1.312,50	-	105,00	118,12																		
4.769,99	I	803,91	-	64,31	72,35	-	54,05	60,80	-	44,30	49,83	-	35,06	39,44	-	26,34	29,63	-	18,13	20,39	-	10,44	11,75
	II	681,66	-	54,53	61,34	-	44,76	50,35	-	35,50	39,93	-	26,75	30,09	-	18,52	20,83	-	10,80	12,15	-	3,77	4,24
	III	441,16	-	35,29	39,70	-	27,50	30,94	-	19,97	22,46	-	12,69	14,27	-	6,22	7,00	-	1,08	1,21	-	-	-
	IV	803,91	-	64,31	72,35	-	59,12	66,51	-	54,05	60,80	-	49,11	55,25	-	44,30	49,83	-	39,62	44,57	-	35,06	39,44
	V	1.269,25	-	101,54	114,23																		
	VI	1.313,58	-	105,08	118,22																		

Lohn/ Gehalt bis	Steuerklasse	Lohn-steuer	ohne Kinderfreibetrag			Anzahl Kinderfreibeträge (nur Steuerklassen I–IV)																	
						0,5			1,0			1,5			2,0			2,5			3,0		
			SolZ 5,5%	Kirchensteuer 8%	9%	SolZ 5,5%	Kirchensteuer 8%	9%	SolZ 5,5%	Kirchensteuer 8%	9%	SolZ 5,5%	Kirchensteuer 8%	9%	SolZ 5,5%	Kirchensteuer 8%	9%	SolZ 5,5%	Kirchensteuer 8%	9%	SolZ 5,5%	Kirchenste 8%	9
4.772,99	I	804,75	–	64,38	72,42	–	54,11	60,87	–	44,36	49,90	–	35,12	39,51	–	26,40	29,70	–	18,18	20,45	–	10,49	1
	II	682,50	–	54,60	61,42	–	44,82	50,42	–	35,55	39,99	–	26,80	30,15	–	18,57	20,89	–	10,85	12,20	–	3,81	
	III	441,83	–	35,34	39,76	–	27,54	30,98	–	20,01	22,51	–	12,74	14,33	–	6,26	7,04	–	1,10	1,24	–	–	
	IV	804,75	–	64,38	72,42	–	59,18	66,58	–	54,11	60,87	–	49,17	55,31	–	44,36	49,90	–	39,68	44,64	–	35,12	3
	V	1.270,25	–	101,62	114,32																		
	VI	1.314,58	–	105,16	118,31																		
4.775,99	I	805,66	–	64,45	72,50	–	54,18	60,95	–	44,42	49,97	–	35,18	39,57	–	26,45	29,75	–	18,24	20,52	–	10,54	1
	II	683,33	–	54,66	61,49	–	44,88	50,49	–	35,61	40,06	–	26,86	30,21	–	18,62	20,95	–	10,90	12,26	–	3,85	
	III	442,50	–	35,40	39,82	–	27,60	31,05	–	20,06	22,57	–	12,78	14,38	–	6,30	7,09	–	1,13	1,27	–	–	
	IV	805,66	–	64,45	72,50	–	59,25	66,65	–	54,18	60,95	–	49,24	55,39	–	44,42	49,97	–	39,74	44,70	–	35,18	3
	V	1.271,25	–	101,70	114,41																		
	VI	1.315,58	–	105,24	118,40																		
4.778,99	I	806,50	–	64,52	72,58	–	54,24	61,02	–	44,48	50,04	–	35,24	39,64	–	26,50	29,81	–	18,29	20,57	–	10,58	1
	II	684,08	–	54,72	61,56	–	44,94	50,56	–	35,67	40,13	–	26,92	30,28	–	18,67	21,00	–	10,94	12,31	–	3,89	4
	III	443,00	–	35,44	39,87	–	27,65	31,10	–	20,12	22,63	–	12,84	14,44	–	6,34	7,13	–	1,16	1,30	–	–	
	IV	806,50	–	64,52	72,58	–	59,32	66,73	–	54,24	61,02	–	49,30	55,46	–	44,48	50,04	–	39,80	44,77	–	35,24	3
	V	1.272,25	–	101,78	114,50																		
	VI	1.316,58	–	105,32	118,49																		
4.781,99	I	807,33	–	64,58	72,65	–	54,31	61,10	–	44,54	50,11	–	35,30	39,71	–	26,56	29,88	–	18,34	20,63	–	10,64	1
	II	684,91	–	54,79	61,64	–	45,00	50,63	–	35,73	40,19	–	26,97	30,34	–	18,72	21,06	–	11,00	12,37	–	3,93	4
	III	443,66	–	35,49	39,92	–	27,70	31,16	–	20,16	22,68	–	12,88	14,49	–	6,38	7,18	–	1,18	1,33	–	–	
	IV	807,33	–	64,58	72,65	–	59,38	66,80	–	54,31	61,10	–	49,36	55,53	–	44,54	50,11	–	39,86	44,84	–	35,30	39
	V	1.273,33	–	101,86	114,59																		
	VI	1.317,66	–	105,41	118,58																		
4.784,99	I	808,25	–	64,66	72,74	–	54,38	61,17	–	44,60	50,18	–	35,36	39,78	–	26,62	29,94	–	18,39	20,69	–	10,68	12
	II	685,75	–	54,86	61,71	–	45,06	50,69	–	35,79	40,26	–	27,02	30,40	–	18,78	21,12	–	11,04	12,42	–	3,97	4
	III	444,33	–	35,54	39,98	–	27,76	31,23	–	20,21	22,73	–	12,93	14,54	–	6,42	7,22	–	1,22	1,37	–	–	
	IV	808,25	–	64,66	72,74	–	59,45	66,88	–	54,38	61,17	–	49,42	55,60	–	44,60	50,18	–	39,92	44,91	–	35,36	39
	V	1.274,33	–	101,94	114,68																		
	VI	1.318,66	–	105,49	118,67																		
4.787,99	I	809,08	–	64,72	72,81	–	54,44	61,24	–	44,67	50,25	–	35,41	39,83	–	26,67	30,00	–	18,44	20,75	–	10,73	12
	II	686,58	–	54,92	61,79	–	45,13	50,77	–	35,85	40,33	–	27,08	30,47	–	18,83	21,18	–	11,09	12,47	–	4,01	4
	III	445,00	–	35,60	40,05	–	27,80	31,27	–	20,26	22,79	–	12,97	14,59	–	6,46	7,27	–	1,25	1,40	–	–	
	IV	809,08	–	64,72	72,81	–	59,52	66,96	–	54,44	61,24	–	49,49	55,67	–	44,67	50,25	–	39,98	44,97	–	35,41	39
	V	1.275,33	–	102,02	114,77																		
	VI	1.319,66	–	105,57	118,76																		
4.790,99	I	810,00	–	64,80	72,90	–	54,50	61,31	–	44,73	50,32	–	35,47	39,90	–	26,73	30,07	–	18,50	20,81	–	10,78	12
	II	687,41	–	54,99	61,86	–	45,19	50,84	–	35,91	40,40	–	27,14	30,53	–	18,88	21,24	–	11,14	12,53	–	4,05	4
	III	445,66	–	35,65	40,10	–	27,85	31,33	–	20,30	22,84	–	13,02	14,65	–	6,49	7,30	–	1,28	1,44	–	–	
	IV	810,00	–	64,80	72,90	–	59,58	67,03	–	54,50	61,31	–	49,56	55,75	–	44,73	50,32	–	40,04	45,04	–	35,47	39
	V	1.276,41	–	102,11	114,87																		
	VI	1.320,75	–	105,66	118,86																		
4.793,99	I	810,83	–	64,86	72,97	–	54,57	61,39	–	44,80	50,40	–	35,53	39,97	–	26,78	30,13	–	18,55	20,87	–	10,83	12
	II	688,25	–	55,06	61,94	–	45,26	50,91	–	35,96	40,46	–	27,19	30,59	–	18,94	21,30	–	11,19	12,59	–	4,09	4
	III	446,33	–	35,70	40,16	–	27,90	31,39	–	20,36	22,90	–	13,06	14,69	–	6,53	7,34	–	1,30	1,46	–	–	
	IV	810,83	–	64,86	72,97	–	59,65	67,10	–	54,57	61,39	–	49,62	55,82	–	44,80	50,40	–	40,10	45,11	–	35,53	39
	V	1.277,41	–	102,19	114,96																		
	VI	1.321,75	–	105,74	118,95																		
4.796,99	I	811,66	–	64,93	73,04	–	54,64	61,47	–	44,86	50,46	–	35,59	40,04	–	26,84	30,19	–	18,60	20,93	–	10,88	12
	II	689,08	–	55,12	62,01	–	45,32	50,98	–	36,02	40,52	–	27,25	30,65	–	18,98	21,35	–	11,24	12,64	–	4,13	4
	III	447,00	–	35,76	40,23	–	27,96	31,45	–	20,41	22,96	–	13,12	14,76	–	6,57	7,39	–	1,34	1,51	–	–	
	IV	811,66	–	64,93	73,04	–	59,72	67,18	–	54,64	61,47	–	49,68	55,89	–	44,86	50,46	–	40,16	45,18	–	35,59	40,
	V	1.278,41	–	102,27	115,05																		
	VI	1.322,75	–	105,82	119,04																		
4.799,99	I	812,58	–	65,00	73,13	–	54,70	61,54	–	44,92	50,53	–	35,65	40,10	–	26,90	30,26	–	18,66	20,99	–	10,93	12,
	II	689,91	–	55,19	62,09	–	45,38	51,05	–	36,08	40,59	–	27,30	30,71	–	19,04	21,42	–	11,29	12,70	–	4,17	4,
	III	447,66	–	35,81	40,28	–	28,00	31,50	–	20,45	23,00	–	13,16	14,80	–	6,61	7,43	–	1,37	1,54	–	–	
	IV	812,58	–	65,00	73,13	–	59,79	67,26	–	54,70	61,54	–	49,74	55,96	–	44,92	50,53	–	40,22	45,25	–	35,65	40,
	V	1.279,50	–	102,36	115,15																		
	VI	1.323,83	–	105,90	119,14																		
4.802,99	I	813,41	–	65,07	73,20	–	54,77	61,61	–	44,98	50,60	–	35,71	40,17	–	26,95	30,32	–	18,70	21,04	–	10,98	12,
	II	690,66	–	55,25	62,15	–	45,44	51,12	–	36,14	40,66	–	27,36	30,78	–	19,09	21,47	–	11,34	12,75	–	4,22	4,
	III	448,33	–	35,86	40,34	–	28,05	31,55	–	20,50	23,06	–	13,21	14,86	–	6,65	7,48	–	1,40	1,57	–	–	
	IV	813,41	–	65,07	73,20	–	59,86	67,34	–	54,77	61,61	–	49,81	56,03	–	44,98	50,60	–	40,28	45,32	–	35,71	40,
	V	1.280,50	–	102,44	115,24																		
	VI	1.324,83	–	105,98	119,23																		
4.805,99	I	814,25	–	65,14	73,28	–	54,83	61,68	–	45,04	50,67	–	35,76	40,23	–	27,00	30,38	–	18,76	21,10	–	11,02	12,
	II	691,50	–	55,32	62,23	–	45,50	51,19	–	36,20	40,73	–	27,42	30,84	–	19,14	21,53	–	11,38	12,80	–	4,26	4,
	III	449,00	–	35,92	40,41	–	28,10	31,61	–	20,54	23,11	–	13,25	14,90	–	6,69	7,52	–	1,42	1,60	–	–	
	IV	814,25	–	65,14	73,28	–	59,92	67,41	–	54,83	61,68	–	49,88	56,11	–	45,04	50,67	–	40,34	45,38	–	35,76	40,
	V	1.281,50	–	102,52	115,33																		
	VI	1.325,83	–	106,06	119,32																		
4.808,99	I	815,08	–	65,20	73,35	–	54,90	61,76	–	45,10	50,74	–	35,82	40,30	–	27,06	30,44	–	18,81	21,16	–	11,08	12,
	II	692,33	–	55,38	62,30	–	45,56	51,26	–	36,26	40,79	–	27,47	30,90	–	19,20	21,60	–	11,44	12,87	–	4,30	4,
	III	449,66	–	35,97	40,46	–	28,16	31,68	–	20,60	23,17	–	13,30	14,96	–	6,73	7,57	–	1,46	1,64	–	–	
	IV	815,08	–	65,20	73,35	–	59,99	67,49	–	54,90	61,76	–	49,94	56,18	–	45,10	50,74	–	40,40	45,45	–	35,82	40,
	V	1.282,50	–	102,60	115,42																		
	VI	1.326,83	–	106,14	119,41																		
4.811,99	I	816,00	–	65,28	73,44	–	54,96	61,83	–	45,17	50,81	–	35,88	40,37	–	27,12	30,51	–	18,86	21,22	–	11,12	12,5
	II	693,16	–	55,45	62,38	–	45,63	51,33	–	36,32	40,86	–	27,53	30,97	–	19,25	21,65	–	11,48	12,92	–	4,34	4,8
	III	450,33	–	36,02	40,52	–	28,21	31,73	–	20,65	23,23	–	13,36	15,03	–	6,77	7,61	–	1,49	1,67	–	–	
	IV	816,00	–	65,28	73,44	–	60,06	67,56	–	54,96	61,83	–	50,00	56,25	–	45,17	50,81	–	40,46	45,52	–	35,88	40,3
	V	1.283,58	–	102,68	115,52																		
	VI	1.327,91	–	106,23	119,51																		
4.814,99	I	816,83	–	65,34	73,51	–	55,03	61,91	–	45,23	50,88	–	35,94	40,43	–	27,17	30,56	–	18,92	21,28	–	11,17	12,5
	II	694,00	–	55,52	62,46	–	45,69	51,40	–	36,38	40,93	–	27,58	31,03	–	19,30	21,71	–	11,54	12,98	–	4,38	4,9
	III	450,83	–	36,06	40,57	–	28,25	31,78	–	20,69	23,27	–	13,40	15,07	–	6,81	7,66	–	1,52	1,71	–	–	
	IV	816,83	–	65,34	73,51	–	60,12	67,64	–	55,03	61,91	–	50,06	56,32	–	45,23	50,88	–	40,52	45,59	–	35,94	40,4
	V	1.284,58	–	102,76	115,61																		
	VI	1.328,91	–	106,31	119,60																		

Lohn/ Gehalt bis	Steuerklasse	Lohn-steuer	ohne Kinderfreibetrag			Anzahl Kinderfreibeträge (nur Steuerklassen I–IV) 0,5			1,0			1,5			2,0			2,5			3,0		
			SolZ 5,5%	Kirchensteuer 8%	9%	SolZ 5,5%	Kirchensteuer 8%	9%	SolZ 5,5%	Kirchensteuer 8%	9%	SolZ 5,5%	Kirchensteuer 8%	9%	SolZ 5,5%	Kirchensteuer 8%	9%	SolZ 5,5%	Kirchensteuer 8%	9%	SolZ 5,5%	Kirchensteuer 8%	9%
4.817,99	I	817,75	-	65,42	73,59	-	55,10	61,98	-	45,29	50,95	-	36,00	40,50	-	27,23	30,63	-	18,97	21,34	-	11,22	12,62
	II	694,83	-	55,58	62,53	-	45,75	51,47	-	36,44	40,99	-	27,64	31,09	-	19,36	21,78	-	11,58	13,03	-	4,42	4,97
	III	451,50	-	36,12	40,63	-	28,30	31,84	-	20,74	23,33	-	13,45	15,13	-	6,85	7,70	-	1,56	1,75	-	-	-
	IV	817,75	-	65,42	73,59	-	60,19	67,71	-	55,10	61,98	-	50,13	56,39	-	45,29	50,95	-	40,58	45,65	-	36,00	40,50
	V	1.285,58	-	102,84	115,70																		
	VI	1.329,91	-	106,39	119,69																		
4.820,99	I	818,58	-	65,48	73,67	-	55,16	62,06	-	45,36	51,03	-	36,06	40,57	-	27,28	30,69	-	19,02	21,40	-	11,27	12,68
	II	695,66	-	55,65	62,60	-	45,82	51,54	-	36,50	41,06	-	27,70	31,16	-	19,41	21,83	-	11,63	13,08	-	4,46	5,02
	III	452,16	-	36,17	40,69	-	28,36	31,90	-	20,80	23,40	-	13,49	15,17	-	6,89	7,75	-	1,58	1,78	-	-	-
	IV	818,58	-	65,48	73,67	-	60,26	67,79	-	55,16	62,06	-	50,20	56,47	-	45,36	51,03	-	40,64	45,72	-	36,06	40,57
	V	1.286,66	-	102,93	115,79																		
	VI	1.331,00	-	106,48	119,79																		
4.823,99	I	819,50	-	65,56	73,75	-	55,23	62,13	-	45,42	51,09	-	36,12	40,64	-	27,34	30,75	-	19,07	21,45	-	11,32	12,73
	II	696,50	-	55,72	62,68	-	45,88	51,61	-	36,56	41,13	-	27,75	31,22	-	19,46	21,89	-	11,68	13,14	-	4,50	5,06
	III	452,83	-	36,22	40,75	-	28,41	31,96	-	20,84	23,44	-	13,53	15,22	-	6,92	7,78	-	1,61	1,81	-	-	-
	IV	819,50	-	65,56	73,75	-	60,33	67,87	-	55,23	62,13	-	50,26	56,54	-	45,42	51,09	-	40,70	45,79	-	36,12	40,64
	V	1.287,66	-	103,01	115,88																		
	VI	1.332,00	-	106,56	119,88																		
4.826,99	I	820,33	-	65,62	73,82	-	55,30	62,21	-	45,48	51,16	-	36,18	40,70	-	27,40	30,82	-	19,12	21,51	-	11,37	12,79
	II	697,33	-	55,78	62,75	-	45,94	51,68	-	36,62	41,19	-	27,81	31,28	-	19,51	21,95	-	11,73	13,19	-	4,54	5,11
	III	453,50	-	36,28	40,81	-	28,45	32,00	-	20,89	23,50	-	13,58	15,28	-	6,96	7,83	-	1,64	1,84	-	-	-
	IV	820,33	-	65,62	73,82	-	60,40	67,95	-	55,30	62,21	-	50,32	56,61	-	45,48	51,16	-	40,76	45,86	-	36,18	40,70
	V	1.288,66	-	103,09	115,97																		
	VI	1.333,00	-	106,64	119,97																		
4.829,99	I	821,16	-	65,69	73,90	-	55,36	62,28	-	45,54	51,23	-	36,24	40,77	-	27,45	30,88	-	19,18	21,57	-	11,42	12,84
	II	698,08	-	55,84	62,82	-	46,00	51,75	-	36,68	41,26	-	27,86	31,34	-	19,56	22,01	-	11,78	13,25	-	4,59	5,16
	III	454,16	-	36,33	40,87	-	28,50	32,06	-	20,94	23,56	-	13,62	15,32	-	7,00	7,87	-	1,68	1,89	-	-	-
	IV	821,16	-	65,69	73,90	-	60,46	68,02	-	55,36	62,28	-	50,38	56,68	-	45,54	51,23	-	40,82	45,92	-	36,24	40,77
	V	1.289,75	-	103,18	116,07																		
	VI	1.334,00	-	106,72	120,06																		
4.832,99	I	822,08	-	65,76	73,98	-	55,42	62,35	-	45,60	51,30	-	36,30	40,83	-	27,51	30,95	-	19,23	21,63	-	11,47	12,90
	II	699,00	-	55,92	62,91	-	46,07	51,83	-	36,74	41,33	-	27,92	31,41	-	19,62	22,07	-	11,83	13,31	-	4,63	5,21
	III	454,83	-	36,38	40,93	-	28,56	32,13	-	20,98	23,60	-	13,68	15,39	-	7,04	7,92	-	1,70	1,91	-	-	-
	IV	822,08	-	65,76	73,98	-	60,53	68,09	-	55,42	62,35	-	50,45	56,75	-	45,60	51,30	-	40,89	46,00	-	36,30	40,83
	V	1.290,75	-	103,26	116,16																		
	VI	1.335,08	-	106,80	120,15																		
4.835,99	I	822,91	-	65,83	74,06	-	55,49	62,42	-	45,67	51,38	-	36,36	40,90	-	27,56	31,01	-	19,28	21,69	-	11,52	12,96
	II	699,75	-	55,98	62,97	-	46,13	51,89	-	36,80	41,40	-	27,98	31,47	-	19,67	22,13	-	11,88	13,36	-	4,67	5,25
	III	455,50	-	36,44	40,99	-	28,61	32,18	-	21,04	23,67	-	13,73	15,44	-	7,08	7,96	-	1,73	1,94	-	-	-
	IV	822,91	-	65,83	74,06	-	60,60	68,17	-	55,49	62,42	-	50,52	56,83	-	45,67	51,38	-	40,95	46,07	-	36,36	40,90
	V	1.291,75	-	103,34	116,25																		
	VI	1.336,08	-	106,88	120,24																		
4.838,99	I	823,75	-	65,90	74,13	-	55,56	62,50	-	45,73	51,44	-	36,42	40,97	-	27,62	31,07	-	19,34	21,75	-	11,56	13,01
	II	700,58	-	56,04	63,05	-	46,19	51,96	-	36,86	41,46	-	28,03	31,53	-	19,72	22,19	-	11,93	13,42	-	4,72	5,31
	III	456,00	-	36,48	41,04	-	28,65	32,23	-	21,09	23,72	-	13,77	15,49	-	7,12	8,01	-	1,76	1,98	-	-	-
	IV	823,75	-	65,90	74,13	-	60,66	68,24	-	55,56	62,50	-	50,58	56,90	-	45,73	51,44	-	41,01	46,13	-	36,42	40,97
	V	1.292,83	-	103,42	116,35																		
	VI	1.337,08	-	106,96	120,33																		
4.841,99	I	824,66	-	65,97	74,21	-	55,62	62,57	-	45,80	51,52	-	36,48	41,04	-	27,68	31,14	-	19,39	21,81	-	11,62	13,07
	II	701,41	-	56,11	63,12	-	46,26	52,04	-	36,92	41,53	-	28,09	31,60	-	19,78	22,25	-	11,98	13,47	-	4,76	5,35
	III	456,66	-	36,53	41,09	-	28,70	32,29	-	21,13	23,77	-	13,82	15,55	-	7,16	8,05	-	1,80	2,02	-	-	-
	IV	824,66	-	65,97	74,21	-	60,73	68,32	-	55,62	62,57	-	50,64	56,97	-	45,80	51,52	-	41,07	46,20	-	36,48	41,04
	V	1.293,83	-	103,50	116,44																		
	VI	1.338,16	-	107,05	120,43																		
4.844,99	I	825,50	-	66,04	74,29	-	55,69	62,65	-	45,86	51,59	-	36,54	41,10	-	27,73	31,19	-	19,44	21,87	-	11,66	13,12
	II	702,25	-	56,18	63,20	-	46,32	52,11	-	36,98	41,60	-	28,14	31,66	-	19,83	22,31	-	12,03	13,53	-	4,80	5,40
	III	457,33	-	36,58	41,15	-	28,76	32,35	-	21,18	23,83	-	13,86	15,59	-	7,20	8,10	-	1,82	2,05	-	-	-
	IV	825,50	-	66,04	74,29	-	60,80	68,40	-	55,69	62,65	-	50,71	57,05	-	45,86	51,59	-	41,13	46,27	-	36,54	41,10
	V	1.294,83	-	103,58	116,53																		
	VI	1.339,16	-	107,13	120,52																		
4.847,99	I	826,41	-	66,11	74,37	-	55,76	62,73	-	45,92	51,66	-	36,60	41,17	-	27,78	31,25	-	19,49	21,92	-	11,71	13,17
	II	703,08	-	56,24	63,27	-	46,38	52,18	-	37,03	41,66	-	28,20	31,72	-	19,88	22,37	-	12,08	13,59	-	4,84	5,45
	III	458,00	-	36,64	41,22	-	28,81	32,41	-	21,24	23,89	-	13,92	15,66	-	7,24	8,14	-	1,85	2,08	-	-	-
	IV	826,41	-	66,11	74,37	-	60,87	68,48	-	55,76	62,73	-	50,77	57,11	-	45,92	51,66	-	41,19	46,34	-	36,60	41,17
	V	1.295,83	-	103,66	116,62																		
	VI	1.340,16	-	107,21	120,61																		
4.850,99	I	827,25	-	66,18	74,45	-	55,82	62,80	-	45,98	51,73	-	36,66	41,24	-	27,84	31,32	-	19,54	21,98	-	11,76	13,23
	II	703,91	-	56,31	63,35	-	46,44	52,25	-	37,10	41,73	-	28,26	31,79	-	19,94	22,43	-	12,12	13,64	-	4,88	5,49
	III	458,66	-	36,69	41,27	-	28,86	32,47	-	21,28	23,94	-	13,96	15,70	-	7,28	8,19	-	1,89	2,12	-	-	-
	IV	827,25	-	66,18	74,45	-	60,94	68,55	-	55,82	62,80	-	50,84	57,19	-	45,98	51,73	-	41,26	46,41	-	36,66	41,24
	V	1.296,91	-	103,75	116,72																		
	VI	1.341,25	-	107,30	120,71																		
4.853,99	I	828,16	-	66,25	74,53	-	55,89	62,87	-	46,04	51,80	-	36,72	41,31	-	27,90	31,38	-	19,60	22,05	-	11,81	13,28
	II	704,75	-	56,38	63,42	-	46,51	52,32	-	37,15	41,79	-	28,31	31,85	-	19,99	22,49	-	12,18	13,70	-	4,93	5,54
	III	459,33	-	36,74	41,33	-	28,90	32,51	-	21,33	23,99	-	14,01	15,76	-	7,32	8,23	-	1,92	2,16	-	-	-
	IV	828,16	-	66,25	74,53	-	61,00	68,63	-	55,89	62,87	-	50,90	57,26	-	46,04	51,80	-	41,32	46,48	-	36,72	41,31
	V	1.297,91	-	103,83	116,81																		
	VI	1.342,25	-	107,38	120,80																		
4.856,99	I	829,00	-	66,32	74,61	-	55,96	62,95	-	46,10	51,86	-	36,77	41,36	-	27,96	31,45	-	19,65	22,10	-	11,86	13,34
	II	705,58	-	56,44	63,50	-	46,57	52,39	-	37,21	41,86	-	28,37	31,91	-	20,04	22,54	-	12,22	13,75	-	4,97	5,59
	III	460,00	-	36,80	41,40	-	28,96	32,58	-	21,38	24,05	-	14,05	15,80	-	7,36	8,28	-	1,94	2,18	-	-	-
	IV	829,00	-	66,32	74,61	-	61,07	68,70	-	55,96	62,95	-	50,96	57,33	-	46,10	51,86	-	41,38	46,55	-	36,77	41,36
	V	1.298,91	-	103,91	116,90																		
	VI	1.343,25	-	107,46	120,89																		
4.859,99	I	829,83	-	66,38	74,68	-	56,02	63,02	-	46,17	51,94	-	36,83	41,43	-	28,01	31,51	-	19,70	22,16	-	11,91	13,40
	II	706,41	-	56,51	63,57	-	46,63	52,46	-	37,27	41,93	-	28,42	31,97	-	20,09	22,60	-	12,27	13,80	-	5,02	5,64
	III	460,66	-	36,85	41,45	-	29,01	32,63	-	21,42	24,10	-	14,10	15,86	-	7,40	8,32	-	1,98	2,23	-	-	-
	IV	829,83	-	66,38	74,68	-	61,14	68,78	-	56,02	63,02	-	51,03	57,41	-	46,17	51,94	-	41,44	46,62	-	36,83	41,43
	V	1.300,00	-	104,00	117,00																		
	VI	1.344,25	-	107,54	120,98																		

Lohn/ Gehalt bis	Steuerklasse	Lohn-steuer	ohne Kinderfreibetrag			Anzahl Kinderfreibeträge (nur Steuerklassen I–IV)																	
						0,5			1,0			1,5			2,0			2,5			3,0		
			SolZ 5,5%	Kirchensteuer 8%	Kirchensteuer 9%	SolZ 5,5%	Kirchensteuer 8%	9%	SolZ 5,5%	Kirchensteuer 8%	9%	SolZ 5,5%	Kirchensteuer 8%	9%	SolZ 5,5%	Kirchensteuer 8%	9%	SolZ 5,5%	Kirchensteuer 8%	9%	SolZ 5,5%	Kirchensteuer 8%	9%
4.862,99	I	830,75	–	66,46	74,76	–	56,09	63,10	–	46,23	52,01	–	36,89	41,50	–	28,07	31,58	–	19,76	22,23	–	11,96	1
	II	707,25	–	56,58	63,65	–	46,70	52,53	–	37,33	41,99	–	28,48	32,04	–	20,14	22,66	–	12,32	13,86	–	5,06	
	III	461,33	–	36,90	41,51	–	29,06	32,69	–	21,48	24,16	–	14,14	15,91	–	7,44	8,37	–	2,01	2,26	–	–	
	IV	830,75	–	66,46	74,76	–	61,21	68,86	–	56,09	63,10	–	51,10	57,48	–	46,23	52,01	–	41,50	46,68	–	36,89	4
	V	1.301,00	–	104,08	117,09																		
	VI	1.345,33	–	107,62	121,07																		
4.865,99	I	831,58	–	66,52	74,84	–	56,15	63,17	–	46,30	52,08	–	36,95	41,57	–	28,12	31,64	–	19,81	22,28	–	12,01	1
	II	708,08	–	56,64	63,72	–	46,76	52,60	–	37,39	42,06	–	28,54	32,10	–	20,20	22,72	–	12,37	13,91	–	5,10	5
	III	462,00	–	36,96	41,58	–	29,10	32,74	–	21,53	24,22	–	14,20	15,97	–	7,48	8,41	–	2,04	2,29	–	–	
	IV	831,58	–	66,52	74,84	–	61,28	68,94	–	56,15	63,17	–	51,16	57,55	–	46,30	52,08	–	41,56	46,75	–	36,95	4
	V	1.302,00	–	104,16	117,18																		
	VI	1.346,33	–	107,70	121,16																		
4.868,99	I	832,50	–	66,60	74,92	–	56,22	63,24	–	46,36	52,15	–	37,01	41,63	–	28,18	31,70	–	19,86	22,34	–	12,06	1
	II	708,91	–	56,71	63,80	–	46,82	52,67	–	37,45	42,13	–	28,59	32,16	–	20,25	22,78	–	12,42	13,97	–	5,14	5
	III	462,66	–	37,01	41,63	–	29,16	32,80	–	21,57	24,26	–	14,24	16,02	–	7,52	8,46	–	2,08	2,34	–	–	
	IV	832,50	–	66,60	74,92	–	61,34	69,01	–	56,22	63,24	–	51,22	57,62	–	46,36	52,15	–	41,62	46,82	–	37,01	41
	V	1.303,08	–	104,24	117,27																		
	VI	1.347,33	–	107,78	121,25																		
4.871,99	I	833,33	–	66,66	74,99	–	56,28	63,32	–	46,42	52,22	–	37,07	41,70	–	28,24	31,77	–	19,92	22,41	–	12,11	1
	II	709,75	–	56,78	63,87	–	46,88	52,74	–	37,51	42,20	–	28,65	32,23	–	20,30	22,84	–	12,47	14,03	–	5,19	5
	III	463,33	–	37,06	41,69	–	29,21	32,86	–	21,62	24,32	–	14,29	16,07	–	7,56	8,50	–	2,10	2,36	–	–	
	IV	833,33	–	66,66	74,99	–	61,41	69,08	–	56,28	63,32	–	51,29	57,70	–	46,42	52,22	–	41,68	46,89	–	37,07	41
	V	1.304,08	–	104,32	117,36																		
	VI	1.348,41	–	107,87	121,35																		
4.874,99	I	834,25	–	66,74	75,08	–	56,35	63,39	–	46,48	52,29	–	37,13	41,77	–	28,29	31,82	–	19,97	22,46	–	12,16	13
	II	710,58	–	56,84	63,95	–	46,95	52,82	–	37,57	42,26	–	28,70	32,29	–	20,36	22,90	–	12,52	14,09	–	5,23	5
	III	463,83	–	37,10	41,74	–	29,26	32,92	–	21,68	24,39	–	14,33	16,12	–	7,60	8,55	–	2,14	2,41	–	–	
	IV	834,25	–	66,74	75,08	–	61,48	69,16	–	56,35	63,39	–	51,36	57,78	–	46,48	52,29	–	41,74	46,96	–	37,13	41
	V	1.305,08	–	104,40	117,45																		
	VI	1.349,41	–	107,95	121,44																		
4.877,99	I	835,08	–	66,80	75,15	–	56,42	63,47	–	46,54	52,36	–	37,19	41,84	–	28,35	31,89	–	20,02	22,52	–	12,20	13
	II	711,41	–	56,91	64,02	–	47,01	52,88	–	37,63	42,33	–	28,76	32,36	–	20,41	22,96	–	12,57	14,14	–	5,28	5
	III	464,50	–	37,16	41,80	–	29,32	32,98	–	21,72	24,43	–	14,38	16,18	–	7,64	8,59	–	2,17	2,44	–	–	
	IV	835,08	–	66,80	75,15	–	61,54	69,23	–	56,42	63,47	–	51,42	57,84	–	46,54	52,36	–	41,80	47,03	–	37,19	41
	V	1.306,16	–	104,49	117,55																		
	VI	1.350,41	–	108,03	121,53																		
4.880,99	I	835,91	–	66,87	75,23	–	56,48	63,54	–	46,61	52,43	–	37,25	41,90	–	28,40	31,95	–	20,07	22,58	–	12,26	13
	II	712,16	–	56,97	64,09	–	47,07	52,95	–	37,69	42,40	–	28,82	32,42	–	20,46	23,02	–	12,62	14,20	–	5,32	5
	III	465,16	–	37,21	41,86	–	29,36	33,03	–	21,77	24,49	–	14,42	16,22	–	7,68	8,64	–	2,20	2,47	–	–	
	IV	835,91	–	66,87	75,23	–	61,61	69,31	–	56,48	63,54	–	51,48	57,92	–	46,61	52,43	–	41,86	47,09	–	37,25	41
	V	1.307,16	–	104,57	117,64																		
	VI	1.351,41	–	108,11	121,62																		
4.883,99	I	836,83	–	66,94	75,31	–	56,55	63,62	–	46,67	52,50	–	37,31	41,97	–	28,46	32,02	–	20,12	22,64	–	12,30	13
	II	713,08	–	57,04	64,17	–	47,14	53,03	–	37,75	42,47	–	28,88	32,49	–	20,52	23,08	–	12,67	14,25	–	5,36	6
	III	465,83	–	37,26	41,92	–	29,41	33,08	–	21,82	24,55	–	14,48	16,29	–	7,72	8,68	–	2,24	2,52	–	–	
	IV	836,83	–	66,94	75,31	–	61,68	69,39	–	56,55	63,62	–	51,55	57,99	–	46,67	52,50	–	41,93	47,17	–	37,31	41
	V	1.308,16	–	104,65	117,73																		
	VI	1.352,50	–	108,20	121,72																		
4.886,99	I	837,66	–	67,01	75,38	–	56,62	63,69	–	46,74	52,58	–	37,37	42,04	–	28,52	32,08	–	20,18	22,70	–	12,36	13,
	II	713,83	–	57,10	64,24	–	47,20	53,10	–	37,81	42,53	–	28,93	32,54	–	20,57	23,14	–	12,72	14,31	–	5,41	6
	III	466,50	–	37,32	41,98	–	29,46	33,14	–	21,86	24,59	–	14,53	16,34	–	7,76	8,73	–	2,26	2,54	–	–	
	IV	837,66	–	67,01	75,38	–	61,75	69,47	–	56,62	63,69	–	51,61	58,06	–	46,74	52,58	–	41,99	47,24	–	37,37	42,
	V	1.309,25	–	104,74	117,83																		
	VI	1.353,50	–	108,28	121,81																		
4.889,99	I	838,58	–	67,08	75,47	–	56,68	63,77	–	46,80	52,65	–	37,43	42,11	–	28,57	32,14	–	20,23	22,76	–	12,40	13,
	II	714,66	–	57,17	64,31	–	47,26	53,17	–	37,87	42,60	–	28,99	32,61	–	20,62	23,20	–	12,77	14,36	–	5,45	6,
	III	467,16	–	37,37	42,04	–	29,52	33,21	–	21,92	24,66	–	14,57	16,39	–	7,80	8,77	–	2,29	2,57	–	–	
	IV	838,58	–	67,08	75,47	–	61,82	69,54	–	56,68	63,77	–	51,68	58,14	–	46,80	52,65	–	42,05	47,30	–	37,43	42,
	V	1.310,25	–	104,82	117,92																		
	VI	1.354,50	–	108,36	121,90																		
4.892,99	I	839,41	–	67,15	75,54	–	56,75	63,84	–	46,86	52,72	–	37,49	42,17	–	28,63	32,21	–	20,28	22,82	–	12,46	14,
	II	715,58	–	57,24	64,40	–	47,33	53,24	–	37,93	42,67	–	29,04	32,67	–	20,68	23,26	–	12,82	14,42	–	5,50	6,
	III	467,83	–	37,42	42,10	–	29,57	33,26	–	21,97	24,71	–	14,62	16,45	–	7,84	8,82	–	2,33	2,62	–	–	
	IV	839,41	–	67,15	75,54	–	61,89	69,62	–	56,75	63,84	–	51,74	58,21	–	46,86	52,72	–	42,11	47,37	–	37,49	42,
	V	1.311,25	–	104,90	118,01																		
	VI	1.355,58	–	108,44	122,00																		
4.895,99	I	840,33	–	67,22	75,62	–	56,82	63,92	–	46,92	52,79	–	37,55	42,24	–	28,68	32,27	–	20,34	22,88	–	12,50	14,
	II	716,33	–	57,30	64,46	–	47,39	53,31	–	37,99	42,74	–	29,10	32,74	–	20,73	23,32	–	12,87	14,48	–	5,54	6,
	III	468,50	–	37,48	42,16	–	29,61	33,31	–	22,01	24,76	–	14,66	16,49	–	7,88	8,86	–	2,36	2,65	–	–	
	IV	840,33	–	67,22	75,62	–	61,96	69,70	–	56,82	63,92	–	51,80	58,28	–	46,92	52,79	–	42,17	47,44	–	37,55	42,
	V	1.312,25	–	104,98	118,10																		
	VI	1.356,58	–	108,52	122,09																		
4.898,99	I	841,16	–	67,29	75,70	–	56,88	63,99	–	46,99	52,86	–	37,61	42,31	–	28,74	32,33	–	20,39	22,94	–	12,55	14,
	II	717,16	–	57,37	64,54	–	47,45	53,38	–	38,05	42,80	–	29,16	32,80	–	20,78	23,38	–	12,92	14,53	–	5,59	6,
	III	469,16	–	37,53	42,22	–	29,66	33,37	–	22,06	24,82	–	14,72	16,56	–	7,92	8,91	–	2,38	2,68	–	–	
	IV	841,16	–	67,29	75,70	–	62,02	69,77	–	56,88	63,99	–	51,87	58,35	–	46,99	52,86	–	42,23	47,51	–	37,61	42,
	V	1.313,33	–	105,06	118,19																		
	VI	1.357,58	–	108,60	122,18																		
4.901,99	I	842,08	–	67,36	75,78	–	56,95	64,07	–	47,05	52,93	–	37,67	42,38	–	28,80	32,40	–	20,44	23,00	–	12,60	14,
	II	718,08	–	57,44	64,62	–	47,52	53,46	–	38,11	42,87	–	29,22	32,87	–	20,84	23,44	–	12,97	14,59	–	5,63	6,3
	III	469,83	–	37,58	42,28	–	29,72	33,43	–	22,12	24,88	–	14,76	16,60	–	7,96	8,95	–	2,42	2,72	–	–	
	IV	842,08	–	67,36	75,78	–	62,09	69,85	–	56,95	64,07	–	51,94	58,43	–	47,05	52,93	–	42,30	47,58	–	37,67	42,3
	V	1.314,33	–	105,14	118,28																		
	VI	1.358,66	–	108,69	122,27																		
4.904,99	I	842,91	–	67,43	75,86	–	57,02	64,14	–	47,12	53,01	–	37,73	42,44	–	28,86	32,46	–	20,50	23,06	–	12,65	14,2
	II	718,83	–	57,50	64,69	–	47,58	53,53	–	38,17	42,94	–	29,27	32,93	–	20,89	23,50	–	13,02	14,64	–	5,68	6,3
	III	470,50	–	37,64	42,34	–	29,77	33,49	–	22,16	24,93	–	14,81	16,66	–	8,00	9,00	–	2,45	2,75	–	–	
	IV	842,91	–	67,43	75,86	–	62,16	69,93	–	57,02	64,14	–	52,00	58,50	–	47,12	53,01	–	42,36	47,65	–	37,73	42,4
	V	1.315,33	–	105,22	118,37																		
	VI	1.359,66	–	108,77	122,36																		

Lohn/ Gehalt bis	Steuerklasse	Lohnsteuer	ohne Kinderfreibetrag SolZ 5,5%	ohne Kinderfreibetrag Kirchensteuer 8%	ohne Kinderfreibetrag Kirchensteuer 9%	0,5 SolZ 5,5%	0,5 Kirchensteuer 8%	0,5 Kirchensteuer 9%	1,0 SolZ 5,5%	1,0 Kirchensteuer 8%	1,0 Kirchensteuer 9%	1,5 SolZ 5,5%	1,5 Kirchensteuer 8%	1,5 Kirchensteuer 9%	2,0 SolZ 5,5%	2,0 Kirchensteuer 8%	2,0 Kirchensteuer 9%	2,5 SolZ 5,5%	2,5 Kirchensteuer 8%	2,5 Kirchensteuer 9%	3,0 SolZ 5,5%	3,0 Kirchensteuer 8%	3,0 Kirchensteuer 9%
						Anzahl Kinderfreibeträge (nur Steuerklassen I–IV)																	
4.907,99	I	843,83	-	67,50	75,94	-	57,08	64,22	-	47,18	53,07	-	37,78	42,50	-	28,91	32,52	-	20,55	23,12	-	12,70	14,29
	II	719,66	-	57,57	64,76	-	47,64	53,60	-	38,23	43,01	-	29,32	32,99	-	20,94	23,56	-	13,07	14,70	-	5,72	6,44
	III	471,16	-	37,69	42,40	-	29,82	33,55	-	22,21	24,98	-	14,85	16,70	-	8,04	9,04	-	2,49	2,80	-	-	-
	IV	843,83	-	67,50	75,94	-	62,23	70,01	-	57,08	64,22	-	52,06	58,57	-	47,18	53,07	-	42,42	47,72	-	37,78	42,50
	V	1.316,41	-	105,31	118,47																		
	VI	1.360,66	-	108,85	122,45																		
4.910,99	I	844,66	-	67,57	76,01	-	57,15	64,29	-	47,24	53,14	-	37,84	42,57	-	28,96	32,58	-	20,60	23,18	-	12,75	14,34
	II	720,50	-	57,64	64,84	-	47,70	53,66	-	38,29	43,07	-	29,38	33,05	-	20,99	23,61	-	13,12	14,76	-	5,76	6,48
	III	471,83	-	37,74	42,46	-	29,86	33,59	-	22,26	25,04	-	14,90	16,76	-	8,08	9,09	-	2,52	2,83	-	-	-
	IV	844,66	-	67,57	76,01	-	62,30	70,08	-	57,15	64,29	-	52,13	58,64	-	47,24	53,14	-	42,48	47,79	-	37,84	42,57
	V	1.317,41	-	105,39	118,56																		
	VI	1.361,75	-	108,94	122,55																		
4.913,99	I	845,58	-	67,64	76,10	-	57,22	64,37	-	47,30	53,21	-	37,90	42,64	-	29,02	32,65	-	20,66	23,24	-	12,80	14,40
	II	721,41	-	57,71	64,92	-	47,77	53,74	-	38,35	43,14	-	29,44	33,12	-	21,05	23,68	-	13,17	14,81	-	5,81	6,53
	III	472,50	-	37,80	42,52	-	29,92	33,66	-	22,30	25,09	-	14,96	16,83	-	8,12	9,13	-	2,56	2,88	-	-	-
	IV	845,58	-	67,64	76,10	-	62,36	70,16	-	57,22	64,37	-	52,20	58,72	-	47,30	53,21	-	42,54	47,86	-	37,90	42,64
	V	1.318,41	-	105,47	118,65																		
	VI	1.362,75	-	109,02	122,64																		
4.916,99	I	846,41	-	67,71	76,17	-	57,28	64,44	-	47,36	53,28	-	37,96	42,71	-	29,08	32,71	-	20,71	23,30	-	12,85	14,45
	II	722,16	-	57,77	64,99	-	47,83	53,81	-	38,41	43,21	-	29,50	33,18	-	21,10	23,74	-	13,22	14,87	-	5,86	6,59
	III	473,00	-	37,84	42,57	-	29,97	33,71	-	22,36	25,15	-	15,00	16,87	-	8,16	9,18	-	2,58	2,90	-	-	-
	IV	846,41	-	67,71	76,17	-	62,43	70,23	-	57,28	64,44	-	52,26	58,79	-	47,36	53,28	-	42,60	47,93	-	37,96	42,71
	V	1.319,50	-	105,56	118,75																		
	VI	1.363,75	-	109,10	122,73																		
4.919,99	I	847,33	-	67,78	76,25	-	57,35	64,52	-	47,43	53,36	-	38,02	42,77	-	29,14	32,78	-	20,76	23,36	-	12,90	14,51
	II	723,00	-	57,84	65,07	-	47,90	53,88	-	38,47	43,28	-	29,55	33,24	-	21,15	23,79	-	13,27	14,93	-	5,90	6,64
	III	473,66	-	37,89	42,62	-	30,02	33,77	-	22,41	25,21	-	15,05	16,93	-	8,20	9,22	-	2,61	2,93	-	-	-
	IV	847,33	-	67,78	76,25	-	62,50	70,31	-	57,35	64,52	-	52,32	58,86	-	47,43	53,36	-	42,66	47,99	-	38,02	42,77
	V	1.320,50	-	105,64	118,84																		
	VI	1.364,75	-	109,18	122,82																		
4.922,99	I	848,16	-	67,85	76,33	-	57,42	64,59	-	47,50	53,43	-	38,08	42,84	-	29,20	32,85	-	20,82	23,42	-	12,95	14,57
	II	723,91	-	57,91	65,15	-	47,96	53,96	-	38,53	43,34	-	29,61	33,31	-	21,21	23,86	-	13,32	14,98	-	5,95	6,69
	III	474,33	-	37,94	42,68	-	30,08	33,84	-	22,45	25,25	-	15,09	16,97	-	8,24	9,27	-	2,65	2,98	-	-	-
	IV	848,16	-	67,85	76,33	-	62,57	70,39	-	57,42	64,59	-	52,39	58,94	-	47,50	53,43	-	42,72	48,06	-	38,08	42,84
	V	1.321,50	-	105,72	118,93																		
	VI	1.365,83	-	109,26	122,92																		
4.925,99	I	849,08	-	67,92	76,41	-	57,48	64,67	-	47,56	53,50	-	38,14	42,91	-	29,25	32,90	-	20,87	23,48	-	13,00	14,63
	II	724,75	-	57,98	65,22	-	48,02	54,02	-	38,59	43,41	-	29,67	33,38	-	21,26	23,92	-	13,37	15,04	-	6,00	6,75
	III	475,00	-	38,00	42,75	-	30,12	33,88	-	22,50	25,31	-	15,14	17,03	-	8,28	9,31	-	2,68	3,01	-	-	-
	IV	849,08	-	67,92	76,41	-	62,64	70,47	-	57,48	64,67	-	52,46	59,01	-	47,56	53,50	-	42,79	48,14	-	38,14	42,91
	V	1.322,58	-	105,80	119,03																		
	VI	1.366,83	-	109,34	123,01																		
4.928,99	I	849,91	-	67,99	76,49	-	57,55	64,74	-	47,62	53,57	-	38,20	42,98	-	29,30	32,96	-	20,92	23,54	-	13,05	14,68
	II	725,50	-	58,04	65,29	-	48,08	54,09	-	38,65	43,48	-	29,72	33,44	-	21,31	23,97	-	13,42	15,09	-	6,04	6,79
	III	475,66	-	38,05	42,80	-	30,17	33,94	-	22,56	25,38	-	15,18	17,08	-	8,33	9,37	-	2,72	3,06	-	-	-
	IV	849,91	-	67,99	76,49	-	62,70	70,54	-	57,55	64,74	-	52,52	59,08	-	47,62	53,57	-	42,85	48,20	-	38,20	42,98
	V	1.323,58	-	105,88	119,12																		
	VI	1.367,83	-	109,42	123,10																		
4.931,99	I	850,75	-	68,06	76,56	-	57,62	64,82	-	47,68	53,64	-	38,26	43,04	-	29,36	33,03	-	20,97	23,59	-	13,10	14,73
	II	726,33	-	58,10	65,36	-	48,15	54,17	-	38,71	43,55	-	29,78	33,50	-	21,36	24,03	-	13,47	15,15	-	6,08	6,84
	III	476,33	-	38,10	42,86	-	30,22	34,00	-	22,60	25,42	-	15,24	17,14	-	8,36	9,40	-	2,74	3,08	-	-	-
	IV	850,75	-	68,06	76,56	-	62,77	70,61	-	57,62	64,82	-	52,58	59,15	-	47,68	53,64	-	42,91	48,27	-	38,26	43,04
	V	1.324,58	-	105,96	119,21																		
	VI	1.368,91	-	109,51	123,20																		
4.934,99	I	851,66	-	68,13	76,64	-	57,68	64,89	-	47,74	53,71	-	38,32	43,11	-	29,42	33,09	-	21,03	23,66	-	13,15	14,79
	II	727,25	-	58,18	65,45	-	48,22	54,24	-	38,77	43,61	-	29,84	33,57	-	21,42	24,10	-	13,52	15,21	-	6,13	6,89
	III	477,00	-	38,16	42,93	-	30,28	34,06	-	22,65	25,48	-	15,28	17,19	-	8,41	9,46	-	2,78	3,13	-	-	-
	IV	851,66	-	68,13	76,64	-	62,84	70,70	-	57,68	64,89	-	52,65	59,23	-	47,74	53,71	-	42,97	48,34	-	38,32	43,11
	V	1.325,58	-	106,04	119,30																		
	VI	1.369,91	-	109,59	123,29																		
4.937,99	I	852,58	-	68,20	76,73	-	57,75	64,97	-	47,81	53,78	-	38,38	43,18	-	29,48	33,16	-	21,08	23,72	-	13,20	14,85
	II	728,08	-	58,24	65,52	-	48,28	54,31	-	38,83	43,68	-	29,90	33,63	-	21,48	24,16	-	13,57	15,26	-	6,18	6,95
	III	477,66	-	38,21	42,98	-	30,33	34,12	-	22,70	25,54	-	15,33	17,24	-	8,45	9,50	-	2,81	3,16	-	-	-
	IV	852,58	-	68,20	76,73	-	62,91	70,77	-	57,75	64,97	-	52,72	59,31	-	47,81	53,78	-	43,03	48,41	-	38,38	43,18
	V	1.326,66	-	106,13	119,39																		
	VI	1.370,91	-	109,67	123,38																		
4.940,99	I	853,41	-	68,27	76,80	-	57,82	65,04	-	47,87	53,85	-	38,44	43,25	-	29,53	33,22	-	21,13	23,77	-	13,25	14,90
	II	728,91	-	58,31	65,60	-	48,34	54,38	-	38,89	43,75	-	29,95	33,69	-	21,52	24,21	-	13,62	15,32	-	6,22	7,00
	III	478,33	-	38,26	43,04	-	30,37	34,16	-	22,74	25,58	-	15,37	17,29	-	8,49	9,55	-	2,84	3,19	-	-	-
	IV	853,41	-	68,27	76,80	-	62,98	70,85	-	57,82	65,04	-	52,78	59,37	-	47,87	53,85	-	43,10	48,48	-	38,44	43,25
	V	1.327,66	-	106,21	119,48																		
	VI	1.372,00	-	109,76	123,48																		
4.943,99	I	854,33	-	68,34	76,88	-	57,88	65,12	-	47,94	53,93	-	38,50	43,31	-	29,59	33,29	-	21,19	23,84	-	13,30	14,96
	II	729,75	-	58,38	65,67	-	48,40	54,45	-	38,95	43,82	-	30,01	33,76	-	21,58	24,28	-	13,67	15,38	-	6,27	7,05
	III	479,00	-	38,32	43,11	-	30,42	34,22	-	22,80	25,65	-	15,42	17,35	-	8,53	9,59	-	2,88	3,24	-	-	-
	IV	854,33	-	68,34	76,88	-	63,05	70,93	-	57,88	65,12	-	52,84	59,45	-	47,94	53,93	-	43,16	48,55	-	38,50	43,31
	V	1.328,66	-	106,29	119,57																		
	VI	1.373,00	-	109,84	123,57																		
4.946,99	I	855,16	-	68,41	76,96	-	57,95	65,19	-	48,00	54,00	-	38,56	43,38	-	29,64	33,35	-	21,24	23,90	-	13,35	15,02
	II	730,58	-	58,44	65,75	-	48,47	54,53	-	39,01	43,88	-	30,06	33,82	-	21,64	24,34	-	13,72	15,43	-	6,32	7,11
	III	479,66	-	38,37	43,16	-	30,48	34,29	-	22,85	25,70	-	15,48	17,41	-	8,57	9,64	-	2,90	3,26	-	-	-
	IV	855,16	-	68,41	76,96	-	63,12	71,01	-	57,95	65,19	-	52,91	59,52	-	48,00	54,00	-	43,22	48,62	-	38,56	43,38
	V	1.329,75	-	106,38	119,67																		
	VI	1.374,00	-	109,92	123,66																		
4.949,99	I	856,08	-	68,48	77,04	-	58,02	65,27	-	48,06	54,07	-	38,62	43,45	-	29,70	33,41	-	21,29	23,95	-	13,40	15,07
	II	731,41	-	58,51	65,82	-	48,53	54,59	-	39,07	43,95	-	30,12	33,89	-	21,69	24,40	-	13,77	15,49	-	6,36	7,16
	III	480,33	-	38,42	43,22	-	30,53	34,34	-	22,89	25,75	-	15,52	17,46	-	8,61	9,68	-	2,94	3,31	-	-	-
	IV	856,08	-	68,48	77,04	-	63,18	71,08	-	58,02	65,27	-	52,98	59,60	-	48,06	54,07	-	43,28	48,69	-	38,62	43,45
	V	1.330,75	-	106,46	119,76																		
	VI	1.375,08	-	110,00	123,75																		

Lohn/ Gehalt bis	Steuerklasse	Lohnsteuer	ohne Kinderfreibetrag SolZ 5,5%	ohne Kinderfreibetrag Kirchensteuer 8%	ohne Kinderfreibetrag Kirchensteuer 9%	0,5 SolZ 5,5%	0,5 Kirchensteuer 8%	0,5 Kirchensteuer 9%	1,0 SolZ 5,5%	1,0 Kirchensteuer 8%	1,0 Kirchensteuer 9%	1,5 SolZ 5,5%	1,5 Kirchensteuer 8%	1,5 Kirchensteuer 9%	2,0 SolZ 5,5%	2,0 Kirchensteuer 8%	2,0 Kirchensteuer 9%	2,5 SolZ 5,5%	2,5 Kirchensteuer 8%	2,5 Kirchensteuer 9%	3,0 SolZ 5,5%	3,0 Kirchensteuer 8%	3,0 Kirchensteuer 9%
						Anzahl Kinderfreibeträge (nur Steuerklassen I–IV)																	
4.952,99	I	856,91	-	68,55	77,12	-	58,08	65,34	-	48,13	54,14	-	38,68	43,52	-	29,76	33,48	-	21,35	24,02	-	13,45	[illegible]
	II	732,25	-	58,58	65,90	-	48,60	54,67	-	39,13	44,02	-	30,18	33,95	-	21,74	24,46	-	13,82	15,54	-	6,41	[illegible]
	III	481,00	-	38,48	43,29	-	30,58	34,40	-	22,94	25,81	-	15,57	17,51	-	8,65	9,73	-	2,97	3,34	-	-	
	IV	856,91	-	68,55	77,12	-	63,26	71,16	-	58,08	65,34	-	53,04	59,67	-	48,13	54,14	-	43,34	48,76	-	38,68	[illegible]
	V	1.331,75	-	106,54	119,85																		
	VI	1.376,08	-	110,08	123,84																		
4.955,99	I	857,83	-	68,62	77,20	-	58,15	65,42	-	48,19	54,21	-	38,74	43,58	-	29,82	33,54	-	21,40	24,08	-	13,50	[illegible]
	II	733,08	-	58,64	65,97	-	48,66	54,74	-	39,19	44,09	-	30,24	34,02	-	21,80	24,52	-	13,87	15,60	-	6,46	[illegible]
	III	481,66	-	38,53	43,34	-	30,64	34,47	-	23,00	25,87	-	15,61	17,56	-	8,69	9,77	-	3,01	3,38	-	-	
	IV	857,83	-	68,62	77,20	-	63,32	71,24	-	58,15	65,42	-	53,10	59,74	-	48,19	54,21	-	43,40	48,83	-	38,74	[illegible]
	V	1.332,83	-	106,62	119,95																		
	VI	1.377,08	-	110,16	123,93																		
4.958,99	I	858,66	-	68,69	77,27	-	58,22	65,49	-	48,25	54,28	-	38,80	43,65	-	29,87	33,60	-	21,46	24,14	-	13,55	[illegible]
	II	733,91	-	58,71	66,05	-	48,72	54,81	-	39,25	44,15	-	30,29	34,07	-	21,85	24,58	-	13,92	15,66	-	6,50	[illegible]
	III	482,16	-	38,57	43,39	-	30,68	34,51	-	23,04	25,92	-	15,66	17,62	-	8,73	9,82	-	3,04	3,42	-	-	
	IV	858,66	-	68,69	77,27	-	63,39	71,31	-	58,22	65,49	-	53,17	59,81	-	48,25	54,28	-	43,46	48,89	-	38,80	[illegible]
	V	1.333,83	-	106,70	120,04																		
	VI	1.378,08	-	110,24	124,02																		
4.961,99	I	859,58	-	68,76	77,36	-	58,28	65,57	-	48,32	54,36	-	38,86	43,72	-	29,93	33,67	-	21,50	24,19	-	13,60	[illegible]
	II	734,75	-	58,78	66,12	-	48,78	54,88	-	39,31	44,22	-	30,35	34,14	-	21,90	24,64	-	13,97	15,71	-	6,55	[illegible]
	III	482,83	-	38,62	43,45	-	30,73	34,57	-	23,09	25,97	-	15,70	17,66	-	8,78	9,88	-	3,08	3,46	-	-	
	IV	859,58	-	68,76	77,36	-	63,46	71,39	-	58,28	65,57	-	53,24	59,89	-	48,32	54,36	-	43,52	48,96	-	38,86	[illegible]
	V	1.334,83	-	106,78	120,13																		
	VI	1.379,16	-	110,33	124,12																		
4.964,99	I	860,50	-	68,84	77,44	-	58,35	65,64	-	48,38	54,43	-	38,93	43,79	-	29,98	33,73	-	21,56	24,26	-	13,65	[illegible]
	II	735,58	-	58,84	66,20	-	48,85	54,95	-	39,37	44,29	-	30,40	34,20	-	21,96	24,70	-	14,02	15,77	-	6,60	[illegible]
	III	483,50	-	38,68	43,51	-	30,78	34,63	-	23,14	26,03	-	15,76	17,73	-	8,82	9,92	-	3,10	3,49	-	-	
	IV	860,50	-	68,84	77,44	-	63,53	71,47	-	58,35	65,64	-	53,30	59,96	-	48,38	54,43	-	43,59	49,04	-	38,93	[illegible]
	V	1.335,91	-	106,87	120,23																		
	VI	1.380,16	-	110,41	124,21																		
4.967,99	I	861,33	-	68,90	77,51	-	58,42	65,72	-	48,44	54,50	-	38,98	43,85	-	30,04	33,80	-	21,62	24,32	-	13,70	[illegible]
	II	736,41	-	58,91	66,27	-	48,92	55,03	-	39,43	44,36	-	30,46	34,27	-	22,01	24,76	-	14,07	15,83	-	6,64	[illegible]
	III	484,16	-	38,73	43,57	-	30,84	34,69	-	23,18	26,08	-	15,81	17,78	-	8,86	9,97	-	3,14	3,53	-	-	
	IV	861,33	-	68,90	77,51	-	63,60	71,55	-	58,42	65,72	-	53,36	60,03	-	48,44	54,50	-	43,65	49,10	-	38,98	[illegible]
	V	1.336,91	-	106,95	120,32																		
	VI	1.381,16	-	110,49	124,30																		
4.970,99	I	862,16	-	68,97	77,59	-	58,48	65,79	-	48,51	54,57	-	39,04	43,92	-	30,10	33,86	-	21,67	24,38	-	13,75	[illegible]
	II	737,25	-	58,98	66,35	-	48,98	55,10	-	39,49	44,42	-	30,52	34,33	-	22,06	24,82	-	14,12	15,88	-	6,69	[illegible]
	III	484,83	-	38,78	43,63	-	30,89	34,75	-	23,24	26,14	-	15,85	17,83	-	8,90	10,01	-	3,17	3,56	-	-	
	IV	862,16	-	68,97	77,59	-	63,66	71,62	-	58,48	65,79	-	53,43	60,11	-	48,51	54,57	-	43,71	49,17	-	39,04	[illegible]
	V	1.337,91	-	107,03	120,41																		
	VI	1.382,25	-	110,58	124,40																		
4.973,99	I	863,08	-	69,04	77,67	-	58,55	65,87	-	48,57	54,64	-	39,11	44,00	-	30,16	33,93	-	21,72	24,44	-	13,80	[illegible]
	II	738,08	-	59,04	66,42	-	49,04	55,17	-	39,55	44,49	-	30,58	34,40	-	22,12	24,88	-	14,17	15,94	-	6,74	[illegible]
	III	485,50	-	38,84	43,69	-	30,93	34,79	-	23,29	26,20	-	15,90	17,89	-	8,94	10,06	-	3,21	3,61	-	-	
	IV	863,08	-	69,04	77,67	-	63,74	71,70	-	58,55	65,87	-	53,50	60,18	-	48,57	54,64	-	43,78	49,25	-	39,11	[illegible]
	V	1.339,00	-	107,12	120,51																		
	VI	1.383,25	-	110,66	124,49																		
4.976,99	I	864,00	-	69,12	77,76	-	58,62	65,94	-	48,64	54,72	-	39,17	44,06	-	30,22	33,99	-	21,78	24,50	-	13,85	[illegible]
	II	738,91	-	59,11	66,50	-	49,10	55,24	-	39,61	44,56	-	30,64	34,47	-	22,17	24,94	-	14,22	16,00	-	6,78	[illegible]
	III	486,16	-	38,89	43,75	-	30,98	34,85	-	23,34	26,26	-	15,94	17,93	-	8,98	10,10	-	3,24	3,64	-	-	
	IV	864,00	-	69,12	77,76	-	63,80	71,78	-	58,62	65,94	-	53,56	60,26	-	48,64	54,72	-	43,84	49,32	-	39,17	[illegible]
	V	1.340,00	-	107,20	120,60																		
	VI	1.384,25	-	110,74	124,58																		
4.979,99	I	864,83	-	69,18	77,83	-	58,68	66,02	-	48,70	54,78	-	39,23	44,13	-	30,27	34,05	-	21,83	24,56	-	13,90	[illegible]
	II	739,75	-	59,18	66,57	-	49,17	55,31	-	39,67	44,63	-	30,69	34,52	-	22,22	25,00	-	14,27	16,05	-	6,83	[illegible]
	III	486,83	-	38,94	43,81	-	31,04	34,92	-	23,38	26,30	-	16,00	18,00	-	9,02	10,15	-	3,28	3,69	-	-	
	IV	864,83	-	69,18	77,83	-	63,87	71,85	-	58,68	66,02	-	53,63	60,33	-	48,70	54,78	-	43,90	49,38	-	39,23	[illegible]
	V	1.341,00	-	107,28	120,69																		
	VI	1.385,33	-	110,82	124,67																		
4.982,99	I	865,75	-	69,26	77,91	-	58,75	66,09	-	48,76	54,86	-	39,29	44,20	-	30,33	34,12	-	21,88	24,62	-	13,95	[illegible]
	II	740,66	-	59,25	66,65	-	49,24	55,39	-	39,74	44,70	-	30,75	34,59	-	22,28	25,06	-	14,32	16,11	-	6,88	[illegible]
	III	487,50	-	39,00	43,87	-	31,09	34,97	-	23,44	26,37	-	16,05	18,05	-	9,08	10,21	-	3,30	3,71	-	-	
	IV	865,75	-	69,26	77,91	-	63,94	71,93	-	58,75	66,09	-	53,70	60,41	-	48,76	54,86	-	43,96	49,46	-	39,29	[illegible]
	V	1.342,00	-	107,36	120,78																		
	VI	1.386,33	-	110,90	124,76																		
4.985,99	I	866,58	-	69,32	77,99	-	58,82	66,17	-	48,82	54,92	-	39,35	44,27	-	30,38	34,18	-	21,94	24,68	-	14,00	[illegible]
	II	741,50	-	59,32	66,73	-	49,30	55,46	-	39,80	44,77	-	30,80	34,65	-	22,33	25,12	-	14,37	16,16	-	6,93	[illegible]
	III	488,16	-	39,05	43,93	-	31,14	35,03	-	23,49	26,42	-	16,09	18,10	-	9,12	10,26	-	3,34	3,76	-	-	
	IV	866,58	-	69,32	77,99	-	64,01	72,01	-	58,82	66,17	-	53,76	60,48	-	48,82	54,92	-	44,02	49,52	-	39,35	[illegible]
	V	1.343,08	-	107,44	120,87																		
	VI	1.387,33	-	110,98	124,85																		
4.988,99	I	867,58	-	69,40	78,08	-	58,89	66,25	-	48,90	55,01	-	39,41	44,33	-	30,44	34,25	-	21,99	24,74	-	14,06	[illegible]
	II	742,33	-	59,38	66,80	-	49,36	55,53	-	39,86	44,84	-	30,86	34,72	-	22,39	25,19	-	14,42	16,22	-	6,98	[illegible]
	III	488,83	-	39,10	43,99	-	31,20	35,10	-	23,54	26,48	-	16,14	18,16	-	9,16	10,30	-	3,37	3,79	-	-	
	IV	867,58	-	69,40	78,08	-	64,08	72,09	-	58,89	66,25	-	53,83	60,56	-	48,90	55,01	-	44,09	49,60	-	39,41	[illegible]
	V	1.344,16	-	107,53	120,97																		
	VI	1.388,41	-	111,07	124,95																		
4.991,99	I	868,50	-	69,48	78,16	-	58,96	66,33	-	48,96	55,08	-	39,48	44,41	-	30,51	34,32	-	22,05	24,80	-	14,11	[illegible]
	II	743,25	-	59,46	66,89	-	49,44	55,62	-	39,92	44,91	-	30,93	34,79	-	22,45	25,25	-	14,48	16,29	-	7,03	[illegible]
	III	489,50	-	39,16	44,05	-	31,25	35,15	-	23,60	26,55	-	16,20	18,22	-	9,21	10,36	-	3,41	3,83	-	-	
	IV	868,50	-	69,48	78,16	-	64,16	72,18	-	58,96	66,33	-	53,90	60,63	-	48,96	55,08	-	44,16	49,68	-	39,48	[illegible]
	V	1.345,25	-	107,62	121,07																		
	VI	1.389,58	-	111,16	125,06																		
4.994,99	I	869,50	-	69,56	78,25	-	59,04	66,42	-	49,04	55,17	-	39,54	44,48	-	30,57	34,39	-	22,11	24,87	-	14,16	[illegible]
	II	744,25	-	59,54	66,98	-	49,50	55,69	-	39,99	44,99	-	30,99	34,86	-	22,51	25,32	-	14,54	16,35	-	7,08	[illegible]
	III	490,33	-	39,22	44,12	-	31,30	35,21	-	23,65	26,60	-	16,25	18,28	-	9,25	10,40	-	3,45	3,88	-	-	
	IV	869,50	-	69,56	78,25	-	64,24	72,27	-	59,04	66,42	-	53,97	60,71	-	49,04	55,17	-	44,22	49,75	-	39,54	[illegible]
	V	1.346,41	-	107,71	121,17																		
	VI	1.390,75	-	111,26	125,16																		

Allgemeine Tabelle

MONAT bis 5.039,99 €

Lohn/ Gehalt bis	Steuerklasse	Lohn-steuer	ohne Kinderfreibetrag SolZ 5,5%	Kirchensteuer 8%	9%	0,5 SolZ 5,5%	Kirchensteuer 8%	9%	1,0 SolZ 5,5%	Kirchensteuer 8%	9%	1,5 SolZ 5,5%	Kirchensteuer 8%	9%	2,0 SolZ 5,5%	Kirchensteuer 8%	9%	2,5 SolZ 5,5%	Kirchensteuer 8%	9%	3,0 SolZ 5,5%	Kirchensteuer 8%	9%
						Anzahl Kinderfreibeträge (nur Steuerklassen I–IV)																	
4.997,99	I	870,50	-	69,64	78,34	-	59,12	66,51	-	49,11	55,25	-	39,62	44,57	-	30,64	34,47	-	22,17	24,94	-	14,22	16,00
	II	745,16	-	59,61	67,06	-	49,58	55,77	-	40,06	45,07	-	31,06	34,94	-	22,57	25,39	-	14,60	16,42	-	7,14	8,03
	III	491,00	-	39,28	44,19	-	31,37	35,29	-	23,70	26,66	-	16,30	18,34	-	9,30	10,46	-	3,49	3,92	-	-	-
	IV	870,50	-	69,64	78,34	-	64,31	72,35	-	59,12	66,51	-	54,05	60,80	-	49,11	55,25	-	44,30	49,83	-	39,62	44,57
	V	1.347,58	-	107,80	121,28																		
	VI	1.391,91	-	111,35	125,27																		
5.000,99	I	871,50	-	69,72	78,43	-	59,19	66,59	-	49,18	55,32	-	39,68	44,64	-	30,70	34,53	-	22,23	25,01	-	14,28	16,06
	II	746,08	-	59,68	67,14	-	49,65	55,85	-	40,13	45,14	-	31,12	35,01	-	22,63	25,46	-	14,65	16,48	-	7,18	8,08
	III	491,83	-	39,34	44,26	-	31,42	35,35	-	23,76	26,73	-	16,36	18,40	-	9,34	10,51	-	3,53	3,97	-	-	-
	IV	871,50	-	69,72	78,43	-	64,38	72,43	-	59,19	66,59	-	54,12	60,88	-	49,18	55,32	-	44,36	49,91	-	39,68	44,64
	V	1.348,66	-	107,89	121,37																		
	VI	1.393,00	-	111,44	125,37																		
5.003,99	I	872,41	-	69,79	78,51	-	59,26	66,67	-	49,25	55,40	-	39,75	44,72	-	30,76	34,61	-	22,29	25,07	-	14,34	16,13
	II	747,08	-	59,76	67,23	-	49,72	55,94	-	40,20	45,22	-	31,18	35,08	-	22,69	25,52	-	14,70	16,54	-	7,24	8,14
	III	492,50	-	39,40	44,32	-	31,48	35,41	-	23,81	26,78	-	16,41	18,46	-	9,40	10,57	-	3,56	4,00	-	-	-
	IV	872,41	-	69,79	78,51	-	64,46	72,52	-	59,26	66,67	-	54,19	60,96	-	49,25	55,40	-	44,44	49,99	-	39,75	44,72
	V	1.349,83	-	107,98	121,48																		
	VI	1.394,16	-	111,53	125,47																		
5.006,99	I	873,41	-	69,87	78,60	-	59,34	66,75	-	49,32	55,49	-	39,82	44,79	-	30,83	34,68	-	22,35	25,14	-	14,39	16,19
	II	748,00	-	59,84	67,32	-	49,79	56,01	-	40,26	45,29	-	31,25	35,15	-	22,75	25,59	-	14,76	16,61	-	7,29	8,20
	III	493,33	-	39,46	44,39	-	31,53	35,47	-	23,86	26,84	-	16,46	18,52	-	9,44	10,62	-	3,60	4,05	-	-	-
	IV	873,41	-	69,87	78,60	-	64,54	72,61	-	59,34	66,75	-	54,26	61,04	-	49,32	55,49	-	44,50	50,06	-	39,82	44,79
	V	1.351,00	-	108,08	121,59																		
	VI	1.395,33	-	111,62	125,57																		
5.009,99	I	874,41	-	69,95	78,69	-	59,41	66,83	-	49,39	55,56	-	39,88	44,87	-	30,89	34,75	-	22,41	25,21	-	14,44	16,25
	II	748,91	-	59,91	67,40	-	49,86	56,09	-	40,33	45,37	-	31,31	35,22	-	22,81	25,66	-	14,82	16,67	-	7,34	8,26
	III	494,00	-	39,52	44,46	-	31,60	35,55	-	23,92	26,91	-	16,52	18,58	-	9,49	10,67	-	3,64	4,09	-	-	-
	IV	874,41	-	69,95	78,69	-	64,62	72,69	-	59,41	66,83	-	54,34	61,13	-	49,39	55,56	-	44,57	50,14	-	39,88	44,87
	V	1.352,08	-	108,16	121,68																		
	VI	1.396,41	-	111,71	125,67																		
5.012,99	I	875,41	-	70,03	78,78	-	59,49	66,92	-	49,46	55,64	-	39,95	44,94	-	30,96	34,83	-	22,47	25,28	-	14,50	16,31
	II	749,83	-	59,98	67,48	-	49,94	56,18	-	40,40	45,45	-	31,38	35,30	-	22,87	25,73	-	14,88	16,74	-	7,40	8,32
	III	494,66	-	39,57	44,51	-	31,65	35,60	-	23,97	26,96	-	16,57	18,64	-	9,53	10,72	-	3,68	4,14	-	-	-
	IV	875,41	-	70,03	78,78	-	64,70	72,78	-	59,49	66,92	-	54,41	61,21	-	49,46	55,64	-	44,64	50,22	-	39,95	44,94
	V	1.353,25	-	108,26	121,79																		
	VI	1.397,58	-	111,80	125,78																		
5.015,99	I	876,41	-	70,11	78,87	-	59,56	67,01	-	49,54	55,73	-	40,02	45,02	-	31,02	34,89	-	22,53	25,34	-	14,56	16,38
	II	750,83	-	60,06	67,57	-	50,01	56,26	-	40,47	45,53	-	31,44	35,37	-	22,93	25,79	-	14,93	16,79	-	7,45	8,38
	III	495,50	-	39,64	44,59	-	31,70	35,66	-	24,04	27,04	-	16,62	18,70	-	9,58	10,78	-	3,72	4,18	-	-	-
	IV	876,41	-	70,11	78,87	-	64,77	72,86	-	59,56	67,01	-	54,48	61,29	-	49,54	55,73	-	44,71	50,30	-	40,02	45,02
	V	1.354,41	-	108,35	121,89																		
	VI	1.398,75	-	111,90	125,88																		
5.018,99	I	877,33	-	70,18	78,95	-	59,64	67,09	-	49,60	55,80	-	40,08	45,09	-	31,08	34,97	-	22,59	25,41	-	14,62	16,44
	II	751,75	-	60,14	67,65	-	50,08	56,34	-	40,53	45,59	-	31,50	35,44	-	22,99	25,86	-	14,99	16,86	-	7,50	8,44
	III	496,16	-	39,69	44,65	-	31,76	35,73	-	24,09	27,10	-	16,68	18,76	-	9,64	10,84	-	3,76	4,23	-	-	-
	IV	877,33	-	70,18	78,95	-	64,85	72,95	-	59,64	67,09	-	54,56	61,38	-	49,60	55,80	-	44,78	50,38	-	40,08	45,09
	V	1.355,58	-	108,44	122,00																		
	VI	1.399,83	-	111,98	125,98																		
5.021,99	I	878,33	-	70,26	79,04	-	59,72	67,18	-	49,68	55,89	-	40,16	45,18	-	31,14	35,03	-	22,65	25,48	-	14,67	16,50
	II	752,66	-	60,21	67,73	-	50,15	56,42	-	40,60	45,68	-	31,57	35,51	-	23,05	25,93	-	15,04	16,92	-	7,56	8,50
	III	496,83	-	39,74	44,71	-	31,82	35,80	-	24,14	27,16	-	16,72	18,81	-	9,68	10,89	-	3,78	4,25	-	-	-
	IV	878,33	-	70,26	79,04	-	64,92	73,04	-	59,72	67,18	-	54,63	61,46	-	49,68	55,89	-	44,85	50,45	-	40,16	45,18
	V	1.356,66	-	108,53	122,09																		
	VI	1.401,00	-	112,08	126,09																		
5.024,99	I	879,33	-	70,34	79,13	-	59,79	67,26	-	49,75	55,97	-	40,22	45,25	-	31,21	35,11	-	22,71	25,55	-	14,73	16,57
	II	753,66	-	60,29	67,82	-	50,22	56,50	-	40,67	45,75	-	31,63	35,58	-	23,11	26,00	-	15,10	16,99	-	7,61	8,56
	III	497,66	-	39,81	44,78	-	31,88	35,86	-	24,20	27,22	-	16,78	18,88	-	9,73	10,94	-	3,82	4,30	-	-	-
	IV	879,33	-	70,34	79,13	-	65,00	73,13	-	59,79	67,26	-	54,70	61,54	-	49,75	55,97	-	44,92	50,54	-	40,22	45,25
	V	1.357,83	-	108,62	122,20																		
	VI	1.402,16	-	112,17	126,19																		
5.027,99	I	880,33	-	70,42	79,22	-	59,86	67,34	-	49,82	56,04	-	40,29	45,32	-	31,27	35,18	-	22,77	25,61	-	14,78	16,63
	II	754,58	-	60,36	67,91	-	50,29	56,57	-	40,74	45,83	-	31,70	35,66	-	23,17	26,06	-	15,16	17,05	-	7,66	8,62
	III	498,33	-	39,86	44,84	-	31,93	35,92	-	24,25	27,28	-	16,84	18,94	-	9,77	10,99	-	3,86	4,34	-	-	-
	IV	880,33	-	70,42	79,22	-	65,08	73,21	-	59,86	67,34	-	54,78	61,62	-	49,82	56,04	-	44,99	50,61	-	40,29	45,32
	V	1.359,00	-	108,72	122,31																		
	VI	1.403,25	-	112,26	126,29																		
5.030,99	I	881,33	-	70,50	79,31	-	59,94	67,43	-	49,89	56,12	-	40,36	45,40	-	31,34	35,25	-	22,83	25,68	-	14,84	16,70
	II	755,50	-	60,44	67,99	-	50,36	56,66	-	40,80	45,90	-	31,76	35,73	-	23,23	26,13	-	15,22	17,12	-	7,72	8,68
	III	499,16	-	39,93	44,92	-	31,98	35,98	-	24,30	27,34	-	16,88	18,99	-	9,82	11,05	-	3,90	4,39	-	-	-
	IV	881,33	-	70,50	79,31	-	65,16	73,30	-	59,94	67,43	-	54,85	61,70	-	49,89	56,12	-	45,06	50,69	-	40,36	45,40
	V	1.360,16	-	108,81	122,41																		
	VI	1.404,41	-	112,35	126,39																		
5.033,99	I	882,33	-	70,58	79,40	-	60,02	67,52	-	49,96	56,21	-	40,42	45,47	-	31,40	35,33	-	22,89	25,75	-	14,90	16,76
	II	756,50	-	60,52	68,08	-	50,44	56,74	-	40,88	45,99	-	31,82	35,80	-	23,29	26,20	-	15,27	17,18	-	7,77	8,74
	III	499,83	-	39,98	44,98	-	32,05	36,05	-	24,37	27,41	-	16,94	19,06	-	9,88	11,11	-	3,94	4,43	-	-	-
	IV	882,33	-	70,58	79,40	-	65,24	73,39	-	60,02	67,52	-	54,92	61,79	-	49,96	56,21	-	45,13	50,77	-	40,42	45,47
	V	1.361,25	-	108,90	122,51																		
	VI	1.405,58	-	112,44	126,50																		
5.036,99	I	883,25	-	70,66	79,49	-	60,09	67,60	-	50,03	56,28	-	40,49	45,55	-	31,46	35,39	-	22,95	25,82	-	14,96	16,83
	II	757,41	-	60,59	68,16	-	50,51	56,82	-	40,94	46,06	-	31,89	35,87	-	23,35	26,27	-	15,33	17,24	-	7,82	8,79
	III	500,66	-	40,05	45,05	-	32,10	36,11	-	24,42	27,47	-	17,00	19,12	-	9,92	11,16	-	3,98	4,48	-	-	-
	IV	883,25	-	70,66	79,49	-	65,31	73,47	-	60,09	67,60	-	55,00	61,87	-	50,03	56,28	-	45,20	50,85	-	40,49	45,55
	V	1.362,41	-	108,99	122,61																		
	VI	1.406,75	-	112,54	126,60																		
5.039,99	I	884,25	-	70,74	79,58	-	60,16	67,68	-	50,10	56,36	-	40,56	45,63	-	31,53	35,47	-	23,01	25,88	-	15,01	16,88
	II	758,33	-	60,66	68,24	-	50,58	56,90	-	41,01	46,13	-	31,95	35,94	-	23,41	26,33	-	15,38	17,30	-	7,87	8,85
	III	501,33	-	40,10	45,11	-	32,16	36,18	-	24,48	27,54	-	17,04	19,17	-	9,97	11,21	-	4,02	4,52	-	-	-
	IV	884,25	-	70,74	79,58	-	65,39	73,56	-	60,16	67,68	-	55,07	61,95	-	50,10	56,36	-	45,27	50,93	-	40,56	45,63
	V	1.363,58	-	109,08	122,72																		
	VI	1.407,83	-	112,62	126,70																		

Lohn/ Gehalt bis	Steuerklasse	Lohn-steuer	ohne Kinderfreibetrag			Anzahl Kinderfreibeträge (nur Steuerklassen I–IV)																	
						0,5			1,0			1,5			2,0			2,5			3,0		
			SolZ 5,5%	Kirchensteuer 8%	9%	SolZ 5,5%	Kirchensteuer 8%	9%	SolZ 5,5%	Kirchensteuer 8%	9%	SolZ 5,5%	Kirchensteuer 8%	9%	SolZ 5,5%	Kirchensteuer 8%	9%	SolZ 5,5%	Kirchensteuer 8%	9%	SolZ 5,5%	Kirchensteuer 8%	9%
5.042,99	I	885,25	–	70,82	79,67	–	60,24	67,77	–	50,18	56,45	–	40,63	45,71	–	31,60	35,55	–	23,08	25,96	–	15,07	[illegible]
	II	759,33	–	60,74	68,33	–	50,65	56,98	–	41,08	46,21	–	32,02	36,02	–	23,47	26,40	–	15,44	17,37	–	7,92	[illegible]
	III	502,16	–	40,17	45,19	–	32,22	36,25	–	24,53	27,59	–	17,10	19,24	–	10,01	11,26	–	4,06	4,57	–	–	
	IV	885,25	–	70,82	79,67	–	65,46	73,64	–	60,24	67,77	–	55,14	62,03	–	50,18	56,45	–	45,34	51,00	–	40,63	[illegible]
	V	1.364,75	–	109,18	122,82																		
	VI	1.409,00	–	112,72	126,81																		
5.045,99	I	886,25	–	70,90	79,76	–	60,32	67,86	–	50,25	56,53	–	40,70	45,78	–	31,66	35,61	–	23,13	26,02	–	15,12	[illegible]
	II	760,25	–	60,82	68,42	–	50,72	57,06	–	41,14	46,28	–	32,08	36,09	–	23,53	26,47	–	15,50	17,43	–	7,98	[illegible]
	III	502,83	–	40,22	45,25	–	32,28	36,31	–	24,58	27,65	–	17,16	19,30	–	10,06	11,32	–	4,10	4,61	–	–	
	IV	886,25	–	70,90	79,76	–	65,54	73,73	–	60,32	67,86	–	55,22	62,12	–	50,25	56,53	–	45,41	51,08	–	40,70	[illegible]
	V	1.365,83	–	109,26	122,92																		
	VI	1.410,16	–	112,81	126,91																		
5.048,99	I	887,25	–	70,98	79,85	–	60,39	67,94	–	50,32	56,61	–	40,76	45,86	–	31,72	35,69	–	23,20	26,10	–	15,18	[illegible]
	II	761,16	–	60,89	68,50	–	50,80	57,15	–	41,21	46,36	–	32,14	36,16	–	23,59	26,54	–	15,56	17,50	–	8,03	[illegible]
	III	503,50	–	40,28	45,31	–	32,33	36,37	–	24,64	27,72	–	17,20	19,35	–	10,10	11,36	–	4,13	4,64	–	–	
	IV	887,25	–	70,98	79,85	–	65,62	73,82	–	60,39	67,94	–	55,29	62,20	–	50,32	56,61	–	45,48	51,16	–	40,76	[illegible]
	V	1.367,00	–	109,36	123,03																		
	VI	1.411,33	–	112,90	127,01																		
5.051,99	I	888,25	–	71,06	79,94	–	60,46	68,02	–	50,39	56,69	–	40,83	45,93	–	31,78	35,75	–	23,25	26,15	–	15,24	[illegible]
	II	762,08	–	60,96	68,58	–	50,86	57,22	–	41,28	46,44	–	32,21	36,23	–	23,65	26,60	–	15,61	17,56	–	8,08	[illegible]
	III	504,33	–	40,34	45,38	–	32,38	36,43	–	24,69	27,77	–	17,25	19,40	–	10,16	11,43	–	4,17	4,69	–	–	
	IV	888,25	–	71,06	79,94	–	65,70	73,91	–	60,46	68,02	–	55,36	62,28	–	50,39	56,69	–	45,54	51,23	–	40,83	[illegible]
	V	1.368,08	–	109,44	123,12																		
	VI	1.412,41	–	112,99	127,11																		
5.054,99	I	889,25	–	71,14	80,03	–	60,54	68,11	–	50,46	56,77	–	40,90	46,01	–	31,85	35,83	–	23,32	26,23	–	15,29	[illegible]
	II	763,08	–	61,04	68,67	–	50,94	57,30	–	41,35	46,52	–	32,28	36,31	–	23,72	26,68	–	15,67	17,63	–	8,14	[illegible]
	III	505,00	–	40,40	45,45	–	32,45	36,50	–	24,74	27,83	–	17,32	19,48	–	10,21	11,48	–	4,21	4,73	–	–	
	IV	889,25	–	71,14	80,03	–	65,78	74,00	–	60,54	68,11	–	55,44	62,37	–	50,46	56,77	–	45,62	51,32	–	40,90	[illegible]
	V	1.369,25	–	109,54	123,23																		
	VI	1.413,58	–	113,08	127,22																		
5.057,99	I	890,25	–	71,22	80,12	–	60,62	68,19	–	50,54	56,85	–	40,97	46,09	–	31,92	35,91	–	23,38	26,30	–	15,35	[illegible]
	II	764,00	–	61,12	68,76	–	51,01	57,38	–	41,42	46,59	–	32,34	36,38	–	23,78	26,75	–	15,72	17,69	–	8,19	[illegible]
	III	505,83	–	40,46	45,52	–	32,50	36,56	–	24,81	27,91	–	17,36	19,53	–	10,25	11,53	–	4,25	4,78	–	–	
	IV	890,25	–	71,22	80,12	–	65,85	74,08	–	60,62	68,19	–	55,51	62,45	–	50,54	56,85	–	45,69	51,40	–	40,97	[illegible]
	V	1.370,41	–	109,63	123,33																		
	VI	1.414,75	–	113,18	127,32																		
5.060,99	I	891,16	–	71,29	80,20	–	60,69	68,27	–	50,60	56,93	–	41,04	46,17	–	31,98	35,97	–	23,44	26,37	–	15,40	[illegible]
	II	764,91	–	61,19	68,84	–	51,08	57,47	–	41,48	46,67	–	32,40	36,45	–	23,84	26,82	–	15,78	17,75	–	8,24	[illegible]
	III	506,50	–	40,52	45,58	–	32,56	36,63	–	24,86	27,97	–	17,41	19,58	–	10,30	11,59	–	4,29	4,82	–	–	
	IV	891,16	–	71,29	80,20	–	65,93	74,17	–	60,69	68,27	–	55,58	62,53	–	50,60	56,93	–	45,76	51,48	–	41,04	[illegible]
	V	1.371,58	–	109,72	123,44																		
	VI	1.415,83	–	113,26	127,42																		
5.063,99	I	892,16	–	71,37	80,29	–	60,77	68,36	–	50,68	57,01	–	41,10	46,24	–	32,04	36,05	–	23,50	26,43	–	15,46	[illegible]
	II	765,91	–	61,27	68,93	–	51,15	57,54	–	41,55	46,74	–	32,47	36,53	–	23,90	26,88	–	15,84	17,82	–	8,30	[illegible]
	III	507,16	–	40,57	45,64	–	32,62	36,70	–	24,92	28,03	–	17,48	19,66	–	10,36	11,65	–	4,33	4,87	–	–	
	IV	892,16	–	71,37	80,29	–	66,00	74,25	–	60,77	68,36	–	55,66	62,61	–	50,68	57,01	–	45,82	51,55	–	41,10	[illegible]
	V	1.372,66	–	109,81	123,53																		
	VI	1.417,00	–	113,36	127,53																		
5.066,99	I	893,16	–	71,45	80,38	–	60,84	68,45	–	50,75	57,09	–	41,17	46,31	–	32,10	36,11	–	23,56	26,50	–	15,52	[illegible]
	II	766,83	–	61,34	69,01	–	51,22	57,62	–	41,62	46,82	–	32,53	36,59	–	23,96	26,95	–	15,90	17,88	–	8,35	[illegible]
	III	508,00	–	40,64	45,72	–	32,68	36,76	–	24,97	28,09	–	17,52	19,71	–	10,40	11,70	–	4,37	4,91	–	–	
	IV	893,16	–	71,45	80,38	–	66,08	74,34	–	60,84	68,45	–	55,73	62,69	–	50,75	57,09	–	45,90	51,63	–	41,17	[illegible]
	V	1.373,83	–	109,90	123,64																		
	VI	1.418,16	–	113,45	127,63																		
5.069,99	I	894,16	–	71,53	80,47	–	60,92	68,53	–	50,82	57,17	–	41,24	46,39	–	32,17	36,19	–	23,62	26,57	–	15,58	[illegible]
	II	767,75	–	61,42	69,09	–	51,30	57,71	–	41,69	46,90	–	32,60	36,67	–	24,02	27,02	–	15,95	17,94	–	8,40	[illegible]
	III	508,66	–	40,69	45,77	–	32,73	36,82	–	25,02	28,15	–	17,57	19,76	–	10,45	11,75	–	4,41	4,96	–	–	
	IV	894,16	–	71,53	80,47	–	66,16	74,43	–	60,92	68,53	–	55,80	62,78	–	50,82	57,17	–	45,96	51,71	–	41,24	[illegible]
	V	1.375,00	–	110,00	123,75																		
	VI	1.419,25	–	113,54	127,73																		
5.072,99	I	895,16	–	71,61	80,56	–	61,00	68,62	–	50,90	57,26	–	41,31	46,47	–	32,24	36,27	–	23,68	26,64	–	15,64	[illegible]
	II	768,75	–	61,50	69,18	–	51,37	57,79	–	41,76	46,98	–	32,66	36,74	–	24,08	27,09	–	16,01	18,01	–	8,46	[illegible]
	III	509,50	–	40,76	45,85	–	32,78	36,88	–	25,08	28,21	–	17,64	19,84	–	10,50	11,81	–	4,45	5,00	–	–	
	IV	895,16	–	71,61	80,56	–	66,24	74,52	–	61,00	68,62	–	55,88	62,86	–	50,90	57,26	–	46,04	51,79	–	41,31	[illegible]
	V	1.376,16	–	110,09	123,85																		
	VI	1.420,41	–	113,63	127,83																		
5.075,99	I	896,16	–	71,69	80,65	–	61,07	68,70	–	50,96	57,33	–	41,38	46,55	–	32,30	36,33	–	23,74	26,70	–	15,69	[illegible]
	II	769,66	–	61,57	69,26	–	51,44	57,87	–	41,82	47,05	–	32,72	36,81	–	24,14	27,15	–	16,07	18,08	–	8,51	[illegible]
	III	510,16	–	40,81	45,91	–	32,85	36,95	–	25,13	28,27	–	17,68	19,89	–	10,54	11,86	–	4,49	5,05	–	–	
	IV	896,16	–	71,69	80,65	–	66,32	74,61	–	61,07	68,70	–	55,96	62,95	–	50,96	57,33	–	46,10	51,86	–	41,38	[illegible]
	V	1.377,25	–	110,18	123,95																		
	VI	1.421,58	–	113,72	127,94																		
5.078,99	I	897,16	–	71,77	80,74	–	61,14	68,78	–	51,04	57,42	–	41,44	46,62	–	32,36	36,41	–	23,80	26,77	–	15,74	[illegible]
	II	770,58	–	61,64	69,35	–	51,51	57,95	–	41,90	47,13	–	32,79	36,89	–	24,20	27,22	–	16,12	18,14	–	8,56	[illegible]
	III	510,83	–	40,86	45,97	–	32,90	37,01	–	25,18	28,33	–	17,73	19,94	–	10,60	11,92	–	4,53	5,09	–	–	
	IV	897,16	–	71,77	80,74	–	66,39	74,69	–	61,14	68,78	–	56,02	63,02	–	51,04	57,42	–	46,18	51,95	–	41,44	[illegible]
	V	1.378,41	–	110,27	124,05																		
	VI	1.422,75	–	113,82	128,04																		
5.081,99	I	898,16	–	71,85	80,83	–	61,22	68,87	–	51,11	57,50	–	41,51	46,70	–	32,43	36,48	–	23,86	26,84	–	15,80	[illegible]
	II	771,58	–	61,72	69,44	–	51,58	58,03	–	41,96	47,21	–	32,86	36,96	–	24,26	27,29	–	16,18	18,20	–	8,62	[illegible]
	III	511,66	–	40,93	46,04	–	32,96	37,08	–	25,25	28,40	–	17,80	20,02	–	10,65	11,98	–	4,57	5,14	–	–	
	IV	898,16	–	71,85	80,83	–	66,47	74,78	–	61,22	68,87	–	56,10	63,11	–	51,11	57,50	–	46,24	52,02	–	41,51	[illegible]
	V	1.379,58	–	110,36	124,16																		
	VI	1.423,83	–	113,90	128,14																		
5.084,99	I	899,16	–	71,93	80,92	–	61,30	68,96	–	51,18	57,58	–	41,58	46,77	–	32,49	36,55	–	23,92	26,91	–	15,86	[illegible]
	II	772,50	–	61,80	69,52	–	51,66	58,11	–	42,03	47,28	–	32,92	37,03	–	24,32	27,36	–	16,24	18,27	–	8,67	[illegible]
	III	512,33	–	40,98	46,10	–	33,01	37,13	–	25,30	28,46	–	17,85	20,08	–	10,69	12,02	–	4,61	5,18	–	–	
	IV	899,16	–	71,93	80,92	–	66,55	74,87	–	61,30	68,96	–	56,18	63,20	–	51,18	57,58	–	46,32	52,11	–	41,58	[illegible]
	V	1.380,75	–	110,46	124,26																		
	VI	1.425,00	–	114,00	128,25																		

Lohn/ Gehalt bis	Steuerklasse	Lohn-steuer	ohne Kinderfreibetrag SolZ 5,5%	Kirchensteuer 8%	Kirchensteuer 9%	0,5 SolZ 5,5%	0,5 Kirchensteuer 8%	0,5 Kirchensteuer 9%	1,0 SolZ 5,5%	1,0 Kirchensteuer 8%	1,0 Kirchensteuer 9%	1,5 SolZ 5,5%	1,5 Kirchensteuer 8%	1,5 Kirchensteuer 9%	2,0 SolZ 5,5%	2,0 Kirchensteuer 8%	2,0 Kirchensteuer 9%	2,5 SolZ 5,5%	2,5 Kirchensteuer 8%	2,5 Kirchensteuer 9%	3,0 SolZ 5,5%	3,0 Kirchensteuer 8%	3,0 Kirchensteuer 9%
						Anzahl Kinderfreibeträge (nur Steuerklassen I–IV)																	
5.087,99	I	900,08	–	72,00	81,00	–	61,37	69,04	–	51,25	57,65	–	41,65	46,85	–	32,56	36,63	–	23,98	26,97	–	15,92	17,91
	II	773,50	–	61,88	69,61	–	51,73	58,19	–	42,10	47,36	–	32,98	37,10	–	24,38	27,43	–	16,30	18,33	–	8,72	9,81
	III	513,16	–	41,05	46,18	–	33,08	37,21	–	25,36	28,53	–	17,89	20,12	–	10,74	12,08	–	4,65	5,23	–	–	–
	IV	900,08	–	72,00	81,00	–	66,62	74,95	–	61,37	69,04	–	56,25	63,28	–	51,25	57,65	–	46,38	52,18	–	41,65	46,85
	V	1.381,83	–	110,54	124,36																		
	VI	1.426,16	–	114,09	128,35																		
5.090,99	I	901,16	–	72,09	81,10	–	61,45	69,13	–	51,32	57,74	–	41,72	46,93	–	32,62	36,70	–	24,04	27,05	–	15,98	17,97
	II	774,41	–	61,95	69,69	–	51,80	58,28	–	42,17	47,44	–	33,05	37,18	–	24,44	27,50	–	16,35	18,39	–	8,78	9,87
	III	513,83	–	41,10	46,24	–	33,13	37,27	–	25,41	28,58	–	17,96	20,20	–	10,80	12,15	–	4,69	5,27	–	–	–
	IV	901,16	–	72,09	81,10	–	66,70	75,04	–	61,45	69,13	–	56,32	63,36	–	51,32	57,74	–	46,46	52,26	–	41,72	46,93
	V	1.383,00	–	110,64	124,47																		
	VI	1.427,33	–	114,18	128,45																		
5.093,99	I	902,16	–	72,17	81,19	–	61,52	69,21	–	51,40	57,82	–	41,78	47,00	–	32,68	36,77	–	24,10	27,11	–	16,03	18,03
	II	775,41	–	62,03	69,78	–	51,88	58,36	–	42,24	47,52	–	33,12	37,26	–	24,50	27,56	–	16,41	18,46	–	8,83	9,93
	III	514,66	–	41,17	46,31	–	33,18	37,33	–	25,46	28,64	–	18,01	20,26	–	10,84	12,19	–	4,73	5,32	–	–	–
	IV	902,16	–	72,17	81,19	–	66,78	75,13	–	61,52	69,21	–	56,40	63,45	–	51,40	57,82	–	46,53	52,34	–	41,78	47,00
	V	1.384,16	–	110,73	124,57																		
	VI	1.428,41	–	114,27	128,55																		
5.096,99	I	903,08	–	72,24	81,27	–	61,60	69,30	–	51,47	57,90	–	41,85	47,08	–	32,75	36,84	–	24,16	27,18	–	16,09	18,10
	II	776,33	–	62,10	69,86	–	51,94	58,43	–	42,30	47,59	–	33,18	37,32	–	24,56	27,63	–	16,46	18,52	–	8,88	9,99
	III	515,33	–	41,22	46,37	–	33,25	37,40	–	25,52	28,71	–	18,05	20,30	–	10,89	12,25	–	4,77	5,36	–	–	–
	IV	903,08	–	72,24	81,27	–	66,86	75,21	–	61,60	69,30	–	56,47	63,53	–	51,47	57,90	–	46,60	52,42	–	41,85	47,08
	V	1.385,25	–	110,82	124,67																		
	VI	1.429,58	–	114,36	128,66																		
5.099,99	I	904,08	–	72,32	81,36	–	61,68	69,39	–	51,54	57,98	–	41,92	47,16	–	32,82	36,92	–	24,22	27,25	–	16,14	18,16
	II	777,25	–	62,18	69,95	–	52,02	58,52	–	42,37	47,66	–	33,24	37,40	–	24,62	27,70	–	16,52	18,59	–	8,94	10,05
	III	516,16	–	41,29	46,45	–	33,30	37,46	–	25,58	28,78	–	18,12	20,38	–	10,94	12,31	–	4,81	5,41	–	–	–
	IV	904,08	–	72,32	81,36	–	66,94	75,30	–	61,68	69,39	–	56,54	63,61	–	51,54	57,98	–	46,66	52,49	–	41,92	47,16
	V	1.386,41	–	110,91	124,77																		
	VI	1.430,75	–	114,46	128,76																		
5.102,99	I	905,08	–	72,40	81,45	–	61,75	69,47	–	51,62	58,07	–	41,99	47,24	–	32,88	36,99	–	24,28	27,32	–	16,20	18,23
	II	778,25	–	62,26	70,04	–	52,09	58,60	–	42,44	47,75	–	33,31	37,47	–	24,69	27,77	–	16,58	18,65	–	8,99	10,11
	III	516,83	–	41,34	46,51	–	33,36	37,53	–	25,64	28,84	–	18,17	20,44	–	11,00	12,37	–	4,85	5,45	–	0,01	0,01
	IV	905,08	–	72,40	81,45	–	67,02	75,39	–	61,75	69,47	–	56,62	63,69	–	51,62	58,07	–	46,74	52,58	–	41,99	47,24
	V	1.387,58	–	111,00	124,88																		
	VI	1.431,91	–	114,55	128,87																		
5.105,99	I	906,08	–	72,48	81,54	–	61,83	69,56	–	51,68	58,14	–	42,06	47,31	–	32,94	37,06	–	24,34	27,38	–	16,26	18,29
	II	779,16	–	62,33	70,12	–	52,16	58,68	–	42,51	47,82	–	33,37	37,54	–	24,75	27,84	–	16,64	18,72	–	9,04	10,17
	III	517,50	–	41,40	46,57	–	33,41	37,58	–	25,69	28,90	–	18,22	20,50	–	11,04	12,42	–	4,89	5,50	–	0,04	0,04
	IV	906,08	–	72,48	81,54	–	67,09	75,47	–	61,83	69,56	–	56,69	63,77	–	51,68	58,14	–	46,80	52,65	–	42,06	47,31
	V	1.388,66	–	111,09	124,97																		
	VI	1.433,00	–	114,64	128,97																		
5.108,99	I	907,08	–	72,56	81,63	–	61,90	69,64	–	51,76	58,23	–	42,12	47,39	–	33,01	37,13	–	24,40	27,45	–	16,32	18,36
	II	780,08	–	62,40	70,20	–	52,24	58,77	–	42,58	47,90	–	33,44	37,62	–	24,81	27,91	–	16,70	18,78	–	9,10	10,23
	III	518,33	–	41,46	46,64	–	33,48	37,66	–	25,74	28,96	–	18,28	20,56	–	11,09	12,47	–	4,93	5,54	–	0,08	0,09
	IV	907,08	–	72,56	81,63	–	67,17	75,56	–	61,90	69,64	–	56,76	63,86	–	51,76	58,23	–	46,88	52,74	–	42,12	47,39
	V	1.389,83	–	111,18	125,08																		
	VI	1.434,16	–	114,73	129,07																		
5.111,99	I	908,08	–	72,64	81,72	–	61,98	69,73	–	51,83	58,31	–	42,20	47,47	–	33,08	37,21	–	24,47	27,53	–	16,38	18,42
	II	781,08	–	62,48	70,29	–	52,31	58,85	–	42,65	47,98	–	33,50	37,69	–	24,87	27,98	–	16,76	18,85	–	9,15	10,29
	III	519,00	–	41,52	46,71	–	33,53	37,72	–	25,80	29,02	–	18,33	20,62	–	11,14	12,53	–	4,97	5,59	–	0,10	0,11
	IV	908,08	–	72,64	81,72	–	67,25	75,65	–	61,98	69,73	–	56,84	63,95	–	51,83	58,31	–	46,95	52,82	–	42,20	47,47
	V	1.391,00	–	111,28	125,19																		
	VI	1.435,33	–	114,82	129,17																		
5.114,99	I	909,08	–	72,72	81,81	–	62,06	69,81	–	51,90	58,39	–	42,26	47,54	–	33,14	37,28	–	24,53	27,59	–	16,43	18,48
	II	782,00	–	62,56	70,38	–	52,38	58,92	–	42,72	48,06	–	33,56	37,76	–	24,93	28,04	–	16,81	18,91	–	9,20	10,35
	III	519,83	–	41,58	46,78	–	33,58	37,78	–	25,85	29,08	–	18,38	20,68	–	11,18	12,58	–	5,01	5,63	–	0,13	0,14
	IV	909,08	–	72,72	81,81	–	67,32	75,74	–	62,06	69,81	–	56,92	64,03	–	51,90	58,39	–	47,02	52,89	–	42,26	47,54
	V	1.392,08	–	111,36	125,28																		
	VI	1.436,41	–	114,91	129,27																		
5.117,99	I	910,08	–	72,80	81,90	–	62,13	69,89	–	51,98	58,47	–	42,33	47,62	–	33,20	37,35	–	24,59	27,66	–	16,49	18,55
	II	783,00	–	62,64	70,47	–	52,45	59,00	–	42,78	48,13	–	33,63	37,83	–	24,99	28,11	–	16,87	18,98	–	9,26	10,41
	III	520,50	–	41,64	46,84	–	33,65	37,85	–	25,92	29,16	–	18,44	20,74	–	11,24	12,64	–	5,05	5,68	–	0,16	0,18
	IV	910,08	–	72,80	81,90	–	67,40	75,83	–	62,13	69,89	–	56,99	64,11	–	51,98	58,47	–	47,09	52,97	–	42,33	47,62
	V	1.393,25	–	111,46	125,39																		
	VI	1.437,58	–	115,00	129,38																		
5.120,99	I	911,08	–	72,88	81,99	–	62,20	69,98	–	52,04	58,55	–	42,40	47,70	–	33,26	37,42	–	24,65	27,73	–	16,54	18,61
	II	783,91	–	62,71	70,55	–	52,52	59,09	–	42,85	48,20	–	33,70	37,91	–	25,05	28,18	–	16,92	19,04	–	9,31	10,47
	III	521,33	–	41,70	46,91	–	33,70	37,91	–	25,97	29,21	–	18,49	20,80	–	11,29	12,70	–	5,09	5,72	–	0,20	0,22
	IV	911,08	–	72,88	81,99	–	67,48	75,91	–	62,20	69,98	–	57,06	64,19	–	52,04	58,55	–	47,16	53,05	–	42,40	47,70
	V	1.394,41	–	111,55	125,49																		
	VI	1.438,75	–	115,10	129,48																		
5.123,99	I	912,08	–	72,96	82,08	–	62,28	70,07	–	52,12	58,63	–	42,47	47,78	–	33,33	37,49	–	24,71	27,80	–	16,60	18,68
	II	784,83	–	62,78	70,63	–	52,60	59,17	–	42,92	48,29	–	33,76	37,98	–	25,12	28,26	–	16,98	19,10	–	9,36	10,53
	III	522,00	–	41,76	46,98	–	33,76	37,98	–	26,02	29,27	–	18,54	20,86	–	11,34	12,76	–	5,13	5,77	–	0,22	0,25
	IV	912,08	–	72,96	82,08	–	67,56	76,00	–	62,28	70,07	–	57,14	64,28	–	52,12	58,63	–	47,23	53,13	–	42,47	47,78
	V	1.395,58	–	111,64	125,60																		
	VI	1.439,83	–	115,18	129,58																		
5.126,99	I	913,08	–	73,04	82,17	–	62,36	70,15	–	52,19	58,71	–	42,54	47,85	–	33,40	37,57	–	24,77	27,86	–	16,66	18,74
	II	785,83	–	62,86	70,72	–	52,67	59,25	–	42,99	48,36	–	33,82	38,05	–	25,18	28,32	–	17,04	19,17	–	9,42	10,59
	III	522,83	–	41,82	47,05	–	33,82	38,05	–	26,08	29,34	–	18,60	20,92	–	11,40	12,82	–	5,17	5,81	–	0,25	0,28
	IV	913,08	–	73,04	82,17	–	67,64	76,09	–	62,36	70,15	–	57,21	64,36	–	52,19	58,71	–	47,30	53,21	–	42,54	47,85
	V	1.396,75	–	111,74	125,70																		
	VI	1.441,00	–	115,28	129,69																		
5.129,99	I	914,08	–	73,12	82,26	–	62,44	70,24	–	52,26	58,79	–	42,60	47,93	–	33,46	37,64	–	24,83	27,93	–	16,72	18,81
	II	786,75	–	62,94	70,80	–	52,74	59,33	–	43,06	48,44	–	33,89	38,12	–	25,24	28,39	–	17,10	19,23	–	9,47	10,65
	III	523,50	–	41,88	47,11	–	33,88	38,11	–	26,13	29,39	–	18,65	20,98	–	11,44	12,87	–	5,21	5,86	–	0,29	0,32
	IV	914,08	–	73,12	82,26	–	67,72	76,18	–	62,44	70,24	–	57,28	64,44	–	52,26	58,79	–	47,37	53,29	–	42,60	47,93
	V	1.397,83	–	111,82	125,80																		
	VI	1.442,16	–	115,37	129,79																		

Lohn/ Gehalt bis	Steuerklasse	Lohn-steuer	ohne Kinderfreibetrag SolZ 5,5%	Kirchensteuer 8%	9%	0,5 SolZ 5,5%	Kirchensteuer 8%	9%	1,0 SolZ 5,5%	Kirchensteuer 8%	9%	1,5 SolZ 5,5%	Kirchensteuer 8%	9%	2,0 SolZ 5,5%	Kirchensteuer 8%	9%	2,5 SolZ 5,5%	Kirchensteuer 8%	9%	3,0 SolZ 5,5%	Kirchensteuer 8%	9%
						Anzahl Kinderfreibeträge (nur Steuerklassen I–IV)																	
5.132,99	I	915,08	-	73,20	82,35	-	62,51	70,32	-	52,34	58,88	-	42,67	48,00	-	33,52	37,71	-	24,89	28,00	-	16,78	1
	II	787,75	-	63,02	70,89	-	52,82	59,42	-	43,13	48,52	-	33,96	38,20	-	25,30	28,46	-	17,16	19,30	-	9,52	1
	III	524,16	-	41,93	47,17	-	33,93	38,17	-	26,18	29,45	-	18,70	21,04	-	11,49	12,92	-	5,25	5,90	-	0,32	
	IV	915,08	-	73,20	82,35	-	67,79	76,26	-	62,51	70,32	-	57,36	64,53	-	52,34	58,88	-	47,44	53,37	-	42,67	4
	V	1.399,00	-	111,92	125,91																		
	VI	1.443,33	-	115,46	129,89																		
5.135,99	I	916,08	-	73,28	82,44	-	62,59	70,41	-	52,41	58,96	-	42,74	48,08	-	33,59	37,79	-	24,96	28,08	-	16,83	1
	II	788,66	-	63,09	70,97	-	52,89	59,50	-	43,20	48,60	-	34,02	38,27	-	25,36	28,53	-	17,21	19,36	-	9,58	1
	III	525,00	-	42,00	47,25	-	34,00	38,25	-	26,25	29,53	-	18,76	21,10	-	11,54	12,98	-	5,29	5,95	-	0,34	
	IV	916,08	-	73,28	82,44	-	67,87	76,35	-	62,59	70,41	-	57,44	64,62	-	52,41	58,96	-	47,51	53,45	-	42,74	4
	V	1.400,16	-	112,01	126,01																		
	VI	1.444,41	-	115,55	129,99																		
5.138,99	I	917,08	-	73,36	82,53	-	62,66	70,49	-	52,48	59,04	-	42,81	48,16	-	33,66	37,86	-	25,02	28,14	-	16,89	1
	II	789,66	-	63,17	71,06	-	52,96	59,58	-	43,26	48,67	-	34,08	38,34	-	25,42	28,59	-	17,27	19,43	-	9,63	1
	III	525,66	-	42,05	47,30	-	34,05	38,30	-	26,30	29,59	-	18,81	21,16	-	11,60	13,05	-	5,33	5,99	-	0,38	
	IV	917,08	-	73,36	82,53	-	67,95	76,44	-	62,66	70,49	-	57,50	64,69	-	52,48	59,04	-	47,58	53,53	-	42,81	4
	V	1.401,25	-	112,10	126,11																		
	VI	1.445,58	-	115,64	130,10																		
5.141,99	I	918,08	-	73,44	82,62	-	62,74	70,58	-	52,55	59,12	-	42,88	48,24	-	33,72	37,94	-	25,08	28,21	-	16,95	19
	II	790,58	-	63,24	71,15	-	53,03	59,66	-	43,34	48,75	-	34,15	38,42	-	25,48	28,67	-	17,33	19,49	-	9,69	10
	III	526,50	-	42,12	47,38	-	34,10	38,36	-	26,36	29,65	-	18,86	21,22	-	11,64	13,09	-	5,37	6,04	-	0,41	0
	IV	918,08	-	73,44	82,62	-	68,02	76,52	-	62,74	70,58	-	57,58	64,78	-	52,55	59,12	-	47,65	53,60	-	42,88	48
	V	1.402,41	-	112,19	126,21																		
	VI	1.446,75	-	115,74	130,20																		
5.144,99	I	919,08	-	73,52	82,71	-	62,82	70,67	-	52,62	59,20	-	42,95	48,32	-	33,78	38,00	-	25,14	28,28	-	17,00	19
	II	791,58	-	63,32	71,24	-	53,10	59,74	-	43,40	48,83	-	34,22	38,49	-	25,54	28,73	-	17,38	19,55	-	9,74	10
	III	527,16	-	42,17	47,44	-	34,17	38,44	-	26,41	29,71	-	18,92	21,28	-	11,69	13,15	-	5,41	6,08	-	0,45	0
	IV	919,08	-	73,52	82,71	-	68,10	76,61	-	62,82	70,67	-	57,66	64,86	-	52,62	59,20	-	47,72	53,69	-	42,95	48
	V	1.403,58	-	112,28	126,32																		
	VI	1.447,91	-	115,83	130,31																		
5.147,99	I	920,08	-	73,60	82,80	-	62,89	70,75	-	52,70	59,28	-	43,02	48,39	-	33,85	38,08	-	25,20	28,35	-	17,06	19
	II	792,50	-	63,40	71,32	-	53,18	59,82	-	43,47	48,90	-	34,28	38,57	-	25,60	28,80	-	17,44	19,62	-	9,80	11
	III	528,00	-	42,24	47,52	-	34,22	38,50	-	26,46	29,77	-	18,97	21,34	-	11,74	13,21	-	5,45	6,13	-	0,48	0
	IV	920,08	-	73,60	82,80	-	68,18	76,70	-	62,89	70,75	-	57,73	64,94	-	52,70	59,28	-	47,79	53,76	-	43,02	48
	V	1.404,66	-	112,37	126,41																		
	VI	1.449,00	-	115,92	130,41																		
5.150,99	I	921,08	-	73,68	82,89	-	62,97	70,84	-	52,77	59,36	-	43,08	48,47	-	33,92	38,16	-	25,26	28,42	-	17,12	19
	II	793,50	-	63,48	71,41	-	53,25	59,90	-	43,54	48,98	-	34,34	38,63	-	25,66	28,87	-	17,50	19,69	-	9,85	11
	III	528,66	-	42,29	47,57	-	34,28	38,56	-	26,52	29,83	-	19,02	21,40	-	11,80	13,27	-	5,49	6,17	-	0,50	0
	IV	921,08	-	73,68	82,89	-	68,26	76,79	-	62,97	70,84	-	57,80	65,03	-	52,77	59,36	-	47,86	53,84	-	43,08	48
	V	1.405,83	-	112,46	126,52																		
	VI	1.450,16	-	116,01	130,51																		
5.153,99	I	922,08	-	73,76	82,98	-	63,04	70,92	-	52,84	59,45	-	43,16	48,55	-	33,98	38,23	-	25,32	28,49	-	17,18	19
	II	794,41	-	63,55	71,49	-	53,32	59,99	-	43,61	49,06	-	34,41	38,71	-	25,73	28,94	-	17,56	19,75	-	9,90	11
	III	529,50	-	42,36	47,65	-	34,34	38,63	-	26,58	29,90	-	19,08	21,46	-	11,85	13,33	-	5,54	6,23	-	0,54	0
	IV	922,08	-	73,76	82,98	-	68,34	76,88	-	63,04	70,92	-	57,88	65,12	-	52,84	59,45	-	47,94	53,93	-	43,16	48
	V	1.407,00	-	112,56	126,63																		
	VI	1.451,33	-	116,10	130,61																		
5.156,99	I	923,08	-	73,84	83,07	-	63,12	71,01	-	52,92	59,53	-	43,22	48,62	-	34,04	38,30	-	25,38	28,55	-	17,24	19,
	II	795,33	-	63,62	71,57	-	53,40	60,07	-	43,68	49,14	-	34,48	38,79	-	25,79	29,01	-	17,62	19,82	-	9,96	11,
	III	530,16	-	42,41	47,71	-	34,40	38,70	-	26,64	29,97	-	19,13	21,52	-	11,89	13,37	-	5,58	6,28	-	0,57	0,
	IV	923,08	-	73,84	83,07	-	68,42	76,97	-	63,12	71,01	-	57,95	65,19	-	52,92	59,53	-	48,00	54,00	-	43,22	48,
	V	1.408,08	-	112,64	126,72																		
	VI	1.452,41	-	116,19	130,71																		
5.159,99	I	924,08	-	73,92	83,16	-	63,20	71,10	-	52,99	59,61	-	43,29	48,70	-	34,11	38,37	-	25,44	28,62	-	17,29	19,
	II	796,33	-	63,70	71,66	-	53,47	60,15	-	43,75	49,22	-	34,54	38,86	-	25,85	29,08	-	17,68	19,89	-	10,01	11,
	III	530,83	-	42,46	47,77	-	34,45	38,75	-	26,69	30,02	-	19,18	21,58	-	11,94	13,43	-	5,62	6,32	-	0,60	0,
	IV	924,08	-	73,92	83,16	-	68,50	77,06	-	63,20	71,10	-	58,03	65,28	-	52,99	59,61	-	48,08	54,09	-	43,29	48,
	V	1.409,25	-	112,74	126,83																		
	VI	1.453,58	-	116,28	130,82																		
5.162,99	I	925,08	-	74,00	83,25	-	63,28	71,19	-	53,06	59,69	-	43,36	48,78	-	34,18	38,45	-	25,50	28,69	-	17,35	19,
	II	797,33	-	63,78	71,75	-	53,54	60,23	-	43,82	49,29	-	34,61	38,93	-	25,91	29,15	-	17,73	19,94	-	10,06	11,
	III	531,66	-	42,53	47,84	-	34,52	38,83	-	26,74	30,08	-	19,24	21,64	-	12,00	13,50	-	5,66	6,37	-	0,64	0,
	IV	925,08	-	74,00	83,25	-	68,58	77,15	-	63,28	71,19	-	58,10	65,36	-	53,06	59,69	-	48,15	54,17	-	43,36	48,
	V	1.410,41	-	112,83	126,93																		
	VI	1.454,75	-	116,38	130,92																		
5.165,99	I	926,08	-	74,08	83,34	-	63,35	71,27	-	53,13	59,77	-	43,43	48,86	-	34,24	38,52	-	25,56	28,76	-	17,41	19,
	II	798,25	-	63,86	71,84	-	53,62	60,32	-	43,88	49,37	-	34,67	39,00	-	25,97	29,21	-	17,79	20,01	-	10,12	11,
	III	532,33	-	42,58	47,90	-	34,57	38,89	-	26,80	30,15	-	19,29	21,70	-	12,05	13,55	-	5,70	6,41	-	0,66	0,
	IV	926,08	-	74,08	83,34	-	68,65	77,23	-	63,35	71,27	-	58,18	65,45	-	53,13	59,77	-	48,22	54,24	-	43,43	48,
	V	1.411,58	-	112,92	127,04																		
	VI	1.455,83	-	116,46	131,02																		
5.168,99	I	927,08	-	74,16	83,43	-	63,43	71,36	-	53,20	59,85	-	43,50	48,93	-	34,30	38,59	-	25,63	28,83	-	17,46	19,
	II	799,16	-	63,93	71,92	-	53,69	60,40	-	43,96	49,45	-	34,74	39,08	-	26,04	29,29	-	17,85	20,08	-	10,18	11,
	III	533,16	-	42,65	47,98	-	34,62	38,95	-	26,85	30,20	-	19,34	21,76	-	12,10	13,61	-	5,74	6,46	-	0,69	0,
	IV	927,08	-	74,16	83,43	-	68,73	77,32	-	63,43	71,36	-	58,25	65,53	-	53,20	59,85	-	48,29	54,32	-	43,50	48,
	V	1.412,66	-	113,01	127,13																		
	VI	1.457,00	-	116,56	131,13																		
5.171,99	I	928,08	-	74,24	83,52	-	63,50	71,44	-	53,28	59,94	-	43,57	49,01	-	34,37	38,66	-	25,69	28,90	-	17,52	19,7
	II	800,16	-	64,01	72,01	-	53,76	60,48	-	44,02	49,52	-	34,80	39,15	-	26,10	29,36	-	17,90	20,14	-	10,23	11,5
	III	533,83	-	42,70	48,04	-	34,68	39,01	-	26,92	30,28	-	19,40	21,82	-	12,16	13,68	-	5,78	6,50	-	0,73	0,8
	IV	928,08	-	74,24	83,52	-	68,81	77,41	-	63,50	71,44	-	58,33	65,62	-	53,28	59,94	-	48,36	54,40	-	43,57	49,0
	V	1.413,83	-	113,10	127,24																		
	VI	1.458,16	-	116,65	131,23																		
5.174,99	I	929,08	-	74,32	83,61	-	63,58	71,52	-	53,35	60,02	-	43,64	49,09	-	34,44	38,74	-	25,75	28,97	-	17,58	19,7
	II	801,08	-	64,08	72,09	-	53,83	60,56	-	44,09	49,60	-	34,87	39,23	-	26,16	29,43	-	17,96	20,21	-	10,28	11,5
	III	534,66	-	42,77	48,11	-	34,74	39,08	-	26,97	30,34	-	19,45	21,88	-	12,20	13,72	-	5,82	6,55	-	0,76	0,8
	IV	929,08	-	74,32	83,61	-	68,88	77,49	-	63,58	71,52	-	58,40	65,70	-	53,35	60,02	-	48,43	54,48	-	43,64	49,0
	V	1.415,00	-	113,20	127,35																		
	VI	1.459,25	-	116,74	131,33																		

Lohn/ Gehalt bis	Steuerklasse	Lohn-steuer	ohne Kinderfreibetrag			Anzahl Kinderfreibeträge (nur Steuerklassen I–IV)																	
						0,5			1,0			1,5			2,0			2,5			3,0		
			SolZ 5,5%	Kirchensteuer 8%	9%	SolZ 5,5%	Kirchensteuer 8%	9%	SolZ 5,5%	Kirchensteuer 8%	9%	SolZ 5,5%	Kirchensteuer 8%	9%	SolZ 5,5%	Kirchensteuer 8%	9%	SolZ 5,5%	Kirchensteuer 8%	9%	SolZ 5,5%	Kirchensteuer 8%	9%
5.177,99	I	930,08	-	74,40	83,70	-	63,66	71,61	-	53,42	60,10	-	43,70	49,16	-	34,50	38,81	-	25,81	29,03	-	17,64	19,84
	II	802,08	-	64,16	72,18	-	53,90	60,64	-	44,16	49,68	-	34,94	39,30	-	26,22	29,50	-	18,02	20,27	-	10,34	11,63
	III	535,33	-	42,82	48,17	-	34,80	39,15	-	27,02	30,40	-	19,50	21,94	-	12,25	13,78	-	5,86	6,59	-	0,80	0,90
	IV	930,08	-	74,40	83,70	-	68,96	77,58	-	63,66	71,61	-	58,48	65,79	-	53,42	60,10	-	48,50	54,56	-	43,70	49,16
	V	1.416,16	-	113,29	127,45																		
	VI	1.460,41	-	116,83	131,43																		
5.180,99	I	931,08	-	74,48	83,79	-	63,74	71,70	-	53,50	60,18	-	43,78	49,25	-	34,57	38,89	-	25,88	29,11	-	17,70	19,91
	II	803,08	-	64,24	72,27	-	53,98	60,72	-	44,23	49,76	-	35,00	39,38	-	26,28	29,57	-	18,08	20,34	-	10,39	11,69
	III	536,16	-	42,89	48,25	-	34,85	39,20	-	27,08	30,46	-	19,56	22,00	-	12,30	13,84	-	5,92	6,66	-	0,82	0,92
	IV	931,08	-	74,48	83,79	-	69,04	77,67	-	63,74	71,70	-	58,55	65,87	-	53,50	60,18	-	48,57	54,64	-	43,78	49,25
	V	1.417,25	-	113,38	127,55																		
	VI	1.461,58	-	116,92	131,54																		
5.183,99	I	932,08	-	74,56	83,88	-	63,81	71,78	-	53,57	60,26	-	43,84	49,32	-	34,63	38,96	-	25,94	29,18	-	17,76	19,98
	II	804,00	-	64,32	72,36	-	54,05	60,80	-	44,30	49,84	-	35,06	39,44	-	26,34	29,63	-	18,14	20,40	-	10,44	11,75
	III	536,83	-	42,94	48,31	-	34,92	39,28	-	27,13	30,52	-	19,61	22,06	-	12,36	13,90	-	5,96	6,70	-	0,86	0,97
	IV	932,08	-	74,56	83,88	-	69,12	77,76	-	63,81	71,78	-	58,62	65,95	-	53,57	60,26	-	48,64	54,72	-	43,84	49,32
	V	1.418,41	-	113,47	127,65																		
	VI	1.462,75	0,09	117,02	131,64																		
5.186,99	I	933,08	-	74,64	83,97	-	63,88	71,87	-	53,64	60,35	-	43,91	49,40	-	34,70	39,03	-	26,00	29,25	-	17,81	20,03
	II	805,00	-	64,40	72,45	-	54,12	60,89	-	44,37	49,91	-	35,13	39,52	-	26,40	29,70	-	18,20	20,47	-	10,50	11,81
	III	537,66	-	43,01	48,38	-	34,97	39,34	-	27,20	30,60	-	19,66	22,12	-	12,41	13,96	-	6,00	6,75	-	0,89	1,00
	IV	933,08	-	74,64	83,97	-	69,20	77,85	-	63,88	71,87	-	58,70	66,04	-	53,64	60,35	-	48,72	54,81	-	43,91	49,40
	V	1.419,58	-	113,56	127,76																		
	VI	1.463,83	0,22	117,10	131,74																		
5.189,99	I	934,08	-	74,72	84,06	-	63,96	71,96	-	53,72	60,43	-	43,98	49,48	-	34,76	39,11	-	26,06	29,31	-	17,87	20,10
	II	805,91	-	64,47	72,53	-	54,20	60,97	-	44,44	49,99	-	35,20	39,60	-	26,46	29,77	-	18,25	20,53	-	10,55	11,87
	III	538,33	-	43,06	48,44	-	35,02	39,40	-	27,25	30,65	-	19,72	22,18	-	12,46	14,02	-	6,04	6,79	-	0,92	1,03
	IV	934,08	-	74,72	84,06	-	69,28	77,94	-	63,96	71,96	-	58,77	66,11	-	53,72	60,43	-	48,78	54,88	-	43,98	49,48
	V	1.420,66	-	113,65	127,85																		
	VI	1.465,00	0,36	117,20	131,85																		
5.192,99	I	935,08	-	74,80	84,15	-	64,04	72,04	-	53,79	60,51	-	44,05	49,55	-	34,83	39,18	-	26,12	29,39	-	17,93	20,17
	II	806,83	-	64,54	72,61	-	54,27	61,05	-	44,51	50,07	-	35,26	39,67	-	26,53	29,84	-	18,31	20,60	-	10,61	11,93
	III	539,16	-	43,13	48,52	-	35,09	39,47	-	27,30	30,71	-	19,78	22,25	-	12,52	14,08	-	6,08	6,84	-	0,96	1,08
	IV	935,08	-	74,80	84,15	-	69,36	78,03	-	64,04	72,04	-	58,85	66,20	-	53,79	60,51	-	48,86	54,96	-	44,05	49,55
	V	1.421,83	-	113,74	127,96																		
	VI	1.466,16	0,50	117,29	131,95																		
5.195,99	I	936,08	-	74,88	84,24	-	64,12	72,13	-	53,86	60,59	-	44,12	49,64	-	34,90	39,26	-	26,18	29,45	-	17,98	20,23
	II	807,83	-	64,62	72,70	-	54,34	61,13	-	44,58	50,15	-	35,33	39,74	-	26,59	29,91	-	18,37	20,66	-	10,66	11,99
	III	539,83	-	43,18	48,58	-	35,14	39,53	-	27,36	30,78	-	19,84	22,32	-	12,56	14,13	-	6,12	6,88	-	0,98	1,10
	IV	936,08	-	74,88	84,24	-	69,44	78,12	-	64,12	72,13	-	58,92	66,29	-	53,86	60,59	-	48,92	55,04	-	44,12	49,64
	V	1.423,00	-	113,84	128,07																		
	VI	1.467,33	0,64	117,38	132,05																		
5.198,99	I	937,08	-	74,96	84,33	-	64,19	72,21	-	53,93	60,67	-	44,19	49,71	-	34,96	39,33	-	26,24	29,52	-	18,04	20,30
	II	808,75	-	64,70	72,78	-	54,42	61,22	-	44,65	50,23	-	35,39	39,81	-	26,65	29,98	-	18,42	20,72	-	10,72	12,06
	III	540,50	-	43,24	48,64	-	35,20	39,60	-	27,41	30,83	-	19,89	22,37	-	12,61	14,18	-	6,16	6,93	-	1,02	1,15
	IV	937,08	-	74,96	84,33	-	69,52	78,21	-	64,19	72,21	-	59,00	66,37	-	53,93	60,67	-	49,00	55,12	-	44,19	49,71
	V	1.424,08	-	113,92	128,16																		
	VI	1.468,41	0,77	117,47	132,15																		
5.201,99	I	938,08	-	75,04	84,42	-	64,27	72,30	-	54,00	60,75	-	44,26	49,79	-	35,02	39,40	-	26,30	29,59	-	18,10	20,36
	II	809,75	-	64,78	72,87	-	54,49	61,30	-	44,72	50,31	-	35,46	39,89	-	26,72	30,06	-	18,48	20,79	-	10,77	12,11
	III	541,33	-	43,30	48,71	-	35,26	39,67	-	27,48	30,91	-	19,94	22,43	-	12,66	14,24	-	6,21	6,98	-	1,05	1,18
	IV	938,08	-	75,04	84,42	-	69,59	78,29	-	64,27	72,30	-	59,08	66,46	-	54,00	60,75	-	49,07	55,20	-	44,26	49,79
	V	1.425,25	-	114,02	128,27																		
	VI	1.469,58	0,91	117,56	132,26																		
5.204,99	I	939,16	-	75,13	84,52	-	64,34	72,38	-	54,08	60,84	-	44,33	49,87	-	35,09	39,47	-	26,37	29,66	-	18,16	20,43
	II	810,75	-	64,86	72,96	-	54,56	61,38	-	44,79	50,39	-	35,52	39,96	-	26,78	30,12	-	18,54	20,86	-	10,82	12,17
	III	542,00	-	43,36	48,78	-	35,32	39,73	-	27,53	30,97	-	20,00	22,50	-	12,72	14,31	-	6,25	7,03	-	1,09	1,22
	IV	939,16	-	75,13	84,52	-	69,67	78,38	-	64,34	72,38	-	59,15	66,54	-	54,08	60,84	-	49,14	55,28	-	44,33	49,87
	V	1.426,41	-	114,11	128,37																		
	VI	1.470,75	1,05	117,66	132,36																		
5.207,99	I	940,08	-	75,20	84,60	-	64,42	72,47	-	54,15	60,92	-	44,40	49,95	-	35,16	39,55	-	26,43	29,73	-	18,22	20,49
	II	811,66	-	64,93	73,04	-	54,64	61,47	-	44,86	50,46	-	35,59	40,04	-	26,84	30,19	-	18,60	20,93	-	10,88	12,24
	III	542,83	-	43,42	48,85	-	35,37	39,79	-	27,58	31,03	-	20,05	22,55	-	12,77	14,36	-	6,29	7,07	-	1,12	1,26
	IV	940,08	-	75,20	84,60	-	69,75	78,47	-	64,42	72,47	-	59,22	66,62	-	54,15	60,92	-	49,21	55,36	-	44,40	49,95
	V	1.427,58	-	114,20	128,48																		
	VI	1.471,83	1,18	117,74	132,46																		
5.210,99	I	941,16	-	75,29	84,70	-	64,50	72,56	-	54,22	61,00	-	44,46	50,02	-	35,22	39,62	-	26,49	29,80	-	18,28	20,56
	II	812,66	-	65,01	73,13	-	54,71	61,55	-	44,92	50,54	-	35,66	40,11	-	26,90	30,26	-	18,66	20,99	-	10,94	12,30
	III	543,66	-	43,49	48,92	-	35,44	39,87	-	27,64	31,09	-	20,10	22,61	-	12,82	14,42	-	6,33	7,12	-	1,16	1,30
	IV	941,16	-	75,29	84,70	-	69,83	78,56	-	64,50	72,56	-	59,30	66,71	-	54,22	61,00	-	49,28	55,44	-	44,46	50,02
	V	1.428,66	-	114,29	128,57																		
	VI	1.473,00	1,31	117,84	132,57																		
5.213,99	I	942,16	-	75,37	84,79	-	64,58	72,65	-	54,30	61,08	-	44,54	50,10	-	35,29	39,70	-	26,56	29,88	-	18,34	20,63
	II	813,58	-	65,08	73,22	-	54,78	61,63	-	45,00	50,62	-	35,72	40,19	-	26,96	30,33	-	18,72	21,06	-	10,99	12,36
	III	544,33	-	43,54	48,98	-	35,49	39,92	-	27,69	31,15	-	20,16	22,68	-	12,88	14,49	-	6,37	7,16	-	1,18	1,33
	IV	942,16	-	75,37	84,79	-	69,91	78,65	-	64,58	72,65	-	59,38	66,80	-	54,30	61,08	-	49,36	55,53	-	44,54	50,10
	V	1.429,83	-	114,38	128,68																		
	VI	1.474,16	1,45	117,93	132,67																		
5.216,99	I	943,16	-	75,45	84,88	-	64,65	72,73	-	54,37	61,16	-	44,60	50,18	-	35,35	39,77	-	26,62	29,94	-	18,39	20,69
	II	814,58	-	65,16	73,31	-	54,86	61,71	-	45,06	50,69	-	35,79	40,26	-	27,02	30,40	-	18,78	21,12	-	11,04	12,42
	III	545,00	-	43,60	49,05	-	35,54	39,98	-	27,74	31,21	-	20,21	22,73	-	12,93	14,54	-	6,42	7,22	-	1,22	1,37
	IV	943,16	-	75,45	84,88	-	69,98	78,73	-	64,65	72,73	-	59,45	66,88	-	54,37	61,16	-	49,42	55,60	-	44,60	50,18
	V	1.431,00	-	114,48	128,79																		
	VI	1.475,25	1,58	118,02	132,77																		
5.219,99	I	944,16	-	75,53	84,97	-	64,73	72,82	-	54,44	61,25	-	44,68	50,26	-	35,42	39,84	-	26,68	30,01	-	18,45	20,75
	II	815,50	-	65,24	73,39	-	54,93	61,79	-	45,14	50,78	-	35,85	40,33	-	27,09	30,47	-	18,84	21,19	-	11,10	12,48
	III	545,83	-	43,66	49,12	-	35,61	40,06	-	27,81	31,28	-	20,26	22,79	-	12,98	14,60	-	6,46	7,27	-	1,25	1,40
	IV	944,16	-	75,53	84,97	-	70,06	78,82	-	64,73	72,82	-	59,52	66,96	-	54,44	61,25	-	49,50	55,68	-	44,68	50,26
	V	1.432,16	-	114,57	128,89																		
	VI	1.476,41	1,72	118,11	132,87																		

Lohn/Gehalt bis	Steuerklasse	Lohnsteuer	ohne Kinderfreibetrag SolZ 5,5%	Kirchensteuer 8%	Kirchensteuer 9%
5.222,99	I	945,16	–	75,61	85,06
	II	816,50	–	65,32	73,48
	III	546,50	–	43,72	49,18
	IV	945,16	–	75,61	85,06
	V	1.433,25	–	114,66	128,99
	VI	1.477,58	1,86	118,20	132,98
5.225,99	I	946,16	–	75,69	85,15
	II	817,41	–	65,39	73,56
	III	547,33	–	43,78	49,25
	IV	946,16	–	75,69	85,15
	V	1.434,41	–	114,75	129,09
	VI	1.478,75	2,00	118,30	133,08
5.228,99	I	947,16	–	75,77	85,24
	II	818,41	–	65,47	73,65
	III	548,00	–	43,84	49,32
	IV	947,16	–	75,77	85,24
	V	1.435,58	–	114,84	129,20
	VI	1.479,83	2,13	118,38	133,18
5.231,99	I	948,25	–	75,86	85,34
	II	819,41	–	65,55	73,74
	III	548,83	–	43,90	49,39
	IV	948,25	–	75,86	85,34
	V	1.436,75	–	114,94	129,30
	VI	1.481,00	2,27	118,48	133,29
5.234,99	I	949,16	–	75,93	85,42
	II	820,33	–	65,62	73,82
	III	549,50	–	43,96	49,45
	IV	949,16	–	75,93	85,42
	V	1.437,83	–	115,02	129,40
	VI	1.482,16	2,40	118,57	133,39
5.237,99	I	950,25	–	76,02	85,52
	II	821,33	–	65,70	73,91
	III	550,33	–	44,02	49,52
	IV	950,25	–	76,02	85,52
	V	1.439,00	–	115,12	129,51
	VI	1.483,33	2,54	118,66	133,49
5.240,99	I	951,25	–	76,10	85,61
	II	822,33	–	65,78	74,00
	III	551,00	–	44,08	49,59
	IV	951,25	–	76,10	85,61
	V	1.440,16	–	115,21	129,61
	VI	1.484,41	2,67	118,75	133,59
5.243,99	I	952,25	–	76,18	85,70
	II	823,25	–	65,86	74,09
	III	551,83	–	44,14	49,66
	IV	952,25	–	76,18	85,70
	V	1.441,25	–	115,30	129,71
	VI	1.485,58	2,81	118,84	133,70
5.246,99	I	953,25	–	76,26	85,79
	II	824,25	–	65,94	74,18
	III	552,50	–	44,20	49,72
	IV	953,25	–	76,26	85,79
	V	1.442,41	–	115,39	129,81
	VI	1.486,75	2,95	118,94	133,80
5.249,99	I	954,25	–	76,34	85,88
	II	825,16	–	66,01	74,26
	III	553,33	–	44,26	49,79
	IV	954,25	–	76,34	85,88
	V	1.443,58	–	115,48	129,92
	VI	1.487,91	3,09	119,03	133,91
5.252,99	I	955,25	–	76,42	85,97
	II	826,16	–	66,09	74,35
	III	554,00	–	44,32	49,86
	IV	955,25	–	76,42	85,97
	V	1.444,66	–	115,57	130,01
	VI	1.489,00	3,22	119,12	134,01
5.255,99	I	956,25	–	76,50	86,06
	II	827,16	–	66,17	74,44
	III	554,83	–	44,38	49,93
	IV	956,25	–	76,50	86,06
	V	1.445,83	–	115,66	130,12
	VI	1.490,16	3,36	119,21	134,11
5.258,99	I	957,25	–	76,58	86,15
	II	828,08	–	66,24	74,52
	III	555,50	–	44,44	49,99
	IV	957,25	–	76,58	86,15
	V	1.447,00	–	115,76	130,23
	VI	1.491,25	3,49	119,30	134,21
5.261,99	I	958,33	–	76,66	86,24
	II	829,08	–	66,32	74,61
	III	556,33	–	44,50	50,06
	IV	958,33	–	76,66	86,24
	V	1.448,08	–	115,84	130,32
	VI	1.492,41	3,62	119,39	134,31
5.264,99	I	959,33	–	76,74	86,33
	II	830,00	–	66,40	74,70
	III	557,00	–	44,56	50,13
	IV	959,33	–	76,74	86,33
	V	1.449,25	–	115,94	130,43
	VI	1.493,58	3,76	119,48	134,42

Anzahl Kinderfreibeträge (nur Steuerklassen I–IV)

Lohn/Gehalt bis	Steuerklasse	0,5 SolZ 5,5%	0,5 Kirchensteuer 8%	0,5 Kirchensteuer 9%	1,0 SolZ 5,5%	1,0 Kirchensteuer 8%	1,0 Kirchensteuer 9%	1,5 SolZ 5,5%	1,5 Kirchensteuer 8%	1,5 Kirchensteuer 9%
5.222,99	I	–	64,81	72,91	–	54,52	61,33	–	44,74	50,33
	II	–	55,00	61,88	–	45,20	50,85	–	35,92	40,41
	III	–	35,66	40,12	–	27,86	31,34	–	20,32	22,86
	IV	–	70,14	78,91	–	64,81	72,91	–	59,60	67,05
5.225,99	I	–	64,88	72,99	–	54,59	61,41	–	44,81	50,41
	II	–	55,08	61,96	–	45,27	50,93	–	35,98	40,48
	III	–	35,72	40,18	–	27,92	31,41	–	20,37	22,91
	IV	–	70,22	79,00	–	64,88	72,99	–	59,67	67,13
5.228,99	I	–	64,96	73,08	–	54,66	61,49	–	44,88	50,49
	II	–	55,15	62,04	–	45,34	51,01	–	36,05	40,55
	III	–	35,78	40,25	–	27,97	31,46	–	20,42	22,97
	IV	–	70,30	79,09	–	64,96	73,08	–	59,75	67,22
5.231,99	I	–	65,04	73,17	–	54,74	61,58	–	44,95	50,57
	II	–	55,22	62,12	–	45,42	51,09	–	36,12	40,63
	III	–	35,84	40,32	–	28,02	31,52	–	20,48	23,04
	IV	–	70,38	79,18	–	65,04	73,17	–	59,82	67,30
5.234,99	I	–	65,12	73,26	–	54,81	61,66	–	45,02	50,65
	II	–	55,30	62,21	–	45,48	51,17	–	36,18	40,70
	III	–	35,89	40,37	–	28,09	31,60	–	20,53	23,09
	IV	–	70,46	79,26	–	65,12	73,26	–	59,90	67,38
5.237,99	I	–	65,19	73,34	–	54,88	61,74	–	45,09	50,72
	II	–	55,37	62,29	–	45,55	51,24	–	36,25	40,78
	III	–	35,96	40,45	–	28,14	31,66	–	20,58	23,15
	IV	–	70,54	79,35	–	65,19	73,34	–	59,98	67,47
5.240,99	I	–	65,27	73,43	–	54,96	61,83	–	45,16	50,81
	II	–	55,44	62,37	–	45,62	51,32	–	36,32	40,86
	III	–	36,01	40,51	–	28,20	31,72	–	20,64	23,22
	IV	–	70,62	79,44	–	65,27	73,43	–	60,05	67,55
5.243,99	I	–	65,34	73,51	–	55,03	61,91	–	45,23	50,88
	II	–	55,52	62,46	–	45,69	51,40	–	36,38	40,93
	III	–	36,06	40,57	–	28,25	31,78	–	20,69	23,27
	IV	–	70,70	79,53	–	65,34	73,51	–	60,12	67,64
5.246,99	I	–	65,42	73,60	–	55,10	61,99	–	45,30	50,96
	II	–	55,59	62,54	–	45,76	51,48	–	36,45	41,00
	III	–	36,13	40,64	–	28,32	31,86	–	20,76	23,35
	IV	–	70,78	79,62	–	65,42	73,60	–	60,20	67,72
5.249,99	I	–	65,50	73,69	–	55,18	62,07	–	45,37	51,04
	II	–	55,66	62,62	–	45,83	51,56	–	36,52	41,08
	III	–	36,18	40,70	–	28,37	31,91	–	20,81	23,41
	IV	–	70,86	79,71	–	65,50	73,69	–	60,28	67,81
5.252,99	I	–	65,58	73,77	–	55,25	62,15	–	45,44	51,12
	II	–	55,74	62,70	–	45,90	51,64	–	36,58	41,15
	III	–	36,24	40,77	–	28,42	31,97	–	20,86	23,47
	IV	–	70,94	79,80	–	65,58	73,77	–	60,35	67,89
5.255,99	I	–	65,66	73,86	–	55,32	62,24	–	45,51	51,20
	II	–	55,81	62,78	–	45,97	51,71	–	36,64	41,22
	III	–	36,30	40,84	–	28,48	32,04	–	20,92	23,53
	IV	–	71,01	79,88	–	65,66	73,86	–	60,42	67,97
5.258,99	I	–	65,73	73,94	–	55,40	62,32	–	45,58	51,27
	II	–	55,88	62,87	–	46,04	51,79	–	36,71	41,30
	III	–	36,36	40,90	–	28,53	32,09	–	20,97	23,59
	IV	–	71,09	79,97	–	65,73	73,94	–	60,50	68,06
5.261,99	I	–	65,81	74,03	–	55,47	62,40	–	45,65	51,35
	II	–	55,96	62,95	–	46,11	51,87	–	36,78	41,37
	III	–	36,41	40,96	–	28,58	32,15	–	21,02	23,65
	IV	–	71,17	80,06	–	65,81	74,03	–	60,58	68,15
5.264,99	I	–	65,89	74,12	–	55,54	62,48	–	45,72	51,43
	II	–	56,03	63,03	–	46,18	51,95	–	36,84	41,45
	III	–	36,48	41,04	–	28,65	32,23	–	21,08	23,71
	IV	–	71,25	80,15	–	65,89	74,12	–	60,65	68,23

Lohn/Gehalt bis	Steuerklasse	2,0 SolZ 5,5%	2,0 Kirchensteuer 8%	2,0 Kirchensteuer 9%	2,5 SolZ 5,5%	2,5 Kirchensteuer 8%	2,5 Kirchensteuer 9%	3,0 SolZ 5,5%	3,0 Kirchensteuer 8%	3,0 Kirchensteuer 9%
5.222,99	I	–	35,48	39,92	–	26,74	30,08	–	18,51	[illegible]
	II	–	27,15	30,54	–	18,90	21,26	–	11,15	[illegible]
	III	–	13,04	14,67	–	6,50	7,31	–	1,29	[illegible]
	IV	–	54,52	61,33	–	49,57	55,76	–	44,74	[illegible]
5.225,99	I	–	35,55	39,99	–	26,80	30,15	–	18,56	[illegible]
	II	–	27,21	30,61	–	18,95	21,32	–	11,20	[illegible]
	III	–	13,08	14,71	–	6,54	7,36	–	1,32	[illegible]
	IV	–	54,59	61,41	–	49,64	55,84	–	44,81	[illegible]
5.228,99	I	–	35,62	40,07	–	26,86	30,22	–	18,62	[illegible]
	II	–	27,27	30,68	–	19,01	21,38	–	11,26	[illegible]
	III	–	13,13	14,77	–	6,60	7,42	–	1,36	[illegible]
	IV	–	54,66	61,49	–	49,71	55,92	–	44,88	[illegible]
5.231,99	I	–	35,68	40,14	–	26,92	30,29	–	18,68	[illegible]
	II	–	27,34	30,75	–	19,07	21,45	–	11,32	[illegible]
	III	–	13,18	14,83	–	6,64	7,47	–	1,38	[illegible]
	IV	–	54,74	61,58	–	49,78	56,00	–	44,95	[illegible]
5.234,99	I	–	35,74	40,21	–	26,98	30,35	–	18,74	[illegible]
	II	–	27,40	30,82	–	19,12	21,51	–	11,37	[illegible]
	III	–	13,24	14,89	–	6,68	7,51	–	1,42	[illegible]
	IV	–	54,81	61,66	–	49,85	56,08	–	45,02	[illegible]
5.237,99	I	–	35,81	40,28	–	27,05	30,43	–	18,80	[illegible]
	II	–	27,46	30,89	–	19,18	21,58	–	11,42	[illegible]
	III	–	13,29	14,95	–	6,72	7,56	–	1,45	[illegible]
	IV	–	54,88	61,74	–	49,92	56,16	–	45,09	[illegible]
5.240,99	I	–	35,88	40,36	–	27,11	30,50	–	18,86	[illegible]
	II	–	27,52	30,96	–	19,24	21,65	–	11,48	[illegible]
	III	–	13,34	15,01	–	6,76	7,60	–	1,49	[illegible]
	IV	–	54,96	61,83	–	50,00	56,25	–	45,16	[illegible]
5.243,99	I	–	35,94	40,43	–	27,17	30,56	–	18,92	[illegible]
	II	–	27,58	31,03	–	19,30	21,71	–	11,54	[illegible]
	III	–	13,40	15,07	–	6,81	7,66	–	1,52	[illegible]
	IV	–	55,03	61,91	–	50,06	56,32	–	45,23	[illegible]
5.246,99	I	–	36,01	40,51	–	27,24	30,64	–	18,98	[illegible]
	II	–	27,65	31,10	–	19,36	21,78	–	11,59	[illegible]
	III	–	13,45	15,13	–	6,85	7,70	–	1,56	[illegible]
	IV	–	55,10	61,99	–	50,14	56,40	–	45,30	[illegible]
5.249,99	I	–	36,08	40,59	–	27,30	30,71	–	19,03	[illegible]
	II	–	27,71	31,17	–	19,42	21,85	–	11,64	[illegible]
	III	–	13,50	15,19	–	6,89	7,75	–	1,58	[illegible]
	IV	–	55,18	62,07	–	50,21	56,48	–	45,37	[illegible]
5.252,99	I	–	36,14	40,66	–	27,36	30,78	–	19,09	[illegible]
	II	–	27,77	31,24	–	19,48	21,91	–	11,70	[illegible]
	III	–	13,56	15,25	–	6,93	7,79	–	1,62	[illegible]
	IV	–	55,25	62,15	–	50,28	56,57	–	45,44	[illegible]
5.255,99	I	–	36,21	40,73	–	27,42	30,85	–	19,15	[illegible]
	II	–	27,84	31,32	–	19,54	21,98	–	11,76	[illegible]
	III	–	13,61	15,31	–	6,98	7,85	–	1,65	[illegible]
	IV	–	55,32	62,24	–	50,35	56,64	–	45,51	[illegible]
5.258,99	I	–	36,27	40,80	–	27,48	30,92	–	19,21	[illegible]
	II	–	27,90	31,38	–	19,60	22,05	–	11,81	[illegible]
	III	–	13,66	15,37	–	7,02	7,90	–	1,69	[illegible]
	IV	–	55,40	62,32	–	50,42	56,72	–	45,58	[illegible]
5.261,99	I	–	36,34	40,88	–	27,54	30,98	–	19,26	[illegible]
	II	–	27,96	31,45	–	19,66	22,11	–	11,86	[illegible]
	III	–	13,70	15,41	–	7,06	7,94	–	1,72	[illegible]
	IV	–	55,47	62,40	–	50,50	56,81	–	45,65	[illegible]
5.264,99	I	–	36,40	40,95	–	27,61	31,06	–	19,32	[illegible]
	II	–	28,02	31,52	–	19,71	22,17	–	11,92	[illegible]
	III	–	13,77	15,49	–	7,12	8,01	–	1,76	[illegible]
	IV	–	55,54	62,48	–	50,57	56,89	–	45,72	[illegible]

Lohn/ Gehalt bis	Steuerklasse	Lohnsteuer	ohne Kinderfreibetrag			Anzahl Kinderfreibeträge (nur Steuerklassen I–IV)																	
						0,5			1,0			1,5			2,0			2,5			3,0		
			SolZ 5,5%	Kirchensteuer 8%	9%	SolZ 5,5%	Kirchensteuer 8%	9%	SolZ 5,5%	Kirchensteuer 8%	9%	SolZ 5,5%	Kirchensteuer 8%	9%	SolZ 5,5%	Kirchensteuer 8%	9%	SolZ 5,5%	Kirchensteuer 8%	9%	SolZ 5,5%	Kirchensteuer 8%	9%
5.267,99	I	960,33	-	76,82	86,42	-	65,96	74,21	-	55,62	62,57	-	45,79	51,51	-	36,47	41,03	-	27,67	31,13	-	19,38	21,80
	II	831,00	-	66,48	74,79	-	56,10	63,11	-	46,25	52,03	-	36,91	41,52	-	28,08	31,59	-	19,77	22,24	-	11,97	13,46
	III	557,83	-	44,62	50,20	-	36,53	41,09	-	28,70	32,29	-	21,13	23,77	-	13,81	15,53	-	7,16	8,05	-	1,80	2,02
	IV	960,33	-	76,82	86,42	-	71,33	80,24	-	65,96	74,21	-	60,72	68,31	-	55,62	62,57	-	50,64	56,97	-	45,79	51,51
	V	1.450,41	-	116,03	130,53																		
	VI	1.494,75	3,90	119,58	134,52																		
5.270,99	I	961,33	-	76,90	86,51	-	66,04	74,30	-	55,69	62,65	-	45,86	51,59	-	36,54	41,10	-	27,73	31,19	-	19,44	21,87
	II	832,00	-	66,56	74,88	-	56,18	63,20	-	46,32	52,11	-	36,98	41,60	-	28,14	31,66	-	19,83	22,31	-	12,03	13,53
	III	558,50	-	44,68	50,26	-	36,58	41,15	-	28,76	32,35	-	21,18	23,83	-	13,86	15,59	-	7,20	8,10	-	1,82	2,05
	IV	961,33	-	76,90	86,51	-	71,41	80,33	-	66,04	74,30	-	60,80	68,40	-	55,69	62,65	-	50,71	57,05	-	45,86	51,59
	V	1.451,58	-	116,12	130,64																		
	VI	1.495,83	4,03	119,66	134,62																		
5.273,99	I	962,33	-	76,98	86,60	-	66,12	74,38	-	55,77	62,74	-	45,93	51,67	-	36,60	41,18	-	27,80	31,27	-	19,50	21,94
	II	832,91	-	66,63	74,96	-	56,26	63,29	-	46,39	52,19	-	37,04	41,67	-	28,21	31,73	-	19,89	22,37	-	12,08	13,59
	III	559,33	-	44,74	50,33	-	36,65	41,23	-	28,81	32,41	-	21,24	23,89	-	13,92	15,66	-	7,25	8,15	-	1,86	2,09
	IV	962,33	-	76,98	86,60	-	71,49	80,42	-	66,12	74,38	-	60,88	68,49	-	55,77	62,74	-	50,78	57,13	-	45,93	51,67
	V	1.452,75	-	116,22	130,74																		
	VI	1.497,00	4,17	119,76	134,73																		
5.276,99	I	963,33	-	77,06	86,69	-	66,20	74,47	-	55,84	62,82	-	46,00	51,75	-	36,67	41,25	-	27,86	31,34	-	19,56	22,00
	II	833,91	-	66,71	75,05	-	56,33	63,37	-	46,46	52,27	-	37,11	41,75	-	28,27	31,80	-	19,95	22,44	-	12,14	13,65
	III	560,00	-	44,80	50,40	-	36,70	41,29	-	28,88	32,49	-	21,29	23,95	-	13,97	15,71	-	7,29	8,20	-	1,89	2,12
	IV	963,33	-	77,06	86,69	-	71,56	80,51	-	66,20	74,47	-	60,95	68,57	-	55,84	62,82	-	50,86	57,21	-	46,00	51,75
	V	1.453,83	-	116,30	130,84																		
	VI	1.498,16	4,31	119,85	134,83																		
5.279,99	I	964,41	-	77,15	86,79	-	66,28	74,56	-	55,92	62,91	-	46,07	51,83	-	36,74	41,33	-	27,92	31,41	-	19,62	22,07
	II	834,83	-	66,78	75,13	-	56,40	63,45	-	46,53	52,34	-	37,18	41,82	-	28,34	31,88	-	20,00	22,50	-	12,20	13,72
	III	560,83	-	44,86	50,47	-	36,77	41,36	-	28,93	32,54	-	21,34	24,01	-	14,02	15,77	-	7,33	8,24	-	1,93	2,17
	IV	964,41	-	77,15	86,79	-	71,64	80,60	-	66,28	74,56	-	61,03	68,66	-	55,92	62,91	-	50,92	57,29	-	46,07	51,83
	V	1.455,00	-	116,40	130,95																		
	VI	1.499,33	4,45	119,94	134,93																		
5.282,99	I	965,41	-	77,23	86,88	-	66,35	74,64	-	55,99	62,99	-	46,14	51,90	-	36,80	41,40	-	27,98	31,48	-	19,68	22,14
	II	835,83	-	66,86	75,22	-	56,48	63,54	-	46,60	52,43	-	37,24	41,90	-	28,40	31,95	-	20,06	22,57	-	12,25	13,78
	III	561,50	-	44,92	50,53	-	36,82	41,42	-	28,98	32,60	-	21,41	24,08	-	14,08	15,84	-	7,37	8,29	-	1,97	2,21
	IV	965,41	-	77,23	86,88	-	71,73	80,69	-	66,35	74,64	-	61,10	68,74	-	55,99	62,99	-	51,00	57,37	-	46,14	51,90
	V	1.456,16	-	116,49	131,05																		
	VI	1.500,41	4,58	120,03	135,03																		
5.285,99	I	966,41	-	77,31	86,97	-	66,43	74,73	-	56,06	63,07	-	46,21	51,98	-	36,87	41,48	-	28,04	31,55	-	19,74	22,20
	II	836,83	-	66,94	75,31	-	56,55	63,62	-	46,67	52,50	-	37,31	41,97	-	28,46	32,01	-	20,12	22,64	-	12,30	13,84
	III	562,33	-	44,98	50,60	-	36,88	41,49	-	29,04	32,67	-	21,46	24,14	-	14,13	15,89	-	7,42	8,35	-	2,00	2,25
	IV	966,41	-	77,31	86,97	-	71,80	80,78	-	66,43	74,73	-	61,18	68,82	-	56,06	63,07	-	51,07	57,45	-	46,21	51,98
	V	1.457,25	-	116,58	131,15																		
	VI	1.501,58	4,72	120,12	135,14																		
5.288,99	I	967,41	-	77,39	87,06	-	66,50	74,81	-	56,14	63,15	-	46,28	52,06	-	36,94	41,55	-	28,11	31,62	-	19,80	22,27
	II	837,75	-	67,02	75,39	-	56,62	63,70	-	46,74	52,58	-	37,38	42,05	-	28,52	32,09	-	20,18	22,70	-	12,36	13,90
	III	563,00	-	45,04	50,67	-	36,94	41,56	-	29,09	32,72	-	21,52	24,21	-	14,18	15,95	-	7,46	8,39	-	2,04	2,29
	IV	967,41	-	77,39	87,06	-	71,88	80,87	-	66,50	74,81	-	61,26	68,91	-	56,14	63,15	-	51,14	57,53	-	46,28	52,06
	V	1.458,41	-	116,67	131,25																		
	VI	1.502,75	4,85	120,22	135,24																		
5.291,99	I	968,50	-	77,48	87,16	-	66,58	74,90	-	56,21	63,23	-	46,35	52,14	-	37,00	41,63	-	28,17	31,69	-	19,86	22,34
	II	838,75	-	67,10	75,48	-	56,70	63,78	-	46,81	52,66	-	37,44	42,12	-	28,58	32,15	-	20,24	22,77	-	12,42	13,97
	III	563,83	-	45,10	50,74	-	37,00	41,62	-	29,16	32,80	-	21,57	24,26	-	14,24	16,02	-	7,50	8,44	-	2,08	2,34
	IV	968,50	-	77,48	87,16	-	71,96	80,96	-	66,58	74,90	-	61,33	68,99	-	56,21	63,23	-	51,22	57,62	-	46,35	52,14
	V	1.459,58	-	116,76	131,36																		
	VI	1.503,91	4,99	120,31	135,35																		
5.294,99	I	969,50	-	77,56	87,25	-	66,66	74,99	-	56,28	63,32	-	46,42	52,22	-	37,07	41,70	-	28,23	31,76	-	19,91	22,40
	II	839,75	-	67,18	75,57	-	56,77	63,86	-	46,88	52,74	-	37,51	42,20	-	28,64	32,22	-	20,30	22,84	-	12,47	14,03
	III	564,50	-	45,16	50,80	-	37,05	41,68	-	29,21	32,86	-	21,62	24,32	-	14,29	16,07	-	7,56	8,50	-	2,10	2,36
	IV	969,50	-	77,56	87,25	-	72,04	81,05	-	66,66	74,99	-	61,41	69,08	-	56,28	63,32	-	51,28	57,69	-	46,42	52,22
	V	1.460,66	-	116,85	131,45																		
	VI	1.505,00	5,12	120,40	135,45																		
5.297,99	I	970,50	-	77,64	87,34	-	66,74	75,08	-	56,36	63,40	-	46,49	52,30	-	37,14	41,78	-	28,30	31,83	-	19,97	22,46
	II	840,66	-	67,25	75,65	-	56,84	63,95	-	46,95	52,82	-	37,58	42,27	-	28,71	32,30	-	20,36	22,91	-	12,52	14,09
	III	565,33	-	45,22	50,87	-	37,12	41,76	-	29,26	32,92	-	21,68	24,39	-	14,34	16,13	-	7,60	8,55	-	2,14	2,41
	IV	970,50	-	77,64	87,34	-	72,12	81,14	-	66,74	75,08	-	61,48	69,17	-	56,36	63,40	-	51,36	57,78	-	46,49	52,30
	V	1.461,83	-	116,94	131,56																		
	VI	1.506,16	5,26	120,49	135,55																		
5.300,99	I	971,50	-	77,72	87,43	-	66,82	75,17	-	56,43	63,48	-	46,56	52,38	-	37,20	41,85	-	28,36	31,90	-	20,03	22,53
	II	841,66	-	67,33	75,74	-	56,92	64,04	-	47,02	52,90	-	37,64	42,35	-	28,78	32,37	-	20,42	22,97	-	12,58	14,15
	III	566,00	-	45,28	50,94	-	37,17	41,81	-	29,32	32,98	-	21,73	24,44	-	14,40	16,20	-	7,64	8,59	-	2,17	2,44
	IV	971,50	-	77,72	87,43	-	72,20	81,23	-	66,82	75,17	-	61,56	69,25	-	56,43	63,48	-	51,43	57,86	-	46,56	52,38
	V	1.463,00	0,12	117,04	131,67																		
	VI	1.507,33	5,40	120,58	135,65																		
5.303,99	I	972,50	-	77,80	87,52	-	66,90	75,26	-	56,50	63,56	-	46,63	52,46	-	37,26	41,92	-	28,42	31,97	-	20,09	22,60
	II	842,66	-	67,41	75,83	-	56,99	64,11	-	47,09	52,97	-	37,70	42,41	-	28,84	32,44	-	20,48	23,04	-	12,64	14,22
	III	566,83	-	45,34	51,01	-	37,24	41,89	-	29,38	33,05	-	21,78	24,50	-	14,45	16,25	-	7,69	8,65	-	2,21	2,48
	IV	972,50	-	77,80	87,52	-	72,28	81,32	-	66,90	75,26	-	61,64	69,34	-	56,50	63,56	-	51,50	57,94	-	46,63	52,46
	V	1.464,08	0,25	117,12	131,76																		
	VI	1.508,41	5,53	120,67	135,75																		
5.306,99	I	973,58	-	77,88	87,62	-	66,97	75,34	-	56,58	63,65	-	46,70	52,53	-	37,34	42,00	-	28,48	32,04	-	20,15	22,67
	II	843,58	-	67,48	75,92	-	57,07	64,20	-	47,16	53,06	-	37,78	42,50	-	28,90	32,51	-	20,54	23,10	-	12,69	14,27
	III	567,50	-	45,40	51,07	-	37,29	41,95	-	29,44	33,12	-	21,84	24,57	-	14,50	16,31	-	7,73	8,69	-	2,25	2,53
	IV	973,58	-	77,88	87,62	-	72,36	81,41	-	66,97	75,34	-	61,71	69,42	-	56,58	63,65	-	51,58	58,02	-	46,70	52,53
	V	1.465,25	0,39	117,22	131,87																		
	VI	1.509,58	5,67	120,76	135,86																		
5.309,99	I	974,58	-	77,96	87,71	-	67,05	75,43	-	56,65	63,73	-	46,77	52,61	-	37,40	42,08	-	28,54	32,11	-	20,21	22,73
	II	844,58	-	67,56	76,01	-	57,14	64,28	-	47,24	53,14	-	37,84	42,57	-	28,96	32,58	-	20,60	23,17	-	12,75	14,34
	III	568,33	-	45,46	51,14	-	37,34	42,01	-	29,49	33,17	-	21,89	24,62	-	14,56	16,38	-	7,78	8,75	-	2,28	2,56
	IV	974,58	-	77,96	87,71	-	72,44	81,50	-	67,05	75,43	-	61,79	69,51	-	56,65	63,73	-	51,65	58,10	-	46,77	52,61
	V	1.466,41	0,53	117,31	131,97																		
	VI	1.510,75	5,81	120,86	135,96																		

MONAT bis 5.354,99 €

Allgemeine Tabelle

Lohn/ Gehalt bis	Steuerklasse	Lohn-steuer	ohne Kinderfreibetrag SolZ 5,5%	Kirchensteuer 8%	9%	0,5 SolZ 5,5%	Kirchensteuer 8%	9%	1,0 SolZ 5,5%	Kirchensteuer 8%	9%	1,5 SolZ 5,5%	Kirchensteuer 8%	9%	2,0 SolZ 5,5%	Kirchensteuer 8%	9%	2,5 SolZ 5,5%	Kirchensteuer 8%	9%	3,0 SolZ 5,5%	Kirchensteuer 8%	9%
5.312,99	I	975,58	-	78,04	87,80	-	67,13	75,52	-	56,72	63,81	-	46,84	52,69	-	37,46	42,14	-	28,61	32,18	-	20,26	22
	II	845,58	-	67,64	76,10	-	57,22	64,37	-	47,30	53,21	-	37,90	42,64	-	29,02	32,65	-	20,66	23,24	-	12,80	14
	III	569,00	-	45,52	51,21	-	37,41	42,08	-	29,54	33,23	-	21,94	24,68	-	14,61	16,43	-	7,82	8,80	-	2,32	2
	IV	975,58	-	78,04	87,80	-	72,52	81,59	-	67,13	75,52	-	61,86	69,59	-	56,72	63,81	-	51,72	58,18	-	46,84	52
	V	1.467,58	0,67	117,40	132,08																		
	VI	1.511,83	5,94	120,94	136,06																		
5.315,99	I	976,58	-	78,12	87,89	-	67,20	75,60	-	56,80	63,90	-	46,91	52,77	-	37,53	42,22	-	28,67	32,25	-	20,32	22
	II	846,58	-	67,72	76,19	-	57,29	64,45	-	47,38	53,30	-	37,98	42,72	-	29,09	32,72	-	20,72	23,31	-	12,86	14
	III	569,83	-	45,58	51,28	-	37,46	42,14	-	29,60	33,30	-	22,00	24,75	-	14,65	16,48	-	7,86	8,84	-	2,36	2,
	IV	976,58	-	78,12	87,89	-	72,60	81,68	-	67,20	75,60	-	61,94	69,68	-	56,80	63,90	-	51,79	58,26	-	46,91	52
	V	1.468,66	0,80	117,49	132,17																		
	VI	1.513,00	6,07	121,04	136,17																		
5.318,99	I	977,58	-	78,20	87,98	-	67,28	75,69	-	56,87	63,98	-	46,98	52,85	-	37,60	42,30	-	28,73	32,32	-	20,38	22
	II	847,50	-	67,80	76,27	-	57,36	64,53	-	47,44	53,37	-	38,04	42,79	-	29,15	32,79	-	20,77	23,36	-	12,91	14,
	III	570,50	-	45,64	51,34	-	37,52	42,21	-	29,66	33,37	-	22,05	24,80	-	14,70	16,54	-	7,90	8,89	-	2,38	2
	IV	977,58	-	78,20	87,98	-	72,68	81,76	-	67,28	75,69	-	62,01	69,76	-	56,87	63,98	-	51,86	58,34	-	46,98	52
	V	1.469,83	0,94	117,58	132,28																		
	VI	1.514,16	6,21	121,13	136,27																		
5.321,99	I	978,66	-	78,29	88,07	-	67,36	75,78	-	56,95	64,07	-	47,05	52,93	-	37,66	42,37	-	28,80	32,40	-	20,44	23,
	II	848,50	-	67,88	76,36	-	57,44	64,62	-	47,52	53,46	-	38,11	42,87	-	29,21	32,86	-	20,83	23,43	-	12,97	14,
	III	571,33	-	45,70	51,41	-	37,58	42,28	-	29,72	33,43	-	22,12	24,88	-	14,76	16,60	-	7,96	8,95	-	2,42	2,
	IV	978,66	-	78,29	88,07	-	72,76	81,85	-	67,36	75,78	-	62,09	69,85	-	56,95	64,07	-	51,94	58,43	-	47,05	52,
	V	1.471,00	1,08	117,68	132,39																		
	VI	1.515,25	6,34	121,22	136,37																		
5.324,99	I	979,66	-	78,37	88,16	-	67,44	75,87	-	57,02	64,15	-	47,12	53,01	-	37,73	42,44	-	28,86	32,47	-	20,50	23,
	II	849,50	-	67,96	76,45	-	57,52	64,71	-	47,58	53,53	-	38,18	42,95	-	29,28	32,94	-	20,89	23,50	-	13,02	14,
	III	572,00	-	45,76	51,48	-	37,64	42,34	-	29,77	33,49	-	22,17	24,94	-	14,81	16,66	-	8,00	9,00	-	2,46	2,
	IV	979,66	-	78,37	88,16	-	72,84	81,95	-	67,44	75,87	-	62,16	69,93	-	57,02	64,15	-	52,01	58,51	-	47,12	53,
	V	1.472,16	1,21	117,77	132,49																		
	VI	1.516,41	6,48	121,31	136,47																		
5.327,99	I	980,66	-	78,45	88,25	-	67,52	75,96	-	57,10	64,23	-	47,19	53,09	-	37,80	42,52	-	28,92	32,54	-	20,56	23,
	II	850,41	-	68,03	76,53	-	57,58	64,78	-	47,66	53,61	-	38,24	43,02	-	29,34	33,00	-	20,95	23,57	-	13,08	14,
	III	572,83	-	45,82	51,55	-	37,69	42,40	-	29,82	33,55	-	22,22	25,00	-	14,86	16,72	-	8,05	9,05	-	2,49	2,
	IV	980,66	-	78,45	88,25	-	72,92	82,03	-	67,52	75,96	-	62,24	70,02	-	57,10	64,23	-	52,08	58,59	-	47,19	53,
	V	1.473,25	1,34	117,86	132,59																		
	VI	1.517,58	6,62	121,40	136,58																		
5.330,99	I	981,66	-	78,53	88,34	-	67,60	76,05	-	57,17	64,31	-	47,26	53,17	-	37,86	42,59	-	28,98	32,60	-	20,62	23,
	II	851,41	-	68,11	76,62	-	57,66	64,87	-	47,73	53,69	-	38,31	43,10	-	29,40	33,08	-	21,01	23,63	-	13,14	14,
	III	573,50	-	45,88	51,61	-	37,76	42,48	-	29,89	33,62	-	22,28	25,06	-	14,92	16,78	-	8,09	9,10	-	2,53	2,
	IV	981,66	-	78,53	88,34	-	73,00	82,12	-	67,60	76,05	-	62,32	70,11	-	57,17	64,31	-	52,15	58,67	-	47,26	53,
	V	1.474,41	1,48	117,95	132,69																		
	VI	1.518,75	6,76	121,50	136,68																		
5.333,99	I	982,75	-	78,62	88,44	-	67,67	76,13	-	57,24	64,40	-	47,33	53,24	-	37,93	42,67	-	29,05	32,68	-	20,68	23,
	II	852,41	-	68,19	76,71	-	57,74	64,95	-	47,80	53,77	-	38,38	43,17	-	29,46	33,14	-	21,07	23,70	-	13,19	14,
	III	574,33	-	45,94	51,68	-	37,81	42,53	-	29,94	33,68	-	22,33	25,12	-	14,97	16,84	-	8,13	9,14	-	2,57	2,
	IV	982,75	-	78,62	88,44	-	73,08	82,21	-	67,67	76,13	-	62,40	70,20	-	57,24	64,40	-	52,22	58,75	-	47,33	53,
	V	1.475,58	1,62	118,04	132,80																		
	VI	1.519,83	6,89	121,58	136,78																		
5.336,99	I	983,75	-	78,70	88,53	-	67,75	76,22	-	57,32	64,48	-	47,40	53,33	-	38,00	42,75	-	29,11	32,75	-	20,74	23,
	II	853,33	-	68,26	76,79	-	57,81	65,03	-	47,87	53,85	-	38,44	43,25	-	29,53	33,22	-	21,13	23,77	-	13,24	14,
	III	575,00	-	46,00	51,75	-	37,86	42,59	-	30,00	33,75	-	22,38	25,18	-	15,02	16,90	-	8,18	9,20	-	2,60	2,
	IV	983,75	-	78,70	88,53	-	73,16	82,30	-	67,75	76,22	-	62,47	70,28	-	57,32	64,48	-	52,30	58,83	-	47,40	53,
	V	1.476,66	1,75	118,13	132,89																		
	VI	1.521,00	7,03	121,68	136,89																		
5.339,99	I	984,75	-	78,78	88,62	-	67,83	76,31	-	57,39	64,56	-	47,47	53,40	-	38,06	42,82	-	29,18	32,82	-	20,80	23,
	II	854,33	-	68,34	76,88	-	57,88	65,12	-	47,94	53,93	-	38,51	43,32	-	29,59	33,29	-	21,19	23,84	-	13,30	14,
	III	575,83	-	46,06	51,82	-	37,93	42,67	-	30,05	33,80	-	22,44	25,24	-	15,08	16,96	-	8,22	9,25	-	2,64	2,
	IV	984,75	-	78,78	88,62	-	73,24	82,39	-	67,83	76,31	-	62,54	70,36	-	57,39	64,56	-	52,37	58,91	-	47,47	53,
	V	1.477,83	1,89	118,22	133,00																		
	VI	1.522,16	7,16	121,77	136,99																		
5.342,99	I	985,83	-	78,86	88,72	-	67,91	76,40	-	57,47	64,65	-	47,54	53,48	-	38,14	42,90	-	29,24	32,89	-	20,86	23,4
	II	855,33	-	68,42	76,97	-	57,96	65,20	-	48,01	54,01	-	38,58	43,40	-	29,66	33,36	-	21,25	23,90	-	13,36	15,0
	III	576,50	-	46,12	51,88	-	37,98	42,73	-	30,12	33,88	-	22,49	25,30	-	15,13	17,02	-	8,28	9,31	-	2,68	3,0
	IV	985,83	-	78,86	88,72	-	73,32	82,48	-	67,91	76,40	-	62,62	70,45	-	57,47	64,65	-	52,44	59,00	-	47,54	53,4
	V	1.479,00	2,03	118,32	133,11																		
	VI	1.523,33	7,30	121,86	137,09																		
5.345,99	I	986,83	-	78,94	88,81	-	67,98	76,48	-	57,54	64,73	-	47,61	53,56	-	38,20	42,97	-	29,30	32,96	-	20,92	23,5
	II	856,33	-	68,50	77,06	-	58,03	65,28	-	48,08	54,09	-	38,64	43,47	-	29,72	33,43	-	21,31	23,97	-	13,41	15,0
	III	577,33	-	46,18	51,95	-	38,05	42,80	-	30,17	33,94	-	22,54	25,36	-	15,18	17,08	-	8,32	9,36	-	2,70	3,0
	IV	986,83	-	78,94	88,81	-	73,40	82,57	-	67,98	76,48	-	62,70	70,53	-	57,54	64,73	-	52,51	59,07	-	47,61	53,5
	V	1.480,08	2,16	118,40	133,20																		
	VI	1.524,41	7,43	121,95	137,19																		
5.348,99	I	987,83	-	79,02	88,90	-	68,06	76,57	-	57,62	64,82	-	47,68	53,64	-	38,26	43,04	-	29,36	33,03	-	20,98	23,6
	II	857,25	-	68,58	77,15	-	58,11	65,37	-	48,15	54,17	-	38,71	43,55	-	29,78	33,50	-	21,37	24,04	-	13,47	15,1
	III	578,00	-	46,24	52,02	-	38,10	42,86	-	30,22	34,00	-	22,60	25,42	-	15,24	17,14	-	8,37	9,41	-	2,74	3,0
	IV	987,83	-	79,02	88,90	-	73,48	82,66	-	68,06	76,57	-	62,78	70,62	-	57,62	64,82	-	52,58	59,15	-	47,68	53,6
	V	1.481,25	2,30	118,50	133,31																		
	VI	1.525,58	7,57	122,04	137,30																		
5.351,99	I	988,83	-	79,10	88,99	-	68,14	76,66	-	57,69	64,90	-	47,76	53,73	-	38,34	43,13	-	29,43	33,11	-	21,04	23,6
	II	858,25	-	68,66	77,24	-	58,18	65,45	-	48,22	54,25	-	38,78	43,62	-	29,84	33,57	-	21,43	24,11	-	13,52	15,2
	III	578,83	-	46,30	52,09	-	38,16	42,93	-	30,28	34,06	-	22,65	25,48	-	15,29	17,20	-	8,41	9,46	-	2,78	3,1
	IV	988,83	-	79,10	88,99	-	73,56	82,75	-	68,14	76,66	-	62,85	70,70	-	57,69	64,90	-	52,66	59,24	-	47,76	53,7
	V	1.482,41	2,43	118,59	133,41																		
	VI	1.526,75	7,71	122,14	137,40																		
5.354,99	I	989,83	-	79,18	89,08	-	68,22	76,74	-	57,76	64,98	-	47,82	53,80	-	38,40	43,20	-	29,49	33,17	-	21,09	23,72
	II	859,25	-	68,74	77,33	-	58,26	65,54	-	48,29	54,32	-	38,84	43,70	-	29,91	33,65	-	21,48	24,17	-	13,58	15,27
	III	579,50	-	46,36	52,15	-	38,22	43,00	-	30,33	34,12	-	22,70	25,54	-	15,34	17,26	-	8,45	9,50	-	2,82	3,17
	IV	989,83	-	79,18	89,08	-	73,64	82,84	-	68,22	76,74	-	62,92	70,79	-	57,76	64,98	-	52,73	59,32	-	47,82	53,80
	V	1.483,58	2,57	118,68	133,52																		
	VI	1.527,83	7,84	122,22	137,50																		

Anzahl Kinderfreibeträge (nur Steuerklassen I–IV)

Lohn/ Gehalt bis	Steuerklasse	Lohnsteuer	ohne Kinderfreibetrag SolZ 5,5%	ohne Kinderfreibetrag Kirchensteuer 8%	ohne Kinderfreibetrag Kirchensteuer 9%	0,5 SolZ 5,5%	0,5 Kirchensteuer 8%	0,5 Kirchensteuer 9%	1,0 SolZ 5,5%	1,0 Kirchensteuer 8%	1,0 Kirchensteuer 9%	1,5 SolZ 5,5%	1,5 Kirchensteuer 8%	1,5 Kirchensteuer 9%	2,0 SolZ 5,5%	2,0 Kirchensteuer 8%	2,0 Kirchensteuer 9%	2,5 SolZ 5,5%	2,5 Kirchensteuer 8%	2,5 Kirchensteuer 9%	3,0 SolZ 5,5%	3,0 Kirchensteuer 8%	3,0 Kirchensteuer 9%
						Anzahl Kinderfreibeträge (nur Steuerklassen I–IV)																	
5.357,99	I	990,91	-	79,27	89,18	-	68,30	76,83	-	57,84	65,07	-	47,90	53,88	-	38,47	43,28	-	29,55	33,24	-	21,15	23,79
	II	860,25	-	68,82	77,42	-	58,33	65,62	-	48,36	54,41	-	38,91	43,77	-	29,97	33,71	-	21,54	24,23	-	13,64	15,34
	III	580,33	-	46,42	52,22	-	38,28	43,06	-	30,40	34,20	-	22,77	25,61	-	15,40	17,32	-	8,50	9,56	-	2,85	3,20
	IV	990,91	-	79,27	89,18	-	73,72	82,93	-	68,30	76,83	-	63,00	70,88	-	57,84	65,07	-	52,80	59,40	-	47,90	53,88
	V	1.484,66	2,70	118,77	133,61																		
	VI	1.529,00	7,98	122,32	137,61																		
5.360,99	I	991,91	-	79,35	89,27	-	68,38	76,92	-	57,92	65,16	-	47,97	53,96	-	38,54	43,35	-	29,62	33,32	-	21,21	23,86
	II	861,25	-	68,90	77,51	-	58,41	65,71	-	48,44	54,49	-	38,98	43,85	-	30,04	33,79	-	21,61	24,31	-	13,69	15,40
	III	581,00	-	46,48	52,29	-	38,34	43,13	-	30,45	34,25	-	22,82	25,67	-	15,45	17,38	-	8,54	9,61	-	2,89	3,25
	IV	991,91	-	79,35	89,27	-	73,80	83,02	-	68,38	76,92	-	63,08	70,97	-	57,92	65,16	-	52,88	59,49	-	47,97	53,96
	V	1.485,83	2,84	118,86	133,72																		
	VI	1.530,16	8,12	122,41	137,71																		
5.363,99	I	992,91	-	79,43	89,36	-	68,45	77,00	-	57,99	65,24	-	48,04	54,04	-	38,60	43,43	-	29,68	33,39	-	21,27	23,93
	II	862,16	-	68,97	77,59	-	58,48	65,79	-	48,50	54,56	-	39,04	43,92	-	30,10	33,86	-	21,66	24,37	-	13,75	15,47
	III	581,83	-	46,54	52,36	-	38,40	43,20	-	30,50	34,31	-	22,88	25,74	-	15,50	17,44	-	8,60	9,67	-	2,93	3,29
	IV	992,91	-	79,43	89,36	-	73,88	83,11	-	68,45	77,00	-	63,16	71,05	-	57,99	65,24	-	52,95	59,57	-	48,04	54,04
	V	1.487,00	2,98	118,96	133,83																		
	VI	1.531,25	8,25	122,50	137,81																		
5.366,99	I	994,00	-	79,52	89,46	-	68,53	77,09	-	58,06	65,32	-	48,11	54,12	-	38,67	43,50	-	29,74	33,46	-	21,33	23,99
	II	863,16	-	69,05	77,68	-	58,56	65,88	-	48,58	54,65	-	39,11	44,00	-	30,16	33,93	-	21,72	24,44	-	13,80	15,53
	III	582,66	-	46,61	52,43	-	38,45	43,25	-	30,57	34,39	-	22,93	25,79	-	15,56	17,50	-	8,64	9,72	-	2,97	3,34
	IV	994,00	-	79,52	89,46	-	73,96	83,20	-	68,53	77,09	-	63,23	71,13	-	58,06	65,32	-	53,02	59,65	-	48,11	54,12
	V	1.488,16	3,12	119,05	133,93																		
	VI	1.532,41	8,38	122,59	137,91																		
5.369,99	I	995,00	-	79,60	89,55	-	68,61	77,18	-	58,14	65,40	-	48,18	54,20	-	38,74	43,58	-	29,80	33,53	-	21,39	24,06
	II	864,16	-	69,13	77,77	-	58,63	65,96	-	48,65	54,73	-	39,18	44,07	-	30,22	34,00	-	21,78	24,50	-	13,86	15,59
	III	583,33	-	46,66	52,49	-	38,52	43,33	-	30,62	34,45	-	22,98	25,85	-	15,61	17,56	-	8,69	9,77	-	3,00	3,37
	IV	995,00	-	79,60	89,55	-	74,04	83,29	-	68,61	77,18	-	63,31	71,22	-	58,14	65,40	-	53,10	59,73	-	48,18	54,20
	V	1.489,25	3,25	119,14	134,03																		
	VI	1.533,58	8,52	122,68	138,02																		
5.372,99	I	996,00	-	79,68	89,64	-	68,69	77,27	-	58,21	65,48	-	48,25	54,28	-	38,80	43,65	-	29,87	33,60	-	21,45	24,13
	II	865,08	-	69,20	77,85	-	58,70	66,04	-	48,72	54,81	-	39,24	44,15	-	30,29	34,07	-	21,84	24,57	-	13,92	15,66
	III	584,00	-	46,72	52,56	-	38,57	43,39	-	30,68	34,51	-	23,04	25,92	-	15,66	17,62	-	8,73	9,82	-	3,04	3,42
	IV	996,00	-	79,68	89,64	-	74,12	83,38	-	68,69	77,27	-	63,38	71,30	-	58,21	65,48	-	53,16	59,81	-	48,25	54,28
	V	1.490,41	3,39	119,23	134,13																		
	VI	1.534,75	8,66	122,78	138,12																		
5.375,99	I	997,08	-	79,76	89,73	-	68,76	77,36	-	58,28	65,57	-	48,32	54,36	-	38,87	43,73	-	29,93	33,67	-	21,51	24,20
	II	866,08	-	69,28	77,94	-	58,78	66,13	-	48,79	54,89	-	39,32	44,23	-	30,35	34,14	-	21,90	24,64	-	13,97	15,71
	III	584,83	-	46,78	52,63	-	38,64	43,47	-	30,73	34,57	-	23,09	25,97	-	15,72	17,68	-	8,78	9,88	-	3,08	3,46
	IV	997,08	-	79,76	89,73	-	74,20	83,47	-	68,76	77,36	-	63,46	71,39	-	58,28	65,57	-	53,24	59,89	-	48,32	54,36
	V	1.491,58	3,53	119,32	134,24																		
	VI	1.535,83	8,79	122,86	138,22																		
5.378,99	I	998,08	-	79,84	89,82	-	68,84	77,45	-	58,36	65,66	-	48,39	54,44	-	38,94	43,80	-	30,00	33,75	-	21,57	24,26
	II	867,08	-	69,36	78,03	-	58,86	66,21	-	48,86	54,97	-	39,38	44,30	-	30,42	34,22	-	21,96	24,71	-	14,03	15,78
	III	585,66	-	46,85	52,70	-	38,69	43,52	-	30,80	34,65	-	23,14	26,03	-	15,77	17,74	-	8,82	9,92	-	3,12	3,51
	IV	998,08	-	79,84	89,82	-	74,28	83,57	-	68,84	77,45	-	63,54	71,48	-	58,36	65,66	-	53,31	59,97	-	48,39	54,44
	V	1.492,75	3,66	119,42	134,34																		
	VI	1.537,00	8,93	122,96	138,33																		
5.381,99	I	999,08	-	79,92	89,91	-	68,92	77,54	-	58,44	65,74	-	48,46	54,52	-	39,00	43,88	-	30,06	33,81	-	21,63	24,33
	II	868,08	-	69,44	78,12	-	58,93	66,29	-	48,93	55,04	-	39,45	44,38	-	30,48	34,29	-	22,02	24,77	-	14,08	15,84
	III	586,33	-	46,90	52,76	-	38,74	43,58	-	30,85	34,70	-	23,20	26,10	-	15,81	17,78	-	8,88	9,99	-	3,14	3,53
	IV	999,08	-	79,92	89,91	-	74,36	83,65	-	68,92	77,54	-	63,62	71,57	-	58,44	65,74	-	53,38	60,05	-	48,46	54,52
	V	1.493,83	3,79	119,50	134,44																		
	VI	1.538,16	9,07	123,05	138,43																		
5.384,99	I	1.000,16	-	80,01	90,01	-	69,00	77,63	-	58,51	65,82	-	48,53	54,59	-	39,07	43,95	-	30,12	33,89	-	21,69	24,40
	II	869,08	-	69,52	78,21	-	59,00	66,38	-	49,00	55,13	-	39,52	44,46	-	30,54	34,36	-	22,08	24,84	-	14,14	15,91
	III	587,16	-	46,97	52,84	-	38,81	43,66	-	30,90	34,76	-	23,26	26,17	-	15,88	17,86	-	8,92	10,03	-	3,18	3,58
	IV	1.000,16	-	80,01	90,01	-	74,44	83,75	-	69,00	77,63	-	63,69	71,65	-	58,51	65,82	-	53,46	60,14	-	48,53	54,59
	V	1.495,00	3,93	119,60	134,55																		
	VI	1.539,33	9,21	123,14	138,53																		
5.387,99	I	1.001,16	-	80,09	90,10	-	69,08	77,71	-	58,58	65,90	-	48,60	54,68	-	39,14	44,03	-	30,18	33,95	-	21,75	24,47
	II	870,00	-	69,60	78,30	-	59,08	66,46	-	49,07	55,20	-	39,58	44,53	-	30,60	34,43	-	22,14	24,91	-	14,20	15,97
	III	587,83	-	47,02	52,90	-	38,86	43,72	-	30,96	34,83	-	23,32	26,23	-	15,93	17,92	-	8,97	10,09	-	3,22	3,62
	IV	1.001,16	-	80,09	90,10	-	74,52	83,83	-	69,08	77,71	-	63,76	71,73	-	58,58	65,90	-	53,53	60,22	-	48,60	54,68
	V	1.496,08	4,06	119,68	134,64																		
	VI	1.540,41	9,34	123,23	138,63																		
5.390,99	I	1.002,16	-	80,17	90,19	-	69,16	77,80	-	58,66	65,99	-	48,68	54,76	-	39,20	44,10	-	30,25	34,03	-	21,81	24,53
	II	871,00	-	69,68	78,39	-	59,16	66,55	-	49,14	55,28	-	39,65	44,60	-	30,67	34,50	-	22,20	24,98	-	14,25	16,03
	III	588,66	-	47,09	52,97	-	38,92	43,78	-	31,01	34,88	-	23,37	26,29	-	15,97	17,96	-	9,01	10,13	-	3,26	3,67
	IV	1.002,16	-	80,17	90,19	-	74,60	83,93	-	69,16	77,80	-	63,84	71,82	-	58,66	65,99	-	53,60	60,30	-	48,68	54,76
	V	1.497,25	4,20	119,78	134,75																		
	VI	1.541,58	9,48	123,32	138,74																		
5.393,99	I	1.003,25	-	80,26	90,29	-	69,24	77,89	-	58,74	66,08	-	48,74	54,83	-	39,27	44,18	-	30,31	34,10	-	21,87	24,60
	II	872,00	-	69,76	78,48	-	59,23	66,63	-	49,22	55,37	-	39,72	44,68	-	30,74	34,58	-	22,26	25,04	-	14,31	16,10
	III	589,33	-	47,14	53,03	-	38,98	43,85	-	31,08	34,96	-	23,42	26,35	-	16,04	18,04	-	9,06	10,19	-	3,30	3,71
	IV	1.003,25	-	80,26	90,29	-	74,68	84,02	-	69,24	77,89	-	63,92	71,91	-	58,74	66,08	-	53,68	60,39	-	48,74	54,83
	V	1.498,41	4,34	119,87	134,85																		
	VI	1.542,75	9,61	123,42	138,84																		
5.396,99	I	1.004,25	-	80,34	90,38	-	69,32	77,98	-	58,81	66,16	-	48,82	54,92	-	39,34	44,25	-	30,38	34,17	-	21,92	24,66
	II	873,00	-	69,84	78,57	-	59,30	66,71	-	49,28	55,44	-	39,78	44,75	-	30,80	34,65	-	22,32	25,11	-	14,36	16,16
	III	590,16	-	47,21	53,11	-	39,04	43,92	-	31,13	35,02	-	23,48	26,41	-	16,08	18,09	-	9,10	10,24	-	3,33	3,74
	IV	1.004,25	-	80,34	90,38	-	74,76	84,11	-	69,32	77,98	-	64,00	72,00	-	58,81	66,16	-	53,75	60,47	-	48,82	54,92
	V	1.499,50	4,47	119,96	134,95																		
	VI	1.543,83	9,74	123,50	138,94																		
5.399,99	I	1.005,25	-	80,42	90,47	-	69,40	78,07	-	58,88	66,24	-	48,89	55,00	-	39,40	44,33	-	30,44	34,24	-	21,99	24,74
	II	874,00	-	69,92	78,66	-	59,38	66,80	-	49,36	55,53	-	39,85	44,83	-	30,86	34,72	-	22,38	25,18	-	14,42	16,22
	III	590,83	-	47,26	53,17	-	39,10	43,99	-	31,18	35,08	-	23,53	26,47	-	16,13	18,14	-	9,16	10,30	-	3,37	3,79
	IV	1.005,25	-	80,42	90,47	-	74,84	84,20	-	69,40	78,07	-	64,08	72,09	-	58,88	66,24	-	53,82	60,55	-	48,89	55,00
	V	1.500,66	4,61	120,05	135,05																		
	VI	1.545,00	9,88	123,60	139,05																		

Lohn/ Gehalt bis	Steuerklasse	Lohn- steuer	ohne Kinderfreibetrag			Anzahl Kinderfreibeträge (nur Steuerklassen I–IV)																	
						0,5			1,0			1,5			2,0			2,5			3,0		
			SolZ 5,5%	Kirchensteuer 8%	9%	SolZ 5,5%	Kirchensteuer 8%	9%	SolZ 5,5%	Kirchensteuer 8%	9%	SolZ 5,5%	Kirchensteuer 8%	9%	SolZ 5,5%	Kirchensteuer 8%	9%	SolZ 5,5%	Kirchensteuer 8%	9%	SolZ 5,5%	Kirchensteu 8%	9%
5.402,99	I	1.006,33	-	80,50	90,56	-	69,47	78,15	-	58,96	66,33	-	48,96	55,08	-	39,48	44,41	-	30,50	34,31	-	22,05	24
	II	874,91	-	69,99	78,74	-	59,46	66,89	-	49,43	55,61	-	39,92	44,91	-	30,92	34,79	-	22,44	25,25	-	14,48	16
	III	591,66	-	47,33	53,24	-	39,16	44,05	-	31,25	35,15	-	23,58	26,53	-	16,18	18,20	-	9,20	10,35	-	3,41	3
	IV	1.006,33	-	80,50	90,56	-	74,92	84,29	-	69,47	78,15	-	64,15	72,17	-	58,96	66,33	-	53,90	60,63	-	48,96	55
	V	1.501,83	4,75	120,14	135,16																		
	VI	1.546,16	10,02	123,69	139,15																		
5.405,99	I	1.007,33	-	80,58	90,65	-	69,55	78,24	-	59,03	66,41	-	49,03	55,16	-	39,54	44,48	-	30,56	34,38	-	22,10	24
	II	875,91	-	70,07	78,83	-	59,53	66,97	-	49,50	55,68	-	39,98	44,98	-	30,99	34,86	-	22,50	25,31	-	14,53	16
	III	592,50	-	47,40	53,32	-	39,22	44,12	-	31,30	35,21	-	23,64	26,59	-	16,24	18,27	-	9,25	10,40	-	3,45	3
	IV	1.007,33	-	80,58	90,65	-	75,00	84,38	-	69,55	78,24	-	64,22	72,25	-	59,03	66,41	-	53,96	60,71	-	49,03	55
	V	1.503,00	4,88	120,24	135,27																		
	VI	1.547,25	10,15	123,78	139,25																		
5.408,99	I	1.008,33	-	80,66	90,74	-	69,63	78,33	-	59,11	66,50	-	49,10	55,24	-	39,61	44,56	-	30,63	34,46	-	22,16	24
	II	876,91	-	70,15	78,92	-	59,60	67,05	-	49,57	55,76	-	40,06	45,06	-	31,05	34,93	-	22,56	25,38	-	14,59	16
	III	593,16	-	47,45	53,38	-	39,28	44,19	-	31,36	35,28	-	23,70	26,66	-	16,29	18,32	-	9,29	10,45	-	3,48	3
	IV	1.008,33	-	80,66	90,74	-	75,08	84,47	-	69,63	78,33	-	64,30	72,34	-	59,11	66,50	-	54,04	60,79	-	49,10	55,
	V	1.504,08	5,01	120,32	135,36																		
	VI	1.548,41	10,29	123,87	139,35																		
5.411,99	I	1.009,41	-	80,75	90,84	-	69,71	78,42	-	59,18	66,58	-	49,17	55,31	-	39,68	44,64	-	30,70	34,53	-	22,23	25
	II	877,91	-	70,23	79,01	-	59,68	67,14	-	49,64	55,85	-	40,12	45,14	-	31,12	35,01	-	22,62	25,45	-	14,64	16
	III	594,00	-	47,52	53,46	-	39,33	44,24	-	31,41	35,33	-	23,76	26,73	-	16,34	18,38	-	9,34	10,51	-	3,52	3,
	IV	1.009,41	-	80,75	90,84	-	75,16	84,56	-	69,71	78,42	-	64,38	72,43	-	59,18	66,58	-	54,12	60,88	-	49,17	55,
	V	1.505,25	5,15	120,42	135,47																		
	VI	1.549,58	10,43	123,96	139,46																		
5.414,99	I	1.010,41	-	80,83	90,93	-	69,78	78,50	-	59,26	66,66	-	49,24	55,40	-	39,74	44,71	-	30,76	34,60	-	22,28	25,
	II	878,91	-	70,31	79,10	-	59,75	67,22	-	49,72	55,93	-	40,19	45,21	-	31,18	35,07	-	22,68	25,52	-	14,70	16,
	III	594,66	-	47,57	53,51	-	39,40	44,32	-	31,48	35,41	-	23,81	26,78	-	16,40	18,45	-	9,38	10,55	-	3,56	4,
	IV	1.010,41	-	80,83	90,93	-	75,24	84,65	-	69,78	78,50	-	64,46	72,51	-	59,26	66,66	-	54,18	60,95	-	49,24	55,
	V	1.506,41	5,29	120,51	135,57																		
	VI	1.550,75	10,57	124,06	139,56																		
5.417,99	I	1.011,41	-	80,91	91,02	-	69,86	78,59	-	59,33	66,74	-	49,32	55,48	-	39,81	44,78	-	30,82	34,67	-	22,34	25,
	II	879,91	-	70,39	79,19	-	59,83	67,31	-	49,78	56,00	-	40,26	45,29	-	31,24	35,15	-	22,74	25,58	-	14,76	16,
	III	595,50	-	47,64	53,59	-	39,45	44,38	-	31,53	35,47	-	23,86	26,84	-	16,45	18,50	-	9,44	10,62	-	3,60	4,
	IV	1.011,41	-	80,91	91,02	-	75,32	84,74	-	69,86	78,59	-	64,54	72,60	-	59,33	66,74	-	54,26	61,04	-	49,32	55,
	V	1.507,58	5,43	120,60	135,68																		
	VI	1.551,83	10,70	124,14	139,66																		
5.420,99	I	1.012,50	-	81,00	91,12	-	69,94	78,68	-	59,41	66,83	-	49,38	55,55	-	39,88	44,86	-	30,88	34,74	-	22,41	25,
	II	880,83	-	70,46	79,27	-	59,90	67,39	-	49,86	56,09	-	40,32	45,36	-	31,31	35,22	-	22,80	25,65	-	14,82	16,
	III	596,16	-	47,69	53,65	-	39,52	44,46	-	31,58	35,53	-	23,92	26,91	-	16,50	18,56	-	9,49	10,67	-	3,64	4,
	IV	1.012,50	-	81,00	91,12	-	75,40	84,83	-	69,94	78,68	-	64,61	72,68	-	59,41	66,83	-	54,33	61,12	-	49,38	55,
	V	1.508,75	5,57	120,70	135,78																		
	VI	1.553,00	10,83	124,24	139,77																		
5.423,99	I	1.013,50	-	81,08	91,21	-	70,02	78,77	-	59,48	66,92	-	49,46	55,64	-	39,94	44,93	-	30,95	34,82	-	22,46	25,
	II	881,83	-	70,54	79,36	-	59,98	67,47	-	49,93	56,17	-	40,39	45,44	-	31,37	35,29	-	22,86	25,72	-	14,87	16,
	III	597,00	-	47,76	53,73	-	39,57	44,51	-	31,64	35,59	-	23,97	26,96	-	16,56	18,63	-	9,53	10,72	-	3,68	4,
	IV	1.013,50	-	81,08	91,21	-	75,48	84,92	-	70,02	78,77	-	64,69	72,77	-	59,48	66,92	-	54,40	61,20	-	49,46	55,
	V	1.509,83	5,70	120,78	135,88																		
	VI	1.554,16	10,97	124,33	139,87																		
5.426,99	I	1.014,58	-	81,16	91,31	-	70,10	78,86	-	59,56	67,00	-	49,53	55,72	-	40,01	45,01	-	31,01	34,88	-	22,52	25,
	II	882,83	-	70,62	79,45	-	60,06	67,56	-	50,00	56,25	-	40,46	45,52	-	31,44	35,37	-	22,92	25,79	-	14,93	16,
	III	597,66	-	47,81	53,78	-	39,62	44,57	-	31,70	35,66	-	24,02	27,02	-	16,61	18,68	-	9,58	10,78	-	3,72	4,
	IV	1.014,58	-	81,16	91,31	-	75,56	85,01	-	70,10	78,86	-	64,76	72,86	-	59,56	67,00	-	54,48	61,29	-	49,53	55,
	V	1.511,00	5,84	120,88	135,99																		
	VI	1.555,33	11,11	124,42	139,97																		
5.429,99	I	1.015,58	-	81,24	91,40	-	70,18	78,95	-	59,64	67,09	-	49,60	55,80	-	40,08	45,09	-	31,08	34,96	-	22,59	25,4
	II	883,83	-	70,70	79,54	-	60,13	67,64	-	50,07	56,33	-	40,53	45,59	-	31,50	35,43	-	22,98	25,85	-	14,98	16,8
	III	598,50	-	47,88	53,86	-	39,69	44,65	-	31,76	35,73	-	24,09	27,10	-	16,66	18,74	-	9,62	10,82	-	3,74	4,2
	IV	1.015,58	-	81,24	91,40	-	75,65	85,10	-	70,18	78,95	-	64,84	72,95	-	59,64	67,09	-	54,55	61,37	-	49,60	55,8
	V	1.512,16	5,97	120,97	136,09																		
	VI	1.556,41	11,24	124,51	140,07																		
5.432,99	I	1.016,58	-	81,32	91,49	-	70,26	79,04	-	59,71	67,17	-	49,67	55,88	-	40,15	45,17	-	31,14	35,03	-	22,64	25,4
	II	884,83	-	70,78	79,63	-	60,20	67,73	-	50,14	56,41	-	40,60	45,67	-	31,56	35,51	-	23,04	25,92	-	15,04	16,9
	III	599,16	-	47,93	53,92	-	39,74	44,71	-	31,81	35,78	-	24,14	27,16	-	16,72	18,81	-	9,68	10,89	-	3,78	4,2
	IV	1.016,58	-	81,32	91,49	-	75,73	85,19	-	70,26	79,04	-	64,92	73,03	-	59,71	67,17	-	54,62	61,45	-	49,67	55,8
	V	1.513,25	6,10	121,06	136,19																		
	VI	1.557,58	11,38	124,60	140,18																		
5.435,99	I	1.017,66	-	81,41	91,58	-	70,34	79,13	-	59,78	67,25	-	49,74	55,96	-	40,22	45,24	-	31,20	35,10	-	22,70	25,5
	II	885,83	-	70,86	79,72	-	60,28	67,82	-	50,22	56,49	-	40,66	45,74	-	31,63	35,58	-	23,10	25,99	-	15,10	16,9
	III	600,00	-	48,00	54,00	-	39,81	44,78	-	31,86	35,84	-	24,20	27,22	-	16,77	18,86	-	9,72	10,93	-	3,82	4,3
	IV	1.017,66	-	81,41	91,58	-	75,81	85,28	-	70,34	79,13	-	65,00	73,12	-	59,78	67,25	-	54,70	61,53	-	49,74	55,9
	V	1.514,41	6,24	121,15	136,29																		
	VI	1.558,75	11,52	124,70	140,28																		
5.438,99	I	1.018,66	-	81,49	91,67	-	70,42	79,22	-	59,86	67,34	-	49,82	56,04	-	40,28	45,32	-	31,27	35,18	-	22,77	25,6
	II	886,83	-	70,94	79,81	-	60,36	67,90	-	50,29	56,57	-	40,73	45,82	-	31,69	35,65	-	23,16	26,06	-	15,16	17,05
	III	600,83	-	48,06	54,07	-	39,86	44,84	-	31,93	35,92	-	24,25	27,28	-	16,82	18,92	-	9,77	10,99	-	3,86	4,34
	IV	1.018,66	-	81,49	91,67	-	75,89	85,37	-	70,42	79,22	-	65,08	73,21	-	59,86	67,34	-	54,77	61,61	-	49,82	56,04
	V	1.515,58	6,38	121,24	136,40																		
	VI	1.559,91	11,66	124,79	140,39																		
5.441,99	I	1.019,66	-	81,57	91,76	-	70,50	79,31	-	59,93	67,42	-	49,88	56,12	-	40,35	45,39	-	31,33	35,24	-	22,82	25,67
	II	887,75	-	71,02	79,89	-	60,43	67,98	-	50,36	56,65	-	40,80	45,90	-	31,76	35,73	-	23,22	26,12	-	15,21	17,11
	III	601,50	-	48,12	54,13	-	39,92	44,91	-	31,98	35,98	-	24,30	27,34	-	16,88	18,99	-	9,82	11,05	-	3,90	4,39
	IV	1.019,66	-	81,57	91,76	-	75,97	85,46	-	70,50	79,31	-	65,15	73,29	-	59,93	67,42	-	54,84	61,70	-	49,88	56,12
	V	1.516,66	6,51	121,33	136,49																		
	VI	1.561,00	11,79	124,88	140,49																		
5.444,99	I	1.020,75	-	81,66	91,86	-	70,58	79,40	-	60,01	67,51	-	49,96	56,20	-	40,42	45,47	-	31,40	35,32	-	22,89	25,75
	II	888,75	-	71,10	79,98	-	60,51	68,07	-	50,43	56,73	-	40,87	45,98	-	31,82	35,79	-	23,28	26,19	-	15,27	17,18
	III	602,33	-	48,18	54,20	-	39,98	44,98	-	32,04	36,04	-	24,36	27,40	-	16,93	19,04	-	9,86	11,09	-	3,94	4,43
	IV	1.020,75	-	81,66	91,86	-	76,05	85,55	-	70,58	79,40	-	65,23	73,38	-	60,01	67,51	-	54,92	61,78	-	49,96	56,20
	V	1.517,83	6,65	121,42	136,60																		
	VI	1.562,16	11,92	124,97	140,59																		

Lohn/ Gehalt bis	Steuerklasse	Lohnsteuer	ohne Kinderfreibetrag SolZ 5,5%	Kirchensteuer 8%	Kirchensteuer 9%	0,5 SolZ 5,5%	0,5 Kirchensteuer 8%	0,5 Kirchensteuer 9%	1,0 SolZ 5,5%	1,0 Kirchensteuer 8%	1,0 Kirchensteuer 9%	1,5 SolZ 5,5%	1,5 Kirchensteuer 8%	1,5 Kirchensteuer 9%	2,0 SolZ 5,5%	2,0 Kirchensteuer 8%	2,0 Kirchensteuer 9%	2,5 SolZ 5,5%	2,5 Kirchensteuer 8%	2,5 Kirchensteuer 9%	3,0 SolZ 5,5%	3,0 Kirchensteuer 8%	3,0 Kirchensteuer 9%
5.447,99	I	1.021,75	-	81,74	91,95	-	70,66	79,49	-	60,08	67,59	-	50,03	56,28	-	40,49	45,55	-	31,46	35,39	-	22,95	25,82
	II	889,75	-	71,18	80,07	-	60,58	68,15	-	50,50	56,81	-	40,94	46,05	-	31,88	35,87	-	23,35	26,27	-	15,32	17,24
	III	603,00	-	48,24	54,27	-	40,04	45,04	-	32,10	36,11	-	24,41	27,46	-	16,98	19,10	-	9,92	11,16	-	3,98	4,48
	IV	1.021,75	-	81,74	91,95	-	76,13	85,64	-	70,66	79,49	-	65,30	73,46	-	60,08	67,59	-	54,99	61,86	-	50,03	56,28
	V	1.519,00	6,79	121,52	136,71																		
	VI	1.563,33	12,06	125,06	140,69																		
5.450,99	I	1.022,83	-	81,82	92,05	-	70,73	79,57	-	60,16	67,68	-	50,10	56,36	-	40,56	45,63	-	31,52	35,46	-	23,01	25,88
	II	890,75	-	71,26	80,16	-	60,66	68,24	-	50,57	56,89	-	41,00	46,13	-	31,95	35,94	-	23,40	26,33	-	15,38	17,30
	III	603,83	-	48,30	54,34	-	40,10	45,11	-	32,16	36,18	-	24,46	27,52	-	17,04	19,17	-	9,96	11,20	-	4,02	4,52
	IV	1.022,83	-	81,82	92,05	-	76,21	85,73	-	70,73	79,57	-	65,38	73,55	-	60,16	67,68	-	55,06	61,94	-	50,10	56,36
	V	1.520,08	6,92	121,60	136,80																		
	VI	1.564,41	12,19	125,15	140,79																		
5.453,99	I	1.023,83	-	81,90	92,14	-	70,81	79,66	-	60,24	67,77	-	50,17	56,44	-	40,62	45,70	-	31,59	35,54	-	23,07	25,95
	II	891,75	-	71,34	80,25	-	60,73	68,32	-	50,64	56,97	-	41,07	46,20	-	32,01	36,01	-	23,47	26,40	-	15,44	17,37
	III	604,50	-	48,36	54,40	-	40,16	45,18	-	32,21	36,23	-	24,52	27,58	-	17,09	19,22	-	10,01	11,26	-	4,05	4,55
	IV	1.023,83	-	81,90	92,14	-	76,30	85,83	-	70,81	79,66	-	65,46	73,64	-	60,24	67,77	-	55,14	62,03	-	50,17	56,44
	V	1.521,25	7,06	121,70	136,91																		
	VI	1.565,58	12,33	125,24	140,90																		
5.456,99	I	1.024,83	-	81,98	92,23	-	70,89	79,75	-	60,31	67,85	-	50,24	56,52	-	40,69	45,77	-	31,65	35,60	-	23,13	26,02
	II	892,75	-	71,42	80,34	-	60,81	68,41	-	50,72	57,06	-	41,14	46,28	-	32,08	36,09	-	23,52	26,46	-	15,49	17,42
	III	605,33	-	48,42	54,47	-	40,21	45,23	-	32,26	36,29	-	24,58	27,65	-	17,14	19,28	-	10,05	11,30	-	4,09	4,60
	IV	1.024,83	-	81,98	92,23	-	76,38	85,92	-	70,89	79,75	-	65,54	73,73	-	60,31	67,85	-	55,21	62,11	-	50,24	56,52
	V	1.522,41	7,19	121,79	137,01																		
	VI	1.566,66	12,46	125,33	140,99																		
5.459,99	I	1.025,91	-	82,07	92,33	-	70,97	79,84	-	60,38	67,93	-	50,32	56,61	-	40,76	45,85	-	31,72	35,68	-	23,19	26,09
	II	893,75	-	71,50	80,43	-	60,88	68,49	-	50,79	57,14	-	41,20	46,35	-	32,14	36,15	-	23,59	26,54	-	15,55	17,49
	III	606,00	-	48,48	54,54	-	40,28	45,31	-	32,33	36,37	-	24,64	27,72	-	17,20	19,35	-	10,10	11,36	-	4,13	4,64
	IV	1.025,91	-	82,07	92,33	-	76,46	86,01	-	70,97	79,84	-	65,61	73,81	-	60,38	67,93	-	55,28	62,19	-	50,32	56,61
	V	1.523,58	7,33	121,88	137,12																		
	VI	1.567,83	12,60	125,42	141,10																		
5.462,99	I	1.026,91	-	82,15	92,42	-	71,05	79,93	-	60,46	68,02	-	50,38	56,68	-	40,82	45,92	-	31,78	35,75	-	23,25	26,15
	II	894,75	-	71,58	80,52	-	60,96	68,58	-	50,86	57,22	-	41,28	46,44	-	32,20	36,23	-	23,65	26,60	-	15,61	17,56
	III	606,83	-	48,54	54,61	-	40,33	45,37	-	32,38	36,43	-	24,69	27,77	-	17,25	19,40	-	10,16	11,43	-	4,17	4,69
	IV	1.026,91	-	82,15	92,42	-	76,54	86,10	-	71,05	79,93	-	65,69	73,90	-	60,46	68,02	-	55,36	62,28	-	50,38	56,68
	V	1.524,66	7,46	121,97	137,21																		
	VI	1.569,00	12,74	125,52	141,21																		
5.465,99	I	1.028,00	-	82,24	92,52	-	71,13	80,02	-	60,54	68,10	-	50,46	56,76	-	40,89	46,00	-	31,84	35,82	-	23,31	26,22
	II	895,66	-	71,65	80,60	-	61,04	68,67	-	50,93	57,29	-	41,34	46,51	-	32,27	36,30	-	23,71	26,67	-	15,66	17,62
	III	607,50	-	48,60	54,67	-	40,40	45,45	-	32,44	36,49	-	24,74	27,83	-	17,30	19,46	-	10,20	11,47	-	4,21	4,73
	IV	1.028,00	-	82,24	92,52	-	76,62	86,19	-	71,13	80,02	-	65,76	73,98	-	60,54	68,10	-	55,43	62,36	-	50,46	56,76
	V	1.525,83	7,60	122,06	137,32																		
	VI	1.570,16	12,88	125,61	141,31																		
5.468,99	I	1.029,00	-	82,32	92,61	-	71,21	80,11	-	60,61	68,18	-	50,53	56,84	-	40,96	46,08	-	31,91	35,90	-	23,37	26,29
	II	896,66	-	71,73	80,69	-	61,11	68,75	-	51,00	57,38	-	41,41	46,58	-	32,33	36,37	-	23,77	26,74	-	15,72	17,69
	III	608,33	-	48,66	54,74	-	40,45	45,50	-	32,50	36,56	-	24,80	27,90	-	17,36	19,53	-	10,25	11,53	-	4,25	4,78
	IV	1.029,00	-	82,32	92,61	-	76,70	86,28	-	71,21	80,11	-	65,84	74,07	-	60,61	68,18	-	55,50	62,44	-	50,53	56,84
	V	1.527,00	7,74	122,16	137,43																		
	VI	1.571,25	13,01	125,70	141,41																		
5.471,99	I	1.030,08	-	82,40	92,70	-	71,29	80,20	-	60,69	68,27	-	50,60	56,93	-	41,03	46,16	-	31,97	35,96	-	23,43	26,36
	II	897,66	-	71,81	80,78	-	61,19	68,84	-	51,08	57,46	-	41,48	46,66	-	32,40	36,45	-	23,83	26,81	-	15,78	17,75
	III	609,16	-	48,73	54,82	-	40,52	45,58	-	32,56	36,63	-	24,85	27,95	-	17,41	19,58	-	10,30	11,59	-	4,29	4,82
	IV	1.030,08	-	82,40	92,70	-	76,78	86,38	-	71,29	80,20	-	65,92	74,16	-	60,69	68,27	-	55,58	62,52	-	50,60	56,93
	V	1.528,16	7,88	122,25	137,53																		
	VI	1.572,41	13,14	125,79	141,51																		
5.474,99	I	1.031,08	-	82,48	92,79	-	71,36	80,28	-	60,76	68,36	-	50,67	57,00	-	41,10	46,23	-	32,04	36,04	-	23,49	26,42
	II	898,66	-	71,89	80,87	-	61,26	68,92	-	51,14	57,53	-	41,54	46,73	-	32,46	36,52	-	23,89	26,87	-	15,84	17,82
	III	609,83	-	48,78	54,88	-	40,57	45,64	-	32,61	36,68	-	24,90	28,01	-	17,46	19,64	-	10,34	11,63	-	4,33	4,87
	IV	1.031,08	-	82,48	92,79	-	76,86	86,46	-	71,36	80,28	-	66,00	74,25	-	60,76	68,36	-	55,65	62,60	-	50,67	57,00
	V	1.529,25	8,01	122,34	137,63																		
	VI	1.573,58	13,28	125,88	141,62																		
5.477,99	I	1.032,16	-	82,57	92,89	-	71,44	80,37	-	60,84	68,44	-	50,74	57,08	-	41,16	46,31	-	32,10	36,11	-	23,55	26,49
	II	899,66	-	71,97	80,96	-	61,34	69,00	-	51,22	57,62	-	41,62	46,82	-	32,52	36,59	-	23,95	26,94	-	15,89	17,87
	III	610,66	-	48,85	54,95	-	40,64	45,72	-	32,66	36,74	-	24,97	28,09	-	17,52	19,71	-	10,40	11,70	-	4,37	4,91
	IV	1.032,16	-	82,57	92,89	-	76,94	86,56	-	71,44	80,37	-	66,08	74,34	-	60,84	68,44	-	55,72	62,69	-	50,74	57,08
	V	1.530,41	8,15	122,43	137,73																		
	VI	1.574,75	13,42	125,98	141,72																		
5.480,99	I	1.033,16	-	82,65	92,98	-	71,52	80,46	-	60,92	68,53	-	50,82	57,17	-	41,24	46,39	-	32,16	36,18	-	23,61	26,56
	II	900,66	-	72,05	81,05	-	61,42	69,09	-	51,29	57,70	-	41,68	46,89	-	32,59	36,66	-	24,01	27,01	-	15,95	17,94
	III	611,33	-	48,90	55,01	-	40,69	45,77	-	32,73	36,82	-	25,02	28,15	-	17,57	19,76	-	10,45	11,75	-	4,41	4,96
	IV	1.033,16	-	82,65	92,98	-	77,02	86,65	-	71,52	80,46	-	66,16	74,43	-	60,92	68,53	-	55,80	62,78	-	50,82	57,17
	V	1.531,58	8,29	122,52	137,84																		
	VI	1.575,83	13,55	126,06	141,82																		
5.483,99	I	1.034,16	-	82,73	93,07	-	71,60	80,55	-	60,99	68,61	-	50,89	57,25	-	41,30	46,46	-	32,23	36,26	-	23,67	26,63
	II	901,66	-	72,13	81,14	-	61,49	69,17	-	51,36	57,78	-	41,75	46,97	-	32,66	36,74	-	24,07	27,08	-	16,00	18,00
	III	612,16	-	48,97	55,09	-	40,74	45,83	-	32,78	36,88	-	25,08	28,21	-	17,62	19,82	-	10,49	11,80	-	4,45	5,00
	IV	1.034,16	-	82,73	93,07	-	77,10	86,74	-	71,60	80,55	-	66,23	74,51	-	60,99	68,61	-	55,87	62,85	-	50,89	57,25
	V	1.532,66	8,41	122,61	137,93																		
	VI	1.577,00	13,69	126,16	141,93																		
5.486,99	I	1.035,25	-	82,82	93,17	-	71,68	80,64	-	61,06	68,69	-	50,96	57,33	-	41,37	46,54	-	32,30	36,33	-	23,73	26,69
	II	902,66	-	72,21	81,23	-	61,56	69,26	-	51,44	57,87	-	41,82	47,05	-	32,72	36,81	-	24,14	27,15	-	16,06	18,07
	III	613,00	-	49,04	55,17	-	40,81	45,91	-	32,84	36,94	-	25,13	28,27	-	17,68	19,89	-	10,54	11,86	-	4,49	5,05
	IV	1.035,25	-	82,82	93,17	-	77,18	86,83	-	71,68	80,64	-	66,31	74,60	-	61,06	68,69	-	55,95	62,94	-	50,96	57,33
	V	1.533,83	8,55	122,70	138,04																		
	VI	1.578,16	13,83	126,25	142,03																		
5.489,99	I	1.036,33	-	82,90	93,26	-	71,76	80,73	-	61,14	68,78	-	51,03	57,41	-	41,44	46,62	-	32,36	36,40	-	23,80	26,77
	II	903,66	-	72,29	81,32	-	61,64	69,35	-	51,51	57,95	-	41,89	47,12	-	32,78	36,88	-	24,20	27,22	-	16,12	18,13
	III	613,66	-	49,09	55,22	-	40,86	45,97	-	32,90	37,01	-	25,18	28,33	-	17,73	19,94	-	10,60	11,92	-	4,53	5,09
	IV	1.036,33	-	82,90	93,26	-	77,27	86,93	-	71,76	80,73	-	66,39	74,69	-	61,14	68,78	-	56,02	63,02	-	51,03	57,41
	V	1.535,00	8,69	122,80	138,15																		
	VI	1.579,33	13,97	126,34	142,13																		

Anzahl Kinderfreibeträge (nur Steuerklassen I–IV)

Lohn/Gehalt bis	Steuerklasse	Lohnsteuer	ohne Kinderfreibetrag			Anzahl Kinderfreibeträge (nur Steuerklassen I–IV) 0,5			1,0			1,5			2,0			2,5			3,0		
			SolZ 5,5%	Kirchensteuer 8%	9%	SolZ 5,5%	Kirchensteuer 8%	9%	SolZ 5,5%	Kirchensteuer 8%	9%	SolZ 5,5%	Kirchensteuer 8%	9%	SolZ 5,5%	Kirchensteuer 8%	9%	SolZ 5,5%	Kirchensteuer 8%	9%	SolZ 5,5%	Kirchensteuer 8%	9%
5.492,99	I	1.037,33	-	82,98	93,35	-	71,84	80,82	-	61,22	68,87	-	51,10	57,49	-	41,50	46,69	-	32,42	36,47	-	23,85	26
	II	904,66	-	72,37	81,41	-	61,72	69,43	-	51,58	58,02	-	41,96	47,20	-	32,85	36,95	-	24,26	27,29	-	16,18	18
	III	614,50	-	49,16	55,30	-	40,92	46,03	-	32,96	37,08	-	25,24	28,39	-	17,78	20,00	-	10,64	11,97	-	4,56	5
	IV	1.037,33	-	82,98	93,35	-	77,35	87,02	-	71,84	80,82	-	66,46	74,77	-	61,22	68,87	-	56,10	63,11	-	51,10	57
	V	1.536,08	8,82	122,88	138,24																		
	VI	1.580,41	14,10	126,43	142,23																		
5.495,99	I	1.038,33	-	83,06	93,44	-	71,92	80,91	-	61,29	68,95	-	51,18	57,57	-	41,58	46,77	-	32,49	36,55	-	23,92	26
	II	905,66	-	72,45	81,50	-	61,79	69,51	-	51,65	58,10	-	42,02	47,27	-	32,92	37,03	-	24,32	27,36	-	16,23	18
	III	615,16	-	49,21	55,36	-	40,98	46,10	-	33,01	37,13	-	25,30	28,46	-	17,84	20,07	-	10,69	12,02	-	4,61	5,
	IV	1.038,33	-	83,06	93,44	-	77,43	87,11	-	71,92	80,91	-	66,54	74,86	-	61,29	68,95	-	56,17	63,19	-	51,18	57,
	V	1.537,25	8,96	122,98	138,35																		
	VI	1.581,58	14,24	126,52	142,34																		
5.498,99	I	1.039,41	-	83,15	93,54	-	72,00	81,00	-	61,37	69,04	-	51,25	57,65	-	41,64	46,85	-	32,55	36,62	-	23,98	26,
	II	906,66	-	72,53	81,59	-	61,87	69,60	-	51,72	58,19	-	42,10	47,36	-	32,98	37,10	-	24,38	27,42	-	16,29	18,
	III	616,00	-	49,28	55,44	-	41,04	46,17	-	33,06	37,19	-	25,36	28,53	-	17,89	20,12	-	10,74	12,08	-	4,64	5
	IV	1.039,41	-	83,15	93,54	-	77,51	87,20	-	72,00	81,00	-	66,62	74,95	-	61,37	69,04	-	56,24	63,27	-	51,25	57,
	V	1.538,41	9,10	123,07	138,45																		
	VI	1.582,75	14,37	126,62	142,44																		
5.501,99	I	1.040,41	-	83,23	93,63	-	72,08	81,09	-	61,44	69,12	-	51,32	57,73	-	41,71	46,92	-	32,62	36,69	-	24,04	27,
	II	907,58	-	72,60	81,68	-	61,94	69,68	-	51,80	58,27	-	42,16	47,43	-	33,04	37,17	-	24,44	27,49	-	16,35	18,
	III	616,66	-	49,33	55,49	-	41,10	46,24	-	33,13	37,27	-	25,41	28,58	-	17,94	20,18	-	10,78	12,13	-	4,68	5,
	IV	1.040,41	-	83,23	93,63	-	77,59	87,29	-	72,08	81,09	-	66,70	75,03	-	61,44	69,12	-	56,32	63,36	-	51,32	57,
	V	1.539,58	9,24	123,16	138,56																		
	VI	1.583,83	14,50	126,70	142,54																		
5.504,99	I	1.041,50	-	83,32	93,73	-	72,16	81,18	-	61,52	69,21	-	51,39	57,81	-	41,78	47,00	-	32,68	36,77	-	24,10	27,
	II	908,58	-	72,68	81,77	-	62,02	69,77	-	51,87	58,35	-	42,23	47,51	-	33,11	37,25	-	24,50	27,56	-	16,40	18,
	III	617,50	-	49,40	55,57	-	41,16	46,30	-	33,18	37,33	-	25,46	28,64	-	18,00	20,25	-	10,84	12,19	-	4,73	5,
	IV	1.041,50	-	83,32	93,73	-	77,68	87,39	-	72,16	81,18	-	66,78	75,12	-	61,52	69,21	-	56,39	63,44	-	51,39	57,
	V	1.540,66	9,37	123,25	138,65																		
	VI	1.585,00	14,64	126,80	142,65																		
5.507,99	I	1.042,50	-	83,40	93,82	-	72,24	81,27	-	61,60	69,30	-	51,46	57,89	-	41,85	47,08	-	32,74	36,83	-	24,16	27,
	II	909,66	-	72,77	81,86	-	62,10	69,86	-	51,94	58,43	-	42,30	47,58	-	33,17	37,31	-	24,56	27,63	-	16,46	18,
	III	618,33	-	49,46	55,64	-	41,22	46,37	-	33,24	37,39	-	25,52	28,71	-	18,05	20,30	-	10,89	12,25	-	4,76	5,
	IV	1.042,50	-	83,40	93,82	-	77,76	87,48	-	72,24	81,27	-	66,85	75,20	-	61,60	69,30	-	56,46	63,52	-	51,46	57,
	V	1.541,83	9,51	123,34	138,76																		
	VI	1.586,16	14,78	126,89	142,75																		
5.510,99	I	1.043,58	-	83,48	93,92	-	72,32	81,36	-	61,67	69,38	-	51,54	57,98	-	41,92	47,16	-	32,81	36,91	-	24,22	27,
	II	910,58	-	72,84	81,95	-	62,17	69,94	-	52,01	58,51	-	42,37	47,66	-	33,24	37,39	-	24,62	27,70	-	16,52	18,
	III	619,00	-	49,52	55,71	-	41,28	46,44	-	33,29	37,45	-	25,57	28,76	-	18,10	20,36	-	10,93	12,29	-	4,80	5,
	IV	1.043,58	-	83,48	93,92	-	77,84	87,57	-	72,32	81,36	-	66,93	75,29	-	61,67	69,38	-	56,54	63,60	-	51,54	57,
	V	1.543,00	9,64	123,44	138,87																		
	VI	1.587,25	14,91	126,98	142,85																		
5.513,99	I	1.044,58	-	83,56	94,01	-	72,40	81,45	-	61,74	69,46	-	51,61	58,06	-	41,98	47,23	-	32,88	36,99	-	24,28	27,
	II	911,58	-	72,92	82,04	-	62,25	70,03	-	52,08	58,59	-	42,44	47,74	-	33,30	37,46	-	24,68	27,77	-	16,58	18,
	III	619,83	-	49,58	55,78	-	41,34	46,51	-	33,36	37,53	-	25,64	28,84	-	18,16	20,43	-	10,98	12,35	-	4,85	5,4
	IV	1.044,58	-	83,56	94,01	-	77,92	87,66	-	72,40	81,45	-	67,01	75,38	-	61,74	69,46	-	56,61	63,68	-	51,61	58,
	V	1.544,16	9,78	123,53	138,97																		
	VI	1.588,41	15,05	127,07	142,95																		
5.516,99	I	1.045,66	-	83,65	94,10	-	72,48	81,54	-	61,82	69,55	-	51,68	58,14	-	42,05	47,30	-	32,94	37,05	-	24,34	27,
	II	912,58	-	73,00	82,13	-	62,32	70,11	-	52,16	58,68	-	42,50	47,81	-	33,37	37,54	-	24,74	27,83	-	16,64	18,7
	III	620,50	-	49,64	55,84	-	41,40	46,57	-	33,41	37,58	-	25,69	28,90	-	18,21	20,48	-	11,04	12,42	-	4,88	5,4
	IV	1.045,66	-	83,65	94,10	-	78,00	87,75	-	72,48	81,54	-	67,08	75,47	-	61,82	69,55	-	56,69	63,77	-	51,68	58,1
	V	1.545,25	9,91	123,62	139,07																		
	VI	1.589,58	15,19	127,16	143,06																		
5.519,99	I	1.046,66	-	83,73	94,19	-	72,56	81,63	-	61,90	69,63	-	51,75	58,22	-	42,12	47,38	-	33,00	37,13	-	24,40	27,4
	II	913,58	-	73,08	82,22	-	62,40	70,20	-	52,23	58,76	-	42,57	47,89	-	33,43	37,61	-	24,80	27,90	-	16,69	18,7
	III	621,33	-	49,70	55,91	-	41,45	46,63	-	33,46	37,64	-	25,74	28,96	-	18,26	20,54	-	11,09	12,47	-	4,92	5,5
	IV	1.046,66	-	83,73	94,19	-	78,08	87,84	-	72,56	81,63	-	67,16	75,56	-	61,90	69,63	-	56,76	63,85	-	51,75	58,2
	V	1.546,41	10,05	123,71	139,17																		
	VI	1.590,75	15,33	127,26	143,16																		
5.522,99	I	1.047,75	-	83,82	94,29	-	72,64	81,72	-	61,98	69,72	-	51,82	58,30	-	42,19	47,46	-	33,07	37,20	-	24,46	27,5
	II	914,58	-	73,16	82,31	-	62,48	70,29	-	52,30	58,84	-	42,64	47,97	-	33,50	37,68	-	24,86	27,97	-	16,75	18,8
	III	622,16	-	49,77	55,99	-	41,52	46,71	-	33,53	37,72	-	25,80	29,02	-	18,32	20,61	-	11,14	12,53	-	4,97	5,5
	IV	1.047,75	-	83,82	94,29	-	78,16	87,93	-	72,64	81,72	-	67,24	75,65	-	61,98	69,72	-	56,84	63,94	-	51,82	58,3
	V	1.547,58	10,19	123,80	139,28																		
	VI	1.591,83	15,46	127,34	143,26																		
5.525,99	I	1.048,75	-	83,90	94,38	-	72,72	81,81	-	62,05	69,80	-	51,90	58,38	-	42,26	47,54	-	33,13	37,27	-	24,52	27,5
	II	915,58	-	73,24	82,40	-	62,55	70,37	-	52,37	58,91	-	42,71	48,05	-	33,56	37,75	-	24,92	28,04	-	16,80	18,9
	III	622,83	-	49,82	56,05	-	41,57	46,76	-	33,58	37,78	-	25,85	29,08	-	18,37	20,66	-	11,18	12,58	-	5,01	5,6
	IV	1.048,75	-	83,90	94,38	-	78,24	88,02	-	72,72	81,81	-	67,32	75,73	-	62,05	69,80	-	56,91	64,02	-	51,90	58,3
	V	1.548,66	10,32	123,89	139,37																		
	VI	1.593,00	15,59	127,44	143,37																		
5.528,99	I	1.049,83	-	83,98	94,48	-	72,80	81,90	-	62,12	69,89	-	51,97	58,46	-	42,32	47,61	-	33,20	37,35	-	24,58	27,6
	II	916,58	-	73,32	82,49	-	62,63	70,46	-	52,44	59,00	-	42,78	48,12	-	33,62	37,82	-	24,99	28,11	-	16,86	18,9
	III	623,50	-	49,88	56,11	-	41,64	46,84	-	33,64	37,84	-	25,90	29,14	-	18,42	20,72	-	11,24	12,64	-	5,04	5,6
	IV	1.049,83	-	83,98	94,48	-	78,32	88,11	-	72,80	81,90	-	67,40	75,82	-	62,12	69,89	-	56,98	64,10	-	51,97	58,4
	V	1.549,83	10,46	123,98	139,48																		
	VI	1.594,16	15,73	127,53	143,47																		
5.531,99	I	1.050,83	-	84,06	94,57	-	72,88	81,99	-	62,20	69,98	-	52,04	58,55	-	42,40	47,70	-	33,26	37,42	-	24,64	27,7
	II	917,58	-	73,40	82,58	-	62,70	70,54	-	52,52	59,08	-	42,85	48,20	-	33,69	37,90	-	25,05	28,18	-	16,92	19,0
	III	624,33	-	49,94	56,18	-	41,69	46,90	-	33,70	37,91	-	25,96	29,20	-	18,48	20,79	-	11,29	12,70	-	5,09	5,7
	IV	1.050,83	-	84,06	94,57	-	78,41	88,21	-	72,88	81,99	-	67,48	75,91	-	62,20	69,98	-	57,06	64,19	-	52,04	58,5
	V	1.551,00	10,60	124,08	139,59																		
	VI	1.595,33	15,87	127,62	143,57																		
5.534,99	I	1.051,91	-	84,15	94,67	-	72,96	82,08	-	62,28	70,06	-	52,11	58,62	-	42,46	47,77	-	33,32	37,49	-	24,70	27,7
	II	918,58	-	73,48	82,67	-	62,78	70,62	-	52,59	59,16	-	42,92	48,28	-	33,76	37,98	-	25,11	28,25	-	16,98	19,1
	III	625,16	-	50,01	56,26	-	41,76	46,98	-	33,76	37,98	-	26,02	29,27	-	18,53	20,84	-	11,33	12,74	-	5,13	5,7
	IV	1.051,91	-	84,15	94,67	-	78,49	88,30	-	72,96	82,08	-	67,55	75,99	-	62,28	70,06	-	57,13	64,27	-	52,11	58,62
	V	1.552,08	10,72	124,16	139,68																		
	VI	1.596,41	16,00	127,71	143,67																		

Lohn/ Gehalt bis	Steuerklasse	Lohn-steuer	ohne Kinderfreibetrag SolZ 5,5%	ohne Kinderfreibetrag Kirchensteuer 8%	ohne Kinderfreibetrag Kirchensteuer 9%	0,5 SolZ 5,5%	0,5 Kirchensteuer 8%	0,5 Kirchensteuer 9%	1,0 SolZ 5,5%	1,0 Kirchensteuer 8%	1,0 Kirchensteuer 9%	1,5 SolZ 5,5%	1,5 Kirchensteuer 8%	1,5 Kirchensteuer 9%	2,0 SolZ 5,5%	2,0 Kirchensteuer 8%	2,0 Kirchensteuer 9%	2,5 SolZ 5,5%	2,5 Kirchensteuer 8%	2,5 Kirchensteuer 9%	3,0 SolZ 5,5%	3,0 Kirchensteuer 8%	3,0 Kirchensteuer 9%
						Anzahl Kinderfreibeträge (nur Steuerklassen I–IV)																	
5.537,99	I	1.052,91	-	84,23	94,76	-	73,04	82,17	-	62,35	70,14	-	52,18	58,70	-	42,53	47,84	-	33,39	37,56	-	24,76	27,86
	II	919,58	-	73,56	82,76	-	62,86	70,71	-	52,66	59,24	-	42,98	48,35	-	33,82	38,05	-	25,17	28,31	-	17,04	19,17
	III	625,83	-	50,06	56,32	-	41,81	47,03	-	33,81	38,03	-	26,08	29,34	-	18,58	20,90	-	11,38	12,80	-	5,17	5,81
	IV	1.052,91	-	84,23	94,76	-	78,57	88,39	-	73,04	82,17	-	67,63	76,08	-	62,35	70,14	-	57,20	64,35	-	52,18	58,70
	V	1.553,25	10,86	124,26	139,79																		
	VI	1.597,58	16,14	127,80	143,78																		
5.540,99	I	1.054,00	-	84,32	94,86	-	73,12	82,26	-	62,43	70,23	-	52,26	58,79	-	42,60	47,92	-	33,46	37,64	-	24,83	27,93
	II	920,58	-	73,64	82,85	-	62,94	70,80	-	52,74	59,33	-	43,06	48,44	-	33,88	38,12	-	25,23	28,38	-	17,09	19,22
	III	626,66	-	50,13	56,39	-	41,88	47,11	-	33,88	38,11	-	26,13	29,39	-	18,65	20,98	-	11,44	12,87	-	5,21	5,86
	IV	1.054,00	-	84,32	94,86	-	78,65	88,48	-	73,12	82,26	-	67,71	76,17	-	62,43	70,23	-	57,28	64,44	-	52,26	58,79
	V	1.554,41	11,00	124,35	139,89																		
	VI	1.598,75	16,28	127,90	143,88																		
5.543,99	I	1.055,00	-	84,40	94,95	-	73,20	82,35	-	62,50	70,31	-	52,33	58,87	-	42,67	48,00	-	33,52	37,71	-	24,89	28,00
	II	921,58	-	73,72	82,94	-	63,01	70,88	-	52,81	59,41	-	43,12	48,51	-	33,95	38,19	-	25,29	28,45	-	17,15	19,29
	III	627,50	-	50,20	56,47	-	41,93	47,17	-	33,93	38,17	-	26,18	29,45	-	18,69	21,02	-	11,49	12,92	-	5,25	5,90
	IV	1.055,00	-	84,40	94,95	-	78,73	88,57	-	73,20	82,35	-	67,78	76,25	-	62,50	70,31	-	57,35	64,52	-	52,33	58,87
	V	1.555,50	11,13	124,44	139,99																		
	VI	1.599,83	16,41	127,98	143,98																		
5.546,99	I	1.056,08	-	84,48	95,04	-	73,28	82,44	-	62,58	70,40	-	52,40	58,95	-	42,74	48,08	-	33,58	37,78	-	24,95	28,07
	II	922,58	-	73,80	83,03	-	63,08	70,97	-	52,88	59,49	-	43,19	48,59	-	34,02	38,27	-	25,36	28,53	-	17,21	19,36
	III	628,16	-	50,25	56,53	-	41,98	47,23	-	33,98	38,23	-	26,24	29,52	-	18,74	21,08	-	11,53	12,97	-	5,29	5,95
	IV	1.056,08	-	84,48	95,04	-	78,82	88,67	-	73,28	82,44	-	67,86	76,34	-	62,58	70,40	-	57,43	64,61	-	52,40	58,95
	V	1.556,66	11,27	124,53	140,09																		
	VI	1.601,00	16,55	128,08	144,09																		
5.549,99	I	1.057,16	-	84,57	95,14	-	73,36	82,53	-	62,66	70,49	-	52,48	59,04	-	42,80	48,15	-	33,65	37,85	-	25,01	28,13
	II	923,58	-	73,88	83,12	-	63,16	71,06	-	52,96	59,58	-	43,26	48,67	-	34,08	38,34	-	25,42	28,59	-	17,26	19,42
	III	629,00	-	50,32	56,61	-	42,05	47,30	-	34,05	38,30	-	26,29	29,57	-	18,81	21,16	-	11,58	13,03	-	5,33	5,99
	IV	1.057,16	-	84,57	95,14	-	78,90	88,76	-	73,36	82,53	-	67,94	76,43	-	62,66	70,49	-	57,50	64,69	-	52,48	59,04
	V	1.557,83	11,41	124,62	140,20																		
	VI	1.602,16	16,68	128,17	144,19																		
5.552,99	I	1.058,16	-	84,65	95,23	-	73,44	82,62	-	62,73	70,57	-	52,54	59,11	-	42,87	48,23	-	33,72	37,93	-	25,07	28,20
	II	924,58	-	73,96	83,21	-	63,24	71,14	-	53,02	59,65	-	43,33	48,74	-	34,14	38,41	-	25,48	28,66	-	17,32	19,49
	III	629,66	-	50,37	56,66	-	42,10	47,36	-	34,10	38,36	-	26,36	29,65	-	18,86	21,22	-	11,64	13,09	-	5,37	6,04
	IV	1.058,16	-	84,65	95,23	-	78,98	88,85	-	73,44	82,62	-	68,02	76,52	-	62,73	70,57	-	57,58	64,77	-	52,54	59,11
	V	1.559,00	11,55	124,72	140,31																		
	VI	1.603,25	16,81	128,26	144,29																		
5.555,99	I	1.059,25	-	84,74	95,33	-	73,52	82,71	-	62,81	70,66	-	52,62	59,19	-	42,94	48,31	-	33,78	38,00	-	25,13	28,27
	II	925,58	-	74,04	83,30	-	63,32	71,23	-	53,10	59,73	-	43,40	48,82	-	34,21	38,48	-	25,54	28,73	-	17,38	19,55
	III	630,50	-	50,44	56,74	-	42,17	47,44	-	34,16	38,43	-	26,41	29,71	-	18,92	21,28	-	11,69	13,15	-	5,41	6,08
	IV	1.059,25	-	84,74	95,33	-	79,06	88,94	-	73,52	82,71	-	68,10	76,61	-	62,81	70,66	-	57,65	64,85	-	52,62	59,19
	V	1.560,08	11,68	124,80	140,40																		
	VI	1.604,41	16,95	128,35	144,39																		
5.558,99	I	1.060,25	-	84,82	95,42	-	73,60	82,80	-	62,89	70,75	-	52,69	59,27	-	43,01	48,38	-	33,84	38,07	-	25,20	28,35
	II	926,58	-	74,12	83,39	-	63,39	71,31	-	53,17	59,81	-	43,47	48,90	-	34,28	38,56	-	25,60	28,80	-	17,44	19,62
	III	631,33	-	50,50	56,81	-	42,22	47,50	-	34,22	38,50	-	26,46	29,77	-	18,97	21,34	-	11,74	13,21	-	5,45	6,13
	IV	1.060,25	-	84,82	95,42	-	79,14	89,03	-	73,60	82,80	-	68,18	76,70	-	62,89	70,75	-	57,72	64,94	-	52,69	59,27
	V	1.561,25	11,82	124,90	140,51																		
	VI	1.605,58	17,09	128,44	144,50																		
5.561,99	I	1.061,33	-	84,90	95,51	-	73,68	82,89	-	62,96	70,83	-	52,76	59,36	-	43,08	48,46	-	33,91	38,15	-	25,26	28,41
	II	927,58	-	74,20	83,48	-	63,47	71,40	-	53,24	59,90	-	43,54	48,98	-	34,34	38,63	-	25,66	28,87	-	17,50	19,68
	III	632,00	-	50,56	56,88	-	42,29	47,57	-	34,28	38,56	-	26,52	29,83	-	19,02	21,40	-	11,78	13,25	-	5,49	6,17
	IV	1.061,33	-	84,90	95,51	-	79,22	89,12	-	73,68	82,89	-	68,26	76,79	-	62,96	70,83	-	57,80	65,02	-	52,76	59,36
	V	1.562,41	11,95	124,99	140,61																		
	VI	1.606,75	17,23	128,54	144,60																		
5.564,99	I	1.062,33	-	84,98	95,60	-	73,76	82,98	-	63,04	70,92	-	52,84	59,44	-	43,15	48,54	-	33,98	38,22	-	25,32	28,48
	II	928,58	-	74,28	83,57	-	63,54	71,48	-	53,32	59,98	-	43,60	49,05	-	34,40	38,70	-	25,72	28,94	-	17,56	19,75
	III	632,83	-	50,62	56,95	-	42,34	47,63	-	34,33	38,62	-	26,57	29,89	-	19,08	21,46	-	11,84	13,32	-	5,53	6,22
	IV	1.062,33	-	84,98	95,60	-	79,30	89,21	-	73,76	82,98	-	68,33	76,87	-	63,04	70,92	-	57,87	65,10	-	52,84	59,44
	V	1.563,58	12,09	125,08	140,72																		
	VI	1.607,83	17,36	128,62	144,70																		
5.567,99	I	1.063,41	-	85,07	95,70	-	73,84	83,07	-	63,12	71,01	-	52,91	59,52	-	43,22	48,62	-	34,04	38,30	-	25,38	28,55
	II	929,58	-	74,36	83,66	-	63,62	71,57	-	53,39	60,06	-	43,68	49,14	-	34,47	38,78	-	25,78	29,00	-	17,61	19,81
	III	633,50	-	50,68	57,01	-	42,41	47,71	-	34,40	38,70	-	26,64	29,97	-	19,13	21,52	-	11,89	13,37	-	5,57	6,26
	IV	1.063,41	-	85,07	95,70	-	79,39	89,31	-	73,84	83,07	-	68,41	76,96	-	63,12	71,01	-	57,95	65,19	-	52,91	59,52
	V	1.564,75	12,23	125,18	140,82																		
	VI	1.609,00	17,50	128,72	144,81																		
5.570,99	I	1.064,41	-	85,15	95,79	-	73,92	83,16	-	63,19	71,09	-	52,98	59,60	-	43,28	48,69	-	34,10	38,36	-	25,44	28,62
	II	930,58	-	74,44	83,75	-	63,70	71,66	-	53,46	60,14	-	43,74	49,21	-	34,54	38,85	-	25,84	29,07	-	17,67	19,88
	III	634,33	-	50,74	57,08	-	42,46	47,77	-	34,45	38,75	-	26,69	30,02	-	19,18	21,58	-	11,94	13,43	-	5,62	6,32
	IV	1.064,41	-	85,15	95,79	-	79,47	89,40	-	73,92	83,16	-	68,49	77,05	-	63,19	71,09	-	58,02	65,27	-	52,98	59,60
	V	1.565,83	12,36	125,26	140,92																		
	VI	1.610,16	17,64	128,81	144,91																		
5.573,99	I	1.065,50	-	85,24	95,89	-	74,00	83,25	-	63,27	71,18	-	53,06	59,69	-	43,36	48,78	-	34,17	38,44	-	25,50	28,69
	II	931,58	-	74,52	83,84	-	63,78	71,75	-	53,54	60,23	-	43,81	49,28	-	34,60	38,93	-	25,91	29,15	-	17,73	19,94
	III	635,00	-	50,80	57,15	-	42,53	47,84	-	34,50	38,81	-	26,74	30,08	-	19,24	21,64	-	12,00	13,50	-	5,66	6,37
	IV	1.065,50	-	85,24	95,89	-	79,55	89,49	-	74,00	83,25	-	68,57	77,14	-	63,27	71,18	-	58,10	65,36	-	53,06	59,69
	V	1.567,00	12,50	125,36	141,03																		
	VI	1.611,33	17,78	128,90	145,01																		
5.576,99	I	1.066,58	-	85,32	95,99	-	74,08	83,34	-	63,34	71,26	-	53,13	59,77	-	43,42	48,85	-	34,24	38,52	-	25,56	28,76
	II	932,66	-	74,61	83,93	-	63,85	71,83	-	53,61	60,31	-	43,88	49,37	-	34,67	39,00	-	25,97	29,21	-	17,78	20,00
	III	635,83	-	50,86	57,22	-	42,58	47,90	-	34,56	38,88	-	26,80	30,15	-	19,29	21,70	-	12,05	13,55	-	5,70	6,41
	IV	1.066,58	-	85,32	95,99	-	79,64	89,59	-	74,08	83,34	-	68,64	77,22	-	63,34	71,26	-	58,17	65,44	-	53,13	59,77
	V	1.568,16	12,64	125,45	141,13																		
	VI	1.612,41	17,90	128,99	145,11																		
5.579,99	I	1.067,58	-	85,40	96,08	-	74,16	83,43	-	63,42	71,34	-	53,20	59,85	-	43,49	48,92	-	34,30	38,59	-	25,62	28,82
	II	933,58	-	74,68	84,02	-	63,92	71,91	-	53,68	60,39	-	43,95	49,44	-	34,73	39,07	-	26,03	29,28	-	17,84	20,07
	III	636,66	-	50,93	57,29	-	42,65	47,98	-	34,62	38,95	-	26,85	30,20	-	19,34	21,76	-	12,09	13,60	-	5,74	6,46
	IV	1.067,58	-	85,40	96,08	-	79,72	89,68	-	74,16	83,43	-	68,72	77,31	-	63,42	71,34	-	58,24	65,52	-	53,20	59,85
	V	1.569,25	12,77	125,54	141,23																		
	VI	1.613,58	18,04	129,08	145,22																		

Lohn/ Gehalt bis	Steuerklasse	Lohn-steuer	ohne Kinderfreibetrag SolZ 5,5%	ohne Kinderfreibetrag Kirchensteuer 8%	ohne Kinderfreibetrag Kirchensteuer 9%	Anzahl Kinderfreibeträge (nur Steuerklassen I–IV) 0,5 SolZ 5,5%	0,5 Kirchensteuer 8%	0,5 Kirchensteuer 9%	1,0 SolZ 5,5%	1,0 Kirchensteuer 8%	1,0 Kirchensteuer 9%	1,5 SolZ 5,5%	1,5 Kirchensteuer 8%	1,5 Kirchensteuer 9%	2,0 SolZ 5,5%	2,0 Kirchensteuer 8%	2,0 Kirchensteuer 9%	2,5 SolZ 5,5%	2,5 Kirchensteuer 8%	2,5 Kirchensteuer 9%	3,0 SolZ 5,5%	3,0 Kirchensteu[er] 8%	3,0 9%
5.582,99	I	1.068,66	–	85,49	96,17	–	74,24	83,52	–	63,50	71,43	–	53,27	59,93	–	43,56	49,01	–	34,36	38,66	–	25,68	28
	II	934,66	–	74,77	84,11	–	64,00	72,00	–	53,76	60,48	–	44,02	49,52	–	34,80	39,15	–	26,09	29,35	–	17,90	20
	III	637,33	–	50,98	57,35	–	42,70	48,04	–	34,68	39,01	–	26,90	30,26	–	19,40	21,82	–	12,14	13,66	–	5,78	6
	IV	1.068,66	–	85,49	96,17	–	79,80	89,77	–	74,24	83,52	–	68,80	77,40	–	63,50	71,43	–	58,32	65,61	–	53,27	59
	V	1.570,41	12,91	125,63	141,33																		
	VI	1.614,75	18,18	129,18	145,32																		
5.585,99	I	1.069,75	–	85,58	96,27	–	74,32	83,61	–	63,58	71,52	–	53,34	60,01	–	43,63	49,08	–	34,43	38,73	–	25,75	28
	II	935,66	–	74,85	84,20	–	64,08	72,09	–	53,83	60,56	–	44,09	49,60	–	34,86	39,22	–	26,16	29,43	–	17,96	20
	III	638,16	–	51,05	57,43	–	42,77	48,11	–	34,73	39,07	–	26,97	30,34	–	19,45	21,88	–	12,20	13,72	–	5,82	6
	IV	1.069,75	–	85,58	96,27	–	79,88	89,87	–	74,32	83,61	–	68,88	77,49	–	63,58	71,52	–	58,40	65,70	–	53,34	60
	V	1.571,58	13,05	125,72	141,44																		
	VI	1.615,91	18,32	129,27	145,43																		
5.588,99	I	1.070,75	–	85,66	96,36	–	74,40	83,70	–	63,65	71,60	–	53,42	60,09	–	43,70	49,16	–	34,50	38,81	–	25,81	29
	II	936,66	–	74,93	84,29	–	64,16	72,18	–	53,90	60,63	–	44,16	49,68	–	34,93	39,29	–	26,22	29,49	–	18,02	20
	III	639,00	–	51,12	57,51	–	42,82	48,17	–	34,80	39,15	–	27,02	30,40	–	19,50	21,94	–	12,25	13,78	–	5,86	6
	IV	1.070,75	–	85,66	96,36	–	79,96	89,96	–	74,40	83,70	–	68,96	77,58	–	63,65	71,60	–	58,47	65,78	–	53,42	60
	V	1.572,66	13,17	125,81	141,53																		
	VI	1.617,00	18,45	129,36	145,53																		
5.591,99	I	1.071,83	–	85,74	96,46	–	74,48	83,79	–	63,73	71,69	–	53,49	60,17	–	43,77	49,24	–	34,56	38,88	–	25,87	29
	II	937,66	–	75,01	84,38	–	64,24	72,27	–	53,97	60,71	–	44,22	49,75	–	35,00	39,37	–	26,28	29,56	–	18,08	20
	III	639,66	–	51,17	57,56	–	42,88	48,24	–	34,85	39,20	–	27,08	30,46	–	19,56	22,00	–	12,30	13,84	–	5,90	6
	IV	1.071,83	–	85,74	96,46	–	80,04	90,05	–	74,48	83,79	–	69,04	77,67	–	63,73	71,69	–	58,54	65,86	–	53,49	60
	V	1.573,83	13,31	125,90	141,64																		
	VI	1.618,16	18,59	129,45	145,63																		
5.594,99	I	1.072,83	–	85,82	96,55	–	74,56	83,88	–	63,80	71,78	–	53,56	60,26	–	43,84	49,32	–	34,62	38,95	–	25,93	29,
	II	938,66	–	75,09	84,47	–	64,31	72,35	–	54,04	60,80	–	44,30	49,83	–	35,06	39,44	–	26,34	29,63	–	18,13	20
	III	640,50	–	51,24	57,64	–	42,94	48,31	–	34,90	39,26	–	27,13	30,52	–	19,61	22,06	–	12,36	13,90	–	5,94	6
	IV	1.072,83	–	85,82	96,55	–	80,12	90,14	–	74,56	83,88	–	69,12	77,76	–	63,80	71,78	–	58,62	65,94	–	53,56	60
	V	1.575,00	13,45	126,00	141,75																		
	VI	1.619,25	18,72	129,54	145,73																		
5.597,99	I	1.073,91	–	85,91	96,65	–	74,64	83,97	–	63,88	71,86	–	53,64	60,34	–	43,91	49,40	–	34,69	39,02	–	25,99	29
	II	939,66	–	75,17	84,56	–	64,38	72,43	–	54,12	60,88	–	44,36	49,91	–	35,12	39,51	–	26,40	29,70	–	18,19	20,
	III	641,16	–	51,29	57,70	–	43,00	48,37	–	34,97	39,34	–	27,18	30,58	–	19,66	22,12	–	12,41	13,96	–	6,00	6,
	IV	1.073,91	–	85,91	96,65	–	80,21	90,23	–	74,64	83,97	–	69,20	77,85	–	63,88	71,86	–	58,69	66,02	–	53,64	60,
	V	1.576,08	13,58	126,08	141,84																		
	VI	1.620,41	18,86	129,63	145,83																		
5.600,99	I	1.075,00	–	86,00	96,75	–	74,72	84,06	–	63,96	71,95	–	53,71	60,42	–	43,98	49,47	–	34,76	39,10	–	26,06	29,
	II	940,66	–	75,25	84,65	–	64,46	72,52	–	54,19	60,96	–	44,44	49,99	–	35,19	39,59	–	26,46	29,77	–	18,25	20,
	III	642,00	–	51,36	57,78	–	43,06	48,44	–	35,02	39,40	–	27,24	30,64	–	19,72	22,18	–	12,45	14,00	–	6,04	6,
	IV	1.075,00	–	86,00	96,75	–	80,29	90,32	–	74,72	84,06	–	69,27	77,93	–	63,96	71,95	–	58,77	66,11	–	53,71	60,
	V	1.577,25	13,72	126,18	141,95																		
	VI	1.621,58	19,00	129,72	145,94																		
5.603,99	I	1.076,00	–	86,08	96,84	–	74,80	84,15	–	64,03	72,03	–	53,78	60,50	–	44,04	49,55	–	34,82	39,17	–	26,12	29,
	II	941,66	–	75,33	84,74	–	64,54	72,60	–	54,26	61,04	–	44,50	50,06	–	35,26	39,66	–	26,52	29,84	–	18,30	20,
	III	642,66	–	51,41	57,83	–	43,12	48,51	–	35,08	39,46	–	27,29	30,70	–	19,77	22,24	–	12,50	14,06	–	6,08	6,
	IV	1.076,00	–	86,08	96,84	–	80,37	90,41	–	74,80	84,15	–	69,35	78,02	–	64,03	72,03	–	58,84	66,20	–	53,78	60,
	V	1.578,41	13,86	126,27	142,05																		
	VI	1.622,66	19,12	129,81	146,03																		
5.606,99	I	1.077,08	–	86,16	96,93	–	74,88	84,24	–	64,11	72,12	–	53,86	60,59	–	44,12	49,63	–	34,89	39,25	–	26,18	29,
	II	942,66	–	75,41	84,83	–	64,62	72,69	–	54,34	61,13	–	44,57	50,14	–	35,32	39,74	–	26,58	29,90	–	18,36	20,
	III	643,50	–	51,48	57,91	–	43,18	48,58	–	35,14	39,53	–	27,36	30,78	–	19,82	22,30	–	12,56	14,13	–	6,12	6,
	IV	1.077,08	–	86,16	96,93	–	80,46	90,51	–	74,88	84,24	–	69,43	78,11	–	64,11	72,12	–	58,92	66,28	–	53,86	60,
	V	1.579,58	14,00	126,36	142,16																		
	VI	1.623,83	19,26	129,90	146,14																		
5.609,99	I	1.078,16	–	86,25	97,03	–	74,96	84,33	–	64,19	72,21	–	53,93	60,67	–	44,18	49,70	–	34,96	39,33	–	26,24	29,
	II	943,66	–	75,49	84,92	–	64,70	72,78	–	54,41	61,21	–	44,64	50,22	–	35,39	39,81	–	26,65	29,98	–	18,42	20,
	III	644,33	–	51,54	57,98	–	43,24	48,64	–	35,20	39,60	–	27,41	30,83	–	19,88	22,36	–	12,61	14,18	–	6,16	6,
	IV	1.078,16	–	86,25	97,03	–	80,54	90,60	–	74,96	84,33	–	69,51	78,20	–	64,19	72,21	–	58,99	66,36	–	53,93	60,
	V	1.580,66	14,13	126,45	142,25																		
	VI	1.625,00	19,40	130,00	146,25																		
5.612,99	I	1.079,16	–	86,33	97,12	–	75,04	84,42	–	64,26	72,29	–	54,00	60,75	–	44,25	49,78	–	35,02	39,39	–	26,30	29,5
	II	944,66	–	75,57	85,01	–	64,77	72,86	–	54,48	61,29	–	44,71	50,30	–	35,45	39,88	–	26,71	30,05	–	18,48	20,7
	III	645,00	–	51,60	58,05	–	43,30	48,71	–	35,25	39,65	–	27,46	30,89	–	19,93	22,42	–	12,66	14,24	–	6,20	6,9
	IV	1.079,16	–	86,33	97,12	–	80,62	90,69	–	75,04	84,42	–	69,58	78,28	–	64,26	72,29	–	59,06	66,44	–	54,00	60,7
	V	1.581,83	14,27	126,54	142,36																		
	VI	1.626,16	19,54	130,09	146,35																		
5.615,99	I	1.080,25	–	86,42	97,22	–	75,12	84,51	–	64,34	72,38	–	54,08	60,84	–	44,32	49,86	–	35,08	39,47	–	26,36	29,6
	II	945,66	–	75,65	85,10	–	64,85	72,95	–	54,56	61,38	–	44,78	50,38	–	35,52	39,96	–	26,77	30,11	–	18,54	20,8
	III	645,83	–	51,66	58,12	–	43,36	48,78	–	35,32	39,73	–	27,52	30,96	–	19,98	22,48	–	12,72	14,31	–	6,25	7,0
	IV	1.080,25	–	86,42	97,22	–	80,70	90,79	–	75,12	84,51	–	69,66	78,37	–	64,34	72,38	–	59,14	66,53	–	54,08	60,8
	V	1.583,00	14,40	126,64	142,47																		
	VI	1.627,25	19,67	130,18	146,45																		
5.618,99	I	1.081,25	–	86,50	97,31	–	75,20	84,60	–	64,42	72,47	–	54,15	60,92	–	44,39	49,94	–	35,15	39,54	–	26,42	29,7
	II	946,75	–	75,74	85,20	–	64,92	73,04	–	54,63	61,46	–	44,85	50,45	–	35,58	40,03	–	26,84	30,19	–	18,60	20,9
	III	646,66	–	51,73	58,19	–	43,42	48,85	–	35,37	39,79	–	27,58	31,03	–	20,04	22,54	–	12,77	14,36	–	6,29	7,0
	IV	1.081,25	–	86,50	97,31	–	80,78	90,88	–	75,20	84,60	–	69,74	78,46	–	64,42	72,47	–	59,22	66,62	–	54,15	60,9
	V	1.584,16	14,54	126,73	142,57																		
	VI	1.628,41	19,81	130,27	146,55																		
5.621,99	I	1.082,33	–	86,58	97,40	–	75,28	84,69	–	64,49	72,55	–	54,22	60,99	–	44,46	50,01	–	35,22	39,62	–	26,48	29,7
	II	947,75	–	75,82	85,29	–	65,00	73,13	–	54,70	61,54	–	44,92	50,53	–	35,65	40,10	–	26,90	30,26	–	18,66	20,9
	III	647,33	–	51,78	58,25	–	43,48	48,91	–	35,42	39,85	–	27,64	31,09	–	20,09	22,60	–	12,81	14,41	–	6,33	7,1
	IV	1.082,33	–	86,58	97,40	–	80,87	90,98	–	75,28	84,69	–	69,82	78,55	–	64,49	72,55	–	59,29	66,70	–	54,22	60,9
	V	1.585,25	14,67	126,82	142,67																		
	VI	1.629,58	19,95	130,36	146,66																		
5.624,99	I	1.083,41	–	86,67	97,50	–	75,36	84,78	–	64,57	72,64	–	54,29	61,07	–	44,53	50,09	–	35,28	39,69	–	26,55	29,8
	II	948,75	–	75,90	85,38	–	65,08	73,21	–	54,78	61,62	–	44,99	50,61	–	35,72	40,18	–	26,96	30,33	–	18,71	21,0
	III	648,16	–	51,85	58,33	–	43,54	48,98	–	35,49	39,92	–	27,69	31,15	–	20,16	22,68	–	12,88	14,49	–	6,37	7,1
	IV	1.083,41	–	86,67	97,50	–	80,95	91,07	–	75,36	84,78	–	69,90	78,64	–	64,57	72,64	–	59,37	66,79	–	54,29	61,0
	V	1.586,41	14,81	126,91	142,77																		
	VI	1.630,75	20,09	130,46	146,76																		

Lohn/ Gehalt bis	Steuerklasse	Lohn-steuer	ohne Kinderfreibetrag SolZ 5,5%	ohne Kinderfreibetrag Kirchensteuer 8%	ohne Kinderfreibetrag Kirchensteuer 9%	0,5 SolZ 5,5%	0,5 Kirchensteuer 8%	0,5 Kirchensteuer 9%	1,0 SolZ 5,5%	1,0 Kirchensteuer 8%	1,0 Kirchensteuer 9%	1,5 SolZ 5,5%	1,5 Kirchensteuer 8%	1,5 Kirchensteuer 9%	2,0 SolZ 5,5%	2,0 Kirchensteuer 8%	2,0 Kirchensteuer 9%	2,5 SolZ 5,5%	2,5 Kirchensteuer 8%	2,5 Kirchensteuer 9%	3,0 SolZ 5,5%	3,0 Kirchensteuer 8%	3,0 Kirchensteuer 9%
						Anzahl Kinderfreibeträge (nur Steuerklassen I–IV)																	
5.627,99	I	1.084,41	-	86,75	97,59	-	75,44	84,87	-	64,65	72,73	-	54,36	61,16	-	44,60	50,18	-	35,35	39,77	-	26,61	29,93
	II	949,75	-	75,98	85,47	-	65,16	73,30	-	54,85	61,70	-	45,06	50,69	-	35,78	40,25	-	27,02	30,40	-	18,77	21,11
	III	648,83	-	51,90	58,39	-	43,60	49,05	-	35,54	39,98	-	27,74	31,21	-	20,21	22,73	-	12,92	14,53	-	6,41	7,21
	IV	1.084,41	-	86,75	97,59	-	81,04	91,17	-	75,44	84,87	-	69,98	78,73	-	64,65	72,73	-	59,44	66,87	-	54,36	61,16
	V	1.587,58	14,95	127,00	142,88																		
	VI	1.631,83	20,22	130,54	146,86																		
5.630,99	I	1.085,50	-	86,84	97,69	-	75,52	84,96	-	64,72	72,81	-	54,44	61,24	-	44,67	50,25	-	35,41	39,83	-	26,67	30,00
	II	950,75	-	76,06	85,56	-	65,23	73,38	-	54,92	61,79	-	45,13	50,77	-	35,85	40,33	-	27,08	30,47	-	18,83	21,18
	III	649,66	-	51,97	58,46	-	43,65	49,10	-	35,60	40,05	-	27,80	31,27	-	20,26	22,79	-	12,97	14,59	-	6,46	7,27
	IV	1.085,50	-	86,84	97,69	-	81,12	91,26	-	75,52	84,96	-	70,06	78,81	-	64,72	72,81	-	59,52	66,96	-	54,44	61,24
	V	1.588,66	15,08	127,09	142,97																		
	VI	1.633,00	20,35	130,64	146,97																		
5.633,99	I	1.086,58	-	86,92	97,79	-	75,60	85,05	-	64,80	72,90	-	54,51	61,32	-	44,74	50,33	-	35,48	39,91	-	26,74	30,08
	II	951,75	-	76,14	85,65	-	65,31	73,47	-	55,00	61,87	-	45,20	50,85	-	35,92	40,41	-	27,14	30,53	-	18,89	21,25
	III	650,50	-	52,04	58,54	-	43,72	49,18	-	35,66	40,12	-	27,86	31,34	-	20,32	22,86	-	13,02	14,65	-	6,50	7,31
	IV	1.086,58	-	86,92	97,79	-	81,20	91,35	-	75,60	85,05	-	70,14	78,90	-	64,80	72,90	-	59,59	67,04	-	54,51	61,32
	V	1.589,83	15,22	127,18	143,08																		
	VI	1.634,16	20,49	130,73	147,07																		
5.636,99	I	1.087,58	-	87,00	97,88	-	75,68	85,14	-	64,88	72,99	-	54,58	61,40	-	44,81	50,41	-	35,54	39,98	-	26,80	30,15
	II	952,75	-	76,22	85,74	-	65,39	73,56	-	55,07	61,95	-	45,27	50,93	-	35,98	40,48	-	27,20	30,60	-	18,95	21,32
	III	651,16	-	52,09	58,60	-	43,77	49,24	-	35,72	40,18	-	27,92	31,41	-	20,37	22,91	-	13,08	14,71	-	6,54	7,36
	IV	1.087,58	-	87,00	97,88	-	81,28	91,44	-	75,68	85,14	-	70,22	78,99	-	64,88	72,99	-	59,67	67,13	-	54,58	61,40
	V	1.591,00	15,36	127,28	143,19																		
	VI	1.635,33	20,63	130,82	147,17																		
5.639,99	I	1.088,66	-	87,09	97,97	-	75,76	85,23	-	64,96	73,08	-	54,66	61,49	-	44,88	50,49	-	35,61	40,06	-	26,86	30,21
	II	953,75	-	76,30	85,83	-	65,46	73,64	-	55,14	62,03	-	45,34	51,00	-	36,04	40,55	-	27,27	30,68	-	19,00	21,38
	III	652,00	-	52,16	58,68	-	43,84	49,32	-	35,77	40,24	-	27,97	31,46	-	20,42	22,97	-	13,13	14,77	-	6,58	7,40
	IV	1.088,66	-	87,09	97,97	-	81,36	91,53	-	75,76	85,23	-	70,30	79,08	-	64,96	73,08	-	59,74	67,21	-	54,66	61,49
	V	1.592,08	15,48	127,36	143,28																		
	VI	1.636,41	20,76	130,91	147,27																		
5.642,99	I	1.089,75	-	87,18	98,07	-	75,84	85,32	-	65,03	73,16	-	54,73	61,57	-	44,95	50,57	-	35,68	40,14	-	26,92	30,28
	II	954,83	-	76,38	85,93	-	65,54	73,73	-	55,22	62,12	-	45,41	51,08	-	36,11	40,62	-	27,33	30,74	-	19,06	21,44
	III	652,83	-	52,22	58,75	-	43,90	49,39	-	35,84	40,32	-	28,02	31,52	-	20,48	23,04	-	13,18	14,83	-	6,64	7,47
	IV	1.089,75	-	87,18	98,07	-	81,44	91,62	-	75,84	85,32	-	70,38	79,17	-	65,03	73,16	-	59,82	67,29	-	54,73	61,57
	V	1.593,25	15,62	127,46	143,39																		
	VI	1.637,58	20,90	131,00	147,38																		
5.645,99	I	1.090,83	-	87,26	98,17	-	75,93	85,42	-	65,11	73,25	-	54,80	61,65	-	45,02	50,64	-	35,74	40,21	-	26,98	30,35
	II	955,83	-	76,46	86,02	-	65,62	73,82	-	55,29	62,20	-	45,48	51,16	-	36,18	40,70	-	27,39	30,81	-	19,12	21,51
	III	653,50	-	52,28	58,81	-	43,96	49,45	-	35,89	40,37	-	28,08	31,59	-	20,53	23,09	-	13,24	14,89	-	6,68	7,51
	IV	1.090,83	-	87,26	98,17	-	81,53	91,72	-	75,93	85,42	-	70,46	79,26	-	65,11	73,25	-	59,90	67,38	-	54,80	61,65
	V	1.594,41	15,76	127,55	143,49																		
	VI	1.638,75	21,04	131,10	147,48																		
5.648,99	I	1.091,83	-	87,34	98,26	-	76,01	85,51	-	65,18	73,33	-	54,88	61,74	-	45,08	50,72	-	35,81	40,28	-	27,04	30,42
	II	956,83	-	76,54	86,11	-	65,70	73,91	-	55,36	62,28	-	45,54	51,23	-	36,24	40,77	-	27,46	30,89	-	19,18	21,57
	III	654,33	-	52,34	58,88	-	44,01	49,51	-	35,94	40,43	-	28,13	31,64	-	20,58	23,15	-	13,29	14,95	-	6,72	7,56
	IV	1.091,83	-	87,34	98,26	-	81,61	91,81	-	76,01	85,51	-	70,53	79,34	-	65,18	73,33	-	59,97	67,46	-	54,88	61,74
	V	1.595,58	15,90	127,64	143,60																		
	VI	1.639,83	21,17	131,18	147,58																		
5.651,99	I	1.092,91	-	87,43	98,36	-	76,09	85,60	-	65,26	73,42	-	54,95	61,82	-	45,16	50,80	-	35,88	40,36	-	27,10	30,49
	II	957,83	-	76,62	86,20	-	65,78	74,00	-	55,44	62,37	-	45,62	51,32	-	36,31	40,85	-	27,52	30,96	-	19,24	21,64
	III	655,00	-	52,40	58,95	-	44,08	49,59	-	36,01	40,51	-	28,20	31,72	-	20,64	23,22	-	13,34	15,01	-	6,76	7,60
	IV	1.092,91	-	87,43	98,36	-	81,70	91,91	-	76,09	85,60	-	70,61	79,43	-	65,26	73,42	-	60,04	67,55	-	54,95	61,82
	V	1.596,66	16,03	127,73	143,69																		
	VI	1.641,00	21,31	131,28	147,69																		
5.654,99	I	1.094,00	-	87,52	98,46	-	76,17	85,69	-	65,34	73,51	-	55,02	61,90	-	45,22	50,87	-	35,94	40,43	-	27,17	30,56
	II	958,83	-	76,70	86,29	-	65,85	74,08	-	55,51	62,45	-	45,69	51,40	-	36,38	40,92	-	27,58	31,02	-	19,30	21,71
	III	655,83	-	52,46	59,02	-	44,13	49,64	-	36,06	40,57	-	28,25	31,78	-	20,69	23,27	-	13,40	15,07	-	6,80	7,65
	IV	1.094,00	-	87,52	98,46	-	81,78	92,00	-	76,17	85,69	-	70,69	79,52	-	65,34	73,51	-	60,12	67,63	-	55,02	61,90
	V	1.597,83	16,17	127,82	143,80																		
	VI	1.642,16	21,44	131,37	147,79																		
5.657,99	I	1.095,00	-	87,60	98,55	-	76,25	85,78	-	65,42	73,59	-	55,10	61,98	-	45,30	50,96	-	36,00	40,50	-	27,23	30,63
	II	959,83	-	76,78	86,38	-	65,93	74,17	-	55,58	62,53	-	45,76	51,48	-	36,44	41,00	-	27,64	31,10	-	19,36	21,78
	III	656,66	-	52,53	59,09	-	44,20	49,72	-	36,12	40,63	-	28,30	31,84	-	20,74	23,33	-	13,45	15,13	-	6,85	7,70
	IV	1.095,00	-	87,60	98,55	-	81,86	92,09	-	76,25	85,78	-	70,77	79,61	-	65,42	73,59	-	60,19	67,71	-	55,10	61,98
	V	1.599,00	16,31	127,92	143,91																		
	VI	1.643,25	21,57	131,46	147,89																		
5.660,99	I	1.096,08	-	87,68	98,64	-	76,33	85,87	-	65,50	73,68	-	55,17	62,06	-	45,36	51,03	-	36,07	40,58	-	27,29	30,70
	II	960,91	-	76,87	86,48	-	66,00	74,25	-	55,66	62,61	-	45,82	51,55	-	36,51	41,07	-	27,70	31,16	-	19,42	21,84
	III	657,33	-	52,58	59,15	-	44,25	49,78	-	36,18	40,70	-	28,36	31,90	-	20,80	23,40	-	13,50	15,19	-	6,89	7,75
	IV	1.096,08	-	87,68	98,64	-	81,94	92,18	-	76,33	85,87	-	70,85	79,70	-	65,50	73,68	-	60,27	67,80	-	55,17	62,06
	V	1.600,16	16,45	128,01	144,01																		
	VI	1.644,41	21,71	131,55	147,99																		
5.663,99	I	1.097,08	-	87,76	98,73	-	76,41	85,96	-	65,57	73,76	-	55,24	62,15	-	45,43	51,11	-	36,14	40,65	-	27,35	30,77
	II	961,91	-	76,95	86,57	-	66,08	74,34	-	55,73	62,69	-	45,90	51,63	-	36,57	41,14	-	27,76	31,23	-	19,47	21,90
	III	658,16	-	52,65	59,23	-	44,32	49,86	-	36,24	40,77	-	28,42	31,97	-	20,85	23,45	-	13,54	15,23	-	6,93	7,79
	IV	1.097,08	-	87,76	98,73	-	82,02	92,27	-	76,41	85,96	-	70,92	79,79	-	65,57	73,76	-	60,34	67,88	-	55,24	62,15
	V	1.601,25	16,58	128,10	144,11																		
	VI	1.645,58	21,85	131,64	148,10																		
5.666,99	I	1.098,16	-	87,85	98,83	-	76,49	86,05	-	65,65	73,85	-	55,32	62,23	-	45,50	51,19	-	36,20	40,73	-	27,42	30,84
	II	962,91	-	77,03	86,66	-	66,16	74,43	-	55,80	62,78	-	45,96	51,71	-	36,64	41,22	-	27,83	31,31	-	19,53	21,97
	III	658,83	-	52,70	59,29	-	44,37	49,91	-	36,29	40,82	-	28,48	32,04	-	20,90	23,51	-	13,60	15,30	-	6,97	7,84
	IV	1.098,16	-	87,85	98,83	-	82,11	92,37	-	76,49	86,05	-	71,00	79,88	-	65,65	73,85	-	60,42	67,97	-	55,32	62,23
	V	1.602,41	16,71	128,19	144,21																		
	VI	1.646,75	21,99	131,74	148,20																		
5.669,99	I	1.099,25	-	87,94	98,93	-	76,58	86,15	-	65,72	73,94	-	55,39	62,31	-	45,58	51,27	-	36,27	40,80	-	27,48	30,91
	II	963,91	-	77,11	86,75	-	66,24	74,52	-	55,88	62,86	-	46,04	51,79	-	36,70	41,29	-	27,89	31,37	-	19,59	22,04
	III	659,66	-	52,77	59,36	-	44,44	49,99	-	36,36	40,90	-	28,53	32,09	-	20,97	23,59	-	13,65	15,35	-	7,02	7,90
	IV	1.099,25	-	87,94	98,93	-	82,19	92,46	-	76,58	86,15	-	71,08	79,97	-	65,72	73,94	-	60,50	68,06	-	55,39	62,31
	V	1.603,58	16,85	128,28	144,32																		
	VI	1.647,83	22,12	131,82	148,30																		

Lohn/ Gehalt bis	Steuerklasse	Lohn- steuer	ohne Kinderfreibetrag SolZ 5,5%	Kirchensteuer 8%	Kirchensteuer 9%	0,5 SolZ 5,5%	0,5 Kirchensteuer 8%	0,5 Kirchensteuer 9%	1,0 SolZ 5,5%	1,0 Kirchensteuer 8%	1,0 Kirchensteuer 9%	1,5 SolZ 5,5%	1,5 Kirchensteuer 8%	1,5 Kirchensteuer 9%	2,0 SolZ 5,5%	2,0 Kirchensteuer 8%	2,0 Kirchensteuer 9%	2,5 SolZ 5,5%	2,5 Kirchensteuer 8%	2,5 Kirchensteuer 9%	3,0 SolZ 5,5%	3,0 Kirchensteuer 8%	3,0 Kirchensteuer 9%
						Anzahl Kinderfreibeträge (nur Steuerklassen I–IV)																	
5.672,99	I	1.100,25	-	88,02	99,02	-	76,66	86,24	-	65,80	74,03	-	55,46	62,39	-	45,64	51,35	-	36,34	40,88	-	27,54	30
	II	964,91	-	77,19	86,84	-	66,32	74,61	-	55,95	62,94	-	46,10	51,86	-	36,77	41,36	-	27,95	31,44	-	19,65	22
	III	660,50	-	52,84	59,44	-	44,49	50,05	-	36,41	40,96	-	28,58	32,15	-	21,02	23,65	-	13,70	15,41	-	7,06	7
	IV	1.100,25	-	88,02	99,02	-	82,27	92,55	-	76,66	86,24	-	71,16	80,06	-	65,80	74,03	-	60,57	68,14	-	55,46	62
	V	1.604,66	16,98	128,37	144,41																		
	VI	1.649,00	22,26	131,92	148,41																		
5.675,99	I	1.101,33	-	88,10	99,11	-	76,74	86,33	-	65,88	74,12	-	55,54	62,48	-	45,71	51,42	-	36,40	40,95	-	27,60	31
	II	965,91	-	77,27	86,93	-	66,39	74,69	-	56,02	63,02	-	46,18	51,95	-	36,84	41,44	-	28,02	31,52	-	19,71	22
	III	661,16	-	52,89	59,50	-	44,56	50,13	-	36,46	41,02	-	28,64	32,22	-	21,08	23,71	-	13,76	15,48	-	7,10	7
	IV	1.101,33	-	88,10	99,11	-	82,36	92,65	-	76,74	86,33	-	71,24	80,15	-	65,88	74,12	-	60,64	68,22	-	55,54	62
	V	1.605,83	17,12	128,46	144,52																		
	VI	1.650,16	22,40	132,01	148,51																		
5.678,99	I	1.102,41	-	88,19	99,21	-	76,82	86,42	-	65,96	74,20	-	55,62	62,57	-	45,78	51,50	-	36,47	41,03	-	27,66	31
	II	967,00	-	77,36	87,03	-	66,47	74,78	-	56,10	63,11	-	46,24	52,02	-	36,90	41,51	-	28,08	31,59	-	19,77	22
	III	662,00	-	52,96	59,58	-	44,61	50,18	-	36,53	41,09	-	28,70	32,29	-	21,13	23,77	-	13,81	15,53	-	7,16	8
	IV	1.102,41	-	88,19	99,21	-	82,44	92,75	-	76,82	86,42	-	71,32	80,24	-	65,96	74,20	-	60,72	68,31	-	55,62	62
	V	1.607,00	17,26	128,56	144,63																		
	VI	1.651,33	22,54	132,10	148,61																		
5.681,99	I	1.103,50	-	88,28	99,31	-	76,90	86,51	-	66,04	74,29	-	55,68	62,64	-	45,85	51,58	-	36,53	41,09	-	27,73	31
	II	968,00	-	77,44	87,12	-	66,54	74,86	-	56,17	63,19	-	46,32	52,11	-	36,97	41,59	-	28,14	31,66	-	19,82	22
	III	662,83	-	53,02	59,65	-	44,68	50,26	-	36,58	41,15	-	28,76	32,35	-	21,18	23,83	-	13,86	15,59	-	7,20	8,
	IV	1.103,50	-	88,28	99,31	-	82,52	92,84	-	76,90	86,51	-	71,40	80,33	-	66,04	74,29	-	60,80	68,40	-	55,68	62,
	V	1.608,08	17,39	128,64	144,72																		
	VI	1.652,41	22,66	132,19	148,71																		
5.684,99	I	1.104,58	-	88,36	99,41	-	76,98	86,60	-	66,11	74,37	-	55,76	62,73	-	45,92	51,66	-	36,60	41,17	-	27,79	31,
	II	969,00	-	77,52	87,21	-	66,62	74,95	-	56,25	63,28	-	46,38	52,18	-	37,04	41,67	-	28,20	31,73	-	19,88	22,
	III	663,50	-	53,08	59,71	-	44,73	50,32	-	36,64	41,22	-	28,81	32,41	-	21,24	23,89	-	13,92	15,66	-	7,24	8,
	IV	1.104,58	-	88,36	99,41	-	82,60	92,93	-	76,98	86,60	-	71,48	80,42	-	66,11	74,37	-	60,87	68,48	-	55,76	62,
	V	1.609,25	17,53	128,74	144,83																		
	VI	1.653,58	22,80	132,28	148,82																		
5.687,99	I	1.105,58	-	88,44	99,50	-	77,06	86,69	-	66,19	74,46	-	55,84	62,82	-	45,99	51,74	-	36,66	41,24	-	27,85	31,
	II	970,00	-	77,60	87,30	-	66,70	75,04	-	56,32	63,36	-	46,46	52,26	-	37,10	41,74	-	28,26	31,79	-	19,94	22,
	III	664,33	-	53,14	59,78	-	44,80	50,40	-	36,70	41,29	-	28,86	32,47	-	21,29	23,95	-	13,97	15,71	-	7,29	8,
	IV	1.105,58	-	88,44	99,50	-	82,69	93,02	-	77,06	86,69	-	71,56	80,51	-	66,19	74,46	-	60,95	68,57	-	55,84	62,
	V	1.610,41	17,67	128,83	144,93																		
	VI	1.654,75	22,94	132,38	148,92																		
5.690,99	I	1.106,66	-	88,53	99,59	-	77,14	86,78	-	66,26	74,54	-	55,91	62,90	-	46,06	51,82	-	36,73	41,32	-	27,92	31,
	II	971,00	-	77,68	87,39	-	66,78	75,12	-	56,40	63,45	-	46,52	52,34	-	37,17	41,81	-	28,33	31,87	-	20,00	22,
	III	665,16	-	53,21	59,86	-	44,85	50,45	-	36,76	41,35	-	28,92	32,53	-	21,34	24,01	-	14,02	15,77	-	7,33	8,
	IV	1.106,66	-	88,53	99,59	-	82,77	93,11	-	77,14	86,78	-	71,64	80,59	-	66,26	74,54	-	61,02	68,65	-	55,91	62,
	V	1.611,50	17,80	128,92	145,03																		
	VI	1.655,83	23,07	132,46	149,02																		
5.693,99	I	1.107,75	-	88,62	99,69	-	77,22	86,87	-	66,34	74,63	-	55,98	62,98	-	46,13	51,89	-	36,80	41,40	-	27,98	31,
	II	972,08	-	77,76	87,48	-	66,86	75,21	-	56,47	63,53	-	46,60	52,42	-	37,24	41,89	-	28,39	31,94	-	20,06	22,
	III	665,83	-	53,26	59,92	-	44,92	50,53	-	36,82	41,42	-	28,98	32,60	-	21,40	24,07	-	14,08	15,84	-	7,37	8,
	IV	1.107,75	-	88,62	99,69	-	82,86	93,21	-	77,22	86,87	-	71,72	80,68	-	66,34	74,63	-	61,10	68,73	-	55,98	62,
	V	1.612,66	17,93	129,01	145,13																		
	VI	1.657,00	23,21	132,56	149,13																		
5.696,99	I	1.108,83	-	88,70	99,79	-	77,30	86,96	-	66,42	74,72	-	56,06	63,06	-	46,20	51,98	-	36,86	41,47	-	28,04	31,
	II	973,08	-	77,84	87,57	-	66,94	75,30	-	56,54	63,61	-	46,66	52,49	-	37,30	41,96	-	28,46	32,01	-	20,12	22,
	III	666,66	-	53,33	59,99	-	44,97	50,59	-	36,88	41,49	-	29,04	32,67	-	21,45	24,13	-	14,13	15,89	-	7,42	8,
	IV	1.108,83	-	88,70	99,79	-	82,94	93,30	-	77,30	86,96	-	71,80	80,77	-	66,42	74,72	-	61,18	68,82	-	56,06	63,
	V	1.613,83	18,07	129,10	145,24																		
	VI	1.658,16	23,35	132,65	149,23																		
5.699,99	I	1.109,83	-	88,78	99,88	-	77,38	87,05	-	66,50	74,81	-	56,13	63,14	-	46,27	52,05	-	36,93	41,54	-	28,10	31,
	II	974,08	-	77,92	87,66	-	67,01	75,38	-	56,62	63,69	-	46,74	52,58	-	37,37	42,04	-	28,52	32,08	-	20,18	22,
	III	667,50	-	53,40	60,07	-	45,04	50,67	-	36,93	41,54	-	29,09	32,72	-	21,50	24,19	-	14,18	15,95	-	7,46	8,3
	IV	1.109,83	-	88,78	99,88	-	83,02	93,40	-	77,38	87,05	-	71,88	80,86	-	66,50	74,81	-	61,25	68,90	-	56,13	63,1
	V	1.615,00	18,21	129,20	145,35																		
	VI	1.659,25	23,48	132,74	149,33																		
5.702,99	I	1.110,91	-	88,87	99,98	-	77,47	87,15	-	66,58	74,90	-	56,20	63,23	-	46,34	52,13	-	37,00	41,62	-	28,16	31,
	II	975,08	-	78,00	87,75	-	67,09	75,47	-	56,69	63,77	-	46,80	52,65	-	37,44	42,12	-	28,58	32,15	-	20,24	22,7
	III	668,16	-	53,45	60,13	-	45,09	50,72	-	37,00	41,62	-	29,14	32,78	-	21,56	24,25	-	14,24	16,02	-	7,50	8,4
	IV	1.110,91	-	88,87	99,98	-	83,10	93,49	-	77,47	87,15	-	71,96	80,95	-	66,58	74,90	-	61,32	68,99	-	56,20	63,2
	V	1.616,08	18,34	129,28	145,44																		
	VI	1.660,41	23,62	132,83	149,43																		
5.705,99	I	1.112,00	-	88,96	100,08	-	77,55	87,24	-	66,66	74,99	-	56,28	63,31	-	46,41	52,21	-	37,06	41,69	-	28,23	31,7
	II	976,16	-	78,09	87,85	-	67,17	75,56	-	56,76	63,86	-	46,88	52,74	-	37,50	42,19	-	28,64	32,22	-	20,30	22,8
	III	669,00	-	53,52	60,21	-	45,16	50,80	-	37,05	41,68	-	29,21	32,86	-	21,62	24,32	-	14,29	16,07	-	7,54	8,4
	IV	1.112,00	-	88,96	100,08	-	83,19	93,59	-	77,55	87,24	-	72,04	81,04	-	66,66	74,99	-	61,40	69,08	-	56,28	63,3
	V	1.617,25	18,48	129,38	145,55																		
	VI	1.661,58	23,76	132,92	149,54																		
5.708,99	I	1.113,00	-	89,04	100,17	-	77,63	87,33	-	66,73	75,07	-	56,35	63,39	-	46,48	52,29	-	37,13	41,77	-	28,29	31,8
	II	977,16	-	78,17	87,94	-	67,24	75,65	-	56,84	63,94	-	46,94	52,81	-	37,57	42,26	-	28,70	32,29	-	20,36	22,9
	III	669,83	-	53,58	60,28	-	45,21	50,86	-	37,10	41,74	-	29,26	32,92	-	21,68	24,39	-	14,33	16,12	-	7,60	8,5
	IV	1.113,00	-	89,04	100,17	-	83,27	93,68	-	77,63	87,33	-	72,12	81,13	-	66,73	75,07	-	61,48	69,16	-	56,35	63,3
	V	1.618,41	18,62	129,47	145,65																		
	VI	1.662,75	23,89	133,02	149,64																		
5.711,99	I	1.114,08	-	89,12	100,26	-	77,71	87,42	-	66,81	75,16	-	56,42	63,47	-	46,55	52,37	-	37,20	41,85	-	28,35	31,8
	II	978,16	-	78,25	88,03	-	67,32	75,74	-	56,92	64,03	-	47,02	52,89	-	37,64	42,34	-	28,77	32,36	-	20,42	22,9
	III	670,50	-	53,64	60,34	-	45,28	50,94	-	37,17	41,81	-	29,32	32,98	-	21,73	24,44	-	14,38	16,18	-	7,64	8,5
	IV	1.114,08	-	89,12	100,26	-	83,36	93,78	-	77,71	87,42	-	72,20	81,22	-	66,81	75,16	-	61,55	69,24	-	56,42	63,4
	V	1.619,58	18,76	129,56	145,76																		
	VI	1.663,83	24,02	133,10	149,74																		
5.714,99	I	1.115,16	-	89,21	100,36	-	77,79	87,51	-	66,89	75,25	-	56,50	63,56	-	46,62	52,45	-	37,26	41,92	-	28,42	31,9
	II	979,16	-	78,33	88,12	-	67,40	75,83	-	56,99	64,11	-	47,09	52,97	-	37,70	42,41	-	28,83	32,43	-	20,48	23,0
	III	671,33	-	53,70	60,41	-	45,33	50,99	-	37,22	41,87	-	29,37	33,04	-	21,78	24,50	-	14,44	16,24	-	7,69	8,6
	IV	1.115,16	-	89,21	100,36	-	83,44	93,87	-	77,79	87,51	-	72,28	81,31	-	66,89	75,25	-	61,63	69,33	-	56,50	63,5
	V	1.620,75	18,90	129,66	145,86																		
	VI	1.665,00	24,16	133,20	149,85																		

Lohn/ Gehalt bis	Steuerklasse	Lohn-steuer	ohne Kinderfreibetrag			Anzahl Kinderfreibeträge (nur Steuerklassen I–IV) 0,5			1,0			1,5			2,0			2,5			3,0		
			SolZ 5,5%	Kirchensteuer 8%	9%	SolZ 5,5%	Kirchensteuer 8%	9%	SolZ 5,5%	Kirchensteuer 8%	9%	SolZ 5,5%	Kirchensteuer 8%	9%	SolZ 5,5%	Kirchensteuer 8%	9%	SolZ 5,5%	Kirchensteuer 8%	9%	SolZ 5,5%	Kirchensteuer 8%	9%
5.717,99	I	1.116,25	-	89,30	100,46	-	77,87	87,60	-	66,96	75,33	-	56,57	63,64	-	46,69	52,52	-	37,33	41,99	-	28,48	32,04
	II	980,16	-	78,41	88,21	-	67,48	75,91	-	57,06	64,19	-	47,16	53,05	-	37,77	42,49	-	28,89	32,50	-	20,53	23,09
	III	672,00	-	53,76	60,48	-	45,40	51,07	-	37,29	41,95	-	29,42	33,10	-	21,84	24,57	-	14,49	16,30	-	7,73	8,69
	IV	1.116,25	-	89,30	100,46	-	83,52	93,96	-	77,87	87,60	-	72,36	81,40	-	66,96	75,33	-	61,70	69,41	-	56,57	63,64
	V	1.621,83	19,03	129,74	145,96																		
	VI	1.666,16	24,30	133,29	149,95																		
5.720,99	I	1.117,33	-	89,38	100,55	-	77,96	87,70	-	67,04	75,42	-	56,64	63,72	-	46,76	52,61	-	37,40	42,07	-	28,54	32,11
	II	981,25	-	78,50	88,31	-	67,56	76,00	-	57,14	64,28	-	47,23	53,13	-	37,84	42,57	-	28,96	32,58	-	20,59	23,16
	III	672,83	-	53,82	60,55	-	45,45	51,13	-	37,34	42,01	-	29,49	33,17	-	21,89	24,62	-	14,54	16,36	-	7,77	8,74
	IV	1.117,33	-	89,38	100,55	-	83,60	94,05	-	77,96	87,70	-	72,44	81,49	-	67,04	75,42	-	61,78	69,50	-	56,64	63,72
	V	1.623,00	19,16	129,84	146,07																		
	VI	1.667,33	24,44	133,38	150,05																		
5.723,99	I	1.118,41	-	89,47	100,65	-	78,04	87,79	-	67,12	75,51	-	56,72	63,81	-	46,84	52,69	-	37,46	42,14	-	28,60	32,18
	II	982,25	-	78,58	88,40	-	67,64	76,09	-	57,21	64,36	-	47,30	53,21	-	37,90	42,64	-	29,02	32,64	-	20,65	23,23
	III	673,66	-	53,89	60,62	-	45,52	51,21	-	37,40	42,07	-	29,54	33,23	-	21,94	24,68	-	14,60	16,42	-	7,82	8,80
	IV	1.118,41	-	89,47	100,65	-	83,69	94,15	-	78,04	87,79	-	72,52	81,58	-	67,12	75,51	-	61,86	69,59	-	56,72	63,81
	V	1.624,16	19,30	129,93	146,17																		
	VI	1.668,41	24,57	133,47	150,15																		
5.726,99	I	1.119,41	-	89,55	100,74	-	78,12	87,88	-	67,20	75,60	-	56,80	63,90	-	46,90	52,76	-	37,53	42,22	-	28,66	32,24
	II	983,25	-	78,66	88,49	-	67,72	76,18	-	57,28	64,44	-	47,37	53,29	-	37,97	42,71	-	29,08	32,72	-	20,71	23,30
	III	674,33	-	53,94	60,68	-	45,57	51,26	-	37,46	42,14	-	29,60	33,30	-	22,00	24,75	-	14,65	16,48	-	7,86	8,84
	IV	1.119,41	-	89,55	100,74	-	83,77	94,24	-	78,12	87,88	-	72,60	81,67	-	67,20	75,60	-	61,93	69,67	-	56,80	63,90
	V	1.625,25	19,43	130,02	146,27																		
	VI	1.669,58	24,71	133,56	150,26																		
5.729,99	I	1.120,50	-	89,64	100,84	-	78,20	87,97	-	67,28	75,69	-	56,87	63,98	-	46,98	52,85	-	37,60	42,30	-	28,73	32,32
	II	984,33	-	78,74	88,58	-	67,79	76,26	-	57,36	64,53	-	47,44	53,37	-	38,04	42,79	-	29,14	32,78	-	20,77	23,36
	III	675,16	-	54,01	60,76	-	45,64	51,34	-	37,52	42,21	-	29,65	33,35	-	22,05	24,80	-	14,70	16,54	-	7,90	8,89
	IV	1.120,50	-	89,64	100,84	-	83,86	94,34	-	78,20	87,97	-	72,68	81,76	-	67,28	75,69	-	62,01	69,76	-	56,87	63,98
	V	1.626,41	19,57	130,11	146,37																		
	VI	1.670,75	24,85	133,66	150,36																		
5.732,99	I	1.121,58	-	89,72	100,94	-	78,28	88,06	-	67,35	75,77	-	56,94	64,06	-	47,04	52,92	-	37,66	42,36	-	28,79	32,39
	II	985,33	-	78,82	88,67	-	67,87	76,35	-	57,43	64,61	-	47,51	53,45	-	38,10	42,86	-	29,21	32,86	-	20,83	23,43
	III	676,00	-	54,08	60,84	-	45,69	51,40	-	37,57	42,26	-	29,70	33,41	-	22,10	24,86	-	14,76	16,60	-	7,96	8,95
	IV	1.121,58	-	89,72	100,94	-	83,94	94,43	-	78,28	88,06	-	72,75	81,84	-	67,35	75,77	-	62,08	69,84	-	56,94	64,06
	V	1.627,50	19,70	130,20	146,47																		
	VI	1.671,83	24,98	133,74	150,46																		
5.735,99	I	1.122,66	-	89,81	101,03	-	78,36	88,16	-	67,43	75,86	-	57,02	64,14	-	47,12	53,01	-	37,73	42,44	-	28,86	32,46
	II	986,33	-	78,90	88,76	-	67,95	76,44	-	57,50	64,69	-	47,58	53,53	-	38,17	42,94	-	29,27	32,93	-	20,89	23,50
	III	676,66	-	54,13	60,89	-	45,76	51,48	-	37,64	42,34	-	29,77	33,49	-	22,16	24,93	-	14,81	16,66	-	8,00	9,00
	IV	1.122,66	-	89,81	101,03	-	84,02	94,52	-	78,36	88,16	-	72,83	81,93	-	67,43	75,86	-	62,16	69,93	-	57,02	64,14
	V	1.628,66	19,84	130,29	146,57																		
	VI	1.673,00	25,11	133,84	150,57																		
5.738,99	I	1.123,75	-	89,90	101,13	-	78,44	88,25	-	67,51	75,95	-	57,09	64,22	-	47,18	53,08	-	37,80	42,52	-	28,92	32,53
	II	987,33	-	78,98	88,85	-	68,02	76,52	-	57,58	64,78	-	47,65	53,60	-	38,24	43,02	-	29,34	33,00	-	20,95	23,57
	III	677,50	-	54,20	60,97	-	45,81	51,53	-	37,69	42,40	-	29,82	33,55	-	22,21	24,98	-	14,86	16,72	-	8,04	9,04
	IV	1.123,75	-	89,90	101,13	-	84,10	94,61	-	78,44	88,25	-	72,92	82,03	-	67,51	75,95	-	62,24	70,02	-	57,09	64,22
	V	1.629,83	19,98	130,38	146,68																		
	VI	1.674,16	25,25	133,93	150,67																		
5.741,99	I	1.124,75	-	89,98	101,22	-	78,52	88,34	-	67,59	76,04	-	57,16	64,31	-	47,26	53,16	-	37,86	42,59	-	28,98	32,60
	II	988,33	-	79,06	88,94	-	68,10	76,61	-	57,66	64,86	-	47,72	53,69	-	38,30	43,09	-	29,40	33,07	-	21,00	23,63
	III	678,16	-	54,25	61,03	-	45,88	51,61	-	37,74	42,46	-	29,88	33,61	-	22,26	25,04	-	14,92	16,78	-	8,09	9,10
	IV	1.124,75	-	89,98	101,22	-	84,19	94,71	-	78,52	88,34	-	72,99	82,11	-	67,59	76,04	-	62,31	70,10	-	57,16	64,31
	V	1.631,00	20,12	130,48	146,79																		
	VI	1.675,25	25,38	134,02	150,77																		
5.744,99	I	1.125,83	-	90,06	101,32	-	78,61	88,43	-	67,66	76,12	-	57,24	64,39	-	47,32	53,24	-	37,93	42,67	-	29,04	32,67
	II	989,41	-	79,15	89,04	-	68,18	76,70	-	57,73	64,94	-	47,79	53,76	-	38,37	43,16	-	29,46	33,14	-	21,06	23,69
	III	679,00	-	54,32	61,11	-	45,93	51,67	-	37,81	42,53	-	29,94	33,68	-	22,33	25,12	-	14,97	16,84	-	8,13	9,14
	IV	1.125,83	-	90,06	101,32	-	84,27	94,80	-	78,61	88,43	-	73,07	82,20	-	67,66	76,12	-	62,39	70,19	-	57,24	64,39
	V	1.632,08	20,24	130,56	146,88																		
	VI	1.676,41	25,52	134,11	150,87																		
5.747,99	I	1.126,91	-	90,15	101,42	-	78,69	88,52	-	67,74	76,21	-	57,31	64,47	-	47,40	53,32	-	38,00	42,75	-	29,10	32,74
	II	990,41	-	79,23	89,13	-	68,26	76,79	-	57,80	65,03	-	47,86	53,84	-	38,44	43,24	-	29,52	33,21	-	21,12	23,76
	III	679,83	-	54,38	61,18	-	46,00	51,75	-	37,86	42,59	-	30,00	33,75	-	22,38	25,18	-	15,02	16,90	-	8,18	9,20
	IV	1.126,91	-	90,15	101,42	-	84,36	94,90	-	78,69	88,52	-	73,15	82,29	-	67,74	76,21	-	62,46	70,27	-	57,31	64,47
	V	1.633,25	20,38	130,66	146,99																		
	VI	1.677,58	25,66	134,20	150,98																		
5.750,99	I	1.128,00	-	90,24	101,52	-	78,77	88,61	-	67,82	76,30	-	57,38	64,55	-	47,46	53,39	-	38,06	42,81	-	29,17	32,81
	II	991,41	-	79,31	89,22	-	68,34	76,88	-	57,88	65,11	-	47,93	53,92	-	38,50	43,31	-	29,58	33,28	-	21,18	23,83
	III	680,50	-	54,44	61,24	-	46,05	51,80	-	37,92	42,66	-	30,05	33,80	-	22,44	25,24	-	15,08	16,96	-	8,22	9,25
	IV	1.128,00	-	90,24	101,52	-	84,44	94,99	-	78,77	88,61	-	73,23	82,38	-	67,82	76,30	-	62,54	70,35	-	57,38	64,55
	V	1.634,41	20,52	130,75	147,09																		
	VI	1.678,66	25,79	134,29	151,07																		
5.753,99	I	1.129,08	-	90,32	101,61	-	78,85	88,70	-	67,90	76,38	-	57,46	64,64	-	47,54	53,48	-	38,13	42,89	-	29,23	32,88
	II	992,50	-	79,40	89,32	-	68,42	76,97	-	57,95	65,19	-	48,00	54,00	-	38,57	43,39	-	29,65	33,35	-	21,24	23,90
	III	681,33	-	54,50	61,31	-	46,12	51,88	-	37,98	42,73	-	30,10	33,86	-	22,49	25,30	-	15,13	17,02	-	8,28	9,31
	IV	1.129,08	-	90,32	101,61	-	84,52	95,09	-	78,85	88,70	-	73,31	82,47	-	67,90	76,38	-	62,62	70,44	-	57,46	64,64
	V	1.635,58	20,66	130,84	147,20																		
	VI	1.679,83	25,93	134,38	151,18																		
5.756,99	I	1.130,16	-	90,41	101,71	-	78,94	88,80	-	67,98	76,47	-	57,54	64,73	-	47,61	53,56	-	38,20	42,97	-	29,30	32,96
	II	993,50	-	79,48	89,41	-	68,50	77,06	-	58,03	65,28	-	48,08	54,09	-	38,64	43,47	-	29,72	33,43	-	21,30	23,96
	III	682,16	-	54,57	61,39	-	46,17	51,94	-	38,04	42,79	-	30,16	33,93	-	22,54	25,36	-	15,18	17,08	-	8,32	9,36
	IV	1.130,16	-	90,41	101,71	-	84,61	95,18	-	78,94	88,80	-	73,39	82,56	-	67,98	76,47	-	62,69	70,52	-	57,54	64,73
	V	1.636,66	20,79	130,93	147,29																		
	VI	1.681,00	26,07	134,48	151,29																		
5.759,99	I	1.131,16	-	90,49	101,80	-	79,02	88,89	-	68,06	76,56	-	57,61	64,81	-	47,68	53,64	-	38,26	43,04	-	29,36	33,03
	II	994,50	-	79,56	89,50	-	68,57	77,14	-	58,10	65,36	-	48,14	54,16	-	38,70	43,54	-	29,78	33,50	-	21,36	24,03
	III	682,83	-	54,62	61,45	-	46,24	52,02	-	38,10	42,86	-	30,22	34,00	-	22,60	25,42	-	15,24	17,14	-	8,36	9,40
	IV	1.131,16	-	90,49	101,80	-	84,69	95,27	-	79,02	88,89	-	73,47	82,65	-	68,06	76,56	-	62,77	70,61	-	57,61	64,81
	V	1.637,83	20,93	131,02	147,40																		
	VI	1.682,16	26,20	134,57	151,39																		

Lohn/ Gehalt bis	Steuerklasse	Lohn-steuer	ohne Kinderfreibetrag			Anzahl Kinderfreibeträge (nur Steuerklassen I–IV)																	
						0,5			1,0			1,5			2,0			2,5			3,0		
			SolZ 5,5%	Kirchensteuer 8%	9%	SolZ 5,5%	Kirchensteuer 8%	9%	SolZ 5,5%	Kirchensteuer 8%	9%	SolZ 5,5%	Kirchensteuer 8%	9%	SolZ 5,5%	Kirchensteuer 8%	9%	SolZ 5,5%	Kirchensteuer 8%	9%	SolZ 5,5%	Kirchensteu 8%	9%
5.762,99	I	1.132,25	–	90,58	101,90	–	79,10	88,98	–	68,14	76,65	–	57,68	64,89	–	47,75	53,72	–	38,33	43,12	–	29,42	33
	II	995,58	–	79,64	89,60	–	68,65	77,23	–	58,18	65,45	–	48,22	54,24	–	38,77	43,61	–	29,84	33,57	–	21,42	24
	III	683,66	–	54,69	61,52	–	46,30	52,09	–	38,16	42,93	–	30,28	34,06	–	22,65	25,48	–	15,29	17,20	–	8,41	9
	IV	1.132,25	–	90,58	101,90	–	84,78	95,37	–	79,10	88,98	–	73,55	82,74	–	68,14	76,65	–	62,84	70,70	–	57,68	64
	V	1.639,00	21,07	131,12	147,51																		
	VI	1.683,25	26,33	134,66	151,49																		
5.765,99	I	1.133,33	–	90,66	101,99	–	79,18	89,08	–	68,21	76,73	–	57,76	64,98	–	47,82	53,80	–	38,40	43,20	–	29,48	33
	II	996,58	–	79,72	89,69	–	68,73	77,32	–	58,25	65,53	–	48,29	54,32	–	38,84	43,69	–	29,90	33,64	–	21,48	24
	III	684,50	–	54,76	61,60	–	46,36	52,15	–	38,21	42,98	–	30,33	34,12	–	22,70	25,54	–	15,34	17,26	–	8,45	9
	IV	1.133,33	–	90,66	101,99	–	84,86	95,46	–	79,18	89,08	–	73,63	82,83	–	68,21	76,73	–	62,92	70,79	–	57,76	64
	V	1.640,16	21,21	131,21	147,61																		
	VI	1.684,41	26,47	134,75	151,59																		
5.768,99	I	1.134,41	–	90,75	102,09	–	79,26	89,17	–	68,29	76,82	–	57,83	65,06	–	47,89	53,87	–	38,46	43,27	–	29,55	33
	II	997,58	–	79,80	89,78	–	68,81	77,41	–	58,32	65,61	–	48,36	54,40	–	38,90	43,76	–	29,96	33,71	–	21,54	24
	III	685,16	–	54,81	61,66	–	46,41	52,21	–	38,28	43,06	–	30,38	34,18	–	22,76	25,60	–	15,38	17,30	–	8,50	9
	IV	1.134,41	–	90,75	102,09	–	84,94	95,56	–	79,26	89,17	–	73,71	82,92	–	68,29	76,82	–	63,00	70,87	–	57,83	65
	V	1.641,25	21,34	131,30	147,71																		
	VI	1.685,58	26,61	134,84	151,70																		
5.771,99	I	1.135,50	–	90,84	102,19	–	79,34	89,26	–	68,37	76,91	–	57,91	65,15	–	47,96	53,96	–	38,53	43,34	–	29,61	33
	II	998,66	–	79,89	89,87	–	68,88	77,49	–	58,40	65,70	–	48,43	54,48	–	38,97	43,84	–	30,03	33,78	–	21,60	24
	III	686,00	–	54,88	61,74	–	46,48	52,29	–	38,33	43,12	–	30,45	34,25	–	22,82	25,67	–	15,45	17,38	–	8,54	9
	IV	1.135,50	–	90,84	102,19	–	85,02	95,65	–	79,34	89,26	–	73,79	83,01	–	68,37	76,91	–	63,08	70,96	–	57,91	65,
	V	1.642,41	21,47	131,39	147,81																		
	VI	1.686,75	26,75	134,94	151,80																		
5.774,99	I	1.136,58	–	90,92	102,29	–	79,43	89,36	–	68,45	77,00	–	57,98	65,23	–	48,03	54,03	–	38,60	43,42	–	29,68	33
	II	999,66	–	79,97	89,96	–	68,96	77,58	–	58,48	65,79	–	48,50	54,56	–	39,04	43,92	–	30,10	33,86	–	21,66	24,
	III	686,83	–	54,94	61,81	–	46,54	52,36	–	38,40	43,20	–	30,50	34,31	–	22,88	25,74	–	15,49	17,42	–	8,60	9,
	IV	1.136,58	–	90,92	102,29	–	85,11	95,75	–	79,43	89,36	–	73,87	83,10	–	68,45	77,00	–	63,15	71,04	–	57,98	65
	V	1.643,58	21,61	131,48	147,92																		
	VI	1.687,83	26,88	135,02	151,90																		
5.777,99	I	1.137,58	–	91,00	102,38	–	79,51	89,45	–	68,52	77,09	–	58,06	65,31	–	48,10	54,11	–	38,66	43,49	–	29,74	33
	II	1.000,66	–	80,05	90,05	–	69,04	77,67	–	58,55	65,87	–	48,57	54,64	–	39,10	43,99	–	30,16	33,93	–	21,72	24,
	III	687,50	–	55,00	61,87	–	46,60	52,42	–	38,45	43,25	–	30,56	34,38	–	22,93	25,79	–	15,54	17,48	–	8,64	9,
	IV	1.137,58	–	91,00	102,38	–	85,19	95,84	–	79,51	89,45	–	73,95	83,19	–	68,52	77,09	–	63,22	71,12	–	58,06	65,
	V	1.644,66	21,74	131,57	148,01																		
	VI	1.689,00	27,02	135,12	152,01																		
5.780,99	I	1.138,66	–	91,09	102,47	–	79,59	89,54	–	68,60	77,18	–	58,13	65,39	–	48,17	54,19	–	38,73	43,57	–	29,80	33,
	II	1.001,75	–	80,14	90,15	–	69,12	77,76	–	58,62	65,95	–	48,64	54,72	–	39,18	44,07	–	30,22	33,99	–	21,78	24,
	III	688,33	–	55,06	61,94	–	46,66	52,49	–	38,52	43,33	–	30,62	34,45	–	22,98	25,85	–	15,60	17,55	–	8,69	9,
	IV	1.138,66	–	91,09	102,47	–	85,28	95,94	–	79,59	89,54	–	74,03	83,28	–	68,60	77,18	–	63,30	71,21	–	58,13	65,
	V	1.645,83	21,88	131,66	148,12																		
	VI	1.690,16	27,16	135,21	152,11																		
5.783,99	I	1.139,75	–	91,18	102,57	–	79,67	89,63	–	68,68	77,27	–	58,20	65,48	–	48,24	54,27	–	38,80	43,65	–	29,86	33,
	II	1.002,75	–	80,22	90,24	–	69,20	77,85	–	58,70	66,04	–	48,72	54,81	–	39,24	44,15	–	30,28	34,07	–	21,84	24,
	III	689,16	–	55,13	62,02	–	46,72	52,56	–	38,57	43,39	–	30,68	34,51	–	23,04	25,92	–	15,65	17,60	–	8,73	9,
	IV	1.139,75	–	91,18	102,57	–	85,36	96,03	–	79,67	89,63	–	74,12	83,38	–	68,68	77,27	–	63,38	71,30	–	58,20	65,
	V	1.647,00	22,02	131,76	148,23																		
	VI	1.691,33	27,30	135,30	152,21																		
5.786,99	I	1.140,83	–	91,26	102,67	–	79,76	89,73	–	68,76	77,35	–	58,28	65,56	–	48,32	54,36	–	38,86	43,72	–	29,92	33,
	II	1.003,75	–	80,30	90,33	–	69,28	77,94	–	58,77	66,11	–	48,78	54,88	–	39,31	44,22	–	30,34	34,13	–	21,90	24,
	III	689,83	–	55,18	62,08	–	46,78	52,63	–	38,62	43,45	–	30,73	34,57	–	23,09	25,97	–	15,70	17,66	–	8,77	9,
	IV	1.140,83	–	91,26	102,67	–	85,44	96,12	–	79,76	89,73	–	74,19	83,46	–	68,76	77,35	–	63,46	71,39	–	58,28	65,5
	V	1.648,08	22,15	131,84	148,32																		
	VI	1.692,41	27,42	135,39	152,31																		
5.789,99	I	1.141,91	–	91,35	102,77	–	79,84	89,82	–	68,84	77,44	–	58,36	65,65	–	48,38	54,43	–	38,93	43,79	–	29,99	33,
	II	1.004,83	–	80,38	90,43	–	69,36	78,03	–	58,85	66,20	–	48,86	54,96	–	39,38	44,30	–	30,41	34,21	–	21,96	24,
	III	690,66	–	55,25	62,15	–	46,84	52,69	–	38,69	43,52	–	30,78	34,63	–	23,14	26,03	–	15,76	17,73	–	8,82	9,9
	IV	1.141,91	–	91,35	102,77	–	85,53	96,22	–	79,84	89,82	–	74,27	83,55	–	68,84	77,44	–	63,53	71,47	–	58,36	65,6
	V	1.649,25	22,29	131,94	148,43																		
	VI	1.693,58	27,56	135,48	152,42																		
5.792,99	I	1.143,00	–	91,44	102,87	–	79,92	89,91	–	68,92	77,53	–	58,43	65,73	–	48,46	54,51	–	39,00	43,87	–	30,06	33,8
	II	1.005,83	–	80,46	90,52	–	69,44	78,12	–	58,92	66,29	–	48,92	55,04	–	39,44	44,37	–	30,48	34,29	–	22,02	24,7
	III	691,50	–	55,32	62,23	–	46,90	52,76	–	38,74	43,58	–	30,84	34,69	–	23,20	26,10	–	15,81	17,78	–	8,86	9,9
	IV	1.143,00	–	91,44	102,87	–	85,62	96,32	–	79,92	89,91	–	74,36	83,65	–	68,92	77,53	–	63,61	71,56	–	58,43	65,7
	V	1.650,41	22,43	132,03	148,53																		
	VI	1.694,75	27,70	135,58	152,52																		
5.795,99	I	1.144,08	–	91,52	102,96	–	80,00	90,00	–	69,00	77,62	–	58,50	65,81	–	48,52	54,59	–	39,06	43,94	–	30,12	33,8
	II	1.006,83	–	80,54	90,61	–	69,52	78,21	–	59,00	66,37	–	49,00	55,12	–	39,51	44,45	–	30,54	34,35	–	22,08	24,8
	III	692,33	–	55,38	62,30	–	46,96	52,83	–	38,80	43,65	–	30,90	34,76	–	23,25	26,15	–	15,86	17,84	–	8,92	10,0
	IV	1.144,08	–	91,52	102,96	–	85,70	96,41	–	80,00	90,00	–	74,43	83,73	–	69,00	77,62	–	63,68	71,64	–	58,50	65,8
	V	1.651,58	22,57	132,12	148,64																		
	VI	1.695,83	27,83	135,66	152,62																		
5.798,99	I	1.145,16	–	91,61	103,06	–	80,08	90,09	–	69,08	77,71	–	58,58	65,90	–	48,60	54,67	–	39,13	44,02	–	30,18	33,9
	II	1.007,91	–	80,63	90,71	–	69,59	78,29	–	59,08	66,46	–	49,07	55,20	–	39,58	44,52	–	30,60	34,43	–	22,14	24,9
	III	693,00	–	55,44	62,37	–	47,02	52,90	–	38,86	43,72	–	30,96	34,83	–	23,32	26,23	–	15,92	17,91	–	8,96	10,0
	IV	1.145,16	–	91,61	103,06	–	85,78	96,50	–	80,08	90,09	–	74,52	83,83	–	69,08	77,71	–	63,76	71,73	–	58,58	65,9
	V	1.652,66	22,69	132,21	148,73																		
	VI	1.697,00	27,97	135,76	152,73																		
5.801,99	I	1.146,16	–	91,69	103,15	–	80,16	90,18	–	69,15	77,79	–	58,65	65,98	–	48,67	54,75	–	39,20	44,10	–	30,24	34,0
	II	1.008,91	–	80,71	90,80	–	69,67	78,38	–	59,15	66,54	–	49,14	55,28	–	39,64	44,60	–	30,66	34,49	–	22,20	24,9
	III	693,83	–	55,50	62,44	–	47,08	52,96	–	38,92	43,78	–	31,01	34,88	–	23,37	26,29	–	15,97	17,96	–	9,01	10,1
	IV	1.146,16	–	91,69	103,15	–	85,86	96,59	–	80,16	90,18	–	74,59	83,91	–	69,15	77,79	–	63,84	71,82	–	58,65	65,9
	V	1.653,83	22,83	132,30	148,84																		
	VI	1.698,16	28,11	135,85	152,83																		
5.804,99	I	1.147,25	–	91,78	103,25	–	80,25	90,28	–	69,23	77,88	–	58,73	66,07	–	48,74	54,83	–	39,26	44,17	–	30,31	34,1
	II	1.009,91	–	80,79	90,89	–	69,75	78,47	–	59,22	66,62	–	49,21	55,36	–	39,71	44,67	–	30,73	34,57	–	22,26	25,0
	III	694,66	–	55,57	62,51	–	47,14	53,03	–	38,97	43,84	–	31,06	34,94	–	23,42	26,35	–	16,02	18,02	–	9,05	10,1
	IV	1.147,25	–	91,78	103,25	–	85,95	96,69	–	80,25	90,28	–	74,68	84,01	–	69,23	77,88	–	63,92	71,91	–	58,73	66,0
	V	1.655,00	22,97	132,40	148,95																		
	VI	1.699,25	28,24	135,94	152,93																		

Lohn/ Gehalt bis	Steuerklasse	Lohn- steuer	ohne Kinderfreibetrag			Anzahl Kinderfreibeträge (nur Steuerklassen I–IV) 0,5			1,0			1,5			2,0			2,5			3,0		
			SolZ 5,5%	Kirchensteuer 8%	9%	SolZ 5,5%	Kirchensteuer 8%	9%	SolZ 5,5%	Kirchensteuer 8%	9%	SolZ 5,5%	Kirchensteuer 8%	9%	SolZ 5,5%	Kirchensteuer 8%	9%	SolZ 5,5%	Kirchensteuer 8%	9%	SolZ 5,5%	Kirchensteuer 8%	9%
5.807,99	I	1.148,33	-	91,86	103,34	-	80,33	90,37	-	69,31	77,97	-	58,80	66,15	-	48,81	54,91	-	39,34	44,25	-	30,37	34,16
	II	1.011,00	-	80,88	90,99	-	69,83	78,56	-	59,30	66,71	-	49,28	55,44	-	39,78	44,75	-	30,79	34,64	-	22,32	25,11
	III	695,33	-	55,62	62,57	-	47,21	53,11	-	39,04	43,92	-	31,13	35,02	-	23,48	26,41	-	16,08	18,09	-	9,10	10,24
	IV	1.148,33	-	91,86	103,34	-	86,03	96,78	-	80,33	90,37	-	74,76	84,10	-	69,31	77,97	-	63,99	71,99	-	58,80	66,15
	V	1.656,16	23,11	132,49	149,05																		
	VI	1.700,41	28,38	136,03	153,03																		
5.810,99	I	1.149,41	-	91,95	103,44	-	80,41	90,46	-	69,38	78,05	-	58,88	66,24	-	48,88	54,99	-	39,40	44,32	-	30,44	34,24
	II	1.012,00	-	80,96	91,08	-	69,90	78,64	-	59,37	66,79	-	49,35	55,52	-	39,84	44,82	-	30,86	34,71	-	22,38	25,17
	III	696,16	-	55,69	62,65	-	47,26	53,17	-	39,09	43,97	-	31,18	35,08	-	23,53	26,47	-	16,13	18,14	-	9,14	10,28
	IV	1.149,41	-	91,95	103,44	-	86,12	96,88	-	80,41	90,46	-	74,84	84,19	-	69,38	78,05	-	64,07	72,08	-	58,88	66,24
	V	1.657,25	23,24	132,58	149,15																		
	VI	1.701,58	28,52	136,12	153,14																		
5.813,99	I	1.150,50	-	92,04	103,54	-	80,50	90,56	-	69,46	78,14	-	58,95	66,32	-	48,95	55,07	-	39,47	44,40	-	30,50	34,31
	II	1.013,00	-	81,04	91,17	-	69,98	78,73	-	59,45	66,88	-	49,42	55,60	-	39,92	44,91	-	30,92	34,78	-	22,44	25,24
	III	697,00	-	55,76	62,73	-	47,33	53,24	-	39,16	44,05	-	31,24	35,14	-	23,58	26,53	-	16,18	18,20	-	9,20	10,35
	IV	1.150,50	-	92,04	103,54	-	86,20	96,98	-	80,50	90,56	-	74,92	84,28	-	69,46	78,14	-	64,14	72,16	-	58,95	66,32
	V	1.658,41	23,38	132,67	149,25																		
	VI	1.702,75	28,65	136,22	153,24																		
5.816,99	I	1.151,58	-	92,12	103,64	-	80,58	90,65	-	69,54	78,23	-	59,03	66,41	-	49,02	55,15	-	39,54	44,48	-	30,56	34,38
	II	1.014,08	-	81,12	91,26	-	70,06	78,82	-	59,52	66,96	-	49,50	55,68	-	39,98	44,98	-	30,98	34,85	-	22,50	25,31
	III	697,66	-	55,81	62,78	-	47,38	53,30	-	39,21	44,11	-	31,30	35,21	-	23,64	26,59	-	16,24	18,27	-	9,25	10,40
	IV	1.151,58	-	92,12	103,64	-	86,28	97,07	-	80,58	90,65	-	75,00	84,37	-	69,54	78,23	-	64,22	72,25	-	59,03	66,41
	V	1.659,58	23,52	132,76	149,36																		
	VI	1.703,83	28,78	136,30	153,34																		
5.819,99	I	1.152,66	-	92,21	103,73	-	80,66	90,74	-	69,62	78,32	-	59,10	66,49	-	49,10	55,23	-	39,60	44,55	-	30,62	34,45
	II	1.015,08	-	81,20	91,35	-	70,14	78,91	-	59,60	67,05	-	49,56	55,76	-	40,05	45,05	-	31,04	34,92	-	22,56	25,38
	III	698,50	-	55,88	62,86	-	47,45	53,38	-	39,28	44,19	-	31,36	35,28	-	23,69	26,65	-	16,29	18,32	-	9,29	10,45
	IV	1.152,66	-	92,21	103,73	-	86,37	97,16	-	80,66	90,74	-	75,08	84,46	-	69,62	78,32	-	64,30	72,33	-	59,10	66,49
	V	1.660,66	23,65	132,85	149,45																		
	VI	1.705,00	28,92	136,40	153,45																		
5.822,99	I	1.153,75	-	92,30	103,83	-	80,74	90,83	-	69,70	78,41	-	59,18	66,57	-	49,16	55,31	-	39,67	44,63	-	30,69	34,52
	II	1.016,08	-	81,28	91,44	-	70,22	79,00	-	59,67	67,13	-	49,64	55,84	-	40,12	45,13	-	31,11	35,00	-	22,62	25,44
	III	699,33	-	55,94	62,93	-	47,50	53,44	-	39,33	44,24	-	31,41	35,33	-	23,74	26,71	-	16,34	18,38	-	9,33	10,49
	IV	1.153,75	-	92,30	103,83	-	86,46	97,26	-	80,74	90,83	-	75,16	84,55	-	69,70	78,41	-	64,38	72,42	-	59,18	66,57
	V	1.661,83	23,79	132,94	149,56																		
	VI	1.706,16	29,06	136,49	153,55																		
5.825,99	I	1.154,83	-	92,38	103,93	-	80,82	90,92	-	69,78	78,50	-	59,25	66,65	-	49,24	55,39	-	39,74	44,70	-	30,75	34,59
	II	1.017,16	-	81,37	91,54	-	70,30	79,09	-	59,75	67,22	-	49,71	55,92	-	40,18	45,20	-	31,18	35,07	-	22,68	25,51
	III	700,16	-	56,01	63,01	-	47,57	53,51	-	39,38	44,30	-	31,46	35,39	-	23,81	26,78	-	16,40	18,45	-	9,38	10,55
	IV	1.154,83	-	92,38	103,93	-	86,54	97,35	-	80,82	90,92	-	75,24	84,64	-	69,78	78,50	-	64,45	72,50	-	59,25	66,65
	V	1.663,00	23,92	133,04	149,67																		
	VI	1.707,33	29,20	136,58	153,65																		
5.828,99	I	1.155,83	-	92,46	104,02	-	80,90	91,01	-	69,86	78,59	-	59,32	66,74	-	49,31	55,47	-	39,80	44,78	-	30,82	34,67
	II	1.018,16	-	81,45	91,63	-	70,38	79,17	-	59,82	67,30	-	49,78	56,00	-	40,25	45,28	-	31,24	35,14	-	22,74	25,58
	III	700,83	-	56,06	63,07	-	47,62	53,57	-	39,45	44,38	-	31,53	35,47	-	23,86	26,84	-	16,45	18,50	-	9,44	10,62
	IV	1.155,83	-	92,46	104,02	-	86,62	97,45	-	80,90	91,01	-	75,32	84,73	-	69,86	78,59	-	64,53	72,59	-	59,32	66,74
	V	1.664,08	24,05	133,12	149,76																		
	VI	1.708,41	29,33	136,67	153,75																		
5.831,99	I	1.157,00	-	92,56	104,13	-	80,99	91,11	-	69,94	78,68	-	59,40	66,83	-	49,38	55,55	-	39,87	44,85	-	30,88	34,74
	II	1.019,25	-	81,54	91,73	-	70,46	79,26	-	59,90	67,38	-	49,85	56,08	-	40,32	45,36	-	31,30	35,21	-	22,80	25,65
	III	701,66	-	56,13	63,14	-	47,69	53,65	-	39,50	44,44	-	31,58	35,53	-	23,92	26,91	-	16,50	18,56	-	9,48	10,66
	IV	1.157,00	-	92,56	104,13	-	86,70	97,54	-	80,99	91,11	-	75,40	84,82	-	69,94	78,68	-	64,60	72,68	-	59,40	66,83
	V	1.665,25	24,19	133,22	149,87																		
	VI	1.709,58	29,47	136,76	153,86																		
5.834,99	I	1.158,08	-	92,64	104,22	-	81,07	91,20	-	70,02	78,77	-	59,48	66,91	-	49,45	55,63	-	39,94	44,93	-	30,94	34,81
	II	1.020,25	-	81,62	91,82	-	70,54	79,35	-	59,98	67,47	-	49,92	56,16	-	40,39	45,44	-	31,36	35,28	-	22,86	25,71
	III	702,50	-	56,20	63,22	-	47,76	53,73	-	39,57	44,51	-	31,64	35,59	-	23,97	26,96	-	16,56	18,63	-	9,53	10,72
	IV	1.158,08	-	92,64	104,22	-	86,79	97,64	-	81,07	91,20	-	75,48	84,92	-	70,02	78,77	-	64,68	72,77	-	59,48	66,91
	V	1.666,41	24,33	133,31	149,97																		
	VI	1.710,75	29,61	136,86	153,96																		
5.837,99	I	1.159,08	-	92,72	104,31	-	81,15	91,29	-	70,10	78,86	-	59,55	66,99	-	49,52	55,71	-	40,01	45,01	-	31,00	34,88
	II	1.021,25	-	81,70	91,91	-	70,62	79,44	-	60,05	67,55	-	50,00	56,25	-	40,46	45,51	-	31,43	35,36	-	22,92	25,78
	III	703,16	-	56,25	63,28	-	47,81	53,78	-	39,62	44,57	-	31,69	35,65	-	24,02	27,02	-	16,61	18,68	-	9,57	10,76
	IV	1.159,08	-	92,72	104,31	-	86,88	97,74	-	81,15	91,29	-	75,56	85,00	-	70,10	78,86	-	64,76	72,85	-	59,55	66,99
	V	1.667,50	24,46	133,40	150,07																		
	VI	1.711,83	29,74	136,94	154,06																		
5.840,99	I	1.160,16	-	92,81	104,41	-	81,24	91,39	-	70,18	78,95	-	59,63	67,08	-	49,60	55,80	-	40,08	45,09	-	31,07	34,95
	II	1.022,33	-	81,78	92,00	-	70,70	79,53	-	60,12	67,64	-	50,06	56,32	-	40,52	45,59	-	31,50	35,43	-	22,98	25,85
	III	704,00	-	56,32	63,36	-	47,86	53,84	-	39,68	44,64	-	31,76	35,73	-	24,08	27,09	-	16,66	18,74	-	9,62	10,82
	IV	1.160,16	-	92,81	104,41	-	86,96	97,83	-	81,24	91,39	-	75,64	85,10	-	70,18	78,95	-	64,84	72,94	-	59,63	67,08
	V	1.668,66	24,60	133,49	150,17																		
	VI	1.713,00	29,87	137,04	154,17																		
5.843,99	I	1.161,25	-	92,90	104,51	-	81,32	91,48	-	70,26	79,04	-	59,70	67,16	-	49,66	55,87	-	40,14	45,16	-	31,14	35,03
	II	1.023,33	-	81,86	92,09	-	70,78	79,62	-	60,20	67,72	-	50,14	56,40	-	40,59	45,66	-	31,56	35,50	-	23,04	25,92
	III	704,83	-	56,38	63,43	-	47,93	53,92	-	39,74	44,71	-	31,81	35,78	-	24,13	27,14	-	16,72	18,81	-	9,68	10,89
	IV	1.161,25	-	92,90	104,51	-	87,04	97,92	-	81,32	91,48	-	75,72	85,19	-	70,26	79,04	-	64,92	73,03	-	59,70	67,16
	V	1.669,83	24,74	133,58	150,28																		
	VI	1.714,16	30,01	137,13	154,27																		
5.846,99	I	1.162,33	-	92,98	104,60	-	81,40	91,58	-	70,33	79,12	-	59,78	67,25	-	49,74	55,95	-	40,21	45,23	-	31,20	35,10
	II	1.024,41	-	81,95	92,19	-	70,86	79,71	-	60,28	67,81	-	50,21	56,48	-	40,66	45,74	-	31,62	35,57	-	23,10	25,98
	III	705,50	-	56,44	63,49	-	48,00	54,00	-	39,80	44,77	-	31,86	35,84	-	24,18	27,20	-	16,77	18,86	-	9,72	10,93
	IV	1.162,33	-	92,98	104,60	-	87,13	98,02	-	81,40	91,58	-	75,80	85,28	-	70,33	79,12	-	64,99	73,11	-	59,78	67,25
	V	1.671,00	24,88	133,68	150,39																		
	VI	1.715,25	30,14	137,22	154,37																		
5.849,99	I	1.163,41	-	93,07	104,70	-	81,48	91,67	-	70,41	79,21	-	59,85	67,33	-	49,81	56,03	-	40,28	45,31	-	31,26	35,17
	II	1.025,41	-	82,03	92,28	-	70,94	79,80	-	60,35	67,89	-	50,28	56,57	-	40,72	45,81	-	31,68	35,64	-	23,16	26,06
	III	706,33	-	56,50	63,56	-	48,05	54,05	-	39,86	44,84	-	31,92	35,91	-	24,24	27,27	-	16,82	18,92	-	9,77	10,99
	IV	1.163,41	-	93,07	104,70	-	87,22	98,12	-	81,48	91,67	-	75,88	85,37	-	70,41	79,21	-	65,07	73,20	-	59,85	67,33
	V	1.672,08	25,00	133,76	150,48																		
	VI	1.716,41	30,28	137,31	154,47																		

Lohn/ Gehalt bis	Steuerklasse	Lohnsteuer	ohne Kinderfreibetrag SolZ 5,5%	Kirchensteuer 8%	Kirchensteuer 9%	0,5 SolZ 5,5%	0,5 Kirchensteuer 8%	0,5 Kirchensteuer 9%	1,0 SolZ 5,5%	1,0 Kirchensteuer 8%	1,0 Kirchensteuer 9%	1,5 SolZ 5,5%	1,5 Kirchensteuer 8%	1,5 Kirchensteuer 9%	2,0 SolZ 5,5%	2,0 Kirchensteuer 8%	2,0 Kirchensteuer 9%	2,5 SolZ 5,5%	2,5 Kirchensteuer 8%	2,5 Kirchensteuer 9%	3,0 SolZ 5,5%	3,0 Kirchensteuer 8%	3,0 Kirchensteuer 9%
5.852,99	I	1.164,50	-	93,16	104,80	-	81,57	91,76	-	70,49	79,30	-	59,93	67,42	-	49,88	56,12	-	40,34	45,38	-	31,33	35
	II	1.026,50	-	82,12	92,38	-	71,01	79,88	-	60,42	67,97	-	50,35	56,64	-	40,80	45,90	-	31,75	35,72	-	23,22	26
	III	707,16	-	56,57	63,64	-	48,12	54,13	-	39,92	44,91	-	31,98	35,98	-	24,30	27,34	-	16,88	18,99	-	9,81	11
	IV	1.164,50	-	93,16	104,80	-	87,30	98,21	-	81,57	91,76	-	75,96	85,46	-	70,49	79,30	-	65,14	73,28	-	59,93	67
	V	1.673,25	25,14	133,86	150,59																		
	VI	1.717,58	30,42	137,40	154,58																		
5.855,99	I	1.165,58	-	93,24	104,90	-	81,65	91,85	-	70,57	79,39	-	60,00	67,50	-	49,95	56,19	-	40,41	45,46	-	31,39	35
	II	1.027,50	-	82,20	92,47	-	71,09	79,97	-	60,50	68,06	-	50,42	56,72	-	40,86	45,97	-	31,82	35,79	-	23,28	26
	III	707,83	-	56,62	63,70	-	48,17	54,19	-	39,98	44,98	-	32,04	36,04	-	24,36	27,40	-	16,93	19,04	-	9,86	11
	IV	1.165,58	-	93,24	104,90	-	87,38	98,30	-	81,65	91,85	-	76,04	85,55	-	70,57	79,39	-	65,22	73,37	-	60,00	67
	V	1.674,41	25,28	133,95	150,69																		
	VI	1.718,75	30,56	137,50	154,68																		
5.858,99	I	1.166,66	-	93,33	104,99	-	81,73	91,94	-	70,65	79,48	-	60,08	67,59	-	50,02	56,27	-	40,48	45,54	-	31,46	35
	II	1.028,58	-	82,28	92,57	-	71,17	80,06	-	60,58	68,15	-	50,50	56,81	-	40,93	46,04	-	31,88	35,86	-	23,34	26
	III	708,66	-	56,69	63,77	-	48,24	54,27	-	40,04	45,04	-	32,09	36,10	-	24,41	27,46	-	16,98	19,10	-	9,90	11
	IV	1.166,66	-	93,33	104,99	-	87,47	98,40	-	81,73	91,94	-	76,12	85,64	-	70,65	79,48	-	65,30	73,46	-	60,08	67
	V	1.675,58	25,42	134,04	150,80																		
	VI	1.719,83	30,69	137,58	154,78																		
5.861,99	I	1.167,75	-	93,42	105,09	-	81,82	92,04	-	70,73	79,57	-	60,16	67,68	-	50,10	56,36	-	40,55	45,62	-	31,52	35,
	II	1.029,58	-	82,36	92,66	-	71,25	80,15	-	60,65	68,23	-	50,57	56,89	-	41,00	46,12	-	31,94	35,93	-	23,40	26
	III	709,50	-	56,76	63,85	-	48,30	54,34	-	40,09	45,10	-	32,16	36,18	-	24,46	27,52	-	17,04	19,17	-	9,96	11,
	IV	1.167,75	-	93,42	105,09	-	87,55	98,49	-	81,82	92,04	-	76,21	85,73	-	70,73	79,57	-	65,38	73,55	-	60,16	67,
	V	1.676,75	25,56	134,14	150,90																		
	VI	1.721,00	30,83	137,68	154,89																		
5.864,99	I	1.168,83	-	93,50	105,19	-	81,90	92,13	-	70,80	79,65	-	60,23	67,76	-	50,16	56,43	-	40,62	45,69	-	31,58	35
	II	1.030,58	-	82,44	92,75	-	71,33	80,24	-	60,72	68,31	-	50,64	56,97	-	41,06	46,19	-	32,00	36,00	-	23,46	26,
	III	710,16	-	56,81	63,91	-	48,36	54,40	-	40,16	45,18	-	32,21	36,23	-	24,52	27,58	-	17,09	19,22	-	10,01	11,
	IV	1.168,83	-	93,50	105,19	-	87,64	98,59	-	81,90	92,13	-	76,29	85,82	-	70,80	79,65	-	65,45	73,63	-	60,23	67
	V	1.677,83	25,69	134,22	151,00																		
	VI	1.722,16	30,96	137,77	154,99																		
5.867,99	I	1.169,91	-	93,59	105,29	-	81,98	92,23	-	70,88	79,74	-	60,30	67,84	-	50,24	56,52	-	40,68	45,77	-	31,65	35,
	II	1.031,66	-	82,53	92,84	-	71,41	80,33	-	60,80	68,40	-	50,71	57,05	-	41,14	46,28	-	32,07	36,08	-	23,52	26,
	III	711,00	-	56,88	63,99	-	48,41	54,46	-	40,21	45,23	-	32,26	36,29	-	24,57	27,64	-	17,14	19,28	-	10,05	11,
	IV	1.169,91	-	93,59	105,29	-	87,72	98,69	-	81,98	92,23	-	76,37	85,91	-	70,88	79,74	-	65,53	73,72	-	60,30	67,
	V	1.679,00	25,83	134,32	151,11																		
	VI	1.723,33	31,10	137,86	155,09																		
5.870,99	I	1.171,00	-	93,68	105,39	-	82,06	92,32	-	70,96	79,83	-	60,38	67,92	-	50,31	56,60	-	40,75	45,84	-	31,71	35,
	II	1.032,66	-	82,61	92,93	-	71,48	80,42	-	60,88	68,49	-	50,78	57,13	-	41,20	46,35	-	32,14	36,15	-	23,58	26,
	III	711,83	-	56,94	64,06	-	48,48	54,54	-	40,26	45,29	-	32,32	36,36	-	24,62	27,70	-	17,20	19,35	-	10,10	11,
	IV	1.171,00	-	93,68	105,39	-	87,80	98,78	-	82,06	92,32	-	76,45	86,00	-	70,96	79,83	-	65,60	73,80	-	60,38	67,
	V	1.680,08	25,96	134,40	151,20																		
	VI	1.724,41	31,23	137,95	155,19																		
5.873,99	I	1.172,08	-	93,76	105,48	-	82,14	92,41	-	71,04	79,92	-	60,46	68,01	-	50,38	56,67	-	40,82	45,92	-	31,78	35,
	II	1.033,75	-	82,70	93,03	-	71,56	80,51	-	60,95	68,57	-	50,86	57,21	-	41,27	46,43	-	32,20	36,22	-	23,64	26,
	III	712,66	-	57,01	64,13	-	48,54	54,61	-	40,33	45,37	-	32,38	36,43	-	24,69	27,77	-	17,25	19,40	-	10,16	11,
	IV	1.172,08	-	93,76	105,48	-	87,89	98,87	-	82,14	92,41	-	76,53	86,09	-	71,04	79,92	-	65,68	73,89	-	60,46	68,
	V	1.681,25	26,10	134,50	151,31																		
	VI	1.725,58	31,37	138,04	155,30																		
5.876,99	I	1.173,16	-	93,85	105,58	-	82,23	92,51	-	71,12	80,01	-	60,53	68,09	-	50,45	56,75	-	40,89	46,00	-	31,84	35,8
	II	1.034,75	-	82,78	93,12	-	71,64	80,60	-	61,03	68,66	-	50,92	57,29	-	41,34	46,50	-	32,26	36,29	-	23,70	26,
	III	713,33	-	57,06	64,19	-	48,60	54,67	-	40,38	45,43	-	32,44	36,49	-	24,74	27,83	-	17,30	19,46	-	10,20	11,4
	IV	1.173,16	-	93,85	105,58	-	87,98	98,97	-	82,23	92,51	-	76,61	86,18	-	71,12	80,01	-	65,76	73,98	-	60,53	68,
	V	1.682,41	26,23	134,59	151,41																		
	VI	1.726,75	31,51	138,14	155,40																		
5.879,99	I	1.174,25	-	93,94	105,68	-	82,31	92,60	-	71,20	80,10	-	60,60	68,18	-	50,52	56,84	-	40,96	46,08	-	31,90	35,8
	II	1.035,75	-	82,86	93,21	-	71,72	80,69	-	61,10	68,74	-	51,00	57,37	-	41,40	46,58	-	32,33	36,37	-	23,76	26,7
	III	714,16	-	57,13	64,27	-	48,66	54,74	-	40,45	45,50	-	32,49	36,55	-	24,80	27,90	-	17,36	19,53	-	10,25	11,5
	IV	1.174,25	-	93,94	105,68	-	88,06	99,06	-	82,31	92,60	-	76,69	86,27	-	71,20	80,10	-	65,84	74,07	-	60,60	68,1
	V	1.683,50	26,36	134,68	151,51																		
	VI	1.727,83	31,64	138,22	155,50																		
5.882,99	I	1.175,33	-	94,02	105,77	-	82,40	92,70	-	71,28	80,19	-	60,68	68,27	-	50,60	56,92	-	41,02	46,15	-	31,97	35,9
	II	1.036,83	-	82,94	93,31	-	71,80	80,78	-	61,18	68,82	-	51,07	57,45	-	41,48	46,66	-	32,39	36,44	-	23,82	26,8
	III	715,00	-	57,20	64,35	-	48,72	54,81	-	40,50	45,56	-	32,56	36,63	-	24,85	27,95	-	17,41	19,58	-	10,29	11,5
	IV	1.175,33	-	94,02	105,77	-	88,14	99,16	-	82,40	92,70	-	76,77	86,36	-	71,28	80,19	-	65,92	74,16	-	60,68	68,2
	V	1.684,66	26,50	134,77	151,61																		
	VI	1.729,00	31,78	138,32	155,61																		
5.885,99	I	1.176,41	-	94,11	105,87	-	82,48	92,79	-	71,36	80,28	-	60,76	68,35	-	50,67	57,00	-	41,09	46,22	-	32,03	36,0
	II	1.037,91	-	83,03	93,41	-	71,88	80,87	-	61,26	68,91	-	51,14	57,53	-	41,54	46,73	-	32,46	36,51	-	23,88	26,8
	III	715,66	-	57,25	64,40	-	48,78	54,88	-	40,57	45,64	-	32,61	36,68	-	24,90	28,01	-	17,46	19,64	-	10,34	11,6
	IV	1.176,41	-	94,11	105,87	-	88,23	99,26	-	82,48	92,79	-	76,86	86,46	-	71,36	80,28	-	66,00	74,25	-	60,76	68,3
	V	1.685,83	26,64	134,86	151,72																		
	VI	1.730,16	31,92	138,41	155,71																		
5.888,99	I	1.177,50	-	94,20	105,97	-	82,56	92,88	-	71,44	80,37	-	60,83	68,43	-	50,74	57,08	-	41,16	46,30	-	32,10	36,1
	II	1.038,91	-	83,11	93,50	-	71,96	80,96	-	61,33	68,99	-	51,21	57,61	-	41,61	46,81	-	32,52	36,59	-	23,94	26,9
	III	716,50	-	57,32	64,48	-	48,84	54,94	-	40,62	45,70	-	32,66	36,74	-	24,96	28,08	-	17,52	19,71	-	10,40	11,7
	IV	1.177,50	-	94,20	105,97	-	88,32	99,36	-	82,56	92,88	-	76,94	86,55	-	71,44	80,37	-	66,07	74,33	-	60,83	68,4
	V	1.687,00	26,78	134,96	151,83																		
	VI	1.731,25	32,05	138,50	155,81																		
5.891,99	I	1.178,58	-	94,28	106,07	-	82,64	92,97	-	71,52	80,46	-	60,90	68,51	-	50,81	57,16	-	41,23	46,38	-	32,16	36,1
	II	1.040,00	-	83,20	93,60	-	72,04	81,05	-	61,41	69,08	-	51,28	57,69	-	41,68	46,89	-	32,58	36,65	-	24,01	27,0
	III	717,33	-	57,38	64,55	-	48,90	55,01	-	40,69	45,77	-	32,72	36,81	-	25,01	28,13	-	17,57	19,76	-	10,44	11,7
	IV	1.178,58	-	94,28	106,07	-	88,40	99,45	-	82,64	92,97	-	77,02	86,64	-	71,52	80,46	-	66,15	74,42	-	60,90	68,5
	V	1.688,08	26,91	135,04	151,92																		
	VI	1.732,41	32,18	138,59	155,91																		
5.894,99	I	1.179,66	-	94,37	106,16	-	82,73	93,07	-	71,60	80,55	-	60,98	68,60	-	50,88	57,24	-	41,30	46,46	-	32,22	36,2
	II	1.041,00	-	83,28	93,69	-	72,12	81,14	-	61,48	69,17	-	51,36	57,78	-	41,75	46,97	-	32,65	36,73	-	24,07	27,0
	III	718,00	-	57,44	64,62	-	48,97	55,09	-	40,74	45,83	-	32,78	36,88	-	25,08	28,21	-	17,62	19,82	-	10,49	11,8
	IV	1.179,66	-	94,37	106,16	-	88,48	99,54	-	82,73	93,07	-	77,10	86,73	-	71,60	80,55	-	66,22	74,50	-	60,98	68,6
	V	1.689,25	27,05	135,14	152,03																		
	VI	1.733,58	32,32	138,68	156,02																		

Allgemeine Tabelle

MONAT bis 5.939,99 €

Lohn/ Gehalt bis	Steuerklasse	Lohn-steuer	ohne Kinderfreibetrag			Anzahl Kinderfreibeträge (nur Steuerklassen I–IV)																	
						0,5			1,0			1,5			2,0			2,5			3,0		
			SolZ 5,5%	Kirchensteuer 8%	9%	SolZ 5,5%	Kirchensteuer 8%	9%	SolZ 5,5%	Kirchensteuer 8%	9%	SolZ 5,5%	Kirchensteuer 8%	9%	SolZ 5,5%	Kirchensteuer 8%	9%	SolZ 5,5%	Kirchensteuer 8%	9%	SolZ 5,5%	Kirchensteuer 8%	9%
5.897,99	I	1.180,75	-	94,46	106,26	-	82,81	93,16	-	71,68	80,64	-	61,06	68,69	-	50,95	57,32	-	41,36	46,53	-	32,29	36,32
	II	1.042,00	-	83,36	93,78	-	72,20	81,23	-	61,56	69,25	-	51,43	57,86	-	41,82	47,04	-	32,72	36,81	-	24,13	27,14
	III	718,83	-	57,50	64,69	-	49,02	55,15	-	40,80	45,90	-	32,84	36,94	-	25,13	28,27	-	17,68	19,89	-	10,54	11,86
	IV	1.180,75	-	94,46	106,26	-	88,57	99,64	-	82,81	93,16	-	77,18	86,82	-	71,68	80,64	-	66,30	74,59	-	61,06	68,69
	V	1.690,41	27,19	135,23	152,13																		
	VI	1.734,66	32,45	138,77	156,11																		
5.900,99	I	1.181,83	-	94,54	106,36	-	82,89	93,25	-	71,76	80,73	-	61,14	68,78	-	51,02	57,40	-	41,43	46,61	-	32,35	36,39
	II	1.043,08	-	83,44	93,87	-	72,28	81,32	-	61,64	69,34	-	51,50	57,94	-	41,88	47,12	-	32,78	36,87	-	24,19	27,21
	III	719,66	-	57,57	64,76	-	49,09	55,22	-	40,86	45,97	-	32,89	37,00	-	25,18	28,33	-	17,73	19,94	-	10,58	11,90
	IV	1.181,83	-	94,54	106,36	-	88,66	99,74	-	82,89	93,25	-	77,26	86,92	-	71,76	80,73	-	66,38	74,68	-	61,14	68,78
	V	1.691,58	27,33	135,32	152,24																		
	VI	1.735,83	32,59	138,86	156,22																		
5.903,99	I	1.182,91	-	94,63	106,46	-	82,98	93,35	-	71,84	80,82	-	61,21	68,86	-	51,10	57,48	-	41,50	46,69	-	32,42	36,47
	II	1.044,16	-	83,53	93,97	-	72,36	81,41	-	61,71	69,42	-	51,58	58,02	-	41,95	47,19	-	32,84	36,95	-	24,25	27,28
	III	720,50	-	57,64	64,84	-	49,14	55,28	-	40,92	46,03	-	32,94	37,06	-	25,24	28,39	-	17,78	20,00	-	10,64	11,97
	IV	1.182,91	-	94,63	106,46	-	88,74	99,83	-	82,98	93,35	-	77,34	87,01	-	71,84	80,82	-	66,46	74,76	-	61,21	68,86
	V	1.692,66	27,45	135,41	152,33																		
	VI	1.737,00	32,73	138,96	156,33																		
5.906,99	I	1.184,00	-	94,72	106,56	-	83,06	93,44	-	71,92	80,91	-	61,28	68,94	-	51,17	57,56	-	41,57	46,76	-	32,48	36,54
	II	1.045,16	-	83,61	94,06	-	72,44	81,49	-	61,78	69,50	-	51,64	58,10	-	42,02	47,27	-	32,91	37,02	-	24,31	27,35
	III	721,16	-	57,69	64,90	-	49,21	55,36	-	40,98	46,10	-	33,01	37,13	-	25,29	28,45	-	17,84	20,07	-	10,69	12,02
	IV	1.184,00	-	94,72	106,56	-	88,82	99,92	-	83,06	93,44	-	77,42	87,10	-	71,92	80,91	-	66,54	74,85	-	61,28	68,94
	V	1.693,83	27,59	135,50	152,44																		
	VI	1.738,16	32,87	139,05	156,43																		
5.909,99	I	1.185,08	-	94,80	106,65	-	83,14	93,53	-	72,00	81,00	-	61,36	69,03	-	51,24	57,65	-	41,64	46,84	-	32,54	36,61
	II	1.046,25	-	83,70	94,16	-	72,52	81,59	-	61,86	69,59	-	51,72	58,18	-	42,09	47,35	-	32,97	37,09	-	24,37	27,41
	III	722,00	-	57,76	64,98	-	49,26	55,42	-	41,04	46,17	-	33,06	37,19	-	25,34	28,51	-	17,89	20,12	-	10,74	12,08
	IV	1.185,08	-	94,80	106,65	-	88,91	100,02	-	83,14	93,53	-	77,50	87,19	-	72,00	81,00	-	66,61	74,93	-	61,36	69,03
	V	1.695,00	27,73	135,60	152,55																		
	VI	1.739,25	33,00	139,14	156,53																		
5.912,99	I	1.186,16	-	94,89	106,75	-	83,22	93,62	-	72,08	81,09	-	61,44	69,12	-	51,32	57,73	-	41,70	46,91	-	32,61	36,68
	II	1.047,25	-	83,78	94,25	-	72,60	81,68	-	61,94	69,68	-	51,79	58,26	-	42,16	47,43	-	33,04	37,17	-	24,44	27,49
	III	722,83	-	57,82	65,05	-	49,33	55,49	-	41,10	46,24	-	33,12	37,26	-	25,40	28,57	-	17,94	20,18	-	10,78	12,13
	IV	1.186,16	-	94,89	106,75	-	89,00	100,12	-	83,22	93,62	-	77,58	87,28	-	72,08	81,09	-	66,69	75,02	-	61,44	69,12
	V	1.696,16	27,87	135,69	152,65																		
	VI	1.740,41	33,14	139,23	156,63																		
5.915,99	I	1.187,25	-	94,98	106,85	-	83,31	93,72	-	72,15	81,17	-	61,51	69,20	-	51,38	57,80	-	41,77	46,99	-	32,68	36,76
	II	1.048,25	-	83,86	94,34	-	72,68	81,76	-	62,01	69,76	-	51,86	58,34	-	42,22	47,50	-	33,10	37,24	-	24,49	27,55
	III	723,50	-	57,88	65,11	-	49,38	55,55	-	41,16	46,30	-	33,18	37,33	-	25,46	28,64	-	18,00	20,25	-	10,84	12,19
	IV	1.187,25	-	94,98	106,85	-	89,08	100,21	-	83,31	93,72	-	77,66	87,37	-	72,15	81,17	-	66,77	75,11	-	61,51	69,20
	V	1.697,25	28,00	135,78	152,75																		
	VI	1.741,58	33,28	139,32	156,74																		
5.918,99	I	1.188,33	-	95,06	106,94	-	83,39	93,81	-	72,23	81,26	-	61,59	69,29	-	51,46	57,89	-	41,84	47,07	-	32,74	36,83
	II	1.049,33	-	83,94	94,43	-	72,76	81,85	-	62,09	69,85	-	51,94	58,43	-	42,30	47,58	-	33,17	37,31	-	24,56	27,63
	III	724,33	-	57,94	65,18	-	49,45	55,63	-	41,21	46,36	-	33,24	37,39	-	25,52	28,71	-	18,05	20,30	-	10,89	12,25
	IV	1.188,33	-	95,06	106,94	-	89,16	100,31	-	83,39	93,81	-	77,75	87,47	-	72,23	81,26	-	66,84	75,20	-	61,59	69,29
	V	1.698,41	28,14	135,87	152,85																		
	VI	1.742,75	33,41	139,42	156,84																		
5.921,99	I	1.189,50	-	95,16	107,05	-	83,48	93,91	-	72,31	81,35	-	61,66	69,37	-	51,53	57,97	-	41,91	47,15	-	32,80	36,90
	II	1.050,41	-	84,03	94,53	-	72,84	81,95	-	62,16	69,93	-	52,01	58,51	-	42,36	47,66	-	33,23	37,38	-	24,62	27,69
	III	725,16	-	58,01	65,26	-	49,52	55,71	-	41,28	46,44	-	33,29	37,45	-	25,57	28,76	-	18,10	20,36	-	10,93	12,29
	IV	1.189,50	-	95,16	107,05	-	89,25	100,40	-	83,48	93,91	-	77,83	87,56	-	72,31	81,35	-	66,92	75,29	-	61,66	69,37
	V	1.699,58	28,28	135,96	152,96																		
	VI	1.743,83	33,54	139,50	156,94																		
5.924,99	I	1.190,50	-	95,24	107,14	-	83,56	94,00	-	72,39	81,44	-	61,74	69,45	-	51,60	58,05	-	41,98	47,22	-	32,87	36,98
	II	1.051,41	-	84,11	94,62	-	72,92	82,03	-	62,24	70,02	-	52,08	58,59	-	42,43	47,73	-	33,30	37,46	-	24,68	27,76
	III	726,00	-	58,08	65,34	-	49,57	55,76	-	41,33	46,49	-	33,34	37,51	-	25,62	28,82	-	18,16	20,43	-	10,98	12,35
	IV	1.190,50	-	95,24	107,14	-	89,34	100,50	-	83,56	94,00	-	77,91	87,65	-	72,39	81,44	-	67,00	75,38	-	61,74	69,45
	V	1.700,66	28,41	136,05	153,05																		
	VI	1.745,00	33,68	139,60	157,05																		
5.927,99	I	1.191,66	-	95,33	107,24	-	83,64	94,10	-	72,47	81,53	-	61,82	69,54	-	51,68	58,14	-	42,04	47,30	-	32,93	37,04
	II	1.052,50	-	84,20	94,72	-	73,00	82,12	-	62,32	70,11	-	52,15	58,67	-	42,50	47,81	-	33,36	37,53	-	24,74	27,83
	III	726,66	-	58,13	65,39	-	49,64	55,84	-	41,40	46,57	-	33,41	37,58	-	25,68	28,89	-	18,21	20,48	-	11,04	12,42
	IV	1.191,66	-	95,33	107,24	-	89,42	100,60	-	83,64	94,10	-	77,99	87,74	-	72,47	81,53	-	67,08	75,46	-	61,82	69,54
	V	1.701,83	28,55	136,14	153,16																		
	VI	1.746,16	33,82	139,69	157,15																		
5.930,99	I	1.192,75	-	95,42	107,34	-	83,72	94,19	-	72,55	81,62	-	61,89	69,62	-	51,74	58,21	-	42,12	47,38	-	33,00	37,12
	II	1.053,50	-	84,28	94,81	-	73,08	82,21	-	62,40	70,20	-	52,22	58,75	-	42,57	47,89	-	33,42	37,60	-	24,80	27,90
	III	727,50	-	58,20	65,47	-	49,69	55,90	-	41,45	46,63	-	33,46	37,64	-	25,73	28,94	-	18,26	20,54	-	11,08	12,46
	IV	1.192,75	-	95,42	107,34	-	89,51	100,70	-	83,72	94,19	-	78,08	87,84	-	72,55	81,62	-	67,16	75,55	-	61,89	69,62
	V	1.703,00	28,68	136,24	153,27																		
	VI	1.747,33	33,96	139,78	157,25																		
5.933,99	I	1.193,83	-	95,50	107,44	-	83,81	94,28	-	72,63	81,71	-	61,96	69,71	-	51,82	58,29	-	42,18	47,45	-	33,06	37,19
	II	1.054,58	-	84,36	94,91	-	73,16	82,30	-	62,47	70,28	-	52,30	58,83	-	42,64	47,97	-	33,49	37,67	-	24,86	27,96
	III	728,33	-	58,26	65,54	-	49,76	55,98	-	41,50	46,69	-	33,52	37,71	-	25,78	29,00	-	18,32	20,61	-	11,13	12,52
	IV	1.193,83	-	95,50	107,44	-	89,59	100,79	-	83,81	94,28	-	78,16	87,93	-	72,63	81,71	-	67,24	75,64	-	61,96	69,71
	V	1.704,08	28,81	136,32	153,36																		
	VI	1.748,41	34,09	139,87	157,35																		
5.936,99	I	1.194,91	-	95,59	107,54	-	83,89	94,37	-	72,71	81,80	-	62,04	69,80	-	51,89	58,37	-	42,25	47,53	-	33,13	37,27
	II	1.055,58	-	84,44	95,00	-	73,24	82,39	-	62,54	70,36	-	52,37	58,91	-	42,70	48,04	-	33,56	37,75	-	24,92	28,04
	III	729,16	-	58,33	65,62	-	49,82	56,05	-	41,57	46,76	-	33,58	37,78	-	25,85	29,08	-	18,37	20,66	-	11,18	12,58
	IV	1.194,91	-	95,59	107,54	-	89,68	100,89	-	83,89	94,37	-	78,24	88,02	-	72,71	81,80	-	67,31	75,72	-	62,04	69,80
	V	1.705,25	28,95	136,42	153,47																		
	VI	1.749,58	34,23	139,96	157,46																		
5.939,99	I	1.196,00	-	95,68	107,64	-	83,98	94,47	-	72,79	81,89	-	62,12	69,88	-	51,96	58,46	-	42,32	47,61	-	33,19	37,34
	II	1.056,66	-	84,53	95,09	-	73,32	82,48	-	62,62	70,45	-	52,44	58,99	-	42,77	48,11	-	33,62	37,82	-	24,98	28,10
	III	729,83	-	58,38	65,68	-	49,88	56,11	-	41,62	46,82	-	33,64	37,84	-	25,90	29,14	-	18,42	20,72	-	11,24	12,64
	IV	1.196,00	-	95,68	107,64	-	89,76	100,98	-	83,98	94,47	-	78,32	88,11	-	72,79	81,89	-	67,39	75,81	-	62,12	69,88
	V	1.706,41	29,09	136,51	153,57																		
	VI	1.750,66	34,36	140,05	157,55																		

Lohn/ Gehalt bis	Steuerklasse	Lohnsteuer	ohne Kinderfreibetrag SolZ 5,5%	Kirchensteuer 8%	9%	0,5 SolZ 5,5%	Kirchensteuer 8%	9%	1,0 SolZ 5,5%	Kirchensteuer 8%	9%	1,5 SolZ 5,5%	Kirchensteuer 8%	9%	2,0 SolZ 5,5%	Kirchensteuer 8%	9%	2,5 SolZ 5,5%	Kirchensteuer 8%	9%	3,0 SolZ 5,5%	Kirchensteuer 8%	9%
						Anzahl Kinderfreibeträge (nur Steuerklassen I–IV)																	
5.942,99	I	1.197,08	-	95,76	107,73	-	84,06	94,56	-	72,87	81,98	-	62,20	69,97	-	52,04	58,54	-	42,39	47,69	-	33,26	37
	II	1.057,66	-	84,61	95,18	-	73,40	82,57	-	62,70	70,53	-	52,51	59,07	-	42,84	48,20	-	33,68	37,89	-	25,04	28
	III	730,66	-	58,45	65,75	-	49,94	56,18	-	41,69	46,90	-	33,69	37,90	-	25,96	29,20	-	18,48	20,79	-	11,28	12
	IV	1.197,08	-	95,76	107,73	-	89,84	101,07	-	84,06	94,56	-	78,40	88,20	-	72,87	81,98	-	67,47	75,90	-	62,20	69
	V	1.707,58	29,23	136,60	153,68																		
	VI	1.751,83	34,50	140,14	157,66																		
5.945,99	I	1.198,16	-	95,85	107,83	-	84,14	94,66	-	72,95	82,07	-	62,27	70,05	-	52,11	58,62	-	42,46	47,76	-	33,32	37
	II	1.058,75	-	84,70	95,28	-	73,48	82,66	-	62,78	70,62	-	52,58	59,15	-	42,91	48,27	-	33,75	37,97	-	25,10	28
	III	731,50	-	58,52	65,83	-	50,00	56,25	-	41,74	46,96	-	33,76	37,98	-	26,01	29,26	-	18,53	20,84	-	11,33	12
	IV	1.198,16	-	95,85	107,83	-	89,93	101,17	-	84,14	94,66	-	78,48	88,29	-	72,95	82,07	-	67,54	75,98	-	62,27	70
	V	1.708,66	29,36	136,69	153,77																		
	VI	1.753,00	34,63	140,24	157,77																		
5.948,99	I	1.199,25	-	95,94	107,93	-	84,22	94,75	-	73,03	82,16	-	62,34	70,13	-	52,18	58,70	-	42,52	47,84	-	33,38	37
	II	1.059,75	-	84,78	95,37	-	73,56	82,75	-	62,85	70,70	-	52,66	59,24	-	42,98	48,35	-	33,82	38,04	-	25,16	28
	III	732,16	-	58,57	65,89	-	50,06	56,32	-	41,81	47,03	-	33,81	38,03	-	26,06	29,32	-	18,58	20,90	-	11,38	12
	IV	1.199,25	-	95,94	107,93	-	90,02	101,27	-	84,22	94,75	-	78,56	88,38	-	73,03	82,16	-	67,62	76,07	-	62,34	70
	V	1.709,83	29,50	136,78	153,88																		
	VI	1.754,16	34,77	140,33	157,87																		
5.951,99	I	1.200,33	-	96,02	108,02	-	84,31	94,85	-	73,11	82,25	-	62,42	70,22	-	52,25	58,78	-	42,60	47,92	-	33,45	37
	II	1.060,83	-	84,86	95,47	-	73,64	82,84	-	62,92	70,79	-	52,73	59,32	-	43,05	48,43	-	33,88	38,11	-	25,22	28
	III	733,00	-	58,64	65,97	-	50,12	56,38	-	41,86	47,09	-	33,86	38,09	-	26,12	29,38	-	18,64	20,97	-	11,44	12
	IV	1.200,33	-	96,02	108,02	-	90,10	101,36	-	84,31	94,85	-	78,64	88,47	-	73,11	82,25	-	67,70	76,16	-	62,42	70
	V	1.711,00	29,64	136,88	153,99																		
	VI	1.755,25	34,90	140,42	157,97																		
5.954,99	I	1.201,41	-	96,11	108,12	-	84,40	94,95	-	73,19	82,34	-	62,50	70,31	-	52,32	58,86	-	42,66	47,99	-	33,52	37
	II	1.061,91	-	84,95	95,57	-	73,72	82,93	-	63,00	70,88	-	52,80	59,40	-	43,12	48,51	-	33,94	38,18	-	25,29	28
	III	733,83	-	58,70	66,04	-	50,18	56,45	-	41,93	47,17	-	33,93	38,17	-	26,18	29,45	-	18,69	21,02	-	11,49	12
	IV	1.201,41	-	96,11	108,12	-	90,19	101,46	-	84,40	94,95	-	78,73	88,57	-	73,19	82,34	-	67,78	76,25	-	62,50	70
	V	1.712,16	29,77	136,97	154,09																		
	VI	1.756,41	35,04	140,51	158,07																		
5.957,99	I	1.202,50	-	96,20	108,22	-	84,48	95,04	-	73,27	82,43	-	62,58	70,40	-	52,40	58,95	-	42,73	48,07	-	33,58	37,
	II	1.062,91	-	85,03	95,66	-	73,80	83,02	-	63,08	70,96	-	52,88	59,49	-	43,18	48,58	-	34,01	38,26	-	25,35	28
	III	734,66	-	58,77	66,11	-	50,25	56,53	-	41,98	47,23	-	33,98	38,23	-	26,24	29,52	-	18,74	21,08	-	11,53	12
	IV	1.202,50	-	96,20	108,22	-	90,27	101,55	-	84,48	95,04	-	78,81	88,66	-	73,27	82,43	-	67,86	76,34	-	62,58	70
	V	1.713,25	29,90	137,06	154,19																		
	VI	1.757,58	35,18	140,60	158,18																		
5.960,99	I	1.203,66	-	96,29	108,32	-	84,56	95,13	-	73,35	82,52	-	62,65	70,48	-	52,47	59,03	-	42,80	48,15	-	33,64	37
	II	1.064,00	-	85,12	95,76	-	73,88	83,11	-	63,16	71,05	-	52,95	59,57	-	43,26	48,66	-	34,08	38,34	-	25,41	28,
	III	735,33	-	58,82	66,17	-	50,30	56,59	-	42,05	47,30	-	34,04	38,29	-	26,29	29,57	-	18,80	21,15	-	11,58	13
	IV	1.203,66	-	96,29	108,32	-	90,36	101,65	-	84,56	95,13	-	78,89	88,75	-	73,35	82,52	-	67,94	76,43	-	62,65	70
	V	1.714,41	30,04	137,15	154,29																		
	VI	1.758,75	35,32	140,70	158,28																		
5.963,99	I	1.204,75	-	96,38	108,42	-	84,64	95,22	-	73,43	82,61	-	62,73	70,57	-	52,54	59,11	-	42,87	48,23	-	33,71	37,
	II	1.065,00	-	85,20	95,85	-	73,96	83,20	-	63,23	71,13	-	53,02	59,65	-	43,32	48,74	-	34,14	38,41	-	25,47	28,
	III	736,16	-	58,89	66,25	-	50,37	56,66	-	42,10	47,36	-	34,10	38,36	-	26,34	29,63	-	18,85	21,20	-	11,64	13,
	IV	1.204,75	-	96,38	108,42	-	90,44	101,75	-	84,64	95,22	-	78,97	88,84	-	73,43	82,61	-	68,02	76,52	-	62,73	70,
	V	1.715,58	30,18	137,24	154,40																		
	VI	1.759,83	35,45	140,78	158,38																		
5.966,99	I	1.205,83	-	96,46	108,52	-	84,73	95,32	-	73,51	82,70	-	62,80	70,65	-	52,61	59,18	-	42,94	48,30	-	33,78	38,
	II	1.066,08	-	85,28	95,94	-	74,04	83,29	-	63,31	71,22	-	53,09	59,72	-	43,39	48,81	-	34,20	38,48	-	25,53	28
	III	737,00	-	58,96	66,33	-	50,44	56,74	-	42,17	47,44	-	34,16	38,43	-	26,40	29,70	-	18,90	21,26	-	11,69	13
	IV	1.205,83	-	96,46	108,52	-	90,53	101,84	-	84,73	95,32	-	79,05	88,93	-	73,51	82,70	-	68,09	76,60	-	62,80	70,
	V	1.716,66	30,31	137,33	154,49																		
	VI	1.761,00	35,59	140,88	158,49																		
5.969,99	I	1.206,91	-	96,55	108,62	-	84,81	95,41	-	73,59	82,79	-	62,88	70,74	-	52,68	59,27	-	43,00	48,38	-	33,84	38,
	II	1.067,08	-	85,36	96,03	-	74,12	83,38	-	63,38	71,30	-	53,16	59,81	-	43,46	48,89	-	34,27	38,55	-	25,60	28,
	III	737,66	-	59,01	66,38	-	50,49	56,80	-	42,22	47,50	-	34,21	38,48	-	26,45	29,75	-	18,96	21,33	-	11,73	13,
	IV	1.206,91	-	96,55	108,62	-	90,62	101,94	-	84,81	95,41	-	79,14	89,03	-	73,59	82,79	-	68,17	76,69	-	62,88	70,
	V	1.717,83	30,45	137,42	154,60																		
	VI	1.762,16	35,72	140,97	158,59																		
5.972,99	I	1.208,00	-	96,64	108,72	-	84,90	95,51	-	73,67	82,88	-	62,96	70,83	-	52,76	59,35	-	43,08	48,46	-	33,90	38,
	II	1.068,16	-	85,45	96,13	-	74,20	83,47	-	63,46	71,39	-	53,24	59,89	-	43,53	48,97	-	34,34	38,63	-	25,66	28,
	III	738,50	-	59,08	66,46	-	50,56	56,88	-	42,29	47,57	-	34,28	38,56	-	26,52	29,83	-	19,01	21,38	-	11,78	13,
	IV	1.208,00	-	96,64	108,72	-	90,70	102,04	-	84,90	95,51	-	79,22	89,12	-	73,67	82,88	-	68,25	76,78	-	62,96	70,
	V	1.719,00	30,59	137,52	154,71																		
	VI	1.763,33	35,86	141,06	158,69																		
5.975,99	I	1.209,08	-	96,72	108,81	-	84,98	95,60	-	73,75	82,97	-	63,03	70,91	-	52,83	59,43	-	43,14	48,53	-	33,97	38,
	II	1.069,25	-	85,54	96,23	-	74,28	83,56	-	63,54	71,48	-	53,31	59,97	-	43,60	49,05	-	34,40	38,70	-	25,72	28,
	III	739,33	-	59,14	66,53	-	50,61	56,93	-	42,34	47,63	-	34,33	38,62	-	26,57	29,89	-	19,06	21,44	-	11,84	13,
	IV	1.209,08	-	96,72	108,81	-	90,79	102,14	-	84,98	95,60	-	79,30	89,21	-	73,75	82,97	-	68,32	76,86	-	63,03	70,
	V	1.720,08	30,72	137,60	154,80																		
	VI	1.764,41	35,99	141,15	158,79																		
5.978,99	I	1.210,16	-	96,81	108,91	-	85,06	95,69	-	73,83	83,06	-	63,11	71,00	-	52,90	59,51	-	43,21	48,61	-	34,04	38,
	II	1.070,25	-	85,62	96,32	-	74,36	83,65	-	63,62	71,57	-	53,38	60,05	-	43,67	49,13	-	34,46	38,77	-	25,78	29,
	III	740,16	-	59,21	66,61	-	50,68	57,01	-	42,40	47,70	-	34,38	38,68	-	26,62	29,95	-	19,12	21,51	-	11,89	13,
	IV	1.210,16	-	96,81	108,91	-	90,88	102,24	-	85,06	95,69	-	79,38	89,30	-	73,83	83,06	-	68,40	76,95	-	63,11	71,
	V	1.721,25	30,86	137,70	154,91																		
	VI	1.765,58	36,13	141,24	158,90																		
5.981,99	I	1.211,33	-	96,90	109,01	-	85,15	95,79	-	73,91	83,15	-	63,18	71,08	-	52,98	59,60	-	43,28	48,69	-	34,10	38,
	II	1.071,33	-	85,70	96,41	-	74,44	83,75	-	63,69	71,65	-	53,46	60,14	-	43,74	49,20	-	34,53	38,84	-	25,84	29,
	III	741,00	-	59,28	66,69	-	50,74	57,08	-	42,46	47,77	-	34,44	38,74	-	26,68	30,01	-	19,18	21,58	-	11,94	13,
	IV	1.211,33	-	96,90	109,01	-	90,96	102,33	-	85,15	95,79	-	79,46	89,39	-	73,91	83,15	-	68,48	77,04	-	63,18	71,
	V	1.722,41	30,99	137,79	155,01																		
	VI	1.766,75	36,27	141,34	159,00																		
5.984,99	I	1.212,41	-	96,99	109,11	-	85,23	95,88	-	73,99	83,24	-	63,26	71,17	-	53,05	59,68	-	43,35	48,77	-	34,16	38,
	II	1.072,33	-	85,78	96,50	-	74,52	83,83	-	63,76	71,73	-	53,53	60,22	-	43,80	49,28	-	34,60	38,92	-	25,90	29,
	III	741,66	-	59,33	66,74	-	50,80	57,15	-	42,52	47,83	-	34,50	38,81	-	26,73	30,07	-	19,22	21,62	-	11,98	13,
	IV	1.212,41	-	96,99	109,11	-	91,04	102,42	-	85,23	95,88	-	79,54	89,48	-	73,99	83,24	-	68,56	77,13	-	63,26	71,
	V	1.723,50	31,12	137,88	155,11																		
	VI	1.767,83	36,40	141,42	159,10																		

Lohn/ Gehalt bis	Steuerklasse	Lohn- steuer	ohne Kinderfreibetrag SolZ 5,5%	Kirchensteuer 8%	9%	0,5 SolZ 5,5%	Kirchensteuer 8%	9%	1,0 SolZ 5,5%	Kirchensteuer 8%	9%	1,5 SolZ 5,5%	Kirchensteuer 8%	9%	2,0 SolZ 5,5%	Kirchensteuer 8%	9%	2,5 SolZ 5,5%	Kirchensteuer 8%	9%	3,0 SolZ 5,5%	Kirchensteuer 8%	9%
						Anzahl Kinderfreibeträge (nur Steuerklassen I–IV)																	
5.987,99	I	1.213,50	–	97,08	109,21	–	85,32	95,98	–	74,07	83,33	–	63,34	71,25	–	53,12	59,76	–	43,42	48,84	–	34,23	38,51
	II	1.073,41	–	85,87	96,60	–	74,60	83,93	–	63,84	71,82	–	53,60	60,30	–	43,88	49,36	–	34,66	38,99	–	25,96	29,21
	III	742,50	–	59,40	66,82	–	50,86	57,22	–	42,58	47,90	–	34,56	38,88	–	26,80	30,15	–	19,28	21,69	–	12,04	13,54
	IV	1.213,50	–	97,08	109,21	–	91,13	102,52	–	85,32	95,98	–	79,63	89,58	–	74,07	83,33	–	68,64	77,22	–	63,34	71,25
	V	1.724,66	31,26	137,97	155,21																		
	VI	1.769,00	36,54	141,52	159,21																		
5.990,99	I	1.214,58	–	97,16	109,31	–	85,40	96,07	–	74,15	83,42	–	63,42	71,34	–	53,20	59,85	–	43,49	48,92	–	34,30	38,58
	II	1.074,50	–	85,96	96,70	–	74,68	84,02	–	63,92	71,91	–	53,68	60,39	–	43,94	49,43	–	34,73	39,07	–	26,02	29,27
	III	743,33	–	59,46	66,89	–	50,92	57,28	–	42,64	47,97	–	34,61	38,93	–	26,85	30,20	–	19,34	21,76	–	12,09	13,60
	IV	1.214,58	–	97,16	109,31	–	91,22	102,62	–	85,40	96,07	–	79,71	89,67	–	74,15	83,42	–	68,72	77,31	–	63,42	71,34
	V	1.725,83	31,40	138,06	155,32																		
	VI	1.770,16	36,68	141,61	159,31																		
5.993,99	I	1.215,66	–	97,25	109,40	–	85,48	96,17	–	74,23	83,51	–	63,49	71,42	–	53,26	59,92	–	43,56	49,00	–	34,36	38,66
	II	1.075,50	–	86,04	96,79	–	74,76	84,11	–	64,00	72,00	–	53,75	60,47	–	44,01	49,51	–	34,79	39,14	–	26,08	29,34
	III	744,00	–	59,52	66,96	–	50,98	57,35	–	42,70	48,04	–	34,68	39,01	–	26,90	30,26	–	19,40	21,82	–	12,14	13,66
	IV	1.215,66	–	97,25	109,40	–	91,30	102,71	–	85,48	96,17	–	79,79	89,76	–	74,23	83,51	–	68,80	77,40	–	63,49	71,42
	V	1.727,00	31,54	138,16	155,43																		
	VI	1.771,25	36,81	141,70	159,41																		
5.996,99	I	1.216,75	–	97,34	109,50	–	85,57	96,26	–	74,31	83,60	–	63,57	71,51	–	53,34	60,00	–	43,62	49,07	–	34,42	38,72
	II	1.076,58	–	86,12	96,89	–	74,84	84,20	–	64,08	72,09	–	53,82	60,55	–	44,08	49,59	–	34,86	39,21	–	26,15	29,42
	III	744,83	–	59,58	67,03	–	51,04	57,42	–	42,76	48,10	–	34,73	39,07	–	26,96	30,33	–	19,45	21,88	–	12,20	13,72
	IV	1.216,75	–	97,34	109,50	–	91,39	102,81	–	85,57	96,26	–	79,88	89,86	–	74,31	83,60	–	68,88	77,49	–	63,57	71,51
	V	1.728,08	31,67	138,24	155,52																		
	VI	1.772,41	36,94	141,79	159,51																		
5.999,99	I	1.217,91	–	97,43	109,61	–	85,65	96,35	–	74,39	83,69	–	63,64	71,60	–	53,41	60,08	–	43,70	49,16	–	34,49	38,80
	II	1.077,66	–	86,21	96,98	–	74,92	84,29	–	64,15	72,17	–	53,90	60,63	–	44,15	49,67	–	34,92	39,29	–	26,21	29,48
	III	745,66	–	59,65	67,10	–	51,10	57,49	–	42,82	48,17	–	34,78	39,13	–	27,01	30,38	–	19,50	21,94	–	12,25	13,78
	IV	1.217,91	–	97,43	109,61	–	91,48	102,91	–	85,65	96,35	–	79,96	89,95	–	74,39	83,69	–	68,96	77,58	–	63,64	71,60
	V	1.729,25	31,81	138,34	155,63																		
	VI	1.773,58	37,08	141,88	159,62																		
6.002,99	I	1.218,91	–	97,51	109,70	–	85,74	96,45	–	74,47	83,78	–	63,72	71,68	–	53,48	60,17	–	43,76	49,23	–	34,56	38,88
	II	1.078,66	–	86,29	97,07	–	75,00	84,38	–	64,22	72,25	–	53,96	60,71	–	44,22	49,75	–	34,99	39,36	–	26,27	29,55
	III	746,50	–	59,72	67,18	–	51,17	57,56	–	42,88	48,24	–	34,85	39,20	–	27,08	30,46	–	19,56	22,00	–	12,29	13,82
	IV	1.218,91	–	97,51	109,70	–	91,56	103,00	–	85,74	96,45	–	80,04	90,04	–	74,47	83,78	–	69,03	77,66	–	63,72	71,68
	V	1.730,41	31,95	138,43	155,73																		
	VI	1.774,75	37,22	141,98	159,72																		
6.005,99	I	1.220,08	–	97,60	109,80	–	85,82	96,54	–	74,55	83,87	–	63,80	71,77	–	53,56	60,25	–	43,83	49,31	–	34,62	38,95
	II	1.079,75	–	86,38	97,17	–	75,08	84,47	–	64,30	72,34	–	54,04	60,79	–	44,29	49,82	–	35,06	39,44	–	26,34	29,63
	III	747,16	–	59,77	67,24	–	51,22	57,62	–	42,93	48,29	–	34,90	39,26	–	27,13	30,52	–	19,61	22,06	–	12,34	13,88
	IV	1.220,08	–	97,60	109,80	–	91,64	103,10	–	85,82	96,54	–	80,12	90,14	–	74,55	83,87	–	69,11	77,75	–	63,80	71,77
	V	1.731,58	32,09	138,52	155,84																		
	VI	1.775,83	37,35	142,06	159,82																		
6.008,99	I	1.221,16	–	97,69	109,90	–	85,90	96,64	–	74,63	83,96	–	63,87	71,85	–	53,63	60,33	–	43,90	49,39	–	34,68	39,02
	II	1.080,75	–	86,46	97,26	–	75,16	84,56	–	64,38	72,42	–	54,11	60,87	–	44,36	49,90	–	35,12	39,51	–	26,40	29,70
	III	748,00	–	59,84	67,32	–	51,29	57,70	–	43,00	48,37	–	34,96	39,33	–	27,18	30,58	–	19,66	22,12	–	12,40	13,95
	IV	1.221,16	–	97,69	109,90	–	91,73	103,19	–	85,90	96,64	–	80,20	90,23	–	74,63	83,96	–	69,18	77,83	–	63,87	71,85
	V	1.732,66	32,21	138,61	155,93																		
	VI	1.777,00	37,49	142,16	159,93																		
6.011,99	I	1.222,25	–	97,78	110,00	–	85,99	96,74	–	74,71	84,05	–	63,95	71,94	–	53,70	60,41	–	43,97	49,46	–	34,75	39,09
	II	1.081,83	–	86,54	97,36	–	75,24	84,65	–	64,46	72,51	–	54,18	60,95	–	44,43	49,98	–	35,18	39,58	–	26,46	29,76
	III	748,83	–	59,90	67,39	–	51,36	57,78	–	43,05	48,43	–	35,02	39,40	–	27,24	30,64	–	19,72	22,18	–	12,45	14,00
	IV	1.222,25	–	97,78	110,00	–	91,82	103,29	–	85,99	96,74	–	80,28	90,32	–	74,71	84,05	–	69,26	77,92	–	63,95	71,94
	V	1.733,83	32,35	138,70	156,04																		
	VI	1.778,16	37,63	142,25	160,03																		
6.014,99	I	1.223,33	–	97,86	110,09	–	86,07	96,83	–	74,79	84,14	–	64,03	72,03	–	53,78	60,50	–	44,04	49,55	–	34,82	39,17
	II	1.082,91	–	86,63	97,46	–	75,32	84,74	–	64,54	72,60	–	54,26	61,04	–	44,50	50,06	–	35,25	39,65	–	26,52	29,83
	III	749,66	–	59,97	67,46	–	51,41	57,83	–	43,12	48,51	–	35,08	39,46	–	27,29	30,70	–	19,77	22,24	–	12,50	14,06
	IV	1.223,33	–	97,86	110,09	–	91,90	103,39	–	86,07	96,83	–	80,37	90,41	–	74,79	84,14	–	69,34	78,01	–	64,03	72,03
	V	1.735,00	32,49	138,80	156,15																		
	VI	1.779,33	37,77	142,34	160,13																		
6.017,99	I	1.224,41	–	97,95	110,19	–	86,16	96,93	–	74,87	84,23	–	64,10	72,11	–	53,85	60,58	–	44,11	49,62	–	34,88	39,24
	II	1.083,91	–	86,71	97,55	–	75,40	84,83	–	64,61	72,68	–	54,33	61,12	–	44,56	50,13	–	35,32	39,73	–	26,58	29,90
	III	750,33	–	60,02	67,52	–	51,48	57,91	–	43,17	48,56	–	35,13	39,52	–	27,34	30,76	–	19,82	22,30	–	12,56	14,13
	IV	1.224,41	–	97,95	110,19	–	91,99	103,49	–	86,16	96,93	–	80,45	90,50	–	74,87	84,23	–	69,42	78,10	–	64,10	72,11
	V	1.736,08	32,62	138,88	156,24																		
	VI	1.780,41	37,90	142,43	160,23																		
6.020,99	I	1.225,58	–	98,04	110,30	–	86,24	97,02	–	74,95	84,32	–	64,18	72,20	–	53,92	60,66	–	44,18	49,70	–	34,95	39,32
	II	1.085,00	–	86,80	97,65	–	75,48	84,92	–	64,69	72,77	–	54,40	61,20	–	44,64	50,22	–	35,38	39,80	–	26,64	29,97
	III	751,16	–	60,09	67,60	–	51,53	57,97	–	43,24	48,64	–	35,20	39,60	–	27,41	30,83	–	19,88	22,36	–	12,61	14,18
	IV	1.225,58	–	98,04	110,30	–	92,08	103,59	–	86,24	97,02	–	80,53	90,59	–	74,95	84,32	–	69,50	78,19	–	64,18	72,20
	V	1.737,25	32,76	138,98	156,35																		
	VI	1.781,58	38,04	142,52	160,34																		
6.023,99	I	1.226,66	–	98,13	110,39	–	86,32	97,11	–	75,04	84,42	–	64,26	72,29	–	54,00	60,75	–	44,25	49,78	–	35,02	39,39
	II	1.086,08	–	86,88	97,74	–	75,56	85,01	–	64,76	72,86	–	54,48	61,29	–	44,70	50,29	–	35,45	39,88	–	26,70	30,04
	III	752,00	–	60,16	67,68	–	51,60	58,05	–	43,29	48,70	–	35,25	39,65	–	27,46	30,89	–	19,93	22,42	–	12,66	14,24
	IV	1.226,66	–	98,13	110,39	–	92,16	103,68	–	86,32	97,11	–	80,62	90,69	–	75,04	84,42	–	69,58	78,28	–	64,26	72,29
	V	1.738,41	32,90	139,07	156,45																		
	VI	1.782,75	38,17	142,62	160,44																		
6.026,99	I	1.227,75	–	98,22	110,49	–	86,41	97,21	–	75,11	84,50	–	64,33	72,37	–	54,07	60,83	–	44,32	49,86	–	35,08	39,46
	II	1.087,08	–	86,96	97,83	–	75,64	85,10	–	64,84	72,95	–	54,55	61,37	–	44,78	50,37	–	35,51	39,95	–	26,76	30,11
	III	752,83	–	60,22	67,75	–	51,65	58,10	–	43,36	48,78	–	35,30	39,71	–	27,52	30,96	–	19,98	22,48	–	12,70	14,29
	IV	1.227,75	–	98,22	110,49	–	92,25	103,78	–	86,41	97,21	–	80,70	90,78	–	75,11	84,50	–	69,66	78,36	–	64,33	72,37
	V	1.739,50	33,03	139,16	156,55																		
	VI	1.783,83	38,30	142,70	160,54																		
6.029,99	I	1.228,83	–	98,30	110,59	–	86,49	97,30	–	75,20	84,60	–	64,41	72,46	–	54,14	60,91	–	44,38	49,93	–	35,14	39,53
	II	1.088,16	–	87,05	97,93	–	75,73	85,19	–	64,92	73,03	–	54,62	61,45	–	44,84	50,45	–	35,58	40,02	–	26,83	30,18
	III	753,50	–	60,28	67,81	–	51,72	58,18	–	43,41	48,83	–	35,37	39,79	–	27,57	31,01	–	20,04	22,54	–	12,76	14,35
	IV	1.228,83	–	98,30	110,59	–	92,34	103,88	–	86,49	97,30	–	80,78	90,87	–	75,20	84,60	–	69,74	78,45	–	64,41	72,46
	V	1.740,66	33,17	139,25	156,65																		
	VI	1.785,00	38,44	142,80	160,65																		

Lohn/ Gehalt bis	Steuerklasse	Lohn-steuer	ohne Kinderfreibetrag			Anzahl Kinderfreibeträge (nur Steuerklassen I–IV) 0,5			1,0			1,5			2,0			2,5			3,0		
			SolZ 5,5%	Kirchensteuer 8%	Kirchensteuer 9%	SolZ 5,5%	Kirchensteuer 8%	Kirchensteuer 9%	SolZ 5,5%	Kirchensteuer 8%	Kirchensteuer 9%	SolZ 5,5%	Kirchensteuer 8%	Kirchensteuer 9%	SolZ 5,5%	Kirchensteuer 8%	Kirchensteuer 9%	SolZ 5,5%	Kirchensteuer 8%	Kirchensteuer 9%	SolZ 5,5%	Kirchensteuer 8%	Kirchensteuer 9%
6.032,99	I	1.230,00	-	98,40	110,70	-	86,58	97,40	-	75,28	84,69	-	64,49	72,55	-	54,22	60,99	-	44,46	50,01	-	35,21	39
	II	1.089,25	-	87,14	98,03	-	75,81	85,28	-	65,00	73,12	-	54,70	61,53	-	44,92	50,53	-	35,64	40,10	-	26,89	30
	III	754,33	-	60,34	67,88	-	51,78	58,25	-	43,48	48,91	-	35,42	39,85	-	27,62	31,07	-	20,09	22,60	-	12,81	14
	IV	1.230,00	-	98,40	110,70	-	92,42	103,97	-	86,58	97,40	-	80,86	90,97	-	75,28	84,69	-	69,82	78,54	-	64,49	72
	V	1.741,83	33,31	139,34	156,76																		
	VI	1.786,16	38,58	142,89	160,75																		
6.035,99	I	1.231,08	-	98,48	110,79	-	86,66	97,49	-	75,36	84,78	-	64,56	72,63	-	54,28	61,07	-	44,52	50,09	-	35,28	39
	II	1.090,25	-	87,22	98,12	-	75,89	85,37	-	65,07	73,20	-	54,77	61,61	-	44,98	50,60	-	35,71	40,17	-	26,95	30
	III	755,16	-	60,41	67,96	-	51,84	58,32	-	43,53	48,97	-	35,48	39,91	-	27,68	31,14	-	20,14	22,66	-	12,86	14
	IV	1.231,08	-	98,48	110,79	-	92,50	104,06	-	86,66	97,49	-	80,94	91,06	-	75,36	84,78	-	69,90	78,63	-	64,56	72
	V	1.743,00	33,44	139,44	156,87																		
	VI	1.787,25	38,71	142,98	160,85																		
6.038,99	I	1.232,16	-	98,57	110,89	-	86,74	97,58	-	75,44	84,87	-	64,64	72,72	-	54,36	61,15	-	44,60	50,17	-	35,34	39
	II	1.091,33	-	87,30	98,21	-	75,97	85,46	-	65,15	73,29	-	54,84	61,70	-	45,05	50,68	-	35,78	40,25	-	27,02	30
	III	756,00	-	60,48	68,04	-	51,90	58,39	-	43,60	49,05	-	35,54	39,98	-	27,74	31,21	-	20,20	22,72	-	12,92	14
	IV	1.232,16	-	98,57	110,89	-	92,59	104,16	-	86,74	97,58	-	81,02	91,15	-	75,44	84,87	-	69,98	78,72	-	64,64	72
	V	1.744,08	33,57	139,52	156,96																		
	VI	1.788,41	38,85	143,07	160,95																		
6.041,99	I	1.233,25	-	98,66	110,99	-	86,83	97,68	-	75,52	84,96	-	64,72	72,81	-	54,44	61,24	-	44,66	50,24	-	35,41	39
	II	1.092,41	-	87,39	98,31	-	76,05	85,55	-	65,23	73,38	-	54,92	61,78	-	45,12	50,76	-	35,84	40,32	-	27,08	30
	III	756,66	-	60,53	68,09	-	51,97	58,46	-	43,65	49,10	-	35,60	40,05	-	27,80	31,27	-	20,25	22,78	-	12,97	14
	IV	1.233,25	-	98,66	110,99	-	92,68	104,27	-	86,83	97,68	-	81,11	91,25	-	75,52	84,96	-	70,06	78,81	-	64,72	72
	V	1.745,25	33,71	139,62	157,07																		
	VI	1.789,58	38,99	143,16	161,06																		
6.044,99	I	1.234,33	-	98,74	111,08	-	86,92	97,78	-	75,60	85,05	-	64,80	72,90	-	54,50	61,31	-	44,73	50,32	-	35,47	39,
	II	1.093,41	-	87,47	98,40	-	76,13	85,64	-	65,30	73,46	-	54,99	61,86	-	45,19	50,84	-	35,91	40,40	-	27,14	30
	III	757,50	-	60,60	68,17	-	52,02	58,52	-	43,72	49,18	-	35,65	40,10	-	27,85	31,33	-	20,30	22,84	-	13,02	14,
	IV	1.234,33	-	98,74	111,08	-	92,76	104,36	-	86,92	97,78	-	81,19	91,34	-	75,60	85,05	-	70,13	78,89	-	64,80	72
	V	1.746,41	33,85	139,71	157,17																		
	VI	1.790,66	39,12	143,25	161,15																		
6.047,99	I	1.235,50	-	98,84	111,19	-	87,00	97,87	-	75,68	85,14	-	64,87	72,98	-	54,58	61,40	-	44,80	50,40	-	35,54	39
	II	1.094,50	-	87,56	98,50	-	76,21	85,73	-	65,38	73,55	-	55,06	61,94	-	45,26	50,92	-	35,98	40,47	-	27,20	30
	III	758,33	-	60,66	68,24	-	52,09	58,60	-	43,77	49,24	-	35,72	40,18	-	27,90	31,39	-	20,37	22,91	-	13,08	14
	IV	1.235,50	-	98,84	111,19	-	92,85	104,45	-	87,00	97,87	-	81,28	91,44	-	75,68	85,14	-	70,21	78,98	-	64,87	72,
	V	1.747,58	33,99	139,80	157,28																		
	VI	1.791,83	39,26	143,34	161,26																		
6.050,99	I	1.236,58	-	98,92	111,29	-	87,08	97,97	-	75,76	85,23	-	64,95	73,07	-	54,66	61,49	-	44,87	50,48	-	35,60	40,
	II	1.095,58	-	87,64	98,60	-	76,30	85,83	-	65,46	73,64	-	55,14	62,03	-	45,33	50,99	-	36,04	40,55	-	27,26	30,
	III	759,16	-	60,73	68,32	-	52,14	58,66	-	43,84	49,32	-	35,77	40,24	-	27,97	31,46	-	20,42	22,97	-	13,13	14,
	IV	1.236,58	-	98,92	111,29	-	92,94	104,55	-	87,08	97,97	-	81,36	91,53	-	75,76	85,23	-	70,29	79,07	-	64,95	73,
	V	1.748,66	34,12	139,89	157,37																		
	VI	1.793,00	39,39	143,44	161,37																		
6.053,99	I	1.237,66	-	99,01	111,38	-	87,17	98,06	-	75,84	85,32	-	65,02	73,15	-	54,72	61,56	-	44,94	50,56	-	35,67	40,
	II	1.096,58	-	87,72	98,69	-	76,38	85,92	-	65,54	73,73	-	55,21	62,11	-	45,40	51,08	-	36,10	40,61	-	27,32	30,
	III	759,83	-	60,78	68,38	-	52,21	58,73	-	43,89	49,37	-	35,82	40,30	-	28,02	31,52	-	20,46	23,02	-	13,18	14,
	IV	1.237,66	-	99,01	111,38	-	93,02	104,65	-	87,17	98,06	-	81,44	91,62	-	75,84	85,32	-	70,37	79,16	-	65,02	73,
	V	1.749,83	34,26	139,98	157,48																		
	VI	1.794,16	39,53	143,53	161,47																		
6.056,99	I	1.238,75	-	99,10	111,48	-	87,25	98,15	-	75,92	85,41	-	65,10	73,24	-	54,80	61,65	-	45,01	50,63	-	35,74	40,
	II	1.097,66	-	87,81	98,78	-	76,46	86,01	-	65,61	73,81	-	55,28	62,19	-	45,47	51,15	-	36,17	40,69	-	27,39	30,
	III	760,66	-	60,85	68,45	-	52,28	58,81	-	43,96	49,45	-	35,89	40,37	-	28,08	31,59	-	20,53	23,09	-	13,24	14,
	IV	1.238,75	-	99,10	111,48	-	93,11	104,75	-	87,25	98,15	-	81,52	91,71	-	75,92	85,41	-	70,45	79,25	-	65,10	73,
	V	1.751,00	34,40	140,08	157,59																		
	VI	1.795,25	39,66	143,62	161,57																		
6.059,99	I	1.239,91	-	99,19	111,59	-	87,34	98,25	-	76,00	85,50	-	65,18	73,33	-	54,88	61,74	-	45,08	50,72	-	35,80	40,
	II	1.098,75	-	87,90	98,88	-	76,54	86,10	-	65,69	73,90	-	55,36	62,28	-	45,54	51,23	-	36,24	40,77	-	27,45	30,
	III	761,50	-	60,92	68,53	-	52,33	58,87	-	44,01	49,51	-	35,94	40,43	-	28,13	31,64	-	20,58	23,15	-	13,29	14,
	IV	1.239,91	-	99,19	111,59	-	93,20	104,85	-	87,34	98,25	-	81,60	91,80	-	76,00	85,50	-	70,53	79,34	-	65,18	73,
	V	1.752,16	34,53	140,17	157,69																		
	VI	1.796,41	39,80	143,71	161,67																		
6.062,99	I	1.241,00	-	99,28	111,69	-	87,42	98,35	-	76,08	85,59	-	65,26	73,41	-	54,94	61,81	-	45,15	50,79	-	35,87	40,
	II	1.099,83	-	87,98	98,98	-	76,62	86,19	-	65,76	73,98	-	55,43	62,36	-	45,61	51,31	-	36,30	40,84	-	27,51	30,
	III	762,33	-	60,98	68,60	-	52,40	58,95	-	44,06	49,57	-	36,00	40,50	-	28,18	31,70	-	20,64	23,22	-	13,33	14,
	IV	1.241,00	-	99,28	111,69	-	93,28	104,94	-	87,42	98,35	-	81,68	91,89	-	76,08	85,59	-	70,60	79,43	-	65,26	73,4
	V	1.753,25	34,66	140,26	157,79																		
	VI	1.797,58	39,94	143,80	161,78																		
6.065,99	I	1.242,08	-	99,36	111,78	-	87,50	98,44	-	76,16	85,68	-	65,34	73,50	-	55,02	61,89	-	45,22	50,87	-	35,94	40,4
	II	1.100,83	-	88,06	99,07	-	76,70	86,28	-	65,84	74,07	-	55,50	62,44	-	45,68	51,39	-	36,37	40,91	-	27,58	31,
	III	763,16	-	61,05	68,68	-	52,46	59,02	-	44,13	49,64	-	36,06	40,57	-	28,25	31,78	-	20,69	23,27	-	13,38	15,
	IV	1.242,08	-	99,36	111,78	-	93,37	105,04	-	87,50	98,44	-	81,77	91,99	-	76,16	85,68	-	70,68	79,52	-	65,34	73,
	V	1.754,41	34,80	140,35	157,89																		
	VI	1.798,75	40,08	143,90	161,88																		
6.068,99	I	1.243,16	-	99,45	111,88	-	87,59	98,54	-	76,24	85,77	-	65,41	73,58	-	55,09	61,97	-	45,29	50,95	-	36,00	40,
	II	1.101,91	-	88,15	99,17	-	76,78	86,37	-	65,92	74,16	-	55,58	62,52	-	45,75	51,47	-	36,44	40,99	-	27,64	31,
	III	763,83	-	61,10	68,74	-	52,52	59,08	-	44,18	49,70	-	36,12	40,63	-	28,30	31,84	-	20,74	23,33	-	13,44	15,
	IV	1.243,16	-	99,45	111,88	-	93,46	105,14	-	87,59	98,54	-	81,85	92,08	-	76,24	85,77	-	70,76	79,61	-	65,41	73,
	V	1.755,50	34,93	140,44	157,99																		
	VI	1.799,83	40,21	143,98	161,98																		
6.071,99	I	1.244,33	-	99,54	111,98	-	87,68	98,64	-	76,32	85,86	-	65,49	73,67	-	55,16	62,06	-	45,36	51,03	-	36,06	40,5
	II	1.103,00	-	88,24	99,27	-	76,86	86,46	-	66,00	74,25	-	55,65	62,60	-	45,82	51,54	-	36,50	41,06	-	27,70	31,
	III	764,66	-	61,17	68,81	-	52,58	59,15	-	44,25	49,78	-	36,17	40,69	-	28,36	31,90	-	20,80	23,40	-	13,49	15,1
	IV	1.244,33	-	99,54	111,98	-	93,54	105,23	-	87,68	98,64	-	81,94	92,18	-	76,32	85,86	-	70,84	79,70	-	65,49	73,6
	V	1.756,66	35,07	140,53	158,09																		
	VI	1.801,00	40,35	144,08	162,09																		
6.074,99	I	1.245,41	-	99,63	112,08	-	87,76	98,73	-	76,40	85,95	-	65,56	73,76	-	55,24	62,14	-	45,43	51,11	-	36,13	40,6
	II	1.104,08	-	88,32	99,36	-	76,94	86,56	-	66,08	74,34	-	55,72	62,69	-	45,89	51,62	-	36,57	41,14	-	27,76	31,2
	III	765,50	-	61,24	68,89	-	52,65	59,23	-	44,32	49,86	-	36,24	40,77	-	28,41	31,96	-	20,85	23,45	-	13,54	15,2
	IV	1.245,41	-	99,63	112,08	-	93,63	105,33	-	87,76	98,73	-	82,02	92,27	-	76,40	85,95	-	70,92	79,79	-	65,56	73,7
	V	1.757,83	35,21	140,62	158,20																		
	VI	1.802,16	40,48	144,17	162,19																		

Lohn/ Gehalt bis	Steuerklasse	Lohn-steuer	ohne Kinderfreibetrag SolZ 5,5%	Kirchensteuer 8%	Kirchensteuer 9%	0,5 SolZ 5,5%	0,5 Kirchensteuer 8%	0,5 Kirchensteuer 9%	1,0 SolZ 5,5%	1,0 Kirchensteuer 8%	1,0 Kirchensteuer 9%	1,5 SolZ 5,5%	1,5 Kirchensteuer 8%	1,5 Kirchensteuer 9%	2,0 SolZ 5,5%	2,0 Kirchensteuer 8%	2,0 Kirchensteuer 9%	2,5 SolZ 5,5%	2,5 Kirchensteuer 8%	2,5 Kirchensteuer 9%	3,0 SolZ 5,5%	3,0 Kirchensteuer 8%	3,0 Kirchensteuer 9%
						Anzahl Kinderfreibeträge (nur Steuerklassen I–IV)																	
6.077,99	I	1.246,50	-	99,72	112,18	-	87,84	98,82	-	76,48	86,04	-	65,64	73,85	-	55,31	62,22	-	45,50	51,18	-	36,20	40,72
	II	1.105,08	-	88,40	99,45	-	77,02	86,65	-	66,15	74,42	-	55,80	62,77	-	45,96	51,70	-	36,63	41,21	-	27,82	31,30
	III	766,33	-	61,30	68,96	-	52,70	59,29	-	44,37	49,91	-	36,29	40,82	-	28,46	32,02	-	20,90	23,51	-	13,60	15,30
	IV	1.246,50	-	99,72	112,18	-	93,72	105,43	-	87,84	98,82	-	82,10	92,36	-	76,48	86,04	-	71,00	79,87	-	65,64	73,85
	V	1.759,00	35,35	140,72	158,31																		
	VI	1.803,25	40,61	144,26	162,29																		
6.080,99	I	1.247,58	-	99,80	112,28	-	87,93	98,92	-	76,57	86,14	-	65,72	73,93	-	55,38	62,30	-	45,57	51,26	-	36,26	40,79
	II	1.106,16	-	88,49	99,55	-	77,10	86,74	-	66,23	74,51	-	55,87	62,85	-	46,03	51,78	-	36,70	41,29	-	27,88	31,37
	III	767,00	-	61,36	69,03	-	52,77	59,36	-	44,42	49,97	-	36,34	40,88	-	28,53	32,09	-	20,96	23,58	-	13,65	15,35
	IV	1.247,58	-	99,80	112,28	-	93,80	105,53	-	87,93	98,92	-	82,18	92,45	-	76,57	86,14	-	71,08	79,96	-	65,72	73,93
	V	1.760,08	35,48	140,80	158,40																		
	VI	1.804,41	40,75	144,35	162,39																		
6.083,99	I	1.248,75	-	99,90	112,38	-	88,02	99,02	-	76,65	86,23	-	65,80	74,02	-	55,46	62,39	-	45,64	51,34	-	36,33	40,87
	II	1.107,25	-	88,58	99,65	-	77,18	86,83	-	66,31	74,60	-	55,95	62,94	-	46,10	51,86	-	36,77	41,36	-	27,95	31,44
	III	767,83	-	61,42	69,10	-	52,84	59,44	-	44,49	50,05	-	36,41	40,96	-	28,58	32,15	-	21,01	23,63	-	13,70	15,41
	IV	1.248,75	-	99,90	112,38	-	93,89	105,62	-	88,02	99,02	-	82,27	92,55	-	76,65	86,23	-	71,16	80,05	-	65,80	74,02
	V	1.761,25	35,62	140,90	158,51																		
	VI	1.805,58	40,89	144,44	162,50																		
6.086,99	I	1.249,83	-	99,98	112,48	-	88,10	99,11	-	76,73	86,32	-	65,87	74,10	-	55,53	62,47	-	45,70	51,41	-	36,40	40,95
	II	1.108,25	-	88,66	99,74	-	77,26	86,92	-	66,38	74,68	-	56,02	63,02	-	46,17	51,94	-	36,83	41,43	-	28,01	31,51
	III	768,66	-	61,49	69,17	-	52,89	59,50	-	44,54	50,11	-	36,46	41,02	-	28,64	32,22	-	21,06	23,69	-	13,76	15,48
	IV	1.249,83	-	99,98	112,48	-	93,98	105,72	-	88,10	99,11	-	82,35	92,64	-	76,73	86,32	-	71,24	80,14	-	65,87	74,10
	V	1.762,41	35,75	140,99	158,61																		
	VI	1.806,66	41,02	144,53	162,59																		
6.089,99	I	1.250,91	-	100,07	112,58	-	88,18	99,20	-	76,81	86,41	-	65,95	74,19	-	55,61	62,56	-	45,78	51,50	-	36,46	41,02
	II	1.109,33	-	88,74	99,83	-	77,35	87,02	-	66,46	74,77	-	56,10	63,11	-	46,24	52,02	-	36,90	41,51	-	28,07	31,58
	III	769,50	-	61,56	69,25	-	52,96	59,58	-	44,61	50,18	-	36,52	41,08	-	28,69	32,27	-	21,12	23,76	-	13,81	15,53
	IV	1.250,91	-	100,07	112,58	-	94,06	105,82	-	88,18	99,20	-	82,43	92,73	-	76,81	86,41	-	71,32	80,23	-	65,95	74,19
	V	1.763,58	35,89	141,08	158,72																		
	VI	1.807,83	41,16	144,62	162,70																		
6.092,99	I	1.252,08	-	100,16	112,68	-	88,27	99,30	-	76,89	86,50	-	66,03	74,28	-	55,68	62,64	-	45,85	51,58	-	36,53	41,09
	II	1.110,41	-	88,83	99,93	-	77,43	87,11	-	66,54	74,86	-	56,17	63,19	-	46,31	52,10	-	36,96	41,58	-	28,14	31,65
	III	770,33	-	61,62	69,32	-	53,01	59,63	-	44,68	50,26	-	36,58	41,15	-	28,76	32,35	-	21,18	23,83	-	13,86	15,59
	IV	1.252,08	-	100,16	112,68	-	94,15	105,92	-	88,27	99,30	-	82,52	92,83	-	76,89	86,50	-	71,40	80,32	-	66,03	74,28
	V	1.764,66	36,02	141,17	158,81																		
	VI	1.809,00	41,30	144,72	162,81																		
6.095,99	I	1.253,16	-	100,25	112,78	-	88,35	99,39	-	76,97	86,59	-	66,10	74,36	-	55,75	62,72	-	45,92	51,66	-	36,59	41,16
	II	1.111,50	-	88,92	100,03	-	77,51	87,20	-	66,62	74,94	-	56,24	63,27	-	46,38	52,17	-	37,03	41,66	-	28,20	31,72
	III	771,00	-	61,68	69,39	-	53,08	59,71	-	44,73	50,32	-	36,64	41,22	-	28,81	32,41	-	21,24	23,89	-	13,92	15,66
	IV	1.253,16	-	100,25	112,78	-	94,24	106,02	-	88,35	99,39	-	82,60	92,92	-	76,97	86,59	-	71,48	80,41	-	66,10	74,36
	V	1.765,83	36,16	141,26	158,92																		
	VI	1.810,16	41,44	144,81	162,91																		
6.098,99	I	1.254,25	-	100,34	112,88	-	88,44	99,49	-	77,06	86,69	-	66,18	74,45	-	55,83	62,81	-	45,98	51,73	-	36,66	41,24
	II	1.112,58	-	89,00	100,13	-	77,59	87,29	-	66,70	75,03	-	56,32	63,36	-	46,45	52,25	-	37,10	41,73	-	28,26	31,79
	III	771,83	-	61,74	69,46	-	53,14	59,78	-	44,78	50,38	-	36,69	41,27	-	28,86	32,47	-	21,29	23,95	-	13,97	15,71
	IV	1.254,25	-	100,34	112,88	-	94,32	106,11	-	88,44	99,49	-	82,68	93,02	-	77,06	86,69	-	71,56	80,50	-	66,18	74,45
	V	1.767,00	36,30	141,36	159,03																		
	VI	1.811,25	41,57	144,90	163,01																		
6.101,99	I	1.255,41	-	100,43	112,98	-	88,52	99,59	-	77,14	86,78	-	66,26	74,54	-	55,90	62,89	-	46,06	51,81	-	36,72	41,31
	II	1.113,66	-	89,09	100,22	-	77,68	87,39	-	66,78	75,12	-	56,39	63,44	-	46,52	52,34	-	37,16	41,81	-	28,32	31,86
	III	772,66	-	61,81	69,53	-	53,20	59,85	-	44,85	50,45	-	36,76	41,35	-	28,92	32,53	-	21,34	24,01	-	14,02	15,77
	IV	1.255,41	-	100,43	112,98	-	94,41	106,21	-	88,52	99,59	-	82,76	93,11	-	77,14	86,78	-	71,64	80,59	-	66,26	74,54
	V	1.768,16	36,44	141,45	159,13																		
	VI	1.812,41	41,70	144,99	163,11																		
6.104,99	I	1.256,50	-	100,52	113,08	-	88,61	99,68	-	77,22	86,87	-	66,34	74,63	-	55,98	62,97	-	46,12	51,89	-	36,79	41,39
	II	1.114,66	-	89,17	100,31	-	77,75	87,47	-	66,85	75,20	-	56,46	63,52	-	46,59	52,41	-	37,23	41,88	-	28,38	31,93
	III	773,50	-	61,88	69,61	-	53,26	59,92	-	44,90	50,51	-	36,81	41,41	-	28,97	32,59	-	21,40	24,07	-	14,06	15,82
	IV	1.256,50	-	100,52	113,08	-	94,50	106,31	-	88,61	99,68	-	82,85	93,20	-	77,22	86,87	-	71,71	80,67	-	66,34	74,63
	V	1.769,25	36,57	141,54	159,23																		
	VI	1.813,58	41,84	145,08	163,22																		
6.107,99	I	1.257,58	-	100,60	113,18	-	88,69	99,77	-	77,30	86,96	-	66,42	74,72	-	56,05	63,05	-	46,20	51,97	-	36,86	41,46
	II	1.115,75	-	89,26	100,41	-	77,84	87,57	-	66,93	75,29	-	56,54	63,60	-	46,66	52,49	-	37,30	41,96	-	28,45	32,00
	III	774,16	-	61,93	69,67	-	53,32	59,98	-	44,97	50,59	-	36,88	41,49	-	29,02	32,65	-	21,45	24,13	-	14,12	15,88
	IV	1.257,58	-	100,60	113,18	-	94,58	106,40	-	88,69	99,77	-	82,93	93,29	-	77,30	86,96	-	71,79	80,76	-	66,42	74,72
	V	1.770,41	36,71	141,63	159,33																		
	VI	1.814,75	41,98	145,18	163,32																		
6.110,99	I	1.258,75	-	100,70	113,28	-	88,78	99,87	-	77,38	87,05	-	66,50	74,81	-	56,12	63,14	-	46,27	52,05	-	36,92	41,54
	II	1.116,83	-	89,34	100,51	-	77,92	87,66	-	67,01	75,38	-	56,61	63,68	-	46,73	52,57	-	37,36	42,03	-	28,51	32,07
	III	775,00	-	62,00	69,75	-	53,38	60,05	-	45,04	50,67	-	36,93	41,54	-	29,09	32,72	-	21,50	24,19	-	14,17	15,94
	IV	1.258,75	-	100,70	113,28	-	94,67	106,50	-	88,78	99,87	-	83,02	93,39	-	77,38	87,05	-	71,87	80,85	-	66,50	74,81
	V	1.771,58	36,85	141,72	159,44																		
	VI	1.815,83	42,11	145,26	163,42																		
6.113,99	I	1.259,83	-	100,78	113,38	-	88,86	99,97	-	77,46	87,14	-	66,57	74,89	-	56,20	63,22	-	46,34	52,13	-	36,99	41,61
	II	1.117,83	-	89,42	100,60	-	78,00	87,75	-	67,08	75,47	-	56,68	63,77	-	46,80	52,65	-	37,43	42,11	-	28,58	32,15
	III	775,83	-	62,06	69,82	-	53,45	60,13	-	45,09	50,72	-	36,98	41,60	-	29,14	32,78	-	21,56	24,25	-	14,22	16,00
	IV	1.259,83	-	100,78	113,38	-	94,76	106,60	-	88,86	99,97	-	83,10	93,48	-	77,46	87,14	-	71,95	80,94	-	66,57	74,89
	V	1.772,66	36,97	141,81	159,53																		
	VI	1.817,00	42,25	145,36	163,53																		
6.116,99	I	1.260,91	-	100,87	113,48	-	88,95	100,07	-	77,54	87,23	-	66,65	74,98	-	56,27	63,30	-	46,40	52,20	-	37,06	41,69
	II	1.118,91	-	89,51	100,70	-	78,08	87,84	-	67,16	75,56	-	56,76	63,85	-	46,87	52,73	-	37,50	42,18	-	28,64	32,22
	III	776,66	-	62,13	69,89	-	53,50	60,19	-	45,14	50,78	-	37,05	41,68	-	29,20	32,85	-	21,61	24,31	-	14,28	16,06
	IV	1.260,91	-	100,87	113,48	-	94,84	106,70	-	88,95	100,07	-	83,18	93,58	-	77,54	87,23	-	72,03	81,03	-	66,65	74,98
	V	1.773,83	37,11	141,90	159,64																		
	VI	1.818,16	42,39	145,45	163,63																		
6.119,99	I	1.262,08	-	100,96	113,58	-	89,04	100,17	-	77,62	87,32	-	66,73	75,07	-	56,34	63,38	-	46,48	52,29	-	37,12	41,76
	II	1.120,00	-	89,60	100,80	-	78,16	87,93	-	67,24	75,65	-	56,84	63,94	-	46,94	52,81	-	37,56	42,26	-	28,70	32,29
	III	777,50	-	62,20	69,97	-	53,57	60,26	-	45,21	50,86	-	37,10	41,74	-	29,26	32,92	-	21,66	24,37	-	14,33	16,12
	IV	1.262,08	-	100,96	113,58	-	94,93	106,79	-	89,04	100,17	-	83,26	93,67	-	77,62	87,32	-	72,11	81,12	-	66,73	75,07
	V	1.775,00	37,25	142,00	159,75																		
	VI	1.819,33	42,53	145,54	163,73																		

Lohn/ Gehalt bis	Steuerklasse	Lohn- steuer	ohne Kinderfreibetrag SolZ 5,5%	Kirchensteuer 8%	9%	Anzahl Kinderfreibeträge (nur Steuerklassen I–IV) 0,5 SolZ 5,5%	Kirchensteuer 8%	9%	1,0 SolZ 5,5%	Kirchensteuer 8%	9%	1,5 SolZ 5,5%	Kirchensteuer 8%	9%	2,0 SolZ 5,5%	Kirchensteuer 8%	9%	2,5 SolZ 5,5%	Kirchensteuer 8%	9%	3,0 SolZ 5,5%	Kirchensteuer 8%	9%
6.122,99	I	1.263,16	-	101,05	113,68	-	89,12	100,26	-	77,70	87,41	-	66,80	75,15	-	56,42	63,47	-	46,54	52,36	-	37,19	41
	II	1.121,08	-	89,68	100,89	-	78,24	88,02	-	67,32	75,73	-	56,91	64,02	-	47,01	52,88	-	37,63	42,33	-	28,76	32
	III	778,16	-	62,25	70,03	-	53,64	60,34	-	45,26	50,92	-	37,16	41,80	-	29,32	32,98	-	21,72	24,43	-	14,38	16
	IV	1.263,16	-	101,05	113,68	-	95,02	106,89	-	89,12	100,26	-	83,34	93,76	-	77,70	87,41	-	72,19	81,21	-	66,80	75
	V	1.776,08	37,38	142,08	159,84																		
	VI	1.820,41	42,66	145,63	163,83																		
6.125,99	I	1.264,25	-	101,14	113,78	-	89,20	100,35	-	77,78	87,50	-	66,88	75,24	-	56,49	63,55	-	46,62	52,44	-	37,26	41
	II	1.122,16	-	89,77	100,99	-	78,32	88,11	-	67,40	75,82	-	56,98	64,10	-	47,08	52,97	-	37,70	42,41	-	28,82	32
	III	779,00	-	62,32	70,11	-	53,69	60,40	-	45,33	50,99	-	37,22	41,87	-	29,37	33,04	-	21,77	24,49	-	14,44	16
	IV	1.264,25	-	101,14	113,78	-	95,10	106,99	-	89,20	100,35	-	83,43	93,86	-	77,78	87,50	-	72,27	81,30	-	66,88	75
	V	1.777,25	37,52	142,18	159,95																		
	VI	1.821,58	42,80	145,72	163,94																		
6.128,99	I	1.265,41	-	101,23	113,88	-	89,29	100,45	-	77,87	87,60	-	66,96	75,33	-	56,57	63,64	-	46,69	52,52	-	37,32	41
	II	1.123,25	-	89,86	101,09	-	78,41	88,21	-	67,48	75,91	-	57,06	64,19	-	47,15	53,04	-	37,76	42,48	-	28,89	32
	III	779,83	-	62,38	70,18	-	53,76	60,48	-	45,40	51,07	-	37,28	41,94	-	29,42	33,10	-	21,84	24,57	-	14,49	16,
	IV	1.265,41	-	101,23	113,88	-	95,20	107,10	-	89,29	100,45	-	83,52	93,96	-	77,87	87,60	-	72,35	81,39	-	66,96	75,
	V	1.778,41	37,66	142,27	160,05																		
	VI	1.822,75	42,93	145,82	164,04																		
6.131,99	I	1.266,50	-	101,32	113,98	-	89,38	100,55	-	77,95	87,69	-	67,04	75,42	-	56,64	63,72	-	46,76	52,60	-	37,39	42
	II	1.124,25	-	89,94	101,18	-	78,49	88,30	-	67,55	75,99	-	57,13	64,27	-	47,22	53,12	-	37,83	42,56	-	28,95	32
	III	780,66	-	62,45	70,25	-	53,82	60,55	-	45,45	51,13	-	37,34	42,01	-	29,48	33,16	-	21,89	24,62	-	14,54	16,
	IV	1.266,50	-	101,32	113,98	-	95,28	107,19	-	89,38	100,55	-	83,60	94,05	-	77,95	87,69	-	72,43	81,48	-	67,04	75,
	V	1.779,50	37,79	142,36	160,15																		
	VI	1.823,83	43,06	145,90	164,14																		
6.134,99	I	1.267,58	-	101,40	114,08	-	89,46	100,64	-	78,03	87,78	-	67,12	75,51	-	56,72	63,81	-	46,83	52,68	-	37,46	42,
	II	1.125,33	-	90,02	101,27	-	78,57	88,39	-	67,63	76,08	-	57,20	64,35	-	47,29	53,20	-	37,90	42,63	-	29,02	32,
	III	781,33	-	62,50	70,31	-	53,88	60,61	-	45,50	51,19	-	37,40	42,07	-	29,54	33,23	-	21,94	24,68	-	14,60	16,
	IV	1.267,58	-	101,40	114,08	-	95,37	107,29	-	89,46	100,64	-	83,68	94,14	-	78,03	87,78	-	72,51	81,57	-	67,12	75,
	V	1.780,66	37,93	142,45	160,25																		
	VI	1.825,00	43,20	146,00	164,25																		
6.137,99	I	1.268,66	-	101,49	114,17	-	89,54	100,73	-	78,11	87,87	-	67,19	75,59	-	56,78	63,88	-	46,90	52,76	-	37,52	42,
	II	1.126,41	-	90,11	101,37	-	78,65	88,48	-	67,70	76,16	-	57,28	64,44	-	47,36	53,28	-	37,96	42,71	-	29,08	32,
	III	782,16	-	62,57	70,39	-	53,94	60,68	-	45,57	51,26	-	37,45	42,13	-	29,60	33,30	-	22,00	24,75	-	14,65	16,
	IV	1.268,66	-	101,49	114,17	-	95,45	107,38	-	89,54	100,73	-	83,76	94,23	-	78,11	87,87	-	72,58	81,65	-	67,19	75,
	V	1.781,83	38,07	142,54	160,36																		
	VI	1.826,08	43,33	146,08	164,34																		
6.140,99	I	1.269,83	-	101,58	114,28	-	89,63	100,83	-	78,19	87,96	-	67,27	75,68	-	56,86	63,97	-	46,97	52,84	-	37,59	42,
	II	1.127,50	-	90,20	101,47	-	78,73	88,57	-	67,78	76,25	-	57,35	64,52	-	47,43	53,36	-	38,03	42,78	-	29,14	32,
	III	783,00	-	62,64	70,47	-	54,01	60,76	-	45,64	51,34	-	37,52	42,21	-	29,65	33,35	-	22,05	24,80	-	14,70	16,
	IV	1.269,83	-	101,58	114,28	-	95,54	107,48	-	89,63	100,83	-	83,85	94,33	-	78,19	87,96	-	72,67	81,75	-	67,27	75,
	V	1.783,00	38,20	142,64	160,47																		
	VI	1.827,25	43,47	146,18	164,45																		
6.143,99	I	1.270,91	-	101,67	114,38	-	89,72	100,93	-	78,28	88,06	-	67,35	75,77	-	56,94	64,05	-	47,04	52,92	-	37,66	42,
	II	1.128,58	-	90,28	101,57	-	78,82	88,67	-	67,86	76,34	-	57,43	64,61	-	47,50	53,44	-	38,10	42,86	-	29,20	32,
	III	783,83	-	62,70	70,54	-	54,06	60,82	-	45,69	51,40	-	37,57	42,26	-	29,70	33,41	-	22,10	24,86	-	14,76	16,
	IV	1.270,91	-	101,67	114,38	-	95,63	107,58	-	89,72	100,93	-	83,93	94,42	-	78,28	88,06	-	72,75	81,84	-	67,35	75,
	V	1.784,08	38,33	142,72	160,56																		
	VI	1.828,41	43,61	146,27	164,55																		
6.146,99	I	1.272,00	-	101,76	114,48	-	89,80	101,02	-	78,36	88,15	-	67,42	75,85	-	57,01	64,13	-	47,11	53,00	-	37,72	42,
	II	1.129,58	-	90,36	101,66	-	78,90	88,76	-	67,94	76,43	-	57,50	64,68	-	47,58	53,52	-	38,16	42,93	-	29,26	32,
	III	784,66	-	62,77	70,61	-	54,13	60,89	-	45,74	51,46	-	37,62	42,32	-	29,76	33,48	-	22,16	24,93	-	14,81	16,
	IV	1.272,00	-	101,76	114,48	-	95,72	107,68	-	89,80	101,02	-	84,01	94,51	-	78,36	88,15	-	72,82	81,92	-	67,42	75,
	V	1.785,25	38,47	142,82	160,67																		
	VI	1.829,58	43,75	146,36	164,66																		
6.149,99	I	1.273,16	-	101,85	114,58	-	89,88	101,12	-	78,44	88,24	-	67,50	75,94	-	57,08	64,22	-	47,18	53,07	-	37,79	42,
	II	1.130,66	-	90,45	101,75	-	78,98	88,85	-	68,02	76,52	-	57,58	64,77	-	47,64	53,60	-	38,23	43,01	-	29,33	32,
	III	785,50	-	62,84	70,69	-	54,20	60,97	-	45,81	51,53	-	37,69	42,40	-	29,82	33,55	-	22,21	24,98	-	14,86	16,
	IV	1.273,16	-	101,85	114,58	-	95,80	107,78	-	89,88	101,12	-	84,10	94,61	-	78,44	88,24	-	72,90	82,01	-	67,50	75,
	V	1.786,41	38,61	142,91	160,77																		
	VI	1.830,75	43,89	146,46	164,76																		
6.152,99	I	1.274,25	-	101,94	114,68	-	89,97	101,21	-	78,52	88,33	-	67,58	76,03	-	57,16	64,30	-	47,25	53,15	-	37,86	42,
	II	1.131,75	-	90,54	101,85	-	79,06	88,94	-	68,10	76,61	-	57,65	64,85	-	47,72	53,68	-	38,30	43,08	-	29,39	33,
	III	786,16	-	62,89	70,75	-	54,25	61,03	-	45,86	51,59	-	37,74	42,46	-	29,88	33,61	-	22,26	25,04	-	14,92	16,
	IV	1.274,25	-	101,94	114,68	-	95,89	107,87	-	89,97	101,21	-	84,18	94,70	-	78,52	88,33	-	72,99	82,11	-	67,58	76,
	V	1.787,58	38,75	143,00	160,88																		
	VI	1.831,83	44,02	146,54	164,86																		
6.155,99	I	1.275,33	-	102,02	114,77	-	90,06	101,31	-	78,60	88,42	-	67,66	76,11	-	57,23	64,38	-	47,32	53,23	-	37,92	42,
	II	1.132,83	-	90,62	101,95	-	79,14	89,03	-	68,18	76,70	-	57,72	64,94	-	47,78	53,75	-	38,36	43,16	-	29,46	33,
	III	787,00	-	62,96	70,83	-	54,32	61,11	-	45,93	51,67	-	37,80	42,52	-	29,93	33,67	-	22,32	25,11	-	14,96	16,
	IV	1.275,33	-	102,02	114,77	-	95,98	107,97	-	90,06	101,31	-	84,26	94,79	-	78,60	88,42	-	73,06	82,19	-	67,66	76,
	V	1.788,66	38,88	143,09	160,97																		
	VI	1.833,00	44,15	146,64	164,97																		
6.158,99	I	1.276,50	-	102,12	114,88	-	90,14	101,41	-	78,68	88,52	-	67,74	76,20	-	57,30	64,46	-	47,39	53,31	-	37,99	42,
	II	1.133,91	-	90,71	102,05	-	79,22	89,12	-	68,26	76,79	-	57,80	65,02	-	47,86	53,84	-	38,43	43,23	-	29,52	33,
	III	787,83	-	63,02	70,90	-	54,38	61,18	-	46,00	51,75	-	37,86	42,59	-	29,98	33,73	-	22,37	25,16	-	15,02	16,
	IV	1.276,50	-	102,12	114,88	-	96,06	108,07	-	90,14	101,41	-	84,35	94,89	-	78,68	88,52	-	73,14	82,28	-	67,74	76,
	V	1.789,83	39,02	143,18	161,08																		
	VI	1.834,16	44,29	146,73	165,07																		
6.161,99	I	1.277,58	-	102,20	114,98	-	90,23	101,51	-	78,76	88,61	-	67,82	76,29	-	57,38	64,55	-	47,46	53,39	-	38,06	42,8
	II	1.135,00	-	90,80	102,15	-	79,30	89,21	-	68,33	76,87	-	57,87	65,10	-	47,93	53,92	-	38,50	43,31	-	29,58	33,2
	III	788,66	-	63,09	70,97	-	54,44	61,24	-	46,05	51,80	-	37,92	42,66	-	30,05	33,80	-	22,42	25,22	-	15,06	16,9
	IV	1.277,58	-	102,20	114,98	-	96,15	108,17	-	90,23	101,51	-	84,43	94,98	-	78,76	88,61	-	73,22	82,37	-	67,82	76,2
	V	1.791,00	39,16	143,28	161,19																		
	VI	1.835,33	44,43	146,82	165,17																		
6.164,99	I	1.278,75	-	102,30	115,08	-	90,31	101,60	-	78,84	88,70	-	67,89	76,37	-	57,46	64,64	-	47,53	53,47	-	38,12	42,8
	II	1.136,00	-	90,88	102,24	-	79,39	89,31	-	68,41	76,96	-	57,94	65,18	-	48,00	54,00	-	38,56	43,38	-	29,64	33,3
	III	789,33	-	63,14	71,03	-	54,50	61,31	-	46,10	51,86	-	37,97	42,71	-	30,10	33,86	-	22,48	25,29	-	15,12	17,0
	IV	1.278,75	-	102,30	115,08	-	96,24	108,27	-	90,31	101,60	-	84,52	95,08	-	78,84	88,70	-	73,30	82,46	-	67,89	76,3
	V	1.792,08	39,28	143,36	161,28																		
	VI	1.836,41	44,56	146,91	165,27																		

Allgemeine Tabelle

MONAT bis 6.209,99 €

Lohn/ Gehalt bis	Steuerklasse	Lohn-steuer	ohne Kinderfreibetrag SolZ 5,5%	Kirchensteuer 8%	Kirchensteuer 9%	0,5 SolZ 5,5%	0,5 Kirchensteuer 8%	0,5 Kirchensteuer 9%	1,0 SolZ 5,5%	1,0 Kirchensteuer 8%	1,0 Kirchensteuer 9%	1,5 SolZ 5,5%	1,5 Kirchensteuer 8%	1,5 Kirchensteuer 9%	2,0 SolZ 5,5%	2,0 Kirchensteuer 8%	2,0 Kirchensteuer 9%	2,5 SolZ 5,5%	2,5 Kirchensteuer 8%	2,5 Kirchensteuer 9%	3,0 SolZ 5,5%	3,0 Kirchensteuer 8%	3,0 Kirchensteuer 9%
						Anzahl Kinderfreibeträge (nur Steuerklassen I–IV)																	
6.167,99	I	1.279,83	-	102,38	115,18	-	90,40	101,70	-	78,93	88,79	-	67,97	76,46	-	57,53	64,72	-	47,60	53,55	-	38,19	42,96
	II	1.137,08	-	90,96	102,33	-	79,47	89,40	-	68,49	77,05	-	58,02	65,27	-	48,07	54,08	-	38,63	43,46	-	29,71	33,42
	III	790,16	-	63,21	71,11	-	54,57	61,39	-	46,17	51,94	-	38,04	42,79	-	30,16	33,93	-	22,54	25,36	-	15,17	17,06
	IV	1.279,83	-	102,38	115,18	-	96,33	108,37	-	90,40	101,70	-	84,60	95,17	-	78,93	88,79	-	73,38	82,55	-	67,97	76,46
	V	1.793,25	39,42	143,46	161,39																		
	VI	1.837,58	44,70	147,00	165,38																		
6.170,99	I	1.281,00	-	102,48	115,29	-	90,48	101,79	-	79,01	88,88	-	68,05	76,55	-	57,60	64,80	-	47,67	53,63	-	38,26	43,04
	II	1.138,16	-	91,05	102,43	-	79,55	89,49	-	68,57	77,14	-	58,10	65,36	-	48,14	54,16	-	38,70	43,53	-	29,77	33,49
	III	791,00	-	63,28	71,19	-	54,62	61,45	-	46,24	52,02	-	38,09	42,85	-	30,21	33,98	-	22,60	25,42	-	15,22	17,12
	IV	1.281,00	-	102,48	115,29	-	96,42	108,47	-	90,48	101,79	-	84,68	95,27	-	79,01	88,88	-	73,46	82,64	-	68,05	76,55
	V	1.794,41	39,56	143,55	161,49																		
	VI	1.838,75	44,84	147,10	165,48																		
6.173,99	I	1.282,08	-	102,56	115,38	-	90,57	101,89	-	79,09	88,97	-	68,13	76,64	-	57,68	64,89	-	47,74	53,71	-	38,32	43,11
	II	1.139,25	-	91,14	102,53	-	79,63	89,58	-	68,64	77,22	-	58,17	65,44	-	48,21	54,23	-	38,76	43,61	-	29,84	33,57
	III	791,83	-	63,34	71,26	-	54,69	61,52	-	46,29	52,07	-	38,16	42,93	-	30,28	34,06	-	22,65	25,48	-	15,28	17,19
	IV	1.282,08	-	102,56	115,38	-	96,50	108,56	-	90,57	101,89	-	84,76	95,36	-	79,09	88,97	-	73,54	82,73	-	68,13	76,64
	V	1.795,50	39,69	143,64	161,59																		
	VI	1.839,83	44,97	147,18	165,58																		
6.176,99	I	1.283,16	-	102,65	115,48	-	90,66	101,99	-	79,18	89,07	-	68,20	76,73	-	57,75	64,97	-	47,82	53,79	-	38,39	43,19
	II	1.140,33	-	91,22	102,62	-	79,72	89,68	-	68,72	77,31	-	58,24	65,52	-	48,28	54,32	-	38,83	43,68	-	29,90	33,63
	III	792,66	-	63,41	71,33	-	54,76	61,60	-	46,36	52,15	-	38,21	42,98	-	30,33	34,12	-	22,70	25,54	-	15,33	17,24
	IV	1.283,16	-	102,65	115,48	-	96,59	108,66	-	90,66	101,99	-	84,85	95,45	-	79,18	89,07	-	73,62	82,82	-	68,20	76,73
	V	1.796,66	39,83	143,73	161,69																		
	VI	1.841,00	45,11	147,28	165,69																		
6.179,99	I	1.284,33	-	102,74	115,58	-	90,74	102,08	-	79,26	89,16	-	68,28	76,82	-	57,83	65,06	-	47,88	53,87	-	38,46	43,26
	II	1.141,41	-	91,31	102,72	-	79,80	89,77	-	68,80	77,40	-	58,32	65,61	-	48,35	54,39	-	38,90	43,76	-	29,96	33,71
	III	793,33	-	63,46	71,39	-	54,81	61,66	-	46,41	52,21	-	38,28	43,06	-	30,38	34,18	-	22,76	25,60	-	15,38	17,30
	IV	1.284,33	-	102,74	115,58	-	96,68	108,76	-	90,74	102,08	-	84,94	95,55	-	79,26	89,16	-	73,70	82,91	-	68,28	76,82
	V	1.797,83	39,97	143,82	161,80																		
	VI	1.842,16	45,24	147,37	165,79																		
6.182,99	I	1.285,41	-	102,83	115,68	-	90,82	102,17	-	79,34	89,25	-	68,36	76,91	-	57,90	65,14	-	47,96	53,95	-	38,52	43,34
	II	1.142,50	-	91,40	102,82	-	79,88	89,86	-	68,88	77,49	-	58,40	65,70	-	48,42	54,47	-	38,96	43,83	-	30,02	33,77
	III	794,16	-	63,53	71,47	-	54,88	61,74	-	46,48	52,29	-	38,33	43,12	-	30,44	34,24	-	22,81	25,66	-	15,44	17,37
	IV	1.285,41	-	102,83	115,68	-	96,76	108,86	-	90,82	102,17	-	85,02	95,64	-	79,34	89,25	-	73,78	83,00	-	68,36	76,91
	V	1.799,00	40,11	143,92	161,91																		
	VI	1.843,25	45,37	147,46	165,89																		
6.185,99	I	1.286,58	-	102,92	115,79	-	90,91	102,27	-	79,42	89,34	-	68,44	77,00	-	57,98	65,22	-	48,02	54,02	-	38,59	43,41
	II	1.143,58	-	91,48	102,92	-	79,96	89,96	-	68,96	77,58	-	58,47	65,78	-	48,50	54,56	-	39,04	43,92	-	30,09	33,85
	III	795,00	-	63,60	71,55	-	54,94	61,81	-	46,53	52,34	-	38,38	43,18	-	30,50	34,31	-	22,86	25,72	-	15,49	17,42
	IV	1.286,58	-	102,92	115,79	-	96,85	108,95	-	90,91	102,27	-	85,10	95,74	-	79,42	89,34	-	73,86	83,09	-	68,44	77,00
	V	1.800,08	40,24	144,00	162,00																		
	VI	1.844,41	45,51	147,55	165,99																		
6.188,99	I	1.287,66	-	103,01	115,88	-	91,00	102,37	-	79,50	89,44	-	68,52	77,08	-	58,05	65,30	-	48,10	54,11	-	38,66	43,49
	II	1.144,66	-	91,57	103,01	-	80,04	90,05	-	69,04	77,67	-	58,54	65,86	-	48,56	54,63	-	39,10	43,99	-	30,15	33,92
	III	795,83	-	63,66	71,62	-	55,00	61,87	-	46,60	52,42	-	38,45	43,25	-	30,56	34,38	-	22,92	25,78	-	15,54	17,48
	IV	1.287,66	-	103,01	115,88	-	96,94	109,06	-	91,00	102,37	-	85,18	95,83	-	79,50	89,44	-	73,94	83,18	-	68,52	77,08
	V	1.801,25	40,38	144,10	162,11																		
	VI	1.845,58	45,65	147,64	166,10																		
6.191,99	I	1.288,75	-	103,10	115,98	-	91,08	102,47	-	79,58	89,53	-	68,60	77,17	-	58,12	65,39	-	48,16	54,18	-	38,72	43,56
	II	1.145,66	-	91,65	103,10	-	80,12	90,14	-	69,12	77,76	-	58,62	65,94	-	48,64	54,72	-	39,17	44,06	-	30,22	33,99
	III	796,66	-	63,73	71,69	-	55,06	61,94	-	46,65	52,48	-	38,50	43,31	-	30,61	34,43	-	22,97	25,84	-	15,60	17,55
	IV	1.288,75	-	103,10	115,98	-	97,03	109,16	-	91,08	102,47	-	85,27	95,93	-	79,58	89,53	-	74,02	83,27	-	68,60	77,17
	V	1.802,41	40,51	144,19	162,21																		
	VI	1.846,66	45,78	147,73	166,19																		
6.194,99	I	1.289,91	-	103,19	116,09	-	91,17	102,56	-	79,66	89,62	-	68,68	77,26	-	58,20	65,47	-	48,24	54,27	-	38,79	43,64
	II	1.146,75	-	91,74	103,20	-	80,21	90,23	-	69,20	77,85	-	58,69	66,02	-	48,71	54,80	-	39,24	44,14	-	30,28	34,06
	III	797,50	-	63,80	71,77	-	55,13	62,02	-	46,72	52,56	-	38,57	43,39	-	30,66	34,49	-	23,04	25,92	-	15,65	17,60
	IV	1.289,91	-	103,19	116,09	-	97,12	109,26	-	91,17	102,56	-	85,36	96,03	-	79,66	89,62	-	74,10	83,36	-	68,68	77,26
	V	1.803,58	40,65	144,28	162,32																		
	VI	1.847,83	45,92	147,82	166,30																		
6.197,99	I	1.291,08	-	103,28	116,19	-	91,26	102,66	-	79,75	89,72	-	68,76	77,35	-	58,28	65,56	-	48,31	54,35	-	38,86	43,71
	II	1.147,83	-	91,82	103,30	-	80,29	90,32	-	69,27	77,93	-	58,77	66,11	-	48,78	54,87	-	39,30	44,21	-	30,34	34,13
	III	798,16	-	63,85	71,83	-	55,18	62,08	-	46,77	52,61	-	38,62	43,45	-	30,73	34,57	-	23,09	25,97	-	15,70	17,66
	IV	1.291,08	-	103,28	116,19	-	97,20	109,35	-	91,26	102,66	-	85,44	96,12	-	79,75	89,72	-	74,19	83,46	-	68,76	77,35
	V	1.804,66	40,78	144,37	162,41																		
	VI	1.849,00	46,06	147,92	166,41																		
6.200,99	I	1.292,16	-	103,37	116,29	-	91,34	102,76	-	79,83	89,81	-	68,83	77,43	-	58,35	65,64	-	48,38	54,42	-	38,92	43,79
	II	1.148,91	-	91,91	103,40	-	80,37	90,41	-	69,35	78,02	-	58,84	66,20	-	48,85	54,95	-	39,37	44,29	-	30,40	34,20
	III	799,00	-	63,92	71,91	-	55,25	62,15	-	46,84	52,69	-	38,68	43,51	-	30,78	34,63	-	23,14	26,03	-	15,76	17,73
	IV	1.292,16	-	103,37	116,29	-	97,29	109,45	-	91,34	102,76	-	85,52	96,21	-	79,83	89,81	-	74,26	83,54	-	68,83	77,43
	V	1.805,83	40,92	144,46	162,52																		
	VI	1.850,16	46,20	148,01	166,51																		
6.203,99	I	1.293,25	-	103,46	116,39	-	91,43	102,86	-	79,91	89,90	-	68,91	77,52	-	58,42	65,72	-	48,45	54,50	-	38,99	43,86
	II	1.150,00	-	92,00	103,50	-	80,46	90,51	-	69,43	78,11	-	58,92	66,28	-	48,92	55,04	-	39,44	44,37	-	30,47	34,28
	III	799,83	-	63,98	71,98	-	55,32	62,23	-	46,90	52,76	-	38,74	43,58	-	30,84	34,69	-	23,20	26,10	-	15,81	17,78
	IV	1.293,25	-	103,46	116,39	-	97,38	109,55	-	91,43	102,86	-	85,60	96,30	-	79,91	89,90	-	74,35	83,64	-	68,91	77,52
	V	1.807,00	41,06	144,56	162,63																		
	VI	1.851,25	46,33	148,10	166,61																		
6.206,99	I	1.294,33	-	103,54	116,48	-	91,51	102,95	-	79,99	89,99	-	68,99	77,61	-	58,50	65,81	-	48,52	54,59	-	39,06	43,94
	II	1.151,08	-	92,08	103,59	-	80,54	90,60	-	69,50	78,19	-	58,99	66,36	-	48,99	55,11	-	39,50	44,44	-	30,53	34,34
	III	800,66	-	64,05	72,05	-	55,37	62,29	-	46,96	52,83	-	38,80	43,65	-	30,89	34,75	-	23,25	26,15	-	15,86	17,84
	IV	1.294,33	-	103,54	116,48	-	97,46	109,64	-	91,51	102,95	-	85,69	96,40	-	79,99	89,99	-	74,42	83,72	-	68,99	77,61
	V	1.808,08	41,19	144,64	162,72																		
	VI	1.852,41	46,46	148,19	166,71																		
6.209,99	I	1.295,50	-	103,64	116,59	-	91,60	103,05	-	80,08	90,09	-	69,06	77,69	-	58,57	65,89	-	48,59	54,66	-	39,12	44,01
	II	1.152,16	-	92,17	103,69	-	80,62	90,69	-	69,58	78,28	-	59,06	66,44	-	49,06	55,19	-	39,57	44,51	-	30,60	34,42
	III	801,50	-	64,12	72,13	-	55,44	62,37	-	47,01	52,88	-	38,85	43,70	-	30,96	34,83	-	23,30	26,21	-	15,92	17,91
	IV	1.295,50	-	103,64	116,59	-	97,56	109,75	-	91,60	103,05	-	85,77	96,49	-	80,08	90,09	-	74,51	83,82	-	69,06	77,69
	V	1.809,25	41,33	144,74	162,83																		
	VI	1.853,58	46,60	148,28	166,82																		

Lohn/ Gehalt bis	Steuerklasse	Lohn- steuer	ohne Kinderfreibetrag SolZ 5,5%	Kirchensteuer 8%	Kirchensteuer 9%	0,5 SolZ 5,5%	0,5 Kirchensteuer 8%	0,5 Kirchensteuer 9%	1,0 SolZ 5,5%	1,0 Kirchensteuer 8%	1,0 Kirchensteuer 9%	1,5 SolZ 5,5%	1,5 Kirchensteuer 8%	1,5 Kirchensteuer 9%	2,0 SolZ 5,5%	2,0 Kirchensteuer 8%	2,0 Kirchensteuer 9%	2,5 SolZ 5,5%	2,5 Kirchensteuer 8%	2,5 Kirchensteuer 9%	3,0 SolZ 5,5%	3,0 Kirchensteuer 8%	3,0 Kirchensteuer 9%
6.212,99	I	1.296,66	-	103,73	116,69	-	91,68	103,14	-	80,16	90,18	-	69,14	77,78	-	58,65	65,98	-	48,66	54,74	-	39,20	44
	II	1.153,25	-	92,26	103,79	-	80,70	90,79	-	69,66	78,37	-	59,14	66,53	-	49,14	55,28	-	39,64	44,59	-	30,66	34
	III	802,33	-	64,18	72,20	-	55,50	62,44	-	47,08	52,96	-	38,92	43,78	-	31,01	34,88	-	23,36	26,28	-	15,97	17
	IV	1.296,66	-	103,73	116,69	-	97,64	109,85	-	91,68	103,14	-	85,86	96,59	-	80,16	90,18	-	74,59	83,91	-	69,14	77
	V	1.810,41	*41,47*	144,83	162,93																		
	VI	1.854,75	*46,74*	148,38	166,92																		
6.215,99	I	1.297,75	-	103,82	116,79	-	91,77	103,24	-	80,24	90,27	-	69,22	77,87	-	58,72	66,06	-	48,73	54,82	-	39,26	44
	II	1.154,25	-	92,34	103,88	-	80,78	90,88	-	69,74	78,46	-	59,22	66,62	-	49,20	55,35	-	39,70	44,66	-	30,72	34
	III	803,00	-	64,24	72,27	-	55,56	62,50	-	47,14	53,03	-	38,97	43,84	-	31,06	34,94	-	23,41	26,33	-	16,02	18
	IV	1.297,75	-	103,82	116,79	-	97,73	109,94	-	91,77	103,24	-	85,94	96,68	-	80,24	90,27	-	74,66	83,99	-	69,22	77
	V	1.811,50	*41,60*	144,92	163,03																		
	VI	1.855,83	*46,87*	148,46	167,02																		
6.218,99	I	1.298,83	-	103,90	116,89	-	91,86	103,34	-	80,32	90,36	-	69,30	77,96	-	58,80	66,15	-	48,80	54,90	-	39,33	44
	II	1.155,41	-	92,43	103,98	-	80,87	90,98	-	69,82	78,55	-	59,29	66,70	-	49,28	55,44	-	39,78	44,75	-	30,78	34
	III	803,83	-	64,30	72,34	-	55,62	62,57	-	47,20	53,10	-	39,04	43,92	-	31,12	35,01	-	23,46	26,39	-	16,08	18
	IV	1.298,83	-	103,90	116,89	-	97,82	110,04	-	91,86	103,34	-	86,02	96,77	-	80,32	90,36	-	74,75	84,09	-	69,30	77
	V	1.812,66	*41,73*	145,01	163,13																		
	VI	1.857,00	*47,01*	148,56	167,13																		
6.221,99	I	1.300,00	-	104,00	117,00	-	91,94	103,43	-	80,40	90,45	-	69,38	78,05	-	58,87	66,23	-	48,88	54,99	-	39,40	44
	II	1.156,50	-	92,52	104,08	-	80,95	91,07	-	69,90	78,64	-	59,37	66,79	-	49,35	55,52	-	39,84	44,82	-	30,85	34
	III	804,66	-	64,37	72,41	-	55,69	62,65	-	47,26	53,17	-	39,09	43,97	-	31,18	35,08	-	23,53	26,47	-	16,13	18
	IV	1.300,00	-	104,00	117,00	-	97,90	110,14	-	91,94	103,43	-	86,11	96,87	-	80,40	90,45	-	74,83	84,18	-	69,38	78
	V	1.813,83	*41,87*	145,10	163,24																		
	VI	1.858,16	*47,15*	148,65	167,23																		
6.224,99	I	1.301,08	-	104,08	117,09	-	92,03	103,53	-	80,48	90,54	-	69,46	78,14	-	58,94	66,31	-	48,94	55,06	-	39,46	44
	II	1.157,50	-	92,60	104,17	-	81,03	91,16	-	69,98	78,72	-	59,44	66,87	-	49,42	55,59	-	39,91	44,90	-	30,91	34
	III	805,50	-	64,44	72,49	-	55,74	62,71	-	47,32	53,23	-	39,14	44,03	-	31,24	35,14	-	23,58	26,53	-	16,18	18
	IV	1.301,08	-	104,08	117,09	-	97,99	110,24	-	92,03	103,53	-	86,19	96,96	-	80,48	90,54	-	74,91	84,27	-	69,46	78
	V	1.815,00	*42,01*	145,20	163,35																		
	VI	1.859,25	*47,28*	148,74	167,33																		
6.227,99	I	1.302,25	-	104,18	117,20	-	92,12	103,63	-	80,57	90,64	-	69,54	78,23	-	59,02	66,40	-	49,02	55,14	-	39,53	44,
	II	1.158,58	-	92,68	104,27	-	81,12	91,26	-	70,06	78,81	-	59,52	66,96	-	49,49	55,67	-	39,98	44,97	-	30,98	34
	III	806,16	-	64,49	72,55	-	55,81	62,78	-	47,38	53,30	-	39,21	44,11	-	31,29	35,20	-	23,64	26,59	-	16,24	18,
	IV	1.302,25	-	104,18	117,20	-	98,08	110,34	-	92,12	103,63	-	86,28	97,06	-	80,57	90,64	-	74,99	84,36	-	69,54	78
	V	1.816,08	*42,14*	145,28	163,44																		
	VI	1.860,41	*47,42*	148,83	167,43																		
6.230,99	I	1.303,41	-	104,27	117,30	-	92,20	103,73	-	80,65	90,73	-	69,62	78,32	-	59,10	66,48	-	49,09	55,22	-	39,60	44
	II	1.159,66	-	92,77	104,36	-	81,20	91,35	-	70,14	78,90	-	59,59	67,04	-	49,56	55,76	-	40,04	45,05	-	31,04	34
	III	807,00	-	64,56	72,63	-	55,88	62,86	-	47,44	53,37	-	39,26	44,17	-	31,36	35,28	-	23,69	26,65	-	16,29	18
	IV	1.303,41	-	104,27	117,30	-	98,17	110,44	-	92,20	103,73	-	86,36	97,16	-	80,65	90,73	-	75,07	84,45	-	69,62	78
	V	1.817,25	*42,28*	145,38	163,55																		
	VI	1.861,58	*47,56*	148,92	167,54																		
6.233,99	I	1.304,50	-	104,36	117,40	-	92,29	103,82	-	80,73	90,82	-	69,70	78,41	-	59,17	66,56	-	49,16	55,30	-	39,66	44,
	II	1.160,75	-	92,86	104,46	-	81,28	91,44	-	70,22	78,99	-	59,66	67,12	-	49,63	55,83	-	40,11	45,12	-	31,10	34,
	III	807,83	-	64,62	72,70	-	55,93	62,92	-	47,50	53,44	-	39,33	44,24	-	31,41	35,33	-	23,74	26,71	-	16,34	18,
	IV	1.304,50	-	104,36	117,40	-	98,26	110,54	-	92,29	103,82	-	86,44	97,25	-	80,73	90,82	-	75,15	84,54	-	69,70	78,
	V	1.818,41	*42,42*	145,47	163,65																		
	VI	1.862,66	*47,68*	149,01	167,63																		
6.236,99	I	1.305,58	-	104,44	117,50	-	92,38	103,92	-	80,82	90,92	-	69,78	78,50	-	59,24	66,65	-	49,23	55,38	-	39,73	44,
	II	1.161,83	-	92,94	104,56	-	81,36	91,53	-	70,30	79,08	-	59,74	67,21	-	49,70	55,91	-	40,18	45,20	-	31,17	35,
	III	808,66	-	64,69	72,77	-	56,00	63,00	-	47,56	53,50	-	39,38	44,30	-	31,46	35,39	-	23,80	26,77	-	16,40	18,
	IV	1.305,58	-	104,44	117,50	-	98,34	110,63	-	92,38	103,92	-	86,53	97,34	-	80,82	90,92	-	75,23	84,63	-	69,78	78,
	V	1.819,58	*42,56*	145,56	163,76																		
	VI	1.863,83	*47,82*	149,10	167,74																		
6.239,99	I	1.306,75	-	104,54	117,60	-	92,46	104,02	-	80,90	91,01	-	69,85	78,58	-	59,32	66,74	-	49,30	55,46	-	39,80	44,
	II	1.162,91	-	93,03	104,66	-	81,44	91,62	-	70,38	79,17	-	59,82	67,29	-	49,78	56,00	-	40,25	45,28	-	31,24	35,
	III	809,50	-	64,76	72,85	-	56,06	63,07	-	47,62	53,57	-	39,45	44,38	-	31,52	35,46	-	23,85	26,83	-	16,45	18,
	IV	1.306,75	-	104,54	117,60	-	98,44	110,74	-	92,46	104,02	-	86,62	97,44	-	80,90	91,01	-	75,31	84,72	-	69,85	78,
	V	1.820,66	*42,69*	145,65	163,85																		
	VI	1.865,00	*47,96*	149,20	167,85																		
6.242,99	I	1.307,83	-	104,62	117,70	-	92,54	104,11	-	80,98	91,10	-	69,93	78,67	-	59,40	66,82	-	49,37	55,54	-	39,86	44,
	II	1.164,00	-	93,12	104,76	-	81,53	91,72	-	70,45	79,25	-	59,89	67,37	-	49,84	56,07	-	40,31	45,35	-	31,30	35,
	III	810,33	-	64,82	72,92	-	56,12	63,13	-	47,68	53,64	-	39,50	44,44	-	31,57	35,51	-	23,90	26,89	-	16,50	18,
	IV	1.307,83	-	104,62	117,70	-	98,52	110,84	-	92,54	104,11	-	86,70	97,53	-	80,98	91,10	-	75,39	84,81	-	69,93	78,
	V	1.821,83	*42,83*	145,74	163,96																		
	VI	1.866,16	*48,10*	149,29	167,95																		
6.245,99	I	1.309,00	-	104,72	117,81	-	92,63	104,21	-	81,06	91,19	-	70,01	78,76	-	59,47	66,90	-	49,44	55,62	-	39,94	44,
	II	1.165,08	-	93,20	104,85	-	81,61	91,81	-	70,53	79,34	-	59,97	67,46	-	49,92	56,16	-	40,38	45,43	-	31,36	35,
	III	811,00	-	64,88	72,99	-	56,18	63,20	-	47,74	53,71	-	39,56	44,50	-	31,64	35,59	-	23,96	26,95	-	16,56	18,
	IV	1.309,00	-	104,72	117,81	-	98,61	110,93	-	92,63	104,21	-	86,78	97,63	-	81,06	91,19	-	75,47	84,90	-	70,01	78,
	V	1.823,00	*42,96*	145,84	164,07																		
	VI	1.867,25	*48,23*	149,38	168,05																		
6.248,99	I	1.310,16	-	104,81	117,91	-	92,72	104,31	-	81,15	91,29	-	70,09	78,85	-	59,54	66,98	-	49,52	55,71	-	40,00	45,
	II	1.166,16	-	93,29	104,95	-	81,70	91,91	-	70,61	79,43	-	60,04	67,55	-	49,99	56,24	-	40,45	45,50	-	31,42	35,
	III	811,83	-	64,94	73,06	-	56,25	63,28	-	47,81	53,78	-	39,62	44,57	-	31,69	35,65	-	24,02	27,02	-	16,61	18,
	IV	1.310,16	-	104,81	117,91	-	98,70	111,03	-	92,72	104,31	-	86,87	97,73	-	81,15	91,29	-	75,56	85,00	-	70,09	78,
	V	1.824,16	*43,10*	145,93	164,17																		
	VI	1.868,41	*48,37*	149,47	168,15																		
6.251,99	I	1.311,25	-	104,90	118,01	-	92,80	104,40	-	81,23	91,38	-	70,17	78,94	-	59,62	67,07	-	49,59	55,79	-	40,07	45,
	II	1.167,25	-	93,38	105,05	-	81,78	92,00	-	70,69	79,52	-	60,12	67,63	-	50,06	56,31	-	40,52	45,58	-	31,49	35,4
	III	812,66	-	65,01	73,13	-	56,32	63,36	-	47,86	53,84	-	39,68	44,64	-	31,74	35,71	-	24,08	27,09	-	16,66	18,7
	IV	1.311,25	-	104,90	118,01	-	98,78	111,13	-	92,80	104,40	-	86,95	97,82	-	81,23	91,38	-	75,64	85,09	-	70,17	78,9
	V	1.825,25	*43,23*	146,02	164,27																		
	VI	1.869,58	*48,51*	149,56	168,26																		
6.254,99	I	1.312,33	-	104,98	118,10	-	92,89	104,50	-	81,31	91,47	-	70,24	79,02	-	59,70	67,16	-	49,66	55,86	-	40,14	45,1
	II	1.168,33	-	93,46	105,14	-	81,86	92,09	-	70,77	79,61	-	60,19	67,71	-	50,13	56,39	-	40,58	45,65	-	31,55	35,4
	III	813,50	-	65,08	73,21	-	56,37	63,41	-	47,93	53,92	-	39,73	44,69	-	31,80	35,77	-	24,13	27,14	-	16,72	18,8
	IV	1.312,33	-	104,98	118,10	-	98,88	111,24	-	92,89	104,50	-	87,04	97,92	-	81,31	91,47	-	75,72	85,18	-	70,24	79,0
	V	1.826,41	*43,37*	146,11	164,37																		
	VI	1.870,75	*48,65*	149,66	168,36																		

Allgemeine Tabelle

MONAT bis 6.299,99 €

Lohn/ Gehalt bis	Steuerklasse	Lohn- steuer	ohne Kinderfreibetrag			Anzahl Kinderfreibeträge (nur Steuerklassen I–IV) 0,5			1,0			1,5			2,0			2,5			3,0		
			SolZ 5,5%	Kirchensteuer 8%	Kirchensteuer 9%	SolZ 5,5%	Kirchensteuer 8%	Kirchensteuer 9%	SolZ 5,5%	Kirchensteuer 8%	Kirchensteuer 9%	SolZ 5,5%	Kirchensteuer 8%	Kirchensteuer 9%	SolZ 5,5%	Kirchensteuer 8%	Kirchensteuer 9%	SolZ 5,5%	Kirchensteuer 8%	Kirchensteuer 9%	SolZ 5,5%	Kirchensteuer 8%	Kirchensteuer 9%
6.257,99	I	1.313,50	-	105,08	118,21	-	92,98	104,60	-	81,40	91,57	-	70,32	79,11	-	59,77	67,24	-	49,73	55,94	-	40,20	45,23
	II	1.169,41	-	93,55	105,24	-	81,94	92,18	-	70,85	79,70	-	60,27	67,80	-	50,20	56,48	-	40,66	45,74	-	31,62	35,57
	III	814,33	-	65,14	73,28	-	56,44	63,49	-	47,98	53,98	-	39,80	44,77	-	31,86	35,84	-	24,18	27,20	-	16,77	18,86
	IV	1.313,50	-	105,08	118,21	-	98,96	111,33	-	92,98	104,60	-	87,12	98,01	-	81,40	91,57	-	75,80	85,27	-	70,32	79,11
	V	1.827,58	43,51	146,20	164,48																		
	VI	1.871,83	48,78	149,74	168,46																		
6.260,99	I	1.314,58	-	105,16	118,31	-	93,06	104,69	-	81,48	91,66	-	70,40	79,20	-	59,84	67,32	-	49,80	56,03	-	40,27	45,30
	II	1.170,50	-	93,64	105,34	-	82,02	92,27	-	70,92	79,79	-	60,34	67,88	-	50,28	56,56	-	40,72	45,81	-	31,68	35,64
	III	815,16	-	65,21	73,36	-	56,50	63,56	-	48,05	54,05	-	39,85	44,83	-	31,92	35,91	-	24,24	27,27	-	16,82	18,92
	IV	1.314,58	-	105,16	118,31	-	99,05	111,43	-	93,06	104,69	-	87,20	98,10	-	81,48	91,66	-	75,88	85,36	-	70,40	79,20
	V	1.828,66	43,64	146,29	164,57																		
	VI	1.873,00	48,91	149,84	168,57																		
6.263,99	I	1.315,75	-	105,26	118,41	-	93,15	104,79	-	81,56	91,75	-	70,48	79,29	-	59,92	67,41	-	49,88	56,11	-	40,34	45,38
	II	1.171,58	-	93,72	105,44	-	82,11	92,37	-	71,00	79,88	-	60,42	67,97	-	50,34	56,63	-	40,79	45,89	-	31,74	35,71
	III	815,83	-	65,26	73,42	-	56,56	63,63	-	48,10	54,11	-	39,92	44,91	-	31,97	35,96	-	24,29	27,32	-	16,86	18,97
	IV	1.315,75	-	105,26	118,41	-	99,14	111,53	-	93,15	104,79	-	87,29	98,20	-	81,56	91,75	-	75,96	85,45	-	70,48	79,29
	V	1.829,83	43,78	146,38	164,68																		
	VI	1.874,16	49,05	149,93	168,67																		
6.266,99	I	1.316,91	-	105,35	118,52	-	93,24	104,89	-	81,64	91,85	-	70,56	79,38	-	60,00	67,50	-	49,94	56,18	-	40,41	45,46
	II	1.172,66	-	93,81	105,53	-	82,19	92,46	-	71,08	79,97	-	60,50	68,06	-	50,42	56,72	-	40,86	45,96	-	31,81	35,78
	III	816,66	-	65,33	73,49	-	56,62	63,70	-	48,17	54,19	-	39,97	44,96	-	32,04	36,04	-	24,36	27,40	-	16,93	19,04
	IV	1.316,91	-	105,35	118,52	-	99,23	111,63	-	93,24	104,89	-	87,38	98,30	-	81,64	91,85	-	76,04	85,54	-	70,56	79,38
	V	1.831,00	43,92	146,48	164,79																		
	VI	1.875,33	49,19	150,02	168,77																		
6.269,99	I	1.318,00	-	105,44	118,62	-	93,32	104,99	-	81,72	91,94	-	70,64	79,47	-	60,07	67,58	-	50,02	56,27	-	40,48	45,54
	II	1.173,75	-	93,90	105,63	-	82,27	92,55	-	71,16	80,06	-	60,57	68,14	-	50,49	56,80	-	40,92	46,04	-	31,87	35,85
	III	817,50	-	65,40	73,57	-	56,69	63,77	-	48,22	54,25	-	40,04	45,04	-	32,09	36,10	-	24,41	27,46	-	16,98	19,10
	IV	1.318,00	-	105,44	118,62	-	99,32	111,73	-	93,32	104,99	-	87,46	98,39	-	81,72	91,94	-	76,12	85,63	-	70,64	79,47
	V	1.832,08	44,04	146,56	164,88																		
	VI	1.876,41	49,32	150,11	168,87																		
6.272,99	I	1.319,16	-	105,53	118,72	-	93,41	105,08	-	81,81	92,03	-	70,72	79,56	-	60,15	67,67	-	50,09	56,35	-	40,54	45,61
	II	1.174,83	-	93,98	105,73	-	82,36	92,65	-	71,24	80,15	-	60,64	68,22	-	50,56	56,88	-	40,99	46,11	-	31,94	35,93
	III	818,33	-	65,46	73,64	-	56,74	63,83	-	48,29	54,32	-	40,09	45,10	-	32,14	36,16	-	24,46	27,52	-	17,02	19,15
	IV	1.319,16	-	105,53	118,72	-	99,40	111,83	-	93,41	105,08	-	87,54	98,48	-	81,81	92,03	-	76,20	85,72	-	70,72	79,56
	V	1.833,25	44,18	146,66	164,99																		
	VI	1.877,58	49,46	150,20	168,98																		
6.275,99	I	1.320,25	-	105,62	118,82	-	93,50	105,18	-	81,89	92,12	-	70,80	79,65	-	60,22	67,75	-	50,16	56,43	-	40,61	45,68
	II	1.175,91	-	94,07	105,83	-	82,44	92,74	-	71,32	80,24	-	60,72	68,31	-	50,63	56,96	-	41,06	46,19	-	32,00	36,00
	III	819,16	-	65,53	73,72	-	56,81	63,91	-	48,34	54,38	-	40,14	45,16	-	32,20	36,22	-	24,52	27,58	-	17,08	19,21
	IV	1.320,25	-	105,62	118,82	-	99,49	111,92	-	93,50	105,18	-	87,63	98,58	-	81,89	92,12	-	76,28	85,81	-	70,80	79,65
	V	1.834,41	44,32	146,75	165,09																		
	VI	1.878,66	49,59	150,29	169,07																		
6.278,99	I	1.321,41	-	105,71	118,92	-	93,58	105,28	-	81,97	92,21	-	70,88	79,74	-	60,30	67,83	-	50,23	56,51	-	40,68	45,76
	II	1.177,00	-	94,16	105,93	-	82,52	92,84	-	71,40	80,33	-	60,80	68,40	-	50,70	57,04	-	41,13	46,27	-	32,06	36,07
	III	820,00	-	65,60	73,80	-	56,88	63,99	-	48,41	54,46	-	40,21	45,23	-	32,26	36,29	-	24,57	27,64	-	17,14	19,28
	IV	1.321,41	-	105,71	118,92	-	99,58	112,03	-	93,58	105,28	-	87,72	98,68	-	81,97	92,21	-	76,36	85,91	-	70,88	79,74
	V	1.835,50	44,45	146,84	165,19																		
	VI	1.879,83	49,73	150,38	169,18																		
6.281,99	I	1.322,50	-	105,80	119,02	-	93,67	105,38	-	82,06	92,31	-	70,96	79,83	-	60,37	67,91	-	50,30	56,59	-	40,75	45,84
	II	1.178,08	-	94,24	106,02	-	82,60	92,93	-	71,48	80,42	-	60,87	68,48	-	50,78	57,12	-	41,20	46,35	-	32,13	36,14
	III	820,66	-	65,65	73,85	-	56,93	64,04	-	48,48	54,54	-	40,26	45,29	-	32,32	36,36	-	24,62	27,70	-	17,18	19,33
	IV	1.322,50	-	105,80	119,02	-	99,67	112,13	-	93,67	105,38	-	87,80	98,77	-	82,06	92,31	-	76,44	86,00	-	70,96	79,83
	V	1.836,66	44,59	146,93	165,29																		
	VI	1.881,00	49,87	150,48	169,29																		
6.284,99	I	1.323,66	-	105,89	119,12	-	93,76	105,48	-	82,14	92,40	-	71,04	79,92	-	60,45	68,00	-	50,37	56,66	-	40,82	45,92
	II	1.179,16	-	94,33	106,12	-	82,69	93,02	-	71,56	80,50	-	60,94	68,56	-	50,85	57,20	-	41,26	46,42	-	32,19	36,21
	III	821,50	-	65,72	73,93	-	57,00	64,12	-	48,53	54,59	-	40,32	45,36	-	32,37	36,41	-	24,68	27,76	-	17,24	19,39
	IV	1.323,66	-	105,89	119,12	-	99,76	112,23	-	93,76	105,48	-	87,88	98,87	-	82,14	92,40	-	76,52	86,09	-	71,04	79,92
	V	1.837,83	44,73	147,02	165,40																		
	VI	1.882,08	49,99	150,56	169,38																		
6.287,99	I	1.324,75	-	105,98	119,22	-	93,84	105,57	-	82,22	92,50	-	71,12	80,01	-	60,52	68,09	-	50,44	56,75	-	40,88	45,99
	II	1.180,25	-	94,42	106,22	-	82,77	93,11	-	71,64	80,59	-	61,02	68,65	-	50,92	57,28	-	41,33	46,49	-	32,26	36,29
	III	822,33	-	65,78	74,00	-	57,06	64,19	-	48,60	54,67	-	40,38	45,43	-	32,44	36,49	-	24,73	27,82	-	17,30	19,46
	IV	1.324,75	-	105,98	119,22	-	99,84	112,32	-	93,84	105,57	-	87,97	98,96	-	82,22	92,50	-	76,60	86,18	-	71,12	80,01
	V	1.839,00	44,87	147,12	165,51																		
	VI	1.883,25	50,13	150,66	169,49																		
6.290,99	I	1.325,91	-	106,07	119,33	-	93,93	105,67	-	82,30	92,59	-	71,20	80,10	-	60,60	68,17	-	50,52	56,83	-	40,95	46,07
	II	1.181,33	-	94,50	106,31	-	82,86	93,21	-	71,72	80,68	-	61,10	68,73	-	50,99	57,36	-	41,40	46,58	-	32,32	36,36
	III	823,16	-	65,85	74,08	-	57,13	64,27	-	48,65	54,73	-	40,44	45,49	-	32,49	36,55	-	24,78	27,88	-	17,34	19,51
	IV	1.325,91	-	106,07	119,33	-	99,94	112,43	-	93,93	105,67	-	88,06	99,06	-	82,30	92,59	-	76,68	86,27	-	71,20	80,10
	V	1.840,08	45,00	147,20	165,60																		
	VI	1.884,41	50,27	150,75	169,59																		
6.293,99	I	1.327,00	-	106,16	119,43	-	94,02	105,77	-	82,39	92,69	-	71,27	80,18	-	60,67	68,25	-	50,59	56,91	-	41,02	46,14
	II	1.182,41	-	94,59	106,41	-	82,94	93,30	-	71,80	80,77	-	61,17	68,81	-	51,06	57,44	-	41,47	46,65	-	32,38	36,43
	III	824,00	-	65,92	74,16	-	57,18	64,33	-	48,72	54,81	-	40,50	45,56	-	32,54	36,61	-	24,85	27,95	-	17,40	19,57
	IV	1.327,00	-	106,16	119,43	-	100,02	112,52	-	94,02	105,77	-	88,14	99,15	-	82,39	92,69	-	76,76	86,36	-	71,27	80,18
	V	1.841,25	45,14	147,30	165,71																		
	VI	1.885,58	50,41	150,84	169,70																		
6.296,99	I	1.328,16	-	106,25	119,53	-	94,10	105,86	-	82,47	92,78	-	71,35	80,27	-	60,75	68,34	-	50,66	56,99	-	41,08	46,22
	II	1.183,50	-	94,68	106,51	-	83,02	93,40	-	71,88	80,86	-	61,25	68,90	-	51,14	57,53	-	41,54	46,73	-	32,45	36,50
	III	824,83	-	65,98	74,23	-	57,25	64,40	-	48,78	54,88	-	40,56	45,63	-	32,60	36,67	-	24,90	28,01	-	17,46	19,64
	IV	1.328,16	-	106,25	119,53	-	100,11	112,62	-	94,10	105,86	-	88,22	99,25	-	82,47	92,78	-	76,85	86,45	-	71,35	80,27
	V	1.842,41	45,27	147,39	165,81																		
	VI	1.886,75	50,55	150,94	169,80																		
6.299,99	I	1.329,33	-	106,34	119,63	-	94,19	105,96	-	82,56	92,88	-	71,43	80,36	-	60,82	68,42	-	50,73	57,07	-	41,16	46,30
	II	1.184,58	-	94,76	106,61	-	83,10	93,49	-	71,96	80,95	-	61,32	68,99	-	51,21	57,61	-	41,60	46,80	-	32,52	36,58
	III	825,66	-	66,05	74,30	-	57,32	64,48	-	48,84	54,94	-	40,62	45,70	-	32,66	36,74	-	24,96	28,08	-	17,50	19,69
	IV	1.329,33	-	106,34	119,63	-	100,20	112,73	-	94,19	105,96	-	88,31	99,35	-	82,56	92,88	-	76,93	86,54	-	71,43	80,36
	V	1.843,58	45,41	147,48	165,92																		
	VI	1.887,83	50,68	151,02	169,90																		

Lohn/Gehalt bis	Steuerklasse	Lohnsteuer	ohne Kinderfreibetrag			Anzahl Kinderfreibeträge (nur Steuerklassen I–IV): 0,5			1,0			1,5			2,0			2,5			3,0		
			SolZ 5,5%	Kirchensteuer 8%	9%	SolZ 5,5%	Kirchensteuer 8%	9%	SolZ 5,5%	Kirchensteuer 8%	9%	SolZ 5,5%	Kirchensteuer 8%	9%	SolZ 5,5%	Kirchensteuer 8%	9%	SolZ 5,5%	Kirchensteuer 8%	9%	SolZ 5,5%	Kirchensteuer 8%	9%
6.302,99	I	1.330,41	-	106,43	119,73	-	94,28	106,06	-	82,64	92,97	-	71,51	80,45	-	60,90	68,51	-	50,80	57,15	-	41,22	46
	II	1.185,66	-	94,85	106,70	-	83,18	93,58	-	72,04	81,04	-	61,40	69,07	-	51,28	57,69	-	41,67	46,88	-	32,58	36
	III	826,33	-	66,10	74,36	-	57,37	64,54	-	48,89	55,00	-	40,68	45,76	-	32,72	36,81	-	25,01	28,13	-	17,56	19
	IV	1.330,41	-	106,43	119,73	-	100,29	112,82	-	94,28	106,06	-	88,39	99,44	-	82,64	92,97	-	77,01	86,63	-	71,51	80
	V	1.844,66	45,54	147,57	166,01																		
	VI	1.889,00	50,82	151,12	170,01																		
6.305,99	I	1.331,58	-	106,52	119,84	-	94,36	106,16	-	82,72	93,06	-	71,59	80,54	-	60,98	68,60	-	50,88	57,24	-	41,29	46
	II	1.186,75	-	94,94	106,80	-	83,27	93,68	-	72,12	81,13	-	61,48	69,16	-	51,35	57,77	-	41,74	46,96	-	32,64	36
	III	827,16	-	66,17	74,44	-	57,44	64,62	-	48,96	55,08	-	40,74	45,83	-	32,77	36,86	-	25,06	28,19	-	17,62	19
	IV	1.331,58	-	106,52	119,84	-	100,38	112,92	-	94,36	106,16	-	88,48	99,54	-	82,72	93,06	-	77,09	86,72	-	71,59	80
	V	1.845,83	45,68	147,66	166,12																		
	VI	1.890,16	50,96	151,21	170,11																		
6.308,99	I	1.332,66	-	106,61	119,93	-	94,45	106,25	-	82,80	93,15	-	71,67	80,63	-	61,05	68,68	-	50,95	57,32	-	41,36	46
	II	1.187,83	-	95,02	106,90	-	83,36	93,78	-	72,20	81,22	-	61,55	69,24	-	51,42	57,85	-	41,81	47,03	-	32,71	36
	III	828,00	-	66,24	74,52	-	57,50	64,69	-	49,02	55,15	-	40,80	45,90	-	32,84	36,94	-	25,12	28,26	-	17,66	19
	IV	1.332,66	-	106,61	119,93	-	100,47	113,03	-	94,45	106,25	-	88,56	99,63	-	82,80	93,15	-	77,17	86,81	-	71,67	80
	V	1.847,00	45,82	147,76	166,23																		
	VI	1.891,33	51,10	151,30	170,21																		
6.311,99	I	1.333,83	-	106,70	120,04	-	94,54	106,35	-	82,88	93,24	-	71,75	80,72	-	61,12	68,76	-	51,02	57,39	-	41,42	46
	II	1.188,91	-	95,11	107,00	-	83,44	93,87	-	72,28	81,31	-	61,63	69,33	-	51,50	57,93	-	41,88	47,11	-	32,77	36
	III	828,83	-	66,30	74,59	-	57,56	64,75	-	49,08	55,21	-	40,85	45,95	-	32,89	37,00	-	25,17	28,31	-	17,72	19
	IV	1.333,83	-	106,70	120,04	-	100,56	113,13	-	94,54	106,35	-	88,64	99,72	-	82,88	93,24	-	77,25	86,90	-	71,75	80
	V	1.848,08	45,95	147,84	166,32																		
	VI	1.892,41	51,22	151,39	170,31																		
6.314,99	I	1.335,00	-	106,80	120,15	-	94,62	106,45	-	82,97	93,34	-	71,83	80,81	-	61,20	68,85	-	51,09	57,47	-	41,50	46
	II	1.190,00	-	95,20	107,10	-	83,52	93,96	-	72,36	81,40	-	61,70	69,41	-	51,57	58,01	-	41,94	47,18	-	32,84	36
	III	829,66	-	66,37	74,66	-	57,62	64,82	-	49,14	55,28	-	40,92	46,03	-	32,94	37,06	-	25,24	28,39	-	17,78	20
	IV	1.335,00	-	106,80	120,15	-	100,64	113,22	-	94,62	106,45	-	88,73	99,82	-	82,97	93,34	-	77,34	87,00	-	71,83	80
	V	1.849,25	46,09	147,94	166,43																		
	VI	1.893,58	51,36	151,48	170,42																		
6.317,99	I	1.336,08	-	106,88	120,24	-	94,71	106,55	-	83,05	93,43	-	71,91	80,90	-	61,28	68,94	-	51,16	57,56	-	41,56	46
	II	1.191,16	-	95,29	107,20	-	83,60	94,05	-	72,44	81,49	-	61,78	69,50	-	51,64	58,10	-	42,02	47,27	-	32,90	37
	III	830,50	-	66,44	74,74	-	57,69	64,90	-	49,20	55,35	-	40,97	46,09	-	33,00	37,12	-	25,29	28,45	-	17,84	20
	IV	1.336,08	-	106,88	120,24	-	100,74	113,33	-	94,71	106,55	-	88,82	99,92	-	83,05	93,43	-	77,42	87,09	-	71,91	80
	V	1.850,41	46,23	148,03	166,53																		
	VI	1.894,75	51,50	151,58	170,52																		
6.320,99	I	1.337,25	-	106,98	120,35	-	94,80	106,65	-	83,14	93,53	-	71,99	80,99	-	61,36	69,03	-	51,24	57,64	-	41,63	46
	II	1.192,16	-	95,37	107,29	-	83,68	94,14	-	72,51	81,57	-	61,86	69,59	-	51,71	58,17	-	42,08	47,34	-	32,97	37
	III	831,16	-	66,49	74,80	-	57,76	64,98	-	49,26	55,42	-	41,04	46,17	-	33,06	37,19	-	25,34	28,51	-	17,88	20
	IV	1.337,25	-	106,98	120,35	-	100,82	113,42	-	94,80	106,65	-	88,90	100,01	-	83,14	93,53	-	77,50	87,18	-	71,99	80
	V	1.851,50	46,36	148,12	166,63																		
	VI	1.895,83	51,63	151,66	170,62																		
6.323,99	I	1.338,33	-	107,06	120,44	-	94,88	106,74	-	83,22	93,62	-	72,07	81,08	-	61,43	69,11	-	51,31	57,72	-	41,70	46
	II	1.193,33	-	95,46	107,39	-	83,77	94,24	-	72,60	81,67	-	61,93	69,67	-	51,78	58,25	-	42,15	47,42	-	33,03	37
	III	832,00	-	66,56	74,88	-	57,81	65,03	-	49,33	55,49	-	41,09	46,22	-	33,12	37,26	-	25,40	28,57	-	17,94	20
	IV	1.338,33	-	107,06	120,44	-	100,91	113,52	-	94,88	106,74	-	88,99	100,11	-	83,22	93,62	-	77,58	87,27	-	72,07	81
	V	1.852,66	46,49	148,21	166,73																		
	VI	1.897,00	51,77	151,76	170,73																		
6.326,99	I	1.339,50	-	107,16	120,55	-	94,97	106,84	-	83,30	93,71	-	72,15	81,17	-	61,50	69,19	-	51,38	57,80	-	41,77	46
	II	1.194,41	-	95,55	107,49	-	83,86	94,34	-	72,68	81,76	-	62,01	69,76	-	51,86	58,34	-	42,22	47,49	-	33,10	37
	III	832,83	-	66,62	74,95	-	57,88	65,11	-	49,38	55,55	-	41,16	46,30	-	33,17	37,31	-	25,45	28,63	-	18,00	20
	IV	1.339,50	-	107,16	120,55	-	101,00	113,63	-	94,97	106,84	-	89,08	100,21	-	83,30	93,71	-	77,66	87,37	-	72,15	81
	V	1.853,83	46,63	148,30	166,84																		
	VI	1.898,16	51,91	151,85	170,83																		
6.329,99	I	1.340,58	-	107,24	120,65	-	95,06	106,94	-	83,38	93,80	-	72,22	81,25	-	61,58	69,28	-	51,45	57,88	-	41,84	47
	II	1.195,50	-	95,64	107,59	-	83,94	94,43	-	72,75	81,84	-	62,08	69,84	-	51,93	58,42	-	42,29	47,57	-	33,16	37
	III	833,66	-	66,69	75,02	-	57,94	65,18	-	49,45	55,63	-	41,21	46,36	-	33,22	37,37	-	25,50	28,69	-	18,04	20
	IV	1.340,58	-	107,24	120,65	-	101,09	113,72	-	95,06	106,94	-	89,16	100,30	-	83,38	93,80	-	77,74	87,46	-	72,22	81
	V	1.855,00	46,77	148,40	166,95																		
	VI	1.899,25	52,04	151,94	170,93																		
6.332,99	I	1.341,75	-	107,34	120,75	-	95,14	107,03	-	83,47	93,90	-	72,30	81,34	-	61,66	69,36	-	51,52	57,96	-	41,90	47
	II	1.196,58	-	95,72	107,69	-	84,02	94,52	-	72,83	81,93	-	62,16	69,93	-	52,00	58,50	-	42,36	47,65	-	33,22	37
	III	834,50	-	66,76	75,10	-	58,01	65,26	-	49,50	55,69	-	41,28	46,44	-	33,29	37,45	-	25,57	28,76	-	18,10	20
	IV	1.341,75	-	107,34	120,75	-	101,18	113,82	-	95,14	107,03	-	89,24	100,40	-	83,47	93,90	-	77,82	87,55	-	72,30	81
	V	1.856,08	46,90	148,48	167,04																		
	VI	1.900,41	52,18	152,03	171,03																		
6.335,99	I	1.342,91	-	107,43	120,86	-	95,24	107,14	-	83,55	93,99	-	72,38	81,43	-	61,74	69,45	-	51,60	58,05	-	41,97	47
	II	1.197,66	-	95,81	107,78	-	84,10	94,61	-	72,92	82,03	-	62,24	70,02	-	52,08	58,59	-	42,42	47,72	-	33,29	37
	III	835,33	-	66,82	75,17	-	58,06	65,32	-	49,57	55,76	-	41,33	46,49	-	33,34	37,51	-	25,62	28,82	-	18,16	20
	IV	1.342,91	-	107,43	120,86	-	101,27	113,93	-	95,24	107,14	-	89,33	100,49	-	83,55	93,99	-	77,90	87,64	-	72,38	81
	V	1.857,25	47,04	148,58	167,15																		
	VI	1.901,58	52,32	152,12	171,14																		
6.338,99	I	1.344,00	-	107,52	120,96	-	95,32	107,23	-	83,64	94,09	-	72,46	81,52	-	61,81	69,53	-	51,67	58,13	-	42,04	47
	II	1.198,75	-	95,90	107,88	-	84,19	94,71	-	72,99	82,11	-	62,31	70,10	-	52,14	58,66	-	42,49	47,80	-	33,36	37
	III	836,16	-	66,89	75,25	-	58,13	65,39	-	49,62	55,82	-	41,38	46,55	-	33,40	37,57	-	25,68	28,89	-	18,21	20
	IV	1.344,00	-	107,52	120,96	-	101,36	114,03	-	95,32	107,23	-	89,41	100,58	-	83,64	94,09	-	77,98	87,73	-	72,46	81
	V	1.858,41	47,18	148,67	167,25																		
	VI	1.902,66	52,44	152,21	171,23																		
6.341,99	I	1.345,16	-	107,61	121,06	-	95,41	107,33	-	83,72	94,18	-	72,54	81,61	-	61,88	69,62	-	51,74	58,20	-	42,11	47
	II	1.199,83	-	95,98	107,98	-	84,27	94,80	-	73,07	82,20	-	62,39	70,19	-	52,22	58,74	-	42,56	47,88	-	33,42	37
	III	837,00	-	66,96	75,33	-	58,20	65,47	-	49,69	55,90	-	41,45	46,63	-	33,46	37,64	-	25,73	28,94	-	18,26	20
	IV	1.345,16	-	107,61	121,06	-	101,44	114,12	-	95,41	107,33	-	89,50	100,68	-	83,72	94,18	-	78,07	87,83	-	72,54	81
	V	1.859,58	47,32	148,76	167,36																		
	VI	1.903,83	52,58	152,30	171,34																		
6.344,99	I	1.346,25	-	107,70	121,16	-	95,49	107,42	-	83,80	94,28	-	72,62	81,70	-	61,96	69,70	-	51,81	58,28	-	42,18	47
	II	1.200,91	-	96,07	108,08	-	84,35	94,89	-	73,15	82,29	-	62,46	70,27	-	52,29	58,82	-	42,63	47,96	-	33,48	37
	III	837,66	-	67,01	75,38	-	58,25	65,53	-	49,76	55,98	-	41,50	46,69	-	33,52	37,71	-	25,78	29,00	-	18,32	20
	IV	1.346,25	-	107,70	121,16	-	101,53	114,22	-	95,49	107,42	-	89,58	100,78	-	83,80	94,28	-	78,15	87,92	-	72,62	81
	V	1.860,66	47,45	148,85	167,45																		
	VI	1.905,00	52,72	152,40	171,45																		

Allgemeine Tabelle

Lohn/ Gehalt bis	Steuerklasse	Lohnsteuer	ohne Kinderfreibetrag SolZ 5,5%	Kirchensteuer 8%	Kirchensteuer 9%	0,5 SolZ 5,5%	Kirchensteuer 8%	Kirchensteuer 9%	1,0 SolZ 5,5%	Kirchensteuer 8%	Kirchensteuer 9%	1,5 SolZ 5,5%	Kirchensteuer 8%	Kirchensteuer 9%	2,0 SolZ 5,5%	Kirchensteuer 8%	Kirchensteuer 9%	2,5 SolZ 5,5%	Kirchensteuer 8%	Kirchensteuer 9%	3,0 SolZ 5,5%	Kirchensteuer 8%	Kirchensteuer 9%
						Anzahl Kinderfreibeträge (nur Steuerklassen I–IV)																	
6.347,99	I	1.347,41	-	107,79	121,26	-	95,58	107,53	-	83,88	94,37	-	72,70	81,79	-	62,04	69,79	-	51,88	58,37	-	42,24	47,52
	II	1.202,00	-	96,16	108,18	-	84,44	94,99	-	73,23	82,38	-	62,54	70,35	-	52,36	58,91	-	42,70	48,03	-	33,55	37,74
	III	838,50	-	67,08	75,46	-	58,32	65,61	-	49,81	56,03	-	41,57	46,76	-	33,57	37,76	-	25,84	29,07	-	18,37	20,66
	IV	1.347,41	-	107,79	121,26	-	101,62	114,32	-	95,58	107,53	-	89,67	100,88	-	83,88	94,37	-	78,23	88,01	-	72,70	81,79
	V	1.861,83	47,59	148,94	167,56																		
	VI	1.906,16	52,86	152,49	171,55																		
6.350,99	I	1.348,58	-	107,88	121,37	-	95,67	107,63	-	83,97	94,46	-	72,78	81,88	-	62,11	69,87	-	51,96	58,45	-	42,32	47,61
	II	1.203,16	-	96,25	108,28	-	84,52	95,09	-	73,31	82,47	-	62,62	70,44	-	52,44	58,99	-	42,77	48,11	-	33,62	37,82
	III	839,33	-	67,14	75,53	-	58,38	65,68	-	49,88	56,11	-	41,62	46,82	-	33,64	37,84	-	25,90	29,14	-	18,42	20,72
	IV	1.348,58	-	107,88	121,37	-	101,71	114,42	-	95,67	107,63	-	89,76	100,98	-	83,97	94,46	-	78,31	88,10	-	72,78	81,88
	V	1.863,00	47,72	149,04	167,67																		
	VI	1.907,25	52,99	152,58	171,65																		
6.353,99	I	1.349,66	-	107,97	121,46	-	95,76	107,73	-	84,05	94,55	-	72,86	81,97	-	62,19	69,96	-	52,03	58,53	-	42,38	47,68
	II	1.204,16	-	96,33	108,37	-	84,60	95,18	-	73,39	82,56	-	62,69	70,52	-	52,50	59,06	-	42,84	48,19	-	33,68	37,89
	III	840,16	-	67,21	75,61	-	58,45	65,75	-	49,93	56,17	-	41,69	46,90	-	33,69	37,90	-	25,96	29,20	-	18,48	20,79
	IV	1.349,66	-	107,97	121,46	-	101,80	114,52	-	95,76	107,73	-	89,84	101,07	-	84,05	94,55	-	78,39	88,19	-	72,86	81,97
	V	1.864,08	47,85	149,12	167,76																		
	VI	1.908,41	53,13	152,67	171,75																		
6.356,99	I	1.350,83	-	108,06	121,57	-	95,84	107,82	-	84,14	94,65	-	72,94	82,06	-	62,26	70,04	-	52,10	58,61	-	42,45	47,75
	II	1.205,33	-	96,42	108,47	-	84,69	95,27	-	73,47	82,65	-	62,77	70,61	-	52,58	59,15	-	42,90	48,26	-	33,74	37,96
	III	841,00	-	67,28	75,69	-	58,50	65,81	-	50,00	56,25	-	41,74	46,96	-	33,74	37,96	-	26,01	29,26	-	18,53	20,84
	IV	1.350,83	-	108,06	121,57	-	101,89	114,62	-	95,84	107,82	-	89,92	101,16	-	84,14	94,65	-	78,48	88,29	-	72,94	82,06
	V	1.865,25	47,99	149,22	167,87																		
	VI	1.909,58	53,27	152,76	171,86																		
6.359,99	I	1.352,00	-	108,16	121,68	-	95,93	107,92	-	84,22	94,75	-	73,02	82,15	-	62,34	70,13	-	52,17	58,69	-	42,52	47,83
	II	1.206,41	-	96,51	108,57	-	84,78	95,37	-	73,55	82,74	-	62,84	70,70	-	52,65	59,23	-	42,98	48,35	-	33,81	38,03
	III	841,83	-	67,34	75,76	-	58,57	65,89	-	50,06	56,32	-	41,81	47,03	-	33,81	38,03	-	26,06	29,32	-	18,58	20,90
	IV	1.352,00	-	108,16	121,68	-	101,98	114,72	-	95,93	107,92	-	90,01	101,26	-	84,22	94,75	-	78,56	88,38	-	73,02	82,15
	V	1.866,41	48,13	149,31	167,97																		
	VI	1.910,75	53,41	152,86	171,96																		
6.362,99	I	1.353,08	-	108,24	121,77	-	96,02	108,02	-	84,30	94,84	-	73,10	82,24	-	62,42	70,22	-	52,24	58,77	-	42,59	47,91
	II	1.207,50	-	96,60	108,67	-	84,86	95,46	-	73,63	82,83	-	62,92	70,78	-	52,72	59,31	-	43,04	48,42	-	33,88	38,11
	III	842,66	-	67,41	75,83	-	58,64	65,97	-	50,12	56,38	-	41,86	47,09	-	33,86	38,09	-	26,12	29,38	-	18,64	20,97
	IV	1.353,08	-	108,24	121,77	-	102,07	114,83	-	96,02	108,02	-	90,10	101,36	-	84,30	94,84	-	78,64	88,47	-	73,10	82,24
	V	1.867,50	48,26	149,40	168,07																		
	VI	1.911,83	53,54	152,94	172,06																		
6.365,99	I	1.354,25	-	108,34	121,88	-	96,10	108,11	-	84,38	94,93	-	73,18	82,33	-	62,49	70,30	-	52,32	58,86	-	42,66	47,99
	II	1.208,58	-	96,68	108,77	-	84,94	95,56	-	73,71	82,92	-	63,00	70,87	-	52,80	59,40	-	43,11	48,50	-	33,94	38,18
	III	843,33	-	67,46	75,89	-	58,69	66,02	-	50,18	56,45	-	41,92	47,16	-	33,92	38,16	-	26,17	29,44	-	18,69	21,02
	IV	1.354,25	-	108,34	121,88	-	102,16	114,93	-	96,10	108,11	-	90,18	101,45	-	84,38	94,93	-	78,72	88,56	-	73,18	82,33
	V	1.868,66	48,40	149,49	168,17																		
	VI	1.913,00	53,67	153,04	172,17																		
6.368,99	I	1.355,41	-	108,43	121,98	-	96,20	108,22	-	84,47	95,03	-	73,26	82,42	-	62,57	70,39	-	52,39	58,94	-	42,72	48,06
	II	1.209,66	-	96,77	108,86	-	85,02	95,65	-	73,79	83,01	-	63,08	70,96	-	52,87	59,48	-	43,18	48,58	-	34,00	38,25
	III	844,16	-	67,53	75,97	-	58,76	66,10	-	50,24	56,52	-	41,98	47,23	-	33,98	38,23	-	26,24	29,52	-	18,74	21,08
	IV	1.355,41	-	108,43	121,98	-	102,25	115,03	-	96,20	108,22	-	90,27	101,55	-	84,47	95,03	-	78,80	88,65	-	73,26	82,42
	V	1.869,83	48,54	149,58	168,28																		
	VI	1.914,16	53,81	153,13	172,27																		
6.371,99	I	1.356,50	-	108,52	122,08	-	96,28	108,31	-	84,55	95,12	-	73,34	82,51	-	62,64	70,47	-	52,46	59,02	-	42,79	48,14
	II	1.210,75	-	96,86	108,96	-	85,11	95,75	-	73,87	83,10	-	63,15	71,04	-	52,94	59,56	-	43,25	48,65	-	34,07	38,33
	III	845,00	-	67,60	76,05	-	58,82	66,17	-	50,30	56,59	-	42,04	47,29	-	34,04	38,29	-	26,29	29,57	-	18,80	21,15
	IV	1.356,50	-	108,52	122,08	-	102,34	115,13	-	96,28	108,31	-	90,35	101,64	-	84,55	95,12	-	78,88	88,74	-	73,34	82,51
	V	1.871,00	48,68	149,68	168,39																		
	VI	1.915,25	53,94	153,22	172,37																		
6.374,99	I	1.357,66	-	108,61	122,18	-	96,37	108,41	-	84,64	95,22	-	73,42	82,60	-	62,72	70,56	-	52,54	59,10	-	42,86	48,22
	II	1.211,83	-	96,94	109,06	-	85,19	95,84	-	73,95	83,19	-	63,22	71,12	-	53,02	59,64	-	43,32	48,73	-	34,14	38,40
	III	845,83	-	67,66	76,12	-	58,89	66,25	-	50,36	56,65	-	42,10	47,36	-	34,09	38,35	-	26,34	29,63	-	18,85	21,20
	IV	1.357,66	-	108,61	122,18	-	102,42	115,22	-	96,37	108,41	-	90,44	101,74	-	84,64	95,22	-	78,96	88,83	-	73,42	82,60
	V	1.872,08	48,80	149,76	168,48																		
	VI	1.916,41	54,08	153,31	172,47																		
6.377,99	I	1.358,83	-	108,70	122,29	-	96,46	108,51	-	84,72	95,31	-	73,50	82,69	-	62,80	70,65	-	52,61	59,18	-	42,93	48,29
	II	1.213,00	-	97,04	109,17	-	85,28	95,94	-	74,03	83,28	-	63,30	71,21	-	53,09	59,72	-	43,39	48,81	-	34,20	38,48
	III	846,66	-	67,73	76,19	-	58,96	66,33	-	50,42	56,72	-	42,16	47,43	-	34,16	38,43	-	26,40	29,70	-	18,90	21,26
	IV	1.358,83	-	108,70	122,29	-	102,52	115,33	-	96,46	108,51	-	90,52	101,84	-	84,72	95,31	-	79,05	88,93	-	73,50	82,69
	V	1.873,25	48,94	149,86	168,59																		
	VI	1.917,58	54,22	153,40	172,58																		
6.380,99	I	1.360,00	-	108,80	122,40	-	96,54	108,61	-	84,80	95,40	-	73,58	82,78	-	62,87	70,73	-	52,68	59,26	-	43,00	48,37
	II	1.214,08	-	97,12	109,26	-	85,36	96,03	-	74,11	83,37	-	63,38	71,30	-	53,16	59,80	-	43,46	48,89	-	34,26	38,54
	III	847,50	-	67,80	76,27	-	59,01	66,38	-	50,49	56,80	-	42,22	47,50	-	34,21	38,48	-	26,45	29,75	-	18,96	21,33
	IV	1.360,00	-	108,80	122,40	-	102,60	115,43	-	96,54	108,61	-	90,61	101,93	-	84,80	95,40	-	79,13	89,02	-	73,58	82,78
	V	1.874,41	49,08	149,95	168,69																		
	VI	1.918,66	54,35	153,49	172,67																		
6.383,99	I	1.361,08	-	108,88	122,49	-	96,63	108,71	-	84,89	95,50	-	73,66	82,87	-	62,95	70,82	-	52,75	59,34	-	43,07	48,45
	II	1.215,16	-	97,21	109,36	-	85,44	96,12	-	74,19	83,46	-	63,46	71,39	-	53,23	59,88	-	43,52	48,96	-	34,33	38,62
	III	848,33	-	67,86	76,34	-	59,08	66,46	-	50,54	56,86	-	42,28	47,56	-	34,26	38,54	-	26,50	29,81	-	19,01	21,38
	IV	1.361,08	-	108,88	122,49	-	102,70	115,53	-	96,63	108,71	-	90,70	102,03	-	84,89	95,50	-	79,21	89,11	-	73,66	82,87
	V	1.875,58	49,22	150,04	168,80																		
	VI	1.919,83	54,49	153,58	172,78																		
6.386,99	I	1.362,25	-	108,98	122,60	-	96,72	108,81	-	84,98	95,60	-	73,74	82,96	-	63,03	70,91	-	52,82	59,42	-	43,14	48,53
	II	1.216,25	-	97,30	109,46	-	85,53	96,22	-	74,27	83,55	-	63,53	71,47	-	53,30	59,96	-	43,60	49,05	-	34,40	38,70
	III	849,16	-	67,93	76,42	-	59,14	66,53	-	50,61	56,93	-	42,34	47,63	-	34,33	38,62	-	26,57	29,89	-	19,06	21,44
	IV	1.362,25	-	108,98	122,60	-	102,78	115,63	-	96,72	108,81	-	90,78	102,13	-	84,98	95,60	-	79,30	89,21	-	73,74	82,96
	V	1.876,66	49,35	150,13	168,89																		
	VI	1.921,00	54,63	153,68	172,89																		
6.389,99	I	1.363,41	-	109,07	122,70	-	96,80	108,90	-	85,06	95,69	-	73,82	83,05	-	63,10	70,99	-	52,90	59,51	-	43,20	48,60
	II	1.217,33	-	97,38	109,55	-	85,61	96,31	-	74,35	83,64	-	63,61	71,56	-	53,38	60,05	-	43,66	49,12	-	34,46	38,77
	III	850,00	-	68,00	76,50	-	59,20	66,60	-	50,68	57,01	-	42,40	47,70	-	34,38	38,68	-	26,62	29,95	-	19,12	21,51
	IV	1.363,41	-	109,07	122,70	-	102,87	115,73	-	96,80	108,90	-	90,86	102,22	-	85,06	95,69	-	79,38	89,30	-	73,82	83,05
	V	1.877,83	49,49	150,22	169,00																		
	VI	1.922,16	54,76	153,77	172,99																		

MONAT bis 6.434,99 €

Allgemeine Tabelle

Lohn/ Gehalt bis	Steuerklasse	Lohn-steuer	ohne Kinderfreibetrag SolZ 5,5%	Kirchensteuer 8%	9%	0,5 SolZ 5,5%	Kirchensteuer 8%	9%	1,0 SolZ 5,5%	Kirchensteuer 8%	9%	1,5 SolZ 5,5%	Kirchensteuer 8%	9%	2,0 SolZ 5,5%	Kirchensteuer 8%	9%	2,5 SolZ 5,5%	Kirchensteuer 8%	9%	3,0 SolZ 5,5%	Kirchensteuer 8%	9%
						Anzahl Kinderfreibeträge (nur Steuerklassen I–IV)																	
6.392,99	I	1.364,50	-	109,16	122,80	-	96,89	109,00	-	85,14	95,78	-	73,90	83,14	-	63,18	71,07	-	52,97	59,59	-	43,28	48
	II	1.218,41	-	97,47	109,65	-	85,70	96,41	-	74,43	83,73	-	63,68	71,64	-	53,45	60,13	-	43,73	49,19	-	34,52	38
	III	850,66	-	68,05	76,55	-	59,26	66,67	-	50,73	57,07	-	42,45	47,75	-	34,44	38,74	-	26,68	30,01	-	19,17	21
	IV	1.364,50	-	109,16	122,80	-	102,96	115,83	-	96,89	109,00	-	90,95	102,32	-	85,14	95,78	-	79,46	89,39	-	73,90	83
	V	1.879,00	*49,63*	150,32	169,11																		
	VI	1.923,25	*54,89*	153,86	173,09																		
6.395,99	I	1.365,66	-	109,25	122,90	-	96,98	109,10	-	85,22	95,87	-	73,98	83,23	-	63,26	71,16	-	53,04	59,67	-	43,34	48
	II	1.219,58	-	97,56	109,76	-	85,78	96,50	-	74,52	83,83	-	63,76	71,73	-	53,52	60,21	-	43,80	49,28	-	34,59	38
	III	851,50	-	68,12	76,63	-	59,33	66,74	-	50,80	57,15	-	42,52	47,83	-	34,49	38,80	-	26,73	30,07	-	19,22	21
	IV	1.365,66	-	109,25	122,90	-	103,05	115,93	-	96,98	109,10	-	91,04	102,42	-	85,22	95,87	-	79,54	89,48	-	73,98	83
	V	1.880,16	*49,77*	150,41	169,21																		
	VI	1.924,41	*55,03*	153,95	173,19																		
6.398,99	I	1.366,83	-	109,34	123,01	-	97,07	109,20	-	85,31	95,97	-	74,06	83,32	-	63,33	71,24	-	53,12	59,76	-	43,41	48
	II	1.220,66	-	97,65	109,85	-	85,86	96,59	-	74,59	83,91	-	63,84	71,82	-	53,60	60,30	-	43,87	49,35	-	34,66	38
	III	852,33	-	68,18	76,70	-	59,40	66,82	-	50,85	57,20	-	42,57	47,89	-	34,56	38,88	-	26,78	30,13	-	19,28	21
	IV	1.366,83	-	109,34	123,01	-	103,14	116,03	-	97,07	109,20	-	91,12	102,51	-	85,31	95,97	-	79,62	89,57	-	74,06	83
	V	1.881,25	*49,90*	150,50	169,31																		
	VI	1.925,58	*55,17*	154,04	173,30																		
6.401,99	I	1.368,00	-	109,44	123,12	-	97,16	109,30	-	85,39	96,06	-	74,14	83,41	-	63,41	71,33	-	53,19	59,84	-	43,48	48
	II	1.221,75	-	97,74	109,95	-	85,95	96,69	-	74,68	84,01	-	63,92	71,91	-	53,67	60,38	-	43,94	49,43	-	34,72	39
	III	853,16	-	68,25	76,78	-	59,45	66,88	-	50,92	57,28	-	42,64	47,97	-	34,61	38,93	-	26,84	30,19	-	19,33	21
	IV	1.368,00	-	109,44	123,12	-	103,23	116,13	-	97,16	109,30	-	91,21	102,61	-	85,39	96,06	-	79,70	89,66	-	74,14	83
	V	1.882,41	*50,03*	150,59	169,41																		
	VI	1.926,75	*55,31*	154,14	173,40																		
6.404,99	I	1.369,08	-	109,52	123,21	-	97,24	109,40	-	85,48	96,16	-	74,22	83,50	-	63,48	71,42	-	53,26	59,92	-	43,55	48
	II	1.222,83	-	97,82	110,05	-	86,03	96,78	-	74,76	84,10	-	63,99	71,99	-	53,74	60,46	-	44,01	49,51	-	34,79	39
	III	854,00	-	68,32	76,86	-	59,52	66,96	-	50,98	57,35	-	42,69	48,02	-	34,66	38,99	-	26,90	30,26	-	19,38	21
	IV	1.369,08	-	109,52	123,21	-	103,32	116,24	-	97,24	109,40	-	91,30	102,71	-	85,48	96,16	-	79,78	89,75	-	74,22	83
	V	1.883,58	*50,17*	150,68	169,52																		
	VI	1.927,83	*55,44*	154,22	173,50																		
6.407,99	I	1.370,25	-	109,62	123,32	-	97,33	109,49	-	85,56	96,25	-	74,30	83,59	-	63,56	71,51	-	53,33	59,99	-	43,62	49
	II	1.223,91	-	97,91	110,15	-	86,12	96,88	-	74,84	84,19	-	64,07	72,08	-	53,82	60,54	-	44,08	49,59	-	34,85	39
	III	854,83	-	68,38	76,93	-	59,58	67,03	-	51,04	57,42	-	42,76	48,10	-	34,73	39,07	-	26,96	30,33	-	19,44	21,
	IV	1.370,25	-	109,62	123,32	-	103,41	116,33	-	97,33	109,49	-	91,38	102,80	-	85,56	96,25	-	79,87	89,85	-	74,30	83
	V	1.884,66	*50,30*	150,77	169,61																		
	VI	1.929,00	*55,58*	154,32	173,61																		
6.410,99	I	1.371,41	-	109,71	123,42	-	97,42	109,59	-	85,64	96,35	-	74,38	83,68	-	63,64	71,59	-	53,40	60,08	-	43,69	49,
	II	1.225,08	-	98,00	110,25	-	86,20	96,98	-	74,92	84,28	-	64,14	72,16	-	53,89	60,62	-	44,14	49,66	-	34,92	39
	III	855,66	-	68,45	77,00	-	59,64	67,09	-	51,10	57,49	-	42,81	48,16	-	34,78	39,13	-	27,01	30,38	-	19,49	21,
	IV	1.371,41	-	109,71	123,42	-	103,50	116,43	-	97,42	109,59	-	91,47	102,90	-	85,64	96,35	-	79,95	89,94	-	74,38	83
	V	1.885,83	*50,44*	150,86	169,72																		
	VI	1.930,16	*55,72*	154,41	173,71																		
6.413,99	I	1.372,50	-	109,80	123,52	-	97,50	109,69	-	85,72	96,44	-	74,46	83,77	-	63,71	71,67	-	53,48	60,16	-	43,76	49,
	II	1.226,16	-	98,09	110,35	-	86,28	97,07	-	75,00	84,37	-	64,22	72,24	-	53,96	60,70	-	44,22	49,74	-	34,98	39,
	III	856,33	-	68,50	77,06	-	59,70	67,16	-	51,16	57,55	-	42,88	48,24	-	34,84	39,19	-	27,06	30,44	-	19,54	21,
	IV	1.372,50	-	109,80	123,52	-	103,59	116,54	-	97,50	109,69	-	91,55	102,99	-	85,72	96,44	-	80,03	90,03	-	74,46	83,
	V	1.886,91	*50,57*	150,95	169,82																		
	VI	1.931,25	*55,85*	154,50	173,81																		
6.416,99	I	1.373,66	-	109,89	123,62	-	97,60	109,80	-	85,81	96,53	-	74,54	83,86	-	63,79	71,76	-	53,55	60,24	-	43,82	49,
	II	1.227,25	-	98,18	110,45	-	86,37	97,16	-	75,08	84,46	-	64,30	72,33	-	54,03	60,78	-	44,28	49,82	-	35,05	39,
	III	857,16	-	68,57	77,14	-	59,77	67,24	-	51,22	57,62	-	42,93	48,29	-	34,90	39,26	-	27,12	30,51	-	19,60	22,
	IV	1.373,66	-	109,89	123,62	-	103,68	116,64	-	97,60	109,80	-	91,64	103,09	-	85,81	96,53	-	80,11	90,12	-	74,54	83,
	V	1.888,08	*50,71*	151,04	169,92																		
	VI	1.932,41	*55,98*	154,59	173,91																		
6.419,99	I	1.374,83	-	109,98	123,73	-	97,68	109,89	-	85,90	96,63	-	74,62	83,95	-	63,87	71,85	-	53,62	60,32	-	43,90	49,
	II	1.228,33	-	98,26	110,54	-	86,46	97,26	-	75,16	84,55	-	64,38	72,42	-	54,11	60,87	-	44,36	49,90	-	35,12	39,
	III	858,00	-	68,64	77,22	-	59,84	67,32	-	51,28	57,69	-	43,00	48,37	-	34,96	39,33	-	27,18	30,58	-	19,65	22,
	IV	1.374,83	-	109,98	123,73	-	103,77	116,74	-	97,68	109,89	-	91,72	103,19	-	85,90	96,63	-	80,20	90,22	-	74,62	83,
	V	1.889,25	*50,85*	151,14	170,03																		
	VI	1.933,58	*56,12*	154,68	174,02																		
6.422,99	I	1.375,91	-	110,07	123,83	-	97,77	109,99	-	85,98	96,72	-	74,70	84,04	-	63,94	71,93	-	53,70	60,41	-	43,96	49,
	II	1.229,41	-	98,35	110,64	-	86,54	97,35	-	75,24	84,64	-	64,45	72,50	-	54,18	60,95	-	44,42	49,97	-	35,18	39,
	III	858,83	-	68,70	77,29	-	59,89	67,37	-	51,34	57,76	-	43,05	48,43	-	35,01	39,38	-	27,24	30,64	-	19,70	22,
	IV	1.375,91	-	110,07	123,83	-	103,86	116,84	-	97,77	109,99	-	91,81	103,28	-	85,98	96,72	-	80,28	90,31	-	74,70	84,
	V	1.890,41	*50,99*	151,23	170,13																		
	VI	1.934,66	*56,25*	154,77	174,11																		
6.425,99	I	1.377,08	-	110,16	123,93	-	97,86	110,09	-	86,06	96,82	-	74,78	84,13	-	64,02	72,02	-	53,77	60,49	-	44,04	49,
	II	1.230,50	-	98,44	110,74	-	86,62	97,45	-	75,32	84,73	-	64,53	72,59	-	54,25	61,03	-	44,49	50,05	-	35,24	39,
	III	859,66	-	68,77	77,36	-	59,96	67,45	-	51,41	57,83	-	43,12	48,51	-	35,08	39,46	-	27,29	30,70	-	19,77	22,
	IV	1.377,08	-	110,16	123,93	-	103,95	116,94	-	97,86	110,09	-	91,90	103,38	-	86,06	96,82	-	80,36	90,41	-	74,78	84,
	V	1.891,50	*51,12*	151,32	170,23																		
	VI	1.935,83	*56,39*	154,86	174,22																		
6.428,99	I	1.378,25	-	110,26	124,04	-	97,94	110,18	-	86,15	96,92	-	74,86	84,22	-	64,10	72,11	-	53,84	60,57	-	44,10	49,
	II	1.231,66	-	98,53	110,84	-	86,70	97,54	-	75,40	84,82	-	64,60	72,68	-	54,32	61,11	-	44,56	50,13	-	35,31	39,
	III	860,50	-	68,84	77,44	-	60,02	67,52	-	51,46	57,89	-	43,17	48,56	-	35,13	39,52	-	27,34	30,76	-	19,82	22,
	IV	1.378,25	-	110,26	124,04	-	104,04	117,04	-	97,94	110,18	-	91,98	103,48	-	86,15	96,92	-	80,44	90,50	-	74,86	84,
	V	1.892,66	*51,25*	151,41	170,33																		
	VI	1.937,00	*56,53*	154,96	174,33																		
6.431,99	I	1.379,33	-	110,34	124,13	-	98,03	110,28	-	86,23	97,01	-	74,94	84,31	-	64,17	72,19	-	53,92	60,66	-	44,17	49,
	II	1.232,75	-	98,62	110,94	-	86,79	97,64	-	75,48	84,91	-	64,68	72,77	-	54,40	61,20	-	44,63	50,21	-	35,38	39,
	III	861,33	-	68,90	77,51	-	60,09	67,60	-	51,53	57,97	-	43,22	48,62	-	35,18	39,58	-	27,40	30,82	-	19,88	22,
	IV	1.379,33	-	110,34	124,13	-	104,12	117,14	-	98,03	110,28	-	92,07	103,58	-	86,23	97,01	-	80,52	90,59	-	74,94	84,
	V	1.893,83	*51,39*	151,50	170,44																		
	VI	1.938,08	*56,66*	155,04	174,42																		
6.434,99	I	1.380,50	-	110,44	124,24	-	98,12	110,39	-	86,32	97,11	-	75,02	84,40	-	64,25	72,28	-	53,99	60,74	-	44,24	49,
	II	1.233,83	-	98,70	111,04	-	86,88	97,74	-	75,56	85,00	-	64,76	72,85	-	54,47	61,28	-	44,70	50,28	-	35,44	39,
	III	862,16	-	68,97	77,59	-	60,16	67,68	-	51,60	58,05	-	43,29	48,70	-	35,25	39,65	-	27,46	30,89	-	19,93	22,
	IV	1.380,50	-	110,44	124,24	-	104,22	117,24	-	98,12	110,39	-	92,16	103,68	-	86,32	97,11	-	80,61	90,68	-	75,02	84,
	V	1.895,00	*51,53*	151,60	170,55																		
	VI	1.939,25	*56,80*	155,14	174,53																		

Allgemeine Tabelle

MONAT bis 6.479,99 €

Lohn/ Gehalt bis	Steuerklasse	Lohn-steuer	ohne Kinderfreibetrag			Anzahl Kinderfreibeträge (nur Steuerklassen I–IV)																	
						0,5			1,0			1,5			2,0			2,5			3,0		
			SolZ 5,5%	Kirchensteuer 8%	9%	SolZ 5,5%	Kirchensteuer 8%	9%	SolZ 5,5%	Kirchensteuer 8%	9%	SolZ 5,5%	Kirchensteuer 8%	9%	SolZ 5,5%	Kirchensteuer 8%	9%	SolZ 5,5%	Kirchensteuer 8%	9%	SolZ 5,5%	Kirchensteuer 8%	9%
6.437,99	I	1.381,66	-	110,53	124,34	-	98,21	110,48	-	86,40	97,20	-	75,11	84,50	-	64,33	72,37	-	54,06	60,82	-	44,31	49,85
	II	1.235,00	-	98,80	111,15	-	86,96	97,83	-	75,64	85,10	-	64,84	72,94	-	54,54	61,36	-	44,77	50,36	-	35,51	39,95
	III	863,00	-	69,04	77,67	-	60,21	67,73	-	51,65	58,10	-	43,34	48,76	-	35,30	39,71	-	27,52	30,96	-	19,98	22,48
	IV	1.381,66	-	110,53	124,34	-	104,31	117,35	-	98,21	110,48	-	92,24	103,77	-	86,40	97,20	-	80,69	90,77	-	75,11	84,50
	V	1.896,08	51,66	151,68	170,64																		
	VI	1.940,41	56,94	155,23	174,63																		
6.440,99	I	1.382,83	-	110,62	124,45	-	98,30	110,58	-	86,48	97,29	-	75,18	84,58	-	64,40	72,45	-	54,14	60,90	-	44,38	49,92
	II	1.236,00	-	98,88	111,24	-	87,04	97,92	-	75,72	85,18	-	64,91	73,02	-	54,62	61,44	-	44,84	50,44	-	35,57	40,01
	III	863,66	-	69,09	77,72	-	60,28	67,81	-	51,72	58,18	-	43,41	48,83	-	35,36	39,78	-	27,57	31,01	-	20,04	22,54
	IV	1.382,83	-	110,62	124,45	-	104,40	117,45	-	98,30	110,58	-	92,32	103,86	-	86,48	97,29	-	80,77	90,86	-	75,18	84,58
	V	1.897,25	51,80	151,78	170,75																		
	VI	1.941,58	57,08	155,32	174,74																		
6.443,99	I	1.383,91	-	110,71	124,55	-	98,38	110,68	-	86,57	97,39	-	75,27	84,68	-	64,48	72,54	-	54,21	60,98	-	44,45	50,00
	II	1.237,16	-	98,97	111,34	-	87,13	98,02	-	75,80	85,28	-	64,99	73,11	-	54,69	61,52	-	44,91	50,52	-	35,64	40,09
	III	864,66	-	69,17	77,81	-	60,34	67,88	-	51,77	58,24	-	43,46	48,89	-	35,42	39,85	-	27,62	31,07	-	20,09	22,60
	IV	1.383,91	-	110,71	124,55	-	104,49	117,55	-	98,38	110,68	-	92,42	103,97	-	86,57	97,39	-	80,86	90,96	-	75,27	84,68
	V	1.898,41	51,94	151,87	170,85																		
	VI	1.942,75	57,21	155,42	174,84																		
6.446,99	I	1.385,08	-	110,80	124,65	-	98,48	110,79	-	86,66	97,49	-	75,35	84,77	-	64,56	72,63	-	54,28	61,07	-	44,52	50,08
	II	1.238,25	-	99,06	111,44	-	87,22	98,12	-	75,88	85,37	-	65,07	73,20	-	54,76	61,61	-	44,98	50,60	-	35,70	40,16
	III	865,33	-	69,22	77,87	-	60,41	67,96	-	51,84	58,32	-	43,53	48,97	-	35,48	39,91	-	27,68	31,14	-	20,14	22,66
	IV	1.385,08	-	110,80	124,65	-	104,58	117,65	-	98,48	110,79	-	92,50	104,06	-	86,66	97,49	-	80,94	91,05	-	75,35	84,77
	V	1.899,58	52,08	151,96	170,96																		
	VI	1.943,83	57,34	155,50	174,94																		
6.449,99	I	1.386,25	-	110,90	124,76	-	98,56	110,88	-	86,74	97,58	-	75,43	84,86	-	64,64	72,72	-	54,35	61,14	-	44,59	50,16
	II	1.239,33	-	99,14	111,53	-	87,30	98,21	-	75,96	85,46	-	65,14	73,28	-	54,84	61,69	-	45,05	50,68	-	35,77	40,24
	III	866,16	-	69,29	77,95	-	60,46	68,02	-	51,90	58,39	-	43,58	49,03	-	35,53	39,97	-	27,73	31,19	-	20,20	22,72
	IV	1.386,25	-	110,90	124,76	-	104,66	117,74	-	98,56	110,88	-	92,58	104,15	-	86,74	97,58	-	81,02	91,14	-	75,43	84,86
	V	1.900,66	52,21	152,05	171,05																		
	VI	1.945,00	57,48	155,60	175,05																		
6.452,99	I	1.387,41	-	110,99	124,86	-	98,65	110,98	-	86,82	97,67	-	75,51	84,95	-	64,71	72,80	-	54,43	61,23	-	44,66	50,24
	II	1.240,50	-	99,24	111,64	-	87,38	98,30	-	76,04	85,55	-	65,22	73,37	-	54,91	61,77	-	45,12	50,76	-	35,84	40,32
	III	867,00	-	69,36	78,03	-	60,53	68,09	-	51,96	58,45	-	43,65	49,10	-	35,60	40,05	-	27,80	31,27	-	20,25	22,78
	IV	1.387,41	-	110,99	124,86	-	104,76	117,85	-	98,65	110,98	-	92,67	104,25	-	86,82	97,67	-	81,10	91,24	-	75,51	84,95
	V	1.901,83	52,35	152,14	171,16																		
	VI	1.946,16	57,62	155,69	175,15																		
6.455,99	I	1.388,58	-	111,08	124,97	-	98,74	111,08	-	86,91	97,77	-	75,59	85,04	-	64,79	72,89	-	54,50	61,31	-	44,73	50,32
	II	1.241,58	-	99,32	111,74	-	87,47	98,40	-	76,12	85,64	-	65,30	73,46	-	54,98	61,85	-	45,19	50,84	-	35,90	40,39
	III	867,83	-	69,42	78,10	-	60,60	68,17	-	52,02	58,52	-	43,70	49,16	-	35,65	40,10	-	27,85	31,33	-	20,30	22,84
	IV	1.388,58	-	111,08	124,97	-	104,85	117,95	-	98,74	111,08	-	92,76	104,35	-	86,91	97,77	-	81,18	91,33	-	75,59	85,04
	V	1.903,00	52,48	152,24	171,27																		
	VI	1.947,33	57,76	155,78	175,25																		
6.458,99	I	1.389,66	-	111,17	125,06	-	98,82	111,17	-	86,99	97,86	-	75,67	85,13	-	64,86	72,97	-	54,57	61,39	-	44,80	50,40
	II	1.242,66	-	99,41	111,83	-	87,55	98,49	-	76,20	85,73	-	65,38	73,55	-	55,06	61,94	-	45,26	50,91	-	35,97	40,46
	III	868,66	-	69,49	78,17	-	60,65	68,23	-	52,08	58,59	-	43,77	49,24	-	35,70	40,16	-	27,90	31,39	-	20,36	22,90
	IV	1.389,66	-	111,17	125,06	-	104,94	118,05	-	98,82	111,17	-	92,84	104,45	-	86,99	97,86	-	81,26	91,42	-	75,67	85,13
	V	1.904,08	52,61	152,32	171,36																		
	VI	1.948,41	57,89	155,87	175,35																		
6.461,99	I	1.390,83	-	111,26	125,17	-	98,92	111,28	-	87,08	97,96	-	75,75	85,22	-	64,94	73,06	-	54,65	61,48	-	44,86	50,47
	II	1.243,75	-	99,50	111,93	-	87,64	98,59	-	76,29	85,82	-	65,45	73,63	-	55,13	62,02	-	45,32	50,99	-	36,04	40,54
	III	869,50	-	69,56	78,25	-	60,72	68,31	-	52,14	58,66	-	43,82	49,30	-	35,77	40,24	-	27,96	31,45	-	20,41	22,96
	IV	1.390,83	-	111,26	125,17	-	105,03	118,16	-	98,92	111,28	-	92,93	104,54	-	87,08	97,96	-	81,35	91,52	-	75,75	85,22
	V	1.905,25	52,75	152,42	171,47																		
	VI	1.949,58	58,03	155,96	175,46																		
6.464,99	I	1.392,00	-	111,36	125,28	-	99,00	111,38	-	87,16	98,06	-	75,84	85,32	-	65,02	73,14	-	54,72	61,56	-	44,94	50,55
	II	1.244,91	-	99,59	112,04	-	87,72	98,69	-	76,37	85,91	-	65,53	73,72	-	55,20	62,10	-	45,40	51,07	-	36,10	40,61
	III	870,33	-	69,62	78,32	-	60,78	68,38	-	52,21	58,73	-	43,89	49,37	-	35,82	40,30	-	28,01	31,51	-	20,46	23,02
	IV	1.392,00	-	111,36	125,28	-	105,12	118,26	-	99,00	111,38	-	93,02	104,64	-	87,16	98,06	-	81,44	91,62	-	75,84	85,32
	V	1.906,41	52,89	152,51	171,57																		
	VI	1.950,75	58,17	156,06	175,56																		
6.467,99	I	1.393,08	-	111,44	125,37	-	99,09	111,47	-	87,24	98,15	-	75,91	85,40	-	65,10	73,23	-	54,79	61,64	-	45,00	50,63
	II	1.246,00	-	99,68	112,14	-	87,80	98,78	-	76,45	86,00	-	65,60	73,80	-	55,28	62,19	-	45,46	51,14	-	36,16	40,68
	III	871,16	-	69,69	78,40	-	60,85	68,45	-	52,26	58,79	-	43,94	49,43	-	35,88	40,36	-	28,08	31,59	-	20,52	23,08
	IV	1.393,08	-	111,44	125,37	-	105,21	118,36	-	99,09	111,47	-	93,10	104,74	-	87,24	98,15	-	81,52	91,71	-	75,91	85,40
	V	1.907,50	53,02	152,60	171,67																		
	VI	1.951,83	58,30	156,14	175,66																		
6.470,99	I	1.394,25	-	111,54	125,48	-	99,18	111,58	-	87,33	98,24	-	76,00	85,50	-	65,18	73,32	-	54,87	61,73	-	45,08	50,71
	II	1.247,08	-	99,76	112,23	-	87,89	98,87	-	76,53	86,09	-	65,68	73,89	-	55,35	62,27	-	45,54	51,23	-	36,23	40,76
	III	872,00	-	69,76	78,48	-	60,92	68,53	-	52,33	58,87	-	44,01	49,51	-	35,94	40,43	-	28,13	31,64	-	20,57	23,14
	IV	1.394,25	-	111,54	125,48	-	105,30	118,46	-	99,18	111,58	-	93,19	104,84	-	87,33	98,24	-	81,60	91,80	-	76,00	85,50
	V	1.908,66	53,16	152,69	171,77																		
	VI	1.953,00	58,43	156,24	175,77																		
6.473,99	I	1.395,41	-	111,63	125,58	-	99,27	111,68	-	87,42	98,34	-	76,08	85,59	-	65,25	73,40	-	54,94	61,81	-	45,14	50,78
	II	1.248,25	-	99,86	112,34	-	87,98	98,97	-	76,61	86,18	-	65,76	73,98	-	55,42	62,35	-	45,60	51,30	-	36,30	40,83
	III	872,66	-	69,81	78,53	-	60,97	68,59	-	52,40	58,95	-	44,06	49,57	-	36,00	40,50	-	28,18	31,70	-	20,62	23,20
	IV	1.395,41	-	111,63	125,58	-	105,39	118,56	-	99,27	111,68	-	93,28	104,94	-	87,42	98,34	-	81,68	91,89	-	76,08	85,59
	V	1.909,83	53,30	152,78	171,88																		
	VI	1.954,16	58,57	156,33	175,87																		
6.476,99	I	1.396,50	-	111,72	125,68	-	99,36	111,78	-	87,50	98,43	-	76,16	85,68	-	65,33	73,49	-	55,01	61,88	-	45,21	50,86
	II	1.249,33	-	99,94	112,43	-	88,06	99,06	-	76,69	86,27	-	65,84	74,07	-	55,50	62,43	-	45,68	51,39	-	36,36	40,91
	III	873,50	-	69,88	78,61	-	61,04	68,67	-	52,45	59,00	-	44,13	49,64	-	36,05	40,55	-	28,24	31,77	-	20,68	23,26
	IV	1.396,50	-	111,72	125,68	-	105,48	118,66	-	99,36	111,78	-	93,36	105,03	-	87,50	98,43	-	81,76	91,98	-	76,16	85,68
	V	1.911,00	53,44	152,88	171,99																		
	VI	1.955,25	58,70	156,42	175,97																		
6.479,99	I	1.397,66	-	111,81	125,78	-	99,44	111,87	-	87,58	98,53	-	76,24	85,77	-	65,40	73,58	-	55,09	61,97	-	45,28	50,94
	II	1.250,41	-	100,03	112,53	-	88,14	99,16	-	76,77	86,36	-	65,92	74,16	-	55,57	62,51	-	45,74	51,46	-	36,43	40,98
	III	874,33	-	69,94	78,68	-	61,10	68,74	-	52,52	59,08	-	44,18	49,70	-	36,12	40,63	-	28,30	31,84	-	20,74	23,33
	IV	1.397,66	-	111,81	125,78	-	105,57	118,76	-	99,44	111,87	-	93,45	105,13	-	87,58	98,53	-	81,84	92,07	-	76,24	85,77
	V	1.912,08	53,56	152,96	172,08																		
	VI	1.956,41	58,84	156,51	176,07																		

Lohn/ Gehalt bis	Steuerklasse	Lohn-steuer	ohne Kinderfreibetrag			Anzahl Kinderfreibeträge (nur Steuerklassen I–IV)																	
						0,5			1,0			1,5			2,0			2,5			3,0		
			SolZ 5,5%	Kirchensteuer 8%	9%	SolZ 5,5%	Kirchensteuer 8%	9%	SolZ 5,5%	Kirchensteuer 8%	9%	SolZ 5,5%	Kirchensteuer 8%	9%	SolZ 5,5%	Kirchensteuer 8%	9%	SolZ 5,5%	Kirchensteuer 8%	9%	SolZ 5,5%	Kirchensteu 8%	9%
6.482,99	I	1.398,83	-	111,90	125,89	-	99,53	111,97	-	87,67	98,63	-	76,32	85,86	-	65,48	73,67	-	55,16	62,05	-	45,35	51
	II	1.251,50	-	100,12	112,63	-	88,23	99,26	-	76,85	86,45	-	65,99	74,24	-	55,64	62,60	-	45,81	51,53	-	36,50	41
	III	875,16	-	70,01	78,76	-	61,17	68,81	-	52,58	59,15	-	44,25	49,78	-	36,17	40,69	-	28,36	31,90	-	20,80	23
	IV	1.398,83	-	111,90	125,89	-	105,66	118,86	-	99,53	111,97	-	93,54	105,23	-	87,67	98,63	-	81,93	92,17	-	76,32	85
	V	1.913,25	*53,70*	153,06	172,19																		
	VI	1.957,58	*58,98*	156,60	176,18																		
6.485,99	I	1.399,91	-	111,99	125,99	-	99,62	112,07	-	87,75	98,72	-	76,40	85,95	-	65,56	73,75	-	55,23	62,13	-	45,42	51,
	II	1.252,66	-	100,21	112,73	-	88,32	99,36	-	76,94	86,55	-	66,07	74,33	-	55,72	62,68	-	45,88	51,62	-	36,56	41
	III	876,00	-	70,08	78,84	-	61,22	68,87	-	52,64	59,22	-	44,30	49,84	-	36,22	40,75	-	28,41	31,96	-	20,85	23
	IV	1.399,91	-	111,99	125,99	-	105,75	118,97	-	99,62	112,07	-	93,62	105,32	-	87,75	98,72	-	82,01	92,26	-	76,40	85
	V	1.914,41	*53,84*	153,15	172,29																		
	VI	1.958,66	*59,11*	156,69	176,27																		
6.488,99	I	1.401,08	-	112,08	126,09	-	99,71	112,17	-	87,84	98,82	-	76,48	86,04	-	65,64	73,84	-	55,31	62,22	-	45,49	51
	II	1.253,75	-	100,30	112,83	-	88,40	99,45	-	77,02	86,64	-	66,15	74,42	-	55,80	62,77	-	45,96	51,70	-	36,63	41
	III	876,83	-	70,14	78,91	-	61,29	68,95	-	52,70	59,29	-	44,37	49,91	-	36,29	40,82	-	28,46	32,02	-	20,90	23
	IV	1.401,08	-	112,08	126,09	-	105,84	119,07	-	99,71	112,17	-	93,71	105,42	-	87,84	98,82	-	82,10	92,36	-	76,48	86
	V	1.915,58	*53,98*	153,24	172,40																		
	VI	1.959,83	*59,25*	156,78	176,38																		
6.491,99	I	1.402,25	-	112,18	126,20	-	99,80	112,27	-	87,92	98,91	-	76,56	86,13	-	65,71	73,92	-	55,38	62,30	-	45,56	51
	II	1.254,83	-	100,38	112,93	-	88,48	99,54	-	77,10	86,73	-	66,22	74,50	-	55,86	62,84	-	46,02	51,77	-	36,70	41,
	III	877,66	-	70,21	78,98	-	61,36	69,03	-	52,76	59,35	-	44,42	49,97	-	36,34	40,88	-	28,52	32,08	-	20,96	23
	IV	1.402,25	-	112,18	126,20	-	105,93	119,17	-	99,80	112,27	-	93,80	105,52	-	87,92	98,91	-	82,18	92,45	-	76,56	86
	V	1.916,66	*54,11*	153,33	172,49																		
	VI	1.961,00	*59,39*	156,88	176,49																		
6.494,99	I	1.403,41	-	112,27	126,30	-	99,89	112,37	-	88,01	99,01	-	76,64	86,22	-	65,79	74,01	-	55,46	62,39	-	45,63	51,
	II	1.255,91	-	100,47	113,03	-	88,57	99,64	-	77,18	86,82	-	66,30	74,59	-	55,94	62,93	-	46,10	51,86	-	36,76	41
	III	878,50	-	70,28	79,06	-	61,42	69,10	-	52,82	59,42	-	44,48	50,04	-	36,40	40,95	-	28,57	32,14	-	21,01	23
	IV	1.403,41	-	112,27	126,30	-	106,02	119,27	-	99,89	112,37	-	93,88	105,62	-	88,01	99,01	-	82,26	92,54	-	76,64	86,
	V	1.917,83	*54,25*	153,42	172,60																		
	VI	1.962,16	*59,52*	156,97	176,59																		
6.497,99	I	1.404,50	-	112,36	126,40	-	99,98	112,47	-	88,09	99,10	-	76,72	86,31	-	65,87	74,10	-	55,53	62,47	-	45,70	51,
	II	1.257,08	-	100,56	113,13	-	88,66	99,74	-	77,26	86,92	-	66,38	74,68	-	56,02	63,02	-	46,16	51,93	-	36,83	41,
	III	879,33	-	70,34	79,13	-	61,49	69,17	-	52,89	59,50	-	44,54	50,11	-	36,46	41,02	-	28,64	32,22	-	21,06	23,
	IV	1.404,50	-	112,36	126,40	-	106,11	119,37	-	99,98	112,47	-	93,97	105,71	-	88,09	99,10	-	82,34	92,63	-	76,72	86,
	V	1.919,00	*54,39*	153,52	172,71																		
	VI	1.963,25	*59,65*	157,06	176,69																		
6.500,99	I	1.405,66	-	112,45	126,50	-	100,06	112,57	-	88,18	99,20	-	76,80	86,40	-	65,94	74,18	-	55,60	62,55	-	45,77	51,
	II	1.258,16	-	100,65	113,23	-	88,74	99,83	-	77,34	87,00	-	66,46	74,76	-	56,09	63,10	-	46,23	52,01	-	36,89	41,
	III	880,16	-	70,41	79,21	-	61,54	69,23	-	52,94	59,56	-	44,61	50,18	-	36,52	41,08	-	28,69	32,27	-	21,12	23,
	IV	1.405,66	-	112,45	126,50	-	106,20	119,47	-	100,06	112,57	-	94,06	105,81	-	88,18	99,20	-	82,42	92,72	-	76,80	86,
	V	1.920,08	*54,52*	153,60	172,80																		
	VI	1.964,41	*59,79*	157,15	176,79																		
6.503,99	I	1.406,83	-	112,54	126,61	-	100,15	112,67	-	88,26	99,29	-	76,88	86,49	-	66,02	74,27	-	55,68	62,64	-	45,84	51,
	II	1.259,25	-	100,74	113,33	-	88,82	99,92	-	77,42	87,10	-	66,54	74,85	-	56,16	63,18	-	46,30	52,09	-	36,96	41,
	III	881,00	-	70,48	79,29	-	61,61	69,31	-	53,01	59,63	-	44,66	50,24	-	36,57	41,14	-	28,74	32,33	-	21,17	23,
	IV	1.406,83	-	112,54	126,61	-	106,29	119,57	-	100,15	112,67	-	94,14	105,91	-	88,26	99,29	-	82,51	92,82	-	76,88	86,
	V	1.921,25	*54,66*	153,70	172,91																		
	VI	1.965,58	*59,93*	157,24	176,90																		
6.506,99	I	1.408,00	-	112,64	126,72	-	100,24	112,77	-	88,35	99,39	-	76,96	86,58	-	66,10	74,36	-	55,75	62,72	-	45,91	51,
	II	1.260,41	-	100,83	113,43	-	88,91	100,02	-	77,50	87,19	-	66,61	74,93	-	56,24	63,27	-	46,38	52,17	-	37,03	41,
	III	881,83	-	70,54	79,36	-	61,68	69,39	-	53,08	59,71	-	44,73	50,32	-	36,64	41,22	-	28,80	32,40	-	21,22	23,
	IV	1.408,00	-	112,64	126,72	-	106,38	119,68	-	100,24	112,77	-	94,23	106,01	-	88,35	99,39	-	82,59	92,91	-	76,96	86,
	V	1.922,41	*54,79*	153,79	173,01																		
	VI	1.966,75	*60,07*	157,34	177,00																		
6.509,99	I	1.409,08	-	112,72	126,81	-	100,33	112,87	-	88,43	99,48	-	77,04	86,67	-	66,18	74,45	-	55,82	62,80	-	45,98	51,
	II	1.261,50	-	100,92	113,53	-	88,99	100,11	-	77,58	87,28	-	66,69	75,02	-	56,31	63,35	-	46,44	52,25	-	37,09	41,
	III	882,50	-	70,60	79,42	-	61,74	69,46	-	53,13	59,77	-	44,78	50,38	-	36,69	41,27	-	28,86	32,47	-	21,28	23,
	IV	1.409,08	-	112,72	126,81	-	106,47	119,78	-	100,33	112,87	-	94,32	106,11	-	88,43	99,48	-	82,68	93,01	-	77,04	86,
	V	1.923,50	*54,92*	153,88	173,11																		
	VI	1.967,83	*60,20*	157,42	177,10																		
6.512,99	I	1.410,25	-	112,82	126,92	-	100,42	112,97	-	88,52	99,58	-	77,13	86,77	-	66,26	74,54	-	55,90	62,88	-	46,05	51,
	II	1.262,58	-	101,00	113,63	-	89,08	100,21	-	77,66	87,37	-	66,77	75,11	-	56,38	63,43	-	46,52	52,33	-	37,16	41,
	III	883,33	-	70,66	79,49	-	61,80	69,52	-	53,20	59,85	-	44,84	50,44	-	36,74	41,33	-	28,92	32,53	-	21,33	23,9
	IV	1.410,25	-	112,82	126,92	-	106,56	119,88	-	100,42	112,97	-	94,40	106,20	-	88,52	99,58	-	82,76	93,10	-	77,13	86,
	V	1.924,66	*55,06*	153,97	173,21																		
	VI	1.969,00	*60,34*	157,52	177,21																		
6.515,99	I	1.411,41	-	112,91	127,02	-	100,51	113,07	-	88,60	99,68	-	77,21	86,86	-	66,33	74,62	-	55,97	62,96	-	46,12	51,8
	II	1.263,75	-	101,10	113,73	-	89,16	100,31	-	77,75	87,47	-	66,84	75,20	-	56,46	63,51	-	46,58	52,40	-	37,22	41,8
	III	884,16	-	70,73	79,57	-	61,86	69,59	-	53,26	59,92	-	44,90	50,51	-	36,81	41,41	-	28,97	32,59	-	21,40	24,0
	IV	1.411,41	-	112,91	127,02	-	106,66	119,99	-	100,51	113,07	-	94,49	106,30	-	88,60	99,68	-	82,84	93,20	-	77,21	86,8
	V	1.925,83	*55,20*	154,06	173,32																		
	VI	1.970,16	*60,48*	157,61	177,31																		
6.518,99	I	1.412,50	-	113,00	127,12	-	100,60	113,17	-	88,68	99,77	-	77,29	86,95	-	66,41	74,71	-	56,04	63,05	-	46,19	51,9
	II	1.264,83	-	101,18	113,83	-	89,25	100,40	-	77,83	87,56	-	66,92	75,29	-	56,53	63,59	-	46,66	52,49	-	37,29	41,9
	III	885,00	-	70,80	79,65	-	61,93	69,67	-	53,32	59,98	-	44,97	50,59	-	36,86	41,47	-	29,02	32,65	-	21,45	24,1
	IV	1.412,50	-	113,00	127,12	-	106,74	120,08	-	100,60	113,17	-	94,58	106,40	-	88,68	99,77	-	82,92	93,29	-	77,29	86,9
	V	1.927,00	*55,34*	154,16	173,43																		
	VI	1.971,25	*60,61*	157,70	177,41																		
6.521,99	I	1.413,66	-	113,09	127,22	-	100,68	113,27	-	88,77	99,86	-	77,37	87,04	-	66,49	74,80	-	56,12	63,13	-	46,26	52,0
	II	1.265,91	-	101,27	113,93	-	89,34	100,50	-	77,91	87,65	-	67,00	75,38	-	56,60	63,68	-	46,72	52,56	-	37,36	42,0
	III	885,83	-	70,86	79,72	-	62,00	69,75	-	53,38	60,05	-	45,02	50,65	-	36,93	41,54	-	29,08	32,71	-	21,50	24,1
	IV	1.413,66	-	113,09	127,22	-	106,84	120,19	-	100,68	113,27	-	94,66	106,49	-	88,77	99,86	-	83,01	93,38	-	77,37	87,0
	V	1.928,08	*55,47*	154,24	173,52																		
	VI	1.972,41	*60,74*	157,79	177,51																		
6.524,99	I	1.414,83	-	113,18	127,33	-	100,78	113,37	-	88,86	99,96	-	77,46	87,14	-	66,56	74,88	-	56,19	63,21	-	46,33	52,1
	II	1.267,08	-	101,36	114,03	-	89,42	100,60	-	77,99	87,74	-	67,08	75,46	-	56,68	63,77	-	46,80	52,65	-	37,42	42,1
	III	886,66	-	70,93	79,79	-	62,06	69,82	-	53,45	60,13	-	45,09	50,72	-	36,98	41,60	-	29,14	32,78	-	21,56	24,2
	IV	1.414,83	-	113,18	127,33	-	106,93	120,29	-	100,78	113,37	-	94,75	106,59	-	88,86	99,96	-	83,09	93,47	-	77,46	87,1
	V	1.929,25	*55,61*	154,34	173,63																		
	VI	1.973,58	*60,88*	157,88	177,62																		

Lohn/ Gehalt bis	Steuerklasse	Lohn-steuer	ohne Kinderfreibetrag SolZ 5,5%	ohne Kinderfreibetrag Kirchensteuer 8%	ohne Kinderfreibetrag Kirchensteuer 9%	0,5 SolZ 5,5%	0,5 Kirchensteuer 8%	0,5 Kirchensteuer 9%	1,0 SolZ 5,5%	1,0 Kirchensteuer 8%	1,0 Kirchensteuer 9%	1,5 SolZ 5,5%	1,5 Kirchensteuer 8%	1,5 Kirchensteuer 9%	2,0 SolZ 5,5%	2,0 Kirchensteuer 8%	2,0 Kirchensteuer 9%	2,5 SolZ 5,5%	2,5 Kirchensteuer 8%	2,5 Kirchensteuer 9%	3,0 SolZ 5,5%	3,0 Kirchensteuer 8%	3,0 Kirchensteuer 9%
6.527,99	I	1.415,91	-	113,27	127,43	-	100,86	113,47	-	88,94	100,06	-	77,54	87,23	-	66,64	74,97	-	56,26	63,29	-	46,40	52,20
	II	1.268,16	-	101,45	114,13	-	89,50	100,69	-	78,07	87,83	-	67,16	75,55	-	56,75	63,84	-	46,86	52,72	-	37,49	42,17
	III	887,50	-	71,00	79,87	-	62,12	69,88	-	53,50	60,19	-	45,14	50,78	-	37,04	41,67	-	29,20	32,85	-	21,61	24,31
	IV	1.415,91	-	113,27	127,43	-	107,02	120,39	-	100,86	113,47	-	94,84	106,69	-	88,94	100,06	-	83,17	93,56	-	77,54	87,23
	V	1.930,41	55,75	154,43	173,73																		
	VI	1.974,66	61,01	157,97	177,71																		
6.530,99	I	1.417,08	-	113,36	127,53	-	100,95	113,57	-	89,03	100,16	-	77,62	87,32	-	66,72	75,06	-	56,34	63,38	-	46,47	52,28
	II	1.269,33	-	101,54	114,23	-	89,59	100,79	-	78,16	87,93	-	67,24	75,64	-	56,83	63,93	-	46,94	52,80	-	37,56	42,25
	III	888,33	-	71,06	79,94	-	62,18	69,95	-	53,57	60,26	-	45,20	50,85	-	37,10	41,74	-	29,25	32,90	-	21,66	24,37
	IV	1.417,08	-	113,36	127,53	-	107,11	120,50	-	100,95	113,57	-	94,92	106,79	-	89,03	100,16	-	83,26	93,66	-	77,62	87,32
	V	1.931,58	55,89	154,52	173,84																		
	VI	1.975,83	61,15	158,06	177,82																		
6.533,99	I	1.418,25	-	113,46	127,64	-	101,04	113,67	-	89,11	100,25	-	77,70	87,41	-	66,80	75,15	-	56,41	63,46	-	46,54	52,36
	II	1.270,41	-	101,63	114,33	-	89,68	100,89	-	78,24	88,02	-	67,31	75,72	-	56,90	64,01	-	47,00	52,88	-	37,62	42,32
	III	889,16	-	71,13	80,02	-	62,25	70,03	-	53,62	60,32	-	45,26	50,92	-	37,16	41,80	-	29,30	32,96	-	21,72	24,43
	IV	1.418,25	-	113,46	127,64	-	107,20	120,60	-	101,04	113,67	-	95,01	106,88	-	89,11	100,25	-	83,34	93,76	-	77,70	87,41
	V	1.932,66	56,01	154,61	173,93																		
	VI	1.977,00	61,29	158,16	177,93																		
6.536,99	I	1.419,41	-	113,55	127,74	-	101,13	113,77	-	89,20	100,35	-	77,78	87,50	-	66,88	75,24	-	56,48	63,54	-	46,61	52,43
	II	1.271,50	-	101,72	114,43	-	89,76	100,98	-	78,32	88,11	-	67,39	75,81	-	56,98	64,10	-	47,08	52,96	-	37,69	42,40
	III	890,00	-	71,20	80,10	-	62,32	70,11	-	53,69	60,40	-	45,33	50,99	-	37,21	41,86	-	29,37	33,04	-	21,77	24,49
	IV	1.419,41	-	113,55	127,74	-	107,29	120,70	-	101,13	113,77	-	95,10	106,98	-	89,20	100,35	-	83,42	93,85	-	77,78	87,50
	V	1.933,83	56,15	154,70	174,04																		
	VI	1.978,16	61,43	158,25	178,03																		
6.539,99	I	1.420,50	-	113,64	127,84	-	101,22	113,87	-	89,28	100,44	-	77,86	87,59	-	66,95	75,32	-	56,56	63,63	-	46,68	52,52
	II	1.272,66	-	101,81	114,53	-	89,84	101,07	-	78,40	88,20	-	67,47	75,90	-	57,05	64,18	-	47,14	53,03	-	37,76	42,48
	III	890,83	-	71,26	80,17	-	62,37	70,16	-	53,76	60,48	-	45,38	51,05	-	37,28	41,94	-	29,42	33,10	-	21,82	24,55
	IV	1.420,50	-	113,64	127,84	-	107,38	120,80	-	101,22	113,87	-	95,18	107,08	-	89,28	100,44	-	83,51	93,95	-	77,86	87,59
	V	1.935,00	56,29	154,80	174,15																		
	VI	1.979,25	61,56	158,34	178,13																		
6.542,99	I	1.421,66	-	113,73	127,94	-	101,31	113,97	-	89,37	100,54	-	77,94	87,68	-	67,03	75,41	-	56,64	63,72	-	46,75	52,59
	II	1.273,75	-	101,90	114,63	-	89,93	101,17	-	78,48	88,29	-	67,54	75,98	-	57,12	64,26	-	47,22	53,12	-	37,82	42,55
	III	891,66	-	71,33	80,24	-	62,44	70,24	-	53,81	60,53	-	45,45	51,13	-	37,33	41,99	-	29,48	33,16	-	21,88	24,61
	IV	1.421,66	-	113,73	127,94	-	107,47	120,90	-	101,31	113,97	-	95,28	107,19	-	89,37	100,54	-	83,59	94,04	-	77,94	87,68
	V	1.936,16	56,43	154,89	174,25																		
	VI	1.980,41	61,70	158,43	178,23																		
6.545,99	I	1.422,83	-	113,82	128,05	-	101,40	114,07	-	89,45	100,63	-	78,02	87,77	-	67,11	75,50	-	56,71	63,80	-	46,82	52,67
	II	1.274,83	-	101,98	114,73	-	90,02	101,27	-	78,56	88,38	-	67,62	76,07	-	57,20	64,35	-	47,28	53,19	-	37,89	42,62
	III	892,50	-	71,40	80,32	-	62,50	70,31	-	53,88	60,61	-	45,50	51,19	-	37,40	42,07	-	29,53	33,22	-	21,93	24,67
	IV	1.422,83	-	113,82	128,05	-	107,56	121,01	-	101,40	114,07	-	95,36	107,28	-	89,45	100,63	-	83,67	94,13	-	78,02	87,77
	V	1.937,25	56,56	154,98	174,35																		
	VI	1.981,58	61,84	158,52	178,34																		
6.548,99	I	1.424,00	-	113,92	128,16	-	101,48	114,17	-	89,54	100,73	-	78,10	87,86	-	67,18	75,58	-	56,78	63,88	-	46,89	52,75
	II	1.276,00	-	102,08	114,84	-	90,10	101,36	-	78,64	88,47	-	67,70	76,16	-	57,27	64,43	-	47,36	53,28	-	37,96	42,70
	III	893,16	-	71,45	80,38	-	62,57	70,39	-	53,94	60,68	-	45,57	51,26	-	37,45	42,13	-	29,58	33,28	-	21,98	24,73
	IV	1.424,00	-	113,92	128,16	-	107,65	121,10	-	101,48	114,17	-	95,45	107,38	-	89,54	100,73	-	83,76	94,23	-	78,10	87,86
	V	1.938,41	56,70	155,07	174,45																		
	VI	1.982,75	61,97	158,62	178,44																		
6.551,99	I	1.425,08	-	114,00	128,25	-	101,57	114,26	-	89,62	100,82	-	78,18	87,95	-	67,26	75,67	-	56,86	63,96	-	46,96	52,83
	II	1.277,08	-	102,16	114,93	-	90,19	101,46	-	78,72	88,56	-	67,78	76,25	-	57,34	64,51	-	47,43	53,36	-	38,02	42,77
	III	894,00	-	71,52	80,46	-	62,64	70,47	-	54,00	60,75	-	45,62	51,32	-	37,50	42,19	-	29,65	33,35	-	22,04	24,79
	IV	1.425,08	-	114,00	128,25	-	107,74	121,21	-	101,57	114,26	-	95,53	107,47	-	89,62	100,82	-	83,84	94,32	-	78,18	87,95
	V	1.939,50	56,83	155,16	174,55																		
	VI	1.983,83	62,10	158,70	178,54																		
6.554,99	I	1.426,25	-	114,10	128,36	-	101,66	114,37	-	89,71	100,92	-	78,27	88,05	-	67,34	75,76	-	56,93	64,04	-	47,03	52,91
	II	1.278,16	-	102,25	115,03	-	90,27	101,55	-	78,81	88,66	-	67,86	76,34	-	57,42	64,60	-	47,50	53,43	-	38,09	42,85
	III	894,83	-	71,58	80,53	-	62,70	70,54	-	54,06	60,82	-	45,69	51,40	-	37,57	42,26	-	29,70	33,41	-	22,10	24,86
	IV	1.426,25	-	114,10	128,36	-	107,84	121,32	-	101,66	114,37	-	95,62	107,57	-	89,71	100,92	-	83,92	94,41	-	78,27	88,05
	V	1.940,66	56,97	155,25	174,65																		
	VI	1.985,00	62,24	158,80	178,65																		
6.557,99	I	1.427,41	-	114,19	128,46	-	101,75	114,47	-	89,80	101,02	-	78,35	88,14	-	67,42	75,84	-	57,00	64,13	-	47,10	52,99
	II	1.279,33	-	102,34	115,13	-	90,36	101,65	-	78,89	88,75	-	67,94	76,43	-	57,50	64,68	-	47,57	53,51	-	38,16	42,93
	III	895,66	-	71,65	80,60	-	62,76	70,60	-	54,13	60,89	-	45,74	51,46	-	37,62	42,32	-	29,76	33,48	-	22,16	24,93
	IV	1.427,41	-	114,19	128,46	-	107,92	121,41	-	101,75	114,47	-	95,71	107,67	-	89,80	101,02	-	84,01	94,51	-	78,35	88,14
	V	1.941,83	57,11	155,34	174,76																		
	VI	1.986,16	62,38	158,89	178,75																		
6.560,99	I	1.428,50	-	114,28	128,56	-	101,84	114,57	-	89,88	101,11	-	78,43	88,23	-	67,50	75,93	-	57,08	64,21	-	47,17	53,06
	II	1.280,41	-	102,43	115,23	-	90,44	101,75	-	78,97	88,84	-	68,01	76,51	-	57,57	64,76	-	47,64	53,59	-	38,22	43,00
	III	896,50	-	71,72	80,68	-	62,82	70,67	-	54,18	60,95	-	45,81	51,53	-	37,68	42,39	-	29,81	33,53	-	22,21	24,98
	IV	1.428,50	-	114,28	128,56	-	108,02	121,52	-	101,84	114,57	-	95,80	107,77	-	89,88	101,11	-	84,09	94,60	-	78,43	88,23
	V	1.942,91	57,23	155,43	174,86																		
	VI	1.987,25	62,51	158,98	178,85																		
6.563,99	I	1.429,66	-	114,37	128,66	-	101,93	114,67	-	89,96	101,21	-	78,51	88,32	-	67,58	76,02	-	57,15	64,29	-	47,24	53,15
	II	1.281,58	-	102,52	115,34	-	90,53	101,84	-	79,05	88,93	-	68,09	76,60	-	57,64	64,85	-	47,71	53,67	-	38,29	43,07
	III	897,33	-	71,78	80,75	-	62,89	70,75	-	54,25	61,03	-	45,86	51,59	-	37,74	42,46	-	29,88	33,61	-	22,26	25,04
	IV	1.429,66	-	114,37	128,66	-	108,11	121,62	-	101,93	114,67	-	95,88	107,87	-	89,96	101,21	-	84,18	94,70	-	78,51	88,32
	V	1.944,08	57,37	155,52	174,96																		
	VI	1.988,41	62,65	159,07	178,95																		
6.566,99	I	1.430,83	-	114,46	128,77	-	102,02	114,77	-	90,05	101,30	-	78,60	88,42	-	67,66	76,11	-	57,23	64,38	-	47,32	53,23
	II	1.282,66	-	102,61	115,43	-	90,62	101,94	-	79,14	89,03	-	68,17	76,69	-	57,72	64,93	-	47,78	53,75	-	38,36	43,15
	III	898,16	-	71,85	80,83	-	62,96	70,83	-	54,30	61,09	-	45,93	51,67	-	37,80	42,52	-	29,93	33,67	-	22,32	25,11
	IV	1.430,83	-	114,46	128,77	-	108,20	121,72	-	102,02	114,77	-	95,97	107,96	-	90,05	101,30	-	84,26	94,79	-	78,60	88,42
	V	1.945,25	57,51	155,62	175,07																		
	VI	1.989,58	62,79	159,16	179,06																		
6.569,99	I	1.431,91	-	114,55	128,87	-	102,11	114,87	-	90,14	101,40	-	78,68	88,51	-	67,73	76,19	-	57,30	64,46	-	47,38	53,30
	II	1.283,75	-	102,70	115,53	-	90,70	102,04	-	79,22	89,12	-	68,24	76,77	-	57,79	65,01	-	47,85	53,83	-	38,42	43,22
	III	899,00	-	71,92	80,91	-	63,01	70,88	-	54,37	61,16	-	45,98	51,73	-	37,85	42,58	-	29,98	33,73	-	22,37	25,16
	IV	1.431,91	-	114,55	128,87	-	108,29	121,82	-	102,11	114,87	-	96,06	108,06	-	90,14	101,40	-	84,34	94,88	-	78,68	88,51
	V	1.946,41	57,65	155,71	175,17																		
	VI	1.990,66	62,92	159,25	179,15																		

Anzahl Kinderfreibeträge (nur Steuerklassen I–IV)

Lohn/ Gehalt bis	Steuerklasse	Lohnsteuer	ohne Kinderfreibetrag			Anzahl Kinderfreibeträge (nur Steuerklassen I–IV) 0,5			1,0			1,5			2,0			2,5			3,0		
			SolZ 5,5%	Kirchensteuer 8%	Kirchensteuer 9%	SolZ 5,5%	Kirchensteuer 8%	Kirchensteuer 9%	SolZ 5,5%	Kirchensteuer 8%	Kirchensteuer 9%	SolZ 5,5%	Kirchensteuer 8%	Kirchensteuer 9%	SolZ 5,5%	Kirchensteuer 8%	Kirchensteuer 9%	SolZ 5,5%	Kirchensteuer 8%	Kirchensteuer 9%	SolZ 5,5%	Kirchensteuer 8%	Kirchensteuer 9%
6.572,99	I	1.433,08	-	114,64	128,97	-	102,20	114,97	-	90,22	101,50	-	78,76	88,60	-	67,81	76,28	-	57,38	64,55	-	47,46	53
	II	1.284,91	-	102,79	115,64	-	90,79	102,14	-	79,30	89,21	-	68,32	76,86	-	57,86	65,09	-	47,92	53,91	-	38,49	43
	III	899,83	-	71,98	80,98	-	63,08	70,96	-	54,44	61,24	-	46,05	51,80	-	37,92	42,66	-	30,04	33,79	-	22,42	25
	IV	1.433,08	-	114,64	128,97	-	108,38	121,93	-	102,20	114,97	-	96,14	108,16	-	90,22	101,50	-	84,42	94,97	-	78,76	88
	V	1.947,50	*57,78*	155,80	175,27																		
	VI	1.991,83	*63,06*	159,34	179,26																		
6.575,99	I	1.434,25	-	114,74	129,08	-	102,29	115,07	-	90,31	101,60	-	78,84	88,70	-	67,89	76,37	-	57,45	64,63	-	47,52	53
	II	1.286,00	-	102,88	115,74	-	90,88	102,24	-	79,38	89,30	-	68,40	76,95	-	57,94	65,18	-	47,99	53,99	-	38,56	43
	III	900,66	-	72,05	81,05	-	63,14	71,03	-	54,49	61,30	-	46,10	51,86	-	37,97	42,71	-	30,10	33,86	-	22,48	25
	IV	1.434,25	-	114,74	129,08	-	108,47	122,03	-	102,29	115,07	-	96,24	108,27	-	90,31	101,60	-	84,51	95,07	-	78,84	88
	V	1.948,66	*57,92*	155,89	175,37																		
	VI	1.993,00	*63,19*	159,44	179,37																		
6.578,99	I	1.435,33	-	114,82	129,17	-	102,38	115,17	-	90,39	101,69	-	78,92	88,79	-	67,96	76,46	-	57,52	64,71	-	47,60	53
	II	1.287,16	-	102,97	115,84	-	90,96	102,33	-	79,46	89,39	-	68,48	77,04	-	58,02	65,27	-	48,06	54,07	-	38,62	43
	III	901,50	-	72,12	81,13	-	63,21	71,11	-	54,56	61,38	-	46,17	51,94	-	38,04	42,79	-	30,16	33,93	-	22,53	25
	IV	1.435,33	-	114,82	129,17	-	108,56	122,13	-	102,38	115,17	-	96,32	108,36	-	90,39	101,69	-	84,59	95,16	-	78,92	88
	V	1.949,83	*58,06*	155,98	175,48																		
	VI	1.994,08	*63,32*	159,52	179,46																		
6.581,99	I	1.436,50	-	114,92	129,28	-	102,46	115,27	-	90,48	101,79	-	79,00	88,88	-	68,04	76,55	-	57,60	64,80	-	47,66	53
	II	1.288,25	-	103,06	115,94	-	91,04	102,42	-	79,54	89,48	-	68,56	77,13	-	58,09	65,35	-	48,14	54,15	-	38,69	43
	III	902,33	-	72,18	81,20	-	63,28	71,19	-	54,62	61,45	-	46,22	52,00	-	38,09	42,85	-	30,21	33,98	-	22,58	25
	IV	1.436,50	-	114,92	129,28	-	108,66	122,24	-	102,46	115,27	-	96,41	108,46	-	90,48	101,79	-	84,68	95,26	-	79,00	88
	V	1.951,00	*58,20*	156,08	175,59																		
	VI	1.995,25	*63,46*	159,62	179,57																		
6.584,99	I	1.437,66	-	115,01	129,38	-	102,56	115,38	-	90,56	101,88	-	79,08	88,97	-	68,12	76,64	-	57,67	64,88	-	47,74	53
	II	1.289,41	-	103,15	116,04	-	91,13	102,52	-	79,63	89,58	-	68,64	77,22	-	58,16	65,43	-	48,20	54,23	-	38,76	43
	III	903,16	-	72,25	81,28	-	63,33	71,24	-	54,68	61,51	-	46,29	52,07	-	38,14	42,91	-	30,26	34,04	-	22,64	25
	IV	1.437,66	-	115,01	129,38	-	108,74	122,33	-	102,56	115,38	-	96,50	108,56	-	90,56	101,88	-	84,76	95,36	-	79,08	88
	V	1.952,08	*58,32*	156,16	175,68																		
	VI	1.996,41	*63,60*	159,71	179,67																		
6.587,99	I	1.438,83	-	115,10	129,49	-	102,64	115,47	-	90,65	101,98	-	79,16	89,06	-	68,20	76,72	-	57,74	64,96	-	47,81	53
	II	1.290,50	-	103,24	116,14	-	91,22	102,62	-	79,71	89,67	-	68,72	77,31	-	58,24	65,52	-	48,28	54,31	-	38,82	43
	III	904,00	-	72,32	81,36	-	63,40	71,32	-	54,74	61,58	-	46,34	52,13	-	38,21	42,98	-	30,32	34,11	-	22,69	25
	IV	1.438,83	-	115,10	129,49	-	108,84	122,44	-	102,64	115,47	-	96,58	108,65	-	90,65	101,98	-	84,84	95,45	-	79,16	89
	V	1.953,25	*58,46*	156,26	175,79																		
	VI	1.997,58	*63,74*	159,80	179,78																		
6.590,99	I	1.439,91	-	115,19	129,59	-	102,74	115,58	-	90,74	102,08	-	79,25	89,15	-	68,28	76,81	-	57,82	65,05	-	47,88	53
	II	1.291,66	-	103,33	116,24	-	91,30	102,71	-	79,79	89,76	-	68,80	77,40	-	58,32	65,61	-	48,34	54,38	-	38,90	43
	III	904,83	-	72,38	81,43	-	63,46	71,39	-	54,81	61,66	-	46,41	52,21	-	38,26	43,04	-	30,38	34,18	-	22,76	25
	IV	1.439,91	-	115,19	129,59	-	108,93	122,54	-	102,74	115,58	-	96,67	108,75	-	90,74	102,08	-	84,93	95,54	-	79,25	89
	V	1.954,41	*58,60*	156,35	175,89																		
	VI	1.998,75	*63,88*	159,90	179,88																		
6.593,99	I	1.441,08	-	115,28	129,69	-	102,82	115,67	-	90,82	102,17	-	79,33	89,24	-	68,36	76,90	-	57,90	65,13	-	47,95	53
	II	1.292,75	-	103,42	116,34	-	91,39	102,81	-	79,88	89,86	-	68,88	77,49	-	58,39	65,69	-	48,42	54,47	-	38,96	43,
	III	905,66	-	72,45	81,50	-	63,53	71,47	-	54,86	61,72	-	46,46	52,27	-	38,33	43,12	-	30,44	34,24	-	22,81	25,
	IV	1.441,08	-	115,28	129,69	-	109,02	122,64	-	102,82	115,67	-	96,76	108,85	-	90,82	102,17	-	85,01	95,63	-	79,33	89
	V	1.955,58	*58,74*	156,44	176,00																		
	VI	1.999,83	*64,01*	159,98	179,98																		
6.596,99	I	1.442,25	-	115,38	129,80	-	102,91	115,77	-	90,90	102,26	-	79,41	89,33	-	68,43	76,98	-	57,97	65,21	-	48,02	54,
	II	1.293,83	-	103,50	116,44	-	91,47	102,90	-	79,96	89,95	-	68,95	77,57	-	58,46	65,77	-	48,49	54,55	-	39,03	43,
	III	906,33	-	72,50	81,56	-	63,60	71,55	-	54,93	61,79	-	46,53	52,34	-	38,38	43,18	-	30,49	34,30	-	22,86	25
	IV	1.442,25	-	115,38	129,80	-	109,11	122,75	-	102,91	115,77	-	96,84	108,95	-	90,90	102,26	-	85,10	95,73	-	79,41	89,
	V	1.956,66	*58,87*	156,53	176,09																		
	VI	2.001,00	*64,15*	160,08	180,09																		
6.599,99	I	1.443,41	-	115,47	129,90	-	103,00	115,88	-	90,99	102,36	-	79,50	89,43	-	68,51	77,07	-	58,04	65,30	-	48,09	54,
	II	1.295,00	-	103,60	116,55	-	91,56	103,00	-	80,04	90,04	-	69,03	77,66	-	58,54	65,85	-	48,56	54,63	-	39,10	43,
	III	907,33	-	72,58	81,65	-	63,66	71,62	-	55,00	61,87	-	46,60	52,42	-	38,44	43,24	-	30,56	34,38	-	22,92	25,
	IV	1.443,41	-	115,47	129,90	-	109,20	122,85	-	103,00	115,88	-	96,93	109,04	-	90,99	102,36	-	85,18	95,82	-	79,50	89,
	V	1.957,83	*59,01*	156,62	176,20																		
	VI	2.002,16	*64,28*	160,17	180,19																		
6.602,99	I	1.444,58	-	115,56	130,01	-	103,10	115,98	-	91,08	102,46	-	79,58	89,52	-	68,59	77,16	-	58,12	65,38	-	48,16	54,
	II	1.296,08	-	103,68	116,64	-	91,64	103,10	-	80,12	90,14	-	69,11	77,75	-	58,61	65,93	-	48,63	54,71	-	39,16	44,
	III	908,00	-	72,64	81,72	-	63,72	71,68	-	55,05	61,93	-	46,65	52,48	-	38,50	43,31	-	30,61	34,43	-	22,97	25,
	IV	1.444,58	-	115,56	130,01	-	109,30	122,96	-	103,10	115,98	-	97,02	109,15	-	91,08	102,46	-	85,26	95,92	-	79,58	89,
	V	1.959,00	*59,15*	156,72	176,31																		
	VI	2.003,33	*64,42*	160,26	180,29																		
6.605,99	I	1.445,66	-	115,65	130,10	-	103,18	116,08	-	91,16	102,56	-	79,66	89,61	-	68,67	77,25	-	58,19	65,46	-	48,23	54,
	II	1.297,25	-	103,78	116,75	-	91,73	103,19	-	80,20	90,23	-	69,18	77,83	-	58,68	66,02	-	48,70	54,79	-	39,23	44,
	III	908,83	-	72,70	81,79	-	63,78	71,75	-	55,12	62,01	-	46,70	52,54	-	38,56	43,38	-	30,66	34,49	-	23,02	25,
	IV	1.445,66	-	115,65	130,10	-	109,38	123,05	-	103,18	116,08	-	97,11	109,25	-	91,16	102,56	-	85,34	96,01	-	79,66	89,
	V	1.960,08	*59,28*	156,80	176,40																		
	VI	2.004,41	*64,55*	160,35	180,39																		
6.608,99	I	1.446,83	-	115,74	130,21	-	103,27	116,18	-	91,25	102,65	-	79,74	89,71	-	68,75	77,34	-	58,27	65,55	-	48,30	54,
	II	1.298,33	-	103,86	116,84	-	91,82	103,29	-	80,28	90,32	-	69,26	77,92	-	58,76	66,11	-	48,77	54,86	-	39,30	44,
	III	909,66	-	72,77	81,86	-	63,85	71,83	-	55,18	62,08	-	46,77	52,61	-	38,62	43,45	-	30,72	34,56	-	23,08	25,
	IV	1.446,83	-	115,74	130,21	-	109,48	123,16	-	103,27	116,18	-	97,20	109,35	-	91,25	102,65	-	85,43	96,11	-	79,74	89,
	V	1.961,25	*59,42*	156,90	176,51																		
	VI	2.005,58	*64,69*	160,44	180,50																		
6.611,99	I	1.448,00	-	115,84	130,32	-	103,36	116,28	-	91,34	102,75	-	79,82	89,80	-	68,82	77,42	-	58,34	65,63	-	48,38	54,
	II	1.299,50	-	103,96	116,95	-	91,90	103,39	-	80,37	90,41	-	69,34	78,01	-	58,84	66,19	-	48,84	54,95	-	39,36	44,
	III	910,50	-	72,84	81,94	-	63,92	71,91	-	55,25	62,15	-	46,84	52,69	-	38,68	43,51	-	30,77	34,61	-	23,13	26,
	IV	1.448,00	-	115,84	130,32	-	109,57	123,26	-	103,36	116,28	-	97,28	109,44	-	91,34	102,75	-	85,52	96,21	-	79,82	89,
	V	1.962,41	*59,55*	156,99	176,61																		
	VI	2.006,75	*64,83*	160,54	180,60																		
6.614,99	I	1.449,08	-	115,92	130,41	-	103,45	116,38	-	91,42	102,85	-	79,90	89,89	-	68,90	77,51	-	58,42	65,72	-	48,44	54,
	II	1.300,58	-	104,04	117,05	-	91,99	103,49	-	80,45	90,50	-	69,42	78,10	-	58,91	66,27	-	48,92	55,03	-	39,43	44,
	III	911,33	-	72,90	82,01	-	63,97	71,96	-	55,30	62,21	-	46,89	52,75	-	38,73	43,57	-	30,84	34,69	-	23,18	26,
	IV	1.449,08	-	115,92	130,41	-	109,66	123,36	-	103,45	116,38	-	97,37	109,54	-	91,42	102,85	-	85,60	96,30	-	79,90	89,
	V	1.963,50	*59,68*	157,08	176,71																		
	VI	2.007,83	*64,96*	160,62	180,70																		

Allgemeine Tabelle

MONAT bis 6.659,99 €

Lohn/ Gehalt bis	Steuerklasse	Lohnsteuer	ohne Kinderfreibetrag SolZ 5,5%	ohne Kinderfreibetrag Kirchensteuer 8%	ohne Kinderfreibetrag Kirchensteuer 9%	0,5 SolZ 5,5%	0,5 Kirchensteuer 8%	0,5 Kirchensteuer 9%	1,0 SolZ 5,5%	1,0 Kirchensteuer 8%	1,0 Kirchensteuer 9%	1,5 SolZ 5,5%	1,5 Kirchensteuer 8%	1,5 Kirchensteuer 9%	2,0 SolZ 5,5%	2,0 Kirchensteuer 8%	2,0 Kirchensteuer 9%	2,5 SolZ 5,5%	2,5 Kirchensteuer 8%	2,5 Kirchensteuer 9%	3,0 SolZ 5,5%	3,0 Kirchensteuer 8%	3,0 Kirchensteuer 9%
						Anzahl Kinderfreibeträge (nur Steuerklassen I–IV)																	
6.617,99	I	1.450,25	-	116,02	130,52	-	103,54	116,48	-	91,51	102,95	-	79,99	89,99	-	68,98	77,60	-	58,49	65,80	-	48,52	54,58
	II	1.301,75	-	104,14	117,15	-	92,08	103,59	-	80,53	90,59	-	69,50	78,19	-	58,98	66,35	-	48,98	55,10	-	39,50	44,43
	III	912,16	-	72,97	82,09	-	64,04	72,04	-	55,37	62,29	-	46,96	52,83	-	38,80	43,65	-	30,89	34,75	-	23,25	26,15
	IV	1.450,25	-	116,02	130,52	-	109,75	123,47	-	103,54	116,48	-	97,46	109,64	-	91,51	102,95	-	85,68	96,39	-	79,99	89,99
	V	1.964,66	59,82	157,17	176,81																		
	VI	2.009,00	65,10	160,72	180,81																		
6.620,99	I	1.451,33	-	116,10	130,61	-	103,63	116,58	-	91,59	103,04	-	80,07	90,08	-	69,06	77,69	-	58,56	65,88	-	48,58	54,65
	II	1.302,83	-	104,22	117,25	-	92,16	103,68	-	80,61	90,68	-	69,58	78,27	-	59,06	66,44	-	49,06	55,19	-	39,56	44,51
	III	913,00	-	73,04	82,17	-	64,10	72,11	-	55,44	62,37	-	47,01	52,88	-	38,85	43,70	-	30,94	34,81	-	23,30	26,21
	IV	1.451,33	-	116,10	130,61	-	109,84	123,57	-	103,63	116,58	-	97,54	109,73	-	91,59	103,04	-	85,76	96,48	-	80,07	90,08
	V	1.965,83	59,96	157,26	176,92																		
	VI	2.010,08	65,23	160,80	180,90																		
6.623,99	I	1.452,50	-	116,20	130,72	-	103,72	116,68	-	91,68	103,14	-	80,15	90,17	-	69,14	77,78	-	58,64	65,97	-	48,66	54,74
	II	1.304,00	-	104,32	117,36	-	92,25	103,78	-	80,70	90,78	-	69,66	78,36	-	59,14	66,53	-	49,13	55,27	-	39,63	44,58
	III	913,83	-	73,10	82,24	-	64,17	72,19	-	55,49	62,42	-	47,08	52,96	-	38,90	43,76	-	31,00	34,87	-	23,36	26,28
	IV	1.452,50	-	116,20	130,72	-	109,93	123,67	-	103,72	116,68	-	97,64	109,84	-	91,68	103,14	-	85,85	96,58	-	80,15	90,17
	V	1.967,00	60,10	157,36	177,03																		
	VI	2.011,25	65,37	160,90	181,01																		
6.626,99	I	1.453,66	-	116,29	130,82	-	103,81	116,78	-	91,76	103,23	-	80,24	90,27	-	69,22	77,87	-	58,72	66,06	-	48,73	54,82
	II	1.305,08	-	104,40	117,45	-	92,34	103,88	-	80,78	90,87	-	69,74	78,45	-	59,21	66,61	-	49,20	55,35	-	39,70	44,66
	III	914,66	-	73,17	82,31	-	64,24	72,27	-	55,56	62,50	-	47,13	53,02	-	38,97	43,84	-	31,06	34,94	-	23,41	26,33
	IV	1.453,66	-	116,29	130,82	-	110,02	123,77	-	103,81	116,78	-	97,72	109,94	-	91,76	103,23	-	85,94	96,68	-	80,24	90,27
	V	1.968,08	60,23	157,44	177,12																		
	VI	2.012,41	65,50	160,99	181,11																		
6.629,99	I	1.454,83	-	116,38	130,93	-	103,90	116,88	-	91,85	103,33	-	80,32	90,36	-	69,30	77,96	-	58,79	66,14	-	48,80	54,90
	II	1.306,16	-	104,49	117,55	-	92,42	103,97	-	80,86	90,96	-	69,82	78,54	-	59,28	66,69	-	49,27	55,43	-	39,77	44,74
	III	915,50	-	73,24	82,39	-	64,30	72,34	-	55,62	62,57	-	47,20	53,10	-	39,02	43,90	-	31,12	35,01	-	23,46	26,39
	IV	1.454,83	-	116,38	130,93	-	110,12	123,88	-	103,90	116,88	-	97,81	110,03	-	91,85	103,33	-	86,02	96,77	-	80,32	90,36
	V	1.969,25	60,37	157,54	177,23																		
	VI	2.013,58	65,64	161,08	181,22																		
6.632,99	I	1.455,91	-	116,47	131,03	-	103,99	116,99	-	91,94	103,43	-	80,40	90,45	-	69,38	78,05	-	58,86	66,22	-	48,87	54,98
	II	1.307,33	-	104,58	117,65	-	92,50	104,06	-	80,94	91,06	-	69,90	78,63	-	59,36	66,78	-	49,34	55,51	-	39,84	44,82
	III	916,33	-	73,30	82,46	-	64,36	72,40	-	55,68	62,64	-	47,25	53,15	-	39,09	43,97	-	31,17	35,06	-	23,52	26,46
	IV	1.455,91	-	116,47	131,03	-	110,20	123,98	-	103,99	116,99	-	97,90	110,13	-	91,94	103,43	-	86,10	96,86	-	80,40	90,45
	V	1.970,41	60,51	157,63	177,33																		
	VI	2.014,66	65,77	161,17	181,31																		
6.635,99	I	1.457,08	-	116,56	131,13	-	104,08	117,09	-	92,02	103,52	-	80,48	90,54	-	69,46	78,14	-	58,94	66,31	-	48,94	55,06
	II	1.308,50	-	104,68	117,76	-	92,59	104,16	-	81,02	91,15	-	69,98	78,72	-	59,44	66,87	-	49,41	55,58	-	39,90	44,89
	III	917,16	-	73,37	82,54	-	64,42	72,47	-	55,74	62,71	-	47,32	53,23	-	39,14	44,03	-	31,24	35,14	-	23,57	26,51
	IV	1.457,08	-	116,56	131,13	-	110,30	124,08	-	104,08	117,09	-	97,99	110,24	-	92,02	103,52	-	86,19	96,96	-	80,48	90,54
	V	1.971,58	60,65	157,72	177,44																		
	VI	2.015,83	65,91	161,26	181,42																		
6.638,99	I	1.458,25	-	116,66	131,24	-	104,17	117,19	-	92,11	103,62	-	80,56	90,63	-	69,53	78,22	-	59,02	66,39	-	49,01	55,13
	II	1.309,58	-	104,76	117,86	-	92,68	104,26	-	81,11	91,25	-	70,05	78,80	-	59,51	66,95	-	49,48	55,67	-	39,97	44,96
	III	918,00	-	73,44	82,62	-	64,49	72,55	-	55,81	62,78	-	47,37	53,29	-	39,20	44,10	-	31,29	35,20	-	23,62	26,57
	IV	1.458,25	-	116,66	131,24	-	110,39	124,19	-	104,17	117,19	-	98,07	110,33	-	92,11	103,62	-	86,27	97,05	-	80,56	90,63
	V	1.972,66	60,77	157,81	177,53																		
	VI	2.017,00	66,05	161,36	181,53																		
6.641,99	I	1.459,41	-	116,75	131,34	-	104,26	117,29	-	92,20	103,72	-	80,64	90,72	-	69,61	78,31	-	59,09	66,47	-	49,08	55,22
	II	1.310,75	-	104,86	117,96	-	92,76	104,36	-	81,19	91,34	-	70,13	78,89	-	59,58	67,03	-	49,56	55,75	-	40,04	45,04
	III	918,83	-	73,50	82,69	-	64,56	72,63	-	55,86	62,84	-	47,44	53,37	-	39,26	44,17	-	31,34	35,26	-	23,68	26,64
	IV	1.459,41	-	116,75	131,34	-	110,48	124,29	-	104,26	117,29	-	98,16	110,43	-	92,20	103,72	-	86,36	97,15	-	80,64	90,72
	V	1.973,83	60,91	157,90	177,64																		
	VI	2.018,16	66,19	161,45	181,63																		
6.644,99	I	1.460,50	-	116,84	131,44	-	104,35	117,39	-	92,28	103,82	-	80,73	90,82	-	69,69	78,40	-	59,16	66,56	-	49,16	55,30
	II	1.311,83	-	104,94	118,06	-	92,85	104,45	-	81,28	91,44	-	70,21	78,98	-	59,66	67,12	-	49,62	55,82	-	40,10	45,11
	III	919,66	-	73,57	82,76	-	64,62	72,70	-	55,93	62,92	-	47,50	53,44	-	39,32	44,23	-	31,40	35,32	-	23,74	26,71
	IV	1.460,50	-	116,84	131,44	-	110,57	124,39	-	104,35	117,39	-	98,25	110,53	-	92,28	103,82	-	86,44	97,25	-	80,73	90,82
	V	1.975,00	61,05	158,00	177,75																		
	VI	2.019,25	66,32	161,54	181,73																		
6.647,99	I	1.461,66	-	116,93	131,54	-	104,44	117,49	-	92,36	103,91	-	80,81	90,91	-	69,76	78,48	-	59,24	66,64	-	49,22	55,37
	II	1.312,91	-	105,03	118,16	-	92,94	104,55	-	81,36	91,53	-	70,29	79,07	-	59,74	67,20	-	49,70	55,91	-	40,17	45,19
	III	920,50	-	73,64	82,84	-	64,69	72,77	-	56,00	63,00	-	47,56	53,50	-	39,38	44,30	-	31,46	35,39	-	23,80	26,77
	IV	1.461,66	-	116,93	131,54	-	110,66	124,49	-	104,44	117,49	-	98,34	110,63	-	92,36	103,91	-	86,52	97,34	-	80,81	90,91
	V	1.976,08	61,18	158,08	177,84																		
	VI	2.020,41	66,46	161,63	181,83																		
6.650,99	I	1.462,83	0,10	117,02	131,65	-	104,53	117,59	-	92,45	104,00	-	80,89	91,00	-	69,84	78,57	-	59,32	66,73	-	49,30	55,46
	II	1.314,08	-	105,12	118,26	-	93,02	104,65	-	81,44	91,62	-	70,37	79,16	-	59,81	67,28	-	49,77	55,99	-	40,24	45,27
	III	921,33	-	73,70	82,91	-	64,74	72,83	-	56,05	63,05	-	47,61	53,56	-	39,44	44,37	-	31,52	35,46	-	23,85	26,83
	IV	1.462,83	0,10	117,02	131,65	-	110,76	124,60	-	104,53	117,59	-	98,42	110,72	-	92,45	104,00	-	86,61	97,43	-	80,89	91,00
	V	1.977,25	61,32	158,18	177,95																		
	VI	2.021,58	66,60	161,72	181,94																		
6.653,99	I	1.464,00	0,24	117,12	131,76	-	104,62	117,69	-	92,54	104,11	-	80,98	91,10	-	69,92	78,66	-	59,39	66,81	-	49,37	55,54
	II	1.315,25	-	105,22	118,37	-	93,11	104,75	-	81,52	91,71	-	70,45	79,25	-	59,88	67,37	-	49,84	56,07	-	40,31	45,35
	III	922,16	-	73,77	82,99	-	64,81	72,91	-	56,12	63,13	-	47,68	53,64	-	39,50	44,44	-	31,57	35,51	-	23,90	26,89
	IV	1.464,00	0,24	117,12	131,76	-	110,85	124,70	-	104,62	117,69	-	98,52	110,83	-	92,54	104,11	-	86,70	97,53	-	80,98	91,10
	V	1.978,41	61,46	158,27	178,05																		
	VI	2.022,75	66,73	161,82	182,04																		
6.656,99	I	1.465,08	0,37	117,20	131,85	-	104,71	117,80	-	92,62	104,20	-	81,06	91,19	-	70,00	78,75	-	59,46	66,89	-	49,44	55,62
	II	1.316,33	-	105,30	118,46	-	93,20	104,85	-	81,60	91,80	-	70,52	79,34	-	59,96	67,46	-	49,91	56,15	-	40,38	45,42
	III	923,00	-	73,84	83,07	-	64,88	72,99	-	56,18	63,20	-	47,74	53,71	-	39,56	44,50	-	31,62	35,57	-	23,96	26,95
	IV	1.465,08	0,37	117,20	131,85	-	110,94	124,80	-	104,71	117,80	-	98,60	110,93	-	92,62	104,20	-	86,78	97,62	-	81,06	91,19
	V	1.979,50	61,59	158,36	178,15																		
	VI	2.023,83	66,86	161,90	182,14																		
6.659,99	I	1.466,25	0,51	117,30	131,96	-	104,80	117,90	-	92,71	104,30	-	81,14	91,28	-	70,08	78,84	-	59,54	66,98	-	49,51	55,70
	II	1.317,50	-	105,40	118,57	-	93,28	104,94	-	81,68	91,89	-	70,60	79,43	-	60,04	67,54	-	49,98	56,23	-	40,44	45,50
	III	923,83	-	73,90	83,14	-	64,94	73,06	-	56,24	63,27	-	47,80	53,77	-	39,61	44,56	-	31,69	35,65	-	24,01	27,01
	IV	1.466,25	0,51	117,30	131,96	-	111,03	124,91	-	104,80	117,90	-	98,69	111,02	-	92,71	104,30	-	86,86	97,72	-	81,14	91,28
	V	1.980,66	61,73	158,45	178,25																		
	VI	2.025,00	67,00	162,00	182,25																		

Lohn/ Gehalt bis	Steuerklasse	Lohn-steuer	ohne Kinderfreibetrag SolZ 5,5%	Kirchensteuer 8%	9%	0,5 SolZ 5,5%	Kirchensteuer 8%	9%	1,0 SolZ 5,5%	Kirchensteuer 8%	9%	1,5 SolZ 5,5%	Kirchensteuer 8%	9%	2,0 SolZ 5,5%	Kirchensteuer 8%	9%	2,5 SolZ 5,5%	Kirchensteuer 8%	9%	3,0 SolZ 5,5%	Kirchensteuer 8%	9%
6.662,99	I	1.467,41	0,65	117,39	132,06	-	104,89	118,00	-	92,80	104,40	-	81,22	91,37	-	70,16	78,93	-	59,62	67,07	-	49,58	5
	II	1.318,58	-	105,48	118,67	-	93,37	105,04	-	81,77	91,99	-	70,68	79,52	-	60,11	67,62	-	50,06	56,31	-	40,51	4
	III	924,66	-	73,97	83,21	-	65,01	73,13	-	56,30	63,34	-	47,86	53,84	-	39,68	44,64	-	31,74	35,71	-	24,08	2
	IV	1.467,41	0,65	117,39	132,06	-	111,12	125,01	-	104,89	118,00	-	98,78	111,13	-	92,80	104,40	-	86,95	97,82	-	81,22	9
	V	1.981,83	61,87	158,54	178,36																		
	VI	2.026,16	67,14	162,09	182,35																		
6.665,99	I	1.468,50	0,78	117,48	132,16	-	104,98	118,10	-	92,88	104,49	-	81,30	91,46	-	70,24	79,02	-	59,69	67,15	-	49,65	5
	II	1.319,75	-	105,58	118,77	-	93,46	105,14	-	81,85	92,08	-	70,76	79,61	-	60,18	67,70	-	50,12	56,39	-	40,58	4
	III	925,50	-	74,04	83,29	-	65,08	73,21	-	56,37	63,41	-	47,92	53,91	-	39,73	44,69	-	31,80	35,77	-	24,13	2
	IV	1.468,50	0,78	117,48	132,16	-	111,21	125,11	-	104,98	118,10	-	98,86	111,22	-	92,88	104,49	-	87,03	97,91	-	81,30	9
	V	1.983,00	62,00	158,64	178,47																		
	VI	2.027,25	67,27	162,18	182,45																		
6.668,99	I	1.469,66	0,92	117,57	132,26	-	105,07	118,20	-	92,97	104,59	-	81,39	91,56	-	70,32	79,11	-	59,76	67,23	-	49,72	5
	II	1.320,83	-	105,66	118,87	-	93,54	105,23	-	81,94	92,18	-	70,84	79,70	-	60,26	67,79	-	50,20	56,47	-	40,65	4
	III	926,33	-	74,10	83,36	-	65,13	73,27	-	56,42	63,47	-	47,98	53,98	-	39,78	44,75	-	31,85	35,83	-	24,18	2
	IV	1.469,66	0,92	117,57	132,26	-	111,30	125,21	-	105,07	118,20	-	98,96	111,33	-	92,97	104,59	-	87,12	98,01	-	81,39	9
	V	1.984,08	62,13	158,72	178,56																		
	VI	2.028,41	67,41	162,27	182,55																		
6.671,99	I	1.470,83	1,06	117,66	132,37	-	105,16	118,30	-	93,06	104,69	-	81,47	91,65	-	70,40	79,20	-	59,84	67,32	-	49,80	5
	II	1.322,00	-	105,76	118,98	-	93,63	105,33	-	82,02	92,27	-	70,92	79,79	-	60,34	67,88	-	50,27	56,55	-	40,72	4
	III	927,16	-	74,17	83,44	-	65,20	73,35	-	56,49	63,55	-	48,05	54,05	-	39,85	44,83	-	31,92	35,91	-	24,24	2
	IV	1.470,83	1,06	117,66	132,37	-	111,40	125,32	-	105,16	118,30	-	99,04	111,42	-	93,06	104,69	-	87,20	98,10	-	81,47	9
	V	1.985,25	62,27	158,82	178,67																		
	VI	2.029,58	67,55	162,36	182,66																		
6.674,99	I	1.471,91	1,19	117,75	132,47	-	105,25	118,40	-	93,14	104,78	-	81,55	91,74	-	70,48	79,29	-	59,92	67,41	-	49,87	5
	II	1.323,08	-	105,84	119,07	-	93,72	105,43	-	82,10	92,36	-	71,00	79,87	-	60,41	67,96	-	50,34	56,63	-	40,78	4
	III	928,00	-	74,24	83,52	-	65,26	73,42	-	56,56	63,63	-	48,10	54,11	-	39,90	44,89	-	31,97	35,96	-	24,29	2
	IV	1.471,91	1,19	117,75	132,47	-	111,48	125,42	-	105,25	118,40	-	99,13	111,52	-	93,14	104,78	-	87,28	98,19	-	81,55	9
	V	1.986,41	62,41	158,91	178,77																		
	VI	2.030,66	67,68	162,45	182,75																		
6.677,99	I	1.473,08	1,32	117,84	132,57	-	105,34	118,50	-	93,23	104,88	-	81,64	91,84	-	70,56	79,38	-	59,99	67,49	-	49,94	5
	II	1.324,25	-	105,94	119,18	-	93,80	105,53	-	82,18	92,45	-	71,08	79,96	-	60,49	68,05	-	50,41	56,71	-	40,85	4
	III	928,83	-	74,30	83,59	-	65,33	73,49	-	56,62	63,70	-	48,16	54,18	-	39,97	44,96	-	32,02	36,02	-	24,34	2
	IV	1.473,08	1,32	117,84	132,57	-	111,58	125,52	-	105,34	118,50	-	99,22	111,62	-	93,23	104,88	-	87,37	98,29	-	81,64	9
	V	1.987,58	62,55	159,00	178,88																		
	VI	2.031,83	67,82	162,54	182,86																		
6.680,99	I	1.474,25	1,46	117,94	132,68	-	105,43	118,61	-	93,32	104,98	-	81,72	91,93	-	70,64	79,47	-	60,06	67,57	-	50,01	5
	II	1.325,41	-	106,03	119,28	-	93,89	105,62	-	82,27	92,55	-	71,16	80,05	-	60,56	68,13	-	50,48	56,79	-	40,92	4
	III	929,66	-	74,37	83,66	-	65,40	73,57	-	56,68	63,76	-	48,22	54,25	-	40,02	45,02	-	32,09	36,10	-	24,40	2
	IV	1.474,25	1,46	117,94	132,68	-	111,67	125,63	-	105,43	118,61	-	99,31	111,72	-	93,32	104,98	-	87,46	98,39	-	81,72	91
	V	1.988,66	62,68	159,09	178,97																		
	VI	2.033,00	67,95	162,64	182,97																		
6.683,99	I	1.475,41	1,60	118,03	132,78	-	105,52	118,71	-	93,40	105,08	-	81,80	92,03	-	70,71	79,55	-	60,14	67,66	-	50,08	56
	II	1.326,50	-	106,12	119,38	-	93,98	105,72	-	82,35	92,64	-	71,24	80,14	-	60,64	68,22	-	50,56	56,88	-	40,98	46
	III	930,50	-	74,44	83,74	-	65,46	73,64	-	56,74	63,83	-	48,29	54,32	-	40,09	45,10	-	32,14	36,16	-	24,45	27
	IV	1.475,41	1,60	118,03	132,78	-	111,76	125,73	-	105,52	118,71	-	99,40	111,82	-	93,40	105,08	-	87,54	98,48	-	81,80	92
	V	1.989,83	62,82	159,18	179,08																		
	VI	2.034,16	68,09	162,73	183,07																		
6.686,99	I	1.476,50	1,73	118,12	132,88	-	105,61	118,81	-	93,49	105,17	-	81,88	92,12	-	70,79	79,64	-	60,22	67,74	-	50,16	56
	II	1.327,66	-	106,21	119,48	-	94,06	105,82	-	82,43	92,73	-	71,32	80,23	-	60,72	68,31	-	50,63	56,96	-	41,06	46,
	III	931,16	-	74,49	83,80	-	65,52	73,71	-	56,81	63,91	-	48,34	54,38	-	40,14	45,16	-	32,20	36,22	-	24,50	27,
	IV	1.476,50	1,73	118,12	132,88	-	111,85	125,83	-	105,61	118,81	-	99,48	111,92	-	93,49	105,17	-	87,62	98,57	-	81,88	92,
	V	1.991,00	62,96	159,28	179,19																		
	VI	2.035,25	68,22	162,82	183,17																		
6.689,99	I	1.477,66	1,87	118,21	132,98	-	105,70	118,91	-	93,58	105,27	-	81,96	92,21	-	70,87	79,73	-	60,29	67,82	-	50,22	56,
	II	1.328,75	-	106,30	119,58	-	94,15	105,92	-	82,52	92,83	-	71,40	80,32	-	60,79	68,39	-	50,70	57,03	-	41,12	46,
	III	932,00	-	74,56	83,88	-	65,58	73,78	-	56,86	63,97	-	48,41	54,46	-	40,20	45,22	-	32,25	36,28	-	24,57	27,
	IV	1.477,66	1,87	118,21	132,98	-	111,94	125,93	-	105,70	118,91	-	99,57	112,01	-	93,58	105,27	-	87,70	98,66	-	81,96	92,
	V	1.992,08	63,08	159,36	179,28																		
	VI	2.036,41	68,36	162,91	183,27																		
6.692,99	I	1.478,83	2,01	118,30	133,09	-	105,79	119,01	-	93,66	105,37	-	82,05	92,30	-	70,95	79,82	-	60,36	67,91	-	50,30	56,
	II	1.329,91	-	106,39	119,69	-	94,24	106,02	-	82,60	92,92	-	71,48	80,41	-	60,86	68,47	-	50,77	57,11	-	41,19	46,
	III	933,00	-	74,64	83,97	-	65,65	73,85	-	56,93	64,04	-	48,46	54,52	-	40,26	45,29	-	32,32	36,36	-	24,62	27,
	IV	1.478,83	2,01	118,30	133,09	-	112,04	126,04	-	105,79	119,01	-	99,66	112,12	-	93,66	105,37	-	87,79	98,76	-	82,05	92,
	V	1.993,25	63,22	159,46	179,39																		
	VI	2.037,58	68,50	163,00	183,38																		
6.695,99	I	1.480,00	2,15	118,40	133,20	-	105,88	119,12	-	93,75	105,47	-	82,13	92,39	-	71,03	79,91	-	60,44	68,00	-	50,37	56,
	II	1.331,00	-	106,48	119,79	-	94,32	106,11	-	82,68	93,02	-	71,56	80,50	-	60,94	68,56	-	50,84	57,20	-	41,26	46,
	III	933,66	-	74,69	84,02	-	65,72	73,93	-	57,00	64,12	-	48,53	54,59	-	40,32	45,36	-	32,37	36,41	-	24,68	27,
	IV	1.480,00	2,15	118,40	133,20	-	112,13	126,14	-	105,88	119,12	-	99,75	112,22	-	93,75	105,47	-	87,88	98,86	-	82,13	92,
	V	1.994,41	63,36	159,55	179,49																		
	VI	2.038,75	68,64	163,10	183,48																		
6.698,99	I	1.481,08	2,28	118,48	133,29	-	105,97	119,21	-	93,84	105,57	-	82,22	92,49	-	71,11	80,00	-	60,52	68,08	-	50,44	56,
	II	1.332,16	-	106,57	119,89	-	94,41	106,21	-	82,76	93,11	-	71,63	80,58	-	61,02	68,64	-	50,91	57,27	-	41,32	46,
	III	934,50	-	74,76	84,10	-	65,78	74,00	-	57,05	64,18	-	48,58	54,65	-	40,38	45,43	-	32,42	36,47	-	24,73	27,
	IV	1.481,08	2,28	118,48	133,29	-	112,22	126,24	-	105,97	119,21	-	99,84	112,32	-	93,84	105,57	-	87,96	98,96	-	82,22	92,
	V	1.995,50	63,49	159,64	179,59																		
	VI	2.039,83	68,77	163,18	183,58																		
6.701,99	I	1.482,25	2,41	118,58	133,40	-	106,06	119,32	-	93,92	105,66	-	82,30	92,58	-	71,19	80,09	-	60,59	68,16	-	50,51	56,
	II	1.333,33	-	106,66	119,99	-	94,50	106,31	-	82,85	93,20	-	71,71	80,67	-	61,09	68,72	-	50,98	57,35	-	41,40	46,
	III	935,33	-	74,82	84,17	-	65,85	74,08	-	57,12	64,26	-	48,65	54,73	-	40,44	45,49	-	32,49	36,55	-	24,78	27,
	IV	1.482,25	2,41	118,58	133,40	-	112,31	126,35	-	106,06	119,32	-	99,93	112,42	-	93,92	105,66	-	88,04	99,05	-	82,30	92,
	V	1.996,66	63,63	159,73	179,69																		
	VI	2.041,00	68,91	163,28	183,69																		
6.704,99	I	1.483,41	2,55	118,67	133,50	-	106,15	119,42	-	94,01	105,76	-	82,38	92,68	-	71,27	80,18	-	60,67	68,25	-	50,58	56,
	II	1.334,41	-	106,75	120,09	-	94,58	106,40	-	82,93	93,29	-	71,79	80,76	-	61,17	68,81	-	51,06	57,44	-	41,46	46,
	III	936,16	-	74,89	84,25	-	65,90	74,14	-	57,18	64,33	-	48,72	54,81	-	40,49	45,55	-	32,54	36,61	-	24,84	27,
	IV	1.483,41	2,55	118,67	133,50	-	112,40	126,45	-	106,15	119,42	-	100,02	112,52	-	94,01	105,76	-	88,13	99,14	-	82,38	92,
	V	1.997,83	63,77	159,82	179,80																		
	VI	2.042,16	69,04	163,37	183,79																		

Lohn/Gehalt bis	Steuerklasse	Lohnsteuer	ohne Kinderfreibetrag SolZ 5,5%	ohne Kinderfreibetrag Kirchensteuer 8%	ohne Kinderfreibetrag Kirchensteuer 9%	0,5 SolZ 5,5%	0,5 Kirchensteuer 8%	0,5 Kirchensteuer 9%	1,0 SolZ 5,5%	1,0 Kirchensteuer 8%	1,0 Kirchensteuer 9%	1,5 SolZ 5,5%	1,5 Kirchensteuer 8%	1,5 Kirchensteuer 9%	2,0 SolZ 5,5%	2,0 Kirchensteuer 8%	2,0 Kirchensteuer 9%	2,5 SolZ 5,5%	2,5 Kirchensteuer 8%	2,5 Kirchensteuer 9%	3,0 SolZ 5,5%	3,0 Kirchensteuer 8%	3,0 Kirchensteuer 9%
						Anzahl Kinderfreibeträge (nur Steuerklassen I–IV)																	
6.707,99	I	1.484,50	2,68	118,76	133,60	-	106,24	119,52	-	94,10	105,86	-	82,46	92,77	-	71,34	80,26	-	60,74	68,33	-	50,66	56,99
	II	1.335,58	-	106,84	120,20	-	94,67	106,50	-	83,01	93,38	-	71,87	80,85	-	61,24	68,90	-	51,13	57,52	-	41,53	46,72
	III	937,00	-	74,96	84,33	-	65,97	74,21	-	57,24	64,39	-	48,77	54,86	-	40,56	45,63	-	32,60	36,67	-	24,89	28,00
	IV	1.484,50	2,68	118,76	133,60	-	112,49	126,55	-	106,24	119,52	-	100,10	112,61	-	94,10	105,86	-	88,22	99,24	-	82,46	92,77
	V	1.998,91	63,90	159,91	179,90																		
	VI	2.043,25	69,17	163,46	183,89																		
6.710,99	I	1.485,66	2,82	118,85	133,70	-	106,33	119,62	-	94,18	105,95	-	82,55	92,87	-	71,42	80,35	-	60,82	68,42	-	50,72	57,06
	II	1.336,66	-	106,93	120,29	-	94,76	106,60	-	83,10	93,48	-	71,95	80,94	-	61,32	68,98	-	51,20	57,60	-	41,60	46,80
	III	937,83	-	75,02	84,40	-	66,04	74,29	-	57,30	64,46	-	48,84	54,94	-	40,61	45,68	-	32,65	36,73	-	24,96	28,08
	IV	1.485,66	2,82	118,85	133,70	-	112,58	126,65	-	106,33	119,62	-	100,20	112,72	-	94,18	105,95	-	88,30	99,34	-	82,55	92,87
	V	2.000,08	64,04	160,00	180,00																		
	VI	2.044,41	69,31	163,55	183,99																		
6.713,99	I	1.486,83	2,96	118,94	133,81	-	106,42	119,72	-	94,27	106,05	-	82,63	92,96	-	71,50	80,44	-	60,90	68,51	-	50,80	57,15
	II	1.337,83	-	107,02	120,40	-	94,84	106,70	-	83,18	93,58	-	72,03	81,03	-	61,40	69,07	-	51,28	57,69	-	41,67	46,88
	III	938,66	-	75,09	84,47	-	66,10	74,36	-	57,37	64,54	-	48,89	55,00	-	40,68	45,76	-	32,72	36,81	-	25,01	28,13
	IV	1.486,83	2,96	118,94	133,81	-	112,68	126,76	-	106,42	119,72	-	100,28	112,82	-	94,27	106,05	-	88,38	99,43	-	82,63	92,96
	V	2.001,25	64,18	160,10	180,11																		
	VI	2.045,58	69,45	163,64	184,10																		
6.716,99	I	1.487,91	3,09	119,03	133,91	-	106,51	119,82	-	94,36	106,15	-	82,71	93,05	-	71,58	80,53	-	60,97	68,59	-	50,87	57,23
	II	1.338,91	-	107,11	120,50	-	94,93	106,79	-	83,26	93,67	-	72,11	81,12	-	61,47	69,15	-	51,34	57,76	-	41,74	46,95
	III	939,50	-	75,16	84,55	-	66,17	74,44	-	57,44	64,62	-	48,96	55,08	-	40,73	45,82	-	32,77	36,86	-	25,06	28,19
	IV	1.487,91	3,09	119,03	133,91	-	112,76	126,86	-	106,51	119,82	-	100,37	112,91	-	94,36	106,15	-	88,47	99,53	-	82,71	93,05
	V	2.002,41	64,31	160,19	180,21																		
	VI	2.046,66	69,58	163,73	184,19																		
6.719,99	I	1.489,08	3,23	119,12	134,01	-	106,60	119,93	-	94,44	106,25	-	82,80	93,15	-	71,66	80,62	-	61,04	68,67	-	50,94	57,31
	II	1.340,08	-	107,20	120,60	-	95,02	106,89	-	83,34	93,76	-	72,19	81,21	-	61,54	69,23	-	51,42	57,84	-	41,80	47,03
	III	940,33	-	75,22	84,62	-	66,24	74,52	-	57,49	64,67	-	49,01	55,13	-	40,80	45,90	-	32,82	36,92	-	25,12	28,26
	IV	1.489,08	3,23	119,12	134,01	-	112,86	126,96	-	106,60	119,93	-	100,46	113,01	-	94,44	106,25	-	88,56	99,63	-	82,80	93,15
	V	2.003,50	64,44	160,28	180,31																		
	VI	2.047,83	69,72	163,82	184,30																		
6.722,99	I	1.490,25	3,37	119,22	134,12	-	106,70	120,03	-	94,53	106,34	-	82,88	93,24	-	71,74	80,71	-	61,12	68,76	-	51,02	57,39
	II	1.341,25	-	107,30	120,71	-	95,10	106,99	-	83,43	93,86	-	72,27	81,30	-	61,62	69,32	-	51,49	57,92	-	41,87	47,10
	III	941,16	-	75,29	84,70	-	66,30	74,59	-	57,56	64,75	-	49,08	55,21	-	40,85	45,95	-	32,88	36,99	-	25,17	28,31
	IV	1.490,25	3,37	119,22	134,12	-	112,95	127,07	-	106,70	120,03	-	100,55	113,12	-	94,53	106,34	-	88,64	99,72	-	82,88	93,24
	V	2.004,66	64,58	160,37	180,41																		
	VI	2.049,00	69,86	163,92	184,41																		
6.725,99	I	1.491,33	3,50	119,30	134,21	-	106,78	120,13	-	94,62	106,44	-	82,96	93,33	-	71,82	80,80	-	61,20	68,85	-	51,08	57,47
	II	1.342,33	-	107,38	120,80	-	95,19	107,09	-	83,51	93,95	-	72,35	81,39	-	61,70	69,41	-	51,56	58,01	-	41,94	47,18
	III	942,00	-	75,36	84,78	-	66,36	74,65	-	57,62	64,82	-	49,13	55,27	-	40,90	46,01	-	32,94	37,06	-	25,22	28,37
	IV	1.491,33	3,50	119,30	134,21	-	113,04	127,17	-	106,78	120,13	-	100,64	113,22	-	94,62	106,44	-	88,72	99,81	-	82,96	93,33
	V	2.005,83	64,72	160,46	180,52																		
	VI	2.050,08	69,99	164,00	184,50																		
6.728,99	I	1.492,50	3,63	119,40	134,32	-	106,88	120,24	-	94,70	106,54	-	83,04	93,42	-	71,90	80,89	-	61,27	68,93	-	51,16	57,55
	II	1.343,50	-	107,48	120,91	-	95,28	107,19	-	83,60	94,05	-	72,43	81,48	-	61,78	69,50	-	51,64	58,09	-	42,01	47,26
	III	942,83	-	75,42	84,85	-	66,42	74,72	-	57,69	64,90	-	49,20	55,35	-	40,97	46,09	-	33,00	37,12	-	25,29	28,45
	IV	1.492,50	3,63	119,40	134,32	-	113,13	127,27	-	106,88	120,24	-	100,72	113,31	-	94,70	106,54	-	88,81	99,91	-	83,04	93,42
	V	2.007,00	64,86	160,56	180,63																		
	VI	2.051,25	70,13	164,10	184,61																		
6.731,99	I	1.493,66	3,77	119,49	134,42	-	106,97	120,34	-	94,79	106,64	-	83,13	93,52	-	71,98	80,98	-	61,35	69,02	-	51,23	57,63
	II	1.344,66	-	107,57	121,01	-	95,37	107,29	-	83,68	94,14	-	72,51	81,57	-	61,85	69,58	-	51,70	58,16	-	42,08	47,34
	III	943,66	-	75,49	84,92	-	66,49	74,80	-	57,74	64,96	-	49,26	55,42	-	41,02	46,15	-	33,05	37,18	-	25,34	28,51
	IV	1.493,66	3,77	119,49	134,42	-	113,22	127,37	-	106,97	120,34	-	100,82	113,42	-	94,79	106,64	-	88,90	100,01	-	83,13	93,52
	V	2.008,08	64,99	160,64	180,72																		
	VI	2.052,41	70,26	164,19	184,71																		
6.734,99	I	1.494,83	3,91	119,58	134,53	-	107,06	120,44	-	94,88	106,74	-	83,21	93,61	-	72,06	81,06	-	61,42	69,10	-	51,30	57,71
	II	1.345,75	-	107,66	121,11	-	95,45	107,38	-	83,76	94,23	-	72,58	81,65	-	61,92	69,66	-	51,78	58,25	-	42,14	47,41
	III	944,50	-	75,56	85,00	-	66,56	74,88	-	57,81	65,03	-	49,32	55,48	-	41,09	46,22	-	33,12	37,26	-	25,40	28,57
	IV	1.494,83	3,91	119,58	134,53	-	113,32	127,48	-	107,06	120,44	-	100,90	113,51	-	94,88	106,74	-	88,98	100,10	-	83,21	93,61
	V	2.009,25	65,13	160,74	180,83																		
	VI	2.053,58	70,40	164,28	184,82																		
6.737,99	I	1.495,91	4,04	119,67	134,63	-	107,15	120,54	-	94,96	106,83	-	83,30	93,71	-	72,14	81,16	-	61,50	69,18	-	51,38	57,80
	II	1.346,91	-	107,75	121,22	-	95,54	107,48	-	83,85	94,33	-	72,67	81,75	-	62,00	69,75	-	51,85	58,33	-	42,22	47,49
	III	945,33	-	75,62	85,07	-	66,62	74,95	-	57,88	65,11	-	49,38	55,55	-	41,14	46,28	-	33,17	37,31	-	25,45	28,63
	IV	1.495,91	4,04	119,67	134,63	-	113,41	127,58	-	107,15	120,54	-	100,99	113,61	-	94,96	106,83	-	89,06	100,19	-	83,30	93,71
	V	2.010,41	65,27	160,83	180,93																		
	VI	2.054,75	70,54	164,38	184,92																		
6.740,99	I	1.497,08	4,18	119,76	134,73	-	107,24	120,65	-	95,05	106,93	-	83,38	93,80	-	72,22	81,25	-	61,58	69,27	-	51,44	57,87
	II	1.348,08	-	107,84	121,32	-	95,63	107,58	-	83,93	94,42	-	72,75	81,84	-	62,08	69,84	-	51,92	58,41	-	42,28	47,57
	III	946,16	-	75,69	85,15	-	66,69	75,02	-	57,93	65,17	-	49,44	55,62	-	41,21	46,36	-	33,22	37,37	-	25,50	28,69
	IV	1.497,08	4,18	119,76	134,73	-	113,50	127,68	-	107,24	120,65	-	101,08	113,72	-	95,05	106,93	-	89,15	100,29	-	83,38	93,80
	V	2.011,58	65,41	160,92	181,04																		
	VI	2.055,83	70,67	164,46	185,02																		
6.743,99	I	1.498,25	4,32	119,86	134,84	-	107,33	120,74	-	95,14	107,03	-	83,46	93,89	-	72,30	81,33	-	61,65	69,35	-	51,52	57,96
	II	1.349,16	-	107,93	121,42	-	95,72	107,68	-	84,01	94,51	-	72,82	81,92	-	62,15	69,92	-	52,00	58,50	-	42,35	47,64
	III	947,00	-	75,76	85,23	-	66,74	75,08	-	58,00	65,25	-	49,50	55,69	-	41,26	46,42	-	33,28	37,44	-	25,56	28,75
	IV	1.498,25	4,32	119,86	134,84	-	113,59	127,79	-	107,33	120,74	-	101,17	113,81	-	95,14	107,03	-	89,24	100,39	-	83,46	93,89
	V	2.012,66	65,53	161,01	181,13																		
	VI	2.057,00	70,81	164,56	185,13																		
6.746,99	I	1.499,41	4,46	119,95	134,94	-	107,42	120,85	-	95,22	107,12	-	83,54	93,98	-	72,38	81,42	-	61,73	69,44	-	51,59	58,04
	II	1.350,33	-	108,02	121,52	-	95,80	107,78	-	84,10	94,61	-	72,90	82,01	-	62,23	70,01	-	52,07	58,58	-	42,42	47,72
	III	947,83	-	75,82	85,30	-	66,82	75,17	-	58,06	65,32	-	49,57	55,76	-	41,33	46,49	-	33,34	37,51	-	25,61	28,81
	IV	1.499,41	4,46	119,95	134,94	-	113,68	127,89	-	107,42	120,85	-	101,26	113,91	-	95,22	107,12	-	89,32	100,49	-	83,54	93,98
	V	2.013,83	65,67	161,10	181,24																		
	VI	2.058,16	70,95	164,65	185,23																		
6.749,99	I	1.500,58	4,60	120,04	135,05	-	107,52	120,96	-	95,32	107,23	-	83,63	94,08	-	72,46	81,51	-	61,80	69,53	-	51,66	58,12
	II	1.351,50	-	108,12	121,63	-	95,89	107,87	-	84,18	94,70	-	72,99	82,11	-	62,30	70,09	-	52,14	58,66	-	42,49	47,80
	III	948,66	-	75,89	85,37	-	66,88	75,24	-	58,13	65,39	-	49,62	55,82	-	41,38	46,55	-	33,40	37,57	-	25,68	28,89
	IV	1.500,58	4,60	120,04	135,05	-	113,78	128,00	-	107,52	120,96	-	101,35	114,02	-	95,32	107,23	-	89,41	100,58	-	83,63	94,08
	V	2.015,00	65,81	161,20	181,35																		
	VI	2.059,33	71,09	164,74	185,33																		

Lohn/ Gehalt bis	Steuerklasse	Lohn-steuer	ohne Kinderfreibetrag SolZ 5,5%	ohne Kinderfreibetrag Kirchensteuer 8%	ohne Kinderfreibetrag Kirchensteuer 9%	0,5 SolZ 5,5%	0,5 Kirchensteuer 8%	0,5 Kirchensteuer 9%	1,0 SolZ 5,5%	1,0 Kirchensteuer 8%	1,0 Kirchensteuer 9%	1,5 SolZ 5,5%	1,5 Kirchensteuer 8%	1,5 Kirchensteuer 9%	2,0 SolZ 5,5%	2,0 Kirchensteuer 8%	2,0 Kirchensteuer 9%	2,5 SolZ 5,5%	2,5 Kirchensteuer 8%	2,5 Kirchensteuer 9%	3,0 SolZ 5,5%	3,0 Kirchensteuer 8%	3,0 Kirchensteuer 9%
						Anzahl Kinderfreibeträge (nur Steuerklassen I–IV)																	
6.752,99	I	1.501,66	4,73	120,13	135,14	-	107,60	121,05	-	95,40	107,32	-	83,71	94,17	-	72,54	81,60	-	61,88	69,61	-	51,73	5
	II	1.352,58	-	108,20	121,73	-	95,98	107,97	-	84,26	94,79	-	73,06	82,19	-	62,38	70,18	-	52,21	58,73	-	42,56	4
	III	949,50	-	75,96	85,45	-	66,94	75,31	-	58,18	65,45	-	49,69	55,90	-	41,44	46,62	-	33,45	37,63	-	25,73	2
	IV	1.501,66	4,73	120,13	135,14	-	113,86	128,09	-	107,60	121,05	-	101,44	114,12	-	95,40	107,32	-	89,49	100,67	-	83,71	9
	V	2.016,08	65,94	161,28	181,44																		
	VI	2.060,41	71,22	164,83	185,43																		
6.755,99	I	1.502,83	4,86	120,22	135,25	-	107,70	121,16	-	95,49	107,42	-	83,80	94,27	-	72,62	81,69	-	61,96	69,70	-	51,80	5
	II	1.353,75	-	108,30	121,83	-	96,06	108,07	-	84,35	94,89	-	73,14	82,28	-	62,46	70,26	-	52,28	58,82	-	42,62	4
	III	950,33	-	76,02	85,52	-	67,01	75,38	-	58,25	65,53	-	49,74	55,96	-	41,50	46,69	-	33,52	37,71	-	25,78	2
	IV	1.502,83	4,86	120,22	135,25	-	113,96	128,20	-	107,70	121,16	-	101,53	114,22	-	95,49	107,42	-	89,58	100,77	-	83,80	9
	V	2.017,25	66,08	161,38	181,55																		
	VI	2.061,58	71,36	164,92	185,54																		
6.758,99	I	1.503,91	4,99	120,31	135,35	-	107,78	121,25	-	95,57	107,51	-	83,88	94,36	-	72,70	81,78	-	62,03	69,78	-	51,88	5
	II	1.354,83	-	108,38	121,93	-	96,15	108,17	-	84,43	94,98	-	73,22	82,37	-	62,53	70,34	-	52,36	58,90	-	42,69	4
	III	951,16	-	76,09	85,60	-	67,08	75,46	-	58,32	65,61	-	49,81	56,03	-	41,56	46,75	-	33,57	37,76	-	25,84	2
	IV	1.503,91	4,99	120,31	135,35	-	114,04	128,30	-	107,78	121,25	-	101,62	114,32	-	95,57	107,51	-	89,66	100,87	-	83,88	9
	V	2.018,41	66,22	161,47	181,65																		
	VI	2.062,66	71,48	165,01	185,63																		
6.761,99	I	1.505,08	5,13	120,40	135,45	-	107,88	121,36	-	95,66	107,62	-	83,96	94,46	-	72,78	81,87	-	62,10	69,86	-	51,95	5
	II	1.356,00	-	108,48	122,04	-	96,24	108,27	-	84,52	95,08	-	73,30	82,46	-	62,61	70,43	-	52,43	58,98	-	42,76	4
	III	952,00	-	76,16	85,68	-	67,14	75,53	-	58,37	65,66	-	49,86	56,09	-	41,62	46,82	-	33,62	37,82	-	25,89	2
	IV	1.505,08	5,13	120,40	135,45	-	114,14	128,40	-	107,88	121,36	-	101,70	114,41	-	95,66	107,62	-	89,75	100,97	-	83,96	9
	V	2.019,50	66,35	161,56	181,75																		
	VI	2.063,83	71,62	165,10	185,74																		
6.764,99	I	1.506,25	5,27	120,50	135,56	-	107,97	121,46	-	95,75	107,72	-	84,04	94,55	-	72,86	81,96	-	62,18	69,95	-	52,02	5
	II	1.357,16	-	108,57	122,14	-	96,33	108,37	-	84,60	95,17	-	73,38	82,55	-	62,68	70,52	-	52,50	59,06	-	42,83	4
	III	952,83	-	76,22	85,75	-	67,21	75,61	-	58,44	65,74	-	49,93	56,17	-	41,68	46,89	-	33,69	37,90	-	25,94	2
	IV	1.506,25	5,27	120,50	135,56	-	114,23	128,51	-	107,97	121,46	-	101,80	114,52	-	95,75	107,72	-	89,84	101,07	-	84,04	9
	V	2.020,66	66,49	161,65	181,85																		
	VI	2.065,00	71,76	165,20	185,85																		
6.767,99	I	1.507,33	5,40	120,58	135,65	-	108,06	121,56	-	95,84	107,82	-	84,13	94,64	-	72,94	82,05	-	62,26	70,04	-	52,10	5
	II	1.358,25	-	108,66	122,24	-	96,41	108,46	-	84,68	95,27	-	73,46	82,64	-	62,76	70,61	-	52,57	59,14	-	42,90	4
	III	953,66	-	76,29	85,82	-	67,26	75,67	-	58,50	65,81	-	50,00	56,25	-	41,74	46,96	-	33,74	37,96	-	26,01	2
	IV	1.507,33	5,40	120,58	135,65	-	114,32	128,61	-	108,06	121,56	-	101,88	114,62	-	95,84	107,82	-	89,92	101,16	-	84,13	9
	V	2.021,83	66,63	161,74	181,96																		
	VI	2.066,08	71,89	165,28	185,94																		
6.770,99	I	1.508,50	5,54	120,68	135,76	-	108,15	121,67	-	95,92	107,91	-	84,21	94,73	-	73,02	82,14	-	62,34	70,13	-	52,16	5
	II	1.359,41	-	108,75	122,34	-	96,50	108,56	-	84,76	95,36	-	73,54	82,73	-	62,84	70,69	-	52,64	59,22	-	42,97	4
	III	954,50	-	76,36	85,90	-	67,33	75,74	-	58,57	65,89	-	50,05	56,30	-	41,80	47,02	-	33,80	38,02	-	26,06	2
	IV	1.508,50	5,54	120,68	135,76	-	114,41	128,71	-	108,15	121,67	-	101,97	114,71	-	95,92	107,91	-	90,00	101,25	-	84,21	9
	V	2.023,00	66,76	161,84	182,07																		
	VI	2.067,25	72,03	165,38	186,05																		
6.773,99	I	1.509,66	5,68	120,77	135,86	-	108,24	121,77	-	96,01	108,01	-	84,30	94,83	-	73,10	82,23	-	62,41	70,21	-	52,24	5
	II	1.360,58	-	108,84	122,45	-	96,59	108,66	-	84,85	95,45	-	73,62	82,82	-	62,92	70,78	-	52,72	59,31	-	43,04	4
	III	955,33	-	76,42	85,97	-	67,40	75,82	-	58,62	65,95	-	50,12	56,38	-	41,86	47,09	-	33,86	38,09	-	26,12	2
	IV	1.509,66	5,68	120,77	135,86	-	114,50	128,81	-	108,24	121,77	-	102,06	114,82	-	96,01	108,01	-	90,09	101,35	-	84,30	9
	V	2.024,08	66,89	161,92	182,16																		
	VI	2.068,41	72,17	165,47	186,15																		
6.776,99	I	1.510,83	5,82	120,86	135,97	-	108,33	121,87	-	96,10	108,11	-	84,38	94,92	-	73,18	82,32	-	62,48	70,29	-	52,31	5
	II	1.361,66	-	108,93	122,54	-	96,68	108,76	-	84,93	95,54	-	73,70	82,91	-	62,99	70,86	-	52,79	59,39	-	43,10	4
	III	956,16	-	76,49	86,05	-	67,46	75,89	-	58,69	66,02	-	50,17	56,44	-	41,92	47,16	-	33,92	38,16	-	26,17	2
	IV	1.510,83	5,82	120,86	135,97	-	114,60	128,92	-	108,33	121,87	-	102,15	114,92	-	96,10	108,11	-	90,18	101,45	-	84,38	9
	V	2.025,25	67,03	162,02	182,27																		
	VI	2.069,58	72,31	165,56	186,26																		
6.779,99	I	1.511,91	5,95	120,95	136,07	-	108,42	121,97	-	96,18	108,20	-	84,46	95,02	-	73,26	82,41	-	62,56	70,38	-	52,38	58
	II	1.362,83	-	109,02	122,65	-	96,76	108,86	-	85,02	95,64	-	73,78	83,00	-	63,06	70,94	-	52,86	59,47	-	43,18	48
	III	957,00	-	76,56	86,13	-	67,53	75,97	-	58,76	66,10	-	50,24	56,52	-	41,97	47,21	-	33,97	38,21	-	26,22	29
	IV	1.511,91	5,95	120,95	136,07	-	114,68	129,02	-	108,42	121,97	-	102,24	115,02	-	96,18	108,20	-	90,26	101,54	-	84,46	95
	V	2.026,41	67,17	162,11	182,37																		
	VI	2.070,66	72,44	165,65	186,35																		
6.782,99	I	1.513,08	6,08	121,04	136,17	-	108,52	122,08	-	96,28	108,31	-	84,55	95,12	-	73,34	82,50	-	62,64	70,47	-	52,46	59
	II	1.364,00	-	109,12	122,76	-	96,85	108,95	-	85,10	95,74	-	73,86	83,09	-	63,14	71,03	-	52,94	59,55	-	43,24	48
	III	958,00	-	76,64	86,22	-	67,60	76,05	-	58,82	66,17	-	50,30	56,59	-	42,04	47,29	-	34,04	38,29	-	26,28	29
	IV	1.513,08	6,08	121,04	136,17	-	114,78	129,12	-	108,52	122,08	-	102,33	115,12	-	96,28	108,31	-	90,34	101,63	-	84,55	95
	V	2.027,58	67,31	162,20	182,48																		
	VI	2.071,83	72,58	165,74	186,46																		
6.785,99	I	1.514,25	6,22	121,14	136,28	-	108,60	122,18	-	96,36	108,40	-	84,63	95,21	-	73,42	82,59	-	62,72	70,56	-	52,53	59,
	II	1.365,16	-	109,21	122,86	-	96,94	109,05	-	85,18	95,83	-	73,94	83,18	-	63,22	71,12	-	53,01	59,63	-	43,31	48,
	III	958,66	-	76,69	86,27	-	67,66	76,12	-	58,88	66,24	-	50,36	56,65	-	42,09	47,35	-	34,09	38,35	-	26,34	29
	IV	1.514,25	6,22	121,14	136,28	-	114,87	129,23	-	108,60	122,18	-	102,42	115,22	-	96,36	108,40	-	90,43	101,73	-	84,63	95,
	V	2.028,66	67,44	162,29	182,57																		
	VI	2.073,00	72,71	165,84	186,57																		
6.788,99	I	1.515,41	6,36	121,23	136,38	-	108,70	122,28	-	96,45	108,50	-	84,72	95,31	-	73,50	82,68	-	62,79	70,64	-	52,60	59,
	II	1.366,25	-	109,30	122,96	-	97,03	109,16	-	85,27	95,93	-	74,02	83,27	-	63,30	71,21	-	53,08	59,72	-	43,38	48
	III	959,50	-	76,76	86,35	-	67,72	76,18	-	58,94	66,31	-	50,42	56,72	-	42,16	47,43	-	34,14	38,41	-	26,40	29,
	IV	1.515,41	6,36	121,23	136,38	-	114,96	129,33	-	108,70	122,28	-	102,51	115,32	-	96,45	108,50	-	90,52	101,83	-	84,72	95,
	V	2.029,83	67,58	162,38	182,68																		
	VI	2.074,16	72,85	165,93	186,67																		
6.791,99	I	1.516,50	6,49	121,32	136,48	-	108,79	122,39	-	96,54	108,60	-	84,80	95,40	-	73,58	82,77	-	62,87	70,73	-	52,68	59,
	II	1.367,41	-	109,39	123,06	-	97,12	109,26	-	85,36	96,03	-	74,10	83,36	-	63,37	71,29	-	53,16	59,80	-	43,45	48,
	III	960,50	-	76,84	86,44	-	67,80	76,27	-	59,01	66,38	-	50,48	56,79	-	42,21	47,48	-	34,21	38,48	-	26,45	29,
	IV	1.516,50	6,49	121,32	136,48	-	115,05	129,43	-	108,79	122,39	-	102,60	115,42	-	96,54	108,60	-	90,60	101,93	-	84,80	95,
	V	2.031,00	67,72	162,48	182,79																		
	VI	2.075,25	72,98	166,02	186,77																		
6.794,99	I	1.517,66	6,63	121,41	136,58	-	108,88	122,49	-	96,62	108,70	-	84,88	95,49	-	73,66	82,86	-	62,94	70,81	-	52,74	59,
	II	1.368,58	-	109,48	123,17	-	97,20	109,35	-	85,44	96,12	-	74,18	83,45	-	63,45	71,38	-	53,22	59,87	-	43,52	48,
	III	961,16	-	76,89	86,50	-	67,85	76,33	-	59,08	66,46	-	50,54	56,86	-	42,28	47,56	-	34,26	38,54	-	26,50	29,
	IV	1.517,66	6,63	121,41	136,58	-	115,14	129,53	-	108,88	122,49	-	102,68	115,52	-	96,62	108,70	-	90,69	102,02	-	84,88	95,
	V	2.032,08	67,84	162,56	182,88																		
	VI	2.076,41	73,12	166,11	186,87																		

Lohn/ Gehalt bis	Steuerklasse	Lohn-steuer	ohne Kinderfreibetrag SolZ 5,5%	Kirchensteuer 8%	9%	0,5 SolZ 5,5%	Kirchensteuer 8%	9%	1,0 SolZ 5,5%	Kirchensteuer 8%	9%	1,5 SolZ 5,5%	Kirchensteuer 8%	9%	2,0 SolZ 5,5%	Kirchensteuer 8%	9%	2,5 SolZ 5,5%	Kirchensteuer 8%	9%	3,0 SolZ 5,5%	Kirchensteuer 8%	9%
6.797,99	I	1.518,83	6,77	121,50	136,69	-	108,97	122,59	-	96,71	108,80	-	84,96	95,58	-	73,74	82,95	-	63,02	70,89	-	52,82	59,42
	II	1.369,75	-	109,58	123,27	-	97,29	109,45	-	85,52	96,21	-	74,26	83,54	-	63,52	71,46	-	53,30	59,96	-	43,59	49,04
	III	962,00	-	76,96	86,58	-	67,92	76,41	-	59,13	66,52	-	50,60	56,92	-	42,33	47,62	-	34,32	38,61	-	26,56	29,88
	IV	1.518,83	6,77	121,50	136,69	-	115,24	129,64	-	108,97	122,59	-	102,78	115,62	-	96,71	108,80	-	90,78	102,12	-	84,96	95,58
	V	2.033,25	67,98	162,66	182,99																		
	VI	2.077,58	73,26	166,20	186,98																		
6.800,99	I	1.520,00	6,91	121,60	136,80	-	109,06	122,69	-	96,80	108,90	-	85,05	95,68	-	73,82	83,04	-	63,10	70,98	-	52,89	59,50
	II	1.370,83	-	109,66	123,37	-	97,38	109,55	-	85,60	96,30	-	74,35	83,64	-	63,60	71,55	-	53,37	60,04	-	43,66	49,11
	III	963,00	-	77,04	86,67	-	67,98	76,48	-	59,20	66,60	-	50,66	56,99	-	42,40	47,70	-	34,37	38,66	-	26,62	29,95
	IV	1.520,00	6,91	121,60	136,80	-	115,33	129,74	-	109,06	122,69	-	102,86	115,72	-	96,80	108,90	-	90,86	102,22	-	85,05	95,68
	V	2.034,41	68,12	162,75	183,09																		
	VI	2.078,75	73,40	166,30	187,08																		
6.803,99	I	1.521,08	7,04	121,68	136,89	-	109,15	122,79	-	96,88	108,99	-	85,13	95,77	-	73,90	83,13	-	63,17	71,06	-	52,96	59,58
	II	1.372,00	-	109,76	123,48	-	97,46	109,64	-	85,69	96,40	-	74,42	83,72	-	63,68	71,64	-	53,44	60,12	-	43,72	49,19
	III	963,83	-	77,10	86,74	-	68,05	76,55	-	59,26	66,67	-	50,73	57,07	-	42,45	47,75	-	34,44	38,74	-	26,68	30,01
	IV	1.521,08	7,04	121,68	136,89	-	115,42	129,84	-	109,15	122,79	-	102,96	115,83	-	96,88	108,99	-	90,94	102,31	-	85,13	95,77
	V	2.035,50	68,25	162,84	183,19																		
	VI	2.079,83	73,53	166,38	187,18																		
6.806,99	I	1.522,25	7,17	121,78	137,00	-	109,24	122,90	-	96,98	109,10	-	85,22	95,87	-	73,98	83,22	-	63,25	71,15	-	53,04	59,67
	II	1.373,16	-	109,85	123,58	-	97,56	109,75	-	85,77	96,49	-	74,51	83,82	-	63,76	71,73	-	53,52	60,21	-	43,80	49,27
	III	964,50	-	77,16	86,80	-	68,12	76,63	-	59,32	66,73	-	50,78	57,13	-	42,50	47,81	-	34,49	38,80	-	26,73	30,07
	IV	1.522,25	7,17	121,78	137,00	-	115,51	129,95	-	109,24	122,90	-	103,04	115,92	-	96,98	109,10	-	91,03	102,41	-	85,22	95,87
	V	2.036,66	68,39	162,93	183,29																		
	VI	2.081,00	73,67	166,48	187,29																		
6.809,99	I	1.523,41	7,31	121,87	137,10	-	109,34	123,00	-	97,06	109,19	-	85,30	95,96	-	74,06	83,31	-	63,32	71,24	-	53,11	59,75
	II	1.374,33	-	109,94	123,68	-	97,64	109,85	-	85,86	96,59	-	74,59	83,91	-	63,83	71,81	-	53,59	60,29	-	43,86	49,34
	III	965,50	-	77,24	86,89	-	68,18	76,70	-	59,38	66,80	-	50,85	57,20	-	42,57	47,89	-	34,54	38,86	-	26,78	30,13
	IV	1.523,41	7,31	121,87	137,10	-	115,60	130,05	-	109,34	123,00	-	103,14	116,03	-	97,06	109,19	-	91,12	102,51	-	85,30	95,96
	V	2.037,83	68,53	163,02	183,40																		
	VI	2.082,16	73,80	166,57	187,39																		
6.812,99	I	1.524,50	7,44	121,96	137,20	-	109,42	123,10	-	97,15	109,29	-	85,38	96,05	-	74,14	83,40	-	63,40	71,33	-	53,18	59,83
	II	1.375,41	-	110,03	123,78	-	97,73	109,94	-	85,94	96,68	-	74,66	83,99	-	63,91	71,90	-	53,66	60,37	-	43,93	49,42
	III	966,33	-	77,30	86,96	-	68,25	76,78	-	59,45	66,88	-	50,92	57,28	-	42,62	47,95	-	34,61	38,93	-	26,84	30,19
	IV	1.524,50	7,44	121,96	137,20	-	115,69	130,15	-	109,42	123,10	-	103,22	116,12	-	97,15	109,29	-	91,20	102,60	-	85,38	96,05
	V	2.039,00	68,67	163,12	183,51																		
	VI	2.083,25	73,93	166,66	187,49																		
6.815,99	I	1.525,66	7,58	122,05	137,30	-	109,52	123,21	-	97,24	109,39	-	85,47	96,15	-	74,22	83,49	-	63,48	71,41	-	53,26	59,91
	II	1.376,58	-	110,12	123,89	-	97,82	110,04	-	86,02	96,77	-	74,75	84,09	-	63,98	71,98	-	53,74	60,45	-	44,00	49,50
	III	967,16	-	77,37	87,04	-	68,30	76,84	-	59,52	66,96	-	50,97	57,34	-	42,69	48,02	-	34,66	38,99	-	26,89	30,25
	IV	1.525,66	7,58	122,05	137,30	-	115,78	130,25	-	109,52	123,21	-	103,31	116,22	-	97,24	109,39	-	91,29	102,70	-	85,47	96,15
	V	2.040,08	68,80	163,20	183,60																		
	VI	2.084,41	74,07	166,75	187,59																		
6.818,99	I	1.526,83	7,72	122,14	137,41	-	109,61	123,31	-	97,32	109,49	-	85,55	96,24	-	74,30	83,58	-	63,55	71,49	-	53,32	59,99
	II	1.377,66	-	110,21	123,98	-	97,90	110,14	-	86,11	96,87	-	74,82	84,17	-	64,06	72,06	-	53,81	60,53	-	44,07	49,58
	III	967,83	-	77,42	87,10	-	68,37	76,91	-	59,57	67,01	-	51,04	57,42	-	42,74	48,08	-	34,72	39,06	-	26,94	30,31
	IV	1.526,83	7,72	122,14	137,41	-	115,88	130,36	-	109,61	123,31	-	103,40	116,33	-	97,32	109,49	-	91,37	102,79	-	85,55	96,24
	V	2.041,25	68,94	163,30	183,71																		
	VI	2.085,58	74,21	166,84	187,70																		
6.821,99	I	1.527,91	7,85	122,23	137,51	-	109,70	123,41	-	97,41	109,58	-	85,64	96,34	-	74,38	83,67	-	63,63	71,58	-	53,40	60,07
	II	1.378,83	-	110,30	124,09	-	97,99	110,24	-	86,19	96,96	-	74,91	84,27	-	64,14	72,15	-	53,88	60,62	-	44,14	49,65
	III	968,83	-	77,50	87,19	-	68,44	76,99	-	59,64	67,09	-	51,09	57,47	-	42,81	48,16	-	34,78	39,13	-	27,01	30,38
	IV	1.527,91	7,85	122,23	137,51	-	115,96	130,46	-	109,70	123,41	-	103,49	116,42	-	97,41	109,58	-	91,46	102,89	-	85,64	96,34
	V	2.042,41	69,07	163,39	183,81																		
	VI	2.086,66	74,34	166,93	187,79																		
6.824,99	I	1.529,08	7,99	122,32	137,61	-	109,79	123,51	-	97,50	109,68	-	85,72	96,44	-	74,46	83,76	-	63,71	71,67	-	53,47	60,15
	II	1.380,00	-	110,40	124,20	-	98,08	110,34	-	86,28	97,06	-	74,99	84,36	-	64,22	72,24	-	53,96	60,70	-	44,21	49,73
	III	969,66	-	77,57	87,26	-	68,50	77,06	-	59,70	67,16	-	51,16	57,55	-	42,86	48,22	-	34,84	39,19	-	27,06	30,44
	IV	1.529,08	7,99	122,32	137,61	-	116,06	130,56	-	109,79	123,51	-	103,58	116,53	-	97,50	109,68	-	91,54	102,98	-	85,72	96,44
	V	2.043,58	69,21	163,48	183,92																		
	VI	2.087,83	74,48	167,02	187,90																		
6.827,99	I	1.530,25	8,13	122,42	137,72	-	109,88	123,62	-	97,58	109,78	-	85,80	96,53	-	74,54	83,85	-	63,78	71,75	-	53,54	60,23
	II	1.381,08	-	110,48	124,29	-	98,17	110,44	-	86,36	97,16	-	75,07	84,45	-	64,29	72,32	-	54,02	60,77	-	44,28	49,81
	III	970,50	-	77,64	87,34	-	68,57	77,14	-	59,76	67,23	-	51,21	57,61	-	42,93	48,29	-	34,89	39,25	-	27,12	30,51
	IV	1.530,25	8,13	122,42	137,72	-	116,15	130,67	-	109,88	123,62	-	103,67	116,63	-	97,58	109,78	-	91,63	103,08	-	85,80	96,53
	V	2.044,66	69,34	163,57	184,01																		
	VI	2.089,00	74,62	167,12	188,01																		
6.830,99	I	1.531,41	8,27	122,51	137,82	-	109,98	123,72	-	97,68	109,89	-	85,89	96,62	-	74,62	83,94	-	63,86	71,84	-	53,62	60,32
	II	1.382,25	-	110,58	124,40	-	98,26	110,54	-	86,44	97,25	-	75,15	84,54	-	64,37	72,41	-	54,10	60,86	-	44,35	49,89
	III	971,33	-	77,70	87,41	-	68,64	77,22	-	59,82	67,30	-	51,28	57,69	-	42,98	48,35	-	34,96	39,33	-	27,17	30,56
	IV	1.531,41	8,27	122,51	137,82	-	116,24	130,77	-	109,98	123,72	-	103,76	116,73	-	97,68	109,89	-	91,72	103,18	-	85,89	96,62
	V	2.045,83	69,48	163,66	184,12																		
	VI	2.090,16	74,76	167,21	188,11																		
6.833,99	I	1.532,50	8,39	122,60	137,92	-	110,06	123,82	-	97,76	109,98	-	85,98	96,72	-	74,70	84,03	-	63,94	71,93	-	53,69	60,40
	II	1.383,41	-	110,67	124,50	-	98,34	110,63	-	86,53	97,34	-	75,23	84,63	-	64,44	72,50	-	54,18	60,95	-	44,42	49,97
	III	972,16	-	77,77	87,49	-	68,70	77,29	-	59,89	67,37	-	51,34	57,76	-	43,05	48,43	-	35,01	39,38	-	27,22	30,62
	IV	1.532,50	8,39	122,60	137,92	-	116,33	130,87	-	110,06	123,82	-	103,85	116,83	-	97,76	109,98	-	91,80	103,28	-	85,98	96,72
	V	2.047,00	69,62	163,76	184,23																		
	VI	2.091,25	74,89	167,30	188,21																		
6.836,99	I	1.533,66	8,53	122,69	138,02	-	110,16	123,93	-	97,85	110,08	-	86,06	96,81	-	74,78	84,12	-	64,01	72,01	-	53,76	60,48
	II	1.384,58	-	110,76	124,61	-	98,43	110,73	-	86,62	97,44	-	75,31	84,72	-	64,52	72,59	-	54,24	61,02	-	44,48	50,04
	III	973,00	-	77,84	87,57	-	68,77	77,36	-	59,96	67,45	-	51,40	57,82	-	43,10	48,49	-	35,06	39,44	-	27,28	30,69
	IV	1.533,66	8,53	122,69	138,02	-	116,42	130,97	-	110,16	123,93	-	103,94	116,93	-	97,85	110,08	-	91,89	103,37	-	86,06	96,81
	V	2.048,08	69,75	163,84	184,32																		
	VI	2.092,41	75,02	167,39	188,31																		
6.839,99	I	1.534,83	8,67	122,78	138,13	-	110,25	124,03	-	97,94	110,18	-	86,14	96,91	-	74,86	84,21	-	64,09	72,10	-	53,84	60,57
	II	1.385,66	-	110,85	124,70	-	98,52	110,84	-	86,70	97,53	-	75,39	84,81	-	64,60	72,67	-	54,32	61,11	-	44,56	50,13
	III	973,83	-	77,90	87,64	-	68,84	77,44	-	60,02	67,52	-	51,46	57,89	-	43,17	48,56	-	35,13	39,52	-	27,34	30,76
	IV	1.534,83	8,67	122,78	138,13	-	116,52	131,08	-	110,25	124,03	-	104,03	117,03	-	97,94	110,18	-	91,98	103,47	-	86,14	96,91
	V	2.049,25	69,89	163,94	184,43																		
	VI	2.093,58	75,16	167,48	188,42																		

Anzahl Kinderfreibeträge (nur Steuerklassen I–IV)

Lohn/ Gehalt bis	Steuerklasse	Lohnsteuer	ohne Kinderfreibetrag SolZ 5,5%	Kirchensteuer 8%	9%	0,5 SolZ 5,5%	Kirchensteuer 8%	9%	1,0 SolZ 5,5%	Kirchensteuer 8%	9%	1,5 SolZ 5,5%	Kirchensteuer 8%	9%	2,0 SolZ 5,5%	Kirchensteuer 8%	9%	2,5 SolZ 5,5%	Kirchensteuer 8%	9%	3,0 SolZ 5,5%	Kirchensteuer 8%	9%
						Anzahl Kinderfreibeträge (nur Steuerklassen I–IV)																	
6.842,99	I	1.536,00	8,81	122,88	138,24	–	110,34	124,13	–	98,03	110,28	–	86,22	97,00	–	74,94	84,30	–	64,17	72,19	–	53,91	6
	II	1.386,83	–	110,94	124,81	–	98,61	110,93	–	86,78	97,63	–	75,47	84,90	–	64,68	72,76	–	54,40	61,20	–	44,62	5
	III	974,66	–	77,97	87,71	–	68,89	77,50	–	60,08	67,59	–	51,53	57,97	–	43,22	48,62	–	35,18	39,58	–	27,40	3
	IV	1.536,00	8,81	122,88	138,24	–	116,61	131,18	–	110,34	124,13	–	104,12	117,14	–	98,03	110,28	–	92,06	103,57	–	86,22	9
	V	2.050,41	70,03	164,03	184,53																		
	VI	2.094,75	75,30	167,58	188,52																		
6.845,99	I	1.537,08	8,94	122,96	138,33	–	110,43	124,23	–	98,12	110,38	–	86,31	97,10	–	75,02	84,39	–	64,24	72,27	–	53,98	6
	II	1.388,00	–	111,04	124,92	–	98,70	111,03	–	86,87	97,73	–	75,55	84,99	–	64,75	72,84	–	54,46	61,27	–	44,70	5
	III	975,50	–	78,04	87,79	–	68,96	77,58	–	60,14	67,66	–	51,58	58,03	–	43,28	48,69	–	35,24	39,64	–	27,45	3
	IV	1.537,08	8,94	122,96	138,33	–	116,70	131,28	–	110,43	124,23	–	104,21	117,23	–	98,12	110,38	–	92,15	103,67	–	86,31	9
	V	2.051,50	70,16	164,12	184,63																		
	VI	2.095,83	75,43	167,66	188,62																		
6.848,99	I	1.538,25	9,08	123,06	138,44	–	110,52	124,34	–	98,20	110,48	–	86,40	97,20	–	75,10	84,49	–	64,32	72,36	–	54,06	6
	II	1.389,16	–	111,13	125,02	–	98,78	111,13	–	86,95	97,82	–	75,64	85,09	–	64,83	72,93	–	54,54	61,35	–	44,76	5
	III	976,33	–	78,10	87,86	–	69,02	77,65	–	60,21	67,73	–	51,65	58,10	–	43,34	48,76	–	35,30	39,71	–	27,50	3
	IV	1.538,25	9,08	123,06	138,44	–	116,79	131,39	–	110,52	124,34	–	104,30	117,33	–	98,20	110,48	–	92,24	103,77	–	86,40	9
	V	2.052,66	70,29	164,21	184,73																		
	VI	2.097,00	75,57	167,76	188,73																		
6.851,99	I	1.539,41	9,22	123,15	138,54	–	110,62	124,44	–	98,29	110,57	–	86,48	97,29	–	75,18	84,58	–	64,40	72,45	–	54,13	6
	II	1.390,33	–	111,22	125,12	–	98,88	111,24	–	87,04	97,92	–	75,72	85,18	–	64,91	73,02	–	54,61	61,43	–	44,84	5
	III	977,16	–	78,17	87,94	–	69,09	77,72	–	60,28	67,81	–	51,70	58,16	–	43,40	48,82	–	35,36	39,78	–	27,56	3
	IV	1.539,41	9,22	123,15	138,54	–	116,88	131,49	–	110,62	124,44	–	104,39	117,44	–	98,29	110,57	–	92,32	103,86	–	86,48	9
	V	2.053,83	70,43	164,30	184,84																		
	VI	2.098,16	75,71	167,85	188,83																		
6.854,99	I	1.540,50	9,35	123,24	138,64	–	110,70	124,54	–	98,38	110,67	–	86,56	97,38	–	75,26	84,67	–	64,48	72,54	–	54,20	6
	II	1.391,41	–	111,31	125,22	–	98,96	111,33	–	87,12	98,01	–	75,80	85,27	–	64,98	73,10	–	54,68	61,52	–	44,90	5
	III	978,00	–	78,24	88,02	–	69,16	77,80	–	60,33	67,87	–	51,77	58,24	–	43,46	48,89	–	35,41	39,83	–	27,62	3
	IV	1.540,50	9,35	123,24	138,64	0,02	116,97	131,59	–	110,70	124,54	–	104,48	117,54	–	98,38	110,67	–	92,40	103,95	–	86,56	9
	V	2.054,91	70,56	164,39	184,94																		
	VI	2.099,25	75,84	167,94	188,93																		
6.857,99	I	1.541,66	9,49	123,33	138,74	–	110,80	124,65	–	98,47	110,78	–	86,65	97,48	–	75,34	84,76	–	64,55	72,62	–	54,28	6
	II	1.392,58	–	111,40	125,33	–	99,05	111,43	–	87,20	98,10	–	75,88	85,36	–	65,06	73,19	–	54,76	61,60	–	44,97	5
	III	978,83	–	78,30	88,09	–	69,22	77,87	–	60,40	67,95	–	51,84	58,32	–	43,53	48,97	–	35,48	39,91	–	27,68	3
	IV	1.541,66	9,49	123,33	138,74	0,16	117,06	131,69	–	110,80	124,65	–	104,57	117,64	–	98,47	110,78	–	92,49	104,05	–	86,65	9
	V	2.056,08	70,70	164,48	185,04																		
	VI	2.100,41	75,98	168,03	189,03																		
6.860,99	I	1.542,83	9,62	123,42	138,85	–	110,89	124,75	–	98,56	110,88	–	86,73	97,57	–	75,42	84,85	–	64,63	72,71	–	54,35	6
	II	1.393,75	–	111,50	125,43	–	99,14	111,53	–	87,29	98,20	–	75,96	85,45	–	65,14	73,28	–	54,83	61,68	–	45,04	5
	III	979,66	–	78,37	88,16	–	69,29	77,95	–	60,46	68,02	–	51,89	58,37	–	43,58	49,03	–	35,53	39,97	–	27,73	3
	IV	1.542,83	9,62	123,42	138,85	0,30	117,16	131,80	–	110,89	124,75	–	104,66	117,74	–	98,56	110,88	–	92,58	104,15	–	86,73	9
	V	2.057,25	70,84	164,58	185,15																		
	VI	2.101,58	76,12	168,12	189,14																		
6.863,99	I	1.543,91	9,75	123,51	138,95	–	110,98	124,85	–	98,64	110,97	–	86,82	97,67	–	75,50	84,94	–	64,70	72,79	–	54,42	6
	II	1.394,83	–	111,58	125,53	–	99,22	111,62	–	87,38	98,30	–	76,04	85,54	–	65,22	73,37	–	54,90	61,76	–	45,11	5
	III	980,50	–	78,44	88,24	–	69,36	78,03	–	60,53	68,09	–	51,96	58,45	–	43,64	49,09	–	35,58	40,03	–	27,78	3
	IV	1.543,91	9,75	123,51	138,95	0,43	117,24	131,90	–	110,98	124,85	–	104,75	117,84	–	98,64	110,97	–	92,66	104,24	–	86,82	97
	V	2.058,41	70,98	164,67	185,25																		
	VI	2.102,66	76,24	168,21	189,23																		
6.866,99	I	1.545,08	9,89	123,60	139,05	–	111,07	124,95	–	98,73	111,07	–	86,90	97,76	–	75,58	85,03	–	64,78	72,88	–	54,50	61
	II	1.396,00	–	111,68	125,64	–	99,32	111,73	–	87,46	98,39	–	76,12	85,63	–	65,29	73,45	–	54,98	61,85	–	45,18	5
	III	981,33	–	78,50	88,31	–	69,42	78,10	–	60,60	68,17	–	52,02	58,52	–	43,70	49,16	–	35,65	40,10	–	27,85	31
	IV	1.545,08	9,89	123,60	139,05	0,57	117,34	132,00	–	111,07	124,95	–	104,84	117,94	–	98,73	111,07	–	92,75	104,34	–	86,90	97
	V	2.059,50	71,11	164,76	185,35																		
	VI	2.103,83	76,38	168,30	189,34																		
6.869,99	I	1.546,25	10,03	123,70	139,16	–	111,16	125,06	–	98,82	111,17	–	86,98	97,85	–	75,66	85,12	–	64,86	72,96	–	54,57	61
	II	1.397,16	–	111,77	125,74	–	99,40	111,83	–	87,54	98,48	–	76,20	85,72	–	65,37	73,54	–	55,05	61,93	–	45,25	50
	III	982,16	–	78,57	88,39	–	69,49	78,17	–	60,65	68,23	–	52,08	58,59	–	43,76	49,23	–	35,70	40,16	–	27,90	31
	IV	1.546,25	10,03	123,70	139,16	0,71	117,43	132,11	–	111,16	125,06	–	104,93	118,04	–	98,82	111,17	–	92,84	104,44	–	86,98	97
	V	2.060,66	71,25	164,85	185,45																		
	VI	2.105,00	76,52	168,40	189,45																		
6.872,99	I	1.547,33	10,16	123,78	139,25	–	111,26	125,16	–	98,91	111,27	–	87,07	97,95	–	75,74	85,21	–	64,94	73,05	–	54,64	61
	II	1.398,25	–	111,86	125,84	–	99,49	111,92	–	87,63	98,58	–	76,28	85,81	–	65,44	73,62	–	55,12	62,01	–	45,32	50
	III	983,00	–	78,64	88,47	–	69,54	78,23	–	60,72	68,31	–	52,14	58,66	–	43,82	49,30	–	35,76	40,23	–	27,96	31
	IV	1.547,33	10,16	123,78	139,25	0,85	117,52	132,21	–	111,26	125,16	–	105,02	118,14	–	98,91	111,27	–	92,92	104,54	–	87,07	97
	V	2.061,83	71,39	164,94	185,56																		
	VI	2.106,08	76,65	168,48	189,54																		
6.875,99	I	1.548,50	10,30	123,88	139,36	–	111,34	125,26	–	99,00	111,37	–	87,16	98,05	–	75,82	85,30	–	65,01	73,13	–	54,72	61
	II	1.399,41	–	111,95	125,94	–	99,58	112,03	–	87,72	98,68	–	76,36	85,91	–	65,52	73,71	–	55,20	62,10	–	45,39	51
	III	983,83	–	78,70	88,54	–	69,61	78,31	–	60,78	68,38	–	52,20	58,72	–	43,88	49,36	–	35,82	40,30	–	28,01	31
	IV	1.548,50	10,30	123,88	139,36	0,98	117,61	132,31	–	111,34	125,26	–	105,11	118,25	–	99,00	111,37	–	93,01	104,63	–	87,16	98
	V	2.063,00	71,52	165,04	185,67																		
	VI	2.107,25	76,79	168,58	189,65																		
6.878,99	I	1.549,66	10,44	123,97	139,46	–	111,44	125,37	–	99,08	111,47	–	87,24	98,14	–	75,91	85,40	–	65,09	73,22	–	54,79	61
	II	1.400,58	–	112,04	126,05	–	99,67	112,13	–	87,80	98,77	–	76,44	86,00	–	65,60	73,80	–	55,28	62,19	–	45,46	51
	III	984,66	–	78,77	88,61	–	69,68	78,39	–	60,84	68,44	–	52,26	58,79	–	43,94	49,43	–	35,88	40,36	–	28,06	31
	IV	1.549,66	10,44	123,97	139,46	1,12	117,70	132,41	–	111,44	125,37	–	105,20	118,35	–	99,08	111,47	–	93,10	104,73	–	87,24	98,
	V	2.064,08	71,65	165,12	185,76																		
	VI	2.108,41	76,93	168,67	189,75																		
6.881,99	I	1.550,83	10,58	124,06	139,57	–	111,53	125,47	–	99,17	111,56	–	87,32	98,24	–	75,99	85,49	–	65,16	73,31	–	54,86	61,
	II	1.401,66	–	112,13	126,14	–	99,76	112,23	–	87,88	98,87	–	76,52	86,09	–	65,68	73,89	–	55,34	62,26	–	45,53	51
	III	985,50	–	78,84	88,69	–	69,74	78,46	–	60,90	68,51	–	52,33	58,87	–	44,00	49,50	–	35,93	40,42	–	28,12	31,
	IV	1.550,83	10,58	124,06	139,57	1,25	117,80	132,52	–	111,53	125,47	–	105,29	118,45	–	99,17	111,56	–	93,18	104,83	–	87,32	98
	V	2.065,25	71,79	165,22	185,87																		
	VI	2.109,58	77,07	168,76	189,86																		
6.884,99	I	1.551,91	10,71	124,15	139,67	–	111,62	125,57	–	99,26	111,67	–	87,41	98,33	–	76,07	85,58	–	65,24	73,40	–	54,94	61
	II	1.402,83	–	112,22	126,25	–	99,84	112,32	–	87,97	98,96	–	76,60	86,18	–	65,76	73,98	–	55,42	62,34	–	45,60	51,
	III	986,50	–	78,92	88,78	–	69,81	78,53	–	60,97	68,59	–	52,38	58,93	–	44,06	49,57	–	36,00	40,50	–	28,18	31
	IV	1.551,91	10,71	124,15	139,67	1,39	117,89	132,62	–	111,62	125,57	–	105,38	118,55	–	99,26	111,67	–	93,27	104,93	–	87,41	98,
	V	2.066,41	71,93	165,31	185,97																		
	VI	2.110,75	77,21	168,86	189,96																		

Lohn/ Gehalt bis	Steuerklasse	Lohnsteuer	ohne Kinderfreibetrag SolZ 5,5%	Kirchensteuer 8%	Kirchensteuer 9%	0,5 SolZ 5,5%	0,5 Kirchensteuer 8%	0,5 Kirchensteuer 9%	1,0 SolZ 5,5%	1,0 Kirchensteuer 8%	1,0 Kirchensteuer 9%	1,5 SolZ 5,5%	1,5 Kirchensteuer 8%	1,5 Kirchensteuer 9%	2,0 SolZ 5,5%	2,0 Kirchensteuer 8%	2,0 Kirchensteuer 9%	2,5 SolZ 5,5%	2,5 Kirchensteuer 8%	2,5 Kirchensteuer 9%	3,0 SolZ 5,5%	3,0 Kirchensteuer 8%	3,0 Kirchensteuer 9%
6.887,99	I	1.553,08	10,84	124,24	139,77	-	111,71	125,67	-	99,35	111,77	-	87,49	98,42	-	76,15	85,67	-	65,32	73,48	-	55,00	61,88
	II	1.404,00	-	112,32	126,36	-	99,93	112,42	-	88,05	99,05	-	76,68	86,27	-	65,83	74,06	-	55,49	62,42	-	45,67	51,38
	III	987,16	-	78,97	88,84	-	69,88	78,61	-	61,04	68,67	-	52,45	59,00	-	44,12	49,63	-	36,05	40,55	-	28,24	31,77
	IV	1.553,08	10,84	124,24	139,77	1,52	117,98	132,72	-	111,71	125,67	-	105,47	118,65	-	99,35	111,77	-	93,36	105,03	-	87,49	98,42
	V	2.067,50	72,06	165,40	186,07																		
	VI	2.111,83	77,34	168,94	190,06																		
6.890,99	I	1.554,25	10,98	124,34	139,88	-	111,80	125,78	-	99,44	111,87	-	87,58	98,52	-	76,23	85,76	-	65,40	73,57	-	55,08	61,97
	II	1.405,16	-	112,41	126,46	-	100,02	112,52	-	88,14	99,15	-	76,76	86,36	-	65,91	74,15	-	55,56	62,51	-	45,74	51,45
	III	988,00	-	79,04	88,92	-	69,94	78,68	-	61,09	68,72	-	52,50	59,06	-	44,18	49,70	-	36,10	40,61	-	28,29	31,82
	IV	1.554,25	10,98	124,34	139,88	1,66	118,07	132,83	-	111,80	125,78	-	105,56	118,76	-	99,44	111,87	-	93,44	105,12	-	87,58	98,52
	V	2.068,66	72,20	165,49	186,17																		
	VI	2.113,00	77,47	169,04	190,17																		
6.893,99	I	1.555,41	11,12	124,43	139,98	-	111,90	125,88	-	99,52	111,96	-	87,66	98,62	-	76,31	85,85	-	65,48	73,66	-	55,16	62,05
	II	1.406,25	-	112,50	126,56	-	100,11	112,62	-	88,22	99,25	-	76,85	86,45	-	65,99	74,24	-	55,64	62,60	-	45,81	51,53
	III	989,00	-	79,12	89,01	-	70,01	78,76	-	61,16	68,80	-	52,57	59,14	-	44,24	49,77	-	36,17	40,69	-	28,34	31,88
	IV	1.555,41	11,12	124,43	139,98	1,80	118,16	132,93	-	111,90	125,88	-	105,65	118,85	-	99,52	111,96	-	93,53	105,22	-	87,66	98,62
	V	2.069,83	72,34	165,58	186,28																		
	VI	2.114,16	77,61	169,13	190,27																		
6.896,99	I	1.556,50	11,25	124,52	140,08	-	111,98	125,98	-	99,61	112,06	-	87,74	98,71	-	76,39	85,94	-	65,55	73,74	-	55,22	62,12
	II	1.407,41	-	112,59	126,66	-	100,20	112,72	-	88,30	99,34	-	76,93	86,54	-	66,06	74,32	-	55,71	62,67	-	45,88	51,61
	III	989,83	-	79,18	89,08	-	70,08	78,84	-	61,22	68,87	-	52,64	59,22	-	44,30	49,84	-	36,22	40,75	-	28,41	31,96
	IV	1.556,50	11,25	124,52	140,08	1,93	118,25	133,03	-	111,98	125,98	-	105,74	118,96	-	99,61	112,06	-	93,62	105,32	-	87,74	98,71
	V	2.070,91	72,47	165,67	186,38																		
	VI	2.115,25	77,74	169,22	190,37																		
6.899,99	I	1.557,66	11,39	124,61	140,18	-	112,08	126,09	-	99,70	112,16	-	87,83	98,81	-	76,47	86,03	-	65,63	73,83	-	55,30	62,21
	II	1.408,58	-	112,68	126,77	-	100,29	112,82	-	88,39	99,44	-	77,01	86,63	-	66,14	74,41	-	55,79	62,76	-	45,95	51,69
	III	990,66	-	79,25	89,15	-	70,14	78,91	-	61,29	68,95	-	52,69	59,27	-	44,36	49,90	-	36,28	40,81	-	28,46	32,02
	IV	1.557,66	11,39	124,61	140,18	2,07	118,34	133,13	-	112,08	126,09	-	105,83	119,06	-	99,70	112,16	-	93,70	105,41	-	87,83	98,81
	V	2.072,08	72,60	165,76	186,48																		
	VI	2.116,41	77,88	169,31	190,47																		
6.902,99	I	1.558,83	11,53	124,70	140,29	-	112,17	126,19	-	99,79	112,26	-	87,92	98,91	-	76,56	86,13	-	65,71	73,92	-	55,38	62,30
	II	1.409,75	-	112,78	126,87	-	100,38	112,92	-	88,48	99,54	-	77,09	86,72	-	66,22	74,49	-	55,86	62,84	-	46,02	51,77
	III	991,50	-	79,32	89,23	-	70,21	78,98	-	61,36	69,03	-	52,76	59,35	-	44,42	49,97	-	36,34	40,88	-	28,52	32,08
	IV	1.558,83	11,53	124,70	140,29	2,21	118,44	133,24	-	112,17	126,19	-	105,92	119,16	-	99,79	112,26	-	93,79	105,51	-	87,92	98,91
	V	2.073,25	72,74	165,86	186,59																		
	VI	2.117,58	78,02	169,40	190,58																		
6.905,99	I	1.559,91	11,66	124,79	140,39	-	112,26	126,29	-	99,88	112,36	-	88,00	99,00	-	76,64	86,22	-	65,78	74,00	-	55,45	62,38
	II	1.410,83	-	112,86	126,97	-	100,46	113,02	-	88,56	99,63	-	77,17	86,81	-	66,30	74,58	-	55,94	62,93	-	46,09	51,85
	III	992,33	-	79,38	89,30	-	70,26	79,04	-	61,41	69,08	-	52,82	59,42	-	44,48	50,04	-	36,40	40,95	-	28,57	32,14
	IV	1.559,91	11,66	124,79	140,39	2,34	118,52	133,34	-	112,26	126,29	-	106,01	119,26	-	99,88	112,36	-	93,88	105,61	-	88,00	99,00
	V	2.074,41	72,88	165,95	186,69																		
	VI	2.118,66	78,15	169,49	190,67																		
6.908,99	I	1.561,08	11,80	124,88	140,49	-	112,35	126,39	-	99,97	112,46	-	88,08	99,09	-	76,72	86,31	-	65,86	74,09	-	55,52	62,46
	II	1.412,00	-	112,96	127,08	-	100,56	113,13	-	88,64	99,72	-	77,25	86,90	-	66,37	74,66	-	56,01	63,01	-	46,16	51,93
	III	993,16	-	79,45	89,38	-	70,33	79,12	-	61,48	69,16	-	52,88	59,49	-	44,54	50,11	-	36,45	41,00	-	28,62	32,20
	IV	1.561,08	11,80	124,88	140,49	2,47	118,62	133,44	-	112,35	126,39	-	106,10	119,36	-	99,97	112,46	-	93,96	105,71	-	88,08	99,09
	V	2.075,50	73,01	166,04	186,79																		
	VI	2.119,83	78,29	169,58	190,78																		
6.911,99	I	1.562,25	11,93	124,98	140,60	-	112,44	126,50	-	100,06	112,56	-	88,17	99,19	-	76,80	86,40	-	65,94	74,18	-	55,60	62,55
	II	1.413,16	-	113,05	127,18	-	100,64	113,22	-	88,73	99,82	-	77,34	87,00	-	66,45	74,75	-	56,08	63,09	-	46,23	52,01
	III	994,00	-	79,52	89,46	-	70,40	79,20	-	61,54	69,23	-	52,94	59,56	-	44,60	50,17	-	36,52	41,08	-	28,69	32,27
	IV	1.562,25	11,93	124,98	140,60	2,61	118,71	133,55	-	112,44	126,50	-	106,20	119,47	-	100,06	112,56	-	94,05	105,80	-	88,17	99,19
	V	2.076,66	73,15	166,13	186,89																		
	VI	2.121,00	78,43	169,68	190,89																		
6.914,99	I	1.563,33	12,06	125,06	140,69	-	112,53	126,59	-	100,14	112,66	-	88,26	99,29	-	76,88	86,49	-	66,02	74,27	-	55,67	62,63
	II	1.414,25	-	113,14	127,28	-	100,73	113,32	-	88,82	99,92	-	77,42	87,09	-	66,53	74,84	-	56,16	63,18	-	46,30	52,08
	III	994,83	-	79,58	89,53	-	70,46	79,27	-	61,61	69,31	-	53,01	59,63	-	44,66	50,24	-	36,57	41,14	-	28,74	32,33
	IV	1.563,33	12,06	125,06	140,69	2,74	118,80	133,65	-	112,53	126,59	-	106,28	119,57	-	100,14	112,66	-	94,14	105,90	-	88,26	99,29
	V	2.077,83	73,29	166,22	187,00																		
	VI	2.122,08	78,55	169,76	190,98																		
6.917,99	I	1.564,50	12,20	125,16	140,80	-	112,62	126,70	-	100,24	112,77	-	88,34	99,38	-	76,96	86,58	-	66,10	74,36	-	55,74	62,71
	II	1.415,41	-	113,23	127,38	-	100,82	113,42	-	88,90	100,01	-	77,50	87,18	-	66,60	74,93	-	56,23	63,26	-	46,37	52,16
	III	995,66	-	79,65	89,60	-	70,53	79,34	-	61,66	69,37	-	53,06	59,69	-	44,72	50,31	-	36,62	41,20	-	28,80	32,40
	IV	1.564,50	12,20	125,16	140,80	2,88	118,89	133,75	-	112,62	126,70	-	106,38	119,67	-	100,24	112,77	-	94,22	106,00	-	88,34	99,38
	V	2.079,00	73,43	166,32	187,11																		
	VI	2.123,25	78,69	169,86	191,09																		
6.920,99	I	1.565,66	12,34	125,25	140,90	-	112,72	126,81	-	100,32	112,86	-	88,42	99,47	-	77,04	86,67	-	66,17	74,44	-	55,82	62,79
	II	1.416,58	-	113,32	127,49	-	100,91	113,52	-	88,99	100,11	-	77,58	87,27	-	66,68	75,02	-	56,30	63,34	-	46,44	52,24
	III	996,50	-	79,72	89,68	-	70,60	79,42	-	61,73	69,44	-	53,13	59,77	-	44,78	50,38	-	36,69	41,27	-	28,85	32,45
	IV	1.565,66	12,34	125,25	140,90	3,02	118,98	133,85	-	112,72	126,81	-	106,46	119,77	-	100,32	112,86	-	94,31	106,10	-	88,42	99,47
	V	2.080,08	73,56	166,40	187,20																		
	VI	2.124,41	78,83	169,95	191,19																		
6.923,99	I	1.566,83	12,48	125,34	141,01	-	112,81	126,91	-	100,41	112,96	-	88,51	99,57	-	77,12	86,76	-	66,25	74,53	-	55,89	62,87
	II	1.417,66	-	113,41	127,58	-	101,00	113,62	-	89,07	100,20	-	77,66	87,36	-	66,76	75,11	-	56,38	63,42	-	46,51	52,32
	III	997,33	-	79,78	89,75	-	70,66	79,49	-	61,80	69,52	-	53,18	59,83	-	44,84	50,44	-	36,74	41,33	-	28,90	32,51
	IV	1.566,83	12,48	125,34	141,01	3,16	119,08	133,96	-	112,81	126,91	-	106,56	119,88	-	100,41	112,96	-	94,40	106,20	-	88,51	99,57
	V	2.081,25	73,70	166,50	187,31																		
	VI	2.125,58	78,97	170,04	191,30																		
6.926,99	I	1.567,91	12,61	125,43	141,11	-	112,90	127,01	-	100,50	113,06	-	88,60	99,67	-	77,20	86,85	-	66,32	74,61	-	55,96	62,96
	II	1.418,83	-	113,50	127,69	-	101,09	113,72	-	89,16	100,30	-	77,74	87,46	-	66,84	75,19	-	56,45	63,50	-	46,58	52,40
	III	998,16	-	79,85	89,83	-	70,73	79,57	-	61,86	69,59	-	53,25	59,90	-	44,90	50,51	-	36,80	41,40	-	28,97	32,59
	IV	1.567,91	12,61	125,43	141,11	3,29	119,16	134,06	-	112,90	127,01	-	106,64	119,97	-	100,50	113,06	-	94,48	106,29	-	88,60	99,67
	V	2.082,41	73,83	166,59	187,41																		
	VI	2.126,66	79,10	170,13	191,39																		
6.929,99	I	1.569,08	12,75	125,52	141,21	-	112,99	127,11	-	100,59	113,16	-	88,68	99,77	-	77,28	86,94	-	66,40	74,70	-	56,04	63,04
	II	1.420,00	-	113,60	127,80	-	101,18	113,82	-	89,24	100,40	-	77,82	87,55	-	66,92	75,28	-	56,52	63,59	-	46,65	52,48
	III	999,00	-	79,92	89,91	-	70,80	79,65	-	61,93	69,67	-	53,32	59,98	-	44,96	50,58	-	36,86	41,47	-	29,02	32,65
	IV	1.569,08	12,75	125,52	141,21	3,43	119,26	134,16	-	112,99	127,11	-	106,74	120,08	-	100,59	113,16	-	94,57	106,39	-	88,68	99,77
	V	2.083,58	73,97	166,68	187,52																		
	VI	2.127,83	79,24	170,22	191,50																		

Anzahl Kinderfreibeträge (nur Steuerklassen I–IV)

Lohn/ Gehalt bis	Steuerklasse	Lohn-steuer	ohne Kinderfreibetrag			Anzahl Kinderfreibeträge (nur Steuerklassen I–IV)																	
						0,5			1,0			1,5			2,0			2,5			3,0		
			SolZ 5,5%	Kirchensteuer 8%	9%	SolZ 5,5%	Kirchensteuer 8%	9%	SolZ 5,5%	Kirchensteuer 8%	9%	SolZ 5,5%	Kirchensteuer 8%	9%	SolZ 5,5%	Kirchensteuer 8%	9%	SolZ 5,5%	Kirchensteuer 8%	9%	SolZ 5,5%	Kirchenste 8%	9
6.932,99	I	1.570,25	12,89	125,62	141,32	–	113,08	127,22	–	100,68	113,26	–	88,76	99,86	–	77,36	87,03	–	66,48	74,79	–	56,11	6
	II	1.421,16	–	113,69	127,90	–	101,26	113,92	–	89,33	100,49	–	77,90	87,64	–	67,00	75,37	–	56,60	63,67	–	46,72	5
	III	999,83	–	79,98	89,98	–	70,86	79,72	–	61,98	69,73	–	53,37	60,04	–	45,02	50,65	–	36,92	41,53	–	29,08	3
	IV	1.570,25	12,89	125,62	141,32	3,57	119,35	134,27	–	113,08	127,22	–	106,83	120,18	–	100,68	113,26	–	94,66	106,49	–	88,76	9
	V	2.084,66	74,10	166,77	187,61																		
	VI	2.129,00	79,38	170,32	191,61																		
6.935,99	I	1.571,41	13,03	125,71	141,42	–	113,18	127,32	–	100,77	113,36	–	88,85	99,95	–	77,45	87,13	–	66,56	74,88	–	56,18	6
	II	1.422,25	–	113,78	128,00	–	101,36	114,03	–	89,41	100,58	–	77,98	87,73	–	67,07	75,45	–	56,67	63,75	–	46,79	5
	III	1.000,66	–	80,05	90,05	–	70,93	79,79	–	62,05	69,80	–	53,44	60,12	–	45,08	50,71	–	36,98	41,60	–	29,13	3
	IV	1.571,41	13,03	125,71	141,42	3,70	119,44	134,37	–	113,18	127,32	–	106,92	120,28	–	100,77	113,36	–	94,74	106,58	–	88,85	9
	V	2.085,83	74,24	166,86	187,72																		
	VI	2.130,16	79,52	170,41	191,71																		
6.938,99	I	1.572,50	13,15	125,80	141,52	–	113,27	127,43	–	100,86	113,46	–	88,94	100,05	–	77,53	87,22	–	66,64	74,97	–	56,26	6
	II	1.423,41	–	113,87	128,10	–	101,44	114,12	–	89,50	100,68	–	78,07	87,83	–	67,15	75,54	–	56,75	63,84	–	46,86	5
	III	1.001,66	–	80,13	90,14	–	71,00	79,87	–	62,12	69,88	–	53,50	60,19	–	45,14	50,78	–	37,04	41,67	–	29,20	3
	IV	1.572,50	13,15	125,80	141,52	3,83	119,53	134,47	–	113,27	127,43	–	107,01	120,38	–	100,86	113,46	–	94,83	106,68	–	88,94	10
	V	2.087,00	74,38	166,96	187,83																		
	VI	2.131,25	79,65	170,50	191,81																		
6.941,99	I	1.573,66	13,29	125,89	141,62	–	113,36	127,53	–	100,94	113,56	–	89,02	100,14	–	77,61	87,31	–	66,71	75,05	–	56,33	6
	II	1.424,58	–	113,96	128,21	–	101,53	114,22	–	89,58	100,78	–	78,15	87,92	–	67,23	75,63	–	56,82	63,92	–	46,93	5
	III	1.002,50	–	80,20	90,22	–	71,06	79,94	–	62,18	69,95	–	53,56	60,25	–	45,20	50,85	–	37,09	41,72	–	29,25	3
	IV	1.573,66	13,29	125,89	141,62	3,97	119,62	134,57	–	113,36	127,53	–	107,10	120,48	–	100,94	113,56	–	94,92	106,78	–	89,02	10
	V	2.088,08	74,51	167,04	187,92																		
	VI	2.132,41	79,78	170,59	191,91																		
6.944,99	I	1.574,83	13,43	125,98	141,73	–	113,45	127,63	–	101,04	113,67	–	89,10	100,24	–	77,69	87,40	–	66,79	75,14	–	56,40	6
	II	1.425,75	–	114,06	128,31	–	101,62	114,32	–	89,67	100,88	–	78,23	88,01	–	67,30	75,71	–	56,90	64,01	–	47,00	5
	III	1.003,33	–	80,26	90,29	–	71,12	80,01	–	62,24	70,02	–	53,62	60,32	–	45,26	50,92	–	37,16	41,80	–	29,30	3
	IV	1.574,83	13,43	125,98	141,73	4,11	119,72	134,68	–	113,45	127,63	–	107,19	120,59	–	101,04	113,67	–	95,00	106,88	–	89,10	10
	V	2.089,25	74,65	167,14	188,03																		
	VI	2.133,58	79,92	170,68	192,02																		
6.947,99	I	1.576,00	13,57	126,08	141,84	–	113,54	127,73	–	101,12	113,76	–	89,19	100,34	–	77,77	87,49	–	66,87	75,23	–	56,48	6
	II	1.426,83	–	114,14	128,41	–	101,71	114,42	–	89,76	100,98	–	78,31	88,10	–	67,38	75,80	–	56,97	64,09	–	47,07	5
	III	1.004,16	–	80,33	90,37	–	71,20	80,10	–	62,30	70,09	–	53,69	60,40	–	45,32	50,98	–	37,21	41,86	–	29,36	3
	IV	1.576,00	13,57	126,08	141,84	4,25	119,81	134,78	–	113,54	127,73	–	107,28	120,69	–	101,12	113,76	–	95,09	106,97	–	89,19	10
	V	2.090,41	74,79	167,23	188,13																		
	VI	2.134,75	80,06	170,78	192,12																		
6.950,99	I	1.577,08	13,70	126,16	141,93	–	113,63	127,83	–	101,21	113,86	–	89,28	100,44	–	77,85	87,58	–	66,94	75,31	–	56,55	6
	II	1.428,00	–	114,24	128,52	–	101,80	114,52	–	89,84	101,07	–	78,39	88,19	–	67,46	75,89	–	57,04	64,17	–	47,14	5
	III	1.005,00	–	80,40	90,45	–	71,25	80,15	–	62,37	70,16	–	53,74	60,46	–	45,38	51,05	–	37,26	41,92	–	29,41	3
	IV	1.577,08	13,70	126,16	141,93	4,38	119,90	134,88	–	113,63	127,83	–	107,37	120,79	–	101,21	113,86	–	95,18	107,07	–	89,28	10
	V	2.091,50	74,92	167,32	188,23																		
	VI	2.135,83	80,19	170,86	192,22																		
6.953,99	I	1.578,25	13,84	126,26	142,04	–	113,72	127,94	–	101,30	113,96	–	89,36	100,53	–	77,94	87,68	–	67,02	75,40	–	56,63	63
	II	1.429,16	–	114,33	128,62	–	101,89	114,62	–	89,92	101,16	–	78,48	88,29	–	67,54	75,98	–	57,12	64,26	–	47,21	53
	III	1.005,83	–	80,46	90,52	–	71,32	80,23	–	62,44	70,24	–	53,81	60,53	–	45,44	51,12	–	37,33	41,99	–	29,48	33
	IV	1.578,25	13,84	126,26	142,04	4,52	119,99	134,99	–	113,72	127,94	–	107,46	120,89	–	101,30	113,96	–	95,26	107,17	–	89,36	100
	V	2.092,66	75,05	167,41	188,33																		
	VI	2.137,00	80,33	170,96	192,33																		
6.956,99	I	1.579,33	13,97	126,34	142,13	–	113,81	128,03	–	101,39	114,06	–	89,44	100,62	–	78,02	87,77	–	67,10	75,49	–	56,70	63
	II	1.430,25	–	114,42	128,72	–	101,98	114,72	–	90,01	101,26	–	78,56	88,38	–	67,62	76,07	–	57,19	64,34	–	47,28	53
	III	1.006,66	–	80,53	90,59	–	71,38	80,30	–	62,50	70,31	–	53,86	60,59	–	45,50	51,19	–	37,38	42,05	–	29,53	33
	IV	1.579,33	13,97	126,34	142,13	4,65	120,08	135,09	–	113,81	128,03	–	107,55	120,99	–	101,39	114,06	–	95,35	107,27	–	89,44	100
	V	2.093,83	75,19	167,50	188,44																		
	VI	2.138,08	80,46	171,04	192,42																		
6.959,99	I	1.580,50	14,11	126,44	142,24	–	113,90	128,14	–	101,48	114,16	–	89,53	100,72	–	78,10	87,86	–	67,18	75,57	–	56,78	63
	II	1.431,41	–	114,51	128,82	–	102,07	114,83	–	90,10	101,36	–	78,64	88,47	–	67,70	76,16	–	57,26	64,42	–	47,35	53
	III	1.007,50	–	80,60	90,67	–	71,45	80,38	–	62,57	70,39	–	53,93	60,67	–	45,56	51,25	–	37,45	42,13	–	29,58	33
	IV	1.580,50	14,11	126,44	142,24	4,78	120,17	135,19	–	113,90	128,14	–	107,64	121,10	–	101,48	114,16	–	95,44	107,37	–	89,53	100
	V	2.095,00	75,33	167,60	188,55																		
	VI	2.139,25	80,60	171,14	192,53																		
6.962,99	I	1.581,66	14,25	126,53	142,34	–	114,00	128,25	–	101,57	114,26	–	89,62	100,82	–	78,18	87,95	–	67,26	75,66	–	56,85	63
	II	1.432,58	–	114,60	128,93	–	102,16	114,93	–	90,18	101,45	–	78,72	88,56	–	67,77	76,24	–	57,34	64,51	–	47,42	53
	III	1.008,33	–	80,66	90,74	–	71,52	80,46	–	62,62	70,45	–	54,00	60,75	–	45,62	51,32	–	37,50	42,19	–	29,64	33
	IV	1.581,66	14,25	126,53	142,34	4,92	120,26	135,29	–	114,00	128,25	–	107,74	121,20	–	101,57	114,26	–	95,53	107,47	–	89,62	100
	V	2.096,08	75,46	167,68	188,64																		
	VI	2.140,41	80,74	171,23	192,63																		
6.965,99	I	1.582,83	14,38	126,62	142,45	–	114,09	128,35	–	101,66	114,36	–	89,70	100,91	–	78,26	88,04	–	67,34	75,75	–	56,92	64
	II	1.433,66	–	114,69	129,02	–	102,24	115,02	–	90,26	101,54	–	78,80	88,65	–	67,85	76,33	–	57,41	64,58	–	47,49	53
	III	1.009,16	–	80,73	90,82	–	71,58	80,53	–	62,69	70,52	–	54,05	60,80	–	45,68	51,39	–	37,56	42,25	–	29,69	33,
	IV	1.582,83	14,38	126,62	142,45	5,06	120,36	135,40	–	114,09	128,35	–	107,82	121,30	–	101,66	114,36	–	95,61	107,56	–	89,70	100,
	V	2.097,25	75,60	167,78	188,75																		
	VI	2.141,58	80,88	171,32	192,74																		
6.968,99	I	1.583,91	14,51	126,71	142,55	–	114,18	128,45	–	101,74	114,46	–	89,78	101,00	–	78,34	88,13	–	67,41	75,83	–	57,00	64,
	II	1.434,83	–	114,78	129,13	–	102,34	115,13	–	90,35	101,64	–	78,88	88,74	–	67,93	76,42	–	57,49	64,67	–	47,56	53,
	III	1.010,00	–	80,80	90,90	–	71,65	80,60	–	62,76	70,60	–	54,12	60,88	–	45,74	51,46	–	37,62	42,32	–	29,76	33,
	IV	1.583,91	14,51	126,71	142,55	5,19	120,44	135,50	–	114,18	128,45	–	107,92	121,41	–	101,74	114,46	–	95,70	107,66	–	89,78	101,
	V	2.098,41	75,74	167,87	188,85																		
	VI	2.142,66	81,00	171,41	192,83																		
6.971,99	I	1.585,08	14,65	126,80	142,65	–	114,27	128,55	–	101,84	114,57	–	89,87	101,10	–	78,42	88,22	–	67,49	75,92	–	57,07	64,
	II	1.436,00	–	114,88	129,24	–	102,42	115,22	–	90,44	101,74	–	78,96	88,83	–	68,01	76,51	–	57,56	64,76	–	47,64	53,
	III	1.010,83	–	80,86	90,97	–	71,72	80,68	–	62,82	70,67	–	54,18	60,95	–	45,80	51,52	–	37,68	42,39	–	29,81	33,
	IV	1.585,08	14,65	126,80	142,65	5,33	120,54	135,60	–	114,27	128,55	–	108,01	121,51	–	101,84	114,57	–	95,79	107,76	–	89,87	101,
	V	2.099,58	75,88	167,96	188,96																		
	VI	2.143,83	81,14	171,50	192,94																		
6.974,99	I	1.586,25	14,79	126,90	142,76	–	114,36	128,66	–	101,92	114,66	–	89,96	101,20	–	78,50	88,31	–	67,57	76,01	–	57,14	64,
	II	1.437,08	–	114,96	129,33	–	102,51	115,32	–	90,52	101,84	–	79,04	88,92	–	68,08	76,59	–	57,64	64,84	–	47,70	53,
	III	1.011,66	–	80,93	91,04	–	71,78	80,75	–	62,88	70,74	–	54,24	61,02	–	45,86	51,59	–	37,73	42,44	–	29,86	33,
	IV	1.586,25	14,79	126,90	142,76	5,47	120,63	135,71	–	114,36	128,66	–	108,10	121,61	–	101,92	114,66	–	95,88	107,86	–	89,96	101,
	V	2.100,66	76,01	168,05	189,05																		
	VI	2.145,00	81,28	171,60	193,05																		

Allgemeine Tabelle

Lohn/ Gehalt bis	Steuerklasse	Lohn-steuer	ohne Kinderfreibetrag			Anzahl Kinderfreibeträge (nur Steuerklassen I–IV)																	
						0,5			1,0			1,5			2,0			2,5			3,0		
			SolZ 5,5%	Kirchensteuer 8%	9%	SolZ 5,5%	Kirchensteuer 8%	9%	SolZ 5,5%	Kirchensteuer 8%	9%	SolZ 5,5%	Kirchensteuer 8%	9%	SolZ 5,5%	Kirchensteuer 8%	9%	SolZ 5,5%	Kirchensteuer 8%	9%	SolZ 5,5%	Kirchensteuer 8%	9%
.977,99	I	1.587,41	14,93	126,99	142,86	-	114,46	128,76	-	102,01	114,76	-	90,04	101,30	-	78,59	88,41	-	67,64	76,10	-	57,22	64,37
	II	1.438,25	-	115,06	129,44	-	102,60	115,43	-	90,61	101,93	-	79,13	89,02	-	68,16	76,68	-	57,71	64,92	-	47,78	53,75
	III	1.012,50	-	81,00	91,12	-	71,85	80,83	-	62,94	70,81	-	54,30	61,09	-	45,92	51,66	-	37,80	42,52	-	29,93	33,67
	IV	1.587,41	14,93	126,99	142,86	5,61	120,72	135,81	-	114,46	128,76	-	108,19	121,71	-	102,01	114,76	-	95,96	107,96	-	90,04	101,30
	V	2.101,83	76,15	168,14	189,16																		
	VI	2.146,16	81,42	171,69	193,15																		
.980,99	I	1.588,50	15,06	127,08	142,96	-	114,54	128,86	-	102,10	114,86	-	90,13	101,39	-	78,67	88,50	-	67,72	76,19	-	57,30	64,46
	II	1.439,41	-	115,15	129,54	-	102,70	115,53	-	90,70	102,03	-	79,21	89,11	-	68,24	76,77	-	57,78	65,00	-	47,84	53,82
	III	1.013,33	-	81,06	91,19	-	71,92	80,91	-	63,01	70,88	-	54,37	61,16	-	45,98	51,73	-	37,85	42,58	-	29,98	33,73
	IV	1.588,50	15,06	127,08	142,96	5,74	120,81	135,91	-	114,54	128,86	-	108,28	121,82	-	102,10	114,86	-	96,05	108,05	-	90,13	101,39
	V	2.103,00	76,28	168,24	189,27																		
	VI	2.147,25	81,55	171,78	193,25																		
.983,99	I	1.589,66	15,20	127,17	143,06	-	114,64	128,97	-	102,19	114,96	-	90,21	101,48	-	78,75	88,59	-	67,80	76,28	-	57,37	64,54
	II	1.440,58	-	115,24	129,65	-	102,78	115,63	-	90,78	102,12	-	79,29	89,20	-	68,32	76,86	-	57,86	65,09	-	47,92	53,91
	III	1.014,16	-	81,13	91,27	-	71,97	80,96	-	63,08	70,96	-	54,42	61,22	-	46,04	51,79	-	37,90	42,64	-	30,04	33,79
	IV	1.589,66	15,20	127,17	143,06	5,88	120,90	136,01	-	114,64	128,97	-	108,37	121,91	-	102,19	114,96	-	96,14	108,15	-	90,21	101,48
	V	2.104,08	76,41	168,32	189,36																		
	VI	2.148,41	81,69	171,87	193,35																		
.986,99	I	1.590,83	15,34	127,26	143,17	-	114,73	129,07	-	102,28	115,07	-	90,30	101,58	-	78,83	88,68	-	67,88	76,37	-	57,44	64,62
	II	1.441,66	-	115,33	129,74	-	102,87	115,73	-	90,86	102,22	-	79,38	89,30	-	68,40	76,95	-	57,94	65,18	-	47,99	53,99
	III	1.015,16	-	81,21	91,36	-	72,05	81,05	-	63,14	71,03	-	54,49	61,30	-	46,10	51,86	-	37,97	42,71	-	30,09	33,85
	IV	1.590,83	15,34	127,26	143,17	6,01	121,00	136,12	-	114,73	129,07	-	108,46	122,02	-	102,28	115,07	-	96,22	108,25	-	90,30	101,58
	V	2.105,25	76,55	168,42	189,47																		
	VI	2.149,58	81,83	171,96	193,46																		
.989,99	I	1.592,00	15,47	127,36	143,28	-	114,82	129,17	-	102,37	115,16	-	90,38	101,68	-	78,92	88,78	-	67,96	76,45	-	57,52	64,71
	II	1.442,83	-	115,42	129,85	-	102,96	115,83	-	90,95	102,32	-	79,46	89,39	-	68,48	77,04	-	58,01	65,26	-	48,06	54,06
	III	1.016,00	-	81,28	91,44	-	72,10	81,11	-	63,20	71,10	-	54,56	61,38	-	46,16	51,93	-	38,02	42,77	-	30,14	33,91
	IV	1.592,00	15,47	127,36	143,28	6,15	121,09	136,22	-	114,82	129,17	-	108,56	122,13	-	102,37	115,16	-	96,32	108,36	-	90,38	101,68
	V	2.106,41	76,69	168,51	189,57																		
	VI	2.150,75	81,97	172,06	193,56																		
6.992,99	I	1.593,08	15,60	127,44	143,37	-	114,91	129,27	-	102,46	115,26	-	90,47	101,78	-	79,00	88,87	-	68,04	76,54	-	57,59	64,79
	II	1.444,00	-	115,52	129,96	-	103,05	115,93	-	91,04	102,42	-	79,54	89,48	-	68,55	77,12	-	58,08	65,34	-	48,13	54,14
	III	1.016,83	-	81,34	91,51	-	72,17	81,19	-	63,26	71,17	-	54,61	61,43	-	46,22	52,00	-	38,09	42,85	-	30,21	33,98
	IV	1.593,08	15,60	127,44	143,37	6,28	121,18	136,32	-	114,91	129,27	-	108,64	122,22	-	102,46	115,26	-	96,40	108,45	-	90,47	101,78
	V	2.107,50	76,82	168,60	189,67																		
	VI	2.151,83	82,10	172,14	193,66																		
6.995,99	I	1.594,25	15,74	127,54	143,48	-	115,00	129,38	-	102,55	115,37	-	90,56	101,88	-	79,08	88,96	-	68,12	76,63	-	57,66	64,87
	II	1.445,16	-	115,61	130,06	-	103,14	116,03	-	91,12	102,51	-	79,62	89,57	-	68,63	77,21	-	58,16	65,43	-	48,20	54,22
	III	1.017,66	-	81,41	91,58	-	72,24	81,27	-	63,33	71,24	-	54,68	61,51	-	46,28	52,06	-	38,14	42,91	-	30,26	34,04
	IV	1.594,25	15,74	127,54	143,48	6,42	121,27	136,43	-	115,00	129,38	-	108,74	122,33	-	102,55	115,37	-	96,49	108,55	-	90,56	101,88
	V	2.108,66	76,96	168,69	189,77																		
	VI	2.153,00	82,23	172,24	193,77																		
6.998,99	I	1.595,41	15,88	127,63	143,58	-	115,10	129,48	-	102,64	115,47	-	90,64	101,97	-	79,16	89,06	-	68,20	76,72	-	57,74	64,96
	II	1.446,33	-	115,70	130,16	-	103,23	116,13	-	91,21	102,61	-	79,70	89,66	-	68,71	77,30	-	58,24	65,52	-	48,27	54,30
	III	1.018,50	-	81,48	91,66	-	72,30	81,34	-	63,40	71,32	-	54,74	61,58	-	46,34	52,13	-	38,20	42,97	-	30,32	34,11
	IV	1.595,41	15,88	127,63	143,58	6,56	121,36	136,53	-	115,10	129,48	-	108,83	122,43	-	102,64	115,47	-	96,58	108,65	-	90,64	101,97
	V	2.109,83	77,10	168,78	189,88																		
	VI	2.154,16	82,37	172,33	193,87																		
7.001,99	I	1.596,50	16,01	127,72	143,68	-	115,18	129,58	-	102,72	115,56	-	90,72	102,06	-	79,24	89,15	-	68,27	76,80	-	57,82	65,04
	II	1.447,41	-	115,79	130,26	-	103,32	116,23	-	91,30	102,71	-	79,78	89,75	-	68,79	77,39	-	58,31	65,60	-	48,34	54,38
	III	1.019,33	-	81,54	91,73	-	72,37	81,41	-	63,46	71,39	-	54,80	61,65	-	46,40	52,20	-	38,26	43,04	-	30,37	34,16
	IV	1.596,50	16,01	127,72	143,68	6,69	121,45	136,63	-	115,18	129,58	-	108,92	122,53	-	102,72	115,56	-	96,66	108,74	-	90,72	102,06
	V	2.110,91	77,23	168,87	189,98																		
	VI	2.155,25	82,50	172,42	193,97																		
7.004,99	I	1.597,66	16,15	127,81	143,78	-	115,28	129,69	-	102,82	115,67	-	90,81	102,16	-	79,32	89,24	-	68,35	76,89	-	57,89	65,12
	II	1.448,58	-	115,88	130,37	-	103,41	116,33	-	91,38	102,80	-	79,87	89,85	-	68,87	77,48	-	58,38	65,68	-	48,41	54,46
	III	1.020,16	-	81,61	91,81	-	72,44	81,49	-	63,53	71,47	-	54,86	61,72	-	46,46	52,27	-	38,32	43,11	-	30,44	34,24
	IV	1.597,66	16,15	127,81	143,78	6,83	121,54	136,73	-	115,28	129,69	-	109,01	122,63	-	102,82	115,67	-	96,75	108,84	-	90,81	102,16
	V	2.112,08	77,36	168,96	190,08																		
	VI	2.156,41	82,64	172,51	194,07																		
7.007,99	I	1.598,83	16,29	127,90	143,89	-	115,37	129,79	-	102,91	115,77	-	90,90	102,26	-	79,41	89,33	-	68,43	76,98	-	57,96	65,21
	II	1.449,75	-	115,98	130,47	-	103,50	116,43	-	91,47	102,90	-	79,95	89,94	-	68,94	77,56	-	58,46	65,76	-	48,48	54,54
	III	1.021,00	-	81,68	91,89	-	72,50	81,56	-	63,58	71,53	-	54,93	61,79	-	46,53	52,34	-	38,38	43,18	-	30,49	34,30
	IV	1.598,83	16,29	127,90	143,89	6,97	121,64	136,84	-	115,37	129,79	-	109,10	122,74	-	102,91	115,77	-	96,84	108,94	-	90,90	102,26
	V	2.113,25	77,50	169,06	190,19																		
	VI	2.157,58	82,78	172,60	194,18																		
7.010,99	I	1.599,91	16,42	127,99	143,99	-	115,46	129,89	-	103,00	115,87	-	90,98	102,35	-	79,49	89,42	-	68,50	77,06	-	58,04	65,29
	II	1.450,83	-	116,06	130,57	-	103,59	116,54	-	91,55	102,99	-	80,03	90,03	-	69,02	77,65	-	58,53	65,84	-	48,55	54,62
	III	1.021,83	-	81,74	91,96	-	72,57	81,64	-	63,65	71,60	-	54,98	61,85	-	46,58	52,40	-	38,44	43,24	-	30,54	34,36
	IV	1.599,91	16,42	127,99	143,99	7,10	121,72	136,94	-	115,46	129,89	-	109,20	122,85	-	103,00	115,87	-	96,92	109,04	-	90,98	102,35
	V	2.114,41	77,64	169,15	190,29																		
	VI	2.158,66	82,91	172,69	194,27																		
7.013,99	I	1.601,08	16,56	128,08	144,09	-	115,55	129,99	-	103,08	115,97	-	91,07	102,45	-	79,57	89,51	-	68,58	77,15	-	58,11	65,37
	II	1.452,00	-	116,16	130,68	-	103,68	116,64	-	91,64	103,09	-	80,11	90,12	-	69,10	77,74	-	58,60	65,93	-	48,62	54,70
	III	1.022,83	-	81,82	92,05	-	72,64	81,72	-	63,72	71,68	-	55,05	61,93	-	46,65	52,48	-	38,49	43,30	-	30,60	34,42
	IV	1.601,08	16,56	128,08	144,09	7,23	121,82	137,04	-	115,55	129,99	-	109,28	122,94	-	103,08	115,97	-	97,02	109,14	-	91,07	102,45
	V	2.115,50	77,77	169,24	190,39																		
	VI	2.159,83	83,05	172,78	194,38																		
7.016,99	I	1.602,25	16,69	128,18	144,20	-	115,64	130,10	-	103,18	116,07	-	91,16	102,55	-	79,65	89,60	-	68,66	77,24	-	58,19	65,46
	II	1.453,16	-	116,25	130,78	-	103,77	116,74	-	91,72	103,19	-	80,20	90,22	-	69,18	77,83	-	58,68	66,02	-	48,70	54,78
	III	1.023,66	-	81,89	92,12	-	72,70	81,79	-	63,78	71,75	-	55,12	62,01	-	46,70	52,54	-	38,56	43,38	-	30,66	34,49
	IV	1.602,25	16,69	128,18	144,20	7,37	121,91	137,15	-	115,64	130,10	-	109,38	123,05	-	103,18	116,07	-	97,10	109,24	-	91,16	102,55
	V	2.116,66	77,91	169,33	190,49																		
	VI	2.161,00	83,19	172,88	194,49																		
7.019,99	I	1.603,33	16,82	128,26	144,29	-	115,74	130,20	-	103,26	116,17	-	91,24	102,65	-	79,74	89,70	-	68,74	77,33	-	58,26	65,54
	II	1.454,25	-	116,34	130,88	-	103,86	116,84	-	91,81	103,28	-	80,28	90,31	-	69,26	77,91	-	58,76	66,10	-	48,76	54,86
	III	1.024,50	-	81,96	92,20	-	72,77	81,86	-	63,84	71,82	-	55,17	62,06	-	46,77	52,61	-	38,61	43,43	-	30,72	34,56
	IV	1.603,33	16,82	128,26	144,29	7,51	122,00	137,25	-	115,74	130,20	-	109,47	123,15	-	103,26	116,17	-	97,19	109,34	-	91,24	102,65
	V	2.117,83	78,05	169,42	190,60																		
	VI	2.162,08	83,31	172,96	194,58																		

MONAT bis 7.064,99 €

Allgemeine Tabelle

Lohn/ Gehalt bis	Steuerklasse	Lohn-steuer	ohne Kinderfreibetrag SolZ 5,5%	ohne Kinderfreibetrag Kirchensteuer 8%	ohne Kinderfreibetrag Kirchensteuer 9%	0,5 SolZ 5,5%	0,5 Kirchensteuer 8%	0,5 Kirchensteuer 9%	1,0 SolZ 5,5%	1,0 Kirchensteuer 8%	1,0 Kirchensteuer 9%	1,5 SolZ 5,5%	1,5 Kirchensteuer 8%	1,5 Kirchensteuer 9%	2,0 SolZ 5,5%	2,0 Kirchensteuer 8%	2,0 Kirchensteuer 9%	2,5 SolZ 5,5%	2,5 Kirchensteuer 8%	2,5 Kirchensteuer 9%	3,0 SolZ 5,5%	3,0 Kirchensteuer 8%	3,0 Kirchensteuer 9%
						Anzahl Kinderfreibeträge (nur Steuerklassen I–IV)																	
7.022,99	I	1.604,50	16,96	128,36	144,40	-	115,82	130,30	-	103,36	116,28	-	91,33	102,74	-	79,82	89,79	-	68,82	77,42	-	58,34	6
	II	1.455,41	-	116,43	130,98	-	103,95	116,94	-	91,90	103,38	-	80,36	90,41	-	69,34	78,00	-	58,83	66,18	-	48,84	5
	III	1.025,33	-	82,02	92,27	-	72,84	81,94	-	63,90	71,89	-	55,24	62,14	-	46,82	52,67	-	38,68	43,51	-	30,77	3
	IV	1.604,50	16,96	128,36	144,40	7,64	122,09	137,35	-	115,82	130,30	-	109,56	123,25	-	103,36	116,28	-	97,28	109,44	-	91,33	10
	V	2.119,00	78,19	169,52	190,71																		
	VI	2.163,25	83,45	173,06	194,69																		
7.025,99	I	1.605,66	17,10	128,45	144,50	-	115,92	130,41	-	103,44	116,37	-	91,41	102,83	-	79,90	89,88	-	68,90	77,51	-	58,41	6
	II	1.456,58	-	116,52	131,09	-	104,04	117,04	-	91,98	103,48	-	80,44	90,50	-	69,42	78,09	-	58,90	66,26	-	48,91	5
	III	1.026,16	-	82,09	92,35	-	72,90	82,01	-	63,97	71,96	-	55,30	62,21	-	46,89	52,75	-	38,73	43,57	-	30,82	3
	IV	1.605,66	17,10	128,45	144,50	7,78	122,18	137,45	-	115,92	130,41	-	109,65	123,35	-	103,44	116,37	-	97,36	109,53	-	91,41	10
	V	2.120,08	78,32	169,60	190,80																		
	VI	2.164,41	83,59	173,15	194,79																		
7.028,99	I	1.606,83	17,24	128,54	144,61	-	116,01	130,51	-	103,53	116,47	-	91,50	102,93	-	79,98	89,97	-	68,98	77,60	-	58,48	6
	II	1.457,66	-	116,61	131,18	-	104,12	117,14	-	92,07	103,58	-	80,52	90,59	-	69,50	78,18	-	58,98	66,35	-	48,98	5
	III	1.027,00	-	82,16	92,43	-	72,97	82,09	-	64,04	72,04	-	55,36	62,28	-	46,94	52,81	-	38,78	43,63	-	30,89	3
	IV	1.606,83	17,24	128,54	144,61	7,92	122,28	137,56	-	116,01	130,51	-	109,74	123,46	-	103,53	116,47	-	97,45	109,63	-	91,50	10
	V	2.121,25	78,46	169,70	190,91																		
	VI	2.165,58	83,73	173,24	194,90																		
7.031,99	I	1.607,91	17,37	128,63	144,71	-	116,10	130,61	-	103,62	116,57	-	91,58	103,03	-	80,06	90,07	-	69,06	77,69	-	58,56	6
	II	1.458,83	-	116,70	131,29	-	104,22	117,24	-	92,16	103,68	-	80,61	90,68	-	69,58	78,27	-	59,06	66,44	-	49,05	5
	III	1.027,83	-	82,22	92,50	-	73,04	82,17	-	64,10	72,11	-	55,42	62,35	-	47,01	52,88	-	38,85	43,70	-	30,94	3
	IV	1.607,91	17,37	128,63	144,71	8,06	122,37	137,66	-	116,10	130,61	-	109,84	123,57	-	103,62	116,57	-	97,54	109,73	-	91,58	10
	V	2.122,41	78,59	169,79	191,01																		
	VI	2.166,75	83,87	173,34	195,00																		
7.034,99	I	1.609,08	17,51	128,72	144,81	-	116,19	130,71	-	103,71	116,67	-	91,67	103,13	-	80,14	90,16	-	69,13	77,77	-	58,64	6
	II	1.460,00	-	116,80	131,40	-	104,30	117,34	-	92,24	103,77	-	80,69	90,77	-	69,65	78,35	-	59,13	66,52	-	49,12	5
	III	1.028,66	-	82,29	92,57	-	73,10	82,24	-	64,17	72,19	-	55,49	62,42	-	47,06	52,94	-	38,90	43,76	-	31,00	3
	IV	1.609,08	17,51	128,72	144,81	8,19	122,46	137,76	-	116,19	130,71	-	109,92	123,66	-	103,71	116,67	-	97,62	109,82	-	91,67	10
	V	2.123,50	78,72	169,88	191,11																		
	VI	2.167,83	84,00	173,42	195,10																		
7.037,99	I	1.610,25	17,65	128,82	144,92	-	116,28	130,82	-	103,80	116,78	-	91,76	103,23	-	80,22	90,25	-	69,21	77,86	-	58,71	6
	II	1.461,16	-	116,89	131,50	-	104,40	117,45	-	92,32	103,86	-	80,77	90,86	-	69,73	78,44	-	59,20	66,60	-	49,19	5
	III	1.029,50	-	82,36	92,65	-	73,17	82,31	-	64,22	72,25	-	55,54	62,48	-	47,13	53,02	-	38,96	43,83	-	31,05	3
	IV	1.610,25	17,65	128,82	144,92	8,33	122,55	137,87	-	116,28	130,82	-	110,02	123,77	-	103,80	116,78	-	97,72	109,93	-	91,76	10
	V	2.124,66	78,86	169,97	191,21																		
	VI	2.169,00	84,14	173,52	195,21																		
7.040,99	I	1.611,41	17,79	128,91	145,02	-	116,38	130,92	-	103,89	116,87	-	91,84	103,32	-	80,31	90,35	-	69,29	77,95	-	58,78	6
	II	1.462,25	0,03	116,98	131,60	-	104,49	117,55	-	92,42	103,97	-	80,86	90,96	-	69,81	78,53	-	59,28	66,69	-	49,26	5
	III	1.030,33	-	82,42	92,72	-	73,24	82,39	-	64,29	72,32	-	55,61	62,56	-	47,18	53,08	-	39,02	43,90	-	31,12	3
	IV	1.611,41	17,79	128,91	145,02	8,46	122,64	137,97	-	116,38	130,92	-	110,11	123,87	-	103,89	116,87	-	97,80	110,03	-	91,84	10
	V	2.125,83	79,00	170,06	191,32																		
	VI	2.170,16	84,28	173,61	195,31																		
7.043,99	I	1.612,50	17,91	129,00	145,12	-	116,46	131,02	-	103,98	116,98	-	91,93	103,42	-	80,39	90,44	-	69,37	78,04	-	58,86	6
	II	1.463,41	0,17	117,07	131,70	-	104,58	117,65	-	92,50	104,06	-	80,94	91,05	-	69,89	78,62	-	59,35	66,77	-	49,34	5
	III	1.031,16	-	82,49	92,80	-	73,30	82,46	-	64,36	72,40	-	55,68	62,64	-	47,25	53,15	-	39,08	43,96	-	31,17	3
	IV	1.612,50	17,91	129,00	145,12	8,59	122,73	138,07	-	116,46	131,02	-	110,20	123,97	-	103,98	116,98	-	97,89	110,12	-	91,93	10
	V	2.126,91	79,13	170,15	191,42																		
	VI	2.171,25	84,41	173,70	195,41																		
7.046,99	I	1.613,66	18,05	129,09	145,22	-	116,56	131,13	-	104,07	117,08	-	92,02	103,52	-	80,48	90,54	-	69,44	78,12	-	58,94	6
	II	1.464,58	0,31	117,16	131,81	-	104,66	117,74	-	92,58	104,15	-	81,02	91,14	-	69,96	78,71	-	59,43	66,86	-	49,40	5
	III	1.032,00	-	82,56	92,88	-	73,36	82,53	-	64,42	72,47	-	55,73	62,69	-	47,30	53,21	-	39,14	44,03	-	31,22	3
	IV	1.613,66	18,05	129,09	145,22	8,73	122,82	138,17	-	116,56	131,13	-	110,29	124,07	-	104,07	117,08	-	97,98	110,22	-	92,02	10
	V	2.128,08	79,27	170,24	191,52																		
	VI	2.172,41	84,54	173,79	195,51																		
7.049,99	I	1.614,83	18,19	129,18	145,33	-	116,65	131,23	-	104,16	117,18	-	92,10	103,61	-	80,56	90,63	-	69,52	78,21	-	59,01	6
	II	1.465,75	0,45	117,26	131,91	-	104,76	117,85	-	92,67	104,25	-	81,10	91,24	-	70,04	78,80	-	59,50	66,94	-	49,48	5
	III	1.033,00	-	82,64	92,97	-	73,44	82,62	-	64,49	72,55	-	55,80	62,77	-	47,37	53,29	-	39,20	44,10	-	31,29	3
	IV	1.614,83	18,19	129,18	145,33	8,87	122,92	138,28	-	116,65	131,23	-	110,38	124,18	-	104,16	117,18	-	98,07	110,33	-	92,10	10
	V	2.129,25	79,41	170,34	191,63																		
	VI	2.173,58	84,68	173,88	195,62																		
7.052,99	I	1.615,91	18,32	129,27	145,43	-	116,74	131,33	-	104,25	117,28	-	92,18	103,70	-	80,64	90,72	-	69,60	78,30	-	59,08	6
	II	1.466,83	0,58	117,34	132,01	-	104,84	117,95	-	92,76	104,35	-	81,18	91,33	-	70,12	78,89	-	59,58	67,02	-	49,55	5
	III	1.033,83	-	82,70	93,04	-	73,50	82,69	-	64,56	72,63	-	55,86	62,84	-	47,44	53,37	-	39,26	44,17	-	31,34	3
	IV	1.615,91	18,32	129,27	145,43	9,00	123,00	138,38	-	116,74	131,33	-	110,47	124,28	-	104,25	117,28	-	98,16	110,43	-	92,18	10
	V	2.130,41	79,55	170,43	191,73																		
	VI	2.174,66	84,81	173,97	195,71																		
7.055,99	I	1.617,08	18,46	129,36	145,53	-	116,83	131,43	-	104,34	117,38	-	92,28	103,81	-	80,72	90,81	-	69,68	78,39	-	59,16	66,
	II	1.468,00	0,72	117,44	132,12	-	104,94	118,05	-	92,84	104,45	-	81,26	91,42	-	70,20	78,98	-	59,66	67,11	-	49,62	55
	III	1.034,66	-	82,77	93,11	-	73,56	82,75	-	64,61	72,68	-	55,93	62,92	-	47,49	53,42	-	39,32	44,23	-	31,40	35,
	IV	1.617,08	18,46	129,36	145,53	9,14	123,10	138,48	-	116,83	131,43	-	110,56	124,38	-	104,34	117,38	-	98,24	110,52	-	92,28	103,
	V	2.131,50	79,68	170,52	191,83																		
	VI	2.175,83	84,95	174,06	195,82																		
7.058,99	I	1.618,25	18,60	129,46	145,64	-	116,92	131,54	-	104,43	117,48	-	92,36	103,91	-	80,80	90,90	-	69,76	78,48	-	59,24	66,
	II	1.469,16	0,86	117,53	132,22	-	105,03	118,16	-	92,93	104,54	-	81,35	91,52	-	70,28	79,07	-	59,73	67,19	-	49,69	55,
	III	1.035,50	-	82,84	93,19	-	73,64	82,84	-	64,68	72,76	-	55,98	62,98	-	47,56	53,50	-	39,37	44,29	-	31,45	35,
	IV	1.618,25	18,60	129,46	145,64	9,28	123,19	138,59	-	116,92	131,54	-	110,66	124,49	-	104,43	117,48	-	98,33	110,62	-	92,36	103,
	V	2.132,66	79,81	170,61	191,93																		
	VI	2.177,00	85,09	174,16	195,93																		
7.061,99	I	1.619,33	18,73	129,54	145,73	0,08	117,01	131,63	-	104,52	117,59	-	92,44	104,00	-	80,88	90,99	-	69,84	78,57	-	59,31	66,
	II	1.470,25	0,99	117,62	132,32	-	105,12	118,26	-	93,02	104,64	-	81,43	91,61	-	70,36	79,16	-	59,80	67,28	-	49,76	55,
	III	1.036,33	-	82,90	93,26	-	73,69	82,90	-	64,74	72,83	-	56,05	63,05	-	47,61	53,56	-	39,44	44,37	-	31,52	35,
	IV	1.619,33	18,73	129,54	145,73	9,41	123,28	138,69	0,08	117,01	131,63	-	110,75	124,59	-	104,52	117,59	-	98,42	110,72	-	92,44	104,
	V	2.133,83	79,95	170,70	192,04																		
	VI	2.178,08	85,22	174,24	196,02																		
7.064,99	I	1.620,50	18,87	129,64	145,84	0,22	117,10	131,74	-	104,61	117,68	-	92,53	104,09	-	80,97	91,09	-	69,92	78,66	-	59,38	66,
	II	1.471,41	1,13	117,71	132,42	-	105,21	118,36	-	93,10	104,74	-	81,52	91,71	-	70,44	79,24	-	59,88	67,36	-	49,84	56,
	III	1.037,16	-	82,97	93,34	-	73,76	82,98	-	64,81	72,91	-	56,12	63,13	-	47,68	53,64	-	39,49	44,42	-	31,57	35,
	IV	1.620,50	18,87	129,64	145,84	9,54	123,37	138,79	0,22	117,10	131,74	-	110,84	124,69	-	104,61	117,68	-	98,51	110,82	-	92,53	104,
	V	2.135,00	80,09	170,80	192,15																		
	VI	2.179,25	85,36	174,34	196,13																		

Lohn/ Gehalt bis	Steuerklasse	Lohnsteuer	ohne Kinderfreibetrag SolZ 5,5%	ohne Kinderfreibetrag Kirchensteuer 8%	ohne Kinderfreibetrag Kirchensteuer 9%	0,5 SolZ 5,5%	0,5 Kirchensteuer 8%	0,5 Kirchensteuer 9%	1,0 SolZ 5,5%	1,0 Kirchensteuer 8%	1,0 Kirchensteuer 9%	1,5 SolZ 5,5%	1,5 Kirchensteuer 8%	1,5 Kirchensteuer 9%	2,0 SolZ 5,5%	2,0 Kirchensteuer 8%	2,0 Kirchensteuer 9%	2,5 SolZ 5,5%	2,5 Kirchensteuer 8%	2,5 Kirchensteuer 9%	3,0 SolZ 5,5%	3,0 Kirchensteuer 8%	3,0 Kirchensteuer 9%
						Anzahl Kinderfreibeträge (nur Steuerklassen I–IV)																	
7.067,99 (West)	I	1.621,66	19,01	129,73	145,94	0,36	117,20	131,85	-	104,70	117,79	-	92,62	104,19	-	81,05	91,18	-	70,00	78,75	-	59,46	66,89
	II	1.472,58	1,26	117,80	132,53	-	105,30	118,46	-	93,19	104,84	-	81,60	91,80	-	70,52	79,33	-	59,96	67,45	-	49,90	56,14
	III	1.038,00	-	83,04	93,42	-	73,82	83,05	-	64,88	72,99	-	56,17	63,19	-	47,73	53,69	-	39,56	44,50	-	31,62	35,57
	IV	1.621,66	19,01	129,73	145,94	9,68	123,46	138,89	0,36	117,20	131,85	-	110,93	124,79	-	104,70	117,79	-	98,60	110,92	-	92,62	104,19
	V	2.136,08	80,22	170,88	192,24																		
	VI	2.180,41	85,50	174,43	196,23																		
7.067,99 (Ost)	I	1.621,66	19,01	129,73	145,94	0,36	117,20	131,85	-	104,70	117,79	-	92,62	104,19	-	81,05	91,18	-	70,00	78,75	-	59,46	66,89
	II	1.472,58	1,26	117,80	132,53	-	105,30	118,46	-	93,19	104,84	-	81,60	91,80	-	70,52	79,33	-	59,96	67,45	-	49,90	56,14
	III	1.038,00	-	83,04	93,42	-	73,82	83,05	-	64,88	72,99	-	56,17	63,19	-	47,73	53,69	-	39,56	44,50	-	31,62	35,57
	IV	1.621,66	19,01	129,73	145,94	9,68	123,46	138,89	0,36	117,20	131,85	-	110,93	124,79	-	104,70	117,79	-	98,60	110,92	-	92,62	104,19
	V	2.136,08	80,22	170,88	192,24																		
	VI	2.180,41	85,50	174,43	196,23																		
7.070,99 (West)	I	1.622,83	19,14	129,82	146,05	0,50	117,29	131,95	-	104,79	117,89	-	92,70	104,29	-	81,13	91,27	-	70,08	78,84	-	59,53	66,97
	II	1.473,66	1,39	117,89	132,62	-	105,38	118,55	-	93,28	104,94	-	81,68	91,89	-	70,60	79,42	-	60,03	67,53	-	49,98	56,22
	III	1.038,83	-	83,10	93,49	-	73,89	83,12	-	64,94	73,06	-	56,24	63,27	-	47,80	53,77	-	39,61	44,56	-	31,68	35,64
	IV	1.622,83	19,14	129,82	146,05	9,82	123,56	139,00	0,50	117,29	131,95	-	111,02	124,90	-	104,79	117,89	-	98,68	111,02	-	92,70	104,29
	V	2.137,25	80,36	170,98	192,35																		
	VI	2.181,58	85,64	174,52	196,34																		
7.070,99 (Ost)	I	1.622,83	19,14	129,82	146,05	0,50	117,29	131,95	-	104,79	117,89	-	92,70	104,29	-	81,13	91,27	-	70,08	78,84	-	59,53	66,97
	II	1.473,66	1,39	117,89	132,62	-	105,38	118,55	-	93,28	104,94	-	81,68	91,89	-	70,60	79,42	-	60,03	67,53	-	49,98	56,22
	III	1.038,83	-	83,10	93,49	-	73,89	83,12	-	64,94	73,06	-	56,24	63,27	-	47,80	53,77	-	39,61	44,56	-	31,68	35,64
	IV	1.622,83	19,14	129,82	146,05	9,82	123,56	139,00	0,50	117,29	131,95	-	111,02	124,90	-	104,79	117,89	-	98,68	111,02	-	92,70	104,29
	V	2.137,25	80,36	170,98	192,35																		
	VI	2.181,58	85,64	174,52	196,34																		
7.073,99 (West)	I	1.623,91	19,27	129,91	146,15	0,64	117,38	132,05	-	104,88	117,99	-	92,79	104,39	-	81,22	91,37	-	70,16	78,93	-	59,61	67,06
	II	1.474,83	1,53	117,98	132,73	-	105,48	118,66	-	93,36	105,03	-	81,76	91,98	-	70,68	79,51	-	60,10	67,61	-	50,05	56,30
	III	1.039,66	-	83,17	93,56	-	73,96	83,20	-	65,00	73,12	-	56,30	63,34	-	47,85	53,83	-	39,66	44,62	-	31,74	35,71
	IV	1.623,91	19,27	129,91	146,15	9,95	123,64	139,10	0,64	117,38	132,05	-	111,12	125,01	-	104,88	117,99	-	98,77	111,11	-	92,79	104,39
	V	2.138,41	80,50	171,07	192,45																		
	VI	2.182,66	85,76	174,61	196,43																		
7.073,99 (Ost)	I	1.623,91	19,27	129,91	146,15	0,64	117,38	132,05	-	104,88	117,99	-	92,79	104,39	-	81,22	91,37	-	70,16	78,93	-	59,61	67,06
	II	1.474,83	1,53	117,98	132,73	-	105,48	118,66	-	93,36	105,03	-	81,76	91,98	-	70,68	79,51	-	60,10	67,61	-	50,05	56,30
	III	1.039,66	-	83,17	93,56	-	73,96	83,20	-	65,00	73,12	-	56,30	63,34	-	47,85	53,83	-	39,66	44,62	-	31,74	35,71
	IV	1.623,91	19,27	129,91	146,15	9,95	123,64	139,10	0,64	117,38	132,05	-	111,12	125,01	-	104,88	117,99	-	98,77	111,11	-	92,79	104,39
	V	2.138,41	80,50	171,07	192,45																		
	VI	2.182,66	85,76	174,61	196,43																		
7.076,99 (West)	I	1.625,08	19,41	130,00	146,25	0,77	117,47	132,15	-	104,97	118,09	-	92,88	104,49	-	81,30	91,46	-	70,24	79,02	-	59,68	67,14
	II	1.476,00	1,67	118,08	132,84	-	105,57	118,76	-	93,45	105,13	-	81,84	92,07	-	70,76	79,60	-	60,18	67,70	-	50,12	56,39
	III	1.040,66	-	83,25	93,65	-	74,02	83,27	-	65,06	73,19	-	56,37	63,41	-	47,92	53,91	-	39,73	44,69	-	31,80	35,77
	IV	1.625,08	19,41	130,00	146,25	10,09	123,74	139,20	0,77	117,47	132,15	-	111,20	125,10	-	104,97	118,09	-	98,86	111,22	-	92,88	104,49
	V	2.139,58	80,64	171,16	192,56																		
	VI	2.183,83	85,90	174,70	196,54																		
7.076,99 (Ost)	I	1.625,08	19,41	130,00	146,25	0,77	117,47	132,15	-	104,97	118,09	-	92,88	104,49	-	81,30	91,46	-	70,24	79,02	-	59,68	67,14
	II	1.476,00	1,67	118,08	132,84	-	105,57	118,76	-	93,45	105,13	-	81,84	92,07	-	70,76	79,60	-	60,18	67,70	-	50,12	56,39
	III	1.040,66	-	83,25	93,65	-	74,02	83,27	-	65,06	73,19	-	56,37	63,41	-	47,92	53,91	-	39,73	44,69	-	31,80	35,77
	IV	1.625,08	19,41	130,00	146,25	10,09	123,74	139,20	0,77	117,47	132,15	-	111,20	125,10	-	104,97	118,09	-	98,86	111,22	-	92,88	104,49
	V	2.139,58	80,64	171,16	192,56																		
	VI	2.183,83	85,90	174,70	196,54																		
7.079,99 (West)	I	1.626,25	19,55	130,10	146,36	0,91	117,56	132,26	-	105,06	118,19	-	92,96	104,58	-	81,38	91,55	-	70,31	79,10	-	59,76	67,23
	II	1.477,16	1,81	118,17	132,94	-	105,66	118,86	-	93,54	105,23	-	81,93	92,17	-	70,84	79,69	-	60,26	67,79	-	50,19	56,46
	III	1.041,50	-	83,32	93,73	-	74,09	83,35	-	65,13	73,27	-	56,42	63,47	-	47,98	53,98	-	39,78	44,75	-	31,85	35,83
	IV	1.626,25	19,55	130,10	146,36	10,23	123,83	139,31	0,91	117,56	132,26	-	111,30	125,21	-	105,06	118,19	-	98,95	111,32	-	92,96	104,58
	V	2.140,66	80,77	171,25	192,65																		
	VI	2.185,00	86,04	174,80	196,65																		
7.079,99 (Ost)	I	1.626,25	19,55	130,10	146,36	0,91	117,56	132,26	-	105,06	118,19	-	92,96	104,58	-	81,38	91,55	-	70,31	79,10	-	59,76	67,23
	II	1.477,16	1,81	118,17	132,94	-	105,66	118,86	-	93,54	105,23	-	81,93	92,17	-	70,84	79,69	-	60,26	67,79	-	50,19	56,46
	III	1.041,50	-	83,32	93,73	-	74,09	83,35	-	65,13	73,27	-	56,42	63,47	-	47,98	53,98	-	39,78	44,75	-	31,85	35,83
	IV	1.626,25	19,55	130,10	146,36	10,23	123,83	139,31	0,91	117,56	132,26	-	111,30	125,21	-	105,06	118,19	-	98,95	111,32	-	92,96	104,58
	V	2.140,66	80,77	171,25	192,65																		
	VI	2.185,00	86,04	174,80	196,65																		
7.082,99 (West)	I	1.627,41	19,69	130,19	146,46	1,05	117,66	132,36	-	105,15	118,29	-	93,05	104,68	-	81,46	91,64	-	70,39	79,19	-	59,84	67,32
	II	1.478,25	1,94	118,26	133,04	-	105,75	118,97	-	93,62	105,32	-	82,01	92,26	-	70,92	79,78	-	60,33	67,87	-	50,26	56,54
	III	1.042,33	-	83,38	93,80	-	74,16	83,43	-	65,20	73,35	-	56,49	63,55	-	48,04	54,04	-	39,85	44,83	-	31,90	35,89
	IV	1.627,41	19,69	130,19	146,46	10,37	123,92	139,41	1,05	117,66	132,36	-	111,39	125,31	-	105,15	118,29	-	99,04	111,42	-	93,05	104,68
	V	2.141,83	80,91	171,34	192,76																		
	VI	2.186,16	86,18	174,89	196,75																		
7.082,99 (Ost)	I	1.627,41	19,69	130,19	146,46	1,05	117,66	132,36	-	105,15	118,29	-	93,05	104,68	-	81,46	91,64	-	70,39	79,19	-	59,84	67,32
	II	1.478,25	1,94	118,26	133,04	-	105,75	118,97	-	93,62	105,32	-	82,01	92,26	-	70,92	79,78	-	60,33	67,87	-	50,26	56,54
	III	1.042,33	-	83,38	93,80	-	74,16	83,43	-	65,20	73,35	-	56,49	63,55	-	48,04	54,04	-	39,85	44,83	-	31,90	35,89
	IV	1.627,41	19,69	130,19	146,46	10,37	123,92	139,41	1,05	117,66	132,36	-	111,39	125,31	-	105,15	118,29	-	99,04	111,42	-	93,05	104,68
	V	2.141,83	80,91	171,34	192,76																		
	VI	2.186,16	86,18	174,89	196,75																		
7.085,99 (West)	I	1.628,50	19,82	130,28	146,56	1,19	117,75	132,47	-	105,24	118,40	-	93,14	104,78	-	81,55	91,74	-	70,47	79,28	-	59,91	67,40
	II	1.479,41	2,08	118,35	133,14	-	105,84	119,07	-	93,71	105,42	-	82,10	92,36	-	71,00	79,87	-	60,41	67,96	-	50,34	56,63
	III	1.043,16	-	83,45	93,88	-	74,22	83,50	-	65,26	73,42	-	56,56	63,63	-	48,10	54,11	-	39,90	44,89	-	31,97	35,96
	IV	1.628,50	19,82	130,28	146,56	10,50	124,01	139,51	1,19	117,75	132,47	-	111,48	125,42	-	105,24	118,40	-	99,12	111,51	-	93,14	104,78
	V	2.143,00	81,04	171,44	192,87																		
	VI	2.187,25	86,31	174,98	196,85																		
7.085,99 (Ost)	I	1.628,50	19,82	130,28	146,56	1,19	117,75	132,47	-	105,24	118,40	-	93,14	104,78	-	81,55	91,74	-	70,47	79,28	-	59,91	67,40
	II	1.479,41	2,08	118,35	133,14	-	105,84	119,07	-	93,71	105,42	-	82,10	92,36	-	71,00	79,87	-	60,41	67,96	-	50,34	56,63
	III	1.043,16	-	83,45	93,88	-	74,22	83,50	-	65,26	73,42	-	56,56	63,63	-	48,10	54,11	-	39,90	44,89	-	31,97	35,96
	IV	1.628,50	19,82	130,28	146,56	10,50	124,01	139,51	1,19	117,75	132,47	-	111,48	125,42	-	105,24	118,40	-	99,12	111,51	-	93,14	104,78
	V	2.143,00	81,04	171,44	192,87																		
	VI	2.187,25	86,31	174,98	196,85																		

MONAT bis 7.106,99 €

Allgemeine Tabelle

Lohn/ Gehalt bis	Steuerklasse	Lohn-steuer	ohne Kinderfreibetrag SolZ 5,5%	Kirchensteuer 8%	9%	0,5 SolZ 5,5%	Kirchensteuer 8%	9%	1,0 SolZ 5,5%	Kirchensteuer 8%	9%	1,5 SolZ 5,5%	Kirchensteuer 8%	9%	2,0 SolZ 5,5%	Kirchensteuer 8%	9%	2,5 SolZ 5,5%	Kirchensteuer 8%	9%	3,0 SolZ 5,5%	Kirchensteu 8%	9
						Anzahl Kinderfreibeträge (nur Steuerklassen I–IV)																	
7.088,99 (West)	I	1.629,66	19,96	130,37	146,66	1,31	117,84	132,57	–	105,33	118,49	–	93,22	104,87	–	81,63	91,83	–	70,55	79,37	–	59,98	6
	II	1.480,58	2,22	118,44	133,25	–	105,93	119,17	–	93,80	105,52	–	82,18	92,45	–	71,07	79,95	–	60,48	68,04	–	50,40	5
	III	1.044,00	–	83,52	93,96	–	74,29	83,57	–	65,33	73,49	–	56,61	63,68	–	48,16	54,18	–	39,96	44,95	–	32,02	36
	IV	1.629,66	19,96	130,37	146,66	10,64	124,10	139,61	1,31	117,84	132,57	–	111,57	125,51	–	105,33	118,49	–	99,21	111,61	–	93,22	10
	V	2.144,08	81,17	171,52	192,96																		
	VI	2.188,41	86,45	175,07	196,95																		
7.088,99 (Ost)	I	1.629,66	19,96	130,37	146,66	1,31	117,84	132,57	–	105,33	118,49	–	93,22	104,87	–	81,63	91,83	–	70,55	79,37	–	59,98	67
	II	1.480,58	2,22	118,44	133,25	–	105,93	119,17	–	93,80	105,52	–	82,18	92,45	–	71,07	79,95	–	60,48	68,04	–	50,40	5
	III	1.044,00	–	83,52	93,96	–	74,29	83,57	–	65,33	73,49	–	56,61	63,68	–	48,16	54,18	–	39,96	44,95	–	32,02	36
	IV	1.629,66	19,96	130,37	146,66	10,64	124,10	139,61	1,31	117,84	132,57	–	111,57	125,51	–	105,33	118,49	–	99,21	111,61	–	93,22	104
	V	2.144,08	81,17	171,52	192,96																		
	VI	2.188,41	86,45	175,07	196,95																		
7.091,99 (West)	I	1.630,83	20,10	130,46	146,77	1,45	117,93	132,67	–	105,42	118,60	–	93,31	104,97	–	81,71	91,92	–	70,63	79,46	–	60,06	67
	II	1.481,75	2,36	118,54	133,35	–	106,02	119,27	–	93,88	105,62	–	82,26	92,54	–	71,15	80,04	–	60,56	68,13	–	50,48	56
	III	1.044,83	–	83,58	94,03	–	74,36	83,65	–	65,38	73,55	–	56,68	63,76	–	48,22	54,25	–	40,02	45,02	–	32,08	36
	IV	1.630,83	20,10	130,46	146,77	10,77	124,20	139,72	1,45	117,93	132,67	–	111,66	125,62	–	105,42	118,60	–	99,30	111,71	–	93,31	104
	V	2.145,25	81,31	171,62	193,07																		
	VI	2.189,58	86,59	175,16	197,06																		
7.091,99 (Ost)	I	1.630,83	20,10	130,46	146,77	1,45	117,93	132,67	–	105,42	118,60	–	93,31	104,97	–	81,71	91,92	–	70,63	79,46	–	60,06	67
	II	1.481,75	2,36	118,54	133,35	–	106,02	119,27	–	93,88	105,62	–	82,26	92,54	–	71,15	80,04	–	60,56	68,13	–	50,48	56
	III	1.044,83	–	83,58	94,03	–	74,36	83,65	–	65,38	73,55	–	56,68	63,76	–	48,22	54,25	–	40,02	45,02	–	32,08	36
	IV	1.630,83	20,10	130,46	146,77	10,77	124,20	139,72	1,45	117,93	132,67	–	111,66	125,62	–	105,42	118,60	–	99,30	111,71	–	93,31	104
	V	2.145,25	81,31	171,62	193,07																		
	VI	2.189,58	86,59	175,16	197,06																		
7.094,99 (West)	I	1.631,91	20,23	130,55	146,87	1,58	118,02	132,77	–	105,51	118,70	–	93,40	105,07	–	81,79	92,01	–	70,70	79,54	–	60,13	67
	II	1.482,83	2,48	118,62	133,45	–	106,11	119,37	–	93,97	105,71	–	82,34	92,63	–	71,23	80,13	–	60,63	68,21	–	50,55	56
	III	1.045,66	–	83,65	94,10	–	74,42	83,72	–	65,45	73,63	–	56,73	63,82	–	48,28	54,31	–	40,08	45,09	–	32,13	36
	IV	1.631,91	20,23	130,55	146,87	10,90	124,28	139,82	1,58	118,02	132,77	–	111,75	125,72	–	105,51	118,70	–	99,39	111,81	–	93,40	105
	V	2.146,33	81,44	171,70	193,16																		
	VI	2.190,66	86,72	175,25	197,15																		
7.094,99 (Ost)	I	1.631,91	20,23	130,55	146,87	1,58	118,02	132,77	–	105,51	118,70	–	93,40	105,07	–	81,79	92,01	–	70,70	79,54	–	60,13	67
	II	1.482,83	2,48	118,62	133,45	–	106,11	119,37	–	93,97	105,71	–	82,34	92,63	–	71,23	80,13	–	60,63	68,21	–	50,55	56
	III	1.045,66	–	83,65	94,10	–	74,42	83,72	–	65,45	73,63	–	56,73	63,82	–	48,28	54,31	–	40,08	45,09	–	32,13	36,
	IV	1.631,91	20,23	130,55	146,87	10,90	124,28	139,82	1,58	118,02	132,77	–	111,75	125,72	–	105,51	118,70	–	99,39	111,81	–	93,40	105
	V	2.146,33	81,44	171,70	193,16																		
	VI	2.190,66	86,72	175,25	197,15																		
7.097,99 (West)	I	1.633,08	20,36	130,64	146,97	1,72	118,11	132,87	–	105,60	118,80	–	93,48	105,17	–	81,88	92,11	–	70,78	79,63	–	60,21	67,
	II	1.484,00	2,62	118,72	133,56	–	106,20	119,47	–	94,06	105,81	–	82,42	92,72	–	71,31	80,22	–	60,71	68,30	–	50,62	56
	III	1.046,50	–	83,72	94,18	–	74,49	83,80	–	65,52	73,71	–	56,80	63,90	–	48,34	54,38	–	40,14	45,16	–	32,20	36
	IV	1.633,08	20,36	130,64	146,97	11,04	124,38	139,92	1,72	118,11	132,87	–	111,84	125,82	–	105,60	118,80	–	99,48	111,91	–	93,48	105
	V	2.147,50	81,58	171,80	193,27																		
	VI	2.191,83	86,86	175,34	197,26																		
7.097,99 (Ost)	I	1.633,08	20,36	130,64	146,97	1,72	118,11	132,87	–	105,60	118,80	–	93,48	105,17	–	81,88	92,11	–	70,78	79,63	–	60,21	67,
	II	1.484,00	2,62	118,72	133,56	–	106,20	119,47	–	94,06	105,81	–	82,42	92,72	–	71,31	80,22	–	60,71	68,30	–	50,62	56,
	III	1.046,50	–	83,72	94,18	–	74,49	83,80	–	65,52	73,71	–	56,80	63,90	–	48,34	54,38	–	40,14	45,16	–	32,20	36,
	IV	1.633,08	20,36	130,64	146,97	11,04	124,38	139,92	1,72	118,11	132,87	–	111,84	125,82	–	105,60	118,80	–	99,48	111,91	–	93,48	105,
	V	2.147,50	81,58	171,80	193,27																		
	VI	2.191,83	86,86	175,34	197,26																		
7.100,99 (West)	I	1.634,25	20,50	130,74	147,08	1,86	118,20	132,98	–	105,69	118,90	–	93,57	105,26	–	81,96	92,21	–	70,86	79,72	–	60,28	67,
	II	1.485,16	2,76	118,81	133,66	–	106,29	119,57	–	94,14	105,91	–	82,51	92,82	–	71,39	80,31	–	60,78	68,38	–	50,69	57,
	III	1.047,50	–	83,80	94,27	–	74,56	83,88	–	65,58	73,78	–	56,86	63,97	–	48,40	54,45	–	40,20	45,22	–	32,25	36,
	IV	1.634,25	20,50	130,74	147,08	11,18	124,47	140,03	1,86	118,20	132,98	–	111,94	125,93	–	105,69	118,90	–	99,57	112,01	–	93,57	105,
	V	2.148,66	81,72	171,89	193,37																		
	VI	2.193,00	86,99	175,44	197,37																		
7.100,99 (Ost)	I	1.634,25	20,50	130,74	147,08	1,86	118,20	132,98	–	105,70	118,91	–	93,57	105,26	–	81,96	92,21	–	70,87	79,73	–	60,29	67,
	II	1.485,16	2,76	118,81	133,66	–	106,30	119,58	–	94,14	105,91	–	82,51	92,82	–	71,39	80,31	–	60,78	68,38	–	50,70	57,
	III	1.047,50	–	83,80	94,27	–	74,56	83,88	–	65,58	73,78	–	56,86	63,97	–	48,41	54,46	–	40,20	45,22	–	32,25	36,
	IV	1.634,25	20,50	130,74	147,08	11,18	124,47	140,03	1,86	118,20	132,98	–	111,94	125,93	–	105,70	118,91	–	99,57	112,01	–	93,57	105,
	V	2.148,75	81,73	171,90	193,38																		
	VI	2.193,00	86,99	175,44	197,37																		
7.103,99 (West)	I	1.635,33	20,63	130,82	147,17	1,99	118,29	133,07	–	105,78	119,00	–	93,66	105,36	–	82,04	92,30	–	70,94	79,81	–	60,36	67,9
	II	1.486,25	2,89	118,90	133,76	–	106,38	119,68	–	94,23	106,01	–	82,59	92,91	–	71,47	80,40	–	60,86	68,46	–	50,76	57,1
	III	1.048,33	–	83,86	94,34	–	74,62	83,95	–	65,65	73,85	–	56,93	64,04	–	48,46	54,52	–	40,25	45,28	–	32,30	36,3
	IV	1.635,33	20,63	130,82	147,17	11,31	124,56	140,13	1,99	118,29	133,07	–	112,02	126,02	–	105,78	119,00	–	99,66	112,11	–	93,66	105,3
	V	2.149,83	81,86	171,98	193,48																		
	VI	2.194,08	87,12	175,52	197,46																		
7.103,99 (Ost)	I	1.635,50	20,65	130,84	147,19	2,02	118,31	133,10	–	105,80	119,02	–	93,67	105,38	–	82,06	92,31	–	70,96	79,83	–	60,37	67,9
	II	1.486,41	2,91	118,91	133,77	–	106,40	119,70	–	94,24	106,02	–	82,60	92,93	–	71,48	80,41	–	60,87	68,48	–	50,78	57,1
	III	1.048,33	–	83,86	94,34	–	74,64	83,97	–	65,65	73,85	–	56,93	64,04	–	48,48	54,54	–	40,26	45,29	–	32,32	36,3
	IV	1.635,50	20,65	130,84	147,19	11,33	124,57	140,14	2,02	118,31	133,10	–	112,04	126,05	–	105,80	119,02	–	99,67	112,13	–	93,67	105,3
	V	2.150,00	81,88	172,00	193,50																		
	VI	2.194,25	87,14	175,54	197,48																		
7.106,99 (West)	I	1.636,50	20,77	130,92	147,28	2,13	118,38	133,18	–	105,87	119,10	–	93,74	105,46	–	82,12	92,39	–	71,02	79,90	–	60,44	67,9
	II	1.487,41	3,03	118,99	133,86	–	106,47	119,78	–	94,32	106,11	–	82,68	93,01	–	71,55	80,49	–	60,94	68,55	–	50,84	57,1
	III	1.049,16	–	83,93	94,42	–	74,69	84,02	–	65,72	73,93	–	56,98	64,10	–	48,53	54,59	–	40,32	45,36	–	32,37	36,4
	IV	1.636,50	20,77	130,92	147,28	11,45	124,65	140,23	2,13	118,38	133,18	–	112,12	126,13	–	105,87	119,10	–	99,74	112,21	–	93,74	105,4
	V	2.151,00	82,00	172,08	193,59																		
	VI	2.195,25	87,26	175,62	197,57																		
7.106,99 (Ost)	I	1.636,83	20,81	130,94	147,31	2,17	118,41	133,21	–	105,90	119,13	–	93,76	105,48	–	82,14	92,41	–	71,04	79,92	–	60,46	68,0
	II	1.487,66	3,06	119,01	133,88	–	106,50	119,81	–	94,34	106,13	–	82,70	93,03	–	71,56	80,51	–	60,95	68,57	–	50,86	57,2
	III	1.049,33	–	83,94	94,43	–	74,70	84,04	–	65,73	73,94	–	57,01	64,13	–	48,54	54,61	–	40,33	45,37	–	32,38	36,4
	IV	1.636,83	20,81	130,94	147,31	11,49	124,68	140,26	2,17	118,41	133,21	–	112,14	126,16	–	105,90	119,13	–	99,76	112,23	–	93,76	105,4
	V	2.151,25	82,03	172,10	193,61																		
	VI	2.195,58	87,30	175,64	197,60																		

Allgemeine Tabelle

MONAT bis 7.127,99 €

Lohn/Gehalt bis	Steuerklasse	Lohnsteuer	ohne Kinderfreibetrag			Anzahl Kinderfreibeträge (nur Steuerklassen I–IV) 0,5			1,0			1,5			2,0			2,5			3,0		
			SolZ 5,5%	Kirchensteuer 8%	9%	SolZ 5,5%	Kirchensteuer 8%	9%	SolZ 5,5%	Kirchensteuer 8%	9%	SolZ 5,5%	Kirchensteuer 8%	9%	SolZ 5,5%	Kirchensteuer 8%	9%	SolZ 5,5%	Kirchensteuer 8%	9%	SolZ 5,5%	Kirchensteuer 8%	9%
7.109,99 (West)	I	1.637,66	20,91	131,01	147,38	2,27	118,48	133,29	-	105,96	119,21	-	93,83	105,56	-	82,21	92,48	-	71,10	79,99	-	60,51	68,07
	II	1.488,58	3,17	119,08	133,97	-	106,56	119,88	-	94,40	106,20	-	82,76	93,10	-	71,63	80,58	-	61,01	68,63	-	50,91	57,27
	III	1.050,00	-	84,00	94,50	-	74,76	84,10	-	65,77	73,99	-	57,05	64,18	-	48,58	54,65	-	40,37	45,41	-	32,42	36,47
	IV	1.637,66	20,91	131,01	147,38	11,59	124,74	140,33	2,27	118,48	133,29	-	112,21	126,23	-	105,96	119,21	-	99,83	112,31	-	93,83	105,56
	V	2.152,08	82,12	172,16	193,68																		
	VI	2.196,41	87,40	175,71	197,67																		
7.109,99 (Ost)	I	1.638,08	20,96	131,04	147,42	2,32	118,51	133,32	-	106,00	119,25	-	93,86	105,59	-	82,24	92,52	-	71,13	80,02	-	60,54	68,10
	II	1.488,91	3,21	119,11	134,00	-	106,60	119,92	-	94,43	106,23	-	82,78	93,13	-	71,66	80,61	-	61,04	68,67	-	50,93	57,29
	III	1.050,33	-	84,02	94,52	-	74,78	84,13	-	65,80	74,02	-	57,08	64,21	-	48,61	54,68	-	40,40	45,45	-	32,44	36,49
	IV	1.638,08	20,96	131,04	147,42	11,64	124,78	140,37	2,32	118,51	133,32	-	112,24	126,27	-	106,00	119,25	-	99,86	112,34	-	93,86	105,59
	V	2.152,50	82,17	172,20	193,72																		
	VI	2.196,83	87,45	175,74	197,71																		
7.112,99 (West)	I	1.638,83	21,05	131,10	147,49	2,40	118,57	133,39	-	106,05	119,30	-	93,92	105,66	-	82,29	92,57	-	71,18	80,08	-	60,58	68,15
	II	1.489,66	3,30	119,17	134,06	-	106,65	119,98	-	94,49	106,30	-	82,84	93,19	-	71,70	80,66	-	61,08	68,72	-	50,98	57,35
	III	1.050,83	-	84,06	94,57	-	74,82	84,17	-	65,84	74,07	-	57,12	64,26	-	48,64	54,72	-	40,44	45,49	-	32,48	36,54
	IV	1.638,83	21,05	131,10	147,49	11,73	124,84	140,44	2,40	118,57	133,39	-	112,30	126,34	-	106,05	119,30	-	99,92	112,41	-	93,92	105,66
	V	2.153,25	82,26	172,26	193,79																		
	VI	2.197,58	87,54	175,80	197,78																		
7.112,99 (Ost)	I	1.639,33	21,11	131,14	147,53	2,46	118,61	133,43	-	106,10	119,36	-	93,96	105,70	-	82,33	92,62	-	71,22	80,12	-	60,62	68,19
	II	1.490,25	3,37	119,22	134,12	-	106,70	120,03	-	94,53	106,34	-	82,88	93,24	-	71,74	80,71	-	61,12	68,76	-	51,01	57,38
	III	1.051,16	-	84,09	94,60	-	74,85	84,20	-	65,86	74,09	-	57,14	64,28	-	48,68	54,76	-	40,46	45,52	-	32,50	36,56
	IV	1.639,33	21,11	131,14	147,53	11,79	124,88	140,49	2,46	118,61	133,43	-	112,34	126,38	-	106,10	119,36	-	99,96	112,46	-	93,96	105,70
	V	2.153,75	82,32	172,30	193,83																		
	VI	2.198,08	87,60	175,84	197,82																		
7.115,99 (West)	I	1.639,91	21,18	131,19	147,59	2,53	118,66	133,49	-	106,14	119,41	-	94,00	105,75	-	82,38	92,67	-	71,26	80,17	-	60,66	68,24
	II	1.490,83	3,44	119,26	134,17	-	106,74	120,08	-	94,58	106,40	-	82,92	93,29	-	71,78	80,75	-	61,16	68,81	-	51,05	57,43
	III	1.051,66	-	84,13	94,64	-	74,89	84,25	-	65,90	74,14	-	57,18	64,33	-	48,70	54,79	-	40,49	45,55	-	32,53	36,59
	IV	1.639,91	21,18	131,19	147,59	11,86	124,92	140,54	2,53	118,66	133,49	-	112,39	126,44	-	106,14	119,41	-	100,01	112,51	-	94,00	105,75
	V	2.154,41	82,40	172,35	193,89																		
	VI	2.198,66	87,67	175,89	197,87																		
7.115,99 (Ost)	I	1.640,58	21,26	131,24	147,65	2,61	118,71	133,55	-	106,20	119,47	-	94,05	105,80	-	82,42	92,72	-	71,30	80,21	-	60,70	68,29
	II	1.491,50	3,52	119,32	134,23	-	106,80	120,15	-	94,62	106,45	-	82,97	93,34	-	71,83	80,81	-	61,20	68,85	-	51,09	57,47
	III	1.052,16	-	84,17	94,69	-	74,93	84,29	-	65,94	74,18	-	57,21	64,36	-	48,74	54,83	-	40,53	45,59	-	32,57	36,64
	IV	1.640,58	21,26	131,24	147,65	11,93	124,98	140,60	2,61	118,71	133,55	-	112,44	126,50	-	106,20	119,47	-	100,06	112,56	-	94,05	105,80
	V	2.155,00	82,47	172,40	193,95																		
	VI	2.199,33	87,75	175,94	197,93																		
7.118,99 (West)	I	1.641,08	21,32	131,28	147,69	2,67	118,75	133,59	-	106,24	119,52	-	94,09	105,85	-	82,46	92,76	-	71,34	80,26	-	60,74	68,33
	II	1.492,00	3,57	119,36	134,28	-	106,84	120,19	-	94,66	106,49	-	83,01	93,38	-	71,86	80,84	-	61,24	68,89	-	51,12	57,51
	III	1.052,50	-	84,20	94,72	-	74,96	84,33	-	65,97	74,21	-	57,24	64,39	-	48,77	54,86	-	40,56	45,63	-	32,60	36,67
	IV	1.641,08	21,32	131,28	147,69	11,99	125,02	140,64	2,67	118,75	133,59	-	112,48	126,54	-	106,24	119,52	-	100,10	112,61	-	94,09	105,85
	V	2.155,58	82,54	172,44	194,00																		
	VI	2.199,83	87,81	175,98	197,98																		
7.118,99 (Ost)	I	1.641,83	21,41	131,34	147,76	2,76	118,81	133,66	-	106,30	119,58	-	94,14	105,91	-	82,51	92,82	-	71,39	80,31	-	60,78	68,38
	II	1.492,75	3,66	119,42	134,34	-	106,90	120,26	-	94,72	106,56	-	83,06	93,44	-	71,92	80,91	-	61,28	68,94	-	51,17	57,56
	III	1.053,16	-	84,25	94,78	-	75,00	84,37	-	66,01	74,26	-	57,28	64,44	-	48,81	54,91	-	40,60	45,67	-	32,64	36,72
	IV	1.641,83	21,41	131,34	147,76	12,08	125,08	140,71	2,76	118,81	133,66	-	112,54	126,61	-	106,30	119,58	-	100,16	112,68	-	94,14	105,91
	V	2.156,25	82,62	172,50	194,06																		
	VI	2.200,58	87,90	176,04	198,05																		
7.121,99 (West)	I	1.642,25	21,45	131,38	147,80	2,81	118,84	133,70	-	106,32	119,61	-	94,18	105,95	-	82,54	92,85	-	71,42	80,34	-	60,81	68,41
	II	1.493,08	3,70	119,44	134,37	-	106,92	120,29	-	94,75	106,59	-	83,09	93,47	-	71,94	80,93	-	61,31	68,97	-	51,20	57,60
	III	1.053,33	-	84,26	94,79	-	75,02	84,40	-	66,04	74,29	-	57,30	64,46	-	48,82	54,92	-	40,61	45,68	-	32,65	36,73
	IV	1.642,25	21,45	131,38	147,80	12,13	125,11	140,75	2,81	118,84	133,70	-	112,58	126,65	-	106,32	119,61	-	100,18	112,70	-	94,18	105,95
	V	2.156,66	82,67	172,53	194,09																		
	VI	2.201,00	87,95	176,08	198,09																		
7.121,99 (Ost)	I	1.643,08	21,55	131,44	147,87	2,91	118,91	133,77	-	106,40	119,70	-	94,24	106,02	-	82,60	92,93	-	71,48	80,41	-	60,87	68,48
	II	1.494,00	3,81	119,52	134,46	-	107,00	120,37	-	94,82	106,67	-	83,15	93,54	-	72,00	81,00	-	61,37	69,04	-	51,25	57,65
	III	1.054,00	-	84,32	94,86	-	75,08	84,46	-	66,09	74,35	-	57,36	64,53	-	48,88	54,99	-	40,65	45,73	-	32,69	36,77
	IV	1.643,08	21,55	131,44	147,87	12,23	125,18	140,82	2,91	118,91	133,77	-	112,64	126,72	-	106,40	119,70	-	100,25	112,78	-	94,24	106,02
	V	2.157,50	82,77	172,60	194,17																		
	VI	2.201,83	88,05	176,14	198,16																		
7.124,99 (West)	I	1.643,41	21,59	131,47	147,90	2,95	118,94	133,80	-	106,42	119,72	-	94,26	106,04	-	82,62	92,95	-	71,50	80,43	-	60,89	68,50
	II	1.494,25	3,84	119,54	134,48	-	107,02	120,39	-	94,84	106,69	-	83,17	93,56	-	72,02	81,02	-	61,39	69,06	-	51,27	57,68
	III	1.054,33	-	84,34	94,88	-	75,09	84,47	-	66,10	74,36	-	57,37	64,54	-	48,89	55,00	-	40,66	45,74	-	32,70	36,79
	IV	1.643,41	21,59	131,47	147,90	12,27	125,20	140,85	2,95	118,94	133,80	-	112,67	126,75	-	106,42	119,72	-	100,28	112,81	-	94,26	106,04
	V	2.157,83	82,81	172,62	194,20																		
	VI	2.202,16	88,08	176,17	198,19																		
7.124,99 (Ost)	I	1.644,33	21,70	131,54	147,98	3,06	119,01	133,88	-	106,50	119,81	-	94,34	106,13	-	82,70	93,03	-	71,56	80,51	-	60,95	68,57
	II	1.495,25	3,96	119,62	134,57	-	107,10	120,48	-	94,91	106,77	-	83,24	93,65	-	72,09	81,10	-	61,45	69,13	-	51,33	57,74
	III	1.055,00	-	84,40	94,95	-	75,14	84,53	-	66,16	74,43	-	57,42	64,60	-	48,94	55,06	-	40,72	45,81	-	32,76	36,85
	IV	1.644,33	21,70	131,54	147,98	12,38	125,28	140,94	3,06	119,01	133,88	-	112,74	126,83	-	106,50	119,81	-	100,35	112,89	-	94,34	106,13
	V	2.158,83	82,93	172,70	194,29																		
	VI	2.203,08	88,19	176,24	198,27																		
7.127,99 (West)	I	1.644,50	21,72	131,56	148,00	3,08	119,02	133,90	-	106,51	119,82	-	94,35	106,14	-	82,71	93,05	-	71,58	80,52	-	60,96	68,58
	II	1.495,41	3,98	119,63	134,58	-	107,11	120,50	-	94,92	106,79	-	83,26	93,66	-	72,10	81,11	-	61,46	69,14	-	51,34	57,76
	III	1.055,16	-	84,41	94,96	-	75,16	84,55	-	66,16	74,43	-	57,42	64,60	-	48,94	55,06	-	40,73	45,82	-	32,77	36,86
	IV	1.644,50	21,72	131,56	148,00	12,40	125,29	140,95	3,08	119,02	133,90	-	112,76	126,86	-	106,51	119,82	-	100,36	112,91	-	94,35	106,14
	V	2.159,00	82,95	172,72	194,31																		
	VI	2.203,25	88,21	176,26	198,29																		
7.127,99 (Ost)	I	1.645,58	21,85	131,64	148,10	3,21	119,11	134,00	-	106,60	119,92	-	94,43	106,23	-	82,78	93,13	-	71,66	80,61	-	61,04	68,67
	II	1.496,50	4,11	119,72	134,68	-	107,20	120,60	-	95,01	106,88	-	83,34	93,75	-	72,18	81,20	-	61,54	69,23	-	51,41	57,83
	III	1.056,00	-	84,48	95,04	-	75,22	84,62	-	66,22	74,50	-	57,49	64,67	-	49,01	55,13	-	40,78	45,88	-	32,82	36,92
	IV	1.645,58	21,85	131,64	148,10	12,53	125,38	141,05	3,21	119,11	134,00	-	112,85	126,95	-	106,60	119,92	-	100,45	113,00	-	94,43	106,23
	V	2.160,08	83,08	172,80	194,40																		
	VI	2.204,33	88,34	176,34	198,38																		

Lohn/ Gehalt bis	Steuerklasse	Lohn- steuer	ohne Kinderfreibetrag SolZ 5,5%	Kirchensteuer 8%	9%	0,5 SolZ 5,5%	Kirchensteuer 8%	9%	1,0 SolZ 5,5%	Kirchensteuer 8%	9%	1,5 SolZ 5,5%	Kirchensteuer 8%	9%	2,0 SolZ 5,5%	Kirchensteuer 8%	9%	2,5 SolZ 5,5%	Kirchensteuer 8%	9%	3,0 SolZ 5,5%	Kirchensteuer 8%	9%
						Anzahl Kinderfreibeträge (nur Steuerklassen I–IV)																	
7.130,99 (West)	I	1.645,66	*21,86*	131,65	148,10	*3,22*	119,12	134,01	–	106,60	119,92	–	94,44	106,24	–	82,79	93,14	–	71,66	80,61	–	61,04	[illegible]
	II	1.496,58	*4,12*	119,72	134,69	–	107,20	120,60	–	95,01	106,88	–	83,34	93,75	–	72,18	81,20	–	61,54	69,23	–	51,41	[illegible]
	III	1.056,00	–	84,48	95,04	–	75,22	84,62	–	66,22	74,50	–	57,49	64,67	–	49,01	55,13	–	40,78	45,88	–	32,82	[illegible]
	IV	1.645,66	*21,86*	131,65	148,10	*12,54*	125,38	141,05	*3,22*	119,12	134,01	–	112,85	126,95	–	106,60	119,92	–	100,45	113,00	–	94,44	[illegible]
	V	2.160,08	*83,08*	172,80	194,40																		
	VI	2.204,41	*88,35*	176,35	198,39																		
7.130,99 (Ost)	I	1.646,91	*22,01*	131,75	148,22	*3,37*	119,22	134,12	–	106,70	120,03	–	94,53	106,34	–	82,88	93,24	–	71,74	80,71	–	61,12	[illegible]
	II	1.497,75	*4,26*	119,82	134,79	–	107,30	120,71	–	95,10	106,99	–	83,43	93,86	–	72,27	81,30	–	61,62	69,32	–	51,49	[illegible]
	III	1.056,83	–	84,54	95,11	–	75,29	84,70	–	66,30	74,59	–	57,56	64,75	–	49,08	55,21	–	40,85	45,95	–	32,88	[illegible]
	IV	1.646,91	*22,01*	131,75	148,22	*12,69*	125,48	141,17	*3,37*	119,22	134,12	–	112,95	127,07	–	106,70	120,03	–	100,54	113,11	–	94,53	[illegible]
	V	2.161,33	*83,23*	172,90	194,51																		
	VI	2.205,66	*88,50*	176,45	198,50																		
7.133,99 (West)	I	1.646,83	*22,00*	131,74	148,21	*3,36*	119,21	134,11	–	106,69	120,02	–	94,52	106,34	–	82,87	93,23	–	71,74	80,70	–	61,12	[illegible]
	II	1.497,66	*4,25*	119,81	134,78	–	107,29	120,70	–	95,10	106,98	–	83,42	93,85	–	72,26	81,29	–	61,62	69,32	–	51,48	[illegible]
	III	1.056,83	–	84,54	95,11	–	75,29	84,70	–	66,29	74,57	–	57,56	64,75	–	49,08	55,21	–	40,85	45,95	–	32,88	[illegible]
	IV	1.646,83	*22,00*	131,74	148,21	*12,68*	125,48	141,16	*3,36*	119,21	134,11	–	112,94	127,06	–	106,69	120,02	–	100,54	113,11	–	94,52	[illegible]
	V	2.161,25	*83,22*	172,90	194,51																		
	VI	2.205,58	*88,49*	176,44	198,50																		
7.133,99 (Ost)	I	1.648,16	*22,16*	131,85	148,33	*3,52*	119,32	134,23	–	106,80	120,15	–	94,62	106,45	–	82,97	93,34	–	71,83	80,81	–	61,20	[illegible]
	II	1.499,00	*4,41*	119,92	134,91	–	107,40	120,82	–	95,20	107,10	–	83,52	93,96	–	72,36	81,40	–	61,70	69,41	–	51,57	[illegible]
	III	1.057,83	–	84,62	95,20	–	75,37	84,79	–	66,37	74,66	–	57,62	64,82	–	49,14	55,28	–	40,92	46,03	–	32,94	[illegible]
	IV	1.648,16	*22,16*	131,85	148,33	*12,84*	125,58	141,28	*3,52*	119,32	134,23	–	113,05	127,18	–	106,80	120,15	–	100,64	113,22	–	94,62	[illegible]
	V	2.162,58	*83,37*	173,00	194,63																		
	VI	2.206,91	*88,65*	176,55	198,62																		
7.136,99 (West)	I	1.648,00	*22,14*	131,84	148,32	*3,50*	119,30	134,21	–	106,78	120,12	–	94,61	106,43	–	82,96	93,33	–	71,82	80,79	–	61,19	[illegible]
	II	1.498,83	*4,39*	119,90	134,89	–	107,38	120,80	–	95,18	107,08	–	83,51	93,95	–	72,34	81,38	–	61,69	69,40	–	51,56	[illegible]
	III	1.057,66	–	84,61	95,18	–	75,36	84,78	–	66,36	74,65	–	57,61	64,81	–	49,13	55,27	–	40,90	46,01	–	32,93	[illegible]
	IV	1.648,00	*22,14*	131,84	148,32	*12,82*	125,57	141,26	*3,50*	119,30	134,21	–	113,04	127,17	–	106,78	120,12	–	100,63	113,21	–	94,61	[illegible]
	V	2.162,41	*83,35*	172,99	194,61																		
	VI	2.206,75	*88,63*	176,54	198,60																		
7.136,99 (Ost)	I	1.649,41	*22,31*	131,95	148,44	*3,66*	119,42	134,34	–	106,90	120,26	–	94,72	106,56	–	83,06	93,44	–	71,92	80,91	–	61,28	[illegible]
	II	1.500,33	*4,57*	120,02	135,02	–	107,50	120,93	–	95,30	107,21	–	83,61	94,06	–	72,44	81,50	–	61,79	69,51	–	51,65	[illegible]
	III	1.058,83	–	84,70	95,29	–	75,44	84,87	–	66,44	74,74	–	57,69	64,90	–	49,21	55,36	–	40,98	46,10	–	33,01	[illegible]
	IV	1.649,41	*22,31*	131,95	148,44	*12,99*	125,68	141,39	*3,66*	119,42	134,34	–	113,15	127,29	–	106,90	120,26	–	100,74	113,33	–	94,72	[illegible]
	V	2.163,83	*83,52*	173,10	194,74																		
	VI	2.208,16	*88,80*	176,65	198,73																		
7.139,99 (West)	I	1.649,08	*22,27*	131,92	148,41	*3,62*	119,39	134,31	–	106,87	120,23	–	94,70	106,53	–	83,04	93,42	–	71,90	80,88	–	61,26	[illegible]
	II	1.500,00	*4,53*	120,00	135,00	–	107,47	120,90	–	95,27	107,18	–	83,59	94,04	–	72,42	81,47	–	61,76	69,48	–	51,63	[illegible]
	III	1.058,50	–	84,68	95,26	–	75,42	84,85	–	66,42	74,72	–	57,68	64,89	–	49,20	55,35	–	40,96	46,08	–	33,00	[illegible]
	IV	1.649,08	*22,27*	131,92	148,41	*12,95*	125,66	141,36	*3,62*	119,39	134,31	–	113,12	127,26	–	106,87	120,23	–	100,72	113,31	–	94,70	[illegible]
	V	2.163,50	*83,48*	173,08	194,71																		
	VI	2.207,83	*88,76*	176,62	198,70																		
7.139,99 (Ost)	I	1.650,66	*22,46*	132,05	148,55	*3,81*	119,52	134,46	–	107,00	120,37	–	94,82	106,67	–	83,15	93,54	–	72,00	81,00	–	61,37	[illegible]
	II	1.501,58	*4,72*	120,12	135,14	–	107,60	121,05	–	95,39	107,31	–	83,70	94,16	–	72,53	81,59	–	61,87	69,60	–	51,72	[illegible]
	III	1.059,66	–	84,77	95,36	–	75,52	84,96	–	66,52	74,83	–	57,77	64,99	–	49,28	55,44	–	41,05	46,18	–	33,08	[illegible]
	IV	1.650,66	*22,46*	132,05	148,55	*13,13*	125,78	141,50	*3,81*	119,52	134,46	–	113,25	127,40	–	107,00	120,37	–	100,84	113,45	–	94,82	[illegible]
	V	2.165,08	*83,67*	173,20	194,85																		
	VI	2.209,41	*88,95*	176,75	198,84																		
7.142,99 (West)	I	1.650,25	*22,41*	132,02	148,52	*3,76*	119,48	134,42	–	106,96	120,33	–	94,78	106,63	–	83,12	93,51	–	71,98	80,97	–	61,34	[illegible]
	II	1.501,16	*4,67*	120,09	135,10	–	107,56	121,01	–	95,36	107,28	–	83,67	94,13	–	72,50	81,56	–	61,84	69,57	–	51,70	[illegible]
	III	1.059,33	–	84,74	95,33	–	75,49	84,92	–	66,49	74,80	–	57,74	64,96	–	49,25	55,40	–	41,02	46,15	–	33,05	[illegible]
	IV	1.650,25	*22,41*	132,02	148,52	*13,09*	125,75	141,47	*3,76*	119,48	134,42	–	113,22	127,37	–	106,96	120,33	–	100,81	113,41	–	94,78	[illegible]
	V	2.164,66	*83,62*	173,17	194,81																		
	VI	2.209,00	*88,90*	176,72	198,81																		
7.142,99 (Ost)	I	1.651,91	*22,61*	132,15	148,67	*3,96*	119,62	134,57	–	107,10	120,48	–	94,91	106,77	–	83,24	93,65	–	72,09	81,10	–	61,45	[illegible]
	II	1.502,83	*4,86*	120,22	135,25	–	107,70	121,16	–	95,49	107,42	–	83,80	94,27	–	72,62	81,69	–	61,96	69,70	–	51,80	[illegible]
	III	1.060,66	–	84,85	95,45	–	75,58	85,03	–	66,58	74,90	–	57,84	65,07	–	49,34	55,51	–	41,12	46,26	–	33,13	[illegible]
	IV	1.651,91	*22,61*	132,15	148,67	*13,28*	125,88	141,62	*3,96*	119,62	134,57	–	113,35	127,52	–	107,10	120,48	–	100,94	113,55	–	94,91	[illegible]
	V	2.166,33	*83,82*	173,30	194,96																		
	VI	2.210,66	*89,10*	176,85	198,95																		
7.145,99 (West)	I	1.651,41	*22,55*	132,11	148,62	*3,90*	119,58	134,52	–	107,05	120,43	–	94,87	106,73	–	83,20	93,60	–	72,06	81,06	–	61,42	[illegible]
	II	1.502,33	*4,80*	120,18	135,20	–	107,65	121,10	–	95,45	107,38	–	83,76	94,23	–	72,58	81,65	–	61,92	69,66	–	51,77	[illegible]
	III	1.060,16	–	84,81	95,41	–	75,56	85,00	–	66,56	74,88	–	57,81	65,03	–	49,32	55,48	–	41,08	46,21	–	33,10	[illegible]
	IV	1.651,41	*22,55*	132,11	148,62	*13,22*	125,84	141,57	*3,90*	119,58	134,52	–	113,31	127,47	–	107,05	120,43	–	100,90	113,51	–	94,87	[illegible]
	V	2.165,83	*83,76*	173,26	194,92																		
	VI	2.210,16	*89,04*	176,81	198,91																		
7.145,99 (Ost)	I	1.653,16	*22,75*	132,25	148,78	*4,11*	119,72	134,68	–	107,20	120,60	–	95,01	106,88	–	83,34	93,75	–	72,18	81,20	–	61,54	[illegible]
	II	1.504,08	*5,01*	120,32	135,36	–	107,80	121,27	–	95,58	107,53	–	83,89	94,37	–	72,70	81,79	–	62,04	69,79	–	51,88	[illegible]
	III	1.061,66	–	84,93	95,54	–	75,66	85,12	–	66,65	74,98	–	57,90	65,14	–	49,41	55,58	–	41,17	46,31	–	33,20	[illegible]
	IV	1.653,16	*22,75*	132,25	148,78	*13,43*	125,98	141,73	*4,11*	119,72	134,68	–	113,45	127,63	–	107,20	120,60	–	101,04	113,67	–	95,01	[illegible]
	V	2.167,58	*83,97*	173,40	195,08																		
	VI	2.211,91	*89,17*	176,95	199,07																		
7.148,99 (West)	I	1.652,50	*22,67*	132,20	148,72	*4,03*	119,66	134,62	–	107,14	120,53	–	94,96	106,83	–	83,29	93,70	–	72,13	81,14	–	61,49	[illegible]
	II	1.503,41	*4,93*	120,27	135,30	–	107,74	121,21	–	95,53	107,47	–	83,84	94,32	–	72,66	81,74	–	62,00	69,75	–	51,84	[illegible]
	III	1.061,16	–	84,89	95,50	–	75,62	85,07	–	66,61	74,93	–	57,86	65,09	–	49,37	55,54	–	41,14	46,28	–	33,16	[illegible]
	IV	1.652,50	*22,67*	132,20	148,72	*13,35*	125,93	141,67	*4,03*	119,66	134,62	–	113,40	127,57	–	107,14	120,53	–	100,98	113,60	–	94,96	[illegible]
	V	2.166,91	*83,89*	173,35	195,02																		
	VI	2.211,25	*89,17*	176,90	199,01																		
7.148,99 (Ost)	I	1.654,41	*22,90*	132,35	148,89	*4,26*	119,82	134,79	–	107,30	120,71	–	95,10	106,99	–	83,43	93,86	–	72,27	81,30	–	61,62	[illegible]
	II	1.505,33	*5,16*	120,42	135,47	–	107,90	121,38	–	95,68	107,64	–	83,98	94,47	–	72,80	81,90	–	62,12	69,89	–	51,96	[illegible]
	III	1.062,50	–	85,00	95,62	–	75,73	85,19	–	66,73	75,07	–	57,97	65,21	–	49,48	55,66	–	41,24	46,39	–	33,26	[illegible]
	IV	1.654,41	*22,90*	132,35	148,89	*13,58*	126,08	141,84	*4,26*	119,82	134,79	–	113,55	127,74	–	107,30	120,71	–	101,14	113,78	–	95,10	[illegible]
	V	2.168,91	*84,13*	173,51	195,20																		
	VI	2.213,16	*89,39*	177,05	199,18																		

Lohn/Gehalt bis	Steuerklasse	Lohnsteuer	ohne Kinderfreibetrag SolZ 5,5%	ohne Kinderfreibetrag Kirchensteuer 8%	ohne Kinderfreibetrag Kirchensteuer 9%	0,5 SolZ 5,5%	0,5 Kirchensteuer 8%	0,5 Kirchensteuer 9%	1,0 SolZ 5,5%	1,0 Kirchensteuer 8%	1,0 Kirchensteuer 9%	1,5 SolZ 5,5%	1,5 Kirchensteuer 8%	1,5 Kirchensteuer 9%	2,0 SolZ 5,5%	2,0 Kirchensteuer 8%	2,0 Kirchensteuer 9%	2,5 SolZ 5,5%	2,5 Kirchensteuer 8%	2,5 Kirchensteuer 9%	3,0 SolZ 5,5%	3,0 Kirchensteuer 8%	3,0 Kirchensteuer 9%
						Anzahl Kinderfreibeträge (nur Steuerklassen I–IV)																	
7.151,99 (West)	I	1.653,66	22,81	132,29	148,82	4,17	119,76	134,73	-	107,23	120,63	-	95,04	106,92	-	83,37	93,79	-	72,21	81,23	-	61,57	69,26
	II	1.504,58	5,07	120,36	135,41	-	107,84	121,32	-	95,62	107,57	-	83,92	94,41	-	72,74	81,83	-	62,07	69,83	-	51,92	58,41
	III	1.062,00	-	84,96	95,58	-	75,69	85,15	-	66,68	75,01	-	57,93	65,17	-	49,44	55,62	-	41,20	46,35	-	33,22	37,37
	IV	1.653,66	22,81	132,29	148,82	13,49	126,02	141,77	4,17	119,76	134,73	-	113,49	127,67	-	107,23	120,63	-	101,08	113,71	-	95,04	106,92
	V	2.168,08	84,03	173,44	195,12																		
	VI	2.212,41	89,30	176,99	199,11																		
7.151,99 (Ost)	I	1.655,66	23,05	132,45	149,00	4,41	119,92	134,91	-	107,40	120,82	-	95,20	107,10	-	83,52	93,96	-	72,36	81,40	-	61,70	69,41
	II	1.506,58	5,31	120,52	135,59	-	108,00	121,50	-	95,78	107,75	-	84,07	94,58	-	72,88	81,99	-	62,20	69,98	-	52,04	58,55
	III	1.063,50	-	85,08	95,71	-	75,81	85,28	-	66,80	75,15	-	58,04	65,29	-	49,54	55,73	-	41,30	46,46	-	33,33	37,49
	IV	1.655,66	23,05	132,45	149,00	13,73	126,18	141,95	4,41	119,92	134,91	-	113,65	127,85	-	107,40	120,82	-	101,23	113,88	-	95,20	107,10
	V	2.170,16	84,28	173,61	195,31																		
	VI	2.214,41	89,54	177,15	199,29																		
7.154,99 (West)	I	1.654,83	22,95	132,38	148,93	4,31	119,85	134,83	-	107,32	120,74	-	95,13	107,02	-	83,46	93,89	-	72,30	81,33	-	61,64	69,35
	II	1.505,75	5,21	120,46	135,51	-	107,92	121,41	-	95,71	107,67	-	84,01	94,51	-	72,82	81,92	-	62,15	69,92	-	51,99	58,49
	III	1.062,83	-	85,02	95,65	-	75,76	85,23	-	66,74	75,08	-	58,00	65,25	-	49,50	55,69	-	41,26	46,42	-	33,28	37,44
	IV	1.654,83	22,95	132,38	148,93	13,63	126,12	141,88	4,31	119,85	134,83	-	113,58	127,78	-	107,32	120,74	-	101,16	113,81	-	95,13	107,02
	V	2.169,25	84,17	173,54	195,23																		
	VI	2.213,58	89,44	177,08	199,22																		
7.154,99 (Ost)	I	1.656,91	23,20	132,55	149,12	4,57	120,02	135,02	-	107,50	120,93	-	95,30	107,21	-	83,61	94,06	-	72,44	81,50	-	61,79	69,51
	II	1.507,83	5,46	120,62	135,70	-	108,10	121,61	-	95,87	107,85	-	84,16	94,68	-	72,97	82,09	-	62,29	70,07	-	52,12	58,64
	III	1.064,50	-	85,16	95,80	-	75,88	85,36	-	66,86	75,22	-	58,12	65,38	-	49,61	55,81	-	41,37	46,54	-	33,38	37,55
	IV	1.656,91	23,20	132,55	149,12	13,89	126,29	142,07	4,57	120,02	135,02	-	113,76	127,98	-	107,50	120,93	-	101,33	113,99	-	95,30	107,21
	V	2.171,41	84,43	173,71	195,42																		
	VI	2.215,75	89,70	177,26	199,41																		
7.157,99 (West)	I	1.655,91	23,08	132,47	149,03	4,44	119,94	134,93	-	107,41	120,83	-	95,22	107,12	-	83,54	93,98	-	72,37	81,41	-	61,72	69,44
	II	1.506,83	5,34	120,54	135,61	-	108,02	121,52	-	95,80	107,77	-	84,09	94,60	-	72,90	82,01	-	62,22	70,00	-	52,06	58,57
	III	1.063,66	-	85,09	95,72	-	75,82	85,30	-	66,81	75,16	-	58,05	65,30	-	49,56	55,75	-	41,32	46,48	-	33,33	37,49
	IV	1.655,91	23,08	132,47	149,03	13,76	126,20	141,98	4,44	119,94	134,93	-	113,67	127,88	-	107,41	120,83	-	101,25	113,90	-	95,22	107,12
	V	2.170,41	84,31	173,63	195,33																		
	VI	2.214,66	89,57	177,17	199,31																		
7.157,99 (Ost)	I	1.658,25	23,36	132,66	149,24	4,72	120,12	135,14	-	107,60	121,05	-	95,39	107,31	-	83,70	94,16	-	72,53	81,59	-	61,87	69,60
	II	1.509,08	5,61	120,72	135,81	-	108,20	121,72	-	95,97	107,96	-	84,26	94,79	-	73,06	82,19	-	62,38	70,17	-	52,20	58,73
	III	1.065,33	-	85,22	95,87	-	75,96	85,45	-	66,94	75,31	-	58,18	65,45	-	49,68	55,89	-	41,44	46,62	-	33,45	37,63
	IV	1.658,25	23,36	132,66	149,24	14,04	126,39	142,19	4,72	120,12	135,14	-	113,86	128,09	-	107,60	121,05	-	101,43	114,11	-	95,39	107,31
	V	2.172,66	84,57	173,81	195,53																		
	VI	2.217,00	89,85	177,36	199,53																		
7.160,99 (West)	I	1.657,08	23,22	132,56	149,13	4,58	120,03	135,03	-	107,50	120,94	-	95,30	107,21	-	83,62	94,07	-	72,45	81,50	-	61,80	69,52
	II	1.508,00	5,48	120,64	135,72	-	108,11	121,62	-	95,88	107,87	-	84,18	94,70	-	72,98	82,10	-	62,30	70,08	-	52,14	58,65
	III	1.064,50	-	85,16	95,80	-	75,89	85,37	-	66,88	75,24	-	58,12	65,38	-	49,62	55,82	-	41,38	46,55	-	33,40	37,57
	IV	1.657,08	23,22	132,56	149,13	13,90	126,30	142,08	4,58	120,03	135,03	-	113,76	127,98	-	107,50	120,94	-	101,34	114,01	-	95,30	107,21
	V	2.171,50	84,44	173,72	195,43																		
	VI	2.215,83	89,71	177,26	199,42																		
7.160,99 (Ost)	I	1.659,50	23,51	132,76	149,35	4,86	120,22	135,25	-	107,70	121,16	-	95,49	107,42	-	83,80	94,27	-	72,62	81,69	-	61,96	69,70
	II	1.510,41	5,77	120,83	135,93	-	108,30	121,83	-	96,06	108,07	-	84,35	94,89	-	73,14	82,28	-	62,46	70,26	-	52,28	58,82
	III	1.066,33	-	85,30	95,96	-	76,02	85,52	-	67,01	75,38	-	58,25	65,53	-	49,74	55,96	-	41,50	46,69	-	33,52	37,71
	IV	1.659,50	23,51	132,76	149,35	14,19	126,49	142,30	4,86	120,22	135,25	-	113,96	128,20	-	107,70	121,16	-	101,53	114,22	-	95,49	107,42
	V	2.173,91	84,72	173,91	195,65																		
	VI	2.218,25	90,00	177,46	199,64																		
7.163,99 (West)	I	1.658,25	23,36	132,66	149,24	4,72	120,12	135,14	-	107,60	121,05	-	95,39	107,31	-	83,70	94,16	-	72,53	81,59	-	61,87	69,60
	II	1.509,08	5,61	120,72	135,81	-	108,20	121,72	-	95,97	107,96	-	84,26	94,79	-	73,06	82,19	-	62,38	70,17	-	52,20	58,73
	III	1.065,33	-	85,22	95,87	-	75,96	85,45	-	66,94	75,31	-	58,18	65,45	-	49,68	55,89	-	41,44	46,62	-	33,45	37,63
	IV	1.658,25	23,36	132,66	149,24	14,04	126,39	142,19	4,72	120,12	135,14	-	113,86	128,09	-	107,60	121,05	-	101,43	114,11	-	95,39	107,31
	V	2.172,66	84,57	173,81	195,53																		
	VI	2.217,00	89,85	177,36	199,53																		
7.163,99 (Ost)	I	1.660,75	23,66	132,86	149,46	5,01	120,32	135,36	-	107,80	121,27	-	95,58	107,53	-	83,89	94,37	-	72,70	81,79	-	62,04	69,79
	II	1.511,66	5,92	120,93	136,04	-	108,40	121,95	-	96,16	108,18	-	84,44	95,00	-	73,24	82,39	-	62,54	70,36	-	52,36	58,91
	III	1.067,33	-	85,38	96,05	-	76,10	85,61	-	67,08	75,46	-	58,32	65,61	-	49,81	56,03	-	41,57	46,76	-	33,58	37,78
	IV	1.660,75	23,66	132,86	149,46	14,33	126,59	142,41	5,01	120,32	135,36	-	114,06	128,31	-	107,80	121,27	-	101,62	114,32	-	95,58	107,53
	V	2.175,16	84,87	174,01	195,76																		
	VI	2.219,50	90,15	177,56	199,75																		
7.166,99 (West)	I	1.659,33	23,49	132,74	149,33	4,85	120,22	135,24	-	107,68	121,14	-	95,48	107,41	-	83,79	94,26	-	72,61	81,68	-	61,95	69,69
	II	1.510,25	5,75	120,82	135,92	-	108,29	121,82	-	96,06	108,06	-	84,34	94,88	-	73,14	82,28	-	62,45	70,25	-	52,28	58,81
	III	1.066,16	-	85,29	95,95	-	76,02	85,52	-	67,01	75,38	-	58,25	65,53	-	49,74	55,96	-	41,49	46,67	-	33,50	37,69
	IV	1.659,33	23,49	132,74	149,33	14,18	126,48	142,29	4,85	120,22	135,24	-	113,95	128,19	-	107,68	121,14	-	101,52	114,21	-	95,48	107,41
	V	2.173,83	84,71	173,90	195,64																		
	VI	2.218,08	89,98	177,44	199,62																		
7.166,99 (Ost)	I	1.662,00	23,80	132,96	149,58	5,16	120,42	135,47	-	107,90	121,38	-	95,68	107,64	-	83,98	94,47	-	72,80	81,90	-	62,12	69,89
	II	1.512,91	6,06	121,03	136,16	-	108,50	122,06	-	96,26	108,29	-	84,53	95,09	-	73,32	82,49	-	62,62	70,45	-	52,44	59,00
	III	1.068,16	-	85,45	96,13	-	76,17	85,69	-	67,16	75,55	-	58,40	65,70	-	49,88	56,11	-	41,64	46,84	-	33,64	37,84
	IV	1.662,00	23,80	132,96	149,58	14,48	126,69	142,52	5,16	120,42	135,47	-	114,16	128,43	-	107,90	121,38	-	101,72	114,44	-	95,68	107,64
	V	2.176,41	85,02	174,11	195,87																		
	VI	2.220,75	90,30	177,66	199,86																		
7.169,99 (West)	I	1.660,50	23,63	132,84	149,44	4,98	120,30	135,34	-	107,78	121,25	-	95,57	107,51	-	83,87	94,35	-	72,69	81,77	-	62,02	69,77
	II	1.511,41	5,89	120,91	136,02	-	108,38	121,93	-	96,14	108,16	-	84,42	94,97	-	73,22	82,37	-	62,53	70,34	-	52,35	58,89
	III	1.067,16	-	85,37	96,04	-	76,09	85,60	-	67,08	75,46	-	58,30	65,59	-	49,81	56,03	-	41,56	46,75	-	33,57	37,76
	IV	1.660,50	23,63	132,84	149,44	14,30	126,57	142,39	4,98	120,30	135,34	-	114,04	128,29	-	107,78	121,25	-	101,61	114,31	-	95,57	107,51
	V	2.175,00	84,85	174,00	195,75																		
	VI	2.219,25	90,12	177,54	199,73																		
7.169,99 (Ost)	I	1.663,25	23,95	133,06	149,69	5,31	120,52	135,59	-	108,00	121,50	-	95,78	107,75	-	84,07	94,58	-	72,88	81,99	-	62,20	69,98
	II	1.514,16	6,21	121,13	136,27	-	108,60	122,17	-	96,36	108,40	-	84,62	95,20	-	73,41	82,58	-	62,71	70,55	-	52,52	59,09
	III	1.069,16	-	85,53	96,22	-	76,25	85,78	-	67,22	75,62	-	58,46	65,77	-	49,96	56,20	-	41,70	46,91	-	33,70	37,91
	IV	1.663,25	23,95	133,06	149,69	14,63	126,79	142,64	5,31	120,52	135,59	-	114,26	128,54	-	108,00	121,50	-	101,82	114,55	-	95,78	107,75
	V	2.177,66	85,17	174,21	195,98																		
	VI	2.222,00	90,44	177,76	199,98																		

Lohn/ Gehalt bis	Steuerklasse	Lohn-steuer	ohne Kinderfreibetrag SolZ 5,5%	Kirchensteuer 8%	9%	0,5 SolZ 5,5%	Kirchensteuer 8%	9%	1,0 SolZ 5,5%	Kirchensteuer 8%	9%	1,5 SolZ 5,5%	Kirchensteuer 8%	9%	2,0 SolZ 5,5%	Kirchensteuer 8%	9%	2,5 SolZ 5,5%	Kirchensteuer 8%	9%	3,0 SolZ 5,5%	Kirchenste 8%	9
						Anzahl Kinderfreibeträge (nur Steuerklassen I–IV)																	
7.172,99	I	1.661,66	23,77	132,93	149,54	5,12	120,40	135,45	-	107,87	121,35	-	95,65	107,60	-	83,96	94,45	-	72,77	81,86	-	62,10	6
(West)	II	1.512,58	6,02	121,00	136,13	-	108,47	122,03	-	96,23	108,26	-	84,51	95,07	-	73,30	82,46	-	62,60	70,43	-	52,42	5
	III	1.068,00	-	85,44	96,12	-	76,16	85,68	-	67,13	75,52	-	58,37	65,66	-	49,86	56,09	-	41,61	46,81	-	33,62	3
	IV	1.661,66	23,77	132,93	149,54	14,44	126,66	142,49	5,12	120,40	135,45	-	114,13	128,39	-	107,87	121,35	-	101,70	114,41	-	95,65	10
	V	2.176,08	84,98	174,08	195,84																		
	VI	2.220,41	90,26	177,63	199,83																		
7.172,99	I	1.664,50	24,10	133,16	149,80	5,46	120,62	135,70	-	108,10	121,61	-	95,87	107,85	-	84,16	94,68	-	72,97	82,09	-	62,29	7
(Ost)	II	1.515,41	6,36	121,23	136,38	-	108,70	122,28	-	96,45	108,50	-	84,72	95,31	-	73,50	82,68	-	62,80	70,65	-	52,60	5
	III	1.070,16	-	85,61	96,31	-	76,32	85,86	-	67,30	75,71	-	58,53	65,84	-	50,02	56,27	-	41,77	46,99	-	33,77	3
	IV	1.664,50	24,10	133,16	149,80	14,78	126,89	142,75	5,46	120,62	135,70	-	114,36	128,65	-	108,10	121,61	-	101,92	114,66	-	95,87	10
	V	2.179,00	85,33	174,32	196,11																		
	VI	2.223,25	90,59	177,86	200,09																		
7.175,99	I	1.662,83	23,90	133,02	149,65	5,26	120,49	135,55	-	107,96	121,45	-	95,74	107,71	-	84,04	94,54	-	72,85	81,95	-	62,18	6
(West)	II	1.513,66	6,15	121,09	136,22	-	108,56	122,13	-	96,32	108,36	-	84,59	95,16	-	73,38	82,55	-	62,68	70,51	-	52,50	5
	III	1.068,83	-	85,50	96,19	-	76,22	85,75	-	67,20	75,60	-	58,44	65,74	-	49,93	56,17	-	41,68	46,89	-	33,68	3
	IV	1.662,83	23,90	133,02	149,65	14,58	126,76	142,60	5,26	120,49	135,55	-	114,22	128,50	-	107,96	121,45	-	101,78	114,50	-	95,74	10
	V	2.177,25	85,12	174,18	195,95																		
	VI	2.221,58	90,40	177,72	199,94																		
7.175,99	I	1.665,75	24,25	133,26	149,91	5,61	120,72	135,81	-	108,20	121,72	-	95,97	107,96	-	84,26	94,79	-	73,06	82,19	-	62,38	7
(Ost)	II	1.516,66	6,51	121,33	136,49	-	108,80	122,40	-	96,55	108,62	-	84,81	95,41	-	73,58	82,78	-	62,88	70,74	-	52,68	59
	III	1.071,00	-	85,68	96,39	-	76,40	85,95	-	67,37	75,79	-	58,60	65,92	-	50,09	56,35	-	41,82	47,05	-	33,84	3
	IV	1.665,75	24,25	133,26	149,91	14,93	126,99	142,86	5,61	120,72	135,81	-	114,46	128,76	-	108,20	121,72	-	102,02	114,77	-	95,97	10
	V	2.180,25	85,48	174,42	196,22																		
	VI	2.224,50	90,74	177,96	200,20																		
7.178,99	I	1.663,91	24,03	133,11	149,75	5,40	120,58	135,65	-	108,05	121,55	-	95,83	107,81	-	84,12	94,64	-	72,93	82,04	-	62,25	70
(West)	II	1.514,83	6,29	121,18	136,33	-	108,66	122,24	-	96,41	108,46	-	84,68	95,26	-	73,46	82,64	-	62,76	70,60	-	52,57	59
	III	1.069,66	-	85,57	96,26	-	76,29	85,82	-	67,26	75,67	-	58,50	65,81	-	49,98	56,23	-	41,73	46,94	-	33,74	37
	IV	1.663,91	24,03	133,11	149,75	14,72	126,85	142,70	5,40	120,58	135,65	-	114,32	128,61	-	108,05	121,55	-	101,88	114,61	-	95,83	107
	V	2.178,41	85,26	174,27	196,05																		
	VI	2.222,75	90,53	177,82	200,04																		
7.178,99	I	1.667,00	24,40	133,36	150,03	5,77	120,83	135,93	-	108,30	121,83	-	96,06	108,07	-	84,35	94,89	-	73,14	82,28	-	62,46	70
(Ost)	II	1.517,91	6,66	121,43	136,61	-	108,90	122,51	-	96,64	108,72	-	84,90	95,51	-	73,68	82,89	-	62,96	70,83	-	52,76	59
	III	1.072,00	-	85,76	96,48	-	76,48	86,04	-	67,44	75,87	-	58,66	65,99	-	50,16	56,43	-	41,89	47,12	-	33,89	38
	IV	1.667,00	24,40	133,36	150,03	15,08	127,09	142,97	5,77	120,83	135,93	-	114,56	128,88	-	108,30	121,83	-	102,12	114,88	-	96,06	108
	V	2.181,50	85,63	174,52	196,33																		
	VI	2.225,75	90,89	178,06	200,31																		
7.181,99	I	1.665,08	24,17	133,20	149,85	5,53	120,67	135,75	-	108,14	121,66	-	95,92	107,91	-	84,20	94,73	-	73,01	82,13	-	62,33	70
(West)	II	1.516,00	6,43	121,28	136,44	-	108,74	122,33	-	96,50	108,56	-	84,76	95,35	-	73,54	82,73	-	62,83	70,68	-	52,64	59
	III	1.070,50	-	85,64	96,34	-	76,36	85,90	-	67,33	75,74	-	58,56	65,88	-	50,05	56,30	-	41,80	47,02	-	33,80	38
	IV	1.665,08	24,17	133,20	149,85	14,85	126,94	142,80	5,53	120,67	135,75	-	114,40	128,70	-	108,14	121,66	-	101,96	114,71	-	95,92	107
	V	2.179,50	85,39	174,36	196,15																		
	VI	2.223,83	90,66	177,90	200,14																		
7.181,99	I	1.668,33	24,56	133,46	150,14	5,92	120,93	136,04	-	108,40	121,95	-	96,16	108,18	-	84,44	95,00	-	73,24	82,39	-	62,54	70
(Ost)	II	1.519,16	6,81	121,53	136,72	-	109,00	122,63	-	96,74	108,83	-	85,00	95,62	-	73,76	82,98	-	63,04	70,92	-	52,84	59
	III	1.073,00	-	85,84	96,57	-	76,54	86,11	-	67,52	75,96	-	58,74	66,08	-	50,22	56,50	-	41,96	47,20	-	33,96	38
	IV	1.668,33	24,56	133,46	150,14	15,24	127,20	143,10	5,92	120,93	136,04	-	114,66	128,99	-	108,40	121,95	-	102,22	114,99	-	96,16	108
	V	2.182,75	85,77	174,62	196,44																		
	VI	2.227,08	91,05	178,16	200,43																		
7.184,99	I	1.666,25	24,31	133,30	149,96	5,67	120,76	135,86	-	108,23	121,76	-	96,00	108,00	-	84,29	94,82	-	73,09	82,22	-	62,40	70
(West)	II	1.517,16	6,57	121,37	136,54	-	108,84	122,44	-	96,58	108,65	-	84,84	95,45	-	73,62	82,82	-	62,91	70,77	-	52,71	59
	III	1.071,33	-	85,70	96,41	-	76,42	85,97	-	67,40	75,82	-	58,62	65,95	-	50,10	56,36	-	41,85	47,08	-	33,85	38
	IV	1.666,25	24,31	133,30	149,96	14,99	127,03	142,91	5,67	120,76	135,86	-	114,50	128,81	-	108,23	121,76	-	102,06	114,81	-	96,00	108
	V	2.180,66	85,53	174,45	196,25																		
	VI	2.225,00	90,80	178,00	200,25																		
7.184,99	I	1.669,58	24,71	133,56	150,26	6,06	121,03	136,16	-	108,50	122,06	-	96,26	108,29	-	84,53	95,09	-	73,32	82,49	-	62,62	70,
(Ost)	II	1.520,41	6,96	121,63	136,83	-	109,10	122,74	-	96,84	108,94	-	85,08	95,72	-	73,85	83,08	-	63,13	71,02	-	52,92	59,
	III	1.073,83	-	85,90	96,64	-	76,62	86,20	-	67,58	76,03	-	58,81	66,16	-	50,29	56,57	-	42,02	47,27	-	34,02	38,
	IV	1.669,58	24,71	133,56	150,26	15,39	127,30	143,21	6,06	121,03	136,16	-	114,76	129,11	-	108,50	122,06	-	102,31	115,10	-	96,26	108,
	V	2.184,00	85,92	174,72	196,56																		
	VI	2.228,33	91,20	178,26	200,54																		
7.187,99	I	1.667,41	24,45	133,39	150,06	5,81	120,86	135,96	-	108,32	121,86	-	96,09	108,10	-	84,38	94,92	-	73,17	82,31	-	62,48	70,
(West)	II	1.518,25	6,70	121,46	136,64	-	108,93	122,54	-	96,67	108,75	-	84,93	95,54	-	73,70	82,91	-	62,98	70,85	-	52,78	59,
	III	1.072,33	-	85,78	96,50	-	76,49	86,05	-	67,46	75,89	-	58,69	66,02	-	50,17	56,44	-	41,92	47,16	-	33,92	38,
	IV	1.667,41	24,45	133,39	150,06	15,13	127,12	143,01	5,81	120,86	135,96	-	114,59	128,91	-	108,32	121,86	-	102,14	114,91	-	96,09	108,
	V	2.181,83	85,67	174,54	196,36																		
	VI	2.226,16	90,94	178,09	200,35																		
7.187,99	I	1.670,83	24,86	133,66	150,37	6,21	121,13	136,27	-	108,60	122,17	-	96,36	108,40	-	84,62	95,20	-	73,41	82,58	-	62,71	70,
(Ost)	II	1.521,75	7,12	121,74	136,95	-	109,20	122,85	-	96,93	109,04	-	85,18	95,82	-	73,94	83,18	-	63,22	71,12	-	53,00	59,
	III	1.074,83	-	85,98	96,73	-	76,69	86,27	-	67,65	76,10	-	58,88	66,24	-	50,36	56,65	-	42,09	47,35	-	34,09	38,
	IV	1.670,83	24,86	133,66	150,37	15,53	127,40	143,32	6,21	121,13	136,27	-	114,86	129,22	-	108,60	122,17	-	102,41	115,21	-	96,36	108,
	V	2.185,25	86,07	174,82	196,67																		
	VI	2.229,58	91,35	178,36	200,66																		
7.190,99	I	1.668,50	24,58	133,48	150,16	5,94	120,94	136,06	-	108,42	121,97	-	96,18	108,20	-	84,46	95,01	-	73,25	82,40	-	62,56	70,
(West)	II	1.519,41	6,84	121,55	136,74	-	109,02	122,64	-	96,76	108,85	-	85,01	95,63	-	73,78	83,00	-	63,06	70,94	-	52,86	59,4
	III	1.073,16	-	85,85	96,58	-	76,56	86,13	-	67,53	75,97	-	58,74	66,08	-	50,24	56,52	-	41,97	47,21	-	33,97	38,2
	IV	1.668,50	24,58	133,48	150,16	15,26	127,21	143,11	5,94	120,94	136,06	-	114,68	129,01	-	108,42	121,97	-	102,23	115,01	-	96,18	108,2
	V	2.182,91	85,79	174,63	196,46																		
	VI	2.227,25	91,07	178,18	200,45																		
7.190,99	I	1.672,08	25,00	133,76	150,48	6,36	121,23	136,38	-	108,70	122,28	-	96,45	108,50	-	84,72	95,31	-	73,50	82,68	-	62,80	70,6
(Ost)	II	1.523,00	7,26	121,84	137,07	-	109,30	122,96	-	97,03	109,16	-	85,27	95,93	-	74,03	83,28	-	63,30	71,21	-	53,08	59,7
	III	1.075,83	-	86,06	96,82	-	76,77	86,36	-	67,73	76,19	-	58,94	66,31	-	50,42	56,72	-	42,16	47,43	-	34,14	38,4
	IV	1.672,08	25,00	133,76	150,48	15,68	127,50	143,43	6,36	121,23	136,38	-	114,96	129,33	-	108,70	122,28	-	102,51	115,32	-	96,45	108,5
	V	2.186,50	86,22	174,92	196,78																		
	VI	2.230,83	91,50	178,46	200,77																		

Lohn/ Gehalt bis	Steuerklasse	Lohnsteuer	ohne Kinderfreibetrag SolZ 5,5%	Kirchensteuer 8%	Kirchensteuer 9%	0,5 SolZ 5,5%	0,5 Kirchensteuer 8%	0,5 Kirchensteuer 9%	1,0 SolZ 5,5%	1,0 Kirchensteuer 8%	1,0 Kirchensteuer 9%	1,5 SolZ 5,5%	1,5 Kirchensteuer 8%	1,5 Kirchensteuer 9%	2,0 SolZ 5,5%	2,0 Kirchensteuer 8%	2,0 Kirchensteuer 9%	2,5 SolZ 5,5%	2,5 Kirchensteuer 8%	2,5 Kirchensteuer 9%	3,0 SolZ 5,5%	3,0 Kirchensteuer 8%	3,0 Kirchensteuer 9%
7.193,99 (West)	I	1.669,66	24,72	133,57	150,26	6,07	121,04	136,17	-	108,50	122,06	-	96,26	108,29	-	84,54	95,11	-	73,33	82,49	-	62,63	70,46
	II	1.520,58	6,98	121,64	136,85	-	109,11	122,75	-	96,84	108,95	-	85,10	95,73	-	73,86	83,09	-	63,14	71,03	-	52,93	59,54
	III	1.074,00	-	85,92	96,66	-	76,62	86,20	-	67,58	76,03	-	58,81	66,16	-	50,29	56,57	-	42,02	47,27	-	34,02	38,27
	IV	1.669,66	24,72	133,57	150,26	15,40	127,30	143,21	6,07	121,04	136,17	-	114,77	129,11	-	108,50	122,06	-	102,32	115,11	-	96,26	108,29
	V	2.184,08	85,93	174,72	196,56																		
	VI	2.228,41	91,21	178,27	200,55																		
7.193,99 (Ost)	I	1.673,33	25,15	133,86	150,59	6,51	121,33	136,49	-	108,80	122,40	-	96,55	108,62	-	84,81	95,41	-	73,58	82,78	-	62,88	70,74
	II	1.524,25	7,41	121,94	137,18	-	109,40	123,08	-	97,12	109,26	-	85,36	96,03	-	74,12	83,38	-	63,38	71,30	-	53,16	59,81
	III	1.076,66	-	86,13	96,89	-	76,84	86,44	-	67,80	76,27	-	59,01	66,38	-	50,49	56,80	-	42,22	47,50	-	34,21	38,48
	IV	1.673,33	25,15	133,86	150,59	15,83	127,60	143,55	6,51	121,33	136,49	-	115,06	129,44	-	108,80	122,40	-	102,61	115,43	-	96,55	108,62
	V	2.187,75	86,37	175,02	196,89																		
	VI	2.232,08	91,64	178,56	200,88																		
7.196,99 (West)	I	1.670,83	24,86	133,66	150,37	6,21	121,13	136,27	-	108,60	122,17	-	96,36	108,40	-	84,62	95,20	-	73,41	82,58	-	62,71	70,55
	II	1.521,75	7,12	121,74	136,95	-	109,20	122,85	-	96,93	109,04	-	85,18	95,82	-	73,94	83,18	-	63,22	71,12	-	53,00	59,63
	III	1.074,83	-	85,98	96,73	-	76,69	86,27	-	67,65	76,10	-	58,88	66,24	-	50,36	56,65	-	42,09	47,35	-	34,09	38,35
	IV	1.670,83	24,86	133,66	150,37	15,53	127,40	143,32	6,21	121,13	136,27	-	114,86	129,22	-	108,60	122,17	-	102,41	115,21	-	96,36	108,40
	V	2.185,25	86,07	174,82	196,67																		
	VI	2.229,58	91,35	178,36	200,66																		
7.196,99 (Ost)	I	1.674,58	25,30	133,96	150,71	6,66	121,43	136,61	-	108,90	122,51	-	96,64	108,72	-	84,90	95,51	-	73,68	82,89	-	62,96	70,83
	II	1.525,50	7,56	122,04	137,29	-	109,50	123,19	-	97,22	109,37	-	85,46	96,14	-	74,20	83,48	-	63,47	71,40	-	53,24	59,90
	III	1.077,66	-	86,21	96,98	-	76,92	86,53	-	67,88	76,36	-	59,09	66,47	-	50,56	56,88	-	42,29	47,57	-	34,28	38,56
	IV	1.674,58	25,30	133,96	150,71	15,98	127,70	143,66	6,66	121,43	136,61	-	115,16	129,56	-	108,90	122,51	-	102,71	115,55	-	96,64	108,72
	V	2.189,00	86,52	175,12	197,01																		
	VI	2.233,33	91,79	178,66	200,99																		
7.199,99 (West)	I	1.671,91	24,99	133,75	150,47	6,34	121,22	136,37	-	108,69	122,27	-	96,44	108,49	-	84,71	95,30	-	73,49	82,67	-	62,78	70,63
	II	1.522,83	7,24	121,82	137,05	-	109,29	122,95	-	97,02	109,14	-	85,26	95,92	-	74,02	83,27	-	63,29	71,20	-	53,08	59,71
	III	1.075,66	-	86,05	96,80	-	76,76	86,35	-	67,72	76,18	-	58,94	66,31	-	50,41	56,71	-	42,14	47,41	-	34,14	38,41
	IV	1.671,91	24,99	133,75	150,47	15,66	127,48	143,42	6,34	121,22	136,37	-	114,95	129,32	-	108,69	122,27	-	102,50	115,31	-	96,44	108,49
	V	2.186,41	86,21	174,91	196,77																		
	VI	2.230,66	91,48	178,45	200,75																		
7.199,99 (Ost)	I	1.675,83	25,45	134,06	150,82	6,81	121,53	136,72	-	109,00	122,63	-	96,74	108,83	-	85,00	95,62	-	73,76	82,98	-	63,04	70,92
	II	1.526,75	7,71	122,14	137,40	-	109,60	123,30	-	97,32	109,48	-	85,55	96,24	-	74,29	83,57	-	63,55	71,49	-	53,32	59,99
	III	1.078,66	-	86,29	97,07	-	76,98	86,60	-	67,94	76,43	-	59,16	66,55	-	50,62	56,95	-	42,36	47,65	-	34,34	38,63
	IV	1.675,83	25,45	134,06	150,82	16,13	127,80	143,77	6,81	121,53	136,72	-	115,26	129,67	-	109,00	122,63	-	102,80	115,65	-	96,74	108,83
	V	2.190,33	86,68	175,22	197,12																		
	VI	2.234,58	91,94	178,76	201,11																		
7.202,99 (West)	I	1.673,08	25,12	133,84	150,57	6,48	121,31	136,47	-	108,78	122,37	-	96,53	108,59	-	84,79	95,39	-	73,57	82,76	-	62,86	70,72
	II	1.524,00	7,38	121,92	137,16	-	109,38	123,05	-	97,11	109,25	-	85,34	96,01	-	74,10	83,36	-	63,36	71,28	-	53,15	59,79
	III	1.076,50	-	86,12	96,88	-	76,82	86,42	-	67,78	76,25	-	59,00	66,37	-	50,48	56,79	-	42,21	47,48	-	34,20	38,47
	IV	1.673,08	25,12	133,84	150,57	15,80	127,58	143,52	6,48	121,31	136,47	-	115,04	129,42	-	108,78	122,37	-	102,59	115,41	-	96,53	108,59
	V	2.187,50	86,34	175,00	196,87																		
	VI	2.231,83	91,62	178,54	200,86																		
7.202,99 (Ost)	I	1.677,08	25,60	134,16	150,93	6,96	121,63	136,83	-	109,10	122,74	-	96,84	108,94	-	85,08	95,72	-	73,85	83,08	-	63,13	71,02
	II	1.528,00	7,86	122,24	137,52	-	109,70	123,41	-	97,42	109,59	-	85,64	96,35	-	74,38	83,68	-	63,64	71,59	-	53,40	60,08
	III	1.079,66	-	86,37	97,16	-	77,06	86,69	-	68,01	76,51	-	59,22	66,62	-	50,69	57,02	-	42,42	47,72	-	34,40	38,70
	IV	1.677,08	25,60	134,16	150,93	16,28	127,90	143,88	6,96	121,63	136,83	-	115,37	129,79	-	109,10	122,74	-	102,90	115,76	-	96,84	108,94
	V	2.191,58	86,83	175,32	197,24																		
	VI	2.235,83	92,09	178,86	201,22																		
7.205,99 (West)	I	1.674,25	25,26	133,94	150,68	6,62	121,40	136,58	-	108,87	122,48	-	96,62	108,69	-	84,88	95,49	-	73,65	82,85	-	62,94	70,80
	II	1.525,16	7,52	122,01	137,26	-	109,48	123,16	-	97,20	109,35	-	85,43	96,11	-	74,18	83,45	-	63,44	71,37	-	53,22	59,87
	III	1.077,50	-	86,20	96,97	-	76,89	86,50	-	67,85	76,33	-	59,06	66,44	-	50,54	56,86	-	42,26	47,54	-	34,25	38,53
	IV	1.674,25	25,26	133,94	150,68	15,94	127,67	143,63	6,62	121,40	136,58	-	115,14	129,53	-	108,87	122,48	-	102,68	115,51	-	96,62	108,69
	V	2.188,66	86,48	175,09	196,97																		
	VI	2.233,00	91,75	178,64	200,97																		
7.205,99 (Ost)	I	1.678,41	25,76	134,27	151,05	7,12	121,74	136,95	-	109,20	122,85	-	96,93	109,04	-	85,18	95,82	-	73,94	83,18	-	63,22	71,12
	II	1.529,25	8,01	122,34	137,63	-	109,80	123,53	-	97,51	109,70	-	85,74	96,45	-	74,47	83,78	-	63,72	71,68	-	53,48	60,17
	III	1.080,50	-	86,44	97,24	-	77,13	86,77	-	68,09	76,60	-	59,29	66,70	-	50,76	57,10	-	42,49	47,80	-	34,46	38,77
	IV	1.678,41	25,76	134,27	151,05	16,44	128,00	144,00	7,12	121,74	136,95	-	115,47	129,90	-	109,20	122,85	-	103,00	115,88	-	96,93	109,04
	V	2.192,83	86,97	175,42	197,35																		
	VI	2.237,16	92,25	178,97	201,34																		
7.208,99 (West)	I	1.675,33	25,39	134,02	150,77	6,75	121,49	136,67	-	108,96	122,58	-	96,70	108,79	-	84,96	95,58	-	73,73	82,94	-	63,01	70,88
	II	1.526,25	7,65	122,10	137,36	-	109,56	123,26	-	97,28	109,44	-	85,51	96,20	-	74,26	83,54	-	63,52	71,46	-	53,29	59,95
	III	1.078,33	-	86,26	97,04	-	76,96	86,58	-	67,92	76,41	-	59,13	66,52	-	50,60	56,92	-	42,33	47,62	-	34,32	38,61
	IV	1.675,33	25,39	134,02	150,77	16,07	127,76	143,73	6,75	121,49	136,67	-	115,23	129,63	-	108,96	122,58	-	102,77	115,61	-	96,70	108,79
	V	2.189,83	86,62	175,18	197,08																		
	VI	2.234,08	91,88	178,72	201,06																		
7.208,99 (Ost)	I	1.679,66	25,91	134,37	151,16	7,26	121,84	137,07	-	109,30	122,96	-	97,03	109,16	-	85,27	95,93	-	74,03	83,28	-	63,30	71,21
	II	1.530,50	8,16	122,44	137,74	-	109,91	123,65	-	97,61	109,81	-	85,83	96,56	-	74,56	83,88	-	63,80	71,78	-	53,56	60,26
	III	1.081,50	-	86,52	97,33	-	77,21	86,86	-	68,16	76,68	-	59,37	66,79	-	50,82	57,17	-	42,54	47,86	-	34,53	38,84
	IV	1.679,66	25,91	134,37	151,16	16,59	128,10	144,11	7,26	121,84	137,07	-	115,57	130,01	-	109,30	122,96	-	103,10	115,99	-	97,03	109,16
	V	2.194,08	87,12	175,52	197,46																		
	VI	2.238,41	92,40	179,07	201,45																		
7.211,99 (West)	I	1.676,50	25,53	134,12	150,88	6,89	121,58	136,78	-	109,06	122,69	-	96,79	108,89	-	85,04	95,67	-	73,81	83,03	-	63,09	70,97
	II	1.527,41	7,79	122,19	137,46	-	109,66	123,36	-	97,37	109,54	-	85,60	96,30	-	74,34	83,63	-	63,60	71,55	-	53,36	60,03
	III	1.079,16	-	86,33	97,12	-	77,02	86,65	-	67,98	76,48	-	59,20	66,60	-	50,66	56,99	-	42,38	47,68	-	34,37	38,66
	IV	1.676,50	25,53	134,12	150,88	16,21	127,85	143,83	6,89	121,58	136,78	-	115,32	129,73	-	109,06	122,69	-	102,86	115,71	-	96,79	108,89
	V	2.191,00	86,76	175,28	197,19																		
	VI	2.235,25	92,02	178,82	201,17																		
7.211,99 (Ost)	I	1.680,91	26,06	134,47	151,28	7,41	121,94	137,18	-	109,40	123,08	-	97,12	109,26	-	85,36	96,03	-	74,12	83,38	-	63,38	71,30
	II	1.531,83	8,32	122,54	137,86	-	110,01	123,76	-	97,71	109,92	-	85,92	96,66	-	74,65	83,98	-	63,89	71,87	-	53,64	60,35
	III	1.082,50	-	86,60	97,42	-	77,28	86,94	-	68,22	76,75	-	59,44	66,87	-	50,89	57,25	-	42,61	47,93	-	34,60	38,92
	IV	1.680,91	26,06	134,47	151,28	16,73	128,20	144,23	7,41	121,94	137,18	-	115,67	130,13	-	109,40	123,08	-	103,20	116,10	-	97,12	109,26
	V	2.195,33	87,27	175,62	197,57																		
	VI	2.239,66	92,55	179,17	201,56																		

Anzahl Kinderfreibeträge (nur Steuerklassen I–IV)

Lohn/Gehalt bis	Steuerklasse	Lohnsteuer	ohne Kinderfreibetrag SolZ 5,5%	ohne Kinderfreibetrag Kirchensteuer 8%	ohne Kinderfreibetrag Kirchensteuer 9%	0,5 SolZ 5,5%	0,5 Kirchensteuer 8%	0,5 Kirchensteuer 9%	1,0 SolZ 5,5%	1,0 Kirchensteuer 8%	1,0 Kirchensteuer 9%	1,5 SolZ 5,5%	1,5 Kirchensteuer 8%	1,5 Kirchensteuer 9%	2,0 SolZ 5,5%	2,0 Kirchensteuer 8%	2,0 Kirchensteuer 9%	2,5 SolZ 5,5%	2,5 Kirchensteuer 8%	2,5 Kirchensteuer 9%	3,0 SolZ 5,5%	3,0 Kirchensteuer 8%	3,0 Kirchensteuer 9%
7.214,99 (West)	I	1.677,66	25,67	134,21	150,98	7,03	121,68	136,89	-	109,14	122,78	-	96,88	108,99	-	85,13	95,77	-	73,89	83,12	-	63,17	[illegible]
	II	1.528,58	7,93	122,28	137,57	-	109,75	123,47	-	97,46	109,64	-	85,68	96,39	-	74,42	83,72	-	63,67	71,63	-	53,44	[illegible]
	III	1.080,00	-	86,40	97,20	-	77,09	86,72	-	68,05	76,55	-	59,25	66,65	-	50,72	57,06	-	42,45	47,75	-	34,42	[illegible]
	IV	1.677,66	25,67	134,21	150,98	16,35	127,94	143,93	7,03	121,68	136,89	-	115,41	129,83	-	109,14	122,78	-	102,95	115,82	-	96,88	[illegible]
	V	2.192,08	86,88	175,36	197,28																		
	VI	2.236,41	92,16	178,91	201,27																		
7.214,99 (Ost)	I	1.682,16	26,20	134,57	151,39	7,56	122,04	137,29	-	109,50	123,19	-	97,22	109,37	-	85,46	96,14	-	74,20	83,48	-	63,47	[illegible]
	II	1.533,08	8,46	122,64	137,97	-	110,11	123,87	-	97,80	110,03	-	86,01	96,76	-	74,74	84,08	-	63,97	71,96	-	53,72	[illegible]
	III	1.083,33	-	86,66	97,49	-	77,36	87,03	-	68,30	76,84	-	59,50	66,94	-	50,97	57,34	-	42,68	48,01	-	34,65	[illegible]
	IV	1.682,16	26,20	134,57	151,39	16,88	128,30	144,34	7,56	122,04	137,29	-	115,77	130,24	-	109,50	123,19	-	103,30	116,21	-	97,22	[illegible]
	V	2.196,58	87,42	175,72	197,69																		
	VI	2.240,91	92,70	179,27	201,68																		
7.217,99 (West)	I	1.678,83	25,81	134,30	151,09	7,16	121,77	136,99	-	109,24	122,89	-	96,96	109,08	-	85,21	95,86	-	73,97	83,21	-	63,24	[illegible]
	II	1.529,66	8,06	122,37	137,66	-	109,84	123,57	-	97,54	109,73	-	85,76	96,48	-	74,50	83,81	-	63,75	71,72	-	53,51	[illegible]
	III	1.080,83	-	86,46	97,27	-	77,16	86,80	-	68,10	76,61	-	59,32	66,73	-	50,78	57,13	-	42,50	47,81	-	34,49	[illegible]
	IV	1.678,83	25,81	134,30	151,09	16,49	128,04	144,04	7,16	121,77	136,99	-	115,50	129,94	-	109,24	122,89	-	103,04	115,92	-	96,96	[illegible]
	V	2.193,25	87,02	175,46	197,39																		
	VI	2.237,58	92,30	179,00	201,38																		
7.217,99 (Ost)	I	1.683,41	26,35	134,67	151,50	7,71	122,14	137,40	-	109,60	123,30	-	97,32	109,48	-	85,55	96,24	-	74,29	83,57	-	63,55	[illegible]
	II	1.534,33	8,61	122,74	138,08	-	110,21	123,98	-	97,90	110,14	-	86,10	96,86	-	74,82	84,17	-	64,06	72,06	-	53,80	[illegible]
	III	1.084,33	-	86,74	97,58	-	77,42	87,10	-	68,37	76,91	-	59,57	67,01	-	51,04	57,42	-	42,74	48,08	-	34,72	[illegible]
	IV	1.683,41	26,35	134,67	151,50	17,03	128,40	144,45	7,71	122,14	137,40	-	115,87	130,35	-	109,60	123,30	-	103,40	116,32	-	97,32	[illegible]
	V	2.197,83	87,57	175,82	197,80																		
	VI	2.242,16	92,84	179,37	201,79																		
7.220,99 (West)	I	1.679,91	25,94	134,39	151,19	7,30	121,86	137,09	-	109,33	122,99	-	97,06	109,19	-	85,30	95,96	-	74,05	83,30	-	63,32	[illegible]
	II	1.530,83	8,20	122,46	137,77	-	109,93	123,67	-	97,64	109,84	-	85,85	96,58	-	74,58	83,90	-	63,82	71,80	-	53,58	[illegible]
	III	1.081,66	-	86,53	97,34	-	77,22	86,87	-	68,17	76,69	-	59,38	66,80	-	50,84	57,19	-	42,57	47,89	-	34,54	[illegible]
	IV	1.679,91	25,94	134,39	151,19	16,62	128,12	144,14	7,30	121,86	137,09	-	115,60	130,05	-	109,33	122,99	-	103,12	116,01	-	97,06	[illegible]
	V	2.194,41	87,16	175,55	197,49																		
	VI	2.238,66	92,43	179,09	201,47																		
7.220,99 (Ost)	I	1.684,66	26,50	134,77	151,61	7,86	122,24	137,52	-	109,70	123,41	-	97,42	109,59	-	85,64	96,35	-	74,38	83,68	-	63,64	[illegible]
	II	1.535,58	8,76	122,84	138,20	-	110,31	124,10	-	98,00	110,25	-	86,20	96,97	-	74,91	84,27	-	64,14	72,16	-	53,88	[illegible]
	III	1.085,33	-	86,82	97,67	-	77,50	87,19	-	68,45	77,00	-	59,64	67,09	-	51,10	57,49	-	42,81	48,16	-	34,78	[illegible]
	IV	1.684,66	26,50	134,77	151,61	17,18	128,50	144,56	7,86	122,24	137,52	-	115,97	130,46	-	109,70	123,41	-	103,50	116,43	-	97,42	[illegible]
	V	2.199,08	87,72	175,92	197,91																		
	VI	2.243,41	92,99	179,47	201,90																		
7.223,99 (West)	I	1.681,08	26,08	134,48	151,29	7,43	121,95	137,19	-	109,42	123,09	-	97,14	109,28	-	85,38	96,05	-	74,13	83,39	-	63,40	[illegible]
	II	1.532,00	8,33	122,56	137,88	-	110,02	123,77	-	97,72	109,94	-	85,94	96,68	-	74,66	83,99	-	63,90	71,89	-	53,66	[illegible]
	III	1.082,66	-	86,61	97,43	-	77,29	86,95	-	68,24	76,77	-	59,45	66,88	-	50,90	57,26	-	42,62	47,95	-	34,60	[illegible]
	IV	1.681,08	26,08	134,48	151,29	16,75	128,22	144,24	7,43	121,95	137,19	-	115,68	130,14	-	109,42	123,09	-	103,22	116,12	-	97,14	[illegible]
	V	2.195,58	87,30	175,64	197,60																		
	VI	2.239,83	92,57	179,18	201,58																		
7.223,99 (Ost)	I	1.685,91	26,65	134,87	151,73	8,01	122,34	137,63	-	109,80	123,53	-	97,51	109,70	-	85,74	96,45	-	74,47	83,78	-	63,72	[illegible]
	II	1.536,83	8,91	122,94	138,31	-	110,41	124,21	-	98,10	110,36	-	86,29	97,07	-	75,00	84,38	-	64,22	72,25	-	53,96	[illegible]
	III	1.086,16	-	86,89	97,75	-	77,58	87,28	-	68,52	77,08	-	59,72	67,18	-	51,17	57,56	-	42,88	48,24	-	34,85	[illegible]
	IV	1.685,91	26,65	134,87	151,73	17,33	128,60	144,68	8,01	122,34	137,63	-	116,07	130,58	-	109,80	123,53	-	103,60	116,55	-	97,51	[illegible]
	V	2.200,41	87,88	176,03	198,03																		
	VI	2.244,66	93,14	179,57	202,01																		
7.226,99 (West)	I	1.682,25	26,21	134,58	151,40	7,57	122,04	137,30	-	109,51	123,20	-	97,23	109,38	-	85,46	96,14	-	74,21	83,48	-	63,47	[illegible]
	II	1.533,16	8,47	122,65	137,98	-	110,12	123,88	-	97,81	110,03	-	86,02	96,77	-	74,74	84,08	-	63,98	71,97	-	53,73	[illegible]
	III	1.083,50	-	86,68	97,51	-	77,36	87,03	-	68,30	76,84	-	59,50	66,94	-	50,97	57,34	-	42,69	48,02	-	34,66	[illegible]
	IV	1.682,25	26,21	134,58	151,40	16,89	128,31	144,35	7,57	122,04	137,30	-	115,78	130,25	-	109,51	123,20	-	103,30	116,21	-	97,23	[illegible]
	V	2.196,66	87,43	175,73	197,69																		
	VI	2.241,00	92,71	179,28	201,69																		
7.226,99 (Ost)	I	1.687,16	26,80	134,97	151,84	8,16	122,44	137,74	-	109,91	123,65	-	97,61	109,81	-	85,83	96,56	-	74,56	83,88	-	63,80	[illegible]
	II	1.538,08	9,06	123,04	138,42	-	110,51	124,32	-	98,19	110,46	-	86,38	97,18	-	75,09	84,47	-	64,31	72,35	-	54,05	[illegible]
	III	1.087,16	-	86,97	97,84	-	77,65	87,35	-	68,58	77,15	-	59,78	67,25	-	51,24	57,64	-	42,94	48,31	-	34,90	[illegible]
	IV	1.687,16	26,80	134,97	151,84	17,48	128,70	144,79	8,16	122,44	137,74	-	116,17	130,69	-	109,91	123,65	-	103,70	116,66	-	97,61	[illegible]
	V	2.201,66	88,03	176,13	198,14																		
	VI	2.245,91	93,29	179,67	202,13																		
7.229,99 (West)	I	1.683,41	26,35	134,67	151,50	7,71	122,14	137,40	-	109,60	123,30	-	97,32	109,48	-	85,54	96,23	-	74,29	83,57	-	63,55	[illegible]
	II	1.534,25	8,60	122,74	138,08	-	110,20	123,98	-	97,90	110,13	-	86,10	96,86	-	74,82	84,17	-	64,06	72,06	-	53,80	[illegible]
	III	1.084,33	-	86,74	97,58	-	77,42	87,10	-	68,37	76,91	-	59,57	67,01	-	51,02	57,40	-	42,74	48,08	-	34,72	[illegible]
	IV	1.683,41	26,35	134,67	151,50	17,03	128,40	144,45	7,71	122,14	137,40	-	115,87	130,35	-	109,60	123,30	-	103,40	116,32	-	97,32	[illegible]
	V	2.197,83	87,57	175,82	197,80																		
	VI	2.242,16	92,84	179,37	201,79																		
7.229,99 (Ost)	I	1.688,41	26,95	135,07	151,95	8,32	122,54	137,86	-	110,01	123,76	-	97,71	109,92	-	85,92	96,66	-	74,65	83,98	-	63,89	[illegible]
	II	1.539,33	9,21	123,14	138,53	-	110,61	124,43	-	98,29	110,57	-	86,48	97,29	-	75,18	84,57	-	64,40	72,45	-	54,13	[illegible]
	III	1.088,16	-	87,05	97,93	-	77,73	87,44	-	68,66	77,24	-	59,85	67,33	-	51,30	57,71	-	43,01	48,38	-	34,97	[illegible]
	IV	1.688,41	26,95	135,07	151,95	17,64	128,81	144,91	8,32	122,54	137,86	-	116,28	130,81	-	110,01	123,76	-	103,80	116,77	-	97,71	[illegible]
	V	2.202,91	88,17	176,23	198,26																		
	VI	2.247,25	93,45	179,78	202,25																		
7.232,99 (West)	I	1.684,50	26,48	134,76	151,60	7,84	122,22	137,50	-	109,69	123,40	-	97,40	109,58	-	85,63	96,33	-	74,37	83,66	-	63,62	[illegible]
	II	1.535,41	8,74	122,83	138,18	-	110,30	124,08	-	97,98	110,23	-	86,18	96,95	-	74,90	84,26	-	64,13	72,14	-	53,88	[illegible]
	III	1.085,16	-	86,81	97,66	-	77,49	87,17	-	68,44	76,99	-	59,64	67,09	-	51,09	57,47	-	42,80	48,15	-	34,77	[illegible]
	IV	1.684,50	26,48	134,76	151,60	17,16	128,49	144,55	7,84	122,22	137,50	-	115,96	130,45	-	109,69	123,40	-	103,48	116,42	-	97,40	[illegible]
	V	2.198,91	87,70	175,91	197,90																		
	VI	2.243,25	92,97	179,46	201,89																		
7.232,99 (Ost)	I	1.689,75	27,11	135,18	152,07	8,46	122,64	137,97	-	110,11	123,87	-	97,80	110,03	-	86,01	96,76	-	74,74	84,08	-	63,97	[illegible]
	II	1.540,58	9,36	123,24	138,65	-	110,71	124,55	-	98,38	110,68	-	86,57	97,39	-	75,27	84,68	-	64,48	72,54	-	54,21	[illegible]
	III	1.089,16	-	87,13	98,02	-	77,80	87,52	-	68,73	77,32	-	59,92	67,41	-	51,37	57,79	-	43,08	48,46	-	35,04	[illegible]
	IV	1.689,75	27,11	135,18	152,07	17,79	128,91	145,02	8,46	122,64	137,97	-	116,38	130,92	-	110,11	123,87	-	103,89	116,87	-	97,80	[illegible]
	V	2.204,16	88,32	176,33	198,37																		
	VI	2.248,50	93,60	179,88	202,36																		

Anzahl Kinderfreibeträge (nur Steuerklassen I–IV)

Allgemeine Tabelle

MONAT bis 7.253,99 €

Lohn/ Gehalt bis	Steuerklasse	Lohn- steuer	ohne Kinderfreibetrag			Anzahl Kinderfreibeträge (nur Steuerklassen I–IV)																	
						0,5			1,0			1,5			2,0			2,5			3,0		
			SolZ 5,5%	Kirchensteuer 8%	9%	SolZ 5,5%	Kirchensteuer 8%	9%	SolZ 5,5%	Kirchensteuer 8%	9%	SolZ 5,5%	Kirchensteuer 8%	9%	SolZ 5,5%	Kirchensteuer 8%	9%	SolZ 5,5%	Kirchensteuer 8%	9%	SolZ 5,5%	Kirchensteuer 8%	9%
.235,99 (West)	I	1.685,66	26,62	134,85	151,70	7,98	122,32	137,61	-	109,78	123,50	-	97,49	109,67	-	85,72	96,43	-	74,45	83,75	-	63,70	71,66
	II	1.536,58	8,88	122,92	138,29	-	110,39	124,19	-	98,07	110,33	-	86,27	97,05	-	74,98	84,35	-	64,21	72,23	-	53,95	60,69
	III	1.086,00	-	86,88	97,74	-	77,56	87,25	-	68,50	77,06	-	59,70	67,16	-	51,16	57,55	-	42,86	48,22	-	34,84	39,19
	IV	1.685,66	26,62	134,85	151,70	17,30	128,58	144,65	7,98	122,32	137,61	-	116,05	130,55	-	109,78	123,50	-	103,58	116,52	-	97,49	109,67
	V	2.200,08	87,84	176,00	198,00																		
	VI	2.244,41	93,11	179,55	201,99																		
.235,99 (Ost)	I	1.691,00	27,26	135,28	152,19	8,61	122,74	138,08	-	110,21	123,98	-	97,90	110,14	-	86,10	96,86	-	74,82	84,17	-	64,06	72,06
	II	1.541,91	9,52	123,35	138,77	-	110,82	124,67	-	98,48	110,79	-	86,66	97,49	-	75,36	84,78	-	64,56	72,63	-	54,29	61,07
	III	1.090,00	-	87,20	98,10	-	77,88	87,61	-	68,81	77,41	-	60,00	67,50	-	51,44	57,87	-	43,14	48,53	-	35,10	39,49
	IV	1.691,00	27,26	135,28	152,19	17,93	129,01	145,13	8,61	122,74	138,08	-	116,48	131,04	-	110,21	123,98	-	103,99	116,99	-	97,90	110,14
	V	2.205,41	88,47	176,43	198,48																		
	VI	2.249,75	93,75	179,98	202,47																		
.238,99 (West)	I	1.686,83	26,76	134,94	151,81	8,12	122,41	137,71	-	109,88	123,61	-	97,58	109,78	-	85,80	96,52	-	74,53	83,84	-	63,78	71,75
	II	1.537,75	9,02	123,02	138,39	-	110,48	124,29	-	98,16	110,43	-	86,36	97,15	-	75,06	84,44	-	64,28	72,32	-	54,02	60,77
	III	1.086,83	-	86,94	97,81	-	77,62	87,32	-	68,57	77,14	-	59,76	67,23	-	51,21	57,61	-	42,92	48,28	-	34,89	39,25
	IV	1.686,83	26,76	134,94	151,81	17,44	128,68	144,76	8,12	122,41	137,71	-	116,14	130,66	-	109,88	123,61	-	103,66	116,62	-	97,58	109,78
	V	2.201,25	87,98	176,10	198,11																		
	VI	2.245,58	93,25	179,64	202,10																		
.238,99 (Ost)	I	1.692,25	27,40	135,38	152,30	8,76	122,84	138,20	-	110,31	124,10	-	98,00	110,25	-	86,20	96,97	-	74,91	84,27	-	64,14	72,16
	II	1.543,16	9,66	123,45	138,88	-	110,92	124,78	-	98,58	110,90	-	86,76	97,60	-	75,44	84,87	-	64,65	72,73	-	54,37	61,16
	III	1.091,00	-	87,28	98,19	-	77,94	87,68	-	68,88	77,49	-	60,06	67,57	-	51,50	57,94	-	43,21	48,61	-	35,17	39,56
	IV	1.692,25	27,40	135,38	152,30	18,08	129,11	145,25	8,76	122,84	138,20	-	116,58	131,15	-	110,31	124,10	-	104,09	117,10	-	98,00	110,25
	V	2.206,66	88,62	176,53	198,59																		
	VI	2.251,00	93,90	180,08	202,59																		
7.241,99 (West)	I	1.687,91	26,89	135,03	151,91	8,25	122,50	137,81	-	109,96	123,71	-	97,66	109,87	-	85,88	96,62	-	74,61	83,93	-	63,86	71,84
	II	1.538,83	9,15	123,10	138,49	-	110,57	124,39	-	98,25	110,53	-	86,44	97,24	-	75,14	84,53	-	64,36	72,41	-	54,10	60,86
	III	1.087,66	-	87,01	97,88	-	77,69	87,40	-	68,62	77,20	-	59,82	67,30	-	51,28	57,69	-	42,98	48,35	-	34,94	39,31
	IV	1.687,91	26,89	135,03	151,91	17,57	128,76	144,86	8,25	122,50	137,81	-	116,23	130,76	-	109,96	123,71	-	103,75	116,72	-	97,66	109,87
	V	2.202,33	88,10	176,18	198,20																		
	VI	2.246,66	93,38	179,73	202,19																		
7.241,99 (Ost)	I	1.693,50	27,55	135,48	152,41	8,91	122,94	138,31	-	110,41	124,21	-	98,10	110,36	-	86,29	97,07	-	75,00	84,38	-	64,22	72,25
	II	1.544,41	9,81	123,55	138,99	-	111,02	124,89	-	98,68	111,01	-	86,85	97,70	-	75,54	84,98	-	64,74	72,83	-	54,45	61,25
	III	1.092,00	-	87,36	98,28	-	78,02	87,77	-	68,94	77,56	-	60,13	67,64	-	51,57	58,01	-	43,28	48,69	-	35,22	39,62
	IV	1.693,50	27,55	135,48	152,41	18,23	129,21	145,36	8,91	122,94	138,31	-	116,68	131,26	-	110,41	124,21	-	104,19	117,21	-	98,10	110,36
	V	2.207,91	88,77	176,63	198,71																		
	VI	2.252,25	94,04	180,18	202,70																		
7.244,99 (West)	I	1.689,08	27,03	135,12	152,01	8,38	122,59	137,91	-	110,06	123,81	-	97,76	109,98	-	85,96	96,71	-	74,69	84,02	-	63,93	71,92
	II	1.540,00	9,29	123,20	138,60	-	110,66	124,49	-	98,34	110,63	-	86,52	97,34	-	75,22	84,62	-	64,44	72,49	-	54,17	60,94
	III	1.088,66	-	87,09	97,97	-	77,76	87,48	-	68,69	77,27	-	59,89	67,37	-	51,33	57,74	-	43,04	48,42	-	35,01	39,38
	IV	1.689,08	27,03	135,12	152,01	17,71	128,86	144,96	8,38	122,59	137,91	-	116,32	130,86	-	110,06	123,81	-	103,84	116,82	-	97,76	109,98
	V	2.203,50	88,24	176,28	198,31																		
	VI	2.247,83	93,52	179,82	202,30																		
7.244,99 (Ost)	I	1.694,75	27,70	135,58	152,52	9,06	123,04	138,42	-	110,51	124,32	-	98,19	110,46	-	86,38	97,18	-	75,09	84,47	-	64,31	72,35
	II	1.545,66	9,96	123,65	139,10	-	111,12	125,01	-	98,78	111,12	-	86,94	97,81	-	75,62	85,07	-	64,82	72,92	-	54,53	61,34
	III	1.092,83	-	87,42	98,35	-	78,09	87,85	-	69,02	77,65	-	60,20	67,72	-	51,64	58,09	-	43,34	48,76	-	35,29	39,70
	IV	1.694,75	27,70	135,58	152,52	18,38	129,31	145,47	9,06	123,04	138,42	-	116,78	131,37	-	110,51	124,32	-	104,29	117,32	-	98,19	110,46
	V	2.209,16	88,92	176,73	198,82																		
	VI	2.253,50	94,19	180,28	202,81																		
7.247,99 (West)	I	1.690,25	27,17	135,22	152,12	8,52	122,68	138,02	-	110,15	123,92	-	97,84	110,07	-	86,05	96,80	-	74,77	84,11	-	64,01	72,01
	II	1.541,16	9,43	123,29	138,70	-	110,76	124,60	-	98,42	110,72	-	86,61	97,43	-	75,30	84,71	-	64,52	72,58	-	54,24	61,02
	III	1.089,50	-	87,16	98,05	-	77,82	87,55	-	68,76	77,35	-	59,94	67,43	-	51,40	57,82	-	43,10	48,49	-	35,06	39,44
	IV	1.690,25	27,17	135,22	152,12	17,85	128,95	145,07	8,52	122,68	138,02	-	116,42	130,97	-	110,15	123,92	-	103,94	116,93	-	97,84	110,07
	V	2.204,66	88,38	176,37	198,41																		
	VI	2.249,00	93,66	179,92	202,41																		
7.247,99 (Ost)	I	1.696,00	27,85	135,68	152,64	9,21	123,14	138,53	-	110,61	124,43	-	98,29	110,57	-	86,48	97,29	-	75,18	84,57	-	64,40	72,45
	II	1.546,91	10,11	123,75	139,22	-	111,22	125,12	-	98,87	111,23	-	87,04	97,92	-	75,71	85,17	-	64,90	73,01	-	54,61	61,43
	III	1.093,83	-	87,50	98,44	-	78,17	87,94	-	69,09	77,72	-	60,28	67,81	-	51,70	58,16	-	43,40	48,82	-	35,36	39,78
	IV	1.696,00	27,85	135,68	152,64	18,53	129,41	145,58	9,21	123,14	138,53	-	116,88	131,49	-	110,61	124,43	-	104,39	117,44	-	98,29	110,57
	V	2.210,50	89,08	176,84	198,94																		
	VI	2.254,75	94,34	180,38	202,92																		
7.250,99 (West)	I	1.691,33	27,30	135,30	152,21	8,65	122,77	138,11	-	110,24	124,02	-	97,93	110,17	-	86,14	96,90	-	74,85	84,20	-	64,08	72,09
	II	1.542,25	9,55	123,38	138,80	-	110,84	124,70	-	98,51	110,82	-	86,69	97,52	-	75,38	84,80	-	64,59	72,66	-	54,31	61,10
	III	1.090,33	-	87,22	98,12	-	77,89	87,62	-	68,82	77,42	-	60,01	67,51	-	51,45	57,88	-	43,16	48,55	-	35,12	39,51
	IV	1.691,33	27,30	135,30	152,21	17,97	129,04	145,17	8,65	122,77	138,11	-	116,50	131,06	-	110,24	124,02	-	104,02	117,02	-	97,93	110,17
	V	2.205,83	88,52	176,46	198,52																		
	VI	2.250,08	93,79	180,00	202,50																		
7.250,99 (Ost)	I	1.697,25	28,00	135,78	152,75	9,36	123,24	138,65	-	110,71	124,55	-	98,38	110,68	-	86,57	97,39	-	75,27	84,68	-	64,48	72,54
	II	1.548,16	10,26	123,85	139,33	-	111,32	125,23	-	98,97	111,34	-	87,13	98,02	-	75,80	85,28	-	64,99	73,11	-	54,69	61,52
	III	1.094,83	-	87,58	98,53	-	78,24	88,02	-	69,17	77,81	-	60,34	67,88	-	51,77	58,24	-	43,46	48,89	-	35,42	39,85
	IV	1.697,25	28,00	135,78	152,75	18,68	129,51	145,70	9,36	123,24	138,65	0,03	116,98	131,60	-	110,71	124,55	-	104,49	117,55	-	98,38	110,68
	V	2.211,75	89,23	176,94	199,05																		
	VI	2.256,00	94,49	180,48	203,04																		
7.253,99 (West)	I	1.692,50	27,43	135,40	152,32	8,79	122,86	138,22	-	110,33	124,12	-	98,02	110,27	-	86,22	96,99	-	74,93	84,29	-	64,16	72,18
	II	1.543,41	9,69	123,47	138,90	-	110,94	124,80	-	98,60	110,93	-	86,78	97,62	-	75,46	84,89	-	64,67	72,75	-	54,39	61,19
	III	1.091,16	-	87,29	98,20	-	77,97	87,71	-	68,89	77,50	-	60,08	67,59	-	51,52	57,96	-	43,22	48,62	-	35,18	39,58
	IV	1.692,50	27,43	135,40	152,32	18,11	129,13	145,27	8,79	122,86	138,22	-	116,60	131,17	-	110,33	124,12	-	104,11	117,12	-	98,02	110,27
	V	2.207,00	88,66	176,56	198,63																		
	VI	2.251,25	93,93	180,10	202,61																		
7.253,99 (Ost)	I	1.698,50	28,15	135,88	152,86	9,52	123,35	138,77	-	110,82	124,67	-	98,48	110,79	-	86,66	97,49	-	75,36	84,78	-	64,56	72,63
	II	1.549,41	10,41	123,95	139,44	-	111,42	125,34	-	99,06	111,44	-	87,22	98,12	-	75,89	85,37	-	65,08	73,21	-	54,77	61,61
	III	1.095,66	-	87,65	98,60	-	78,32	88,11	-	69,24	77,89	-	60,41	67,96	-	51,85	58,33	-	43,53	48,97	-	35,48	39,91
	IV	1.698,50	28,15	135,88	152,86	18,83	129,61	145,81	9,52	123,35	138,77	0,19	117,08	131,72	-	110,82	124,67	-	104,58	117,65	-	98,48	110,79
	V	2.213,00	89,37	177,04	199,17																		
	VI	2.257,25	94,64	180,58	203,15																		

Lohn/Gehalt bis	Steuerklasse	Lohn-steuer	ohne Kinderfreibetrag SolZ 5,5%	ohne Kinderfreibetrag Kirchensteuer 8%	ohne Kinderfreibetrag Kirchensteuer 9%	0,5 SolZ 5,5%	0,5 Kirchensteuer 8%	0,5 Kirchensteuer 9%	1,0 SolZ 5,5%	1,0 Kirchensteuer 8%	1,0 Kirchensteuer 9%	1,5 SolZ 5,5%	1,5 Kirchensteuer 8%	1,5 Kirchensteuer 9%	2,0 SolZ 5,5%	2,0 Kirchensteuer 8%	2,0 Kirchensteuer 9%	2,5 SolZ 5,5%	2,5 Kirchensteuer 8%	2,5 Kirchensteuer 9%	3,0 SolZ 5,5%	3,0 Kirchensteuer 8%	3,0 Kirchensteuer 9%
						Anzahl Kinderfreibeträge (nur Steuerklassen I–IV)																	
7.256,99 (West)	I	1.693,66	27,57	135,49	152,42	8,93	122,96	138,33	-	110,42	124,22	-	98,11	110,37	-	86,30	97,09	-	75,02	84,39	-	64,24	
	II	1.544,58	9,83	123,56	139,01	-	111,03	124,91	-	98,69	111,02	-	86,86	97,72	-	75,55	84,99	-	64,74	72,83	-	54,46	
	III	1.092,00	-	87,36	98,28	-	78,02	87,77	-	68,96	77,58	-	60,14	67,66	-	51,58	58,03	-	43,28	48,69	-	35,24	
	IV	1.693,66	27,57	135,49	152,42	18,25	129,22	145,37	8,93	122,96	138,33	-	116,69	131,27	-	110,42	124,22	-	104,20	117,23	-	98,11	
	V	2.208,08	88,79	176,64	198,72																		
	VI	2.252,41	94,06	180,19	202,71																		
7.256,99 (Ost)	I	1.699,83	28,31	135,98	152,98	9,66	123,45	138,88	-	110,92	124,78	-	98,58	110,90	-	86,76	97,60	-	75,44	84,87	-	64,65	
	II	1.550,66	10,56	124,05	139,55	-	111,52	125,46	-	99,16	111,56	-	87,32	98,23	-	75,98	85,47	-	65,16	73,30	-	54,85	
	III	1.096,66	-	87,73	98,69	-	78,40	88,20	-	69,30	77,96	-	60,48	68,04	-	51,92	58,41	-	43,60	49,05	-	35,54	
	IV	1.699,83	28,31	135,98	152,98	18,99	129,72	145,93	9,66	123,45	138,88	0,34	117,18	131,83	-	110,92	124,78	-	104,68	117,77	-	98,58	
	V	2.214,25	89,52	177,14	199,28																		
	VI	2.258,58	94,80	180,68	203,27																		
7.259,99 (West)	I	1.694,83	27,71	135,58	152,53	9,07	123,05	138,43	-	110,52	124,33	-	98,20	110,47	-	86,38	97,18	-	75,09	84,47	-	64,32	
	II	1.545,66	9,96	123,65	139,10	-	111,12	125,01	-	98,78	111,12	-	86,94	97,81	-	75,62	85,07	-	64,82	72,92	-	54,53	
	III	1.092,83	-	87,42	98,35	-	78,09	87,85	-	69,02	77,65	-	60,20	67,72	-	51,64	58,09	-	43,34	48,76	-	35,29	
	IV	1.694,83	27,71	135,58	152,53	18,39	129,32	145,48	9,07	123,05	138,43	-	116,78	131,38	-	110,52	124,33	-	104,29	117,32	-	98,20	
	V	2.209,25	88,93	176,74	198,83																		
	VI	2.253,58	94,20	180,28	202,82																		
7.259,99 (Ost)	I	1.701,08	28,46	136,08	153,09	9,81	123,55	138,99	-	111,02	124,89	-	98,68	111,01	-	86,85	97,70	-	75,54	84,98	-	64,74	
	II	1.551,91	10,71	124,15	139,67	-	111,62	125,57	-	99,26	111,67	-	87,41	98,33	-	76,07	85,58	-	65,24	73,40	-	54,94	
	III	1.097,66	-	87,81	98,78	-	78,46	88,27	-	69,38	78,05	-	60,56	68,13	-	51,98	58,48	-	43,66	49,12	-	35,61	
	IV	1.701,08	28,46	136,08	153,09	19,13	129,82	146,04	9,81	123,55	138,99	0,49	117,28	131,94	-	111,02	124,89	-	104,78	117,88	-	98,68	
	V	2.215,50	89,67	177,24	199,39																		
	VI	2.259,83	94,95	180,78	203,38																		
7.262,99 (West)	I	1.695,91	27,84	135,67	152,63	9,20	123,14	138,53	-	110,61	124,43	-	98,28	110,57	-	86,47	97,28	-	75,18	84,57	-	64,39	
	II	1.546,83	10,10	123,74	139,21	-	111,21	125,11	-	98,86	111,22	-	87,03	97,91	-	75,71	85,17	-	64,90	73,01	-	54,60	
	III	1.093,83	-	87,50	98,44	-	78,17	87,94	-	69,09	77,72	-	60,26	67,79	-	51,70	58,16	-	43,40	48,82	-	35,36	
	IV	1.695,91	27,84	135,67	152,63	18,52	129,40	145,58	9,20	123,14	138,53	-	116,87	131,48	-	110,61	124,43	-	104,38	117,43	-	98,28	
	V	2.210,41	89,07	176,83	198,93																		
	VI	2.254,66	94,33	180,37	202,91																		
7.262,99 (Ost)	I	1.702,33	28,60	136,18	153,20	9,96	123,65	139,10	-	111,12	125,01	-	98,78	111,12	-	86,94	97,81	-	75,62	85,07	-	64,82	
	II	1.553,25	10,86	124,26	139,79	-	111,72	125,69	-	99,36	111,78	-	87,50	98,44	-	76,16	85,68	-	65,33	73,49	-	55,02	
	III	1.098,66	-	87,89	98,87	-	78,54	88,36	-	69,45	78,13	-	60,62	68,20	-	52,05	58,55	-	43,73	49,19	-	35,68	
	IV	1.702,33	28,60	136,18	153,20	19,28	129,92	146,16	9,96	123,65	139,10	0,64	117,38	132,05	-	111,12	125,01	-	104,88	117,99	-	98,78	
	V	2.216,75	89,82	177,34	199,50																		
	VI	2.261,08	95,10	180,88	203,49																		
7.265,99 (West)	I	1.697,08	27,98	135,76	152,73	9,34	123,23	138,63	-	110,70	124,53	-	98,37	110,66	-	86,56	97,38	-	75,26	84,66	-	64,47	
	II	1.548,00	10,24	123,84	139,32	-	111,30	125,21	-	98,96	111,33	-	87,12	98,01	-	75,79	85,26	-	64,98	73,10	-	54,68	
	III	1.094,66	-	87,57	98,51	-	78,24	88,02	-	69,16	77,80	-	60,33	67,87	-	51,77	58,24	-	43,46	48,89	-	35,41	
	IV	1.697,08	27,98	135,76	152,73	18,66	129,50	145,68	9,34	123,23	138,63	0,01	116,96	131,58	-	110,70	124,53	-	104,47	117,53	-	98,37	
	V	2.211,58	89,21	176,92	199,04																		
	VI	2.255,83	94,47	180,46	203,02																		
7.265,99 (Ost)	I	1.703,58	28,75	136,28	153,32	10,11	123,75	139,22	-	111,22	125,12	-	98,87	111,23	-	87,04	97,92	-	75,71	85,17	-	64,90	
	II	1.554,50	11,01	124,36	139,90	-	111,82	125,80	-	99,46	111,89	-	87,60	98,55	-	76,25	85,78	-	65,42	73,59	-	55,10	
	III	1.099,50	-	87,96	98,95	-	78,61	88,43	-	69,53	78,22	-	60,69	68,27	-	52,12	58,63	-	43,80	49,27	-	35,74	
	IV	1.703,58	28,75	136,28	153,32	19,43	130,02	146,27	10,11	123,75	139,22	0,79	117,48	132,17	-	111,22	125,12	-	104,98	118,10	-	98,87	
	V	2.218,00	89,97	177,44	199,62																		
	VI	2.262,33	95,24	180,98	203,60																		
7.268,99 (West)	I	1.698,25	28,12	135,86	152,84	9,48	123,32	138,74	-	110,79	124,64	-	98,46	110,76	-	86,64	97,47	-	75,34	84,75	-	64,54	
	II	1.549,08	10,37	123,92	139,41	-	111,40	125,32	-	99,04	111,42	-	87,20	98,10	-	75,87	85,35	-	65,05	73,18	-	54,75	
	III	1.095,50	-	87,64	98,59	-	78,30	88,09	-	69,21	77,86	-	60,40	67,95	-	51,82	58,30	-	43,52	48,96	-	35,46	
	IV	1.698,25	28,12	135,86	152,84	18,80	129,59	145,79	9,48	123,32	138,74	0,15	117,06	131,69	-	110,79	124,64	-	104,56	117,63	-	98,46	
	V	2.212,66	89,33	177,01	199,13																		
	VI	2.257,00	94,61	180,56	203,13																		
7.268,99 (Ost)	I	1.704,83	28,90	136,38	153,43	10,26	123,85	139,33	-	111,32	125,23	-	98,97	111,34	-	87,13	98,02	-	75,80	85,28	-	64,99	
	II	1.555,75	11,16	124,46	140,01	-	111,92	125,91	-	99,56	112,00	-	87,69	98,65	-	76,34	85,88	-	65,50	73,68	-	55,18	
	III	1.100,50	-	88,04	99,04	-	78,69	88,52	-	69,60	78,30	-	60,76	68,35	-	52,18	58,70	-	43,86	49,34	-	35,80	
	IV	1.704,83	28,90	136,38	153,43	19,58	130,12	146,38	10,26	123,85	139,33	0,94	117,58	132,28	-	111,32	125,23	-	105,08	118,22	-	98,97	
	V	2.219,25	90,12	177,54	199,73																		
	VI	2.263,58	95,39	181,08	203,72																		
7.271,99 (West)	I	1.699,41	28,26	135,95	152,94	9,61	123,42	138,84	-	110,88	124,74	-	98,55	110,87	-	86,72	97,56	-	75,42	84,84	-	64,62	
	II	1.550,25	10,51	124,02	139,52	-	111,48	125,42	-	99,13	111,52	-	87,28	98,19	-	75,95	85,44	-	65,13	73,27	-	54,82	
	III	1.096,33	-	87,70	98,66	-	78,37	88,16	-	69,29	77,95	-	60,46	68,02	-	51,89	58,37	-	43,58	49,03	-	35,53	
	IV	1.699,41	28,26	135,95	152,94	18,94	129,68	145,89	9,61	123,42	138,84	0,29	117,15	131,79	-	110,88	124,74	-	104,65	117,73	-	98,55	
	V	2.213,83	89,47	177,10	199,24																		
	VI	2.258,16	94,75	180,65	203,23																		
7.271,99 (Ost)	I	1.706,08	29,05	136,48	153,54	10,41	123,95	139,44	-	111,42	125,34	-	99,06	111,44	-	87,22	98,12	-	75,89	85,37	-	65,08	
	II	1.557,00	11,31	124,56	140,13	-	112,02	126,02	-	99,65	112,10	-	87,78	98,75	-	76,42	85,97	-	65,58	73,78	-	55,26	
	III	1.101,50	-	88,12	99,13	-	78,76	88,60	-	69,66	78,37	-	60,84	68,44	-	52,25	58,78	-	43,93	49,42	-	35,86	
	IV	1.706,08	29,05	136,48	153,54	19,73	130,22	146,49	10,41	123,95	139,44	1,09	117,68	132,39	-	111,42	125,34	-	105,18	118,33	-	99,06	
	V	2.220,50	90,27	177,64	199,84																		
	VI	2.264,83	95,54	181,18	203,83																		
7.274,99 (West)	I	1.700,50	28,39	136,04	153,04	9,74	123,50	138,94	-	110,98	124,85	-	98,64	110,97	-	86,81	97,66	-	75,50	84,93	-	64,70	
	II	1.551,41	10,65	124,11	139,62	-	111,58	125,52	-	99,22	111,62	-	87,37	98,29	-	76,03	85,53	-	65,21	73,36	-	54,90	
	III	1.097,16	-	87,77	98,74	-	78,44	88,24	-	69,34	78,01	-	60,52	68,08	-	51,94	58,43	-	43,64	49,09	-	35,58	
	IV	1.700,50	28,39	136,04	153,04	19,06	129,77	145,99	9,74	123,50	138,94	0,43	117,24	131,90	-	110,98	124,85	-	104,74	117,83	-	98,64	
	V	2.215,00	89,61	177,20	199,35																		
	VI	2.259,25	94,88	180,74	203,33																		
7.274,99 (Ost)	I	1.707,33	29,20	136,58	153,65	10,56	124,05	139,55	-	111,52	125,46	-	99,16	111,56	-	87,32	98,23	-	75,98	85,47	-	65,16	
	II	1.558,25	11,46	124,66	140,24	-	112,12	126,14	-	99,75	112,22	-	87,88	98,86	-	76,52	86,08	-	65,67	73,88	-	55,34	
	III	1.102,33	-	88,18	99,20	-	78,84	88,69	-	69,74	78,46	-	60,90	68,51	-	52,32	58,86	-	44,00	49,50	-	35,93	
	IV	1.707,33	29,20	136,58	153,65	19,88	130,32	146,61	10,56	124,05	139,55	1,23	117,78	132,50	-	111,52	125,46	-	105,28	118,44	-	99,16	
	V	2.221,83	90,43	177,74	199,96																		
	VI	2.266,08	95,69	181,28	203,94																		

Lohn/ Gehalt bis	Steuerklasse	Lohn- steuer	ohne Kinderfreibetrag SolZ 5,5%	Kirchensteuer 8%	9%	0,5 SolZ 5,5%	Kirchensteuer 8%	9%	1,0 SolZ 5,5%	Kirchensteuer 8%	9%	1,5 SolZ 5,5%	Kirchensteuer 8%	9%	2,0 SolZ 5,5%	Kirchensteuer 8%	9%	2,5 SolZ 5,5%	Kirchensteuer 8%	9%	3,0 SolZ 5,5%	Kirchensteuer 8%	9%
						Anzahl Kinderfreibeträge (nur Steuerklassen I–IV)																	
7.277,99 (West)	I	1.701,66	28,53	136,13	153,14	9,88	123,60	139,05	-	111,06	124,94	-	98,72	111,06	-	86,89	97,75	-	75,58	85,02	-	64,78	72,87
	II	1.552,58	10,78	124,20	139,73	-	111,67	125,63	-	99,31	111,72	-	87,45	98,38	-	76,11	85,62	-	65,28	73,44	-	54,97	61,84
	III	1.098,00	-	87,84	98,82	-	78,50	88,31	-	69,41	78,08	-	60,58	68,15	-	52,01	58,51	-	43,69	49,15	-	35,64	40,09
	IV	1.701,66	28,53	136,13	153,14	19,20	129,86	146,09	9,88	123,60	139,05	0,56	117,33	131,99	-	111,06	124,94	-	104,83	117,93	-	98,72	111,06
	V	2.216,08	89,74	177,28	199,44																		
	VI	2.260,41	95,02	180,83	203,43																		
7.277,99 (Ost)	I	1.708,58	29,35	136,68	153,77	10,71	124,15	139,67	-	111,62	125,57	-	99,26	111,67	-	87,41	98,33	-	76,07	85,58	-	65,24	73,40
	II	1.559,50	11,61	124,76	140,35	-	112,22	126,25	-	99,84	112,32	-	87,97	98,96	-	76,60	86,18	-	65,76	73,98	-	55,42	62,34
	III	1.103,33	-	88,26	99,29	-	78,92	88,78	-	69,81	78,53	-	60,97	68,59	-	52,38	58,93	-	44,06	49,57	-	36,00	40,50
	IV	1.708,58	29,35	136,68	153,77	20,03	130,42	146,72	10,71	124,15	139,67	1,39	117,89	132,62	-	111,62	125,57	-	105,38	118,55	-	99,26	111,67
	V	2.223,08	90,57	177,84	200,07																		
	VI	2.267,33	95,84	181,38	204,05																		
7.280,99 (West)	I	1.702,83	28,66	136,22	153,25	10,02	123,69	139,15	-	111,16	125,05	-	98,81	111,16	-	86,98	97,85	-	75,66	85,11	-	64,85	72,95
	II	1.553,66	10,91	124,29	139,82	-	111,76	125,73	-	99,40	111,82	-	87,54	98,48	-	76,19	85,71	-	65,36	73,53	-	55,04	61,92
	III	1.099,00	-	87,92	98,91	-	78,57	88,39	-	69,48	78,16	-	60,65	68,23	-	52,08	58,59	-	43,76	49,23	-	35,70	40,16
	IV	1.702,83	28,66	136,22	153,25	19,34	129,96	146,20	10,02	123,69	139,15	0,70	117,42	132,10	-	111,16	125,05	-	104,92	118,04	-	98,81	111,16
	V	2.217,25	89,88	177,38	199,55																		
	VI	2.261,58	95,16	180,92	203,54																		
7.280,99 (Ost)	I	1.709,91	29,51	136,79	153,89	10,86	124,26	139,79	-	111,72	125,69	-	99,36	111,78	-	87,50	98,44	-	76,16	85,68	-	65,33	73,49
	II	1.560,75	11,76	124,86	140,46	-	112,32	126,36	-	99,94	112,43	-	88,06	99,07	-	76,70	86,28	-	65,84	74,07	-	55,50	62,44
	III	1.104,33	-	88,34	99,38	-	78,98	88,85	-	69,89	78,62	-	61,04	68,67	-	52,45	59,00	-	44,13	49,64	-	36,05	40,55
	IV	1.709,91	29,51	136,79	153,89	20,19	130,52	146,84	10,86	124,26	139,79	1,54	117,99	132,74	-	111,72	125,69	-	105,48	118,67	-	99,36	111,78
	V	2.224,33	90,72	177,94	200,18																		
	VI	2.268,66	96,00	181,49	204,17																		
7.283,99 (West)	I	1.704,00	28,80	136,32	153,36	10,16	123,78	139,25	-	111,25	125,15	-	98,90	111,26	-	87,06	97,94	-	75,74	85,20	-	64,93	73,04
	II	1.554,83	11,05	124,38	139,93	-	111,85	125,83	-	99,48	111,92	-	87,62	98,57	-	76,28	85,81	-	65,44	73,62	-	55,12	62,01
	III	1.099,83	-	87,98	98,98	-	78,64	88,47	-	69,54	78,23	-	60,72	68,31	-	52,13	58,64	-	43,81	49,28	-	35,76	40,23
	IV	1.704,00	28,80	136,32	153,36	19,48	130,05	146,30	10,16	123,78	139,25	0,84	117,52	132,21	-	111,25	125,15	-	105,02	118,14	-	98,90	111,26
	V	2.218,41	90,02	177,47	199,65																		
	VI	2.262,75	95,29	181,02	203,64																		
7.283,99 (Ost)	I	1.711,16	29,66	136,89	154,00	11,01	124,36	139,90	-	111,82	125,80	-	99,46	111,89	-	87,60	98,55	-	76,25	85,78	-	65,42	73,59
	II	1.562,00	11,90	124,96	140,58	-	112,43	126,48	-	100,04	112,55	-	88,16	99,18	-	76,78	86,38	-	65,92	74,16	-	55,58	62,53
	III	1.105,33	-	88,42	99,47	-	79,06	88,94	-	69,96	78,70	-	61,12	68,76	-	52,53	59,09	-	44,20	49,72	-	36,12	40,63
	IV	1.711,16	29,66	136,89	154,00	20,33	130,62	146,95	11,01	124,36	139,90	1,69	118,09	132,85	-	111,82	125,80	-	105,58	118,77	-	99,46	111,89
	V	2.225,58	90,87	178,04	200,30																		
	VI	2.269,91	96,15	181,59	204,29																		
7.286,99 (West)	I	1.705,08	28,93	136,40	153,45	10,29	123,87	139,35	-	111,34	125,25	-	98,99	111,36	-	87,14	98,03	-	75,82	85,29	-	65,00	73,13
	II	1.556,00	11,19	124,48	140,04	-	111,94	125,93	-	99,57	112,01	-	87,70	98,66	-	76,36	85,90	-	65,52	73,71	-	55,19	62,09
	III	1.100,66	-	88,05	99,05	-	78,70	88,54	-	69,61	78,31	-	60,77	68,36	-	52,20	58,72	-	43,88	49,36	-	35,81	40,28
	IV	1.705,08	28,93	136,40	153,45	19,61	130,14	146,40	10,29	123,87	139,35	0,97	117,60	132,30	-	111,34	125,25	-	105,10	118,24	-	98,99	111,36
	V	2.219,50	90,15	177,56	199,75																		
	VI	2.263,83	95,42	181,10	203,74																		
7.286,99 (Ost)	I	1.712,41	29,80	136,99	154,11	11,16	124,46	140,01	-	111,92	125,91	-	99,56	112,00	-	87,69	98,65	-	76,34	85,88	-	65,50	73,68
	II	1.563,33	12,06	125,06	140,69	-	112,53	126,59	-	100,14	112,65	-	88,25	99,28	-	76,87	86,48	-	66,01	74,26	-	55,66	62,62
	III	1.106,16	-	88,49	99,55	-	79,13	89,02	-	70,02	78,77	-	61,18	68,83	-	52,60	59,17	-	44,26	49,79	-	36,18	40,70
	IV	1.712,41	29,80	136,99	154,11	20,48	130,72	147,06	11,16	124,46	140,01	1,84	118,19	132,96	-	111,92	125,91	-	105,68	118,89	-	99,56	112,00
	V	2.226,83	91,02	178,14	200,41																		
	VI	2.271,16	96,30	181,69	204,40																		
7.289,99 (West)	I	1.706,25	29,07	136,50	153,56	10,43	123,96	139,46	-	111,43	125,36	-	99,08	111,46	-	87,23	98,13	-	75,90	85,39	-	65,08	73,22
	II	1.557,16	11,33	124,57	140,14	-	112,04	126,04	-	99,66	112,12	-	87,79	98,76	-	76,44	85,99	-	65,60	73,80	-	55,27	62,18
	III	1.101,50	-	88,12	99,13	-	78,77	88,61	-	69,68	78,39	-	60,84	68,44	-	52,26	58,79	-	43,94	49,43	-	35,88	40,36
	IV	1.706,25	29,07	136,50	153,56	19,75	130,23	146,51	10,43	123,96	139,46	1,11	117,70	132,41	-	111,43	125,36	-	105,19	118,34	-	99,08	111,46
	V	2.220,66	90,29	177,65	199,85																		
	VI	2.265,00	95,56	181,20	203,85																		
7.289,99 (Ost)	I	1.713,66	29,95	137,09	154,22	11,31	124,56	140,13	-	112,02	126,02	-	99,65	112,10	-	87,78	98,75	-	76,42	85,97	-	65,58	73,78
	II	1.564,58	12,21	125,16	140,81	-	112,63	126,71	-	100,24	112,77	-	88,34	99,38	-	76,96	86,58	-	66,10	74,36	-	55,74	62,71
	III	1.107,16	-	88,57	99,64	-	79,21	89,11	-	70,10	78,86	-	61,25	68,90	-	52,66	59,24	-	44,33	49,87	-	36,25	40,78
	IV	1.713,66	29,95	137,09	154,22	20,63	130,82	147,17	11,31	124,56	140,13	1,99	118,29	133,07	-	112,02	126,02	-	105,78	119,00	-	99,65	112,10
	V	2.228,08	91,17	178,24	200,52																		
	VI	2.272,41	96,44	181,79	204,51																		
7.292,99 (West)	I	1.707,41	29,21	136,59	153,66	10,57	124,06	139,56	-	111,52	125,46	-	99,16	111,56	-	87,32	98,23	-	75,98	85,48	-	65,16	73,31
	II	1.558,33	11,47	124,66	140,24	-	112,13	126,14	-	99,75	112,22	-	87,88	98,86	-	76,52	86,08	-	65,67	73,88	-	55,34	62,26
	III	1.102,33	-	88,18	99,20	-	78,84	88,69	-	69,74	78,46	-	60,90	68,51	-	52,32	58,86	-	44,00	49,50	-	35,93	40,42
	IV	1.707,41	29,21	136,59	153,66	19,89	130,32	146,61	10,57	124,06	139,56	1,24	117,79	132,51	-	111,52	125,46	-	105,28	118,44	-	99,16	111,56
	V	2.221,83	90,43	177,74	199,96																		
	VI	2.266,16	95,70	181,29	203,95																		
7.292,99 (Ost)	I	1.714,91	30,10	137,19	154,34	11,46	124,66	140,24	-	112,12	126,14	-	99,75	112,22	-	87,88	98,86	-	76,52	86,08	-	65,67	73,88
	II	1.565,83	12,36	125,26	140,92	-	112,73	126,82	-	100,34	112,88	-	88,44	99,49	-	77,05	86,68	-	66,18	74,45	-	55,82	62,80
	III	1.108,16	-	88,65	99,73	-	79,28	89,19	-	70,17	78,94	-	61,32	68,98	-	52,73	59,32	-	44,40	49,95	-	36,32	40,86
	IV	1.714,91	30,10	137,19	154,34	20,78	130,92	147,29	11,46	124,66	140,24	2,14	118,39	133,19	-	112,12	126,14	-	105,88	119,11	-	99,75	112,22
	V	2.229,33	91,32	178,34	200,63																		
	VI	2.273,66	96,59	181,89	204,62																		
7.295,99 (West)	I	1.708,50	29,34	136,68	153,76	10,70	124,14	139,66	-	111,61	125,56	-	99,25	111,65	-	87,40	98,32	-	76,06	85,57	-	65,24	73,39
	II	1.559,41	11,60	124,75	140,34	-	112,22	126,24	-	99,84	112,32	-	87,96	98,96	-	76,60	86,17	-	65,75	73,97	-	55,41	62,33
	III	1.103,33	-	88,26	99,29	-	78,90	88,76	-	69,81	78,53	-	60,97	68,59	-	52,38	58,93	-	44,05	49,55	-	35,98	40,48
	IV	1.708,50	29,34	136,68	153,76	20,02	130,41	146,71	10,70	124,14	139,66	1,37	117,88	132,61	-	111,61	125,56	-	105,37	118,54	-	99,25	111,65
	V	2.222,91	90,55	177,83	200,06																		
	VI	2.267,25	95,83	181,38	204,05																		
7.295,99 (Ost)	I	1.716,16	30,25	137,29	154,45	11,61	124,76	140,35	-	112,22	126,25	-	99,84	112,32	-	87,97	98,96	-	76,60	86,18	-	65,76	73,98
	II	1.567,08	12,51	125,36	141,03	-	112,83	126,93	-	100,43	112,98	-	88,53	99,59	-	77,14	86,78	-	66,26	74,54	-	55,91	62,90
	III	1.109,16	-	88,73	99,82	-	79,36	89,28	-	70,25	79,03	-	61,40	69,07	-	52,80	59,40	-	44,46	50,02	-	36,37	40,91
	IV	1.716,16	30,25	137,29	154,45	20,93	131,02	147,40	11,61	124,76	140,35	2,29	118,49	133,30	-	112,22	126,25	-	105,98	119,22	-	99,84	112,32
	V	2.230,58	91,47	178,44	200,75																		
	VI	2.274,91	96,74	181,99	204,74																		

Lohn/Gehalt bis	Steuerklasse	Lohnsteuer	ohne Kinderfreibetrag			Anzahl Kinderfreibeträge (nur Steuerklassen I–IV) 0,5			1,0			1,5			2,0			2,5			3,0		
			SolZ 5,5%	Kirchensteuer 8%	9%	SolZ 5,5%	Kirchensteuer 8%	9%	SolZ 5,5%	Kirchensteuer 8%	9%	SolZ 5,5%	Kirchensteuer 8%	9%	SolZ 5,5%	Kirchensteuer 8%	9%	SolZ 5,5%	Kirchensteuer 8%	9%	SolZ 5,5%	Kirchensteuer 8%	9
7.298,99 (West)	I	1.709,66	29,48	136,77	153,86	10,83	124,24	139,77	-	111,70	125,66	-	99,34	111,76	-	87,48	98,42	-	76,14	85,66	-	65,32	7
	II	1.560,58	11,74	124,84	140,45	-	112,31	126,35	-	99,93	112,42	-	88,04	99,05	-	76,68	86,26	-	65,82	74,05	-	55,49	6
	III	1.104,16	-	88,33	99,37	-	78,97	88,84	-	69,88	78,61	-	61,02	68,65	-	52,45	59,00	-	44,12	49,63	-	36,05	4
	IV	1.709,66	29,48	136,77	153,86	20,16	130,50	146,81	10,83	124,24	139,77	1,51	117,97	132,71	-	111,70	125,66	-	105,46	118,64	-	99,34	11
	V	2.224,08	90,69	177,92	200,16																		
	VI	2.268,41	95,97	181,47	204,15																		
7.298,99 (Ost)	I	1.717,41	30,40	137,39	154,56	11,76	124,86	140,46	-	112,32	126,36	-	99,94	112,43	-	88,06	99,07	-	76,70	86,28	-	65,84	7
	II	1.568,33	12,66	125,46	141,14	-	112,93	127,04	-	100,53	113,09	-	88,62	99,70	-	77,23	86,88	-	66,35	74,64	-	55,99	6
	III	1.110,00	-	88,80	99,90	-	79,44	89,37	-	70,32	79,11	-	61,46	69,14	-	52,86	59,47	-	44,53	50,09	-	36,44	4
	IV	1.717,41	30,40	137,39	154,56	21,08	131,12	147,51	11,76	124,86	140,46	2,43	118,59	133,41	-	112,32	126,36	-	106,08	119,34	-	99,94	11
	V	2.231,91	91,63	178,55	200,87																		
	VI	2.276,16	96,89	182,09	204,85																		
7.301,99 (West)	I	1.710,91	29,63	136,87	153,98	10,98	124,34	139,88	-	111,80	125,78	-	99,44	111,87	-	87,58	98,52	-	76,23	85,76	-	65,40	7
	II	1.561,83	11,89	124,94	140,56	-	112,41	126,46	-	100,02	112,52	-	88,14	99,15	-	76,76	86,36	-	65,91	74,15	-	55,56	6
	III	1.105,00	-	88,40	99,45	-	79,04	88,92	-	69,94	78,68	-	61,09	68,72	-	52,50	59,06	-	44,18	49,70	-	36,10	4
	IV	1.710,91	29,63	136,87	153,98	20,30	130,60	146,93	10,98	124,34	139,88	1,66	118,07	132,83	-	111,80	125,78	-	105,56	118,76	-	99,44	11
	V	2.225,33	90,84	178,02	200,27																		
	VI	2.269,66	96,12	181,57	204,26																		
7.301,99 (Ost)	I	1.718,66	30,55	137,49	154,67	11,90	124,96	140,58	-	112,43	126,48	-	100,04	112,55	-	88,16	99,18	-	76,78	86,38	-	65,92	7
	II	1.569,58	12,81	125,56	141,26	-	113,03	127,16	-	100,63	113,21	-	88,72	99,81	-	77,32	86,98	-	66,44	74,74	-	56,07	6
	III	1.111,00	-	88,88	99,99	-	79,50	89,44	-	70,38	79,18	-	61,53	69,22	-	52,93	59,54	-	44,58	50,15	-	36,50	4
	IV	1.718,66	30,55	137,49	154,67	21,23	131,22	147,62	11,90	124,96	140,58	2,58	118,69	133,52	-	112,43	126,48	-	106,18	119,45	-	100,04	11
	V	2.233,16	91,77	178,65	200,98																		
	VI	2.277,41	97,04	182,19	204,96																		
7.304,99 (West)	I	1.712,16	29,77	136,97	154,09	11,13	124,44	139,99	-	111,90	125,89	-	99,54	111,98	-	87,67	98,63	-	76,32	85,86	-	65,48	7
	II	1.563,08	12,03	125,04	140,67	-	112,51	126,57	-	100,12	112,64	-	88,23	99,26	-	76,86	86,46	-	66,00	74,25	-	55,65	6
	III	1.106,00	-	88,48	99,54	-	79,12	89,01	-	70,01	78,76	-	61,17	68,81	-	52,58	59,15	-	44,25	49,78	-	36,17	4
	IV	1.712,16	29,77	136,97	154,09	20,45	130,70	147,04	11,13	124,44	139,99	1,81	118,17	132,94	-	111,90	125,89	-	105,66	118,87	-	99,54	11
	V	2.226,58	90,99	178,12	200,39																		
	VI	2.270,91	96,27	181,67	204,38																		
7.304,99 (Ost)	I	1.719,91	30,70	137,59	154,79	12,06	125,06	140,69	-	112,53	126,59	-	100,14	112,65	-	88,25	99,28	-	76,87	86,48	-	66,01	74
	II	1.570,83	12,96	125,66	141,37	-	113,13	127,27	-	100,72	113,31	-	88,81	99,91	-	77,41	87,08	-	66,52	74,84	-	56,15	6
	III	1.112,00	-	88,96	100,08	-	79,58	89,53	-	70,46	79,27	-	61,60	69,30	-	53,00	59,62	-	44,65	50,23	-	36,57	4
	IV	1.719,91	30,70	137,59	154,79	21,39	131,33	147,74	12,06	125,06	140,69	2,74	118,80	133,65	-	112,53	126,59	-	106,28	119,56	-	100,14	11
	V	2.234,41	91,92	178,75	201,09																		
	VI	2.278,75	97,20	182,30	205,08																		
7.307,99 (West)	I	1.713,41	29,92	137,07	154,20	11,28	124,54	140,10	-	112,00	126,00	-	99,63	112,08	-	87,76	98,73	-	76,41	85,96	-	65,57	73
	II	1.564,33	12,18	125,14	140,78	-	112,61	126,68	-	100,22	112,74	-	88,32	99,36	-	76,94	86,56	-	66,08	74,34	-	55,73	62
	III	1.107,00	-	88,56	99,63	-	79,20	89,10	-	70,09	78,85	-	61,24	68,89	-	52,65	59,23	-	44,32	49,86	-	36,24	40
	IV	1.713,41	29,92	137,07	154,20	20,60	130,80	147,15	11,28	124,54	140,10	1,96	118,27	133,05	-	112,00	126,00	-	105,76	118,98	-	99,63	112
	V	2.227,83	91,14	178,22	200,50																		
	VI	2.272,16	96,41	181,77	204,49																		
7.307,99 (Ost)	I	1.721,25	30,86	137,70	154,91	12,21	125,16	140,81	-	112,63	126,71	-	100,24	112,77	-	88,34	99,38	-	76,96	86,58	-	66,10	74
	II	1.572,08	13,10	125,76	141,48	-	113,23	127,38	-	100,82	113,42	-	88,90	100,01	-	77,50	87,18	-	66,61	74,93	-	56,23	63
	III	1.112,83	-	89,02	100,15	-	79,65	89,60	-	70,53	79,34	-	61,68	69,39	-	53,06	59,69	-	44,72	50,31	-	36,64	41
	IV	1.721,25	30,86	137,70	154,91	21,53	131,43	147,86	12,21	125,16	140,81	2,89	118,90	133,76	-	112,63	126,71	-	106,38	119,67	-	100,24	112
	V	2.235,66	92,07	178,85	201,20																		
	VI	2.280,00	97,35	182,40	205,20																		
7.310,99 (West)	I	1.714,66	30,07	137,17	154,31	11,43	124,64	140,22	-	112,10	126,11	-	99,73	112,19	-	87,86	98,84	-	76,50	86,06	-	65,65	73
	II	1.565,58	12,33	125,24	140,90	-	112,71	126,80	-	100,32	112,86	-	88,42	99,47	-	77,04	86,67	-	66,16	74,43	-	55,81	62
	III	1.108,00	-	88,64	99,72	-	79,26	89,17	-	70,16	78,93	-	61,30	68,96	-	52,72	59,31	-	44,38	49,93	-	36,30	40
	IV	1.714,66	30,07	137,17	154,31	20,75	130,90	147,26	11,43	124,64	140,22	2,11	118,37	133,16	-	112,10	126,11	-	105,86	119,09	-	99,73	112
	V	2.229,08	91,29	178,32	200,61																		
	VI	2.273,41	96,56	181,87	204,60																		
7.310,99 (Ost)	I	1.722,50	31,00	137,80	155,02	12,36	125,26	140,92	-	112,73	126,82	-	100,34	112,88	-	88,44	99,49	-	77,05	86,68	-	66,18	74
	II	1.573,41	13,26	125,87	141,60	-	113,34	127,50	-	100,92	113,54	-	89,00	100,12	-	77,59	87,29	-	66,70	75,03	-	56,32	63
	III	1.113,83	-	89,10	100,24	-	79,73	89,69	-	70,61	79,43	-	61,74	69,46	-	53,14	59,78	-	44,78	50,38	-	36,69	41
	IV	1.722,50	31,00	137,80	155,02	21,68	131,53	147,97	12,36	125,26	140,92	3,04	119,00	133,87	-	112,73	126,82	-	106,48	119,79	-	100,34	112,
	V	2.236,91	92,22	178,95	201,32																		
	VI	2.281,25	97,50	182,50	205,31																		
7.313,99 (West)	I	1.715,91	30,22	137,27	154,43	11,58	124,74	140,33	-	112,20	126,23	-	99,83	112,31	-	87,95	98,94	-	76,59	86,16	-	65,74	73,
	II	1.566,83	12,48	125,34	141,01	-	112,81	126,91	-	100,42	112,97	-	88,51	99,57	-	77,12	86,76	-	66,25	74,53	-	55,89	62
	III	1.108,83	-	88,70	99,79	-	79,34	89,26	-	70,22	79,00	-	61,37	69,04	-	52,78	59,38	-	44,44	49,99	-	36,36	40,
	IV	1.715,91	30,22	137,27	154,43	20,90	131,00	147,38	11,58	124,74	140,33	2,26	118,47	133,28	-	112,20	126,23	-	105,96	119,20	-	99,83	112,
	V	2.230,33	91,44	178,42	200,72																		
	VI	2.274,66	96,71	181,97	204,71																		
7.313,99 (Ost)	I	1.723,75	31,15	137,90	155,13	12,51	125,36	141,03	-	112,83	126,93	-	100,43	112,98	-	88,53	99,59	-	77,14	86,78	-	66,26	74,
	II	1.574,66	13,41	125,97	141,71	-	113,44	127,62	-	101,02	113,64	-	89,09	100,22	-	77,68	87,39	-	66,78	75,12	-	56,40	63,
	III	1.114,83	-	89,18	100,33	-	79,80	89,77	-	70,68	79,51	-	61,81	69,53	-	53,21	59,86	-	44,85	50,45	-	36,76	41,
	IV	1.723,75	31,15	137,90	155,13	21,83	131,63	148,08	12,51	125,36	141,03	3,19	119,10	133,98	-	112,83	126,93	-	106,58	119,90	-	100,43	112,
	V	2.238,16	92,37	179,05	201,43																		
	VI	2.282,50	97,64	182,60	205,42																		
7.316,99 (West)	I	1.717,16	30,37	137,37	154,54	11,73	124,84	140,44	-	112,30	126,34	-	99,92	112,41	-	88,04	99,05	-	76,68	86,26	-	65,82	74,
	II	1.568,08	12,63	125,44	141,12	-	112,91	127,02	-	100,51	113,07	-	88,60	99,68	-	77,21	86,86	-	66,34	74,63	-	55,97	62,
	III	1.109,83	-	88,78	99,88	-	79,41	89,33	-	70,30	79,09	-	61,45	69,13	-	52,85	59,45	-	44,50	50,06	-	36,42	40,
	IV	1.717,16	30,37	137,37	154,54	21,05	131,10	147,49	11,73	124,84	140,44	2,40	118,57	133,39	-	112,30	126,34	-	106,06	119,31	-	99,92	112,
	V	2.231,66	91,60	178,53	200,84																		
	VI	2.275,91	96,86	182,07	204,83																		
7.316,99 (Ost)	I	1.725,00	31,30	138,00	155,25	12,66	125,46	141,14	-	112,93	127,04	-	100,53	113,09	-	88,62	99,70	-	77,23	86,88	-	66,35	74,6
	II	1.575,91	13,56	126,07	141,83	-	113,54	127,73	-	101,12	113,76	-	89,18	100,33	-	77,77	87,49	-	66,86	75,22	-	56,48	63,5
	III	1.115,83	-	89,26	100,42	-	79,88	89,86	-	70,76	79,60	-	61,89	69,62	-	53,28	59,94	-	44,92	50,53	-	36,82	41,4
	IV	1.725,00	31,30	138,00	155,25	21,98	131,73	148,19	12,66	125,46	141,14	3,34	119,20	134,10	-	112,93	127,04	-	106,68	120,01	-	100,53	113,0
	V	2.239,41	92,52	179,15	201,54																		
	VI	2.283,75	97,79	182,70	205,53																		

Lohn/ Gehalt bis	Steuerklasse	Lohn-steuer	ohne Kinderfreibetrag SolZ 5,5%	Kirchensteuer 8%	9%	0,5 SolZ 5,5%	Kirchensteuer 8%	9%	1,0 SolZ 5,5%	Kirchensteuer 8%	9%	1,5 SolZ 5,5%	Kirchensteuer 8%	9%	2,0 SolZ 5,5%	Kirchensteuer 8%	9%	2,5 SolZ 5,5%	Kirchensteuer 8%	9%	3,0 SolZ 5,5%	Kirchensteuer 8%	9%
7.319,99 (West)	I	1.718,41	30,52	137,47	154,65	11,89	124,94	140,56	–	112,41	126,46	–	100,02	112,52	–	88,14	99,15	–	76,76	86,36	–	65,91	74,15
	II	1.569,33	12,78	125,54	141,23	–	113,01	127,13	–	100,61	113,18	–	88,70	99,78	–	77,30	86,96	–	66,42	74,72	–	56,06	63,06
	III	1.110,83	–	88,86	99,97	–	79,49	89,42	–	70,37	79,16	–	61,52	69,21	–	52,92	59,53	–	44,57	50,14	–	36,49	41,05
	IV	1.718,41	30,52	137,47	154,65	21,20	131,20	147,60	11,89	124,94	140,56	2,56	118,68	133,51	–	112,41	126,46	–	106,16	119,43	–	100,02	112,52
	V	2.232,91	91,74	178,63	200,96																		
	VI	2.277,16	97,01	182,17	204,94																		
7.319,99 (Ost)	I	1.726,25	31,45	138,10	155,36	12,81	125,56	141,26	–	113,03	127,16	–	100,63	113,21	–	88,72	99,81	–	77,32	86,98	–	66,44	74,74
	II	1.577,16	13,71	126,17	141,94	–	113,64	127,84	–	101,22	113,87	–	89,28	100,44	–	77,86	87,59	–	66,95	75,32	–	56,56	63,63
	III	1.116,66	–	89,33	100,49	–	79,96	89,95	–	70,82	79,67	–	61,96	69,70	–	53,34	60,01	–	44,98	50,60	–	36,89	41,50
	IV	1.726,25	31,45	138,10	155,36	22,13	131,83	148,31	12,81	125,56	141,26	3,49	119,30	134,21	–	113,03	127,16	–	106,78	120,12	–	100,63	113,21
	V	2.240,66	92,67	179,25	201,65																		
	VI	2.285,00	97,94	182,80	205,65																		
7.322,99 (West)	I	1.719,75	30,68	137,58	154,77	12,03	125,04	140,67	–	112,51	126,57	–	100,12	112,64	–	88,23	99,26	–	76,86	86,46	–	66,00	74,25
	II	1.570,58	12,93	125,64	141,35	–	113,11	127,25	–	100,71	113,30	–	88,79	99,89	–	77,39	87,06	–	66,50	74,81	–	56,14	63,15
	III	1.111,66	–	88,93	100,04	–	79,56	89,50	–	70,45	79,25	–	61,58	69,28	–	52,98	59,60	–	44,64	50,22	–	36,56	41,13
	IV	1.719,75	30,68	137,58	154,77	21,36	131,31	147,72	12,03	125,04	140,67	2,71	118,78	133,62	–	112,51	126,57	–	106,26	119,54	–	100,12	112,64
	V	2.234,16	91,89	178,73	201,07																		
	VI	2.278,50	97,17	182,28	205,06																		
7.322,99 (Ost)	I	1.727,50	31,60	138,20	155,47	12,96	125,66	141,37	–	113,13	127,27	–	100,72	113,31	–	88,81	99,91	–	77,41	87,08	–	66,52	74,84
	II	1.578,41	13,86	126,27	142,05	–	113,74	127,95	–	101,32	113,98	–	89,38	100,55	–	77,95	87,69	–	67,04	75,42	–	56,64	63,72
	III	1.117,66	–	89,41	100,58	–	80,02	90,02	–	70,89	79,75	–	62,02	69,77	–	53,41	60,08	–	45,05	50,68	–	36,96	41,58
	IV	1.727,50	31,60	138,20	155,47	22,28	131,93	148,42	12,96	125,66	141,37	3,63	119,40	134,32	–	113,13	127,27	–	106,88	120,24	–	100,72	113,31
	V	2.242,00	92,82	179,36	201,78																		
	VI	2.286,25	98,09	182,90	205,76																		
7.325,99 (West)	I	1.721,00	30,83	137,68	154,89	12,18	125,14	140,78	–	112,61	126,68	–	100,22	112,74	–	88,32	99,36	–	76,94	86,56	–	66,08	74,34
	II	1.571,83	13,08	125,74	141,46	–	113,22	127,37	–	100,80	113,40	–	88,88	99,99	–	77,48	87,17	–	66,59	74,91	–	56,22	63,24
	III	1.112,66	–	89,01	100,13	–	79,64	89,59	–	70,52	79,33	–	61,66	69,37	–	53,05	59,68	–	44,70	50,29	–	36,62	41,20
	IV	1.721,00	30,83	137,68	154,89	21,50	131,41	147,83	12,18	125,14	140,78	2,86	118,88	133,74	–	112,61	126,68	–	106,36	119,65	–	100,22	112,74
	V	2.235,41	92,04	178,83	201,18																		
	VI	2.279,75	97,32	182,38	205,17																		
7.325,99 (Ost)	I	1.728,75	31,75	138,30	155,58	13,10	125,76	141,48	–	113,23	127,38	–	100,82	113,42	–	88,90	100,01	–	77,50	87,18	–	66,61	74,93
	II	1.579,66	14,01	126,37	142,16	–	113,84	128,07	–	101,41	114,08	–	89,47	100,65	–	78,04	87,79	–	67,12	75,51	–	56,72	63,81
	III	1.118,66	–	89,49	100,67	–	80,10	90,11	–	70,97	79,84	–	62,09	69,85	–	53,48	60,16	–	45,12	50,76	–	37,01	41,63
	IV	1.728,75	31,75	138,30	155,58	22,43	132,03	148,53	13,10	125,76	141,48	3,78	119,50	134,43	–	113,23	127,38	–	106,98	120,35	–	100,82	113,42
	V	2.243,25	92,97	179,46	201,89																		
	VI	2.287,50	98,24	183,00	205,87																		
7.328,99 (West)	I	1.722,25	30,97	137,78	155,00	12,33	125,24	140,90	–	112,71	126,80	–	100,32	112,86	–	88,42	99,47	–	77,04	86,67	–	66,16	74,43
	II	1.573,16	13,23	125,85	141,58	–	113,32	127,48	–	100,90	113,51	–	88,98	100,10	–	77,57	87,26	–	66,68	75,01	–	56,30	63,33
	III	1.113,66	–	89,09	100,22	–	79,72	89,68	–	70,60	79,42	–	61,73	69,44	–	53,12	59,76	–	44,77	50,36	–	36,68	41,26
	IV	1.722,25	30,97	137,78	155,00	21,65	131,51	147,95	12,33	125,24	140,90	3,01	118,98	133,85	–	112,71	126,80	–	106,46	119,76	–	100,32	112,86
	V	2.236,66	92,19	178,93	201,29																		
	VI	2.281,00	97,47	182,48	205,29																		
7.328,99 (Ost)	I	1.730,00	31,90	138,40	155,70	13,26	125,87	141,60	–	113,34	127,50	–	100,92	113,54	–	89,00	100,12	–	77,59	87,29	–	66,70	75,03
	II	1.580,91	14,16	126,47	142,28	–	113,94	128,18	–	101,51	114,20	–	89,56	100,76	–	78,13	87,89	–	67,21	75,61	–	56,80	63,90
	III	1.119,66	–	89,57	100,76	–	80,17	90,19	–	71,04	79,92	–	62,17	69,94	–	53,54	60,23	–	45,18	50,83	–	37,08	41,71
	IV	1.730,00	31,90	138,40	155,70	22,58	132,13	148,64	13,26	125,87	141,60	3,94	119,60	134,55	–	113,34	127,50	–	107,08	120,46	–	100,92	113,54
	V	2.244,50	93,12	179,56	202,00																		
	VI	2.288,75	98,39	183,10	205,98																		
7.331,99 (West)	I	1.723,50	31,12	137,88	155,11	12,48	125,34	141,01	–	112,81	126,91	–	100,42	112,97	–	88,51	99,57	–	77,12	86,76	–	66,25	74,53
	II	1.574,41	13,38	125,95	141,69	–	113,42	127,59	–	101,00	113,63	–	89,08	100,21	–	77,66	87,37	–	66,76	75,11	–	56,38	63,42
	III	1.114,66	–	89,17	100,31	–	79,78	89,75	–	70,66	79,49	–	61,80	69,52	–	53,18	59,83	–	44,84	50,44	–	36,74	41,33
	IV	1.723,50	31,12	137,88	155,11	21,80	131,61	148,06	12,48	125,34	141,01	3,16	119,08	133,96	–	112,81	126,91	–	106,56	119,88	–	100,42	112,97
	V	2.237,91	92,34	179,03	201,41																		
	VI	2.282,25	97,61	182,58	205,40																		
7.331,99 (Ost)	I	1.731,33	32,06	138,50	155,81	13,41	125,97	141,71	–	113,44	127,62	–	101,02	113,64	–	89,09	100,22	–	77,68	87,39	–	66,78	75,12
	II	1.582,16	14,30	126,57	142,39	–	114,04	128,29	–	101,61	114,31	–	89,66	100,86	–	78,22	87,99	–	67,30	75,71	–	56,88	63,99
	III	1.120,50	–	89,64	100,84	–	80,25	90,28	–	71,12	80,01	–	62,24	70,02	–	53,61	60,31	–	45,25	50,90	–	37,14	41,78
	IV	1.731,33	32,06	138,50	155,81	22,73	132,24	148,77	13,41	125,97	141,71	4,09	119,70	134,66	–	113,44	127,62	–	107,18	120,57	–	101,02	113,64
	V	2.245,75	93,27	179,66	202,11																		
	VI	2.290,08	98,55	183,20	206,10																		
7.334,99 (West)	I	1.724,75	31,27	137,98	155,22	12,63	125,44	141,12	–	112,91	127,02	–	100,51	113,07	–	88,60	99,68	–	77,21	86,86	–	66,34	74,63
	II	1.575,66	13,53	126,05	141,80	–	113,52	127,71	–	101,10	113,73	–	89,17	100,31	–	77,75	87,47	–	66,85	75,20	–	56,46	63,52
	III	1.115,50	–	89,24	100,39	–	79,86	89,84	–	70,73	79,57	–	61,86	69,59	–	53,26	59,92	–	44,90	50,51	–	36,81	41,41
	IV	1.724,75	31,27	137,98	155,22	21,95	131,71	148,17	12,63	125,44	141,12	3,31	119,18	134,07	–	112,91	127,02	–	106,66	119,99	–	100,51	113,07
	V	2.239,16	92,49	179,13	201,52																		
	VI	2.283,50	97,76	182,68	205,51																		
7.334,99 (Ost)	I	1.732,58	32,20	138,60	155,93	13,56	126,07	141,83	–	113,54	127,73	–	101,12	113,76	–	89,18	100,33	–	77,77	87,49	–	66,86	75,22
	II	1.583,41	14,45	126,67	142,50	–	114,14	128,41	–	101,71	114,42	–	89,75	100,97	–	78,31	88,10	–	67,38	75,80	–	56,96	64,08
	III	1.121,50	–	89,72	100,93	–	80,33	90,37	–	71,18	80,08	–	62,30	70,09	–	53,68	60,39	–	45,32	50,98	–	37,21	41,86
	IV	1.732,58	32,20	138,60	155,93	22,88	132,34	148,88	13,56	126,07	141,83	4,24	119,80	134,78	–	113,54	127,73	–	107,28	120,69	–	101,12	113,76
	V	2.247,00	93,42	179,76	202,23																		
	VI	2.291,33	98,70	183,30	206,21																		
7.337,99 (West)	I	1.726,00	31,42	138,08	155,34	12,78	125,54	141,23	–	113,01	127,13	–	100,61	113,18	–	88,70	99,78	–	77,30	86,96	–	66,42	74,72
	II	1.576,91	13,68	126,15	141,92	–	113,62	127,82	–	101,20	113,85	–	89,26	100,42	–	77,84	87,57	–	66,94	75,30	–	56,54	63,61
	III	1.116,50	–	89,32	100,48	–	79,93	89,92	–	70,81	79,66	–	61,94	69,68	–	53,33	59,99	–	44,97	50,59	–	36,88	41,49
	IV	1.726,00	31,42	138,08	155,34	22,10	131,81	148,28	12,78	125,54	141,23	3,46	119,28	134,19	–	113,01	127,13	–	106,76	120,10	–	100,61	113,18
	V	2.240,41	92,64	179,23	201,63																		
	VI	2.284,75	97,91	182,78	205,62																		
7.337,99 (Ost)	I	1.733,83	32,35	138,70	156,04	13,71	126,17	141,94	–	113,64	127,84	–	101,22	113,87	–	89,28	100,44	–	77,86	87,59	–	66,95	75,32
	II	1.584,75	14,61	126,78	142,62	–	114,24	128,52	–	101,80	114,53	–	89,84	101,07	–	78,40	88,20	–	67,46	75,89	–	57,05	64,18
	III	1.122,50	–	89,80	101,02	–	80,40	90,45	–	71,26	80,17	–	62,37	70,16	–	53,76	60,48	–	45,38	51,05	–	37,28	41,94
	IV	1.733,83	32,35	138,70	156,04	23,03	132,44	148,99	13,71	126,17	141,94	4,39	119,90	134,89	–	113,64	127,84	–	107,38	120,80	–	101,22	113,87
	V	2.248,25	93,57	179,86	202,34																		
	VI	2.292,58	98,84	183,40	206,33																		

Lohn/ Gehalt bis	Steuerklasse	Lohn-steuer	ohne Kinderfreibetrag SolZ 5,5%	Kirchensteuer 8%	Kirchensteuer 9%	0,5 SolZ 5,5%	Kirchensteuer 8%	Kirchensteuer 9%	1,0 SolZ 5,5%	Kirchensteuer 8%	Kirchensteuer 9%	1,5 SolZ 5,5%	Kirchensteuer 8%	Kirchensteuer 9%	2,0 SolZ 5,5%	Kirchensteuer 8%	Kirchensteuer 9%	2,5 SolZ 5,5%	Kirchensteuer 8%	Kirchensteuer 9%	3,0 SolZ 5,5%	Kirchensteuer 8%	Kirchensteuer 9
7.340,99 (West)	I	1.727,25	31,57	138,18	155,45	12,93	125,64	141,35	-	113,11	127,25	-	100,71	113,30	-	88,79	99,89	-	77,39	87,06	-	66,50	7
	II	1.578,16	13,83	126,25	142,03	-	113,72	127,93	-	101,30	113,96	-	89,36	100,53	-	77,93	87,67	-	67,02	75,39	-	56,62	6
	III	1.117,50	-	89,40	100,57	-	80,01	90,01	-	70,88	79,74	-	62,01	69,76	-	53,40	60,07	-	45,04	50,67	-	36,94	4
	IV	1.727,25	31,57	138,18	155,45	22,25	131,91	148,40	12,93	125,64	141,35	3,60	119,38	134,30	-	113,11	127,25	-	106,86	120,21	-	100,71	11
	V	2.241,75	92,80	179,34	201,75																		
	VI	2.286,00	98,06	182,88	205,74																		
7.340,99 (Ost)	I	1.735,08	32,50	138,80	156,15	13,86	126,27	142,05	-	113,74	127,95	-	101,32	113,98	-	89,38	100,55	-	77,95	87,69	-	67,04	7
	II	1.586,00	14,76	126,88	142,74	-	114,34	128,63	-	101,90	114,64	-	89,94	101,18	-	78,49	88,30	-	67,55	75,99	-	57,13	6
	III	1.123,50	-	89,88	101,11	-	80,48	90,54	-	71,33	80,24	-	62,45	70,25	-	53,82	60,55	-	45,45	51,13	-	37,34	4
	IV	1.735,08	32,50	138,80	156,15	23,18	132,54	149,10	13,86	126,27	142,05	4,54	120,00	135,00	-	113,74	127,95	-	107,48	120,91	-	101,32	11
	V	2.249,50	93,72	179,96	202,45																		
	VI	2.293,83	98,99	183,50	206,44																		
7.343,99 (West)	I	1.728,50	31,72	138,28	155,56	13,08	125,74	141,46	-	113,22	127,37	-	100,80	113,40	-	88,88	99,99	-	77,48	87,17	-	66,59	7
	II	1.579,41	13,98	126,35	142,14	-	113,82	128,04	-	101,39	114,06	-	89,45	100,63	-	78,02	87,77	-	67,10	75,49	-	56,70	6
	III	1.118,50	-	89,48	100,66	-	80,09	90,10	-	70,96	79,83	-	62,08	69,84	-	53,46	60,14	-	45,10	50,74	-	37,00	4
	IV	1.728,50	31,72	138,28	155,56	22,40	132,01	148,51	13,08	125,74	141,46	3,76	119,48	134,42	-	113,22	127,37	-	106,96	120,33	-	100,80	11
	V	2.243,00	92,94	179,44	201,87																		
	VI	2.287,25	98,21	182,98	205,85																		
7.343,99 (Ost)	I	1.736,33	32,65	138,90	156,26	14,01	126,37	142,16	-	113,84	128,07	-	101,41	114,08	-	89,47	100,65	-	78,04	87,79	-	67,12	7
	II	1.587,25	14,91	126,98	142,85	-	114,44	128,75	-	102,00	114,75	-	90,03	101,28	-	78,58	88,40	-	67,64	76,09	-	57,21	6
	III	1.124,33	-	89,94	101,18	-	80,54	90,61	-	71,41	80,33	-	62,52	70,33	-	53,89	60,62	-	45,52	51,21	-	37,40	4
	IV	1.736,33	32,65	138,90	156,26	23,33	132,64	149,22	14,01	126,37	142,16	4,69	120,10	135,11	-	113,84	128,07	-	107,58	121,02	-	101,41	11
	V	2.250,75	93,87	180,06	202,56																		
	VI	2.295,08	99,14	183,60	206,55																		
7.346,99 (West)	I	1.729,83	31,88	138,38	155,68	13,23	125,85	141,58	-	113,32	127,48	-	100,90	113,51	-	88,98	100,10	-	77,57	87,26	-	66,68	7
	II	1.580,66	14,13	126,45	142,25	-	113,92	128,16	-	101,49	114,17	-	89,54	100,73	-	78,11	87,87	-	67,19	75,59	-	56,78	6
	III	1.119,33	-	89,54	100,73	-	80,16	90,18	-	71,02	79,90	-	62,14	69,91	-	53,53	60,22	-	45,17	50,81	-	37,06	4
	IV	1.729,83	31,88	138,38	155,68	22,56	132,12	148,63	13,23	125,85	141,58	3,91	119,58	134,53	-	113,32	127,48	-	107,06	120,44	-	100,90	11
	V	2.244,25	93,09	179,54	201,98																		
	VI	2.288,58	98,37	183,08	205,97																		
7.346,99 (Ost)	I	1.737,58	32,80	139,00	156,38	14,16	126,47	142,28	-	113,94	128,18	-	101,51	114,20	-	89,56	100,76	-	78,13	87,89	-	67,21	7
	II	1.588,50	15,06	127,08	142,96	-	114,54	128,86	-	102,10	114,86	-	90,12	101,39	-	78,67	88,50	-	67,72	76,19	-	57,29	6
	III	1.125,33	-	90,02	101,27	-	80,62	90,70	-	71,48	80,41	-	62,58	70,40	-	53,96	60,70	-	45,58	51,28	-	37,46	42
	IV	1.737,58	32,80	139,00	156,38	23,48	132,74	149,33	14,16	126,47	142,28	4,83	120,20	135,23	-	113,94	128,18	-	107,68	121,14	-	101,51	11
	V	2.252,00	94,01	180,16	202,68																		
	VI	2.296,33	99,29	183,70	206,66																		
7.349,99 (West)	I	1.731,08	32,03	138,48	155,79	13,38	125,95	141,69	-	113,42	127,59	-	101,00	113,63	-	89,08	100,21	-	77,66	87,37	-	66,76	7
	II	1.581,91	14,28	126,55	142,37	-	114,02	128,27	-	101,59	114,29	-	89,64	100,84	-	78,20	87,97	-	67,28	75,69	-	56,87	6
	III	1.120,33	-	89,62	100,82	-	80,24	90,27	-	71,10	79,99	-	62,22	70,00	-	53,60	60,30	-	45,24	50,89	-	37,13	4
	IV	1.731,08	32,03	138,48	155,79	22,70	132,22	148,74	13,38	125,95	141,69	4,06	119,68	134,64	-	113,42	127,59	-	107,16	120,55	-	101,00	11
	V	2.245,50	93,24	179,64	202,09																		
	VI	2.289,83	98,52	183,18	206,08																		
7.349,99 (Ost)	I	1.738,83	32,95	139,10	156,49	14,30	126,57	142,39	-	114,04	128,29	-	101,61	114,31	-	89,66	100,86	-	78,22	87,99	-	67,30	75
	II	1.589,75	15,21	127,18	143,07	-	114,64	128,97	-	102,20	114,97	-	90,22	101,50	-	78,76	88,60	-	67,81	76,28	-	57,38	64
	III	1.126,33	-	90,10	101,36	-	80,69	90,77	-	71,54	80,48	-	62,66	70,49	-	54,02	60,77	-	45,65	51,35	-	37,53	42
	IV	1.738,83	32,95	139,10	156,49	23,63	132,84	149,44	14,30	126,57	142,39	4,98	120,30	135,34	-	114,04	128,29	-	107,78	121,25	-	101,61	114
	V	2.253,33	94,17	180,26	202,79																		
	VI	2.297,58	99,44	183,80	206,78																		
7.352,99 (West)	I	1.732,33	32,17	138,58	155,90	13,53	126,05	141,80	-	113,52	127,71	-	101,10	113,73	-	89,17	100,31	-	77,75	87,47	-	66,85	75
	II	1.583,25	14,43	126,66	142,49	-	114,12	128,39	-	101,69	114,40	-	89,73	100,94	-	78,29	88,07	-	67,36	75,78	-	56,95	64
	III	1.121,33	-	89,70	100,91	-	80,30	90,34	-	71,17	80,06	-	62,29	70,07	-	53,66	60,37	-	45,30	50,96	-	37,20	41
	IV	1.732,33	32,17	138,58	155,90	22,85	132,32	148,86	13,53	126,05	141,80	4,21	119,78	134,75	-	113,52	127,71	-	107,26	120,66	-	101,10	113
	V	2.246,75	93,39	179,74	202,20																		
	VI	2.291,08	98,67	183,28	206,19																		
7.352,99 (Ost)	I	1.740,08	33,10	139,20	156,60	14,45	126,67	142,50	-	114,14	128,41	-	101,71	114,42	-	89,75	100,97	-	78,31	88,10	-	67,38	75
	II	1.591,00	15,36	127,28	143,19	-	114,74	129,08	-	102,30	115,08	-	90,32	101,61	-	78,85	88,70	-	67,90	76,38	-	57,46	64
	III	1.127,33	-	90,18	101,45	-	80,77	90,86	-	71,62	80,57	-	62,73	70,57	-	54,09	60,85	-	45,72	51,43	-	37,60	42
	IV	1.740,08	33,10	139,20	156,60	23,78	132,94	149,55	14,45	126,67	142,50	5,14	120,41	135,46	-	114,14	128,41	-	107,88	121,36	-	101,71	114
	V	2.254,58	94,32	180,36	202,91																		
	VI	2.298,83	99,59	183,90	206,89																		
7.355,99 (West)	I	1.733,58	32,32	138,68	156,02	13,68	126,15	141,92	-	113,62	127,82	-	101,20	113,85	-	89,26	100,42	-	77,84	87,57	-	66,94	75
	II	1.584,50	14,58	126,76	142,60	-	114,22	128,50	-	101,78	114,50	-	89,82	101,05	-	78,38	88,17	-	67,45	75,88	-	57,03	64
	III	1.122,33	-	89,78	101,00	-	80,38	90,43	-	71,24	80,14	-	62,36	70,15	-	53,73	60,44	-	45,37	51,04	-	37,26	41,
	IV	1.733,58	32,32	138,68	156,02	23,00	132,42	148,97	13,68	126,15	141,92	4,36	119,88	134,87	-	113,62	127,82	-	107,36	120,78	-	101,20	113,
	V	2.248,00	93,54	179,84	202,32																		
	VI	2.292,33	98,81	183,38	206,30																		
7.355,99 (Ost)	I	1.741,41	33,26	139,31	156,72	14,61	126,78	142,62	-	114,24	128,52	-	101,80	114,53	-	89,84	101,07	-	78,40	88,20	-	67,46	75,
	II	1.592,25	15,50	127,38	143,30	-	114,84	129,20	-	102,40	115,20	-	90,41	101,71	-	78,94	88,80	-	67,98	76,48	-	57,54	64,
	III	1.128,16	-	90,25	101,53	-	80,85	90,95	-	71,69	80,65	-	62,80	70,65	-	54,16	60,93	-	45,78	51,50	-	37,66	42,
	IV	1.741,41	33,26	139,31	156,72	23,93	133,04	149,67	14,61	126,78	142,62	5,29	120,51	135,57	-	114,24	128,52	-	107,98	121,47	-	101,80	114,
	V	2.255,83	94,47	180,46	203,02																		
	VI	2.300,16	99,75	184,01	207,01																		
7.358,99 (West)	I	1.734,83	32,47	138,78	156,13	13,83	126,25	142,03	-	113,72	127,93	-	101,30	113,96	-	89,36	100,53	-	77,93	87,67	-	67,02	75,
	II	1.585,75	14,73	126,86	142,71	-	114,32	128,61	-	101,88	114,62	-	89,92	101,16	-	78,47	88,28	-	67,54	75,98	-	57,12	64,
	III	1.123,16	-	89,85	101,08	-	80,45	90,50	-	71,32	80,23	-	62,44	70,24	-	53,81	60,53	-	45,44	51,12	-	37,32	41,
	IV	1.734,83	32,47	138,78	156,13	23,15	132,52	149,08	13,83	126,25	142,03	4,51	119,98	134,98	-	113,72	127,93	-	107,46	120,89	-	101,30	113,
	V	2.249,25	93,69	179,94	202,43																		
	VI	2.293,58	98,96	183,48	206,42																		
7.358,99 (Ost)	I	1.742,66	33,40	139,41	156,83	14,76	126,88	142,74	-	114,34	128,63	-	101,90	114,64	-	89,94	101,18	-	78,49	88,30	-	67,55	75,
	II	1.593,50	15,65	127,48	143,41	-	114,95	129,32	-	102,50	115,31	-	90,50	101,81	-	79,03	88,91	-	68,07	76,58	-	57,62	64,
	III	1.129,16	-	90,33	101,62	-	80,92	91,03	-	71,77	80,74	-	62,86	70,72	-	54,24	61,02	-	45,85	51,58	-	37,72	42,
	IV	1.742,66	33,40	139,41	156,83	24,08	133,14	149,78	14,76	126,88	142,74	5,44	120,61	135,68	-	114,34	128,63	-	108,08	121,59	-	101,90	114,
	V	2.257,08	94,62	180,56	203,13																		
	VI	2.301,41	99,90	184,11	207,12																		

Allgemeine Tabelle

MONAT bis 7.379,99 €

Lohn/ Gehalt bis	Steuerklasse	Lohn-steuer	ohne Kinderfreibetrag SolZ 5,5%	Kirchensteuer 8%	Kirchensteuer 9%	0,5 SolZ 5,5%	0,5 Kirchensteuer 8%	0,5 Kirchensteuer 9%	1,0 SolZ 5,5%	1,0 Kirchensteuer 8%	1,0 Kirchensteuer 9%	1,5 SolZ 5,5%	1,5 Kirchensteuer 8%	1,5 Kirchensteuer 9%	2,0 SolZ 5,5%	2,0 Kirchensteuer 8%	2,0 Kirchensteuer 9%	2,5 SolZ 5,5%	2,5 Kirchensteuer 8%	2,5 Kirchensteuer 9%	3,0 SolZ 5,5%	3,0 Kirchensteuer 8%	3,0 Kirchensteuer 9%
						Anzahl Kinderfreibeträge (nur Steuerklassen I–IV)																	
7.361,99 (West)	I	1.736,08	32,62	138,88	156,24	13,98	126,35	142,14	-	113,82	128,04	-	101,39	114,06	-	89,45	100,63	-	78,02	87,77	-	67,10	75,49
	II	1.587,00	14,88	126,96	142,83	-	114,42	128,72	-	101,98	114,73	-	90,02	101,27	-	78,56	88,38	-	67,62	76,07	-	57,20	64,35
	III	1.124,16	-	89,93	101,17	-	80,53	90,59	-	71,38	80,30	-	62,50	70,31	-	53,88	60,61	-	45,50	51,19	-	37,38	42,05
	IV	1.736,08	32,62	138,88	156,24	23,30	132,62	149,19	13,98	126,35	142,14	4,66	120,08	135,09	-	113,82	128,04	-	107,56	121,00	-	101,39	114,06
	V	2.250,50	93,84	180,04	202,54																		
	VI	2.294,83	99,11	183,58	206,53																		
7.361,99 (Ost)	I	1.743,91	33,55	139,51	156,95	14,91	126,98	142,85	-	114,44	128,75	-	102,00	114,75	-	90,03	101,28	-	78,58	88,40	-	67,64	76,09
	II	1.594,83	15,81	127,58	143,53	-	115,05	129,43	-	102,59	115,41	-	90,60	101,92	-	79,12	89,01	-	68,15	76,67	-	57,70	64,91
	III	1.130,16	-	90,41	101,71	-	81,00	91,12	-	71,84	80,82	-	62,94	70,81	-	54,30	61,09	-	45,92	51,66	-	37,78	42,50
	IV	1.743,91	33,55	139,51	156,95	24,23	133,24	149,90	14,91	126,98	142,85	5,59	120,71	135,80	-	114,44	128,75	-	108,18	121,70	-	102,00	114,75
	V	2.258,33	94,77	180,66	203,24																		
	VI	2.302,66	100,04	184,21	207,23																		
7.364,99 (West)	I	1.737,33	32,77	138,98	156,35	14,13	126,45	142,25	-	113,92	128,16	-	101,49	114,17	-	89,54	100,73	-	78,11	87,87	-	67,19	75,59
	II	1.588,25	15,03	127,06	142,94	-	114,52	128,84	-	102,08	114,84	-	90,11	101,37	-	78,65	88,48	-	67,70	76,16	-	57,28	64,44
	III	1.125,16	-	90,01	101,26	-	80,61	90,68	-	71,46	80,39	-	62,57	70,39	-	53,94	60,68	-	45,57	51,26	-	37,45	42,13
	IV	1.737,33	32,77	138,98	156,35	23,45	132,72	149,31	14,13	126,45	142,25	4,80	120,18	135,20	-	113,92	128,16	-	107,66	121,11	-	101,49	114,17
	V	2.251,83	94,00	180,14	202,66																		
	VI	2.296,08	99,26	183,68	206,64																		
7.364,99 (Ost)	I	1.745,16	33,70	139,61	157,06	15,06	127,08	142,96	-	114,54	128,86	-	102,10	114,86	-	90,12	101,39	-	78,67	88,50	-	67,72	76,19
	II	1.596,08	15,96	127,68	143,64	-	115,15	129,54	-	102,69	115,52	-	90,69	102,02	-	79,21	89,11	-	68,24	76,77	-	57,78	65,00
	III	1.131,16	-	90,49	101,80	-	81,06	91,19	-	71,92	80,91	-	63,01	70,88	-	54,37	61,16	-	45,98	51,73	-	37,85	42,58
	IV	1.745,16	33,70	139,61	157,06	24,38	133,34	150,01	15,06	127,08	142,96	5,74	120,81	135,91	-	114,54	128,86	-	108,28	121,81	-	102,10	114,86
	V	2.259,58	94,92	180,76	203,36																		
	VI	2.303,91	100,19	184,31	207,35																		
7.367,99 (West)	I	1.738,58	32,92	139,08	156,47	14,28	126,55	142,37	-	114,02	128,27	-	101,59	114,29	-	89,64	100,84	-	78,20	87,97	-	67,28	75,69
	II	1.589,50	15,18	127,16	143,05	-	114,62	128,95	-	102,18	114,95	-	90,20	101,48	-	78,74	88,58	-	67,79	76,26	-	57,36	64,53
	III	1.126,16	-	90,09	101,35	-	80,68	90,76	-	71,53	80,47	-	62,64	70,47	-	54,01	60,76	-	45,64	51,34	-	37,52	42,21
	IV	1.738,58	32,92	139,08	156,47	23,60	132,82	149,42	14,28	126,55	142,37	4,95	120,28	135,32	-	114,02	128,27	-	107,76	121,23	-	101,59	114,29
	V	2.253,08	94,14	180,24	202,77																		
	VI	2.297,33	99,41	183,78	206,75																		
7.367,99 (Ost)	I	1.746,41	33,85	139,71	157,17	15,21	127,18	143,07	-	114,64	128,97	-	102,20	114,97	-	90,22	101,50	-	78,76	88,60	-	67,81	76,28
	II	1.597,33	16,11	127,78	143,75	-	115,25	129,65	-	102,79	115,64	-	90,79	102,14	-	79,30	89,21	-	68,32	76,86	-	57,86	65,09
	III	1.132,00	-	90,56	101,88	-	81,14	91,28	-	71,98	80,98	-	63,08	70,96	-	54,44	61,24	-	46,05	51,80	-	37,92	42,66
	IV	1.746,41	33,85	139,71	157,17	24,53	133,44	150,12	15,21	127,18	143,07	5,89	120,91	136,02	-	114,64	128,97	-	108,38	121,93	-	102,20	114,97
	V	2.260,83	95,07	180,86	203,47																		
	VI	2.305,16	100,34	184,41	207,46																		
7.370,99 (West)	I	1.739,83	33,07	139,18	156,58	14,43	126,66	142,49	-	114,12	128,39	-	101,69	114,40	-	89,73	100,94	-	78,29	88,07	-	67,36	75,78
	II	1.590,75	15,33	127,26	143,16	-	114,72	129,06	-	102,28	115,06	-	90,30	101,58	-	78,83	88,68	-	67,88	76,36	-	57,44	64,62
	III	1.127,00	-	90,16	101,43	-	80,76	90,85	-	71,61	80,56	-	62,72	70,56	-	54,08	60,84	-	45,70	51,41	-	37,58	42,28
	IV	1.739,83	33,07	139,18	156,58	23,76	132,92	149,54	14,43	126,66	142,49	5,11	120,39	135,44	-	114,12	128,39	-	107,86	121,34	-	101,69	114,40
	V	2.254,33	94,29	180,34	202,88																		
	VI	2.298,58	99,56	183,88	206,87																		
7.370,99 (Ost)	I	1.747,66	34,00	139,81	157,28	15,36	127,28	143,19	-	114,74	129,08	-	102,30	115,08	-	90,32	101,61	-	78,85	88,70	-	67,90	76,38
	II	1.598,58	16,26	127,88	143,87	-	115,35	129,77	-	102,89	115,75	-	90,88	102,24	-	79,39	89,31	-	68,41	76,96	-	57,95	65,19
	III	1.133,00	-	90,64	101,97	-	81,22	91,37	-	72,06	81,07	-	63,16	71,05	-	54,50	61,31	-	46,12	51,88	-	37,98	42,73
	IV	1.747,66	34,00	139,81	157,28	24,68	133,54	150,23	15,36	127,28	143,19	6,03	121,01	136,13	-	114,74	129,08	-	108,48	122,04	-	102,30	115,08
	V	2.262,08	95,21	180,96	203,58																		
	VI	2.306,41	100,49	184,51	207,57																		
7.373,99 (West)	I	1.741,16	33,23	139,29	156,70	14,58	126,76	142,60	-	114,22	128,50	-	101,78	114,50	-	89,82	101,05	-	78,38	88,17	-	67,45	75,88
	II	1.592,00	15,47	127,36	143,28	-	114,82	129,17	-	102,38	115,17	-	90,39	101,69	-	78,92	88,79	-	67,96	76,46	-	57,52	64,71
	III	1.128,00	-	90,24	101,52	-	80,82	90,92	-	71,68	80,64	-	62,78	70,63	-	54,14	60,91	-	45,77	51,49	-	37,65	42,35
	IV	1.741,16	33,23	139,29	156,70	23,90	133,02	149,65	14,58	126,76	142,60	5,26	120,49	135,55	-	114,22	128,50	-	107,96	121,45	-	101,78	114,50
	V	2.255,58	94,44	180,44	203,00																		
	VI	2.299,91	99,72	183,99	206,99																		
7.373,99 (Ost)	I	1.748,91	34,15	139,91	157,40	15,50	127,38	143,30	-	114,84	129,20	-	102,40	115,20	-	90,41	101,71	-	78,94	88,80	-	67,98	76,48
	II	1.599,83	16,41	127,98	143,98	-	115,45	129,88	-	102,98	115,85	-	90,98	102,35	-	79,48	89,41	-	68,50	77,06	-	58,03	65,28
	III	1.134,00	-	90,72	102,06	-	81,29	91,45	-	72,13	81,14	-	63,22	71,12	-	54,57	61,39	-	46,18	51,95	-	38,05	42,80
	IV	1.748,91	34,15	139,91	157,40	24,83	133,64	150,35	15,50	127,38	143,30	6,18	121,11	136,25	-	114,84	129,20	-	108,58	122,15	-	102,40	115,20
	V	2.263,41	95,37	181,07	203,70																		
	VI	2.307,66	100,64	184,61	207,68																		
7.376,99 (West)	I	1.742,41	33,37	139,39	156,81	14,73	126,86	142,71	-	114,32	128,61	-	101,88	114,62	-	89,92	101,16	-	78,47	88,28	-	67,54	75,98
	II	1.593,33	15,63	127,46	143,39	-	114,93	129,29	-	102,48	115,29	-	90,48	101,79	-	79,01	88,88	-	68,05	76,55	-	57,60	64,80
	III	1.129,00	-	90,32	101,61	-	80,90	91,01	-	71,76	80,73	-	62,85	70,70	-	54,21	60,98	-	45,84	51,57	-	37,70	42,41
	IV	1.742,41	33,37	139,39	156,81	24,05	133,12	149,76	14,73	126,86	142,71	5,41	120,59	135,66	-	114,32	128,61	-	108,06	121,56	-	101,88	114,62
	V	2.256,83	94,59	180,54	203,11																		
	VI	2.301,16	99,87	184,09	207,10																		
7.376,99 (Ost)	I	1.750,16	34,30	140,01	157,51	15,65	127,48	143,41	-	114,95	129,32	-	102,50	115,31	-	90,50	101,81	-	79,03	88,91	-	68,07	76,58
	II	1.601,08	16,56	128,08	144,09	-	115,55	129,99	-	103,08	115,97	-	91,07	102,45	-	79,57	89,51	-	68,58	77,15	-	58,11	65,37
	III	1.135,00	-	90,80	102,15	-	81,37	91,54	-	72,20	81,22	-	63,29	71,20	-	54,64	61,47	-	46,25	52,03	-	38,10	42,86
	IV	1.750,16	34,30	140,01	157,51	24,98	133,74	150,46	15,65	127,48	143,41	6,33	121,21	136,36	-	114,95	129,32	-	108,68	122,27	-	102,50	115,31
	V	2.264,66	95,52	181,17	203,81																		
	VI	2.308,91	100,79	184,71	207,80																		
7.379,99 (West)	I	1.743,66	33,52	139,49	156,92	14,88	126,96	142,83	-	114,42	128,72	-	101,98	114,73	-	90,02	101,27	-	78,56	88,38	-	67,62	76,07
	II	1.594,58	15,78	127,56	143,51	-	115,03	129,41	-	102,57	115,39	-	90,58	101,90	-	79,10	88,99	-	68,14	76,65	-	57,68	64,89
	III	1.130,00	-	90,40	101,70	-	80,98	91,10	-	71,82	80,80	-	62,93	70,79	-	54,28	61,06	-	45,90	51,64	-	37,77	42,49
	IV	1.743,66	33,52	139,49	156,92	24,20	133,22	149,87	14,88	126,96	142,83	5,56	120,69	135,77	-	114,42	128,72	-	108,16	121,68	-	101,98	114,73
	V	2.258,08	94,74	180,64	203,22																		
	VI	2.302,41	100,01	184,19	207,21																		
7.379,99 (Ost)	I	1.751,41	34,45	140,11	157,62	15,81	127,58	143,53	-	115,05	129,43	-	102,59	115,41	-	90,60	101,92	-	79,12	89,01	-	68,15	76,67
	II	1.602,33	16,70	128,18	144,20	-	115,65	130,10	-	103,18	116,08	-	91,16	102,56	-	79,66	89,62	-	68,67	77,25	-	58,20	65,47
	III	1.135,83	-	90,86	102,22	-	81,44	91,62	-	72,28	81,31	-	63,37	71,29	-	54,70	61,54	-	46,32	52,11	-	38,17	42,94
	IV	1.751,41	34,45	140,11	157,62	25,13	133,85	150,58	15,81	127,58	143,53	6,49	121,32	136,48	-	115,05	129,43	-	108,78	122,38	-	102,59	115,41
	V	2.265,91	95,67	181,27	203,93																		
	VI	2.310,25	100,95	184,82	207,92																		

Lohn/ Gehalt bis	Steuerklasse	Lohn-steuer	ohne Kinderfreibetrag SolZ 5,5%	ohne Kinderfreibetrag Kirchensteuer 8%	ohne Kinderfreibetrag Kirchensteuer 9%	0,5 SolZ 5,5%	0,5 Kirchensteuer 8%	0,5 Kirchensteuer 9%	1,0 SolZ 5,5%	1,0 Kirchensteuer 8%	1,0 Kirchensteuer 9%	1,5 SolZ 5,5%	1,5 Kirchensteuer 8%	1,5 Kirchensteuer 9%	2,0 SolZ 5,5%	2,0 Kirchensteuer 8%	2,0 Kirchensteuer 9%	2,5 SolZ 5,5%	2,5 Kirchensteuer 8%	2,5 Kirchensteuer 9%	3,0 SolZ 5,5%	3,0 Kirchensteuer 8%	3,0 Kirchensteuer 9%
						Anzahl Kinderfreibeträge (nur Steuerklassen I–IV)																	
7.382,99 (West)	I	1.744,91	33,67	139,59	157,04	15,03	127,06	142,94	-	114,52	128,84	-	102,08	114,84	-	90,11	101,37	-	78,65	88,48	-	67,70	7
	II	1.595,83	15,93	127,66	143,62	-	115,13	129,52	-	102,67	115,50	-	90,68	102,01	-	79,19	89,09	-	68,22	76,75	-	57,77	6
	III	1.130,83	-	90,46	101,77	-	81,05	91,18	-	71,89	80,87	-	63,00	70,87	-	54,36	61,15	-	45,97	51,71	-	37,84	4
	IV	1.744,91	33,67	139,59	157,04	24,35	133,32	149,99	15,03	127,06	142,94	5,71	120,79	135,89	-	114,52	128,84	-	108,26	121,79	-	102,08	11
	V	2.259,33	94,89	180,74	203,33																		
	VI	2.303,66	100,16	184,29	207,32																		
7.382,99 (Ost)	I	1.752,75	34,60	140,22	157,74	15,96	127,68	143,64	-	115,15	129,54	-	102,69	115,52	-	90,69	102,02	-	79,21	89,11	-	68,24	7
	II	1.603,58	16,85	128,28	144,32	-	115,75	130,22	-	103,28	116,19	-	91,26	102,66	-	79,75	89,72	-	68,76	77,35	-	58,28	6
	III	1.136,83	-	90,94	102,31	-	81,52	91,71	-	72,34	81,38	-	63,44	71,37	-	54,78	61,63	-	46,38	52,18	-	38,24	4
	IV	1.752,75	34,60	140,22	157,74	25,28	133,95	150,69	15,96	127,68	143,64	6,64	121,42	136,59	-	115,15	129,54	-	108,88	122,49	-	102,69	11
	V	2.267,16	95,82	181,37	204,04																		
	VI	2.311,50	101,10	184,92	208,03																		
7.385,99 (West)	I	1.746,16	33,82	139,69	157,15	15,18	127,16	143,05	-	114,62	128,95	-	102,18	114,95	-	90,20	101,48	-	78,74	88,58	-	67,79	7
	II	1.597,08	16,08	127,76	143,73	-	115,23	129,63	-	102,77	115,61	-	90,77	102,11	-	79,28	89,19	-	68,31	76,85	-	57,85	6
	III	1.131,83	-	90,54	101,86	-	81,13	91,27	-	71,97	80,96	-	63,06	70,94	-	54,42	61,22	-	46,04	51,79	-	37,90	4
	IV	1.746,16	33,82	139,69	157,15	24,50	133,42	150,10	15,18	127,16	143,05	5,86	120,89	136,00	-	114,62	128,95	-	108,36	121,91	-	102,18	11
	V	2.260,58	95,04	180,84	203,45																		
	VI	2.304,91	100,31	184,39	207,44																		
7.385,99 (Ost)	I	1.754,00	34,75	140,32	157,86	16,11	127,78	143,75	-	115,25	129,65	-	102,79	115,64	-	90,79	102,14	-	79,30	89,21	-	68,32	76
	II	1.604,91	17,01	128,39	144,44	-	115,86	130,34	-	103,38	116,30	-	91,36	102,78	-	79,84	89,82	-	68,84	77,45	-	58,36	65
	III	1.137,83	-	91,02	102,40	-	81,60	91,80	-	72,42	81,47	-	63,50	71,44	-	54,85	61,70	-	46,45	52,25	-	38,30	43
	IV	1.754,00	34,75	140,32	157,86	25,43	134,05	150,80	16,11	127,78	143,75	6,79	121,52	136,71	-	115,25	129,65	-	108,98	122,60	-	102,79	115
	V	2.268,41	95,97	181,47	204,15																		
	VI	2.312,75	101,24	185,02	208,14																		
7.388,99 (West)	I	1.747,41	33,97	139,79	157,26	15,33	127,26	143,16	-	114,72	129,06	-	102,28	115,06	-	90,30	101,58	-	78,83	88,68	-	67,88	76
	II	1.598,33	16,23	127,86	143,84	-	115,33	129,74	-	102,87	115,73	-	90,86	102,22	-	79,37	89,29	-	68,40	76,95	-	57,93	65
	III	1.132,83	-	90,62	101,95	-	81,20	91,35	-	72,04	81,04	-	63,13	71,02	-	54,49	61,30	-	46,10	51,86	-	37,97	42
	IV	1.747,41	33,97	139,79	157,26	24,65	133,52	150,21	15,33	127,26	143,16	6,00	120,99	136,11	-	114,72	129,06	-	108,46	122,02	-	102,28	115
	V	2.261,83	95,19	180,94	203,56																		
	VI	2.306,16	100,46	184,49	207,55																		
7.388,99 (Ost)	I	1.755,25	34,90	140,42	157,97	16,26	127,88	143,87	-	115,35	129,77	-	102,89	115,75	-	90,88	102,24	-	79,39	89,31	-	68,41	76
	II	1.606,16	17,16	128,49	144,55	-	115,96	130,45	-	103,48	116,42	-	91,45	102,88	-	79,93	89,92	-	68,93	77,54	-	58,44	65
	III	1.138,83	-	91,10	102,49	-	81,66	91,87	-	72,49	81,55	-	63,57	71,51	-	54,92	61,78	-	46,52	52,33	-	38,37	43
	IV	1.755,25	34,90	140,42	157,97	25,58	134,15	150,92	16,26	127,88	143,87	6,94	121,62	136,82	-	115,35	129,77	-	109,08	122,72	-	102,89	115
	V	2.269,66	96,12	181,57	204,26																		
	VI	2.314,00	101,39	185,12	208,26																		
7.391,99 (West)	I	1.748,66	34,12	139,89	157,37	15,47	127,36	143,28	-	114,82	129,17	-	102,38	115,17	-	90,39	101,69	-	78,92	88,79	-	67,96	76
	II	1.599,58	16,38	127,96	143,96	-	115,43	129,86	-	102,97	115,84	-	90,96	102,33	-	79,46	89,39	-	68,48	77,04	-	58,02	65
	III	1.133,83	-	90,70	102,04	-	81,28	91,44	-	72,12	81,13	-	63,21	71,11	-	54,56	61,38	-	46,17	51,94	-	38,04	42
	IV	1.748,66	34,12	139,89	157,37	24,80	133,62	150,32	15,47	127,36	143,28	6,15	121,09	136,22	-	114,82	129,17	-	108,56	122,13	-	102,38	115
	V	2.263,16	95,34	181,05	203,68																		
	VI	2.307,41	100,61	184,59	207,66																		
7.391,99 (Ost)	I	1.756,50	35,05	140,52	158,08	16,41	127,98	143,98	-	115,45	129,88	-	102,98	115,85	-	90,98	102,35	-	79,48	89,41	-	68,50	77
	II	1.607,41	17,31	128,59	144,66	-	116,06	130,56	-	103,58	116,52	-	91,54	102,98	-	80,02	90,02	-	69,02	77,64	-	58,52	65
	III	1.139,66	-	91,17	102,56	-	81,74	91,96	-	72,57	81,64	-	63,65	71,60	-	54,98	61,85	-	46,58	52,40	-	38,44	43
	IV	1.756,50	35,05	140,52	158,08	25,73	134,25	151,03	16,41	127,98	143,98	7,09	121,72	136,93	-	115,45	129,88	-	109,18	122,83	-	102,98	115
	V	2.270,91	96,27	181,67	204,38																		
	VI	2.315,25	101,54	185,22	208,37																		
7.394,99 (West)	I	1.749,91	34,27	139,99	157,49	15,63	127,46	143,39	-	114,93	129,29	-	102,48	115,29	-	90,48	101,79	-	79,01	88,88	-	68,05	76
	II	1.600,83	16,53	128,06	144,07	-	115,53	129,97	-	103,06	115,94	-	91,05	102,43	-	79,55	89,49	-	68,57	77,14	-	58,10	65,
	III	1.134,66	-	90,77	102,11	-	81,36	91,53	-	72,18	81,20	-	63,28	71,19	-	54,62	61,45	-	46,24	52,02	-	38,09	42,
	IV	1.749,91	34,27	139,99	157,49	24,95	133,72	150,44	15,63	127,46	143,39	6,31	121,20	136,35	-	114,93	129,29	-	108,66	122,24	-	102,48	115,
	V	2.264,41	95,49	181,15	203,79																		
	VI	2.308,66	100,76	184,69	207,77																		
7.394,99 (Ost)	I	1.757,75	35,20	140,62	158,19	16,56	128,08	144,09	-	115,55	129,99	-	103,08	115,97	-	91,07	102,45	-	79,57	89,51	-	68,58	77,
	II	1.608,66	17,46	128,69	144,77	-	116,16	130,68	-	103,68	116,64	-	91,64	103,09	-	80,11	90,12	-	69,10	77,74	-	58,60	65,
	III	1.140,66	-	91,25	102,65	-	81,82	92,05	-	72,64	81,72	-	63,72	71,68	-	55,05	61,93	-	46,65	52,48	-	38,49	43,
	IV	1.757,75	35,20	140,62	158,19	25,88	134,35	151,14	16,56	128,08	144,09	7,23	121,82	137,04	-	115,55	129,99	-	109,28	122,94	-	103,08	115,
	V	2.272,16	96,41	181,77	204,49																		
	VI	2.316,50	101,69	185,32	208,48																		
7.397,99 (West)	I	1.751,25	34,43	140,10	157,61	15,78	127,56	143,51	-	115,03	129,41	-	102,57	115,39	-	90,58	101,90	-	79,10	88,99	-	68,14	76,
	II	1.602,08	16,67	128,16	144,18	-	115,63	130,08	-	103,16	116,06	-	91,15	102,54	-	79,64	89,60	-	68,66	77,24	-	58,18	65,
	III	1.135,66	-	90,85	102,20	-	81,42	91,60	-	72,26	81,29	-	63,34	71,26	-	54,69	61,52	-	46,30	52,09	-	38,16	42,9
	IV	1.751,25	34,43	140,10	157,61	25,10	133,83	150,56	15,78	127,56	143,51	6,46	121,30	136,46	-	115,03	129,41	-	108,76	122,36	-	102,57	115,3
	V	2.265,66	95,64	181,25	203,90																		
	VI	2.310,00	100,92	184,80	207,90																		
7.397,99 (Ost)	I	1.759,00	35,35	140,72	158,31	16,70	128,18	144,20	-	115,65	130,10	-	103,18	116,08	-	91,16	102,56	-	79,66	89,62	-	68,67	77,
	II	1.609,91	17,61	128,79	144,89	-	116,26	130,79	-	103,78	116,75	-	91,73	103,19	-	80,20	90,23	-	69,19	77,84	-	58,69	66,0
	III	1.141,66	-	91,33	102,74	-	81,89	92,12	-	72,72	81,81	-	63,78	71,75	-	55,12	62,01	-	46,72	52,56	-	38,56	43,3
	IV	1.759,00	35,35	140,72	158,31	26,03	134,45	151,25	16,70	128,18	144,20	7,38	121,92	137,16	-	115,65	130,10	-	109,38	123,05	-	103,18	116,0
	V	2.273,50	96,57	181,88	204,61																		
	VI	2.317,75	101,84	185,42	208,59																		
7.400,99 (West)	I	1.752,50	34,57	140,20	157,72	15,93	127,66	143,62	-	115,13	129,52	-	102,67	115,50	-	90,68	102,01	-	79,19	89,09	-	68,22	76,7
	II	1.603,33	16,82	128,26	144,29	-	115,74	130,20	-	103,26	116,17	-	91,24	102,65	-	79,74	89,70	-	68,74	77,33	-	58,26	65,5
	III	1.136,66	-	90,93	102,29	-	81,50	91,69	-	72,33	81,37	-	63,42	71,35	-	54,76	61,60	-	46,37	52,16	-	38,22	43,0
	IV	1.752,50	34,57	140,20	157,72	25,25	133,93	150,67	15,93	127,66	143,62	6,61	121,40	136,57	-	115,13	129,52	-	108,86	122,47	-	102,67	115,5
	V	2.266,91	95,79	181,35	204,02																		
	VI	2.311,25	101,07	184,90	208,01																		
7.400,99 (Ost)	I	1.760,25	35,50	140,82	158,42	16,85	128,28	144,32	-	115,75	130,22	-	103,28	116,19	-	91,26	102,66	-	79,75	89,72	-	68,76	77,3
	II	1.611,16	17,76	128,89	145,00	-	116,36	130,90	-	103,88	116,86	-	91,83	103,31	-	80,30	90,33	-	69,28	77,94	-	58,77	66,1
	III	1.142,66	-	91,41	102,83	-	81,97	92,21	-	72,78	81,88	-	63,86	71,84	-	55,18	62,08	-	46,78	52,63	-	38,62	43,4
	IV	1.760,25	35,50	140,82	158,42	26,18	134,55	151,37	16,85	128,28	144,32	7,53	122,02	137,27	-	115,75	130,22	-	109,49	123,17	-	103,28	116,1
	V	2.274,75	96,72	181,98	204,72																		
	VI	2.319,00	101,99	185,52	208,71																		

Allgemeine Tabelle

MONAT bis 7.421,99 €

Lohn/ Gehalt bis	Steuerklasse	Lohnsteuer	ohne Kinderfreibetrag			Anzahl Kinderfreibeträge (nur Steuerklassen I–IV)																	
						0,5			1,0			1,5			2,0			2,5			3,0		
			SolZ 5,5%	Kirchensteuer 8%	Kirchensteuer 9%	SolZ 5,5%	Kirchensteuer 8%	Kirchensteuer 9%	SolZ 5,5%	Kirchensteuer 8%	Kirchensteuer 9%	SolZ 5,5%	Kirchensteuer 8%	Kirchensteuer 9%	SolZ 5,5%	Kirchensteuer 8%	Kirchensteuer 9%	SolZ 5,5%	Kirchensteuer 8%	Kirchensteuer 9%	SolZ 5,5%	Kirchensteuer 8%	Kirchensteuer 9%
7.403,99	I	1.753,75	34,72	140,30	157,83	16,08	127,76	143,73	–	115,23	129,63	–	102,77	115,61	–	90,77	102,11	–	79,28	89,19	–	68,31	76,85
(West)	II	1.604,66	16,98	128,37	144,41	–	115,84	130,32	–	103,36	116,28	–	91,34	102,75	–	79,82	89,80	–	68,82	77,42	–	58,34	65,63
	III	1.137,66	–	91,01	102,38	–	81,57	91,76	–	72,41	81,46	–	63,49	71,42	–	54,84	61,69	–	46,44	52,24	–	38,29	43,07
	IV	1.753,75	34,72	140,30	157,83	25,40	134,03	150,78	16,08	127,76	143,73	6,76	121,50	136,68	–	115,23	129,63	–	108,96	122,58	–	102,77	115,61
	V	2.268,16	95,94	181,45	204,13																		
	VI	2.312,50	101,21	185,00	208,12																		
7.403,99	I	1.761,50	35,65	140,92	158,53	17,01	128,39	144,44	–	115,86	130,34	–	103,38	116,30	–	91,36	102,78	–	79,84	89,82	–	68,84	77,45
(Ost)	II	1.612,41	17,90	128,99	145,11	–	116,46	131,01	–	103,98	116,97	–	91,92	103,41	–	80,38	90,43	–	69,36	78,03	–	58,86	66,21
	III	1.143,66	–	91,49	102,92	–	82,04	92,29	–	72,86	81,97	–	63,93	71,92	–	55,26	62,17	–	46,85	52,70	–	38,69	43,52
	IV	1.761,50	35,65	140,92	158,53	26,32	134,65	151,48	17,01	128,39	144,44	7,69	122,12	137,39	–	115,86	130,34	–	109,59	123,29	–	103,38	116,30
	V	2.276,00	96,87	182,08	204,84																		
	VI	2.320,25	102,14	185,62	208,82																		
7.406,99	I	1.755,00	34,87	140,40	157,95	16,23	127,86	143,84	–	115,33	129,74	–	102,87	115,73	–	90,86	102,22	–	79,37	89,29	–	68,40	76,95
(West)	II	1.605,91	17,13	128,47	144,53	–	115,94	130,43	–	103,46	116,39	–	91,43	102,86	–	79,92	89,91	–	68,91	77,52	–	58,42	65,72
	III	1.138,50	–	91,08	102,46	–	81,65	91,85	–	72,48	81,54	–	63,56	71,50	–	54,90	61,76	–	46,50	52,31	–	38,36	43,15
	IV	1.755,00	34,87	140,40	157,95	25,55	134,13	150,89	16,23	127,86	143,84	6,91	121,60	136,80	–	115,33	129,74	–	109,06	122,69	–	102,87	115,73
	V	2.269,41	96,09	181,55	204,24																		
	VI	2.313,75	101,36	185,10	208,23																		
7.406,99	I	1.762,83	35,80	141,02	158,65	17,16	128,49	144,55	–	115,96	130,45	–	103,48	116,42	–	91,45	102,88	–	79,93	89,92	–	68,93	77,54
(Ost)	II	1.613,66	18,05	129,09	145,22	–	116,56	131,13	–	104,08	117,09	–	92,02	103,52	–	80,48	90,54	–	69,45	78,13	–	58,94	66,30
	III	1.144,50	–	91,56	103,00	–	82,12	92,38	–	72,93	82,04	–	64,00	72,00	–	55,33	62,24	–	46,92	52,78	–	38,76	43,60
	IV	1.762,83	35,80	141,02	158,65	26,48	134,76	151,60	17,16	128,49	144,55	7,84	122,22	137,50	–	115,96	130,45	–	109,69	123,40	–	103,48	116,42
	V	2.277,25	97,02	182,18	204,95																		
	VI	2.321,58	102,30	185,72	208,94																		
7.409,99	I	1.756,25	35,02	140,50	158,06	16,38	127,96	143,96	–	115,43	129,86	–	102,97	115,84	–	90,96	102,33	–	79,46	89,39	–	68,48	77,04
(West)	II	1.607,16	17,28	128,57	144,64	–	116,04	130,54	–	103,56	116,51	–	91,52	102,96	–	80,00	90,00	–	69,00	77,62	–	58,51	65,82
	III	1.139,50	–	91,16	102,55	–	81,73	91,94	–	72,54	81,61	–	63,64	71,59	–	54,97	61,84	–	46,57	52,39	–	38,42	43,22
	IV	1.756,25	35,02	140,50	158,06	25,70	134,23	151,01	16,38	127,96	143,96	7,06	121,70	136,91	–	115,43	129,86	–	109,16	122,81	–	102,97	115,84
	V	2.270,66	96,24	181,65	204,35																		
	VI	2.315,00	101,51	185,20	208,35																		
7.409,99	I	1.764,08	35,95	141,12	158,76	17,31	128,59	144,66	–	116,06	130,56	–	103,58	116,52	–	91,54	102,98	–	80,02	90,02	–	69,02	77,64
(Ost)	II	1.614,91	18,20	129,19	145,34	–	116,66	131,24	–	104,17	117,19	–	92,11	103,62	–	80,57	90,64	–	69,54	78,23	–	59,02	66,39
	III	1.145,50	–	91,64	103,09	–	82,20	92,47	–	73,00	82,12	–	64,08	72,09	–	55,40	62,32	–	46,98	52,85	–	38,82	43,67
	IV	1.764,08	35,95	141,12	158,76	26,63	134,86	151,71	17,31	128,59	144,66	7,99	122,32	137,61	–	116,06	130,56	–	109,79	123,51	–	103,58	116,52
	V	2.278,50	97,17	182,28	205,06																		
	VI	2.322,83	102,44	185,82	209,05																		
7.412,99	I	1.757,50	35,17	140,60	158,17	16,53	128,06	144,07	–	115,53	129,97	–	103,06	115,94	–	91,05	102,43	–	79,55	89,49	–	68,57	77,14
(West)	II	1.608,41	17,43	128,67	144,75	–	116,14	130,65	–	103,66	116,61	–	91,62	103,07	–	80,10	90,11	–	69,08	77,72	–	58,59	65,91
	III	1.140,50	–	91,24	102,64	–	81,80	92,02	–	72,62	81,70	–	63,70	71,66	–	55,04	61,92	–	46,64	52,47	–	38,48	43,29
	IV	1.757,50	35,17	140,60	158,17	25,85	134,33	151,12	16,53	128,06	144,07	7,20	121,80	137,02	–	115,53	129,97	–	109,26	122,92	–	103,06	115,94
	V	2.271,91	96,39	181,75	204,47																		
	VI	2.316,25	101,66	185,30	208,46																		
7.412,99	I	1.765,33	36,10	141,22	158,87	17,46	128,69	144,77	–	116,16	130,68	–	103,68	116,64	–	91,64	103,09	–	80,11	90,12	–	69,10	77,74
(Ost)	II	1.616,25	18,36	129,30	145,46	–	116,76	131,36	–	104,27	117,30	–	92,21	103,73	–	80,66	90,74	–	69,62	78,32	–	59,10	66,49
	III	1.146,50	–	91,72	103,18	–	82,26	92,54	–	73,08	82,21	–	64,14	72,16	–	55,46	62,39	–	47,05	52,93	–	38,88	43,74
	IV	1.765,33	36,10	141,22	158,87	26,78	134,96	151,83	17,46	128,69	144,77	8,14	122,42	137,72	–	116,16	130,68	–	109,89	123,62	–	103,68	116,64
	V	2.279,75	97,32	182,38	205,17																		
	VI	2.324,08	102,59	185,92	209,16																		
7.415,99	I	1.758,75	35,32	140,70	158,28	16,67	128,16	144,18	–	115,63	130,08	–	103,16	116,06	–	91,15	102,54	–	79,64	89,60	–	68,66	77,24
(West)	II	1.609,66	17,58	128,77	144,86	–	116,24	130,77	–	103,76	116,73	–	91,72	103,18	–	80,18	90,20	–	69,17	77,81	–	58,67	66,00
	III	1.141,50	–	91,32	102,73	–	81,88	92,11	–	72,69	81,77	–	63,77	71,74	–	55,10	61,99	–	46,70	52,54	–	38,54	43,36
	IV	1.758,75	35,32	140,70	158,28	26,00	134,43	151,23	16,67	128,16	144,18	7,35	121,90	137,13	–	115,63	130,08	–	109,37	123,04	–	103,16	116,06
	V	2.273,25	96,54	181,86	204,59																		
	VI	2.317,50	101,81	185,40	208,57																		
7.415,99	I	1.766,58	36,25	141,32	158,99	17,61	128,79	144,89	–	116,26	130,79	–	103,78	116,75	–	91,73	103,19	–	80,20	90,23	–	69,19	77,84
(Ost)	II	1.617,50	18,51	129,40	145,57	–	116,86	131,47	–	104,37	117,41	–	92,30	103,84	–	80,75	90,84	–	69,71	78,42	–	59,18	66,58
	III	1.147,50	–	91,80	103,27	–	82,34	92,63	–	73,14	82,28	–	64,21	72,23	–	55,53	62,47	–	47,12	53,01	–	38,94	43,81
	IV	1.766,58	36,25	141,32	158,99	26,93	135,06	151,94	17,61	128,79	144,89	8,29	122,52	137,84	–	116,26	130,79	–	109,99	123,74	–	103,78	116,75
	V	2.281,00	97,47	182,48	205,29																		
	VI	2.325,33	102,74	186,02	209,27																		
7.418,99	I	1.760,00	35,47	140,80	158,40	16,82	128,26	144,29	–	115,74	130,20	–	103,26	116,17	–	91,24	102,65	–	79,74	89,70	–	68,74	77,33
(West)	II	1.610,91	17,73	128,87	144,98	–	116,34	130,88	–	103,86	116,84	–	91,81	103,28	–	80,28	90,31	–	69,26	77,91	–	58,76	66,10
	III	1.142,50	–	91,40	102,82	–	81,96	92,20	–	72,77	81,86	–	63,84	71,82	–	55,17	62,06	–	46,77	52,61	–	38,61	43,43
	IV	1.760,00	35,47	140,80	158,40	26,15	134,53	151,34	16,82	128,26	144,29	7,51	122,00	137,25	–	115,74	130,20	–	109,47	123,15	–	103,26	116,17
	V	2.274,50	96,69	181,96	204,70																		
	VI	2.318,75	101,96	185,50	208,68																		
7.418,99	I	1.767,83	36,40	141,42	159,10	17,76	128,89	145,00	–	116,36	130,90	–	103,88	116,86	–	91,83	103,31	–	80,30	90,33	–	69,28	77,94
(Ost)	II	1.618,75	18,66	129,50	145,68	0,01	116,96	131,58	–	104,47	117,53	–	92,40	103,95	–	80,84	90,94	–	69,80	78,52	–	59,26	66,67
	III	1.148,33	–	91,86	103,34	–	82,41	92,71	–	73,22	82,37	–	64,28	72,31	–	55,60	62,55	–	47,18	53,08	–	39,01	43,88
	IV	1.767,83	36,40	141,42	159,10	27,08	135,16	152,05	17,76	128,89	145,00	8,43	122,62	137,95	–	116,36	130,90	–	110,09	123,85	–	103,88	116,86
	V	2.282,25	97,61	182,58	205,40																		
	VI	2.326,58	102,89	186,12	209,39																		
7.421,99	I	1.761,33	35,63	140,90	158,51	16,98	128,37	144,41	–	115,84	130,32	–	103,36	116,28	–	91,34	102,75	–	79,82	89,80	–	68,82	77,42
(West)	II	1.612,16	17,87	128,97	145,09	–	116,44	130,99	–	103,96	116,95	–	91,90	103,39	–	80,37	90,41	–	69,34	78,01	–	58,84	66,19
	III	1.143,33	–	91,46	102,89	–	82,02	92,27	–	72,84	81,94	–	63,92	71,91	–	55,25	62,15	–	46,84	52,69	–	38,68	43,51
	IV	1.761,33	35,63	140,90	158,51	26,30	134,64	151,47	16,98	128,37	144,41	7,66	122,10	137,36	–	115,84	130,32	–	109,57	123,26	–	103,36	116,28
	V	2.275,75	96,84	182,06	204,81																		
	VI	2.320,08	102,12	185,60	208,80																		
7.421,99	I	1.769,08	36,55	141,52	159,21	17,90	128,99	145,11	–	116,46	131,01	–	103,98	116,97	–	91,92	103,41	–	80,38	90,43	–	69,36	78,03
(Ost)	II	1.620,00	18,81	129,60	145,80	0,16	117,06	131,69	–	104,57	117,64	–	92,49	104,05	–	80,93	91,04	–	69,88	78,62	–	59,35	66,77
	III	1.149,33	–	91,94	103,43	–	82,49	92,80	–	73,29	82,45	–	64,36	72,40	–	55,68	62,64	–	47,25	53,15	–	39,08	43,96
	IV	1.769,08	36,55	141,52	159,21	27,23	135,26	152,16	17,90	128,99	145,11	8,58	122,72	138,06	–	116,46	131,01	–	110,19	123,96	–	103,98	116,97
	V	2.283,50	97,76	182,68	205,51																		
	VI	2.327,83	103,04	186,22	209,50																		

Lohn/ Gehalt bis	Steuerklasse	Lohnsteuer	ohne Kinderfreibetrag SolZ 5,5%	Kirchensteuer 8%	Kirchensteuer 9%	0,5 SolZ 5,5%	0,5 Kirchensteuer 8%	0,5 Kirchensteuer 9%	1,0 SolZ 5,5%	1,0 Kirchensteuer 8%	1,0 Kirchensteuer 9%	1,5 SolZ 5,5%	1,5 Kirchensteuer 8%	1,5 Kirchensteuer 9%	2,0 SolZ 5,5%	2,0 Kirchensteuer 8%	2,0 Kirchensteuer 9%	2,5 SolZ 5,5%	2,5 Kirchensteuer 8%	2,5 Kirchensteuer 9%	3,0 SolZ 5,5%	3,0 Kirchensteuer 8%	3,0 Kirchensteuer 9%
7.424,99 (West)	I	1.762,58	35,77	141,00	158,63	17,13	128,47	144,53	–	115,94	130,43	–	103,46	116,39	–	91,43	102,86	–	79,92	89,91	–	68,91	[illegible]
	II	1.613,41	18,02	129,07	145,20	–	116,54	131,11	–	104,06	117,06	–	92,00	103,50	–	80,46	90,51	–	69,43	78,11	–	58,92	[illegible]
	III	1.144,33	–	91,54	102,98	–	82,10	92,36	–	72,92	82,03	–	63,98	71,98	–	55,32	62,23	–	46,90	52,76	–	38,74	[illegible]
	IV	1.762,58	35,77	141,00	158,63	26,45	134,74	151,58	17,13	128,47	144,53	7,81	122,20	137,48	–	115,94	130,43	–	109,67	123,38	–	103,46	[illegible]
	V	2.277,00	96,99	182,16	204,93																		
	VI	2.321,33	102,27	185,70	208,91																		
7.424,99 (Ost)	I	1.770,33	36,70	141,62	159,32	18,05	129,09	145,22	–	116,56	131,13	–	104,08	117,09	–	92,02	103,52	–	80,48	90,54	–	69,45	[illegible]
	II	1.621,25	18,96	129,70	145,91	0,31	117,16	131,81	–	104,67	117,75	–	92,59	104,16	–	81,02	91,15	–	69,97	78,71	–	59,43	[illegible]
	III	1.150,33	–	92,02	103,52	–	82,57	92,89	–	73,37	82,54	–	64,42	72,47	–	55,74	62,71	–	47,32	53,23	–	39,14	[illegible]
	IV	1.770,33	36,70	141,62	159,32	27,37	135,36	152,28	18,05	129,09	145,22	8,73	122,82	138,17	–	116,56	131,13	–	110,29	124,07	–	104,08	[illegible]
	V	2.284,83	97,92	182,78	205,63																		
	VI	2.329,08	103,19	186,32	209,61																		
7.427,99 (West)	I	1.763,83	35,92	141,10	158,74	17,28	128,57	144,64	–	116,04	130,54	–	103,56	116,51	–	91,52	102,96	–	80,00	90,00	–	69,00	[illegible]
	II	1.614,75	18,18	129,18	145,32	–	116,64	131,22	–	104,16	117,18	–	92,10	103,61	–	80,55	90,62	–	69,52	78,21	–	59,00	[illegible]
	III	1.145,33	–	91,62	103,07	–	82,17	92,44	–	72,98	82,10	–	64,05	72,05	–	55,38	62,30	–	46,97	52,84	–	38,81	[illegible]
	IV	1.763,83	35,92	141,10	158,74	26,60	134,84	151,69	17,28	128,57	144,64	7,96	122,30	137,59	–	116,04	130,54	–	109,77	123,49	–	103,56	[illegible]
	V	2.278,25	97,14	182,26	205,04																		
	VI	2.322,58	102,41	185,80	209,03																		
7.427,99 (Ost)	I	1.771,58	36,85	141,72	159,44	18,20	129,19	145,34	–	116,66	131,24	–	104,17	117,19	–	92,11	103,62	–	80,57	90,64	–	69,54	[illegible]
	II	1.622,50	19,10	129,80	146,02	0,46	117,26	131,92	–	104,77	117,86	–	92,68	104,27	–	81,11	91,25	–	70,06	78,81	–	59,52	[illegible]
	III	1.151,33	–	92,10	103,61	–	82,64	92,97	–	73,44	82,62	–	64,49	72,55	–	55,81	62,78	–	47,38	53,30	–	39,21	[illegible]
	IV	1.771,58	36,85	141,72	159,44	27,52	135,46	152,39	18,20	129,19	145,34	8,89	122,93	138,29	–	116,66	131,24	–	110,40	124,20	–	104,17	[illegible]
	V	2.286,08	98,07	182,88	205,74																		
	VI	2.330,33	103,34	186,42	209,72																		
7.430,99 (West)	I	1.765,08	36,07	141,20	158,85	17,43	128,67	144,75	–	116,14	130,65	–	103,66	116,61	–	91,62	103,07	–	80,10	90,11	–	69,08	[illegible]
	II	1.616,00	18,33	129,28	145,44	–	116,74	131,33	–	104,25	117,28	–	92,19	103,71	–	80,64	90,72	–	69,60	78,30	–	59,08	[illegible]
	III	1.146,33	–	91,70	103,16	–	82,25	92,53	–	73,06	82,19	–	64,13	72,14	–	55,45	62,38	–	47,04	52,92	–	38,86	[illegible]
	IV	1.765,08	36,07	141,20	158,85	26,75	134,94	151,80	17,43	128,67	144,75	8,11	122,40	137,70	–	116,14	130,65	–	109,87	123,60	–	103,66	[illegible]
	V	2.279,50	97,29	182,36	205,15																		
	VI	2.323,83	102,56	185,90	209,14																		
7.430,99 (Ost)	I	1.772,91	37,00	141,83	159,56	18,36	129,30	145,46	–	116,76	131,36	–	104,27	117,30	–	92,21	103,73	–	80,66	90,74	–	69,62	[illegible]
	II	1.623,75	19,25	129,90	146,13	0,61	117,36	132,03	–	104,87	117,98	–	92,78	104,37	–	81,20	91,35	–	70,14	78,91	–	59,60	[illegible]
	III	1.152,33	–	92,18	103,70	–	82,72	93,06	–	73,52	82,71	–	64,57	72,64	–	55,88	62,86	–	47,45	53,38	–	39,28	[illegible]
	IV	1.772,91	37,00	141,83	159,56	27,68	135,56	152,51	18,36	129,30	145,46	9,04	123,03	138,41	–	116,76	131,36	–	110,50	124,31	–	104,27	[illegible]
	V	2.287,33	98,22	182,98	205,85																		
	VI	2.331,66	103,50	186,53	209,84																		
7.433,99 (West)	I	1.766,33	36,22	141,30	158,96	17,58	128,77	144,86	–	116,24	130,77	–	103,76	116,73	–	91,72	103,18	–	80,18	90,20	–	69,17	[illegible]
	II	1.617,25	18,48	129,38	145,55	–	116,84	131,45	–	104,35	117,39	–	92,28	103,82	–	80,73	90,82	–	69,69	78,40	–	59,17	[illegible]
	III	1.147,16	–	91,77	103,24	–	82,33	92,62	–	73,13	82,27	–	64,20	72,22	–	55,52	62,46	–	47,10	52,99	–	38,93	[illegible]
	IV	1.766,33	36,22	141,30	158,96	26,90	135,04	151,92	17,58	128,77	144,86	8,26	122,50	137,81	–	116,24	130,77	–	109,97	123,71	–	103,76	[illegible]
	V	2.280,75	97,44	182,46	205,26																		
	VI	2.325,08	102,71	186,00	209,25																		
7.433,99 (Ost)	I	1.774,16	37,15	141,93	159,67	18,51	129,40	145,57	–	116,86	131,47	–	104,37	117,41	–	92,30	103,84	–	80,75	90,84	–	69,71	[illegible]
	II	1.625,00	19,40	130,00	146,25	0,77	117,47	132,15	–	104,97	118,09	–	92,87	104,48	–	81,30	91,46	–	70,23	79,01	–	59,68	[illegible]
	III	1.153,16	–	92,25	103,78	–	82,80	93,15	–	73,58	82,78	–	64,64	72,72	–	55,94	62,93	–	47,52	53,46	–	39,33	[illegible]
	IV	1.774,16	37,15	141,93	159,67	27,83	135,66	152,62	18,51	129,40	145,57	9,19	123,13	138,52	–	116,86	131,47	–	110,60	124,42	–	104,37	[illegible]
	V	2.288,58	98,37	183,08	205,97																		
	VI	2.332,91	103,64	186,63	209,96																		
7.436,99 (West)	I	1.767,58	36,37	141,40	159,08	17,73	128,87	144,98	–	116,34	130,88	–	103,86	116,84	–	91,81	103,28	–	80,28	90,31	–	69,26	[illegible]
	II	1.618,50	18,63	129,48	145,66	–	116,94	131,56	–	104,45	117,50	–	92,38	103,92	–	80,82	90,92	–	69,78	78,50	–	59,25	[illegible]
	III	1.148,16	–	91,85	103,33	–	82,40	92,70	–	73,21	82,36	–	64,26	72,29	–	55,58	62,53	–	47,17	53,06	–	39,00	[illegible]
	IV	1.767,58	36,37	141,40	159,08	27,05	135,14	152,03	17,73	128,87	144,98	8,40	122,60	137,93	–	116,34	130,88	–	110,07	123,83	–	103,86	[illegible]
	V	2.282,00	97,58	182,56	205,38																		
	VI	2.326,33	102,86	186,10	209,36																		
7.436,99 (Ost)	I	1.775,41	37,30	142,03	159,78	18,66	129,50	145,68	0,01	116,96	131,58	–	104,47	117,53	–	92,40	103,95	–	80,84	90,94	–	69,80	[illegible]
	II	1.626,33	19,56	130,10	146,36	0,92	117,57	132,26	–	105,06	118,19	–	92,97	104,59	–	81,38	91,55	–	70,32	79,11	–	59,76	[illegible]
	III	1.154,16	–	92,33	103,87	–	82,86	93,22	–	73,66	82,87	–	64,70	72,79	–	56,01	63,01	–	47,58	53,53	–	39,40	[illegible]
	IV	1.775,41	37,30	142,03	159,78	27,98	135,76	152,73	18,66	129,50	145,68	9,34	123,23	138,63	0,01	116,96	131,58	–	110,70	124,53	–	104,47	[illegible]
	V	2.289,83	98,52	183,18	206,08																		
	VI	2.334,16	103,79	186,73	210,07																		
7.439,99 (West)	I	1.768,83	36,52	141,50	159,19	17,87	128,97	145,09	–	116,44	130,99	–	103,96	116,95	–	91,90	103,39	–	80,37	90,41	–	69,34	[illegible]
	II	1.619,75	18,78	129,58	145,77	0,13	117,04	131,67	–	104,55	117,62	–	92,48	104,04	–	80,91	91,02	–	69,86	78,59	–	59,33	[illegible]
	III	1.149,16	–	91,93	103,42	–	82,48	92,79	–	73,28	82,44	–	64,34	72,38	–	55,65	62,60	–	47,24	53,14	–	39,06	[illegible]
	IV	1.768,83	36,52	141,50	159,19	27,20	135,24	152,14	17,87	128,97	145,09	8,55	122,70	138,04	–	116,44	130,99	–	110,17	123,94	–	103,96	[illegible]
	V	2.283,33	97,74	182,66	205,49																		
	VI	2.327,58	103,01	186,20	209,48																		
7.439,99 (Ost)	I	1.776,66	37,45	142,13	159,89	18,81	129,60	145,80	0,16	117,06	131,69	–	104,57	117,64	–	92,49	104,05	–	80,93	91,04	–	69,88	[illegible]
	II	1.627,58	19,71	130,20	146,48	1,07	117,67	132,38	–	105,16	118,31	–	93,06	104,69	–	81,48	91,66	–	70,40	79,20	–	59,84	[illegible]
	III	1.155,16	–	92,41	103,96	–	82,94	93,31	–	73,73	82,94	–	64,78	72,88	–	56,09	63,10	–	47,65	53,60	–	39,46	[illegible]
	IV	1.776,66	37,45	142,13	159,89	28,13	135,86	152,84	18,81	129,60	145,80	9,49	123,33	138,74	0,16	117,06	131,69	–	110,80	124,65	–	104,57	[illegible]
	V	2.291,08	98,67	183,28	206,19																		
	VI	2.335,41	103,94	186,83	210,18																		
7.442,99 (West)	I	1.770,08	36,67	141,60	159,30	18,02	129,07	145,20	–	116,54	131,11	–	104,06	117,06	–	92,00	103,50	–	80,46	90,51	–	69,43	[illegible]
	II	1.621,00	18,93	129,68	145,89	0,28	117,14	131,78	–	104,65	117,73	–	92,57	104,14	–	81,00	91,13	–	69,95	78,69	–	59,42	[illegible]
	III	1.150,16	–	92,01	103,51	–	82,54	92,86	–	73,36	82,53	–	64,41	72,46	–	55,73	62,69	–	47,30	53,21	–	39,13	[illegible]
	IV	1.770,08	36,67	141,60	159,30	27,35	135,34	152,25	18,02	129,07	145,20	8,70	122,80	138,15	–	116,54	131,11	–	110,28	124,06	–	104,06	[illegible]
	V	2.284,58	97,89	182,76	205,61																		
	VI	2.328,83	103,16	186,30	209,59																		
7.442,99 (Ost)	I	1.777,91	37,60	142,23	160,01	18,96	129,70	145,91	0,31	117,16	131,81	–	104,67	117,75	–	92,59	104,16	–	81,02	91,15	–	69,97	[illegible]
	II	1.628,83	19,86	130,30	146,59	1,21	117,77	132,49	–	105,26	118,42	–	93,16	104,80	–	81,57	91,76	–	70,49	79,30	–	59,93	[illegible]
	III	1.156,16	–	92,49	104,05	–	83,02	93,40	–	73,81	83,03	–	64,85	72,95	–	56,16	63,18	–	47,72	53,68	–	39,53	[illegible]
	IV	1.777,91	37,60	142,23	160,01	28,28	135,96	152,96	18,96	129,70	145,91	9,63	123,43	138,86	0,31	117,16	131,81	–	110,90	124,76	–	104,67	[illegible]
	V	2.292,33	98,81	183,38	206,30																		
	VI	2.336,66	104,09	186,93	210,29																		

Anzahl Kinderfreibeträge (nur Steuerklassen I–IV)

Allgemeine Tabelle

MONAT bis 7.463,99 €

Lohn/ Gehalt bis	Steuerklasse	Lohn- steuer	ohne Kinderfreibetrag			Anzahl Kinderfreibeträge (nur Steuerklassen I–IV)																	
						0,5			1,0			1,5			2,0			2,5			3,0		
			SolZ 5,5%	Kirchensteuer 8%	Kirchensteuer 9%	SolZ 5,5%	Kirchensteuer 8%	Kirchensteuer 9%	SolZ 5,5%	Kirchensteuer 8%	Kirchensteuer 9%	SolZ 5,5%	Kirchensteuer 8%	Kirchensteuer 9%	SolZ 5,5%	Kirchensteuer 8%	Kirchensteuer 9%	SolZ 5,5%	Kirchensteuer 8%	Kirchensteuer 9%	SolZ 5,5%	Kirchensteuer 8%	Kirchensteuer 9%
7.445,99 (West)	I	1.771,33	36,82	141,70	159,41	18,18	129,18	145,32	-	116,64	131,22	-	104,16	117,18	-	92,10	103,61	-	80,55	90,62	-	69,52	78,21
	II	1.622,25	19,07	129,78	146,00	0,43	117,24	131,90	-	104,75	117,84	-	92,66	104,24	-	81,10	91,23	-	70,04	78,79	-	59,50	66,93
	III	1.151,00	-	92,08	103,59	-	82,62	92,95	-	73,42	82,60	-	64,48	72,54	-	55,80	62,77	-	47,37	53,29	-	39,20	44,10
	IV	1.771,33	36,82	141,70	159,41	27,50	135,44	152,37	18,18	129,18	145,32	8,86	122,91	138,27	-	116,64	131,22	-	110,38	124,17	-	104,16	117,18
	V	2.285,83	98,04	182,86	205,72																		
	VI	2.330,08	103,31	186,40	209,70																		
7.445,99 (Ost)	I	1.779,16	37,75	142,33	160,12	19,10	129,80	146,02	0,46	117,26	131,92	-	104,77	117,86	-	92,68	104,27	-	81,11	91,25	-	70,06	78,81
	II	1.630,08	20,01	130,40	146,70	1,36	117,87	132,60	-	105,36	118,53	-	93,26	104,91	-	81,66	91,86	-	70,58	79,40	-	60,01	67,51
	III	1.157,16	-	92,57	104,14	-	83,09	93,47	-	73,88	83,11	-	64,92	73,03	-	56,22	63,25	-	47,78	53,75	-	39,60	44,55
	IV	1.779,16	37,75	142,33	160,12	28,43	136,06	153,07	19,10	129,80	146,02	9,78	123,53	138,97	0,46	117,26	131,92	-	111,00	124,87	-	104,77	117,86
	V	2.293,58	98,96	183,48	206,42																		
	VI	2.337,91	104,24	187,03	210,41																		
7.448,99 (West)	I	1.772,66	36,97	141,81	159,53	18,33	129,28	145,44	-	116,74	131,33	-	104,25	117,28	-	92,19	103,71	-	80,64	90,72	-	69,60	78,30
	II	1.623,50	19,22	129,88	146,11	0,58	117,34	132,01	-	104,85	117,95	-	92,76	104,35	-	81,18	91,33	-	70,12	78,89	-	59,58	67,03
	III	1.152,00	-	92,16	103,68	-	82,70	93,04	-	73,50	82,69	-	64,56	72,63	-	55,86	62,84	-	47,44	53,37	-	39,26	44,17
	IV	1.772,66	36,97	141,81	159,53	27,65	135,54	152,48	18,33	129,28	145,44	9,01	123,01	138,38	-	116,74	131,33	-	110,48	124,29	-	104,25	117,28
	V	2.287,08	98,19	182,96	205,83																		
	VI	2.331,41	103,47	186,51	209,82																		
7.448,99 (Ost)	I	1.780,41	37,90	142,43	160,23	19,25	129,90	146,13	0,61	117,36	132,03	-	104,87	117,98	-	92,78	104,37	-	81,20	91,35	-	70,14	78,91
	II	1.631,33	20,16	130,50	146,81	1,51	117,97	132,71	-	105,46	118,64	-	93,35	105,02	-	81,75	91,97	-	70,66	79,49	-	60,10	67,61
	III	1.158,00	-	92,64	104,22	-	83,17	93,56	-	73,96	83,20	-	65,00	73,12	-	56,29	63,32	-	47,85	53,83	-	39,66	44,62
	IV	1.780,41	37,90	142,43	160,23	28,57	136,16	153,18	19,25	129,90	146,13	9,93	123,63	139,08	0,61	117,36	132,03	-	111,10	124,98	-	104,87	117,98
	V	2.294,91	99,12	183,59	206,54																		
	VI	2.339,16	104,39	187,13	210,52																		
7.451,99 (West)	I	1.773,91	37,12	141,91	159,65	18,48	129,38	145,55	-	116,84	131,45	-	104,35	117,39	-	92,28	103,82	-	80,73	90,82	-	69,69	78,40
	II	1.624,83	19,38	129,98	146,23	0,74	117,45	132,13	-	104,95	118,07	-	92,86	104,46	-	81,28	91,44	-	70,21	78,98	-	59,66	67,12
	III	1.153,00	-	92,24	103,77	-	82,77	93,11	-	73,57	82,76	-	64,62	72,70	-	55,93	62,92	-	47,50	53,44	-	39,32	44,23
	IV	1.773,91	37,12	141,91	159,65	27,80	135,64	152,60	18,48	129,38	145,55	9,16	123,11	138,50	-	116,84	131,45	-	110,58	124,40	-	104,35	117,39
	V	2.288,33	98,34	183,06	205,94																		
	VI	2.332,66	103,61	186,61	209,93																		
7.451,99 (Ost)	I	1.781,66	38,05	142,53	160,34	19,40	130,00	146,25	0,77	117,47	132,15	-	104,97	118,09	-	92,87	104,48	-	81,30	91,46	-	70,23	79,01
	II	1.632,58	20,30	130,60	146,93	1,66	118,07	132,83	-	105,56	118,76	-	93,44	105,12	-	81,84	92,07	-	70,75	79,59	-	60,18	67,70
	III	1.159,00	-	92,72	104,31	-	83,24	93,64	-	74,02	83,27	-	65,06	73,19	-	56,36	63,40	-	47,92	53,91	-	39,73	44,69
	IV	1.781,66	38,05	142,53	160,34	28,72	136,26	153,29	19,40	130,00	146,25	10,08	123,73	139,19	0,77	117,47	132,15	-	111,20	125,10	-	104,97	118,09
	V	2.296,16	99,27	183,69	206,65																		
	VI	2.340,41	104,54	187,23	210,63																		
7.454,99 (West)	I	1.775,16	37,27	142,01	159,76	18,63	129,48	145,66	-	116,94	131,56	-	104,45	117,50	-	92,38	103,92	-	80,82	90,92	-	69,78	78,50
	II	1.626,08	19,53	130,08	146,34	0,89	117,55	132,24	-	105,05	118,18	-	92,95	104,57	-	81,37	91,54	-	70,30	79,08	-	59,74	67,21
	III	1.154,00	-	92,32	103,86	-	82,85	93,20	-	73,64	82,84	-	64,69	72,77	-	56,00	63,00	-	47,57	53,51	-	39,38	44,30
	IV	1.775,16	37,27	142,01	159,76	27,95	135,74	152,71	18,63	129,48	145,66	9,31	123,21	138,61	-	116,94	131,56	-	110,68	124,51	-	104,45	117,50
	V	2.289,58	98,49	183,16	206,06																		
	VI	2.333,91	103,76	186,71	210,05																		
7.454,99 (Ost)	I	1.782,91	38,19	142,63	160,46	19,56	130,10	146,36	0,92	117,57	132,26	-	105,06	118,19	-	92,97	104,59	-	81,38	91,55	-	70,32	79,11
	II	1.633,83	20,45	130,70	147,04	1,81	118,17	132,94	-	105,66	118,87	-	93,54	105,23	-	81,93	92,17	-	70,84	79,69	-	60,26	67,79
	III	1.160,00	-	92,80	104,40	-	83,32	93,73	-	74,10	83,36	-	65,13	73,27	-	56,42	63,47	-	47,98	53,98	-	39,78	44,75
	IV	1.782,91	38,19	142,63	160,46	28,88	136,37	153,41	19,56	130,10	146,36	10,24	123,84	139,32	0,92	117,57	132,26	-	111,30	125,21	-	105,06	118,19
	V	2.297,41	99,42	183,79	206,76																		
	VI	2.341,75	104,70	187,34	210,75																		
7.457,99 (West)	I	1.776,41	37,42	142,11	159,87	18,78	129,58	145,77	0,13	117,04	131,67	-	104,55	117,62	-	92,48	104,04	-	80,91	91,02	-	69,86	78,59
	II	1.627,33	19,68	130,18	146,45	1,04	117,65	132,35	-	105,14	118,28	-	93,04	104,67	-	81,46	91,64	-	70,39	79,19	-	59,83	67,31
	III	1.155,00	-	92,40	103,95	-	82,93	93,29	-	73,72	82,93	-	64,77	72,86	-	56,06	63,07	-	47,64	53,59	-	39,45	44,38
	IV	1.776,41	37,42	142,11	159,87	28,10	135,84	152,82	18,78	129,58	145,77	9,46	123,31	138,72	0,13	117,04	131,67	-	110,78	124,62	-	104,55	117,62
	V	2.290,83	98,64	183,26	206,17																		
	VI	2.335,16	103,91	186,81	210,16																		
7.457,99 (Ost)	I	1.784,25	38,35	142,74	160,58	19,71	130,20	146,48	1,07	117,67	132,38	-	105,16	118,31	-	93,06	104,69	-	81,48	91,66	-	70,40	79,20
	II	1.635,08	20,60	130,80	147,15	1,96	118,27	133,05	-	105,76	118,98	-	93,64	105,34	-	82,02	92,27	-	70,92	79,79	-	60,34	67,88
	III	1.161,00	-	92,88	104,49	-	83,40	93,82	-	74,17	83,44	-	65,21	73,36	-	56,50	63,56	-	48,05	54,05	-	39,85	44,83
	IV	1.784,25	38,35	142,74	160,58	29,03	136,47	153,53	19,71	130,20	146,48	10,39	123,94	139,43	1,07	117,67	132,38	-	111,40	125,33	-	105,16	118,31
	V	2.298,66	99,57	183,89	206,87																		
	VI	2.343,00	104,84	187,44	210,87																		
7.460,99 (West)	I	1.777,66	37,57	142,21	159,98	18,93	129,68	145,89	0,28	117,14	131,78	-	104,65	117,73	-	92,57	104,14	-	81,00	91,13	-	69,95	78,69
	II	1.628,58	19,83	130,28	146,57	1,19	117,75	132,47	-	105,24	118,40	-	93,14	104,78	-	81,55	91,74	-	70,48	79,29	-	59,91	67,40
	III	1.155,83	-	92,46	104,02	-	83,00	93,37	-	73,78	83,00	-	64,84	72,94	-	56,14	63,16	-	47,70	53,66	-	39,52	44,46
	IV	1.777,66	37,57	142,21	159,98	28,25	135,94	152,93	18,93	129,68	145,89	9,60	123,41	138,83	0,28	117,14	131,78	-	110,88	124,74	-	104,65	117,73
	V	2.292,08	98,78	183,36	206,28																		
	VI	2.336,41	104,06	186,91	210,27																		
7.460,99 (Ost)	I	1.785,50	38,50	142,84	160,69	19,86	130,30	146,59	1,21	117,77	132,49	-	105,26	118,42	-	93,16	104,80	-	81,57	91,76	-	70,49	79,30
	II	1.636,41	20,76	130,91	147,27	2,12	118,38	133,17	-	105,86	119,09	-	93,73	105,44	-	82,12	92,38	-	71,01	79,88	-	60,42	67,97
	III	1.161,83	-	92,94	104,56	-	83,46	93,89	-	74,25	83,53	-	65,28	73,44	-	56,57	63,64	-	48,12	54,13	-	39,92	44,91
	IV	1.785,50	38,50	142,84	160,69	29,18	136,57	153,64	19,86	130,30	146,59	10,54	124,04	139,54	1,21	117,77	132,49	-	111,50	125,44	-	105,26	118,42
	V	2.299,91	99,72	183,99	206,99																		
	VI	2.344,25	104,99	187,54	210,98																		
7.463,99 (West)	I	1.778,91	37,72	142,31	160,10	19,07	129,78	146,00	0,43	117,24	131,90	-	104,75	117,84	-	92,66	104,24	-	81,10	91,23	-	70,04	78,79
	II	1.629,83	19,98	130,38	146,68	1,33	117,85	132,58	-	105,34	118,51	-	93,24	104,89	-	81,64	91,85	-	70,56	79,38	-	60,00	67,50
	III	1.156,83	-	92,54	104,11	-	83,08	93,46	-	73,86	83,09	-	64,90	73,01	-	56,21	63,23	-	47,77	53,74	-	39,58	44,53
	IV	1.778,91	37,72	142,31	160,10	28,40	136,04	153,05	19,07	129,78	146,00	9,75	123,51	138,95	0,43	117,24	131,90	-	110,98	124,85	-	104,75	117,84
	V	2.293,33	98,93	183,46	206,39																		
	VI	2.337,66	104,21	187,01	210,38																		
7.463,99 (Ost)	I	1.786,75	38,65	142,94	160,80	20,01	130,40	146,70	1,36	117,87	132,60	-	105,36	118,53	-	93,26	104,91	-	81,66	91,86	-	70,58	79,40
	II	1.637,66	20,91	131,01	147,38	2,27	118,48	133,29	-	105,96	119,21	-	93,83	105,56	-	82,20	92,48	-	71,10	79,99	-	60,51	68,07
	III	1.162,83	-	93,02	104,65	-	83,54	93,98	-	74,32	83,61	-	65,34	73,51	-	56,64	63,72	-	48,18	54,20	-	39,98	44,98
	IV	1.786,75	38,65	142,94	160,80	29,33	136,67	153,75	20,01	130,40	146,70	10,69	124,14	139,65	1,36	117,87	132,60	-	111,60	125,55	-	105,36	118,53
	V	2.301,16	99,87	184,09	207,10																		
	VI	2.345,50	105,14	187,64	211,09																		

Lohn/ Gehalt bis	Steuerklasse	Lohn-steuer	ohne Kinderfreibetrag SolZ 5,5%	Kirchensteuer 8%	Kirchensteuer 9%	0,5 SolZ 5,5%	0,5 Kirchensteuer 8%	0,5 Kirchensteuer 9%	1,0 SolZ 5,5%	1,0 Kirchensteuer 8%	1,0 Kirchensteuer 9%	1,5 SolZ 5,5%	1,5 Kirchensteuer 8%	1,5 Kirchensteuer 9%	2,0 SolZ 5,5%	2,0 Kirchensteuer 8%	2,0 Kirchensteuer 9%	2,5 SolZ 5,5%	2,5 Kirchensteuer 8%	2,5 Kirchensteuer 9%	3,0 SolZ 5,5%	3,0 Kirchensteuer 8%	3,0 Kirchenste 9
7.466,99 (West)	I	1.780,16	37,87	142,41	160,21	19,22	129,88	146,11	0,58	117,34	132,01	–	104,85	117,95	–	92,76	104,35	–	81,18	91,33	–	70,12	7
	II	1.631,08	20,13	130,48	146,79	1,48	117,95	132,69	–	105,44	118,62	–	93,33	104,99	–	81,73	91,94	–	70,65	79,48	–	60,08	6
	III	1.157,83	–	92,62	104,20	–	83,16	93,55	–	73,93	83,17	–	64,98	73,10	–	56,28	63,31	–	47,84	53,82	–	39,65	4
	IV	1.780,16	37,87	142,41	160,21	28,55	136,14	153,16	19,22	129,88	146,11	9,90	123,61	139,06	0,58	117,34	132,01	–	111,08	124,97	–	104,85	11
	V	2.294,66	99,09	183,57	206,51																		
	VI	2.338,91	104,36	187,11	210,50																		
7.466,99 (Ost)	I	1.788,00	38,80	143,04	160,92	20,16	130,50	146,81	1,51	117,97	132,71	–	105,46	118,64	–	93,35	105,02	–	81,75	91,97	–	70,66	7
	II	1.638,91	21,06	131,11	147,50	2,41	118,58	133,40	–	106,06	119,32	–	93,92	105,66	–	82,30	92,58	–	71,19	80,09	–	60,59	6
	III	1.163,83	–	93,10	104,74	–	83,62	94,07	–	74,40	83,70	–	65,42	73,60	–	56,70	63,79	–	48,25	54,28	–	40,05	4
	IV	1.788,00	38,80	143,04	160,92	29,48	136,77	153,86	20,16	130,50	146,81	10,83	124,24	139,77	1,51	117,97	132,71	–	111,70	125,66	–	105,46	11
	V	2.302,41	100,01	184,19	207,21																		
	VI	2.346,75	105,29	187,74	211,20																		
7.469,99 (West)	I	1.781,41	38,02	142,51	160,32	19,38	129,98	146,23	0,74	117,45	132,13	–	104,95	118,07	–	92,86	104,46	–	81,28	91,44	–	70,21	7
	II	1.632,33	20,27	130,58	146,90	1,63	118,05	132,80	–	105,54	118,73	–	93,42	105,10	–	81,82	92,05	–	70,74	79,58	–	60,16	6
	III	1.158,83	–	92,70	104,29	–	83,22	93,62	–	74,01	83,26	–	65,05	73,18	–	56,34	63,38	–	47,90	53,89	–	39,72	4
	IV	1.781,41	38,02	142,51	160,32	28,69	136,24	153,27	19,38	129,98	146,23	10,06	123,72	139,18	0,74	117,45	132,13	–	111,18	125,08	–	104,95	11
	V	2.295,91	99,24	183,67	206,63																		
	VI	2.340,16	104,51	187,21	210,61																		
7.469,99 (Ost)	I	1.789,25	38,95	143,14	161,03	20,30	130,60	146,93	1,66	118,07	132,83	–	105,56	118,76	–	93,44	105,12	–	81,84	92,07	–	70,75	7
	II	1.640,16	21,21	131,21	147,61	2,56	118,68	133,51	–	106,16	119,43	–	94,02	105,77	–	82,39	92,69	–	71,28	80,19	–	60,68	6
	III	1.164,83	–	93,18	104,83	–	83,69	94,15	–	74,46	83,77	–	65,49	73,67	–	56,77	63,86	–	48,32	54,36	–	40,12	4
	IV	1.789,25	38,95	143,14	161,03	29,63	136,87	153,98	20,30	130,60	146,93	10,98	124,34	139,88	1,66	118,07	132,83	–	111,80	125,78	–	105,56	11
	V	2.303,66	100,16	184,29	207,32																		
	VI	2.348,00	105,44	187,84	211,32																		
7.472,99 (West)	I	1.782,75	38,17	142,62	160,44	19,53	130,08	146,34	0,89	117,55	132,24	–	105,05	118,18	–	92,95	104,57	–	81,37	91,54	–	70,30	7
	II	1.633,58	20,42	130,68	147,02	1,78	118,15	132,92	–	105,64	118,85	–	93,52	105,21	–	81,92	92,16	–	70,82	79,67	–	60,24	6
	III	1.159,83	–	92,78	104,38	–	83,30	93,71	–	74,08	83,34	–	65,12	73,26	–	56,41	63,46	–	47,97	53,96	–	39,77	4
	IV	1.782,75	38,17	142,62	160,44	28,85	136,35	153,39	19,53	130,08	146,34	10,21	123,82	139,29	0,89	117,55	132,24	–	111,28	125,19	–	105,05	11
	V	2.297,16	99,39	183,77	206,74																		
	VI	2.341,50	104,67	187,32	210,73																		
7.472,99 (Ost)	I	1.790,50	39,10	143,24	161,14	20,45	130,70	147,04	1,81	118,17	132,94	–	105,66	118,87	–	93,54	105,23	–	81,93	92,17	–	70,84	7
	II	1.641,41	21,36	131,31	147,72	2,71	118,78	133,62	–	106,26	119,54	–	94,12	105,88	–	82,48	92,79	–	71,36	80,28	–	60,76	6
	III	1.165,83	–	93,26	104,92	–	83,77	94,24	–	74,53	83,84	–	65,56	73,75	–	56,84	63,94	–	48,38	54,43	–	40,18	4
	IV	1.790,50	39,10	143,24	161,14	29,77	136,97	154,09	20,45	130,70	147,04	11,13	124,44	139,99	1,81	118,17	132,94	–	111,90	125,89	–	105,66	11
	V	2.305,00	100,32	184,40	207,45																		
	VI	2.349,25	105,59	187,94	211,43																		
7.475,99 (West)	I	1.784,00	38,32	142,72	160,56	19,68	130,18	146,45	1,04	117,65	132,35	–	105,14	118,28	–	93,04	104,67	–	81,46	91,64	–	70,39	79
	II	1.634,83	20,57	130,78	147,13	1,94	118,26	133,04	–	105,74	118,96	–	93,62	105,32	–	82,00	92,25	–	70,91	79,77	–	60,33	67
	III	1.160,66	–	92,85	104,45	–	83,37	93,79	–	74,16	83,43	–	65,18	73,33	–	56,48	63,54	–	48,04	54,04	–	39,84	44
	IV	1.784,00	38,32	142,72	160,56	29,00	136,45	153,50	19,68	130,18	146,45	10,36	123,92	139,41	1,04	117,65	132,35	–	111,38	125,30	–	105,14	118
	V	2.298,41	99,54	183,87	206,85																		
	VI	2.342,75	104,81	187,42	210,84																		
7.475,99 (Ost)	I	1.791,75	39,25	143,34	161,25	20,60	130,80	147,15	1,96	118,27	133,05	–	105,76	118,98	–	93,64	105,34	–	82,02	92,27	–	70,92	79
	II	1.642,66	21,50	131,41	147,83	2,86	118,88	133,74	–	106,36	119,66	–	94,21	105,98	–	82,57	92,89	–	71,45	80,38	–	60,84	68
	III	1.166,66	–	93,33	104,99	–	83,85	94,33	–	74,61	83,93	–	65,64	73,84	–	56,92	64,03	–	48,45	54,50	–	40,25	45
	IV	1.791,75	39,25	143,34	161,25	29,92	137,07	154,20	20,60	130,80	147,15	11,28	124,54	140,10	1,96	118,27	133,05	–	112,01	126,01	–	105,76	118
	V	2.306,25	100,47	184,50	207,56																		
	VI	2.350,50	105,74	188,04	211,54																		
7.478,99 (West)	I	1.785,25	38,47	142,82	160,67	19,83	130,28	146,57	1,19	117,75	132,47	–	105,24	118,40	–	93,14	104,78	–	81,55	91,74	–	70,48	79
	II	1.636,16	20,73	130,89	147,25	2,09	118,36	133,15	–	105,84	119,07	–	93,71	105,42	–	82,10	92,36	–	71,00	79,87	–	60,41	67
	III	1.161,66	–	92,93	104,54	–	83,45	93,88	–	74,22	83,50	–	65,26	73,42	–	56,56	63,63	–	48,10	54,11	–	39,90	44
	IV	1.785,25	38,47	142,82	160,67	29,15	136,55	153,62	19,83	130,28	146,57	10,51	124,02	139,52	1,19	117,75	132,47	–	111,48	125,42	–	105,24	118
	V	2.299,66	99,69	183,97	206,96																		
	VI	2.344,00	104,96	187,52	210,96																		
7.478,99 (Ost)	I	1.793,00	39,39	143,44	161,37	20,76	130,91	147,27	2,12	118,38	133,17	–	105,86	119,09	–	93,73	105,44	–	82,12	92,38	–	71,01	79
	II	1.643,91	21,65	131,51	147,95	3,01	118,98	133,85	–	106,46	119,77	–	94,30	106,09	–	82,66	92,99	–	71,54	80,48	–	60,92	68
	III	1.167,66	–	93,41	105,08	–	83,92	94,41	–	74,68	84,01	–	65,70	73,91	–	56,98	64,10	–	48,52	54,58	–	40,30	45
	IV	1.793,00	39,39	143,44	161,37	30,07	137,17	154,31	20,76	130,91	147,27	11,44	124,64	140,22	2,12	118,38	133,17	–	112,11	126,12	–	105,86	119
	V	2.307,50	100,62	184,60	207,67																		
	VI	2.351,75	105,89	188,14	211,65																		
7.481,99 (West)	I	1.786,50	38,62	142,92	160,78	19,98	130,38	146,68	1,33	117,85	132,58	–	105,34	118,51	–	93,24	104,89	–	81,64	91,85	–	70,56	79,
	II	1.637,41	20,88	130,99	147,36	2,24	118,46	133,26	–	105,94	119,18	–	93,81	105,53	–	82,19	92,46	–	71,08	79,97	–	60,49	68,
	III	1.162,66	–	93,01	104,63	–	83,53	93,97	–	74,30	83,59	–	65,33	73,49	–	56,62	63,70	–	48,17	54,19	–	39,97	44,
	IV	1.786,50	38,62	142,92	160,78	29,30	136,65	153,73	19,98	130,38	146,68	10,66	124,12	139,63	1,33	117,85	132,58	–	111,58	125,53	–	105,34	118,
	V	2.300,91	99,84	184,07	207,08																		
	VI	2.345,25	105,11	187,62	211,07																		
7.481,99 (Ost)	I	1.794,33	39,55	143,54	161,48	20,91	131,01	147,38	2,27	118,48	133,29	–	105,96	119,21	–	93,83	105,56	–	82,20	92,48	–	71,10	79,
	II	1.645,16	21,80	131,61	148,06	3,16	119,08	133,96	–	106,56	119,88	–	94,40	106,20	–	82,76	93,10	–	71,62	80,57	–	61,01	68,
	III	1.168,66	–	93,49	105,17	–	84,00	94,50	–	74,76	84,10	–	65,77	73,99	–	57,05	64,18	–	48,58	54,65	–	40,37	45,
	IV	1.794,33	39,55	143,54	161,48	30,23	137,28	154,44	20,91	131,01	147,38	11,59	124,74	140,33	2,27	118,48	133,29	–	112,21	126,23	–	105,96	119,
	V	2.308,75	100,77	184,70	207,78																		
	VI	2.353,08	106,04	188,24	211,77																		
7.484,99 (West)	I	1.787,75	38,77	143,02	160,89	20,13	130,48	146,79	1,48	117,95	132,69	–	105,44	118,62	–	93,33	104,99	–	81,73	91,94	–	70,65	79,
	II	1.638,66	21,03	131,09	147,47	2,38	118,56	133,38	–	106,04	119,30	–	93,90	105,64	–	82,28	92,57	–	71,17	80,06	–	60,58	68,
	III	1.163,66	–	93,09	104,72	–	83,60	94,05	–	74,37	83,66	–	65,40	73,57	–	56,69	63,77	–	48,24	54,27	–	40,04	45,
	IV	1.787,75	38,77	143,02	160,89	29,45	136,75	153,84	20,13	130,48	146,79	10,80	124,22	139,74	1,48	117,95	132,69	–	111,68	125,64	–	105,44	118,
	V	2.302,16	99,98	184,17	207,19																		
	VI	2.346,50	105,26	187,72	211,18																		
7.484,99 (Ost)	I	1.795,58	39,70	143,64	161,60	21,06	131,11	147,50	2,41	118,58	133,40	–	106,06	119,32	–	93,92	105,66	–	82,30	92,58	–	71,19	80,
	II	1.646,41	21,95	131,71	148,17	3,32	119,18	134,08	–	106,66	119,99	–	94,50	106,31	–	82,85	93,20	–	71,71	80,67	–	61,09	68,
	III	1.169,66	–	93,57	105,26	–	84,08	94,59	–	74,82	84,17	–	65,85	74,08	–	57,12	64,26	–	48,65	54,73	–	40,44	45,
	IV	1.795,58	39,70	143,64	161,60	30,38	137,38	154,55	21,06	131,11	147,50	11,74	124,84	140,45	2,41	118,58	133,40	–	112,31	126,35	–	106,06	119,
	V	2.310,00	100,92	184,80	207,90																		
	VI	2.354,33	106,19	188,34	211,88																		

Lohn/ Gehalt bis	Steuerklasse	Lohn-steuer	ohne Kinderfreibetrag SolZ 5,5%	Kirchensteuer 8%	Kirchensteuer 9%	0,5 SolZ 5,5%	0,5 Kirchensteuer 8%	0,5 Kirchensteuer 9%	1,0 SolZ 5,5%	1,0 Kirchensteuer 8%	1,0 Kirchensteuer 9%	1,5 SolZ 5,5%	1,5 Kirchensteuer 8%	1,5 Kirchensteuer 9%	2,0 SolZ 5,5%	2,0 Kirchensteuer 8%	2,0 Kirchensteuer 9%	2,5 SolZ 5,5%	2,5 Kirchensteuer 8%	2,5 Kirchensteuer 9%	3,0 SolZ 5,5%	3,0 Kirchensteuer 8%	3,0 Kirchensteuer 9%
.487,99	I	1.789,00	38,92	143,12	161,01	20,27	130,58	146,90	1,63	118,05	132,80	-	105,54	118,73	-	93,42	105,10	-	81,82	92,05	-	70,74	79,58
(West)	II	1.639,91	21,18	131,19	147,59	2,53	118,66	133,49	-	106,14	119,41	-	94,00	105,75	-	82,37	92,66	-	71,26	80,16	-	60,66	68,24
	III	1.164,66	-	93,17	104,81	-	83,68	94,14	-	74,45	83,75	-	65,48	73,66	-	56,76	63,85	-	48,30	54,34	-	40,10	45,11
	IV	1.789,00	38,92	143,12	161,01	29,60	136,85	153,95	20,27	130,58	146,90	10,95	124,32	139,86	1,63	118,05	132,80	-	111,78	125,75	-	105,54	118,73
	V	2.303,41	100,13	184,27	207,30																		
	VI	2.347,75	105,41	187,82	211,29																		
.487,99	I	1.796,83	39,85	143,74	161,71	21,21	131,21	147,61	2,56	118,68	133,51	-	106,16	119,43	-	94,02	105,77	-	82,39	92,69	-	71,28	80,19
(Ost)	II	1.647,75	22,11	131,82	148,29	3,47	119,28	134,19	-	106,76	120,11	-	94,59	106,41	-	82,94	93,30	-	71,80	80,77	-	61,18	68,82
	III	1.170,66	-	93,65	105,35	-	84,14	94,66	-	74,90	84,26	-	65,92	74,16	-	57,18	64,33	-	48,72	54,81	-	40,50	45,56
	IV	1.796,83	39,85	143,74	161,71	30,53	137,48	154,66	21,21	131,21	147,61	11,89	124,94	140,56	2,56	118,68	133,51	-	112,41	126,46	-	106,16	119,43
	V	2.311,25	101,07	184,90	208,01																		
	VI	2.355,58	106,34	188,44	212,00																		
.490,99	I	1.790,25	39,07	143,22	161,12	20,42	130,68	147,02	1,78	118,15	132,92	-	105,64	118,85	-	93,52	105,21	-	81,92	92,16	-	70,82	79,67
(West)	II	1.641,16	21,33	131,29	147,70	2,68	118,76	133,60	-	106,24	119,52	-	94,10	105,86	-	82,46	92,77	-	71,34	80,26	-	60,74	68,33
	III	1.165,50	-	93,24	104,89	-	83,76	94,23	-	74,52	83,83	-	65,54	73,73	-	56,82	63,92	-	48,37	54,41	-	40,17	45,19
	IV	1.790,25	39,07	143,22	161,12	29,75	136,95	154,07	20,42	130,68	147,02	11,10	124,42	139,97	1,78	118,15	132,92	-	111,88	125,87	-	105,64	118,85
	V	2.304,75	100,29	184,38	207,42																		
	VI	2.349,00	105,56	187,92	211,41																		
.490,99	I	1.798,08	40,00	143,84	161,82	21,36	131,31	147,72	2,71	118,78	133,62	-	106,26	119,54	-	94,12	105,88	-	82,48	92,79	-	71,36	80,28
(Ost)	II	1.649,00	22,26	131,92	148,41	3,61	119,38	134,30	-	106,86	120,22	-	94,69	106,52	-	83,03	93,41	-	71,89	80,87	-	61,26	68,91
	III	1.171,66	-	93,73	105,44	-	84,22	94,75	-	74,97	84,34	-	65,98	74,23	-	57,26	64,42	-	48,78	54,88	-	40,57	45,64
	IV	1.798,08	40,00	143,84	161,82	30,68	137,58	154,77	21,36	131,31	147,72	12,03	125,04	140,67	2,71	118,78	133,62	-	112,51	126,57	-	106,26	119,54
	V	2.312,50	101,21	185,00	208,12																		
	VI	2.356,83	106,49	188,54	212,11																		
7.493,99	I	1.791,50	39,22	143,32	161,23	20,57	130,78	147,13	1,94	118,26	133,04	-	105,74	118,96	-	93,62	105,32	-	82,00	92,25	-	70,91	79,77
(West)	II	1.642,41	21,47	131,39	147,81	2,83	118,86	133,71	-	106,34	119,63	-	94,19	105,96	-	82,56	92,88	-	71,43	80,36	-	60,82	68,42
	III	1.166,50	-	93,32	104,98	-	83,82	94,30	-	74,60	83,92	-	65,61	73,81	-	56,90	64,01	-	48,44	54,49	-	40,22	45,25
	IV	1.791,50	39,22	143,32	161,23	29,89	137,05	154,18	20,57	130,78	147,13	11,26	124,52	140,09	1,94	118,26	133,04	-	111,99	125,99	-	105,74	118,96
	V	2.306,00	100,44	184,48	207,54																		
	VI	2.350,25	105,71	188,02	211,52																		
7.493,99	I	1.799,33	40,15	143,94	161,93	21,50	131,41	147,83	2,86	118,88	133,74	-	106,36	119,66	-	94,21	105,98	-	82,57	92,89	-	71,45	80,38
(Ost)	II	1.650,25	22,41	132,02	148,52	3,76	119,48	134,42	-	106,96	120,33	-	94,78	106,63	-	83,12	93,51	-	71,98	80,97	-	61,34	69,01
	III	1.172,50	-	93,80	105,52	-	84,29	94,82	-	75,05	84,43	-	66,06	74,32	-	57,33	64,49	-	48,85	54,95	-	40,64	45,72
	IV	1.799,33	40,15	143,94	161,93	30,83	137,68	154,89	21,50	131,41	147,83	12,18	125,14	140,78	2,86	118,88	133,74	-	112,61	126,68	-	106,36	119,66
	V	2.313,75	101,36	185,10	208,23																		
	VI	2.358,08	106,64	188,64	212,22																		
7.496,99	I	1.792,83	39,37	143,42	161,35	20,73	130,89	147,25	2,09	118,36	133,15	-	105,84	119,07	-	93,71	105,42	-	82,10	92,36	-	71,00	79,87
(West)	II	1.643,66	21,62	131,49	147,92	2,98	118,96	133,83	-	106,44	119,75	-	94,28	106,07	-	82,64	92,97	-	71,52	80,46	-	60,91	68,52
	III	1.167,50	-	93,40	105,07	-	83,90	94,39	-	74,66	83,99	-	65,69	73,90	-	56,97	64,09	-	48,50	54,56	-	40,29	45,32
	IV	1.792,83	39,37	143,42	161,35	30,05	137,16	154,30	20,73	130,89	147,25	11,41	124,62	140,20	2,09	118,36	133,15	-	112,09	126,10	-	105,84	119,07
	V	2.307,25	100,59	184,58	207,65																		
	VI	2.351,58	105,87	188,12	211,64																		
7.496,99	I	1.800,58	40,30	144,04	162,05	21,65	131,51	147,95	3,01	118,98	133,85	-	106,46	119,77	-	94,30	106,09	-	82,66	92,99	-	71,54	80,48
(Ost)	II	1.651,50	22,56	132,12	148,63	3,91	119,58	134,53	-	107,06	120,44	-	94,88	106,74	-	83,22	93,62	-	72,06	81,07	-	61,42	69,10
	III	1.173,50	-	93,88	105,61	-	84,37	94,91	-	75,12	84,51	-	66,13	74,39	-	57,40	64,57	-	48,92	55,03	-	40,70	45,79
	IV	1.800,58	40,30	144,04	162,05	30,97	137,78	155,00	21,65	131,51	147,95	12,33	125,24	140,90	3,01	118,98	133,85	-	112,71	126,80	-	106,46	119,77
	V	2.315,00	101,51	185,20	208,35																		
	VI	2.359,33	106,79	188,74	212,33																		
7.499,99	I	1.794,08	39,52	143,52	161,46	20,88	130,99	147,36	2,24	118,46	133,26	-	105,94	119,18	-	93,81	105,53	-	82,19	92,46	-	71,08	79,97
(West)	II	1.644,91	21,77	131,59	148,04	3,14	119,06	133,94	-	106,54	119,86	-	94,38	106,18	-	82,74	93,08	-	71,61	80,56	-	60,99	68,61
	III	1.168,50	-	93,48	105,16	-	83,98	94,48	-	74,74	84,08	-	65,76	73,98	-	57,04	64,17	-	48,57	54,64	-	40,36	45,40
	IV	1.794,08	39,52	143,52	161,46	30,20	137,26	154,41	20,88	130,99	147,36	11,56	124,72	140,31	2,24	118,46	133,26	-	112,19	126,21	-	105,94	119,18
	V	2.308,50	100,74	184,68	207,76																		
	VI	2.352,83	106,01	188,22	211,75																		
7.499,99	I	1.801,83	40,45	144,14	162,16	21,80	131,61	148,06	3,16	119,08	133,96	-	106,56	119,88	-	94,40	106,20	-	82,76	93,10	-	71,62	80,57
(Ost)	II	1.652,75	22,70	132,22	148,74	4,06	119,68	134,64	-	107,16	120,56	-	94,98	106,85	-	83,30	93,71	-	72,15	81,17	-	61,51	69,20
	III	1.174,50	-	93,96	105,70	-	84,45	95,00	-	75,20	84,60	-	66,20	74,47	-	57,46	64,64	-	48,98	55,10	-	40,77	45,86
	IV	1.801,83	40,45	144,14	162,16	31,12	137,88	155,11	21,80	131,61	148,06	12,48	125,34	141,01	3,16	119,08	133,96	-	112,81	126,91	-	106,56	119,88
	V	2.316,33	101,67	185,30	208,46																		
	VI	2.360,58	106,94	188,84	212,45																		
7.502,99	I	1.795,33	39,67	143,62	161,57	21,03	131,09	147,47	2,38	118,56	133,38	-	106,04	119,30	-	93,90	105,64	-	82,28	92,57	-	71,17	80,06
(West)	II	1.646,25	21,93	131,70	148,16	3,29	119,16	134,06	-	106,64	119,97	-	94,48	106,29	-	82,83	93,18	-	71,70	80,66	-	61,08	68,71
	III	1.169,50	-	93,56	105,25	-	84,05	94,55	-	74,81	84,16	-	65,84	74,07	-	57,10	64,24	-	48,64	54,72	-	40,42	45,47
	IV	1.795,33	39,67	143,62	161,57	30,35	137,36	154,53	21,03	131,09	147,47	11,71	124,82	140,42	2,38	118,56	133,38	-	112,29	126,32	-	106,04	119,30
	V	2.309,75	100,89	184,78	207,87																		
	VI	2.354,08	106,16	188,32	211,86																		
7.502,99	I	1.803,08	40,59	144,24	162,27	21,95	131,71	148,17	3,32	119,18	134,08	-	106,66	119,99	-	94,50	106,31	-	82,85	93,20	-	71,71	80,67
(Ost)	II	1.654,00	22,85	132,32	148,86	4,21	119,78	134,75	-	107,26	120,67	-	95,07	106,95	-	83,40	93,82	-	72,24	81,27	-	61,59	69,29
	III	1.175,50	-	94,04	105,79	-	84,52	95,08	-	75,26	84,67	-	66,28	74,56	-	57,53	64,72	-	49,05	55,18	-	40,82	45,92
	IV	1.803,08	40,59	144,24	162,27	31,27	137,98	155,22	21,95	131,71	148,17	12,64	125,45	141,13	3,32	119,18	134,08	-	112,92	127,03	-	106,66	119,99
	V	2.317,58	101,82	185,40	208,58																		
	VI	2.361,83	107,09	188,94	212,56																		
7.505,99	I	1.796,58	39,82	143,72	161,69	21,18	131,19	147,59	2,53	118,66	133,49	-	106,14	119,41	-	94,00	105,75	-	82,37	92,66	-	71,26	80,16
(West)	II	1.647,50	22,08	131,80	148,27	3,44	119,26	134,17	-	106,74	120,08	-	94,58	106,40	-	82,92	93,29	-	71,78	80,75	-	61,16	68,80
	III	1.170,33	-	93,62	105,32	-	84,13	94,64	-	74,89	84,25	-	65,90	74,14	-	57,17	64,31	-	48,70	54,79	-	40,49	45,55
	IV	1.796,58	39,82	143,72	161,69	30,50	137,46	154,64	21,18	131,19	147,59	11,86	124,92	140,54	2,53	118,66	133,49	-	112,39	126,44	-	106,14	119,41
	V	2.311,00	101,04	184,88	207,99																		
	VI	2.355,33	106,31	188,42	211,97																		
7.505,99	I	1.804,41	40,75	144,35	162,39	22,11	131,82	148,29	3,47	119,28	134,19	-	106,76	120,11	-	94,59	106,41	-	82,94	93,30	-	71,80	80,77
(Ost)	II	1.655,25	23,00	132,42	148,97	4,36	119,88	134,87	-	107,36	120,78	-	95,17	107,06	-	83,49	93,92	-	72,32	81,36	-	61,68	69,39
	III	1.176,50	-	94,12	105,88	-	84,60	95,17	-	75,34	84,76	-	66,34	74,63	-	57,61	64,81	-	49,12	55,26	-	40,89	46,00
	IV	1.804,41	40,75	144,35	162,39	31,43	138,08	155,34	22,11	131,82	148,29	12,79	125,55	141,24	3,47	119,28	134,19	-	113,02	127,14	-	106,76	120,11
	V	2.318,83	101,97	185,50	208,69																		
	VI	2.363,16	107,24	189,05	212,68																		

Anzahl Kinderfreibeträge (nur Steuerklassen I–IV)

Lohn/ Gehalt bis	Steuerklasse	Lohnsteuer	ohne Kinderfreibetrag SolZ 5,5%	ohne Kinderfreibetrag Kirchensteuer 8%	ohne Kinderfreibetrag Kirchensteuer 9%	0,5 SolZ 5,5%	0,5 Kirchensteuer 8%	0,5 Kirchensteuer 9%	1,0 SolZ 5,5%	1,0 Kirchensteuer 8%	1,0 Kirchensteuer 9%	1,5 SolZ 5,5%	1,5 Kirchensteuer 8%	1,5 Kirchensteuer 9%	2,0 SolZ 5,5%	2,0 Kirchensteuer 8%	2,0 Kirchensteuer 9%	2,5 SolZ 5,5%	2,5 Kirchensteuer 8%	2,5 Kirchensteuer 9%	3,0 SolZ 5,5%	3,0 Kirchensteuer 8%	3,0 Kirchensteuer 9%
						Anzahl Kinderfreibeträge (nur Steuerklassen I–IV)																	
7.508,99 (West)	I	1.797,83	39,97	143,82	161,80	21,33	131,29	147,70	2,68	118,76	133,60	-	106,24	119,52	-	94,10	105,86	-	82,46	92,77	-	71,34	[illegible]
	II	1.648,75	22,23	131,90	148,38	3,58	119,36	134,28	-	106,84	120,20	-	94,67	106,50	-	83,01	93,38	-	71,87	80,85	-	61,24	[illegible]
	III	1.171,33	-	93,70	105,41	-	84,21	94,73	-	74,96	84,33	-	65,97	74,21	-	57,24	64,39	-	48,77	54,86	-	40,56	[illegible]
	IV	1.797,83	39,97	143,82	161,80	30,65	137,56	154,75	21,33	131,29	147,70	12,00	125,02	140,65	2,68	118,76	133,60	-	112,49	126,55	-	106,24	[illegible]
	V	2.312,25	101,18	184,98	208,10																		
	VI	2.356,58	106,46	188,52	212,09																		
7.508,99 (Ost)	I	1.805,66	40,90	144,45	162,50	22,26	131,92	148,41	3,61	119,38	134,30	-	106,86	120,22	-	94,69	106,52	-	83,03	93,41	-	71,89	[illegible]
	II	1.656,50	23,15	132,52	149,08	4,52	119,99	134,99	-	107,46	120,89	-	95,26	107,17	-	83,58	94,03	-	72,41	81,46	-	61,76	[illegible]
	III	1.177,33	-	94,18	105,95	-	84,68	95,26	-	75,41	84,83	-	66,41	74,71	-	57,68	64,89	-	49,18	55,33	-	40,96	[illegible]
	IV	1.805,66	40,90	144,45	162,50	31,58	138,18	155,45	22,26	131,92	148,41	12,94	125,65	141,35	3,61	119,38	134,30	-	113,12	127,26	-	106,86	[illegible]
	V	2.320,08	102,12	185,60	208,80																		
	VI	2.364,41	107,39	189,15	212,79																		
7.511,99 (West)	I	1.799,08	40,12	143,92	161,91	21,47	131,39	147,81	2,83	118,86	133,71	-	106,34	119,63	-	94,19	105,96	-	82,56	92,88	-	71,43	[illegible]
	II	1.650,00	22,38	132,00	148,50	3,73	119,46	134,39	-	106,94	120,31	-	94,76	106,61	-	83,10	93,49	-	71,96	80,95	-	61,32	[illegible]
	III	1.172,33	-	93,78	105,50	-	84,28	94,81	-	75,04	84,42	-	66,05	74,30	-	57,32	64,48	-	48,84	54,94	-	40,62	[illegible]
	IV	1.799,08	40,12	143,92	161,91	30,80	137,66	154,86	21,47	131,39	147,81	12,15	125,12	140,76	2,83	118,86	133,71	-	112,59	126,66	-	106,34	[illegible]
	V	2.313,50	101,33	185,08	208,21																		
	VI	2.357,83	106,61	188,62	212,20																		
7.511,99 (Ost)	I	1.806,91	41,05	144,55	162,62	22,41	132,02	148,52	3,76	119,48	134,42	-	106,96	120,33	-	94,78	106,63	-	83,12	93,51	-	71,98	[illegible]
	II	1.657,83	23,31	132,62	149,20	4,67	120,09	135,10	-	107,56	121,01	-	95,36	107,28	-	83,67	94,13	-	72,50	81,56	-	61,84	[illegible]
	III	1.178,33	-	94,26	106,04	-	84,74	95,33	-	75,49	84,92	-	66,49	74,80	-	57,74	64,96	-	49,25	55,40	-	41,02	[illegible]
	IV	1.806,91	41,05	144,55	162,62	31,73	138,28	155,57	22,41	132,02	148,52	13,09	125,75	141,47	3,76	119,48	134,42	-	113,22	127,37	-	106,96	[illegible]
	V	2.321,33	102,27	185,70	208,91																		
	VI	2.365,66	107,54	189,25	212,90																		
7.514,99 (West)	I	1.800,33	40,27	144,02	162,02	21,62	131,49	147,92	2,98	118,96	133,83	-	106,44	119,75	-	94,28	106,07	-	82,64	92,97	-	71,52	[illegible]
	II	1.651,25	22,53	132,10	148,61	3,88	119,56	134,51	-	107,04	120,42	-	94,86	106,72	-	83,20	93,60	-	72,04	81,05	-	61,41	[illegible]
	III	1.173,33	-	93,86	105,59	-	84,36	94,90	-	75,10	84,49	-	66,12	74,38	-	57,38	64,55	-	48,90	55,01	-	40,69	[illegible]
	IV	1.800,33	40,27	144,02	162,02	30,94	137,76	154,98	21,62	131,49	147,92	12,30	125,22	140,87	2,98	118,96	133,83	-	112,69	126,77	-	106,44	[illegible]
	V	2.314,83	101,49	185,18	208,33																		
	VI	2.359,08	106,76	188,72	212,31																		
7.514,99 (Ost)	I	1.808,16	41,20	144,65	162,73	22,56	132,12	148,63	3,91	119,58	134,53	-	107,06	120,44	-	94,88	106,74	-	83,22	93,62	-	72,06	[illegible]
	II	1.659,08	23,46	132,72	149,31	4,81	120,19	135,21	-	107,66	121,12	-	95,46	107,39	-	83,76	94,23	-	72,59	81,66	-	61,93	[illegible]
	III	1.179,33	-	94,34	106,13	-	84,82	95,42	-	75,57	85,01	-	66,56	74,88	-	57,81	65,03	-	49,32	55,48	-	41,09	[illegible]
	IV	1.808,16	41,20	144,65	162,73	31,88	138,38	155,68	22,56	132,12	148,63	13,23	125,85	141,58	3,91	119,58	134,53	-	113,32	127,48	-	107,06	[illegible]
	V	2.322,58	102,41	185,80	209,03																		
	VI	2.366,91	107,69	189,35	213,02																		
7.517,99 (West)	I	1.801,58	40,42	144,12	162,14	21,77	131,59	148,04	3,14	119,06	133,94	-	106,54	119,86	-	94,38	106,18	-	82,74	93,08	-	71,61	[illegible]
	II	1.652,50	22,67	132,20	148,72	4,03	119,66	134,62	-	107,14	120,53	-	94,96	106,83	-	83,29	93,70	-	72,13	81,14	-	61,49	[illegible]
	III	1.174,33	-	93,94	105,68	-	84,44	94,99	-	75,18	84,58	-	66,18	74,45	-	57,45	64,63	-	48,97	55,09	-	40,74	[illegible]
	IV	1.801,58	40,42	144,12	162,14	31,09	137,86	155,09	21,77	131,59	148,04	12,45	125,32	140,99	3,14	119,06	133,94	-	112,80	126,90	-	106,54	[illegible]
	V	2.316,08	101,64	185,28	208,44																		
	VI	2.360,33	106,91	188,82	212,42																		
7.517,99 (Ost)	I	1.809,41	41,35	144,75	162,84	22,70	132,22	148,74	4,06	119,68	134,64	-	107,16	120,56	-	94,98	106,85	-	83,30	93,71	-	72,15	[illegible]
	II	1.660,33	23,61	132,82	149,42	4,96	120,29	135,32	-	107,76	121,23	-	95,55	107,49	-	83,86	94,34	-	72,68	81,76	-	62,01	[illegible]
	III	1.180,33	-	94,42	106,22	-	84,90	95,51	-	75,64	85,09	-	66,64	74,97	-	57,88	65,11	-	49,38	55,55	-	41,16	[illegible]
	IV	1.809,41	41,35	144,75	162,84	32,03	138,48	155,79	22,70	132,22	148,74	13,38	125,95	141,69	4,06	119,68	134,64	-	113,42	127,59	-	107,16	[illegible]
	V	2.323,83	102,56	185,90	209,14																		
	VI	2.368,16	107,84	189,45	213,13																		
7.520,99 (West)	I	1.802,83	40,56	144,22	162,25	21,93	131,70	148,16	3,29	119,16	134,06	-	106,64	119,97	-	94,48	106,29	-	82,83	93,18	-	71,70	[illegible]
	II	1.653,75	22,82	132,30	148,83	4,18	119,76	134,73	-	107,24	120,65	-	95,05	106,93	-	83,38	93,80	-	72,22	81,25	-	61,58	[illegible]
	III	1.175,16	-	94,01	105,76	-	84,50	95,06	-	75,25	84,65	-	66,26	74,54	-	57,52	64,71	-	49,04	55,17	-	40,81	[illegible]
	IV	1.802,83	40,56	144,22	162,25	31,25	137,96	155,21	21,93	131,70	148,16	12,61	125,43	141,11	3,29	119,16	134,06	-	112,90	127,01	-	106,64	[illegible]
	V	2.317,33	101,79	185,38	208,55																		
	VI	2.361,58	107,06	188,92	212,54																		
7.520,99 (Ost)	I	1.810,66	41,50	144,85	162,95	22,85	132,32	148,86	4,21	119,78	134,75	-	107,26	120,67	-	95,07	106,95	-	83,40	93,82	-	72,24	[illegible]
	II	1.661,58	23,76	132,92	149,54	5,11	120,39	135,44	-	107,86	121,34	-	95,65	107,60	-	83,95	94,44	-	72,76	81,86	-	62,10	[illegible]
	III	1.181,33	-	94,50	106,31	-	84,97	95,59	-	75,72	85,18	-	66,70	75,04	-	57,96	65,20	-	49,46	55,64	-	41,22	[illegible]
	IV	1.810,66	41,50	144,85	162,95	32,17	138,58	155,90	22,85	132,32	148,86	13,53	126,05	141,80	4,21	119,78	134,75	-	113,52	127,71	-	107,26	[illegible]
	V	2.325,08	102,71	186,00	209,25																		
	VI	2.369,41	107,99	189,55	213,24																		
7.523,99 (West)	I	1.804,16	40,72	144,33	162,37	22,08	131,80	148,27	3,44	119,26	134,17	-	106,74	120,08	-	94,58	106,40	-	82,92	93,29	-	71,78	[illegible]
	II	1.655,00	22,97	132,40	148,95	4,33	119,86	134,84	-	107,34	120,76	-	95,15	107,04	-	83,47	93,90	-	72,31	81,35	-	61,66	[illegible]
	III	1.176,16	-	94,09	105,85	-	84,58	95,15	-	75,33	84,74	-	66,33	74,62	-	57,58	64,78	-	49,10	55,24	-	40,88	[illegible]
	IV	1.804,16	40,72	144,33	162,37	31,40	138,06	155,32	22,08	131,80	148,27	12,76	125,53	141,22	3,44	119,26	134,17	-	113,00	127,12	-	106,74	[illegible]
	V	2.318,58	101,94	185,48	208,67																		
	VI	2.362,91	107,21	189,03	212,66																		
7.523,99 (Ost)	I	1.811,91	41,65	144,95	163,07	23,00	132,42	148,97	4,36	119,88	134,87	-	107,36	120,78	-	95,17	107,06	-	83,49	93,92	-	72,32	[illegible]
	II	1.662,83	23,90	133,02	149,65	5,26	120,49	135,55	-	107,96	121,46	-	95,74	107,71	-	84,04	94,55	-	72,85	81,95	-	62,18	[illegible]
	III	1.182,16	-	94,57	106,39	-	85,05	95,68	-	75,78	85,25	-	66,77	75,11	-	58,02	65,27	-	49,53	55,72	-	41,29	[illegible]
	IV	1.811,91	41,65	144,95	163,07	32,32	138,68	156,02	23,00	132,42	148,97	13,68	126,15	141,92	4,36	119,88	134,87	-	113,62	127,82	-	107,36	[illegible]
	V	2.326,41	102,87	186,11	209,37																		
	VI	2.370,66	108,14	189,65	213,35																		
7.526,99 (West)	I	1.805,41	40,87	144,43	162,48	22,23	131,90	148,38	3,58	119,36	134,28	-	106,84	120,20	-	94,67	106,50	-	83,01	93,38	-	71,87	[illegible]
	II	1.656,33	23,13	132,50	149,06	4,49	119,97	134,96	-	107,44	120,87	-	95,24	107,15	-	83,56	94,01	-	72,40	81,45	-	61,74	[illegible]
	III	1.177,16	-	94,17	105,94	-	84,66	95,24	-	75,40	84,82	-	66,40	74,70	-	57,66	64,87	-	49,17	55,31	-	40,94	[illegible]
	IV	1.805,41	40,87	144,43	162,48	31,55	138,16	155,43	22,23	131,90	148,38	12,91	125,63	141,33	3,58	119,36	134,28	-	113,10	127,23	-	106,84	[illegible]
	V	2.319,83	102,09	185,58	208,78																		
	VI	2.364,16	107,36	189,13	212,77																		
7.526,99 (Ost)	I	1.813,16	41,79	145,05	163,18	23,15	132,52	149,08	4,52	119,99	134,99	-	107,46	120,89	-	95,26	107,17	-	83,58	94,03	-	72,41	[illegible]
	II	1.664,08	24,05	133,12	149,76	5,41	120,59	135,66	-	108,06	121,57	-	95,84	107,82	-	84,13	94,64	-	72,94	82,06	-	62,26	[illegible]
	III	1.183,16	-	94,65	106,48	-	85,13	95,77	-	75,86	85,34	-	66,85	75,20	-	58,09	65,35	-	49,60	55,80	-	41,36	[illegible]
	IV	1.813,16	41,79	145,05	163,18	32,47	138,78	156,13	23,15	132,52	149,08	13,83	126,25	142,03	4,52	119,99	134,99	-	113,72	127,94	-	107,46	[illegible]
	V	2.327,66	103,02	186,21	209,48																		
	VI	2.371,91	108,29	189,75	213,47																		

Lohn/ Gehalt bis	Steuerklasse	Lohn-steuer	ohne Kinderfreibetrag SolZ 5,5%	ohne Kinderfreibetrag Kirchensteuer 8%	ohne Kinderfreibetrag Kirchensteuer 9%	0,5 SolZ 5,5%	0,5 Kirchensteuer 8%	0,5 Kirchensteuer 9%	1,0 SolZ 5,5%	1,0 Kirchensteuer 8%	1,0 Kirchensteuer 9%	1,5 SolZ 5,5%	1,5 Kirchensteuer 8%	1,5 Kirchensteuer 9%	2,0 SolZ 5,5%	2,0 Kirchensteuer 8%	2,0 Kirchensteuer 9%	2,5 SolZ 5,5%	2,5 Kirchensteuer 8%	2,5 Kirchensteuer 9%	3,0 SolZ 5,5%	3,0 Kirchensteuer 8%	3,0 Kirchensteuer 9%
						Anzahl Kinderfreibeträge (nur Steuerklassen I–IV)																	
7.529,99 (West)	I	1.806,66	41,02	144,53	162,59	22,38	132,00	148,50	3,73	119,46	134,39	-	106,94	120,31	-	94,76	106,61	-	83,10	93,49	-	71,96	80,95
	II	1.657,58	23,28	132,60	149,18	4,64	120,07	135,08	-	107,54	120,98	-	95,34	107,26	-	83,66	94,11	-	72,48	81,54	-	61,83	69,56
	III	1.178,16	-	94,25	106,03	-	84,73	95,32	-	75,48	84,91	-	66,48	74,79	-	57,73	64,94	-	49,24	55,39	-	41,01	46,13
	IV	1.806,66	41,02	144,53	162,59	31,70	138,26	155,54	22,38	132,00	148,50	13,06	125,73	141,44	3,73	119,46	134,39	-	113,20	127,35	-	106,94	120,31
	V	2.321,08	102,24	185,68	208,89																		
	VI	2.365,41	107,51	189,23	212,88																		
7.529,99 (Ost)	I	1.814,41	41,94	145,15	163,29	23,31	132,62	149,20	4,67	120,09	135,10	-	107,56	121,01	-	95,36	107,28	-	83,67	94,13	-	72,50	81,56
	II	1.665,33	24,20	133,22	149,87	5,56	120,69	135,77	-	108,16	121,68	-	95,94	107,93	-	84,22	94,75	-	73,03	82,16	-	62,34	70,13
	III	1.184,16	-	94,73	106,57	-	85,20	95,85	-	75,93	85,42	-	66,92	75,28	-	58,16	65,43	-	49,66	55,87	-	41,41	46,58
	IV	1.814,41	41,94	145,15	163,29	32,63	138,89	156,25	23,31	132,62	149,20	13,99	126,36	142,15	4,67	120,09	135,10	-	113,82	128,05	-	107,56	121,01
	V	2.328,91	103,17	186,31	209,60																		
	VI	2.373,25	108,44	189,86	213,59																		
7.532,99 (West)	I	1.807,91	41,17	144,63	162,71	22,53	132,10	148,61	3,88	119,56	134,51	-	107,04	120,42	-	94,86	106,72	-	83,20	93,60	-	72,04	81,05
	II	1.658,83	23,43	132,70	149,29	4,78	120,17	135,19	-	107,64	121,10	-	95,44	107,37	-	83,75	94,22	-	72,57	81,64	-	61,91	69,65
	III	1.179,16	-	94,33	106,12	-	84,81	95,41	-	75,54	84,98	-	66,54	74,86	-	57,80	65,02	-	49,30	55,46	-	41,08	46,21
	IV	1.807,91	41,17	144,63	162,71	31,85	138,36	155,66	22,53	132,10	148,61	13,20	125,83	141,56	3,88	119,56	134,51	-	113,30	127,46	-	107,04	120,42
	V	2.322,33	102,38	185,78	209,00																		
	VI	2.366,66	107,66	189,33	212,99																		
7.532,99 (Ost)	I	1.815,75	42,10	145,26	163,41	23,46	132,72	149,31	4,81	120,19	135,21	-	107,66	121,12	-	95,46	107,39	-	83,76	94,23	-	72,59	81,66
	II	1.666,58	24,35	133,32	149,99	5,71	120,79	135,89	-	108,26	121,79	-	96,03	108,03	-	84,32	94,86	-	73,12	82,26	-	62,43	70,23
	III	1.185,16	-	94,81	106,66	-	85,28	95,94	-	76,01	85,51	-	66,98	75,35	-	58,22	65,50	-	49,73	55,94	-	41,48	46,66
	IV	1.815,75	42,10	145,26	163,41	32,78	138,99	156,36	23,46	132,72	149,31	14,14	126,46	142,26	4,81	120,19	135,21	-	113,92	128,16	-	107,66	121,12
	V	2.330,16	103,32	186,41	209,71																		
	VI	2.374,50	108,59	189,96	213,70																		
7.535,99 (West)	I	1.809,16	41,32	144,73	162,82	22,67	132,20	148,72	4,03	119,66	134,62	-	107,14	120,53	-	94,96	106,83	-	83,29	93,70	-	72,13	81,14
	II	1.660,08	23,58	132,80	149,40	4,93	120,27	135,30	-	107,74	121,21	-	95,53	107,47	-	83,84	94,32	-	72,66	81,74	-	62,00	69,75
	III	1.180,16	-	94,41	106,21	-	84,89	95,50	-	75,62	85,07	-	66,61	74,93	-	57,86	65,09	-	49,37	55,54	-	41,14	46,28
	IV	1.809,16	41,32	144,73	162,82	32,00	138,46	155,77	22,67	132,20	148,72	13,35	125,93	141,67	4,03	119,66	134,62	-	113,40	127,57	-	107,14	120,53
	V	2.323,58	102,53	185,88	209,12																		
	VI	2.367,91	107,81	189,43	213,11																		
7.535,99 (Ost)	I	1.817,00	42,25	145,36	163,53	23,61	132,82	149,42	4,96	120,29	135,32	-	107,76	121,23	-	95,55	107,49	-	83,86	94,34	-	72,68	81,76
	II	1.667,91	24,51	133,43	150,11	5,87	120,90	136,01	-	108,36	121,91	-	96,13	108,14	-	84,41	94,96	-	73,20	82,35	-	62,52	70,33
	III	1.186,16	-	94,89	106,75	-	85,36	96,03	-	76,08	85,59	-	67,06	75,44	-	58,30	65,59	-	49,80	56,02	-	41,54	46,73
	IV	1.817,00	42,25	145,36	163,53	32,93	139,09	156,47	23,61	132,82	149,42	14,28	126,56	142,38	4,96	120,29	135,32	-	114,02	128,27	-	107,76	121,23
	V	2.331,41	103,47	186,51	209,82																		
	VI	2.375,75	108,74	190,06	213,81																		
7.538,99 (West)	I	1.810,41	41,47	144,83	162,93	22,82	132,30	148,83	4,18	119,76	134,73	-	107,24	120,65	-	95,05	106,93	-	83,38	93,80	-	72,22	81,25
	II	1.661,33	23,73	132,90	149,51	5,08	120,37	135,41	-	107,84	121,32	-	95,63	107,58	-	83,93	94,42	-	72,75	81,84	-	62,08	69,84
	III	1.181,00	-	94,48	106,29	-	84,96	95,58	-	75,69	85,15	-	66,69	75,02	-	57,93	65,17	-	49,44	55,62	-	41,21	46,36
	IV	1.810,41	41,47	144,83	162,93	32,14	138,56	155,88	22,82	132,30	148,83	13,50	126,03	141,78	4,18	119,76	134,73	-	113,50	127,68	-	107,24	120,65
	V	2.324,83	102,68	185,98	209,23																		
	VI	2.369,16	107,96	189,53	213,22																		
7.538,99 (Ost)	I	1.818,25	42,40	145,46	163,64	23,76	132,92	149,54	5,11	120,39	135,44	-	107,86	121,34	-	95,65	107,60	-	83,95	94,44	-	72,76	81,86
	II	1.669,16	24,66	133,53	150,22	6,01	121,00	136,12	-	108,46	122,02	-	96,22	108,25	-	84,50	95,06	-	73,29	82,45	-	62,60	70,42
	III	1.187,16	-	94,97	106,84	-	85,42	96,10	-	76,16	85,68	-	67,13	75,52	-	58,37	65,66	-	49,86	56,09	-	41,61	46,81
	IV	1.818,25	42,40	145,46	163,64	33,08	139,19	156,59	23,76	132,92	149,54	14,43	126,66	142,49	5,11	120,39	135,44	-	114,12	128,39	-	107,86	121,34
	V	2.332,66	103,61	186,61	209,93																		
	VI	2.377,00	108,89	190,16	213,93																		
7.541,99 (West)	I	1.811,66	41,62	144,93	163,04	22,97	132,40	148,95	4,33	119,86	134,84	-	107,34	120,76	-	95,15	107,04	-	83,47	93,90	-	72,31	81,35
	II	1.662,58	23,87	133,00	149,63	5,23	120,47	135,53	-	107,94	121,43	-	95,72	107,69	-	84,02	94,52	-	72,84	81,94	-	62,16	69,93
	III	1.182,00	-	94,56	106,38	-	85,04	95,67	-	75,77	85,24	-	66,76	75,10	-	58,01	65,26	-	49,50	55,69	-	41,28	46,44
	IV	1.811,66	41,62	144,93	163,04	32,29	138,66	155,99	22,97	132,40	148,95	13,65	126,13	141,89	4,33	119,86	134,84	-	113,60	127,80	-	107,34	120,76
	V	2.326,16	102,84	186,09	209,35																		
	VI	2.370,41	108,11	189,63	213,33																		
7.541,99 (Ost)	I	1.819,50	42,55	145,56	163,75	23,90	133,02	149,65	5,26	120,49	135,55	-	107,96	121,46	-	95,74	107,71	-	84,04	94,55	-	72,85	81,95
	II	1.670,41	24,81	133,63	150,33	6,16	121,10	136,23	-	108,56	122,13	-	96,32	108,36	-	84,60	95,17	-	73,38	82,55	-	62,68	70,52
	III	1.188,00	-	95,04	106,92	-	85,50	96,19	-	76,22	85,75	-	67,20	75,60	-	58,44	65,74	-	49,93	56,17	-	41,68	46,89
	IV	1.819,50	42,55	145,56	163,75	33,23	139,29	156,70	23,90	133,02	149,65	14,58	126,76	142,60	5,26	120,49	135,55	-	114,22	128,50	-	107,96	121,46
	V	2.333,91	103,76	186,71	210,05																		
	VI	2.378,25	109,04	190,26	214,04																		
7.544,99 (West)	I	1.812,91	41,76	145,03	163,16	23,13	132,50	149,06	4,49	119,97	134,96	-	107,44	120,87	-	95,24	107,15	-	83,56	94,01	-	72,40	81,45
	II	1.663,83	24,02	133,10	149,74	5,38	120,57	135,64	-	108,04	121,55	-	95,82	107,80	-	84,12	94,63	-	72,92	82,04	-	62,24	70,02
	III	1.183,00	-	94,64	106,47	-	85,12	95,76	-	75,84	85,32	-	66,82	75,17	-	58,08	65,34	-	49,57	55,76	-	41,33	46,49
	IV	1.812,91	41,76	145,03	163,16	32,44	138,76	156,11	23,13	132,50	149,06	13,81	126,24	142,02	4,49	119,97	134,96	-	113,70	127,91	-	107,44	120,87
	V	2.327,41	102,99	186,19	209,46																		
	VI	2.371,66	108,26	189,73	213,44																		
7.544,99 (Ost)	I	1.820,75	42,70	145,66	163,86	24,05	133,12	149,76	5,41	120,59	135,66	-	108,06	121,57	-	95,84	107,82	-	84,13	94,64	-	72,94	82,06
	II	1.671,66	24,96	133,73	150,44	6,31	121,20	136,35	-	108,66	122,24	-	96,42	108,47	-	84,68	95,27	-	73,47	82,65	-	62,76	70,61
	III	1.189,00	-	95,12	107,01	-	85,58	96,28	-	76,30	85,84	-	67,28	75,69	-	58,50	65,81	-	50,00	56,25	-	41,74	46,96
	IV	1.820,75	42,70	145,66	163,86	33,37	139,39	156,81	24,05	133,12	149,76	14,73	126,86	142,71	5,41	120,59	135,66	-	114,32	128,61	-	108,06	121,57
	V	2.335,16	103,91	186,81	210,16																		
	VI	2.379,50	109,19	190,36	214,15																		
7.547,99 (West)	I	1.814,25	41,92	145,14	163,28	23,28	132,60	149,18	4,64	120,07	135,08	-	107,54	120,98	-	95,34	107,26	-	83,66	94,11	-	72,48	81,54
	II	1.665,08	24,17	133,20	149,85	5,53	120,67	135,75	-	108,14	121,66	-	95,92	107,91	-	84,21	94,73	-	73,01	82,13	-	62,33	70,12
	III	1.184,00	-	94,72	106,56	-	85,18	95,83	-	75,92	85,41	-	66,90	75,26	-	58,14	65,41	-	49,65	55,85	-	41,40	46,57
	IV	1.814,25	41,92	145,14	163,28	32,60	138,87	156,23	23,28	132,60	149,18	13,96	126,34	142,13	4,64	120,07	135,08	-	113,80	128,03	-	107,54	120,98
	V	2.328,66	103,14	186,29	209,57																		
	VI	2.373,00	108,41	189,84	213,57																		
7.547,99 (Ost)	I	1.822,00	42,84	145,76	163,98	24,20	133,22	149,87	5,56	120,69	135,77	-	108,16	121,68	-	95,94	107,93	-	84,22	94,75	-	73,03	82,16
	II	1.672,91	25,10	133,83	150,56	6,46	121,30	136,46	-	108,76	122,36	-	96,52	108,58	-	84,78	95,37	-	73,56	82,75	-	62,85	70,70
	III	1.190,00	-	95,20	107,10	-	85,65	96,35	-	76,37	85,91	-	67,34	75,76	-	58,57	65,89	-	50,06	56,32	-	41,81	47,03
	IV	1.822,00	42,84	145,76	163,98	33,52	139,49	156,92	24,20	133,22	149,87	14,88	126,96	142,83	5,56	120,69	135,77	-	114,42	128,72	-	108,16	121,68
	V	2.336,50	104,07	186,92	210,28																		
	VI	2.380,75	109,34	190,46	214,26																		

Lohn/ Gehalt bis	Steuerklasse	Lohnsteuer	ohne Kinderfreibetrag SolZ 5,5%	Kirchensteuer 8%	9%	0,5 SolZ 5,5%	Kirchensteuer 8%	9%	1,0 SolZ 5,5%	Kirchensteuer 8%	9%	1,5 SolZ 5,5%	Kirchensteuer 8%	9%	2,0 SolZ 5,5%	Kirchensteuer 8%	9%	2,5 SolZ 5,5%	Kirchensteuer 8%	9%	3,0 SolZ 5,5%	Kirchensteuer 8%	9%
						Anzahl Kinderfreibeträge (nur Steuerklassen I–IV)																	
7.550,99 (West)	I	1.815,50	42,07	145,24	163,39	23,43	132,70	149,29	4,78	120,17	135,19	-	107,64	121,10	-	95,44	107,37	-	83,75	94,22	-	72,57	8
	II	1.666,33	24,32	133,30	149,96	5,69	120,78	135,87	-	108,24	121,77	-	96,02	108,02	-	84,30	94,83	-	73,10	82,23	-	62,41	7
	III	1.185,00	-	94,80	106,65	-	85,26	95,92	-	75,98	85,48	-	66,97	75,34	-	58,21	65,48	-	49,72	55,93	-	41,46	4
	IV	1.815,50	42,07	145,24	163,39	32,75	138,97	156,34	23,43	132,70	149,29	14,11	126,44	142,24	4,78	120,17	135,19	-	113,90	128,14	-	107,64	12
	V	2.329,91	103,29	186,39	209,69																		
	VI	2.374,25	108,56	189,94	213,68																		
7.550,99 (Ost)	I	1.823,25	42,99	145,86	164,09	24,35	133,32	149,99	5,71	120,79	135,89	-	108,26	121,79	-	96,03	108,03	-	84,32	94,86	-	73,12	8
	II	1.674,16	25,25	133,93	150,67	6,61	121,40	136,57	-	108,86	122,47	-	96,61	108,68	-	84,87	95,48	-	73,64	82,85	-	62,94	7
	III	1.191,00	-	95,28	107,19	-	85,73	96,44	-	76,45	86,00	-	67,42	75,85	-	58,65	65,98	-	50,13	56,39	-	41,88	4
	IV	1.823,25	42,99	145,86	164,09	33,67	139,59	157,04	24,35	133,32	149,99	15,03	127,06	142,94	5,71	120,79	135,89	-	114,53	128,84	-	108,26	12
	V	2.337,75	104,22	187,02	210,39																		
	VI	2.382,00	109,48	190,56	214,38																		
7.553,99 (West)	I	1.816,75	42,22	145,34	163,50	23,58	132,80	149,40	4,93	120,27	135,30	-	107,74	121,21	-	95,53	107,47	-	83,84	94,32	-	72,66	8
	II	1.667,66	24,48	133,41	150,08	5,84	120,88	135,99	-	108,34	121,88	-	96,11	108,12	-	84,39	94,94	-	73,19	82,34	-	62,50	7
	III	1.185,83	-	94,86	106,72	-	85,34	96,01	-	76,06	85,57	-	67,04	75,42	-	58,28	65,56	-	49,78	56,00	-	41,53	4
	IV	1.816,75	42,22	145,34	163,50	32,90	139,07	156,45	23,58	132,80	149,40	14,26	126,54	142,35	4,93	120,27	135,30	-	114,00	128,25	-	107,74	12
	V	2.331,16	103,44	186,49	209,80																		
	VI	2.375,50	108,71	190,04	213,79																		
7.553,99 (Ost)	I	1.824,50	43,14	145,96	164,20	24,51	133,43	150,11	5,87	120,90	136,01	-	108,36	121,91	-	96,13	108,14	-	84,41	94,96	-	73,20	8
	II	1.675,41	25,40	134,03	150,78	6,76	121,50	136,68	-	108,97	122,59	-	96,71	108,80	-	84,96	95,58	-	73,73	82,94	-	63,02	7
	III	1.192,00	-	95,36	107,28	-	85,81	96,53	-	76,52	86,08	-	67,49	75,92	-	58,72	66,06	-	50,20	56,47	-	41,94	4
	IV	1.824,50	43,14	145,96	164,20	33,82	139,69	157,15	24,51	133,43	150,11	15,19	127,16	143,06	5,87	120,90	136,01	-	114,63	128,96	-	108,36	12
	V	2.339,00	104,37	187,12	210,51																		
	VI	2.383,25	109,63	190,66	214,49																		
7.556,99 (West)	I	1.818,00	42,37	145,44	163,62	23,73	132,90	149,51	5,08	120,37	135,41	-	107,84	121,32	-	95,63	107,58	-	83,93	94,42	-	72,75	8
	II	1.668,91	24,63	133,51	150,20	5,98	120,98	136,10	-	108,44	122,00	-	96,21	108,23	-	84,48	95,04	-	73,28	82,44	-	62,58	7
	III	1.186,83	-	94,94	106,81	-	85,41	96,08	-	76,13	85,64	-	67,12	75,51	-	58,36	65,65	-	49,85	56,08	-	41,60	4
	IV	1.818,00	42,37	145,44	163,62	33,05	139,17	156,56	23,73	132,90	149,51	14,40	126,64	142,47	5,08	120,37	135,41	-	114,10	128,36	-	107,84	121
	V	2.332,41	103,58	186,59	209,91																		
	VI	2.376,75	108,86	190,14	213,90																		
7.556,99 (Ost)	I	1.825,83	43,30	146,06	164,32	24,66	133,53	150,22	6,01	121,00	136,12	-	108,46	122,02	-	96,22	108,25	-	84,50	95,06	-	73,29	8
	II	1.676,66	25,55	134,13	150,89	6,91	121,60	136,80	-	109,07	122,70	-	96,80	108,90	-	85,06	95,69	-	73,82	83,05	-	63,10	7
	III	1.193,00	-	95,44	107,37	-	85,89	96,62	-	76,60	86,17	-	67,56	76,00	-	58,78	66,13	-	50,26	56,54	-	42,01	4
	IV	1.825,83	43,30	146,06	164,32	33,98	139,80	157,27	24,66	133,53	150,22	15,34	127,26	143,17	6,01	121,00	136,12	-	114,73	129,07	-	108,46	12
	V	2.340,25	104,52	187,22	210,62																		
	VI	2.384,58	109,79	190,76	214,61																		
7.559,99 (West)	I	1.819,25	42,52	145,54	163,73	23,87	133,00	149,63	5,23	120,47	135,53	-	107,94	121,43	-	95,72	107,69	-	84,02	94,52	-	72,84	81
	II	1.670,16	24,78	133,61	150,31	6,13	121,08	136,21	-	108,54	122,11	-	96,30	108,34	-	84,58	95,15	-	73,36	82,53	-	62,66	70
	III	1.187,83	-	95,02	106,90	-	85,49	96,17	-	76,21	85,73	-	67,18	75,58	-	58,42	65,72	-	49,92	56,16	-	41,66	46
	IV	1.819,25	42,52	145,54	163,73	33,20	139,27	156,68	23,87	133,00	149,63	14,55	126,74	142,58	5,23	120,47	135,53	-	114,20	128,48	-	107,94	121
	V	2.333,66	103,73	186,69	210,02																		
	VI	2.378,00	109,01	190,24	214,02																		
7.559,99 (Ost)	I	1.827,08	43,45	146,16	164,43	24,81	133,63	150,33	6,16	121,10	136,23	-	108,56	122,13	-	96,32	108,36	-	84,60	95,17	-	73,38	82
	II	1.677,91	25,70	134,23	151,01	7,07	121,70	136,91	-	109,17	122,81	-	96,90	109,01	-	85,15	95,79	-	73,91	83,15	-	63,18	71
	III	1.193,83	-	95,50	107,44	-	85,96	96,70	-	76,66	86,24	-	67,64	76,09	-	58,85	66,20	-	50,33	56,62	-	42,06	47
	IV	1.827,08	43,45	146,16	164,43	34,13	139,90	157,38	24,81	133,63	150,33	15,48	127,36	143,28	6,16	121,10	136,23	-	114,83	129,18	-	108,56	122
	V	2.341,50	104,67	187,32	210,73																		
	VI	2.385,83	109,94	190,86	214,72																		
7.562,99 (West)	I	1.820,50	42,67	145,64	163,84	24,02	133,10	149,74	5,38	120,57	135,64	-	108,04	121,55	-	95,82	107,80	-	84,12	94,63	-	72,92	82
	II	1.671,41	24,93	133,71	150,42	6,28	121,18	136,32	-	108,64	122,22	-	96,40	108,45	-	84,67	95,25	-	73,45	82,63	-	62,75	70
	III	1.188,83	-	95,10	106,99	-	85,57	96,26	-	76,28	85,81	-	67,26	75,67	-	58,49	65,80	-	49,98	56,23	-	41,73	46
	IV	1.820,50	42,67	145,64	163,84	33,34	139,37	156,79	24,02	133,10	149,74	14,70	126,84	142,69	5,38	120,57	135,64	-	114,30	128,59	-	108,04	121
	V	2.334,91	103,88	186,79	210,14																		
	VI	2.379,25	109,16	190,34	214,13																		
7.562,99 (Ost)	I	1.828,33	43,60	146,26	164,54	24,96	133,73	150,44	6,31	121,20	136,35	-	108,66	122,24	-	96,42	108,47	-	84,68	95,27	-	73,47	82
	II	1.679,25	25,86	134,34	151,13	7,21	121,80	137,03	-	109,27	122,93	-	97,00	109,12	-	85,24	95,90	-	74,00	83,25	-	63,27	71
	III	1.194,83	-	95,58	107,53	-	86,04	96,79	-	76,74	86,33	-	67,70	76,16	-	58,92	66,28	-	50,40	56,70	-	42,13	47
	IV	1.828,33	43,60	146,26	164,54	34,28	140,00	157,50	24,96	133,73	150,44	15,63	127,46	143,39	6,31	121,20	136,35	-	114,93	129,29	-	108,66	122
	V	2.342,75	104,81	187,42	210,84																		
	VI	2.387,08	110,09	190,96	214,83																		
7.565,99 (West)	I	1.821,75	42,82	145,74	163,95	24,17	133,20	149,85	5,53	120,67	135,75	-	108,14	121,66	-	95,92	107,91	-	84,21	94,73	-	73,01	82
	II	1.672,66	25,07	133,81	150,53	6,43	121,28	136,44	-	108,74	122,33	-	96,50	108,56	-	84,76	95,36	-	73,54	82,73	-	62,83	70
	III	1.189,83	-	95,18	107,08	-	85,64	96,34	-	76,36	85,90	-	67,33	75,74	-	58,56	65,88	-	50,05	56,30	-	41,80	47
	IV	1.821,75	42,82	145,74	163,95	33,49	139,47	156,90	24,17	133,20	149,85	14,85	126,94	142,80	5,53	120,67	135,75	-	114,40	128,70	-	108,14	121
	V	2.336,25	104,04	186,90	210,26																		
	VI	2.380,50	109,31	190,44	214,24																		
7.565,99 (Ost)	I	1.829,58	43,75	146,36	164,66	25,10	133,83	150,56	6,46	121,30	136,46	-	108,76	122,36	-	96,52	108,58	-	84,78	95,37	-	73,56	82
	II	1.680,50	26,01	134,44	151,24	7,36	121,90	137,14	-	109,37	123,04	-	97,10	109,23	-	85,33	95,99	-	74,08	83,34	-	63,36	71,2
	III	1.195,83	-	95,66	107,62	-	86,12	96,88	-	76,81	86,41	-	67,77	76,24	-	59,00	66,37	-	50,46	56,77	-	42,20	47,4
	IV	1.829,58	43,75	146,36	164,66	34,43	140,10	157,61	25,10	133,83	150,56	15,78	127,56	143,51	6,46	121,30	136,46	-	115,03	129,41	-	108,76	122,3
	V	2.344,00	104,96	187,52	210,96																		
	VI	2.388,33	110,24	190,94	214,94																		
7.568,99 (West)	I	1.823,00	42,96	145,84	164,07	24,32	133,30	149,96	5,69	120,78	135,87	-	108,24	121,77	-	96,02	108,02	-	84,30	94,83	-	73,10	82,2
	II	1.673,91	25,22	133,91	150,65	6,58	121,38	136,55	-	108,84	122,45	-	96,59	108,66	-	84,85	95,45	-	73,63	82,83	-	62,92	70,7
	III	1.190,83	-	95,26	107,17	-	85,72	96,43	-	76,42	85,97	-	67,40	75,82	-	58,62	65,95	-	50,12	56,38	-	41,86	47,0
	IV	1.823,00	42,96	145,84	164,07	33,64	139,57	157,01	24,32	133,30	149,96	15,01	127,04	142,92	5,69	120,78	135,87	-	114,51	128,82	-	108,24	121,7
	V	2.337,50	104,19	187,00	210,37																		
	VI	2.381,75	109,46	190,54	214,35																		
7.568,99 (Ost)	I	1.830,83	43,90	146,46	164,77	25,25	133,93	150,67	6,61	121,40	136,57	-	108,86	122,47	-	96,61	108,68	-	84,87	95,48	-	73,64	82,8
	II	1.681,75	26,16	134,54	151,35	7,51	122,00	137,25	-	109,47	123,15	-	97,19	109,34	-	85,42	96,10	-	74,18	83,45	-	63,44	71,3
	III	1.196,83	-	95,74	107,71	-	86,18	96,95	-	76,89	86,50	-	67,85	76,33	-	59,06	66,44	-	50,53	56,84	-	42,26	47,5
	IV	1.830,83	43,90	146,46	164,77	34,57	140,20	157,72	25,25	133,93	150,67	15,93	127,66	143,62	6,61	121,40	136,57	-	115,13	129,52	-	108,86	122,4
	V	2.345,25	105,11	187,62	211,07																		
	VI	2.389,58	110,39	191,16	215,06																		

Allgemeine Tabelle

MONAT bis 7.589,99 €

Lohn/ Gehalt bis	Steuerklasse	Lohn-steuer	ohne Kinderfreibetrag			Anzahl Kinderfreibeträge (nur Steuerklassen I–IV) 0,5			1,0			1,5			2,0			2,5			3,0		
			SolZ 5,5%	Kirchensteuer 8%	9%	SolZ 5,5%	Kirchensteuer 8%	9%	SolZ 5,5%	Kirchensteuer 8%	9%	SolZ 5,5%	Kirchensteuer 8%	9%	SolZ 5,5%	Kirchensteuer 8%	9%	SolZ 5,5%	Kirchensteuer 8%	9%	SolZ 5,5%	Kirchensteuer 8%	9%
7.571,99 (West)	I	1.824,33	43,12	145,94	164,18	24,48	133,41	150,08	5,84	120,88	135,99	-	108,34	121,88	-	96,11	108,12	-	84,39	94,94	-	73,19	82,34
	II	1.675,16	25,37	134,01	150,76	6,73	121,48	136,66	-	108,95	122,57	-	96,69	108,77	-	84,94	95,56	-	73,72	82,93	-	63,00	70,88
	III	1.191,66	-	95,33	107,24	-	85,80	96,52	-	76,50	86,06	-	67,48	75,91	-	58,70	66,04	-	50,18	56,45	-	41,93	47,17
	IV	1.824,33	43,12	145,94	164,18	33,80	139,68	157,14	24,48	133,41	150,08	15,16	127,14	143,03	5,84	120,88	135,99	-	114,61	128,93	-	108,34	121,88
	V	2.338,75	104,34	187,10	210,48																		
	VI	2.383,08	109,61	190,64	214,47																		
7.571,99 (Ost)	I	1.832,08	44,04	146,56	164,88	25,40	134,03	150,78	6,76	121,50	136,68	-	108,97	122,59	-	96,71	108,80	-	84,96	95,58	-	73,73	82,94
	II	1.683,00	26,30	134,64	151,47	7,66	122,10	137,36	-	109,57	123,26	-	97,29	109,45	-	85,52	96,21	-	74,26	83,54	-	63,52	71,46
	III	1.197,83	-	95,82	107,80	-	86,26	97,04	-	76,96	86,58	-	67,92	76,41	-	59,13	66,52	-	50,60	56,92	-	42,33	47,62
	IV	1.832,08	44,04	146,56	164,88	34,72	140,30	157,83	25,40	134,03	150,78	16,08	127,76	143,73	6,76	121,50	136,68	-	115,23	129,63	-	108,97	122,59
	V	2.346,50	105,26	187,72	211,18																		
	VI	2.390,83	110,54	191,26	215,17																		
7.574,99 (West)	I	1.825,58	43,27	146,04	164,30	24,63	133,51	150,20	5,98	120,98	136,10	-	108,44	122,00	-	96,21	108,23	-	84,48	95,04	-	73,28	82,44
	II	1.676,41	25,52	134,11	150,87	6,89	121,58	136,78	-	109,05	122,68	-	96,78	108,88	-	85,04	95,67	-	73,80	83,03	-	63,08	70,97
	III	1.192,66	-	95,41	107,33	-	85,86	96,59	-	76,58	86,15	-	67,54	75,98	-	58,77	66,11	-	50,25	56,53	-	41,98	47,23
	IV	1.825,58	43,27	146,04	164,30	33,95	139,78	157,25	24,63	133,51	150,20	15,31	127,24	143,15	5,98	120,98	136,10	-	114,71	129,05	-	108,44	122,00
	V	2.340,00	104,49	187,20	210,60																		
	VI	2.384,33	109,76	190,74	214,58																		
7.574,99 (Ost)	I	1.833,33	44,19	146,66	164,99	25,55	134,13	150,89	6,91	121,60	136,80	-	109,07	122,70	-	96,80	108,90	-	85,06	95,69	-	73,82	83,05
	II	1.684,25	26,45	134,74	151,58	7,81	122,20	137,48	-	109,67	123,38	-	97,38	109,55	-	85,61	96,31	-	74,35	83,64	-	63,61	71,56
	III	1.198,83	-	95,90	107,89	-	86,34	97,13	-	77,04	86,67	-	68,00	76,50	-	59,20	66,60	-	50,68	57,01	-	42,40	47,70
	IV	1.833,33	44,19	146,66	164,99	34,87	140,40	157,95	25,55	134,13	150,89	16,23	127,86	143,84	6,91	121,60	136,80	-	115,33	129,74	-	109,07	122,70
	V	2.347,83	105,42	187,82	211,30																		
	VI	2.392,08	110,68	191,36	215,28																		
7.577,99 (West)	I	1.826,83	43,42	146,14	164,41	24,78	133,61	150,31	6,13	121,08	136,21	-	108,54	122,11	-	96,30	108,34	-	84,58	95,15	-	73,36	82,53
	II	1.677,75	25,68	134,22	150,99	7,04	121,68	136,89	-	109,15	122,79	-	96,88	108,99	-	85,13	95,77	-	73,89	83,12	-	63,17	71,06
	III	1.193,66	-	95,49	107,42	-	85,94	96,68	-	76,65	86,23	-	67,61	76,06	-	58,84	66,19	-	50,32	56,61	-	42,05	47,30
	IV	1.826,83	43,42	146,14	164,41	34,10	139,88	157,36	24,78	133,61	150,31	15,46	127,34	143,26	6,13	121,08	136,21	-	114,81	129,16	-	108,54	122,11
	V	2.341,25	104,64	187,30	210,71																		
	VI	2.385,58	109,91	190,84	214,70																		
7.577,99 (Ost)	I	1.834,58	44,34	146,76	165,11	25,70	134,23	151,01	7,07	121,70	136,91	-	109,17	122,81	-	96,90	109,01	-	85,15	95,79	-	73,91	83,15
	II	1.685,50	26,60	134,84	151,69	7,96	122,30	137,59	-	109,77	123,49	-	97,48	109,67	-	85,70	96,41	-	74,44	83,75	-	63,69	71,65
	III	1.199,83	-	95,98	107,98	-	86,41	97,21	-	77,10	86,74	-	68,06	76,57	-	59,28	66,69	-	50,74	57,08	-	42,46	47,77
	IV	1.834,58	44,34	146,76	165,11	35,02	140,50	158,06	25,70	134,23	151,01	16,39	127,97	143,96	7,07	121,70	136,91	-	115,44	129,87	-	109,17	122,81
	V	2.349,08	105,57	187,92	211,41																		
	VI	2.393,33	110,83	191,46	215,39																		
7.580,99 (West)	I	1.828,08	43,57	146,24	164,52	24,93	133,71	150,42	6,28	121,18	136,32	-	108,64	122,22	-	96,40	108,45	-	84,67	95,25	-	73,45	82,63
	II	1.679,00	25,83	134,32	151,11	7,18	121,78	137,00	-	109,25	122,90	-	96,98	109,10	-	85,22	95,87	-	73,98	83,23	-	63,26	71,16
	III	1.194,66	-	95,57	107,51	-	86,02	96,77	-	76,73	86,32	-	67,69	76,15	-	58,90	66,26	-	50,38	56,68	-	42,12	47,38
	IV	1.828,08	43,57	146,24	164,52	34,25	139,98	157,47	24,93	133,71	150,42	15,60	127,44	143,37	6,28	121,18	136,32	-	114,91	129,27	-	108,64	122,22
	V	2.342,50	104,78	187,40	210,82																		
	VI	2.386,83	110,06	190,94	214,81																		
7.580,99 (Ost)	I	1.835,91	44,50	146,87	165,23	25,86	134,34	151,13	7,21	121,80	137,03	-	109,27	122,93	-	97,00	109,12	-	85,24	95,90	-	74,00	83,25
	II	1.686,75	26,75	134,94	151,80	8,11	122,40	137,70	-	109,87	123,60	-	97,58	109,77	-	85,80	96,52	-	74,53	83,84	-	63,78	71,75
	III	1.200,66	-	96,05	108,05	-	86,49	97,30	-	77,18	86,83	-	68,13	76,64	-	59,34	66,76	-	50,81	57,16	-	42,53	47,84
	IV	1.835,91	44,50	146,87	165,23	35,18	140,60	158,18	25,86	134,34	151,13	16,54	128,07	144,08	7,21	121,80	137,03	-	115,54	129,98	-	109,27	122,93
	V	2.350,33	105,72	188,02	211,52																		
	VI	2.394,66	110,99	191,57	215,51																		
7.583,99 (West)	I	1.829,33	43,72	146,34	164,63	25,07	133,81	150,53	6,43	121,28	136,44	-	108,74	122,33	-	96,50	108,56	-	84,76	95,36	-	73,54	82,73
	II	1.680,25	25,98	134,42	151,22	7,33	121,88	137,12	-	109,35	123,02	-	97,08	109,21	-	85,32	95,98	-	74,07	83,33	-	63,34	71,25
	III	1.195,66	-	95,65	107,60	-	86,09	96,85	-	76,80	86,40	-	67,76	76,23	-	58,98	66,35	-	50,45	56,75	-	42,18	47,45
	IV	1.829,33	43,72	146,34	164,63	34,40	140,08	157,59	25,07	133,81	150,53	15,75	127,54	143,48	6,43	121,28	136,44	-	115,01	129,38	-	108,74	122,33
	V	2.343,75	104,93	187,50	210,93																		
	VI	2.388,08	110,21	191,04	214,92																		
7.583,99 (Ost)	I	1.837,16	44,65	146,97	165,34	26,01	134,44	151,24	7,36	121,90	137,14	-	109,37	123,04	-	97,10	109,23	-	85,33	95,99	-	74,08	83,34
	II	1.688,00	26,90	135,04	151,92	8,27	122,51	137,82	-	109,98	123,72	-	97,68	109,89	-	85,89	96,62	-	74,62	83,94	-	63,86	71,84
	III	1.201,66	-	96,13	108,14	-	86,57	97,39	-	77,26	86,92	-	68,21	76,73	-	59,41	66,83	-	50,88	57,24	-	42,60	47,92
	IV	1.837,16	44,65	146,97	165,34	35,33	140,70	158,29	26,01	134,44	151,24	16,68	128,17	144,19	7,36	121,90	137,14	-	115,64	130,09	-	109,37	123,04
	V	2.351,58	105,87	188,12	211,64																		
	VI	2.395,91	111,14	191,67	215,63																		
7.586,99 (West)	I	1.830,58	43,87	146,44	164,75	25,22	133,91	150,65	6,58	121,38	136,55	-	108,84	122,45	-	96,59	108,66	-	84,85	95,45	-	73,63	82,83
	II	1.681,50	26,13	134,52	151,33	7,48	121,98	137,23	-	109,45	123,13	-	97,17	109,31	-	85,41	96,08	-	74,16	83,43	-	63,42	71,35
	III	1.196,66	-	95,73	107,69	-	86,17	96,94	-	76,88	86,49	-	67,84	76,32	-	59,05	66,43	-	50,52	56,83	-	42,25	47,53
	IV	1.830,58	43,87	146,44	164,75	34,54	140,18	157,70	25,22	133,91	150,65	15,90	127,64	143,60	6,58	121,38	136,55	-	115,11	129,50	-	108,84	122,45
	V	2.345,00	105,08	187,60	211,05																		
	VI	2.389,33	110,36	191,14	215,03																		
7.586,99 (Ost)	I	1.838,41	44,80	147,07	165,45	26,16	134,54	151,35	7,51	122,00	137,25	-	109,47	123,15	-	97,19	109,34	-	85,42	96,10	-	74,18	83,45
	II	1.689,33	27,06	135,14	152,03	8,41	122,61	137,93	-	110,08	123,84	-	97,77	109,99	-	85,98	96,73	-	74,70	84,04	-	63,94	71,93
	III	1.202,66	-	96,21	108,23	-	86,64	97,47	-	77,33	86,99	-	68,28	76,81	-	59,48	66,91	-	50,94	57,31	-	42,66	47,99
	IV	1.838,41	44,80	147,07	165,45	35,48	140,80	158,40	26,16	134,54	151,35	16,83	128,27	144,30	7,51	122,00	137,25	-	115,74	130,20	-	109,47	123,15
	V	2.352,83	106,01	188,22	211,75																		
	VI	2.397,16	111,29	191,77	215,74																		
7.589,99 (West)	I	1.831,83	44,02	146,54	164,86	25,37	134,01	150,76	6,73	121,48	136,66	-	108,95	122,57	-	96,69	108,77	-	84,94	95,56	-	73,72	82,93
	II	1.682,75	26,27	134,62	151,44	7,63	122,08	137,34	-	109,55	123,24	-	97,27	109,43	-	85,50	96,19	-	74,24	83,52	-	63,50	71,44
	III	1.197,66	-	95,81	107,78	-	86,25	97,03	-	76,94	86,56	-	67,90	76,39	-	59,12	66,51	-	50,58	56,90	-	42,32	47,61
	IV	1.831,83	44,02	146,54	164,86	34,69	140,28	157,81	25,37	134,01	150,76	16,05	127,74	143,71	6,73	121,48	136,66	-	115,21	129,61	-	108,95	122,57
	V	2.346,33	105,24	187,70	211,16																		
	VI	2.390,58	110,51	191,24	215,15																		
7.589,99 (Ost)	I	1.839,66	44,95	147,17	165,56	26,30	134,64	151,47	7,66	122,10	137,36	-	109,57	123,26	-	97,29	109,45	-	85,52	96,21	-	74,26	83,54
	II	1.690,58	27,21	135,24	152,15	8,56	122,71	138,05	-	110,18	123,95	-	97,87	110,10	-	86,08	96,84	-	74,80	84,15	-	64,03	72,03
	III	1.203,66	-	96,29	108,32	-	86,72	97,56	-	77,41	87,08	-	68,34	76,88	-	59,56	67,00	-	51,01	57,38	-	42,73	48,07
	IV	1.839,66	44,95	147,17	165,56	35,63	140,90	158,51	26,30	134,64	151,47	16,98	128,37	144,41	7,66	122,10	137,36	-	115,84	130,32	-	109,57	123,26
	V	2.354,08	106,16	188,32	211,86																		
	VI	2.398,41	111,44	191,87	215,85																		

Lohn/ Gehalt bis	Steuerklasse	Lohnsteuer	ohne Kinderfreibetrag SolZ 5,5%	ohne Kinderfreibetrag Kirchensteuer 8%	ohne Kinderfreibetrag Kirchensteuer 9%	0,5 SolZ 5,5%	0,5 Kirchensteuer 8%	0,5 Kirchensteuer 9%	1,0 SolZ 5,5%	1,0 Kirchensteuer 8%	1,0 Kirchensteuer 9%	1,5 SolZ 5,5%	1,5 Kirchensteuer 8%	1,5 Kirchensteuer 9%	2,0 SolZ 5,5%	2,0 Kirchensteuer 8%	2,0 Kirchensteuer 9%	2,5 SolZ 5,5%	2,5 Kirchensteuer 8%	2,5 Kirchensteuer 9%	3,0 SolZ 5,5%	3,0 Kirchensteuer 8%	3,0 Kirchensteuer 9%
7.592,99 (West)	I	1.833,08	44,16	146,64	164,97	25,52	134,11	150,87	6,89	121,58	136,78	-	109,05	122,68	-	96,78	108,88	-	85,04	95,67	-	73,80	8
	II	1.684,00	26,42	134,72	151,56	7,78	122,18	137,45	-	109,65	123,35	-	97,36	109,53	-	85,59	96,29	-	74,34	83,63	-	63,59	7
	III	1.198,50	-	95,88	107,86	-	86,32	97,11	-	77,02	86,65	-	67,97	76,46	-	59,18	66,58	-	50,65	56,98	-	42,38	4
	IV	1.833,08	44,16	146,64	164,97	34,84	140,38	157,92	25,52	134,11	150,87	16,20	127,84	143,82	6,89	121,58	136,78	-	115,32	129,73	-	109,05	12
	V	2.347,58	105,39	187,80	211,28																		
	VI	2.391,83	110,66	191,34	215,26																		
7.592,99 (Ost)	I	1.840,91	45,10	147,27	165,68	26,45	134,74	151,58	7,81	122,20	137,48	-	109,67	123,38	-	97,38	109,55	-	85,61	96,31	-	74,35	8
	II	1.691,83	27,36	135,34	152,26	8,71	122,81	138,16	-	110,28	124,06	-	97,96	110,21	-	86,17	96,94	-	74,88	84,24	-	64,12	7
	III	1.204,66	-	96,37	108,41	-	86,80	97,65	-	77,48	87,16	-	68,42	76,97	-	59,62	67,07	-	51,08	57,46	-	42,78	4
	IV	1.840,91	45,10	147,27	165,68	35,77	141,00	158,63	26,45	134,74	151,58	17,13	128,47	144,53	7,81	122,20	137,48	-	115,94	130,43	-	109,67	12
	V	2.355,33	106,31	188,42	211,97																		
	VI	2.399,66	111,59	191,97	215,96																		
7.595,99 (West)	I	1.834,33	44,31	146,74	165,08	25,68	134,22	150,99	7,04	121,68	136,89	-	109,15	122,79	-	96,88	108,99	-	85,13	95,77	-	73,89	8
	II	1.685,25	26,57	134,82	151,67	7,93	122,28	137,57	-	109,75	123,47	-	97,46	109,64	-	85,68	96,39	-	74,42	83,72	-	63,68	7
	III	1.199,50	-	95,96	107,95	-	86,40	97,20	-	77,09	86,72	-	68,05	76,55	-	59,25	66,65	-	50,72	57,06	-	42,45	4
	IV	1.834,33	44,31	146,74	165,08	35,00	140,48	158,04	25,68	134,22	150,99	16,36	127,95	143,94	7,04	121,68	136,89	-	115,42	129,84	-	109,15	12
	V	2.348,83	105,54	187,90	211,39																		
	VI	2.393,08	110,80	191,44	215,37																		
7.595,99 (Ost)	I	1.842,16	45,24	147,37	165,79	26,60	134,84	151,69	7,96	122,30	137,59	-	109,77	123,49	-	97,48	109,67	-	85,70	96,41	-	74,44	8
	II	1.693,08	27,50	135,44	152,37	8,86	122,91	138,27	-	110,38	124,17	-	98,06	110,32	-	86,26	97,04	-	74,97	84,34	-	64,20	7
	III	1.205,66	-	96,45	108,50	-	86,88	97,74	-	77,56	87,25	-	68,49	77,05	-	59,69	67,15	-	51,14	57,53	-	42,85	48
	IV	1.842,16	45,24	147,37	165,79	35,92	141,10	158,74	26,60	134,84	151,69	17,28	128,57	144,64	7,96	122,30	137,59	-	116,04	130,54	-	109,77	123
	V	2.356,58	106,46	188,52	212,09																		
	VI	2.400,91	111,74	192,07	216,08																		
7.598,99 (West)	I	1.835,66	44,47	146,85	165,20	25,83	134,32	151,11	7,18	121,78	137,00	-	109,25	122,90	-	96,98	109,10	-	85,22	95,87	-	73,98	83
	II	1.686,50	26,72	134,92	151,78	8,08	122,38	137,68	-	109,86	123,59	-	97,56	109,75	-	85,78	96,50	-	74,51	83,82	-	63,76	71
	III	1.200,50	-	96,04	108,04	-	86,48	97,29	-	77,17	86,81	-	68,12	76,63	-	59,33	66,74	-	50,80	57,15	-	42,52	47
	IV	1.835,66	44,47	146,85	165,20	35,15	140,58	158,15	25,83	134,32	151,11	16,51	128,05	144,05	7,18	121,78	137,00	-	115,52	129,96	-	109,25	122
	V	2.350,08	105,69	188,00	211,50																		
	VI	2.394,41	110,96	191,55	215,49																		
7.598,99 (Ost)	I	1.843,41	45,39	147,47	165,90	26,75	134,94	151,80	8,11	122,40	137,70	-	109,87	123,60	-	97,58	109,77	-	85,80	96,52	-	74,53	83
	II	1.694,33	27,65	135,54	152,48	9,01	123,01	138,38	-	110,48	124,29	-	98,16	110,43	-	86,35	97,14	-	75,06	84,44	-	64,28	72
	III	1.206,50	-	96,52	108,58	-	86,94	97,81	-	77,62	87,32	-	68,57	77,14	-	59,76	67,23	-	51,21	57,61	-	42,92	48
	IV	1.843,41	45,39	147,47	165,90	36,07	141,20	158,85	26,75	134,94	151,80	17,43	128,67	144,75	8,11	122,40	137,70	-	116,14	130,65	-	109,87	123
	V	2.357,91	106,62	188,63	212,21																		
	VI	2.402,16	111,88	192,17	216,19																		
7.601,99 (West)	I	1.836,91	44,62	146,95	165,32	25,98	134,42	151,22	7,33	121,88	137,12	-	109,35	123,02	-	97,08	109,21	-	85,32	95,98	-	74,07	83,
	II	1.687,83	26,88	135,02	151,90	8,24	122,49	137,80	-	109,96	123,70	-	97,66	109,86	-	85,87	96,60	-	74,60	83,93	-	63,84	71,
	III	1.201,50	-	96,12	108,13	-	86,54	97,36	-	77,24	86,89	-	68,18	76,70	-	59,40	66,82	-	50,86	57,22	-	42,58	47,
	IV	1.836,91	44,62	146,95	165,32	35,30	140,68	158,27	25,98	134,42	151,22	16,66	128,15	144,17	7,33	121,88	137,12	-	115,62	130,07	-	109,35	123,
	V	2.351,33	105,84	188,10	211,61																		
	VI	2.395,66	111,11	191,65	215,60																		
7.601,99 (Ost)	I	1.844,66	45,54	147,57	166,01	26,90	135,04	151,92	8,27	122,51	137,82	-	109,98	123,72	-	97,68	109,89	-	85,89	96,62	-	74,62	83,
	II	1.695,58	27,80	135,64	152,60	9,16	123,11	138,50	-	110,58	124,40	-	98,26	110,54	-	86,44	97,25	-	75,15	84,54	-	64,37	72,
	III	1.207,50	-	96,60	108,67	-	87,02	97,90	-	77,70	87,41	-	68,64	77,22	-	59,82	67,30	-	51,28	57,69	-	42,98	48,
	IV	1.844,66	45,54	147,57	166,01	36,22	141,30	158,96	26,90	135,04	151,92	17,58	128,77	144,86	8,27	122,51	137,82	-	116,24	130,77	-	109,98	123,
	V	2.359,16	106,77	188,73	212,32																		
	VI	2.403,41	112,03	192,27	216,30																		
7.604,99 (West)	I	1.838,16	44,77	147,05	165,43	26,13	134,52	151,33	7,48	121,98	137,23	-	109,45	123,13	-	97,17	109,31	-	85,41	96,08	-	74,16	83,
	II	1.689,08	27,03	135,12	152,01	8,38	122,59	137,91	-	110,06	123,81	-	97,75	109,97	-	85,96	96,71	-	74,69	84,02	-	63,93	71,
	III	1.202,50	-	96,20	108,22	-	86,62	97,45	-	77,32	86,98	-	68,26	76,79	-	59,46	66,89	-	50,93	57,29	-	42,65	47,
	IV	1.838,16	44,77	147,05	165,43	35,45	140,78	158,38	26,13	134,52	151,33	16,80	128,25	144,28	7,48	121,98	137,23	-	115,72	130,18	-	109,45	123,
	V	2.352,58	105,98	188,20	211,73																		
	VI	2.396,91	111,26	191,75	215,72																		
7.604,99 (Ost)	I	1.845,91	45,69	147,67	166,13	27,06	135,14	152,03	8,41	122,61	137,93	-	110,08	123,84	-	97,77	109,99	-	85,98	96,73	-	74,70	84,
	II	1.696,83	27,95	135,74	152,71	9,31	123,21	138,61	-	110,68	124,51	-	98,36	110,65	-	86,54	97,35	-	75,24	84,64	-	64,45	72,
	III	1.208,50	-	96,68	108,76	-	87,10	97,99	-	77,77	87,49	-	68,70	77,29	-	59,90	67,39	-	51,34	57,76	-	43,05	48,
	IV	1.845,91	45,69	147,67	166,13	36,38	141,41	159,08	27,06	135,14	152,03	17,74	128,88	144,99	8,41	122,61	137,93	-	116,34	130,88	-	110,08	123,
	V	2.360,41	106,92	188,83	212,43																		
	VI	2.404,75	112,19	192,38	216,42																		
7.607,99 (West)	I	1.839,41	44,92	147,15	165,54	26,27	134,62	151,44	7,63	122,08	137,34	-	109,55	123,24	-	97,27	109,43	-	85,50	96,19	-	74,24	83,
	II	1.690,33	27,18	135,22	152,12	8,53	122,69	138,02	-	110,16	123,93	-	97,85	110,08	-	86,06	96,81	-	74,78	84,12	-	64,01	72,
	III	1.203,50	-	96,28	108,31	-	86,70	97,54	-	77,38	87,05	-	68,33	76,87	-	59,53	66,97	-	51,00	57,37	-	42,70	48,
	IV	1.839,41	44,92	147,15	165,54	35,60	140,88	158,49	26,27	134,62	151,44	16,95	128,35	144,39	7,63	122,08	137,34	-	115,82	130,29	-	109,55	123,
	V	2.353,83	106,13	188,30	211,84																		
	VI	2.398,16	111,41	191,85	215,83																		
7.607,99 (Ost)	I	1.847,25	45,85	147,78	166,25	27,21	135,24	152,15	8,56	122,71	138,05	-	110,18	123,95	-	97,87	110,10	-	86,08	96,84	-	74,80	84,
	II	1.698,08	28,10	135,84	152,82	9,46	123,31	138,72	-	110,78	124,63	-	98,45	110,75	-	86,63	97,46	-	75,33	84,74	-	64,54	72,
	III	1.209,50	-	96,76	108,85	-	87,17	98,06	-	77,85	87,58	-	68,78	77,38	-	59,97	67,46	-	51,41	57,83	-	43,12	48,
	IV	1.847,25	45,85	147,78	166,25	36,53	141,51	159,20	27,21	135,24	152,15	17,88	128,98	145,10	8,56	122,71	138,05	-	116,44	131,00	-	110,18	123,
	V	2.361,66	107,07	188,93	212,54																		
	VI	2.406,00	112,34	192,48	216,54																		
7.610,99 (West)	I	1.840,66	45,07	147,25	165,65	26,42	134,72	151,56	7,78	122,18	137,45	-	109,65	123,35	-	97,36	109,53	-	85,59	96,29	-	74,34	83,
	II	1.691,58	27,33	135,32	152,24	8,68	122,79	138,14	-	110,26	124,04	-	97,94	110,18	-	86,15	96,92	-	74,86	84,22	-	64,10	72,
	III	1.204,33	-	96,34	108,38	-	86,78	97,63	-	77,46	87,14	-	68,41	76,96	-	59,61	67,06	-	51,06	57,44	-	42,77	48,
	IV	1.840,66	45,07	147,25	165,65	35,74	140,98	158,60	26,42	134,72	151,56	17,10	128,45	144,50	7,78	122,18	137,45	-	115,92	130,41	-	109,65	123,
	V	2.355,08	106,28	188,40	211,95																		
	VI	2.399,41	111,56	191,95	215,94																		
7.610,99 (Ost)	I	1.848,50	46,00	147,88	166,36	27,36	135,34	152,26	8,71	122,81	138,16	-	110,28	124,06	-	97,96	110,21	-	86,17	96,94	-	74,88	84,
	II	1.699,41	28,26	135,95	152,94	9,61	123,42	138,84	-	110,88	124,74	-	98,55	110,87	-	86,72	97,56	-	75,42	84,84	-	64,62	72,
	III	1.210,50	-	96,84	108,94	-	87,25	98,15	-	77,92	87,66	-	68,85	77,45	-	60,04	67,54	-	51,48	57,91	-	43,18	48,
	IV	1.848,50	46,00	147,88	166,36	36,68	141,61	159,31	27,36	135,34	152,26	18,03	129,08	145,21	8,71	122,81	138,16	-	116,54	131,11	-	110,28	124,
	V	2.362,91	107,21	189,03	212,66																		
	VI	2.407,25	112,49	192,58	216,65																		

Lohn/ Gehalt bis	Steuerklasse	Lohn-steuer	ohne Kinderfreibetrag SolZ 5,5%	Kirchensteuer 8%	9%	0,5 SolZ 5,5%	Kirchensteuer 8%	9%	1,0 SolZ 5,5%	Kirchensteuer 8%	9%	1,5 SolZ 5,5%	Kirchensteuer 8%	9%	2,0 SolZ 5,5%	Kirchensteuer 8%	9%	2,5 SolZ 5,5%	Kirchensteuer 8%	9%	3,0 SolZ 5,5%	Kirchensteuer 8%	9%
7.613,99 (West)	I	1.841,91	45,22	147,35	165,77	26,57	134,82	151,67	7,93	122,28	137,57	-	109,75	123,47	-	97,46	109,64	-	85,68	96,39	-	74,42	83,72
	II	1.692,83	27,47	135,42	152,35	8,83	122,89	138,25	-	110,36	124,15	-	98,04	110,30	-	86,24	97,02	-	74,96	84,33	-	64,18	72,20
	III	1.205,33	-	96,42	108,47	-	86,85	97,70	-	77,53	87,22	-	68,48	77,04	-	59,68	67,14	-	51,13	57,52	-	42,84	48,19
	IV	1.841,91	45,22	147,35	165,77	35,89	141,08	158,72	26,57	134,82	151,67	17,25	128,55	144,62	7,93	122,28	137,57	-	116,02	130,52	-	109,75	123,47
	V	2.356,33	106,43	188,50	212,06																		
	VI	2.400,66	111,71	192,05	216,05																		
7.613,99 (Ost)	I	1.849,75	46,15	147,98	166,47	27,50	135,44	152,37	8,86	122,91	138,27	-	110,38	124,17	-	98,06	110,32	-	86,26	97,04	-	74,97	84,34
	II	1.700,66	28,41	136,05	153,05	9,76	123,52	138,96	-	110,98	124,85	-	98,64	110,97	-	86,82	97,67	-	75,50	84,94	-	64,70	72,79
	III	1.211,50	-	96,92	109,03	-	87,33	98,24	-	78,00	87,75	-	68,93	77,54	-	60,10	67,61	-	51,56	58,00	-	43,25	48,65
	IV	1.849,75	46,15	147,98	166,47	36,83	141,71	159,42	27,50	135,44	152,37	18,18	129,18	145,32	8,86	122,91	138,27	-	116,64	131,22	-	110,38	124,17
	V	2.364,16	107,36	189,13	212,77																		
	VI	2.408,50	112,64	192,68	216,76																		
7.616,99 (West)	I	1.843,16	45,36	147,45	165,88	26,72	134,92	151,78	8,08	122,38	137,68	-	109,86	123,59	-	97,56	109,75	-	85,78	96,50	-	74,51	83,82
	II	1.694,08	27,62	135,52	152,46	8,98	122,99	138,36	-	110,46	124,26	-	98,14	110,41	-	86,34	97,13	-	75,04	84,42	-	64,26	72,29
	III	1.206,33	-	96,50	108,56	-	86,93	97,79	-	77,61	87,31	-	68,54	77,11	-	59,74	67,21	-	51,20	57,60	-	42,90	48,26
	IV	1.843,16	45,36	147,45	165,88	36,04	141,18	158,83	26,72	134,92	151,78	17,40	128,65	144,73	8,08	122,38	137,68	-	116,12	130,64	-	109,86	123,59
	V	2.357,66	106,59	188,61	212,18																		
	VI	2.401,91	111,86	192,15	216,17																		
7.616,99 (Ost)	I	1.851,00	46,30	148,08	166,59	27,65	135,54	152,48	9,01	123,01	138,38	-	110,48	124,29	-	98,16	110,43	-	86,35	97,14	-	75,06	84,44
	II	1.701,91	28,56	136,15	153,17	9,91	123,62	139,07	-	111,08	124,97	-	98,74	111,08	-	86,91	97,77	-	75,60	85,05	-	64,79	72,89
	III	1.212,50	-	97,00	109,12	-	87,40	98,32	-	78,08	87,84	-	69,00	77,62	-	60,18	67,70	-	51,62	58,07	-	43,32	48,73
	IV	1.851,00	46,30	148,08	166,59	36,97	141,81	159,53	27,65	135,54	152,48	18,33	129,28	145,44	9,01	123,01	138,38	-	116,74	131,33	-	110,48	124,29
	V	2.365,41	107,51	189,23	212,88																		
	VI	2.409,75	112,79	192,78	216,87																		
7.619,99 (West)	I	1.844,41	45,51	147,55	165,99	26,88	135,02	151,90	8,24	122,49	137,80	-	109,96	123,70	-	97,66	109,86	-	85,87	96,60	-	74,60	83,93
	II	1.695,33	27,77	135,62	152,57	9,13	123,09	138,47	-	110,56	124,38	-	98,24	110,52	-	86,43	97,23	-	75,13	84,52	-	64,35	72,39
	III	1.207,33	-	96,58	108,65	-	87,01	97,88	-	77,69	87,40	-	68,62	77,20	-	59,81	67,28	-	51,26	57,67	-	42,97	48,34
	IV	1.844,41	45,51	147,55	165,99	36,19	141,28	158,94	26,88	135,02	151,90	17,56	128,76	144,85	8,24	122,49	137,80	-	116,22	130,75	-	109,96	123,70
	V	2.358,91	106,74	188,71	212,30																		
	VI	2.403,16	112,00	192,25	216,28																		
7.619,99 (Ost)	I	1.852,25	46,44	148,18	166,70	27,80	135,64	152,60	9,16	123,11	138,50	-	110,58	124,40	-	98,26	110,54	-	86,44	97,25	-	75,15	84,54
	II	1.703,16	28,70	136,25	153,28	10,06	123,72	139,18	-	111,18	125,08	-	98,84	111,19	-	87,00	97,88	-	75,68	85,14	-	64,88	72,99
	III	1.213,33	-	97,06	109,19	-	87,48	98,41	-	78,14	87,91	-	69,06	77,69	-	60,25	67,78	-	51,69	58,15	-	43,38	48,80
	IV	1.852,25	46,44	148,18	166,70	37,12	141,91	159,65	27,80	135,64	152,60	18,48	129,38	145,55	9,16	123,11	138,50	-	116,84	131,45	-	110,58	124,40
	V	2.366,66	107,66	189,33	212,99																		
	VI	2.411,00	112,94	192,88	216,99																		
7.622,99 (West)	I	1.845,75	45,67	147,66	166,11	27,03	135,12	152,01	8,38	122,59	137,91	-	110,06	123,81	-	97,75	109,97	-	85,96	96,71	-	74,69	84,02
	II	1.696,58	27,92	135,72	152,69	9,28	123,19	138,59	-	110,66	124,49	-	98,34	110,63	-	86,52	97,34	-	75,22	84,62	-	64,44	72,49
	III	1.208,33	-	96,66	108,74	-	87,08	97,96	-	77,76	87,48	-	68,69	77,27	-	59,89	67,37	-	51,33	57,74	-	43,04	48,42
	IV	1.845,75	45,67	147,66	166,11	36,35	141,39	159,06	27,03	135,12	152,01	17,71	128,86	144,96	8,38	122,59	137,91	-	116,32	130,86	-	110,06	123,81
	V	2.360,16	106,89	188,81	212,41																		
	VI	2.404,50	112,16	192,36	216,40																		
7.622,99 (Ost)	I	1.853,50	46,59	148,28	166,81	27,95	135,74	152,71	9,31	123,21	138,61	-	110,68	124,51	-	98,36	110,65	-	86,54	97,35	-	75,24	84,64
	II	1.704,41	28,85	136,35	153,39	10,21	123,82	139,29	-	111,28	125,19	-	98,94	111,30	-	87,10	97,98	-	75,77	85,24	-	64,96	73,08
	III	1.214,33	-	97,14	109,28	-	87,56	98,50	-	78,22	88,00	-	69,14	77,78	-	60,32	67,86	-	51,76	58,23	-	43,45	48,88
	IV	1.853,50	46,59	148,28	166,81	37,27	142,01	159,76	27,95	135,74	152,71	18,63	129,48	145,66	9,31	123,21	138,61	-	116,94	131,56	-	110,68	124,51
	V	2.368,00	107,82	189,44	213,12																		
	VI	2.412,25	113,08	192,98	217,10																		
7.625,99 (West)	I	1.847,00	45,82	147,76	166,23	27,18	135,22	152,12	8,53	122,69	138,02	-	110,16	123,93	-	97,85	110,08	-	86,06	96,81	-	74,78	84,12
	II	1.697,83	28,07	135,82	152,80	9,44	123,30	138,71	-	110,76	124,61	-	98,43	110,73	-	86,62	97,44	-	75,31	84,72	-	64,52	72,59
	III	1.209,33	-	96,74	108,83	-	87,16	98,05	-	77,84	87,57	-	68,77	77,36	-	59,96	67,45	-	51,40	57,82	-	43,10	48,49
	IV	1.847,00	45,82	147,76	166,23	36,50	141,49	159,17	27,18	135,22	152,12	17,85	128,96	145,08	8,53	122,69	138,02	-	116,42	130,97	-	110,16	123,93
	V	2.361,41	107,04	188,91	212,52																		
	VI	2.405,75	112,31	192,46	216,51																		
7.625,99 (Ost)	I	1.854,75	46,74	148,38	166,92	28,10	135,84	152,82	9,46	123,31	138,72	-	110,78	124,63	-	98,45	110,75	-	86,63	97,46	-	75,33	84,74
	II	1.705,66	29,00	136,45	153,50	10,36	123,92	139,41	-	111,38	125,30	-	99,04	111,42	-	87,19	98,09	-	75,86	85,34	-	65,04	73,17
	III	1.215,33	-	97,22	109,37	-	87,64	98,59	-	78,29	88,07	-	69,21	77,86	-	60,38	67,93	-	51,82	58,30	-	43,52	48,96
	IV	1.854,75	46,74	148,38	166,92	37,42	142,11	159,87	28,10	135,84	152,82	18,78	129,58	145,77	9,46	123,31	138,72	0,14	117,05	131,68	-	110,78	124,63
	V	2.369,25	107,97	189,54	213,23																		
	VI	2.413,50	113,23	193,08	217,21																		
7.628,99 (West)	I	1.848,25	45,97	147,86	166,34	27,33	135,32	152,24	8,68	122,79	138,14	-	110,26	124,04	-	97,94	110,18	-	86,15	96,92	-	74,86	84,22
	II	1.699,16	28,23	135,93	152,92	9,58	123,40	138,82	-	110,86	124,72	-	98,53	110,84	-	86,70	97,54	-	75,40	84,82	-	64,60	72,68
	III	1.210,33	-	96,82	108,92	-	87,24	98,14	-	77,90	87,64	-	68,84	77,44	-	60,02	67,52	-	51,46	57,89	-	43,17	48,56
	IV	1.848,25	45,97	147,86	166,34	36,65	141,59	159,29	27,33	135,32	152,24	18,00	129,06	145,19	8,68	122,79	138,14	-	116,52	131,09	-	110,26	124,04
	V	2.362,66	107,18	189,01	212,63																		
	VI	2.407,00	112,46	192,56	216,63																		
7.628,99 (Ost)	I	1.856,00	46,89	148,48	167,04	28,26	135,95	152,94	9,61	123,42	138,84	-	110,88	124,74	-	98,55	110,87	-	86,72	97,56	-	75,42	84,84
	II	1.706,91	29,15	136,55	153,62	10,51	124,02	139,52	-	111,48	125,42	-	99,13	111,52	-	87,28	98,19	-	75,95	85,44	-	65,13	73,27
	III	1.216,33	-	97,30	109,46	-	87,70	98,66	-	78,37	88,16	-	69,29	77,95	-	60,46	68,02	-	51,89	58,37	-	43,58	49,03
	IV	1.856,00	46,89	148,48	167,04	37,57	142,21	159,98	28,26	135,95	152,94	18,94	129,68	145,89	9,61	123,42	138,84	0,29	117,15	131,79	-	110,88	124,74
	V	2.370,50	108,12	189,64	213,34																		
	VI	2.414,75	113,38	193,18	217,32																		
7.631,99 (West)	I	1.849,50	46,12	147,96	166,45	27,47	135,42	152,35	8,83	122,89	138,25	-	110,36	124,15	-	98,04	110,30	-	86,24	97,02	-	74,96	84,33
	II	1.700,41	28,38	136,03	153,03	9,73	123,50	138,93	-	110,96	124,83	-	98,62	110,95	-	86,80	97,65	-	75,49	84,92	-	64,69	72,77
	III	1.211,16	-	96,89	109,00	-	87,30	98,21	-	77,98	87,73	-	68,90	77,51	-	60,09	67,60	-	51,53	57,97	-	43,24	48,64
	IV	1.849,50	46,12	147,96	166,45	36,80	141,69	159,40	27,47	135,42	152,35	18,15	129,16	145,30	8,83	122,89	138,25	-	116,62	131,20	-	110,36	124,15
	V	2.363,91	107,33	189,11	212,75																		
	VI	2.408,25	112,61	192,66	216,74																		
7.631,99 (Ost)	I	1.857,33	47,05	148,58	167,15	28,41	136,05	153,05	9,76	123,52	138,96	-	110,98	124,85	-	98,64	110,97	-	86,82	97,67	-	75,50	84,94
	II	1.708,16	29,30	136,65	153,73	10,66	124,12	139,63	-	111,59	125,54	-	99,23	111,63	-	87,38	98,30	-	76,04	85,54	-	65,22	73,37
	III	1.217,33	-	97,38	109,55	-	87,78	98,75	-	78,44	88,24	-	69,36	78,03	-	60,53	68,09	-	51,96	58,45	-	43,65	49,10
	IV	1.857,33	47,05	148,58	167,15	37,73	142,32	160,11	28,41	136,05	153,05	19,08	129,78	146,00	9,76	123,52	138,96	0,44	117,25	131,90	-	110,98	124,85
	V	2.371,75	108,27	189,74	213,45																		
	VI	2.416,08	113,54	193,28	217,44																		

Lohn/Gehalt bis	Steuerklasse	Lohnsteuer	ohne Kinderfreibetrag SolZ 5,5%	Kirchensteuer 8%	9%	0,5 SolZ 5,5%	Kirchensteuer 8%	9%	1,0 SolZ 5,5%	Kirchensteuer 8%	9%	1,5 SolZ 5,5%	Kirchensteuer 8%	9%	2,0 SolZ 5,5%	Kirchensteuer 8%	9%	2,5 SolZ 5,5%	Kirchensteuer 8%	9%	3,0 SolZ 5,5%	Kirchensteu 8%	9%
7.634,99 (West)	I	1.850,75	46,27	148,06	166,56	27,62	135,52	152,46	8,98	122,99	138,36	-	110,46	124,26	-	98,14	110,41	-	86,34	97,13	-	75,04	84
	II	1.701,66	28,53	136,13	153,14	9,88	123,60	139,05	-	111,06	124,94	-	98,72	111,06	-	86,89	97,75	-	75,58	85,02	-	64,78	72
	III	1.212,16	-	96,97	109,09	-	87,38	98,30	-	78,05	87,80	-	68,98	77,60	-	60,16	67,68	-	51,60	58,05	-	43,30	48
	IV	1.850,75	46,27	148,06	166,56	36,94	141,79	159,51	27,62	135,52	152,46	18,30	129,26	145,41	8,98	122,99	138,36	-	116,72	131,31	-	110,46	124
	V	2.365,16	107,48	189,21	212,86																		
	VI	2.409,50	112,76	192,76	216,85																		
7.634,99 (Ost)	I	1.858,58	47,20	148,68	167,27	28,56	136,15	153,17	9,91	123,62	139,07	-	111,08	124,97	-	98,74	111,08	-	86,91	97,77	-	75,60	85
	II	1.709,41	29,45	136,75	153,84	10,81	124,22	139,75	-	111,69	125,65	-	99,32	111,74	-	87,47	98,40	-	76,13	85,64	-	65,30	73
	III	1.218,33	-	97,46	109,64	-	87,86	98,84	-	78,52	88,33	-	69,42	78,10	-	60,60	68,17	-	52,02	58,52	-	43,72	49
	IV	1.858,58	47,20	148,68	167,27	37,88	142,42	160,22	28,56	136,15	153,17	19,23	129,88	146,12	9,91	123,62	139,07	0,59	117,35	132,02	-	111,08	124
	V	2.373,00	108,41	189,84	213,57																		
	VI	2.417,33	113,69	193,38	217,55																		
7.637,99 (West)	I	1.852,00	46,41	148,16	166,68	27,77	135,62	152,57	9,13	123,09	138,47	-	110,56	124,38	-	98,24	110,52	-	86,43	97,23	-	75,13	84
	II	1.702,91	28,67	136,23	153,26	10,03	123,70	139,16	-	111,16	125,06	-	98,82	111,17	-	86,98	97,85	-	75,66	85,12	-	64,86	72
	III	1.213,16	-	97,05	109,18	-	87,46	98,39	-	78,13	87,89	-	69,05	77,68	-	60,24	67,77	-	51,68	58,14	-	43,37	48
	IV	1.852,00	46,41	148,16	166,68	37,09	141,89	159,62	27,77	135,62	152,57	18,45	129,36	145,53	9,13	123,09	138,47	-	116,82	131,42	-	110,56	124,
	V	2.366,41	107,63	189,31	212,97																		
	VI	2.410,75	112,91	192,86	216,96																		
7.637,99 (Ost)	I	1.859,83	47,35	148,78	167,38	28,70	136,25	153,28	10,06	123,72	139,18	-	111,18	125,08	-	98,84	111,19	-	87,00	97,88	-	75,68	85,
	II	1.710,75	29,61	136,86	153,96	10,96	124,32	139,86	-	111,79	125,76	-	99,42	111,85	-	87,56	98,51	-	76,22	85,74	-	65,38	73
	III	1.219,33	-	97,54	109,73	-	87,93	98,92	-	78,58	88,40	-	69,50	78,19	-	60,66	68,24	-	52,09	58,60	-	43,77	49,
	IV	1.859,83	47,35	148,78	167,38	38,03	142,52	160,33	28,70	136,25	153,28	19,38	129,98	146,23	10,06	123,72	139,18	0,74	117,45	132,13	-	111,18	125,
	V	2.374,25	108,56	189,94	213,68																		
	VI	2.418,58	113,84	193,48	217,67																		
7.640,99 (West)	I	1.853,25	46,56	148,26	166,79	27,92	135,72	152,69	9,28	123,19	138,59	-	110,66	124,49	-	98,34	110,63	-	86,52	97,34	-	75,22	84,
	II	1.704,16	28,82	136,33	153,37	10,18	123,80	139,27	-	111,26	125,17	-	98,92	111,28	-	87,08	97,96	-	75,76	85,23	-	64,94	73,
	III	1.214,16	-	97,13	109,27	-	87,54	98,48	-	78,20	87,97	-	69,13	77,77	-	60,30	67,84	-	51,74	58,21	-	43,44	48,
	IV	1.853,25	46,56	148,26	166,79	37,24	141,99	159,74	27,92	135,72	152,69	18,60	129,46	145,64	9,28	123,19	138,59	-	116,92	131,54	-	110,66	124,
	V	2.367,75	107,79	189,42	213,09																		
	VI	2.412,00	113,05	192,96	217,08																		
7.640,99 (Ost)	I	1.861,08	47,50	148,88	167,49	28,85	136,35	153,39	10,21	123,82	139,29	-	111,28	125,19	-	98,94	111,30	-	87,10	97,98	-	75,77	85,
	II	1.712,00	29,75	136,96	154,08	11,11	124,42	139,97	-	111,89	125,87	-	99,52	111,96	-	87,66	98,61	-	76,30	85,84	-	65,47	73,
	III	1.220,33	-	97,62	109,82	-	88,01	99,01	-	78,66	88,49	-	69,57	78,26	-	60,74	68,33	-	52,16	58,68	-	43,84	49,
	IV	1.861,08	47,50	148,88	167,49	38,17	142,62	160,44	28,85	136,35	153,39	19,53	130,08	146,34	10,21	123,82	139,29	0,89	117,55	132,24	-	111,28	125,
	V	2.375,50	108,71	190,04	213,79																		
	VI	2.419,83	113,99	193,58	217,78																		
7.643,99 (West)	I	1.854,50	46,71	148,36	166,90	28,07	135,82	152,80	9,44	123,30	138,71	-	110,76	124,61	-	98,43	110,73	-	86,62	97,44	-	75,31	84,
	II	1.705,41	28,97	136,43	153,48	10,33	123,90	139,38	-	111,36	125,28	-	99,02	111,39	-	87,17	98,06	-	75,84	85,32	-	65,03	73,
	III	1.215,16	-	97,21	109,36	-	87,61	98,56	-	78,28	88,06	-	69,20	77,85	-	60,37	67,91	-	51,81	58,28	-	43,50	48,
	IV	1.854,50	46,71	148,36	166,90	37,39	142,09	159,85	28,07	135,82	152,80	18,76	129,56	145,76	9,44	123,30	138,71	0,11	117,03	131,66	-	110,76	124,
	V	2.369,00	107,94	189,52	213,21																		
	VI	2.413,25	113,20	193,06	217,19																		
7.643,99 (Ost)	I	1.862,33	47,64	148,98	167,60	29,00	136,45	153,50	10,36	123,92	139,41	-	111,38	125,30	-	99,04	111,42	-	87,19	98,09	-	75,86	85,
	II	1.713,25	29,90	137,06	154,19	11,26	124,52	140,09	-	111,99	125,99	-	99,62	112,07	-	87,75	98,72	-	76,40	85,95	-	65,56	73,
	III	1.221,16	-	97,69	109,90	-	88,09	99,10	-	78,74	88,58	-	69,65	78,35	-	60,81	68,41	-	52,22	58,75	-	43,90	49,
	IV	1.862,33	47,64	148,98	167,60	38,32	142,72	160,56	29,00	136,45	153,50	19,68	130,18	146,45	10,36	123,92	139,41	1,04	117,65	132,35	-	111,38	125,
	V	2.376,75	108,86	190,14	213,90																		
	VI	2.421,08	114,14	193,68	217,89																		
7.646,99 (West)	I	1.855,83	46,87	148,46	167,02	28,23	135,93	152,92	9,58	123,40	138,82	-	110,86	124,72	-	98,53	110,84	-	86,70	97,54	-	75,40	84,
	II	1.706,66	29,12	136,53	153,59	10,48	124,00	139,50	-	111,46	125,39	-	99,11	111,50	-	87,26	98,17	-	75,93	85,42	-	65,12	73,
	III	1.216,16	-	97,29	109,45	-	87,69	98,65	-	78,36	88,15	-	69,26	77,92	-	60,44	67,99	-	51,88	58,36	-	43,57	49,
	IV	1.855,83	46,87	148,46	167,02	37,55	142,20	159,97	28,23	135,93	152,92	18,91	129,66	145,87	9,58	123,40	138,82	0,26	117,13	131,77	-	110,86	124,
	V	2.370,25	108,09	189,62	213,32																		
	VI	2.414,58	113,36	193,16	217,31																		
7.646,99 (Ost)	I	1.863,58	47,79	149,08	167,72	29,15	136,55	153,62	10,51	124,02	139,52	-	111,48	125,42	-	99,13	111,52	-	87,28	98,19	-	75,95	85,4
	II	1.714,50	30,05	137,16	154,30	11,41	124,62	140,20	-	112,09	126,10	-	99,72	112,18	-	87,84	98,82	-	76,48	86,04	-	65,64	73,8
	III	1.222,16	-	97,77	109,99	-	88,17	99,19	-	78,81	88,66	-	69,72	78,43	-	60,88	68,49	-	52,30	58,84	-	43,97	49,4
	IV	1.863,58	47,79	149,08	167,72	38,47	142,82	160,67	29,15	136,55	153,62	19,83	130,28	146,57	10,51	124,02	139,52	1,19	117,75	132,47	-	111,48	125,4
	V	2.378,00	109,01	190,24	214,02																		
	VI	2.422,33	114,28	193,78	218,00																		
7.649,99 (West)	I	1.857,08	47,02	148,56	167,13	28,38	136,03	153,03	9,73	123,50	138,93	-	110,96	124,83	-	98,62	110,95	-	86,80	97,65	-	75,49	84,9
	II	1.707,91	29,27	136,63	153,71	10,64	124,10	139,61	-	111,57	125,51	-	99,21	111,61	-	87,36	98,28	-	76,02	85,52	-	65,20	73,3
	III	1.217,16	-	97,37	109,54	-	87,77	98,74	-	78,42	88,22	-	69,34	78,01	-	60,52	68,08	-	51,94	58,43	-	43,62	49,0
	IV	1.857,08	47,02	148,56	167,13	37,70	142,30	160,08	28,38	136,03	153,03	19,05	129,76	145,98	9,73	123,50	138,93	0,41	117,23	131,88	-	110,96	124,8
	V	2.371,50	108,24	189,72	213,43																		
	VI	2.415,83	113,51	193,26	217,42																		
7.649,99 (Ost)	I	1.864,83	47,94	149,18	167,83	29,30	136,65	153,73	10,66	124,12	139,63	-	111,59	125,54	-	99,23	111,63	-	87,38	98,30	-	76,04	85,5
	II	1.715,75	30,20	137,26	154,41	11,56	124,72	140,31	-	112,19	126,21	-	99,82	112,29	-	87,94	98,93	-	76,58	86,15	-	65,72	73,9
	III	1.223,16	-	97,85	110,08	-	88,24	99,27	-	78,89	88,75	-	69,78	78,50	-	60,94	68,56	-	52,37	58,91	-	44,04	49,5
	IV	1.864,83	47,94	149,18	167,83	38,62	142,92	160,78	29,30	136,65	153,73	19,98	130,38	146,68	10,66	124,12	139,63	1,33	117,85	132,58	-	111,59	125,5
	V	2.379,33	109,17	190,34	214,13																		
	VI	2.423,58	114,43	193,88	218,12																		
7.652,99 (West)	I	1.858,33	47,17	148,66	167,24	28,53	136,13	153,14	9,88	123,60	139,05	-	111,06	124,94	-	98,72	111,06	-	86,89	97,75	-	75,58	85,0
	II	1.709,25	29,43	136,74	153,83	10,78	124,20	139,73	-	111,67	125,63	-	99,31	111,72	-	87,45	98,38	-	76,11	85,62	-	65,28	73,4
	III	1.218,00	-	97,44	109,62	-	87,84	98,82	-	78,50	88,31	-	69,41	78,08	-	60,58	68,15	-	52,01	58,51	-	43,69	49,1
	IV	1.858,33	47,17	148,66	167,24	37,85	142,40	160,20	28,53	136,13	153,14	19,20	129,86	146,09	9,88	123,60	139,05	0,56	117,33	131,99	-	111,06	124,9
	V	2.372,75	108,38	189,82	213,54																		
	VI	2.417,08	113,66	193,36	217,53																		
7.652,99 (Ost)	I	1.866,08	48,09	149,28	167,94	29,45	136,75	153,84	10,81	124,22	139,75	-	111,69	125,65	-	99,32	111,74	-	87,47	98,40	-	76,13	85,64
	II	1.717,00	30,35	137,36	154,53	11,71	124,82	140,42	-	112,29	126,32	-	99,91	112,40	-	88,03	99,03	-	76,66	86,24	-	65,81	74,03
	III	1.224,16	-	97,93	110,17	-	88,32	99,36	-	78,96	88,83	-	69,86	78,59	-	61,02	68,65	-	52,44	58,99	-	44,10	49,61
	IV	1.866,08	48,09	149,28	167,94	38,77	143,02	160,89	29,45	136,75	153,84	20,14	130,49	146,80	10,81	124,22	139,75	1,49	117,96	132,70	-	111,69	125,65
	V	2.380,58	109,32	190,44	214,25																		
	VI	2.424,83	114,58	193,98	218,23																		

Lohn/ Gehalt bis	Steuerklasse	Lohn-steuer	ohne Kinderfreibetrag			Anzahl Kinderfreibeträge (nur Steuerklassen I–IV)																	
						0,5			1,0			1,5			2,0			2,5			3,0		
			SolZ 5,5%	Kirchensteuer 8%	9%	SolZ 5,5%	Kirchensteuer 8%	9%	SolZ 5,5%	Kirchensteuer 8%	9%	SolZ 5,5%	Kirchensteuer 8%	9%	SolZ 5,5%	Kirchensteuer 8%	9%	SolZ 5,5%	Kirchensteuer 8%	9%	SolZ 5,5%	Kirchensteuer 8%	9%
7.655,99 (West)	I	1.859,58	47,32	148,76	167,36	28,67	136,23	153,26	10,03	123,70	139,16	-	111,16	125,06	-	98,82	111,17	-	86,98	97,85	-	75,66	85,12
	II	1.710,50	29,58	136,84	153,94	10,93	124,30	139,84	-	111,77	125,74	-	99,40	111,83	-	87,54	98,48	-	76,20	85,72	-	65,37	73,54
	III	1.219,00	-	97,52	109,71	-	87,92	98,91	-	78,57	88,39	-	69,49	78,17	-	60,65	68,23	-	52,08	58,59	-	43,76	49,23
	IV	1.859,58	47,32	148,76	167,36	38,00	142,50	160,31	28,67	136,23	153,26	19,35	129,96	146,21	10,03	123,70	139,16	0,71	117,43	132,11	-	111,16	125,06
	V	2.374,00	108,53	189,92	213,66																		
	VI	2.418,33	113,81	193,46	217,64																		
7.655,99 (Ost)	I	1.867,41	48,25	149,39	168,06	29,61	136,86	153,96	10,96	124,32	139,86	-	111,79	125,76	-	99,42	111,85	-	87,56	98,51	-	76,22	85,74
	II	1.718,25	30,50	137,46	154,64	11,86	124,92	140,54	-	112,39	126,44	-	100,01	112,51	-	88,12	99,14	-	76,75	86,34	-	65,90	74,13
	III	1.225,16	-	98,01	110,26	-	88,40	99,45	-	79,04	88,92	-	69,93	78,67	-	61,09	68,72	-	52,50	59,06	-	44,17	49,69
	IV	1.867,41	48,25	149,39	168,06	38,93	143,12	161,01	29,61	136,86	153,96	20,28	130,59	146,91	10,96	124,32	139,86	1,64	118,06	132,81	-	111,79	125,76
	V	2.381,83	109,47	190,54	214,36																		
	VI	2.426,16	114,74	194,09	218,35																		
7.658,99 (West)	I	1.860,83	47,47	148,86	167,47	28,82	136,33	153,37	10,18	123,80	139,27	-	111,26	125,17	-	98,92	111,28	-	87,08	97,96	-	75,76	85,23
	II	1.711,75	29,73	136,94	154,05	11,08	124,40	139,95	-	111,87	125,85	-	99,50	111,94	-	87,64	98,59	-	76,29	85,82	-	65,46	73,64
	III	1.220,00	-	97,60	109,80	-	88,00	99,00	-	78,65	88,48	-	69,56	78,25	-	60,72	68,31	-	52,14	58,66	-	43,82	49,30
	IV	1.860,83	47,47	148,86	167,47	38,14	142,60	160,42	28,82	136,33	153,37	19,50	130,06	146,32	10,18	123,80	139,27	0,86	117,53	132,22	-	111,26	125,17
	V	2.375,25	108,68	190,02	213,77																		
	VI	2.419,58	113,96	193,56	217,76																		
7.658,99 (Ost)	I	1.868,66	48,40	149,49	168,17	29,75	136,96	154,08	11,11	124,42	139,97	-	111,89	125,87	-	99,52	111,96	-	87,66	98,61	-	76,30	85,84
	II	1.719,50	30,65	137,56	154,75	12,01	125,03	140,66	-	112,50	126,56	-	100,10	112,61	-	88,22	99,24	-	76,84	86,45	-	65,98	74,23
	III	1.226,16	-	98,09	110,35	-	88,46	99,52	-	79,10	88,99	-	70,01	78,76	-	61,16	68,80	-	52,57	59,14	-	44,24	49,77
	IV	1.868,66	48,40	149,49	168,17	39,08	143,22	161,12	29,75	136,96	154,08	20,43	130,69	147,02	11,11	124,42	139,97	1,79	118,16	132,93	-	111,89	125,87
	V	2.383,08	109,61	190,64	214,47																		
	VI	2.427,41	114,89	194,19	218,46																		
7.661,99 (West)	I	1.862,08	47,61	148,96	167,58	28,97	136,43	153,48	10,33	123,90	139,38	-	111,36	125,28	-	99,02	111,39	-	87,17	98,06	-	75,84	85,32
	II	1.713,00	29,87	137,04	154,17	11,23	124,50	140,06	-	111,97	125,96	-	99,60	112,05	-	87,73	98,69	-	76,38	85,92	-	65,54	73,73
	III	1.221,00	-	97,68	109,89	-	88,08	99,09	-	78,72	88,56	-	69,62	78,32	-	60,80	68,40	-	52,21	58,73	-	43,89	49,37
	IV	1.862,08	47,61	148,96	167,58	38,29	142,70	160,53	28,97	136,43	153,48	19,65	130,16	146,43	10,33	123,90	139,38	1,01	117,63	132,33	-	111,36	125,28
	V	2.376,50	108,83	190,12	213,88																		
	VI	2.420,83	114,11	193,66	217,87																		
7.661,99 (Ost)	I	1.869,91	48,55	149,59	168,29	29,90	137,06	154,19	11,26	124,52	140,09	-	111,99	125,99	-	99,62	112,07	-	87,75	98,72	-	76,40	85,95
	II	1.720,83	30,81	137,66	154,87	12,16	125,13	140,77	-	112,60	126,67	-	100,20	112,73	-	88,31	99,35	-	76,93	86,54	-	66,07	74,33
	III	1.227,16	-	98,17	110,44	-	88,54	99,61	-	79,18	89,08	-	70,08	78,84	-	61,22	68,87	-	52,64	59,22	-	44,30	49,84
	IV	1.869,91	48,55	149,59	168,29	39,23	143,32	161,24	29,90	137,06	154,19	20,58	130,79	147,14	11,26	124,52	140,09	1,94	118,26	133,04	-	111,99	125,99
	V	2.384,33	109,76	190,74	214,58																		
	VI	2.428,66	115,04	194,29	218,57																		
7.664,99 (West)	I	1.863,33	47,76	149,06	167,69	29,12	136,53	153,59	10,48	124,00	139,50	-	111,46	125,39	-	99,11	111,50	-	87,26	98,17	-	75,93	85,42
	II	1.714,25	30,02	137,14	154,28	11,38	124,60	140,18	-	112,07	126,08	-	99,70	112,16	-	87,82	98,80	-	76,47	86,03	-	65,62	73,82
	III	1.222,00	-	97,76	109,98	-	88,14	99,16	-	78,80	88,65	-	69,70	78,41	-	60,86	68,47	-	52,28	58,81	-	43,96	49,45
	IV	1.863,33	47,76	149,06	167,69	38,44	142,80	160,65	29,12	136,53	153,59	19,80	130,26	146,54	10,48	124,00	139,50	1,16	117,73	132,44	-	111,46	125,39
	V	2.377,83	108,99	190,22	214,00																		
	VI	2.422,08	114,25	193,76	217,98																		
7.664,99 (Ost)	I	1.871,16	48,70	149,69	168,40	30,05	137,16	154,30	11,41	124,62	140,20	-	112,09	126,10	-	99,72	112,18	-	87,84	98,82	-	76,48	86,04
	II	1.722,08	30,95	137,76	154,98	12,31	125,23	140,88	-	112,70	126,78	-	100,30	112,84	-	88,40	99,45	-	77,02	86,65	-	66,15	74,42
	III	1.228,16	-	98,25	110,53	-	88,62	99,70	-	79,26	89,17	-	70,14	78,91	-	61,30	68,96	-	52,70	59,29	-	44,37	49,91
	IV	1.871,16	48,70	149,69	168,40	39,37	143,42	161,35	30,05	137,16	154,30	20,73	130,89	147,25	11,41	124,62	140,20	2,09	118,36	133,15	-	112,09	126,10
	V	2.385,58	109,91	190,84	214,70																		
	VI	2.429,91	115,19	194,39	218,69																		
7.667,99 (West)	I	1.864,58	47,91	149,16	167,81	29,27	136,63	153,71	10,64	124,10	139,61	-	111,57	125,51	-	99,21	111,61	-	87,36	98,28	-	76,02	85,52
	II	1.715,50	30,17	137,24	154,39	11,53	124,70	140,29	-	112,17	126,19	-	99,80	112,27	-	87,92	98,91	-	76,56	86,13	-	65,71	73,92
	III	1.223,00	-	97,84	110,07	-	88,22	99,25	-	78,86	88,72	-	69,77	78,49	-	60,93	68,54	-	52,36	58,90	-	44,02	49,52
	IV	1.864,58	47,91	149,16	167,81	38,59	142,90	160,76	29,27	136,63	153,71	19,95	130,36	146,66	10,64	124,10	139,61	1,31	117,84	132,57	-	111,57	125,51
	V	2.379,08	109,14	190,32	214,11																		
	VI	2.423,33	114,40	193,86	218,09																		
7.667,99 (Ost)	I	1.872,41	48,84	149,79	168,51	30,20	137,26	154,41	11,56	124,72	140,31	-	112,19	126,21	-	99,82	112,29	-	87,94	98,93	-	76,58	86,15
	II	1.723,33	31,10	137,86	155,09	12,46	125,33	140,99	-	112,80	126,90	-	100,40	112,95	-	88,50	99,56	-	77,11	86,75	-	66,24	74,52
	III	1.229,00	-	98,32	110,61	-	88,70	99,79	-	79,33	89,24	-	70,22	79,00	-	61,37	69,04	-	52,77	59,36	-	44,44	49,99
	IV	1.872,41	48,84	149,79	168,51	39,52	143,52	161,46	30,20	137,26	154,41	20,88	130,99	147,36	11,56	124,72	140,31	2,24	118,46	133,26	-	112,19	126,21
	V	2.386,83	110,06	190,94	214,81																		
	VI	2.431,16	115,34	194,49	218,80																		
7.670,99 (West)	I	1.865,83	48,06	149,26	167,92	29,43	136,74	153,83	10,78	124,20	139,73	-	111,67	125,63	-	99,31	111,72	-	87,45	98,38	-	76,11	85,62
	II	1.716,75	30,32	137,34	154,50	11,68	124,80	140,40	-	112,27	126,30	-	99,89	112,37	-	88,01	99,01	-	76,64	86,22	-	65,80	74,02
	III	1.224,00	-	97,92	110,16	-	88,30	99,34	-	78,94	88,81	-	69,85	78,58	-	61,00	68,62	-	52,42	58,97	-	44,09	49,60
	IV	1.865,83	48,06	149,26	167,92	38,75	143,00	160,88	29,43	136,74	153,83	20,11	130,47	146,78	10,78	124,20	139,73	1,46	117,94	132,68	-	111,67	125,63
	V	2.380,33	109,29	190,42	214,22																		
	VI	2.424,58	114,55	193,96	218,21																		
7.670,99 (Ost)	I	1.873,66	48,99	149,89	168,62	30,35	137,36	154,53	11,71	124,82	140,42	-	112,29	126,32	-	99,91	112,40	-	88,03	99,03	-	76,66	86,24
	II	1.724,58	31,25	137,96	155,21	12,61	125,43	141,11	-	112,90	127,01	-	100,50	113,06	-	88,59	99,66	-	77,20	86,85	-	66,32	74,61
	III	1.230,00	-	98,40	110,70	-	88,77	99,86	-	79,41	89,33	-	70,29	79,07	-	61,44	69,12	-	52,84	59,44	-	44,50	50,06
	IV	1.873,66	48,99	149,89	168,62	39,67	143,62	161,57	30,35	137,36	154,53	21,03	131,09	147,47	11,71	124,82	140,42	2,38	118,56	133,38	-	112,29	126,32
	V	2.388,08	110,21	191,04	214,92																		
	VI	2.432,41	115,48	194,59	218,91																		
7.673,99 (West)	I	1.867,16	48,22	149,37	168,04	29,58	136,84	153,94	10,93	124,30	139,84	-	111,77	125,74	-	99,40	111,83	-	87,54	98,48	-	76,20	85,72
	II	1.718,00	30,47	137,44	154,62	11,83	124,90	140,51	-	112,38	126,42	-	99,99	112,49	-	88,10	99,11	-	76,74	86,33	-	65,88	74,12
	III	1.225,00	-	98,00	110,25	-	88,37	99,41	-	79,02	88,90	-	69,92	78,66	-	61,08	68,71	-	52,49	59,05	-	44,16	49,68
	IV	1.867,16	48,22	149,37	168,04	38,90	143,10	160,99	29,58	136,84	153,94	20,25	130,57	146,89	10,93	124,30	139,84	1,61	118,04	132,79	-	111,77	125,74
	V	2.381,58	109,44	190,52	214,34																		
	VI	2.425,91	114,71	194,07	218,33																		
7.673,99 (Ost)	I	1.874,91	49,14	149,99	168,74	30,50	137,46	154,64	11,86	124,92	140,54	-	112,39	126,44	-	100,01	112,51	-	88,12	99,14	-	76,75	86,34
	II	1.725,83	31,40	138,06	155,32	12,76	125,53	141,22	-	113,00	127,12	-	100,60	113,17	-	88,68	99,77	-	77,29	86,95	-	66,41	74,71
	III	1.231,00	-	98,48	110,79	-	88,85	99,95	-	79,48	89,41	-	70,37	79,16	-	61,50	69,19	-	52,90	59,51	-	44,57	50,14
	IV	1.874,91	49,14	149,99	168,74	39,82	143,72	161,69	30,50	137,46	154,64	21,18	131,19	147,59	11,86	124,92	140,54	2,53	118,66	133,49	-	112,39	126,44
	V	2.389,41	110,37	191,15	215,04																		
	VI	2.433,66	115,63	194,69	219,02																		

Lohn/ Gehalt bis	Steuerklasse	Lohn-steuer	ohne Kinderfreibetrag			Anzahl Kinderfreibeträge (nur Steuerklassen I–IV) 0,5			1,0			1,5			2,0			2,5			3,0		
			SolZ 5,5%	Kirchensteuer 8%	9%	SolZ 5,5%	Kirchensteuer 8%	9%	SolZ 5,5%	Kirchensteuer 8%	9%	SolZ 5,5%	Kirchensteuer 8%	9%	SolZ 5,5%	Kirchensteuer 8%	9%	SolZ 5,5%	Kirchensteuer 8%	9%	SolZ 5,5%	Kirchensteu 8%	9%
7.676,99 (West)	I	1.868,41	48,37	149,47	168,15	29,73	136,94	154,05	11,08	124,40	139,95	-	111,87	125,85	-	99,50	111,94	-	87,64	98,59	-	76,29	85
	II	1.719,33	30,63	137,54	154,73	11,98	125,01	140,63	-	112,48	126,54	-	100,09	112,60	-	88,20	99,22	-	76,82	86,42	-	65,96	74
	III	1.225,83	-	98,06	110,32	-	88,45	99,50	-	79,09	88,97	-	69,98	78,73	-	61,14	68,78	-	52,56	59,13	-	44,22	49
	IV	1.868,41	48,37	149,47	168,15	39,05	143,20	161,10	29,73	136,94	154,05	20,40	130,67	147,00	11,08	124,40	139,95	1,76	118,14	132,90	-	111,87	125
	V	2.382,83	109,58	190,62	214,45																		
	VI	2.427,16	114,86	194,17	218,44																		
7.676,99 (Ost)	I	1.876,16	49,29	150,09	168,85	30,65	137,56	154,75	12,01	125,03	140,66	-	112,50	126,56	-	100,10	112,61	-	88,22	99,24	-	76,84	86
	II	1.727,08	31,55	138,16	155,43	12,91	125,63	141,33	-	113,10	127,23	-	100,70	113,28	-	88,78	99,87	-	77,38	87,05	-	66,50	74
	III	1.232,00	-	98,56	110,88	-	88,93	100,04	-	79,56	89,50	-	70,44	79,24	-	61,58	69,28	-	52,98	59,60	-	44,64	50
	IV	1.876,16	49,29	150,09	168,85	39,97	143,82	161,80	30,65	137,56	154,75	21,33	131,29	147,70	12,01	125,03	140,66	2,69	118,76	133,61	-	112,50	126
	V	2.390,66	110,52	191,25	215,15																		
	VI	2.434,91	115,78	194,79	219,14																		
7.679,99 (West)	I	1.869,66	48,52	149,57	168,26	29,87	137,04	154,17	11,23	124,50	140,06	-	111,97	125,96	-	99,60	112,05	-	87,73	98,69	-	76,38	85
	II	1.720,58	30,78	137,64	154,85	12,13	125,11	140,75	-	112,58	126,65	-	100,18	112,70	-	88,29	99,32	-	76,92	86,53	-	66,05	74
	III	1.226,83	-	98,14	110,41	-	88,53	99,59	-	79,17	89,06	-	70,06	78,82	-	61,21	68,86	-	52,62	59,20	-	44,29	49
	IV	1.869,66	48,52	149,57	168,26	39,20	143,30	161,21	29,87	137,04	154,17	20,55	130,77	147,11	11,23	124,50	140,06	1,91	118,24	133,02	-	111,97	125
	V	2.384,08	109,73	190,72	214,56																		
	VI	2.428,41	115,01	194,27	218,55																		
7.679,99 (Ost)	I	1.877,41	49,44	150,19	168,96	30,81	137,66	154,87	12,16	125,13	140,77	-	112,60	126,67	-	100,20	112,73	-	88,31	99,35	-	76,93	86
	II	1.728,33	31,70	138,26	155,54	13,06	125,73	141,44	-	113,20	127,35	-	100,79	113,39	-	88,87	99,98	-	77,47	87,15	-	66,58	74
	III	1.233,00	-	98,64	110,97	-	89,01	100,13	-	79,62	89,57	-	70,52	79,33	-	61,65	69,35	-	53,05	59,68	-	44,70	50
	IV	1.877,41	49,44	150,19	168,96	40,13	143,93	161,92	30,81	137,66	154,87	21,48	131,40	147,82	12,16	125,13	140,77	2,84	118,86	133,72	-	112,60	126
	V	2.391,91	110,67	191,35	215,27																		
	VI	2.436,25	115,94	194,90	219,26																		
7.682,99 (West)	I	1.870,91	48,67	149,67	168,38	30,02	137,14	154,28	11,38	124,60	140,18	-	112,07	126,08	-	99,70	112,16	-	87,82	98,80	-	76,47	86
	II	1.721,83	30,93	137,74	154,96	12,28	125,21	140,86	-	112,68	126,76	-	100,28	112,82	-	88,38	99,43	-	77,00	86,63	-	66,14	74,
	III	1.227,83	-	98,22	110,50	-	88,61	99,68	-	79,24	89,14	-	70,13	78,89	-	61,28	68,94	-	52,69	59,27	-	44,36	49
	IV	1.870,91	48,67	149,67	168,38	39,34	143,40	161,33	30,02	137,14	154,28	20,70	130,87	147,23	11,38	124,60	140,18	2,06	118,34	133,13	-	112,07	126
	V	2.385,33	109,88	190,82	214,67																		
	VI	2.429,66	115,16	194,37	218,66																		
7.682,99 (Ost)	I	1.878,75	49,60	150,30	169,08	30,95	137,76	154,98	12,31	125,23	140,88	-	112,70	126,78	-	100,30	112,84	-	88,40	99,45	-	77,02	86,
	II	1.729,58	31,85	138,36	155,66	13,20	125,83	141,56	-	113,30	127,46	-	100,89	113,50	-	88,97	100,09	-	77,56	87,25	-	66,66	74,
	III	1.234,00	-	98,72	111,06	-	89,08	100,21	-	79,70	89,66	-	70,58	79,40	-	61,72	69,43	-	53,12	59,76	-	44,77	50,
	IV	1.878,75	49,60	150,30	169,08	40,28	144,03	162,03	30,95	137,76	154,98	21,63	131,50	147,93	12,31	125,23	140,88	2,99	118,96	133,83	-	112,70	126,
	V	2.393,16	110,81	191,45	215,38																		
	VI	2.437,50	116,09	195,00	219,37																		
7.685,99 (West)	I	1.872,16	48,81	149,77	168,49	30,17	137,24	154,39	11,53	124,70	140,29	-	112,17	126,19	-	99,80	112,27	-	87,92	98,91	-	76,56	86,
	II	1.723,08	31,07	137,84	155,07	12,43	125,31	140,97	-	112,78	126,87	-	100,38	112,93	-	88,48	99,54	-	77,10	86,73	-	66,22	74,
	III	1.228,83	-	98,30	110,59	-	88,68	99,76	-	79,32	89,23	-	70,21	78,98	-	61,36	69,03	-	52,76	59,35	-	44,42	49,
	IV	1.872,16	48,81	149,77	168,49	39,49	143,50	161,44	30,17	137,24	154,39	20,85	130,97	147,34	11,53	124,70	140,29	2,21	118,44	133,24	-	112,17	126,
	V	2.386,58	110,03	190,92	214,79																		
	VI	2.430,91	115,31	194,47	218,78																		
7.685,99 (Ost)	I	1.880,00	49,75	150,40	169,20	31,10	137,86	155,09	12,46	125,33	140,99	-	112,80	126,90	-	100,40	112,95	-	88,50	99,56	-	77,11	86,
	II	1.730,91	32,01	138,47	155,78	13,36	125,94	141,68	-	113,40	127,58	-	100,99	113,61	-	89,06	100,19	-	77,65	87,35	-	66,75	75,
	III	1.235,00	-	98,80	111,15	-	89,16	100,30	-	79,78	89,75	-	70,65	79,48	-	61,80	69,52	-	53,18	59,83	-	44,84	50,
	IV	1.880,00	49,75	150,40	169,20	40,43	144,13	162,14	31,10	137,86	155,09	21,78	131,60	148,05	12,46	125,33	140,99	3,14	119,06	133,94	-	112,80	126,
	V	2.394,41	110,96	191,55	215,49																		
	VI	2.438,75	116,24	195,10	219,48																		
7.688,99 (West)	I	1.873,41	48,96	149,87	168,60	30,32	137,34	154,50	11,68	124,80	140,40	-	112,27	126,30	-	99,89	112,37	-	88,01	99,01	-	76,64	86,
	II	1.724,33	31,22	137,94	155,18	12,58	125,41	141,08	-	112,88	126,99	-	100,48	113,04	-	88,58	99,65	-	77,18	86,83	-	66,31	74,
	III	1.229,83	-	98,38	110,68	-	88,76	99,85	-	79,38	89,30	-	70,28	79,06	-	61,42	69,10	-	52,82	59,42	-	44,49	50,
	IV	1.873,41	48,96	149,87	168,60	39,64	143,60	161,55	30,32	137,34	154,50	21,00	131,07	147,45	11,68	124,80	140,40	2,36	118,54	133,35	-	112,27	126,
	V	2.387,83	110,18	191,02	214,90																		
	VI	2.432,16	115,45	194,57	218,89																		
7.688,99 (Ost)	I	1.881,25	49,90	150,50	169,31	31,25	137,96	155,21	12,61	125,43	141,11	-	112,90	127,01	-	100,50	113,06	-	88,59	99,66	-	77,20	86,8
	II	1.732,16	32,15	138,57	155,89	13,51	126,04	141,79	-	113,50	127,69	-	101,08	113,72	-	89,16	100,30	-	77,74	87,45	-	66,84	75,
	III	1.236,00	-	98,88	111,24	-	89,24	100,39	-	79,85	89,83	-	70,73	79,57	-	61,86	69,59	-	53,25	59,90	-	44,90	50,5
	IV	1.881,25	49,90	150,50	169,31	40,57	144,23	162,26	31,25	137,96	155,21	21,93	131,70	148,16	12,61	125,43	141,11	3,29	119,16	134,06	-	112,90	127,0
	V	2.395,66	111,11	191,65	215,60																		
	VI	2.440,00	116,39	195,20	219,60																		
7.691,99 (West)	I	1.874,66	49,11	149,97	168,71	30,47	137,44	154,62	11,83	124,90	140,51	-	112,38	126,42	-	99,99	112,49	-	88,10	99,11	-	76,74	86,3
	II	1.725,58	31,37	138,04	155,30	12,73	125,51	141,20	-	112,98	127,10	-	100,58	113,15	-	88,67	99,75	-	77,27	86,93	-	66,39	74,6
	III	1.230,83	-	98,46	110,77	-	88,84	99,94	-	79,46	89,39	-	70,34	79,13	-	61,49	69,17	-	52,89	59,50	-	44,56	50,1
	IV	1.874,66	49,11	149,97	168,71	39,79	143,70	161,66	30,47	137,44	154,62	21,15	131,17	147,56	11,83	124,90	140,51	2,51	118,64	133,47	-	112,38	126,4
	V	2.389,16	110,34	191,13	215,02																		
	VI	2.433,41	115,60	194,67	219,00																		
7.691,99 (Ost)	I	1.882,50	50,04	150,60	169,42	31,40	138,06	155,32	12,76	125,53	141,22	-	113,00	127,12	-	100,60	113,17	-	88,68	99,77	-	77,29	86,9
	II	1.733,41	32,30	138,67	156,00	13,66	126,14	141,90	-	113,60	127,80	-	101,18	113,83	-	89,25	100,40	-	77,83	87,56	-	66,92	75,2
	III	1.237,00	-	98,96	111,33	-	89,30	100,46	-	79,93	89,92	-	70,80	79,65	-	61,93	69,67	-	53,32	59,98	-	44,97	50,5
	IV	1.882,50	50,04	150,60	169,42	40,72	144,33	162,37	31,40	138,06	155,32	22,08	131,80	148,27	12,76	125,53	141,22	3,44	119,26	134,17	-	113,00	127,1
	V	2.396,91	111,26	191,75	215,72																		
	VI	2.441,25	116,54	195,30	219,71																		
7.694,99 (West)	I	1.875,91	49,26	150,07	168,83	30,63	137,54	154,73	11,98	125,01	140,63	-	112,48	126,54	-	100,09	112,60	-	88,20	99,22	-	76,82	86,4
	II	1.726,83	31,52	138,14	155,41	12,88	125,61	141,31	-	113,08	127,21	-	100,68	113,26	-	88,76	99,86	-	77,36	87,03	-	66,48	74,7
	III	1.231,83	-	98,54	110,86	-	88,92	100,03	-	79,54	89,48	-	70,42	79,22	-	61,57	69,26	-	52,96	59,58	-	44,62	50,2
	IV	1.875,91	49,26	150,07	168,83	39,94	143,80	161,78	30,63	137,54	154,73	21,31	131,28	147,69	11,98	125,01	140,63	2,66	118,74	133,58	-	112,48	126,5
	V	2.390,41	110,49	191,23	215,13																		
	VI	2.434,66	115,75	194,77	219,11																		
7.694,99 (Ost)	I	1.883,75	50,19	150,70	169,53	31,55	138,16	155,43	12,91	125,63	141,33	-	113,10	127,23	-	100,70	113,28	-	88,78	99,87	-	77,38	87,0
	II	1.734,66	32,45	138,77	156,11	13,81	126,24	142,02	-	113,70	127,91	-	101,28	113,94	-	89,34	100,51	-	77,92	87,66	-	67,01	75,3
	III	1.237,83	-	99,02	111,40	-	89,38	100,55	-	80,00	90,00	-	70,88	79,74	-	62,00	69,75	-	53,38	60,05	-	45,04	50,6
	IV	1.883,75	50,19	150,70	169,53	40,87	144,43	162,48	31,55	138,16	155,43	22,23	131,90	148,38	12,91	125,63	141,33	3,58	119,36	134,28	-	113,10	127,2
	V	2.398,16	111,41	191,85	215,83																		
	VI	2.442,50	116,68	195,40	219,82																		

Allgemeine Tabelle

MONAT bis 7.715,99 €

Lohn/ Gehalt bis	Steuerklasse	Lohnsteuer	ohne Kinderfreibetrag SolZ 5,5%	ohne Kinderfreibetrag Kirchensteuer 8%	ohne Kinderfreibetrag Kirchensteuer 9%	0,5 SolZ 5,5%	0,5 Kirchensteuer 8%	0,5 Kirchensteuer 9%	1,0 SolZ 5,5%	1,0 Kirchensteuer 8%	1,0 Kirchensteuer 9%	1,5 SolZ 5,5%	1,5 Kirchensteuer 8%	1,5 Kirchensteuer 9%	2,0 SolZ 5,5%	2,0 Kirchensteuer 8%	2,0 Kirchensteuer 9%	2,5 SolZ 5,5%	2,5 Kirchensteuer 8%	2,5 Kirchensteuer 9%	3,0 SolZ 5,5%	3,0 Kirchensteuer 8%	3,0 Kirchensteuer 9%
						Anzahl Kinderfreibeträge (nur Steuerklassen I–IV)																	
7.697,99 (West)	I	1.877,25	49,42	150,18	168,95	30,78	137,64	154,85	12,13	125,11	140,75	-	112,58	126,65	-	100,18	112,70	-	88,29	99,32	-	76,92	86,53
	II	1.728,08	31,67	138,24	155,52	13,03	125,71	141,42	-	113,18	127,33	-	100,77	113,36	-	88,86	99,96	-	77,45	87,13	-	66,56	74,88
	III	1.232,83	-	98,62	110,95	-	88,98	100,10	-	79,61	89,56	-	70,49	79,30	-	61,64	69,34	-	53,04	59,67	-	44,69	50,27
	IV	1.877,25	49,42	150,18	168,95	40,10	143,91	161,90	30,78	137,64	154,85	21,45	131,38	147,80	12,13	125,11	140,75	2,81	118,84	133,70	-	112,58	126,65
	V	2.391,66	110,64	191,33	215,24																		
	VI	2.436,00	115,91	194,88	219,24																		
7.697,99 (Ost)	I	1.885,00	50,34	150,80	169,65	31,70	138,26	155,54	13,06	125,73	141,44	-	113,20	127,35	-	100,79	113,39	-	88,87	99,98	-	77,47	87,15
	II	1.735,91	32,60	138,87	156,23	13,96	126,34	142,13	-	113,80	128,03	-	101,38	114,05	-	89,44	100,62	-	78,01	87,76	-	67,10	75,48
	III	1.238,83	-	99,10	111,49	-	89,46	100,64	-	80,08	90,09	-	70,94	79,81	-	62,08	69,84	-	53,45	60,13	-	45,09	50,72
	IV	1.885,00	50,34	150,80	169,65	41,02	144,53	162,59	31,70	138,26	155,54	22,38	132,00	148,50	13,06	125,73	141,44	3,73	119,46	134,39	-	113,20	127,35
	V	2.399,50	111,57	191,96	215,95																		
	VI	2.443,75	116,83	195,50	219,93																		
7.700,99 (West)	I	1.878,50	49,57	150,28	169,06	30,93	137,74	154,96	12,28	125,21	140,86	-	112,68	126,76	-	100,28	112,82	-	88,38	99,43	-	77,00	86,63
	II	1.729,33	31,82	138,34	155,63	13,18	125,82	141,54	-	113,28	127,44	-	100,87	113,48	-	88,95	100,07	-	77,54	87,23	-	66,65	74,98
	III	1.233,83	-	98,70	111,04	-	89,06	100,19	-	79,69	89,65	-	70,57	79,39	-	61,70	69,41	-	53,10	59,74	-	44,76	50,35
	IV	1.878,50	49,57	150,28	169,06	40,25	144,01	162,01	30,93	137,74	154,96	21,60	131,48	147,91	12,28	125,21	140,86	2,96	118,94	133,81	-	112,68	126,76
	V	2.392,91	110,78	191,43	215,36																		
	VI	2.437,25	116,06	194,98	219,35																		
7.700,99 (Ost)	I	1.886,25	50,49	150,90	169,76	31,85	138,36	155,66	13,20	125,83	141,56	-	113,30	127,46	-	100,89	113,50	-	88,97	100,09	-	77,56	87,25
	II	1.737,16	32,75	138,97	156,34	14,11	126,44	142,24	-	113,90	128,14	-	101,48	114,16	-	89,53	100,72	-	78,10	87,86	-	67,18	75,57
	III	1.239,83	-	99,18	111,58	-	89,54	100,73	-	80,14	90,16	-	71,02	79,90	-	62,14	69,91	-	53,53	60,22	-	45,16	50,80
	IV	1.886,25	50,49	150,90	169,76	41,17	144,63	162,71	31,85	138,36	155,66	22,53	132,10	148,61	13,20	125,83	141,56	3,89	119,57	134,51	-	113,30	127,46
	V	2.400,75	111,72	192,06	216,06																		
	VI	2.445,00	116,98	195,60	220,05																		
7.703,99 (West)	I	1.879,75	49,72	150,38	169,17	31,07	137,84	155,07	12,43	125,31	140,97	-	112,78	126,87	-	100,38	112,93	-	88,48	99,54	-	77,10	86,73
	II	1.730,66	31,98	138,45	155,75	13,33	125,92	141,66	-	113,38	127,55	-	100,97	113,59	-	89,04	100,17	-	77,63	87,33	-	66,74	75,08
	III	1.234,66	-	98,77	111,11	-	89,14	100,28	-	79,76	89,73	-	70,64	79,47	-	61,77	69,49	-	53,17	59,81	-	44,82	50,42
	IV	1.879,75	49,72	150,38	169,17	40,40	144,11	162,12	31,07	137,84	155,07	21,75	131,58	148,02	12,43	125,31	140,97	3,11	119,04	133,92	-	112,78	126,87
	V	2.394,16	110,93	191,53	215,47																		
	VI	2.438,50	116,21	195,08	219,46																		
7.703,99 (Ost)	I	1.887,50	50,64	151,00	169,87	32,01	138,47	155,78	13,36	125,94	141,68	-	113,40	127,58	-	100,99	113,61	-	89,06	100,19	-	77,65	87,35
	II	1.738,41	32,90	139,07	156,45	14,26	126,54	142,35	-	114,00	128,25	-	101,58	114,27	-	89,62	100,82	-	78,19	87,96	-	67,26	75,67
	III	1.240,83	-	99,26	111,67	-	89,61	100,81	-	80,22	90,25	-	71,09	79,97	-	62,21	69,98	-	53,60	60,30	-	45,22	50,87
	IV	1.887,50	50,64	151,00	169,87	41,32	144,73	162,82	32,01	138,47	155,78	22,68	132,20	148,73	13,36	125,94	141,68	4,04	119,67	134,63	-	113,40	127,58
	V	2.402,00	111,86	192,16	216,18																		
	VI	2.446,25	117,13	195,70	220,16																		
7.706,99 (West)	I	1.881,00	49,87	150,48	169,29	31,22	137,94	155,18	12,58	125,41	141,08	-	112,88	126,99	-	100,48	113,04	-	88,58	99,65	-	77,18	86,83
	II	1.731,91	32,13	138,55	155,87	13,48	126,02	141,77	-	113,48	127,67	-	101,06	113,69	-	89,14	100,28	-	77,72	87,44	-	66,82	75,17
	III	1.235,66	-	98,85	111,20	-	89,21	100,36	-	79,84	89,82	-	70,72	79,56	-	61,85	69,58	-	53,24	59,89	-	44,88	50,49
	IV	1.881,00	49,87	150,48	169,29	40,54	144,21	162,23	31,22	137,94	155,18	21,90	131,68	148,14	12,58	125,41	141,08	3,26	119,14	134,03	-	112,88	126,99
	V	2.395,41	111,08	191,63	215,58																		
	VI	2.439,75	116,36	195,18	219,57																		
7.706,99 (Ost)	I	1.888,83	50,80	151,10	169,99	32,15	138,57	155,89	13,51	126,04	141,79	-	113,50	127,69	-	101,08	113,72	-	89,16	100,30	-	77,74	87,45
	II	1.739,66	33,05	139,17	156,56	14,40	126,64	142,47	-	114,11	128,37	-	101,68	114,39	-	89,72	100,93	-	78,28	88,06	-	67,35	75,77
	III	1.241,83	-	99,34	111,76	-	89,69	100,90	-	80,30	90,34	-	71,16	80,05	-	62,28	70,06	-	53,66	60,37	-	45,29	50,95
	IV	1.888,83	50,80	151,10	169,99	41,48	144,84	162,94	32,15	138,57	155,89	22,83	132,30	148,84	13,51	126,04	141,79	4,19	119,77	134,74	-	113,50	127,69
	V	2.403,25	112,01	192,26	216,29																		
	VI	2.447,58	117,29	195,80	220,28																		
7.709,99 (West)	I	1.882,25	50,01	150,58	169,40	31,37	138,04	155,30	12,73	125,51	141,20	-	112,98	127,10	-	100,58	113,15	-	88,67	99,75	-	77,27	86,93
	II	1.733,16	32,27	138,65	155,98	13,63	126,12	141,88	-	113,58	127,78	-	101,16	113,81	-	89,23	100,38	-	77,81	87,53	-	66,90	75,26
	III	1.236,66	-	98,93	111,29	-	89,29	100,45	-	79,90	89,89	-	70,78	79,63	-	61,92	69,66	-	53,30	59,96	-	44,94	50,56
	IV	1.882,25	50,01	150,58	169,40	40,69	144,31	162,35	31,37	138,04	155,30	22,05	131,78	148,25	12,73	125,51	141,20	3,41	119,24	134,15	-	112,98	127,10
	V	2.396,66	111,23	191,73	215,69																		
	VI	2.441,00	116,51	195,28	219,69																		
7.709,99 (Ost)	I	1.890,08	50,95	151,20	170,10	32,30	138,67	156,00	13,66	126,14	141,90	-	113,60	127,80	-	101,18	113,83	-	89,25	100,40	-	77,83	87,56
	II	1.740,91	33,20	139,27	156,68	14,56	126,74	142,58	-	114,21	128,48	-	101,77	114,49	-	89,81	101,03	-	78,37	88,16	-	67,44	75,87
	III	1.242,83	-	99,42	111,85	-	89,77	100,99	-	80,37	90,41	-	71,24	80,14	-	62,36	70,15	-	53,73	60,44	-	45,36	51,03
	IV	1.890,08	50,95	151,20	170,10	41,63	144,94	163,05	32,30	138,67	156,00	22,98	132,40	148,95	13,66	126,14	141,90	4,34	119,87	134,85	-	113,60	127,80
	V	2.404,50	112,16	192,36	216,40																		
	VI	2.448,83	117,44	195,90	220,39																		
7.712,99 (West)	I	1.883,50	50,16	150,68	169,51	31,52	138,14	155,41	12,88	125,61	141,31	-	113,08	127,21	-	100,68	113,26	-	88,76	99,86	-	77,36	87,03
	II	1.734,41	32,42	138,75	156,09	13,78	126,22	141,99	-	113,68	127,89	-	101,26	113,92	-	89,32	100,49	-	77,90	87,64	-	66,99	75,36
	III	1.237,66	-	99,01	111,38	-	89,37	100,54	-	79,98	89,98	-	70,85	79,70	-	61,98	69,73	-	53,37	60,04	-	45,01	50,63
	IV	1.883,50	50,16	150,68	169,51	40,84	144,41	162,46	31,52	138,14	155,41	22,20	131,88	148,36	12,88	125,61	141,31	3,56	119,34	134,26	-	113,08	127,21
	V	2.397,91	111,38	191,83	215,81																		
	VI	2.442,25	116,65	195,38	219,80																		
7.712,99 (Ost)	I	1.891,33	51,10	151,30	170,21	32,45	138,77	156,11	13,81	126,24	142,02	-	113,70	127,91	-	101,28	113,94	-	89,34	100,51	-	77,92	87,66
	II	1.742,25	33,35	139,38	156,80	14,71	126,84	142,70	-	114,31	128,60	-	101,87	114,60	-	89,91	101,15	-	78,46	88,26	-	67,52	75,96
	III	1.243,83	-	99,50	111,94	-	89,85	101,08	-	80,45	90,50	-	71,30	80,21	-	62,42	70,22	-	53,80	60,52	-	45,42	51,10
	IV	1.891,33	51,10	151,30	170,21	41,77	145,04	163,17	32,45	138,77	156,11	23,13	132,50	149,06	13,81	126,24	142,02	4,49	119,97	134,96	-	113,70	127,91
	V	2.405,75	112,31	192,46	216,51																		
	VI	2.450,08	117,59	196,00	220,50																		
7.715,99 (West)	I	1.884,75	50,31	150,78	169,62	31,67	138,24	155,52	13,03	125,71	141,42	-	113,18	127,33	-	100,77	113,36	-	88,86	99,96	-	77,45	87,13
	II	1.735,66	32,57	138,85	156,20	13,93	126,32	142,11	-	113,78	128,00	-	101,36	114,03	-	89,42	100,59	-	77,99	87,74	-	67,08	75,46
	III	1.238,66	-	99,09	111,47	-	89,45	100,63	-	80,06	90,07	-	70,93	79,79	-	62,05	69,80	-	53,44	60,12	-	45,08	50,71
	IV	1.884,75	50,31	150,78	169,62	40,99	144,51	162,57	31,67	138,24	155,52	22,35	131,98	148,47	13,03	125,71	141,42	3,70	119,44	134,37	-	113,18	127,33
	V	2.399,25	111,54	191,94	215,93																		
	VI	2.443,50	116,80	195,48	219,91																		
7.715,99 (Ost)	I	1.892,58	51,24	151,40	170,33	32,60	138,87	156,23	13,96	126,34	142,13	-	113,80	128,03	-	101,38	114,05	-	89,44	100,62	-	78,01	87,76
	II	1.743,50	33,50	139,48	156,91	14,86	126,94	142,81	-	114,41	128,71	-	101,97	114,71	-	90,00	101,25	-	78,55	88,37	-	67,61	76,06
	III	1.244,83	-	99,58	112,03	-	89,92	101,16	-	80,52	90,58	-	71,38	80,30	-	62,49	70,30	-	53,86	60,59	-	45,49	51,17
	IV	1.892,58	51,24	151,40	170,33	41,92	145,14	163,28	32,60	138,87	156,23	23,28	132,60	149,18	13,96	126,34	142,13	4,64	120,07	135,08	-	113,80	128,03
	V	2.407,00	112,46	192,56	216,63																		
	VI	2.451,33	117,74	196,10	220,61																		

Lohn/ Gehalt bis	Steuerklasse	Lohn-steuer	ohne Kinderfreibetrag			Anzahl Kinderfreibeträge (nur Steuerklassen I–IV)																	
						0,5			1,0			1,5			2,0			2,5			3,0		
			SolZ 5,5%	Kirchensteuer 8%	9%	SolZ 5,5%	Kirchensteuer 8%	9%	SolZ 5,5%	Kirchensteuer 8%	9%	SolZ 5,5%	Kirchensteuer 8%	9%	SolZ 5,5%	Kirchensteuer 8%	9%	SolZ 5,5%	Kirchensteuer 8%	9%	SolZ 5,5%	Kirchensteu 8%	9%
7.718,99 (West)	I	1.886,00	50,46	150,88	169,74	31,82	138,34	155,63	13,18	125,82	141,54	-	113,28	127,44	-	100,87	113,48	-	88,95	100,07	-	77,54	87
	II	1.736,91	32,72	138,95	156,32	14,08	126,42	142,22	-	113,88	128,12	-	101,46	114,14	-	89,51	100,70	-	78,08	87,84	-	67,16	75
	III	1.239,66	-	99,17	111,56	-	89,52	100,71	-	80,13	90,14	-	71,00	79,87	-	62,13	69,89	-	53,50	60,19	-	45,14	50
	IV	1.886,00	50,46	150,88	169,74	41,14	144,61	162,68	31,82	138,34	155,63	22,51	132,08	148,59	13,18	125,82	141,54	3,86	119,55	134,49	-	113,28	127
	V	2.400,50	111,69	192,04	216,04																		
	VI	2.444,75	116,95	195,58	220,02																		
7.718,99 (Ost)	I	1.893,83	51,39	151,50	170,44	32,75	138,97	156,34	14,11	126,44	142,24	-	113,90	128,14	-	101,48	114,16	-	89,53	100,72	-	78,10	87
	II	1.744,75	33,65	139,58	157,02	15,01	127,04	142,92	-	114,51	128,82	-	102,07	114,83	-	90,10	101,36	-	78,64	88,47	-	67,70	76
	III	1.245,83	-	99,66	112,12	-	90,00	101,25	-	80,60	90,67	-	71,45	80,38	-	62,57	70,39	-	53,93	60,67	-	45,56	51
	IV	1.893,83	51,39	151,50	170,44	42,07	145,24	163,39	32,75	138,97	156,34	23,43	132,70	149,29	14,11	126,44	142,24	4,78	120,17	135,19	-	113,90	128
	V	2.408,25	112,61	192,66	216,74																		
	VI	2.452,58	117,88	196,20	220,73																		
7.721,99 (West)	I	1.887,33	50,62	150,98	169,85	31,98	138,45	155,75	13,33	125,92	141,66	-	113,38	127,55	-	100,97	113,59	-	89,04	100,17	-	77,63	87
	II	1.738,16	32,87	139,05	156,43	14,23	126,52	142,33	-	113,98	128,23	-	101,56	114,25	-	89,60	100,80	-	78,17	87,94	-	67,25	75
	III	1.240,66	-	99,25	111,65	-	89,60	100,80	-	80,21	90,23	-	71,08	79,96	-	62,20	69,97	-	53,58	60,28	-	45,21	50
	IV	1.887,33	50,62	150,98	169,85	41,30	144,72	162,81	31,98	138,45	155,75	22,65	132,18	148,70	13,33	125,92	141,66	4,01	119,65	134,60	-	113,38	127
	V	2.401,75	111,84	192,14	216,15																		
	VI	2.446,08	117,11	195,68	220,14																		
7.721,99 (Ost)	I	1.895,08	51,54	151,60	170,55	32,90	139,07	156,45	14,26	126,54	142,35	-	114,00	128,25	-	101,58	114,27	-	89,62	100,82	-	78,19	87
	II	1.746,00	33,80	139,68	157,14	15,16	127,14	143,03	-	114,61	128,93	-	102,16	114,93	-	90,19	101,46	-	78,73	88,57	-	67,78	76
	III	1.246,83	-	99,74	112,21	-	90,08	101,34	-	80,68	90,76	-	71,53	80,47	-	62,64	70,47	-	54,00	60,75	-	45,62	51
	IV	1.895,08	51,54	151,60	170,55	42,22	145,34	163,50	32,90	139,07	156,45	23,58	132,80	149,40	14,26	126,54	142,35	4,93	120,27	135,30	-	114,00	128
	V	2.409,50	112,76	192,76	216,85																		
	VI	2.453,83	118,03	196,30	220,84																		
7.724,99 (West)	I	1.888,58	50,77	151,08	169,97	32,13	138,55	155,87	13,48	126,02	141,77	-	113,48	127,67	-	101,06	113,69	-	89,14	100,28	-	77,72	87
	II	1.739,41	33,02	139,15	156,54	14,38	126,62	142,45	-	114,09	128,35	-	101,66	114,36	-	89,70	100,91	-	78,26	88,04	-	67,34	75
	III	1.241,66	-	99,33	111,74	-	89,68	100,89	-	80,28	90,31	-	71,14	80,03	-	62,26	70,04	-	53,65	60,35	-	45,28	50
	IV	1.888,58	50,77	151,08	169,97	41,45	144,82	162,92	32,13	138,55	155,87	22,80	132,28	148,82	13,48	126,02	141,77	4,16	119,75	134,72	-	113,48	127
	V	2.403,00	111,98	192,24	216,27																		
	VI	2.447,33	117,26	195,78	220,25																		
7.724,99 (Ost)	I	1.896,33	51,69	151,70	170,66	33,05	139,17	156,56	14,40	126,64	142,47	-	114,11	128,37	-	101,68	114,39	-	89,72	100,93	-	78,28	88,
	II	1.747,25	33,95	139,78	157,25	15,31	127,24	143,15	-	114,71	129,05	-	102,26	115,04	-	90,28	101,57	-	78,82	88,67	-	67,86	76,
	III	1.247,66	-	99,81	112,28	-	90,16	101,43	-	80,74	90,83	-	71,60	80,55	-	62,70	70,54	-	54,08	60,84	-	45,69	51,
	IV	1.896,33	51,69	151,70	170,66	42,37	145,44	163,62	33,05	139,17	156,56	23,73	132,90	149,51	14,40	126,64	142,47	5,08	120,37	135,41	-	114,11	128,
	V	2.410,83	112,92	192,86	216,97																		
	VI	2.455,08	118,18	196,40	220,95																		
7.727,99 (West)	I	1.889,83	50,92	151,18	170,08	32,27	138,65	155,98	13,63	126,12	141,88	-	113,58	127,78	-	101,16	113,81	-	89,23	100,38	-	77,81	87,
	II	1.740,75	33,18	139,26	156,66	14,53	126,72	142,56	-	114,19	128,46	-	101,75	114,47	-	89,80	101,02	-	78,35	88,14	-	67,42	75,
	III	1.242,66	-	99,41	111,83	-	89,76	100,98	-	80,36	90,40	-	71,22	80,12	-	62,34	70,13	-	53,72	60,43	-	45,34	51,
	IV	1.889,83	50,92	151,18	170,08	41,60	144,92	163,03	32,27	138,65	155,98	22,95	132,38	148,93	13,63	126,12	141,88	4,31	119,85	134,83	-	113,58	127,
	V	2.404,25	112,13	192,34	216,38																		
	VI	2.448,58	117,41	195,88	220,37																		
7.727,99 (Ost)	I	1.897,58	51,84	151,80	170,78	33,20	139,27	156,68	14,56	126,74	142,58	-	114,21	128,48	-	101,77	114,49	-	89,81	101,03	-	78,37	88,
	II	1.748,50	34,10	139,88	157,36	15,46	127,34	143,26	-	114,81	129,16	-	102,36	115,16	-	90,38	101,67	-	78,91	88,77	-	67,95	76,
	III	1.248,66	-	99,89	112,37	-	90,22	101,50	-	80,82	90,92	-	71,66	80,62	-	62,77	70,61	-	54,14	60,91	-	45,76	51,
	IV	1.897,58	51,84	151,80	170,78	42,52	145,54	163,73	33,20	139,27	156,68	23,88	133,01	149,63	14,56	126,74	142,58	5,24	120,48	135,54	-	114,21	128,
	V	2.412,08	113,06	192,96	217,08																		
	VI	2.456,33	118,33	196,50	221,06																		
7.730,99 (West)	I	1.891,08	51,07	151,28	170,19	32,42	138,75	156,09	13,78	126,22	141,99	-	113,68	127,89	-	101,26	113,92	-	89,32	100,49	-	77,90	87,
	II	1.742,00	33,32	139,36	156,78	14,68	126,82	142,67	-	114,29	128,57	-	101,85	114,58	-	89,89	101,12	-	78,44	88,24	-	67,50	75,
	III	1.243,66	-	99,49	111,92	-	89,82	101,05	-	80,44	90,49	-	71,29	80,20	-	62,41	70,21	-	53,78	60,50	-	45,41	51,
	IV	1.891,08	51,07	151,28	170,19	41,74	145,02	163,14	32,42	138,75	156,09	23,10	132,48	149,04	13,78	126,22	141,99	4,46	119,95	134,94	-	113,68	127,
	V	2.405,50	112,28	192,44	216,49																		
	VI	2.449,83	117,56	195,98	220,48																		
7.730,99 (Ost)	I	1.898,91	52,00	151,91	170,90	33,35	139,38	156,80	14,71	126,84	142,70	-	114,31	128,60	-	101,87	114,60	-	89,91	101,15	-	78,46	88,2
	II	1.749,75	34,25	139,98	157,47	15,60	127,44	143,37	-	114,91	129,27	-	102,46	115,27	-	90,47	101,78	-	79,00	88,87	-	68,04	76,5
	III	1.249,66	-	99,97	112,46	-	90,30	101,59	-	80,89	91,00	-	71,74	80,71	-	62,85	70,70	-	54,21	60,98	-	45,82	51,5
	IV	1.898,91	52,00	151,91	170,90	42,68	145,64	163,85	33,35	139,38	156,80	24,03	133,11	149,75	14,71	126,84	142,70	5,39	120,58	135,65	-	114,31	128,6
	V	2.413,33	113,21	193,06	217,19																		
	VI	2.457,66	118,49	196,61	221,18																		
7.733,99 (West)	I	1.892,33	51,21	151,38	170,30	32,57	138,85	156,20	13,93	126,32	142,11	-	113,78	128,00	-	101,36	114,03	-	89,42	100,59	-	77,99	87,7
	II	1.743,25	33,47	139,46	156,89	14,83	126,92	142,79	-	114,39	128,69	-	101,95	114,69	-	89,98	101,23	-	78,53	88,34	-	67,59	76,0
	III	1.244,50	-	99,56	112,00	-	89,90	101,14	-	80,50	90,56	-	71,36	80,28	-	62,48	70,29	-	53,85	60,58	-	45,48	51,1
	IV	1.892,33	51,21	151,38	170,30	41,89	145,12	163,26	32,57	138,85	156,20	23,25	132,58	149,15	13,93	126,32	142,11	4,61	120,05	135,05	-	113,78	128,0
	V	2.406,75	112,43	192,54	216,60																		
	VI	2.451,08	117,71	196,08	220,59																		
7.733,99 (Ost)	I	1.900,16	52,15	152,01	171,01	33,50	139,48	156,91	14,86	126,94	142,81	-	114,41	128,71	-	101,97	114,71	-	90,00	101,25	-	78,55	88,3
	II	1.751,00	34,40	140,08	157,59	15,76	127,55	143,49	-	115,02	129,39	-	102,56	115,38	-	90,56	101,88	-	79,09	88,97	-	68,12	76,6
	III	1.250,66	-	100,05	112,55	-	90,38	101,68	-	80,97	91,09	-	71,81	80,78	-	62,92	70,78	-	54,28	61,06	-	45,89	51,6
	IV	1.900,16	52,15	152,01	171,01	42,83	145,74	163,96	33,50	139,48	156,91	24,18	133,21	149,86	14,86	126,94	142,81	5,54	120,68	135,76	-	114,41	128,7
	V	2.414,58	113,36	193,16	217,31																		
	VI	2.458,91	118,64	196,71	221,30																		
7.736,99 (West)	I	1.893,58	51,36	151,48	170,42	32,72	138,95	156,32	14,08	126,42	142,22	-	113,88	128,12	-	101,46	114,14	-	89,51	100,70	-	78,08	87,8
	II	1.744,50	33,62	139,56	157,00	14,98	127,02	142,90	-	114,49	128,80	-	102,05	114,80	-	90,08	101,34	-	78,62	88,44	-	67,68	76,1
	III	1.245,50	-	99,64	112,09	-	89,98	101,23	-	80,58	90,65	-	71,44	80,37	-	62,54	70,36	-	53,92	60,66	-	45,54	51,2
	IV	1.893,58	51,36	151,48	170,42	42,04	145,22	163,37	32,72	138,95	156,32	23,40	132,68	149,27	14,08	126,42	142,22	4,76	120,15	135,17	-	113,88	128,1
	V	2.408,00	112,58	192,64	216,72																		
	VI	2.452,33	117,85	196,18	220,70																		
7.736,99 (Ost)	I	1.901,41	52,30	152,11	171,12	33,65	139,58	157,02	15,01	127,04	142,92	-	114,51	128,82	-	102,07	114,83	-	90,10	101,36	-	78,64	88,4
	II	1.752,33	34,55	140,18	157,70	15,91	127,65	143,60	-	115,12	129,51	-	102,66	115,49	-	90,66	101,99	-	79,18	89,07	-	68,21	76,7
	III	1.251,66	-	100,13	112,64	-	90,46	101,77	-	81,05	91,18	-	71,89	80,87	-	62,98	70,85	-	54,34	61,13	-	45,96	51,7
	IV	1.901,41	52,30	152,11	171,12	42,97	145,84	164,07	33,65	139,58	157,02	24,33	133,31	149,97	15,01	127,04	142,92	5,69	120,78	135,87	-	114,51	128,8
	V	2.415,83	113,51	193,26	217,42																		
	VI	2.460,16	118,79	196,81	221,41																		

Allgemeine Tabelle

MONAT bis 7.757,99 €

Lohn/ Gehalt bis	Steuerklasse	Lohn-steuer	ohne Kinderfreibetrag			Anzahl Kinderfreibeträge (nur Steuerklassen I–IV) 0,5			1,0			1,5			2,0			2,5			3,0		
			SolZ 5,5%	Kirchensteuer 8%	9%	SolZ 5,5%	Kirchensteuer 8%	9%	SolZ 5,5%	Kirchensteuer 8%	9%	SolZ 5,5%	Kirchensteuer 8%	9%	SolZ 5,5%	Kirchensteuer 8%	9%	SolZ 5,5%	Kirchensteuer 8%	9%	SolZ 5,5%	Kirchensteuer 8%	9%
7.739,99 (West)	I	1.894,83	51,51	151,58	170,53	32,87	139,05	156,43	14,23	126,52	142,33	-	113,98	128,23	-	101,56	114,25	-	89,60	100,80	-	78,17	87,94
	II	1.745,75	33,77	139,66	157,11	15,13	127,12	143,01	-	114,59	128,91	-	102,14	114,91	-	90,17	101,44	-	78,71	88,55	-	67,76	76,23
	III	1.246,50	-	99,72	112,18	-	90,06	101,32	-	80,65	90,73	-	71,50	80,44	-	62,62	70,45	-	53,98	60,73	-	45,61	51,31
	IV	1.894,83	51,51	151,58	170,53	42,19	145,32	163,48	32,87	139,05	156,43	23,55	132,78	149,38	14,23	126,52	142,33	4,90	120,25	135,28	-	113,98	128,23
	V	2.409,33	112,74	192,74	216,83																		
	VI	2.453,58	118,00	196,28	220,82																		
7.739,99 (Ost)	I	1.902,66	52,44	152,21	171,23	33,80	139,68	157,14	15,16	127,14	143,03	-	114,61	128,93	-	102,16	114,93	-	90,19	101,46	-	78,73	88,57
	II	1.753,58	34,70	140,28	157,82	16,06	127,75	143,72	-	115,22	129,62	-	102,76	115,60	-	90,76	102,10	-	79,27	89,18	-	68,30	76,83
	III	1.252,66	-	100,21	112,73	-	90,53	101,84	-	81,12	91,26	-	71,96	80,95	-	63,06	70,94	-	54,41	61,21	-	46,02	51,77
	IV	1.902,66	52,44	152,21	171,23	43,12	145,94	164,18	33,80	139,68	157,14	24,48	133,41	150,08	15,16	127,14	143,03	5,84	120,88	135,99	-	114,61	128,93
	V	2.417,08	113,66	193,36	217,53																		
	VI	2.461,41	118,94	196,91	221,52																		
7.742,99 (West)	I	1.896,08	51,66	151,68	170,64	33,02	139,15	156,54	14,38	126,62	142,45	-	114,09	128,35	-	101,66	114,36	-	89,70	100,91	-	78,26	88,04
	II	1.747,00	33,92	139,76	157,23	15,28	127,22	143,12	-	114,69	129,02	-	102,24	115,02	-	90,26	101,54	-	78,80	88,65	-	67,85	76,33
	III	1.247,50	-	99,80	112,27	-	90,13	101,39	-	80,73	90,82	-	71,58	80,53	-	62,69	70,52	-	54,05	60,80	-	45,68	51,39
	IV	1.896,08	51,66	151,68	170,64	42,34	145,42	163,59	33,02	139,15	156,54	23,70	132,88	149,49	14,38	126,62	142,45	5,06	120,36	135,40	-	114,09	128,35
	V	2.410,58	112,89	192,84	216,95																		
	VI	2.454,83	118,15	196,38	220,93																		
7.742,99 (Ost)	I	1.903,91	52,59	152,31	171,35	33,95	139,78	157,25	15,31	127,24	143,15	-	114,71	129,05	-	102,26	115,04	-	90,28	101,57	-	78,82	88,67
	II	1.754,83	34,85	140,38	157,93	16,21	127,85	143,83	-	115,32	129,73	-	102,86	115,71	-	90,85	102,20	-	79,36	89,28	-	68,38	76,93
	III	1.253,66	-	100,29	112,82	-	90,61	101,93	-	81,20	91,35	-	72,04	81,04	-	63,13	71,02	-	54,48	61,29	-	46,09	51,85
	IV	1.903,91	52,59	152,31	171,35	43,27	146,04	164,30	33,95	139,78	157,25	24,63	133,51	150,20	15,31	127,24	143,15	5,98	120,98	136,10	-	114,71	129,05
	V	2.418,33	113,81	193,46	217,64																		
	VI	2.462,66	119,08	197,01	221,63																		
7.745,99 (West)	I	1.897,33	51,81	151,78	170,75	33,18	139,26	156,66	14,53	126,72	142,56	-	114,19	128,46	-	101,75	114,47	-	89,80	101,02	-	78,35	88,14
	II	1.748,25	34,07	139,86	157,34	15,43	127,32	143,24	-	114,79	129,14	-	102,34	115,13	-	90,36	101,65	-	78,89	88,75	-	67,94	76,43
	III	1.248,50	-	99,88	112,36	-	90,21	101,48	-	80,81	90,91	-	71,65	80,60	-	62,76	70,60	-	54,13	60,89	-	45,74	51,46
	IV	1.897,33	51,81	151,78	170,75	42,50	145,52	163,71	33,18	139,26	156,66	23,85	132,99	149,61	14,53	126,72	142,56	5,21	120,46	135,51	-	114,19	128,46
	V	2.411,83	113,04	192,94	217,06																		
	VI	2.456,08	118,30	196,48	221,04																		
7.745,99 (Ost)	I	1.905,16	52,74	152,41	171,46	34,10	139,88	157,36	15,46	127,34	143,26	-	114,81	129,16	-	102,36	115,16	-	90,38	101,67	-	78,91	88,77
	II	1.756,08	35,00	140,48	158,04	16,36	127,95	143,94	-	115,42	129,84	-	102,96	115,83	-	90,94	102,31	-	79,45	89,38	-	68,47	77,03
	III	1.254,66	-	100,37	112,91	-	90,69	102,02	-	81,26	91,42	-	72,10	81,11	-	63,20	71,10	-	54,54	61,36	-	46,16	51,93
	IV	1.905,16	52,74	152,41	171,46	43,42	146,14	164,41	34,10	139,88	157,36	24,78	133,61	150,31	15,46	127,34	143,26	6,13	121,08	136,21	-	114,81	129,16
	V	2.419,58	113,96	193,56	217,76																		
	VI	2.463,91	119,23	197,11	221,75																		
7.748,99 (West)	I	1.898,66	51,97	151,89	170,87	33,32	139,36	156,78	14,68	126,82	142,67	-	114,29	128,57	-	101,85	114,58	-	89,89	101,12	-	78,44	88,24
	II	1.749,50	34,22	139,96	157,45	15,57	127,42	143,35	-	114,90	129,26	-	102,44	115,25	-	90,46	101,76	-	78,98	88,85	-	68,02	76,52
	III	1.249,50	-	99,96	112,45	-	90,29	101,57	-	80,88	90,99	-	71,73	80,69	-	62,84	70,69	-	54,20	60,97	-	45,81	51,53
	IV	1.898,66	51,97	151,89	170,87	42,65	145,62	163,82	33,32	139,36	156,78	24,00	133,09	149,72	14,68	126,82	142,67	5,36	120,56	135,63	-	114,29	128,57
	V	2.413,08	113,18	193,04	217,17																		
	VI	2.457,41	118,46	196,59	221,16																		
7.748,99 (Ost)	I	1.906,41	52,89	152,51	171,57	34,25	139,98	157,47	15,60	127,44	143,37	-	114,91	129,27	-	102,46	115,27	-	90,47	101,78	-	79,00	88,87
	II	1.757,33	35,15	140,58	158,15	16,51	128,05	144,05	-	115,52	129,96	-	103,05	115,93	-	91,04	102,42	-	79,54	89,48	-	68,56	77,13
	III	1.255,66	-	100,45	113,00	-	90,77	102,11	-	81,34	91,51	-	72,18	81,20	-	63,26	71,17	-	54,62	61,45	-	46,22	52,00
	IV	1.906,41	52,89	152,51	171,57	43,57	146,24	164,52	34,25	139,98	157,47	24,93	133,71	150,42	15,60	127,44	143,37	6,28	121,18	136,32	-	114,91	129,27
	V	2.420,91	114,12	193,67	217,88																		
	VI	2.465,16	119,38	197,21	221,86																		
7.751,99 (West)	I	1.899,91	52,12	151,99	170,99	33,47	139,46	156,89	14,83	126,92	142,79	-	114,39	128,69	-	101,95	114,69	-	89,98	101,23	-	78,53	88,34
	II	1.750,83	34,38	140,06	157,57	15,73	127,53	143,47	-	115,00	129,37	-	102,54	115,36	-	90,55	101,87	-	79,07	88,95	-	68,11	76,62
	III	1.250,50	-	100,04	112,54	-	90,37	101,66	-	80,96	91,08	-	71,80	80,77	-	62,90	70,76	-	54,26	61,04	-	45,88	51,61
	IV	1.899,91	52,12	151,99	170,99	42,80	145,72	163,94	33,47	139,46	156,89	24,15	133,19	149,84	14,83	126,92	142,79	5,51	120,66	135,74	-	114,39	128,69
	V	2.414,33	113,33	193,14	217,28																		
	VI	2.458,66	118,61	196,69	221,27																		
7.751,99 (Ost)	I	1.907,66	53,04	152,61	171,68	34,40	140,08	157,59	15,76	127,55	143,49	-	115,02	129,39	-	102,56	115,38	-	90,56	101,88	-	79,09	88,97
	II	1.758,58	35,30	140,68	158,27	16,66	128,15	144,17	-	115,62	130,07	-	103,15	116,04	-	91,14	102,53	-	79,63	89,58	-	68,64	77,22
	III	1.256,66	-	100,53	113,09	-	90,84	102,19	-	81,42	91,60	-	72,25	81,28	-	63,34	71,26	-	54,69	61,52	-	46,29	52,07
	IV	1.907,66	53,04	152,61	171,68	43,72	146,34	164,63	34,40	140,08	157,59	25,07	133,81	150,53	15,76	127,55	143,49	6,44	121,28	136,44	-	115,02	129,39
	V	2.422,16	114,26	193,77	217,99																		
	VI	2.466,41	119,53	197,31	221,97																		
7.754,99 (West)	I	1.901,16	52,27	152,09	171,10	33,62	139,56	157,00	14,98	127,02	142,90	-	114,49	128,80	-	102,05	114,80	-	90,08	101,34	-	78,62	88,44
	II	1.752,08	34,52	140,16	157,68	15,88	127,63	143,58	-	115,10	129,48	-	102,64	115,47	-	90,64	101,97	-	79,16	89,06	-	68,20	76,72
	III	1.251,50	-	100,12	112,63	-	90,44	101,74	-	81,02	91,15	-	71,88	80,86	-	62,97	70,84	-	54,33	61,12	-	45,94	51,68
	IV	1.901,16	52,27	152,09	171,10	42,94	145,82	164,05	33,62	139,56	157,00	24,30	133,29	149,95	14,98	127,02	142,90	5,66	120,76	135,85	-	114,49	128,80
	V	2.415,58	113,48	193,24	217,40																		
	VI	2.459,91	118,76	196,79	221,39																		
7.754,99 (Ost)	I	1.908,91	53,19	152,71	171,80	34,55	140,18	157,70	15,91	127,65	143,60	-	115,12	129,51	-	102,66	115,49	-	90,66	101,99	-	79,18	89,07
	II	1.759,83	35,45	140,78	158,38	16,80	128,25	144,28	-	115,72	130,18	-	103,25	116,15	-	91,23	102,63	-	79,72	89,69	-	68,73	77,32
	III	1.257,66	-	100,61	113,18	-	90,92	102,28	-	81,49	91,67	-	72,32	81,36	-	63,41	71,33	-	54,76	61,60	-	46,36	52,15
	IV	1.908,91	53,19	152,71	171,80	43,88	146,45	164,75	34,55	140,18	157,70	25,23	133,92	150,66	15,91	127,65	143,60	6,59	121,38	136,55	-	115,12	129,51
	V	2.423,41	114,41	193,87	218,10																		
	VI	2.467,75	119,69	197,42	222,09																		
7.757,99 (West)	I	1.902,41	52,41	152,19	171,21	33,77	139,66	157,11	15,13	127,12	143,01	-	114,59	128,91	-	102,14	114,91	-	90,17	101,44	-	78,71	88,55
	II	1.753,33	34,67	140,26	157,79	16,03	127,73	143,69	-	115,20	129,60	-	102,74	115,58	-	90,74	102,08	-	79,25	89,15	-	68,28	76,81
	III	1.252,50	-	100,20	112,72	-	90,52	101,83	-	81,10	91,24	-	71,94	80,93	-	63,04	70,92	-	54,40	61,20	-	46,01	51,76
	IV	1.902,41	52,41	152,19	171,21	43,09	145,92	164,16	33,77	139,66	157,11	24,45	133,39	150,06	15,13	127,12	143,01	5,81	120,86	135,96	-	114,59	128,91
	V	2.416,83	113,63	193,34	217,51																		
	VI	2.461,16	118,91	196,89	221,50																		
7.757,99 (Ost)	I	1.910,25	53,35	152,82	171,92	34,70	140,28	157,82	16,06	127,75	143,72	-	115,22	129,62	-	102,76	115,60	-	90,76	102,10	-	79,27	89,18
	II	1.761,08	35,60	140,88	158,49	16,95	128,35	144,39	-	115,82	130,30	-	103,35	116,27	-	91,32	102,74	-	79,81	89,78	-	68,82	77,42
	III	1.258,50	-	100,68	113,26	-	91,00	102,37	-	81,57	91,76	-	72,40	81,45	-	63,48	71,41	-	54,82	61,67	-	46,42	52,22
	IV	1.910,25	53,35	152,82	171,92	44,03	146,55	164,87	34,70	140,28	157,82	25,38	134,02	150,77	16,06	127,75	143,72	6,74	121,48	136,67	-	115,22	129,62
	V	2.424,66	114,56	193,97	218,21																		
	VI	2.469,00	119,84	197,52	222,21																		

Lohn/ Gehalt bis	Steuerklasse	Lohn-steuer	ohne Kinderfreibetrag SolZ 5,5%	Kirchensteuer 8%	Kirchensteuer 9%	0,5 SolZ 5,5%	0,5 Kirchensteuer 8%	0,5 Kirchensteuer 9%	1,0 SolZ 5,5%	1,0 Kirchensteuer 8%	1,0 Kirchensteuer 9%	1,5 SolZ 5,5%	1,5 Kirchensteuer 8%	1,5 Kirchensteuer 9%	2,0 SolZ 5,5%	2,0 Kirchensteuer 8%	2,0 Kirchensteuer 9%	2,5 SolZ 5,5%	2,5 Kirchensteuer 8%	2,5 Kirchensteuer 9%	3,0 SolZ 5,5%	3,0 Kirchensteuer 8%	3,0 Kirchensteuer 9%
7.760,99 (West)	I	1.903,66	52,56	152,29	171,32	33,92	139,76	157,23	15,28	127,22	143,12	-	114,69	129,02	-	102,24	115,02	-	90,26	101,54	-	78,80	8
	II	1.754,58	34,82	140,36	157,91	16,18	127,83	143,81	-	115,30	129,71	-	102,84	115,69	-	90,83	102,18	-	79,34	89,26	-	68,36	7
	III	1.253,50	-	100,28	112,81	-	90,60	101,92	-	81,18	91,33	-	72,01	81,01	-	63,12	71,01	-	54,46	61,27	-	46,08	5
	IV	1.903,66	52,56	152,29	171,32	43,24	146,02	164,27	33,92	139,76	157,23	24,60	133,49	150,17	15,28	127,22	143,12	5,95	120,96	136,08	-	114,69	12
	V	2.418,08	113,78	193,44	217,62																		
	VI	2.462,41	119,05	196,99	221,61																		
7.760,99 (Ost)	I	1.911,50	53,50	152,92	172,03	34,85	140,38	157,93	16,21	127,85	143,83	-	115,32	129,73	-	102,86	115,71	-	90,85	102,20	-	79,36	8
	II	1.762,41	35,75	140,99	158,61	17,11	128,46	144,51	-	115,92	130,41	-	103,45	116,38	-	91,42	102,84	-	79,90	89,89	-	68,90	7
	III	1.259,50	-	100,76	113,35	-	91,08	102,46	-	81,64	91,84	-	72,46	81,52	-	63,56	71,50	-	54,89	61,75	-	46,49	52
	IV	1.911,50	53,50	152,92	172,03	44,17	146,65	164,98	34,85	140,38	157,93	25,53	134,12	150,88	16,21	127,85	143,83	6,89	121,58	136,78	-	115,32	129
	V	2.425,91	114,71	194,07	218,33																		
	VI	2.470,25	119,99	197,62	222,32																		
7.763,99 (West)	I	1.904,91	52,71	152,39	171,44	34,07	139,86	157,34	15,43	127,32	143,24	-	114,79	129,14	-	102,34	115,13	-	90,36	101,65	-	78,89	8
	II	1.755,83	34,97	140,46	158,02	16,33	127,93	143,92	-	115,40	129,82	-	102,94	115,80	-	90,92	102,29	-	79,43	89,36	-	68,45	7
	III	1.254,50	-	100,36	112,90	-	90,68	102,01	-	81,25	91,40	-	72,09	81,10	-	63,18	71,08	-	54,53	61,34	-	46,14	5
	IV	1.904,91	52,71	152,39	171,44	43,39	146,12	164,39	34,07	139,86	157,34	24,75	133,59	150,29	15,43	127,32	143,24	6,10	121,06	136,19	-	114,79	129
	V	2.419,33	113,93	193,54	217,73																		
	VI	2.463,66	119,20	197,09	221,72																		
7.763,99 (Ost)	I	1.912,75	53,64	153,02	172,14	35,00	140,48	158,04	16,36	127,95	143,94	-	115,42	129,84	-	102,96	115,83	-	90,94	102,31	-	79,45	8
	II	1.763,66	35,90	141,09	158,72	17,26	128,56	144,63	-	116,02	130,52	-	103,54	116,48	-	91,51	102,95	-	79,99	89,99	-	68,99	7
	III	1.260,50	-	100,84	113,44	-	91,16	102,55	-	81,72	91,93	-	72,54	81,61	-	63,62	71,57	-	54,96	61,83	-	46,56	52
	IV	1.912,75	53,64	153,02	172,14	44,32	146,75	165,09	35,00	140,48	158,04	25,68	134,22	150,99	16,36	127,95	143,94	7,04	121,68	136,89	-	115,42	129
	V	2.427,16	114,86	194,17	218,44																		
	VI	2.471,50	120,14	197,72	222,43																		
7.766,99 (West)	I	1.906,16	52,86	152,49	171,55	34,22	139,96	157,45	15,57	127,42	143,35	-	114,90	129,26	-	102,44	115,25	-	90,46	101,76	-	78,98	8
	II	1.757,08	35,12	140,56	158,13	16,48	128,03	144,03	-	115,50	129,93	-	103,03	115,91	-	91,02	102,40	-	79,52	89,46	-	68,54	7
	III	1.255,33	-	100,42	112,97	-	90,74	102,08	-	81,33	91,49	-	72,16	81,18	-	63,25	71,15	-	54,60	61,42	-	46,21	51
	IV	1.906,16	52,86	152,49	171,55	43,54	146,22	164,50	34,22	139,96	157,45	24,90	133,69	150,40	15,57	127,42	143,35	6,26	121,16	136,31	-	114,90	129
	V	2.420,66	114,09	193,65	217,85																		
	VI	2.464,91	119,35	197,19	221,84																		
7.766,99 (Ost)	I	1.914,00	53,79	153,12	172,26	35,15	140,58	158,15	16,51	128,05	144,05	-	115,52	129,96	-	103,05	115,93	-	91,04	102,42	-	79,54	8
	II	1.764,91	36,05	141,19	158,84	17,41	128,66	144,74	-	116,12	130,64	-	103,64	116,60	-	91,61	103,06	-	80,08	90,09	-	69,08	7
	III	1.261,50	-	100,92	113,53	-	91,22	102,62	-	81,80	92,02	-	72,61	81,68	-	63,69	71,65	-	55,02	61,90	-	46,62	52
	IV	1.914,00	53,79	153,12	172,26	44,47	146,85	165,20	35,15	140,58	158,15	25,83	134,32	151,11	16,51	128,05	144,05	7,18	121,78	137,00	-	115,52	129
	V	2.428,41	115,01	194,27	218,55																		
	VI	2.472,75	120,28	197,82	222,54																		
7.769,99 (West)	I	1.907,41	53,01	152,59	171,66	34,38	140,06	157,57	15,73	127,53	143,47	-	115,00	129,37	-	102,54	115,36	-	90,55	101,87	-	79,07	8
	II	1.758,33	35,27	140,66	158,24	16,63	128,13	144,14	-	115,60	130,05	-	103,13	116,02	-	91,12	102,51	-	79,61	89,56	-	68,62	7
	III	1.256,33	-	100,50	113,06	-	90,82	102,17	-	81,40	91,57	-	72,24	81,27	-	63,33	71,24	-	54,68	61,51	-	46,28	52
	IV	1.907,41	53,01	152,59	171,66	43,69	146,32	164,61	34,38	140,06	157,57	25,05	133,80	150,52	15,73	127,53	143,47	6,41	121,26	136,42	-	115,00	129
	V	2.421,91	114,24	193,75	217,97																		
	VI	2.466,16	119,50	197,29	221,95																		
7.769,99 (Ost)	I	1.915,25	53,94	153,22	172,37	35,30	140,68	158,27	16,66	128,15	144,17	-	115,62	130,07	-	103,15	116,04	-	91,14	102,53	-	79,63	89
	II	1.766,16	36,20	141,29	158,95	17,56	128,76	144,85	-	116,22	130,75	-	103,74	116,71	-	91,70	103,16	-	80,18	90,20	-	69,16	77
	III	1.262,50	-	101,00	113,62	-	91,30	102,71	-	81,86	92,09	-	72,69	81,77	-	63,77	71,74	-	55,10	61,99	-	46,69	52
	IV	1.915,25	53,94	153,22	172,37	44,62	146,95	165,32	35,30	140,68	158,27	25,98	134,42	151,22	16,66	128,15	144,17	7,33	121,88	137,12	-	115,62	130,
	V	2.429,66	115,16	194,37	218,66																		
	VI	2.474,00	120,43	197,92	222,66																		
7.772,99 (West)	I	1.908,75	53,17	152,70	171,78	34,52	140,16	157,68	15,88	127,63	143,58	-	115,10	129,48	-	102,64	115,47	-	90,64	101,97	-	79,16	89,
	II	1.759,58	35,42	140,76	158,36	16,77	128,23	144,26	-	115,70	130,16	-	103,23	116,13	-	91,21	102,61	-	79,70	89,66	-	68,71	77,
	III	1.257,33	-	100,58	113,15	-	90,90	102,26	-	81,48	91,66	-	72,30	81,34	-	63,40	71,32	-	54,74	61,58	-	46,34	52,
	IV	1.908,75	53,17	152,70	171,78	43,85	146,43	164,73	34,52	140,16	157,68	25,20	133,90	150,63	15,88	127,63	143,58	6,56	121,36	136,53	-	115,10	129,
	V	2.423,16	114,38	193,85	218,08																		
	VI	2.467,50	119,66	197,40	222,07																		
7.772,99 (Ost)	I	1.916,50	54,09	153,32	172,48	35,45	140,78	158,38	16,80	128,25	144,28	-	115,72	130,18	-	103,25	116,15	-	91,23	102,63	-	79,72	89,
	II	1.767,41	36,35	141,39	159,06	17,71	128,86	144,96	-	116,32	130,86	-	103,84	116,82	-	91,80	103,27	-	80,26	90,29	-	69,25	77,
	III	1.263,50	-	101,08	113,71	-	91,38	102,80	-	81,94	92,18	-	72,76	81,85	-	63,84	71,82	-	55,17	62,06	-	46,76	52,
	IV	1.916,50	54,09	153,32	172,48	44,77	147,05	165,43	35,45	140,78	158,38	26,13	134,52	151,33	16,80	128,25	144,28	7,48	121,98	137,23	-	115,72	130,
	V	2.431,00	115,32	194,48	218,79																		
	VI	2.475,25	120,58	198,02	222,77																		
7.775,99 (West)	I	1.910,00	53,32	152,80	171,90	34,67	140,26	157,79	16,03	127,73	143,69	-	115,20	129,60	-	102,74	115,58	-	90,74	102,08	-	79,25	89,
	II	1.760,83	35,57	140,86	158,47	16,93	128,34	144,38	-	115,80	130,28	-	103,33	116,24	-	91,30	102,71	-	79,80	89,77	-	68,80	77,
	III	1.258,33	-	100,66	113,24	-	90,98	102,35	-	81,56	91,75	-	72,38	81,43	-	63,46	71,39	-	54,81	61,66	-	46,41	52,
	IV	1.910,00	53,32	152,80	171,90	44,00	146,53	164,84	34,67	140,26	157,79	25,35	134,00	150,75	16,03	127,73	143,69	6,71	121,46	136,64	-	115,20	129,
	V	2.424,41	114,53	193,95	218,19																		
	VI	2.468,75	119,81	197,50	222,18																		
7.775,99 (Ost)	I	1.917,75	54,24	153,42	172,59	35,60	140,88	158,49	16,95	128,35	144,39	-	115,82	130,30	-	103,35	116,27	-	91,32	102,74	-	79,81	89,
	II	1.768,66	36,50	141,49	159,17	17,85	128,96	145,08	-	116,42	130,97	-	103,94	116,93	-	91,89	103,37	-	80,36	90,40	-	69,33	77,
	III	1.264,50	-	101,16	113,80	-	91,46	102,89	-	82,02	92,27	-	72,84	81,94	-	63,90	71,89	-	55,24	62,14	-	46,82	52,
	IV	1.917,75	54,24	153,42	172,59	44,92	147,15	165,54	35,60	140,88	158,49	26,27	134,62	151,44	16,95	128,35	144,39	7,64	122,09	137,35	-	115,82	130,
	V	2.432,25	115,46	194,58	218,90																		
	VI	2.476,50	120,73	198,12	222,88																		
7.778,99 (West)	I	1.911,25	53,47	152,90	172,01	34,82	140,36	157,91	16,18	127,83	143,81	-	115,30	129,71	-	102,84	115,69	-	90,83	102,18	-	79,34	89,
	II	1.762,16	35,72	140,97	158,59	17,08	128,44	144,49	-	115,90	130,39	-	103,43	116,36	-	91,40	102,82	-	79,88	89,87	-	68,88	77,
	III	1.259,33	-	100,74	113,33	-	91,06	102,44	-	81,62	91,82	-	72,45	81,50	-	63,53	71,47	-	54,88	61,74	-	46,48	52,
	IV	1.911,25	53,47	152,90	172,01	44,14	146,63	164,96	34,82	140,36	157,91	25,50	134,10	150,86	16,18	127,83	143,81	6,86	121,56	136,76	-	115,30	129,
	V	2.425,66	114,68	194,05	218,30																		
	VI	2.470,00	119,96	197,60	222,30																		
7.778,99 (Ost)	I	1.919,00	54,39	153,52	172,71	35,75	140,99	158,61	17,11	128,46	144,51	-	115,92	130,41	-	103,45	116,38	-	91,42	102,84	-	79,90	89,
	II	1.769,91	36,65	141,59	159,29	18,00	129,06	145,19	-	116,52	131,09	-	104,04	117,05	-	91,98	103,48	-	80,44	90,50	-	69,42	78,
	III	1.265,50	-	101,24	113,89	-	91,53	102,97	-	82,09	92,35	-	72,90	82,01	-	63,97	71,96	-	55,30	62,21	-	46,89	52,
	IV	1.919,00	54,39	153,52	172,71	45,07	147,25	165,65	35,75	140,99	158,61	26,43	134,72	151,56	17,11	128,46	144,51	7,79	122,19	137,46	-	115,92	130,
	V	2.433,50	115,61	194,68	219,01																		
	VI	2.477,75	120,88	198,22	222,99																		

Anzahl Kinderfreibeträge (nur Steuerklassen I–IV)

Lohn/ Gehalt bis	Steuerklasse	Lohn- steuer	ohne Kinderfreibetrag SolZ 5,5%	Kirchensteuer 8%	9%	0,5 SolZ 5,5%	Kirchensteuer 8%	9%	1,0 SolZ 5,5%	Kirchensteuer 8%	9%	1,5 SolZ 5,5%	Kirchensteuer 8%	9%	2,0 SolZ 5,5%	Kirchensteuer 8%	9%	2,5 SolZ 5,5%	Kirchensteuer 8%	9%	3,0 SolZ 5,5%	Kirchensteuer 8%	9%
						Anzahl Kinderfreibeträge (nur Steuerklassen I–IV)																	
7.781,99	I	1.912,50	53,61	153,00	172,12	34,97	140,46	158,02	16,33	127,93	143,92	-	115,40	129,82	-	102,94	115,80	-	90,92	102,29	-	79,43	89,36
(West)	II	1.763,41	35,87	141,07	158,70	17,23	128,54	144,60	-	116,00	130,50	-	103,53	116,47	-	91,50	102,93	-	79,98	89,97	-	68,97	77,59
	III	1.260,33	-	100,82	113,42	-	91,13	102,52	-	81,70	91,91	-	72,53	81,59	-	63,61	71,56	-	54,94	61,81	-	46,54	52,36
	IV	1.912,50	53,61	153,00	172,12	44,29	146,73	165,07	34,97	140,46	158,02	25,65	134,20	150,97	16,33	127,93	143,92	7,01	121,66	136,87	-	115,40	129,82
	V	2.426,91	114,83	194,15	218,42																		
	VI	2.471,25	120,11	197,70	222,41																		
7.781,99	I	1.920,33	54,55	153,62	172,82	35,90	141,09	158,72	17,26	128,56	144,63	-	116,02	130,52	-	103,54	116,48	-	91,51	102,95	-	79,99	89,99
(Ost)	II	1.771,16	36,80	141,69	159,40	18,15	129,16	145,30	-	116,63	131,21	-	104,14	117,16	-	92,08	103,59	-	80,54	90,60	-	69,50	78,19
	III	1.266,50	-	101,32	113,98	-	91,61	103,06	-	82,17	92,44	-	72,98	82,10	-	64,05	72,05	-	55,37	62,29	-	46,96	52,83
	IV	1.920,33	54,55	153,62	172,82	45,22	147,36	165,78	35,90	141,09	158,72	26,58	134,82	151,67	17,26	128,56	144,63	7,94	122,29	137,57	-	116,02	130,52
	V	2.434,75	115,76	194,78	219,12																		
	VI	2.479,08	121,04	198,32	223,11																		
7.784,99	I	1.913,75	53,76	153,10	172,23	35,12	140,56	158,13	16,48	128,03	144,03	-	115,50	129,93	-	103,03	115,91	-	91,02	102,40	-	79,52	89,46
(West)	II	1.764,66	36,02	141,17	158,81	17,38	128,64	144,72	-	116,10	130,61	-	103,62	116,57	-	91,59	103,04	-	80,06	90,07	-	69,06	77,69
	III	1.261,33	-	100,90	113,51	-	91,21	102,61	-	81,77	91,99	-	72,60	81,67	-	63,68	71,64	-	55,01	61,88	-	46,61	52,43
	IV	1.913,75	53,76	153,10	172,23	44,44	146,83	165,18	35,12	140,56	158,13	25,80	134,30	151,08	16,48	128,03	144,03	7,15	121,76	136,98	-	115,50	129,93
	V	2.428,16	114,98	194,25	218,53																		
	VI	2.472,50	120,25	197,80	222,52																		
7.784,99	I	1.921,58	54,70	153,72	172,94	36,05	141,19	158,84	17,41	128,66	144,74	-	116,12	130,64	-	103,64	116,60	-	91,61	103,06	-	80,08	90,09
(Ost)	II	1.772,41	36,94	141,79	159,51	18,31	129,26	145,42	-	116,73	131,32	-	104,24	117,27	-	92,18	103,70	-	80,63	90,71	-	69,59	78,29
	III	1.267,50	-	101,40	114,07	-	91,69	103,15	-	82,24	92,52	-	73,05	82,18	-	64,12	72,13	-	55,44	62,37	-	47,02	52,90
	IV	1.921,58	54,70	153,72	172,94	45,37	147,46	165,89	36,05	141,19	158,84	26,73	134,92	151,79	17,41	128,66	144,74	8,09	122,39	137,69	-	116,12	130,64
	V	2.436,00	115,91	194,88	219,24																		
	VI	2.480,33	121,19	198,42	223,22																		
7.787,99	I	1.915,00	53,91	153,20	172,35	35,27	140,66	158,24	16,63	128,13	144,14	-	115,60	130,05	-	103,13	116,02	-	91,12	102,51	-	79,61	89,56
(West)	II	1.765,91	36,17	141,27	158,93	17,53	128,74	144,83	-	116,20	130,73	-	103,72	116,69	-	91,68	103,14	-	80,16	90,18	-	69,14	77,78
	III	1.262,33	-	100,98	113,60	-	91,29	102,70	-	81,85	92,08	-	72,68	81,76	-	63,74	71,71	-	55,08	61,96	-	46,68	52,51
	IV	1.915,00	53,91	153,20	172,35	44,59	146,93	165,29	35,27	140,66	158,24	25,95	134,40	151,20	16,63	128,13	144,14	7,30	121,86	137,09	-	115,60	130,05
	V	2.429,41	115,13	194,35	218,64																		
	VI	2.473,75	120,40	197,90	222,63																		
7.787,99	I	1.922,83	54,84	153,82	173,05	36,20	141,29	158,95	17,56	128,76	144,85	-	116,22	130,75	-	103,74	116,71	-	91,70	103,16	-	80,18	90,20
(Ost)	II	1.773,75	37,10	141,90	159,63	18,46	129,36	145,53	-	116,83	131,43	-	104,34	117,38	-	92,27	103,80	-	80,72	90,81	-	69,68	78,39
	III	1.268,50	-	101,48	114,16	-	91,77	103,24	-	82,32	92,61	-	73,13	82,27	-	64,18	72,20	-	55,52	62,46	-	47,09	52,97
	IV	1.922,83	54,84	153,82	173,05	45,52	147,56	166,00	36,20	141,29	158,95	26,88	135,02	151,90	17,56	128,76	144,85	8,24	122,49	137,80	-	116,22	130,75
	V	2.437,25	116,06	194,98	219,35																		
	VI	2.481,58	121,34	198,52	223,34																		
7.790,99	I	1.916,25	54,06	153,30	172,46	35,42	140,76	158,36	16,77	128,23	144,26	-	115,70	130,16	-	103,23	116,13	-	91,21	102,61	-	79,70	89,66
(West)	II	1.767,16	36,32	141,37	159,04	17,68	128,84	144,94	-	116,30	130,84	-	103,82	116,80	-	91,78	103,25	-	80,25	90,28	-	69,23	77,88
	III	1.263,33	-	101,06	113,69	-	91,37	102,79	-	81,93	92,17	-	72,74	81,83	-	63,82	71,80	-	55,16	62,05	-	46,74	52,58
	IV	1.916,25	54,06	153,30	172,46	44,74	147,03	165,41	35,42	140,76	158,36	26,10	134,50	151,31	16,77	128,23	144,26	7,45	121,96	137,21	-	115,70	130,16
	V	2.430,75	115,29	194,46	218,76																		
	VI	2.475,00	120,55	198,00	222,75																		
7.790,99	I	1.924,08	54,99	153,92	173,16	36,35	141,39	159,06	17,71	128,86	144,96	-	116,32	130,86	-	103,84	116,82	-	91,80	103,27	-	80,26	90,29
(Ost)	II	1.775,00	37,25	142,00	159,75	18,61	129,46	145,64	-	116,93	131,54	-	104,44	117,49	-	92,36	103,91	-	80,81	90,91	-	69,76	78,48
	III	1.269,50	-	101,56	114,25	-	91,85	103,33	-	82,40	92,70	-	73,20	82,35	-	64,26	72,29	-	55,58	62,53	-	47,16	53,05
	IV	1.924,08	54,99	153,92	173,16	45,67	147,66	166,11	36,35	141,39	159,06	27,03	135,12	152,01	17,71	128,86	144,96	8,38	122,59	137,91	-	116,32	130,86
	V	2.438,50	116,21	195,08	219,46																		
	VI	2.482,83	121,48	198,62	223,45																		
7.793,99	I	1.917,50	54,21	153,40	172,57	35,57	140,86	158,47	16,93	128,34	144,38	-	115,80	130,28	-	103,33	116,24	-	91,30	102,71	-	79,80	89,77
(West)	II	1.768,41	36,47	141,47	159,15	17,83	128,94	145,05	-	116,40	130,95	-	103,92	116,91	-	91,87	103,35	-	80,34	90,38	-	69,32	77,98
	III	1.264,33	-	101,14	113,78	-	91,44	102,87	-	82,00	92,25	-	72,81	81,91	-	63,89	71,87	-	55,22	62,12	-	46,81	52,66
	IV	1.917,50	54,21	153,40	172,57	44,89	147,13	165,52	35,57	140,86	158,47	26,25	134,60	151,43	16,93	128,34	144,38	7,61	122,07	137,33	-	115,80	130,28
	V	2.432,00	115,43	194,56	218,88																		
	VI	2.476,25	120,70	198,10	222,86																		
7.793,99	I	1.925,33	55,14	154,02	173,27	36,50	141,49	159,17	17,85	128,96	145,08	-	116,42	130,97	-	103,94	116,93	-	91,89	103,37	-	80,36	90,40
(Ost)	II	1.776,25	37,40	142,10	159,86	18,76	129,56	145,76	0,11	117,03	131,66	-	104,54	117,60	-	92,46	104,02	-	80,90	91,01	-	69,85	78,58
	III	1.270,50	-	101,64	114,34	-	91,92	103,41	-	82,46	92,77	-	73,26	82,42	-	64,33	72,37	-	55,65	62,60	-	47,22	53,12
	IV	1.925,33	55,14	154,02	173,27	45,82	147,76	166,23	36,50	141,49	159,17	27,18	135,22	152,12	17,85	128,96	145,08	8,53	122,69	138,02	-	116,42	130,97
	V	2.439,75	116,36	195,18	219,57																		
	VI	2.484,08	121,63	198,72	223,56																		
7.796,99	I	1.918,83	54,37	153,50	172,69	35,72	140,97	158,59	17,08	128,44	144,49	-	115,90	130,39	-	103,43	116,36	-	91,40	102,82	-	79,88	89,87
(West)	II	1.769,66	36,62	141,57	159,26	17,97	129,04	145,17	-	116,50	131,06	-	104,02	117,02	-	91,97	103,46	-	80,43	90,48	-	69,40	78,08
	III	1.265,33	-	101,22	113,87	-	91,52	102,96	-	82,08	92,34	-	72,89	82,00	-	63,96	71,95	-	55,29	62,20	-	46,88	52,74
	IV	1.918,83	54,37	153,50	172,69	45,05	147,24	165,64	35,72	140,97	158,59	26,40	134,70	151,54	17,08	128,44	144,49	7,76	122,17	137,44	-	115,90	130,39
	V	2.433,25	115,58	194,66	218,99																		
	VI	2.477,58	120,86	198,20	222,98																		
7.796,99	I	1.926,58	55,29	154,12	173,39	36,65	141,59	159,29	18,00	129,06	145,19	-	116,52	131,09	-	104,04	117,05	-	91,98	103,48	-	80,44	90,50
(Ost)	II	1.777,50	37,55	142,20	159,97	18,91	129,66	145,87	0,26	117,13	131,77	-	104,64	117,72	-	92,56	104,13	-	80,99	91,11	-	69,94	78,68
	III	1.271,50	-	101,72	114,43	-	92,00	103,50	-	82,54	92,86	-	73,34	82,51	-	64,40	72,45	-	55,72	62,68	-	47,29	53,20
	IV	1.926,58	55,29	154,12	173,39	45,97	147,86	166,34	36,65	141,59	159,29	27,33	135,32	152,24	18,00	129,06	145,19	8,68	122,79	138,14	-	116,52	131,09
	V	2.441,00	116,51	195,28	219,69																		
	VI	2.485,33	121,78	198,82	223,67																		
7.799,99	I	1.920,08	54,52	153,60	172,80	35,87	141,07	158,70	17,23	128,54	144,60	-	116,00	130,50	-	103,53	116,47	-	91,50	102,93	-	79,98	89,97
(West)	II	1.770,91	36,77	141,67	159,38	18,13	129,14	145,28	-	116,61	131,18	-	104,12	117,14	-	92,06	103,57	-	80,52	90,58	-	69,49	78,17
	III	1.266,33	-	101,30	113,96	-	91,60	103,05	-	82,16	92,43	-	72,96	82,08	-	64,04	72,04	-	55,36	62,28	-	46,94	52,81
	IV	1.920,08	54,52	153,60	172,80	45,20	147,34	165,75	35,87	141,07	158,70	26,55	134,80	151,65	17,23	128,54	144,60	7,91	122,27	137,55	-	116,00	130,50
	V	2.434,50	115,73	194,76	219,10																		
	VI	2.478,83	121,01	198,30	223,09																		
7.799,99	I	1.927,83	55,44	154,22	173,50	36,80	141,69	159,40	18,15	129,16	145,30	-	116,63	131,21	-	104,14	117,16	-	92,08	103,59	-	80,54	90,60
(Ost)	II	1.778,75	37,70	142,30	160,08	19,05	129,76	145,98	0,41	117,23	131,88	-	104,74	117,83	-	92,65	104,23	-	81,08	91,22	-	70,03	78,78
	III	1.272,50	-	101,80	114,52	-	92,08	103,59	-	82,62	92,95	-	73,41	82,58	-	64,48	72,54	-	55,78	62,75	-	47,36	53,28
	IV	1.927,83	55,44	154,22	173,50	46,12	147,96	166,45	36,80	141,69	159,40	27,47	135,42	152,35	18,15	129,16	145,30	8,83	122,89	138,25	-	116,63	131,21
	V	2.442,33	116,66	195,38	219,80																		
	VI	2.486,58	121,93	198,92	223,79																		

MONAT bis 7.820,99 €

Allgemeine Tabelle

Lohn/ Gehalt bis	Steuerklasse	Lohn- steuer	ohne Kinderfreibetrag			Anzahl Kinderfreibeträge (nur Steuerklassen I–IV)																	
						0,5			1,0			1,5			2,0			2,5			3,0		
			SolZ 5,5%	Kirchensteuer 8%	9%	SolZ 5,5%	Kirchensteuer 8%	9%	SolZ 5,5%	Kirchensteuer 8%	9%	SolZ 5,5%	Kirchensteuer 8%	9%	SolZ 5,5%	Kirchensteuer 8%	9%	SolZ 5,5%	Kirchensteuer 8%	9%	SolZ 5,5%	Kirchensteu 8%	9%
7.802,99 (West)	I	1.921,33	54,67	153,70	172,91	36,02	141,17	158,81	17,38	128,64	144,72	–	116,10	130,61	–	103,62	116,57	–	91,59	103,04	–	80,06	90
	II	1.772,25	36,92	141,78	159,50	18,28	129,24	145,40	–	116,71	131,30	–	104,22	117,24	–	92,16	103,68	–	80,61	90,68	–	69,58	78
	III	1.267,33	–	101,38	114,05	–	91,68	103,14	–	82,22	92,50	–	73,04	82,17	–	64,10	72,11	–	55,42	62,35	–	47,01	52
	IV	1.921,33	54,67	153,70	172,91	45,34	147,44	165,87	36,02	141,17	158,81	26,70	134,90	151,76	17,38	128,64	144,72	8,06	122,37	137,66	–	116,10	130
	V	2.435,75	115,88	194,86	219,21																		
	VI	2.480,08	121,16	198,40	223,20																		
7.802,99 (Ost)	I	1.929,08	55,59	154,32	173,61	36,94	141,79	159,51	18,31	129,26	145,42	–	116,73	131,32	–	104,24	117,27	–	92,18	103,70	–	80,63	90
	II	1.780,00	37,85	142,40	160,20	19,20	129,86	146,09	0,56	117,33	131,99	–	104,84	117,94	–	92,74	104,33	–	81,17	91,31	–	70,12	78
	III	1.273,33	–	101,86	114,59	–	92,16	103,68	–	82,69	93,02	–	73,49	82,67	–	64,54	72,61	–	55,85	62,83	–	47,42	53
	IV	1.929,08	55,59	154,32	173,61	46,27	148,06	166,56	36,94	141,79	159,51	27,63	135,53	152,47	18,31	129,26	145,42	8,99	123,00	138,37	–	116,73	131
	V	2.443,58	116,81	195,48	219,92																		
	VI	2.487,83	122,08	199,02	223,90																		
7.805,99 (West)	I	1.922,58	54,81	153,80	173,03	36,17	141,27	158,93	17,53	128,74	144,83	–	116,20	130,73	–	103,72	116,69	–	91,68	103,14	–	80,16	90
	II	1.773,50	37,07	141,88	159,61	18,43	129,34	145,51	–	116,81	131,41	–	104,32	117,36	–	92,25	103,78	–	80,70	90,79	–	69,66	78
	III	1.268,16	–	101,45	114,13	–	91,74	103,21	–	82,30	92,59	–	73,10	82,24	–	64,17	72,19	–	55,49	62,42	–	47,08	52
	IV	1.922,58	54,81	153,80	173,03	45,49	147,54	165,98	36,17	141,27	158,93	26,85	135,00	151,88	17,53	128,74	144,83	8,21	122,47	137,78	–	116,20	130
	V	2.437,00	116,03	194,96	219,33																		
	VI	2.481,33	121,31	198,50	223,31																		
7.805,99 (Ost)	I	1.930,41	55,75	154,43	173,73	37,10	141,90	159,63	18,46	129,36	145,53	–	116,83	131,43	–	104,34	117,38	–	92,27	103,80	–	80,72	90
	II	1.781,25	38,00	142,50	160,31	19,35	129,96	146,21	0,71	117,43	132,11	–	104,94	118,05	–	92,84	104,45	–	81,26	91,42	–	70,20	78
	III	1.274,33	–	101,94	114,68	–	92,22	103,75	–	82,77	93,11	–	73,56	82,75	–	64,61	72,68	–	55,93	62,92	–	47,49	53
	IV	1.930,41	55,75	154,43	173,73	46,42	148,16	166,68	37,10	141,90	159,63	27,78	135,63	152,58	18,46	129,36	145,53	9,14	123,10	138,48	–	116,83	131
	V	2.444,83	116,96	195,58	220,03																		
	VI	2.489,16	122,24	199,13	224,02																		
7.808,99 (West)	I	1.923,83	54,96	153,90	173,14	36,32	141,37	159,04	17,68	128,84	144,94	–	116,30	130,84	–	103,82	116,80	–	91,78	103,25	–	80,25	90
	II	1.774,75	37,22	141,98	159,72	18,58	129,44	145,62	–	116,91	131,52	–	104,42	117,47	–	92,35	103,89	–	80,79	90,89	–	69,75	78
	III	1.269,16	–	101,53	114,22	–	91,82	103,30	–	82,37	92,66	–	73,18	82,33	–	64,25	72,28	–	55,57	62,51	–	47,14	53
	IV	1.923,83	54,96	153,90	173,14	45,64	147,64	166,09	36,32	141,37	159,04	27,00	135,10	151,99	17,68	128,84	144,94	8,35	122,57	137,89	–	116,30	130
	V	2.438,25	116,18	195,06	219,44																		
	VI	2.482,58	121,45	198,60	223,43																		
7.808,99 (Ost)	I	1.931,66	55,90	154,53	173,84	37,25	142,00	159,75	18,61	129,46	145,64	–	116,93	131,54	–	104,44	117,49	–	92,36	103,91	–	80,81	90,
	II	1.782,50	38,14	142,60	160,42	19,51	130,07	146,33	0,87	117,54	132,23	–	105,03	118,16	–	92,94	104,55	–	81,36	91,53	–	70,29	79,
	III	1.275,33	–	102,02	114,77	–	92,30	103,84	–	82,84	93,19	–	73,64	82,84	–	64,69	72,77	–	56,00	63,00	–	47,56	53,
	IV	1.931,66	55,90	154,53	173,84	46,57	148,26	166,79	37,25	142,00	159,75	27,93	135,73	152,69	18,61	129,46	145,64	9,29	123,20	138,60	–	116,93	131,
	V	2.446,08	117,11	195,68	220,14																		
	VI	2.490,41	122,39	199,23	224,13																		
7.811,99 (West)	I	1.925,08	55,11	154,00	173,25	36,47	141,47	159,15	17,83	128,94	145,05	–	116,40	130,95	–	103,92	116,91	–	91,87	103,35	–	80,34	90,
	II	1.776,00	37,37	142,08	159,84	18,73	129,54	145,73	0,08	117,01	131,63	–	104,52	117,58	–	92,44	104,00	–	80,88	90,99	–	69,84	78,
	III	1.270,16	–	101,61	114,31	–	91,90	103,39	–	82,45	92,75	–	73,25	82,40	–	64,32	72,36	–	55,64	62,59	–	47,21	53,
	IV	1.925,08	55,11	154,00	173,25	45,79	147,74	166,20	36,47	141,47	159,15	27,15	135,20	152,10	17,83	128,94	145,05	8,50	122,67	138,00	–	116,40	130,
	V	2.439,50	116,33	195,16	219,55																		
	VI	2.483,83	121,60	198,70	223,54																		
7.811,99 (Ost)	I	1.932,91	56,04	154,63	173,96	37,40	142,10	159,86	18,76	129,56	145,76	0,11	117,03	131,66	–	104,54	117,60	–	92,46	104,02	–	80,90	91,
	II	1.783,83	38,30	142,70	160,54	19,66	130,17	146,44	1,02	117,64	132,34	–	105,13	118,27	–	93,03	104,66	–	81,44	91,62	–	70,38	79,
	III	1.276,33	–	102,10	114,86	–	92,38	103,93	–	82,92	93,28	–	73,70	82,91	–	64,76	72,85	–	56,06	63,07	–	47,62	53,
	IV	1.932,91	56,04	154,63	173,96	46,72	148,36	166,91	37,40	142,10	159,86	28,08	135,83	152,81	18,76	129,56	145,76	9,44	123,30	138,71	0,11	117,03	131,
	V	2.447,33	117,26	195,78	220,25																		
	VI	2.491,66	122,54	199,33	224,24																		
7.814,99 (West)	I	1.926,33	55,26	154,10	173,36	36,62	141,57	159,26	17,97	129,04	145,17	–	116,50	131,06	–	104,02	117,02	–	91,97	103,46	–	80,43	90,
	II	1.777,25	37,52	142,18	159,95	18,88	129,64	145,85	0,23	117,11	131,75	–	104,62	117,69	–	92,54	104,10	–	80,97	91,09	–	69,92	78,
	III	1.271,16	–	101,69	114,40	–	91,98	103,48	–	82,53	92,84	–	73,33	82,49	–	64,38	72,43	–	55,70	62,66	–	47,28	53,
	IV	1.926,33	55,26	154,10	173,36	45,94	147,84	166,32	36,62	141,57	159,26	27,30	135,30	152,21	17,97	129,04	145,17	8,65	122,77	138,11	–	116,50	131,
	V	2.440,83	116,49	195,26	219,67																		
	VI	2.485,08	121,75	198,80	223,65																		
7.814,99 (Ost)	I	1.934,16	56,19	154,73	174,07	37,55	142,20	159,97	18,91	129,66	145,87	0,26	117,13	131,77	–	104,64	117,72	–	92,56	104,13	–	80,99	91,
	II	1.785,08	38,45	142,80	160,65	19,81	130,27	146,55	1,17	117,74	132,45	–	105,23	118,38	–	93,13	104,77	–	81,54	91,73	–	70,46	79,
	III	1.277,33	–	102,18	114,95	–	92,46	104,02	–	83,00	93,37	–	73,78	83,00	–	64,82	72,92	–	56,13	63,14	–	47,69	53,
	IV	1.934,16	56,19	154,73	174,07	46,87	148,46	167,02	37,55	142,20	159,97	28,23	135,93	152,92	18,91	129,66	145,87	9,58	123,40	138,82	0,26	117,13	131,7
	V	2.448,58	117,41	195,88	220,37																		
	VI	2.492,91	122,68	199,43	224,36																		
7.817,99 (West)	I	1.927,58	55,41	154,20	173,48	36,77	141,67	159,38	18,13	129,14	145,28	–	116,61	131,18	–	104,12	117,14	–	92,06	103,57	–	80,52	90,5
	II	1.778,50	37,67	142,28	160,06	19,03	129,74	145,96	0,38	117,21	131,86	–	104,72	117,81	–	92,63	104,21	–	81,06	91,19	–	70,01	78,7
	III	1.272,16	–	101,77	114,49	–	92,06	103,57	–	82,60	92,92	–	73,40	82,57	–	64,45	72,50	–	55,77	62,74	–	47,34	53,2
	IV	1.927,58	55,41	154,20	173,48	46,09	147,94	166,43	36,77	141,67	159,38	27,44	135,40	152,33	18,13	129,14	145,28	8,81	122,88	138,24	–	116,61	131,1
	V	2.442,08	116,63	195,36	219,78																		
	VI	2.486,33	121,90	198,90	223,76																		
7.817,99 (Ost)	I	1.935,41	56,34	154,83	174,18	37,70	142,30	160,08	19,05	129,76	145,98	0,41	117,23	131,88	–	104,74	117,83	–	92,65	104,23	–	81,08	91,2
	II	1.786,33	38,60	142,90	160,76	19,96	130,37	146,66	1,31	117,84	132,57	–	105,33	118,49	–	93,22	104,87	–	81,63	91,83	–	70,55	79,3
	III	1.278,33	–	102,26	115,04	–	92,54	104,11	–	83,06	93,44	–	73,85	83,08	–	64,90	73,01	–	56,20	63,22	–	47,76	53,7
	IV	1.935,41	56,34	154,83	174,18	47,02	148,56	167,13	37,70	142,30	160,08	28,38	136,03	153,03	19,05	129,76	145,98	9,73	123,50	138,93	0,41	117,23	131,8
	V	2.449,83	117,56	195,98	220,48																		
	VI	2.494,16	122,83	199,53	224,47																		
7.820,99 (West)	I	1.928,83	55,56	154,30	173,59	36,92	141,78	159,50	18,28	129,24	145,40	–	116,71	131,30	–	104,22	117,24	–	92,16	103,68	–	80,61	90,6
	II	1.779,75	37,82	142,38	160,17	19,17	129,84	146,07	0,53	117,31	131,97	–	104,82	117,92	–	92,73	104,32	–	81,16	91,30	–	70,10	78,8
	III	1.273,16	–	101,85	114,58	–	92,13	103,64	–	82,68	93,01	–	73,48	82,66	–	64,53	72,59	–	55,84	62,82	–	47,41	53,3
	IV	1.928,83	55,56	154,30	173,59	46,25	148,04	166,55	36,92	141,78	159,50	27,60	135,51	152,45	18,28	129,24	145,40	8,96	122,98	138,35	–	116,71	131,3
	V	2.443,33	116,78	195,46	219,89																		
	VI	2.487,58	122,05	199,00	223,88																		
7.820,99 (Ost)	I	1.936,66	56,49	154,93	174,29	37,85	142,40	160,20	19,20	129,86	146,09	0,56	117,33	131,99	–	104,84	117,94	–	92,74	104,33	–	81,17	91,3
	II	1.787,58	38,75	143,00	160,88	20,11	130,47	146,78	1,46	117,94	132,68	–	105,43	118,61	–	93,32	104,98	–	81,72	91,93	–	70,64	79,4
	III	1.279,33	–	102,34	115,13	–	92,61	104,18	–	83,14	93,53	–	73,93	83,17	–	64,97	73,09	–	56,26	63,29	–	47,82	53,8
	IV	1.936,66	56,49	154,93	174,29	47,17	148,66	167,24	37,85	142,40	160,20	28,53	136,13	153,14	19,20	129,86	146,09	9,88	123,60	139,05	0,56	117,33	131,9
	V	2.451,08	117,71	196,08	220,59																		
	VI	2.495,41	122,98	199,63	224,58																		

Allgemeine Tabelle

MONAT bis 7.841,99 €

Lohn/ Gehalt bis	Steuerklasse	Lohnsteuer	ohne Kinderfreibetrag SolZ 5,5%	ohne Kinderfreibetrag Kirchensteuer 8%	ohne Kinderfreibetrag Kirchensteuer 9%	0,5 SolZ 5,5%	0,5 Kirchensteuer 8%	0,5 Kirchensteuer 9%	1,0 SolZ 5,5%	1,0 Kirchensteuer 8%	1,0 Kirchensteuer 9%	1,5 SolZ 5,5%	1,5 Kirchensteuer 8%	1,5 Kirchensteuer 9%	2,0 SolZ 5,5%	2,0 Kirchensteuer 8%	2,0 Kirchensteuer 9%	2,5 SolZ 5,5%	2,5 Kirchensteuer 8%	2,5 Kirchensteuer 9%	3,0 SolZ 5,5%	3,0 Kirchensteuer 8%	3,0 Kirchensteuer 9%
7.823,99 *(West)*	I	1.930,16	55,72	154,41	173,71	37,07	141,88	159,61	18,43	129,34	145,51	-	116,81	131,41	-	104,32	117,36	-	92,25	103,78	-	80,70	90,79
	II	1.781,00	37,97	142,48	160,29	19,32	129,94	146,18	0,69	117,42	132,09	-	104,92	118,03	-	92,82	104,42	-	81,24	91,40	-	70,18	78,95
	III	1.274,16	-	101,93	114,67	-	92,21	103,73	-	82,76	93,10	-	73,54	82,73	-	64,60	72,67	-	55,90	62,89	-	47,48	53,41
	IV	1.930,16	55,72	154,41	173,71	46,40	148,14	166,66	37,07	141,88	159,61	27,75	135,61	152,56	18,43	129,34	145,51	9,11	123,08	138,46	-	116,81	131,41
	V	2.444,58	116,93	195,56	220,01																		
	VI	2.488,91	122,21	199,11	224,00																		
7.823,99 *(Ost)*	I	1.937,91	56,64	155,03	174,41	38,00	142,50	160,31	19,35	129,96	146,21	0,71	117,43	132,11	-	104,94	118,05	-	92,84	104,45	-	81,26	91,42
	II	1.788,83	38,90	143,10	160,99	20,25	130,57	146,89	1,61	118,04	132,79	-	105,53	118,72	-	93,41	105,08	-	81,81	92,03	-	70,72	79,56
	III	1.280,33	-	102,42	115,22	-	92,69	104,27	-	83,22	93,62	-	74,00	83,25	-	65,04	73,17	-	56,34	63,38	-	47,89	53,87
	IV	1.937,91	56,64	155,03	174,41	47,32	148,76	167,36	38,00	142,50	160,31	28,67	136,23	153,26	19,35	129,96	146,21	10,03	123,70	139,16	0,71	117,43	132,11
	V	2.452,41	117,86	196,19	220,71																		
	VI	2.496,66	123,13	199,73	224,69																		
7.826,99 *(West)*	I	1.931,41	55,87	154,51	173,82	37,22	141,98	159,72	18,58	129,44	145,62	-	116,91	131,52	-	104,42	117,47	-	92,35	103,89	-	80,79	90,89
	II	1.782,33	38,12	142,58	160,40	19,48	130,05	146,30	0,84	117,52	132,21	-	105,02	118,14	-	92,92	104,53	-	81,34	91,50	-	70,27	79,05
	III	1.275,16	-	102,01	114,76	-	92,29	103,82	-	82,82	93,17	-	73,62	82,82	-	64,66	72,74	-	55,98	62,98	-	47,54	53,48
	IV	1.931,41	55,87	154,51	173,82	46,54	148,24	166,77	37,22	141,98	159,72	27,90	135,71	152,67	18,58	129,44	145,62	9,26	123,18	138,57	-	116,91	131,52
	V	2.445,83	117,08	195,66	220,12																		
	VI	2.490,16	122,36	199,21	224,11																		
7.826,99 *(Ost)*	I	1.939,16	56,79	155,13	174,52	38,14	142,60	160,42	19,51	130,07	146,33	0,87	117,54	132,23	-	105,03	118,16	-	92,94	104,55	-	81,36	91,53
	II	1.790,08	39,05	143,20	161,10	20,40	130,67	147,00	1,76	118,14	132,90	-	105,63	118,83	-	93,51	105,20	-	81,90	92,14	-	70,81	79,66
	III	1.281,33	-	102,50	115,31	-	92,77	104,36	-	83,29	93,70	-	74,08	83,34	-	65,12	73,26	-	56,41	63,46	-	47,96	53,95
	IV	1.939,16	56,79	155,13	174,52	47,47	148,86	167,47	38,14	142,60	160,42	28,82	136,33	153,37	19,51	130,07	146,33	10,19	123,80	139,28	0,87	117,54	132,23
	V	2.453,66	118,01	196,29	220,82																		
	VI	2.497,91	123,28	199,83	224,81																		
7.829,99 *(West)*	I	1.932,66	56,01	154,61	173,93	37,37	142,08	159,84	18,73	129,54	145,73	0,08	117,01	131,63	-	104,52	117,58	-	92,44	104,00	-	80,88	90,99
	II	1.783,58	38,27	142,68	160,52	19,63	130,15	146,42	0,99	117,62	132,32	-	105,11	118,25	-	93,02	104,64	-	81,43	91,61	-	70,36	79,15
	III	1.276,16	-	102,09	114,85	-	92,37	103,91	-	82,90	93,26	-	73,69	82,90	-	64,74	72,83	-	56,05	63,05	-	47,61	53,56
	IV	1.932,66	56,01	154,61	173,93	46,69	148,34	166,88	37,37	142,08	159,84	28,05	135,81	152,78	18,73	129,54	145,73	9,41	123,28	138,69	0,08	117,01	131,63
	V	2.447,08	117,23	195,76	220,23																		
	VI	2.491,41	122,51	199,31	224,22																		
7.829,99 *(Ost)*	I	1.940,41	56,94	155,23	174,63	38,30	142,70	160,54	19,66	130,17	146,44	1,02	117,64	132,34	-	105,13	118,27	-	93,03	104,66	-	81,44	91,62
	II	1.791,33	39,20	143,30	161,21	20,55	130,77	147,11	1,91	118,24	133,02	-	105,73	118,94	-	93,60	105,30	-	81,99	92,24	-	70,90	79,76
	III	1.282,33	-	102,58	115,40	-	92,85	104,45	-	83,37	93,79	-	74,14	83,41	-	65,18	73,33	-	56,48	63,54	-	48,02	54,02
	IV	1.940,41	56,94	155,23	174,63	47,62	148,97	167,59	38,30	142,70	160,54	28,98	136,44	153,49	19,66	130,17	146,44	10,34	123,90	139,39	1,02	117,64	132,34
	V	2.454,91	118,16	196,39	220,94																		
	VI	2.499,25	123,44	199,94	224,93																		
7.832,99 *(West)*	I	1.933,91	56,16	154,71	174,05	37,52	142,18	159,95	18,88	129,64	145,85	0,23	117,11	131,75	-	104,62	117,69	-	92,54	104,10	-	80,97	91,09
	II	1.784,83	38,42	142,78	160,63	19,78	130,25	146,53	1,14	117,72	132,43	-	105,21	118,36	-	93,11	104,75	-	81,52	91,71	-	70,44	79,25
	III	1.277,16	-	102,17	114,94	-	92,44	103,99	-	82,97	93,34	-	73,77	82,99	-	64,81	72,91	-	56,12	63,13	-	47,68	53,64
	IV	1.933,91	56,16	154,71	174,05	46,84	148,44	167,00	37,52	142,18	159,95	28,20	135,91	152,90	18,88	129,64	145,85	9,55	123,38	138,80	0,23	117,11	131,75
	V	2.448,33	117,38	195,86	220,34																		
	VI	2.492,66	122,65	199,41	224,33																		
7.832,99 *(Ost)*	I	1.941,75	57,10	155,34	174,75	38,45	142,80	160,65	19,81	130,27	146,55	1,17	117,74	132,45	-	105,23	118,38	-	93,13	104,77	-	81,54	91,73
	II	1.792,58	39,34	143,40	161,33	20,70	130,87	147,23	2,07	118,34	133,13	-	105,83	119,06	-	93,70	105,41	-	82,08	92,34	-	70,98	79,85
	III	1.283,33	-	102,66	115,49	-	92,93	104,54	-	83,44	93,87	-	74,22	83,50	-	65,25	73,40	-	56,54	63,61	-	48,09	54,10
	IV	1.941,75	57,10	155,34	174,75	47,77	149,07	167,70	38,45	142,80	160,65	29,13	136,54	153,60	19,81	130,27	146,55	10,49	124,00	139,50	1,17	117,74	132,45
	V	2.456,16	118,31	196,49	221,05																		
	VI	2.500,50	123,59	200,04	225,04																		
7.835,99 *(West)*	I	1.935,16	56,31	154,81	174,16	37,67	142,28	160,06	19,03	129,74	145,96	0,38	117,21	131,86	-	104,72	117,81	-	92,63	104,21	-	81,06	91,19
	II	1.786,08	38,57	142,88	160,74	19,93	130,35	146,64	1,28	117,82	132,54	-	105,31	118,47	-	93,20	104,85	-	81,61	91,81	-	70,53	79,34
	III	1.278,16	-	102,25	115,03	-	92,52	104,08	-	83,05	93,43	-	73,84	83,07	-	64,88	72,99	-	56,18	63,20	-	47,74	53,71
	IV	1.935,16	56,31	154,81	174,16	46,99	148,54	167,11	37,67	142,28	160,06	28,35	136,01	153,01	19,03	129,74	145,96	9,70	123,48	138,91	0,38	117,21	131,86
	V	2.449,58	117,53	195,96	220,46																		
	VI	2.493,91	122,80	199,51	224,45																		
7.835,99 *(Ost)*	I	1.943,00	57,24	155,44	174,87	38,60	142,90	160,76	19,96	130,37	146,66	1,31	117,84	132,57	-	105,33	118,49	-	93,22	104,87	-	81,63	91,83
	II	1.793,91	39,50	143,51	161,45	20,86	130,98	147,35	2,22	118,44	133,25	-	105,93	119,17	-	93,80	105,52	-	82,18	92,45	-	71,07	79,95
	III	1.284,33	-	102,74	115,58	-	93,00	104,62	-	83,52	93,96	-	74,29	83,57	-	65,33	73,49	-	56,61	63,68	-	48,16	54,18
	IV	1.943,00	57,24	155,44	174,87	47,92	149,17	167,81	38,60	142,90	160,76	29,28	136,64	153,72	19,96	130,37	146,66	10,64	124,10	139,61	1,31	117,84	132,57
	V	2.457,41	118,46	196,59	221,16																		
	VI	2.501,75	123,74	200,14	225,15																		
7.838,99 *(West)*	I	1.936,41	56,46	154,91	174,27	37,82	142,38	160,17	19,17	129,84	146,07	0,53	117,31	131,97	-	104,82	117,92	-	92,73	104,32	-	81,16	91,30
	II	1.787,33	38,72	142,98	160,85	20,08	130,45	146,75	1,43	117,92	132,66	-	105,41	118,58	-	93,30	104,96	-	81,70	91,91	-	70,62	79,44
	III	1.279,16	-	102,33	115,12	-	92,60	104,17	-	83,13	93,52	-	73,92	83,16	-	64,96	73,08	-	56,25	63,28	-	47,81	53,78
	IV	1.936,41	56,46	154,91	174,27	47,14	148,64	167,22	37,82	142,38	160,17	28,50	136,11	153,12	19,17	129,84	146,07	9,85	123,58	139,02	0,53	117,31	131,97
	V	2.450,83	117,68	196,06	220,57																		
	VI	2.495,16	122,95	199,61	224,56																		
7.838,99 *(Ost)*	I	1.944,25	57,39	155,54	174,98	38,75	143,00	160,88	20,11	130,47	146,78	1,46	117,94	132,68	-	105,43	118,61	-	93,32	104,98	-	81,72	91,93
	II	1.795,16	39,65	143,61	161,56	21,01	131,08	147,46	2,37	118,54	133,36	-	106,03	119,28	-	93,89	105,62	-	82,27	92,55	-	71,16	80,05
	III	1.285,33	-	102,82	115,67	-	93,08	104,71	-	83,60	94,05	-	74,37	83,66	-	65,40	73,57	-	56,68	63,76	-	48,22	54,25
	IV	1.944,25	57,39	155,54	174,98	48,07	149,27	167,93	38,75	143,00	160,88	29,43	136,74	153,83	20,11	130,47	146,78	10,78	124,20	139,73	1,46	117,94	132,68
	V	2.458,66	118,61	196,69	221,27																		
	VI	2.503,00	123,88	200,24	225,27																		
7.841,99 *(West)*	I	1.937,66	56,61	155,01	174,38	37,97	142,48	160,29	19,32	129,94	146,18	0,69	117,42	132,09	-	104,92	118,03	-	92,82	104,42	-	81,24	91,40
	II	1.788,58	38,87	143,08	160,97	20,23	130,55	146,87	1,58	118,02	132,77	-	105,51	118,70	-	93,40	105,07	-	81,79	92,01	-	70,70	79,54
	III	1.280,16	-	102,41	115,21	-	92,68	104,26	-	83,20	93,60	-	73,98	83,23	-	65,02	73,15	-	56,32	63,36	-	47,88	53,86
	IV	1.937,66	56,61	155,01	174,38	47,29	148,74	167,33	37,97	142,48	160,29	28,64	136,21	153,23	19,32	129,94	146,18	10,01	123,68	139,14	0,69	117,42	132,09
	V	2.452,16	117,83	196,17	220,69																		
	VI	2.496,41	123,10	199,71	224,67																		
7.841,99 *(Ost)*	I	1.945,50	57,54	155,64	175,09	38,90	143,10	160,99	20,25	130,57	146,89	1,61	118,04	132,79	-	105,53	118,72	-	93,41	105,08	-	81,81	92,03
	II	1.796,41	39,80	143,71	161,67	21,16	131,18	147,57	2,51	118,64	133,47	-	106,13	119,39	-	93,98	105,73	-	82,36	92,65	-	71,24	80,15
	III	1.286,33	-	102,90	115,76	-	93,16	104,80	-	83,66	94,12	-	74,44	83,74	-	65,46	73,64	-	56,76	63,85	-	48,29	54,32
	IV	1.945,50	57,54	155,64	175,09	48,22	149,37	168,04	38,90	143,10	160,99	29,58	136,84	153,94	20,25	130,57	146,89	10,93	124,30	139,84	1,61	118,04	132,79
	V	2.459,91	118,76	196,79	221,39																		
	VI	2.504,25	124,03	200,34	225,38																		

Anzahl Kinderfreibeträge (nur Steuerklassen I–IV)

MONAT bis 7.862,99 €

Allgemeine Tabelle

Lohn/Gehalt bis	Steuerklasse	Lohnsteuer	ohne Kinderfreibetrag SolZ 5,5%	Kirchensteuer 8%	Kirchensteuer 9%	0,5 SolZ 5,5%	Kirchensteuer 8%	Kirchensteuer 9%	1,0 SolZ 5,5%	Kirchensteuer 8%	Kirchensteuer 9%	1,5 SolZ 5,5%	Kirchensteuer 8%	Kirchensteuer 9%	2,0 SolZ 5,5%	Kirchensteuer 8%	Kirchensteuer 9%	2,5 SolZ 5,5%	Kirchensteuer 8%	Kirchensteuer 9%	3,0 SolZ 5,5%	Kirchensteuer 8%	Kirchensteuer 9%
7.844,99 (West)	I	1.938,91	56,76	155,11	174,50	38,12	142,58	160,40	19,48	130,05	146,30	0,84	117,52	132,21	–	105,02	118,14	–	92,92	104,53	–	81,34	9
	II	1.789,83	39,02	143,18	161,08	20,37	130,65	146,98	1,73	118,12	132,88	–	105,61	118,81	–	93,49	105,17	–	81,88	92,12	–	70,79	79
	III	1.281,16	–	102,49	115,30	–	92,76	104,35	–	83,28	93,69	–	74,06	83,32	–	65,09	73,22	–	56,40	63,45	–	47,94	53
	IV	1.938,91	56,76	155,11	174,50	47,44	148,84	167,45	38,12	142,58	160,40	28,80	136,32	153,36	19,48	130,05	146,30	10,16	123,78	139,25	0,84	117,52	132
	V	2.453,41	117,98	196,27	220,80																		
	VI	2.497,66	123,25	199,81	224,78																		
7.844,99 (Ost)	I	1.946,75	57,69	155,74	175,20	39,05	143,20	161,10	20,40	130,67	147,00	1,76	118,14	132,90	–	105,63	118,83	–	93,51	105,20	–	81,90	92
	II	1.797,66	39,95	143,81	161,78	21,31	131,28	147,69	2,66	118,74	133,58	–	106,23	119,51	–	94,08	105,84	–	82,45	92,75	–	71,34	80
	III	1.287,33	–	102,98	115,85	–	93,24	104,89	–	83,74	94,21	–	74,52	83,83	–	65,54	73,73	–	56,82	63,92	–	48,36	54
	IV	1.946,75	57,69	155,74	175,20	48,37	149,47	168,15	39,05	143,20	161,10	29,73	136,94	154,05	20,40	130,67	147,00	11,08	124,40	139,95	1,76	118,14	132
	V	2.461,16	118,91	196,89	221,50																		
	VI	2.505,50	124,18	200,44	225,49																		
7.847,99 (West)	I	1.940,25	56,92	155,22	174,62	38,27	142,68	160,52	19,63	130,15	146,42	0,99	117,62	132,32	–	105,11	118,25	–	93,02	104,64	–	81,43	91
	II	1.791,08	39,17	143,28	161,19	20,52	130,75	147,09	1,89	118,22	133,00	–	105,71	118,92	–	93,58	105,28	–	81,98	92,22	–	70,88	79
	III	1.282,16	–	102,57	115,39	–	92,82	104,42	–	83,36	93,78	–	74,13	83,39	–	65,17	73,31	–	56,46	63,52	–	48,01	54
	IV	1.940,25	56,92	155,22	174,62	47,60	148,95	167,57	38,27	142,68	160,52	28,95	136,42	153,47	19,63	130,15	146,42	10,31	123,88	139,37	0,99	117,62	132
	V	2.454,66	118,13	196,37	220,91																		
	VI	2.499,00	123,41	199,92	224,91																		
7.847,99 (Ost)	I	1.948,00	57,84	155,84	175,32	39,20	143,30	161,21	20,55	130,77	147,11	1,91	118,24	133,02	–	105,73	118,94	–	93,60	105,30	–	81,99	92
	II	1.798,91	40,10	143,91	161,90	21,45	131,38	147,80	2,81	118,84	133,70	–	106,33	119,62	–	94,18	105,95	–	82,54	92,86	–	71,42	80
	III	1.288,33	–	103,06	115,94	–	93,32	104,98	–	83,82	94,30	–	74,58	83,90	–	65,61	73,81	–	56,89	64,00	–	48,42	54
	IV	1.948,00	57,84	155,84	175,32	48,52	149,57	168,26	39,20	143,30	161,21	29,87	137,04	154,17	20,55	130,77	147,11	11,23	124,50	140,06	1,91	118,24	133
	V	2.462,50	119,06	197,00	221,62																		
	VI	2.506,75	124,33	200,54	225,60																		
7.850,99 (West)	I	1.941,50	57,07	155,32	174,73	38,42	142,78	160,63	19,78	130,25	146,53	1,14	117,72	132,43	–	105,21	118,36	–	93,11	104,75	–	81,52	91
	II	1.792,33	39,31	143,38	161,30	20,68	130,86	147,21	2,04	118,32	133,11	–	105,81	119,03	–	93,68	105,39	–	82,07	92,33	–	70,97	79
	III	1.283,16	–	102,65	115,48	–	92,90	104,51	–	83,42	93,85	–	74,20	83,47	–	65,24	73,39	–	56,53	63,59	–	48,08	54
	IV	1.941,50	57,07	155,32	174,73	47,74	149,05	167,68	38,42	142,78	160,63	29,10	136,52	153,58	19,78	130,25	146,53	10,46	123,98	139,48	1,14	117,72	132
	V	2.455,91	118,28	196,47	221,03																		
	VI	2.500,25	123,56	200,02	225,02																		
7.850,99 (Ost)	I	1.949,25	57,99	155,94	175,43	39,34	143,40	161,33	20,70	130,87	147,23	2,07	118,34	133,13	–	105,83	119,06	–	93,70	105,41	–	82,08	92
	II	1.800,16	40,25	144,01	162,01	21,60	131,48	147,91	2,96	118,94	133,81	–	106,43	119,73	–	94,27	106,05	–	82,64	92,97	–	71,51	80
	III	1.289,33	–	103,14	116,03	–	93,38	105,05	–	83,89	94,37	–	74,66	83,99	–	65,68	73,89	–	56,96	64,08	–	48,49	54
	IV	1.949,25	57,99	155,94	175,43	48,67	149,67	168,38	39,34	143,40	161,33	30,02	137,14	154,28	20,70	130,87	147,23	11,39	124,61	140,18	2,07	118,34	133
	V	2.463,75	119,21	197,10	221,73																		
	VI	2.508,00	124,48	200,64	225,72																		
7.853,99 (West)	I	1.942,75	57,21	155,42	174,84	38,57	142,88	160,74	19,93	130,35	146,64	1,28	117,82	132,54	–	105,31	118,47	–	93,20	104,85	–	81,61	91
	II	1.793,66	39,47	143,49	161,42	20,83	130,96	147,33	2,19	118,42	133,22	–	105,91	119,15	–	93,78	105,50	–	82,16	92,43	–	71,06	79
	III	1.284,16	–	102,73	115,57	–	92,98	104,60	–	83,50	93,94	–	74,28	83,56	–	65,30	73,46	–	56,60	63,67	–	48,14	54
	IV	1.942,75	57,21	155,42	174,84	47,89	149,15	167,79	38,57	142,88	160,74	29,25	136,62	153,69	19,93	130,35	146,64	10,61	124,08	139,59	1,28	117,82	132
	V	2.457,16	118,43	196,57	221,14																		
	VI	2.501,50	123,71	200,12	225,13																		
7.853,99 (Ost)	I	1.950,50	58,14	156,04	175,54	39,50	143,51	161,45	20,86	130,98	147,35	2,22	118,44	133,25	–	105,93	119,17	–	93,80	105,52	–	82,18	92,
	II	1.801,41	40,40	144,11	162,12	21,75	131,58	148,02	3,11	119,04	133,92	–	106,53	119,84	–	94,37	106,16	–	82,72	93,06	–	71,60	80,
	III	1.290,33	–	103,22	116,12	–	93,46	105,14	–	83,97	94,46	–	74,73	84,07	–	65,76	73,98	–	57,02	64,15	–	48,56	54,
	IV	1.950,50	58,14	156,04	175,54	48,81	149,77	168,49	39,50	143,51	161,45	30,18	137,24	154,40	20,86	130,98	147,35	11,54	124,71	140,30	2,22	118,44	133,
	V	2.465,00	119,36	197,20	221,85																		
	VI	2.509,25	124,63	200,74	225,83																		
7.856,99 (West)	I	1.944,00	57,36	155,52	174,96	38,72	142,98	160,85	20,08	130,45	146,75	1,43	117,92	132,66	–	105,41	118,58	–	93,30	104,96	–	81,70	91,
	II	1.794,91	39,62	143,59	161,54	20,98	131,06	147,44	2,34	118,52	133,34	–	106,01	119,26	–	93,87	105,60	–	82,25	92,53	–	71,14	80,
	III	1.285,00	–	102,80	115,65	–	93,06	104,69	–	83,58	94,03	–	74,34	83,63	–	65,38	73,55	–	56,66	63,74	–	48,21	54,
	IV	1.944,00	57,36	155,52	174,96	48,04	149,25	167,90	38,72	142,98	160,85	29,40	136,72	153,81	20,08	130,45	146,75	10,75	124,18	139,70	1,43	117,92	132,
	V	2.458,41	118,58	196,67	221,25																		
	VI	2.502,75	123,85	200,22	225,24																		
7.856,99 (Ost)	I	1.951,83	58,30	156,14	175,66	39,65	143,61	161,56	21,01	131,08	147,46	2,37	118,54	133,36	–	106,03	119,28	–	93,89	105,62	–	82,27	92,
	II	1.802,66	40,54	144,21	162,23	21,90	131,68	148,14	3,27	119,15	134,04	–	106,63	119,96	–	94,46	106,27	–	82,82	93,17	–	71,68	80,
	III	1.291,33	–	103,30	116,21	–	93,54	105,23	–	84,05	94,55	–	74,81	84,16	–	65,82	74,05	–	57,09	64,22	–	48,62	54,
	IV	1.951,83	58,30	156,14	175,66	48,97	149,88	168,61	39,65	143,61	161,56	30,33	137,34	154,51	21,01	131,08	147,46	11,69	124,81	140,41	2,37	118,54	133,
	V	2.466,25	119,51	197,30	221,96																		
	VI	2.510,58	124,79	200,84	225,95																		
7.859,99 (West)	I	1.945,25	57,51	155,62	175,07	38,87	143,08	160,97	20,23	130,55	146,87	1,58	118,02	132,77	–	105,51	118,70	–	93,40	105,07	–	81,79	92,
	II	1.796,16	39,77	143,69	161,65	21,13	131,16	147,55	2,48	118,62	133,45	–	106,11	119,37	–	93,97	105,71	–	82,34	92,63	–	71,23	80,
	III	1.286,00	–	102,88	115,74	–	93,14	104,78	–	83,65	94,10	–	74,42	83,72	–	65,45	73,63	–	56,73	63,82	–	48,28	54,
	IV	1.945,25	57,51	155,62	175,07	48,19	149,35	168,02	38,87	143,08	160,97	29,55	136,82	153,92	20,23	130,55	146,87	10,90	124,28	139,82	1,58	118,02	132,
	V	2.459,66	118,73	196,77	221,36																		
	VI	2.504,00	124,00	200,32	225,36																		
7.859,99 (Ost)	I	1.953,08	58,44	156,24	175,77	39,80	143,71	161,67	21,16	131,18	147,57	2,51	118,64	133,47	–	106,13	119,39	–	93,98	105,73	–	82,36	92,6
	II	1.803,91	40,69	144,31	162,35	22,06	131,78	148,25	3,42	119,25	134,15	–	106,73	120,07	–	94,56	106,38	–	82,91	93,27	–	71,77	80,7
	III	1.292,33	–	103,38	116,30	–	93,62	105,32	–	84,12	94,63	–	74,88	84,24	–	65,89	74,12	–	57,17	64,31	–	48,69	54,7
	IV	1.953,08	58,44	156,24	175,77	49,12	149,98	168,72	39,80	143,71	161,67	30,48	137,44	154,62	21,16	131,18	147,57	11,84	124,91	140,52	2,51	118,64	133,4
	V	2.467,50	119,66	197,40	222,07																		
	VI	2.511,83	124,94	200,94	226,06																		
7.862,99 (West)	I	1.946,50	57,66	155,72	175,18	39,02	143,18	161,08	20,37	130,65	146,98	1,73	118,12	132,88	–	105,61	118,81	–	93,49	105,17	–	81,88	92,1
	II	1.797,41	39,92	143,79	161,76	21,28	131,26	147,66	2,63	118,72	133,56	–	106,21	119,48	–	94,06	105,82	–	82,43	92,73	–	71,32	80,2
	III	1.287,00	–	102,96	115,83	–	93,21	104,86	–	83,73	94,19	–	74,49	83,80	–	65,52	73,71	–	56,81	63,91	–	48,34	54,3
	IV	1.946,50	57,66	155,72	175,18	48,34	149,45	168,13	39,02	143,18	161,08	29,70	136,92	154,03	20,37	130,65	146,98	11,05	124,38	139,93	1,73	118,12	132,8
	V	2.460,91	118,88	196,87	221,48																		
	VI	2.505,25	124,15	200,42	225,47																		
7.862,99 (Ost)	I	1.954,33	58,59	156,34	175,88	39,95	143,81	161,78	21,31	131,28	147,69	2,66	118,74	133,58	–	106,23	119,51	–	94,08	105,84	–	82,45	92,7
	II	1.805,25	40,85	144,42	162,47	22,21	131,88	148,37	3,57	119,35	134,27	–	106,83	120,18	–	94,66	106,49	–	83,00	93,37	–	71,86	80,8
	III	1.293,16	–	103,45	116,38	–	93,70	105,41	–	84,20	94,72	–	74,96	84,33	–	65,97	74,21	–	57,24	64,39	–	48,76	54,8
	IV	1.954,33	58,59	156,34	175,88	49,27	150,08	168,84	39,95	143,81	161,78	30,63	137,54	154,73	21,31	131,28	147,69	11,98	125,01	140,63	2,66	118,74	133,5
	V	2.468,75	119,81	197,50	222,18																		
	VI	2.513,08	125,08	201,04	226,17																		

Anzahl Kinderfreibeträge (nur Steuerklassen I–IV)

Lohn/ Gehalt bis	Steuerklasse	Lohnsteuer	ohne Kinderfreibetrag			Anzahl Kinderfreibeträge (nur Steuerklassen I–IV)																	
						0,5			1,0			1,5			2,0			2,5			3,0		
			SolZ 5,5%	Kirchensteuer 8%	Kirchensteuer 9%	SolZ 5,5%	Kirchensteuer 8%	Kirchensteuer 9%	SolZ 5,5%	Kirchensteuer 8%	Kirchensteuer 9%	SolZ 5,5%	Kirchensteuer 8%	Kirchensteuer 9%	SolZ 5,5%	Kirchensteuer 8%	Kirchensteuer 9%	SolZ 5,5%	Kirchensteuer 8%	Kirchensteuer 9%	SolZ 5,5%	Kirchensteuer 8%	Kirchensteuer 9%
7.865,99 (West)	I	1.947,75	57,81	155,82	175,29	39,17	143,28	161,19	20,52	130,75	147,09	1,89	118,22	133,00	-	105,71	118,92	-	93,58	105,28	-	81,98	92,22
	II	1.798,66	40,07	143,89	161,87	21,42	131,36	147,78	2,78	118,82	133,67	-	106,31	119,60	-	94,16	105,93	-	82,52	92,84	-	71,40	80,33
	III	1.288,00	-	103,04	115,92	-	93,29	104,95	-	83,80	94,27	-	74,57	83,89	-	65,60	73,80	-	56,88	63,99	-	48,41	54,46
	IV	1.947,75	57,81	155,82	175,29	48,49	149,55	168,24	39,17	143,28	161,19	29,84	137,02	154,14	20,52	130,75	147,09	11,20	124,48	140,04	1,89	118,22	133,00
	V	2.462,25	119,03	196,98	221,60																		
	VI	2.506,50	124,30	200,52	225,58																		
7.865,99 (Ost)	I	1.955,58	58,74	156,44	176,00	40,10	143,91	161,90	21,45	131,38	147,80	2,81	118,84	133,70	-	106,33	119,62	-	94,18	105,95	-	82,54	92,86
	II	1.806,50	41,00	144,52	162,58	22,36	131,98	148,48	3,71	119,45	134,38	-	106,93	120,29	-	94,75	106,59	-	83,09	93,47	-	71,94	80,93
	III	1.294,16	-	103,53	116,47	-	93,77	105,49	-	84,28	94,81	-	75,02	84,40	-	66,04	74,29	-	57,30	64,46	-	48,82	54,92
	IV	1.955,58	58,74	156,44	176,00	49,42	150,18	168,95	40,10	143,91	161,90	30,78	137,64	154,85	21,45	131,38	147,80	12,13	125,11	140,75	2,81	118,84	133,70
	V	2.470,00	119,96	197,60	222,30																		
	VI	2.514,33	125,23	201,14	226,28																		
7.868,99 (West)	I	1.949,00	57,96	155,92	175,41	39,31	143,38	161,30	20,68	130,86	147,21	2,04	118,32	133,11	-	105,81	119,03	-	93,68	105,39	-	82,07	92,33
	II	1.799,91	40,22	143,99	161,99	21,57	131,46	147,89	2,93	118,92	133,79	-	106,41	119,71	-	94,26	106,04	-	82,62	92,94	-	71,49	80,42
	III	1.289,00	-	103,12	116,01	-	93,37	105,04	-	83,88	94,36	-	74,64	83,97	-	65,66	73,87	-	56,94	64,06	-	48,48	54,54
	IV	1.949,00	57,96	155,92	175,41	48,64	149,65	168,35	39,31	143,38	161,30	30,00	137,12	154,26	20,68	130,86	147,21	11,36	124,59	140,16	2,04	118,32	133,11
	V	2.463,50	119,18	197,08	221,71																		
	VI	2.507,75	124,45	200,62	225,69																		
7.868,99 (Ost)	I	1.956,83	58,89	156,54	176,11	40,25	144,01	162,01	21,60	131,48	147,91	2,96	118,94	133,81	-	106,43	119,73	-	94,27	106,05	-	82,64	92,97
	II	1.807,75	41,15	144,62	162,69	22,51	132,08	148,59	3,86	119,55	134,49	-	107,03	120,41	-	94,85	106,70	-	83,18	93,58	-	72,03	81,03
	III	1.295,16	-	103,61	116,56	-	93,85	105,58	-	84,34	94,88	-	75,10	84,49	-	66,10	74,36	-	57,37	64,54	-	48,89	55,00
	IV	1.956,83	58,89	156,54	176,11	49,57	150,28	169,06	40,25	144,01	162,01	30,93	137,74	154,96	21,60	131,48	147,91	12,28	125,21	140,86	2,96	118,94	133,81
	V	2.471,25	120,11	197,70	222,41																		
	VI	2.515,58	125,38	201,24	226,40																		
7.871,99 (West)	I	1.950,33	58,12	156,02	175,52	39,47	143,49	161,42	20,83	130,96	147,33	2,19	118,42	133,22	-	105,91	119,15	-	93,78	105,50	-	82,16	92,43
	II	1.801,16	40,37	144,09	162,10	21,72	131,56	148,00	3,08	119,02	133,90	-	106,51	119,82	-	94,35	106,14	-	82,71	93,05	-	71,58	80,52
	III	1.290,00	-	103,20	116,10	-	93,45	105,13	-	83,96	94,45	-	74,72	84,06	-	65,73	73,94	-	57,01	64,13	-	48,54	54,61
	IV	1.950,33	58,12	156,02	175,52	48,79	149,76	168,48	39,47	143,49	161,42	30,15	137,22	154,37	20,83	130,96	147,33	11,51	124,69	140,27	2,19	118,42	133,22
	V	2.464,75	119,33	197,18	221,82																		
	VI	2.509,08	124,61	200,72	225,81																		
7.871,99 (Ost)	I	1.958,08	59,04	156,64	176,22	40,40	144,11	162,12	21,75	131,58	148,02	3,11	119,04	133,92	-	106,53	119,84	-	94,37	106,16	-	82,72	93,06
	II	1.809,00	41,30	144,72	162,81	22,65	132,18	148,70	4,01	119,65	134,60	-	107,13	120,52	-	94,94	106,81	-	83,28	93,69	-	72,12	81,14
	III	1.296,16	-	103,69	116,65	-	93,93	105,67	-	84,42	94,97	-	75,17	84,56	-	66,18	74,45	-	57,44	64,62	-	48,97	55,09
	IV	1.958,08	59,04	156,64	176,22	49,72	150,38	169,17	40,40	144,11	162,12	31,07	137,84	155,07	21,75	131,58	148,02	12,43	125,31	140,97	3,11	119,04	133,92
	V	2.472,50	120,25	197,80	222,52																		
	VI	2.516,83	125,53	201,34	226,51																		
7.874,99 (West)	I	1.951,58	58,27	156,12	175,64	39,62	143,59	161,54	20,98	131,06	147,44	2,34	118,52	133,34	-	106,01	119,26	-	93,87	105,60	-	82,25	92,53
	II	1.802,41	40,51	144,19	162,21	21,88	131,66	148,12	3,24	119,13	134,02	-	106,61	119,93	-	94,44	106,25	-	82,80	93,15	-	71,66	80,62
	III	1.291,00	-	103,28	116,19	-	93,53	105,22	-	84,02	94,52	-	74,78	84,13	-	65,81	74,03	-	57,08	64,21	-	48,61	54,68
	IV	1.951,58	58,27	156,12	175,64	48,94	149,86	168,59	39,62	143,59	161,54	30,30	137,32	154,49	20,98	131,06	147,44	11,66	124,79	140,39	2,34	118,52	133,34
	V	2.466,00	119,48	197,28	221,94																		
	VI	2.510,33	124,76	200,82	225,92																		
7.874,99 (Ost)	I	1.959,33	59,19	156,74	176,33	40,54	144,21	162,23	21,90	131,68	148,14	3,27	119,15	134,04	-	106,63	119,96	-	94,46	106,27	-	82,82	93,17
	II	1.810,25	41,45	144,82	162,92	22,80	132,28	148,82	4,16	119,75	134,72	-	107,23	120,63	-	95,04	106,92	-	83,37	93,79	-	72,21	81,23
	III	1.297,16	-	103,77	116,74	-	94,01	105,76	-	84,50	95,06	-	75,25	84,65	-	66,25	74,53	-	57,52	64,71	-	49,04	55,17
	IV	1.959,33	59,19	156,74	176,33	49,87	150,48	169,29	40,54	144,21	162,23	31,22	137,94	155,18	21,90	131,68	148,14	12,58	125,41	141,08	3,27	119,15	134,04
	V	2.473,83	120,41	197,90	222,64																		
	VI	2.518,08	125,68	201,44	226,62																		
7.877,99 (West)	I	1.952,83	58,41	156,22	175,75	39,77	143,69	161,65	21,13	131,16	147,55	2,48	118,62	133,45	-	106,11	119,37	-	93,97	105,71	-	82,34	92,63
	II	1.803,75	40,67	144,30	162,33	22,03	131,76	148,23	3,39	119,23	134,13	-	106,71	120,05	-	94,54	106,36	-	82,89	93,25	-	71,76	80,73
	III	1.292,00	-	103,36	116,28	-	93,60	105,30	-	84,10	94,61	-	74,86	84,22	-	65,88	74,11	-	57,16	64,30	-	48,68	54,76
	IV	1.952,83	58,41	156,22	175,75	49,09	149,96	168,70	39,77	143,69	161,65	30,45	137,42	154,60	21,13	131,16	147,55	11,81	124,89	140,50	2,48	118,62	133,45
	V	2.467,25	119,63	197,38	222,05																		
	VI	2.511,58	124,91	200,92	226,04																		
7.877,99 (Ost)	I	1.960,58	59,34	156,84	176,45	40,69	144,31	162,35	22,06	131,78	148,25	3,42	119,25	134,15	-	106,73	120,07	-	94,56	106,38	-	82,91	93,27
	II	1.811,50	41,60	144,92	163,03	22,95	132,38	148,93	4,31	119,85	134,83	-	107,33	120,74	-	95,14	107,03	-	83,46	93,89	-	72,30	81,33
	III	1.298,16	-	103,85	116,83	-	94,09	105,85	-	84,57	95,14	-	75,32	84,73	-	66,32	74,61	-	57,58	64,78	-	49,10	55,24
	IV	1.960,58	59,34	156,84	176,45	50,01	150,58	169,40	40,69	144,31	162,35	31,38	138,05	155,30	22,06	131,78	148,25	12,74	125,52	141,21	3,42	119,25	134,15
	V	2.475,08	120,56	198,00	222,75																		
	VI	2.519,33	125,83	201,54	226,73																		
7.880,99 (West)	I	1.954,08	58,56	156,32	175,86	39,92	143,79	161,76	21,28	131,26	147,66	2,63	118,72	133,56	-	106,21	119,48	-	94,06	105,82	-	82,43	92,73
	II	1.805,00	40,82	144,40	162,45	22,18	131,86	148,34	3,54	119,33	134,24	-	106,81	120,16	-	94,64	106,47	-	82,98	93,35	-	71,84	80,82
	III	1.293,00	-	103,44	116,37	-	93,68	105,39	-	84,18	94,70	-	74,93	84,29	-	65,94	74,18	-	57,22	64,37	-	48,74	54,83
	IV	1.954,08	58,56	156,32	175,86	49,24	150,06	168,81	39,92	143,79	161,76	30,60	137,52	154,71	21,28	131,26	147,66	11,95	124,99	140,61	2,63	118,72	133,56
	V	2.468,50	119,78	197,48	222,16																		
	VI	2.512,83	125,05	201,02	226,15																		
7.880,99 (Ost)	I	1.961,91	59,50	156,95	176,57	40,85	144,42	162,47	22,21	131,88	148,37	3,57	119,35	134,27	-	106,83	120,18	-	94,66	106,49	-	83,00	93,37
	II	1.812,75	41,74	145,02	163,14	23,10	132,48	149,04	4,46	119,95	134,94	-	107,43	120,86	-	95,23	107,13	-	83,55	93,99	-	72,38	81,43
	III	1.299,16	-	103,93	116,92	-	94,16	105,93	-	84,65	95,23	-	75,40	84,82	-	66,40	74,70	-	57,65	64,85	-	49,17	55,31
	IV	1.961,91	59,50	156,95	176,57	50,17	150,68	169,52	40,85	144,42	162,47	31,53	138,15	155,42	22,21	131,88	148,37	12,89	125,62	141,32	3,57	119,35	134,27
	V	2.476,33	120,71	198,10	222,86																		
	VI	2.520,66	125,99	201,65	226,85																		
7.883,99 (West)	I	1.955,33	58,71	156,42	175,97	40,07	143,89	161,87	21,42	131,36	147,78	2,78	118,82	133,67	-	106,31	119,60	-	94,16	105,93	-	82,52	92,84
	II	1.806,25	40,97	144,50	162,56	22,33	131,96	148,46	3,68	119,43	134,36	-	106,91	120,27	-	94,73	106,57	-	83,08	93,46	-	71,93	80,92
	III	1.294,00	-	103,52	116,46	-	93,76	105,48	-	84,25	94,78	-	75,01	84,38	-	66,02	74,27	-	57,29	64,45	-	48,81	54,91
	IV	1.955,33	58,71	156,42	175,97	49,39	150,16	168,93	40,07	143,89	161,87	30,75	137,62	154,82	21,42	131,36	147,78	12,10	125,09	140,72	2,78	118,82	133,67
	V	2.469,75	119,93	197,58	222,27																		
	VI	2.514,08	125,20	201,12	226,26																		
7.883,99 (Ost)	I	1.963,16	59,64	157,05	176,68	41,00	144,52	162,58	22,36	131,98	148,48	3,71	119,45	134,38	-	106,93	120,29	-	94,75	106,59	-	83,09	93,47
	II	1.814,00	41,89	145,12	163,26	23,26	132,59	149,16	4,62	120,06	135,06	-	107,53	120,97	-	95,33	107,24	-	83,64	94,10	-	72,47	81,53
	III	1.300,16	-	104,01	117,01	-	94,24	106,02	-	84,73	95,32	-	75,46	84,89	-	66,46	74,77	-	57,72	64,93	-	49,24	55,39
	IV	1.963,16	59,64	157,05	176,68	50,32	150,78	169,63	41,00	144,52	162,58	31,68	138,25	155,53	22,36	131,98	148,48	13,04	125,72	141,43	3,71	119,45	134,38
	V	2.477,58	120,86	198,20	222,98																		
	VI	2.521,91	126,14	201,75	226,97																		

Lohn/ Gehalt bis	Steuerklasse	Lohnsteuer	ohne Kinderfreibetrag SolZ 5,5%	ohne Kinderfreibetrag Kirchensteuer 8%	ohne Kinderfreibetrag Kirchensteuer 9%	0,5 SolZ 5,5%	0,5 Kirchensteuer 8%	0,5 Kirchensteuer 9%	1,0 SolZ 5,5%	1,0 Kirchensteuer 8%	1,0 Kirchensteuer 9%	1,5 SolZ 5,5%	1,5 Kirchensteuer 8%	1,5 Kirchensteuer 9%	2,0 SolZ 5,5%	2,0 Kirchensteuer 8%	2,0 Kirchensteuer 9%	2,5 SolZ 5,5%	2,5 Kirchensteuer 8%	2,5 Kirchensteuer 9%	3,0 SolZ 5,5%	3,0 Kirchensteuer 8%	3,0 Kirchensteuer 9%
7.886,99 *(West)*	I	1.956,58	*58,86*	156,52	176,09	*40,22*	143,99	161,99	*21,57*	131,46	147,89	*2,93*	118,92	133,79	-	106,41	119,71	-	94,26	106,04	-	82,62	92
	II	1.807,50	*41,12*	144,60	162,67	*22,48*	132,06	148,57	*3,83*	119,53	134,47	-	107,01	120,38	-	94,83	106,68	-	83,16	93,56	-	72,02	81
	III	1.295,00	-	103,60	116,55	-	93,84	105,57	-	84,33	94,87	-	75,08	84,46	-	66,09	74,35	-	57,36	64,53	-	48,88	54
	IV	1.956,58	*58,86*	156,52	176,09	*49,54*	150,26	169,04	*40,22*	143,99	161,99	*30,90*	137,72	154,94	*21,57*	131,46	147,89	*12,25*	125,19	140,84	*2,93*	118,92	133
	V	2.471,00	*120,08*	197,68	222,39																		
	VI	2.515,33	*125,35*	201,22	226,37																		
7.886,99 *(Ost)*	I	1.964,41	*59,79*	157,15	176,79	*41,15*	144,62	162,69	*22,51*	132,08	148,59	*3,86*	119,55	134,49	-	107,03	120,41	-	94,85	106,70	-	83,18	93
	II	1.815,33	*42,05*	145,22	163,37	*23,41*	132,69	149,27	*4,76*	120,16	135,18	-	107,63	121,08	-	95,42	107,35	-	83,74	94,20	-	72,56	81
	III	1.301,16	-	104,09	117,10	-	94,32	106,11	-	84,80	95,40	-	75,54	84,98	-	66,53	74,84	-	57,78	65,00	-	49,30	55
	IV	1.964,41	*59,79*	157,15	176,79	*50,47*	150,88	169,74	*41,15*	144,62	162,69	*31,83*	138,35	155,64	*22,51*	132,08	148,59	*13,18*	125,82	141,54	*3,86*	119,55	134
	V	2.478,83	*121,01*	198,30	223,09																		
	VI	2.523,16	*126,28*	201,85	227,08																		
7.889,99 *(West)*	I	1.957,83	*59,01*	156,62	176,20	*40,37*	144,09	162,10	*21,72*	131,56	148,00	*3,08*	119,02	133,90	-	106,51	119,82	-	94,35	106,14	-	82,71	93
	II	1.808,75	*41,27*	144,70	162,78	*22,62*	132,16	148,68	*3,98*	119,63	134,58	-	107,11	120,50	-	94,92	106,79	-	83,26	93,66	-	72,10	81
	III	1.296,00	-	103,68	116,64	-	93,92	105,66	-	84,41	94,96	-	75,16	84,55	-	66,16	74,43	-	57,42	64,60	-	48,94	55
	IV	1.957,83	*59,01*	156,62	176,20	*49,69*	150,36	169,15	*40,37*	144,09	162,10	*31,04*	137,82	155,05	*21,72*	131,56	148,00	*12,40*	125,29	140,95	*3,08*	119,02	133
	V	2.472,33	*120,23*	197,78	222,50																		
	VI	2.516,58	*125,50*	201,32	226,49																		
7.889,99 *(Ost)*	I	1.965,66	*59,94*	157,25	176,90	*41,30*	144,72	162,81	*22,65*	132,18	148,70	*4,01*	119,65	134,60	-	107,13	120,52	-	94,94	106,81	-	83,28	93
	II	1.816,58	*42,20*	145,32	163,49	*23,56*	132,79	149,39	*4,91*	120,26	135,29	-	107,73	121,19	-	95,52	107,46	-	83,82	94,30	-	72,65	81
	III	1.302,16	-	104,17	117,19	-	94,40	106,20	-	84,88	95,49	-	75,61	85,06	-	66,61	74,93	-	57,86	65,09	-	49,37	55
	IV	1.965,66	*59,94*	157,25	176,90	*50,62*	150,98	169,85	*41,30*	144,72	162,81	*31,98*	138,45	155,75	*22,65*	132,18	148,70	*13,33*	125,92	141,66	*4,01*	119,65	134
	V	2.480,08	*121,16*	198,40	223,20																		
	VI	2.524,41	*126,43*	201,95	227,19																		
7.892,99 *(West)*	I	1.959,08	*59,16*	156,72	176,31	*40,51*	144,19	162,21	*21,88*	131,66	148,12	*3,24*	119,13	134,02	-	106,61	119,93	-	94,44	106,25	-	82,80	93
	II	1.810,00	*41,42*	144,80	162,90	*22,77*	132,26	148,79	*4,13*	119,73	134,69	-	107,21	120,61	-	95,02	106,90	-	83,35	93,77	-	72,19	81
	III	1.297,00	-	103,76	116,73	-	94,00	105,75	-	84,48	95,04	-	75,22	84,62	-	66,24	74,52	-	57,49	64,67	-	49,01	55,
	IV	1.959,08	*59,16*	156,72	176,31	*49,84*	150,46	169,26	*40,51*	144,19	162,21	*31,19*	137,92	155,16	*21,88*	131,66	148,12	*12,56*	125,40	141,07	*3,24*	119,13	134
	V	2.473,58	*120,38*	197,88	222,62																		
	VI	2.517,83	*125,65*	201,42	226,60																		
7.892,99 *(Ost)*	I	1.966,91	*60,09*	157,35	177,02	*41,45*	144,82	162,92	*22,80*	132,28	148,82	*4,16*	119,75	134,72	-	107,23	120,63	-	95,04	106,92	-	83,37	93,
	II	1.817,83	*42,35*	145,42	163,60	*23,71*	132,89	149,50	*5,06*	120,36	135,40	-	107,83	121,31	-	95,62	107,57	-	83,92	94,41	-	72,74	81,
	III	1.303,16	-	104,25	117,28	-	94,48	106,29	-	84,96	95,58	-	75,69	85,15	-	66,68	75,01	-	57,93	65,17	-	49,44	55
	IV	1.966,91	*60,09*	157,35	177,02	*50,77*	151,08	169,97	*41,45*	144,82	162,92	*32,13*	138,55	155,87	*22,80*	132,28	148,82	*13,48*	126,02	141,77	*4,16*	119,75	134,
	V	2.481,33	*121,31*	198,50	223,31																		
	VI	2.525,66	*126,58*	202,05	227,30																		
7.895,99 *(West)*	I	1.960,33	*59,31*	156,82	176,42	*40,67*	144,30	162,33	*22,03*	131,76	148,23	*3,39*	119,23	134,13	-	106,71	120,05	-	94,54	106,36	-	82,89	93
	II	1.811,25	*41,57*	144,90	163,01	*22,92*	132,36	148,91	*4,28*	119,83	134,81	-	107,31	120,72	-	95,12	107,01	-	83,44	93,87	-	72,28	81,
	III	1.298,00	-	103,84	116,82	-	94,06	105,82	-	84,56	95,13	-	75,30	84,71	-	66,30	74,59	-	57,57	64,76	-	49,08	55
	IV	1.960,33	*59,31*	156,82	176,42	*49,99*	150,56	169,38	*40,67*	144,30	162,33	*31,35*	138,03	155,28	*22,03*	131,76	148,23	*12,71*	125,50	141,18	*3,39*	119,23	134,
	V	2.474,83	*120,53*	197,98	222,73																		
	VI	2.519,08	*125,80*	201,52	226,71																		
7.895,99 *(Ost)*	I	1.968,16	*60,24*	157,45	177,13	*41,60*	144,92	163,03	*22,95*	132,38	148,93	*4,31*	119,85	134,83	-	107,33	120,74	-	95,14	107,03	-	83,46	93
	II	1.819,08	*42,50*	145,52	163,71	*23,85*	132,99	149,61	*5,21*	120,46	135,51	-	107,93	121,42	-	95,71	107,67	-	84,01	94,51	-	72,82	81,
	III	1.304,16	-	104,33	117,37	-	94,56	106,38	-	85,02	95,65	-	75,76	85,23	-	66,74	75,08	-	58,00	65,25	-	49,50	55,
	IV	1.968,16	*60,24*	157,45	177,13	*50,92*	151,18	170,08	*41,60*	144,92	163,03	*32,27*	138,65	155,98	*22,95*	132,38	148,93	*13,63*	126,12	141,88	*4,31*	119,85	134,
	V	2.482,58	*121,45*	198,60	223,43																		
	VI	2.526,91	*126,73*	202,15	227,42																		
7.898,99 *(West)*	I	1.961,66	*59,47*	156,93	176,54	*40,82*	144,40	162,45	*22,18*	131,86	148,34	*3,54*	119,33	134,24	-	106,81	120,16	-	94,64	106,47	-	82,98	93,
	II	1.812,50	*41,71*	145,00	163,12	*23,07*	132,46	149,02	*4,44*	119,94	134,93	-	107,41	120,83	-	95,21	107,11	-	83,53	93,97	-	72,37	81,
	III	1.299,00	-	103,92	116,91	-	94,14	105,91	-	84,64	95,22	-	75,37	84,79	-	66,38	74,68	-	57,64	64,84	-	49,16	55,
	IV	1.961,66	*59,47*	156,93	176,54	*50,14*	150,66	169,49	*40,82*	144,40	162,45	*31,50*	138,13	155,39	*22,18*	131,86	148,34	*12,86*	125,60	141,30	*3,54*	119,33	134,
	V	2.476,08	*120,68*	198,08	222,84																		
	VI	2.520,41	*125,96*	201,63	226,83																		
7.898,99 *(Ost)*	I	1.969,41	*60,39*	157,55	177,24	*41,74*	145,02	163,14	*23,10*	132,48	149,04	*4,46*	119,95	134,94	-	107,43	120,86	-	95,23	107,13	-	83,55	93,
	II	1.820,33	*42,65*	145,62	163,82	*24,00*	133,09	149,72	*5,36*	120,56	135,63	-	108,03	121,53	-	95,81	107,78	-	84,10	94,61	-	72,91	82,
	III	1.305,16	-	104,41	117,46	-	94,62	106,45	-	85,10	95,74	-	75,84	85,32	-	66,82	75,17	-	58,06	65,32	-	49,57	55,
	IV	1.969,41	*60,39*	157,55	177,24	*51,07*	151,28	170,19	*41,74*	145,02	163,14	*32,42*	138,75	156,09	*23,10*	132,48	149,04	*13,78*	126,22	141,99	*4,46*	119,95	134,
	V	2.483,91	*121,61*	198,71	223,55																		
	VI	2.528,16	*126,88*	202,25	227,53																		
7.901,99 *(West)*	I	1.962,91	*59,61*	157,03	176,66	*40,97*	144,50	162,56	*22,33*	131,96	148,46	*3,68*	119,43	134,36	-	106,91	120,27	-	94,73	106,57	-	83,08	93,
	II	1.813,83	*41,87*	145,10	163,24	*23,23*	132,57	149,14	*4,59*	120,04	135,04	-	107,51	120,95	-	95,31	107,22	-	83,62	94,07	-	72,46	81,
	III	1.300,00	-	104,00	117,00	-	94,22	106,00	-	84,70	95,29	-	75,45	84,88	-	66,45	74,75	-	57,70	64,91	-	49,22	55,
	IV	1.962,91	*59,61*	157,03	176,66	*50,29*	150,76	169,61	*40,97*	144,50	162,56	*31,65*	138,23	155,51	*22,33*	131,96	148,46	*13,01*	125,70	141,41	*3,68*	119,43	134,
	V	2.477,33	*120,83*	198,18	222,95																		
	VI	2.521,66	*126,11*	201,73	226,94																		
7.901,99 *(Ost)*	I	1.970,66	*60,54*	157,65	177,35	*41,89*	145,12	163,26	*23,26*	132,59	149,16	*4,62*	120,06	135,06	-	107,53	120,97	-	95,33	107,24	-	83,64	94,
	II	1.821,58	*42,80*	145,72	163,94	*24,15*	133,19	149,84	*5,51*	120,66	135,74	-	108,13	121,64	-	95,90	107,89	-	84,20	94,72	-	73,00	82,
	III	1.306,16	-	104,49	117,55	-	94,70	106,54	-	85,18	95,83	-	75,90	85,39	-	66,89	75,25	-	58,13	65,39	-	49,64	55,
	IV	1.970,66	*60,54*	157,65	177,35	*51,21*	151,38	170,30	*41,89*	145,12	163,26	*32,57*	138,85	156,20	*23,26*	132,59	149,16	*13,94*	126,32	142,11	*4,62*	120,06	135,
	V	2.485,16	*121,76*	198,81	223,66																		
	VI	2.529,41	*127,03*	202,35	227,64																		
7.904,99 *(West)*	I	1.964,16	*59,76*	157,13	176,77	*41,12*	144,60	162,67	*22,48*	132,06	148,57	*3,83*	119,53	134,47	-	107,01	120,38	-	94,83	106,68	-	83,16	93,
	II	1.815,08	*42,02*	145,20	163,35	*23,38*	132,67	149,25	*4,74*	120,14	135,15	-	107,61	121,06	-	95,40	107,33	-	83,72	94,18	-	72,54	81,
	III	1.301,00	-	104,08	117,09	-	94,30	106,09	-	84,78	95,38	-	75,52	84,96	-	66,52	74,83	-	57,77	64,99	-	49,29	55,
	IV	1.964,16	*59,76*	157,13	176,77	*50,44*	150,86	169,72	*41,12*	144,60	162,67	*31,80*	138,33	155,62	*22,48*	132,06	148,57	*13,15*	125,80	141,52	*3,83*	119,53	134,
	V	2.478,58	*120,98*	198,28	223,07																		
	VI	2.522,91	*126,25*	201,83	227,06																		
7.904,99 *(Ost)*	I	1.971,91	*60,69*	157,75	177,47	*42,05*	145,22	163,37	*23,41*	132,69	149,27	*4,76*	120,16	135,18	-	107,63	121,08	-	95,42	107,35	-	83,74	94,
	II	1.822,83	*42,94*	145,82	164,05	*24,30*	133,29	149,95	*5,66*	120,76	135,85	-	108,23	121,76	-	96,00	108,00	-	84,28	94,82	-	73,09	82,
	III	1.307,16	-	104,57	117,64	-	94,78	106,63	-	85,25	95,90	-	75,98	85,48	-	66,97	75,34	-	58,21	65,48	-	49,70	55,
	IV	1.971,91	*60,69*	157,75	177,47	*51,37*	151,49	170,42	*42,05*	145,22	163,37	*32,73*	138,96	156,33	*23,41*	132,69	149,27	*14,09*	126,42	142,22	*4,76*	120,16	135,
	V	2.486,41	*121,91*	198,91	223,77																		
	VI	2.530,75	*127,19*	202,46	227,76																		

Anzahl Kinderfreibeträge (nur Steuerklassen I–IV)

Allgemeine Tabelle

Lohn/ Gehalt bis	Steuerklasse	Lohnsteuer	ohne Kinderfreibetrag SolZ 5,5%	Kirchensteuer 8%	Kirchensteuer 9%	0,5 SolZ 5,5%	0,5 Kirchensteuer 8%	0,5 Kirchensteuer 9%	1,0 SolZ 5,5%	1,0 Kirchensteuer 8%	1,0 Kirchensteuer 9%	1,5 SolZ 5,5%	1,5 Kirchensteuer 8%	1,5 Kirchensteuer 9%	2,0 SolZ 5,5%	2,0 Kirchensteuer 8%	2,0 Kirchensteuer 9%	2,5 SolZ 5,5%	2,5 Kirchensteuer 8%	2,5 Kirchensteuer 9%	3,0 SolZ 5,5%	3,0 Kirchensteuer 8%	3,0 Kirchensteuer 9%
7.907,99 (West)	I	1.965,41	59,91	157,23	176,88	41,27	144,70	162,78	22,62	132,16	148,68	3,98	119,63	134,58	-	107,11	120,50	-	94,92	106,79	-	83,26	93,66
	II	1.816,33	42,17	145,30	163,46	23,53	132,77	149,36	4,88	120,24	135,27	-	107,71	121,17	-	95,50	107,44	-	83,81	94,28	-	72,63	81,71
	III	1.302,00	-	104,16	117,18	-	94,38	106,18	-	84,86	95,47	-	75,60	85,05	-	66,60	74,92	-	57,84	65,07	-	49,36	55,53
	IV	1.965,41	59,91	157,23	176,88	50,59	150,96	169,83	41,27	144,70	162,78	31,95	138,43	155,73	22,62	132,16	148,68	13,30	125,90	141,63	3,98	119,63	134,58
	V	2.479,83	121,13	198,38	223,18																		
	VI	2.524,16	126,40	201,93	227,17																		
7.907,99 (Ost)	I	1.973,25	60,84	157,86	177,59	42,20	145,32	163,49	23,56	132,79	149,39	4,91	120,26	135,29	-	107,73	121,19	-	95,52	107,46	-	83,82	94,30
	II	1.824,08	43,09	145,92	164,16	24,45	133,39	150,06	5,82	120,86	135,97	-	108,33	121,87	-	96,10	108,11	-	84,38	94,92	-	73,18	82,32
	III	1.308,16	-	104,65	117,73	-	94,86	106,72	-	85,33	95,99	-	76,05	85,55	-	67,04	75,42	-	58,28	65,56	-	49,77	55,99
	IV	1.973,25	60,84	157,86	177,59	51,52	151,59	170,54	42,20	145,32	163,49	32,88	139,06	156,44	23,56	132,79	149,39	14,24	126,52	142,34	4,91	120,26	135,29
	V	2.487,66	122,06	199,01	223,88																		
	VI	2.532,00	127,33	202,56	227,88																		
7.910,99 (West)	I	1.966,66	60,06	157,33	176,99	41,42	144,80	162,90	22,77	132,26	148,79	4,13	119,73	134,69	-	107,21	120,61	-	95,02	106,90	-	83,35	93,77
	II	1.817,58	42,32	145,40	163,58	23,68	132,87	149,48	5,03	120,34	135,38	-	107,81	121,28	-	95,60	107,55	-	83,90	94,39	-	72,72	81,81
	III	1.303,00	-	104,24	117,27	-	94,45	106,25	-	84,93	95,54	-	75,66	85,12	-	66,66	74,99	-	57,92	65,16	-	49,42	55,60
	IV	1.966,66	60,06	157,33	176,99	50,74	151,06	169,94	41,42	144,80	162,90	32,10	138,53	155,84	22,77	132,26	148,79	13,45	126,00	141,75	4,13	119,73	134,69
	V	2.481,08	121,28	198,48	223,29																		
	VI	2.525,41	126,55	202,03	227,28																		
7.910,99 (Ost)	I	1.974,50	60,99	157,96	177,70	42,35	145,42	163,60	23,71	132,89	149,50	5,06	120,36	135,40	-	107,83	121,31	-	95,62	107,57	-	83,92	94,41
	II	1.825,41	43,25	146,03	164,28	24,61	133,50	150,18	5,96	120,96	136,08	-	108,43	121,98	-	96,20	108,22	-	84,47	95,03	-	73,26	82,42
	III	1.309,16	-	104,73	117,82	-	94,94	106,81	-	85,41	96,08	-	76,13	85,64	-	67,10	75,49	-	58,34	65,63	-	49,84	56,07
	IV	1.974,50	60,99	157,96	177,70	51,67	151,69	170,65	42,35	145,42	163,60	33,03	139,16	156,55	23,71	132,89	149,50	14,38	126,62	142,45	5,06	120,36	135,40
	V	2.488,91	122,21	199,11	224,00																		
	VI	2.533,25	127,48	202,66	227,99																		
7.913,99 (West)	I	1.967,91	60,21	157,43	177,11	41,57	144,90	163,01	22,92	132,36	148,91	4,28	119,83	134,81	-	107,31	120,72	-	95,12	107,01	-	83,44	93,87
	II	1.818,83	42,47	145,50	163,69	23,82	132,97	149,59	5,18	120,44	135,49	-	107,91	121,40	-	95,70	107,66	-	83,99	94,49	-	72,80	81,90
	III	1.304,00	-	104,32	117,36	-	94,53	106,34	-	85,01	95,63	-	75,74	85,21	-	66,73	75,07	-	57,98	65,23	-	49,49	55,67
	IV	1.967,91	60,21	157,43	177,11	50,89	151,16	170,06	41,57	144,90	163,01	32,24	138,63	155,96	22,92	132,36	148,91	13,60	126,10	141,86	4,28	119,83	134,81
	V	2.482,33	121,42	198,58	223,40																		
	VI	2.526,66	126,70	202,13	227,39																		
7.913,99 (Ost)	I	1.975,75	61,14	158,06	177,81	42,50	145,52	163,71	23,85	132,99	149,61	5,21	120,46	135,51	-	107,93	121,42	-	95,71	107,67	-	84,01	94,51
	II	1.826,66	43,40	146,13	164,39	24,76	133,60	150,30	6,11	121,06	136,19	-	108,53	122,09	-	96,29	108,32	-	84,56	95,13	-	73,35	82,52
	III	1.310,16	-	104,81	117,91	-	95,02	106,90	-	85,48	96,16	-	76,20	85,72	-	67,18	75,58	-	58,41	65,71	-	49,90	56,14
	IV	1.975,75	61,14	158,06	177,81	51,82	151,79	170,76	42,50	145,52	163,71	33,18	139,26	156,66	23,85	132,99	149,61	14,53	126,72	142,56	5,21	120,46	135,51
	V	2.490,16	122,36	199,21	224,11																		
	VI	2.534,50	127,63	202,76	228,10																		
7.916,99 (West)	I	1.969,16	60,36	157,53	177,22	41,71	145,00	163,12	23,07	132,46	149,02	4,44	119,94	134,93	-	107,41	120,83	-	95,21	107,11	-	83,53	93,97
	II	1.820,08	42,62	145,60	163,80	23,97	133,07	149,70	5,33	120,54	135,60	-	108,01	121,51	-	95,79	107,76	-	84,08	94,59	-	72,90	82,01
	III	1.305,00	-	104,40	117,45	-	94,61	106,43	-	85,09	95,72	-	75,81	85,28	-	66,81	75,16	-	58,05	65,30	-	49,56	55,75
	IV	1.969,16	60,36	157,53	177,22	51,04	151,26	170,17	41,71	145,00	163,12	32,39	138,73	156,07	23,07	132,46	149,02	13,76	126,20	141,98	4,44	119,94	134,93
	V	2.483,66	121,58	198,69	223,52																		
	VI	2.527,91	126,85	202,23	227,51																		
7.916,99 (Ost)	I	1.977,00	61,29	158,16	177,93	42,65	145,62	163,82	24,00	133,09	149,72	5,36	120,56	135,63	-	108,03	121,53	-	95,81	107,78	-	84,10	94,61
	II	1.827,91	43,55	146,23	164,51	24,91	133,70	150,41	6,26	121,16	136,31	-	108,63	122,21	-	96,38	108,43	-	84,66	95,24	-	73,44	82,62
	III	1.311,16	-	104,89	118,00	-	95,09	106,97	-	85,56	96,25	-	76,28	85,81	-	67,25	75,65	-	58,48	65,79	-	49,97	56,21
	IV	1.977,00	61,29	158,16	177,93	51,97	151,89	170,87	42,65	145,62	163,82	33,32	139,36	156,78	24,00	133,09	149,72	14,68	126,82	142,67	5,36	120,56	135,63
	V	2.491,41	122,51	199,31	224,22																		
	VI	2.535,75	127,78	202,86	228,21																		
7.919,99 (West)	I	1.970,41	60,51	157,63	177,33	41,87	145,10	163,24	23,23	132,57	149,14	4,59	120,04	135,04	-	107,51	120,95	-	95,31	107,22	-	83,62	94,07
	II	1.821,33	42,77	145,70	163,91	24,12	133,17	149,81	5,48	120,64	135,72	-	108,11	121,62	-	95,88	107,87	-	84,18	94,70	-	72,98	82,10
	III	1.306,00	-	104,48	117,54	-	94,69	106,52	-	85,16	95,80	-	75,89	85,37	-	66,88	75,24	-	58,12	65,38	-	49,62	55,82
	IV	1.970,41	60,51	157,63	177,33	51,18	151,36	170,28	41,87	145,10	163,24	32,55	138,84	156,19	23,23	132,57	149,14	13,91	126,30	142,09	4,59	120,04	135,04
	V	2.484,91	121,73	198,79	223,64																		
	VI	2.529,16	127,00	202,33	227,62																		
7.919,99 (Ost)	I	1.978,25	61,44	158,26	178,04	42,80	145,72	163,94	24,15	133,19	149,84	5,51	120,66	135,74	-	108,13	121,64	-	95,90	107,89	-	84,20	94,72
	II	1.829,16	43,70	146,33	164,62	25,05	133,80	150,52	6,41	121,26	136,42	-	108,73	122,32	-	96,48	108,54	-	84,75	95,34	-	73,53	82,72
	III	1.312,16	-	104,97	118,09	-	95,17	107,06	-	85,64	96,34	-	76,34	85,88	-	67,32	75,73	-	58,56	65,88	-	50,04	56,29
	IV	1.978,25	61,44	158,26	178,04	52,12	151,99	170,99	42,80	145,72	163,94	33,47	139,46	156,89	24,15	133,19	149,84	14,83	126,92	142,79	5,51	120,66	135,74
	V	2.492,66	122,65	199,41	224,33																		
	VI	2.537,00	127,93	202,96	228,33																		
7.922,99 (West)	I	1.971,75	60,67	157,74	177,45	42,02	145,20	163,35	23,38	132,67	149,25	4,74	120,14	135,15	-	107,61	121,06	-	95,40	107,33	-	83,72	94,18
	II	1.822,58	42,91	145,80	164,03	24,27	133,27	149,93	5,64	120,74	135,83	-	108,21	121,73	-	95,98	107,98	-	84,27	94,80	-	73,07	82,20
	III	1.307,00	-	104,56	117,63	-	94,77	106,61	-	85,24	95,89	-	75,97	85,46	-	66,94	75,31	-	58,18	65,45	-	49,69	55,90
	IV	1.971,75	60,67	157,74	177,45	51,34	151,47	170,40	42,02	145,20	163,35	32,70	138,94	156,30	23,38	132,67	149,25	14,06	126,40	142,20	4,74	120,14	135,15
	V	2.486,16	121,88	198,89	223,75																		
	VI	2.530,50	127,16	202,44	227,74																		
7.922,99 (Ost)	I	1.979,50	61,59	158,36	178,15	42,94	145,82	164,05	24,30	133,29	149,95	5,66	120,76	135,85	-	108,23	121,76	-	96,00	108,00	-	84,28	94,82
	II	1.830,41	43,85	146,43	164,73	25,20	133,90	150,63	6,56	121,36	136,53	-	108,83	122,43	-	96,58	108,65	-	84,84	95,45	-	73,62	82,82
	III	1.313,16	-	105,05	118,18	-	95,25	107,15	-	85,70	96,41	-	76,42	85,97	-	67,40	75,82	-	58,62	65,95	-	50,10	56,36
	IV	1.979,50	61,59	158,36	178,15	52,27	152,09	171,10	42,94	145,82	164,05	33,62	139,56	157,00	24,30	133,29	149,95	14,98	127,02	142,90	5,66	120,76	135,85
	V	2.494,00	122,81	199,52	224,46																		
	VI	2.538,25	128,08	203,06	228,44																		
7.925,99 (West)	I	1.973,00	60,81	157,84	177,57	42,17	145,30	163,46	23,53	132,77	149,36	4,88	120,24	135,27	-	107,71	121,17	-	95,50	107,44	-	83,81	94,28
	II	1.823,83	43,06	145,90	164,14	24,43	133,38	150,05	5,79	120,84	135,95	-	108,31	121,85	-	96,08	108,09	-	84,36	94,91	-	73,16	82,30
	III	1.308,00	-	104,64	117,72	-	94,85	106,70	-	85,32	95,98	-	76,04	85,54	-	67,02	75,40	-	58,26	65,54	-	49,76	55,98
	IV	1.973,00	60,81	157,84	177,57	51,49	151,57	170,51	42,17	145,30	163,46	32,85	139,04	156,42	23,53	132,77	149,36	14,21	126,50	142,31	4,88	120,24	135,27
	V	2.487,41	122,03	198,99	223,86																		
	VI	2.531,75	127,31	202,54	227,85																		
7.925,99 (Ost)	I	1.980,75	61,74	158,46	178,26	43,09	145,92	164,16	24,45	133,39	150,06	5,82	120,86	135,97	-	108,33	121,87	-	96,10	108,11	-	84,38	94,92
	II	1.831,66	44,00	146,53	164,84	25,35	134,00	150,75	6,71	121,46	136,64	-	108,93	122,54	-	96,68	108,76	-	84,93	95,54	-	73,70	82,91
	III	1.314,16	-	105,13	118,27	-	95,33	107,24	-	85,78	96,50	-	76,49	86,05	-	67,46	75,89	-	58,69	66,02	-	50,17	56,44
	IV	1.980,75	61,74	158,46	178,26	52,41	152,19	171,21	43,09	145,92	164,16	33,77	139,66	157,11	24,45	133,39	150,06	15,14	127,13	143,02	5,82	120,86	135,97
	V	2.495,25	122,96	199,62	224,57																		
	VI	2.539,50	128,23	203,16	228,55																		

Anzahl Kinderfreibeträge (nur Steuerklassen I–IV)

MONAT bis 7.946,99 €

Allgemeine Tabelle

Lohn/ Gehalt bis	Steuerklasse	Lohn-steuer	ohne Kinderfreibetrag			Anzahl Kinderfreibeträge (nur Steuerklassen I–IV) 0,5			1,0			1,5			2,0			2,5			3,0		
			SolZ 5,5%	Kirchensteuer 8%	9%	SolZ 5,5%	Kirchensteuer 8%	9%	SolZ 5,5%	Kirchensteuer 8%	9%	SolZ 5,5%	Kirchensteuer 8%	9%	SolZ 5,5%	Kirchensteuer 8%	9%	SolZ 5,5%	Kirchensteuer 8%	9%	SolZ 5,5%	Kirchensteuer 8%	9%
7.928,99 (West)	I	1.974,25	60,96	157,94	177,68	42,32	145,40	163,58	23,68	132,87	149,48	5,03	120,34	135,38	-	107,81	121,28	-	95,60	107,55	-	83,90	94
	II	1.825,16	43,22	146,01	164,26	24,58	133,48	150,16	5,94	120,94	136,06	-	108,41	121,96	-	96,18	108,20	-	84,45	95,00	-	73,24	82
	III	1.309,00	-	104,72	117,81	-	94,92	106,78	-	85,38	96,05	-	76,12	85,63	-	67,09	75,47	-	58,33	65,62	-	49,82	56
	IV	1.974,25	60,96	157,94	177,68	51,64	151,67	170,63	42,32	145,40	163,58	33,00	139,14	156,53	23,68	132,87	149,48	14,35	126,60	142,43	5,03	120,34	135
	V	2.488,66	122,18	199,09	223,97																		
	VI	2.533,00	127,45	202,64	227,97																		
7.928,99 (Ost)	I	1.982,00	61,88	158,56	178,38	43,25	146,03	164,28	24,61	133,50	150,18	5,96	120,96	136,08	-	108,43	121,98	-	96,20	108,22	-	84,47	95
	II	1.832,91	44,14	146,63	164,96	25,50	134,10	150,86	6,86	121,56	136,76	-	109,04	122,67	-	96,77	108,86	-	85,02	95,65	-	73,79	83
	III	1.315,16	-	105,21	118,36	-	95,41	107,33	-	85,86	96,59	-	76,57	86,14	-	67,53	75,97	-	58,76	66,10	-	50,24	56
	IV	1.982,00	61,88	158,56	178,38	52,56	152,29	171,32	43,25	146,03	164,28	33,93	139,76	157,23	24,61	133,50	150,18	15,29	127,23	143,13	5,96	120,96	136
	V	2.496,50	123,11	199,72	224,68																		
	VI	2.540,75	128,38	203,26	228,66																		
7.931,99 (West)	I	1.975,50	61,11	158,04	177,79	42,47	145,50	163,69	23,82	132,97	149,59	5,18	120,44	135,49	-	107,91	121,40	-	95,70	107,66	-	83,99	94,
	II	1.826,41	43,37	146,11	164,37	24,73	133,58	150,27	6,08	121,04	136,17	-	108,51	122,07	-	96,27	108,30	-	84,54	95,11	-	73,34	82,
	III	1.310,00	-	104,80	117,90	-	95,00	106,87	-	85,46	96,14	-	76,18	85,70	-	67,16	75,55	-	58,40	65,70	-	49,89	56,
	IV	1.975,50	61,11	158,04	177,79	51,79	151,77	170,74	42,47	145,50	163,69	33,15	139,24	156,64	23,82	132,97	149,59	14,50	126,70	142,54	5,18	120,44	135
	V	2.489,91	122,33	199,19	224,09																		
	VI	2.534,25	127,60	202,74	228,08																		
7.931,99 (Ost)	I	1.983,33	62,04	158,66	178,49	43,40	146,13	164,39	24,76	133,60	150,30	6,11	121,06	136,19	-	108,53	122,09	-	96,29	108,32	-	84,56	95,
	II	1.834,16	44,29	146,73	165,07	25,65	134,20	150,97	7,02	121,67	136,88	-	109,14	122,78	-	96,87	108,98	-	85,12	95,76	-	73,88	83,
	III	1.316,16	-	105,29	118,45	-	95,49	107,42	-	85,93	96,67	-	76,64	86,22	-	67,61	76,06	-	58,84	66,19	-	50,32	56,
	IV	1.983,33	62,04	158,66	178,49	52,72	152,40	171,45	43,40	146,13	164,39	34,08	139,86	157,34	24,76	133,60	150,30	15,44	127,33	143,24	6,11	121,06	136,
	V	2.497,75	123,26	199,82	224,79																		
	VI	2.542,08	128,53	203,36	228,78																		
7.934,99 (West)	I	1.976,75	61,26	158,14	177,90	42,62	145,60	163,80	23,97	133,07	149,70	5,33	120,54	135,60	-	108,01	121,51	-	95,79	107,76	-	84,08	94,
	II	1.827,66	43,52	146,21	164,48	24,88	133,68	150,39	6,23	121,14	136,28	-	108,61	122,18	-	96,37	108,41	-	84,64	95,22	-	73,42	82,
	III	1.311,00	-	104,88	117,99	-	95,08	106,96	-	85,54	96,23	-	76,26	85,79	-	67,24	75,64	-	58,46	65,77	-	49,96	56,
	IV	1.976,75	61,26	158,14	177,90	51,94	151,87	170,85	42,62	145,60	163,80	33,30	139,34	156,75	23,97	133,07	149,70	14,65	126,80	142,65	5,33	120,54	135,
	V	2.491,16	122,48	199,29	224,20																		
	VI	2.535,50	127,75	202,84	228,19																		
7.934,99 (Ost)	I	1.984,58	62,19	158,76	178,61	43,55	146,23	164,51	24,91	133,70	150,41	6,26	121,16	136,31	-	108,63	122,21	-	96,38	108,43	-	84,66	95,
	II	1.835,41	44,44	146,83	165,18	25,81	134,30	151,09	7,16	121,77	136,99	-	109,24	122,89	-	96,96	109,08	-	85,21	95,86	-	73,97	83,
	III	1.317,16	-	105,37	118,54	-	95,56	107,50	-	86,01	96,76	-	76,72	86,31	-	67,68	76,14	-	58,90	66,26	-	50,38	56,
	IV	1.984,58	62,19	158,76	178,61	52,87	152,50	171,56	43,55	146,23	164,51	34,23	139,96	157,46	24,91	133,70	150,41	15,58	127,43	143,36	6,26	121,16	136,
	V	2.499,00	123,41	199,92	224,91																		
	VI	2.543,33	128,68	203,46	228,89																		
7.937,99 (West)	I	1.978,00	61,41	158,24	178,02	42,77	145,70	163,91	24,12	133,17	149,81	5,48	120,64	135,72	-	108,11	121,62	-	95,88	107,87	-	84,18	94,
	II	1.828,91	43,67	146,31	164,60	25,02	133,78	150,50	6,38	121,24	136,40	-	108,71	122,30	-	96,46	108,52	-	84,73	95,32	-	73,51	82,
	III	1.312,00	-	104,96	118,08	-	95,16	107,05	-	85,61	96,31	-	76,33	85,87	-	67,30	75,71	-	58,54	65,86	-	50,02	56,
	IV	1.978,00	61,41	158,24	178,02	52,09	151,97	170,96	42,77	145,70	163,91	33,44	139,44	156,87	24,12	133,17	149,81	14,80	126,90	142,76	5,48	120,64	135,
	V	2.492,41	122,62	199,39	224,31																		
	VI	2.536,75	127,90	202,94	228,30																		
7.937,99 (Ost)	I	1.985,83	62,34	158,86	178,72	43,70	146,33	164,62	25,05	133,80	150,52	6,41	121,26	136,42	-	108,73	122,32	-	96,48	108,54	-	84,75	95,
	II	1.836,75	44,60	146,94	165,30	25,96	134,40	151,20	7,31	121,87	137,10	-	109,34	123,00	-	97,06	109,19	-	85,30	95,96	-	74,06	83,
	III	1.318,16	-	105,45	118,63	-	95,64	107,59	-	86,09	96,85	-	76,78	86,38	-	67,76	76,23	-	58,97	66,34	-	50,45	56,
	IV	1.985,83	62,34	158,86	178,72	53,02	152,60	171,67	43,70	146,33	164,62	34,38	140,06	157,57	25,05	133,80	150,52	15,73	127,53	143,47	6,41	121,26	136,4
	V	2.500,25	123,56	200,02	225,02																		
	VI	2.544,58	128,83	203,56	229,01																		
7.940,99 (West)	I	1.979,25	61,56	158,34	178,13	42,91	145,80	164,03	24,27	133,27	149,93	5,64	120,74	135,83	-	108,21	121,73	-	95,98	107,98	-	84,27	94,8
	II	1.830,16	43,82	146,41	164,71	25,17	133,88	150,61	6,53	121,34	136,51	-	108,81	122,41	-	96,56	108,63	-	84,82	95,42	-	73,60	82,
	III	1.313,00	-	105,04	118,17	-	95,24	107,14	-	85,69	96,40	-	76,41	85,96	-	67,38	75,80	-	58,61	65,93	-	50,09	56,3
	IV	1.979,25	61,56	158,34	178,13	52,24	152,07	171,08	42,91	145,80	164,03	33,59	139,54	156,98	24,27	133,27	149,93	14,95	127,00	142,88	5,64	120,74	135,8
	V	2.493,75	122,78	199,50	224,43																		
	VI	2.538,00	128,05	203,04	228,42																		
7.940,99 (Ost)	I	1.987,08	62,49	158,96	178,83	43,85	146,43	164,73	25,20	133,90	150,63	6,56	121,36	136,53	-	108,83	122,43	-	96,58	108,65	-	84,84	95,4
	II	1.838,00	44,75	147,04	165,42	26,11	134,50	151,31	7,46	121,97	137,21	-	109,44	123,12	-	97,16	109,30	-	85,40	96,07	-	74,14	83,4
	III	1.319,16	-	105,53	118,72	-	95,72	107,68	-	86,16	96,93	-	76,86	86,47	-	67,82	76,30	-	59,04	66,42	-	50,52	56,8
	IV	1.987,08	62,49	158,96	178,83	53,17	152,70	171,78	43,85	146,43	164,73	34,52	140,16	157,68	25,20	133,90	150,63	15,88	127,63	143,58	6,56	121,36	136,5
	V	2.501,50	123,71	200,12	225,13																		
	VI	2.545,83	128,98	203,66	229,12																		
7.943,99 (West)	I	1.980,50	61,71	158,44	178,24	43,06	145,90	164,14	24,43	133,38	150,05	5,79	120,84	135,95	-	108,31	121,85	-	96,08	108,09	-	84,36	94,9
	II	1.831,41	43,97	146,51	164,82	25,32	133,98	150,72	6,68	121,44	136,62	-	108,92	122,53	-	96,66	108,74	-	84,92	95,53	-	73,68	82,8
	III	1.314,00	-	105,12	118,26	-	95,32	107,23	-	85,77	96,49	-	76,48	86,04	-	67,45	75,88	-	58,68	66,01	-	50,16	56,4
	IV	1.980,50	61,71	158,44	178,24	52,38	152,17	171,19	43,06	145,90	164,14	33,75	139,64	157,10	24,43	133,38	150,05	15,11	127,11	143,00	5,79	120,84	135,9
	V	2.495,00	122,93	199,60	224,55																		
	VI	2.539,25	128,20	203,14	228,53																		
7.943,99 (Ost)	I	1.988,33	62,64	159,06	178,94	44,00	146,53	164,84	25,35	134,00	150,75	6,71	121,46	136,64	-	108,93	122,54	-	96,68	108,76	-	84,93	95,5
	II	1.839,25	44,90	147,14	165,53	26,25	134,60	151,43	7,61	122,07	137,33	-	109,54	123,23	-	97,26	109,41	-	85,49	96,17	-	74,24	83,5
	III	1.320,16	-	105,61	118,81	-	95,80	107,77	-	86,24	97,02	-	76,94	86,56	-	67,89	76,37	-	59,10	66,49	-	50,58	56,9
	IV	1.988,33	62,64	159,06	178,94	53,32	152,80	171,90	44,00	146,53	164,84	34,67	140,26	157,79	25,35	134,00	150,75	16,03	127,73	143,69	6,71	121,46	136,6
	V	2.502,75	123,85	200,22	225,24																		
	VI	2.547,08	129,13	203,76	229,23																		
7.946,99 (West)	I	1.981,83	61,87	158,54	178,36	43,22	146,01	164,26	24,58	133,48	150,16	5,94	120,94	136,06	-	108,41	121,96	-	96,18	108,20	-	84,45	95,0
	II	1.832,66	44,11	146,61	164,93	25,47	134,08	150,84	6,83	121,54	136,73	-	109,02	122,64	-	96,76	108,85	-	85,01	95,63	-	73,78	83,0
	III	1.315,00	-	105,20	118,35	-	95,38	107,30	-	85,84	96,57	-	76,56	86,13	-	67,52	75,96	-	58,74	66,08	-	50,22	56,5
	IV	1.981,83	61,87	158,54	178,36	52,54	152,28	171,31	43,22	146,01	164,26	33,90	139,74	157,21	24,58	133,48	150,16	15,26	127,21	143,11	5,94	120,94	136,0
	V	2.496,25	123,08	199,70	224,66																		
	VI	2.540,58	128,36	203,24	228,65																		
7.946,99 (Ost)	I	1.989,58	62,79	159,16	179,06	44,14	146,63	164,96	25,50	134,10	150,86	6,86	121,56	136,76	-	109,04	122,67	-	96,77	108,86	-	85,02	95,6
	II	1.840,50	45,05	147,24	165,64	26,40	134,70	151,54	7,76	122,17	137,44	-	109,64	123,34	-	97,35	109,52	-	85,58	96,27	-	74,32	83,6
	III	1.321,16	-	105,69	118,90	-	95,88	107,86	-	86,32	97,11	-	77,01	86,63	-	67,97	76,46	-	59,18	66,58	-	50,65	56,9
	IV	1.989,58	62,79	159,16	179,06	53,47	152,90	172,01	44,14	146,63	164,96	34,82	140,36	157,91	25,50	134,10	150,86	16,18	127,83	143,81	6,86	121,56	136,7
	V	2.504,00	124,00	200,32	225,36																		
	VI	2.548,33	129,28	203,86	229,34																		

Lohn/ Gehalt bis	Steuerklasse	Lohn- steuer	ohne Kinderfreibetrag SolZ 5,5%	ohne Kinderfreibetrag Kirchensteuer 8%	ohne Kinderfreibetrag Kirchensteuer 9%	0,5 SolZ 5,5%	0,5 Kirchensteuer 8%	0,5 Kirchensteuer 9%	1,0 SolZ 5,5%	1,0 Kirchensteuer 8%	1,0 Kirchensteuer 9%	1,5 SolZ 5,5%	1,5 Kirchensteuer 8%	1,5 Kirchensteuer 9%	2,0 SolZ 5,5%	2,0 Kirchensteuer 8%	2,0 Kirchensteuer 9%	2,5 SolZ 5,5%	2,5 Kirchensteuer 8%	2,5 Kirchensteuer 9%	3,0 SolZ 5,5%	3,0 Kirchensteuer 8%	3,0 Kirchensteuer 9%
						Anzahl Kinderfreibeträge (nur Steuerklassen I–IV)																	
7.949,99 (West)	I	1.983,08	62,01	158,64	178,47	43,37	146,11	164,37	24,73	133,58	150,27	6,08	121,04	136,17	-	108,51	122,07	-	96,27	108,30	-	84,54	95,11
	II	1.833,91	44,26	146,71	165,05	25,63	134,18	150,95	6,99	121,65	136,85	-	109,12	122,76	-	96,85	108,95	-	85,10	95,73	-	73,86	83,09
	III	1.316,00	-	105,28	118,44	-	95,46	107,39	-	85,92	96,66	-	76,62	86,20	-	67,60	76,05	-	58,81	66,16	-	50,29	56,57
	IV	1.983,08	62,01	158,64	178,47	52,69	152,38	171,42	43,37	146,11	164,37	34,05	139,84	157,32	24,73	133,58	150,27	15,41	127,31	143,22	6,08	121,04	136,17
	V	2.497,50	123,23	199,80	224,77																		
	VI	2.541,83	128,51	203,34	228,76																		
7.949,99 (Ost)	I	1.990,83	62,94	159,26	179,17	44,29	146,73	165,07	25,65	134,20	150,97	7,02	121,67	136,88	-	109,14	122,78	-	96,87	108,98	-	85,12	95,76
	II	1.841,75	45,20	147,34	165,75	26,55	134,80	151,65	7,91	122,27	137,55	-	109,74	123,45	-	97,45	109,63	-	85,67	96,38	-	74,41	83,71
	III	1.322,16	-	105,77	118,99	-	95,96	107,95	-	86,38	97,18	-	77,09	86,72	-	68,04	76,54	-	59,25	66,65	-	50,72	57,06
	IV	1.990,83	62,94	159,26	179,17	53,61	153,00	172,12	44,29	146,73	165,07	34,97	140,46	158,02	25,65	134,20	150,97	16,33	127,93	143,92	7,02	121,67	136,88
	V	2.505,33	124,16	200,42	225,47																		
	VI	2.549,58	129,43	203,96	229,46																		
7.952,99 (West)	I	1.984,33	62,16	158,74	178,58	43,52	146,21	164,48	24,88	133,68	150,39	6,23	121,14	136,28	-	108,61	122,18	-	96,37	108,41	-	84,64	95,22
	II	1.835,25	44,42	146,82	165,17	25,78	134,28	151,07	7,14	121,75	136,97	-	109,22	122,87	-	96,94	109,06	-	85,19	95,84	-	73,95	83,19
	III	1.317,00	-	105,36	118,53	-	95,54	107,48	-	86,00	96,75	-	76,70	86,29	-	67,66	76,12	-	58,89	66,25	-	50,36	56,65
	IV	1.984,33	62,16	158,74	178,58	52,84	152,48	171,54	43,52	146,21	164,48	34,20	139,94	157,43	24,88	133,68	150,39	15,55	127,41	143,33	6,23	121,14	136,28
	V	2.498,75	123,38	199,90	224,88																		
	VI	2.543,08	128,65	203,44	228,87																		
7.952,99 (Ost)	I	1.992,08	63,08	159,36	179,28	44,44	146,83	165,18	25,81	134,30	151,09	7,16	121,77	136,99	-	109,24	122,89	-	96,96	109,08	-	85,21	95,86
	II	1.843,00	45,34	147,44	165,87	26,70	134,90	151,76	8,06	122,37	137,66	-	109,84	123,57	-	97,54	109,73	-	85,76	96,48	-	74,50	83,81
	III	1.323,16	-	105,85	119,08	-	96,02	108,02	-	86,46	97,27	-	77,16	86,80	-	68,10	76,61	-	59,32	66,73	-	50,78	57,13
	IV	1.992,08	63,08	159,36	179,28	53,76	153,10	172,23	44,44	146,83	165,18	35,13	140,57	158,14	25,81	134,30	151,09	16,49	128,04	144,04	7,16	121,77	136,99
	V	2.506,58	124,31	200,52	225,59																		
	VI	2.550,83	129,58	204,06	229,57																		
7.955,99 (West)	I	1.985,58	62,31	158,84	178,70	43,67	146,31	164,60	25,02	133,78	150,50	6,38	121,24	136,40	-	108,71	122,30	-	96,46	108,52	-	84,73	95,32
	II	1.836,50	44,57	146,92	165,28	25,93	134,38	151,18	7,28	121,85	137,08	-	109,32	122,98	-	97,04	109,17	-	85,28	95,94	-	74,04	83,29
	III	1.318,00	-	105,44	118,62	-	95,62	107,57	-	86,06	96,82	-	76,77	86,36	-	67,73	76,19	-	58,96	66,33	-	50,44	56,74
	IV	1.985,58	62,31	158,84	178,70	52,99	152,58	171,65	43,67	146,31	164,60	34,35	140,04	157,55	25,02	133,78	150,50	15,70	127,51	143,45	6,38	121,24	136,40
	V	2.500,00	123,53	200,00	225,00																		
	VI	2.544,33	128,80	203,54	228,98																		
7.955,99 (Ost)	I	1.993,41	63,24	159,47	179,40	44,60	146,94	165,30	25,96	134,40	151,20	7,31	121,87	137,10	-	109,34	123,00	-	97,06	109,19	-	85,30	95,96
	II	1.844,25	45,49	147,54	165,98	26,85	135,00	151,88	8,21	122,47	137,78	-	109,94	123,68	-	97,64	109,85	-	85,86	96,59	-	74,59	83,91
	III	1.324,16	-	105,93	119,17	-	96,10	108,11	-	86,54	97,36	-	77,24	86,89	-	68,18	76,70	-	59,38	66,80	-	50,85	57,20
	IV	1.993,41	63,24	159,47	179,40	53,92	153,20	172,35	44,60	146,94	165,30	35,28	140,67	158,25	25,96	134,40	151,20	16,64	128,14	144,15	7,31	121,87	137,10
	V	2.507,83	124,46	200,62	225,70																		
	VI	2.552,16	129,73	204,17	229,69																		
7.958,99 (West)	I	1.986,83	62,46	158,94	178,81	43,82	146,41	164,71	25,17	133,88	150,61	6,53	121,34	136,51	-	108,81	122,41	-	96,56	108,63	-	84,82	95,42
	II	1.837,75	44,72	147,02	165,39	26,08	134,48	151,29	7,43	121,95	137,19	-	109,42	123,09	-	97,14	109,28	-	85,38	96,05	-	74,13	83,39
	III	1.319,00	-	105,52	118,71	-	95,70	107,66	-	86,14	96,91	-	76,85	86,45	-	67,81	76,28	-	59,02	66,40	-	50,50	56,81
	IV	1.986,83	62,46	158,94	178,81	53,14	152,68	171,76	43,82	146,41	164,71	34,50	140,14	157,66	25,17	133,88	150,61	15,85	127,61	143,56	6,53	121,34	136,51
	V	2.501,25	123,68	200,10	225,11																		
	VI	2.545,58	128,95	203,64	229,10																		
7.958,99 (Ost)	I	1.994,66	63,39	159,57	179,51	44,75	147,04	165,42	26,11	134,50	151,31	7,46	121,97	137,21	-	109,44	123,12	-	97,16	109,30	-	85,40	96,07
	II	1.845,50	45,64	147,64	166,09	27,01	135,11	152,00	8,36	122,58	137,90	-	110,04	123,80	-	97,74	109,95	-	85,95	96,69	-	74,68	84,01
	III	1.325,16	-	106,01	119,26	-	96,18	108,20	-	86,62	97,45	-	77,30	86,96	-	68,25	76,78	-	59,46	66,89	-	50,92	57,28
	IV	1.994,66	63,39	159,57	179,51	54,07	153,30	172,46	44,75	147,04	165,42	35,43	140,77	158,36	26,11	134,50	151,31	16,78	128,24	144,27	7,46	121,97	137,21
	V	2.509,08	124,61	200,72	225,81																		
	VI	2.553,41	129,88	204,27	229,80																		
7.961,99 (West)	I	1.988,08	62,61	159,04	178,92	43,97	146,51	164,82	25,32	133,98	150,72	6,68	121,44	136,62	-	108,92	122,53	-	96,66	108,74	-	84,92	95,53
	II	1.839,00	44,87	147,12	165,51	26,22	134,58	151,40	7,58	122,05	137,30	-	109,52	123,21	-	97,24	109,39	-	85,47	96,15	-	74,22	83,49
	III	1.320,00	-	105,60	118,80	-	95,78	107,75	-	86,22	97,00	-	76,92	86,53	-	67,88	76,36	-	59,09	66,47	-	50,57	56,89
	IV	1.988,08	62,61	159,04	178,92	53,29	152,78	171,87	43,97	146,51	164,82	34,64	140,24	157,77	25,32	133,98	150,72	16,00	127,71	143,67	6,68	121,44	136,62
	V	2.502,50	123,82	200,20	225,22																		
	VI	2.546,83	129,10	203,74	229,21																		
7.961,99 (Ost)	I	1.995,91	63,54	159,67	179,63	44,90	147,14	165,53	26,25	134,60	151,43	7,61	122,07	137,33	-	109,54	123,23	-	97,26	109,41	-	85,49	96,17
	II	1.846,83	45,80	147,74	166,21	27,16	135,21	152,11	8,51	122,68	138,01	-	110,14	123,91	-	97,84	110,07	-	86,04	96,80	-	74,76	84,11
	III	1.326,16	-	106,09	119,35	-	96,26	108,29	-	86,69	97,52	-	77,38	87,05	-	68,33	76,87	-	59,53	66,97	-	50,98	57,35
	IV	1.995,91	63,54	159,67	179,63	54,22	153,40	172,58	44,90	147,14	165,53	35,58	140,87	158,48	26,25	134,60	151,43	16,93	128,34	144,38	7,61	122,07	137,33
	V	2.510,33	124,76	200,82	225,92																		
	VI	2.554,66	130,03	204,37	229,91																		
7.964,99 (West)	I	1.989,33	62,76	159,14	179,03	44,11	146,61	164,93	25,47	134,08	150,84	6,83	121,54	136,73	-	109,02	122,64	-	96,76	108,85	-	85,01	95,63
	II	1.840,25	45,02	147,22	165,62	26,37	134,68	151,52	7,73	122,15	137,42	-	109,62	123,32	-	97,33	109,49	-	85,56	96,26	-	74,30	83,59
	III	1.321,00	-	105,68	118,89	-	95,85	107,83	-	86,29	97,07	-	77,00	86,62	-	67,96	76,45	-	59,16	66,55	-	50,64	56,97
	IV	1.989,33	62,76	159,14	179,03	53,44	152,88	171,99	44,11	146,61	164,93	34,79	140,34	157,88	25,47	134,08	150,84	16,15	127,81	143,78	6,83	121,54	136,73
	V	2.503,83	123,98	200,30	225,34																		
	VI	2.548,08	129,25	203,84	229,32																		
7.964,99 (Ost)	I	1.997,16	63,69	159,77	179,74	45,05	147,24	165,64	26,40	134,70	151,54	7,76	122,17	137,44	-	109,64	123,34	-	97,35	109,52	-	85,58	96,27
	II	1.848,08	45,95	147,84	166,32	27,31	135,31	152,22	8,66	122,78	138,12	-	110,24	124,02	-	97,93	110,17	-	86,14	96,90	-	74,86	84,21
	III	1.327,16	-	106,17	119,44	-	96,34	108,38	-	86,77	97,61	-	77,45	87,13	-	68,40	76,95	-	59,60	67,05	-	51,05	57,43
	IV	1.997,16	63,69	159,77	179,74	54,37	153,50	172,69	45,05	147,24	165,64	35,72	140,97	158,59	26,40	134,70	151,54	17,08	128,44	144,49	7,76	122,17	137,44
	V	2.511,58	124,91	200,92	226,04																		
	VI	2.555,91	130,18	204,47	230,03																		
7.967,99 (West)	I	1.990,58	62,91	159,24	179,15	44,26	146,71	165,05	25,63	134,18	150,95	6,99	121,65	136,85	-	109,12	122,76	-	96,85	108,95	-	85,10	95,73
	II	1.841,50	45,17	147,32	165,73	26,52	134,78	151,63	7,88	122,25	137,53	-	109,72	123,43	-	97,43	109,61	-	85,66	96,36	-	74,40	83,70
	III	1.322,00	-	105,76	118,98	-	95,93	107,92	-	86,37	97,16	-	77,06	86,69	-	68,02	76,52	-	59,24	66,64	-	50,70	57,04
	IV	1.990,58	62,91	159,24	179,15	53,58	152,98	172,10	44,26	146,71	165,05	34,94	140,44	158,00	25,63	134,18	150,95	16,31	127,92	143,91	6,99	121,65	136,85
	V	2.505,08	124,13	200,40	225,45																		
	VI	2.549,33	129,40	203,94	229,43																		
7.967,99 (Ost)	I	1.998,41	63,84	159,87	179,85	45,20	147,34	165,75	26,55	134,80	151,65	7,91	122,27	137,55	-	109,74	123,45	-	97,45	109,63	-	85,67	96,38
	II	1.849,33	46,10	147,94	166,43	27,45	135,41	152,33	8,81	122,88	138,24	-	110,34	124,13	-	98,03	110,28	-	86,23	97,01	-	74,94	84,31
	III	1.328,16	-	106,25	119,53	-	96,42	108,47	-	86,85	97,70	-	77,53	87,22	-	68,46	77,02	-	59,66	67,12	-	51,12	57,51
	IV	1.998,41	63,84	159,87	179,85	54,52	153,60	172,80	45,20	147,34	165,75	35,87	141,07	158,70	26,55	134,80	151,65	17,23	128,54	144,60	7,91	122,27	137,55
	V	2.512,83	125,05	201,02	226,15																		
	VI	2.557,16	130,33	204,57	230,14																		

Lohn/ Gehalt bis	Steuerklasse	Lohn-steuer	ohne Kinderfreibetrag SolZ 5,5%	Kirchensteuer 8%	9%	0,5 SolZ 5,5%	Kirchensteuer 8%	9%	1,0 SolZ 5,5%	Kirchensteuer 8%	9%	1,5 SolZ 5,5%	Kirchensteuer 8%	9%	2,0 SolZ 5,5%	Kirchensteuer 8%	9%	2,5 SolZ 5,5%	Kirchensteuer 8%	9%	3,0 SolZ 5,5%	Kirchensteu 8%	9%
						Anzahl Kinderfreibeträge (nur Steuerklassen I–IV)																	
7.970,99 (West)	I	1.991,83	63,06	159,34	179,26	44,42	146,82	165,17	25,78	134,28	151,07	7,14	121,75	136,97	–	109,22	122,87	–	96,94	109,06	–	85,19	95
	II	1.842,75	45,31	147,42	165,84	26,67	134,88	151,74	8,03	122,35	137,64	–	109,82	123,55	–	97,53	109,72	–	85,75	96,47	–	74,48	83
	III	1.323,00	–	105,84	119,07	–	96,01	108,01	–	86,45	97,25	–	77,14	86,78	–	68,09	76,60	–	59,30	66,71	–	50,77	57
	IV	1.991,83	63,06	159,34	179,26	53,74	153,08	172,22	44,42	146,82	165,17	35,10	140,55	158,12	25,78	134,28	151,07	16,46	128,02	144,02	7,14	121,75	136
	V	2.506,33	124,28	200,50	225,56																		
	VI	2.550,58	129,55	204,04	229,55																		
7.970,99 (Ost)	I	1.999,66	63,99	159,97	179,96	45,34	147,44	165,87	26,70	134,90	151,76	8,06	122,37	137,66	–	109,84	123,57	–	97,54	109,73	–	85,76	96
	II	1.850,58	46,25	148,04	166,55	27,60	135,51	152,45	8,96	122,98	138,35	–	110,44	124,25	–	98,13	110,39	–	86,32	97,11	–	75,03	84
	III	1.329,16	–	106,33	119,62	–	96,50	108,56	–	86,92	97,78	–	77,60	87,30	–	68,54	77,11	–	59,73	67,19	–	51,18	57
	IV	1.999,66	63,99	159,97	179,96	54,67	153,70	172,91	45,34	147,44	165,87	36,02	141,17	158,81	26,70	134,90	151,76	17,38	128,64	144,72	8,06	122,37	137
	V	2.514,08	125,20	201,12	226,26																		
	VI	2.558,41	130,48	204,67	230,25																		
7.973,99 (West)	I	1.993,16	63,21	159,45	179,38	44,57	146,92	165,28	25,93	134,38	151,18	7,28	121,85	137,08	–	109,32	122,98	–	97,04	109,17	–	85,28	95
	II	1.844,00	45,46	147,52	165,96	26,82	134,98	151,85	8,19	122,46	137,76	–	109,92	123,66	–	97,62	109,82	–	85,84	96,57	–	74,57	83
	III	1.324,00	–	105,92	119,16	–	96,09	108,10	–	86,53	97,34	–	77,21	86,86	–	68,17	76,69	–	59,37	66,79	–	50,84	57,
	IV	1.993,16	63,21	159,45	179,38	53,89	153,18	172,33	44,57	146,92	165,28	35,25	140,65	158,23	25,93	134,38	151,18	16,61	128,12	144,13	7,28	121,85	137
	V	2.507,58	124,43	200,60	225,68																		
	VI	2.551,91	129,71	204,15	229,67																		
7.973,99 (Ost)	I	2.000,91	64,14	160,07	180,08	45,49	147,54	165,98	26,85	135,00	151,88	8,21	122,47	137,78	–	109,94	123,68	–	97,64	109,85	–	85,86	96
	II	1.851,83	46,40	148,14	166,66	27,75	135,61	152,56	9,11	123,08	138,46	–	110,54	124,36	–	98,22	110,50	–	86,42	97,22	–	75,12	84,
	III	1.330,16	–	106,41	119,71	–	96,57	108,64	–	87,00	97,87	–	77,68	87,39	–	68,61	77,18	–	59,81	67,28	–	51,26	57,
	IV	2.000,91	64,14	160,07	180,08	54,81	153,80	173,03	45,49	147,54	165,98	36,17	141,27	158,93	26,85	135,00	151,88	17,53	128,74	144,83	8,21	122,47	137
	V	2.515,41	125,36	201,23	226,38																		
	VI	2.559,66	130,63	204,77	230,36																		
7.976,99 (West)	I	1.994,41	63,36	159,55	179,49	44,72	147,02	165,39	26,08	134,48	151,29	7,43	121,95	137,19	–	109,42	123,09	–	97,14	109,28	–	85,38	96
	II	1.845,33	45,62	147,62	166,07	26,98	135,09	151,97	8,33	122,56	137,88	–	110,02	123,77	–	97,72	109,94	–	85,93	96,67	–	74,66	83,
	III	1.325,00	–	106,00	119,25	–	96,17	108,19	–	86,60	97,42	–	77,29	86,95	–	68,24	76,77	–	59,44	66,87	–	50,90	57,
	IV	1.994,41	63,36	159,55	179,49	54,04	153,28	172,44	44,72	147,02	165,39	35,40	140,75	158,34	26,08	134,48	151,29	16,75	128,22	144,24	7,43	121,95	137,
	V	2.508,83	124,58	200,70	225,79																		
	VI	2.553,16	129,85	204,25	229,78																		
7.976,99 (Ost)	I	2.002,16	64,28	160,17	180,19	45,64	147,64	166,09	27,01	135,11	152,00	8,36	122,58	137,90	–	110,04	123,80	–	97,74	109,95	–	85,95	96,
	II	1.853,08	46,54	148,24	166,77	27,90	135,71	152,67	9,26	123,18	138,57	–	110,64	124,47	–	98,32	110,61	–	86,51	97,32	–	75,21	84,
	III	1.331,16	–	106,49	119,80	–	96,65	108,73	–	87,08	97,96	–	77,74	87,46	–	68,69	77,27	–	59,88	67,36	–	51,33	57,
	IV	2.002,16	64,28	160,17	180,19	54,96	153,90	173,14	45,64	147,64	166,09	36,32	141,37	159,04	27,01	135,11	152,00	17,69	128,84	144,95	8,36	122,58	137,
	V	2.516,66	125,51	201,33	226,49																		
	VI	2.560,91	130,78	204,87	230,48																		
7.979,99 (West)	I	1.995,66	63,51	159,65	179,60	44,87	147,12	165,51	26,22	134,58	151,40	7,58	122,05	137,30	–	109,52	123,21	–	97,24	109,39	–	85,47	96,
	II	1.846,58	45,77	147,72	166,19	27,13	135,19	152,09	8,48	122,66	137,99	–	110,12	123,89	–	97,82	110,04	–	86,02	96,77	–	74,75	84,
	III	1.326,00	–	106,08	119,34	–	96,25	108,28	–	86,68	97,51	–	77,37	87,04	–	68,30	76,84	–	59,52	66,96	–	50,97	57,
	IV	1.995,66	63,51	159,65	179,60	54,19	153,38	172,55	44,87	147,12	165,51	35,55	140,85	158,45	26,22	134,58	151,40	16,90	128,32	144,36	7,58	122,05	137,
	V	2.510,08	124,73	200,80	225,90																		
	VI	2.554,41	130,00	204,35	229,89																		
7.979,99 (Ost)	I	2.003,41	64,43	160,27	180,30	45,80	147,74	166,21	27,16	135,21	152,11	8,51	122,68	138,01	–	110,14	123,91	–	97,84	110,07	–	86,04	96,
	II	1.854,33	46,69	148,34	166,88	28,05	135,81	152,78	9,41	123,28	138,69	–	110,75	124,59	–	98,42	110,72	–	86,60	97,43	–	75,30	84,
	III	1.332,16	–	106,57	119,89	–	96,73	108,82	–	87,14	98,03	–	77,82	87,55	–	68,76	77,35	–	59,94	67,43	–	51,40	57,
	IV	2.003,41	64,43	160,27	180,30	55,12	154,01	173,26	45,80	147,74	166,21	36,48	141,48	159,16	27,16	135,21	152,11	17,84	128,94	145,06	8,51	122,68	138,
	V	2.517,91	125,66	201,43	226,61																		
	VI	2.562,25	130,93	204,98	230,60																		
7.982,99 (West)	I	1.996,91	63,66	159,75	179,72	45,02	147,22	165,62	26,37	134,68	151,52	7,73	122,15	137,42	–	109,62	123,32	–	97,33	109,49	–	85,56	96,
	II	1.847,83	45,92	147,82	166,30	27,28	135,29	152,20	8,63	122,76	138,10	–	110,22	124,00	–	97,92	110,16	–	86,12	96,88	–	74,84	84,
	III	1.327,00	–	106,16	119,43	–	96,33	108,37	–	86,76	97,60	–	77,44	87,12	–	68,38	76,93	–	59,58	67,03	–	51,04	57,
	IV	1.996,91	63,66	159,75	179,72	54,34	153,48	172,67	45,02	147,22	165,62	35,70	140,95	158,57	26,37	134,68	151,52	17,05	128,42	144,47	7,73	122,15	137,
	V	2.511,33	124,88	200,90	226,01																		
	VI	2.555,66	130,15	204,45	230,00																		
7.982,99 (Ost)	I	2.004,75	64,59	160,38	180,42	45,95	147,84	166,32	27,31	135,31	152,22	8,66	122,78	138,12	–	110,24	124,02	–	97,93	110,17	–	86,14	96,
	II	1.855,58	46,84	148,44	167,00	28,20	135,91	152,90	9,56	123,38	138,80	–	110,85	124,70	–	98,52	110,83	–	86,70	97,53	–	75,38	84,
	III	1.333,16	–	106,65	119,98	–	96,81	108,91	–	87,22	98,12	–	77,90	87,64	–	68,82	77,42	–	60,01	67,51	–	51,46	57,
	IV	2.004,75	64,59	160,38	180,42	55,27	154,11	173,37	45,95	147,84	166,32	36,63	141,58	159,27	27,31	135,31	152,22	17,98	129,04	145,17	8,66	122,78	138,
	V	2.519,16	125,81	201,53	226,72																		
	VI	2.563,50	131,08	205,08	230,71																		
7.985,99 (West)	I	1.998,16	63,81	159,85	179,83	45,17	147,32	165,73	26,52	134,78	151,63	7,88	122,25	137,53	–	109,72	123,43	–	97,43	109,61	–	85,66	96,
	II	1.849,08	46,07	147,92	166,41	27,42	135,39	152,31	8,78	122,86	138,21	–	110,32	124,11	–	98,01	110,26	–	86,21	96,98	–	74,92	84,2
	III	1.328,00	–	106,24	119,52	–	96,40	108,45	–	86,82	97,67	–	77,52	87,21	–	68,45	77,00	–	59,65	67,10	–	51,10	57,4
	IV	1.998,16	63,81	159,85	179,83	54,49	153,58	172,78	45,17	147,32	165,73	35,84	141,05	158,68	26,52	134,78	151,63	17,20	128,52	144,58	7,88	122,25	137,5
	V	2.512,58	125,02	201,00	226,13																		
	VI	2.556,91	130,30	204,55	230,12																		
7.985,99 (Ost)	I	2.006,00	64,74	160,48	180,54	46,10	147,94	166,43	27,45	135,41	152,33	8,81	122,88	138,24	–	110,34	124,13	–	98,03	110,28	–	86,23	97,0
	II	1.856,91	47,00	148,55	167,12	28,36	136,02	153,02	9,71	123,48	138,92	–	110,95	124,82	–	98,61	110,93	–	86,79	97,64	–	75,48	84,9
	III	1.334,16	–	106,73	120,07	–	96,89	109,00	–	87,30	98,21	–	77,97	87,71	–	68,90	77,51	–	60,09	67,60	–	51,53	57,9
	IV	2.006,00	64,74	160,48	180,54	55,42	154,21	173,48	46,10	147,94	166,43	36,78	141,68	159,39	27,45	135,41	152,33	18,13	129,14	145,28	8,81	122,88	138,2
	V	2.520,41	125,96	201,63	226,83																		
	VI	2.564,75	131,23	205,18	230,82																		
7.988,99 (West)	I	1.999,41	63,96	159,95	179,94	45,31	147,42	165,84	26,67	134,88	151,74	8,03	122,35	137,64	–	109,82	123,55	–	97,53	109,72	–	85,75	96,4
	II	1.850,33	46,22	148,02	166,52	27,57	135,49	152,42	8,93	122,96	138,33	–	110,42	124,22	–	98,11	110,37	–	86,30	97,09	–	75,02	84,3
	III	1.329,00	–	106,32	119,61	–	96,48	108,54	–	86,90	97,76	–	77,58	87,28	–	68,53	77,09	–	59,72	67,18	–	51,17	57,5
	IV	1.999,41	63,96	159,95	179,94	54,64	153,68	172,89	45,31	147,42	165,84	35,99	141,15	158,79	26,67	134,88	151,74	17,35	128,62	144,69	8,03	122,35	137,6
	V	2.513,83	125,17	201,10	226,24																		
	VI	2.558,16	130,45	204,65	230,23																		
7.988,99 (Ost)	I	2.007,25	64,89	160,58	180,65	46,25	148,04	166,55	27,60	135,51	152,45	8,96	122,98	138,35	–	110,44	124,25	–	98,13	110,39	–	86,32	97,1
	II	1.858,16	47,15	148,65	167,23	28,51	136,12	153,13	9,86	123,58	139,03	–	111,05	124,93	–	98,71	111,05	–	86,88	97,74	–	75,56	85,0
	III	1.335,16	–	106,81	120,16	–	96,97	109,09	–	87,38	98,30	–	78,05	87,80	–	68,97	77,59	–	60,16	67,68	–	51,60	58,0
	IV	2.007,25	64,89	160,58	180,65	55,57	154,31	173,60	46,25	148,04	166,55	36,92	141,78	159,50	27,60	135,51	152,45	18,28	129,24	145,40	8,96	122,98	138,3
	V	2.521,66	126,11	201,73	226,94																		
	VI	2.566,00	131,38	205,28	230,94																		

Lohn/ Gehalt bis	Steuerklasse	Lohnsteuer	ohne Kinderfreibetrag SolZ 5,5%	Kirchensteuer 8%	9%	0,5 SolZ 5,5%	Kirchensteuer 8%	9%	1,0 SolZ 5,5%	Kirchensteuer 8%	9%	1,5 SolZ 5,5%	Kirchensteuer 8%	9%	2,0 SolZ 5,5%	Kirchensteuer 8%	9%	2,5 SolZ 5,5%	Kirchensteuer 8%	9%	3,0 SolZ 5,5%	Kirchensteuer 8%	9%
						Anzahl Kinderfreibeträge (nur Steuerklassen I–IV)																	
7.991,99	I	2.000,66	64,11	160,05	180,05	45,46	147,52	165,96	26,82	134,98	151,85	8,19	122,46	137,76	-	109,92	123,66	-	97,62	109,82	-	85,84	96,57
(West)	II	1.851,58	46,37	148,12	166,64	27,72	135,59	152,54	9,08	123,06	138,44	-	110,52	124,34	-	98,20	110,48	-	86,40	97,20	-	75,10	84,49
	III	1.330,00	-	106,40	119,70	-	96,56	108,63	-	86,98	97,85	-	77,66	87,37	-	68,60	77,17	-	59,80	67,27	-	51,24	57,64
	IV	2.000,66	64,11	160,05	180,05	54,78	153,78	173,00	45,46	147,52	165,96	36,14	141,25	158,90	26,82	134,98	151,85	17,51	128,72	144,81	8,19	122,46	137,76
	V	2.515,16	125,33	201,21	226,36																		
	VI	2.559,41	130,60	204,75	230,34																		
7.991,99	I	2.008,50	65,04	160,68	180,76	46,40	148,14	166,66	27,75	135,61	152,56	9,11	123,08	138,46	-	110,54	124,36	-	98,22	110,50	-	86,42	97,22
(Ost)	II	1.859,41	47,30	148,75	167,34	28,65	136,22	153,24	10,01	123,68	139,14	-	111,15	125,04	-	98,81	111,16	-	86,97	97,84	-	75,65	85,10
	III	1.336,16	-	106,89	120,25	-	97,05	109,18	-	87,45	98,38	-	78,12	87,88	-	69,05	77,68	-	60,22	67,75	-	51,66	58,12
	IV	2.008,50	65,04	160,68	180,76	55,72	154,41	173,71	46,40	148,14	166,66	37,07	141,88	159,61	27,75	135,61	152,56	18,43	129,34	145,51	9,11	123,08	138,46
	V	2.522,91	126,25	201,83	227,06																		
	VI	2.567,25	131,53	205,38	231,05																		
7.994,99	I	2.001,91	64,26	160,15	180,17	45,62	147,62	166,07	26,98	135,09	151,97	8,33	122,56	137,88	-	110,02	123,77	-	97,72	109,94	-	85,93	96,67
(West)	II	1.852,83	46,51	148,22	166,75	27,87	135,69	152,65	9,23	123,16	138,55	-	110,62	124,45	-	98,30	110,59	-	86,49	97,30	-	75,19	84,59
	III	1.331,00	-	106,48	119,79	-	96,64	108,72	-	87,05	97,93	-	77,73	87,44	-	68,66	77,24	-	59,86	67,34	-	51,30	57,71
	IV	2.001,91	64,26	160,15	180,17	54,93	153,88	173,12	45,62	147,62	166,07	36,30	141,36	159,03	26,98	135,09	151,97	17,66	128,82	144,92	8,33	122,56	137,88
	V	2.516,41	125,48	201,31	226,47																		
	VI	2.560,66	130,75	204,85	230,45																		
7.994,99	I	2.009,75	65,19	160,78	180,87	46,54	148,24	166,77	27,90	135,71	152,67	9,26	123,18	138,57	-	110,64	124,47	-	98,32	110,61	-	86,51	97,32
(Ost)	II	1.860,66	47,45	148,85	167,45	28,80	136,32	153,36	10,16	123,78	139,25	-	111,25	125,15	-	98,90	111,26	-	87,06	97,94	-	75,74	85,21
	III	1.337,16	-	106,97	120,34	-	97,12	109,26	-	87,53	98,47	-	78,20	87,97	-	69,12	77,76	-	60,29	67,82	-	51,73	58,19
	IV	2.009,75	65,19	160,78	180,87	55,87	154,51	173,82	46,54	148,24	166,77	37,22	141,98	159,72	27,90	135,71	152,67	18,58	129,44	145,62	9,26	123,18	138,57
	V	2.524,16	126,40	201,93	227,17																		
	VI	2.568,50	131,68	205,48	231,16																		
7.997,99	I	2.003,25	64,41	160,26	180,29	45,77	147,72	166,19	27,13	135,19	152,09	8,48	122,66	137,99	-	110,12	123,89	-	97,82	110,04	-	86,02	96,77
(West)	II	1.854,08	46,66	148,32	166,86	28,02	135,79	152,76	9,39	123,26	138,67	-	110,73	124,57	-	98,40	110,70	-	86,58	97,40	-	75,28	84,69
	III	1.332,00	-	106,56	119,88	-	96,72	108,81	-	87,13	98,02	-	77,81	87,53	-	68,74	77,33	-	59,93	67,42	-	51,38	57,80
	IV	2.003,25	64,41	160,26	180,29	55,09	153,99	173,24	45,77	147,72	166,19	36,45	141,46	159,14	27,13	135,19	152,09	17,81	128,92	145,04	8,48	122,66	137,99
	V	2.517,66	125,63	201,41	226,58																		
	VI	2.562,00	130,90	204,96	230,58																		
7.997,99	I	2.011,00	65,34	160,88	180,99	46,69	148,34	166,88	28,05	135,81	152,78	9,41	123,28	138,69	-	110,75	124,59	-	98,42	110,72	-	86,60	97,43
(Ost)	II	1.861,91	47,60	148,95	167,57	28,95	136,42	153,47	10,31	123,88	139,37	-	111,35	125,27	-	99,00	111,38	-	87,16	98,05	-	75,83	85,31
	III	1.338,16	-	107,05	120,43	-	97,20	109,35	-	87,61	98,56	-	78,26	88,04	-	69,18	77,83	-	60,37	67,91	-	51,80	58,27
	IV	2.011,00	65,34	160,88	180,99	56,01	154,61	173,93	46,69	148,34	166,88	37,37	142,08	159,84	28,05	135,81	152,78	18,73	129,54	145,73	9,41	123,28	138,69
	V	2.525,50	126,56	202,04	227,29																		
	VI	2.569,75	131,83	205,58	231,27																		
8.000,99	I	2.004,50	64,56	160,36	180,40	45,92	147,82	166,30	27,28	135,29	152,20	8,63	122,76	138,10	-	110,22	124,00	-	97,92	110,16	-	86,12	96,88
(West)	II	1.855,33	46,81	148,42	166,97	28,18	135,90	152,88	9,53	123,36	138,78	-	110,83	124,68	-	98,50	110,81	-	86,68	97,51	-	75,37	84,79
	III	1.333,00	-	106,64	119,97	-	96,80	108,90	-	87,21	98,11	-	77,88	87,61	-	68,81	77,41	-	60,00	67,50	-	51,45	57,88
	IV	2.004,50	64,56	160,36	180,40	55,24	154,09	173,35	45,92	147,82	166,30	36,60	141,56	159,25	27,28	135,29	152,20	17,95	129,02	145,15	8,63	122,76	138,10
	V	2.518,91	125,78	201,51	226,70																		
	VI	2.563,25	131,05	205,06	230,69																		
8.000,99	I	2.012,25	65,48	160,98	181,10	46,84	148,44	167,00	28,20	135,91	152,90	9,56	123,38	138,80	-	110,85	124,70	-	98,52	110,83	-	86,70	97,53
(Ost)	II	1.863,16	47,74	149,05	167,68	29,10	136,52	153,58	10,46	123,98	139,48	-	111,45	125,38	-	99,10	111,48	-	87,25	98,15	-	75,92	85,41
	III	1.339,16	-	107,13	120,52	-	97,28	109,44	-	87,68	98,64	-	78,34	88,13	-	69,26	77,92	-	60,44	67,99	-	51,86	58,34
	IV	2.012,25	65,48	160,98	181,10	56,16	154,71	174,05	46,84	148,44	167,00	37,52	142,18	159,95	28,20	135,91	152,90	18,89	129,65	145,85	9,56	123,38	138,80
	V	2.526,75	126,71	202,14	227,40																		
	VI	2.571,00	131,98	205,68	231,39																		
8.003,99	I	2.005,75	64,71	160,46	180,51	46,07	147,92	166,41	27,42	135,39	152,31	8,78	122,86	138,21	-	110,32	124,11	-	98,01	110,26	-	86,21	96,98
(West)	II	1.856,66	46,97	148,53	167,09	28,33	136,00	153,00	9,68	123,46	138,89	-	110,93	124,79	-	98,60	110,92	-	86,77	97,61	-	75,46	84,89
	III	1.334,00	-	106,72	120,06	-	96,86	108,97	-	87,29	98,20	-	77,96	87,70	-	68,89	77,50	-	60,06	67,57	-	51,52	57,96
	IV	2.005,75	64,71	160,46	180,51	55,39	154,19	173,46	46,07	147,92	166,41	36,75	141,66	159,36	27,42	135,39	152,31	18,10	129,12	145,26	8,78	122,86	138,21
	V	2.520,16	125,93	201,61	226,81																		
	VI	2.564,50	131,20	205,16	230,80																		
8.003,99	I	2.013,50	65,63	161,08	181,21	47,00	148,55	167,12	28,36	136,02	153,02	9,71	123,48	138,92	-	110,95	124,82	-	98,61	110,93	-	86,79	97,64
(Ost)	II	1.864,41	47,89	149,15	167,79	29,25	136,62	153,69	10,61	124,08	139,59	-	111,55	125,49	-	99,20	111,60	-	87,34	98,26	-	76,01	85,51
	III	1.340,16	-	107,21	120,61	-	97,36	109,53	-	87,76	98,73	-	78,41	88,21	-	69,33	77,99	-	60,50	68,06	-	51,93	58,42
	IV	2.013,50	65,63	161,08	181,21	56,31	154,81	174,16	47,00	148,55	167,12	37,68	142,28	160,07	28,36	136,02	153,02	19,04	129,75	145,97	9,71	123,48	138,92
	V	2.528,00	126,86	202,24	227,52																		
	VI	2.572,25	132,12	205,78	231,50																		
8.006,99	I	2.007,00	64,86	160,56	180,63	46,22	148,02	166,52	27,57	135,49	152,42	8,93	122,96	138,33	-	110,42	124,22	-	98,11	110,37	-	86,30	97,09
(West)	II	1.857,91	47,12	148,63	167,21	28,48	136,10	153,11	9,83	123,56	139,01	-	111,03	124,91	-	98,69	111,02	-	86,86	97,72	-	75,55	84,99
	III	1.335,00	-	106,80	120,15	-	96,94	109,06	-	87,36	98,28	-	78,02	87,77	-	68,96	77,58	-	60,14	67,66	-	51,58	58,03
	IV	2.007,00	64,86	160,56	180,63	55,54	154,29	173,57	46,22	148,02	166,52	36,89	141,76	159,48	27,57	135,49	152,42	18,25	129,22	145,37	8,93	122,96	138,33
	V	2.521,41	126,08	201,71	226,92																		
	VI	2.565,75	131,35	205,26	230,91																		
8.006,99	I	2.014,83	65,79	161,18	181,33	47,15	148,65	167,23	28,51	136,12	153,13	9,86	123,58	139,03	-	111,05	124,93	-	98,71	111,05	-	86,88	97,74
(Ost)	II	1.865,66	48,04	149,25	167,90	29,40	136,72	153,81	10,76	124,19	139,71	-	111,66	125,61	-	99,30	111,71	-	87,44	98,37	-	76,10	85,61
	III	1.341,16	-	107,29	120,70	-	97,44	109,62	-	87,84	98,82	-	78,49	88,30	-	69,41	78,08	-	60,57	68,14	-	52,00	58,50
	IV	2.014,83	65,79	161,18	181,33	56,47	154,92	174,28	47,15	148,65	167,23	37,83	142,38	160,18	28,51	136,12	153,13	19,18	129,85	146,08	9,86	123,58	139,03
	V	2.529,25	127,01	202,34	227,63																		
	VI	2.573,58	132,28	205,88	231,62																		
8.009,99	I	2.008,25	65,01	160,66	180,74	46,37	148,12	166,64	27,72	135,59	152,54	9,08	123,06	138,44	-	110,52	124,34	-	98,20	110,48	-	86,40	97,20
(West)	II	1.859,16	47,27	148,73	167,32	28,62	136,20	153,22	9,98	123,66	139,12	-	111,13	125,02	-	98,79	111,14	-	86,96	97,83	-	75,64	85,09
	III	1.336,00	-	106,88	120,24	-	97,02	109,15	-	87,44	98,37	-	78,10	87,86	-	69,02	77,65	-	60,21	67,73	-	51,65	58,10
	IV	2.008,25	65,01	160,66	180,74	55,69	154,39	173,69	46,37	148,12	166,64	37,04	141,86	159,59	27,72	135,59	152,54	18,40	129,32	145,49	9,08	123,06	138,44
	V	2.522,66	126,22	201,81	227,03																		
	VI	2.567,00	131,50	205,36	231,03																		
8.009,99	I	2.016,08	65,94	161,28	181,44	47,30	148,75	167,34	28,65	136,22	153,24	10,01	123,68	139,14	-	111,15	125,04	-	98,81	111,16	-	86,97	97,84
(Ost)	II	1.866,91	48,19	149,35	168,02	29,56	136,82	153,92	10,91	124,29	139,82	-	111,76	125,73	-	99,39	111,81	-	87,53	98,47	-	76,19	85,71
	III	1.342,16	-	107,37	120,79	-	97,52	109,71	-	87,90	98,89	-	78,57	88,39	-	69,48	78,16	-	60,65	68,23	-	52,08	58,59
	IV	2.016,08	65,94	161,28	181,44	56,62	155,02	174,39	47,30	148,75	167,34	37,98	142,48	160,29	28,65	136,22	153,24	19,33	129,95	146,19	10,01	123,68	139,14
	V	2.530,50	127,16	202,44	227,74																		
	VI	2.574,83	132,43	205,98	231,73																		

Lohn/ Gehalt bis	Steuerklasse	Lohn-steuer	ohne Kinderfreibetrag			Anzahl Kinderfreibeträge (nur Steuerklassen I–IV)																	
						0,5			1,0			1,5			2,0			2,5			3,0		
			SolZ 5,5%	Kirchensteuer 8%	9%	SolZ 5,5%	Kirchensteuer 8%	9%	SolZ 5,5%	Kirchensteuer 8%	9%	SolZ 5,5%	Kirchensteuer 8%	9%	SolZ 5,5%	Kirchensteuer 8%	9%	SolZ 5,5%	Kirchensteuer 8%	9%	SolZ 5,5%	Kirchensteu 8%	9%
8.012,99 (West)	I	2.009,50	65,16	160,76	180,85	46,51	148,22	166,75	27,87	135,69	152,65	9,23	123,16	138,55	-	110,62	124,45	-	98,30	110,59	-	86,49	97
	II	1.860,41	47,42	148,83	167,43	28,77	136,30	153,33	10,13	123,76	139,23	-	111,23	125,13	-	98,88	111,24	-	87,05	97,93	-	75,72	85
	III	1.337,00	-	106,96	120,33	-	97,10	109,24	-	87,52	98,46	-	78,18	87,95	-	69,10	77,74	-	60,28	67,81	-	51,72	58
	IV	2.009,50	65,16	160,76	180,85	55,84	154,49	173,80	46,51	148,22	166,75	37,19	141,96	159,70	27,87	135,69	152,65	18,55	129,42	145,60	9,23	123,16	138
	V	2.523,91	126,37	201,91	227,15																		
	VI	2.568,25	131,65	205,46	231,14																		
8.012,99 (Ost)	I	2.017,33	66,09	161,38	181,55	47,45	148,85	167,45	28,80	136,32	153,36	10,16	123,78	139,25	-	111,25	125,15	-	98,90	111,26	-	87,06	97
	II	1.868,25	48,35	149,46	168,14	29,71	136,92	154,04	11,06	124,39	139,94	-	111,86	125,84	-	99,49	111,92	-	87,62	98,57	-	76,28	85
	III	1.343,16	-	107,45	120,88	-	97,60	109,80	-	87,98	98,98	-	78,64	88,47	-	69,54	78,23	-	60,72	68,31	-	52,14	58
	IV	2.017,33	66,09	161,38	181,55	56,77	155,12	174,51	47,45	148,85	167,45	38,12	142,58	160,40	28,80	136,32	153,36	19,48	130,05	146,30	10,16	123,78	139
	V	2.531,75	127,31	202,54	227,85																		
	VI	2.576,08	132,58	206,08	231,84																		
8.015,99 (West)	I	2.010,75	65,31	160,86	180,96	46,66	148,32	166,86	28,02	135,79	152,76	9,39	123,26	138,67	-	110,73	124,57	-	98,40	110,70	-	86,58	97
	II	1.861,66	47,57	148,93	167,54	28,92	136,40	153,45	10,28	123,86	139,34	-	111,33	125,24	-	98,98	111,35	-	87,14	98,03	-	75,82	85
	III	1.338,00	-	107,04	120,42	-	97,18	109,33	-	87,58	98,53	-	78,25	88,03	-	69,17	77,81	-	60,34	67,88	-	51,78	58
	IV	2.010,75	65,31	160,86	180,96	55,98	154,59	173,91	46,66	148,32	166,86	37,34	142,06	159,81	28,02	135,79	152,76	18,70	129,52	145,71	9,39	123,26	138
	V	2.525,25	126,53	202,02	227,27																		
	VI	2.569,50	131,80	205,56	231,25																		
8.015,99 (Ost)	I	2.018,58	66,24	161,48	181,67	47,60	148,95	167,57	28,95	136,42	153,47	10,31	123,88	139,37	-	111,35	125,27	-	99,00	111,38	-	87,16	98
	II	1.869,50	48,50	149,56	168,25	29,85	137,02	154,15	11,21	124,49	140,05	-	111,96	125,95	-	99,58	112,03	-	87,72	98,68	-	76,36	85
	III	1.344,16	-	107,53	120,97	-	97,66	109,87	-	88,06	99,07	-	78,72	88,56	-	69,62	78,32	-	60,78	68,38	-	52,21	58
	IV	2.018,58	66,24	161,48	181,67	56,92	155,22	174,62	47,60	148,95	167,57	38,27	142,68	160,52	28,95	136,42	153,47	19,63	130,15	146,42	10,31	123,88	139
	V	2.533,00	127,45	202,64	227,97																		
	VI	2.577,33	132,73	206,18	231,95																		
8.018,99 (West)	I	2.012,00	65,45	160,96	181,08	46,81	148,42	166,97	28,18	135,90	152,88	9,53	123,36	138,78	-	110,83	124,68	-	98,50	110,81	-	86,68	97
	II	1.862,91	47,71	149,03	167,66	29,07	136,50	153,56	10,43	123,96	139,46	-	111,43	125,36	-	99,08	111,47	-	87,24	98,14	-	75,90	85
	III	1.339,00	-	107,12	120,51	-	97,26	109,42	-	87,66	98,62	-	78,33	88,12	-	69,25	77,90	-	60,42	67,97	-	51,85	58
	IV	2.012,00	65,45	160,96	181,08	56,13	154,69	174,02	46,81	148,42	166,97	37,50	142,16	159,93	28,18	135,90	152,88	18,86	129,63	145,83	9,53	123,36	138
	V	2.526,50	126,68	202,12	227,38																		
	VI	2.570,75	131,95	205,66	231,36																		
8.018,99 (Ost)	I	2.019,83	66,39	161,58	181,78	47,74	149,05	167,68	29,10	136,52	153,58	10,46	123,98	139,48	-	111,45	125,38	-	99,10	111,48	-	87,25	98
	II	1.870,75	48,65	149,66	168,36	30,00	137,12	154,26	11,36	124,59	140,16	-	112,06	126,06	-	99,68	112,14	-	87,81	98,78	-	76,46	86
	III	1.345,16	-	107,61	121,06	-	97,74	109,96	-	88,14	99,16	-	78,78	88,63	-	69,69	78,40	-	60,85	68,45	-	52,28	58
	IV	2.019,83	66,39	161,58	181,78	57,07	155,32	174,73	47,74	149,05	167,68	38,42	142,78	160,63	29,10	136,52	153,58	19,78	130,25	146,53	10,46	123,98	139
	V	2.534,25	127,60	202,74	228,08																		
	VI	2.578,58	132,88	206,28	232,07																		
8.021,99 (West)	I	2.013,33	65,61	161,06	181,19	46,97	148,53	167,09	28,33	136,00	153,00	9,68	123,46	138,89	-	110,93	124,79	-	98,60	110,92	-	86,77	97,
	II	1.864,16	47,86	149,13	167,77	29,22	136,60	153,67	10,58	124,06	139,57	-	111,54	125,48	-	99,18	111,57	-	87,33	98,24	-	75,99	85,
	III	1.340,00	-	107,20	120,60	-	97,34	109,51	-	87,74	98,71	-	78,40	88,20	-	69,32	77,98	-	60,49	68,05	-	51,92	58,
	IV	2.013,33	65,61	161,06	181,19	56,29	154,80	174,15	46,97	148,53	167,09	37,65	142,26	160,04	28,33	136,00	153,00	19,01	129,73	145,94	9,68	123,46	138,
	V	2.527,75	126,83	202,22	227,49																		
	VI	2.572,08	132,10	205,76	231,48																		
8.021,99 (Ost)	I	2.021,08	66,54	161,68	181,89	47,89	149,15	167,79	29,25	136,62	153,69	10,61	124,08	139,59	-	111,55	125,49	-	99,20	111,60	-	87,34	98,
	II	1.872,00	48,79	149,76	168,48	30,15	137,22	154,37	11,51	124,69	140,27	-	112,16	126,18	-	99,78	112,25	-	87,90	98,89	-	76,54	86,
	III	1.346,16	-	107,69	121,15	-	97,82	110,05	-	88,21	99,23	-	78,86	88,72	-	69,77	78,49	-	60,93	68,54	-	52,34	58,
	IV	2.021,08	66,54	161,68	181,89	57,21	155,42	174,84	47,89	149,15	167,79	38,57	142,88	160,74	29,25	136,62	153,69	19,93	130,35	146,64	10,61	124,08	139,
	V	2.535,50	127,75	202,84	228,19																		
	VI	2.579,83	133,03	206,38	232,18																		
8.024,99 (West)	I	2.014,58	65,76	161,16	181,31	47,12	148,63	167,21	28,48	136,10	153,11	9,83	123,56	139,01	-	111,03	124,91	-	98,69	111,02	-	86,86	97,
	II	1.865,41	48,01	149,23	167,88	29,38	136,70	153,79	10,73	124,17	139,69	-	111,64	125,59	-	99,28	111,69	-	87,42	98,35	-	76,08	85,
	III	1.341,00	-	107,28	120,69	-	97,42	109,60	-	87,82	98,80	-	78,48	88,29	-	69,38	78,05	-	60,56	68,13	-	51,98	58,
	IV	2.014,58	65,76	161,16	181,31	56,44	154,90	174,26	47,12	148,63	167,21	37,80	142,36	160,16	28,48	136,10	153,11	19,15	129,83	146,06	9,83	123,56	139,
	V	2.529,00	126,98	202,32	227,61																		
	VI	2.573,33	132,25	205,86	231,59																		
8.024,99 (Ost)	I	2.022,33	66,68	161,78	182,00	48,04	149,25	167,90	29,40	136,72	153,81	10,76	124,19	139,71	-	111,66	125,61	-	99,30	111,71	-	87,44	98,
	II	1.873,25	48,94	149,86	168,59	30,30	137,32	154,49	11,66	124,79	140,39	-	112,26	126,29	-	99,88	112,36	-	88,00	99,00	-	76,64	86,
	III	1.347,16	-	107,77	121,24	-	97,90	110,14	-	88,29	99,32	-	78,93	88,79	-	69,84	78,57	-	61,00	68,62	-	52,41	58,
	IV	2.022,33	66,68	161,78	182,00	57,36	155,52	174,96	48,04	149,25	167,90	38,72	142,98	160,85	29,40	136,72	153,81	20,08	130,45	146,75	10,76	124,19	139,
	V	2.536,83	127,91	202,94	228,31																		
	VI	2.581,08	133,18	206,48	232,29																		
8.027,99 (West)	I	2.015,83	65,91	161,26	181,42	47,27	148,73	167,32	28,62	136,20	153,22	9,98	123,66	139,12	-	111,13	125,02	-	98,79	111,14	-	86,96	97,
	II	1.866,75	48,17	149,34	168,00	29,53	136,80	153,90	10,88	124,27	139,80	-	111,74	125,70	-	99,37	111,79	-	87,52	98,46	-	76,17	85,
	III	1.342,00	-	107,36	120,78	-	97,49	109,67	-	87,89	98,87	-	78,54	88,36	-	69,46	78,14	-	60,62	68,20	-	52,05	58,
	IV	2.015,83	65,91	161,26	181,42	56,59	155,00	174,37	47,27	148,73	167,32	37,95	142,46	160,27	28,62	136,20	153,22	19,30	129,93	146,17	9,98	123,66	139,
	V	2.530,25	127,13	202,42	227,72																		
	VI	2.574,58	132,40	205,96	231,71																		
8.027,99 (Ost)	I	2.023,58	66,83	161,88	182,12	48,19	149,35	168,02	29,56	136,82	153,92	10,91	124,29	139,82	-	111,76	125,73	-	99,39	111,81	-	87,53	98,
	II	1.874,50	49,09	149,96	168,70	30,45	137,42	154,60	11,81	124,89	140,50	-	112,36	126,40	-	99,98	112,47	-	88,09	99,10	-	76,72	86,
	III	1.348,16	-	107,85	121,33	-	97,98	110,23	-	88,37	99,41	-	79,01	88,88	-	69,90	78,64	-	61,06	68,69	-	52,48	59,
	IV	2.023,58	66,83	161,88	182,12	57,51	155,62	175,07	48,19	149,35	168,02	38,88	143,09	160,97	29,56	136,82	153,92	20,23	130,56	146,88	10,91	124,29	139,
	V	2.538,08	128,06	203,04	228,42																		
	VI	2.582,33	133,32	206,58	232,40																		
8.030,99 (West)	I	2.017,08	66,06	161,36	181,53	47,42	148,83	167,43	28,77	136,30	153,33	10,13	123,76	139,23	-	111,23	125,13	-	98,88	111,24	-	87,05	97,
	II	1.868,00	48,32	149,44	168,12	29,68	136,90	154,01	11,03	124,37	139,91	-	111,84	125,82	-	99,47	111,90	-	87,61	98,56	-	76,26	85,
	III	1.343,00	-	107,44	120,87	-	97,57	109,76	-	87,97	98,96	-	78,62	88,45	-	69,53	78,22	-	60,70	68,29	-	52,13	58,
	IV	2.017,08	66,06	161,36	181,53	56,74	155,10	174,48	47,42	148,83	167,43	38,09	142,56	160,38	28,77	136,30	153,33	19,45	130,03	146,28	10,13	123,76	139,
	V	2.531,50	127,28	202,52	227,83																		
	VI	2.575,83	132,55	206,06	231,82																		
8.030,99 (Ost)	I	2.024,91	66,99	161,99	182,24	48,35	149,46	168,14	29,71	136,92	154,04	11,06	124,39	139,94	-	111,86	125,84	-	99,49	111,92	-	87,62	98,
	II	1.875,75	49,24	150,06	168,81	30,60	137,52	154,71	11,95	124,99	140,61	-	112,46	126,52	-	100,08	112,59	-	88,18	99,20	-	76,81	86,
	III	1.349,16	-	107,93	121,42	-	98,06	110,32	-	88,45	99,50	-	79,09	88,97	-	69,98	78,73	-	61,13	68,77	-	52,54	59,
	IV	2.024,91	66,99	161,99	182,24	57,67	155,72	175,19	48,35	149,46	168,14	39,03	143,19	161,09	29,71	136,92	154,04	20,38	130,66	146,99	11,06	124,39	139,
	V	2.539,33	128,21	203,14	228,53																		
	VI	2.583,66	133,48	206,69	232,52																		

Lohn/ Gehalt bis	Steuerklasse	Lohn- steuer	ohne Kinderfreibetrag SolZ 5,5%	Kirchensteuer 8%	9%	0,5 SolZ 5,5%	Kirchensteuer 8%	9%	1,0 SolZ 5,5%	Kirchensteuer 8%	9%	1,5 SolZ 5,5%	Kirchensteuer 8%	9%	2,0 SolZ 5,5%	Kirchensteuer 8%	9%	2,5 SolZ 5,5%	Kirchensteuer 8%	9%	3,0 SolZ 5,5%	Kirchensteuer 8%	9%
						Anzahl Kinderfreibeträge (nur Steuerklassen I–IV)																	
8.033,99 (West)	I	2.018,33	66,21	161,46	181,64	47,57	148,93	167,54	28,92	136,40	153,45	10,28	123,86	139,34	-	111,33	125,24	-	98,98	111,35	-	87,14	98,03
	II	1.869,25	48,47	149,54	168,23	29,82	137,00	154,13	11,18	124,47	140,03	-	111,94	125,93	-	99,57	112,01	-	87,70	98,66	-	76,35	85,89
	III	1.344,00	-	107,52	120,96	-	97,65	109,85	-	88,05	99,05	-	78,69	88,52	-	69,61	78,31	-	60,77	68,36	-	52,20	58,72
	IV	2.018,33	66,21	161,46	181,64	56,89	155,20	174,60	47,57	148,93	167,54	38,24	142,66	160,49	28,92	136,40	153,45	19,60	130,13	146,39	10,28	123,86	139,34
	V	2.532,75	127,42	202,62	227,94																		
	VI	2.577,08	132,70	206,16	231,93																		
8.033,99 (Ost)	I	2.026,16	67,14	162,09	182,35	48,50	149,56	168,25	29,85	137,02	154,15	11,21	124,49	140,05	-	111,96	125,95	-	99,58	112,03	-	87,72	98,68
	II	1.877,00	49,39	150,16	168,93	30,76	137,63	154,83	12,11	125,10	140,73	-	112,56	126,63	-	100,17	112,69	-	88,28	99,31	-	76,90	86,51
	III	1.350,16	-	108,01	121,51	-	98,14	110,41	-	88,52	99,58	-	79,16	89,05	-	70,05	78,80	-	61,21	68,86	-	52,61	59,18
	IV	2.026,16	67,14	162,09	182,35	57,82	155,82	175,30	48,50	149,56	168,25	39,18	143,29	161,20	29,85	137,02	154,15	20,53	130,76	147,10	11,21	124,49	140,05
	V	2.540,58	128,36	203,24	228,65																		
	VI	2.584,91	133,63	206,79	232,64																		
8.036,99 (West)	I	2.019,58	66,36	161,56	181,76	47,71	149,03	167,66	29,07	136,50	153,56	10,43	123,96	139,46	-	111,43	125,36	-	99,08	111,47	-	87,24	98,14
	II	1.870,50	48,62	149,64	168,34	29,97	137,10	154,24	11,33	124,57	140,14	-	112,04	126,04	-	99,66	112,12	-	87,80	98,77	-	76,44	85,99
	III	1.345,00	-	107,60	121,05	-	97,73	109,94	-	88,12	99,13	-	78,77	88,61	-	69,68	78,39	-	60,84	68,44	-	52,26	58,79
	IV	2.019,58	66,36	161,56	181,76	57,04	155,30	174,71	47,71	149,03	167,66	38,39	142,76	160,61	29,07	136,50	153,56	19,75	130,23	146,51	10,43	123,96	139,46
	V	2.534,00	127,57	202,72	228,06																		
	VI	2.578,33	132,85	206,26	232,04																		
8.036,99 (Ost)	I	2.027,41	67,29	162,19	182,46	48,65	149,66	168,36	30,00	137,12	154,26	11,36	124,59	140,16	-	112,06	126,06	-	99,68	112,14	-	87,81	98,78
	II	1.878,33	49,55	150,26	169,04	30,91	137,73	154,94	12,26	125,20	140,85	-	112,66	126,74	-	100,27	112,80	-	88,37	99,41	-	76,99	86,61
	III	1.351,33	-	108,10	121,61	-	98,22	110,50	-	88,60	99,67	-	79,24	89,14	-	70,13	78,89	-	61,28	68,94	-	52,68	59,26
	IV	2.027,41	67,29	162,19	182,46	57,97	155,92	175,41	48,65	149,66	168,36	39,32	143,39	161,31	30,00	137,12	154,26	20,68	130,86	147,21	11,36	124,59	140,16
	V	2.541,83	128,51	203,34	228,76																		
	VI	2.586,16	133,78	206,89	232,75																		
8.039,99 (West)	I	2.020,83	66,51	161,66	181,87	47,86	149,13	167,77	29,22	136,60	153,67	10,58	124,06	139,57	-	111,54	125,48	-	99,18	111,57	-	87,33	98,24
	II	1.871,75	48,77	149,74	168,45	30,12	137,20	154,35	11,48	124,67	140,25	-	112,14	126,15	-	99,76	112,23	-	87,89	98,87	-	76,53	86,09
	III	1.346,00	-	107,68	121,14	-	97,81	110,03	-	88,20	99,22	-	78,85	88,70	-	69,74	78,46	-	60,90	68,51	-	52,33	58,87
	IV	2.020,83	66,51	161,66	181,87	57,18	155,40	174,82	47,86	149,13	167,77	38,54	142,86	160,72	29,22	136,60	153,67	19,90	130,33	146,62	10,58	124,06	139,57
	V	2.535,33	127,73	202,82	228,17																		
	VI	2.579,58	133,00	206,36	232,16																		
8.039,99 (Ost)	I	2.028,66	67,44	162,29	182,57	48,79	149,76	168,48	30,15	137,22	154,37	11,51	124,69	140,27	-	112,16	126,18	-	99,78	112,25	-	87,90	98,89
	II	1.879,58	49,70	150,36	169,16	31,05	137,83	155,06	12,41	125,30	140,96	-	112,76	126,86	-	100,37	112,91	-	88,47	99,53	-	77,08	86,72
	III	1.352,33	-	108,18	121,70	-	98,29	110,57	-	88,68	99,76	-	79,30	89,21	-	70,20	78,97	-	61,34	69,01	-	52,76	59,35
	IV	2.028,66	67,44	162,29	182,57	58,12	156,02	175,52	48,79	149,76	168,48	39,47	143,49	161,42	30,15	137,22	154,37	20,83	130,96	147,33	11,51	124,69	140,27
	V	2.543,08	128,65	203,44	228,87																		
	VI	2.587,41	133,93	206,99	232,86																		
8.042,99 (West)	I	2.022,08	66,65	161,76	181,98	48,01	149,23	167,88	29,38	136,70	153,79	10,73	124,17	139,69	-	111,64	125,59	-	99,28	111,69	-	87,42	98,35
	II	1.873,00	48,91	149,84	168,57	30,27	137,30	154,46	11,63	124,77	140,36	-	112,24	126,27	-	99,86	112,34	-	87,98	98,98	-	76,62	86,19
	III	1.347,00	-	107,76	121,23	-	97,89	110,12	-	88,28	99,31	-	78,92	88,78	-	69,82	78,55	-	60,98	68,60	-	52,40	58,95
	IV	2.022,08	66,65	161,76	181,98	57,33	155,50	174,93	48,01	149,23	167,88	38,69	142,96	160,83	29,38	136,70	153,79	20,06	130,44	146,74	10,73	124,17	139,69
	V	2.536,58	127,88	202,92	228,29																		
	VI	2.580,83	133,15	206,46	232,27																		
8.042,99 (Ost)	I	2.029,91	67,59	162,39	182,69	48,94	149,86	168,59	30,30	137,32	154,49	11,66	124,79	140,39	-	112,26	126,29	-	99,88	112,36	-	88,00	99,00
	II	1.880,83	49,85	150,46	169,27	31,20	137,93	155,17	12,56	125,40	141,07	-	112,86	126,97	-	100,46	113,02	-	88,56	99,63	-	77,17	86,81
	III	1.353,33	-	108,26	121,79	-	98,37	110,66	-	88,74	99,83	-	79,38	89,30	-	70,26	79,04	-	61,41	69,08	-	52,82	59,42
	IV	2.029,91	67,59	162,39	182,69	58,27	156,12	175,64	48,94	149,86	168,59	39,62	143,59	161,54	30,30	137,32	154,49	20,98	131,06	147,44	11,66	124,79	140,39
	V	2.544,33	128,80	203,54	228,98																		
	VI	2.588,66	134,08	207,09	232,97																		
8.045,99 (West)	I	2.023,33	66,80	161,86	182,09	48,17	149,34	168,00	29,53	136,80	153,90	10,88	124,27	139,80	-	111,74	125,70	-	99,37	111,79	-	87,52	98,46
	II	1.874,25	49,06	149,94	168,68	30,42	137,40	154,58	11,78	124,87	140,48	-	112,34	126,38	-	99,96	112,45	-	88,08	99,09	-	76,70	86,29
	III	1.348,00	-	107,84	121,32	-	97,97	110,21	-	88,36	99,40	-	79,00	88,87	-	69,89	78,62	-	61,05	68,68	-	52,46	59,02
	IV	2.023,33	66,80	161,86	182,09	57,49	155,60	175,05	48,17	149,34	168,00	38,85	143,07	160,95	29,53	136,80	153,90	20,21	130,54	146,85	10,88	124,27	139,80
	V	2.537,83	128,03	203,02	228,40																		
	VI	2.582,08	133,29	206,56	232,38																		
8.045,99 (Ost)	I	2.031,16	67,74	162,49	182,80	49,09	149,96	168,70	30,45	137,42	154,60	11,81	124,89	140,50	-	112,36	126,40	-	99,98	112,47	-	88,09	99,10
	II	1.882,08	49,99	150,56	169,38	31,35	138,03	155,28	12,71	125,50	141,18	-	112,96	127,08	-	100,56	113,13	-	88,66	99,74	-	77,26	86,92
	III	1.354,33	-	108,34	121,88	-	98,45	110,75	-	88,82	99,92	-	79,45	89,38	-	70,34	79,13	-	61,49	69,17	-	52,89	59,50
	IV	2.031,16	67,74	162,49	182,80	58,41	156,22	175,75	49,09	149,96	168,70	39,77	143,69	161,65	30,45	137,42	154,60	21,13	131,16	147,55	11,81	124,89	140,50
	V	2.545,58	128,95	203,64	229,10																		
	VI	2.589,91	134,23	207,19	233,09																		
8.048,99 (West)	I	2.024,66	66,96	161,97	182,21	48,32	149,44	168,12	29,68	136,90	154,01	11,03	124,37	139,91	-	111,84	125,82	-	99,47	111,90	-	87,61	98,56
	II	1.875,50	49,21	150,04	168,79	30,57	137,50	154,69	11,93	124,98	140,60	-	112,44	126,50	-	100,06	112,56	-	88,17	99,19	-	76,80	86,40
	III	1.349,00	-	107,92	121,41	-	98,05	110,30	-	88,42	99,47	-	79,06	88,94	-	69,97	78,71	-	61,12	68,76	-	52,53	59,09
	IV	2.024,66	66,96	161,97	182,21	57,64	155,70	175,16	48,32	149,44	168,12	39,00	143,17	161,06	29,68	136,90	154,01	20,35	130,64	146,97	11,03	124,37	139,91
	V	2.539,08	128,18	203,12	228,51																		
	VI	2.583,41	133,45	206,67	232,50																		
8.048,99 (Ost)	I	2.032,41	67,88	162,59	182,91	49,24	150,06	168,81	30,60	137,52	154,71	11,95	124,99	140,61	-	112,46	126,52	-	100,08	112,59	-	88,18	99,20
	II	1.883,33	50,14	150,66	169,49	31,50	138,13	155,39	12,86	125,60	141,30	-	113,06	127,19	-	100,66	113,24	-	88,75	99,84	-	77,35	87,02
	III	1.355,33	-	108,42	121,97	-	98,53	110,84	-	88,90	100,01	-	79,53	89,47	-	70,41	79,21	-	61,56	69,25	-	52,96	59,58
	IV	2.032,41	67,88	162,59	182,91	58,56	156,32	175,86	49,24	150,06	168,81	39,92	143,79	161,76	30,60	137,52	154,71	21,28	131,26	147,66	11,95	124,99	140,61
	V	2.546,91	129,11	203,75	229,22																		
	VI	2.591,16	134,38	207,29	233,20																		
8.051,99 (West)	I	2.025,91	67,11	162,07	182,33	48,47	149,54	168,23	29,82	137,00	154,13	11,18	124,47	140,03	-	111,94	125,93	-	99,57	112,01	-	87,70	98,66
	II	1.876,83	49,37	150,14	168,91	30,73	137,61	154,81	12,08	125,08	140,71	-	112,54	126,61	-	100,15	112,67	-	88,26	99,29	-	76,88	86,49
	III	1.350,00	-	108,00	121,50	-	98,12	110,38	-	88,50	99,56	-	79,14	89,03	-	70,04	78,79	-	61,18	68,83	-	52,60	59,17
	IV	2.025,91	67,11	162,07	182,33	57,79	155,80	175,28	48,47	149,54	168,23	39,15	143,27	161,18	29,82	137,00	154,13	20,50	130,74	147,08	11,18	124,47	140,03
	V	2.540,33	128,33	203,22	228,62																		
	VI	2.584,66	133,60	206,77	232,61																		
8.051,99 (Ost)	I	2.033,66	68,03	162,69	183,02	49,39	150,16	168,93	30,76	137,63	154,83	12,11	125,10	140,73	-	112,56	126,63	-	100,17	112,69	-	88,28	99,31
	II	1.884,58	50,29	150,76	169,61	31,65	138,23	155,51	13,01	125,70	141,41	-	113,16	127,31	-	100,76	113,35	-	88,84	99,95	-	77,44	87,12
	III	1.356,33	-	108,50	122,06	-	98,61	110,93	-	88,98	100,10	-	79,61	89,56	-	70,49	79,30	-	61,62	69,32	-	53,02	59,65
	IV	2.033,66	68,03	162,69	183,02	58,71	156,42	175,97	49,39	150,16	168,93	40,07	143,89	161,87	30,76	137,63	154,83	21,43	131,36	147,78	12,11	125,10	140,73
	V	2.548,16	129,26	203,85	229,33																		
	VI	2.592,41	134,52	207,39	233,31																		

Lohn/ Gehalt bis	Steuerklasse	Lohn-steuer	ohne Kinderfreibetrag			Anzahl Kinderfreibeträge (nur Steuerklassen I–IV)																	
						0,5			1,0			1,5			2,0			2,5			3,0		
			SolZ 5,5%	Kirchensteuer 8%	9%	SolZ 5,5%	Kirchensteuer 8%	9%	SolZ 5,5%	Kirchensteuer 8%	9%	SolZ 5,5%	Kirchensteuer 8%	9%	SolZ 5,5%	Kirchensteuer 8%	9%	SolZ 5,5%	Kirchensteuer 8%	9%	SolZ 5,5%	Kirchensteuer 8%	9%
8.054,99 (West)	I	2.027,16	67,26	162,17	182,44	48,62	149,64	168,34	29,97	137,10	154,24	11,33	124,57	140,14	-	112,04	126,04	-	99,66	112,12	-	87,80	9
	II	1.878,08	49,52	150,24	169,02	30,88	137,71	154,92	12,23	125,18	140,82	-	112,64	126,72	-	100,25	112,78	-	88,36	99,40	-	76,98	8
	III	1.351,00	-	108,08	121,59	-	98,20	110,47	-	88,58	99,65	-	79,21	89,11	-	70,10	78,86	-	61,26	68,92	-	52,66	5
	IV	2.027,16	67,26	162,17	182,44	57,94	155,90	175,39	48,62	149,64	168,34	39,29	143,37	161,29	29,97	137,10	154,24	20,65	130,84	147,19	11,33	124,57	14
	V	2.541,58	128,48	203,32	228,74																		
	VI	2.585,91	133,75	206,87	232,73																		
8.054,99 (Ost)	I	2.034,91	68,18	162,79	183,14	49,55	150,26	169,04	30,91	137,73	154,94	12,26	125,20	140,85	-	112,66	126,74	-	100,27	112,80	-	88,37	9
	II	1.885,83	50,44	150,86	169,72	31,80	138,33	155,62	13,15	125,80	141,52	-	113,27	127,43	-	100,86	113,46	-	88,94	100,05	-	77,53	8
	III	1.357,33	-	108,58	122,15	-	98,69	111,02	-	89,05	100,18	-	79,68	89,64	-	70,56	79,38	-	61,69	69,40	-	53,09	5
	IV	2.034,91	68,18	162,79	183,14	58,87	156,53	176,09	49,55	150,26	169,04	40,23	144,00	162,00	30,91	137,73	154,94	21,58	131,46	147,89	12,26	125,20	14
	V	2.549,41	129,41	203,95	229,44																		
	VI	2.593,75	134,68	207,50	233,43																		
8.057,99 (West)	I	2.028,41	67,41	162,27	182,55	48,77	149,74	168,45	30,12	137,20	154,35	11,48	124,67	140,25	-	112,14	126,15	-	99,76	112,23	-	87,89	98
	II	1.879,33	49,67	150,34	169,13	31,02	137,81	155,03	12,38	125,28	140,94	-	112,74	126,83	-	100,35	112,89	-	88,45	99,50	-	77,06	86
	III	1.352,00	-	108,16	121,68	-	98,28	110,56	-	88,65	99,73	-	79,29	89,20	-	70,18	78,95	-	61,33	68,99	-	52,73	59
	IV	2.028,41	67,41	162,27	182,55	58,09	156,00	175,50	48,77	149,74	168,45	39,44	143,47	161,40	30,12	137,20	154,35	20,80	130,94	147,30	11,48	124,67	140
	V	2.542,83	128,62	203,42	228,85																		
	VI	2.587,16	133,90	206,97	232,84																		
8.057,99 (Ost)	I	2.036,25	68,34	162,90	183,26	49,70	150,36	169,16	31,05	137,83	155,06	12,41	125,30	140,96	-	112,76	126,86	-	100,37	112,91	-	88,47	99
	II	1.887,08	50,59	150,96	169,83	31,95	138,43	155,73	13,31	125,90	141,64	-	113,37	127,54	-	100,96	113,58	-	89,03	100,16	-	77,62	87
	III	1.358,33	-	108,66	122,24	-	98,77	111,11	-	89,13	100,27	-	79,76	89,73	-	70,64	79,47	-	61,77	69,49	-	53,16	59
	IV	2.036,25	68,34	162,90	183,26	59,02	156,63	176,21	49,70	150,36	169,16	40,38	144,10	162,11	31,05	137,83	155,06	21,73	131,56	148,01	12,41	125,30	140
	V	2.550,66	129,56	204,05	229,55																		
	VI	2.595,00	134,83	207,60	233,55																		
8.060,99 (West)	I	2.029,66	67,56	162,37	182,66	48,91	149,84	168,57	30,27	137,30	154,46	11,63	124,77	140,36	-	112,24	126,27	-	99,86	112,34	-	87,98	98
	II	1.880,58	49,82	150,44	169,25	31,17	137,91	155,15	12,53	125,38	141,05	-	112,84	126,95	-	100,44	113,00	-	88,54	99,61	-	77,15	86
	III	1.353,00	-	108,24	121,77	-	98,36	110,65	-	88,73	99,82	-	79,37	89,29	-	70,25	79,03	-	61,40	69,07	-	52,81	59
	IV	2.029,66	67,56	162,37	182,66	58,24	156,10	175,61	48,91	149,84	168,57	39,59	143,57	161,51	30,27	137,30	154,46	20,95	131,04	147,42	11,63	124,77	140
	V	2.544,08	128,77	203,52	228,96																		
	VI	2.588,41	134,05	207,07	232,95																		
8.060,99 (Ost)	I	2.037,50	68,49	163,00	183,37	49,85	150,46	169,27	31,20	137,93	155,17	12,56	125,40	141,07	-	112,86	126,97	-	100,46	113,02	-	88,56	99
	II	1.888,41	50,75	151,07	169,95	32,11	138,54	155,85	13,46	126,00	141,75	-	113,47	127,65	-	101,05	113,68	-	89,12	100,26	-	77,71	87
	III	1.359,33	-	108,74	122,33	-	98,85	111,20	-	89,21	100,36	-	79,82	89,80	-	70,70	79,54	-	61,84	69,57	-	53,22	59
	IV	2.037,50	68,49	163,00	183,37	59,17	156,73	176,32	49,85	150,46	169,27	40,52	144,20	162,22	31,20	137,93	155,17	21,88	131,66	148,12	12,56	125,40	141
	V	2.551,91	129,71	204,15	229,67																		
	VI	2.596,25	134,98	207,70	233,66																		
8.063,99 (West)	I	2.030,91	67,71	162,47	182,78	49,06	149,94	168,68	30,42	137,40	154,58	11,78	124,87	140,48	-	112,34	126,38	-	99,96	112,45	-	88,08	99
	II	1.881,83	49,97	150,54	169,36	31,32	138,01	155,26	12,68	125,48	141,16	-	112,94	127,06	-	100,54	113,11	-	88,64	99,72	-	77,24	86
	III	1.354,00	-	108,32	121,86	-	98,44	110,74	-	88,81	99,91	-	79,44	89,37	-	70,33	79,12	-	61,48	69,16	-	52,88	59
	IV	2.030,91	67,71	162,47	182,78	58,38	156,20	175,73	49,06	149,94	168,68	39,74	143,67	161,63	30,42	137,40	154,58	21,10	131,14	147,53	11,78	124,87	140
	V	2.545,33	128,92	203,62	229,07																		
	VI	2.589,66	134,20	207,17	233,06																		
8.063,99 (Ost)	I	2.038,75	68,64	163,10	183,48	49,99	150,56	169,38	31,35	138,03	155,28	12,71	125,50	141,18	-	112,96	127,08	-	100,56	113,13	-	88,66	99
	II	1.889,66	50,90	151,17	170,06	32,25	138,64	155,97	13,61	126,10	141,86	-	113,57	127,76	-	101,15	113,79	-	89,22	100,37	-	77,80	87
	III	1.360,33	-	108,82	122,42	-	98,93	111,29	-	89,29	100,45	-	79,90	89,89	-	70,77	79,61	-	61,90	69,64	-	53,29	59
	IV	2.038,75	68,64	163,10	183,48	59,32	156,83	176,43	49,99	150,56	169,38	40,67	144,30	162,33	31,35	138,03	155,28	22,03	131,76	148,23	12,71	125,50	141
	V	2.553,16	129,85	204,25	229,78																		
	VI	2.597,50	135,13	207,80	233,77																		
8.066,99 (West)	I	2.032,16	67,85	162,57	182,89	49,21	150,04	168,79	30,57	137,50	154,69	11,93	124,98	140,60	-	112,44	126,50	-	100,06	112,56	-	88,17	99
	II	1.883,08	50,11	150,64	169,47	31,47	138,11	155,37	12,83	125,58	141,27	-	113,04	127,17	-	100,64	113,22	-	88,73	99,82	-	77,33	86
	III	1.355,00	-	108,40	121,95	-	98,52	110,83	-	88,89	100,00	-	79,52	89,46	-	70,40	79,20	-	61,54	69,23	-	52,94	59
	IV	2.032,16	67,85	162,57	182,89	58,53	156,30	175,84	49,21	150,04	168,79	39,89	143,77	161,74	30,57	137,50	154,69	21,26	131,24	147,65	11,93	124,98	140
	V	2.546,66	129,08	203,73	229,19																		
	VI	2.590,91	134,35	207,27	233,18																		
8.066,99 (Ost)	I	2.040,00	68,79	163,20	183,60	50,14	150,66	169,49	31,50	138,13	155,39	12,86	125,60	141,30	-	113,06	127,19	-	100,66	113,24	-	88,75	99
	II	1.890,91	51,05	151,27	170,18	32,40	138,74	156,08	13,76	126,20	141,98	-	113,67	127,88	-	101,25	113,90	-	89,31	100,47	-	77,89	87
	III	1.361,33	-	108,90	122,51	-	99,00	111,37	-	89,36	100,53	-	79,97	89,96	-	70,85	79,70	-	61,98	69,73	-	53,37	60
	IV	2.040,00	68,79	163,20	183,60	59,47	156,93	176,54	50,14	150,66	169,49	40,82	144,40	162,45	31,50	138,13	155,39	22,18	131,86	148,34	12,86	125,60	141,
	V	2.554,41	130,00	204,35	229,89																		
	VI	2.598,75	135,28	207,90	233,88																		
8.069,99 (West)	I	2.033,41	68,00	162,67	183,00	49,37	150,14	168,91	30,73	137,61	154,81	12,08	125,08	140,71	-	112,54	126,61	-	100,15	112,67	-	88,26	99
	II	1.884,33	50,26	150,74	169,58	31,62	138,21	155,48	12,98	125,68	141,39	-	113,14	127,28	-	100,74	113,33	-	88,82	99,92	-	77,42	87,
	III	1.356,00	-	108,48	122,04	-	98,60	110,92	-	88,96	100,08	-	79,58	89,53	-	70,48	79,29	-	61,61	69,31	-	53,01	59,
	IV	2.033,41	68,00	162,67	183,00	58,68	156,40	175,95	49,37	150,14	168,91	40,05	143,88	161,86	30,73	137,61	154,81	21,41	131,34	147,76	12,08	125,08	140,
	V	2.547,91	129,23	203,83	229,31																		
	VI	2.592,16	134,49	207,37	233,29																		
8.069,99 (Ost)	I	2.041,25	68,94	163,30	183,71	50,29	150,76	169,61	31,65	138,23	155,51	13,01	125,70	141,41	-	113,16	127,31	-	100,76	113,35	-	88,84	99,
	II	1.892,16	51,19	151,37	170,29	32,55	138,84	156,19	13,91	126,30	142,09	-	113,77	127,99	-	101,35	114,02	-	89,40	100,58	-	77,98	87,
	III	1.362,33	-	108,98	122,60	-	99,08	111,46	-	89,44	100,62	-	80,05	90,05	-	70,92	79,78	-	62,05	69,80	-	53,44	60,
	IV	2.041,25	68,94	163,30	183,71	59,61	157,03	176,66	50,29	150,76	169,61	40,97	144,50	162,56	31,65	138,23	155,51	22,33	131,96	148,46	13,01	125,70	141,
	V	2.555,66	130,15	204,45	230,00																		
	VI	2.600,00	135,43	208,00	234,00																		
8.072,99 (West)	I	2.034,75	68,16	162,78	183,12	49,52	150,24	169,02	30,88	137,71	154,92	12,23	125,18	140,82	-	112,64	126,72	-	100,25	112,78	-	88,36	99,
	II	1.885,58	50,41	150,84	169,70	31,77	138,31	155,60	13,13	125,78	141,50	-	113,25	127,40	-	100,84	113,44	-	88,92	100,03	-	77,51	87,
	III	1.357,00	-	108,56	122,13	-	98,68	111,01	-	89,04	100,17	-	79,66	89,62	-	70,54	79,36	-	61,68	69,39	-	53,08	59,
	IV	2.034,75	68,16	162,78	183,12	58,84	156,51	176,07	49,52	150,24	169,02	40,20	143,98	161,97	30,88	137,71	154,92	21,55	131,44	147,87	12,23	125,18	140,
	V	2.549,16	129,38	203,93	229,42																		
	VI	2.593,50	134,65	207,48	233,41																		
8.072,99 (Ost)	I	2.042,50	69,08	163,40	183,82	50,44	150,86	169,72	31,80	138,33	155,62	13,15	125,80	141,52	-	113,27	127,43	-	100,86	113,46	-	88,94	100,
	II	1.893,41	51,34	151,47	170,40	32,70	138,94	156,30	14,06	126,40	142,20	-	113,87	128,10	-	101,44	114,12	-	89,50	100,68	-	78,07	87,
	III	1.363,33	-	109,06	122,69	-	99,16	111,55	-	89,52	100,71	-	80,13	90,14	-	71,00	79,87	-	62,12	69,88	-	53,50	60,
	IV	2.042,50	69,08	163,40	183,82	59,76	157,13	176,77	50,44	150,86	169,72	41,12	144,60	162,67	31,80	138,33	155,62	22,48	132,06	148,57	13,15	125,80	141,
	V	2.557,00	130,31	204,56	230,13																		
	VI	2.601,25	135,58	208,10	234,11																		

Allgemeine Tabelle

MONAT bis 8.093,99 €

Lohn/ Gehalt bis	Steuerklasse	Lohn- steuer	ohne Kinderfreibetrag SolZ 5,5%	ohne Kinderfreibetrag Kirchensteuer 8%	ohne Kinderfreibetrag Kirchensteuer 9%	0,5 SolZ 5,5%	0,5 Kirchensteuer 8%	0,5 Kirchensteuer 9%	1,0 SolZ 5,5%	1,0 Kirchensteuer 8%	1,0 Kirchensteuer 9%	1,5 SolZ 5,5%	1,5 Kirchensteuer 8%	1,5 Kirchensteuer 9%	2,0 SolZ 5,5%	2,0 Kirchensteuer 8%	2,0 Kirchensteuer 9%	2,5 SolZ 5,5%	2,5 Kirchensteuer 8%	2,5 Kirchensteuer 9%	3,0 SolZ 5,5%	3,0 Kirchensteuer 8%	3,0 Kirchensteuer 9%
						Anzahl Kinderfreibeträge (nur Steuerklassen I–IV)																	
8.075,99 (West)	I	2.036,00	68,31	162,88	183,24	49,67	150,34	169,13	31,02	137,81	155,03	12,38	125,28	140,94	-	112,74	126,83	-	100,35	112,89	-	88,45	99,50
	II	1.886,83	50,56	150,94	169,81	31,93	138,42	155,72	13,28	125,88	141,62	-	113,35	127,52	-	100,94	113,55	-	89,01	100,13	-	77,60	87,30
	III	1.358,00	-	108,64	122,22	-	98,74	111,08	-	89,12	100,26	-	79,73	89,69	-	70,61	79,43	-	61,76	69,48	-	53,14	59,78
	IV	2.036,00	68,31	162,88	183,24	58,99	156,61	176,18	49,67	150,34	169,13	40,35	144,08	162,09	31,02	137,81	155,03	21,70	131,54	147,98	12,38	125,28	140,94
	V	2.550,41	129,53	204,03	229,53																		
	VI	2.594,75	134,80	207,58	233,52																		
8.075,99 (Ost)	I	2.043,75	69,23	163,50	183,93	50,59	150,96	169,83	31,95	138,43	155,73	13,31	125,90	141,64	-	113,37	127,54	-	100,96	113,58	-	89,03	100,16
	II	1.894,66	51,49	151,57	170,51	32,85	139,04	156,42	14,21	126,50	142,31	-	113,97	128,21	-	101,54	114,23	-	89,59	100,79	-	78,16	87,93
	III	1.364,33	-	109,14	122,78	-	99,24	111,64	-	89,60	100,80	-	80,20	90,22	-	71,06	79,94	-	62,18	69,95	-	53,57	60,26
	IV	2.043,75	69,23	163,50	183,93	59,91	157,23	176,88	50,59	150,96	169,83	41,27	144,70	162,78	31,95	138,43	155,73	22,63	132,17	148,69	13,31	125,90	141,64
	V	2.558,25	130,46	204,66	230,24																		
	VI	2.602,50	135,72	208,20	234,22																		
8.078,99 (West)	I	2.037,25	68,46	162,98	183,35	49,82	150,44	169,25	31,17	137,91	155,15	12,53	125,38	141,05	-	112,84	126,95	-	100,44	113,00	-	88,54	99,61
	II	1.888,16	50,72	151,05	169,93	32,08	138,52	155,83	13,43	125,98	141,73	-	113,45	127,63	-	101,04	113,67	-	89,10	100,24	-	77,69	87,40
	III	1.359,00	-	108,72	122,31	-	98,82	111,17	-	89,20	100,35	-	79,81	89,78	-	70,69	79,52	-	61,82	69,55	-	53,21	59,86
	IV	2.037,25	68,46	162,98	183,35	59,14	156,71	176,30	49,82	150,44	169,25	40,49	144,18	162,20	31,17	137,91	155,15	21,85	131,64	148,10	12,53	125,38	141,05
	V	2.551,66	129,68	204,13	229,64																		
	VI	2.596,00	134,95	207,68	233,64																		
8.078,99 (Ost)	I	2.045,00	69,38	163,60	184,05	50,75	151,07	169,95	32,11	138,54	155,85	13,46	126,00	141,75	-	113,47	127,65	-	101,05	113,68	-	89,12	100,26
	II	1.895,91	51,64	151,67	170,63	33,00	139,14	156,53	14,35	126,60	142,43	-	114,07	128,33	-	101,64	114,35	-	89,69	100,90	-	78,25	88,03
	III	1.365,33	-	109,22	122,87	-	99,32	111,73	-	89,66	100,87	-	80,28	90,31	-	71,14	80,03	-	62,26	70,04	-	53,64	60,34
	IV	2.045,00	69,38	163,60	184,05	60,06	157,33	176,99	50,75	151,07	169,95	41,43	144,80	162,90	32,11	138,54	155,85	22,78	132,27	148,80	13,46	126,00	141,75
	V	2.559,50	130,61	204,76	230,35																		
	VI	2.603,75	135,87	208,30	234,33																		
8.081,99 (West)	I	2.038,50	68,61	163,08	183,46	49,97	150,54	169,36	31,32	138,01	155,26	12,68	125,48	141,16	-	112,94	127,06	-	100,54	113,11	-	88,64	99,72
	II	1.889,41	50,87	151,15	170,04	32,22	138,62	155,94	13,58	126,08	141,84	-	113,55	127,74	-	101,13	113,77	-	89,20	100,35	-	77,78	87,50
	III	1.360,16	-	108,81	122,41	-	98,90	111,26	-	89,26	100,42	-	79,89	89,87	-	70,76	79,60	-	61,89	69,62	-	53,28	59,94
	IV	2.038,50	68,61	163,08	183,46	59,29	156,81	176,41	49,97	150,54	169,36	40,64	144,28	162,31	31,32	138,01	155,26	22,00	131,74	148,21	12,68	125,48	141,16
	V	2.552,91	129,82	204,23	229,76																		
	VI	2.597,25	135,10	207,78	233,75																		
8.081,99 (Ost)	I	2.046,33	69,54	163,70	184,16	50,90	151,17	170,06	32,25	138,64	155,97	13,61	126,10	141,86	-	113,57	127,76	-	101,15	113,79	-	89,22	100,37
	II	1.897,16	51,79	151,77	170,74	33,15	139,24	156,64	14,51	126,71	142,55	-	114,18	128,45	-	101,74	114,45	-	89,78	101,00	-	78,34	88,13
	III	1.366,33	-	109,30	122,96	-	99,40	111,82	-	89,74	100,96	-	80,34	90,38	-	71,21	80,11	-	62,33	70,12	-	53,70	60,41
	IV	2.046,33	69,54	163,70	184,16	60,22	157,44	177,12	50,90	151,17	170,06	41,58	144,90	163,01	32,25	138,64	155,97	22,93	132,37	148,91	13,61	126,10	141,86
	V	2.560,75	130,76	204,86	230,46																		
	VI	2.605,08	136,03	208,40	234,45																		
8.084,99 (West)	I	2.039,75	68,76	163,18	183,57	50,11	150,64	169,47	31,47	138,11	155,37	12,83	125,58	141,27	-	113,04	127,17	-	100,64	113,22	-	88,73	99,82
	II	1.890,66	51,02	151,25	170,15	32,37	138,72	156,06	13,73	126,18	141,95	-	113,65	127,85	-	101,23	113,88	-	89,29	100,45	-	77,87	87,60
	III	1.361,16	-	108,89	122,50	-	98,98	111,35	-	89,34	100,51	-	79,96	89,95	-	70,84	79,69	-	61,96	69,70	-	53,34	60,01
	IV	2.039,75	68,76	163,18	183,57	59,44	156,91	176,52	50,11	150,64	169,47	40,79	144,38	162,42	31,47	138,11	155,37	22,15	131,84	148,32	12,83	125,58	141,27
	V	2.554,16	129,97	204,33	229,87																		
	VI	2.598,50	135,25	207,88	233,86																		
8.084,99 (Ost)	I	2.047,58	69,69	163,80	184,28	51,05	151,27	170,18	32,40	138,74	156,08	13,76	126,20	141,98	-	113,67	127,88	-	101,25	113,90	-	89,31	100,47
	II	1.898,41	51,94	151,87	170,85	33,31	139,34	156,76	14,66	126,81	142,66	-	114,28	128,56	-	101,84	114,57	-	89,88	101,11	-	78,43	88,23
	III	1.367,33	-	109,38	123,05	-	99,48	111,91	-	89,82	101,05	-	80,42	90,47	-	71,28	80,19	-	62,40	70,20	-	53,77	60,49
	IV	2.047,58	69,69	163,80	184,28	60,37	157,54	177,23	51,05	151,27	170,18	41,72	145,00	163,13	32,40	138,74	156,08	23,08	132,47	149,03	13,76	126,20	141,98
	V	2.562,00	130,90	204,96	230,58																		
	VI	2.606,33	136,18	208,50	234,56																		
8.087,99 (West)	I	2.041,00	68,91	163,28	183,69	50,26	150,74	169,58	31,62	138,21	155,48	12,98	125,68	141,39	-	113,14	127,28	-	100,74	113,33	-	88,82	99,92
	II	1.891,91	51,17	151,35	170,27	32,52	138,82	156,17	13,88	126,28	142,07	-	113,75	127,97	-	101,33	113,99	-	89,39	100,56	-	77,96	87,71
	III	1.362,16	-	108,97	122,59	-	99,06	111,44	-	89,42	100,60	-	80,04	90,04	-	70,90	79,76	-	62,04	69,79	-	53,42	60,10
	IV	2.041,00	68,91	163,28	183,69	59,58	157,01	176,63	50,26	150,74	169,58	40,94	144,48	162,54	31,62	138,21	155,48	22,30	131,94	148,43	12,98	125,68	141,39
	V	2.555,41	130,12	204,43	229,98																		
	VI	2.599,75	135,40	207,98	233,97																		
8.087,99 (Ost)	I	2.048,83	69,84	163,90	184,39	51,19	151,37	170,29	32,55	138,84	156,19	13,91	126,30	142,09	-	113,77	127,99	-	101,35	114,02	-	89,40	100,58
	II	1.899,75	52,10	151,98	170,97	33,45	139,44	156,87	14,81	126,91	142,77	-	114,38	128,67	-	101,94	114,68	-	89,97	101,21	-	78,52	88,33
	III	1.368,33	-	109,46	123,14	-	99,56	112,00	-	89,90	101,14	-	80,50	90,56	-	71,36	80,28	-	62,48	70,29	-	53,84	60,57
	IV	2.048,83	69,84	163,90	184,39	60,52	157,64	177,34	51,19	151,37	170,29	41,87	145,10	163,24	32,55	138,84	156,19	23,23	132,57	149,14	13,91	126,30	142,09
	V	2.563,25	131,05	205,06	230,69																		
	VI	2.607,58	136,33	208,60	234,68																		
8.090,99 (West)	I	2.042,25	69,05	163,38	183,80	50,41	150,84	169,70	31,77	138,31	155,60	13,13	125,78	141,50	-	113,25	127,40	-	100,84	113,44	-	88,92	100,03
	II	1.893,16	51,31	151,45	170,38	32,67	138,92	156,28	14,03	126,38	142,18	-	113,85	128,08	-	101,42	114,10	-	89,48	100,67	-	78,05	87,80
	III	1.363,16	-	109,05	122,68	-	99,14	111,53	-	89,50	100,69	-	80,10	90,11	-	70,98	79,85	-	62,10	69,86	-	53,49	60,17
	IV	2.042,25	69,05	163,38	183,80	59,73	157,11	176,75	50,41	150,84	169,70	41,09	144,58	162,65	31,77	138,31	155,60	22,45	132,04	148,55	13,13	125,78	141,50
	V	2.556,75	130,28	204,54	230,10																		
	VI	2.601,00	135,55	208,08	234,09																		
8.090,99 (Ost)	I	2.050,08	69,99	164,00	184,50	51,34	151,47	170,40	32,70	138,94	156,30	14,06	126,40	142,20	-	113,87	128,10	-	101,44	114,12	-	89,50	100,68
	II	1.901,00	52,25	152,08	171,09	33,60	139,54	156,98	14,96	127,01	142,88	-	114,48	128,79	-	102,04	114,79	-	90,06	101,32	-	78,61	88,43
	III	1.369,33	-	109,54	123,23	-	99,64	112,09	-	89,97	101,21	-	80,57	90,64	-	71,42	80,35	-	62,54	70,36	-	53,92	60,66
	IV	2.050,08	69,99	164,00	184,50	60,67	157,74	177,45	51,34	151,47	170,40	42,02	145,20	163,35	32,70	138,94	156,30	23,38	132,67	149,25	14,06	126,40	142,20
	V	2.564,50	131,20	205,16	230,80																		
	VI	2.608,83	136,48	208,70	234,79																		
8.093,99 (West)	I	2.043,50	69,20	163,48	183,91	50,56	150,94	169,81	31,93	138,42	155,72	13,28	125,88	141,62	-	113,35	127,52	-	100,94	113,55	-	89,01	100,13
	II	1.894,41	51,46	151,55	170,49	32,82	139,02	156,39	14,18	126,48	142,29	-	113,95	128,19	-	101,52	114,21	-	89,58	100,77	-	78,14	87,90
	III	1.364,16	-	109,13	122,77	-	99,22	111,62	-	89,57	100,76	-	80,18	90,20	-	71,05	79,93	-	62,17	69,94	-	53,56	60,25
	IV	2.043,50	69,20	163,48	183,91	59,88	157,21	176,86	50,56	150,94	169,81	41,25	144,68	162,77	31,93	138,42	155,72	22,61	132,15	148,67	13,28	125,88	141,62
	V	2.558,00	130,43	204,64	230,22																		
	VI	2.602,25	135,69	208,18	234,20																		
8.093,99 (Ost)	I	2.051,33	70,14	164,10	184,61	51,49	151,57	170,51	32,85	139,04	156,42	14,21	126,50	142,31	-	113,97	128,21	-	101,54	114,23	-	89,59	100,79
	II	1.902,25	52,39	152,18	171,20	33,75	139,64	157,10	15,11	127,11	143,00	-	114,58	128,90	-	102,13	114,89	-	90,16	101,43	-	78,70	88,53
	III	1.370,33	-	109,62	123,32	-	99,72	112,18	-	90,05	101,30	-	80,65	90,73	-	71,50	80,44	-	62,61	70,43	-	53,98	60,73
	IV	2.051,33	70,14	164,10	184,61	60,81	157,84	177,57	51,49	151,57	170,51	42,17	145,30	163,46	32,85	139,04	156,42	23,53	132,77	149,36	14,21	126,50	142,31
	V	2.565,75	131,35	205,26	230,91																		
	VI	2.610,08	136,63	208,80	234,90																		

Lohn/ Gehalt bis	Steuerklasse	Lohnsteuer	ohne Kinderfreibetrag SolZ 5,5%	Kirchensteuer 8%	Kirchensteuer 9%	0,5 SolZ 5,5%	0,5 Kirchensteuer 8%	0,5 Kirchensteuer 9%	1,0 SolZ 5,5%	1,0 Kirchensteuer 8%	1,0 Kirchensteuer 9%	1,5 SolZ 5,5%	1,5 Kirchensteuer 8%	1,5 Kirchensteuer 9%	2,0 SolZ 5,5%	2,0 Kirchensteuer 8%	2,0 Kirchensteuer 9%	2,5 SolZ 5,5%	2,5 Kirchensteuer 8%	2,5 Kirchensteuer 9%	3,0 SolZ 5,5%	3,0 Kirchensteu 8%	3,0 Kirchensteu 9%
8.096,99	I	2.044,83	69,36	163,58	184,03	50,72	151,05	169,93	32,08	138,52	155,83	13,43	125,98	141,73	-	113,45	127,63	-	101,04	113,67	-	89,10	100
(West)	II	1.895,66	51,61	151,65	170,60	32,97	139,12	156,51	14,32	126,58	142,40	-	114,06	128,31	-	101,62	114,32	-	89,67	100,88	-	78,23	88
	III	1.365,16	-	109,21	122,86	-	99,30	111,71	-	89,65	100,85	-	80,26	90,29	-	71,12	80,01	-	62,24	70,02	-	53,62	60
	IV	2.044,83	69,36	163,58	184,03	60,04	157,32	176,98	50,72	151,05	169,93	41,40	144,78	162,88	32,08	138,52	155,83	22,75	132,25	148,78	13,43	125,98	141
	V	2.559,25	130,58	204,74	230,33																		
	VI	2.603,58	135,85	208,28	234,32																		
8.096,99	I	2.052,58	70,28	164,20	184,73	51,64	151,67	170,63	33,00	139,14	156,53	14,35	126,60	142,43	-	114,07	128,33	-	101,64	114,35	-	89,69	100
(Ost)	II	1.903,50	52,54	152,28	171,31	33,90	139,74	157,21	15,26	127,21	143,11	-	114,68	129,01	-	102,23	115,01	-	90,25	101,53	-	78,79	88
	III	1.371,33	-	109,70	123,41	-	99,78	112,25	-	90,13	101,39	-	80,72	90,81	-	71,57	80,51	-	62,68	70,51	-	54,05	60,
	IV	2.052,58	70,28	164,20	184,73	60,96	157,94	177,68	51,64	151,67	170,63	42,32	145,40	163,58	33,00	139,14	156,53	23,68	132,87	149,48	14,35	126,60	142
	V	2.567,00	131,50	205,36	231,03																		
	VI	2.611,33	136,78	208,90	235,01																		
8.099,99	I	2.046,08	69,51	163,68	184,14	50,87	151,15	170,04	32,22	138,62	155,94	13,58	126,08	141,84	-	113,55	127,74	-	101,13	113,77	-	89,20	100
(West)	II	1.896,91	51,76	151,75	170,72	33,13	139,22	156,62	14,48	126,69	142,52	-	114,16	128,43	-	101,72	114,44	-	89,76	100,98	-	78,32	88
	III	1.366,16	-	109,29	122,95	-	99,38	111,80	-	89,73	100,94	-	80,33	90,37	-	71,20	80,10	-	62,32	70,11	-	53,69	60
	IV	2.046,08	69,51	163,68	184,14	60,19	157,42	177,09	50,87	151,15	170,04	41,55	144,88	162,99	32,22	138,62	155,94	22,90	132,35	148,89	13,58	126,08	141
	V	2.560,50	130,73	204,84	230,44																		
	VI	2.604,83	136,00	208,38	234,43																		
8.099,99	I	2.053,83	70,43	164,30	184,84	51,79	151,77	170,74	33,15	139,24	156,64	14,51	126,71	142,55	-	114,18	128,45	-	101,74	114,45	-	89,78	101
(Ost)	II	1.904,75	52,69	152,38	171,42	34,05	139,84	157,32	15,41	127,31	143,22	-	114,78	129,12	-	102,33	115,12	-	90,34	101,63	-	78,88	88,
	III	1.372,50	-	109,80	123,52	-	99,86	112,34	-	90,21	101,48	-	80,80	90,90	-	71,65	80,60	-	62,76	70,60	-	54,12	60
	IV	2.053,83	70,43	164,30	184,84	61,11	158,04	177,79	51,79	151,77	170,74	42,47	145,50	163,69	33,15	139,24	156,64	23,82	132,97	149,59	14,51	126,71	142
	V	2.568,33	131,66	205,46	231,14																		
	VI	2.612,58	136,92	209,00	235,13																		
8.102,99	I	2.047,33	69,66	163,78	184,25	51,02	151,25	170,15	32,37	138,72	156,06	13,73	126,18	141,95	-	113,65	127,85	-	101,23	113,88	-	89,29	100
(West)	II	1.898,25	51,92	151,86	170,84	33,28	139,32	156,74	14,63	126,79	142,64	-	114,26	128,54	-	101,82	114,54	-	89,86	101,09	-	78,41	88,
	III	1.367,16	-	109,37	123,04	-	99,46	111,89	-	89,80	101,02	-	80,41	90,46	-	71,26	80,17	-	62,38	70,18	-	53,76	60,
	IV	2.047,33	69,66	163,78	184,25	60,34	157,52	177,21	51,02	151,25	170,15	41,69	144,98	163,10	32,37	138,72	156,06	23,05	132,45	149,00	13,73	126,18	141,
	V	2.561,75	130,88	204,94	230,55																		
	VI	2.606,08	136,15	208,48	234,54																		
8.102,99	I	2.055,08	70,58	164,40	184,95	51,94	151,87	170,85	33,31	139,34	156,76	14,66	126,81	142,66	-	114,28	128,56	-	101,84	114,57	-	89,88	101,
(Ost)	II	1.906,00	52,84	152,48	171,54	34,20	139,94	157,43	15,55	127,41	143,33	-	114,88	129,24	-	102,43	115,23	-	90,44	101,75	-	78,97	88,
	III	1.373,50	-	109,88	123,61	-	99,94	112,43	-	90,28	101,56	-	80,88	90,99	-	71,72	80,68	-	62,82	70,67	-	54,18	60
	IV	2.055,08	70,58	164,40	184,95	61,26	158,14	177,90	51,94	151,87	170,85	42,63	145,61	163,81	33,31	139,34	156,76	23,98	133,08	149,71	14,66	126,81	142,
	V	2.569,58	131,81	205,56	231,26																		
	VI	2.613,83	137,07	209,10	235,24																		
8.105,99	I	2.048,58	69,81	163,88	184,37	51,17	151,35	170,27	32,52	138,82	156,17	13,88	126,28	142,07	-	113,75	127,97	-	101,33	113,99	-	89,39	100,
(West)	II	1.899,50	52,07	151,96	170,95	33,42	139,42	156,85	14,78	126,89	142,75	-	114,36	128,65	-	101,92	114,66	-	89,95	101,19	-	78,50	88,
	III	1.368,16	-	109,45	123,13	-	99,53	111,97	-	89,88	101,11	-	80,48	90,54	-	71,34	80,26	-	62,45	70,25	-	53,82	60,
	IV	2.048,58	69,81	163,88	184,37	60,49	157,62	177,32	51,17	151,35	170,27	41,84	145,08	163,22	32,52	138,82	156,17	23,20	132,55	149,12	13,88	126,28	142,
	V	2.563,00	131,02	205,04	230,67																		
	VI	2.607,33	136,30	208,58	234,65																		
8.105,99	I	2.056,41	70,74	164,51	185,07	52,10	151,98	170,97	33,45	139,44	156,87	14,81	126,91	142,77	-	114,38	128,67	-	101,94	114,68	-	89,97	101,
(Ost)	II	1.907,25	52,99	152,58	171,65	34,35	140,04	157,55	15,70	127,51	143,45	-	114,98	129,35	-	102,52	115,34	-	90,54	101,85	-	79,06	88,
	III	1.374,50	-	109,96	123,70	-	100,02	112,52	-	90,36	101,65	-	80,94	91,06	-	71,80	80,77	-	62,89	70,75	-	54,25	61,
	IV	2.056,41	70,74	164,51	185,07	61,42	158,24	178,02	52,10	151,98	170,97	42,78	145,71	163,92	33,45	139,44	156,87	24,13	133,18	149,82	14,81	126,91	142,
	V	2.570,83	131,96	205,66	231,37																		
	VI	2.615,16	137,23	209,21	235,36																		
8.108,99	I	2.049,83	69,96	163,98	184,48	51,31	151,45	170,38	32,67	138,92	156,28	14,03	126,38	142,18	-	113,85	128,08	-	101,42	114,10	-	89,48	100,
(West)	II	1.900,75	52,22	152,06	171,06	33,57	139,52	156,96	14,93	126,99	142,86	-	114,46	128,76	-	102,02	114,77	-	90,04	101,30	-	78,59	88,
	III	1.369,16	-	109,53	123,22	-	99,61	112,06	-	89,96	101,20	-	80,56	90,63	-	71,41	80,33	-	62,53	70,34	-	53,89	60,
	IV	2.049,83	69,96	163,98	184,48	60,64	157,72	177,43	51,31	151,45	170,38	41,99	145,18	163,33	32,67	138,92	156,28	23,35	132,65	149,23	14,03	126,38	142,
	V	2.564,25	131,17	205,14	230,78																		
	VI	2.608,58	136,45	208,68	234,77																		
8.108,99	I	2.057,66	70,89	164,61	185,18	52,25	152,08	171,09	33,60	139,54	156,98	14,96	127,01	142,88	-	114,48	128,79	-	102,04	114,79	-	90,06	101,
(Ost)	II	1.908,50	53,14	152,68	171,76	34,51	140,15	157,67	15,86	127,62	143,57	-	115,08	129,47	-	102,62	115,45	-	90,63	101,96	-	79,15	89,
	III	1.375,50	-	110,04	123,79	-	100,10	112,61	-	90,44	101,74	-	81,02	91,15	-	71,86	80,84	-	62,97	70,84	-	54,32	61,
	IV	2.057,66	70,89	164,61	185,18	61,57	158,34	178,13	52,25	152,08	171,09	42,92	145,81	164,03	33,60	139,54	156,98	24,28	133,28	149,94	14,96	127,01	142,
	V	2.572,08	132,10	205,76	231,48																		
	VI	2.616,41	137,38	209,31	235,47																		
8.111,99	I	2.051,08	70,11	164,08	184,59	51,46	151,55	170,49	32,82	139,02	156,39	14,18	126,48	142,29	-	113,95	128,19	-	101,52	114,21	-	89,58	100,
(West)	II	1.902,00	52,36	152,16	171,18	33,72	139,62	157,07	15,08	127,09	142,97	-	114,56	128,88	-	102,12	114,88	-	90,14	101,40	-	78,68	88,
	III	1.370,16	-	109,61	123,31	-	99,69	112,15	-	90,04	101,29	-	80,62	90,70	-	71,49	80,42	-	62,60	70,42	-	53,97	60,
	IV	2.051,08	70,11	164,08	184,59	60,78	157,82	177,54	51,46	151,55	170,49	42,14	145,28	163,44	32,82	139,02	156,39	23,50	132,75	149,34	14,18	126,48	142,2
	V	2.565,50	131,32	205,24	230,89																		
	VI	2.609,83	136,60	208,78	234,88																		
8.111,99	I	2.058,91	71,04	164,71	185,30	52,39	152,18	171,20	33,75	139,64	157,10	15,11	127,11	143,00	-	114,58	128,90	-	102,13	114,89	-	90,16	101,4
(Ost)	II	1.909,83	53,30	152,78	171,88	34,65	140,25	157,78	16,01	127,72	143,68	-	115,18	129,58	-	102,72	115,56	-	90,72	102,06	-	79,24	89,1
	III	1.376,50	-	110,12	123,88	-	100,18	112,70	-	90,52	101,83	-	81,09	91,22	-	71,93	80,92	-	63,04	70,92	-	54,38	61,1
	IV	2.058,91	71,04	164,71	185,30	61,72	158,44	178,25	52,39	152,18	171,20	43,07	145,91	164,15	33,75	139,64	157,10	24,43	133,38	150,05	15,11	127,11	143,
	V	2.573,33	132,25	205,86	231,59																		
	VI	2.617,66	137,53	209,41	235,58																		
8.114,99	I	2.052,33	70,25	164,18	184,70	51,61	151,65	170,60	32,97	139,12	156,51	14,32	126,58	142,40	-	114,06	128,31	-	101,62	114,32	-	89,67	100,8
(West)	II	1.903,25	52,51	152,26	171,29	33,87	139,72	157,19	15,23	127,19	143,09	-	114,66	128,99	-	102,21	114,98	-	90,24	101,52	-	78,77	88,6
	III	1.371,16	-	109,69	123,40	-	99,77	112,24	-	90,10	101,36	-	80,70	90,79	-	71,56	80,50	-	62,66	70,49	-	54,04	60,7
	IV	2.052,33	70,25	164,18	184,70	60,93	157,92	177,66	51,61	151,65	170,60	42,29	145,38	163,55	32,97	139,12	156,51	23,65	132,85	149,45	14,32	126,58	142,4
	V	2.566,83	131,48	205,34	231,01																		
	VI	2.611,08	136,75	208,88	234,99																		
8.114,99	I	2.060,16	71,19	164,81	185,41	52,54	152,28	171,31	33,90	139,74	157,21	15,26	127,21	143,11	-	114,68	129,01	-	102,23	115,01	-	90,25	101,5
(Ost)	II	1.911,08	53,45	152,88	171,99	34,80	140,35	157,89	16,16	127,82	143,79	-	115,28	129,69	-	102,82	115,67	-	90,82	102,17	-	79,33	89,2
	III	1.377,50	-	110,20	123,97	-	100,26	112,79	-	90,58	101,90	-	81,17	91,31	-	72,01	81,01	-	63,10	70,99	-	54,46	61,2
	IV	2.060,16	71,19	164,81	185,41	61,87	158,54	178,36	52,54	152,28	171,31	43,22	146,01	164,26	33,90	139,74	157,21	24,58	133,48	150,16	15,26	127,21	143,1
	V	2.574,58	132,40	205,96	231,71																		
	VI	2.618,91	137,68	209,51	235,70																		

Anzahl Kinderfreibeträge (nur Steuerklassen I–IV)

Lohn/ Gehalt bis	Steuerklasse	Lohn-steuer	ohne Kinderfreibetrag			Anzahl Kinderfreibeträge (nur Steuerklassen I–IV) 0,5			1,0			1,5			2,0			2,5			3,0		
			SolZ 5,5%	Kirchensteuer 8%	9%	SolZ 5,5%	Kirchensteuer 8%	9%	SolZ 5,5%	Kirchensteuer 8%	9%	SolZ 5,5%	Kirchensteuer 8%	9%	SolZ 5,5%	Kirchensteuer 8%	9%	SolZ 5,5%	Kirchensteuer 8%	9%	SolZ 5,5%	Kirchensteuer 8%	9%
8.117,99 (West)	I	2.053,58	70,40	164,28	184,82	51,76	151,75	170,72	33,13	139,22	156,62	14,48	126,69	142,52	-	114,16	128,43	-	101,72	114,44	-	89,76	100,98
	II	1.904,50	52,66	152,36	171,40	34,02	139,82	157,30	15,38	127,29	143,20	-	114,76	129,10	-	102,31	115,10	-	90,33	101,62	-	78,86	88,72
	III	1.372,16	-	109,77	123,49	-	99,85	112,33	-	90,18	101,45	-	80,78	90,88	-	71,62	80,57	-	62,73	70,57	-	54,10	60,86
	IV	2.053,58	70,40	164,28	184,82	61,08	158,02	177,77	51,76	151,75	170,72	42,44	145,48	163,67	33,13	139,22	156,62	23,80	132,96	149,58	14,48	126,69	142,52
	V	2.568,08	131,63	205,44	231,12																		
	VI	2.612,33	136,89	208,98	235,10																		
8.117,99 (Ost)	I	2.061,41	71,34	164,91	185,52	52,69	152,38	171,42	34,05	139,84	157,32	15,41	127,31	143,22	-	114,78	129,12	-	102,33	115,12	-	90,34	101,63
	II	1.912,33	53,59	152,98	172,10	34,95	140,45	158,00	16,31	127,92	143,91	-	115,38	129,80	-	102,92	115,79	-	90,91	102,27	-	79,42	89,34
	III	1.378,50	-	110,28	124,06	-	100,34	112,88	-	90,66	101,99	-	81,25	91,40	-	72,08	81,09	-	63,17	71,06	-	54,53	61,34
	IV	2.061,41	71,34	164,91	185,52	62,01	158,64	178,47	52,69	152,38	171,42	43,37	146,11	164,37	34,05	139,84	157,32	24,73	133,58	150,27	15,41	127,31	143,22
	V	2.575,83	132,55	206,06	231,82																		
	VI	2.620,16	137,83	209,61	235,81																		
8.120,99 (West)	I	2.054,83	70,55	164,38	184,93	51,92	151,86	170,84	33,28	139,32	156,74	14,63	126,79	142,64	-	114,26	128,54	-	101,82	114,54	-	89,86	101,09
	II	1.905,75	52,81	152,46	171,51	34,17	139,92	157,41	15,52	127,39	143,31	-	114,86	129,22	-	102,41	115,21	-	90,42	101,72	-	78,95	88,82
	III	1.373,16	-	109,85	123,58	-	99,93	112,42	-	90,26	101,54	-	80,85	90,95	-	71,70	80,66	-	62,81	70,66	-	54,17	60,94
	IV	2.054,83	70,55	164,38	184,93	61,24	158,12	177,89	51,92	151,86	170,84	42,60	145,59	163,79	33,28	139,32	156,74	23,95	133,06	149,69	14,63	126,79	142,64
	V	2.569,33	131,78	205,54	231,23																		
	VI	2.613,58	137,04	209,08	235,22																		
8.120,99 (Ost)	I	2.062,66	71,48	165,01	185,63	52,84	152,48	171,54	34,20	139,94	157,43	15,55	127,41	143,33	-	114,88	129,24	-	102,43	115,23	-	90,44	101,75
	II	1.913,58	53,74	153,08	172,22	35,10	140,55	158,12	16,46	128,02	144,02	-	115,48	129,92	-	103,02	115,89	-	91,01	102,38	-	79,51	89,45
	III	1.379,50	-	110,36	124,15	-	100,42	112,97	-	90,74	102,08	-	81,32	91,48	-	72,16	81,18	-	63,25	71,15	-	54,60	61,42
	IV	2.062,66	71,48	165,01	185,63	62,16	158,74	178,58	52,84	152,48	171,54	43,52	146,21	164,48	34,20	139,94	157,43	24,88	133,68	150,39	15,55	127,41	143,33
	V	2.577,08	132,70	206,16	231,93																		
	VI	2.621,41	137,98	209,71	235,92																		
8.123,99 (West)	I	2.056,16	70,71	164,49	185,05	52,07	151,96	170,95	33,42	139,42	156,85	14,78	126,89	142,75	-	114,36	128,65	-	101,92	114,66	-	89,95	101,19
	II	1.907,00	52,96	152,56	171,63	34,32	140,02	157,52	15,68	127,50	143,43	-	114,96	129,33	-	102,51	115,32	-	90,52	101,83	-	79,04	88,92
	III	1.374,16	-	109,93	123,67	-	100,01	112,51	-	90,34	101,63	-	80,93	91,04	-	71,77	80,74	-	62,88	70,74	-	54,24	61,02
	IV	2.056,16	70,71	164,49	185,05	61,39	158,22	178,00	52,07	151,96	170,95	42,75	145,69	163,90	33,42	139,42	156,85	24,10	133,16	149,80	14,78	126,89	142,75
	V	2.570,58	131,93	205,64	231,35																		
	VI	2.614,91	137,20	209,19	235,34																		
8.123,99 (Ost)	I	2.063,91	71,63	165,11	185,75	52,99	152,58	171,65	34,35	140,04	157,55	15,70	127,51	143,45	-	114,98	129,35	-	102,52	115,34	-	90,54	101,85
	II	1.914,83	53,89	153,18	172,33	35,25	140,65	158,23	16,61	128,12	144,13	-	115,58	130,03	-	103,12	116,01	-	91,10	102,49	-	79,60	89,55
	III	1.380,50	-	110,44	124,24	-	100,50	113,06	-	90,82	102,17	-	81,40	91,57	-	72,22	81,25	-	63,32	71,23	-	54,66	61,49
	IV	2.063,91	71,63	165,11	185,75	62,31	158,84	178,70	52,99	152,58	171,65	43,67	146,31	164,60	34,35	140,04	157,55	25,02	133,78	150,50	15,70	127,51	143,45
	V	2.578,41	132,86	206,27	232,05																		
	VI	2.622,66	138,12	209,81	236,03																		
8.126,99 (West)	I	2.057,41	70,86	164,59	185,16	52,22	152,06	171,06	33,57	139,52	156,96	14,93	126,99	142,86	-	114,46	128,76	-	102,02	114,77	-	90,04	101,30
	II	1.908,33	53,12	152,66	171,74	34,48	140,13	157,64	15,83	127,60	143,55	-	115,06	129,44	-	102,60	115,43	-	90,61	101,93	-	79,13	89,02
	III	1.375,16	-	110,01	123,76	-	100,09	112,60	-	90,41	101,71	-	81,00	91,12	-	71,85	80,83	-	62,94	70,81	-	54,30	61,09
	IV	2.057,41	70,86	164,59	185,16	61,54	158,32	178,11	52,22	152,06	171,06	42,89	145,79	164,01	33,57	139,52	156,96	24,25	133,26	149,91	14,93	126,99	142,86
	V	2.571,83	132,08	205,74	231,46																		
	VI	2.616,16	137,35	209,29	235,45																		
8.126,99 (Ost)	I	2.065,16	71,78	165,21	185,86	53,14	152,68	171,76	34,51	140,15	157,67	15,86	127,62	143,57	-	115,08	129,47	-	102,62	115,45	-	90,63	101,96
	II	1.916,08	54,04	153,28	172,44	35,40	140,75	158,34	16,75	128,22	144,24	-	115,68	130,14	-	103,22	116,12	-	91,20	102,60	-	79,69	89,65
	III	1.381,50	-	110,52	124,33	-	100,58	113,15	-	90,89	102,25	-	81,46	91,64	-	72,30	81,34	-	63,38	71,30	-	54,73	61,57
	IV	2.065,16	71,78	165,21	185,86	62,46	158,94	178,81	53,14	152,68	171,76	43,82	146,41	164,71	34,51	140,15	157,67	25,18	133,88	150,62	15,86	127,62	143,57
	V	2.579,66	133,01	206,37	232,16																		
	VI	2.623,91	138,27	209,91	236,15																		
8.129,99 (West)	I	2.058,66	71,01	164,69	185,27	52,36	152,16	171,18	33,72	139,62	157,07	15,08	127,09	142,97	-	114,56	128,88	-	102,12	114,88	-	90,14	101,40
	II	1.909,58	53,27	152,76	171,86	34,62	140,23	157,76	15,98	127,70	143,66	-	115,16	129,56	-	102,70	115,54	-	90,70	102,04	-	79,22	89,12
	III	1.376,16	-	110,09	123,85	-	100,17	112,69	-	90,49	101,80	-	81,08	91,21	-	71,92	80,91	-	63,02	70,90	-	54,37	61,16
	IV	2.058,66	71,01	164,69	185,27	61,69	158,42	178,22	52,36	152,16	171,18	43,04	145,89	164,12	33,72	139,62	157,07	24,40	133,36	150,03	15,08	127,09	142,97
	V	2.573,08	132,22	205,84	231,57																		
	VI	2.617,41	137,50	209,39	235,56																		
8.129,99 (Ost)	I	2.066,41	71,93	165,31	185,97	53,30	152,78	171,88	34,65	140,25	157,78	16,01	127,72	143,68	-	115,18	129,58	-	102,72	115,56	-	90,72	102,06
	II	1.917,33	54,19	153,38	172,55	35,55	140,85	158,45	16,90	128,32	144,36	-	115,79	130,26	-	103,32	116,23	-	91,29	102,70	-	79,78	89,75
	III	1.382,50	-	110,60	124,42	-	100,66	113,24	-	90,97	102,34	-	81,54	91,73	-	72,37	81,41	-	63,46	71,39	-	54,80	61,65
	IV	2.066,41	71,93	165,31	185,97	62,62	159,05	178,93	53,30	152,78	171,88	43,98	146,52	164,83	34,65	140,25	157,78	25,33	133,98	150,73	16,01	127,72	143,68
	V	2.580,91	133,16	206,47	232,28																		
	VI	2.625,25	138,43	210,02	236,27																		
8.132,99 (West)	I	2.059,91	71,16	164,79	185,39	52,51	152,26	171,29	33,87	139,72	157,19	15,23	127,19	143,09	-	114,66	128,99	-	102,21	114,98	-	90,24	101,52
	II	1.910,83	53,42	152,86	171,97	34,77	140,33	157,87	16,13	127,80	143,77	-	115,26	129,67	-	102,80	115,65	-	90,80	102,15	-	79,31	89,22
	III	1.377,33	-	110,18	123,95	-	100,25	112,78	-	90,57	101,89	-	81,16	91,30	-	72,00	81,00	-	63,09	70,97	-	54,44	61,24
	IV	2.059,91	71,16	164,79	185,39	61,84	158,52	178,34	52,51	152,26	171,29	43,19	145,99	164,24	33,87	139,72	157,19	24,55	133,46	150,14	15,23	127,19	143,09
	V	2.574,33	132,37	205,94	231,68																		
	VI	2.618,66	137,65	209,49	235,67																		
8.132,99 (Ost)	I	2.067,75	72,09	165,42	186,09	53,45	152,88	171,99	34,80	140,35	157,89	16,16	127,82	143,79	-	115,28	129,69	-	102,82	115,67	-	90,82	102,17
	II	1.918,58	54,34	153,48	172,67	35,70	140,95	158,57	17,06	128,42	144,47	-	115,89	130,37	-	103,42	116,34	-	91,38	102,80	-	79,87	89,85
	III	1.383,50	-	110,68	124,51	-	100,73	113,32	-	91,05	102,43	-	81,62	91,82	-	72,45	81,50	-	63,53	71,47	-	54,86	61,72
	IV	2.067,75	72,09	165,42	186,09	62,77	159,15	179,04	53,45	152,88	171,99	44,12	146,62	164,94	34,80	140,35	157,89	25,48	134,08	150,84	16,16	127,82	143,79
	V	2.582,16	133,30	206,57	232,39																		
	VI	2.626,50	138,58	210,12	236,38																		
8.135,99 (West)	I	2.061,16	71,31	164,89	185,50	52,66	152,36	171,40	34,02	139,82	157,30	15,38	127,29	143,20	-	114,76	129,10	-	102,31	115,10	-	90,33	101,62
	II	1.912,08	53,56	152,96	172,08	34,92	140,43	157,98	16,28	127,90	143,88	-	115,36	129,78	-	102,90	115,76	-	90,90	102,26	-	79,40	89,33
	III	1.378,33	-	110,26	124,04	-	100,33	112,87	-	90,65	101,98	-	81,22	91,37	-	72,06	81,07	-	63,16	71,05	-	54,52	61,33
	IV	2.061,16	71,31	164,89	185,50	61,98	158,62	178,45	52,66	152,36	171,40	43,34	146,09	164,35	34,02	139,82	157,30	24,70	133,56	150,25	15,38	127,29	143,20
	V	2.575,58	132,52	206,04	231,80																		
	VI	2.619,91	137,80	209,59	235,79																		
8.135,99 (Ost)	I	2.069,00	72,24	165,52	186,21	53,59	152,98	172,10	34,95	140,45	158,00	16,31	127,92	143,91	-	115,38	129,80	-	102,92	115,79	-	90,91	102,27
	II	1.919,91	54,50	153,59	172,79	35,85	141,06	158,69	17,21	128,52	144,59	-	115,99	130,49	-	103,52	116,46	-	91,48	102,92	-	79,96	89,96
	III	1.384,50	-	110,76	124,60	-	100,81	113,41	-	91,13	102,52	-	81,69	91,90	-	72,52	81,58	-	63,60	71,55	-	54,94	61,81
	IV	2.069,00	72,24	165,52	186,21	62,92	159,25	179,15	53,59	152,98	172,10	44,27	146,72	165,06	34,95	140,45	158,00	25,63	134,18	150,95	16,31	127,92	143,91
	V	2.583,41	133,45	206,67	232,50																		
	VI	2.627,75	138,73	210,22	236,49																		

MONAT bis 8.156,99 €

Lohn/ Gehalt bis	Steuerklasse	Lohn-steuer	ohne Kinderfreibetrag SolZ 5,5%	ohne Kinderfreibetrag Kirchensteuer 8%	ohne Kinderfreibetrag Kirchensteuer 9%	0,5 SolZ 5,5%	0,5 Kirchensteuer 8%	0,5 Kirchensteuer 9%	1,0 SolZ 5,5%	1,0 Kirchensteuer 8%	1,0 Kirchensteuer 9%	1,5 SolZ 5,5%	1,5 Kirchensteuer 8%	1,5 Kirchensteuer 9%	2,0 SolZ 5,5%	2,0 Kirchensteuer 8%	2,0 Kirchensteuer 9%	2,5 SolZ 5,5%	2,5 Kirchensteuer 8%	2,5 Kirchensteuer 9%	3,0 SolZ 5,5%	3,0 Kirchensteuer 8%	3,0 Kirchensteu 9%
8.138,99 (West)	I	2.062,41	71,45	164,99	185,61	52,81	152,46	171,51	34,17	139,92	157,41	15,52	127,39	143,31	-	114,86	129,22	-	102,41	115,21	-	90,42	101
	II	1.913,33	53,71	153,06	172,19	35,07	140,53	158,09	16,43	128,00	144,00	-	115,46	129,89	-	103,00	115,88	-	90,99	102,36	-	79,49	89
	III	1.379,33	-	110,34	124,13	-	100,40	112,95	-	90,73	102,07	-	81,30	91,46	-	72,14	81,16	-	63,24	71,14	-	54,58	61
	IV	2.062,41	71,45	164,99	185,61	62,13	158,72	178,56	52,81	152,46	171,51	43,49	146,19	164,46	34,17	139,92	157,41	24,85	133,66	150,36	15,52	127,39	143
	V	2.576,83	132,67	206,14	231,91																		
	VI	2.621,16	137,95	209,69	235,90																		
8.138,99 (Ost)	I	2.070,25	72,39	165,62	186,32	53,74	153,08	172,22	35,10	140,55	158,12	16,46	128,02	144,02	-	115,48	129,92	-	103,02	115,89	-	91,01	102
	II	1.921,16	54,65	153,69	172,90	36,00	141,16	158,80	17,36	128,62	144,70	-	116,09	130,60	-	103,61	116,56	-	91,58	103,02	-	80,05	90
	III	1.385,50	-	110,84	124,69	-	100,89	113,50	-	91,20	102,60	-	81,77	91,99	-	72,58	81,65	-	63,66	71,62	-	55,01	61
	IV	2.070,25	72,39	165,62	186,32	63,07	159,35	179,27	53,74	153,08	172,22	44,42	146,82	165,17	35,10	140,55	158,12	25,78	134,28	151,07	16,46	128,02	144
	V	2.584,66	133,60	206,77	232,61																		
	VI	2.629,00	138,88	210,32	236,61																		
8.141,99 (West)	I	2.063,66	71,60	165,09	185,72	52,96	152,56	171,63	34,32	140,02	157,52	15,68	127,50	143,43	-	114,96	129,33	-	102,51	115,32	-	90,52	101
	II	1.914,58	53,86	153,16	172,31	35,22	140,63	158,21	16,58	128,10	144,11	-	115,56	130,01	-	103,10	115,98	-	91,08	102,47	-	79,58	89
	III	1.380,33	-	110,42	124,22	-	100,48	113,04	-	90,80	102,15	-	81,38	91,55	-	72,21	81,23	-	63,30	71,21	-	54,65	61
	IV	2.063,66	71,60	165,09	185,72	62,28	158,82	178,67	52,96	152,56	171,63	43,64	146,29	164,57	34,32	140,02	157,52	25,00	133,76	150,48	15,68	127,50	143
	V	2.578,16	132,83	206,25	232,03																		
	VI	2.622,41	138,09	209,79	236,01																		
8.141,99 (Ost)	I	2.071,50	72,54	165,72	186,43	53,89	153,18	172,33	35,25	140,65	158,23	16,61	128,12	144,13	-	115,58	130,03	-	103,12	116,01	-	91,10	102
	II	1.922,41	54,79	153,79	173,01	36,15	141,26	158,91	17,51	128,72	144,81	-	116,19	130,71	-	103,71	116,67	-	91,67	103,13	-	80,14	90
	III	1.386,66	-	110,93	124,79	-	100,97	113,59	-	91,28	102,69	-	81,84	92,07	-	72,66	81,74	-	63,74	71,71	-	55,08	61
	IV	2.071,50	72,54	165,72	186,43	63,21	159,45	179,38	53,89	153,18	172,33	44,57	146,92	165,28	35,25	140,65	158,23	25,93	134,38	151,18	16,61	128,12	144
	V	2.585,91	133,75	206,87	232,73																		
	VI	2.630,25	139,03	210,42	236,72																		
8.144,99 (West)	I	2.064,91	71,75	165,19	185,84	53,12	152,66	171,74	34,48	140,13	157,64	15,83	127,60	143,55	-	115,06	129,44	-	102,60	115,43	-	90,61	101
	II	1.915,83	54,01	153,26	172,42	35,37	140,73	158,32	16,72	128,20	144,22	-	115,66	130,12	-	103,20	116,10	-	91,18	102,57	-	79,67	89
	III	1.381,33	-	110,50	124,31	-	100,56	113,13	-	90,88	102,24	-	81,45	91,63	-	72,28	81,31	-	63,37	71,29	-	54,72	61
	IV	2.064,91	71,75	165,19	185,84	62,43	158,92	178,79	53,12	152,66	171,74	43,80	146,40	164,70	34,48	140,13	157,64	25,15	133,86	150,59	15,83	127,60	143
	V	2.579,41	132,98	206,35	232,14																		
	VI	2.623,66	138,24	209,89	236,12																		
8.144,99 (Ost)	I	2.072,75	72,68	165,82	186,54	54,04	153,28	172,44	35,40	140,75	158,34	16,75	128,22	144,24	-	115,68	130,14	-	103,22	116,12	-	91,20	102
	II	1.923,66	54,94	153,89	173,12	36,30	141,36	159,03	17,66	128,82	144,92	-	116,29	130,82	-	103,81	116,78	-	91,76	103,23	-	80,24	90
	III	1.387,66	-	111,01	124,88	-	101,05	113,68	-	91,36	102,78	-	81,92	92,16	-	72,73	81,82	-	63,81	71,78	-	55,14	62
	IV	2.072,75	72,68	165,82	186,54	63,36	159,55	179,49	54,04	153,28	172,44	44,72	147,02	165,39	35,40	140,75	158,34	26,08	134,48	151,29	16,75	128,22	144
	V	2.587,16	133,90	206,97	232,84																		
	VI	2.631,50	139,18	210,52	236,83																		
8.147,99 (West)	I	2.066,25	71,91	165,30	185,96	53,27	152,76	171,86	34,62	140,23	157,76	15,98	127,70	143,66	-	115,16	129,56	-	102,70	115,54	-	90,70	102
	II	1.917,08	54,16	153,36	172,53	35,52	140,83	158,43	16,88	128,30	144,34	-	115,77	130,24	-	103,30	116,21	-	91,27	102,68	-	79,76	89
	III	1.382,33	-	110,58	124,40	-	100,64	113,22	-	90,96	102,33	-	81,53	91,72	-	72,36	81,40	-	63,44	71,37	-	54,78	61
	IV	2.066,25	71,91	165,30	185,96	62,59	159,03	178,91	53,27	152,76	171,86	43,95	146,50	164,81	34,62	140,23	157,76	25,30	133,96	150,71	15,98	127,70	143
	V	2.580,66	133,13	206,45	232,25																		
	VI	2.625,00	138,40	210,00	236,25																		
8.147,99 (Ost)	I	2.074,00	72,83	165,92	186,66	54,19	153,38	172,55	35,55	140,85	158,45	16,90	128,32	144,36	-	115,79	130,26	-	103,32	116,23	-	91,29	102,
	II	1.924,91	55,09	153,99	173,24	36,45	141,46	159,14	17,81	128,92	145,04	-	116,39	130,94	-	103,91	116,90	-	91,86	103,34	-	80,32	90,
	III	1.388,66	-	111,09	124,97	-	101,13	113,77	-	91,44	102,87	-	82,00	92,25	-	72,81	81,91	-	63,88	71,86	-	55,21	62,
	IV	2.074,00	72,83	165,92	186,66	63,51	159,65	179,60	54,19	153,38	172,55	44,87	147,12	165,51	35,55	140,85	158,45	26,22	134,58	151,40	16,90	128,32	144,
	V	2.588,50	134,06	207,08	232,96																		
	VI	2.632,75	139,32	210,62	236,94																		
8.150,99 (West)	I	2.067,50	72,06	165,40	186,07	53,42	152,86	171,97	34,77	140,33	157,87	16,13	127,80	143,77	-	115,26	129,67	-	102,80	115,65	-	90,80	102,
	II	1.918,33	54,31	153,46	172,64	35,68	140,94	158,55	17,03	128,40	144,45	-	115,87	130,35	-	103,40	116,32	-	91,37	102,79	-	79,86	89,
	III	1.383,33	-	110,66	124,49	-	100,72	113,31	-	91,04	102,42	-	81,60	91,80	-	72,42	81,47	-	63,52	71,46	-	54,85	61,
	IV	2.067,50	72,06	165,40	186,07	62,74	159,13	179,02	53,42	152,86	171,97	44,09	146,60	164,92	34,77	140,33	157,87	25,45	134,06	150,82	16,13	127,80	143,
	V	2.581,91	133,28	206,55	232,37																		
	VI	2.626,25	138,55	210,10	236,36																		
8.150,99 (Ost)	I	2.075,25	72,98	166,02	186,77	54,34	153,48	172,67	35,70	140,95	158,57	17,06	128,42	144,47	-	115,89	130,37	-	103,42	116,34	-	91,38	102,
	II	1.926,16	55,24	154,09	173,35	36,60	141,56	159,25	17,95	129,02	145,15	-	116,49	131,05	-	104,01	117,01	-	91,96	103,45	-	80,42	90,
	III	1.389,66	-	111,17	125,06	-	101,21	113,86	-	91,50	102,94	-	82,06	92,32	-	72,88	81,99	-	63,96	71,95	-	55,28	62,
	IV	2.075,25	72,98	166,02	186,77	63,66	159,75	179,72	54,34	153,48	172,67	45,02	147,22	165,62	35,70	140,95	158,57	26,38	134,69	151,52	17,06	128,42	144,
	V	2.589,75	134,21	207,18	233,07																		
	VI	2.634,00	139,47	210,72	237,06																		
8.153,99 (West)	I	2.068,75	72,21	165,50	186,18	53,56	152,96	172,08	34,92	140,43	157,98	16,28	127,90	143,88	-	115,36	129,78	-	102,90	115,76	-	90,90	102,
	II	1.919,66	54,47	153,57	172,76	35,82	141,04	158,67	17,18	128,50	144,56	-	115,97	130,46	-	103,50	116,43	-	91,46	102,89	-	79,94	89,
	III	1.384,33	-	110,74	124,58	-	100,80	113,40	-	91,10	102,49	-	81,68	91,89	-	72,50	81,56	-	63,58	71,53	-	54,92	61,
	IV	2.068,75	72,21	165,50	186,18	62,89	159,23	179,13	53,56	152,96	172,08	44,24	146,70	165,03	34,92	140,43	157,98	25,60	134,16	150,93	16,28	127,90	143,
	V	2.583,16	133,42	206,65	232,48																		
	VI	2.627,50	138,70	210,20	236,47																		
8.153,99 (Ost)	I	2.076,50	73,13	166,12	186,88	54,50	153,59	172,79	35,85	141,06	158,69	17,21	128,52	144,59	-	115,99	130,49	-	103,52	116,46	-	91,48	102,
	II	1.927,41	55,39	154,19	173,46	36,75	141,66	159,36	18,10	129,12	145,26	-	116,59	131,16	-	104,11	117,12	-	92,05	103,55	-	80,50	90,
	III	1.390,66	-	111,25	125,15	-	101,29	113,95	-	91,58	103,03	-	82,14	92,41	-	72,96	82,08	-	64,02	72,02	-	55,36	62,
	IV	2.076,50	73,13	166,12	186,88	63,81	159,85	179,83	54,50	153,59	172,79	45,18	147,32	165,74	35,85	141,06	158,69	26,53	134,79	151,64	17,21	128,52	144,
	V	2.591,00	134,36	207,28	233,19																		
	VI	2.635,25	139,62	210,82	237,17																		
8.156,99 (West)	I	2.070,00	72,36	165,60	186,30	53,71	153,06	172,19	35,07	140,53	158,09	16,43	128,00	144,00	-	115,46	129,89	-	103,00	115,88	-	90,99	102,
	II	1.920,91	54,62	153,67	172,88	35,97	141,14	158,78	17,33	128,60	144,68	-	116,07	130,58	-	103,59	116,54	-	91,56	103,00	-	80,04	90,
	III	1.385,33	-	110,82	124,67	-	100,88	113,49	-	91,18	102,58	-	81,76	91,98	-	72,57	81,64	-	63,65	71,60	-	55,00	61,
	IV	2.070,00	72,36	165,60	186,30	63,04	159,33	179,24	53,71	153,06	172,19	44,39	146,80	165,15	35,07	140,53	158,09	25,75	134,26	151,04	16,43	128,00	144,
	V	2.584,41	133,57	206,75	232,59																		
	VI	2.628,75	138,85	210,30	236,58																		
8.156,99 (Ost)	I	2.077,83	73,29	166,22	187,00	54,65	153,69	172,90	36,00	141,16	158,80	17,36	128,62	144,70	-	116,09	130,60	-	103,61	116,56	-	91,58	103,
	II	1.928,66	55,54	154,29	173,57	36,89	141,76	159,48	18,26	129,23	145,38	-	116,70	131,28	-	104,20	117,23	-	92,14	103,66	-	80,60	90,
	III	1.391,66	-	111,33	125,24	-	101,37	114,04	-	91,66	103,12	-	82,22	92,50	-	73,02	82,15	-	64,09	72,10	-	55,42	62,
	IV	2.077,83	73,29	166,22	187,00	63,97	159,96	179,95	54,65	153,69	172,90	45,32	147,42	165,85	36,00	141,16	158,80	26,68	134,89	151,75	17,36	128,62	144,
	V	2.592,25	134,50	207,38	233,30																		
	VI	2.636,58	139,78	210,92	237,29																		

Anzahl Kinderfreibeträge (nur Steuerklassen I–IV)

Lohn/ Gehalt bis	Steuerklasse	Lohn-steuer	ohne Kinderfreibetrag SolZ 5,5%	ohne Kinderfreibetrag Kirchensteuer 8%	ohne Kinderfreibetrag Kirchensteuer 9%	0,5 SolZ 5,5%	0,5 Kirchensteuer 8%	0,5 Kirchensteuer 9%	1,0 SolZ 5,5%	1,0 Kirchensteuer 8%	1,0 Kirchensteuer 9%	1,5 SolZ 5,5%	1,5 Kirchensteuer 8%	1,5 Kirchensteuer 9%	2,0 SolZ 5,5%	2,0 Kirchensteuer 8%	2,0 Kirchensteuer 9%	2,5 SolZ 5,5%	2,5 Kirchensteuer 8%	2,5 Kirchensteuer 9%	3,0 SolZ 5,5%	3,0 Kirchensteuer 8%	3,0 Kirchensteuer 9%
						Anzahl Kinderfreibeträge (nur Steuerklassen I–IV)																	
8.159,99 (West)	I	2.071,25	72,51	165,70	186,41	53,86	153,16	172,31	35,22	140,63	158,21	16,58	128,10	144,11	-	115,56	130,01	-	103,10	115,98	-	91,08	102,47
	II	1.922,16	54,76	153,77	172,99	36,12	141,24	158,89	17,48	128,70	144,79	-	116,17	130,69	-	103,69	116,65	-	91,65	103,10	-	80,12	90,14
	III	1.386,33	-	110,90	124,76	-	100,96	113,58	-	91,26	102,67	-	81,82	92,05	-	72,65	81,73	-	63,73	71,69	-	55,06	61,94
	IV	2.071,25	72,51	165,70	186,41	63,18	159,43	179,36	53,86	153,16	172,31	44,54	146,90	165,26	35,22	140,63	158,21	25,90	134,36	151,16	16,58	128,10	144,11
	V	2.585,66	133,72	206,85	232,70																		
	VI	2.630,00	139,00	210,40	236,70																		
8.159,99 (Ost)	I	2.079,08	73,44	166,32	187,11	54,79	153,79	173,01	36,15	141,26	158,91	17,51	128,72	144,81	-	116,19	130,71	-	103,71	116,67	-	91,67	103,13
	II	1.929,91	55,69	154,39	173,69	37,05	141,86	159,59	18,41	129,33	145,49	-	116,80	131,40	-	104,30	117,34	-	92,24	103,77	-	80,69	90,77
	III	1.392,66	-	111,41	125,33	-	101,45	114,13	-	91,74	103,21	-	82,29	92,57	-	73,10	82,24	-	64,17	72,19	-	55,49	62,42
	IV	2.079,08	73,44	166,32	187,11	64,12	160,06	180,06	54,79	153,79	173,01	45,47	147,52	165,96	36,15	141,26	158,91	26,83	134,99	151,86	17,51	128,72	144,81
	V	2.593,50	134,65	207,48	233,41																		
	VI	2.637,83	139,93	211,02	237,40																		
8.162,99 (West)	I	2.072,50	72,65	165,80	186,52	54,01	153,26	172,42	35,37	140,73	158,32	16,72	128,20	144,22	-	115,66	130,12	-	103,20	116,10	-	91,18	102,57
	II	1.923,41	54,91	153,87	173,10	36,27	141,34	159,00	17,63	128,80	144,90	-	116,27	130,80	-	103,79	116,76	-	91,74	103,21	-	80,22	90,24
	III	1.387,33	-	110,98	124,85	-	101,04	113,67	-	91,34	102,76	-	81,90	92,14	-	72,72	81,81	-	63,80	71,77	-	55,13	62,02
	IV	2.072,50	72,65	165,80	186,52	63,33	159,53	179,47	54,01	153,26	172,42	44,69	147,00	165,37	35,37	140,73	158,32	26,05	134,46	151,27	16,72	128,20	144,22
	V	2.586,91	133,87	206,95	232,82																		
	VI	2.631,25	139,15	210,50	236,81																		
8.162,99 (Ost)	I	2.080,33	73,59	166,42	187,22	54,94	153,89	173,12	36,30	141,36	159,03	17,66	128,82	144,92	-	116,29	130,82	-	103,81	116,78	-	91,76	103,23
	II	1.931,25	55,85	154,50	173,81	37,20	141,96	159,71	18,56	129,43	145,61	-	116,90	131,51	-	104,40	117,45	-	92,34	103,88	-	80,78	90,87
	III	1.393,66	-	111,49	125,42	-	101,53	114,22	-	91,82	103,30	-	82,37	92,66	-	73,17	82,31	-	64,24	72,27	-	55,56	62,50
	IV	2.080,33	73,59	166,42	187,22	64,26	160,16	180,18	54,94	153,89	173,12	45,62	147,62	166,07	36,30	141,36	159,03	26,98	135,09	151,97	17,66	128,82	144,92
	V	2.594,75	134,80	207,58	233,52																		
	VI	2.639,08	140,08	211,12	237,51																		
8.165,99 (West)	I	2.073,75	72,80	165,90	186,63	54,16	153,36	172,53	35,52	140,83	158,43	16,88	128,30	144,34	-	115,77	130,24	-	103,30	116,21	-	91,27	102,68
	II	1.924,66	55,06	153,97	173,21	36,42	141,44	159,12	17,78	128,90	145,01	-	116,37	130,91	-	103,89	116,87	-	91,84	103,32	-	80,31	90,35
	III	1.388,33	-	111,06	124,94	-	101,12	113,76	-	91,41	102,83	-	81,97	92,21	-	72,80	81,90	-	63,86	71,84	-	55,20	62,10
	IV	2.073,75	72,80	165,90	186,63	63,48	159,63	179,58	54,16	153,36	172,53	44,84	147,10	165,48	35,52	140,83	158,43	26,19	134,56	151,38	16,88	128,30	144,34
	V	2.588,25	134,03	207,06	232,94																		
	VI	2.632,50	139,29	210,60	236,92																		
8.165,99 (Ost)	I	2.081,58	73,74	166,52	187,34	55,09	153,99	173,24	36,45	141,46	159,14	17,81	128,92	145,04	-	116,39	130,94	-	103,91	116,90	-	91,86	103,34
	II	1.932,50	55,99	154,60	173,92	37,35	142,06	159,82	18,71	129,53	145,72	0,06	117,00	131,62	-	104,50	117,56	-	92,43	103,98	-	80,87	90,98
	III	1.394,66	-	111,57	125,51	-	101,61	114,31	-	91,89	103,37	-	82,44	92,74	-	73,25	82,40	-	64,30	72,34	-	55,62	62,57
	IV	2.081,58	73,74	166,52	187,34	64,41	160,26	180,29	55,09	153,99	173,24	45,77	147,72	166,19	36,45	141,46	159,14	27,13	135,19	152,09	17,81	128,92	145,04
	V	2.596,00	134,95	207,68	233,64																		
	VI	2.640,33	140,23	211,22	237,62																		
8.168,99 (West)	I	2.075,00	72,95	166,00	186,75	54,31	153,46	172,64	35,68	140,94	158,55	17,03	128,40	144,45	-	115,87	130,35	-	103,40	116,32	-	91,37	102,79
	II	1.925,91	55,21	154,07	173,33	36,57	141,54	159,23	17,92	129,00	145,13	-	116,47	131,03	-	103,99	116,99	-	91,94	103,43	-	80,40	90,45
	III	1.389,33	-	111,14	125,03	-	101,20	113,85	-	91,49	102,92	-	82,05	92,30	-	72,86	81,97	-	63,94	71,93	-	55,26	62,17
	IV	2.075,00	72,95	166,00	186,75	63,63	159,73	179,69	54,31	153,46	172,64	45,00	147,20	165,60	35,68	140,94	158,55	26,35	134,67	151,50	17,03	128,40	144,45
	V	2.589,50	134,18	207,16	233,05																		
	VI	2.633,75	139,44	210,70	237,03																		
8.168,99 (Ost)	I	2.082,83	73,88	166,62	187,45	55,24	154,09	173,35	36,60	141,56	159,25	17,95	129,02	145,15	-	116,49	131,05	-	104,01	117,01	-	91,96	103,45
	II	1.933,75	56,14	154,70	174,03	37,50	142,16	159,93	18,86	129,63	145,83	0,21	117,10	131,73	-	104,60	117,68	-	92,52	104,09	-	80,96	91,08
	III	1.395,66	-	111,65	125,60	-	101,69	114,40	-	91,97	103,46	-	82,52	92,83	-	73,32	82,48	-	64,38	72,43	-	55,69	62,65
	IV	2.082,83	73,88	166,62	187,45	64,56	160,36	180,40	55,24	154,09	173,35	45,92	147,82	166,30	36,60	141,56	159,25	27,28	135,29	152,20	17,95	129,02	145,15
	V	2.597,25	135,10	207,78	233,75																		
	VI	2.641,58	140,38	211,32	237,74																		
8.171,99 (West)	I	2.076,33	73,11	166,10	186,86	54,47	153,57	172,76	35,82	141,04	158,67	17,18	128,50	144,56	-	115,97	130,46	-	103,50	116,43	-	91,46	102,89
	II	1.927,16	55,36	154,17	173,44	36,72	141,64	159,34	18,07	129,10	145,24	-	116,58	131,15	-	104,09	117,10	-	92,03	103,53	-	80,49	90,55
	III	1.390,50	-	111,24	125,14	-	101,28	113,94	-	91,57	103,01	-	82,13	92,39	-	72,94	82,06	-	64,01	72,01	-	55,33	62,24
	IV	2.076,33	73,11	166,10	186,86	63,79	159,84	179,82	54,47	153,57	172,76	45,15	147,30	165,71	35,82	141,04	158,67	26,50	134,77	151,61	17,18	128,50	144,56
	V	2.590,75	134,33	207,26	233,16																		
	VI	2.635,08	139,60	210,80	237,15																		
8.171,99 (Ost)	I	2.084,08	74,03	166,72	187,56	55,39	154,19	173,46	36,75	141,66	159,36	18,10	129,12	145,26	-	116,59	131,16	-	104,11	117,12	-	92,05	103,55
	II	1.935,00	56,29	154,80	174,15	37,65	142,26	160,04	19,01	129,73	145,94	0,36	117,20	131,85	-	104,70	117,79	-	92,62	104,19	-	81,05	91,18
	III	1.396,66	-	111,73	125,69	-	101,77	114,49	-	92,05	103,55	-	82,60	92,92	-	73,40	82,57	-	64,45	72,50	-	55,76	62,73
	IV	2.084,08	74,03	166,72	187,56	64,71	160,46	180,51	55,39	154,19	173,46	46,07	147,92	166,41	36,75	141,66	159,36	27,42	135,39	152,31	18,10	129,12	145,26
	V	2.598,50	135,25	207,88	233,86																		
	VI	2.642,83	140,52	211,42	237,85																		
8.174,99 (West)	I	2.077,58	73,26	166,20	186,98	54,62	153,67	172,88	35,97	141,14	158,78	17,33	128,60	144,68	-	116,07	130,58	-	103,59	116,54	-	91,56	103,00
	II	1.928,41	55,51	154,27	173,55	36,88	141,74	159,46	18,23	129,21	145,36	-	116,68	131,26	-	104,19	117,21	-	92,12	103,64	-	80,58	90,65
	III	1.391,50	-	111,32	125,23	-	101,36	114,03	-	91,65	103,10	-	82,20	92,47	-	73,01	82,13	-	64,08	72,09	-	55,41	62,33
	IV	2.077,58	73,26	166,20	186,98	63,94	159,94	179,93	54,62	153,67	172,88	45,29	147,40	165,83	35,97	141,14	158,78	26,65	134,87	151,73	17,33	128,60	144,68
	V	2.592,00	134,47	207,36	233,28																		
	VI	2.636,33	139,75	210,90	237,26																		
8.174,99 (Ost)	I	2.085,33	74,18	166,82	187,67	55,54	154,29	173,57	36,89	141,76	159,48	18,26	129,23	145,38	-	116,70	131,28	-	104,20	117,23	-	92,14	103,66
	II	1.936,25	56,44	154,90	174,26	37,80	142,36	160,16	19,15	129,83	146,06	0,51	117,30	131,96	-	104,80	117,90	-	92,72	104,31	-	81,14	91,28
	III	1.397,83	-	111,82	125,80	-	101,84	114,57	-	92,13	103,64	-	82,66	92,99	-	73,46	82,64	-	64,52	72,58	-	55,84	62,82
	IV	2.085,33	74,18	166,82	187,67	64,86	160,56	180,63	55,54	154,29	173,57	46,22	148,02	166,52	36,89	141,76	159,48	27,57	135,49	152,42	18,26	129,23	145,38
	V	2.599,83	135,41	207,98	233,98																		
	VI	2.644,08	140,67	211,52	237,96																		
8.177,99 (West)	I	2.078,83	73,41	166,30	187,09	54,76	153,77	172,99	36,12	141,24	158,89	17,48	128,70	144,79	-	116,17	130,69	-	103,69	116,65	-	91,65	103,10
	II	1.929,75	55,67	154,38	173,67	37,02	141,84	159,57	18,38	129,31	145,47	-	116,78	131,37	-	104,28	117,32	-	92,22	103,75	-	80,67	90,75
	III	1.392,50	-	111,40	125,32	-	101,42	114,10	-	91,73	103,19	-	82,28	92,56	-	73,09	82,22	-	64,14	72,16	-	55,48	62,41
	IV	2.078,83	73,41	166,30	187,09	64,09	160,04	180,04	54,76	153,77	172,99	45,44	147,50	165,94	36,12	141,24	158,89	26,80	134,97	151,84	17,48	128,70	144,79
	V	2.593,25	134,62	207,46	233,39																		
	VI	2.637,58	139,90	211,00	237,38																		
8.177,99 (Ost)	I	2.086,58	74,33	166,92	187,79	55,69	154,39	173,69	37,05	141,86	159,59	18,41	129,33	145,49	-	116,80	131,40	-	104,30	117,34	-	92,24	103,77
	II	1.937,50	56,59	155,00	174,37	37,95	142,46	160,27	19,30	129,93	146,17	0,66	117,40	132,07	-	104,90	118,01	-	92,81	104,41	-	81,24	91,39
	III	1.398,83	-	111,90	125,89	-	101,92	114,66	-	92,20	103,72	-	82,74	93,08	-	73,54	82,73	-	64,60	72,67	-	55,90	62,89
	IV	2.086,58	74,33	166,92	187,79	65,01	160,66	180,74	55,69	154,39	173,69	46,38	148,13	166,64	37,05	141,86	159,59	27,73	135,60	152,55	18,41	129,33	145,49
	V	2.601,08	135,56	208,08	234,09																		
	VI	2.645,33	140,82	211,62	238,07																		

MONAT bis 8.198,99 €

Allgemeine Tabelle

Lohn/ Gehalt bis	Steuerklasse	Lohn-steuer	ohne Kinderfreibetrag SolZ 5,5%	Kirchensteuer 8%	9%	0,5 SolZ 5,5%	Kirchensteuer 8%	9%	1,0 SolZ 5,5%	Kirchensteuer 8%	9%	1,5 SolZ 5,5%	Kirchensteuer 8%	9%	2,0 SolZ 5,5%	Kirchensteuer 8%	9%	2,5 SolZ 5,5%	Kirchensteuer 8%	9%	3,0 SolZ 5,5%	Kirchensteuer 8%	9%
						Anzahl Kinderfreibeträge (nur Steuerklassen I–IV)																	
8.180,99 (West)	I	2.080,08	73,56	166,40	187,20	54,91	153,87	173,10	36,27	141,34	159,00	17,63	128,80	144,90	-	116,27	130,80	-	103,79	116,76	-	91,74	103
	II	1.931,00	55,82	154,48	173,79	37,17	141,94	159,68	18,53	129,41	145,58	-	116,88	131,49	-	104,38	117,43	-	92,32	103,86	-	80,76	90
	III	1.393,50	-	111,48	125,41	-	101,50	114,19	-	91,80	103,27	-	82,34	92,63	-	73,16	82,30	-	64,22	72,25	-	55,54	62
	IV	2.080,08	73,56	166,40	187,20	64,24	160,14	180,15	54,91	153,87	173,10	45,59	147,60	166,05	36,27	141,34	159,00	26,95	135,07	151,95	17,63	128,80	144
	V	2.594,50	134,77	207,56	233,50																		
	VI	2.638,83	140,05	211,10	237,49																		
8.180,99 (Ost)	I	2.087,91	74,49	167,03	187,91	55,85	154,50	173,81	37,20	141,96	159,71	18,56	129,43	145,61	-	116,90	131,51	-	104,40	117,45	-	92,34	103
	II	1.938,75	56,74	155,10	174,48	38,09	142,56	160,38	19,45	130,03	146,28	0,82	117,50	132,19	-	105,00	118,12	-	92,90	104,51	-	81,32	91
	III	1.399,83	-	111,98	125,98	-	102,00	114,75	-	92,28	103,81	-	82,82	93,17	-	73,61	82,81	-	64,66	72,74	-	55,97	62
	IV	2.087,91	74,49	167,03	187,91	65,17	160,76	180,86	55,85	154,50	173,81	46,52	148,23	166,76	37,20	141,96	159,71	27,88	135,70	152,66	18,56	129,43	145
	V	2.602,33	135,70	208,18	234,20																		
	VI	2.646,66	140,98	211,73	238,19																		
8.183,99 (West)	I	2.081,33	73,71	166,50	187,31	55,06	153,97	173,21	36,42	141,44	159,12	17,78	128,90	145,01	-	116,37	130,91	-	103,89	116,87	-	91,84	103
	II	1.932,25	55,96	154,58	173,90	37,32	142,04	159,80	18,68	129,51	145,70	0,03	116,98	131,60	-	104,48	117,54	-	92,41	103,96	-	80,85	90
	III	1.394,50	-	111,56	125,50	-	101,58	114,28	-	91,88	103,36	-	82,42	92,72	-	73,22	82,37	-	64,29	72,32	-	55,61	62
	IV	2.081,33	73,71	166,50	187,31	64,38	160,24	180,27	55,06	153,97	173,21	45,74	147,70	166,16	36,42	141,44	159,12	27,10	135,17	152,06	17,78	128,90	145
	V	2.595,75	134,92	207,66	233,61																		
	VI	2.640,08	140,20	211,20	237,60																		
8.183,99 (Ost)	I	2.089,16	74,64	167,13	188,02	55,99	154,60	173,92	37,35	142,06	159,82	18,71	129,53	145,72	0,06	117,00	131,62	-	104,50	117,56	-	92,43	103
	II	1.940,00	56,89	155,20	174,60	38,25	142,67	160,50	19,61	130,14	146,40	0,97	117,60	132,30	-	105,10	118,23	-	93,00	104,63	-	81,42	91
	III	1.400,83	-	112,06	126,07	-	102,08	114,84	-	92,36	103,90	-	82,89	93,25	-	73,69	82,90	-	64,73	72,82	-	56,04	63
	IV	2.089,16	74,64	167,13	188,02	65,32	160,86	180,97	55,99	154,60	173,92	46,67	148,33	166,87	37,35	142,06	159,82	28,03	135,80	152,77	18,71	129,53	145
	V	2.603,58	135,85	208,28	234,32																		
	VI	2.647,91	141,13	211,83	238,31																		
8.186,99 (West)	I	2.082,58	73,85	166,60	187,43	55,21	154,07	173,33	36,57	141,54	159,23	17,92	129,00	145,13	-	116,47	131,03	-	103,99	116,99	-	91,94	103
	II	1.933,50	56,11	154,68	174,01	37,47	142,14	159,91	18,83	129,61	145,81	0,18	117,08	131,71	-	104,58	117,65	-	92,50	104,06	-	80,94	91
	III	1.395,50	-	111,64	125,59	-	101,66	114,37	-	91,96	103,45	-	82,50	92,81	-	73,30	82,46	-	64,36	72,40	-	55,68	62
	IV	2.082,58	73,85	166,60	187,43	64,53	160,34	180,38	55,21	154,07	173,33	45,89	147,80	166,28	36,57	141,54	159,23	27,25	135,27	152,18	17,92	129,00	145
	V	2.597,00	135,07	207,76	233,73																		
	VI	2.641,33	140,35	211,30	237,71																		
8.186,99 (Ost)	I	2.090,41	74,79	167,23	188,13	56,14	154,70	174,03	37,50	142,16	159,93	18,86	129,63	145,83	0,21	117,10	131,73	-	104,60	117,68	-	92,52	104
	II	1.941,33	57,05	155,30	174,71	38,40	142,77	160,61	19,76	130,24	146,52	1,12	117,70	132,41	-	105,20	118,35	-	93,10	104,73	-	81,51	91
	III	1.401,83	-	112,14	126,16	-	102,16	114,93	-	92,44	103,99	-	82,97	93,34	-	73,76	82,98	-	64,80	72,90	-	56,10	63
	IV	2.090,41	74,79	167,23	188,13	65,46	160,96	181,08	56,14	154,70	174,03	46,82	148,43	166,98	37,50	142,16	159,93	28,18	135,90	152,88	18,86	129,63	145
	V	2.604,83	136,00	208,38	234,43																		
	VI	2.649,16	141,28	211,93	238,42																		
8.189,99 (West)	I	2.083,83	74,00	166,70	187,54	55,36	154,17	173,44	36,72	141,64	159,34	18,07	129,10	145,24	-	116,58	131,15	-	104,09	117,10	-	92,03	103
	II	1.934,75	56,26	154,78	174,12	37,62	142,24	160,02	18,98	129,71	145,92	0,33	117,18	131,82	-	104,68	117,77	-	92,60	104,18	-	81,04	91,
	III	1.396,50	-	111,72	125,68	-	101,74	114,46	-	92,04	103,54	-	82,57	92,89	-	73,37	82,54	-	64,44	72,49	-	55,74	62
	IV	2.083,83	74,00	166,70	187,54	64,68	160,44	180,49	55,36	154,17	173,44	46,04	147,90	166,39	36,72	141,64	159,34	27,39	135,37	152,29	18,07	129,10	145
	V	2.598,33	135,23	207,86	233,84																		
	VI	2.642,58	140,49	211,40	237,83																		
8.189,99 (Ost)	I	2.091,66	74,94	167,33	188,24	56,29	154,80	174,15	37,65	142,26	160,04	19,01	129,73	145,94	0,36	117,20	131,85	-	104,70	117,79	-	92,62	104
	II	1.942,58	57,19	155,40	174,83	38,55	142,87	160,73	19,91	130,34	146,63	1,26	117,80	132,53	-	105,30	118,46	-	93,19	104,84	-	81,60	91,
	III	1.402,83	-	112,22	126,25	-	102,24	115,02	-	92,52	104,08	-	83,04	93,42	-	73,82	83,05	-	64,88	72,99	-	56,17	63,
	IV	2.091,66	74,94	167,33	188,24	65,61	161,06	181,19	56,29	154,80	174,15	46,97	148,53	167,09	37,65	142,26	160,04	28,33	136,00	153,00	19,01	129,73	145,
	V	2.606,08	136,15	208,48	234,54																		
	VI	2.650,41	141,43	212,03	238,53																		
8.192,99 (West)	I	2.085,08	74,15	166,80	187,65	55,51	154,27	173,55	36,88	141,74	159,46	18,23	129,21	145,36	-	116,68	131,26	-	104,19	117,21	-	92,12	103,
	II	1.936,00	56,41	154,88	174,24	37,77	142,34	160,13	19,12	129,81	146,03	0,48	117,28	131,94	-	104,78	117,88	-	92,70	104,28	-	81,12	91,
	III	1.397,50	-	111,80	125,77	-	101,82	114,55	-	92,10	103,61	-	82,65	92,98	-	73,45	82,63	-	64,50	72,56	-	55,81	62,
	IV	2.085,08	74,15	166,80	187,65	64,83	160,54	180,60	55,51	154,27	173,55	46,19	148,00	166,50	36,88	141,74	159,46	27,55	135,48	152,41	18,23	129,21	145,
	V	2.599,58	135,38	207,96	233,96																		
	VI	2.643,83	140,64	211,50	237,94																		
8.192,99 (Ost)	I	2.092,91	75,08	167,43	188,36	56,44	154,90	174,26	37,80	142,36	160,16	19,15	129,83	146,06	0,51	117,30	131,96	-	104,80	117,90	-	92,72	104,
	II	1.943,83	57,34	155,50	174,94	38,70	142,97	160,84	20,06	130,44	146,74	1,41	117,90	132,64	-	105,40	118,57	-	93,28	104,94	-	81,69	91,
	III	1.403,83	-	112,30	126,34	-	102,32	115,11	-	92,58	104,15	-	83,12	93,51	-	73,90	83,14	-	64,94	73,06	-	56,25	63,
	IV	2.092,91	75,08	167,43	188,36	65,76	161,16	181,31	56,44	154,90	174,26	47,12	148,63	167,21	37,80	142,36	160,16	28,48	136,10	153,11	19,15	129,83	146,
	V	2.607,33	136,30	208,58	234,65																		
	VI	2.651,66	141,58	212,13	238,64																		
8.195,99 (West)	I	2.086,33	74,30	166,90	187,76	55,67	154,38	173,67	37,02	141,84	159,57	18,38	129,31	145,47	-	116,78	131,37	-	104,28	117,32	-	92,22	103,
	II	1.937,25	56,56	154,98	174,35	37,92	142,44	160,25	19,27	129,91	146,15	0,64	117,38	132,05	-	104,88	117,99	-	92,79	104,39	-	81,22	91,
	III	1.398,50	-	111,88	125,86	-	101,90	114,64	-	92,18	103,70	-	82,73	93,07	-	73,52	82,71	-	64,57	72,64	-	55,89	62,
	IV	2.086,33	74,30	166,90	187,76	64,99	160,64	180,72	55,67	154,38	173,67	46,35	148,11	166,62	37,02	141,84	159,57	27,70	135,58	152,52	18,38	129,31	145,
	V	2.600,83	135,53	208,06	234,07																		
	VI	2.645,08	140,79	211,60	238,05																		
8.195,99 (Ost)	I	2.094,16	75,23	167,53	188,47	56,59	155,00	174,37	37,95	142,46	160,27	19,30	129,93	146,17	0,66	117,40	132,07	-	104,90	118,01	-	92,81	104,
	II	1.945,08	57,49	155,60	175,05	38,85	143,07	160,95	20,21	130,54	146,85	1,56	118,00	132,75	-	105,50	118,68	-	93,38	105,05	-	81,78	92,
	III	1.404,83	-	112,38	126,43	-	102,40	115,20	-	92,66	104,24	-	83,20	93,60	-	73,97	83,21	-	65,01	73,13	-	56,32	63,
	IV	2.094,16	75,23	167,53	188,47	65,91	161,26	181,42	56,59	155,00	174,37	47,27	148,73	167,32	37,95	142,46	160,27	28,62	136,20	153,22	19,30	129,93	146,
	V	2.608,58	136,45	208,68	234,77																		
	VI	2.652,91	141,72	212,23	238,76																		
8.198,99 (West)	I	2.087,66	74,46	167,01	187,88	55,82	154,48	173,79	37,17	141,94	159,68	18,53	129,41	145,58	-	116,88	131,49	-	104,38	117,43	-	92,32	103,
	II	1.938,50	56,71	155,08	174,46	38,07	142,54	160,36	19,43	130,02	146,27	0,79	117,48	132,17	-	104,98	118,10	-	92,88	104,49	-	81,31	91,
	III	1.399,50	-	111,96	125,95	-	101,98	114,73	-	92,26	103,79	-	82,80	93,15	-	73,60	82,80	-	64,65	72,73	-	55,96	62,
	IV	2.087,66	74,46	167,01	187,88	65,14	160,74	180,83	55,82	154,48	173,79	46,49	148,21	166,73	37,17	141,94	159,68	27,85	135,68	152,64	18,53	129,41	145,
	V	2.602,08	135,67	208,16	234,18																		
	VI	2.646,41	140,95	211,71	238,17																		
8.198,99 (Ost)	I	2.095,41	75,38	167,63	188,58	56,74	155,10	174,48	38,09	142,56	160,38	19,45	130,03	146,28	0,82	117,50	132,19	-	105,00	118,12	-	92,90	104,
	II	1.946,33	57,64	155,70	175,16	39,00	143,17	161,06	20,35	130,64	146,97	1,71	118,10	132,86	-	105,60	118,80	-	93,48	105,16	-	81,87	92,
	III	1.405,83	-	112,46	126,52	-	102,48	115,29	-	92,74	104,33	-	83,26	93,67	-	74,05	83,30	-	65,09	73,22	-	56,38	63,
	IV	2.095,41	75,38	167,63	188,58	66,06	161,36	181,53	56,74	155,10	174,48	47,42	148,83	167,43	38,09	142,56	160,38	28,77	136,30	153,33	19,45	130,03	146,
	V	2.609,91	136,61	208,79	234,89																		
	VI	2.654,16	141,87	212,33	238,87																		

Lohn/ Gehalt bis	Steuerklasse	Lohn-steuer	ohne Kinderfreibetrag SolZ 5,5%	Kirchensteuer 8%	Kirchensteuer 9%	0,5 SolZ 5,5%	0,5 Kirchensteuer 8%	0,5 Kirchensteuer 9%	1,0 SolZ 5,5%	1,0 Kirchensteuer 8%	1,0 Kirchensteuer 9%	1,5 SolZ 5,5%	1,5 Kirchensteuer 8%	1,5 Kirchensteuer 9%	2,0 SolZ 5,5%	2,0 Kirchensteuer 8%	2,0 Kirchensteuer 9%	2,5 SolZ 5,5%	2,5 Kirchensteuer 8%	2,5 Kirchensteuer 9%	3,0 SolZ 5,5%	3,0 Kirchensteuer 8%	3,0 Kirchensteuer 9%
						Anzahl Kinderfreibeträge (nur Steuerklassen I–IV)																	
8.201,99 (West)	I	2.088,91	74,61	167,11	188,00	55,96	154,58	173,90	37,32	142,04	159,80	18,68	129,51	145,70	0,03	116,98	131,60	-	104,48	117,54	-	92,41	103,96
	II	1.939,83	56,87	155,18	174,58	38,22	142,65	160,48	19,58	130,12	146,38	0,94	117,58	132,28	-	105,08	118,21	-	92,98	104,60	-	81,40	91,57
	III	1.400,50	-	112,04	126,04	-	102,06	114,82	-	92,34	103,88	-	82,88	93,24	-	73,66	82,87	-	64,72	72,81	-	56,02	63,02
	IV	2.088,91	74,61	167,11	188,00	65,29	160,84	180,95	55,96	154,58	173,90	46,64	148,31	166,85	37,32	142,04	159,80	28,00	135,78	152,75	18,68	129,51	145,70
	V	2.603,33	135,82	208,26	234,29																		
	VI	2.647,66	141,10	211,81	238,28																		
8.201,99 (Ost)	I	2.096,66	75,53	167,73	188,69	56,89	155,20	174,60	38,25	142,67	160,50	19,61	130,14	146,40	0,97	117,60	132,30	-	105,10	118,23	-	93,00	104,63
	II	1.947,58	57,79	155,80	175,28	39,15	143,27	161,18	20,50	130,74	147,08	1,86	118,20	132,98	-	105,70	118,91	-	93,57	105,26	-	81,96	92,21
	III	1.406,83	-	112,54	126,61	-	102,56	115,38	-	92,82	104,42	-	83,34	93,76	-	74,12	83,38	-	65,16	73,30	-	56,45	63,50
	IV	2.096,66	75,53	167,73	188,69	66,21	161,46	181,64	56,89	155,20	174,60	47,57	148,93	167,54	38,25	142,67	160,50	28,93	136,40	153,45	19,61	130,14	146,40
	V	2.611,16	136,76	208,89	235,00																		
	VI	2.655,41	142,02	212,43	238,98																		
8.204,99 (West)	I	2.090,16	74,76	167,21	188,11	56,11	154,68	174,01	37,47	142,14	159,91	18,83	129,61	145,81	0,18	117,08	131,71	-	104,58	117,65	-	92,50	104,06
	II	1.941,08	57,02	155,28	174,69	38,37	142,75	160,59	19,73	130,22	146,49	1,09	117,68	132,39	-	105,18	118,32	-	93,08	104,71	-	81,49	91,67
	III	1.401,66	-	112,13	126,14	-	102,14	114,91	-	92,42	103,97	-	82,96	93,33	-	73,74	82,96	-	64,78	72,88	-	56,09	63,10
	IV	2.090,16	74,76	167,21	188,11	65,44	160,94	181,06	56,11	154,68	174,01	46,79	148,41	166,96	37,47	142,14	159,91	28,15	135,88	152,86	18,83	129,61	145,81
	V	2.604,58	135,97	208,36	234,41																		
	VI	2.648,91	141,25	211,91	238,40																		
8.204,99 (Ost)	I	2.097,91	75,68	167,83	188,81	57,05	155,30	174,71	38,40	142,77	160,61	19,76	130,24	146,52	1,12	117,70	132,41	-	105,20	118,35	-	93,10	104,73
	II	1.948,83	57,94	155,90	175,39	39,29	143,37	161,29	20,65	130,84	147,19	2,02	118,31	133,10	-	105,80	119,02	-	93,67	105,38	-	82,06	92,31
	III	1.408,00	-	112,64	126,72	-	102,64	115,47	-	92,90	104,51	-	83,42	93,85	-	74,20	83,47	-	65,22	73,37	-	56,52	63,58
	IV	2.097,91	75,68	167,83	188,81	66,37	161,57	181,76	57,05	155,30	174,71	47,72	149,04	167,67	38,40	142,77	160,61	29,08	136,50	153,56	19,76	130,24	146,52
	V	2.612,41	136,90	208,99	235,11																		
	VI	2.656,75	142,18	212,54	239,10																		
8.207,99 (West)	I	2.091,41	74,91	167,31	188,22	56,26	154,78	174,12	37,62	142,24	160,02	18,98	129,71	145,92	0,33	117,18	131,82	-	104,68	117,77	-	92,60	104,18
	II	1.942,33	57,16	155,38	174,80	38,52	142,85	160,70	19,88	130,32	146,61	1,23	117,78	132,50	-	105,28	118,44	-	93,17	104,81	-	81,58	91,78
	III	1.402,66	-	112,21	126,23	-	102,22	115,00	-	92,49	104,05	-	83,02	93,40	-	73,81	83,03	-	64,86	72,97	-	56,16	63,18
	IV	2.091,41	74,91	167,31	188,22	65,58	161,04	181,17	56,26	154,78	174,12	46,94	148,51	167,07	37,62	142,24	160,02	28,30	135,98	152,97	18,98	129,71	145,92
	V	2.605,83	136,12	208,46	234,52																		
	VI	2.650,16	141,40	212,01	238,51																		
8.207,99 (Ost)	I	2.099,25	75,84	167,94	188,93	57,19	155,40	174,83	38,55	142,87	160,73	19,91	130,34	146,63	1,26	117,80	132,53	-	105,30	118,46	-	93,19	104,84
	II	1.950,08	58,09	156,00	175,50	39,44	143,47	161,40	20,81	130,94	147,31	2,17	118,41	133,21	-	105,90	119,13	-	93,76	105,48	-	82,14	92,41
	III	1.409,00	-	112,72	126,81	-	102,72	115,56	-	92,97	104,59	-	83,49	93,92	-	74,26	83,54	-	65,30	73,46	-	56,58	63,65
	IV	2.099,25	75,84	167,94	188,93	66,52	161,67	181,88	57,19	155,40	174,83	47,87	149,14	167,78	38,55	142,87	160,73	29,23	136,60	153,68	19,91	130,34	146,63
	V	2.613,66	137,05	209,09	235,22																		
	VI	2.658,00	142,33	212,64	239,22																		
8.210,99 (West)	I	2.092,66	75,05	167,41	188,33	56,41	154,88	174,24	37,77	142,34	160,13	19,12	129,81	146,03	0,48	117,28	131,94	-	104,78	117,88	-	92,70	104,28
	II	1.943,58	57,31	155,48	174,92	38,67	142,95	160,82	20,03	130,42	146,72	1,38	117,88	132,62	-	105,38	118,55	-	93,27	104,93	-	81,67	91,88
	III	1.403,66	-	112,29	126,32	-	102,30	115,09	-	92,57	104,14	-	83,10	93,49	-	73,89	83,12	-	64,93	73,04	-	56,22	63,25
	IV	2.092,66	75,05	167,41	188,33	65,73	161,14	181,28	56,41	154,88	174,24	47,09	148,61	167,18	37,77	142,34	160,13	28,45	136,08	153,09	19,12	129,81	146,03
	V	2.607,08	136,27	208,56	234,63																		
	VI	2.651,41	141,55	212,11	238,62																		
8.210,99 (Ost)	I	2.100,50	75,99	168,04	189,04	57,34	155,50	174,94	38,70	142,97	160,84	20,06	130,44	146,74	1,41	117,90	132,64	-	105,40	118,57	-	93,28	104,94
	II	1.951,41	58,25	156,11	175,62	39,60	143,58	161,52	20,96	131,04	147,42	2,32	118,51	133,32	-	106,00	119,25	-	93,86	105,59	-	82,24	92,52
	III	1.410,00	-	112,80	126,90	-	102,80	115,65	-	93,05	104,68	-	83,57	94,01	-	74,34	83,63	-	65,37	73,54	-	56,66	63,74
	IV	2.100,50	75,99	168,04	189,04	66,66	161,77	181,99	57,34	155,50	174,94	48,02	149,24	167,89	38,70	142,97	160,84	29,38	136,70	153,79	20,06	130,44	146,74
	V	2.614,91	137,20	209,19	235,34																		
	VI	2.659,25	142,48	212,74	239,33																		
8.213,99 (West)	I	2.093,91	75,20	167,51	188,45	56,56	154,98	174,35	37,92	142,44	160,25	19,27	129,91	146,15	0,64	117,38	132,05	-	104,88	117,99	-	92,79	104,39
	II	1.944,83	57,46	155,58	175,03	38,82	143,05	160,93	20,18	130,52	146,83	1,53	117,98	132,73	-	105,48	118,66	-	93,36	105,03	-	81,76	91,98
	III	1.404,66	-	112,37	126,41	-	102,38	115,18	-	92,65	104,23	-	83,17	93,56	-	73,96	83,20	-	65,00	73,12	-	56,30	63,34
	IV	2.093,91	75,20	167,51	188,45	65,88	161,24	181,40	56,56	154,98	174,35	47,24	148,71	167,30	37,92	142,44	160,25	28,59	136,18	153,20	19,27	129,91	146,15
	V	2.608,33	136,42	208,66	234,74																		
	VI	2.652,66	141,69	212,21	238,73																		
8.213,99 (Ost)	I	2.101,75	76,14	168,14	189,15	57,49	155,60	175,05	38,85	143,07	160,95	20,21	130,54	146,85	1,56	118,00	132,75	-	105,50	118,68	-	93,38	105,05
	II	1.952,66	58,39	156,21	175,73	39,75	143,68	161,64	21,11	131,14	147,53	2,46	118,61	133,43	-	106,10	119,36	-	93,96	105,70	-	82,33	92,62
	III	1.411,00	-	112,88	126,99	-	102,88	115,74	-	93,13	104,77	-	83,65	94,10	-	74,41	83,71	-	65,44	73,62	-	56,73	63,82
	IV	2.101,75	76,14	168,14	189,15	66,81	161,87	182,10	57,49	155,60	175,05	48,17	149,34	168,00	38,85	143,07	160,95	29,53	136,80	153,90	20,21	130,54	146,85
	V	2.616,16	137,35	209,29	235,45																		
	VI	2.660,50	142,63	212,84	239,44																		
8.216,99 (West)	I	2.095,16	75,35	167,61	188,56	56,71	155,08	174,46	38,07	142,54	160,36	19,43	130,02	146,27	0,79	117,48	132,17	-	104,98	118,10	-	92,88	104,49
	II	1.946,08	57,61	155,68	175,14	38,97	143,15	161,04	20,32	130,62	146,94	1,68	118,08	132,84	-	105,58	118,77	-	93,46	105,14	-	81,86	92,09
	III	1.405,66	-	112,45	126,50	-	102,46	115,27	-	92,73	104,32	-	83,25	93,65	-	74,04	83,29	-	65,08	73,21	-	56,37	63,41
	IV	2.095,16	75,35	167,61	188,56	66,03	161,34	181,51	56,71	155,08	174,46	47,39	148,81	167,41	38,07	142,54	160,36	28,75	136,28	153,32	19,43	130,02	146,27
	V	2.609,66	136,58	208,77	234,86																		
	VI	2.653,91	141,84	212,31	238,85																		
8.216,99 (Ost)	I	2.103,00	76,28	168,24	189,27	57,64	155,70	175,16	39,00	143,17	161,06	20,35	130,64	146,97	1,71	118,10	132,86	-	105,60	118,80	-	93,48	105,16
	II	1.953,91	58,54	156,31	175,85	39,90	143,78	161,75	21,26	131,24	147,65	2,61	118,71	133,55	-	106,20	119,47	-	94,05	105,80	-	82,42	92,72
	III	1.412,00	-	112,96	127,08	-	102,96	115,83	-	93,21	104,86	-	83,72	94,18	-	74,49	83,80	-	65,52	73,71	-	56,80	63,90
	IV	2.103,00	76,28	168,24	189,27	66,96	161,97	182,21	57,64	155,70	175,16	48,32	149,44	168,12	39,00	143,17	161,06	29,68	136,90	154,01	20,35	130,64	146,97
	V	2.617,41	137,50	209,39	235,56																		
	VI	2.661,75	142,78	212,94	239,55																		
8.219,99 (West)	I	2.096,41	75,50	167,71	188,67	56,87	155,18	174,58	38,22	142,65	160,48	19,58	130,12	146,38	0,94	117,58	132,28	-	105,08	118,21	-	92,98	104,60
	II	1.947,33	57,76	155,78	175,25	39,12	143,25	161,15	20,47	130,72	147,06	1,83	118,18	132,95	-	105,68	118,89	-	93,56	105,25	-	81,94	92,18
	III	1.406,66	-	112,53	126,59	-	102,54	115,36	-	92,81	104,41	-	83,33	93,74	-	74,10	83,36	-	65,14	73,28	-	56,44	63,49
	IV	2.096,41	75,50	167,71	188,67	66,18	161,44	181,62	56,87	155,18	174,58	47,55	148,92	167,53	38,22	142,65	160,48	28,90	136,38	153,43	19,58	130,12	146,38
	V	2.610,91	136,73	208,87	234,98																		
	VI	2.655,16	141,99	212,41	238,96																		
8.219,99 (Ost)	I	2.104,25	76,43	168,34	189,38	57,79	155,80	175,28	39,15	143,27	161,18	20,50	130,74	147,08	1,86	118,20	132,98	-	105,70	118,91	-	93,57	105,26
	II	1.955,16	58,69	156,41	175,96	40,05	143,88	161,86	21,41	131,34	147,76	2,76	118,81	133,66	-	106,30	119,58	-	94,14	105,91	-	82,51	92,82
	III	1.413,00	-	113,04	127,17	-	103,04	115,92	-	93,29	104,95	-	83,80	94,27	-	74,56	83,88	-	65,58	73,78	-	56,86	63,97
	IV	2.104,25	76,43	168,34	189,38	67,11	162,07	182,33	57,79	155,80	175,28	48,47	149,54	168,23	39,15	143,27	161,18	29,82	137,00	154,13	20,50	130,74	147,08
	V	2.618,66	137,65	209,49	235,67																		
	VI	2.663,00	142,92	213,04	239,67																		

Lohn/ Gehalt bis	Steuerklasse	Lohnsteuer	ohne Kinderfreibetrag SolZ 5,5%	Kirchensteuer 8%	9%	0,5 SolZ 5,5%	Kirchensteuer 8%	9%	1,0 SolZ 5,5%	Kirchensteuer 8%	9%	1,5 SolZ 5,5%	Kirchensteuer 8%	9%	2,0 SolZ 5,5%	Kirchensteuer 8%	9%	2,5 SolZ 5,5%	Kirchensteuer 8%	9%	3,0 SolZ 5,5%	Kirchensteuer 8%	9%
						Anzahl Kinderfreibeträge (nur Steuerklassen I–IV)																	
8.222,99 (West)	I	2.097,75	75,66	167,82	188,79	57,02	155,28	174,69	38,37	142,75	160,59	19,73	130,22	146,49	1,09	117,68	132,39	-	105,18	118,32	-	93,08	10
	II	1.948,58	57,91	155,88	175,37	39,27	143,35	161,27	20,63	130,82	147,17	1,99	118,29	133,07	-	105,78	119,00	-	93,65	105,35	-	82,04	9
	III	1.407,66	-	112,61	126,68	-	102,62	115,45	-	92,88	104,49	-	83,40	93,82	-	74,18	83,45	-	65,21	73,36	-	56,50	6
	IV	2.097,75	75,66	167,82	188,79	66,34	161,55	181,74	57,02	155,28	174,69	47,69	149,02	167,64	38,37	142,75	160,59	29,05	136,48	153,54	19,73	130,22	14
	V	2.612,16	136,87	208,97	235,09																		
	VI	2.656,50	142,15	212,52	239,08																		
8.222,99 (Ost)	I	2.105,50	76,58	168,44	189,49	57,94	155,90	175,39	39,29	143,37	161,29	20,65	130,84	147,19	2,02	118,31	133,10	-	105,80	119,02	-	93,67	10
	II	1.956,41	58,84	156,51	176,07	40,20	143,98	161,97	21,55	131,44	147,87	2,91	118,91	133,77	-	106,40	119,70	-	94,24	106,02	-	82,60	9
	III	1.414,00	-	113,12	127,26	-	103,12	116,01	-	93,36	105,03	-	83,86	94,34	-	74,64	83,97	-	65,65	73,85	-	56,93	6
	IV	2.105,50	76,58	168,44	189,49	67,26	162,17	182,44	57,94	155,90	175,39	48,62	149,64	168,34	39,29	143,37	161,29	29,97	137,10	154,24	20,65	130,84	14
	V	2.620,00	137,81	209,60	235,80																		
	VI	2.664,25	143,07	213,14	239,78																		
8.225,99 (West)	I	2.099,00	75,81	167,92	188,91	57,16	155,38	174,80	38,52	142,85	160,70	19,88	130,32	146,61	1,23	117,78	132,50	-	105,28	118,44	-	93,17	10
	II	1.949,83	58,06	155,98	175,48	39,42	143,46	161,39	20,78	130,92	147,29	2,14	118,39	133,19	-	105,88	119,11	-	93,74	105,46	-	82,13	9
	III	1.408,66	-	112,69	126,77	-	102,70	115,54	-	92,96	104,58	-	83,48	93,91	-	74,25	83,53	-	65,29	73,45	-	56,57	6
	IV	2.099,00	75,81	167,92	188,91	66,49	161,65	181,85	57,16	155,38	174,80	47,84	149,12	167,76	38,52	142,85	160,70	29,20	136,58	153,65	19,88	130,32	14
	V	2.613,41	137,02	209,07	235,20																		
	VI	2.657,75	142,30	212,62	239,19																		
8.225,99 (Ost)	I	2.106,75	76,73	168,54	189,60	58,09	156,00	175,50	39,44	143,47	161,40	20,81	130,94	147,31	2,17	118,41	133,21	-	105,90	119,13	-	93,76	10
	II	1.957,66	58,99	156,61	176,18	40,35	144,08	162,09	21,70	131,54	147,98	3,06	119,01	133,88	-	106,50	119,81	-	94,34	106,13	-	82,70	9
	III	1.415,00	-	113,20	127,35	-	103,20	116,10	-	93,44	105,12	-	83,94	94,43	-	74,70	84,04	-	65,73	73,94	-	57,01	6
	IV	2.106,75	76,73	168,54	189,60	67,41	162,27	182,55	58,09	156,00	175,50	48,77	149,74	168,45	39,44	143,47	161,40	30,13	137,21	154,36	20,81	130,94	14
	V	2.621,25	137,96	209,70	235,91																		
	VI	2.665,50	143,22	213,24	239,89																		
8.228,99 (West)	I	2.100,25	75,96	168,02	189,02	57,31	155,48	174,92	38,67	142,95	160,82	20,03	130,42	146,72	1,38	117,88	132,62	-	105,38	118,55	-	93,27	10
	II	1.951,16	58,22	156,09	175,60	39,57	143,56	161,50	20,93	131,02	147,40	2,29	118,49	133,30	-	105,98	119,22	-	93,84	105,57	-	82,22	9
	III	1.409,66	-	112,77	126,86	-	102,77	115,61	-	93,04	104,67	-	83,56	94,00	-	74,33	83,62	-	65,36	73,53	-	56,65	6
	IV	2.100,25	75,96	168,02	189,02	66,64	161,75	181,97	57,31	155,48	174,92	47,99	149,22	167,87	38,67	142,95	160,82	29,35	136,68	153,77	20,03	130,42	14
	V	2.614,66	137,17	209,17	235,31																		
	VI	2.659,00	142,45	212,72	239,31																		
8.228,99 (Ost)	I	2.108,00	76,88	168,64	189,72	58,25	156,11	175,62	39,60	143,58	161,52	20,96	131,04	147,42	2,32	118,51	133,32	-	106,00	119,25	-	93,86	10
	II	1.958,91	59,14	156,71	176,30	40,49	144,18	162,20	21,85	131,64	148,10	3,21	119,11	134,00	-	106,60	119,92	-	94,43	106,23	-	82,78	9
	III	1.416,00	-	113,28	127,44	-	103,28	116,19	-	93,52	105,21	-	84,02	94,52	-	74,78	84,13	-	65,80	74,02	-	57,08	6
	IV	2.108,00	76,88	168,64	189,72	67,56	162,37	182,66	58,25	156,11	175,62	48,92	149,84	168,57	39,60	143,58	161,52	30,28	137,31	154,47	20,96	131,04	14
	V	2.622,50	138,10	209,80	236,02																		
	VI	2.666,75	143,37	213,34	240,00																		
8.231,99 (West)	I	2.101,50	76,11	168,12	189,13	57,46	155,58	175,03	38,82	143,05	160,93	20,18	130,52	146,83	1,53	117,98	132,73	-	105,48	118,66	-	93,36	10
	II	1.952,41	58,36	156,19	175,71	39,72	143,66	161,61	21,08	131,12	147,51	2,43	118,59	133,41	-	106,08	119,34	-	93,94	105,68	-	82,31	9
	III	1.410,66	-	112,85	126,95	-	102,85	115,70	-	93,12	104,76	-	83,62	94,07	-	74,40	83,70	-	65,42	73,60	-	56,72	6
	IV	2.101,50	76,11	168,12	189,13	66,78	161,85	182,08	57,46	155,58	175,03	48,14	149,32	167,98	38,82	143,05	160,93	29,50	136,78	153,88	20,18	130,52	14
	V	2.615,91	137,32	209,27	235,43																		
	VI	2.660,25	142,60	212,82	239,42																		
8.231,99 (Ost)	I	2.109,33	77,04	168,74	189,83	58,39	156,21	175,73	39,75	143,68	161,64	21,11	131,14	147,53	2,46	118,61	133,43	-	106,10	119,36	-	93,96	10
	II	1.960,16	59,29	156,81	176,41	40,64	144,28	162,31	22,01	131,75	148,22	3,37	119,22	134,12	-	106,70	120,03	-	94,53	106,34	-	82,88	9
	III	1.417,16	-	113,37	127,54	-	103,36	116,28	-	93,60	105,30	-	84,09	94,60	-	74,85	84,20	-	65,86	74,09	-	57,14	6
	IV	2.109,33	77,04	168,74	189,83	67,72	162,48	182,79	58,39	156,21	175,73	49,07	149,94	168,68	39,75	143,68	161,64	30,43	137,41	154,58	21,11	131,14	147
	V	2.623,75	138,25	209,90	236,13																		
	VI	2.668,08	143,53	213,44	240,12																		
8.234,99 (West)	I	2.102,75	76,25	168,22	189,24	57,61	155,68	175,14	38,97	143,15	161,04	20,32	130,62	146,94	1,68	118,08	132,84	-	105,58	118,77	-	93,46	105
	II	1.953,66	58,51	156,29	175,82	39,87	143,76	161,73	21,23	131,22	147,62	2,58	118,69	133,52	-	106,18	119,45	-	94,03	105,78	-	82,40	92
	III	1.411,83	-	112,94	127,06	-	102,93	115,79	-	93,20	104,85	-	83,70	94,16	-	74,48	83,79	-	65,50	73,69	-	56,78	63
	IV	2.102,75	76,25	168,22	189,24	66,93	161,95	182,19	57,61	155,68	175,14	48,29	149,42	168,09	38,97	143,15	161,04	29,65	136,88	153,99	20,32	130,62	146
	V	2.617,16	137,47	209,37	235,54																		
	VI	2.661,50	142,75	212,92	239,53																		
8.234,99 (Ost)	I	2.110,58	77,19	168,84	189,95	58,54	156,31	175,85	39,90	143,78	161,75	21,26	131,24	147,65	2,61	118,71	133,55	-	106,20	119,47	-	94,05	105
	II	1.961,41	59,44	156,91	176,52	40,80	144,38	162,43	22,16	131,85	148,33	3,52	119,32	134,23	-	106,80	120,15	-	94,62	106,45	-	82,97	93
	III	1.418,16	-	113,45	127,63	-	103,42	116,35	-	93,68	105,39	-	84,17	94,69	-	74,93	84,29	-	65,94	74,18	-	57,21	64
	IV	2.110,58	77,19	168,84	189,95	67,86	162,58	182,90	58,54	156,31	175,85	49,22	150,04	168,80	39,90	143,78	161,75	30,58	137,51	154,70	21,26	131,24	147
	V	2.625,00	138,40	210,00	236,25																		
	VI	2.669,33	143,68	213,54	240,23																		
8.237,99 (West)	I	2.104,00	76,40	168,32	189,36	57,76	155,78	175,25	39,12	143,25	161,15	20,47	130,72	147,06	1,83	118,18	132,95	-	105,68	118,89	-	93,56	105
	II	1.954,91	58,66	156,39	175,94	40,02	143,86	161,84	21,38	131,32	147,74	2,73	118,79	133,64	-	106,28	119,56	-	94,13	105,89	-	82,50	92
	III	1.412,83	-	113,02	127,15	-	103,01	115,88	-	93,26	104,92	-	83,78	94,25	-	74,54	83,86	-	65,57	73,76	-	56,85	63
	IV	2.104,00	76,40	168,32	189,36	67,08	162,05	182,30	57,76	155,78	175,25	48,44	149,52	168,21	39,12	143,25	161,15	29,79	136,98	154,10	20,47	130,72	147
	V	2.618,41	137,62	209,47	235,65																		
	VI	2.662,75	142,89	213,02	239,64																		
8.237,99 (Ost)	I	2.111,83	77,34	168,94	190,06	58,69	156,41	175,96	40,05	143,88	161,86	21,41	131,34	147,76	2,76	118,81	133,66	-	106,30	119,58	-	94,14	105,
	II	1.962,75	59,59	157,02	176,64	40,95	144,48	162,54	22,31	131,95	148,44	3,66	119,42	134,34	-	106,90	120,26	-	94,72	106,56	-	83,06	93
	III	1.419,16	-	113,53	127,72	-	103,50	116,44	-	93,74	105,46	-	84,25	94,78	-	75,00	84,37	-	66,01	74,26	-	57,28	64,
	IV	2.111,83	77,34	168,94	190,06	68,01	162,68	183,01	58,69	156,41	175,96	49,37	150,14	168,91	40,05	143,88	161,86	30,73	137,61	154,81	21,41	131,34	147,
	V	2.626,25	138,55	210,10	236,36																		
	VI	2.670,58	143,83	213,64	240,35																		
8.240,99 (West)	I	2.105,25	76,55	168,42	189,47	57,91	155,88	175,37	39,27	143,35	161,27	20,63	130,82	147,17	1,99	118,29	133,07	-	105,78	119,00	-	93,65	105,
	II	1.956,16	58,81	156,49	176,05	40,17	143,96	161,95	21,52	131,42	147,85	2,88	118,89	133,75	-	106,38	119,67	-	94,22	106,00	-	82,58	92,
	III	1.413,83	-	113,10	127,24	-	103,09	115,97	-	93,34	105,01	-	83,85	94,33	-	74,62	83,95	-	65,64	73,84	-	56,92	64,
	IV	2.105,25	76,55	168,42	189,47	67,23	162,15	182,42	57,91	155,88	175,37	48,59	149,62	168,32	39,27	143,35	161,27	29,94	137,08	154,22	20,63	130,82	147,
	V	2.619,75	137,78	209,58	235,77																		
	VI	2.664,00	143,04	213,12	239,76																		
8.240,99 (Ost)	I	2.113,08	77,48	169,04	190,17	58,84	156,51	176,07	40,20	143,98	161,97	21,55	131,44	147,87	2,91	118,91	133,77	-	106,40	119,70	-	94,24	106,
	II	1.964,00	59,74	157,12	176,76	41,10	144,58	162,65	22,46	132,05	148,55	3,81	119,52	134,46	-	107,00	120,37	-	94,82	106,67	-	83,15	93,
	III	1.420,16	-	113,61	127,81	-	103,58	116,53	-	93,82	105,55	-	84,32	94,86	-	75,08	84,46	-	66,09	74,35	-	57,36	64,
	IV	2.113,08	77,48	169,04	190,17	68,16	162,78	183,12	58,84	156,51	176,07	49,52	150,24	169,02	40,20	143,98	161,97	30,88	137,71	154,92	21,55	131,44	147,
	V	2.627,50	138,70	210,20	236,47																		
	VI	2.671,83	143,98	213,74	240,46																		

Lohn/ Gehalt bis	Steuerklasse	Lohn-steuer	ohne Kinderfreibetrag SolZ 5,5%	Kirchensteuer 8%	9%	0,5 SolZ 5,5%	Kirchensteuer 8%	9%	1,0 SolZ 5,5%	Kirchensteuer 8%	9%	1,5 SolZ 5,5%	Kirchensteuer 8%	9%	2,0 SolZ 5,5%	Kirchensteuer 8%	9%	2,5 SolZ 5,5%	Kirchensteuer 8%	9%	3,0 SolZ 5,5%	Kirchensteuer 8%	9%
						Anzahl Kinderfreibeträge (nur Steuerklassen I–IV)																	
8.243,99 (West)	I	2.106,50	76,70	168,52	189,58	58,06	155,98	175,48	39,42	143,46	161,39	20,78	130,92	147,29	2,14	118,39	133,19	-	105,88	119,11	-	93,74	105,46
	II	1.957,41	58,96	156,59	176,16	40,32	144,06	162,06	21,67	131,52	147,96	3,03	118,99	133,86	-	106,48	119,79	-	94,32	106,11	-	82,68	93,01
	III	1.414,83	-	113,18	127,33	-	103,17	116,06	-	93,42	105,10	-	83,93	94,42	-	74,69	84,02	-	65,72	73,93	-	56,98	64,10
	IV	2.106,50	76,70	168,52	189,58	67,38	162,25	182,53	58,06	155,98	175,48	48,75	149,72	168,44	39,42	143,46	161,39	30,10	137,19	154,34	20,78	130,92	147,29
	V	2.621,00	137,93	209,68	235,89																		
	VI	2.665,25	143,19	213,22	239,87																		
8.243,99 (Ost)	I	2.114,33	77,63	169,14	190,28	58,99	156,61	176,18	40,35	144,08	162,09	21,70	131,54	147,98	3,06	119,01	133,88	-	106,50	119,81	-	94,34	106,13
	II	1.965,25	59,89	157,22	176,87	41,25	144,68	162,77	22,61	132,15	148,67	3,96	119,62	134,57	-	107,10	120,48	-	94,91	106,77	-	83,24	93,65
	III	1.421,16	-	113,69	127,90	-	103,66	116,62	-	93,90	105,64	-	84,40	94,95	-	75,14	84,53	-	66,16	74,43	-	57,42	64,60
	IV	2.114,33	77,63	169,14	190,28	68,31	162,88	183,24	58,99	156,61	176,18	49,67	150,34	169,13	40,35	144,08	162,09	31,02	137,81	155,03	21,70	131,54	147,98
	V	2.628,75	138,85	210,30	236,58																		
	VI	2.673,08	144,12	213,84	240,57																		
8.246,99 (West)	I	2.107,83	76,86	168,62	189,70	58,22	156,09	175,60	39,57	143,56	161,50	20,93	131,02	147,40	2,29	118,49	133,30	-	105,98	119,22	-	93,84	105,57
	II	1.958,66	59,11	156,69	176,27	40,46	144,16	162,18	21,82	131,62	148,07	3,19	119,10	133,98	-	106,58	119,90	-	94,42	106,22	-	82,77	93,11
	III	1.415,83	-	113,26	127,42	-	103,25	116,15	-	93,50	105,19	-	84,01	94,51	-	74,77	84,11	-	65,78	74,00	-	57,06	64,19
	IV	2.107,83	76,86	168,62	189,70	67,54	162,36	182,65	58,22	156,09	175,60	48,89	149,82	168,55	39,57	143,56	161,50	30,25	137,29	154,45	20,93	131,02	147,40
	V	2.622,25	138,07	209,78	236,00																		
	VI	2.666,58	143,35	213,32	239,99																		
8.246,99 (Ost)	I	2.115,58	77,78	169,24	190,40	59,14	156,71	176,30	40,49	144,18	162,20	21,85	131,64	148,10	3,21	119,11	134,00	-	106,60	119,92	-	94,43	106,23
	II	1.966,50	60,04	157,32	176,98	41,40	144,78	162,88	22,75	132,25	148,78	4,11	119,72	134,68	-	107,20	120,60	-	95,01	106,88	-	83,34	93,75
	III	1.422,16	-	113,77	127,99	-	103,74	116,71	-	93,98	105,73	-	84,48	95,04	-	75,22	84,62	-	66,22	74,50	-	57,49	64,67
	IV	2.115,58	77,78	169,24	190,40	68,46	162,98	183,35	59,14	156,71	176,30	49,82	150,44	169,25	40,49	144,18	162,20	31,17	137,91	155,15	21,85	131,64	148,10
	V	2.630,00	139,00	210,40	236,70																		
	VI	2.674,33	144,27	213,94	240,68																		
8.249,99 (West)	I	2.109,08	77,01	168,72	189,81	58,36	156,19	175,71	39,72	143,66	161,61	21,08	131,12	147,51	2,43	118,59	133,41	-	106,08	119,34	-	93,94	105,68
	II	1.959,91	59,26	156,79	176,39	40,62	144,26	162,29	21,98	131,73	148,19	3,34	119,20	134,10	-	106,68	120,01	-	94,51	106,32	-	82,86	93,21
	III	1.416,83	-	113,34	127,51	-	103,33	116,24	-	93,58	105,28	-	84,08	94,59	-	74,84	84,19	-	65,85	74,08	-	57,13	64,27
	IV	2.109,08	77,01	168,72	189,81	67,69	162,46	182,76	58,36	156,19	175,71	49,04	149,92	168,66	39,72	143,66	161,61	30,40	137,39	154,56	21,08	131,12	147,51
	V	2.623,50	138,22	209,88	236,11																		
	VI	2.667,83	143,50	213,42	240,10																		
8.249,99 (Ost)	I	2.116,83	77,93	169,34	190,51	59,29	156,81	176,41	40,64	144,28	162,31	22,01	131,75	148,22	3,37	119,22	134,12	-	106,70	120,03	-	94,53	106,34
	II	1.967,75	60,19	157,42	177,09	41,55	144,88	162,99	22,90	132,35	148,89	4,26	119,82	134,79	-	107,30	120,71	-	95,10	106,99	-	83,43	93,86
	III	1.423,16	-	113,85	128,08	-	103,82	116,80	-	94,06	105,82	-	84,54	95,11	-	75,29	84,70	-	66,30	74,59	-	57,56	64,75
	IV	2.116,83	77,93	169,34	190,51	68,61	163,08	183,46	59,29	156,81	176,41	49,97	150,54	169,36	40,64	144,28	162,31	31,32	138,01	155,26	22,01	131,75	148,22
	V	2.631,33	139,16	210,50	236,81																		
	VI	2.675,58	144,42	214,04	240,80																		
8.252,99 (West)	I	2.110,33	77,16	168,82	189,92	58,51	156,29	175,82	39,87	143,76	161,73	21,23	131,22	147,62	2,58	118,69	133,52	-	106,18	119,45	-	94,03	105,78
	II	1.961,25	59,42	156,90	176,51	40,77	144,36	162,41	22,13	131,83	148,31	3,49	119,30	134,21	-	106,78	120,12	-	94,60	106,43	-	82,95	93,32
	III	1.417,83	-	113,42	127,60	-	103,41	116,33	-	93,65	105,35	-	84,16	94,68	-	74,92	84,28	-	65,93	74,17	-	57,20	64,35
	IV	2.110,33	77,16	168,82	189,92	67,83	162,56	182,88	58,51	156,29	175,82	49,19	150,02	168,77	39,87	143,76	161,73	30,55	137,49	154,67	21,23	131,22	147,62
	V	2.624,75	138,37	209,98	236,22																		
	VI	2.669,08	143,65	213,52	240,21																		
8.252,99 (Ost)	I	2.118,08	78,08	169,44	190,62	59,44	156,91	176,52	40,80	144,38	162,43	22,16	131,85	148,33	3,52	119,32	134,23	-	106,80	120,15	-	94,62	106,45
	II	1.969,00	60,34	157,52	177,21	41,69	144,98	163,10	23,05	132,45	149,00	4,41	119,92	134,91	-	107,40	120,82	-	95,20	107,10	-	83,52	93,96
	III	1.424,16	-	113,93	128,17	-	103,90	116,89	-	94,14	105,91	-	84,62	95,20	-	75,37	84,79	-	66,37	74,66	-	57,62	64,82
	IV	2.118,08	78,08	169,44	190,62	68,76	163,18	183,57	59,44	156,91	176,52	50,12	150,65	169,48	40,80	144,38	162,43	31,48	138,12	155,38	22,16	131,85	148,33
	V	2.632,58	139,30	210,60	236,93																		
	VI	2.676,83	144,57	214,14	240,91																		
8.255,99 (West)	I	2.111,58	77,31	168,92	190,04	58,66	156,39	175,94	40,02	143,86	161,84	21,38	131,32	147,74	2,73	118,79	133,64	-	106,28	119,56	-	94,13	105,89
	II	1.962,50	59,56	157,00	176,62	40,92	144,46	162,52	22,28	131,93	148,42	3,63	119,40	134,32	-	106,88	120,24	-	94,70	106,54	-	83,04	93,42
	III	1.418,83	-	113,50	127,69	-	103,49	116,42	-	93,73	105,44	-	84,22	94,75	-	74,98	84,35	-	66,00	74,25	-	57,26	64,42
	IV	2.111,58	77,31	168,92	190,04	67,98	162,66	182,99	58,66	156,39	175,94	49,34	150,12	168,89	40,02	143,86	161,84	30,70	137,59	154,79	21,38	131,32	147,74
	V	2.626,00	138,52	210,08	236,34																		
	VI	2.670,33	143,80	213,62	240,32																		
8.255,99 (Ost)	I	2.119,41	78,24	169,55	190,74	59,59	157,02	176,64	40,95	144,48	162,54	22,31	131,95	148,44	3,66	119,42	134,34	-	106,90	120,26	-	94,72	106,56
	II	1.970,25	60,49	157,62	177,32	41,84	145,08	163,22	23,20	132,55	149,12	4,57	120,02	135,02	-	107,50	120,93	-	95,30	107,21	-	83,61	94,06
	III	1.425,16	-	114,01	128,26	-	103,98	116,98	-	94,21	105,98	-	84,70	95,29	-	75,44	84,87	-	66,44	74,74	-	57,69	64,90
	IV	2.119,41	78,24	169,55	190,74	68,92	163,28	183,69	59,59	157,02	176,64	50,27	150,75	169,59	40,95	144,48	162,54	31,63	138,22	155,49	22,31	131,95	148,44
	V	2.633,83	139,45	210,70	237,04																		
	VI	2.678,16	144,73	214,25	241,03																		
8.258,99 (West)	I	2.112,83	77,45	169,02	190,15	58,81	156,49	176,05	40,17	143,96	161,95	21,52	131,42	147,85	2,88	118,89	133,75	-	106,38	119,67	-	94,22	106,00
	II	1.963,75	59,71	157,10	176,73	41,07	144,56	162,63	22,43	132,03	148,53	3,78	119,50	134,43	-	106,98	120,35	-	94,80	106,65	-	83,14	93,53
	III	1.420,00	-	113,60	127,80	-	103,57	116,51	-	93,81	105,53	-	84,30	94,84	-	75,06	84,44	-	66,06	74,32	-	57,33	64,49
	IV	2.112,83	77,45	169,02	190,15	68,13	162,76	183,10	58,81	156,49	176,05	49,49	150,22	169,00	40,17	143,96	161,95	30,85	137,69	154,90	21,52	131,42	147,85
	V	2.627,25	138,67	210,18	236,45																		
	VI	2.671,58	143,95	213,72	240,44																		
8.258,99 (Ost)	I	2.120,66	78,39	169,65	190,85	59,74	157,12	176,76	41,10	144,58	162,65	22,46	132,05	148,55	3,81	119,52	134,46	-	107,00	120,37	-	94,82	106,67
	II	1.971,50	60,64	157,72	177,43	42,00	145,19	163,34	23,36	132,66	149,24	4,72	120,12	135,14	-	107,60	121,05	-	95,39	107,31	-	83,70	94,16
	III	1.426,33	-	114,10	128,36	-	104,06	117,07	-	94,29	106,07	-	84,77	95,36	-	75,52	84,96	-	66,52	74,83	-	57,77	64,99
	IV	2.120,66	78,39	169,65	190,85	69,06	163,38	183,80	59,74	157,12	176,76	50,42	150,85	169,70	41,10	144,58	162,65	31,78	138,32	155,61	22,46	132,05	148,55
	V	2.635,08	139,60	210,80	237,15																		
	VI	2.679,41	144,88	214,35	241,14																		
8.261,99 (West)	I	2.114,08	77,60	169,12	190,26	58,96	156,59	176,16	40,32	144,06	162,06	21,67	131,52	147,96	3,03	118,99	133,86	-	106,48	119,79	-	94,32	106,11
	II	1.965,00	59,86	157,20	176,85	41,22	144,66	162,74	22,58	132,13	148,64	3,93	119,60	134,55	-	107,08	120,46	-	94,89	106,75	-	83,22	93,62
	III	1.421,00	-	113,68	127,89	-	103,65	116,60	-	93,89	105,62	-	84,38	94,93	-	75,13	84,52	-	66,14	74,41	-	57,41	64,58
	IV	2.114,08	77,60	169,12	190,26	68,28	162,86	183,21	58,96	156,59	176,16	49,64	150,32	169,11	40,32	144,06	162,06	30,99	137,79	155,01	21,67	131,52	147,96
	V	2.628,50	138,82	210,28	236,56																		
	VI	2.672,83	144,09	213,82	240,55																		
8.261,99 (Ost)	I	2.121,91	78,54	169,75	190,97	59,89	157,22	176,87	41,25	144,68	162,77	22,61	132,15	148,67	3,96	119,62	134,57	-	107,10	120,48	-	94,91	106,77
	II	1.972,83	60,79	157,82	177,55	42,15	145,29	163,45	23,51	132,76	149,35	4,86	120,22	135,25	-	107,70	121,16	-	95,49	107,42	-	83,80	94,27
	III	1.427,33	-	114,18	128,45	-	104,14	117,16	-	94,37	106,16	-	84,85	95,45	-	75,58	85,03	-	66,58	74,90	-	57,84	65,07
	IV	2.121,91	78,54	169,75	190,97	69,21	163,48	183,92	59,89	157,22	176,87	50,57	150,95	169,82	41,25	144,68	162,77	31,93	138,42	155,72	22,61	132,15	148,67
	V	2.636,33	139,75	210,90	237,26																		
	VI	2.680,66	145,03	214,45	241,25																		

Lohn/ Gehalt bis	Steuerklasse	Lohn- steuer	ohne Kinderfreibetrag SolZ 5,5%	Kirchensteuer 8%	9%	0,5 SolZ 5,5%	Kirchensteuer 8%	9%	1,0 SolZ 5,5%	Kirchensteuer 8%	9%	1,5 SolZ 5,5%	Kirchensteuer 8%	9%	2,0 SolZ 5,5%	Kirchensteuer 8%	9%	2,5 SolZ 5,5%	Kirchensteuer 8%	9%	3,0 SolZ 5,5%	Kirchensteuer 8%	9
8.264,99 (West)	I	2.115,33	77,75	169,22	190,37	59,11	156,69	176,27	40,46	144,16	162,18	21,82	131,62	148,07	3,19	119,10	133,98	-	106,58	119,90	-	94,42	1
	II	1.966,25	60,01	157,30	176,96	41,37	144,76	162,86	22,72	132,23	148,76	4,08	119,70	134,66	-	107,18	120,57	-	94,99	106,86	-	83,32	9
	III	1.422,00	-	113,76	127,98	-	103,73	116,69	-	93,97	105,71	-	84,45	95,00	-	75,21	84,61	-	66,21	74,48	-	57,48	6
	IV	2.115,33	77,75	169,22	190,37	68,43	162,96	183,33	59,11	156,69	176,27	49,79	150,42	169,22	40,46	144,16	162,18	31,14	137,89	155,12	21,82	131,62	14
	V	2.629,83	138,98	210,38	236,68																		
	VI	2.674,08	144,24	213,92	240,66																		
8.264,99 (Ost)	I	2.123,16	78,68	169,85	191,08	60,04	157,32	176,98	41,40	144,78	162,88	22,75	132,25	148,78	4,11	119,72	134,68	-	107,20	120,60	-	95,01	1
	II	1.974,08	60,94	157,92	177,66	42,30	145,39	163,56	23,66	132,86	149,46	5,01	120,32	135,36	-	107,80	121,27	-	95,58	107,53	-	83,89	9
	III	1.428,33	-	114,26	128,54	-	104,22	117,25	-	94,45	106,25	-	84,93	95,54	-	75,66	85,12	-	66,65	74,98	-	57,90	6
	IV	2.123,16	78,68	169,85	191,08	69,36	163,58	184,03	60,04	157,32	176,98	50,72	151,05	169,93	41,40	144,78	162,88	32,08	138,52	155,83	22,75	132,25	14
	V	2.637,58	139,90	211,00	237,38																		
	VI	2.681,91	145,18	214,55	241,37																		
8.267,99 (West)	I	2.116,58	77,90	169,32	190,49	59,26	156,79	176,39	40,62	144,26	162,29	21,98	131,73	148,19	3,34	119,20	134,10	-	106,68	120,01	-	94,51	10
	II	1.967,50	60,16	157,40	177,07	41,52	144,86	162,97	22,87	132,33	148,87	4,23	119,80	134,77	-	107,28	120,69	-	95,08	106,97	-	83,41	9
	III	1.423,00	-	113,84	128,07	-	103,81	116,78	-	94,04	105,79	-	84,53	95,09	-	75,28	84,69	-	66,28	74,56	-	57,54	6
	IV	2.116,58	77,90	169,32	190,49	68,58	163,06	183,44	59,26	156,79	176,39	49,94	150,52	169,34	40,62	144,26	162,29	31,30	138,00	155,25	21,98	131,73	14
	V	2.631,08	139,13	210,48	236,79																		
	VI	2.675,33	144,39	214,02	240,77																		
8.267,99 (Ost)	I	2.124,41	78,83	169,95	191,19	60,19	157,42	177,09	41,55	144,88	162,99	22,90	132,35	148,89	4,26	119,82	134,79	-	107,30	120,71	-	95,10	10
	II	1.975,33	61,09	158,02	177,77	42,45	145,49	163,67	23,80	132,96	149,58	5,16	120,42	135,47	-	107,90	121,38	-	95,68	107,64	-	83,98	9
	III	1.429,33	-	114,34	128,63	-	104,30	117,34	-	94,53	106,34	-	85,00	95,62	-	75,73	85,19	-	66,73	75,07	-	57,97	6
	IV	2.124,41	78,83	169,95	191,19	69,51	163,68	184,14	60,19	157,42	177,09	50,87	151,15	170,04	41,55	144,88	162,99	32,22	138,62	155,94	22,90	132,35	14
	V	2.638,83	140,05	211,10	237,49																		
	VI	2.683,16	145,32	214,65	241,48																		
8.270,99 (West)	I	2.117,83	78,05	169,42	190,60	59,42	156,90	176,51	40,77	144,36	162,41	22,13	131,83	148,31	3,49	119,30	134,21	-	106,78	120,12	-	94,60	10
	II	1.968,75	60,31	157,50	177,18	41,66	144,96	163,08	23,02	132,43	148,98	4,39	119,90	134,89	-	107,38	120,80	-	95,18	107,08	-	83,50	9
	III	1.424,00	-	113,92	128,16	-	103,89	116,87	-	94,12	105,88	-	84,61	95,18	-	75,36	84,78	-	66,36	74,65	-	57,61	6
	IV	2.117,83	78,05	169,42	190,60	68,74	163,16	183,56	59,42	156,90	176,51	50,09	150,63	169,46	40,77	144,36	162,41	31,45	138,10	155,36	22,13	131,83	14
	V	2.632,33	139,27	210,58	236,90																		
	VI	2.676,58	144,54	214,12	240,89																		
8.270,99 (Ost)	I	2.125,66	78,98	170,05	191,30	60,34	157,52	177,21	41,69	144,98	163,10	23,05	132,45	149,00	4,41	119,92	134,91	-	107,40	120,82	-	95,20	10
	II	1.976,58	61,24	158,12	177,89	42,60	145,59	163,79	23,95	133,06	149,69	5,31	120,52	135,59	-	108,00	121,50	-	95,78	107,75	-	84,07	9
	III	1.430,33	-	114,42	128,72	-	104,38	117,43	-	94,60	106,42	-	85,08	95,71	-	75,81	85,28	-	66,80	75,15	-	58,04	6
	IV	2.125,66	78,98	170,05	191,30	69,66	163,78	184,25	60,34	157,52	177,21	51,02	151,25	170,15	41,69	144,98	163,10	32,37	138,72	156,06	23,05	132,45	14
	V	2.640,08	140,20	211,20	237,60																		
	VI	2.684,41	145,47	214,75	241,59																		
8.273,99 (West)	I	2.119,16	78,21	169,53	190,72	59,56	157,00	176,62	40,92	144,46	162,52	22,28	131,93	148,42	3,63	119,40	134,32	-	106,88	120,24	-	94,70	10
	II	1.970,00	60,46	157,60	177,30	41,81	145,06	163,19	23,18	132,54	149,10	4,54	120,00	135,00	-	107,48	120,91	-	95,28	107,19	-	83,60	9
	III	1.425,00	-	114,00	128,25	-	103,97	116,96	-	94,20	105,97	-	84,68	95,26	-	75,42	84,85	-	66,42	74,72	-	57,68	6
	IV	2.119,16	78,21	169,53	190,72	68,89	163,26	183,67	59,56	157,00	176,62	50,24	150,73	169,57	40,92	144,46	162,52	31,60	138,20	155,47	22,28	131,93	14
	V	2.633,58	139,42	210,68	237,02																		
	VI	2.677,91	144,70	214,23	241,01																		
8.273,99 (Ost)	I	2.126,91	79,13	170,15	191,42	60,49	157,62	177,32	41,84	145,08	163,22	23,20	132,55	149,12	4,57	120,02	135,02	-	107,50	120,93	-	95,30	10
	II	1.977,83	61,39	158,22	178,00	42,75	145,69	163,90	24,10	133,16	149,80	5,46	120,62	135,70	-	108,10	121,61	-	95,87	107,85	-	84,16	9
	III	1.431,33	-	114,50	128,81	-	104,46	117,52	-	94,68	106,51	-	85,16	95,80	-	75,88	85,36	-	66,86	75,22	-	58,12	6
	IV	2.126,91	79,13	170,15	191,42	69,81	163,88	184,37	60,49	157,62	177,32	51,17	151,35	170,27	41,84	145,08	163,22	32,52	138,82	156,17	23,20	132,55	14
	V	2.641,41	140,36	211,31	237,72																		
	VI	2.685,66	145,62	214,85	241,70																		
8.276,99 (West)	I	2.120,41	78,36	169,63	190,83	59,71	157,10	176,73	41,07	144,56	162,63	22,43	132,03	148,53	3,78	119,50	134,43	-	106,98	120,35	-	94,80	10
	II	1.971,33	60,62	157,70	177,41	41,97	145,17	163,31	23,33	132,64	149,22	4,69	120,10	135,11	-	107,58	121,02	-	95,37	107,29	-	83,68	9
	III	1.426,00	-	114,08	128,34	-	104,05	117,05	-	94,28	106,06	-	84,76	95,35	-	75,50	84,94	-	66,49	74,80	-	57,76	6
	IV	2.120,41	78,36	169,63	190,83	69,03	163,36	183,78	59,71	157,10	176,73	50,39	150,83	169,68	41,07	144,56	162,63	31,75	138,30	155,58	22,43	132,03	14
	V	2.634,83	139,57	210,78	237,13																		
	VI	2.679,16	144,85	214,33	241,12																		
8.276,99 (Ost)	I	2.128,16	79,28	170,25	191,53	60,64	157,72	177,43	42,00	145,19	163,34	23,36	132,66	149,24	4,72	120,12	135,14	-	107,60	121,05	-	95,39	10
	II	1.979,08	61,54	158,32	178,11	42,89	145,79	164,01	24,25	133,26	149,91	5,61	120,72	135,81	-	108,20	121,72	-	95,97	107,96	-	84,26	9
	III	1.432,33	-	114,58	128,90	-	104,54	117,61	-	94,76	106,60	-	85,22	95,87	-	75,96	85,45	-	66,94	75,31	-	58,18	6
	IV	2.128,16	79,28	170,25	191,53	69,96	163,98	184,48	60,64	157,72	177,43	51,31	151,45	170,38	42,00	145,19	163,34	32,68	138,92	156,29	23,36	132,66	14
	V	2.642,66	140,50	211,41	237,83																		
	VI	2.686,91	145,77	214,95	241,82																		
8.279,99 (West)	I	2.121,66	78,51	169,73	190,94	59,86	157,20	176,85	41,22	144,66	162,74	22,58	132,13	148,64	3,93	119,60	134,55	-	107,08	120,46	-	94,89	10
	II	1.972,58	60,76	157,80	177,53	42,12	145,27	163,43	23,48	132,74	149,33	4,83	120,20	135,23	-	107,68	121,14	-	95,47	107,40	-	83,78	9
	III	1.427,00	-	114,16	128,43	-	104,13	117,14	-	94,36	106,15	-	84,84	95,44	-	75,57	85,01	-	66,57	74,89	-	57,82	6
	IV	2.121,66	78,51	169,73	190,94	69,18	163,46	183,89	59,86	157,20	176,85	50,54	150,93	169,79	41,22	144,66	162,74	31,90	138,40	155,70	22,58	132,13	14
	V	2.636,08	139,72	210,88	237,24																		
	VI	2.680,41	145,00	214,43	241,23																		
8.279,99 (Ost)	I	2.129,41	79,43	170,35	191,64	60,79	157,82	177,55	42,15	145,29	163,45	23,51	132,76	149,35	4,86	120,22	135,25	-	107,70	121,16	-	95,49	10
	II	1.980,33	61,69	158,42	178,22	43,04	145,89	164,12	24,40	133,36	150,03	5,77	120,83	135,93	-	108,30	121,83	-	96,06	108,07	-	84,35	9
	III	1.433,50	-	114,68	129,01	-	104,62	117,70	-	94,84	106,69	-	85,30	95,96	-	76,02	85,52	-	67,01	75,38	-	58,25	6
	IV	2.129,41	79,43	170,35	191,64	70,12	164,09	184,60	60,79	157,82	177,55	51,47	151,56	170,50	42,15	145,29	163,45	32,83	139,02	156,40	23,51	132,76	14
	V	2.643,91	140,65	211,51	237,95																		
	VI	2.688,25	145,93	215,06	241,94																		
8.282,99 (West)	I	2.122,91	78,65	169,83	191,06	60,01	157,30	176,96	41,37	144,76	162,86	22,72	132,23	148,76	4,08	119,70	134,66	-	107,18	120,57	-	94,99	10
	II	1.973,83	60,91	157,90	177,64	42,27	145,37	163,54	23,63	132,84	149,44	4,98	120,30	135,34	-	107,78	121,25	-	95,56	107,51	-	83,87	9
	III	1.428,16	-	114,25	128,53	-	104,21	117,23	-	94,42	106,22	-	84,90	95,51	-	75,65	85,10	-	66,64	74,97	-	57,89	6
	IV	2.122,91	78,65	169,83	191,06	69,33	163,56	184,01	60,01	157,30	176,96	50,69	151,03	169,91	41,37	144,76	162,86	32,05	138,50	155,81	22,72	132,23	14
	V	2.637,35	139,87	210,98	237,35																		
	VI	2.681,66	145,15	214,53	241,34																		
8.282,99 (Ost)	I	2.130,75	79,59	170,46	191,76	60,94	157,92	177,66	42,30	145,39	163,56	23,66	132,86	149,46	5,01	120,32	135,36	-	107,80	121,27	-	95,58	10
	II	1.981,58	61,84	158,52	178,34	43,19	145,99	164,24	24,56	133,46	150,14	5,92	120,93	136,04	-	108,40	121,95	-	96,16	108,18	-	84,44	9
	III	1.434,50	-	114,76	129,10	-	104,70	117,79	-	94,92	106,78	-	85,38	96,05	-	76,10	85,61	-	67,08	75,46	-	58,32	6
	IV	2.130,75	79,59	170,46	191,76	70,26	164,19	184,71	60,94	157,92	177,66	51,62	151,66	170,61	42,30	145,39	163,56	32,98	139,12	156,51	23,66	132,86	14
	V	2.645,16	140,80	211,61	238,06																		
	VI	2.689,50	146,08	215,16	242,05																		

Anzahl Kinderfreibeträge (nur Steuerklassen I–IV)

Lohn/Gehalt bis	Steuerklasse	Lohnsteuer	ohne Kinderfreibetrag			Anzahl Kinderfreibeträge (nur Steuerklassen I–IV)																	
						0,5			1,0			1,5			2,0			2,5			3,0		
			SolZ 5,5%	Kirchensteuer 8%	Kirchensteuer 9%	SolZ 5,5%	Kirchensteuer 8%	Kirchensteuer 9%	SolZ 5,5%	Kirchensteuer 8%	Kirchensteuer 9%	SolZ 5,5%	Kirchensteuer 8%	Kirchensteuer 9%	SolZ 5,5%	Kirchensteuer 8%	Kirchensteuer 9%	SolZ 5,5%	Kirchensteuer 8%	Kirchensteuer 9%	SolZ 5,5%	Kirchensteuer 8%	Kirchensteuer 9%
8.285,99 (West)	I	2.124,16	78,80	169,93	191,17	60,16	157,40	177,07	41,52	144,86	162,97	22,87	132,33	148,87	4,23	119,80	134,77	–	107,28	120,69	–	95,08	106,97
	II	1.975,08	61,06	158,00	177,75	42,42	145,47	163,65	23,78	132,94	149,55	5,13	120,40	135,45	–	107,88	121,36	–	95,66	107,62	–	83,96	94,46
	III	1.429,16	–	114,33	128,62	–	104,29	117,32	–	94,50	106,31	–	84,98	95,60	–	75,72	85,18	–	66,70	75,04	–	57,96	65,20
	IV	2.124,16	78,80	169,93	191,17	69,48	163,66	184,12	60,16	157,40	177,07	50,84	151,13	170,02	41,52	144,86	162,97	32,19	138,60	155,92	22,87	132,33	148,87
	V	2.638,58	140,02	211,08	237,47																		
	VI	2.682,91	145,29	214,63	241,46																		
8.285,99 (Ost)	I	2.132,00	79,73	170,56	191,88	61,09	158,02	177,77	42,45	145,49	163,67	23,80	132,96	149,58	5,16	120,42	135,47	–	107,90	121,38	–	95,68	107,64
	II	1.982,91	61,99	158,63	178,46	43,35	146,10	164,36	24,71	133,56	150,26	6,06	121,03	136,16	–	108,50	122,06	–	96,26	108,29	–	84,53	95,09
	III	1.435,50	–	114,84	129,19	–	104,78	117,88	–	95,00	106,87	–	85,45	96,13	–	76,17	85,69	–	67,16	75,55	–	58,40	65,70
	IV	2.132,00	79,73	170,56	191,88	70,41	164,29	184,82	61,09	158,02	177,77	51,77	151,76	170,73	42,45	145,49	163,67	33,13	139,22	156,62	23,80	132,96	149,58
	V	2.646,41	140,95	211,71	238,17																		
	VI	2.690,75	146,23	215,26	242,16																		
8.288,99 (West)	I	2.125,41	78,95	170,03	191,28	60,31	157,50	177,18	41,66	144,96	163,08	23,02	132,43	148,98	4,39	119,90	134,89	–	107,38	120,80	–	95,18	107,08
	II	1.976,33	61,21	158,10	177,86	42,57	145,57	163,76	23,92	133,04	149,67	5,28	120,50	135,56	–	107,98	121,47	–	95,76	107,73	–	84,06	94,56
	III	1.430,16	–	114,41	128,71	–	104,37	117,41	–	94,58	106,40	–	85,06	95,69	–	75,80	85,27	–	66,78	75,13	–	58,02	65,27
	IV	2.125,41	78,95	170,03	191,28	69,63	163,76	184,23	60,31	157,50	177,18	50,99	151,23	170,13	41,66	144,96	163,08	32,34	138,70	156,03	23,02	132,43	148,98
	V	2.639,83	140,17	211,18	237,58																		
	VI	2.684,16	145,44	214,73	241,57																		
8.288,99 (Ost)	I	2.133,25	79,88	170,66	191,99	61,24	158,12	177,89	42,60	145,59	163,79	23,95	133,06	149,69	5,31	120,52	135,59	–	108,00	121,50	–	95,78	107,75
	II	1.984,16	62,14	158,73	178,57	43,50	146,20	164,47	24,86	133,66	150,37	6,21	121,13	136,27	–	108,60	122,17	–	96,36	108,40	–	84,62	95,20
	III	1.436,50	–	114,92	129,28	–	104,86	117,97	–	95,06	106,94	–	85,53	96,22	–	76,25	85,78	–	67,22	75,62	–	58,46	65,77
	IV	2.133,25	79,88	170,66	191,99	70,56	164,39	184,94	61,24	158,12	177,89	51,92	151,86	170,84	42,60	145,59	163,79	33,28	139,32	156,74	23,95	133,06	149,69
	V	2.647,66	141,10	211,81	238,28																		
	VI	2.692,00	146,37	215,36	242,28																		
8.291,99 (West)	I	2.126,66	79,10	170,13	191,39	60,46	157,60	177,30	41,81	145,06	163,19	23,18	132,54	149,10	4,54	120,00	135,00	–	107,48	120,91	–	95,28	107,19
	II	1.977,58	61,36	158,20	177,98	42,72	145,67	163,88	24,07	133,14	149,78	5,43	120,60	135,68	–	108,08	121,59	–	95,86	107,84	–	84,14	94,66
	III	1.431,16	–	114,49	128,80	–	104,45	117,50	–	94,66	106,49	–	85,13	95,77	–	75,86	85,34	–	66,85	75,20	–	58,10	65,36
	IV	2.126,66	79,10	170,13	191,39	69,78	163,86	184,34	60,46	157,60	177,30	51,14	151,33	170,24	41,81	145,06	163,19	32,50	138,80	156,15	23,18	132,54	149,10
	V	2.641,16	140,33	211,29	237,70																		
	VI	2.685,41	145,59	214,83	241,68																		
8.291,99 (Ost)	I	2.134,50	80,03	170,76	192,10	61,39	158,22	178,00	42,75	145,69	163,90	24,10	133,16	149,80	5,46	120,62	135,70	–	108,10	121,61	–	95,87	107,85
	II	1.985,41	62,29	158,83	178,68	43,65	146,30	164,58	25,00	133,76	150,48	6,36	121,23	136,38	–	108,70	122,28	–	96,45	108,50	–	84,72	95,31
	III	1.437,50	–	115,00	129,37	–	104,94	118,06	–	95,14	107,03	–	85,61	96,31	–	76,32	85,86	–	67,30	75,71	–	58,53	65,84
	IV	2.134,50	80,03	170,76	192,10	70,71	164,49	185,05	61,39	158,22	178,00	52,07	151,96	170,95	42,75	145,69	163,90	33,42	139,42	156,85	24,10	133,16	149,80
	V	2.648,91	141,25	211,91	238,40																		
	VI	2.693,25	146,52	215,46	242,39																		
8.294,99 (West)	I	2.127,91	79,25	170,23	191,51	60,62	157,70	177,41	41,97	145,17	163,31	23,33	132,64	149,22	4,69	120,10	135,11	–	107,58	121,02	–	95,37	107,29
	II	1.978,83	61,51	158,30	178,09	42,86	145,77	163,99	24,22	133,24	149,89	5,58	120,70	135,79	–	108,18	121,70	–	95,95	107,94	–	84,24	94,77
	III	1.432,16	–	114,57	128,89	–	104,53	117,59	–	94,74	106,58	–	85,21	95,86	–	75,94	85,43	–	66,93	75,29	–	58,17	65,44
	IV	2.127,91	79,25	170,23	191,51	69,93	163,96	184,46	60,62	157,70	177,41	51,29	151,44	170,37	41,97	145,17	163,31	32,65	138,90	156,26	23,33	132,64	149,22
	V	2.642,41	140,47	211,39	237,81																		
	VI	2.686,66	145,74	214,93	241,79																		
8.294,99 (Ost)	I	2.135,75	80,18	170,86	192,21	61,54	158,32	178,11	42,89	145,79	164,01	24,25	133,26	149,91	5,61	120,72	135,81	–	108,20	121,72	–	95,97	107,96
	II	1.986,66	62,44	158,93	178,79	43,80	146,40	164,70	25,15	133,86	150,59	6,51	121,33	136,49	–	108,80	122,40	–	96,55	108,62	–	84,81	95,41
	III	1.438,50	–	115,08	129,46	–	105,02	118,15	–	95,22	107,12	–	85,68	96,39	–	76,40	85,95	–	67,37	75,79	–	58,60	65,92
	IV	2.135,75	80,18	170,86	192,21	70,86	164,59	185,16	61,54	158,32	178,11	52,22	152,06	171,06	42,89	145,79	164,01	33,57	139,52	156,96	24,25	133,26	149,91
	V	2.650,16	141,40	212,01	238,51																		
	VI	2.694,50	146,67	215,56	242,50																		
8.297,99 (West)	I	2.129,25	79,41	170,34	191,63	60,76	157,80	177,53	42,12	145,27	163,43	23,48	132,74	149,33	4,83	120,20	135,23	–	107,68	121,14	–	95,47	107,40
	II	1.980,08	61,66	158,40	178,20	43,01	145,87	164,10	24,38	133,34	150,01	5,74	120,81	135,91	–	108,28	121,81	–	96,04	108,05	–	84,33	94,87
	III	1.433,16	–	114,65	128,98	–	104,61	117,68	–	94,82	106,67	–	85,29	95,95	–	76,01	85,51	–	67,00	75,37	–	58,24	65,52
	IV	2.129,25	79,41	170,34	191,63	70,09	164,07	184,58	60,76	157,80	177,53	51,44	151,54	170,48	42,12	145,27	163,43	32,80	139,00	156,38	23,48	132,74	149,33
	V	2.643,66	140,62	211,49	237,92																		
	VI	2.688,00	145,90	215,04	241,92																		
8.297,99 (Ost)	I	2.137,00	80,33	170,96	192,33	61,69	158,42	178,22	43,04	145,89	164,12	24,40	133,36	150,03	5,77	120,83	135,93	–	108,30	121,83	–	96,06	108,07
	II	1.987,91	62,59	159,03	178,91	43,95	146,50	164,81	25,30	133,96	150,71	6,66	121,43	136,61	–	108,90	122,51	–	96,64	108,72	–	84,90	95,51
	III	1.439,50	–	115,16	129,55	–	105,10	118,24	–	95,30	107,21	–	85,76	96,48	–	76,48	86,04	–	67,44	75,87	–	58,66	65,99
	IV	2.137,00	80,33	170,96	192,33	71,01	164,69	185,27	61,69	158,42	178,22	52,36	152,16	171,18	43,04	145,89	164,12	33,72	139,62	157,07	24,40	133,36	150,03
	V	2.651,50	141,56	212,12	238,63																		
	VI	2.695,75	146,82	215,66	242,61																		
8.300,99 (West)	I	2.130,50	79,56	170,44	191,74	60,91	157,90	177,64	42,27	145,37	163,54	23,63	132,84	149,44	4,98	120,30	135,34	–	107,78	121,25	–	95,56	107,51
	II	1.981,33	61,81	158,50	178,31	43,17	145,98	164,22	24,53	133,44	150,12	5,89	120,91	136,02	–	108,38	121,92	–	96,14	108,16	–	84,42	94,97
	III	1.434,16	–	114,73	129,07	–	104,69	117,77	–	94,89	106,75	–	85,36	96,03	–	76,09	85,60	–	67,06	75,44	–	58,30	65,59
	IV	2.130,50	79,56	170,44	191,74	70,23	164,17	184,69	60,91	157,90	177,64	51,59	151,64	170,59	42,27	145,37	163,54	32,95	139,10	156,49	23,63	132,84	149,44
	V	2.644,91	140,77	211,59	238,04																		
	VI	2.689,25	146,05	215,14	242,03																		
8.300,99 (Ost)	I	2.138,25	80,48	171,06	192,44	61,84	158,52	178,34	43,19	145,99	164,24	24,56	133,46	150,14	5,92	120,93	136,04	–	108,40	121,95	–	96,16	108,18
	II	1.989,16	62,74	159,13	179,02	44,09	146,60	164,92	25,45	134,06	150,82	6,81	121,53	136,72	–	109,00	122,63	–	96,74	108,83	–	85,00	95,62
	III	1.440,66	–	115,25	129,65	–	105,18	118,33	–	95,38	107,30	–	85,84	96,57	–	76,54	86,11	–	67,52	75,96	–	58,74	66,08
	IV	2.138,25	80,48	171,06	192,44	71,16	164,79	185,39	61,84	158,52	178,34	52,51	152,26	171,29	43,19	145,99	164,24	33,88	139,73	157,19	24,56	133,46	150,14
	V	2.652,75	141,70	212,22	238,74																		
	VI	2.697,00	146,97	215,76	242,73																		
8.303,99 (West)	I	2.131,75	79,71	170,54	191,85	61,06	158,00	177,75	42,42	145,47	163,65	23,78	132,94	149,55	5,13	120,40	135,45	–	107,88	121,36	–	95,66	107,62
	II	1.982,66	61,96	158,61	178,43	43,32	146,08	164,34	24,68	133,54	150,23	6,03	121,01	136,13	–	108,48	122,04	–	96,24	108,27	–	84,52	95,08
	III	1.435,16	–	114,81	129,16	–	104,77	117,86	–	94,97	106,84	–	85,44	96,12	–	76,16	85,68	–	67,14	75,53	–	58,37	65,66
	IV	2.131,75	79,71	170,54	191,85	70,38	164,27	184,80	61,06	158,00	177,75	51,74	151,74	170,70	42,42	145,47	163,65	33,10	139,20	156,60	23,78	132,94	149,55
	V	2.646,16	140,92	211,69	238,15																		
	VI	2.690,50	146,20	215,24	242,14																		
8.303,99 (Ost)	I	2.139,50	80,63	171,16	192,55	61,99	158,63	178,46	43,35	146,10	164,36	24,71	133,56	150,26	6,06	121,03	136,16	–	108,50	122,06	–	96,26	108,29
	II	1.990,41	62,89	159,23	179,13	44,24	146,70	165,03	25,60	134,16	150,93	6,96	121,63	136,83	–	109,10	122,74	–	96,84	108,94	–	85,08	95,72
	III	1.441,66	–	115,33	129,74	–	105,26	118,42	–	95,46	107,39	–	85,90	96,64	–	76,62	86,20	–	67,58	76,03	–	58,81	66,16
	IV	2.139,50	80,63	171,16	192,55	71,31	164,89	185,50	61,99	158,63	178,46	52,67	152,36	171,41	43,35	146,10	164,36	34,03	139,83	157,31	24,71	133,56	150,26
	V	2.654,00	141,85	212,32	238,86																		
	VI	2.698,25	147,12	215,86	242,84																		

MONAT bis 8.324,99 €

Lohn/Gehalt bis	Steuerklasse	Lohnsteuer	ohne Kinderfreibetrag			Anzahl Kinderfreibeträge (nur Steuerklassen I–IV) 0,5			1,0			1,5			2,0			2,5			3,0		
			SolZ 5,5%	Kirchensteuer 8%	9%	SolZ 5,5%	Kirchensteuer 8%	9%	SolZ 5,5%	Kirchensteuer 8%	9%	SolZ 5,5%	Kirchensteuer 8%	9%	SolZ 5,5%	Kirchensteuer 8%	9%	SolZ 5,5%	Kirchensteuer 8%	9%	SolZ 5,5%	Kirchensteuer 8%	9%
8.306,99	I	2.133,00	79,85	170,64	191,97	61,21	158,10	177,86	42,57	145,57	163,76	23,92	133,04	149,67	5,28	120,50	135,56	–	107,98	121,47	–	95,76	[illegible]
(West)	II	1.983,91	62,11	158,71	178,55	43,47	146,18	164,45	24,83	133,64	150,35	6,18	121,11	136,25	–	108,58	122,15	–	96,34	108,38	–	84,61	[illegible]
	III	1.436,33	–	114,90	129,26	–	104,85	117,95	–	95,05	106,93	–	85,52	96,21	–	76,24	85,77	–	67,21	75,61	–	58,45	[illegible]
	IV	2.133,00	79,85	170,64	191,97	70,53	164,37	184,91	61,21	158,10	177,86	51,89	151,84	170,82	42,57	145,57	163,76	33,25	139,30	156,71	23,92	133,04	[illegible]
	V	2.647,41	141,07	211,79	238,26																		
	VI	2.691,75	146,35	215,34	242,25																		
8.306,99	I	2.140,83	80,79	171,26	192,67	62,14	158,73	178,57	43,50	146,20	164,47	24,86	133,66	150,37	6,21	121,13	136,27	–	108,60	122,17	–	96,36	[illegible]
(Ost)	II	1.991,66	63,04	159,33	179,24	44,39	146,80	165,15	25,76	134,27	151,05	7,12	121,74	136,95	–	109,20	122,85	–	96,93	109,04	–	85,18	[illegible]
	III	1.442,66	–	115,41	129,83	–	105,34	118,51	–	95,53	107,47	–	85,98	96,73	–	76,69	86,27	–	67,65	76,10	–	58,88	[illegible]
	IV	2.140,83	80,79	171,26	192,67	71,46	165,00	185,62	62,14	158,73	178,57	52,82	152,46	171,52	43,50	146,20	164,47	34,18	139,93	157,42	24,86	133,66	[illegible]
	V	2.655,25	142,00	212,42	238,97																		
	VI	2.699,58	147,28	215,96	242,96																		
8.309,99	I	2.134,25	80,00	170,74	192,08	61,36	158,20	177,98	42,72	145,67	163,88	24,07	133,14	149,78	5,43	120,60	135,68	–	108,08	121,59	–	95,86	[illegible]
(West)	II	1.985,16	62,26	158,81	178,66	43,62	146,28	164,56	24,98	133,74	150,46	6,33	121,21	136,36	–	108,68	122,26	–	96,43	108,48	–	84,70	[illegible]
	III	1.437,33	–	114,98	129,35	–	104,93	118,04	–	95,13	107,02	–	85,58	96,28	–	76,30	85,84	–	67,28	75,69	–	58,52	[illegible]
	IV	2.134,25	80,00	170,74	192,08	70,68	164,47	185,03	61,36	158,20	177,98	52,04	151,94	170,93	42,72	145,67	163,88	33,39	139,40	156,83	24,07	133,14	[illegible]
	V	2.648,66	141,22	211,89	238,37																		
	VI	2.693,00	146,49	215,44	242,37																		
8.309,99	I	2.142,08	80,93	171,36	192,78	62,29	158,83	178,68	43,65	146,30	164,58	25,00	133,76	150,48	6,36	121,23	136,38	–	108,70	122,28	–	96,45	[illegible]
(Ost)	II	1.992,91	63,18	159,43	179,36	44,55	146,90	165,26	25,91	134,37	151,16	7,26	121,84	137,07	–	109,30	122,96	–	97,03	109,16	–	85,27	[illegible]
	III	1.443,66	–	115,49	129,92	–	105,42	118,60	–	95,61	107,56	–	86,06	96,82	–	76,77	86,36	–	67,73	76,19	–	58,94	[illegible]
	IV	2.142,08	80,93	171,36	192,78	71,61	165,10	185,73	62,29	158,83	178,68	52,97	152,56	171,63	43,65	146,30	164,58	34,33	140,03	157,53	25,00	133,76	[illegible]
	V	2.656,50	142,15	212,52	239,08																		
	VI	2.700,83	147,43	216,06	243,07																		
8.312,99	I	2.135,50	80,15	170,84	192,19	61,51	158,30	178,09	42,86	145,77	163,99	24,22	133,24	149,89	5,58	120,70	135,79	–	108,18	121,70	–	95,95	[illegible]
(West)	II	1.986,41	62,41	158,91	178,77	43,77	146,38	164,67	25,12	133,84	150,57	6,48	121,31	136,47	–	108,78	122,37	–	96,53	108,59	–	84,79	[illegible]
	III	1.438,33	–	115,06	129,44	–	105,01	118,13	–	95,21	107,11	–	85,66	96,37	–	76,38	85,93	–	67,36	75,78	–	58,58	[illegible]
	IV	2.135,50	80,15	170,84	192,19	70,83	164,57	185,14	61,51	158,30	178,09	52,19	152,04	171,04	42,86	145,77	163,99	33,54	139,50	156,94	24,22	133,24	[illegible]
	V	2.649,91	141,37	211,99	238,49																		
	VI	2.694,25	146,64	215,54	242,48																		
8.312,99	I	2.143,33	81,08	171,46	192,89	62,44	158,93	178,79	43,80	146,40	164,70	25,15	133,86	150,59	6,51	121,33	136,49	–	108,80	122,40	–	96,55	[illegible]
(Ost)	II	1.994,25	63,34	159,54	179,48	44,70	147,00	165,38	26,06	134,47	151,28	7,41	121,94	137,18	–	109,40	123,08	–	97,12	109,26	–	85,36	[illegible]
	III	1.444,66	–	115,57	130,01	–	105,50	118,69	–	95,69	107,65	–	86,13	96,89	–	76,84	86,44	–	67,80	76,27	–	59,01	[illegible]
	IV	2.143,33	81,08	171,46	192,89	71,76	165,20	185,85	62,44	158,93	178,79	53,12	152,66	171,74	43,80	146,40	164,70	34,48	140,13	157,64	25,15	133,86	[illegible]
	V	2.657,75	142,30	212,62	239,19																		
	VI	2.702,08	147,57	216,16	243,18																		
8.315,99	I	2.136,75	80,30	170,94	192,30	61,66	158,40	178,20	43,01	145,87	164,10	24,38	133,34	150,01	5,74	120,81	135,91	–	108,28	121,81	–	96,04	[illegible]
(West)	II	1.987,66	62,56	159,01	178,88	43,92	146,48	164,79	25,27	133,94	150,68	6,63	121,41	136,58	–	108,88	122,49	–	96,62	108,70	–	84,88	[illegible]
	III	1.439,33	–	115,14	129,53	–	105,09	118,22	–	95,29	107,20	–	85,74	96,46	–	76,45	86,00	–	67,42	75,85	–	58,65	[illegible]
	IV	2.136,75	80,30	170,94	192,30	70,98	164,67	185,25	61,66	158,40	178,20	52,34	152,14	171,15	43,01	145,87	164,10	33,69	139,60	157,05	24,38	133,34	[illegible]
	V	2.651,25	141,53	212,10	238,61																		
	VI	2.695,50	146,79	215,64	242,59																		
8.315,99	I	2.144,58	81,23	171,56	193,01	62,59	159,03	178,91	43,95	146,50	164,81	25,30	133,96	150,71	6,66	121,43	136,61	–	108,90	122,51	–	96,64	[illegible]
(Ost)	II	1.995,50	63,49	159,64	179,59	44,85	147,10	165,49	26,20	134,57	151,39	7,56	122,04	137,29	–	109,50	123,19	–	97,22	109,37	–	85,46	[illegible]
	III	1.445,66	–	115,65	130,10	–	105,58	118,78	–	95,77	107,74	–	86,21	96,98	–	76,92	86,53	–	67,88	76,36	–	59,09	[illegible]
	IV	2.144,58	81,23	171,56	193,01	71,91	165,30	185,96	62,59	159,03	178,91	53,27	152,76	171,86	43,95	146,50	164,81	34,62	140,23	157,76	25,30	133,96	[illegible]
	V	2.659,00	142,45	212,72	239,31																		
	VI	2.703,33	147,72	216,26	243,29																		
8.318,99	I	2.138,00	80,45	171,04	192,42	61,81	158,50	178,31	43,17	145,98	164,22	24,53	133,44	150,12	5,89	120,91	136,02	–	108,38	121,92	–	96,14	[illegible]
(West)	II	1.988,91	62,71	159,11	179,00	44,06	146,58	164,90	25,42	134,04	150,80	6,78	121,51	136,70	–	108,98	122,60	–	96,72	108,81	–	84,98	[illegible]
	III	1.440,33	–	115,22	129,62	–	105,17	118,31	–	95,36	107,28	–	85,81	96,53	–	76,53	86,09	–	67,49	75,92	–	58,72	[illegible]
	IV	2.138,00	80,45	171,04	192,42	71,13	164,77	185,36	61,81	158,50	178,31	52,49	152,24	171,27	43,17	145,98	164,22	33,85	139,71	157,17	24,53	133,44	[illegible]
	V	2.652,50	141,67	212,20	238,72																		
	VI	2.696,75	146,94	215,74	242,70																		
8.318,99	I	2.145,83	81,38	171,66	193,12	62,74	159,13	179,02	44,09	146,60	164,92	25,45	134,06	150,82	6,81	121,53	136,72	–	109,00	122,63	–	96,74	[illegible]
(Ost)	II	1.996,75	63,64	159,74	179,70	45,00	147,20	165,60	26,35	134,67	151,50	7,71	122,14	137,40	–	109,60	123,30	–	97,32	109,48	–	85,55	[illegible]
	III	1.446,66	–	115,73	130,19	–	105,66	118,87	–	95,85	107,83	–	86,29	97,07	–	76,98	86,60	–	67,94	76,43	–	59,16	[illegible]
	IV	2.145,83	81,38	171,66	193,12	72,06	165,40	186,07	62,74	159,13	179,02	53,42	152,86	171,97	44,09	146,60	164,92	34,77	140,33	157,87	25,45	134,06	[illegible]
	V	2.660,25	142,60	212,82	239,42																		
	VI	2.704,58	147,87	216,36	243,41																		
8.321,99	I	2.139,33	80,61	171,14	192,53	61,96	158,61	178,43	43,32	146,08	164,34	24,68	133,54	150,23	6,03	121,01	136,13	–	108,48	122,04	–	96,24	[illegible]
(West)	II	1.990,16	62,86	159,21	179,11	44,21	146,68	165,01	25,57	134,14	150,91	6,94	121,62	136,82	–	109,08	122,72	–	96,82	108,92	–	85,07	[illegible]
	III	1.441,33	–	115,30	129,71	–	105,25	118,40	–	95,44	107,37	–	85,89	96,62	–	76,60	86,17	–	67,57	76,01	–	58,80	[illegible]
	IV	2.139,33	80,61	171,14	192,53	71,29	164,88	185,49	61,96	158,61	178,43	52,64	152,34	171,38	43,32	146,08	164,34	34,00	139,81	157,28	24,68	133,54	[illegible]
	V	2.653,75	141,82	212,30	238,83																		
	VI	2.698,08	147,10	215,84	242,82																		
8.321,99	I	2.147,08	81,53	171,76	193,23	62,89	159,23	179,13	44,24	146,70	165,03	25,60	134,16	150,93	6,96	121,63	136,83	–	109,10	122,74	–	96,84	[illegible]
(Ost)	II	1.998,00	63,79	159,84	179,82	45,15	147,30	165,71	26,50	134,77	151,61	7,86	122,24	137,52	–	109,70	123,41	–	97,42	109,59	–	85,64	[illegible]
	III	1.447,83	–	115,82	130,30	–	105,74	118,96	–	95,93	107,92	–	86,37	97,16	–	77,06	86,69	–	68,01	76,51	–	59,22	[illegible]
	IV	2.147,08	81,53	171,76	193,23	72,21	165,50	186,18	62,89	159,23	179,13	53,56	152,96	172,08	44,24	146,70	165,03	34,92	140,43	157,98	25,60	134,16	[illegible]
	V	2.661,50	142,75	212,92	239,53																		
	VI	2.705,83	148,02	216,46	243,52																		
8.324,99	I	2.140,58	80,76	171,24	192,65	62,11	158,71	178,55	43,47	146,18	164,45	24,83	133,64	150,35	6,18	121,11	136,25	–	108,58	122,15	–	96,34	[illegible]
(West)	II	1.991,41	63,01	159,31	179,22	44,37	146,78	165,13	25,73	134,25	151,03	7,09	121,72	136,93	–	109,18	122,83	–	96,92	109,03	–	85,16	[illegible]
	III	1.442,33	–	115,38	129,80	–	105,33	118,49	–	95,52	107,46	–	85,97	96,71	–	76,68	86,26	–	67,64	76,09	–	58,86	[illegible]
	IV	2.140,58	80,76	171,24	192,65	71,43	164,98	185,60	62,11	158,71	178,55	52,79	152,44	171,50	43,47	146,18	164,45	34,15	139,91	157,40	24,83	133,64	[illegible]
	V	2.655,00	141,97	212,40	238,95																		
	VI	2.699,33	147,25	215,94	242,93																		
8.324,99	I	2.148,33	81,68	171,86	193,34	63,04	159,33	179,24	44,39	146,80	165,15	25,76	134,27	151,05	7,12	121,74	136,95	–	109,20	122,85	–	96,93	[illegible]
(Ost)	II	1.999,25	63,94	159,94	179,93	45,29	147,40	165,83	26,65	134,87	151,73	8,01	122,34	137,63	–	109,80	123,53	–	97,51	109,70	–	85,74	[illegible]
	III	1.448,83	–	115,90	130,39	–	105,82	119,05	–	96,00	108,00	–	86,44	97,24	–	77,13	86,77	–	68,09	76,60	–	59,29	[illegible]
	IV	2.148,33	81,68	171,86	193,34	72,36	165,60	186,30	63,04	159,33	179,24	53,71	153,06	172,19	44,39	146,80	165,15	35,07	140,53	158,09	25,76	134,27	[illegible]
	V	2.662,83	142,90	213,02	239,65																		
	VI	2.707,08	148,17	216,56	243,63																		

Lohn/ Gehalt bis	Steuerklasse	Lohnsteuer	ohne Kinderfreibetrag SolZ 5,5%	ohne Kinderfreibetrag Kirchensteuer 8%	ohne Kinderfreibetrag Kirchensteuer 9%	0,5 SolZ 5,5%	0,5 Kirchensteuer 8%	0,5 Kirchensteuer 9%	1,0 SolZ 5,5%	1,0 Kirchensteuer 8%	1,0 Kirchensteuer 9%	1,5 SolZ 5,5%	1,5 Kirchensteuer 8%	1,5 Kirchensteuer 9%	2,0 SolZ 5,5%	2,0 Kirchensteuer 8%	2,0 Kirchensteuer 9%	2,5 SolZ 5,5%	2,5 Kirchensteuer 8%	2,5 Kirchensteuer 9%	3,0 SolZ 5,5%	3,0 Kirchensteuer 8%	3,0 Kirchensteuer 9%
.327,99 (West)	I	2.141,83	80,91	171,34	192,76	62,26	158,81	178,66	43,62	146,28	164,56	24,98	133,74	150,46	6,33	121,21	136,36	-	108,68	122,26	-	96,43	108,48
	II	1.992,75	63,16	159,42	179,34	44,52	146,88	165,24	25,88	134,35	151,14	7,23	121,82	137,04	-	109,28	122,94	-	97,01	109,13	-	85,26	95,91
	III	1.443,50	-	115,48	129,91	-	105,41	118,58	-	95,60	107,55	-	86,05	96,80	-	76,74	86,33	-	67,72	76,18	-	58,93	66,29
	IV	2.141,83	80,91	171,34	192,76	71,58	165,08	185,71	62,26	158,81	178,66	52,94	152,54	171,61	43,62	146,28	164,56	34,30	140,01	157,51	24,38	133,74	150,46
	V	2.656,25	142,12	212,50	239,06																		
	VI	2.700,58	147,40	216,04	243,05																		
.327,99 (Ost)	I	2.149,58	81,83	171,96	193,46	63,18	159,43	179,36	44,55	146,90	165,26	25,91	134,37	151,16	7,26	121,84	137,07	-	109,30	122,96	-	97,03	109,16
	II	2.000,50	64,09	160,04	180,04	45,44	147,50	165,94	26,80	134,97	151,84	8,16	122,44	137,74	-	109,91	123,65	-	97,61	109,81	-	85,83	96,56
	III	1.449,83	-	115,98	130,48	-	105,90	119,14	-	96,08	108,09	-	86,52	97,33	-	77,21	86,86	-	68,16	76,68	-	59,37	66,79
	IV	2.149,58	81,83	171,96	193,46	72,51	165,70	186,41	63,18	159,43	179,36	53,87	153,17	172,31	44,55	146,90	165,26	35,23	140,64	158,22	25,91	134,37	151,16
	V	2.664,08	143,05	213,12	239,76																		
	VI	2.708,33	148,32	216,66	243,74																		
.330,99 (West)	I	2.143,08	81,05	171,44	192,87	62,41	158,91	178,77	43,77	146,38	164,67	25,12	133,84	150,57	6,48	121,31	136,47	-	108,78	122,37	-	96,53	108,59
	II	1.994,00	63,31	159,52	179,46	44,67	146,98	165,35	26,03	134,45	151,25	7,38	121,92	137,16	-	109,38	123,05	-	97,11	109,25	-	85,34	96,01
	III	1.444,50	-	115,56	130,00	-	105,49	118,67	-	95,68	107,64	-	86,12	96,88	-	76,82	86,42	-	67,78	76,25	-	59,00	66,37
	IV	2.143,08	81,05	171,44	192,87	71,73	165,18	185,82	62,41	158,91	178,77	53,09	152,64	171,72	43,77	146,38	164,67	34,45	140,11	157,62	25,12	133,84	150,57
	V	2.657,50	142,27	212,60	239,17																		
	VI	2.701,83	147,55	216,14	243,16																		
.330,99 (Ost)	I	2.150,91	81,99	172,07	193,58	63,34	159,54	179,48	44,70	147,00	165,38	26,06	134,47	151,28	7,41	121,94	137,18	-	109,40	123,08	-	97,12	109,26
	II	2.001,75	64,24	160,14	180,15	45,59	147,60	166,05	26,95	135,07	151,95	8,32	122,54	137,86	-	110,01	123,76	-	97,71	109,92	-	85,92	96,66
	III	1.450,83	-	116,06	130,57	-	105,98	119,23	-	96,16	108,18	-	86,60	97,42	-	77,28	86,94	-	68,22	76,75	-	59,44	66,87
	IV	2.150,91	81,99	172,07	193,58	72,66	165,80	186,53	63,34	159,54	179,48	54,02	153,27	172,43	44,70	147,00	165,38	35,38	140,74	158,33	26,06	134,47	151,28
	V	2.665,33	143,20	213,22	239,87																		
	VI	2.709,66	148,48	216,77	243,86																		
.333,99 (West)	I	2.144,33	81,20	171,54	192,98	62,56	159,01	178,88	43,92	146,48	164,79	25,27	133,94	150,68	6,63	121,41	136,58	-	108,88	122,49	-	96,62	108,70
	II	1.995,25	63,46	159,62	179,57	44,82	147,08	165,47	26,18	134,55	151,37	7,53	122,02	137,27	-	109,48	123,17	-	97,20	109,35	-	85,44	96,12
	III	1.445,50	-	115,64	130,09	-	105,57	118,76	-	95,76	107,73	-	86,20	96,97	-	76,89	86,50	-	67,85	76,33	-	59,08	66,46
	IV	2.144,33	81,20	171,54	192,98	71,88	165,28	185,94	62,56	159,01	178,88	53,24	152,74	171,83	43,92	146,48	164,79	34,59	140,21	157,73	25,27	133,94	150,68
	V	2.658,75	142,42	212,70	239,28																		
	VI	2.703,08	147,69	216,24	243,27																		
.333,99 (Ost)	I	2.152,16	82,13	172,17	193,69	63,49	159,64	179,59	44,85	147,10	165,49	26,20	134,57	151,39	7,56	122,04	137,29	-	109,50	123,19	-	97,22	109,37
	II	2.003,00	64,38	160,24	180,27	45,75	147,71	166,17	27,11	135,18	152,07	8,46	122,64	137,97	-	110,11	123,87	-	97,80	110,03	-	86,01	96,76
	III	1.451,83	-	116,14	130,66	-	106,06	119,32	-	96,24	108,27	-	86,66	97,49	-	77,36	87,03	-	68,30	76,84	-	59,50	66,94
	IV	2.152,16	82,13	172,17	193,69	72,81	165,90	186,64	63,49	159,64	179,59	54,17	153,37	172,54	44,85	147,10	165,49	35,53	140,84	158,44	26.20	134,57	151,39
	V	2.666,58	143,35	213,32	239,99																		
	VI	2.710,91	148,63	216,87	243,98																		
.336,99 (West)	I	2.145,58	81,35	171,64	193,10	62,71	159,11	179,00	44,06	146,58	164,90	25,42	134,04	150,80	6,78	121,51	136,70	-	108,98	122,60	-	96,72	108,81
	II	1.996,50	63,61	159,72	179,68	44,97	147,18	165,58	26,32	134,65	151,48	7,68	122,12	137,38	-	109,58	123,28	-	97,30	109,46	-	85,53	96,22
	III	1.446,50	-	115,72	130,18	-	105,65	118,85	-	95,82	107,80	-	86,28	97,06	-	76,97	86,59	-	67,93	76,42	-	59,14	66,53
	IV	2.145,58	81,35	171,64	193,10	72,03	165,38	186,05	62,71	159,11	179,00	53,39	152,84	171,95	44,06	146,58	164,90	34,74	140,31	157,85	25,42	134,04	150,80
	V	2.660,00	142,57	212,80	239,40																		
	VI	2.704,33	147,84	216,34	243,38																		
.336,99 (Ost)	I	2.153,41	82,28	172,27	193,80	63,64	159,74	179,70	45,00	147,20	165,60	26,35	134,67	151,50	7,71	122,14	137,40	-	109,60	123,30	-	97,32	109,48
	II	2.004,33	64,54	160,34	180,38	45,90	147,81	166,28	27,26	135,28	152,19	8,61	122,74	138,08	-	110,21	123,98	-	97,90	110,14	-	86,10	96,86
	III	1.452,83	-	116,22	130,75	-	106,14	119,41	-	96,32	108,36	-	86,74	97,58	-	77,42	87,10	-	68,37	76,91	-	59,57	67,01
	IV	2.153,41	82,28	172,27	193,80	72,96	166,00	186,75	63,64	159,74	179,70	54,32	153,47	172,65	45,00	147,20	165,60	35,68	140,94	158,55	26,35	134,67	151,50
	V	2.667,83	143,50	213,42	240,10																		
	VI	2.712,16	148,77	216,97	244,09																		
8.339,99 (West)	I	2.146,83	81,50	171,74	193,21	62,86	159,21	179,11	44,21	146,68	165,01	25,57	134,14	150,91	6,94	121,62	136,82	-	109,08	122,72	-	96,82	108,92
	II	1.997,75	63,76	159,82	179,79	45,12	147,28	165,69	26,47	134,75	151,59	7,83	122,22	137,49	-	109,68	123,39	-	97,40	109,57	-	85,62	96,32
	III	1.447,50	-	115,80	130,27	-	105,73	118,94	-	95,90	107,89	-	86,34	97,13	-	77,05	86,68	-	68,00	76,50	-	59,21	66,61
	IV	2.146,83	81,50	171,74	193,21	72,18	165,48	186,16	62,86	159,21	179,11	53,54	152,94	172,06	44,21	146,68	165,01	34,89	140,41	157,96	25,57	134,14	150,91
	V	2.661,33	142,73	212,90	239,51																		
	VI	2.705,58	147,99	216,44	243,50																		
8.339,99 (Ost)	I	2.154,66	82,43	172,37	193,91	63,79	159,84	179,82	45,15	147,30	165,71	26,50	134,77	151,61	7,86	122,24	137,52	-	109,70	123,41	-	97,42	109,59
	II	2.005,58	64,69	160,44	180,50	46,05	147,91	166,40	27,40	135,38	152,30	8,76	122,84	138,20	-	110,31	124,10	-	98,00	110,25	-	86,20	96,97
	III	1.454,00	-	116,32	130,86	-	106,22	119,50	-	96,40	108,45	-	86,82	97,67	-	77,50	87,19	-	68,45	77,00	-	59,64	67,09
	IV	2.154,66	82,43	172,37	193,91	73,11	166,10	186,86	63,79	159,84	179,82	54,47	153,57	172,76	45,15	147,30	165,71	35,82	141,04	158,67	26,50	134,77	151,61
	V	2.669,08	143,65	213,52	240,21																		
	VI	2.713,41	148,92	217,07	244,20																		
8.342,99 (West)	I	2.148,08	81,65	171,84	193,32	63,01	159,31	179,22	44,37	146,78	165,13	25,73	134,25	151,03	7,09	121,72	136,93	-	109,18	122,83	-	96,92	109,03
	II	1.999,00	63,91	159,92	179,91	45,26	147,38	165,80	26,62	134,85	151,70	7,98	122,32	137,61	-	109,78	123,50	-	97,50	109,68	-	85,72	96,43
	III	1.448,50	-	115,88	130,36	-	105,81	119,03	-	95,98	107,98	-	86,42	97,22	-	77,12	86,76	-	68,06	76,57	-	59,28	66,69
	IV	2.148,08	81,65	171,84	193,32	72,33	165,58	186,27	63,01	159,31	179,22	53,68	153,04	172,17	44,37	146,78	165,13	35,05	140,52	158,08	25,73	134,25	151,03
	V	2.662,58	142,87	213,00	239,63																		
	VI	2.706,83	148,14	216,54	243,61																		
8.342,99 (Ost)	I	2.155,91	82,58	172,47	194,03	63,94	159,94	179,93	45,29	147,40	165,83	26,65	134,87	151,73	8,01	122,34	137,63	-	109,80	123,53	-	97,51	109,70
	II	2.006,83	64,84	160,54	180,61	46,20	148,01	166,51	27,55	135,48	152,41	8,91	122,94	138,31	-	110,41	124,21	-	98,10	110,36	-	86,29	97,07
	III	1.455,00	-	116,40	130,95	-	106,30	119,59	-	96,48	108,54	-	86,89	97,75	-	77,58	87,28	-	68,52	77,08	-	59,72	67,18
	IV	2.155,91	82,58	172,47	194,03	73,26	166,20	186,98	63,94	159,94	179,93	54,62	153,67	172,88	45,29	147,40	165,83	35,97	141,14	158,78	26,65	134,87	151,73
	V	2.670,33	143,80	213,62	240,32																		
	VI	2.714,66	149,07	217,17	244,31																		
8.345,99 (West)	I	2.149,33	81,80	171,94	193,43	63,16	159,42	179,34	44,52	146,88	165,24	25,88	134,35	151,14	7,23	121,82	137,04	-	109,28	122,94	-	97,01	109,13
	II	2.000,25	64,06	160,02	180,02	45,41	147,48	165,92	26,77	134,95	151,82	8,14	122,42	137,72	-	109,89	123,62	-	97,59	109,79	-	85,81	96,53
	III	1.449,66	-	115,97	130,46	-	105,89	119,12	-	96,06	108,07	-	86,50	97,31	-	77,20	86,85	-	68,14	76,66	-	59,34	66,76
	IV	2.149,33	81,80	171,94	193,43	72,49	165,68	186,39	63,16	159,42	179,34	53,84	153,15	172,29	44,52	146,88	165,24	35,20	140,62	158,19	25,88	134,35	151,14
	V	2.663,83	143,02	213,10	239,74																		
	VI	2.708,08	148,29	216,64	243,72																		
8.345,99 (Ost)	I	2.157,16	82,73	172,57	194,14	64,09	160,04	180,04	45,44	147,50	165,94	26,80	134,97	151,84	8,16	122,44	137,74	-	109,91	123,65	-	97,61	109,81
	II	2.008,08	64,99	160,64	180,72	46,35	148,11	166,62	27,70	135,58	152,52	9,06	123,04	138,42	-	110,51	124,32	-	98,19	110,46	-	86,38	97,18
	III	1.456,00	-	116,48	131,04	-	106,38	119,68	-	96,54	108,61	-	86,97	97,84	-	77,65	87,35	-	68,58	77,15	-	59,78	67,25
	IV	2.157,16	82,73	172,57	194,14	73,41	166,30	187,09	64,09	160,04	180,04	54,76	153,77	172,99	45,44	147,50	165,94	36,12	141,24	158,89	26,80	134,97	151,84
	V	2.671,58	143,95	213,72	240,44																		
	VI	2.715,91	149,22	217,27	244,43																		

Anzahl Kinderfreibeträge (nur Steuerklassen I–IV)

MONAT bis 8.366,99 €

Allgemeine Tabelle

Lohn/ Gehalt bis	Steuerklasse	Lohn-steuer	ohne Kinderfreibetrag			Anzahl Kinderfreibeträge (nur Steuerklassen I–IV) 0,5			1,0			1,5			2,0			2,5			3,0		
			SolZ 5,5%	Kirchensteuer 8%	9%	SolZ 5,5%	Kirchensteuer 8%	9%	SolZ 5,5%	Kirchensteuer 8%	9%	SolZ 5,5%	Kirchensteuer 8%	9%	SolZ 5,5%	Kirchensteuer 8%	9%	SolZ 5,5%	Kirchensteuer 8%	9%	SolZ 5,5%	Kirchensteuer 8%	9%
8.348,99 (West)	I	2.150,66	81,96	172,05	193,55	63,31	159,52	179,46	44,67	146,98	165,35	26,03	134,45	151,25	7,38	121,92	137,16	-	109,38	123,05	-	97,11	[illegible]
	II	2.001,50	64,21	160,12	180,13	45,56	147,58	166,03	26,93	135,06	151,94	8,29	122,52	137,84	-	109,99	123,74	-	97,69	109,90	-	85,90	[illegible]
	III	1.450,66	-	116,05	130,55	-	105,97	119,21	-	96,14	108,16	-	86,57	97,39	-	77,26	86,92	-	68,21	76,73	-	59,42	[illegible]
	IV	2.150,66	81,96	172,05	193,55	72,63	165,78	186,50	63,31	159,52	179,46	53,99	153,25	172,40	44,67	146,98	165,35	35,35	140,72	158,31	26,03	134,45	[illegible]
	V	2.665,08	143,17	213,20	239,85																		
	VI	2.709,41	148,45	216,75	243,84																		
8.348,99 (Ost)	I	2.158,41	82,88	172,67	194,25	64,24	160,14	180,15	45,59	147,60	166,05	26,95	135,07	151,95	8,32	122,54	137,86	-	110,01	123,76	-	97,71	[illegible]
	II	2.009,33	65,14	160,74	180,83	46,49	148,21	166,73	27,85	135,68	152,64	9,21	123,14	138,53	-	110,61	124,43	-	98,29	110,57	-	86,48	[illegible]
	III	1.457,00	-	116,56	131,13	-	106,46	119,77	-	96,62	108,70	-	87,05	97,93	-	77,73	87,44	-	68,66	77,24	-	59,85	[illegible]
	IV	2.158,41	82,88	172,67	194,25	73,56	166,40	187,20	64,24	160,14	180,15	54,91	153,87	173,10	45,59	147,60	166,05	36,27	141,34	159,00	26,95	135,07	[illegible]
	V	2.672,91	144,10	213,83	240,56																		
	VI	2.717,16	149,37	217,37	244,54																		
8.351,99 (West)	I	2.151,91	82,11	172,15	193,67	63,46	159,62	179,57	44,82	147,08	165,47	26,18	134,55	151,37	7,53	122,02	137,27	-	109,48	123,17	-	97,20	[illegible]
	II	2.002,83	64,36	160,22	180,25	45,72	147,69	166,15	27,08	135,16	152,05	8,43	122,62	137,95	-	110,09	123,85	-	97,78	110,00	-	86,00	[illegible]
	III	1.451,66	-	116,13	130,64	-	106,05	119,30	-	96,22	108,25	-	86,65	97,48	-	77,34	87,01	-	68,29	76,82	-	59,49	[illegible]
	IV	2.151,91	82,11	172,15	193,67	72,78	165,88	186,62	63,46	159,62	179,57	54,14	153,35	172,52	44,82	147,08	165,47	35,50	140,82	158,42	26,18	134,55	[illegible]
	V	2.666,33	143,32	213,30	239,96																		
	VI	2.710,66	148,60	216,85	243,95																		
8.351,99 (Ost)	I	2.159,66	83,03	172,77	194,36	64,38	160,24	180,27	45,75	147,71	166,17	27,11	135,18	152,07	8,46	122,64	137,97	-	110,11	123,87	-	97,80	[illegible]
	II	2.010,58	65,29	160,84	180,95	46,64	148,31	166,85	28,00	135,78	152,75	9,36	123,24	138,65	-	110,71	124,55	-	98,38	110,68	-	86,57	[illegible]
	III	1.458,00	-	116,64	131,22	-	106,54	119,86	-	96,70	108,79	-	87,13	98,02	-	77,80	87,52	-	68,73	77,32	-	59,92	[illegible]
	IV	2.159,66	83,03	172,77	194,36	73,71	166,50	187,31	64,38	160,24	180,27	55,06	153,97	173,21	45,75	147,71	166,17	36,43	141,44	159,12	27,11	135,18	[illegible]
	V	2.674,16	144,25	213,93	240,67																		
	VI	2.718,41	149,51	217,47	244,65																		
8.354,99 (West)	I	2.153,16	82,25	172,25	193,78	63,61	159,72	179,68	44,97	147,18	165,58	26,32	134,65	151,48	7,68	122,12	137,38	-	109,58	123,28	-	97,30	[illegible]
	II	2.004,08	64,51	160,32	180,36	45,87	147,79	166,26	27,23	135,26	152,16	8,58	122,72	138,06	-	110,19	123,96	-	97,88	110,12	-	86,09	[illegible]
	III	1.452,66	-	116,21	130,73	-	106,13	119,39	-	96,30	108,34	-	86,73	97,57	-	77,41	87,08	-	68,36	76,90	-	59,56	[illegible]
	IV	2.153,16	82,25	172,25	193,78	72,93	165,98	186,73	63,61	159,72	179,68	54,29	153,45	172,63	44,97	147,18	165,58	35,65	140,92	158,53	26,32	134,65	[illegible]
	V	2.667,58	143,47	213,40	240,08																		
	VI	2.711,91	148,75	216,95	244,07																		
8.354,99 (Ost)	I	2.160,91	83,18	172,87	194,48	64,54	160,34	180,38	45,90	147,81	166,28	27,26	135,28	152,19	8,61	122,74	138,08	-	110,21	123,98	-	97,90	[illegible]
	II	2.011,83	65,44	160,94	181,06	46,79	148,41	166,96	28,15	135,88	152,86	9,52	123,35	138,77	-	110,82	124,67	-	98,48	110,79	-	86,66	[illegible]
	III	1.459,00	-	116,72	131,31	-	106,62	119,95	-	96,78	108,88	-	87,20	98,10	-	77,88	87,61	-	68,81	77,41	-	60,00	[illegible]
	IV	2.160,91	83,18	172,87	194,48	73,86	166,61	187,43	64,54	160,34	180,38	55,22	154,08	173,34	45,90	147,81	166,28	36,58	141,54	159,23	27,26	135,28	[illegible]
	V	2.675,41	144,40	214,03	240,78																		
	VI	2.719,75	149,58	217,58	244,77																		
8.357,99 (West)	I	2.154,41	82,40	172,35	193,89	63,76	159,82	179,79	45,12	147,28	165,69	26,47	134,75	151,59	7,83	122,22	137,49	-	109,68	123,39	-	97,40	[illegible]
	II	2.005,33	64,66	160,42	180,47	46,02	147,89	166,37	27,37	135,36	152,28	8,73	122,82	138,17	-	110,29	124,07	-	97,98	110,22	-	86,18	[illegible]
	III	1.453,66	-	116,29	130,82	-	106,21	119,48	-	96,37	108,41	-	86,80	97,65	-	77,49	87,17	-	68,42	76,97	-	59,62	[illegible]
	IV	2.154,41	82,40	172,35	193,89	73,08	166,08	186,84	63,76	159,82	179,79	54,44	153,55	172,74	45,12	147,28	165,69	35,79	141,02	158,64	26,47	134,75	[illegible]
	V	2.668,83	143,62	213,50	240,19																		
	VI	2.713,16	148,89	217,05	244,18																		
8.357,99 (Ost)	I	2.162,25	83,33	172,98	194,60	64,69	160,44	180,50	46,05	147,91	166,40	27,40	135,38	152,30	8,76	122,84	138,20	-	110,31	124,10	-	98,00	[illegible]
	II	2.013,08	65,58	161,04	181,17	46,94	148,51	167,07	28,31	135,98	152,98	9,66	123,45	138,88	-	110,92	124,78	-	98,58	110,90	-	86,76	[illegible]
	III	1.460,16	-	116,81	131,41	-	106,70	120,04	-	96,86	108,97	-	87,28	98,19	-	77,94	87,68	-	68,88	77,49	-	60,06	[illegible]
	IV	2.162,25	83,33	172,98	194,60	74,01	166,71	187,55	64,69	160,44	180,50	55,37	154,18	173,45	46,05	147,91	166,40	36,73	141,64	159,35	27,40	135,38	[illegible]
	V	2.676,66	144,55	214,13	240,89																		
	VI	2.721,00	149,65	217,68	244,89																		
8.360,99 (West)	I	2.155,66	82,55	172,45	194,00	63,91	159,92	179,91	45,26	147,38	165,80	26,62	134,85	151,70	7,98	122,32	137,61	-	109,78	123,50	-	97,50	[illegible]
	II	2.006,58	64,81	160,52	180,59	46,17	147,99	166,49	27,52	135,46	152,39	8,88	122,92	138,29	-	110,39	124,19	-	98,08	110,34	-	86,27	[illegible]
	III	1.454,66	-	116,37	130,91	-	106,29	119,57	-	96,45	108,50	-	86,88	97,74	-	77,56	87,25	-	68,50	77,06	-	59,70	[illegible]
	IV	2.155,66	82,55	172,45	194,00	73,23	166,18	186,95	63,91	159,92	179,91	54,59	153,65	172,85	45,26	147,38	165,80	35,94	141,12	158,76	26,62	134,85	[illegible]
	V	2.670,08	143,77	213,60	240,30																		
	VI	2.714,41	149,04	217,15	244,29																		
8.360,99 (Ost)	I	2.163,50	83,48	173,08	194,71	64,84	160,54	180,61	46,20	148,01	166,51	27,55	135,48	152,41	8,91	122,94	138,31	-	110,41	124,21	-	98,10	[illegible]
	II	2.014,41	65,74	161,15	181,29	47,10	148,62	167,19	28,46	136,08	153,09	9,81	123,55	138,99	-	111,02	124,89	-	98,68	111,01	-	86,85	[illegible]
	III	1.461,16	-	116,89	131,50	-	106,78	120,13	-	96,94	109,06	-	87,36	98,28	-	78,02	87,77	-	68,94	77,56	-	60,13	[illegible]
	IV	2.163,50	83,48	173,08	194,71	74,16	166,81	187,66	64,84	160,54	180,61	55,52	154,28	173,56	46,20	148,01	166,51	36,88	141,74	159,46	27,55	135,48	[illegible]
	V	2.677,91	144,70	214,23	241,01																		
	VI	2.722,25	149,72	217,78	245,00																		
8.363,99 (West)	I	2.156,91	82,70	172,55	194,12	64,06	160,02	180,02	45,41	147,48	165,92	26,77	134,95	151,82	8,14	122,42	137,72	-	109,89	123,62	-	97,59	[illegible]
	II	2.007,83	64,96	160,62	180,70	46,32	148,09	166,60	27,67	135,56	152,50	9,03	123,02	138,40	-	110,49	124,30	-	98,17	110,44	-	86,36	[illegible]
	III	1.455,83	-	116,46	131,02	-	106,37	119,66	-	96,53	108,59	-	86,96	97,83	-	77,64	87,34	-	68,57	77,14	-	59,77	[illegible]
	IV	2.156,91	82,70	172,55	194,12	73,38	166,28	187,07	64,06	160,02	180,02	54,74	153,75	172,97	45,41	147,48	165,92	36,09	141,22	158,87	26,77	134,95	[illegible]
	V	2.671,33	143,92	213,70	240,41																		
	VI	2.715,66	149,19	217,25	244,40																		
8.363,99 (Ost)	I	2.164,75	83,63	173,18	194,82	64,99	160,64	180,72	46,35	148,11	166,62	27,70	135,58	152,52	9,06	123,04	138,42	-	110,51	124,32	-	98,19	[illegible]
	II	2.015,66	65,89	161,25	181,40	47,25	148,72	167,31	28,60	136,18	153,20	9,96	123,65	139,10	-	111,12	125,01	-	98,78	111,12	-	86,94	[illegible]
	III	1.462,16	-	116,97	131,59	-	106,86	120,22	-	97,02	109,15	-	87,42	98,35	-	78,09	87,85	-	69,02	77,65	-	60,20	[illegible]
	IV	2.164,75	83,63	173,18	194,82	74,31	166,91	187,77	64,99	160,64	180,72	55,67	154,38	173,67	46,35	148,11	166,62	37,02	141,84	159,57	27,70	135,58	[illegible]
	V	2.679,16	144,85	214,33	241,12																		
	VI	2.723,50	149,79	217,88	245,11																		
8.366,99 (West)	I	2.158,16	82,85	172,65	194,23	64,21	160,12	180,13	45,56	147,58	166,03	26,93	135,06	151,94	8,29	122,52	137,84	-	109,99	123,74	-	97,69	[illegible]
	II	2.009,08	65,11	160,72	180,81	46,46	148,19	166,71	27,82	135,66	152,61	9,18	123,12	138,51	-	110,59	124,41	-	98,27	110,55	-	86,46	[illegible]
	III	1.456,83	-	116,54	131,11	-	106,45	119,75	-	96,61	108,68	-	87,04	97,92	-	77,70	87,41	-	68,65	77,23	-	59,84	[illegible]
	IV	2.158,16	82,85	172,65	194,23	73,53	166,38	187,18	64,21	160,12	180,13	54,88	153,85	173,08	45,56	147,58	166,03	36,25	141,32	158,99	26,93	135,06	[illegible]
	V	2.672,66	144,07	213,81	240,53																		
	VI	2.716,91	149,34	217,35	244,52																		
8.366,99 (Ost)	I	2.166,00	83,78	173,28	194,94	65,14	160,74	180,83	46,49	148,21	166,73	27,85	135,68	152,64	9,21	123,14	138,53	-	110,61	124,43	-	98,29	[illegible]
	II	2.016,91	66,04	161,35	181,52	47,40	148,82	167,42	28,75	136,28	153,32	10,11	123,75	139,22	-	111,22	125,12	-	98,87	111,23	-	87,04	[illegible]
	III	1.463,16	-	117,05	131,68	-	106,94	120,31	-	97,09	109,22	-	87,50	98,44	-	78,17	87,94	-	69,09	77,72	-	60,28	[illegible]
	IV	2.166,00	83,78	173,28	194,94	74,46	167,01	187,88	65,14	160,74	180,83	55,82	154,48	173,79	46,49	148,21	166,73	37,17	141,94	159,68	27,85	135,68	[illegible]
	V	2.680,41	145,00	214,43	241,23																		
	VI	2.724,75	149,86	217,98	245,22																		

Lohn/ Gehalt bis	Steuerklasse	Lohn-steuer	ohne Kinderfreibetrag			Anzahl Kinderfreibeträge (nur Steuerklassen I–IV)																	
						0,5			1,0			1,5			2,0			2,5			3,0		
			SolZ 5,5%	Kirchensteuer 8%	9%	SolZ 5,5%	Kirchensteuer 8%	9%	SolZ 5,5%	Kirchensteuer 8%	9%	SolZ 5,5%	Kirchensteuer 8%	9%	SolZ 5,5%	Kirchensteuer 8%	9%	SolZ 5,5%	Kirchensteuer 8%	9%	SolZ 5,5%	Kirchensteuer 8%	9%
8.369,99 (West)	I	2.159,41	83,00	172,75	194,34	64,36	160,22	180,25	45,72	147,69	166,15	27,08	135,16	152,05	8,43	122,62	137,95	-	110,09	123,85	-	97,78	110,00
	II	2.010,33	65,26	160,82	180,92	46,61	148,29	166,82	27,97	135,76	152,73	9,33	123,22	138,62	-	110,70	124,53	-	98,37	110,66	-	86,55	97,37
	III	1.457,83	-	116,62	131,20	-	106,53	119,84	-	96,69	108,77	-	87,10	97,99	-	77,78	87,50	-	68,72	77,31	-	59,90	67,39
	IV	2.159,41	83,00	172,75	194,34	73,68	166,48	187,29	64,36	160,22	180,25	55,04	153,96	173,20	45,72	147,69	166,15	36,40	141,42	159,10	27,08	135,16	152,05
	V	2.673,91	144,22	213,91	240,65																		
	VI	2.718,16	149,49	217,45	244,63																		
8.369,99 (Ost)	I	2.167,25	83,93	173,38	195,05	65,29	160,84	180,95	46,64	148,31	166,85	28,00	135,78	152,75	9,36	123,24	138,65	-	110,71	124,55	-	98,38	110,68
	II	2.018,16	66,19	161,45	181,63	47,55	148,92	167,53	28,90	136,38	153,43	10,26	123,85	139,33	-	111,32	125,23	-	98,97	111,34	-	87,13	98,02
	III	1.464,16	-	117,13	131,77	-	107,02	120,40	-	97,17	109,31	-	87,58	98,53	-	78,24	88,02	-	69,17	77,81	-	60,34	67,88
	IV	2.167,25	83,93	173,38	195,05	74,61	167,11	188,00	65,29	160,84	180,95	55,96	154,58	173,90	46,64	148,31	166,85	37,32	142,04	159,80	28,00	135,78	152,75
	V	2.681,66	145,15	214,53	241,34																		
	VI	2.726,00	149,93	218,08	245,34																		
8.372,99 (West)	I	2.160,75	83,16	172,86	194,46	64,51	160,32	180,36	45,87	147,79	166,26	27,23	135,26	152,16	8,58	122,72	138,06	-	110,19	123,96	-	97,88	110,12
	II	2.011,58	65,41	160,92	181,04	46,76	148,39	166,94	28,13	135,86	152,84	9,49	123,33	138,74	-	110,80	124,65	-	98,46	110,77	-	86,64	97,47
	III	1.458,83	-	116,70	131,29	-	106,61	119,93	-	96,77	108,86	-	87,18	98,08	-	77,86	87,59	-	68,78	77,38	-	59,97	67,46
	IV	2.160,75	83,16	172,86	194,46	73,83	166,59	187,41	64,51	160,32	180,36	55,19	154,06	173,31	45,87	147,79	166,26	36,55	141,52	159,21	27,23	135,26	152,16
	V	2.675,16	144,37	214,01	240,76																		
	VI	2.719,50	149,57	217,56	244,75																		
8.372,99 (Ost)	I	2.168,50	84,08	173,48	195,16	65,44	160,94	181,06	46,79	148,41	166,96	28,15	135,88	152,86	9,52	123,35	138,77	-	110,82	124,67	-	98,48	110,79
	II	2.019,41	66,34	161,55	181,74	47,69	149,02	167,64	29,05	136,48	153,54	10,41	123,95	139,44	-	111,42	125,34	-	99,06	111,44	-	87,22	98,12
	III	1.465,16	-	117,21	131,86	-	107,10	120,49	-	97,25	109,40	-	87,65	98,60	-	78,32	88,11	-	69,24	77,89	-	60,41	67,96
	IV	2.168,50	84,08	173,48	195,16	74,76	167,21	188,11	65,44	160,94	181,06	56,11	154,68	174,01	46,79	148,41	166,96	37,47	142,14	159,91	28,15	135,88	152,86
	V	2.683,00	145,30	214,64	241,47																		
	VI	2.727,25	149,99	218,18	245,45																		
8.375,99 (West)	I	2.162,00	83,30	172,96	194,58	64,66	160,42	180,47	46,02	147,89	166,37	27,37	135,36	152,28	8,73	122,82	138,17	-	110,29	124,07	-	97,98	110,22
	II	2.012,83	65,55	161,02	181,15	46,92	148,50	167,06	28,28	135,96	152,96	9,63	123,43	138,86	-	110,90	124,76	-	98,56	110,88	-	86,74	97,58
	III	1.459,83	-	116,78	131,38	-	106,69	120,02	-	96,85	108,95	-	87,26	98,17	-	77,93	87,67	-	68,86	77,47	-	60,05	67,55
	IV	2.162,00	83,30	172,96	194,58	73,98	166,69	187,52	64,66	160,42	180,47	55,34	154,16	173,43	46,02	147,89	166,37	36,70	141,62	159,32	27,37	135,36	152,28
	V	2.676,41	144,52	214,11	240,87																		
	VI	2.720,75	149,64	217,66	244,86																		
8.375,99 (Ost)	I	2.169,75	84,23	173,58	195,27	65,58	161,04	181,17	46,94	148,51	167,07	28,31	135,98	152,98	9,66	123,45	138,88	-	110,92	124,78	-	98,58	110,90
	II	2.020,66	66,49	161,65	181,85	47,84	149,12	167,76	29,20	136,58	153,65	10,56	124,05	139,55	-	111,52	125,46	-	99,16	111,56	-	87,32	98,23
	III	1.466,33	-	117,30	131,96	-	107,18	120,58	-	97,33	109,49	-	87,73	98,69	-	78,40	88,20	-	69,30	77,96	-	60,48	68,04
	IV	2.169,75	84,23	173,58	195,27	74,91	167,31	188,22	65,58	161,04	181,17	56,26	154,78	174,12	46,94	148,51	167,07	37,63	142,25	160,03	28,31	135,98	152,98
	V	2.684,25	145,45	214,74	241,58																		
	VI	2.728,50	150,06	218,28	245,56																		
8.378,99 (West)	I	2.163,25	83,45	173,06	194,69	64,81	160,52	180,59	46,17	147,99	166,49	27,52	135,46	152,39	8,88	122,92	138,29	-	110,39	124,19	-	98,08	110,34
	II	2.014,16	65,71	161,13	181,27	47,07	148,60	167,17	28,43	136,06	153,07	9,78	123,53	138,97	-	111,00	124,87	-	98,66	110,99	-	86,83	97,68
	III	1.460,83	-	116,86	131,47	-	106,77	120,11	-	96,92	109,03	-	87,33	98,24	-	78,01	87,76	-	68,93	77,54	-	60,12	67,63
	IV	2.163,25	83,45	173,06	194,69	74,13	166,79	187,64	64,81	160,52	180,59	55,49	154,26	173,54	46,17	147,99	166,49	36,85	141,72	159,44	27,52	135,46	152,39
	V	2.677,66	144,67	214,21	240,98																		
	VI	2.722,00	149,71	217,76	244,98																		
8.378,99 (Ost)	I	2.171,00	84,38	173,68	195,39	65,74	161,15	181,29	47,10	148,62	167,19	28,46	136,08	153,09	9,81	123,55	138,99	-	111,02	124,89	-	98,68	111,01
	II	2.021,91	66,64	161,75	181,97	47,99	149,22	167,87	29,35	136,68	153,77	10,71	124,15	139,67	-	111,62	125,57	-	99,26	111,67	-	87,41	98,33
	III	1.467,33	-	117,38	132,05	-	107,26	120,67	-	97,41	109,58	-	87,81	98,78	-	78,46	88,27	-	69,38	78,05	-	60,56	68,13
	IV	2.171,00	84,38	173,68	195,39	75,05	167,41	188,33	65,74	161,15	181,29	56,42	154,88	174,24	47,10	148,62	167,19	37,78	142,35	160,14	28,46	136,08	153,09
	V	2.685,50	145,60	214,84	241,69																		
	VI	2.729,75	150,13	218,38	245,67																		
8.381,99 (West)	I	2.164,50	83,60	173,16	194,80	64,96	160,62	180,70	46,32	148,09	166,60	27,67	135,56	152,50	9,03	123,02	138,40	-	110,49	124,30	-	98,17	110,44
	II	2.015,41	65,86	161,23	181,38	47,22	148,70	167,28	28,57	136,16	153,18	9,93	123,63	139,08	-	111,10	124,98	-	98,76	111,10	-	86,92	97,79
	III	1.462,00	-	116,96	131,58	-	106,85	120,20	-	97,00	109,12	-	87,41	98,33	-	78,08	87,84	-	69,01	77,63	-	60,18	67,70
	IV	2.164,50	83,60	173,16	194,80	74,28	166,89	187,75	64,96	160,62	180,70	55,64	154,36	173,65	46,32	148,09	166,60	36,99	141,82	159,55	27,67	135,56	152,50
	V	2.678,91	144,82	214,31	241,10																		
	VI	2.723,25	149,77	217,86	245,09																		
8.381,99 (Ost)	I	2.172,33	84,53	173,78	195,50	65,89	161,25	181,40	47,25	148,72	167,31	28,60	136,18	153,20	9,96	123,65	139,10	-	111,12	125,01	-	98,78	111,12
	II	2.023,16	66,78	161,85	182,08	48,14	149,32	167,98	29,51	136,79	153,89	10,86	124,26	139,79	-	111,72	125,69	-	99,36	111,78	-	87,50	98,44
	III	1.468,33	-	117,46	132,14	-	107,34	120,76	-	97,49	109,67	-	87,89	98,87	-	78,54	88,36	-	69,45	78,13	-	60,62	68,20
	IV	2.172,33	84,53	173,78	195,50	75,21	167,52	188,46	65,89	161,25	181,40	56,57	154,98	174,35	47,25	148,72	167,31	37,93	142,45	160,25	28,60	136,18	153,20
	V	2.686,75	145,75	214,94	241,80																		
	VI	2.731,08	150,20	218,48	245,79																		
8.384,99 (West)	I	2.165,75	83,75	173,26	194,91	65,11	160,72	180,81	46,46	148,19	166,71	27,82	135,66	152,61	9,18	123,12	138,51	-	110,59	124,41	-	98,27	110,55
	II	2.016,66	66,01	161,33	181,49	47,37	148,80	167,40	28,72	136,26	153,29	10,08	123,73	139,19	-	111,20	125,10	-	98,85	111,20	-	87,02	97,89
	III	1.463,00	-	117,04	131,67	-	106,93	120,29	-	97,08	109,21	-	87,49	98,42	-	78,16	87,93	-	69,08	77,71	-	60,25	67,78
	IV	2.165,75	83,75	173,26	194,91	74,43	166,99	187,86	65,11	160,72	180,81	55,79	154,46	173,76	46,46	148,19	166,71	37,14	141,92	159,66	27,82	135,66	152,61
	V	2.680,16	144,97	214,41	241,21																		
	VI	2.724,50	149,84	217,96	245,20																		
8.384,99 (Ost)	I	2.173,58	84,68	173,88	195,62	66,04	161,35	181,52	47,40	148,82	167,42	28,75	136,28	153,32	10,11	123,75	139,22	-	111,22	125,12	-	98,87	111,23
	II	2.024,41	66,93	161,95	182,19	48,30	149,42	168,10	29,66	136,89	154,00	11,01	124,36	139,90	-	111,82	125,80	-	99,46	111,89	-	87,60	98,55
	III	1.469,33	-	117,54	132,23	-	107,42	120,85	-	97,57	109,76	-	87,96	98,95	-	78,61	88,43	-	69,53	78,22	-	60,69	68,27
	IV	2.173,58	84,68	173,88	195,62	75,36	167,62	188,57	66,04	161,35	181,52	56,72	155,08	174,47	47,40	148,82	167,42	38,08	142,55	160,37	28,75	136,28	153,32
	V	2.688,00	145,90	215,04	241,92																		
	VI	2.732,33	150,27	218,58	245,90																		
8.387,99 (West)	I	2.167,00	83,90	173,36	195,03	65,26	160,82	180,92	46,61	148,29	166,82	27,97	135,76	152,73	9,33	123,22	138,62	-	110,70	124,53	-	98,37	110,66
	II	2.017,91	66,16	161,43	181,61	47,52	148,90	167,51	28,87	136,36	153,41	10,23	123,83	139,31	-	111,30	125,21	-	98,95	111,32	-	87,11	98,00
	III	1.464,00	-	117,12	131,76	-	107,01	120,38	-	97,16	109,30	-	87,56	98,50	-	78,22	88,00	-	69,14	77,78	-	60,33	67,87
	IV	2.167,00	83,90	173,36	195,03	74,58	167,09	187,97	65,26	160,82	180,92	55,93	154,56	173,88	46,61	148,29	166,82	37,29	142,02	159,77	27,97	135,76	152,73
	V	2.681,41	145,12	214,51	241,32																		
	VI	2.725,75	149,91	218,06	245,31																		
8.387,99 (Ost)	I	2.174,83	84,83	173,98	195,73	66,19	161,45	181,63	47,55	148,92	167,53	28,90	136,38	153,43	10,26	123,85	139,33	-	111,32	125,23	-	98,97	111,34
	II	2.025,75	67,09	162,06	182,31	48,45	149,52	168,21	29,80	136,99	154,11	11,16	124,46	140,01	-	111,92	125,91	-	99,56	112,00	-	87,69	98,65
	III	1.470,33	-	117,62	132,32	-	107,50	120,94	-	97,64	109,84	-	88,04	99,04	-	78,69	88,52	-	69,60	78,30	-	60,76	68,35
	IV	2.174,83	84,83	173,98	195,73	75,51	167,72	188,68	66,19	161,45	181,63	56,87	155,18	174,58	47,55	148,92	167,53	38,22	142,65	160,48	28,90	136,38	153,43
	V	2.689,25	146,05	215,14	242,03																		
	VI	2.733,58	150,34	218,68	246,02																		

Lohn/Gehalt bis	Steuerklasse	Lohnsteuer	ohne Kinderfreibetrag			Anzahl Kinderfreibeträge (nur Steuerklassen I–IV)																	
						0,5			1,0			1,5			2,0			2,5			3,0		
			SolZ 5,5%	Kirchensteuer 8%	Kirchensteuer 9%	SolZ 5,5%	Kirchensteuer 8%	Kirchensteuer 9%	SolZ 5,5%	Kirchensteuer 8%	Kirchensteuer 9%	SolZ 5,5%	Kirchensteuer 8%	Kirchensteuer 9%	SolZ 5,5%	Kirchensteuer 8%	Kirchensteuer 9%	SolZ 5,5%	Kirchensteuer 8%	Kirchensteuer 9%	SolZ 5,5%	Kirchensteuer 8%	Kirchensteuer 9%
8.390,99 (West)	I	2.168,25	84,05	173,46	195,14	65,41	160,92	181,04	46,76	148,39	166,94	28,13	135,86	152,84	9,49	123,33	138,74	–	110,80	124,65	–	98,46	[illegible]
	II	2.019,16	66,31	161,53	181,72	47,66	149,00	167,62	29,02	136,46	153,52	10,38	123,93	139,42	–	111,40	125,32	–	99,05	111,43	–	87,20	[illegible]
	III	1.465,00	–	117,20	131,85	–	107,09	120,47	–	97,24	109,39	–	87,64	98,59	–	78,30	88,09	–	69,22	77,87	–	60,40	[illegible]
	IV	2.168,25	84,05	173,46	195,14	74,73	167,19	188,09	65,41	160,92	181,04	56,08	154,66	173,99	46,76	148,39	166,94	37,44	142,12	159,89	28,13	135,86	[illegible]
	V	2.682,75	145,27	214,62	241,44																		
	VI	2.727,00	149,98	218,16	245,43																		
8.390,99 (Ost)	I	2.176,08	84,98	174,08	195,84	66,34	161,55	181,74	47,69	149,02	167,64	29,05	136,48	153,54	10,41	123,95	139,44	–	111,42	125,34	–	99,06	[illegible]
	II	2.027,00	67,24	162,16	182,43	48,60	149,62	168,32	29,95	137,09	154,22	11,31	124,56	140,13	–	112,02	126,02	–	99,65	112,10	–	87,78	[illegible]
	III	1.471,50	–	117,72	132,43	–	107,58	121,03	–	97,72	109,93	–	88,12	99,13	–	78,76	88,60	–	69,66	78,37	–	60,84	[illegible]
	IV	2.176,08	84,98	174,08	195,84	75,66	167,82	188,79	66,34	161,55	181,74	57,02	155,28	174,69	47,69	149,02	167,64	38,37	142,75	160,59	29,05	136,48	[illegible]
	V	2.690,50	146,20	215,24	242,14																		
	VI	2.734,83	150,41	218,78	246,13																		
8.393,99 (West)	I	2.169,50	84,20	173,56	195,25	65,55	161,02	181,15	46,92	148,50	167,06	28,28	135,96	152,96	9,63	123,43	138,86	–	110,90	124,76	–	98,56	[illegible]
	II	2.020,41	66,46	161,63	181,83	47,81	149,10	167,73	29,17	136,56	153,63	10,53	124,03	139,53	–	111,50	125,44	–	99,14	111,53	–	87,30	[illegible]
	III	1.466,00	–	117,28	131,94	–	107,17	120,56	–	97,32	109,48	–	87,72	98,68	–	78,37	88,16	–	69,29	77,95	–	60,46	[illegible]
	IV	2.169,50	84,20	173,56	195,25	74,88	167,29	188,20	65,55	161,02	181,15	56,24	154,76	174,11	46,92	148,50	167,06	37,60	142,23	160,01	28,28	135,96	[illegible]
	V	2.684,00	145,42	214,72	241,56																		
	VI	2.728,25	150,05	218,26	245,54																		
8.393,99 (Ost)	I	2.177,33	85,13	174,18	195,95	66,49	161,65	181,85	47,84	149,12	167,76	29,20	136,58	153,65	10,56	124,05	139,55	–	111,52	125,46	–	99,16	[illegible]
	II	2.028,25	67,39	162,26	182,54	48,75	149,72	168,44	30,10	137,19	154,34	11,46	124,66	140,24	–	112,12	126,14	–	99,75	112,22	–	87,88	[illegible]
	III	1.472,50	–	117,80	132,52	–	107,66	121,12	–	97,80	110,02	–	88,18	99,20	–	78,84	88,69	–	69,74	78,46	–	60,90	[illegible]
	IV	2.177,33	85,13	174,18	195,95	75,81	167,92	188,91	66,49	161,65	181,85	57,16	155,38	174,80	47,84	149,12	167,76	38,52	142,85	160,70	29,20	136,58	[illegible]
	V	2.691,75	146,35	215,34	242,25																		
	VI	2.736,08	150,48	218,88	246,24																		
8.396,99 (West)	I	2.170,83	84,36	173,66	195,37	65,71	161,13	181,27	47,07	148,60	167,17	28,43	136,06	153,07	9,78	123,53	138,97	–	111,00	124,87	–	98,66	[illegible]
	II	2.021,66	66,61	161,73	181,94	47,96	149,20	167,85	29,32	136,66	153,74	10,69	124,14	139,65	–	111,60	125,55	–	99,24	111,65	–	87,39	[illegible]
	III	1.467,00	–	117,36	132,03	–	107,25	120,65	–	97,40	109,57	–	87,80	98,77	–	78,45	88,25	–	69,37	78,04	–	60,53	[illegible]
	IV	2.170,83	84,36	173,66	195,37	75,03	167,40	188,32	65,71	161,13	181,27	56,39	154,86	174,22	47,07	148,60	167,17	37,75	142,33	160,12	28,43	136,06	[illegible]
	V	2.685,25	145,57	214,82	241,67																		
	VI	2.729,58	150,12	218,36	245,66																		
8.396,99 (Ost)	I	2.178,58	85,28	174,28	196,07	66,64	161,75	181,97	47,99	149,22	167,87	29,35	136,68	153,77	10,71	124,15	139,67	–	111,62	125,57	–	99,26	[illegible]
	II	2.029,50	67,54	162,36	182,65	48,89	149,82	168,55	30,25	137,29	154,45	11,61	124,76	140,35	–	112,22	126,25	–	99,84	112,32	–	87,97	[illegible]
	III	1.473,50	–	117,88	132,61	–	107,74	121,21	–	97,88	110,11	–	88,26	99,29	–	78,92	88,78	–	69,81	78,53	–	60,97	[illegible]
	IV	2.178,58	85,28	174,28	196,07	75,96	168,02	189,02	66,64	161,75	181,97	57,31	155,48	174,92	47,99	149,22	167,87	38,67	142,95	160,82	29,35	136,68	[illegible]
	V	2.693,00	146,49	215,44	242,37																		
	VI	2.737,33	150,55	218,98	246,35																		
8.399,99 (West)	I	2.172,08	84,50	173,76	195,48	65,86	161,23	181,38	47,22	148,70	167,28	28,57	136,16	153,18	9,93	123,63	139,08	–	111,10	124,98	–	98,76	[illegible]
	II	2.022,91	66,75	161,83	182,06	48,12	149,30	167,96	29,48	136,77	153,86	10,83	124,24	139,77	–	111,70	125,66	–	99,34	111,75	–	87,48	[illegible]
	III	1.468,16	–	117,45	132,13	–	107,33	120,74	–	97,46	109,64	–	87,86	98,84	–	78,52	88,33	–	69,44	78,12	–	60,61	[illegible]
	IV	2.172,08	84,50	173,76	195,48	75,18	167,50	188,43	65,86	161,23	181,38	56,54	154,96	174,33	47,22	148,70	167,28	37,90	142,43	160,23	28,57	136,16	[illegible]
	V	2.686,50	145,72	214,92	241,78																		
	VI	2.730,83	150,19	218,46	245,77																		
8.399,99 (Ost)	I	2.179,83	85,43	174,38	196,18	66,78	161,85	182,08	48,14	149,32	167,98	29,51	136,79	153,89	10,86	124,26	139,79	–	111,72	125,69	–	99,36	[illegible]
	II	2.030,75	67,69	162,46	182,76	49,04	149,92	168,66	30,40	137,39	154,56	11,76	124,86	140,46	–	112,32	126,36	–	99,94	112,43	–	88,06	[illegible]
	III	1.474,50	–	117,96	132,70	–	107,82	121,30	–	97,96	110,20	–	88,34	99,38	–	78,98	88,85	–	69,89	78,62	–	61,04	[illegible]
	IV	2.179,83	85,43	174,38	196,18	76,11	168,12	189,13	66,78	161,85	182,08	57,46	155,58	175,03	48,14	149,32	167,98	38,82	143,05	160,93	29,51	136,79	[illegible]
	V	2.694,33	146,65	215,54	242,48																		
	VI	2.738,58	150,62	219,08	246,47																		
8.402,99 (West)	I	2.173,33	84,65	173,86	195,59	66,01	161,33	181,49	47,37	148,80	167,40	28,72	136,26	153,29	10,08	123,73	139,19	–	111,20	125,10	–	98,85	[illegible]
	II	2.024,25	66,91	161,94	182,18	48,27	149,40	168,08	29,63	136,87	153,98	10,98	124,34	139,88	–	111,80	125,78	–	99,44	111,87	–	87,58	[illegible]
	III	1.469,16	–	117,53	132,22	–	107,41	120,83	–	97,54	109,73	–	87,94	98,93	–	78,60	88,42	–	69,50	78,19	–	60,68	[illegible]
	IV	2.173,33	84,65	173,86	195,59	75,33	167,60	188,55	66,01	161,33	181,49	56,69	155,06	174,44	47,37	148,80	167,40	38,05	142,53	160,34	28,72	136,26	[illegible]
	V	2.687,75	145,87	215,02	241,89																		
	VI	2.732,08	150,26	218,56	245,88																		
8.402,99 (Ost)	I	2.181,08	85,58	174,48	196,29	66,93	161,95	182,19	48,30	149,42	168,10	29,66	136,89	154,00	11,01	124,36	139,90	–	111,82	125,80	–	99,46	[illegible]
	II	2.032,00	67,83	162,56	182,88	49,19	150,02	168,77	30,55	137,49	154,67	11,90	124,96	140,58	–	112,43	126,48	–	100,04	112,55	–	88,16	[illegible]
	III	1.475,50	–	118,04	132,79	–	107,90	121,39	–	98,04	110,29	–	88,42	99,47	–	79,06	88,94	–	69,96	78,70	–	61,12	[illegible]
	IV	2.181,08	85,58	174,48	196,29	76,25	168,22	189,24	66,93	161,95	182,19	57,62	155,69	175,15	48,30	149,42	168,10	38,98	143,16	161,05	29,66	136,89	[illegible]
	V	2.695,58	146,80	215,64	242,60																		
	VI	2.739,83	150,69	219,18	246,58																		
8.405,99 (West)	I	2.174,58	84,80	173,96	195,71	66,16	161,43	181,61	47,52	148,90	167,51	28,87	136,36	153,41	10,23	123,83	139,31	–	111,30	125,21	–	98,95	[illegible]
	II	2.025,50	67,06	162,04	182,29	48,42	149,50	168,19	29,77	136,97	154,09	11,13	124,44	139,99	–	111,90	125,89	–	99,54	111,98	–	87,67	[illegible]
	III	1.470,16	–	117,61	132,31	–	107,49	120,92	–	97,62	109,82	–	88,02	99,02	–	78,68	88,51	–	69,58	78,28	–	60,74	[illegible]
	IV	2.174,58	84,80	173,96	195,71	75,48	167,70	188,66	66,16	161,43	181,61	56,84	155,16	174,56	47,52	148,90	167,51	38,19	142,63	160,46	28,87	136,36	[illegible]
	V	2.689,00	146,02	215,12	242,01																		
	VI	2.733,33	150,33	218,66	245,99																		
8.405,99 (Ost)	I	2.182,41	85,73	174,59	196,41	67,09	162,06	182,31	48,45	149,52	168,21	29,80	136,99	154,11	11,16	124,46	140,01	–	111,92	125,91	–	99,56	[illegible]
	II	2.033,25	67,98	162,66	182,99	49,34	150,12	168,89	30,70	137,59	154,79	12,06	125,06	140,69	–	112,53	126,59	–	100,14	112,65	–	88,25	[illegible]
	III	1.476,50	–	118,12	132,88	–	107,98	121,48	–	98,12	110,38	–	88,49	99,55	–	79,13	89,02	–	70,02	78,77	–	61,18	[illegible]
	IV	2.182,41	85,73	174,59	196,41	76,41	168,32	189,36	67,09	162,06	182,31	57,77	155,79	175,26	48,45	149,52	168,21	39,13	143,26	161,16	29,80	136,99	[illegible]
	V	2.696,83	146,95	215,74	242,71																		
	VI	2.741,16	150,76	219,29	246,70																		
8.408,99 (West)	I	2.175,83	84,95	174,06	195,82	66,31	161,53	181,72	47,66	149,00	167,62	29,02	136,46	153,52	10,38	123,93	139,42	–	111,40	125,32	–	99,05	[illegible]
	II	2.026,75	67,21	162,14	182,40	48,57	149,60	168,30	29,92	137,07	154,20	11,28	124,54	140,10	–	112,00	126,00	–	99,63	112,08	–	87,76	[illegible]
	III	1.471,16	–	117,69	132,40	–	107,57	121,01	–	97,70	109,91	–	88,09	99,10	–	78,74	88,58	–	69,65	78,35	–	60,81	[illegible]
	IV	2.175,83	84,95	174,06	195,82	75,63	167,80	188,77	66,31	161,53	181,72	56,99	155,26	174,67	47,66	149,00	167,62	38,34	142,73	160,57	29,02	136,46	[illegible]
	V	2.690,25	146,17	215,22	242,12																		
	VI	2.734,58	150,40	218,76	246,11																		
8.408,99 (Ost)	I	2.183,66	85,88	174,69	196,52	67,24	162,16	182,43	48,60	149,62	168,32	29,95	137,09	154,22	11,31	124,56	140,13	–	112,02	126,02	–	99,65	[illegible]
	II	2.034,50	68,13	162,76	183,10	49,50	150,23	169,01	30,86	137,70	154,91	12,21	125,16	140,81	–	112,63	126,71	–	100,24	112,77	–	88,34	[illegible]
	III	1.477,66	–	118,21	132,98	–	108,06	121,57	–	98,20	110,47	–	88,57	99,64	–	79,21	89,11	–	70,10	78,86	–	61,25	[illegible]
	IV	2.183,66	85,88	174,69	196,52	76,56	168,42	189,47	67,24	162,16	182,43	57,92	155,89	175,37	48,60	149,62	168,32	39,27	143,36	161,28	29,95	137,09	[illegible]
	V	2.698,08	147,10	215,84	242,82																		
	VI	2.742,41	150,83	219,39	246,81																		

Lohn/ Gehalt bis	Steuerklasse	Lohn-steuer	ohne Kinderfreibetrag			Anzahl Kinderfreibeträge (nur Steuerklassen I–IV)																	
						0,5			1,0			1,5			2,0			2,5			3,0		
			SolZ 5,5%	Kirchensteuer 8%	9%	SolZ 5,5%	Kirchensteuer 8%	9%	SolZ 5,5%	Kirchensteuer 8%	9%	SolZ 5,5%	Kirchensteuer 8%	9%	SolZ 5,5%	Kirchensteuer 8%	9%	SolZ 5,5%	Kirchensteuer 8%	9%	SolZ 5,5%	Kirchensteuer 8%	9%
8.411,99 (West)	I	2.177,08	85,10	174,16	195,93	66,46	161,63	181,83	47,81	149,10	167,73	29,17	136,56	153,63	10,53	124,03	139,53	-	111,50	125,44	-	99,14	111,53
	II	2.028,00	67,36	162,24	182,52	48,72	149,70	168,41	30,07	137,17	154,31	11,43	124,64	140,22	-	112,10	126,11	-	99,73	112,19	-	87,86	98,84
	III	1.472,16	-	117,77	132,49	-	107,65	121,10	-	97,78	110,00	-	88,17	99,19	-	78,82	88,67	-	69,73	78,44	-	60,89	68,50
	IV	2.177,08	85,10	174,16	195,93	75,78	167,90	188,88	66,46	161,63	181,83	57,13	155,36	174,78	47,81	149,10	167,73	38,49	142,83	160,68	29,17	136,56	153,63
	V	2.691,50	146,32	215,32	242,23																		
	VI	2.735,83	150,47	218,86	246,22																		
8.411,99 (Ost)	I	2.184,91	86,03	174,79	196,64	67,39	162,26	182,54	48,75	149,72	168,44	30,10	137,19	154,34	11,46	124,66	140,24	-	112,12	126,14	-	99,75	112,22
	II	2.035,83	68,29	162,86	183,22	49,65	150,33	169,12	31,00	137,80	155,02	12,36	125,26	140,92	-	112,73	126,82	-	100,34	112,88	-	88,44	99,49
	III	1.478,66	-	118,29	133,07	-	108,16	121,68	-	98,28	110,56	-	88,65	99,73	-	79,28	89,19	-	70,17	78,94	-	61,32	68,98
	IV	2.184,91	86,03	174,79	196,64	76,71	168,52	189,59	67,39	162,26	182,54	58,07	155,99	175,49	48,75	149,72	168,44	39,42	143,46	161,39	30,10	137,19	154,34
	V	2.699,33	147,25	215,94	242,93																		
	VI	2.743,66	150,90	219,49	246,92																		
8.414,99 (West)	I	2.178,33	85,25	174,26	196,04	66,61	161,73	181,94	47,96	149,20	167,85	29,32	136,66	153,74	10,69	124,14	139,65	-	111,60	125,55	-	99,24	111,65
	II	2.029,25	67,51	162,34	182,63	48,86	149,80	168,53	30,22	137,27	154,43	11,58	124,74	140,33	-	112,20	126,23	-	99,83	112,31	-	87,95	98,94
	III	1.473,33	-	117,86	132,59	-	107,73	121,19	-	97,86	110,09	-	88,25	99,28	-	78,89	88,75	-	69,80	78,52	-	60,96	68,58
	IV	2.178,33	85,25	174,26	196,04	75,93	168,00	189,00	66,61	161,73	181,94	57,28	155,46	174,89	47,96	149,20	167,85	38,64	142,93	160,79	29,32	136,66	153,74
	V	2.692,83	146,47	215,42	242,35																		
	VI	2.737,08	150,53	218,96	246,33																		
8.414,99 (Ost)	I	2.186,16	86,18	174,89	196,75	67,54	162,36	182,65	48,89	149,82	168,55	30,25	137,29	154,45	11,61	124,76	140,35	-	112,22	126,25	-	99,84	112,32
	II	2.037,08	68,44	162,96	183,33	49,80	150,43	169,23	31,15	137,90	155,13	12,51	125,36	141,03	-	112,83	126,93	-	100,43	112,98	-	88,53	99,59
	III	1.479,66	-	118,37	133,16	-	108,24	121,77	-	98,34	110,63	-	88,73	99,82	-	79,36	89,28	-	70,25	79,03	-	61,40	69,07
	IV	2.186,16	86,18	174,89	196,75	76,86	168,62	189,70	67,54	162,36	182,65	58,22	156,09	175,60	48,89	149,82	168,55	39,57	143,56	161,50	30,25	137,29	154,45
	V	2.700,58	147,40	216,04	243,05																		
	VI	2.744,91	150,97	219,59	247,04																		
8.417,99 (West)	I	2.179,58	85,40	174,36	196,16	66,75	161,83	182,06	48,12	149,30	167,96	29,48	136,77	153,86	10,83	124,24	139,77	-	111,70	125,66	-	99,34	111,75
	II	2.030,50	67,66	162,44	182,74	49,01	149,90	168,64	30,37	137,37	154,54	11,73	124,84	140,44	-	112,30	126,34	-	99,92	112,41	-	88,04	99,05
	III	1.474,33	-	117,94	132,68	-	107,81	121,28	-	97,94	110,18	-	88,33	99,37	-	78,97	88,84	-	69,86	78,59	-	61,02	68,65
	IV	2.179,58	85,40	174,36	196,16	76,08	168,10	189,11	66,75	161,83	182,06	57,43	155,56	175,01	48,12	149,30	167,96	38,80	143,04	160,92	29,48	136,77	153,86
	V	2.694,08	146,62	215,52	242,46																		
	VI	2.738,33	150,60	219,06	246,44																		
8.417,99 (Ost)	I	2.187,41	86,33	174,99	196,86	67,69	162,46	182,76	49,04	149,92	168,66	30,40	137,39	154,56	11,76	124,86	140,46	-	112,32	126,36	-	99,94	112,43
	II	2.038,33	68,59	163,06	183,44	49,95	150,53	169,34	31,30	138,00	155,25	12,66	125,46	141,14	-	112,93	127,04	-	100,53	113,09	-	88,62	99,70
	III	1.480,66	-	118,45	133,25	-	108,32	121,86	-	98,42	110,72	-	88,80	99,90	-	79,44	89,37	-	70,32	79,11	-	61,46	69,14
	IV	2.187,41	86,33	174,99	196,86	77,01	168,72	189,81	67,69	162,46	182,76	58,36	156,19	175,71	49,04	149,92	168,66	39,72	143,66	161,61	30,40	137,39	154,56
	V	2.701,83	147,55	216,14	243,16																		
	VI	2.746,16	151,03	219,69	247,15																		
8.420,99 (West)	I	2.180,83	85,55	174,46	196,27	66,91	161,94	182,18	48,27	149,40	168,08	29,63	136,87	153,98	10,98	124,34	139,88	-	111,80	125,78	-	99,44	111,87
	II	2.031,75	67,81	162,54	182,85	49,16	150,00	168,75	30,52	137,47	154,65	11,89	124,94	140,56	-	112,41	126,46	-	100,02	112,52	-	88,14	99,15
	III	1.475,33	-	118,02	132,77	-	107,89	121,37	-	98,02	110,27	-	88,40	99,45	-	79,04	88,92	-	69,94	78,68	-	61,09	68,72
	IV	2.180,83	85,55	174,46	196,27	76,23	168,20	189,23	66,91	161,94	182,18	57,59	155,67	175,13	48,27	149,40	168,08	38,95	143,14	161,03	29,63	136,87	153,98
	V	2.695,33	146,77	215,62	242,57																		
	VI	2.739,58	150,67	219,16	246,56																		
8.420,99 (Ost)	I	2.188,66	86,48	175,09	196,97	67,83	162,56	182,88	49,19	150,02	168,77	30,55	137,49	154,67	11,90	124,96	140,58	-	112,43	126,48	-	100,04	112,55
	II	2.039,58	68,74	163,16	183,56	50,09	150,63	169,46	31,45	138,10	155,36	12,81	125,56	141,26	-	113,03	127,16	-	100,63	113,21	-	88,72	99,81
	III	1.481,66	-	118,53	133,34	-	108,40	121,95	-	98,50	110,81	-	88,88	99,99	-	79,50	89,44	-	70,38	79,18	-	61,53	69,22
	IV	2.188,66	86,48	175,09	196,97	77,16	168,82	189,92	67,83	162,56	182,88	58,51	156,29	175,82	49,19	150,02	168,77	39,87	143,76	161,73	30,55	137,49	154,67
	V	2.703,08	147,69	216,24	243,27																		
	VI	2.747,41	151,10	219,79	247,26																		
8.423,99 (West)	I	2.182,16	85,70	174,57	196,39	67,06	162,04	182,29	48,42	149,50	168,19	29,77	136,97	154,09	11,13	124,44	139,99	-	111,90	125,89	-	99,54	111,98
	II	2.033,00	67,95	162,64	182,97	49,31	150,10	168,86	30,68	137,58	154,77	12,03	125,04	140,67	-	112,51	126,57	-	100,12	112,64	-	88,23	99,26
	III	1.476,33	-	118,10	132,86	-	107,97	121,46	-	98,09	110,35	-	88,48	99,54	-	79,12	89,01	-	70,01	78,76	-	61,17	68,81
	IV	2.182,16	85,70	174,57	196,39	76,38	168,30	189,34	67,06	162,04	182,29	57,74	155,77	175,24	48,42	149,50	168,19	39,10	143,24	161,14	29,77	136,97	154,09
	V	2.696,58	146,92	215,72	242,69																		
	VI	2.740,91	150,75	219,27	246,68																		
8.423,99 (Ost)	I	2.189,91	86,63	175,19	197,09	67,98	162,66	182,99	49,34	150,12	168,89	30,70	137,59	154,79	12,06	125,06	140,69	-	112,53	126,59	-	100,14	112,65
	II	2.040,83	68,89	163,26	183,67	50,24	150,73	169,57	31,60	138,20	155,47	12,96	125,66	141,37	-	113,13	127,27	-	100,72	113,31	-	88,81	99,91
	III	1.482,83	-	118,62	133,45	-	108,48	122,04	-	98,58	110,90	-	88,96	100,08	-	79,58	89,53	-	70,46	79,27	-	61,60	69,30
	IV	2.189,91	86,63	175,19	197,09	77,31	168,92	190,04	67,98	162,66	182,99	58,66	156,39	175,94	49,34	150,12	168,89	40,02	143,86	161,84	30,70	137,59	154,79
	V	2.704,41	147,85	216,35	243,39																		
	VI	2.748,66	151,17	219,89	247,37																		
8.426,99 (West)	I	2.183,41	85,85	174,67	196,50	67,21	162,14	182,40	48,57	149,60	168,30	29,92	137,07	154,20	11,28	124,54	140,10	-	112,00	126,00	-	99,63	112,08
	II	2.034,33	68,11	162,74	183,08	49,47	150,21	168,98	30,83	137,68	154,89	12,18	125,14	140,78	-	112,61	126,68	-	100,22	112,74	-	88,32	99,36
	III	1.477,33	-	118,18	132,95	-	108,05	121,55	-	98,17	110,44	-	88,56	99,63	-	79,20	89,10	-	70,09	78,85	-	61,24	68,89
	IV	2.183,41	85,85	174,67	196,50	76,53	168,40	189,45	67,21	162,14	182,40	57,89	155,87	175,35	48,57	149,60	168,30	39,25	143,34	161,25	29,92	137,07	154,20
	V	2.697,83	147,07	215,82	242,80																		
	VI	2.742,16	150,81	219,37	246,79																		
8.426,99 (Ost)	I	2.191,16	86,78	175,29	197,20	68,13	162,76	183,10	49,50	150,23	169,01	30,86	137,70	154,91	12,21	125,16	140,81	-	112,63	126,71	-	100,24	112,77
	II	2.042,08	69,03	163,36	183,78	50,39	150,83	169,68	31,75	138,30	155,58	13,10	125,76	141,48	-	113,23	127,38	-	100,82	113,42	-	88,90	100,01
	III	1.483,83	-	118,70	133,54	-	108,56	122,13	-	98,66	110,99	-	89,02	100,15	-	79,65	89,60	-	70,53	79,34	-	61,68	69,39
	IV	2.191,16	86,78	175,29	197,20	77,45	169,02	190,15	68,13	162,76	183,10	58,81	156,49	176,05	49,50	150,23	169,01	40,18	143,96	161,96	30,86	137,70	154,91
	V	2.705,66	148,00	216,45	243,50																		
	VI	2.749,91	151,24	219,99	247,49																		
8.429,99 (West)	I	2.184,66	86,00	174,77	196,61	67,36	162,24	182,52	48,72	149,70	168,41	30,07	137,17	154,31	11,43	124,64	140,22	-	112,10	126,11	-	99,73	112,19
	II	2.035,58	68,26	162,84	183,20	49,62	150,31	169,10	30,97	137,78	155,00	12,33	125,24	140,90	-	112,71	126,80	-	100,32	112,86	-	88,42	99,47
	III	1.478,33	-	118,26	133,04	-	108,13	121,64	-	98,25	110,53	-	88,64	99,72	-	79,26	89,17	-	70,16	78,93	-	61,30	68,96
	IV	2.184,66	86,00	174,77	196,61	76,68	168,50	189,56	67,36	162,24	182,52	58,04	155,97	175,46	48,72	149,70	168,41	39,39	143,44	161,37	30,07	137,17	154,31
	V	2.699,08	147,22	215,92	242,91																		
	VI	2.743,41	150,88	219,47	246,90																		
8.429,99 (Ost)	I	2.192,41	86,92	175,39	197,31	68,29	162,86	183,22	49,65	150,33	169,12	31,00	137,80	155,02	12,36	125,26	140,92	-	112,73	126,82	-	100,34	112,88
	II	2.043,33	69,18	163,46	183,89	50,54	150,93	169,79	31,90	138,40	155,70	13,26	125,87	141,60	-	113,34	127,50	-	100,92	113,54	-	89,00	100,12
	III	1.484,83	-	118,78	133,63	-	108,64	122,22	-	98,74	111,08	-	89,10	100,24	-	79,73	89,69	-	70,61	79,43	-	61,74	69,46
	IV	2.192,41	86,92	175,39	197,31	77,61	169,13	190,27	68,29	162,86	183,22	58,97	156,60	176,17	49,65	150,33	169,12	40,33	144,06	162,07	31,00	137,80	155,02
	V	2.706,91	148,15	216,55	243,62																		
	VI	2.751,25	151,31	220,10	247,61																		

Lohn/ Gehalt bis	Steuerklasse	Lohn-steuer	ohne Kinderfreibetrag SolZ 5,5%	Kirchensteuer 8%	9%	0,5 SolZ 5,5%	Kirchensteuer 8%	9%	1,0 SolZ 5,5%	Kirchensteuer 8%	9%	1,5 SolZ 5,5%	Kirchensteuer 8%	9%	2,0 SolZ 5,5%	Kirchensteuer 8%	9%	2,5 SolZ 5,5%	Kirchensteuer 8%	9%	3,0 SolZ 5,5%	Kirchensteuer 8%	9%
8.432,99 (West)	I	2.185,91	86,15	174,87	196,73	67,51	162,34	182,63	48,86	149,80	168,53	30,22	137,27	154,43	11,58	124,74	140,33	-	112,20	126,23	-	99,83	[illegible]
	II	2.036,83	68,41	162,94	183,31	49,77	150,41	169,21	31,12	137,88	155,11	12,48	125,34	141,01	-	112,81	126,91	-	100,42	112,97	-	88,51	[illegible]
	III	1.479,50	-	118,36	133,15	-	108,21	121,73	-	98,33	110,62	-	88,70	99,79	-	79,34	89,26	-	70,22	79,00	-	61,37	[illegible]
	IV	2.185,91	86,15	174,87	196,73	76,83	168,60	189,68	67,51	162,34	182,63	58,19	156,07	175,58	48,86	149,80	168,53	39,54	143,54	161,48	30,22	137,27	[illegible]
	V	2.700,33	147,37	216,02	243,02																		
	VI	2.744,66	150,95	219,57	247,01																		
8.432,99 (Ost)	I	2.193,75	87,08	175,50	197,43	68,44	162,96	183,33	49,80	150,43	169,23	31,15	137,90	155,13	12,51	125,36	141,03	-	112,83	126,93	-	100,43	[illegible]
	II	2.044,58	69,33	163,56	184,01	50,69	151,03	169,91	32,06	138,50	155,81	13,41	125,97	141,71	-	113,44	127,62	-	101,02	113,64	-	89,09	[illegible]
	III	1.485,83	-	118,86	133,72	-	108,72	122,31	-	98,82	111,17	-	89,18	100,33	-	79,80	89,77	-	70,68	79,51	-	61,81	[illegible]
	IV	2.193,75	87,08	175,50	197,43	77,76	169,23	190,38	68,44	162,96	183,33	59,12	156,70	176,28	49,80	150,43	169,23	40,47	144,16	162,18	31,15	137,90	[illegible]
	V	2.708,16	148,30	216,65	243,73																		
	VI	2.752,50	151,38	220,20	247,72																		
8.435,99 (West)	I	2.187,16	86,30	174,97	196,84	67,66	162,44	182,74	49,01	149,90	168,64	30,37	137,37	154,54	11,73	124,84	140,44	-	112,30	126,34	-	99,92	[illegible]
	II	2.038,08	68,56	163,04	183,42	49,92	150,51	169,32	31,27	137,98	155,22	12,63	125,44	141,12	-	112,91	127,02	-	100,51	113,07	-	88,60	[illegible]
	III	1.480,50	-	118,44	133,24	-	108,29	121,82	-	98,41	110,71	-	88,78	99,88	-	79,41	89,33	-	70,30	79,09	-	61,45	[illegible]
	IV	2.187,16	86,30	174,97	196,84	76,98	168,70	189,79	67,66	162,44	182,74	58,33	156,17	175,69	49,01	149,90	168,64	39,69	143,64	161,59	30,37	137,37	[illegible]
	V	2.701,58	147,52	216,12	243,14																		
	VI	2.745,91	151,02	219,67	247,13																		
8.435,99 (Ost)	I	2.195,00	87,23	175,60	197,55	68,59	163,06	183,44	49,95	150,53	169,34	31,30	138,00	155,25	12,66	125,46	141,14	-	112,93	127,04	-	100,53	[illegible]
	II	2.045,91	69,49	163,67	184,13	50,85	151,14	170,03	32,20	138,60	155,93	13,56	126,07	141,83	-	113,54	127,73	-	101,12	113,76	-	89,18	[illegible]
	III	1.486,83	-	118,94	133,81	-	108,80	122,40	-	98,90	111,26	-	89,26	100,42	-	79,88	89,86	-	70,76	79,60	-	61,89	[illegible]
	IV	2.195,00	87,23	175,60	197,55	77,91	169,33	190,49	68,59	163,06	183,44	59,27	156,80	176,40	49,95	150,53	169,34	40,62	144,26	162,29	31,30	138,00	[illegible]
	V	2.709,41	148,45	216,75	243,84																		
	VI	2.753,75	151,45	220,30	247,83																		
8.438,99 (West)	I	2.188,41	86,45	175,07	196,95	67,81	162,54	182,85	49,16	150,00	168,75	30,52	137,47	154,65	11,89	124,94	140,56	-	112,41	126,46	-	100,02	[illegible]
	II	2.039,33	68,71	163,14	183,53	50,06	150,61	169,43	31,42	138,08	155,34	12,78	125,54	141,23	-	113,01	127,13	-	100,61	113,18	-	88,70	[illegible]
	III	1.481,50	-	118,52	133,33	-	108,37	121,91	-	98,49	110,80	-	88,86	99,97	-	79,49	89,42	-	70,37	79,16	-	61,52	[illegible]
	IV	2.188,41	86,45	175,07	196,95	77,13	168,80	189,90	67,81	162,54	182,85	58,48	156,27	175,80	49,16	150,00	168,75	39,84	143,74	161,70	30,52	137,47	[illegible]
	V	2.702,83	147,66	216,22	243,25																		
	VI	2.747,16	151,09	219,77	247,24																		
8.438,99 (Ost)	I	2.196,25	87,38	175,70	197,66	68,74	163,16	183,56	50,09	150,63	169,46	31,45	138,10	155,36	12,81	125,56	141,26	-	113,03	127,16	-	100,63	[illegible]
	II	2.047,16	69,64	163,77	184,24	51,00	151,24	170,14	32,35	138,70	156,04	13,71	126,17	141,94	-	113,64	127,84	-	101,22	113,87	-	89,28	[illegible]
	III	1.488,00	-	119,04	133,92	-	108,88	122,49	-	98,98	111,35	-	89,33	100,49	-	79,96	89,95	-	70,82	79,67	-	61,96	[illegible]
	IV	2.196,25	87,38	175,70	197,66	78,06	169,43	190,61	68,74	163,16	183,56	59,42	156,90	176,51	50,09	150,63	169,46	40,77	144,36	162,41	31,45	138,10	[illegible]
	V	2.710,66	148,60	216,85	243,95																		
	VI	2.755,00	151,52	220,40	247,95																		
8.441,99 (West)	I	2.189,66	86,60	175,17	197,06	67,95	162,64	182,97	49,31	150,10	168,86	30,68	137,58	154,77	12,03	125,04	140,67	-	112,51	126,57	-	100,12	[illegible]
	II	2.040,58	68,86	163,24	183,65	50,21	150,71	169,55	31,57	138,18	155,45	12,93	125,64	141,35	-	113,11	127,25	-	100,71	113,30	-	88,79	[illegible]
	III	1.482,50	-	118,60	133,42	-	108,45	122,00	-	98,57	110,89	-	88,93	100,04	-	79,56	89,50	-	70,45	79,25	-	61,58	[illegible]
	IV	2.189,66	86,60	175,17	197,06	77,28	168,90	190,01	67,95	162,64	182,97	58,63	156,37	175,91	49,31	150,10	168,86	40,00	143,84	161,82	30,68	137,58	[illegible]
	V	2.704,16	147,82	216,33	243,37																		
	VI	2.748,41	151,16	219,87	247,35																		
8.441,99 (Ost)	I	2.197,50	87,53	175,80	197,77	68,89	163,26	183,67	50,24	150,73	169,57	31,60	138,20	155,47	12,96	125,66	141,37	-	113,13	127,27	-	100,72	[illegible]
	II	2.048,41	69,79	163,87	184,35	51,15	151,34	170,25	32,50	138,80	156,15	13,86	126,27	142,05	-	113,74	127,95	-	101,32	113,98	-	89,38	[illegible]
	III	1.489,00	-	119,12	134,01	-	108,96	122,58	-	99,05	111,43	-	89,41	100,58	-	80,02	90,02	-	70,89	79,75	-	62,02	[illegible]
	IV	2.197,50	87,53	175,80	197,77	78,21	169,53	190,72	68,89	163,26	183,67	59,56	157,00	176,62	50,24	150,73	169,57	40,92	144,46	162,52	31,60	138,20	[illegible]
	V	2.711,91	148,75	216,95	244,07																		
	VI	2.756,25	151,59	220,50	248,06																		
8.444,99 (West)	I	2.190,91	86,75	175,27	197,18	68,11	162,74	183,08	49,47	150,21	168,98	30,83	137,68	154,89	12,18	125,14	140,78	-	112,61	126,68	-	100,22	[illegible]
	II	2.041,83	69,01	163,34	183,76	50,36	150,81	169,66	31,72	138,28	155,56	13,08	125,74	141,46	-	113,22	127,37	-	100,80	113,40	-	88,88	[illegible]
	III	1.483,50	-	118,68	133,51	-	108,53	122,09	-	98,65	110,98	-	89,01	100,13	-	79,64	89,59	-	70,52	79,33	-	61,66	[illegible]
	IV	2.190,91	86,75	175,27	197,18	77,42	169,00	190,13	68,11	162,74	183,08	58,79	156,48	176,04	49,47	150,21	168,98	40,15	143,94	161,93	30,83	137,68	[illegible]
	V	2.705,41	147,97	216,43	243,48																		
	VI	2.749,66	151,23	219,97	247,46																		
8.444,99 (Ost)	I	2.198,75	87,68	175,90	197,88	69,03	163,36	183,78	50,39	150,83	169,68	31,75	138,30	155,58	13,10	125,76	141,48	-	113,23	127,38	-	100,82	[illegible]
	II	2.049,66	69,94	163,97	184,46	51,29	151,44	170,37	32,65	138,90	156,26	14,01	126,37	142,16	-	113,84	128,07	-	101,41	114,08	-	89,47	[illegible]
	III	1.490,00	-	119,20	134,10	-	109,04	122,67	-	99,13	111,52	-	89,49	100,67	-	80,10	90,11	-	70,97	79,84	-	62,09	[illegible]
	IV	2.198,75	87,68	175,90	197,88	78,36	169,63	190,83	69,03	163,36	183,78	59,71	157,10	176,73	50,39	150,83	169,68	41,07	144,56	162,63	31,75	138,30	[illegible]
	V	2.713,16	148,89	217,05	244,18																		
	VI	2.757,50	151,66	220,60	248,17																		
8.447,99 (West)	I	2.192,25	86,90	175,38	197,30	68,26	162,84	183,20	49,62	150,31	169,10	30,97	137,78	155,00	12,33	125,24	140,90	-	112,71	126,80	-	100,32	[illegible]
	II	2.043,08	69,15	163,44	183,87	50,51	150,91	169,77	31,88	138,38	155,68	13,23	125,85	141,58	-	113,32	127,48	-	100,90	113,51	-	88,98	[illegible]
	III	1.484,66	-	118,77	133,61	-	108,61	122,18	-	98,73	111,07	-	89,09	100,22	-	79,72	89,68	-	70,60	79,42	-	61,73	[illegible]
	IV	2.192,25	86,90	175,38	197,30	77,58	169,11	190,25	68,26	162,84	183,20	58,94	156,58	176,15	49,62	150,31	169,10	40,30	144,04	162,05	30,97	137,78	[illegible]
	V	2.706,66	148,12	216,53	243,59																		
	VI	2.751,00	151,30	220,08	247,59																		
8.447,99 (Ost)	I	2.200,00	87,83	176,00	198,00	69,18	163,46	183,89	50,54	150,93	169,79	31,90	138,40	155,70	13,26	125,87	141,60	-	113,34	127,50	-	100,92	[illegible]
	II	2.050,91	70,09	164,07	184,58	51,44	151,54	170,48	32,80	139,00	156,38	14,16	126,47	142,28	-	113,94	128,18	-	101,51	114,20	-	89,56	[illegible]
	III	1.491,00	-	119,28	134,19	-	109,12	122,76	-	99,21	111,61	-	89,57	100,76	-	80,17	90,19	-	71,04	79,92	-	62,17	[illegible]
	IV	2.200,00	87,83	176,00	198,00	78,51	169,73	190,94	69,18	163,46	183,89	59,86	157,20	176,85	50,54	150,93	169,79	41,22	144,66	162,74	31,90	138,40	[illegible]
	V	2.714,50	149,05	217,16	244,30																		
	VI	2.758,75	151,73	220,70	248,28																		
8.450,99 (West)	I	2.193,50	87,05	175,48	197,41	68,41	162,94	183,31	49,77	150,41	169,21	31,12	137,88	155,11	12,48	125,34	141,01	-	112,81	126,91	-	100,42	[illegible]
	II	2.044,33	69,30	163,54	183,98	50,67	151,02	169,89	32,03	138,48	155,79	13,38	125,95	141,69	-	113,42	127,59	-	101,00	113,63	-	89,08	[illegible]
	III	1.485,66	-	118,85	133,70	-	108,69	122,27	-	98,80	111,15	-	89,17	100,31	-	79,78	89,75	-	70,66	79,49	-	61,80	[illegible]
	IV	2.193,50	87,05	175,48	197,41	77,73	169,21	190,36	68,41	162,94	183,31	59,09	156,68	176,26	49,77	150,41	169,21	40,45	144,14	162,16	31,12	137,88	[illegible]
	V	2.707,91	148,27	216,63	243,71																		
	VI	2.752,25	151,37	220,18	247,70																		
8.450,99 (Ost)	I	2.201,25	87,98	176,10	198,11	69,33	163,56	184,01	50,69	151,03	169,91	32,06	138,50	155,81	13,41	125,97	141,71	-	113,44	127,62	-	101,02	[illegible]
	II	2.052,16	70,23	164,17	184,69	51,59	151,64	170,59	32,95	139,10	156,49	14,30	126,57	142,39	-	114,04	128,29	-	101,61	114,31	-	89,66	[illegible]
	III	1.492,00	-	119,36	134,28	-	109,20	122,85	-	99,29	111,70	-	89,64	100,84	-	80,25	90,28	-	71,12	80,01	-	62,24	[illegible]
	IV	2.201,25	87,98	176,10	198,11	78,65	169,83	191,06	69,33	163,56	184,01	60,01	157,30	176,96	50,69	151,03	169,91	41,38	144,77	162,86	32,06	138,50	[illegible]
	V	2.715,75	149,20	217,26	244,41																		
	VI	2.760,00	151,80	220,80	248,40																		

Anzahl Kinderfreibeträge (nur Steuerklassen I–IV)

Lohn/ Gehalt bis	Steuerklasse	Lohn-steuer	ohne Kinderfreibetrag SolZ 5,5%	Kirchensteuer 8%	9%	0,5 SolZ 5,5%	Kirchensteuer 8%	9%	1,0 SolZ 5,5%	Kirchensteuer 8%	9%	1,5 SolZ 5,5%	Kirchensteuer 8%	9%	2,0 SolZ 5,5%	Kirchensteuer 8%	9%	2,5 SolZ 5,5%	Kirchensteuer 8%	9%	3,0 SolZ 5,5%	Kirchensteuer 8%	9%
						Anzahl Kinderfreibeträge (nur Steuerklassen I–IV)																	
8.453,99 (West)	I	2.194,75	87,20	175,58	197,52	68,56	163,04	183,42	49,92	150,51	169,32	31,27	137,98	155,22	12,63	125,44	141,12	-	112,91	127,02	-	100,51	113,07
	II	2.045,66	69,46	163,65	184,10	50,82	151,12	170,01	32,17	138,58	155,90	13,53	126,05	141,80	-	113,52	127,71	-	101,10	113,73	-	89,17	100,31
	III	1.486,66	-	118,93	133,79	-	108,78	122,38	-	98,88	111,24	-	89,24	100,39	-	79,86	89,84	-	70,73	79,57	-	61,86	69,59
	IV	2.194,75	87,20	175,58	197,52	77,88	169,31	190,47	68,56	163,04	183,42	59,24	156,78	176,37	49,92	150,51	169,32	40,59	144,24	162,27	31,27	137,98	155,22
	V	2.709,16	148,42	216,73	243,82																		
	VI	2.753,50	151,44	220,28	247,81																		
8.453,99 (Ost)	I	2.202,50	88,12	176,20	198,22	69,49	163,67	184,13	50,85	151,14	170,03	32,20	138,60	155,93	13,56	126,07	141,83	-	113,54	127,73	-	101,12	113,76
	II	2.053,41	70,38	164,27	184,80	51,74	151,74	170,70	33,10	139,20	156,60	14,45	126,67	142,50	-	114,14	128,41	-	101,71	114,42	-	89,75	100,97
	III	1.493,16	-	119,45	134,38	-	109,28	122,94	-	99,37	111,79	-	89,72	100,93	-	80,33	90,37	-	71,18	80,08	-	62,30	70,09
	IV	2.202,50	88,12	176,20	198,22	78,80	169,93	191,17	69,49	163,67	184,13	60,17	157,40	177,08	50,85	151,14	170,03	41,53	144,87	162,98	32,20	138,60	155,93
	V	2.717,00	149,35	217,36	244,53																		
	VI	2.761,25	151,86	220,90	248,51																		
8.456,99 (West)	I	2.196,00	87,35	175,68	197,64	68,71	163,14	183,53	50,06	150,61	169,43	31,42	138,08	155,34	12,78	125,54	141,23	-	113,01	127,13	-	100,61	113,18
	II	2.046,91	69,61	163,75	184,22	50,97	151,22	170,12	32,32	138,68	156,02	13,68	126,15	141,92	-	113,62	127,82	-	101,20	113,85	-	89,26	100,42
	III	1.487,66	-	119,01	133,88	-	108,86	122,47	-	98,96	111,33	-	89,32	100,48	-	79,93	89,92	-	70,81	79,66	-	61,94	69,68
	IV	2.196,00	87,35	175,68	197,64	78,03	169,41	190,58	68,71	163,14	183,53	59,39	156,88	176,49	50,06	150,61	169,43	40,74	144,34	162,38	31,42	138,08	155,34
	V	2.710,41	148,57	216,83	243,93																		
	VI	2.754,75	151,51	220,38	247,92																		
8.456,99 (Ost)	I	2.203,83	88,28	176,30	198,34	69,64	163,77	184,24	51,00	151,24	170,14	32,35	138,70	156,04	13,71	126,17	141,94	-	113,64	127,84	-	101,22	113,87
	II	2.054,66	70,53	164,37	184,91	51,89	151,84	170,82	33,26	139,31	156,72	14,61	126,78	142,62	-	114,24	128,52	-	101,80	114,53	-	89,84	101,07
	III	1.494,16	-	119,53	134,47	-	109,36	123,03	-	99,45	111,88	-	89,80	101,02	-	80,40	90,45	-	71,26	80,17	-	62,37	70,16
	IV	2.203,83	88,28	176,30	198,34	78,96	170,04	191,29	69,64	163,77	184,24	60,32	157,50	177,19	51,00	151,24	170,14	41,67	144,97	163,09	32,35	138,70	156,04
	V	2.718,25	149,50	217,46	244,64																		
	VI	2.762,58	151,94	221,00	248,63																		
8.459,99 (West)	I	2.197,25	87,50	175,78	197,75	68,86	163,24	183,65	50,21	150,71	169,55	31,57	138,18	155,45	12,93	125,64	141,35	-	113,11	127,25	-	100,71	113,30
	II	2.048,16	69,76	163,85	184,33	51,12	151,32	170,23	32,47	138,78	156,13	13,83	126,25	142,03	-	113,72	127,93	-	101,30	113,96	-	89,36	100,53
	III	1.488,66	-	119,09	133,97	-	108,94	122,56	-	99,04	111,42	-	89,40	100,57	-	80,01	90,01	-	70,88	79,74	-	62,01	69,76
	IV	2.197,25	87,50	175,78	197,75	78,18	169,51	190,70	68,86	163,24	183,65	59,53	156,98	176,60	50,21	150,71	169,55	40,89	144,44	162,50	31,57	138,18	155,45
	V	2.711,66	148,72	216,93	244,04																		
	VI	2.756,00	151,58	220,48	248,04																		
8.459,99 (Ost)	I	2.205,08	88,43	176,40	198,45	69,79	163,87	184,35	51,15	151,34	170,25	32,50	138,80	156,15	13,86	126,27	142,05	-	113,74	127,95	-	101,32	113,98
	II	2.055,91	70,68	164,47	185,03	52,05	151,94	170,93	33,40	139,41	156,83	14,76	126,88	142,74	-	114,34	128,63	-	101,90	114,64	-	89,94	101,18
	III	1.495,16	-	119,61	134,56	-	109,44	123,12	-	99,53	111,97	-	89,88	101,11	-	80,48	90,54	-	71,33	80,24	-	62,45	70,25
	IV	2.205,08	88,43	176,40	198,45	79,11	170,14	191,40	69,79	163,87	184,35	60,47	157,60	177,30	51,15	151,34	170,25	41,82	145,07	163,20	32,50	138,80	156,15
	V	2.719,50	149,57	217,56	244,75																		
	VI	2.763,83	152,01	221,10	248,74																		
8.462,99 (West)	I	2.198,50	87,65	175,88	197,86	69,01	163,34	183,76	50,36	150,81	169,66	31,72	138,28	155,56	13,08	125,74	141,46	-	113,22	127,37	-	100,80	113,40
	II	2.049,41	69,91	163,95	184,44	51,26	151,42	170,34	32,62	138,88	156,24	13,98	126,35	142,14	-	113,82	128,04	-	101,39	114,06	-	89,45	100,63
	III	1.489,83	-	119,18	134,08	-	109,02	122,65	-	99,12	111,51	-	89,48	100,66	-	80,09	90,10	-	70,96	79,83	-	62,08	69,84
	IV	2.198,50	87,65	175,88	197,86	78,33	169,61	190,81	69,01	163,34	183,76	59,68	157,08	176,71	50,36	150,81	169,66	41,04	144,54	162,61	31,72	138,28	155,56
	V	2.712,91	148,86	217,03	244,16																		
	VI	2.757,25	151,64	220,58	248,15																		
8.462,99 (Ost)	I	2.206,33	88,58	176,50	198,56	69,94	163,97	184,46	51,29	151,44	170,37	32,65	138,90	156,26	14,01	126,37	142,16	-	113,84	128,07	-	101,41	114,08
	II	2.057,25	70,84	164,58	185,15	52,20	152,04	171,05	33,55	139,51	156,95	14,91	126,98	142,85	-	114,44	128,75	-	102,00	114,75	-	90,03	101,28
	III	1.496,16	-	119,69	134,65	-	109,52	123,21	-	99,61	112,06	-	89,94	101,18	-	80,54	90,61	-	71,41	80,33	-	62,52	70,33
	IV	2.206,33	88,58	176,50	198,56	79,26	170,24	191,52	69,94	163,97	184,46	60,62	157,70	177,41	51,29	151,44	170,37	41,97	145,17	163,31	32,65	138,90	156,26
	V	2.720,75	149,64	217,66	244,86																		
	VI	2.765,08	152,07	221,20	248,85																		
8.465,99 (West)	I	2.199,75	87,80	175,98	197,97	69,15	163,44	183,87	50,51	150,91	169,77	31,88	138,38	155,68	13,23	125,85	141,58	-	113,32	127,48	-	100,90	113,51
	II	2.050,66	70,06	164,05	184,55	51,41	151,52	170,46	32,77	138,98	156,35	14,13	126,45	142,25	-	113,92	128,16	-	101,49	114,17	-	89,54	100,73
	III	1.490,83	-	119,26	134,17	-	109,10	122,74	-	99,20	111,60	-	89,54	100,73	-	80,16	90,18	-	71,02	79,90	-	62,14	69,91
	IV	2.199,75	87,80	175,98	197,97	78,48	169,71	190,92	69,15	163,44	183,87	59,83	157,18	176,82	50,51	150,91	169,77	41,19	144,64	162,72	31,88	138,38	155,68
	V	2.714,25	149,02	217,14	244,28																		
	VI	2.758,50	151,71	220,68	248,26																		
8.465,99 (Ost)	I	2.207,58	88,73	176,60	198,68	70,09	164,07	184,58	51,44	151,54	170,48	32,80	139,00	156,38	14,16	126,47	142,28	-	113,94	128,18	-	101,51	114,20
	II	2.058,50	70,99	164,68	185,26	52,35	152,14	171,16	33,70	139,61	157,06	15,06	127,08	142,96	-	114,54	128,86	-	102,10	114,86	-	90,12	101,39
	III	1.497,16	-	119,77	134,74	-	109,60	123,30	-	99,69	112,15	-	90,02	101,27	-	80,62	90,70	-	71,48	80,41	-	62,58	70,40
	IV	2.207,58	88,73	176,60	198,68	79,41	170,34	191,63	70,09	164,07	184,58	60,76	157,80	177,53	51,44	151,54	170,48	42,12	145,27	163,43	32,80	139,00	156,38
	V	2.722,00	149,71	217,76	244,98																		
	VI	2.766,33	152,14	221,30	248,96																		
8.468,99 (West)	I	2.201,00	87,95	176,08	198,09	69,30	163,54	183,98	50,67	151,02	169,89	32,03	138,48	155,79	13,38	125,95	141,69	-	113,42	127,59	-	101,00	113,63
	II	2.051,91	70,21	164,15	184,67	51,56	151,62	170,57	32,92	139,08	156,47	14,28	126,55	142,37	-	114,02	128,27	-	101,59	114,29	-	89,64	100,84
	III	1.491,83	-	119,34	134,26	-	109,18	122,83	-	99,28	111,69	-	89,62	100,82	-	80,24	90,27	-	71,10	79,99	-	62,22	70,00
	IV	2.201,00	87,95	176,08	198,09	78,62	169,81	191,03	69,30	163,54	183,98	59,99	157,28	176,94	50,67	151,02	169,89	41,35	144,75	162,84	32,03	138,48	155,79
	V	2.715,50	149,17	217,24	244,39																		
	VI	2.759,75	151,78	220,78	248,37																		
8.468,99 (Ost)	I	2.208,83	88,88	176,70	198,79	70,23	164,17	184,69	51,59	151,64	170,59	32,95	139,10	156,49	14,30	126,57	142,39	-	114,04	128,29	-	101,61	114,31
	II	2.059,75	71,14	164,78	185,37	52,49	152,24	171,27	33,85	139,71	157,17	15,21	127,18	143,07	-	114,64	128,97	-	102,20	114,97	-	90,22	101,50
	III	1.498,33	-	119,86	134,84	-	109,68	123,39	-	99,77	112,24	-	90,10	101,36	-	80,69	90,77	-	71,54	80,48	-	62,66	70,49
	IV	2.208,83	88,88	176,70	198,79	79,56	170,44	191,74	70,23	164,17	184,69	60,91	157,90	177,64	51,59	151,64	170,59	42,27	145,37	163,54	32,95	139,10	156,49
	V	2.723,25	149,77	217,86	245,09																		
	VI	2.767,58	152,21	221,40	249,08																		
8.471,99 (West)	I	2.202,33	88,10	176,18	198,20	69,46	163,65	184,10	50,82	151,12	170,01	32,17	138,58	155,90	13,53	126,05	141,80	-	113,52	127,71	-	101,10	113,73
	II	2.053,16	70,35	164,25	184,78	51,71	151,72	170,68	33,07	139,18	156,58	14,43	126,66	142,49	-	114,12	128,39	-	101,69	114,40	-	89,73	100,94
	III	1.492,83	-	119,42	134,35	-	109,26	122,92	-	99,36	111,78	-	89,70	100,91	-	80,30	90,34	-	71,17	80,06	-	62,29	70,07
	IV	2.202,33	88,10	176,18	198,20	78,78	169,92	191,16	69,46	163,65	184,10	60,14	157,38	177,05	50,82	151,12	170,01	41,50	144,85	162,95	32,17	138,58	155,90
	V	2.716,75	149,32	217,34	244,50																		
	VI	2.761,08	151,85	220,88	248,49																		
8.471,99 (Ost)	I	2.210,08	89,03	176,80	198,90	70,38	164,27	184,80	51,74	151,74	170,70	33,10	139,20	156,60	14,45	126,67	142,50	-	114,14	128,41	-	101,71	114,42
	II	2.061,00	71,29	164,88	185,49	52,64	152,34	171,38	34,00	139,81	157,28	15,36	127,28	143,19	-	114,74	129,08	-	102,30	115,08	-	90,32	101,61
	III	1.499,33	-	119,94	134,93	-	109,77	123,49	-	99,84	112,32	-	90,18	101,45	-	80,77	90,86	-	71,62	80,57	-	62,73	70,57
	IV	2.210,08	89,03	176,80	198,90	79,71	170,54	191,85	70,38	164,27	184,80	61,06	158,00	177,75	51,74	151,74	170,70	42,42	145,47	163,65	33,10	139,20	156,60
	V	2.724,50	149,84	217,96	245,20																		
	VI	2.768,83	152,28	221,50	249,19																		

MONAT bis 8.492,99 €

Allgemeine Tabelle

Lohn/ Gehalt bis	Steuerklasse	Lohnsteuer	ohne Kinderfreibetrag SolZ 5,5%	Kirchensteuer 8%	9%	0,5 SolZ 5,5%	Kirchensteuer 8%	9%	1,0 SolZ 5,5%	Kirchensteuer 8%	9%	1,5 SolZ 5,5%	Kirchensteuer 8%	9%	2,0 SolZ 5,5%	Kirchensteuer 8%	9%	2,5 SolZ 5,5%	Kirchensteuer 8%	9%	3,0 SolZ 5,5%	Kirchensteuer 8%	9%
8.474,99 (West)	I	2.203,58	88,25	176,28	198,32	69,61	163,75	184,22	50,97	151,22	170,12	32,32	138,68	156,02	13,68	126,15	141,92	-	113,62	127,82	-	101,20	11
	II	2.054,41	70,50	164,35	184,89	51,87	151,82	170,80	33,23	139,29	156,70	14,58	126,76	142,60	-	114,22	128,50	-	101,78	114,50	-	89,82	1C
	III	1.493,83	-	119,50	134,44	-	109,34	123,01	-	99,44	111,87	-	89,78	101,00	-	80,38	90,43	-	71,24	80,14	-	62,36	7
	IV	2.203,58	88,25	176,28	198,32	78,93	170,02	191,27	69,61	163,75	184,22	60,29	157,48	177,17	50,97	151,22	170,12	41,65	144,95	163,07	32,32	138,68	15
	V	2.718,00	149,47	217,44	244,62																		
	VI	2.762,33	151,92	220,98	248,60																		
8.474,99 (Ost)	I	2.211,33	89,18	176,90	199,01	70,53	164,37	184,91	51,89	151,84	170,82	33,26	139,31	156,72	14,61	126,78	142,62	-	114,24	128,52	-	101,80	11
	II	2.062,25	71,43	164,98	185,60	52,79	152,44	171,50	34,15	139,91	157,40	15,50	127,38	143,30	-	114,84	129,20	-	102,40	115,20	-	90,41	10
	III	1.500,33	-	120,02	135,02	-	109,85	123,58	-	99,92	112,41	-	90,25	101,53	-	80,85	90,95	-	71,69	80,65	-	62,80	7
	IV	2.211,33	89,18	176,90	199,01	79,85	170,64	191,97	70,53	164,37	184,91	61,21	158,10	177,86	51,89	151,84	170,82	42,57	145,57	163,76	33,26	139,31	15
	V	2.725,83	149,92	218,06	245,32																		
	VI	2.770,08	152,35	221,60	249,30																		
8.477,99 (West)	I	2.204,83	88,40	176,38	198,43	69,76	163,85	184,33	51,12	151,32	170,23	32,47	138,78	156,13	13,83	126,25	142,03	-	113,72	127,93	-	101,30	11
	II	2.055,75	70,66	164,46	185,01	52,02	151,92	170,91	33,37	139,39	156,81	14,73	126,86	142,71	-	114,32	128,61	-	101,88	114,62	-	89,92	10
	III	1.495,00	-	119,60	134,55	-	109,42	123,10	-	99,50	111,94	-	89,85	101,08	-	80,45	90,50	-	71,32	80,23	-	62,44	7
	IV	2.204,83	88,40	176,38	198,43	79,08	170,12	191,38	69,76	163,85	184,33	60,44	157,58	177,28	51,12	151,32	170,23	41,79	145,05	163,18	32,47	138,78	15
	V	2.719,25	149,55	217,54	244,73																		
	VI	2.763,58	151,99	221,08	248,72																		
8.477,99 (Ost)	I	2.212,58	89,32	177,00	199,13	70,68	164,47	185,03	52,05	151,94	170,93	33,40	139,41	156,83	14,76	126,88	142,74	-	114,34	128,63	-	101,90	11
	II	2.063,50	71,58	165,08	185,71	52,94	152,54	171,61	34,30	140,01	157,51	15,65	127,48	143,41	-	114,95	129,32	-	102,50	115,31	-	90,50	10
	III	1.501,33	-	120,10	135,11	-	109,93	123,67	-	100,00	112,50	-	90,33	101,62	-	80,92	91,03	-	71,77	80,74	-	62,86	7
	IV	2.212,58	89,32	177,00	199,13	80,00	170,74	192,08	70,68	164,47	185,03	61,37	158,21	177,98	52,05	151,94	170,93	42,73	145,68	163,89	33,40	139,41	15
	V	2.727,08	149,98	218,16	245,43																		
	VI	2.771,33	152,42	221,70	249,41																		
8.480,99 (West)	I	2.206,08	88,55	176,48	198,54	69,91	163,95	184,44	51,26	151,42	170,34	32,62	138,88	156,24	13,98	126,35	142,14	-	113,82	128,04	-	101,39	11
	II	2.057,00	70,81	164,56	185,13	52,17	152,02	171,02	33,52	139,49	156,92	14,88	126,96	142,83	-	114,42	128,72	-	101,98	114,73	-	90,02	10
	III	1.496,00	-	119,68	134,64	-	109,50	123,19	-	99,58	112,03	-	89,93	101,17	-	80,53	90,59	-	71,38	80,30	-	62,50	7(
	IV	2.206,08	88,55	176,48	198,54	79,23	170,22	191,49	69,91	163,95	184,44	60,59	157,68	177,39	51,26	151,42	170,34	41,94	145,15	163,29	32,62	138,88	15
	V	2.720,50	149,62	217,64	244,84																		
	VI	2.764,83	152,06	221,18	248,83																		
8.480,99 (Ost)	I	2.213,91	89,48	177,11	199,25	70,84	164,58	185,15	52,20	152,04	171,05	33,55	139,51	156,95	14,91	126,98	142,85	-	114,44	128,75	-	102,00	11
	II	2.064,75	71,73	165,18	185,82	53,09	152,64	171,72	34,45	140,11	157,62	15,81	127,58	143,53	-	115,05	129,43	-	102,59	115,41	-	90,60	10
	III	1.502,50	-	120,20	135,22	-	110,01	123,76	-	100,08	112,59	-	90,41	101,71	-	81,00	91,12	-	71,84	80,82	-	62,94	7
	IV	2.213,91	89,48	177,11	199,25	80,16	170,84	192,20	70,84	164,58	185,15	61,52	158,31	178,10	52,20	152,04	171,05	42,87	145,78	164,00	33,55	139,51	15
	V	2.728,33	150,05	218,26	245,54																		
	VI	2.772,66	152,49	221,81	249,53																		
8.483,99 (West)	I	2.207,33	88,70	176,58	198,65	70,06	164,05	184,55	51,41	151,52	170,46	32,77	138,98	156,35	14,13	126,45	142,25	-	113,92	128,16	-	101,49	11
	II	2.058,25	70,96	164,66	185,24	52,32	152,12	171,14	33,67	139,59	157,04	15,03	127,06	142,94	-	114,52	128,84	-	102,08	114,84	-	90,11	10
	III	1.497,00	-	119,76	134,73	-	109,58	123,28	-	99,66	112,12	-	90,01	101,26	-	80,61	90,68	-	71,46	80,39	-	62,57	7(
	IV	2.207,33	88,70	176,58	198,65	79,38	170,32	191,61	70,06	164,05	184,55	60,73	157,78	177,50	51,41	151,52	170,46	42,09	145,25	163,40	32,77	138,98	156
	V	2.721,75	149,69	217,74	244,95																		
	VI	2.766,08	152,13	221,28	248,94																		
8.483,99 (Ost)	I	2.215,16	89,63	177,21	199,36	70,99	164,68	185,26	52,35	152,14	171,16	33,70	139,61	157,06	15,06	127,08	142,96	-	114,54	128,86	-	102,10	114
	II	2.066,00	71,88	165,28	185,94	53,25	152,75	171,84	34,60	140,22	157,74	15,96	127,68	143,64	-	115,15	129,54	-	102,69	115,52	-	90,69	102
	III	1.503,50	-	120,28	135,31	-	110,09	123,85	-	100,16	112,68	-	90,49	101,80	-	81,06	91,19	-	71,92	80,91	-	63,01	70
	IV	2.215,16	89,63	177,21	199,36	80,31	170,94	192,31	70,99	164,68	185,26	61,67	158,41	178,21	52,35	152,14	171,16	43,02	145,88	164,11	33,70	139,61	157
	V	2.729,58	150,12	218,36	245,66																		
	VI	2.773,91	152,56	221,91	249,65																		
8.486,99 (West)	I	2.208,58	88,85	176,68	198,77	70,21	164,15	184,67	51,56	151,62	170,57	32,92	139,08	156,47	14,28	126,55	142,37	-	114,02	128,27	-	101,59	114
	II	2.059,50	71,11	164,76	185,35	52,46	152,22	171,25	33,82	139,69	157,15	15,18	127,16	143,05	-	114,62	128,95	-	102,18	114,95	-	90,20	101
	III	1.498,00	-	119,84	134,82	-	109,66	123,37	-	99,74	112,21	-	90,09	101,35	-	80,68	90,76	-	71,53	80,47	-	62,64	70
	IV	2.208,58	88,85	176,68	198,77	79,53	170,42	191,72	70,21	164,15	184,67	60,88	157,88	177,62	51,56	151,62	170,57	42,24	145,35	163,52	32,92	139,08	156
	V	2.723,00	149,76	217,84	245,07																		
	VI	2.767,33	152,20	221,38	249,05																		
8.486,99 (Ost)	I	2.216,41	89,78	177,31	199,47	71,14	164,78	185,37	52,49	152,24	171,27	33,85	139,71	157,17	15,21	127,18	143,07	-	114,64	128,97	-	102,20	114
	II	2.067,33	72,04	165,38	186,05	53,40	152,85	171,95	34,75	140,32	157,86	16,11	127,78	143,75	-	115,25	129,65	-	102,79	115,64	-	90,79	102
	III	1.504,50	-	120,36	135,40	-	110,17	123,94	-	100,24	112,77	-	90,56	101,88	-	81,14	91,28	-	71,98	80,98	-	63,08	70
	IV	2.216,41	89,78	177,31	199,47	80,46	171,04	192,42	71,14	164,78	185,37	61,82	158,51	178,32	52,49	152,24	171,27	43,17	145,98	164,22	33,85	139,71	157
	V	2.730,83	150,19	218,46	245,77																		
	VI	2.775,16	152,63	222,01	249,76																		
8.489,99 (West)	I	2.209,83	89,00	176,78	198,88	70,35	164,25	184,78	51,71	151,72	170,68	33,07	139,18	156,58	14,43	126,66	142,49	-	114,12	128,39	-	101,69	114,
	II	2.060,75	71,26	164,86	185,46	52,61	152,32	171,36	33,97	139,79	157,26	15,33	127,26	143,16	-	114,72	129,06	-	102,28	115,06	-	90,30	101,
	III	1.499,16	-	119,93	134,92	-	109,74	123,46	-	99,82	112,30	-	90,16	101,43	-	80,76	90,85	-	71,61	80,56	-	62,72	70,
	IV	2.209,83	89,00	176,78	198,88	79,68	170,52	191,83	70,35	164,25	184,78	61,03	157,98	177,73	51,71	151,72	170,68	42,39	145,45	163,63	33,07	139,18	156,
	V	2.724,33	149,83	217,94	245,18																		
	VI	2.768,58	152,27	221,48	249,17																		
8.489,99 (Ost)	I	2.217,66	89,93	177,41	199,58	71,29	164,88	185,49	52,64	152,34	171,38	34,00	139,81	157,28	15,36	127,28	143,19	-	114,74	129,08	-	102,30	115,
	II	2.068,58	72,19	165,48	186,17	53,55	152,95	172,07	34,90	140,42	157,97	16,26	127,88	143,87	-	115,35	129,77	-	102,89	115,75	-	90,88	102,
	III	1.505,50	-	120,44	135,49	-	110,25	124,03	-	100,32	112,86	-	90,64	101,97	-	81,22	91,37	-	72,06	81,07	-	63,16	71,
	IV	2.217,66	89,93	177,41	199,58	80,61	171,14	192,53	71,29	164,88	185,49	61,96	158,61	178,43	52,64	152,34	171,38	43,32	146,08	164,34	34,00	139,81	157,
	V	2.732,08	150,26	218,56	245,88																		
	VI	2.776,41	152,70	222,11	249,87																		
8.492,99 (West)	I	2.211,08	89,15	176,88	198,99	70,50	164,35	184,89	51,87	151,82	170,80	33,23	139,29	156,70	14,58	126,76	142,60	-	114,22	128,50	-	101,78	114,
	II	2.062,00	71,40	164,96	185,58	52,76	152,42	171,47	34,12	139,89	157,37	15,47	127,36	143,28	-	114,82	129,17	-	102,38	115,17	-	90,39	101,
	III	1.500,16	-	120,01	135,01	-	109,82	123,55	-	99,90	112,39	-	90,24	101,52	-	80,82	90,92	-	71,68	80,64	-	62,78	70,
	IV	2.211,08	89,15	176,88	198,99	79,82	170,62	191,94	70,50	164,35	184,89	61,18	158,08	177,84	51,87	151,82	170,80	42,55	145,56	163,75	33,23	139,29	156,
	V	2.725,58	149,90	218,04	245,30																		
	VI	2.769,83	152,34	221,58	249,28																		
8.492,99 (Ost)	I	2.218,91	90,08	177,51	199,70	71,43	164,98	185,60	52,79	152,44	171,50	34,15	139,91	157,40	15,50	127,38	143,30	-	114,84	129,20	-	102,40	115,
	II	2.069,83	72,34	165,58	186,28	53,69	153,05	172,18	35,05	140,52	158,08	16,41	127,98	143,98	-	115,45	129,88	-	102,98	115,85	-	90,98	102,
	III	1.506,50	-	120,52	135,58	-	110,33	124,12	-	100,40	112,95	-	90,72	102,06	-	81,29	91,45	-	72,13	81,14	-	63,22	71,
	IV	2.218,91	90,08	177,51	199,70	80,76	171,24	192,65	71,43	164,98	185,60	62,11	158,71	178,55	52,79	152,44	171,50	43,47	146,18	164,45	34,15	139,91	157,
	V	2.733,33	150,33	218,66	245,99																		
	VI	2.777,66	152,77	222,21	249,98																		

Allgemeine Tabelle

MONAT bis 8.513,99 €

Lohn/ Gehalt bis	Steuerklasse	Lohnsteuer	ohne Kinderfreibetrag SolZ 5,5%	Kirchensteuer 8%	9%	Anzahl Kinderfreibeträge (nur Steuerklassen I–IV) 0,5 SolZ 5,5%	Kirchensteuer 8%	9%	1,0 SolZ 5,5%	Kirchensteuer 8%	9%	1,5 SolZ 5,5%	Kirchensteuer 8%	9%	2,0 SolZ 5,5%	Kirchensteuer 8%	9%	2,5 SolZ 5,5%	Kirchensteuer 8%	9%	3,0 SolZ 5,5%	Kirchensteuer 8%	9%
.495,99 (West)	I	2.212,33	89,29	176,98	199,10	70,66	164,46	185,01	52,02	151,92	170,91	33,37	139,39	156,81	14,73	126,86	142,71	-	114,32	128,61	-	101,88	114,62
	II	2.063,25	71,55	165,06	185,69	52,91	152,52	171,59	34,27	139,99	157,49	15,63	127,46	143,39	-	114,93	129,29	-	102,48	115,29	-	90,48	101,79
	III	1.501,16	-	120,09	135,10	-	109,90	123,64	-	99,98	112,48	-	90,32	101,61	-	80,90	91,01	-	71,76	80,73	-	62,85	70,70
	IV	2.212,33	89,29	176,98	199,10	79,98	170,72	192,06	70,66	164,46	185,01	61,34	158,19	177,96	52,02	151,92	170,91	42,70	145,66	163,86	33,37	139,39	156,81
	V	2.726,83	149,97	218,14	245,41																		
	VI	2.771,08	152,40	221,68	249,39																		
.495,99 (Ost)	I	2.220,16	90,23	177,61	199,81	71,58	165,08	185,71	52,94	152,54	171,61	34,30	140,01	157,51	15,65	127,48	143,41	-	114,95	129,32	-	102,50	115,31
	II	2.071,08	72,49	165,68	186,39	53,84	153,15	172,29	35,20	140,62	158,19	16,56	128,08	144,09	-	115,55	129,99	-	103,08	115,97	-	91,07	102,45
	III	1.507,66	-	120,61	135,68	-	110,41	124,21	-	100,48	113,04	-	90,80	102,15	-	81,37	91,54	-	72,20	81,22	-	63,29	71,20
	IV	2.220,16	90,23	177,61	199,81	80,91	171,34	192,76	71,58	165,08	185,71	62,26	158,81	178,66	52,94	152,54	171,61	43,62	146,28	164,56	34,30	140,01	157,51
	V	2.734,58	150,40	218,76	246,11																		
	VI	2.778,91	152,84	222,31	250,10																		
.498,99 (West)	I	2.213,66	89,45	177,09	199,22	70,81	164,56	185,13	52,17	152,02	171,02	33,52	139,49	156,92	14,88	126,96	142,83	-	114,42	128,72	-	101,98	114,73
	II	2.064,50	71,70	165,16	185,80	53,06	152,62	171,70	34,43	140,10	157,61	15,78	127,56	143,51	-	115,03	129,41	-	102,57	115,39	-	90,58	101,90
	III	1.502,16	-	120,17	135,19	-	109,98	123,73	-	100,06	112,57	-	90,40	101,70	-	80,98	91,10	-	71,82	80,80	-	62,93	70,79
	IV	2.213,66	89,45	177,09	199,22	80,13	170,82	192,17	70,81	164,56	185,13	61,49	158,29	178,07	52,17	152,02	171,02	42,84	145,76	163,98	33,52	139,49	156,92
	V	2.728,08	150,04	218,24	245,52																		
	VI	2.772,41	152,48	221,79	249,51																		
.498,99 (Ost)	I	2.221,41	90,38	177,71	199,92	71,73	165,18	185,82	53,09	152,64	171,72	34,45	140,11	157,62	15,81	127,58	143,53	-	115,05	129,43	-	102,59	115,41
	II	2.072,33	72,63	165,78	186,50	53,99	153,25	172,40	35,35	140,72	158,31	16,70	128,18	144,20	-	115,65	130,10	-	103,18	116,08	-	91,16	102,56
	III	1.508,66	-	120,69	135,77	-	110,49	124,30	-	100,56	113,13	-	90,86	102,22	-	81,44	91,62	-	72,28	81,31	-	63,37	71,29
	IV	2.221,41	90,38	177,71	199,92	81,05	171,44	192,87	71,73	165,18	185,82	62,41	158,91	178,77	53,09	152,64	171,72	43,77	146,38	164,67	34,45	140,11	157,62
	V	2.735,91	150,47	218,87	246,23																		
	VI	2.780,16	152,90	222,41	250,21																		
.501,99 (West)	I	2.214,91	89,60	177,19	199,34	70,96	164,66	185,24	52,32	152,12	171,14	33,67	139,59	157,04	15,03	127,06	142,94	-	114,52	128,84	-	102,08	114,84
	II	2.065,83	71,86	165,26	185,92	53,22	152,73	171,82	34,57	140,20	157,72	15,93	127,66	143,62	-	115,13	129,52	-	102,67	115,50	-	90,68	102,01
	III	1.503,16	-	120,25	135,28	-	110,06	123,82	-	100,14	112,66	-	90,46	101,77	-	81,05	91,18	-	71,89	80,87	-	63,00	70,87
	IV	2.214,91	89,60	177,19	199,34	80,28	170,92	192,29	70,96	164,66	185,24	61,64	158,39	178,19	52,32	152,12	171,14	42,99	145,86	164,09	33,67	139,59	157,04
	V	2.729,33	150,11	218,34	245,63																		
	VI	2.773,66	152,55	221,89	249,62																		
.501,99 (Ost)	I	2.222,66	90,52	177,81	200,03	71,88	165,28	185,94	53,25	152,75	171,84	34,60	140,22	157,74	15,96	127,68	143,64	-	115,15	129,54	-	102,69	115,52
	II	2.073,58	72,78	165,88	186,62	54,14	153,35	172,52	35,50	140,82	158,42	16,85	128,28	144,32	-	115,75	130,22	-	103,28	116,19	-	91,26	102,66
	III	1.509,66	-	120,77	135,86	-	110,57	124,39	-	100,64	113,22	-	90,94	102,31	-	81,52	91,71	-	72,34	81,38	-	63,44	71,37
	IV	2.222,66	90,52	177,81	200,03	81,20	171,54	192,98	71,88	165,28	185,94	62,56	159,01	178,88	53,25	152,75	171,84	43,93	146,48	164,79	34,60	140,22	157,74
	V	2.737,16	150,54	218,97	246,34																		
	VI	2.781,41	152,97	222,51	250,32																		
.504,99 (West)	I	2.216,16	89,75	177,29	199,45	71,11	164,76	185,35	52,46	152,22	171,25	33,82	139,69	157,15	15,18	127,16	143,05	-	114,62	128,95	-	102,18	114,95
	II	2.067,08	72,01	165,36	186,03	53,37	152,83	171,93	34,72	140,30	157,83	16,08	127,76	143,73	-	115,23	129,63	-	102,77	115,61	-	90,77	102,11
	III	1.504,33	-	120,34	135,38	-	110,16	123,93	-	100,22	112,75	-	90,54	101,86	-	81,13	91,27	-	71,97	80,96	-	63,06	70,94
	IV	2.216,16	89,75	177,29	199,45	80,43	171,02	192,40	71,11	164,76	185,35	61,79	158,49	178,30	52,46	152,22	171,25	43,14	145,96	164,20	33,82	139,69	157,15
	V	2.730,58	150,18	218,44	245,75																		
	VI	2.774,91	152,62	221,99	249,74																		
.504,99 (Ost)	I	2.223,91	90,67	177,91	200,15	72,04	165,38	186,05	53,40	152,85	171,95	34,75	140,32	157,86	16,11	127,78	143,75	-	115,25	129,65	-	102,79	115,64
	II	2.074,83	72,93	165,98	186,73	54,29	153,45	172,63	35,65	140,92	158,53	17,01	128,39	144,44	-	115,86	130,34	-	103,38	116,30	-	91,36	102,78
	III	1.510,66	-	120,85	135,95	-	110,65	124,48	-	100,70	113,29	-	91,02	102,40	-	81,60	91,80	-	72,42	81,47	-	63,50	71,44
	IV	2.223,91	90,67	177,91	200,15	81,36	171,65	193,10	72,04	165,38	186,05	62,72	159,12	179,01	53,40	152,85	171,95	44,07	146,58	164,90	34,75	140,32	157,86
	V	2.738,41	150,61	219,07	246,45																		
	VI	2.782,75	153,05	222,62	250,44																		
8.507,99 (West)	I	2.217,41	89,90	177,39	199,56	71,26	164,86	185,46	52,61	152,32	171,36	33,97	139,79	157,26	15,33	127,26	143,16	-	114,72	129,06	-	102,28	115,06
	II	2.068,33	72,16	165,46	186,14	53,52	152,93	172,04	34,87	140,40	157,95	16,23	127,86	143,84	-	115,33	129,74	-	102,87	115,73	-	90,86	102,22
	III	1.505,33	-	120,42	135,47	-	110,24	124,02	-	100,30	112,84	-	90,62	101,95	-	81,20	91,35	-	72,04	81,04	-	63,13	71,02
	IV	2.217,41	89,90	177,39	199,56	80,58	171,12	192,51	71,26	164,86	185,46	61,93	158,59	178,41	52,61	152,32	171,36	43,29	146,06	164,31	33,97	139,79	157,26
	V	2.731,83	150,25	218,54	245,86																		
	VI	2.776,16	152,68	222,09	249,85																		
8.507,99 (Ost)	I	2.225,25	90,83	178,02	200,27	72,19	165,48	186,17	53,55	152,95	172,07	34,90	140,42	157,97	16,26	127,88	143,87	-	115,35	129,77	-	102,89	115,75
	II	2.076,08	73,08	166,08	186,84	54,44	153,55	172,74	35,80	141,02	158,65	17,16	128,49	144,55	-	115,96	130,45	-	103,48	116,42	-	91,45	102,88
	III	1.511,83	-	120,94	136,06	-	110,73	124,57	-	100,78	113,38	-	91,10	102,49	-	81,66	91,87	-	72,49	81,55	-	63,57	71,51
	IV	2.225,25	90,83	178,02	200,27	81,51	171,75	193,22	72,19	165,48	186,17	62,87	159,22	179,12	53,55	152,95	172,07	44,22	146,68	165,02	34,90	140,42	157,97
	V	2.739,66	150,68	219,17	246,56																		
	VI	2.784,00	153,12	222,72	250,56																		
8.510,99 (West)	I	2.218,66	90,05	177,49	199,67	71,40	164,96	185,58	52,76	152,42	171,47	34,12	139,89	157,37	15,47	127,36	143,28	-	114,82	129,17	-	102,38	115,17
	II	2.069,58	72,31	165,56	186,26	53,66	153,03	172,16	35,02	140,50	158,06	16,38	127,96	143,96	-	115,43	129,86	-	102,97	115,84	-	90,96	102,33
	III	1.506,33	-	120,50	135,56	-	110,32	124,11	-	100,37	112,91	-	90,70	102,04	-	81,28	91,44	-	72,12	81,13	-	63,21	71,11
	IV	2.218,66	90,05	177,49	199,67	80,73	171,22	192,62	71,40	164,96	185,58	62,08	158,69	178,52	52,76	152,42	171,47	43,44	146,16	164,43	34,12	139,89	157,37
	V	2.733,08	150,31	218,64	245,97																		
	VI	2.777,41	152,75	222,19	249,96																		
8.510,99 (Ost)	I	2.226,50	90,98	178,12	200,38	72,34	165,58	186,28	53,69	153,05	172,18	35,05	140,52	158,08	16,41	127,98	143,98	-	115,45	129,88	-	102,98	115,85
	II	2.077,41	73,24	166,19	186,96	54,60	153,66	172,86	35,95	141,12	158,76	17,31	128,59	144,66	-	116,06	130,56	-	103,58	116,52	-	91,54	102,98
	III	1.512,83	-	121,02	136,15	-	110,81	124,66	-	100,86	113,47	-	91,17	102,56	-	81,74	91,96	-	72,57	81,64	-	63,65	71,60
	IV	2.226,50	90,98	178,12	200,38	81,66	171,85	193,33	72,34	165,58	186,28	63,02	159,32	179,23	53,69	153,05	172,18	44,37	146,78	165,13	35,05	140,52	158,08
	V	2.740,91	150,75	219,27	246,68																		
	VI	2.785,25	153,18	222,82	250,67																		
8.513,99 (West)	I	2.219,91	90,20	177,59	199,79	71,55	165,06	185,69	52,91	152,52	171,59	34,27	139,99	157,49	15,63	127,46	143,39	-	114,93	129,29	-	102,48	115,29
	II	2.070,83	72,46	165,66	186,37	53,81	153,13	172,27	35,17	140,60	158,17	16,53	128,06	144,07	-	115,53	129,97	-	103,06	115,94	-	91,05	102,43
	III	1.507,33	-	120,58	135,65	-	110,40	124,20	-	100,45	113,00	-	90,77	102,11	-	81,36	91,53	-	72,18	81,20	-	63,28	71,19
	IV	2.219,91	90,20	177,59	199,79	80,88	171,32	192,74	71,55	165,06	185,69	62,23	158,79	178,64	52,91	152,52	171,59	43,59	146,26	164,54	34,27	139,99	157,49
	V	2.734,33	150,38	218,74	246,08																		
	VI	2.778,66	152,82	222,29	250,07																		
8.513,99 (Ost)	I	2.227,75	91,13	178,22	200,49	72,49	165,68	186,39	53,84	153,15	172,29	35,20	140,62	158,19	16,56	128,08	144,09	-	115,55	129,99	-	103,08	115,97
	II	2.078,66	73,39	166,29	187,07	54,74	153,76	172,98	36,10	141,22	158,87	17,46	128,69	144,77	-	116,16	130,68	-	103,68	116,64	-	91,64	103,09
	III	1.513,83	-	121,10	136,24	-	110,90	124,76	-	100,94	113,56	-	91,25	102,65	-	81,82	92,05	-	72,64	81,72	-	63,72	71,68
	IV	2.227,75	91,13	178,22	200,49	81,81	171,95	193,44	72,49	165,68	186,39	63,16	159,42	179,34	53,84	153,15	172,29	44,52	146,88	165,24	35,20	140,62	158,19
	V	2.742,16	150,81	219,37	246,79																		
	VI	2.786,50	153,25	222,92	250,78																		

Lohn/ Gehalt bis	Steuerklasse	Lohn-steuer	ohne Kinderfreibetrag SolZ 5,5%	ohne Kinderfreibetrag Kirchensteuer 8%	ohne Kinderfreibetrag Kirchensteuer 9%	0,5 SolZ 5,5%	0,5 Kirchensteuer 8%	0,5 Kirchensteuer 9%	1,0 SolZ 5,5%	1,0 Kirchensteuer 8%	1,0 Kirchensteuer 9%	1,5 SolZ 5,5%	1,5 Kirchensteuer 8%	1,5 Kirchensteuer 9%	2,0 SolZ 5,5%	2,0 Kirchensteuer 8%	2,0 Kirchensteuer 9%	2,5 SolZ 5,5%	2,5 Kirchensteuer 8%	2,5 Kirchensteuer 9%	3,0 SolZ 5,5%	3,0 Kirchensteuer 8%	3,0 Kirchensteuer 9%
8.516,99 (West)	I	2.221,16	90,35	177,69	199,90	71,70	165,16	185,80	53,06	152,62	171,70	34,43	140,10	157,61	15,78	127,56	143,51	-	115,03	129,41	-	102,57	1
	II	2.072,08	72,60	165,76	186,48	53,96	153,23	172,38	35,32	140,70	158,28	16,67	128,16	144,18	-	115,63	130,08	-	103,16	116,06	-	91,15	1
	III	1.508,50	-	120,68	135,76	-	110,48	124,29	-	100,53	113,09	-	90,85	102,20	-	81,42	91,60	-	72,26	81,29	-	63,34	
	IV	2.221,16	90,35	177,69	199,90	81,02	171,42	192,85	71,70	165,16	185,80	62,38	158,89	178,75	53,06	152,62	171,70	43,75	146,36	164,66	34,43	140,10	1
	V	2.735,66	150,46	218,85	246,20																		
	VI	2.779,91	152,89	222,39	250,19																		
8.516,99 (Ost)	I	2.229,00	91,28	178,32	200,61	72,63	165,78	186,50	53,99	153,25	172,40	35,35	140,72	158,31	16,70	128,18	144,20	-	115,65	130,10	-	103,18	1
	II	2.079,91	73,54	166,39	187,19	54,89	153,86	173,09	36,25	141,32	158,99	17,61	128,79	144,89	-	116,26	130,79	-	103,78	116,75	-	91,73	1
	III	1.514,83	-	121,18	136,33	-	110,98	124,85	-	101,02	113,65	-	91,33	102,74	-	81,89	92,12	-	72,72	81,81	-	63,78	
	IV	2.229,00	91,28	178,32	200,61	81,96	172,05	193,55	72,63	165,78	186,50	63,31	159,52	179,46	53,99	153,25	172,40	44,67	146,98	165,35	35,35	140,72	1
	V	2.743,41	150,88	219,47	246,90																		
	VI	2.787,75	153,32	223,02	250,89																		
8.519,99 (West)	I	2.222,41	90,49	177,79	200,01	71,86	165,26	185,92	53,22	152,73	171,82	34,57	140,20	157,72	15,93	127,66	143,62	-	115,13	129,52	-	102,67	1
	II	2.073,33	72,75	165,86	186,59	54,11	153,33	172,49	35,47	140,80	158,40	16,82	128,26	144,29	-	115,74	130,20	-	103,26	116,17	-	91,24	1
	III	1.509,50	-	120,76	135,85	-	110,56	124,38	-	100,61	113,18	-	90,93	102,29	-	81,50	91,69	-	72,33	81,37	-	63,42	
	IV	2.222,41	90,49	177,79	200,01	81,17	171,52	192,96	71,86	165,26	185,92	62,54	159,00	178,87	53,22	152,73	171,82	43,90	146,46	164,77	34,57	140,20	1
	V	2.736,91	150,53	218,95	246,32																		
	VI	2.781,16	152,96	222,49	250,30																		
8.519,99 (Ost)	I	2.230,25	91,43	178,42	200,72	72,78	165,88	186,62	54,14	153,35	172,52	35,50	140,82	158,42	16,85	128,28	144,32	-	115,75	130,22	-	103,28	1
	II	2.081,16	73,69	166,49	187,30	55,04	153,96	173,20	36,40	141,42	159,10	17,76	128,89	145,00	-	116,36	130,90	-	103,88	116,86	-	91,83	1
	III	1.516,00	-	121,28	136,44	-	111,06	124,94	-	101,10	113,74	-	91,41	102,83	-	81,97	92,21	-	72,78	81,88	-	63,86	7
	IV	2.230,25	91,43	178,42	200,72	82,11	172,15	193,67	72,78	165,88	186,62	63,46	159,62	179,57	54,14	153,35	172,52	44,82	147,08	165,47	35,50	140,82	15
	V	2.744,66	150,95	219,57	247,01																		
	VI	2.789,00	153,39	223,12	251,01																		
8.522,99 (West)	I	2.223,75	90,65	177,90	200,13	72,01	165,36	186,03	53,37	152,83	171,93	34,72	140,30	157,83	16,08	127,76	143,73	-	115,23	129,63	-	102,77	11
	II	2.074,58	72,90	165,96	186,71	54,26	153,43	172,61	35,63	140,90	158,51	16,98	128,37	144,41	-	115,84	130,32	-	103,36	116,28	-	91,34	10
	III	1.510,50	-	120,84	135,94	-	110,64	124,47	-	100,69	113,27	-	91,01	102,38	-	81,57	91,76	-	72,41	81,46	-	63,49	7
	IV	2.223,75	90,65	177,90	200,13	81,33	171,63	193,08	72,01	165,36	186,03	62,69	159,10	178,98	53,37	152,83	171,93	44,04	146,56	164,88	34,72	140,30	15
	V	2.738,16	150,59	219,05	246,43																		
	VI	2.782,50	153,03	222,60	250,42																		
8.522,99 (Ost)	I	2.231,50	91,58	178,52	200,83	72,93	165,98	186,73	54,29	153,45	172,63	35,65	140,92	158,53	17,01	128,39	144,44	-	115,86	130,34	-	103,38	11
	II	2.082,41	73,83	166,59	187,41	55,19	154,06	173,31	36,55	141,52	159,21	17,90	128,99	145,11	-	116,46	131,01	-	103,98	116,97	-	91,92	10
	III	1.517,00	-	121,36	136,53	-	111,14	125,03	-	101,18	113,83	-	91,49	102,92	-	82,04	92,29	-	72,86	81,97	-	63,93	7
	IV	2.231,50	91,58	178,52	200,83	82,25	172,25	193,78	72,93	165,98	186,73	63,61	159,72	179,68	54,29	153,45	172,63	44,97	147,18	165,58	35,65	140,92	15
	V	2.746,00	151,03	219,68	247,14																		
	VI	2.790,25	153,46	223,22	251,12																		
8.525,99 (West)	I	2.225,00	90,80	178,00	200,25	72,16	165,46	186,14	53,52	152,93	172,04	34,87	140,40	157,95	16,23	127,86	143,84	-	115,33	129,74	-	102,87	11
	II	2.075,83	73,05	166,06	186,82	54,42	153,54	172,73	35,77	141,00	158,63	17,13	128,47	144,53	-	115,94	130,43	-	103,46	116,39	-	91,43	10
	III	1.511,50	-	120,92	136,03	-	110,72	124,56	-	100,77	113,36	-	91,08	102,46	-	81,65	91,85	-	72,48	81,54	-	63,56	7
	IV	2.225,00	90,80	178,00	200,25	81,48	171,73	193,19	72,16	165,46	186,14	62,84	159,20	179,10	53,52	152,93	172,04	44,19	146,66	164,99	34,87	140,40	15
	V	2.739,41	150,66	219,15	246,54																		
	VI	2.783,75	153,10	222,70	250,53																		
8.525,99 (Ost)	I	2.232,75	91,72	178,62	200,94	73,08	166,08	186,84	54,44	153,55	172,74	35,80	141,02	158,65	17,16	128,49	144,55	-	115,96	130,45	-	103,48	11
	II	2.083,66	73,98	166,69	187,52	55,34	154,16	173,43	36,70	141,62	159,32	18,05	129,09	145,22	-	116,56	131,13	-	104,08	117,09	-	92,02	10
	III	1.518,00	-	121,44	136,62	-	111,22	125,12	-	101,26	113,92	-	91,56	103,00	-	82,12	92,38	-	72,93	82,04	-	64,00	7
	IV	2.232,75	91,72	178,62	200,94	82,40	172,35	193,89	73,08	166,08	186,84	63,76	159,82	179,79	54,44	153,55	172,74	45,13	147,29	165,70	35,80	141,02	15
	V	2.747,25	151,09	219,78	247,25																		
	VI	2.791,50	153,53	223,32	251,23																		
8.528,99 (West)	I	2.226,25	90,95	178,10	200,36	72,31	165,56	186,26	53,66	153,03	172,16	35,02	140,50	158,06	16,38	127,96	143,96	-	115,43	129,86	-	102,97	11
	II	2.077,16	73,21	166,17	186,94	54,57	153,64	172,84	35,92	141,10	158,74	17,28	128,57	144,64	-	116,04	130,54	-	103,56	116,51	-	91,52	10
	III	1.512,50	-	121,00	136,12	-	110,80	124,65	-	100,85	113,45	-	91,16	102,55	-	81,73	91,94	-	72,54	81,61	-	63,64	7
	IV	2.226,25	90,95	178,10	200,36	81,63	171,83	193,31	72,31	165,56	186,26	62,99	159,30	179,21	53,66	153,03	172,16	44,34	146,76	165,11	35,02	140,50	15
	V	2.740,66	150,73	219,25	246,65																		
	VI	2.785,00	153,17	222,80	250,65																		
8.528,99 (Ost)	I	2.234,00	91,87	178,72	201,06	73,24	166,19	186,96	54,60	153,66	172,86	35,95	141,12	158,76	17,31	128,59	144,66	-	116,06	130,56	-	103,58	116
	II	2.084,91	74,13	166,79	187,64	55,49	154,26	173,54	36,85	141,72	159,44	18,20	129,19	145,34	-	116,66	131,24	-	104,17	117,19	-	92,11	103
	III	1.519,00	-	121,52	136,71	-	111,30	125,21	-	101,34	114,01	-	91,64	103,09	-	82,20	92,47	-	73,00	82,12	-	64,08	72
	IV	2.234,00	91,87	178,72	201,06	82,55	172,45	194,00	73,24	166,19	186,96	63,92	159,92	179,91	54,60	153,66	172,86	45,27	147,39	165,81	35,95	141,12	158
	V	2.748,50	151,16	219,88	247,36																		
	VI	2.792,75	153,60	223,42	251,34																		
8.531,99 (West)	I	2.227,50	91,10	178,20	200,47	72,46	165,66	186,37	53,81	153,13	172,27	35,17	140,60	158,17	16,53	128,06	144,07	-	115,53	129,97	-	103,06	115
	II	2.078,41	73,36	166,27	187,05	54,72	153,74	172,95	36,07	141,20	158,85	17,43	128,67	144,75	-	116,14	130,65	-	103,66	116,61	-	91,62	103
	III	1.513,66	-	121,09	136,22	-	110,88	124,74	-	100,93	113,54	-	91,24	102,64	-	81,80	92,02	-	72,62	81,70	-	63,70	71
	IV	2.227,50	91,10	178,20	200,47	81,78	171,93	193,42	72,46	165,66	186,37	63,13	159,40	179,32	53,81	153,13	172,27	44,49	146,86	165,22	35,17	140,60	158
	V	2.741,91	150,80	219,35	246,77																		
	VI	2.786,25	153,24	222,90	250,76																		
8.531,99 (Ost)	I	2.235,33	92,03	178,82	201,17	73,39	166,29	187,07	54,74	153,76	172,98	36,10	141,22	158,87	17,46	128,69	144,77	-	116,16	130,68	-	103,68	116
	II	2.086,16	74,28	166,89	187,75	55,64	154,36	173,65	37,00	141,83	159,56	18,36	129,30	145,46	-	116,76	131,36	-	104,27	117,30	-	92,21	103
	III	1.520,16	-	121,61	136,81	-	111,38	125,30	-	101,42	114,10	-	91,72	103,18	-	82,26	92,54	-	73,08	82,21	-	64,14	72
	IV	2.235,33	92,03	178,82	201,17	82,71	172,56	194,13	73,39	166,29	187,07	64,07	160,02	180,02	54,74	153,76	172,98	45,42	147,49	165,92	36,10	141,22	158
	V	2.749,75	151,23	219,98	247,47																		
	VI	2.794,08	153,67	223,52	251,46																		
8.534,99 (West)	I	2.228,75	91,25	178,30	200,58	72,60	165,76	186,48	53,96	153,23	172,38	35,32	140,70	158,28	16,67	128,16	144,18	-	115,63	130,08	-	103,16	116
	II	2.079,66	73,51	166,37	187,16	54,86	153,84	173,07	36,22	141,30	158,96	17,58	128,77	144,86	-	116,24	130,77	-	103,76	116,73	-	91,72	103,
	III	1.514,66	-	121,17	136,31	-	110,96	124,83	-	101,01	113,63	-	91,32	102,73	-	81,88	92,11	-	72,69	81,77	-	63,77	71,
	IV	2.228,75	91,25	178,30	200,58	81,93	172,03	193,53	72,60	165,76	186,48	63,28	159,50	179,43	53,96	153,23	172,38	44,64	146,96	165,33	35,32	140,70	158,
	V	2.743,16	150,87	219,45	246,88																		
	VI	2.787,50	153,31	223,00	250,87																		
8.534,99 (Ost)	I	2.236,58	92,18	178,92	201,29	73,54	166,39	187,19	54,89	153,86	173,09	36,25	141,32	158,99	17,61	128,79	144,89	-	116,26	130,79	-	103,78	116,
	II	2.087,41	74,43	166,99	187,86	55,80	154,46	173,77	37,15	141,93	159,67	18,51	129,40	145,57	-	116,86	131,47	-	104,37	117,41	-	92,30	103,
	III	1.521,16	-	121,69	136,90	-	111,46	125,39	-	101,50	114,19	-	91,80	103,27	-	82,34	92,63	-	73,14	82,28	-	64,21	72,
	IV	2.236,58	92,18	178,92	201,29	82,86	172,66	194,24	73,54	166,39	187,19	64,22	160,12	180,14	54,89	153,86	173,09	45,57	147,59	166,04	36,25	141,32	158,
	V	2.751,00	151,30	220,08	247,59																		
	VI	2.795,33	153,74	223,62	251,57																		

Anzahl Kinderfreibeträge (nur Steuerklassen I–IV)

Lohn/ Gehalt bis	Steuerklasse	Lohn- steuer	ohne Kinderfreibetrag SolZ 5,5%	ohne Kinderfreibetrag Kirchensteuer 8%	ohne Kinderfreibetrag Kirchensteuer 9%	0,5 SolZ 5,5%	0,5 Kirchensteuer 8%	0,5 Kirchensteuer 9%	1,0 SolZ 5,5%	1,0 Kirchensteuer 8%	1,0 Kirchensteuer 9%	1,5 SolZ 5,5%	1,5 Kirchensteuer 8%	1,5 Kirchensteuer 9%	2,0 SolZ 5,5%	2,0 Kirchensteuer 8%	2,0 Kirchensteuer 9%	2,5 SolZ 5,5%	2,5 Kirchensteuer 8%	2,5 Kirchensteuer 9%	3,0 SolZ 5,5%	3,0 Kirchensteuer 8%	3,0 Kirchensteuer 9%
						Anzahl Kinderfreibeträge (nur Steuerklassen I–IV)																	
8.537,99 (West)	I	2.230,00	91,40	178,40	200,70	72,75	165,86	186,59	54,11	153,33	172,49	35,47	140,80	158,40	16,82	128,26	144,29	-	115,74	130,20	-	103,26	116,17
	II	2.080,91	73,66	166,47	187,28	55,01	153,94	173,18	36,37	141,40	159,08	17,73	128,87	144,98	-	116,34	130,88	-	103,86	116,84	-	91,81	103,28
	III	1.515,66	-	121,25	136,40	-	111,04	124,92	-	101,09	113,72	-	91,40	102,82	-	81,96	92,20	-	72,77	81,86	-	63,84	71,82
	IV	2.230,00	91,40	178,40	200,70	82,08	172,13	193,64	72,75	165,86	186,59	63,43	159,60	179,55	54,11	153,33	172,49	44,79	147,06	165,44	35,47	140,80	158,40
	V	2.744,41	150,94	219,55	246,99																		
	VI	2.788,75	153,38	223,10	250,98																		
8.537,99 (Ost)	I	2.237,83	92,33	179,02	201,40	73,69	166,49	187,30	55,04	153,96	173,20	36,40	141,42	159,10	17,76	128,89	145,00	-	116,36	130,90	-	103,88	116,86
	II	2.088,75	74,59	167,10	187,98	55,94	154,56	173,88	37,30	142,03	159,78	18,66	129,50	145,68	0,01	116,96	131,58	-	104,47	117,53	-	92,40	103,95
	III	1.522,16	-	121,77	136,99	-	111,54	125,48	-	101,58	114,28	-	91,86	103,34	-	82,41	92,71	-	73,22	82,37	-	64,28	72,31
	IV	2.237,83	92,33	179,02	201,40	83,01	172,76	194,35	73,69	166,49	187,30	64,36	160,22	180,25	55,04	153,96	173,20	45,72	147,69	166,15	36,40	141,42	159,10
	V	2.752,25	151,37	220,18	247,70																		
	VI	2.796,58	153,81	223,72	251,69																		
8.540,99 (West)	I	2.231,25	91,55	178,50	200,81	72,90	165,96	186,71	54,26	153,43	172,61	35,63	140,90	158,51	16,98	128,37	144,41	-	115,84	130,32	-	103,36	116,28
	II	2.082,16	73,80	166,57	187,39	55,16	154,04	173,29	36,52	141,50	159,19	17,87	128,97	145,09	-	116,44	130,99	-	103,96	116,95	-	91,90	103,39
	III	1.516,66	-	121,33	136,49	-	111,12	125,01	-	101,17	113,81	-	91,46	102,89	-	82,02	92,27	-	72,84	81,94	-	63,92	71,91
	IV	2.231,25	91,55	178,50	200,81	82,22	172,23	193,76	72,90	165,96	186,71	63,58	159,70	179,66	54,26	153,43	172,61	44,94	147,16	165,56	35,63	140,90	158,51
	V	2.745,75	151,01	219,66	247,11																		
	VI	2.790,00	153,45	223,20	251,10																		
8.540,99 (Ost)	I	2.239,08	92,48	179,12	201,51	73,83	166,59	187,41	55,19	154,06	173,31	36,55	141,52	159,21	17,90	128,99	145,11	-	116,46	131,01	-	103,98	116,97
	II	2.090,00	74,74	167,20	188,10	56,09	154,66	173,99	37,45	142,13	159,89	18,81	129,60	145,80	0,16	117,06	131,69	-	104,57	117,64	-	92,49	104,05
	III	1.523,16	-	121,85	137,08	-	111,62	125,57	-	101,66	114,37	-	91,94	103,43	-	82,49	92,80	-	73,29	82,45	-	64,36	72,40
	IV	2.239,08	92,48	179,12	201,51	83,16	172,86	194,46	73,83	166,59	187,41	64,51	160,32	180,36	55,19	154,06	173,31	45,87	147,79	166,26	36,55	141,52	159,21
	V	2.753,50	151,44	220,28	247,81																		
	VI	2.797,83	153,88	223,82	251,80																		
8.543,99 (West)	I	2.232,50	91,69	178,60	200,92	73,05	166,06	186,82	54,42	153,54	172,73	35,77	141,00	158,63	17,13	128,47	144,53	-	115,94	130,43	-	103,46	116,39
	II	2.083,41	73,95	166,67	187,50	55,31	154,14	173,40	36,67	141,60	159,30	18,02	129,07	145,20	-	116,54	131,11	-	104,06	117,06	-	92,00	103,50
	III	1.517,83	-	121,42	136,60	-	111,20	125,10	-	101,25	113,90	-	91,54	102,98	-	82,10	92,36	-	72,92	82,03	-	63,98	71,98
	IV	2.232,50	91,69	178,60	200,92	82,37	172,33	193,87	73,05	166,06	186,82	63,74	159,80	179,78	54,42	153,54	172,73	45,10	147,27	165,68	35,77	141,00	158,63
	V	2.747,00	151,08	219,76	247,23																		
	VI	2.791,25	153,51	223,30	251,21																		
8.543,99 (Ost)	I	2.240,33	92,63	179,22	201,62	73,98	166,69	187,52	55,34	154,16	173,43	36,70	141,62	159,32	18,05	129,09	145,22	-	116,56	131,13	-	104,08	117,09
	II	2.091,25	74,89	167,30	188,21	56,24	154,76	174,11	37,60	142,23	160,01	18,96	129,70	145,91	0,31	117,16	131,81	-	104,67	117,75	-	92,59	104,16
	III	1.524,33	-	121,94	137,18	-	111,70	125,66	-	101,74	114,46	-	92,02	103,52	-	82,57	92,89	-	73,37	82,54	-	64,42	72,47
	IV	2.240,33	92,63	179,22	201,62	83,30	172,96	194,58	73,98	166,69	187,52	64,66	160,42	180,47	55,34	154,16	173,43	46,02	147,89	166,37	36,70	141,62	159,32
	V	2.754,75	151,51	220,38	247,92																		
	VI	2.799,08	153,94	223,92	251,91																		
8.546,99 (West)	I	2.233,83	91,85	178,70	201,04	73,21	166,17	186,94	54,57	153,64	172,84	35,92	141,10	158,74	17,28	128,57	144,64	-	116,04	130,54	-	103,56	116,51
	II	2.084,66	74,10	166,77	187,61	55,46	154,24	173,52	36,82	141,70	159,41	18,18	129,18	145,32	-	116,64	131,22	-	104,16	117,18	-	92,10	103,61
	III	1.518,83	-	121,50	136,69	-	111,29	125,20	-	101,33	113,99	-	91,62	103,07	-	82,17	92,44	-	72,98	82,10	-	64,05	72,05
	IV	2.233,83	91,85	178,70	201,04	82,53	172,44	193,99	73,21	166,17	186,94	63,89	159,90	179,89	54,57	153,64	172,84	45,24	147,37	165,79	35,92	141,10	158,74
	V	2.748,25	151,15	219,86	247,34																		
	VI	2.792,58	153,59	223,40	251,33																		
8.546,99 (Ost)	I	2.241,58	92,78	179,32	201,74	74,13	166,79	187,64	55,49	154,26	173,54	36,85	141,72	159,44	18,20	129,19	145,34	-	116,66	131,24	-	104,17	117,19
	II	2.092,50	75,03	167,40	188,32	56,39	154,86	174,22	37,75	142,33	160,12	19,10	129,80	146,02	0,46	117,26	131,92	-	104,77	117,86	-	92,68	104,27
	III	1.525,33	-	122,02	137,27	-	111,78	125,75	-	101,81	114,53	-	92,10	103,61	-	82,64	92,97	-	73,44	82,62	-	64,49	72,55
	IV	2.241,58	92,78	179,32	201,74	83,45	173,06	194,69	74,13	166,79	187,64	64,81	160,52	180,59	55,49	154,26	173,54	46,17	147,99	166,49	36,85	141,72	159,44
	V	2.756,00	151,58	220,48	248,04																		
	VI	2.800,33	154,01	224,02	252,02																		
8.549,99 (West)	I	2.235,08	92,00	178,80	201,15	73,36	166,27	187,05	54,72	153,74	172,95	36,07	141,20	158,85	17,43	128,67	144,75	-	116,14	130,65	-	103,66	116,61
	II	2.085,91	74,25	166,87	187,73	55,62	154,34	173,63	36,97	141,81	159,53	18,33	129,28	145,44	-	116,74	131,33	-	104,25	117,28	-	92,19	103,71
	III	1.519,83	-	121,58	136,78	-	111,37	125,29	-	101,40	114,07	-	91,70	103,16	-	82,25	92,53	-	73,06	82,19	-	64,13	72,14
	IV	2.235,08	92,00	178,80	201,15	82,68	172,54	194,10	73,36	166,27	187,05	64,04	160,00	180,00	54,72	153,74	172,95	45,39	147,47	165,90	36,07	141,20	158,85
	V	2.749,50	151,22	219,96	247,45																		
	VI	2.793,83	153,66	223,50	251,44																		
8.549,99 (Ost)	I	2.242,83	92,92	179,42	201,85	74,28	166,89	187,75	55,64	154,36	173,65	37,00	141,83	159,56	18,36	129,30	145,46	-	116,76	131,36	-	104,27	117,30
	II	2.093,75	75,18	167,50	188,43	56,54	154,96	174,33	37,90	142,43	160,23	19,25	129,90	146,13	0,61	117,36	132,03	-	104,87	117,98	-	92,78	104,37
	III	1.526,33	-	122,10	137,36	-	111,88	125,86	-	101,89	114,62	-	92,18	103,70	-	82,72	93,06	-	73,52	82,71	-	64,57	72,64
	IV	2.242,83	92,92	179,42	201,85	83,60	173,16	194,80	74,28	166,89	187,75	64,96	160,62	180,70	55,64	154,36	173,65	46,32	148,09	166,60	37,00	141,83	159,56
	V	2.757,33	151,65	220,58	248,15																		
	VI	2.801,58	154,08	224,12	252,14																		
8.552,99 (West)	I	2.236,33	92,15	178,90	201,26	73,51	166,37	187,16	54,86	153,84	173,07	36,22	141,30	158,96	17,58	128,77	144,86	-	116,24	130,77	-	103,76	116,73
	II	2.087,25	74,41	166,98	187,85	55,77	154,44	173,75	37,12	141,91	159,65	18,48	129,38	145,55	-	116,84	131,45	-	104,35	117,39	-	92,28	103,82
	III	1.520,83	-	121,66	136,87	-	111,45	125,38	-	101,48	114,16	-	91,77	103,24	-	82,33	92,62	-	73,13	82,27	-	64,20	72,22
	IV	2.236,33	92,15	178,90	201,26	82,83	172,64	194,22	73,51	166,37	187,16	64,19	160,10	180,11	54,86	153,84	173,07	45,54	147,57	166,01	36,22	141,30	158,96
	V	2.750,75	151,29	220,06	247,56																		
	VI	2.795,08	153,72	223,60	251,55																		
8.552,99 (Ost)	I	2.244,08	93,07	179,52	201,96	74,43	166,99	187,86	55,80	154,46	173,77	37,15	141,93	159,67	18,51	129,40	145,57	-	116,86	131,47	-	104,37	117,41
	II	2.095,00	75,33	167,60	188,55	56,69	155,06	174,44	38,05	142,53	160,34	19,40	130,00	146,25	0,77	117,47	132,15	-	104,97	118,09	-	92,87	104,48
	III	1.527,33	-	122,18	137,45	-	111,96	125,95	-	101,97	114,71	-	92,25	103,78	-	82,80	93,15	-	73,58	82,78	-	64,64	72,72
	IV	2.244,08	93,07	179,52	201,96	83,75	173,26	194,91	74,43	166,99	187,86	65,12	160,73	180,82	55,80	154,46	173,77	46,47	148,20	166,72	37,15	141,93	159,67
	V	2.758,58	151,72	220,68	248,27																		
	VI	2.802,83	154,15	224,22	252,25																		
8.555,99 (West)	I	2.237,58	92,30	179,00	201,38	73,66	166,47	187,28	55,01	153,94	173,18	36,37	141,40	159,08	17,73	128,87	144,98	-	116,34	130,88	-	103,86	116,84
	II	2.088,50	74,56	167,08	187,96	55,92	154,54	173,86	37,27	142,01	159,76	18,63	129,48	145,66	-	116,94	131,56	-	104,45	117,50	-	92,38	103,92
	III	1.522,00	-	121,76	136,98	-	111,53	125,47	-	101,56	114,25	-	91,85	103,33	-	82,40	92,70	-	73,21	82,36	-	64,26	72,29
	IV	2.237,58	92,30	179,00	201,38	82,98	172,74	194,33	73,66	166,47	187,28	64,33	160,20	180,23	55,01	153,94	173,18	45,69	147,67	166,13	36,37	141,40	159,08
	V	2.752,00	151,36	220,16	247,68																		
	VI	2.796,33	153,79	223,70	251,66																		
8.555,99 (Ost)	I	2.245,41	93,23	179,63	202,08	74,59	167,10	187,98	55,94	154,56	173,88	37,30	142,03	159,78	18,66	129,50	145,68	0,01	116,96	131,58	-	104,47	117,53
	II	2.096,25	75,48	167,70	188,66	56,84	155,16	174,56	38,19	142,63	160,46	19,56	130,10	146,36	0,92	117,57	132,26	-	105,06	118,19	-	92,97	104,59
	III	1.528,50	-	122,28	137,56	-	112,04	126,04	-	102,05	114,80	-	92,33	103,87	-	82,86	93,22	-	73,66	82,87	-	64,70	72,79
	IV	2.245,41	93,23	179,63	202,08	83,91	173,36	195,03	74,59	167,10	187,98	65,27	160,83	180,93	55,94	154,56	173,88	46,62	148,30	166,83	37,30	142,03	159,78
	V	2.759,83	151,79	220,78	248,38																		
	VI	2.804,16	154,22	224,33	252,37																		

MONAT bis 8.576,99 €

Allgemeine Tabelle

Lohn/Gehalt bis	Steuerklasse	Lohnsteuer	ohne Kinderfreibetrag			Anzahl Kinderfreibeträge (nur Steuerklassen I–IV)																	
						0,5			1,0			1,5			2,0			2,5			3,0		
			SolZ 5,5%	Kirchensteuer 8%	9%	SolZ 5,5%	Kirchensteuer 8%	9%	SolZ 5,5%	Kirchensteuer 8%	9%	SolZ 5,5%	Kirchensteuer 8%	9%	SolZ 5,5%	Kirchensteuer 8%	9%	SolZ 5,5%	Kirchensteuer 8%	9%	SolZ 5,5%	Kirchensteuer 8%	9
8.558,99 (West)	I	2.238,83	92,45	179,10	201,49	73,80	166,57	187,39	55,16	154,04	173,29	36,52	141,50	159,19	17,87	128,97	145,09	-	116,44	130,99	-	103,96	1
	II	2.089,75	74,71	167,18	188,07	56,06	154,64	173,97	37,42	142,11	159,87	18,78	129,58	145,77	0,13	117,04	131,67	-	104,55	117,62	-	92,48	1
	III	1.523,00	-	121,84	137,07	-	111,61	125,56	-	101,64	114,34	-	91,93	103,42	-	82,48	92,79	-	73,28	82,44	-	64,34	7
	IV	2.238,83	92,45	179,10	201,49	83,13	172,84	194,44	73,80	166,57	187,39	64,48	160,30	180,34	55,16	154,04	173,29	45,84	147,77	166,24	36,52	141,50	15
	V	2.753,25	151,42	220,26	247,79																		
	VI	2.797,58	153,86	223,80	251,78																		
8.558,99 (Ost)	I	2.246,66	93,38	179,73	202,19	74,74	167,20	188,10	56,09	154,66	173,99	37,45	142,13	159,89	18,81	129,60	145,80	0,16	117,06	131,69	-	104,57	11
	II	2.097,50	75,63	167,80	188,77	57,00	155,27	174,68	38,35	142,74	160,58	19,71	130,20	146,48	1,07	117,67	132,38	-	105,16	118,31	-	93,06	10
	III	1.529,50	-	122,36	137,65	-	112,12	126,13	-	102,13	114,89	-	92,41	103,96	-	82,94	93,31	-	73,73	82,94	-	64,78	7
	IV	2.246,66	93,38	179,73	202,19	84,06	173,46	195,14	74,74	167,20	188,10	65,42	160,93	181,04	56,09	154,66	173,99	46,77	148,40	166,95	37,45	142,13	15
	V	2.761,08	151,85	220,88	248,49																		
	VI	2.805,41	154,29	224,43	252,48																		
8.561,99 (West)	I	2.240,08	92,60	179,20	201,60	73,95	166,67	187,50	55,31	154,14	173,40	36,67	141,60	159,30	18,02	129,07	145,20	-	116,54	131,11	-	104,06	11
	II	2.091,00	74,86	167,28	188,19	56,21	154,74	174,08	37,57	142,21	159,98	18,93	129,68	145,89	0,28	117,14	131,78	-	104,65	117,73	-	92,57	10
	III	1.524,00	-	121,92	137,16	-	111,69	125,65	-	101,72	114,43	-	92,01	103,51	-	82,54	92,86	-	73,36	82,53	-	64,41	7
	IV	2.240,08	92,60	179,20	201,60	83,28	172,94	194,55	73,95	166,67	187,50	64,63	160,40	180,45	55,31	154,14	173,40	45,99	147,87	166,35	36,67	141,60	15
	V	2.754,50	151,49	220,36	247,90																		
	VI	2.798,83	153,93	223,90	251,89																		
8.561,99 (Ost)	I	2.247,91	93,53	179,83	202,31	74,89	167,30	188,21	56,24	154,76	174,11	37,60	142,23	160,01	18,96	129,70	145,91	0,31	117,16	131,81	-	104,67	11
	II	2.098,83	75,79	167,90	188,89	57,14	155,37	174,79	38,50	142,84	160,69	19,86	130,30	146,59	1,21	117,77	132,49	-	105,26	118,42	-	93,16	10
	III	1.530,50	-	122,44	137,74	-	112,20	126,22	-	102,21	114,98	-	92,49	104,05	-	83,02	93,40	-	73,81	83,03	-	64,85	7
	IV	2.247,91	93,53	179,83	202,31	84,21	173,56	195,26	74,89	167,30	188,21	65,56	161,03	181,16	56,24	154,76	174,11	46,92	148,50	167,06	37,60	142,23	16
	V	2.762,33	151,92	220,98	248,60																		
	VI	2.806,66	154,36	224,53	252,59																		
8.564,99 (West)	I	2.241,33	92,75	179,30	201,71	74,10	166,77	187,61	55,46	154,24	173,52	36,82	141,70	159,41	18,18	129,18	145,32	-	116,64	131,22	-	104,16	11
	II	2.092,25	75,00	167,38	188,30	56,36	154,84	174,20	37,72	142,31	160,10	19,07	129,78	146,00	0,43	117,24	131,90	-	104,75	117,84	-	92,66	10
	III	1.525,00	-	122,00	137,25	-	111,77	125,74	-	101,80	114,52	-	92,08	103,59	-	82,62	92,95	-	73,42	82,60	-	64,48	7
	IV	2.241,33	92,75	179,30	201,71	83,42	173,04	194,67	74,10	166,77	187,61	64,78	160,50	180,56	55,46	154,24	173,52	46,14	147,97	166,46	36,82	141,70	15
	V	2.755,83	151,57	220,46	248,02																		
	VI	2.800,08	154,00	224,00	252,00																		
8.564,99 (Ost)	I	2.249,16	93,68	179,93	202,42	75,03	167,40	188,32	56,39	154,86	174,22	37,75	142,33	160,12	19,10	129,80	146,02	0,46	117,26	131,92	-	104,77	11
	II	2.100,08	75,94	168,00	189,00	57,29	155,47	174,90	38,65	142,94	160,80	20,01	130,40	146,70	1,36	117,87	132,60	-	105,36	118,53	-	93,26	10
	III	1.531,50	-	122,52	137,83	-	112,28	126,31	-	102,29	115,07	-	92,57	104,14	-	83,09	93,47	-	73,88	83,11	-	64,92	7
	IV	2.249,16	93,68	179,93	202,42	84,36	173,66	195,37	75,03	167,40	188,32	65,71	161,13	181,27	56,39	154,86	174,22	47,07	148,60	167,17	37,75	142,33	16
	V	2.763,58	151,99	221,08	248,72																		
	VI	2.807,91	154,43	224,63	252,71																		
8.567,99 (West)	I	2.242,58	92,89	179,40	201,83	74,25	166,87	187,73	55,62	154,34	173,63	36,97	141,81	159,53	18,33	129,28	145,44	-	116,74	131,33	-	104,25	11
	II	2.093,50	75,15	167,48	188,41	56,51	154,94	174,31	37,87	142,41	160,21	19,22	129,88	146,11	0,58	117,34	132,01	-	104,85	117,95	-	92,76	10
	III	1.526,16	-	122,09	137,35	-	111,85	125,83	-	101,88	114,61	-	92,16	103,68	-	82,70	93,04	-	73,50	82,69	-	64,56	72
	IV	2.242,58	92,89	179,40	201,83	83,57	173,14	194,78	74,25	166,87	187,73	64,93	160,60	180,68	55,62	154,34	173,63	46,30	148,08	166,59	36,97	141,81	159
	V	2.757,08	151,63	220,56	248,13																		
	VI	2.801,33	154,07	224,10	252,11																		
8.567,99 (Ost)	I	2.250,41	93,83	180,03	202,53	75,18	167,50	188,43	56,54	154,96	174,33	37,90	142,43	160,23	19,25	129,90	146,13	0,61	117,36	132,03	-	104,87	117
	II	2.101,33	76,09	168,10	189,11	57,44	155,57	175,01	38,80	143,04	160,92	20,16	130,50	146,81	1,51	117,97	132,71	-	105,46	118,64	-	93,35	105
	III	1.532,66	-	122,61	137,93	-	112,36	126,40	-	102,37	115,16	-	92,64	104,22	-	83,17	93,56	-	73,96	83,20	-	65,00	73
	IV	2.250,41	93,83	180,03	202,53	84,50	173,76	195,48	75,18	167,50	188,43	65,86	161,23	181,38	56,54	154,96	174,33	47,22	148,70	167,28	37,90	142,43	160
	V	2.764,83	152,06	221,18	248,83																		
	VI	2.809,16	154,50	224,73	252,82																		
8.570,99 (West)	I	2.243,83	93,04	179,50	201,94	74,41	166,98	187,85	55,77	154,44	173,75	37,12	141,91	159,65	18,48	129,38	145,55	-	116,84	131,45	-	104,35	117
	II	2.094,75	75,30	167,58	188,52	56,66	155,04	174,42	38,02	142,51	160,32	19,38	129,98	146,23	0,74	117,45	132,13	-	104,95	118,07	-	92,86	104
	III	1.527,16	-	122,17	137,44	-	111,93	125,92	-	101,96	114,70	-	92,24	103,77	-	82,77	93,11	-	73,57	82,76	-	64,62	72
	IV	2.243,83	93,04	179,50	201,94	83,73	173,24	194,90	74,41	166,98	187,85	65,09	160,71	180,80	55,77	154,44	173,75	46,44	148,18	166,70	37,12	141,91	159
	V	2.758,33	151,70	220,66	248,24																		
	VI	2.802,58	154,14	224,20	252,23																		
8.570,99 (Ost)	I	2.251,66	93,98	180,13	202,64	75,33	167,60	188,55	56,69	155,06	174,44	38,05	142,53	160,34	19,40	130,00	146,25	0,77	117,47	132,15	-	104,97	118,
	II	2.102,58	76,23	168,20	189,23	57,59	155,67	175,13	38,95	143,14	161,03	20,30	130,60	146,93	1,66	118,07	132,83	-	105,56	118,76	-	93,44	105,
	III	1.533,66	-	122,69	138,02	-	112,44	126,49	-	102,45	115,25	-	92,72	104,31	-	83,24	93,64	-	74,02	83,27	-	65,06	73
	IV	2.251,66	93,98	180,13	202,64	84,65	173,86	195,59	75,33	167,60	188,55	66,01	161,33	181,49	56,69	155,06	174,44	47,37	148,80	167,40	38,05	142,53	160,
	V	2.766,08	152,13	221,28	248,94																		
	VI	2.810,41	154,57	224,83	252,93																		
8.573,99 (West)	I	2.245,16	93,20	179,61	202,06	74,56	167,08	187,96	55,92	154,54	173,86	37,27	142,01	159,76	18,63	129,48	145,66	-	116,94	131,56	-	104,45	117,
	II	2.096,00	75,45	167,68	188,64	56,81	155,14	174,53	38,17	142,62	160,44	19,53	130,08	146,34	0,89	117,55	132,24	-	105,05	118,18	-	92,95	104,
	III	1.528,16	-	122,25	137,53	-	112,01	126,01	-	102,04	114,79	-	92,32	103,86	-	82,85	93,20	-	73,64	82,84	-	64,69	72,
	IV	2.245,16	93,20	179,61	202,06	83,88	173,34	195,01	74,56	167,08	187,96	65,24	160,81	180,91	55,92	154,54	173,86	46,59	148,28	166,81	37,27	142,01	159,
	V	2.759,58	151,77	220,76	248,36																		
	VI	2.803,91	154,21	224,31	252,35																		
8.573,99 (Ost)	I	2.252,91	94,12	180,23	202,76	75,48	167,70	188,66	56,84	155,16	174,56	38,19	142,63	160,46	19,56	130,10	146,36	0,92	117,57	132,26	-	105,06	118,
	II	2.103,83	76,38	168,30	189,34	57,74	155,77	175,24	39,10	143,24	161,14	20,45	130,70	147,04	1,81	118,17	132,94	-	105,66	118,87	-	93,54	105,
	III	1.534,66	-	122,77	138,11	-	112,52	126,58	-	102,53	115,34	-	92,80	104,40	-	83,32	93,73	-	74,10	83,36	-	65,13	73,
	IV	2.252,91	94,12	180,23	202,76	84,80	173,96	195,71	75,48	167,70	188,66	66,16	161,43	181,61	56,84	155,16	174,56	47,52	148,90	167,51	38,19	142,63	160,
	V	2.767,41	152,20	221,39	249,06																		
	VI	2.811,66	154,64	224,93	253,04																		
8.576,99 (West)	I	2.246,41	93,35	179,71	202,17	74,71	167,18	188,07	56,06	154,64	173,97	37,42	142,11	159,87	18,78	129,58	145,77	0,13	117,04	131,67	-	104,55	117,
	II	2.097,33	75,61	167,78	188,75	56,97	155,25	174,65	38,32	142,72	160,56	19,68	130,18	146,45	1,04	117,65	132,35	-	105,14	118,28	-	93,04	104,
	III	1.529,16	-	122,33	137,62	-	112,10	126,11	-	102,12	114,88	-	92,40	103,95	-	82,93	93,29	-	73,72	82,93	-	64,77	72,
	IV	2.246,41	93,35	179,71	202,17	84,03	173,44	195,12	74,71	167,18	188,07	65,39	160,91	181,02	56,06	154,64	173,97	46,74	148,38	166,92	37,42	142,11	159,
	V	2.760,83	151,84	220,86	248,47																		
	VI	2.805,16	154,28	224,41	252,46																		
8.576,99 (Ost)	I	2.254,16	94,27	180,33	202,87	75,63	167,80	188,77	57,00	155,27	174,68	38,35	142,74	160,58	19,71	130,20	146,48	1,07	117,67	132,38	-	105,16	118,
	II	2.105,08	76,53	168,40	189,45	57,89	155,87	175,35	39,25	143,34	161,25	20,60	130,80	147,15	1,96	118,27	133,05	-	105,76	118,98	-	93,64	105,
	III	1.535,66	-	122,85	138,20	-	112,60	126,67	-	102,61	115,43	-	92,88	104,49	-	83,40	93,82	-	74,17	83,44	-	65,21	73,
	IV	2.254,16	94,27	180,33	202,87	84,95	174,06	195,82	75,63	167,80	188,77	66,31	161,53	181,72	57,00	155,27	174,68	47,67	149,00	167,63	38,35	142,74	160,
	V	2.768,66	152,27	221,49	249,17																		
	VI	2.812,91	154,71	225,03	253,16																		

Allgemeine Tabelle

Lohn/ Gehalt bis	Steuerklasse	Lohnsteuer	ohne Kinderfreibetrag SolZ 5,5%	Kirchensteuer 8%	Kirchensteuer 9%	0,5 SolZ 5,5%	0,5 Kirchensteuer 8%	0,5 Kirchensteuer 9%	1,0 SolZ 5,5%	1,0 Kirchensteuer 8%	1,0 Kirchensteuer 9%	1,5 SolZ 5,5%	1,5 Kirchensteuer 8%	1,5 Kirchensteuer 9%	2,0 SolZ 5,5%	2,0 Kirchensteuer 8%	2,0 Kirchensteuer 9%	2,5 SolZ 5,5%	2,5 Kirchensteuer 8%	2,5 Kirchensteuer 9%	3,0 SolZ 5,5%	3,0 Kirchensteuer 8%	3,0 Kirchensteuer 9%
8.579,99 (West)	I	2.247,66	93,50	179,81	202,28	74,86	167,28	188,19	56,21	154,74	174,08	37,57	142,21	159,98	18,93	129,68	145,89	0,28	117,14	131,78	-	104,65	117,73
	II	2.098,58	75,76	167,88	188,87	57,12	155,35	174,77	38,47	142,82	160,67	19,83	130,28	146,57	1,19	117,75	132,47	-	105,24	118,40	-	93,14	104,78
	III	1.530,33	-	122,42	137,72	-	112,18	126,20	-	102,20	114,97	-	92,46	104,02	-	83,00	93,37	-	73,78	83,00	-	64,84	72,94
	IV	2.247,66	93,50	179,81	202,28	84,18	173,54	195,23	74,86	167,28	188,19	65,53	161,01	181,13	56,21	154,74	174,08	46,89	148,48	167,04	37,57	142,21	159,98
	V	2.762,08	151,91	220,96	248,58																		
	VI	2.806,41	154,35	224,51	252,57																		
8.579,99 (Ost)	I	2.255,41	94,42	180,43	202,98	75,79	167,90	188,89	57,14	155,37	174,79	38,50	142,84	160,69	19,86	130,30	146,59	1,21	117,77	132,49	-	105,26	118,42
	II	2.106,33	76,68	168,50	189,56	58,04	155,97	175,46	39,39	143,44	161,37	20,76	130,91	147,27	2,12	118,38	133,17	-	105,86	119,09	-	93,73	105,44
	III	1.536,83	-	122,94	138,31	-	112,69	126,77	-	102,69	115,52	-	92,94	104,56	-	83,46	93,89	-	74,25	83,53	-	65,28	73,44
	IV	2.255,41	94,42	180,43	202,98	85,11	174,17	195,94	75,79	167,90	188,89	66,47	161,64	181,84	57,14	155,37	174,79	47,82	149,10	167,74	38,50	142,84	160,69
	V	2.769,91	152,34	221,59	249,29																		
	VI	2.814,25	154,78	225,14	253,28																		
8.582,99 (West)	I	2.248,91	93,65	179,91	202,40	75,00	167,38	188,30	56,36	154,84	174,20	37,72	142,31	160,10	19,07	129,78	146,00	0,43	117,24	131,90	-	104,75	117,84
	II	2.099,83	75,91	167,98	188,98	57,26	155,45	174,88	38,62	142,92	160,78	19,98	130,38	146,68	1,33	117,85	132,58	-	105,34	118,51	-	93,24	104,89
	III	1.531,33	-	122,50	137,81	-	112,26	126,29	-	102,28	115,06	-	92,54	104,11	-	83,08	93,46	-	73,86	83,09	-	64,90	73,01
	IV	2.248,91	93,65	179,91	202,40	84,33	173,64	195,35	75,00	167,38	188,30	65,68	161,11	181,25	56,36	154,84	174,20	47,04	148,58	167,15	37,72	142,31	160,10
	V	2.763,33	151,98	221,06	248,69																		
	VI	2.807,66	154,42	224,61	252,68																		
8.582,99 (Ost)	I	2.256,75	94,58	180,54	203,10	75,94	168,00	189,00	57,29	155,47	174,90	38,65	142,94	160,80	20,01	130,40	146,70	1,36	117,87	132,60	-	105,36	118,53
	II	2.107,58	76,83	168,60	189,68	58,19	156,07	175,58	39,55	143,54	161,48	20,91	131,01	147,38	2,27	118,48	133,29	-	105,96	119,21	-	93,83	105,56
	III	1.537,83	-	123,02	138,40	-	112,77	126,86	-	102,77	115,61	-	93,02	104,65	-	83,54	93,98	-	74,32	83,61	-	65,34	73,51
	IV	2.256,75	94,58	180,54	203,10	85,26	174,27	196,05	75,94	168,00	189,00	66,62	161,74	181,95	57,29	155,47	174,90	47,97	149,20	167,85	38,65	142,94	160,80
	V	2.771,16	152,41	221,69	249,40																		
	VI	2.815,50	154,85	225,24	253,39																		
8.585,99 (West)	I	2.250,16	93,80	180,01	202,51	75,15	167,48	188,41	56,51	154,94	174,31	37,87	142,41	160,21	19,22	129,88	146,11	0,58	117,34	132,01	-	104,85	117,95
	II	2.101,08	76,06	168,08	189,09	57,41	155,55	174,99	38,77	143,02	160,89	20,13	130,48	146,79	1,48	117,95	132,69	-	105,44	118,62	-	93,33	104,99
	III	1.532,33	-	122,58	137,90	-	112,34	126,38	-	102,36	115,15	-	92,62	104,20	-	83,16	93,55	-	73,93	83,17	-	64,98	73,10
	IV	2.250,16	93,80	180,01	202,51	84,48	173,74	195,46	75,15	167,48	188,41	65,83	161,21	181,36	56,51	154,94	174,31	47,19	148,68	167,26	37,87	142,41	160,21
	V	2.764,58	152,05	221,16	248,81																		
	VI	2.808,91	154,49	224,71	252,80																		
8.585,99 (Ost)	I	2.258,00	94,73	180,64	203,22	76,09	168,10	189,11	57,44	155,57	175,01	38,80	143,04	160,92	20,16	130,50	146,81	1,51	117,97	132,71	-	105,46	118,64
	II	2.108,91	76,99	168,71	189,80	58,34	156,18	175,70	39,70	143,64	161,60	21,06	131,11	147,50	2,41	118,58	133,40	-	106,06	119,32	-	93,92	105,66
	III	1.538,83	-	123,10	138,49	-	112,85	126,95	-	102,85	115,70	-	93,10	104,74	-	83,62	94,07	-	74,40	83,70	-	65,42	73,60
	IV	2.258,00	94,73	180,64	203,22	85,41	174,37	196,16	76,09	168,10	189,11	66,76	161,84	182,07	57,44	155,57	175,01	48,12	149,30	167,96	38,80	143,04	160,92
	V	2.772,41	152,48	221,79	249,51																		
	VI	2.816,75	154,92	225,34	253,50																		
8.588,99 (West)	I	2.251,41	93,95	180,11	202,62	75,30	167,58	188,52	56,66	155,04	174,42	38,02	142,51	160,32	19,38	129,98	146,23	0,74	117,45	132,13	-	104,95	118,07
	II	2.102,33	76,20	168,18	189,20	57,56	155,65	175,10	38,92	143,12	161,01	20,27	130,58	146,90	1,63	118,05	132,80	-	105,54	118,73	-	93,42	105,10
	III	1.533,33	-	122,66	137,99	-	112,42	126,47	-	102,44	115,24	-	92,70	104,29	-	83,22	93,62	-	74,01	83,26	-	65,05	73,18
	IV	2.251,41	93,95	180,11	202,62	84,62	173,84	195,57	75,30	167,58	188,52	65,98	161,31	181,47	56,66	155,04	174,42	47,34	148,78	167,37	38,02	142,51	160,32
	V	2.765,83	152,12	221,26	248,92																		
	VI	2.810,16	154,55	224,81	252,91																		
8.588,99 (Ost)	I	2.259,25	94,88	180,74	203,33	76,23	168,20	189,23	57,59	155,67	175,13	38,95	143,14	161,03	20,30	130,60	146,93	1,66	118,07	132,83	-	105,56	118,76
	II	2.110,16	77,14	168,81	189,91	58,49	156,28	175,81	39,85	143,74	161,71	21,21	131,21	147,61	2,56	118,68	133,51	-	106,16	119,43	-	94,02	105,77
	III	1.539,83	-	123,18	138,58	-	112,93	127,04	-	102,93	115,79	-	93,18	104,83	-	83,69	94,15	-	74,46	83,77	-	65,49	73,67
	IV	2.259,25	94,88	180,74	203,33	85,56	174,47	196,28	76,23	168,20	189,23	66,91	161,94	182,18	57,59	155,67	175,13	48,27	149,40	168,08	38,95	143,14	161,03
	V	2.773,66	152,55	221,89	249,62																		
	VI	2.818,00	154,99	225,44	253,62																		
8.591,99 (West)	I	2.252,66	94,09	180,21	202,73	75,45	167,68	188,64	56,81	155,14	174,53	38,17	142,62	160,44	19,53	130,08	146,34	0,89	117,55	132,24	-	105,05	118,18
	II	2.103,58	76,35	168,28	189,32	57,71	155,75	175,22	39,07	143,22	161,12	20,42	130,68	147,02	1,78	118,15	132,92	-	105,64	118,85	-	93,52	105,21
	III	1.534,50	-	122,76	138,10	-	112,50	126,56	-	102,52	115,33	-	92,78	104,38	-	83,30	93,71	-	74,08	83,34	-	65,12	73,26
	IV	2.252,66	94,09	180,21	202,73	84,77	173,94	195,68	75,45	167,68	188,64	66,13	161,41	181,58	56,81	155,14	174,53	47,50	148,88	167,49	38,17	142,62	160,44
	V	2.767,16	152,19	221,37	249,04																		
	VI	2.811,41	154,62	224,91	253,02																		
8.591,99 (Ost)	I	2.260,50	95,03	180,84	203,44	76,38	168,30	189,34	57,74	155,77	175,24	39,10	143,24	161,14	20,45	130,70	147,04	1,81	118,17	132,94	-	105,66	118,87
	II	2.111,41	77,29	168,91	190,02	58,64	156,38	175,92	40,00	143,84	161,82	21,36	131,31	147,72	2,71	118,78	133,62	-	106,26	119,54	-	94,12	105,88
	III	1.541,00	-	123,28	138,69	-	113,01	127,13	-	103,01	115,88	-	93,26	104,92	-	83,77	94,24	-	74,53	83,84	-	65,56	73,75
	IV	2.260,50	95,03	180,84	203,44	85,70	174,57	196,39	76,38	168,30	189,34	67,06	162,04	182,29	57,74	155,77	175,24	48,42	149,50	168,19	39,10	143,24	161,14
	V	2.774,91	152,62	221,99	249,74																		
	VI	2.819,25	155,05	225,54	253,73																		
8.594,99 (West)	I	2.253,91	94,24	180,31	202,85	75,61	167,78	188,75	56,97	155,25	174,65	38,32	142,72	160,56	19,68	130,18	146,45	1,04	117,65	132,35	-	105,14	118,28
	II	2.104,83	76,50	168,38	189,43	57,86	155,85	175,33	39,22	143,32	161,23	20,57	130,78	147,13	1,94	118,26	133,04	-	105,74	118,96	-	93,62	105,32
	III	1.535,50	-	122,84	138,19	-	112,58	126,65	-	102,60	115,42	-	92,85	104,45	-	83,37	93,79	-	74,16	83,43	-	65,18	73,33
	IV	2.253,91	94,24	180,31	202,85	84,92	174,04	195,80	75,61	167,78	188,75	66,29	161,52	181,71	56,97	155,25	174,65	47,64	148,98	167,60	38,32	142,72	160,56
	V	2.768,41	152,26	221,47	249,15																		
	VI	2.812,66	154,69	225,01	253,13																		
8.594,99 (Ost)	I	2.261,75	95,18	180,94	203,55	76,53	168,40	189,45	57,89	155,87	175,35	39,25	143,34	161,25	20,60	130,80	147,15	1,96	118,27	133,05	-	105,76	118,98
	II	2.112,66	77,43	169,01	190,13	58,79	156,48	176,04	40,15	143,94	161,93	21,50	131,41	147,83	2,86	118,88	133,74	-	106,36	119,66	-	94,21	105,98
	III	1.542,00	-	123,36	138,78	-	113,09	127,22	-	103,09	115,97	-	93,33	104,99	-	83,85	94,33	-	74,61	83,93	-	65,64	73,84
	IV	2.261,75	95,18	180,94	203,55	85,85	174,67	196,50	76,53	168,40	189,45	67,21	162,14	182,40	57,89	155,87	175,35	48,57	149,60	168,30	39,25	143,34	161,25
	V	2.776,16	152,68	222,09	249,85																		
	VI	2.820,50	155,12	225,64	253,84																		
8.597,99 (West)	I	2.255,25	94,40	180,42	202,97	75,76	167,88	188,87	57,12	155,35	174,77	38,47	142,82	160,67	19,83	130,28	146,57	1,19	117,75	132,47	-	105,24	118,40
	II	2.106,08	76,65	168,48	189,54	58,01	155,95	175,44	39,37	143,42	161,35	20,73	130,89	147,25	2,09	118,36	133,15	-	105,84	119,07	-	93,71	105,42
	III	1.536,50	-	122,92	138,28	-	112,66	126,74	-	102,68	115,51	-	92,93	104,54	-	83,45	93,88	-	74,22	83,50	-	65,26	73,42
	IV	2.255,25	94,40	180,42	202,97	85,08	174,15	195,92	75,76	167,88	188,87	66,44	161,62	181,82	57,12	155,35	174,77	47,79	149,08	167,72	38,47	142,82	160,67
	V	2.769,66	152,33	221,57	249,26																		
	VI	2.814,00	154,77	225,12	253,26																		
8.597,99 (Ost)	I	2.263,00	95,32	181,04	203,67	76,68	168,50	189,56	58,04	155,97	175,46	39,39	143,44	161,37	20,76	130,91	147,27	2,12	118,38	133,17	-	105,86	119,09
	II	2.113,91	77,58	169,11	190,25	58,94	156,58	176,15	40,30	144,04	162,05	21,65	131,51	147,95	3,01	118,98	133,85	-	106,46	119,77	-	94,30	106,09
	III	1.543,00	-	123,44	138,87	-	113,17	127,31	-	103,17	116,06	-	93,41	105,08	-	83,92	94,41	-	74,68	84,01	-	65,70	73,91
	IV	2.263,00	95,32	181,04	203,67	86,00	174,77	196,61	76,68	168,50	189,56	67,36	162,24	182,52	58,04	155,97	175,46	48,72	149,70	168,41	39,39	143,44	161,37
	V	2.777,50	152,76	222,20	249,97																		
	VI	2.821,75	155,19	225,74	253,95																		

Anzahl Kinderfreibeträge (nur Steuerklassen I–IV)

Lohn/ Gehalt bis	Steuerklasse	Lohnsteuer	ohne Kinderfreibetrag SolZ 5,5%	ohne Kinderfreibetrag Kirchensteuer 8%	ohne Kinderfreibetrag Kirchensteuer 9%	0,5 SolZ 5,5%	0,5 Kirchensteuer 8%	0,5 Kirchensteuer 9%	1,0 SolZ 5,5%	1,0 Kirchensteuer 8%	1,0 Kirchensteuer 9%	1,5 SolZ 5,5%	1,5 Kirchensteuer 8%	1,5 Kirchensteuer 9%	2,0 SolZ 5,5%	2,0 Kirchensteuer 8%	2,0 Kirchensteuer 9%	2,5 SolZ 5,5%	2,5 Kirchensteuer 8%	2,5 Kirchensteuer 9%	3,0 SolZ 5,5%	3,0 Kirchensteuer 8%
						Anzahl Kinderfreibeträge (nur Steuerklassen I–IV)																
8.600,99 (West)	I	2.256,50	94,55	180,52	203,08	75,91	167,98	188,98	57,26	155,45	174,88	38,62	142,92	160,78	19,98	130,38	146,68	1,33	117,85	132,58	–	105,34
	II	2.107,33	76,80	168,58	189,65	58,17	156,06	175,56	39,52	143,52	161,46	20,88	130,99	147,36	2,24	118,46	133,26	–	105,94	119,18	–	93,81
	III	1.537,50	–	123,00	138,37	–	112,74	126,83	–	102,76	115,60	–	93,01	104,63	–	83,53	93,97	–	74,30	83,59	–	65,33
	IV	2.256,50	94,55	180,52	203,08	85,23	174,25	196,03	75,91	167,98	188,98	66,59	161,72	181,93	57,26	155,45	174,88	47,94	149,18	167,83	38,62	142,92
	V	2.770,91	152,40	221,67	249,38																	
	VI	2.815,25	154,83	225,22	253,37																	
8.600,99 (Ost)	I	2.264,25	95,47	181,14	203,78	76,83	168,60	189,68	58,19	156,07	175,58	39,55	143,54	161,48	20,91	131,01	147,38	2,27	118,48	133,29	–	105,96
	II	2.115,16	77,73	169,21	190,36	59,09	156,68	176,26	40,45	144,14	162,16	21,80	131,61	148,06	3,16	119,08	133,96	–	106,56	119,88	–	94,40
	III	1.544,00	–	123,52	138,96	–	113,25	127,40	–	103,25	116,15	–	93,49	105,17	–	84,00	94,50	–	74,76	84,10	–	65,77
	IV	2.264,25	95,47	181,14	203,78	86,15	174,87	196,73	76,83	168,60	189,68	67,51	162,34	182,63	58,19	156,07	175,58	48,87	149,81	168,53	39,55	143,54
	V	2.778,75	152,83	222,30	250,08																	
	VI	2.823,00	155,26	225,84	254,07																	
8.603,99 (West)	I	2.257,75	94,70	180,62	203,19	76,06	168,08	189,09	57,41	155,55	174,99	38,77	143,02	160,89	20,13	130,48	146,79	1,48	117,95	132,69	–	105,44
	II	2.108,66	76,96	168,69	189,77	58,31	156,16	175,68	39,67	143,62	161,57	21,03	131,09	147,47	2,38	118,56	133,38	–	106,04	119,30	–	93,90
	III	1.538,66	–	123,09	138,47	–	112,82	126,92	–	102,82	115,67	–	93,09	104,72	–	83,60	94,05	–	74,37	83,66	–	65,40
	IV	2.257,75	94,70	180,62	203,19	85,38	174,35	196,14	76,06	168,08	189,09	66,73	161,82	182,04	57,41	155,55	174,99	48,09	149,28	167,94	38,77	143,02
	V	2.772,16	152,46	221,77	249,49																	
	VI	2.816,50	154,90	225,32	253,48																	
8.603,99 (Ost)	I	2.265,50	95,62	181,24	203,89	76,99	168,71	189,80	58,34	156,18	175,70	39,70	143,64	161,60	21,06	131,11	147,50	2,41	118,58	133,40	–	106,06
	II	2.116,41	77,88	169,31	190,47	59,24	156,78	176,37	40,59	144,24	162,27	21,95	131,71	148,17	3,32	119,18	134,08	–	106,66	119,99	–	94,50
	III	1.545,16	–	123,61	139,06	–	113,33	127,49	–	103,33	116,24	–	93,57	105,26	–	84,08	94,59	–	74,82	84,17	–	65,85
	IV	2.265,50	95,62	181,24	203,89	86,30	174,97	196,84	76,99	168,71	189,80	67,67	162,44	182,75	58,34	156,18	175,70	49,02	149,91	168,65	39,70	143,64
	V	2.780,00	152,90	222,40	250,20																	
	VI	2.824,25	155,33	225,94	254,18																	
8.606,99 (West)	I	2.259,00	94,85	180,72	203,31	76,20	168,18	189,20	57,56	155,65	175,10	38,92	143,12	161,01	20,27	130,58	146,90	1,63	118,05	132,80	–	105,54
	II	2.109,91	77,11	168,79	189,89	58,46	156,26	175,79	39,82	143,72	161,69	21,18	131,19	147,59	2,53	118,66	133,49	–	106,14	119,41	–	94,00
	III	1.539,66	–	123,17	138,56	–	112,92	127,03	–	102,90	115,76	–	93,17	104,81	–	83,68	94,14	–	74,45	83,75	–	65,48
	IV	2.259,00	94,85	180,72	203,31	85,53	174,45	196,25	76,20	168,18	189,20	66,88	161,92	182,16	57,56	155,65	175,10	48,24	149,38	168,05	38,92	143,12
	V	2.773,41	152,53	221,87	249,60																	
	VI	2.817,75	154,97	225,42	253,59																	
8.606,99 (Ost)	I	2.266,83	95,78	181,34	204,01	77,14	168,81	189,91	58,49	156,28	175,81	39,85	143,74	161,71	21,21	131,21	147,61	2,56	118,68	133,51	–	106,16
	II	2.117,66	78,03	169,41	190,58	59,39	156,88	176,49	40,75	144,35	162,39	22,11	131,82	148,29	3,47	119,28	134,19	–	106,76	120,11	–	94,59
	III	1.546,16	–	123,69	139,15	–	113,42	127,60	–	103,41	116,33	–	93,65	105,35	–	84,14	94,66	–	74,90	84,26	–	65,92
	IV	2.266,83	95,78	181,34	204,01	86,46	175,08	196,96	77,14	168,81	189,91	67,82	162,54	182,86	58,49	156,28	175,81	49,17	150,01	168,76	39,85	143,74
	V	2.781,25	152,96	222,50	250,31																	
	VI	2.825,58	155,40	226,04	254,30																	
8.609,99 (West)	I	2.260,25	95,00	180,82	203,42	76,35	168,28	189,32	57,71	155,75	175,22	39,07	143,22	161,12	20,42	130,68	147,02	1,78	118,15	132,92	–	105,64
	II	2.111,16	77,26	168,89	190,00	58,61	156,36	175,90	39,97	143,82	161,80	21,33	131,29	147,70	2,68	118,76	133,60	–	106,24	119,52	–	94,10
	III	1.540,66	–	123,25	138,65	–	113,00	127,12	–	102,98	115,85	–	93,24	104,89	–	83,76	94,23	–	74,52	83,83	–	65,54
	IV	2.260,25	95,00	180,82	203,42	85,68	174,55	196,37	76,35	168,28	189,32	67,03	162,02	182,27	57,71	155,75	175,22	48,39	149,48	168,17	39,07	143,22
	V	2.774,66	152,60	221,97	249,71																	
	VI	2.819,00	155,04	225,52	253,71																	
8.609,99 (Ost)	I	2.268,08	95,93	181,44	204,12	77,29	168,91	190,02	58,64	156,38	175,92	40,00	143,84	161,82	21,36	131,31	147,72	2,71	118,78	133,62	–	106,26
	II	2.118,91	78,18	169,51	190,70	59,54	156,98	176,60	40,90	144,45	162,50	22,26	131,92	148,41	3,61	119,38	134,30	–	106,86	120,22	–	94,69
	III	1.547,16	–	123,77	139,24	–	113,50	127,69	–	103,48	116,41	–	93,73	105,44	–	84,22	94,75	–	74,97	84,34	–	65,98
	IV	2.268,08	95,93	181,44	204,12	86,61	175,18	197,07	77,29	168,91	190,02	67,96	162,64	182,97	58,64	156,38	175,92	49,32	150,11	168,87	40,00	143,84
	V	2.782,50	153,03	222,60	250,42																	
	VI	2.826,83	155,47	226,14	254,41																	
8.612,99 (West)	I	2.261,50	95,15	180,92	203,53	76,50	168,38	189,43	57,86	155,85	175,33	39,22	143,32	161,23	20,57	130,78	147,13	1,94	118,26	133,04	–	105,74
	II	2.112,41	77,40	168,99	190,11	58,76	156,46	176,01	40,12	143,92	161,91	21,47	131,39	147,81	2,83	118,86	133,71	–	106,34	119,63	–	94,19
	III	1.541,83	–	123,34	138,76	–	113,08	127,21	–	103,06	115,94	–	93,32	104,98	–	83,82	94,30	–	74,60	83,92	–	65,61
	IV	2.261,50	95,15	180,92	203,53	85,82	174,65	196,48	76,50	168,38	189,43	67,18	162,12	182,38	57,86	155,85	175,33	48,54	149,58	168,28	39,22	143,32
	V	2.775,91	152,67	222,07	249,83																	
	VI	2.820,25	155,11	225,62	253,82																	
8.612,99 (Ost)	I	2.269,33	96,08	181,54	204,23	77,43	169,01	190,13	58,79	156,48	176,04	40,15	143,94	161,93	21,50	131,41	147,83	2,86	118,88	133,74	–	106,36
	II	2.120,25	78,34	169,62	190,82	59,69	157,08	176,72	41,05	144,55	162,62	22,41	132,02	148,52	3,76	119,48	134,42	–	106,96	120,33	–	94,78
	III	1.548,33	–	123,86	139,34	–	113,58	127,78	–	103,56	116,50	–	93,80	105,52	–	84,29	94,82	–	75,05	84,43	–	66,06
	IV	2.269,33	96,08	181,54	204,23	86,76	175,28	197,19	77,43	169,01	190,13	68,11	162,74	183,08	58,79	156,48	176,04	49,47	150,21	168,98	40,15	143,94
	V	2.783,75	153,10	222,70	250,53																	
	VI	2.828,08	155,54	226,24	254,52																	
8.615,99 (West)	I	2.262,75	95,29	181,02	203,64	76,65	168,48	189,54	58,01	155,95	175,44	39,37	143,42	161,35	20,73	130,89	147,25	2,09	118,36	133,15	–	105,84
	II	2.113,66	77,55	169,09	190,22	58,91	156,56	176,13	40,27	144,02	162,02	21,62	131,49	147,92	2,98	118,96	133,83	–	106,44	119,75	–	94,28
	III	1.542,83	–	123,42	138,85	–	113,16	127,30	–	103,14	116,03	–	93,40	105,07	–	83,90	94,39	–	74,66	83,99	–	65,69
	IV	2.262,75	95,29	181,02	203,64	85,97	174,75	196,59	76,65	168,48	189,54	67,33	162,22	182,49	58,01	155,95	175,44	48,69	149,68	168,39	39,37	143,42
	V	2.777,25	152,74	222,18	249,95																	
	VI	2.821,50	155,18	225,72	253,93																	
8.615,99 (Ost)	I	2.270,58	96,23	181,64	204,35	77,58	169,11	190,25	58,94	156,58	176,15	40,30	144,04	162,05	21,65	131,51	147,95	3,01	118,98	133,85	–	106,46
	II	2.121,50	78,49	169,72	190,93	59,84	157,18	176,83	41,20	144,65	162,73	22,56	132,12	148,63	3,91	119,58	134,53	–	107,06	120,44	–	94,88
	III	1.549,33	–	123,94	139,43	–	113,66	127,87	–	103,64	116,59	–	93,88	105,61	–	84,37	94,91	–	75,12	84,51	–	66,13
	IV	2.270,58	96,23	181,64	204,35	86,90	175,38	197,30	77,58	169,11	190,25	68,26	162,84	183,20	58,94	156,58	176,15	49,62	150,31	169,10	40,30	144,04
	V	2.785,00	153,17	222,80	250,65																	
	VI	2.829,33	155,61	226,34	254,63																	
8.618,99 (West)	I	2.264,00	95,44	181,12	203,76	76,80	168,58	189,65	58,17	156,06	175,56	39,52	143,52	161,46	20,88	130,99	147,36	2,24	118,46	133,26	–	105,94
	II	2.114,91	77,70	169,19	190,34	59,06	156,66	176,24	40,42	144,12	162,14	21,77	131,59	148,04	3,14	119,06	133,94	–	106,54	119,86	–	94,38
	III	1.543,83	–	123,50	138,94	–	113,24	127,39	–	103,22	116,12	–	93,48	105,16	–	83,98	94,48	–	74,74	84,08	–	65,76
	IV	2.264,00	95,44	181,12	203,76	86,12	174,85	196,70	76,80	168,58	189,65	67,49	162,32	182,61	58,17	156,06	175,56	48,84	149,79	168,51	39,52	143,52
	V	2.778,50	152,81	222,28	250,06																	
	VI	2.822,75	155,25	225,82	254,04																	
8.618,99 (Ost)	I	2.271,83	96,38	181,74	204,46	77,73	169,21	190,36	59,09	156,68	176,26	40,45	144,14	162,16	21,80	131,61	148,06	3,16	119,08	133,96	–	106,56
	II	2.122,75	78,63	169,82	191,04	59,99	157,28	176,94	41,35	144,75	162,84	22,70	132,22	148,74	4,06	119,68	134,64	–	107,16	120,56	–	94,98
	III	1.550,33	–	124,02	139,52	–	113,74	127,96	–	103,72	116,68	–	93,96	105,70	–	84,45	95,00	–	75,20	84,60	–	66,20
	IV	2.271,83	96,38	181,74	204,46	87,05	175,48	197,41	77,73	169,21	190,36	68,41	162,94	183,31	59,09	156,68	176,26	49,77	150,41	169,21	40,45	144,14
	V	2.786,25	153,24	222,90	250,76																	
	VI	2.830,58	155,68	226,44	254,75																	

Allgemeine Tabelle

MONAT bis 8.639,99 €

Lohn/ Gehalt bis	Steuerklasse	Lohn-steuer	ohne Kinderfreibetrag SolZ 5,5%	ohne Kinderfreibetrag Kirchensteuer 8%	ohne Kinderfreibetrag Kirchensteuer 9%	0,5 SolZ 5,5%	0,5 Kirchensteuer 8%	0,5 Kirchensteuer 9%	1,0 SolZ 5,5%	1,0 Kirchensteuer 8%	1,0 Kirchensteuer 9%	1,5 SolZ 5,5%	1,5 Kirchensteuer 8%	1,5 Kirchensteuer 9%	2,0 SolZ 5,5%	2,0 Kirchensteuer 8%	2,0 Kirchensteuer 9%	2,5 SolZ 5,5%	2,5 Kirchensteuer 8%	2,5 Kirchensteuer 9%	3,0 SolZ 5,5%	3,0 Kirchensteuer 8%	3,0 Kirchensteuer 9%
						Anzahl Kinderfreibeträge (nur Steuerklassen I–IV)																	
.621,99 (West)	I	2.265,33	95,60	181,22	203,87	76,96	168,69	189,77	58,31	156,16	175,68	39,67	143,62	161,57	21,03	131,09	147,47	2,38	118,56	133,38	-	106,04	119,30
	II	2.116,16	77,85	169,29	190,45	59,21	156,76	176,35	40,56	144,22	162,25	21,93	131,70	148,16	3,29	119,16	134,06	-	106,64	119,97	-	94,48	106,29
	III	1.544,83	-	123,58	139,03	-	113,32	127,48	-	103,30	116,21	-	93,56	105,25	-	84,05	94,55	-	74,81	84,16	-	65,84	74,07
	IV	2.265,33	95,60	181,22	203,87	86,28	174,96	196,83	76,96	168,69	189,77	67,64	162,42	182,72	58,31	156,16	175,68	48,99	149,89	168,62	39,67	143,62	161,57
	V	2.779,75	152,88	222,38	250,17																		
	VI	2.824,08	155,32	225,92	254,16																		
.621,99 (Ost)	I	2.273,08	96,52	181,84	204,57	77,88	169,31	190,47	59,24	156,78	176,37	40,59	144,24	162,27	21,95	131,71	148,17	3,32	119,18	134,08	-	106,66	119,99
	II	2.124,00	78,78	169,92	191,16	60,14	157,38	177,05	41,50	144,85	162,95	22,85	132,32	148,86	4,21	119,78	134,75	-	107,26	120,67	-	95,07	106,95
	III	1.551,33	-	124,10	139,61	-	113,82	128,05	-	103,80	116,77	-	94,04	105,79	-	84,52	95,08	-	75,26	84,67	-	66,28	74,56
	IV	2.273,08	96,52	181,84	204,57	87,20	175,58	197,52	77,88	169,31	190,47	68,56	163,04	183,42	59,24	156,78	176,37	49,92	150,51	169,32	40,59	144,24	162,27
	V	2.787,50	153,31	223,00	250,87																		
	VI	2.831,83	155,75	226,54	254,86																		
.624,99 (West)	I	2.266,58	95,75	181,32	203,99	77,11	168,79	189,89	58,46	156,26	175,79	39,82	143,72	161,69	21,18	131,19	147,59	2,53	118,66	133,49	-	106,14	119,41
	II	2.117,41	78,00	169,39	190,56	59,37	156,86	176,47	40,72	144,33	162,37	22,08	131,80	148,27	3,44	119,26	134,17	-	106,74	120,08	-	94,58	106,40
	III	1.546,00	-	123,68	139,14	-	113,40	127,57	-	103,38	116,30	-	93,62	105,32	-	84,13	94,64	-	74,89	84,25	-	65,90	74,14
	IV	2.266,58	95,75	181,32	203,99	86,43	175,06	196,94	77,11	168,79	189,89	67,79	162,52	182,84	58,46	156,26	175,79	49,14	149,99	168,74	39,82	143,72	161,69
	V	2.781,00	152,95	222,48	250,29																		
	VI	2.825,33	155,39	226,02	254,27																		
.624,99 (Ost)	I	2.274,33	96,67	181,94	204,68	78,03	169,41	190,58	59,39	156,88	176,49	40,75	144,35	162,39	22,11	131,82	148,29	3,47	119,28	134,19	-	106,76	120,11
	II	2.125,25	78,93	170,02	191,27	60,29	157,48	177,17	41,65	144,95	163,07	23,00	132,42	148,97	4,36	119,88	134,87	-	107,36	120,78	-	95,17	107,06
	III	1.552,50	-	124,20	139,72	-	113,90	128,14	-	103,88	116,86	-	94,12	105,88	-	84,60	95,17	-	75,34	84,76	-	66,34	74,63
	IV	2.274,33	96,67	181,94	204,68	87,35	175,68	197,64	78,03	169,41	190,58	68,71	163,14	183,53	59,39	156,88	176,49	50,06	150,61	169,43	40,75	144,35	162,39
	V	2.788,83	153,38	223,10	250,99																		
	VI	2.833,08	155,81	226,64	254,97																		
.627,99 (West)	I	2.267,83	95,90	181,42	204,10	77,26	168,89	190,00	58,61	156,36	175,90	39,97	143,82	161,80	21,33	131,29	147,70	2,68	118,76	133,60	-	106,24	119,52
	II	2.118,75	78,16	169,50	190,68	59,51	156,96	176,58	40,87	144,43	162,48	22,23	131,90	148,38	3,58	119,36	134,28	-	106,84	120,20	-	94,67	106,50
	III	1.547,00	-	123,76	139,23	-	113,48	127,66	-	103,46	116,39	-	93,70	105,41	-	84,21	94,73	-	74,96	84,33	-	65,97	74,21
	IV	2.267,83	95,90	181,42	204,10	86,58	175,16	197,05	77,26	168,89	190,00	67,93	162,62	182,95	58,61	156,36	175,90	49,29	150,09	168,85	39,97	143,82	161,80
	V	2.782,25	153,02	222,58	250,40																		
	VI	2.826,58	155,46	226,12	254,39																		
.627,99 (Ost)	I	2.275,58	96,82	182,04	204,80	78,18	169,51	190,70	59,54	156,98	176,60	40,90	144,45	162,50	22,26	131,92	148,41	3,61	119,38	134,30	-	106,86	120,22
	II	2.126,50	79,08	170,12	191,38	60,44	157,58	177,28	41,79	145,05	163,18	23,15	132,52	149,08	4,52	119,99	134,99	-	107,46	120,89	-	95,26	107,17
	III	1.553,50	-	124,28	139,81	-	113,98	128,23	-	103,96	116,95	-	94,18	105,95	-	84,68	95,26	-	75,41	84,83	-	66,41	74,71
	IV	2.275,58	96,82	182,04	204,80	87,50	175,78	197,75	78,18	169,51	190,70	68,87	163,25	183,65	59,54	156,98	176,60	50,22	150,72	169,56	40,90	144,45	162,50
	V	2.790,08	153,45	223,20	251,10																		
	VI	2.834,33	155,88	226,74	255,08																		
.630,99 (West)	I	2.269,08	96,05	181,52	204,21	77,40	168,99	190,11	58,76	156,46	176,01	40,12	143,92	161,91	21,47	131,39	147,81	2,83	118,86	133,71	-	106,34	119,63
	II	2.120,00	78,31	169,60	190,80	59,66	157,06	176,69	41,02	144,53	162,59	22,38	132,00	148,50	3,73	119,46	134,39	-	106,94	120,31	-	94,76	106,61
	III	1.548,00	-	123,84	139,32	-	113,56	127,75	-	103,54	116,48	-	93,78	105,50	-	84,28	94,81	-	75,04	84,42	-	66,05	74,30
	IV	2.269,08	96,05	181,52	204,21	86,73	175,26	197,16	77,40	168,99	190,11	68,08	162,72	183,06	58,76	156,46	176,01	49,44	150,19	168,96	40,12	143,92	161,91
	V	2.783,50	153,09	222,68	250,51																		
	VI	2.827,83	155,53	226,22	254,50																		
8.630,99 (Ost)	I	2.276,91	96,98	182,15	204,92	78,34	169,62	190,82	59,69	157,08	176,72	41,05	144,55	162,62	22,41	132,02	148,52	3,76	119,48	134,42	-	106,96	120,33
	II	2.127,75	79,23	170,22	191,49	60,59	157,68	177,39	41,94	145,15	163,29	23,31	132,62	149,20	4,67	120,09	135,10	-	107,56	121,01	-	95,36	107,28
	III	1.554,50	-	124,36	139,90	-	114,08	128,34	-	104,04	117,04	-	94,26	106,04	-	84,74	95,33	-	75,49	84,92	-	66,49	74,80
	IV	2.276,91	96,98	182,15	204,92	87,66	175,88	197,87	78,34	169,62	190,82	69,02	163,35	183,77	59,69	157,08	176,72	50,37	150,82	169,67	41,05	144,55	162,62
	V	2.791,33	153,52	223,30	251,21																		
	VI	2.835,66	155,96	226,85	255,20																		
8.633,99 (West)	I	2.270,33	96,20	181,62	204,32	77,55	169,09	190,22	58,91	156,56	176,13	40,27	144,02	162,02	21,62	131,49	147,92	2,98	118,96	133,83	-	106,44	119,75
	II	2.121,25	78,46	169,70	190,91	59,81	157,16	176,81	41,17	144,63	162,71	22,53	132,10	148,61	3,88	119,56	134,51	-	107,04	120,42	-	94,86	106,72
	III	1.549,00	-	123,92	139,41	-	113,65	127,85	-	103,62	116,57	-	93,86	105,59	-	84,36	94,90	-	75,10	84,49	-	66,12	74,38
	IV	2.270,33	96,20	181,62	204,32	86,87	175,36	197,28	77,55	169,09	190,22	68,23	162,82	183,17	58,91	156,56	176,13	49,59	150,29	169,07	40,27	144,02	162,02
	V	2.784,75	153,16	222,78	250,62																		
	VI	2.829,08	155,59	226,32	254,61																		
8.633,99 (Ost)	I	2.278,16	97,13	182,25	205,03	78,49	169,72	190,93	59,84	157,18	176,83	41,20	144,65	162,73	22,56	132,12	148,63	3,91	119,58	134,53	-	107,06	120,44
	II	2.129,00	79,38	170,32	191,61	60,74	157,79	177,51	42,10	145,26	163,41	23,46	132,72	149,31	4,81	120,19	135,21	-	107,66	121,12	-	95,46	107,39
	III	1.555,50	-	124,44	139,99	-	114,16	128,43	-	104,12	117,13	-	94,34	106,13	-	84,82	95,42	-	75,57	85,01	-	66,56	74,88
	IV	2.278,16	97,13	182,25	205,03	87,81	175,98	197,98	78,49	169,72	190,93	69,16	163,45	183,88	59,84	157,18	176,83	50,52	150,92	169,78	41,20	144,65	162,73
	V	2.792,58	153,59	223,40	251,33																		
	VI	2.836,91	156,03	226,95	255,32																		
8.636,99 (West)	I	2.271,58	96,35	181,72	204,44	77,70	169,19	190,34	59,06	156,66	176,24	40,42	144,12	162,14	21,77	131,59	148,04	3,14	119,06	133,94	-	106,54	119,86
	II	2.122,50	78,60	169,80	191,02	59,96	157,26	176,92	41,32	144,73	162,82	22,67	132,20	148,72	4,03	119,66	134,62	-	107,14	120,53	-	94,96	106,83
	III	1.550,16	-	124,01	139,51	-	113,73	127,94	-	103,70	116,66	-	93,94	105,68	-	84,44	94,99	-	75,18	84,58	-	66,18	74,45
	IV	2.271,58	96,35	181,72	204,44	87,02	175,46	197,39	77,70	169,19	190,34	68,38	162,92	183,29	59,06	156,66	176,24	49,74	150,39	169,19	40,42	144,12	162,14
	V	2.786,00	153,23	222,88	250,74																		
	VI	2.830,33	155,66	226,42	254,72																		
8.636,99 (Ost)	I	2.279,41	97,28	182,35	205,14	78,63	169,82	191,04	59,99	157,28	176,94	41,35	144,75	162,84	22,70	132,22	148,74	4,06	119,68	134,64	-	107,16	120,56
	II	2.130,33	79,54	170,42	191,72	60,89	157,89	177,62	42,25	145,36	163,53	23,61	132,82	149,42	4,96	120,29	135,32	-	107,76	121,23	-	95,55	107,49
	III	1.556,66	-	124,53	140,09	-	114,24	128,52	-	104,20	117,22	-	94,42	106,22	-	84,90	95,51	-	75,64	85,09	-	66,64	74,97
	IV	2.279,41	97,28	182,35	205,14	87,96	176,08	198,09	78,63	169,82	191,04	69,31	163,55	183,99	59,99	157,28	176,94	50,67	151,02	169,89	41,35	144,75	162,84
	V	2.793,83	153,66	223,50	251,44																		
	VI	2.838,16	156,09	227,05	255,43																		
8.639,99 (West)	I	2.272,83	96,49	181,82	204,55	77,85	169,29	190,45	59,21	156,76	176,35	40,56	144,22	162,25	21,93	131,70	148,16	3,29	119,16	134,06	-	106,64	119,97
	II	2.123,75	78,75	169,90	191,13	60,11	157,36	177,03	41,47	144,83	162,93	22,82	132,30	148,83	4,18	119,76	134,73	-	107,24	120,65	-	95,05	106,93
	III	1.551,16	-	124,09	139,60	-	113,81	128,03	-	103,78	116,75	-	94,01	105,76	-	84,50	95,06	-	75,25	84,65	-	66,26	74,54
	IV	2.272,83	96,49	181,82	204,55	87,17	175,56	197,50	77,85	169,29	190,45	68,53	163,02	183,40	59,21	156,76	176,35	49,89	150,49	169,30	40,56	144,22	162,25
	V	2.787,33	153,30	222,98	250,85																		
	VI	2.831,58	155,73	226,52	254,84																		
8.639,99 (Ost)	I	2.280,66	97,43	182,45	205,25	78,78	169,92	191,16	60,14	157,38	177,05	41,50	144,85	162,95	22,85	132,32	148,86	4,21	119,78	134,75	-	107,26	120,67
	II	2.131,58	79,69	170,52	191,84	61,04	157,99	177,74	42,40	145,46	163,64	23,76	132,92	149,54	5,11	120,39	135,44	-	107,86	121,34	-	95,65	107,60
	III	1.557,66	-	124,61	140,18	-	114,32	128,61	-	104,28	117,31	-	94,50	106,31	-	84,97	95,59	-	75,72	85,18	-	66,70	75,04
	IV	2.280,66	97,43	182,45	205,25	88,10	176,18	198,20	78,78	169,92	191,16	69,46	163,65	184,10	60,14	157,38	177,05	50,82	151,12	170,01	41,50	144,85	162,95
	V	2.795,08	153,72	223,60	251,55																		
	VI	2.839,41	156,16	227,15	255,54																		

Lohn/ Gehalt bis	Steuerklasse	Lohn-steuer	ohne Kinderfreibetrag			Anzahl Kinderfreibeträge (nur Steuerklassen I–IV)																
						0,5			1,0			1,5			2,0			2,5			3,0	
			SolZ 5,5%	Kirchensteuer 8%	Kirchensteuer 9%	SolZ 5,5%	Kirchensteuer 8%	Kirchensteuer 9%	SolZ 5,5%	Kirchensteuer 8%	Kirchensteuer 9%	SolZ 5,5%	Kirchensteuer 8%	Kirchensteuer 9%	SolZ 5,5%	Kirchensteuer 8%	Kirchensteuer 9%	SolZ 5,5%	Kirchensteuer 8%	Kirchensteuer 9%	SolZ 5,5%	Kirchensteuer 8%
8.642,99 (West)	I	2.274,08	96,64	181,92	204,66	78,00	169,39	190,56	59,37	156,86	176,47	40,72	144,33	162,37	22,08	131,80	148,27	3,44	119,26	134,17	-	106,74
	II	2.125,00	78,90	170,00	191,25	60,26	157,46	177,14	41,62	144,93	163,04	22,97	132,40	148,95	4,33	119,86	134,84	-	107,34	120,76	-	95,15
	III	1.552,16	-	124,17	139,69	-	113,89	128,12	-	103,86	116,84	-	94,09	105,85	-	84,58	95,15	-	75,33	84,74	-	66,33
	IV	2.274,08	96,64	181,92	204,66	87,32	175,66	197,61	78,00	169,39	190,56	68,68	163,12	183,51	59,37	156,86	176,47	50,04	150,60	169,42	40,72	144,33
	V	2.788,58	153,37	223,08	250,97																	
	VI	2.832,83	155,80	226,62	254,95																	
8.642,99 (Ost)	I	2.281,91	97,58	182,55	205,37	78,93	170,02	191,27	60,29	157,48	177,17	41,65	144,95	163,07	23,00	132,42	148,97	4,36	119,88	134,87	-	107,36
	II	2.132,83	79,83	170,62	191,95	61,19	158,09	177,85	42,55	145,56	163,75	23,90	133,02	149,65	5,26	120,49	135,55	-	107,96	121,46	-	95,74
	III	1.558,66	-	124,69	140,27	-	114,40	128,70	-	104,36	117,40	-	94,57	106,39	-	85,05	95,68	-	75,78	85,25	-	66,77
	IV	2.281,91	97,58	182,55	205,37	88,25	176,28	198,32	78,93	170,02	191,27	69,61	163,75	184,22	60,29	157,48	177,17	50,97	151,22	170,12	41,65	144,95
	V	2.796,33	153,79	223,70	251,66																	
	VI	2.840,66	156,23	227,25	255,65																	
8.645,99 (West)	I	2.275,33	96,79	182,02	204,77	78,16	169,50	190,68	59,51	156,96	176,58	40,87	144,43	162,48	22,23	131,90	148,38	3,58	119,36	134,28	-	106,84
	II	2.126,25	79,05	170,10	191,36	60,41	157,56	177,26	41,76	145,03	163,16	23,13	132,50	149,06	4,49	119,97	134,96	-	107,44	120,87	-	95,24
	III	1.553,33	-	124,26	139,79	-	113,97	128,21	-	103,94	116,93	-	94,17	105,94	-	84,66	95,24	-	75,40	84,82	-	66,40
	IV	2.275,33	96,79	182,02	204,77	87,48	175,76	197,73	78,16	169,50	190,68	68,84	163,23	183,63	59,51	156,96	176,58	50,19	150,70	169,53	40,87	144,43
	V	2.789,83	153,44	223,18	251,08																	
	VI	2.834,08	155,87	226,72	255,06																	
8.645,99 (Ost)	I	2.283,16	97,72	182,65	205,48	79,08	170,12	191,38	60,44	157,58	177,28	41,79	145,05	163,18	23,15	132,52	149,08	4,52	119,99	134,99	-	107,46
	II	2.134,08	79,98	170,72	192,06	61,34	158,19	177,96	42,70	145,66	163,86	24,05	133,12	149,76	5,41	120,59	135,66	-	108,06	121,57	-	95,84
	III	1.559,83	-	124,78	140,38	-	114,48	128,79	-	104,44	117,49	-	94,65	106,48	-	85,13	95,77	-	75,86	85,34	-	66,85
	IV	2.283,16	97,72	182,65	205,48	88,40	176,38	198,43	79,08	170,12	191,38	69,76	163,85	184,33	60,44	157,58	177,28	51,12	151,32	170,23	41,79	145,05
	V	2.797,58	153,86	223,80	251,78																	
	VI	2.841,91	156,30	227,35	255,77																	
8.648,99 (West)	I	2.276,66	96,95	182,13	204,89	78,31	169,60	190,80	59,66	157,06	176,69	41,02	144,53	162,59	22,38	132,00	148,50	3,73	119,46	134,39	-	106,94
	II	2.127,50	79,20	170,20	191,47	60,56	157,66	177,37	41,92	145,14	163,28	23,28	132,60	149,18	4,64	120,07	135,08	-	107,54	120,98	-	95,34
	III	1.554,33	-	124,34	139,88	-	114,05	128,30	-	104,02	117,02	-	94,25	106,03	-	84,73	95,32	-	75,48	84,91	-	66,48
	IV	2.276,66	96,95	182,13	204,89	87,63	175,86	197,84	78,31	169,60	190,80	68,99	163,33	183,74	59,66	157,06	176,69	50,34	150,80	169,65	41,02	144,53
	V	2.791,08	153,50	223,28	251,19																	
	VI	2.835,41	155,94	226,83	255,18																	
8.648,99 (Ost)	I	2.284,41	97,87	182,75	205,59	79,23	170,22	191,49	60,59	157,68	177,39	41,94	145,15	163,29	23,31	132,62	149,20	4,67	120,09	135,10	-	107,56
	II	2.135,33	80,13	170,82	192,17	61,49	158,29	178,07	42,84	145,76	163,98	24,20	133,22	149,87	5,56	120,69	135,77	-	108,16	121,68	-	95,94
	III	1.560,83	-	124,86	140,47	-	114,56	128,88	-	104,52	117,58	-	94,73	106,57	-	85,20	95,85	-	75,93	85,42	-	66,92
	IV	2.284,41	97,87	182,75	205,59	88,55	176,48	198,54	79,23	170,22	191,49	69,91	163,95	184,44	60,59	157,68	177,39	51,26	151,42	170,34	41,94	145,15
	V	2.798,91	153,94	223,91	251,90																	
	VI	2.843,16	156,37	227,45	255,88																	
8.651,99 (West)	I	2.277,91	97,10	182,23	205,01	78,46	169,70	190,91	59,81	157,16	176,81	41,17	144,63	162,71	22,53	132,10	148,61	3,88	119,56	134,51	-	107,04
	II	2.128,83	79,36	170,30	191,59	60,71	157,77	177,49	42,07	145,24	163,39	23,43	132,70	149,29	4,78	120,17	135,19	-	107,64	121,10	-	95,44
	III	1.555,33	-	124,42	139,97	-	114,13	128,39	-	104,10	117,11	-	94,33	106,12	-	84,81	95,41	-	75,54	84,98	-	66,54
	IV	2.277,91	97,10	182,23	205,01	87,78	175,96	197,96	78,46	169,70	190,91	69,13	163,43	183,86	59,81	157,16	176,81	50,49	150,90	169,76	41,17	144,63
	V	2.792,33	153,57	223,38	251,30																	
	VI	2.836,66	156,01	226,93	255,29																	
8.651,99 (Ost)	I	2.285,66	98,02	182,85	205,70	79,38	170,32	191,61	60,74	157,79	177,51	42,10	145,26	163,41	23,46	132,72	149,31	4,81	120,19	135,21	-	107,66
	II	2.136,58	80,28	170,92	192,29	61,64	158,39	178,19	42,99	145,86	164,09	24,35	133,32	149,99	5,71	120,79	135,89	-	108,26	121,79	-	96,03
	III	1.561,83	-	124,94	140,56	-	114,65	128,98	-	104,60	117,67	-	94,81	106,66	-	85,28	95,94	-	76,01	85,51	-	66,98
	IV	2.285,66	98,02	182,85	205,70	88,70	176,58	198,65	79,38	170,32	191,61	70,06	164,05	184,55	60,74	157,79	177,51	51,42	151,52	170,46	42,10	145,26
	V	2.800,16	154,00	224,01	252,01																	
	VI	2.844,41	156,44	227,55	255,99																	
8.654,99 (West)	I	2.279,16	97,25	182,33	205,12	78,60	169,80	191,02	59,96	157,26	176,92	41,32	144,73	162,82	22,67	132,20	148,72	4,03	119,66	134,62	-	107,14
	II	2.130,08	79,51	170,40	191,70	60,86	157,87	177,60	42,22	145,34	163,50	23,58	132,80	149,40	4,93	120,27	135,30	-	107,74	121,21	-	95,53
	III	1.556,33	-	124,50	140,06	-	114,21	128,48	-	104,18	117,20	-	94,41	106,21	-	84,89	95,50	-	75,62	85,07	-	66,61
	IV	2.279,16	97,25	182,33	205,12	87,93	176,06	198,07	78,60	169,80	191,02	69,28	163,53	183,97	59,96	157,26	176,92	50,64	151,00	169,87	41,32	144,73
	V	2.793,58	153,64	223,48	251,42																	
	VI	2.837,91	156,08	227,03	255,41																	
8.654,99 (Ost)	I	2.286,91	98,17	182,95	205,82	79,54	170,42	191,72	60,89	157,89	177,62	42,25	145,36	163,53	23,61	132,82	149,42	4,96	120,29	135,32	-	107,76
	II	2.137,83	80,43	171,02	192,40	61,79	158,49	178,30	43,14	145,96	164,20	24,51	133,43	150,11	5,87	120,90	136,01	-	108,36	121,91	-	96,13
	III	1.563,00	-	125,04	140,67	-	114,73	129,07	-	104,68	117,76	-	94,89	106,75	-	85,36	96,03	-	76,08	85,59	-	67,06
	IV	2.286,91	98,17	182,95	205,82	88,86	176,69	198,77	79,54	170,42	191,72	70,21	164,16	184,68	60,89	157,89	177,62	51,57	151,62	170,57	42,25	145,36
	V	2.801,41	154,07	224,11	252,12																	
	VI	2.845,75	156,51	227,66	256,11																	
8.657,99 (West)	I	2.280,41	97,40	182,43	205,23	78,75	169,90	191,13	60,11	157,36	177,03	41,47	144,83	162,93	22,82	132,30	148,83	4,18	119,76	134,73	-	107,24
	II	2.131,33	79,66	170,50	191,81	61,01	157,97	177,71	42,37	145,44	163,62	23,73	132,90	149,51	5,08	120,37	135,41	-	107,84	121,32	-	95,63
	III	1.557,50	-	124,60	140,17	-	114,30	128,59	-	104,26	117,29	-	94,48	106,29	-	84,96	95,58	-	75,69	85,15	-	66,69
	IV	2.280,41	97,40	182,43	205,23	88,07	176,16	198,18	78,75	169,90	191,13	69,43	163,63	184,08	60,11	157,36	177,03	50,79	151,10	169,98	41,47	144,83
	V	2.794,83	153,71	223,58	251,53																	
	VI	2.839,16	156,15	227,13	255,52																	
8.657,99 (Ost)	I	2.288,25	98,33	183,06	205,94	79,69	170,52	191,84	61,04	157,99	177,74	42,40	145,46	163,64	23,76	132,92	149,54	5,11	120,39	135,44	-	107,86
	II	2.139,08	80,58	171,12	192,51	61,93	158,59	178,41	43,30	146,06	164,32	24,66	133,53	150,22	6,01	121,00	136,12	-	108,46	122,02	-	96,22
	III	1.564,00	-	125,12	140,76	-	114,81	129,16	-	104,76	117,85	-	94,97	106,84	-	85,42	96,10	-	76,16	85,68	-	67,13
	IV	2.288,25	98,33	183,06	205,94	89,01	176,79	198,89	79,69	170,52	191,84	70,36	164,26	184,79	61,04	157,99	177,74	51,72	151,72	170,69	42,40	145,46
	V	2.802,66	154,14	224,21	252,23																	
	VI	2.847,00	156,58	227,76	256,23																	
8.660,99 (West)	I	2.281,66	97,55	182,53	205,34	78,90	170,00	191,25	60,26	157,46	177,14	41,62	144,93	163,04	22,97	132,40	148,95	4,33	119,86	134,84	-	107,34
	II	2.132,58	79,80	170,60	191,93	61,16	158,07	177,83	42,52	145,54	163,73	23,87	133,00	149,63	5,23	120,47	135,53	-	107,94	121,43	-	95,72
	III	1.558,50	-	124,68	140,26	-	114,38	128,68	-	104,34	117,38	-	94,56	106,38	-	85,04	95,67	-	75,77	85,24	-	66,76
	IV	2.281,66	97,55	182,53	205,34	88,22	176,26	198,29	78,90	170,00	191,25	69,58	163,73	184,19	60,26	157,46	177,14	50,94	151,20	170,10	41,62	144,93
	V	2.796,08	153,78	223,68	251,64																	
	VI	2.840,41	156,22	227,23	255,63																	
8.660,99 (Ost)	I	2.289,50	98,48	183,16	206,05	79,83	170,62	191,95	61,19	158,09	177,85	42,55	145,56	163,75	23,90	133,02	149,65	5,26	120,49	135,55	-	107,96
	II	2.140,41	80,74	171,23	192,63	62,09	158,70	178,53	43,45	146,16	164,43	24,81	133,63	150,33	6,16	121,10	136,23	-	108,56	122,13	-	96,32
	III	1.565,00	-	125,20	140,85	-	114,89	129,25	-	104,84	117,94	-	95,04	106,92	-	85,50	96,19	-	76,22	85,75	-	67,20
	IV	2.289,50	98,48	183,16	206,05	89,16	176,89	199,00	79,83	170,62	191,95	70,51	164,36	184,90	61,19	158,09	177,85	51,87	151,82	170,80	42,55	145,56
	V	2.803,91	154,21	224,31	252,35																	
	VI	2.848,25	156,65	227,86	256,34																	

Lohn/ Gehalt bis	Steuerklasse	Lohnsteuer	ohne Kinderfreibetrag SolZ 5,5%	ohne Kinderfreibetrag Kirchensteuer 8%	ohne Kinderfreibetrag Kirchensteuer 9%	0,5 SolZ 5,5%	0,5 Kirchensteuer 8%	0,5 Kirchensteuer 9%	1,0 SolZ 5,5%	1,0 Kirchensteuer 8%	1,0 Kirchensteuer 9%	1,5 SolZ 5,5%	1,5 Kirchensteuer 8%	1,5 Kirchensteuer 9%	2,0 SolZ 5,5%	2,0 Kirchensteuer 8%	2,0 Kirchensteuer 9%	2,5 SolZ 5,5%	2,5 Kirchensteuer 8%	2,5 Kirchensteuer 9%	3,0 SolZ 5,5%	3,0 Kirchensteuer 8%	3,0 Kirchensteuer 9%
						Anzahl Kinderfreibeträge (nur Steuerklassen I–IV)																	
8.663,99 (West)	I	2.282,91	97,69	182,63	205,46	79,05	170,10	191,36	60,41	157,56	177,26	41,76	145,03	163,16	23,13	132,50	149,06	4,49	119,97	134,96	-	107,44	120,87
	II	2.133,83	79,95	170,70	192,04	61,31	158,17	177,94	42,67	145,64	163,84	24,02	133,10	149,74	5,38	120,57	135,64	-	108,04	121,55	-	95,82	107,80
	III	1.559,50	-	124,76	140,35	-	114,46	128,77	-	104,42	117,47	-	94,64	106,47	-	85,12	95,76	-	75,84	85,32	-	66,82	75,17
	IV	2.282,91	97,69	182,63	205,46	88,37	176,36	198,41	79,05	170,10	191,36	69,73	163,83	184,31	60,41	157,56	177,26	51,09	151,30	170,21	41,76	145,03	163,16
	V	2.797,33	153,85	223,78	251,75																		
	VI	2.841,66	156,29	227,33	255,74																		
8.663,99 (Ost)	I	2.290,75	98,63	183,26	206,16	79,98	170,72	192,06	61,34	158,19	177,96	42,70	145,66	163,86	24,05	133,12	149,76	5,41	120,59	135,66	-	108,06	121,57
	II	2.141,66	80,89	171,33	192,74	62,24	158,80	178,65	43,60	146,26	164,54	24,96	133,73	150,44	6,31	121,20	136,35	-	108,66	122,24	-	96,42	108,47
	III	1.566,00	-	125,28	140,94	-	114,97	129,34	-	104,92	118,03	-	95,12	107,01	-	85,58	96,28	-	76,30	85,84	-	67,28	75,69
	IV	2.290,75	98,63	183,26	206,16	89,30	176,99	199,11	79,98	170,72	192,06	70,66	164,46	185,01	61,34	158,19	177,96	52,02	151,92	170,91	42,70	145,66	163,86
	V	2.805,16	154,28	224,41	252,46																		
	VI	2.849,50	156,72	227,96	256,45																		
8.666,99 (West)	I	2.284,16	97,84	182,73	205,57	79,20	170,20	191,47	60,56	157,66	177,37	41,92	145,14	163,28	23,28	132,60	149,18	4,64	120,07	135,08	-	107,54	120,98
	II	2.135,08	80,10	170,80	192,15	61,46	158,27	178,05	42,82	145,74	163,95	24,17	133,20	149,85	5,53	120,67	135,75	-	108,14	121,66	-	95,92	107,91
	III	1.560,66	-	124,85	140,45	-	114,54	128,86	-	104,50	117,56	-	94,72	106,56	-	85,18	95,83	-	75,92	85,41	-	66,90	75,26
	IV	2.284,16	97,84	182,73	205,57	88,52	176,46	198,52	79,20	170,20	191,47	69,88	163,93	184,42	60,56	157,66	177,37	51,24	151,40	170,33	41,92	145,14	163,28
	V	2.798,66	153,92	223,89	251,87																		
	VI	2.842,91	156,36	227,43	255,86																		
8.666,99 (Ost)	I	2.292,00	98,77	183,36	206,28	80,13	170,82	192,17	61,49	158,29	178,07	42,84	145,76	163,98	24,20	133,22	149,87	5,56	120,69	135,77	-	108,16	121,68
	II	2.142,91	81,03	171,43	192,86	62,39	158,90	178,76	43,75	146,36	164,66	25,10	133,83	150,56	6,46	121,30	136,46	-	108,76	122,36	-	96,52	108,58
	III	1.567,16	-	125,37	141,04	-	115,05	129,43	-	105,00	118,12	-	95,20	107,10	-	85,65	96,35	-	76,37	85,91	-	67,34	75,76
	IV	2.292,00	98,77	183,36	206,28	89,45	177,09	199,22	80,13	170,82	192,17	70,81	164,56	185,13	61,49	158,29	178,07	52,17	152,02	171,02	42,84	145,76	163,98
	V	2.806,41	154,35	224,51	252,57																		
	VI	2.850,75	156,79	228,06	256,56																		
8.669,99 (West)	I	2.285,41	97,99	182,83	205,68	79,36	170,30	191,59	60,71	157,77	177,49	42,07	145,24	163,39	23,43	132,70	149,29	4,78	120,17	135,19	-	107,64	121,10
	II	2.136,33	80,25	170,90	192,26	61,61	158,37	178,16	42,96	145,84	164,07	24,32	133,30	149,96	5,69	120,78	135,87	-	108,24	121,77	-	96,02	108,02
	III	1.561,66	-	124,93	140,54	-	114,62	128,95	-	104,58	117,65	-	94,80	106,65	-	85,26	95,92	-	75,98	85,48	-	66,97	75,34
	IV	2.285,41	97,99	182,83	205,68	88,67	176,56	198,63	79,36	170,30	191,59	70,04	164,04	184,54	60,71	157,77	177,49	51,39	151,50	170,44	42,07	145,24	163,39
	V	2.799,91	153,99	223,99	251,99																		
	VI	2.844,16	156,42	227,53	255,97																		
8.669,99 (Ost)	I	2.293,25	98,92	183,46	206,39	80,28	170,92	192,29	61,64	158,39	178,19	42,99	145,86	164,09	24,35	133,32	149,99	5,71	120,79	135,89	-	108,26	121,79
	II	2.144,16	81,18	171,53	192,97	62,54	159,00	178,87	43,90	146,46	164,77	25,25	133,93	150,67	6,61	121,40	136,57	-	108,86	122,47	-	96,61	108,68
	III	1.568,16	-	125,45	141,13	-	115,13	129,52	-	105,08	118,21	-	95,28	107,19	-	85,73	96,44	-	76,45	86,00	-	67,42	75,85
	IV	2.293,25	98,92	183,46	206,39	89,60	177,19	199,34	80,28	170,92	192,29	70,96	164,66	185,24	61,64	158,39	178,19	52,32	152,12	171,14	42,99	145,86	164,09
	V	2.807,66	154,42	224,61	252,68																		
	VI	2.852,00	156,86	228,16	256,68																		
8.672,99 (West)	I	2.286,75	98,15	182,94	205,80	79,51	170,40	191,70	60,86	157,87	177,60	42,22	145,34	163,50	23,58	132,80	149,40	4,93	120,27	135,30	-	107,74	121,21
	II	2.137,58	80,40	171,00	192,38	61,76	158,47	178,28	43,12	145,94	164,18	24,48	133,41	150,08	5,84	120,88	135,99	-	108,34	121,88	-	96,11	108,12
	III	1.562,66	-	125,01	140,63	-	114,70	129,04	-	104,66	117,74	-	94,86	106,72	-	85,34	96,01	-	76,06	85,57	-	67,04	75,42
	IV	2.286,75	98,15	182,94	205,80	88,83	176,67	198,75	79,51	170,40	191,70	70,19	164,14	184,65	60,86	157,87	177,60	51,54	151,60	170,55	42,22	145,34	163,50
	V	2.801,16	154,06	224,09	252,10																		
	VI	2.845,50	156,50	227,64	256,09																		
8.672,99 (Ost)	I	2.294,50	99,07	183,56	206,50	80,43	171,02	192,40	61,79	158,49	178,30	43,14	145,96	164,20	24,51	133,43	150,11	5,87	120,90	136,01	-	108,36	121,91
	II	2.145,41	81,33	171,63	193,08	62,69	159,10	178,98	44,04	146,56	164,88	25,40	134,03	150,78	6,76	121,50	136,68	-	108,97	122,59	-	96,71	108,80
	III	1.569,16	-	125,53	141,22	-	115,22	129,62	-	105,16	118,30	-	95,36	107,28	-	85,81	96,53	-	76,52	86,08	-	67,49	75,92
	IV	2.294,50	99,07	183,56	206,50	89,75	177,29	199,45	80,43	171,02	192,40	71,11	164,76	185,35	61,79	158,49	178,30	52,46	152,22	171,25	43,14	145,96	164,20
	V	2.809,00	154,49	224,72	252,81																		
	VI	2.853,25	156,92	228,26	256,79																		
8.675,99 (West)	I	2.288,00	98,30	183,04	205,92	79,66	170,50	191,81	61,01	157,97	177,71	42,37	145,44	163,62	23,73	132,90	149,51	5,08	120,37	135,41	-	107,84	121,32
	II	2.138,83	80,55	171,10	192,49	61,91	158,58	178,40	43,27	146,04	164,30	24,63	133,51	150,20	5,98	120,98	136,10	-	108,44	122,00	-	96,21	108,23
	III	1.563,66	-	125,09	140,72	-	114,78	129,13	-	104,74	117,83	-	94,94	106,81	-	85,41	96,08	-	76,13	85,64	-	67,12	75,51
	IV	2.288,00	98,30	183,04	205,92	88,98	176,77	198,86	79,66	170,50	191,81	70,33	164,24	184,77	61,01	157,97	177,71	51,69	151,70	170,66	42,37	145,44	163,62
	V	2.802,41	154,13	224,19	252,21																		
	VI	2.846,75	156,57	227,74	256,20																		
8.675,99 (Ost)	I	2.295,75	99,22	183,66	206,61	80,58	171,12	192,51	61,93	158,59	178,41	43,30	146,06	164,32	24,66	133,53	150,22	6,01	121,00	136,12	-	108,46	122,02
	II	2.146,66	81,48	171,73	193,19	62,84	159,20	179,10	44,19	146,66	164,99	25,55	134,13	150,89	6,91	121,60	136,80	-	109,07	122,70	-	96,80	108,90
	III	1.570,33	-	125,62	141,32	-	115,30	129,71	-	105,24	118,39	-	95,44	107,37	-	85,89	96,62	-	76,60	86,17	-	67,56	76,00
	IV	2.295,75	99,22	183,66	206,61	89,90	177,39	199,56	80,58	171,12	192,51	71,26	164,86	185,46	61,93	158,59	178,41	52,62	152,33	171,37	43,30	146,06	164,32
	V	2.810,25	154,56	224,82	252,92																		
	VI	2.854,50	156,99	228,36	256,90																		
8.678,99 (West)	I	2.289,25	98,45	183,14	206,03	79,80	170,60	191,93	61,16	158,07	177,83	42,52	145,54	163,73	23,87	133,00	149,63	5,23	120,47	135,53	-	107,94	121,43
	II	2.140,16	80,71	171,21	192,61	62,06	158,68	178,51	43,42	146,14	164,41	24,78	133,61	150,31	6,13	121,08	136,21	-	108,54	122,11	-	96,30	108,34
	III	1.564,83	-	125,18	140,83	-	114,88	129,24	-	104,82	117,92	-	95,02	106,90	-	85,49	96,17	-	76,21	85,73	-	67,18	75,58
	IV	2.289,25	98,45	183,14	206,03	89,13	176,87	198,98	79,80	170,60	191,93	70,48	164,34	184,88	61,16	158,07	177,83	51,84	151,80	170,78	42,52	145,54	163,73
	V	2.803,66	154,20	224,29	252,32																		
	VI	2.848,00	156,64	227,84	256,32																		
8.678,99 (Ost)	I	2.297,00	99,37	183,76	206,73	80,74	171,23	192,63	62,09	158,70	178,53	43,45	146,16	164,43	24,81	133,63	150,33	6,16	121,10	136,23	-	108,56	122,13
	II	2.147,91	81,63	171,83	193,31	62,99	159,30	179,21	44,34	146,76	165,11	25,70	134,23	151,01	7,07	121,70	136,91	-	109,17	122,81	-	96,90	109,01
	III	1.571,33	-	125,70	141,41	-	115,38	129,80	-	105,32	118,48	-	95,50	107,44	-	85,96	96,70	-	76,66	86,24	-	67,64	76,09
	IV	2.297,00	99,37	183,76	206,73	90,05	177,49	199,67	80,74	171,23	192,63	71,41	164,96	185,58	62,09	158,70	178,53	52,77	152,43	171,48	43,45	146,16	164,43
	V	2.811,50	154,63	224,92	253,03																		
	VI	2.855,75	157,06	228,46	257,01																		
8.681,99 (West)	I	2.290,50	98,60	183,24	206,14	79,95	170,70	192,04	61,31	158,17	177,94	42,67	145,64	163,84	24,02	133,10	149,74	5,38	120,57	135,64	-	108,04	121,55
	II	2.141,41	80,86	171,31	192,72	62,21	158,78	178,62	43,57	146,24	164,52	24,93	133,71	150,42	6,28	121,18	136,32	-	108,64	122,22	-	96,40	108,45
	III	1.565,83	-	125,26	140,92	-	114,96	129,33	-	104,90	118,01	-	95,10	106,99	-	85,57	96,26	-	76,28	85,81	-	67,26	75,67
	IV	2.290,50	98,60	183,24	206,14	89,27	176,97	199,09	79,95	170,70	192,04	70,63	164,44	184,99	61,31	158,17	177,94	51,99	151,90	170,89	42,67	145,64	163,84
	V	2.804,91	154,27	224,39	252,44																		
	VI	2.849,25	156,70	227,94	256,43																		
8.681,99 (Ost)	I	2.298,33	99,53	183,86	206,84	80,89	171,33	192,74	62,24	158,80	178,65	43,60	146,26	164,54	24,96	133,73	150,44	6,31	121,20	136,35	-	108,66	122,24
	II	2.149,16	81,78	171,93	193,42	63,13	159,40	179,32	44,50	146,87	165,23	25,86	134,34	151,13	7,21	121,80	137,03	-	109,27	122,93	-	97,00	109,12
	III	1.572,33	-	125,78	141,50	-	115,46	129,89	-	105,40	118,57	-	95,58	107,53	-	86,04	96,79	-	76,74	86,33	-	67,70	76,16
	IV	2.298,33	99,53	183,86	206,84	90,21	177,60	199,80	80,89	171,33	192,74	71,56	165,06	185,69	62,24	158,80	178,65	52,92	152,53	171,59	43,60	146,26	164,54
	V	2.812,75	154,70	225,02	253,14																		
	VI	2.857,08	157,13	228,56	257,13																		

Lohn/ Gehalt bis	Steuerklasse	Lohn-steuer	ohne Kinderfreibetrag SolZ 5,5%	Kirchensteuer 8%	9%	0,5 SolZ 5,5%	Kirchensteuer 8%	9%	1,0 SolZ 5,5%	Kirchensteuer 8%	9%	1,5 SolZ 5,5%	Kirchensteuer 8%	9%	2,0 SolZ 5,5%	Kirchensteuer 8%	9%	2,5 SolZ 5,5%	Kirchensteuer 8%	9%	3,0 SolZ 5,5%	Kirchensteuer 8%	9
8.684,99	I	2.291,75	98,75	183,34	206,25	80,10	170,80	192,15	61,46	158,27	178,05	42,82	145,74	163,95	24,17	133,20	149,85	5,53	120,67	135,75	–	108,14	12
(West)	II	2.142,66	81,00	171,41	192,83	62,36	158,88	178,74	43,72	146,34	164,63	25,07	133,81	150,53	6,43	121,28	136,44	–	108,74	122,33	–	96,50	10
	III	1.566,83	–	125,34	141,01	–	115,04	129,42	–	104,98	118,10	–	95,18	107,08	–	85,64	96,34	–	76,36	85,90	–	67,33	7
	IV	2.291,75	98,75	183,34	206,25	89,42	177,07	199,20	80,10	170,80	192,15	70,78	164,54	185,10	61,46	158,27	178,05	52,14	152,00	171,00	42,82	145,74	16
	V	2.806,16	154,33	224,49	252,55																		
	VI	2.850,50	156,77	228,04	256,54																		
8.684,99	I	2.299,58	99,68	183,96	206,96	81,03	171,43	192,86	62,39	158,90	178,76	43,75	146,36	164,66	25,10	133,83	150,56	6,46	121,30	136,46	–	108,76	12
(Ost)	II	2.150,41	81,93	172,03	193,53	63,29	159,50	179,44	44,65	146,97	165,34	26,01	134,44	151,24	7,36	121,90	137,14	–	109,37	123,04	–	97,10	10
	III	1.573,50	–	125,88	141,61	–	115,54	129,98	–	105,48	118,66	–	95,66	107,62	–	86,12	96,88	–	76,81	86,41	–	67,77	7
	IV	2.299,58	99,68	183,96	206,96	90,36	177,70	199,91	81,03	171,43	192,86	71,71	165,16	185,81	62,39	158,90	178,76	53,07	152,63	171,71	43,75	146,36	16
	V	2.814,00	154,77	225,12	253,26																		
	VI	2.858,33	157,20	228,66	257,24																		
8.687,99	I	2.293,00	98,89	183,44	206,37	80,25	170,90	192,26	61,61	158,37	178,16	42,96	145,84	164,07	24,32	133,30	149,96	5,69	120,78	135,87	–	108,24	12
(West)	II	2.143,91	81,15	171,51	192,95	62,51	158,98	178,85	43,87	146,44	164,75	25,22	133,91	150,65	6,58	121,38	136,55	–	108,84	122,45	–	96,59	10
	III	1.568,00	–	125,44	141,12	–	115,12	129,51	–	105,06	118,19	–	95,26	107,17	–	85,72	96,43	–	76,42	85,97	–	67,40	7
	IV	2.293,00	98,89	183,44	206,37	89,57	177,17	199,31	80,25	170,90	192,26	70,93	164,64	185,22	61,61	158,37	178,16	52,29	152,10	171,11	42,96	145,84	16
	V	2.807,41	154,40	224,59	252,66																		
	VI	2.851,75	156,84	228,14	256,65																		
8.687,99	I	2.300,83	99,83	184,06	207,07	81,18	171,53	192,97	62,54	159,00	178,87	43,90	146,46	164,77	25,25	133,93	150,67	6,61	121,40	136,57	–	108,86	12
(Ost)	II	2.151,75	82,09	172,14	193,65	63,44	159,60	179,55	44,80	147,07	165,45	26,16	134,54	151,35	7,51	122,00	137,25	–	109,47	123,15	–	97,19	10
	III	1.574,50	–	125,96	141,70	–	115,62	130,07	–	105,56	118,75	–	95,74	107,71	–	86,18	96,95	–	76,89	86,50	–	67,85	7
	IV	2.300,83	99,83	184,06	207,07	90,50	177,80	200,02	81,18	171,53	192,97	71,86	165,26	185,92	62,54	159,00	178,87	53,22	152,73	171,82	43,90	146,46	16
	V	2.815,25	154,83	225,22	253,37																		
	VI	2.859,58	157,27	228,76	257,36																		
8.690,99	I	2.294,25	99,04	183,54	206,48	80,40	171,00	192,38	61,76	158,47	178,28	43,12	145,94	164,18	24,48	133,41	150,08	5,84	120,88	135,99	–	108,34	12
(West)	II	2.145,16	81,30	171,61	193,06	62,66	159,08	178,96	44,02	146,54	164,86	25,37	134,01	150,76	6,73	121,48	136,66	–	108,95	122,57	–	96,69	10
	III	1.569,00	–	125,52	141,21	–	115,20	129,60	–	105,14	118,28	–	95,33	107,24	–	85,80	96,52	–	76,50	86,06	–	67,48	7
	IV	2.294,25	99,04	183,54	206,48	89,72	177,27	199,43	80,40	171,00	192,38	71,08	164,74	185,33	61,76	158,47	178,28	52,43	152,20	171,23	43,12	145,94	16
	V	2.808,75	154,48	224,70	252,78																		
	VI	2.853,00	156,91	228,24	256,77																		
8.690,99	I	2.302,08	99,97	184,16	207,18	81,33	171,63	193,08	62,69	159,10	178,98	44,04	146,56	164,88	25,40	134,03	150,78	6,76	121,50	136,68	–	108,97	12
(Ost)	II	2.153,00	82,23	172,24	193,77	63,59	159,70	179,66	44,95	147,17	165,56	26,30	134,64	151,47	7,66	122,10	137,36	–	109,57	123,26	–	97,29	10
	III	1.575,50	–	126,04	141,79	–	115,70	130,16	–	105,64	118,84	–	95,82	107,80	–	86,26	97,04	–	76,96	86,58	–	67,92	76
	IV	2.302,08	99,97	184,16	207,18	90,65	177,90	200,13	81,33	171,63	193,08	72,01	165,36	186,03	62,69	159,10	178,98	53,37	152,83	171,93	44,04	146,56	164
	V	2.816,50	154,90	225,32	253,48																		
	VI	2.860,83	157,34	228,86	257,47																		
8.693,99	I	2.295,50	99,19	183,64	206,59	80,55	171,10	192,49	61,91	158,58	178,40	43,27	146,04	164,30	24,63	133,51	150,20	5,98	120,98	136,10	–	108,44	12
(West)	II	2.146,41	81,45	171,71	193,17	62,81	159,18	179,07	44,16	146,64	164,97	25,52	134,11	150,87	6,89	121,58	136,78	–	109,05	122,68	–	96,78	108
	III	1.570,00	–	125,60	141,30	–	115,28	129,69	–	105,22	118,37	–	95,41	107,33	–	85,86	96,59	–	76,58	86,15	–	67,54	75
	IV	2.295,50	99,19	183,64	206,59	89,87	177,37	199,54	80,55	171,10	192,49	71,24	164,84	185,45	61,91	158,58	178,40	52,59	152,31	171,35	43,27	146,04	164
	V	2.810,00	154,55	224,80	252,90																		
	VI	2.854,25	156,98	228,34	256,88																		
8.693,99	I	2.303,33	100,12	184,26	207,29	81,48	171,73	193,19	62,84	159,20	179,10	44,19	146,66	164,99	25,55	134,13	150,89	6,91	121,60	136,80	–	109,07	122
(Ost)	II	2.154,25	82,38	172,34	193,88	63,74	159,80	179,78	45,10	147,27	165,68	26,45	134,74	151,58	7,81	122,20	137,48	–	109,67	123,38	–	97,38	109
	III	1.576,50	–	126,12	141,88	–	115,80	130,27	–	105,72	118,93	–	95,90	107,89	–	86,34	97,13	–	77,04	86,67	–	68,00	76
	IV	2.303,33	100,12	184,26	207,29	90,80	178,00	200,25	81,48	171,73	193,19	72,16	165,46	186,14	62,84	159,20	179,10	53,52	152,93	172,04	44,19	146,66	164
	V	2.817,75	154,97	225,42	253,59																		
	VI	2.862,08	157,41	228,96	257,58																		
8.696,99	I	2.296,83	99,35	183,74	206,71	80,71	171,21	192,61	62,06	158,68	178,51	43,42	146,14	164,41	24,78	133,61	150,31	6,13	121,08	136,21	–	108,54	122
(West)	II	2.147,66	81,60	171,81	193,28	62,96	159,28	179,19	44,31	146,74	165,08	25,68	134,22	150,99	7,04	121,68	136,89	–	109,15	122,79	–	96,88	108
	III	1.571,16	–	125,69	141,40	–	115,36	129,78	–	105,30	118,46	–	95,49	107,42	–	85,94	96,68	–	76,65	86,23	–	67,61	76
	IV	2.296,83	99,35	183,74	206,71	90,03	177,48	199,66	80,71	171,21	192,61	71,39	164,94	185,56	62,06	158,68	178,51	52,74	152,41	171,46	43,42	146,14	164
	V	2.811,25	154,61	224,90	253,01																		
	VI	2.855,58	157,05	228,44	257,00																		
8.696,99	I	2.304,58	100,27	184,36	207,41	81,63	171,83	193,31	62,99	159,30	179,21	44,34	146,76	165,11	25,70	134,23	151,01	7,07	121,70	136,91	–	109,17	122
(Ost)	II	2.155,50	82,53	172,44	193,99	63,89	159,90	179,89	45,24	147,37	165,79	26,60	134,84	151,69	7,96	122,30	137,59	–	109,77	123,49	–	97,48	109
	III	1.577,66	–	126,21	141,98	–	115,88	130,36	–	105,80	119,02	–	95,98	107,98	–	86,41	97,21	–	77,10	86,74	–	68,06	76
	IV	2.304,58	100,27	184,36	207,41	90,95	178,10	200,36	81,63	171,83	193,31	72,31	165,56	186,26	62,99	159,30	179,21	53,66	153,03	172,16	44,34	146,76	165
	V	2.819,00	155,04	225,52	253,71																		
	VI	2.863,33	157,48	229,06	257,69																		
8.699,99	I	2.298,08	99,50	183,84	206,82	80,86	171,31	192,72	62,21	158,78	178,62	43,57	146,24	164,52	24,93	133,71	150,42	6,28	121,18	136,32	–	108,64	122
(West)	II	2.148,91	81,75	171,91	193,40	63,11	159,38	179,30	44,47	146,85	165,20	25,83	134,32	151,11	7,18	121,78	137,00	–	109,25	122,90	–	96,98	109,
	III	1.572,16	–	125,77	141,49	–	115,45	129,88	–	105,38	118,55	–	95,57	107,51	–	86,02	96,77	–	76,73	86,32	–	67,69	76,
	IV	2.298,08	99,50	183,84	206,82	90,18	177,58	199,77	80,86	171,31	192,72	71,53	165,04	185,67	62,21	158,78	178,62	52,89	152,51	171,57	43,57	146,24	164
	V	2.812,50	154,68	225,00	253,12																		
	VI	2.856,83	157,12	228,54	257,11																		
8.699,99	I	2.305,83	100,42	184,46	207,52	81,78	171,93	193,42	63,13	159,40	179,32	44,50	146,87	165,23	25,86	134,34	151,13	7,21	121,80	137,03	–	109,27	122,
(Ost)	II	2.156,75	82,68	172,54	194,10	64,04	160,00	180,00	45,39	147,47	165,90	26,75	134,94	151,80	8,11	122,40	137,70	–	109,87	123,60	–	97,58	109,
	III	1.578,66	–	126,29	142,07	–	115,96	130,45	–	105,88	119,11	–	96,05	108,05	–	86,49	97,30	–	77,18	86,83	–	68,13	76,
	IV	2.305,83	100,42	184,46	207,52	91,10	178,20	200,47	81,78	171,93	193,42	72,46	165,66	186,37	63,13	159,40	179,32	53,81	153,13	172,27	44,50	146,87	165,
	V	2.820,33	155,11	225,62	253,82																		
	VI	2.864,58	157,55	229,16	257,81																		
8.702,99	I	2.299,33	99,65	183,94	206,93	81,00	171,41	192,83	62,36	158,88	178,74	43,72	146,34	164,63	25,07	133,81	150,53	6,43	121,28	136,44	–	108,74	122,
(West)	II	2.150,25	81,91	172,02	193,52	63,26	159,48	179,42	44,62	146,95	165,32	25,98	134,42	151,22	7,33	121,88	137,12	–	109,35	123,02	–	97,08	109,
	III	1.573,16	–	125,85	141,58	–	115,53	129,97	–	105,46	118,64	–	95,65	107,60	–	86,09	96,85	–	76,80	86,40	–	67,76	76,
	IV	2.299,33	99,65	183,94	206,93	90,33	177,68	199,89	81,00	171,41	192,83	71,68	165,14	185,78	62,36	158,88	178,74	53,04	152,61	171,68	43,72	146,34	164,
	V	2.813,75	154,75	225,10	253,23																		
	VI	2.858,08	157,19	228,64	257,22																		
8.702,99	I	2.307,08	100,57	184,56	207,63	81,93	172,03	193,53	63,29	159,50	179,44	44,65	146,97	165,34	26,01	134,44	151,24	7,36	121,90	137,14	–	109,37	123,
(Ost)	II	2.158,00	82,83	172,64	194,22	64,19	160,10	180,11	45,54	147,57	166,01	26,90	135,04	151,92	8,27	122,51	137,82	–	109,98	123,72	–	97,68	109,
	III	1.579,66	–	126,37	142,16	–	116,04	130,54	–	105,96	119,20	–	96,13	108,14	–	86,57	97,39	–	77,26	86,92	–	68,21	76,
	IV	2.307,08	100,57	184,56	207,63	91,25	178,30	200,58	81,93	172,03	193,53	72,61	165,77	186,49	63,29	159,50	179,44	53,97	153,24	172,39	44,65	146,97	165,
	V	2.821,58	155,18	225,72	253,94																		
	VI	2.865,83	157,62	229,26	257,92																		

Anzahl Kinderfreibeträge (nur Steuerklassen I–IV)

Lohn/ Gehalt bis	Steuerklasse	Lohn-steuer	ohne Kinderfreibetrag SolZ 5,5%	Kirchensteuer 8%	9%	0,5 SolZ 5,5%	Kirchensteuer 8%	9%	1,0 SolZ 5,5%	Kirchensteuer 8%	9%	1,5 SolZ 5,5%	Kirchensteuer 8%	9%	2,0 SolZ 5,5%	Kirchensteuer 8%	9%	2,5 SolZ 5,5%	Kirchensteuer 8%	9%	3,0 SolZ 5,5%	Kirchensteuer 8%	9%
8.705,99	I	2.300,58	99,80	184,04	207,05	81,15	171,51	192,95	62,51	158,98	178,85	43,87	146,44	164,75	25,22	133,91	150,65	6,58	121,38	136,55	-	108,84	122,45
(West)	II	2.151,50	82,06	172,12	193,63	63,41	159,58	179,53	44,77	147,05	165,43	26,13	134,52	151,33	7,48	121,98	137,23	-	109,45	123,13	-	97,17	109,31
	III	1.574,16	-	125,93	141,67	-	115,61	130,06	-	105,54	118,73	-	95,73	107,69	-	86,17	96,94	-	76,88	86,49	-	67,84	76,32
	IV	2.300,58	99,80	184,04	207,05	90,47	177,78	200,00	81,15	171,51	192,95	71,83	165,24	185,90	62,51	158,98	178,85	53,19	152,71	171,80	43,87	146,44	164,75
	V	2.815,00	154,82	225,20	253,35																		
	VI	2.859,33	157,26	228,74	257,33																		
8.705,99	I	2.308,41	100,73	184,67	207,75	82,09	172,14	193,65	63,44	159,60	179,55	44,80	147,07	165,45	26,16	134,54	151,35	7,51	122,00	137,25	-	109,47	123,15
(Ost)	II	2.159,25	82,98	172,74	194,33	64,33	160,20	180,23	45,69	147,67	166,13	27,06	135,14	152,03	8,41	122,61	137,93	-	110,08	123,84	-	97,77	109,99
	III	1.580,83	-	126,46	142,27	-	116,12	130,63	-	106,04	119,29	-	96,21	108,23	-	86,64	97,47	-	77,33	86,99	-	68,28	76,81
	IV	2.308,41	100,73	184,67	207,75	91,41	178,40	200,70	82,09	172,14	193,65	72,76	165,87	186,60	63,44	159,60	179,55	54,12	153,34	172,50	44,80	147,07	165,45
	V	2.822,83	155,25	225,82	254,05																		
	VI	2.867,16	157,69	229,37	258,04																		
8.708,99	I	2.301,83	99,95	184,14	207,16	81,30	171,61	193,06	62,66	159,08	178,96	44,02	146,54	164,86	25,37	134,01	150,76	6,73	121,48	136,66	-	108,95	122,57
(West)	II	2.152,75	82,20	172,22	193,74	63,56	159,68	179,64	44,92	147,15	165,54	26,27	134,62	151,44	7,63	122,08	137,34	-	109,55	123,24	-	97,27	109,43
	III	1.575,33	-	126,02	141,77	-	115,69	130,15	-	105,62	118,82	-	95,81	107,78	-	86,25	97,03	-	76,94	86,56	-	67,90	76,39
	IV	2.301,83	99,95	184,14	207,16	90,62	177,88	200,11	81,30	171,61	193,06	71,98	165,34	186,01	62,66	159,08	178,96	53,34	152,81	171,91	44,02	146,54	164,86
	V	2.816,25	154,89	225,30	253,46																		
	VI	2.860,58	157,33	228,84	257,45																		
8.708,99	I	2.309,66	100,88	184,77	207,86	82,23	172,24	193,77	63,59	159,70	179,66	44,95	147,17	165,56	26,30	134,64	151,47	7,66	122,10	137,36	-	109,57	123,26
(Ost)	II	2.160,50	83,13	172,84	194,44	64,49	160,31	180,35	45,85	147,78	166,25	27,21	135,24	152,15	8,56	122,71	138,05	-	110,18	123,95	-	97,87	110,10
	III	1.581,83	-	126,54	142,36	-	116,20	130,72	-	106,12	119,38	-	96,29	108,32	-	86,72	97,56	-	77,41	87,08	-	68,34	76,88
	IV	2.309,66	100,88	184,77	207,86	91,56	178,50	200,81	82,23	172,24	193,77	72,91	165,97	186,71	63,59	159,70	179,66	54,27	153,44	172,62	44,95	147,17	165,56
	V	2.824,08	155,32	225,92	254,16																		
	VI	2.868,41	157,76	229,47	258,15																		
8.711,99	I	2.303,08	100,09	184,24	207,27	81,45	171,71	193,17	62,81	159,18	179,07	44,16	146,64	164,97	25,52	134,11	150,87	6,89	121,58	136,78	-	109,05	122,68
(West)	II	2.154,00	82,35	172,32	193,86	63,71	159,78	179,75	45,07	147,25	165,65	26,42	134,72	151,56	7,78	122,18	137,45	-	109,65	123,35	-	97,36	109,53
	III	1.576,33	-	126,10	141,86	-	115,77	130,24	-	105,70	118,91	-	95,88	107,86	-	86,32	97,11	-	77,02	86,65	-	67,97	76,46
	IV	2.303,08	100,09	184,24	207,27	90,77	177,98	200,22	81,45	171,71	193,17	72,13	165,44	186,12	62,81	159,18	179,07	53,49	152,91	172,02	44,16	146,64	164,97
	V	2.817,50	154,96	225,40	253,57																		
	VI	2.861,83	157,40	228,94	257,56																		
8.711,99	I	2.310,91	101,03	184,87	207,98	82,38	172,34	193,88	63,74	159,80	179,78	45,10	147,27	165,68	26,45	134,74	151,58	7,81	122,20	137,48	-	109,67	123,38
(Ost)	II	2.161,83	83,29	172,94	194,56	64,64	160,41	180,46	46,00	147,88	166,36	27,36	135,34	152,26	8,71	122,81	138,16	-	110,28	124,06	-	97,96	110,21
	III	1.582,83	-	126,62	142,45	-	116,29	130,82	-	106,20	119,47	-	96,37	108,41	-	86,80	97,65	-	77,48	87,16	-	68,42	76,97
	IV	2.310,91	101,03	184,87	207,98	91,70	178,60	200,93	82,38	172,34	193,88	73,06	166,07	186,83	63,74	159,80	179,78	54,42	153,54	172,73	45,10	147,27	165,68
	V	2.825,33	155,39	226,02	254,27																		
	VI	2.869,66	157,83	229,57	258,26																		
8.714,99	I	2.304,33	100,24	184,34	207,38	81,60	171,81	193,28	62,96	159,28	179,19	44,31	146,74	165,08	25,68	134,22	150,99	7,04	121,68	136,89	-	109,15	122,79
(West)	II	2.155,25	82,50	172,42	193,97	63,86	159,88	179,87	45,22	147,35	165,77	26,57	134,82	151,67	7,93	122,28	137,57	-	109,75	123,47	-	97,46	109,64
	III	1.577,33	-	126,18	141,95	-	115,85	130,33	-	105,78	119,00	-	95,96	107,95	-	86,40	97,20	-	77,09	86,72	-	68,05	76,55
	IV	2.304,33	100,24	184,34	207,38	90,92	178,08	200,34	81,60	171,81	193,28	72,28	165,54	186,23	62,96	159,28	179,19	53,63	153,01	172,13	44,31	146,74	165,08
	V	2.818,83	155,03	225,50	253,69																		
	VI	2.863,08	157,46	229,04	257,67																		
8.714,99	I	2.312,16	101,17	184,97	208,09	82,53	172,44	193,99	63,89	159,90	179,89	45,24	147,37	165,79	26,60	134,84	151,69	7,96	122,30	137,59	-	109,77	123,49
(Ost)	II	2.163,08	83,43	173,04	194,67	64,79	160,51	180,57	46,15	147,98	166,47	27,50	135,44	152,37	8,86	122,91	138,27	-	110,38	124,17	-	98,06	110,32
	III	1.584,00	-	126,72	142,56	-	116,37	130,91	-	106,28	119,56	-	96,45	108,50	-	86,88	97,74	-	77,56	87,25	-	68,49	77,05
	IV	2.312,16	101,17	184,97	208,09	91,85	178,70	201,04	82,53	172,44	193,99	73,21	166,17	186,94	63,89	159,90	179,89	54,57	153,64	172,84	45,24	147,37	165,79
	V	2.826,58	155,46	226,12	254,39																		
	VI	2.870,91	157,90	229,67	258,38																		
8.717,99	I	2.305,58	100,39	184,44	207,50	81,75	171,91	193,40	63,11	159,38	179,30	44,47	146,85	165,20	25,83	134,32	151,11	7,18	121,78	137,00	-	109,25	122,90
(West)	II	2.156,50	82,65	172,52	194,08	64,01	159,98	179,98	45,36	147,45	165,88	26,72	134,92	151,78	8,08	122,38	137,68	-	109,86	123,59	-	97,56	109,75
	III	1.578,50	-	126,28	142,06	-	115,94	130,43	-	105,86	119,09	-	96,04	108,04	-	86,48	97,29	-	77,17	86,81	-	68,12	76,63
	IV	2.305,58	100,39	184,44	207,50	91,07	178,18	200,45	81,75	171,91	193,40	72,43	165,64	186,35	63,11	159,38	179,30	53,79	153,12	172,26	44,47	146,85	165,20
	V	2.820,08	155,10	225,60	253,80																		
	VI	2.864,33	157,53	229,14	257,78																		
8.717,99	I	2.313,41	101,32	185,07	208,20	82,68	172,54	194,10	64,04	160,00	180,00	45,39	147,47	165,90	26,75	134,94	151,80	8,11	122,40	137,70	-	109,87	123,60
(Ost)	II	2.164,33	83,58	173,14	194,78	64,94	160,61	180,68	46,30	148,08	166,59	27,65	135,54	152,48	9,01	123,01	138,38	-	110,48	124,29	-	98,16	110,43
	III	1.585,00	-	126,80	142,65	-	116,45	131,00	-	106,36	119,65	-	96,52	108,58	-	86,94	97,81	-	77,62	87,32	-	68,57	77,14
	IV	2.313,41	101,32	185,07	208,20	92,00	178,80	201,15	82,68	172,54	194,10	73,36	166,27	187,05	64,04	160,00	180,00	54,72	153,74	172,95	45,39	147,47	165,90
	V	2.827,83	155,53	226,22	254,50																		
	VI	2.872,16	157,96	229,77	258,49																		
8.720,99	I	2.306,83	100,54	184,54	207,61	81,91	172,02	193,52	63,26	159,48	179,42	44,62	146,95	165,32	25,98	134,42	151,22	7,33	121,88	137,12	-	109,35	123,02
(West)	II	2.157,75	82,80	172,62	194,19	64,16	160,08	180,09	45,51	147,55	165,99	26,88	135,02	151,90	8,24	122,49	137,80	-	109,96	123,70	-	97,66	109,86
	III	1.579,50	-	126,36	142,15	-	116,02	130,52	-	105,94	119,18	-	96,12	108,13	-	86,54	97,36	-	77,24	86,89	-	68,18	76,70
	IV	2.306,83	100,54	184,54	207,61	91,23	178,28	200,57	81,91	172,02	193,52	72,59	165,75	186,47	63,26	159,48	179,42	53,94	153,22	172,37	44,62	146,95	165,32
	V	2.821,33	155,17	225,70	253,91																		
	VI	2.865,58	157,60	229,24	257,90																		
8.720,99	I	2.314,66	101,47	185,17	208,31	82,83	172,64	194,22	64,19	160,10	180,11	45,54	147,57	166,01	26,90	135,04	151,92	8,27	122,51	137,82	-	109,98	123,72
(Ost)	II	2.165,58	83,73	173,24	194,90	65,09	160,71	180,80	46,44	148,18	166,70	27,80	135,64	152,60	9,16	123,11	138,50	-	110,58	124,40	-	98,26	110,54
	III	1.586,00	-	126,88	142,74	-	116,53	131,09	-	106,44	119,74	-	96,60	108,67	-	87,02	97,90	-	77,70	87,41	-	68,64	77,22
	IV	2.314,66	101,47	185,17	208,31	92,15	178,90	201,26	82,83	172,64	194,22	73,51	166,37	187,16	64,19	160,10	180,11	54,86	153,84	173,07	45,54	147,57	166,01
	V	2.829,08	155,59	226,32	254,61																		
	VI	2.873,41	158,03	229,87	258,60																		
8.723,99	I	2.308,16	100,70	184,65	207,73	82,06	172,12	193,63	63,41	159,58	179,53	44,77	147,05	165,43	26,13	134,52	151,33	7,48	121,98	137,23	-	109,45	123,13
(West)	II	2.159,00	82,95	172,72	194,31	64,30	160,18	180,20	45,67	147,66	166,11	27,03	135,12	152,01	8,38	122,59	137,91	-	110,06	123,81	-	97,75	109,97
	III	1.580,50	-	126,44	142,24	-	116,10	130,61	-	106,02	119,27	-	96,20	108,22	-	86,62	97,45	-	77,32	86,98	-	68,26	76,79
	IV	2.308,16	100,70	184,65	207,73	91,38	178,38	200,68	82,06	172,12	193,63	72,73	165,85	186,58	63,41	159,58	179,53	54,09	153,32	172,48	44,77	147,05	165,43
	V	2.822,58	155,24	225,80	254,03																		
	VI	2.866,91	157,68	229,35	258,02																		
8.723,99	I	2.315,91	101,62	185,27	208,43	82,98	172,74	194,33	64,33	160,20	180,23	45,69	147,67	166,13	27,06	135,14	152,03	8,41	122,61	137,93	-	110,08	123,84
(Ost)	II	2.166,83	83,88	173,34	195,01	65,24	160,81	180,91	46,59	148,28	166,81	27,95	135,74	152,71	9,31	123,21	138,61	-	110,68	124,51	-	98,36	110,65
	III	1.587,16	-	126,97	142,84	-	116,61	131,18	-	106,52	119,83	-	96,68	108,76	-	87,10	97,99	-	77,77	87,49	-	68,70	77,29
	IV	2.315,91	101,62	185,27	208,43	92,30	179,00	201,38	82,98	172,74	194,33	73,66	166,47	187,28	64,33	160,20	180,23	55,01	153,94	173,18	45,69	147,67	166,13
	V	2.830,41	155,67	226,43	254,73																		
	VI	2.874,66	158,10	229,97	258,71																		

Lohn/ Gehalt bis	Steuerklasse	Lohn-steuer	ohne Kinderfreibetrag			Anzahl Kinderfreibeträge (nur Steuerklassen I–IV)																
						0,5			1,0			1,5			2,0			2,5			3,0	
			SolZ 5,5%	Kirchensteuer 8%	9%	SolZ 5,5%	Kirchensteuer 8%	9%	SolZ 5,5%	Kirchensteuer 8%	9%	SolZ 5,5%	Kirchensteuer 8%	9%	SolZ 5,5%	Kirchensteuer 8%	9%	SolZ 5,5%	Kirchensteuer 8%	9%	SolZ 5,5%	Kirchensteuer 8%
8.726,99 (West)	I	2.309,41	100,85	184,75	207,84	82,20	172,22	193,74	63,56	159,68	179,64	44,92	147,15	165,54	26,27	134,62	151,44	7,63	122,08	137,34	-	109,55
	II	2.160,33	83,11	172,82	194,42	64,46	160,29	180,32	45,82	147,76	166,23	27,18	135,22	152,12	8,53	122,69	138,02	-	110,16	123,93	-	97,85
	III	1.581,66	-	126,53	142,34	-	116,18	130,70	-	106,10	119,36	-	96,28	108,31	-	86,70	97,54	-	77,38	87,05	-	68,33
	IV	2.309,41	100,85	184,75	207,84	91,53	178,48	200,79	82,20	172,22	193,74	72,88	165,95	186,69	63,56	159,68	179,64	54,24	153,42	172,59	44,92	147,15
	V	2.823,83	155,31	225,90	254,14																	
	VI	2.868,16	157,74	229,45	258,13																	
8.726,99 (Ost)	I	2.317,16	101,77	185,37	208,54	83,13	172,84	194,44	64,49	160,31	180,35	45,85	147,78	166,25	27,21	135,24	152,15	8,56	122,71	138,05	-	110,18
	II	2.168,08	84,03	173,44	195,12	65,39	160,91	181,02	46,74	148,38	166,92	28,10	135,84	152,82	9,46	123,31	138,72	-	110,78	124,63	-	98,45
	III	1.588,16	-	127,05	142,93	-	116,69	131,27	-	106,60	119,92	-	96,76	108,85	-	87,17	98,06	-	77,85	87,58	-	68,78
	IV	2.317,16	101,77	185,37	208,54	92,45	179,10	201,49	83,13	172,84	194,44	73,80	166,57	187,39	64,49	160,31	180,35	55,17	154,04	173,30	45,85	147,78
	V	2.831,66	155,74	226,53	254,84																	
	VI	2.875,91	158,17	230,07	258,83																	
8.729,99 (West)	I	2.310,66	101,00	184,85	207,95	82,35	172,32	193,86	63,71	159,78	179,75	45,07	147,25	165,65	26,42	134,72	151,56	7,78	122,18	137,45	-	109,65
	II	2.161,58	83,26	172,92	194,54	64,61	160,39	180,44	45,97	147,86	166,34	27,33	135,32	152,24	8,68	122,79	138,14	-	110,26	124,04	-	97,94
	III	1.582,66	-	126,61	142,43	-	116,26	130,79	-	106,18	119,45	-	96,34	108,38	-	86,78	97,63	-	77,46	87,14	-	68,41
	IV	2.310,66	101,00	184,85	207,95	91,67	178,58	200,90	82,35	172,32	193,86	73,03	166,05	186,80	63,71	159,78	179,75	54,39	153,52	172,71	45,07	147,25
	V	2.825,08	155,37	226,00	254,25																	
	VI	2.869,41	157,81	229,55	258,24																	
8.729,99 (Ost)	I	2.318,41	101,92	185,47	208,65	83,29	172,94	194,56	64,64	160,41	180,46	46,00	147,88	166,36	27,36	135,34	152,26	8,71	122,81	138,16	-	110,28
	II	2.169,33	84,18	173,54	195,23	65,53	161,01	181,13	46,89	148,48	167,04	28,26	135,95	152,94	9,61	123,42	138,84	-	110,88	124,74	-	98,55
	III	1.589,16	-	127,13	143,02	-	116,78	131,38	-	106,68	120,01	-	96,84	108,94	-	87,25	98,15	-	77,92	87,66	-	68,85
	IV	2.318,41	101,92	185,47	208,65	92,61	179,21	201,61	83,29	172,94	194,56	73,96	166,68	187,51	64,64	160,41	180,46	55,32	154,14	173,41	46,00	147,88
	V	2.832,91	155,81	226,63	254,96																	
	VI	2.877,25	158,24	230,18	258,95																	
8.732,99 (West)	I	2.311,91	101,15	184,95	208,07	82,50	172,42	193,97	63,86	159,88	179,87	45,22	147,35	165,77	26,57	134,82	151,67	7,93	122,28	137,57	-	109,75
	II	2.162,83	83,40	173,02	194,65	64,76	160,49	180,55	46,12	147,96	166,45	27,47	135,42	152,35	8,83	122,89	138,25	-	110,36	124,15	-	98,04
	III	1.583,66	-	126,69	142,52	-	116,34	130,88	-	106,26	119,54	-	96,42	108,47	-	86,85	97,70	-	77,53	87,22	-	68,48
	IV	2.311,91	101,15	184,95	208,07	91,82	178,68	201,02	82,50	172,42	193,97	73,18	166,15	186,92	63,86	159,88	179,87	54,54	153,62	172,82	45,22	147,35
	V	2.826,33	155,44	226,10	254,36																	
	VI	2.870,66	157,88	229,65	258,35																	
8.732,99 (Ost)	I	2.319,75	102,08	185,58	208,77	83,43	173,04	194,67	64,79	160,51	180,57	46,15	147,98	166,47	27,50	135,44	152,37	8,86	122,91	138,27	-	110,38
	II	2.170,58	84,33	173,64	195,35	65,68	161,11	181,25	47,05	148,58	167,15	28,41	136,05	153,05	9,76	123,52	138,96	-	110,98	124,85	-	98,64
	III	1.590,33	-	127,22	143,12	-	116,86	131,47	-	106,76	120,10	-	96,92	109,03	-	87,33	98,24	-	78,00	87,75	-	68,93
	IV	2.319,75	102,08	185,58	208,77	92,76	179,31	201,72	83,43	173,04	194,67	74,11	166,78	187,62	64,79	160,51	180,57	55,47	154,24	173,52	46,15	147,98
	V	2.834,16	155,87	226,73	255,07																	
	VI	2.878,50	158,31	230,28	259,06																	
8.735,99 (West)	I	2.313,16	101,29	185,05	208,18	82,65	172,52	194,08	64,01	159,98	179,98	45,36	147,45	165,88	26,72	134,92	151,78	8,08	122,38	137,68	-	109,86
	II	2.164,08	83,55	173,12	194,76	64,91	160,59	180,66	46,27	148,06	166,56	27,62	135,52	152,46	8,98	122,99	138,36	-	110,46	124,26	-	98,14
	III	1.584,83	-	126,78	142,63	-	116,42	130,97	-	106,34	119,63	-	96,50	108,56	-	86,93	97,79	-	77,61	87,31	-	68,54
	IV	2.313,16	101,29	185,05	208,18	91,97	178,78	201,13	82,65	172,52	194,08	73,33	166,25	187,03	64,01	159,98	179,98	54,69	153,72	172,93	45,36	147,45
	V	2.827,58	155,51	226,20	254,48																	
	VI	2.871,91	157,95	229,75	258,47																	
8.735,99 (Ost)	I	2.321,00	102,23	185,68	208,89	83,58	173,14	194,78	64,94	160,61	180,68	46,30	148,08	166,59	27,65	135,54	152,48	9,01	123,01	138,38	-	110,48
	II	2.171,91	84,49	173,75	195,47	65,84	161,22	181,37	47,20	148,68	167,27	28,56	136,15	153,17	9,91	123,62	139,07	-	111,08	124,97	-	98,74
	III	1.591,33	-	127,30	143,21	-	116,94	131,56	-	106,84	120,19	-	97,00	109,12	-	87,40	98,32	-	78,08	87,84	-	69,00
	IV	2.321,00	102,23	185,68	208,89	92,90	179,41	201,83	83,58	173,14	194,78	74,26	166,88	187,74	64,94	160,61	180,68	55,62	154,34	173,63	46,30	148,08
	V	2.835,41	155,94	226,83	255,18																	
	VI	2.879,75	158,38	230,38	259,17																	
8.738,99 (West)	I	2.314,41	101,44	185,15	208,29	82,80	172,62	194,19	64,16	160,08	180,09	45,51	147,55	165,99	26,88	135,02	151,90	8,24	122,49	137,80	-	109,96
	II	2.165,33	83,70	173,22	194,87	65,06	160,69	180,77	46,41	148,16	166,68	27,77	135,62	152,57	9,13	123,09	138,47	-	110,56	124,38	-	98,24
	III	1.585,83	-	126,86	142,72	-	116,52	131,08	-	106,42	119,72	-	96,58	108,65	-	87,01	97,88	-	77,69	87,40	-	68,62
	IV	2.314,41	101,44	185,15	208,29	92,12	178,88	201,24	82,80	172,62	194,19	73,48	166,35	187,14	64,16	160,08	180,09	54,83	153,82	173,04	45,51	147,55
	V	2.828,83	155,58	226,30	254,59																	
	VI	2.873,16	158,02	229,85	258,58																	
8.738,99 (Ost)	I	2.322,25	102,37	185,78	209,00	83,73	173,24	194,90	65,09	160,71	180,80	46,44	148,18	166,70	27,80	135,64	152,60	9,16	123,11	138,50	-	110,58
	II	2.173,16	84,63	173,85	195,58	65,99	161,32	181,48	47,35	148,78	167,38	28,70	136,25	153,28	10,06	123,72	139,18	-	111,18	125,08	-	98,84
	III	1.592,33	-	127,38	143,30	-	117,02	131,65	-	106,92	120,28	-	97,06	109,19	-	87,48	98,41	-	78,14	87,91	-	69,06
	IV	2.322,25	102,37	185,78	209,00	93,05	179,51	201,95	83,73	173,24	194,90	74,41	166,98	187,85	65,09	160,71	180,80	55,77	154,44	173,75	46,44	148,18
	V	2.836,66	156,01	226,93	255,29																	
	VI	2.881,00	158,45	230,48	259,29																	
8.741,99 (West)	I	2.315,66	101,59	185,25	208,40	82,95	172,72	194,31	64,30	160,18	180,20	45,67	147,66	166,11	27,03	135,12	152,01	8,38	122,59	137,91	-	110,06
	II	2.166,58	83,85	173,32	194,99	65,21	160,79	180,89	46,56	148,26	166,79	27,92	135,72	152,69	9,28	123,19	138,59	-	110,66	124,49	-	98,34
	III	1.586,83	-	126,94	142,81	-	116,60	131,17	-	106,50	119,81	-	96,66	108,74	-	87,08	97,96	-	77,76	87,48	-	68,69
	IV	2.315,66	101,59	185,25	208,40	92,27	178,98	201,35	82,95	172,72	194,31	73,63	166,45	187,25	64,30	160,18	180,20	54,99	153,92	173,16	45,67	147,66
	V	2.830,16	155,65	226,41	254,71																	
	VI	2.874,41	158,09	229,95	258,69																	
8.741,99 (Ost)	I	2.323,50	102,52	185,88	209,11	83,88	173,34	195,01	65,24	160,81	180,91	46,59	148,28	166,81	27,95	135,74	152,71	9,31	123,21	138,61	-	110,68
	II	2.174,41	84,78	173,95	195,69	66,14	161,42	181,59	47,50	148,88	167,49	28,85	136,35	153,39	10,21	123,82	139,29	-	111,28	125,19	-	98,94
	III	1.593,50	-	127,48	143,41	-	117,10	131,74	-	107,00	120,37	-	97,14	109,28	-	87,56	98,50	-	78,22	88,00	-	69,14
	IV	2.323,50	102,52	185,88	209,11	93,20	179,61	202,06	83,88	173,34	195,01	74,56	167,08	187,96	65,24	160,81	180,91	55,92	154,54	173,86	46,59	148,28
	V	2.837,91	156,08	227,03	255,41																	
	VI	2.882,25	158,52	230,58	259,40																	
8.744,99 (West)	I	2.316,91	101,74	185,35	208,52	83,11	172,82	194,42	64,46	160,29	180,32	45,82	147,76	166,23	27,18	135,22	152,12	8,53	122,69	138,02	-	110,16
	II	2.167,83	84,00	173,42	195,10	65,36	160,89	181,00	46,71	148,36	166,90	28,07	135,82	152,80	9,44	123,30	138,71	-	110,76	124,61	-	98,43
	III	1.588,00	-	127,04	142,92	-	116,68	131,26	-	106,58	119,90	-	96,74	108,83	-	87,16	98,05	-	77,84	87,57	-	68,77
	IV	2.316,91	101,74	185,35	208,52	92,42	179,08	201,47	83,11	172,82	194,42	73,78	166,56	187,38	64,46	160,29	180,32	55,14	154,02	173,27	45,82	147,76
	V	2.831,41	155,72	226,51	254,82																	
	VI	2.875,66	158,16	230,05	258,80																	
8.744,99 (Ost)	I	2.324,75	102,67	185,98	209,22	84,03	173,44	195,12	65,39	160,91	181,02	46,74	148,38	166,92	28,10	135,84	152,82	9,46	123,31	138,72	-	110,78
	II	2.175,66	84,93	174,05	195,80	66,29	161,52	181,71	47,64	148,98	167,60	29,00	136,45	153,50	10,36	123,92	139,41	-	111,38	125,30	-	99,04
	III	1.594,50	-	127,56	143,50	-	117,18	131,83	-	107,08	120,46	-	97,22	109,37	-	87,64	98,59	-	78,29	88,07	-	69,21
	IV	2.324,75	102,67	185,98	209,22	93,35	179,71	202,17	84,03	173,44	195,12	74,71	167,18	188,07	65,39	160,91	181,02	56,06	154,64	173,97	46,74	148,38
	V	2.839,16	156,15	227,13	255,52																	
	VI	2.883,50	158,59	230,68	259,51																	

Lohn/ Gehalt bis	Steuerklasse	Lohn-steuer	ohne Kinderfreibetrag			Anzahl Kinderfreibeträge (nur Steuerklassen I–IV)																	
						0,5			1,0			1,5			2,0			2,5			3,0		
			SolZ 5,5%	Kirchensteuer 8%	9%	SolZ 5,5%	Kirchensteuer 8%	9%	SolZ 5,5%	Kirchensteuer 8%	9%	SolZ 5,5%	Kirchensteuer 8%	9%	SolZ 5,5%	Kirchensteuer 8%	9%	SolZ 5,5%	Kirchensteuer 8%	9%	SolZ 5,5%	Kirchensteuer 8%	9%
.747,99 (West)	I	2.318,25	101,90	185,46	208,64	83,26	172,92	194,54	64,61	160,39	180,44	45,97	147,86	166,34	27,33	135,32	152,24	8,68	122,79	138,14	–	110,26	124,04
	II	2.169,08	84,15	173,52	195,21	65,50	160,99	181,11	46,87	148,46	167,02	28,23	135,93	152,92	9,58	123,40	138,82	–	110,86	124,72	–	98,53	110,84
	III	1.589,00	–	127,12	143,01	–	116,76	131,35	–	106,66	119,99	–	96,82	108,92	–	87,24	98,14	–	77,90	87,64	–	68,84	77,44
	IV	2.318,25	101,90	185,46	208,64	92,58	179,19	201,59	83,26	172,92	194,54	73,93	166,66	187,49	64,61	160,39	180,44	55,29	154,12	173,39	45,97	147,86	166,34
	V	2.832,66	155,79	226,61	254,93																		
	VI	2.877,00	158,23	230,16	258,93																		
.747,99 (Ost)	I	2.326,00	102,82	186,08	209,34	84,18	173,54	195,23	65,53	161,01	181,13	46,89	148,48	167,04	28,26	135,95	152,94	9,61	123,42	138,84	–	110,88	124,74
	II	2.176,91	85,08	174,15	195,92	66,44	161,62	181,82	47,79	149,08	167,72	29,15	136,55	153,62	10,51	124,02	139,52	–	111,48	125,42	–	99,13	111,52
	III	1.595,50	–	127,64	143,59	–	117,28	131,94	–	107,16	120,55	–	97,30	109,46	–	87,70	98,66	–	78,37	88,16	–	69,29	77,95
	IV	2.326,00	102,82	186,08	209,34	93,50	179,81	202,28	84,18	173,54	195,23	74,86	167,28	188,19	65,53	161,01	181,13	56,21	154,74	174,08	46,89	148,48	167,04
	V	2.840,50	156,22	227,24	255,64																		
	VI	2.884,75	158,66	230,78	259,62																		
.750,99 (West)	I	2.319,50	102,05	185,56	208,75	83,40	173,02	194,65	64,76	160,49	180,55	46,12	147,96	166,45	27,47	135,42	152,35	8,83	122,89	138,25	–	110,36	124,15
	II	2.170,33	84,30	173,62	195,32	65,66	161,10	181,23	47,02	148,56	167,13	28,38	136,03	153,03	9,73	123,50	138,93	–	110,96	124,83	–	98,62	110,95
	III	1.590,00	–	127,20	143,10	–	116,84	131,44	–	106,74	120,08	–	96,89	109,00	–	87,30	98,21	–	77,98	87,73	–	68,90	77,51
	IV	2.319,50	102,05	185,56	208,75	92,73	179,29	201,70	83,40	173,02	194,65	74,08	166,76	187,60	64,76	160,49	180,55	55,44	154,22	173,50	46,12	147,96	166,45
	V	2.833,91	155,86	226,71	255,05																		
	VI	2.878,25	158,30	230,26	259,04																		
.750,99 (Ost)	I	2.327,25	102,97	186,18	209,45	84,33	173,64	195,35	65,68	161,11	181,25	47,05	148,58	167,15	28,41	136,05	153,05	9,76	123,52	138,96	–	110,98	124,85
	II	2.178,16	85,23	174,25	196,03	66,59	161,72	181,93	47,94	149,18	167,83	29,30	136,65	153,73	10,66	124,12	139,63	–	111,59	125,54	–	99,23	111,63
	III	1.596,66	–	127,73	143,69	–	117,36	132,03	–	107,24	120,64	–	97,38	109,55	–	87,78	98,75	–	78,44	88,24	–	69,36	78,03
	IV	2.327,25	102,97	186,18	209,45	93,65	179,91	202,40	84,33	173,64	195,35	75,00	167,38	188,30	65,68	161,11	181,25	56,37	154,85	174,20	47,05	148,58	167,15
	V	2.841,75	156,29	227,34	255,75																		
	VI	2.886,00	158,73	230,88	259,74																		
.753,99 (West)	I	2.320,75	102,20	185,66	208,86	83,55	173,12	194,76	64,91	160,59	180,66	46,27	148,06	166,56	27,62	135,52	152,46	8,98	122,99	138,36	–	110,46	124,26
	II	2.171,66	84,46	173,73	195,44	65,81	161,20	181,35	47,17	148,66	167,24	28,53	136,13	153,14	9,88	123,60	139,05	–	111,06	124,94	–	98,72	111,06
	III	1.591,16	–	127,29	143,20	–	116,92	131,53	–	106,82	120,17	–	96,97	109,09	–	87,38	98,30	–	78,05	87,80	–	68,98	77,60
	IV	2.320,75	102,20	185,66	208,86	92,87	179,39	201,81	83,55	173,12	194,76	74,23	166,86	187,71	64,91	160,59	180,66	55,59	154,32	173,61	46,27	148,06	166,56
	V	2.835,16	155,93	226,81	255,16																		
	VI	2.879,50	158,37	230,36	259,15																		
.753,99 (Ost)	I	2.328,50	103,12	186,28	209,56	84,49	173,75	195,47	65,84	161,22	181,37	47,20	148,68	167,27	28,56	136,15	153,17	9,91	123,62	139,07	–	111,08	124,97
	II	2.179,41	85,38	174,35	196,14	66,73	161,82	182,04	48,09	149,28	167,94	29,45	136,75	153,84	10,81	124,22	139,75	–	111,69	125,65	–	99,32	111,74
	III	1.597,66	–	127,81	143,78	–	117,44	132,12	–	107,32	120,73	–	97,46	109,64	–	87,86	98,84	–	78,52	88,33	–	69,42	78,10
	IV	2.328,50	103,12	186,28	209,56	93,80	180,01	202,51	84,49	173,75	195,47	75,16	167,48	188,42	65,84	161,22	181,37	56,52	154,95	174,32	47,20	148,68	167,27
	V	2.843,00	156,36	227,44	255,87																		
	VI	2.887,25	158,79	230,98	259,85																		
.756,99 (West)	I	2.322,00	102,34	185,76	208,98	83,70	173,22	194,87	65,06	160,69	180,77	46,41	148,16	166,68	27,77	135,62	152,57	9,13	123,09	138,47	–	110,56	124,38
	II	2.172,91	84,60	173,83	195,56	65,96	161,30	181,46	47,32	148,76	167,36	28,67	136,23	153,26	10,03	123,70	139,16	–	111,16	125,06	–	98,82	111,17
	III	1.592,16	–	127,37	143,29	–	117,01	131,63	–	106,90	120,26	–	97,05	109,18	–	87,46	98,39	–	78,13	87,89	–	69,05	77,68
	IV	2.322,00	102,34	185,76	208,98	93,02	179,49	201,92	83,70	173,22	194,87	74,38	166,96	187,83	65,06	160,69	180,77	55,74	154,42	173,72	46,41	148,16	166,68
	V	2.836,41	156,00	226,91	255,27																		
	VI	2.880,75	158,44	230,46	259,26																		
8.756,99 (Ost)	I	2.329,83	103,28	186,38	209,68	84,63	173,85	195,58	65,99	161,32	181,48	47,35	148,78	167,38	28,70	136,25	153,28	10,06	123,72	139,18	–	111,18	125,08
	II	2.180,66	85,53	174,45	196,25	66,88	161,92	182,16	48,25	149,39	168,06	29,61	136,86	153,96	10,96	124,32	139,86	–	111,79	125,76	–	99,42	111,85
	III	1.598,66	–	127,89	143,87	–	117,52	132,21	–	107,40	120,82	–	97,54	109,73	–	87,93	98,92	–	78,58	88,40	–	69,50	78,19
	IV	2.329,83	103,28	186,38	209,68	93,96	180,12	202,63	84,63	173,85	195,58	75,31	167,58	188,53	65,99	161,32	181,48	56,67	155,05	174,43	47,35	148,78	167,38
	V	2.844,25	156,43	227,54	255,98																		
	VI	2.888,58	158,87	231,08	259,97																		
8.759,99 (West)	I	2.323,25	102,49	185,86	209,09	83,85	173,32	194,99	65,21	160,79	180,89	46,56	148,26	166,79	27,92	135,72	152,69	9,28	123,19	138,59	–	110,66	124,49
	II	2.174,16	84,75	173,93	195,67	66,11	161,40	181,57	47,47	148,86	167,47	28,82	136,33	153,37	10,18	123,80	139,27	–	111,26	125,17	–	98,92	111,28
	III	1.593,16	–	127,45	143,38	–	117,09	131,72	–	106,98	120,35	–	97,13	109,27	–	87,54	98,48	–	78,20	87,97	–	69,13	77,77
	IV	2.323,25	102,49	185,86	209,09	93,17	179,59	202,04	83,85	173,32	194,99	74,53	167,06	187,94	65,21	160,79	180,89	55,89	154,52	173,84	46,56	148,26	166,79
	V	2.837,66	156,07	227,01	255,38																		
	VI	2.882,00	158,51	230,56	259,38																		
8.759,99 (Ost)	I	2.331,08	103,43	186,48	209,79	84,78	173,95	195,69	66,14	161,42	181,59	47,50	148,88	167,49	28,85	136,35	153,39	10,21	123,82	139,29	–	111,28	125,19
	II	2.181,91	85,68	174,55	196,37	67,04	162,02	182,27	48,40	149,49	168,17	29,75	136,96	154,08	11,11	124,42	139,97	–	111,89	125,87	–	99,52	111,96
	III	1.599,83	–	127,98	143,98	–	117,60	132,30	–	107,48	120,91	–	97,62	109,82	–	88,01	99,01	–	78,66	88,49	–	69,57	78,26
	IV	2.331,08	103,43	186,48	209,79	94,10	180,22	202,74	84,78	173,95	195,69	75,46	167,68	188,64	66,14	161,42	181,59	56,82	155,15	174,54	47,50	148,88	167,49
	V	2.845,50	156,50	227,64	256,09																		
	VI	2.889,83	158,94	231,18	260,08																		
8.762,99 (West)	I	2.324,50	102,64	185,96	209,20	84,00	173,42	195,10	65,36	160,89	181,00	46,71	148,36	166,90	28,07	135,82	152,80	9,44	123,30	138,71	–	110,76	124,61
	II	2.175,41	84,90	174,03	195,78	66,26	161,50	181,68	47,61	148,96	167,58	28,97	136,43	153,48	10,33	123,90	139,38	–	111,36	125,28	–	99,02	111,39
	III	1.594,16	–	127,53	143,47	–	117,17	131,81	–	107,06	120,44	–	97,21	109,36	–	87,61	98,56	–	78,28	88,06	–	69,20	77,85
	IV	2.324,50	102,64	185,96	209,20	93,32	179,69	202,15	84,00	173,42	195,10	74,68	167,16	188,05	65,36	160,89	181,00	56,03	154,62	173,95	46,71	148,36	166,90
	V	2.838,91	156,14	227,11	255,50																		
	VI	2.883,25	158,57	230,66	259,49																		
8.762,99 (Ost)	I	2.332,33	103,57	186,58	209,90	84,93	174,05	195,80	66,29	161,52	181,71	47,64	148,98	167,60	29,00	136,45	153,50	10,36	123,92	139,41	–	111,38	125,30
	II	2.183,25	85,83	174,66	196,49	67,19	162,12	182,39	48,55	149,59	168,29	29,90	137,06	154,19	11,26	124,52	140,09	–	111,99	125,99	–	99,62	112,07
	III	1.600,83	–	128,06	144,07	–	117,68	132,39	–	107,56	121,00	–	97,69	109,90	–	88,09	99,10	–	78,74	88,58	–	69,65	78,35
	IV	2.332,33	103,57	186,58	209,90	94,25	180,32	202,86	84,93	174,05	195,80	75,61	167,78	188,75	66,29	161,52	181,71	56,97	155,25	174,65	47,64	148,98	167,60
	V	2.846,75	156,57	227,74	256,20																		
	VI	2.891,08	159,00	231,28	260,19																		
8.765,99 (West)	I	2.325,75	102,79	186,06	209,31	84,15	173,52	195,21	65,50	160,99	181,11	46,87	148,46	167,02	28,23	135,93	152,92	9,58	123,40	138,82	–	110,86	124,72
	II	2.176,66	85,05	174,13	195,89	66,41	161,60	181,80	47,76	149,06	167,69	29,12	136,53	153,59	10,48	124,00	139,50	–	111,46	125,39	–	99,11	111,50
	III	1.595,33	–	127,62	143,57	–	117,25	131,90	–	107,14	120,53	–	97,29	109,45	–	87,69	98,65	–	78,36	88,15	–	69,26	77,92
	IV	2.325,75	102,79	186,06	209,31	93,47	179,79	202,26	84,15	173,52	195,21	74,83	167,26	188,16	65,50	160,99	181,11	56,18	154,72	174,06	46,87	148,46	167,02
	V	2.840,25	156,21	227,22	255,62																		
	VI	2.884,50	158,64	230,76	259,60																		
8.765,99 (Ost)	I	2.333,58	103,72	186,68	210,02	85,08	174,15	195,92	66,44	161,62	181,82	47,79	149,08	167,72	29,15	136,55	153,62	10,51	124,02	139,52	–	111,48	125,42
	II	2.184,50	85,98	174,76	196,60	67,34	162,22	182,50	48,70	149,69	168,40	30,05	137,16	154,30	11,41	124,62	140,20	–	112,09	126,10	–	99,72	112,18
	III	1.601,83	–	128,14	144,16	–	117,77	132,49	–	107,64	121,09	–	97,77	109,99	–	88,17	99,19	–	78,81	88,66	–	69,72	78,43
	IV	2.333,58	103,72	186,68	210,02	94,40	180,42	202,97	85,08	174,15	195,92	75,76	167,88	188,87	66,44	161,62	181,82	57,12	155,35	174,77	47,79	149,08	167,72
	V	2.848,00	156,64	227,84	256,32																		
	VI	2.892,33	159,07	231,38	260,30																		

Lohn/ Gehalt bis	Steuerklasse	Lohn-steuer	ohne Kinderfreibetrag SolZ 5,5%	Kirchensteuer 8%	Kirchensteuer 9%	0,5 SolZ 5,5%	Kirchensteuer 8%	Kirchensteuer 9%	1,0 SolZ 5,5%	Kirchensteuer 8%	Kirchensteuer 9%	1,5 SolZ 5,5%	Kirchensteuer 8%	Kirchensteuer 9%	2,0 SolZ 5,5%	Kirchensteuer 8%	Kirchensteuer 9%	2,5 SolZ 5,5%	Kirchensteuer 8%	Kirchensteuer 9%	3,0 SolZ 5,5%	Kirchensteuer 8%	Kirchensteuer 9%
						Anzahl Kinderfreibeträge (nur Steuerklassen I–IV)																	
8.768,99 (West)	I	2.327,00	102,94	186,16	209,43	84,30	173,62	195,32	65,66	161,10	181,23	47,02	148,56	167,13	28,38	136,03	153,03	9,73	123,50	138,93	-	110,96	[illegible]
	II	2.177,91	85,20	174,23	196,01	66,56	161,70	181,91	47,91	149,16	167,81	29,27	136,63	153,71	10,64	124,10	139,61	-	111,57	125,51	-	99,21	[illegible]
	III	1.596,33	-	127,70	143,66	-	117,33	131,99	-	107,22	120,62	-	97,37	109,54	-	87,77	98,74	-	78,42	88,22	-	69,34	[illegible]
	IV	2.327,00	102,94	186,16	209,43	93,62	179,89	202,37	84,30	173,62	195,32	74,98	167,36	188,28	65,66	161,10	181,23	56,34	154,83	174,18	47,02	148,56	[illegible]
	V	2.841,50	156,28	227,32	255,73																		
	VI	2.885,75	158,71	230,86	259,71																		
8.768,99 (Ost)	I	2.334,83	103,87	186,78	210,13	85,23	174,25	196,03	66,59	161,72	181,93	47,94	149,18	167,83	29,30	136,65	153,73	10,66	124,12	139,63	-	111,59	[illegible]
	II	2.185,75	86,13	174,86	196,71	67,49	162,32	182,61	48,84	149,79	168,51	30,20	137,26	154,41	11,56	124,72	140,31	-	112,19	126,21	-	99,82	[illegible]
	III	1.603,00	-	128,24	144,27	-	117,85	132,58	-	107,72	121,18	-	97,85	110,08	-	88,24	99,27	-	78,89	88,75	-	69,78	[illegible]
	IV	2.334,83	103,87	186,78	210,13	94,55	180,52	203,08	85,23	174,25	196,03	75,91	167,98	188,98	66,59	161,72	181,93	57,26	155,45	174,88	47,94	149,18	[illegible]
	V	2.849,25	156,70	227,94	256,43																		
	VI	2.893,58	159,14	231,48	260,42																		
8.771,99 (West)	I	2.328,33	103,10	186,26	209,54	84,46	173,73	195,44	65,81	161,20	181,35	47,17	148,66	167,24	28,53	136,13	153,14	9,88	123,60	139,05	-	111,06	[illegible]
	II	2.179,16	85,35	174,33	196,12	66,70	161,80	182,02	48,06	149,26	167,92	29,43	136,74	153,83	10,78	124,20	139,73	-	111,67	125,63	-	99,31	[illegible]
	III	1.597,33	-	127,78	143,75	-	117,42	132,10	-	107,30	120,71	-	97,44	109,62	-	87,84	98,82	-	78,50	88,31	-	69,41	[illegible]
	IV	2.328,33	103,10	186,26	209,54	93,78	180,00	202,50	84,46	173,73	195,44	75,13	167,46	188,39	65,81	161,20	181,35	56,49	154,93	174,29	47,17	148,66	[illegible]
	V	2.842,75	156,35	227,42	255,84																		
	VI	2.887,08	158,78	230,96	259,83																		
8.771,99 (Ost)	I	2.336,08	104,02	186,88	210,24	85,38	174,35	196,14	66,73	161,82	182,04	48,09	149,28	167,94	29,45	136,75	153,84	10,81	124,22	139,75	-	111,69	[illegible]
	II	2.187,00	86,28	174,96	196,83	67,64	162,42	182,72	48,99	149,89	168,62	30,35	137,36	154,53	11,71	124,82	140,42	-	112,29	126,32	-	99,91	[illegible]
	III	1.604,00	-	128,32	144,36	-	117,93	132,67	-	107,80	121,27	-	97,93	110,17	-	88,32	99,36	-	78,96	88,83	-	69,86	[illegible]
	IV	2.336,08	104,02	186,88	210,24	94,70	180,62	203,19	85,38	174,35	196,14	76,06	168,08	189,09	66,73	161,82	182,04	57,41	155,55	174,99	48,09	149,28	[illegible]
	V	2.850,50	156,77	228,04	256,54																		
	VI	2.894,83	159,21	231,58	260,53																		
8.774,99 (West)	I	2.329,58	103,25	186,36	209,66	84,60	173,83	195,56	65,96	161,30	181,46	47,32	148,76	167,36	28,67	136,23	153,26	10,03	123,70	139,16	-	111,16	[illegible]
	II	2.180,41	85,50	174,43	196,23	66,86	161,90	182,14	48,22	149,37	168,04	29,58	136,84	153,94	10,93	124,30	139,84	-	111,77	125,74	-	99,40	[illegible]
	III	1.598,50	-	127,88	143,86	-	117,50	132,19	-	107,38	120,80	-	97,52	109,71	-	87,92	98,91	-	78,57	88,39	-	69,49	[illegible]
	IV	2.329,58	103,25	186,36	209,66	93,93	180,10	202,61	84,60	173,83	195,56	75,28	167,56	188,51	65,96	161,30	181,46	56,64	155,03	174,41	47,32	148,76	[illegible]
	V	2.844,00	156,42	227,52	255,96																		
	VI	2.888,33	158,85	231,06	259,94																		
8.774,99 (Ost)	I	2.337,33	104,17	186,98	210,35	85,53	174,45	196,25	66,88	161,92	182,16	48,25	149,39	168,06	29,61	136,86	153,96	10,96	124,32	139,86	-	111,79	[illegible]
	II	2.188,25	86,43	175,06	196,94	67,79	162,52	182,84	49,14	149,99	168,74	30,50	137,46	154,64	11,86	124,92	140,54	-	112,39	126,44	-	100,01	[illegible]
	III	1.605,00	-	128,40	144,45	-	118,01	132,76	-	107,88	121,36	-	98,01	110,26	-	88,40	99,45	-	79,04	88,92	-	69,93	[illegible]
	IV	2.337,33	104,17	186,98	210,35	94,85	180,72	203,31	85,53	174,45	196,25	76,20	168,18	189,20	66,88	161,92	182,16	57,56	155,65	175,10	48,25	149,39	[illegible]
	V	2.851,83	156,85	228,14	256,66																		
	VI	2.896,08	159,28	231,68	260,64																		
8.777,99 (West)	I	2.330,83	103,40	186,46	209,77	84,75	173,93	195,67	66,11	161,40	181,57	47,47	148,86	167,47	28,82	136,33	153,37	10,18	123,80	139,27	-	111,26	[illegible]
	II	2.181,75	85,66	174,54	196,35	67,01	162,00	182,25	48,37	149,47	168,15	29,73	136,94	154,05	11,08	124,40	139,95	-	111,87	125,85	-	99,50	[illegible]
	III	1.599,50	-	127,96	143,95	-	117,58	132,28	-	107,46	120,89	-	97,60	109,80	-	88,00	99,00	-	78,65	88,48	-	69,56	[illegible]
	IV	2.330,83	103,40	186,46	209,77	94,07	180,20	202,72	84,75	173,93	195,67	75,43	167,66	188,62	66,11	161,40	181,57	56,79	155,13	174,52	47,47	148,86	[illegible]
	V	2.845,25	156,48	227,62	256,07																		
	VI	2.889,58	158,92	231,16	260,06																		
8.777,99 (Ost)	I	2.338,58	104,32	187,08	210,47	85,68	174,55	196,37	67,04	162,02	182,27	48,40	149,49	168,17	29,75	136,96	154,08	11,11	124,42	139,97	-	111,89	[illegible]
	II	2.189,50	86,58	175,16	197,05	67,93	162,62	182,95	49,29	150,09	168,85	30,65	137,56	154,75	12,01	125,03	140,66	-	112,50	126,56	-	100,10	[illegible]
	III	1.606,16	-	128,49	144,55	-	118,09	132,85	-	107,96	121,45	-	98,09	110,35	-	88,46	99,52	-	79,10	88,99	-	70,01	[illegible]
	IV	2.338,58	104,32	187,08	210,47	95,00	180,82	203,42	85,68	174,55	196,37	76,36	168,29	189,32	67,04	162,02	182,27	57,72	155,76	175,23	48,40	149,49	[illegible]
	V	2.853,08	156,91	228,24	256,77																		
	VI	2.897,33	159,35	231,78	260,75																		
8.780,99 (West)	I	2.332,08	103,54	186,56	209,88	84,90	174,03	195,78	66,26	161,50	181,68	47,61	148,96	167,58	28,97	136,43	153,48	10,33	123,90	139,38	-	111,36	[illegible]
	II	2.183,00	85,80	174,64	196,47	67,16	162,10	182,36	48,52	149,57	168,26	29,87	137,04	154,17	11,23	124,50	140,06	-	111,97	125,96	-	99,60	[illegible]
	III	1.600,50	-	128,04	144,04	-	117,66	132,37	-	107,54	120,98	-	97,68	109,89	-	88,08	99,09	-	78,72	88,56	-	69,62	[illegible]
	IV	2.332,08	103,54	186,56	209,88	94,22	180,30	202,83	84,90	174,03	195,78	75,58	167,76	188,73	66,26	161,50	181,68	56,94	155,23	174,63	47,61	148,96	[illegible]
	V	2.846,50	156,55	227,72	256,18																		
	VI	2.890,83	158,99	231,26	260,17																		
8.780,99 (Ost)	I	2.339,91	104,48	187,19	210,59	85,83	174,66	196,49	67,19	162,12	182,39	48,55	149,59	168,29	29,90	137,06	154,19	11,26	124,52	140,09	-	111,99	[illegible]
	II	2.190,75	86,73	175,26	197,16	68,08	162,72	183,06	49,44	150,19	168,96	30,81	137,66	154,87	12,16	125,13	140,77	-	112,60	126,67	-	100,20	[illegible]
	III	1.607,16	-	128,57	144,64	-	118,18	132,95	-	108,04	121,54	-	98,17	110,44	-	88,54	99,61	-	79,18	89,08	-	70,08	[illegible]
	IV	2.339,91	104,48	187,19	210,59	95,16	180,92	203,54	85,83	174,66	196,49	76,51	168,39	189,44	67,19	162,12	182,39	57,87	155,86	175,34	48,55	149,59	[illegible]
	V	2.854,33	156,98	228,34	256,88																		
	VI	2.898,66	159,42	231,89	260,87																		
8.783,99 (West)	I	2.333,33	103,69	186,66	209,99	85,05	174,13	195,89	66,41	161,60	181,80	47,76	149,06	167,69	29,12	136,53	153,59	10,48	124,00	139,50	-	111,46	[illegible]
	II	2.184,25	85,95	174,74	196,58	67,31	162,20	182,48	48,67	149,67	168,38	30,02	137,14	154,28	11,38	124,60	140,18	-	112,07	126,08	-	99,70	[illegible]
	III	1.601,66	-	128,13	144,14	-	117,74	132,46	-	107,62	121,07	-	97,76	109,98	-	88,14	99,16	-	78,80	88,65	-	69,70	[illegible]
	IV	2.333,33	103,69	186,66	209,99	94,37	180,40	202,95	85,05	174,13	195,89	75,73	167,86	188,84	66,41	161,60	181,80	57,09	155,33	174,74	47,76	149,06	[illegible]
	V	2.847,75	156,62	227,82	256,29																		
	VI	2.892,08	159,06	231,36	260,28																		
8.783,99 (Ost)	I	2.341,16	104,63	187,29	210,70	85,98	174,76	196,60	67,34	162,22	182,50	48,70	149,69	168,40	30,05	137,16	154,30	11,41	124,62	140,20	-	112,09	[illegible]
	II	2.192,00	86,87	175,36	197,28	68,24	162,83	183,18	49,60	150,30	169,08	30,95	137,76	154,98	12,31	125,23	140,88	-	112,70	126,78	-	100,30	[illegible]
	III	1.608,16	-	128,65	144,73	-	118,26	133,04	-	108,13	121,64	-	98,25	110,53	-	88,62	99,70	-	79,26	89,17	-	70,14	[illegible]
	IV	2.341,16	104,63	187,29	210,70	95,30	181,02	203,65	85,98	174,76	196,60	76,66	168,49	189,55	67,34	162,22	182,50	58,02	155,96	175,45	48,70	149,69	[illegible]
	V	2.855,58	157,05	228,44	257,00																		
	VI	2.899,91	159,49	231,99	260,99																		
8.786,99 (West)	I	2.334,58	103,84	186,76	210,11	85,20	174,23	196,01	66,56	161,70	181,91	47,91	149,16	167,81	29,27	136,63	153,71	10,64	124,10	139,61	-	111,57	[illegible]
	II	2.185,50	86,10	174,84	196,69	67,46	162,30	182,59	48,81	149,77	168,49	30,17	137,24	154,39	11,53	124,70	140,29	-	112,17	126,19	-	99,80	[illegible]
	III	1.602,66	-	128,21	144,23	-	117,82	132,55	-	107,70	121,16	-	97,84	110,07	-	88,22	99,25	-	78,86	88,72	-	69,77	[illegible]
	IV	2.334,58	103,84	186,76	210,11	94,52	180,50	203,06	85,20	174,23	196,01	75,88	167,96	188,96	66,56	161,70	181,91	57,23	155,43	174,86	47,91	149,16	[illegible]
	V	2.849,00	156,69	227,92	256,41																		
	VI	2.893,33	159,13	231,46	260,39																		
8.786,99 (Ost)	I	2.342,41	104,77	187,39	210,81	86,13	174,86	196,71	67,49	162,32	182,61	48,84	149,79	168,51	30,20	137,26	154,41	11,56	124,72	140,31	-	112,19	[illegible]
	II	2.193,33	87,03	175,46	197,39	68,39	162,93	183,29	49,75	150,40	169,20	31,10	137,86	155,09	12,46	125,33	140,99	-	112,80	126,90	-	100,40	[illegible]
	III	1.609,33	-	128,74	144,83	-	118,34	133,13	-	108,21	121,73	-	98,32	110,61	-	88,70	99,79	-	79,33	89,24	-	70,22	[illegible]
	IV	2.342,41	104,77	187,39	210,81	95,45	181,12	203,76	86,13	174,86	196,71	76,81	168,59	189,66	67,49	162,32	182,61	58,17	156,06	175,56	48,84	149,79	[illegible]
	V	2.856,83	157,12	228,54	257,11																		
	VI	2.901,16	159,56	232,09	261,10																		

Allgemeine Tabelle

MONAT bis 8.807,99 €

Lohn/ Gehalt bis	Steuerklasse	Lohnsteuer	ohne Kinderfreibetrag SolZ 5,5%	Kirchensteuer 8%	9%	Anzahl Kinderfreibeträge (nur Steuerklassen I–IV) 0,5 SolZ 5,5%	Kirchensteuer 8%	9%	1,0 SolZ 5,5%	Kirchensteuer 8%	9%	1,5 SolZ 5,5%	Kirchensteuer 8%	9%	2,0 SolZ 5,5%	Kirchensteuer 8%	9%	2,5 SolZ 5,5%	Kirchensteuer 8%	9%	3,0 SolZ 5,5%	Kirchensteuer 8%	9%
.789,99 (West)	I	2.335,83	103,99	186,86	210,22	85,35	174,33	196,12	66,70	161,80	182,02	48,06	149,26	167,92	29,43	136,74	153,83	10,78	124,20	139,73	–	111,67	125,63
	II	2.186,75	86,25	174,94	196,80	67,61	162,40	182,70	48,96	149,87	168,60	30,32	137,34	154,50	11,68	124,80	140,40	–	112,27	126,30	–	99,89	112,37
	III	1.603,83	–	128,30	144,34	–	117,92	132,66	–	107,78	121,25	–	97,92	110,16	–	88,30	99,34	–	78,94	88,81	–	69,85	78,58
	IV	2.335,83	103,99	186,86	210,22	94,67	180,60	203,17	85,35	174,33	196,12	76,03	168,06	189,07	66,70	161,80	182,02	57,38	155,53	174,97	48,06	149,26	167,92
	V	2.850,33	156,76	228,02	256,52																		
	VI	2.894,58	159,20	231,56	260,51																		
.789,99 (Ost)	I	2.343,66	104,92	187,49	210,92	86,28	174,96	196,83	67,64	162,42	182,72	48,99	149,89	168,62	30,35	137,36	154,53	11,71	124,82	140,42	–	112,29	126,32
	II	2.194,58	87,18	175,56	197,51	68,54	163,03	183,41	49,90	150,50	169,31	31,25	137,96	155,21	12,61	125,43	141,11	–	112,90	127,01	–	100,50	113,06
	III	1.610,33	–	128,82	144,92	–	118,42	133,22	–	108,29	121,82	–	98,40	110,70	–	88,77	99,86	–	79,41	89,33	–	70,29	79,07
	IV	2.343,66	104,92	187,49	210,92	95,60	181,22	203,87	86,28	174,96	196,83	76,96	168,69	189,77	67,64	162,42	182,72	58,31	156,16	175,68	48,99	149,89	168,62
	V	2.858,08	157,19	228,64	257,22																		
	VI	2.902,41	159,63	232,19	261,21																		
.792,99 (West)	I	2.337,08	104,14	186,96	210,33	85,50	174,43	196,23	66,86	161,90	182,14	48,22	149,37	168,04	29,58	136,84	153,94	10,93	124,30	139,84	–	111,77	125,74
	II	2.188,00	86,40	175,04	196,92	67,76	162,50	182,81	49,11	149,97	168,71	30,47	137,44	154,62	11,83	124,90	140,51	–	112,38	126,42	–	99,99	112,49
	III	1.604,83	–	128,38	144,43	–	118,00	132,75	–	107,86	121,34	–	98,00	110,25	–	88,37	99,41	–	79,02	88,90	–	69,92	78,66
	IV	2.337,08	104,14	186,96	210,33	94,82	180,70	203,28	85,50	174,43	196,23	76,17	168,16	189,18	66,86	161,90	182,14	57,54	155,64	175,09	48,22	149,37	168,04
	V	2.851,58	156,83	228,12	256,64																		
	VI	2.895,83	159,27	231,66	260,62																		
.792,99 (Ost)	I	2.344,91	105,07	187,59	211,04	86,43	175,06	196,94	67,79	162,52	182,84	49,14	149,99	168,74	30,50	137,46	154,64	11,86	124,92	140,54	–	112,39	126,44
	II	2.195,83	87,33	175,66	197,62	68,69	163,13	183,52	50,04	150,60	169,42	31,40	138,06	155,32	12,76	125,53	141,22	–	113,00	127,12	–	100,60	113,17
	III	1.611,33	–	128,90	145,01	–	118,50	133,31	–	108,37	121,91	–	98,48	110,79	–	88,85	99,95	–	79,48	89,41	–	70,37	79,16
	IV	2.344,91	105,07	187,59	211,04	95,75	181,32	203,99	86,43	175,06	196,94	77,11	168,79	189,89	67,79	162,52	182,84	58,46	156,26	175,79	49,14	149,99	168,74
	V	2.859,33	157,26	228,74	257,33																		
	VI	2.903,66	159,70	232,29	261,32																		
.795,99 (West)	I	2.338,33	104,29	187,06	210,44	85,66	174,54	196,35	67,01	162,00	182,25	48,37	149,47	168,15	29,73	136,94	154,05	11,08	124,40	139,95	–	111,87	125,85
	II	2.189,25	86,55	175,14	197,03	67,90	162,60	182,93	49,26	150,07	168,83	30,63	137,54	154,73	11,98	125,01	140,63	–	112,48	126,54	–	100,09	112,60
	III	1.605,83	–	128,46	144,52	–	118,08	132,84	–	107,94	121,43	–	98,06	110,32	–	88,45	99,50	–	79,09	88,97	–	69,98	78,73
	IV	2.338,33	104,29	187,06	210,44	94,98	180,80	203,40	85,66	174,54	196,35	76,33	168,27	189,30	67,01	162,00	182,25	57,69	155,74	175,20	48,37	149,47	168,15
	V	2.852,83	156,90	228,22	256,75																		
	VI	2.897,08	159,33	231,76	260,73																		
.795,99 (Ost)	I	2.346,16	105,22	187,69	211,15	86,58	175,16	197,05	67,93	162,62	182,95	49,29	150,09	168,85	30,65	137,56	154,75	12,01	125,03	140,66	–	112,50	126,56
	II	2.197,08	87,48	175,76	197,73	68,84	163,23	183,63	50,19	150,70	169,53	31,55	138,16	155,43	12,91	125,63	141,33	–	113,10	127,23	–	100,70	113,28
	III	1.612,50	–	129,00	145,12	–	118,60	133,42	–	108,45	122,00	–	98,56	110,88	–	88,93	100,04	–	79,56	89,50	–	70,44	79,24
	IV	2.346,16	105,22	187,69	211,15	95,90	181,42	204,10	86,58	175,16	197,05	77,26	168,89	190,00	67,93	162,62	182,95	58,61	156,36	175,90	49,29	150,09	168,85
	V	2.860,58	157,33	228,84	257,45																		
	VI	2.904,91	159,77	232,39	261,44																		
.798,99 (West)	I	2.339,66	104,45	187,17	210,56	85,80	174,64	196,47	67,16	162,10	182,36	48,52	149,57	168,26	29,87	137,04	154,17	11,23	124,50	140,06	–	111,97	125,96
	II	2.190,50	86,70	175,24	197,14	68,05	162,70	183,04	49,42	150,18	168,95	30,78	137,64	154,85	12,13	125,11	140,75	–	112,58	126,65	–	100,18	112,70
	III	1.607,00	–	128,56	144,63	–	118,16	132,93	–	108,02	121,52	–	98,14	110,41	–	88,53	99,59	–	79,17	89,06	–	70,06	78,82
	IV	2.339,66	104,45	187,17	210,56	95,13	180,90	203,51	85,80	174,64	196,47	76,48	168,37	189,41	67,16	162,10	182,36	57,84	155,84	175,32	48,52	149,57	168,26
	V	2.854,08	156,97	228,32	256,86																		
	VI	2.898,41	159,41	231,87	260,85																		
.798,99 (Ost)	I	2.347,41	105,37	187,79	211,26	86,73	175,26	197,16	68,08	162,72	183,06	49,44	150,19	168,96	30,81	137,66	154,87	12,16	125,13	140,77	–	112,60	126,67
	II	2.198,33	87,63	175,86	197,84	68,99	163,33	183,74	50,34	150,80	169,65	31,70	138,26	155,54	13,06	125,73	141,44	–	113,20	127,35	–	100,79	113,39
	III	1.613,50	–	129,08	145,21	–	118,68	133,51	–	108,53	122,09	–	98,64	110,97	–	89,01	100,13	–	79,62	89,57	–	70,52	79,33
	IV	2.347,41	105,37	187,79	211,26	96,05	181,52	204,21	86,73	175,26	197,16	77,40	168,99	190,11	68,08	162,72	183,06	58,76	156,46	176,01	49,44	150,19	168,96
	V	2.861,91	157,40	228,95	257,57																		
	VI	2.906,16	159,83	232,49	261,55																		
8.801,99 (West)	I	2.340,91	104,60	187,27	210,68	85,95	174,74	196,58	67,31	162,20	182,48	48,67	149,67	168,38	30,02	137,14	154,28	11,38	124,60	140,18	–	112,07	126,08
	II	2.191,83	86,86	175,34	197,26	68,21	162,81	183,16	49,57	150,28	169,06	30,93	137,74	154,96	12,28	125,21	140,86	–	112,68	126,76	–	100,28	112,82
	III	1.608,00	–	128,64	144,72	–	118,24	133,02	–	108,10	121,61	–	98,22	110,50	–	88,61	99,68	–	79,24	89,14	–	70,13	78,89
	IV	2.340,91	104,60	187,27	210,68	95,27	181,00	203,63	85,95	174,74	196,58	76,63	168,47	189,53	67,31	162,20	182,48	57,99	155,94	175,43	48,67	149,67	168,38
	V	2.855,33	157,04	228,42	256,97																		
	VI	2.899,66	159,48	231,97	260,96																		
8.801,99 (Ost)	I	2.348,66	105,52	187,89	211,37	86,87	175,36	197,28	68,24	162,83	183,18	49,60	150,30	169,08	30,95	137,76	154,98	12,31	125,23	140,88	–	112,70	126,78
	II	2.199,58	87,78	175,96	197,96	69,13	163,43	183,86	50,49	150,90	169,76	31,85	138,36	155,66	13,20	125,83	141,56	–	113,30	127,46	–	100,89	113,50
	III	1.614,50	–	129,16	145,30	–	118,76	133,60	–	108,61	122,18	–	98,72	111,06	–	89,08	100,21	–	79,70	89,66	–	70,58	79,40
	IV	2.348,66	105,52	187,89	211,37	96,20	181,62	204,32	86,87	175,36	197,28	77,55	169,09	190,22	68,24	162,83	183,18	58,92	156,56	176,13	49,60	150,30	169,08
	V	2.863,16	157,47	229,05	257,68																		
	VI	2.907,41	159,90	232,59	261,66																		
8.804,99 (West)	I	2.342,16	104,74	187,37	210,79	86,10	174,84	196,69	67,46	162,30	182,59	48,81	149,77	168,49	30,17	137,24	154,39	11,53	124,70	140,29	–	112,17	126,19
	II	2.193,08	87,00	175,44	197,37	68,36	162,91	183,27	49,72	150,38	169,17	31,07	137,84	155,07	12,43	125,31	140,97	–	112,78	126,87	–	100,38	112,93
	III	1.609,00	–	128,72	144,81	–	118,33	133,12	–	108,18	121,70	–	98,30	110,59	–	88,68	99,76	–	79,32	89,23	–	70,21	78,98
	IV	2.342,16	104,74	187,37	210,79	95,42	181,10	203,74	86,10	174,84	196,69	76,78	168,57	189,64	67,46	162,30	182,59	58,14	156,04	175,54	48,81	149,77	168,49
	V	2.856,58	157,11	228,52	257,09																		
	VI	2.900,91	159,55	232,07	261,08																		
8.804,99 (Ost)	I	2.349,91	105,67	187,99	211,49	87,03	175,46	197,39	68,39	162,93	183,29	49,75	150,40	169,20	31,10	137,86	155,09	12,46	125,33	140,99	–	112,80	126,90
	II	2.200,83	87,93	176,06	198,07	69,28	163,53	183,97	50,64	151,00	169,87	32,01	138,47	155,78	13,36	125,94	141,68	–	113,40	127,58	–	100,99	113,61
	III	1.615,66	–	129,25	145,40	–	118,84	133,69	–	108,69	122,27	–	98,80	111,15	–	89,16	100,30	–	79,78	89,75	–	70,65	79,48
	IV	2.349,91	105,67	187,99	211,49	96,36	181,73	204,44	87,03	175,46	197,39	77,71	169,20	190,35	68,39	162,93	183,29	59,07	156,66	176,24	49,75	150,40	169,20
	V	2.864,41	157,54	229,15	257,79																		
	VI	2.908,75	159,98	232,70	261,78																		
8.807,99 (West)	I	2.343,41	104,89	187,47	210,90	86,25	174,94	196,80	67,61	162,40	182,70	48,96	149,87	168,60	30,32	137,34	154,50	11,68	124,80	140,40	–	112,27	126,30
	II	2.194,33	87,15	175,54	197,48	68,51	163,01	183,38	49,87	150,48	169,29	31,22	137,94	155,18	12,58	125,41	141,08	–	112,88	126,99	–	100,48	113,04
	III	1.610,16	–	128,81	144,91	–	118,41	133,21	–	108,26	121,79	–	98,38	110,68	–	88,76	99,85	–	79,38	89,30	–	70,28	79,06
	IV	2.343,41	104,89	187,47	210,90	95,57	181,20	203,85	86,25	174,94	196,80	76,93	168,67	189,75	67,61	162,40	182,70	58,29	156,14	175,65	48,96	149,87	168,60
	V	2.857,83	157,18	228,62	257,20																		
	VI	2.902,16	159,61	232,17	261,19																		
8.807,99 (Ost)	I	2.351,25	105,83	188,10	211,61	87,18	175,56	197,51	68,54	163,03	183,41	49,90	150,50	169,31	31,25	137,96	155,21	12,61	125,43	141,11	–	112,90	127,01
	II	2.202,08	88,07	176,16	198,18	69,43	163,63	184,08	50,80	151,10	169,99	32,15	138,57	155,89	13,51	126,04	141,79	–	113,50	127,69	–	101,08	113,72
	III	1.616,66	–	129,33	145,49	–	118,92	133,78	–	108,77	122,36	–	98,88	111,24	–	89,24	100,39	–	79,85	89,83	–	70,73	79,57
	IV	2.351,25	105,83	188,10	211,61	96,50	181,83	204,56	87,18	175,56	197,51	77,86	169,30	190,46	68,54	163,03	183,41	59,22	156,76	176,36	49,90	150,50	169,31
	V	2.865,66	157,61	229,25	257,90																		
	VI	2.910,00	160,05	232,80	261,90																		

MONAT bis 8.828,99 €

Lohn/ Gehalt bis	Steuerklasse	Lohnsteuer	ohne Kinderfreibetrag			Anzahl Kinderfreibeträge (nur Steuerklassen I–IV)																	
						0,5			1,0			1,5			2,0			2,5			3,0		
			SolZ 5,5%	Kirchensteuer 8%	9%	SolZ 5,5%	Kirchensteuer 8%	9%	SolZ 5,5%	Kirchensteuer 8%	9%	SolZ 5,5%	Kirchensteuer 8%	9%	SolZ 5,5%	Kirchensteuer 8%	9%	SolZ 5,5%	Kirchensteuer 8%	9%	SolZ 5,5%	Kirchenste 8%	9
8.810,99 (West)	I	2.344,66	105,04	187,57	211,01	86,40	175,04	196,92	67,76	162,50	182,81	49,11	149,97	168,71	30,47	137,44	154,62	11,83	124,90	140,51	–	112,38	1
	II	2.195,58	87,30	175,64	197,60	68,66	163,11	183,50	50,01	150,58	169,40	31,37	138,04	155,30	12,73	125,51	141,20	–	112,98	127,10	–	100,58	1
	III	1.611,16	–	128,89	145,00	–	118,49	133,30	–	108,34	121,88	–	98,46	110,77	–	88,84	99,94	–	79,46	89,39	–	70,34	
	IV	2.344,66	105,04	187,57	211,01	95,72	181,30	203,96	86,40	175,04	196,92	77,08	168,77	189,86	67,76	162,50	182,81	58,43	156,24	175,77	49,11	149,97	
	V	2.859,08	157,24	228,72	257,31																		
	VI	2.903,41	159,68	232,27	261,30																		
8.810,99 (Ost)	I	2.352,50	105,97	188,20	211,72	87,33	175,66	197,62	68,69	163,13	183,52	50,04	150,60	169,42	31,40	138,06	155,32	12,76	125,53	141,22	–	113,00	1
	II	2.203,41	88,23	176,27	198,30	69,59	163,74	184,20	50,95	151,20	170,10	32,30	138,67	156,00	13,66	126,14	141,90	–	113,60	127,80	–	101,18	1
	III	1.617,66	–	129,41	145,58	–	119,01	133,88	–	108,85	122,45	–	98,96	111,33	–	89,30	100,46	–	79,93	89,92	–	70,80	
	IV	2.352,50	105,97	188,20	211,72	96,65	181,93	204,67	87,33	175,66	197,62	78,01	169,40	190,57	68,69	163,13	183,52	59,37	156,86	176,47	50,04	150,60	1
	V	2.866,91	157,68	229,35	258,02																		
	VI	2.911,25	160,11	232,90	262,01																		
8.813,99 (West)	I	2.345,91	105,19	187,67	211,13	86,55	175,14	197,03	67,90	162,60	182,93	49,26	150,07	168,83	30,63	137,54	154,73	11,98	125,01	140,63	–	112,48	1
	II	2.196,83	87,45	175,74	197,71	68,81	163,21	183,61	50,16	150,68	169,51	31,52	138,14	155,41	12,88	125,61	141,31	–	113,08	127,21	–	100,68	1
	III	1.612,16	–	128,97	145,09	–	118,57	133,39	–	108,42	121,97	–	98,54	110,86	–	88,92	100,03	–	79,54	89,48	–	70,42	
	IV	2.345,91	105,19	187,67	211,13	95,87	181,40	204,08	86,55	175,14	197,03	77,23	168,87	189,98	67,90	162,60	182,93	58,58	156,34	175,88	49,26	150,07	1
	V	2.860,33	157,31	228,82	257,42																		
	VI	2.904,66	159,75	232,37	261,41																		
8.813,99 (Ost)	I	2.353,75	106,12	188,30	211,83	87,48	175,76	197,73	68,84	163,23	183,63	50,19	150,70	169,53	31,55	138,16	155,43	12,91	125,63	141,33	–	113,10	1
	II	2.204,66	88,38	176,37	198,41	69,74	163,84	184,32	51,10	151,30	170,21	32,45	138,77	156,11	13,81	126,24	142,02	–	113,70	127,91	–	101,28	1
	III	1.618,83	–	129,50	145,69	–	119,09	133,97	–	108,93	122,54	–	99,02	111,40	–	89,38	100,55	–	80,00	90,00	–	70,88	
	IV	2.353,75	106,12	188,30	211,83	96,80	182,03	204,78	87,48	175,76	197,73	78,16	169,50	190,68	68,84	163,23	183,63	59,51	156,96	176,58	50,19	150,70	1
	V	2.868,16	157,74	229,45	258,13																		
	VI	2.912,50	160,18	233,00	262,12																		
8.816,99 (West)	I	2.347,16	105,34	187,77	211,24	86,70	175,24	197,14	68,05	162,70	183,04	49,42	150,18	168,95	30,78	137,64	154,85	12,13	125,11	140,75	–	112,58	12
	II	2.198,08	87,60	175,84	197,82	68,96	163,31	183,72	50,31	150,78	169,62	31,67	138,24	155,52	13,03	125,71	141,42	–	113,18	127,33	–	100,77	1
	III	1.613,33	–	129,06	145,19	–	118,65	133,48	–	108,50	122,06	–	98,62	110,95	–	88,98	100,10	–	79,61	89,56	–	70,49	7
	IV	2.347,16	105,34	187,77	211,24	96,02	181,50	204,19	86,70	175,24	197,14	77,37	168,97	190,09	68,05	162,70	183,04	58,74	156,44	176,00	49,42	150,18	16
	V	2.861,66	157,39	228,93	257,54																		
	VI	2.905,91	159,82	232,47	261,53																		
8.816,99 (Ost)	I	2.355,00	106,27	188,40	211,95	87,63	175,86	197,84	68,99	163,33	183,74	50,34	150,80	169,65	31,70	138,26	155,54	13,06	125,73	141,44	–	113,20	12
	II	2.205,91	88,53	176,47	198,53	69,89	163,94	184,43	51,24	151,40	170,33	32,60	138,87	156,23	13,96	126,34	142,13	–	113,80	128,03	–	101,38	11
	III	1.619,83	–	129,58	145,78	–	119,17	134,06	–	109,01	122,63	–	99,10	111,49	–	89,46	100,64	–	80,08	90,09	–	70,94	7
	IV	2.355,00	106,27	188,40	211,95	96,95	182,13	204,89	87,63	175,86	197,84	78,31	169,60	190,80	68,99	163,33	183,74	59,66	157,06	176,69	50,34	150,80	16
	V	2.869,41	157,81	229,55	258,24																		
	VI	2.913,75	160,25	233,10	262,23																		
8.819,99 (West)	I	2.348,41	105,49	187,87	211,35	86,86	175,34	197,26	68,21	162,81	183,16	49,57	150,28	169,06	30,93	137,74	154,96	12,28	125,21	140,86	–	112,68	12
	II	2.199,33	87,75	175,94	197,93	69,10	163,41	183,83	50,46	150,88	169,74	31,82	138,34	155,63	13,18	125,82	141,54	–	113,28	127,44	–	100,87	11
	III	1.614,33	–	129,14	145,28	–	118,74	133,58	–	108,58	122,15	–	98,70	111,04	–	89,06	100,19	–	79,69	89,65	–	70,57	7
	IV	2.348,41	105,49	187,87	211,35	96,17	181,60	204,30	86,86	175,34	197,26	77,53	169,08	190,21	68,21	162,81	183,16	58,89	156,54	176,11	49,57	150,28	16
	V	2.862,91	157,46	229,03	257,66																		
	VI	2.907,16	159,89	232,57	261,64																		
8.819,99 (Ost)	I	2.356,25	106,42	188,50	212,06	87,78	175,96	197,96	69,13	163,43	183,86	50,49	150,90	169,76	31,85	138,36	155,66	13,20	125,83	141,56	–	113,30	12
	II	2.207,16	88,68	176,57	198,64	70,04	164,04	184,54	51,39	151,50	170,44	32,75	138,97	156,34	14,11	126,44	142,24	–	113,90	128,14	–	101,48	11
	III	1.621,00	–	129,68	145,89	–	119,25	134,15	–	109,09	122,72	–	99,18	111,58	–	89,54	100,73	–	80,14	90,16	–	71,02	7
	IV	2.356,25	106,42	188,50	212,06	97,10	182,23	205,01	87,78	175,96	197,96	78,46	169,70	190,91	69,13	163,43	183,86	59,81	157,16	176,81	50,49	150,90	16
	V	2.870,66	157,88	229,65	258,35																		
	VI	2.915,00	160,32	233,20	262,35																		
8.822,99 (West)	I	2.349,75	105,65	187,98	211,47	87,00	175,44	197,37	68,36	162,91	183,27	49,72	150,38	169,17	31,07	137,84	155,07	12,43	125,31	140,97	–	112,78	12
	II	2.200,58	87,90	176,04	198,05	69,25	163,51	183,95	50,62	150,98	169,85	31,98	138,45	155,75	13,33	125,92	141,66	–	113,38	127,55	–	100,97	11
	III	1.615,33	–	129,22	145,37	–	118,82	133,67	–	108,66	122,24	–	98,77	111,11	–	89,14	100,28	–	79,76	89,73	–	70,64	7
	IV	2.349,75	105,65	187,98	211,47	96,33	181,71	204,42	87,00	175,44	197,37	77,68	169,18	190,32	68,36	162,91	183,27	59,04	156,64	176,22	49,72	150,38	16
	V	2.864,16	157,52	229,13	257,77																		
	VI	2.908,50	159,96	232,68	261,76																		
8.822,99 (Ost)	I	2.357,50	106,57	188,60	212,17	87,93	176,06	198,07	69,28	163,53	183,97	50,64	151,00	169,87	32,01	138,47	155,78	13,36	125,94	141,68	–	113,40	12
	II	2.208,41	88,83	176,67	198,75	70,19	164,14	184,65	51,54	151,60	170,55	32,90	139,07	156,45	14,26	126,54	142,35	–	114,00	128,25	–	101,58	114
	III	1.622,00	–	129,76	145,98	–	119,33	134,24	–	109,17	122,81	–	99,26	111,67	–	89,61	100,81	–	80,22	90,25	–	71,09	79
	IV	2.357,50	106,57	188,60	212,17	97,25	182,33	205,12	87,93	176,06	198,07	78,60	169,80	191,02	69,28	163,53	183,97	59,96	157,26	176,92	50,64	151,00	169
	V	2.872,00	157,96	229,76	258,48																		
	VI	2.916,25	160,39	233,30	262,46																		
8.825,99 (West)	I	2.351,00	105,80	188,08	211,59	87,15	175,54	197,48	68,51	163,01	183,38	49,87	150,48	169,29	31,22	137,94	155,18	12,58	125,41	141,08	–	112,88	126
	II	2.201,83	88,05	176,14	198,16	69,41	163,62	184,07	50,77	151,08	169,97	32,13	138,55	155,87	13,48	126,02	141,77	–	113,48	127,67	–	101,06	113
	III	1.616,50	–	129,32	145,48	–	118,90	133,76	–	108,76	122,35	–	98,85	111,20	–	89,21	100,36	–	79,84	89,82	–	70,72	79
	IV	2.351,00	105,80	188,08	211,59	96,47	181,81	204,53	87,15	175,54	197,48	77,83	169,28	190,44	68,51	163,01	183,38	59,19	156,74	176,33	49,87	150,48	169
	V	2.865,41	157,59	229,23	257,88																		
	VI	2.909,75	160,03	232,78	261,87																		
8.825,99 (Ost)	I	2.358,75	106,72	188,70	212,28	88,07	176,16	198,18	69,43	163,63	184,08	50,80	151,10	169,99	32,15	138,57	155,89	13,51	126,04	141,79	–	113,50	127
	II	2.209,66	88,98	176,77	198,86	70,33	164,24	184,77	51,69	151,70	170,66	33,05	139,17	156,56	14,40	126,64	142,47	–	114,11	128,37	–	101,68	114
	III	1.623,00	–	129,84	146,07	–	119,42	134,35	–	109,25	122,90	–	99,34	111,76	–	89,69	100,90	–	80,30	90,34	–	71,16	80
	IV	2.358,75	106,72	188,70	212,28	97,40	182,43	205,23	88,07	176,16	198,18	78,75	169,90	191,13	69,43	163,63	184,08	60,12	157,37	177,04	50,80	151,10	169
	V	2.873,25	158,02	229,86	258,59																		
	VI	2.917,50	160,46	233,40	262,57																		
8.828,99 (West)	I	2.352,25	105,94	188,18	211,70	87,30	175,64	197,60	68,66	163,11	183,50	50,01	150,58	169,40	31,37	138,04	155,30	12,73	125,51	141,20	–	112,98	127,
	II	2.203,16	88,20	176,25	198,28	69,56	163,72	184,18	50,92	151,18	170,08	32,27	138,65	155,98	13,63	126,12	141,88	–	113,58	127,78	–	101,16	113,
	III	1.617,50	–	129,40	145,57	–	118,98	133,85	–	108,84	122,44	–	98,93	111,29	–	89,29	100,45	–	79,90	89,89	–	70,78	79
	IV	2.352,25	105,94	188,18	211,70	96,62	181,91	204,65	87,30	175,64	197,60	77,98	169,38	190,55	68,66	163,11	183,50	59,34	156,84	176,45	50,01	150,58	169,
	V	2.866,66	157,66	229,33	257,99																		
	VI	2.911,00	160,10	232,88	261,99																		
8.828,99 (Ost)	I	2.360,00	106,87	188,80	212,40	88,23	176,27	198,30	69,59	163,74	184,20	50,95	151,20	170,10	32,30	138,67	156,00	13,66	126,14	141,90	–	113,60	127,
	II	2.210,91	89,13	176,87	198,98	70,48	164,34	184,88	51,84	151,80	170,78	33,20	139,27	156,68	14,56	126,74	142,58	–	114,21	128,48	–	101,77	114,
	III	1.624,16	–	129,93	146,17	–	119,50	134,44	–	109,33	122,99	–	99,42	111,85	–	89,77	100,99	–	80,37	90,41	–	71,24	80,
	IV	2.360,00	106,87	188,80	212,40	97,55	182,53	205,34	88,23	176,27	198,30	78,91	170,00	191,25	69,59	163,74	184,20	60,27	157,47	177,15	50,95	151,20	170,
	V	2.874,50	158,09	229,96	258,70																		
	VI	2.918,75	160,53	233,50	262,68																		

Lohn/ Gehalt bis	Steuerklasse	Lohn- steuer	ohne Kinderfreibetrag SolZ 5,5%	ohne Kinderfreibetrag Kirchensteuer 8%	ohne Kinderfreibetrag Kirchensteuer 9%	0,5 SolZ 5,5%	0,5 Kirchensteuer 8%	0,5 Kirchensteuer 9%	1,0 SolZ 5,5%	1,0 Kirchensteuer 8%	1,0 Kirchensteuer 9%	1,5 SolZ 5,5%	1,5 Kirchensteuer 8%	1,5 Kirchensteuer 9%	2,0 SolZ 5,5%	2,0 Kirchensteuer 8%	2,0 Kirchensteuer 9%	2,5 SolZ 5,5%	2,5 Kirchensteuer 8%	2,5 Kirchensteuer 9%	3,0 SolZ 5,5%	3,0 Kirchensteuer 8%	3,0 Kirchensteuer 9%
8.831,99 (West)	I	2.353,50	106,09	188,28	211,81	87,45	175,74	197,71	68,81	163,21	183,61	50,16	150,68	169,51	31,52	138,14	155,41	12,88	125,61	141,31	-	113,08	127,21
	II	2.204,41	88,35	176,35	198,39	69,71	163,82	184,29	51,07	151,28	170,19	32,42	138,75	156,09	13,78	126,22	141,99	-	113,68	127,89	-	101,26	113,92
	III	1.618,50	-	129,48	145,66	-	119,06	133,94	-	108,92	122,53	-	99,01	111,38	-	89,37	100,54	-	79,98	89,98	-	70,85	79,70
	IV	2.353,50	106,09	188,28	211,81	96,77	182,01	204,76	87,45	175,74	197,71	78,13	169,48	190,66	68,81	163,21	183,61	59,49	156,94	176,56	50,16	150,68	169,51
	V	2.867,91	157,73	229,43	258,11																		
	VI	2.912,25	160,17	232,98	262,10																		
8.831,99 (Ost)	I	2.361,33	107,03	188,90	212,51	88,38	176,37	198,41	69,74	163,84	184,32	51,10	151,30	170,21	32,45	138,77	156,11	13,81	126,24	142,02	-	113,70	127,91
	II	2.212,16	89,27	176,97	199,09	70,63	164,44	184,99	52,00	151,91	170,90	33,35	139,38	156,80	14,71	126,84	142,70	-	114,31	128,60	-	101,87	114,60
	III	1.625,16	-	130,01	146,26	-	119,58	134,53	-	109,41	123,08	-	99,50	111,94	-	89,85	101,08	-	80,45	90,50	-	71,30	80,21
	IV	2.361,33	107,03	188,90	212,51	97,70	182,64	205,47	88,38	176,37	198,41	79,06	170,10	191,36	69,74	163,84	184,32	60,42	157,57	177,26	51,10	151,30	170,21
	V	2.875,75	158,16	230,06	258,81																		
	VI	2.920,08	160,60	233,60	262,80																		
8.834,99 (West)	I	2.354,75	106,24	188,38	211,92	87,60	175,84	197,82	68,96	163,31	183,72	50,31	150,78	169,62	31,67	138,24	155,52	13,03	125,71	141,42	-	113,18	127,33
	II	2.205,66	88,50	176,45	198,50	69,86	163,92	184,41	51,21	151,38	170,30	32,57	138,85	156,20	13,93	126,32	142,11	-	113,78	128,00	-	101,36	114,03
	III	1.619,66	-	129,57	145,76	-	119,16	134,05	-	109,00	122,62	-	99,09	111,47	-	89,45	100,63	-	80,06	90,07	-	70,93	79,79
	IV	2.354,75	106,24	188,38	211,92	96,92	182,11	204,87	87,60	175,84	197,82	78,28	169,58	190,77	68,96	163,31	183,72	59,63	157,04	176,67	50,31	150,78	169,62
	V	2.869,16	157,80	229,53	258,22																		
	VI	2.913,50	160,24	233,08	262,21																		
8.834,99 (Ost)	I	2.362,58	107,17	189,00	212,63	88,53	176,47	198,53	69,89	163,94	184,43	51,24	151,40	170,33	32,60	138,87	156,23	13,96	126,34	142,13	-	113,80	128,03
	II	2.213,41	89,42	177,07	199,20	70,79	164,54	185,11	52,15	152,01	171,01	33,50	139,48	156,91	14,86	126,94	142,81	-	114,41	128,71	-	101,97	114,71
	III	1.626,16	-	130,09	146,35	-	119,66	134,62	-	109,49	123,17	-	99,58	112,03	-	89,92	101,16	-	80,52	90,58	-	71,38	80,30
	IV	2.362,58	107,17	189,00	212,63	97,85	182,74	205,58	88,53	176,47	198,53	79,21	170,20	191,48	69,89	163,94	184,43	60,57	157,67	177,38	51,24	151,40	170,33
	V	2.877,00	158,23	230,16	258,93																		
	VI	2.921,33	160,67	233,70	262,91																		
8.837,99 (West)	I	2.356,00	106,39	188,48	212,04	87,75	175,94	197,93	69,10	163,41	183,83	50,46	150,88	169,74	31,82	138,34	155,63	13,18	125,82	141,54	-	113,28	127,44
	II	2.206,91	88,65	176,55	198,62	70,01	164,02	184,52	51,36	151,48	170,42	32,72	138,95	156,32	14,08	126,42	142,22	-	113,88	128,12	-	101,46	114,14
	III	1.620,66	-	129,65	145,85	-	119,24	134,14	-	109,08	122,71	-	99,17	111,56	-	89,52	100,71	-	80,13	90,14	-	71,00	79,87
	IV	2.356,00	106,39	188,48	212,04	97,07	182,21	204,98	87,75	175,94	197,93	78,43	169,68	190,89	69,10	163,41	183,83	59,78	157,14	176,78	50,46	150,88	169,74
	V	2.870,41	157,87	229,63	258,33																		
	VI	2.914,75	160,31	233,18	262,32																		
8.837,99 (Ost)	I	2.363,83	107,32	189,10	212,74	88,68	176,57	198,64	70,04	164,04	184,54	51,39	151,50	170,44	32,75	138,97	156,34	14,11	126,44	142,24	-	113,90	128,14
	II	2.214,75	89,58	177,18	199,32	70,94	164,64	185,22	52,30	152,11	171,12	33,65	139,58	157,02	15,01	127,04	142,92	-	114,51	128,82	-	102,07	114,83
	III	1.627,33	-	130,18	146,45	-	119,74	134,71	-	109,57	123,26	-	99,66	112,12	-	90,00	101,25	-	80,60	90,67	-	71,45	80,38
	IV	2.363,83	107,32	189,10	212,74	98,00	182,84	205,69	88,68	176,57	198,64	79,36	170,30	191,59	70,04	164,04	184,54	60,71	157,77	177,49	51,39	151,50	170,44
	V	2.878,25	158,30	230,26	259,04																		
	VI	2.922,58	160,74	233,80	263,03																		
8.840,99 (West)	I	2.357,25	106,54	188,58	212,15	87,90	176,04	198,05	69,25	163,51	183,95	50,62	150,98	169,85	31,98	138,45	155,75	13,33	125,92	141,66	-	113,38	127,55
	II	2.208,16	88,80	176,65	198,73	70,16	164,12	184,63	51,51	151,58	170,53	32,87	139,05	156,43	14,23	126,52	142,33	-	113,98	128,23	-	101,56	114,25
	III	1.621,83	-	129,74	145,96	-	119,32	134,23	-	109,16	122,80	-	99,25	111,65	-	89,60	100,80	-	80,21	90,23	-	71,08	79,96
	IV	2.357,25	106,54	188,58	212,15	97,22	182,31	205,10	87,90	176,04	198,05	78,57	169,78	191,00	69,25	163,51	183,95	59,93	157,24	176,90	50,62	150,98	169,85
	V	2.871,75	157,94	229,74	258,45																		
	VI	2.916,00	160,38	233,28	262,44																		
8.840,99 (Ost)	I	2.365,08	107,47	189,20	212,85	88,83	176,67	198,75	70,19	164,14	184,65	51,54	151,60	170,55	32,90	139,07	156,45	14,26	126,54	142,35	-	114,00	128,25
	II	2.216,00	89,73	177,28	199,44	71,09	164,74	185,33	52,44	152,21	171,23	33,80	139,68	157,14	15,16	127,14	143,03	-	114,61	128,93	-	102,16	114,93
	III	1.628,33	-	130,26	146,54	-	119,84	134,82	-	109,65	123,35	-	99,74	112,21	-	90,08	101,34	-	80,68	90,76	-	71,53	80,47
	IV	2.365,08	107,47	189,20	212,85	98,15	182,94	205,80	88,83	176,67	198,75	79,51	170,40	191,70	70,19	164,14	184,65	60,86	157,87	177,60	51,54	151,60	170,55
	V	2.879,50	158,37	230,36	259,15																		
	VI	2.923,83	160,81	233,90	263,14																		
8.843,99 (West)	I	2.358,50	106,69	188,68	212,26	88,05	176,14	198,16	69,41	163,62	184,07	50,77	151,08	169,97	32,13	138,55	155,87	13,48	126,02	141,77	-	113,48	127,67
	II	2.209,41	88,95	176,75	198,84	70,30	164,22	184,74	51,66	151,68	170,64	33,02	139,15	156,54	14,38	126,62	142,45	-	114,09	128,35	-	101,66	114,36
	III	1.622,83	-	129,82	146,05	-	119,40	134,32	-	109,24	122,89	-	99,33	111,74	-	89,68	100,89	-	80,28	90,31	-	71,14	80,03
	IV	2.358,50	106,69	188,68	212,26	97,37	182,41	205,21	88,05	176,14	198,16	78,73	169,88	191,12	69,41	163,62	184,07	60,09	157,35	177,02	50,77	151,08	169,97
	V	2.873,00	158,01	229,84	258,57																		
	VI	2.917,25	160,44	233,38	262,55																		
8.843,99 (Ost)	I	2.366,33	107,62	189,30	212,96	88,98	176,77	198,86	70,33	164,24	184,77	51,69	151,70	170,66	33,05	139,17	156,56	14,40	126,64	142,47	-	114,11	128,37
	II	2.217,25	89,88	177,38	199,55	71,24	164,84	185,45	52,59	152,31	171,35	33,95	139,78	157,25	15,31	127,24	143,15	-	114,71	129,05	-	102,26	115,04
	III	1.629,50	-	130,36	146,65	-	119,92	134,91	-	109,74	123,46	-	99,81	112,28	-	90,16	101,43	-	80,74	90,83	-	71,60	80,55
	IV	2.366,33	107,62	189,30	212,96	98,30	183,04	205,92	88,98	176,77	198,86	79,66	170,50	191,81	70,33	164,24	184,77	61,01	157,97	177,71	51,69	151,70	170,66
	V	2.880,75	158,44	230,46	259,26																		
	VI	2.925,08	160,87	234,00	263,25																		
8.846,99 (West)	I	2.359,83	106,85	188,78	212,38	88,20	176,25	198,28	69,56	163,72	184,18	50,92	151,18	170,08	32,27	138,65	155,98	13,63	126,12	141,88	-	113,58	127,78
	II	2.210,66	89,10	176,85	198,95	70,45	164,32	184,86	51,81	151,78	170,75	33,18	139,26	156,66	14,53	126,72	142,56	-	114,19	128,46	-	101,75	114,47
	III	1.623,83	-	129,90	146,14	-	119,48	134,41	-	109,32	122,98	-	99,41	111,83	-	89,76	100,98	-	80,36	90,40	-	71,22	80,12
	IV	2.359,83	106,85	188,78	212,38	97,53	182,52	205,33	88,20	176,25	198,28	78,88	169,98	191,23	69,56	163,72	184,18	60,24	157,45	177,13	50,92	151,18	170,08
	V	2.874,25	158,08	229,94	258,68																		
	VI	2.918,58	160,52	233,48	262,67																		
8.846,99 (Ost)	I	2.367,58	107,77	189,40	213,08	89,13	176,87	198,98	70,48	164,34	184,88	51,84	151,80	170,78	33,20	139,27	156,68	14,56	126,74	142,58	-	114,21	128,48
	II	2.218,50	90,03	177,48	199,66	71,39	164,94	185,56	52,74	152,41	171,46	34,10	139,88	157,36	15,46	127,34	143,26	-	114,81	129,16	-	102,36	115,16
	III	1.630,50	-	130,44	146,74	-	120,00	135,00	-	109,82	123,55	-	99,89	112,37	-	90,22	101,50	-	80,82	90,92	-	71,66	80,62
	IV	2.367,58	107,77	189,40	213,08	98,45	183,14	206,03	89,13	176,87	198,98	79,80	170,60	191,93	70,48	164,34	184,88	61,16	158,07	177,83	51,84	151,80	170,78
	V	2.882,00	158,51	230,56	259,38																		
	VI	2.926,33	160,94	234,10	263,36																		
8.849,99 (West)	I	2.361,08	107,00	188,88	212,49	88,35	176,35	198,39	69,71	163,82	184,29	51,07	151,28	170,19	32,42	138,75	156,09	13,78	126,22	141,99	-	113,68	127,89
	II	2.211,91	89,25	176,95	199,07	70,61	164,42	184,97	51,97	151,89	170,87	33,32	139,36	156,78	14,68	126,82	142,67	-	114,29	128,57	-	101,85	114,58
	III	1.625,00	-	130,00	146,25	-	119,57	134,51	-	109,40	123,07	-	99,49	111,92	-	89,82	101,05	-	80,44	90,49	-	71,29	80,20
	IV	2.361,08	107,00	188,88	212,49	97,67	182,62	205,44	88,35	176,35	198,39	79,03	170,08	191,34	69,71	163,82	184,29	60,39	157,55	177,24	51,07	151,28	170,19
	V	2.875,50	158,15	230,04	258,79																		
	VI	2.919,83	160,59	233,58	262,78																		
8.849,99 (Ost)	I	2.368,83	107,92	189,50	213,19	89,27	176,97	199,09	70,63	164,44	184,99	52,00	151,91	170,90	33,35	139,38	156,80	14,71	126,84	142,70	-	114,31	128,60
	II	2.219,75	90,18	177,58	199,77	71,53	165,04	185,67	52,89	152,51	171,57	34,25	139,98	157,47	15,60	127,44	143,37	-	114,91	129,27	-	102,46	115,27
	III	1.631,50	-	130,52	146,83	-	120,08	135,09	-	109,90	123,64	-	99,97	112,46	-	90,30	101,59	-	80,89	91,00	-	71,74	80,71
	IV	2.368,83	107,92	189,50	213,19	98,60	183,24	206,14	89,27	176,97	199,09	79,95	170,70	192,04	70,63	164,44	184,99	61,31	158,17	177,94	52,00	151,91	170,90
	V	2.883,33	158,58	230,66	259,49																		
	VI	2.927,58	161,01	234,20	263,48																		

Anzahl Kinderfreibeträge (nur Steuerklassen I–IV)

Lohn/ Gehalt bis	Steuerklasse	Lohnsteuer	ohne Kinderfreibetrag SolZ 5,5%	Kirchensteuer 8%	9%	0,5 SolZ 5,5%	Kirchensteuer 8%	9%	1,0 SolZ 5,5%	Kirchensteuer 8%	9%	1,5 SolZ 5,5%	Kirchensteuer 8%	9%	2,0 SolZ 5,5%	Kirchensteuer 8%	9%	2,5 SolZ 5,5%	Kirchensteuer 8%	9%	3,0 SolZ 5,5%	Kirchensteuer 8%	9
8.852,99 (West)	I	2.362,33	107,14	188,98	212,60	88,50	176,45	198,50	69,86	163,92	184,41	51,21	151,38	170,30	32,57	138,85	156,20	13,93	126,32	142,11	-	113,78	12
	II	2.213,25	89,40	177,06	199,19	70,76	164,52	185,09	52,12	151,99	170,99	33,47	139,46	156,89	14,83	126,92	142,79	-	114,39	128,69	-	101,95	11
	III	1.626,00	-	130,08	146,34	-	119,65	134,60	-	109,48	123,16	-	99,56	112,00	-	89,90	101,14	-	80,50	90,56	-	71,36	8
	IV	2.362,33	107,14	188,98	212,60	97,82	182,72	205,56	88,50	176,45	198,50	79,18	170,18	191,45	69,86	163,92	184,41	60,54	157,65	177,35	51,21	151,38	1
	V	2.876,75	158,22	230,14	258,90																		
	VI	2.921,08	160,65	233,68	262,89																		
8.852,99 (Ost)	I	2.370,08	108,07	189,60	213,30	89,42	177,07	199,20	70,79	164,54	185,11	52,15	152,01	171,01	33,50	139,48	156,91	14,86	126,94	142,81	-	114,41	12
	II	2.221,00	90,33	177,68	199,89	71,68	165,14	185,78	53,04	152,61	171,68	34,40	140,08	157,59	15,76	127,55	143,49	-	115,02	129,39	-	102,56	11
	III	1.632,66	-	130,61	146,93	-	120,17	135,19	-	109,98	123,73	-	100,05	112,55	-	90,38	101,68	-	80,97	91,09	-	71,81	8
	IV	2.370,08	108,07	189,60	213,30	98,75	183,34	206,25	89,42	177,07	199,20	80,11	170,81	192,16	70,79	164,54	185,11	61,47	158,28	178,06	52,15	152,01	17
	V	2.884,58	158,65	230,76	259,61																		
	VI	2.928,83	161,08	234,30	263,59																		
8.855,99 (West)	I	2.363,58	107,29	189,08	212,72	88,65	176,55	198,62	70,01	164,02	184,52	51,36	151,48	170,42	32,72	138,95	156,32	14,08	126,42	142,22	-	113,88	12
	II	2.214,50	89,55	177,16	199,30	70,91	164,62	185,20	52,27	152,09	171,10	33,62	139,56	157,00	14,98	127,02	142,90	-	114,49	128,80	-	102,05	11
	III	1.627,00	-	130,16	146,43	-	119,73	134,69	-	109,56	123,25	-	99,64	112,09	-	89,98	101,23	-	80,58	90,65	-	71,44	8
	IV	2.363,58	107,29	189,08	212,72	97,97	182,82	205,67	88,65	176,55	198,62	79,33	170,28	191,57	70,01	164,02	184,52	60,69	157,75	177,47	51,36	151,48	17
	V	2.878,00	158,29	230,24	259,02																		
	VI	2.922,33	160,72	233,78	263,00																		
8.855,99 (Ost)	I	2.371,41	108,23	189,71	213,42	89,58	177,18	199,32	70,94	164,64	185,22	52,30	152,11	171,12	33,65	139,58	157,02	15,01	127,04	142,92	-	114,51	12
	II	2.222,25	90,47	177,78	200,00	71,83	165,24	185,90	53,19	152,71	171,80	34,55	140,18	157,70	15,91	127,65	143,60	-	115,12	129,51	-	102,66	11
	III	1.633,66	-	130,69	147,02	-	120,25	135,28	-	110,06	123,82	-	100,13	112,64	-	90,46	101,77	-	81,05	91,18	-	71,89	8
	IV	2.371,41	108,23	189,71	213,42	98,90	183,44	206,37	89,58	177,18	199,32	80,26	170,91	192,27	70,94	164,64	185,22	61,62	158,38	178,17	52,30	152,11	17
	V	2.885,83	158,72	230,86	259,72																		
	VI	2.930,16	161,15	234,41	263,71																		
8.858,99 (West)	I	2.364,83	107,44	189,18	212,83	88,80	176,65	198,73	70,16	164,12	184,63	51,51	151,58	170,53	32,87	139,05	156,43	14,23	126,52	142,33	-	113,98	12
	II	2.215,75	89,70	177,26	199,41	71,06	164,72	185,31	52,41	152,19	171,21	33,77	139,66	157,11	15,13	127,12	143,01	-	114,59	128,91	-	102,14	11
	III	1.628,16	-	130,25	146,53	-	119,81	134,78	-	109,64	123,34	-	99,72	112,18	-	90,06	101,32	-	80,65	90,73	-	71,50	8
	IV	2.364,83	107,44	189,18	212,83	98,12	182,92	205,78	88,80	176,65	198,73	79,48	170,38	191,68	70,16	164,12	184,63	60,83	157,85	177,58	51,51	151,58	17
	V	2.879,25	158,35	230,34	259,13																		
	VI	2.923,58	160,79	233,88	263,12																		
8.858,99 (Ost)	I	2.372,66	108,37	189,81	213,53	89,73	177,28	199,44	71,09	164,74	185,33	52,44	152,21	171,23	33,80	139,68	157,14	15,16	127,14	143,03	-	114,61	12
	II	2.223,50	90,62	177,88	200,11	71,99	165,35	186,02	53,35	152,82	171,92	34,70	140,28	157,82	16,06	127,75	143,72	-	115,22	129,62	-	102,76	11
	III	1.634,66	-	130,77	147,11	-	120,33	135,37	-	110,14	123,91	-	100,21	112,73	-	90,53	101,84	-	81,12	91,26	-	71,96	8
	IV	2.372,66	108,37	189,81	213,53	99,05	183,54	206,48	89,73	177,28	199,44	80,41	171,01	192,38	71,09	164,74	185,33	61,77	158,48	178,29	52,44	152,21	17
	V	2.887,08	158,78	230,96	259,83																		
	VI	2.931,41	161,22	234,51	263,82																		
8.861,99 (West)	I	2.366,08	107,59	189,28	212,94	88,95	176,75	198,84	70,30	164,22	184,74	51,66	151,68	170,64	33,02	139,15	156,54	14,38	126,62	142,45	-	114,09	12
	II	2.217,00	89,85	177,36	199,53	71,21	164,82	185,42	52,56	152,29	171,32	33,92	139,76	157,23	15,28	127,22	143,12	-	114,69	129,02	-	102,24	11
	III	1.629,16	-	130,33	146,62	-	119,89	134,87	-	109,72	123,43	-	99,80	112,27	-	90,13	101,39	-	80,73	90,82	-	71,58	8
	IV	2.366,08	107,59	189,28	212,94	98,27	183,02	205,89	88,95	176,75	198,84	79,63	170,48	191,79	70,30	164,22	184,74	60,98	157,95	177,69	51,66	151,68	17
	V	2.880,50	158,42	230,44	259,24																		
	VI	2.924,83	160,86	233,98	263,23																		
8.861,99 (Ost)	I	2.373,91	108,52	189,91	213,65	89,88	177,38	199,55	71,24	164,84	185,45	52,59	152,31	171,35	33,95	139,78	157,25	15,31	127,24	143,15	-	114,71	12
	II	2.224,83	90,78	177,98	200,23	72,14	165,45	186,13	53,50	152,92	172,03	34,85	140,38	157,93	16,21	127,85	143,83	-	115,32	129,73	-	102,86	11
	III	1.635,83	-	130,86	147,22	-	120,41	135,46	-	110,22	124,00	-	100,29	112,82	-	90,61	101,93	-	81,20	91,35	-	72,04	8
	IV	2.373,91	108,52	189,91	213,65	99,20	183,64	206,60	89,88	177,38	199,55	80,56	171,11	192,50	71,24	164,84	185,45	61,91	158,58	178,40	52,59	152,31	17
	V	2.888,33	158,85	231,06	259,94																		
	VI	2.932,66	161,29	234,61	263,93																		
8.864,99 (West)	I	2.367,33	107,74	189,38	213,05	89,10	176,85	198,95	70,45	164,32	184,86	51,81	151,78	170,75	33,18	139,26	156,66	14,53	126,72	142,56	-	114,19	12
	II	2.218,25	90,00	177,46	199,64	71,36	164,92	185,54	52,71	152,39	171,44	34,07	139,86	157,34	15,43	127,32	143,24	-	114,79	129,14	-	102,34	11
	III	1.630,16	-	130,41	146,71	-	119,98	134,98	-	109,80	123,52	-	99,88	112,36	-	90,21	101,48	-	80,81	90,91	-	71,65	8
	IV	2.367,33	107,74	189,38	213,05	98,42	183,12	206,01	89,10	176,85	198,95	79,77	170,58	191,90	70,45	164,32	184,86	61,13	158,05	177,80	51,81	151,78	17
	V	2.881,83	158,50	230,54	259,36																		
	VI	2.926,08	160,93	234,08	263,34																		
8.864,99 (Ost)	I	2.375,16	108,67	190,01	213,76	90,03	177,48	199,66	71,39	164,94	185,56	52,74	152,41	171,46	34,10	139,88	157,36	15,46	127,34	143,26	-	114,81	12
	II	2.226,08	90,93	178,08	200,34	72,29	165,55	186,24	53,64	153,02	172,14	35,00	140,48	158,04	16,36	127,95	143,94	-	115,42	129,84	-	102,96	11
	III	1.636,83	-	130,94	147,31	-	120,49	135,55	-	110,30	124,09	-	100,37	112,91	-	90,69	102,02	-	81,26	91,42	-	72,10	8
	IV	2.375,16	108,67	190,01	213,76	99,35	183,74	206,71	90,03	177,48	199,66	80,71	171,21	192,61	71,39	164,94	185,56	62,06	158,68	178,51	52,74	152,41	17
	V	2.889,58	158,92	231,16	260,06																		
	VI	2.933,91	161,36	234,71	264,05																		
8.867,99 (West)	I	2.368,58	107,89	189,48	213,17	89,25	176,95	199,07	70,61	164,42	184,97	51,97	151,89	170,87	33,32	139,36	156,78	14,68	126,82	142,67	-	114,29	12
	II	2.219,50	90,15	177,56	199,75	71,50	165,02	185,65	52,86	152,49	171,55	34,22	139,96	157,45	15,57	127,42	143,35	-	114,90	129,26	-	102,44	11
	III	1.631,33	-	130,50	146,81	-	120,06	135,07	-	109,88	123,61	-	99,96	112,45	-	90,29	101,57	-	80,88	90,99	-	71,73	8
	IV	2.368,58	107,89	189,48	213,17	98,57	183,22	206,12	89,25	176,95	199,07	79,92	170,68	192,02	70,61	164,42	184,97	61,29	158,16	177,93	51,97	151,89	17
	V	2.883,08	158,56	230,64	259,47																		
	VI	2.927,33	161,00	234,18	263,45																		
8.867,99 (Ost)	I	2.376,41	108,82	190,11	213,87	90,18	177,58	199,77	71,53	165,04	185,67	52,89	152,51	171,57	34,25	139,98	157,47	15,60	127,44	143,37	-	114,91	129,
	II	2.227,33	91,08	178,18	200,45	72,44	165,65	186,35	53,79	153,12	172,26	35,15	140,58	158,15	16,51	128,05	144,05	-	115,52	129,96	-	103,05	115,
	III	1.638,00	-	131,04	147,42	-	120,58	135,65	-	110,38	124,18	-	100,45	113,00	-	90,77	102,11	-	81,34	91,51	-	72,18	81,
	IV	2.376,41	108,82	190,11	213,87	99,50	183,84	206,82	90,18	177,58	199,77	80,86	171,31	192,72	71,53	165,04	185,67	62,21	158,78	178,62	52,89	152,51	171,
	V	2.890,83	158,99	231,26	260,17																		
	VI	2.935,16	161,43	234,81	264,16																		
8.870,99 (West)	I	2.369,83	108,04	189,58	213,28	89,40	177,06	199,19	70,76	164,52	185,09	52,12	151,99	170,99	33,47	139,46	156,89	14,83	126,92	142,79	-	114,39	128,
	II	2.220,75	90,30	177,66	199,86	71,65	165,12	185,76	53,01	152,59	171,66	34,38	140,06	157,57	15,73	127,53	143,47	-	115,00	129,37	-	102,54	115,
	III	1.632,33	-	130,58	146,90	-	120,14	135,16	-	109,96	123,70	-	100,04	112,54	-	90,37	101,66	-	80,96	91,08	-	71,80	80,
	IV	2.369,83	108,04	189,58	213,28	98,73	183,32	206,24	89,40	177,06	199,19	80,08	170,79	192,14	70,76	164,52	185,09	61,44	158,26	178,04	52,12	151,99	170,
	V	2.884,33	158,63	230,74	259,58																		
	VI	2.928,58	161,07	234,28	263,57																		
8.870,99 (Ost)	I	2.377,66	108,97	190,21	213,98	90,33	177,68	199,89	71,68	165,14	185,78	53,04	152,61	171,68	34,40	140,08	157,59	15,76	127,55	143,49	-	115,02	129,
	II	2.228,58	91,23	178,28	200,57	72,59	165,75	186,47	53,94	153,22	172,37	35,30	140,68	158,27	16,66	128,15	144,17	-	115,62	130,07	-	103,15	116,
	III	1.639,00	-	131,12	147,51	-	120,66	135,74	-	110,46	124,27	-	100,53	113,09	-	90,84	102,19	-	81,42	91,60	-	72,25	81,
	IV	2.377,66	108,97	190,21	213,98	99,65	183,94	206,93	90,33	177,68	199,89	81,00	171,41	192,83	71,68	165,14	185,78	62,36	158,88	178,74	53,04	152,61	171,
	V	2.892,08	159,06	231,36	260,28																		
	VI	2.936,41	161,50	234,91	264,27																		

Anzahl Kinderfreibeträge (nur Steuerklassen I–IV)

Lohn/ Gehalt bis	Steuerklasse	Lohn-steuer	ohne Kinderfreibetrag			Anzahl Kinderfreibeträge (nur Steuerklassen I–IV)																	
						0,5			1,0			1,5			2,0			2,5			3,0		
			SolZ 5,5%	Kirchensteuer 8%	9%	SolZ 5,5%	Kirchensteuer 8%	9%	SolZ 5,5%	Kirchensteuer 8%	9%	SolZ 5,5%	Kirchensteuer 8%	9%	SolZ 5,5%	Kirchensteuer 8%	9%	SolZ 5,5%	Kirchensteuer 8%	9%	SolZ 5,5%	Kirchensteuer 8%	9%
8.873,99 (West)	I	2.371,16	108,20	189,69	213,40	89,55	177,16	199,30	70,91	164,62	185,20	52,27	152,09	171,10	33,62	139,56	157,00	14,98	127,02	142,90	-	114,49	128,80
	II	2.222,00	90,44	177,76	199,98	71,80	165,22	185,87	53,17	152,70	171,78	34,52	140,16	157,68	15,88	127,63	143,58	-	115,10	129,48	-	102,64	115,47
	III	1.633,50	-	130,68	147,01	-	120,22	135,25	-	110,04	123,79	-	100,12	112,63	-	90,44	101,74	-	81,02	91,15	-	71,88	80,86
	IV	2.371,16	108,20	189,69	213,40	98,87	183,42	206,35	89,55	177,16	199,30	80,23	170,89	192,25	70,91	164,62	185,20	61,59	158,36	178,15	52,27	152,09	171,10
	V	2.885,58	158,70	230,84	259,70																		
	VI	2.929,91	161,14	234,39	263,69																		
8.873,99 (Ost)	I	2.378,91	109,12	190,31	214,10	90,47	177,78	200,00	71,83	165,24	185,90	53,19	152,71	171,80	34,55	140,18	157,70	15,91	127,65	143,60	-	115,12	129,51
	II	2.229,83	91,38	178,38	200,68	72,73	165,85	186,58	54,09	153,32	172,48	35,45	140,78	158,38	16,80	128,25	144,28	-	115,72	130,18	-	103,25	116,15
	III	1.640,00	-	131,20	147,60	-	120,74	135,83	-	110,54	124,36	-	100,61	113,18	-	90,92	102,28	-	81,49	91,67	-	72,32	81,36
	IV	2.378,91	109,12	190,31	214,10	99,80	184,04	207,05	90,47	177,78	200,00	81,15	171,51	192,95	71,83	165,24	185,90	62,51	158,98	178,85	53,19	152,71	171,80
	V	2.893,41	159,13	231,47	260,40																		
	VI	2.937,66	161,57	235,01	264,38																		
8.876,99 (West)	I	2.372,41	108,34	189,79	213,51	89,70	177,26	199,41	71,06	164,72	185,31	52,41	152,19	171,21	33,77	139,66	157,11	15,13	127,12	143,01	-	114,59	128,91
	II	2.223,33	90,60	177,86	200,09	71,96	165,33	185,99	53,32	152,80	171,90	34,67	140,26	157,79	16,03	127,73	143,69	-	115,20	129,60	-	102,74	115,58
	III	1.634,50	-	130,76	147,10	-	120,32	135,36	-	110,12	123,88	-	100,20	112,72	-	90,52	101,83	-	81,10	91,24	-	71,94	80,93
	IV	2.372,41	108,34	189,79	213,51	99,02	183,52	206,46	89,70	177,26	199,41	80,38	170,99	192,36	71,06	164,72	185,31	61,74	158,46	178,26	52,41	152,19	171,21
	V	2.886,83	158,77	230,94	259,81																		
	VI	2.931,16	161,21	234,49	263,80																		
8.876,99 (Ost)	I	2.380,16	109,27	190,41	214,21	90,62	177,88	200,11	71,99	165,35	186,02	53,35	152,82	171,92	34,70	140,28	157,82	16,06	127,75	143,72	-	115,22	129,62
	II	2.231,08	91,53	178,48	200,79	72,88	165,95	186,69	54,24	153,42	172,59	35,60	140,88	158,49	16,95	128,35	144,39	-	115,82	130,30	-	103,35	116,27
	III	1.641,16	-	131,29	147,70	-	120,82	135,92	-	110,62	124,45	-	100,68	113,26	-	91,00	102,37	-	81,57	91,76	-	72,40	81,45
	IV	2.380,16	109,27	190,41	214,21	99,95	184,14	207,16	90,62	177,88	200,11	81,30	171,61	193,06	71,99	165,35	186,02	62,67	159,08	178,97	53,35	152,82	171,92
	V	2.894,66	159,20	231,57	260,51																		
	VI	2.938,91	161,64	235,11	264,50																		
8.879,99 (West)	I	2.373,66	108,49	189,89	213,62	89,85	177,36	199,53	71,21	164,82	185,42	52,56	152,29	171,32	33,92	139,76	157,23	15,28	127,22	143,12	-	114,69	129,02
	II	2.224,58	90,75	177,96	200,21	72,11	165,43	186,11	53,47	152,90	172,01	34,82	140,36	157,91	16,18	127,83	143,81	-	115,30	129,71	-	102,84	115,69
	III	1.635,50	-	130,84	147,19	-	120,40	135,45	-	110,21	123,98	-	100,28	112,81	-	90,60	101,92	-	81,18	91,33	-	72,01	81,01
	IV	2.373,66	108,49	189,89	213,62	99,17	183,62	206,57	89,85	177,36	199,53	80,53	171,09	192,47	71,21	164,82	185,42	61,88	158,56	178,38	52,56	152,29	171,32
	V	2.888,08	158,84	231,04	259,92																		
	VI	2.932,41	161,28	234,59	263,91																		
8.879,99 (Ost)	I	2.381,41	109,42	190,51	214,32	90,78	177,98	200,23	72,14	165,45	186,13	53,50	152,92	172,03	34,85	140,38	157,93	16,21	127,85	143,83	-	115,32	129,73
	II	2.232,33	91,67	178,58	200,90	73,03	166,05	186,80	54,39	153,52	172,71	35,75	140,99	158,61	17,11	128,46	144,51	-	115,92	130,41	-	103,45	116,38
	III	1.642,16	-	131,37	147,79	-	120,92	136,03	-	110,70	124,54	-	100,76	113,35	-	91,08	102,46	-	81,64	91,84	-	72,46	81,52
	IV	2.381,41	109,42	190,51	214,32	100,10	184,25	207,28	90,78	177,98	200,23	81,46	171,72	193,18	72,14	165,45	186,13	62,82	159,18	179,08	53,50	152,92	172,03
	V	2.895,91	159,27	231,67	260,63																		
	VI	2.940,25	161,71	235,22	264,62																		
8.882,99 (West)	I	2.374,91	108,64	189,99	213,74	90,00	177,46	199,64	71,36	164,92	185,54	52,71	152,39	171,44	34,07	139,86	157,34	15,43	127,32	143,24	-	114,79	129,14
	II	2.225,83	90,90	178,06	200,32	72,26	165,53	186,22	53,61	153,00	172,12	34,97	140,46	158,02	16,33	127,93	143,92	-	115,40	129,82	-	102,94	115,80
	III	1.636,66	-	130,93	147,29	-	120,48	135,54	-	110,29	124,07	-	100,36	112,90	-	90,68	102,01	-	81,25	91,40	-	72,09	81,10
	IV	2.374,91	108,64	189,99	213,74	99,32	183,72	206,69	90,00	177,46	199,64	80,68	171,19	192,59	71,36	164,92	185,54	62,03	158,66	178,49	52,71	152,39	171,44
	V	2.889,33	158,91	231,14	260,03																		
	VI	2.933,66	161,35	234,69	264,02																		
8.882,99 (Ost)	I	2.382,75	109,57	190,62	214,44	90,93	178,08	200,34	72,29	165,55	186,24	53,64	153,02	172,14	35,00	140,48	158,04	16,36	127,95	143,94	-	115,42	129,84
	II	2.233,58	91,82	178,68	201,02	73,18	166,15	186,92	54,55	153,62	172,82	35,90	141,09	158,72	17,26	128,56	144,63	-	116,02	130,52	-	103,54	116,48
	III	1.643,16	-	131,45	147,88	-	121,00	136,12	-	110,78	124,63	-	100,84	113,44	-	91,16	102,55	-	81,72	91,93	-	72,54	81,61
	IV	2.382,75	109,57	190,62	214,44	100,25	184,35	207,39	90,93	178,08	200,34	81,61	171,82	193,29	72,29	165,55	186,24	62,97	159,28	179,19	53,64	153,02	172,14
	V	2.897,16	159,34	231,77	260,74																		
	VI	2.941,50	161,78	235,32	264,73																		
8.885,99 (West)	I	2.376,16	108,79	190,09	213,85	90,15	177,56	199,75	71,50	165,02	185,65	52,86	152,49	171,55	34,22	139,96	157,45	15,57	127,42	143,35	-	114,90	129,26
	II	2.227,08	91,05	178,16	200,43	72,41	165,63	186,33	53,76	153,10	172,23	35,12	140,56	158,13	16,48	128,03	144,03	-	115,50	129,93	-	103,03	115,91
	III	1.637,66	-	131,01	147,38	-	120,56	135,63	-	110,37	124,16	-	100,42	112,97	-	90,74	102,08	-	81,33	91,49	-	72,16	81,18
	IV	2.376,16	108,79	190,09	213,85	99,47	183,82	206,80	90,15	177,56	199,75	80,83	171,29	192,70	71,50	165,02	185,65	62,18	158,76	178,60	52,86	152,49	171,55
	V	2.890,58	158,98	231,24	260,15																		
	VI	2.934,91	161,42	234,79	264,14																		
8.885,99 (Ost)	I	2.384,00	109,72	190,72	214,56	91,08	178,18	200,45	72,44	165,65	186,35	53,79	153,12	172,26	35,15	140,58	158,15	16,51	128,05	144,05	-	115,52	129,96
	II	2.234,91	91,98	178,79	201,14	73,34	166,26	187,04	54,70	153,72	172,94	36,05	141,19	158,84	17,41	128,66	144,74	-	116,12	130,64	-	103,64	116,60
	III	1.644,33	-	131,54	147,98	-	121,08	136,21	-	110,86	124,72	-	100,92	113,53	-	91,22	102,62	-	81,80	92,02	-	72,61	81,68
	IV	2.384,00	109,72	190,72	214,56	100,40	184,45	207,50	91,08	178,18	200,45	81,76	171,92	193,41	72,44	165,65	186,35	63,11	159,38	179,30	53,79	153,12	172,26
	V	2.898,41	159,41	231,87	260,85																		
	VI	2.942,75	161,85	235,42	264,84																		
8.888,99 (West)	I	2.377,41	108,94	190,19	213,96	90,30	177,66	199,86	71,65	165,12	185,76	53,01	152,59	171,66	34,38	140,06	157,57	15,73	127,53	143,47	-	115,00	129,37
	II	2.228,33	91,20	178,26	200,54	72,56	165,73	186,44	53,91	153,20	172,35	35,27	140,66	158,24	16,63	128,13	144,14	-	115,60	130,05	-	103,13	116,02
	III	1.638,66	-	131,09	147,47	-	120,64	135,72	-	110,45	124,25	-	100,50	113,06	-	90,82	102,17	-	81,40	91,57	-	72,24	81,27
	IV	2.377,41	108,94	190,19	213,96	99,62	183,92	206,91	90,30	177,66	199,86	80,97	171,39	192,81	71,65	165,12	185,76	62,33	158,86	178,71	53,01	152,59	171,66
	V	2.891,83	159,05	231,34	260,26																		
	VI	2.936,16	161,48	234,89	264,25																		
8.888,99 (Ost)	I	2.385,25	109,87	190,82	214,67	91,23	178,28	200,57	72,59	165,75	186,47	53,94	153,22	172,37	35,30	140,68	158,27	16,66	128,15	144,17	-	115,62	130,07
	II	2.236,16	92,13	178,89	201,25	73,49	166,36	187,15	54,84	153,82	173,05	36,20	141,29	158,95	17,56	128,76	144,85	-	116,22	130,75	-	103,74	116,71
	III	1.645,33	-	131,62	148,07	-	121,16	136,30	-	110,96	124,83	-	101,00	113,62	-	91,30	102,71	-	81,86	92,09	-	72,69	81,77
	IV	2.385,25	109,87	190,82	214,67	100,55	184,55	207,62	91,23	178,28	200,57	81,91	172,02	193,52	72,59	165,75	186,47	63,26	159,48	179,42	53,94	153,22	172,37
	V	2.899,66	159,48	231,97	260,96																		
	VI	2.944,00	161,92	235,52	264,96																		
8.891,99 (West)	I	2.378,66	109,09	190,29	214,07	90,44	177,76	199,98	71,80	165,22	185,87	53,17	152,70	171,78	34,52	140,16	157,68	15,88	127,63	143,58	-	115,10	129,48
	II	2.229,58	91,35	178,36	200,66	72,70	165,83	186,56	54,06	153,30	172,46	35,42	140,76	158,36	16,77	128,23	144,26	-	115,70	130,16	-	103,23	116,13
	III	1.639,83	-	131,18	147,58	-	120,73	135,82	-	110,53	124,34	-	100,58	113,15	-	90,90	102,26	-	81,48	91,66	-	72,30	81,34
	IV	2.378,66	109,09	190,29	214,07	99,77	184,02	207,02	90,44	177,76	199,98	81,12	171,49	192,92	71,80	165,22	185,87	62,49	158,96	178,83	53,17	152,70	171,78
	V	2.893,16	159,12	231,45	260,38																		
	VI	2.937,41	161,55	234,99	264,36																		
8.891,99 (Ost)	I	2.386,50	110,02	190,92	214,78	91,38	178,38	200,68	72,73	165,85	186,58	54,09	153,32	172,48	35,45	140,78	158,38	16,80	128,25	144,28	-	115,72	130,18
	II	2.237,41	92,28	178,99	201,36	73,64	166,46	187,26	54,99	153,92	173,16	36,35	141,39	159,06	17,71	128,86	144,96	-	116,32	130,86	-	103,84	116,82
	III	1.646,50	-	131,72	148,18	-	121,24	136,39	-	111,04	124,92	-	101,08	113,71	-	91,38	102,80	-	81,94	92,18	-	72,76	81,85
	IV	2.386,50	110,02	190,92	214,78	100,70	184,65	207,73	91,38	178,38	200,68	82,06	172,12	193,63	72,73	165,85	186,58	63,41	159,58	179,53	54,09	153,32	172,48
	V	2.900,91	159,55	232,07	261,08																		
	VI	2.945,25	161,98	235,62	265,07																		

MONAT bis 8.912,99 €

Lohn/Gehalt bis	Steuerklasse	Lohnsteuer	ohne Kinderfreibetrag SolZ 5,5%	Kirchensteuer 8%	9%	0,5 SolZ 5,5%	Kirchensteuer 8%	9%	1,0 SolZ 5,5%	Kirchensteuer 8%	9%	1,5 SolZ 5,5%	Kirchensteuer 8%	9%	2,0 SolZ 5,5%	Kirchensteuer 8%	9%	2,5 SolZ 5,5%	Kirchensteuer 8%	9%	3,0 SolZ 5,5%	Kirchenste… 8%	9%
8.894,99 (West)	I	2.379,91	109,24	190,39	214,19	90,60	177,86	200,09	71,96	165,33	185,99	53,32	152,80	171,90	34,67	140,26	157,79	16,03	127,73	143,69	-	115,20	
	II	2.230,83	91,50	178,46	200,77	72,85	165,93	186,67	54,21	153,40	172,57	35,57	140,86	158,47	16,93	128,34	144,38	-	115,80	130,28	-	103,33	
	III	1.640,83	-	131,26	147,67	-	120,81	135,91	-	110,61	124,43	-	100,66	113,24	-	90,98	102,35	-	81,56	91,75	-	72,38	
	IV	2.379,91	109,24	190,39	214,19	99,92	184,12	207,14	90,60	177,86	200,09	81,28	171,60	193,05	71,96	165,33	185,99	62,64	159,06	178,94	53,32	152,80	
	V	2.894,41	159,19	231,55	260,49																		
	VI	2.938,66	161,62	235,09	264,47																		
8.894,99 (Ost)	I	2.387,75	110,17	191,02	214,89	91,53	178,48	200,79	72,88	165,95	186,69	54,24	153,42	172,59	35,60	140,88	158,49	16,95	128,35	144,39	-	115,82	
	II	2.238,66	92,43	179,09	201,47	73,78	166,56	187,38	55,14	154,02	173,27	36,50	141,49	159,17	17,85	128,96	145,08	-	116,42	130,97	-	103,94	
	III	1.647,50	-	131,80	148,27	-	121,33	136,49	-	111,12	125,01	-	101,16	113,80	-	91,46	102,89	-	82,02	92,27	-	72,84	
	IV	2.387,75	110,17	191,02	214,89	100,85	184,75	207,84	91,53	178,48	200,79	82,20	172,22	193,74	72,88	165,95	186,69	63,56	159,68	179,64	54,24	153,42	
	V	2.902,16	159,61	232,17	261,19																		
	VI	2.946,50	162,05	235,72	265,18																		
8.897,99 (West)	I	2.381,25	109,40	190,50	214,31	90,75	177,96	200,21	72,11	165,43	186,11	53,47	152,90	172,01	34,82	140,36	157,91	16,18	127,83	143,81	-	115,30	
	II	2.232,08	91,64	178,56	200,88	73,00	166,03	186,78	54,37	153,50	172,69	35,72	140,97	158,59	17,08	128,44	144,49	-	115,90	130,39	-	103,43	
	III	1.642,00	-	131,36	147,78	-	120,89	136,00	-	110,69	124,52	-	100,74	113,33	-	91,06	102,44	-	81,62	91,82	-	72,45	
	IV	2.381,25	109,40	190,50	214,31	100,07	184,23	207,26	90,75	177,96	200,21	81,43	171,70	193,16	72,11	165,43	186,11	62,79	159,16	179,06	53,47	152,90	
	V	2.895,66	159,26	231,65	260,60																		
	VI	2.940,00	161,70	235,20	264,60																		
8.897,99 (Ost)	I	2.389,00	110,32	191,12	215,01	91,67	178,58	200,90	73,03	166,05	186,80	54,39	153,52	172,71	35,75	140,99	158,61	17,11	128,46	144,51	-	115,92	
	II	2.239,91	92,58	179,19	201,59	73,93	166,66	187,49	55,29	154,12	173,39	36,65	141,59	159,29	18,00	129,06	145,19	-	116,52	131,09	-	104,04	
	III	1.648,50	-	131,88	148,36	-	121,41	136,58	-	111,20	125,10	-	101,24	113,89	-	91,53	102,97	-	82,09	92,35	-	72,90	
	IV	2.389,00	110,32	191,12	215,01	101,00	184,85	207,95	91,67	178,58	200,90	82,35	172,32	193,86	73,03	166,05	186,80	63,71	159,78	179,75	54,39	153,52	
	V	2.903,50	159,69	232,28	261,31																		
	VI	2.947,75	162,12	235,82	265,29																		
8.900,99 (West)	I	2.382,50	109,54	190,60	214,42	90,90	178,06	200,32	72,26	165,53	186,22	53,61	153,00	172,12	34,97	140,46	158,02	16,33	127,93	143,92	-	115,40	
	II	2.233,33	91,79	178,66	200,99	73,16	166,14	186,90	54,52	153,60	172,80	35,87	141,07	158,70	17,23	128,54	144,60	-	116,00	130,50	-	103,53	
	III	1.643,00	-	131,44	147,87	-	120,97	136,09	-	110,77	124,61	-	100,82	113,42	-	91,13	102,52	-	81,70	91,91	-	72,53	
	IV	2.382,50	109,54	190,60	214,42	100,22	184,33	207,37	90,90	178,06	200,32	81,58	171,80	193,27	72,26	165,53	186,22	62,94	159,26	179,17	53,61	153,00	
	V	2.896,91	159,33	231,75	260,72																		
	VI	2.941,25	161,76	235,30	264,71																		
8.900,99 (Ost)	I	2.390,25	110,47	191,22	215,12	91,82	178,68	201,02	73,18	166,15	186,92	54,55	153,62	172,82	35,90	141,09	158,72	17,26	128,56	144,63	-	116,02	
	II	2.241,16	92,73	179,29	201,70	74,08	166,76	187,60	55,44	154,22	173,50	36,80	141,69	159,40	18,15	129,16	145,30	-	116,63	131,21	-	104,14	
	III	1.649,66	-	131,97	148,46	-	121,49	136,67	-	111,28	125,19	-	101,32	113,98	-	91,61	103,06	-	82,17	92,44	-	72,98	
	IV	2.390,25	110,47	191,22	215,12	101,15	184,95	208,07	91,82	178,68	201,02	82,50	172,42	193,97	73,18	166,15	186,92	63,87	159,89	179,87	54,55	153,62	
	V	2.904,75	159,76	232,38	261,42																		
	VI	2.949,00	162,19	235,92	265,41																		
8.903,99 (West)	I	2.383,75	109,69	190,70	214,53	91,05	178,16	200,43	72,41	165,63	186,33	53,76	153,10	172,23	35,12	140,56	158,13	16,48	128,03	144,03	-	115,50	
	II	2.234,66	91,95	178,77	201,11	73,31	166,24	187,02	54,67	153,70	172,91	36,02	141,17	158,81	17,38	128,64	144,72	-	116,10	130,61	-	103,62	
	III	1.644,00	-	131,52	147,96	-	121,06	136,19	-	110,85	124,70	-	100,90	113,51	-	91,21	102,61	-	81,77	91,99	-	72,60	
	IV	2.383,75	109,69	190,70	214,53	100,37	184,43	207,48	91,05	178,16	200,43	81,73	171,90	193,38	72,41	165,63	186,33	63,08	159,36	179,28	53,76	153,10	
	V	2.898,16	159,39	231,85	260,83																		
	VI	2.942,50	161,83	235,40	264,82																		
8.903,99 (Ost)	I	2.391,50	110,62	191,32	215,23	91,98	178,79	201,14	73,34	166,26	187,04	54,70	153,72	172,94	36,05	141,19	158,84	17,41	128,66	144,74	-	116,12	
	II	2.242,41	92,87	179,39	201,81	74,23	166,86	187,71	55,59	154,32	173,61	36,94	141,79	159,51	18,31	129,26	145,42	-	116,73	131,32	-	104,24	
	III	1.650,66	-	132,05	148,55	-	121,57	136,76	-	111,36	125,28	-	101,40	114,07	-	91,69	103,15	-	82,24	92,52	-	73,05	
	IV	2.391,50	110,62	191,32	215,23	101,29	185,05	208,18	91,98	178,79	201,14	82,66	172,52	194,09	73,34	166,26	187,04	64,02	159,99	179,99	54,70	153,72	
	V	2.906,00	159,83	232,48	261,54																		
	VI	2.950,25	162,26	236,02	265,52																		
8.906,99 (West)	I	2.385,00	109,84	190,80	214,65	91,20	178,26	200,54	72,56	165,73	186,44	53,91	153,20	172,35	35,27	140,66	158,24	16,63	128,13	144,14	-	115,60	
	II	2.235,91	92,10	178,87	201,23	73,46	166,34	187,13	54,81	153,80	173,03	36,17	141,27	158,93	17,53	128,74	144,83	-	116,20	130,73	-	103,72	
	III	1.645,16	-	131,61	148,06	-	121,14	136,28	-	110,93	124,79	-	100,98	113,60	-	91,29	102,70	-	81,85	92,08	-	72,68	
	IV	2.385,00	109,84	190,80	214,65	100,52	184,53	207,59	91,20	178,26	200,54	81,88	172,00	193,50	72,56	165,73	186,44	63,23	159,46	179,39	53,91	153,20	
	V	2.899,41	159,46	231,95	260,94																		
	VI	2.943,75	161,90	235,50	264,93																		
8.906,99 (Ost)	I	2.392,83	110,77	191,42	215,35	92,13	178,89	201,25	73,49	166,36	187,15	54,84	153,82	173,05	36,20	141,29	158,95	17,56	128,76	144,85	-	116,22	
	II	2.243,66	93,02	179,49	201,92	74,38	166,96	187,83	55,75	154,43	173,73	37,10	141,90	159,63	18,46	129,36	145,53	-	116,83	131,43	-	104,34	
	III	1.651,83	-	132,14	148,66	-	121,66	136,87	-	111,44	125,37	-	101,48	114,16	-	91,77	103,24	-	82,32	92,61	-	73,13	
	IV	2.392,83	110,77	191,42	215,35	101,45	185,16	208,30	92,13	178,89	201,25	82,81	172,62	194,20	73,49	166,36	187,15	64,17	160,09	180,10	54,84	153,82	
	V	2.907,25	159,89	232,58	261,65																		
	VI	2.951,58	162,33	236,12	265,64																		
8.909,99 (West)	I	2.386,25	109,99	190,90	214,76	91,35	178,36	200,66	72,70	165,83	186,56	54,06	153,30	172,46	35,42	140,76	158,36	16,77	128,23	144,26	-	115,70	
	II	2.237,16	92,25	178,97	201,34	73,61	166,44	187,24	54,96	153,90	173,14	36,32	141,37	159,04	17,68	128,84	144,94	-	116,30	130,84	-	103,82	
	III	1.646,16	-	131,69	148,15	-	121,22	136,37	-	111,01	124,88	-	101,06	113,69	-	91,37	102,79	-	81,93	92,17	-	72,74	
	IV	2.386,25	109,99	190,90	214,76	100,67	184,63	207,71	91,35	178,36	200,66	82,03	172,10	193,61	72,70	165,83	186,56	63,38	159,56	179,51	54,06	153,30	
	V	2.900,66	159,53	232,05	261,05																		
	VI	2.945,00	161,97	235,60	265,05																		
8.909,99 (Ost)	I	2.394,08	110,92	191,52	215,46	92,28	178,99	201,36	73,64	166,46	187,26	54,99	153,92	173,16	36,35	141,39	159,06	17,71	128,86	144,96	-	116,32	
	II	2.244,91	93,17	179,59	202,04	74,54	167,06	187,94	55,90	154,53	173,84	37,25	142,00	159,75	18,61	129,46	145,64	-	116,93	131,54	-	104,44	
	III	1.652,83	-	132,22	148,75	-	121,74	136,96	-	111,52	125,46	-	101,56	114,25	-	91,85	103,33	-	82,40	92,70	-	73,20	
	IV	2.394,08	110,92	191,52	215,46	101,60	185,26	208,41	92,28	178,99	201,36	82,96	172,72	194,31	73,64	166,46	187,26	64,31	160,19	180,21	54,99	153,92	
	V	2.908,50	159,96	232,68	261,76																		
	VI	2.952,83	162,40	236,22	265,75																		
8.912,99 (West)	I	2.387,50	110,14	191,00	214,87	91,50	178,46	200,77	72,85	165,93	186,67	54,21	153,40	172,57	35,57	140,86	158,47	16,93	128,34	144,38	-	115,80	
	II	2.238,41	92,40	179,07	201,45	73,76	166,54	187,35	55,11	154,00	173,25	36,47	141,47	159,15	17,83	128,94	145,05	-	116,40	130,95	-	103,92	
	III	1.647,33	-	131,78	148,25	-	121,30	136,46	-	111,09	124,97	-	101,14	113,78	-	91,44	102,87	-	82,00	92,25	-	72,81	
	IV	2.387,50	110,14	191,00	214,87	100,82	184,73	207,82	91,50	178,46	200,77	82,17	172,20	193,72	72,85	165,93	186,67	63,53	159,66	179,62	54,21	153,40	
	V	2.901,91	159,60	232,15	261,17																		
	VI	2.946,25	162,04	235,70	265,16																		
8.912,99 (Ost)	I	2.395,33	111,07	191,62	215,57	92,43	179,09	201,47	73,78	166,56	187,38	55,14	154,02	173,27	36,50	141,49	159,17	17,85	128,96	145,08	-	116,42	
	II	2.246,25	93,33	179,70	202,16	74,69	167,16	188,06	56,04	154,63	173,96	37,40	142,10	159,86	18,76	129,56	145,76	0,11	117,03	131,66	-	104,54	
	III	1.653,83	-	132,30	148,84	-	121,82	137,05	-	111,60	125,55	-	101,64	114,34	-	91,92	103,41	-	82,46	92,77	-	73,26	
	IV	2.395,33	111,07	191,62	215,57	101,75	185,36	208,53	92,43	179,09	201,47	83,11	172,82	194,42	73,78	166,56	187,38	64,46	160,29	180,32	55,14	154,02	
	V	2.909,75	160,03	232,78	261,87																		
	VI	2.954,08	162,47	236,32	265,86																		

Lohn/ Gehalt bis	Steuerklasse	Lohn- steuer	ohne Kinderfreibetrag			Anzahl Kinderfreibeträge (nur Steuerklassen I–IV)																	
						0,5			1,0			1,5			2,0			2,5			3,0		
			SolZ 5,5%	Kirchensteuer 8%	9%	SolZ 5,5%	Kirchensteuer 8%	9%	SolZ 5,5%	Kirchensteuer 8%	9%	SolZ 5,5%	Kirchensteuer 8%	9%	SolZ 5,5%	Kirchensteuer 8%	9%	SolZ 5,5%	Kirchensteuer 8%	9%	SolZ 5,5%	Kirchensteuer 8%	9%
8.915,99 (West)	I	2.388,75	110,29	191,10	214,98	91,64	178,56	200,88	73,00	166,03	186,78	54,37	153,50	172,69	35,72	140,97	158,59	17,08	128,44	144,49	-	115,90	130,39
	II	2.239,66	92,55	179,17	201,56	73,90	166,64	187,47	55,26	154,10	173,36	36,62	141,57	159,26	17,97	129,04	145,17	-	116,50	131,06	-	104,02	117,02
	III	1.648,33	-	131,86	148,34	-	121,40	136,57	-	111,17	125,06	-	101,22	113,87	-	91,52	102,96	-	82,08	92,34	-	72,89	82,00
	IV	2.388,75	110,29	191,10	214,98	100,97	184,83	207,93	91,64	178,56	200,88	82,32	172,30	193,83	73,00	166,03	186,78	63,68	159,76	179,73	54,37	153,50	172,69
	V	2.903,25	159,67	232,26	261,29																		
	VI	2.947,50	162,11	235,80	265,27																		
8.915,99 (Ost)	I	2.396,58	111,22	191,72	215,69	92,58	179,19	201,59	73,93	166,66	187,49	55,29	154,12	173,39	36,65	141,59	159,29	18,00	129,06	145,19	-	116,52	131,09
	II	2.247,50	93,48	179,80	202,27	74,84	167,26	188,17	56,19	154,73	174,07	37,55	142,20	159,97	18,91	129,66	145,87	0,26	117,13	131,77	-	104,64	117,72
	III	1.655,00	-	132,40	148,95	-	121,90	137,14	-	111,68	125,64	-	101,72	114,43	-	92,00	103,50	-	82,54	92,86	-	73,34	82,51
	IV	2.396,58	111,22	191,72	215,69	101,90	185,46	208,64	92,58	179,19	201,59	83,26	172,92	194,54	73,93	166,66	187,49	64,61	160,39	180,44	55,29	154,12	173,39
	V	2.911,00	160,10	232,88	261,99																		
	VI	2.955,33	162,54	236,42	265,97																		
8.918,99 (West)	I	2.390,00	110,44	191,20	215,10	91,79	178,66	200,99	73,16	166,14	186,90	54,52	153,60	172,80	35,87	141,07	158,70	17,23	128,54	144,60	-	116,00	130,50
	II	2.240,91	92,70	179,27	201,68	74,05	166,74	187,58	55,41	154,20	173,48	36,77	141,67	159,38	18,13	129,14	145,28	-	116,61	131,18	-	104,12	117,14
	III	1.649,33	-	131,94	148,43	-	121,48	136,66	-	111,26	125,17	-	101,30	113,96	-	91,60	103,05	-	82,16	92,43	-	72,96	82,08
	IV	2.390,00	110,44	191,20	215,10	101,12	184,93	208,04	91,79	178,66	200,99	82,48	172,40	193,95	73,16	166,14	186,90	63,84	159,87	179,85	54,52	153,60	172,80
	V	2.904,50	159,74	232,36	261,40																		
	VI	2.948,75	162,18	235,90	265,38																		
8.918,99 (Ost)	I	2.397,83	111,37	191,82	215,80	92,73	179,29	201,70	74,08	166,76	187,60	55,44	154,22	173,50	36,80	141,69	159,40	18,15	129,16	145,30	-	116,63	131,21
	II	2.248,75	93,63	179,90	202,38	74,98	167,36	188,28	56,34	154,83	174,18	37,70	142,30	160,08	19,05	129,76	145,98	0,41	117,23	131,88	-	104,74	117,83
	III	1.656,00	-	132,48	149,04	-	122,00	137,25	-	111,76	125,73	-	101,80	114,52	-	92,08	103,59	-	82,62	92,95	-	73,41	82,58
	IV	2.397,83	111,37	191,82	215,80	102,05	185,56	208,75	92,73	179,29	201,70	83,40	173,02	194,65	74,08	166,76	187,60	64,76	160,49	180,55	55,44	154,22	173,50
	V	2.912,25	160,17	232,98	262,10																		
	VI	2.956,58	162,61	236,52	266,09																		
8.921,99 (West)	I	2.391,33	110,60	191,30	215,21	91,95	178,77	201,11	73,31	166,24	187,02	54,67	153,70	172,91	36,02	141,17	158,81	17,38	128,64	144,72	-	116,10	130,61
	II	2.242,16	92,84	179,37	201,79	74,20	166,84	187,69	55,56	154,30	173,59	36,92	141,78	159,50	18,28	129,24	145,40	-	116,71	131,30	-	104,22	117,24
	III	1.650,50	-	132,04	148,54	-	121,56	136,75	-	111,34	125,26	-	101,38	114,05	-	91,68	103,14	-	82,22	92,50	-	73,04	82,17
	IV	2.391,33	110,60	191,30	215,21	101,27	185,04	208,17	91,95	178,77	201,11	82,63	172,50	194,06	73,31	166,24	187,02	63,99	159,97	179,96	54,67	153,70	172,91
	V	2.905,75	159,81	232,46	261,51																		
	VI	2.950,08	162,25	236,00	265,50																		
8.921,99 (Ost)	I	2.399,08	111,52	191,92	215,91	92,87	179,39	201,81	74,23	166,86	187,71	55,59	154,32	173,61	36,94	141,79	159,51	18,31	129,26	145,42	-	116,73	131,32
	II	2.250,00	93,78	180,00	202,50	75,13	167,46	188,39	56,49	154,93	174,29	37,85	142,40	160,20	19,20	129,86	146,09	0,56	117,33	131,99	-	104,84	117,94
	III	1.657,16	-	132,57	149,14	-	122,08	137,34	-	111,85	125,83	-	101,86	114,59	-	92,16	103,68	-	82,69	93,02	-	73,49	82,67
	IV	2.399,08	111,52	191,92	215,91	102,20	185,66	208,86	92,87	179,39	201,81	83,55	173,12	194,76	74,23	166,86	187,71	64,91	160,59	180,66	55,59	154,32	173,61
	V	2.913,50	160,24	233,08	262,21																		
	VI	2.957,83	162,68	236,62	266,20																		
8.924,99 (West)	I	2.392,58	110,74	191,40	215,33	92,10	178,87	201,23	73,46	166,34	187,13	54,81	153,80	173,03	36,17	141,27	158,93	17,53	128,74	144,83	-	116,20	130,73
	II	2.243,41	92,99	179,47	201,90	74,36	166,94	187,81	55,72	154,41	173,71	37,07	141,88	159,61	18,43	129,34	145,51	-	116,81	131,41	-	104,32	117,36
	III	1.651,50	-	132,12	148,63	-	121,64	136,84	-	111,42	125,35	-	101,45	114,13	-	91,74	103,21	-	82,30	92,59	-	73,10	82,24
	IV	2.392,58	110,74	191,40	215,33	101,42	185,14	208,28	92,10	178,87	201,23	82,78	172,60	194,18	73,46	166,34	187,13	64,14	160,07	180,08	54,81	153,80	173,03
	V	2.907,00	159,88	232,56	261,63																		
	VI	2.951,33	162,32	236,10	265,61																		
8.924,99 (Ost)	I	2.400,33	111,67	192,02	216,02	93,02	179,49	201,92	74,38	166,96	187,83	55,75	154,43	173,73	37,10	141,90	159,63	18,46	129,36	145,53	-	116,83	131,43
	II	2.251,25	93,93	180,10	202,61	75,28	167,56	188,51	56,64	155,03	174,41	38,00	142,50	160,31	19,35	129,96	146,21	0,71	117,43	132,11	-	104,94	118,05
	III	1.658,16	-	132,65	149,23	-	122,16	137,43	-	111,93	125,92	-	101,94	114,68	-	92,22	103,75	-	82,77	93,11	-	73,56	82,75
	IV	2.400,33	111,67	192,02	216,02	102,34	185,76	208,98	93,02	179,49	201,92	83,70	173,22	194,87	74,38	166,96	187,83	65,06	160,69	180,77	55,75	154,43	173,73
	V	2.914,83	160,31	233,18	262,33																		
	VI	2.959,08	162,74	236,72	266,31																		
8.927,99 (West)	I	2.393,83	110,89	191,50	215,44	92,25	178,97	201,34	73,61	166,44	187,24	54,96	153,90	173,14	36,32	141,37	159,04	17,68	128,84	144,94	-	116,30	130,84
	II	2.244,75	93,15	179,58	202,02	74,51	167,04	187,92	55,87	154,51	173,82	37,22	141,98	159,72	18,58	129,44	145,62	-	116,91	131,52	-	104,42	117,47
	III	1.652,66	-	132,21	148,73	-	121,73	136,94	-	111,50	125,44	-	101,53	114,22	-	91,82	103,30	-	82,37	92,66	-	73,18	82,33
	IV	2.393,83	110,89	191,50	215,44	101,57	185,24	208,39	92,25	178,97	201,34	82,93	172,70	194,29	73,61	166,44	187,24	64,28	160,17	180,19	54,96	153,90	173,14
	V	2.908,25	159,95	232,66	261,74																		
	VI	2.952,58	162,39	236,20	265,73																		
8.927,99 (Ost)	I	2.401,58	111,82	192,12	216,14	93,17	179,59	202,04	74,54	167,06	187,94	55,90	154,53	173,84	37,25	142,00	159,75	18,61	129,46	145,64	-	116,93	131,54
	II	2.252,50	94,07	180,20	202,72	75,43	167,66	188,62	56,79	155,13	174,52	38,14	142,60	160,42	19,51	130,07	146,33	0,87	117,54	132,23	-	105,03	118,16
	III	1.659,16	-	132,73	149,32	-	122,24	137,52	-	112,01	126,01	-	102,02	114,77	-	92,30	103,84	-	82,84	93,19	-	73,64	82,84
	IV	2.401,58	111,82	192,12	216,14	102,49	185,86	209,09	93,17	179,59	202,04	83,86	173,33	194,99	74,54	167,06	187,94	65,22	160,80	180,90	55,90	154,53	173,84
	V	2.916,08	160,38	233,28	262,44																		
	VI	2.960,33	162,81	236,82	266,42																		
8.930,99 (West)	I	2.395,08	111,04	191,60	215,55	92,40	179,07	201,45	73,76	166,54	187,35	55,11	154,00	173,25	36,47	141,47	159,15	17,83	128,94	145,05	-	116,40	130,95
	II	2.246,00	93,30	179,68	202,14	74,66	167,14	188,03	56,01	154,61	173,93	37,37	142,08	159,84	18,73	129,54	145,73	0,08	117,01	131,63	-	104,52	117,58
	III	1.653,66	-	132,29	148,82	-	121,81	137,03	-	111,58	125,53	-	101,61	114,31	-	91,90	103,39	-	82,45	92,75	-	73,25	82,40
	IV	2.395,08	111,04	191,60	215,55	101,72	185,34	208,50	92,40	179,07	201,45	83,08	172,80	194,40	73,76	166,54	187,35	64,43	160,27	180,30	55,11	154,00	173,25
	V	2.909,50	160,02	232,76	261,85																		
	VI	2.953,83	162,46	236,30	265,84																		
8.930,99 (Ost)	I	2.402,91	111,97	192,23	216,26	93,33	179,70	202,16	74,69	167,16	188,06	56,04	154,63	173,96	37,40	142,10	159,86	18,76	129,56	145,76	0,11	117,03	131,66
	II	2.253,75	94,22	180,30	202,83	75,58	167,76	188,73	56,94	155,23	174,63	38,30	142,70	160,54	19,66	130,17	146,44	1,02	117,64	132,34	-	105,13	118,27
	III	1.660,33	-	132,82	149,42	-	122,33	137,62	-	112,09	126,10	-	102,10	114,86	-	92,38	103,93	-	82,92	93,28	-	73,70	82,91
	IV	2.402,91	111,97	192,23	216,26	102,65	185,96	209,21	93,33	179,70	202,16	84,01	173,43	195,11	74,69	167,16	188,06	65,37	160,90	181,01	56,04	154,63	173,96
	V	2.917,33	160,45	233,38	262,55																		
	VI	2.961,66	162,89	236,93	266,54																		
8.933,99 (West)	I	2.396,33	111,19	191,70	215,66	92,55	179,17	201,56	73,90	166,64	187,47	55,26	154,10	173,36	36,62	141,57	159,26	17,97	129,04	145,17	-	116,50	131,06
	II	2.247,25	93,45	179,78	202,25	74,81	167,24	188,15	56,16	154,71	174,05	37,52	142,18	159,95	18,88	129,64	145,85	0,23	117,11	131,75	-	104,62	117,69
	III	1.654,66	-	132,37	148,91	-	121,89	137,12	-	111,66	125,62	-	101,69	114,40	-	91,98	103,48	-	82,53	92,84	-	73,33	82,49
	IV	2.396,33	111,19	191,70	215,66	101,87	185,44	208,62	92,55	179,17	201,56	83,23	172,90	194,51	73,90	166,64	187,47	64,58	160,37	180,41	55,26	154,10	173,36
	V	2.910,75	160,09	232,86	261,96																		
	VI	2.955,08	162,52	236,40	265,95																		
8.933,99 (Ost)	I	2.404,16	112,12	192,33	216,37	93,48	179,80	202,27	74,84	167,26	188,17	56,19	154,73	174,07	37,55	142,20	159,97	18,91	129,66	145,87	0,26	117,13	131,77
	II	2.255,00	94,37	180,40	202,95	75,74	167,87	188,85	57,10	155,34	174,75	38,45	142,80	160,65	19,81	130,27	146,55	1,17	117,74	132,45	-	105,23	118,38
	III	1.661,33	-	132,90	149,51	-	122,41	137,71	-	112,17	126,19	-	102,18	114,95	-	92,46	104,02	-	83,00	93,37	-	73,78	83,00
	IV	2.404,16	112,12	192,33	216,37	102,80	186,06	209,32	93,48	179,80	202,27	84,16	173,53	195,22	74,84	167,26	188,17	65,51	161,00	181,12	56,19	154,73	174,07
	V	2.918,58	160,52	233,48	262,67																		
	VI	2.962,91	162,96	237,03	266,66																		

Lohn/Gehalt bis	Steuerklasse	Lohnsteuer	ohne Kinderfreibetrag SolZ 5,5%	ohne Kinderfreibetrag Kirchensteuer 8%	ohne Kinderfreibetrag Kirchensteuer 9%	0,5 SolZ 5,5%	0,5 Kirchensteuer 8%	0,5 Kirchensteuer 9%	1,0 SolZ 5,5%	1,0 Kirchensteuer 8%	1,0 Kirchensteuer 9%	1,5 SolZ 5,5%	1,5 Kirchensteuer 8%	1,5 Kirchensteuer 9%	2,0 SolZ 5,5%	2,0 Kirchensteuer 8%	2,0 Kirchensteuer 9%	2,5 SolZ 5,5%	2,5 Kirchensteuer 8%	2,5 Kirchensteuer 9%	3,0 SolZ 5,5%	3,0 Kirchensteu[er] 8%	3,0 9%
						Anzahl Kinderfreibeträge (nur Steuerklassen I–IV)																	
8.936,99 (West)	I	2.397,58	111,34	191,80	215,78	92,70	179,27	201,68	74,05	166,74	187,58	55,41	154,20	173,48	36,77	141,67	159,38	18,13	129,14	145,28	–	116,61	13
	II	2.248,50	93,60	179,88	202,36	74,96	167,34	188,26	56,31	154,81	174,16	37,67	142,28	160,06	19,03	129,74	145,96	0,38	117,21	131,86	–	104,72	11
	III	1.655,83	–	132,46	149,02	–	121,97	137,21	–	111,74	125,71	–	101,77	114,49	–	92,06	103,57	–	82,60	92,92	–	73,40	82
	IV	2.397,58	111,34	191,80	215,78	102,02	185,54	208,73	92,70	179,27	201,68	83,37	173,00	194,63	74,05	166,74	187,58	64,73	160,47	180,53	55,41	154,20	17
	V	2.912,00	160,16	232,96	262,08																		
	VI	2.956,33	162,59	236,50	266,06																		
8.936,99 (Ost)	I	2.405,41	112,27	192,43	216,48	93,63	179,90	202,38	74,98	167,36	188,28	56,34	154,83	174,18	37,70	142,30	160,08	19,05	129,76	145,98	0,41	117,23	13
	II	2.256,33	94,53	180,50	203,06	75,89	167,97	188,96	57,24	155,44	174,87	38,60	142,90	160,76	19,96	130,37	146,66	1,31	117,84	132,57	–	105,33	11
	III	1.662,50	–	133,00	149,62	–	122,49	137,80	–	112,25	126,28	–	102,26	115,04	–	92,54	104,11	–	83,06	93,44	–	73,85	83
	IV	2.405,41	112,27	192,43	216,48	102,95	186,16	209,43	93,63	179,90	202,38	84,31	173,63	195,33	74,98	167,36	188,28	65,66	161,10	181,23	56,34	154,83	174
	V	2.919,83	160,59	233,58	262,78																		
	VI	2.964,16	163,02	237,13	266,77																		
8.939,99 (West)	I	2.398,83	111,49	191,90	215,89	92,84	179,37	201,79	74,20	166,84	187,69	55,56	154,30	173,59	36,92	141,78	159,50	18,28	129,24	145,40	–	116,71	131
	II	2.249,75	93,75	179,98	202,47	75,10	167,44	188,37	56,46	154,91	174,27	37,82	142,38	160,17	19,17	129,84	146,07	0,53	117,31	131,97	–	104,82	117
	III	1.656,83	–	132,54	149,11	–	122,06	137,32	–	111,82	125,80	–	101,85	114,58	–	92,13	103,64	–	82,68	93,01	–	73,48	82
	IV	2.398,83	111,49	191,90	215,89	102,17	185,64	208,84	92,84	179,37	201,79	83,52	173,10	194,74	74,20	166,84	187,69	64,88	160,57	180,64	55,56	154,30	173
	V	2.913,33	160,23	233,06	262,19																		
	VI	2.957,58	162,66	236,60	266,18																		
8.939,99 (Ost)	I	2.406,66	112,42	192,53	216,59	93,78	180,00	202,50	75,13	167,46	188,39	56,49	154,93	174,29	37,85	142,40	160,20	19,20	129,86	146,09	0,56	117,33	131
	II	2.257,58	94,68	180,60	203,18	76,04	168,07	189,08	57,39	155,54	174,98	38,75	143,00	160,88	20,11	130,47	146,78	1,46	117,94	132,68	–	105,43	118
	III	1.663,50	–	133,08	149,71	–	122,57	137,89	–	112,33	126,37	–	102,34	115,13	–	92,61	104,18	–	83,14	93,53	–	73,93	83
	IV	2.406,66	112,42	192,53	216,59	103,10	186,26	209,54	93,78	180,00	202,50	84,46	173,73	195,44	75,13	167,46	188,39	65,81	161,20	181,35	56,49	154,93	174
	V	2.921,08	160,65	233,68	262,89																		
	VI	2.965,41	163,09	237,23	266,88																		
8.942,99 (West)	I	2.400,08	111,64	192,00	216,00	92,99	179,47	201,90	74,36	166,94	187,81	55,72	154,41	173,71	37,07	141,88	159,61	18,43	129,34	145,51	–	116,81	131
	II	2.251,00	93,90	180,08	202,59	75,25	167,54	188,48	56,61	155,01	174,38	37,97	142,48	160,29	19,32	129,94	146,18	0,69	117,42	132,09	–	104,92	118
	III	1.658,00	–	132,64	149,22	–	122,14	137,41	–	111,90	125,89	–	101,93	114,67	–	92,21	103,73	–	82,76	93,10	–	73,54	82
	IV	2.400,08	111,64	192,00	216,00	102,32	185,74	208,95	92,99	179,47	201,90	83,67	173,20	194,85	74,36	166,94	187,81	65,04	160,68	180,76	55,72	154,41	173,
	V	2.914,58	160,30	233,16	262,31																		
	VI	2.958,83	162,73	236,70	266,29																		
8.942,99 (Ost)	I	2.407,91	112,57	192,63	216,71	93,93	180,10	202,61	75,28	167,56	188,51	56,64	155,03	174,41	38,00	142,50	160,31	19,35	129,96	146,21	0,71	117,43	132,
	II	2.258,83	94,83	180,70	203,29	76,18	168,17	189,19	57,54	155,64	175,09	38,90	143,10	160,99	20,25	130,57	146,89	1,61	118,04	132,79	–	105,53	118,
	III	1.664,50	–	133,16	149,80	–	122,66	137,99	–	112,41	126,46	–	102,42	115,22	–	92,69	104,27	–	83,22	93,62	–	74,00	83,
	IV	2.407,91	112,57	192,63	216,71	103,25	186,36	209,66	93,93	180,10	202,61	84,60	173,83	195,56	75,28	167,56	188,51	65,96	161,30	181,46	56,64	155,03	174,
	V	2.922,33	160,72	233,78	263,00																		
	VI	2.966,66	163,16	237,33	266,99																		
8.945,99 (West)	I	2.401,33	111,79	192,10	216,11	93,15	179,58	202,02	74,51	167,04	187,92	55,87	154,51	173,82	37,22	141,98	159,72	18,58	129,44	145,62	–	116,91	131,
	II	2.252,25	94,04	180,18	202,70	75,40	167,64	188,60	56,76	155,11	174,50	38,12	142,58	160,40	19,48	130,05	146,30	0,84	117,52	132,21	–	105,02	118,
	III	1.659,00	–	132,72	149,31	–	122,22	137,50	–	111,98	125,98	–	102,01	114,76	–	92,29	103,82	–	82,82	93,17	–	73,62	82,
	IV	2.401,33	111,79	192,10	216,11	102,47	185,84	209,07	93,15	179,58	202,02	83,83	173,31	194,97	74,51	167,04	187,92	65,19	160,78	180,87	55,87	154,51	173,
	V	2.915,83	160,37	233,26	262,42																		
	VI	2.960,08	162,80	236,80	266,40																		
8.945,99 (Ost)	I	2.409,16	112,72	192,73	216,82	94,07	180,20	202,72	75,43	167,66	188,62	56,79	155,13	174,52	38,14	142,60	160,42	19,51	130,07	146,33	0,87	117,54	132,
	II	2.260,08	94,98	180,80	203,40	76,33	168,27	189,30	57,69	155,74	175,20	39,05	143,20	161,10	20,40	130,67	147,00	1,76	118,14	132,90	–	105,63	118,
	III	1.665,66	–	133,25	149,90	–	122,74	138,08	–	112,49	126,55	–	102,50	115,31	–	92,77	104,36	–	83,29	93,70	–	74,08	83,
	IV	2.409,16	112,72	192,73	216,82	103,40	186,46	209,77	94,07	180,20	202,72	84,75	173,93	195,67	75,43	167,66	188,62	66,11	161,40	181,57	56,79	155,13	174,
	V	2.923,58	160,79	233,88	263,12																		
	VI	2.967,91	163,23	237,43	267,11																		
8.948,99 (West)	I	2.402,66	111,94	192,21	216,23	93,30	179,68	202,14	74,66	167,14	188,03	56,01	154,61	173,93	37,37	142,08	159,84	18,73	129,54	145,73	0,08	117,01	131,
	II	2.253,50	94,19	180,28	202,81	75,55	167,74	188,71	56,92	155,22	174,62	38,27	142,68	160,52	19,63	130,15	146,42	0,99	117,62	132,32	–	105,11	118,2
	III	1.660,00	–	132,80	149,40	–	122,30	137,59	–	112,06	126,07	–	102,09	114,85	–	92,37	103,91	–	82,90	93,26	–	73,69	82,9
	IV	2.402,66	111,94	192,21	216,23	102,62	185,94	209,18	93,30	179,68	202,14	83,98	173,41	195,08	74,66	167,14	188,03	65,34	160,88	180,99	56,01	154,61	173,9
	V	2.917,08	160,43	233,36	262,53																		
	VI	2.961,41	162,87	236,91	266,52																		
8.948,99 (Ost)	I	2.410,41	112,87	192,83	216,93	94,22	180,30	202,83	75,58	167,76	188,73	56,94	155,23	174,63	38,30	142,70	160,54	19,66	130,17	146,44	1,02	117,64	132,3
	II	2.261,33	95,13	180,90	203,51	76,48	168,37	189,41	57,84	155,84	175,32	39,20	143,30	161,21	20,55	130,77	147,11	1,91	118,24	133,02	–	105,73	118,9
	III	1.666,66	–	133,33	149,99	–	122,82	138,17	–	112,57	126,64	–	102,58	115,40	–	92,85	104,45	–	83,37	93,79	–	74,14	83,4
	IV	2.410,41	112,87	192,83	216,93	103,54	186,56	209,88	94,22	180,30	202,83	84,90	174,03	195,78	75,58	167,76	188,73	66,26	161,50	181,68	56,94	155,23	174,6
	V	2.924,91	160,87	233,99	263,24																		
	VI	2.969,16	163,30	237,53	267,22																		
8.951,99 (West)	I	2.403,91	112,09	192,31	216,35	93,45	179,78	202,25	74,81	167,24	188,15	56,16	154,71	174,05	37,52	142,18	159,95	18,88	129,64	145,85	0,23	117,11	131,7
	II	2.254,83	94,35	180,38	202,93	75,71	167,85	188,83	57,07	155,32	174,73	38,42	142,78	160,63	19,78	130,25	146,53	1,14	117,72	132,43	–	105,21	118,3
	III	1.661,16	–	132,89	149,50	–	122,40	137,70	–	112,16	126,18	–	102,17	114,94	–	92,44	103,99	–	82,97	93,34	–	73,77	82,9
	IV	2.403,91	112,09	192,31	216,35	102,77	186,04	209,30	93,45	179,78	202,25	84,13	173,51	195,20	74,81	167,24	188,15	65,48	160,98	181,10	56,16	154,71	174,0
	V	2.918,33	160,50	233,46	262,64																		
	VI	2.962,66	162,94	237,01	266,63																		
8.951,99 (Ost)	I	2.411,66	113,02	192,93	217,04	94,37	180,40	202,95	75,74	167,87	188,85	57,10	155,34	174,75	38,45	142,80	160,65	19,81	130,27	146,55	1,17	117,74	132,4
	II	2.262,58	95,27	181,00	203,63	76,63	168,47	189,53	57,99	155,94	175,43	39,34	143,40	161,33	20,70	130,87	147,23	2,07	118,34	133,13	–	105,83	119,0
	III	1.667,83	–	133,42	150,10	–	122,90	138,26	–	112,66	126,74	–	102,66	115,49	–	92,93	104,54	–	83,44	93,87	–	74,22	83,5
	IV	2.411,66	113,02	192,93	217,04	103,69	186,66	209,99	94,37	180,40	202,95	85,05	174,13	195,89	75,74	167,87	188,85	66,42	161,60	181,80	57,10	155,34	174,7
	V	2.926,16	160,93	234,09	263,35																		
	VI	2.970,41	163,37	237,63	267,33																		
8.954,99 (West)	I	2.405,16	112,24	192,41	216,46	93,60	179,88	202,36	74,96	167,34	188,26	56,31	154,81	174,16	37,67	142,28	160,06	19,03	129,74	145,96	0,38	117,21	131,8
	II	2.256,08	94,50	180,48	203,04	75,86	167,95	188,94	57,21	155,42	174,84	38,57	142,88	160,74	19,93	130,35	146,64	1,28	117,82	132,54	–	105,31	118,4
	III	1.662,16	–	132,97	149,59	–	122,48	137,79	–	112,24	126,27	–	102,25	115,03	–	92,52	104,08	–	83,05	93,43	–	73,84	83,0
	IV	2.405,16	112,24	192,41	216,46	102,92	186,14	209,41	93,60	179,88	202,36	84,28	173,61	195,31	74,96	167,34	188,26	65,63	161,08	181,21	56,31	154,81	174,1
	V	2.919,58	160,57	233,56	262,76																		
	VI	2.963,91	163,01	237,11	266,75																		
8.954,99 (Ost)	I	2.412,91	113,16	193,03	217,16	94,53	180,50	203,06	75,89	167,97	188,96	57,24	155,44	174,87	38,60	142,90	160,76	19,96	130,37	146,66	1,31	117,84	132,5
	II	2.263,83	95,42	181,10	203,74	76,78	168,57	189,64	58,14	156,04	175,54	39,50	143,51	161,45	20,86	130,98	147,35	2,22	118,44	133,25	–	105,93	119,1
	III	1.668,83	–	133,50	150,19	–	123,00	138,37	–	112,74	126,83	–	102,74	115,58	–	93,00	104,62	–	83,52	93,96	–	74,29	83,5
	IV	2.412,91	113,16	193,03	217,16	103,85	186,77	210,11	94,53	180,50	203,06	85,21	174,24	196,02	75,89	167,97	188,96	66,57	161,70	181,91	57,24	155,44	174,8
	V	2.927,41	161,00	234,19	263,46																		
	VI	2.971,75	163,44	237,74	267,45																		

Lohn/ Gehalt bis	Steuerklasse	Lohn-steuer	ohne Kinderfreibetrag SolZ 5,5%	Kirchensteuer 8%	Kirchensteuer 9%	0,5 SolZ 5,5%	0,5 Kirchensteuer 8%	0,5 Kirchensteuer 9%	1,0 SolZ 5,5%	1,0 Kirchensteuer 8%	1,0 Kirchensteuer 9%	1,5 SolZ 5,5%	1,5 Kirchensteuer 8%	1,5 Kirchensteuer 9%	2,0 SolZ 5,5%	2,0 Kirchensteuer 8%	2,0 Kirchensteuer 9%	2,5 SolZ 5,5%	2,5 Kirchensteuer 8%	2,5 Kirchensteuer 9%	3,0 SolZ 5,5%	3,0 Kirchensteuer 8%	3,0 Kirchensteuer 9%
8.957,99 (West)	I	2.406,41	112,39	192,51	216,57	93,75	179,98	202,47	75,10	167,44	188,37	56,46	154,91	174,27	37,82	142,38	160,17	19,17	129,84	146,07	0,53	117,31	131,97
	II	2.257,33	94,65	180,58	203,15	76,01	168,05	189,05	57,36	155,52	174,96	38,72	142,98	160,85	20,08	130,45	146,75	1,43	117,92	132,66	-	105,41	118,58
	III	1.663,33	-	133,06	149,69	-	122,56	137,88	-	112,32	126,36	-	102,33	115,12	-	92,60	104,17	-	83,13	93,52	-	73,92	83,16
	IV	2.406,41	112,39	192,51	216,57	103,07	186,24	209,52	93,75	179,98	202,47	84,43	173,71	195,42	75,10	167,44	188,37	65,78	161,18	181,32	56,46	154,91	174,27
	V	2.920,83	160,64	233,66	262,87																		
	VI	2.965,16	163,08	237,21	266,86																		
8.957,99 (Ost)	I	2.414,25	113,32	193,14	217,28	94,68	180,60	203,18	76,04	168,07	189,08	57,39	155,54	174,98	38,75	143,00	160,88	20,11	130,47	146,78	1,46	117,94	132,68
	II	2.265,08	95,57	181,20	203,85	76,93	168,67	189,75	58,30	156,14	175,66	39,65	143,61	161,56	21,01	131,08	147,46	2,37	118,54	133,36	-	106,03	119,28
	III	1.670,00	-	133,60	150,30	-	123,08	138,46	-	112,82	126,92	-	102,82	115,67	-	93,08	104,71	-	83,60	94,05	-	74,37	83,66
	IV	2.414,25	113,32	193,14	217,28	104,00	186,87	210,23	94,68	180,60	203,18	85,36	174,34	196,13	76,04	168,07	189,08	66,71	161,80	182,03	57,39	155,54	174,98
	V	2.928,66	161,07	234,29	263,57																		
	VI	2.973,00	163,51	237,84	267,57																		
8.960,99 (West)	I	2.407,66	112,54	192,61	216,68	93,90	180,08	202,59	75,25	167,54	188,48	56,61	155,01	174,38	37,97	142,48	160,29	19,32	129,94	146,18	0,69	117,42	132,09
	II	2.258,58	94,80	180,68	203,27	76,16	168,15	189,17	57,51	155,62	175,07	38,87	143,08	160,97	20,23	130,55	146,87	1,58	118,02	132,77	-	105,51	118,70
	III	1.664,33	-	133,14	149,78	-	122,64	137,97	-	112,40	126,45	-	102,41	115,21	-	92,68	104,26	-	83,20	93,60	-	73,98	83,23
	IV	2.407,66	112,54	192,61	216,68	103,22	186,34	209,63	93,90	180,08	202,59	84,57	173,81	195,53	75,25	167,54	188,48	65,93	161,28	181,44	56,61	155,01	174,38
	V	2.922,08	160,71	233,76	262,98																		
	VI	2.966,41	163,15	237,31	266,97																		
8.960,99 (Ost)	I	2.415,50	113,47	193,24	217,39	94,83	180,70	203,29	76,18	168,17	189,19	57,54	155,64	175,09	38,90	143,10	160,99	20,25	130,57	146,89	1,61	118,04	132,79
	II	2.266,41	95,73	181,31	203,97	77,09	168,78	189,87	58,44	156,24	175,77	39,80	143,71	161,67	21,16	131,18	147,57	2,51	118,64	133,47	-	106,13	119,39
	III	1.671,00	-	133,68	150,39	-	123,16	138,55	-	112,90	127,01	-	102,90	115,76	-	93,16	104,80	-	83,66	94,12	-	74,44	83,74
	IV	2.415,50	113,47	193,24	217,39	104,15	186,97	210,34	94,83	180,70	203,29	85,51	174,44	196,24	76,18	168,17	189,19	66,86	161,90	182,14	57,54	155,64	175,09
	V	2.929,91	161,14	234,39	263,69																		
	VI	2.974,25	163,58	237,94	267,68																		
8.963,99 (West)	I	2.408,91	112,69	192,71	216,80	94,04	180,18	202,70	75,40	167,64	188,60	56,76	155,11	174,50	38,12	142,58	160,40	19,48	130,05	146,30	0,84	117,52	132,21
	II	2.259,83	94,95	180,78	203,38	76,30	168,25	189,28	57,66	155,72	175,18	39,02	143,18	161,08	20,37	130,65	146,98	1,73	118,12	132,88	-	105,61	118,81
	III	1.665,33	-	133,22	149,87	-	122,73	138,07	-	112,48	126,54	-	102,49	115,30	-	92,76	104,35	-	83,28	93,69	-	74,06	83,32
	IV	2.408,91	112,69	192,71	216,80	103,37	186,44	209,75	94,04	180,18	202,70	84,72	173,91	195,65	75,40	167,64	188,60	66,08	161,38	181,55	56,76	155,11	174,50
	V	2.923,33	160,78	233,86	263,09																		
	VI	2.967,66	163,22	237,41	267,08																		
8.963,99 (Ost)	I	2.416,75	113,62	193,34	217,50	94,98	180,80	203,40	76,33	168,27	189,30	57,69	155,74	175,20	39,05	143,20	161,10	20,40	130,67	147,00	1,76	118,14	132,90
	II	2.267,66	95,88	181,41	204,08	77,24	168,88	189,99	58,59	156,34	175,88	39,95	143,81	161,78	21,31	131,28	147,69	2,66	118,74	133,58	-	106,23	119,51
	III	1.672,00	-	133,76	150,48	-	123,25	138,65	-	112,98	127,10	-	102,98	115,85	-	93,24	104,89	-	83,74	94,21	-	74,52	83,83
	IV	2.416,75	113,62	193,34	217,50	104,30	187,07	210,45	94,98	180,80	203,40	85,66	174,54	196,35	76,33	168,27	189,30	67,01	162,00	182,25	57,69	155,74	175,20
	V	2.931,16	161,21	234,49	263,80																		
	VI	2.975,50	163,65	238,04	267,79																		
8.966,99 (West)	I	2.410,16	112,84	192,81	216,91	94,19	180,28	202,81	75,55	167,74	188,71	56,92	155,22	174,62	38,27	142,68	160,52	19,63	130,15	146,42	0,99	117,62	132,32
	II	2.261,08	95,10	180,88	203,49	76,45	168,35	189,39	57,81	155,82	175,29	39,17	143,28	161,19	20,52	130,75	147,09	1,89	118,22	133,00	-	105,71	118,92
	III	1.666,50	-	133,32	149,98	-	122,81	138,16	-	112,56	126,63	-	102,57	115,39	-	92,82	104,42	-	83,36	93,78	-	74,13	83,39
	IV	2.410,16	112,84	192,81	216,91	103,52	186,54	209,86	94,19	180,28	202,81	84,87	174,01	195,76	75,55	167,74	188,71	66,24	161,48	181,67	56,92	155,22	174,62
	V	2.924,66	160,85	233,97	263,21																		
	VI	2.968,91	163,29	237,51	267,20																		
8.966,99 (Ost)	I	2.418,00	113,77	193,44	217,62	95,13	180,90	203,51	76,48	168,37	189,41	57,84	155,84	175,32	39,20	143,30	161,21	20,55	130,77	147,11	1,91	118,24	133,02
	II	2.268,91	96,03	181,51	204,20	77,38	168,98	190,10	58,74	156,44	176,00	40,10	143,91	161,90	21,45	131,38	147,80	2,81	118,84	133,70	-	106,33	119,62
	III	1.673,16	-	133,85	150,58	-	123,33	138,74	-	113,06	127,19	-	103,06	115,94	-	93,32	104,98	-	83,82	94,30	-	74,58	83,90
	IV	2.418,00	113,77	193,44	217,62	104,45	187,17	210,56	95,13	180,90	203,51	85,80	174,64	196,47	76,48	168,37	189,41	67,16	162,10	182,36	57,84	155,84	175,32
	V	2.932,41	161,28	234,59	263,91																		
	VI	2.976,75	163,72	238,14	267,90																		
8.969,99 (West)	I	2.411,41	112,99	192,91	217,02	94,35	180,38	202,93	75,71	167,85	188,83	57,07	155,32	174,73	38,42	142,78	160,63	19,78	130,25	146,53	1,14	117,72	132,43
	II	2.262,33	95,24	180,98	203,60	76,60	168,45	189,50	57,96	155,92	175,41	39,31	143,38	161,30	20,68	130,86	147,21	2,04	118,32	133,11	-	105,81	119,03
	III	1.667,50	-	133,40	150,07	-	122,89	138,25	-	112,64	126,72	-	102,65	115,48	-	92,90	104,51	-	83,42	93,85	-	74,20	83,47
	IV	2.411,41	112,99	192,91	217,02	103,66	186,64	209,97	94,35	180,38	202,93	85,03	174,12	195,88	75,71	167,85	188,83	66,39	161,58	181,78	57,07	155,32	174,73
	V	2.925,91	160,92	234,07	263,33																		
	VI	2.970,16	163,35	237,61	267,31																		
8.969,99 (Ost)	I	2.419,25	113,92	193,54	217,73	95,27	181,00	203,63	76,63	168,47	189,53	57,99	155,94	175,43	39,34	143,40	161,33	20,70	130,87	147,23	2,07	118,34	133,13
	II	2.270,16	96,18	181,61	204,31	77,53	169,08	190,21	58,89	156,54	176,11	40,25	144,01	162,01	21,60	131,48	147,91	2,96	118,94	133,81	-	106,43	119,73
	III	1.674,16	-	133,93	150,67	-	123,41	138,83	-	113,14	127,28	-	103,14	116,03	-	93,38	105,05	-	83,89	94,37	-	74,66	83,99
	IV	2.419,25	113,92	193,54	217,73	104,60	187,27	210,68	95,27	181,00	203,63	85,95	174,74	196,58	76,63	168,47	189,53	67,31	162,20	182,48	57,99	155,94	175,43
	V	2.933,66	161,35	234,69	264,02																		
	VI	2.978,00	163,79	238,24	268,02																		
8.972,99 (West)	I	2.412,75	113,14	193,02	217,14	94,50	180,48	203,04	75,86	167,95	188,94	57,21	155,42	174,84	38,57	142,88	160,74	19,93	130,35	146,64	1,28	117,82	132,54
	II	2.263,58	95,39	181,08	203,72	76,75	168,55	189,62	58,12	156,02	175,52	39,47	143,49	161,42	20,83	130,96	147,33	2,19	118,42	133,22	-	105,91	119,15
	III	1.668,66	-	133,49	150,17	-	122,97	138,34	-	112,72	126,81	-	102,73	115,57	-	92,98	104,60	-	83,50	93,94	-	74,28	83,56
	IV	2.412,75	113,14	193,02	217,14	103,82	186,75	210,09	94,50	180,48	203,04	85,18	174,22	195,99	75,86	167,95	188,94	66,54	161,68	181,89	57,21	155,42	174,84
	V	2.927,16	160,99	234,17	263,44																		
	VI	2.971,50	163,43	237,72	267,43																		
8.972,99 (Ost)	I	2.420,50	114,07	193,64	217,84	95,42	181,10	203,74	76,78	168,57	189,64	58,14	156,04	175,54	39,50	143,51	161,45	20,86	130,98	147,35	2,22	118,44	133,25
	II	2.271,41	96,33	181,71	204,42	77,68	169,18	190,32	59,04	156,64	176,22	40,40	144,11	162,12	21,75	131,58	148,02	3,11	119,04	133,92	-	106,53	119,84
	III	1.675,33	-	134,02	150,77	-	123,49	138,92	-	113,22	127,37	-	103,22	116,12	-	93,46	105,14	-	83,97	94,46	-	74,73	84,07
	IV	2.420,50	114,07	193,64	217,84	104,74	187,37	210,79	95,42	181,10	203,74	86,10	174,84	196,69	76,78	168,57	189,64	67,46	162,30	182,59	58,14	156,04	175,54
	V	2.935,00	161,42	234,80	264,15																		
	VI	2.979,25	163,85	238,34	268,13																		
8.975,99 (West)	I	2.414,00	113,29	193,12	217,26	94,65	180,58	203,15	76,01	168,05	189,05	57,36	155,52	174,96	38,72	142,98	160,85	20,08	130,45	146,75	1,43	117,92	132,66
	II	2.264,83	95,54	181,18	203,83	76,91	168,66	189,74	58,27	156,12	175,64	39,62	143,59	161,54	20,98	131,06	147,44	2,34	118,52	133,34	-	106,01	119,26
	III	1.669,66	-	133,57	150,26	-	123,06	138,44	-	112,80	126,90	-	102,80	115,65	-	93,06	104,69	-	83,58	94,03	-	74,34	83,63
	IV	2.414,00	113,29	193,12	217,26	103,97	186,85	210,20	94,65	180,58	203,15	85,33	174,32	196,11	76,01	168,05	189,05	66,68	161,78	182,00	57,36	155,52	174,96
	V	2.928,41	161,06	234,27	263,55																		
	VI	2.972,75	163,50	237,82	267,54																		
8.975,99 (Ost)	I	2.421,75	114,22	193,74	217,95	95,57	181,20	203,85	76,93	168,67	189,75	58,30	156,14	175,66	39,65	143,61	161,56	21,01	131,08	147,46	2,37	118,54	133,36
	II	2.272,66	96,47	181,81	204,53	77,83	169,28	190,44	59,19	156,74	176,33	40,54	144,21	162,23	21,90	131,68	148,14	3,27	119,15	134,04	-	106,63	119,96
	III	1.676,33	-	134,10	150,86	-	123,58	139,03	-	113,30	127,46	-	103,30	116,21	-	93,54	105,23	-	84,05	94,55	-	74,81	84,16
	IV	2.421,75	114,22	193,74	217,95	104,89	187,47	210,90	95,57	181,20	203,85	86,25	174,94	196,80	76,93	168,67	189,75	67,62	162,41	182,71	58,30	156,14	175,66
	V	2.936,25	161,49	234,90	264,26																		
	VI	2.980,50	163,92	238,44	268,24																		

Anzahl Kinderfreibeträge (nur Steuerklassen I–IV)

Lohn/ Gehalt bis	Steuerklasse	Lohn- steuer	ohne Kinderfreibetrag SolZ 5,5%	Kirchensteuer 8%	9%	0,5 SolZ 5,5%	Kirchensteuer 8%	9%	1,0 SolZ 5,5%	Kirchensteuer 8%	9%	1,5 SolZ 5,5%	Kirchensteuer 8%	9%	2,0 SolZ 5,5%	Kirchensteuer 8%	9%	2,5 SolZ 5,5%	Kirchensteuer 8%	9%	3,0 SolZ 5,5%	Kirchensteu 8%	9
						Anzahl Kinderfreibeträge (nur Steuerklassen I–IV)																	
8.978,99 (West)	I	2.415,25	113,44	193,22	217,37	94,80	180,68	203,27	76,16	168,15	189,17	57,51	155,62	175,07	38,87	143,08	160,97	20,23	130,55	146,87	1,58	118,02	13
	II	2.266,16	95,70	181,29	203,95	77,06	168,76	189,85	58,41	156,22	175,75	39,77	143,69	161,65	21,13	131,16	147,55	2,48	118,62	133,45	–	106,11	11
	III	1.670,83	–	133,66	150,37	–	123,14	138,53	–	112,89	127,00	–	102,88	115,74	–	93,14	104,78	–	83,65	94,10	–	74,42	8
	IV	2.415,25	113,44	193,22	217,37	104,12	186,95	210,32	94,80	180,68	203,27	85,48	174,42	196,22	76,16	168,15	189,17	66,83	161,88	182,12	57,51	155,62	17
	V	2.929,66	161,13	234,37	263,66																		
	VI	2.974,00	163,57	237,92	267,66																		
8.978,99 (Ost)	I	2.423,00	114,36	193,84	218,07	95,73	181,31	203,97	77,09	168,78	189,87	58,44	156,24	175,77	39,80	143,71	161,67	21,16	131,18	147,57	2,51	118,64	13
	II	2.273,91	96,62	181,91	204,65	77,98	169,38	190,55	59,34	156,84	176,45	40,69	144,31	162,35	22,06	131,78	148,25	3,42	119,25	134,15	–	106,73	12
	III	1.677,50	–	134,20	150,97	–	123,66	139,12	–	113,40	127,57	–	103,38	116,30	–	93,62	105,32	–	84,12	94,63	–	74,88	8
	IV	2.423,00	114,36	193,84	218,07	105,04	187,57	211,01	95,73	181,31	203,97	86,41	175,04	196,92	77,09	168,78	189,87	67,77	162,51	182,82	58,44	156,24	17
	V	2.937,50	161,56	235,00	264,37																		
	VI	2.981,75	163,99	238,54	268,35																		
8.981,99 (West)	I	2.416,50	113,59	193,32	217,48	94,95	180,78	203,38	76,30	168,25	189,28	57,66	155,72	175,18	39,02	143,18	161,08	20,37	130,65	146,98	1,73	118,12	13
	II	2.267,41	95,85	181,39	204,06	77,21	168,86	189,96	58,56	156,32	175,86	39,92	143,79	161,76	21,28	131,26	147,66	2,63	118,72	133,56	–	106,21	11
	III	1.671,83	–	133,74	150,46	–	123,22	138,62	–	112,97	127,09	–	102,96	115,83	–	93,21	104,86	–	83,73	94,19	–	74,49	8
	IV	2.416,50	113,59	193,32	217,48	104,27	187,05	210,43	94,95	180,78	203,38	85,63	174,52	196,33	76,30	168,25	189,28	66,98	161,98	182,23	57,66	155,72	17
	V	2.930,91	161,20	234,47	263,78																		
	VI	2.975,25	163,63	238,02	267,77																		
8.981,99 (Ost)	I	2.424,33	114,52	193,94	218,18	95,88	181,41	204,08	77,24	168,88	189,99	58,59	156,34	175,88	39,95	143,81	161,78	21,31	131,28	147,69	2,66	118,74	13
	II	2.275,16	96,77	182,01	204,76	78,13	169,48	190,66	59,50	156,95	176,57	40,85	144,42	162,47	22,21	131,88	148,37	3,57	119,35	134,27	–	106,83	12
	III	1.678,50	–	134,28	151,06	–	123,74	139,21	–	113,48	127,66	–	103,45	116,38	–	93,70	105,41	–	84,20	94,72	–	74,96	8
	IV	2.424,33	114,52	193,94	218,18	105,20	187,68	211,14	95,88	181,41	204,08	86,56	175,14	197,03	77,24	168,88	189,99	67,91	162,61	182,93	58,59	156,34	17
	V	2.938,75	161,63	235,10	264,48																		
	VI	2.983,08	164,06	238,64	268,47																		
8.984,99 (West)	I	2.417,75	113,74	193,42	217,59	95,10	180,88	203,49	76,45	168,35	189,39	57,81	155,82	175,29	39,17	143,28	161,19	20,52	130,75	147,09	1,89	118,22	13
	II	2.268,66	96,00	181,49	204,17	77,35	168,96	190,08	58,71	156,42	175,97	40,07	143,89	161,87	21,42	131,36	147,78	2,78	118,82	133,67	–	106,31	11
	III	1.672,83	–	133,82	150,55	–	123,30	138,71	–	113,05	127,18	–	103,04	115,92	–	93,29	104,95	–	83,80	94,27	–	74,57	8
	IV	2.417,75	113,74	193,42	217,59	104,42	187,15	210,54	95,10	180,88	203,49	85,77	174,62	196,44	76,45	168,35	189,39	67,13	162,08	182,34	57,81	155,82	17
	V	2.932,16	161,26	234,57	263,89																		
	VI	2.976,50	163,70	238,12	267,88																		
8.984,99 (Ost)	I	2.425,58	114,67	194,04	218,30	96,03	181,51	204,20	77,38	168,98	190,10	58,74	156,44	176,00	40,10	143,91	161,90	21,45	131,38	147,80	2,81	118,84	13
	II	2.276,41	96,92	182,11	204,87	78,29	169,58	190,78	59,64	157,05	176,68	41,00	144,52	162,58	22,36	131,98	148,48	3,71	119,45	134,38	–	106,93	12
	III	1.679,50	–	134,36	151,15	–	123,82	139,30	–	113,56	127,75	–	103,53	116,47	–	93,77	105,49	–	84,28	94,81	–	75,02	8
	IV	2.425,58	114,67	194,04	218,30	105,35	187,78	211,25	96,03	181,51	204,20	86,71	175,24	197,15	77,38	168,98	190,10	68,06	162,71	183,05	58,74	156,44	17
	V	2.940,00	161,70	235,20	264,60																		
	VI	2.984,33	164,13	238,74	268,58																		
8.987,99 (West)	I	2.419,00	113,89	193,52	217,71	95,24	180,98	203,60	76,60	168,45	189,50	57,96	155,92	175,41	39,31	143,38	161,30	20,68	130,86	147,21	2,04	118,32	133,
	II	2.269,91	96,15	181,59	204,29	77,50	169,06	190,19	58,86	156,52	176,09	40,22	143,99	161,99	21,57	131,46	147,89	2,93	118,92	133,79	–	106,41	119,
	III	1.674,00	–	133,92	150,66	–	123,40	138,82	–	113,13	127,27	–	103,12	116,01	–	93,37	105,04	–	83,88	94,36	–	74,64	83
	IV	2.419,00	113,89	193,52	217,71	104,57	187,25	210,65	95,24	180,98	203,60	85,92	174,72	196,56	76,60	168,45	189,50	67,28	162,18	182,45	57,96	155,92	175
	V	2.933,41	161,33	234,67	264,00																		
	VI	2.977,75	163,77	238,22	267,99																		
8.987,99 (Ost)	I	2.426,83	114,82	194,14	218,41	96,18	181,61	204,31	77,53	169,08	190,21	58,89	156,54	176,11	40,25	144,01	162,01	21,60	131,48	147,91	2,96	118,94	133
	II	2.277,75	97,08	182,22	204,99	78,44	169,68	190,89	59,79	157,15	176,79	41,15	144,62	162,69	22,51	132,08	148,59	3,86	119,55	134,49	–	107,03	120,
	III	1.680,66	–	134,45	151,25	–	123,92	139,41	–	113,64	127,84	–	103,61	116,56	–	93,85	105,58	–	84,34	94,88	–	75,10	84,
	IV	2.426,83	114,82	194,14	218,41	105,50	187,88	211,36	96,18	181,61	204,31	86,86	175,34	197,26	77,53	169,08	190,21	68,21	162,81	183,16	58,89	156,54	176,
	V	2.941,25	161,76	235,30	264,71																		
	VI	2.985,58	164,20	238,84	268,70																		
8.990,99 (West)	I	2.420,25	114,04	193,62	217,82	95,39	181,08	203,72	76,75	168,55	189,62	58,12	156,02	175,52	39,47	143,49	161,42	20,83	130,96	147,33	2,19	118,42	133,
	II	2.271,16	96,30	181,69	204,40	77,65	169,16	190,30	59,01	156,62	176,20	40,37	144,09	162,10	21,72	131,56	148,00	3,08	119,02	133,90	–	106,51	119,
	III	1.675,00	–	134,00	150,75	–	123,48	138,91	–	113,21	127,36	–	103,20	116,10	–	93,45	105,13	–	83,96	94,45	–	74,72	84,
	IV	2.420,25	114,04	193,62	217,82	104,72	187,35	210,77	95,39	181,08	203,72	86,07	174,82	196,67	76,75	168,55	189,62	67,43	162,28	182,57	58,12	156,02	175,
	V	2.934,75	161,41	234,78	264,12																		
	VI	2.979,00	163,84	238,32	268,11																		
8.990,99 (Ost)	I	2.428,08	114,97	194,24	218,52	96,33	181,71	204,42	77,68	169,18	190,32	59,04	156,64	176,22	40,40	144,11	162,12	21,75	131,58	148,02	3,11	119,04	133,
	II	2.279,00	97,23	182,32	205,11	78,58	169,78	191,00	59,94	157,25	176,90	41,30	144,72	162,81	22,65	132,18	148,70	4,01	119,65	134,60	–	107,13	120,5
	III	1.681,66	–	134,53	151,34	–	124,00	139,50	–	113,72	127,93	–	103,69	116,65	–	93,93	105,67	–	84,42	94,97	–	75,17	84,5
	IV	2.428,08	114,97	194,24	218,52	105,65	187,98	211,47	96,33	181,71	204,42	87,00	175,44	197,37	77,68	169,18	190,32	68,36	162,91	183,27	59,04	156,64	176,2
	V	2.942,50	161,83	235,40	264,82																		
	VI	2.986,83	164,27	238,94	268,81																		
8.993,99 (West)	I	2.421,50	114,19	193,72	217,93	95,54	181,18	203,83	76,91	168,66	189,74	58,27	156,12	175,64	39,62	143,59	161,54	20,98	131,06	147,44	2,34	118,52	133,3
	II	2.272,41	96,44	181,79	204,51	77,80	169,26	190,41	59,16	156,72	176,31	40,51	144,19	162,21	21,88	131,66	148,12	3,24	119,13	134,02	–	106,61	119,9
	III	1.676,16	–	134,09	150,85	–	123,56	139,00	–	113,29	127,45	–	103,28	116,19	–	93,53	105,22	–	84,02	94,52	–	74,78	84,1
	IV	2.421,50	114,19	193,72	217,93	104,86	187,45	210,88	95,54	181,18	203,83	86,23	174,92	196,79	76,91	168,66	189,74	67,59	162,39	182,69	58,27	156,12	175,6
	V	2.936,00	161,48	234,88	264,24																		
	VI	2.980,25	163,91	238,42	268,22																		
8.993,99 (Ost)	I	2.429,33	115,12	194,34	218,63	96,47	181,81	204,53	77,83	169,28	190,44	59,19	156,74	176,33	40,54	144,21	162,23	21,90	131,68	148,14	3,27	119,15	134,0
	II	2.280,25	97,38	182,42	205,22	78,73	169,88	191,12	60,09	157,35	177,02	41,45	144,82	162,92	22,80	132,28	148,82	4,16	119,75	134,72	–	107,23	120,6
	III	1.682,83	–	134,62	151,45	–	124,08	139,59	–	113,80	128,02	–	103,77	116,74	–	94,01	105,76	–	84,50	95,06	–	75,25	84,6
	IV	2.429,33	115,12	194,34	218,63	105,80	188,08	211,59	96,47	181,81	204,53	87,15	175,54	197,48	77,83	169,28	190,44	68,51	163,01	183,38	59,19	156,74	176,3
	V	2.943,75	161,90	235,50	264,93																		
	VI	2.988,08	164,34	239,04	268,92																		
8.996,99 (West)	I	2.422,83	114,34	193,82	218,05	95,70	181,29	203,95	77,06	168,76	189,85	58,41	156,22	175,75	39,77	143,69	161,65	21,13	131,16	147,55	2,48	118,62	133,4
	II	2.273,66	96,59	181,89	204,62	77,95	169,36	190,53	59,31	156,82	176,42	40,67	144,30	162,33	22,03	131,76	148,23	3,39	119,23	134,13	–	106,71	120,0
	III	1.677,16	–	134,17	150,94	–	123,64	139,09	–	113,37	127,54	–	103,36	116,28	–	93,60	105,30	–	84,10	94,61	–	74,86	84,2
	IV	2.422,83	114,34	193,82	218,05	105,02	187,56	211,00	95,70	181,29	203,95	86,38	175,02	196,90	77,06	168,76	189,85	67,74	162,49	182,80	58,41	156,22	175,7
	V	2.937,25	161,54	234,98	264,35																		
	VI	2.981,58	163,98	238,52	268,34																		
8.996,99 (Ost)	I	2.430,58	115,27	194,44	218,75	96,62	181,91	204,65	77,98	169,38	190,55	59,34	156,84	176,45	40,69	144,31	162,35	22,06	131,78	148,25	3,42	119,25	134,1
	II	2.281,50	97,53	182,52	205,33	78,88	169,98	191,23	60,24	157,45	177,13	41,60	144,92	163,03	22,95	132,38	148,93	4,31	119,85	134,83	–	107,33	120,7
	III	1.683,83	–	134,70	151,54	–	124,17	139,69	–	113,88	128,11	–	103,85	116,83	–	94,09	105,85	–	84,57	95,14	–	75,32	84,7
	IV	2.430,58	115,27	194,44	218,75	105,94	188,18	211,70	96,62	181,91	204,65	87,30	175,64	197,60	77,98	169,38	190,55	68,66	163,11	183,50	59,34	156,84	176,4
	V	2.945,00	161,97	235,60	265,05																		
	VI	2.989,33	164,41	239,14	269,03																		

Allgemeine Tabelle

MONAT bis 9.017,99 €

Lohn/ Gehalt bis	Steuerklasse	Lohnsteuer	ohne Kinderfreibetrag			Anzahl Kinderfreibeträge (nur Steuerklassen I–IV) 0,5			1,0			1,5			2,0			2,5			3,0		
			SolZ 5,5%	Kirchensteuer 8%	9%	SolZ 5,5%	Kirchensteuer 8%	9%	SolZ 5,5%	Kirchensteuer 8%	9%	SolZ 5,5%	Kirchensteuer 8%	9%	SolZ 5,5%	Kirchensteuer 8%	9%	SolZ 5,5%	Kirchensteuer 8%	9%	SolZ 5,5%	Kirchensteuer 8%	9%
8.999,99 (West)	I	2.424,08	114,49	193,92	218,16	95,85	181,39	204,06	77,21	168,86	189,96	58,56	156,32	175,86	39,92	143,79	161,76	21,28	131,26	147,66	2,63	118,72	133,56
	II	2.274,91	96,74	181,99	204,74	78,11	169,46	190,64	59,47	156,93	176,54	40,82	144,40	162,45	22,18	131,86	148,34	3,54	119,33	134,24	–	106,81	120,16
	III	1.678,33	–	134,26	151,04	–	123,73	139,19	–	113,45	127,63	–	103,44	116,37	–	93,68	105,39	–	84,18	94,70	–	74,93	84,29
	IV	2.424,08	114,49	193,92	218,16	105,17	187,66	211,11	95,85	181,39	204,06	86,53	175,12	197,01	77,21	168,86	189,96	67,88	162,59	182,91	58,56	156,32	175,86
	V	2.938,50	161,61	235,08	264,46																		
	VI	2.982,83	164,05	238,62	268,45																		
8.999,99 (Ost)	I	2.431,83	115,42	194,54	218,86	96,77	182,01	204,76	78,13	169,48	190,66	59,50	156,95	176,57	40,85	144,42	162,47	22,21	131,88	148,37	3,57	119,35	134,27
	II	2.282,75	97,67	182,62	205,44	79,03	170,08	191,34	60,39	157,55	177,24	41,74	145,02	163,14	23,10	132,48	149,04	4,46	119,95	134,94	–	107,43	120,86
	III	1.685,00	–	134,80	151,65	–	124,25	139,78	–	113,96	128,20	–	103,93	116,92	–	94,16	105,93	–	84,65	95,23	–	75,40	84,82
	IV	2.431,83	115,42	194,54	218,86	106,09	188,28	211,81	96,77	182,01	204,76	87,45	175,74	197,71	78,13	169,48	190,66	68,81	163,21	183,61	59,50	156,95	176,57
	V	2.946,33	162,04	235,70	265,16																		
	VI	2.990,58	164,48	239,24	269,15																		
9.002,99 (West)	I	2.425,33	114,64	194,02	218,27	96,00	181,49	204,17	77,35	168,96	190,08	58,71	156,42	175,97	40,07	143,89	161,87	21,42	131,36	147,78	2,78	118,82	133,67
	II	2.276,25	96,90	182,10	204,86	78,26	169,56	190,76	59,61	157,03	176,66	40,97	144,50	162,56	22,33	131,96	148,46	3,68	119,43	134,36	–	106,91	120,27
	III	1.679,33	–	134,34	151,13	–	123,81	139,28	–	113,53	127,72	–	103,52	116,46	–	93,76	105,48	–	84,25	94,78	–	75,01	84,38
	IV	2.425,33	114,64	194,02	218,27	105,32	187,76	211,23	96,00	181,49	204,17	86,68	175,22	197,12	77,35	168,96	190,08	68,03	162,69	183,02	58,71	156,42	175,97
	V	2.939,75	161,68	235,18	264,57																		
	VI	2.984,08	164,12	238,72	268,56																		
9.002,99 (Ost)	I	2.433,08	115,56	194,64	218,97	96,92	182,11	204,87	78,29	169,58	190,78	59,64	157,05	176,68	41,00	144,52	162,58	22,36	131,98	148,48	3,71	119,45	134,38
	II	2.284,00	97,82	182,72	205,56	79,18	170,18	191,45	60,54	157,65	177,35	41,89	145,12	163,26	23,26	132,59	149,16	4,62	120,06	135,06	–	107,53	120,97
	III	1.686,00	–	134,88	151,74	–	124,33	139,87	–	114,05	128,30	–	104,01	117,01	–	94,24	106,02	–	84,73	95,32	–	75,46	84,89
	IV	2.433,08	115,56	194,64	218,97	106,24	188,38	211,92	96,92	182,11	204,87	87,61	175,85	197,83	78,29	169,58	190,78	68,97	163,32	183,73	59,64	157,05	176,68
	V	2.947,58	162,11	235,80	265,28																		
	VI	2.991,83	164,55	239,34	269,26																		
9.005,99 (West)	I	2.426,58	114,79	194,12	218,39	96,15	181,59	204,29	77,50	169,06	190,19	58,86	156,52	176,09	40,22	143,99	161,99	21,57	131,46	147,89	2,93	118,92	133,79
	II	2.277,50	97,05	182,20	204,97	78,41	169,66	190,87	59,76	157,13	176,77	41,12	144,60	162,67	22,48	132,06	148,57	3,83	119,53	134,47	–	107,01	120,38
	III	1.680,33	–	134,42	151,22	–	123,89	139,37	–	113,62	127,82	–	103,60	116,55	–	93,84	105,57	–	84,33	94,87	–	75,08	84,46
	IV	2.426,58	114,79	194,12	218,39	105,47	187,86	211,34	96,15	181,59	204,29	86,83	175,32	197,24	77,50	169,06	190,19	68,18	162,79	183,14	58,86	156,52	176,09
	V	2.941,00	161,75	235,28	264,69																		
	VI	2.985,33	164,19	238,82	268,67																		
9.005,99 (Ost)	I	2.434,41	115,72	194,75	219,09	97,08	182,22	204,99	78,44	169,68	190,89	59,79	157,15	176,79	41,15	144,62	162,69	22,51	132,08	148,59	3,86	119,55	134,49
	II	2.285,25	97,97	182,82	205,67	79,33	170,28	191,57	60,69	157,75	177,47	42,05	145,22	163,37	23,41	132,69	149,27	4,76	120,16	135,18	–	107,63	121,08
	III	1.687,00	–	134,96	151,83	–	124,41	139,96	–	114,13	128,39	–	104,09	117,10	–	94,32	106,11	–	84,80	95,40	–	75,54	84,98
	IV	2.434,41	115,72	194,75	219,09	106,40	188,48	212,04	97,08	182,22	204,99	87,76	175,95	197,94	78,44	169,68	190,89	69,11	163,42	183,84	59,79	157,15	176,79
	V	2.948,83	162,18	235,90	265,39																		
	VI	2.993,16	164,62	239,45	269,38																		
9.008,99 (West)	I	2.427,83	114,94	194,22	218,50	96,30	181,69	204,40	77,65	169,16	190,30	59,01	156,62	176,20	40,37	144,09	162,10	21,72	131,56	148,00	3,08	119,02	133,90
	II	2.278,75	97,20	182,30	205,08	78,55	169,76	190,98	59,91	157,23	176,88	41,27	144,70	162,78	22,62	132,16	148,68	3,98	119,63	134,58	–	107,11	120,50
	III	1.681,50	–	134,52	151,33	–	123,98	139,48	–	113,70	127,91	–	103,68	116,64	–	93,92	105,66	–	84,41	94,96	–	75,16	84,55
	IV	2.427,83	114,94	194,22	218,50	105,62	187,96	211,45	96,30	181,69	204,40	86,97	175,42	197,35	77,65	169,16	190,30	68,33	162,89	183,25	59,01	156,62	176,20
	V	2.942,25	161,82	235,38	264,80																		
	VI	2.986,58	164,26	238,92	268,79																		
9.008,99 (Ost)	I	2.435,66	115,87	194,85	219,20	97,23	182,32	205,11	78,58	169,78	191,00	59,94	157,25	176,90	41,30	144,72	162,81	22,65	132,18	148,70	4,01	119,65	134,60
	II	2.286,50	98,12	182,92	205,78	79,49	170,39	191,69	60,84	157,86	177,59	42,20	145,32	163,49	23,56	132,79	149,39	4,91	120,26	135,29	–	107,73	121,19
	III	1.688,16	–	135,05	151,93	–	124,50	140,06	–	114,21	128,48	–	104,17	117,19	–	94,40	106,20	–	84,88	95,49	–	75,61	85,06
	IV	2.435,66	115,87	194,85	219,20	106,55	188,58	212,15	97,23	182,32	205,11	87,91	176,05	198,05	78,58	169,78	191,00	69,26	163,52	183,96	59,94	157,25	176,90
	V	2.950,08	162,25	236,00	265,50																		
	VI	2.994,41	164,69	239,55	269,49																		
9.011,99 (West)	I	2.429,08	115,09	194,32	218,61	96,44	181,79	204,51	77,80	169,26	190,41	59,16	156,72	176,31	40,51	144,19	162,21	21,88	131,66	148,12	3,24	119,13	134,02
	II	2.280,00	97,35	182,40	205,20	78,70	169,86	191,09	60,06	157,33	176,99	41,42	144,80	162,90	22,77	132,26	148,79	4,13	119,73	134,69	–	107,21	120,61
	III	1.682,50	–	134,60	151,42	–	124,06	139,57	–	113,78	128,00	–	103,76	116,73	–	94,00	105,75	–	84,48	95,04	–	75,22	84,62
	IV	2.429,08	115,09	194,32	218,61	105,77	188,06	211,56	96,44	181,79	204,51	87,12	175,52	197,46	77,80	169,26	190,41	68,48	162,99	183,36	59,16	156,72	176,31
	V	2.943,50	161,89	235,48	264,91																		
	VI	2.987,83	164,33	239,02	268,90																		
9.011,99 (Ost)	I	2.436,91	116,02	194,95	219,32	97,38	182,42	205,22	78,73	169,88	191,12	60,09	157,35	177,02	41,45	144,82	162,92	22,80	132,28	148,82	4,16	119,75	134,72
	II	2.287,83	98,28	183,02	205,90	79,64	170,49	191,80	60,99	157,96	177,70	42,35	145,42	163,60	23,71	132,89	149,50	5,06	120,36	135,40	–	107,83	121,31
	III	1.689,16	–	135,13	152,02	–	124,58	140,15	–	114,29	128,57	–	104,25	117,28	–	94,48	106,29	–	84,96	95,58	–	75,69	85,15
	IV	2.436,91	116,02	194,95	219,32	106,70	188,68	212,27	97,38	182,42	205,22	88,06	176,15	198,17	78,73	169,88	191,12	69,41	163,62	184,07	60,09	157,35	177,02
	V	2.951,33	162,32	236,10	265,61																		
	VI	2.995,66	164,76	239,65	269,60																		
9.014,99 (West)	I	2.430,33	115,24	194,42	218,72	96,59	181,89	204,62	77,95	169,36	190,53	59,31	156,82	176,42	40,67	144,30	162,33	22,03	131,76	148,23	3,39	119,23	134,13
	II	2.281,25	97,50	182,50	205,31	78,85	169,96	191,21	60,21	157,43	177,11	41,57	144,90	163,01	22,92	132,36	148,91	4,28	119,83	134,81	–	107,31	120,72
	III	1.683,66	–	134,69	151,52	–	124,14	139,66	–	113,86	128,09	–	103,84	116,82	–	94,06	105,82	–	84,56	95,13	–	75,30	84,71
	IV	2.430,33	115,24	194,42	218,72	105,91	188,16	211,68	96,59	181,89	204,62	87,27	175,62	197,57	77,95	169,36	190,53	68,63	163,09	183,47	59,31	156,82	176,42
	V	2.944,83	161,96	235,58	265,03																		
	VI	2.989,08	164,39	239,12	269,01																		
9.014,99 (Ost)	I	2.438,16	116,17	195,05	219,43	97,53	182,52	205,33	78,88	169,98	191,23	60,24	157,45	177,13	41,60	144,92	163,03	22,95	132,38	148,93	4,31	119,85	134,83
	II	2.289,08	98,43	183,12	206,01	79,78	170,59	191,91	61,14	158,06	177,81	42,50	145,52	163,71	23,85	132,99	149,61	5,21	120,46	135,51	–	107,93	121,42
	III	1.690,33	–	135,22	152,12	–	124,66	140,24	–	114,37	128,66	–	104,33	117,37	–	94,56	106,38	–	85,02	95,65	–	75,76	85,23
	IV	2.438,16	116,17	195,05	219,43	106,85	188,78	212,38	97,53	182,52	205,33	88,20	176,25	198,28	78,88	169,98	191,23	69,56	163,72	184,18	60,24	157,45	177,13
	V	2.952,58	162,39	236,20	265,73																		
	VI	2.996,91	164,83	239,75	269,72																		
9.017,99 (West)	I	2.431,58	115,39	194,52	218,84	96,74	181,99	204,74	78,11	169,46	190,64	59,47	156,93	176,54	40,82	144,40	162,45	22,18	131,86	148,34	3,54	119,33	134,24
	II	2.282,50	97,64	182,60	205,42	79,00	170,06	191,32	60,36	157,53	177,22	41,71	145,00	163,12	23,07	132,46	149,02	4,44	119,94	134,93	–	107,41	120,83
	III	1.684,66	–	134,77	151,61	–	124,22	139,75	–	113,94	128,18	–	103,92	116,91	–	94,14	105,91	–	84,64	95,22	–	75,37	84,79
	IV	2.431,58	115,39	194,52	218,84	106,06	188,26	211,79	96,74	181,99	204,74	87,42	175,72	197,69	78,11	169,46	190,64	68,79	163,20	183,60	59,47	156,93	176,54
	V	2.946,08	162,03	235,68	265,14																		
	VI	2.990,33	164,46	239,22	269,12																		
9.017,99 (Ost)	I	2.439,41	116,32	195,15	219,54	97,67	182,62	205,44	79,03	170,08	191,34	60,39	157,55	177,24	41,74	145,02	163,14	23,10	132,48	149,04	4,46	119,95	134,94
	II	2.290,33	98,58	183,22	206,12	79,93	170,69	192,02	61,29	158,16	177,93	42,65	145,62	163,82	24,00	133,09	149,72	5,36	120,56	135,63	–	108,03	121,53
	III	1.691,33	–	135,30	152,21	–	124,76	140,35	–	114,45	128,75	–	104,41	117,46	–	94,62	106,45	–	85,10	95,74	–	75,84	85,32
	IV	2.439,41	116,32	195,15	219,54	107,00	188,88	212,49	97,67	182,62	205,44	88,35	176,35	198,39	79,03	170,08	191,34	69,71	163,82	184,29	60,39	157,55	177,24
	V	2.953,83	162,46	236,30	265,84																		
	VI	2.998,16	164,89	239,85	269,83																		

Lohn/ Gehalt bis	Steuerklasse	Lohnsteuer	ohne Kinderfreibetrag SolZ 5,5%	ohne Kinderfreibetrag Kirchensteuer 8%	ohne Kinderfreibetrag Kirchensteuer 9%	0,5 SolZ 5,5%	0,5 Kirchensteuer 8%	0,5 Kirchensteuer 9%	1,0 SolZ 5,5%	1,0 Kirchensteuer 8%	1,0 Kirchensteuer 9%	1,5 SolZ 5,5%	1,5 Kirchensteuer 8%	1,5 Kirchensteuer 9%	2,0 SolZ 5,5%	2,0 Kirchensteuer 8%	2,0 Kirchensteuer 9%	2,5 SolZ 5,5%	2,5 Kirchensteuer 8%	2,5 Kirchensteuer 9%	3,0 SolZ 5,5%	3,0 Kirchensteuer 8%	3,0 Kirchensteuer 9%
						Anzahl Kinderfreibeträge (nur Steuerklassen I–IV)																	
9.020,99 (West)	I	2.432,83	115,53	194,62	218,95	96,90	182,10	204,86	78,26	169,56	190,76	59,61	157,03	176,66	40,97	144,50	162,56	22,33	131,96	148,46	3,68	119,43	134
	II	2.283,75	97,79	182,70	205,53	79,15	170,16	191,43	60,51	157,63	177,33	41,87	145,10	163,24	23,23	132,57	149,14	4,59	120,04	135,04	-	107,51	120
	III	1.685,83	-	134,86	151,72	-	124,32	139,86	-	114,02	128,27	-	104,00	117,00	-	94,22	106,00	-	84,70	95,29	-	75,45	84
	IV	2.432,83	115,53	194,62	218,95	106,22	188,36	211,91	96,90	182,10	204,86	87,58	175,83	197,81	78,26	169,56	190,76	68,94	163,30	183,71	59,61	157,03	176
	V	2.947,33	162,10	235,78	265,25																		
	VI	2.991,58	164,53	239,32	269,24																		
9.020,99 (Ost)	I	2.440,66	116,47	195,25	219,65	97,82	182,72	205,56	79,18	170,18	191,45	60,54	157,65	177,35	41,89	145,12	163,26	23,26	132,59	149,16	4,62	120,06	135
	II	2.291,58	98,73	183,32	206,24	80,08	170,79	192,14	61,44	158,26	178,04	42,80	145,72	163,94	24,15	133,19	149,84	5,51	120,66	135,74	-	108,13	121
	III	1.692,50	-	135,40	152,32	-	124,84	140,44	-	114,53	128,84	-	104,49	117,55	-	94,70	106,54	-	85,18	95,83	-	75,90	85
	IV	2.440,66	116,47	195,25	219,65	107,14	188,98	212,60	97,82	182,72	205,56	88,50	176,45	198,50	79,18	170,18	191,45	69,86	163,92	184,41	60,54	157,65	177
	V	2.955,08	162,52	236,40	265,95																		
	VI	2.999,41	164,96	239,95	269,94																		
9.023,99 (West)	I	2.434,16	115,69	194,73	219,07	97,05	182,20	204,97	78,41	169,66	190,87	59,76	157,13	176,77	41,12	144,60	.162,67	22,48	132,06	148,57	3,83	119,53	134
	II	2.285,00	97,94	182,80	205,65	79,30	170,26	191,54	60,67	157,74	177,45	42,02	145,20	163,35	23,38	132,67	149,25	4,74	120,14	135,15	-	107,61	121
	III	1.686,83	-	134,94	151,81	-	124,40	139,95	-	114,10	128,36	-	104,08	117,09	-	94,30	106,09	-	84,78	95,38	-	75,52	84
	IV	2.434,16	115,69	194,73	219,07	106,37	188,46	212,02	97,05	182,20	204,97	87,73	175,93	197,92	78,41	169,66	190,87	69,08	163,40	183,82	59,76	157,13	176
	V	2.948,58	162,17	235,88	265,37																		
	VI	2.992,91	164,61	239,43	269,36																		
9.023,99 (Ost)	I	2.441,91	116,62	195,35	219,77	97,97	182,82	205,67	79,33	170,28	191,57	60,69	157,75	177,47	42,05	145,22	163,37	23,41	132,69	149,27	4,76	120,16	135
	II	2.292,83	98,87	183,42	206,35	80,23	170,89	192,25	61,59	158,36	178,15	42,94	145,82	164,05	24,30	133,29	149,95	5,66	120,76	135,85	-	108,23	121
	III	1.693,50	-	135,48	152,41	-	124,92	140,53	-	114,61	128,93	-	104,57	117,64	-	94,78	106,63	-	85,25	95,90	-	75,98	85
	IV	2.441,91	116,62	195,35	219,77	107,29	189,08	212,72	97,97	182,82	205,67	88,65	176,55	198,62	79,33	170,28	191,57	70,01	164,02	184,52	60,69	157,75	177
	V	2.956,41	162,60	236,51	266,07																		
	VI	3.000,66	165,03	240,05	270,05																		
9.026,99 (West)	I	2.435,41	115,84	194,83	219,18	97,20	182,30	205,08	78,55	169,76	190,98	59,91	157,23	176,88	41,27	144,70	162,78	22,62	132,16	148,68	3,98	119,63	134,
	II	2.286,33	98,10	182,90	205,76	79,46	170,37	191,66	60,81	157,84	177,57	42,17	145,30	163,46	23,53	132,77	149,36	4,88	120,24	135,27	-	107,71	121,
	III	1.687,83	-	135,02	151,90	-	124,48	140,04	-	114,18	128,45	-	104,16	117,18	-	94,38	106,18	-	84,86	95,47	-	75,60	85,
	IV	2.435,41	115,84	194,83	219,18	106,52	188,56	212,13	97,20	182,30	205,08	87,88	176,03	198,03	78,55	169,76	190,98	69,23	163,50	183,93	59,91	157,23	176,
	V	2.949,83	162,24	235,98	265,48																		
	VI	2.994,16	164,67	239,53	269,47																		
9.026,99 (Ost)	I	2.443,16	116,76	195,45	219,88	98,12	182,92	205,78	79,49	170,39	191,69	60,84	157,86	177,59	42,20	145,32	163,49	23,56	132,79	149,39	4,91	120,26	135,
	II	2.294,08	99,02	183,52	206,46	80,38	170,99	192,36	61,74	158,46	178,26	43,09	145,92	164,16	24,45	133,39	150,06	5,82	120,86	135,97	-	108,33	121,
	III	1.694,66	-	135,57	152,51	-	125,00	140,62	-	114,70	129,04	-	104,65	117,73	-	94,86	106,72	-	85,33	95,99	-	76,05	85,
	IV	2.443,16	116,76	195,45	219,88	107,44	189,18	212,83	98,12	182,92	205,78	88,80	176,65	198,73	79,49	170,39	191,69	70,17	164,12	184,64	60,84	157,86	177,
	V	2.957,66	162,67	236,61	266,18																		
	VI	3.001,91	165,10	240,15	270,17																		
9.029,99 (West)	I	2.436,66	115,99	194,93	219,29	97,35	182,40	205,20	78,70	169,86	191,09	60,06	157,33	176,99	41,42	144,80	162,90	22,77	132,26	148,79	4,13	119,73	134,
	II	2.287,58	98,25	183,00	205,88	79,61	170,47	191,78	60,96	157,94	177,68	42,32	145,40	163,58	23,68	132,87	149,48	5,03	120,34	135,38	-	107,81	121,
	III	1.689,00	-	135,12	152,01	-	124,57	140,14	-	114,28	128,56	-	104,24	117,27	-	94,45	106,25	-	84,93	95,54	-	75,66	85,
	IV	2.436,66	115,99	194,93	219,29	106,67	188,66	212,24	97,35	182,40	205,20	88,03	176,13	198,14	78,70	169,86	191,09	69,38	163,60	184,05	60,06	157,33	176,
	V	2.951,08	162,30	236,08	265,59																		
	VI	2.995,41	164,74	239,63	269,58																		
9.029,99 (Ost)	I	2.444,41	116,91	195,55	219,99	98,28	183,02	205,90	79,64	170,49	191,80	60,99	157,96	177,70	42,35	145,42	163,60	23,71	132,89	149,50	5,06	120,36	135,
	II	2.295,33	99,17	183,62	206,57	80,53	171,09	192,47	61,88	158,56	178,38	43,25	146,03	164,28	24,61	133,50	150,18	5,96	120,96	136,08	-	108,43	121,
	III	1.695,66	-	135,65	152,60	-	125,09	140,72	-	114,78	129,13	-	104,73	117,82	-	94,94	106,81	-	85,41	96,08	-	76,13	85,
	IV	2.444,41	116,91	195,55	219,99	107,60	189,29	212,95	98,28	183,02	205,90	88,96	176,76	198,85	79,64	170,49	191,80	70,31	164,22	184,75	60,99	157,96	177,
	V	2.958,91	162,74	236,71	266,30																		
	VI	3.003,25	165,17	240,26	270,29																		
9.032,99 (West)	I	2.437,91	116,14	195,03	219,41	97,50	182,50	205,31	78,85	169,96	191,21	60,21	157,43	177,11	41,57	144,90	163,01	22,92	132,36	148,91	4,28	119,83	134,
	II	2.288,83	98,40	183,10	205,99	79,75	170,57	191,89	61,11	158,04	177,79	42,47	145,50	163,69	23,82	132,97	149,59	5,18	120,44	135,49	-	107,91	121,4
	III	1.690,00	-	135,20	152,10	-	124,65	140,23	-	114,36	128,65	-	104,32	117,36	-	94,53	106,34	-	85,01	95,63	-	75,74	85,2
	IV	2.437,91	116,14	195,03	219,41	106,82	188,76	212,36	97,50	182,50	205,31	88,17	176,23	198,26	78,85	169,96	191,21	69,53	163,70	184,16	60,21	157,43	177,1
	V	2.952,33	162,37	236,18	265,70																		
	VI	2.996,66	164,81	239,73	269,69																		
9.032,99 (Ost)	I	2.445,75	117,07	195,66	220,11	98,43	183,12	206,01	79,78	170,59	191,91	61,14	158,06	177,81	42,50	145,52	163,71	23,85	132,99	149,61	5,21	120,46	135,5
	II	2.296,58	99,32	183,72	206,69	80,68	171,19	192,59	62,04	158,66	178,49	43,40	146,13	164,39	24,76	133,60	150,30	6,11	121,06	136,19	-	108,53	122,0
	III	1.696,66	-	135,73	152,69	-	125,17	140,81	-	114,86	129,22	-	104,81	117,91	-	95,02	106,90	-	85,48	96,16	-	76,20	85,7
	IV	2.445,75	117,07	195,66	220,11	107,75	189,39	213,06	98,43	183,12	206,01	89,11	176,86	198,96	79,78	170,59	191,91	70,46	164,32	184,86	61,14	158,06	177,8
	V	2.960,16	162,80	236,81	266,41																		
	VI	3.004,50	165,24	240,36	270,40																		
9.035,99 (West)	I	2.439,16	116,29	195,13	219,52	97,64	182,60	205,42	79,00	170,06	191,32	60,36	157,53	177,22	41,71	145,00	163,12	23,07	132,46	149,02	4,44	119,94	134,9
	II	2.290,08	98,55	183,20	206,10	79,90	170,67	192,00	61,26	158,14	177,90	42,62	145,60	163,80	23,97	133,07	149,70	5,33	120,54	135,60	-	108,01	121,5
	III	1.691,16	-	135,29	152,20	-	124,73	140,32	-	114,44	128,74	-	104,40	117,45	-	94,61	106,43	-	85,09	95,72	-	75,81	85,2
	IV	2.439,16	116,29	195,13	219,52	106,97	188,86	212,47	97,64	182,60	205,42	88,32	176,33	198,37	79,00	170,06	191,32	69,68	163,80	184,27	60,36	157,53	177,2
	V	2.953,58	162,44	236,28	265,82																		
	VI	2.997,91	164,88	239,83	269,81																		
9.035,99 (Ost)	I	2.447,00	117,22	195,76	220,23	98,58	183,22	206,12	79,93	170,69	192,02	61,29	158,16	177,93	42,65	145,62	163,82	24,00	133,09	149,72	5,36	120,56	135,6
	II	2.297,91	99,48	183,83	206,81	80,84	171,30	192,71	62,19	158,76	178,61	43,55	146,23	164,51	24,91	133,70	150,41	6,26	121,16	136,31	-	108,63	122,2
	III	1.697,83	-	135,82	152,80	-	125,25	140,90	-	114,94	129,31	-	104,89	118,00	-	95,09	106,97	-	85,56	96,25	-	76,28	85,8
	IV	2.447,00	117,22	195,76	220,23	107,90	189,49	213,17	98,58	183,22	206,12	89,25	176,96	199,08	79,93	170,69	192,02	70,61	164,42	184,97	61,29	158,16	177,9
	V	2.961,41	162,87	236,91	266,52																		
	VI	3.005,75	165,31	240,46	270,51																		
9.038,99 (West)	I	2.440,41	116,44	195,23	219,63	97,79	182,70	205,53	79,15	170,16	191,43	60,51	157,63	177,33	41,87	145,10	163,24	23,23	132,57	149,14	4,59	120,04	135,0
	II	2.291,33	98,70	183,30	206,21	80,05	170,77	192,11	61,41	158,24	178,02	42,77	145,70	163,91	24,12	133,17	149,81	5,48	120,64	135,72	-	108,11	121,6
	III	1.692,16	-	135,37	152,29	-	124,81	140,41	-	114,52	128,83	-	104,48	117,54	-	94,69	106,52	-	85,16	95,80	-	75,89	85,37
	IV	2.440,41	116,44	195,23	219,63	107,11	188,96	212,58	97,79	182,70	205,53	88,47	176,43	198,48	79,15	170,16	191,43	69,83	163,90	184,38	60,51	157,63	177,3
	V	2.954,83	162,51	236,38	265,93																		
	VI	2.999,16	164,95	239,93	269,92																		
9.038,99 (Ost)	I	2.448,25	117,37	195,86	220,34	98,73	183,32	206,24	80,08	170,79	192,14	61,44	158,26	178,04	42,80	145,72	163,94	24,15	133,19	149,84	5,51	120,66	135,74
	II	2.299,16	99,63	183,93	206,92	80,98	171,40	192,82	62,34	158,86	178,72	43,70	146,33	164,62	25,05	133,80	150,52	6,41	121,26	136,42	-	108,73	122,32
	III	1.698,83	-	135,90	152,89	-	125,34	141,01	-	115,02	129,40	-	104,97	118,09	-	95,17	107,06	-	85,64	96,34	-	76,34	85,88
	IV	2.448,25	117,37	195,86	220,34	108,05	189,59	213,29	98,73	183,32	206,24	89,40	177,06	199,19	80,08	170,79	192,14	70,76	164,52	185,09	61,44	158,26	178,04
	V	2.962,66	162,94	237,01	266,63																		
	VI	3.007,00	165,38	240,56	270,63																		

Lohn/ Gehalt bis	Steuerklasse	Lohn- steuer	ohne Kinderfreibetrag			Anzahl Kinderfreibeträge (nur Steuerklassen I–IV) 0,5			1,0			1,5			2,0			2,5			3,0		
			SolZ 5,5%	Kirchensteuer 8%	9%	SolZ 5,5%	Kirchensteuer 8%	9%	SolZ 5,5%	Kirchensteuer 8%	9%	SolZ 5,5%	Kirchensteuer 8%	9%	SolZ 5,5%	Kirchensteuer 8%	9%	SolZ 5,5%	Kirchensteuer 8%	9%	SolZ 5,5%	Kirchensteuer 8%	9%
9.041,99	I	2.441,66	116,59	195,33	219,74	97,94	182,80	205,65	79,30	170,26	191,54	60,67	157,74	177,45	42,02	145,20	163,35	23,38	132,67	149,25	4,74	120,14	135,15
(West)	II	2.292,58	98,84	183,40	206,33	80,20	170,87	192,23	61,56	158,34	178,13	42,91	145,80	164,03	24,27	133,27	149,93	5,64	120,74	135,83	-	108,21	121,73
	III	1.693,33	-	135,46	152,39	-	124,90	140,51	-	114,60	128,92	-	104,56	117,63	-	94,77	106,61	-	85,24	95,89	-	75,97	85,46
	IV	2.441,66	116,59	195,33	219,74	107,26	189,06	212,69	97,94	182,80	205,65	88,62	176,53	198,59	79,30	170,26	191,54	69,99	164,00	184,50	60,67	157,74	177,45
	V	2.956,16	162,58	236,49	266,05																		
	VI	3.000,41	165,02	240,03	270,03																		
9.041,99	I	2.449,50	117,52	195,96	220,45	98,87	183,42	206,35	80,23	170,89	192,25	61,59	158,36	178,15	42,94	145,82	164,05	24,30	133,29	149,95	5,66	120,76	135,85
(Ost)	II	2.300,41	99,78	184,03	207,03	81,13	171,50	192,93	62,49	158,96	178,83	43,85	146,43	164,73	25,20	133,90	150,63	6,56	121,36	136,53	-	108,83	122,43
	III	1.700,00	-	136,00	153,00	-	125,42	141,10	-	115,10	129,49	-	105,05	118,18	-	95,25	107,15	-	85,70	96,41	-	76,42	85,97
	IV	2.449,50	117,52	195,96	220,45	108,20	189,69	213,40	98,87	183,42	206,35	89,55	177,16	199,30	80,23	170,89	192,25	70,91	164,62	185,20	61,59	158,36	178,15
	V	2.963,91	163,01	237,11	266,75																		
	VI	3.008,25	165,45	240,66	270,74																		
9.044,99	I	2.442,91	116,73	195,43	219,86	98,10	182,90	205,76	79,46	170,37	191,66	60,81	157,84	177,57	42,17	145,30	163,46	23,53	132,77	149,36	4,88	120,24	135,27
(West)	II	2.293,83	98,99	183,50	206,44	80,35	170,97	192,34	61,71	158,44	178,24	43,06	145,90	164,14	24,43	133,38	150,05	5,79	120,84	135,95	-	108,31	121,85
	III	1.694,33	-	135,54	152,48	-	124,98	140,60	-	114,68	129,01	-	104,64	117,72	-	94,85	106,70	-	85,32	95,98	-	76,04	85,54
	IV	2.442,91	116,73	195,43	219,86	107,41	189,16	212,81	98,10	182,90	205,76	88,78	176,64	198,72	79,46	170,37	191,66	70,14	164,10	184,61	60,81	157,84	177,57
	V	2.957,41	162,65	236,59	266,16																		
	VI	3.001,66	165,09	240,13	270,14																		
9.044,99	I	2.450,75	117,67	196,06	220,56	99,02	183,52	206,46	80,38	170,99	192,36	61,74	158,46	178,26	43,09	145,92	164,16	24,45	133,39	150,06	5,82	120,86	135,97
(Ost)	II	2.301,66	99,93	184,13	207,14	81,28	171,60	193,05	62,64	159,06	178,94	44,00	146,53	164,84	25,35	134,00	150,75	6,71	121,46	136,64	-	108,93	122,54
	III	1.701,00	-	136,08	153,09	-	125,50	141,19	-	115,18	129,58	-	105,13	118,27	-	95,33	107,24	-	85,78	96,50	-	76,49	86,05
	IV	2.450,75	117,67	196,06	220,56	108,34	189,79	213,51	99,02	183,52	206,46	89,70	177,26	199,41	80,38	170,99	192,36	71,06	164,72	185,31	61,74	158,46	178,26
	V	2.965,16	163,08	237,21	266,86																		
	VI	3.009,50	165,52	240,76	270,85																		
9.047,99	I	2.444,25	116,89	195,54	219,98	98,25	183,00	205,88	79,61	170,47	191,78	60,96	157,94	177,68	42,32	145,40	163,58	23,68	132,87	149,48	5,03	120,34	135,38
(West)	II	2.295,08	99,14	183,60	206,55	80,50	171,07	192,45	61,87	158,54	178,36	43,22	146,01	164,26	24,58	133,48	150,16	5,94	120,94	136,06	-	108,41	121,96
	III	1.695,50	-	135,64	152,59	-	125,06	140,69	-	114,76	129,10	-	104,72	117,81	-	94,92	106,78	-	85,38	96,05	-	76,12	85,63
	IV	2.444,25	116,89	195,54	219,98	107,57	189,27	212,93	98,25	183,00	205,88	88,93	176,74	198,83	79,61	170,47	191,78	70,28	164,20	184,73	60,96	157,94	177,68
	V	2.958,66	162,72	236,69	266,27																		
	VI	3.003,00	165,16	240,24	270,27																		
9.047,99	I	2.452,00	117,81	196,16	220,68	99,17	183,62	206,57	80,53	171,09	192,47	61,88	158,56	178,38	43,25	146,03	164,28	24,61	133,50	150,18	5,96	120,96	136,08
(Ost)	II	2.302,91	100,07	184,23	207,26	81,43	171,70	193,16	62,79	159,16	179,06	44,14	146,63	164,96	25,50	134,10	150,86	6,86	121,56	136,76	-	109,04	122,67
	III	1.702,16	-	136,17	153,19	-	125,60	141,30	-	115,28	129,69	-	105,21	118,36	-	95,41	107,33	-	85,86	96,59	-	76,57	86,14
	IV	2.452,00	117,81	196,16	220,68	108,49	189,89	213,62	99,17	183,62	206,57	89,85	177,36	199,53	80,53	171,09	192,47	71,21	164,82	185,42	61,88	158,56	178,38
	V	2.966,50	163,15	237,32	266,98																		
	VI	3.010,75	165,59	240,86	270,96																		
9.050,99	I	2.445,50	117,04	195,64	220,09	98,40	183,10	205,99	79,75	170,57	191,89	61,11	158,04	177,79	42,47	145,50	163,69	23,82	132,97	149,59	5,18	120,44	135,49
(West)	II	2.296,33	99,29	183,70	206,66	80,66	171,18	192,57	62,01	158,64	178,47	43,37	146,11	164,37	24,73	133,58	150,27	6,08	121,04	136,17	-	108,51	122,07
	III	1.696,50	-	135,72	152,68	-	125,16	140,80	-	114,85	129,20	-	104,80	117,90	-	95,00	106,87	-	85,46	96,14	-	76,18	85,70
	IV	2.445,50	117,04	195,64	220,09	107,72	189,37	213,04	98,40	183,10	205,99	89,08	176,84	198,94	79,75	170,57	191,89	70,43	164,30	184,84	61,11	158,04	177,79
	V	2.959,91	162,79	236,79	266,39																		
	VI	3.004,25	165,23	240,34	270,38																		
9.050,99	I	2.453,25	117,96	196,26	220,79	99,32	183,72	206,69	80,68	171,19	192,59	62,04	158,66	178,49	43,40	146,13	164,39	24,76	133,60	150,30	6,11	121,06	136,19
(Ost)	II	2.304,16	100,22	184,33	207,37	81,58	171,80	193,27	62,94	159,26	179,17	44,29	146,73	165,07	25,65	134,20	150,97	7,02	121,67	136,88	-	109,14	122,78
	III	1.703,16	-	136,25	153,28	-	125,68	141,39	-	115,36	129,78	-	105,29	118,45	-	95,49	107,42	-	85,93	96,67	-	76,64	86,22
	IV	2.453,25	117,96	196,26	220,79	108,64	189,99	213,74	99,32	183,72	206,69	90,00	177,46	199,64	80,68	171,19	192,59	71,37	164,93	185,54	62,04	158,66	178,49
	V	2.967,75	163,22	237,42	267,09																		
	VI	3.012,00	165,66	240,96	271,08																		
9.053,99	I	2.446,75	117,19	195,74	220,20	98,55	183,20	206,10	79,90	170,67	192,00	61,26	158,14	177,90	42,62	145,60	163,80	23,97	133,07	149,70	5,33	120,54	135,60
(West)	II	2.297,66	99,45	183,81	206,78	80,81	171,28	192,69	62,16	158,74	178,58	43,52	146,21	164,48	24,88	133,68	150,39	6,23	121,14	136,28	-	108,61	122,18
	III	1.697,50	-	135,80	152,77	-	125,24	140,89	-	114,93	129,29	-	104,88	117,99	-	95,08	106,96	-	85,54	96,23	-	76,26	85,79
	IV	2.446,75	117,19	195,74	220,20	107,87	189,47	213,15	98,55	183,20	206,10	89,23	176,94	199,05	79,90	170,67	192,00	70,58	164,40	184,95	61,26	158,14	177,90
	V	2.961,16	162,86	236,89	266,50																		
	VI	3.005,50	165,30	240,44	270,49																		
9.053,99	I	2.454,50	118,11	196,36	220,90	99,48	183,83	206,81	80,84	171,30	192,71	62,19	158,76	178,61	43,55	146,23	164,51	24,91	133,70	150,41	6,26	121,16	136,31
(Ost)	II	2.305,41	100,37	184,43	207,48	81,73	171,90	193,38	63,08	159,36	179,28	44,44	146,83	165,18	25,81	134,30	151,09	7,16	121,77	136,99	-	109,24	122,89
	III	1.704,33	-	136,34	153,38	-	125,76	141,48	-	115,44	129,87	-	105,37	118,54	-	95,56	107,50	-	86,01	96,76	-	76,72	86,31
	IV	2.454,50	118,11	196,36	220,90	108,79	190,09	213,85	99,48	183,83	206,81	90,16	177,56	199,76	80,84	171,30	192,71	71,51	165,03	185,66	62,19	158,76	178,61
	V	2.969,00	163,29	237,52	267,21																		
	VI	3.013,25	165,72	241,06	271,19																		
9.056,99	I	2.448,00	117,34	195,84	220,32	98,70	183,30	206,21	80,05	170,77	192,11	61,41	158,24	178,02	42,77	145,70	163,91	24,12	133,17	149,81	5,48	120,64	135,72
(West)	II	2.298,91	99,60	183,91	206,90	80,95	171,38	192,80	62,31	158,84	178,70	43,67	146,31	164,60	25,02	133,78	150,50	6,38	121,24	136,40	-	108,71	122,30
	III	1.698,66	-	135,89	152,87	-	125,32	140,98	-	115,01	129,38	-	104,96	118,08	-	95,16	107,05	-	85,61	96,31	-	76,33	85,87
	IV	2.448,00	117,34	195,84	220,32	108,02	189,57	213,26	98,70	183,30	206,21	89,37	177,04	199,17	80,05	170,77	192,11	70,73	164,50	185,06	61,41	158,24	178,02
	V	2.962,41	162,93	236,99	266,61																		
	VI	3.006,75	165,37	240,54	270,60																		
9.056,99	I	2.455,83	118,27	196,46	221,02	99,63	183,93	206,92	80,98	171,40	192,82	62,34	158,86	178,72	43,70	146,33	164,62	25,05	133,80	150,52	6,41	121,26	136,42
(Ost)	II	2.306,66	100,52	184,53	207,59	81,88	172,00	193,50	63,24	159,47	179,40	44,60	146,94	165,30	25,96	134,40	151,20	7,31	121,87	137,10	-	109,34	123,00
	III	1.705,33	-	136,42	153,47	-	125,84	141,57	-	115,52	129,96	-	105,45	118,63	-	95,64	107,59	-	86,09	96,85	-	76,78	86,38
	IV	2.455,83	118,27	196,46	221,02	108,95	190,20	213,97	99,63	183,93	206,92	90,31	177,66	199,87	80,98	171,40	192,82	71,66	165,13	185,77	62,34	158,86	178,72
	V	2.970,25	163,36	237,62	267,32																		
	VI	3.014,58	165,80	241,16	271,31																		
9.059,99	I	2.449,25	117,49	195,94	220,43	98,84	183,40	206,33	80,20	170,87	192,23	61,56	158,34	178,13	42,91	145,80	164,03	24,27	133,27	149,93	5,64	120,74	135,83
(West)	II	2.300,16	99,75	184,01	207,01	81,10	171,48	192,91	62,46	158,94	178,81	43,82	146,41	164,71	25,17	133,88	150,61	6,53	121,34	136,51	-	108,81	122,41
	III	1.699,66	-	135,97	152,96	-	125,41	141,08	-	115,09	129,47	-	105,04	118,17	-	95,24	107,14	-	85,69	96,40	-	76,41	85,96
	IV	2.449,25	117,49	195,94	220,43	108,17	189,67	213,38	98,84	183,40	206,33	89,52	177,14	199,28	80,20	170,87	192,23	70,88	164,60	185,18	61,56	158,34	178,13
	V	2.963,66	163,00	237,09	266,72																		
	VI	3.008,00	165,44	240,64	270,72																		
9.059,99	I	2.457,08	118,42	196,56	221,13	99,78	184,03	207,03	81,13	171,50	192,93	62,49	158,96	178,83	43,85	146,43	164,73	25,20	133,90	150,63	6,56	121,36	136,53
(Ost)	II	2.307,91	100,67	184,63	207,71	82,04	172,10	193,61	63,39	159,57	179,51	44,75	147,04	165,42	26,11	134,50	151,31	7,46	121,97	137,21	-	109,44	123,12
	III	1.706,50	-	136,52	153,58	-	125,93	141,67	-	115,60	130,05	-	105,53	118,72	-	95,72	107,68	-	86,16	96,93	-	76,86	86,47
	IV	2.457,08	118,42	196,56	221,13	109,10	190,30	214,08	99,78	184,03	207,03	90,45	177,76	199,98	81,13	171,50	192,93	71,81	165,23	185,88	62,49	158,96	178,83
	V	2.971,50	163,43	237,72	267,43																		
	VI	3.015,83	165,87	241,26	271,42																		

Lohn/Gehalt bis	Steuerklasse	Lohnsteuer	ohne Kinderfreibetrag			Anzahl Kinderfreibeträge (nur Steuerklassen I–IV)																	
						0,5			1,0			1,5			2,0			2,5			3,0		
			SolZ 5,5%	Kirchensteuer 8%	Kirchensteuer 9%	SolZ 5,5%	Kirchensteuer 8%	Kirchensteuer 9%	SolZ 5,5%	Kirchensteuer 8%	Kirchensteuer 9%	SolZ 5,5%	Kirchensteuer 8%	Kirchensteuer 9%	SolZ 5,5%	Kirchensteuer 8%	Kirchensteuer 9%	SolZ 5,5%	Kirchensteuer 8%	Kirchensteuer 9%	SolZ 5,5%	Kirchensteuer 8%	Kirchensteuer 9%
9.062,99 (West)	I	2.450,50	117,64	196,04	220,54	98,99	183,50	206,44	80,35	170,97	192,34	61,71	158,44	178,24	43,06	145,90	164,14	24,43	133,38	150,05	5,79	120,84	13
	II	2.301,41	99,90	184,11	207,12	81,25	171,58	193,02	62,61	159,04	178,92	43,97	146,51	164,82	25,32	133,98	150,72	6,68	121,44	136,62	-	108,92	12
	III	1.700,83	-	136,06	153,07	-	125,49	141,17	-	115,17	129,56	-	105,12	118,26	-	95,32	107,23	-	85,77	96,49	-	76,48	8
	IV	2.450,50	117,64	196,04	220,54	108,31	189,77	213,49	98,99	183,50	206,44	89,67	177,24	199,39	80,35	170,97	192,34	71,03	164,70	185,29	61,71	158,44	17
	V	2.964,91	163,07	237,19	266,84																		
	VI	3.009,25	165,50	240,74	270,83																		
9.062,99 (Ost)	I	2.458,33	118,57	196,66	221,24	99,93	184,13	207,14	81,28	171,60	193,05	62,64	159,06	178,94	44,00	146,53	164,84	25,35	134,00	150,75	6,71	121,46	13
	II	2.309,25	100,83	184,74	207,83	82,18	172,20	193,73	63,54	159,67	179,63	44,90	147,14	165,53	26,25	134,60	151,43	7,61	122,07	137,33	-	109,54	12
	III	1.707,50	-	136,60	153,67	-	126,01	141,76	-	115,68	130,14	-	105,61	118,81	-	95,80	107,77	-	86,24	97,02	-	76,94	8
	IV	2.458,33	118,57	196,66	221,24	109,25	190,40	214,20	99,93	184,13	207,14	90,60	177,86	200,09	81,28	171,60	193,05	71,96	165,33	185,99	62,64	159,06	17
	V	2.972,75	163,50	237,82	267,54																		
	VI	3.017,08	165,93	241,36	271,53																		
9.065,99 (West)	I	2.451,75	117,79	196,14	220,65	99,14	183,60	206,55	80,50	171,07	192,45	61,87	158,54	178,36	43,22	146,01	164,26	24,58	133,48	150,16	5,94	120,94	13
	II	2.302,66	100,04	184,21	207,23	81,40	171,68	193,14	62,76	159,14	179,03	44,11	146,61	164,93	25,47	134,08	150,84	6,83	121,54	136,73	-	109,02	12
	III	1.701,83	-	136,14	153,16	-	125,57	141,26	-	115,25	129,65	-	105,20	118,35	-	95,38	107,30	-	85,84	96,57	-	76,56	8
	IV	2.451,75	117,79	196,14	220,65	108,46	189,87	213,60	99,14	183,60	206,55	89,82	177,34	199,50	80,50	171,07	192,45	71,18	164,80	185,40	61,87	158,54	17
	V	2.966,25	163,14	237,30	266,96																		
	VI	3.010,50	165,57	240,84	270,94																		
9.065,99 (Ost)	I	2.459,58	118,72	196,76	221,36	100,07	184,23	207,26	81,43	171,70	193,16	62,79	159,16	179,06	44,14	146,63	164,96	25,50	134,10	150,86	6,86	121,56	13
	II	2.310,50	100,98	184,84	207,94	82,33	172,30	193,84	63,69	159,77	179,74	45,05	147,24	165,64	26,40	134,70	151,54	7,76	122,17	137,44	-	109,64	12
	III	1.708,50	-	136,68	153,76	-	126,09	141,85	-	115,77	130,24	-	105,69	118,90	-	95,88	107,86	-	86,32	97,11	-	77,01	8
	IV	2.459,58	118,72	196,76	221,36	109,40	190,50	214,31	100,07	184,23	207,26	90,75	177,96	200,21	81,43	171,70	193,16	72,11	165,43	186,11	62,79	159,16	17
	V	2.974,00	163,57	237,92	267,66																		
	VI	3.018,33	166,00	241,46	271,64																		
9.068,99 (West)	I	2.453,00	117,93	196,24	220,77	99,29	183,70	206,66	80,66	171,18	192,57	62,01	158,64	178,47	43,37	146,11	164,37	24,73	133,58	150,27	6,08	121,04	13
	II	2.303,91	100,19	184,31	207,35	81,55	171,78	193,25	62,91	159,24	179,15	44,26	146,71	165,05	25,63	134,18	150,95	6,99	121,65	136,85	-	109,12	12
	III	1.703,00	-	136,24	153,27	-	125,65	141,35	-	115,33	129,74	-	105,28	118,44	-	95,46	107,39	-	85,92	96,66	-	76,62	8
	IV	2.453,00	117,93	196,24	220,77	108,61	189,97	213,71	99,29	183,70	206,66	89,98	177,44	199,62	80,66	171,18	192,57	71,34	164,91	185,52	62,01	158,64	17
	V	2.967,50	163,21	237,40	267,07																		
	VI	3.011,75	165,64	240,94	271,05																		
9.068,99 (Ost)	I	2.460,83	118,87	196,86	221,47	100,22	184,33	207,37	81,58	171,80	193,27	62,94	159,26	179,17	44,29	146,73	165,07	25,65	134,20	150,97	7,02	121,67	13
	II	2.311,75	101,13	184,94	208,05	82,48	172,40	193,95	63,84	159,87	179,85	45,20	147,34	165,75	26,55	134,80	151,65	7,91	122,27	137,55	-	109,74	12
	III	1.709,66	-	136,77	153,86	-	126,18	141,95	-	115,85	130,33	-	105,77	118,99	-	95,96	107,95	-	86,38	97,18	-	77,09	8
	IV	2.460,83	118,87	196,86	221,47	109,54	190,60	214,42	100,22	184,33	207,37	90,90	178,06	200,32	81,58	171,80	193,27	72,26	165,53	186,22	62,94	159,26	17
	V	2.975,25	163,63	238,02	267,77																		
	VI	3.019,58	166,07	241,56	271,76																		
9.071,99 (West)	I	2.454,33	118,09	196,34	220,88	99,45	183,81	206,78	80,81	171,28	192,69	62,16	158,74	178,58	43,52	146,21	164,48	24,88	133,68	150,39	6,23	121,14	13
	II	2.305,16	100,34	184,41	207,46	81,70	171,88	193,36	63,06	159,34	179,26	44,42	146,82	165,17	25,78	134,28	151,07	7,14	121,75	136,97	-	109,22	12
	III	1.704,00	-	136,32	153,36	-	125,74	141,46	-	115,42	129,85	-	105,36	118,53	-	95,54	107,48	-	86,00	96,75	-	76,70	8
	IV	2.454,33	118,09	196,34	220,88	108,77	190,08	213,84	99,45	183,81	206,78	90,13	177,54	199,73	80,81	171,28	192,69	71,48	165,01	185,63	62,16	158,74	17
	V	2.968,75	163,28	237,50	267,18																		
	VI	3.013,08	165,71	241,04	271,17																		
9.071,99 (Ost)	I	2.462,08	119,01	196,96	221,58	100,37	184,43	207,48	81,73	171,90	193,38	63,08	159,36	179,28	44,44	146,83	165,18	25,81	134,30	151,09	7,16	121,77	136
	II	2.313,00	101,27	185,04	208,17	82,63	172,50	194,06	63,99	159,97	179,96	45,34	147,44	165,87	26,70	134,90	151,76	8,06	122,37	137,66	-	109,84	123
	III	1.710,66	-	136,85	153,95	-	126,26	142,04	-	115,93	130,42	-	105,85	119,08	-	96,02	108,02	-	86,46	97,27	-	77,16	86
	IV	2.462,08	119,01	196,96	221,58	109,69	190,70	214,53	100,37	184,43	207,48	91,05	178,16	200,43	81,73	171,90	193,38	72,41	165,63	186,33	63,08	159,36	179
	V	2.976,50	163,70	238,12	267,88																		
	VI	3.020,83	166,14	241,66	271,87																		
9.074,99 (West)	I	2.455,58	118,24	196,44	221,00	99,60	183,91	206,90	80,95	171,38	192,80	62,31	158,84	178,70	43,67	146,31	164,60	25,02	133,78	150,50	6,38	121,24	136,
	II	2.306,41	100,49	184,51	207,57	81,86	171,98	193,48	63,21	159,45	179,38	44,57	146,92	165,28	25,93	134,38	151,18	7,28	121,85	137,08	-	109,32	122,
	III	1.705,16	-	136,41	153,46	-	125,82	141,55	-	115,50	129,94	-	105,44	118,62	-	95,62	107,57	-	86,06	96,82	-	76,77	86,
	IV	2.455,58	118,24	196,44	221,00	108,92	190,18	213,95	99,60	183,91	206,90	90,28	177,64	199,85	80,95	171,38	192,80	71,63	165,11	185,75	62,31	158,84	178,
	V	2.970,00	163,35	237,60	267,30																		
	VI	3.014,33	165,78	241,14	271,28																		
9.074,99 (Ost)	I	2.463,33	119,16	197,06	221,69	100,52	184,53	207,59	81,88	172,00	193,50	63,24	159,47	179,40	44,60	146,94	165,30	25,96	134,40	151,20	7,31	121,87	137,
	II	2.314,25	101,42	185,14	208,28	82,78	172,60	194,18	64,14	160,07	180,08	45,49	147,54	165,98	26,85	135,00	151,88	8,21	122,47	137,78	-	109,94	123,
	III	1.711,83	-	136,94	154,06	-	126,34	142,13	-	116,01	130,51	-	105,93	119,17	-	96,10	108,11	-	86,54	97,36	-	77,24	86,
	IV	2.463,33	119,16	197,06	221,69	109,84	190,80	214,65	100,52	184,53	207,59	91,20	178,26	200,54	81,88	172,00	193,50	72,56	165,73	186,44	63,24	159,47	179,
	V	2.977,83	163,78	238,22	268,00																		
	VI	3.022,08	166,21	241,76	271,98																		
9.077,99 (West)	I	2.456,83	118,39	196,54	221,11	99,75	184,01	207,01	81,10	171,48	192,91	62,46	158,94	178,81	43,82	146,41	164,71	25,17	133,88	150,61	6,53	121,34	136,
	II	2.307,75	100,65	184,62	207,69	82,01	172,08	193,59	63,36	159,55	179,49	44,72	147,02	165,39	26,08	134,48	151,29	7,43	121,95	137,19	-	109,42	123,
	III	1.706,16	-	136,49	153,55	-	125,90	141,64	-	115,58	130,03	-	105,52	118,71	-	95,70	107,66	-	86,14	96,91	-	76,85	86,
	IV	2.456,83	118,39	196,54	221,11	109,07	190,28	214,06	99,75	184,01	207,01	90,43	177,74	199,96	81,10	171,48	192,91	71,78	165,21	185,86	62,46	158,94	178,
	V	2.971,25	163,41	237,70	267,41																		
	VI	3.015,58	165,85	241,24	271,40																		
9.077,99 (Ost)	I	2.464,58	119,31	197,16	221,81	100,67	184,63	207,71	82,04	172,10	193,61	63,39	159,57	179,51	44,75	147,04	165,42	26,11	134,50	151,31	7,46	121,97	137,
	II	2.315,50	101,57	185,24	208,39	82,93	172,70	194,29	64,28	160,17	180,19	45,64	147,64	166,09	27,01	135,11	152,00	8,36	122,58	137,90	-	110,04	123,
	III	1.712,83	-	137,02	154,15	-	126,44	142,24	-	116,09	130,60	-	106,01	119,26	-	96,18	108,20	-	86,62	97,45	-	77,30	86,
	IV	2.464,58	119,31	197,16	221,81	109,99	190,90	214,76	100,67	184,63	207,71	91,36	178,37	200,66	82,04	172,10	193,61	72,71	165,84	186,57	63,39	159,57	179,
	V	2.979,08	163,84	238,32	268,11																		
	VI	3.023,33	166,28	241,86	272,09																		
9.080,99 (West)	I	2.458,08	118,54	196,64	221,22	99,90	184,11	207,12	81,25	171,58	193,02	62,61	159,04	178,92	43,97	146,51	164,82	25,32	133,98	150,72	6,68	121,44	136,
	II	2.309,00	100,80	184,72	207,81	82,15	172,18	193,70	63,51	159,65	179,60	44,87	147,12	165,51	26,22	134,58	151,40	7,58	122,05	137,30	-	109,52	123,
	III	1.707,33	-	136,58	153,65	-	126,00	141,75	-	115,66	130,12	-	105,60	118,80	-	95,78	107,75	-	86,22	97,00	-	76,92	86,
	IV	2.458,08	118,54	196,64	221,22	109,22	190,38	214,17	99,90	184,11	207,12	90,57	177,84	200,07	81,25	171,58	193,02	71,93	165,31	185,97	62,61	159,04	178,
	V	2.972,50	163,48	237,80	267,52																		
	VI	3.016,83	165,92	241,34	271,51																		
9.080,99 (Ost)	I	2.465,91	119,47	197,27	221,93	100,83	184,74	207,83	82,18	172,20	193,73	63,54	159,67	179,63	44,90	147,14	165,53	26,25	134,60	151,43	7,61	122,07	137,3
	II	2.316,75	101,72	185,34	208,50	83,08	172,80	194,40	64,43	160,27	180,30	45,80	147,74	166,21	27,16	135,21	152,11	8,51	122,68	138,01	-	110,14	123,9
	III	1.714,00	-	137,12	154,26	-	126,52	142,33	-	116,17	130,69	-	106,09	119,35	-	96,26	108,29	-	86,69	97,52	-	77,38	87,0
	IV	2.465,91	119,47	197,27	221,93	110,15	191,00	214,88	100,83	184,74	207,83	91,51	178,47	200,78	82,18	172,20	193,73	72,86	165,94	186,68	63,54	159,67	179,6
	V	2.980,33	163,91	238,42	268,22																		
	VI	3.024,66	166,35	241,97	272,21																		

Lohn/ Gehalt bis	Steuerklasse	Lohnsteuer	ohne Kinderfreibetrag			Anzahl Kinderfreibeträge (nur Steuerklassen I–IV)																	
						0,5			1,0			1,5			2,0			2,5			3,0		
			SolZ 5,5%	Kirchensteuer 8%	9%	SolZ 5,5%	Kirchensteuer 8%	9%	SolZ 5,5%	Kirchensteuer 8%	9%	SolZ 5,5%	Kirchensteuer 8%	9%	SolZ 5,5%	Kirchensteuer 8%	9%	SolZ 5,5%	Kirchensteuer 8%	9%	SolZ 5,5%	Kirchensteuer 8%	9%
9.083,99	I	2.459,33	118,69	196,74	221,33	100,04	184,21	207,23	81,40	171,68	193,14	62,76	159,14	179,03	44,11	146,61	164,93	25,47	134,08	150,84	6,83	121,54	136,73
(West)	II	2.310,25	100,95	184,82	207,92	82,30	172,28	193,82	63,66	159,75	179,72	45,02	147,22	165,62	26,37	134,68	151,52	7,73	122,15	137,42	-	109,62	123,32
	III	1.708,33	-	136,66	153,74	-	126,08	141,84	-	115,74	130,21	-	105,68	118,89	-	95,85	107,83	-	86,29	97,07	-	77,00	86,62
	IV	2.459,33	118,69	196,74	221,33	109,37	190,48	214,29	100,04	184,21	207,23	90,72	177,94	200,18	81,40	171,68	193,14	72,08	165,41	186,08	62,76	159,14	179,03
	V	2.973,75	163,55	237,90	267,63																		
	VI	3.018,08	165,99	241,44	271,62																		
9.083,99	I	2.467,16	119,62	197,37	222,04	100,98	184,84	207,94	82,33	172,30	193,84	63,69	159,77	179,74	45,05	147,24	165,64	26,40	134,70	151,54	7,76	122,17	137,44
(Ost)	II	2.318,00	101,87	185,44	208,62	83,24	172,91	194,52	64,59	160,38	180,42	45,95	147,84	166,32	27,31	135,31	152,22	8,66	122,78	138,12	-	110,24	124,02
	III	1.715,00	-	137,20	154,35	-	126,60	142,42	-	116,25	130,78	-	106,17	119,44	-	96,34	108,38	-	86,77	97,61	-	77,45	87,13
	IV	2.467,16	119,62	197,37	222,04	110,30	191,10	214,99	100,98	184,84	207,94	91,65	178,57	200,89	82,33	172,30	193,84	73,01	166,04	186,79	63,69	159,77	179,74
	V	2.981,58	163,98	238,52	268,34																		
	VI	3.025,91	166,42	242,07	272,33																		
9.086,99	I	2.460,58	118,84	196,84	221,45	100,19	184,31	207,35	81,55	171,78	193,25	62,91	159,24	179,15	44,26	146,71	165,05	25,63	134,18	150,95	6,99	121,65	136,85
(West)	II	2.311,50	101,10	184,92	208,03	82,45	172,38	193,93	63,81	159,85	179,83	45,17	147,32	165,73	26,52	134,78	151,63	7,88	122,25	137,53	-	109,72	123,43
	III	1.709,33	-	136,74	153,83	-	126,16	141,93	-	115,82	130,30	-	105,76	118,98	-	95,93	107,92	-	86,37	97,16	-	77,06	86,69
	IV	2.460,58	118,84	196,84	221,45	109,51	190,58	214,40	100,19	184,31	207,35	90,87	178,04	200,30	81,55	171,78	193,25	72,23	165,51	186,20	62,91	159,24	179,15
	V	2.975,00	163,62	238,00	267,75																		
	VI	3.019,33	166,06	241,54	271,73																		
9.086,99	I	2.468,41	119,77	197,47	222,15	101,13	184,94	208,05	82,48	172,40	193,95	63,84	159,87	179,85	45,20	147,34	165,75	26,55	134,80	151,65	7,91	122,27	137,55
(Ost)	II	2.319,33	102,03	185,54	208,73	83,38	173,01	194,63	64,74	160,48	180,54	46,10	147,94	166,43	27,45	135,41	152,33	8,81	122,88	138,24	-	110,34	124,13
	III	1.716,16	-	137,29	154,45	-	126,69	142,52	-	116,34	130,88	-	106,25	119,53	-	96,42	108,47	-	86,85	97,70	-	77,53	87,22
	IV	2.468,41	119,77	197,47	222,15	110,45	191,20	215,10	101,13	184,94	208,05	91,80	178,67	201,00	82,48	172,40	193,95	73,16	166,14	186,90	63,84	159,87	179,85
	V	2.982,83	164,05	238,62	268,45																		
	VI	3.027,16	166,49	242,17	272,44																		
9.089,99	I	2.461,83	118,99	196,94	221,56	100,34	184,41	207,46	81,70	171,88	193,36	63,06	159,34	179,26	44,42	146,82	165,17	25,78	134,28	151,07	7,14	121,75	136,97
(West)	II	2.312,75	101,24	185,02	208,14	82,60	172,48	194,04	63,96	159,95	179,94	45,31	147,42	165,84	26,67	134,88	151,74	8,03	122,35	137,64	-	109,82	123,55
	III	1.710,50	-	136,84	153,94	-	126,25	142,03	-	115,90	130,39	-	105,84	119,07	-	96,01	108,01	-	86,45	97,25	-	77,14	86,78
	IV	2.461,83	118,99	196,94	221,56	109,66	190,68	214,51	100,34	184,41	207,46	91,02	178,14	200,41	81,70	171,88	193,36	72,38	165,61	186,31	63,06	159,34	179,26
	V	2.976,33	163,69	238,10	267,86																		
	VI	3.020,58	166,13	241,64	271,85																		
9.089,99	I	2.469,66	119,92	197,57	222,26	101,27	185,04	208,17	82,63	172,50	194,06	63,99	159,97	179,96	45,34	147,44	165,87	26,70	134,90	151,76	8,06	122,37	137,66
(Ost)	II	2.320,58	102,18	185,64	208,85	83,53	173,11	194,75	64,89	160,58	180,65	46,25	148,04	166,55	27,60	135,51	152,45	8,96	122,98	138,35	-	110,44	124,25
	III	1.717,16	-	137,37	154,54	-	126,77	142,61	-	116,42	130,97	-	106,33	119,62	-	96,50	108,56	-	86,92	97,78	-	77,60	87,30
	IV	2.469,66	119,92	197,57	222,26	110,60	191,30	215,21	101,27	185,04	208,17	91,95	178,77	201,11	82,63	172,50	194,06	73,31	166,24	187,02	63,99	159,97	179,96
	V	2.984,08	164,12	238,72	268,56																		
	VI	3.028,41	166,56	242,27	272,55																		
9.092,99	I	2.463,08	119,13	197,04	221,67	100,49	184,51	207,57	81,86	171,98	193,48	63,21	159,45	179,38	44,57	146,92	165,28	25,93	134,38	151,18	7,28	121,85	137,08
(West)	II	2.314,00	101,39	185,12	208,26	82,75	172,58	194,15	64,11	160,05	180,05	45,46	147,52	165,96	26,82	134,98	151,85	8,19	122,46	137,76	-	109,92	123,66
	III	1.711,50	-	136,92	154,03	-	126,33	142,12	-	116,00	130,50	-	105,92	119,16	-	96,09	108,10	-	86,53	97,34	-	77,21	86,86
	IV	2.463,08	119,13	197,04	221,67	109,81	190,78	214,62	100,49	184,51	207,57	91,17	178,24	200,52	81,86	171,98	193,48	72,54	165,72	186,43	63,21	159,45	179,38
	V	2.977,58	163,76	238,20	267,98																		
	VI	3.021,83	166,20	241,74	271,96																		
9.092,99	I	2.470,91	120,07	197,67	222,38	101,42	185,14	208,28	82,78	172,60	194,18	64,14	160,07	180,08	45,49	147,54	165,98	26,85	135,00	151,88	8,21	122,47	137,78
(Ost)	II	2.321,83	102,33	185,74	208,96	83,68	173,21	194,86	65,04	160,68	180,76	46,40	148,14	166,66	27,75	135,61	152,56	9,11	123,08	138,46	-	110,54	124,36
	III	1.718,33	-	137,46	154,64	-	126,85	142,70	-	116,50	131,06	-	106,41	119,71	-	96,57	108,64	-	87,00	97,87	-	77,68	87,39
	IV	2.470,91	120,07	197,67	222,38	110,74	191,40	215,33	101,42	185,14	208,28	92,10	178,87	201,23	82,78	172,60	194,18	73,46	166,34	187,13	64,14	160,07	180,08
	V	2.985,33	164,19	238,82	268,67																		
	VI	3.029,66	166,63	242,37	272,66																		
9.095,99	I	2.464,33	119,28	197,14	221,78	100,65	184,62	207,69	82,01	172,08	193,59	63,36	159,55	179,49	44,72	147,02	165,39	26,08	134,48	151,29	7,43	121,95	137,19
(West)	II	2.315,25	101,54	185,22	208,37	82,90	172,68	194,27	64,26	160,15	180,17	45,62	147,62	166,07	26,98	135,09	151,97	8,33	122,56	137,88	-	110,02	123,77
	III	1.712,66	-	137,01	154,13	-	126,41	142,21	-	116,08	130,59	-	106,00	119,25	-	96,17	108,19	-	86,60	97,42	-	77,29	86,95
	IV	2.464,33	119,28	197,14	221,78	109,97	190,88	214,74	100,65	184,62	207,69	91,33	178,35	200,64	82,01	172,08	193,59	72,68	165,82	186,54	63,36	159,55	179,49
	V	2.978,83	163,83	238,30	268,09																		
	VI	3.023,08	166,26	241,84	272,07																		
9.095,99	I	2.472,16	120,21	197,77	222,49	101,57	185,24	208,39	82,93	172,70	194,29	64,28	160,17	180,19	45,64	147,64	166,09	27,01	135,11	152,00	8,36	122,58	137,90
(Ost)	II	2.323,08	102,47	185,84	209,07	83,83	173,31	194,97	65,19	160,78	180,87	46,54	148,24	166,77	27,90	135,71	152,67	9,26	123,18	138,57	-	110,64	124,47
	III	1.719,33	-	137,54	154,73	-	126,94	142,81	-	116,58	131,15	-	106,49	119,80	-	96,65	108,73	-	87,08	97,96	-	77,74	87,46
	IV	2.472,16	120,21	197,77	222,49	110,89	191,50	215,44	101,57	185,24	208,39	92,25	178,97	201,34	82,93	172,70	194,29	73,61	166,44	187,24	64,28	160,17	180,19
	V	2.986,58	164,26	238,92	268,79																		
	VI	3.030,91	166,70	242,47	272,78																		
9.098,99	I	2.465,66	119,44	197,25	221,90	100,80	184,72	207,81	82,15	172,18	193,70	63,51	159,65	179,60	44,87	147,12	165,51	26,22	134,58	151,40	7,58	122,05	137,30
(West)	II	2.316,50	101,69	185,32	208,48	83,05	172,78	194,38	64,41	160,26	180,29	45,77	147,72	166,19	27,13	135,19	152,09	8,48	122,66	137,99	-	110,12	123,89
	III	1.713,66	-	137,09	154,22	-	126,50	142,31	-	116,16	130,68	-	106,08	119,34	-	96,25	108,28	-	86,68	97,51	-	77,37	87,04
	IV	2.465,66	119,44	197,25	221,90	110,12	190,98	214,85	100,80	184,72	207,81	91,48	178,45	200,75	82,15	172,18	193,70	72,83	165,92	186,66	63,51	159,65	179,60
	V	2.980,08	163,90	238,40	268,20																		
	VI	3.024,41	166,34	241,95	272,19																		
9.098,99	I	2.473,41	120,36	197,87	222,60	101,72	185,34	208,50	83,08	172,80	194,40	64,43	160,27	180,30	45,80	147,74	166,21	27,16	135,21	152,11	8,51	122,68	138,01
(Ost)	II	2.324,33	102,62	185,94	209,18	83,98	173,41	195,08	65,34	160,88	180,99	46,69	148,34	166,88	28,05	135,81	152,78	9,41	123,28	138,69	-	110,75	124,59
	III	1.720,50	-	137,64	154,84	-	127,02	142,90	-	116,66	131,24	-	106,57	119,89	-	96,73	108,82	-	87,14	98,03	-	77,82	87,55
	IV	2.473,41	120,36	197,87	222,60	111,04	191,60	215,55	101,72	185,34	208,50	92,40	179,07	201,45	83,08	172,80	194,40	73,76	166,54	187,35	64,43	160,27	180,30
	V	2.987,91	164,33	239,03	268,91																		
	VI	3.032,16	166,76	242,57	272,89																		
9.101,99	I	2.466,91	119,59	197,35	222,02	100,95	184,82	207,92	82,30	172,28	193,82	63,66	159,75	179,72	45,02	147,22	165,62	26,37	134,68	151,52	7,73	122,15	137,42
(West)	II	2.317,83	101,85	185,42	208,60	83,21	172,89	194,50	64,56	160,36	180,40	45,92	147,82	166,30	27,28	135,29	152,20	8,63	122,76	138,10	-	110,22	124,00
	III	1.714,83	-	137,18	154,33	-	126,58	142,40	-	116,24	130,77	-	106,16	119,43	-	96,33	108,37	-	86,76	97,60	-	77,44	87,12
	IV	2.466,91	119,59	197,35	222,02	110,27	191,08	214,97	100,95	184,82	207,92	91,63	178,55	200,87	82,30	172,28	193,82	72,98	166,02	186,77	63,66	159,75	179,72
	V	2.981,33	163,97	238,50	268,31																		
	VI	3.025,66	166,41	242,05	272,30																		
9.101,99	I	2.474,66	120,51	197,97	222,71	101,87	185,44	208,62	83,24	172,91	194,52	64,59	160,38	180,42	45,95	147,84	166,32	27,31	135,31	152,22	8,66	122,78	138,12
(Ost)	II	2.325,58	102,77	186,04	209,30	84,13	173,51	195,20	65,48	160,98	181,10	46,84	148,44	167,00	28,20	135,91	152,90	9,56	123,38	138,80	-	110,85	124,70
	III	1.721,50	-	137,72	154,93	-	127,10	142,99	-	116,74	131,33	-	106,65	119,98	-	96,81	108,91	-	87,22	98,12	-	77,90	87,64
	IV	2.474,66	120,51	197,97	222,71	111,19	191,70	215,66	101,87	185,44	208,62	92,55	179,17	201,56	83,24	172,91	194,52	73,91	166,64	187,47	64,59	160,38	180,42
	V	2.989,16	164,40	239,13	269,02																		
	VI	3.033,41	166,83	242,67	273,00																		

MONAT bis 9.122,99 €

Allgemeine Tabelle

Lohn/ Gehalt bis	Steuerklasse	Lohnsteuer	ohne Kinderfreibetrag SolZ 5,5%	ohne Kinderfreibetrag Kirchensteuer 8%	ohne Kinderfreibetrag Kirchensteuer 9%	0,5 SolZ 5,5%	0,5 Kirchensteuer 8%	0,5 Kirchensteuer 9%	1,0 SolZ 5,5%	1,0 Kirchensteuer 8%	1,0 Kirchensteuer 9%	1,5 SolZ 5,5%	1,5 Kirchensteuer 8%	1,5 Kirchensteuer 9%	2,0 SolZ 5,5%	2,0 Kirchensteuer 8%	2,0 Kirchensteuer 9%	2,5 SolZ 5,5%	2,5 Kirchensteuer 8%	2,5 Kirchensteuer 9%	3,0 SolZ 5,5%	3,0 Kirchensteuer 8%	3,0 Kirchensteuer 9%
9.104,99 (West)	I	2.468,16	119,74	197,45	222,13	101,10	184,92	208,03	82,45	172,38	193,93	63,81	159,85	179,83	45,17	147,32	165,73	26,52	134,78	151,63	7,88	122,25	13
	II	2.319,08	102,00	185,52	208,71	83,35	172,99	194,61	64,71	160,46	180,51	46,07	147,92	166,41	27,42	135,39	152,31	8,78	122,86	138,21	-	110,32	12
	III	1.715,83	-	137,26	154,42	-	126,66	142,49	-	116,32	130,86	-	106,24	119,52	-	96,40	108,45	-	86,82	97,67	-	77,52	8
	IV	2.468,16	119,74	197,45	222,13	110,42	191,18	215,08	101,10	184,92	208,03	91,77	178,65	200,98	82,45	172,38	193,93	73,13	166,12	186,88	63,81	159,85	17
	V	2.982,58	164,04	238,60	268,43																		
	VI	3.026,91	166,48	242,15	272,42																		
9.104,99 (Ost)	I	2.475,91	120,66	198,07	222,83	102,03	185,54	208,73	83,38	173,01	194,63	64,74	160,48	180,54	46,10	147,94	166,43	27,45	135,41	152,33	8,81	122,88	13
	II	2.326,83	102,92	186,14	209,41	84,28	173,61	195,31	65,63	161,08	181,21	47,00	148,55	167,12	28,36	136,02	153,02	9,71	123,48	138,92	-	110,95	12
	III	1.722,66	-	137,81	155,03	-	127,18	143,08	-	116,84	131,44	-	106,73	120,07	-	96,89	109,00	-	87,30	98,21	-	77,97	8
	IV	2.475,91	120,66	198,07	222,83	111,35	191,81	215,78	102,03	185,54	208,73	92,71	179,28	201,69	83,38	173,01	194,63	74,06	166,74	187,58	64,74	160,48	18
	V	2.990,41	164,47	239,21	269,13																		
	VI	3.034,75	166,91	242,78	273,12																		
9.107,99 (West)	I	2.469,41	119,89	197,55	222,24	101,24	185,02	208,14	82,60	172,48	194,04	63,96	159,95	179,94	45,31	147,42	165,84	26,67	134,88	151,74	8,03	122,35	13
	II	2.320,33	102,15	185,62	208,82	83,50	173,09	194,72	64,86	160,56	180,63	46,22	148,02	166,52	27,57	135,49	152,42	8,93	122,96	138,33	-	110,42	12
	III	1.717,00	-	137,36	154,53	-	126,74	142,58	-	116,40	130,95	-	106,32	119,61	-	96,48	108,54	-	86,90	97,76	-	77,58	8
	IV	2.469,41	119,89	197,55	222,24	110,57	191,28	215,19	101,24	185,02	208,14	91,92	178,75	201,09	82,60	172,48	194,04	73,28	166,22	186,99	63,96	159,95	17
	V	2.983,83	164,11	238,70	268,54																		
	VI	3.028,16	166,54	242,25	272,53																		
9.107,99 (Ost)	I	2.477,25	120,82	198,18	222,95	102,18	185,64	208,85	83,53	173,11	194,75	64,89	160,58	180,65	46,25	148,04	166,55	27,60	135,51	152,45	8,96	122,98	138
	II	2.328,08	103,07	186,24	209,52	84,43	173,71	195,42	65,79	161,18	181,33	47,15	148,65	167,23	28,51	136,12	153,13	9,86	123,58	139,03	-	111,05	124
	III	1.723,66	-	137,89	155,12	-	127,28	143,19	-	116,92	131,53	-	106,81	120,16	-	96,97	109,09	-	87,38	98,30	-	78,05	87
	IV	2.477,25	120,82	198,18	222,95	111,50	191,91	215,90	102,18	185,64	208,85	92,85	179,38	201,80	83,53	173,11	194,75	74,21	166,84	187,70	64,89	160,58	180
	V	2.991,66	164,54	239,33	269,24																		
	VI	3.036,00	166,98	242,88	273,24																		
9.110,99 (West)	I	2.470,66	120,04	197,65	222,35	101,39	185,12	208,26	82,75	172,58	194,15	64,11	160,05	180,05	45,46	147,52	165,96	26,82	134,98	151,85	8,19	122,46	137
	II	2.321,58	102,30	185,72	208,94	83,65	173,19	194,84	65,01	160,66	180,74	46,37	148,12	166,64	27,72	135,59	152,54	9,08	123,06	138,44	-	110,52	124
	III	1.718,00	-	137,44	154,62	-	126,84	142,69	-	116,49	131,05	-	106,40	119,70	-	96,56	108,63	-	86,98	97,85	-	77,66	87
	IV	2.470,66	120,04	197,65	222,35	110,71	191,38	215,30	101,39	185,12	208,26	92,07	178,85	201,20	82,75	172,58	194,15	73,43	166,32	187,11	64,11	160,05	180
	V	2.985,08	164,17	238,80	268,65																		
	VI	3.029,41	166,61	242,35	272,64																		
9.110,99 (Ost)	I	2.478,50	120,97	198,28	223,06	102,33	185,74	208,96	83,68	173,21	194,86	65,04	160,68	180,76	46,40	148,14	166,66	27,75	135,61	152,56	9,11	123,08	138
	II	2.329,41	103,23	186,35	209,64	84,58	173,82	195,54	65,94	161,28	181,44	47,30	148,75	167,34	28,65	136,22	153,24	10,01	123,68	139,14	-	111,15	125
	III	1.724,83	-	137,98	155,23	-	127,36	143,28	-	117,00	131,62	-	106,89	120,25	-	97,05	109,18	-	87,45	98,38	-	78,12	87
	IV	2.478,50	120,97	198,28	223,06	111,65	192,01	216,01	102,33	185,74	208,96	93,00	179,48	201,91	83,68	173,21	194,86	74,36	166,94	187,81	65,04	160,68	180
	V	2.992,91	164,61	239,43	269,36																		
	VI	3.037,25	167,04	242,98	273,35																		
9.113,99 (West)	I	2.471,91	120,19	197,75	222,47	101,54	185,22	208,37	82,90	172,68	194,27	64,26	160,15	180,17	45,62	147,62	166,07	26,98	135,09	151,97	8,33	122,56	137,
	II	2.322,83	102,44	185,82	209,05	83,80	173,29	194,95	65,16	160,76	180,85	46,51	148,22	166,75	27,87	135,69	152,65	9,23	123,16	138,55	-	110,62	124
	III	1.719,16	-	137,53	154,72	-	126,92	142,78	-	116,57	131,14	-	106,48	119,79	-	96,64	108,72	-	87,05	97,93	-	77,73	87,
	IV	2.471,91	120,19	197,75	222,47	110,86	191,48	215,42	101,54	185,22	208,37	92,22	178,95	201,32	82,90	172,68	194,27	73,58	166,42	187,22	64,26	160,15	180,
	V	2.986,33	164,24	238,90	268,76																		
	VI	3.030,66	166,68	242,45	272,75																		
9.113,99 (Ost)	I	2.479,75	121,12	198,38	223,17	102,47	185,84	209,07	83,83	173,31	194,97	65,19	160,78	180,87	46,54	148,24	166,77	27,90	135,71	152,67	9,26	123,18	138,
	II	2.330,66	103,38	186,45	209,75	84,73	173,92	195,66	66,09	161,38	181,55	47,45	148,85	167,45	28,80	136,32	153,36	10,16	123,78	139,25	-	111,25	125,
	III	1.725,83	-	138,06	155,32	-	127,44	143,37	-	117,08	131,71	-	106,97	120,34	-	97,12	109,26	-	87,53	98,47	-	78,20	87,
	IV	2.479,75	121,12	198,38	223,17	111,80	192,11	216,12	102,47	185,84	209,07	93,15	179,58	202,02	83,83	173,31	194,97	74,51	167,04	187,92	65,19	160,78	180,
	V	2.994,16	164,67	239,53	269,47																		
	VI	3.038,50	167,11	243,08	273,46																		
9.116,99 (West)	I	2.473,16	120,33	197,85	222,58	101,69	185,32	208,48	83,05	172,78	194,38	64,41	160,26	180,29	45,77	147,72	166,19	27,13	135,19	152,09	8,48	122,66	137,
	II	2.324,08	102,59	185,92	209,16	83,95	173,39	195,06	65,31	160,86	180,96	46,66	148,32	166,86	28,02	135,79	152,76	9,39	123,26	138,67	-	110,73	124,
	III	1.720,16	-	137,61	154,81	-	127,00	142,87	-	116,65	131,23	-	106,56	119,88	-	96,72	108,81	-	87,13	98,02	-	77,81	87,
	IV	2.473,16	120,33	197,85	222,58	111,01	191,58	215,53	101,69	185,32	208,48	92,37	179,05	201,43	83,05	172,78	194,38	73,74	166,52	187,34	64,41	160,26	180,
	V	2.987,66	164,32	239,01	268,88																		
	VI	3.031,91	166,75	242,55	272,87																		
9.116,99 (Ost)	I	2.481,00	121,27	198,48	223,29	102,62	185,94	209,18	83,98	173,41	195,08	65,34	160,88	180,99	46,69	148,34	166,88	28,05	135,81	152,78	9,41	123,28	138,
	II	2.331,91	103,53	186,55	209,87	84,88	174,02	195,77	66,24	161,48	181,67	47,60	148,95	167,57	28,95	136,42	153,47	10,31	123,88	139,37	-	111,35	125,
	III	1.727,00	-	138,16	155,43	-	127,53	143,47	-	117,16	131,80	-	107,05	120,43	-	97,20	109,35	-	87,61	98,56	-	78,26	88,
	IV	2.481,00	121,27	198,48	223,29	111,94	192,21	216,23	102,62	185,94	209,18	93,30	179,68	202,14	83,98	173,41	195,08	74,66	167,14	188,03	65,34	160,88	180,
	V	2.995,41	164,74	239,63	269,58																		
	VI	3.039,75	167,18	243,18	273,57																		
9.119,99 (West)	I	2.474,41	120,48	197,95	222,69	101,85	185,42	208,60	83,21	172,89	194,50	64,56	160,36	180,40	45,92	147,82	166,30	27,28	135,29	152,20	8,63	122,76	138,
	II	2.325,33	102,74	186,02	209,27	84,10	173,49	195,17	65,45	160,96	181,08	46,81	148,42	166,97	28,18	135,90	152,88	9,53	123,36	138,78	-	110,83	124,
	III	1.721,33	-	137,70	154,91	-	127,09	142,97	-	116,73	131,32	-	106,64	119,97	-	96,80	108,90	-	87,21	98,11	-	77,88	87,
	IV	2.474,41	120,48	197,95	222,69	111,16	191,68	215,64	101,85	185,42	208,60	92,53	179,16	201,55	83,21	172,89	194,50	73,88	166,62	187,45	64,56	160,36	180,
	V	2.988,91	164,39	239,11	269,00																		
	VI	3.033,16	166,82	242,65	272,98																		
9.119,99 (Ost)	I	2.482,25	121,41	198,58	223,40	102,77	186,04	209,30	84,13	173,51	195,20	65,48	160,98	181,10	46,84	148,44	167,00	28,20	135,91	152,90	9,56	123,38	138,
	II	2.333,16	103,67	186,65	209,98	85,03	174,12	195,88	66,39	161,58	181,78	47,74	149,05	167,68	29,10	136,52	153,58	10,46	123,98	139,48	-	111,45	125,
	III	1.728,00	-	138,24	155,52	-	127,61	143,56	-	117,24	131,89	-	107,13	120,52	-	97,28	109,44	-	87,68	98,64	-	78,34	88,
	IV	2.482,25	121,41	198,58	223,40	112,09	192,31	216,35	102,77	186,04	209,30	93,45	179,78	202,25	84,13	173,51	195,20	74,81	167,24	188,15	65,48	160,98	181,
	V	2.996,66	164,81	239,73	269,69																		
	VI	3.041,00	167,25	243,28	273,69																		
9.122,99 (West)	I	2.475,66	120,64	198,06	222,81	102,00	185,52	208,71	83,35	172,99	194,61	64,71	160,46	180,51	46,07	147,92	166,41	27,42	135,39	152,31	8,78	122,86	138,
	II	2.326,58	102,89	186,12	209,39	84,25	173,59	195,29	65,61	161,06	181,19	46,97	148,53	167,09	28,33	136,00	153,00	9,68	123,46	138,89	-	110,93	124,
	III	1.722,33	-	137,78	155,00	-	127,17	143,06	-	116,81	131,41	-	106,72	120,06	-	96,86	108,97	-	87,29	98,20	-	77,96	87,
	IV	2.475,66	120,64	198,06	222,81	111,32	191,79	215,76	102,00	185,52	208,71	92,68	179,26	201,66	83,35	172,99	194,61	74,03	166,72	187,56	64,71	160,46	180,5
	V	2.990,16	164,45	239,21	269,11																		
	VI	3.034,50	166,89	242,76	273,10																		
9.122,99 (Ost)	I	2.483,50	121,56	198,68	223,51	102,92	186,14	209,41	84,28	173,61	195,31	65,63	161,08	181,21	47,00	148,55	167,12	28,36	136,02	153,02	9,71	123,48	138,9
	II	2.334,41	103,82	186,75	210,09	85,18	174,22	195,99	66,54	161,68	181,89	47,89	149,15	167,79	29,25	136,62	153,69	10,61	124,08	139,59	-	111,55	125,4
	III	1.729,16	-	138,33	155,62	-	127,69	143,65	-	117,33	131,99	-	107,21	120,61	-	97,36	109,53	-	87,76	98,73	-	78,41	88,2
	IV	2.483,50	121,56	198,68	223,51	112,24	192,41	216,46	102,92	186,14	209,41	93,60	179,88	202,36	84,28	173,61	195,31	74,96	167,34	188,26	65,63	161,08	181,2
	V	2.998,00	164,89	239,84	269,82																		
	VI	3.042,25	167,32	243,38	273,80																		

Anzahl Kinderfreibeträge (nur Steuerklassen I–IV)

Lohn/ Gehalt bis	Steuerklasse	Lohn-steuer	ohne Kinderfreibetrag SolZ 5,5%	ohne Kinderfreibetrag Kirchensteuer 8%	ohne Kinderfreibetrag Kirchensteuer 9%	0,5 SolZ 5,5%	0,5 Kirchensteuer 8%	0,5 Kirchensteuer 9%	1,0 SolZ 5,5%	1,0 Kirchensteuer 8%	1,0 Kirchensteuer 9%	1,5 SolZ 5,5%	1,5 Kirchensteuer 8%	1,5 Kirchensteuer 9%	2,0 SolZ 5,5%	2,0 Kirchensteuer 8%	2,0 Kirchensteuer 9%	2,5 SolZ 5,5%	2,5 Kirchensteuer 8%	2,5 Kirchensteuer 9%	3,0 SolZ 5,5%	3,0 Kirchensteuer 8%	3,0 Kirchensteuer 9%
						Anzahl Kinderfreibeträge (nur Steuerklassen I–IV)																	
9.125,99 (West)	I	2.477,00	120,79	198,16	222,93	102,15	185,62	208,82	83,50	173,09	194,72	64,86	160,56	180,63	46,22	148,02	166,52	27,57	135,49	152,42	8,93	122,96	138,33
	II	2.327,83	103,04	186,22	209,50	84,41	173,70	195,41	65,76	161,16	181,31	47,12	148,63	167,21	28,48	136,10	153,11	9,83	123,56	139,01	-	111,03	124,91
	III	1.723,50	-	137,88	155,11	-	127,25	143,15	-	116,89	131,50	-	106,80	120,15	-	96,94	109,06	-	87,36	98,28	-	78,02	87,77
	IV	2.477,00	120,79	198,16	222,93	111,47	191,89	215,87	102,15	185,62	208,82	92,82	179,36	201,78	83,50	173,09	194,72	74,18	166,82	187,67	64,86	160,56	180,63
	V	2.991,41	164,52	239,31	269,22																		
	VI	3.035,75	166,96	242,86	273,21																		
9.125,99 (Ost)	I	2.484,75	121,71	198,78	223,62	103,07	186,24	209,52	84,43	173,71	195,42	65,79	161,18	181,33	47,15	148,65	167,23	28,51	136,12	153,13	9,86	123,58	139,03
	II	2.335,66	103,97	186,85	210,20	85,33	174,32	196,11	66,68	161,78	182,00	48,04	149,25	167,90	29,40	136,72	153,81	10,76	124,19	139,71	-	111,66	125,61
	III	1.730,16	-	138,41	155,71	-	127,78	143,75	-	117,41	132,08	-	107,29	120,70	-	97,44	109,62	-	87,84	98,82	-	78,49	88,30
	IV	2.484,75	121,71	198,78	223,62	112,39	192,51	216,57	103,07	186,24	209,52	93,75	179,98	202,47	84,43	173,71	195,42	75,11	167,45	188,38	65,79	161,18	181,33
	V	2.999,25	164,95	239,94	269,93																		
	VI	3.043,50	167,39	243,48	273,91																		
9.128,99 (West)	I	2.478,25	120,94	198,26	223,04	102,30	185,72	208,94	83,65	173,19	194,84	65,01	160,66	180,74	46,37	148,12	166,64	27,72	135,59	152,54	9,08	123,06	138,44
	II	2.329,16	103,20	186,33	209,62	84,55	173,80	195,52	65,91	161,26	181,42	47,27	148,73	167,32	28,62	136,20	153,22	9,98	123,66	139,12	-	111,13	125,02
	III	1.724,50	-	137,96	155,20	-	127,34	143,26	-	116,98	131,60	-	106,88	120,24	-	97,02	109,15	-	87,44	98,37	-	78,10	87,86
	IV	2.478,25	120,94	198,26	223,04	111,62	191,99	215,99	102,30	185,72	208,94	92,97	179,46	201,89	83,65	173,19	194,84	74,33	166,92	187,79	65,01	160,66	180,74
	V	2.992,66	164,59	239,41	269,33																		
	VI	3.037,00	167,03	242,96	273,33																		
9.128,99 (Ost)	I	2.486,00	121,86	198,88	223,74	103,23	186,35	209,64	84,58	173,82	195,54	65,94	161,28	181,44	47,30	148,75	167,34	28,65	136,22	153,24	10,01	123,68	139,14
	II	2.336,91	104,12	186,95	210,32	85,48	174,42	196,22	66,83	161,88	182,12	48,19	149,35	168,02	29,56	136,82	153,92	10,91	124,29	139,82	-	111,76	125,73
	III	1.731,33	-	138,50	155,81	-	127,86	143,84	-	117,49	132,17	-	107,37	120,79	-	97,52	109,71	-	87,90	98,89	-	78,57	88,39
	IV	2.486,00	121,86	198,88	223,74	112,54	192,61	216,68	103,23	186,35	209,64	93,91	180,08	202,59	84,58	173,82	195,54	75,26	167,55	188,49	65,94	161,28	181,44
	V	3.000,50	165,02	240,04	270,04																		
	VI	3.044,75	167,46	243,58	274,02																		
9.131,99 (West)	I	2.479,50	121,09	198,36	223,15	102,44	185,82	209,05	83,80	173,29	194,95	65,16	160,76	180,85	46,51	148,22	166,75	27,87	135,69	152,65	9,23	123,16	138,55
	II	2.330,41	103,35	186,43	209,73	84,70	173,90	195,63	66,06	161,36	181,53	47,42	148,83	167,43	28,77	136,30	153,33	10,13	123,76	139,23	-	111,23	125,13
	III	1.725,66	-	138,05	155,30	-	127,42	143,35	-	117,06	131,69	-	106,96	120,33	-	97,10	109,24	-	87,52	98,46	-	78,18	87,95
	IV	2.479,50	121,09	198,36	223,15	111,77	192,09	216,10	102,44	185,82	209,05	93,12	179,56	202,00	83,80	173,29	194,95	74,48	167,02	187,90	65,16	160,76	180,85
	V	2.993,91	164,66	239,51	269,45																		
	VI	3.038,25	167,10	243,06	273,44																		
9.131,99 (Ost)	I	2.487,33	122,02	198,98	223,85	103,38	186,45	209,75	84,73	173,92	195,66	66,09	161,38	181,55	47,45	148,85	167,45	28,80	136,32	153,36	10,16	123,78	139,25
	II	2.338,16	104,27	187,05	210,43	85,63	174,52	196,33	66,99	161,99	182,24	48,35	149,46	168,14	29,71	136,92	154,04	11,06	124,39	139,94	-	111,86	125,84
	III	1.732,33	-	138,58	155,90	-	127,94	143,93	-	117,57	132,26	-	107,45	120,88	-	97,60	109,80	-	87,98	98,98	-	78,64	88,47
	IV	2.487,33	122,02	198,98	223,85	112,70	192,72	216,81	103,38	186,45	209,75	94,05	180,18	202,70	84,73	173,92	195,66	75,41	167,65	188,60	66,09	161,38	181,55
	V	3.001,75	165,09	240,14	270,15																		
	VI	3.046,08	167,53	243,68	274,14																		
9.134,99 (West)	I	2.480,75	121,24	198,46	223,26	102,59	185,92	209,16	83,95	173,39	195,06	65,31	160,86	180,96	46,66	148,32	166,86	28,02	135,79	152,76	9,39	123,26	138,67
	II	2.331,66	103,50	186,53	209,84	84,85	174,00	195,75	66,21	161,46	181,64	47,57	148,93	167,54	28,92	136,40	153,45	10,28	123,86	139,34	-	111,33	125,24
	III	1.726,66	-	138,13	155,39	-	127,50	143,44	-	117,14	131,78	-	107,04	120,42	-	97,18	109,33	-	87,58	98,53	-	78,25	88,03
	IV	2.480,75	121,24	198,46	223,26	111,91	192,19	216,21	102,59	185,92	209,16	93,27	179,66	202,11	83,95	173,39	195,06	74,63	167,12	188,01	65,31	160,86	180,96
	V	2.995,16	164,73	239,61	269,56																		
	VI	3.039,50	167,17	243,16	273,55																		
9.134,99 (Ost)	I	2.488,58	122,17	199,08	223,97	103,53	186,55	209,87	84,88	174,02	195,77	66,24	161,48	181,67	47,60	148,95	167,57	28,95	136,42	153,47	10,31	123,88	139,37
	II	2.339,41	104,42	187,15	210,54	85,78	174,62	196,45	67,14	162,09	182,35	48,50	149,56	168,25	29,85	137,02	154,15	11,21	124,49	140,05	-	111,96	125,95
	III	1.733,33	-	138,66	155,99	-	128,04	144,04	-	117,65	132,35	-	107,53	120,97	-	97,66	109,87	-	88,06	99,07	-	78,72	88,56
	IV	2.488,58	122,17	199,08	223,97	112,85	192,82	216,92	103,53	186,55	209,87	94,20	180,28	202,82	84,88	174,02	195,77	75,56	167,75	188,72	66,24	161,48	181,67
	V	3.003,00	165,16	240,24	270,27																		
	VI	3.047,33	167,60	243,78	274,25																		
9.137,99 (West)	I	2.482,00	121,38	198,56	223,38	102,74	186,02	209,27	84,10	173,49	195,17	65,45	160,96	181,08	46,81	148,42	166,97	28,18	135,90	152,88	9,53	123,36	138,78
	II	2.332,91	103,64	186,63	209,96	85,00	174,10	195,86	66,36	161,56	181,76	47,71	149,03	167,66	29,07	136,50	153,56	10,43	123,96	139,46	-	111,43	125,36
	III	1.727,83	-	138,22	155,50	-	127,60	143,55	-	117,22	131,87	-	107,12	120,51	-	97,26	109,42	-	87,66	98,62	-	78,33	88,12
	IV	2.482,00	121,38	198,56	223,38	112,06	192,29	216,32	102,74	186,02	209,27	93,42	179,76	202,23	84,10	173,49	195,17	74,78	167,22	188,12	65,45	160,96	181,08
	V	2.996,41	164,80	239,71	269,67																		
	VI	3.040,75	167,24	243,26	273,66																		
9.137,99 (Ost)	I	2.489,83	122,32	199,18	224,08	103,67	186,65	209,98	85,03	174,12	195,88	66,39	161,58	181,78	47,74	149,05	167,68	29,10	136,52	153,58	10,46	123,98	139,48
	II	2.340,75	104,58	187,26	210,66	85,93	174,72	196,56	67,29	162,19	182,46	48,65	149,66	168,36	30,00	137,12	154,26	11,36	124,59	140,16	-	112,06	126,06
	III	1.734,50	-	138,76	156,10	-	128,12	144,13	-	117,74	132,46	-	107,61	121,06	-	97,74	109,96	-	88,14	99,16	-	78,78	88,63
	IV	2.489,83	122,32	199,18	224,08	113,00	192,92	217,03	103,67	186,65	209,98	94,35	180,38	202,93	85,03	174,12	195,88	75,71	167,85	188,83	66,39	161,58	181,78
	V	3.004,25	165,23	240,34	270,38																		
	VI	3.048,58	167,67	243,88	274,37																		
9.140,99 (West)	I	2.483,25	121,53	198,66	223,49	102,89	186,12	209,39	84,25	173,59	195,29	65,61	161,06	181,19	46,97	148,53	167,09	28,33	136,00	153,00	9,68	123,46	138,89
	II	2.334,16	103,79	186,73	210,07	85,15	174,20	195,97	66,51	161,66	181,87	47,86	149,13	167,77	29,22	136,60	153,67	10,58	124,06	139,57	-	111,54	125,48
	III	1.728,83	-	138,30	155,59	-	127,68	143,64	-	117,30	131,96	-	107,20	120,60	-	97,34	109,51	-	87,74	98,71	-	78,40	88,20
	IV	2.483,25	121,53	198,66	223,49	112,21	192,39	216,44	102,89	186,12	209,39	93,57	179,86	202,34	84,25	173,59	195,29	74,93	167,32	188,24	65,61	161,06	181,19
	V	2.997,75	164,87	239,82	269,79																		
	VI	3.042,00	167,31	243,36	273,78																		
9.140,99 (Ost)	I	2.491,08	122,47	199,28	224,19	103,82	186,75	210,09	85,18	174,22	195,99	66,54	161,68	181,89	47,89	149,15	167,79	29,25	136,62	153,69	10,61	124,08	139,59
	II	2.342,00	104,72	187,36	210,78	86,08	174,82	196,67	67,44	162,29	182,57	48,79	149,76	168,48	30,15	137,22	154,37	11,51	124,69	140,27	-	112,16	126,18
	III	1.735,50	-	138,84	156,19	-	128,20	144,22	-	117,82	132,55	-	107,69	121,15	-	97,82	110,05	-	88,21	99,23	-	78,86	88,72
	IV	2.491,08	122,47	199,28	224,19	113,14	193,02	217,14	103,82	186,75	210,09	94,50	180,48	203,04	85,18	174,22	195,99	75,86	167,95	188,94	66,54	161,68	181,89
	V	3.005,50	165,30	240,44	270,49																		
	VI	3.049,83	167,74	243,98	274,48																		
9.143,99 (West)	I	2.484,50	121,68	198,76	223,60	103,04	186,22	209,50	84,41	173,70	195,41	65,76	161,16	181,31	47,12	148,63	167,21	28,48	136,10	153,11	9,83	123,56	139,01
	II	2.335,41	103,94	186,83	210,18	85,30	174,30	196,08	66,65	161,76	181,98	48,01	149,23	167,88	29,38	136,70	153,79	10,73	124,17	139,69	-	111,64	125,59
	III	1.730,00	-	138,40	155,70	-	127,76	143,73	-	117,38	132,05	-	107,28	120,69	-	97,42	109,60	-	87,82	98,80	-	78,48	88,29
	IV	2.484,50	121,68	198,76	223,60	112,36	192,49	216,55	103,04	186,22	209,50	93,73	179,96	202,46	84,41	173,70	195,41	75,08	167,43	188,36	65,76	161,16	181,31
	V	2.999,00	164,94	239,92	269,91																		
	VI	3.043,25	167,37	243,46	273,89																		
9.143,99 (Ost)	I	2.492,33	122,61	199,38	224,30	103,97	186,85	210,20	85,33	174,32	196,11	66,68	161,78	182,00	48,04	149,25	167,90	29,40	136,72	153,81	10,76	124,19	139,71
	II	2.343,25	104,87	187,46	210,89	86,23	174,92	196,79	67,59	162,39	182,69	48,94	149,86	168,59	30,30	137,32	154,49	11,66	124,79	140,39	-	112,26	126,29
	III	1.736,66	-	138,93	156,29	-	128,29	144,32	-	117,90	132,64	-	107,77	121,24	-	97,90	110,14	-	88,29	99,32	-	78,93	88,79
	IV	2.492,33	122,61	199,38	224,30	113,29	193,12	217,26	103,97	186,85	210,20	94,65	180,58	203,15	85,33	174,32	196,11	76,01	168,05	189,05	66,68	161,78	182,00
	V	3.006,75	165,37	240,54	270,60																		
	VI	3.051,08	167,80	244,08	274,59																		

Lohn/ Gehalt bis	Steuerklasse	Lohn-steuer	ohne Kinderfreibetrag			Anzahl Kinderfreibeträge (nur Steuerklassen I–IV)																	
						0,5			1,0			1,5			2,0			2,5			3,0		
			SolZ 5,5%	Kirchensteuer 8%	9%	SolZ 5,5%	Kirchensteuer 8%	9%	SolZ 5,5%	Kirchensteuer 8%	9%	SolZ 5,5%	Kirchensteuer 8%	9%	SolZ 5,5%	Kirchensteuer 8%	9%	SolZ 5,5%	Kirchensteuer 8%	9%	SolZ 5,5%	Kirchensteuer 8%	9%
9.146,99 (West)	I	2.485,83	121,84	198,86	223,72	103,20	186,33	209,62	84,55	173,80	195,52	65,91	161,26	181,42	47,27	148,73	167,32	28,62	136,20	153,22	9,98	123,66	13
	II	2.336,66	104,09	186,93	210,29	85,45	174,40	196,20	66,80	161,86	182,09	48,17	149,34	168,00	29,53	136,80	153,90	10,88	124,27	139,80	-	111,74	12
	III	1.731,00	-	138,48	155,79	-	127,85	143,83	-	117,48	132,16	-	107,36	120,78	-	97,49	109,67	-	87,89	98,87	-	78,54	8
	IV	2.485,83	121,84	198,86	223,72	112,52	192,60	216,67	103,20	186,33	209,62	93,88	180,06	202,57	84,55	173,80	195,52	75,23	167,53	188,47	65,91	161,26	18
	V	3.000,25	165,01	240,02	270,02																		
	VI	3.044,58	167,45	243,56	274,01																		
9.146,99 (Ost)	I	2.493,58	122,76	199,48	224,42	104,12	186,95	210,32	85,48	174,42	196,22	66,83	161,88	182,12	48,19	149,35	168,02	29,56	136,82	153,92	10,91	124,29	13
	II	2.344,50	105,02	187,56	211,00	86,38	175,02	196,90	67,74	162,49	182,80	49,09	149,96	168,70	30,45	137,42	154,60	11,81	124,89	140,50	-	112,36	12
	III	1.737,66	-	139,01	156,38	-	128,37	144,41	-	117,98	132,73	-	107,85	121,33	-	97,98	110,23	-	88,37	99,41	-	79,01	8
	IV	2.493,58	122,76	199,48	224,42	113,44	193,22	217,37	104,12	186,95	210,32	94,80	180,68	203,27	85,48	174,42	196,22	76,16	168,15	189,17	66,83	161,88	18
	V	3.008,00	165,44	240,64	270,72																		
	VI	3.052,33	167,87	244,18	274,70																		
9.149,99 (West)	I	2.487,08	121,99	198,96	223,83	103,35	186,43	209,73	84,70	173,90	195,63	66,06	161,36	181,53	47,42	148,83	167,43	28,77	136,30	153,33	10,13	123,76	13
	II	2.337,91	104,24	187,03	210,41	85,61	174,50	196,31	66,96	161,97	182,21	48,32	149,44	168,12	29,68	136,90	154,01	11,03	124,37	139,91	-	111,84	12
	III	1.732,16	-	138,57	155,89	-	127,93	143,92	-	117,56	132,25	-	107,44	120,87	-	97,57	109,76	-	87,97	98,96	-	78,62	8
	IV	2.487,08	121,99	198,96	223,83	112,67	192,70	216,78	103,35	186,43	209,73	94,02	180,16	202,68	84,70	173,90	195,63	75,38	167,63	188,58	66,06	161,36	18
	V	3.001,50	165,08	240,12	270,13																		
	VI	3.045,83	167,52	243,66	274,12																		
9.149,99 (Ost)	I	2.494,83	122,91	199,58	224,53	104,27	187,05	210,43	85,63	174,52	196,33	66,99	161,99	182,24	48,35	149,46	168,14	29,71	136,92	154,04	11,06	124,39	13
	II	2.345,75	105,17	187,66	211,11	86,53	175,12	197,01	67,88	162,59	182,91	49,24	150,06	168,81	30,60	137,52	154,71	11,95	124,99	140,61	-	112,46	12
	III	1.738,83	-	139,10	156,49	-	128,45	144,50	-	118,06	132,82	-	107,93	121,42	-	98,06	110,32	-	88,45	99,50	-	79,09	8
	IV	2.494,83	122,91	199,58	224,53	113,59	193,32	217,48	104,27	187,05	210,43	94,95	180,78	203,38	85,63	174,52	196,33	76,30	168,25	189,28	66,99	161,99	18
	V	3.009,33	165,51	240,74	270,83																		
	VI	3.053,58	167,94	244,28	274,82																		
9.152,99 (West)	I	2.488,33	122,14	199,06	223,94	103,50	186,53	209,84	84,85	174,00	195,75	66,21	161,46	181,64	47,57	148,93	167,54	28,92	136,40	153,45	10,28	123,86	13
	II	2.339,25	104,40	187,14	210,53	85,75	174,60	196,43	67,11	162,07	182,33	48,47	149,54	168,23	29,82	137,00	154,13	11,18	124,47	140,03	-	111,94	12
	III	1.733,16	-	138,65	155,98	-	128,01	144,01	-	117,64	132,34	-	107,52	120,96	-	97,65	109,85	-	88,05	99,05	-	78,69	8
	IV	2.488,33	122,14	199,06	223,94	112,82	192,80	216,90	103,50	186,53	209,84	94,17	180,26	202,79	84,85	174,00	195,75	75,53	167,73	188,69	66,21	161,46	18
	V	3.002,75	165,15	240,22	270,24																		
	VI	3.047,08	167,58	243,76	274,23																		
9.152,99 (Ost)	I	2.496,08	123,06	199,68	224,64	104,42	187,15	210,54	85,78	174,62	196,45	67,14	162,09	182,35	48,50	149,56	168,25	29,85	137,02	154,15	11,21	124,49	14
	II	2.347,00	105,32	187,76	211,23	86,68	175,22	197,12	68,03	162,69	183,02	49,39	150,16	168,93	30,76	137,63	154,83	12,11	125,10	140,73	-	112,56	12
	III	1.739,83	-	139,18	156,58	-	128,54	144,61	-	118,16	132,93	-	108,01	121,51	-	98,14	110,41	-	88,52	99,58	-	79,16	8
	IV	2.496,08	123,06	199,68	224,64	113,74	193,42	217,59	104,42	187,15	210,54	95,11	180,89	203,50	85,78	174,62	196,45	76,46	168,36	189,40	67,14	162,09	18
	V	3.010,58	165,58	240,84	270,95																		
	VI	3.054,83	168,01	244,38	274,93																		
9.155,99 (West)	I	2.489,58	122,29	199,16	224,06	103,64	186,63	209,96	85,00	174,10	195,86	66,36	161,56	181,76	47,71	149,03	167,66	29,07	136,50	153,56	10,43	123,96	13
	II	2.340,50	104,55	187,24	210,64	85,90	174,70	196,54	67,26	162,17	182,44	48,62	149,64	168,34	29,97	137,10	154,24	11,33	124,57	140,14	-	112,04	12
	III	1.734,33	-	138,74	156,08	-	128,10	144,11	-	117,72	132,43	-	107,60	121,05	-	97,73	109,94	-	88,12	99,13	-	78,77	8
	IV	2.489,58	122,29	199,16	224,06	112,97	192,90	217,01	103,64	186,63	209,96	94,32	180,36	202,91	85,00	174,10	195,86	75,68	167,83	188,81	66,36	161,56	18
	V	3.004,00	165,22	240,32	270,36																		
	VI	3.048,33	167,65	243,86	274,34																		
9.155,99 (Ost)	I	2.497,41	123,22	199,79	224,76	104,58	187,26	210,66	85,93	174,72	196,56	67,29	162,19	182,46	48,65	149,66	168,36	30,00	137,12	154,26	11,36	124,59	14
	II	2.348,25	105,47	187,86	211,34	86,83	175,32	197,24	68,18	162,79	183,14	49,55	150,26	169,04	30,91	137,73	154,94	12,26	125,20	140,85	-	112,66	12
	III	1.741,00	-	139,28	156,69	-	128,62	144,70	-	118,24	133,02	-	108,10	121,61	-	98,22	110,50	-	88,60	99,67	-	79,24	8
	IV	2.497,41	123,22	199,79	224,76	113,90	193,52	217,71	104,58	187,26	210,66	95,25	180,99	203,61	85,93	174,72	196,56	76,61	168,46	189,51	67,29	162,19	18
	V	3.011,83	165,65	240,94	271,06																		
	VI	3.056,16	168,08	244,49	275,05																		
9.158,99 (West)	I	2.490,83	122,44	199,26	224,17	103,79	186,73	210,07	85,15	174,20	195,97	66,51	161,66	181,87	47,86	149,13	167,77	29,22	136,60	153,67	10,58	124,06	13
	II	2.341,75	104,70	187,34	210,75	86,05	174,80	196,65	67,41	162,27	182,55	48,77	149,74	168,45	30,12	137,20	154,35	11,48	124,67	140,25	-	112,14	12
	III	1.735,33	-	138,82	156,17	-	128,18	144,20	-	117,80	132,52	-	107,68	121,14	-	97,81	110,03	-	88,20	99,22	-	78,85	8
	IV	2.490,83	122,44	199,26	224,17	113,11	193,00	217,12	103,79	186,73	210,07	94,47	180,46	203,02	85,15	174,20	195,97	75,83	167,93	188,92	66,51	161,66	18
	V	3.005,25	165,28	240,42	270,47																		
	VI	3.049,58	167,72	243,96	274,46																		
9.158,99 (Ost)	I	2.498,66	123,37	199,89	224,87	104,72	187,36	210,78	86,08	174,82	196,67	67,44	162,29	182,57	48,79	149,76	168,48	30,15	137,22	154,37	11,51	124,69	14
	II	2.349,50	105,62	187,96	211,45	86,98	175,43	197,36	68,34	162,90	183,26	49,70	150,36	169,16	31,05	137,83	155,06	12,41	125,30	140,96	-	112,76	12
	III	1.742,00	-	139,36	156,78	-	128,72	144,81	-	118,32	133,11	-	108,18	121,70	-	98,29	110,57	-	88,68	99,76	-	79,30	8
	IV	2.498,66	123,37	199,89	224,87	114,05	193,62	217,82	104,72	187,36	210,78	95,40	181,09	203,72	86,08	174,82	196,67	76,76	168,56	189,63	67,44	162,29	18
	V	3.013,08	165,71	241,04	271,17																		
	VI	3.057,41	168,15	244,59	275,16																		
9.161,99 (West)	I	2.492,08	122,58	199,36	224,28	103,94	186,83	210,18	85,30	174,30	196,08	66,65	161,76	181,98	48,01	149,23	167,88	29,38	136,70	153,79	10,73	124,17	13
	II	2.343,00	104,84	187,44	210,87	86,20	174,90	196,76	67,56	162,37	182,66	48,91	149,84	168,57	30,27	137,30	154,46	11,63	124,77	140,36	-	112,24	12
	III	1.736,50	-	138,92	156,28	-	128,26	144,29	-	117,89	132,62	-	107,76	121,23	-	97,89	110,12	-	88,28	99,31	-	78,92	8
	IV	2.492,08	122,58	199,36	224,28	113,26	193,10	217,23	103,94	186,83	210,18	94,62	180,56	203,13	85,30	174,30	196,08	75,98	168,03	189,03	66,65	161,76	18
	V	3.006,50	165,35	240,52	270,58																		
	VI	3.050,83	167,79	244,06	274,57																		
9.161,99 (Ost)	I	2.499,91	123,52	199,99	224,99	104,87	187,46	210,89	86,23	174,92	196,79	67,59	162,39	182,69	48,94	149,86	168,59	30,30	137,32	154,49	11,66	124,79	14
	II	2.350,83	105,78	188,06	211,57	87,13	175,53	197,47	68,49	163,00	183,37	49,85	150,46	169,27	31,20	137,93	155,17	12,56	125,40	141,07	-	112,86	12
	III	1.743,16	-	139,45	156,88	-	128,80	144,90	-	118,40	133,20	-	108,26	121,79	-	98,37	110,66	-	88,74	99,83	-	79,38	8
	IV	2.499,91	123,52	199,99	224,99	114,20	193,72	217,94	104,87	187,46	210,89	95,55	181,19	203,84	86,23	174,92	196,79	76,91	168,66	189,74	67,59	162,39	18
	V	3.014,33	165,78	241,14	271,28																		
	VI	3.058,66	168,22	244,69	275,27																		
9.164,99 (West)	I	2.493,33	122,73	199,46	224,39	104,09	186,93	210,29	85,45	174,40	196,20	66,80	161,86	182,09	48,17	149,34	168,00	29,53	136,80	153,90	10,88	124,27	139,
	II	2.344,25	104,99	187,54	210,98	86,35	175,00	196,88	67,71	162,47	182,78	49,06	149,94	168,68	30,42	137,40	154,58	11,78	124,87	140,48	-	112,34	126,
	III	1.737,50	-	139,00	156,37	-	128,36	144,40	-	117,97	132,71	-	107,84	121,32	-	97,97	110,21	-	88,36	99,40	-	79,00	88,
	IV	2.493,33	122,73	199,46	224,39	113,41	193,20	217,35	104,09	186,93	210,29	94,77	180,66	203,24	85,45	174,40	196,20	76,13	168,13	189,14	66,80	161,86	182,
	V	3.007,83	165,43	240,62	270,70																		
	VI	3.052,08	167,86	244,16	274,68																		
9.164,99 (Ost)	I	2.501,16	123,67	200,09	225,10	105,02	187,56	211,00	86,38	175,02	196,90	67,74	162,49	182,80	49,09	149,96	168,70	30,45	137,42	154,60	11,81	124,89	140,5
	II	2.352,08	105,92	188,16	211,68	87,28	175,63	197,58	68,64	163,10	183,48	49,99	150,56	169,38	31,35	138,03	155,28	12,71	125,50	141,18	-	112,96	127,0
	III	1.744,16	-	139,53	156,97	-	128,88	144,99	-	118,48	133,29	-	108,34	121,88	-	98,45	110,75	-	88,82	99,92	-	79,45	89,3
	IV	2.501,16	123,67	200,09	225,10	114,34	193,82	218,05	105,02	187,56	211,00	95,70	181,29	203,95	86,38	175,02	196,90	77,06	168,76	189,85	67,74	162,49	182,8
	V	3.015,58	165,85	241,24	271,40																		
	VI	3.059,91	168,29	244,79	275,39																		

Allgemeine Tabelle

Lohn/ Gehalt bis	Steuerklasse	Lohn-steuer	ohne Kinderfreibetrag SolZ 5,5%	Kirchensteuer 8%	9%	0,5 SolZ 5,5%	Kirchensteuer 8%	9%	1,0 SolZ 5,5%	Kirchensteuer 8%	9%	1,5 SolZ 5,5%	Kirchensteuer 8%	9%	2,0 SolZ 5,5%	Kirchensteuer 8%	9%	2,5 SolZ 5,5%	Kirchensteuer 8%	9%	3,0 SolZ 5,5%	Kirchensteuer 8%	9%
9.167,99 (West)	I	2.494,58	122,88	199,56	224,51	104,24	187,03	210,41	85,61	174,50	196,31	66,96	161,97	182,21	48,32	149,44	168,12	29,68	136,90	154,01	11,03	124,37	139,91
	II	2.345,50	105,14	187,64	211,09	86,50	175,10	196,99	67,85	162,57	182,89	49,21	150,04	168,79	30,57	137,50	154,69	11,93	124,98	140,60	-	112,44	126,50
	III	1.738,66	-	139,09	156,47	-	128,44	144,49	-	118,05	132,80	-	107,92	121,41	-	98,05	110,30	-	88,42	99,47	-	79,06	88,94
	IV	2.494,58	122,88	199,56	224,51	113,56	193,30	217,46	104,24	187,03	210,41	94,92	180,76	203,36	85,61	174,50	196,31	76,28	168,24	189,27	66,96	161,97	182,21
	V	3.009,08	165,49	240,72	270,81																		
	VI	3.053,33	167,93	244,26	274,79																		
9.167,99 (Ost)	I	2.502,41	123,81	200,19	225,21	105,17	187,66	211,11	86,53	175,12	197,01	67,88	162,59	182,91	49,24	150,06	168,81	30,60	137,52	154,71	11,95	124,99	140,61
	II	2.353,33	106,07	188,26	211,79	87,43	175,73	197,69	68,79	163,20	183,60	50,14	150,66	169,49	31,50	138,13	155,39	12,86	125,60	141,30	-	113,06	127,19
	III	1.745,33	-	139,62	157,07	-	128,97	145,09	-	118,56	133,38	-	108,42	121,97	-	98,53	110,84	-	88,90	100,01	-	79,53	89,47
	IV	2.502,41	123,81	200,19	225,21	114,49	193,92	218,16	105,17	187,66	211,11	95,85	181,39	204,06	86,53	175,12	197,01	77,21	168,86	189,96	67,88	162,59	182,91
	V	3.016,83	165,92	241,34	271,51																		
	VI	3.061,16	168,36	244,89	275,50																		
9.170,99 (West)	I	2.495,83	123,03	199,66	224,62	104,40	187,14	210,53	85,75	174,60	196,43	67,11	162,07	182,33	48,47	149,54	168,23	29,82	137,00	154,13	11,18	124,47	140,03
	II	2.346,75	105,29	187,74	211,20	86,65	175,20	197,10	68,00	162,67	183,00	49,37	150,14	168,91	30,73	137,61	154,81	12,08	125,08	140,71	-	112,54	126,61
	III	1.739,66	-	139,17	156,56	-	128,52	144,58	-	118,13	132,89	-	108,00	121,50	-	98,12	110,38	-	88,50	99,56	-	79,14	89,03
	IV	2.495,83	123,03	199,66	224,62	113,72	193,40	217,58	104,40	187,14	210,53	95,08	180,87	203,48	85,75	174,60	196,43	76,43	168,34	189,38	67,11	162,07	182,33
	V	3.010,33	165,56	240,82	270,92																		
	VI	3.054,58	168,00	244,36	274,91																		
9.170,99 (Ost)	I	2.503,66	123,96	200,29	225,32	105,32	187,76	211,23	86,68	175,22	197,12	68,03	162,69	183,02	49,39	150,16	168,93	30,76	137,63	154,83	12,11	125,10	140,73
	II	2.354,58	106,22	188,36	211,91	87,58	175,83	197,81	68,94	163,30	183,71	50,29	150,76	169,61	31,65	138,23	155,51	13,01	125,70	141,41	-	113,16	127,31
	III	1.746,33	-	139,70	157,16	-	129,05	145,18	-	118,65	133,48	-	108,50	122,06	-	98,61	110,93	-	88,98	100,10	-	79,61	89,56
	IV	2.503,66	123,96	200,29	225,32	114,64	194,02	218,27	105,32	187,76	211,23	96,00	181,49	204,17	86,68	175,22	197,12	77,35	168,96	190,08	68,03	162,69	183,02
	V	3.018,08	165,99	241,44	271,62																		
	VI	3.062,41	168,43	244,99	275,61																		
9.173,99 (West)	I	2.497,16	123,19	199,77	224,74	104,55	187,24	210,64	85,90	174,70	196,54	67,26	162,17	182,44	48,62	149,64	168,34	29,97	137,10	154,24	11,33	124,57	140,14
	II	2.348,00	105,44	187,84	211,32	86,80	175,30	197,21	68,16	162,78	183,12	49,52	150,24	169,02	30,88	137,71	154,92	12,23	125,18	140,82	-	112,64	126,72
	III	1.740,83	-	139,26	156,67	-	128,61	144,68	-	118,21	132,98	-	108,08	121,59	-	98,20	110,47	-	88,58	99,65	-	79,21	89,11
	IV	2.497,16	123,19	199,77	224,74	113,87	193,50	217,69	104,55	187,24	210,64	95,22	180,97	203,59	85,90	174,70	196,54	76,58	168,44	189,49	67,26	162,17	182,44
	V	3.011,58	165,63	240,92	271,04																		
	VI	3.055,91	168,07	244,47	275,03																		
9.173,99 (Ost)	I	2.504,91	124,11	200,39	225,44	105,47	187,86	211,34	86,83	175,32	197,24	68,18	162,79	183,14	49,55	150,26	169,04	30,91	137,73	154,94	12,26	125,20	140,85
	II	2.355,83	106,37	188,46	212,02	87,73	175,93	197,92	69,08	163,40	183,82	50,44	150,86	169,72	31,80	138,33	155,62	13,15	125,80	141,52	-	113,27	127,43
	III	1.747,50	-	139,80	157,27	-	129,13	145,27	-	118,73	133,57	-	108,58	122,15	-	98,69	111,02	-	89,05	100,18	-	79,68	89,64
	IV	2.504,91	124,11	200,39	225,44	114,79	194,12	218,39	105,47	187,86	211,34	96,15	181,59	204,29	86,83	175,32	197,24	77,50	169,06	190,19	68,18	162,79	183,14
	V	3.019,41	166,06	241,55	271,74																		
	VI	3.063,66	168,50	245,09	275,72																		
9.176,99 (West)	I	2.498,41	123,34	199,87	224,85	104,70	187,34	210,75	86,05	174,80	196,65	67,41	162,27	182,55	48,77	149,74	168,45	30,12	137,20	154,35	11,48	124,67	140,25
	II	2.349,33	105,60	187,94	211,43	86,95	175,41	197,33	68,31	162,88	183,24	49,67	150,34	169,13	31,02	137,81	155,03	12,38	125,28	140,94	-	112,74	126,83
	III	1.741,83	-	139,34	156,76	-	128,69	144,77	-	118,30	133,09	-	108,16	121,68	-	98,28	110,56	-	88,65	99,73	-	79,29	89,20
	IV	2.498,41	123,34	199,87	224,85	114,02	193,60	217,80	104,70	187,34	210,75	95,37	181,07	203,70	86,05	174,80	196,65	76,73	168,54	189,60	67,41	162,27	182,55
	V	3.012,83	165,70	241,02	271,15																		
	VI	3.057,16	168,14	244,57	275,14																		
9.176,99 (Ost)	I	2.506,16	124,26	200,49	225,55	105,62	187,96	211,45	86,98	175,43	197,36	68,34	162,90	183,26	49,70	150,36	169,16	31,05	137,83	155,06	12,41	125,30	140,96
	II	2.357,08	106,52	188,56	212,13	87,88	176,03	198,03	69,23	163,50	183,93	50,59	150,96	169,83	31,95	138,43	155,73	13,31	125,90	141,64	-	113,37	127,54
	III	1.748,66	-	139,89	157,37	-	129,22	145,37	-	118,81	133,66	-	108,66	122,24	-	98,77	111,11	-	89,13	100,27	-	79,76	89,73
	IV	2.506,16	124,26	200,49	225,55	114,94	194,22	218,50	105,62	187,96	211,45	96,30	181,69	204,40	86,98	175,43	197,36	77,66	169,16	190,31	68,34	162,90	183,26
	V	3.020,66	166,13	241,65	271,85																		
	VI	3.064,91	168,57	245,19	275,84																		
9.179,99 (West)	I	2.499,66	123,49	199,97	224,96	104,84	187,44	210,87	86,20	174,90	196,76	67,56	162,37	182,66	48,91	149,84	168,57	30,27	137,30	154,46	11,63	124,77	140,36
	II	2.350,58	105,75	188,04	211,55	87,10	175,51	197,45	68,46	162,98	183,35	49,82	150,44	169,25	31,17	137,91	155,15	12,53	125,38	141,05	-	112,84	126,95
	III	1.743,00	-	139,44	156,87	-	128,77	144,86	-	118,38	133,18	-	108,24	121,77	-	98,36	110,65	-	88,73	99,82	-	79,37	89,29
	IV	2.499,66	123,49	199,97	224,96	114,17	193,70	217,91	104,84	187,44	210,87	95,52	181,17	203,81	86,20	174,90	196,76	76,88	168,64	189,72	67,56	162,37	182,66
	V	3.014,08	165,77	241,12	271,26																		
	VI	3.058,41	168,21	244,67	275,25																		
9.179,99 (Ost)	I	2.507,41	124,41	200,59	225,66	105,78	188,06	211,57	87,13	175,53	197,47	68,49	163,00	183,37	49,85	150,46	169,27	31,20	137,93	155,17	12,56	125,40	141,07
	II	2.358,33	106,67	188,66	212,24	88,03	176,13	198,14	69,38	163,60	184,05	50,75	151,07	169,95	32,11	138,54	155,85	13,46	126,00	141,75	-	113,47	127,65
	III	1.749,66	-	139,97	157,46	-	129,30	145,46	-	118,89	133,75	-	108,74	122,33	-	98,85	111,20	-	89,21	100,36	-	79,82	89,80
	IV	2.507,41	124,41	200,59	225,66	115,10	194,33	218,62	105,78	188,06	211,57	96,45	181,80	204,52	87,13	175,53	197,47	77,81	169,26	190,42	68,49	163,00	183,37
	V	3.021,91	166,20	241,75	271,97																		
	VI	3.066,25	168,64	245,30	275,96																		
9.182,99 (West)	I	2.500,91	123,64	200,07	225,08	104,99	187,54	210,98	86,35	175,00	196,88	67,71	162,47	182,78	49,06	149,94	168,68	30,42	137,40	154,58	11,78	124,87	140,48
	II	2.351,83	105,90	188,14	211,66	87,25	175,61	197,56	68,61	163,08	183,46	49,97	150,54	169,36	31,32	138,01	155,26	12,68	125,48	141,16	-	112,94	127,06
	III	1.744,00	-	139,52	156,96	-	128,86	144,97	-	118,46	133,27	-	108,32	121,86	-	98,44	110,74	-	88,81	99,91	-	79,44	89,37
	IV	2.500,91	123,64	200,07	225,08	114,31	193,80	218,03	104,99	187,54	210,98	95,67	181,27	203,93	86,35	175,00	196,88	77,03	168,74	189,83	67,71	162,47	182,78
	V	3.015,33	165,84	241,22	271,37																		
	VI	3.059,66	168,28	244,77	275,36																		
9.182,99 (Ost)	I	2.508,75	124,57	200,70	225,78	105,92	188,16	211,68	87,28	175,63	197,58	68,64	163,10	183,48	49,99	150,56	169,38	31,35	138,03	155,28	12,71	125,50	141,18
	II	2.359,58	106,82	188,76	212,36	88,17	176,23	198,26	69,54	163,70	184,16	50,90	151,17	170,06	32,25	138,64	155,97	13,61	126,10	141,86	-	113,57	127,76
	III	1.750,83	-	140,06	157,57	-	129,38	145,55	-	118,97	133,84	-	108,82	122,42	-	98,93	111,29	-	89,29	100,45	-	79,90	89,89
	IV	2.508,75	124,57	200,70	225,78	115,25	194,43	218,73	105,92	188,16	211,68	96,60	181,90	204,63	87,28	175,63	197,58	77,96	169,36	190,53	68,64	163,10	183,48
	V	3.023,16	166,27	241,85	272,08																		
	VI	3.067,50	168,71	245,40	276,07																		
9.185,99 (West)	I	2.502,16	123,78	200,17	225,19	105,14	187,64	211,09	86,50	175,10	196,99	67,85	162,57	182,89	49,21	150,04	168,79	30,57	137,50	154,69	11,93	124,98	140,60
	II	2.353,08	106,04	188,24	211,77	87,40	175,71	197,67	68,76	163,18	183,57	50,11	150,64	169,47	31,47	138,11	155,37	12,83	125,58	141,27	-	113,04	127,17
	III	1.745,16	-	139,61	157,06	-	128,94	145,06	-	118,54	133,36	-	108,40	121,95	-	98,52	110,83	-	88,89	100,00	-	79,52	89,46
	IV	2.502,16	123,78	200,17	225,19	114,46	193,90	218,14	105,14	187,64	211,09	95,82	181,37	204,04	86,50	175,10	196,99	77,18	168,84	189,94	67,85	162,57	182,89
	V	3.016,58	165,91	241,32	271,49																		
	VI	3.060,91	168,35	244,87	275,48																		
9.185,99 (Ost)	I	2.510,00	124,72	200,80	225,90	106,07	188,26	211,79	87,43	175,73	197,69	68,79	163,20	183,60	50,14	150,66	169,49	31,50	138,13	155,39	12,86	125,60	141,30
	II	2.360,91	106,98	188,87	212,48	88,33	176,34	198,38	69,69	163,80	184,28	51,05	151,27	170,18	32,40	138,74	156,08	13,76	126,20	141,98	-	113,67	127,88
	III	1.751,83	-	140,14	157,66	-	129,48	145,66	-	119,06	133,94	-	108,90	122,51	-	99,00	111,37	-	89,36	100,53	-	79,97	89,96
	IV	2.510,00	124,72	200,80	225,90	115,40	194,53	218,84	106,07	188,26	211,79	96,75	182,00	204,75	87,43	175,73	197,69	78,11	169,46	190,64	68,79	163,20	183,60
	V	3.024,41	166,34	241,95	272,19																		
	VI	3.068,75	168,78	245,50	276,18																		

Anzahl Kinderfreibeträge (nur Steuerklassen I–IV)

MONAT bis 9.206,99 €

Allgemeine Tabelle

Lohn/ Gehalt bis	Steuerklasse	Lohn- steuer	ohne Kinderfreibetrag SolZ 5,5%	Kirchensteuer 8%	9%	0,5 SolZ 5,5%	Kirchensteuer 8%	9%	1,0 SolZ 5,5%	Kirchensteuer 8%	9%	1,5 SolZ 5,5%	Kirchensteuer 8%	9%	2,0 SolZ 5,5%	Kirchensteuer 8%	9%	2,5 SolZ 5,5%	Kirchensteuer 8%	9%	3,0 SolZ 5,5%	Kirchensteuer 8%	9%
9.188,99 (West)	I	2.503,41	123,93	200,27	225,30	105,29	187,74	211,20	86,65	175,20	197,10	68,00	162,67	183,00	49,37	150,14	168,91	30,73	137,61	154,81	12,08	125,08	140
	II	2.354,33	106,19	188,34	211,88	87,55	175,81	197,78	68,91	163,28	183,69	50,26	150,74	169,58	31,62	138,21	155,48	12,98	125,68	141,39	-	113,14	127
	III	1.746,16	-	139,69	157,15	-	129,04	145,17	-	118,62	133,45	-	108,48	122,04	-	98,60	110,92	-	88,96	100,08	-	79,58	89
	IV	2.503,41	123,93	200,27	225,30	114,61	194,00	218,25	105,29	187,74	211,20	95,97	181,47	204,15	86,65	175,20	197,10	77,33	168,94	190,05	68,00	162,67	183
	V	3.017,83	165,98	241,42	271,60																		
	VI	3.062,16	168,41	244,97	275,59																		
9.188,99 (Ost)	I	2.511,25	124,87	200,90	226,01	106,22	188,36	211,91	87,58	175,83	197,81	68,94	163,30	183,71	50,29	150,76	169,61	31,65	138,23	155,51	13,01	125,70	141
	II	2.362,16	107,12	188,97	212,59	88,48	176,44	198,49	69,84	163,90	184,39	51,19	151,37	170,29	32,55	138,84	156,19	13,91	126,30	142,09	-	113,77	127
	III	1.753,00	-	140,24	157,77	-	129,56	145,75	-	119,14	134,03	-	108,98	122,60	-	99,08	111,46	-	89,44	100,62	-	80,05	90
	IV	2.511,25	124,87	200,90	226,01	115,54	194,63	218,96	106,22	188,36	211,91	96,90	182,10	204,86	87,58	175,83	197,81	78,26	169,56	190,76	68,94	163,30	183
	V	3.025,66	166,41	242,05	272,30																		
	VI	3.070,00	168,85	245,60	276,30																		
9.191,99 (West)	I	2.504,66	124,08	200,37	225,41	105,44	187,84	211,32	86,80	175,30	197,21	68,16	162,78	183,12	49,52	150,24	169,02	30,88	137,71	154,92	12,23	125,18	140
	II	2.355,58	106,34	188,44	212,00	87,70	175,91	197,90	69,05	163,38	183,80	50,41	150,84	169,70	31,77	138,31	155,60	13,13	125,78	141,50	-	113,25	127
	III	1.747,33	-	139,78	157,25	-	129,12	145,26	-	118,70	133,54	-	108,56	122,13	-	98,68	111,01	-	89,04	100,17	-	79,66	89
	IV	2.504,66	124,08	200,37	225,41	114,76	194,10	218,36	105,44	187,84	211,32	96,12	181,57	204,26	86,80	175,30	197,21	77,48	169,04	190,17	68,16	162,78	183
	V	3.019,16	166,05	241,53	271,72																		
	VI	3.063,41	168,48	245,07	275,70																		
9.191,99 (Ost)	I	2.512,50	125,01	201,00	226,12	106,37	188,46	212,02	87,73	175,93	197,92	69,08	163,40	183,82	50,44	150,86	169,72	31,80	138,33	155,62	13,15	125,80	141
	II	2.363,41	107,27	189,07	212,70	88,63	176,54	198,60	69,99	164,00	184,50	51,34	151,47	170,40	32,70	138,94	156,30	14,06	126,40	142,20	-	113,87	128
	III	1.754,00	-	140,32	157,86	-	129,64	145,84	-	119,22	134,12	-	109,06	122,69	-	99,16	111,55	-	89,52	100,71	-	80,13	90
	IV	2.512,50	125,01	201,00	226,12	115,69	194,73	219,07	106,37	188,46	212,02	97,05	182,20	204,97	87,73	175,93	197,92	78,41	169,66	190,87	69,08	163,40	183
	V	3.026,91	166,48	242,15	272,42																		
	VI	3.071,25	168,91	245,70	276,41																		
9.194,99 (West)	I	2.505,91	124,23	200,47	225,53	105,60	187,94	211,43	86,95	175,41	197,33	68,31	162,88	183,24	49,67	150,34	169,13	31,02	137,81	155,03	12,38	125,28	140
	II	2.356,83	106,49	188,54	212,11	87,85	176,01	198,01	69,20	163,48	183,91	50,56	150,94	169,81	31,93	138,42	155,72	13,28	125,88	141,62	-	113,35	127
	III	1.748,33	-	139,86	157,34	-	129,20	145,35	-	118,80	133,65	-	108,64	122,22	-	98,74	111,08	-	89,12	100,26	-	79,73	89
	IV	2.505,91	124,23	200,47	225,53	114,91	194,20	218,48	105,60	187,94	211,43	96,28	181,68	204,39	86,95	175,41	197,33	77,63	169,14	190,28	68,31	162,88	183
	V	3.020,41	166,12	241,63	271,83																		
	VI	3.064,66	168,55	245,17	275,81																		
9.194,99 (Ost)	I	2.513,75	125,16	201,10	226,23	106,52	188,56	212,13	87,88	176,03	198,03	69,23	163,50	183,93	50,59	150,96	169,83	31,95	138,43	155,73	13,31	125,90	141,
	II	2.364,66	107,42	189,17	212,81	88,78	176,64	198,72	70,14	164,10	184,61	51,49	151,57	170,51	32,85	139,04	156,42	14,21	126,50	142,31	-	113,97	128,
	III	1.755,16	-	140,41	157,96	-	129,73	145,94	-	119,30	134,21	-	109,14	122,78	-	99,24	111,64	-	89,60	100,80	-	80,20	90,
	IV	2.513,75	125,16	201,10	226,23	115,84	194,83	219,18	106,52	188,56	212,13	97,20	182,30	205,08	87,88	176,03	198,03	78,55	169,76	190,98	69,23	163,50	183,
	V	3.028,16	166,54	242,25	272,53																		
	VI	3.072,50	168,98	245,80	276,52																		
9.197,99 (West)	I	2.507,25	124,39	200,58	225,65	105,75	188,04	211,55	87,10	175,51	197,45	68,46	162,98	183,35	49,82	150,44	169,25	31,17	137,91	155,15	12,53	125,38	141,
	II	2.358,08	106,64	188,64	212,22	88,00	176,11	198,12	69,36	163,58	184,03	50,72	151,05	169,93	32,08	138,52	155,83	13,43	125,98	141,73	-	113,45	127,
	III	1.749,50	-	139,96	157,45	-	129,29	145,45	-	118,88	133,74	-	108,72	122,31	-	98,82	111,17	-	89,20	100,35	-	79,81	89,
	IV	2.507,25	124,39	200,58	225,65	115,07	194,31	218,60	105,75	188,04	211,55	96,42	181,78	204,50	87,10	175,51	197,45	77,78	169,24	190,40	68,46	162,98	183,
	V	3.021,66	166,19	241,73	271,94																		
	VI	3.066,00	168,63	245,28	275,94																		
9.197,99 (Ost)	I	2.515,00	125,31	201,20	226,35	106,67	188,66	212,24	88,03	176,13	198,14	69,38	163,60	184,05	50,75	151,07	169,95	32,11	138,54	155,85	13,46	126,00	141,
	II	2.365,91	107,57	189,27	212,93	88,93	176,74	198,83	70,28	164,20	184,73	51,64	151,67	170,63	33,00	139,14	156,53	14,35	126,60	142,43	-	114,07	128,
	III	1.756,16	-	140,49	158,05	-	129,81	146,03	-	119,40	134,32	-	109,22	122,87	-	99,32	111,73	-	89,66	100,87	-	80,28	90,
	IV	2.515,00	125,31	201,20	226,35	115,99	194,93	219,29	106,67	188,66	212,24	97,35	182,40	205,20	88,03	176,13	198,14	78,70	169,86	191,09	69,38	163,60	184,
	V	3.029,50	166,62	242,36	272,65																		
	VI	3.073,75	169,05	245,90	276,63																		
9.200,99 (West)	I	2.508,50	124,54	200,68	225,76	105,90	188,14	211,66	87,25	175,61	197,56	68,61	163,08	183,46	49,97	150,54	169,36	31,32	138,01	155,26	12,68	125,48	141,
	II	2.359,33	106,79	188,74	212,33	88,15	176,22	198,24	69,51	163,68	184,14	50,87	151,15	170,04	32,22	138,62	155,94	13,58	126,08	141,84	-	113,55	127,
	III	1.750,50	-	140,04	157,54	-	129,37	145,54	-	118,96	133,83	-	108,81	122,41	-	98,90	111,26	-	89,26	100,42	-	79,89	89,
	IV	2.508,50	124,54	200,68	225,76	115,22	194,41	218,71	105,90	188,14	211,66	96,57	181,88	204,61	87,25	175,61	197,56	77,93	169,34	190,51	68,61	163,08	183,
	V	3.022,91	166,26	241,83	272,06																		
	VI	3.067,25	168,69	245,38	276,05																		
9.200,99 (Ost)	I	2.516,25	125,46	201,30	226,46	106,82	188,76	212,36	88,17	176,23	198,26	69,54	163,70	184,16	50,90	151,17	170,06	32,25	138,64	155,97	13,61	126,10	141,
	II	2.367,16	107,72	189,37	213,04	89,08	176,84	198,94	70,43	164,30	184,84	51,79	151,77	170,74	33,15	139,24	156,64	14,51	126,71	142,55	-	114,18	128,4
	III	1.757,33	-	140,58	158,15	-	129,90	146,14	-	119,48	134,41	-	109,30	122,96	-	99,40	111,82	-	89,74	100,96	-	80,34	90,3
	IV	2.516,25	125,46	201,30	226,46	116,14	195,03	219,41	106,82	188,76	212,36	97,50	182,50	205,31	88,17	176,23	198,26	78,86	169,97	191,21	69,54	163,70	184,1
	V	3.030,75	166,69	242,46	272,76																		
	VI	3.075,00	169,12	246,00	276,75																		
9.203,99 (West)	I	2.509,75	124,69	200,78	225,87	106,04	188,24	211,77	87,40	175,71	197,67	68,76	163,18	183,57	50,11	150,64	169,47	31,47	138,11	155,37	12,83	125,58	141,2
	II	2.360,66	106,95	188,85	212,45	88,30	176,32	198,36	69,66	163,78	184,25	51,02	151,25	170,15	32,37	138,72	156,06	13,73	126,18	141,95	-	113,65	127,8
	III	1.751,66	-	140,13	157,64	-	129,45	145,63	-	119,04	133,92	-	108,89	122,50	-	98,98	111,35	-	89,34	100,51	-	79,96	89,9
	IV	2.509,75	124,69	200,78	225,87	115,37	194,51	218,82	106,04	188,24	211,77	96,72	181,98	204,72	87,40	175,71	197,67	78,08	169,44	190,62	68,76	163,18	183,5
	V	3.024,16	166,32	241,93	272,17																		
	VI	3.068,50	168,76	245,48	276,16																		
9.203,99 (Ost)	I	2.517,50	125,61	201,40	226,57	106,98	188,87	212,48	88,33	176,34	198,38	69,69	163,80	184,28	51,05	151,27	170,18	32,40	138,74	156,08	13,76	126,20	141,9
	II	2.368,41	107,87	189,47	213,15	89,23	176,94	199,05	70,58	164,40	184,95	51,94	151,87	170,85	33,31	139,34	156,76	14,66	126,81	142,66	-	114,28	128,5
	III	1.758,33	-	140,66	158,24	-	129,98	146,23	-	119,56	134,50	-	109,38	123,05	-	99,48	111,91	-	89,82	101,05	-	80,42	90,4
	IV	2.517,50	125,61	201,40	226,57	116,29	195,13	219,52	106,98	188,87	212,48	97,65	182,60	205,43	88,33	176,34	198,38	79,01	170,07	191,33	69,69	163,80	184,2
	V	3.032,00	166,76	242,56	272,88																		
	VI	3.076,25	169,19	246,10	276,86																		
9.206,99 (West)	I	2.511,00	124,84	200,88	225,99	106,19	188,34	211,88	87,55	175,81	197,78	68,91	163,28	183,69	50,26	150,74	169,58	31,62	138,21	155,48	12,98	125,68	141,3
	II	2.361,91	107,10	188,95	212,57	88,45	176,42	198,47	69,81	163,88	184,37	51,17	151,35	170,27	32,52	138,82	156,17	13,88	126,28	142,07	-	113,75	127,9
	III	1.752,66	-	140,21	157,73	-	129,54	145,73	-	119,13	134,02	-	108,97	122,59	-	99,06	111,44	-	89,42	100,60	-	80,04	90,0
	IV	2.511,00	124,84	200,88	225,99	115,51	194,61	218,93	106,19	188,34	211,88	96,87	182,08	204,84	87,55	175,81	197,78	78,23	169,54	190,73	68,91	163,28	183,6
	V	3.025,41	166,39	242,03	272,28																		
	VI	3.069,75	168,83	245,58	276,27																		
9.206,99 (Ost)	I	2.518,83	125,77	201,50	226,69	107,12	188,97	212,59	88,48	176,44	198,49	69,84	163,90	184,39	51,19	151,37	170,29	32,55	138,84	156,19	13,91	126,30	142,0
	II	2.369,66	108,02	189,57	213,26	89,37	177,04	199,17	70,74	164,51	185,07	52,10	151,98	170,97	33,45	139,44	156,87	14,81	126,91	142,77	-	114,38	128,6
	III	1.759,50	-	140,76	158,35	-	130,06	146,32	-	119,64	134,59	-	109,46	123,14	-	99,56	112,00	-	89,90	101,14	-	80,50	90,5
	IV	2.518,83	125,77	201,50	226,69	116,45	195,24	219,64	107,12	188,97	212,59	97,80	182,70	205,54	88,48	176,44	198,49	79,16	170,17	191,44	69,84	163,90	184,3
	V	3.033,25	166,82	242,66	272,99																		
	VI	3.077,58	169,26	246,20	276,98																		

Anzahl Kinderfreibeträge (nur Steuerklassen I–IV)

Lohn/ Gehalt bis	Steuerklasse	Lohn-steuer	ohne Kinderfreibetrag SolZ 5,5%	ohne Kinderfreibetrag Kirchensteuer 8%	ohne Kinderfreibetrag Kirchensteuer 9%	0,5 SolZ 5,5%	0,5 Kirchensteuer 8%	0,5 Kirchensteuer 9%	1,0 SolZ 5,5%	1,0 Kirchensteuer 8%	1,0 Kirchensteuer 9%	1,5 SolZ 5,5%	1,5 Kirchensteuer 8%	1,5 Kirchensteuer 9%	2,0 SolZ 5,5%	2,0 Kirchensteuer 8%	2,0 Kirchensteuer 9%	2,5 SolZ 5,5%	2,5 Kirchensteuer 8%	2,5 Kirchensteuer 9%	3,0 SolZ 5,5%	3,0 Kirchensteuer 8%	3,0 Kirchensteuer 9%
						Anzahl Kinderfreibeträge (nur Steuerklassen I–IV)																	
9.209,99 (West)	I	2.512,25	124,98	200,98	226,10	106,34	188,44	212,00	87,70	175,91	197,90	69,05	163,38	183,80	50,41	150,84	169,70	31,77	138,31	155,60	13,13	125,78	141,50
	II	2.363,16	107,24	189,05	212,68	88,60	176,52	198,58	69,96	163,98	184,48	51,31	151,45	170,38	32,67	138,92	156,28	14,03	126,38	142,18	–	113,85	128,08
	III	1.753,83	–	140,30	157,84	–	129,62	145,82	–	119,21	134,11	–	109,05	122,68	–	99,14	111,53	–	89,50	100,69	–	80,10	90,11
	IV	2.512,25	124,98	200,98	226,10	115,66	194,71	219,05	106,34	188,44	212,00	97,02	182,18	204,95	87,70	175,91	197,90	78,38	169,64	190,85	69,05	163,38	183,80
	V	3.026,66	166,46	242,13	272,39																		
	VI	3.071,00	168,90	245,68	276,39																		
9.209,99 (Ost)	I	2.520,08	125,92	201,60	226,80	107,27	189,07	212,70	88,63	176,54	198,60	69,99	164,00	184,50	51,34	151,47	170,40	32,70	138,94	156,30	14,06	126,40	142,20
	II	2.370,91	108,17	189,67	213,38	89,53	177,14	199,28	70,89	164,61	185,18	52,25	152,08	171,09	33,60	139,54	156,98	14,96	127,01	142,88	–	114,48	128,79
	III	1.760,50	–	140,84	158,44	–	130,16	146,43	–	119,72	134,68	–	109,54	123,23	–	99,64	112,09	–	89,97	101,21	–	80,57	90,64
	IV	2.520,08	125,92	201,60	226,80	116,60	195,34	219,75	107,27	189,07	212,70	97,95	182,80	205,65	88,63	176,54	198,60	79,31	170,27	191,55	69,99	164,00	184,50
	V	3.034,50	166,89	242,76	273,10																		
	VI	3.078,83	169,33	246,30	277,09																		
9.212,99 (West)	I	2.513,50	125,13	201,08	226,21	106,49	188,54	212,11	87,85	176,01	198,01	69,20	163,48	183,91	50,56	150,94	169,81	31,93	138,42	155,72	13,28	125,88	141,62
	II	2.364,41	107,39	189,15	212,79	88,75	176,62	198,69	70,11	164,08	184,59	51,46	151,55	170,49	32,82	139,02	156,39	14,18	126,48	142,29	–	113,95	128,19
	III	1.754,83	–	140,38	157,93	–	129,70	145,91	–	119,29	134,20	–	109,13	122,77	–	99,22	111,62	–	89,57	100,76	–	80,18	90,20
	IV	2.513,50	125,13	201,08	226,21	115,81	194,81	219,16	106,49	188,54	212,11	97,17	182,28	205,06	87,85	176,01	198,01	78,53	169,74	190,96	69,20	163,48	183,91
	V	3.027,91	166,53	242,23	272,51																		
	VI	3.072,25	168,97	245,78	276,50																		
9.212,99 (Ost)	I	2.521,33	126,07	201,70	226,91	107,42	189,17	212,81	88,78	176,64	198,72	70,14	164,10	184,61	51,49	151,57	170,51	32,85	139,04	156,42	14,21	126,50	142,31
	II	2.372,25	108,32	189,78	213,50	89,68	177,24	199,40	71,04	164,71	185,30	52,39	152,18	171,20	33,75	139,64	157,10	15,11	127,11	143,00	–	114,58	128,90
	III	1.761,66	–	140,93	158,54	–	130,24	146,52	–	119,81	134,78	–	109,62	123,32	–	99,72	112,18	–	90,05	101,30	–	80,65	90,73
	IV	2.521,33	126,07	201,70	226,91	116,74	195,44	219,87	107,42	189,17	212,81	98,10	182,90	205,76	88,78	176,64	198,72	79,46	170,37	191,66	70,14	164,10	184,61
	V	3.035,75	166,96	242,86	273,21																		
	VI	3.080,08	169,40	246,40	277,20																		
9.215,99 (West)	I	2.514,75	125,28	201,18	226,32	106,64	188,64	212,22	88,00	176,11	198,12	69,36	163,58	184,03	50,72	151,05	169,93	32,08	138,52	155,83	13,43	125,98	141,73
	II	2.365,66	107,54	189,25	212,90	88,90	176,72	198,81	70,25	164,18	184,70	51,61	151,65	170,60	32,97	139,12	156,51	14,32	126,58	142,40	–	114,06	128,31
	III	1.756,00	–	140,48	158,04	–	129,80	146,02	–	119,37	134,29	–	109,21	122,86	–	99,30	111,71	–	89,65	100,85	–	80,26	90,29
	IV	2.514,75	125,28	201,18	226,32	115,96	194,91	219,27	106,64	188,64	212,22	97,32	182,38	205,17	88,00	176,11	198,12	78,67	169,84	191,07	69,36	163,58	184,03
	V	3.029,25	166,60	242,34	272,63																		
	VI	3.073,50	169,04	245,88	276,61																		
9.215,99 (Ost)	I	2.522,58	126,21	201,80	227,03	107,57	189,27	212,93	88,93	176,74	198,83	70,28	164,20	184,73	51,64	151,67	170,63	33,00	139,14	156,53	14,35	126,60	142,43
	II	2.373,50	108,47	189,88	213,61	89,83	177,34	199,51	71,19	164,81	185,41	52,54	152,28	171,31	33,90	139,74	157,21	15,26	127,21	143,11	–	114,68	129,01
	III	1.762,66	–	141,01	158,63	–	130,32	146,61	–	119,89	134,87	–	109,70	123,41	–	99,78	112,25	–	90,13	101,39	–	80,72	90,81
	IV	2.522,58	126,21	201,80	227,03	116,89	195,54	219,98	107,57	189,27	212,93	98,25	183,00	205,88	88,93	176,74	198,83	79,61	170,47	191,78	70,28	164,20	184,73
	V	3.037,00	167,03	242,96	273,33																		
	VI	3.081,33	169,47	246,50	277,31																		
9.218,99 (West)	I	2.516,00	125,43	201,28	226,44	106,79	188,74	212,33	88,15	176,22	198,24	69,51	163,68	184,14	50,87	151,15	170,04	32,22	138,62	155,94	13,58	126,08	141,84
	II	2.366,91	107,69	189,35	213,02	89,05	176,82	198,92	70,40	164,28	184,82	51,76	151,75	170,72	33,13	139,22	156,62	14,48	126,69	142,52	–	114,16	128,43
	III	1.757,00	–	140,56	158,13	–	129,88	146,11	–	119,45	134,38	–	109,29	122,95	–	99,38	111,80	–	89,73	100,94	–	80,33	90,37
	IV	2.516,00	125,43	201,28	226,44	116,11	195,01	219,38	106,79	188,74	212,33	97,48	182,48	205,29	88,15	176,22	198,24	78,83	169,95	191,19	69,51	163,68	184,14
	V	3.030,50	166,67	242,44	272,74																		
	VI	3.074,75	169,11	245,98	276,72																		
9.218,99 (Ost)	I	2.523,83	126,36	201,90	227,14	107,72	189,37	213,04	89,08	176,84	198,94	70,43	164,30	184,84	51,79	151,77	170,74	33,15	139,24	156,64	14,51	126,71	142,55
	II	2.374,75	108,62	189,98	213,72	89,98	177,44	199,62	71,34	164,91	185,52	52,69	152,38	171,42	34,05	139,84	157,32	15,41	127,31	143,22	–	114,78	129,12
	III	1.763,83	–	141,10	158,74	–	130,41	146,71	–	119,97	134,96	–	109,80	123,52	–	99,86	112,34	–	90,21	101,48	–	80,80	90,90
	IV	2.523,83	126,36	201,90	227,14	117,04	195,64	220,09	107,72	189,37	213,04	98,40	183,10	205,99	89,08	176,84	198,94	79,75	170,57	191,89	70,43	164,30	184,84
	V	3.038,25	167,10	243,06	273,44																		
	VI	3.082,58	169,54	246,60	277,43																		
9.221,99 (West)	I	2.517,33	125,59	201,38	226,55	106,95	188,85	212,45	88,30	176,32	198,36	69,66	163,78	184,25	51,02	151,25	170,15	32,37	138,72	156,06	13,73	126,18	141,95
	II	2.368,16	107,84	189,45	213,13	89,20	176,92	199,03	70,55	164,38	184,93	51,92	151,86	170,84	33,28	139,32	156,74	14,63	126,79	142,64	–	114,26	128,54
	III	1.758,16	–	140,65	158,23	–	129,96	146,20	–	119,54	134,48	–	109,37	123,04	–	99,46	111,89	–	89,80	101,02	–	80,41	90,46
	IV	2.517,33	125,59	201,38	226,55	116,27	195,12	219,51	106,95	188,85	212,45	97,62	182,58	205,40	88,30	176,32	198,36	78,98	170,05	191,30	69,66	163,78	184,25
	V	3.031,75	166,74	242,54	272,85																		
	VI	3.076,08	169,18	246,08	276,84																		
9.221,99 (Ost)	I	2.525,08	126,51	202,00	227,25	107,87	189,47	213,15	89,23	176,94	199,05	70,58	164,40	184,95	51,94	151,87	170,85	33,31	139,34	156,76	14,66	126,81	142,66
	II	2.376,00	108,77	190,08	213,84	90,13	177,54	199,73	71,48	165,01	185,63	52,84	152,48	171,54	34,20	139,94	157,43	15,55	127,41	143,33	–	114,88	129,24
	III	1.764,83	–	141,18	158,83	–	130,49	146,80	–	120,05	135,05	–	109,88	123,61	–	99,94	112,43	–	90,28	101,56	–	80,88	90,99
	IV	2.525,08	126,51	202,00	227,25	117,19	195,74	220,20	107,87	189,47	213,15	98,55	183,20	206,10	89,23	176,94	199,05	79,90	170,67	192,00	70,58	164,40	184,95
	V	3.039,50	167,17	243,16	273,55																		
	VI	3.083,83	169,61	246,70	277,54																		
9.224,99 (West)	I	2.518,58	125,74	201,48	226,67	107,10	188,95	212,57	88,45	176,42	198,47	69,81	163,88	184,37	51,17	151,35	170,27	32,52	138,82	156,17	13,88	126,28	142,07
	II	2.369,41	107,99	189,55	213,24	89,35	177,02	199,15	70,71	164,49	185,05	52,07	151,96	170,95	33,42	139,42	156,85	14,78	126,89	142,75	–	114,36	128,65
	III	1.759,16	–	140,73	158,32	–	130,05	146,30	–	119,62	134,57	–	109,45	123,13	–	99,53	111,97	–	89,88	101,11	–	80,48	90,54
	IV	2.518,58	125,74	201,48	226,67	116,42	195,22	219,62	107,10	188,95	212,57	97,77	182,68	205,52	88,45	176,42	198,47	79,13	170,15	191,42	69,81	163,88	184,37
	V	3.033,00	166,81	242,64	272,97																		
	VI	3.077,33	169,25	246,18	276,95																		
9.224,99 (Ost)	I	2.526,33	126,66	202,10	227,36	108,02	189,57	213,26	89,37	177,04	199,17	70,74	164,51	185,07	52,10	151,98	170,97	33,45	139,44	156,87	14,81	126,91	142,77
	II	2.377,25	108,92	190,18	213,95	90,28	177,64	199,85	71,63	165,11	185,75	52,99	152,58	171,65	34,35	140,04	157,55	15,70	127,51	143,45	–	114,98	129,35
	III	1.766,00	–	141,28	158,94	–	130,57	146,89	–	120,13	135,14	–	109,96	123,70	–	100,02	112,52	–	90,36	101,65	–	80,94	91,06
	IV	2.526,33	126,66	202,10	227,36	117,34	195,84	220,32	108,02	189,57	213,26	98,70	183,30	206,21	89,37	177,04	199,17	80,05	170,77	192,11	70,74	164,51	185,07
	V	3.040,83	167,24	243,26	273,67																		
	VI	3.085,08	169,67	246,80	277,65																		
9.227,99 (West)	I	2.519,83	125,89	201,58	226,78	107,24	189,05	212,68	88,60	176,52	198,58	69,96	163,98	184,48	51,31	151,45	170,38	32,67	138,92	156,28	14,03	126,38	142,18
	II	2.370,75	108,15	189,66	213,36	89,50	177,12	199,26	70,86	164,59	185,16	52,22	152,06	171,06	33,57	139,52	156,96	14,93	126,99	142,86	–	114,46	128,76
	III	1.760,33	–	140,82	158,42	–	130,13	146,39	–	119,70	134,66	–	109,53	123,22	–	99,61	112,06	–	89,96	101,20	–	80,56	90,63
	IV	2.519,83	125,89	201,58	226,78	116,57	195,32	219,73	107,24	189,05	212,68	97,92	182,78	205,63	88,60	176,52	198,58	79,28	170,25	191,53	69,96	163,98	184,48
	V	3.034,25	166,88	242,74	273,08																		
	VI	3.078,58	169,32	246,28	277,07																		
9.227,99 (Ost)	I	2.527,58	126,81	202,20	227,48	108,17	189,67	213,38	89,53	177,14	199,28	70,89	164,61	185,18	52,25	152,08	171,09	33,60	139,54	156,98	14,96	127,01	142,88
	II	2.378,50	109,07	190,28	214,06	90,43	177,74	199,96	71,78	165,21	185,86	53,14	152,68	171,76	34,51	140,15	157,67	15,86	127,62	143,57	–	115,08	129,47
	III	1.767,00	–	141,36	159,03	–	130,66	146,99	–	120,22	135,25	–	110,04	123,79	–	100,10	112,61	–	90,44	101,74	–	81,02	91,15
	IV	2.527,58	126,81	202,20	227,48	117,49	195,94	220,43	108,17	189,67	213,38	98,85	183,41	206,33	89,53	177,14	199,28	80,21	170,88	192,24	70,89	164,61	185,18
	V	3.042,08	167,31	243,36	273,78																		
	VI	3.086,33	169,74	246,90	277,76																		

MONAT bis 9.248,99 €

Allgemeine Tabelle

Lohn/ Gehalt bis	Steuerklasse	Lohn-steuer	ohne Kinderfreibetrag SolZ 5,5%	Kirchensteuer 8%	Kirchensteuer 9%	0,5 SolZ 5,5%	0,5 Kirchensteuer 8%	0,5 Kirchensteuer 9%	1,0 SolZ 5,5%	1,0 Kirchensteuer 8%	1,0 Kirchensteuer 9%	1,5 SolZ 5,5%	1,5 Kirchensteuer 8%	1,5 Kirchensteuer 9%	2,0 SolZ 5,5%	2,0 Kirchensteuer 8%	2,0 Kirchensteuer 9%	2,5 SolZ 5,5%	2,5 Kirchensteuer 8%	2,5 Kirchensteuer 9%	3,0 SolZ 5,5%	3,0 Kirchensteuer 8%	3,0 Kirchensteuer 9%
9.230,99 (West)	I	2.521,08	126,04	201,68	226,89	107,39	189,15	212,79	88,75	176,62	198,69	70,11	164,08	184,59	51,46	151,55	170,49	32,82	139,02	156,39	14,18	126,48	14
	II	2.372,00	108,29	189,76	213,48	89,65	177,22	199,37	71,01	164,69	185,27	52,36	152,16	171,18	33,72	139,62	157,07	15,08	127,09	142,97	–	114,56	12
	III	1.761,33	–	140,90	158,51	–	130,22	146,50	–	119,78	134,75	–	109,61	123,31	–	99,69	112,15	–	90,04	101,29	–	80,62	9
	IV	2.521,08	126,04	201,68	226,89	116,71	195,42	219,84	107,39	189,15	212,79	98,07	182,88	205,74	88,75	176,62	198,69	79,43	170,35	191,64	70,11	164,08	18
	V	3.035,50	166,95	242,84	273,19																		
	VI	3.079,83	169,39	246,38	277,18																		
9.230,99 (Ost)	I	2.528,91	126,97	202,31	227,60	108,32	189,78	213,50	89,68	177,24	199,40	71,04	164,71	185,30	52,39	152,18	171,20	33,75	139,64	157,10	15,11	127,11	14
	II	2.379,75	109,22	190,38	214,17	90,57	177,84	200,07	71,93	165,31	185,97	53,30	152,78	171,88	34,65	140,25	157,78	16,01	127,72	143,68	–	115,18	12
	III	1.768,16	–	141,45	159,13	–	130,74	147,08	–	120,30	135,34	–	110,12	123,88	–	100,18	112,70	–	90,52	101,83	–	81,09	9
	IV	2.528,91	126,97	202,31	227,60	117,65	196,04	220,55	108,32	189,78	213,50	99,00	183,51	206,45	89,68	177,24	199,40	80,36	170,98	192,35	71,04	164,71	18
	V	3.043,33	167,38	243,46	273,89																		
	VI	3.087,66	169,82	247,01	277,88																		
9.233,99 (West)	I	2.522,33	126,18	201,78	227,00	107,54	189,25	212,90	88,90	176,72	198,81	70,25	164,18	184,70	51,61	151,65	170,60	32,97	139,12	156,51	14,32	126,58	14
	II	2.373,25	108,44	189,86	213,59	89,80	177,32	199,49	71,16	164,79	185,39	52,51	152,26	171,29	33,87	139,72	157,19	15,23	127,19	143,09	–	114,66	12
	III	1.762,50	–	141,00	158,62	–	130,30	146,59	–	119,86	134,84	–	109,69	123,40	–	99,77	112,24	–	90,10	101,36	–	80,70	9
	IV	2.522,33	126,18	201,78	227,00	116,86	195,52	219,96	107,54	189,25	212,90	98,22	182,98	205,85	88,90	176,72	198,81	79,58	170,45	191,75	70,25	164,18	18
	V	3.036,75	167,02	242,94	273,30																		
	VI	3.081,08	169,45	246,48	277,29																		
9.233,99 (Ost)	I	2.530,16	127,12	202,41	227,71	108,47	189,88	213,61	89,83	177,34	199,51	71,19	164,81	185,41	52,54	152,28	171,31	33,90	139,74	157,21	15,26	127,21	14
	II	2.381,00	109,37	190,48	214,29	90,73	177,95	200,19	72,09	165,42	186,09	53,45	152,88	171,99	34,80	140,35	157,89	16,16	127,82	143,79	–	115,28	12
	III	1.769,16	–	141,53	159,22	–	130,84	147,19	–	120,38	135,43	–	110,20	123,97	–	100,26	112,79	–	90,58	101,90	–	81,17	9
	IV	2.530,16	127,12	202,41	227,71	117,80	196,14	220,66	108,47	189,88	213,61	99,15	183,61	206,56	89,83	177,34	199,51	80,51	171,08	192,46	71,19	164,81	18
	V	3.044,58	167,45	243,56	274,01																		
	VI	3.088,91	169,89	247,11	278,00																		
9.236,99 (West)	I	2.523,58	126,33	201,88	227,12	107,69	189,35	213,02	89,05	176,82	198,92	70,40	164,28	184,82	51,76	151,75	170,72	33,13	139,22	156,62	14,48	126,69	14
	II	2.374,50	108,59	189,96	213,70	89,95	177,42	199,60	71,31	164,89	185,50	52,66	152,36	171,40	34,02	139,82	157,30	15,38	127,29	143,20	–	114,76	12
	III	1.763,50	–	141,08	158,71	–	130,38	146,68	–	119,96	134,95	–	109,77	123,49	–	99,85	112,33	–	90,18	101,45	–	80,78	9
	IV	2.523,58	126,33	201,88	227,12	117,01	195,62	220,07	107,69	189,35	213,02	98,37	183,08	205,97	89,05	176,82	198,92	79,73	170,55	191,87	70,40	164,28	18
	V	3.038,00	167,09	243,04	273,42																		
	VI	3.082,33	169,52	246,58	277,40																		
9.236,99 (Ost)	I	2.531,41	127,27	202,51	227,82	108,62	189,98	213,72	89,98	177,44	199,62	71,34	164,91	185,52	52,69	152,38	171,42	34,05	139,84	157,32	15,41	127,31	14
	II	2.382,33	109,52	190,58	214,40	90,88	178,05	200,30	72,24	165,52	186,21	53,59	152,98	172,10	34,95	140,45	158,00	16,31	127,92	143,91	–	115,38	12
	III	1.770,33	–	141,62	159,32	–	130,92	147,28	–	120,46	135,52	–	110,28	124,06	–	100,34	112,88	–	90,66	101,99	–	81,25	9
	IV	2.531,41	127,27	202,51	227,82	117,94	196,24	220,77	108,62	189,98	213,72	99,30	183,71	206,67	89,98	177,44	199,62	80,66	171,18	192,57	71,34	164,91	18
	V	3.045,83	167,52	243,66	274,12																		
	VI	3.090,16	169,95	247,21	278,11																		
9.239,99 (West)	I	2.524,83	126,48	201,98	227,23	107,84	189,45	213,13	89,20	176,92	199,03	70,55	164,38	184,93	51,92	151,86	170,84	33,28	139,32	156,74	14,63	126,79	142
	II	2.375,75	108,74	190,06	213,81	90,10	177,52	199,71	71,45	164,99	185,61	52,81	152,46	171,51	34,17	139,92	157,41	15,52	127,39	143,31	–	114,86	129
	III	1.764,66	–	141,17	158,81	–	130,48	146,79	–	120,04	135,04	–	109,85	123,58	–	99,93	112,42	–	90,26	101,54	–	80,85	90
	IV	2.524,83	126,48	201,98	227,23	117,16	195,72	220,18	107,84	189,45	213,13	98,52	183,18	206,08	89,20	176,92	199,03	79,87	170,65	191,98	70,55	164,38	184
	V	3.039,33	167,16	243,14	273,53																		
	VI	3.083,58	169,59	246,68	277,52																		
9.239,99 (Ost)	I	2.532,66	127,41	202,61	227,93	108,77	190,08	213,84	90,13	177,54	199,73	71,48	165,01	185,63	52,84	152,48	171,54	34,20	139,94	157,43	15,55	127,41	143
	II	2.383,58	109,67	190,68	214,52	91,03	178,15	200,42	72,39	165,62	186,32	53,74	153,08	172,22	35,10	140,55	158,12	16,46	128,02	144,02	–	115,48	129
	III	1.771,50	–	141,72	159,43	–	131,00	147,37	–	120,56	135,63	–	110,36	124,15	–	100,42	112,97	–	90,74	102,08	–	81,32	91
	IV	2.532,66	127,41	202,61	227,93	118,09	196,34	220,88	108,77	190,08	213,84	99,45	183,81	206,78	90,13	177,54	199,73	80,81	171,28	192,69	71,48	165,01	185
	V	3.047,08	167,58	243,76	274,23																		
	VI	3.091,41	170,02	247,31	278,22																		
9.242,99 (West)	I	2.526,08	126,63	202,08	227,34	107,99	189,55	213,24	89,35	177,02	199,15	70,71	164,49	185,05	52,07	151,96	170,95	33,42	139,42	156,85	14,78	126,89	142
	II	2.377,00	108,89	190,16	213,93	90,25	177,62	199,82	71,60	165,09	185,72	52,96	152,56	171,63	34,32	140,02	157,52	15,68	127,50	143,43	–	114,96	129
	III	1.765,66	–	141,25	158,90	–	130,56	146,88	–	120,12	135,13	–	109,93	123,67	–	100,01	112,51	–	90,34	101,63	–	80,93	91
	IV	2.526,08	126,63	202,08	227,34	117,31	195,82	220,29	107,99	189,55	213,24	98,67	183,28	206,19	89,35	177,02	199,15	80,03	170,76	192,10	70,71	164,49	185
	V	3.040,58	167,23	243,24	273,65																		
	VI	3.084,83	169,66	246,78	277,63																		
9.242,99 (Ost)	I	2.533,91	127,56	202,71	228,05	108,92	190,18	213,95	90,28	177,64	199,85	71,63	165,11	185,75	52,99	152,58	171,65	34,35	140,04	157,55	15,70	127,51	143
	II	2.384,83	109,82	190,78	214,63	91,18	178,25	200,53	72,54	165,72	186,43	53,89	153,18	172,33	35,25	140,65	158,23	16,61	128,12	144,13	–	115,58	130,
	III	1.772,50	–	141,80	159,52	–	131,09	147,47	–	120,64	135,72	–	110,44	124,24	–	100,50	113,06	–	90,82	102,17	–	81,40	91,
	IV	2.533,91	127,56	202,71	228,05	118,24	196,44	221,00	108,92	190,18	213,95	99,60	183,91	206,90	90,28	177,64	199,85	80,95	171,38	192,80	71,63	165,11	185,
	V	3.048,33	167,65	243,86	274,34																		
	VI	3.092,66	170,09	247,41	278,33																		
9.245,99 (West)	I	2.527,33	126,78	202,18	227,45	108,15	189,66	213,36	89,50	177,12	199,26	70,86	164,59	185,16	52,22	152,06	171,06	33,57	139,52	156,96	14,93	126,99	142,
	II	2.378,25	109,04	190,26	214,04	90,40	177,72	199,94	71,75	165,19	185,84	53,12	152,66	171,74	34,48	140,13	157,64	15,83	127,60	143,55	–	115,06	129,
	III	1.766,83	–	141,34	159,01	–	130,64	146,97	–	120,20	135,22	–	110,01	123,76	–	100,09	112,60	–	90,41	101,71	–	81,00	91,
	IV	2.527,33	126,78	202,18	227,45	117,47	195,92	220,41	108,15	189,66	213,36	98,82	183,39	206,31	89,50	177,12	199,26	80,18	170,86	192,21	70,86	164,59	185,
	V	3.041,83	167,30	243,34	273,76																		
	VI	3.086,08	169,73	246,88	277,74																		
9.245,99 (Ost)	I	2.535,16	127,71	202,81	228,16	109,07	190,28	214,06	90,43	177,74	199,96	71,78	165,21	185,86	53,14	152,68	171,76	34,51	140,15	157,67	15,86	127,62	143,
	II	2.386,08	109,97	190,88	214,74	91,33	178,35	200,64	72,68	165,82	186,54	54,04	153,28	172,44	35,40	140,75	158,34	16,75	128,22	144,24	–	115,68	130,
	III	1.773,66	–	141,89	159,62	–	131,17	147,56	–	120,72	135,81	–	110,52	124,33	–	100,58	113,15	–	90,89	102,25	–	81,46	91,
	IV	2.535,16	127,71	202,81	228,16	118,39	196,54	221,11	109,07	190,28	214,06	99,75	184,01	207,01	90,43	177,74	199,96	81,10	171,48	192,91	71,78	165,21	185,
	V	3.049,58	167,72	243,96	274,46																		
	VI	3.093,91	170,16	247,51	278,45																		
9.248,99 (West)	I	2.528,66	126,94	202,29	227,57	108,29	189,76	213,48	89,65	177,22	199,37	71,01	164,69	185,27	52,36	152,16	171,18	33,72	139,62	157,07	15,08	127,09	142,
	II	2.379,50	109,19	190,36	214,15	90,54	177,82	200,05	71,91	165,30	185,96	53,27	152,76	171,86	34,62	140,23	157,76	15,98	127,70	143,66	–	115,16	129,
	III	1.767,83	–	141,42	159,10	–	130,73	147,07	–	120,29	135,32	–	110,09	123,85	–	100,17	112,69	–	90,49	101,80	–	81,08	91,
	IV	2.528,66	126,94	202,29	227,57	117,62	196,02	220,52	108,29	189,76	213,48	98,97	183,49	206,42	89,65	177,22	199,37	80,33	170,96	192,33	71,01	164,69	185,
	V	3.043,08	167,36	243,44	273,87																		
	VI	3.087,41	169,80	246,99	277,86																		
9.248,99 (Ost)	I	2.536,41	127,86	202,91	228,27	109,22	190,38	214,17	90,57	177,84	200,07	71,93	165,31	185,97	53,30	152,78	171,88	34,65	140,25	157,78	16,01	127,72	143,
	II	2.387,33	110,12	190,98	214,85	91,48	178,45	200,75	72,83	165,92	186,66	54,19	153,38	172,55	35,55	140,85	158,45	16,90	128,32	144,36	–	115,79	130,
	III	1.774,66	–	141,97	159,71	–	131,26	147,67	–	120,80	135,90	–	110,60	124,42	–	100,66	113,24	–	90,97	102,34	–	81,54	91,
	IV	2.536,41	127,86	202,91	228,27	118,54	196,64	221,22	109,22	190,38	214,17	99,90	184,11	207,12	90,57	177,84	200,07	81,25	171,58	193,02	71,93	165,31	185,
	V	3.050,91	167,80	244,07	274,58																		
	VI	3.095,16	170,23	247,61	278,56																		

Lohn/ Gehalt bis	Steuerklasse	Lohn-steuer	ohne Kinderfreibetrag SolZ 5,5%	ohne Kinderfreibetrag Kirchensteuer 8%	ohne Kinderfreibetrag Kirchensteuer 9%	0,5 SolZ 5,5%	0,5 Kirchensteuer 8%	0,5 Kirchensteuer 9%	1,0 SolZ 5,5%	1,0 Kirchensteuer 8%	1,0 Kirchensteuer 9%	1,5 SolZ 5,5%	1,5 Kirchensteuer 8%	1,5 Kirchensteuer 9%	2,0 SolZ 5,5%	2,0 Kirchensteuer 8%	2,0 Kirchensteuer 9%	2,5 SolZ 5,5%	2,5 Kirchensteuer 8%	2,5 Kirchensteuer 9%	3,0 SolZ 5,5%	3,0 Kirchensteuer 8%	3,0 Kirchensteuer 9%
						Anzahl Kinderfreibeträge (nur Steuerklassen I–IV)																	
9.251,99 (West)	I	2.529,91	127,09	202,39	227,69	108,44	189,86	213,59	89,80	177,32	199,49	71,16	164,79	185,39	52,51	152,26	171,29	33,87	139,72	157,19	15,23	127,19	143,09
	II	2.380,83	109,35	190,46	214,27	90,70	177,93	200,17	72,06	165,40	186,07	53,42	152,86	171,97	34,77	140,33	157,87	16,13	127,80	143,77	-	115,26	129,67
	III	1.769,00	-	141,52	159,21	-	130,81	147,16	-	120,37	135,41	-	110,18	123,95	-	100,25	112,78	-	90,57	101,89	-	81,16	91,30
	IV	2.529,91	127,09	202,39	227,69	117,77	196,12	220,64	108,44	189,86	213,59	99,12	183,59	206,54	89,80	177,32	199,49	80,48	171,06	192,44	71,16	164,79	185,39
	V	3.044,33	167,43	243,54	273,98																		
	VI	3.088,66	169,87	247,09	277,97																		
9.251,99 (Ost)	I	2.537,66	128,01	203,01	228,38	109,37	190,48	214,29	90,73	177,95	200,19	72,09	165,42	186,09	53,45	152,88	171,99	34,80	140,35	157,89	16,16	127,82	143,79
	II	2.388,58	110,27	191,08	214,97	91,63	178,55	200,87	72,98	166,02	186,77	54,34	153,48	172,67	35,70	140,95	158,57	17,06	128,42	144,47	-	115,89	130,37
	III	1.775,83	-	142,06	159,82	-	131,34	147,76	-	120,88	135,99	-	110,68	124,51	-	100,73	113,32	-	91,05	102,43	-	81,62	91,82
	IV	2.537,66	128,01	203,01	228,38	118,69	196,74	221,33	109,37	190,48	214,29	100,04	184,21	207,23	90,73	177,95	200,19	81,41	171,68	193,14	72,09	165,42	186,09
	V	3.052,16	167,86	244,17	274,69																		
	VI	3.096,41	170,30	247,71	278,67																		
9.254,99 (West)	I	2.531,16	127,24	202,49	227,80	108,59	189,96	213,70	89,95	177,42	199,60	71,31	164,89	185,50	52,66	152,36	171,40	34,02	139,82	157,30	15,38	127,29	143,20
	II	2.382,08	109,49	190,56	214,38	90,85	178,03	200,28	72,21	165,50	186,18	53,56	152,96	172,08	34,92	140,43	157,98	16,28	127,90	143,88	-	115,36	129,78
	III	1.770,16	-	141,61	159,31	-	130,90	147,26	-	120,45	135,50	-	110,26	124,04	-	100,33	112,87	-	90,65	101,98	-	81,22	91,37
	IV	2.531,16	127,24	202,49	227,80	117,91	196,22	220,75	108,59	189,96	213,70	99,27	183,69	206,65	89,95	177,42	199,60	80,63	171,16	192,55	71,31	164,89	185,50
	V	3.045,58	167,50	243,64	274,10																		
	VI	3.089,91	169,94	247,19	278,09																		
9.254,99 (Ost)	I	2.538,91	128,16	203,11	228,50	109,52	190,58	214,40	90,88	178,05	200,30	72,24	165,52	186,21	53,59	152,98	172,10	34,95	140,45	158,00	16,31	127,92	143,91
	II	2.389,83	110,42	191,18	215,08	91,77	178,65	200,98	73,13	166,12	186,88	54,50	153,59	172,79	35,85	141,06	158,69	17,21	128,52	144,59	-	115,99	130,49
	III	1.776,83	-	142,14	159,91	-	131,42	147,85	-	120,97	136,09	-	110,76	124,60	-	100,81	113,41	-	91,13	102,52	-	81,69	91,90
	IV	2.538,91	128,16	203,11	228,50	118,85	196,85	221,45	109,52	190,58	214,40	100,20	184,32	207,36	90,88	178,05	200,30	81,56	171,78	193,25	72,24	165,52	186,21
	V	3.053,41	167,93	244,27	274,80																		
	VI	3.097,75	170,37	247,82	278,79																		
9.257,99 (West)	I	2.532,41	127,38	202,59	227,91	108,74	190,06	213,81	90,10	177,52	199,71	71,45	164,99	185,61	52,81	152,46	171,51	34,17	139,92	157,41	15,52	127,39	143,31
	II	2.383,33	109,64	190,66	214,49	91,00	178,13	200,39	72,36	165,60	186,30	53,71	153,06	172,19	35,07	140,53	158,09	16,43	128,00	144,00	-	115,46	129,89
	III	1.771,16	-	141,69	159,40	-	130,98	147,35	-	120,53	135,59	-	110,34	124,13	-	100,40	112,95	-	90,73	102,07	-	81,30	91,46
	IV	2.532,41	127,38	202,59	227,91	118,06	196,32	220,86	108,74	190,06	213,81	99,42	183,79	206,76	90,10	177,52	199,71	80,78	171,26	192,66	71,45	164,99	185,61
	V	3.046,83	167,57	243,74	274,21																		
	VI	3.091,16	170,01	247,29	278,20																		
9.257,99 (Ost)	I	2.540,25	128,32	203,22	228,62	109,67	190,68	214,52	91,03	178,15	200,42	72,39	165,62	186,32	53,74	153,08	172,22	35,10	140,55	158,12	16,46	128,02	144,02
	II	2.391,08	110,57	191,28	215,19	91,92	178,75	201,09	73,29	166,22	187,00	54,65	153,69	172,90	36,00	141,16	158,80	17,36	128,62	144,70	-	116,09	130,60
	III	1.778,00	-	142,24	160,02	-	131,52	147,96	-	121,05	136,18	-	110,84	124,69	-	100,89	113,50	-	91,20	102,60	-	81,77	91,99
	IV	2.540,25	128,32	203,22	228,62	119,00	196,95	221,57	109,67	190,68	214,52	100,35	184,42	207,47	91,03	178,15	200,42	81,71	171,88	193,37	72,39	165,62	186,32
	V	3.054,66	168,00	244,37	274,91																		
	VI	3.099,00	170,44	247,92	278,91																		
9.260,99 (West)	I	2.533,66	127,53	202,69	228,02	108,89	190,16	213,93	90,25	177,62	199,82	71,60	165,09	185,72	52,96	152,56	171,63	34,32	140,02	157,52	15,68	127,50	143,43
	II	2.384,58	109,79	190,76	214,61	91,15	178,23	200,51	72,51	165,70	186,41	53,86	153,16	172,31	35,22	140,63	158,21	16,58	128,10	144,11	-	115,56	130,01
	III	1.772,33	-	141,78	159,50	-	131,06	147,44	-	120,61	135,68	-	110,42	124,22	-	100,48	113,04	-	90,80	102,15	-	81,38	91,55
	IV	2.533,66	127,53	202,69	228,02	118,21	196,42	220,97	108,89	190,16	213,93	99,57	183,89	206,87	90,25	177,62	199,82	80,92	171,36	192,78	71,60	165,09	185,72
	V	3.048,08	167,64	243,84	274,32																		
	VI	3.092,41	170,08	247,39	278,31																		
9.260,99 (Ost)	I	2.541,50	128,47	203,32	228,73	109,82	190,78	214,63	91,18	178,25	200,53	72,54	165,72	186,43	53,89	153,18	172,33	35,25	140,65	158,23	16,61	128,12	144,13
	II	2.392,41	110,72	191,39	215,31	92,08	178,86	201,21	73,44	166,32	187,11	54,79	153,79	173,01	36,15	141,26	158,91	17,51	128,72	144,81	-	116,19	130,71
	III	1.779,00	-	142,32	160,11	-	131,60	148,05	-	121,13	136,27	-	110,93	124,79	-	100,97	113,59	-	91,28	102,69	-	81,84	92,07
	IV	2.541,50	128,47	203,32	228,73	119,14	197,05	221,68	109,82	190,78	214,63	100,50	184,52	207,58	91,18	178,25	200,53	81,86	171,98	193,48	72,54	165,72	186,43
	V	3.055,91	168,07	244,47	275,03																		
	VI	3.100,25	170,51	248,02	279,02																		
9.263,99 (West)	I	2.534,91	127,68	202,79	228,14	109,04	190,26	214,04	90,40	177,72	199,94	71,75	165,19	185,84	53,12	152,66	171,74	34,48	140,13	157,64	15,83	127,60	143,55
	II	2.385,83	109,94	190,86	214,72	91,30	178,33	200,62	72,65	165,80	186,52	54,01	153,26	172,42	35,37	140,73	158,32	16,72	128,20	144,22	-	115,66	130,12
	III	1.773,33	-	141,86	159,59	-	131,16	147,55	-	120,70	135,79	-	110,50	124,31	-	100,56	113,13	-	90,88	102,24	-	81,45	91,63
	IV	2.534,91	127,68	202,79	228,14	118,36	196,52	221,09	109,04	190,26	214,04	99,72	183,99	206,99	90,40	177,72	199,94	81,07	171,46	192,89	71,75	165,19	185,84
	V	3.049,33	167,71	243,94	274,43																		
	VI	3.093,66	170,15	247,49	278,42																		
9.263,99 (Ost)	I	2.542,75	128,61	203,42	228,84	109,97	190,88	214,74	91,33	178,35	200,64	72,68	165,82	186,54	54,04	153,28	172,44	35,40	140,75	158,34	16,75	128,22	144,24
	II	2.393,66	110,87	191,49	215,42	92,23	178,96	201,33	73,59	166,42	187,22	54,94	153,89	173,12	36,30	141,36	159,03	17,66	128,82	144,92	-	116,29	130,82
	III	1.780,16	-	142,41	160,21	-	131,68	148,14	-	121,21	136,36	-	111,01	124,88	-	101,05	113,68	-	91,36	102,78	-	81,92	92,16
	IV	2.542,75	128,61	203,42	228,84	119,29	197,15	221,79	109,97	190,88	214,74	100,65	184,62	207,69	91,33	178,35	200,64	82,01	172,08	193,59	72,68	165,82	186,54
	V	3.057,16	168,14	244,57	275,14																		
	VI	3.101,50	170,58	248,12	279,13																		
9.266,99 (West)	I	2.536,16	127,83	202,89	228,25	109,19	190,36	214,15	90,54	177,82	200,05	71,91	165,30	185,96	53,27	152,76	171,86	34,62	140,23	157,76	15,98	127,70	143,66
	II	2.387,08	110,09	190,96	214,83	91,45	178,43	200,73	72,80	165,90	186,63	54,16	153,36	172,53	35,52	140,83	158,43	16,88	128,30	144,34	-	115,77	130,24
	III	1.774,50	-	141,96	159,70	-	131,24	147,64	-	120,78	135,88	-	110,58	124,40	-	100,64	113,22	-	90,96	102,33	-	81,53	91,72
	IV	2.536,16	127,83	202,89	228,25	118,51	196,62	221,20	109,19	190,36	214,15	99,87	184,09	207,10	90,54	177,82	200,05	81,23	171,56	193,01	71,91	165,30	185,96
	V	3.050,66	167,78	244,05	274,55																		
	VI	3.094,91	170,22	247,59	278,54																		
9.266,99 (Ost)	I	2.544,00	128,76	203,52	228,96	110,12	190,98	214,85	91,48	178,45	200,75	72,83	165,92	186,66	54,19	153,38	172,55	35,55	140,85	158,45	16,90	128,32	144,36
	II	2.394,91	111,02	191,59	215,54	92,38	179,06	201,44	73,74	166,52	187,34	55,09	153,99	173,24	36,45	141,46	159,14	17,81	128,92	145,04	-	116,39	130,94
	III	1.781,16	-	142,49	160,30	-	131,77	148,24	-	121,30	136,46	-	111,09	124,97	-	101,13	113,77	-	91,44	102,87	-	82,00	92,25
	IV	2.544,00	128,76	203,52	228,96	119,44	197,25	221,90	110,12	190,98	214,85	100,80	184,72	207,81	91,48	178,45	200,75	82,15	172,18	193,70	72,83	165,92	186,66
	V	3.058,41	168,21	244,67	275,25																		
	VI	3.102,75	170,65	248,22	279,24																		
9.269,99 (West)	I	2.537,41	127,98	202,99	228,36	109,35	190,46	214,27	90,70	177,93	200,17	72,06	165,40	186,07	53,42	152,86	171,97	34,77	140,33	157,87	16,13	127,80	143,77
	II	2.388,33	110,24	191,06	214,94	91,60	178,53	200,84	72,95	166,00	186,75	54,31	153,46	172,64	35,68	140,94	158,55	17,03	128,40	144,45	-	115,87	130,35
	III	1.775,50	-	142,04	159,79	-	131,33	147,74	-	120,86	135,97	-	110,66	124,49	-	100,72	113,31	-	91,04	102,42	-	81,60	91,80
	IV	2.537,41	127,98	202,99	228,36	118,66	196,72	221,31	109,35	190,46	214,27	100,02	184,20	207,22	90,70	177,93	200,17	81,38	171,66	193,12	72,06	165,40	186,07
	V	3.051,91	167,85	244,15	274,67																		
	VI	3.096,16	170,28	247,69	278,65																		
9.269,99 (Ost)	I	2.545,25	128,91	203,62	229,07	110,27	191,08	214,97	91,63	178,55	200,87	72,98	166,02	186,77	54,34	153,48	172,67	35,70	140,95	158,57	17,06	128,42	144,47
	II	2.396,16	111,17	191,69	215,65	92,53	179,16	201,55	73,88	166,62	187,45	55,24	154,09	173,35	36,60	141,56	159,25	17,95	129,02	145,15	-	116,49	131,05
	III	1.782,33	-	142,58	160,40	-	131,85	148,33	-	121,38	136,55	-	111,17	125,06	-	101,21	113,86	-	91,50	102,94	-	82,06	92,32
	IV	2.545,25	128,91	203,62	229,07	119,59	197,35	222,02	110,27	191,08	214,97	100,95	184,82	207,92	91,63	178,55	200,87	82,30	172,28	193,82	72,98	166,02	186,77
	V	3.059,66	168,28	244,77	275,36																		
	VI	3.104,00	170,72	248,32	279,36																		

Lohn/ Gehalt bis	Steuerklasse	Lohn-steuer	ohne Kinderfreibetrag SolZ 5,5%	Kirchensteuer 8%	Kirchensteuer 9%	0,5 SolZ 5,5%	Kirchensteuer 8%	9%	1,0 SolZ 5,5%	Kirchensteuer 8%	9%	1,5 SolZ 5,5%	Kirchensteuer 8%	9%	2,0 SolZ 5,5%	Kirchensteuer 8%	9%	2,5 SolZ 5,5%	Kirchensteuer 8%	9%	3,0 SolZ 5,5%	Kirchensteuer 8%	9%
						Anzahl Kinderfreibeträge (nur Steuerklassen I–IV)																	
9.272,99 (West)	I	2.538,75	128,14	203,10	228,48	109,49	190,56	214,38	90,85	178,03	200,28	72,21	165,50	186,18	53,56	152,96	172,08	34,92	140,43	157,98	16,28	127,90	14
	II	2.389,58	110,39	191,16	215,06	91,74	178,63	200,96	73,11	166,10	186,86	54,47	153,57	172,76	35,82	141,04	158,67	17,18	128,50	144,56	-	115,97	130
	III	1.776,66	-	142,13	159,89	-	131,41	147,83	-	120,94	136,06	-	110,74	124,58	-	100,80	113,40	-	91,10	102,49	-	81,68	91
	IV	2.538,75	128,14	203,10	228,48	118,82	196,83	221,43	109,49	190,56	214,38	100,17	184,30	207,33	90,85	178,03	200,28	81,53	171,76	193,23	72,21	165,50	186
	V	3.053,16	167,92	244,25	274,78																		
	VI	3.097,50	170,36	247,80	278,77																		
9.272,99 (Ost)	I	2.546,50	129,06	203,72	229,18	110,42	191,18	215,08	91,77	178,65	200,98	73,13	166,12	186,88	54,50	153,59	172,79	35,85	141,06	158,69	17,21	128,52	144
	II	2.397,41	111,32	191,79	215,76	92,68	179,26	201,66	74,03	166,72	187,56	55,39	154,19	173,46	36,75	141,66	159,36	18,10	129,12	145,26	-	116,59	131
	III	1.783,50	-	142,68	160,51	-	131,94	148,43	-	121,46	136,64	-	111,25	125,15	-	101,29	113,95	-	91,58	103,03	-	82,14	92
	IV	2.546,50	129,06	203,72	229,18	119,74	197,45	222,13	110,42	191,18	215,08	101,10	184,92	208,03	91,77	178,65	200,98	82,45	172,38	193,93	73,13	166,12	186
	V	3.061,00	168,35	244,88	275,49																		
	VI	3.105,25	170,78	248,42	279,47																		
9.275,99 (West)	I	2.540,00	128,29	203,20	228,60	109,64	190,66	214,49	91,00	178,13	200,39	72,36	165,60	186,30	53,71	153,06	172,19	35,07	140,53	158,09	16,43	128,00	144
	II	2.390,83	110,54	191,26	215,17	91,90	178,74	201,08	73,26	166,20	186,98	54,62	153,67	172,88	35,97	141,14	158,78	17,33	128,60	144,68	-	116,07	130
	III	1.777,66	-	142,21	159,98	-	131,49	147,92	-	121,04	136,17	-	110,82	124,67	-	100,88	113,49	-	91,18	102,58	-	81,76	91
	IV	2.540,00	128,29	203,20	228,60	118,97	196,93	221,54	109,64	190,66	214,49	100,32	184,40	207,45	91,00	178,13	200,39	81,68	171,86	193,34	72,36	165,60	186
	V	3.054,41	167,99	244,35	274,89																		
	VI	3.098,75	170,43	247,90	278,88																		
9.275,99 (Ost)	I	2.547,75	129,21	203,82	229,29	110,57	191,28	215,19	91,92	178,75	201,09	73,29	166,22	187,00	54,65	153,69	172,90	36,00	141,16	158,80	17,36	128,62	144
	II	2.398,66	111,47	191,89	215,87	92,82	179,36	201,78	74,18	166,82	187,67	55,54	154,29	173,57	36,89	141,76	159,48	18,26	129,23	145,38	-	116,70	131
	III	1.784,50	-	142,76	160,60	-	132,02	148,52	-	121,54	136,73	-	111,33	125,24	-	101,37	114,04	-	91,66	103,12	-	82,22	92
	IV	2.547,75	129,21	203,82	229,29	119,89	197,55	222,24	110,57	191,28	215,19	101,24	185,02	208,14	91,92	178,75	201,09	82,61	172,49	194,05	73,29	166,22	187
	V	3.062,25	168,42	244,98	275,60																		
	VI	3.106,50	170,85	248,52	279,58																		
9.278,99 (West)	I	2.541,25	128,44	203,30	228,71	109,79	190,76	214,61	91,15	178,23	200,51	72,51	165,70	186,41	53,86	153,16	172,31	35,22	140,63	158,21	16,58	128,10	144
	II	2.392,16	110,69	191,37	215,29	92,05	178,84	201,19	73,41	166,30	187,09	54,76	153,77	172,99	36,12	141,24	158,89	17,48	128,70	144,79	-	116,17	130
	III	1.778,83	-	142,30	160,09	-	131,58	148,03	-	121,12	136,26	-	110,90	124,76	-	100,96	113,58	-	91,26	102,67	-	81,82	92
	IV	2.541,25	128,44	203,30	228,71	119,11	197,03	221,66	109,79	190,76	214,61	100,47	184,50	207,56	91,15	178,23	200,51	81,83	171,96	193,46	72,51	165,70	186
	V	3.055,66	168,06	244,45	275,00																		
	VI	3.100,00	170,50	248,00	279,00																		
9.278,99 (Ost)	I	2.549,00	129,36	203,92	229,41	110,72	191,39	215,31	92,08	178,86	201,21	73,44	166,32	187,11	54,79	153,79	173,01	36,15	141,26	158,91	17,51	128,72	144
	II	2.399,91	111,62	191,99	215,99	92,97	179,46	201,89	74,33	166,92	187,79	55,69	154,39	173,69	37,05	141,86	159,59	18,41	129,33	145,49	-	116,80	131
	III	1.785,66	-	142,85	160,70	-	132,10	148,61	-	121,64	136,84	-	111,41	125,33	-	101,45	114,13	-	91,74	103,21	-	82,29	92
	IV	2.549,00	129,36	203,92	229,41	120,04	197,65	222,35	110,72	191,39	215,31	101,40	185,12	208,26	92,08	178,86	201,21	82,76	172,59	194,16	73,44	166,32	187
	V	3.063,50	168,49	245,08	275,71																		
	VI	3.107,75	170,92	248,62	279,69																		
9.281,99 (West)	I	2.542,50	128,58	203,40	228,82	109,94	190,86	214,72	91,30	178,33	200,62	72,65	165,80	186,52	54,01	153,26	172,42	35,37	140,73	158,32	16,72	128,20	144
	II	2.393,41	110,84	191,47	215,40	92,20	178,94	201,30	73,56	166,40	187,20	54,91	153,87	173,10	36,27	141,34	159,00	17,63	128,80	144,90	-	116,27	130
	III	1.779,83	-	142,38	160,18	-	131,66	148,12	-	121,20	136,35	-	110,98	124,85	-	101,04	113,67	-	91,34	102,76	-	81,90	92
	IV	2.542,50	128,58	203,40	228,82	119,26	197,13	221,77	109,94	190,86	214,72	100,62	184,60	207,67	91,30	178,33	200,62	81,98	172,06	193,57	72,65	165,80	186
	V	3.056,91	168,13	244,55	275,12																		
	VI	3.101,25	170,56	248,10	279,11																		
9.281,99 (Ost)	I	2.550,33	129,52	204,02	229,52	110,87	191,49	215,42	92,23	178,96	201,33	73,59	166,42	187,22	54,94	153,89	173,12	36,30	141,36	159,03	17,66	128,82	144
	II	2.401,16	111,77	192,09	216,10	93,12	179,56	202,00	74,49	167,03	187,91	55,85	154,50	173,81	37,20	141,96	159,71	18,56	129,43	145,61	-	116,90	131
	III	1.786,66	-	142,93	160,79	-	132,20	148,72	-	121,72	136,93	-	111,49	125,42	-	101,53	114,22	-	91,82	103,30	-	82,37	92
	IV	2.550,33	129,52	204,02	229,52	120,19	197,76	222,48	110,87	191,49	215,42	101,55	185,22	208,37	92,23	178,96	201,33	82,91	172,69	194,27	73,59	166,42	187
	V	3.064,75	168,56	245,18	275,82																		
	VI	3.109,08	170,99	248,72	279,81																		
9.284,99 (West)	I	2.543,75	128,73	203,50	228,93	110,09	190,96	214,83	91,45	178,43	200,73	72,80	165,90	186,63	54,16	153,36	172,53	35,52	140,83	158,43	16,88	128,30	144,
	II	2.394,66	110,99	191,57	215,51	92,35	179,04	201,42	73,71	166,50	187,31	55,06	153,97	173,21	36,42	141,44	159,12	17,78	128,90	145,01	-	116,37	130,
	III	1.781,00	-	142,48	160,29	-	131,74	148,21	-	121,28	136,44	-	111,06	124,94	-	101,12	113,76	-	91,41	102,83	-	81,97	92
	IV	2.543,75	128,73	203,50	228,93	119,41	197,23	221,88	110,09	190,96	214,83	100,77	184,70	207,78	91,45	178,43	200,73	82,12	172,16	193,68	72,80	165,90	186,
	V	3.058,16	168,19	244,65	275,23																		
	VI	3.102,50	170,63	248,20	279,22																		
9.284,99 (Ost)	I	2.551,58	129,67	204,12	229,64	111,02	191,59	215,54	92,38	179,06	201,44	73,74	166,52	187,34	55,09	153,99	173,24	36,45	141,46	159,14	17,81	128,92	145,
	II	2.402,41	111,91	192,19	216,21	93,28	179,66	202,12	74,64	167,13	188,02	55,99	154,60	173,92	37,35	142,06	159,82	18,71	129,53	145,72	0,06	117,00	131,
	III	1.787,83	-	143,02	160,90	-	132,28	148,81	-	121,80	137,02	-	111,57	125,51	-	101,61	114,31	-	91,89	103,37	-	82,44	92,
	IV	2.551,58	129,67	204,12	229,64	120,34	197,86	222,59	111,02	191,59	215,54	101,70	185,32	208,49	92,38	179,06	201,44	83,06	172,79	194,39	73,74	166,52	187,
	V	3.066,00	168,63	245,28	275,94																		
	VI	3.110,33	171,06	248,82	279,92																		
9.287,99 (West)	I	2.545,00	128,88	203,60	229,05	110,24	191,06	214,94	91,60	178,53	200,84	72,95	166,00	186,75	54,31	153,46	172,64	35,68	140,94	158,55	17,03	128,40	144,
	II	2.395,91	111,14	191,67	215,63	92,50	179,14	201,53	73,85	166,60	187,43	55,21	154,07	173,33	36,57	141,54	159,23	17,92	129,00	145,13	-	116,47	131,
	III	1.782,00	-	142,56	160,38	-	131,84	148,32	-	121,37	136,54	-	111,14	125,03	-	101,20	113,85	-	91,49	102,92	-	82,05	92,
	IV	2.545,00	128,88	203,60	229,05	119,56	197,33	221,99	110,24	191,06	214,94	100,92	184,80	207,90	91,60	178,53	200,84	82,27	172,26	193,79	72,95	166,00	186,
	V	3.059,41	168,26	244,75	275,34																		
	VI	3.103,75	170,70	248,30	279,33																		
9.287,99 (Ost)	I	2.552,83	129,81	204,22	229,75	111,17	191,69	215,65	92,53	179,16	201,55	73,88	166,62	187,45	55,24	154,09	173,35	36,60	141,56	159,25	17,95	129,02	145,
	II	2.403,66	112,07	192,30	216,33	93,43	179,76	202,23	74,79	167,23	188,13	56,14	154,70	174,03	37,50	142,16	159,93	18,86	129,63	145,83	0,21	117,10	131,
	III	1.788,83	-	143,10	160,99	-	132,37	148,91	-	121,88	137,11	-	111,65	125,60	-	101,69	114,40	-	91,97	103,46	-	82,52	92,
	IV	2.552,83	129,81	204,22	229,75	120,49	197,96	222,70	111,17	191,69	215,65	101,85	185,42	208,60	92,53	179,16	201,55	83,21	172,89	194,50	73,88	166,62	187,
	V	3.067,25	168,69	245,38	276,05																		
	VI	3.111,58	171,13	248,92	280,04																		
9.290,99 (West)	I	2.546,25	129,03	203,70	229,16	110,39	191,16	215,06	91,74	178,63	200,96	73,11	166,10	186,86	54,47	153,57	172,76	35,82	141,04	158,67	17,18	128,50	144,
	II	2.397,16	111,29	191,77	215,74	92,65	179,24	201,64	74,00	166,70	187,54	55,36	154,17	173,44	36,72	141,64	159,34	18,07	129,10	145,24	-	116,58	131,
	III	1.783,16	-	142,65	160,48	-	131,92	148,41	-	121,45	136,63	-	111,24	125,14	-	101,28	113,94	-	91,57	103,01	-	82,13	92,
	IV	2.546,25	129,03	203,70	229,16	119,71	197,43	222,11	110,39	191,16	215,06	101,07	184,90	208,01	91,74	178,63	200,96	82,42	172,36	193,91	73,11	166,10	186,
	V	3.060,75	168,34	244,86	275,46																		
	VI	3.105,00	170,77	248,40	279,45																		
9.290,99 (Ost)	I	2.554,08	129,96	204,32	229,86	111,32	191,79	215,76	92,68	179,26	201,66	74,03	166,72	187,56	55,39	154,19	173,46	36,75	141,66	159,36	18,10	129,12	145,
	II	2.405,00	112,22	192,40	216,45	93,58	179,86	202,34	74,94	167,33	188,24	56,29	154,80	174,15	37,65	142,26	160,04	19,01	129,73	145,94	0,36	117,20	131,
	III	1.790,00	-	143,20	161,10	-	132,45	149,00	-	121,97	137,21	-	111,73	125,69	-	101,77	114,49	-	92,05	103,55	-	82,60	92,
	IV	2.554,08	129,96	204,32	229,86	120,64	198,06	222,81	111,32	191,79	215,76	102,00	185,52	208,71	92,68	179,26	201,66	83,35	172,99	194,61	74,03	166,72	187,
	V	3.068,50	168,76	245,48	276,16																		
	VI	3.112,83	171,20	249,02	280,15																		

Lohn/ Gehalt bis	Steuerklasse	Lohn- steuer	ohne Kinderfreibetrag			Anzahl Kinderfreibeträge (nur Steuerklassen I–IV): 0,5			1,0			1,5			2,0			2,5			3,0		
			SolZ 5,5%	Kirchensteuer 8%	9%	SolZ 5,5%	Kirchensteuer 8%	9%	SolZ 5,5%	Kirchensteuer 8%	9%	SolZ 5,5%	Kirchensteuer 8%	9%	SolZ 5,5%	Kirchensteuer 8%	9%	SolZ 5,5%	Kirchensteuer 8%	9%	SolZ 5,5%	Kirchensteuer 8%	9%
9.293,99 ***(West)***	I	2.547,50	*129,18*	203,80	229,27	*110,54*	191,26	215,17	*91,90*	178,74	201,08	*73,26*	166,20	186,98	*54,62*	153,67	172,88	*35,97*	141,14	158,78	*17,33*	128,60	144,68
	II	2.398,41	*111,44*	191,87	215,85	*92,80*	179,34	201,75	*74,15*	166,80	187,65	*55,51*	154,27	173,55	*36,88*	141,74	159,46	*18,23*	129,21	145,36	–	116,68	131,26
	III	1.784,33	–	142,74	160,58	–	132,01	148,51	–	121,53	136,72	–	111,32	125,23	–	101,36	114,03	–	91,65	103,10	–	82,20	92,47
	IV	2.547,50	*129,18*	203,80	229,27	*119,86*	197,53	222,22	*110,54*	191,26	215,17	*101,22*	185,00	208,13	*91,90*	178,74	201,08	*82,58*	172,47	194,03	*73,26*	166,20	186,98
	V	3.062,00	*168,41*	244,96	275,58																		
	VI	3.106,25	*170,84*	248,50	279,56																		
9.293,99 ***(Ost)***	I	2.555,33	*130,11*	204,42	229,97	*111,47*	191,89	215,87	*92,82*	179,36	201,78	*74,18*	166,82	187,67	*55,54*	154,29	173,57	*36,89*	141,76	159,48	*18,26*	129,23	145,38
	II	2.406,25	*112,37*	192,50	216,56	*93,73*	179,96	202,46	*75,08*	167,43	188,36	*56,44*	154,90	174,26	*37,80*	142,36	160,16	*19,15*	129,83	146,06	*0,51*	117,30	131,96
	III	1.791,00	–	143,28	161,19	–	132,53	149,09	–	122,05	137,30	–	111,82	125,80	–	101,84	114,57	–	92,13	103,64	–	82,66	92,99
	IV	2.555,33	*130,11*	204,42	229,97	*120,79*	198,16	222,93	*111,47*	191,89	215,87	*102,15*	185,62	208,82	*92,82*	179,36	201,78	*83,50*	173,09	194,72	*74,18*	166,82	187,67
	V	3.069,75	*168,83*	245,58	276,27																		
	VI	3.114,08	*171,27*	249,12	280,26																		
9.296,99 ***(West)***	I	2.548,83	*129,34*	203,90	229,39	*110,69*	191,37	215,29	*92,05*	178,84	201,19	*73,41*	166,30	187,09	*54,76*	153,77	172,99	*36,12*	141,24	158,89	*17,48*	128,70	144,79
	II	2.399,66	*111,59*	191,97	215,96	*92,94*	179,44	201,87	*74,30*	166,90	187,76	*55,67*	154,38	173,67	*37,02*	141,84	159,57	*18,38*	129,31	145,47	–	116,78	131,37
	III	1.785,33	–	142,82	160,67	–	132,09	148,60	–	121,61	136,81	–	111,40	125,32	–	101,42	114,10	–	91,73	103,19	–	82,28	92,56
	IV	2.548,83	*129,34*	203,90	229,39	*120,02*	197,64	222,34	*110,69*	191,37	215,29	*101,37*	185,10	208,24	*92,05*	178,84	201,19	*82,73*	172,57	194,14	*73,41*	166,30	187,09
	V	3.063,25	*168,47*	245,06	275,69																		
	VI	3.107,58	*170,91*	248,60	279,68																		
9.296,99 ***(Ost)***	I	2.556,58	*130,26*	204,52	230,09	*111,62*	191,99	215,99	*92,97*	179,46	201,89	*74,33*	166,92	187,79	*55,69*	154,39	173,69	*37,05*	141,86	159,59	*18,41*	129,33	145,49
	II	2.407,50	*112,52*	192,60	216,67	*93,88*	180,06	202,57	*75,23*	167,53	188,47	*56,59*	155,00	174,37	*37,95*	142,46	160,27	*19,30*	129,93	146,17	*0,66*	117,40	132,07
	III	1.792,16	–	143,37	161,29	–	132,62	149,20	–	122,13	137,39	–	111,90	125,89	–	101,92	114,66	–	92,20	103,72	–	82,74	93,08
	IV	2.556,58	*130,26*	204,52	230,09	*120,94*	198,26	223,04	*111,62*	191,99	215,99	*102,30*	185,72	208,94	*92,97*	179,46	201,89	*83,65*	173,19	194,84	*74,33*	166,92	187,79
	V	3.071,00	*168,90*	245,68	276,39																		
	VI	3.115,33	*171,34*	249,22	280,37																		
9.299,99 ***(West)***	I	2.550,08	*129,49*	204,00	229,50	*110,84*	191,47	215,40	*92,20*	178,94	201,30	*73,56*	166,40	187,20	*54,91*	153,87	173,10	*36,27*	141,34	159,00	*17,63*	128,80	144,90
	II	2.400,91	*111,74*	192,07	216,08	*93,10*	179,54	201,98	*74,46*	167,01	187,88	*55,82*	154,48	173,79	*37,17*	141,94	159,68	*18,53*	129,41	145,58	–	116,88	131,49
	III	1.786,50	–	142,92	160,78	–	132,17	148,69	–	121,69	136,90	–	111,48	125,41	–	101,50	114,19	–	91,80	103,27	–	82,34	92,63
	IV	2.550,08	*129,49*	204,00	229,50	*120,17*	197,74	222,45	*110,84*	191,47	215,40	*101,52*	185,20	208,35	*92,20*	178,94	201,30	*82,88*	172,67	194,25	*73,56*	166,40	187,20
	V	3.064,50	*168,54*	245,16	275,80																		
	VI	3.108,83	*170,98*	248,70	279,79																		
9.299,99 ***(Ost)***	I	2.557,83	*130,41*	204,62	230,20	*111,77*	192,09	216,10	*93,12*	179,56	202,00	*74,49*	167,03	187,91	*55,85*	154,50	173,81	*37,20*	141,96	159,71	*18,56*	129,43	145,61
	II	2.408,75	*112,67*	192,70	216,78	*94,02*	180,16	202,68	*75,38*	167,63	188,58	*56,74*	155,10	174,48	*38,09*	142,56	160,38	*19,45*	130,03	146,28	*0,82*	117,50	132,19
	III	1.793,33	–	143,46	161,39	–	132,70	149,29	–	122,21	137,48	–	111,98	125,98	–	102,00	114,75	–	92,28	103,81	–	82,82	93,17
	IV	2.557,83	*130,41*	204,62	230,20	*121,09*	198,36	223,15	*111,77*	192,09	216,10	*102,44*	185,82	209,05	*93,12*	179,56	202,00	*83,80*	173,29	194,95	*74,49*	167,03	187,91
	V	3.072,33	*168,97*	245,78	276,50																		
	VI	3.116,58	*171,41*	249,32	280,49																		
9.302,99 ***(West)***	I	2.551,33	*129,64*	204,10	229,61	*110,99*	191,57	215,51	*92,35*	179,04	201,42	*73,71*	166,50	187,31	*55,06*	153,97	173,21	*36,42*	141,44	159,12	*17,78*	128,90	145,01
	II	2.402,25	*111,89*	192,18	216,20	*93,25*	179,64	202,10	*74,61*	167,11	188,00	*55,96*	154,58	173,90	*37,32*	142,04	159,80	*18,68*	129,51	145,70	*0,03*	116,98	131,60
	III	1.787,50	–	143,00	160,87	–	132,26	148,79	–	121,78	137,00	–	111,56	125,50	–	101,58	114,28	–	91,88	103,36	–	82,42	92,72
	IV	2.551,33	*129,64*	204,10	229,61	*120,31*	197,84	222,57	*110,99*	191,57	215,51	*101,67*	185,30	208,46	*92,35*	179,04	201,42	*83,03*	172,77	194,36	*73,71*	166,50	187,31
	V	3.065,75	*168,61*	245,26	275,91																		
	VI	3.110,08	*171,05*	248,80	279,90																		
9.302,99 ***(Ost)***	I	2.559,08	*130,56*	204,72	230,31	*111,91*	192,19	216,21	*93,28*	179,66	202,12	*74,64*	167,13	188,02	*55,99*	154,60	173,92	*37,35*	142,06	159,82	*18,71*	129,53	145,72
	II	2.410,00	*112,82*	192,80	216,90	*94,17*	180,26	202,79	*75,53*	167,73	188,69	*56,89*	155,20	174,60	*38,25*	142,67	160,50	*19,61*	130,14	146,40	*0,97*	117,60	132,30
	III	1.794,33	–	143,54	161,48	–	132,80	149,40	–	122,30	137,59	–	112,06	126,07	–	102,08	114,84	–	92,36	103,90	–	82,89	93,25
	IV	2.559,08	*130,56*	204,72	230,31	*121,24*	198,46	223,26	*111,91*	192,19	216,21	*102,60*	185,93	209,17	*93,28*	179,66	202,12	*83,96*	173,40	195,07	*74,64*	167,13	188,02
	V	3.073,58	*169,04*	245,88	276,62																		
	VI	3.117,83	*171,48*	249,42	280,60																		
9.305,99 ***(West)***	I	2.552,58	*129,78*	204,20	229,73	*111,14*	191,67	215,63	*92,50*	179,14	201,53	*73,85*	166,60	187,43	*55,21*	154,07	173,33	*36,57*	141,54	159,23	*17,92*	129,00	145,13
	II	2.403,50	*112,04*	192,28	216,31	*93,40*	179,74	202,21	*74,76*	167,21	188,11	*56,11*	154,68	174,01	*37,47*	142,14	159,91	*18,83*	129,61	145,81	*0,18*	117,08	131,71
	III	1.788,66	–	143,09	160,97	–	132,34	148,88	–	121,86	137,09	–	111,64	125,59	–	101,66	114,37	–	91,96	103,45	–	82,50	92,81
	IV	2.552,58	*129,78*	204,20	229,73	*120,46*	197,94	222,68	*111,14*	191,67	215,63	*101,82*	185,40	208,58	*92,50*	179,14	201,53	*83,18*	172,87	194,48	*73,85*	166,60	187,43
	V	3.067,00	*168,68*	245,36	276,03																		
	VI	3.111,33	*171,12*	248,90	280,01																		
9.305,99 ***(Ost)***	I	2.560,41	*130,72*	204,83	230,43	*112,07*	192,30	216,33	*93,43*	179,76	202,23	*74,79*	167,23	188,13	*56,14*	154,70	174,03	*37,50*	142,16	159,93	*18,86*	129,63	145,83
	II	2.411,25	*112,97*	192,90	217,01	*94,32*	180,36	202,91	*75,68*	167,83	188,81	*57,05*	155,30	174,71	*38,40*	142,77	160,61	*19,76*	130,24	146,52	*1,12*	117,70	132,41
	III	1.795,50	–	143,64	161,59	–	132,88	149,49	–	122,38	137,68	–	112,14	126,16	–	102,16	114,93	–	92,44	103,99	–	82,97	93,34
	IV	2.560,41	*130,72*	204,83	230,43	*121,39*	198,56	223,38	*112,07*	192,30	216,33	*102,75*	186,03	209,28	*93,43*	179,76	202,23	*84,11*	173,50	195,18	*74,79*	167,23	188,13
	V	3.074,83	*169,11*	245,98	276,73																		
	VI	3.119,16	*171,55*	249,53	280,72																		
9.308,99 ***(West)***	I	2.553,83	*129,93*	204,30	229,84	*111,29*	191,77	215,74	*92,65*	179,24	201,64	*74,00*	166,70	187,54	*55,36*	154,17	173,44	*36,72*	141,64	159,34	*18,07*	129,10	145,24
	II	2.404,75	*112,19*	192,38	216,42	*93,55*	179,84	202,32	*74,91*	167,31	188,22	*56,26*	154,78	174,12	*37,62*	142,24	160,02	*18,98*	129,71	145,92	*0,33*	117,18	131,82
	III	1.789,66	–	143,17	161,06	–	132,44	148,99	–	121,94	137,18	–	111,72	125,68	–	101,74	114,46	–	92,04	103,54	–	82,57	92,89
	IV	2.553,83	*129,93*	204,30	229,84	*120,61*	198,04	222,79	*111,29*	191,77	215,74	*101,97*	185,50	208,69	*92,65*	179,24	201,64	*83,32*	172,97	194,59	*74,00*	166,70	187,54
	V	3.068,25	*168,75*	245,46	276,14																		
	VI	3.112,58	*171,19*	249,00	280,13																		
9.308,99 ***(Ost)***	I	2.561,66	*130,87*	204,93	230,54	*112,22*	192,40	216,45	*93,58*	179,86	202,34	*74,94*	167,33	188,24	*56,29*	154,80	174,15	*37,65*	142,26	160,04	*19,01*	129,73	145,94
	II	2.412,50	*113,11*	193,00	217,12	*94,48*	180,47	203,03	*75,84*	167,94	188,93	*57,19*	155,40	174,83	*38,55*	142,87	160,73	*19,91*	130,34	146,63	*1,26*	117,80	132,53
	III	1.796,50	–	143,72	161,68	–	132,97	149,59	–	122,46	137,77	–	112,22	126,25	–	102,24	115,02	–	92,52	104,08	–	83,04	93,42
	IV	2.561,66	*130,87*	204,93	230,54	*121,54*	198,66	223,49	*112,22*	192,40	216,45	*102,90*	186,13	209,39	*93,58*	179,86	202,34	*84,26*	173,60	195,30	*74,94*	167,33	188,24
	V	3.076,08	*169,18*	246,08	276,84																		
	VI	3.120,41	*171,62*	249,63	280,83																		
9.311,99 ***(West)***	I	2.555,08	*130,08*	204,40	229,95	*111,44*	191,87	215,85	*92,80*	179,34	201,75	*74,15*	166,80	187,65	*55,51*	154,27	173,55	*36,88*	141,74	159,46	*18,23*	129,21	145,36
	II	2.406,00	*112,34*	192,48	216,54	*93,70*	179,94	202,43	*75,05*	167,41	188,33	*56,41*	154,88	174,24	*37,77*	142,34	160,13	*19,12*	129,81	146,03	*0,48*	117,28	131,94
	III	1.790,83	–	143,26	161,17	–	132,52	149,08	–	122,02	137,27	–	111,80	125,77	–	101,82	114,55	–	92,10	103,61	–	82,65	92,98
	IV	2.555,08	*130,08*	204,40	229,95	*120,76*	198,14	222,90	*111,44*	191,87	215,85	*102,12*	185,60	208,80	*92,80*	179,34	201,75	*83,47*	173,07	194,70	*74,15*	166,80	187,65
	V	3.069,50	*168,82*	245,56	276,25																		
	VI	3.113,83	*171,26*	249,10	280,24																		
9.311,99 ***(Ost)***	I	2.562,91	*131,01*	205,03	230,66	*112,37*	192,50	216,56	*93,73*	179,96	202,46	*75,08*	167,43	188,36	*56,44*	154,90	174,26	*37,80*	142,36	160,16	*19,15*	129,83	146,06
	II	2.413,83	*113,27*	193,10	217,24	*94,63*	180,57	203,14	*75,99*	168,04	189,04	*57,34*	155,50	174,94	*38,70*	142,97	160,84	*20,06*	130,44	146,74	*1,41*	117,90	132,64
	III	1.797,66	–	143,81	161,78	–	133,05	149,68	–	122,54	137,86	–	112,30	126,34	–	102,32	115,11	–	92,58	104,15	–	83,12	93,51
	IV	2.562,91	*131,01*	205,03	230,66	*121,69*	198,76	223,61	*112,37*	192,50	216,56	*103,05*	186,23	209,51	*93,73*	179,96	202,46	*84,41*	173,70	195,41	*75,08*	167,43	188,36
	V	3.077,33	*169,25*	246,18	276,95																		
	VI	3.121,66	*171,69*	249,73	280,94																		

Lohn/ Gehalt bis	Steuerklasse	Lohnsteuer	ohne Kinderfreibetrag SolZ 5,5%	Kirchensteuer 8%	Kirchensteuer 9%	0,5 SolZ 5,5%	Kirchensteuer 8%	Kirchensteuer 9%	1,0 SolZ 5,5%	Kirchensteuer 8%	Kirchensteuer 9%	1,5 SolZ 5,5%	Kirchensteuer 8%	Kirchensteuer 9%	2,0 SolZ 5,5%	Kirchensteuer 8%	Kirchensteuer 9%	2,5 SolZ 5,5%	Kirchensteuer 8%	Kirchensteuer 9%	3,0 SolZ 5,5%	Kirchensteuer 8%	Kirchensteuer 9%
9.314,99 (West)	I	2.556,33	130,23	204,50	230,06	111,59	191,97	215,96	92,94	179,44	201,87	74,30	166,90	187,76	55,67	154,38	173,67	37,02	141,84	159,57	18,38	129,31	145
	II	2.407,25	112,49	192,58	216,65	93,85	180,04	202,55	75,20	167,51	188,45	56,56	154,98	174,35	37,92	142,44	160,25	19,27	129,91	146,15	0,64	117,38	132
	III	1.791,83	-	143,34	161,26	-	132,60	149,17	-	122,12	137,38	-	111,88	125,86	-	101,90	114,64	-	92,18	103,70	-	82,73	93
	IV	2.556,33	130,23	204,50	230,06	120,91	198,24	223,02	111,59	191,97	215,96	102,27	185,70	208,91	92,94	179,44	201,87	83,62	173,17	194,81	74,30	166,90	187
	V	3.070,83	168,89	245,66	276,37																		
	VI	3.115,08	171,32	249,20	280,35																		
9.314,99 (Ost)	I	2.564,16	131,16	205,13	230,77	112,52	192,60	216,67	93,88	180,06	202,57	75,23	167,53	188,47	56,59	155,00	174,37	37,95	142,46	160,27	19,30	129,93	146
	II	2.415,08	113,42	193,20	217,35	94,78	180,67	203,25	76,14	168,14	189,15	57,49	155,60	175,05	38,85	143,07	160,95	20,21	130,54	146,85	1,56	118,00	132
	III	1.798,66	-	143,89	161,87	-	133,13	149,77	-	122,64	137,97	-	112,38	126,43	-	102,40	115,20	-	92,66	104,24	-	83,20	93
	IV	2.564,16	131,16	205,13	230,77	121,84	198,86	223,72	112,52	192,60	216,67	103,20	186,33	209,62	93,88	180,06	202,57	84,55	173,80	195,52	75,23	167,53	188
	V	3.078,58	169,32	246,28	277,07																		
	VI	3.122,91	171,76	249,83	281,06																		
9.317,99 (West)	I	2.557,58	130,38	204,60	230,18	111,74	192,07	216,08	93,10	179,54	201,98	74,46	167,01	187,88	55,82	154,48	173,79	37,17	141,94	159,68	18,53	129,41	145
	II	2.408,50	112,64	192,68	216,76	94,00	180,14	202,66	75,35	167,61	188,56	56,71	155,08	174,46	38,07	142,54	160,36	19,43	130,02	146,27	0,79	117,48	132
	III	1.793,00	-	143,44	161,37	-	132,69	149,27	-	122,20	137,47	-	111,96	125,95	-	101,98	114,73	-	92,26	103,79	-	82,80	93
	IV	2.557,58	130,38	204,60	230,18	121,06	198,34	223,13	111,74	192,07	216,08	102,41	185,80	209,03	93,10	179,54	201,98	83,78	173,28	194,94	74,46	167,01	187
	V	3.072,08	168,96	245,76	276,48																		
	VI	3.116,33	171,39	249,30	280,46																		
9.317,99 (Ost)	I	2.565,41	131,31	205,23	230,88	112,67	192,70	216,78	94,02	180,16	202,68	75,38	167,63	188,58	56,74	155,10	174,48	38,09	142,56	160,38	19,45	130,03	146
	II	2.416,33	113,57	193,30	217,46	94,93	180,77	203,36	76,28	168,24	189,27	57,64	155,70	175,16	39,00	143,17	161,06	20,35	130,64	146,97	1,71	118,10	132
	III	1.799,83	-	143,98	161,98	-	133,22	149,87	-	122,72	138,06	-	112,46	126,52	-	102,48	115,29	-	92,74	104,33	-	83,26	93
	IV	2.565,41	131,31	205,23	230,88	121,99	198,96	223,83	112,67	192,70	216,78	103,35	186,43	209,73	94,02	180,16	202,68	84,70	173,90	195,63	75,38	167,63	188
	V	3.079,83	169,39	246,38	277,18																		
	VI	3.124,16	171,82	249,93	281,17																		
9.320,99 (West)	I	2.558,83	130,53	204,70	230,29	111,89	192,18	216,20	93,25	179,64	202,10	74,61	167,11	188,00	55,96	154,58	173,90	37,32	142,04	159,80	18,68	129,51	145
	II	2.409,75	112,79	192,78	216,87	94,14	180,24	202,77	75,50	167,71	188,67	56,87	155,18	174,58	38,22	142,65	160,48	19,58	130,12	146,38	0,94	117,58	132,
	III	1.794,16	-	143,53	161,47	-	132,77	149,36	-	122,28	137,56	-	112,04	126,04	-	102,06	114,82	-	92,34	103,88	-	82,88	93,
	IV	2.558,83	130,53	204,70	230,29	121,22	198,44	223,25	111,89	192,18	216,20	102,57	185,91	209,15	93,25	179,64	202,10	83,93	173,38	195,05	74,61	167,11	188,
	V	3.073,33	169,03	245,86	276,59																		
	VI	3.117,58	171,46	249,40	280,58																		
9.320,99 (Ost)	I	2.566,66	131,46	205,33	230,99	112,82	192,80	216,90	94,17	180,26	202,79	75,53	167,73	188,69	56,89	155,20	174,60	38,25	142,67	160,50	19,61	130,14	146,
	II	2.417,58	113,72	193,40	217,58	95,08	180,87	203,48	76,43	168,34	189,38	57,79	155,80	175,28	39,15	143,27	161,18	20,50	130,74	147,08	1,86	118,20	132,
	III	1.800,83	-	144,06	162,07	-	133,30	149,96	-	122,80	138,15	-	112,54	126,61	-	102,56	115,38	-	92,82	104,42	-	83,34	93,
	IV	2.566,66	131,46	205,33	230,99	122,14	199,06	223,94	112,82	192,80	216,90	103,50	186,53	209,84	94,17	180,26	202,79	84,85	174,00	195,75	75,53	167,73	188,
	V	3.081,08	169,45	246,48	277,29																		
	VI	3.125,41	171,89	250,03	281,28																		
9.323,99 (West)	I	2.560,16	130,69	204,81	230,41	112,04	192,28	216,31	93,40	179,74	202,21	74,76	167,21	188,11	56,11	154,68	174,01	37,47	142,14	159,91	18,83	129,61	145,
	II	2.411,00	112,94	192,88	216,99	94,29	180,34	202,88	75,66	167,82	188,79	57,02	155,28	174,69	38,37	142,75	160,59	19,73	130,22	146,49	1,09	117,68	132,
	III	1.795,16	-	143,61	161,56	-	132,86	149,47	-	122,36	137,65	-	112,13	126,14	-	102,14	114,91	-	92,42	103,97	-	82,96	93,
	IV	2.560,16	130,69	204,81	230,41	121,37	198,54	223,36	112,04	192,28	216,31	102,72	186,01	209,26	93,40	179,74	202,21	84,08	173,48	195,16	74,76	167,21	188,
	V	3.074,58	169,10	245,96	276,71																		
	VI	3.118,91	171,54	249,51	280,70																		
9.323,99 (Ost)	I	2.567,91	131,61	205,43	231,11	112,97	192,90	217,01	94,32	180,36	202,91	75,68	167,83	188,81	57,05	155,30	174,71	38,40	142,77	160,61	19,76	130,24	146,
	II	2.418,83	113,87	193,50	217,69	95,22	180,97	203,59	76,58	168,44	189,49	57,94	155,90	175,39	39,29	143,37	161,29	20,65	130,84	147,19	2,02	118,31	133,
	III	1.802,00	-	144,16	162,18	-	133,40	150,07	-	122,88	138,24	-	112,64	126,72	-	102,64	115,47	-	92,90	104,51	-	83,42	93,
	IV	2.567,91	131,61	205,43	231,11	122,29	199,16	224,06	112,97	192,90	217,01	103,64	186,63	209,96	94,32	180,36	202,91	85,00	174,10	195,86	75,68	167,83	188,
	V	3.082,41	169,53	246,59	277,41																		
	VI	3.126,66	171,96	250,13	281,39																		
9.326,99 (West)	I	2.561,41	130,84	204,91	230,52	112,19	192,38	216,42	93,55	179,84	202,32	74,91	167,31	188,22	56,26	154,78	174,12	37,62	142,24	160,02	18,98	129,71	145,
	II	2.412,33	113,09	192,98	217,10	94,45	180,45	203,00	75,81	167,92	188,91	57,16	155,38	174,80	38,52	142,85	160,70	19,88	130,32	146,61	1,23	117,78	132,
	III	1.796,33	-	143,70	161,66	-	132,94	149,56	-	122,45	137,75	-	112,21	126,23	-	102,22	115,00	-	92,49	104,05	-	83,02	93,
	IV	2.561,41	130,84	204,91	230,52	121,51	198,64	223,47	112,19	192,38	216,42	102,87	186,11	209,37	93,55	179,84	202,32	84,23	173,58	195,27	74,91	167,31	188,
	V	3.075,83	169,17	246,06	276,82																		
	VI	3.120,16	171,60	249,61	280,81																		
9.326,99 (Ost)	I	2.569,16	131,76	205,53	231,22	113,11	193,00	217,12	94,48	180,47	203,03	75,84	167,94	188,93	57,19	155,40	174,83	38,55	142,87	160,73	19,91	130,34	146,
	II	2.420,08	114,02	193,60	217,80	95,37	181,07	203,70	76,73	168,54	189,60	58,09	156,00	175,50	39,44	143,47	161,40	20,81	130,94	147,31	2,17	118,41	133,
	III	1.803,16	-	144,25	162,28	-	133,48	150,16	-	122,97	138,34	-	112,72	126,81	-	102,72	115,56	-	92,97	104,59	-	83,49	93,
	IV	2.569,16	131,76	205,53	231,22	122,44	199,26	224,17	113,11	193,00	217,12	103,79	186,73	210,07	94,48	180,47	203,03	85,16	174,20	195,98	75,84	167,94	188,
	V	3.083,66	169,60	246,69	277,52																		
	VI	3.127,91	172,03	250,23	281,51																		
9.329,99 (West)	I	2.562,66	130,98	205,01	230,63	112,34	192,48	216,54	93,70	179,94	202,43	75,05	167,41	188,33	56,41	154,88	174,24	37,77	142,34	160,13	19,12	129,81	146,
	II	2.413,58	113,24	193,08	217,22	94,60	180,55	203,12	75,96	168,02	189,02	57,31	155,48	174,92	38,67	142,95	160,82	20,03	130,42	146,72	1,38	117,88	132,
	III	1.797,33	-	143,78	161,75	-	133,02	149,65	-	122,53	137,84	-	112,29	126,32	-	102,30	115,09	-	92,57	104,14	-	83,10	93,
	IV	2.562,66	130,98	205,01	230,63	121,66	198,74	223,58	112,34	192,48	216,54	103,02	186,21	209,48	93,70	179,94	202,43	84,38	173,68	195,39	75,05	167,41	188,
	V	3.077,08	169,23	246,16	276,93																		
	VI	3.121,41	171,67	249,71	280,92																		
9.329,99 (Ost)	I	2.570,41	131,91	205,63	231,33	113,27	193,10	217,24	94,63	180,57	203,14	75,99	168,04	189,04	57,34	155,50	174,94	38,70	142,97	160,84	20,06	130,44	146,
	II	2.421,33	114,17	193,70	217,91	95,52	181,17	203,81	76,88	168,64	189,72	58,25	156,11	175,62	39,60	143,58	161,52	20,96	131,04	147,42	2,32	118,51	133,
	III	1.804,16	-	144,33	162,37	-	133,56	150,25	-	123,05	138,43	-	112,80	126,90	-	102,80	115,65	-	93,05	104,68	-	83,57	94,
	IV	2.570,41	131,91	205,63	231,33	122,59	199,37	224,29	113,27	193,10	217,24	103,95	186,84	210,19	94,63	180,57	203,14	85,31	174,30	196,09	75,99	168,04	189,
	V	3.084,91	169,67	246,79	277,64																		
	VI	3.129,25	172,10	250,34	281,63																		
9.332,99 (West)	I	2.563,91	131,13	205,11	230,75	112,49	192,58	216,65	93,85	180,04	202,55	75,20	167,51	188,45	56,56	154,98	174,35	37,92	142,44	160,25	19,27	129,91	146,
	II	2.414,83	113,39	193,18	217,33	94,75	180,65	203,23	76,11	168,12	189,13	57,46	155,58	175,03	38,82	143,05	160,93	20,18	130,52	146,83	1,53	117,98	132,
	III	1.798,50	-	143,88	161,86	-	133,12	149,76	-	122,61	137,93	-	112,37	126,41	-	102,38	115,18	-	92,65	104,23	-	83,17	93,
	IV	2.563,91	131,13	205,11	230,75	121,81	198,84	223,70	112,49	192,58	216,65	103,17	186,31	209,60	93,85	180,04	202,55	84,52	173,78	195,50	75,20	167,51	188,
	V	3.078,33	169,30	246,26	277,04																		
	VI	3.122,66	171,74	249,81	281,03																		
9.332,99 (Ost)	I	2.571,75	132,07	205,74	231,45	113,42	193,20	217,35	94,78	180,67	203,25	76,14	168,14	189,15	57,49	155,60	175,05	38,85	143,07	160,95	20,21	130,54	146,
	II	2.422,58	114,31	193,80	218,03	95,67	181,27	203,93	77,04	168,74	189,83	58,39	156,21	175,73	39,75	143,68	161,64	21,11	131,14	147,53	2,46	118,61	133,
	III	1.805,33	-	144,42	162,47	-	133,65	150,35	-	123,13	138,52	-	112,88	126,99	-	102,88	115,74	-	93,13	104,77	-	83,65	94,
	IV	2.571,75	132,07	205,74	231,45	122,74	199,47	224,40	113,42	193,20	217,35	104,10	186,94	210,30	94,78	180,67	203,25	85,46	174,40	196,20	76,14	168,14	189,
	V	3.086,16	169,73	246,89	277,75																		
	VI	3.130,50	172,17	250,44	281,74																		

Lohn/ Gehalt bis	Steuerklasse	Lohn- steuer	ohne Kinderfreibetrag SolZ 5,5%	ohne Kinderfreibetrag Kirchensteuer 8%	ohne Kinderfreibetrag Kirchensteuer 9%	0,5 SolZ 5,5%	0,5 Kirchensteuer 8%	0,5 Kirchensteuer 9%	1,0 SolZ 5,5%	1,0 Kirchensteuer 8%	1,0 Kirchensteuer 9%	1,5 SolZ 5,5%	1,5 Kirchensteuer 8%	1,5 Kirchensteuer 9%	2,0 SolZ 5,5%	2,0 Kirchensteuer 8%	2,0 Kirchensteuer 9%	2,5 SolZ 5,5%	2,5 Kirchensteuer 8%	2,5 Kirchensteuer 9%	3,0 SolZ 5,5%	3,0 Kirchensteuer 8%	3,0 Kirchensteuer 9%
						Anzahl Kinderfreibeträge (nur Steuerklassen I–IV)																	
9.335,99 (West)	I	2.565,16	131,28	205,21	230,86	112,64	192,68	216,76	94,00	180,14	202,66	75,35	167,61	188,56	56,71	155,08	174,46	38,07	142,54	160,36	19,43	130,02	146,27
	II	2.416,08	113,54	193,28	217,44	94,90	180,75	203,34	76,25	168,22	189,24	57,61	155,68	175,14	38,97	143,15	161,04	20,32	130,62	146,94	1,68	118,08	132,84
	III	1.799,50	-	143,96	161,95	-	133,20	149,85	-	122,69	138,02	-	112,45	126,50	-	102,46	115,27	-	92,73	104,32	-	83,25	93,65
	IV	2.565,16	131,28	205,21	230,86	121,96	198,94	223,81	112,64	192,68	216,76	103,32	186,41	209,71	94,00	180,14	202,66	84,67	173,88	195,61	75,35	167,61	188,56
	V	3.079,58	169,37	246,36	277,16																		
	VI	3.123,91	171,81	249,91	281,15																		
9.335,99 (Ost)	I	2.573,00	132,21	205,84	231,57	113,57	193,30	217,46	94,93	180,77	203,36	76,28	168,24	189,27	57,64	155,70	175,16	39,00	143,17	161,06	20,35	130,64	146,97
	II	2.423,91	114,47	193,91	218,15	95,83	181,38	204,05	77,19	168,84	189,95	58,54	156,31	175,85	39,90	143,78	161,75	21,26	131,24	147,65	2,61	118,71	133,55
	III	1.806,33	-	144,50	162,56	-	133,73	150,44	-	123,21	138,61	-	112,96	127,08	-	102,96	115,83	-	93,21	104,86	-	83,72	94,18
	IV	2.573,00	132,21	205,84	231,57	122,89	199,57	224,51	113,57	193,30	217,46	104,25	187,04	210,42	94,93	180,77	203,36	85,61	174,50	196,31	76,28	168,24	189,27
	V	3.087,41	169,80	246,99	277,86																		
	VI	3.131,75	172,24	250,54	281,85																		
9.338,99 (West)	I	2.566,41	131,43	205,31	230,97	112,79	192,78	216,87	94,14	180,24	202,77	75,50	167,71	188,67	56,87	155,18	174,58	38,22	142,65	160,48	19,58	130,12	146,38
	II	2.417,33	113,69	193,38	217,55	95,05	180,85	203,45	76,40	168,32	189,36	57,76	155,78	175,25	39,12	143,25	161,15	20,47	130,72	147,06	1,83	118,18	132,95
	III	1.800,66	-	144,05	162,05	-	133,29	149,95	-	122,78	138,13	-	112,53	126,59	-	102,54	115,36	-	92,81	104,41	-	83,33	93,74
	IV	2.566,41	131,43	205,31	230,97	122,11	199,04	223,92	112,79	192,78	216,87	103,47	186,51	209,82	94,14	180,24	202,77	84,82	173,98	195,72	75,50	167,71	188,67
	V	3.080,83	169,44	246,46	277,27																		
	VI	3.125,16	171,88	250,01	281,26																		
9.338,99 (Ost)	I	2.574,25	132,36	205,94	231,68	113,72	193,40	217,58	95,08	180,87	203,48	76,43	168,34	189,38	57,79	155,80	175,28	39,15	143,27	161,18	20,50	130,74	147,08
	II	2.425,16	114,62	194,01	218,26	95,98	181,48	204,16	77,34	168,94	190,06	58,69	156,41	175,96	40,05	143,88	161,86	21,41	131,34	147,76	2,76	118,81	133,66
	III	1.807,50	-	144,60	162,67	-	133,82	150,55	-	123,30	138,71	-	113,04	127,17	-	103,04	115,92	-	93,29	104,95	-	83,80	94,27
	IV	2.574,25	132,36	205,94	231,68	123,04	199,67	224,63	113,72	193,40	217,58	104,40	187,14	210,53	95,08	180,87	203,48	85,75	174,60	196,43	76,43	168,34	189,38
	V	3.088,66	169,87	247,09	277,97																		
	VI	3.133,00	172,31	250,64	281,97																		
9.341,99 (West)	I	2.567,66	131,58	205,41	231,08	112,94	192,88	216,99	94,29	180,34	202,88	75,66	167,82	188,79	57,02	155,28	174,69	38,37	142,75	160,59	19,73	130,22	146,49
	II	2.418,58	113,84	193,48	217,67	95,20	180,95	203,57	76,55	168,42	189,47	57,91	155,88	175,37	39,27	143,35	161,27	20,63	130,82	147,17	1,99	118,29	133,07
	III	1.801,83	-	144,14	162,16	-	133,37	150,04	-	122,86	138,22	-	112,61	126,68	-	102,62	115,45	-	92,88	104,49	-	83,40	93,82
	IV	2.567,66	131,58	205,41	231,08	122,26	199,14	224,03	112,94	192,88	216,99	103,61	186,61	209,93	94,29	180,34	202,88	84,98	174,08	195,84	75,66	167,82	188,79
	V	3.082,16	169,51	246,57	277,39																		
	VI	3.126,41	171,95	250,11	281,37																		
9.341,99 (Ost)	I	2.575,50	132,51	206,04	231,79	113,87	193,50	217,69	95,22	180,97	203,59	76,58	168,44	189,49	57,94	155,90	175,39	39,29	143,37	161,29	20,65	130,84	147,19
	II	2.426,41	114,77	194,11	218,37	96,13	181,58	204,27	77,48	169,04	190,17	58,84	156,51	176,07	40,20	143,98	161,97	21,55	131,44	147,87	2,91	118,91	133,77
	III	1.808,66	-	144,69	162,77	-	133,90	150,64	-	123,38	138,80	-	113,12	127,26	-	103,12	116,01	-	93,36	105,03	-	83,86	94,34
	IV	2.575,50	132,51	206,04	231,79	123,19	199,77	224,74	113,87	193,50	217,69	104,55	187,24	210,64	95,22	180,97	203,59	85,90	174,70	196,54	76,58	168,44	189,49
	V	3.089,91	169,94	247,19	278,09																		
	VI	3.134,25	172,38	250,74	282,08																		
9.344,99 (West)	I	2.568,91	131,73	205,51	231,20	113,09	192,98	217,10	94,45	180,45	203,00	75,81	167,92	188,91	57,16	155,38	174,80	38,52	142,85	160,70	19,88	130,32	146,61
	II	2.419,83	113,99	193,58	217,78	95,34	181,05	203,68	76,70	168,52	189,58	58,06	155,98	175,48	39,42	143,46	161,39	20,78	130,92	147,29	2,14	118,39	133,19
	III	1.802,83	-	144,22	162,25	-	133,46	150,14	-	122,94	138,31	-	112,69	126,77	-	102,70	115,54	-	92,96	104,58	-	83,48	93,91
	IV	2.568,91	131,73	205,51	231,20	122,41	199,24	224,15	113,09	192,98	217,10	103,77	186,72	210,06	94,45	180,45	203,00	85,13	174,18	195,95	75,81	167,92	188,91
	V	3.083,41	169,58	246,67	277,50																		
	VI	3.127,66	172,02	250,21	281,48																		
9.344,99 (Ost)	I	2.576,75	132,66	206,14	231,90	114,02	193,60	217,80	95,37	181,07	203,70	76,73	168,54	189,60	58,09	156,00	175,50	39,44	143,47	161,40	20,81	130,94	147,31
	II	2.427,66	114,92	194,21	218,48	96,28	181,68	204,39	77,63	169,14	190,28	58,99	156,61	176,18	40,35	144,08	162,09	21,70	131,54	147,98	3,06	119,01	133,88
	III	1.809,66	-	144,77	162,86	-	134,00	150,75	-	123,46	138,89	-	113,20	127,35	-	103,20	116,10	-	93,44	105,12	-	83,94	94,43
	IV	2.576,75	132,66	206,14	231,90	123,34	199,87	224,85	114,02	193,60	217,80	104,70	187,34	210,75	95,37	181,07	203,70	86,05	174,80	196,65	76,73	168,54	189,60
	V	3.091,16	170,01	247,29	278,20																		
	VI	3.135,50	172,45	250,84	282,19																		
9.347,99 (West)	I	2.570,25	131,89	205,62	231,32	113,24	193,08	217,22	94,60	180,55	203,12	75,96	168,02	189,02	57,31	155,48	174,92	38,67	142,95	160,82	20,03	130,42	146,72
	II	2.421,08	114,14	193,68	217,89	95,49	181,15	203,79	76,86	168,62	189,70	58,22	156,09	175,60	39,57	143,56	161,50	20,93	131,02	147,40	2,29	118,49	133,30
	III	1.804,00	-	144,32	162,36	-	133,54	150,23	-	123,04	138,42	-	112,77	126,86	-	102,77	115,61	-	93,04	104,67	-	83,56	94,00
	IV	2.570,25	131,89	205,62	231,32	122,57	199,35	224,27	113,24	193,08	217,22	103,92	186,82	210,17	94,60	180,55	203,12	85,28	174,28	196,07	75,96	168,02	189,02
	V	3.084,66	169,65	246,77	277,61																		
	VI	3.129,00	172,09	250,32	281,61																		
9.347,99 (Ost)	I	2.578,00	132,81	206,24	232,02	114,17	193,70	217,91	95,52	181,17	203,81	76,88	168,64	189,72	58,25	156,11	175,62	39,60	143,58	161,52	20,96	131,04	147,42
	II	2.428,91	115,07	194,31	218,60	96,42	181,78	204,50	77,78	169,24	190,40	59,14	156,71	176,30	40,49	144,18	162,20	21,85	131,64	148,10	3,21	119,11	134,00
	III	1.810,83	-	144,86	162,97	-	134,08	150,84	-	123,56	139,00	-	113,28	127,44	-	103,28	116,19	-	93,52	105,21	-	84,02	94,52
	IV	2.578,00	132,81	206,24	232,02	123,49	199,97	224,96	114,17	193,70	217,91	104,84	187,44	210,87	95,52	181,17	203,81	86,20	174,90	196,76	76,88	168,64	189,72
	V	3.092,50	170,08	247,40	278,32																		
	VI	3.136,75	172,52	250,94	282,30																		
9.350,99 (West)	I	2.571,50	132,04	205,72	231,43	113,39	193,18	217,33	94,75	180,65	203,23	76,11	168,12	189,13	57,46	155,58	175,03	38,82	143,05	160,93	20,18	130,52	146,83
	II	2.422,33	114,28	193,78	218,00	95,65	181,26	203,91	77,01	168,72	189,81	58,36	156,19	175,71	39,72	143,66	161,61	21,08	131,12	147,51	2,43	118,59	133,41
	III	1.805,00	-	144,40	162,45	-	133,62	150,32	-	123,12	138,51	-	112,85	126,95	-	102,85	115,70	-	93,12	104,76	-	83,62	94,07
	IV	2.571,50	132,04	205,72	231,43	122,71	199,45	224,38	113,39	193,18	217,33	104,07	186,92	210,28	94,75	180,65	203,23	85,43	174,38	196,18	76,11	168,12	189,13
	V	3.085,91	169,72	246,87	277,73																		
	VI	3.130,25	172,16	250,42	281,72																		
9.350,99 (Ost)	I	2.579,25	132,96	206,34	232,13	114,31	193,80	218,03	95,67	181,27	203,93	77,04	168,74	189,83	58,39	156,21	175,73	39,75	143,68	161,64	21,11	131,14	147,53
	II	2.430,16	115,22	194,41	218,71	96,57	181,88	204,61	77,93	169,34	190,51	59,29	156,81	176,41	40,64	144,28	162,31	22,01	131,75	148,22	3,37	119,22	134,12
	III	1.811,83	-	144,94	163,06	-	134,16	150,93	-	123,64	139,09	-	113,37	127,54	-	103,36	116,28	-	93,60	105,30	-	84,09	94,60
	IV	2.579,25	132,96	206,34	232,13	123,64	200,07	225,08	114,31	193,80	218,03	104,99	187,54	210,98	95,67	181,27	203,93	86,36	175,01	196,88	77,04	168,74	189,83
	V	3.093,75	170,15	247,50	278,43																		
	VI	3.138,00	172,59	251,04	282,42																		
9.353,99 (West)	I	2.572,75	132,18	205,82	231,54	113,54	193,28	217,44	94,90	180,75	203,34	76,25	168,22	189,24	57,61	155,68	175,14	38,97	143,15	161,04	20,32	130,62	146,94
	II	2.423,66	114,44	193,89	218,12	95,80	181,36	204,03	77,16	168,82	189,92	58,51	156,29	175,82	39,87	143,76	161,73	21,23	131,22	147,62	2,58	118,69	133,52
	III	1.806,16	-	144,49	162,55	-	133,72	150,43	-	123,20	138,60	-	112,94	127,06	-	102,93	115,79	-	93,20	104,85	-	83,70	94,16
	IV	2.572,75	132,18	205,82	231,54	122,86	199,55	224,49	113,54	193,28	217,44	104,22	187,02	210,39	94,90	180,75	203,34	85,58	174,48	196,29	76,25	168,22	189,24
	V	3.087,16	169,79	246,97	277,84																		
	VI	3.131,50	172,23	250,52	281,83																		
9.353,99 (Ost)	I	2.580,50	133,11	206,44	232,24	114,47	193,91	218,15	95,83	181,38	204,05	77,19	168,84	189,95	58,54	156,31	175,85	39,90	143,78	161,75	21,26	131,24	147,65
	II	2.431,41	115,37	194,51	218,82	96,72	181,98	204,72	78,08	169,44	190,62	59,44	156,91	176,52	40,80	144,38	162,43	22,16	131,85	148,33	3,52	119,32	134,23
	III	1.813,00	-	145,04	163,17	-	134,25	151,03	-	123,72	139,18	-	113,45	127,63	-	103,42	116,35	-	93,68	105,39	-	84,17	94,69
	IV	2.580,50	133,11	206,44	232,24	123,78	200,17	225,19	114,47	193,91	218,15	105,15	187,64	211,10	95,83	181,38	204,05	86,51	175,11	197,00	77,19	168,84	189,95
	V	3.095,00	170,22	247,60	278,55																		
	VI	3.139,25	172,65	251,14	282,53																		

Lohn/Gehalt bis	Steuerklasse	Lohnsteuer	ohne Kinderfreibetrag			Anzahl Kinderfreibeträge (nur Steuerklassen I–IV) 0,5			1,0			1,5			2,0			2,5			3,0		
			SolZ 5,5%	Kirchensteuer 8%	Kirchensteuer 9%	SolZ 5,5%	Kirchensteuer 8%	Kirchensteuer 9%	SolZ 5,5%	Kirchensteuer 8%	Kirchensteuer 9%	SolZ 5,5%	Kirchensteuer 8%	Kirchensteuer 9%	SolZ 5,5%	Kirchensteuer 8%	Kirchensteuer 9%	SolZ 5,5%	Kirchensteuer 8%	Kirchensteuer 9%	SolZ 5,5%	Kirchensteuer 8%	Kirchensteuer 9%
9.356,99 (West)	I	2.574,00	132,33	205,92	231,66	113,69	193,38	217,55	95,05	180,85	203,45	76,40	168,32	189,36	57,76	155,78	175,25	39,12	143,25	161,15	20,47	130,72	14
	II	2.424,91	114,59	193,99	218,24	95,95	181,46	204,14	77,31	168,92	190,04	58,66	156,39	175,94	40,02	143,86	161,84	21,38	131,32	147,74	2,73	118,79	13
	III	1.807,16	-	144,57	162,64	-	133,80	150,52	-	123,28	138,69	-	113,02	127,15	-	103,01	115,88	-	93,26	104,92	-	83,78	9
	IV	2.574,00	132,33	205,92	231,66	123,01	199,65	224,60	113,69	193,38	217,55	104,37	187,12	210,51	95,05	180,85	203,45	85,72	174,58	196,40	76,40	168,32	18
	V	3.088,41	169,86	247,07	277,95																		
	VI	3.132,75	172,30	250,62	281,94																		
9.356,99 (Ost)	I	2.581,83	133,27	206,54	232,36	114,62	194,01	218,26	95,98	181,48	204,16	77,34	168,94	190,06	58,69	156,41	175,96	40,05	143,88	161,86	21,41	131,34	14
	II	2.432,66	115,51	194,61	218,93	96,87	182,08	204,84	78,24	169,55	190,74	59,59	157,02	176,64	40,95	144,48	162,54	22,31	131,95	148,44	3,66	119,42	13
	III	1.814,00	-	145,12	163,26	-	134,33	151,12	-	123,80	139,27	-	113,53	127,72	-	103,50	116,44	-	93,74	105,46	-	84,25	9
	IV	2.581,83	133,27	206,54	232,36	123,94	200,28	225,31	114,62	194,01	218,26	105,30	187,74	211,21	95,98	181,48	204,16	86,66	175,21	197,11	77,34	168,94	19
	V	3.096,25	170,29	247,70	278,66																		
	VI	3.140,58	172,73	251,24	282,65																		
9.359,99 (West)	I	2.575,25	132,48	206,02	231,77	113,84	193,48	217,67	95,20	180,95	203,57	76,55	168,42	189,47	57,91	155,88	175,37	39,27	143,35	161,27	20,63	130,82	14
	II	2.426,16	114,74	194,09	218,35	96,10	181,56	204,25	77,45	169,02	190,15	58,81	156,49	176,05	40,17	143,96	161,95	21,52	131,42	147,85	2,88	118,89	13
	III	1.808,33	-	144,66	162,74	-	133,89	150,62	-	123,37	138,79	-	113,10	127,24	-	103,09	115,97	-	93,34	105,01	-	83,85	9
	IV	2.575,25	132,48	206,02	231,77	123,16	199,75	224,72	113,84	193,48	217,67	104,52	187,22	210,62	95,20	180,95	203,57	85,87	174,68	196,52	76,55	168,42	18
	V	3.089,66	169,93	247,17	278,06																		
	VI	3.134,00	172,37	250,72	282,06																		
9.359,99 (Ost)	I	2.583,08	133,41	206,64	232,47	114,77	194,11	218,37	96,13	181,58	204,27	77,48	169,04	190,17	58,84	156,51	176,07	40,20	143,98	161,97	21,55	131,44	14
	II	2.433,91	115,66	194,71	219,05	97,03	182,18	204,95	78,39	169,65	190,85	59,74	157,12	176,76	41,10	144,58	162,65	22,46	132,05	148,55	3,81	119,52	13
	III	1.815,16	-	145,21	163,36	-	134,42	151,22	-	123,89	139,37	-	113,61	127,81	-	103,58	116,53	-	93,82	105,55	-	84,32	9
	IV	2.583,08	133,41	206,64	232,47	124,09	200,38	225,42	114,77	194,11	218,37	105,45	187,84	211,32	96,13	181,58	204,27	86,81	175,31	197,22	77,48	169,04	19
	V	3.097,50	170,36	247,80	278,77																		
	VI	3.141,83	172,80	251,34	282,76																		
9.362,99 (West)	I	2.576,50	132,63	206,12	231,88	113,99	193,58	217,78	95,34	181,05	203,68	76,70	168,52	189,58	58,06	155,98	175,48	39,42	143,46	161,39	20,78	130,92	14
	II	2.427,41	114,89	194,19	218,46	96,25	181,66	204,36	77,60	169,12	190,26	58,96	156,59	176,16	40,32	144,06	162,06	21,67	131,52	147,96	3,03	118,99	13
	III	1.809,50	-	144,76	162,85	-	133,97	150,71	-	123,45	138,88	-	113,18	127,33	-	103,17	116,06	-	93,42	105,10	-	83,93	9
	IV	2.576,50	132,63	206,12	231,88	123,31	199,85	224,83	113,99	193,58	217,78	104,67	187,32	210,73	95,34	181,05	203,68	86,02	174,78	196,63	76,70	168,52	18
	V	3.090,91	170,00	247,27	278,18																		
	VI	3.135,25	172,43	250,82	282,17																		
9.362,99 (Ost)	I	2.584,33	133,56	206,74	232,58	114,92	194,21	218,48	96,28	181,68	204,39	77,63	169,14	190,28	58,99	156,61	176,18	40,35	144,08	162,09	21,70	131,54	147
	II	2.435,25	115,82	194,82	219,17	97,18	182,28	205,07	78,54	169,75	190,97	59,89	157,22	176,87	41,25	144,68	162,77	22,61	132,15	148,67	3,96	119,62	134
	III	1.816,33	-	145,30	163,46	-	134,50	151,31	-	123,97	139,46	-	113,69	127,90	-	103,66	116,62	-	93,90	105,64	-	84,40	94
	IV	2.584,33	133,56	206,74	232,58	124,24	200,48	225,54	114,92	194,21	218,48	105,60	187,94	211,43	96,28	181,68	204,39	86,95	175,41	197,33	77,63	169,14	190
	V	3.098,75	170,43	247,90	278,88																		
	VI	3.143,08	172,86	251,44	282,87																		
9.365,99 (West)	I	2.577,75	132,78	206,22	231,99	114,14	193,68	217,89	95,49	181,15	203,79	76,86	168,62	189,70	58,22	156,09	175,60	39,57	143,56	161,50	20,93	131,02	147
	II	2.428,66	115,04	194,29	218,57	96,39	181,76	204,48	77,75	169,22	190,37	59,11	156,69	176,27	40,46	144,16	162,18	21,82	131,62	148,07	3,19	119,10	133
	III	1.810,50	-	144,84	162,94	-	134,06	150,82	-	123,53	138,97	-	113,26	127,42	-	103,25	116,15	-	93,50	105,19	-	84,01	94
	IV	2.577,75	132,78	206,22	231,99	123,46	199,95	224,94	114,14	193,68	217,89	104,81	187,42	210,84	95,49	181,15	203,79	86,17	174,88	196,74	76,86	168,62	189
	V	3.092,25	170,07	247,38	278,30																		
	VI	3.136,50	172,50	250,92	282,28																		
9.365,99 (Ost)	I	2.585,58	133,71	206,84	232,70	115,07	194,31	218,60	96,42	181,78	204,50	77,78	169,24	190,40	59,14	156,71	176,30	40,49	144,18	162,20	21,85	131,64	148
	II	2.436,50	115,97	194,92	219,28	97,33	182,38	205,18	78,68	169,85	191,08	60,04	157,32	176,98	41,40	144,78	162,88	22,75	132,25	148,78	4,11	119,72	134
	III	1.817,33	-	145,38	163,55	-	134,60	151,42	-	124,05	139,55	-	113,77	127,99	-	103,74	116,71	-	93,98	105,73	-	84,48	95
	IV	2.585,58	133,71	206,84	232,70	124,39	200,58	225,65	115,07	194,31	218,60	105,75	188,04	211,55	96,42	181,78	204,50	87,10	175,51	197,45	77,78	169,24	190
	V	3.100,00	170,50	248,00	279,00																		
	VI	3.144,33	172,93	251,54	282,98																		
9.368,99 (West)	I	2.579,00	132,93	206,32	232,11	114,28	193,78	218,00	95,65	181,26	203,91	77,01	168,72	189,81	58,36	156,19	175,71	39,72	143,66	161,61	21,08	131,12	147
	II	2.429,91	115,19	194,39	218,69	96,54	181,86	204,59	77,90	169,32	190,49	59,26	156,79	176,39	40,62	144,26	162,29	21,98	131,73	148,19	3,34	119,20	134
	III	1.811,66	-	144,93	163,04	-	134,14	150,91	-	123,61	139,06	-	113,34	127,51	-	103,33	116,24	-	93,58	105,28	-	84,08	94
	IV	2.579,00	132,93	206,32	232,11	123,61	200,05	225,05	114,28	193,78	218,00	104,97	187,52	210,96	95,65	181,26	203,91	86,33	174,99	196,86	77,01	168,72	189
	V	3.093,50	170,14	247,48	278,41																		
	VI	3.137,75	172,57	251,02	282,39																		
9.368,99 (Ost)	I	2.586,83	133,86	206,94	232,81	115,22	194,41	218,71	96,57	181,88	204,61	77,93	169,34	190,51	59,29	156,81	176,41	40,64	144,28	162,31	22,01	131,75	148,
	II	2.437,75	116,12	195,02	219,39	97,48	182,48	205,29	78,83	169,95	191,19	60,19	157,42	177,09	41,55	144,88	162,99	22,90	132,35	148,89	4,26	119,82	134,
	III	1.818,50	-	145,48	163,66	-	134,68	151,51	-	124,13	139,64	-	113,85	128,08	-	103,82	116,80	-	94,06	105,82	-	84,54	95,
	IV	2.586,83	133,86	206,94	232,81	124,54	200,68	225,76	115,22	194,41	218,71	105,90	188,14	211,66	96,57	181,88	204,61	87,25	175,61	197,56	77,93	169,34	190,
	V	3.101,25	170,56	248,10	279,11																		
	VI	3.145,58	173,00	251,64	283,10																		
9.371,99 (West)	I	2.580,33	133,09	206,42	232,22	114,44	193,89	218,12	95,80	181,36	204,03	77,16	168,82	189,92	58,51	156,29	175,82	39,87	143,76	161,73	21,23	131,22	147,
	II	2.431,16	115,34	194,49	218,80	96,69	181,96	204,70	78,05	169,42	190,60	59,42	156,90	176,51	40,77	144,36	162,41	22,13	131,83	148,31	3,49	119,30	134,
	III	1.812,66	-	145,01	163,13	-	134,22	151,00	-	123,70	139,16	-	113,42	127,60	-	103,41	116,33	-	93,65	105,35	-	84,16	94,
	IV	2.580,33	133,09	206,42	232,22	123,76	200,16	225,18	114,44	193,89	218,12	105,12	187,62	211,07	95,80	181,36	204,03	86,48	175,09	196,97	77,16	168,82	189,
	V	3.094,75	170,21	247,58	278,52																		
	VI	3.139,08	172,64	251,12	282,51																		
9.371,99 (Ost)	I	2.588,08	134,01	207,04	232,92	115,37	194,51	218,82	96,72	181,98	204,72	78,08	169,44	190,62	59,44	156,91	176,52	40,80	144,38	162,43	22,16	131,85	148,
	II	2.439,00	116,27	195,12	219,51	97,62	182,58	205,40	78,98	170,05	191,30	60,34	157,52	177,21	41,69	144,98	163,10	23,05	132,45	149,00	4,41	119,92	134,
	III	1.819,50	-	145,56	163,75	-	134,76	151,60	-	124,22	139,75	-	113,93	128,17	-	103,90	116,89	-	94,14	105,91	-	84,62	95,
	IV	2.588,08	134,01	207,04	232,92	124,69	200,78	225,87	115,37	194,51	218,82	106,04	188,24	211,77	96,72	181,98	204,72	87,40	175,71	197,67	78,08	169,44	190,
	V	3.102,50	170,63	248,20	279,22																		
	VI	3.146,83	173,07	251,74	283,21																		
9.374,99 (West)	I	2.581,58	133,24	206,52	232,34	114,59	193,99	218,24	95,95	181,46	204,14	77,31	168,92	190,04	58,66	156,39	175,94	40,02	143,86	161,84	21,38	131,32	147,
	II	2.432,41	115,48	194,59	218,91	96,85	182,06	204,82	78,21	169,53	190,72	59,56	157,00	176,62	40,92	144,46	162,52	22,28	131,93	148,42	3,63	119,40	134,
	III	1.813,83	-	145,10	163,24	-	134,32	151,11	-	123,78	139,25	-	113,50	127,69	-	103,49	116,42	-	93,73	105,44	-	84,22	94,
	IV	2.581,58	133,24	206,52	232,34	123,91	200,26	225,29	114,59	193,99	218,24	105,27	187,72	211,19	95,95	181,46	204,14	86,63	175,19	197,09	77,31	168,92	190,
	V	3.096,00	170,28	247,68	278,64																		
	VI	3.140,33	172,71	251,22	282,62																		
9.374,99 (Ost)	I	2.589,33	134,16	207,14	233,03	115,51	194,61	218,93	96,87	182,08	204,84	78,24	169,55	190,74	59,59	157,02	176,64	40,95	144,48	162,54	22,31	131,95	148,
	II	2.440,25	116,42	195,22	219,62	97,77	182,68	205,52	79,13	170,15	191,42	60,49	157,62	177,32	41,84	145,08	163,22	23,20	132,55	149,12	4,57	120,02	135,
	III	1.820,66	-	145,65	163,85	-	134,85	151,70	-	124,30	139,84	-	114,01	128,26	-	103,98	116,98	-	94,21	105,98	-	84,70	95,
	IV	2.589,33	134,16	207,14	233,03	124,84	200,88	225,99	115,51	194,61	218,93	106,19	188,34	211,88	96,87	182,08	204,84	87,55	175,81	197,78	78,24	169,55	190,
	V	3.103,83	170,71	248,30	279,34																		
	VI	3.148,08	173,14	251,84	283,32																		

Lohn/ Gehalt bis	Steuerklasse	Lohn- steuer	ohne Kinderfreibetrag			Anzahl Kinderfreibeträge (nur Steuerklassen I–IV) 0,5			1,0			1,5			2,0			2,5			3,0		
			SolZ 5,5%	Kirchensteuer 8%	9%	SolZ 5,5%	Kirchensteuer 8%	9%	SolZ 5,5%	Kirchensteuer 8%	9%	SolZ 5,5%	Kirchensteuer 8%	9%	SolZ 5,5%	Kirchensteuer 8%	9%	SolZ 5,5%	Kirchensteuer 8%	9%	SolZ 5,5%	Kirchensteuer 8%	9%
9.377,99 (West)	I	2.582,83	133,38	206,62	232,45	114,74	194,09	218,35	96,10	181,56	204,25	77,45	169,02	190,15	58,81	156,49	176,05	40,17	143,96	161,95	21,52	131,42	147,85
	II	2.433,75	115,64	194,70	219,03	97,00	182,16	204,93	78,36	169,63	190,83	59,71	157,10	176,73	41,07	144,56	162,63	22,43	132,03	148,53	3,78	119,50	134,43
	III	1.815,00	-	145,20	163,35	-	134,40	151,20	-	123,86	139,34	-	113,60	127,80	-	103,57	116,51	-	93,81	105,53	-	84,30	94,84
	IV	2.582,83	133,38	206,62	232,45	124,06	200,36	225,40	114,74	194,09	218,35	105,42	187,82	211,30	96,10	181,56	204,25	86,78	175,29	197,20	77,45	169,02	190,15
	V	3.097,25	170,34	247,78	278,75																		
	VI	3.141,58	172,78	251,32	282,74																		
9.377,99 (Ost)	I	2.590,58	134,31	207,24	233,15	115,66	194,71	219,05	97,03	182,18	204,95	78,39	169,65	190,85	59,74	157,12	176,76	41,10	144,58	162,65	22,46	132,05	148,55
	II	2.441,50	116,57	195,32	219,73	97,92	182,78	205,63	79,28	170,25	191,53	60,64	157,72	177,43	42,00	145,19	163,34	23,36	132,66	149,24	4,72	120,12	135,14
	III	1.821,83	-	145,74	163,96	-	134,93	151,79	-	124,38	139,93	-	114,10	128,36	-	104,06	117,07	-	94,29	106,07	-	84,77	95,36
	IV	2.590,58	134,31	207,24	233,15	124,98	200,98	226,10	115,66	194,71	219,05	106,35	188,45	212,00	97,03	182,18	204,95	87,71	175,92	197,91	78,39	169,65	190,85
	V	3.105,08	170,77	248,40	279,45																		
	VI	3.149,33	173,21	251,94	283,43																		
9.380,99 (West)	I	2.584,08	133,53	206,72	232,56	114,89	194,19	218,46	96,25	181,66	204,36	77,60	169,12	190,26	58,96	156,59	176,16	40,32	144,06	162,06	21,67	131,52	147,96
	II	2.435,00	115,79	194,80	219,15	97,15	182,26	205,04	78,51	169,73	190,94	59,86	157,20	176,85	41,22	144,66	162,74	22,58	132,13	148,64	3,93	119,60	134,55
	III	1.816,00	-	145,28	163,44	-	134,49	151,30	-	123,96	139,45	-	113,68	127,89	-	103,65	116,60	-	93,89	105,62	-	84,38	94,93
	IV	2.584,08	133,53	206,72	232,56	124,21	200,46	225,51	114,89	194,19	218,46	105,57	187,92	211,41	96,25	181,66	204,36	86,92	175,39	197,31	77,60	169,12	190,26
	V	3.098,50	170,41	247,88	278,86																		
	VI	3.142,83	172,85	251,42	282,85																		
9.380,99 (Ost)	I	2.591,91	134,47	207,35	233,27	115,82	194,82	219,17	97,18	182,28	205,07	78,54	169,75	190,97	59,89	157,22	176,87	41,25	144,68	162,77	22,61	132,15	148,67
	II	2.442,75	116,71	195,42	219,84	98,07	182,88	205,74	79,43	170,35	191,64	60,79	157,82	177,55	42,15	145,29	163,45	23,51	132,76	149,35	4,86	120,22	135,25
	III	1.822,83	-	145,82	164,05	-	135,02	151,90	-	124,48	140,04	-	114,18	128,45	-	104,14	117,16	-	94,37	106,16	-	84,85	95,45
	IV	2.591,91	134,47	207,35	233,27	125,14	201,08	226,22	115,82	194,82	219,17	106,50	188,55	212,12	97,18	182,28	205,07	87,86	176,02	198,02	78,54	169,75	190,97
	V	3.106,33	170,84	248,50	279,56																		
	VI	3.150,66	173,28	252,05	283,55																		
9.383,99 (West)	I	2.585,33	133,68	206,82	232,67	115,04	194,29	218,57	96,39	181,76	204,48	77,75	169,22	190,37	59,11	156,69	176,27	40,46	144,16	162,18	21,82	131,62	148,07
	II	2.436,25	115,94	194,90	219,26	97,30	182,36	205,16	78,65	169,83	191,06	60,01	157,30	176,96	41,37	144,76	162,86	22,72	132,23	148,76	4,08	119,70	134,66
	III	1.817,16	-	145,37	163,54	-	134,57	151,39	-	124,04	139,54	-	113,76	127,98	-	103,73	116,69	-	93,97	105,71	-	84,45	95,00
	IV	2.585,33	133,68	206,82	232,67	124,36	200,56	225,63	115,04	194,29	218,57	105,72	188,02	211,52	96,39	181,76	204,48	87,07	175,49	197,42	77,75	169,22	190,37
	V	3.099,75	170,48	247,98	278,97																		
	VI	3.144,08	172,92	251,52	282,96																		
9.383,99 (Ost)	I	2.593,16	134,61	207,45	233,38	115,97	194,92	219,28	97,33	182,38	205,18	78,68	169,85	191,08	60,04	157,32	176,98	41,40	144,78	162,88	22,75	132,25	148,78
	II	2.444,00	116,86	195,52	219,96	98,23	182,99	205,86	79,59	170,46	191,76	60,94	157,92	177,66	42,30	145,39	163,56	23,66	132,86	149,46	5,01	120,32	135,36
	III	1.824,00	-	145,92	164,16	-	135,10	151,99	-	124,56	140,13	-	114,26	128,54	-	104,22	117,25	-	94,45	106,25	-	84,93	95,54
	IV	2.593,16	134,61	207,45	233,38	125,29	201,18	226,33	115,97	194,92	219,28	106,65	188,65	212,23	97,33	182,38	205,18	88,01	176,12	198,13	78,68	169,85	191,08
	V	3.107,58	170,91	248,60	279,68																		
	VI	3.151,91	173,35	252,15	283,67																		
9.386,99 (West)	I	2.586,58	133,83	206,92	232,79	115,19	194,39	218,69	96,54	181,86	204,59	77,90	169,32	190,49	59,26	156,79	176,39	40,62	144,26	162,29	21,98	131,73	148,19
	II	2.437,50	116,09	195,00	219,37	97,45	182,46	205,27	78,80	169,93	191,17	60,16	157,40	177,07	41,52	144,86	162,97	22,87	132,33	148,87	4,23	119,80	134,77
	III	1.818,16	-	145,45	163,63	-	134,66	151,49	-	124,12	139,63	-	113,84	128,07	-	103,81	116,78	-	94,04	105,79	-	84,53	95,09
	IV	2.586,58	133,83	206,92	232,79	124,51	200,66	225,74	115,19	194,39	218,69	105,87	188,12	211,64	96,54	181,86	204,59	87,22	175,59	197,54	77,90	169,32	190,49
	V	3.101,00	170,55	248,08	279,09																		
	VI	3.145,33	172,99	251,62	283,07																		
9.386,99 (Ost)	I	2.594,41	134,76	207,55	233,49	116,12	195,02	219,39	97,48	182,48	205,29	78,83	169,95	191,19	60,19	157,42	177,09	41,55	144,88	162,99	22,90	132,35	148,89
	II	2.445,33	117,02	195,62	220,07	98,38	183,09	205,97	79,73	170,56	191,88	61,09	158,02	177,77	42,45	145,49	163,67	23,80	132,96	149,58	5,16	120,42	135,47
	III	1.825,00	-	146,00	164,25	-	135,20	152,10	-	124,64	140,22	-	114,34	128,63	-	104,30	117,34	-	94,53	106,34	-	85,00	95,62
	IV	2.594,41	134,76	207,55	233,49	125,44	201,28	226,44	116,12	195,02	219,39	106,80	188,75	212,34	97,48	182,48	205,29	88,15	176,22	198,24	78,83	169,95	191,19
	V	3.108,83	170,98	248,70	279,79																		
	VI	3.153,16	173,42	252,25	283,78																		
9.389,99 (West)	I	2.587,83	133,98	207,02	232,90	115,34	194,49	218,80	96,69	181,96	204,70	78,05	169,42	190,60	59,42	156,90	176,51	40,77	144,36	162,41	22,13	131,83	148,31
	II	2.438,75	116,24	195,10	219,48	97,59	182,56	205,38	78,95	170,03	191,28	60,31	157,50	177,18	41,66	144,96	163,08	23,02	132,43	148,98	4,39	119,90	134,89
	III	1.819,33	-	145,54	163,73	-	134,74	151,58	-	124,20	139,72	-	113,92	128,16	-	103,89	116,87	-	94,12	105,88	-	84,61	95,18
	IV	2.587,83	133,98	207,02	232,90	124,66	200,76	225,85	115,34	194,49	218,80	106,01	188,22	211,75	96,69	181,96	204,70	87,37	175,69	197,65	78,05	169,42	190,60
	V	3.102,33	170,62	248,18	279,20																		
	VI	3.146,58	173,06	251,72	283,19																		
9.389,99 (Ost)	I	2.595,66	134,91	207,65	233,60	116,27	195,12	219,51	97,62	182,58	205,40	78,98	170,05	191,30	60,34	157,52	177,21	41,69	144,98	163,10	23,05	132,45	149,00
	II	2.446,58	117,17	195,72	220,19	98,53	183,19	206,09	79,88	170,66	191,99	61,24	158,12	177,89	42,60	145,59	163,79	23,95	133,06	149,69	5,31	120,52	135,59
	III	1.826,16	-	146,09	164,35	-	135,28	152,19	-	124,72	140,31	-	114,42	128,72	-	104,38	117,43	-	94,60	106,42	-	85,08	95,71
	IV	2.595,66	134,91	207,65	233,60	125,59	201,38	226,55	116,27	195,12	219,51	106,95	188,85	212,45	97,62	182,58	205,40	88,30	176,32	198,36	78,98	170,05	191,30
	V	3.110,08	171,05	248,80	279,90																		
	VI	3.154,41	173,49	252,35	283,89																		
9.392,99 (West)	I	2.589,08	134,13	207,12	233,01	115,48	194,59	218,91	96,85	182,06	204,82	78,21	169,53	190,72	59,56	157,00	176,62	40,92	144,46	162,52	22,28	131,93	148,42
	II	2.440,00	116,39	195,20	219,60	97,74	182,66	205,49	79,10	170,13	191,39	60,46	157,60	177,30	41,81	145,06	163,19	23,18	132,54	149,10	4,54	120,00	135,00
	III	1.820,33	-	145,62	163,82	-	134,82	151,67	-	124,29	139,82	-	114,00	128,25	-	103,97	116,96	-	94,20	105,97	-	84,68	95,26
	IV	2.589,08	134,13	207,12	233,01	124,81	200,86	225,96	115,48	194,59	218,91	106,16	188,32	211,86	96,85	182,06	204,82	87,53	175,80	197,77	78,21	169,53	190,72
	V	3.103,58	170,69	248,28	279,32																		
	VI	3.147,83	173,13	251,82	283,30																		
9.392,99 (Ost)	I	2.596,91	135,06	207,75	233,72	116,42	195,22	219,62	97,77	182,68	205,52	79,13	170,15	191,42	60,49	157,62	177,32	41,84	145,08	163,22	23,20	132,55	149,12
	II	2.447,83	117,32	195,82	220,30	98,68	183,29	206,20	80,03	170,76	192,10	61,39	158,22	178,00	42,75	145,69	163,90	24,10	133,16	149,80	5,46	120,62	135,70
	III	1.827,33	-	146,18	164,45	-	135,36	152,28	-	124,81	140,41	-	114,50	128,81	-	104,46	117,52	-	94,68	106,51	-	85,16	95,80
	IV	2.596,91	135,06	207,75	233,72	125,74	201,48	226,67	116,42	195,22	219,62	107,10	188,95	212,57	97,77	182,68	205,52	88,45	176,42	198,47	79,13	170,15	191,42
	V	3.111,33	171,12	248,90	280,01																		
	VI	3.155,66	173,56	252,45	284,00																		
9.395,99 (West)	I	2.590,33	134,28	207,22	233,12	115,64	194,70	219,03	97,00	182,16	204,93	78,36	169,63	190,83	59,71	157,10	176,73	41,07	144,56	162,63	22,43	132,03	148,53
	II	2.441,25	116,54	195,30	219,71	97,89	182,76	205,61	79,25	170,23	191,51	60,62	157,70	177,41	41,97	145,17	163,31	23,33	132,64	149,22	4,69	120,10	135,11
	III	1.821,50	-	145,72	163,93	-	134,92	151,78	-	124,37	139,91	-	114,08	128,34	-	104,05	117,05	-	94,28	106,06	-	84,76	95,35
	IV	2.590,33	134,28	207,22	233,12	124,96	200,96	226,08	115,64	194,70	219,03	106,32	188,43	211,98	97,00	182,16	204,93	87,68	175,90	197,88	78,36	169,63	190,83
	V	3.104,83	170,76	248,38	279,43																		
	VI	3.149,08	173,19	251,92	283,41																		
9.395,99 (Ost)	I	2.598,16	135,21	207,85	233,83	116,57	195,32	219,73	97,92	182,78	205,63	79,28	170,25	191,53	60,64	157,72	177,43	42,00	145,19	163,34	23,36	132,66	149,24
	II	2.449,08	117,47	195,92	220,41	98,82	183,39	206,31	80,18	170,86	192,21	61,54	158,32	178,11	42,89	145,79	164,01	24,25	133,26	149,91	5,61	120,72	135,81
	III	1.828,33	-	146,26	164,54	-	135,45	152,38	-	124,89	140,50	-	114,58	128,90	-	104,54	117,61	-	94,76	106,60	-	85,22	95,87
	IV	2.598,16	135,21	207,85	233,83	125,89	201,58	226,78	116,57	195,32	219,73	107,24	189,05	212,68	97,92	182,78	205,63	88,60	176,52	198,58	79,28	170,25	191,53
	V	3.112,58	171,19	249,00	280,13																		
	VI	3.156,91	173,63	252,55	284,12																		

Lohn/ Gehalt bis	Steuerklasse	Lohn-steuer	ohne Kinderfreibetrag			Anzahl Kinderfreibeträge (nur Steuerklassen I–IV)																	
						0,5			1,0			1,5			2,0			2,5			3,0		
			SolZ 5,5%	Kirchensteuer 8%	9%	SolZ 5,5%	Kirchensteuer 8%	9%	SolZ 5,5%	Kirchensteuer 8%	9%	SolZ 5,5%	Kirchensteuer 8%	9%	SolZ 5,5%	Kirchensteuer 8%	9%	SolZ 5,5%	Kirchensteuer 8%	9%	SolZ 5,5%	Kirchensteu 8%	9%
9.398,99 (West)	I	2.591,66	134,44	207,33	233,24	115,79	194,80	219,15	97,15	182,26	205,04	78,51	169,73	190,94	59,86	157,20	176,85	41,22	144,66	162,74	22,58	132,13	14
	II	2.442,50	116,68	195,40	219,82	98,04	182,86	205,72	79,41	170,34	191,63	60,76	157,80	177,53	42,12	145,27	163,43	23,48	132,74	149,33	4,83	120,20	13
	III	1.822,66	-	145,81	164,03	-	135,00	151,87	-	124,45	140,00	-	114,16	128,43	-	104,13	117,14	-	94,36	106,15	-	84,84	9
	IV	2.591,66	134,44	207,33	233,24	125,11	201,06	226,19	115,79	194,80	219,15	106,47	188,53	212,09	97,15	182,26	205,04	87,83	176,00	198,00	78,51	169,73	19
	V	3.106,08	170,83	248,48	279,54																		
	VI	3.150,41	173,27	252,03	283,53																		
9.398,99 (Ost)	I	2.599,41	135,36	207,95	233,94	116,71	195,42	219,84	98,07	182,88	205,74	79,43	170,35	191,64	60,79	157,82	177,55	42,15	145,29	163,45	23,51	132,76	14
	II	2.450,33	117,62	196,02	220,52	98,97	183,49	206,42	80,33	170,96	192,33	61,69	158,42	178,22	43,04	145,89	164,12	24,40	133,36	150,03	5,77	120,83	13
	III	1.829,50	-	146,36	164,65	-	135,53	152,47	-	124,97	140,59	-	114,68	129,01	-	104,62	117,70	-	94,84	106,69	-	85,30	9
	IV	2.599,41	135,36	207,95	233,94	126,04	201,68	226,89	116,71	195,42	219,84	107,39	189,15	212,79	98,07	182,88	205,74	88,75	176,62	198,69	79,43	170,35	19
	V	3.113,91	171,26	249,11	280,25																		
	VI	3.158,16	173,69	252,65	284,23																		
9.401,99 (West)	I	2.592,91	134,58	207,43	233,36	115,94	194,90	219,26	97,30	182,36	205,16	78,65	169,83	191,06	60,01	157,30	176,96	41,37	144,76	162,86	22,72	132,23	14
	II	2.443,83	116,84	195,50	219,94	98,20	182,97	205,84	79,56	170,44	191,74	60,91	157,90	177,64	42,27	145,37	163,54	23,63	132,84	149,44	4,98	120,30	13
	III	1.823,66	-	145,89	164,12	-	135,09	151,97	-	124,53	140,09	-	114,25	128,53	-	104,21	117,23	-	94,42	106,22	-	84,90	9
	IV	2.592,91	134,58	207,43	233,36	125,26	201,16	226,31	115,94	194,90	219,26	106,62	188,63	212,21	97,30	182,36	205,16	87,98	176,10	198,11	78,65	169,83	19
	V	3.107,33	170,90	248,58	279,65																		
	VI	3.151,66	173,34	252,13	283,64																		
9.401,99 (Ost)	I	2.600,66	135,51	208,05	234,05	116,86	195,52	219,96	98,23	182,99	205,86	79,59	170,46	191,76	60,94	157,92	177,66	42,30	145,39	163,56	23,66	132,86	14
	II	2.451,58	117,77	196,12	220,64	99,12	183,59	206,54	80,48	171,06	192,44	61,84	158,52	178,34	43,19	145,99	164,24	24,56	133,46	150,14	5,92	120,93	13
	III	1.830,50	-	146,44	164,74	-	135,62	152,57	-	125,06	140,69	-	114,76	129,10	-	104,70	117,79	-	94,92	106,78	-	85,38	9
	IV	2.600,66	135,51	208,05	234,05	126,18	201,78	227,00	116,86	195,52	219,96	107,54	189,25	212,90	98,23	182,99	205,86	88,91	176,72	198,81	79,59	170,46	19
	V	3.115,16	171,33	249,21	280,36																		
	VI	3.159,41	173,76	252,75	284,34																		
9.404,99 (West)	I	2.594,16	134,73	207,53	233,47	116,09	195,00	219,37	97,45	182,46	205,27	78,80	169,93	191,17	60,16	157,40	177,07	41,52	144,86	162,97	22,87	132,33	148
	II	2.445,08	116,99	195,60	220,05	98,35	183,07	205,95	79,71	170,54	191,85	61,06	158,00	177,75	42,42	145,47	163,65	23,78	132,94	149,55	5,13	120,40	135
	III	1.824,83	-	145,98	164,23	-	135,17	152,06	-	124,62	140,20	-	114,33	128,62	-	104,29	117,32	-	94,50	106,31	-	84,98	95
	IV	2.594,16	134,73	207,53	233,47	125,41	201,26	226,42	116,09	195,00	219,37	106,77	188,73	212,32	97,45	182,46	205,27	88,12	176,20	198,22	78,80	169,93	191
	V	3.108,58	170,97	248,68	279,77																		
	VI	3.152,91	173,41	252,23	283,76																		
9.404,99 (Ost)	I	2.601,91	135,66	208,15	234,17	117,02	195,62	220,07	98,38	183,09	205,97	79,73	170,56	191,88	61,09	158,02	177,77	42,45	145,49	163,67	23,80	132,96	149
	II	2.452,83	117,91	196,22	220,75	99,27	183,69	206,65	80,63	171,16	192,55	61,99	158,63	178,46	43,35	146,10	164,36	24,71	133,56	150,26	6,06	121,03	136
	III	1.831,66	-	146,53	164,84	-	135,70	152,66	-	125,14	140,78	-	114,84	129,19	-	104,78	117,88	-	95,00	106,87	-	85,45	96
	IV	2.601,91	135,66	208,15	234,17	126,34	201,89	227,12	117,02	195,62	220,07	107,70	189,36	213,03	98,38	183,09	205,97	89,06	176,82	198,92	79,73	170,56	191
	V	3.116,41	171,40	249,31	280,47																		
	VI	3.160,75	173,84	252,86	284,46																		
9.407,99 (West)	I	2.595,41	134,88	207,63	233,58	116,24	195,10	219,48	97,59	182,56	205,38	78,95	170,03	191,28	60,31	157,50	177,18	41,66	144,96	163,08	23,02	132,43	148
	II	2.446,33	117,14	195,70	220,16	98,50	183,17	206,06	79,85	170,64	191,97	61,21	158,10	177,86	42,57	145,57	163,76	23,92	133,04	149,67	5,28	120,50	135
	III	1.825,83	-	146,06	164,32	-	135,26	152,17	-	124,70	140,29	-	114,41	128,71	-	104,37	117,41	-	94,58	106,40	-	85,06	95
	IV	2.595,41	134,88	207,63	233,58	125,56	201,36	226,53	116,24	195,10	219,48	106,92	188,83	212,43	97,59	182,56	205,38	88,27	176,30	198,33	78,95	170,03	191
	V	3.109,83	171,04	248,78	279,88																		
	VI	3.154,16	173,47	252,33	283,87																		
9.407,99 (Ost)	I	2.603,25	135,81	208,26	234,29	117,17	195,72	220,19	98,53	183,19	206,09	79,88	170,66	191,99	61,24	158,12	177,89	42,60	145,59	163,79	23,95	133,06	149
	II	2.454,08	118,06	196,32	220,86	99,42	183,79	206,76	80,79	171,26	192,67	62,14	158,73	178,57	43,50	146,20	164,47	24,86	133,66	150,37	6,21	121,13	136
	III	1.832,83	-	146,62	164,95	-	135,80	152,77	-	125,22	140,87	-	114,92	129,28	-	104,86	117,97	-	95,06	106,94	-	85,53	96
	IV	2.603,25	135,81	208,26	234,29	126,49	201,99	227,24	117,17	195,72	220,19	107,85	189,46	213,14	98,53	183,19	206,09	89,21	176,92	199,04	79,88	170,66	191
	V	3.117,66	171,47	249,41	280,58																		
	VI	3.162,00	173,91	252,96	284,58																		
9.410,99 (West)	I	2.596,66	135,03	207,73	233,69	116,39	195,20	219,60	97,74	182,66	205,49	79,10	170,13	191,39	60,46	157,60	177,30	41,81	145,06	163,19	23,18	132,54	149
	II	2.447,58	117,29	195,80	220,28	98,65	183,27	206,18	80,00	170,74	192,08	61,36	158,20	177,98	42,72	145,67	163,88	24,07	133,14	149,78	5,43	120,60	135
	III	1.827,00	-	146,16	164,43	-	135,34	152,26	-	124,78	140,38	-	114,49	128,80	-	104,45	117,50	-	94,66	106,49	-	85,13	95
	IV	2.596,66	135,03	207,73	233,69	125,71	201,46	226,64	116,39	195,20	219,60	107,07	188,93	212,54	97,74	182,66	205,49	88,42	176,40	198,45	79,10	170,13	191
	V	3.111,08	171,10	248,88	279,99																		
	VI	3.155,41	173,54	252,43	283,98																		
9.410,99 (Ost)	I	2.604,50	135,96	208,36	234,40	117,32	195,82	220,30	98,68	183,29	206,20	80,03	170,76	192,10	61,39	158,22	178,00	42,75	145,69	163,90	24,10	133,16	149
	II	2.455,41	118,22	196,43	220,98	99,58	183,90	206,88	80,93	171,36	192,78	62,29	158,83	178,68	43,65	146,30	164,58	25,00	133,76	150,48	6,36	121,23	136,
	III	1.833,83	-	146,70	165,04	-	135,88	152,86	-	125,32	140,98	-	115,00	129,37	-	104,94	118,06	-	95,14	107,03	-	85,61	96,
	IV	2.604,50	135,96	208,36	234,40	126,64	202,09	227,35	117,32	195,82	220,30	108,00	189,56	213,25	98,68	183,29	206,20	89,35	177,02	199,15	80,03	170,76	192,
	V	3.118,91	171,54	249,51	280,70																		
	VI	3.163,25	173,97	253,06	284,69																		
9.413,99 (West)	I	2.597,91	135,18	207,83	233,81	116,54	195,30	219,71	97,89	182,76	205,61	79,25	170,23	191,51	60,62	157,70	177,41	41,97	145,17	163,31	23,33	132,64	149,
	II	2.448,83	117,44	195,90	220,39	98,79	183,37	206,29	80,15	170,84	192,19	61,51	158,30	178,09	42,86	145,77	163,99	24,22	133,24	149,89	5,58	120,70	135,
	III	1.828,16	-	146,25	164,53	-	135,44	152,37	-	124,88	140,49	-	114,57	128,89	-	104,53	117,59	-	94,74	106,58	-	85,21	95,
	IV	2.597,91	135,18	207,83	233,81	125,86	201,56	226,76	116,54	195,30	219,71	107,21	189,03	212,66	97,89	182,76	205,61	88,57	176,50	198,56	79,25	170,23	191,
	V	3.112,33	171,17	248,98	280,10																		
	VI	3.156,66	173,61	252,53	284,09																		
9.413,99 (Ost)	I	2.605,75	136,11	208,46	234,51	117,47	195,92	220,41	98,82	183,39	206,31	80,18	170,86	192,21	61,54	158,32	178,11	42,89	145,79	164,01	24,25	133,26	149,
	II	2.456,66	118,37	196,53	221,09	99,73	184,00	207,00	81,08	171,46	192,89	62,44	158,93	178,79	43,80	146,40	164,70	25,15	133,86	150,59	6,51	121,33	136,
	III	1.835,00	-	146,80	165,15	-	135,97	152,96	-	125,40	141,07	-	115,08	129,46	-	105,02	118,15	-	95,22	107,12	-	85,68	96,
	IV	2.605,75	136,11	208,46	234,51	126,79	202,19	227,46	117,47	195,92	220,41	108,15	189,66	213,36	98,82	183,39	206,31	89,50	177,12	199,26	80,18	170,86	192,
	V	3.120,16	171,60	249,61	280,81																		
	VI	3.164,50	174,04	253,16	284,80																		
9.416,99 (West)	I	2.599,16	135,33	207,93	233,92	116,68	195,40	219,82	98,04	182,86	205,72	79,41	170,34	191,63	60,76	157,80	177,53	42,12	145,27	163,43	23,48	132,74	149,
	II	2.450,08	117,59	196,00	220,50	98,94	183,47	206,40	80,30	170,94	192,30	61,66	158,40	178,20	43,01	145,87	164,10	24,38	133,34	150,01	5,74	120,81	135,
	III	1.829,16	-	146,33	164,62	-	135,52	152,46	-	124,96	140,58	-	114,65	128,98	-	104,61	117,68	-	94,82	106,67	-	85,29	95,
	IV	2.599,16	135,33	207,93	233,92	126,01	201,66	226,87	116,68	195,40	219,82	107,36	189,13	212,77	98,04	182,86	205,72	88,73	176,60	198,68	79,41	170,34	191,
	V	3.113,66	171,25	249,09	280,22																		
	VI	3.157,91	173,68	252,63	284,21																		
9.416,99 (Ost)	I	2.607,00	136,26	208,56	234,63	117,62	196,02	220,52	98,97	183,49	206,42	80,33	170,96	192,33	61,69	158,42	178,22	43,04	145,89	164,12	24,40	133,36	150,
	II	2.457,91	118,52	196,63	221,21	99,88	184,10	207,11	81,23	171,56	193,01	62,59	159,03	178,91	43,95	146,50	164,81	25,30	133,96	150,71	6,66	121,43	136,
	III	1.836,00	-	146,88	165,24	-	136,05	153,05	-	125,48	141,16	-	115,16	129,55	-	105,10	118,24	-	95,30	107,21	-	85,76	96,
	IV	2.607,00	136,26	208,56	234,63	126,94	202,29	227,57	117,62	196,02	220,52	108,29	189,76	213,48	98,97	183,49	206,42	89,65	177,22	199,37	80,33	170,96	192,
	V	3.121,41	171,67	249,71	280,92																		
	VI	3.165,75	174,11	253,26	284,91																		

Allgemeine Tabelle

MONAT bis 9.437,99 €

Lohn/ Gehalt bis	Steuerklasse	Lohnsteuer	ohne Kinderfreibetrag			Anzahl Kinderfreibeträge (nur Steuerklassen I–IV)																	
						0,5			1,0			1,5			2,0			2,5			3,0		
			SolZ 5,5%	Kirchensteuer 8%	9%	SolZ 5,5%	Kirchensteuer 8%	9%	SolZ 5,5%	Kirchensteuer 8%	9%	SolZ 5,5%	Kirchensteuer 8%	9%	SolZ 5,5%	Kirchensteuer 8%	9%	SolZ 5,5%	Kirchensteuer 8%	9%	SolZ 5,5%	Kirchensteuer 8%	9%
9.419,99 *(West)*	I	2.600,41	135,48	208,03	234,03	116,84	195,50	219,94	98,20	182,97	205,84	79,56	170,44	191,74	60,91	157,90	177,64	42,27	145,37	163,54	23,63	132,84	149,44
	II	2.451,33	117,74	196,10	220,61	99,09	183,57	206,51	80,45	171,04	192,42	61,81	158,50	178,31	43,17	145,98	164,22	24,53	133,44	150,12	5,89	120,91	136,02
	III	1.830,33	-	146,42	164,72	-	135,60	152,55	-	125,04	140,67	-	114,73	129,07	-	104,69	117,77	-	94,89	106,75	-	85,36	96,03
	IV	2.600,41	135,48	208,03	234,03	126,15	201,76	226,98	116,84	195,50	219,94	107,52	189,24	212,89	98,20	182,97	205,84	88,88	176,70	198,79	79,56	170,44	191,74
	V	3.114,91	171,32	249,19	280,34																		
	VI	3.159,16	173,75	252,73	284,32																		
9.419,99 *(Ost)*	I	2.608,25	136,41	208,66	234,74	117,77	196,12	220,64	99,12	183,59	206,54	80,48	171,06	192,44	61,84	158,52	178,34	43,19	145,99	164,24	24,56	133,46	150,14
	II	2.459,16	118,67	196,73	221,32	100,02	184,20	207,22	81,38	171,66	193,12	62,74	159,13	179,02	44,09	146,60	164,92	25,45	134,06	150,82	6,81	121,53	136,72
	III	1.837,16	-	146,97	165,34	-	136,14	153,16	-	125,56	141,25	-	115,25	129,65	-	105,18	118,33	-	95,38	107,30	-	85,84	96,57
	IV	2.608,25	136,41	208,66	234,74	127,09	202,39	227,69	117,77	196,12	220,64	108,44	189,86	213,59	99,12	183,59	206,54	89,80	177,32	199,49	80,48	171,06	192,44
	V	3.122,66	171,74	249,81	281,03																		
	VI	3.167,00	174,18	253,36	285,03																		
9.422,99 *(West)*	I	2.601,75	135,64	208,14	234,15	116,99	195,60	220,05	98,35	183,07	205,95	79,71	170,54	191,85	61,06	158,00	177,75	42,42	145,47	163,65	23,78	132,94	149,55
	II	2.452,58	117,88	196,20	220,73	99,24	183,67	206,63	80,61	171,14	192,53	61,96	158,61	178,43	43,32	146,08	164,34	24,68	133,54	150,23	6,03	121,01	136,13
	III	1.831,33	-	146,50	164,81	-	135,69	152,65	-	125,13	140,77	-	114,81	129,16	-	104,77	117,86	-	94,97	106,84	-	85,44	96,12
	IV	2.601,75	135,64	208,14	234,15	126,31	201,87	227,10	116,99	195,60	220,05	107,67	189,34	213,00	98,35	183,07	205,95	89,03	176,80	198,90	79,71	170,54	191,85
	V	3.116,16	171,38	249,29	280,45																		
	VI	3.160,50	173,82	252,84	284,44																		
9.422,99 *(Ost)*	I	2.609,50	136,56	208,76	234,85	117,91	196,22	220,75	99,27	183,69	206,65	80,63	171,16	192,55	61,99	158,63	178,46	43,35	146,10	164,36	24,71	133,56	150,26
	II	2.460,41	118,82	196,83	221,43	100,17	184,30	207,33	81,53	171,76	193,23	62,89	159,23	179,13	44,24	146,70	165,03	25,60	134,16	150,93	6,96	121,63	136,83
	III	1.838,33	-	147,06	165,44	-	136,22	153,25	-	125,65	141,35	-	115,33	129,74	-	105,26	118,42	-	95,46	107,39	-	85,90	96,64
	IV	2.609,50	136,56	208,76	234,85	127,24	202,49	227,80	117,91	196,22	220,75	108,59	189,96	213,70	99,27	183,69	206,65	89,95	177,42	199,60	80,63	171,16	192,55
	V	3.124,00	171,82	249,92	281,16																		
	VI	3.168,25	174,25	253,46	285,14																		
9.425,99 *(West)*	I	2.603,00	135,78	208,24	234,27	117,14	195,70	220,16	98,50	183,17	206,06	79,85	170,64	191,97	61,21	158,10	177,86	42,57	145,57	163,76	23,92	133,04	149,67
	II	2.453,83	118,03	196,30	220,84	99,40	183,78	206,75	80,76	171,24	192,65	62,11	158,71	178,55	43,47	146,18	164,45	24,83	133,64	150,35	6,18	121,11	136,25
	III	1.832,50	-	146,60	164,92	-	135,77	152,74	-	125,21	140,86	-	114,90	129,26	-	104,85	117,95	-	95,05	106,93	-	85,52	96,21
	IV	2.603,00	135,78	208,24	234,27	126,46	201,97	227,21	117,14	195,70	220,16	107,82	189,44	213,12	98,50	183,17	206,06	89,18	176,90	199,01	79,85	170,64	191,97
	V	3.117,41	171,45	249,39	280,56																		
	VI	3.161,75	173,89	252,94	284,55																		
9.425,99 *(Ost)*	I	2.610,75	136,71	208,86	234,96	118,06	196,32	220,86	99,42	183,79	206,76	80,79	171,26	192,67	62,14	158,73	178,57	43,50	146,20	164,47	24,86	133,66	150,37
	II	2.461,66	118,97	196,93	221,54	100,32	184,40	207,45	81,68	171,86	193,34	63,04	159,33	179,24	44,39	146,80	165,15	25,76	134,27	151,05	7,12	121,74	136,95
	III	1.839,33	-	147,14	165,53	-	136,30	153,34	-	125,73	141,44	-	115,41	129,83	-	105,34	118,51	-	95,53	107,47	-	85,98	96,73
	IV	2.610,75	136,71	208,86	234,96	127,38	202,59	227,91	118,06	196,32	220,86	108,74	190,06	213,81	99,42	183,79	206,76	90,11	177,53	199,72	80,79	171,26	192,67
	V	3.125,25	171,88	250,02	281,27																		
	VI	3.169,50	174,32	253,56	285,25																		
9.428,99 *(West)*	I	2.604,25	135,93	208,34	234,38	117,29	195,80	220,28	98,65	183,27	206,18	80,00	170,74	192,08	61,36	158,20	177,98	42,72	145,67	163,88	24,07	133,14	149,78
	II	2.455,16	118,19	196,41	220,96	99,55	183,88	206,86	80,91	171,34	192,76	62,26	158,81	178,66	43,62	146,28	164,56	24,98	133,74	150,46	6,33	121,21	136,36
	III	1.833,66	-	146,69	165,02	-	135,86	152,84	-	125,29	140,95	-	114,98	129,35	-	104,93	118,04	-	95,13	107,02	-	85,58	96,28
	IV	2.604,25	135,93	208,34	234,38	126,61	202,07	227,33	117,29	195,80	220,28	107,97	189,54	213,23	98,65	183,27	206,18	89,32	177,00	199,13	80,00	170,74	192,08
	V	3.118,66	171,52	249,49	280,67																		
	VI	3.163,00	173,96	253,04	284,67																		
9.428,99 *(Ost)*	I	2.612,00	136,85	208,96	235,08	118,22	196,43	220,98	99,58	183,90	206,88	80,93	171,36	192,78	62,29	158,83	178,68	43,65	146,30	164,58	25,00	133,76	150,48
	II	2.462,91	119,11	197,03	221,66	100,47	184,50	207,56	81,83	171,96	193,46	63,18	159,43	179,36	44,55	146,90	165,26	25,91	134,37	151,16	7,26	121,84	137,07
	III	1.840,50	-	147,24	165,64	-	136,40	153,45	-	125,81	141,53	-	115,49	129,92	-	105,42	118,60	-	95,61	107,56	-	86,06	96,82
	IV	2.612,00	136,85	208,96	235,08	127,53	202,69	228,02	118,22	196,43	220,98	108,90	190,16	213,93	99,58	183,90	206,88	90,26	177,63	199,83	80,93	171,36	192,78
	V	3.126,50	171,95	250,12	281,38																		
	VI	3.170,75	174,39	253,66	285,36																		
9.431,99 *(West)*	I	2.605,50	136,08	208,44	234,49	117,44	195,90	220,39	98,79	183,37	206,29	80,15	170,84	192,19	61,51	158,30	178,09	42,86	145,77	163,99	24,22	133,24	149,89
	II	2.456,41	118,34	196,51	221,07	99,70	183,98	206,97	81,05	171,44	192,87	62,41	158,91	178,77	43,77	146,38	164,67	25,12	133,84	150,57	6,48	121,31	136,47
	III	1.834,66	-	146,77	165,11	-	135,94	152,93	-	125,37	141,04	-	115,06	129,44	-	105,01	118,13	-	95,21	107,11	-	85,66	96,37
	IV	2.605,50	136,08	208,44	234,49	126,76	202,17	227,44	117,44	195,90	220,39	108,12	189,64	213,34	98,79	183,37	206,29	89,47	177,10	199,24	80,15	170,84	192,19
	V	3.119,91	171,59	249,59	280,79																		
	VI	3.164,25	174,03	253,14	284,78																		
9.431,99 *(Ost)*	I	2.613,33	137,01	209,06	235,19	118,37	196,53	221,09	99,73	184,00	207,00	81,08	171,46	192,89	62,44	158,93	178,79	43,80	146,40	164,70	25,15	133,86	150,59
	II	2.464,16	119,26	197,13	221,77	100,62	184,60	207,67	81,99	172,07	193,58	63,34	159,54	179,48	44,70	147,00	165,38	26,06	134,47	151,28	7,41	121,94	137,18
	III	1.841,50	-	147,32	165,73	-	136,48	153,54	-	125,90	141,64	-	115,57	130,01	-	105,50	118,69	-	95,69	107,65	-	86,13	96,89
	IV	2.613,33	137,01	209,06	235,19	127,69	202,80	228,15	118,37	196,53	221,09	109,05	190,26	214,04	99,73	184,00	207,00	90,41	177,73	199,94	81,08	171,46	192,89
	V	3.127,75	172,02	250,22	281,49																		
	VI	3.172,08	174,46	253,76	285,48																		
9.434,99 *(West)*	I	2.606,75	136,23	208,54	234,60	117,59	196,00	220,50	98,94	183,47	206,40	80,30	170,94	192,30	61,66	158,40	178,20	43,01	145,87	164,10	24,38	133,34	150,01
	II	2.457,66	118,49	196,61	221,18	99,85	184,08	207,09	81,20	171,54	192,98	62,56	159,01	178,88	43,92	146,48	164,79	25,27	133,94	150,68	6,63	121,41	136,58
	III	1.835,83	-	146,86	165,22	-	136,04	153,04	-	125,46	141,14	-	115,14	129,53	-	105,09	118,22	-	95,29	107,20	-	85,74	96,46
	IV	2.606,75	136,23	208,54	234,60	126,91	202,27	227,55	117,59	196,00	220,50	108,27	189,74	213,45	98,94	183,47	206,40	89,62	177,20	199,35	80,30	170,94	192,30
	V	3.121,16	171,66	249,69	280,90																		
	VI	3.165,50	174,10	253,24	284,89																		
9.434,99 *(Ost)*	I	2.614,58	137,16	209,16	235,31	118,52	196,63	221,21	99,88	184,10	207,11	81,23	171,56	193,01	62,59	159,03	178,91	43,95	146,50	164,81	25,30	133,96	150,71
	II	2.465,41	119,41	197,23	221,88	100,78	184,70	207,79	82,13	172,17	193,69	63,49	159,64	179,59	44,85	147,10	165,49	26,20	134,57	151,39	7,56	122,04	137,29
	III	1.842,66	-	147,41	165,83	-	136,57	153,64	-	125,98	141,73	-	115,65	130,10	-	105,58	118,78	-	95,77	107,74	-	86,21	96,98
	IV	2.614,58	137,16	209,16	235,31	127,84	202,90	228,26	118,52	196,63	221,21	109,20	190,36	214,16	99,88	184,10	207,11	90,55	177,83	200,06	81,23	171,56	193,01
	V	3.129,00	172,09	250,32	281,61																		
	VI	3.173,33	174,53	253,86	285,59																		
9.437,99 *(West)*	I	2.608,00	136,38	208,64	234,72	117,74	196,10	220,61	99,09	183,57	206,51	80,45	171,04	192,42	61,81	158,50	178,31	43,17	145,98	164,22	24,53	133,44	150,12
	II	2.458,91	118,64	196,71	221,30	99,99	184,18	207,20	81,35	171,64	193,10	62,71	159,11	179,00	44,06	146,58	164,90	25,42	134,04	150,80	6,78	121,51	136,70
	III	1.837,00	-	146,96	165,33	-	136,12	153,13	-	125,54	141,23	-	115,22	129,62	-	105,17	118,31	-	95,36	107,28	-	85,81	96,53
	IV	2.608,00	136,38	208,64	234,72	127,06	202,37	227,66	117,74	196,10	220,61	108,41	189,84	213,57	99,09	183,57	206,51	89,77	177,30	199,46	80,45	171,04	192,42
	V	3.122,41	171,73	249,79	281,01																		
	VI	3.166,75	174,17	253,34	285,00																		
9.437,99 *(Ost)*	I	2.615,83	137,31	209,26	235,42	118,67	196,73	221,32	100,02	184,20	207,22	81,38	171,66	193,12	62,74	159,13	179,02	44,09	146,60	164,92	25,45	134,06	150,82
	II	2.466,75	119,57	197,34	222,00	100,93	184,80	207,90	82,28	172,27	193,80	63,64	159,74	179,70	45,00	147,20	165,60	26,35	134,67	151,50	7,71	122,14	137,40
	III	1.843,83	-	147,50	165,94	-	136,65	153,73	-	126,06	141,82	-	115,73	130,19	-	105,66	118,87	-	95,85	107,83	-	86,29	97,07
	IV	2.615,83	137,31	209,26	235,42	127,99	203,00	228,37	118,67	196,73	221,32	109,35	190,46	214,27	100,02	184,20	207,22	90,70	177,93	200,17	81,38	171,66	193,12
	V	3.130,25	172,16	250,42	281,72																		
	VI	3.174,58	174,60	253,96	285,71																		

Lohn/Gehalt bis	Steuerklasse	Lohnsteuer	ohne Kinderfreibetrag SolZ 5,5%	ohne Kinderfreibetrag Kirchensteuer 8%	ohne Kinderfreibetrag Kirchensteuer 9%	0,5 SolZ 5,5%	0,5 Kirchensteuer 8%	0,5 Kirchensteuer 9%	1,0 SolZ 5,5%	1,0 Kirchensteuer 8%	1,0 Kirchensteuer 9%	1,5 SolZ 5,5%	1,5 Kirchensteuer 8%	1,5 Kirchensteuer 9%	2,0 SolZ 5,5%	2,0 Kirchensteuer 8%	2,0 Kirchensteuer 9%	2,5 SolZ 5,5%	2,5 Kirchensteuer 8%	2,5 Kirchensteuer 9%	3,0 SolZ 5,5%	3,0 Kirchensteuer 8%	3,0 Kirchensteuer 9%
9.440,99 (West)	I	2.609,25	136,53	208,74	234,83	117,88	196,20	220,73	99,24	183,67	206,63	80,61	171,14	192,53	61,96	158,61	178,43	43,32	146,08	164,34	24,68	133,54	15
	II	2.460,16	118,79	196,81	221,41	100,14	184,28	207,31	81,50	171,74	193,21	62,86	159,21	179,11	44,21	146,68	165,01	25,57	134,14	150,91	6,94	121,62	13
	III	1.838,00	-	147,04	165,42	-	136,21	153,23	-	125,62	141,32	-	115,30	129,71	-	105,25	118,40	-	95,44	107,37	-	85,89	9
	IV	2.609,25	136,53	208,74	234,83	127,21	202,47	227,78	117,88	196,20	220,73	108,56	189,94	213,68	99,24	183,67	206,63	89,92	177,40	199,58	80,61	171,14	19
	V	3.123,75	171,80	249,90	281,13																		
	VI	3.168,00	174,24	253,44	285,12																		
9.440,99 (Ost)	I	2.617,08	137,46	209,36	235,53	118,82	196,83	221,43	100,17	184,30	207,33	81,53	171,76	193,23	62,89	159,23	179,13	44,24	146,70	165,03	25,60	134,16	15
	II	2.468,00	119,72	197,44	222,12	101,08	184,90	208,01	82,43	172,37	193,91	63,79	159,84	179,82	45,15	147,30	165,71	26,50	134,77	151,61	7,86	122,24	13
	III	1.844,83	-	147,58	166,03	-	136,74	153,83	-	126,16	141,93	-	115,82	130,30	-	105,74	118,96	-	95,93	107,92	-	86,37	9
	IV	2.617,08	137,46	209,36	235,53	128,14	203,10	228,48	118,82	196,83	221,43	109,49	190,56	214,38	100,17	184,30	207,33	90,85	178,03	200,28	81,53	171,76	19
	V	3.131,50	172,23	250,52	281,83																		
	VI	3.175,83	174,67	254,06	285,82																		
9.443,99 (West)	I	2.610,50	136,68	208,84	234,94	118,03	196,30	220,84	99,40	183,78	206,75	80,76	171,24	192,65	62,11	158,71	178,55	43,47	146,18	164,45	24,83	133,64	15
	II	2.461,41	118,94	196,91	221,52	100,29	184,38	207,42	81,65	171,84	193,32	63,01	159,31	179,22	44,37	146,78	165,13	25,73	134,25	151,03	7,09	121,72	13
	III	1.839,16	-	147,13	165,52	-	136,29	153,32	-	125,72	141,43	-	115,38	129,80	-	105,33	118,49	-	95,52	107,46	-	85,97	9
	IV	2.610,50	136,68	208,84	234,94	127,35	202,57	227,89	118,03	196,30	220,84	108,72	190,04	213,80	99,40	183,78	206,75	90,08	177,51	199,70	80,76	171,24	19
	V	3.125,00	171,87	250,00	281,25																		
	VI	3.169,25	174,30	253,54	285,23																		
9.443,99 (Ost)	I	2.618,33	137,61	209,46	235,64	118,97	196,93	221,54	100,32	184,40	207,45	81,68	171,86	193,34	63,04	159,33	179,24	44,39	146,80	165,15	25,76	134,27	15
	II	2.469,25	119,87	197,54	222,23	101,22	185,00	208,13	82,58	172,47	194,03	63,94	159,94	179,93	45,29	147,40	165,83	26,65	134,87	151,73	8,01	122,34	13
	III	1.846,00	-	147,68	166,14	-	136,82	153,92	-	126,24	142,02	-	115,90	130,39	-	105,82	119,05	-	96,00	108,00	-	86,44	9
	IV	2.618,33	137,61	209,46	235,64	128,29	203,20	228,60	118,97	196,93	221,54	109,64	190,66	214,49	100,32	184,40	207,45	91,00	178,13	200,39	81,68	171,86	19
	V	3.132,75	172,30	250,62	281,94																		
	VI	3.177,08	174,73	254,16	285,93																		
9.446,99 (West)	I	2.611,83	136,84	208,94	235,06	118,19	196,41	220,96	99,55	183,88	206,86	80,91	171,34	192,76	62,26	158,81	178,66	43,62	146,28	164,56	24,98	133,74	15
	II	2.462,66	119,08	197,01	221,63	100,44	184,48	207,54	81,80	171,94	193,43	63,16	159,42	179,34	44,52	146,88	165,24	25,88	134,35	151,14	7,23	121,82	13
	III	1.840,16	-	147,21	165,61	-	136,37	153,41	-	125,80	141,52	-	115,48	129,91	-	105,41	118,58	-	95,60	107,55	-	86,05	9
	IV	2.611,83	136,84	208,94	235,06	127,51	202,68	228,01	118,19	196,41	220,96	108,87	190,14	213,91	99,55	183,88	206,86	90,23	177,61	199,81	80,91	171,34	19
	V	3.126,25	171,94	250,10	281,36																		
	VI	3.170,58	174,38	253,64	285,35																		
9.446,99 (Ost)	I	2.619,58	137,76	209,56	235,76	119,11	197,03	221,66	100,47	184,50	207,56	81,83	171,96	193,46	63,18	159,43	179,36	44,55	146,90	165,26	25,91	134,37	15
	II	2.470,50	120,02	197,64	222,34	101,37	185,10	208,24	82,73	172,57	194,14	64,09	160,04	180,04	45,44	147,50	165,94	26,80	134,97	151,84	8,16	122,44	13
	III	1.847,16	-	147,77	166,24	-	136,92	154,03	-	126,32	142,11	-	115,98	130,48	-	105,90	119,14	-	96,08	108,09	-	86,52	9
	IV	2.619,58	137,76	209,56	235,76	128,44	203,30	228,71	119,11	197,03	221,66	109,79	190,76	214,61	100,47	184,50	207,56	91,15	178,23	200,51	81,83	171,96	19
	V	3.134,00	172,37	250,72	282,06																		
	VI	3.178,33	174,80	254,26	286,04																		
9.449,99 (West)	I	2.613,08	136,98	209,04	235,17	118,34	196,51	221,07	99,70	183,98	206,97	81,05	171,44	192,87	62,41	158,91	178,77	43,77	146,38	164,67	25,12	133,84	15
	II	2.463,91	119,23	197,11	221,75	100,60	184,58	207,65	81,96	172,05	193,55	63,31	159,52	179,46	44,67	146,98	165,35	26,03	134,45	151,25	7,38	121,92	13
	III	1.841,33	-	147,30	165,71	-	136,46	153,52	-	125,88	141,61	-	115,56	130,00	-	105,49	118,67	-	95,68	107,64	-	86,12	9
	IV	2.613,08	136,98	209,04	235,17	127,66	202,78	228,12	118,34	196,51	221,07	109,02	190,24	214,02	99,70	183,98	206,97	90,38	177,71	199,92	81,05	171,44	19
	V	3.127,50	172,01	250,20	281,47																		
	VI	3.171,83	174,45	253,74	285,46																		
9.449,99 (Ost)	I	2.620,83	137,91	209,66	235,87	119,26	197,13	221,77	100,62	184,60	207,67	81,99	172,07	193,58	63,34	159,54	179,48	44,70	147,00	165,38	26,06	134,47	151
	II	2.471,75	120,17	197,74	222,45	101,52	185,20	208,35	82,88	172,67	194,25	64,24	160,14	180,15	45,59	147,60	166,05	26,95	135,07	151,95	8,32	122,54	137
	III	1.848,16	-	147,85	166,33	-	137,00	154,12	-	126,40	142,20	-	116,06	130,57	-	105,98	119,23	-	96,16	108,18	-	86,60	97
	IV	2.620,83	137,91	209,66	235,87	128,58	203,40	228,82	119,26	197,13	221,77	109,94	190,86	214,72	100,62	184,60	207,67	91,30	178,33	200,62	81,99	172,07	193
	V	3.135,33	172,44	250,82	282,17																		
	VI	3.179,58	174,87	254,36	286,16																		
9.452,99 (West)	I	2.614,33	137,13	209,14	235,28	118,49	196,61	221,18	99,85	184,08	207,09	81,20	171,54	192,98	62,56	159,01	178,88	43,92	146,48	164,79	25,27	133,94	150
	II	2.465,25	119,39	197,22	221,87	100,75	184,68	207,77	82,11	172,15	193,67	63,46	159,62	179,57	44,82	147,08	165,47	26,18	134,55	151,37	7,53	122,02	137
	III	1.842,50	-	147,40	165,82	-	136,54	153,61	-	125,97	141,71	-	115,64	130,09	-	105,57	118,76	-	95,76	107,73	-	86,20	96
	IV	2.614,33	137,13	209,14	235,28	127,81	202,88	228,24	118,49	196,61	221,18	109,17	190,34	214,13	99,85	184,08	207,09	90,52	177,81	200,03	81,20	171,54	192
	V	3.128,75	172,08	250,30	281,58																		
	VI	3.173,08	174,51	253,84	285,57																		
9.452,99 (Ost)	I	2.622,08	138,05	209,76	235,98	119,41	197,23	221,88	100,78	184,70	207,79	82,13	172,17	193,69	63,49	159,64	179,59	44,85	147,10	165,49	26,20	134,57	151
	II	2.473,00	120,31	197,84	222,57	101,67	185,30	208,46	83,03	172,77	194,36	64,38	160,24	180,27	45,75	147,71	166,17	27,11	135,18	152,07	8,46	122,64	137,
	III	1.849,33	-	147,94	166,43	-	137,09	154,22	-	126,49	142,30	-	116,14	130,66	-	106,06	119,32	-	96,24	108,27	-	86,66	97,
	IV	2.622,08	138,05	209,76	235,98	128,73	203,50	228,93	119,41	197,23	221,88	110,10	190,97	214,84	100,78	184,70	207,79	91,46	178,44	200,74	82,13	172,17	193
	V	3.136,58	172,51	250,92	282,29																		
	VI	3.180,83	174,94	254,46	286,27																		
9.455,99 (West)	I	2.615,58	137,28	209,24	235,40	118,64	196,71	221,30	99,99	184,18	207,20	81,35	171,64	193,10	62,71	159,11	179,00	44,06	146,58	164,90	25,42	134,04	150
	II	2.466,50	119,54	197,32	221,98	100,90	184,78	207,88	82,25	172,25	193,78	63,61	159,72	179,68	44,97	147,18	165,58	26,32	134,65	151,48	7,68	122,12	137,
	III	1.843,50	-	147,48	165,91	-	136,64	153,72	-	126,05	141,80	-	115,72	130,18	-	105,65	118,85	-	95,82	107,80	-	86,28	97,
	IV	2.615,58	137,28	209,24	235,40	127,96	202,98	228,35	118,64	196,71	221,30	109,32	190,44	214,25	99,99	184,18	207,20	90,67	177,91	200,15	81,35	171,64	193,
	V	3.130,00	172,15	250,40	281,70																		
	VI	3.174,33	174,58	253,94	285,68																		
9.455,99 (Ost)	I	2.623,41	138,21	209,87	236,10	119,57	197,34	222,00	100,93	184,80	207,90	82,28	172,27	193,80	63,64	159,74	179,70	45,00	147,20	165,60	26,35	134,67	151,
	II	2.474,25	120,46	197,94	222,68	101,82	185,40	208,58	83,18	172,87	194,48	64,54	160,34	180,38	45,90	147,81	166,28	27,26	135,28	152,19	8,61	122,74	138,
	III	1.850,33	-	148,02	166,52	-	137,17	154,31	-	126,57	142,39	-	116,22	130,75	-	106,14	119,41	-	96,32	108,36	-	86,74	97,
	IV	2.623,41	138,21	209,87	236,10	128,89	203,60	229,05	119,57	197,34	222,00	110,25	191,07	214,95	100,93	184,80	207,90	91,61	178,54	200,85	82,28	172,27	193,
	V	3.137,83	172,58	251,02	282,40																		
	VI	3.182,16	175,01	254,57	286,39																		
9.458,99 (West)	I	2.616,83	137,43	209,34	235,51	118,79	196,81	221,41	100,14	184,28	207,31	81,50	171,74	193,21	62,86	159,21	179,11	44,21	146,68	165,01	25,57	134,14	150,
	II	2.467,75	119,69	197,42	222,09	101,05	184,88	207,99	82,40	172,35	193,89	63,76	159,82	179,79	45,12	147,28	165,69	26,47	134,75	151,59	7,83	122,22	137,
	III	1.844,66	-	147,57	166,01	-	136,72	153,81	-	126,13	141,89	-	115,80	130,27	-	105,73	118,94	-	95,90	107,89	-	86,34	97,
	IV	2.616,83	137,43	209,34	235,51	128,11	203,08	228,46	118,79	196,81	221,41	109,47	190,54	214,36	100,14	184,28	207,31	90,82	178,01	200,26	81,50	171,74	193,
	V	3.131,25	172,21	250,50	281,81																		
	VI	3.175,58	174,65	254,04	285,80																		
9.458,99 (Ost)	I	2.624,66	138,36	209,97	236,21	119,72	197,44	222,12	101,08	184,90	208,01	82,43	172,37	193,91	63,79	159,84	179,82	45,15	147,30	165,71	26,50	134,77	151,
	II	2.475,50	120,61	198,04	222,79	101,98	185,51	208,70	83,33	172,98	194,60	64,69	160,44	180,50	46,05	147,91	166,40	27,40	135,38	152,30	8,76	122,86	138,
	III	1.851,50	-	148,12	166,63	-	137,26	154,42	-	126,65	142,48	-	116,32	130,86	-	106,22	119,50	-	96,40	108,45	-	86,82	97,
	IV	2.624,66	138,36	209,97	236,21	129,04	203,70	229,16	119,72	197,44	222,12	110,40	191,17	215,06	101,08	184,90	208,01	91,75	178,64	200,97	82,43	172,37	193,
	V	3.139,08	172,64	251,12	282,51																		
	VI	3.183,41	175,08	254,67	286,50																		

Anzahl Kinderfreibeträge (nur Steuerklassen I–IV)

Lohn/ Gehalt bis	Steuerklasse	Lohn-steuer	ohne Kinderfreibetrag SolZ 5,5%	Kirchensteuer 8%	9%	0,5 SolZ 5,5%	Kirchensteuer 8%	9%	1,0 SolZ 5,5%	Kirchensteuer 8%	9%	1,5 SolZ 5,5%	Kirchensteuer 8%	9%	2,0 SolZ 5,5%	Kirchensteuer 8%	9%	2,5 SolZ 5,5%	Kirchensteuer 8%	9%	3,0 SolZ 5,5%	Kirchensteuer 8%	9%
						Anzahl Kinderfreibeträge (nur Steuerklassen I–IV)																	
9.461,99 (West)	I	2.618,08	137,58	209,44	235,62	118,94	196,91	221,52	100,29	184,38	207,42	81,65	171,84	193,32	63,01	159,31	179,22	44,37	146,78	165,13	25,73	134,25	151,03
	II	2.469,00	119,84	197,52	222,21	101,19	184,98	208,10	82,55	172,45	194,00	63,91	159,92	179,91	45,26	147,38	165,80	26,62	134,85	151,70	7,98	122,32	137,61
	III	1.845,66	-	147,65	166,10	-	136,81	153,91	-	126,21	141,98	-	115,88	130,36	-	105,81	119,03	-	95,98	107,98	-	86,42	97,22
	IV	2.618,08	137,58	209,44	235,62	128,26	203,18	228,57	118,94	196,91	221,52	109,61	190,64	214,47	100,29	184,38	207,42	90,97	178,11	200,37	81,65	171,84	193,32
	V	3.132,50	172,28	250,60	281,92																		
	VI	3.176,83	174,72	254,14	285,91																		
9.461,99 (Ost)	I	2.625,91	138,51	210,07	236,33	119,87	197,54	222,23	101,22	185,00	208,13	82,58	172,47	194,03	63,94	159,94	179,93	45,29	147,40	165,83	26,65	134,87	151,73
	II	2.476,83	120,77	198,14	222,91	102,13	185,61	208,81	83,48	173,08	194,71	64,84	160,54	180,61	46,20	148,01	166,51	27,55	135,48	152,41	8,91	122,94	138,31
	III	1.852,66	-	148,21	166,73	-	137,34	154,51	-	126,74	142,58	-	116,40	130,95	-	106,30	119,59	-	96,48	108,54	-	86,89	97,75
	IV	2.625,91	138,51	210,07	236,33	129,19	203,80	229,28	119,87	197,54	222,23	110,55	191,27	215,18	101,22	185,00	208,13	91,90	178,74	201,08	82,58	172,47	194,03
	V	3.140,33	172,71	251,22	282,62																		
	VI	3.184,66	175,15	254,77	286,61																		
9.464,99 (West)	I	2.619,33	137,73	209,54	235,73	119,08	197,01	221,63	100,44	184,48	207,54	81,80	171,94	193,43	63,16	159,42	179,34	44,52	146,88	165,24	25,88	134,35	151,14
	II	2.470,25	119,99	197,62	222,32	101,34	185,08	208,22	82,70	172,55	194,12	64,06	160,02	180,02	45,41	147,48	165,92	26,77	134,95	151,82	8,14	122,42	137,72
	III	1.846,83	-	147,74	166,21	-	136,89	154,00	-	126,30	142,09	-	115,97	130,46	-	105,89	119,12	-	96,06	108,07	-	86,50	97,31
	IV	2.619,33	137,73	209,54	235,73	128,41	203,28	228,69	119,08	197,01	221,63	109,76	190,74	214,58	100,44	184,48	207,54	91,12	178,21	200,48	81,80	171,94	193,43
	V	3.133,83	172,36	250,70	282,04																		
	VI	3.178,08	174,79	254,24	286,02																		
9.464,99 (Ost)	I	2.627,16	138,66	210,17	236,44	120,02	197,64	222,34	101,37	185,10	208,24	82,73	172,57	194,14	64,09	160,04	180,04	45,44	147,50	165,94	26,80	134,97	151,84
	II	2.478,08	120,92	198,24	223,02	102,28	185,71	208,92	83,63	173,18	194,82	64,99	160,64	180,72	46,35	148,11	166,62	27,70	135,58	152,52	9,06	123,04	138,42
	III	1.853,66	-	148,29	166,82	-	137,44	154,62	-	126,82	142,67	-	116,48	131,04	-	106,38	119,68	-	96,54	108,61	-	86,97	97,84
	IV	2.627,16	138,66	210,17	236,44	129,34	203,90	229,39	120,02	197,64	222,34	110,69	191,37	215,29	101,37	185,10	208,24	92,05	178,84	201,19	82,73	172,57	194,14
	V	3.141,58	172,78	251,32	282,74																		
	VI	3.185,91	175,22	254,87	286,73																		
9.467,99 (West)	I	2.620,58	137,88	209,64	235,85	119,23	197,11	221,75	100,60	184,58	207,65	81,96	172,05	193,55	63,31	159,52	179,46	44,67	146,98	165,35	26,03	134,45	151,25
	II	2.471,50	120,14	197,72	222,43	101,49	185,18	208,33	82,85	172,65	194,23	64,21	160,12	180,13	45,56	147,58	166,03	26,93	135,06	151,94	8,29	122,52	137,84
	III	1.848,00	-	147,84	166,32	-	136,98	154,10	-	126,38	142,18	-	116,05	130,55	-	105,97	119,21	-	96,14	108,16	-	86,57	97,39
	IV	2.620,58	137,88	209,64	235,85	128,55	203,38	228,80	119,23	197,11	221,75	109,91	190,84	214,70	100,60	184,58	207,65	91,28	178,32	200,61	81,96	172,05	193,55
	V	3.135,08	172,42	250,80	282,15																		
	VI	3.179,33	174,86	254,34	286,13																		
9.467,99 (Ost)	I	2.628,41	138,81	210,27	236,55	120,17	197,74	222,45	101,52	185,20	208,35	82,88	172,67	194,25	64,24	160,14	180,15	45,59	147,60	166,05	26,95	135,07	151,95
	II	2.479,33	121,07	198,34	223,13	102,42	185,81	209,03	83,78	173,28	194,94	65,14	160,74	180,83	46,49	148,21	166,73	27,85	135,68	152,64	9,21	123,14	138,53
	III	1.854,83	-	148,38	166,93	-	137,52	154,71	-	126,90	142,76	-	116,56	131,13	-	106,46	119,77	-	96,62	108,70	-	87,05	97,93
	IV	2.628,41	138,81	210,27	236,55	129,49	204,00	229,50	120,17	197,74	222,45	110,84	191,47	215,40	101,52	185,20	208,35	92,20	178,94	201,30	82,88	172,67	194,25
	V	3.142,83	172,85	251,42	282,85																		
	VI	3.187,16	175,29	254,97	286,84																		
9.470,99 (West)	I	2.621,83	138,03	209,74	235,96	119,39	197,22	221,87	100,75	184,68	207,77	82,11	172,15	193,67	63,46	159,62	179,57	44,82	147,08	165,47	26,18	134,55	151,37
	II	2.472,75	120,28	197,82	222,54	101,64	185,28	208,44	83,00	172,75	194,34	64,36	160,22	180,25	45,72	147,69	166,15	27,08	135,16	152,05	8,43	122,62	137,95
	III	1.849,00	-	147,92	166,41	-	137,06	154,19	-	126,46	142,27	-	116,13	130,64	-	106,05	119,30	-	96,22	108,25	-	86,65	97,48
	IV	2.621,83	138,03	209,74	235,96	128,71	203,48	228,92	119,39	197,22	221,87	110,07	190,95	214,82	100,75	184,68	207,77	91,43	178,42	200,72	82,11	172,15	193,67
	V	3.136,33	172,49	250,90	282,26																		
	VI	3.180,58	174,93	254,44	286,25																		
9.470,99 (Ost)	I	2.629,66	138,96	210,37	236,66	120,31	197,84	222,57	101,67	185,30	208,46	83,03	172,77	194,36	64,38	160,24	180,27	45,75	147,71	166,17	27,11	135,18	152,07
	II	2.480,58	121,22	198,44	223,25	102,57	185,91	209,15	83,93	173,38	195,05	65,29	160,84	180,95	46,64	148,31	166,85	28,00	135,78	152,75	9,36	123,24	138,65
	III	1.856,00	-	148,48	167,04	-	137,60	154,80	-	127,00	142,87	-	116,64	131,22	-	106,54	119,86	-	96,70	108,79	-	87,13	98,02
	IV	2.629,66	138,96	210,37	236,66	129,64	204,10	229,61	120,31	197,84	222,57	110,99	191,57	215,51	101,67	185,30	208,46	92,35	179,04	201,42	83,03	172,77	194,36
	V	3.144,08	172,92	251,52	282,96																		
	VI	3.188,41	175,36	255,07	286,95																		
9.473,99 (West)	I	2.623,16	138,18	209,85	236,08	119,54	197,32	221,98	100,90	184,78	207,88	82,25	172,25	193,78	63,61	159,72	179,68	44,97	147,18	165,58	26,32	134,65	151,48
	II	2.474,00	120,43	197,92	222,66	101,79	185,38	208,55	83,16	172,86	194,46	64,51	160,32	180,36	45,87	147,79	166,26	27,23	135,26	152,16	8,58	122,72	138,06
	III	1.850,16	-	148,01	166,51	-	137,16	154,30	-	126,56	142,38	-	116,21	130,73	-	106,13	119,39	-	96,30	108,34	-	86,73	97,57
	IV	2.623,16	138,18	209,85	236,08	128,86	203,58	229,03	119,54	197,32	221,98	110,22	191,05	214,93	100,90	184,78	207,88	91,58	178,52	200,83	82,25	172,25	193,78
	V	3.137,58	172,56	251,00	282,38																		
	VI	3.181,91	175,00	254,55	286,37																		
9.473,99 (Ost)	I	2.630,91	139,11	210,47	236,78	120,46	197,94	222,68	101,82	185,40	208,58	83,18	172,87	194,48	64,54	160,34	180,38	45,90	147,81	166,28	27,26	135,28	152,19
	II	2.481,83	121,37	198,54	223,36	102,72	186,01	209,26	84,08	173,48	195,16	65,44	160,94	181,06	46,79	148,41	166,96	28,15	135,88	152,86	9,52	123,35	138,77
	III	1.857,00	-	148,56	167,13	-	137,69	154,90	-	127,08	142,96	-	116,72	131,31	-	106,62	119,95	-	96,78	108,88	-	87,20	98,10
	IV	2.630,91	139,11	210,47	236,78	129,78	204,20	229,73	120,46	197,94	222,68	111,14	191,67	215,63	101,82	185,40	208,58	92,50	179,14	201,53	83,18	172,87	194,48
	V	3.145,41	172,99	251,63	283,08																		
	VI	3.189,66	175,43	255,17	287,06																		
9.476,99 (West)	I	2.624,41	138,33	209,95	236,19	119,69	197,42	222,09	101,05	184,88	207,99	82,40	172,35	193,89	63,76	159,82	179,79	45,12	147,28	165,69	26,47	134,75	151,59
	II	2.475,33	120,59	198,02	222,77	101,95	185,49	208,67	83,30	172,96	194,58	64,66	160,42	180,47	46,02	147,89	166,37	27,37	135,36	152,28	8,73	122,82	138,17
	III	1.851,33	-	148,10	166,61	-	137,24	154,39	-	126,64	142,47	-	116,29	130,82	-	106,21	119,48	-	96,37	108,41	-	86,80	97,65
	IV	2.624,41	138,33	209,95	236,19	129,01	203,68	229,14	119,69	197,42	222,09	110,37	191,15	215,04	101,05	184,88	207,99	91,72	178,62	200,94	82,40	172,35	193,89
	V	3.138,83	172,63	251,10	282,49																		
	VI	3.183,16	175,07	254,65	286,48																		
9.476,99 (Ost)	I	2.632,16	139,25	210,57	236,89	120,61	198,04	222,79	101,98	185,51	208,70	83,33	172,98	194,60	64,69	160,44	180,50	46,05	147,91	166,40	27,40	135,38	152,30
	II	2.483,08	121,51	198,64	223,47	102,87	186,11	209,37	84,23	173,58	195,27	65,58	161,04	181,17	46,94	148,51	167,07	28,31	135,98	152,98	9,66	123,45	138,88
	III	1.858,16	-	148,65	167,23	-	137,77	154,99	-	127,16	143,05	-	116,81	131,41	-	106,70	120,04	-	96,86	108,97	-	87,28	98,19
	IV	2.632,16	139,25	210,57	236,89	129,93	204,30	229,84	120,61	198,04	222,79	111,29	191,77	215,74	101,98	185,51	208,70	92,66	179,24	201,65	83,33	172,98	194,60
	V	3.146,66	173,06	251,73	283,19																		
	VI	3.190,91	175,50	255,27	287,18																		
9.479,99 (West)	I	2.625,66	138,48	210,05	236,30	119,84	197,52	222,21	101,19	184,98	208,10	82,55	172,45	194,00	63,91	159,92	179,91	45,26	147,38	165,80	26,62	134,85	151,70
	II	2.476,58	120,74	198,12	222,89	102,10	185,59	208,79	83,45	173,06	194,69	64,81	160,52	180,59	46,17	147,99	166,49	27,52	135,46	152,39	8,88	122,92	138,29
	III	1.852,33	-	148,18	166,70	-	137,33	154,49	-	126,72	142,56	-	116,37	130,91	-	106,29	119,57	-	96,45	108,50	-	86,88	97,74
	IV	2.625,66	138,48	210,05	236,30	129,16	203,78	229,25	119,84	197,52	222,21	110,52	191,25	215,15	101,19	184,98	208,10	91,87	178,72	201,06	82,55	172,45	194,00
	V	3.140,08	172,70	251,20	282,60																		
	VI	3.184,41	175,14	254,75	286,59																		
9.479,99 (Ost)	I	2.633,41	139,40	210,67	237,00	120,77	198,14	222,91	102,13	185,61	208,81	83,48	173,08	194,71	64,84	160,54	180,61	46,20	148,01	166,51	27,55	135,48	152,41
	II	2.484,33	121,66	198,74	223,58	103,02	186,21	209,48	84,38	173,68	195,39	65,74	161,15	181,29	47,10	148,62	167,19	28,46	136,08	153,09	9,81	123,55	138,99
	III	1.859,16	-	148,73	167,32	-	137,86	155,09	-	127,25	143,15	-	116,89	131,50	-	106,78	120,13	-	96,94	109,06	-	87,36	98,28
	IV	2.633,41	139,40	210,67	237,00	130,09	204,41	229,96	120,77	198,14	222,91	111,45	191,88	215,86	102,13	185,61	208,81	92,81	179,34	201,76	83,48	173,08	194,71
	V	3.147,91	173,13	251,83	283,31																		
	VI	3.192,25	175,57	255,38	287,30																		

Lohn/ Gehalt bis	Steuerklasse	Lohn- steuer	ohne Kinderfreibetrag SolZ 5,5%	ohne Kinderfreibetrag Kirchensteuer 8%	ohne Kinderfreibetrag Kirchensteuer 9%	0,5 SolZ 5,5%	0,5 Kirchensteuer 8%	0,5 Kirchensteuer 9%	1,0 SolZ 5,5%	1,0 Kirchensteuer 8%	1,0 Kirchensteuer 9%	1,5 SolZ 5,5%	1,5 Kirchensteuer 8%	1,5 Kirchensteuer 9%	2,0 SolZ 5,5%	2,0 Kirchensteuer 8%	2,0 Kirchensteuer 9%	2,5 SolZ 5,5%	2,5 Kirchensteuer 8%	2,5 Kirchensteuer 9%	3,0 SolZ 5,5%	3,0 Kirchensteu[er] 8%	3,0 Kirchensteu[er] 9%
9.482,99 ***(West)***	I	**2.626,91**	*138,63*	210,15	236,42	*119,99*	197,62	222,32	*101,34*	185,08	208,22	*82,70*	172,55	194,12	*64,06*	160,02	180,02	*45,41*	147,48	165,92	*26,77*	134,95	151
	II	**2.477,83**	*120,89*	198,22	223,00	*102,25*	185,69	208,90	*83,60*	173,16	194,80	*64,96*	160,62	180,70	*46,32*	148,09	166,60	*27,67*	135,56	152,50	*9,03*	123,02	138
	III	**1.853,50**	–	148,28	166,81	–	137,41	154,58	–	126,81	142,66	–	116,46	131,02	–	106,37	119,66	–	96,53	108,59	–	86,96	97
	IV	**2.626,91**	*138,63*	210,15	236,42	*129,31*	203,88	229,37	*119,99*	197,62	222,32	*110,67*	191,35	215,27	*101,34*	185,08	208,22	*92,02*	178,82	201,17	*82,70*	172,55	194
	V	**3.141,33**	*172,77*	251,30	282,71																		
	VI	**3.185,66**	*175,21*	254,85	286,70																		
9.482,99 ***(Ost)***	I	**2.634,75**	*139,56*	210,78	237,12	*120,92*	198,24	223,02	*102,28*	185,71	208,92	*83,63*	173,18	194,82	*64,99*	160,64	180,72	*46,35*	148,11	166,62	*27,70*	135,58	152
	II	**2.485,58**	*121,81*	198,84	223,70	*103,17*	186,31	209,60	*84,53*	173,78	195,50	*65,89*	161,25	181,40	*47,25*	148,72	167,31	*28,60*	136,18	153,20	*9,96*	123,65	139
	III	**1.860,33**	–	148,82	167,42	–	137,94	155,18	–	127,33	143,24	–	116,97	131,59	–	106,86	120,22	–	97,02	109,15	–	87,42	98
	IV	**2.634,75**	*139,56*	210,78	237,12	*130,24*	204,51	230,07	*120,92*	198,24	223,02	*111,60*	191,98	215,97	*102,28*	185,71	208,92	*92,95*	179,44	201,87	*83,63*	173,18	194
	V	**3.149,16**	*173,20*	251,93	283,42																		
	VI	**3.193,50**	*175,64*	255,48	287,41																		
9.485,99 ***(West)***	I	**2.628,16**	*138,78*	210,25	236,53	*120,14*	197,72	222,43	*101,49*	185,18	208,33	*82,85*	172,65	194,23	*64,21*	160,12	180,13	*45,56*	147,58	166,03	*26,93*	135,06	151
	II	**2.479,08**	*121,04*	198,32	223,11	*102,39*	185,79	209,01	*83,75*	173,26	194,91	*65,11*	160,72	180,81	*46,46*	148,19	166,71	*27,82*	135,66	152,61	*9,18*	123,12	138
	III	**1.854,50**	–	148,36	166,90	–	137,50	154,69	–	126,89	142,75	–	116,54	131,11	–	106,45	119,75	–	96,61	108,68	–	87,04	97
	IV	**2.628,16**	*138,78*	210,25	236,53	*129,46*	203,98	229,48	*120,14*	197,72	222,43	*110,81*	191,45	215,38	*101,49*	185,18	208,33	*92,17*	178,92	201,28	*82,85*	172,65	194
	V	**3.142,58**	*172,84*	251,40	282,83																		
	VI	**3.186,91**	*175,28*	254,95	286,82																		
9.485,99 ***(Ost)***	I	**2.636,00**	*139,71*	210,88	237,24	*121,07*	198,34	223,13	*102,42*	185,81	209,03	*83,78*	173,28	194,94	*65,14*	160,74	180,83	*46,49*	148,21	166,73	*27,85*	135,68	152
	II	**2.486,91**	*121,97*	198,95	223,82	*103,33*	186,42	209,72	*84,68*	173,88	195,62	*66,04*	161,35	181,52	*47,40*	148,82	167,42	*28,75*	136,28	153,32	*10,11*	123,75	139
	III	**1.861,50**	–	148,92	167,53	–	138,04	155,29	–	127,41	143,33	–	117,05	131,68	–	106,94	120,31	–	97,09	109,22	–	87,50	98
	IV	**2.636,00**	*139,71*	210,88	237,24	*130,39*	204,61	230,18	*121,07*	198,34	223,13	*111,75*	192,08	216,09	*102,42*	185,81	209,03	*93,10*	179,54	201,98	*83,78*	173,28	194
	V	**3.150,41**	*173,27*	252,03	283,53																		
	VI	**3.194,75**	*175,71*	255,58	287,52																		
9.488,99 ***(West)***	I	**2.629,41**	*138,93*	210,35	236,64	*120,28*	197,82	222,54	*101,64*	185,28	208,44	*83,00*	172,75	194,34	*64,36*	160,22	180,25	*45,72*	147,69	166,15	*27,08*	135,16	152
	II	**2.480,33**	*121,19*	198,42	223,22	*102,54*	185,89	209,12	*83,90*	173,36	195,03	*65,26*	160,82	180,92	*46,61*	148,29	166,82	*27,97*	135,76	152,73	*9,33*	123,22	138
	III	**1.855,66**	–	148,45	167,00	–	137,58	154,78	–	126,97	142,84	–	116,62	131,20	–	106,53	119,84	–	96,69	108,77	–	87,10	97
	IV	**2.629,41**	*138,93*	210,35	236,64	*129,61*	204,08	229,59	*120,28*	197,82	222,54	*110,96*	191,55	215,49	*101,64*	185,28	208,44	*92,32*	179,02	201,39	*83,00*	172,75	194
	V	**3.143,83**	*172,91*	251,50	282,94																		
	VI	**3.188,16**	*175,34*	255,05	286,93																		
9.488,99 ***(Ost)***	I	**2.637,25**	*139,86*	210,98	237,35	*121,22*	198,44	223,25	*102,57*	185,91	209,15	*83,93*	173,38	195,05	*65,29*	160,84	180,95	*46,64*	148,31	166,85	*28,00*	135,78	152
	II	**2.488,16**	*122,12*	199,05	223,93	*103,48*	186,52	209,83	*84,83*	173,98	195,73	*66,19*	161,45	181,63	*47,55*	148,92	167,53	*28,90*	136,38	153,43	*10,26*	123,85	139
	III	**1.862,50**	–	149,00	167,62	–	138,12	155,38	–	127,50	143,44	–	117,13	131,77	–	107,02	120,40	–	97,17	109,31	–	87,58	98
	IV	**2.637,25**	*139,86*	210,98	237,35	*130,54*	204,71	230,30	*121,22*	198,44	223,25	*111,89*	192,18	216,20	*102,57*	185,91	209,15	*93,25*	179,64	202,10	*83,93*	173,38	195,
	V	**3.151,66**	*173,34*	252,13	283,64																		
	VI	**3.196,00**	*175,78*	255,68	287,64																		
9.491,99 ***(West)***	I	**2.630,66**	*139,08*	210,45	236,75	*120,43*	197,92	222,66	*101,79*	185,38	208,55	*83,16*	172,86	194,46	*64,51*	160,32	180,36	*45,87*	147,79	166,26	*27,23*	135,26	152
	II	**2.481,58**	*121,34*	198,52	223,34	*102,69*	185,99	209,24	*84,05*	173,46	195,14	*65,41*	160,92	181,04	*46,76*	148,39	166,94	*28,13*	135,86	152,84	*9,49*	123,33	138,
	III	**1.856,83**	–	148,54	167,11	–	137,68	154,89	–	127,06	142,94	–	116,70	131,29	–	106,61	119,93	–	96,77	108,86	–	87,18	98,
	IV	**2.630,66**	*139,08*	210,45	236,75	*129,75*	204,18	229,70	*120,43*	197,92	222,66	*111,11*	191,65	215,60	*101,79*	185,38	208,55	*92,48*	179,12	201,51	*83,16*	172,86	194,
	V	**3.145,16**	*172,98*	251,61	283,06																		
	VI	**3.189,41**	*175,41*	255,15	287,04																		
9.491,99 ***(Ost)***	I	**2.638,50**	*140,01*	211,08	237,46	*121,37*	198,54	223,36	*102,72*	186,01	209,26	*84,08*	173,48	195,16	*65,44*	160,94	181,06	*46,79*	148,41	166,96	*28,15*	135,88	152,
	II	**2.489,41**	*122,27*	199,15	224,04	*103,62*	186,62	209,94	*84,98*	174,08	195,84	*66,34*	161,55	181,74	*47,69*	149,02	167,64	*29,05*	136,48	153,54	*10,41*	123,95	139,
	III	**1.863,66**	–	149,09	167,72	–	138,21	155,48	–	127,58	143,53	–	117,21	131,86	–	107,10	120,49	–	97,25	109,40	–	87,65	98
	IV	**2.638,50**	*140,01*	211,08	237,46	*130,69*	204,81	230,41	*121,37*	198,54	223,36	*112,04*	192,28	216,31	*102,72*	186,01	209,26	*93,40*	179,74	202,21	*84,08*	173,48	195,
	V	**3.152,91**	*173,41*	252,23	283,76																		
	VI	**3.197,25**	*175,84*	255,78	287,75																		
9.494,99 ***(West)***	I	**2.631,91**	*139,23*	210,55	236,87	*120,59*	198,02	222,77	*101,95*	185,49	208,67	*83,30*	172,96	194,58	*64,66*	160,42	180,47	*46,02*	147,89	166,37	*27,37*	135,36	152,
	II	**2.482,83**	*121,48*	198,62	223,45	*102,84*	186,09	209,35	*84,20*	173,56	195,25	*65,55*	161,02	181,15	*46,92*	148,50	167,06	*28,28*	135,96	152,96	*9,63*	123,43	138,
	III	**1.857,83**	–	148,62	167,20	–	137,76	154,98	–	127,14	143,03	–	116,78	131,38	–	106,69	120,02	–	96,85	108,95	–	87,26	98,
	IV	**2.631,91**	*139,23*	210,55	236,87	*129,90*	204,28	229,82	*120,59*	198,02	222,77	*111,27*	191,76	215,73	*101,95*	185,49	208,67	*92,63*	179,22	201,62	*83,30*	172,96	194,
	V	**3.146,41**	*173,05*	251,71	283,17																		
	VI	**3.190,66**	*175,48*	255,25	287,15																		
9.494,99 ***(Ost)***	I	**2.639,75**	*140,16*	211,18	237,57	*121,51*	198,64	223,47	*102,87*	186,11	209,37	*84,23*	173,58	195,27	*65,58*	161,04	181,17	*46,94*	148,51	167,07	*28,31*	135,98	152,
	II	**2.490,66**	*122,42*	199,25	224,15	*103,77*	186,72	210,06	*85,13*	174,18	195,95	*66,49*	161,65	181,85	*47,84*	149,12	167,76	*29,20*	136,58	153,65	*10,56*	124,05	139,
	III	**1.864,83**	–	149,18	167,83	–	138,29	155,57	–	127,66	143,62	–	117,30	131,96	–	107,18	120,58	–	97,33	109,49	–	87,73	98,
	IV	**2.639,75**	*140,16*	211,18	237,57	*130,84*	204,91	230,52	*121,51*	198,64	223,47	*112,19*	192,38	216,42	*102,87*	186,11	209,37	*93,55*	179,84	202,32	*84,23*	173,58	195,
	V	**3.154,16**	*173,47*	252,33	283,87																		
	VI	**3.198,50**	*175,91*	255,88	287,86																		
9.497,99 ***(West)***	I	**2.633,25**	*139,38*	210,66	236,99	*120,74*	198,12	222,89	*102,10*	185,59	208,79	*83,45*	173,06	194,69	*64,81*	160,52	180,59	*46,17*	147,99	166,49	*27,52*	135,46	152,
	II	**2.484,08**	*121,63*	198,72	223,56	*102,99*	186,19	209,46	*84,36*	173,66	195,37	*65,71*	161,13	181,27	*47,07*	148,60	167,17	*28,43*	136,06	153,07	*9,78*	123,53	138,
	III	**1.859,00**	–	148,72	167,31	–	137,84	155,07	–	127,22	143,12	–	116,86	131,47	–	106,77	120,11	–	96,92	109,03	–	87,33	98,
	IV	**2.633,25**	*139,38*	210,66	236,99	*130,06*	204,39	229,94	*120,74*	198,12	222,89	*111,42*	191,86	215,84	*102,10*	185,59	208,79	*92,78*	179,32	201,74	*83,45*	173,06	194,
	V	**3.147,66**	*173,12*	251,81	283,28																		
	VI	**3.192,00**	*175,56*	255,36	287,28																		
9.497,99 ***(Ost)***	I	**2.641,00**	*140,31*	211,28	237,69	*121,66*	198,74	223,58	*103,02*	186,21	209,48	*84,38*	173,68	195,39	*65,74*	161,15	181,29	*47,10*	148,62	167,19	*28,46*	136,08	153,
	II	**2.491,91**	*122,57*	199,35	224,27	*103,92*	186,82	210,17	*85,28*	174,28	196,07	*66,64*	161,75	181,97	*47,99*	149,22	167,87	*29,35*	136,68	153,77	*10,71*	124,15	139,
	III	**1.865,83**	–	149,26	167,92	–	138,38	155,68	–	127,76	143,73	–	117,38	132,05	–	107,26	120,67	–	97,41	109,58	–	87,81	98,
	IV	**2.641,00**	*140,31*	211,28	237,69	*130,98*	205,01	230,63	*121,66*	198,74	223,58	*112,34*	192,48	216,54	*103,02*	186,21	209,48	*93,70*	179,94	202,43	*84,38*	173,68	195,
	V	**3.155,50**	*173,55*	252,44	283,99																		
	VI	**3.199,75**	*175,98*	255,98	287,97																		
9.500,99 ***(West)***	I	**2.634,50**	*139,53*	210,76	237,10	*120,89*	198,22	223,00	*102,25*	185,69	208,90	*83,60*	173,16	194,80	*64,96*	160,62	180,70	*46,32*	148,09	166,60	*27,67*	135,56	152,
	II	**2.485,33**	*121,78*	198,82	223,67	*103,15*	186,30	209,58	*84,50*	173,76	195,48	*65,86*	161,23	181,38	*47,22*	148,70	167,28	*28,57*	136,16	153,18	*9,93*	123,63	139,
	III	**1.860,16**	–	148,81	167,41	–	137,93	155,17	–	127,32	143,23	–	116,96	131,58	–	106,85	120,20	–	97,00	109,12	–	87,41	98,
	IV	**2.634,50**	*139,53*	210,76	237,10	*130,21*	204,49	230,05	*120,89*	198,22	223,00	*111,57*	191,96	215,95	*102,25*	185,69	208,90	*92,92*	179,42	201,85	*83,60*	173,16	194,
	V	**3.148,91**	*173,19*	251,91	283,40																		
	VI	**3.193,25**	*175,62*	255,46	287,39																		
9.500,99 ***(Ost)***	I	**2.642,25**	*140,45*	211,38	237,80	*121,81*	198,84	223,70	*103,17*	186,31	209,60	*84,53*	173,78	195,50	*65,89*	161,25	181,40	*47,25*	148,72	167,31	*28,60*	136,18	153,
	II	**2.493,16**	*122,71*	199,45	224,38	*104,07*	186,92	210,28	*85,43*	174,38	196,18	*66,78*	161,85	182,08	*48,14*	149,32	167,98	*29,51*	136,79	153,89	*10,86*	124,26	139,
	III	**1.867,00**	–	149,36	168,03	–	138,46	155,77	–	127,84	143,82	–	117,46	132,14	–	107,34	120,76	–	97,49	109,67	–	87,89	98,
	IV	**2.642,25**	*140,45*	211,38	237,80	*131,13*	205,11	230,75	*121,81*	198,84	223,70	*112,49*	192,58	216,65	*103,17*	186,31	209,60	*93,86*	180,05	202,55	*84,53*	173,78	195,
	V	**3.156,75**	*173,62*	252,54	284,10																		
	VI	**3.201,00**	*176,05*	256,08	288,09																		

Anzahl Kinderfreibeträge (nur Steuerklassen I–IV)

Lohn/ Gehalt bis	Steuerklasse	Lohn-steuer	ohne Kinderfreibetrag SolZ 5,5%	Kirchensteuer 8%	Kirchensteuer 9%	0,5 SolZ 5,5%	0,5 Kirchensteuer 8%	0,5 Kirchensteuer 9%	1,0 SolZ 5,5%	1,0 Kirchensteuer 8%	1,0 Kirchensteuer 9%	1,5 SolZ 5,5%	1,5 Kirchensteuer 8%	1,5 Kirchensteuer 9%	2,0 SolZ 5,5%	2,0 Kirchensteuer 8%	2,0 Kirchensteuer 9%	2,5 SolZ 5,5%	2,5 Kirchensteuer 8%	2,5 Kirchensteuer 9%	3,0 SolZ 5,5%	3,0 Kirchensteuer 8%	3,0 Kirchensteuer 9%
9.503,99 (West)	I	2.635,75	139,68	210,86	237,21	121,04	198,32	223,11	102,39	185,79	209,01	83,75	173,26	194,91	65,11	160,72	180,81	46,46	148,19	166,71	27,82	135,66	152,61
	II	2.486,66	121,94	198,93	223,79	103,30	186,40	209,70	84,65	173,86	195,59	66,01	161,33	181,49	47,37	148,80	167,40	28,72	136,26	153,29	10,08	123,73	139,19
	III	1.861,16	-	148,89	167,50	-	138,01	155,26	-	127,40	143,32	-	117,04	131,67	-	106,93	120,29	-	97,08	109,21	-	87,49	98,42
	IV	2.635,75	139,68	210,86	237,21	130,36	204,59	230,16	121,04	198,32	223,11	111,72	192,06	216,06	102,39	185,79	209,01	93,07	179,52	201,96	83,75	173,26	194,91
	V	3.150,16	173,25	252,01	283,51																		
	VI	3.194,50	175,69	255,56	287,50																		
9.503,99 (Ost)	I	2.643,50	140,60	211,48	237,91	121,97	198,95	223,82	103,33	186,42	209,72	84,68	173,88	195,62	66,04	161,35	181,52	47,40	148,82	167,42	28,75	136,28	153,32
	II	2.494,41	122,86	199,55	224,49	104,22	187,02	210,39	85,58	174,48	196,29	66,93	161,95	182,19	48,30	149,42	168,10	29,66	136,89	154,00	11,01	124,36	139,90
	III	1.868,16	-	149,45	168,13	-	138,56	155,88	-	127,92	143,91	-	117,54	132,23	-	107,42	120,85	-	97,57	109,76	-	87,96	98,95
	IV	2.643,50	140,60	211,48	237,91	131,28	205,21	230,86	121,97	198,95	223,82	112,65	192,68	216,77	103,33	186,42	209,72	94,01	180,15	202,67	84,68	173,88	195,62
	V	3.158,00	173,69	252,64	284,22																		
	VI	3.202,25	176,12	256,18	288,20																		
9.506,99 (West)	I	2.637,00	139,83	210,96	237,33	121,19	198,42	223,22	102,54	185,89	209,12	83,90	173,36	195,03	65,26	160,82	180,92	46,61	148,29	166,82	27,97	135,76	152,73
	II	2.487,91	122,09	199,03	223,91	103,45	186,50	209,81	84,80	173,96	195,71	66,16	161,43	181,61	47,52	148,90	167,51	28,87	136,36	153,41	10,23	123,83	139,31
	III	1.862,33	-	148,98	167,60	-	138,10	155,36	-	127,48	143,41	-	117,12	131,76	-	107,01	120,38	-	97,16	109,30	-	87,56	98,50
	IV	2.637,00	139,83	210,96	237,33	130,51	204,69	230,27	121,19	198,42	223,22	111,86	192,16	216,18	102,54	185,89	209,12	93,22	179,62	202,07	83,90	173,36	195,03
	V	3.151,41	173,32	252,11	283,62																		
	VI	3.195,75	175,76	255,66	287,61																		
9.506,99 (Ost)	I	2.644,83	140,76	211,58	238,03	122,12	199,05	223,93	103,48	186,52	209,83	84,83	173,98	195,73	66,19	161,45	181,63	47,55	148,92	167,53	28,90	136,38	153,43
	II	2.495,66	123,01	199,65	224,60	104,37	187,12	210,51	85,73	174,59	196,41	67,09	162,06	182,31	48,45	149,52	168,21	29,80	136,99	154,11	11,16	124,46	140,01
	III	1.869,16	-	149,53	168,22	-	138,64	155,97	-	128,01	144,01	-	117,62	132,32	-	107,50	120,94	-	97,64	109,84	-	88,04	99,04
	IV	2.644,83	140,76	211,58	238,03	131,44	205,32	230,98	122,12	199,05	223,93	112,80	192,78	216,88	103,48	186,52	209,83	94,15	180,25	202,78	84,83	173,98	195,73
	V	3.159,25	173,75	252,74	284,33																		
	VI	3.203,58	176,19	256,28	288,32																		
9.509,99 (West)	I	2.638,25	139,98	211,06	237,44	121,34	198,52	223,34	102,69	185,99	209,24	84,05	173,46	195,14	65,41	160,92	181,04	46,76	148,39	166,94	28,13	135,86	152,84
	II	2.489,16	122,24	199,13	224,02	103,59	186,60	209,92	84,95	174,06	195,82	66,31	161,53	181,72	47,66	149,00	167,62	29,02	136,46	153,52	10,38	123,93	139,42
	III	1.863,50	-	149,08	167,71	-	138,18	155,45	-	127,57	143,51	-	117,20	131,85	-	107,09	120,47	-	97,24	109,39	-	87,64	98,59
	IV	2.638,25	139,98	211,06	237,44	130,66	204,79	230,39	121,34	198,52	223,34	112,01	192,26	216,29	102,69	185,99	209,24	93,37	179,72	202,19	84,05	173,46	195,14
	V	3.152,66	173,39	252,21	283,73																		
	VI	3.197,00	175,83	255,76	287,73																		
9.509,99 (Ost)	I	2.646,08	140,91	211,68	238,14	122,27	199,15	224,04	103,62	186,62	209,94	84,98	174,08	195,84	66,34	161,55	181,74	47,69	149,02	167,64	29,05	136,48	153,54
	II	2.496,91	123,16	199,75	224,72	104,53	187,22	210,62	85,88	174,69	196,52	67,24	162,16	182,43	48,60	149,62	168,32	29,95	137,09	154,22	11,31	124,56	140,13
	III	1.870,33	-	149,62	168,32	-	138,73	156,07	-	128,09	144,10	-	117,72	132,43	-	107,58	121,03	-	97,72	109,93	-	88,12	99,13
	IV	2.646,08	140,91	211,68	238,14	131,59	205,42	231,09	122,27	199,15	224,04	112,95	192,88	216,99	103,62	186,62	209,94	94,30	180,35	202,89	84,98	174,08	195,84
	V	3.160,50	173,82	252,84	284,44																		
	VI	3.204,83	176,26	256,38	288,43																		
9.512,99 (West)	I	2.639,50	140,13	211,16	237,55	121,48	198,62	223,45	102,84	186,09	209,35	84,20	173,56	195,25	65,55	161,02	181,15	46,92	148,50	167,06	28,28	135,96	152,96
	II	2.490,41	122,39	199,23	224,13	103,74	186,70	210,03	85,10	174,16	195,93	66,46	161,63	181,83	47,81	149,10	167,73	29,17	136,56	153,63	10,53	124,03	139,53
	III	1.864,50	-	149,16	167,80	-	138,28	155,56	-	127,65	143,60	-	117,28	131,94	-	107,17	120,56	-	97,32	109,48	-	87,72	98,68
	IV	2.639,50	140,13	211,16	237,55	130,81	204,89	230,50	121,48	198,62	223,45	112,16	192,36	216,40	102,84	186,09	209,35	93,52	179,82	202,30	84,20	173,56	195,25
	V	3.153,91	173,46	252,31	283,85																		
	VI	3.198,25	175,90	255,86	287,84																		
9.512,99 (Ost)	I	2.647,33	141,06	211,78	238,25	122,42	199,25	224,15	103,77	186,72	210,06	85,13	174,18	195,95	66,49	161,65	181,85	47,84	149,12	167,76	29,20	136,58	153,65
	II	2.498,25	123,32	199,86	224,84	104,68	187,32	210,74	86,03	174,79	196,64	67,39	162,26	182,54	48,75	149,72	168,44	30,10	137,19	154,34	11,46	124,66	140,24
	III	1.871,50	-	149,72	168,43	-	138,81	156,16	-	128,17	144,19	-	117,80	132,52	-	107,66	121,12	-	97,80	110,02	-	88,18	99,20
	IV	2.647,33	141,06	211,78	238,25	131,74	205,52	231,21	122,42	199,25	224,15	113,09	192,98	217,10	103,77	186,72	210,06	94,45	180,45	203,00	85,13	174,18	195,95
	V	3.161,75	173,89	252,94	284,55																		
	VI	3.206,08	176,33	256,48	288,54																		
9.515,99 (West)	I	2.640,75	140,28	211,26	237,66	121,63	198,72	223,56	102,99	186,19	209,46	84,36	173,66	195,37	65,71	161,13	181,27	47,07	148,60	167,17	28,43	136,06	153,07
	II	2.491,66	122,54	199,33	224,24	103,89	186,80	210,15	85,25	174,26	196,04	66,61	161,73	181,94	47,96	149,20	167,85	29,32	136,66	153,74	10,69	124,14	139,65
	III	1.865,66	-	149,25	167,90	-	138,36	155,65	-	127,73	143,69	-	117,36	132,03	-	107,25	120,65	-	97,40	109,57	-	87,80	98,77
	IV	2.640,75	140,28	211,26	237,66	130,95	204,99	230,61	121,63	198,72	223,56	112,31	192,46	216,51	102,99	186,19	209,46	93,67	179,92	202,41	84,36	173,66	195,37
	V	3.155,25	173,53	252,42	283,97																		
	VI	3.199,50	175,97	255,96	287,95																		
9.515,99 (Ost)	I	2.648,58	141,21	211,88	238,37	122,57	199,35	224,27	103,92	186,82	210,17	85,28	174,28	196,07	66,64	161,75	181,97	47,99	149,22	167,87	29,35	136,68	153,77
	II	2.499,50	123,47	199,96	224,95	104,82	187,42	210,85	86,18	174,89	196,75	67,54	162,36	182,65	48,89	149,82	168,55	30,25	137,29	154,45	11,61	124,76	140,35
	III	1.872,50	-	149,80	168,52	-	138,90	156,26	-	128,26	144,29	-	117,88	132,61	-	107,74	121,21	-	97,88	110,11	-	88,26	99,29
	IV	2.648,58	141,21	211,88	238,37	131,89	205,62	231,32	122,57	199,35	224,27	113,24	193,08	217,22	103,92	186,82	210,17	94,60	180,55	203,12	85,28	174,28	196,07
	V	3.163,00	173,96	253,04	284,67																		
	VI	3.207,33	176,40	256,58	288,65																		
9.518,99 (West)	I	2.642,00	140,42	211,36	237,78	121,78	198,82	223,67	103,15	186,30	209,58	84,50	173,76	195,48	65,86	161,23	181,38	47,22	148,70	167,28	28,57	136,16	153,18
	II	2.492,91	122,68	199,43	224,36	104,04	186,90	210,26	85,40	174,36	196,16	66,75	161,83	182,06	48,12	149,30	167,96	29,48	136,77	153,86	10,83	124,24	139,77
	III	1.866,66	-	149,33	167,99	-	138,45	155,75	-	127,82	143,80	-	117,45	132,13	-	107,33	120,74	-	97,46	109,64	-	87,86	98,84
	IV	2.642,00	140,42	211,36	237,78	131,10	205,09	230,72	121,78	198,82	223,67	112,47	192,56	216,63	103,15	186,30	209,58	93,83	180,03	202,53	84,50	173,76	195,48
	V	3.156,50	173,60	252,52	284,08																		
	VI	3.200,75	176,04	256,06	288,06																		
9.518,99 (Ost)	I	2.649,83	141,36	211,98	238,48	122,71	199,45	224,38	104,07	186,92	210,28	85,43	174,38	196,18	66,78	161,85	182,08	48,14	149,32	167,98	29,51	136,79	153,89
	II	2.500,75	123,62	200,06	225,06	104,97	187,52	210,96	86,33	174,99	196,86	67,69	162,46	182,76	49,04	149,92	168,66	30,40	137,39	154,56	11,76	124,86	140,46
	III	1.873,66	-	149,89	168,62	-	138,98	156,35	-	128,34	144,38	-	117,96	132,70	-	107,82	121,30	-	97,96	110,20	-	88,34	99,38
	IV	2.649,83	141,36	211,98	238,48	132,04	205,72	231,43	122,71	199,45	224,38	113,39	193,18	217,33	104,07	186,92	210,28	94,75	180,65	203,23	85,43	174,38	196,18
	V	3.164,25	174,03	253,14	284,78																		
	VI	3.208,58	176,47	256,68	288,77																		
9.521,99 (West)	I	2.643,33	140,58	211,46	237,89	121,94	198,93	223,79	103,30	186,40	209,70	84,65	173,86	195,59	66,01	161,33	181,49	47,37	148,80	167,40	28,72	136,26	153,29
	II	2.494,16	122,83	199,53	224,47	104,19	187,00	210,37	85,55	174,46	196,27	66,91	161,94	182,18	48,27	149,40	168,08	29,63	136,87	153,98	10,98	124,34	139,88
	III	1.867,83	-	149,42	168,10	-	138,53	155,84	-	127,90	143,89	-	117,53	132,22	-	107,41	120,83	-	97,54	109,73	-	87,94	98,93
	IV	2.643,33	140,58	211,46	237,89	131,26	205,20	230,85	121,94	198,93	223,79	112,62	192,66	216,74	103,30	186,40	209,70	93,98	180,13	202,64	84,65	173,86	195,59
	V	3.157,75	173,67	252,62	284,19																		
	VI	3.202,08	176,11	256,16	288,18																		
9.521,99 (Ost)	I	2.651,08	141,51	212,08	238,59	122,86	199,55	224,49	104,22	187,02	210,39	85,58	174,48	196,29	66,93	161,95	182,19	48,30	149,42	168,10	29,66	136,89	154,00
	II	2.502,00	123,76	200,16	225,18	105,12	187,62	211,07	86,48	175,09	196,97	67,83	162,56	182,88	49,19	150,02	168,77	30,55	137,49	154,67	11,90	124,96	140,58
	III	1.874,83	-	149,98	168,73	-	139,08	156,46	-	128,42	144,47	-	118,04	132,79	-	107,90	121,39	-	98,04	110,29	-	88,42	99,47
	IV	2.651,08	141,51	212,08	238,59	132,18	205,82	231,54	122,86	199,55	224,49	113,54	193,28	217,44	104,22	187,02	210,39	94,90	180,75	203,34	85,58	174,48	196,29
	V	3.165,50	174,10	253,24	284,89																		
	VI	3.209,83	176,54	256,78	288,88																		

Anzahl Kinderfreibeträge (nur Steuerklassen I–IV)

Lohn/ Gehalt bis	Steuerklasse	Lohn-steuer	ohne Kinderfreibetrag			Anzahl Kinderfreibeträge (nur Steuerklassen I–IV)																	
						0,5			1,0			1,5			2,0			2,5			3,0		
			SolZ 5,5%	Kirchensteuer 8%	9%	SolZ 5,5%	Kirchensteuer 8%	9%	SolZ 5,5%	Kirchensteuer 8%	9%	SolZ 5,5%	Kirchensteuer 8%	9%	SolZ 5,5%	Kirchensteuer 8%	9%	SolZ 5,5%	Kirchensteuer 8%	9%	SolZ 5,5%	Kirchensteu 8%	9
9.524,99 (West)	I	2.644,58	140,73	211,56	238,01	122,09	199,03	223,91	103,45	186,50	209,81	84,80	173,96	195,71	66,16	161,43	181,61	47,52	148,90	167,51	28,87	136,36	15
	II	2.495,41	122,98	199,63	224,58	104,35	187,10	210,49	85,70	174,57	196,39	67,06	162,04	182,29	48,42	149,50	168,19	29,77	136,97	154,09	11,13	124,44	13
	III	1.869,00	-	149,52	168,21	-	138,62	155,95	-	127,98	143,98	-	117,61	132,31	-	107,49	120,92	-	97,62	109,82	-	88,02	9
	IV	2.644,58	140,73	211,56	238,01	131,41	205,30	230,96	122,09	199,03	223,91	112,77	192,76	216,86	103,45	186,50	209,81	94,12	180,23	202,76	84,80	173,96	19
	V	3.159,00	173,74	252,72	284,31																		
	VI	3.203,33	176,18	256,26	288,29																		
9.524,99 (Ost)	I	2.652,33	141,65	212,18	238,70	123,01	199,65	224,60	104,37	187,12	210,51	85,73	174,59	196,41	67,09	162,06	182,31	48,45	149,52	168,21	29,80	136,99	15
	II	2.503,25	123,91	200,26	225,29	105,27	187,72	211,19	86,63	175,19	197,09	67,98	162,66	182,99	49,34	150,12	168,89	30,70	137,59	154,79	12,06	125,06	14
	III	1.875,83	-	150,06	168,82	-	139,16	156,55	-	128,52	144,58	-	118,12	132,88	-	107,98	121,48	-	98,12	110,38	-	88,49	9
	IV	2.652,33	141,65	212,18	238,70	132,33	205,92	231,66	123,01	199,65	224,60	113,69	193,38	217,55	104,37	187,12	210,51	95,05	180,85	203,45	85,73	174,59	19
	V	3.166,83	174,17	253,34	285,01																		
	VI	3.211,08	176,60	256,88	288,99																		
9.527,99 (West)	I	2.645,83	140,88	211,66	238,12	122,24	199,13	224,02	103,59	186,60	209,92	84,95	174,06	195,82	66,31	161,53	181,72	47,66	149,00	167,62	29,02	136,46	15
	II	2.496,75	123,14	199,74	224,70	104,50	187,20	210,60	85,85	174,67	196,50	67,21	162,14	182,40	48,57	149,60	168,30	29,92	137,07	154,20	11,28	124,54	14
	III	1.870,00	-	149,60	168,30	-	138,70	156,04	-	128,08	144,09	-	117,69	132,40	-	107,57	121,01	-	97,70	109,91	-	88,09	9
	IV	2.645,83	140,88	211,66	238,12	131,56	205,40	231,07	122,24	199,13	224,02	112,92	192,86	216,97	103,59	186,60	209,92	94,27	180,33	202,87	84,95	174,06	19
	V	3.160,25	173,81	252,82	284,42																		
	VI	3.204,58	176,25	256,36	288,41																		
9.527,99 (Ost)	I	2.653,58	141,80	212,28	238,82	123,16	199,75	224,72	104,53	187,22	210,62	85,88	174,69	196,52	67,24	162,16	182,43	48,60	149,62	168,32	29,95	137,09	15
	II	2.504,50	124,06	200,36	225,40	105,42	187,82	211,30	86,78	175,29	197,20	68,13	162,76	183,10	49,50	150,23	169,01	30,86	137,70	154,91	12,21	125,16	14
	III	1.877,00	-	150,16	168,93	-	139,25	156,65	-	128,60	144,67	-	118,21	132,98	-	108,06	121,57	-	98,20	110,47	-	88,57	9
	IV	2.653,58	141,80	212,28	238,82	132,48	206,02	231,77	123,16	199,75	224,72	113,85	193,49	217,67	104,53	187,22	210,62	95,20	180,96	203,58	85,88	174,69	19
	V	3.168,08	174,24	253,44	285,12																		
	VI	3.212,33	176,67	256,98	289,10																		
9.530,99 (West)	I	2.647,08	141,03	211,76	238,23	122,39	199,23	224,13	103,74	186,70	210,03	85,10	174,16	195,93	66,46	161,63	181,83	47,81	149,10	167,73	29,17	136,56	15
	II	2.498,00	123,29	199,84	224,82	104,65	187,30	210,71	86,00	174,77	196,61	67,36	162,24	182,52	48,72	149,70	168,41	30,07	137,17	154,31	11,43	124,64	14
	III	1.871,16	-	149,69	168,40	-	138,80	156,15	-	128,16	144,18	-	117,77	132,49	-	107,65	121,10	-	97,78	110,00	-	88,17	9
	IV	2.647,08	141,03	211,76	238,23	131,71	205,50	231,18	122,39	199,23	224,13	113,06	192,96	217,08	103,74	186,70	210,03	94,42	180,43	202,98	85,10	174,16	19
	V	3.161,50	173,88	252,92	284,53																		
	VI	3.205,83	176,32	256,46	288,52																		
9.530,99 (Ost)	I	2.654,91	141,96	212,39	238,94	123,32	199,86	224,84	104,68	187,32	210,74	86,03	174,79	196,64	67,39	162,26	182,54	48,75	149,72	168,44	30,10	137,19	15
	II	2.505,75	124,21	200,46	225,51	105,57	187,92	211,41	86,92	175,39	197,31	68,29	162,86	183,22	49,65	150,33	169,12	31,00	137,80	155,02	12,36	125,26	14
	III	1.878,00	-	150,24	169,02	-	139,33	156,74	-	128,68	144,76	-	118,29	133,07	-	108,16	121,68	-	98,28	110,56	-	88,65	9
	IV	2.654,91	141,96	212,39	238,94	132,64	206,12	231,89	123,32	199,86	224,84	114,00	193,59	217,79	104,68	187,32	210,74	95,35	181,06	203,69	86,03	174,79	19
	V	3.169,33	174,31	253,54	285,23																		
	VI	3.213,66	176,75	257,09	289,22																		
9.533,99 (West)	I	2.648,33	141,18	211,86	238,34	122,54	199,33	224,24	103,89	186,80	210,15	85,25	174,26	196,04	66,61	161,73	181,94	47,96	149,20	167,85	29,32	136,66	15
	II	2.499,25	123,44	199,94	224,93	104,79	187,40	210,83	86,15	174,87	196,73	67,51	162,34	182,63	48,86	149,80	168,53	30,22	137,27	154,43	11,58	124,74	14
	III	1.872,33	-	149,78	168,50	-	138,88	156,24	-	128,24	144,27	-	117,86	132,59	-	107,73	121,19	-	97,86	110,09	-	88,25	9
	IV	2.648,33	141,18	211,86	238,34	131,86	205,60	231,30	122,54	199,33	224,24	113,21	193,06	217,19	103,89	186,80	210,15	94,57	180,53	203,09	85,25	174,26	19
	V	3.162,75	173,95	253,02	284,64																		
	VI	3.207,08	176,38	256,56	288,63																		
9.533,99 (Ost)	I	2.656,16	142,11	212,49	239,05	123,47	199,96	224,95	104,82	187,42	210,85	86,18	174,89	196,75	67,54	162,36	182,65	48,89	149,82	168,55	30,25	137,29	154
	II	2.507,00	124,36	200,56	225,63	105,73	188,03	211,53	87,08	175,50	197,43	68,44	162,96	183,33	49,80	150,43	169,23	31,15	137,90	155,13	12,51	125,36	141
	III	1.879,16	-	150,33	169,12	-	139,42	156,85	-	128,77	144,86	-	118,37	133,16	-	108,24	121,77	-	98,34	110,63	-	88,73	99
	IV	2.656,16	142,11	212,49	239,05	132,79	206,22	232,00	123,47	199,96	224,95	114,15	193,69	217,90	104,82	187,42	210,85	95,50	181,16	203,80	86,18	174,89	196
	V	3.170,58	174,38	253,64	285,35																		
	VI	3.214,91	176,82	257,19	289,34																		
9.536,99 (West)	I	2.649,58	141,33	211,96	238,46	122,68	199,43	224,36	104,04	186,90	210,26	85,40	174,36	196,16	66,75	161,83	182,06	48,12	149,30	167,96	29,48	136,77	153
	II	2.500,50	123,59	200,04	225,04	104,94	187,50	210,94	86,30	174,97	196,84	67,66	162,44	182,74	49,01	149,90	168,64	30,37	137,37	154,54	11,73	124,84	140
	III	1.873,33	-	149,86	168,59	-	138,97	156,34	-	128,33	144,37	-	117,94	132,68	-	107,81	121,28	-	97,94	110,18	-	88,33	99
	IV	2.649,58	141,33	211,96	238,46	132,01	205,70	231,41	122,68	199,43	224,36	113,36	193,16	217,31	104,04	186,90	210,26	94,72	180,63	203,21	85,40	174,36	196
	V	3.164,00	174,02	253,12	284,76																		
	VI	3.208,33	176,45	256,66	288,74																		
9.536,99 (Ost)	I	2.657,41	142,26	212,59	239,16	123,62	200,06	225,06	104,97	187,52	210,96	86,33	174,99	196,86	67,69	162,46	182,76	49,04	149,92	168,66	30,40	137,39	154
	II	2.508,33	124,52	200,66	225,74	105,88	188,13	211,64	87,23	175,60	197,55	68,59	163,06	183,44	49,95	150,53	169,34	31,30	138,00	155,25	12,66	125,46	141
	III	1.880,33	-	150,42	169,22	-	139,50	156,94	-	128,85	144,95	-	118,45	133,25	-	108,32	121,86	-	98,42	110,72	-	88,80	99
	IV	2.657,41	142,26	212,59	239,16	132,94	206,32	232,11	123,62	200,06	225,06	114,29	193,79	218,01	104,97	187,52	210,96	95,65	181,26	203,91	86,33	174,99	196
	V	3.171,83	174,45	253,74	285,46																		
	VI	3.216,16	176,88	257,29	289,45																		
9.539,99 (West)	I	2.650,83	141,48	212,06	238,57	122,83	199,53	224,47	104,19	187,00	210,37	85,55	174,46	196,27	66,91	161,94	182,18	48,27	149,40	168,08	29,63	136,87	153
	II	2.501,75	123,74	200,14	225,15	105,09	187,60	211,05	86,45	175,07	196,95	67,81	162,54	182,85	49,16	150,00	168,75	30,52	137,47	154,65	11,89	124,94	140
	III	1.874,50	-	149,96	168,70	-	139,05	156,43	-	128,41	144,46	-	118,02	132,77	-	107,89	121,37	-	98,02	110,27	-	88,40	99
	IV	2.650,83	141,48	212,06	238,57	132,15	205,80	231,52	122,83	199,53	224,47	113,51	193,26	217,42	104,19	187,00	210,37	94,87	180,73	203,32	85,55	174,46	196
	V	3.165,33	174,09	253,22	284,87																		
	VI	3.209,58	176,52	256,76	288,86																		
9.539,99 (Ost)	I	2.658,66	142,41	212,69	239,27	123,76	200,16	225,18	105,12	187,62	211,07	86,48	175,09	196,97	67,83	162,56	182,88	49,19	150,02	168,77	30,55	137,49	154
	II	2.509,58	124,67	200,76	225,86	106,02	188,23	211,76	87,38	175,70	197,66	68,74	163,16	183,56	50,09	150,63	169,46	31,45	138,10	155,36	12,81	125,56	141,
	III	1.881,33	-	150,50	169,31	-	139,60	157,05	-	128,93	145,04	-	118,53	133,34	-	108,40	121,95	-	98,50	110,81	-	88,88	99
	IV	2.658,66	142,41	212,69	239,27	133,09	206,42	232,22	123,76	200,16	225,18	114,44	193,89	218,12	105,12	187,62	211,07	95,80	181,36	204,03	86,48	175,09	196,
	V	3.173,08	174,51	253,84	285,57																		
	VI	3.217,41	176,95	257,39	289,56																		
9.542,99 (West)	I	2.652,08	141,62	212,16	238,68	122,98	199,63	224,58	104,35	187,10	210,49	85,70	174,57	196,39	67,06	162,04	182,29	48,42	149,50	168,19	29,77	136,97	154,
	II	2.503,00	123,88	200,24	225,27	105,24	187,70	211,16	86,60	175,17	197,06	67,95	162,64	182,97	49,31	150,10	168,86	30,68	137,58	154,77	12,03	125,04	140,
	III	1.875,66	-	150,05	168,80	-	139,14	156,53	-	128,49	144,55	-	118,10	132,86	-	107,97	121,46	-	98,09	110,35	-	88,48	99,
	IV	2.652,08	141,62	212,16	238,68	132,30	205,90	231,63	122,98	199,63	224,58	113,66	193,36	217,53	104,35	187,10	210,49	95,03	180,84	203,44	85,70	174,57	196,
	V	3.166,58	174,16	253,32	284,99																		
	VI	3.210,83	176,59	256,86	288,97																		
9.542,99 (Ost)	I	2.659,91	142,56	212,79	239,39	123,91	200,26	225,29	105,27	187,72	211,19	86,63	175,19	197,09	67,98	162,66	182,99	49,34	150,12	168,89	30,70	137,59	154,
	II	2.510,83	124,82	200,86	225,97	106,17	188,33	211,87	87,53	175,80	197,77	68,89	163,26	183,67	50,24	150,73	169,57	31,60	138,20	155,47	12,96	125,66	141,
	III	1.882,50	-	150,60	169,42	-	139,68	157,14	-	129,02	145,15	-	118,62	133,45	-	108,48	122,04	-	98,58	110,90	-	88,96	100,
	IV	2.659,91	142,56	212,79	239,39	133,24	206,52	232,34	123,91	200,26	225,29	114,59	193,99	218,24	105,27	187,72	211,19	95,95	181,46	204,14	86,63	175,19	197,
	V	3.174,33	174,58	253,94	285,68																		
	VI	3.218,66	177,02	257,49	289,67																		

Allgemeine Tabelle

MONAT bis 9.563,99 €

Lohn/ Gehalt bis	Steuerklasse	Lohnsteuer	ohne Kinderfreibetrag SolZ 5,5%	Kirchensteuer 8%	9%	0,5 SolZ 5,5%	Kirchensteuer 8%	9%	1,0 SolZ 5,5%	Kirchensteuer 8%	9%	1,5 SolZ 5,5%	Kirchensteuer 8%	9%	2,0 SolZ 5,5%	Kirchensteuer 8%	9%	2,5 SolZ 5,5%	Kirchensteuer 8%	9%	3,0 SolZ 5,5%	Kirchensteuer 8%	9%
9.545,99 (West)	I	2.653,33	141,77	212,26	238,79	123,14	199,74	224,70	104,50	187,20	210,60	85,85	174,67	196,50	67,21	162,14	182,40	48,57	149,60	168,30	29,92	137,07	154,20
	II	2.504,25	124,03	200,34	225,38	105,39	187,80	211,28	86,75	175,27	197,18	68,11	162,74	183,08	49,47	150,21	168,98	30,83	137,68	154,89	12,18	125,14	140,78
	III	1.876,66	-	150,13	168,89	-	139,22	156,62	-	128,58	144,65	-	118,18	132,95	-	108,05	121,55	-	98,17	110,44	-	88,56	99,63
	IV	2.653,33	141,77	212,26	238,79	132,46	206,00	231,75	123,14	199,74	224,70	113,82	193,47	217,65	104,50	187,20	210,60	95,18	180,94	203,55	85,85	174,67	196,50
	V	3.167,83	174,23	253,42	285,10																		
	VI	3.212,08	176,66	256,96	289,08																		
9.545,99 (Ost)	I	2.661,16	142,71	212,89	239,50	124,06	200,36	225,40	105,42	187,82	211,30	86,78	175,29	197,20	68,13	162,76	183,10	49,50	150,23	169,01	30,86	137,70	154,91
	II	2.512,08	124,96	200,96	226,08	106,32	188,43	211,98	87,68	175,90	197,88	69,03	163,36	183,78	50,39	150,83	169,68	31,75	138,30	155,58	13,10	125,76	141,48
	III	1.883,66	-	150,69	169,52	-	139,77	157,24	-	129,10	145,24	-	118,70	133,54	-	108,56	122,13	-	98,66	110,99	-	89,02	100,15
	IV	2.661,16	142,71	212,89	239,50	133,38	206,62	232,45	124,06	200,36	225,40	114,74	194,09	218,35	105,42	187,82	211,30	96,10	181,56	204,25	86,78	175,29	197,20
	V	3.175,58	174,65	254,04	285,80																		
	VI	3.219,91	177,09	257,59	289,79																		
9.548,99 (West)	I	2.654,66	141,93	212,37	238,91	123,29	199,84	224,82	104,65	187,30	210,71	86,00	174,77	196,61	67,36	162,24	182,52	48,72	149,70	168,41	30,07	137,17	154,31
	II	2.505,50	124,18	200,44	225,49	105,54	187,90	211,39	86,90	175,38	197,30	68,26	162,84	183,20	49,62	150,31	169,10	30,97	137,78	155,00	12,33	125,24	140,90
	III	1.877,83	-	150,22	169,00	-	139,32	156,73	-	128,66	144,74	-	118,26	133,04	-	108,13	121,64	-	98,25	110,53	-	88,64	99,72
	IV	2.654,66	141,93	212,37	238,91	132,61	206,10	231,86	123,29	199,84	224,82	113,97	193,57	217,76	104,65	187,30	210,71	95,32	181,04	203,67	86,00	174,77	196,61
	V	3.169,08	174,29	253,52	285,21																		
	VI	3.213,41	176,73	257,07	289,20																		
9.548,99 (Ost)	I	2.662,41	142,85	212,99	239,61	124,21	200,46	225,51	105,57	187,92	211,41	86,92	175,39	197,31	68,29	162,86	183,22	49,65	150,33	169,12	31,00	137,80	155,02
	II	2.513,33	125,11	201,06	226,19	106,47	188,53	212,09	87,83	176,00	198,00	69,18	163,46	183,89	50,54	150,93	169,79	31,90	138,40	155,70	13,26	125,87	141,60
	III	1.884,66	-	150,77	169,61	-	139,85	157,33	-	129,20	145,35	-	118,78	133,63	-	108,64	122,22	-	98,74	111,08	-	89,10	100,24
	IV	2.662,41	142,85	212,99	239,61	133,53	206,72	232,56	124,21	200,46	225,51	114,89	194,19	218,46	105,57	187,92	211,41	96,25	181,66	204,36	86,92	175,39	197,31
	V	3.176,91	174,73	254,15	285,92																		
	VI	3.221,16	177,16	257,69	289,90																		
9.551,99 (West)	I	2.655,91	142,08	212,47	239,03	123,44	199,94	224,93	104,79	187,40	210,83	86,15	174,87	196,73	67,51	162,34	182,63	48,86	149,80	168,53	30,22	137,27	154,43
	II	2.506,83	124,34	200,54	225,61	105,70	188,01	211,51	87,05	175,48	197,41	68,41	162,94	183,31	49,77	150,41	169,21	31,12	137,88	155,11	12,48	125,34	141,01
	III	1.879,00	-	150,32	169,11	-	139,40	156,82	-	128,74	144,83	-	118,36	133,15	-	108,21	121,73	-	98,33	110,62	-	88,70	99,79
	IV	2.655,91	142,08	212,47	239,03	132,76	206,20	231,98	123,44	199,94	224,93	114,12	193,67	217,88	104,79	187,40	210,83	95,47	181,14	203,78	86,15	174,87	196,73
	V	3.170,33	174,36	253,62	285,32																		
	VI	3.214,66	176,80	257,17	289,31																		
9.551,99 (Ost)	I	2.663,66	143,00	213,09	239,72	124,36	200,56	225,63	105,73	188,03	211,53	87,08	175,50	197,43	68,44	162,96	183,33	49,80	150,43	169,23	31,15	137,90	155,13
	II	2.514,58	125,26	201,16	226,31	106,62	188,63	212,21	87,98	176,10	198,11	69,33	163,56	184,01	50,69	151,03	169,91	32,06	138,50	155,81	13,41	125,97	141,71
	III	1.885,83	-	150,86	169,72	-	139,94	157,43	-	129,28	145,44	-	118,86	133,72	-	108,72	122,31	-	98,82	111,17	-	89,18	100,33
	IV	2.663,66	143,00	213,09	239,72	133,68	206,82	232,67	124,36	200,56	225,63	115,04	194,29	218,57	105,73	188,03	211,53	96,40	181,76	204,48	87,08	175,50	197,43
	V	3.178,16	174,79	254,25	286,03																		
	VI	3.222,41	177,23	257,79	290,01																		
9.554,99 (West)	I	2.657,16	142,23	212,57	239,14	123,59	200,04	225,04	104,94	187,50	210,94	86,30	174,97	196,84	67,66	162,44	182,74	49,01	149,90	168,64	30,37	137,37	154,54
	II	2.508,08	124,49	200,64	225,72	105,85	188,11	211,62	87,20	175,58	197,52	68,56	163,04	183,42	49,92	150,51	169,32	31,27	137,98	155,22	12,63	125,44	141,12
	III	1.880,00	-	150,40	169,20	-	139,49	156,92	-	128,84	144,94	-	118,44	133,24	-	108,29	121,82	-	98,41	110,71	-	88,78	99,88
	IV	2.657,16	142,23	212,57	239,14	132,91	206,30	232,09	123,59	200,04	225,04	114,26	193,77	217,99	104,94	187,50	210,94	95,62	181,24	203,89	86,30	174,97	196,84
	V	3.171,58	174,43	253,72	285,44																		
	VI	3.215,91	176,87	257,27	289,43																		
9.554,99 (Ost)	I	2.664,91	143,15	213,19	239,84	124,52	200,66	225,74	105,88	188,13	211,64	87,23	175,60	197,55	68,59	163,06	183,44	49,95	150,53	169,34	31,30	138,00	155,25
	II	2.515,83	125,41	201,26	226,42	106,77	188,73	212,32	88,12	176,20	198,22	69,49	163,67	184,13	50,85	151,14	170,03	32,20	138,60	155,93	13,56	126,07	141,83
	III	1.887,00	-	150,96	169,83	-	140,02	157,52	-	129,36	145,53	-	118,94	133,81	-	108,80	122,40	-	98,90	111,26	-	89,26	100,42
	IV	2.664,91	143,15	213,19	239,84	133,84	206,93	232,79	124,52	200,66	225,74	115,20	194,40	218,70	105,88	188,13	211,64	96,55	181,86	204,59	87,23	175,60	197,55
	V	3.179,41	174,86	254,35	286,14																		
	VI	3.223,75	177,30	257,90	290,13																		
9.557,99 (West)	I	2.658,41	142,38	212,67	239,25	123,74	200,14	225,15	105,09	187,60	211,05	86,45	175,07	196,95	67,81	162,54	182,85	49,16	150,00	168,75	30,52	137,47	154,65
	II	2.509,33	124,64	200,74	225,83	105,99	188,21	211,73	87,35	175,68	197,64	68,71	163,14	183,53	50,06	150,61	169,43	31,42	138,08	155,34	12,78	125,54	141,23
	III	1.881,16	-	150,49	169,30	-	139,57	157,01	-	128,92	145,03	-	118,52	133,33	-	108,37	121,91	-	98,49	110,80	-	88,86	99,97
	IV	2.658,41	142,38	212,67	239,25	133,06	206,40	232,20	123,74	200,14	225,15	114,41	193,87	218,10	105,09	187,60	211,05	95,77	181,34	204,00	86,45	175,07	196,95
	V	3.172,83	174,50	253,82	285,55																		
	VI	3.217,16	176,94	257,37	289,54																		
9.557,99 (Ost)	I	2.666,25	143,31	213,30	239,96	124,67	200,76	225,86	106,02	188,23	211,76	87,38	175,70	197,66	68,74	163,16	183,56	50,09	150,63	169,46	31,45	138,10	155,36
	II	2.517,08	125,56	201,36	226,53	106,92	188,83	212,43	88,28	176,30	198,34	69,64	163,77	184,24	51,00	151,24	170,14	32,35	138,70	156,04	13,71	126,17	141,94
	III	1.888,00	-	151,04	169,92	-	140,12	157,63	-	129,45	145,63	-	119,04	133,92	-	108,88	122,49	-	98,98	111,35	-	89,33	100,49
	IV	2.666,25	143,31	213,30	239,96	133,99	207,03	232,91	124,67	200,76	225,86	115,35	194,50	218,81	106,02	188,23	211,76	96,70	181,96	204,71	87,38	175,70	197,66
	V	3.180,66	174,93	254,45	286,25																		
	VI	3.225,00	177,37	258,00	290,25																		
9.560,99 (West)	I	2.659,66	142,53	212,77	239,36	123,88	200,24	225,27	105,24	187,70	211,16	86,60	175,17	197,06	67,95	162,64	182,97	49,31	150,10	168,86	30,68	137,58	154,77
	II	2.510,58	124,79	200,84	225,95	106,14	188,31	211,85	87,50	175,78	197,75	68,86	163,24	183,65	50,21	150,71	169,55	31,57	138,18	155,45	12,93	125,64	141,35
	III	1.882,33	-	150,58	169,40	-	139,66	157,12	-	129,00	145,12	-	118,60	133,42	-	108,45	122,00	-	98,57	110,89	-	88,93	100,04
	IV	2.659,66	142,53	212,77	239,36	133,21	206,50	232,31	123,88	200,24	225,27	114,56	193,97	218,21	105,24	187,70	211,16	95,92	181,44	204,12	86,60	175,17	197,06
	V	3.174,08	174,57	253,92	285,66																		
	VI	3.218,41	177,01	257,47	289,65																		
9.560,99 (Ost)	I	2.667,50	143,46	213,40	240,07	124,82	200,86	225,97	106,17	188,33	211,87	87,53	175,80	197,77	68,89	163,26	183,67	50,24	150,73	169,57	31,60	138,20	155,47
	II	2.518,41	125,72	201,47	226,65	107,08	188,94	212,55	88,43	176,40	198,45	69,79	163,87	184,35	51,15	151,34	170,25	32,50	138,80	156,15	13,86	126,27	142,05
	III	1.889,16	-	151,13	170,02	-	140,20	157,72	-	129,53	145,72	-	119,12	134,01	-	108,96	122,58	-	99,05	111,43	-	89,41	100,58
	IV	2.667,50	143,46	213,40	240,07	134,14	207,13	233,02	124,82	200,86	225,97	115,49	194,60	218,92	106,17	188,33	211,87	96,85	182,06	204,82	87,53	175,80	197,77
	V	3.181,91	175,00	254,55	286,37																		
	VI	3.226,25	177,44	258,10	290,36																		
9.563,99 (West)	I	2.660,91	142,68	212,87	239,48	124,03	200,34	225,38	105,39	187,80	211,28	86,75	175,27	197,18	68,11	162,74	183,08	49,47	150,21	168,98	30,83	137,68	154,89
	II	2.511,83	124,94	200,94	226,06	106,29	188,41	211,96	87,65	175,88	197,86	69,01	163,34	183,76	50,36	150,81	169,66	31,72	138,28	155,56	13,08	125,74	141,46
	III	1.883,33	-	150,66	169,49	-	139,74	157,21	-	129,09	145,22	-	118,68	133,51	-	108,53	122,09	-	98,65	110,98	-	89,01	100,13
	IV	2.660,91	142,68	212,87	239,48	133,35	206,60	232,43	124,03	200,34	225,38	114,71	194,07	218,33	105,39	187,80	211,28	96,07	181,54	204,23	86,75	175,27	197,18
	V	3.175,33	174,64	254,02	285,77																		
	VI	3.219,66	177,08	257,57	289,76																		
9.563,99 (Ost)	I	2.668,75	143,61	213,50	240,18	124,96	200,96	226,08	106,32	188,43	211,98	87,68	175,90	197,88	69,03	163,36	183,78	50,39	150,83	169,68	31,75	138,30	155,58
	II	2.519,66	125,87	201,57	226,76	107,22	189,04	212,67	88,58	176,50	198,56	69,94	163,97	184,46	51,29	151,44	170,37	32,65	138,90	156,26	14,01	126,37	142,16
	III	1.890,33	-	151,22	170,12	-	140,29	157,82	-	129,61	145,81	-	119,20	134,10	-	109,04	122,67	-	99,13	111,52	-	89,49	100,67
	IV	2.668,75	143,61	213,50	240,18	134,29	207,23	233,13	124,96	200,96	226,08	115,64	194,70	219,03	106,32	188,43	211,98	97,00	182,16	204,93	87,68	175,90	197,88
	V	3.183,16	175,07	254,65	286,48																		
	VI	3.227,50	177,51	258,20	290,47																		

Anzahl Kinderfreibeträge (nur Steuerklassen I–IV)

Lohn/ Gehalt bis	Steuerklasse	Lohnsteuer	ohne Kinderfreibetrag			Anzahl Kinderfreibeträge (nur Steuerklassen I–IV)																	
						0,5			1,0			1,5			2,0			2,5			3,0		
			SolZ 5,5%	Kirchensteuer 8%	9%	SolZ 5,5%	Kirchensteuer 8%	9%	SolZ 5,5%	Kirchensteuer 8%	9%	SolZ 5,5%	Kirchensteuer 8%	9%	SolZ 5,5%	Kirchensteuer 8%	9%	SolZ 5,5%	Kirchensteuer 8%	9%	SolZ 5,5%	Kirchensteu 8%	9
9.566,99 (West)	I	2.662,16	142,82	212,97	239,59	124,18	200,44	225,49	105,54	187,90	211,39	86,90	175,38	197,30	68,26	162,84	183,20	49,62	150,31	169,10	30,97	137,78	15
	II	2.513,08	125,08	201,04	226,17	106,44	188,51	212,07	87,80	175,98	197,97	69,15	163,44	183,87	50,51	150,91	169,77	31,88	138,38	155,68	13,23	125,85	14
	III	1.884,50	-	150,76	169,60	-	139,84	157,32	-	129,17	145,31	-	118,77	133,61	-	108,61	122,18	-	98,73	111,07	-	89,09	10
	IV	2.662,16	142,82	212,97	239,59	133,50	206,70	232,54	124,18	200,44	225,49	114,86	194,17	218,44	105,54	187,90	211,39	96,23	181,64	204,35	86,90	175,38	19
	V	3.176,66	174,71	254,13	285,89																		
	VI	3.220,91	177,15	257,67	289,88																		
9.566,99 (Ost)	I	2.670,00	143,76	213,60	240,30	125,11	201,06	226,19	106,47	188,53	212,09	87,83	176,00	198,00	69,18	163,46	183,89	50,54	150,93	169,79	31,90	138,40	15
	II	2.520,91	126,02	201,67	226,88	107,37	189,14	212,78	88,73	176,60	198,68	70,09	164,07	184,58	51,44	151,54	170,48	32,80	139,00	156,38	14,16	126,47	14
	III	1.891,33	-	151,30	170,21	-	140,37	157,91	-	129,70	145,91	-	119,28	134,19	-	109,12	122,76	-	99,21	111,61	-	89,57	10
	IV	2.670,00	143,76	213,60	240,30	134,44	207,33	233,24	125,11	201,06	226,19	115,79	194,80	219,15	106,47	188,53	212,09	97,15	182,26	205,04	87,83	176,00	19
	V	3.184,41	175,14	254,75	286,59																		
	VI	3.228,75	177,58	258,30	290,58																		
9.569,99 (West)	I	2.663,41	142,97	213,07	239,70	124,34	200,54	225,61	105,70	188,01	211,51	87,05	175,48	197,41	68,41	162,94	183,31	49,77	150,41	169,21	31,12	137,88	15
	II	2.514,33	125,23	201,14	226,28	106,59	188,61	212,18	87,95	176,08	198,09	69,30	163,54	183,98	50,67	151,02	169,89	32,03	138,48	155,79	13,38	125,95	14
	III	1.885,66	-	150,85	169,70	-	139,92	157,41	-	129,25	145,40	-	118,85	133,70	-	108,69	122,27	-	98,80	111,15	-	89,17	10
	IV	2.663,41	142,97	213,07	239,70	133,65	206,80	232,65	124,34	200,54	225,61	115,02	194,28	218,56	105,70	188,01	211,51	96,38	181,74	204,46	87,05	175,48	19
	V	3.177,91	174,78	254,23	286,01																		
	VI	3.222,16	177,21	257,77	289,99																		
9.569,99 (Ost)	I	2.671,25	143,91	213,70	240,41	125,26	201,16	226,31	106,62	188,63	212,21	87,98	176,10	198,11	69,33	163,56	184,01	50,69	151,03	169,91	32,06	138,50	15
	II	2.522,16	126,16	201,77	226,99	107,52	189,24	212,89	88,88	176,70	198,79	70,23	164,17	184,69	51,59	151,64	170,59	32,95	139,10	156,49	14,30	126,57	14
	III	1.892,50	-	151,40	170,32	-	140,46	158,02	-	129,78	146,00	-	119,36	134,28	-	109,20	122,85	-	99,29	111,70	-	89,64	10
	IV	2.671,25	143,91	213,70	240,41	134,58	207,43	233,36	125,26	201,16	226,31	115,94	194,90	219,26	106,62	188,63	212,21	97,30	182,36	205,16	87,98	176,10	19
	V	3.185,66	175,21	254,85	286,70																		
	VI	3.230,00	177,65	258,40	290,70																		
9.572,99 (West)	I	2.664,75	143,13	213,18	239,82	124,49	200,64	225,72	105,85	188,11	211,62	87,20	175,58	197,52	68,56	163,04	183,42	49,92	150,51	169,32	31,27	137,98	15
	II	2.515,58	125,38	201,24	226,40	106,74	188,71	212,30	88,10	176,18	198,20	69,46	163,65	184,10	50,82	151,12	170,01	32,17	138,58	155,90	13,53	126,05	14
	III	1.886,66	-	150,93	169,79	-	140,01	157,51	-	129,34	145,51	-	118,93	133,79	-	108,78	122,38	-	98,88	111,24	-	89,24	10
	IV	2.664,75	143,13	213,18	239,82	133,81	206,91	232,77	124,49	200,64	225,72	115,17	194,38	218,67	105,85	188,11	211,62	96,52	181,84	204,57	87,20	175,58	19
	V	3.179,16	174,85	254,33	286,12																		
	VI	3.223,50	177,29	257,88	290,11																		
9.572,99 (Ost)	I	2.672,50	144,05	213,80	240,52	125,41	201,26	226,42	106,77	188,73	212,32	88,12	176,20	198,22	69,49	163,67	184,13	50,85	151,14	170,03	32,20	138,60	15
	II	2.523,41	126,31	201,87	227,10	107,67	189,34	213,00	89,03	176,80	198,90	70,38	164,27	184,80	51,74	151,74	170,70	33,10	139,20	156,60	14,45	126,67	14
	III	1.893,66	-	151,49	170,42	-	140,54	158,11	-	129,86	146,09	-	119,45	134,38	-	109,28	122,94	-	99,37	111,79	-	89,72	10
	IV	2.672,50	144,05	213,80	240,52	134,73	207,53	233,47	125,41	201,26	226,42	116,09	195,00	219,37	106,77	188,73	212,32	97,45	182,46	205,27	88,12	176,20	19
	V	3.187,00	175,28	254,96	286,83																		
	VI	3.231,25	177,71	258,50	290,81																		
9.575,99 (West)	I	2.666,00	143,28	213,28	239,94	124,64	200,74	225,83	105,99	188,21	211,73	87,35	175,68	197,64	68,71	163,14	183,53	50,06	150,61	169,43	31,42	138,08	15
	II	2.516,83	125,53	201,34	226,51	106,90	188,82	212,42	88,25	176,28	198,32	69,61	163,75	184,22	50,97	151,22	170,12	32,32	138,68	156,02	13,68	126,15	14
	III	1.887,83	-	151,02	169,90	-	140,09	157,60	-	129,42	145,60	-	119,01	133,88	-	108,86	122,47	-	98,96	111,33	-	89,32	10
	IV	2.666,00	143,28	213,28	239,94	133,96	207,01	232,88	124,64	200,74	225,83	115,32	194,48	218,79	105,99	188,21	211,73	96,67	181,94	204,68	87,35	175,68	19
	V	3.180,41	174,92	254,43	286,23																		
	VI	3.224,75	177,36	257,98	290,22																		
9.575,99 (Ost)	I	2.673,75	144,20	213,90	240,63	125,56	201,36	226,53	106,92	188,83	212,43	88,28	176,30	198,34	69,64	163,77	184,24	51,00	151,24	170,14	32,35	138,70	15
	II	2.524,66	126,46	201,97	227,21	107,82	189,44	213,12	89,18	176,90	199,01	70,53	164,37	184,91	51,89	151,84	170,82	33,26	139,31	156,72	14,61	126,78	14
	III	1.894,66	-	151,57	170,51	-	140,64	158,22	-	129,96	146,20	-	119,53	134,47	-	109,36	123,03	-	99,45	111,88	-	89,80	101
	IV	2.673,75	144,20	213,90	240,63	134,88	207,63	233,58	125,56	201,36	226,53	116,24	195,10	219,48	106,92	188,83	212,43	97,60	182,57	205,39	88,28	176,30	19
	V	3.188,25	175,35	255,06	286,94																		
	VI	3.232,50	177,78	258,60	290,92																		
9.578,99 (West)	I	2.667,25	143,43	213,38	240,05	124,79	200,84	225,95	106,14	188,31	211,85	87,50	175,78	197,75	68,86	163,24	183,65	50,21	150,71	169,55	31,57	138,18	15
	II	2.518,16	125,69	201,45	226,63	107,05	188,92	212,53	88,40	176,38	198,43	69,76	163,85	184,33	51,12	151,32	170,23	32,47	138,78	156,13	13,83	126,25	14
	III	1.889,00	-	151,12	170,01	-	140,18	157,70	-	129,52	145,71	-	119,09	133,97	-	108,94	122,56	-	99,04	111,42	-	89,40	10
	IV	2.667,25	143,43	213,38	240,05	134,11	207,11	233,00	124,79	200,84	225,95	115,46	194,58	218,90	106,14	188,31	211,85	96,82	182,04	204,80	87,50	175,78	19
	V	3.181,66	174,99	254,53	286,34																		
	VI	3.226,00	177,43	258,08	290,34																		
9.578,99 (Ost)	I	2.675,00	144,35	214,00	240,75	125,72	201,47	226,65	107,08	188,94	212,55	88,43	176,40	198,45	69,79	163,87	184,35	51,15	151,34	170,25	32,50	138,80	156
	II	2.525,91	126,61	202,07	227,33	107,97	189,54	213,23	89,32	177,00	199,13	70,68	164,47	185,03	52,05	151,94	170,93	33,40	139,41	156,83	14,76	126,88	142
	III	1.895,83	-	151,66	170,62	-	140,73	158,32	-	130,04	146,29	-	119,61	134,56	-	109,44	123,12	-	99,53	111,97	-	89,88	101
	IV	2.675,00	144,35	214,00	240,75	135,03	207,73	233,69	125,72	201,47	226,65	116,40	195,20	219,60	107,08	188,94	212,55	97,75	182,67	205,50	88,43	176,40	198
	V	3.189,50	175,42	255,16	287,05																		
	VI	3.233,75	177,85	258,70	291,03																		
9.581,99 (West)	I	2.668,50	143,58	213,48	240,16	124,94	200,94	226,06	106,29	188,41	211,96	87,65	175,88	197,86	69,01	163,34	183,76	50,36	150,81	169,66	31,72	138,28	155,
	II	2.519,41	125,84	201,55	226,74	107,19	189,02	212,64	88,55	176,48	198,54	69,91	163,95	184,44	51,26	151,42	170,34	32,62	138,88	156,24	13,98	126,35	142,
	III	1.890,00	-	151,20	170,10	-	140,26	157,79	-	129,60	145,80	-	119,18	134,08	-	109,02	122,65	-	99,12	111,51	-	89,48	100,
	IV	2.668,50	143,58	213,48	240,16	134,26	207,21	233,11	124,94	200,94	226,06	115,61	194,68	219,01	106,29	188,41	211,96	96,97	182,14	204,91	87,65	175,88	197,
	V	3.182,91	175,06	254,63	286,46																		
	VI	3.227,25	177,49	258,18	290,45																		
9.581,99 (Ost)	I	2.676,33	144,51	214,10	240,86	125,87	201,57	226,76	107,22	189,04	212,67	88,58	176,50	198,56	69,94	163,97	184,46	51,29	151,44	170,37	32,65	138,90	156,
	II	2.527,16	126,76	202,17	227,44	108,12	189,64	213,34	89,48	177,11	199,25	70,84	164,58	185,15	52,20	152,04	171,05	33,55	139,51	156,95	14,91	126,98	142,
	III	1.897,00	-	151,76	170,73	-	140,81	158,41	-	130,13	146,39	-	119,69	134,65	-	109,52	123,21	-	99,61	112,06	-	89,94	101,
	IV	2.676,33	144,51	214,10	240,86	135,19	207,84	233,82	125,87	201,57	226,76	116,55	195,30	219,71	107,22	189,04	212,67	97,90	182,77	205,61	88,58	176,50	198,
	V	3.190,75	175,49	255,26	287,16																		
	VI	3.235,08	177,92	258,80	291,15																		
9.584,99 (West)	I	2.669,75	143,73	213,58	240,27	125,08	201,04	226,17	106,44	188,51	212,07	87,80	175,98	197,97	69,15	163,44	183,87	50,51	150,91	169,77	31,88	138,38	155,
	II	2.520,66	125,99	201,65	226,85	107,34	189,12	212,76	88,70	176,58	198,65	70,06	164,05	184,55	51,41	151,52	170,46	32,77	138,98	156,35	14,13	126,45	142,
	III	1.891,16	-	151,29	170,20	-	140,36	157,90	-	129,68	145,89	-	119,26	134,17	-	109,10	122,74	-	99,20	111,60	-	89,54	100,
	IV	2.669,75	143,73	213,58	240,27	134,41	207,31	233,22	125,08	201,04	226,17	115,76	194,78	219,12	106,44	188,51	212,07	97,12	182,24	205,02	87,80	175,98	197,
	V	3.184,16	175,12	254,73	286,57																		
	VI	3.228,50	177,56	258,28	290,56																		
9.584,99 (Ost)	I	2.677,58	144,66	214,20	240,98	126,02	201,67	226,88	107,37	189,14	212,78	88,73	176,60	198,68	70,09	164,07	184,58	51,44	151,54	170,48	32,80	139,00	156,
	II	2.528,41	126,91	202,27	227,55	108,28	189,74	213,46	89,63	177,21	199,36	70,99	164,68	185,26	52,35	152,14	171,16	33,70	139,61	157,06	15,06	127,08	142,
	III	1.898,16	-	151,85	170,83	-	140,90	158,51	-	130,21	146,48	-	119,77	134,74	-	109,60	123,30	-	99,69	112,15	-	90,02	101,
	IV	2.677,58	144,66	214,20	240,98	135,34	207,94	233,93	126,02	201,67	226,88	116,69	195,40	219,83	107,37	189,14	212,78	98,05	182,87	205,73	88,73	176,60	198,
	V	3.192,00	175,56	255,36	287,28																		
	VI	3.236,33	177,99	258,90	291,26																		

Allgemeine Tabelle

MONAT bis 9.605,99 €

Lohn/ Gehalt bis	Steuerklasse	Lohn-steuer	ohne Kinderfreibetrag			Anzahl Kinderfreibeträge (nur Steuerklassen I–IV)																	
						0,5			1,0			1,5			2,0			2,5			3,0		
			SolZ 5,5%	Kirchensteuer 8%	Kirchensteuer 9%	SolZ 5,5%	Kirchensteuer 8%	Kirchensteuer 9%	SolZ 5,5%	Kirchensteuer 8%	Kirchensteuer 9%	SolZ 5,5%	Kirchensteuer 8%	Kirchensteuer 9%	SolZ 5,5%	Kirchensteuer 8%	Kirchensteuer 9%	SolZ 5,5%	Kirchensteuer 8%	Kirchensteuer 9%	SolZ 5,5%	Kirchensteuer 8%	Kirchensteuer 9%
9.587,99 (West)	I	2.671,00	143,88	213,68	240,39	125,23	201,14	226,28	106,59	188,61	212,18	87,95	176,08	198,09	69,30	163,54	183,98	50,67	151,02	169,89	32,03	138,48	155,79
	II	2.521,91	126,14	201,75	226,97	107,49	189,22	212,87	88,85	176,68	198,77	70,21	164,15	184,67	51,56	151,62	170,57	32,92	139,08	156,47	14,28	126,55	142,37
	III	1.892,33	-	151,38	170,30	-	140,45	158,00	-	129,77	145,99	-	119,34	134,26	-	109,18	122,83	-	99,28	111,69	-	89,62	100,82
	IV	2.671,00	143,88	213,68	240,39	134,55	207,41	233,33	125,23	201,14	226,28	115,91	194,88	219,24	106,59	188,61	212,18	97,27	182,34	205,13	87,95	176,08	198,09
	V	3.185,41	175,19	254,83	286,68																		
	VI	3.229,75	177,63	258,38	290,67																		
9.587,99 (Ost)	I	2.678,83	144,81	214,30	241,09	126,16	201,77	226,99	107,52	189,24	212,89	88,88	176,70	198,79	70,23	164,17	184,69	51,59	151,64	170,59	32,95	139,10	156,49
	II	2.529,75	127,07	202,38	227,67	108,42	189,84	213,57	89,78	177,31	199,47	71,14	164,78	185,37	52,49	152,24	171,27	33,85	139,71	157,17	15,21	127,18	143,07
	III	1.899,16	-	151,93	170,92	-	140,98	158,60	-	130,29	146,57	-	119,86	134,84	-	109,68	123,39	-	99,77	112,24	-	90,10	101,36
	IV	2.678,83	144,81	214,30	241,09	135,49	208,04	234,04	126,16	201,77	226,99	116,84	195,50	219,94	107,52	189,24	212,89	98,20	182,97	205,84	88,88	176,70	198,79
	V	3.193,25	175,62	255,46	287,39																		
	VI	3.237,58	178,06	259,00	291,38																		
9.590,99 (West)	I	2.672,25	144,02	213,78	240,50	125,38	201,24	226,40	106,74	188,71	212,30	88,10	176,18	198,20	69,46	163,65	184,10	50,82	151,12	170,01	32,17	138,58	155,90
	II	2.523,16	126,28	201,85	227,08	107,64	189,32	212,98	89,00	176,78	198,88	70,35	164,25	184,78	51,71	151,72	170,68	33,07	139,18	156,58	14,43	126,66	142,49
	III	1.893,33	-	151,46	170,39	-	140,53	158,09	-	129,85	146,08	-	119,42	134,35	-	109,26	122,92	-	99,36	111,78	-	89,70	100,91
	IV	2.672,25	144,02	213,78	240,50	134,70	207,51	233,45	125,38	201,24	226,40	116,06	194,98	219,35	106,74	188,71	212,30	97,42	182,44	205,25	88,10	176,18	198,20
	V	3.186,75	175,27	254,94	286,80																		
	VI	3.231,00	177,70	258,48	290,79																		
9.590,99 (Ost)	I	2.680,08	144,96	214,40	241,20	126,31	201,87	227,10	107,67	189,34	213,00	89,03	176,80	198,90	70,38	164,27	184,80	51,74	151,74	170,70	33,10	139,20	156,60
	II	2.531,00	127,22	202,48	227,79	108,57	189,94	213,68	89,93	177,41	199,58	71,29	164,88	185,49	52,64	152,34	171,38	34,00	139,81	157,28	15,36	127,28	143,19
	III	1.900,33	-	152,02	171,02	-	141,08	158,71	-	130,38	146,68	-	119,94	134,93	-	109,77	123,49	-	99,84	112,32	-	90,18	101,45
	IV	2.680,08	144,96	214,40	241,20	135,64	208,14	234,15	126,31	201,87	227,10	116,99	195,60	220,05	107,67	189,34	213,00	98,35	183,07	205,95	89,03	176,80	198,90
	V	3.194,50	175,69	255,56	287,50																		
	VI	3.238,83	178,13	259,10	291,49																		
9.593,99 (West)	I	2.673,50	144,17	213,88	240,61	125,53	201,34	226,51	106,90	188,82	212,42	88,25	176,28	198,32	69,61	163,75	184,22	50,97	151,22	170,12	32,32	138,68	156,02
	II	2.524,41	126,43	201,95	227,19	107,79	189,42	213,09	89,15	176,88	198,99	70,50	164,35	184,89	51,87	151,82	170,80	33,23	139,29	156,70	14,58	126,76	142,60
	III	1.894,50	-	151,56	170,50	-	140,62	158,20	-	129,93	146,17	-	119,50	134,44	-	109,34	123,01	-	99,44	111,87	-	89,78	101,00
	IV	2.673,50	144,17	213,88	240,61	134,85	207,61	233,56	125,53	201,34	226,51	116,22	195,08	219,47	106,90	188,82	212,42	97,58	182,55	205,37	88,25	176,28	198,32
	V	3.188,00	175,34	255,04	286,92																		
	VI	3.232,25	177,77	258,58	290,90																		
9.593,99 (Ost)	I	2.681,33	145,11	214,50	241,31	126,46	201,97	227,21	107,82	189,44	213,12	89,18	176,90	199,01	70,53	164,37	184,91	51,89	151,84	170,82	33,26	139,31	156,72
	II	2.532,25	127,36	202,58	227,90	108,72	190,04	213,80	90,08	177,51	199,70	71,43	164,98	185,60	52,79	152,44	171,50	34,15	139,91	157,40	15,50	127,38	143,30
	III	1.901,50	-	152,12	171,13	-	141,16	158,80	-	130,46	146,77	-	120,02	135,02	-	109,85	123,58	-	99,92	112,41	-	90,25	101,53
	IV	2.681,33	145,11	214,50	241,31	135,78	208,24	234,27	126,46	201,97	227,21	117,14	195,70	220,16	107,82	189,44	213,12	98,50	183,17	206,06	89,18	176,90	199,01
	V	3.195,75	175,76	255,66	287,61																		
	VI	3.240,08	178,20	259,20	291,60																		
9.596,99 (West)	I	2.674,83	144,33	213,98	240,73	125,69	201,45	226,63	107,05	188,92	212,53	88,40	176,38	198,43	69,76	163,85	184,33	51,12	151,32	170,23	32,47	138,78	156,13
	II	2.525,66	126,58	202,05	227,30	107,94	189,52	213,21	89,29	176,98	199,10	70,66	164,46	185,01	52,02	151,92	170,91	33,37	139,39	156,81	14,73	126,86	142,71
	III	1.895,66	-	151,65	170,60	-	140,70	158,29	-	130,02	146,27	-	119,60	134,55	-	109,42	123,10	-	99,50	111,94	-	89,85	101,08
	IV	2.674,83	144,33	213,98	240,73	135,01	207,72	233,68	125,69	201,45	226,63	116,37	195,18	219,58	107,05	188,92	212,53	97,72	182,65	205,48	88,40	176,38	198,43
	V	3.189,25	175,40	255,14	287,03																		
	VI	3.233,58	177,84	258,68	291,02																		
9.596,99 (Ost)	I	2.682,58	145,25	214,60	241,43	126,61	202,07	227,33	107,97	189,54	213,23	89,32	177,00	199,13	70,68	164,47	185,03	52,05	151,94	170,93	33,40	139,41	156,83
	II	2.533,50	127,51	202,68	228,01	108,87	190,14	213,91	90,23	177,61	199,81	71,58	165,08	185,71	52,94	152,54	171,61	34,30	140,01	157,51	15,65	127,48	143,41
	III	1.902,50	-	152,20	171,22	-	141,25	158,90	-	130,54	146,86	-	120,10	135,11	-	109,93	123,67	-	100,00	112,50	-	90,33	101,62
	IV	2.682,58	145,25	214,60	241,43	135,93	208,34	234,38	126,61	202,07	227,33	117,29	195,80	220,28	107,97	189,54	213,23	98,65	183,27	206,18	89,32	177,00	199,13
	V	3.197,00	175,83	255,76	287,73																		
	VI	3.241,33	178,27	259,30	291,71																		
9.599,99 (West)	I	2.676,08	144,48	214,08	240,84	125,84	201,55	226,74	107,19	189,02	212,64	88,55	176,48	198,54	69,91	163,95	184,44	51,26	151,42	170,34	32,62	138,88	156,24
	II	2.526,91	126,73	202,15	227,42	108,10	189,62	213,32	89,45	177,09	199,22	70,81	164,56	185,13	52,17	152,02	171,02	33,52	139,49	156,92	14,88	126,96	142,83
	III	1.896,66	-	151,73	170,69	-	140,80	158,40	-	130,10	146,36	-	119,68	134,64	-	109,50	123,19	-	99,58	112,03	-	89,93	101,17
	IV	2.676,08	144,48	214,08	240,84	135,16	207,82	233,79	125,84	201,55	226,74	116,52	195,28	219,69	107,19	189,02	212,64	97,87	182,75	205,59	88,55	176,48	198,54
	V	3.190,50	175,47	255,24	287,14																		
	VI	3.234,83	177,91	258,78	291,13																		
9.599,99 (Ost)	I	2.683,83	145,40	214,70	241,54	126,76	202,17	227,44	108,12	189,64	213,34	89,48	177,11	199,25	70,84	164,58	185,15	52,20	152,04	171,05	33,55	139,51	156,95
	II	2.534,75	127,66	202,78	228,12	109,02	190,24	214,02	90,38	177,71	199,92	71,73	165,18	185,82	53,09	152,64	171,72	34,45	140,11	157,62	15,81	127,58	143,53
	III	1.903,66	-	152,29	171,32	-	141,33	158,99	-	130,64	146,97	-	120,20	135,22	-	110,01	123,76	-	100,08	112,59	-	90,41	101,71
	IV	2.683,83	145,40	214,70	241,54	136,08	208,44	234,49	126,76	202,17	227,44	117,44	195,90	220,39	108,12	189,64	213,34	98,79	183,37	206,29	89,48	177,11	199,25
	V	3.198,33	175,90	255,86	287,84																		
	VI	3.242,58	178,34	259,40	291,83																		
9.602,99 (West)	I	2.677,33	144,63	214,18	240,95	125,99	201,65	226,85	107,34	189,12	212,76	88,70	176,58	198,65	70,06	164,05	184,55	51,41	151,52	170,46	32,77	138,98	156,35
	II	2.528,25	126,89	202,26	227,54	108,25	189,72	213,44	89,60	177,19	199,34	70,96	164,66	185,24	52,32	152,12	171,14	33,67	139,59	157,04	15,03	127,06	142,94
	III	1.897,83	-	151,82	170,80	-	140,88	158,49	-	130,18	146,45	-	119,76	134,73	-	109,58	123,28	-	99,66	112,12	-	90,01	101,26
	IV	2.677,33	144,63	214,18	240,95	135,31	207,92	233,91	125,99	201,65	226,85	116,66	195,38	219,80	107,34	189,12	212,76	98,02	182,85	205,70	88,70	176,58	198,65
	V	3.191,75	175,54	255,34	287,25																		
	VI	3.236,08	177,98	258,88	291,24																		
9.602,99 (Ost)	I	2.685,08	145,55	214,80	241,65	126,91	202,27	227,55	108,28	189,74	213,46	89,63	177,21	199,36	70,99	164,68	185,26	52,35	152,14	171,16	33,70	139,61	157,06
	II	2.536,00	127,81	202,88	228,24	109,17	190,34	214,13	90,52	177,81	200,03	71,88	165,28	185,94	53,25	152,75	171,84	34,60	140,22	157,74	15,96	127,68	143,64
	III	1.904,83	-	152,38	171,43	-	141,42	159,10	-	130,72	147,06	-	120,28	135,31	-	110,09	123,85	-	100,16	112,68	-	90,49	101,80
	IV	2.685,08	145,55	214,80	241,65	136,23	208,54	234,60	126,91	202,27	227,55	117,60	196,01	220,51	108,28	189,74	213,46	98,95	183,48	206,41	89,63	177,21	199,36
	V	3.199,58	175,97	255,96	287,96																		
	VI	3.243,83	178,41	259,50	291,94																		
9.605,99 (West)	I	2.678,58	144,78	214,28	241,07	126,14	201,75	226,97	107,49	189,22	212,87	88,85	176,68	198,77	70,21	164,15	184,67	51,56	151,62	170,57	32,92	139,08	156,47
	II	2.529,50	127,04	202,36	227,65	108,39	189,82	213,55	89,75	177,29	199,45	71,11	164,76	185,35	52,46	152,22	171,25	33,82	139,69	157,15	15,18	127,16	143,05
	III	1.899,00	-	151,92	170,91	-	140,97	158,59	-	130,28	146,56	-	119,84	134,82	-	109,66	123,37	-	99,74	112,21	-	90,09	101,35
	IV	2.678,58	144,78	214,28	241,07	135,46	208,02	234,02	126,14	201,75	226,97	116,81	195,48	219,92	107,49	189,22	212,87	98,17	182,95	205,82	88,85	176,68	198,77
	V	3.193,00	175,61	255,44	287,37																		
	VI	3.237,33	178,05	258,98	291,35																		
9.605,99 (Ost)	I	2.686,41	145,71	214,91	241,77	127,07	202,38	227,67	108,42	189,84	213,57	89,78	177,31	199,47	71,14	164,78	185,37	52,49	152,24	171,27	33,85	139,71	157,17
	II	2.537,25	127,96	202,98	228,35	109,32	190,44	214,25	90,67	177,91	200,15	72,04	165,38	186,05	53,40	152,85	171,95	34,75	140,32	157,86	16,11	127,78	143,75
	III	1.905,83	-	152,46	171,52	-	141,50	159,19	-	130,81	147,16	-	120,36	135,40	-	110,17	123,94	-	100,24	112,77	-	90,56	101,88
	IV	2.686,41	145,71	214,91	241,77	136,39	208,64	234,72	127,07	202,38	227,67	117,75	196,11	220,62	108,42	189,84	213,57	99,10	183,58	206,52	89,78	177,31	199,47
	V	3.200,83	176,04	256,06	288,07																		
	VI	3.245,16	178,48	259,61	292,06																		

Lohn/Gehalt bis	Steuerklasse	Lohnsteuer	ohne Kinderfreibetrag SolZ 5,5%	ohne Kinderfreibetrag Kirchensteuer 8%	ohne Kinderfreibetrag Kirchensteuer 9%	0,5 SolZ 5,5%	0,5 Kirchensteuer 8%	0,5 Kirchensteuer 9%	1,0 SolZ 5,5%	1,0 Kirchensteuer 8%	1,0 Kirchensteuer 9%	1,5 SolZ 5,5%	1,5 Kirchensteuer 8%	1,5 Kirchensteuer 9%	2,0 SolZ 5,5%	2,0 Kirchensteuer 8%	2,0 Kirchensteuer 9%	2,5 SolZ 5,5%	2,5 Kirchensteuer 8%	2,5 Kirchensteuer 9%	3,0 SolZ 5,5%	3,0 Kirchensteuer 8%	3,0 Kirchenste[uer] 9[%]
						Anzahl Kinderfreibeträge (nur Steuerklassen I–IV)																	
9.608,99 (West)	I	2.679,83	144,93	214,38	241,18	126,28	201,85	227,08	107,64	189,32	212,98	89,00	176,78	198,88	70,35	164,25	184,78	51,71	151,72	170,68	33,07	139,18	15
	II	2.530,75	127,19	202,46	227,76	108,54	189,92	213,66	89,90	177,39	199,56	71,26	164,86	185,46	52,61	152,32	171,36	33,97	139,79	157,26	15,33	127,26	14
	III	1.900,00	–	152,00	171,00	–	141,05	158,68	–	130,36	146,65	–	119,93	134,92	–	109,74	123,46	–	99,82	112,30	–	90,16	10
	IV	2.679,83	144,93	214,38	241,18	135,61	208,12	234,13	126,28	201,85	227,08	116,96	195,58	220,03	107,64	189,32	212,98	98,32	183,05	205,93	89,00	176,78	19
	V	3.194,25	175,68	255,54	287,48																		
	VI	3.238,58	178,12	259,08	291,47																		
9.608,99 (Ost)	I	2.687,66	145,86	215,01	241,88	127,22	202,48	227,79	108,57	189,94	213,68	89,93	177,41	199,58	71,29	164,88	185,49	52,64	152,34	171,38	34,00	139,81	15
	II	2.538,50	128,11	203,08	228,46	109,48	190,55	214,37	90,83	178,02	200,27	72,19	165,48	186,17	53,55	152,95	172,07	34,90	140,42	157,97	16,26	127,88	14
	III	1.907,00	–	152,56	171,63	–	141,60	159,30	–	130,89	147,25	–	120,44	135,49	–	110,25	124,03	–	100,32	112,86	–	90,64	10
	IV	2.687,66	145,86	215,01	241,88	136,54	208,74	234,83	127,22	202,48	227,79	117,89	196,21	220,73	108,57	189,94	213,68	99,25	183,68	206,64	89,93	177,41	19
	V	3.202,08	176,11	256,16	288,18																		
	VI	3.246,41	178,55	259,71	292,17																		
9.611,99 (West)	I	2.681,08	145,08	214,48	241,29	126,43	201,95	227,19	107,79	189,42	213,09	89,15	176,88	198,99	70,50	164,35	184,89	51,87	151,82	170,80	33,23	139,29	15
	II	2.532,00	127,33	202,56	227,88	108,69	190,02	213,77	90,05	177,49	199,67	71,40	164,96	185,58	52,76	152,42	171,47	34,12	139,89	157,37	15,47	127,36	14
	III	1.901,16	–	152,09	171,10	–	141,14	158,78	–	130,45	146,75	–	120,01	135,01	–	109,82	123,55	–	99,90	112,39	–	90,24	10
	IV	2.681,08	145,08	214,48	241,29	135,75	208,22	234,24	126,43	201,95	227,19	117,11	195,68	220,14	107,79	189,42	213,09	98,47	183,15	206,04	89,15	176,88	19
	V	3.195,50	175,75	255,64	287,59																		
	VI	3.239,83	178,19	259,18	291,58																		
9.611,99 (Ost)	I	2.688,91	146,01	215,11	242,00	127,36	202,58	227,90	108,72	190,04	213,80	90,08	177,51	199,70	71,43	164,98	185,60	52,79	152,44	171,50	34,15	139,91	15
	II	2.539,83	128,27	203,18	228,58	109,62	190,65	214,48	90,98	178,12	200,38	72,34	165,58	186,28	53,69	153,05	172,18	35,05	140,52	158,08	16,41	127,98	14
	III	1.908,16	–	152,65	171,73	–	141,68	159,39	–	130,97	147,34	–	120,52	135,58	–	110,33	124,12	–	100,40	112,95	–	90,72	10
	IV	2.688,91	146,01	215,11	242,00	136,69	208,84	234,95	127,36	202,58	227,90	118,04	196,31	220,85	108,72	190,04	213,80	99,40	183,78	206,75	90,08	177,51	19
	V	3.203,33	176,18	256,26	288,29																		
	VI	3.247,66	178,62	259,81	292,28																		
9.614,99 (West)	I	2.682,33	145,22	214,58	241,40	126,58	202,05	227,30	107,94	189,52	213,21	89,29	176,98	199,10	70,66	164,46	185,01	52,02	151,92	170,91	33,37	139,39	15
	II	2.533,25	127,48	202,66	227,99	108,84	190,12	213,89	90,20	177,59	199,79	71,55	165,06	185,69	52,91	152,52	171,59	34,27	139,99	157,49	15,63	127,46	14
	III	1.902,33	–	152,18	171,20	–	141,22	158,87	–	130,53	146,84	–	120,09	135,10	–	109,90	123,64	–	99,98	112,48	–	90,32	10
	IV	2.682,33	145,22	214,58	241,40	135,90	208,32	234,36	126,58	202,05	227,30	117,26	195,78	220,25	107,94	189,52	213,21	98,62	183,25	206,15	89,29	176,98	19
	V	3.196,83	175,82	255,74	287,71																		
	VI	3.241,08	178,25	259,28	291,69																		
9.614,99 (Ost)	I	2.690,16	146,16	215,21	242,11	127,51	202,68	228,01	108,87	190,14	213,91	90,23	177,61	199,81	71,58	165,08	185,71	52,94	152,54	171,61	34,30	140,01	15
	II	2.541,08	128,42	203,28	228,69	109,77	190,75	214,59	91,13	178,22	200,49	72,49	165,68	186,39	53,84	153,15	172,29	35,20	140,62	158,19	16,56	128,08	14
	III	1.909,16	–	152,73	171,82	–	141,77	159,49	–	131,06	147,44	–	120,61	135,68	–	110,41	124,21	–	100,48	113,04	–	90,80	10
	IV	2.690,16	146,16	215,21	242,11	136,84	208,94	235,06	127,51	202,68	228,01	118,19	196,41	220,96	108,87	190,14	213,91	99,55	183,88	206,86	90,23	177,61	19
	V	3.204,58	176,25	256,36	288,41																		
	VI	3.248,91	178,69	259,91	292,40																		
9.617,99 (West)	I	2.683,58	145,37	214,68	241,52	126,73	202,15	227,42	108,10	189,62	213,32	89,45	177,09	199,22	70,81	164,56	185,13	52,17	152,02	171,02	33,52	139,49	15
	II	2.534,50	127,63	202,76	228,10	108,99	190,22	214,00	90,35	177,69	199,90	71,70	165,16	185,80	53,06	152,62	171,70	34,43	140,10	157,61	15,78	127,56	14
	III	1.903,33	–	152,26	171,29	–	141,32	158,98	–	130,61	146,93	–	120,17	135,19	–	109,98	123,73	–	100,06	112,57	–	90,40	10
	IV	2.683,58	145,37	214,68	241,52	136,05	208,42	234,47	126,73	202,15	227,42	117,41	195,88	220,37	108,10	189,62	213,32	98,77	183,36	206,28	89,45	177,09	19
	V	3.198,08	175,89	255,84	287,82																		
	VI	3.242,33	178,32	259,38	291,80																		
9.617,99 (Ost)	I	2.691,41	146,31	215,31	242,22	127,66	202,78	228,12	109,02	190,24	214,02	90,38	177,71	199,92	71,73	165,18	185,82	53,09	152,64	171,72	34,45	140,11	15
	II	2.542,33	128,56	203,38	228,80	109,92	190,85	214,70	91,28	178,32	200,61	72,63	165,78	186,50	53,99	153,25	172,40	35,35	140,72	158,31	16,70	128,18	14
	III	1.910,33	–	152,82	171,92	–	141,85	159,58	–	131,14	147,53	–	120,69	135,77	–	110,49	124,30	–	100,56	113,13	–	90,86	10
	IV	2.691,41	146,31	215,31	242,22	136,98	209,04	235,17	127,66	202,78	228,12	118,34	196,51	221,07	109,02	190,24	214,02	99,70	183,98	206,97	90,38	177,71	19
	V	3.205,83	176,32	256,46	288,52																		
	VI	3.250,16	178,75	260,01	292,51																		
9.620,99 (West)	I	2.684,83	145,52	214,78	241,63	126,89	202,26	227,54	108,25	189,72	213,44	89,60	177,19	199,34	70,96	164,66	185,24	52,32	152,12	171,14	33,67	139,59	15
	II	2.535,75	127,78	202,86	228,21	109,14	190,32	214,11	90,49	177,79	200,01	71,86	165,26	185,92	53,22	152,73	171,82	34,57	140,20	157,72	15,93	127,66	14
	III	1.904,50	–	152,36	171,40	–	141,40	159,07	–	130,70	147,04	–	120,25	135,28	–	110,06	123,82	–	100,14	112,66	–	90,46	10
	IV	2.684,83	145,52	214,78	241,63	136,21	208,52	234,59	126,89	202,26	227,54	117,57	195,99	220,49	108,25	189,72	213,44	98,92	183,46	206,39	89,60	177,19	19
	V	3.199,33	175,96	255,94	287,93																		
	VI	3.243,58	178,39	259,48	291,92																		
9.620,99 (Ost)	I	2.692,66	146,45	215,41	242,33	127,81	202,88	228,24	109,17	190,34	214,13	90,52	177,81	200,03	71,88	165,28	185,94	53,25	152,75	171,84	34,60	140,22	157
	II	2.543,58	128,71	203,48	228,92	110,07	190,95	214,82	91,43	178,42	200,72	72,78	165,88	186,62	54,14	153,35	172,52	35,50	140,82	158,42	16,85	128,28	144
	III	1.911,50	–	152,92	172,03	–	141,94	159,68	–	131,22	147,62	–	120,77	135,86	–	110,57	124,39	–	100,64	113,22	–	90,94	102
	IV	2.692,66	146,45	215,41	242,33	137,13	209,14	235,28	127,81	202,88	228,24	118,49	196,61	221,18	109,17	190,34	214,13	99,85	184,08	207,09	90,52	177,81	200
	V	3.207,08	176,38	256,56	288,63																		
	VI	3.251,41	178,82	260,11	292,62																		
9.623,99 (West)	I	2.686,16	145,68	214,89	241,75	127,04	202,36	227,65	108,39	189,82	213,55	89,75	177,29	199,45	71,11	164,76	185,35	52,46	152,22	171,25	33,82	139,69	157
	II	2.537,00	127,93	202,96	228,33	109,29	190,42	214,22	90,65	177,90	200,13	72,01	165,36	186,03	53,37	152,83	171,93	34,72	140,30	157,83	16,08	127,76	143
	III	1.905,66	–	152,45	171,50	–	141,49	159,17	–	130,78	147,13	–	120,34	135,38	–	110,16	123,93	–	100,22	112,75	–	90,54	101
	IV	2.686,16	145,68	214,89	241,75	136,36	208,62	234,70	127,04	202,36	227,65	117,72	196,09	220,60	108,39	189,82	213,55	99,07	183,56	206,50	89,75	177,29	199
	V	3.200,58	176,03	256,04	288,05																		
	VI	3.244,91	178,47	259,59	292,04																		
9.623,99 (Ost)	I	2.693,91	146,60	215,51	242,45	127,96	202,98	228,35	109,32	190,44	214,25	90,67	177,91	200,15	72,04	165,38	186,05	53,40	152,85	171,95	34,75	140,32	157
	II	2.544,83	128,86	203,58	229,03	110,22	191,05	214,93	91,58	178,52	200,83	72,93	165,98	186,73	54,29	153,45	172,63	35,65	140,92	158,53	17,01	128,39	144
	III	1.912,50	–	153,00	172,12	–	142,02	159,77	–	131,32	147,73	–	120,85	135,95	–	110,65	124,48	–	100,70	113,29	–	91,02	102
	IV	2.693,91	146,60	215,51	242,45	137,28	209,24	235,40	127,96	202,98	228,35	118,64	196,71	221,30	109,32	190,44	214,25	99,99	184,18	207,20	90,67	177,91	200
	V	3.208,41	176,46	256,67	288,75																		
	VI	3.252,66	178,89	260,21	292,73																		
9.626,99 (West)	I	2.687,41	145,83	214,99	241,86	127,19	202,46	227,76	108,54	189,92	213,66	89,90	177,39	199,56	71,26	164,86	185,46	52,61	152,32	171,36	33,97	139,79	157
	II	2.538,33	128,09	203,06	228,44	109,45	190,53	214,34	90,80	178,00	200,25	72,16	165,46	186,14	53,52	152,93	172,04	34,87	140,40	157,95	16,23	127,86	143
	III	1.906,83	–	152,54	171,61	–	141,57	159,26	–	130,86	147,22	–	120,42	135,47	–	110,24	124,02	–	100,30	112,84	–	90,62	101
	IV	2.687,41	145,83	214,99	241,86	136,51	208,72	234,81	127,19	202,46	227,76	117,86	196,19	220,71	108,54	189,92	213,66	99,22	183,66	206,61	89,90	177,39	199
	V	3.201,83	176,10	256,14	288,16																		
	VI	3.246,16	178,53	259,69	292,15																		
9.626,99 (Ost)	I	2.695,16	146,75	215,61	242,56	128,11	203,08	228,46	109,48	190,55	214,37	90,83	178,02	200,27	72,19	165,48	186,17	53,55	152,95	172,07	34,90	140,42	157
	II	2.546,08	129,01	203,68	229,14	110,37	191,15	215,04	91,72	178,62	200,94	73,08	166,08	186,84	54,44	153,55	172,74	35,80	141,02	158,65	17,16	128,49	144
	III	1.913,66	–	153,09	172,22	–	142,12	159,88	–	131,40	147,82	–	120,94	136,06	–	110,73	124,57	–	100,78	113,38	–	91,10	102
	IV	2.695,16	146,75	215,61	242,56	137,43	209,34	235,51	128,11	203,08	228,46	118,79	196,81	221,41	109,48	190,55	214,37	100,15	184,28	207,32	90,83	178,02	200
	V	3.209,66	176,53	256,77	288,86																		
	VI	3.253,91	178,96	260,31	292,85																		

Lohn/ Gehalt bis	Steuerklasse	Lohn-steuer	ohne Kinderfreibetrag SolZ 5,5%	ohne Kinderfreibetrag Kirchensteuer 8%	ohne Kinderfreibetrag Kirchensteuer 9%	0,5 SolZ 5,5%	0,5 Kirchensteuer 8%	0,5 Kirchensteuer 9%	1,0 SolZ 5,5%	1,0 Kirchensteuer 8%	1,0 Kirchensteuer 9%	1,5 SolZ 5,5%	1,5 Kirchensteuer 8%	1,5 Kirchensteuer 9%	2,0 SolZ 5,5%	2,0 Kirchensteuer 8%	2,0 Kirchensteuer 9%	2,5 SolZ 5,5%	2,5 Kirchensteuer 8%	2,5 Kirchensteuer 9%	3,0 SolZ 5,5%	3,0 Kirchensteuer 8%	3,0 Kirchensteuer 9%
						Anzahl Kinderfreibeträge (nur Steuerklassen I–IV)																	
.629,99 (West)	I	2.688,66	145,98	215,09	241,97	127,33	202,56	227,88	108,69	190,02	213,77	90,05	177,49	199,67	71,40	164,96	185,58	52,76	152,42	171,47	34,12	139,89	157,37
	II	2.539,58	128,24	203,16	228,56	109,59	190,63	214,46	90,95	178,10	200,36	72,31	165,56	186,26	53,66	153,03	172,16	35,02	140,50	158,06	16,38	127,96	143,96
	III	1.907,83	-	152,62	171,70	-	141,66	159,37	-	130,96	147,33	-	120,50	135,56	-	110,32	124,11	-	100,37	112,91	-	90,70	102,04
	IV	2.688,66	145,98	215,09	241,97	136,66	208,82	234,92	127,33	202,56	227,88	118,01	196,29	220,82	108,69	190,02	213,77	99,37	183,76	206,73	90,05	177,49	199,67
	V	3.203,08	176,16	256,24	288,27																		
	VI	3.247,41	178,60	259,79	292,26																		
.629,99 (Ost)	I	2.696,41	146,90	215,71	242,67	128,27	203,18	228,58	109,62	190,65	214,48	90,98	178,12	200,38	72,34	165,58	186,28	53,69	153,05	172,18	35,05	140,52	158,08
	II	2.547,33	129,16	203,78	229,25	110,52	191,25	215,15	91,87	178,72	201,06	73,24	166,19	186,96	54,60	153,66	172,86	35,95	141,12	158,76	17,31	128,59	144,66
	III	1.914,83	-	153,18	172,33	-	142,21	159,98	-	131,49	147,92	-	121,02	136,15	-	110,81	124,66	-	100,86	113,47	-	91,17	102,56
	IV	2.696,41	146,90	215,71	242,67	137,59	209,45	235,63	128,27	203,18	228,58	118,95	196,92	221,53	109,62	190,65	214,48	100,30	184,38	207,43	90,98	178,12	200,38
	V	3.210,91	176,60	256,87	288,98																		
	VI	3.255,25	179,03	260,42	292,97																		
.632,99 (West)	I	2.689,91	146,13	215,19	242,09	127,48	202,66	227,99	108,84	190,12	213,89	90,20	177,59	199,79	71,55	165,06	185,69	52,91	152,52	171,59	34,27	139,99	157,49
	II	2.540,83	128,39	203,26	228,67	109,74	190,73	214,57	91,10	178,20	200,47	72,46	165,66	186,37	53,81	153,13	172,27	35,17	140,60	158,17	16,53	128,06	144,07
	III	1.909,00	-	152,72	171,81	-	141,74	159,46	-	131,04	147,42	-	120,58	135,65	-	110,40	124,20	-	100,45	113,00	-	90,77	102,11
	IV	2.689,91	146,13	215,19	242,09	136,81	208,92	235,04	127,48	202,66	227,99	118,16	196,39	220,94	108,84	190,12	213,89	99,52	183,86	206,84	90,20	177,59	199,79
	V	3.204,33	176,23	256,34	288,38																		
	VI	3.248,66	178,67	259,89	292,37																		
.632,99 (Ost)	I	2.697,75	147,06	215,82	242,79	128,42	203,28	228,69	109,77	190,75	214,59	91,13	178,22	200,49	72,49	165,68	186,39	53,84	153,15	172,29	35,20	140,62	158,19
	II	2.548,58	129,31	203,88	229,37	110,67	191,35	215,27	92,03	178,82	201,17	73,39	166,29	187,07	54,74	153,76	172,98	36,10	141,22	158,87	17,46	128,69	144,77
	III	1.916,00	-	153,28	172,44	-	142,29	160,07	-	131,57	148,01	-	121,10	136,24	-	110,90	124,76	-	100,94	113,56	-	91,25	102,65
	IV	2.697,75	147,06	215,82	242,79	137,74	209,55	235,74	128,42	203,28	228,69	119,09	197,02	221,64	109,77	190,75	214,59	100,45	184,48	207,54	91,13	178,22	200,49
	V	3.212,16	176,66	256,97	289,09																		
	VI	3.256,50	179,10	260,52	293,08																		
.635,99 (West)	I	2.691,16	146,28	215,29	242,20	127,63	202,76	228,10	108,99	190,22	214,00	90,35	177,69	199,90	71,70	165,16	185,80	53,06	152,62	171,70	34,43	140,10	157,61
	II	2.542,08	128,53	203,36	228,78	109,89	190,83	214,68	91,25	178,30	200,58	72,60	165,76	186,48	53,96	153,23	172,38	35,32	140,70	158,28	16,67	128,16	144,18
	III	1.910,16	-	152,81	171,91	-	141,84	159,57	-	131,13	147,52	-	120,68	135,76	-	110,48	124,29	-	100,53	113,09	-	90,85	102,20
	IV	2.691,16	146,28	215,29	242,20	136,95	209,02	235,15	127,63	202,76	228,10	118,31	196,49	221,05	108,99	190,22	214,00	99,67	183,96	206,95	90,35	177,69	199,90
	V	3.205,58	176,30	256,44	288,50																		
	VI	3.249,91	178,74	259,99	292,49																		
.635,99 (Ost)	I	2.699,00	147,21	215,92	242,91	128,56	203,38	228,80	109,92	190,85	214,70	91,28	178,32	200,61	72,63	165,78	186,50	53,99	153,25	172,40	35,35	140,72	158,31
	II	2.549,91	129,47	203,99	229,49	110,82	191,46	215,39	92,18	178,92	201,29	73,54	166,39	187,19	54,89	153,86	173,09	36,25	141,32	158,99	17,61	128,79	144,89
	III	1.917,00	-	153,36	172,53	-	142,38	160,18	-	131,65	148,10	-	121,18	136,33	-	110,98	124,85	-	101,02	113,65	-	91,33	102,74
	IV	2.699,00	147,21	215,92	242,91	137,89	209,65	235,85	128,56	203,38	228,80	119,24	197,12	221,76	109,92	190,85	214,70	100,60	184,58	207,65	91,28	178,32	200,61
	V	3.213,41	176,73	257,07	289,20																		
	VI	3.257,75	179,17	260,62	293,19																		
9.638,99 (West)	I	2.692,41	146,42	215,39	242,31	127,78	202,86	228,21	109,14	190,32	214,11	90,49	177,79	200,01	71,86	165,26	185,92	53,22	152,73	171,82	34,57	140,20	157,72
	II	2.543,33	128,68	203,46	228,89	110,04	190,93	214,79	91,40	178,40	200,70	72,75	165,86	186,59	54,11	153,33	172,49	35,47	140,80	158,40	16,82	128,26	144,29
	III	1.911,16	-	152,89	172,00	-	141,93	159,67	-	131,21	147,61	-	120,76	135,85	-	110,56	124,38	-	100,61	113,18	-	90,93	102,29
	IV	2.692,41	146,42	215,39	242,31	137,10	209,12	235,26	127,78	202,86	228,21	118,46	196,59	221,16	109,14	190,32	214,11	99,82	184,06	207,06	90,49	177,79	200,01
	V	3.206,83	176,37	256,54	288,61																		
	VI	3.251,16	178,81	260,09	292,60																		
9.638,99 (Ost)	I	2.700,25	147,36	216,02	243,02	128,71	203,48	228,92	110,07	190,95	214,82	91,43	178,42	200,72	72,78	165,88	186,62	54,14	153,35	172,52	35,50	140,82	158,42
	II	2.551,16	129,62	204,09	229,60	110,97	191,56	215,50	92,33	179,02	201,40	73,69	166,49	187,30	55,04	153,96	173,20	36,40	141,42	159,10	17,76	128,89	145,00
	III	1.918,16	-	153,45	172,63	-	142,46	160,27	-	131,74	148,21	-	121,28	136,44	-	111,06	124,94	-	101,10	113,74	-	91,41	102,83
	IV	2.700,25	147,36	216,02	243,02	138,04	209,75	235,97	128,71	203,48	228,92	119,39	197,22	221,87	110,07	190,95	214,82	100,75	184,68	207,77	91,43	178,42	200,72
	V	3.214,66	176,80	257,17	289,31																		
	VI	3.259,00	179,24	260,72	293,31																		
9.641,99 (West)	I	2.693,66	146,57	215,49	242,42	127,93	202,96	228,33	109,29	190,42	214,22	90,65	177,90	200,13	72,01	165,36	186,03	53,37	152,83	171,93	34,72	140,30	157,83
	II	2.544,58	128,83	203,56	229,01	110,19	191,03	214,91	91,55	178,50	200,81	72,90	165,96	186,71	54,26	153,43	172,61	35,63	140,90	158,51	16,98	128,37	144,41
	III	1.912,33	-	152,98	172,10	-	142,01	159,76	-	131,29	147,70	-	120,84	135,94	-	110,64	124,47	-	100,69	113,27	-	91,01	102,38
	IV	2.693,66	146,57	215,49	242,42	137,25	209,22	235,37	127,93	202,96	228,33	118,61	196,69	221,27	109,29	190,42	214,22	99,97	184,16	207,18	90,65	177,90	200,13
	V	3.208,16	176,44	256,65	288,73																		
	VI	3.252,41	178,88	260,19	292,71																		
9.641,99 (Ost)	I	2.701,50	147,51	216,12	243,13	128,86	203,58	229,03	110,22	191,05	214,93	91,58	178,52	200,83	72,93	165,98	186,73	54,29	153,45	172,63	35,65	140,92	158,53
	II	2.552,41	129,76	204,19	229,71	111,12	191,66	215,61	92,48	179,12	201,51	73,83	166,59	187,41	55,19	154,06	173,31	36,55	141,52	159,21	17,90	128,99	145,11
	III	1.919,33	-	153,54	172,73	-	142,56	160,38	-	131,82	148,30	-	121,36	136,53	-	111,14	125,03	-	101,18	113,83	-	91,49	102,92
	IV	2.701,50	147,51	216,12	243,13	138,18	209,85	236,08	128,86	203,58	229,03	119,54	197,32	221,98	110,22	191,05	214,93	100,90	184,78	207,88	91,58	178,52	200,83
	V	3.215,91	176,87	257,27	289,43																		
	VI	3.260,25	179,31	260,82	293,42																		
9.644,99 (West)	I	2.694,91	146,72	215,59	242,54	128,09	203,06	228,44	109,45	190,53	214,34	90,80	178,00	200,25	72,16	165,46	186,14	53,52	152,93	172,04	34,87	140,40	157,95
	II	2.545,83	128,98	203,66	229,12	110,34	191,13	215,02	91,69	178,60	200,92	73,05	166,06	186,82	54,42	153,54	172,73	35,77	141,00	158,63	17,13	128,47	144,53
	III	1.913,50	-	153,08	172,21	-	142,10	159,86	-	131,38	147,80	-	120,92	136,03	-	110,72	124,56	-	100,77	113,36	-	91,08	102,46
	IV	2.694,91	146,72	215,59	242,54	137,40	209,32	235,49	128,09	203,06	228,44	118,77	196,80	221,40	109,45	190,53	214,34	100,12	184,26	207,29	90,80	178,00	200,25
	V	3.209,41	176,51	256,75	288,84																		
	VI	3.253,66	178,95	260,29	292,82																		
9.644,99 (Ost)	I	2.702,75	147,65	216,22	243,24	129,01	203,68	229,14	110,37	191,15	215,04	91,72	178,62	200,94	73,08	166,08	186,84	54,44	153,55	172,74	35,80	141,02	158,65
	II	2.553,66	129,91	204,29	229,82	111,27	191,76	215,73	92,63	179,22	201,62	73,98	166,69	187,52	55,34	154,16	173,43	36,70	141,62	159,32	18,05	129,09	145,22
	III	1.920,33	-	153,62	172,82	-	142,64	160,47	-	131,92	148,41	-	121,44	136,62	-	111,22	125,12	-	101,26	113,92	-	91,56	103,00
	IV	2.702,75	147,65	216,22	243,24	138,33	209,95	236,19	129,01	203,68	229,14	119,69	197,42	222,09	110,37	191,15	215,04	101,05	184,88	207,99	91,72	178,62	200,94
	V	3.217,16	176,94	257,37	289,54																		
	VI	3.261,50	179,38	260,92	293,53																		
9.647,99 (West)	I	2.696,25	146,88	215,70	242,66	128,24	203,16	228,56	109,59	190,63	214,46	90,95	178,10	200,36	72,31	165,56	186,26	53,66	153,03	172,16	35,02	140,50	158,06
	II	2.547,08	129,13	203,76	229,23	110,49	191,23	215,13	91,85	178,70	201,04	73,21	166,17	186,94	54,57	153,64	172,84	35,92	141,10	158,74	17,28	128,57	144,64
	III	1.914,50	-	153,16	172,30	-	142,18	159,95	-	131,46	147,89	-	121,00	136,12	-	110,80	124,65	-	100,85	113,45	-	91,16	102,55
	IV	2.696,25	146,88	215,70	242,66	137,56	209,43	235,61	128,24	203,16	228,56	118,92	196,90	221,51	109,59	190,63	214,46	100,27	184,36	207,41	90,95	178,10	200,36
	V	3.210,66	176,58	256,85	288,95																		
	VI	3.255,00	179,02	260,40	292,95																		
9.647,99 (Ost)	I	2.704,00	147,80	216,32	243,36	129,16	203,78	229,25	110,52	191,25	215,15	91,87	178,72	201,06	73,24	166,19	186,96	54,60	153,66	172,86	35,95	141,12	158,76
	II	2.554,91	130,06	204,39	229,94	111,42	191,86	215,84	92,78	179,32	201,74	74,13	166,79	187,64	55,49	154,26	173,54	36,85	141,72	159,44	18,20	129,19	145,34
	III	1.921,50	-	153,72	172,93	-	142,73	160,57	-	132,00	148,50	-	121,52	136,71	-	111,30	125,21	-	101,34	114,01	-	91,64	103,09
	IV	2.704,00	147,80	216,32	243,36	138,48	210,05	236,30	129,16	203,78	229,25	119,84	197,52	222,21	110,52	191,25	215,15	101,19	184,98	208,10	91,87	178,72	201,06
	V	3.218,50	177,01	257,48	289,66																		
	VI	3.262,75	179,45	261,02	293,64																		

Lohn/ Gehalt bis	Steuerklasse	Lohn-steuer	ohne Kinderfreibetrag			Anzahl Kinderfreibeträge (nur Steuerklassen I–IV)																	
						0,5			1,0			1,5			2,0			2,5			3,0		
			SolZ 5,5%	Kirchensteuer 8%	9%	SolZ 5,5%	Kirchensteuer 8%	9%	SolZ 5,5%	Kirchensteuer 8%	9%	SolZ 5,5%	Kirchensteuer 8%	9%	SolZ 5,5%	Kirchensteuer 8%	9%	SolZ 5,5%	Kirchensteuer 8%	9%	SolZ 5,5%	Kirchenste[uer] 8%	9[%]
9.650,99 (West)	I	2.697,50	147,03	215,80	242,77	128,39	203,26	228,67	109,74	190,73	214,57	91,10	178,20	200,47	72,46	165,66	186,37	53,81	153,13	172,27	35,17	140,60	1
	II	2.548,33	129,28	203,86	229,34	110,65	191,34	215,25	92,00	178,80	201,15	73,36	166,27	187,05	54,72	153,74	172,95	36,07	141,20	158,85	17,43	128,67	1
	III	1.915,66	-	153,25	172,40	-	142,28	160,06	-	131,56	148,00	-	121,09	136,22	-	110,88	124,74	-	100,93	113,54	-	91,24	1
	IV	2.697,50	147,03	215,80	242,77	137,71	209,53	235,72	128,39	203,26	228,67	119,06	197,00	221,62	109,74	190,73	214,57	100,42	184,46	207,52	91,10	178,20	2
	V	3.211,91	176,65	256,95	289,07																		
	VI	3.256,25	179,09	260,50	293,06																		
9.650,99 (Ost)	I	2.705,25	147,95	216,42	243,47	129,31	203,88	229,37	110,67	191,35	215,27	92,03	178,82	201,17	73,39	166,29	187,07	54,74	153,76	172,98	36,10	141,22	1
	II	2.556,16	130,21	204,49	230,05	111,57	191,96	215,95	92,92	179,42	201,85	74,28	166,89	187,75	55,64	154,36	173,65	37,00	141,83	159,56	18,36	129,30	1
	III	1.922,66	-	153,81	173,03	-	142,81	160,66	-	132,08	148,59	-	121,61	136,81	-	111,38	125,30	-	101,42	114,10	-	91,72	1
	IV	2.705,25	147,95	216,42	243,47	138,63	210,15	236,42	129,31	203,88	229,37	119,99	197,62	222,32	110,67	191,35	215,27	101,35	185,09	208,22	92,03	178,82	2
	V	3.219,75	177,08	257,58	289,77																		
	VI	3.264,00	179,52	261,12	293,76																		
9.653,99 (West)	I	2.698,75	147,18	215,90	242,88	128,53	203,36	228,78	109,89	190,83	214,68	91,25	178,30	200,58	72,60	165,76	186,48	53,96	153,23	172,38	35,32	140,70	1
	II	2.549,66	129,44	203,97	229,46	110,79	191,44	215,37	92,15	178,90	201,26	73,51	166,37	187,16	54,86	153,84	173,07	36,22	141,30	158,96	17,58	128,77	1
	III	1.916,83	-	153,34	172,51	-	142,36	160,15	-	131,64	148,09	-	121,17	136,31	-	110,96	124,83	-	101,01	113,63	-	91,32	1
	IV	2.698,75	147,18	215,90	242,88	137,86	209,63	235,83	128,53	203,36	228,78	119,21	197,10	221,73	109,89	190,83	214,68	100,57	184,56	207,63	91,25	178,30	2
	V	3.213,16	176,72	257,05	289,18																		
	VI	3.257,50	179,16	260,60	293,17																		
9.653,99 (Ost)	I	2.706,50	148,10	216,52	243,58	129,47	203,99	229,49	110,82	191,46	215,39	92,18	178,92	201,29	73,54	166,39	187,19	54,89	153,86	173,09	36,25	141,32	1
	II	2.557,41	130,36	204,59	230,16	111,72	192,06	216,06	93,07	179,52	201,96	74,43	166,99	187,86	55,80	154,46	173,77	37,15	141,93	159,67	18,51	129,40	1
	III	1.923,83	-	153,90	173,14	-	142,90	160,76	-	132,17	148,69	-	121,69	136,90	-	111,46	125,39	-	101,50	114,19	-	91,80	1
	IV	2.706,50	148,10	216,52	243,58	138,78	210,25	236,53	129,47	203,99	229,49	120,15	197,72	222,44	110,82	191,46	215,39	101,50	185,19	208,34	92,18	178,92	2
	V	3.221,00	177,15	257,68	289,89																		
	VI	3.265,25	179,58	261,22	293,87																		
9.656,99 (West)	I	2.700,00	147,33	216,00	243,00	128,68	203,46	228,89	110,04	190,93	214,79	91,40	178,40	200,70	72,75	165,86	186,59	54,11	153,33	172,49	35,47	140,80	1
	II	2.550,91	129,59	204,07	229,58	110,94	191,54	215,48	92,30	179,00	201,38	73,66	166,47	187,28	55,01	153,94	173,18	36,37	141,40	159,08	17,73	128,87	1
	III	1.917,83	-	153,42	172,60	-	142,45	160,25	-	131,72	148,18	-	121,25	136,40	-	111,04	124,92	-	101,09	113,72	-	91,40	1
	IV	2.700,00	147,33	216,00	243,00	138,01	209,73	235,94	128,68	203,46	228,89	119,36	197,20	221,85	110,04	190,93	214,79	100,72	184,66	207,74	91,40	178,40	2
	V	3.214,41	176,79	257,15	289,29																		
	VI	3.258,75	179,23	260,70	293,28																		
9.656,99 (Ost)	I	2.707,83	148,26	216,62	243,70	129,62	204,09	229,60	110,97	191,56	215,50	92,33	179,02	201,40	73,69	166,49	187,30	55,04	153,96	173,20	36,40	141,42	1
	II	2.558,66	130,51	204,69	230,27	111,86	192,16	216,18	93,23	179,63	202,08	74,59	167,10	187,98	55,94	154,56	173,88	37,30	142,03	159,78	18,66	129,50	1
	III	1.924,83	-	153,98	173,23	-	143,00	160,87	-	132,25	148,78	-	121,77	136,99	-	111,54	125,48	-	101,58	114,28	-	91,86	1
	IV	2.707,83	148,26	216,62	243,70	138,94	210,36	236,65	129,62	204,09	229,60	120,29	197,82	222,55	110,97	191,56	215,50	101,65	185,29	208,45	92,33	179,02	2
	V	3.222,25	177,22	257,78	290,00																		
	VI	3.266,58	179,66	261,32	293,99																		
9.659,99 (West)	I	2.701,25	147,48	216,10	243,11	128,83	203,56	229,01	110,19	191,03	214,91	91,55	178,50	200,81	72,90	165,96	186,71	54,26	153,43	172,61	35,63	140,90	1
	II	2.552,16	129,73	204,17	229,69	111,09	191,64	215,59	92,45	179,10	201,49	73,80	166,57	187,39	55,16	154,04	173,29	36,52	141,50	159,19	17,87	128,97	1
	III	1.919,00	-	153,52	172,71	-	142,53	160,34	-	131,81	148,28	-	121,33	136,49	-	111,12	125,01	-	101,17	113,81	-	91,46	1
	IV	2.701,25	147,48	216,10	243,11	138,15	209,83	236,06	128,83	203,56	229,01	119,51	197,30	221,96	110,19	191,03	214,91	100,87	184,76	207,86	91,55	178,50	2
	V	3.215,66	176,86	257,25	289,40																		
	VI	3.260,00	179,30	260,80	293,40																		
9.659,99 (Ost)	I	2.709,08	148,41	216,72	243,81	129,76	204,19	229,71	111,12	191,66	215,61	92,48	179,12	201,51	73,83	166,59	187,41	55,19	154,06	173,31	36,55	141,52	1
	II	2.559,91	130,66	204,79	230,39	112,02	192,26	216,29	93,38	179,73	202,19	74,74	167,20	188,10	56,09	154,66	173,99	37,45	142,13	159,89	18,81	129,60	1
	III	1.926,00	-	154,08	173,34	-	143,08	160,96	-	132,34	148,88	-	121,85	137,08	-	111,62	125,57	-	101,66	114,37	-	91,94	1
	IV	2.709,08	148,41	216,72	243,81	139,09	210,46	236,76	129,76	204,19	229,71	120,44	197,92	222,66	111,12	191,66	215,61	101,80	185,39	208,56	92,48	179,12	2
	V	3.223,50	177,29	257,88	290,11																		
	VI	3.267,83	179,73	261,42	294,10																		
9.662,99 (West)	I	2.702,50	147,62	216,20	243,22	128,98	203,66	229,12	110,34	191,13	215,02	91,69	178,60	200,92	73,05	166,06	186,82	54,42	153,54	172,73	35,77	141,00	1
	II	2.553,41	129,88	204,27	229,80	111,24	191,74	215,70	92,60	179,20	201,60	73,95	166,67	187,50	55,31	154,14	173,40	36,67	141,60	159,30	18,02	129,07	1
	III	1.920,16	-	153,61	172,81	-	142,62	160,45	-	131,89	148,37	-	121,42	136,60	-	111,20	125,10	-	101,25	113,90	-	91,54	1
	IV	2.702,50	147,62	216,20	243,22	138,30	209,93	236,17	128,98	203,66	229,12	119,66	197,40	222,07	110,34	191,13	215,02	101,02	184,86	207,97	91,69	178,60	2
	V	3.216,91	176,93	257,35	289,52																		
	VI	3.261,25	179,36	260,90	293,51																		
9.662,99 (Ost)	I	2.710,33	148,56	216,82	243,92	129,91	204,29	229,82	111,27	191,76	215,73	92,63	179,22	201,62	73,98	166,69	187,52	55,34	154,16	173,43	36,70	141,62	1
	II	2.561,25	130,82	204,90	230,51	112,17	192,36	216,41	93,53	179,83	202,31	74,89	167,30	188,21	56,24	154,76	174,11	37,60	142,23	160,01	18,96	129,70	1
	III	1.927,16	-	154,17	173,44	-	143,17	161,06	-	132,42	148,97	-	121,94	137,18	-	111,70	125,66	-	101,74	114,46	-	92,02	1
	IV	2.710,33	148,56	216,82	243,92	139,23	210,56	236,88	129,91	204,29	229,82	120,59	198,02	222,77	111,27	191,76	215,73	101,95	185,49	208,67	92,63	179,22	2
	V	3.224,75	177,36	257,98	290,22																		
	VI	3.269,08	179,79	261,52	294,21																		
9.665,99 (West)	I	2.703,75	147,77	216,30	243,33	129,13	203,76	229,23	110,49	191,23	215,13	91,85	178,70	201,04	73,21	166,17	186,94	54,57	153,64	172,84	35,92	141,10	15
	II	2.554,66	130,03	204,37	229,91	111,39	191,84	215,82	92,75	179,30	201,71	74,10	166,77	187,61	55,46	154,24	173,52	36,82	141,70	159,41	18,18	129,18	14
	III	1.921,33	-	153,70	172,91	-	142,70	160,54	-	131,98	148,48	-	121,50	136,69	-	111,29	125,20	-	101,33	113,99	-	91,62	10
	IV	2.703,75	147,77	216,30	243,33	138,45	210,03	236,28	129,13	203,76	229,23	119,81	197,50	222,18	110,49	191,23	215,13	101,16	184,96	208,08	91,85	178,70	20
	V	3.218,25	177,00	257,46	289,64																		
	VI	3.262,50	179,43	261,00	293,62																		
9.665,99 (Ost)	I	2.711,58	148,71	216,92	244,04	130,06	204,39	229,94	111,42	191,86	215,84	92,78	179,32	201,74	74,13	166,79	187,64	55,49	154,26	173,54	36,85	141,72	15
	II	2.562,50	130,96	205,00	230,62	112,32	192,46	216,52	93,68	179,93	202,42	75,03	167,40	188,32	56,39	154,86	174,22	37,75	142,33	160,12	19,10	129,80	14
	III	1.928,16	-	154,25	173,53	-	143,25	161,15	-	132,50	149,06	-	122,02	137,27	-	111,78	125,75	-	101,81	114,53	-	92,10	10
	IV	2.711,58	148,71	216,92	244,04	139,38	210,66	236,99	130,06	204,39	229,94	120,74	198,12	222,89	111,42	191,86	215,84	102,10	185,59	208,79	92,78	179,32	20
	V	3.226,00	177,43	258,08	290,34																		
	VI	3.270,33	179,86	261,62	294,32																		
9.668,99 (West)	I	2.705,00	147,92	216,40	243,45	129,28	203,86	229,34	110,65	191,34	215,25	92,00	178,80	201,15	73,36	166,27	187,05	54,72	153,74	172,95	36,07	141,20	15
	II	2.555,91	130,18	204,47	230,03	111,54	191,94	215,93	92,89	179,40	201,83	74,25	166,87	187,73	55,62	154,34	173,63	36,97	141,81	159,53	18,33	129,28	14
	III	1.922,33	-	153,78	173,00	-	142,80	160,65	-	132,06	148,57	-	121,58	136,78	-	111,37	125,29	-	101,40	114,07	-	91,70	10
	IV	2.705,00	147,92	216,40	243,45	138,60	210,13	236,39	129,28	203,86	229,34	119,97	197,60	222,30	110,65	191,34	215,25	101,32	185,07	208,20	92,00	178,80	20
	V	3.219,50	177,07	257,56	289,75																		
	VI	3.263,75	179,50	261,10	293,73																		
9.668,99 (Ost)	I	2.712,83	148,85	217,02	244,15	130,21	204,49	230,05	111,57	191,96	215,95	92,92	179,42	201,85	74,28	166,89	187,75	55,64	154,36	173,65	37,00	141,83	15
	II	2.563,75	131,11	205,10	230,73	112,47	192,56	216,63	93,83	180,03	202,53	75,18	167,50	188,43	56,54	154,96	174,33	37,90	142,43	160,23	19,25	129,90	14
	III	1.929,33	-	154,34	173,63	-	143,34	161,26	-	132,60	149,17	-	122,10	137,36	-	111,88	125,86	-	101,89	114,62	-	92,18	10
	IV	2.712,83	148,85	217,02	244,15	139,53	210,76	237,10	130,21	204,49	230,05	120,89	198,22	223,00	111,57	191,96	215,95	102,25	185,69	208,90	92,92	179,42	20
	V	3.227,25	177,49	258,18	290,45																		
	VI	3.271,58	179,93	261,72	294,44																		

Lohn/ Gehalt bis	Steuerklasse	Lohn-steuer	ohne Kinderfreibetrag SolZ 5,5%	Kirchensteuer 8%	Kirchensteuer 9%	0,5 SolZ 5,5%	0,5 Kirchensteuer 8%	0,5 Kirchensteuer 9%	1,0 SolZ 5,5%	1,0 Kirchensteuer 8%	1,0 Kirchensteuer 9%	1,5 SolZ 5,5%	1,5 Kirchensteuer 8%	1,5 Kirchensteuer 9%	2,0 SolZ 5,5%	2,0 Kirchensteuer 8%	2,0 Kirchensteuer 9%	2,5 SolZ 5,5%	2,5 Kirchensteuer 8%	2,5 Kirchensteuer 9%	3,0 SolZ 5,5%	3,0 Kirchensteuer 8%	3,0 Kirchensteuer 9%
						Anzahl Kinderfreibeträge (nur Steuerklassen I–IV)																	
9.671,99	I	2.706,33	148,08	216,50	243,56	129,44	203,97	229,46	110,79	191,44	215,37	92,15	178,90	201,26	73,51	166,37	187,16	54,86	153,84	173,07	36,22	141,30	158,96
(West)	II	2.557,16	130,33	204,57	230,14	111,69	192,04	216,04	93,04	179,50	201,94	74,41	166,98	187,85	55,77	154,44	173,75	37,12	141,91	159,65	18,48	129,38	145,55
	III	1.923,50	-	153,88	173,11	-	142,89	160,75	-	132,14	148,66	-	121,66	136,87	-	111,45	125,38	-	101,48	114,16	-	91,77	103,24
	IV	2.706,33	148,08	216,50	243,56	138,76	210,24	236,52	129,44	203,97	229,46	120,12	197,70	222,41	110,79	191,44	215,37	101,47	185,17	208,31	92,15	178,90	201,26
	V	3.220,75	177,14	257,66	289,86																		
	VI	3.265,08	179,57	261,20	293,85																		
9.671,99	I	2.714,08	149,00	217,12	244,26	130,36	204,59	230,16	111,72	192,06	216,06	93,07	179,52	201,96	74,43	166,99	187,86	55,80	154,46	173,77	37,15	141,93	159,67
(Ost)	II	2.565,00	131,26	205,20	230,85	112,62	192,66	216,74	93,98	180,13	202,64	75,33	167,60	188,55	56,69	155,06	174,44	38,05	142,53	160,34	19,40	130,00	146,25
	III	1.930,50	-	154,44	173,74	-	143,42	161,35	-	132,68	149,26	-	122,18	137,45	-	111,96	125,95	-	101,97	114,71	-	92,25	103,78
	IV	2.714,08	149,00	217,12	244,26	139,68	210,86	237,21	130,36	204,59	230,16	121,04	198,32	223,11	111,72	192,06	216,06	102,39	185,79	209,01	93,07	179,52	201,96
	V	3.228,50	177,56	258,28	290,56																		
	VI	3.272,83	180,00	261,82	294,55																		
9.674,99	I	2.707,58	148,23	216,60	243,68	129,59	204,07	229,58	110,94	191,54	215,48	92,30	179,00	201,38	73,66	166,47	187,28	55,01	153,94	173,18	36,37	141,40	159,08
(West)	II	2.558,41	130,48	204,67	230,25	111,85	192,14	216,16	93,20	179,61	202,06	74,56	167,08	187,96	55,92	154,54	173,86	37,27	142,01	159,76	18,63	129,48	145,66
	III	1.924,66	-	153,97	173,21	-	142,97	160,84	-	132,24	148,77	-	121,76	136,98	-	111,53	125,47	-	101,56	114,25	-	91,85	103,33
	IV	2.707,58	148,23	216,60	243,68	138,91	210,34	236,63	129,59	204,07	229,58	120,26	197,80	222,53	110,94	191,54	215,48	101,62	185,27	208,43	92,30	179,00	201,38
	V	3.222,00	177,21	257,76	289,98																		
	VI	3.266,33	179,64	261,30	293,96																		
9.674,99	I	2.715,33	149,15	217,22	244,37	130,51	204,69	230,27	111,86	192,16	216,18	93,23	179,63	202,08	74,59	167,10	187,98	55,94	154,56	173,88	37,30	142,03	159,78
(Ost)	II	2.566,25	131,41	205,30	230,96	112,77	192,76	216,86	94,12	180,23	202,76	75,48	167,70	188,66	56,84	155,16	174,56	38,19	142,63	160,46	19,56	130,10	146,36
	III	1.931,66	-	154,53	173,84	-	143,52	161,46	-	132,77	149,36	-	122,28	137,56	-	112,04	126,04	-	102,05	114,80	-	92,33	103,87
	IV	2.715,33	149,15	217,22	244,37	139,83	210,96	237,33	130,51	204,69	230,27	121,19	198,42	223,22	111,86	192,16	216,18	102,54	185,89	209,12	93,23	179,63	202,08
	V	3.229,83	177,64	258,38	290,68																		
	VI	3.274,08	180,07	261,92	294,66																		
9.677,99	I	2.708,83	148,38	216,70	243,79	129,73	204,17	229,69	111,09	191,64	215,59	92,45	179,10	201,49	73,80	166,57	187,39	55,16	154,04	173,29	36,52	141,50	159,19
(West)	II	2.559,75	130,64	204,78	230,37	111,99	192,24	216,27	93,35	179,71	202,17	74,71	167,18	188,07	56,06	154,64	173,97	37,42	142,11	159,87	18,78	129,58	145,77
	III	1.925,66	-	154,05	173,30	-	143,06	160,94	-	132,32	148,86	-	121,84	137,07	-	111,61	125,56	-	101,64	114,34	-	91,93	103,42
	IV	2.708,83	148,38	216,70	243,79	139,06	210,44	236,74	129,73	204,17	229,69	120,41	197,90	222,64	111,09	191,64	215,59	101,77	185,37	208,54	92,45	179,10	201,49
	V	3.223,25	177,27	257,86	290,09																		
	VI	3.267,58	179,71	261,40	294,08																		
9.677,99	I	2.716,58	149,30	217,32	244,49	130,66	204,79	230,39	112,02	192,26	216,29	93,38	179,73	202,19	74,74	167,20	188,10	56,09	154,66	173,99	37,45	142,13	159,89
(Ost)	II	2.567,50	131,56	205,40	231,07	112,92	192,86	216,97	94,27	180,33	202,87	75,63	167,80	188,77	57,00	155,27	174,68	38,35	142,74	160,58	19,71	130,20	146,48
	III	1.932,66	-	154,61	173,93	-	143,60	161,55	-	132,85	149,45	-	122,36	137,65	-	112,12	126,13	-	102,13	114,89	-	92,41	103,96
	IV	2.716,58	149,30	217,32	244,49	139,98	211,06	237,44	130,66	204,79	230,39	121,35	198,53	223,34	112,02	192,26	216,29	102,70	186,00	209,25	93,38	179,73	202,19
	V	3.231,08	177,70	258,48	290,79																		
	VI	3.275,33	180,14	262,02	294,77																		
9.680,99	I	2.710,08	148,53	216,80	243,90	129,88	204,27	229,80	111,24	191,74	215,70	92,60	179,20	201,60	73,95	166,67	187,50	55,31	154,14	173,40	36,67	141,60	159,30
(West)	II	2.561,00	130,79	204,88	230,49	112,14	192,34	216,38	93,50	179,81	202,28	74,86	167,28	188,19	56,21	154,74	174,08	37,57	142,21	159,98	18,93	129,68	145,89
	III	1.926,83	-	154,14	173,41	-	143,14	161,03	-	132,41	148,96	-	121,92	137,16	-	111,69	125,65	-	101,72	114,43	-	92,01	103,51
	IV	2.710,08	148,53	216,80	243,90	139,21	210,54	236,85	129,88	204,27	229,80	120,56	198,00	222,75	111,24	191,74	215,70	101,92	185,47	208,65	92,60	179,20	201,60
	V	3.224,50	177,34	257,96	290,20																		
	VI	3.268,83	179,78	261,50	294,19																		
9.680,99	I	2.717,91	149,46	217,43	244,61	130,82	204,90	230,51	112,17	192,36	216,41	93,53	179,83	202,31	74,89	167,30	188,21	56,24	154,76	174,11	37,60	142,23	160,01
(Ost)	II	2.568,75	131,71	205,50	231,18	113,06	192,96	217,08	94,42	180,43	202,98	75,79	167,90	188,89	57,14	155,37	174,79	38,50	142,84	160,69	19,86	130,30	146,59
	III	1.933,83	-	154,70	174,04	-	143,69	161,65	-	132,93	149,54	-	122,44	137,74	-	112,20	126,22	-	102,21	114,98	-	92,49	104,05
	IV	2.717,91	149,46	217,43	244,61	140,14	211,16	237,56	130,82	204,90	230,51	121,49	198,63	223,46	112,17	192,36	216,41	102,85	186,10	209,36	93,53	179,83	202,31
	V	3.232,33	177,77	258,58	290,90																		
	VI	3.276,66	180,21	262,13	294,89																		
9.683,99	I	2.711,33	148,68	216,90	244,01	130,03	204,37	229,91	111,39	191,84	215,82	92,75	179,30	201,71	74,10	166,77	187,61	55,46	154,24	173,52	36,82	141,70	159,41
(West)	II	2.562,25	130,93	204,98	230,60	112,29	192,44	216,50	93,65	179,91	202,40	75,00	167,38	188,30	56,36	154,84	174,20	37,72	142,31	160,10	19,07	129,78	146,00
	III	1.928,00	-	154,24	173,52	-	143,24	161,14	-	132,49	149,05	-	122,00	137,25	-	111,77	125,74	-	101,80	114,52	-	92,08	103,59
	IV	2.711,33	148,68	216,90	244,01	139,35	210,64	236,97	130,03	204,37	229,91	120,71	198,10	222,86	111,39	191,84	215,82	102,07	185,57	208,76	92,75	179,30	201,71
	V	3.225,75	177,41	258,06	290,31																		
	VI	3.270,08	179,85	261,60	294,30																		
9.683,99	I	2.719,16	149,55	217,53	244,72	130,96	205,00	230,62	112,32	192,46	216,52	93,68	179,93	202,42	75,03	167,40	188,32	56,39	154,86	174,22	37,75	142,33	160,12
(Ost)	II	2.570,00	131,86	205,60	231,30	113,22	193,07	217,20	94,58	180,54	203,10	75,94	168,00	189,00	57,29	155,47	174,90	38,65	142,94	160,80	20,01	130,40	146,70
	III	1.935,00	-	154,80	174,15	-	143,78	161,75	-	133,02	149,65	-	122,52	137,83	-	112,28	126,31	-	102,29	115,07	-	92,57	104,14
	IV	2.719,16	149,55	217,53	244,72	140,29	211,26	237,67	130,96	205,00	230,62	121,64	198,73	223,57	112,32	192,46	216,52	103,00	186,20	209,47	93,68	179,93	202,42
	V	3.233,58	177,84	258,68	291,02																		
	VI	3.277,91	180,28	262,23	295,01																		
9.686,99	I	2.712,58	148,82	217,00	244,13	130,18	204,47	230,03	111,54	191,94	215,93	92,89	179,40	201,83	74,25	166,87	187,73	55,62	154,34	173,63	36,97	141,81	159,53
(West)	II	2.563,50	131,08	205,08	230,71	112,44	192,54	216,61	93,80	180,01	202,51	75,15	167,48	188,41	56,51	154,94	174,31	37,87	142,41	160,21	19,22	129,88	146,11
	III	1.929,16	-	154,33	173,62	-	143,32	161,23	-	132,57	149,14	-	122,09	137,35	-	111,85	125,83	-	101,88	114,61	-	92,16	103,68
	IV	2.712,58	148,82	217,00	244,13	139,50	210,74	237,08	130,18	204,47	230,03	120,86	198,20	222,98	111,54	191,94	215,93	102,22	185,67	208,88	92,89	179,40	201,83
	V	3.227,00	177,48	258,16	290,43																		
	VI	3.271,33	179,92	261,70	294,41																		
9.686,99	I	2.720,41	149,62	217,63	244,83	131,11	205,10	230,73	112,47	192,56	216,63	93,83	180,03	202,53	75,18	167,50	188,43	56,54	154,96	174,33	37,90	142,43	160,23
(Ost)	II	2.571,33	132,02	205,70	231,41	113,37	193,17	217,31	94,73	180,64	203,22	76,09	168,10	189,11	57,44	155,57	175,01	38,80	143,04	160,92	20,16	130,50	146,81
	III	1.936,00	-	154,88	174,24	-	143,86	161,84	-	133,10	149,74	-	122,61	137,93	-	112,36	126,40	-	102,37	115,16	-	92,64	104,22
	IV	2.720,41	149,62	217,63	244,83	140,43	211,36	237,78	131,11	205,10	230,73	121,79	198,83	223,68	112,47	192,56	216,63	103,15	186,30	209,58	93,83	180,03	202,53
	V	3.234,83	177,91	258,78	291,13																		
	VI	3.279,16	180,35	262,33	295,12																		
9.689,99	I	2.713,83	148,97	217,10	244,24	130,33	204,57	230,14	111,69	192,04	216,04	93,04	179,50	201,94	74,41	166,98	187,85	55,77	154,44	173,75	37,12	141,91	159,65
(West)	II	2.564,75	131,23	205,18	230,82	112,59	192,64	216,72	93,95	180,11	202,62	75,30	167,58	188,52	56,66	155,04	174,42	38,02	142,51	160,32	19,38	129,98	146,23
	III	1.930,16	-	154,41	173,71	-	143,41	161,33	-	132,66	149,24	-	122,17	137,44	-	111,93	125,92	-	101,96	114,70	-	92,24	103,77
	IV	2.713,83	148,97	217,10	244,24	139,65	210,84	237,19	130,33	204,57	230,14	121,01	198,30	223,09	111,69	192,04	216,04	102,36	185,77	208,99	93,04	179,50	201,94
	V	3.228,33	177,55	258,26	290,54																		
	VI	3.272,58	179,99	261,80	294,53																		
9.689,99	I	2.721,66	149,69	217,73	244,94	131,26	205,20	230,85	112,62	192,66	216,74	93,98	180,13	202,64	75,33	167,60	188,55	56,69	155,06	174,44	38,05	142,53	160,34
(Ost)	II	2.572,58	132,16	205,80	231,53	113,52	193,27	217,43	94,88	180,74	203,33	76,23	168,20	189,23	57,59	155,67	175,13	38,95	143,14	161,03	20,30	130,60	146,93
	III	1.937,16	-	154,97	174,34	-	143,96	161,95	-	133,20	149,85	-	122,69	138,02	-	112,44	126,49	-	102,45	115,25	-	92,72	104,31
	IV	2.721,66	149,69	217,73	244,94	140,58	211,46	237,89	131,26	205,20	230,85	121,94	198,93	223,79	112,62	192,66	216,74	103,30	186,40	209,70	93,98	180,13	202,64
	V	3.236,08	177,98	258,88	291,24																		
	VI	3.280,41	180,42	262,43	295,23																		

MONAT bis 9.710,99 €

Allgemeine Tabelle

Lohn/ Gehalt bis	Steuerklasse	Lohn-steuer	ohne Kinderfreibetrag SolZ 5,5%	Kirchensteuer 8%	Kirchensteuer 9%	0,5 SolZ 5,5%	0,5 Kirchensteuer 8%	0,5 Kirchensteuer 9%	1,0 SolZ 5,5%	1,0 Kirchensteuer 8%	1,0 Kirchensteuer 9%	1,5 SolZ 5,5%	1,5 Kirchensteuer 8%	1,5 Kirchensteuer 9%	2,0 SolZ 5,5%	2,0 Kirchensteuer 8%	2,0 Kirchensteuer 9%	2,5 SolZ 5,5%	2,5 Kirchensteuer 8%	2,5 Kirchensteuer 9%	3,0 SolZ 5,5%	3,0 Kirchenste[uer] 8%	3,0 9[%]
						Anzahl Kinderfreibeträge (nur Steuerklassen I–IV)																	
9.692,99 (West)	I	2.715,08	149,12	217,20	244,35	130,48	204,67	230,25	111,85	192,14	216,16	93,20	179,61	202,06	74,56	167,08	187,96	55,92	154,54	173,86	37,27	142,01	15
	II	2.566,00	131,38	205,28	230,94	112,74	192,74	216,83	94,09	180,21	202,73	75,45	167,68	188,64	56,81	155,14	174,53	38,17	142,62	160,44	19,53	130,08	14
	III	1.931,33	-	154,50	173,81	-	143,49	161,42	-	132,74	149,33	-	122,25	137,53	-	112,01	126,01	-	102,04	114,79	-	92,32	10
	IV	2.715,08	149,12	217,20	244,35	139,80	210,94	237,30	130,48	204,67	230,25	121,16	198,40	223,20	111,85	192,14	216,16	102,52	185,88	209,11	93,20	179,61	20
	V	3.229,58	177,62	258,36	290,66																		
	VI	3.273,83	180,06	261,90	294,64																		
9.692,99 (Ost)	I	2.722,91	149,76	217,83	245,06	131,41	205,30	230,96	112,77	192,76	216,86	94,12	180,23	202,76	75,48	167,70	188,66	56,84	155,16	174,56	38,19	142,63	16
	II	2.573,83	132,31	205,90	231,64	113,67	193,37	217,54	95,03	180,84	203,44	76,38	168,30	189,34	57,74	155,77	175,24	39,10	143,24	161,14	20,45	130,70	14
	III	1.938,33	-	155,06	174,44	-	144,04	162,04	-	133,28	149,94	-	122,77	138,11	-	112,52	126,58	-	102,53	115,34	-	92,80	10
	IV	2.722,91	149,76	217,83	245,06	140,73	211,56	238,01	131,41	205,30	230,96	122,09	199,03	223,91	112,77	192,76	216,86	103,45	186,50	209,81	94,12	180,23	20
	V	3.237,33	178,05	258,98	291,35																		
	VI	3.281,66	180,49	262,53	295,34																		
9.695,99 (West)	I	2.716,33	149,27	217,30	244,46	130,64	204,78	230,37	111,99	192,24	216,27	93,35	179,71	202,17	74,71	167,18	188,07	56,06	154,64	173,97	37,42	142,11	15
	II	2.567,25	131,53	205,38	231,05	112,89	192,84	216,95	94,24	180,31	202,85	75,61	167,78	188,75	56,97	155,25	174,65	38,32	142,72	160,56	19,68	130,18	14
	III	1.932,50	-	154,60	173,92	-	143,58	161,53	-	132,84	149,44	-	122,33	137,62	-	112,10	126,11	-	102,12	114,88	-	92,40	10
	IV	2.716,33	149,27	217,30	244,46	139,96	211,04	237,42	130,64	204,78	230,37	121,32	198,51	223,32	111,99	192,24	216,27	102,67	185,98	209,22	93,35	179,71	20
	V	3.230,83	177,69	258,46	290,77																		
	VI	3.275,08	180,12	262,00	294,75																		
9.695,99 (Ost)	I	2.724,16	149,82	217,93	245,17	131,56	205,40	231,07	112,92	192,86	216,97	94,27	180,33	202,87	75,63	167,80	188,77	57,00	155,27	174,68	38,35	142,74	16
	II	2.575,08	132,46	206,00	231,75	113,82	193,47	217,65	95,18	180,94	203,55	76,53	168,40	189,45	57,89	155,87	175,35	39,25	143,34	161,25	20,60	130,80	14
	III	1.939,50	-	155,16	174,55	-	144,13	162,14	-	133,36	150,03	-	122,85	138,20	-	112,60	126,67	-	102,61	115,43	-	92,88	10
	IV	2.724,16	149,82	217,93	245,17	140,88	211,66	238,12	131,56	205,40	231,07	122,24	199,13	224,02	112,92	192,86	216,97	103,59	186,60	209,92	94,27	180,33	20
	V	3.238,58	178,12	259,08	291,47																		
	VI	3.282,91	180,56	262,63	295,46																		
9.698,99 (West)	I	2.717,66	149,43	217,41	244,58	130,79	204,88	230,49	112,14	192,34	216,38	93,50	179,81	202,28	74,86	167,28	188,19	56,21	154,74	174,08	37,57	142,21	15
	II	2.568,50	131,68	205,48	231,16	113,04	192,94	217,06	94,40	180,42	202,97	75,76	167,88	188,87	57,12	155,35	174,77	38,47	142,82	160,67	19,83	130,28	14
	III	1.933,50	-	154,68	174,01	-	143,68	161,64	-	132,92	149,53	-	122,42	137,72	-	112,18	126,20	-	102,20	114,97	-	92,46	10
	IV	2.717,66	149,43	217,41	244,58	140,11	211,14	237,53	130,79	204,88	230,49	121,46	198,61	223,43	112,14	192,34	216,38	102,82	186,08	209,34	93,50	179,81	20
	V	3.232,08	177,76	258,56	290,88																		
	VI	3.276,41	180,20	262,11	294,87																		
9.698,99 (Ost)	I	2.725,41	149,89	218,03	245,28	131,71	205,50	231,18	113,06	192,96	217,08	94,42	180,43	202,98	75,79	167,90	188,89	57,14	155,37	174,79	38,50	142,84	16
	II	2.576,33	132,61	206,10	231,86	113,97	193,57	217,76	95,32	181,04	203,67	76,68	168,50	189,56	58,04	155,97	175,46	39,39	143,44	161,37	20,76	130,91	14
	III	1.940,50	-	155,24	174,64	-	144,21	162,23	-	133,45	150,13	-	122,94	138,31	-	112,69	126,77	-	102,69	115,52	-	92,94	10
	IV	2.725,41	149,89	218,03	245,28	141,03	211,76	238,23	131,71	205,50	231,18	122,39	199,23	224,13	113,06	192,96	217,08	103,74	186,70	210,03	94,42	180,43	20
	V	3.239,91	178,19	259,19	291,59																		
	VI	3.284,16	180,62	262,73	295,57																		
9.701,99 (West)	I	2.718,91	149,54	217,51	244,70	130,93	204,98	230,60	112,29	192,44	216,50	93,65	179,91	202,40	75,00	167,38	188,30	56,36	154,84	174,20	37,72	142,31	16
	II	2.569,83	131,84	205,58	231,28	113,19	193,05	217,18	94,55	180,52	203,08	75,91	167,98	188,98	57,26	155,45	174,88	38,62	142,92	160,78	19,98	130,38	14
	III	1.934,66	-	154,77	174,11	-	143,76	161,73	-	133,00	149,62	-	122,50	137,81	-	112,26	126,29	-	102,28	115,06	-	92,54	10
	IV	2.718,91	149,54	217,51	244,70	140,26	211,24	237,65	130,93	204,98	230,60	121,61	198,71	223,55	112,29	192,44	216,50	102,97	186,18	209,45	93,65	179,91	20
	V	3.233,33	177,83	258,66	290,99																		
	VI	3.277,66	180,27	262,21	294,98																		
9.701,99 (Ost)	I	2.726,66	149,96	218,13	245,39	131,86	205,60	231,30	113,22	193,07	217,20	94,58	180,54	203,10	75,94	168,00	189,00	57,29	155,47	174,90	38,65	142,94	16
	II	2.577,58	132,76	206,20	231,98	114,12	193,67	217,88	95,47	181,14	203,78	76,83	168,60	189,68	58,19	156,07	175,58	39,55	143,54	161,48	20,91	131,01	14
	III	1.941,66	-	155,33	174,74	-	144,30	162,34	-	133,53	150,22	-	123,02	138,40	-	112,77	126,86	-	102,77	115,61	-	93,02	10
	IV	2.726,66	149,96	218,13	245,39	141,18	211,86	238,34	131,86	205,60	231,30	122,54	199,33	224,24	113,22	193,07	217,20	103,90	186,80	210,15	94,58	180,54	20
	V	3.241,16	178,26	259,29	291,70																		
	VI	3.285,41	180,69	262,83	295,68																		
9.704,99 (West)	I	2.720,16	149,60	217,61	244,81	131,08	205,08	230,71	112,44	192,54	216,61	93,80	180,01	202,51	75,15	167,48	188,41	56,51	154,94	174,31	37,87	142,41	16
	II	2.571,08	131,99	205,68	231,39	113,34	193,15	217,29	94,70	180,62	203,19	76,06	168,08	189,09	57,41	155,55	174,99	38,77	143,02	160,89	20,13	130,48	14
	III	1.935,83	-	154,86	174,22	-	143,85	161,83	-	133,09	149,72	-	122,58	137,90	-	112,34	126,38	-	102,36	115,15	-	92,62	10
	IV	2.720,16	149,60	217,61	244,81	140,41	211,34	237,76	131,08	205,08	230,71	121,76	198,81	223,66	112,44	192,54	216,61	103,12	186,28	209,56	93,80	180,01	20
	V	3.234,58	177,90	258,76	291,11																		
	VI	3.278,91	180,34	262,31	295,10																		
9.704,99 (Ost)	I	2.727,91	150,03	218,23	245,51	132,02	205,70	231,41	113,37	193,17	217,31	94,73	180,64	203,22	76,09	168,10	189,11	57,44	155,57	175,01	38,80	143,04	16
	II	2.578,83	132,91	206,30	232,09	114,26	193,77	217,99	95,62	181,24	203,89	76,99	168,71	189,80	58,34	156,18	175,70	39,70	143,64	161,60	21,06	131,11	14
	III	1.942,83	-	155,42	174,85	-	144,40	162,45	-	133,62	150,32	-	123,10	138,49	-	112,85	126,95	-	102,85	115,70	-	93,10	10
	IV	2.727,91	150,03	218,23	245,51	141,34	211,97	238,46	132,02	205,70	231,41	122,69	199,44	224,37	113,37	193,17	217,31	104,05	186,90	210,26	94,73	180,64	20
	V	3.242,41	178,33	259,39	291,81																		
	VI	3.286,75	180,77	262,94	295,80																		
9.707,99 (West)	I	2.721,41	149,67	217,71	244,92	131,23	205,18	230,82	112,59	192,64	216,72	93,95	180,11	202,62	75,30	167,58	188,52	56,66	155,04	174,42	38,02	142,51	16
	II	2.572,33	132,13	205,78	231,50	113,49	193,25	217,40	94,85	180,72	203,31	76,20	168,18	189,20	57,56	155,65	175,10	38,92	143,12	161,01	20,27	130,58	14
	III	1.937,00	-	154,96	174,33	-	143,93	161,92	-	133,17	149,81	-	122,66	137,99	-	112,42	126,47	-	102,44	115,24	-	92,70	10
	IV	2.721,41	149,67	217,71	244,92	140,55	211,44	237,87	131,23	205,18	230,82	121,91	198,91	223,77	112,59	192,64	216,72	103,27	186,38	209,67	93,95	180,11	20
	V	3.235,83	177,97	258,86	291,22																		
	VI	3.280,16	180,40	262,41	295,21																		
9.707,99 (Ost)	I	2.729,25	150,10	218,34	245,63	132,16	205,80	231,53	113,52	193,27	217,43	94,88	180,74	203,33	76,23	168,20	189,23	57,59	155,67	175,13	38,95	143,14	161
	II	2.580,08	133,06	206,40	232,20	114,41	193,87	218,10	95,78	181,34	204,01	77,14	168,81	189,91	58,49	156,28	175,81	39,85	143,74	161,71	21,21	131,21	147
	III	1.943,83	-	155,50	174,94	-	144,48	162,54	-	133,70	150,41	-	123,18	138,58	-	112,93	127,04	-	102,93	115,79	-	93,18	104
	IV	2.729,25	150,10	218,34	245,63	141,49	212,07	238,58	132,16	205,80	231,53	122,84	199,54	224,48	113,52	193,27	217,43	104,20	187,00	210,38	94,88	180,74	203
	V	3.243,66	178,40	259,49	291,92																		
	VI	3.288,00	180,84	263,04	295,92																		
9.710,99 (West)	I	2.722,66	149,74	217,81	245,03	131,38	205,28	230,94	112,74	192,74	216,83	94,09	180,21	202,73	75,45	167,68	188,64	56,81	155,14	174,53	38,17	142,62	160,
	II	2.573,58	132,28	205,88	231,62	113,64	193,35	217,52	95,00	180,82	203,42	76,35	168,28	189,32	57,71	155,75	175,22	39,07	143,22	161,12	20,42	130,68	147,
	III	1.938,00	-	155,04	174,42	-	144,02	162,02	-	133,26	149,92	-	122,76	138,10	-	112,50	126,56	-	102,52	115,33	-	92,78	104,
	IV	2.722,66	149,74	217,81	245,03	140,70	211,54	237,98	131,38	205,28	230,94	122,06	199,01	223,88	112,74	192,74	216,83	103,42	186,48	209,79	94,09	180,21	202,
	V	3.237,08	178,03	258,96	291,33																		
	VI	3.281,41	180,47	262,51	295,32																		
9.710,99 (Ost)	I	2.730,50	150,17	218,44	245,74	132,31	205,90	231,64	113,67	193,37	217,54	95,03	180,84	203,44	76,38	168,30	189,34	57,74	155,77	175,24	39,10	143,24	161,
	II	2.581,41	133,22	206,51	232,32	114,57	193,98	218,22	95,93	181,44	204,12	77,29	168,91	190,02	58,64	156,38	175,92	40,00	143,84	161,82	21,36	131,31	147,
	III	1.945,00	-	155,60	175,05	-	144,57	162,64	-	133,80	150,52	-	123,28	138,69	-	113,01	127,13	-	103,01	115,88	-	93,26	104,
	IV	2.730,50	150,17	218,44	245,74	141,63	212,17	238,69	132,31	205,90	231,64	122,99	199,64	224,59	113,67	193,37	217,54	104,35	187,10	210,49	95,03	180,84	203,
	V	3.244,91	178,47	259,59	292,04																		
	VI	3.289,25	180,90	263,14	296,03																		

Allgemeine Tabelle

MONAT bis 9.731,99 €

Lohn/ Gehalt bis	Steuerklasse	Lohn-steuer	ohne Kinderfreibetrag SolZ 5,5%	Kirchensteuer 8%	Kirchensteuer 9%	0,5 SolZ 5,5%	0,5 Kirchensteuer 8%	0,5 Kirchensteuer 9%	1,0 SolZ 5,5%	1,0 Kirchensteuer 8%	1,0 Kirchensteuer 9%	1,5 SolZ 5,5%	1,5 Kirchensteuer 8%	1,5 Kirchensteuer 9%	2,0 SolZ 5,5%	2,0 Kirchensteuer 8%	2,0 Kirchensteuer 9%	2,5 SolZ 5,5%	2,5 Kirchensteuer 8%	2,5 Kirchensteuer 9%	3,0 SolZ 5,5%	3,0 Kirchensteuer 8%	3,0 Kirchensteuer 9%
9.713,99 (West)	I	2.723,91	149,81	217,91	245,15	131,53	205,38	231,05	112,89	192,84	216,95	94,24	180,31	202,85	75,61	167,78	188,75	56,97	155,25	174,65	38,32	142,72	160,56
	II	2.574,83	132,43	205,98	231,73	113,79	193,45	217,63	95,15	180,92	203,53	76,50	168,38	189,43	57,86	155,85	175,33	39,22	143,32	161,23	20,57	130,78	147,13
	III	1.939,16	-	155,13	174,52	-	144,10	162,11	-	133,34	150,01	-	122,84	138,19	-	112,58	126,65	-	102,60	115,42	-	92,85	104,45
	IV	2.723,91	149,81	217,91	245,15	140,85	211,64	238,10	131,53	205,38	231,05	122,21	199,11	224,00	112,89	192,84	216,95	103,56	186,58	209,90	94,24	180,31	202,85
	V	3.238,33	178,10	259,06	291,44																		
	VI	3.282,66	180,54	262,61	295,43																		
9.713,99 (Ost)	I	2.731,75	150,24	218,54	245,85	132,46	206,00	231,75	113,82	193,47	217,65	95,18	180,94	203,55	76,53	168,40	189,45	57,89	155,87	175,35	39,25	143,34	161,25
	II	2.582,66	133,36	206,61	232,43	114,72	194,08	218,34	96,08	181,54	204,23	77,43	169,01	190,13	58,79	156,48	176,04	40,15	143,94	161,93	21,50	131,41	147,83
	III	1.946,16	-	155,69	175,15	-	144,65	162,73	-	133,88	150,61	-	123,36	138,78	-	113,09	127,22	-	103,09	115,97	-	93,33	104,99
	IV	2.731,75	150,24	218,54	245,85	141,78	212,27	238,80	132,46	206,00	231,75	123,14	199,74	224,70	113,82	193,47	217,65	104,50	187,20	210,60	95,18	180,94	203,55
	V	3.246,16	178,53	259,69	292,15																		
	VI	3.290,50	180,97	263,24	296,14																		
9.716,99 (West)	I	2.725,16	149,88	218,01	245,26	131,68	205,48	231,16	113,04	192,94	217,06	94,40	180,42	202,97	75,76	167,88	188,87	57,12	155,35	174,77	38,47	142,82	160,67
	II	2.576,08	132,58	206,08	231,84	113,94	193,55	217,74	95,29	181,02	203,64	76,65	168,48	189,54	58,01	155,95	175,44	39,37	143,42	161,35	20,73	130,89	147,25
	III	1.940,33	-	155,22	174,62	-	144,20	162,22	-	133,42	150,10	-	122,92	138,28	-	112,66	126,74	-	102,68	115,51	-	92,93	104,54
	IV	2.725,16	149,88	218,01	245,26	141,00	211,74	238,21	131,68	205,48	231,16	122,36	199,21	224,11	113,04	192,94	217,06	103,72	186,68	210,02	94,40	180,42	202,97
	V	3.239,66	178,18	259,17	291,56																		
	VI	3.283,91	180,61	262,71	295,55																		
9.716,99 (Ost)	I	2.733,00	150,31	218,64	245,97	132,61	206,10	231,86	113,97	193,57	217,76	95,32	181,04	203,67	76,68	168,50	189,56	58,04	155,97	175,46	39,39	143,44	161,37
	II	2.583,91	133,51	206,71	232,55	114,87	194,18	218,45	96,23	181,64	204,35	77,58	169,11	190,25	58,94	156,58	176,15	40,30	144,04	162,05	21,65	131,51	147,95
	III	1.947,33	-	155,78	175,25	-	144,74	162,83	-	133,96	150,70	-	123,44	138,87	-	113,17	127,31	-	103,17	116,06	-	93,41	105,08
	IV	2.733,00	150,31	218,64	245,97	141,93	212,37	238,91	132,61	206,10	231,86	123,29	199,84	224,82	113,97	193,57	217,76	104,65	187,30	210,71	95,32	181,04	203,67
	V	3.247,41	178,60	259,79	292,26																		
	VI	3.291,75	181,04	263,34	296,25																		
9.719,99 (West)	I	2.726,41	149,95	218,11	245,37	131,84	205,58	231,28	113,19	193,05	217,18	94,55	180,52	203,08	75,91	167,98	188,98	57,26	155,45	174,88	38,62	142,92	160,78
	II	2.577,33	132,73	206,18	231,95	114,09	193,65	217,85	95,44	181,12	203,76	76,80	168,58	189,65	58,17	156,06	175,56	39,52	143,52	161,46	20,88	130,99	147,36
	III	1.941,50	-	155,32	174,73	-	144,29	162,32	-	133,52	150,21	-	123,00	138,37	-	112,74	126,83	-	102,76	115,60	-	93,01	104,63
	IV	2.726,41	149,95	218,11	245,37	141,15	211,84	238,32	131,84	205,58	231,28	122,52	199,32	224,23	113,19	193,05	217,18	103,87	186,78	210,13	94,55	180,52	203,08
	V	3.240,91	178,25	259,27	291,68																		
	VI	3.285,16	180,68	262,81	295,66																		
9.719,99 (Ost)	I	2.734,25	150,38	218,74	246,08	132,76	206,20	231,98	114,12	193,67	217,88	95,47	181,14	203,78	76,83	168,60	189,68	58,19	156,07	175,58	39,55	143,54	161,48
	II	2.585,16	133,66	206,81	232,66	115,02	194,28	218,56	96,38	181,74	204,46	77,73	169,21	190,36	59,09	156,68	176,26	40,45	144,14	162,16	21,80	131,61	148,06
	III	1.948,33	-	155,86	175,34	-	144,82	162,92	-	134,05	150,80	-	123,52	138,96	-	113,25	127,40	-	103,25	116,15	-	93,49	105,17
	IV	2.734,25	150,38	218,74	246,08	142,08	212,47	239,03	132,76	206,20	231,98	123,44	199,94	224,93	114,12	193,67	217,88	104,79	187,40	210,83	95,47	181,14	203,78
	V	3.248,66	178,67	259,89	292,37																		
	VI	3.293,00	181,11	263,44	296,37																		
9.722,99 (West)	I	2.727,75	150,02	218,22	245,49	131,99	205,68	231,39	113,34	193,15	217,29	94,70	180,62	203,19	76,06	168,08	189,09	57,41	155,55	174,99	38,77	143,02	160,89
	II	2.578,58	132,88	206,28	232,07	114,24	193,75	217,97	95,60	181,22	203,87	76,96	168,69	189,77	58,31	156,16	175,68	39,67	143,62	161,57	21,03	131,09	147,47
	III	1.942,50	-	155,40	174,82	-	144,37	162,41	-	133,60	150,30	-	123,09	138,47	-	112,82	126,92	-	102,82	115,67	-	93,09	104,72
	IV	2.727,75	150,02	218,22	245,49	141,31	211,95	238,44	131,99	205,68	231,39	122,66	199,42	224,34	113,34	193,15	217,29	104,02	186,88	210,24	94,70	180,62	203,19
	V	3.242,16	178,31	259,37	291,79																		
	VI	3.286,50	180,75	262,92	295,78																		
9.722,99 (Ost)	I	2.735,50	150,45	218,84	246,19	132,91	206,30	232,09	114,26	193,77	217,99	95,62	181,24	203,89	76,99	168,71	189,80	58,34	156,18	175,70	39,70	143,64	161,60
	II	2.586,41	133,81	206,91	232,77	115,17	194,38	218,67	96,52	181,84	204,57	77,88	169,31	190,47	59,24	156,78	176,37	40,59	144,24	162,27	21,95	131,71	148,17
	III	1.949,50	-	155,96	175,45	-	144,92	163,03	-	134,13	150,89	-	123,61	139,06	-	113,33	127,49	-	103,33	116,24	-	93,57	105,26
	IV	2.735,50	150,45	218,84	246,19	142,23	212,57	239,14	132,91	206,30	232,09	123,59	200,04	225,04	114,26	193,77	217,99	104,94	187,50	210,94	95,62	181,24	203,89
	V	3.250,00	178,75	260,00	292,50																		
	VI	3.294,25	181,18	263,54	296,48																		
9.725,99 (West)	I	2.729,00	150,09	218,32	245,61	132,13	205,78	231,50	113,49	193,25	217,40	94,85	180,72	203,31	76,20	168,18	189,20	57,56	155,65	175,10	38,92	143,12	161,01
	II	2.579,83	133,03	206,38	232,18	114,39	193,86	218,09	95,75	181,32	203,99	77,11	168,79	189,89	58,46	156,26	175,79	39,82	143,72	161,69	21,18	131,19	147,59
	III	1.943,66	-	155,49	174,92	-	144,46	162,52	-	133,69	150,40	-	123,17	138,56	-	112,92	127,03	-	102,90	115,76	-	93,17	104,81
	IV	2.729,00	150,09	218,32	245,61	141,46	212,05	238,55	132,13	205,78	231,50	122,81	199,52	224,46	113,49	193,25	217,40	104,17	186,98	210,35	94,85	180,72	203,31
	V	3.243,41	178,38	259,47	291,90																		
	VI	3.287,75	180,82	263,02	295,89																		
9.725,99 (Ost)	I	2.736,75	150,52	218,94	246,30	133,06	206,40	232,20	114,41	193,87	218,10	95,78	181,34	204,01	77,14	168,81	189,91	58,49	156,28	175,81	39,85	143,74	161,71
	II	2.587,66	133,96	207,01	232,88	115,32	194,48	218,79	96,67	181,94	204,68	78,03	169,41	190,58	59,39	156,88	176,49	40,75	144,35	162,39	22,11	131,82	148,29
	III	1.950,66	-	156,05	175,55	-	145,01	163,13	-	134,22	151,00	-	123,69	139,15	-	113,42	127,60	-	103,41	116,33	-	93,65	105,35
	IV	2.736,75	150,52	218,94	246,30	142,38	212,67	239,25	133,06	206,40	232,20	123,74	200,14	225,15	114,41	193,87	218,10	105,10	187,61	211,06	95,78	181,34	204,01
	V	3.251,25	178,81	260,10	292,61																		
	VI	3.295,50	181,25	263,64	296,59																		
9.728,99 (West)	I	2.730,25	150,16	218,42	245,72	132,28	205,88	231,62	113,64	193,35	217,52	95,00	180,82	203,42	76,35	168,28	189,32	57,71	155,75	175,22	39,07	143,22	161,12
	II	2.581,16	133,19	206,49	232,30	114,54	193,96	218,20	95,90	181,42	204,10	77,26	168,89	190,00	58,61	156,36	175,90	39,97	143,82	161,80	21,33	131,29	147,70
	III	1.944,83	-	155,58	175,03	-	144,54	162,61	-	133,77	150,49	-	123,25	138,65	-	113,00	127,12	-	102,98	115,85	-	93,24	104,89
	IV	2.730,25	150,16	218,42	245,72	141,61	212,15	238,67	132,28	205,88	231,62	122,96	199,62	224,57	113,64	193,35	217,52	104,32	187,08	210,47	95,00	180,82	203,42
	V	3.244,66	178,45	259,57	292,01																		
	VI	3.289,00	180,89	263,12	296,01																		
9.728,99 (Ost)	I	2.738,00	150,59	219,04	246,42	133,22	206,51	232,32	114,57	193,98	218,22	95,93	181,44	204,12	77,29	168,91	190,02	58,64	156,38	175,92	40,00	143,84	161,82
	II	2.588,91	134,11	207,11	233,00	115,46	194,58	218,90	96,82	182,04	204,80	78,18	169,51	190,70	59,54	156,98	176,60	40,90	144,45	162,50	22,26	131,92	148,41
	III	1.951,83	-	156,14	175,66	-	145,09	163,22	-	134,30	151,09	-	123,77	139,24	-	113,50	127,69	-	103,48	116,41	-	93,73	105,44
	IV	2.738,00	150,59	219,04	246,42	142,53	212,77	239,36	133,22	206,51	232,32	123,89	200,24	225,27	114,57	193,98	218,22	105,25	187,71	211,17	95,93	181,44	204,12
	V	3.252,50	178,88	260,20	292,72																		
	VI	3.296,75	181,32	263,74	296,70																		
9.731,99 (West)	I	2.731,50	150,23	218,52	245,83	132,43	205,98	231,73	113,79	193,45	217,63	95,15	180,92	203,53	76,50	168,38	189,43	57,86	155,85	175,33	39,22	143,32	161,23
	II	2.582,41	133,33	206,59	232,41	114,69	194,06	218,31	96,05	181,52	204,21	77,40	168,99	190,11	58,76	156,46	176,01	40,12	143,92	161,91	21,47	131,39	147,81
	III	1.945,83	-	155,66	175,12	-	144,64	162,72	-	133,86	150,59	-	123,34	138,76	-	113,08	127,21	-	103,06	115,94	-	93,32	104,98
	IV	2.731,50	150,23	218,52	245,83	141,75	212,25	238,78	132,43	205,98	231,73	123,11	199,72	224,68	113,79	193,45	217,63	104,47	187,18	210,58	95,15	180,92	203,53
	V	3.245,91	178,52	259,67	292,13																		
	VI	3.290,25	180,96	263,22	296,12																		
9.731,99 (Ost)	I	2.739,33	150,66	219,14	246,53	133,36	206,61	232,43	114,72	194,08	218,34	96,08	181,54	204,23	77,43	169,01	190,13	58,79	156,48	176,04	40,15	143,94	161,93
	II	2.590,16	134,26	207,21	233,11	115,61	194,68	219,01	96,98	182,15	204,92	78,34	169,62	190,82	59,69	157,08	176,72	41,05	144,55	162,62	22,41	132,02	148,52
	III	1.952,83	-	156,22	175,75	-	145,18	163,33	-	134,40	151,20	-	123,86	139,34	-	113,58	127,78	-	103,56	116,50	-	93,80	105,52
	IV	2.739,33	150,66	219,14	246,53	142,69	212,88	239,49	133,36	206,61	232,43	124,04	200,34	225,38	114,72	194,08	218,34	105,40	187,81	211,28	96,08	181,54	204,23
	V	3.253,75	178,95	260,30	292,83																		
	VI	3.298,08	181,39	263,84	296,82																		

MONAT bis 9.752,99 €

Allgemeine Tabelle

Lohn/ Gehalt bis	Steuerklasse	Lohn-steuer	ohne Kinderfreibetrag SolZ 5,5%	ohne Kinderfreibetrag Kirchensteuer 8%	ohne Kinderfreibetrag Kirchensteuer 9%	0,5 SolZ 5,5%	0,5 Kirchensteuer 8%	0,5 Kirchensteuer 9%	1,0 SolZ 5,5%	1,0 Kirchensteuer 8%	1,0 Kirchensteuer 9%	1,5 SolZ 5,5%	1,5 Kirchensteuer 8%	1,5 Kirchensteuer 9%	2,0 SolZ 5,5%	2,0 Kirchensteuer 8%	2,0 Kirchensteuer 9%	2,5 SolZ 5,5%	2,5 Kirchensteuer 8%	2,5 Kirchensteuer 9%	3,0 SolZ 5,5%	3,0 Kirchenste 8%	9
						Anzahl Kinderfreibeträge (nur Steuerklassen I–IV)																	
9.734,99 (West)	I	2.732,75	150,30	218,62	245,94	132,58	206,08	231,84	113,94	193,55	217,74	95,29	181,02	203,64	76,65	168,48	189,54	58,01	155,95	175,44	39,37	143,42	16
	II	2.583,66	133,48	206,69	232,52	114,84	194,16	218,43	96,20	181,62	204,32	77,55	169,09	190,22	58,91	156,56	176,13	40,27	144,02	162,02	21,62	131,49	14
	III	1.947,00	-	155,76	175,23	-	144,72	162,81	-	133,94	150,68	-	123,42	138,85	-	113,16	127,30	-	103,14	116,03	-	93,40	10
	IV	2.732,75	150,30	218,62	245,94	141,90	212,35	238,89	132,58	206,08	231,84	123,26	199,82	224,79	113,94	193,55	217,74	104,62	187,28	210,69	95,29	181,02	20
	V	3.247,16	178,59	259,77	292,24																		
	VI	3.291,50	181,03	263,32	296,23																		
9.734,99 (Ost)	I	2.740,58	150,73	219,24	246,65	133,51	206,71	232,55	114,87	194,18	218,45	96,23	181,64	204,35	77,58	169,11	190,25	58,94	156,58	176,15	40,30	144,04	16
	II	2.591,41	134,41	207,31	233,22	115,77	194,78	219,13	97,13	182,25	205,03	78,49	169,72	190,93	59,84	157,18	176,83	41,20	144,65	162,73	22,56	132,12	14
	III	1.954,00	-	156,32	175,86	-	145,26	163,42	-	134,48	151,29	-	123,94	139,43	-	113,66	127,87	-	103,64	116,59	-	93,88	10
	IV	2.740,58	150,73	219,24	246,65	142,83	212,98	239,60	133,51	206,71	232,55	124,19	200,44	225,50	114,87	194,18	218,45	105,55	187,91	211,40	96,23	181,64	20
	V	3.255,00	179,02	260,40	292,95																		
	VI	3.299,33	181,46	263,94	296,93																		
9.737,99 (West)	I	2.734,00	150,37	218,72	246,06	132,73	206,18	231,95	114,09	193,65	217,85	95,44	181,12	203,76	76,80	168,58	189,65	58,17	156,06	175,56	39,52	143,52	16
	II	2.584,91	133,63	206,79	232,64	114,99	194,26	218,54	96,35	181,72	204,44	77,70	169,19	190,34	59,06	156,66	176,24	40,42	144,12	162,14	21,77	131,59	14
	III	1.948,16	-	155,85	175,33	-	144,81	162,91	-	134,02	150,77	-	123,50	138,94	-	113,24	127,39	-	103,22	116,12	-	93,48	10
	IV	2.734,00	150,37	218,72	246,06	142,05	212,45	239,00	132,73	206,18	231,95	123,41	199,92	224,91	114,09	193,65	217,85	104,76	187,38	210,80	95,44	181,12	20
	V	3.248,41	178,66	259,87	292,35																		
	VI	3.292,75	181,10	263,42	296,34																		
9.737,99 (Ost)	I	2.741,83	150,80	219,34	246,76	133,66	206,81	232,66	115,02	194,28	218,56	96,38	181,74	204,46	77,73	169,21	190,36	59,09	156,68	176,26	40,45	144,14	16
	II	2.592,75	134,56	207,42	233,34	115,92	194,88	219,24	97,28	182,35	205,14	78,63	169,82	191,04	59,99	157,28	176,94	41,35	144,75	162,84	22,70	132,22	14
	III	1.955,16	-	156,41	175,96	-	145,36	163,53	-	134,56	151,38	-	124,02	139,52	-	113,74	127,96	-	103,72	116,68	-	93,96	10
	IV	2.741,83	150,80	219,34	246,76	142,98	213,08	239,71	133,66	206,81	232,66	124,34	200,54	225,61	115,02	194,28	218,56	105,70	188,01	211,51	96,38	181,74	20
	V	3.256,25	179,09	260,50	293,06																		
	VI	3.300,58	181,53	264,04	297,05																		
9.740,99 (West)	I	2.735,25	150,43	218,82	246,17	132,88	206,28	232,07	114,24	193,75	217,97	95,60	181,22	203,87	76,96	168,69	189,77	58,31	156,16	175,68	39,67	143,62	16
	II	2.586,16	133,78	206,89	232,75	115,14	194,36	218,65	96,49	181,82	204,55	77,85	169,29	190,45	59,21	156,76	176,35	40,56	144,22	162,25	21,93	131,70	14
	III	1.949,33	-	155,94	175,43	-	144,90	163,01	-	134,12	150,88	-	123,58	139,03	-	113,32	127,48	-	103,30	116,21	-	93,56	10
	IV	2.735,25	150,43	218,82	246,17	142,20	212,55	239,12	132,88	206,28	232,07	123,56	200,02	225,02	114,24	193,75	217,97	104,91	187,48	210,92	95,60	181,22	20
	V	3.249,75	178,73	259,98	292,47																		
	VI	3.294,00	181,17	263,52	296,46																		
9.740,99 (Ost)	I	2.743,08	150,86	219,44	246,87	133,81	206,91	232,77	115,17	194,38	218,67	96,52	181,84	204,57	77,88	169,31	190,47	59,24	156,78	176,37	40,59	144,24	16
	II	2.594,00	134,71	207,52	233,46	116,07	194,98	219,35	97,43	182,45	205,25	78,78	169,92	191,16	60,14	157,38	177,05	41,50	144,85	162,95	22,85	132,32	14
	III	1.956,33	-	156,50	176,06	-	145,45	163,63	-	134,65	151,48	-	124,10	139,61	-	113,82	128,05	-	103,80	116,77	-	94,04	10
	IV	2.743,08	150,86	219,44	246,87	143,13	213,18	239,82	133,81	206,91	232,77	124,49	200,64	225,72	115,17	194,38	218,67	105,85	188,11	211,62	96,52	181,84	20
	V	3.257,50	179,16	260,60	293,17																		
	VI	3.301,83	181,60	264,14	297,16																		
9.743,99 (West)	I	2.736,50	150,50	218,92	246,28	133,03	206,38	232,18	114,39	193,86	218,09	95,75	181,32	203,99	77,11	168,79	189,89	58,46	156,26	175,79	39,82	143,72	16
	II	2.587,41	133,93	206,99	232,86	115,29	194,46	218,76	96,64	181,92	204,66	78,00	169,39	190,56	59,37	156,86	176,47	40,72	144,33	162,37	22,08	131,80	14
	III	1.950,33	-	156,02	175,52	-	144,98	163,10	-	134,20	150,97	-	123,68	139,14	-	113,40	127,57	-	103,38	116,30	-	93,62	10
	IV	2.736,50	150,50	218,92	246,28	142,35	212,65	239,23	133,03	206,38	232,18	123,72	200,12	225,14	114,39	193,86	218,09	105,07	187,59	211,04	95,75	181,32	20
	V	3.251,00	178,80	260,08	292,59																		
	VI	3.295,25	181,23	263,62	296,57																		
9.743,99 (Ost)	I	2.744,33	150,93	219,54	246,98	133,96	207,01	232,88	115,32	194,48	218,79	96,67	181,94	204,68	78,03	169,41	190,58	59,39	156,88	176,49	40,75	144,35	16
	II	2.595,25	134,86	207,62	233,57	116,22	195,08	219,47	97,58	182,55	205,37	78,93	170,02	191,27	60,29	157,48	177,17	41,65	144,95	163,07	23,00	132,42	14
	III	1.957,33	-	156,58	176,15	-	145,53	163,72	-	134,73	151,57	-	124,20	139,72	-	113,90	128,14	-	103,88	116,86	-	94,12	10
	IV	2.744,33	150,93	219,54	246,98	143,28	213,28	239,94	133,96	207,01	232,88	124,64	200,74	225,83	115,32	194,48	218,79	105,99	188,21	211,73	96,67	181,94	20
	V	3.258,75	179,23	260,70	293,28																		
	VI	3.303,08	181,66	264,24	297,27																		
9.746,99 (West)	I	2.737,83	150,58	219,02	246,40	133,19	206,49	232,30	114,54	193,96	218,20	95,90	181,42	204,10	77,26	168,89	190,00	58,61	156,36	175,90	39,97	143,82	16
	II	2.588,66	134,08	207,09	232,97	115,43	194,56	218,88	96,79	182,02	204,77	78,16	169,50	190,68	59,51	156,96	176,58	40,87	144,43	162,48	22,23	131,90	14
	III	1.951,50	-	156,12	175,63	-	145,08	163,21	-	134,29	151,07	-	123,76	139,23	-	113,48	127,66	-	103,46	116,39	-	93,70	10
	IV	2.737,83	150,58	219,02	246,40	142,51	212,76	239,35	133,19	206,49	232,30	123,86	200,22	225,25	114,54	193,96	218,20	105,22	187,69	211,15	95,90	181,42	20
	V	3.252,25	178,87	260,18	292,70																		
	VI	3.296,58	181,31	263,72	296,69																		
9.746,99 (Ost)	I	2.745,58	151,00	219,64	247,10	134,11	207,11	233,00	115,46	194,58	218,90	96,82	182,04	204,80	78,18	169,51	190,70	59,54	156,98	176,60	40,90	144,45	16
	II	2.596,50	135,01	207,72	233,68	116,37	195,18	219,58	97,72	182,65	205,48	79,08	170,12	191,38	60,44	157,58	177,28	41,79	145,05	163,18	23,15	132,52	14
	III	1.958,50	-	156,68	176,26	-	145,62	163,82	-	134,82	151,67	-	124,28	139,81	-	113,98	128,23	-	103,96	116,95	-	94,18	10
	IV	2.745,58	151,00	219,64	247,10	143,43	213,38	240,05	134,11	207,11	233,00	124,79	200,84	225,95	115,46	194,58	218,90	106,14	188,31	211,85	96,82	182,04	20
	V	3.260,00	179,30	260,80	293,40																		
	VI	3.304,33	181,73	264,34	297,38																		
9.749,99 (West)	I	2.739,08	150,64	219,12	246,51	133,33	206,59	232,41	114,69	194,06	218,31	96,05	181,52	204,21	77,40	168,99	190,11	58,76	156,46	176,01	40,12	143,92	16
	II	2.589,91	134,23	207,19	233,09	115,59	194,66	218,99	96,95	182,13	204,89	78,31	169,60	190,80	59,66	157,06	176,69	41,02	144,53	162,59	22,38	132,00	14
	III	1.952,66	-	156,21	175,73	-	145,16	163,30	-	134,37	151,16	-	123,84	139,32	-	113,56	127,75	-	103,54	116,48	-	93,78	10
	IV	2.739,08	150,64	219,12	246,51	142,66	212,86	239,46	133,33	206,59	232,41	124,01	200,32	225,36	114,69	194,06	218,31	105,37	187,79	211,26	96,05	181,52	20
	V	3.253,50	178,94	260,28	292,81																		
	VI	3.297,83	181,38	263,82	296,80																		
9.749,99 (Ost)	I	2.746,83	151,07	219,74	247,21	134,26	207,21	233,11	115,61	194,68	219,01	96,98	182,15	204,92	78,34	169,62	190,82	59,69	157,08	176,72	41,05	144,55	16
	II	2.597,75	135,16	207,82	233,79	116,52	195,28	219,69	97,87	182,75	205,59	79,23	170,22	191,49	60,59	157,68	177,39	41,94	145,15	163,29	23,31	132,62	14
	III	1.959,66	-	156,77	176,36	-	145,70	163,91	-	134,90	151,76	-	124,36	139,90	-	114,08	128,34	-	104,04	117,04	-	94,26	10
	IV	2.746,83	151,07	219,74	247,21	143,58	213,48	240,16	134,26	207,21	233,11	124,94	200,94	226,06	115,61	194,68	219,01	106,29	188,41	211,96	96,98	182,15	20
	V	3.261,33	179,37	260,90	293,51																		
	VI	3.305,58	181,80	264,44	297,50																		
9.752,99 (West)	I	2.740,33	150,71	219,22	246,62	133,48	206,69	232,52	114,84	194,16	218,43	96,20	181,62	204,32	77,55	169,09	190,22	58,91	156,56	176,13	40,27	144,02	16
	II	2.591,25	134,39	207,30	233,21	115,74	194,76	219,11	97,10	182,23	205,01	78,46	169,70	190,91	59,81	157,16	176,81	41,17	144,62	162,71	22,53	132,10	14
	III	1.953,83	-	156,30	175,84	-	145,25	163,40	-	134,46	151,27	-	123,92	139,41	-	113,65	127,85	-	103,62	116,57	-	93,86	10
	IV	2.740,33	150,71	219,22	246,62	142,80	212,96	239,58	133,48	206,69	232,52	124,16	200,42	225,47	114,84	194,16	218,43	105,52	187,89	211,37	96,20	181,62	20
	V	3.254,75	179,01	260,38	292,92																		
	VI	3.299,08	181,44	263,92	296,91																		
9.752,99 (Ost)	I	2.748,08	151,14	219,84	247,32	134,41	207,31	233,22	115,77	194,78	219,13	97,13	182,25	205,03	78,49	169,72	190,93	59,84	157,18	176,83	41,20	144,65	162,
	II	2.599,00	135,31	207,92	233,91	116,66	195,38	219,80	98,02	182,85	205,70	79,38	170,32	191,61	60,74	157,79	177,51	42,10	145,26	163,41	23,46	132,72	149,
	III	1.960,83	-	156,86	176,47	-	145,80	164,02	-	135,00	151,87	-	124,44	139,99	-	114,16	128,43	-	104,12	117,13	-	94,34	106,
	IV	2.748,08	151,14	219,84	247,32	143,73	213,58	240,27	134,41	207,31	233,22	125,09	201,05	226,18	115,77	194,78	219,13	106,45	188,52	212,08	97,13	182,25	205,
	V	3.262,58	179,44	261,00	293,63																		
	VI	3.306,83	181,87	264,54	297,61																		

Lohn/ Gehalt bis	Steuerklasse	Lohn-steuer	ohne Kinderfreibetrag SolZ 5,5%	Kirchensteuer 8%	9%	0,5 SolZ 5,5%	Kirchensteuer 8%	9%	1,0 SolZ 5,5%	Kirchensteuer 8%	9%	1,5 SolZ 5,5%	Kirchensteuer 8%	9%	2,0 SolZ 5,5%	Kirchensteuer 8%	9%	2,5 SolZ 5,5%	Kirchensteuer 8%	9%	3,0 SolZ 5,5%	Kirchensteuer 8%	9%
						Anzahl Kinderfreibeträge (nur Steuerklassen I–IV)																	
9.755,99 (West)	I	2.741,58	150,78	219,32	246,74	133,63	206,79	232,64	114,99	194,26	218,54	96,35	181,72	204,44	77,70	169,19	190,34	59,06	156,66	176,24	40,42	144,12	162,14
	II	2.592,50	134,53	207,40	233,32	115,89	194,86	219,22	97,25	182,33	205,12	78,60	169,80	191,02	59,96	157,26	176,92	41,32	144,73	162,82	22,67	132,20	148,72
	III	1.954,83	-	156,38	175,93	-	145,34	163,51	-	134,54	151,36	-	124,01	139,51	-	113,73	127,94	-	103,70	116,66	-	93,94	105,68
	IV	2.741,58	150,78	219,32	246,74	142,95	213,06	239,69	133,63	206,79	232,64	124,31	200,52	225,59	114,99	194,26	218,54	105,67	187,99	211,49	96,35	181,72	204,44
	V	3.256,00	179,08	260,48	293,04																		
	VI	3.300,33	181,51	264,02	297,02																		
9.755,99 (Ost)	I	2.749,41	151,21	219,95	247,44	134,56	207,42	233,34	115,92	194,88	219,24	97,28	182,35	205,14	78,63	169,82	191,04	59,99	157,28	176,94	41,35	144,75	162,84
	II	2.600,25	135,46	208,02	234,02	116,81	195,48	219,92	98,17	182,95	205,82	79,54	170,42	191,72	60,89	157,89	177,62	42,25	145,36	163,53	23,61	132,82	149,42
	III	1.961,83	-	156,94	176,56	-	145,89	164,12	-	135,08	151,96	-	124,53	140,09	-	114,24	128,52	-	104,20	117,22	-	94,42	106,22
	IV	2.749,41	151,21	219,95	247,44	143,89	213,68	240,39	134,56	207,42	233,34	125,24	201,15	226,29	115,92	194,88	219,24	106,60	188,62	212,19	97,28	182,35	205,14
	V	3.263,83	179,51	261,10	293,74																		
	VI	3.308,16	181,94	264,65	297,73																		
9.758,99 (West)	I	2.742,83	150,85	219,42	246,85	133,78	206,89	232,75	115,14	194,36	218,65	96,49	181,82	204,55	77,85	169,29	190,45	59,21	156,76	176,35	40,56	144,22	162,25
	II	2.593,75	134,68	207,50	233,43	116,04	194,96	219,33	97,40	182,43	205,23	78,75	169,90	191,13	60,11	157,36	177,03	41,47	144,83	162,93	22,82	132,30	148,83
	III	1.956,00	-	156,48	176,04	-	145,42	163,60	-	134,62	151,45	-	124,09	139,60	-	113,81	128,03	-	103,78	116,75	-	94,01	105,76
	IV	2.742,83	150,85	219,42	246,85	143,10	213,16	239,80	133,78	206,89	232,75	124,46	200,62	225,70	115,14	194,36	218,65	105,82	188,09	211,60	96,49	181,82	204,55
	V	3.257,25	179,14	260,58	293,15																		
	VI	3.301,58	181,58	264,12	297,14																		
9.758,99 (Ost)	I	2.750,66	151,28	220,05	247,55	134,71	207,52	233,46	116,07	194,98	219,35	97,43	182,45	205,25	78,78	169,92	191,16	60,14	157,38	177,05	41,50	144,85	162,95
	II	2.601,50	135,61	208,12	234,13	116,97	195,59	220,04	98,33	183,06	205,94	79,69	170,52	191,84	61,04	157,99	177,74	42,40	145,46	163,64	23,76	132,92	149,54
	III	1.963,00	-	157,04	176,67	-	145,97	164,21	-	135,16	152,05	-	124,61	140,18	-	114,32	128,61	-	104,28	117,31	-	94,50	106,31
	IV	2.750,66	151,28	220,05	247,55	144,03	213,78	240,50	134,71	207,52	233,46	125,39	201,25	226,40	116,07	194,98	219,35	106,75	188,72	212,31	97,43	182,45	205,25
	V	3.265,08	179,57	261,20	293,85																		
	VI	3.309,41	182,01	264,75	297,84																		
9.761,99 (West)	I	2.744,08	150,92	219,52	246,96	133,93	206,99	232,86	115,29	194,46	218,76	96,64	181,92	204,66	78,00	169,39	190,56	59,37	156,86	176,47	40,72	144,33	162,37
	II	2.595,00	134,83	207,60	233,55	116,19	195,06	219,44	97,55	182,53	205,34	78,90	170,00	191,25	60,26	157,46	177,14	41,62	144,93	163,04	22,97	132,40	148,95
	III	1.957,16	-	156,57	176,14	-	145,52	163,71	-	134,72	151,56	-	124,17	139,69	-	113,89	128,12	-	103,86	116,84	-	94,09	105,85
	IV	2.744,08	150,92	219,52	246,96	143,25	213,26	239,91	133,93	206,99	232,86	124,61	200,72	225,81	115,29	194,46	218,76	105,96	188,19	211,71	96,64	181,92	204,66
	V	3.258,50	179,21	260,68	293,26																		
	VI	3.302,83	181,65	264,22	297,25																		
9.761,99 (Ost)	I	2.751,91	151,35	220,15	247,67	134,86	207,62	233,57	116,22	195,08	219,47	97,58	182,55	205,37	78,93	170,02	191,27	60,29	157,48	177,17	41,65	144,95	163,07
	II	2.602,83	135,76	208,22	234,25	117,12	195,69	220,15	98,48	183,16	206,05	79,83	170,62	191,95	61,19	158,09	177,85	42,55	145,56	163,75	23,90	133,02	149,65
	III	1.964,16	-	157,13	176,77	-	146,06	164,32	-	135,25	152,15	-	124,69	140,27	-	114,40	128,70	-	104,36	117,40	-	94,57	106,39
	IV	2.751,91	151,35	220,15	247,67	144,18	213,88	240,62	134,86	207,62	233,57	125,54	201,35	226,52	116,22	195,08	219,47	106,90	188,82	212,42	97,58	182,55	205,37
	V	3.266,33	179,64	261,30	293,96																		
	VI	3.310,66	182,08	264,85	297,95																		
9.764,99 (West)	I	2.745,33	150,99	219,62	247,07	134,08	207,09	232,97	115,43	194,56	218,88	96,79	182,02	204,77	78,16	169,50	190,68	59,51	156,96	176,58	40,87	144,43	162,48
	II	2.596,25	134,98	207,70	233,66	116,34	195,16	219,56	97,69	182,63	205,46	79,05	170,10	191,36	60,41	157,56	177,26	41,76	145,03	163,16	23,13	132,50	149,06
	III	1.958,33	-	156,66	176,24	-	145,60	163,80	-	134,80	151,65	-	124,26	139,79	-	113,97	128,21	-	103,94	116,93	-	94,17	105,94
	IV	2.745,33	150,99	219,62	247,07	143,40	213,36	240,03	134,08	207,09	232,97	124,76	200,82	225,92	115,43	194,56	218,88	106,11	188,29	211,82	96,79	182,02	204,77
	V	3.259,83	179,29	260,78	293,38																		
	VI	3.304,08	181,72	264,32	297,36																		
9.764,99 (Ost)	I	2.753,16	151,42	220,25	247,78	135,01	207,72	233,68	116,37	195,18	219,58	97,72	182,65	205,48	79,08	170,12	191,38	60,44	157,58	177,28	41,79	145,05	163,18
	II	2.604,08	135,91	208,32	234,36	117,27	195,79	220,26	98,63	183,26	206,16	79,98	170,72	192,06	61,34	158,19	177,96	42,70	145,66	163,86	24,05	133,12	149,76
	III	1.965,33	-	157,22	176,87	-	146,14	164,41	-	135,33	152,24	-	124,78	140,38	-	114,48	128,79	-	104,44	117,49	-	94,65	106,48
	IV	2.753,16	151,42	220,25	247,78	144,33	213,98	240,73	135,01	207,72	233,68	125,69	201,45	226,63	116,37	195,18	219,58	107,05	188,92	212,53	97,72	182,65	205,48
	V	3.267,58	179,71	261,40	294,08																		
	VI	3.311,91	182,15	264,95	298,07																		
9.767,99 (West)	I	2.746,58	151,06	219,72	247,19	134,23	207,19	233,09	115,59	194,66	218,99	96,95	182,13	204,89	78,31	169,60	190,80	59,66	157,06	176,69	41,02	144,53	162,59
	II	2.597,50	135,13	207,80	233,77	116,49	195,26	219,67	97,84	182,73	205,57	79,20	170,20	191,47	60,56	157,66	177,37	41,92	145,14	163,28	23,28	132,60	149,18
	III	1.959,33	-	156,74	176,33	-	145,69	163,90	-	134,89	151,75	-	124,34	139,88	-	114,05	128,30	-	104,02	117,02	-	94,25	106,03
	IV	2.746,58	151,06	219,72	247,19	143,55	213,46	240,14	134,23	207,19	233,09	124,91	200,92	226,04	115,59	194,66	218,99	106,27	188,40	211,95	96,95	182,13	204,89
	V	3.261,08	179,35	260,88	293,49																		
	VI	3.305,33	181,79	264,42	297,47																		
9.767,99 (Ost)	I	2.754,41	151,49	220,35	247,89	135,16	207,82	233,79	116,52	195,28	219,69	97,87	182,75	205,59	79,23	170,22	191,49	60,59	157,68	177,39	41,94	145,15	163,29
	II	2.605,33	136,06	208,42	234,47	117,42	195,89	220,37	98,77	183,36	206,28	80,13	170,82	192,17	61,49	158,29	178,07	42,84	145,76	163,98	24,20	133,22	149,87
	III	1.966,33	-	157,30	176,96	-	146,24	164,52	-	135,42	152,35	-	124,86	140,47	-	114,56	128,88	-	104,52	117,58	-	94,73	106,57
	IV	2.754,41	151,49	220,35	247,89	144,48	214,08	240,84	135,16	207,82	233,79	125,84	201,55	226,74	116,52	195,28	219,69	107,19	189,02	212,64	97,87	182,75	205,59
	V	3.268,83	179,78	261,50	294,19																		
	VI	3.313,16	182,22	265,05	298,18																		
9.770,99 (West)	I	2.747,83	151,13	219,82	247,30	134,39	207,30	233,21	115,74	194,76	219,11	97,10	182,23	205,01	78,46	169,70	190,91	59,81	157,16	176,81	41,17	144,63	162,71
	II	2.598,75	135,28	207,90	233,88	116,63	195,36	219,78	97,99	182,83	205,68	79,36	170,30	191,59	60,71	157,77	177,49	42,07	145,24	163,39	23,43	132,70	149,29
	III	1.960,50	-	156,84	176,44	-	145,77	163,99	-	134,97	151,84	-	124,42	139,97	-	114,13	128,39	-	104,10	117,11	-	94,33	106,12
	IV	2.747,83	151,13	219,82	247,30	143,71	213,56	240,26	134,39	207,30	233,21	125,06	201,03	226,16	115,74	194,76	219,11	106,42	188,50	212,06	97,10	182,23	205,01
	V	3.262,33	179,42	260,98	293,60																		
	VI	3.306,58	181,86	264,52	297,59																		
9.770,99 (Ost)	I	2.755,66	151,56	220,45	248,00	135,31	207,92	233,91	116,66	195,38	219,80	98,02	182,85	205,70	79,38	170,32	191,61	60,74	157,79	177,51	42,10	145,26	163,41
	II	2.606,58	136,21	208,52	234,59	117,57	195,99	220,49	98,92	183,46	206,39	80,28	170,92	192,29	61,64	158,39	178,19	42,99	145,86	164,09	24,35	133,32	149,99
	III	1.967,50	-	157,40	177,07	-	146,33	164,62	-	135,50	152,44	-	124,94	140,56	-	114,65	128,98	-	104,60	117,67	-	94,81	106,66
	IV	2.755,66	151,56	220,45	248,00	144,63	214,18	240,95	135,31	207,92	233,91	125,99	201,65	226,85	116,66	195,38	219,80	107,34	189,12	212,76	98,02	182,85	205,70
	V	3.270,08	179,85	261,60	294,30																		
	VI	3.314,41	182,29	265,15	298,29																		
9.773,99 (West)	I	2.749,16	151,20	219,93	247,42	134,53	207,40	233,32	115,89	194,86	219,22	97,25	182,33	205,12	78,60	169,80	191,02	59,96	157,26	176,92	41,32	144,73	162,82
	II	2.600,00	135,43	208,00	234,00	116,78	195,46	219,89	98,15	182,94	205,80	79,51	170,40	191,70	60,86	157,87	177,60	42,22	145,34	163,50	23,58	132,80	149,40
	III	1.961,66	-	156,93	176,54	-	145,86	164,09	-	135,06	151,94	-	124,50	140,06	-	114,21	128,48	-	104,18	117,20	-	94,41	106,21
	IV	2.749,16	151,20	219,93	247,42	143,86	213,66	240,37	134,53	207,40	233,32	125,21	201,13	226,27	115,89	194,86	219,22	106,57	188,60	212,17	97,25	182,33	205,12
	V	3.263,58	179,49	261,08	293,72																		
	VI	3.307,91	181,93	264,63	297,71																		
9.773,99 (Ost)	I	2.756,91	151,63	220,55	248,12	135,46	208,02	234,02	116,81	195,48	219,92	98,17	182,95	205,82	79,54	170,42	191,72	60,89	157,89	177,62	42,25	145,36	163,53
	II	2.607,83	136,36	208,62	234,70	117,72	196,09	220,60	99,07	183,56	206,50	80,43	171,02	192,40	61,79	158,49	178,30	43,14	145,96	164,20	24,51	133,43	150,11
	III	1.968,66	-	157,49	177,17	-	146,41	164,71	-	135,60	152,55	-	125,04	140,67	-	114,73	129,07	-	104,68	117,76	-	94,89	106,75
	IV	2.756,91	151,63	220,55	248,12	144,78	214,28	241,07	135,46	208,02	234,02	126,14	201,75	226,97	116,81	195,48	219,92	107,49	189,22	212,87	98,17	182,95	205,82
	V	3.271,41	179,92	261,71	294,42																		
	VI	3.315,66	182,36	265,25	298,40																		

Lohn/ Gehalt bis	Steuerklasse	Lohn-steuer	ohne Kinderfreibetrag			Anzahl Kinderfreibeträge (nur Steuerklassen I–IV)																	
						0,5			1,0			1,5			2,0			2,5			3,0		
			SolZ 5,5%	Kirchensteuer 8%	9%	SolZ 5,5%	Kirchensteuer 8%	9%	SolZ 5,5%	Kirchensteuer 8%	9%	SolZ 5,5%	Kirchensteuer 8%	9%	SolZ 5,5%	Kirchensteuer 8%	9%	SolZ 5,5%	Kirchensteuer 8%	9%	SolZ 5,5%	Kirchensteuer 8%	9
9.776,99	I	2.750,41	*151,27*	220,03	247,53	*134,68*	207,50	233,43	*116,04*	194,96	219,33	*97,40*	182,43	205,23	*78,75*	169,90	191,13	*60,11*	157,36	177,03	*41,47*	144,83	16
(West)	II	2.601,33	*135,59*	208,10	234,11	*116,94*	195,57	220,01	*98,30*	183,04	205,92	*79,66*	170,50	191,81	*61,01*	157,97	177,71	*42,37*	145,44	163,62	*23,73*	132,90	14
	III	1.962,83	–	157,02	176,65	–	145,96	164,20	–	135,14	152,03	–	124,60	140,17	–	114,30	128,59	–	104,26	117,29	–	94,48	10
	IV	2.750,41	*151,27*	220,03	247,53	*144,00*	213,76	240,48	*134,68*	207,50	233,43	*125,36*	201,23	226,38	*116,04*	194,96	219,33	*106,72*	188,70	212,28	*97,40*	182,43	20
	V	3.264,83	*179,56*	261,18	293,83																		
	VI	3.309,16	*182,00*	264,73	297,82																		
9.776,99	I	2.758,16	*151,69*	220,65	248,23	*135,61*	208,12	234,13	*116,97*	195,59	220,04	*98,33*	183,06	205,94	*79,69*	170,52	191,84	*61,04*	157,99	177,74	*42,40*	145,46	16
(Ost)	II	2.609,08	*136,51*	208,72	234,81	*117,86*	196,19	220,71	*99,22*	183,66	206,61	*80,58*	171,12	192,51	*61,93*	158,59	178,41	*43,30*	146,06	164,32	*24,66*	133,53	15
	III	1.969,83	–	157,58	177,28	–	146,50	164,81	–	135,68	152,64	–	125,12	140,76	–	114,81	129,16	–	104,76	117,85	–	94,97	10
	IV	2.758,16	*151,69*	220,65	248,23	*144,93*	214,38	241,18	*135,61*	208,12	234,13	*126,28*	201,85	227,08	*116,97*	195,59	220,04	*107,65*	189,32	212,99	*98,33*	183,06	20
	V	3.272,66	*179,99*	261,81	294,53																		
	VI	3.316,91	*182,43*	265,35	298,52																		
9.779,99	I	2.751,66	*151,34*	220,13	247,64	*134,83*	207,60	233,55	*116,19*	195,06	219,44	*97,55*	182,53	205,34	*78,90*	170,00	191,25	*60,26*	157,46	177,14	*41,62*	144,93	16
(West)	II	2.602,58	*135,73*	208,20	234,23	*117,09*	195,67	220,13	*98,45*	183,14	206,03	*79,80*	170,60	191,93	*61,16*	158,07	177,83	*42,52*	145,54	163,73	*23,87*	133,00	14
	III	1.963,83	–	157,10	176,74	–	146,04	164,29	–	135,22	152,12	–	124,68	140,26	–	114,38	128,68	–	104,34	117,38	–	94,56	10
	IV	2.751,66	*151,34*	220,13	247,64	*144,15*	213,86	240,59	*134,83*	207,60	233,55	*125,51*	201,33	226,49	*116,19*	195,06	219,44	*106,87*	188,80	212,40	*97,55*	182,53	20
	V	3.266,08	*179,63*	261,28	293,94																		
	VI	3.310,41	*182,07*	264,83	297,93																		
9.779,99	I	2.759,41	*151,76*	220,75	248,34	*135,76*	208,22	234,25	*117,12*	195,69	220,15	*98,48*	183,16	206,05	*79,83*	170,62	191,95	*61,19*	158,09	177,85	*42,55*	145,56	16
(Ost)	II	2.610,33	*136,66*	208,82	234,92	*118,01*	196,29	220,82	*99,37*	183,76	206,73	*80,74*	171,23	192,63	*62,09*	158,70	178,53	*43,45*	146,16	164,43	*24,81*	133,63	15
	III	1.970,83	–	157,66	177,37	–	146,58	164,90	–	135,77	152,74	–	125,20	140,85	–	114,89	129,25	–	104,84	117,94	–	95,04	106
	IV	2.759,41	*151,76*	220,75	248,34	*145,09*	214,49	241,30	*135,76*	208,22	234,25	*126,44*	201,96	227,20	*117,12*	195,69	220,15	*107,80*	189,42	213,10	*98,48*	183,16	206
	V	3.273,91	*180,06*	261,91	294,65																		
	VI	3.318,25	*182,50*	265,46	298,64																		
9.782,99	I	2.752,91	*151,41*	220,23	247,76	*134,98*	207,70	233,66	*116,34*	195,16	219,56	*97,69*	182,63	205,46	*79,05*	170,10	191,36	*60,41*	157,56	177,26	*41,76*	145,03	16
(West)	II	2.603,83	*135,88*	208,30	234,34	*117,24*	195,77	220,24	*98,60*	183,24	206,14	*79,95*	170,70	192,04	*61,31*	158,17	177,94	*42,67*	145,64	163,84	*24,02*	133,10	14
	III	1.965,00	–	157,20	176,85	–	146,13	164,39	–	135,32	152,23	–	124,76	140,35	–	114,46	128,77	–	104,42	117,47	–	94,64	106
	IV	2.752,91	*151,41*	220,23	247,76	*144,30*	213,96	240,71	*134,98*	207,70	233,66	*125,66*	201,43	226,61	*116,34*	195,16	219,56	*107,02*	188,90	212,51	*97,69*	182,63	205
	V	3.267,33	*179,70*	261,38	294,05																		
	VI	3.311,66	*182,14*	264,93	298,04																		
9.782,99	I	2.760,75	*151,84*	220,86	248,46	*135,91*	208,32	234,36	*117,27*	195,79	220,26	*98,63*	183,26	206,16	*79,98*	170,72	192,06	*61,34*	158,19	177,96	*42,70*	145,66	163
(Ost)	II	2.611,58	*136,81*	208,92	235,04	*118,16*	196,39	220,94	*99,53*	183,86	206,84	*80,89*	171,33	192,74	*62,24*	158,80	178,65	*43,60*	146,26	164,54	*24,96*	133,73	15
	III	1.972,00	–	157,76	177,48	–	146,68	165,01	–	135,85	152,83	–	125,28	140,94	–	114,97	129,34	–	104,92	118,03	–	95,12	107
	IV	2.760,75	*151,84*	220,86	248,46	*145,23*	214,59	241,41	*135,91*	208,32	234,36	*126,59*	202,06	227,31	*117,27*	195,79	220,26	*107,95*	189,52	213,21	*98,63*	183,26	206
	V	3.275,16	*180,13*	262,01	294,76																		
	VI	3.319,50	*182,57*	265,56	298,75																		
9.785,99	I	2.754,16	*151,47*	220,33	247,87	*135,13*	207,80	233,77	*116,49*	195,26	219,67	*97,84*	182,73	205,57	*79,20*	170,20	191,47	*60,56*	157,66	177,37	*41,92*	145,14	163
(West)	II	2.605,08	*136,03*	208,40	234,45	*117,39*	195,87	220,35	*98,75*	183,34	206,25	*80,10*	170,80	192,15	*61,46*	158,27	178,05	*42,82*	145,74	163,95	*24,17*	133,20	149
	III	1.966,16	–	157,29	176,95	–	146,21	164,48	–	135,40	152,32	–	124,85	140,45	–	114,54	128,86	–	104,50	117,56	–	94,72	106
	IV	2.754,16	*151,47*	220,33	247,87	*144,45*	214,06	240,82	*135,13*	207,80	233,77	*125,81*	201,53	226,72	*116,49*	195,26	219,67	*107,16*	189,00	212,62	*97,84*	182,73	205
	V	3.268,58	*179,77*	261,48	294,17																		
	VI	3.312,91	*182,21*	265,03	298,16																		
9.785,99	I	2.762,00	*151,91*	220,96	248,58	*136,06*	208,42	234,47	*117,42*	195,89	220,37	*98,77*	183,36	206,28	*80,13*	170,82	192,17	*61,49*	158,29	178,07	*42,84*	145,76	163
(Ost)	II	2.612,91	*136,96*	209,03	235,16	*118,32*	196,50	221,06	*99,68*	183,96	206,96	*81,03*	171,43	192,86	*62,39*	158,90	178,76	*43,75*	146,36	164,66	*25,10*	133,83	150
	III	1.973,16	–	157,85	177,58	–	146,77	165,11	–	135,93	152,92	–	125,37	141,04	–	115,05	129,43	–	105,00	118,12	–	95,20	107,
	IV	2.762,00	*151,91*	220,96	248,58	*145,38*	214,69	241,52	*136,06*	208,42	234,47	*126,74*	202,16	227,43	*117,42*	195,89	220,37	*108,10*	189,62	213,32	*98,77*	183,36	206
	V	3.276,41	*180,20*	262,11	294,87																		
	VI	3.320,75	*182,64*	265,66	298,86																		
9.788,99	I	2.755,41	*151,54*	220,43	247,98	*135,28*	207,90	233,88	*116,63*	195,36	219,78	*97,99*	182,83	205,68	*79,36*	170,30	191,59	*60,71*	157,77	177,49	*42,07*	145,24	163,
(West)	II	2.606,33	*136,18*	208,50	234,56	*117,54*	195,97	220,46	*98,89*	183,44	206,37	*80,25*	170,90	192,26	*61,61*	158,37	178,16	*42,96*	145,84	164,07	*24,32*	133,30	149
	III	1.967,33	–	157,38	177,05	–	146,30	164,59	–	135,49	152,42	–	124,93	140,54	–	114,62	128,95	–	104,58	117,65	–	94,80	106,
	IV	2.755,41	*151,54*	220,43	247,98	*144,60*	214,16	240,93	*135,28*	207,90	233,88	*125,96*	201,63	226,83	*116,63*	195,36	219,78	*107,31*	189,10	212,73	*97,99*	182,83	205,
	V	3.269,83	*179,84*	261,58	294,28																		
	VI	3.314,16	*182,27*	265,13	298,27																		
9.788,99	I	2.763,25	*151,97*	221,06	248,69	*136,21*	208,52	234,59	*117,57*	195,99	220,49	*98,92*	183,46	206,39	*80,28*	170,92	192,29	*61,64*	158,39	178,19	*42,99*	145,86	164,
(Ost)	II	2.614,16	*137,11*	209,13	235,27	*118,47*	196,60	221,17	*99,83*	184,06	207,07	*81,18*	171,53	192,97	*62,54*	159,00	178,87	*43,90*	146,46	164,77	*25,25*	133,93	150,
	III	1.974,33	–	157,94	177,68	–	146,85	165,20	–	136,02	153,02	–	125,45	141,13	–	115,13	129,52	–	105,08	118,21	–	95,28	107,
	IV	2.763,25	*151,97*	221,06	248,69	*145,53*	214,79	241,64	*136,21*	208,52	234,59	*126,89*	202,26	227,54	*117,57*	195,99	220,49	*108,25*	189,72	213,44	*98,92*	183,46	206,
	V	3.277,66	*180,27*	262,21	294,98																		
	VI	3.322,00	*182,71*	265,76	298,98																		
9.791,99	I	2.756,66	*151,61*	220,53	248,09	*135,43*	208,00	234,00	*116,78*	195,46	219,89	*98,15*	182,94	205,80	*79,51*	170,40	191,70	*60,86*	157,87	177,60	*42,22*	145,34	163,
(West)	II	2.607,58	*136,33*	208,60	234,68	*117,69*	196,07	220,58	*99,04*	183,54	206,48	*80,40*	171,00	192,38	*61,76*	158,47	178,28	*43,12*	145,94	164,18	*24,48*	133,41	150,
	III	1.968,33	–	157,46	177,14	–	146,40	164,70	–	135,57	152,51	–	125,01	140,63	–	114,70	129,04	–	104,66	117,74	–	94,86	106,
	IV	2.756,66	*151,61*	220,53	248,09	*144,75*	214,26	241,04	*135,43*	208,00	234,00	*126,11*	201,73	226,94	*116,78*	195,46	219,89	*107,47*	189,20	212,85	*98,15*	182,94	205,
	V	3.271,16	*179,91*	261,69	294,40																		
	VI	3.315,41	*182,34*	265,23	298,38																		
9.791,99	I	2.764,50	*152,04*	221,16	248,80	*136,36*	208,62	234,70	*117,72*	196,09	220,60	*99,07*	183,56	206,50	*80,43*	171,02	192,40	*61,79*	158,49	178,30	*43,14*	145,96	164,
(Ost)	II	2.615,41	*137,26*	209,23	235,38	*118,62*	196,70	221,28	*99,97*	184,16	207,18	*81,33*	171,63	193,08	*62,69*	159,10	178,98	*44,04*	146,56	164,88	*25,40*	134,03	150,
	III	1.975,33	–	158,02	177,77	–	146,94	165,31	–	136,10	153,11	–	125,53	141,22	–	115,22	129,62	–	105,16	118,30	–	95,36	107,
	IV	2.764,50	*152,04*	221,16	248,80	*145,68*	214,89	241,75	*136,36*	208,62	234,70	*127,04*	202,36	227,65	*117,72*	196,09	220,60	*108,39*	189,82	213,55	*99,07*	183,56	206,5
	V	3.278,91	*180,34*	262,31	295,10																		
	VI	3.323,25	*182,77*	265,86	299,09																		
9.794,99	I	2.757,91	*151,68*	220,63	248,21	*135,59*	208,10	234,11	*116,94*	195,57	220,01	*98,30*	183,04	205,92	*79,66*	170,50	191,81	*61,01*	157,97	177,71	*42,37*	145,44	163,6
(West)	II	2.608,83	*136,48*	208,70	234,79	*117,83*	196,17	220,69	*99,19*	183,64	206,59	*80,55*	171,10	192,49	*61,91*	158,58	178,40	*43,27*	146,04	164,30	*24,63*	133,51	150,2
	III	1.969,50	–	157,56	177,25	–	146,48	164,79	–	135,66	152,62	–	125,09	140,72	–	114,78	129,13	–	104,74	117,83	–	94,94	106,8
	IV	2.757,91	*151,68*	220,63	248,21	*144,90*	214,36	241,16	*135,59*	208,10	234,11	*126,26*	201,84	227,07	*116,94*	195,57	220,01	*107,62*	189,30	212,96	*98,30*	183,04	205,9
	V	3.272,41	*179,98*	261,79	294,51																		
	VI	3.316,66	*182,41*	265,33	298,49																		
9.794,99	I	2.765,75	*152,11*	221,26	248,91	*136,51*	208,72	234,81	*117,86*	196,19	220,71	*99,22*	183,66	206,61	*80,58*	171,12	192,51	*61,93*	158,59	178,41	*43,30*	146,06	164,3
(Ost)	II	2.616,66	*137,41*	209,33	235,49	*118,77*	196,80	221,40	*100,12*	184,26	207,29	*81,48*	171,73	193,19	*62,84*	159,20	179,10	*44,19*	146,66	164,99	*25,55*	134,13	150,8
	III	1.976,50	–	158,12	177,88	–	147,02	165,40	–	136,20	153,22	–	125,62	141,32	–	115,30	129,71	–	105,24	118,39	–	95,44	107,3
	IV	2.765,75	*152,11*	221,26	248,91	*145,83*	214,99	241,86	*136,51*	208,72	234,81	*127,19*	202,46	227,76	*117,86*	196,19	220,71	*108,54*	189,92	213,66	*99,22*	183,66	206,6
	V	3.280,16	*180,40*	262,41	295,21																		
	VI	3.324,50	*182,84*	265,96	299,20																		

Lohn/ Gehalt bis	Steuerklasse	Lohn-steuer	ohne Kinderfreibetrag SolZ 5,5%	Kirchensteuer 8%	9%	0,5 SolZ 5,5%	Kirchensteuer 8%	9%	1,0 SolZ 5,5%	Kirchensteuer 8%	9%	1,5 SolZ 5,5%	Kirchensteuer 8%	9%	2,0 SolZ 5,5%	Kirchensteuer 8%	9%	2,5 SolZ 5,5%	Kirchensteuer 8%	9%	3,0 SolZ 5,5%	Kirchensteuer 8%	9%
						Anzahl Kinderfreibeträge (nur Steuerklassen I–IV)																	
.797,99 (West)	I	2.759,25	151,75	220,74	248,33	135,73	208,20	234,23	117,09	195,67	220,13	98,45	183,14	206,03	79,80	170,60	191,93	61,16	158,07	177,83	42,52	145,54	163,73
	II	2.610,08	136,63	208,80	234,90	117,98	196,27	220,80	99,35	183,74	206,71	80,71	171,21	192,61	62,06	158,68	178,51	43,42	146,14	164,41	24,78	133,61	150,31
	III	1.970,66	-	157,65	177,35	-	146,57	164,89	-	135,74	152,71	-	125,18	140,83	-	114,88	129,24	-	104,82	117,92	-	95,02	106,90
	IV	2.759,25	151,75	220,74	248,33	145,06	214,47	241,28	135,73	208,20	234,23	126,41	201,94	227,18	117,09	195,67	220,13	107,77	189,40	213,08	98,45	183,14	206,03
	V	3.273,66	180,05	261,89	294,62																		
	VI	3.318,00	182,49	265,44	298,62																		
.797,99 (Ost)	I	2.767,00	152,18	221,36	249,03	136,66	208,82	234,92	118,01	196,29	220,82	99,37	183,76	206,73	80,74	171,23	192,63	62,09	158,70	178,53	43,45	146,16	164,43
	II	2.617,91	137,56	209,43	235,61	118,92	196,90	221,51	100,27	184,36	207,41	81,63	171,83	193,31	62,99	159,30	179,21	44,34	146,76	165,11	25,70	134,23	151,01
	III	1.977,66	-	158,21	177,98	-	147,12	165,51	-	136,28	153,31	-	125,70	141,41	-	115,38	129,80	-	105,32	118,48	-	95,50	107,44
	IV	2.767,00	152,18	221,36	249,03	145,98	215,09	241,97	136,66	208,82	234,92	127,33	202,56	227,88	118,01	196,29	220,82	108,69	190,02	213,77	99,37	183,76	206,73
	V	3.281,50	180,48	262,52	295,33																		
	VI	3.325,75	182,91	266,06	299,31																		
.800,99 (West)	I	2.760,50	151,82	220,84	248,44	135,88	208,30	234,34	117,24	195,77	220,24	98,60	183,24	206,14	79,95	170,70	192,04	61,31	158,17	177,94	42,67	145,64	163,84
	II	2.611,33	136,78	208,90	235,01	118,14	196,38	220,92	99,50	183,84	206,82	80,86	171,31	192,72	62,21	158,78	178,62	43,57	146,24	164,52	24,93	133,71	150,42
	III	1.971,83	-	157,74	177,46	-	146,65	164,98	-	135,84	152,82	-	125,26	140,92	-	114,96	129,33	-	104,90	118,01	-	95,10	106,99
	IV	2.760,50	151,82	220,84	248,44	145,20	214,57	241,39	135,88	208,30	234,34	126,56	202,04	227,29	117,24	195,77	220,24	107,92	189,50	213,19	98,60	183,24	206,14
	V	3.274,91	180,12	261,99	294,74																		
	VI	3.319,25	182,55	265,54	298,73																		
.800,99 (Ost)	I	2.768,25	152,25	221,46	249,14	136,81	208,92	235,04	118,16	196,39	220,94	99,53	183,86	206,84	80,89	171,33	192,74	62,24	158,80	178,65	43,60	146,26	164,54
	II	2.619,16	137,71	209,53	235,72	119,06	197,00	221,62	100,42	184,46	207,52	81,78	171,93	193,42	63,13	159,40	179,32	44,50	146,87	165,23	25,86	134,34	151,13
	III	1.978,83	-	158,30	178,09	-	147,21	165,61	-	136,37	153,41	-	125,78	141,50	-	115,46	129,89	-	105,40	118,57	-	95,58	107,53
	IV	2.768,25	152,25	221,46	249,14	146,13	215,19	242,09	136,81	208,92	235,04	127,48	202,66	227,99	118,16	196,39	220,94	108,85	190,13	213,89	99,53	183,86	206,84
	V	3.282,75	180,55	262,62	295,44																		
	VI	3.327,00	182,98	266,16	299,43																		
.803,99 (West)	I	2.761,75	151,89	220,94	248,55	136,03	208,40	234,45	117,39	195,87	220,35	98,75	183,34	206,25	80,10	170,80	192,15	61,46	158,27	178,05	42,82	145,74	163,95
	II	2.612,66	136,93	209,01	235,13	118,29	196,48	221,04	99,65	183,94	206,93	81,00	171,41	192,83	62,36	158,88	178,74	43,72	146,34	164,63	25,07	133,81	150,53
	III	1.972,83	-	157,82	177,55	-	146,74	165,08	-	135,92	152,91	-	125,34	141,01	-	115,04	129,42	-	104,98	118,10	-	95,18	107,08
	IV	2.761,75	151,89	220,94	248,55	145,35	214,67	241,50	136,03	208,40	234,45	126,71	202,14	227,40	117,39	195,87	220,35	108,07	189,60	213,30	98,75	183,34	206,25
	V	3.276,16	180,18	262,09	294,85																		
	VI	3.320,50	182,62	265,64	298,84																		
.803,99 (Ost)	I	2.769,50	152,32	221,56	249,25	136,96	209,03	235,16	118,32	196,50	221,06	99,68	183,96	206,96	81,03	171,43	192,86	62,39	158,90	178,76	43,75	146,36	164,66
	II	2.620,41	137,86	209,63	235,83	119,21	197,10	221,73	100,57	184,56	207,63	81,93	172,03	193,53	63,29	159,50	179,44	44,65	146,97	165,34	26,01	134,44	151,24
	III	1.980,00	-	158,40	178,20	-	147,29	165,70	-	136,45	153,50	-	125,88	141,61	-	115,54	129,98	-	105,48	118,66	-	95,66	107,62
	IV	2.769,50	152,32	221,56	249,25	146,28	215,29	242,20	136,96	209,03	235,16	127,64	202,76	228,11	118,32	196,50	221,06	109,00	190,23	214,01	99,68	183,96	206,96
	V	3.284,00	180,62	262,72	295,56																		
	VI	3.328,25	183,05	266,26	299,54																		
.806,99 (West)	I	2.763,00	151,96	221,04	248,67	136,18	208,50	234,56	117,54	195,97	220,46	98,89	183,44	206,37	80,25	170,90	192,26	61,61	158,37	178,16	42,96	145,84	164,07
	II	2.613,91	137,08	209,11	235,25	118,44	196,58	221,15	99,80	184,04	207,05	81,15	171,51	192,95	62,51	158,98	178,85	43,87	146,44	164,75	25,22	133,91	150,65
	III	1.974,00	-	157,92	177,66	-	146,84	165,19	-	136,01	153,01	-	125,44	141,12	-	115,12	129,51	-	105,06	118,19	-	95,26	107,17
	IV	2.763,00	151,96	221,04	248,67	145,50	214,77	241,61	136,18	208,50	234,56	126,86	202,24	227,52	117,54	195,97	220,46	108,22	189,70	213,41	98,89	183,44	206,37
	V	3.277,41	180,25	262,19	294,96																		
	VI	3.321,75	182,69	265,74	298,95																		
.806,99 (Ost)	I	2.770,83	152,39	221,66	249,37	137,11	209,13	235,27	118,47	196,60	221,17	99,83	184,06	207,07	81,18	171,53	192,97	62,54	159,00	178,87	43,90	146,46	164,77
	II	2.621,66	138,01	209,73	235,94	119,36	197,20	221,85	100,73	184,67	207,75	82,09	172,14	193,65	63,44	159,60	179,55	44,80	147,07	165,45	26,16	134,54	151,35
	III	1.981,00	-	158,48	178,29	-	147,38	165,80	-	136,54	153,61	-	125,96	141,70	-	115,62	130,07	-	105,56	118,75	-	95,74	107,71
	IV	2.770,83	152,39	221,66	249,37	146,43	215,40	242,32	137,11	209,13	235,27	127,79	202,86	228,22	118,47	196,60	221,17	109,15	190,33	214,12	99,83	184,06	207,07
	V	3.285,25	180,68	262,82	295,67																		
	VI	3.329,58	183,12	266,36	299,66																		
9.809,99 (West)	I	2.764,25	152,03	221,14	248,78	136,33	208,60	234,68	117,69	196,07	220,58	99,04	183,54	206,48	80,40	171,00	192,38	61,76	158,47	178,28	43,12	145,94	164,18
	II	2.615,16	137,23	209,21	235,36	118,59	196,68	221,26	99,95	184,14	207,16	81,30	171,61	193,06	62,66	159,08	178,96	44,02	146,54	164,86	25,37	134,01	150,76
	III	1.975,16	-	158,01	177,76	-	146,92	165,28	-	136,09	153,10	-	125,52	141,21	-	115,20	129,60	-	105,14	118,28	-	95,33	107,24
	IV	2.764,25	152,03	221,14	248,78	145,65	214,87	241,73	136,33	208,60	234,68	127,01	202,34	227,63	117,69	196,07	220,58	108,36	189,80	213,53	99,04	183,54	206,48
	V	3.278,66	180,32	262,29	295,07																		
	VI	3.323,00	182,76	265,84	299,07																		
9.809,99 (Ost)	I	2.772,08	152,46	221,76	249,48	137,26	209,23	235,38	118,62	196,70	221,28	99,97	184,16	207,18	81,33	171,63	193,08	62,69	159,10	178,98	44,04	146,56	164,88
	II	2.622,91	138,15	209,83	236,06	119,52	197,30	221,96	100,88	184,77	207,86	82,23	172,24	193,77	63,59	159,70	179,66	44,95	147,17	165,56	26,30	134,64	151,47
	III	1.982,16	-	158,57	178,39	-	147,46	165,89	-	136,62	153,70	-	126,04	141,79	-	115,70	130,16	-	105,64	118,84	-	95,82	107,80
	IV	2.772,08	152,46	221,76	249,48	146,58	215,50	242,43	137,26	209,23	235,38	127,94	202,96	228,33	118,62	196,70	221,28	109,30	190,43	214,23	99,97	184,16	207,18
	V	3.286,50	180,75	262,92	295,78																		
	VI	3.330,83	183,19	266,46	299,77																		
9.812,99 (West)	I	2.765,50	152,10	221,24	248,89	136,48	208,70	234,79	117,83	196,17	220,69	99,19	183,64	206,59	80,55	171,10	192,49	61,91	158,58	178,40	43,27	146,04	164,30
	II	2.616,41	137,38	209,31	235,47	118,74	196,78	221,37	100,09	184,24	207,27	81,45	171,71	193,17	62,81	159,18	179,07	44,16	146,64	164,97	25,52	134,11	150,87
	III	1.976,33	-	158,10	177,86	-	147,01	165,38	-	136,17	153,19	-	125,60	141,30	-	115,28	129,69	-	105,22	118,37	-	95,41	107,33
	IV	2.765,50	152,10	221,24	248,89	145,80	214,97	241,84	136,48	208,70	234,79	127,16	202,44	227,74	117,83	196,17	220,69	108,51	189,90	213,64	99,19	183,64	206,59
	V	3.279,91	180,39	262,39	295,19																		
	VI	3.324,25	182,83	265,94	299,18																		
9.812,99 (Ost)	I	2.773,33	152,53	221,86	249,59	137,41	209,33	235,49	118,77	196,80	221,40	100,12	184,26	207,29	81,48	171,73	193,19	62,84	159,20	179,10	44,19	146,66	164,99
	II	2.624,25	138,31	209,94	236,18	119,67	197,40	222,08	101,03	184,87	207,98	82,38	172,34	193,88	63,74	159,80	179,78	45,10	147,27	165,68	26,45	134,74	151,58
	III	1.983,33	-	158,66	178,49	-	147,56	166,00	-	136,72	153,81	-	126,12	141,88	-	115,80	130,27	-	105,72	118,93	-	95,90	107,89
	IV	2.773,33	152,53	221,86	249,59	146,73	215,60	242,55	137,41	209,33	235,49	128,09	203,06	228,44	118,77	196,80	221,40	109,45	190,53	214,34	100,12	184,26	207,29
	V	3.287,75	180,82	263,02	295,89																		
	VI	3.332,08	183,26	266,56	299,88																		
9.815,99 (West)	I	2.766,75	152,17	221,34	249,00	136,63	208,80	234,90	117,98	196,27	220,80	99,35	183,74	206,71	80,71	171,21	192,61	62,06	158,68	178,51	43,42	146,14	164,41
	II	2.617,66	137,53	209,41	235,58	118,89	196,88	221,49	100,24	184,34	207,38	81,60	171,81	193,28	62,96	159,28	179,19	44,31	146,74	165,08	25,68	134,22	150,99
	III	1.977,33	-	158,18	177,95	-	147,10	165,49	-	136,26	153,29	-	125,69	141,40	-	115,36	129,78	-	105,30	118,46	-	95,49	107,42
	IV	2.766,75	152,17	221,34	249,00	145,95	215,07	241,95	136,63	208,80	234,90	127,31	202,54	227,85	117,98	196,27	220,80	108,66	190,00	213,75	99,35	183,74	206,71
	V	3.281,25	180,46	262,50	295,31																		
	VI	3.325,50	182,90	266,04	299,29																		
9.815,99 (Ost)	I	2.774,58	152,60	221,96	249,71	137,56	209,43	235,61	118,92	196,90	221,51	100,27	184,36	207,41	81,63	171,83	193,31	62,99	159,30	179,21	44,34	146,76	165,11
	II	2.625,50	138,46	210,04	236,29	119,82	197,50	222,19	101,17	184,97	208,09	82,53	172,44	193,99	63,89	159,90	179,89	45,24	147,37	165,79	26,60	134,84	151,69
	III	1.984,50	-	158,76	178,60	-	147,65	166,10	-	136,80	153,90	-	126,21	141,98	-	115,88	130,36	-	105,80	119,02	-	95,98	107,98
	IV	2.774,58	152,60	221,96	249,71	146,88	215,70	242,66	137,56	209,43	235,61	128,24	203,16	228,56	118,92	196,90	221,51	109,59	190,63	214,46	100,27	184,36	207,41
	V	3.289,00	180,89	263,12	296,01																		
	VI	3.333,33	183,33	266,66	299,99																		

MONAT bis 9.836,99 €

Allgemeine Tabelle

Lohn/Gehalt bis	Steuerklasse	Lohnsteuer	ohne Kinderfreibetrag			Anzahl Kinderfreibeträge (nur Steuerklassen I–IV)																	
						0,5			1,0			1,5			2,0			2,5			3,0		
			SolZ 5,5%	Kirchensteuer 8%	Kirchensteuer 9%	SolZ 5,5%	Kirchensteuer 8%	Kirchensteuer 9%	SolZ 5,5%	Kirchensteuer 8%	Kirchensteuer 9%	SolZ 5,5%	Kirchensteuer 8%	Kirchensteuer 9%	SolZ 5,5%	Kirchensteuer 8%	Kirchensteuer 9%	SolZ 5,5%	Kirchensteuer 8%	Kirchensteuer 9%	SolZ 5,5%	Kirchensteuer 8%	Kirchensteuer 9%
9.818,99 (West)	I	2.768,00	152,24	221,44	249,12	136,78	208,90	235,01	118,14	196,38	220,92	99,50	183,84	206,82	80,86	171,31	192,72	62,21	158,78	178,62	43,57	146,24	1
	II	2.618,91	137,68	209,51	235,70	119,03	196,98	221,60	100,39	184,44	207,50	81,75	171,91	193,40	63,11	159,38	179,30	44,47	146,85	165,20	25,83	134,32	1
	III	1.978,50	-	158,28	178,06	-	147,18	165,58	-	136,34	153,38	-	125,77	141,49	-	115,45	129,88	-	105,38	118,55	-	95,57	1
	IV	2.768,00	152,24	221,44	249,12	146,10	215,17	242,06	136,78	208,90	235,01	127,46	202,64	227,97	118,14	196,38	220,92	108,82	190,11	213,87	99,50	183,84	2
	V	3.282,50	180,53	262,60	295,42																		
	VI	3.326,75	182,97	266,14	299,40																		
9.818,99 (Ost)	I	2.775,83	152,67	222,06	249,82	137,71	209,53	235,72	119,06	197,00	221,62	100,42	184,46	207,52	81,78	171,93	193,42	63,13	159,40	179,32	44,50	146,87	16
	II	2.626,75	138,61	210,14	236,40	119,97	197,60	222,30	101,32	185,07	208,20	82,68	172,54	194,10	64,04	160,00	180,00	45,39	147,47	165,90	26,75	134,94	15
	III	1.985,50	-	158,84	178,69	-	147,73	166,19	-	136,89	154,00	-	126,29	142,07	-	115,96	130,45	-	105,88	119,11	-	96,05	10
	IV	2.775,83	152,67	222,06	249,82	147,03	215,80	242,77	137,71	209,53	235,72	128,39	203,26	228,67	119,06	197,00	221,62	109,74	190,73	214,57	100,42	184,46	20
	V	3.290,25	180,96	263,22	296,12																		
	VI	3.334,58	183,40	266,76	300,11																		
9.821,99 (West)	I	2.769,33	152,31	221,54	249,23	136,93	209,01	235,13	118,29	196,48	221,04	99,65	183,94	206,93	81,00	171,41	192,83	62,36	158,88	178,74	43,72	146,34	16
	II	2.620,16	137,83	209,61	235,81	119,18	197,08	221,71	100,54	184,54	207,61	81,91	172,02	193,52	63,26	159,48	179,42	44,62	146,95	165,32	25,98	134,42	15
	III	1.979,66	-	158,37	178,16	-	147,28	165,69	-	136,44	153,49	-	125,85	141,58	-	115,53	129,97	-	105,46	118,64	-	95,65	10
	IV	2.769,33	152,31	221,54	249,23	146,26	215,28	242,19	136,93	209,01	235,13	127,61	202,74	228,08	118,29	196,48	221,04	108,97	190,21	213,98	99,65	183,94	20
	V	3.283,75	180,60	262,70	295,53																		
	VI	3.328,08	183,04	266,24	299,52																		
9.821,99 (Ost)	I	2.777,08	152,73	222,16	249,93	137,86	209,63	235,83	119,21	197,10	221,73	100,57	184,56	207,63	81,93	172,03	193,53	63,29	159,50	179,44	44,65	146,97	16
	II	2.628,00	138,76	210,24	236,52	120,12	197,70	222,41	101,47	185,17	208,31	82,83	172,64	194,22	64,19	160,10	180,11	45,54	147,57	166,01	26,90	135,04	15
	III	1.986,66	-	158,93	178,79	-	147,82	166,30	-	136,97	154,09	-	126,37	142,16	-	116,04	130,54	-	105,96	119,20	-	96,13	10
	IV	2.777,08	152,73	222,16	249,93	147,18	215,90	242,88	137,86	209,63	235,83	128,53	203,36	228,78	119,21	197,10	221,73	109,89	190,83	214,68	100,57	184,56	20
	V	3.291,50	181,03	263,32	296,23																		
	VI	3.335,83	183,47	266,86	300,22																		
9.824,99 (West)	I	2.770,58	152,38	221,64	249,35	137,08	209,11	235,25	118,44	196,58	221,15	99,80	184,04	207,05	81,15	171,51	192,95	62,51	158,98	178,85	43,87	146,44	16
	II	2.621,41	137,98	209,71	235,92	119,34	197,18	221,83	100,70	184,65	207,73	82,06	172,12	193,63	63,41	159,58	179,53	44,77	147,05	165,43	26,13	134,52	15
	III	1.980,83	-	158,46	178,27	-	147,36	165,78	-	136,52	153,58	-	125,93	141,67	-	115,61	130,06	-	105,54	118,73	-	95,73	10
	IV	2.770,58	152,38	221,64	249,35	146,40	215,38	242,30	137,08	209,11	235,25	127,76	202,84	228,20	118,44	196,58	221,15	109,12	190,31	214,10	99,80	184,04	20
	V	3.285,00	180,67	262,80	295,65																		
	VI	3.329,33	183,11	266,34	299,63																		
9.824,99 (Ost)	I	2.778,33	152,80	222,26	250,04	138,01	209,73	235,94	119,36	197,20	221,85	100,73	184,67	207,75	82,09	172,14	193,65	63,44	159,60	179,55	44,80	147,07	16
	II	2.629,25	138,91	210,34	236,63	120,26	197,80	222,53	101,62	185,27	208,43	82,98	172,74	194,33	64,33	160,20	180,23	45,69	147,67	166,13	27,06	135,14	15
	III	1.987,83	-	159,02	178,90	-	147,92	166,41	-	137,05	154,18	-	126,46	142,27	-	116,12	130,63	-	106,04	119,29	-	96,21	10
	IV	2.778,33	152,80	222,26	250,04	147,33	216,00	243,00	138,01	209,73	235,94	128,68	203,46	228,89	119,36	197,20	221,85	110,04	190,93	214,79	100,73	184,67	20
	V	3.292,83	181,10	263,42	296,35																		
	VI	3.337,08	183,53	266,96	300,33																		
9.827,99 (West)	I	2.771,83	152,45	221,74	249,46	137,23	209,21	235,36	118,59	196,68	221,26	99,95	184,14	207,16	81,30	171,61	193,06	62,66	159,08	178,96	44,02	146,54	16
	II	2.622,75	138,13	209,82	236,04	119,49	197,28	221,94	100,85	184,75	207,84	82,20	172,22	193,74	63,56	159,68	179,64	44,92	147,15	165,54	26,27	134,62	15
	III	1.982,00	-	158,56	178,38	-	147,45	165,88	-	136,61	153,68	-	126,02	141,77	-	115,69	130,15	-	105,62	118,82	-	95,81	10
	IV	2.771,83	152,45	221,74	249,46	146,55	215,48	242,41	137,23	209,21	235,36	127,91	202,94	228,31	118,59	196,68	221,26	109,27	190,41	214,21	99,95	184,14	20
	V	3.286,25	180,74	262,90	295,76																		
	VI	3.330,58	183,18	266,44	299,75																		
9.827,99 (Ost)	I	2.779,58	152,87	222,36	250,16	138,15	209,83	236,06	119,52	197,30	221,96	100,88	184,77	207,86	82,23	172,24	193,77	63,59	159,70	179,66	44,95	147,17	16
	II	2.630,50	139,06	210,44	236,74	120,41	197,90	222,64	101,77	185,37	208,54	83,13	172,84	194,44	64,49	160,31	180,35	45,85	147,78	166,25	27,21	135,24	15
	III	1.989,00	-	159,12	179,01	-	148,00	166,50	-	137,14	154,28	-	126,54	142,36	-	116,20	130,72	-	106,12	119,38	-	96,29	10
	IV	2.779,58	152,87	222,36	250,16	147,48	216,10	243,11	138,15	209,83	236,06	128,84	203,57	229,01	119,52	197,30	221,96	110,20	191,04	214,92	100,88	184,77	20
	V	3.294,08	181,17	263,52	296,46																		
	VI	3.338,33	183,60	267,06	300,44																		
9.830,99 (West)	I	2.773,08	152,51	221,84	249,57	137,38	209,31	235,47	118,74	196,78	221,37	100,09	184,24	207,27	81,45	171,71	193,17	62,81	159,18	179,07	44,16	146,64	16
	II	2.624,00	138,28	209,92	236,16	119,64	197,38	222,05	101,00	184,85	207,95	82,35	172,32	193,86	63,71	159,78	179,75	45,07	147,25	165,65	26,42	134,72	15
	III	1.983,00	-	158,64	178,47	-	147,54	165,98	-	136,69	153,77	-	126,10	141,86	-	115,77	130,24	-	105,70	118,91	-	95,88	10
	IV	2.773,08	152,51	221,84	249,57	146,70	215,58	242,52	137,38	209,31	235,47	128,06	203,04	228,42	118,74	196,78	221,37	109,42	190,51	214,32	100,09	184,24	20
	V	3.287,50	180,81	263,00	295,87																		
	VI	3.331,83	183,25	266,54	299,86																		
9.830,99 (Ost)	I	2.780,91	152,95	222,47	250,28	138,31	209,94	236,18	119,67	197,40	222,08	101,03	184,87	207,98	82,38	172,34	193,88	63,74	159,80	179,78	45,10	147,27	16
	II	2.631,75	139,21	210,54	236,85	120,56	198,00	222,75	101,92	185,47	208,65	83,29	172,94	194,56	64,64	160,41	180,46	46,00	147,88	166,36	27,36	135,34	15
	III	1.990,16	-	159,21	179,11	-	148,09	166,60	-	137,22	154,37	-	126,62	142,45	-	116,29	130,82	-	106,20	119,47	-	96,37	10
	IV	2.780,91	152,95	222,47	250,28	147,63	216,20	243,23	138,31	209,94	236,18	128,99	203,67	229,13	119,67	197,40	222,08	110,35	191,14	215,03	101,03	184,87	20
	V	3.295,33	181,24	263,62	296,57																		
	VI	3.339,66	183,68	267,17	300,56																		
9.833,99 (West)	I	2.774,33	152,58	221,94	249,68	137,53	209,41	235,58	118,89	196,88	221,49	100,24	184,34	207,38	81,60	171,81	193,28	62,96	159,28	179,19	44,31	146,74	16
	II	2.625,25	138,43	210,02	236,27	119,79	197,48	222,17	101,15	184,95	208,07	82,50	172,42	193,97	63,86	159,88	179,87	45,22	147,35	165,77	26,57	134,82	15
	III	1.984,16	-	158,73	178,57	-	147,62	166,07	-	136,78	153,88	-	126,18	141,95	-	115,85	130,33	-	105,78	119,00	-	95,96	10
	IV	2.774,33	152,58	221,94	249,68	146,85	215,68	242,64	137,53	209,41	235,58	128,21	203,14	228,53	118,89	196,88	221,49	109,56	190,61	214,43	100,24	184,34	20
	V	3.288,75	180,88	263,10	295,98																		
	VI	3.333,08	183,31	266,64	299,97																		
9.833,99 (Ost)	I	2.782,16	153,01	222,57	250,39	138,46	210,04	236,29	119,82	197,50	222,19	101,17	184,97	208,09	82,53	172,44	193,99	63,89	159,90	179,89	45,24	147,37	16
	II	2.633,00	139,35	210,64	236,97	120,72	198,11	222,87	102,08	185,58	208,77	83,43	173,04	194,67	64,79	160,51	180,57	46,15	147,98	166,47	27,50	135,44	15
	III	1.991,16	-	159,29	179,20	-	148,17	166,69	-	137,32	154,48	-	126,72	142,56	-	116,37	130,91	-	106,28	119,56	-	96,45	10
	IV	2.782,16	153,01	222,57	250,39	147,78	216,30	243,34	138,46	210,04	236,29	129,14	203,77	229,24	119,82	197,50	222,19	110,50	191,24	215,14	101,17	184,97	20
	V	3.296,58	181,31	263,72	296,69																		
	VI	3.340,91	183,75	267,27	300,68																		
9.836,99 (West)	I	2.775,58	152,65	222,04	249,80	137,68	209,51	235,70	119,03	196,98	221,60	100,39	184,44	207,50	81,75	171,91	193,40	63,11	159,38	179,30	44,47	146,85	165
	II	2.626,50	138,58	210,12	236,38	119,94	197,58	222,28	101,29	185,05	208,18	82,65	172,52	194,08	64,01	159,98	179,98	45,36	147,45	165,88	26,72	134,92	151
	III	1.985,33	-	158,82	178,67	-	147,72	166,18	-	136,86	153,97	-	126,28	142,06	-	115,94	130,43	-	105,86	119,09	-	96,04	108
	IV	2.775,58	152,65	222,04	249,80	147,00	215,78	242,75	137,68	209,51	235,70	128,36	203,24	228,65	119,03	196,98	221,60	109,71	190,71	214,55	100,39	184,44	207
	V	3.290,00	180,95	263,20	296,10																		
	VI	3.334,33	183,38	266,74	300,08																		
9.836,99 (Ost)	I	2.783,41	153,08	222,67	250,50	138,61	210,14	236,40	119,97	197,60	222,30	101,32	185,07	208,20	82,68	172,54	194,10	64,04	160,00	180,00	45,39	147,47	165,
	II	2.634,33	139,51	210,74	237,08	120,87	198,21	222,98	102,23	185,68	208,89	83,58	173,14	194,78	64,94	160,61	180,68	46,30	148,08	166,59	27,65	135,54	152,
	III	1.992,33	-	159,38	179,30	-	148,26	166,79	-	137,40	154,57	-	126,80	142,65	-	116,45	131,00	-	106,36	119,65	-	96,52	108,
	IV	2.783,41	153,08	222,67	250,50	147,93	216,40	243,45	138,61	210,14	236,40	129,29	203,87	229,35	119,97	197,60	222,30	110,65	191,34	215,25	101,32	185,07	208,
	V	3.297,83	181,38	263,82	296,80																		
	VI	3.342,16	183,81	267,37	300,79																		

Lohn/ Gehalt bis	Steuerklasse	Lohn-steuer	ohne Kinderfreibetrag SolZ 5,5%	ohne Kinderfreibetrag Kirchensteuer 8%	ohne Kinderfreibetrag Kirchensteuer 9%	0,5 SolZ 5,5%	0,5 Kirchensteuer 8%	0,5 Kirchensteuer 9%	1,0 SolZ 5,5%	1,0 Kirchensteuer 8%	1,0 Kirchensteuer 9%	1,5 SolZ 5,5%	1,5 Kirchensteuer 8%	1,5 Kirchensteuer 9%	2,0 SolZ 5,5%	2,0 Kirchensteuer 8%	2,0 Kirchensteuer 9%	2,5 SolZ 5,5%	2,5 Kirchensteuer 8%	2,5 Kirchensteuer 9%	3,0 SolZ 5,5%	3,0 Kirchensteuer 8%	3,0 Kirchensteuer 9%
9.839,99 (West)	I	2.776,83	152,72	222,14	249,91	137,83	209,61	235,81	119,18	197,08	221,71	100,54	184,54	207,61	81,91	172,02	193,52	63,26	159,48	179,42	44,62	146,95	165,32
	II	2.627,75	138,73	210,22	236,49	120,09	197,68	222,39	101,44	185,15	208,29	82,80	172,62	194,19	64,16	160,08	180,09	45,51	147,55	165,99	26,88	135,02	151,90
	III	1.986,50	-	158,92	178,78	-	147,80	166,27	-	136,96	154,08	-	126,36	142,15	-	116,02	130,52	-	105,94	119,18	-	96,12	108,13
	IV	2.776,83	152,72	222,14	249,91	147,15	215,88	242,86	137,83	209,61	235,81	128,51	203,34	228,76	119,18	197,08	221,71	109,86	190,81	214,66	100,54	184,54	207,61
	V	3.291,33	181,02	263,30	296,21																		
	VI	3.335,58	183,45	266,84	300,20																		
9.839,99 (Ost)	I	2.784,66	153,15	222,77	250,61	138,76	210,24	236,52	120,12	197,70	222,41	101,47	185,17	208,31	82,83	172,64	194,22	64,19	160,10	180,11	45,54	147,57	166,01
	II	2.635,58	139,66	210,84	237,20	121,02	198,31	223,10	102,37	185,78	209,00	83,73	173,24	194,90	65,09	160,71	180,80	46,44	148,18	166,70	27,80	135,64	152,60
	III	1.993,50	-	159,48	179,41	-	148,36	166,90	-	137,49	154,67	-	126,88	142,74	-	116,53	131,09	-	106,44	119,74	-	96,60	108,67
	IV	2.784,66	153,15	222,77	250,61	148,08	216,50	243,56	138,76	210,24	236,52	129,44	203,97	229,46	120,12	197,70	222,41	110,79	191,44	215,37	101,47	185,17	208,31
	V	3.299,08	181,44	263,92	296,91																		
	VI	3.343,41	183,88	267,47	300,90																		
9.842,99 (West)	I	2.778,08	152,79	222,24	250,02	137,98	209,71	235,92	119,34	197,18	221,83	100,70	184,65	207,73	82,06	172,12	193,63	63,41	159,58	179,53	44,77	147,05	165,43
	II	2.629,00	138,88	210,32	236,61	120,23	197,78	222,50	101,59	185,25	208,40	82,95	172,72	194,31	64,30	160,18	180,20	45,67	147,66	166,11	27,03	135,12	152,01
	III	1.987,50	-	159,00	178,87	-	147,89	166,37	-	137,04	154,17	-	126,44	142,24	-	116,10	130,61	-	106,02	119,27	-	96,20	108,22
	IV	2.778,08	152,79	222,24	250,02	147,30	215,98	242,97	137,98	209,71	235,92	128,65	203,44	228,87	119,34	197,18	221,83	110,02	190,92	214,78	100,70	184,65	207,73
	V	3.292,58	181,09	263,40	296,33																		
	VI	3.336,83	183,52	266,94	300,31																		
9.842,99 (Ost)	I	2.785,91	153,22	222,87	250,73	138,91	210,34	236,63	120,26	197,80	222,53	101,62	185,27	208,43	82,98	172,74	194,33	64,33	160,20	180,23	45,69	147,67	166,13
	II	2.636,83	139,81	210,94	237,31	121,17	198,41	223,21	102,52	185,88	209,11	83,88	173,34	195,01	65,24	160,81	180,91	46,59	148,28	166,81	27,95	135,74	152,71
	III	1.994,66	-	159,57	179,51	-	148,44	166,99	-	137,57	154,76	-	126,97	142,84	-	116,61	131,18	-	106,52	119,83	-	96,68	108,76
	IV	2.785,91	153,22	222,87	250,73	148,23	216,60	243,68	138,91	210,34	236,63	129,59	204,07	229,58	120,26	197,80	222,53	110,94	191,54	215,48	101,62	185,27	208,43
	V	3.300,33	181,51	264,02	297,02																		
	VI	3.344,66	183,95	267,57	301,01																		
9.845,99 (West)	I	2.779,33	152,86	222,34	250,13	138,13	209,82	236,04	119,49	197,28	221,94	100,85	184,75	207,84	82,20	172,22	193,74	63,56	159,68	179,64	44,92	147,15	165,54
	II	2.630,25	139,03	210,42	236,72	120,38	197,88	222,62	101,74	185,35	208,52	83,11	172,82	194,42	64,46	160,29	180,32	45,82	147,76	166,23	27,18	135,22	152,12
	III	1.988,66	-	159,09	178,97	-	147,98	166,48	-	137,13	154,27	-	126,53	142,34	-	116,18	130,70	-	106,10	119,36	-	96,28	108,31
	IV	2.779,33	152,86	222,34	250,13	147,46	216,08	243,09	138,13	209,82	236,04	128,81	203,55	228,99	119,49	197,28	221,94	110,17	191,02	214,89	100,85	184,75	207,84
	V	3.293,83	181,16	263,50	296,44																		
	VI	3.338,08	183,59	267,04	300,42																		
9.845,99 (Ost)	I	2.787,16	153,29	222,97	250,84	139,06	210,44	236,74	120,41	197,90	222,64	101,77	185,37	208,54	83,13	172,84	194,44	64,49	160,31	180,35	45,85	147,78	166,25
	II	2.638,08	139,96	211,04	237,42	121,32	198,51	223,32	102,67	185,98	209,22	84,03	173,44	195,12	65,39	160,91	181,02	46,74	148,38	166,92	28,10	135,84	152,82
	III	1.995,66	-	159,65	179,60	-	148,53	167,09	-	137,66	154,87	-	127,05	142,93	-	116,69	131,27	-	106,60	119,92	-	96,76	108,85
	IV	2.787,16	153,29	222,97	250,84	148,38	216,70	243,79	139,06	210,44	236,74	129,73	204,17	229,69	120,41	197,90	222,64	111,09	191,64	215,59	101,77	185,37	208,54
	V	3.301,58	181,58	264,12	297,14																		
	VI	3.345,91	184,02	267,67	301,13																		
9.848,99 (West)	I	2.780,66	152,93	222,45	250,25	138,28	209,92	236,16	119,64	197,38	222,05	101,00	184,85	207,95	82,35	172,32	193,86	63,71	159,78	179,75	45,07	147,25	165,65
	II	2.631,50	139,18	210,52	236,83	120,53	197,98	222,73	101,90	185,46	208,64	83,26	172,92	194,54	64,61	160,39	180,44	45,97	147,86	166,34	27,33	135,32	152,24
	III	1.989,83	-	159,18	179,08	-	148,06	166,57	-	137,21	154,36	-	126,61	142,43	-	116,26	130,79	-	106,18	119,45	-	96,34	108,38
	IV	2.780,66	152,93	222,45	250,25	147,60	216,18	243,20	138,28	209,92	236,16	128,96	203,65	229,10	119,64	197,38	222,05	110,32	191,12	215,01	101,00	184,85	207,95
	V	3.295,08	181,22	263,60	296,55																		
	VI	3.339,41	183,66	267,15	300,54																		
9.848,99 (Ost)	I	2.788,41	153,36	223,07	250,95	139,21	210,54	236,85	120,56	198,00	222,75	101,92	185,47	208,65	83,29	172,94	194,56	64,64	160,41	180,46	46,00	147,88	166,36
	II	2.639,33	140,11	211,14	237,53	121,46	198,61	223,43	102,82	186,08	209,34	84,18	173,54	195,23	65,53	161,01	181,13	46,89	148,48	167,04	28,26	135,95	152,94
	III	1.996,83	-	159,74	179,71	-	148,62	167,20	-	137,74	154,96	-	127,13	143,02	-	116,78	131,38	-	106,68	120,01	-	96,84	108,94
	IV	2.788,41	153,36	223,07	250,95	148,53	216,80	243,90	139,21	210,54	236,85	129,88	204,27	229,80	120,56	198,00	222,75	111,24	191,74	215,70	101,92	185,47	208,65
	V	3.302,91	181,66	264,23	297,26																		
	VI	3.347,16	184,09	267,77	301,24																		
9.851,99 (West)	I	2.781,91	153,00	222,55	250,37	138,43	210,02	236,27	119,79	197,48	222,17	101,15	184,95	208,07	82,50	172,42	193,97	63,86	159,88	179,87	45,22	147,35	165,77
	II	2.632,83	139,33	210,62	236,95	120,69	198,09	222,85	102,05	185,56	208,75	83,40	173,02	194,65	64,76	160,49	180,55	46,12	147,96	166,45	27,47	135,42	152,35
	III	1.991,00	-	159,28	179,19	-	148,16	166,68	-	137,29	154,45	-	126,69	142,52	-	116,34	130,88	-	106,26	119,54	-	96,42	108,47
	IV	2.781,91	153,00	222,55	250,37	147,75	216,28	243,32	138,43	210,02	236,27	129,11	203,75	229,22	119,79	197,48	222,17	110,47	191,22	215,12	101,15	184,95	208,07
	V	3.296,33	181,29	263,70	296,66																		
	VI	3.340,66	183,73	267,25	300,65																		
9.851,99 (Ost)	I	2.789,66	153,43	223,17	251,06	139,35	210,64	236,97	120,72	198,11	222,87	102,08	185,58	208,77	83,43	173,04	194,67	64,79	160,51	180,57	46,15	147,98	166,47
	II	2.640,58	140,26	211,24	237,65	121,61	198,71	223,55	102,97	186,18	209,45	84,33	173,64	195,35	65,68	161,11	181,25	47,05	148,58	167,15	28,41	136,05	153,05
	III	1.998,00	-	159,84	179,82	-	148,70	167,29	-	137,84	155,07	-	127,22	143,12	-	116,86	131,47	-	106,76	120,10	-	96,92	109,03
	IV	2.789,66	153,43	223,17	251,06	148,68	216,90	244,01	139,35	210,64	236,97	130,03	204,37	229,91	120,72	198,11	222,87	111,40	191,84	215,82	102,08	185,58	208,77
	V	3.304,16	181,72	264,33	297,37																		
	VI	3.348,41	184,16	267,87	301,35																		
9.854,99 (West)	I	2.783,16	153,07	222,65	250,48	138,58	210,12	236,38	119,94	197,58	222,28	101,29	185,05	208,18	82,65	172,52	194,08	64,01	159,98	179,98	45,36	147,45	165,88
	II	2.634,08	139,48	210,72	237,06	120,84	198,19	222,96	102,20	185,66	208,86	83,55	173,12	194,76	64,91	160,59	180,66	46,27	148,06	166,56	27,62	135,52	152,46
	III	1.992,16	-	159,37	179,29	-	148,25	166,78	-	137,38	154,55	-	126,78	142,63	-	116,42	130,97	-	106,34	119,63	-	96,50	108,56
	IV	2.783,16	153,07	222,65	250,48	147,90	216,38	243,43	138,58	210,12	236,38	129,26	203,85	229,33	119,94	197,58	222,28	110,62	191,32	215,23	101,29	185,05	208,18
	V	3.297,58	181,36	263,80	296,78																		
	VI	3.341,91	183,80	267,35	300,77																		
9.854,99 (Ost)	I	2.790,91	153,50	223,27	251,18	139,51	210,74	237,08	120,87	198,21	222,98	102,23	185,68	208,89	83,58	173,14	194,78	64,94	160,61	180,68	46,30	148,08	166,59
	II	2.641,83	140,41	211,34	237,76	121,76	198,81	223,66	103,12	186,28	209,56	84,49	173,75	195,47	65,84	161,22	181,37	47,20	148,68	167,27	28,56	136,15	153,17
	III	1.999,16	-	159,93	179,92	-	148,80	167,40	-	137,92	155,16	-	127,30	143,21	-	116,94	131,56	-	106,84	120,19	-	97,00	109,12
	IV	2.790,91	153,50	223,27	251,18	148,83	217,01	244,13	139,51	210,74	237,08	130,19	204,48	230,04	120,87	198,21	222,98	111,55	191,94	215,93	102,23	185,68	208,89
	V	3.305,41	181,79	264,43	297,48																		
	VI	3.349,75	184,23	267,98	301,47																		
9.857,99 (West)	I	2.784,41	153,14	222,75	250,59	138,73	210,22	236,49	120,09	197,68	222,39	101,44	185,15	208,29	82,80	172,62	194,19	64,16	160,08	180,09	45,51	147,55	165,99
	II	2.635,33	139,63	210,82	237,17	120,99	198,29	223,07	102,34	185,76	208,98	83,70	173,22	194,87	65,06	160,69	180,77	46,41	148,16	166,68	27,77	135,62	152,57
	III	1.993,16	-	159,45	179,38	-	148,33	166,87	-	137,46	154,64	-	126,86	142,72	-	116,52	131,08	-	106,42	119,72	-	96,58	108,65
	IV	2.784,41	153,14	222,75	250,59	148,05	216,48	243,54	138,73	210,22	236,49	129,41	203,95	229,44	120,09	197,68	222,39	110,76	191,42	215,34	101,44	185,15	208,29
	V	3.298,83	181,43	263,90	296,89																		
	VI	3.343,16	183,87	267,45	300,88																		
9.857,99 (Ost)	I	2.792,25	153,57	223,38	251,30	139,66	210,84	237,20	121,02	198,31	223,10	102,37	185,78	209,00	83,73	173,24	194,90	65,09	160,71	180,80	46,44	148,18	166,70
	II	2.643,08	140,55	211,44	237,87	121,91	198,91	223,77	103,28	186,38	209,68	84,63	173,85	195,58	65,99	161,32	181,48	47,35	148,78	167,38	28,70	136,25	153,28
	III	2.000,33	-	160,02	180,02	-	148,89	167,50	-	138,01	155,26	-	127,38	143,30	-	117,02	131,65	-	106,92	120,28	-	97,06	109,19
	IV	2.792,25	153,57	223,38	251,30	148,98	217,11	244,25	139,66	210,84	237,20	130,34	204,58	230,15	121,02	198,31	223,10	111,70	192,04	216,05	102,37	185,78	209,00
	V	3.306,66	181,86	264,53	297,59																		
	VI	3.351,00	184,30	268,08	301,59																		

Anzahl Kinderfreibeträge (nur Steuerklassen I–IV)

Lohn/ Gehalt bis	Steuerklasse	Lohn-steuer	ohne Kinderfreibetrag SolZ 5,5%	Kirchensteuer 8%	Kirchensteuer 9%	0,5 SolZ 5,5%	0,5 Kirchensteuer 8%	0,5 Kirchensteuer 9%	1,0 SolZ 5,5%	1,0 Kirchensteuer 8%	1,0 Kirchensteuer 9%	1,5 SolZ 5,5%	1,5 Kirchensteuer 8%	1,5 Kirchensteuer 9%	2,0 SolZ 5,5%	2,0 Kirchensteuer 8%	2,0 Kirchensteuer 9%	2,5 SolZ 5,5%	2,5 Kirchensteuer 8%	2,5 Kirchensteuer 9%	3,0 SolZ 5,5%	3,0 Kirchensteuer 8%	3,0 Kirchensteuer 9%
9.860,99 (West)	I	2.785,66	153,21	222,85	250,70	138,88	210,32	236,61	120,23	197,78	222,50	101,59	185,25	208,40	82,95	172,72	194,31	64,30	160,18	180,20	45,67	147,66	16
	II	2.636,58	139,78	210,92	237,29	121,14	198,39	223,19	102,49	185,86	209,09	83,85	173,32	194,99	65,21	160,79	180,89	46,56	148,26	166,79	27,92	135,72	15
	III	1.994,33	-	159,54	179,48	-	148,42	166,97	-	137,56	154,75	-	126,94	142,81	-	116,60	131,17	-	106,50	119,81	-	96,66	10
	IV	2.785,66	153,21	222,85	250,70	148,20	216,58	243,65	138,88	210,32	236,61	129,56	204,05	229,55	120,23	197,78	222,50	110,91	191,52	215,46	101,59	185,25	20
	V	3.300,08	181,50	264,00	297,00																		
	VI	3.344,41	183,94	267,55	300,99																		
9.860,99 (Ost)	I	2.793,50	153,64	223,48	251,41	139,81	210,94	237,31	121,17	198,41	223,21	102,52	185,88	209,11	83,88	173,34	195,01	65,24	160,81	180,91	46,59	148,28	16
	II	2.644,41	140,71	211,55	237,99	122,07	199,02	223,89	103,43	186,48	209,79	84,78	173,95	195,69	66,14	161,42	181,59	47,50	148,88	167,49	28,85	136,35	15
	III	2.001,33	-	160,10	180,11	-	148,97	167,59	-	138,09	155,35	-	127,48	143,41	-	117,10	131,74	-	107,00	120,37	-	97,14	10
	IV	2.793,50	153,64	223,48	251,41	149,13	217,21	244,36	139,81	210,94	237,31	130,49	204,68	230,26	121,17	198,41	223,21	111,85	192,14	216,16	102,52	185,88	20
	V	3.307,91	181,93	264,63	297,71																		
	VI	3.352,25	184,37	268,18	301,70																		
9.863,99 (West)	I	2.786,91	153,28	222,95	250,82	139,03	210,42	236,72	120,38	197,88	222,62	101,74	185,35	208,52	83,11	172,82	194,42	64,46	160,29	180,32	45,82	147,76	16
	II	2.637,83	139,93	211,02	237,40	121,29	198,49	223,30	102,64	185,96	209,20	84,00	173,42	195,10	65,36	160,89	181,00	46,71	148,36	166,90	28,07	135,82	15
	III	1.995,50	-	159,64	179,59	-	148,52	167,08	-	137,64	154,84	-	127,04	142,92	-	116,68	131,26	-	106,58	119,90	-	96,74	10
	IV	2.786,91	153,28	222,95	250,82	148,35	216,68	243,77	139,03	210,42	236,72	129,71	204,15	229,67	120,38	197,88	222,62	111,06	191,62	215,57	101,74	185,35	20
	V	3.301,33	181,57	264,10	297,11																		
	VI	3.345,66	184,01	267,65	301,10																		
9.863,99 (Ost)	I	2.794,75	153,71	223,58	251,52	139,96	211,04	237,42	121,32	198,51	223,32	102,67	185,98	209,22	84,03	173,44	195,12	65,39	160,91	181,02	46,74	148,38	16
	II	2.645,66	140,86	211,65	238,10	122,22	199,12	224,01	103,57	186,58	209,90	84,93	174,05	195,80	66,29	161,52	181,71	47,64	148,98	167,60	29,00	136,45	153
	III	2.002,50	-	160,20	180,22	-	149,06	167,69	-	138,18	155,45	-	127,56	143,50	-	117,18	131,83	-	107,08	120,46	-	97,22	109
	IV	2.794,75	153,71	223,58	251,52	149,28	217,31	244,47	139,96	211,04	237,42	130,64	204,78	230,37	121,32	198,51	223,32	111,99	192,24	216,27	102,67	185,98	209
	V	3.309,16	182,00	264,73	297,82																		
	VI	3.353,50	184,44	268,28	301,81																		
9.866,99 (West)	I	2.788,16	153,34	223,05	250,93	139,18	210,52	236,83	120,53	197,98	222,73	101,90	185,46	208,64	83,26	172,92	194,54	64,61	160,39	180,44	45,97	147,86	166
	II	2.639,08	140,08	211,12	237,51	121,43	198,59	223,41	102,79	186,06	209,31	84,15	173,52	195,21	65,50	160,99	181,11	46,87	148,46	167,02	28,23	135,93	152
	III	1.996,66	-	159,73	179,69	-	148,60	167,17	-	137,73	154,94	-	127,12	143,01	-	116,76	131,35	-	106,66	119,99	-	96,82	108
	IV	2.788,16	153,34	223,05	250,93	148,50	216,78	243,88	139,18	210,52	236,83	129,85	204,25	229,78	120,53	197,98	222,73	111,22	191,72	215,69	101,90	185,46	208
	V	3.302,66	181,64	264,21	297,23																		
	VI	3.346,91	184,08	267,75	301,22																		
9.866,99 (Ost)	I	2.796,00	153,78	223,68	251,64	140,11	211,14	237,53	121,46	198,61	223,43	102,82	186,08	209,34	84,18	173,54	195,23	65,53	161,01	181,13	46,89	148,48	167
	II	2.646,91	141,01	211,75	238,22	122,37	199,22	224,12	103,72	186,68	210,02	85,08	174,15	195,92	66,44	161,62	181,82	47,79	149,08	167,72	29,15	136,55	153
	III	2.003,66	-	160,29	180,32	-	149,14	167,78	-	138,26	155,54	-	127,64	143,59	-	117,28	131,94	-	107,16	120,55	-	97,30	109
	IV	2.796,00	153,78	223,68	251,64	149,43	217,41	244,58	140,11	211,14	237,53	130,79	204,88	230,49	121,46	198,61	223,43	112,14	192,34	216,38	102,82	186,08	209
	V	3.310,41	182,07	264,83	297,93																		
	VI	3.354,75	184,51	268,38	301,92																		
9.869,99 (West)	I	2.789,41	153,41	223,15	251,04	139,33	210,62	236,95	120,69	198,09	222,85	102,05	185,56	208,75	83,40	173,02	194,65	64,76	160,49	180,55	46,12	147,96	166
	II	2.640,33	140,23	211,22	237,62	121,58	198,69	223,52	102,94	186,16	209,43	84,30	173,62	195,32	65,66	161,10	181,23	47,02	148,56	167,13	28,38	136,03	153
	III	1.997,83	-	159,82	179,80	-	148,69	167,27	-	137,81	155,03	-	127,20	143,10	-	116,84	131,44	-	106,74	120,08	-	96,89	109
	IV	2.789,41	153,41	223,15	251,04	148,65	216,88	243,99	139,33	210,62	236,95	130,01	204,36	229,90	120,69	198,09	222,85	111,37	191,82	215,80	102,05	185,56	208
	V	3.303,91	181,71	264,31	297,35																		
	VI	3.348,16	184,14	267,85	301,33																		
9.869,99 (Ost)	I	2.797,25	153,84	223,78	251,75	140,26	211,24	237,65	121,61	198,71	223,55	102,97	186,18	209,45	84,33	173,64	195,35	65,68	161,11	181,25	47,05	148,58	167
	II	2.648,16	141,16	211,85	238,33	122,52	199,32	224,23	103,87	186,78	210,13	85,23	174,25	196,03	66,59	161,72	181,93	47,94	149,18	167,83	29,30	136,65	153
	III	2.004,83	-	160,38	180,43	-	149,24	167,89	-	138,36	155,65	-	127,73	143,69	-	117,36	132,03	-	107,24	120,64	-	97,38	109
	IV	2.797,25	153,84	223,78	251,75	149,54	217,51	244,70	140,26	211,24	237,65	130,93	204,98	230,60	121,61	198,71	223,55	112,29	192,44	216,50	102,97	186,18	209
	V	3.311,66	182,14	264,93	298,04																		
	VI	3.356,00	184,58	268,48	302,04																		
9.872,99 (West)	I	2.790,75	153,49	223,26	251,16	139,48	210,72	237,06	120,84	198,19	222,96	102,20	185,66	208,86	83,55	173,12	194,76	64,91	160,59	180,66	46,27	148,06	166
	II	2.641,58	140,38	211,32	237,74	121,73	198,79	223,64	103,10	186,26	209,54	84,46	173,73	195,44	65,81	161,20	181,35	47,17	148,66	167,24	28,53	136,13	153,
	III	1.998,83	-	159,90	179,89	-	148,77	167,36	-	137,90	155,14	-	127,29	143,20	-	116,92	131,53	-	106,82	120,17	-	96,97	109
	IV	2.790,75	153,49	223,26	251,16	148,80	216,99	244,11	139,48	210,72	237,06	130,16	204,46	230,01	120,84	198,19	222,96	111,52	191,92	215,91	102,20	185,66	208,
	V	3.305,16	181,78	264,41	297,46																		
	VI	3.349,50	184,22	267,96	301,45																		
9.872,99 (Ost)	I	2.798,50	153,91	223,88	251,86	140,41	211,34	237,76	121,76	198,81	223,66	103,12	186,28	209,56	84,49	173,75	195,47	65,84	161,22	181,37	47,20	148,68	167,
	II	2.649,41	141,31	211,95	238,44	122,66	199,42	224,34	104,02	186,88	210,24	85,38	174,35	196,14	66,73	161,82	182,04	48,09	149,28	167,94	29,45	136,75	153,
	III	2.006,00	-	160,48	180,54	-	149,33	167,99	-	138,44	155,74	-	127,81	143,78	-	117,44	132,12	-	107,32	120,73	-	97,46	109,
	IV	2.798,50	153,91	223,88	251,86	149,60	217,61	244,81	140,41	211,34	237,76	131,08	205,08	230,71	121,76	198,81	223,66	112,44	192,54	216,61	103,12	186,28	209,
	V	3.313,00	182,21	265,04	298,17																		
	VI	3.357,25	184,64	268,58	302,15																		
9.875,99 (West)	I	2.792,00	153,56	223,36	251,28	139,63	210,82	237,17	120,99	198,29	223,07	102,34	185,76	208,98	83,70	173,22	194,87	65,06	160,69	180,77	46,41	148,16	166,
	II	2.642,83	140,52	211,42	237,85	121,89	198,90	223,76	103,25	186,36	209,66	84,60	173,83	195,56	65,96	161,30	181,46	47,32	148,76	167,36	28,67	136,23	153,
	III	2.000,00	-	160,00	180,00	-	148,86	167,47	-	137,98	155,23	-	127,37	143,29	-	117,01	131,63	-	106,90	120,26	-	97,05	109,
	IV	2.792,00	153,56	223,36	251,28	148,95	217,09	244,22	139,63	210,82	237,17	130,31	204,56	230,13	120,99	198,29	223,07	111,67	192,02	216,02	102,34	185,76	208,
	V	3.306,41	181,85	264,51	297,57																		
	VI	3.350,75	184,29	268,06	301,56																		
9.875,99 (Ost)	I	2.799,75	153,98	223,98	251,97	140,55	211,44	237,87	121,91	198,91	223,77	103,28	186,38	209,68	84,63	173,85	195,58	65,99	161,32	181,48	47,35	148,78	167,
	II	2.650,66	141,46	212,05	238,55	122,81	199,52	224,46	104,17	186,98	210,35	85,53	174,45	196,25	66,88	161,92	182,16	48,25	149,39	168,06	29,61	136,86	153,
	III	2.007,00	-	160,56	180,63	-	149,41	168,08	-	138,53	155,84	-	127,89	143,87	-	117,52	132,21	-	107,40	120,82	-	97,54	109,
	IV	2.799,75	153,98	223,98	251,97	149,67	217,71	244,92	140,55	211,44	237,87	131,23	205,18	230,82	121,91	198,91	223,77	112,60	192,65	216,73	103,28	186,38	209,
	V	3.314,25	182,28	265,14	298,28																		
	VI	3.358,50	184,71	268,68	302,26																		
9.878,99 (West)	I	2.793,25	153,62	223,46	251,39	139,78	210,92	237,29	121,14	198,39	223,19	102,49	185,86	209,09	83,85	173,32	194,99	65,21	160,79	180,89	46,56	148,26	166,
	II	2.644,16	140,68	211,53	237,97	122,04	199,00	223,87	103,40	186,46	209,77	84,75	173,93	195,67	66,11	161,40	181,57	47,47	148,86	167,47	28,82	136,33	153,
	III	2.001,16	-	160,09	180,10	-	148,96	167,58	-	138,08	155,34	-	127,45	143,38	-	117,09	131,72	-	106,98	120,35	-	97,13	109,
	IV	2.793,25	153,62	223,46	251,39	149,10	217,19	244,34	139,78	210,92	237,29	130,46	204,66	230,24	121,14	198,39	223,19	111,82	192,12	216,14	102,49	185,86	209,
	V	3.307,66	181,92	264,61	297,68																		
	VI	3.352,00	184,36	268,16	301,68																		
9.878,99 (Ost)	I	2.801,00	154,05	224,08	252,09	140,71	211,55	237,99	122,07	199,02	223,89	103,43	186,48	209,79	84,78	173,95	195,69	66,14	161,42	181,59	47,50	148,88	167,4
	II	2.651,91	141,61	212,15	238,67	122,96	199,62	224,57	104,32	187,08	210,47	85,68	174,55	196,37	67,04	162,02	182,27	48,40	149,49	168,17	29,75	136,96	154,0
	III	2.008,16	-	160,65	180,73	-	149,50	168,19	-	138,61	155,93	-	127,98	143,98	-	117,60	132,30	-	107,48	120,91	-	97,62	109,8
	IV	2.801,00	154,05	224,08	252,09	149,74	217,81	245,03	140,71	211,55	237,99	131,39	205,28	230,94	122,07	199,02	223,89	112,75	192,75	216,84	103,43	186,48	209,7
	V	3.315,50	182,35	265,24	298,39																		
	VI	3.359,75	184,78	268,78	302,37																		

Allgemeine Tabelle

Lohn/ Gehalt bis	Steuerklasse	Lohnsteuer	ohne Kinderfreibetrag			Anzahl Kinderfreibeträge (nur Steuerklassen I–IV) 0,5			1,0			1,5			2,0			2,5			3,0		
			SolZ 5,5%	Kirchensteuer 8%	Kirchensteuer 9%	SolZ 5,5%	Kirchensteuer 8%	Kirchensteuer 9%	SolZ 5,5%	Kirchensteuer 8%	Kirchensteuer 9%	SolZ 5,5%	Kirchensteuer 8%	Kirchensteuer 9%	SolZ 5,5%	Kirchensteuer 8%	Kirchensteuer 9%	SolZ 5,5%	Kirchensteuer 8%	Kirchensteuer 9%	SolZ 5,5%	Kirchensteuer 8%	Kirchensteuer 9%
.881,99 (West)	I	2.794,50	153,69	223,56	251,50	139,93	211,02	237,40	121,29	198,49	223,30	102,64	185,96	209,20	84,00	173,42	195,10	65,36	160,89	181,00	46,71	148,36	166,90
	II	2.645,41	140,83	211,63	238,08	122,19	199,10	223,98	103,54	186,56	209,88	84,90	174,03	195,78	66,26	161,50	181,68	47,61	148,96	167,58	28,97	136,43	153,48
	III	2.002,33	-	160,18	180,20	-	149,04	167,67	-	138,16	155,43	-	127,53	143,47	-	117,17	131,81	-	107,06	120,44	-	97,21	109,36
	IV	2.794,50	153,69	223,56	251,50	149,25	217,29	244,45	139,93	211,02	237,40	130,61	204,76	230,35	121,29	198,49	223,30	111,96	192,22	216,25	102,64	185,96	209,20
	V	3.308,91	181,99	264,71	297,80																		
	VI	3.353,25	184,42	268,26	301,79																		
.881,99 (Ost)	I	2.802,33	154,12	224,18	252,20	140,86	211,65	238,10	122,22	199,12	224,01	103,57	186,58	209,90	84,93	174,05	195,80	66,29	161,52	181,71	47,64	148,98	167,60
	II	2.653,16	141,75	212,25	238,78	123,11	199,72	224,68	104,48	187,19	210,59	85,83	174,66	196,49	67,19	162,12	182,39	48,55	149,59	168,29	29,90	137,06	154,19
	III	2.009,33	-	160,74	180,83	-	149,60	168,30	-	138,70	156,04	-	128,06	144,07	-	117,68	132,39	-	107,56	121,00	-	97,69	109,90
	IV	2.802,33	154,12	224,18	252,20	149,82	217,92	245,16	140,86	211,65	238,10	131,54	205,38	231,05	122,22	199,12	224,01	112,90	192,85	216,95	103,57	186,58	209,90
	V	3.316,75	182,42	265,34	298,50																		
	VI	3.361,08	184,85	268,88	302,49																		
.884,99 (West)	I	2.795,75	153,76	223,66	251,61	140,08	211,12	237,51	121,43	198,59	223,41	102,79	186,06	209,31	84,15	173,52	195,21	65,50	160,99	181,11	46,87	148,46	167,02
	II	2.646,66	140,98	211,73	238,19	122,34	199,20	224,10	103,69	186,66	209,99	85,05	174,13	195,89	66,41	161,60	181,80	47,76	149,06	167,69	29,12	136,53	153,59
	III	2.003,50	-	160,28	180,31	-	149,13	167,77	-	138,25	155,53	-	127,62	143,57	-	117,25	131,90	-	107,14	120,53	-	97,29	109,45
	IV	2.795,75	153,76	223,66	251,61	149,40	217,39	244,56	140,08	211,12	237,51	130,76	204,86	230,46	121,43	198,59	223,41	112,11	192,32	216,36	102,79	186,06	209,31
	V	3.310,16	182,05	264,81	297,91																		
	VI	3.354,50	184,49	268,36	301,90																		
.884,99 (Ost)	I	2.803,58	154,19	224,28	252,32	141,01	211,75	238,22	122,37	199,22	224,12	103,72	186,68	210,02	85,08	174,15	195,92	66,44	161,62	181,82	47,79	149,08	167,72
	II	2.654,41	141,90	212,35	238,89	123,27	199,82	224,80	104,63	187,29	210,70	85,98	174,76	196,60	67,34	162,22	182,50	48,70	149,69	168,40	30,05	137,16	154,30
	III	2.010,50	-	160,84	180,94	-	149,68	168,39	-	138,78	156,13	-	128,14	144,16	-	117,77	132,49	-	107,64	121,09	-	97,77	109,99
	IV	2.803,58	154,19	224,28	252,32	149,88	218,02	245,27	141,01	211,75	238,22	131,69	205,48	231,17	122,37	199,22	224,12	113,05	192,95	217,07	103,72	186,68	210,02
	V	3.318,00	182,49	265,44	298,62																		
	VI	3.362,33	184,92	268,98	302,60																		
.887,99 (West)	I	2.797,00	153,83	223,76	251,73	140,23	211,22	237,62	121,58	198,69	223,52	102,94	186,16	209,43	84,30	173,62	195,32	65,66	161,10	181,23	47,02	148,56	167,13
	II	2.647,91	141,13	211,83	238,31	122,49	199,30	224,21	103,84	186,76	210,11	85,20	174,23	196,01	66,56	161,70	181,91	47,91	149,16	167,81	29,27	136,63	153,71
	III	2.004,50	-	160,36	180,40	-	149,22	167,87	-	138,33	155,62	-	127,70	143,66	-	117,33	131,99	-	107,22	120,62	-	97,37	109,54
	IV	2.797,00	153,83	223,76	251,73	149,52	217,49	244,67	140,23	211,22	237,62	130,90	204,96	230,58	121,58	198,69	223,52	112,26	192,42	216,47	102,94	186,16	209,43
	V	3.311,41	182,12	264,91	298,02																		
	VI	3.355,75	184,56	268,46	302,01																		
9.887,99 (Ost)	I	2.804,83	154,26	224,38	252,43	141,16	211,85	238,33	122,52	199,32	224,23	103,87	186,78	210,13	85,23	174,25	196,03	66,59	161,72	181,93	47,94	149,18	167,83
	II	2.655,75	142,06	212,46	239,01	123,42	199,92	224,91	104,77	187,39	210,81	86,13	174,86	196,71	67,49	162,32	182,61	48,84	149,79	168,51	30,20	137,26	154,41
	III	2.011,66	-	160,93	181,04	-	149,77	168,49	-	138,88	156,24	-	128,24	144,27	-	117,85	132,58	-	107,72	121,18	-	97,85	110,08
	IV	2.804,83	154,26	224,38	252,43	149,95	218,12	245,38	141,16	211,85	238,33	131,84	205,58	231,28	122,52	199,32	224,23	113,19	193,05	217,18	103,87	186,78	210,13
	V	3.319,25	182,55	265,54	298,73																		
	VI	3.363,58	184,99	269,08	302,72																		
9.890,99 (West)	I	2.798,25	153,90	223,86	251,84	140,38	211,32	237,74	121,73	198,79	223,64	103,10	186,26	209,54	84,46	173,73	195,44	65,81	161,20	181,35	47,17	148,66	167,24
	II	2.649,16	141,28	211,93	238,42	122,63	199,40	224,32	103,99	186,86	210,22	85,35	174,33	196,12	66,70	161,80	182,02	48,06	149,26	167,92	29,43	136,74	153,83
	III	2.005,66	-	160,45	180,50	-	149,30	167,96	-	138,42	155,72	-	127,78	143,75	-	117,42	132,10	-	107,30	120,71	-	97,44	109,62
	IV	2.798,25	153,90	223,86	251,84	149,59	217,59	244,79	140,38	211,32	237,74	131,05	205,06	230,69	121,73	198,79	223,64	112,41	192,52	216,59	103,10	186,26	209,54
	V	3.312,75	182,20	265,02	298,14																		
	VI	3.357,00	184,63	268,56	302,13																		
9.890,99 (Ost)	I	2.806,08	154,33	224,48	252,54	141,31	211,95	238,44	122,66	199,42	224,34	104,02	186,88	210,24	85,38	174,35	196,14	66,73	161,82	182,04	48,09	149,28	167,94
	II	2.657,00	142,21	212,56	239,13	123,57	200,02	225,02	104,92	187,49	210,92	86,28	174,96	196,83	67,64	162,42	182,72	48,99	149,89	168,62	30,35	137,36	154,53
	III	2.012,66	-	161,01	181,13	-	149,86	168,59	-	138,96	156,33	-	128,32	144,36	-	117,93	132,67	-	107,80	121,27	-	97,93	110,17
	IV	2.806,08	154,33	224,48	252,54	150,02	218,22	245,49	141,31	211,95	238,44	131,99	205,68	231,39	122,66	199,42	224,34	113,34	193,15	217,29	104,02	186,88	210,24
	V	3.320,50	182,62	265,64	298,84																		
	VI	3.364,83	185,06	269,18	302,83																		
9.893,99 (West)	I	2.799,50	153,97	223,96	251,95	140,52	211,42	237,85	121,89	198,90	223,76	103,25	186,36	209,66	84,60	173,83	195,56	65,96	161,30	181,46	47,32	148,76	167,36
	II	2.650,41	141,43	212,03	238,53	122,78	199,50	224,43	104,14	186,96	210,33	85,50	174,43	196,23	66,86	161,90	182,14	48,22	149,37	168,04	29,58	136,84	153,94
	III	2.006,83	-	160,54	180,61	-	149,40	168,07	-	138,50	155,81	-	127,88	143,86	-	117,50	132,19	-	107,38	120,80	-	97,52	109,71
	IV	2.799,50	153,97	223,96	251,95	149,66	217,69	244,90	140,52	211,42	237,85	131,21	205,16	230,81	121,89	198,90	223,76	112,57	192,63	216,71	103,25	186,36	209,66
	V	3.314,00	182,27	265,12	298,26																		
	VI	3.358,25	184,70	268,66	302,24																		
9.893,99 (Ost)	I	2.807,33	154,40	224,58	252,65	141,46	212,05	238,55	122,81	199,52	224,46	104,17	186,98	210,35	85,53	174,45	196,25	66,88	161,92	182,16	48,25	149,39	168,06
	II	2.658,25	142,36	212,66	239,24	123,72	200,12	225,14	105,07	187,59	211,04	86,43	175,06	196,94	67,79	162,52	182,84	49,14	149,99	168,74	30,50	137,46	154,64
	III	2.013,83	-	161,10	181,24	-	149,94	168,68	-	139,05	156,43	-	128,40	144,45	-	118,01	132,76	-	107,88	121,36	-	98,01	110,26
	IV	2.807,33	154,40	224,58	252,65	150,09	218,32	245,61	141,46	212,05	238,55	132,13	205,78	231,50	122,81	199,52	224,46	113,49	193,25	217,40	104,17	186,98	210,35
	V	3.321,75	182,69	265,74	298,95																		
	VI	3.366,08	185,13	269,28	302,94																		
9.896,99 (West)	I	2.800,83	154,04	224,06	252,07	140,68	211,53	237,97	122,04	199,00	223,87	103,40	186,46	209,77	84,75	173,93	195,67	66,11	161,40	181,57	47,47	148,86	167,47
	II	2.651,66	141,58	212,13	238,64	122,93	199,60	224,55	104,29	187,06	210,44	85,66	174,54	196,35	67,01	162,00	182,25	48,37	149,47	168,15	29,73	136,94	154,05
	III	2.008,00	-	160,64	180,72	-	149,49	168,17	-	138,60	155,92	-	127,96	143,95	-	117,58	132,28	-	107,46	120,89	-	97,60	109,80
	IV	2.800,83	154,04	224,06	252,07	149,73	217,80	245,02	140,68	211,53	237,97	131,36	205,26	230,92	122,04	199,00	223,87	112,72	192,73	216,82	103,40	186,46	209,77
	V	3.315,25	182,33	265,22	298,37																		
	VI	3.359,58	184,77	268,76	302,36																		
9.896,99 (Ost)	I	2.808,58	154,47	224,68	252,77	141,61	212,15	238,67	122,96	199,62	224,57	104,32	187,08	210,47	85,68	174,55	196,37	67,04	162,02	182,27	48,40	149,49	168,17
	II	2.659,50	142,51	212,76	239,35	123,86	200,22	225,25	105,22	187,69	211,15	86,58	175,16	197,05	67,93	162,62	182,95	49,29	150,09	168,85	30,65	137,56	154,75
	III	2.015,00	-	161,20	181,35	-	150,04	168,79	-	139,13	156,52	-	128,49	144,55	-	118,09	132,85	-	107,96	121,45	-	98,09	110,35
	IV	2.808,58	154,47	224,68	252,77	150,16	218,42	245,72	141,61	212,15	238,67	132,28	205,88	231,62	122,96	199,62	224,57	113,64	193,35	217,52	104,32	187,08	210,47
	V	3.323,00	182,76	265,84	299,07																		
	VI	3.367,33	185,20	269,38	303,05																		
9.899,99 (West)	I	2.802,08	154,11	224,16	252,18	140,83	211,63	238,08	122,19	199,10	223,98	103,54	186,56	209,88	84,90	174,03	195,78	66,26	161,50	181,68	47,61	148,96	167,58
	II	2.652,91	141,72	212,23	238,76	123,09	199,70	224,66	104,45	187,17	210,56	85,80	174,64	196,47	67,16	162,10	182,36	48,52	149,57	168,26	29,87	137,04	154,17
	III	2.009,16	-	160,73	180,82	-	149,57	168,26	-	138,68	156,01	-	128,04	144,04	-	117,66	132,37	-	107,54	120,98	-	97,68	109,89
	IV	2.802,08	154,11	224,16	252,18	149,80	217,90	245,13	140,83	211,63	238,08	131,51	205,36	231,03	122,19	199,10	223,98	112,87	192,83	216,93	103,54	186,56	209,88
	V	3.316,50	182,40	265,32	298,48																		
	VI	3.360,83	184,84	268,86	302,47																		
9.899,99 (Ost)	I	2.809,83	154,54	224,78	252,88	141,75	212,25	238,78	123,11	199,72	224,68	104,48	187,19	210,59	85,83	174,66	196,49	67,19	162,12	182,39	48,55	149,59	168,29
	II	2.660,75	142,66	212,86	239,46	124,01	200,32	225,36	105,37	187,79	211,26	86,73	175,26	197,16	68,08	162,72	183,06	49,44	150,19	168,96	30,81	137,66	154,87
	III	2.016,16	-	161,29	181,45	-	150,13	168,89	-	139,22	156,62	-	128,57	144,64	-	118,18	132,95	-	108,04	121,54	-	98,17	110,44
	IV	2.809,83	154,54	224,78	252,88	150,23	218,52	245,83	141,75	212,25	238,78	132,43	205,98	231,73	123,11	199,72	224,68	113,79	193,45	217,63	104,48	187,19	210,59
	V	3.324,33	182,83	265,94	299,18																		
	VI	3.368,58	185,27	269,48	303,17																		

Lohn/ Gehalt bis	Steuerklasse	Lohn- steuer	ohne Kinderfreibetrag			Anzahl Kinderfreibeträge (nur Steuerklassen I–IV)																		
						0,5			1,0			1,5			2,0			2,5			3,0		
			SolZ 5,5%	Kirchensteuer 8%	9%	SolZ 5,5%	Kirchensteuer 8%	9%	SolZ 5,5%	Kirchensteuer 8%	9%	SolZ 5,5%	Kirchensteuer 8%	9%	SolZ 5,5%	Kirchensteuer 8%	9%	SolZ 5,5%	Kirchensteuer 8%	9%	SolZ 5,5%	Kirchensteuer 8%	9
9.902,99 (West)	I	2.803,33	154,18	224,26	252,29	140,98	211,73	238,19	122,34	199,20	224,10	103,69	186,66	209,99	85,05	174,13	195,89	66,41	161,60	181,80	47,76	149,06	16
	II	2.654,25	141,88	212,34	238,88	123,24	199,80	224,78	104,60	187,27	210,68	85,95	174,74	196,58	67,31	162,20	182,48	48,67	149,67	168,38	30,02	137,14	15
	III	2.010,16	-	160,81	180,91	-	149,66	168,37	-	138,77	156,11	-	128,13	144,14	-	117,74	132,46	-	107,62	121,07	-	97,76	1
	IV	2.803,33	154,18	224,26	252,29	149,87	218,00	245,25	140,98	211,73	238,19	131,66	205,46	231,14	122,34	199,20	224,10	113,02	192,93	217,04	103,69	186,66	2
	V	3.317,75	182,47	265,42	298,59																		
	VI	3.362,08	184,91	268,96	302,58																		
9.902,99 (Ost)	I	2.811,08	154,60	224,88	252,99	141,90	212,35	238,89	123,27	199,82	224,80	104,63	187,29	210,70	85,98	174,76	196,60	67,34	162,22	182,50	48,70	149,69	16
	II	2.662,00	142,80	212,96	239,58	124,16	200,42	225,47	105,52	187,89	211,37	86,87	175,36	197,28	68,24	162,83	183,18	49,60	150,30	169,08	30,95	137,76	15
	III	2.017,33	-	161,38	181,55	-	150,21	168,98	-	139,30	156,71	-	128,65	144,73	-	118,26	133,04	-	108,13	121,64	-	98,25	11
	IV	2.811,08	154,60	224,88	252,99	150,30	218,62	245,94	141,90	212,35	238,89	132,59	206,09	231,85	123,27	199,82	224,80	113,95	193,56	217,75	104,63	187,29	2
	V	3.325,58	182,90	266,04	299,30																		
	VI	3.369,83	185,34	269,58	303,28																		
9.905,99 (West)	I	2.804,58	154,25	224,36	252,41	141,13	211,83	238,31	122,49	199,30	224,21	103,84	186,76	210,11	85,20	174,23	196,01	66,56	161,70	181,91	47,91	149,16	16
	II	2.655,50	142,03	212,44	238,99	123,39	199,90	224,89	104,74	187,37	210,79	86,10	174,84	196,69	67,46	162,30	182,59	48,81	149,77	168,49	30,17	137,24	15
	III	2.011,33	-	160,90	181,01	-	149,76	168,48	-	138,85	156,20	-	128,21	144,23	-	117,82	132,55	-	107,70	121,16	-	97,84	11
	IV	2.804,58	154,25	224,36	252,41	149,94	218,10	245,36	141,13	211,83	238,31	131,81	205,56	231,26	122,49	199,30	224,21	113,16	193,03	217,16	103,84	186,76	21
	V	3.319,00	182,54	265,52	298,71																		
	VI	3.363,33	184,98	269,06	302,69																		
9.905,99 (Ost)	I	2.812,41	154,68	224,99	253,11	142,06	212,46	239,01	123,42	199,92	224,91	104,77	187,39	210,81	86,13	174,86	196,71	67,49	162,32	182,61	48,84	149,79	16
	II	2.663,25	142,95	213,06	239,69	124,31	200,52	225,59	105,67	187,99	211,49	87,03	175,46	197,39	68,39	162,93	183,29	49,75	150,40	169,20	31,10	137,86	15
	III	2.018,33	-	161,46	181,64	-	150,30	169,09	-	139,40	156,82	-	128,74	144,83	-	118,34	133,13	-	108,21	121,73	-	98,32	11
	IV	2.812,41	154,68	224,99	253,11	150,37	218,72	246,06	142,06	212,46	239,01	132,74	206,19	231,96	123,42	199,92	224,91	114,10	193,66	217,86	104,77	187,39	21
	V	3.326,83	182,97	266,14	299,41																		
	VI	3.371,16	185,41	269,69	303,40																		
9.908,99 (West)	I	2.805,83	154,32	224,46	252,52	141,28	211,93	238,42	122,63	199,40	224,32	103,99	186,86	210,22	85,35	174,33	196,12	66,70	161,80	182,02	48,06	149,26	16
	II	2.656,75	142,18	212,54	239,10	123,54	200,00	225,00	104,89	187,47	210,90	86,25	174,94	196,80	67,61	162,40	182,70	48,96	149,87	168,60	30,32	137,34	15
	III	2.012,50	-	161,00	181,12	-	149,84	168,57	-	138,94	156,31	-	128,30	144,34	-	117,92	132,66	-	107,78	121,25	-	97,92	11
	IV	2.805,83	154,32	224,46	252,52	150,01	218,20	245,47	141,28	211,93	238,42	131,96	205,66	231,37	122,63	199,40	224,32	113,31	193,13	217,27	103,99	186,86	21
	V	3.320,25	182,61	265,62	298,82																		
	VI	3.364,58	185,05	269,16	302,81																		
9.908,99 (Ost)	I	2.813,66	154,75	225,09	253,22	142,21	212,56	239,13	123,57	200,02	225,02	104,92	187,49	210,92	86,28	174,96	196,83	67,64	162,42	182,72	48,99	149,89	16
	II	2.664,50	143,10	213,16	239,80	124,47	200,63	225,71	105,83	188,10	211,61	87,18	175,56	197,51	68,54	163,03	183,41	49,90	150,50	169,31	31,25	137,96	15
	III	2.019,50	-	161,56	181,75	-	150,40	169,20	-	139,48	156,91	-	128,82	144,92	-	118,42	133,22	-	108,29	121,82	-	98,40	11
	IV	2.813,66	154,75	225,09	253,22	150,44	218,82	246,17	142,21	212,56	239,13	132,89	206,29	232,07	123,57	200,02	225,02	114,24	193,76	217,98	104,92	187,49	21
	V	3.328,08	183,04	266,24	299,52																		
	VI	3.372,41	185,48	269,79	303,51																		
9.911,99 (West)	I	2.807,08	154,38	224,56	252,63	141,43	212,03	238,53	122,78	199,50	224,43	104,14	186,96	210,33	85,50	174,43	196,23	66,86	161,90	182,14	48,22	149,37	16
	II	2.658,00	142,33	212,64	239,22	123,69	200,10	225,11	105,04	187,57	211,01	86,40	175,04	196,92	67,76	162,50	182,81	49,11	149,97	168,71	30,47	137,44	15
	III	2.013,66	-	161,09	181,22	-	149,93	168,67	-	139,02	156,40	-	128,38	144,43	-	118,00	132,75	-	107,86	121,34	-	98,00	11
	IV	2.807,08	154,38	224,56	252,63	150,08	218,30	245,58	141,43	212,03	238,53	132,10	205,76	231,48	122,78	199,50	224,43	113,46	193,23	217,38	104,14	186,96	21
	V	3.321,50	182,68	265,72	298,93																		
	VI	3.365,83	185,12	269,26	302,92																		
9.911,99 (Ost)	I	2.814,91	154,82	225,19	253,34	142,36	212,66	239,24	123,72	200,12	225,14	105,07	187,59	211,04	86,43	175,06	196,94	67,79	162,52	182,84	49,14	149,99	16
	II	2.665,83	143,26	213,26	239,92	124,62	200,73	225,82	105,97	188,20	211,72	87,33	175,66	197,62	68,69	163,13	183,52	50,04	150,60	169,42	31,40	138,06	15
	III	2.020,66	-	161,65	181,85	-	150,48	169,29	-	139,57	157,01	-	128,90	145,01	-	118,50	133,31	-	108,37	121,91	-	98,48	11
	IV	2.814,91	154,82	225,19	253,34	150,51	218,92	246,29	142,36	212,66	239,24	133,04	206,39	232,19	123,72	200,12	225,14	114,39	193,86	218,09	105,07	187,59	21
	V	3.329,33	183,11	266,34	299,63																		
	VI	3.373,66	185,55	269,89	303,62																		
9.914,99 (West)	I	2.808,33	154,45	224,66	252,74	141,58	212,13	238,64	122,93	199,60	224,55	104,29	187,06	210,44	85,66	174,54	196,35	67,01	162,00	182,25	48,37	149,47	16
	II	2.659,25	142,48	212,74	239,33	123,83	200,20	225,23	105,19	187,67	211,13	86,55	175,14	197,03	67,90	162,60	182,93	49,26	150,07	168,83	30,63	137,54	15
	III	2.014,83	-	161,18	181,33	-	150,01	168,76	-	139,12	156,51	-	128,46	144,52	-	118,08	132,84	-	107,94	121,43	-	98,06	11
	IV	2.808,33	154,45	224,66	252,74	150,15	218,40	245,70	141,58	212,13	238,64	132,25	205,86	231,59	122,93	199,60	224,55	113,61	193,33	217,49	104,29	187,06	21
	V	3.322,83	182,75	265,82	299,05																		
	VI	3.367,08	185,18	269,36	303,03																		
9.914,99 (Ost)	I	2.816,16	154,88	225,29	253,45	142,51	212,76	239,35	123,86	200,22	225,25	105,22	187,69	211,15	86,58	175,16	197,05	67,93	162,62	182,95	49,29	150,09	168,
	II	2.667,08	143,41	213,36	240,03	124,77	200,83	225,93	106,12	188,30	211,83	87,48	175,76	197,73	68,84	163,23	183,63	50,19	150,70	169,53	31,55	138,16	155,
	III	2.021,83	-	161,74	181,96	-	150,57	169,39	-	139,65	157,10	-	129,00	145,12	-	118,60	133,42	-	108,45	122,00	-	98,56	110,
	IV	2.816,16	154,88	225,29	253,45	150,58	219,02	246,40	142,51	212,76	239,35	133,19	206,49	232,30	123,86	200,22	225,25	114,54	193,96	218,20	105,22	187,69	211,
	V	3.330,58	183,18	266,44	299,75																		
	VI	3.374,91	185,62	269,99	303,74																		
9.917,99 (West)	I	2.809,58	154,52	224,76	252,86	141,72	212,23	238,76	123,09	199,70	224,66	104,45	187,17	210,56	85,80	174,64	196,47	67,16	162,10	182,36	48,52	149,57	168,
	II	2.660,50	142,63	212,84	239,44	123,98	200,30	225,34	105,34	187,77	211,24	86,70	175,24	197,14	68,05	162,70	183,04	49,42	150,18	168,95	30,78	137,64	154,
	III	2.015,83	-	161,26	181,42	-	150,10	168,86	-	139,20	156,60	-	128,56	144,63	-	118,16	132,93	-	108,02	121,52	-	98,14	110,
	IV	2.809,58	154,52	224,76	252,86	150,21	218,50	245,81	141,72	212,23	238,76	132,40	205,96	231,71	123,09	199,70	224,66	113,77	193,44	217,62	104,45	187,17	210,
	V	3.324,08	182,82	265,92	299,16																		
	VI	3.368,33	185,25	269,46	303,14																		
9.917,99 (Ost)	I	2.817,41	154,95	225,39	253,56	142,66	212,86	239,46	124,01	200,32	225,36	105,37	187,79	211,26	86,73	175,26	197,16	68,08	162,72	183,06	49,44	150,19	168,
	II	2.668,33	143,56	213,46	240,14	124,92	200,93	226,04	106,27	188,40	211,95	87,63	175,86	197,84	68,99	163,33	183,74	50,34	150,80	169,65	31,70	138,26	155,
	III	2.023,00	-	161,84	182,07	-	150,66	169,49	-	139,74	157,21	-	129,08	145,21	-	118,68	133,51	-	108,53	122,09	-	98,64	110,
	IV	2.817,41	154,95	225,39	253,56	150,64	219,12	246,51	142,66	212,86	239,46	133,33	206,59	232,41	124,01	200,32	225,36	114,69	194,06	218,31	105,37	187,79	211,
	V	3.331,83	183,25	266,54	299,86																		
	VI	3.376,16	185,68	270,09	303,85																		
9.920,99 (West)	I	2.810,83	154,59	224,86	252,97	141,88	212,34	238,88	123,24	199,80	224,78	104,60	187,27	210,68	85,95	174,74	196,58	67,31	162,20	182,48	48,67	149,67	168,
	II	2.661,75	142,78	212,94	239,55	124,13	200,40	225,45	105,49	187,87	211,35	86,86	175,34	197,26	68,21	162,81	183,16	49,57	150,28	169,06	30,93	137,74	154,
	III	2.017,00	-	161,36	181,53	-	150,20	168,97	-	139,29	156,70	-	128,64	144,72	-	118,24	133,02	-	108,10	121,61	-	98,22	110,
	IV	2.810,83	154,59	224,86	252,97	150,29	218,60	245,93	141,88	212,34	238,88	132,56	206,07	231,83	123,24	199,80	224,78	113,92	193,54	217,73	104,60	187,27	210,
	V	3.325,33	182,89	266,02	299,27																		
	VI	3.369,58	185,32	269,56	303,26																		
9.920,99 (Ost)	I	2.818,66	155,02	225,49	253,67	142,80	212,96	239,58	124,16	200,42	225,47	105,52	187,89	211,37	86,87	175,36	197,28	68,24	162,83	183,18	49,60	150,30	169,
	II	2.669,58	143,71	213,56	240,26	125,06	201,03	226,16	106,42	188,50	212,06	87,78	175,96	197,96	69,13	163,43	183,86	50,49	150,90	169,76	31,85	138,36	155,
	III	2.024,16	-	161,93	182,17	-	150,74	169,58	-	139,82	157,30	-	129,16	145,30	-	118,76	133,60	-	108,61	122,18	-	98,72	111,
	IV	2.818,66	155,02	225,49	253,67	150,71	219,22	246,62	142,80	212,96	239,58	133,48	206,69	232,52	124,16	200,42	225,47	114,84	194,16	218,43	105,52	187,89	211,
	V	3.333,08	183,31	266,64	299,97																		
	VI	3.377,41	185,75	270,19	303,96																		

Lohn/ Gehalt bis	Steuerklasse	Lohn-steuer	ohne Kinderfreibetrag SolZ 5,5%	Kirchensteuer 8%	Kirchensteuer 9%	0,5 SolZ 5,5%	0,5 Kirchensteuer 8%	0,5 Kirchensteuer 9%	1,0 SolZ 5,5%	1,0 Kirchensteuer 8%	1,0 Kirchensteuer 9%	1,5 SolZ 5,5%	1,5 Kirchensteuer 8%	1,5 Kirchensteuer 9%	2,0 SolZ 5,5%	2,0 Kirchensteuer 8%	2,0 Kirchensteuer 9%	2,5 SolZ 5,5%	2,5 Kirchensteuer 8%	2,5 Kirchensteuer 9%	3,0 SolZ 5,5%	3,0 Kirchensteuer 8%	3,0 Kirchensteuer 9%
						Anzahl Kinderfreibeträge (nur Steuerklassen I–IV)																	
9.923,99 (West)	I	2.812,16	154,66	224,97	253,09	142,03	212,44	238,99	123,39	199,90	224,89	104,74	187,37	210,79	86,10	174,84	196,69	67,46	162,30	182,59	48,81	149,77	168,49
	II	2.663,00	142,92	213,04	239,67	124,28	200,50	225,56	105,65	187,98	211,47	87,00	175,44	197,37	68,36	162,91	183,27	49,72	150,38	169,17	31,07	137,84	155,07
	III	2.018,16	–	161,45	181,63	–	150,28	169,06	–	139,37	156,79	–	128,72	144,81	–	118,33	133,12	–	108,18	121,70	–	98,30	110,59
	IV	2.812,16	154,66	224,97	253,09	150,36	218,70	246,04	142,03	212,44	238,99	132,71	206,17	231,94	123,39	199,90	224,89	114,07	193,64	217,84	104,74	187,37	210,79
	V	3.326,58	182,96	266,12	299,39																		
	VI	3.370,91	185,40	269,67	303,38																		
9.923,99 (Ost)	I	2.819,91	155,09	225,59	253,79	142,95	213,06	239,69	124,31	200,52	225,59	105,67	187,99	211,49	87,03	175,46	197,39	68,39	162,93	183,29	49,75	150,40	169,20
	II	2.670,83	143,86	213,66	240,37	125,21	201,13	226,27	106,57	188,60	212,17	87,93	176,06	198,07	69,28	163,53	183,97	50,64	151,00	169,87	32,01	138,47	155,78
	III	2.025,16	–	162,01	182,26	–	150,84	169,69	–	139,92	157,41	–	129,25	145,40	–	118,84	133,69	–	108,69	122,27	–	98,80	111,15
	IV	2.819,91	155,09	225,59	253,79	150,78	219,32	246,74	142,95	213,06	239,69	133,63	206,79	232,64	124,31	200,52	225,59	114,99	194,26	218,54	105,67	187,99	211,49
	V	3.334,41	183,39	266,75	300,09																		
	VI	3.378,66	185,82	270,29	304,07																		
9.926,99 (West)	I	2.813,41	154,73	225,07	253,20	142,18	212,54	239,10	123,54	200,00	225,00	104,89	187,47	210,90	86,25	174,94	196,80	67,61	162,40	182,70	48,96	149,87	168,60
	II	2.664,33	143,08	213,14	239,78	124,44	200,61	225,68	105,80	188,08	211,59	87,15	175,54	197,48	68,51	163,01	183,38	49,87	150,48	169,29	31,22	137,94	155,18
	III	2.019,33	–	161,54	181,73	–	150,37	169,16	–	139,46	156,89	–	128,81	144,91	–	118,41	133,21	–	108,26	121,79	–	98,38	110,68
	IV	2.813,41	154,73	225,07	253,20	150,42	218,80	246,15	142,18	212,54	239,10	132,86	206,27	232,05	123,54	200,00	225,00	114,22	193,74	217,95	104,89	187,47	210,90
	V	3.327,83	183,03	266,22	299,50																		
	VI	3.372,16	185,46	269,77	303,49																		
9.926,99 (Ost)	I	2.821,16	155,16	225,69	253,90	143,10	213,16	239,80	124,47	200,63	225,71	105,83	188,10	211,61	87,18	175,56	197,51	68,54	163,03	183,41	49,90	150,50	169,31
	II	2.672,08	144,00	213,76	240,48	125,36	201,23	226,38	106,72	188,70	212,28	88,07	176,16	198,18	69,43	163,63	184,08	50,80	151,10	169,99	32,15	138,57	155,89
	III	2.026,33	–	162,10	182,36	–	150,93	169,79	–	140,00	157,50	–	129,33	145,49	–	118,92	133,78	–	108,77	122,36	–	98,88	111,24
	IV	2.821,16	155,16	225,69	253,90	150,85	219,42	246,85	143,10	213,16	239,80	133,78	206,89	232,75	124,47	200,63	225,71	115,15	194,36	218,66	105,83	188,10	211,61
	V	3.335,66	183,46	266,85	300,20																		
	VI	3.379,91	185,89	270,39	304,19																		
9.929,99 (West)	I	2.814,66	154,80	225,17	253,31	142,33	212,64	239,22	123,69	200,10	225,11	105,04	187,57	211,01	86,40	175,04	196,92	67,76	162,50	182,81	49,11	149,97	168,71
	II	2.665,58	143,23	213,24	239,90	124,59	200,71	225,80	105,94	188,18	211,70	87,30	175,64	197,60	68,66	163,11	183,50	50,01	150,58	169,40	31,37	138,04	155,30
	III	2.020,50	–	161,64	181,84	–	150,46	169,27	–	139,54	156,98	–	128,89	145,00	–	118,49	133,30	–	108,34	121,88	–	98,46	110,77
	IV	2.814,66	154,80	225,17	253,31	150,49	218,90	246,26	142,33	212,64	239,22	133,01	206,37	232,16	123,69	200,10	225,11	114,36	193,84	218,07	105,04	187,57	211,01
	V	3.329,08	183,09	266,32	299,61																		
	VI	3.373,41	185,53	269,87	303,60																		
9.929,99 (Ost)	I	2.822,41	155,23	225,79	254,01	143,26	213,26	239,92	124,62	200,73	225,82	105,97	188,20	211,72	87,33	175,66	197,62	68,69	163,13	183,52	50,04	150,60	169,42
	II	2.673,33	144,15	213,86	240,59	125,51	201,33	226,49	106,87	188,80	212,40	88,23	176,27	198,30	69,59	163,74	184,20	50,95	151,20	170,10	32,30	138,67	156,00
	III	2.027,50	–	162,20	182,47	–	151,01	169,88	–	140,09	157,60	–	129,41	145,58	–	119,01	133,88	–	108,85	122,45	–	98,96	111,33
	IV	2.822,41	155,23	225,79	254,01	150,92	219,53	246,97	143,26	213,26	239,92	133,94	207,00	232,87	124,62	200,73	225,82	115,30	194,46	218,77	105,97	188,20	211,72
	V	3.336,91	183,53	266,95	300,32																		
	VI	3.381,25	185,96	270,50	304,31																		
9.932,99 (West)	I	2.815,91	154,87	225,27	253,43	142,48	212,74	239,33	123,83	200,20	225,23	105,19	187,67	211,13	86,55	175,14	197,03	67,90	162,60	182,93	49,26	150,07	168,83
	II	2.666,83	143,38	213,34	240,01	124,74	200,81	225,91	106,09	188,28	211,81	87,45	175,74	197,71	68,81	163,21	183,61	50,16	150,68	169,51	31,52	138,14	155,41
	III	2.021,50	–	161,72	181,93	–	150,54	169,36	–	139,64	157,09	–	128,97	145,09	–	118,57	133,39	–	108,42	121,97	–	98,54	110,86
	IV	2.815,91	154,87	225,27	253,43	150,56	219,00	246,38	142,48	212,74	239,33	133,16	206,47	232,28	123,83	200,20	225,23	114,51	193,94	218,18	105,19	187,67	211,13
	V	3.330,33	183,16	266,42	299,72																		
	VI	3.374,66	185,60	269,97	303,71																		
9.932,99 (Ost)	I	2.823,75	155,30	225,90	254,13	143,41	213,36	240,03	124,77	200,83	225,93	106,12	188,30	211,83	87,48	175,76	197,73	68,84	163,23	183,63	50,19	150,70	169,53
	II	2.674,58	144,30	213,96	240,71	125,66	201,43	226,61	107,03	188,90	212,51	88,38	176,37	198,41	69,74	163,84	184,32	51,10	151,30	170,21	32,45	138,77	156,11
	III	2.028,66	–	162,29	182,57	–	151,10	169,99	–	140,17	157,69	–	129,50	145,69	–	119,09	133,97	–	108,93	122,54	–	99,02	111,40
	IV	2.823,75	155,30	225,90	254,13	150,99	219,63	247,08	143,41	213,36	240,03	134,09	207,10	232,98	124,77	200,83	225,93	115,44	194,56	218,88	106,12	188,30	211,83
	V	3.338,16	183,59	267,05	300,43																		
	VI	3.382,50	186,03	270,60	304,42																		
9.935,99 (West)	I	2.817,16	154,94	225,37	253,54	142,63	212,84	239,44	123,98	200,30	225,34	105,34	187,77	211,24	86,70	175,24	197,14	68,05	162,70	183,04	49,42	150,18	168,95
	II	2.668,08	143,53	213,44	240,12	124,89	200,91	226,02	106,24	188,38	211,92	87,60	175,84	197,82	68,96	163,31	183,72	50,31	150,78	169,62	31,67	138,24	155,52
	III	2.022,66	–	161,81	182,03	–	150,64	169,47	–	139,72	157,18	–	129,06	145,19	–	118,65	133,48	–	108,50	122,06	–	98,62	110,95
	IV	2.817,16	154,94	225,37	253,54	150,63	219,10	246,49	142,63	212,84	239,44	133,30	206,57	232,39	123,98	200,30	225,34	114,66	194,04	218,29	105,34	187,77	211,24
	V	3.331,58	183,23	266,52	299,84																		
	VI	3.375,91	185,67	270,07	303,83																		
9.935,99 (Ost)	I	2.825,00	155,37	226,00	254,25	143,56	213,46	240,14	124,92	200,93	226,04	106,27	188,40	211,95	87,63	175,86	197,84	68,99	163,33	183,74	50,34	150,80	169,65
	II	2.675,91	144,46	214,07	240,83	125,82	201,54	226,73	107,17	189,00	212,63	88,53	176,47	198,53	69,89	163,94	184,43	51,24	151,40	170,33	32,60	138,87	156,23
	III	2.029,83	–	162,38	182,68	–	151,20	170,10	–	140,26	157,79	–	129,58	145,78	–	119,17	134,06	–	109,01	122,63	–	99,10	111,49
	IV	2.825,00	155,37	226,00	254,25	151,06	219,73	247,19	143,56	213,46	240,14	134,24	207,20	233,10	124,92	200,93	226,04	115,59	194,66	218,99	106,27	188,40	211,95
	V	3.339,41	183,66	267,15	300,54																		
	VI	3.383,75	186,10	270,70	304,53																		
9.938,99 (West)	I	2.818,41	155,01	225,47	253,65	142,78	212,94	239,55	124,13	200,40	225,45	105,49	187,87	211,35	86,86	175,34	197,26	68,21	162,81	183,16	49,57	150,28	169,06
	II	2.669,33	143,68	213,54	240,23	125,03	201,01	226,13	106,39	188,48	212,04	87,75	175,94	197,93	69,10	163,41	183,83	50,46	150,88	169,74	31,82	138,34	155,63
	III	2.023,83	–	161,90	182,14	–	150,73	169,57	–	139,81	157,28	–	129,14	145,28	–	118,74	133,58	–	108,58	122,15	–	98,70	111,04
	IV	2.818,41	155,01	225,47	253,65	150,70	219,20	246,60	142,78	212,94	239,55	133,45	206,67	232,50	124,13	200,40	225,45	114,81	194,14	218,40	105,49	187,87	211,35
	V	3.332,83	183,30	266,62	299,95																		
	VI	3.377,16	185,74	270,17	303,94																		
9.938,99 (Ost)	I	2.826,25	155,44	226,10	254,36	143,71	213,56	240,26	125,06	201,03	226,16	106,42	188,50	212,06	87,78	175,96	197,96	69,13	163,43	183,86	50,49	150,90	169,76
	II	2.677,16	144,61	214,17	240,94	125,97	201,64	226,84	107,32	189,10	212,74	88,68	176,57	198,64	70,04	164,04	184,54	51,39	151,50	170,44	32,75	138,97	156,34
	III	2.031,00	–	162,48	182,79	–	151,28	170,19	–	140,34	157,88	–	129,68	145,89	–	119,25	134,15	–	109,09	122,72	–	99,18	111,58
	IV	2.826,25	155,44	226,10	254,36	151,13	219,83	247,31	143,71	213,56	240,26	134,39	207,30	233,21	125,06	201,03	226,16	115,74	194,76	219,11	106,42	188,50	212,06
	V	3.340,66	183,73	267,25	300,65																		
	VI	3.385,00	186,17	270,80	304,65																		
9.941,99 (West)	I	2.819,66	155,08	225,57	253,76	142,92	213,04	239,67	124,28	200,50	225,56	105,65	187,98	211,47	87,00	175,44	197,37	68,36	162,91	183,27	49,72	150,38	169,17
	II	2.670,58	143,83	213,64	240,35	125,18	201,11	226,25	106,54	188,58	212,15	87,90	176,04	198,05	69,25	163,51	183,95	50,62	150,98	169,85	31,98	138,45	155,75
	III	2.025,00	–	162,00	182,25	–	150,81	169,66	–	139,89	157,37	–	129,22	145,37	–	118,82	133,67	–	108,66	122,24	–	98,77	111,11
	IV	2.819,66	155,08	225,57	253,76	150,77	219,30	246,71	142,92	213,04	239,67	133,60	206,77	232,61	124,28	200,50	225,56	114,97	194,24	218,52	105,65	187,98	211,47
	V	3.334,16	183,37	266,73	300,07																		
	VI	3.378,41	185,81	270,27	304,05																		
9.941,99 (Ost)	I	2.827,50	155,51	226,20	254,47	143,86	213,66	240,37	125,21	201,13	226,27	106,57	188,60	212,17	87,93	176,06	198,07	69,28	163,53	183,97	50,64	151,00	169,87
	II	2.678,41	144,76	214,27	241,05	126,12	201,74	226,95	107,47	189,20	212,85	88,83	176,67	198,75	70,19	164,14	184,65	51,54	151,60	170,55	32,90	139,07	156,45
	III	2.032,00	–	162,56	182,88	–	151,37	170,29	–	140,44	157,99	–	129,76	145,98	–	119,33	134,24	–	109,17	122,81	–	99,26	111,67
	IV	2.827,50	155,51	226,20	254,47	151,20	219,93	247,42	143,86	213,66	240,37	134,53	207,40	233,32	125,21	201,13	226,27	115,89	194,86	219,22	106,57	188,60	212,17
	V	3.341,91	183,80	267,35	300,77																		
	VI	3.386,25	186,24	270,90	304,76																		

Lohn/ Gehalt bis	Steuerklasse	Lohn- steuer	ohne Kinderfreibetrag			Anzahl Kinderfreibeträge (nur Steuerklassen I–IV)																	
						0,5			1,0			1,5			2,0			2,5			3,0		
			SolZ 5,5%	Kirchensteuer 8%	9%	SolZ 5,5%	Kirchensteuer 8%	9%	SolZ 5,5%	Kirchensteuer 8%	9%	SolZ 5,5%	Kirchensteuer 8%	9%	SolZ 5,5%	Kirchensteuer 8%	9%	SolZ 5,5%	Kirchensteuer 8%	9%	SolZ 5,5%	Kirchenste 8%	9
9.944,99 (West)	I	2.820,91	155,15	225,67	253,88	143,08	213,14	239,78	124,44	200,61	225,68	105,80	188,08	211,59	87,15	175,54	197,48	68,51	163,01	183,38	49,87	150,48	1
	II	2.671,83	143,98	213,74	240,46	125,33	201,21	226,36	106,69	188,68	212,26	88,05	176,14	198,16	69,41	163,62	184,07	50,77	151,08	169,97	32,13	138,55	1
	III	2.026,16	-	162,09	182,35	-	150,90	169,76	-	139,98	157,48	-	129,32	145,48	-	118,90	133,76	-	108,76	122,35	-	98,85	1
	IV	2.820,91	155,15	225,67	253,88	150,84	219,40	246,83	143,08	213,14	239,78	133,76	206,88	232,74	124,44	200,61	225,68	115,12	194,34	218,63	105,80	188,08	2
	V	3.335,41	183,44	266,83	300,18																		
	VI	3.379,66	185,88	270,37	304,16																		
9.944,99 (Ost)	I	2.828,75	155,58	226,30	254,58	144,00	213,76	240,48	125,36	201,23	226,38	106,72	188,70	212,28	88,07	176,16	198,18	69,43	163,63	184,08	50,80	151,10	1
	II	2.679,66	144,91	214,37	241,16	126,26	201,84	227,07	107,62	189,30	212,96	88,98	176,77	198,86	70,33	164,24	184,77	51,69	151,70	170,66	33,05	139,17	1
	III	2.033,16	-	162,65	182,98	-	151,46	170,39	-	140,52	158,08	-	129,84	146,07	-	119,42	134,35	-	109,25	122,90	-	99,34	1
	IV	2.828,75	155,58	226,30	254,58	151,27	220,03	247,53	144,00	213,76	240,48	134,68	207,50	233,43	125,36	201,23	226,38	116,04	194,96	219,33	106,72	188,70	2
	V	3.343,16	183,87	267,45	300,88																		
	VI	3.387,50	186,31	271,00	304,87																		
9.947,99 (West)	I	2.822,25	155,22	225,78	254,00	143,23	213,24	239,90	124,59	200,71	225,80	105,94	188,18	211,70	87,30	175,64	197,60	68,66	163,11	183,50	50,01	150,58	1
	II	2.673,08	144,12	213,84	240,57	125,48	201,31	226,47	106,85	188,78	212,38	88,20	176,25	198,28	69,56	163,72	184,18	50,92	151,18	170,08	32,27	138,65	1
	III	2.027,33	-	162,18	182,45	-	151,00	169,87	-	140,06	157,57	-	129,40	145,57	-	118,98	133,85	-	108,84	122,44	-	98,93	1
	IV	2.822,25	155,22	225,78	254,00	150,91	219,51	246,95	143,23	213,24	239,90	133,91	206,98	232,85	124,59	200,71	225,80	115,27	194,44	218,75	105,94	188,18	2
	V	3.336,66	183,51	266,93	300,29																		
	VI	3.381,00	185,95	270,48	304,29																		
9.947,99 (Ost)	I	2.830,00	155,65	226,40	254,70	144,15	213,86	240,59	125,51	201,33	226,49	106,87	188,80	212,40	88,23	176,27	198,30	69,59	163,74	184,20	50,95	151,20	17
	II	2.680,91	145,06	214,47	241,28	126,41	201,94	227,18	107,77	189,40	213,08	89,13	176,87	198,98	70,48	164,34	184,88	51,84	151,80	170,78	33,20	139,27	15
	III	2.034,33	-	162,74	183,08	-	151,54	170,48	-	140,61	158,18	-	129,93	146,17	-	119,50	134,44	-	109,33	122,99	-	99,42	11
	IV	2.830,00	155,65	226,40	254,70	151,34	220,13	247,64	144,15	213,86	240,59	134,83	207,60	233,55	125,51	201,33	226,49	116,19	195,06	219,44	106,87	188,80	21
	V	3.344,50	183,94	267,56	301,00																		
	VI	3.388,75	186,38	271,10	304,98																		
9.950,99 (West)	I	2.823,50	155,29	225,88	254,11	143,38	213,34	240,01	124,74	200,81	225,91	106,09	188,28	211,81	87,45	175,74	197,71	68,81	163,21	183,61	50,16	150,68	16
	II	2.674,33	144,27	213,94	240,68	125,64	201,42	226,59	107,00	188,88	212,49	88,35	176,35	198,39	69,71	163,82	184,29	51,07	151,28	170,19	32,42	138,75	15
	III	2.028,33	-	162,26	182,54	-	151,08	169,96	-	140,16	157,68	-	129,48	145,66	-	119,06	133,94	-	108,92	122,53	-	99,01	11
	IV	2.823,50	155,29	225,88	254,11	150,98	219,61	247,06	143,38	213,34	240,01	134,06	207,08	232,96	124,74	200,81	225,91	115,42	194,54	218,86	106,09	188,28	21
	V	3.337,91	183,58	267,03	300,41																		
	VI	3.382,25	186,02	270,58	304,40																		
9.950,99 (Ost)	I	2.831,25	155,71	226,50	254,81	144,30	213,96	240,71	125,66	201,43	226,61	107,03	188,90	212,51	88,38	176,37	198,41	69,74	163,84	184,32	51,10	151,30	17
	II	2.682,16	145,20	214,57	241,39	126,56	202,04	227,29	107,92	189,50	213,19	89,27	176,97	199,09	70,63	164,44	184,99	52,00	151,91	170,90	33,35	139,38	15
	III	2.035,50	-	162,84	183,19	-	151,64	170,59	-	140,69	158,27	-	130,01	146,26	-	119,58	134,53	-	109,41	123,08	-	99,50	11
	IV	2.831,25	155,71	226,50	254,81	151,41	220,23	247,76	144,30	213,96	240,71	134,98	207,70	233,66	125,66	201,43	226,61	116,35	195,17	219,56	107,03	188,90	21
	V	3.345,75	184,01	267,66	301,11																		
	VI	3.390,00	186,45	271,20	305,10																		
9.953,99 (West)	I	2.824,75	155,36	225,98	254,22	143,53	213,44	240,12	124,89	200,91	226,02	106,24	188,38	211,92	87,60	175,84	197,82	68,96	163,31	183,72	50,31	150,78	16
	II	2.675,66	144,43	214,05	240,80	125,79	201,52	226,71	107,14	188,98	212,60	88,50	176,45	198,50	69,86	163,92	184,41	51,21	151,38	170,30	32,57	138,85	15
	III	2.029,50	-	162,36	182,65	-	151,17	170,06	-	140,24	157,77	-	129,57	145,76	-	119,16	134,05	-	109,00	122,62	-	99,09	11
	IV	2.824,75	155,36	225,98	254,22	151,05	219,71	247,17	143,53	213,44	240,12	134,21	207,18	233,07	124,89	200,91	226,02	115,56	194,64	218,97	106,24	188,38	21
	V	3.339,16	183,65	267,13	300,52																		
	VI	3.383,50	186,09	270,68	304,51																		
9.953,99 (Ost)	I	2.832,50	155,78	226,60	254,92	144,46	214,07	240,83	125,82	201,54	226,73	107,17	189,00	212,63	88,53	176,47	198,53	69,89	163,94	184,43	51,24	151,40	17
	II	2.683,41	145,35	214,67	241,50	126,71	202,14	227,40	108,07	189,60	213,30	89,42	177,07	199,20	70,79	164,54	185,11	52,15	152,01	171,01	33,50	139,48	15
	III	2.036,66	-	162,93	183,29	-	151,73	170,69	-	140,78	158,38	-	130,09	146,35	-	119,66	134,62	-	109,49	123,17	-	99,58	11
	IV	2.832,50	155,78	226,60	254,92	151,47	220,33	247,87	144,46	214,07	240,83	135,14	207,80	233,78	125,82	201,54	226,73	116,50	195,27	219,68	107,17	189,00	21
	V	3.347,00	184,08	267,76	301,23																		
	VI	3.391,25	186,51	271,30	305,21																		
9.956,99 (West)	I	2.826,00	155,43	226,08	254,34	143,68	213,54	240,23	125,03	201,01	226,13	106,39	188,48	212,04	87,75	175,94	197,93	69,10	163,41	183,83	50,46	150,88	16
	II	2.676,91	144,58	214,15	240,92	125,94	201,62	226,82	107,29	189,08	212,72	88,65	176,55	198,62	70,01	164,02	184,52	51,36	151,48	170,42	32,72	138,95	15
	III	2.030,66	-	162,45	182,75	-	151,26	170,17	-	140,33	157,87	-	129,65	145,85	-	119,24	134,14	-	109,08	122,71	-	99,17	11
	IV	2.826,00	155,43	226,08	254,34	151,12	219,81	247,28	143,68	213,54	240,23	134,36	207,28	233,19	125,03	201,01	226,13	115,71	194,74	219,08	106,39	188,48	21
	V	3.340,41	183,72	267,23	300,63																		
	VI	3.384,75	186,16	270,78	304,62																		
9.956,99 (Ost)	I	2.833,83	155,86	226,70	255,04	144,61	214,17	240,94	125,97	201,64	226,84	107,32	189,10	212,74	88,68	176,57	198,64	70,04	164,04	184,54	51,39	151,50	17
	II	2.684,66	145,50	214,77	241,61	126,86	202,24	227,52	108,23	189,71	213,42	89,58	177,18	199,32	70,94	164,64	185,22	52,30	152,11	171,12	33,65	139,58	15
	III	2.037,83	-	163,02	183,40	-	151,81	170,78	-	140,86	158,47	-	130,18	146,45	-	119,74	134,71	-	109,57	123,26	-	99,66	11
	IV	2.833,83	155,86	226,70	255,04	151,55	220,44	247,99	144,61	214,17	240,94	135,29	207,90	233,89	125,97	201,64	226,84	116,64	195,37	219,79	107,32	189,10	21
	V	3.348,25	184,15	267,86	301,34																		
	VI	3.392,58	186,59	271,40	305,33																		
9.959,99 (West)	I	2.827,25	155,49	226,18	254,45	143,83	213,64	240,35	125,18	201,11	226,25	106,54	188,58	212,15	87,90	176,04	198,05	69,25	163,51	183,95	50,62	150,98	169
	II	2.678,16	144,73	214,25	241,03	126,09	201,72	226,93	107,44	189,18	212,83	88,80	176,65	198,73	70,16	164,12	184,63	51,51	151,58	170,53	32,87	139,05	156
	III	2.031,83	-	162,54	182,86	-	151,34	170,26	-	140,41	157,96	-	129,74	145,96	-	119,32	134,23	-	109,16	122,80	-	99,25	111
	IV	2.827,25	155,49	226,18	254,45	151,19	219,91	247,40	143,83	213,64	240,35	134,50	207,38	233,30	125,18	201,11	226,25	115,86	194,84	219,20	106,54	188,58	212
	V	3.341,66	183,79	267,33	300,74																		
	VI	3.386,00	186,23	270,88	304,74																		
9.959,99 (Ost)	I	2.835,08	155,92	226,80	255,15	144,76	214,27	241,05	126,12	201,74	226,95	107,47	189,20	212,85	88,83	176,67	198,75	70,19	164,14	184,65	51,54	151,60	170
	II	2.685,91	145,65	214,87	241,73	127,02	202,34	227,63	108,37	189,81	213,53	89,73	177,28	199,44	71,09	164,74	185,33	52,44	152,21	171,23	33,80	139,68	157
	III	2.038,83	-	163,10	183,49	-	151,90	170,89	-	140,96	158,58	-	130,26	146,54	-	119,84	134,82	-	109,65	123,35	-	99,74	112
	IV	2.835,08	155,92	226,80	255,15	151,62	220,54	248,10	144,76	214,27	241,05	135,44	208,00	234,00	126,12	201,74	226,95	116,79	195,47	219,90	107,47	189,20	212
	V	3.349,50	184,22	267,96	301,45																		
	VI	3.393,83	186,66	271,50	305,44																		
9.962,99 (West)	I	2.828,50	155,56	226,28	254,56	143,98	213,74	240,46	125,33	201,21	226,36	106,69	188,68	212,26	88,05	176,14	198,16	69,41	163,62	184,07	50,77	151,08	169
	II	2.679,41	144,88	214,35	241,14	126,23	201,82	227,04	107,59	189,28	212,94	88,95	176,75	198,84	70,30	164,22	184,74	51,66	151,68	170,64	33,02	139,15	156
	III	2.033,00	-	162,64	182,97	-	151,44	170,37	-	140,50	158,06	-	129,82	146,05	-	119,40	134,32	-	109,24	122,89	-	99,33	111,
	IV	2.828,50	155,56	226,28	254,56	151,25	220,01	247,51	143,98	213,74	240,46	134,65	207,48	233,41	125,33	201,21	226,36	116,01	194,94	219,31	106,69	188,68	212,
	V	3.342,91	183,86	267,43	300,86																		
	VI	3.387,25	186,29	270,98	304,85																		
9.962,99 (Ost)	I	2.836,33	155,99	226,90	255,26	144,91	214,37	241,16	126,26	201,84	227,07	107,62	189,30	212,96	88,98	176,77	198,86	70,33	164,24	184,77	51,69	151,70	170,
	II	2.687,25	145,81	214,98	241,85	127,17	202,44	227,75	108,52	189,91	213,65	89,88	177,38	199,55	71,24	164,84	185,45	52,59	152,31	171,35	33,95	139,78	157,
	III	2.040,00	-	163,20	183,60	-	152,00	171,00	-	141,04	158,67	-	130,36	146,65	-	119,92	134,91	-	109,74	123,46	-	99,81	112,
	IV	2.836,33	155,99	226,90	255,26	151,69	220,64	248,22	144,91	214,37	241,16	135,59	208,10	234,11	126,26	201,84	227,07	116,94	195,57	220,01	107,62	189,30	212,
	V	3.350,75	184,29	268,06	301,56																		
	VI	3.395,08	186,72	271,60	305,55																		

Allgemeine Tabelle

MONAT bis 9.983,99 €

Lohn/ Gehalt bis	Steuerklasse	Lohnsteuer	ohne Kinderfreibetrag SolZ 5,5%	ohne Kinderfreibetrag Kirchensteuer 8%	ohne Kinderfreibetrag Kirchensteuer 9%	0,5 SolZ 5,5%	0,5 Kirchensteuer 8%	0,5 Kirchensteuer 9%	1,0 SolZ 5,5%	1,0 Kirchensteuer 8%	1,0 Kirchensteuer 9%	1,5 SolZ 5,5%	1,5 Kirchensteuer 8%	1,5 Kirchensteuer 9%	2,0 SolZ 5,5%	2,0 Kirchensteuer 8%	2,0 Kirchensteuer 9%	2,5 SolZ 5,5%	2,5 Kirchensteuer 8%	2,5 Kirchensteuer 9%	3,0 SolZ 5,5%	3,0 Kirchensteuer 8%	3,0 Kirchensteuer 9%
9.965,99 (West)	I	2.829,75	155,63	226,38	254,67	144,12	213,84	240,57	125,48	201,31	226,47	106,85	188,78	212,38	88,20	176,25	198,28	69,56	163,72	184,18	50,92	151,18	170,08
	II	2.680,66	145,03	214,45	241,25	126,38	201,92	227,16	107,74	189,38	213,05	89,10	176,85	198,95	70,45	164,32	184,86	51,81	151,78	170,75	33,18	139,26	156,66
	III	2.034,00	-	162,72	183,06	-	151,53	170,47	-	140,58	158,15	-	129,90	146,14	-	119,48	134,41	-	109,32	122,98	-	99,41	111,83
	IV	2.829,75	155,63	226,38	254,67	151,32	220,11	247,62	144,12	213,84	240,57	134,80	207,58	233,52	125,48	201,31	226,47	116,16	195,04	219,42	106,85	188,78	212,38
	V	3.344,25	183,93	267,54	300,98																		
	VI	3.388,50	186,36	271,08	304,96																		
9.965,99 (Ost)	I	2.837,58	156,06	227,00	255,38	145,06	214,47	241,28	126,41	201,94	227,18	107,77	189,40	213,08	89,13	176,87	198,98	70,48	164,34	184,88	51,84	151,80	170,78
	II	2.688,50	145,96	215,08	241,96	127,32	202,54	227,86	108,67	190,01	213,76	90,03	177,48	199,66	71,39	164,94	185,56	52,74	152,41	171,46	34,10	139,88	157,36
	III	2.041,16	-	163,29	183,70	-	152,08	171,09	-	141,13	158,77	-	130,44	146,74	-	120,00	135,00	-	109,82	123,55	-	99,89	112,37
	IV	2.837,58	156,06	227,00	255,38	151,75	220,74	248,33	145,06	214,47	241,28	135,73	208,20	234,23	126,41	201,94	227,18	117,09	195,67	220,13	107,77	189,40	213,08
	V	3.352,00	184,36	268,16	301,68																		
	VI	3.396,33	186,79	271,70	305,66																		
9.968,99 (West)	I	2.831,00	155,70	226,48	254,79	144,27	213,94	240,68	125,64	201,42	226,59	107,00	188,88	212,49	88,35	176,35	198,39	69,71	163,82	184,29	51,07	151,28	170,19
	II	2.681,91	145,18	214,55	241,37	126,53	202,02	227,27	107,89	189,48	213,17	89,25	176,95	199,07	70,61	164,42	184,97	51,97	151,89	170,87	33,32	139,36	156,78
	III	2.035,16	-	162,81	183,16	-	151,61	170,56	-	140,68	158,26	-	130,00	146,25	-	119,57	134,51	-	109,40	123,07	-	99,49	111,92
	IV	2.831,00	155,70	226,48	254,79	151,39	220,21	247,73	144,27	213,94	240,68	134,96	207,68	233,64	125,64	201,42	226,59	116,32	195,15	219,54	107,00	188,88	212,49
	V	3.345,50	184,00	267,64	301,09																		
	VI	3.389,75	186,43	271,18	305,07																		
9.968,99 (Ost)	I	2.838,83	156,13	227,10	255,49	145,20	214,57	241,39	126,56	202,04	227,29	107,92	189,50	213,19	89,27	176,97	199,09	70,63	164,44	184,99	52,00	151,91	170,90
	II	2.689,75	146,11	215,18	242,07	127,46	202,64	227,97	108,82	190,11	213,87	90,18	177,58	199,77	71,53	165,04	185,67	52,89	152,51	171,57	34,25	139,98	157,47
	III	2.042,33	-	163,38	183,80	-	152,17	171,19	-	141,21	158,86	-	130,52	146,83	-	120,08	135,09	-	109,90	123,64	-	99,97	112,46
	IV	2.838,83	156,13	227,10	255,49	151,82	220,84	248,44	145,20	214,57	241,39	135,88	208,30	234,34	126,56	202,04	227,29	117,24	195,77	220,24	107,92	189,50	213,19
	V	3.353,25	184,42	268,26	301,79																		
	VI	3.397,58	186,86	271,80	305,78																		
9.971,99 (West)	I	2.832,33	155,77	226,58	254,90	144,43	214,05	240,80	125,79	201,52	226,71	107,14	188,98	212,60	88,50	176,45	198,50	69,86	163,92	184,41	51,21	151,38	170,30
	II	2.683,16	145,32	214,65	241,48	126,68	202,12	227,38	108,04	189,58	213,28	89,40	177,06	199,19	70,76	164,52	185,09	52,12	151,99	170,99	33,47	139,46	156,89
	III	2.036,33	-	162,90	183,26	-	151,70	170,66	-	140,76	158,35	-	130,08	146,34	-	119,65	134,60	-	109,48	123,16	-	99,56	112,00
	IV	2.832,33	155,77	226,58	254,90	151,47	220,32	247,86	144,43	214,05	240,80	135,11	207,78	233,75	125,79	201,52	226,71	116,47	195,25	219,65	107,14	188,98	212,60
	V	3.346,75	184,07	267,74	301,20																		
	VI	3.391,08	186,50	271,28	305,19																		
9.971,99 (Ost)	I	2.840,08	156,20	227,20	255,60	145,35	214,67	241,50	126,71	202,14	227,40	108,07	189,60	213,30	89,42	177,07	199,20	70,79	164,54	185,11	52,15	152,01	171,01
	II	2.691,00	146,26	215,28	242,19	127,61	202,74	228,08	108,97	190,21	213,98	90,33	177,68	199,89	71,68	165,14	185,78	53,04	152,61	171,68	34,40	140,08	157,59
	III	2.043,50	-	163,48	183,91	-	152,26	171,29	-	141,30	158,96	-	130,61	146,93	-	120,17	135,19	-	109,98	123,73	-	100,05	112,55
	IV	2.840,08	156,20	227,20	255,60	151,89	220,94	248,55	145,35	214,67	241,50	136,03	208,40	234,45	126,71	202,14	227,40	117,39	195,87	220,35	108,07	189,60	213,30
	V	3.354,50	184,49	268,36	301,90																		
	VI	3.398,83	186,93	271,90	305,89																		
9.974,99 (West)	I	2.833,58	155,84	226,68	255,02	144,58	214,15	240,92	125,94	201,62	226,82	107,29	189,08	212,72	88,65	176,55	198,62	70,01	164,02	184,52	51,36	151,48	170,42
	II	2.684,41	145,47	214,75	241,59	126,84	202,22	227,50	108,20	189,69	213,40	89,55	177,16	199,30	70,91	164,62	185,20	52,27	152,09	171,10	33,62	139,56	157,00
	III	2.037,50	-	163,00	183,37	-	151,80	170,77	-	140,85	158,45	-	130,16	146,43	-	119,73	134,69	-	109,56	123,25	-	99,64	112,09
	IV	2.833,58	155,84	226,68	255,02	151,53	220,42	247,97	144,58	214,15	240,92	135,26	207,88	233,87	125,94	201,62	226,82	116,62	195,35	219,77	107,29	189,08	212,72
	V	3.348,00	184,14	267,84	301,32																		
	VI	3.392,33	186,57	271,38	305,30																		
9.974,99 (Ost)	I	2.841,33	156,27	227,30	255,71	145,50	214,77	241,61	126,86	202,24	227,52	108,23	189,71	213,42	89,58	177,18	199,32	70,94	164,64	185,22	52,30	152,11	171,12
	II	2.692,25	146,40	215,38	242,30	127,76	202,84	228,20	109,12	190,31	214,10	90,47	177,78	200,00	71,83	165,24	185,90	53,19	152,71	171,80	34,55	140,18	157,70
	III	2.044,66	-	163,57	184,01	-	152,34	171,38	-	141,40	159,07	-	130,69	147,02	-	120,25	135,28	-	110,06	123,82	-	100,13	112,64
	IV	2.841,33	156,27	227,30	255,71	151,96	221,04	248,67	145,50	214,77	241,61	136,18	208,50	234,56	126,86	202,24	227,52	117,54	195,97	220,46	108,23	189,71	213,42
	V	3.355,83	184,57	268,46	302,02																		
	VI	3.400,08	187,00	272,00	306,00																		
9.977,99 (West)	I	2.834,83	155,91	226,78	255,13	144,73	214,25	241,03	126,09	201,72	226,93	107,44	189,18	212,83	88,80	176,65	198,73	70,16	164,12	184,63	51,51	151,58	170,53
	II	2.685,75	145,63	214,86	241,71	126,99	202,32	227,61	108,34	189,79	213,51	89,70	177,26	199,41	71,06	164,72	185,31	52,41	152,19	171,21	33,77	139,66	157,11
	III	2.038,66	-	163,09	183,47	-	151,89	170,87	-	140,93	158,54	-	130,25	146,53	-	119,81	134,78	-	109,64	123,34	-	99,72	112,18
	IV	2.834,83	155,91	226,78	255,13	151,60	220,52	248,08	144,73	214,25	241,03	135,41	207,98	233,98	126,09	201,72	226,93	116,76	195,45	219,88	107,44	189,18	212,83
	V	3.349,25	184,20	267,94	301,43																		
	VI	3.393,58	186,64	271,48	305,42																		
9.977,99 (Ost)	I	2.842,58	156,34	227,40	255,83	145,65	214,87	241,73	127,02	202,34	227,63	108,37	189,81	213,53	89,73	177,28	199,44	71,09	164,74	185,33	52,44	152,21	171,23
	II	2.693,50	146,55	215,48	242,41	127,91	202,94	228,31	109,27	190,41	214,21	90,62	177,88	200,11	71,99	165,35	186,02	53,35	152,82	171,92	34,70	140,28	157,82
	III	2.045,66	-	163,65	184,10	-	152,44	171,49	-	141,48	159,16	-	130,77	147,11	-	120,33	135,37	-	110,14	123,91	-	100,21	112,73
	IV	2.842,58	156,34	227,40	255,83	152,03	221,14	248,78	145,65	214,87	241,73	136,34	208,61	234,68	127,02	202,34	227,63	117,70	196,08	220,59	108,37	189,81	213,53
	V	3.357,08	184,63	268,56	302,13																		
	VI	3.401,33	187,07	272,10	306,11																		
9.980,99 (West)	I	2.836,08	155,98	226,88	255,24	144,88	214,35	241,14	126,23	201,82	227,04	107,59	189,28	212,94	88,95	176,75	198,84	70,30	164,22	184,74	51,66	151,68	170,64
	II	2.687,00	145,78	214,96	241,83	127,14	202,42	227,72	108,49	189,89	213,62	89,85	177,36	199,53	71,21	164,82	185,42	52,56	152,29	171,32	33,92	139,76	157,23
	III	2.039,83	-	163,18	183,58	-	151,97	170,96	-	141,02	158,65	-	130,33	146,62	-	119,89	134,87	-	109,72	123,43	-	99,80	112,27
	IV	2.836,08	155,98	226,88	255,24	151,67	220,62	248,19	144,88	214,35	241,14	135,56	208,08	234,09	126,23	201,82	227,04	116,91	195,55	219,99	107,59	189,28	212,94
	V	3.350,50	184,27	268,04	301,54																		
	VI	3.394,83	186,71	271,58	305,53																		
9.980,99 (Ost)	I	2.843,91	156,41	227,51	255,95	145,81	214,98	241,85	127,17	202,44	227,75	108,52	189,91	213,65	89,88	177,38	199,55	71,24	164,84	185,45	52,59	152,31	171,35
	II	2.694,75	146,70	215,58	242,52	128,06	203,04	228,42	109,42	190,51	214,32	90,78	177,98	200,23	72,14	165,45	186,13	53,50	152,92	172,03	34,85	140,38	157,93
	III	2.046,83	-	163,74	184,21	-	152,53	171,59	-	141,57	159,26	-	130,86	147,22	-	120,41	135,46	-	110,22	124,00	-	100,29	112,82
	IV	2.843,91	156,41	227,51	255,95	152,10	221,24	248,90	145,81	214,98	241,85	136,49	208,71	234,80	127,17	202,44	227,75	117,84	196,18	220,70	108,52	189,91	213,65
	V	3.358,33	184,70	268,66	302,24																		
	VI	3.402,66	187,14	272,21	306,23																		
9.983,99 (West)	I	2.837,33	156,05	226,98	255,35	145,03	214,45	241,25	126,38	201,92	227,16	107,74	189,38	213,05	89,10	176,85	198,95	70,45	164,32	184,86	51,81	151,78	170,75
	II	2.688,25	145,93	215,06	241,94	127,29	202,52	227,84	108,64	189,99	213,74	90,00	177,46	199,64	71,36	164,92	185,54	52,71	152,39	171,44	34,07	139,86	157,34
	III	2.041,00	-	163,28	183,69	-	152,06	171,07	-	141,12	158,76	-	130,41	146,71	-	119,98	134,98	-	109,80	123,52	-	99,88	112,36
	IV	2.837,33	156,05	226,98	255,35	151,74	220,72	248,31	145,03	214,45	241,25	135,70	208,18	234,20	126,38	201,92	227,16	117,06	195,65	220,10	107,74	189,38	213,05
	V	3.351,75	184,34	268,14	301,65																		
	VI	3.396,08	186,78	271,68	305,64																		
9.983,99 (Ost)	I	2.845,16	156,48	227,61	256,06	145,96	215,08	241,96	127,32	202,54	227,86	108,67	190,01	213,76	90,03	177,48	199,66	71,39	164,94	185,56	52,74	152,41	171,46
	II	2.696,00	146,85	215,68	242,64	128,22	203,15	228,54	109,57	190,62	214,44	90,93	178,08	200,34	72,29	165,55	186,24	53,64	153,02	172,14	35,00	140,48	158,04
	III	2.048,00	-	163,84	184,32	-	152,61	171,68	-	141,65	159,35	-	130,94	147,31	-	120,49	135,55	-	110,30	124,09	-	100,37	112,91
	IV	2.845,16	156,48	227,61	256,06	152,17	221,34	249,01	145,96	215,08	241,96	136,64	208,81	234,91	127,32	202,54	227,86	117,99	196,28	220,81	108,67	190,01	213,76
	V	3.359,58	184,77	268,76	302,36																		
	VI	3.403,91	187,21	272,31	306,35																		

Anzahl Kinderfreibeträge (nur Steuerklassen I–IV)

MONAT bis 10.004,99 €

Allgemeine Tabelle

Lohn/ Gehalt bis	Steuerklasse	Lohn-steuer	ohne Kinderfreibetrag SolZ 5,5%	Kirchensteuer 8%	Kirchensteuer 9%	0,5 SolZ 5,5%	Kirchensteuer 8%	Kirchensteuer 9%	1,0 SolZ 5,5%	Kirchensteuer 8%	Kirchensteuer 9%	1,5 SolZ 5,5%	Kirchensteuer 8%	Kirchensteuer 9%	2,0 SolZ 5,5%	Kirchensteuer 8%	Kirchensteuer 9%	2,5 SolZ 5,5%	Kirchensteuer 8%	Kirchensteuer 9%	3,0 SolZ 5,5%	Kirchenste 8%	9
						Anzahl Kinderfreibeträge (nur Steuerklassen I–IV)																	
9.986,99 (West)	I	2.838,58	156,12	227,08	255,47	145,18	214,55	241,37	126,53	202,02	227,27	107,89	189,48	213,17	89,25	176,95	199,07	70,61	164,42	184,97	51,97	151,89	17
	II	2.689,50	146,08	215,16	242,05	127,43	202,62	227,95	108,79	190,09	213,85	90,15	177,56	199,75	71,50	165,02	185,65	52,86	152,49	171,55	34,22	139,96	15
	III	2.042,00	-	163,36	183,78	-	152,16	171,18	-	141,20	158,85	-	130,50	146,81	-	120,06	135,07	-	109,88	123,61	-	99,96	11
	IV	2.838,58	156,12	227,08	255,47	151,81	220,82	248,42	145,18	214,55	241,37	135,85	208,28	234,32	126,53	202,02	227,27	117,21	195,75	220,22	107,89	189,48	21
	V	3.353,00	184,41	268,24	301,77																		
	VI	3.397,33	186,85	271,78	305,75																		
9.986,99 (Ost)	I	2.846,41	156,55	227,71	256,17	146,11	215,18	242,07	127,46	202,64	227,97	108,82	190,11	213,87	90,18	177,58	199,77	71,53	165,04	185,67	52,89	152,51	17
	II	2.697,33	147,01	215,78	242,75	128,37	203,25	228,65	109,72	190,72	214,56	91,08	178,18	200,45	72,44	165,65	186,35	53,79	153,12	172,26	35,15	140,58	15
	III	2.049,16	-	163,93	184,42	-	152,70	171,79	-	141,74	159,46	-	131,04	147,42	-	120,58	135,65	-	110,38	124,18	-	100,45	11
	IV	2.846,41	156,55	227,71	256,17	152,24	221,44	249,12	146,11	215,18	242,07	136,79	208,91	235,02	127,46	202,64	227,97	118,14	196,38	220,92	108,82	190,11	21
	V	3.360,83	184,84	268,86	302,47																		
	VI	3.405,16	187,28	272,41	306,46																		
9.989,99 (West)	I	2.839,83	156,19	227,18	255,58	145,32	214,65	241,48	126,68	202,12	227,38	108,04	189,58	213,28	89,40	177,06	199,19	70,76	164,52	185,09	52,12	151,99	17
	II	2.690,75	146,23	215,26	242,16	127,58	202,72	228,06	108,94	190,19	213,96	90,30	177,66	199,86	71,65	165,12	185,76	53,01	152,59	171,66	34,38	140,06	15
	III	2.043,16	-	163,45	183,88	-	152,24	171,27	-	141,29	158,95	-	130,58	146,90	-	120,14	135,16	-	109,96	123,70	-	100,04	11
	IV	2.839,83	156,19	227,18	255,58	151,88	220,92	248,53	145,32	214,65	241,48	136,00	208,38	234,43	126,68	202,12	227,38	117,36	195,85	220,33	108,04	189,58	21
	V	3.354,33	184,48	268,34	301,88																		
	VI	3.398,58	186,92	271,88	305,87																		
9.989,99 (Ost)	I	2.847,66	156,62	227,81	256,28	146,26	215,28	242,19	127,61	202,74	228,08	108,97	190,21	213,98	90,33	177,68	199,89	71,68	165,14	185,78	53,04	152,61	17
	II	2.698,58	147,16	215,88	242,87	128,52	203,35	228,77	109,87	190,82	214,67	91,23	178,28	200,57	72,59	165,75	186,47	53,94	153,22	172,37	35,30	140,68	15
	III	2.050,33	-	164,02	184,52	-	152,80	171,90	-	141,82	159,55	-	131,12	147,51	-	120,66	135,74	-	110,46	124,27	-	100,53	11
	IV	2.847,66	156,62	227,81	256,28	152,31	221,54	249,23	146,26	215,28	242,19	136,93	209,01	235,13	127,61	202,74	228,08	118,29	196,48	221,04	108,97	190,21	21
	V	3.362,08	184,91	268,96	302,58																		
	VI	3.406,41	187,35	272,51	306,57																		
9.992,99 (West)	I	2.841,08	156,25	227,28	255,69	145,47	214,75	241,59	126,84	202,22	227,50	108,20	189,69	213,40	89,55	177,16	199,30	70,91	164,62	185,20	52,27	152,09	17
	II	2.692,00	146,37	215,36	242,28	127,73	202,82	228,17	109,09	190,29	214,07	90,44	177,76	199,98	71,80	165,22	185,87	53,17	152,70	171,78	34,52	140,16	15
	III	2.044,33	-	163,54	183,98	-	152,33	171,37	-	141,37	159,04	-	130,68	147,01	-	120,22	135,25	-	110,04	123,79	-	100,12	11
	IV	2.841,08	156,25	227,28	255,69	151,95	221,02	248,64	145,47	214,75	241,59	136,15	208,48	234,54	126,84	202,22	227,50	117,52	195,96	220,45	108,20	189,69	21
	V	3.355,58	184,55	268,44	302,00																		
	VI	3.399,83	186,99	271,98	305,98																		
9.992,99 (Ost)	I	2.848,91	156,69	227,91	256,40	146,40	215,38	242,30	127,76	202,84	228,20	109,12	190,31	214,10	90,47	177,78	200,00	71,83	165,24	185,90	53,19	152,71	17
	II	2.699,83	147,31	215,98	242,98	128,66	203,45	228,88	110,02	190,92	214,78	91,38	178,38	200,68	72,73	165,85	186,58	54,09	153,32	172,48	35,45	140,78	15
	III	2.051,50	-	164,12	184,63	-	152,89	172,00	-	141,92	159,66	-	131,20	147,60	-	120,74	135,83	-	110,54	124,36	-	100,61	11
	IV	2.848,91	156,69	227,91	256,40	152,38	221,64	249,35	146,40	215,38	242,30	137,08	209,11	235,25	127,76	202,84	228,20	118,44	196,58	221,15	109,12	190,31	21
	V	3.363,33	184,98	269,06	302,69																		
	VI	3.407,66	187,42	272,61	306,68																		
9.995,99 (West)	I	2.842,33	156,32	227,38	255,80	145,63	214,86	241,71	126,99	202,32	227,61	108,34	189,79	213,51	89,70	177,26	199,41	71,06	164,72	185,31	52,41	152,19	17
	II	2.693,25	146,52	215,46	242,39	127,88	202,92	228,29	109,24	190,39	214,19	90,60	177,86	200,09	71,96	165,33	185,99	53,32	152,80	171,90	34,67	140,26	15
	III	2.045,50	-	163,64	184,09	-	152,42	171,47	-	141,46	159,14	-	130,76	147,10	-	120,32	135,36	-	110,12	123,88	-	100,20	11
	IV	2.842,33	156,32	227,38	255,80	152,02	221,12	248,76	145,63	214,86	241,71	136,31	208,59	234,66	126,99	202,32	227,61	117,67	196,06	220,56	108,34	189,79	21
	V	3.356,83	184,62	268,54	302,11																		
	VI	3.401,08	187,05	272,08	306,09																		
9.995,99 (Ost)	I	2.850,16	156,75	228,01	256,51	146,55	215,48	242,41	127,91	202,94	228,31	109,27	190,41	214,21	90,62	177,88	200,11	71,99	165,35	186,02	53,35	152,82	171
	II	2.701,08	147,46	216,08	243,09	128,81	203,55	228,99	110,17	191,02	214,89	91,53	178,48	200,79	72,88	165,95	186,69	54,24	153,42	172,59	35,60	140,88	158
	III	2.052,50	-	164,20	184,72	-	152,97	172,09	-	142,00	159,75	-	131,29	147,70	-	120,82	135,92	-	110,62	124,45	-	100,68	113
	IV	2.850,16	156,75	228,01	256,51	152,45	221,74	249,46	146,55	215,48	242,41	137,23	209,21	235,36	127,91	202,94	228,31	118,59	196,68	221,26	109,27	190,41	214
	V	3.364,58	185,05	269,16	302,81																		
	VI	3.408,91	187,49	272,71	306,80																		
9.998,99 (West)	I	2.843,66	156,40	227,49	255,92	145,78	214,96	241,83	127,14	202,42	227,72	108,49	189,89	213,62	89,85	177,36	199,53	71,21	164,82	185,42	52,56	152,29	171
	II	2.694,50	146,67	215,56	242,50	128,03	203,02	228,40	109,40	190,50	214,31	90,75	177,96	200,21	72,11	165,43	186,11	53,47	152,90	172,01	34,82	140,36	157
	III	2.046,66	-	163,73	184,19	-	152,50	171,56	-	141,54	159,23	-	130,84	147,19	-	120,40	135,45	-	110,21	123,98	-	100,28	112
	IV	2.843,66	156,40	227,49	255,92	152,09	221,22	248,87	145,78	214,96	241,83	136,46	208,69	234,77	127,14	202,42	227,72	117,81	196,16	220,68	108,49	189,89	213
	V	3.358,08	184,69	268,64	302,22																		
	VI	3.402,41	187,13	272,19	306,21																		
9.998,99 (Ost)	I	2.851,41	156,82	228,11	256,62	146,70	215,58	242,52	128,06	203,04	228,42	109,42	190,51	214,32	90,78	177,98	200,23	72,14	165,45	186,13	53,50	152,92	172
	II	2.702,33	147,60	216,18	243,20	128,96	203,65	229,10	110,32	191,12	215,01	91,67	178,58	200,90	73,03	166,05	186,80	54,39	153,52	172,71	35,75	140,99	158,
	III	2.053,66	-	164,29	184,82	-	153,06	172,19	-	142,09	159,85	-	131,37	147,79	-	120,92	136,03	-	110,70	124,54	-	100,76	113
	IV	2.851,41	156,82	228,11	256,62	152,51	221,84	249,57	146,70	215,58	242,52	137,38	209,31	235,47	128,06	203,04	228,42	118,74	196,78	221,37	109,42	190,51	214,
	V	3.365,91	185,12	269,27	302,93																		
	VI	3.410,16	187,55	272,81	306,91																		
10.001,99 (West)	I	2.844,91	156,47	227,59	256,04	145,93	215,06	241,94	127,29	202,52	227,84	108,64	189,99	213,74	90,00	177,46	199,64	71,36	164,92	185,54	52,71	152,39	171,
	II	2.695,83	146,83	215,66	242,62	128,19	203,13	228,52	109,54	190,60	214,42	90,90	178,06	200,32	72,26	165,53	186,22	53,61	153,00	172,12	34,97	140,46	158,
	III	2.047,83	-	163,82	184,30	-	152,60	171,67	-	141,64	159,34	-	130,93	147,29	-	120,48	135,54	-	110,29	124,07	-	100,36	112,
	IV	2.844,91	156,47	227,59	256,04	152,16	221,32	248,99	145,93	215,06	241,94	136,61	208,79	234,89	127,29	202,52	227,84	117,96	196,26	220,79	108,64	189,99	213,
	V	3.359,33	184,76	268,74	302,33																		
	VI	3.403,66	187,20	272,29	306,32																		
10.001,99 (Ost)	I	2.852,66	156,89	228,21	256,73	146,85	215,68	242,64	128,22	203,15	228,54	109,57	190,62	214,44	90,93	178,08	200,34	72,29	165,55	186,24	53,64	153,02	172,
	II	2.703,58	147,75	216,28	243,32	129,11	203,75	229,22	110,47	191,22	215,12	91,82	178,68	201,02	73,18	166,15	186,92	54,55	153,62	172,82	35,90	141,09	158,
	III	2.054,83	-	164,38	184,93	-	153,16	172,30	-	142,17	159,94	-	131,45	147,88	-	121,00	136,12	-	110,78	124,63	-	100,84	113,
	IV	2.852,66	156,89	228,21	256,73	152,58	221,94	249,68	146,85	215,68	242,64	137,53	209,41	235,58	128,22	203,15	228,54	118,90	196,88	221,49	109,57	190,62	214,
	V	3.367,16	185,19	269,37	303,04																		
	VI	3.411,41	187,62	272,91	307,02																		
10.004,99 (West)	I	2.846,16	156,53	227,69	256,15	146,08	215,16	242,05	127,43	202,62	227,95	108,79	190,09	213,85	90,15	177,56	199,75	71,50	165,02	185,65	52,86	152,49	171,
	II	2.697,08	146,98	215,76	242,73	128,34	203,23	228,63	109,69	190,70	214,53	91,05	178,16	200,43	72,41	165,63	186,33	53,76	153,10	172,23	35,12	140,56	158,
	III	2.048,83	-	163,90	184,39	-	152,69	171,77	-	141,72	159,43	-	131,01	147,38	-	120,56	135,63	-	110,37	124,16	-	100,42	112,
	IV	2.846,16	156,53	227,69	256,15	152,23	221,42	249,10	146,08	215,16	242,05	136,76	208,89	235,00	127,43	202,62	227,95	118,11	196,36	220,90	108,79	190,09	213,
	V	3.360,58	184,83	268,84	302,45																		
	VI	3.404,91	187,27	272,39	306,44																		
10.004,99 (Ost)	I	2.853,91	156,96	228,31	256,85	147,01	215,78	242,75	128,37	203,25	228,65	109,72	190,72	214,56	91,08	178,18	200,45	72,44	165,65	186,35	53,79	153,12	172,
	II	2.704,83	147,90	216,38	243,43	129,26	203,85	229,33	110,62	191,32	215,23	91,98	178,79	201,14	73,34	166,26	187,04	54,70	153,72	172,94	36,05	141,19	158,
	III	2.056,00	-	164,48	185,04	-	153,24	172,39	-	142,26	160,04	-	131,54	147,98	-	121,08	136,21	-	110,86	124,72	-	100,92	113,
	IV	2.853,91	156,96	228,31	256,85	152,66	222,05	249,80	147,01	215,78	242,75	137,69	209,52	235,71	128,37	203,25	228,65	119,04	196,98	221,60	109,72	190,72	214,
	V	3.368,41	185,26	269,47	303,15																		
	VI	3.412,75	187,70	273,02	307,14																		

Allgemeine Tabelle

MONAT bis 10.025,99 €

Anzahl Kinderfreibeträge (nur Steuerklassen I–IV)

Lohn/Gehalt bis	Steuerklasse	Lohnsteuer	ohne Kinderfreibetrag			0,5			1,0			1,5			2,0			2,5			3,0		
			SolZ 5,5%	Kirchensteuer 8%	Kirchensteuer 9%	SolZ 5,5%	Kirchensteuer 8%	Kirchensteuer 9%	SolZ 5,5%	Kirchensteuer 8%	Kirchensteuer 9%	SolZ 5,5%	Kirchensteuer 8%	Kirchensteuer 9%	SolZ 5,5%	Kirchensteuer 8%	Kirchensteuer 9%	SolZ 5,5%	Kirchensteuer 8%	Kirchensteuer 9%	SolZ 5,5%	Kirchensteuer 8%	Kirchensteuer 9%
.007,99 (West)	I	2.847,41	156,60	227,79	256,26	146,23	215,26	242,16	127,58	202,72	228,06	108,94	190,19	213,96	90,30	177,66	199,86	71,65	165,12	185,76	53,01	152,59	171,66
	II	2.698,33	147,13	215,86	242,84	128,49	203,33	228,74	109,84	190,80	214,65	91,20	178,26	200,54	72,56	165,73	186,44	53,91	153,20	172,35	35,27	140,66	158,24
	III	2.050,00	–	164,00	184,50	–	152,77	171,86	–	141,81	159,53	–	131,09	147,47	–	120,64	135,72	–	110,45	124,25	–	100,50	113,06
	IV	2.847,41	156,60	227,79	256,26	152,29	221,52	249,21	146,23	215,26	242,16	136,90	208,99	235,11	127,58	202,72	228,06	118,26	196,46	221,01	108,94	190,19	213,96
	V	3.361,83	184,90	268,94	302,56																		
	VI	3.406,16	187,33	272,49	306,55																		
.007,99 (Ost)	I	2.855,25	157,03	228,42	256,97	147,16	215,88	242,87	128,52	203,35	228,77	109,87	190,82	214,67	91,23	178,28	200,57	72,59	165,75	186,47	53,94	153,22	172,37
	II	2.706,08	148,05	216,48	243,54	129,41	203,95	229,44	110,77	191,42	215,35	92,13	178,89	201,25	73,49	166,36	187,15	54,84	153,82	173,05	36,20	141,29	158,95
	III	2.057,16	–	164,57	185,14	–	153,33	172,49	–	142,34	160,13	–	131,62	148,07	–	121,16	136,30	–	110,96	124,83	–	101,00	113,62
	IV	2.855,25	157,03	228,42	256,97	152,73	222,15	249,92	147,16	215,88	242,87	137,84	209,62	235,82	128,52	203,35	228,77	119,19	197,08	221,72	109,87	190,82	214,67
	V	3.369,66	185,33	269,57	303,26																		
	VI	3.414,00	187,77	273,12	307,26																		
.010,99 (West)	I	2.848,66	156,67	227,89	256,37	146,37	215,36	242,28	127,73	202,82	228,17	109,09	190,29	214,07	90,44	177,76	199,98	71,80	165,22	185,87	53,17	152,70	171,78
	II	2.699,58	147,28	215,96	242,96	128,63	203,43	228,86	109,99	190,90	214,76	91,35	178,36	200,66	72,70	165,83	186,56	54,06	153,30	172,46	35,42	140,76	158,36
	III	2.051,16	–	164,09	184,60	–	152,86	171,97	–	141,89	159,62	–	131,18	147,58	–	120,73	135,82	–	110,53	124,34	–	100,58	113,15
	IV	2.848,66	156,67	227,89	256,37	152,36	221,62	249,32	146,37	215,36	242,28	137,05	209,09	235,22	127,73	202,82	228,17	118,41	196,56	221,13	109,09	190,29	214,07
	V	3.363,08	184,96	269,04	302,67																		
	VI	3.407,41	187,40	272,59	306,66																		
.010,99 (Ost)	I	2.856,50	157,10	228,52	257,08	147,31	215,98	242,98	128,66	203,45	228,88	110,02	190,92	214,78	91,38	178,38	200,68	72,73	165,85	186,58	54,09	153,32	172,48
	II	2.707,41	148,21	216,59	243,66	129,57	204,06	229,56	110,92	191,52	215,46	92,28	178,99	201,36	73,64	166,46	187,26	54,99	153,92	173,16	36,35	141,39	159,06
	III	2.058,33	–	164,66	185,24	–	153,42	172,60	–	142,44	160,24	–	131,72	148,18	–	121,24	136,39	–	111,04	124,92	–	101,08	113,71
	IV	2.856,50	157,10	228,52	257,08	152,79	222,25	250,03	147,31	215,98	242,98	137,99	209,72	235,93	128,66	203,45	228,88	119,34	197,18	221,83	110,02	190,92	214,78
	V	3.370,91	185,40	269,67	303,38																		
	VI	3.415,25	187,83	273,22	307,37																		
.013,99 (West)	I	2.849,91	156,74	227,99	256,49	146,52	215,46	242,39	127,88	202,92	228,29	109,24	190,39	214,19	90,60	177,86	200,09	71,96	165,33	185,99	53,32	152,80	171,90
	II	2.700,83	147,43	216,06	243,07	128,78	203,53	228,97	110,14	191,00	214,87	91,50	178,46	200,77	72,85	165,93	186,67	54,21	153,40	172,57	35,57	140,86	158,47
	III	2.052,33	–	164,18	184,70	–	152,96	172,08	–	141,98	159,73	–	131,26	147,67	–	120,81	135,91	–	110,61	124,43	–	100,66	113,24
	IV	2.849,91	156,74	227,99	256,49	152,43	221,72	249,44	146,52	215,46	242,39	137,20	209,19	235,34	127,88	202,92	228,29	118,56	196,66	221,24	109,24	190,39	214,19
	V	3.364,33	185,03	269,14	302,78																		
	VI	3.408,66	187,47	272,69	306,77																		
.013,99 (Ost)	I	2.857,75	157,17	228,62	257,19	147,46	216,08	243,09	128,81	203,55	228,99	110,17	191,02	214,89	91,53	178,48	200,79	72,88	165,95	186,69	54,24	153,42	172,59
	II	2.708,66	148,36	216,69	243,77	129,71	204,16	229,68	111,07	191,62	215,57	92,43	179,09	201,47	73,78	166,56	187,38	55,14	154,02	173,27	36,50	141,49	159,17
	III	2.059,50	–	164,76	185,35	–	153,50	172,69	–	142,53	160,34	–	131,80	148,27	–	121,33	136,49	–	111,12	125,01	–	101,16	113,80
	IV	2.857,75	157,17	228,62	257,19	152,86	222,35	250,14	147,46	216,08	243,09	138,13	209,82	236,04	128,81	203,55	228,99	119,49	197,28	221,94	110,17	191,02	214,89
	V	3.372,16	185,46	269,77	303,49																		
	VI	3.416,50	187,90	273,32	307,48																		
0.016,99 (West)	I	2.851,16	156,81	228,09	256,60	146,67	215,56	242,50	128,03	203,02	228,40	109,40	190,50	214,31	90,75	177,96	200,21	72,11	165,43	186,11	53,47	152,90	172,01
	II	2.702,08	147,57	216,16	243,18	128,93	203,63	229,08	110,29	191,10	214,98	91,64	178,56	200,88	73,00	166,03	186,78	54,37	153,50	172,69	35,72	140,97	158,59
	III	2.053,50	–	164,28	184,81	–	153,04	172,17	–	142,06	159,82	–	131,36	147,78	–	120,89	136,00	–	110,69	124,52	–	100,74	113,33
	IV	2.851,16	156,81	228,09	256,60	152,50	221,82	249,55	146,67	215,56	242,50	137,35	209,29	235,45	128,03	203,02	228,40	118,72	196,76	221,36	109,40	190,50	214,31
	V	3.365,66	185,11	269,25	302,90																		
	VI	3.409,91	187,54	272,79	306,89																		
0.016,99 (Ost)	I	2.859,00	157,24	228,72	257,31	147,60	216,18	243,20	128,96	203,65	229,10	110,32	191,12	215,01	91,67	178,58	200,90	73,03	166,05	186,80	54,39	153,52	172,71
	II	2.709,91	148,51	216,79	243,89	129,86	204,26	229,79	111,22	191,72	215,69	92,58	179,19	201,59	73,93	166,66	187,49	55,29	154,12	173,39	36,65	141,59	159,29
	III	2.060,50	–	164,84	185,44	–	153,60	172,80	–	142,61	160,43	–	131,88	148,36	–	121,41	136,58	–	111,20	125,10	–	101,24	113,89
	IV	2.859,00	157,24	228,72	257,31	152,93	222,45	250,25	147,60	216,18	243,20	138,28	209,92	236,16	128,96	203,65	229,10	119,64	197,38	222,05	110,32	191,12	215,01
	V	3.373,41	185,53	269,87	303,60																		
	VI	3.417,75	187,97	273,42	307,59																		
0.019,99 (West)	I	2.852,41	156,88	228,19	256,71	146,83	215,66	242,62	128,19	203,13	228,52	109,54	190,60	214,42	90,90	178,06	200,32	72,26	165,53	186,22	53,61	153,00	172,12
	II	2.703,33	147,72	216,26	243,29	129,08	203,73	229,19	110,44	191,20	215,10	91,79	178,66	200,99	73,16	166,14	186,90	54,52	153,60	172,80	35,87	141,07	158,70
	III	2.054,66	–	164,37	184,91	–	153,13	172,27	–	142,16	159,93	–	131,44	147,87	–	120,97	136,09	–	110,77	124,61	–	100,82	113,42
	IV	2.852,41	156,88	228,19	256,71	152,57	221,92	249,66	146,83	215,66	242,62	137,51	209,40	235,57	128,19	203,13	228,52	118,87	196,86	221,47	109,54	190,60	214,42
	V	3.366,91	185,18	269,35	303,02																		
	VI	3.411,16	187,61	272,89	307,00																		
0.019,99 (Ost)	I	2.860,25	157,31	228,82	257,42	147,75	216,28	243,32	129,11	203,75	229,22	110,47	191,22	215,12	91,82	178,68	201,02	73,18	166,15	186,92	54,55	153,62	172,82
	II	2.711,16	148,66	216,89	244,00	130,01	204,36	229,90	111,37	191,82	215,80	92,73	179,29	201,70	74,08	166,76	187,60	55,44	154,22	173,50	36,80	141,69	159,40
	III	2.061,66	–	164,93	185,54	–	153,69	172,90	–	142,70	160,54	–	131,97	148,46	–	121,49	136,67	–	111,28	125,19	–	101,32	113,98
	IV	2.860,25	157,31	228,82	257,42	153,00	222,55	250,37	147,75	216,28	243,32	138,43	210,02	236,27	129,11	203,75	229,22	119,79	197,48	222,17	110,47	191,22	215,12
	V	3.374,66	185,60	269,97	303,71																		
	VI	3.419,00	188,04	273,52	307,71																		
0.022,99 (West)	I	2.853,75	156,95	228,30	256,83	146,98	215,76	242,73	128,34	203,23	228,63	109,69	190,70	214,53	91,05	178,16	200,43	72,41	165,63	186,33	53,76	153,10	172,23
	II	2.704,58	147,87	216,36	243,41	129,23	203,83	229,31	110,60	191,30	215,21	91,95	178,77	201,11	73,31	166,24	187,02	54,67	153,70	172,91	36,02	141,17	158,81
	III	2.055,83	–	164,46	185,02	–	153,22	172,37	–	142,24	160,02	–	131,52	147,96	–	121,06	136,19	–	110,85	124,70	–	100,90	113,51
	IV	2.853,75	156,95	228,30	256,83	152,64	222,03	249,78	146,98	215,76	242,73	137,66	209,50	235,68	128,34	203,23	228,63	119,01	196,96	221,58	109,69	190,70	214,53
	V	3.368,16	185,24	269,45	303,13																		
	VI	3.412,50	187,68	273,00	307,12																		
0.022,99 (Ost)	I	2.861,50	157,38	228,92	257,53	147,90	216,38	243,43	129,26	203,85	229,33	110,62	191,32	215,23	91,98	178,79	201,14	73,34	166,26	187,04	54,70	153,72	172,94
	II	2.712,41	148,80	216,99	244,11	130,16	204,46	230,01	111,52	191,92	215,91	92,87	179,39	201,81	74,23	166,86	187,71	55,59	154,32	173,61	36,94	141,79	159,51
	III	2.062,83	–	165,02	185,65	–	153,78	173,00	–	142,78	160,63	–	132,05	148,55	–	121,57	136,76	–	111,36	125,28	–	101,40	114,07
	IV	2.861,50	157,38	228,92	257,53	153,07	222,65	250,48	147,90	216,38	243,43	138,58	210,12	236,38	129,26	203,85	229,33	119,94	197,58	222,28	110,62	191,32	215,23
	V	3.376,00	185,68	270,08	303,84																		
	VI	3.420,25	188,11	273,62	307,82																		
10.025,99 (West)	I	2.855,00	157,02	228,40	256,95	147,13	215,86	242,84	128,49	203,33	228,74	109,84	190,80	214,65	91,20	178,26	200,54	72,56	165,73	186,44	53,91	153,20	172,35
	II	2.705,83	148,02	216,46	243,52	129,39	203,94	229,43	110,74	191,40	215,33	92,10	178,87	201,23	73,46	166,34	187,13	54,81	153,80	173,03	36,17	141,27	158,93
	III	2.056,83	–	164,54	185,11	–	153,32	172,48	–	142,33	160,12	–	131,61	148,06	–	121,14	136,28	–	110,93	124,79	–	100,98	113,60
	IV	2.855,00	157,02	228,40	256,95	152,71	222,13	249,89	147,13	215,86	242,84	137,81	209,60	235,80	128,49	203,33	228,74	119,16	197,06	221,69	109,84	190,80	214,65
	V	3.369,41	185,31	269,55	303,24																		
	VI	3.413,75	187,75	273,10	307,23																		
10.025,99 (Ost)	I	2.862,75	157,45	229,02	257,64	148,05	216,48	243,54	129,41	203,95	229,44	110,77	191,42	215,35	92,13	178,89	201,25	73,49	166,36	187,15	54,84	153,82	173,05
	II	2.713,66	148,95	217,09	244,22	130,31	204,56	230,13	111,67	192,02	216,02	93,02	179,49	201,92	74,38	166,96	187,83	55,75	154,43	173,73	37,10	141,90	159,63
	III	2.064,00	–	165,12	185,76	–	153,86	173,09	–	142,88	160,74	–	132,14	148,66	–	121,66	136,87	–	111,44	125,37	–	101,48	114,16
	IV	2.862,75	157,45	229,02	257,64	153,14	222,75	250,59	148,05	216,48	243,54	138,73	210,22	236,49	129,41	203,95	229,44	120,10	197,69	222,40	110,77	191,42	215,35
	V	3.377,25	185,74	270,18	303,95																		
	VI	3.421,50	188,18	273,72	307,93																		

Lohn/ Gehalt bis	Steuerklasse	Lohnsteuer	ohne Kinderfreibetrag SolZ 5,5%	Kirchensteuer 8%	9%	0,5 SolZ 5,5%	Kirchensteuer 8%	9%	1,0 SolZ 5,5%	Kirchensteuer 8%	9%	1,5 SolZ 5,5%	Kirchensteuer 8%	9%	2,0 SolZ 5,5%	Kirchensteuer 8%	9%	2,5 SolZ 5,5%	Kirchensteuer 8%	9%	3,0 SolZ 5,5%	Kirchensteuer 8%	9%
						Anzahl Kinderfreibeträge (nur Steuerklassen I–IV)																	
10.028,99 (West)	I	2.856,25	157,09	228,50	257,06	147,28	215,96	242,96	128,63	203,43	228,86	109,99	190,90	214,76	91,35	178,36	200,66	72,70	165,83	186,56	54,06	153,30	1
	II	2.707,16	148,18	216,57	243,64	129,54	204,04	229,54	110,89	191,50	215,44	92,25	178,97	201,34	73,61	166,44	187,24	54,96	153,90	173,14	36,32	141,37	1
	III	2.058,00	-	164,64	185,22	-	153,40	172,57	-	142,42	160,22	-	131,69	148,15	-	121,22	136,37	-	111,01	124,88	-	101,06	1
	IV	2.856,25	157,09	228,50	257,06	152,78	222,23	250,01	147,28	215,96	242,96	137,96	209,70	235,91	128,63	203,43	228,86	119,31	197,16	221,81	109,99	190,90	2
	V	3.370,66	185,38	269,65	303,35																		
	VI	3.415,00	187,82	273,20	307,35																		
10.028,99 (Ost)	I	2.864,00	157,52	229,12	257,76	148,21	216,59	243,66	129,57	204,06	229,56	110,92	191,52	215,46	92,28	178,99	201,36	73,64	166,46	187,26	54,99	153,92	1
	II	2.714,91	149,10	217,19	244,34	130,46	204,66	230,24	111,82	192,12	216,14	93,17	179,59	202,04	74,54	167,06	187,94	55,90	154,53	173,84	37,25	142,00	1
	III	2.065,16	-	165,21	185,86	-	153,96	173,20	-	142,96	160,83	-	132,22	148,75	-	121,74	136,96	-	111,52	125,46	-	101,56	1
	IV	2.864,00	157,52	229,12	257,76	153,21	222,85	250,70	148,21	216,59	243,66	138,89	210,32	236,61	129,57	204,06	229,56	120,24	197,79	222,51	110,92	191,52	2
	V	3.378,50	185,81	270,28	304,06																		
	VI	3.422,75	188,25	273,82	308,04																		
10.031,99 (West)	I	2.857,50	157,16	228,60	257,17	147,43	216,06	243,07	128,78	203,53	228,97	110,14	191,00	214,87	91,50	178,46	200,77	72,85	165,93	186,67	54,21	153,40	1
	II	2.708,41	148,33	216,67	243,75	129,69	204,14	229,65	111,04	191,60	215,55	92,40	179,07	201,45	73,76	166,54	187,35	55,11	154,00	173,25	36,47	141,47	1
	III	2.059,16	-	164,73	185,32	-	153,49	172,67	-	142,50	160,31	-	131,78	148,25	-	121,30	136,46	-	111,09	124,97	-	101,14	1
	IV	2.857,50	157,16	228,60	257,17	152,85	222,33	250,12	147,43	216,06	243,07	138,10	209,80	236,02	128,78	203,53	228,97	119,46	197,26	221,92	110,14	191,00	2
	V	3.371,91	185,45	269,75	303,47																		
	VI	3.416,25	187,89	273,30	307,40																		
10.031,99 (Ost)	I	2.865,33	157,59	229,22	257,87	148,36	216,69	243,77	129,71	204,16	229,68	111,07	191,62	215,57	92,43	179,09	201,47	73,78	166,56	187,38	55,14	154,02	1
	II	2.716,16	149,25	217,29	244,45	130,61	204,76	230,35	111,97	192,23	216,26	93,33	179,70	202,16	74,69	167,16	188,06	56,04	154,63	173,96	37,40	142,10	1
	III	2.066,33	-	165,30	185,96	-	154,05	173,30	-	143,05	160,93	-	132,30	148,84	-	121,82	137,05	-	111,60	125,55	-	101,64	1
	IV	2.865,33	157,59	229,22	257,87	153,28	222,96	250,83	148,36	216,69	243,77	139,04	210,42	236,72	129,71	204,16	229,68	120,39	197,89	222,62	111,07	191,62	2
	V	3.379,75	185,88	270,38	304,17																		
	VI	3.424,08	188,32	273,92	308,16																		
10.034,99 (West)	I	2.858,75	157,23	228,70	257,28	147,57	216,16	243,18	128,93	203,63	229,08	110,29	191,10	214,98	91,64	178,56	200,88	73,00	166,03	186,78	54,37	153,50	17
	II	2.709,66	148,48	216,77	243,86	129,83	204,24	229,77	111,19	191,70	215,66	92,55	179,17	201,56	73,90	166,64	187,47	55,26	154,10	173,36	36,62	141,57	15
	III	2.060,33	-	164,82	185,42	-	153,58	172,78	-	142,60	160,42	-	131,86	148,34	-	121,40	136,57	-	111,17	125,06	-	101,22	11
	IV	2.858,75	157,23	228,70	257,28	152,92	222,43	250,23	147,57	216,16	243,18	138,25	209,90	236,13	128,93	203,63	229,08	119,61	197,36	222,03	110,29	191,10	21
	V	3.373,16	185,52	269,85	303,58																		
	VI	3.417,50	187,96	273,40	307,57																		
10.034,99 (Ost)	I	2.866,58	157,66	229,32	257,99	148,51	216,79	243,89	129,86	204,26	229,79	111,22	191,72	215,69	92,58	179,19	201,59	73,93	166,66	187,49	55,29	154,12	17
	II	2.717,41	149,40	217,39	244,56	130,77	204,86	230,47	112,12	192,33	216,37	93,48	179,80	202,27	74,84	167,26	188,17	56,19	154,73	174,07	37,55	142,20	15
	III	2.067,50	-	165,40	186,07	-	154,13	173,39	-	143,13	161,02	-	132,40	148,95	-	121,90	137,14	-	111,68	125,64	-	101,72	11
	IV	2.866,58	157,66	229,32	257,99	153,35	223,06	250,94	148,51	216,79	243,89	139,19	210,52	236,84	129,86	204,26	229,79	120,54	197,99	222,74	111,22	191,72	21
	V	3.381,00	185,95	270,48	304,29																		
	VI	3.425,33	188,39	274,02	308,27																		
10.037,99 (West)	I	2.860,00	157,30	228,80	257,40	147,72	216,26	243,29	129,08	203,73	229,19	110,44	191,20	215,10	91,79	178,66	200,99	73,16	166,14	186,90	54,52	153,60	17
	II	2.710,91	148,63	216,87	243,98	129,98	204,34	229,88	111,34	191,80	215,78	92,70	179,27	201,68	74,05	166,74	187,58	55,41	154,20	173,48	36,77	141,67	15
	III	2.061,50	-	164,92	185,53	-	153,66	172,87	-	142,68	160,51	-	131,94	148,43	-	121,48	136,66	-	111,26	125,17	-	101,30	11
	IV	2.860,00	157,30	228,80	257,40	152,99	222,53	250,34	147,72	216,26	243,29	138,40	210,00	236,25	129,08	203,73	229,19	119,76	197,46	222,14	110,44	191,20	21
	V	3.374,41	185,59	269,95	303,69																		
	VI	3.418,75	188,03	273,50	307,68																		
10.037,99 (Ost)	I	2.867,83	157,73	229,42	258,10	148,66	216,89	244,00	130,01	204,36	229,90	111,37	191,82	215,80	92,73	179,29	201,70	74,08	166,76	187,60	55,44	154,22	17
	II	2.718,75	149,53	217,50	244,68	130,91	204,96	230,58	112,27	192,43	216,48	93,63	179,90	202,38	74,98	167,36	188,28	56,34	154,83	174,18	37,70	142,30	16
	III	2.068,66	-	165,49	186,17	-	154,22	173,50	-	143,22	161,12	-	132,48	149,04	-	122,00	137,25	-	111,76	125,73	-	101,80	11
	IV	2.867,83	157,73	229,42	258,10	153,42	223,16	251,05	148,66	216,89	244,00	139,33	210,62	236,95	130,01	204,36	229,90	120,69	198,09	222,85	111,37	191,82	21
	V	3.382,25	186,02	270,58	304,40																		
	VI	3.426,58	188,46	274,12	308,39																		
10.040,99 (West)	I	2.861,25	157,36	228,90	257,51	147,87	216,36	243,41	129,23	203,83	229,31	110,60	191,30	215,21	91,95	178,77	201,11	73,31	166,24	187,02	54,67	153,70	17
	II	2.712,16	148,77	216,97	244,09	130,13	204,44	229,99	111,49	191,90	215,89	92,84	179,37	201,79	74,20	166,84	187,69	55,56	154,30	173,59	36,92	141,78	15
	III	2.062,66	-	165,01	185,63	-	153,76	172,98	-	142,77	160,61	-	132,04	148,54	-	121,56	136,75	-	111,34	125,26	-	101,38	11
	IV	2.861,25	157,36	228,90	257,51	153,06	222,63	250,46	147,87	216,36	243,41	138,55	210,10	236,36	129,23	203,83	229,31	119,91	197,56	222,26	110,60	191,30	21
	V	3.375,75	185,66	270,06	303,81																		
	VI	3.420,00	188,10	273,60	307,80																		
10.040,99 (Ost)	I	2.869,08	157,79	229,52	258,21	148,80	216,99	244,11	130,16	204,46	230,01	111,52	191,92	215,91	92,87	179,39	201,81	74,23	166,86	187,71	55,59	154,32	17
	II	2.720,00	149,60	217,60	244,80	131,06	205,06	230,69	112,42	192,53	216,59	93,78	180,00	202,50	75,13	167,46	188,39	56,49	154,93	174,29	37,85	142,40	16
	III	2.069,66	-	165,57	186,26	-	154,32	173,61	-	143,32	161,23	-	132,57	149,14	-	122,08	137,34	-	111,85	125,83	-	101,86	11
	IV	2.869,08	157,79	229,52	258,21	153,49	223,26	251,16	148,80	216,99	244,11	139,48	210,72	237,06	130,16	204,46	230,01	120,84	198,19	222,96	111,52	191,92	21
	V	3.383,50	186,09	270,68	304,51																		
	VI	3.427,83	188,53	274,22	308,50																		
10.043,99 (West)	I	2.862,50	157,43	229,00	257,62	148,02	216,46	243,52	129,39	203,94	229,43	110,74	191,40	215,33	92,10	178,87	201,23	73,46	166,34	187,13	54,81	153,80	17
	II	2.713,41	148,92	217,07	244,20	130,28	204,54	230,10	111,64	192,00	216,00	92,99	179,47	201,90	74,36	166,94	187,81	55,72	154,41	173,71	37,07	141,88	15
	III	2.063,83	-	165,10	185,74	-	153,85	173,08	-	142,85	160,70	-	132,12	148,63	-	121,64	136,84	-	111,42	125,35	-	101,45	11
	IV	2.862,50	157,43	229,00	257,62	153,12	222,73	250,57	148,02	216,46	243,52	138,71	210,20	236,48	129,39	203,94	229,43	120,07	197,67	222,38	110,74	191,40	21
	V	3.377,00	185,73	270,16	303,93																		
	VI	3.421,25	188,16	273,70	307,91																		
10.043,99 (Ost)	I	2.870,33	157,86	229,62	258,32	148,95	217,09	244,22	130,31	204,56	230,13	111,67	192,02	216,02	93,02	179,49	201,92	74,38	166,96	187,83	55,75	154,43	173
	II	2.721,25	149,66	217,70	244,91	131,21	205,16	230,81	112,57	192,63	216,71	93,93	180,10	202,61	75,28	167,56	188,51	56,64	155,03	174,41	38,00	142,50	160
	III	2.070,83	-	165,66	186,37	-	154,41	173,71	-	143,40	161,32	-	132,65	149,23	-	122,16	137,43	-	111,93	125,92	-	101,94	114
	IV	2.870,33	157,86	229,62	258,32	153,56	223,36	251,28	148,95	217,09	244,22	139,63	210,82	237,17	130,31	204,56	230,13	120,99	198,29	223,07	111,67	192,02	216
	V	3.384,75	186,16	270,78	304,62																		
	VI	3.429,08	188,59	274,32	308,61																		
10.046,99 (West)	I	2.863,83	157,51	229,10	257,74	148,18	216,57	243,64	129,54	204,04	229,54	110,89	191,50	215,44	92,25	178,97	201,34	73,61	166,44	187,24	54,96	153,90	173,
	II	2.714,66	149,07	217,17	244,31	130,43	204,64	230,22	111,79	192,10	216,11	93,15	179,58	202,02	74,51	167,04	187,92	55,87	154,51	173,82	37,22	141,98	159,
	III	2.064,83	-	165,18	185,83	-	153,93	173,17	-	142,94	160,81	-	132,21	148,73	-	121,73	136,94	-	111,50	125,44	-	101,53	114,
	IV	2.863,83	157,51	229,10	257,74	153,20	222,84	250,69	148,18	216,57	243,64	138,86	210,30	236,59	129,54	204,04	229,54	120,21	197,77	222,49	110,89	191,50	215,
	V	3.378,25	185,80	270,26	304,04																		
	VI	3.422,58	188,24	273,80	308,03																		
10.046,99 (Ost)	I	2.871,58	157,93	229,72	258,44	149,10	217,19	244,34	130,46	204,66	230,24	111,82	192,12	216,14	93,17	179,59	202,04	74,54	167,06	187,94	55,90	154,53	173,
	II	2.722,50	149,73	217,80	245,02	131,36	205,26	230,92	112,72	192,73	216,82	94,07	180,20	202,72	75,43	167,66	188,62	56,79	155,13	174,52	38,14	142,60	160,
	III	2.072,00	-	165,76	186,48	-	154,49	173,80	-	143,49	161,42	-	132,73	149,32	-	122,24	137,52	-	112,01	126,01	-	102,02	114,
	IV	2.871,58	157,93	229,72	258,44	153,62	223,46	251,39	149,10	217,19	244,34	139,78	210,92	237,29	130,46	204,66	230,24	121,14	198,39	223,19	111,82	192,12	216,
	V	3.386,00	186,23	270,88	304,74																		
	VI	3.430,33	188,66	274,42	308,72																		

Lohn/ Gehalt bis	Steuerklasse	Lohn-steuer	ohne Kinderfreibetrag SolZ 5,5%	Kirchensteuer 8%	Kirchensteuer 9%	0,5 SolZ 5,5%	0,5 Kirchensteuer 8%	0,5 Kirchensteuer 9%	1,0 SolZ 5,5%	1,0 Kirchensteuer 8%	1,0 Kirchensteuer 9%	1,5 SolZ 5,5%	1,5 Kirchensteuer 8%	1,5 Kirchensteuer 9%	2,0 SolZ 5,5%	2,0 Kirchensteuer 8%	2,0 Kirchensteuer 9%	2,5 SolZ 5,5%	2,5 Kirchensteuer 8%	2,5 Kirchensteuer 9%	3,0 SolZ 5,5%	3,0 Kirchensteuer 8%	3,0 Kirchensteuer 9%
						Anzahl Kinderfreibeträge (nur Steuerklassen I–IV)																	
10.049,99 (West)	I	2.865,08	157,57	229,20	257,85	148,33	216,67	243,75	129,69	204,14	229,65	111,04	191,60	215,55	92,40	179,07	201,45	73,76	166,54	187,35	55,11	154,00	173,25
	II	2.715,91	149,22	217,27	244,43	130,59	204,74	230,33	111,94	192,21	216,23	93,30	179,68	202,14	74,66	167,14	188,03	56,01	154,61	173,93	37,37	142,08	159,84
	III	2.066,00	-	165,28	185,94	-	154,02	173,27	-	143,02	160,90	-	132,29	148,82	-	121,81	137,03	-	111,58	125,53	-	101,61	114,31
	IV	2.865,08	157,57	229,20	257,85	153,27	222,94	250,80	148,33	216,67	243,75	139,01	210,40	236,70	129,69	204,14	229,65	120,36	197,87	222,60	111,04	191,60	215,55
	V	3.379,50	185,87	270,36	304,15																		
	VI	3.423,83	188,31	273,90	308,14																		
10.049,99 (Ost)	I	2.872,83	158,00	229,82	258,55	149,25	217,29	244,45	130,61	204,76	230,35	111,97	192,23	216,26	93,33	179,70	202,16	74,69	167,16	188,06	56,04	154,63	173,96
	II	2.723,75	149,80	217,90	245,13	131,51	205,36	231,03	112,87	192,83	216,93	94,22	180,30	202,83	75,58	167,76	188,73	56,94	155,23	174,63	38,30	142,70	160,54
	III	2.073,16	-	165,85	186,58	-	154,58	173,90	-	143,57	161,51	-	132,82	149,42	-	122,33	137,62	-	112,09	126,10	-	102,10	114,86
	IV	2.872,83	158,00	229,82	258,55	153,69	223,56	251,50	149,25	217,29	244,45	139,93	211,02	237,40	130,61	204,76	230,35	121,29	198,49	223,30	111,97	192,23	216,26
	V	3.387,33	186,30	270,98	304,85																		
	VI	3.431,58	188,73	274,52	308,84																		
10.052,99 (West)	I	2.866,33	157,64	229,30	257,96	148,48	216,77	243,86	129,83	204,24	229,77	111,19	191,70	215,66	92,55	179,17	201,56	73,90	166,64	187,47	55,26	154,10	173,36
	II	2.717,25	149,38	217,38	244,55	130,74	204,84	230,45	112,09	192,31	216,35	93,45	179,78	202,25	74,81	167,24	188,15	56,16	154,71	174,05	37,52	142,18	159,95
	III	2.067,16	-	165,37	186,04	-	154,12	173,38	-	143,12	161,01	-	132,37	148,91	-	121,89	137,12	-	111,66	125,62	-	101,69	114,40
	IV	2.866,33	157,64	229,30	257,96	153,34	223,04	250,92	148,48	216,77	243,86	139,16	210,50	236,81	129,83	204,24	229,77	120,51	197,97	222,71	111,19	191,70	215,66
	V	3.380,75	185,94	270,46	304,26																		
	VI	3.425,08	188,37	274,00	308,25																		
10.052,99 (Ost)	I	2.874,08	158,07	229,92	258,66	149,40	217,39	244,56	130,77	204,86	230,47	112,12	192,33	216,37	93,48	179,80	202,27	74,84	167,26	188,17	56,19	154,73	174,07
	II	2.725,00	149,87	218,00	245,25	131,66	205,46	231,14	113,02	192,93	217,04	94,37	180,40	202,95	75,74	167,87	188,85	57,10	155,34	174,75	38,45	142,80	160,65
	III	2.074,33	-	165,94	186,68	-	154,68	174,01	-	143,66	161,62	-	132,90	149,51	-	122,41	137,71	-	112,17	126,19	-	102,18	114,95
	IV	2.874,08	158,07	229,92	258,66	153,76	223,66	251,61	149,40	217,39	244,56	140,09	211,13	237,52	130,77	204,86	230,47	121,44	198,60	223,42	112,12	192,33	216,37
	V	3.388,58	186,37	271,08	304,97																		
	VI	3.432,83	188,80	274,62	308,95																		
10.055,99 (West)	I	2.867,58	157,71	229,40	258,08	148,63	216,87	243,98	129,98	204,34	229,88	111,34	191,80	215,78	92,70	179,27	201,68	74,05	166,74	187,58	55,41	154,20	173,48
	II	2.718,50	149,51	217,48	244,66	130,89	204,94	230,56	112,24	192,41	216,46	93,60	179,88	202,36	74,96	167,34	188,26	56,31	154,81	174,16	37,67	142,28	160,06
	III	2.068,33	-	165,46	186,14	-	154,21	173,48	-	143,21	161,11	-	132,46	149,02	-	121,97	137,21	-	111,74	125,71	-	101,77	114,49
	IV	2.867,58	157,71	229,40	258,08	153,40	223,14	251,03	148,63	216,87	243,98	139,30	210,60	236,93	129,98	204,34	229,88	120,66	198,07	222,83	111,34	191,80	215,78
	V	3.382,00	186,01	270,56	304,38																		
	VI	3.426,33	188,44	274,10	308,36																		
10.055,99 (Ost)	I	2.875,41	158,14	230,03	258,78	149,53	217,50	244,68	130,91	204,96	230,58	112,27	192,43	216,48	93,63	179,90	202,38	74,98	167,36	188,28	56,34	154,83	174,18
	II	2.726,25	149,94	218,10	245,36	131,81	205,56	231,26	113,16	193,03	217,16	94,53	180,50	203,06	75,89	167,97	188,96	57,24	155,44	174,87	38,60	142,90	160,76
	III	2.075,50	-	166,04	186,79	-	154,76	174,10	-	143,74	161,71	-	133,00	149,62	-	122,49	137,80	-	112,25	126,28	-	102,26	115,04
	IV	2.875,41	158,14	230,03	258,78	153,83	223,76	251,73	149,53	217,50	244,68	140,24	211,23	237,63	130,91	204,96	230,58	121,59	198,70	223,53	112,27	192,43	216,48
	V	3.389,83	186,44	271,18	305,08																		
	VI	3.434,16	188,87	274,73	309,07																		
10.058,99 (West)	I	2.868,83	157,78	229,50	258,19	148,77	216,97	244,09	130,13	204,44	229,99	111,49	191,90	215,89	92,84	179,37	201,79	74,20	166,84	187,69	55,56	154,30	173,59
	II	2.719,75	149,58	217,58	244,77	131,03	205,04	230,67	112,39	192,51	216,57	93,75	179,98	202,47	75,10	167,44	188,37	56,46	154,91	174,27	37,82	142,38	160,17
	III	2.069,50	-	165,56	186,25	-	154,29	173,57	-	143,29	161,20	-	132,54	149,11	-	122,06	137,32	-	111,82	125,80	-	101,85	114,58
	IV	2.868,83	157,78	229,50	258,19	153,47	223,24	251,14	148,77	216,97	244,09	139,45	210,70	237,04	130,13	204,44	229,99	120,81	198,17	222,94	111,49	191,90	215,89
	V	3.383,25	186,07	270,66	304,49																		
	VI	3.427,58	188,51	274,20	308,48																		
10.058,99 (Ost)	I	2.876,66	158,21	230,13	258,89	149,60	217,60	244,80	131,06	205,06	230,69	112,42	192,53	216,59	93,78	180,00	202,50	75,13	167,46	188,39	56,49	154,93	174,29
	II	2.727,50	150,01	218,20	245,47	131,97	205,67	231,38	113,32	193,14	217,28	94,68	180,60	203,18	76,04	168,07	189,08	57,39	155,54	174,98	38,75	143,00	160,88
	III	2.076,66	-	166,13	186,89	-	154,85	174,20	-	143,84	161,82	-	133,08	149,71	-	122,57	137,89	-	112,33	126,37	-	102,34	115,13
	IV	2.876,66	158,21	230,13	258,89	153,90	223,86	251,84	149,60	217,60	244,80	140,39	211,33	237,74	131,06	205,06	230,69	121,74	198,80	223,65	112,42	192,53	216,59
	V	3.391,08	186,50	271,28	305,19																		
	VI	3.435,41	188,94	274,83	309,18																		
10.061,99 (West)	I	2.870,08	157,85	229,60	258,30	148,92	217,07	244,20	130,28	204,54	230,10	111,64	192,00	216,00	92,99	179,47	201,90	74,36	166,94	187,81	55,72	154,41	173,71
	II	2.721,00	149,65	217,68	244,89	131,18	205,14	230,78	112,54	192,61	216,68	93,90	180,08	202,59	75,25	167,54	188,48	56,61	155,01	174,38	37,97	142,48	160,29
	III	2.070,66	-	165,65	186,35	-	154,38	173,68	-	143,38	161,30	-	132,64	149,22	-	122,14	137,41	-	111,90	125,89	-	101,93	114,67
	IV	2.870,08	157,85	229,60	258,30	153,54	223,34	251,25	148,92	217,07	244,20	139,60	210,80	237,15	130,28	204,54	230,10	120,96	198,27	223,05	111,64	192,00	216,00
	V	3.384,50	186,14	270,76	304,60																		
	VI	3.428,83	188,58	274,30	308,59																		
10.061,99 (Ost)	I	2.877,91	158,28	230,23	259,01	149,66	217,70	244,91	131,21	205,16	230,81	112,57	192,63	216,71	93,93	180,10	202,61	75,28	167,56	188,51	56,64	155,03	174,41
	II	2.728,83	150,08	218,30	245,59	132,11	205,77	231,49	113,47	193,24	217,39	94,83	180,70	203,29	76,18	168,17	189,19	57,54	155,64	175,09	38,90	143,10	160,99
	III	2.077,83	-	166,22	187,00	-	154,94	174,31	-	143,93	161,92	-	133,16	149,80	-	122,66	137,99	-	112,41	126,46	-	102,42	115,22
	IV	2.877,91	158,28	230,23	259,01	153,97	223,96	251,96	149,66	217,70	244,91	140,53	211,43	237,86	131,21	205,16	230,81	121,89	198,90	223,76	112,57	192,63	216,71
	V	3.392,33	186,57	271,38	305,30																		
	VI	3.436,66	189,01	274,93	309,29																		
10.064,99 (West)	I	2.871,33	157,92	229,70	258,41	149,07	217,17	244,31	130,43	204,64	230,22	111,79	192,10	216,11	93,15	179,58	202,02	74,51	167,04	187,92	55,87	154,51	173,82
	II	2.722,25	149,72	217,78	245,00	131,33	205,24	230,90	112,69	192,71	216,80	94,04	180,18	202,70	75,40	167,64	188,60	56,76	155,11	174,50	38,12	142,58	160,40
	III	2.071,83	-	165,74	186,46	-	154,48	173,79	-	143,46	161,39	-	132,72	149,31	-	122,22	137,50	-	111,98	125,98	-	102,01	114,76
	IV	2.871,33	157,92	229,70	258,41	153,61	223,44	251,37	149,07	217,17	244,31	139,75	210,90	237,26	130,43	204,64	230,22	121,11	198,37	223,16	111,79	192,10	216,11
	V	3.385,83	186,22	270,86	304,72																		
	VI	3.430,08	188,65	274,40	308,70																		
10.064,99 (Ost)	I	2.879,16	158,35	230,33	259,12	149,73	217,80	245,02	131,36	205,26	230,92	112,72	192,73	216,82	94,07	180,20	202,72	75,43	167,66	188,62	56,79	155,13	174,52
	II	2.730,08	150,15	218,40	245,70	132,26	205,87	231,60	113,62	193,34	217,50	94,98	180,80	203,40	76,33	168,27	189,30	57,69	155,74	175,20	39,05	143,20	161,10
	III	2.078,83	-	166,30	187,09	-	155,04	174,42	-	144,01	162,01	-	133,25	149,90	-	122,74	138,08	-	112,49	126,55	-	102,50	115,31
	IV	2.879,16	158,35	230,33	259,12	154,04	224,06	252,07	149,73	217,80	245,02	140,68	211,53	237,97	131,36	205,26	230,92	122,04	199,00	223,87	112,72	192,73	216,82
	V	3.393,58	186,64	271,48	305,42																		
	VI	3.437,91	189,08	275,03	309,41																		
10.067,99 (West)	I	2.872,58	157,99	229,80	258,53	149,22	217,27	244,43	130,59	204,74	230,33	111,94	192,21	216,23	93,30	179,68	202,14	74,66	167,14	188,03	56,01	154,61	173,93
	II	2.723,50	149,79	217,88	245,11	131,48	205,34	231,01	112,84	192,81	216,91	94,19	180,28	202,81	75,55	167,74	188,71	56,92	155,22	174,62	38,27	142,68	160,52
	III	2.072,83	-	165,82	186,55	-	154,56	173,88	-	143,56	161,50	-	132,80	149,40	-	122,30	137,59	-	112,06	126,07	-	102,09	114,85
	IV	2.872,58	157,99	229,80	258,53	153,68	223,54	251,48	149,22	217,27	244,43	139,90	211,00	237,38	130,59	204,74	230,33	121,27	198,48	223,29	111,94	192,21	216,23
	V	3.387,08	186,28	270,96	304,83																		
	VI	3.431,33	188,72	274,50	308,81																		
10.067,99 (Ost)	I	2.880,41	158,42	230,43	259,23	149,80	217,90	245,13	131,51	205,36	231,03	112,87	192,83	216,93	94,22	180,30	202,83	75,58	167,76	188,73	56,94	155,23	174,63
	II	2.731,33	150,22	218,50	245,81	132,41	205,97	231,71	113,77	193,44	217,62	95,13	180,90	203,51	76,48	168,37	189,41	57,84	155,84	175,32	39,20	143,30	161,21
	III	2.080,00	-	166,40	187,20	-	155,12	174,51	-	144,10	162,11	-	133,33	149,99	-	122,82	138,17	-	112,57	126,64	-	102,58	115,40
	IV	2.880,41	158,42	230,43	259,23	154,11	224,16	252,18	149,80	217,90	245,13	140,83	211,63	238,08	131,51	205,36	231,03	122,19	199,10	223,98	112,87	192,83	216,93
	V	3.394,83	186,71	271,58	305,53																		
	VI	3.439,16	189,15	275,13	309,52																		

MONAT bis 10.088,99 €

Allgemeine Tabelle

Lohn/ Gehalt bis	Steuerklasse	Lohn-steuer	ohne Kinderfreibetrag SolZ 5,5%	Kirchensteuer 8%	9%	0,5 SolZ 5,5%	Kirchensteuer 8%	9%	1,0 SolZ 5,5%	Kirchensteuer 8%	9%	1,5 SolZ 5,5%	Kirchensteuer 8%	9%	2,0 SolZ 5,5%	Kirchensteuer 8%	9%	2,5 SolZ 5,5%	Kirchensteuer 8%	9%	3,0 SolZ 5,5%	Kirchensteuer 8%	9%
						Anzahl Kinderfreibeträge (nur Steuerklassen I–IV)																	
10.070,99 (West)	I	2.873,83	158,06	229,90	258,64	149,38	217,38	244,55	130,74	204,84	230,45	112,09	192,31	216,35	93,45	179,78	202,25	74,81	167,24	188,15	56,16	154,71	17
	II	2.724,75	149,86	217,98	245,22	131,63	205,44	231,12	112,99	192,91	217,02	94,35	180,38	202,93	75,71	167,85	188,83	57,07	155,32	174,73	38,42	142,78	16
	III	2.074,00	-	165,92	186,66	-	154,65	173,98	-	143,64	161,59	-	132,89	149,50	-	122,40	137,70	-	112,16	126,18	-	102,17	11
	IV	2.873,83	158,06	229,90	258,64	153,75	223,64	251,60	149,38	217,38	244,55	140,06	211,11	237,50	130,74	204,84	230,45	121,41	198,58	223,40	112,09	192,31	21
	V	3.388,33	186,35	271,06	304,94																		
	VI	3.432,58	188,79	274,60	308,93																		
10.070,99 (Ost)	I	2.881,66	158,49	230,53	259,34	149,87	218,00	245,25	131,66	205,46	231,14	113,02	192,93	217,04	94,37	180,40	202,95	75,74	167,87	188,85	57,10	155,34	17
	II	2.732,58	150,29	218,60	245,93	132,56	206,07	231,83	113,92	193,54	217,73	95,27	181,00	203,63	76,63	168,47	189,53	57,99	155,94	175,43	39,34	143,40	16
	III	2.081,16	-	166,49	187,30	-	155,21	174,61	-	144,18	162,20	-	133,42	150,10	-	122,90	138,26	-	112,66	126,74	-	102,66	11
	IV	2.881,66	158,49	230,53	259,34	154,18	224,26	252,29	149,87	218,00	245,25	140,98	211,73	238,19	131,66	205,46	231,14	122,34	199,20	224,10	113,02	192,93	21
	V	3.396,08	186,78	271,68	305,64																		
	VI	3.440,41	189,22	275,23	309,63																		
10.073,99 (West)	I	2.875,16	158,13	230,01	258,76	149,51	217,48	244,66	130,89	204,94	230,56	112,24	192,41	216,46	93,60	179,88	202,36	74,96	167,34	188,26	56,31	154,81	17
	II	2.726,00	149,93	218,08	245,34	131,78	205,54	231,23	113,14	193,02	217,14	94,50	180,48	203,04	75,86	167,95	188,94	57,21	155,42	174,84	38,57	142,88	16
	III	2.075,16	-	166,01	186,76	-	154,74	174,08	-	143,73	161,69	-	132,97	149,59	-	122,48	137,79	-	112,24	126,27	-	102,25	11
	IV	2.875,16	158,13	230,01	258,76	153,82	223,74	251,71	149,51	217,48	244,66	140,21	211,21	237,61	130,89	204,94	230,56	121,56	198,68	223,51	112,24	192,41	21
	V	3.389,58	186,42	271,16	305,06																		
	VI	3.433,91	188,86	274,71	309,05																		
10.073,99 (Ost)	I	2.882,91	158,56	230,63	259,46	149,94	218,10	245,36	131,81	205,56	231,26	113,16	193,03	217,16	94,53	180,50	203,06	75,89	167,97	188,96	57,24	155,44	17
	II	2.733,83	150,36	218,70	246,04	132,71	206,17	231,94	114,07	193,64	217,84	95,42	181,10	203,74	76,78	168,57	189,64	58,14	156,04	175,54	39,50	143,51	16
	III	2.082,33	-	166,58	187,40	-	155,30	174,71	-	144,28	162,31	-	133,50	150,19	-	123,00	138,37	-	112,74	126,83	-	102,74	11
	IV	2.882,91	158,56	230,63	259,46	154,25	224,36	252,41	149,94	218,10	245,36	141,13	211,83	238,31	131,81	205,56	231,26	122,49	199,30	224,21	113,16	193,03	21
	V	3.397,41	186,85	271,79	305,76																		
	VI	3.441,66	189,29	275,33	309,74																		
10.076,99 (West)	I	2.876,41	158,20	230,11	258,87	149,58	217,58	244,77	131,03	205,04	230,67	112,39	192,51	216,57	93,75	179,98	202,47	75,10	167,44	188,37	56,46	154,91	17
	II	2.727,33	150,00	218,18	245,45	131,94	205,65	231,35	113,29	193,12	217,26	94,65	180,58	203,15	76,01	168,05	189,05	57,36	155,52	174,96	38,72	142,98	16
	III	2.076,33	-	166,10	186,86	-	154,84	174,19	-	143,81	161,78	-	133,06	149,69	-	122,56	137,88	-	112,32	126,36	-	102,33	11
	IV	2.876,41	158,20	230,11	258,87	153,89	223,84	251,82	149,58	217,58	244,77	140,36	211,31	237,72	131,03	205,04	230,67	121,71	198,78	223,62	112,39	192,51	21
	V	3.390,83	186,49	271,26	305,17																		
	VI	3.435,16	188,93	274,81	309,16																		
10.076,99 (Ost)	I	2.884,16	158,62	230,73	259,57	150,01	218,20	245,47	131,97	205,67	231,38	113,32	193,14	217,28	94,68	180,60	203,18	76,04	168,07	189,08	57,39	155,54	17
	II	2.735,08	150,42	218,80	246,15	132,86	206,27	232,05	114,22	193,74	217,95	95,57	181,20	203,85	76,93	168,67	189,75	58,30	156,14	175,66	39,65	143,61	16
	III	2.083,50	-	166,68	187,51	-	155,40	174,82	-	144,36	162,40	-	133,60	150,30	-	123,08	138,46	-	112,82	126,92	-	102,82	11
	IV	2.884,16	158,62	230,73	259,57	154,32	224,46	252,52	150,01	218,20	245,47	141,28	211,93	238,42	131,97	205,67	231,38	122,64	199,40	224,33	113,32	193,14	21
	V	3.398,66	186,92	271,89	305,87																		
	VI	3.442,91	189,36	275,43	309,86																		
10.079,99 (West)	I	2.877,66	158,27	230,21	258,98	149,65	217,68	244,89	131,18	205,14	230,78	112,54	192,61	216,68	93,90	180,08	202,59	75,25	167,54	188,48	56,61	155,01	17
	II	2.728,58	150,07	218,28	245,57	132,09	205,75	231,47	113,44	193,22	217,37	94,80	180,68	203,27	76,16	168,15	189,17	57,51	155,62	175,07	38,87	143,08	16
	III	2.077,50	-	166,20	186,97	-	154,92	174,28	-	143,90	161,89	-	133,14	149,78	-	122,64	137,97	-	112,40	126,45	-	102,41	11
	IV	2.877,66	158,27	230,21	258,98	153,96	223,94	251,93	149,65	217,68	244,89	140,50	211,41	237,83	131,18	205,14	230,78	121,86	198,88	223,74	112,54	192,61	21
	V	3.392,08	186,56	271,36	305,28																		
	VI	3.436,41	189,00	274,91	309,27																		
10.079,99 (Ost)	I	2.885,41	158,69	230,83	259,68	150,08	218,30	245,59	132,11	205,77	231,49	113,47	193,24	217,39	94,83	180,70	203,29	76,18	168,17	189,19	57,54	155,64	17
	II	2.736,33	150,49	218,90	246,26	133,01	206,37	232,16	114,36	193,84	218,07	95,73	181,31	203,97	77,09	168,78	189,87	58,44	156,24	175,77	39,80	143,71	16
	III	2.084,66	-	166,77	187,61	-	155,48	174,91	-	144,45	162,50	-	133,68	150,39	-	123,16	138,55	-	112,90	127,01	-	102,90	11
	IV	2.885,41	158,69	230,83	259,68	154,39	224,57	252,64	150,08	218,30	245,59	141,44	212,04	238,54	132,11	205,77	231,49	122,79	199,50	224,44	113,47	193,24	21
	V	3.399,91	186,99	271,99	305,99																		
	VI	3.444,25	189,43	275,54	309,98																		
10.082,99 (West)	I	2.878,91	158,34	230,31	259,10	149,72	217,78	245,00	131,33	205,24	230,90	112,69	192,71	216,80	94,04	180,18	202,70	75,40	167,64	188,60	56,76	155,11	17
	II	2.729,83	150,14	218,38	245,68	132,23	205,85	231,58	113,59	193,32	217,48	94,95	180,78	203,38	76,30	168,25	189,28	57,66	155,72	175,18	39,02	143,18	16
	III	2.078,66	-	166,29	187,07	-	155,01	174,38	-	144,00	162,00	-	133,22	149,87	-	122,73	138,07	-	112,48	126,54	-	102,49	11
	IV	2.878,91	158,34	230,31	259,10	154,03	224,04	252,05	149,72	217,78	245,00	140,65	211,51	237,95	131,33	205,24	230,90	122,01	198,98	223,85	112,69	192,71	21
	V	3.393,33	186,63	271,46	305,39																		
	VI	3.437,66	189,07	275,01	309,38																		
10.082,99 (Ost)	I	2.886,75	158,77	230,94	259,80	150,15	218,40	245,70	132,26	205,87	231,60	113,62	193,34	217,50	94,98	180,80	203,40	76,33	168,27	189,30	57,69	155,74	17
	II	2.737,58	150,56	219,00	246,38	133,16	206,47	232,28	114,52	193,94	218,18	95,88	181,41	204,08	77,24	168,88	189,99	58,59	156,34	175,88	39,95	143,81	16
	III	2.085,83	-	166,86	187,72	-	155,57	175,01	-	144,54	162,61	-	133,76	150,48	-	123,25	138,65	-	112,98	127,10	-	102,98	11
	IV	2.886,75	158,77	230,94	259,80	154,46	224,67	252,75	150,15	218,40	245,70	141,59	212,14	238,65	132,26	205,87	231,60	122,94	199,60	224,55	113,62	193,34	21
	V	3.401,16	187,06	272,09	306,10																		
	VI	3.445,50	189,50	275,64	310,09																		
10.085,99 (West)	I	2.880,16	158,40	230,41	259,21	149,79	217,88	245,11	131,48	205,34	231,01	112,84	192,81	216,91	94,19	180,28	202,81	75,55	167,74	188,71	56,92	155,22	174
	II	2.731,08	150,20	218,48	245,79	132,38	205,95	231,69	113,74	193,42	217,59	95,10	180,88	203,49	76,45	168,35	189,39	57,81	155,82	175,29	39,17	143,28	161
	III	2.079,83	-	166,38	187,18	-	155,10	174,49	-	144,08	162,09	-	133,32	149,98	-	122,81	138,16	-	112,56	126,63	-	102,57	115
	IV	2.880,16	158,40	230,41	259,21	154,10	224,14	252,16	149,79	217,88	245,11	140,80	211,61	238,06	131,48	205,34	231,01	122,16	199,08	223,96	112,84	192,81	216
	V	3.394,58	186,70	271,56	305,51																		
	VI	3.438,91	189,14	275,11	309,50																		
10.085,99 (Ost)	I	2.888,00	158,84	231,04	259,92	150,22	218,50	245,81	132,41	205,97	231,71	113,77	193,44	217,62	95,13	180,90	203,51	76,48	168,37	189,41	57,84	155,84	175
	II	2.738,91	150,64	219,11	246,50	133,31	206,58	232,40	114,67	194,04	218,30	96,03	181,51	204,20	77,38	168,98	190,10	58,74	156,44	176,00	40,10	143,91	161
	III	2.087,00	-	166,96	187,83	-	155,66	175,12	-	144,62	162,70	-	133,85	150,58	-	123,33	138,74	-	113,06	127,19	-	103,06	115
	IV	2.888,00	158,84	231,04	259,92	154,53	224,77	252,86	150,22	218,50	245,81	141,73	212,24	238,77	132,41	205,97	231,71	123,09	199,70	224,66	113,77	193,44	217
	V	3.402,41	187,13	272,19	306,21																		
	VI	3.446,75	189,57	275,74	310,20																		
10.088,99 (West)	I	2.881,41	158,47	230,51	259,32	149,86	217,98	245,22	131,63	205,44	231,12	112,99	192,91	217,02	94,35	180,38	202,93	75,71	167,85	188,83	57,07	155,32	174,7
	II	2.732,33	150,27	218,58	245,90	132,53	206,05	231,80	113,89	193,52	217,71	95,24	180,98	203,60	76,60	168,45	189,50	57,96	155,92	175,41	39,31	143,38	161,3
	III	2.081,00	-	166,48	187,29	-	155,20	174,60	-	144,17	162,19	-	133,40	150,07	-	122,89	138,25	-	112,64	126,72	-	102,65	115,4
	IV	2.881,41	158,47	230,51	259,32	154,16	224,24	252,27	149,86	217,98	245,22	140,95	211,71	238,17	131,63	205,44	231,12	122,31	199,18	224,07	112,99	192,91	217,0
	V	3.395,83	186,77	271,66	305,62																		
	VI	3.440,16	189,20	275,21	309,61																		
10.088,99 (Ost)	I	2.889,25	158,90	231,14	260,03	150,29	218,60	245,93	132,56	206,07	231,83	113,92	193,54	217,73	95,27	181,00	203,63	76,63	168,47	189,53	57,99	155,94	175,4
	II	2.740,16	150,70	219,21	246,61	133,46	206,68	232,51	114,82	194,14	218,41	96,18	181,61	204,31	77,53	169,08	190,21	58,89	156,54	176,11	40,25	144,01	162,0
	III	2.088,00	-	167,04	187,92	-	155,74	175,21	-	144,72	162,81	-	133,93	150,67	-	123,41	138,83	-	113,14	127,28	-	103,14	116,0
	IV	2.889,25	158,90	231,14	260,03	154,60	224,87	252,98	150,29	218,60	245,93	141,88	212,34	238,88	132,56	206,07	231,83	123,24	199,80	224,78	113,92	193,54	217,7
	V	3.403,66	187,20	272,29	306,32																		
	VI	3.448,00	189,64	275,84	310,32																		

Lohn/Gehalt bis	Steuerklasse	Lohnsteuer	ohne Kinderfreibetrag SolZ 5,5%	ohne Kinderfreibetrag Kirchensteuer 8%	ohne Kinderfreibetrag Kirchensteuer 9%	0,5 SolZ 5,5%	0,5 Kirchensteuer 8%	0,5 Kirchensteuer 9%	1,0 SolZ 5,5%	1,0 Kirchensteuer 8%	1,0 Kirchensteuer 9%	1,5 SolZ 5,5%	1,5 Kirchensteuer 8%	1,5 Kirchensteuer 9%	2,0 SolZ 5,5%	2,0 Kirchensteuer 8%	2,0 Kirchensteuer 9%	2,5 SolZ 5,5%	2,5 Kirchensteuer 8%	2,5 Kirchensteuer 9%	3,0 SolZ 5,5%	3,0 Kirchensteuer 8%	3,0 Kirchensteuer 9%
						Anzahl Kinderfreibeträge (nur Steuerklassen I–IV)																	
.091,99 (West)	I	2.882,66	158,54	230,61	259,43	149,93	218,08	245,34	131,78	205,54	231,23	113,14	193,02	217,14	94,50	180,48	203,04	75,86	167,95	188,94	57,21	155,42	174,84
	II	2.733,58	150,34	218,68	246,02	132,68	206,15	231,92	114,04	193,62	217,82	95,39	181,08	203,72	76,75	168,55	189,62	58,12	156,02	175,52	39,47	143,49	161,42
	III	2.082,16	-	166,57	187,39	-	155,28	174,69	-	144,25	162,28	-	133,49	150,17	-	122,97	138,34	-	112,72	126,81	-	102,73	115,57
	IV	2.882,66	158,54	230,61	259,43	154,23	224,34	252,38	149,93	218,08	245,34	141,10	211,81	238,28	131,78	205,54	231,23	122,47	199,28	224,19	113,14	193,02	217,14
	V	3.397,16	186,84	271,77	305,74																		
	VI	3.441,41	189,27	275,31	309,72																		
.091,99 (Ost)	I	2.890,50	158,97	231,24	260,14	150,36	218,70	246,04	132,71	206,17	231,94	114,07	193,64	217,84	95,42	181,10	203,74	76,78	168,57	189,64	58,14	156,04	175,54
	II	2.741,41	150,77	219,31	246,72	133,61	206,78	232,62	114,97	194,24	218,52	96,33	181,71	204,42	77,68	169,18	190,32	59,04	156,64	176,22	40,40	144,11	162,12
	III	2.089,16	-	167,13	188,02	-	155,84	175,32	-	144,80	162,90	-	134,02	150,77	-	123,49	138,92	-	113,22	127,37	-	103,22	116,12
	IV	2.890,50	158,97	231,24	260,14	154,66	224,97	253,09	150,36	218,70	246,04	142,03	212,44	238,99	132,71	206,17	231,94	123,39	199,90	224,89	114,07	193,64	217,84
	V	3.404,91	187,27	272,39	306,44																		
	VI	3.449,25	189,70	275,94	310,43																		
.094,99 (West)	I	2.883,91	158,61	230,71	259,55	150,00	218,18	245,45	131,94	205,65	231,35	113,29	193,12	217,26	94,65	180,58	203,15	76,01	168,05	189,05	57,36	155,52	174,96
	II	2.734,83	150,41	218,78	246,13	132,83	206,25	232,03	114,19	193,72	217,93	95,54	181,18	203,83	76,91	168,66	189,74	58,27	156,12	175,64	39,62	143,59	161,54
	III	2.083,16	-	166,65	187,48	-	155,37	174,79	-	144,34	162,38	-	133,57	150,26	-	123,06	138,44	-	112,80	126,90	-	102,80	115,65
	IV	2.883,91	158,61	230,71	259,55	154,30	224,44	252,50	150,00	218,18	245,45	141,26	211,92	238,41	131,94	205,65	231,35	122,61	199,38	224,30	113,29	193,12	217,26
	V	3.398,41	186,91	271,87	305,85																		
	VI	3.442,66	189,34	275,41	309,83																		
.094,99 (Ost)	I	2.891,75	159,04	231,34	260,25	150,42	218,80	246,15	132,86	206,27	232,05	114,22	193,74	217,95	95,57	181,20	203,85	76,93	168,67	189,75	58,30	156,14	175,66
	II	2.742,66	150,84	219,41	246,83	133,76	206,88	232,74	115,12	194,34	218,63	96,47	181,81	204,53	77,83	169,28	190,44	59,19	156,74	176,33	40,54	144,21	162,23
	III	2.090,33	-	167,22	188,12	-	155,93	175,42	-	144,89	163,00	-	134,10	150,86	-	123,58	139,03	-	113,30	127,46	-	103,30	116,21
	IV	2.891,75	159,04	231,34	260,25	154,73	225,07	253,20	150,42	218,80	246,15	142,18	212,54	239,10	132,86	206,27	232,05	123,54	200,00	225,00	114,22	193,74	217,95
	V	3.406,16	187,33	272,49	306,55																		
	VI	3.450,50	189,77	276,04	310,54																		
.097,99 (West)	I	2.885,25	158,68	230,82	259,67	150,07	218,28	245,57	132,09	205,75	231,47	113,44	193,22	217,37	94,80	180,68	203,27	76,16	168,15	189,17	57,51	155,62	175,07
	II	2.736,08	150,48	218,88	246,24	132,98	206,35	232,14	114,34	193,82	218,05	95,70	181,29	203,95	77,06	168,76	189,85	58,41	156,22	175,75	39,77	143,69	161,65
	III	2.084,33	-	166,74	187,58	-	155,46	174,89	-	144,42	162,47	-	133,66	150,37	-	123,14	138,53	-	112,89	127,00	-	102,88	115,74
	IV	2.885,25	158,68	230,82	259,67	154,38	224,55	252,62	150,07	218,28	245,57	141,41	212,02	238,52	132,09	205,75	231,47	122,76	199,48	224,42	113,44	193,22	217,37
	V	3.399,66	186,98	271,97	305,96																		
	VI	3.444,00	189,42	275,52	309,96																		
.097,99 (Ost)	I	2.893,00	159,11	231,44	260,37	150,49	218,90	246,26	133,01	206,37	232,16	114,36	193,84	218,07	95,73	181,31	203,97	77,09	168,78	189,87	58,44	156,24	175,77
	II	2.743,91	150,91	219,51	246,95	133,91	206,98	232,85	115,27	194,44	218,75	96,62	181,91	204,65	77,98	169,38	190,55	59,34	156,84	176,45	40,69	144,31	162,35
	III	2.091,50	-	167,32	188,23	-	156,02	175,52	-	144,97	163,09	-	134,20	150,97	-	123,66	139,12	-	113,40	127,57	-	103,38	116,30
	IV	2.893,00	159,11	231,44	260,37	154,80	225,17	253,31	150,49	218,90	246,26	142,33	212,64	239,22	133,01	206,37	232,16	123,69	200,10	225,11	114,36	193,84	218,07
	V	3.407,50	187,41	272,60	306,67																		
	VI	3.451,75	189,84	276,14	310,65																		
0.100,99 (West)	I	2.886,50	158,75	230,92	259,78	150,14	218,38	245,68	132,23	205,85	231,58	113,59	193,32	217,48	94,95	180,78	203,38	76,30	168,25	189,28	57,66	155,72	175,18
	II	2.737,33	150,55	218,98	246,35	133,14	206,46	232,26	114,49	193,92	218,16	95,85	181,39	204,06	77,21	168,86	189,96	58,56	156,32	175,86	39,92	143,79	161,76
	III	2.085,50	-	166,84	187,69	-	155,54	174,98	-	144,52	162,58	-	133,74	150,46	-	123,22	138,62	-	112,97	127,09	-	102,96	115,83
	IV	2.886,50	158,75	230,92	259,78	154,44	224,65	252,73	150,14	218,38	245,68	141,56	212,12	238,63	132,23	205,85	231,58	122,91	199,58	224,53	113,59	193,32	217,48
	V	3.400,91	187,05	272,07	306,08																		
	VI	3.445,25	189,48	275,62	310,07																		
0.100,99 (Ost)	I	2.894,25	159,18	231,54	260,48	150,56	219,00	246,38	133,16	206,47	232,28	114,52	193,94	218,18	95,88	181,41	204,08	77,24	168,88	189,99	58,59	156,34	175,88
	II	2.745,16	150,98	219,61	247,06	134,06	207,08	232,96	115,42	194,54	218,86	96,77	182,01	204,76	78,13	169,48	190,66	59,50	156,95	176,57	40,85	144,42	162,47
	III	2.092,66	-	167,41	188,33	-	156,10	175,61	-	145,06	163,19	-	134,28	151,06	-	123,74	139,21	-	113,48	127,66	-	103,45	116,38
	IV	2.894,25	159,18	231,54	260,48	154,87	225,27	253,43	150,56	219,00	246,38	142,48	212,74	239,33	133,16	206,47	232,28	123,84	200,21	225,23	114,52	193,94	218,18
	V	3.408,75	187,48	272,70	306,78																		
	VI	3.453,00	189,91	276,24	310,77																		
0.103,99 (West)	I	2.887,75	158,82	231,02	259,89	150,20	218,48	245,79	132,38	205,95	231,69	113,74	193,42	217,59	95,10	180,88	203,49	76,45	168,35	189,39	57,81	155,82	175,29
	II	2.738,66	150,62	219,09	246,47	133,28	206,56	232,38	114,64	194,02	218,27	96,00	181,49	204,17	77,35	168,96	190,08	58,71	156,42	175,97	40,07	143,89	161,87
	III	2.086,66	-	166,93	187,79	-	155,64	175,09	-	144,61	162,68	-	133,82	150,55	-	123,30	138,71	-	113,05	127,18	-	103,04	115,92
	IV	2.887,75	158,82	231,02	259,89	154,51	224,75	252,84	150,20	218,48	245,79	141,70	212,22	238,74	132,38	205,95	231,69	123,06	199,68	224,64	113,74	193,42	217,59
	V	3.402,16	187,11	272,17	306,19																		
	VI	3.446,50	189,55	275,72	310,18																		
0.103,99 (Ost)	I	2.895,50	159,25	231,64	260,59	150,64	219,11	246,50	133,31	206,58	232,40	114,67	194,04	218,30	96,03	181,51	204,20	77,38	168,98	190,10	58,74	156,44	176,00
	II	2.746,41	151,05	219,71	247,17	134,21	207,18	233,07	115,56	194,64	218,97	96,92	182,11	204,87	78,29	169,58	190,78	59,64	157,05	176,68	41,00	144,52	162,58
	III	2.093,83	-	167,50	188,44	-	156,20	175,72	-	145,16	163,30	-	134,36	151,15	-	123,82	139,30	-	113,56	127,75	-	103,53	116,47
	IV	2.895,50	159,25	231,64	260,59	154,94	225,37	253,54	150,64	219,11	246,50	142,64	212,84	239,45	133,31	206,58	232,40	123,99	200,31	225,35	114,67	194,04	218,30
	V	3.410,00	187,55	272,80	306,90																		
	VI	3.454,25	189,98	276,34	310,88																		
0.106,99 (West)	I	2.889,00	158,89	231,12	260,01	150,27	218,58	245,90	132,53	206,05	231,80	113,89	193,52	217,71	95,24	180,98	203,60	76,60	168,45	189,50	57,96	155,92	175,41
	II	2.739,91	150,69	219,19	246,59	133,43	206,66	232,49	114,79	194,12	218,39	96,15	181,59	204,29	77,50	169,06	190,19	58,86	156,52	176,09	40,22	143,99	161,99
	III	2.087,83	-	167,02	187,90	-	155,73	175,19	-	144,69	162,77	-	133,92	150,66	-	123,40	138,82	-	113,13	127,27	-	103,12	116,01
	IV	2.889,00	158,89	231,12	260,01	154,58	224,85	252,95	150,27	218,58	245,90	141,85	212,32	238,86	132,53	206,05	231,80	123,21	199,78	224,75	113,89	193,52	217,71
	V	3.403,41	187,18	272,27	306,30																		
	VI	3.447,75	189,62	275,82	310,29																		
0.106,99 (Ost)	I	2.896,83	159,32	231,74	260,71	150,70	219,21	246,61	133,46	206,68	232,51	114,82	194,14	218,41	96,18	181,61	204,31	77,53	169,08	190,21	58,89	156,54	176,11
	II	2.747,66	151,12	219,81	247,28	134,36	207,28	233,19	115,72	194,75	219,09	97,08	182,22	204,99	78,44	169,68	190,89	59,79	157,15	176,79	41,15	144,62	162,69
	III	2.095,00	-	167,60	188,55	-	156,29	175,82	-	145,24	163,39	-	134,45	151,25	-	123,92	139,41	-	113,64	127,84	-	103,61	116,56
	IV	2.896,83	159,32	231,74	260,71	155,01	225,48	253,66	150,70	219,21	246,61	142,79	212,94	239,56	133,46	206,68	232,51	124,14	200,41	225,46	114,82	194,14	218,41
	V	3.411,25	187,61	272,90	307,01																		
	VI	3.455,58	190,05	276,44	311,00																		
10.109,99 (West)	I	2.890,25	158,96	231,22	260,12	150,34	218,68	246,02	132,68	206,15	231,92	114,04	193,62	217,82	95,39	181,08	203,72	76,75	168,55	189,62	58,12	156,02	175,52
	II	2.741,16	150,76	219,29	246,70	133,58	206,76	232,60	114,94	194,22	218,50	96,30	181,69	204,40	77,65	169,16	190,30	59,01	156,62	176,20	40,37	144,09	162,10
	III	2.089,00	-	167,12	188,01	-	155,82	175,30	-	144,78	162,88	-	134,00	150,75	-	123,48	138,91	-	113,21	127,36	-	103,20	116,10
	IV	2.890,25	158,96	231,22	260,12	154,65	224,95	253,07	150,34	218,68	246,02	142,00	212,42	238,97	132,68	206,15	231,92	123,36	199,88	224,87	114,04	193,62	217,82
	V	3.404,66	187,25	272,37	306,41																		
	VI	3.449,00	189,69	275,92	310,41																		
10.109,99 (Ost)	I	2.898,08	159,39	231,84	260,82	150,77	219,31	246,72	133,61	206,78	232,62	114,97	194,24	218,52	96,33	181,71	204,42	77,68	169,18	190,32	59,04	156,64	176,22
	II	2.748,91	151,19	219,91	247,40	134,51	207,38	233,30	115,87	194,85	219,20	97,23	182,32	205,11	78,58	169,78	191,00	59,94	157,25	176,90	41,30	144,72	162,81
	III	2.096,16	-	167,69	188,65	-	156,38	175,93	-	145,33	163,49	-	134,53	151,34	-	124,00	139,50	-	113,72	127,93	-	103,69	116,65
	IV	2.898,08	159,39	231,84	260,82	155,08	225,58	253,77	150,77	219,31	246,72	142,93	213,04	239,67	133,61	206,78	232,62	124,29	200,51	225,57	114,97	194,24	218,52
	V	3.412,50	187,68	273,00	307,12																		
	VI	3.456,83	190,12	276,54	311,11																		

Lohn/ Gehalt bis	Steuerklasse	Lohn-steuer	ohne Kinderfreibetrag			Anzahl Kinderfreibeträge (nur Steuerklassen I–IV)																	
						0,5			1,0			1,5			2,0			2,5			3,0		
			SolZ 5,5%	Kirchensteuer 8%	9%	SolZ 5,5%	Kirchensteuer 8%	9%	SolZ 5,5%	Kirchensteuer 8%	9%	SolZ 5,5%	Kirchensteuer 8%	9%	SolZ 5,5%	Kirchensteuer 8%	9%	SolZ 5,5%	Kirchensteuer 8%	9%	SolZ 5,5%	Kirchenste 8%	9
10.112,99	I	2.891,50	159,03	231,32	260,23	150,41	218,78	246,13	132,83	206,25	232,03	114,19	193,72	217,93	95,54	181,18	203,83	76,91	168,66	189,74	58,27	156,12	1
(West)	II	2.742,41	150,83	219,39	246,81	133,73	206,86	232,71	115,09	194,32	218,61	96,44	181,79	204,51	77,80	169,26	190,41	59,16	156,72	176,31	40,51	144,19	1
	III	2.090,16	–	167,21	188,11	–	155,90	175,39	–	144,86	162,97	–	134,09	150,85	–	123,56	139,00	–	113,29	127,45	–	103,28	1
	IV	2.891,50	159,03	231,32	260,23	154,72	225,05	253,18	150,41	218,78	246,13	142,15	212,52	239,08	132,83	206,25	232,03	123,51	199,98	224,98	114,19	193,72	2
	V	3.405,91	187,32	272,47	306,53																		
	VI	3.450,25	189,76	276,02	310,52																		
10.112,99	I	2.899,33	159,46	231,94	260,93	150,84	219,41	246,83	133,76	206,88	232,74	115,12	194,34	218,63	96,47	181,81	204,53	77,83	169,28	190,44	59,19	156,74	1
(Ost)	II	2.750,25	151,26	220,02	247,52	134,66	207,48	233,42	116,02	194,95	219,32	97,38	182,42	205,22	78,73	169,88	191,12	60,09	157,35	177,02	41,45	144,82	1
	III	2.097,33	–	167,78	188,75	–	156,46	176,02	–	145,41	163,58	–	134,62	151,45	–	124,08	139,59	–	113,80	128,02	–	103,77	1
	IV	2.899,33	159,46	231,94	260,93	155,15	225,68	253,89	150,84	219,41	246,83	143,08	213,14	239,78	133,76	206,88	232,74	124,44	200,61	225,68	115,12	194,34	2
	V	3.413,75	187,75	273,10	307,23																		
	VI	3.458,08	190,19	276,64	311,22																		
10.115,99	I	2.892,75	159,10	231,42	260,34	150,48	218,88	246,24	132,98	206,35	232,14	114,34	193,82	218,05	95,70	181,29	203,95	77,06	168,76	189,85	58,41	156,22	1
(West)	II	2.743,66	150,90	219,49	246,92	133,88	206,96	232,83	115,24	194,42	218,72	96,59	181,89	204,62	77,95	169,36	190,53	59,31	156,82	176,42	40,67	144,30	1
	III	2.091,33	–	167,30	188,21	–	156,00	175,50	–	144,96	163,08	–	134,17	150,94	–	123,64	139,09	–	113,37	127,54	–	103,36	1
	IV	2.892,75	159,10	231,42	260,34	154,79	225,15	253,29	150,48	218,88	246,24	142,30	212,62	239,19	132,98	206,35	232,14	123,66	200,08	225,09	114,34	193,82	2
	V	3.407,25	187,39	272,58	306,65																		
	VI	3.451,50	189,83	276,12	310,63																		
10.115,99	I	2.900,58	159,53	232,04	261,05	150,91	219,51	246,95	133,91	206,98	232,85	115,27	194,44	218,75	96,62	181,91	204,65	77,98	169,38	190,55	59,34	156,84	17
(Ost)	II	2.751,50	151,33	220,12	247,63	134,81	207,58	233,53	116,17	195,05	219,43	97,53	182,52	205,33	78,88	169,98	191,23	60,24	157,45	177,13	41,60	144,92	16
	III	2.098,50	–	167,88	188,86	–	156,56	176,13	–	145,50	163,69	–	134,70	151,54	–	124,17	139,69	–	113,88	128,11	–	103,85	11
	IV	2.900,58	159,53	232,04	261,05	155,22	225,78	254,00	150,91	219,51	246,95	143,23	213,24	239,90	133,91	206,98	232,85	124,59	200,71	225,80	115,27	194,44	21
	V	3.415,00	187,82	273,20	307,35																		
	VI	3.459,33	190,26	276,74	311,33																		
10.118,99	I	2.894,00	159,17	231,52	260,46	150,55	218,98	246,35	133,14	206,46	232,26	114,49	193,92	218,16	95,85	181,39	204,06	77,21	168,86	189,96	58,56	156,32	17
(West)	II	2.744,91	150,97	219,59	247,04	134,03	207,06	232,94	115,39	194,52	218,84	96,74	181,99	204,74	78,11	169,46	190,64	59,47	156,93	176,54	40,82	144,40	16
	III	2.092,50	–	167,40	188,32	–	156,09	175,60	–	145,05	163,18	–	134,26	151,04	–	123,73	139,19	–	113,45	127,63	–	103,44	11
	IV	2.894,00	159,17	231,52	260,46	154,86	225,25	253,40	150,55	218,98	246,35	142,46	212,72	239,31	133,14	206,46	232,26	123,81	200,19	225,21	114,49	193,92	21
	V	3.408,50	187,46	272,68	306,76																		
	VI	3.452,75	189,90	276,22	310,74																		
10.118,99	I	2.901,83	159,60	232,14	261,16	150,98	219,61	247,06	134,06	207,08	232,96	115,42	194,54	218,86	96,77	182,01	204,76	78,13	169,48	190,66	59,50	156,95	17
(Ost)	II	2.752,75	151,40	220,22	247,74	134,96	207,68	233,64	116,32	195,15	219,54	97,67	182,62	205,44	79,03	170,08	191,34	60,39	157,55	177,24	41,74	145,02	16
	III	2.099,50	–	167,96	188,95	–	156,65	176,23	–	145,60	163,80	–	134,80	151,65	–	124,25	139,78	–	113,96	128,20	–	103,93	11
	IV	2.901,83	159,60	232,14	261,16	155,29	225,88	254,11	150,98	219,61	247,06	143,38	213,34	240,01	134,06	207,08	232,96	124,74	200,81	225,91	115,42	194,54	21
	V	3.416,25	187,89	273,30	307,46																		
	VI	3.460,58	190,33	276,84	311,45																		
10.121,99	I	2.895,33	159,24	231,62	260,57	150,62	219,09	246,47	133,28	206,56	232,38	114,64	194,02	218,27	96,00	181,49	204,17	77,35	168,96	190,08	58,71	156,42	17
(West)	II	2.746,16	151,03	219,69	247,15	134,18	207,16	233,05	115,53	194,62	218,95	96,90	182,10	204,86	78,26	169,56	190,76	59,61	157,03	176,66	40,97	144,50	16
	III	2.093,50	–	167,48	188,41	–	156,18	175,70	–	145,13	163,27	–	134,34	151,13	–	123,81	139,28	–	113,53	127,72	–	103,52	11
	IV	2.895,33	159,24	231,62	260,57	154,93	225,36	253,53	150,62	219,09	246,47	142,61	212,82	239,42	133,28	206,56	232,38	123,96	200,29	225,32	114,64	194,02	21
	V	3.409,75	187,53	272,78	306,87																		
	VI	3.454,08	189,97	276,32	310,86																		
10.121,99	I	2.903,08	159,66	232,24	261,27	151,05	219,71	247,17	134,21	207,18	233,07	115,56	194,64	218,97	96,92	182,11	204,87	78,29	169,58	190,78	59,64	157,05	17
(Ost)	II	2.754,00	151,47	220,32	247,86	135,11	207,78	233,75	116,47	195,25	219,65	97,82	182,72	205,56	79,18	170,18	191,45	60,54	157,65	177,35	41,89	145,12	16
	III	2.100,66	–	168,05	189,05	–	156,74	176,33	–	145,68	163,89	–	134,88	151,74	–	124,33	139,87	–	114,05	128,30	–	104,01	11
	IV	2.903,08	159,66	232,24	261,27	155,36	225,98	254,22	151,05	219,71	247,17	143,53	213,44	240,12	134,21	207,18	233,07	124,89	200,91	226,02	115,56	194,64	218
	V	3.417,50	187,96	273,40	307,57																		
	VI	3.461,83	190,40	276,94	311,56																		
10.124,99	I	2.896,58	159,31	231,72	260,69	150,69	219,19	246,59	133,43	206,66	232,49	114,79	194,12	218,39	96,15	181,59	204,29	77,50	169,06	190,19	58,86	156,52	176
(West)	II	2.747,41	151,10	219,79	247,26	134,34	207,26	233,17	115,69	194,73	219,07	97,05	182,20	204,97	78,41	169,66	190,87	59,76	157,13	176,77	41,12	144,60	162
	III	2.094,66	–	167,57	188,51	–	156,26	175,79	–	145,22	163,37	–	134,42	151,22	–	123,89	139,37	–	113,62	127,82	–	103,60	116
	IV	2.896,58	159,31	231,72	260,69	155,00	225,46	253,64	150,69	219,19	246,59	142,76	212,92	239,54	133,43	206,66	232,49	124,11	200,39	225,44	114,79	194,12	218
	V	3.411,00	187,60	272,88	306,99																		
	VI	3.455,33	190,04	276,42	310,97																		
10.124,99	I	2.904,33	159,73	232,34	261,38	151,12	219,81	247,28	134,36	207,28	233,19	115,72	194,75	219,09	97,08	182,22	204,99	78,44	169,68	190,89	59,79	157,15	176
(Ost)	II	2.755,25	151,53	220,42	247,97	135,26	207,88	233,87	116,62	195,35	219,77	97,97	182,82	205,67	79,33	170,28	191,57	60,69	157,75	177,47	42,05	145,22	163
	III	2.101,83	–	168,14	189,16	–	156,82	176,42	–	145,77	163,99	–	134,96	151,83	–	124,41	139,96	–	114,13	128,39	–	104,09	117
	IV	2.904,33	159,73	232,34	261,38	155,43	226,08	254,34	151,12	219,81	247,28	143,68	213,54	240,23	134,36	207,28	233,19	125,03	201,01	226,13	115,72	194,75	219
	V	3.418,83	188,03	273,50	307,69																		
	VI	3.463,08	190,46	277,04	311,67																		
10.127,99	I	2.897,83	159,38	231,82	260,80	150,76	219,29	246,70	133,58	206,76	232,60	114,94	194,22	218,50	96,30	181,69	204,40	77,65	169,16	190,30	59,01	156,62	176
(West)	II	2.748,75	151,18	219,90	247,38	134,48	207,36	233,28	115,84	194,83	219,18	97,20	182,30	205,08	78,55	169,76	190,98	59,91	157,23	176,88	41,27	144,70	162
	III	2.095,83	–	167,66	188,62	–	156,36	175,90	–	145,30	163,46	–	134,52	151,33	–	123,98	139,48	–	113,70	127,91	–	103,68	116
	IV	2.897,83	159,38	231,82	260,80	155,07	225,56	253,75	150,76	219,29	246,70	142,90	213,02	239,65	133,58	206,76	232,60	124,26	200,49	225,55	114,94	194,22	218
	V	3.412,25	187,67	272,98	307,10																		
	VI	3.456,58	190,11	276,52	311,09																		
10.127,99	I	2.905,58	159,80	232,44	261,50	151,19	219,91	247,40	134,51	207,38	233,30	115,87	194,85	219,20	97,23	182,32	205,11	78,58	169,78	191,00	59,94	157,25	176,
(Ost)	II	2.756,50	151,60	220,52	248,08	135,41	207,98	233,98	116,76	195,45	219,88	98,12	182,92	205,78	79,49	170,39	191,69	60,84	157,86	177,59	42,20	145,32	163,
	III	2.103,00	–	168,24	189,27	–	156,92	176,53	–	145,85	164,08	–	135,05	151,93	–	124,50	140,06	–	114,21	128,48	–	104,17	117,
	IV	2.905,58	159,80	232,44	261,50	155,49	226,18	254,45	151,19	219,91	247,40	143,84	213,65	240,35	134,51	207,38	233,30	125,19	201,12	226,26	115,87	194,85	219,
	V	3.420,08	188,10	273,60	307,80																		
	VI	3.464,33	190,53	277,14	311,78																		
10.130,99	I	2.899,08	159,44	231,92	260,91	150,83	219,39	246,81	133,73	206,86	232,71	115,09	194,32	218,61	96,44	181,79	204,51	77,80	169,26	190,41	59,16	156,72	176,
(West)	II	2.750,00	151,25	220,00	247,50	134,63	207,46	233,39	115,99	194,93	219,29	97,35	182,40	205,20	78,70	169,86	191,09	60,06	157,33	176,99	41,42	144,80	162,
	III	2.097,00	–	167,76	188,73	–	156,45	176,00	–	145,40	163,57	–	134,60	151,42	–	124,06	139,57	–	113,78	128,00	–	103,76	116,
	IV	2.899,08	159,44	231,92	260,91	155,14	225,66	253,86	150,83	219,39	246,81	143,05	213,12	239,76	133,73	206,86	232,71	124,41	200,59	225,66	115,09	194,32	218,
	V	3.413,50	187,74	273,08	307,21																		
	VI	3.457,83	190,18	276,62	311,20																		
10.130,99	I	2.906,91	159,88	232,55	261,62	151,26	220,02	247,52	134,66	207,48	233,42	116,02	194,95	219,32	97,38	182,42	205,22	78,73	169,88	191,12	60,09	157,35	177,
(Ost)	II	2.757,75	151,67	220,62	248,19	135,56	208,08	234,09	116,91	195,55	219,99	98,28	183,02	205,90	79,64	170,49	191,80	60,99	157,96	177,70	42,35	145,42	163,
	III	2.104,16	–	168,33	189,37	–	157,01	176,63	–	145,94	164,18	–	135,13	152,02	–	124,58	140,15	–	114,29	128,57	–	104,25	117,
	IV	2.906,91	159,88	232,55	261,62	155,57	226,28	254,57	151,26	220,02	247,52	143,99	213,75	240,47	134,66	207,48	233,42	125,34	201,22	226,37	116,02	194,95	219,
	V	3.421,33	188,17	273,70	307,91																		
	VI	3.465,66	190,61	277,25	311,90																		

Lohn/ Gehalt bis	Steuerklasse	Lohn-steuer	ohne Kinderfreibetrag SolZ 5,5%	Kirchensteuer 8%	9%	0,5 SolZ 5,5%	Kirchensteuer 8%	9%	1,0 SolZ 5,5%	Kirchensteuer 8%	9%	1,5 SolZ 5,5%	Kirchensteuer 8%	9%	2,0 SolZ 5,5%	Kirchensteuer 8%	9%	2,5 SolZ 5,5%	Kirchensteuer 8%	9%	3,0 SolZ 5,5%	Kirchensteuer 8%	9%
.133,99 (West)	I	2.900,33	159,51	232,02	261,02	150,90	219,49	246,92	133,88	206,96	232,83	115,24	194,42	218,72	96,59	181,89	204,62	77,95	169,36	190,53	59,31	156,82	176,42
	II	2.751,25	151,31	220,10	247,61	134,78	207,56	233,51	116,14	195,03	219,41	97,50	182,50	205,31	78,85	169,96	191,21	60,21	157,43	177,11	41,57	144,90	163,01
	III	2.098,16	-	167,85	188,83	-	156,54	176,11	-	145,48	163,66	-	134,69	151,52	-	124,14	139,66	-	113,86	128,09	-	103,84	116,82
	IV	2.900,33	159,51	232,02	261,02	155,21	225,76	253,98	150,90	219,49	246,92	143,20	213,22	239,87	133,88	206,96	232,83	124,56	200,69	225,77	115,24	194,42	218,72
	V	3.414,75	187,81	273,18	307,32																		
	VI	3.459,08	190,24	276,72	311,31																		
.133,99 (Ost)	I	2.908,16	159,94	232,65	261,73	151,33	220,12	247,63	134,81	207,58	233,53	116,17	195,05	219,43	97,53	182,52	205,33	78,88	169,98	191,23	60,24	157,45	177,13
	II	2.759,00	151,74	220,72	248,31	135,71	208,19	234,21	117,07	195,66	220,11	98,43	183,12	206,01	79,78	170,59	191,91	61,14	158,06	177,81	42,50	145,52	163,71
	III	2.105,33	-	168,42	189,47	-	157,10	176,74	-	146,04	164,29	-	135,22	152,12	-	124,66	140,24	-	114,37	128,66	-	104,33	117,37
	IV	2.908,16	159,94	232,65	261,73	155,64	226,38	254,68	151,33	220,12	247,63	144,13	213,85	240,58	134,81	207,58	233,53	125,49	201,32	226,48	116,17	195,05	219,43
	V	3.422,58	188,24	273,80	308,03																		
	VI	3.466,91	190,68	277,35	312,02																		
.136,99 (West)	I	2.901,58	159,58	232,12	261,14	150,97	219,59	247,04	134,03	207,06	232,94	115,39	194,52	218,84	96,74	181,99	204,74	78,11	169,46	190,64	59,47	156,93	176,54
	II	2.752,50	151,38	220,20	247,72	134,93	207,66	233,62	116,29	195,13	219,52	97,64	182,60	205,42	79,00	170,06	191,32	60,36	157,53	177,22	41,71	145,00	163,12
	III	2.099,33	-	167,94	188,93	-	156,62	176,20	-	145,57	163,76	-	134,77	151,61	-	124,22	139,75	-	113,94	128,18	-	103,92	116,91
	IV	2.901,58	159,58	232,12	261,14	155,27	225,86	254,09	150,97	219,59	247,04	143,35	213,32	239,99	134,03	207,06	232,94	124,71	200,79	225,89	115,39	194,52	218,84
	V	3.416,00	187,88	273,28	307,44																		
	VI	3.460,33	190,31	276,82	311,42																		
.136,99 (Ost)	I	2.909,41	160,01	232,75	261,84	151,40	220,22	247,74	134,96	207,68	233,64	116,32	195,15	219,54	97,67	182,62	205,44	79,03	170,08	191,34	60,39	157,55	177,24
	II	2.760,33	151,81	220,82	248,42	135,86	208,29	234,32	117,22	195,76	220,23	98,58	183,22	206,12	79,93	170,69	192,02	61,29	158,16	177,93	42,65	145,62	163,82
	III	2.106,50	-	168,52	189,58	-	157,18	176,83	-	146,12	164,38	-	135,30	152,21	-	124,76	140,35	-	114,45	128,75	-	104,41	117,46
	IV	2.909,41	160,01	232,75	261,84	155,70	226,48	254,79	151,40	220,22	247,74	144,28	213,95	240,69	134,96	207,68	233,64	125,64	201,42	226,59	116,32	195,15	219,54
	V	3.423,83	188,31	273,90	308,14																		
	VI	3.468,16	190,74	277,45	312,13																		
.139,99 (West)	I	2.902,83	159,65	232,22	261,25	151,03	219,69	247,15	134,18	207,16	233,05	115,53	194,62	218,95	96,90	182,10	204,86	78,26	169,56	190,76	59,61	157,03	176,66
	II	2.753,75	151,45	220,30	247,83	135,08	207,76	233,73	116,44	195,23	219,63	97,79	182,70	205,53	79,15	170,16	191,43	60,51	157,63	177,33	41,87	145,10	163,24
	III	2.100,50	-	168,04	189,04	-	156,72	176,31	-	145,66	163,87	-	134,86	151,72	-	124,32	139,86	-	114,02	128,27	-	104,00	117,00
	IV	2.902,83	159,65	232,22	261,25	155,34	225,96	254,20	151,03	219,69	247,15	143,50	213,42	240,10	134,18	207,16	233,05	124,86	200,89	226,00	115,53	194,62	218,95
	V	3.417,33	187,95	273,38	307,55																		
	VI	3.461,58	190,38	276,92	311,54																		
.139,99 (Ost)	I	2.910,66	160,08	232,85	261,95	151,47	220,32	247,86	135,11	207,78	233,75	116,47	195,25	219,65	97,82	182,72	205,56	79,18	170,18	191,45	60,54	157,65	177,35
	II	2.761,58	151,88	220,92	248,54	136,01	208,39	234,44	117,37	195,86	220,34	98,73	183,32	206,24	80,08	170,79	192,14	61,44	158,26	178,04	42,80	145,72	163,94
	III	2.107,66	-	168,61	189,68	-	157,28	176,94	-	146,21	164,48	-	135,40	152,32	-	124,84	140,44	-	114,53	128,84	-	104,49	117,55
	IV	2.910,66	160,08	232,85	261,95	155,77	226,58	254,90	151,47	220,32	247,86	144,43	214,05	240,80	135,11	207,78	233,75	125,79	201,52	226,71	116,47	195,25	219,65
	V	3.425,08	188,37	274,00	308,25																		
	VI	3.469,41	190,81	277,55	312,24																		
0.142,99 (West)	I	2.904,08	159,72	232,32	261,36	151,10	219,79	247,26	134,34	207,26	233,17	115,69	194,73	219,07	97,05	182,20	204,97	78,41	169,66	190,87	59,76	157,13	176,77
	II	2.755,00	151,52	220,40	247,95	135,23	207,86	233,84	116,59	195,33	219,74	97,94	182,80	205,65	79,30	170,26	191,54	60,67	157,74	177,45	42,02	145,20	163,35
	III	2.101,66	-	168,13	189,14	-	156,81	176,41	-	145,74	163,96	-	134,94	151,81	-	124,40	139,95	-	114,10	128,36	-	104,08	117,09
	IV	2.904,08	159,72	232,32	261,36	155,41	226,06	254,31	151,10	219,79	247,26	143,65	213,52	240,21	134,34	207,26	233,17	125,01	201,00	226,12	115,69	194,73	219,07
	V	3.418,58	188,02	273,48	307,67																		
	VI	3.462,83	190,45	277,02	311,65																		
0.142,99 (Ost)	I	2.911,91	160,15	232,95	262,07	151,53	220,42	247,97	135,26	207,88	233,87	116,62	195,35	219,77	97,97	182,82	205,67	79,33	170,28	191,57	60,69	157,75	177,47
	II	2.762,83	151,95	221,02	248,65	136,16	208,49	234,55	117,52	195,96	220,45	98,87	183,42	206,35	80,23	170,89	192,25	61,59	158,36	178,15	42,94	145,82	164,05
	III	2.108,83	-	168,70	189,79	-	157,37	177,04	-	146,29	164,57	-	135,48	152,41	-	124,92	140,53	-	114,61	128,93	-	104,57	117,64
	IV	2.911,91	160,15	232,95	262,07	155,84	226,68	255,02	151,53	220,42	247,97	144,58	214,15	240,92	135,26	207,88	233,87	125,94	201,62	226,82	116,62	195,35	219,77
	V	3.426,33	188,44	274,10	308,36																		
	VI	3.470,66	190,88	277,65	312,35																		
0.145,99 (West)	I	2.905,33	159,79	232,42	261,47	151,18	219,90	247,38	134,48	207,36	233,28	115,84	194,83	219,18	97,20	182,30	205,08	78,55	169,76	190,98	59,91	157,23	176,88
	II	2.756,25	151,59	220,50	248,06	135,38	207,96	233,96	116,73	195,43	219,86	98,10	182,90	205,76	79,46	170,37	191,66	60,81	157,84	177,57	42,17	145,30	163,46
	III	2.102,83	-	168,22	189,25	-	156,90	176,51	-	145,84	164,07	-	135,02	151,90	-	124,48	140,04	-	114,18	128,45	-	104,16	117,18
	IV	2.905,33	159,79	232,42	261,47	155,48	226,16	254,43	151,18	219,90	247,38	143,81	213,63	240,33	134,48	207,36	233,28	125,16	201,10	226,23	115,84	194,83	219,18
	V	3.419,83	188,09	273,58	307,78																		
	VI	3.464,08	190,52	277,12	311,76																		
0.145,99 (Ost)	I	2.913,16	160,22	233,05	262,18	151,60	220,52	248,08	135,41	207,98	233,98	116,76	195,45	219,88	98,12	182,92	205,78	79,49	170,39	191,69	60,84	157,86	177,59
	II	2.764,08	152,02	221,12	248,76	136,31	208,59	234,66	117,67	196,06	220,56	99,02	183,52	206,46	80,38	170,99	192,36	61,74	158,46	178,26	43,09	145,92	164,16
	III	2.110,00	-	168,80	189,90	-	157,46	177,14	-	146,38	164,68	-	135,57	152,51	-	125,00	140,62	-	114,70	129,04	-	104,65	117,73
	IV	2.913,16	160,22	233,05	262,18	155,91	226,78	255,13	151,60	220,52	248,08	144,73	214,25	241,03	135,41	207,98	233,98	126,09	201,72	226,93	116,76	195,45	219,88
	V	3.427,58	188,51	274,20	308,48																		
	VI	3.471,91	190,95	277,75	312,47																		
0.148,99 (West)	I	2.906,66	159,86	232,53	261,59	151,25	220,00	247,50	134,63	207,46	233,39	115,99	194,93	219,29	97,35	182,40	205,20	78,70	169,86	191,09	60,06	157,33	176,99
	II	2.757,50	151,66	220,60	248,17	135,53	208,06	234,07	116,89	195,54	219,98	98,25	183,00	205,88	79,61	170,47	191,78	60,96	157,94	177,68	42,32	145,40	163,58
	III	2.104,00	-	168,32	189,36	-	156,98	176,60	-	145,92	164,16	-	135,12	152,01	-	124,57	140,14	-	114,28	128,56	-	104,24	117,27
	IV	2.906,66	159,86	232,53	261,59	155,55	226,26	254,54	151,25	220,00	247,50	143,96	213,73	240,44	134,63	207,46	233,39	125,31	201,20	226,35	115,99	194,93	219,29
	V	3.421,08	188,15	273,68	307,89																		
	VI	3.465,41	190,59	277,23	311,88																		
10.148,99 (Ost)	I	2.914,41	160,29	233,15	262,29	151,67	220,62	248,19	135,56	208,08	234,09	116,91	195,55	219,99	98,28	183,02	205,90	79,64	170,49	191,80	60,99	157,96	177,70
	II	2.765,33	152,09	221,22	248,87	136,46	208,69	234,77	117,81	196,16	220,68	99,17	183,62	206,57	80,53	171,09	192,47	61,88	158,56	178,38	43,25	146,03	164,28
	III	2.111,16	-	168,89	190,00	-	157,54	177,23	-	146,48	164,79	-	135,65	152,60	-	125,09	140,72	-	114,78	129,13	-	104,73	117,82
	IV	2.914,41	160,29	233,15	262,29	155,98	226,88	255,24	151,67	220,62	248,19	144,88	214,35	241,14	135,56	208,08	234,09	126,23	201,82	227,04	116,91	195,55	219,99
	V	3.428,91	188,59	274,31	308,60																		
	VI	3.473,16	191,02	277,85	312,58																		
10.151,99 (West)	I	2.907,91	159,93	232,63	261,71	151,31	220,10	247,61	134,78	207,56	233,51	116,14	195,03	219,41	97,50	182,50	205,31	78,85	169,96	191,21	60,21	157,43	177,11
	II	2.758,83	151,73	220,70	248,29	135,68	208,17	234,19	117,04	195,64	220,09	98,40	183,10	205,99	79,75	170,57	191,89	61,11	158,04	177,79	42,47	145,50	163,69
	III	2.105,00	-	168,40	189,45	-	157,08	176,71	-	146,01	164,26	-	135,20	152,10	-	124,65	140,23	-	114,36	128,65	-	104,32	117,36
	IV	2.907,91	159,93	232,63	261,71	155,62	226,36	254,66	151,31	220,10	247,61	144,10	213,83	240,56	134,78	207,56	233,51	125,46	201,30	226,46	116,14	195,03	219,41
	V	3.422,33	188,22	273,78	308,00																		
	VI	3.466,66	190,66	277,33	311,99																		
10.151,99 (Ost)	I	2.915,66	160,36	233,25	262,40	151,74	220,72	248,31	135,71	208,19	234,21	117,07	195,66	220,11	98,43	183,12	206,01	79,78	170,59	191,91	61,14	158,06	177,81
	II	2.766,58	152,16	221,32	248,99	136,61	208,79	234,89	117,96	196,26	220,79	99,32	183,72	206,69	80,68	171,19	192,59	62,04	158,66	178,49	43,40	146,13	164,39
	III	2.112,16	-	168,97	190,09	-	157,64	177,34	-	146,56	164,88	-	135,73	152,69	-	125,17	140,81	-	114,86	129,22	-	104,81	117,91
	IV	2.915,66	160,36	233,25	262,40	156,05	226,98	255,35	151,74	220,72	248,31	145,03	214,45	241,25	135,71	208,19	234,21	126,39	201,92	227,16	117,07	195,66	220,11
	V	3.430,16	188,65	274,41	308,71																		
	VI	3.474,41	191,09	277,95	312,69																		

Anzahl Kinderfreibeträge (nur Steuerklassen I–IV)

MONAT bis 10.172,99 €

Lohn/ Gehalt bis	Steuerklasse	Lohn-steuer	ohne Kinderfreibetrag SolZ 5,5%	ohne Kinderfreibetrag Kirchensteuer 8%	ohne Kinderfreibetrag Kirchensteuer 9%	0,5 SolZ 5,5%	0,5 Kirchensteuer 8%	0,5 Kirchensteuer 9%	1,0 SolZ 5,5%	1,0 Kirchensteuer 8%	1,0 Kirchensteuer 9%	1,5 SolZ 5,5%	1,5 Kirchensteuer 8%	1,5 Kirchensteuer 9%	2,0 SolZ 5,5%	2,0 Kirchensteuer 8%	2,0 Kirchensteuer 9%	2,5 SolZ 5,5%	2,5 Kirchensteuer 8%	2,5 Kirchensteuer 9%	3,0 SolZ 5,5%	3,0 Kirchensteuer 8%	3,0 Kirchensteuer 9
						Anzahl Kinderfreibeträge (nur Steuerklassen I–IV)																	
10.154,99 (West)	I	2.909,16	160,00	232,73	261,82	151,38	220,20	247,72	134,93	207,66	233,62	116,29	195,13	219,52	97,64	182,60	205,42	79,00	170,06	191,32	60,36	157,53	17
	II	2.760,08	151,80	220,80	248,40	135,83	208,27	234,30	117,19	195,74	220,20	98,55	183,20	206,10	79,90	170,67	192,00	61,26	158,14	177,90	42,62	145,60	16
	III	2.106,16	-	168,49	189,55	-	157,17	176,81	-	146,10	164,36	-	135,29	152,20	-	124,73	140,32	-	114,44	128,74	-	104,40	11
	IV	2.909,16	160,00	232,73	261,82	155,69	226,46	254,77	151,38	220,20	247,72	144,25	213,93	240,67	134,93	207,66	233,62	125,61	201,40	226,57	116,29	195,13	21
	V	3.423,58	188,29	273,88	308,12																		
	VI	3.467,91	190,73	277,43	312,11																		
10.154,99 (Ost)	I	2.916,91	160,43	233,35	262,52	151,81	220,82	248,42	135,86	208,29	234,32	117,22	195,76	220,23	98,58	183,22	206,12	79,93	170,69	192,02	61,29	158,16	17
	II	2.767,83	152,23	221,42	249,10	136,76	208,89	235,00	118,11	196,36	220,90	99,48	183,83	206,81	80,84	171,30	192,71	62,19	158,76	178,61	43,55	146,23	16
	III	2.113,33	-	169,06	190,19	-	157,73	177,44	-	146,65	164,98	-	135,82	152,80	-	125,25	140,90	-	114,94	129,31	-	104,89	11
	IV	2.916,91	160,43	233,35	262,52	156,12	227,09	255,47	151,81	220,82	248,42	145,18	214,56	241,38	135,86	208,29	234,32	126,54	202,02	227,27	117,22	195,76	22
	V	3.431,41	188,72	274,51	308,82																		
	VI	3.475,75	191,16	278,06	312,81																		
10.157,99 (West)	I	2.910,41	160,07	232,83	261,93	151,45	220,30	247,83	135,08	207,76	233,73	116,44	195,23	219,63	97,79	182,70	205,53	79,15	170,16	191,43	60,51	157,63	17
	II	2.761,33	151,87	220,90	248,51	135,98	208,37	234,41	117,34	195,84	220,32	98,70	183,30	206,21	80,05	170,77	192,11	61,41	158,24	178,02	42,77	145,70	16
	III	2.107,33	-	168,58	189,65	-	157,26	176,92	-	146,18	164,45	-	135,37	152,29	-	124,81	140,41	-	114,52	128,83	-	104,48	11
	IV	2.910,41	160,07	232,83	261,93	155,76	226,56	254,88	151,45	220,30	247,83	144,40	214,03	240,78	135,08	207,76	233,73	125,76	201,50	226,68	116,44	195,23	21
	V	3.424,83	188,36	273,98	308,23																		
	VI	3.469,16	190,80	277,53	312,22																		
10.157,99 (Ost)	I	2.918,25	160,50	233,46	262,64	151,88	220,92	248,54	136,01	208,39	234,44	117,37	195,86	220,34	98,73	183,32	206,24	80,08	170,79	192,14	61,44	158,26	17
	II	2.769,08	152,29	221,52	249,21	136,90	208,99	235,11	118,27	196,46	221,02	99,63	183,93	206,92	80,98	171,40	192,82	62,34	158,86	178,72	43,70	146,33	16
	III	2.114,50	-	169,16	190,30	-	157,82	177,55	-	146,73	165,07	-	135,90	152,89	-	125,34	141,01	-	115,02	129,40	-	104,97	11
	IV	2.918,25	160,50	233,46	262,64	156,19	227,19	255,59	151,88	220,92	248,54	145,33	214,66	241,49	136,01	208,39	234,44	126,69	202,12	227,39	117,37	195,86	22
	V	3.432,66	188,79	274,61	308,93																		
	VI	3.477,00	191,23	278,16	312,93																		
10.160,99 (West)	I	2.911,66	160,14	232,93	262,04	151,52	220,40	247,95	135,23	207,86	233,84	116,59	195,33	219,74	97,94	182,80	205,65	79,30	170,26	191,54	60,67	157,74	17
	II	2.762,58	151,94	221,00	248,63	136,13	208,47	234,53	117,49	195,94	220,43	98,84	183,40	206,33	80,20	170,87	192,23	61,56	158,34	178,13	42,91	145,80	16
	III	2.108,50	-	168,68	189,76	-	157,34	177,01	-	146,28	164,56	-	135,46	152,39	-	124,90	140,51	-	114,60	128,92	-	104,56	11
	IV	2.911,66	160,14	232,93	262,04	155,83	226,66	254,99	151,52	220,40	247,95	144,55	214,13	240,89	135,23	207,86	233,84	125,91	201,60	226,80	116,59	195,33	219
	V	3.426,08	188,43	274,08	308,34																		
	VI	3.470,41	190,87	277,63	312,33																		
10.160,99 (Ost)	I	2.919,50	160,57	233,56	262,75	151,95	221,02	248,65	136,16	208,49	234,55	117,52	195,96	220,45	98,87	183,42	206,35	80,23	170,89	192,25	61,59	158,36	178
	II	2.770,41	152,37	221,63	249,33	137,06	209,10	235,23	118,42	196,56	221,13	99,78	184,03	207,03	81,13	171,50	192,93	62,49	158,96	178,83	43,85	146,43	164
	III	2.115,66	-	169,25	190,40	-	157,90	177,64	-	146,82	165,17	-	136,00	153,00	-	125,42	141,10	-	115,10	129,49	-	105,05	118
	IV	2.919,50	160,57	233,56	262,75	156,26	227,29	255,70	151,95	221,02	248,65	145,48	214,76	241,60	136,16	208,49	234,55	126,84	202,22	227,50	117,52	195,96	220
	V	3.433,91	188,86	274,71	309,05																		
	VI	3.478,25	191,30	278,26	313,04																		
10.163,99 (West)	I	2.912,91	160,21	233,03	262,16	151,59	220,50	248,06	135,38	207,96	233,96	116,73	195,43	219,86	98,10	182,90	205,76	79,46	170,37	191,66	60,81	157,84	17
	II	2.763,83	152,01	221,10	248,74	136,28	208,57	234,64	117,64	196,04	220,54	98,99	183,50	206,44	80,35	170,97	192,34	61,71	158,44	178,24	43,06	145,90	164
	III	2.109,66	-	168,77	189,86	-	157,44	177,12	-	146,36	164,65	-	135,54	152,48	-	124,98	140,60	-	114,68	129,01	-	104,64	117
	IV	2.912,91	160,21	233,03	262,16	155,90	226,76	255,11	151,59	220,50	248,06	144,70	214,23	241,01	135,38	207,96	233,96	126,06	201,70	226,91	116,73	195,43	219
	V	3.427,33	188,50	274,18	308,45																		
	VI	3.471,66	190,94	277,73	312,44																		
10.163,99 (Ost)	I	2.920,75	160,64	233,66	262,86	152,02	221,12	248,76	136,31	208,59	234,66	117,67	196,06	220,56	99,02	183,52	206,46	80,38	170,99	192,36	61,74	158,46	178
	II	2.771,66	152,44	221,73	249,44	137,21	209,20	235,35	118,57	196,66	221,24	99,93	184,13	207,14	81,28	171,60	193,05	62,64	159,06	178,94	44,00	146,53	164
	III	2.116,83	-	169,34	190,51	-	158,00	177,75	-	146,92	165,28	-	136,08	153,09	-	125,50	141,19	-	115,18	129,58	-	105,13	118
	IV	2.920,75	160,64	233,66	262,86	156,33	227,39	255,81	152,02	221,12	248,76	145,63	214,86	241,71	136,31	208,59	234,66	126,99	202,32	227,61	117,67	196,06	220
	V	3.435,16	188,93	274,81	309,16																		
	VI	3.479,50	191,37	278,36	313,15																		
10.166,99 (West)	I	2.914,16	160,27	233,13	262,27	151,66	220,60	248,17	135,53	208,06	234,07	116,89	195,54	219,98	98,25	183,00	205,88	79,61	170,47	191,78	60,96	157,94	177
	II	2.765,08	152,07	221,20	248,85	136,43	208,67	234,75	117,79	196,14	220,65	99,14	183,60	206,55	80,50	171,07	192,45	61,87	158,54	178,36	43,22	146,01	164
	III	2.110,83	-	168,86	189,97	-	157,53	177,22	-	146,45	164,75	-	135,64	152,59	-	125,06	140,69	-	114,76	129,10	-	104,72	117
	IV	2.914,16	160,27	233,13	262,27	155,97	226,86	255,22	151,66	220,60	248,17	144,85	214,33	241,12	135,53	208,06	234,07	126,21	201,80	227,03	116,89	195,54	219,
	V	3.428,66	188,57	274,29	308,57																		
	VI	3.472,91	191,01	277,83	312,56																		
10.166,99 (Ost)	I	2.922,00	160,71	233,76	262,98	152,09	221,22	248,87	136,46	208,69	234,77	117,81	196,16	220,68	99,17	183,62	206,57	80,53	171,09	192,47	61,88	158,56	178,
	II	2.772,91	152,51	221,83	249,56	137,36	209,30	235,46	118,72	196,76	221,36	100,07	184,23	207,26	81,43	171,70	193,16	62,79	159,16	179,06	44,14	146,63	164,
	III	2.118,00	-	169,44	190,62	-	158,09	177,85	-	147,00	165,37	-	136,17	153,19	-	125,60	141,30	-	115,28	129,69	-	105,21	118,
	IV	2.922,00	160,71	233,76	262,98	156,40	227,49	255,92	152,09	221,22	248,87	145,78	214,96	241,83	136,46	208,69	234,77	127,14	202,42	227,72	117,81	196,16	220,
	V	3.436,41	189,00	274,91	309,27																		
	VI	3.480,75	191,44	278,46	313,26																		
10.169,99 (West)	I	2.915,41	160,34	233,23	262,38	151,73	220,70	248,29	135,68	208,17	234,19	117,04	195,64	220,09	98,40	183,10	205,99	79,75	170,57	191,89	61,11	158,04	177,
	II	2.766,33	152,14	221,30	248,96	136,58	208,77	234,86	117,93	196,24	220,77	99,29	183,70	206,66	80,66	171,18	192,57	62,01	158,64	178,47	43,37	146,11	164,
	III	2.112,00	-	168,96	190,08	-	157,62	177,32	-	146,54	164,86	-	135,72	152,68	-	125,16	140,80	-	114,85	129,20	-	104,80	117,
	IV	2.915,41	160,34	233,23	262,38	156,03	226,96	255,33	151,73	220,70	248,29	145,01	214,44	241,24	135,68	208,17	234,19	126,36	201,90	227,14	117,04	195,64	220,
	V	3.429,91	188,64	274,39	308,69																		
	VI	3.474,16	191,07	277,93	312,67																		
10.169,99 (Ost)	I	2.923,25	160,77	233,86	263,09	152,16	221,32	248,99	136,61	208,79	234,89	117,96	196,26	220,79	99,32	183,72	206,69	80,68	171,19	192,59	62,04	158,66	178,
	II	2.774,16	152,57	221,93	249,67	137,51	209,40	235,57	118,87	196,86	221,47	100,22	184,33	207,37	81,58	171,80	193,27	62,94	159,26	179,17	44,29	146,73	165,
	III	2.119,16	-	169,53	190,72	-	158,18	177,95	-	147,09	165,47	-	136,25	153,28	-	125,68	141,39	-	115,36	129,78	-	105,29	118,
	IV	2.923,25	160,77	233,86	263,09	156,47	227,59	256,04	152,16	221,32	248,99	145,93	215,06	241,94	136,61	208,79	234,89	127,29	202,52	227,84	117,96	196,26	220,
	V	3.437,66	189,07	275,01	309,38																		
	VI	3.482,00	191,51	278,56	313,38																		
10.172,99 (West)	I	2.916,75	160,42	233,34	262,50	151,80	220,80	248,40	135,83	208,27	234,30	117,19	195,74	220,20	98,55	183,20	206,10	79,90	170,67	192,00	61,26	158,14	177,
	II	2.767,58	152,21	221,40	249,08	136,73	208,87	234,98	118,09	196,34	220,88	99,45	183,81	206,78	80,81	171,28	192,69	62,16	158,74	178,58	43,52	146,21	164,
	III	2.113,16	-	169,05	190,18	-	157,70	177,41	-	146,62	164,95	-	135,80	152,77	-	125,24	140,89	-	114,93	129,29	-	104,88	117,
	IV	2.916,75	160,42	233,34	262,50	156,11	227,07	255,45	151,80	220,80	248,40	145,16	214,54	241,35	135,83	208,27	234,30	126,51	202,00	227,25	117,19	195,74	220,2
	V	3.431,16	188,71	274,49	308,80																		
	VI	3.475,50	191,15	278,04	312,79																		
10.172,99 (Ost)	I	2.924,50	160,84	233,96	263,20	152,23	221,42	249,10	136,76	208,89	235,00	118,11	196,36	220,90	99,48	183,83	206,81	80,84	171,30	192,71	62,19	158,76	178,6
	II	2.775,41	152,64	222,03	249,78	137,66	209,50	235,68	119,01	196,96	221,58	100,37	184,43	207,48	81,73	171,90	193,38	63,08	159,36	179,28	44,44	146,83	165,1
	III	2.120,33	-	169,62	190,82	-	158,28	178,06	-	147,17	165,56	-	136,34	153,38	-	125,76	141,48	-	115,44	129,87	-	105,37	118,5
	IV	2.924,50	160,84	233,96	263,20	156,53	227,69	256,15	152,23	221,42	249,10	146,08	215,16	242,05	136,76	208,89	235,00	127,43	202,62	227,95	118,11	196,36	220,9
	V	3.439,00	189,14	275,12	309,51																		
	VI	3.483,25	191,57	278,66	313,49																		

Lohn/Gehalt bis	Steuerklasse	Lohnsteuer	ohne Kinderfreibetrag SolZ 5,5%	ohne Kinderfreibetrag Kirchensteuer 8%	ohne Kinderfreibetrag Kirchensteuer 9%	0,5 SolZ 5,5%	0,5 Kirchensteuer 8%	0,5 Kirchensteuer 9%	1,0 SolZ 5,5%	1,0 Kirchensteuer 8%	1,0 Kirchensteuer 9%	1,5 SolZ 5,5%	1,5 Kirchensteuer 8%	1,5 Kirchensteuer 9%	2,0 SolZ 5,5%	2,0 Kirchensteuer 8%	2,0 Kirchensteuer 9%	2,5 SolZ 5,5%	2,5 Kirchensteuer 8%	2,5 Kirchensteuer 9%	3,0 SolZ 5,5%	3,0 Kirchensteuer 8%	3,0 Kirchensteuer 9%
						Anzahl Kinderfreibeträge (nur Steuerklassen I–IV)																	
.175,99 (West)	I	2.918,00	160,49	233,44	262,62	151,87	220,90	248,51	135,98	208,37	234,41	117,34	195,84	220,32	98,70	183,30	206,21	80,05	170,77	192,11	61,41	158,24	178,02
	II	2.768,83	152,28	221,50	249,19	136,88	208,98	235,10	118,24	196,44	221,00	99,60	183,91	206,90	80,95	171,38	192,80	62,31	158,84	178,70	43,67	146,31	164,60
	III	2.114,33	-	169,14	190,28	-	157,80	177,52	-	146,72	165,06	-	135,89	152,87	-	125,32	140,98	-	115,01	129,38	-	104,96	118,08
	IV	2.918,00	160,49	233,44	262,62	156,18	227,17	255,56	151,87	220,90	248,51	145,30	214,64	241,47	135,98	208,37	234,41	126,66	202,10	227,36	117,34	195,84	220,32
	V	3.432,41	188,78	274,59	308,91																		
	VI	3.476,75	191,22	278,14	312,90																		
.175,99 (Ost)	I	2.925,75	160,91	234,06	263,31	152,29	221,52	249,21	136,90	208,99	235,11	118,27	196,46	221,02	99,63	183,93	206,92	80,98	171,40	192,82	62,34	158,86	178,72
	II	2.776,66	152,71	222,13	249,89	137,81	209,60	235,80	119,16	197,06	221,69	100,52	184,53	207,59	81,88	172,00	193,50	63,24	159,47	179,40	44,60	146,94	165,30
	III	2.121,50	-	169,72	190,93	-	158,36	178,15	-	147,26	165,67	-	136,42	153,47	-	125,84	141,57	-	115,52	129,96	-	105,45	118,63
	IV	2.925,75	160,91	234,06	263,31	156,60	227,79	256,26	152,29	221,52	249,21	146,23	215,26	242,16	136,90	208,99	235,11	127,59	202,73	228,07	118,27	196,46	221,02
	V	3.440,25	189,21	275,22	309,62																		
	VI	3.484,50	191,64	278,76	313,60																		
.178,99 (West)	I	2.919,25	160,55	233,54	262,73	151,94	221,00	248,63	136,13	208,47	234,53	117,49	195,94	220,43	98,84	183,40	206,33	80,20	170,87	192,23	61,56	158,34	178,13
	II	2.770,16	152,35	221,61	249,31	137,03	209,08	235,21	118,39	196,54	221,11	99,75	184,01	207,01	81,10	171,48	192,91	62,46	158,94	178,81	43,82	146,41	164,71
	III	2.115,50	-	169,24	190,39	-	157,89	177,62	-	146,81	165,16	-	135,97	152,96	-	125,41	141,08	-	115,09	129,47	-	105,04	118,17
	IV	2.919,25	160,55	233,54	262,73	156,25	227,27	255,68	151,94	221,00	248,63	145,45	214,74	241,58	136,13	208,47	234,53	126,81	202,20	227,48	117,49	195,94	220,43
	V	3.433,66	188,85	274,69	309,02																		
	VI	3.478,00	191,29	278,24	313,02																		
.178,99 (Ost)	I	2.927,00	160,98	234,16	263,43	152,37	221,63	249,33	137,06	209,10	235,23	118,42	196,56	221,13	99,78	184,03	207,03	81,13	171,50	192,93	62,49	158,96	178,83
	II	2.777,91	152,78	222,23	250,01	137,96	209,70	235,91	119,31	197,16	221,81	100,67	184,63	207,71	82,04	172,10	193,61	63,39	159,57	179,51	44,75	147,04	165,42
	III	2.122,66	-	169,81	191,03	-	158,45	178,25	-	147,36	165,78	-	136,52	153,58	-	125,93	141,67	-	115,60	130,05	-	105,53	118,72
	IV	2.927,00	160,98	234,16	263,43	156,67	227,89	256,37	152,37	221,63	249,33	146,38	215,36	242,28	137,06	209,10	235,23	127,74	202,83	228,18	118,42	196,56	221,13
	V	3.441,50	189,28	275,32	309,73																		
	VI	3.485,75	191,71	278,86	313,71																		
.181,99 (West)	I	2.920,50	160,62	233,64	262,84	152,01	221,10	248,74	136,28	208,57	234,64	117,64	196,04	220,54	98,99	183,50	206,44	80,35	170,97	192,34	61,71	158,44	178,24
	II	2.771,41	152,42	221,71	249,42	137,18	209,18	235,32	118,54	196,64	221,22	99,90	184,11	207,12	81,25	171,58	193,02	62,61	159,04	178,92	43,97	146,51	164,82
	III	2.116,66	-	169,33	190,49	-	157,98	177,73	-	146,89	165,25	-	136,06	153,07	-	125,49	141,17	-	115,17	129,56	-	105,12	118,26
	IV	2.920,50	160,62	233,64	262,84	156,31	227,37	255,79	152,01	221,10	248,74	145,60	214,84	241,69	136,28	208,57	234,64	126,96	202,30	227,59	117,64	196,04	220,54
	V	3.434,91	188,92	274,79	309,14																		
	VI	3.479,25	191,35	278,34	313,13																		
.181,99 (Ost)	I	2.928,33	161,05	234,26	263,54	152,44	221,73	249,44	137,21	209,20	235,35	118,57	196,66	221,24	99,93	184,13	207,14	81,28	171,60	193,05	62,64	159,06	178,94
	II	2.779,16	152,85	222,33	250,12	138,10	209,80	236,02	119,47	197,27	221,93	100,83	184,74	207,83	82,18	172,20	193,73	63,54	159,67	179,63	44,90	147,14	165,53
	III	2.123,83	-	169,90	191,14	-	158,54	178,36	-	147,44	165,87	-	136,60	153,67	-	126,01	141,76	-	115,68	130,14	-	105,61	118,81
	IV	2.928,33	161,05	234,26	263,54	156,75	228,00	256,50	152,44	221,73	249,44	146,53	215,46	242,39	137,21	209,20	235,35	127,89	202,93	228,29	118,57	196,66	221,24
	V	3.442,75	189,35	275,42	309,84																		
	VI	3.487,08	191,78	278,96	313,83																		
.184,99 (West)	I	2.921,75	160,69	233,74	262,95	152,07	221,20	248,85	136,43	208,67	234,75	117,79	196,14	220,65	99,14	183,60	206,55	80,50	171,07	192,45	61,87	158,54	178,36
	II	2.772,66	152,49	221,81	249,53	137,33	209,28	235,44	118,69	196,74	221,33	100,04	184,21	207,23	81,40	171,68	193,14	62,76	159,14	179,03	44,11	146,61	164,93
	III	2.117,83	-	169,42	190,60	-	158,06	177,82	-	146,98	165,35	-	136,14	153,16	-	125,57	141,26	-	115,25	129,65	-	105,20	118,35
	IV	2.921,75	160,69	233,74	262,95	156,38	227,47	255,90	152,07	221,20	248,85	145,75	214,94	241,80	136,43	208,67	234,75	127,11	202,40	227,70	117,79	196,14	220,65
	V	3.436,16	188,98	274,89	309,25																		
	VI	3.480,50	191,42	278,44	313,24																		
0.184,99 (Ost)	I	2.929,58	161,12	234,36	263,66	152,51	221,83	249,56	137,36	209,30	235,46	118,72	196,76	221,36	100,07	184,23	207,26	81,43	171,70	193,16	62,79	159,16	179,06
	II	2.780,41	152,92	222,43	250,23	138,26	209,90	236,14	119,62	197,37	222,04	100,98	184,84	207,94	82,33	172,30	193,84	63,69	159,77	179,74	45,05	147,24	165,64
	III	2.125,00	-	170,00	191,25	-	158,64	178,47	-	147,53	165,97	-	136,68	153,76	-	126,09	141,85	-	115,77	130,24	-	105,69	118,90
	IV	2.929,58	161,12	234,36	263,66	156,81	228,10	256,61	152,51	221,83	249,56	146,68	215,56	242,51	137,36	209,30	235,46	128,04	203,03	228,41	118,72	196,76	221,36
	V	3.444,00	189,42	275,52	309,96																		
	VI	3.488,33	191,85	279,06	313,94																		
0.187,99 (West)	I	2.923,00	160,76	233,84	263,07	152,14	221,30	248,96	136,58	208,77	234,86	117,93	196,24	220,77	99,29	183,70	206,66	80,66	171,18	192,57	62,01	158,64	178,47
	II	2.773,91	152,56	221,91	249,65	137,48	209,38	235,55	118,84	196,84	221,45	100,19	184,31	207,35	81,55	171,78	193,25	62,91	159,24	179,15	44,26	146,71	165,05
	III	2.118,83	-	169,50	190,69	-	158,16	177,93	-	147,06	165,44	-	136,24	153,27	-	125,65	141,35	-	115,33	129,74	-	105,28	118,44
	IV	2.923,00	160,76	233,84	263,07	156,45	227,57	256,01	152,14	221,30	248,96	145,90	215,04	241,92	136,58	208,77	234,86	127,26	202,50	227,81	117,93	196,24	220,77
	V	3.437,41	189,05	274,99	309,36																		
	VI	3.481,75	191,49	278,54	313,35																		
0.187,99 (Ost)	I	2.930,83	161,19	234,46	263,77	152,57	221,93	249,67	137,51	209,40	235,57	118,87	196,86	221,47	100,22	184,33	207,37	81,58	171,80	193,27	62,94	159,26	179,17
	II	2.781,75	152,99	222,54	250,35	138,41	210,00	236,25	119,77	197,47	222,15	101,13	184,94	208,05	82,48	172,40	193,95	63,84	159,87	179,85	45,20	147,34	165,75
	III	2.126,16	-	170,09	191,35	-	158,72	178,56	-	147,62	166,07	-	136,77	153,86	-	126,18	141,95	-	115,85	130,33	-	105,77	118,99
	IV	2.930,83	161,19	234,46	263,77	156,88	228,20	256,72	152,57	221,93	249,67	146,83	215,66	242,62	137,51	209,40	235,57	128,19	203,13	228,52	118,87	196,86	221,47
	V	3.445,25	189,48	275,62	310,07																		
	VI	3.489,58	191,92	279,16	314,06																		
0.190,99 (West)	I	2.924,25	160,83	233,94	263,18	152,21	221,40	249,08	136,73	208,87	234,98	118,09	196,34	220,88	99,45	183,81	206,78	80,81	171,28	192,69	62,16	158,74	178,58
	II	2.775,16	152,63	222,01	249,76	137,63	209,48	235,66	118,99	196,94	221,56	100,34	184,41	207,46	81,70	171,88	193,36	63,06	159,34	179,26	44,42	146,82	165,17
	III	2.120,00	-	169,60	190,80	-	158,25	178,03	-	147,16	165,55	-	136,32	153,36	-	125,74	141,46	-	115,42	129,85	-	105,36	118,53
	IV	2.924,25	160,83	233,94	263,18	156,52	227,67	256,13	152,21	221,40	249,08	146,05	215,14	242,03	136,73	208,87	234,98	127,40	202,60	227,93	118,09	196,34	220,88
	V	3.438,75	189,13	275,10	309,48																		
	VI	3.483,00	191,56	278,64	313,47																		
0.190,99 (Ost)	I	2.932,08	161,26	234,56	263,88	152,64	222,03	249,78	137,66	209,50	235,68	119,01	196,96	221,58	100,37	184,43	207,48	81,73	171,90	193,38	63,08	159,36	179,28
	II	2.783,00	153,06	222,64	250,47	138,56	210,10	236,36	119,92	197,57	222,26	101,27	185,04	208,17	82,63	172,50	194,06	63,99	159,97	179,96	45,34	147,44	165,87
	III	2.127,16	-	170,17	191,44	-	158,81	178,66	-	147,70	166,16	-	136,85	153,95	-	126,26	142,04	-	115,93	130,42	-	105,85	119,08
	IV	2.932,08	161,26	234,56	263,88	156,95	228,30	256,83	152,64	222,03	249,78	146,98	215,76	242,73	137,66	209,50	235,68	128,34	203,23	228,63	119,01	196,96	221,58
	V	3.446,50	189,55	275,72	310,18																		
	VI	3.490,83	191,99	279,26	314,17																		
0.193,99 (West)	I	2.925,50	160,90	234,04	263,29	152,28	221,50	249,19	136,88	208,98	235,10	118,24	196,44	221,00	99,60	183,91	206,90	80,95	171,38	192,80	62,31	158,84	178,70
	II	2.776,41	152,70	222,11	249,87	137,78	209,58	235,77	119,13	197,04	221,67	100,49	184,51	207,57	81,86	171,98	193,48	63,21	159,45	179,38	44,57	146,92	165,28
	III	2.121,16	-	169,69	190,90	-	158,34	178,13	-	147,25	165,65	-	136,41	153,46	-	125,82	141,55	-	115,50	129,94	-	105,44	118,62
	IV	2.925,50	160,90	234,04	263,29	156,59	227,77	256,24	152,28	221,50	249,19	146,21	215,24	242,15	136,88	208,98	235,10	127,56	202,71	228,05	118,24	196,44	221,00
	V	3.440,00	189,20	275,20	309,60																		
	VI	3.484,25	191,63	278,74	313,58																		
0.193,99 (Ost)	I	2.933,33	161,33	234,66	263,99	152,71	222,13	249,89	137,81	209,60	235,80	119,16	197,06	221,69	100,52	184,53	207,59	81,88	172,00	193,50	63,24	159,47	179,40
	II	2.784,25	153,13	222,74	250,58	138,71	210,20	236,48	120,07	197,67	222,38	101,42	185,14	208,28	82,78	172,60	194,18	64,14	160,07	180,08	45,49	147,54	165,98
	III	2.128,33	-	170,26	191,54	-	158,90	178,76	-	147,80	166,27	-	136,94	154,06	-	126,34	142,13	-	116,01	130,51	-	105,93	119,17
	IV	2.933,33	161,33	234,66	263,99	157,02	228,40	256,95	152,71	222,13	249,89	147,13	215,86	242,84	137,81	209,60	235,80	128,49	203,33	228,74	119,16	197,06	221,69
	V	3.447,75	189,62	275,82	310,29																		
	VI	3.492,08	192,06	279,36	314,28																		

Lohn/ Gehalt bis	Steuerklasse	Lohn-steuer	ohne Kinderfreibetrag SolZ 5,5%	Kirchensteuer 8%	9%	0,5 SolZ 5,5%	Kirchensteuer 8%	9%	1,0 SolZ 5,5%	Kirchensteuer 8%	9%	1,5 SolZ 5,5%	Kirchensteuer 8%	9%	2,0 SolZ 5,5%	Kirchensteuer 8%	9%	2,5 SolZ 5,5%	Kirchensteuer 8%	9%	3,0 SolZ 5,5%	Kirchensteuer 8%	9%
10.196,99 (West)	I	2.926,83	160,97	234,14	263,41	152,35	221,61	249,31	137,03	209,08	235,21	118,39	196,54	221,11	99,75	184,01	207,01	81,10	171,48	192,91	62,46	158,94	1
	II	2.777,66	152,77	222,21	249,98	137,93	209,68	235,89	119,28	197,14	221,78	100,65	184,62	207,69	82,01	172,08	193,59	63,36	159,55	179,49	44,72	147,02	1
	III	2.122,33	-	169,78	191,00	-	158,44	178,24	-	147,33	165,74	-	136,49	153,55	-	125,90	141,64	-	115,58	130,03	-	105,52	1
	IV	2.926,83	160,97	234,14	263,41	156,66	227,88	256,36	152,35	221,61	249,31	146,36	215,34	242,26	137,03	209,08	235,21	127,71	202,81	228,16	118,39	196,54	2
	V	3.441,25	189,26	275,30	309,71																		
	VI	3.485,58	191,70	278,84	313,70																		
10.196,99 (Ost)	I	2.934,58	161,40	234,76	264,11	152,78	222,23	250,01	137,96	209,70	235,91	119,31	197,16	221,81	100,67	184,63	207,71	82,04	172,10	193,61	63,39	159,57	1
	II	2.785,50	153,20	222,84	250,69	138,86	210,30	236,59	120,21	197,77	222,49	101,57	185,24	208,39	82,93	172,70	194,29	64,28	160,17	180,19	45,64	147,64	1
	III	2.129,50	-	170,36	191,65	-	159,00	178,87	-	147,88	166,36	-	137,02	154,15	-	126,44	142,24	-	116,09	130,60	-	106,01	1
	IV	2.934,58	161,40	234,76	264,11	157,09	228,50	257,06	152,78	222,23	250,01	147,28	215,96	242,96	137,96	209,70	235,91	128,63	203,43	228,86	119,31	197,16	2
	V	3.449,00	189,69	275,92	310,41																		
	VI	3.493,33	192,13	279,46	314,39																		
10.199,99 (West)	I	2.928,08	161,04	234,24	263,52	152,42	221,71	249,42	137,18	209,18	235,32	118,54	196,64	221,22	99,90	184,11	207,12	81,25	171,58	193,02	62,61	159,04	1
	II	2.778,91	152,84	222,31	250,10	138,08	209,78	236,00	119,44	197,25	221,90	100,80	184,72	207,81	82,15	172,18	193,70	63,51	159,65	179,60	44,87	147,12	1
	III	2.123,50	-	169,88	191,11	-	158,52	178,33	-	147,42	165,85	-	136,58	153,65	-	126,00	141,75	-	115,66	130,12	-	105,60	1
	IV	2.928,08	161,04	234,24	263,52	156,73	227,98	256,47	152,42	221,71	249,42	146,50	215,44	242,37	137,18	209,18	235,32	127,86	202,91	228,27	118,54	196,64	2
	V	3.442,50	189,33	275,40	309,82																		
	VI	3.486,83	191,77	278,94	313,81																		
10.199,99 (Ost)	I	2.935,83	161,47	234,86	264,22	152,85	222,33	250,12	138,10	209,80	236,02	119,47	197,27	221,93	100,83	184,74	207,83	82,18	172,20	193,73	63,54	159,67	1
	II	2.786,75	153,27	222,94	250,80	139,01	210,40	236,70	120,36	197,87	222,60	101,72	185,34	208,50	83,08	172,80	194,40	64,43	160,27	180,30	45,80	147,74	1
	III	2.130,66	-	170,45	191,75	-	159,08	178,96	-	147,97	166,46	-	137,12	154,26	-	126,52	142,33	-	116,17	130,69	-	106,09	1
	IV	2.935,83	161,47	234,86	264,22	157,16	228,60	257,17	152,85	222,33	250,12	147,43	216,06	243,07	138,10	209,80	236,02	128,78	203,53	228,97	119,47	197,27	2
	V	3.450,33	189,76	276,02	310,52																		
	VI	3.494,58	192,20	279,56	314,51																		
10.202,99 (West)	I	2.929,33	161,11	234,34	263,63	152,49	221,81	249,53	137,33	209,28	235,44	118,69	196,74	221,33	100,04	184,21	207,23	81,40	171,68	193,14	62,76	159,14	1
	II	2.780,25	152,91	222,42	250,22	138,23	209,88	236,12	119,59	197,35	222,02	100,95	184,82	207,92	82,30	172,28	193,82	63,66	159,75	179,72	45,02	147,22	1
	III	2.124,66	-	169,97	191,21	-	158,61	178,43	-	147,50	165,94	-	136,66	153,74	-	126,08	141,84	-	115,74	130,21	-	105,68	1
	IV	2.929,33	161,11	234,34	263,63	156,80	228,08	256,59	152,49	221,81	249,53	146,65	215,54	242,48	137,33	209,28	235,44	128,01	203,01	228,38	118,69	196,74	2
	V	3.443,75	189,40	275,50	309,93																		
	VI	3.488,08	191,84	279,04	313,92																		
10.202,99 (Ost)	I	2.937,08	161,53	234,96	264,33	152,92	222,43	250,23	138,26	209,90	236,14	119,62	197,37	222,04	100,98	184,84	207,94	82,33	172,30	193,84	63,69	159,77	1
	II	2.788,00	153,34	223,04	250,92	139,16	210,50	236,81	120,51	197,97	222,71	101,87	185,44	208,62	83,24	172,91	194,52	64,59	160,38	180,42	45,95	147,84	1
	III	2.131,83	-	170,54	191,86	-	159,17	179,06	-	148,06	166,57	-	137,20	154,35	-	126,60	142,42	-	116,25	130,78	-	106,17	1
	IV	2.937,08	161,53	234,96	264,33	157,23	228,70	257,28	152,92	222,43	250,23	147,58	216,17	243,19	138,26	209,90	236,14	128,94	203,64	229,09	119,62	197,37	2
	V	3.451,58	189,83	276,12	310,64																		
	VI	3.495,83	192,27	279,66	314,62																		
10.205,99 (West)	I	2.930,58	161,18	234,44	263,75	152,56	221,91	249,65	137,48	209,38	235,55	118,84	196,84	221,45	100,19	184,31	207,35	81,55	171,78	193,25	62,91	159,24	1
	II	2.781,50	152,98	222,52	250,33	138,38	209,98	236,23	119,74	197,45	222,13	101,10	184,92	208,03	82,45	172,38	193,93	63,81	159,85	179,83	45,17	147,32	1
	III	2.125,83	-	170,06	191,32	-	158,70	178,54	-	147,60	166,05	-	136,74	153,83	-	126,16	141,93	-	115,82	130,30	-	105,76	1
	IV	2.930,58	161,18	234,44	263,75	156,87	228,18	256,70	152,56	221,91	249,65	146,80	215,64	242,60	137,48	209,38	235,55	128,16	203,11	228,50	118,84	196,84	22
	V	3.445,00	189,47	275,60	310,05																		
	VI	3.489,33	191,91	279,14	314,03																		
10.205,99 (Ost)	I	2.938,41	161,61	235,07	264,45	152,99	222,54	250,35	138,41	210,00	236,25	119,77	197,47	222,15	101,13	184,94	208,05	82,48	172,40	193,95	63,84	159,87	17
	II	2.789,25	153,40	223,14	251,03	139,30	210,60	236,93	120,66	198,07	222,83	102,03	185,54	208,73	83,38	173,01	194,63	64,74	160,48	180,54	46,10	147,94	16
	III	2.133,00	-	170,64	191,97	-	159,26	179,17	-	148,14	166,66	-	137,29	154,45	-	126,69	142,52	-	116,34	130,88	-	106,25	11
	IV	2.938,41	161,61	235,07	264,45	157,30	228,80	257,40	152,99	222,54	250,35	147,73	216,27	243,30	138,41	210,00	236,25	129,09	203,74	229,20	119,77	197,47	22
	V	3.452,83	189,90	276,22	310,75																		
	VI	3.497,16	192,34	279,77	314,74																		
10.208,99 (West)	I	2.931,83	161,25	234,54	263,86	152,63	222,01	249,76	137,63	209,48	235,66	118,99	196,94	221,56	100,34	184,41	207,46	81,70	171,88	193,36	63,06	159,34	17
	II	2.782,75	153,05	222,62	250,44	138,53	210,08	236,34	119,89	197,55	222,24	101,24	185,02	208,14	82,60	172,48	194,04	63,96	159,95	179,94	45,31	147,42	16
	III	2.127,00	-	170,16	191,43	-	158,80	178,65	-	147,69	166,15	-	136,84	153,94	-	126,25	142,03	-	115,90	130,39	-	105,84	11
	IV	2.931,83	161,25	234,54	263,86	156,94	228,28	256,81	152,63	222,01	249,76	146,95	215,74	242,71	137,63	209,48	235,66	128,31	203,21	228,61	118,99	196,94	22
	V	3.446,25	189,54	275,70	310,16																		
	VI	3.490,58	191,98	279,24	314,15																		
10.208,99 (Ost)	I	2.939,66	161,68	235,17	264,56	153,06	222,64	250,47	138,56	210,10	236,36	119,92	197,57	222,26	101,27	185,04	208,17	82,63	172,50	194,06	63,99	159,97	17
	II	2.790,50	153,47	223,24	251,14	139,46	210,71	237,05	120,82	198,18	222,95	102,18	185,64	208,85	83,53	173,11	194,75	64,89	160,58	180,65	46,25	148,04	16
	III	2.134,16	-	170,73	192,07	-	159,36	179,28	-	148,24	166,77	-	137,37	154,54	-	126,77	142,61	-	116,42	130,97	-	106,33	11
	IV	2.939,66	161,68	235,17	264,56	157,37	228,90	257,51	153,06	222,64	250,47	147,88	216,37	243,41	138,56	210,10	236,36	129,24	203,84	229,32	119,92	197,57	22
	V	3.454,08	189,97	276,32	310,86																		
	VI	3.498,41	192,41	279,87	314,85																		
10.211,99 (West)	I	2.933,08	161,31	234,64	263,97	152,70	222,11	249,87	137,78	209,58	235,77	119,13	197,04	221,67	100,49	184,51	207,57	81,86	171,98	193,48	63,21	159,45	179
	II	2.784,00	153,12	222,72	250,56	138,68	210,18	236,45	120,04	197,65	222,35	101,39	185,12	208,26	82,75	172,58	194,15	64,11	160,05	180,05	45,46	147,52	165
	III	2.128,16	-	170,25	191,53	-	158,88	178,74	-	147,77	166,24	-	136,92	154,03	-	126,33	142,12	-	116,00	130,50	-	105,92	119
	IV	2.933,08	161,31	234,64	263,97	157,01	228,38	256,92	152,70	222,11	249,87	147,10	215,84	242,82	137,78	209,58	235,77	128,46	203,31	228,72	119,13	197,04	221
	V	3.447,50	189,61	275,80	310,27																		
	VI	3.491,83	192,05	279,34	314,26																		
10.211,99 (Ost)	I	2.940,91	161,75	235,27	264,68	153,13	222,74	250,58	138,71	210,20	236,48	120,07	197,67	222,38	101,42	185,14	208,28	82,78	172,60	194,18	64,14	160,07	180
	II	2.791,83	153,55	223,34	251,26	139,61	210,81	237,16	120,97	198,28	223,06	102,33	185,74	208,96	83,68	173,21	194,86	65,04	160,68	180,76	46,40	148,14	166
	III	2.135,33	-	170,82	192,17	-	159,45	179,38	-	148,33	166,87	-	137,46	154,64	-	126,85	142,70	-	116,50	131,06	-	106,41	119,
	IV	2.940,91	161,75	235,27	264,68	157,44	229,00	257,63	153,13	222,74	250,58	148,03	216,47	243,53	138,71	210,20	236,48	129,39	203,94	229,43	120,07	197,67	222,
	V	3.455,33	190,04	276,42	310,97																		
	VI	3.499,66	192,48	279,97	314,96																		
10.214,99 (West)	I	2.934,33	161,38	234,74	264,08	152,77	222,21	249,98	137,93	209,68	235,89	119,28	197,14	221,78	100,65	184,62	207,69	82,01	172,08	193,59	63,36	159,55	179,
	II	2.785,25	153,18	222,82	250,67	138,83	210,28	236,57	120,19	197,75	222,47	101,54	185,22	208,37	82,90	172,68	194,27	64,26	160,15	180,17	45,62	147,62	166,
	III	2.129,33	-	170,34	191,63	-	158,97	178,84	-	147,86	166,34	-	137,01	154,13	-	126,41	142,21	-	116,08	130,59	-	106,00	119,
	IV	2.934,33	161,38	234,74	264,08	157,08	228,48	257,04	152,77	222,21	249,98	147,25	215,94	242,93	137,93	209,68	235,89	128,60	203,41	228,83	119,28	197,14	221,
	V	3.448,83	189,68	275,90	310,39																		
	VI	3.493,08	192,11	279,44	314,37																		
10.214,99 (Ost)	I	2.942,16	161,81	235,37	264,79	153,20	222,84	250,69	138,86	210,30	236,59	120,21	197,77	222,49	101,57	185,24	208,39	82,93	172,70	194,29	64,28	160,17	180,
	II	2.793,08	153,61	223,44	251,37	139,76	210,91	237,27	121,12	198,38	223,17	102,47	185,84	209,07	83,83	173,31	194,97	65,19	160,78	180,87	46,54	148,24	166,
	III	2.136,50	-	170,92	192,28	-	159,53	179,47	-	148,41	166,96	-	137,54	154,73	-	126,94	142,81	-	116,58	131,15	-	106,49	119,
	IV	2.942,16	161,81	235,37	264,79	157,51	229,10	257,74	153,20	222,84	250,69	148,18	216,57	243,64	138,86	210,30	236,59	129,54	204,04	229,54	120,21	197,77	222,
	V	3.456,58	190,11	276,52	311,09																		
	VI	3.500,91	192,55	280,07	315,08																		

Anzahl Kinderfreibeträge (nur Steuerklassen I–IV)

Allgemeine Tabelle

MONAT bis 10.235,99 €

Lohn/ Gehalt bis	Steuerklasse	Lohn- steuer	ohne Kinderfreibetrag			Anzahl Kinderfreibeträge (nur Steuerklassen I–IV) 0,5			1,0			1,5			2,0			2,5			3,0		
			SolZ 5,5%	Kirchensteuer 8%	9%	SolZ 5,5%	Kirchensteuer 8%	9%	SolZ 5,5%	Kirchensteuer 8%	9%	SolZ 5,5%	Kirchensteuer 8%	9%	SolZ 5,5%	Kirchensteuer 8%	9%	SolZ 5,5%	Kirchensteuer 8%	9%	SolZ 5,5%	Kirchensteuer 8%	9%
.217,99	I	2.935,58	161,45	234,84	264,20	152,84	222,31	250,10	138,08	209,78	236,00	119,44	197,25	221,90	100,80	184,72	207,81	82,15	172,18	193,70	63,51	159,65	179,60
(West)	II	2.786,50	153,25	222,92	250,78	138,98	210,38	236,68	120,33	197,85	222,58	101,69	185,32	208,48	83,05	172,78	194,38	64,41	160,26	180,29	45,77	147,72	166,19
	III	2.130,50	-	170,44	191,74	-	159,06	178,94	-	147,96	166,45	-	137,09	154,22	-	126,50	142,31	-	116,16	130,68	-	106,08	119,34
	IV	2.935,58	161,45	234,84	264,20	157,14	228,58	257,15	152,84	222,31	250,10	147,40	216,04	243,05	138,08	209,78	236,00	128,76	203,52	228,96	119,44	197,25	221,90
	V	3.450,08	189,75	276,00	310,50																		
	VI	3.494,33	192,18	279,54	314,48																		
.217,99	I	2.943,41	161,88	235,47	264,90	153,27	222,94	250,80	139,01	210,40	236,70	120,36	197,87	222,60	101,72	185,34	208,50	83,08	172,80	194,40	64,43	160,27	180,30
(Ost)	II	2.794,33	153,68	223,54	251,48	139,91	211,01	237,38	121,27	198,48	223,29	102,62	185,94	209,18	83,98	173,41	195,08	65,34	160,88	180,99	46,69	148,34	166,88
	III	2.137,66	-	171,01	192,38	-	159,62	179,57	-	148,50	167,06	-	137,64	154,84	-	127,02	142,90	-	116,66	131,24	-	106,57	119,89
	IV	2.943,41	161,88	235,47	264,90	157,57	229,20	257,85	153,27	222,94	250,80	148,33	216,67	243,75	139,01	210,40	236,70	129,69	204,14	229,65	120,36	197,87	222,60
	V	3.457,83	190,18	276,62	311,20																		
	VI	3.502,16	192,61	280,17	315,19																		
.220,99	I	2.936,83	161,52	234,94	264,31	152,91	222,42	250,22	138,23	209,88	236,12	119,59	197,35	222,02	100,95	184,82	207,92	82,30	172,28	193,82	63,66	159,75	179,72
(West)	II	2.787,75	153,32	223,02	250,89	139,13	210,48	236,79	120,48	197,95	222,69	101,85	185,42	208,60	83,21	172,89	194,50	64,56	160,36	180,40	45,92	147,82	166,30
	III	2.131,66	-	170,53	191,84	-	159,16	179,05	-	148,04	166,54	-	137,18	154,33	-	126,58	142,40	-	116,24	130,77	-	106,16	119,43
	IV	2.936,83	161,52	234,94	264,31	157,22	228,68	257,27	152,91	222,42	250,22	147,56	216,15	243,17	138,23	209,88	236,12	128,91	203,62	229,07	119,59	197,35	222,02
	V	3.451,33	189,82	276,10	310,61																		
	VI	3.495,58	192,25	279,64	314,60																		
0.220,99	I	2.944,66	161,95	235,57	265,01	153,34	223,04	250,92	139,16	210,50	236,81	120,51	197,97	222,71	101,87	185,44	208,62	83,24	172,91	194,52	64,59	160,38	180,42
(Ost)	II	2.795,58	153,75	223,64	251,60	140,06	211,11	237,50	121,41	198,58	223,40	102,77	186,04	209,30	84,13	173,51	195,20	65,48	160,98	181,10	46,84	148,44	167,00
	III	2.138,83	-	171,10	192,49	-	159,72	179,68	-	148,58	167,15	-	137,72	154,93	-	127,10	142,99	-	116,74	131,33	-	106,65	119,98
	IV	2.944,66	161,95	235,57	265,01	157,64	229,30	257,96	153,34	223,04	250,92	148,48	216,77	243,86	139,16	210,50	236,81	129,83	204,24	229,77	120,51	197,97	222,71
	V	3.459,08	190,24	276,72	311,31																		
	VI	3.503,41	192,68	280,27	315,30																		
0.223,99	I	2.938,16	161,59	235,05	264,43	152,98	222,52	250,33	138,38	209,98	236,23	119,74	197,45	222,13	101,10	184,92	208,03	82,45	172,38	193,93	63,81	159,85	179,83
(West)	II	2.789,00	153,39	223,12	251,01	139,27	210,58	236,90	120,64	198,06	222,81	102,00	185,52	208,71	83,35	172,99	194,61	64,71	160,46	180,51	46,07	147,92	166,41
	III	2.132,83	-	170,62	191,95	-	159,25	179,15	-	148,13	166,64	-	137,26	154,42	-	126,66	142,49	-	116,32	130,86	-	106,24	119,52
	IV	2.938,16	161,59	235,05	264,43	157,29	228,78	257,38	152,98	222,52	250,33	147,70	216,25	243,28	138,38	209,98	236,23	129,06	203,72	229,18	119,74	197,45	222,13
	V	3.452,58	189,89	276,20	310,73																		
	VI	3.496,91	192,33	279,75	314,72																		
0.223,99	I	2.945,91	162,02	235,67	265,13	153,40	223,14	251,03	139,30	210,60	236,93	120,66	198,07	222,83	102,03	185,54	208,73	83,38	173,01	194,63	64,74	160,48	180,54
(Ost)	II	2.796,83	153,82	223,74	251,71	140,21	211,21	237,61	121,56	198,68	223,51	102,92	186,14	209,41	84,28	173,61	195,31	65,63	161,08	181,21	47,00	148,55	167,12
	III	2.140,00	-	171,20	192,60	-	159,81	179,78	-	148,68	167,26	-	137,81	155,03	-	127,18	143,08	-	116,84	131,44	-	106,73	120,07
	IV	2.945,91	162,02	235,67	265,13	157,71	229,40	258,08	153,40	223,14	251,03	148,63	216,87	243,98	139,30	210,60	236,93	129,98	204,34	229,88	120,66	198,07	222,83
	V	3.460,41	190,32	276,83	311,43																		
	VI	3.504,66	192,75	280,37	315,41																		
0.226,99	I	2.939,41	161,66	235,15	264,54	153,05	222,62	250,44	138,53	210,08	236,34	119,89	197,55	222,24	101,24	185,02	208,14	82,60	172,48	194,04	63,96	159,95	179,94
(West)	II	2.790,33	153,46	223,22	251,12	139,43	210,69	237,02	120,79	198,16	222,93	102,15	185,62	208,82	83,50	173,09	194,72	64,86	160,56	180,63	46,22	148,02	166,52
	III	2.134,00	-	170,72	192,06	-	159,33	179,24	-	148,21	166,73	-	137,36	154,53	-	126,74	142,58	-	116,40	130,95	-	106,32	119,61
	IV	2.939,41	161,66	235,15	264,54	157,35	228,88	257,49	153,05	222,62	250,44	147,85	216,35	243,39	138,53	210,08	236,34	129,21	203,82	229,29	119,89	197,55	222,24
	V	3.453,83	189,96	276,30	310,84																		
	VI	3.498,16	192,39	279,85	314,83																		
0.226,99	I	2.947,16	162,09	235,77	265,24	153,47	223,24	251,14	139,46	210,71	237,05	120,82	198,18	222,95	102,18	185,64	208,85	83,53	173,11	194,75	64,89	160,58	180,65
(Ost)	II	2.798,08	153,89	223,84	251,82	140,36	211,31	237,72	121,71	198,78	223,62	103,07	186,24	209,52	84,43	173,71	195,42	65,79	161,18	181,33	47,15	148,65	167,23
	III	2.141,16	-	171,29	192,70	-	159,90	179,89	-	148,77	167,36	-	137,89	155,12	-	127,28	143,19	-	116,92	131,53	-	106,81	120,16
	IV	2.947,16	162,09	235,77	265,24	157,78	229,50	258,19	153,47	223,24	251,14	148,77	216,97	244,09	139,46	210,71	237,05	130,14	204,44	230,00	120,82	198,18	222,95
	V	3.461,66	190,39	276,93	311,54																		
	VI	3.505,91	192,82	280,47	315,53																		
0.229,99	I	2.940,66	161,73	235,25	264,65	153,12	222,72	250,56	138,68	210,18	236,45	120,04	197,65	222,35	101,39	185,12	208,26	82,75	172,58	194,15	64,11	160,05	180,05
(West)	II	2.791,58	153,53	223,32	251,24	139,58	210,79	237,14	120,94	198,26	223,04	102,30	185,72	208,94	83,65	173,19	194,84	65,01	160,66	180,74	46,37	148,12	166,64
	III	2.135,00	-	170,80	192,15	-	159,42	179,35	-	148,30	166,84	-	137,44	154,62	-	126,84	142,69	-	116,49	131,05	-	106,40	119,70
	IV	2.940,66	161,73	235,25	264,65	157,42	228,98	257,60	153,12	222,72	250,56	148,00	216,45	243,50	138,68	210,18	236,45	129,36	203,92	229,41	120,04	197,65	222,35
	V	3.455,08	190,02	276,40	310,95																		
	VI	3.499,41	192,46	279,95	314,94																		
0.229,99	I	2.948,41	162,16	235,87	265,35	153,55	223,34	251,26	139,61	210,81	237,16	120,97	198,28	223,06	102,33	185,74	208,96	83,68	173,21	194,86	65,04	160,68	180,76
(Ost)	II	2.799,33	153,96	223,94	251,93	140,50	211,41	237,83	121,86	198,88	223,74	103,23	186,35	209,64	84,58	173,82	195,54	65,94	161,28	181,44	47,30	148,75	167,34
	III	2.142,33	-	171,38	192,80	-	159,98	179,98	-	148,85	167,45	-	137,98	155,23	-	127,36	143,28	-	117,00	131,62	-	106,89	120,25
	IV	2.948,41	162,16	235,87	265,35	157,85	229,61	258,31	153,55	223,34	251,26	148,93	217,08	244,21	139,61	210,81	237,16	130,29	204,54	230,11	120,97	198,28	223,06
	V	3.462,91	190,46	277,03	311,66																		
	VI	3.507,25	192,89	280,58	315,65																		
10.232,99	I	2.941,91	161,80	235,35	264,77	153,18	222,82	250,67	138,83	210,28	236,57	120,19	197,75	222,47	101,54	185,22	208,37	82,90	172,68	194,27	64,26	160,15	180,17
(West)	II	2.792,83	153,60	223,42	251,35	139,73	210,89	237,25	121,09	198,36	223,15	102,44	185,82	209,05	83,80	173,29	194,95	65,16	160,76	180,85	46,51	148,22	166,75
	III	2.136,16	-	170,89	192,25	-	159,52	179,46	-	148,40	166,95	-	137,53	154,72	-	126,92	142,78	-	116,57	131,14	-	106,48	119,79
	IV	2.941,91	161,80	235,35	264,77	157,49	229,08	257,72	153,18	222,82	250,67	148,15	216,55	243,62	138,83	210,28	236,57	129,51	204,02	229,52	120,19	197,75	222,47
	V	3.456,33	190,09	276,50	311,06																		
	VI	3.500,66	192,53	280,05	315,05																		
10.232,99	I	2.949,75	162,23	235,98	265,47	153,61	223,44	251,37	139,76	210,91	237,27	121,12	198,38	223,17	102,47	185,84	209,07	83,83	173,31	194,97	65,19	160,78	180,87
(Ost)	II	2.800,58	154,03	224,04	252,05	140,65	211,51	237,95	122,02	198,98	223,85	103,38	186,45	209,75	84,73	173,92	195,66	66,09	161,38	181,55	47,45	148,85	167,45
	III	2.143,50	-	171,48	192,91	-	160,08	180,09	-	148,94	167,56	-	138,06	155,32	-	127,44	143,37	-	117,08	131,71	-	106,97	120,34
	IV	2.949,75	162,23	235,98	265,47	157,92	229,71	258,42	153,61	223,44	251,37	149,08	217,18	244,32	139,76	210,91	237,27	130,44	204,64	230,22	121,12	198,38	223,17
	V	3.464,16	190,52	277,13	311,77																		
	VI	3.508,50	192,96	280,68	315,76																		
10.235,99	I	2.943,16	161,87	235,45	264,88	153,25	222,92	250,78	138,98	210,38	236,68	120,33	197,85	222,58	101,69	185,32	208,48	83,05	172,78	194,38	64,41	160,26	180,29
(West)	II	2.794,08	153,67	223,52	251,46	139,88	210,99	237,36	121,24	198,46	223,26	102,59	185,92	209,16	83,95	173,39	195,06	65,31	160,86	180,96	46,66	148,32	166,86
	III	2.137,33	-	170,98	192,35	-	159,61	179,56	-	148,48	167,04	-	137,61	154,81	-	127,00	142,87	-	116,65	131,23	-	106,56	119,88
	IV	2.943,16	161,87	235,45	264,88	157,56	229,18	257,83	153,25	222,92	250,78	148,30	216,65	243,73	138,98	210,38	236,68	129,66	204,12	229,63	120,33	197,85	222,58
	V	3.457,58	190,16	276,60	311,18																		
	VI	3.501,91	192,60	280,15	315,17																		
10.235,99	I	2.951,00	162,30	236,08	265,59	153,68	223,54	251,48	139,91	211,01	237,38	121,27	198,48	223,29	102,62	185,94	209,18	83,98	173,41	195,08	65,34	160,88	180,99
(Ost)	II	2.801,91	154,10	224,15	252,17	140,81	211,62	238,07	122,17	199,08	223,97	103,53	186,55	209,87	84,88	174,02	195,77	66,24	161,48	181,67	47,60	148,95	167,57
	III	2.144,66	-	171,57	193,01	-	160,17	180,19	-	149,04	167,67	-	138,16	155,43	-	127,53	143,47	-	117,16	131,80	-	107,05	120,43
	IV	2.951,00	162,30	236,08	265,59	157,99	229,81	258,53	153,68	223,54	251,48	149,23	217,28	244,44	139,91	211,01	237,38	130,59	204,74	230,33	121,27	198,48	223,29
	V	3.465,41	190,59	277,23	311,88																		
	VI	3.509,75	193,03	280,78	315,87																		

MONAT bis 10.256,99 €

Allgemeine Tabelle

Lohn/ Gehalt bis	Steuerklasse	Lohn-steuer	ohne Kinderfreibetrag			Anzahl Kinderfreibeträge (nur Steuerklassen I–IV) 0,5			1,0			1,5			2,0			2,5			3,0		
			SolZ 5,5%	Kirchensteuer 8%	9%	SolZ 5,5%	Kirchensteuer 8%	9%	SolZ 5,5%	Kirchensteuer 8%	9%	SolZ 5,5%	Kirchensteuer 8%	9%	SolZ 5,5%	Kirchensteuer 8%	9%	SolZ 5,5%	Kirchensteuer 8%	9%	SolZ 5,5%	Kirchensteuer 8%	9
10.238,99	I	2.944,41	161,94	235,55	264,99	153,32	223,02	250,89	139,13	210,48	236,79	120,48	197,95	222,69	101,85	185,42	208,60	83,21	172,89	194,50	64,56	160,36	18
(West)	II	2.795,33	153,74	223,62	251,57	140,03	211,09	237,47	121,38	198,56	223,38	102,74	186,02	209,27	84,10	173,49	195,17	65,45	160,96	181,08	46,81	148,42	16
	III	2.138,50	-	171,08	192,46	-	159,69	179,65	-	148,57	167,14	-	137,70	154,91	-	127,09	142,97	-	116,73	131,32	-	106,64	11
	IV	2.944,41	161,94	235,55	264,99	157,63	229,28	257,94	153,32	223,02	250,89	148,45	216,75	243,84	139,13	210,48	236,79	129,80	204,22	229,74	120,48	197,95	22
	V	3.458,83	190,23	276,70	311,29																		
	VI	3.503,16	192,67	280,25	315,28																		
10.238,99	I	2.952,25	162,37	236,18	265,70	153,75	223,64	251,60	140,06	211,11	237,50	121,41	198,58	223,40	102,77	186,04	209,30	84,13	173,51	195,20	65,48	160,98	18
(Ost)	II	2.803,16	154,17	224,25	252,28	140,96	211,72	238,18	122,32	199,18	224,08	103,67	186,65	209,98	85,03	174,12	195,88	66,39	161,58	181,78	47,74	149,05	16
	III	2.145,83	-	171,66	193,12	-	160,26	180,29	-	149,12	167,76	-	138,24	155,52	-	127,61	143,56	-	117,24	131,89	-	107,13	12
	IV	2.952,25	162,37	236,18	265,70	158,06	229,91	258,65	153,75	223,64	251,60	149,38	217,38	244,55	140,06	211,11	237,50	130,74	204,84	230,45	121,41	198,58	22
	V	3.466,66	190,66	277,33	311,99																		
	VI	3.511,00	193,10	280,88	315,99																		
10.241,99	I	2.945,66	162,01	235,65	265,10	153,39	223,12	251,01	139,27	210,58	236,90	120,64	198,06	222,81	102,00	185,52	208,71	83,35	172,99	194,61	64,71	160,46	18
(West)	II	2.796,58	153,81	223,72	251,69	140,18	211,19	237,59	121,53	198,66	223,49	102,89	186,12	209,39	84,25	173,59	195,29	65,61	161,06	181,19	46,97	148,53	16
	III	2.139,66	-	171,17	192,56	-	159,78	179,75	-	148,66	167,24	-	137,78	155,00	-	127,17	143,06	-	116,81	131,41	-	106,72	12
	IV	2.945,66	162,01	235,65	265,10	157,70	229,38	258,05	153,39	223,12	251,01	148,60	216,85	243,95	139,27	210,58	236,90	129,96	204,32	229,86	120,64	198,06	22
	V	3.460,16	190,30	276,81	311,41																		
	VI	3.504,41	192,74	280,35	315,39																		
10.241,99	I	2.953,50	162,44	236,28	265,81	153,82	223,74	251,71	140,21	211,21	237,61	121,56	198,68	223,51	102,92	186,14	209,41	84,28	173,61	195,31	65,63	161,08	18
(Ost)	II	2.804,41	154,24	224,35	252,39	141,11	211,82	238,29	122,47	199,28	224,19	103,82	186,75	210,09	85,18	174,22	195,99	66,54	161,68	181,89	47,89	149,15	16
	III	2.147,00	-	171,76	193,23	-	160,36	180,40	-	149,21	167,86	-	138,33	155,62	-	127,69	143,65	-	117,33	131,99	-	107,21	12
	IV	2.953,50	162,44	236,28	265,81	158,13	230,01	258,76	153,82	223,74	251,71	149,51	217,48	244,66	140,21	211,21	237,61	130,89	204,94	230,56	121,56	198,68	22
	V	3.467,91	190,73	277,43	312,11																		
	VI	3.512,25	193,17	280,98	316,10																		
10.244,99	I	2.946,91	162,08	235,75	265,22	153,46	223,22	251,12	139,43	210,69	237,02	120,79	198,16	222,93	102,15	185,62	208,82	83,50	173,09	194,72	64,86	160,56	18
(West)	II	2.797,83	153,88	223,82	251,80	140,33	211,29	237,70	121,68	198,76	223,60	103,04	186,22	209,50	84,41	173,70	195,41	65,76	161,16	181,31	47,12	148,63	16
	III	2.140,83	-	171,26	192,67	-	159,88	179,86	-	148,74	167,33	-	137,88	155,11	-	127,25	143,15	-	116,89	131,50	-	106,80	12
	IV	2.946,91	162,08	235,75	265,22	157,77	229,48	258,17	153,46	223,22	251,12	148,75	216,96	244,08	139,43	210,69	237,02	130,11	204,42	229,97	120,79	198,16	22
	V	3.461,41	190,37	276,91	311,52																		
	VI	3.505,66	192,81	280,45	315,50																		
10.244,99	I	2.954,75	162,51	236,38	265,92	153,89	223,84	251,82	140,36	211,31	237,72	121,71	198,78	223,62	103,07	186,24	209,52	84,43	173,71	195,42	65,79	161,18	18
(Ost)	II	2.805,66	154,31	224,45	252,50	141,26	211,92	238,41	122,61	199,38	224,30	103,97	186,85	210,20	85,33	174,32	196,11	66,68	161,78	182,00	48,04	149,25	16
	III	2.148,00	-	171,84	193,32	-	160,44	180,49	-	149,30	167,96	-	138,41	155,71	-	127,78	143,75	-	117,41	132,08	-	107,29	12
	IV	2.954,75	162,51	236,38	265,92	158,20	230,11	258,87	153,89	223,84	251,82	149,58	217,58	244,77	140,36	211,31	237,72	131,03	205,04	230,67	121,71	198,78	22
	V	3.469,16	190,80	277,53	312,22																		
	VI	3.513,50	193,24	281,08	316,21																		
10.247,99	I	2.948,25	162,15	235,86	265,34	153,53	223,32	251,24	139,58	210,79	237,14	120,94	198,26	223,04	102,30	185,72	208,94	83,65	173,19	194,84	65,01	160,66	180
(West)	II	2.799,08	153,94	223,92	251,91	140,47	211,39	237,81	121,84	198,86	223,72	103,20	186,33	209,62	84,55	173,80	195,52	65,91	161,26	181,42	47,27	148,73	167
	III	2.142,00	-	171,36	192,78	-	159,97	179,96	-	148,84	167,44	-	137,96	155,20	-	127,34	143,26	-	116,98	131,60	-	106,88	120
	IV	2.948,25	162,15	235,86	265,34	157,84	229,59	258,29	153,53	223,32	251,24	148,90	217,06	244,19	139,58	210,79	237,14	130,26	204,52	230,09	120,94	198,26	223
	V	3.462,66	190,44	277,01	311,63																		
	VI	3.507,00	192,88	280,56	315,63																		
10.247,99	I	2.956,00	162,58	236,48	266,04	153,96	223,94	251,93	140,50	211,41	237,83	121,86	198,88	223,74	103,23	186,35	209,64	84,58	173,82	195,54	65,94	161,28	181
(Ost)	II	2.806,91	154,38	224,55	252,62	141,41	212,02	238,52	122,76	199,48	224,42	104,12	186,95	210,32	85,48	174,42	196,22	66,83	161,88	182,12	48,19	149,35	168
	III	2.149,16	-	171,93	193,42	-	160,53	180,59	-	149,38	168,05	-	138,50	155,81	-	127,86	143,84	-	117,49	132,17	-	107,37	120
	IV	2.956,00	162,58	236,48	266,04	158,27	230,21	258,98	153,96	223,94	251,93	149,65	217,68	244,89	140,50	211,41	237,83	131,18	205,14	230,78	121,86	198,88	223
	V	3.470,50	190,87	277,64	312,34																		
	VI	3.514,75	193,31	281,18	316,32																		
10.250,99	I	2.949,50	162,22	235,96	265,45	153,60	223,42	251,35	139,73	210,89	237,25	121,09	198,36	223,15	102,44	185,82	209,05	83,80	173,29	194,95	65,16	160,76	180,
(West)	II	2.800,33	154,01	224,02	252,02	140,63	211,50	237,93	121,99	198,96	223,83	103,35	186,43	209,73	84,70	173,90	195,63	66,06	161,36	181,53	47,42	148,83	167,
	III	2.143,16	-	171,45	192,88	-	160,06	180,07	-	148,92	167,53	-	138,05	155,30	-	127,42	143,35	-	117,06	131,69	-	106,96	120,
	IV	2.949,50	162,22	235,96	265,45	157,91	229,69	258,40	153,60	223,42	251,35	149,05	217,16	244,30	139,73	210,89	237,25	130,41	204,62	230,20	121,09	198,36	223,
	V	3.463,91	190,51	277,11	311,75																		
	VI	3.508,25	192,95	280,66	315,74																		
10.250,99	I	2.957,25	162,64	236,58	266,15	154,03	224,04	252,05	140,65	211,51	237,95	122,02	198,98	223,85	103,38	186,45	209,75	84,73	173,92	195,66	66,09	161,38	181,
(Ost)	II	2.808,16	154,44	224,65	252,73	141,56	212,12	238,63	122,91	199,58	224,53	104,27	187,05	210,43	85,63	174,52	196,33	66,99	161,99	182,24	48,35	149,46	168,
	III	2.150,33	-	172,02	193,52	-	160,62	180,70	-	149,48	168,16	-	138,58	155,90	-	127,94	143,93	-	117,57	132,26	-	107,45	120,
	IV	2.957,25	162,64	236,58	266,15	158,34	230,31	259,10	154,03	224,04	252,05	149,72	217,78	245,00	140,65	211,51	237,95	131,34	205,25	230,90	122,02	198,98	223,
	V	3.471,75	190,94	277,74	312,45																		
	VI	3.516,00	193,38	281,28	316,44																		
10.253,99	I	2.950,75	162,29	236,06	265,56	153,67	223,52	251,46	139,88	210,99	237,36	121,24	198,46	223,26	102,59	185,92	209,16	83,95	173,39	195,06	65,31	160,86	180,
(West)	II	2.801,66	154,09	224,13	252,14	140,78	211,60	238,05	122,14	199,06	223,94	103,50	186,53	209,84	84,85	174,00	195,75	66,21	161,46	181,64	47,57	148,93	167,
	III	2.144,33	-	171,54	192,98	-	160,14	180,16	-	149,01	167,63	-	138,13	155,39	-	127,50	143,44	-	117,14	131,78	-	107,04	120,
	IV	2.950,75	162,29	236,06	265,56	157,98	229,79	258,51	153,67	223,52	251,46	149,20	217,26	244,41	139,88	210,99	237,36	130,56	204,72	230,31	121,24	198,46	223,
	V	3.465,16	190,58	277,21	311,86																		
	VI	3.509,50	193,02	280,76	315,85																		
10.253,99	I	2.958,50	162,71	236,68	266,26	154,10	224,15	252,17	140,81	211,62	238,07	122,17	199,08	223,97	103,53	186,55	209,87	84,88	174,02	195,77	66,24	161,48	181,
(Ost)	II	2.809,41	154,51	224,75	252,84	141,70	212,22	238,74	123,06	199,68	224,64	104,42	187,15	210,54	85,78	174,62	196,45	67,14	162,09	182,35	48,50	149,56	168,
	III	2.151,50	-	172,12	193,63	-	160,72	180,81	-	149,56	168,25	-	138,66	155,99	-	128,04	144,04	-	117,65	132,35	-	107,53	120,
	IV	2.958,50	162,71	236,68	266,26	158,40	230,41	259,21	154,10	224,15	252,17	149,79	217,88	245,12	140,81	211,62	238,07	131,49	205,35	231,02	122,17	199,08	223,
	V	3.473,00	191,01	277,84	312,57																		
	VI	3.517,25	193,44	281,38	316,55																		
10.256,99	I	2.952,00	162,36	236,16	265,68	153,74	223,62	251,57	140,03	211,09	237,47	121,38	198,56	223,38	102,74	186,02	209,27	84,10	173,49	195,17	65,45	160,96	181,
(West)	II	2.802,91	154,16	224,23	252,26	140,93	211,70	238,16	122,29	199,16	224,06	103,64	186,63	209,96	85,00	174,10	195,86	66,36	161,56	181,76	47,71	149,03	167,
	III	2.145,50	-	171,64	193,09	-	160,24	180,27	-	149,10	167,74	-	138,22	155,50	-	127,60	143,55	-	117,22	131,87	-	107,12	120,
	IV	2.952,00	162,36	236,16	265,68	158,05	229,89	258,62	153,74	223,62	251,57	149,35	217,36	244,53	140,03	211,09	237,47	130,71	204,82	230,42	121,38	198,56	223,
	V	3.466,41	190,65	277,31	311,97																		
	VI	3.510,75	193,09	280,86	315,96																		
10.256,99	I	2.959,83	162,79	236,78	266,38	154,17	224,25	252,28	140,96	211,72	238,18	122,32	199,18	224,08	103,67	186,65	209,98	85,03	174,12	195,88	66,39	161,58	181,7
(Ost)	II	2.810,66	154,58	224,85	252,95	141,85	212,32	238,86	123,22	199,79	224,76	104,58	187,26	210,66	85,93	174,72	196,56	67,29	162,19	182,46	48,65	149,66	168,3
	III	2.152,66	-	172,21	193,73	-	160,81	180,91	-	149,65	168,35	-	138,76	156,10	-	128,12	144,13	-	117,74	132,46	-	107,61	121,0
	IV	2.959,83	162,79	236,78	266,38	158,48	230,52	259,33	154,17	224,25	252,28	149,86	217,98	245,23	140,96	211,72	238,18	131,64	205,45	231,13	122,32	199,18	224,0
	V	3.474,25	191,08	277,94	312,68																		
	VI	3.518,58	193,52	281,48	316,67																		

Allgemeine Tabelle

MONAT bis 10.277,99 €

Lohn/ Gehalt bis	Steuerklasse	Lohn-steuer	ohne Kinderfreibetrag SolZ 5,5%	Kirchensteuer 8%	9%	0,5 SolZ 5,5%	Kirchensteuer 8%	9%	1,0 SolZ 5,5%	Kirchensteuer 8%	9%	1,5 SolZ 5,5%	Kirchensteuer 8%	9%	2,0 SolZ 5,5%	Kirchensteuer 8%	9%	2,5 SolZ 5,5%	Kirchensteuer 8%	9%	3,0 SolZ 5,5%	Kirchensteuer 8%	9%
						Anzahl Kinderfreibeträge (nur Steuerklassen I–IV)																	
0.259,99 (West)	I	2.953,25	162,42	236,26	265,79	153,81	223,72	251,69	140,18	211,19	237,59	121,53	198,66	223,49	102,89	186,12	209,39	84,25	173,59	195,29	65,61	161,06	181,19
	II	2.804,16	154,22	224,33	252,37	141,08	211,80	238,27	122,44	199,26	224,17	103,79	186,73	210,07	85,15	174,20	195,97	66,51	161,66	181,87	47,86	149,13	167,77
	III	2.146,66	-	171,73	193,19	-	160,33	180,37	-	149,18	167,83	-	138,30	155,59	-	127,68	143,64	-	117,30	131,96	-	107,20	120,60
	IV	2.953,25	162,42	236,26	265,79	158,12	229,99	258,74	153,81	223,72	251,69	149,50	217,46	244,64	140,18	211,19	237,59	130,86	204,92	230,54	121,53	198,66	223,49
	V	3.467,66	190,72	277,41	312,08																		
	VI	3.512,00	193,16	280,96	316,08																		
0.259,99 (Ost)	I	2.961,08	162,85	236,88	266,49	154,24	224,35	252,39	141,11	211,82	238,29	122,47	199,28	224,19	103,82	186,75	210,09	85,18	174,22	195,99	66,54	161,68	181,89
	II	2.811,91	154,65	224,95	253,07	142,01	212,42	238,97	123,37	199,89	224,87	104,72	187,36	210,78	86,08	174,82	196,67	67,44	162,29	182,57	48,79	149,76	168,48
	III	2.153,83	-	172,30	193,84	-	160,89	181,00	-	149,74	168,46	-	138,84	156,19	-	128,20	144,22	-	117,82	132,55	-	107,69	121,15
	IV	2.961,08	162,85	236,88	266,49	158,55	230,62	259,44	154,24	224,35	252,39	149,93	218,08	245,34	141,11	211,82	238,29	131,79	205,55	231,24	122,47	199,28	224,19
	V	3.475,50	191,15	278,04	312,79																		
	VI	3.519,83	193,59	281,58	316,78																		
0.262,99 (West)	I	2.954,50	162,49	236,36	265,90	153,88	223,82	251,80	140,33	211,29	237,70	121,68	198,76	223,60	103,04	186,22	209,50	84,41	173,70	195,41	65,76	161,16	181,31
	II	2.805,41	154,29	224,43	252,48	141,23	211,90	238,38	122,58	199,36	224,28	103,94	186,83	210,18	85,30	174,30	196,08	66,65	161,76	181,98	48,01	149,23	167,88
	III	2.147,83	-	171,82	193,30	-	160,42	180,47	-	149,28	167,94	-	138,40	155,70	-	127,76	143,73	-	117,38	132,05	-	107,28	120,69
	IV	2.954,50	162,49	236,36	265,90	158,18	230,09	258,85	153,88	223,82	251,80	149,57	217,56	244,75	140,33	211,29	237,70	131,00	205,02	230,65	121,68	198,76	223,60
	V	3.468,91	190,79	277,51	312,20																		
	VI	3.513,25	193,22	281,06	316,19																		
0.262,99 (Ost)	I	2.962,33	162,92	236,98	266,60	154,31	224,45	252,50	141,26	211,92	238,41	122,61	199,38	224,30	103,97	186,85	210,20	85,33	174,32	196,11	66,68	161,78	182,00
	II	2.813,25	154,72	225,06	253,19	142,16	212,52	239,09	123,52	199,99	224,99	104,87	187,46	210,89	86,23	174,92	196,79	67,59	162,39	182,69	48,94	149,86	168,59
	III	2.155,00	-	172,40	193,95	-	160,98	181,10	-	149,82	168,55	-	138,93	156,29	-	128,29	144,32	-	117,90	132,64	-	107,77	121,24
	IV	2.962,33	162,92	236,98	266,60	158,62	230,72	259,56	154,31	224,45	252,50	150,00	218,18	245,45	141,26	211,92	238,41	131,94	205,65	231,35	122,61	199,38	224,30
	V	3.476,75	191,22	278,14	312,90																		
	VI	3.521,08	193,65	281,68	316,89																		
0.265,99 (West)	I	2.955,75	162,56	236,46	266,01	153,94	223,92	251,91	140,47	211,39	237,81	121,84	198,86	223,72	103,20	186,33	209,62	84,55	173,80	195,52	65,91	161,26	181,42
	II	2.806,66	154,36	224,53	252,59	141,38	212,00	238,50	122,73	199,46	224,39	104,09	186,93	210,29	85,45	174,40	196,20	66,80	161,86	182,09	48,17	149,34	168,00
	III	2.149,00	-	171,92	193,41	-	160,52	180,58	-	149,37	168,04	-	138,48	155,79	-	127,85	143,83	-	117,48	132,16	-	107,36	120,78
	IV	2.955,75	162,56	236,46	266,01	158,25	230,19	258,96	153,94	223,92	251,91	149,64	217,66	244,86	140,47	211,39	237,81	131,15	205,12	230,76	121,84	198,86	223,72
	V	3.470,25	190,86	277,62	312,32																		
	VI	3.514,50	193,29	281,16	316,30																		
0.265,99 (Ost)	I	2.963,58	162,99	237,08	266,72	154,38	224,55	252,62	141,41	212,02	238,52	122,76	199,48	224,42	104,12	186,95	210,32	85,48	174,42	196,22	66,83	161,88	182,12
	II	2.814,50	154,79	225,16	253,30	142,31	212,62	239,20	123,67	200,09	225,10	105,02	187,56	211,00	86,38	175,02	196,90	67,74	162,49	182,80	49,09	149,96	168,70
	III	2.156,16	-	172,49	194,05	-	161,08	181,21	-	149,92	168,66	-	139,01	156,38	-	128,37	144,41	-	117,98	132,73	-	107,85	121,33
	IV	2.963,58	162,99	237,08	266,72	158,68	230,82	259,67	154,38	224,55	252,62	150,07	218,28	245,57	141,41	212,02	238,52	132,09	205,75	231,47	122,76	199,48	224,42
	V	3.478,00	191,29	278,24	313,02																		
	VI	3.522,33	193,72	281,78	317,00																		
0.268,99 (West)	I	2.957,00	162,63	236,56	266,13	154,01	224,02	252,02	140,63	211,50	237,93	121,99	198,96	223,83	103,35	186,43	209,73	84,70	173,90	195,63	66,06	161,36	181,53
	II	2.807,91	154,43	224,63	252,71	141,53	212,10	238,61	122,88	199,56	224,51	104,24	187,03	210,41	85,61	174,50	196,31	66,96	161,97	182,21	48,32	149,44	168,12
	III	2.150,16	-	172,01	193,51	-	160,60	180,67	-	149,45	168,13	-	138,57	155,89	-	127,93	143,92	-	117,56	132,25	-	107,44	120,87
	IV	2.957,00	162,63	236,56	266,13	158,32	230,29	259,07	154,01	224,02	252,02	149,71	217,76	244,98	140,63	211,50	237,93	131,31	205,23	230,88	121,99	198,96	223,83
	V	3.471,50	190,93	277,72	312,43																		
	VI	3.515,75	193,36	281,26	316,41																		
10.268,99 (Ost)	I	2.964,83	163,06	237,18	266,83	154,44	224,65	252,73	141,56	212,12	238,63	122,91	199,58	224,53	104,27	187,05	210,43	85,63	174,52	196,33	66,99	161,99	182,24
	II	2.815,75	154,86	225,26	253,41	142,46	212,72	239,31	123,81	200,19	225,21	105,17	187,66	211,11	86,53	175,12	197,01	67,88	162,59	182,91	49,24	150,06	168,81
	III	2.157,33	-	172,58	194,15	-	161,17	181,31	-	150,01	168,76	-	139,10	156,49	-	128,45	144,50	-	118,06	132,82	-	107,93	121,42
	IV	2.964,83	163,06	237,18	266,83	158,75	230,92	259,78	154,44	224,65	252,73	150,14	218,38	245,68	141,56	212,12	238,63	132,23	205,85	231,58	122,91	199,58	224,53
	V	3.479,25	191,35	278,34	313,13																		
	VI	3.523,58	193,79	281,88	317,12																		
10.271,99 (West)	I	2.958,33	162,70	236,66	266,24	154,09	224,13	252,14	140,78	211,60	238,05	122,14	199,06	223,94	103,50	186,53	209,84	84,85	174,00	195,75	66,21	161,46	181,64
	II	2.809,16	154,50	224,73	252,82	141,67	212,20	238,72	123,03	199,66	224,62	104,40	187,14	210,53	85,75	174,60	196,43	67,11	162,07	182,33	48,47	149,54	168,23
	III	2.151,33	-	172,10	193,61	-	160,69	180,77	-	149,54	168,23	-	138,65	155,98	-	128,01	144,01	-	117,64	132,34	-	107,52	120,96
	IV	2.958,33	162,70	236,66	266,24	158,40	230,40	259,20	154,09	224,13	252,14	149,78	217,86	245,09	140,78	211,60	238,05	131,46	205,33	230,99	122,14	199,06	223,94
	V	3.472,75	191,00	277,82	312,54																		
	VI	3.517,08	193,43	281,36	316,53																		
10.271,99 (Ost)	I	2.966,08	163,13	237,28	266,94	154,51	224,75	252,84	141,70	212,22	238,74	123,06	199,68	224,64	104,42	187,15	210,54	85,78	174,62	196,45	67,14	162,09	182,35
	II	2.817,00	154,93	225,36	253,53	142,61	212,82	239,42	123,96	200,29	225,32	105,32	187,76	211,23	86,68	175,22	197,12	68,03	162,69	183,02	49,39	150,16	168,93
	III	2.158,50	-	172,68	194,26	-	161,26	181,42	-	150,09	168,85	-	139,18	156,58	-	128,54	144,61	-	118,16	132,93	-	108,01	121,51
	IV	2.966,08	163,13	237,28	266,94	158,82	231,02	259,89	154,51	224,75	252,84	150,20	218,48	245,79	141,70	212,22	238,74	132,38	205,95	231,69	123,06	199,68	224,64
	V	3.480,50	191,42	278,44	313,24																		
	VI	3.524,83	193,86	281,98	317,23																		
10.274,99 (West)	I	2.959,58	162,77	236,76	266,36	154,16	224,23	252,26	140,93	211,70	238,16	122,29	199,16	224,06	103,64	186,63	209,96	85,00	174,10	195,86	66,36	161,56	181,76
	II	2.810,41	154,57	224,83	252,93	141,83	212,30	238,84	123,19	199,77	224,74	104,55	187,24	210,64	85,90	174,70	196,54	67,26	162,17	182,44	48,62	149,64	168,34
	III	2.152,50	-	172,20	193,72	-	160,78	180,88	-	149,64	168,34	-	138,74	156,08	-	128,10	144,11	-	117,72	132,43	-	107,60	121,05
	IV	2.959,58	162,77	236,76	266,36	158,46	230,50	259,31	154,16	224,23	252,26	149,85	217,96	245,21	140,93	211,70	238,16	131,61	205,43	231,11	122,29	199,16	224,06
	V	3.474,00	191,07	277,92	312,66																		
	VI	3.518,33	193,50	281,46	316,64																		
10.274,99 (Ost)	I	2.967,33	163,20	237,38	267,05	154,58	224,85	252,95	141,85	212,32	238,86	123,22	199,79	224,76	104,58	187,26	210,66	85,93	174,72	196,56	67,29	162,19	182,46
	II	2.818,25	155,00	225,46	253,64	142,76	212,92	239,54	124,11	200,39	225,44	105,47	187,86	211,34	86,83	175,32	197,24	68,18	162,79	183,14	49,55	150,26	169,04
	III	2.159,66	-	172,77	194,36	-	161,34	181,51	-	150,18	168,95	-	139,28	156,69	-	128,62	144,70	-	118,24	133,02	-	108,10	121,61
	IV	2.967,33	163,20	237,38	267,05	158,89	231,12	260,01	154,58	224,85	252,95	150,27	218,58	245,90	141,85	212,32	238,86	132,53	206,05	231,80	123,22	199,79	224,76
	V	3.481,83	191,50	278,54	313,36																		
	VI	3.526,08	193,93	282,08	317,34																		
10.277,99 (West)	I	2.960,83	162,84	236,86	266,47	154,22	224,33	252,37	141,08	211,80	238,27	122,44	199,26	224,17	103,79	186,73	210,07	85,15	174,20	195,97	66,51	161,66	181,87
	II	2.811,75	154,64	224,94	253,05	141,98	212,40	238,95	123,34	199,87	224,85	104,70	187,34	210,75	86,05	174,80	196,65	67,41	162,27	182,55	48,77	149,74	168,45
	III	2.153,66	-	172,29	193,82	-	160,88	180,99	-	149,72	168,43	-	138,82	156,17	-	128,18	144,20	-	117,80	132,52	-	107,68	121,14
	IV	2.960,83	162,84	236,86	266,47	158,53	230,60	259,42	154,22	224,33	252,37	149,92	218,06	245,32	141,08	211,80	238,27	131,76	205,53	231,22	122,44	199,26	224,17
	V	3.475,25	191,13	278,02	312,77																		
	VI	3.519,58	193,57	281,56	316,76																		
10.277,99 (Ost)	I	2.968,58	163,27	237,48	267,17	154,65	224,95	253,07	142,01	212,42	238,97	123,37	199,89	224,87	104,72	187,36	210,78	86,08	174,82	196,67	67,44	162,29	182,57
	II	2.819,50	155,07	225,56	253,75	142,90	213,02	239,65	124,26	200,49	225,55	105,62	187,96	211,45	86,98	175,43	197,36	68,34	162,90	183,26	49,70	150,36	169,16
	III	2.160,83	-	172,86	194,47	-	161,44	181,62	-	150,28	169,06	-	139,36	156,78	-	128,72	144,81	-	118,32	133,11	-	108,18	121,70
	IV	2.968,58	163,27	237,48	267,17	158,96	231,22	260,12	154,65	224,95	253,07	150,35	218,69	246,02	142,01	212,42	238,97	132,69	206,16	231,93	123,37	199,89	224,87
	V	3.483,08	191,56	278,64	313,47																		
	VI	3.527,33	194,00	282,18	317,45																		

Lohn/ Gehalt bis	Steuerklasse	Lohn-steuer	ohne Kinderfreibetrag			Anzahl Kinderfreibeträge (nur Steuerklassen I–IV) 0,5			1,0			1,5			2,0			2,5			3,0		
			SolZ 5,5%	Kirchensteuer 8%	9%	SolZ 5,5%	Kirchensteuer 8%	9%	SolZ 5,5%	Kirchensteuer 8%	9%	SolZ 5,5%	Kirchensteuer 8%	9%	SolZ 5,5%	Kirchensteuer 8%	9%	SolZ 5,5%	Kirchensteuer 8%	9%	SolZ 5,5%	Kirchensteuer 8%	9
10.280,99 (West)	I	2.962,08	162,91	236,96	266,58	154,29	224,43	252,48	141,23	211,90	238,38	122,58	199,36	224,28	103,94	186,83	210,18	85,30	174,30	196,08	66,65	161,76	18
	II	2.813,00	154,71	225,04	253,17	142,13	212,50	239,06	123,49	199,97	224,96	104,84	187,44	210,87	86,20	174,90	196,76	67,56	162,37	182,66	48,91	149,84	16
	III	2.154,83	-	172,38	193,93	-	160,97	181,09	-	149,81	168,53	-	138,92	156,28	-	128,26	144,29	-	117,89	132,62	-	107,76	12
	IV	2.962,08	162,91	236,96	266,58	158,60	230,70	259,53	154,29	224,43	252,48	149,98	218,16	245,43	141,23	211,90	238,38	131,91	205,63	231,33	122,58	199,36	22
	V	3.476,50	191,20	278,12	312,88																		
	VI	3.520,83	193,64	281,66	316,87																		
10.280,99 (Ost)	I	2.969,91	163,34	237,59	267,29	154,72	225,06	253,19	142,16	212,52	239,09	123,52	199,99	224,99	104,87	187,46	210,89	86,23	174,92	196,79	67,59	162,39	18
	II	2.820,75	155,14	225,66	253,86	143,05	213,12	239,76	124,41	200,59	225,66	105,78	188,06	211,57	87,13	175,53	197,47	68,49	163,00	183,37	49,85	150,46	16
	III	2.162,00	-	172,96	194,58	-	161,53	181,72	-	150,36	169,15	-	139,45	156,88	-	128,80	144,90	-	118,40	133,20	-	108,26	12
	IV	2.969,91	163,34	237,59	267,29	159,03	231,32	260,24	154,72	225,06	253,19	150,42	218,79	246,14	142,16	212,52	239,09	132,84	206,26	232,04	123,52	199,99	22
	V	3.484,33	191,63	278,74	313,58																		
	VI	3.528,66	194,07	282,29	317,57																		
10.283,99 (West)	I	2.963,33	162,98	237,06	266,69	154,36	224,53	252,59	141,38	212,00	238,50	122,73	199,46	224,39	104,09	186,93	210,29	85,45	174,40	196,20	66,80	161,86	182
	II	2.814,25	154,78	225,14	253,28	142,28	212,60	239,18	123,64	200,07	225,08	104,99	187,54	210,98	86,35	175,00	196,88	67,71	162,47	182,78	49,06	149,94	168
	III	2.156,00	-	172,48	194,04	-	161,05	181,18	-	149,90	168,64	-	139,00	156,37	-	128,36	144,40	-	117,97	132,71	-	107,84	121
	IV	2.963,33	162,98	237,06	266,69	158,67	230,80	259,65	154,36	224,53	252,59	150,05	218,26	245,54	141,38	212,00	238,50	132,06	205,73	231,44	122,73	199,46	224
	V	3.477,75	191,27	278,22	312,99																		
	VI	3.522,08	193,71	281,76	316,98																		
10.283,99 (Ost)	I	2.971,16	163,41	237,69	267,40	154,79	225,16	253,30	142,31	212,62	239,20	123,67	200,09	225,10	105,02	187,56	211,00	86,38	175,02	196,90	67,74	162,49	182
	II	2.822,00	155,21	225,76	253,98	143,21	213,23	239,88	124,57	200,70	225,78	105,92	188,16	211,68	87,28	175,63	197,58	68,64	163,10	183,48	49,99	150,56	169
	III	2.163,16	-	173,05	194,68	-	161,62	181,82	-	150,45	169,25	-	139,53	156,97	-	128,88	144,99	-	118,48	133,29	-	108,34	121
	IV	2.971,16	163,41	237,69	267,40	159,10	231,42	260,35	154,79	225,16	253,30	150,48	218,89	246,25	142,31	212,62	239,20	132,99	206,36	232,15	123,67	200,09	225
	V	3.485,58	191,70	278,84	313,70																		
	VI	3.529,91	194,14	282,39	317,69																		
10.286,99 (West)	I	2.964,58	163,05	237,16	266,81	154,43	224,63	252,71	141,53	212,10	238,61	122,88	199,56	224,51	104,24	187,03	210,41	85,61	174,50	196,31	66,96	161,97	182
	II	2.815,50	154,85	225,24	253,39	142,43	212,70	239,29	123,78	200,17	225,19	105,14	187,64	211,09	86,50	175,10	196,99	67,85	162,57	182,89	49,21	150,04	168
	III	2.157,16	-	172,57	194,14	-	161,14	181,28	-	149,98	168,73	-	139,09	156,47	-	128,44	144,49	-	118,05	132,80	-	107,92	121
	IV	2.964,58	163,05	237,16	266,81	158,74	230,90	259,76	154,43	224,63	252,71	150,12	218,36	245,66	141,53	212,10	238,61	132,20	205,83	231,56	122,88	199,56	224
	V	3.479,00	191,34	278,32	313,11																		
	VI	3.523,33	193,78	281,86	317,09																		
10.286,99 (Ost)	I	2.972,41	163,48	237,79	267,51	154,86	225,26	253,41	142,46	212,72	239,31	123,81	200,19	225,21	105,17	187,66	211,11	86,53	175,12	197,01	67,88	162,59	182
	II	2.823,33	155,28	225,86	254,09	143,36	213,33	239,99	124,72	200,80	225,90	106,07	188,26	211,79	87,43	175,73	197,69	68,79	163,20	183,60	50,14	150,66	169
	III	2.164,33	-	173,14	194,78	-	161,72	181,93	-	150,54	169,36	-	139,62	157,07	-	128,97	145,09	-	118,56	133,38	-	108,42	121
	IV	2.972,41	163,48	237,79	267,51	159,17	231,52	260,46	154,86	225,26	253,41	150,55	218,99	246,36	142,46	212,72	239,31	133,14	206,46	232,26	123,81	200,19	225
	V	3.486,83	191,77	278,94	313,81																		
	VI	3.531,16	194,21	282,49	317,80																		
10.289,99 (West)	I	2.965,83	163,12	237,26	266,92	154,50	224,73	252,82	141,67	212,20	238,72	123,03	199,66	224,62	104,40	187,14	210,53	85,75	174,60	196,43	67,11	162,07	182
	II	2.816,75	154,92	225,34	253,50	142,58	212,80	239,40	123,93	200,27	225,30	105,29	187,74	211,20	86,65	175,20	197,10	68,00	162,67	183,00	49,37	150,14	168
	III	2.158,33	-	172,66	194,24	-	161,24	181,39	-	150,08	168,84	-	139,17	156,56	-	128,52	144,58	-	118,13	132,89	-	108,00	121
	IV	2.965,83	163,12	237,26	266,92	158,81	231,00	259,87	154,50	224,73	252,82	150,19	218,46	245,77	141,67	212,20	238,72	132,35	205,93	231,67	123,03	199,66	224
	V	3.480,33	191,41	278,42	313,22																		
	VI	3.524,58	193,85	281,96	317,21																		
10.289,99 (Ost)	I	2.973,66	163,55	237,89	267,62	154,93	225,36	253,53	142,61	212,82	239,42	123,96	200,29	225,32	105,32	187,76	211,23	86,68	175,22	197,12	68,03	162,69	183
	II	2.824,58	155,35	225,96	254,21	143,51	213,43	240,11	124,87	200,90	226,01	106,22	188,36	211,91	87,58	175,83	197,81	68,94	163,30	183,71	50,29	150,76	169,
	III	2.165,50	-	173,24	194,89	-	161,80	182,02	-	150,62	169,45	-	139,70	157,16	-	129,05	145,18	-	118,65	133,48	-	108,50	122
	IV	2.973,66	163,55	237,89	267,62	159,24	231,62	260,57	154,93	225,36	253,53	150,62	219,09	246,47	142,61	212,82	239,42	133,28	206,56	232,38	123,96	200,29	225,
	V	3.488,08	191,84	279,04	313,92																		
	VI	3.532,41	194,28	282,59	317,91																		
10.292,99 (West)	I	2.967,08	163,18	237,36	267,03	154,57	224,83	252,93	141,83	212,30	238,84	123,19	199,77	224,74	104,55	187,24	210,64	85,90	174,70	196,54	67,26	162,17	182,
	II	2.818,00	154,99	225,44	253,62	142,73	212,90	239,51	124,08	200,37	225,41	105,44	187,84	211,32	86,80	175,30	197,21	68,16	162,78	183,12	49,52	150,24	169,
	III	2.159,50	-	172,76	194,35	-	161,33	181,49	-	150,17	168,94	-	139,26	156,67	-	128,61	144,68	-	118,21	132,98	-	108,08	121,
	IV	2.967,08	163,18	237,36	267,03	158,88	231,10	259,98	154,57	224,83	252,93	150,26	218,56	245,88	141,83	212,30	238,84	132,51	206,04	231,79	123,19	199,77	224,
	V	3.481,58	191,48	278,52	313,34																		
	VI	3.525,83	193,92	282,06	317,32																		
10.292,99 (Ost)	I	2.974,91	163,62	237,99	267,74	155,00	225,46	253,64	142,76	212,92	239,54	124,11	200,39	225,44	105,47	187,86	211,34	86,83	175,32	197,24	68,18	162,79	183,
	II	2.825,83	155,42	226,06	254,32	143,66	213,53	240,22	125,01	201,00	226,12	106,37	188,46	212,02	87,73	175,93	197,92	69,08	163,40	183,82	50,44	150,86	169,
	III	2.166,66	-	173,33	194,99	-	161,89	182,12	-	150,72	169,56	-	139,80	157,27	-	129,13	145,27	-	118,73	133,57	-	108,58	122,
	IV	2.974,91	163,62	237,99	267,74	159,31	231,72	260,69	155,00	225,46	253,64	150,69	219,19	246,59	142,76	212,92	239,54	133,43	206,66	232,49	124,11	200,39	225,
	V	3.489,33	191,91	279,14	314,03																		
	VI	3.533,66	194,35	282,69	318,02																		
10.295,99 (West)	I	2.968,33	163,25	237,46	267,14	154,64	224,94	253,05	141,98	212,40	238,95	123,34	199,87	224,85	104,70	187,34	210,75	86,05	174,80	196,65	67,41	162,27	182,
	II	2.819,25	155,05	225,54	253,73	142,87	213,00	239,63	124,23	200,47	225,53	105,60	187,94	211,43	86,95	175,41	197,33	68,31	162,88	183,24	49,67	150,34	169,
	III	2.160,50	-	172,84	194,44	-	161,42	181,60	-	150,25	169,03	-	139,34	156,76	-	128,69	144,77	-	118,30	133,09	-	108,16	121,
	IV	2.968,33	163,25	237,46	267,14	158,95	231,20	260,10	154,64	224,94	253,05	150,33	218,67	246,00	141,98	212,40	238,95	132,66	206,14	231,90	123,34	199,87	224,
	V	3.482,83	191,55	278,62	313,45																		
	VI	3.527,08	193,98	282,16	317,43																		
10.295,99 (Ost)	I	2.976,16	163,68	238,09	267,85	155,07	225,56	253,75	142,90	213,02	239,65	124,26	200,49	225,55	105,62	187,96	211,45	86,98	175,43	197,36	68,34	162,90	183,
	II	2.827,08	155,48	226,16	254,43	143,81	213,63	240,33	125,16	201,10	226,23	106,52	188,56	212,13	87,88	176,03	198,03	69,23	163,50	183,93	50,59	150,96	169,
	III	2.167,83	-	173,42	195,10	-	161,98	182,23	-	150,81	169,66	-	139,89	157,37	-	129,22	145,37	-	118,81	133,66	-	108,66	122,
	IV	2.976,16	163,68	238,09	267,85	159,38	231,82	260,80	155,07	225,56	253,75	150,76	219,29	246,70	142,90	213,02	239,65	133,58	206,76	232,60	124,26	200,49	225,
	V	3.490,58	191,98	279,24	314,15																		
	VI	3.534,91	194,42	282,79	318,14																		
10.298,99 (West)	I	2.969,66	163,33	237,57	267,26	154,71	225,04	253,17	142,13	212,50	239,06	123,49	199,97	224,96	104,84	187,44	210,87	86,20	174,90	196,76	67,56	162,37	182,
	II	2.820,50	155,12	225,64	253,84	143,02	213,10	239,74	124,39	200,58	225,65	105,75	188,04	211,55	87,10	175,51	197,45	68,46	162,98	183,35	49,82	150,44	169,
	III	2.161,66	-	172,93	194,54	-	161,52	181,71	-	150,34	169,13	-	139,44	156,87	-	128,77	144,86	-	118,38	133,18	-	108,24	121,
	IV	2.969,66	163,33	237,57	267,26	159,02	231,30	260,21	154,71	225,04	253,17	150,40	218,77	246,11	142,13	212,50	239,06	132,81	206,24	232,02	123,49	199,97	224,
	V	3.484,08	191,62	278,72	313,56																		
	VI	3.528,41	194,06	282,27	317,55																		
10.298,99 (Ost)	I	2.977,41	163,75	238,19	267,96	155,14	225,66	253,86	143,05	213,12	239,76	124,41	200,59	225,66	105,78	188,06	211,57	87,13	175,53	197,47	68,49	163,00	183,
	II	2.828,33	155,55	226,26	254,54	143,96	213,73	240,44	125,31	201,20	226,35	106,67	188,66	212,24	88,03	176,13	198,14	69,38	163,60	184,05	50,75	151,07	169,
	III	2.169,00	-	173,52	195,21	-	162,08	182,34	-	150,89	169,75	-	139,97	157,46	-	129,30	145,46	-	118,89	133,75	-	108,74	122,
	IV	2.977,41	163,75	238,19	267,96	159,44	231,92	260,91	155,14	225,66	253,86	150,83	219,39	246,81	143,05	213,12	239,76	133,73	206,86	232,71	124,41	200,59	225,
	V	3.491,91	192,05	279,35	314,27																		
	VI	3.536,16	194,48	282,89	318,25																		

Lohn/ Gehalt bis	Steuerklasse	Lohn-steuer	ohne Kinderfreibetrag SolZ 5,5%	Kirchensteuer 8%	Kirchensteuer 9%	0,5 SolZ 5,5%	0,5 Kirchensteuer 8%	0,5 Kirchensteuer 9%	1,0 SolZ 5,5%	1,0 Kirchensteuer 8%	1,0 Kirchensteuer 9%	1,5 SolZ 5,5%	1,5 Kirchensteuer 8%	1,5 Kirchensteuer 9%	2,0 SolZ 5,5%	2,0 Kirchensteuer 8%	2,0 Kirchensteuer 9%	2,5 SolZ 5,5%	2,5 Kirchensteuer 8%	2,5 Kirchensteuer 9%	3,0 SolZ 5,5%	3,0 Kirchensteuer 8%	3,0 Kirchensteuer 9%
10.301,99 (West)	I	2.970,91	163,40	237,67	267,38	154,78	225,14	253,28	142,28	212,60	239,18	123,64	200,07	225,08	104,99	187,54	210,98	86,35	175,00	196,88	67,71	162,47	182,78
	II	2.821,83	155,20	225,74	253,96	143,18	213,21	239,86	124,54	200,68	225,76	105,90	188,14	211,66	87,25	175,61	197,56	68,61	163,08	183,46	49,97	150,54	169,36
	III	2.162,83	-	173,02	194,65	-	161,60	181,80	-	150,44	169,24	-	139,52	156,96	-	128,86	144,97	-	118,46	133,27	-	108,32	121,86
	IV	2.970,91	163,40	237,67	267,38	159,09	231,40	260,33	154,78	225,14	253,28	150,47	218,87	246,23	142,28	212,60	239,18	132,96	206,34	232,13	123,64	200,07	225,08
	V	3.485,33	191,69	278,82	313,67																		
	VI	3.529,66	194,13	282,37	317,66																		
10.301,99 (Ost)	I	2.978,66	163,82	238,29	268,07	155,21	225,76	253,98	143,21	213,23	239,88	124,57	200,70	225,78	105,92	188,16	211,68	87,28	175,63	197,58	68,64	163,10	183,48
	II	2.829,58	155,62	226,36	254,66	144,10	213,83	240,56	125,46	201,30	226,46	106,82	188,76	212,36	88,17	176,23	198,26	69,54	163,70	184,16	50,90	151,17	170,06
	III	2.170,16	-	173,61	195,31	-	162,17	182,44	-	150,98	169,85	-	140,06	157,57	-	129,38	145,55	-	118,97	133,84	-	108,82	122,42
	IV	2.978,66	163,82	238,29	268,07	159,51	232,02	261,02	155,21	225,76	253,98	150,90	219,49	246,92	143,21	213,23	239,88	133,89	206,96	232,83	124,57	200,70	225,78
	V	3.493,16	192,12	279,45	314,38																		
	VI	3.537,41	194,55	282,99	318,36																		
10.304,99 (West)	I	2.972,16	163,46	237,77	267,49	154,85	225,24	253,39	142,43	212,70	239,29	123,78	200,17	225,19	105,14	187,64	211,09	86,50	175,10	196,99	67,85	162,57	182,89
	II	2.823,08	155,26	225,84	254,07	143,33	213,31	239,97	124,69	200,78	225,87	106,04	188,24	211,77	87,40	175,71	197,67	68,76	163,18	183,57	50,11	150,64	169,47
	III	2.164,00	-	173,12	194,76	-	161,69	181,90	-	150,52	169,33	-	139,61	157,06	-	128,94	145,06	-	118,54	133,36	-	108,40	121,95
	IV	2.972,16	163,46	237,77	267,49	159,16	231,50	260,44	154,85	225,24	253,39	150,54	218,97	246,34	142,43	212,70	239,29	133,11	206,44	232,24	123,78	200,17	225,19
	V	3.486,58	191,76	278,92	313,79																		
	VI	3.530,91	194,20	282,47	317,78																		
10.304,99 (Ost)	I	2.979,91	163,89	238,39	268,19	155,28	225,86	254,09	143,36	213,33	239,99	124,72	200,80	225,90	106,07	188,26	211,79	87,43	175,73	197,69	68,79	163,20	183,60
	II	2.830,83	155,69	226,46	254,77	144,25	213,93	240,67	125,61	201,40	226,57	106,98	188,87	212,48	88,33	176,34	198,38	69,69	163,80	184,28	51,05	151,27	170,18
	III	2.171,33	-	173,70	195,41	-	162,26	182,54	-	151,08	169,96	-	140,14	157,66	-	129,48	145,66	-	119,06	133,94	-	108,90	122,51
	IV	2.979,91	163,89	238,39	268,19	159,59	232,13	261,14	155,28	225,86	254,09	150,97	219,60	247,05	143,36	213,33	239,99	134,04	207,06	232,94	124,72	200,80	225,90
	V	3.494,41	192,19	279,55	314,49																		
	VI	3.538,75	194,63	283,10	318,48																		
10.307,99 (West)	I	2.973,41	163,53	237,87	267,60	154,92	225,34	253,50	142,58	212,80	239,40	123,93	200,27	225,30	105,29	187,74	211,20	86,65	175,20	197,10	68,00	162,67	183,00
	II	2.824,33	155,33	225,94	254,18	143,48	213,41	240,08	124,84	200,88	225,99	106,19	188,34	211,88	87,55	175,81	197,78	68,91	163,28	183,69	50,26	150,74	169,58
	III	2.165,16	-	173,21	194,86	-	161,78	182,00	-	150,61	169,43	-	139,69	157,15	-	129,04	145,17	-	118,62	133,45	-	108,48	122,04
	IV	2.973,41	163,53	237,87	267,60	159,22	231,60	260,55	154,92	225,34	253,50	150,61	219,07	246,45	142,58	212,80	239,40	133,26	206,54	232,35	123,93	200,27	225,30
	V	3.487,83	191,83	279,02	313,90																		
	VI	3.532,16	194,26	282,57	317,89																		
10.307,99 (Ost)	I	2.981,25	163,96	238,50	268,31	155,35	225,96	254,21	143,51	213,43	240,11	124,87	200,90	226,01	106,22	188,36	211,91	87,58	175,83	197,81	68,94	163,30	183,71
	II	2.832,08	155,76	226,56	254,88	144,40	214,03	240,78	125,77	201,50	226,69	107,12	188,97	212,59	88,48	176,44	198,49	69,84	163,90	184,39	51,19	151,37	170,29
	III	2.172,50	-	173,80	195,52	-	162,34	182,63	-	151,16	170,05	-	140,24	157,77	-	129,56	145,75	-	119,14	134,03	-	108,98	122,60
	IV	2.981,25	163,96	238,50	268,31	159,66	232,23	261,26	155,35	225,96	254,21	151,04	219,70	247,16	143,51	213,43	240,11	134,19	207,16	233,06	124,87	200,90	226,01
	V	3.495,66	192,26	279,65	314,60																		
	VI	3.540,00	194,70	283,20	318,60																		
10.310,99 (West)	I	2.974,66	163,60	237,97	267,71	154,99	225,44	253,62	142,73	212,90	239,51	124,08	200,37	225,41	105,44	187,84	211,32	86,80	175,30	197,21	68,16	162,78	183,12
	II	2.825,58	155,40	226,04	254,30	143,63	213,51	240,20	124,98	200,98	226,10	106,34	188,44	212,00	87,70	175,91	197,90	69,05	163,38	183,80	50,41	150,84	169,70
	III	2.166,33	-	173,30	194,96	-	161,88	182,11	-	150,70	169,54	-	139,78	157,25	-	129,12	145,26	-	118,70	133,54	-	108,56	122,13
	IV	2.974,66	163,60	237,97	267,71	159,29	231,70	260,66	154,99	225,44	253,62	150,68	219,17	246,56	142,73	212,90	239,51	133,40	206,64	232,47	124,08	200,37	225,41
	V	3.489,08	191,89	279,12	314,01																		
	VI	3.533,41	194,33	282,67	318,00																		
10.310,99 (Ost)	I	2.982,50	164,03	238,60	268,42	155,42	226,06	254,32	143,66	213,53	240,22	125,01	201,00	226,12	106,37	188,46	212,02	87,73	175,93	197,92	69,08	163,40	183,82
	II	2.833,41	155,83	226,67	255,00	144,56	214,14	240,90	125,92	201,60	226,80	107,27	189,07	212,70	88,63	176,54	198,60	69,99	164,00	184,50	51,34	151,47	170,40
	III	2.173,66	-	173,89	195,62	-	162,44	182,74	-	151,25	170,15	-	140,32	157,86	-	129,64	145,84	-	119,22	134,12	-	109,06	122,69
	IV	2.982,50	164,03	238,60	268,42	159,72	232,33	261,37	155,42	226,06	254,32	151,11	219,80	247,27	143,66	213,53	240,22	134,34	207,26	233,17	125,01	201,00	226,12
	V	3.496,91	192,33	279,75	314,72																		
	VI	3.541,25	194,76	283,30	318,71																		
10.313,99 (West)	I	2.975,91	163,67	238,07	267,83	155,05	225,54	253,73	142,87	213,00	239,63	124,23	200,47	225,53	105,60	187,94	211,43	86,95	175,41	197,33	68,31	162,88	183,24
	II	2.826,83	155,47	226,14	254,41	143,78	213,61	240,31	125,13	201,08	226,21	106,49	188,54	212,11	87,85	176,01	198,01	69,20	163,48	183,91	50,56	150,94	169,81
	III	2.167,50	-	173,40	195,07	-	161,97	182,21	-	150,78	169,63	-	139,86	157,34	-	129,20	145,35	-	118,80	133,65	-	108,64	122,22
	IV	2.975,91	163,67	238,07	267,83	159,36	231,80	260,78	155,05	225,54	253,73	150,75	219,27	246,68	142,87	213,00	239,63	133,55	206,74	232,58	124,23	200,47	225,53
	V	3.490,33	191,96	279,22	314,12																		
	VI	3.534,66	194,40	282,77	318,11																		
10.313,99 (Ost)	I	2.983,75	164,10	238,70	268,53	155,48	226,16	254,43	143,81	213,63	240,33	125,16	201,10	226,23	106,52	188,56	212,13	87,88	176,03	198,03	69,23	163,50	183,93
	II	2.834,66	155,90	226,77	255,11	144,71	214,24	241,02	126,07	201,70	226,91	107,42	189,17	212,81	88,78	176,64	198,72	70,14	164,10	184,61	51,49	151,57	170,51
	III	2.174,83	-	173,98	195,73	-	162,53	182,84	-	151,34	170,26	-	140,41	157,96	-	129,73	145,94	-	119,30	134,21	-	109,14	122,78
	IV	2.983,75	164,10	238,70	268,53	159,79	232,43	261,48	155,48	226,16	254,43	151,18	219,90	247,38	143,81	213,63	240,33	134,48	207,36	233,28	125,16	201,10	226,23
	V	3.498,16	192,39	279,85	314,83																		
	VI	3.542,50	194,83	283,40	318,82																		
10.316,99 (West)	I	2.977,16	163,74	238,17	267,94	155,12	225,64	253,84	143,02	213,10	239,74	124,39	200,58	225,65	105,75	188,04	211,55	87,10	175,51	197,45	68,46	162,98	183,35
	II	2.828,08	155,54	226,24	254,52	143,93	213,71	240,42	125,28	201,18	226,32	106,64	188,64	212,22	88,00	176,11	198,12	69,36	163,58	184,03	50,72	151,05	169,93
	III	2.168,66	-	173,49	195,17	-	162,05	182,30	-	150,88	169,74	-	139,96	157,45	-	129,29	145,45	-	118,88	133,74	-	108,72	122,31
	IV	2.977,16	163,74	238,17	267,94	159,43	231,90	260,89	155,12	225,64	253,84	150,81	219,37	246,79	143,02	213,10	239,74	133,71	206,84	232,70	124,39	200,58	225,65
	V	3.491,66	192,04	279,33	314,24																		
	VI	3.535,91	194,47	282,87	318,23																		
10.316,99 (Ost)	I	2.985,00	164,17	238,80	268,65	155,55	226,26	254,54	143,96	213,73	240,44	125,31	201,20	226,35	106,67	188,66	212,24	88,03	176,13	198,14	69,38	163,60	184,05
	II	2.835,91	155,97	226,87	255,23	144,86	214,34	241,13	126,21	201,80	227,03	107,57	189,27	212,93	88,93	176,74	198,83	70,28	164,20	184,73	51,64	151,67	170,63
	III	2.176,00	-	174,08	195,84	-	162,62	182,95	-	151,42	170,35	-	140,49	158,05	-	129,81	146,03	-	119,40	134,32	-	109,22	122,87
	IV	2.985,00	164,17	238,80	268,65	159,86	232,53	261,59	155,55	226,26	254,54	151,25	220,00	247,50	143,96	213,73	240,44	134,63	207,46	233,39	125,31	201,20	226,35
	V	3.499,41	192,46	279,95	314,94																		
	VI	3.543,75	194,90	283,50	318,93																		
10.319,99 (West)	I	2.978,41	163,81	238,27	268,05	155,20	225,74	253,96	143,18	213,21	239,86	124,54	200,68	225,76	105,90	188,14	211,66	87,25	175,61	197,56	68,61	163,08	183,46
	II	2.829,33	155,61	226,34	254,63	144,07	213,81	240,53	125,43	201,28	226,44	106,79	188,74	212,33	88,15	176,22	198,24	69,51	163,68	184,14	50,87	151,15	170,04
	III	2.169,83	-	173,58	195,28	-	162,14	182,41	-	150,97	169,84	-	140,04	157,54	-	129,37	145,54	-	118,96	133,83	-	108,81	122,41
	IV	2.978,41	163,81	238,27	268,05	159,50	232,00	261,00	155,20	225,74	253,96	150,89	219,48	246,91	143,18	213,21	239,86	133,86	206,94	232,81	124,54	200,68	225,76
	V	3.492,91	192,11	279,43	314,36																		
	VI	3.537,16	194,54	282,97	318,34																		
10.319,99 (Ost)	I	2.986,25	164,24	238,90	268,76	155,62	226,36	254,66	144,10	213,83	240,56	125,46	201,30	226,46	106,82	188,76	212,36	88,17	176,23	198,26	69,54	163,70	184,16
	II	2.837,16	156,04	226,97	255,34	145,01	214,44	241,24	126,36	201,90	227,14	107,72	189,37	213,04	89,08	176,84	198,94	70,43	164,30	184,84	51,79	151,77	170,74
	III	2.177,16	-	174,17	195,94	-	162,72	183,06	-	151,52	170,46	-	140,58	158,15	-	129,90	146,14	-	119,48	134,41	-	109,30	122,96
	IV	2.986,25	164,24	238,90	268,76	159,93	232,63	261,71	155,62	226,36	254,66	151,31	220,10	247,61	144,10	213,83	240,56	134,78	207,56	233,51	125,46	201,30	226,46
	V	3.500,66	192,53	280,05	315,05																		
	VI	3.545,00	194,97	283,60	319,05																		

Anzahl Kinderfreibeträge (nur Steuerklassen I–IV)

Lohn/ Gehalt bis	Steuerklasse	Lohn-steuer	ohne Kinderfreibetrag SolZ 5,5%	Kirchensteuer 8%	9%	0,5 SolZ 5,5%	Kirchensteuer 8%	9%	1,0 SolZ 5,5%	Kirchensteuer 8%	9%	1,5 SolZ 5,5%	Kirchensteuer 8%	9%	2,0 SolZ 5,5%	Kirchensteuer 8%	9%	2,5 SolZ 5,5%	Kirchensteuer 8%	9%	3,0 SolZ 5,5%	Kirchensteuer 8%	9%
						Anzahl Kinderfreibeträge (nur Steuerklassen I–IV)																	
10.322,99 (West)	I	2.979,75	163,88	238,38	268,17	155,26	225,84	254,07	143,33	213,31	239,97	124,69	200,78	225,87	106,04	188,24	211,77	87,40	175,71	197,67	68,76	163,18	183
	II	2.830,58	155,68	226,44	254,75	144,22	213,91	240,65	125,59	201,38	226,55	106,95	188,85	212,45	88,30	176,32	198,36	69,66	163,78	184,25	51,02	151,25	170
	III	2.171,00	-	173,68	195,39	-	162,24	182,52	-	151,05	169,93	-	140,13	157,64	-	129,45	145,63	-	119,04	133,92	-	108,89	122
	IV	2.979,75	163,88	238,38	268,17	159,57	232,11	261,12	155,26	225,84	254,07	150,96	219,58	247,02	143,33	213,31	239,97	134,01	207,04	232,92	124,69	200,78	225
	V	3.494,16	192,17	279,53	314,47																		
	VI	3.538,50	194,61	283,08	318,46																		
10.322,99 (Ost)	I	2.987,50	164,31	239,00	268,87	155,69	226,46	254,77	144,25	213,93	240,67	125,61	201,40	226,57	106,98	188,87	212,48	88,33	176,34	198,38	69,69	163,80	184
	II	2.838,41	156,11	227,07	255,45	145,16	214,54	241,35	126,51	202,00	227,25	107,87	189,47	213,15	89,23	176,94	199,05	70,58	164,40	184,95	51,94	151,87	170
	III	2.178,33	-	174,26	196,04	-	162,81	183,16	-	151,61	170,56	-	140,66	158,24	-	129,98	146,23	-	119,56	134,50	-	109,38	123
	IV	2.987,50	164,31	239,00	268,87	160,00	232,73	261,82	155,69	226,46	254,77	151,38	220,20	247,72	144,25	213,93	240,67	134,93	207,66	233,62	125,61	201,40	226
	V	3.502,00	192,61	280,16	315,18																		
	VI	3.546,25	195,04	283,70	319,16																		
10.325,99 (West)	I	2.981,00	163,95	238,48	268,29	155,33	225,94	254,18	143,48	213,41	240,08	124,84	200,88	225,99	106,19	188,34	211,88	87,55	175,81	197,78	68,91	163,28	183
	II	2.831,83	155,75	226,54	254,86	144,38	214,02	240,77	125,74	201,48	226,67	107,10	188,95	212,57	88,45	176,42	198,47	69,81	163,88	184,37	51,17	151,35	170,
	III	2.172,16	-	173,77	195,49	-	162,33	182,62	-	151,14	170,03	-	140,21	157,73	-	129,54	145,73	-	119,13	134,02	-	108,97	122,
	IV	2.981,00	163,95	238,48	268,29	159,64	232,21	261,23	155,33	225,94	254,18	151,03	219,68	247,14	143,48	213,41	240,08	134,16	207,14	233,03	124,84	200,88	225,
	V	3.495,41	192,24	279,63	314,58																		
	VI	3.539,75	194,68	283,18	318,57																		
10.325,99 (Ost)	I	2.988,75	164,38	239,10	268,98	155,76	226,56	254,88	144,40	214,03	240,78	125,77	201,50	226,69	107,12	188,97	212,59	88,48	176,44	198,49	69,84	163,90	184,
	II	2.839,66	156,18	227,17	255,56	145,30	214,64	241,47	126,66	202,10	227,36	108,02	189,57	213,26	89,37	177,04	199,17	70,74	164,51	185,07	52,10	151,98	170
	III	2.179,50	-	174,36	196,15	-	162,89	183,25	-	151,69	170,65	-	140,76	158,35	-	130,06	146,32	-	119,64	134,59	-	109,46	123,
	IV	2.988,75	164,38	239,10	268,98	160,07	232,83	261,93	155,76	226,56	254,88	151,45	220,30	247,83	144,40	214,03	240,78	135,09	207,77	233,74	125,77	201,50	226,
	V	3.503,25	192,67	280,26	315,29																		
	VI	3.547,50	195,11	283,80	319,27																		
10.328,99 (West)	I	2.982,25	164,02	238,58	268,40	155,40	226,04	254,30	143,63	213,51	240,20	124,98	200,98	226,10	106,34	188,44	212,00	87,70	175,91	197,90	69,05	163,38	183,
	II	2.833,16	155,82	226,65	254,98	144,53	214,12	240,88	125,89	201,58	226,78	107,24	189,05	212,68	88,60	176,52	198,58	69,96	163,98	184,48	51,31	151,45	170,
	III	2.173,33	-	173,86	195,59	-	162,42	182,72	-	151,24	170,14	-	140,30	157,84	-	129,62	145,82	-	119,21	134,11	-	109,05	122,
	IV	2.982,25	164,02	238,58	268,40	159,71	232,31	261,35	155,40	226,04	254,30	151,09	219,78	247,25	143,63	213,51	240,20	134,31	207,24	233,15	124,98	200,98	226,
	V	3.496,66	192,31	279,73	314,69																		
	VI	3.541,00	194,75	283,28	318,69																		
10.328,99 (Ost)	I	2.990,00	164,45	239,20	269,10	155,83	226,67	255,00	144,56	214,14	240,90	125,92	201,60	226,80	107,27	189,07	212,70	88,63	176,54	198,60	69,99	164,00	184,
	II	2.840,91	156,25	227,27	255,68	145,45	214,74	241,58	126,81	202,20	227,48	108,17	189,67	213,38	89,53	177,14	199,28	70,89	164,61	185,18	52,25	152,08	171,
	III	2.180,66	-	174,45	196,25	-	162,98	183,35	-	151,78	170,75	-	140,84	158,44	-	130,16	146,43	-	119,72	134,68	-	109,54	123,
	IV	2.990,00	164,45	239,20	269,10	160,14	232,93	262,04	155,83	226,67	255,00	151,52	220,40	247,95	144,56	214,14	240,90	135,24	207,87	233,85	125,92	201,60	226,
	V	3.504,50	192,74	280,36	315,40																		
	VI	3.548,75	195,18	283,90	319,38																		
10.331,99 (West)	I	2.983,50	164,09	238,68	268,51	155,47	226,14	254,41	143,78	213,61	240,31	125,13	201,08	226,21	106,49	188,54	212,11	87,85	176,01	198,01	69,20	163,48	183,
	II	2.834,41	155,89	226,75	255,09	144,68	214,22	240,99	126,04	201,68	226,89	107,39	189,15	212,79	88,75	176,62	198,69	70,11	164,08	184,59	51,46	151,55	170,
	III	2.174,50	-	173,96	195,70	-	162,52	182,83	-	151,32	170,23	-	140,38	157,93	-	129,70	145,91	-	119,29	134,20	-	109,13	122,
	IV	2.983,50	164,09	238,68	268,51	159,78	232,41	261,46	155,47	226,14	254,41	151,16	219,88	247,36	143,78	213,61	240,31	134,46	207,34	233,26	125,13	201,08	226,2
	V	3.497,91	192,38	279,83	314,81																		
	VI	3.542,25	194,82	283,38	318,80																		
10.331,99 (Ost)	I	2.991,33	164,52	239,30	269,21	155,90	226,77	255,11	144,71	214,24	241,02	126,07	201,70	226,91	107,42	189,17	212,81	88,78	176,64	198,72	70,14	164,10	184,
	II	2.842,16	156,31	227,37	255,79	145,60	214,84	241,69	126,97	202,31	227,60	108,32	189,78	213,50	89,68	177,24	199,40	71,04	164,71	185,30	52,39	152,18	171,
	III	2.181,83	-	174,54	196,36	-	163,08	183,46	-	151,88	170,86	-	140,93	158,54	-	130,24	146,52	-	119,81	134,78	-	109,62	123,
	IV	2.991,33	164,52	239,30	269,21	160,21	233,04	262,17	155,90	226,77	255,11	151,59	220,50	248,06	144,71	214,24	241,02	135,39	207,97	233,96	126,07	201,70	226,9
	V	3.505,75	192,81	280,46	315,51																		
	VI	3.550,08	195,25	284,00	319,50																		
10.334,99 (West)	I	2.984,75	164,16	238,78	268,62	155,54	226,24	254,52	143,93	213,71	240,42	125,28	201,18	226,32	106,64	188,64	212,22	88,00	176,11	198,12	69,36	163,58	184,0
	II	2.835,66	155,96	226,85	255,20	144,83	214,32	241,11	126,18	201,78	227,00	107,54	189,25	212,90	88,90	176,72	198,81	70,25	164,18	184,70	51,61	151,65	170,6
	III	2.175,66	-	174,05	195,80	-	162,60	182,92	-	151,41	170,33	-	140,48	158,04	-	129,80	146,02	-	119,37	134,29	-	109,21	122,8
	IV	2.984,75	164,16	238,78	268,62	159,85	232,51	261,57	155,54	226,24	254,52	151,23	219,98	247,47	143,93	213,71	240,42	134,60	207,44	233,37	125,28	201,18	226,3
	V	3.499,16	192,45	279,93	314,92																		
	VI	3.543,50	194,89	283,48	318,91																		
10.334,99 (Ost)	I	2.992,58	164,59	239,40	269,33	155,97	226,87	255,23	144,86	214,34	241,13	126,21	201,80	227,03	107,57	189,27	212,93	88,93	176,74	198,83	70,28	164,20	184,7
	II	2.843,41	156,38	227,47	255,90	145,76	214,94	241,81	127,12	202,41	227,71	108,47	189,88	213,61	89,83	177,34	199,51	71,19	164,81	185,41	52,54	152,28	171,3
	III	2.183,00	-	174,64	196,47	-	163,17	183,56	-	151,96	170,95	-	141,01	158,63	-	130,32	146,61	-	119,89	134,87	-	109,70	123,4
	IV	2.992,58	164,59	239,40	269,33	160,28	233,14	262,28	155,97	226,87	255,23	151,66	220,60	248,18	144,86	214,34	241,13	135,54	208,07	234,08	126,21	201,80	227,0
	V	3.507,00	192,88	280,56	315,63																		
	VI	3.551,33	195,32	284,10	319,61																		
10.337,99 (West)	I	2.986,00	164,23	238,88	268,74	155,61	226,34	254,63	144,07	213,81	240,53	125,43	201,28	226,44	106,79	188,74	212,33	88,15	176,22	198,24	69,51	163,68	184,1
	II	2.836,91	156,03	226,95	255,32	144,98	214,42	241,22	126,33	201,88	227,12	107,69	189,35	213,02	89,05	176,82	198,92	70,40	164,28	184,82	51,76	151,75	170,7
	III	2.176,83	-	174,14	195,91	-	162,69	183,02	-	151,50	170,44	-	140,56	158,13	-	129,88	146,11	-	119,45	134,38	-	109,29	122,9
	IV	2.986,00	164,23	238,88	268,74	159,92	232,61	261,68	155,61	226,34	254,63	151,30	220,08	247,59	144,07	213,81	240,53	134,75	207,54	233,48	125,43	201,28	226,4
	V	3.500,41	192,52	280,03	315,03																		
	VI	3.544,75	194,96	283,58	319,02																		
10.337,99 (Ost)	I	2.993,83	164,66	239,50	269,44	156,04	226,97	255,34	145,01	214,44	241,24	126,36	201,90	227,14	107,72	189,37	213,04	89,08	176,84	198,94	70,43	164,30	184,8
	II	2.844,75	156,46	227,58	256,02	145,91	215,04	241,92	127,27	202,51	227,82	108,62	189,98	213,72	89,98	177,44	199,62	71,34	164,91	185,52	52,69	152,38	171,4
	III	2.184,16	-	174,73	196,57	-	163,26	183,67	-	152,05	171,05	-	141,10	158,74	-	130,41	146,71	-	119,97	134,96	-	109,80	123,52
	IV	2.993,83	164,66	239,50	269,44	160,35	233,24	262,39	156,04	226,97	255,34	151,73	220,70	248,29	145,01	214,44	241,24	135,68	208,17	234,19	126,36	201,90	227,14
	V	3.508,25	192,95	280,66	315,74																		
	VI	3.552,58	195,39	284,20	319,73																		
10.340,99 (West)	I	2.987,25	164,29	238,98	268,85	155,68	226,44	254,75	144,22	213,91	240,65	125,59	201,38	226,55	106,95	188,85	212,45	88,30	176,32	198,36	69,66	163,78	184,25
	II	2.838,16	156,09	227,05	255,43	145,13	214,52	241,33	126,48	201,98	227,23	107,84	189,45	213,13	89,20	176,92	199,03	70,55	164,38	184,93	51,92	151,86	170,84
	III	2.178,00	-	174,24	196,02	-	162,78	183,13	-	151,58	170,53	-	140,65	158,23	-	129,96	146,20	-	119,54	134,48	-	109,37	123,04
	IV	2.987,25	164,29	238,98	268,85	159,99	232,71	261,80	155,68	226,44	254,75	151,37	220,18	247,70	144,22	213,91	240,65	134,90	207,64	233,60	125,59	201,38	226,55
	V	3.501,75	192,59	280,14	315,15																		
	VI	3.546,00	195,03	283,68	319,14																		
10.340,99 (Ost)	I	2.995,08	164,72	239,60	269,55	156,11	227,07	255,45	145,16	214,54	241,35	126,51	202,00	227,25	107,87	189,47	213,15	89,23	176,94	199,05	70,58	164,40	184,95
	II	2.846,00	156,53	227,68	256,14	146,06	215,14	242,03	127,41	202,61	227,93	108,77	190,08	213,84	90,13	177,54	199,73	71,48	165,01	185,63	52,84	152,48	171,54
	III	2.185,33	-	174,82	196,67	-	163,36	183,78	-	152,14	171,16	-	141,18	158,83	-	130,49	146,80	-	120,05	135,05	-	109,88	123,61
	IV	2.995,08	164,72	239,60	269,55	160,42	233,34	262,50	156,11	227,07	255,45	151,80	220,80	248,40	145,16	214,54	241,35	135,83	208,27	234,30	126,51	202,00	227,25
	V	3.509,50	193,02	280,76	315,85																		
	VI	3.553,83	195,46	284,30	319,84																		

Allgemeine Tabelle

MONAT bis 10.361,99 €

Lohn/ Gehalt bis	Steuerklasse	Lohnsteuer	ohne Kinderfreibetrag SolZ 5,5%	Kirchensteuer 8%	Kirchensteuer 9%	0,5 SolZ 5,5%	0,5 Kirchensteuer 8%	0,5 Kirchensteuer 9%	1,0 SolZ 5,5%	1,0 Kirchensteuer 8%	1,0 Kirchensteuer 9%	1,5 SolZ 5,5%	1,5 Kirchensteuer 8%	1,5 Kirchensteuer 9%	2,0 SolZ 5,5%	2,0 Kirchensteuer 8%	2,0 Kirchensteuer 9%	2,5 SolZ 5,5%	2,5 Kirchensteuer 8%	2,5 Kirchensteuer 9%	3,0 SolZ 5,5%	3,0 Kirchensteuer 8%	3,0 Kirchensteuer 9%
10.343,99 (West)	I	2.988,50	164,36	239,08	268,96	155,75	226,54	254,86	144,38	214,02	240,77	125,74	201,48	226,67	107,10	188,95	212,57	88,45	176,42	198,47	69,81	163,88	184,37
	II	2.839,41	156,16	227,15	255,54	145,27	214,62	241,44	126,63	202,08	227,34	107,99	189,55	213,24	89,35	177,02	199,15	70,71	164,49	185,05	52,07	151,96	170,95
	III	2.179,16	-	174,33	196,12	-	162,88	183,24	-	151,68	170,64	-	140,73	158,32	-	130,05	146,30	-	119,62	134,57	-	109,45	123,13
	IV	2.988,50	164,36	239,08	268,96	160,05	232,81	261,91	155,75	226,54	254,86	151,44	220,28	247,82	144,38	214,02	240,77	135,06	207,75	233,72	125,74	201,48	226,67
	V	3.503,00	192,66	280,24	315,27																		
	VI	3.547,25	195,09	283,78	319,25																		
10.343,99 (Ost)	I	2.996,33	164,79	239,70	269,66	156,18	227,17	255,56	145,30	214,64	241,47	126,66	202,10	227,36	108,02	189,57	213,26	89,37	177,04	199,17	70,74	164,51	185,07
	II	2.847,25	156,59	227,78	256,25	146,21	215,24	242,15	127,56	202,71	228,05	108,92	190,18	213,95	90,28	177,64	199,85	71,63	165,11	185,75	52,99	152,58	171,65
	III	2.186,50	-	174,92	196,78	-	163,44	183,87	-	152,22	171,25	-	141,28	158,94	-	130,57	146,89	-	120,13	135,14	-	109,96	123,70
	IV	2.996,33	164,79	239,70	269,66	160,49	233,44	262,62	156,18	227,17	255,56	151,87	220,90	248,51	145,30	214,64	241,47	135,98	208,37	234,41	126,66	202,10	227,36
	V	3.510,75	193,09	280,86	315,96																		
	VI	3.555,08	195,52	284,40	319,95																		
10.346,99 (West)	I	2.989,83	164,44	239,18	269,08	155,82	226,65	254,98	144,53	214,12	240,88	125,89	201,58	226,78	107,24	189,05	212,68	88,60	176,52	198,58	69,96	163,98	184,48
	II	2.840,66	156,23	227,25	255,65	145,42	214,72	241,56	126,78	202,18	227,45	108,15	189,66	213,36	89,50	177,12	199,26	70,86	164,59	185,16	52,22	152,06	171,06
	III	2.180,33	-	174,42	196,22	-	162,97	183,34	-	151,77	170,74	-	140,82	158,42	-	130,13	146,39	-	119,70	134,66	-	109,53	123,22
	IV	2.989,83	164,44	239,18	269,08	160,13	232,92	262,03	155,82	226,65	254,98	151,51	220,38	247,93	144,53	214,12	240,88	135,21	207,85	233,83	125,89	201,58	226,78
	V	3.504,25	192,73	280,34	315,38																		
	VI	3.548,58	195,17	283,88	319,37																		
10.346,99 (Ost)	I	2.997,58	164,86	239,80	269,78	156,25	227,27	255,68	145,45	214,74	241,58	126,81	202,20	227,48	108,17	189,67	213,38	89,53	177,14	199,28	70,89	164,61	185,18
	II	2.848,50	156,66	227,88	256,36	146,36	215,34	242,26	127,71	202,81	228,16	109,07	190,28	214,06	90,43	177,74	199,96	71,78	165,21	185,86	53,14	152,68	171,76
	III	2.187,66	-	175,01	196,88	-	163,53	183,97	-	152,32	171,36	-	141,36	159,03	-	130,66	146,99	-	120,22	135,25	-	110,04	123,79
	IV	2.997,58	164,86	239,80	269,78	160,55	233,54	262,73	156,25	227,27	255,68	151,94	221,00	248,63	145,45	214,74	241,58	136,13	208,47	234,53	126,81	202,20	227,48
	V	3.512,00	193,16	280,96	316,08																		
	VI	3.556,33	195,59	284,50	320,06																		
10.349,99 (West)	I	2.991,08	164,50	239,28	269,19	155,89	226,75	255,09	144,68	214,22	240,99	126,04	201,68	226,89	107,39	189,15	212,79	88,75	176,62	198,69	70,11	164,08	184,59
	II	2.841,91	156,30	227,35	255,77	145,58	214,82	241,67	126,94	202,29	227,57	108,29	189,76	213,48	89,65	177,22	199,37	71,01	164,69	185,27	52,36	152,16	171,18
	III	2.181,50	-	174,52	196,33	-	163,06	183,44	-	151,85	170,83	-	140,90	158,51	-	130,22	146,50	-	119,78	134,75	-	109,61	123,31
	IV	2.991,08	164,50	239,28	269,19	160,20	233,02	262,14	155,89	226,75	255,09	151,58	220,48	248,04	144,68	214,22	240,99	135,36	207,95	233,94	126,04	201,68	226,89
	V	3.505,50	192,80	280,44	315,49																		
	VI	3.549,83	195,24	283,98	319,48																		
10.349,99 (Ost)	I	2.998,83	164,93	239,90	269,89	156,31	227,37	255,79	145,60	214,84	241,69	126,97	202,31	227,60	108,32	189,78	213,50	89,68	177,24	199,40	71,04	164,71	185,30
	II	2.849,75	156,73	227,98	256,47	146,50	215,44	242,37	127,86	202,91	228,27	109,22	190,38	214,17	90,57	177,84	200,07	71,93	165,31	185,97	53,30	152,78	171,88
	III	2.188,83	-	175,10	196,99	-	163,62	184,07	-	152,41	171,46	-	141,45	159,13	-	130,74	147,08	-	120,30	135,34	-	110,12	123,88
	IV	2.998,83	164,93	239,90	269,89	160,62	233,64	262,84	156,31	227,37	255,79	152,01	221,10	248,74	145,60	214,84	241,69	136,28	208,57	234,64	126,97	202,31	227,60
	V	3.513,33	193,23	281,06	316,19																		
	VI	3.557,58	195,66	284,60	320,18																		
10.352,99 (West)	I	2.992,33	164,57	239,38	269,30	155,96	226,85	255,20	144,83	214,32	241,11	126,18	201,78	227,00	107,54	189,25	212,90	88,90	176,72	198,81	70,25	164,18	184,70
	II	2.843,25	156,37	227,46	255,89	145,73	214,92	241,79	127,09	202,39	227,69	108,44	189,86	213,59	89,80	177,32	199,49	71,16	164,79	185,39	52,51	152,26	171,29
	III	2.182,66	-	174,61	196,43	-	163,14	183,53	-	151,94	170,93	-	141,00	158,62	-	130,30	146,59	-	119,86	134,84	-	109,69	123,40
	IV	2.992,33	164,57	239,38	269,30	160,27	233,12	262,26	155,96	226,85	255,20	151,65	220,58	248,15	144,83	214,32	241,11	135,51	208,05	234,05	126,18	201,78	227,00
	V	3.506,75	192,87	280,54	315,60																		
	VI	3.551,08	195,30	284,08	319,59																		
10.352,99 (Ost)	I	3.000,08	165,00	240,00	270,00	156,38	227,47	255,90	145,76	214,94	241,81	127,12	202,41	227,71	108,47	189,88	213,61	89,83	177,34	199,51	71,19	164,81	185,41
	II	2.851,00	156,80	228,08	256,59	146,65	215,54	242,48	128,01	203,01	228,38	109,37	190,48	214,29	90,73	177,95	200,19	72,09	165,42	186,09	53,45	152,88	171,99
	III	2.190,00	-	175,20	197,10	-	163,72	184,18	-	152,50	171,56	-	141,53	159,22	-	130,84	147,19	-	120,38	135,43	-	110,20	123,97
	IV	3.000,08	165,00	240,00	270,00	160,69	233,74	262,95	156,38	227,47	255,90	152,08	221,21	248,86	145,76	214,94	241,81	136,44	208,68	234,76	127,12	202,41	227,71
	V	3.514,58	193,30	281,16	316,31																		
	VI	3.558,83	195,73	284,70	320,29																		
10.355,99 (West)	I	2.993,58	164,64	239,48	269,42	156,03	226,95	255,32	144,98	214,42	241,22	126,33	201,88	227,12	107,69	189,35	213,02	89,05	176,82	198,92	70,40	164,28	184,82
	II	2.844,50	156,44	227,56	256,00	145,88	215,02	241,90	127,24	202,49	227,80	108,59	189,96	213,70	89,95	177,42	199,60	71,31	164,89	185,50	52,66	152,36	171,40
	III	2.183,83	-	174,70	196,54	-	163,24	183,64	-	152,04	171,04	-	141,08	158,71	-	130,38	146,68	-	119,96	134,95	-	109,77	123,49
	IV	2.993,58	164,64	239,48	269,42	160,33	233,22	262,37	156,03	226,95	255,32	151,72	220,68	248,27	144,98	214,42	241,22	135,66	208,15	234,17	126,33	201,88	227,12
	V	3.508,00	192,94	280,64	315,72																		
	VI	3.552,33	195,37	284,18	319,70																		
10.355,99 (Ost)	I	3.001,41	165,07	240,11	270,12	156,46	227,58	256,02	145,91	215,04	241,92	127,27	202,51	227,82	108,62	189,98	213,72	89,98	177,44	199,62	71,34	164,91	185,52
	II	2.852,25	156,87	228,18	256,70	146,80	215,64	242,60	128,16	203,11	228,50	109,52	190,58	214,40	90,88	178,05	200,30	72,24	165,52	186,21	53,59	152,98	172,10
	III	2.191,16	-	175,29	197,20	-	163,81	184,28	-	152,58	171,65	-	141,62	159,32	-	130,92	147,28	-	120,46	135,52	-	110,28	124,06
	IV	3.001,41	165,07	240,11	270,12	160,76	233,84	263,07	156,46	227,58	256,02	152,15	221,31	248,97	145,91	215,04	241,92	136,59	208,78	234,87	127,27	202,51	227,82
	V	3.515,83	193,37	281,26	316,42																		
	VI	3.560,16	195,80	284,81	320,41																		
10.358,99 (West)	I	2.994,83	164,71	239,58	269,53	156,09	227,05	255,43	145,13	214,52	241,33	126,48	201,98	227,23	107,84	189,45	213,13	89,20	176,92	199,03	70,55	164,38	184,93
	II	2.845,75	156,51	227,66	256,11	146,03	215,12	242,01	127,38	202,59	227,91	108,74	190,06	213,81	90,10	177,52	199,71	71,45	164,99	185,61	52,81	152,46	171,51
	III	2.185,00	-	174,80	196,65	-	163,33	183,74	-	152,12	171,13	-	141,17	158,81	-	130,48	146,79	-	120,04	135,04	-	109,85	123,58
	IV	2.994,83	164,71	239,58	269,53	160,40	233,32	262,48	156,09	227,05	255,43	151,79	220,78	248,38	145,13	214,52	241,33	135,80	208,25	234,28	126,48	201,98	227,23
	V	3.509,25	193,00	280,74	315,83																		
	VI	3.553,58	195,44	284,28	319,82																		
10.358,99 (Ost)	I	3.002,66	165,14	240,21	270,23	156,53	227,68	256,14	146,06	215,14	242,03	127,41	202,61	227,93	108,77	190,08	213,84	90,13	177,54	199,73	71,48	165,01	185,63
	II	2.853,50	156,94	228,28	256,81	146,96	215,75	242,72	128,32	203,22	228,62	109,67	190,68	214,52	91,03	178,15	200,42	72,39	165,62	186,32	53,74	153,08	172,22
	III	2.192,33	-	175,38	197,30	-	163,90	184,39	-	152,68	171,76	-	141,72	159,43	-	131,00	147,37	-	120,56	135,63	-	110,36	124,15
	IV	3.002,66	165,14	240,21	270,23	160,83	233,94	263,18	156,53	227,68	256,14	152,22	221,41	249,08	146,06	215,14	242,03	136,74	208,88	234,99	127,41	202,61	227,93
	V	3.517,08	193,43	281,36	316,53																		
	VI	3.561,41	195,87	284,91	320,52																		
10.361,99 (West)	I	2.996,08	164,78	239,68	269,64	156,16	227,15	255,54	145,27	214,62	241,44	126,63	202,08	227,34	107,99	189,55	213,24	89,35	177,02	199,15	70,71	164,49	185,05
	II	2.847,00	156,58	227,76	256,23	146,18	215,22	242,12	127,53	202,69	228,02	108,89	190,16	213,93	90,25	177,62	199,82	71,60	165,09	185,72	52,96	152,56	171,63
	III	2.186,16	-	174,89	196,75	-	163,42	183,85	-	152,21	171,23	-	141,25	158,90	-	130,56	146,88	-	120,12	135,13	-	109,93	123,67
	IV	2.996,08	164,78	239,68	269,64	160,47	233,42	262,59	156,16	227,15	255,54	151,85	220,88	248,49	145,27	214,62	241,44	135,95	208,35	234,39	126,63	202,08	227,34
	V	3.510,50	193,07	280,84	315,94																		
	VI	3.554,83	195,51	284,38	319,93																		
10.361,99 (Ost)	I	3.003,91	165,21	240,31	270,35	156,59	227,78	256,25	146,21	215,24	242,15	127,56	202,71	228,05	108,92	190,18	213,95	90,28	177,64	199,85	71,63	165,11	185,75
	II	2.854,83	157,01	228,38	256,93	147,11	215,85	242,83	128,47	203,32	228,73	109,82	190,78	214,63	91,18	178,25	200,53	72,54	165,72	186,43	53,89	153,18	172,33
	III	2.193,50	-	175,48	197,41	-	163,98	184,48	-	152,77	171,86	-	141,80	159,52	-	131,09	147,47	-	120,64	135,72	-	110,44	124,24
	IV	3.003,91	165,21	240,31	270,35	160,90	234,04	263,30	156,59	227,78	256,25	152,29	221,51	249,20	146,21	215,24	242,15	136,88	208,98	235,10	127,56	202,71	228,05
	V	3.518,33	193,50	281,46	316,64																		
	VI	3.562,66	195,94	285,01	320,63																		

Anzahl Kinderfreibeträge (nur Steuerklassen I–IV)

Lohn/ Gehalt bis	Steuerklasse	Lohn- steuer	ohne Kinderfreibetrag			Anzahl Kinderfreibeträge (nur Steuerklassen I–IV) 0,5			1,0			1,5			2,0			2,5			3,0		
			SolZ 5,5%	Kirchensteuer 8%	9%	SolZ 5,5%	Kirchensteuer 8%	9%	SolZ 5,5%	Kirchensteuer 8%	9%	SolZ 5,5%	Kirchensteuer 8%	9%	SolZ 5,5%	Kirchensteuer 8%	9%	SolZ 5,5%	Kirchensteuer 8%	9%	SolZ 5,5%	Kirchensteu 8%	9
10.364,99	I	2.997,33	164,85	239,78	269,75	156,23	227,25	255,65	145,42	214,72	241,56	126,78	202,18	227,45	108,15	189,66	213,36	89,50	177,12	199,26	70,86	164,59	185
(West)	II	2.848,25	156,65	227,86	256,34	146,33	215,32	242,24	127,68	202,79	228,14	109,04	190,26	214,04	90,40	177,72	199,94	71,75	165,19	185,84	53,12	152,66	171
	III	2.187,33	–	174,98	196,85	–	163,52	183,96	–	152,30	171,34	–	141,34	159,01	–	130,64	146,97	–	120,20	135,22	–	110,01	123
	IV	2.997,33	164,85	239,78	269,75	160,54	233,52	262,71	156,23	227,25	255,65	151,92	220,98	248,60	145,42	214,72	241,56	136,10	208,45	234,50	126,78	202,18	227
	V	3.511,83	193,15	280,94	316,06																		
	VI	3.556,08	195,58	284,48	320,04																		
10.364,99	I	3.005,16	165,28	240,41	270,46	156,66	227,88	256,36	146,36	215,34	242,26	127,71	202,81	228,16	109,07	190,28	214,06	90,43	177,74	199,96	71,78	165,21	185
(Ost)	II	2.856,08	157,08	228,48	257,04	147,26	215,95	242,94	128,61	203,42	228,84	109,97	190,88	214,74	91,33	178,35	200,64	72,68	165,82	186,54	54,04	153,28	172
	III	2.194,66	–	175,57	197,51	–	164,08	184,59	–	152,85	171,95	–	141,89	159,62	–	131,17	147,56	–	120,72	135,81	–	110,52	124
	IV	3.005,16	165,28	240,41	270,46	160,97	234,14	263,41	156,66	227,88	256,36	152,35	221,61	249,31	146,36	215,34	242,26	137,03	209,08	235,21	127,71	202,81	228
	V	3.519,58	193,57	281,56	316,76																		
	VI	3.563,91	196,01	285,11	320,75																		
10.367,99	I	2.998,58	164,92	239,88	269,87	156,30	227,35	255,77	145,58	214,82	241,67	126,94	202,29	227,57	108,29	189,76	213,48	89,65	177,22	199,37	71,01	164,69	185
(West)	II	2.849,50	156,72	227,96	256,45	146,47	215,42	242,35	127,83	202,89	228,25	109,19	190,36	214,15	90,54	177,82	200,05	71,91	165,30	185,96	53,27	152,76	171
	III	2.188,50	–	175,08	196,96	–	163,61	184,06	–	152,38	171,43	–	141,42	159,10	–	130,73	147,07	–	120,29	135,32	–	110,09	123
	IV	2.998,58	164,92	239,88	269,87	160,61	233,62	262,82	156,30	227,35	255,77	151,99	221,08	248,72	145,58	214,82	241,67	136,26	208,56	234,63	126,94	202,29	227
	V	3.513,08	193,21	281,04	316,17																		
	VI	3.557,33	195,65	284,58	320,15																		
10.367,99	I	3.006,41	165,35	240,51	270,57	156,73	227,98	256,47	146,50	215,44	242,37	127,86	202,91	228,27	109,22	190,38	214,17	90,57	177,84	200,07	71,93	165,31	185
(Ost)	II	2.857,33	157,15	228,58	257,15	147,41	216,05	243,05	128,76	203,52	228,96	110,12	190,98	214,85	91,48	178,45	200,75	72,83	165,92	186,66	54,19	153,38	172
	III	2.195,83	–	175,66	197,62	–	164,17	184,69	–	152,94	172,06	–	141,97	159,71	–	131,26	147,67	–	120,80	135,90	–	110,60	124
	IV	3.006,41	165,35	240,51	270,57	161,04	234,24	263,52	156,73	227,98	256,47	152,42	221,71	249,42	146,50	215,44	242,37	137,18	209,18	235,32	127,86	202,91	228
	V	3.520,83	193,64	281,66	316,87																		
	VI	3.565,16	196,08	285,21	320,86																		
10.370,99	I	2.999,83	164,99	239,98	269,98	156,37	227,46	255,89	145,73	214,92	241,79	127,09	202,39	227,69	108,44	189,86	213,59	89,80	177,32	199,49	71,16	164,79	185
(West)	II	2.850,75	156,79	228,06	256,56	146,62	215,52	242,46	127,98	202,99	228,36	109,35	190,46	214,27	90,70	177,93	200,17	72,06	165,40	186,07	53,42	152,86	171
	III	2.189,66	–	175,17	197,06	–	163,69	184,15	–	152,48	171,54	–	141,52	159,21	–	130,81	147,16	–	120,37	135,41	–	110,18	123
	IV	2.999,83	164,99	239,98	269,98	160,68	233,72	262,94	156,37	227,46	255,89	152,07	221,19	248,84	145,73	214,92	241,79	136,41	208,66	234,74	127,09	202,39	227
	V	3.514,33	193,28	281,14	316,28																		
	VI	3.558,58	195,72	284,68	320,27																		
10.370,99	I	3.007,66	165,42	240,61	270,68	156,80	228,08	256,59	146,65	215,54	242,48	128,01	203,01	228,38	109,37	190,48	214,29	90,73	177,95	200,19	72,09	165,42	186
(Ost)	II	2.858,58	157,22	228,68	257,27	147,56	216,15	243,17	128,91	203,62	229,07	110,27	191,08	214,97	91,63	178,55	200,87	72,98	166,02	186,77	54,34	153,48	172
	III	2.197,00	–	175,76	197,73	–	164,26	184,79	–	153,04	172,17	–	142,06	159,82	–	131,34	147,76	–	120,88	135,99	–	110,68	124
	IV	3.007,66	165,42	240,61	270,68	161,11	234,34	263,63	156,80	228,08	256,59	152,49	221,81	249,53	146,65	215,54	242,48	137,33	209,28	235,44	128,01	203,01	228
	V	3.522,08	193,71	281,76	316,98																		
	VI	3.566,41	196,15	285,31	320,97																		
10.373,99	I	3.001,16	165,06	240,09	270,10	156,44	227,56	256,00	145,88	215,02	241,90	127,24	202,49	227,80	108,59	189,96	213,70	89,95	177,42	199,60	71,31	164,89	185
(West)	II	2.852,00	156,86	228,16	256,68	146,77	215,62	242,57	128,14	203,10	228,48	109,49	190,56	214,38	90,85	178,03	200,28	72,21	165,50	186,18	53,56	152,96	172,
	III	2.190,83	–	175,26	197,17	–	163,78	184,25	–	152,57	171,64	–	141,61	159,31	–	130,90	147,26	–	120,45	135,50	–	110,26	124
	IV	3.001,16	165,06	240,09	270,10	160,75	233,82	263,05	156,44	227,56	256,00	152,13	221,29	248,95	145,88	215,02	241,90	136,56	208,76	234,85	127,24	202,49	227,
	V	3.515,58	193,35	281,24	316,40																		
	VI	3.559,91	195,79	284,79	320,39																		
10.373,99	I	3.008,91	165,49	240,71	270,80	156,87	228,18	256,70	146,80	215,64	242,60	128,16	203,11	228,50	109,52	190,58	214,40	90,88	178,05	200,30	72,24	165,52	186,
(Ost)	II	2.859,83	157,29	228,78	257,38	147,70	216,25	243,28	129,06	203,72	229,18	110,42	191,18	215,08	91,77	178,65	200,98	73,13	166,12	186,88	54,50	153,59	172,
	III	2.198,16	–	175,85	197,83	–	164,36	184,90	–	153,12	172,26	–	142,14	159,91	–	131,42	147,85	–	120,97	136,09	–	110,76	124,
	IV	3.008,91	165,49	240,71	270,80	161,18	234,44	263,75	156,87	228,18	256,70	152,56	221,91	249,65	146,80	215,64	242,60	137,48	209,38	235,55	128,16	203,11	228,
	V	3.523,41	193,78	281,87	317,10																		
	VI	3.567,66	196,22	285,41	321,08																		
10.376,99	I	3.002,41	165,13	240,19	270,21	156,51	227,66	256,11	146,03	215,12	242,01	127,38	202,59	227,91	108,74	190,06	213,81	90,10	177,52	199,71	71,45	164,99	185,
(West)	II	2.853,33	156,93	228,26	256,79	146,93	215,73	242,69	128,29	203,20	228,60	109,64	190,66	214,49	91,00	178,13	200,39	72,36	165,60	186,30	53,71	153,06	172,
	III	2.192,00	–	175,36	197,28	–	163,88	184,36	–	152,65	171,73	–	141,69	159,40	–	130,98	147,35	–	120,53	135,59	–	110,34	124,
	IV	3.002,41	165,13	240,19	270,21	160,82	233,92	263,16	156,51	227,66	256,11	152,20	221,39	249,06	146,03	215,12	242,01	136,71	208,86	234,96	127,38	202,59	227,
	V	3.516,83	193,42	281,34	316,51																		
	VI	3.561,16	195,86	284,89	320,50																		
10.376,99	I	3.010,16	165,55	240,81	270,91	156,94	228,28	256,81	146,96	215,75	242,72	128,32	203,22	228,62	109,67	190,68	214,52	91,03	178,15	200,42	72,39	165,62	186,
(Ost)	II	2.861,08	157,35	228,88	257,49	147,85	216,35	243,39	129,21	203,82	229,29	110,57	191,28	215,19	91,92	178,75	201,09	73,29	166,22	187,00	54,65	153,69	172,
	III	2.199,33	–	175,94	197,93	–	164,45	185,00	–	153,21	172,36	–	142,24	160,02	–	131,52	147,96	–	121,05	136,18	–	110,84	124,6
	IV	3.010,16	165,55	240,81	270,91	161,25	234,54	263,86	156,94	228,28	256,81	152,63	222,01	249,76	146,96	215,75	242,72	137,64	209,48	235,67	128,32	203,22	228,
	V	3.524,66	193,85	281,97	317,21																		
	VI	3.568,91	196,29	285,51	321,20																		
10.379,99	I	3.003,66	165,20	240,29	270,32	156,58	227,76	256,23	146,18	215,22	242,12	127,53	202,69	228,02	108,89	190,16	213,93	90,25	177,62	199,82	71,60	165,09	185,7
(West)	II	2.854,58	157,00	228,36	256,91	147,08	215,83	242,81	128,44	203,30	228,71	109,79	190,76	214,61	91,15	178,23	200,51	72,51	165,70	186,41	53,86	153,16	172,3
	III	2.193,16	–	175,45	197,38	–	163,97	184,46	–	152,74	171,83	–	141,78	159,50	–	131,06	147,44	–	120,61	135,68	–	110,42	124,2
	IV	3.003,66	165,20	240,29	270,32	160,89	234,02	263,27	156,58	227,76	256,23	152,27	221,49	249,17	146,18	215,22	242,12	136,85	208,96	235,08	127,53	202,69	228,0
	V	3.518,08	193,49	281,44	316,62																		
	VI	3.562,41	195,93	284,99	320,61																		
10.379,99	I	3.011,41	165,62	240,91	271,02	157,01	228,38	256,93	147,11	215,85	242,83	128,47	203,32	228,73	109,82	190,78	214,63	91,18	178,25	200,53	72,54	165,72	186,4
(Ost)	II	2.862,33	157,42	228,98	257,60	148,00	216,45	243,50	129,36	203,92	229,41	110,72	191,39	215,31	92,08	178,86	201,21	73,44	166,32	187,11	54,79	153,79	173,0
	III	2.200,50	–	176,04	198,04	–	164,54	185,11	–	153,30	172,46	–	142,32	160,11	–	131,60	148,05	–	121,13	136,27	–	110,93	124,7
	IV	3.011,41	165,62	240,91	271,02	161,32	234,65	263,98	157,01	228,38	256,93	152,70	222,12	249,88	147,11	215,85	242,83	137,79	209,58	235,78	128,47	203,32	228,7
	V	3.525,91	193,92	282,07	317,33																		
	VI	3.570,25	196,36	285,62	321,32																		
10.382,99	I	3.004,91	165,27	240,39	270,44	156,65	227,86	256,34	146,33	215,32	242,24	127,68	202,79	228,14	109,04	190,26	214,04	90,40	177,72	199,94	71,75	165,19	185,8
(West)	II	2.855,83	157,07	228,46	257,02	147,23	215,93	242,92	128,58	203,40	228,82	109,94	190,86	214,72	91,30	178,33	200,62	72,65	165,80	186,52	54,01	153,26	172,4
	III	2.194,33	–	175,54	197,48	–	164,06	184,57	–	152,84	171,94	–	141,86	159,59	–	131,16	147,55	–	120,70	135,79	–	110,50	124,3
	IV	3.004,91	165,27	240,39	270,44	160,96	234,12	263,39	156,65	227,86	256,34	152,34	221,59	249,29	146,33	215,32	242,24	137,00	209,06	235,19	127,68	202,79	228,1
	V	3.519,33	193,56	281,54	316,73																		
	VI	3.563,66	196,00	285,09	320,72																		
10.382,99	I	3.012,75	165,70	241,02	271,14	157,08	228,48	257,04	147,26	215,95	242,94	128,61	203,42	228,84	109,97	190,88	214,74	91,33	178,35	200,64	72,68	165,82	186,5
(Ost)	II	2.863,58	157,49	229,08	257,72	148,15	216,55	243,62	129,52	204,02	229,52	110,87	191,49	215,42	92,23	178,96	201,33	73,59	166,42	187,22	54,94	153,89	173,1
	III	2.201,66	–	176,13	198,14	–	164,62	185,20	–	153,40	172,57	–	142,41	160,21	–	131,68	148,14	–	121,21	136,36	–	111,01	124,8
	IV	3.012,75	165,70	241,02	271,14	161,39	234,75	264,09	157,08	228,48	257,04	152,77	222,22	249,99	147,26	215,95	242,94	137,94	209,68	235,89	128,61	203,42	228,8
	V	3.527,16	193,99	282,17	317,44																		
	VI	3.571,50	196,43	285,72	321,43																		

Lohn/ Gehalt bis	Steuerklasse	Lohn-steuer	ohne Kinderfreibetrag SolZ 5,5%	ohne Kinderfreibetrag Kirchensteuer 8%	ohne Kinderfreibetrag Kirchensteuer 9%	0,5 SolZ 5,5%	0,5 Kirchensteuer 8%	0,5 Kirchensteuer 9%	1,0 SolZ 5,5%	1,0 Kirchensteuer 8%	1,0 Kirchensteuer 9%	1,5 SolZ 5,5%	1,5 Kirchensteuer 8%	1,5 Kirchensteuer 9%	2,0 SolZ 5,5%	2,0 Kirchensteuer 8%	2,0 Kirchensteuer 9%	2,5 SolZ 5,5%	2,5 Kirchensteuer 8%	2,5 Kirchensteuer 9%	3,0 SolZ 5,5%	3,0 Kirchensteuer 8%	3,0 Kirchensteuer 9%
10.385,99	I	3.006,16	165,33	240,49	270,55	156,72	227,96	256,45	146,47	215,42	242,35	127,83	202,89	228,25	109,19	190,36	214,15	90,54	177,82	200,05	71,91	165,30	185,96
(West)	II	2.857,08	157,13	228,56	257,13	147,38	216,03	243,03	128,73	203,50	228,93	110,09	190,96	214,83	91,45	178,43	200,73	72,80	165,90	186,63	54,16	153,36	172,53
	III	2.195,50	-	175,64	197,59	-	164,16	184,68	-	152,93	172,04	-	141,96	159,70	-	131,24	147,64	-	120,78	135,88	-	110,58	124,40
	IV	3.006,16	165,33	240,49	270,55	161,03	234,22	263,50	156,72	227,96	256,45	152,41	221,69	249,40	146,47	215,42	242,35	137,15	209,16	235,30	127,83	202,89	228,25
	V	3.520,58	193,63	281,64	316,85																		
	VI	3.564,91	196,07	285,19	320,84																		
10.385,99	I	3.014,00	165,77	241,12	271,26	157,15	228,58	257,15	147,41	216,05	243,05	128,76	203,52	228,96	110,12	190,98	214,85	91,48	178,45	200,75	72,83	165,92	186,66
(Ost)	II	2.864,91	157,57	229,19	257,84	148,31	216,66	243,74	129,67	204,12	229,64	111,02	191,59	215,54	92,38	179,06	201,44	73,74	166,52	187,34	55,09	153,99	173,24
	III	2.202,83	-	176,22	198,25	-	164,72	185,31	-	153,48	172,66	-	142,49	160,30	-	131,77	148,24	-	121,30	136,46	-	111,09	124,97
	IV	3.014,00	165,77	241,12	271,26	161,46	234,85	264,20	157,15	228,58	257,15	152,84	222,32	250,11	147,41	216,05	243,05	138,08	209,78	236,00	128,76	203,52	228,96
	V	3.528,41	194,06	282,27	317,55																		
	VI	3.572,75	196,50	285,82	321,54																		
10.388,99	I	3.007,41	165,40	240,59	270,66	156,79	228,06	256,56	146,62	215,52	242,46	127,98	202,99	228,36	109,35	190,46	214,27	90,70	177,93	200,17	72,06	165,40	186,07
(West)	II	2.858,33	157,20	228,66	257,24	147,53	216,13	243,14	128,88	203,60	229,05	110,24	191,06	214,94	91,60	178,53	200,84	72,95	166,00	186,75	54,31	153,46	172,64
	III	2.196,66	-	175,73	197,69	-	164,25	184,78	-	153,01	172,13	-	142,04	159,79	-	131,33	147,74	-	120,86	135,97	-	110,66	124,49
	IV	3.007,41	165,40	240,59	270,66	161,09	234,32	263,61	156,79	228,06	256,56	152,48	221,79	249,51	146,62	215,52	242,46	137,30	209,26	235,41	127,98	202,99	228,36
	V	3.521,83	193,70	281,74	316,96																		
	VI	3.566,16	196,13	285,29	320,95																		
10.388,99	I	3.015,25	165,83	241,22	271,37	157,22	228,68	257,27	147,56	216,15	243,17	128,91	203,62	229,07	110,27	191,08	214,97	91,63	178,55	200,87	72,98	166,02	186,77
(Ost)	II	2.866,16	157,63	229,29	257,95	148,46	216,76	243,85	129,81	204,22	229,75	111,17	191,69	215,65	92,53	179,16	201,55	73,88	166,62	187,45	55,24	154,09	173,35
	III	2.204,00	-	176,32	198,36	-	164,81	185,41	-	153,57	172,76	-	142,58	160,40	-	131,85	148,33	-	121,38	136,55	-	111,17	125,06
	IV	3.015,25	165,83	241,22	271,37	161,53	234,95	264,32	157,22	228,68	257,27	152,91	222,42	250,22	147,56	216,15	243,17	138,23	209,88	236,12	128,91	203,62	229,07
	V	3.529,66	194,13	282,37	317,66																		
	VI	3.574,00	196,57	285,92	321,66																		
10.391,99	I	3.008,66	165,47	240,69	270,77	156,86	228,16	256,68	146,77	215,62	242,57	128,14	203,10	228,48	109,49	190,56	214,38	90,85	178,03	200,28	72,21	165,50	186,18
(West)	II	2.859,58	157,27	228,76	257,36	147,67	216,23	243,26	129,03	203,70	229,16	110,39	191,16	215,06	91,74	178,63	200,96	73,11	166,10	186,86	54,47	153,57	172,76
	III	2.197,83	-	175,82	197,80	-	164,33	184,87	-	153,10	172,24	-	142,13	159,89	-	131,41	147,83	-	120,94	136,06	-	110,74	124,58
	IV	3.008,66	165,47	240,69	270,77	161,16	234,42	263,72	156,86	228,16	256,68	152,55	221,89	249,62	146,77	215,62	242,57	137,46	209,36	235,53	128,14	203,10	228,48
	V	3.523,16	193,77	281,85	317,08																		
	VI	3.567,41	196,20	285,39	321,06																		
10.391,99	I	3.016,50	165,90	241,32	271,48	157,29	228,78	257,38	147,70	216,25	243,28	129,06	203,72	229,18	110,42	191,18	215,08	91,77	178,65	200,98	73,13	166,12	186,88
(Ost)	II	2.867,41	157,70	229,39	258,06	148,61	216,86	243,96	129,96	204,32	229,86	111,32	191,79	215,76	92,68	179,26	201,66	74,03	166,72	187,56	55,39	154,19	173,46
	III	2.205,16	-	176,41	198,46	-	164,90	185,51	-	153,66	172,87	-	142,68	160,51	-	131,94	148,43	-	121,46	136,64	-	111,25	125,15
	IV	3.016,50	165,90	241,32	271,48	161,59	235,05	264,43	157,29	228,78	257,38	152,98	222,52	250,33	147,70	216,25	243,28	138,38	209,98	236,23	129,06	203,72	229,18
	V	3.530,91	194,20	282,47	317,78																		
	VI	3.575,25	196,63	286,02	321,77																		
10.394,99	I	3.009,91	165,54	240,79	270,89	156,93	228,26	256,79	146,93	215,73	242,69	128,29	203,20	228,60	109,64	190,66	214,49	91,00	178,13	200,39	72,36	165,60	186,30
(West)	II	2.860,83	157,34	228,86	257,47	147,82	216,33	243,37	129,18	203,80	229,27	110,54	191,26	215,17	91,90	178,74	201,08	73,26	166,20	186,98	54,62	153,67	172,88
	III	2.199,00	-	175,92	197,91	-	164,42	184,97	-	153,20	172,35	-	142,21	159,98	-	131,49	147,92	-	121,04	136,17	-	110,82	124,67
	IV	3.009,91	165,54	240,79	270,89	161,23	234,52	263,84	156,93	228,26	256,79	152,62	222,00	249,75	146,93	215,73	242,69	137,61	209,46	235,64	128,29	203,20	228,60
	V	3.524,41	193,84	281,95	317,19																		
	VI	3.568,66	196,27	285,49	321,17																		
10.394,99	I	3.017,75	165,97	241,42	271,59	157,35	228,88	257,49	147,85	216,35	243,39	129,21	203,82	229,29	110,57	191,28	215,19	91,92	178,75	201,09	73,29	166,22	187,00
(Ost)	II	2.868,66	157,77	229,49	258,17	148,75	216,96	244,08	130,11	204,42	229,97	111,47	191,89	215,87	92,82	179,36	201,78	74,18	166,82	187,67	55,54	154,29	173,57
	III	2.206,33	-	176,50	198,56	-	165,00	185,62	-	153,74	172,96	-	142,76	160,60	-	132,02	148,52	-	121,54	136,73	-	111,33	125,24
	IV	3.017,75	165,97	241,42	271,59	161,66	235,15	264,54	157,35	228,88	257,49	153,05	222,62	250,44	147,85	216,35	243,39	138,53	210,08	236,34	129,21	203,82	229,29
	V	3.532,16	194,26	282,57	317,89																		
	VI	3.576,50	196,70	286,12	321,88																		
10.397,99	I	3.011,25	165,61	240,90	271,01	157,00	228,36	256,91	147,08	215,83	242,81	128,44	203,30	228,71	109,79	190,76	214,61	91,15	178,23	200,51	72,51	165,70	186,41
(West)	II	2.862,08	157,41	228,96	257,58	147,97	216,43	243,48	129,34	203,90	229,39	110,69	191,37	215,29	92,05	178,84	201,19	73,41	166,30	187,09	54,76	153,77	172,99
	III	2.200,16	-	176,01	198,01	-	164,52	185,08	-	153,28	172,44	-	142,30	160,09	-	131,58	148,03	-	121,12	136,26	-	110,90	124,76
	IV	3.011,25	165,61	240,90	271,01	161,31	234,63	263,96	157,00	228,36	256,91	152,69	222,10	249,86	147,08	215,83	242,81	137,76	209,56	235,76	128,44	203,30	228,71
	V	3.525,66	193,91	282,05	317,30																		
	VI	3.570,00	196,35	285,60	321,30																		
10.397,99	I	3.019,00	166,04	241,52	271,71	157,42	228,98	257,60	148,00	216,45	243,50	129,36	203,92	229,41	110,72	191,39	215,31	92,08	178,86	201,21	73,44	166,32	187,11
(Ost)	II	2.869,91	157,84	229,59	258,29	148,90	217,06	244,19	130,26	204,52	230,09	111,62	191,99	215,99	92,97	179,46	201,89	74,33	166,92	187,79	55,69	154,39	173,69
	III	2.207,50	-	176,60	198,67	-	165,09	185,72	-	153,84	173,07	-	142,85	160,70	-	132,10	148,61	-	121,64	136,84	-	111,41	125,33
	IV	3.019,00	166,04	241,52	271,71	161,73	235,25	264,65	157,42	228,98	257,60	153,12	222,72	250,56	148,00	216,45	243,50	138,68	210,18	236,45	129,36	203,92	229,41
	V	3.533,50	194,34	282,68	318,01																		
	VI	3.577,75	196,77	286,22	321,99																		
10.400,99	I	3.012,50	165,68	241,00	271,12	157,07	228,46	257,02	147,23	215,93	242,92	128,58	203,40	228,82	109,94	190,86	214,72	91,30	178,33	200,62	72,65	165,80	186,52
(West)	II	2.863,33	157,48	229,06	257,69	148,13	216,54	243,60	129,49	204,00	229,50	110,84	191,47	215,40	92,20	178,94	201,30	73,56	166,40	187,20	54,91	153,87	173,10
	III	2.201,33	-	176,10	198,11	-	164,61	185,18	-	153,37	172,54	-	142,38	160,18	-	131,66	148,12	-	121,20	136,35	-	110,98	124,85
	IV	3.012,50	165,68	241,00	271,12	161,37	234,73	264,07	157,07	228,46	257,02	152,76	222,20	249,97	147,23	215,93	242,92	137,91	209,66	235,87	128,58	203,40	228,82
	V	3.526,91	193,98	282,15	317,42																		
	VI	3.571,25	196,41	285,70	321,41																		
10.400,99	I	3.020,25	166,11	241,62	271,82	157,49	229,08	257,72	148,15	216,55	243,62	129,52	204,02	229,52	110,87	191,49	215,42	92,23	178,96	201,33	73,59	166,42	187,22
(Ost)	II	2.871,16	157,91	229,69	258,40	149,05	217,16	244,30	130,41	204,62	230,20	111,77	192,09	216,10	93,12	179,56	202,00	74,49	167,03	187,91	55,85	154,50	173,81
	III	2.208,66	-	176,69	198,77	-	165,18	185,83	-	153,93	173,17	-	142,93	160,79	-	132,20	148,72	-	121,72	136,93	-	111,49	125,42
	IV	3.020,25	166,11	241,62	271,82	161,80	235,35	264,77	157,49	229,08	257,72	153,18	222,82	250,67	148,15	216,55	243,62	138,84	210,29	236,57	129,52	204,02	229,52
	V	3.534,75	194,41	282,78	318,12																		
	VI	3.579,00	196,84	286,32	322,11																		
10.403,99	I	3.013,75	165,75	241,10	271,23	157,13	228,56	257,13	147,38	216,03	243,03	128,73	203,50	228,93	110,09	190,96	214,83	91,45	178,43	200,73	72,80	165,90	186,63
(West)	II	2.864,66	157,55	229,17	257,81	148,28	216,64	243,72	129,64	204,10	229,61	110,99	191,57	215,51	92,35	179,04	201,42	73,71	166,50	187,31	55,06	153,97	173,21
	III	2.202,50	-	176,20	198,22	-	164,70	185,29	-	153,46	172,64	-	142,48	160,29	-	131,74	148,21	-	121,28	136,44	-	111,06	124,94
	IV	3.013,75	165,75	241,10	271,23	161,44	234,83	264,18	157,13	228,56	257,13	152,83	222,30	250,08	147,38	216,03	243,03	138,05	209,76	235,98	128,73	203,50	228,93
	V	3.528,16	194,04	282,25	317,53																		
	VI	3.572,50	196,48	285,80	321,52																		
10.403,99	I	3.021,50	166,18	241,72	271,93	157,57	229,19	257,84	148,31	216,66	243,74	129,67	204,12	229,64	111,02	191,59	215,54	92,38	179,06	201,44	73,74	166,52	187,34
(Ost)	II	2.872,41	157,98	229,79	258,51	149,20	217,26	244,41	130,56	204,72	230,31	111,91	192,19	216,21	93,28	179,66	202,12	74,64	167,13	188,02	55,99	154,60	173,92
	III	2.209,83	-	176,78	198,88	-	165,28	185,94	-	154,01	173,26	-	143,02	160,90	-	132,28	148,81	-	121,80	137,02	-	111,57	125,51
	IV	3.021,50	166,18	241,72	271,93	161,87	235,45	264,88	157,57	229,19	257,84	153,26	222,92	250,79	148,31	216,66	243,74	138,99	210,39	236,69	129,67	204,12	229,64
	V	3.536,00	194,48	282,88	318,24																		
	VI	3.580,25	196,91	286,42	322,22																		

Anzahl Kinderfreibeträge (nur Steuerklassen I–IV)

MONAT bis 10.424,99 €

Allgemeine Tabelle

Lohn/ Gehalt bis	Steuerklasse	Lohn- steuer	ohne Kinderfreibetrag			Anzahl Kinderfreibeträge (nur Steuerklassen I–IV): 0,5			1,0			1,5			2,0			2,5			3,0		
			SolZ 5,5%	Kirchensteuer 8%	9%	SolZ 5,5%	Kirchensteuer 8%	9%	SolZ 5,5%	Kirchensteuer 8%	9%	SolZ 5,5%	Kirchensteuer 8%	9%	SolZ 5,5%	Kirchensteuer 8%	9%	SolZ 5,5%	Kirchensteuer 8%	9%	SolZ 5,5%	Kirchensteu 8%	9%
10.406,99 (West)	I	3.015,00	165,82	241,20	271,35	157,20	228,66	257,24	147,53	216,13	243,14	128,88	203,60	229,05	110,24	191,06	214,94	91,60	178,53	200,84	72,95	166,00	186
	II	2.865,91	157,62	229,27	257,93	148,43	216,74	243,83	129,78	204,20	229,73	111,14	191,67	215,63	92,50	179,14	201,53	73,85	166,60	187,43	55,21	154,07	173
	III	2.203,66	–	176,29	198,32	–	164,80	185,40	–	153,54	172,73	–	142,56	160,38	–	131,84	148,32	–	121,37	136,54	–	111,14	125
	IV	3.015,00	165,82	241,20	271,35	161,51	234,93	264,29	157,20	228,66	257,24	152,90	222,40	250,20	147,53	216,13	243,14	138,20	209,86	236,09	128,88	203,60	229
	V	3.529,41	194,11	282,35	317,64																		
	VI	3.573,75	196,55	285,90	321,63																		
10.406,99 (Ost)	I	3.022,83	166,25	241,82	272,05	157,63	229,29	257,95	148,46	216,76	243,85	129,81	204,22	229,75	111,17	191,69	215,65	92,53	179,16	201,55	73,88	166,62	187
	II	2.873,66	158,05	229,89	258,62	149,35	217,36	244,53	130,72	204,83	230,43	112,07	192,30	216,33	93,43	179,76	202,23	74,79	167,23	188,13	56,14	154,70	174
	III	2.211,00	–	176,88	198,99	–	165,36	186,03	–	154,10	173,36	–	143,10	160,99	–	132,37	148,91	–	121,88	137,11	–	111,65	125
	IV	3.022,83	166,25	241,82	272,05	161,94	235,56	265,00	157,63	229,29	257,95	153,33	223,02	250,90	148,46	216,76	243,85	139,14	210,49	236,80	129,81	204,22	229
	V	3.537,25	194,54	282,98	318,35																		
	VI	3.581,58	196,98	286,52	322,34																		
10.409,99 (West)	I	3.016,25	165,89	241,30	271,46	157,27	228,76	257,36	147,67	216,23	243,26	129,03	203,70	229,16	110,39	191,16	215,06	91,74	178,63	200,96	73,11	166,10	186
	II	2.867,16	157,69	229,37	258,04	148,58	216,84	243,94	129,93	204,30	229,84	111,29	191,77	215,74	92,65	179,24	201,64	74,00	166,70	187,54	55,36	154,17	173
	III	2.204,83	–	176,38	198,43	–	164,89	185,50	–	153,64	172,84	–	142,65	160,48	–	131,92	148,41	–	121,45	136,63	–	111,24	125
	IV	3.016,25	165,89	241,30	271,46	161,58	235,03	264,41	157,27	228,76	257,36	152,96	222,50	250,31	147,67	216,23	243,26	138,35	209,96	236,21	129,03	203,70	229
	V	3.530,66	194,18	282,45	317,75																		
	VI	3.575,00	196,62	286,00	321,75																		
10.409,99 (Ost)	I	3.024,08	166,32	241,92	272,16	157,70	229,39	258,06	148,61	216,86	243,96	129,96	204,32	229,86	111,32	191,79	215,76	92,68	179,26	201,66	74,03	166,72	187
	II	2.874,91	158,12	229,99	258,74	149,50	217,46	244,64	130,87	204,93	230,54	112,22	192,40	216,45	93,58	179,86	202,34	74,94	167,33	188,24	56,29	154,80	174
	III	2.212,16	–	176,97	199,09	–	165,45	186,13	–	154,20	173,47	–	143,20	161,10	–	132,45	149,00	–	121,97	137,21	–	111,73	125
	IV	3.024,08	166,32	241,92	272,16	162,01	235,66	265,11	157,70	229,39	258,06	153,39	223,12	251,01	148,61	216,86	243,96	139,28	210,59	236,91	129,96	204,32	229
	V	3.538,50	194,61	283,08	318,46																		
	VI	3.582,83	197,05	286,62	322,45																		
10.412,99 (West)	I	3.017,50	165,96	241,40	271,57	157,34	228,86	257,47	147,82	216,33	243,37	129,18	203,80	229,27	110,54	191,26	215,17	91,90	178,74	201,08	73,26	166,20	186
	II	2.868,41	157,76	229,47	258,15	148,73	216,94	244,05	130,08	204,40	229,95	111,44	191,87	215,85	92,80	179,34	201,75	74,15	166,80	187,65	55,51	154,27	173
	III	2.206,00	–	176,48	198,54	–	164,97	185,59	–	153,73	172,94	–	142,74	160,58	–	132,01	148,51	–	121,53	136,72	–	111,32	125
	IV	3.017,50	165,96	241,40	271,57	161,65	235,13	264,52	157,34	228,86	257,47	153,03	222,60	250,42	147,82	216,33	243,37	138,50	210,06	236,32	129,18	203,80	229
	V	3.531,91	194,25	282,55	317,87																		
	VI	3.576,25	196,69	286,10	321,86																		
10.412,99 (Ost)	I	3.025,33	166,39	242,02	272,27	157,77	229,49	258,17	148,75	216,96	244,08	130,11	204,42	229,97	111,47	191,89	215,87	92,82	179,36	201,78	74,18	166,82	187
	II	2.876,25	158,19	230,10	258,86	149,57	217,56	244,76	131,01	205,03	230,66	112,37	192,50	216,56	93,73	179,96	202,46	75,08	167,43	188,36	56,44	154,90	174
	III	2.213,33	–	177,06	199,19	–	165,54	186,23	–	154,29	173,57	–	143,28	161,19	–	132,53	149,09	–	122,05	137,30	–	111,82	125
	IV	3.025,33	166,39	242,02	272,27	162,08	235,76	265,23	157,77	229,49	258,17	153,46	223,22	251,12	148,75	216,96	244,08	139,43	210,69	237,02	130,11	204,42	229,
	V	3.539,75	194,68	283,18	318,57																		
	VI	3.584,08	197,12	286,72	322,56																		
10.415,99 (West)	I	3.018,75	166,03	241,50	271,68	157,41	228,96	257,58	147,97	216,43	243,48	129,34	203,90	229,39	110,69	191,37	215,29	92,05	178,84	201,19	73,41	166,30	187,
	II	2.869,66	157,83	229,57	258,26	148,87	217,04	244,17	130,23	204,50	230,06	111,59	191,97	215,96	92,94	179,44	201,87	74,30	166,90	187,76	55,67	154,38	173,
	III	2.207,16	–	176,57	198,64	–	165,06	185,69	–	153,82	173,05	–	142,82	160,67	–	132,09	148,60	–	121,61	136,81	–	111,40	125,
	IV	3.018,75	166,03	241,50	271,68	161,72	235,23	264,63	157,41	228,96	257,58	153,10	222,70	250,53	147,97	216,43	243,48	138,65	210,16	236,43	129,34	203,90	229,
	V	3.533,25	194,32	282,66	317,99																		
	VI	3.577,50	196,76	286,20	321,97																		
10.415,99 (Ost)	I	3.026,58	166,46	242,12	272,39	157,84	229,59	258,29	148,90	217,06	244,19	130,26	204,52	230,09	111,62	191,99	215,99	92,97	179,46	201,89	74,33	166,92	187,
	II	2.877,50	158,26	230,20	258,97	149,64	217,66	244,87	131,16	205,13	230,77	112,52	192,60	216,67	93,88	180,06	202,57	75,23	167,53	188,47	56,59	155,00	174,
	III	2.214,50	–	177,16	199,30	–	165,64	186,34	–	154,37	173,66	–	143,37	161,29	–	132,62	149,20	–	122,13	137,39	–	111,90	125,
	IV	3.026,58	166,46	242,12	272,39	162,15	235,86	265,34	157,84	229,59	258,29	153,53	223,32	251,24	148,90	217,06	244,19	139,58	210,79	237,14	130,26	204,52	230,
	V	3.541,00	194,75	283,28	318,69																		
	VI	3.585,33	197,19	286,82	322,67																		
10.418,99 (West)	I	3.020,00	166,10	241,60	271,80	157,48	229,06	257,69	148,13	216,54	243,60	129,49	204,00	229,50	110,84	191,47	215,40	92,20	178,94	201,30	73,56	166,40	187,
	II	2.870,91	157,90	229,67	258,38	149,02	217,14	244,28	130,38	204,60	230,18	111,74	192,07	216,08	93,10	179,54	201,98	74,46	167,01	187,88	55,82	154,48	173,
	III	2.208,33	–	176,66	198,74	–	165,16	185,80	–	153,90	173,14	–	142,92	160,78	–	132,17	148,69	–	121,69	136,90	–	111,48	125,
	IV	3.020,00	166,10	241,60	271,80	161,79	235,33	264,74	157,48	229,06	257,69	153,17	222,80	250,65	148,13	216,54	243,60	138,81	210,27	236,55	129,49	204,00	229,
	V	3.534,50	194,39	282,76	318,10																		
	VI	3.578,75	196,83	286,30	322,08																		
10.418,99 (Ost)	I	3.027,83	166,53	242,22	272,50	157,91	229,69	258,40	149,05	217,16	244,30	130,41	204,62	230,20	111,77	192,09	216,10	93,12	179,56	202,00	74,49	167,03	187,
	II	2.878,75	158,33	230,30	259,08	149,71	217,76	244,98	131,31	205,23	230,88	112,67	192,70	216,78	94,02	180,16	202,68	75,38	167,63	188,58	56,74	155,10	174,
	III	2.215,66	–	177,25	199,40	–	165,73	186,44	–	154,46	173,77	–	143,46	161,39	–	132,70	149,29	–	122,21	137,48	–	111,98	125,
	IV	3.027,83	166,53	242,22	272,50	162,22	235,96	265,45	157,91	229,69	258,40	153,60	223,42	251,35	149,05	217,16	244,30	139,73	210,89	237,25	130,41	204,62	230,2
	V	3.542,25	194,82	283,38	318,80																		
	VI	3.586,58	197,26	286,92	322,79																		
10.421,99 (West)	I	3.021,33	166,17	241,70	271,91	157,55	229,17	257,81	148,28	216,64	243,72	129,64	204,10	229,61	110,99	191,57	215,51	92,35	179,04	201,42	73,71	166,50	187,3
	II	2.872,16	157,96	229,77	258,49	149,17	217,24	244,39	130,53	204,70	230,29	111,89	192,18	216,20	93,25	179,64	202,10	74,61	167,11	188,00	55,96	154,58	173,9
	III	2.209,50	–	176,76	198,85	–	165,25	185,90	–	154,00	173,25	–	143,00	160,87	–	132,26	148,79	–	121,78	137,00	–	111,56	125,5
	IV	3.021,33	166,17	241,70	271,91	161,86	235,44	264,87	157,55	229,17	257,81	153,24	222,90	250,76	148,28	216,64	243,72	138,96	210,37	236,66	129,64	204,10	229,6
	V	3.535,75	194,46	282,86	318,21																		
	VI	3.580,08	196,90	286,40	322,20																		
10.421,99 (Ost)	I	3.029,08	166,59	242,32	272,61	157,98	229,79	258,51	149,20	217,26	244,41	130,56	204,72	230,31	111,91	192,19	216,21	93,28	179,66	202,12	74,64	167,13	188,0
	II	2.880,00	158,40	230,40	259,20	149,78	217,86	245,09	131,46	205,33	230,99	112,82	192,80	216,90	94,17	180,26	202,79	75,53	167,73	188,69	56,89	155,20	174,6
	III	2.216,83	–	177,34	199,51	–	165,82	186,55	–	154,56	173,88	–	143,54	161,48	–	132,80	149,40	–	122,30	137,59	–	112,06	126,0
	IV	3.029,08	166,59	242,32	272,61	162,29	236,06	265,56	157,98	229,79	258,51	153,67	223,52	251,46	149,20	217,26	244,41	139,88	210,99	237,36	130,56	204,72	230,3
	V	3.543,50	194,89	283,48	318,91																		
	VI	3.587,83	197,33	287,02	322,90																		
10.424,99 (West)	I	3.022,58	166,24	241,80	272,03	157,62	229,27	257,93	148,43	216,74	243,83	129,78	204,20	229,73	111,14	191,67	215,63	92,50	179,14	201,53	73,85	166,60	187,4
	II	2.873,41	158,03	229,87	258,60	149,33	217,34	244,51	130,69	204,81	230,41	112,04	192,28	216,31	93,40	179,74	202,21	74,76	167,21	188,11	56,11	154,68	174,0
	III	2.210,66	–	176,85	198,95	–	165,34	186,01	–	154,09	173,35	–	143,09	160,97	–	132,34	148,88	–	121,86	137,09	–	111,64	125,5
	IV	3.022,58	166,24	241,80	272,03	161,93	235,54	264,98	157,62	229,27	257,93	153,31	223,00	250,88	148,43	216,74	243,83	139,11	210,47	236,78	129,78	204,20	229,7
	V	3.537,00	194,53	282,96	318,33																		
	VI	3.581,33	196,97	286,50	322,31																		
10.424,99 (Ost)	I	3.030,33	166,66	242,42	272,72	158,05	229,89	258,62	149,35	217,36	244,53	130,72	204,83	230,43	112,07	192,30	216,33	93,43	179,76	202,23	74,79	167,23	188,1
	II	2.881,25	158,46	230,50	259,31	149,85	217,96	245,21	131,61	205,43	231,11	112,97	192,90	217,01	94,32	180,36	202,91	75,68	167,83	188,81	57,05	155,30	174,7
	III	2.218,00	–	177,44	199,62	–	165,92	186,66	–	154,64	173,97	–	143,64	161,59	–	132,88	149,49	–	122,38	137,68	–	112,14	126,1
	IV	3.030,33	166,66	242,42	272,72	162,36	236,16	265,68	158,05	229,89	258,62	153,74	223,62	251,57	149,35	217,36	244,53	140,03	211,09	237,47	130,72	204,83	230,4
	V	3.544,83	194,96	283,58	319,03																		
	VI	3.589,08	197,39	287,12	323,01																		

Allgemeine Tabelle

MONAT bis 10.445,99 €

Lohn/Gehalt bis	Steuerklasse	Lohnsteuer	ohne Kinderfreibetrag SolZ 5,5%	ohne Kinderfreibetrag Kirchensteuer 8%	ohne Kinderfreibetrag Kirchensteuer 9%	0,5 SolZ 5,5%	0,5 Kirchensteuer 8%	0,5 Kirchensteuer 9%	1,0 SolZ 5,5%	1,0 Kirchensteuer 8%	1,0 Kirchensteuer 9%	1,5 SolZ 5,5%	1,5 Kirchensteuer 8%	1,5 Kirchensteuer 9%	2,0 SolZ 5,5%	2,0 Kirchensteuer 8%	2,0 Kirchensteuer 9%	2,5 SolZ 5,5%	2,5 Kirchensteuer 8%	2,5 Kirchensteuer 9%	3,0 SolZ 5,5%	3,0 Kirchensteuer 8%	3,0 Kirchensteuer 9%
						Anzahl Kinderfreibeträge (nur Steuerklassen I–IV)																	
0.427,99 (West)	I	3.023,83	166,31	241,90	272,14	157,69	229,37	258,04	148,58	216,84	243,94	129,93	204,30	229,84	111,29	191,77	215,74	92,65	179,24	201,64	74,00	166,70	187,54
	II	2.874,75	158,11	229,98	258,72	149,48	217,44	244,62	130,84	204,91	230,52	112,19	192,38	216,42	93,55	179,84	202,32	74,91	167,31	188,22	56,26	154,78	174,12
	III	2.211,83	-	176,94	199,06	-	165,44	186,12	-	154,17	173,44	-	143,17	161,06	-	132,44	148,99	-	121,94	137,18	-	111,72	125,68
	IV	3.023,83	166,31	241,90	272,14	162,00	235,64	265,09	157,69	229,37	258,04	153,38	223,10	250,99	148,58	216,84	243,94	139,25	210,57	236,89	129,93	204,30	229,84
	V	3.538,25	194,60	283,06	318,44																		
	VI	3.582,58	197,04	286,60	322,43																		
0.427,99 (Ost)	I	3.031,58	166,73	242,52	272,84	158,12	229,99	258,74	149,50	217,46	244,64	130,87	204,93	230,54	112,22	192,40	216,45	93,58	179,86	202,34	74,94	167,33	188,24
	II	2.882,50	158,53	230,60	259,42	149,92	218,06	245,32	131,76	205,53	231,22	113,11	193,00	217,12	94,48	180,47	203,03	75,84	167,94	188,93	57,19	155,40	174,83
	III	2.219,16	-	177,53	199,72	-	166,00	186,75	-	154,73	174,07	-	143,72	161,68	-	132,97	149,59	-	122,46	137,77	-	112,22	126,25
	IV	3.031,58	166,73	242,52	272,84	162,42	236,26	265,79	158,12	229,99	258,74	153,81	223,73	251,69	149,50	217,46	244,64	140,19	211,20	237,60	130,87	204,93	230,54
	V	3.546,08	195,03	283,68	319,14																		
	VI	3.590,33	197,46	287,22	323,12																		
0.430,99 (West)	I	3.025,08	166,37	242,00	272,25	157,76	229,47	258,15	148,73	216,94	244,05	130,08	204,40	229,95	111,44	191,87	215,85	92,80	179,34	201,75	74,15	166,80	187,65
	II	2.876,00	158,18	230,08	258,84	149,56	217,54	244,73	130,98	205,01	230,63	112,34	192,48	216,54	93,70	179,94	202,43	75,05	167,41	188,33	56,41	154,88	174,24
	III	2.213,00	-	177,04	199,17	-	165,53	186,22	-	154,26	173,54	-	143,26	161,17	-	132,52	149,08	-	122,02	137,27	-	111,80	125,77
	IV	3.025,08	166,37	242,00	272,25	162,07	235,74	265,20	157,76	229,47	258,15	153,45	223,20	251,10	148,73	216,94	244,05	139,40	210,67	237,00	130,08	204,40	229,95
	V	3.539,50	194,67	283,16	318,55																		
	VI	3.583,83	197,11	286,70	322,54																		
0.430,99 (Ost)	I	3.032,91	166,81	242,63	272,96	158,19	230,10	258,86	149,57	217,56	244,76	131,01	205,03	230,66	112,37	192,50	216,56	93,73	179,96	202,46	75,08	167,43	188,36
	II	2.883,75	158,60	230,70	259,53	149,98	218,16	245,43	131,91	205,63	231,33	113,27	193,10	217,24	94,63	180,57	203,14	75,99	168,04	189,04	57,34	155,50	174,94
	III	2.220,33	-	177,62	199,82	-	166,09	186,85	-	154,82	174,17	-	143,81	161,78	-	133,05	149,68	-	122,54	137,86	-	112,30	126,34
	IV	3.032,91	166,81	242,63	272,96	162,50	236,36	265,91	158,19	230,10	258,86	153,88	223,83	251,81	149,57	217,56	244,76	140,34	211,30	237,71	131,01	205,03	230,66
	V	3.547,33	195,10	283,78	319,25																		
	VI	3.591,66	197,54	287,33	323,24																		
0.433,99 (West)	I	3.026,33	166,44	242,10	272,36	157,83	229,57	258,26	148,87	217,04	244,17	130,23	204,50	230,06	111,59	191,97	215,96	92,94	179,44	201,87	74,30	166,90	187,76
	II	2.877,25	158,24	230,18	258,95	149,63	217,64	244,85	131,13	205,11	230,75	112,49	192,58	216,65	93,85	180,04	202,55	75,20	167,51	188,45	56,56	154,98	174,35
	III	2.214,16	-	177,13	199,27	-	165,61	186,31	-	154,36	173,65	-	143,34	161,26	-	132,60	149,17	-	122,12	137,38	-	111,88	125,86
	IV	3.026,33	166,44	242,10	272,36	162,14	235,84	265,32	157,83	229,57	258,26	153,52	223,30	251,21	148,87	217,04	244,17	139,55	210,77	237,11	130,23	204,50	230,06
	V	3.540,75	194,74	283,26	318,66																		
	VI	3.585,08	197,17	286,80	322,65																		
0.433,99 (Ost)	I	3.034,16	166,87	242,73	273,07	158,26	230,20	258,97	149,64	217,66	244,87	131,16	205,13	230,77	112,52	192,60	216,67	93,88	180,06	202,57	75,23	167,53	188,47
	II	2.885,00	158,67	230,80	259,65	150,06	218,27	245,55	132,07	205,74	231,45	113,42	193,20	217,35	94,78	180,67	203,25	76,14	168,14	189,15	57,49	155,60	175,05
	III	2.221,50	-	177,72	199,93	-	166,18	186,95	-	154,92	174,28	-	143,89	161,87	-	133,13	149,77	-	122,64	137,97	-	112,38	126,43
	IV	3.034,16	166,87	242,73	273,07	162,57	236,46	266,02	158,26	230,20	258,97	153,95	223,93	251,92	149,64	217,66	244,87	140,48	211,40	237,82	131,16	205,13	230,77
	V	3.548,58	195,17	283,88	319,37																		
	VI	3.592,91	197,61	287,43	323,36																		
0.436,99 (West)	I	3.027,58	166,51	242,20	272,48	157,90	229,67	258,38	149,02	217,14	244,28	130,38	204,60	230,18	111,74	192,07	216,08	93,10	179,54	201,98	74,46	167,01	187,88
	II	2.878,50	158,31	230,28	259,06	149,70	217,74	244,96	131,28	205,21	230,86	112,64	192,68	216,76	94,00	180,14	202,66	75,35	167,61	188,56	56,71	155,08	174,46
	III	2.215,33	-	177,22	199,37	-	165,70	186,41	-	154,45	173,75	-	143,44	161,37	-	132,69	149,27	-	122,20	137,47	-	111,96	125,95
	IV	3.027,58	166,51	242,20	272,48	162,20	235,94	265,43	157,90	229,67	258,38	153,59	223,40	251,33	149,02	217,14	244,28	139,70	210,87	237,23	130,38	204,60	230,18
	V	3.542,00	194,81	283,36	318,78																		
	VI	3.586,33	197,24	286,90	322,76																		
0.436,99 (Ost)	I	3.035,41	166,94	242,83	273,18	158,33	230,30	259,08	149,71	217,76	244,98	131,31	205,23	230,88	112,67	192,70	216,78	94,02	180,16	202,68	75,38	167,63	188,58
	II	2.886,33	158,74	230,90	259,76	150,13	218,37	245,66	132,21	205,84	231,57	113,57	193,30	217,46	94,93	180,77	203,36	76,28	168,24	189,27	57,64	155,70	175,16
	III	2.222,66	-	177,81	200,03	-	166,28	187,06	-	155,00	174,37	-	143,98	161,98	-	133,22	149,87	-	122,72	138,06	-	112,46	126,52
	IV	3.035,41	166,94	242,83	273,18	162,63	236,56	266,13	158,33	230,30	259,08	154,02	224,03	252,03	149,71	217,76	244,98	140,63	211,50	237,93	131,31	205,23	230,88
	V	3.549,83	195,24	283,98	319,48																		
	VI	3.594,16	197,67	287,53	323,47																		
0.439,99 (West)	I	3.028,83	166,58	242,30	272,59	157,96	229,77	258,49	149,17	217,24	244,39	130,53	204,70	230,29	111,89	192,18	216,20	93,25	179,64	202,10	74,61	167,11	188,00
	II	2.879,75	158,38	230,38	259,17	149,76	217,84	245,07	131,43	205,31	230,97	112,79	192,78	216,87	94,14	180,24	202,77	75,50	167,71	188,67	56,87	155,18	174,58
	III	2.216,50	-	177,32	199,48	-	165,80	186,52	-	154,53	173,84	-	143,53	161,47	-	132,77	149,36	-	122,28	137,56	-	112,04	126,04
	IV	3.028,83	166,58	242,30	272,59	162,27	236,04	265,54	157,96	229,77	258,49	153,66	223,50	251,44	149,17	217,24	244,39	139,85	210,97	237,34	130,53	204,70	230,29
	V	3.543,33	194,88	283,46	318,89																		
	VI	3.587,58	197,31	287,00	322,88																		
10.439,99 (Ost)	I	3.036,66	167,01	242,93	273,29	158,40	230,40	259,20	149,78	217,86	245,09	131,46	205,33	230,99	112,82	192,80	216,90	94,17	180,26	202,79	75,53	167,73	188,69
	II	2.887,58	158,81	231,00	259,88	150,20	218,47	245,78	132,36	205,94	231,68	113,72	193,40	217,58	95,08	180,87	203,48	76,43	168,34	189,38	57,79	155,80	175,28
	III	2.223,83	-	177,90	200,14	-	166,37	187,16	-	155,09	174,47	-	144,06	162,07	-	133,30	149,96	-	122,80	138,15	-	112,54	126,61
	IV	3.036,66	167,01	242,93	273,29	162,70	236,66	266,24	158,40	230,40	259,20	154,09	224,13	252,14	149,78	217,86	245,09	140,78	211,60	238,05	131,46	205,33	230,99
	V	3.551,08	195,30	284,08	319,59																		
	VI	3.595,41	197,74	287,63	323,58																		
10.442,99 (West)	I	3.030,08	166,65	242,40	272,70	158,03	229,87	258,60	149,33	217,34	244,51	130,69	204,81	230,41	112,04	192,28	216,31	93,40	179,74	202,21	74,76	167,21	188,11
	II	2.881,00	158,45	230,48	259,29	149,83	217,94	245,18	131,58	205,41	231,08	112,94	192,88	216,99	94,29	180,34	202,88	75,66	167,82	188,79	57,02	155,28	174,69
	III	2.217,66	-	177,41	199,58	-	165,89	186,62	-	154,62	173,95	-	143,61	161,56	-	132,86	149,47	-	122,36	137,65	-	112,13	126,14
	IV	3.030,08	166,65	242,40	272,70	162,34	236,14	265,65	158,03	229,87	258,60	153,72	223,60	251,55	149,33	217,34	244,51	140,01	211,08	237,46	130,69	204,81	230,41
	V	3.544,58	194,95	283,56	319,01																		
	VI	3.588,83	197,38	287,10	322,99																		
10.442,99 (Ost)	I	3.037,91	167,08	243,03	273,41	158,46	230,50	259,31	149,85	217,96	245,21	131,61	205,43	231,11	112,97	192,90	217,01	94,32	180,36	202,91	75,68	167,83	188,81
	II	2.888,83	158,88	231,10	259,99	150,26	218,57	245,89	132,51	206,04	231,79	113,87	193,50	217,69	95,22	180,97	203,59	76,58	168,44	189,49	57,94	155,90	175,39
	III	2.225,00	-	178,00	200,25	-	166,46	187,27	-	155,18	174,58	-	144,16	162,18	-	133,40	150,07	-	122,88	138,24	-	112,64	126,72
	IV	3.037,91	167,08	243,03	273,41	162,77	236,76	266,36	158,46	230,50	259,31	154,16	224,23	252,26	149,85	217,96	245,21	140,93	211,70	238,16	131,61	205,43	231,11
	V	3.552,33	195,37	284,18	319,70																		
	VI	3.596,66	197,81	287,73	323,69																		
10.445,99 (West)	I	3.031,33	166,72	242,50	272,81	158,11	229,98	258,72	149,48	217,44	244,62	130,84	204,91	230,52	112,19	192,38	216,42	93,55	179,84	202,32	74,91	167,31	188,22
	II	2.882,25	158,52	230,58	259,40	149,90	218,04	245,30	131,73	205,51	231,20	113,09	192,98	217,10	94,45	180,45	203,00	75,81	167,92	188,91	57,16	155,38	174,80
	III	2.218,83	-	177,50	199,69	-	165,98	186,73	-	154,72	174,06	-	143,70	161,66	-	132,94	149,56	-	122,45	137,75	-	112,21	126,23
	IV	3.031,33	166,72	242,50	272,81	162,41	236,24	265,77	158,11	229,98	258,72	153,80	223,71	251,67	149,48	217,44	244,62	140,16	211,18	237,57	130,84	204,91	230,52
	V	3.545,83	195,02	283,66	319,12																		
	VI	3.590,08	197,45	287,20	323,10																		
10.445,99 (Ost)	I	3.039,16	167,15	243,13	273,52	158,53	230,60	259,42	149,92	218,06	245,32	131,76	205,53	231,22	113,11	193,00	217,12	94,48	180,47	203,03	75,84	167,94	188,93
	II	2.890,08	158,95	231,20	260,10	150,33	218,67	246,00	132,66	206,14	231,90	114,02	193,60	217,80	95,37	181,07	203,70	76,73	168,54	189,60	58,09	156,00	175,50
	III	2.226,16	-	178,09	200,35	-	166,56	187,38	-	155,28	174,69	-	144,25	162,28	-	133,48	150,16	-	122,97	138,34	-	112,72	126,81
	IV	3.039,16	167,15	243,13	273,52	162,84	236,86	266,47	158,53	230,60	259,42	154,22	224,33	252,37	149,92	218,06	245,32	141,08	211,80	238,27	131,76	205,53	231,22
	V	3.553,58	195,44	284,28	319,82																		
	VI	3.597,91	197,88	287,83	323,81																		

MONAT bis 10.466,99 €

Allgemeine Tabelle

Lohn/ Gehalt bis	Steuerklasse	Lohn-steuer	ohne Kinderfreibetrag SolZ 5,5%	Kirchensteuer 8%	Kirchensteuer 9%	0,5 SolZ 5,5%	0,5 Kirchensteuer 8%	0,5 Kirchensteuer 9%	1,0 SolZ 5,5%	1,0 Kirchensteuer 8%	1,0 Kirchensteuer 9%	1,5 SolZ 5,5%	1,5 Kirchensteuer 8%	1,5 Kirchensteuer 9%	2,0 SolZ 5,5%	2,0 Kirchensteuer 8%	2,0 Kirchensteuer 9%	2,5 SolZ 5,5%	2,5 Kirchensteuer 8%	2,5 Kirchensteuer 9%	3,0 SolZ 5,5%	3,0 Kirchensteuer 8%	3,0 Kirchensteuer 9%
						Anzahl Kinderfreibeträge (nur Steuerklassen I–IV)																	
10.448,99 (West)	I	3.032,66	166,79	242,61	272,93	158,18	230,08	258,84	149,56	217,54	244,73	130,98	205,01	230,63	112,34	192,48	216,54	93,70	179,94	202,43	75,05	167,41	18
	II	2.883,50	158,59	230,68	259,51	149,97	218,14	245,41	131,89	205,62	231,32	113,24	193,08	217,22	94,60	180,55	203,12	75,96	168,02	189,02	57,31	155,48	17
	III	2.220,16	-	177,61	199,81	-	166,08	186,84	-	154,80	174,15	-	143,78	161,75	-	133,02	149,65	-	122,53	137,84	-	112,29	12
	IV	3.032,66	166,79	242,61	272,93	162,48	236,34	265,88	158,18	230,08	258,84	153,87	223,81	251,78	149,56	217,54	244,73	140,31	211,28	237,69	130,98	205,01	23
	V	3.547,08	195,08	283,76	319,23																		
	VI	3.591,41	197,52	287,31	323,22																		
10.448,99 (Ost)	I	3.040,41	167,22	243,23	273,63	158,60	230,70	259,53	149,98	218,16	245,43	131,91	205,63	231,33	113,27	193,10	217,24	94,63	180,57	203,14	75,99	168,04	18
	II	2.891,33	159,02	231,30	260,21	150,40	218,77	246,11	132,81	206,24	232,02	114,17	193,70	217,91	95,52	181,17	203,81	76,88	168,64	189,72	58,25	156,11	17
	III	2.227,33	-	178,18	200,45	-	166,65	187,48	-	155,36	174,78	-	144,33	162,37	-	133,56	150,25	-	123,05	138,43	-	112,80	12
	IV	3.040,41	167,22	243,23	273,63	162,91	236,96	266,58	158,60	230,70	259,53	154,29	224,43	252,48	149,98	218,16	245,43	141,23	211,90	238,38	131,91	205,63	23
	V	3.554,91	195,52	284,39	319,94																		
	VI	3.599,16	197,95	287,93	323,92																		
10.451,99 (West)	I	3.033,91	166,86	242,71	273,05	158,24	230,18	258,95	149,63	217,64	244,85	131,13	205,11	230,75	112,49	192,58	216,65	93,85	180,04	202,55	75,20	167,51	18
	II	2.884,83	158,66	230,78	259,63	150,04	218,25	245,53	132,04	205,72	231,43	113,39	193,18	217,33	94,75	180,65	203,23	76,11	168,12	189,13	57,46	155,58	17
	III	2.221,33	-	177,70	199,91	-	166,17	186,94	-	154,89	174,25	-	143,88	161,86	-	133,12	149,76	-	122,61	137,93	-	112,37	12
	IV	3.033,91	166,86	242,71	273,05	162,55	236,44	266,00	158,24	230,18	258,95	153,94	223,91	251,90	149,63	217,64	244,85	140,45	211,38	237,80	131,13	205,11	23
	V	3.548,33	195,15	283,86	319,34																		
	VI	3.592,66	197,59	287,41	323,33																		
10.451,99 (Ost)	I	3.041,66	167,29	243,33	273,74	158,67	230,80	259,65	150,06	218,27	245,55	132,07	205,74	231,45	113,42	193,20	217,35	94,78	180,67	203,25	76,14	168,14	18
	II	2.892,58	159,09	231,40	260,33	150,47	218,87	246,23	132,96	206,34	232,13	114,31	193,80	218,03	95,67	181,27	203,93	77,04	168,74	189,83	58,39	156,21	17
	III	2.228,50	-	178,28	200,56	-	166,74	187,58	-	155,45	174,88	-	144,42	162,47	-	133,65	150,35	-	123,13	138,52	-	112,88	12
	IV	3.041,66	167,29	243,33	273,74	162,98	237,06	266,69	158,67	230,80	259,65	154,36	224,53	252,59	150,06	218,27	245,55	141,39	212,00	238,50	132,07	205,74	23
	V	3.556,16	195,58	284,49	320,05																		
	VI	3.600,41	198,02	288,03	324,03																		
10.454,99 (West)	I	3.035,16	166,93	242,81	273,16	158,31	230,28	259,06	149,70	217,74	244,96	131,28	205,21	230,86	112,64	192,68	216,76	94,00	180,14	202,66	75,35	167,61	18
	II	2.886,08	158,73	230,88	259,74	150,11	218,35	245,64	132,18	205,82	231,54	113,54	193,28	217,44	94,90	180,75	203,34	76,25	168,22	189,24	57,61	155,68	17
	III	2.222,50	-	177,80	200,02	-	166,26	187,04	-	154,98	174,35	-	143,96	161,95	-	133,20	149,85	-	122,69	138,02	-	112,45	12
	IV	3.035,16	166,93	242,81	273,16	162,62	236,54	266,11	158,31	230,28	259,06	154,00	224,01	252,01	149,70	217,74	244,96	140,60	211,48	237,91	131,28	205,21	23
	V	3.549,58	195,22	283,96	319,46																		
	VI	3.593,91	197,66	287,51	323,45																		
10.454,99 (Ost)	I	3.042,91	167,36	243,43	273,86	158,74	230,90	259,76	150,13	218,37	245,66	132,21	205,84	231,57	113,57	193,30	217,46	94,93	180,77	203,36	76,28	168,24	18
	II	2.893,83	159,16	231,50	260,44	150,54	218,97	246,34	133,11	206,44	232,24	114,47	193,91	218,15	95,83	181,38	204,05	77,19	168,85	189,95	58,54	156,31	17
	III	2.229,66	-	178,37	200,66	-	166,82	187,67	-	155,54	174,98	-	144,50	162,56	-	133,73	150,44	-	123,21	138,61	-	112,96	127
	IV	3.042,91	167,36	243,43	273,86	163,05	237,17	266,81	158,74	230,90	259,76	154,44	224,64	252,72	150,13	218,37	245,66	141,54	212,10	238,61	132,21	205,84	231
	V	3.557,41	195,65	284,59	320,16																		
	VI	3.601,75	198,09	288,14	324,15																		
10.457,99 (West)	I	3.036,41	167,00	242,91	273,27	158,38	230,38	259,17	149,76	217,84	245,07	131,43	205,31	230,97	112,79	192,78	216,87	94,14	180,24	202,77	75,50	167,71	188
	II	2.887,33	158,80	230,98	259,85	150,18	218,45	245,75	132,33	205,92	231,66	113,69	193,38	217,55	95,05	180,85	203,45	76,40	168,32	189,36	57,76	155,78	175
	III	2.223,66	-	177,89	200,12	-	166,34	187,13	-	155,08	174,46	-	144,05	162,05	-	133,29	149,95	-	122,78	138,13	-	112,53	126
	IV	3.036,41	167,00	242,91	273,27	162,69	236,64	266,22	158,38	230,38	259,17	154,07	224,11	252,12	149,76	217,84	245,07	140,75	211,58	238,02	131,43	205,31	230
	V	3.550,83	195,29	284,06	319,57																		
	VI	3.595,16	197,73	287,61	323,56																		
10.457,99 (Ost)	I	3.044,25	167,43	243,54	273,98	158,81	231,00	259,88	150,20	218,47	245,78	132,36	205,94	231,68	113,72	193,40	217,58	95,08	180,87	203,48	76,43	168,34	189
	II	2.895,08	159,22	231,60	260,55	150,61	219,07	246,45	133,27	206,54	232,36	114,62	194,01	218,26	95,98	181,48	204,16	77,34	168,94	190,06	58,69	156,41	175,
	III	2.230,83	-	178,46	200,77	-	166,92	187,78	-	155,62	175,07	-	144,60	162,67	-	133,82	150,55	-	123,30	138,71	-	113,04	127,
	IV	3.044,25	167,43	243,54	273,98	163,12	237,27	266,93	158,81	231,00	259,88	154,50	224,74	252,83	150,20	218,47	245,78	141,68	212,20	238,73	132,36	205,94	231
	V	3.558,66	195,72	284,69	320,27																		
	VI	3.603,00	198,16	288,24	324,27																		
10.460,99 (West)	I	3.037,66	167,07	243,01	273,38	158,45	230,48	259,29	149,83	217,94	245,18	131,58	205,41	231,08	112,94	192,88	216,99	94,29	180,34	202,88	75,66	167,82	188,
	II	2.888,58	158,87	231,08	259,97	150,25	218,55	245,87	132,48	206,02	231,77	113,84	193,48	217,67	95,20	180,95	203,57	76,55	168,42	189,47	57,91	155,88	175,
	III	2.224,83	-	177,98	200,23	-	166,44	187,24	-	155,16	174,55	-	144,14	162,16	-	133,37	150,04	-	122,86	138,22	-	112,61	126,
	IV	3.037,66	167,07	243,01	273,38	162,76	236,74	266,33	158,45	230,48	259,29	154,14	224,21	252,23	149,83	217,94	245,18	140,90	211,68	238,14	131,58	205,41	231,
	V	3.552,08	195,36	284,16	319,68																		
	VI	3.596,41	197,80	287,71	323,67																		
10.460,99 (Ost)	I	3.045,50	167,50	243,64	274,09	158,88	231,10	259,99	150,26	218,57	245,89	132,51	206,04	231,79	113,87	193,50	217,69	95,22	180,97	203,59	76,58	168,44	189,
	II	2.896,41	159,30	231,71	260,67	150,68	219,18	246,57	133,41	206,64	232,47	114,77	194,11	218,37	96,13	181,58	204,27	77,48	169,04	190,17	58,84	156,51	176,
	III	2.232,00	-	178,56	200,88	-	167,01	187,88	-	155,72	175,18	-	144,69	162,77	-	133,90	150,64	-	123,38	138,80	-	113,12	127,
	IV	3.045,50	167,50	243,64	274,09	163,19	237,37	267,04	158,88	231,10	259,99	154,57	224,84	252,94	150,26	218,57	245,89	141,83	212,30	238,84	132,51	206,04	231,
	V	3.559,91	195,79	284,79	320,39																		
	VI	3.604,25	198,23	288,34	324,38																		
10.463,99 (West)	I	3.038,91	167,14	243,11	273,50	158,52	230,58	259,40	149,90	218,04	245,30	131,73	205,51	231,20	113,09	192,98	217,10	94,45	180,45	203,00	75,81	167,92	188,
	II	2.889,83	158,94	231,18	260,08	150,32	218,65	245,98	132,63	206,12	231,88	113,99	193,58	217,78	95,34	181,05	203,68	76,70	168,52	189,58	58,06	155,98	175,
	III	2.226,00	-	178,08	200,34	-	166,53	187,34	-	155,25	174,65	-	144,22	162,25	-	133,46	150,14	-	122,94	138,31	-	112,69	126,
	IV	3.038,91	167,14	243,11	273,50	162,83	236,84	266,45	158,52	230,58	259,40	154,21	224,31	252,35	149,90	218,04	245,30	141,05	211,78	238,25	131,73	205,51	231,
	V	3.553,33	195,43	284,26	319,79																		
	VI	3.597,66	197,87	287,81	323,78																		
10.463,99 (Ost)	I	3.046,75	167,57	243,74	274,20	158,95	231,20	260,10	150,33	218,67	246,00	132,66	206,14	231,90	114,02	193,60	217,80	95,37	181,07	203,70	76,73	168,54	189,
	II	2.897,66	159,37	231,81	260,78	150,75	219,28	246,69	133,56	206,74	232,58	114,92	194,21	218,48	96,28	181,68	204,39	77,63	169,14	190,28	58,99	156,61	176,
	III	2.233,33	-	178,66	200,99	-	167,10	187,99	-	155,81	175,28	-	144,77	162,86	-	134,00	150,75	-	123,46	138,89	-	113,20	127,
	IV	3.046,75	167,57	243,74	274,20	163,26	237,47	267,15	158,95	231,20	260,10	154,64	224,94	253,05	150,33	218,67	246,00	141,98	212,40	238,95	132,66	206,14	231,
	V	3.561,16	195,86	284,89	320,50																		
	VI	3.605,50	198,30	288,44	324,49																		
10.466,99 (West)	I	3.040,16	167,20	243,21	273,61	158,59	230,68	259,51	149,97	218,14	245,41	131,89	205,62	231,32	113,24	193,08	217,22	94,60	180,55	203,12	75,96	168,02	189,
	II	2.891,08	159,00	231,28	260,19	150,39	218,75	246,09	132,78	206,22	231,99	114,14	193,68	217,89	95,49	181,15	203,79	76,86	168,62	189,70	58,22	156,09	175,
	III	2.227,16	-	178,17	200,44	-	166,62	187,45	-	155,34	174,76	-	144,32	162,36	-	133,54	150,23	-	123,04	138,42	-	112,77	126,
	IV	3.040,16	167,20	243,21	273,61	162,90	236,94	266,56	158,59	230,68	259,51	154,28	224,41	252,46	149,97	218,14	245,41	141,21	211,88	238,37	131,89	205,62	231,
	V	3.554,66	195,50	284,37	319,91																		
	VI	3.598,91	197,94	287,91	323,90																		
10.466,99 (Ost)	I	3.048,00	167,64	243,84	274,32	159,02	231,30	260,21	150,40	218,77	246,11	132,81	206,24	232,02	114,17	193,70	217,91	95,52	181,17	203,81	76,88	168,64	189,7
	II	2.898,91	159,44	231,91	260,90	150,82	219,38	246,80	133,71	206,84	232,70	115,07	194,31	218,60	96,42	181,78	204,50	77,78	169,24	190,40	59,14	156,71	176,3
	III	2.234,50	-	178,76	201,10	-	167,20	188,10	-	155,90	175,39	-	144,86	162,97	-	134,08	150,84	-	123,56	139,00	-	113,28	127,4
	IV	3.048,00	167,64	243,84	274,32	163,33	237,57	267,26	159,02	231,30	260,21	154,71	225,04	253,17	150,40	218,77	246,11	142,13	212,50	239,06	132,81	206,24	232,0
	V	3.562,41	195,93	284,99	320,61																		
	VI	3.606,75	198,37	288,54	324,60																		

Lohn/ Gehalt bis	Steuerklasse	Lohnsteuer	ohne Kinderfreibetrag			Anzahl Kinderfreibeträge (nur Steuerklassen I–IV) 0,5			1,0			1,5			2,0			2,5			3,0		
			SolZ 5,5%	Kirchensteuer 8%	9%	SolZ 5,5%	Kirchensteuer 8%	9%	SolZ 5,5%	Kirchensteuer 8%	9%	SolZ 5,5%	Kirchensteuer 8%	9%	SolZ 5,5%	Kirchensteuer 8%	9%	SolZ 5,5%	Kirchensteuer 8%	9%	SolZ 5,5%	Kirchensteuer 8%	9%
10.469,99 (West)	I	3.041,41	167,27	243,31	273,72	158,66	230,78	259,63	150,04	218,25	245,53	132,04	205,72	231,43	113,39	193,18	217,33	94,75	180,65	203,23	76,11	168,12	189,13
	II	2.892,33	159,07	231,38	260,30	150,46	218,85	246,20	132,93	206,32	232,11	114,28	193,78	218,00	95,65	181,26	203,91	77,01	168,72	189,81	58,36	156,19	175,71
	III	2.228,33	-	178,26	200,54	-	166,72	187,56	-	155,44	174,87	-	144,40	162,45	-	133,62	150,32	-	123,12	138,51	-	112,85	126,95
	IV	3.041,41	167,27	243,31	273,72	162,96	237,04	266,67	158,66	230,78	259,63	154,35	224,52	252,58	150,04	218,25	245,53	141,36	211,98	238,48	132,04	205,72	231,43
	V	3.555,91	195,57	284,47	320,03																		
	VI	3.600,16	198,00	288,01	324,01																		
10.469,99 (Ost)	I	3.049,25	167,70	243,94	274,43	159,09	231,40	260,33	150,47	218,87	246,23	132,96	206,34	232,13	114,31	193,80	218,03	95,67	181,27	203,93	77,04	168,74	189,83
	II	2.900,16	159,50	232,01	261,01	150,89	219,48	246,91	133,86	206,94	232,81	115,22	194,41	218,71	96,57	181,88	204,61	77,93	169,34	190,51	59,29	156,81	176,41
	III	2.235,66	-	178,85	201,20	-	167,29	188,20	-	155,98	175,48	-	144,94	163,06	-	134,16	150,93	-	123,64	139,09	-	113,37	127,54
	IV	3.049,25	167,70	243,94	274,43	163,40	237,67	267,38	159,09	231,40	260,33	154,78	225,14	253,28	150,47	218,87	246,23	142,28	212,60	239,18	132,96	206,34	232,13
	V	3.563,66	196,00	285,09	320,72																		
	VI	3.608,00	198,44	288,64	324,72																		
10.472,99 (West)	I	3.042,75	167,35	243,42	273,84	158,73	230,88	259,74	150,11	218,35	245,64	132,18	205,82	231,54	113,54	193,28	217,44	94,90	180,75	203,34	76,25	168,22	189,24
	II	2.893,58	159,14	231,48	260,42	150,53	218,95	246,32	133,09	206,42	232,22	114,44	193,89	218,12	95,80	181,36	204,03	77,16	168,82	189,92	58,51	156,29	175,82
	III	2.229,50	-	178,36	200,65	-	166,81	187,66	-	155,52	174,96	-	144,49	162,55	-	133,72	150,43	-	123,20	138,60	-	112,94	127,06
	IV	3.042,75	167,35	243,42	273,84	163,04	237,15	266,79	158,73	230,88	259,74	154,42	224,62	252,69	150,11	218,35	245,64	141,51	212,08	238,59	132,18	205,82	231,54
	V	3.557,16	195,64	284,57	320,14																		
	VI	3.601,50	198,08	288,12	324,13																		
10.472,99 (Ost)	I	3.050,50	167,77	244,04	274,54	159,16	231,50	260,44	150,54	218,97	246,34	133,11	206,44	232,24	114,47	193,91	218,15	95,83	181,38	204,05	77,19	168,84	189,95
	II	2.901,41	159,57	232,11	261,12	150,96	219,58	247,02	134,01	207,04	232,92	115,37	194,51	218,82	96,72	181,98	204,72	78,08	169,44	190,62	59,44	156,91	176,52
	III	2.236,83	-	178,94	201,31	-	167,38	188,30	-	156,08	175,59	-	145,04	163,17	-	134,25	151,03	-	123,72	139,18	-	113,45	127,63
	IV	3.050,50	167,77	244,04	274,54	163,46	237,77	267,49	159,16	231,50	260,44	154,85	225,24	253,39	150,54	218,97	246,34	142,43	212,70	239,29	133,11	206,44	232,24
	V	3.565,00	196,07	285,20	320,85																		
	VI	3.609,25	198,50	288,74	324,83																		
10.475,99 (West)	I	3.044,00	167,42	243,52	273,96	158,80	230,98	259,85	150,18	218,45	245,75	132,33	205,92	231,66	113,69	193,38	217,55	95,05	180,85	203,45	76,40	168,32	189,36
	II	2.894,83	159,21	231,58	260,53	150,60	219,06	246,44	133,24	206,52	232,34	114,59	193,99	218,24	95,95	181,46	204,14	77,31	168,92	190,04	58,66	156,39	175,94
	III	2.230,66	-	178,45	200,75	-	166,90	187,76	-	155,61	175,06	-	144,57	162,64	-	133,80	150,52	-	123,28	138,69	-	113,02	127,15
	IV	3.044,00	167,42	243,52	273,96	163,11	237,25	266,90	158,80	230,98	259,85	154,49	224,72	252,81	150,18	218,45	245,75	141,65	212,18	238,70	132,33	205,92	231,66
	V	3.558,41	195,71	284,67	320,25																		
	VI	3.602,75	198,15	288,22	324,24																		
10.475,99 (Ost)	I	3.051,75	167,84	244,14	274,65	159,22	231,60	260,55	150,61	219,07	246,45	133,27	206,54	232,36	114,62	194,01	218,26	95,98	181,48	204,16	77,34	168,94	190,06
	II	2.902,66	159,64	232,21	261,23	151,03	219,68	247,14	134,16	207,14	233,03	115,51	194,61	218,93	96,87	182,08	204,84	78,24	169,55	190,74	59,59	157,02	176,64
	III	2.238,00	-	179,04	201,42	-	167,48	188,41	-	156,17	175,69	-	145,12	163,26	-	134,33	151,12	-	123,80	139,27	-	113,53	127,72
	IV	3.051,75	167,84	244,14	274,65	163,53	237,87	267,60	159,22	231,60	260,55	154,92	225,34	253,50	150,61	219,07	246,45	142,59	212,81	239,41	133,27	206,54	232,36
	V	3.566,25	196,14	285,30	320,96																		
	VI	3.610,50	198,57	288,84	324,94																		
10.478,99 (West)	I	3.045,25	167,48	243,62	274,07	158,87	231,08	259,97	150,25	218,55	245,87	132,48	206,02	231,77	113,84	193,48	217,67	95,20	180,95	203,57	76,55	168,42	189,47
	II	2.896,16	159,28	231,69	260,65	150,67	219,16	246,55	133,38	206,62	232,45	114,74	194,09	218,35	96,10	181,56	204,25	77,45	169,02	190,15	58,81	156,49	176,05
	III	2.231,83	-	178,54	200,86	-	167,00	187,87	-	155,70	175,16	-	144,66	162,74	-	133,89	150,62	-	123,37	138,79	-	113,10	127,24
	IV	3.045,25	167,48	243,62	274,07	163,18	237,35	267,02	158,87	231,08	259,97	154,56	224,82	252,92	150,25	218,55	245,87	141,80	212,28	238,82	132,48	206,02	231,77
	V	3.559,66	195,78	284,77	320,36																		
	VI	3.604,00	198,22	288,32	324,36																		
10.478,99 (Ost)	I	3.053,00	167,91	244,24	274,77	159,30	231,71	260,67	150,68	219,18	246,57	133,41	206,64	232,47	114,77	194,11	218,37	96,13	181,58	204,27	77,48	169,04	190,17
	II	2.903,91	159,71	232,31	261,35	151,09	219,78	247,25	134,31	207,24	233,15	115,66	194,71	219,05	97,03	182,18	204,95	78,39	169,65	190,85	59,74	157,12	176,76
	III	2.239,16	-	179,13	201,52	-	167,57	188,51	-	156,26	175,79	-	145,21	163,36	-	134,42	151,22	-	123,89	139,37	-	113,61	127,81
	IV	3.053,00	167,91	244,24	274,77	163,60	237,97	267,71	159,30	231,71	260,67	154,99	225,44	253,62	150,68	219,18	246,57	142,74	212,91	239,52	133,41	206,64	232,47
	V	3.567,50	196,21	285,40	321,07																		
	VI	3.611,75	198,64	288,94	325,05																		
10.481,99 (West)	I	3.046,50	167,55	243,72	274,18	158,94	231,18	260,08	150,32	218,65	245,98	132,63	206,12	231,88	113,99	193,58	217,78	95,34	181,05	203,68	76,70	168,52	189,58
	II	2.897,41	159,35	231,79	260,76	150,74	219,26	246,66	133,53	206,72	232,56	114,89	194,19	218,46	96,25	181,66	204,36	77,60	169,12	190,26	58,96	156,59	176,16
	III	2.233,00	-	178,64	200,97	-	167,09	187,97	-	155,78	175,25	-	144,76	162,85	-	133,97	150,71	-	123,45	138,88	-	113,18	127,33
	IV	3.046,50	167,55	243,72	274,18	163,24	237,45	267,13	158,94	231,18	260,08	154,63	224,92	253,03	150,32	218,65	245,98	141,95	212,38	238,93	132,63	206,12	231,88
	V	3.560,91	195,85	284,87	320,48																		
	VI	3.605,25	198,28	288,42	324,47																		
10.481,99 (Ost)	I	3.054,33	167,98	244,34	274,88	159,37	231,81	260,78	150,75	219,28	246,69	133,56	206,74	232,58	114,92	194,21	218,48	96,28	181,68	204,39	77,63	169,14	190,28
	II	2.905,16	159,78	232,41	261,46	151,16	219,88	247,36	134,47	207,35	233,27	115,82	194,82	219,17	97,18	182,28	205,07	78,54	169,75	190,97	59,89	157,22	176,87
	III	2.240,33	-	179,22	201,62	-	167,65	188,60	-	156,34	175,88	-	145,30	163,46	-	134,50	151,31	-	123,97	139,46	-	113,69	127,90
	IV	3.054,33	167,98	244,34	274,88	163,68	238,08	267,84	159,37	231,81	260,78	155,06	225,54	253,73	150,75	219,28	246,69	142,88	213,01	239,63	133,56	206,74	232,58
	V	3.568,75	196,28	285,50	321,18																		
	VI	3.613,08	198,71	289,04	325,17																		
10.484,99 (West)	I	3.047,75	167,62	243,82	274,29	159,00	231,28	260,19	150,39	218,75	246,09	132,78	206,22	231,99	114,14	193,68	217,89	95,49	181,15	203,79	76,86	168,62	189,70
	II	2.898,66	159,42	231,89	260,87	150,81	219,36	246,78	133,68	206,82	232,67	115,04	194,29	218,57	96,39	181,76	204,48	77,75	169,22	190,37	59,11	156,69	176,27
	III	2.234,16	-	178,73	201,07	-	167,17	188,06	-	155,88	175,36	-	144,84	162,94	-	134,06	150,82	-	123,53	138,97	-	113,26	127,42
	IV	3.047,75	167,62	243,82	274,29	163,31	237,55	267,24	159,00	231,28	260,19	154,70	225,02	253,14	150,39	218,75	246,09	142,10	212,48	239,04	132,78	206,22	231,99
	V	3.562,16	195,91	284,97	320,59																		
	VI	3.606,50	198,35	288,52	324,58																		
10.484,99 (Ost)	I	3.055,58	168,05	244,44	275,00	159,44	231,91	260,90	150,82	219,38	246,80	133,71	206,84	232,70	115,07	194,31	218,60	96,42	181,78	204,50	77,78	169,24	190,40
	II	2.906,41	159,85	232,51	261,57	151,24	219,98	247,48	134,61	207,45	233,38	115,97	194,92	219,28	97,33	182,38	205,18	78,68	169,85	191,08	60,04	157,32	176,98
	III	2.241,50	-	179,32	201,73	-	167,74	188,71	-	156,44	175,99	-	145,38	163,55	-	134,60	151,42	-	124,05	139,55	-	113,77	127,99
	IV	3.055,58	168,05	244,44	275,00	163,74	238,18	267,95	159,44	231,91	260,90	155,13	225,64	253,85	150,82	219,38	246,80	143,03	213,11	239,75	133,71	206,84	232,70
	V	3.570,00	196,35	285,60	321,30																		
	VI	3.614,33	198,78	289,14	325,28																		
10.487,99 (West)	I	3.049,00	167,69	243,92	274,41	159,07	231,38	260,30	150,46	218,85	246,20	132,93	206,32	232,11	114,28	193,78	218,00	95,65	181,26	203,91	77,01	168,72	189,81
	II	2.899,91	159,49	231,99	260,99	150,87	219,46	246,89	133,83	206,92	232,79	115,19	194,39	218,69	96,54	181,86	204,59	77,90	169,32	190,49	59,26	156,79	176,39
	III	2.235,33	-	178,82	201,17	-	167,26	188,17	-	155,97	175,46	-	144,93	163,04	-	134,14	150,91	-	123,61	139,06	-	113,34	127,51
	IV	3.049,00	167,69	243,92	274,41	163,38	237,65	267,35	159,07	231,38	260,30	154,77	225,12	253,26	150,46	218,85	246,20	142,25	212,58	239,15	132,93	206,32	232,11
	V	3.563,41	195,98	285,07	320,70																		
	VI	3.607,75	198,42	288,62	324,69																		
10.487,99 (Ost)	I	3.056,83	168,12	244,54	275,11	159,50	232,01	261,01	150,89	219,48	246,91	133,86	206,94	232,81	115,22	194,41	218,71	96,57	181,88	204,61	77,93	169,34	190,51
	II	2.907,75	159,92	232,62	261,69	151,30	220,08	247,59	134,76	207,55	233,49	116,12	195,02	219,39	97,48	182,48	205,29	78,83	169,95	191,19	60,19	157,42	177,09
	III	2.242,66	-	179,41	201,83	-	167,84	188,82	-	156,53	176,09	-	145,48	163,66	-	134,68	151,51	-	124,13	139,64	-	113,85	128,08
	IV	3.056,83	168,12	244,54	275,11	163,81	238,28	268,06	159,50	232,01	261,01	155,20	225,74	253,96	150,89	219,48	246,91	143,18	213,21	239,86	133,86	206,94	232,81
	V	3.571,25	196,41	285,70	321,41																		
	VI	3.615,58	198,85	289,24	325,40																		

Lohn/ Gehalt bis	Steuerklasse	Lohn-steuer	ohne Kinderfreibetrag SolZ 5,5%	Kirchensteuer 8%	9%	0,5 SolZ 5,5%	Kirchensteuer 8%	9%	1,0 SolZ 5,5%	Kirchensteuer 8%	9%	1,5 SolZ 5,5%	Kirchensteuer 8%	9%	2,0 SolZ 5,5%	Kirchensteuer 8%	9%	2,5 SolZ 5,5%	Kirchensteuer 8%	9%	3,0 SolZ 5,5%	Kirchensteuer 8%	9%
						Anzahl Kinderfreibeträge (nur Steuerklassen I–IV)																	
10.490,99 (West)	I	3.050,25	167,76	244,02	274,52	159,14	231,48	260,42	150,53	218,95	246,32	133,09	206,42	232,22	114,44	193,89	218,12	95,80	181,36	204,03	77,16	168,82	189
	II	2.901,16	159,56	232,09	261,10	150,94	219,56	247,00	133,98	207,02	232,90	115,34	194,49	218,80	96,69	181,96	204,70	78,05	169,42	190,60	59,42	156,90	176
	III	2.236,50	-	178,92	201,28	-	167,36	188,28	-	156,06	175,57	-	145,01	163,13	-	134,22	151,00	-	123,70	139,16	-	113,42	127
	IV	3.050,25	167,76	244,02	274,52	163,45	237,75	267,47	159,14	231,48	260,42	154,83	225,22	253,37	150,53	218,95	246,32	142,40	212,68	239,27	133,09	206,42	232
	V	3.564,75	196,06	285,18	320,82																		
	VI	3.609,00	198,49	288,72	324,81																		
10.490,99 (Ost)	I	3.058,08	168,19	244,64	275,22	159,57	232,11	261,12	150,96	219,58	247,02	134,01	207,04	232,92	115,37	194,51	218,82	96,72	181,98	204,72	78,08	169,44	190,
	II	2.909,00	159,99	232,72	261,81	151,37	220,18	247,70	134,91	207,65	233,60	116,27	195,12	219,51	97,62	182,58	205,40	78,98	170,05	191,30	60,34	157,52	177
	III	2.243,83	-	179,50	201,94	-	167,93	188,92	-	156,62	176,20	-	145,56	163,75	-	134,76	151,60	-	124,22	139,75	-	113,93	128
	IV	3.058,08	168,19	244,64	275,22	163,88	238,38	268,17	159,57	232,11	261,12	155,26	225,84	254,07	150,96	219,58	247,02	143,33	213,31	239,97	134,01	207,04	232
	V	3.572,50	196,48	285,80	321,52																		
	VI	3.616,83	198,92	289,34	325,51																		
10.493,99 (West)	I	3.051,50	167,83	244,12	274,63	159,21	231,58	260,53	150,60	219,06	246,44	133,24	206,52	232,34	114,59	193,99	218,24	95,95	181,46	204,14	77,31	168,92	190
	II	2.902,41	159,63	232,19	261,21	151,01	219,66	247,11	134,13	207,12	233,01	115,48	194,59	218,91	96,85	182,06	204,82	78,21	169,53	190,72	59,56	157,00	176
	III	2.237,66	-	179,01	201,38	-	167,45	188,38	-	156,14	175,66	-	145,10	163,24	-	134,32	151,11	-	123,78	139,25	-	113,50	127
	IV	3.051,50	167,83	244,12	274,63	163,52	237,85	267,58	159,21	231,58	260,53	154,91	225,32	253,49	150,60	219,06	246,44	142,56	212,79	239,39	133,24	206,52	232
	V	3.566,00	196,13	285,28	320,94																		
	VI	3.610,25	198,56	288,82	324,92																		
10.493,99 (Ost)	I	3.059,33	168,26	244,74	275,33	159,64	232,21	261,23	151,03	219,68	247,14	134,16	207,14	233,03	115,51	194,61	218,93	96,87	182,08	204,84	78,24	169,55	190,
	II	2.910,25	160,06	232,82	261,92	151,44	220,28	247,82	135,06	207,75	233,72	116,42	195,22	219,62	97,77	182,68	205,52	79,13	170,15	191,42	60,49	157,62	177,
	III	2.245,00	-	179,60	202,05	-	168,02	189,02	-	156,70	176,29	-	145,65	163,85	-	134,85	151,70	-	124,30	139,84	-	114,01	128,
	IV	3.059,33	168,26	244,74	275,33	163,95	238,48	268,29	159,64	232,21	261,23	155,33	225,94	254,18	151,03	219,68	247,14	143,48	213,41	240,08	134,16	207,14	233
	V	3.573,75	196,55	285,90	321,63																		
	VI	3.618,08	198,99	289,44	325,62																		
10.496,99 (West)	I	3.052,83	167,90	244,22	274,75	159,28	231,69	260,65	150,67	219,16	246,55	133,38	206,62	232,45	114,74	194,09	218,35	96,10	181,56	204,25	77,45	169,02	190,
	II	2.903,66	159,70	232,29	261,32	151,08	219,76	247,23	134,28	207,22	233,12	115,64	194,70	219,03	97,00	182,16	204,93	78,36	169,63	190,83	59,71	157,10	176,
	III	2.238,83	-	179,10	201,49	-	167,54	188,48	-	156,24	175,77	-	145,20	163,35	-	134,40	151,20	-	123,86	139,34	-	113,60	127,
	IV	3.052,83	167,90	244,22	274,75	163,59	237,96	267,70	159,28	231,69	260,65	154,98	225,42	253,60	150,67	219,16	246,55	142,71	212,89	239,50	133,38	206,62	232,
	V	3.567,25	196,19	285,38	321,05																		
	VI	3.611,58	198,63	288,92	325,04																		
10.496,99 (Ost)	I	3.060,58	168,33	244,84	275,45	159,71	232,31	261,35	151,09	219,78	247,25	134,31	207,24	233,15	115,66	194,71	219,05	97,03	182,18	204,95	78,39	169,65	190,
	II	2.911,50	160,13	232,92	262,03	151,51	220,38	247,93	135,21	207,85	233,83	116,57	195,32	219,73	97,92	182,78	205,63	79,28	170,25	191,53	60,64	157,72	177,
	III	2.246,16	-	179,69	202,15	-	168,12	189,13	-	156,80	176,40	-	145,74	163,96	-	134,93	151,79	-	124,38	139,93	-	114,10	128,
	IV	3.060,58	168,33	244,84	275,45	164,02	238,58	268,40	159,71	232,31	261,35	155,40	226,04	254,30	151,09	219,78	247,25	143,63	213,51	240,20	134,31	207,24	233,
	V	3.575,00	196,62	286,00	321,75																		
	VI	3.619,33	199,06	289,54	325,73																		
10.499,99 (West)	I	3.054,08	167,97	244,32	274,86	159,35	231,79	260,76	150,74	219,26	246,66	133,53	206,72	232,56	114,89	194,19	218,46	96,25	181,66	204,36	77,60	169,12	190,
	II	2.904,91	159,77	232,39	261,44	151,15	219,86	247,34	134,44	207,33	233,24	115,79	194,80	219,15	97,15	182,26	205,04	78,51	169,73	190,94	59,86	157,20	176,
	III	2.240,00	-	179,20	201,60	-	167,64	188,59	-	156,33	175,87	-	145,28	163,44	-	134,49	151,30	-	123,96	139,45	-	113,68	127,
	IV	3.054,08	167,97	244,32	274,86	163,66	238,06	267,81	159,35	231,79	260,76	155,04	225,52	253,71	150,74	219,26	246,66	142,85	212,99	239,61	133,53	206,72	232,
	V	3.568,50	196,26	285,48	321,16																		
	VI	3.612,83	198,70	289,02	325,15																		
10.499,99 (Ost)	I	3.061,83	168,40	244,94	275,56	159,78	232,41	261,46	151,16	219,88	247,36	134,47	207,35	233,27	115,82	194,82	219,17	97,18	182,28	205,07	78,54	169,75	190,
	II	2.912,75	160,20	233,02	262,14	151,58	220,48	248,04	135,36	207,95	233,94	116,71	195,42	219,84	98,07	182,88	205,74	79,43	170,35	191,64	60,79	157,82	177,
	III	2.247,33	-	179,78	202,25	-	168,21	189,23	-	156,89	176,50	-	145,82	164,05	-	135,02	151,90	-	124,48	140,04	-	114,18	128,
	IV	3.061,83	168,40	244,94	275,56	164,09	238,68	268,51	159,78	232,41	261,46	155,47	226,14	254,41	151,16	219,88	247,36	143,78	213,61	240,31	134,47	207,35	233,
	V	3.576,33	196,69	286,10	321,86																		
	VI	3.620,58	199,13	289,64	325,85																		
10.502,99 (West)	I	3.055,33	168,04	244,42	274,97	159,42	231,89	260,87	150,81	219,36	246,78	133,68	206,82	232,67	115,04	194,29	218,57	96,39	181,76	204,48	77,75	169,22	190,
	II	2.906,25	159,84	232,50	261,56	151,22	219,96	247,46	134,58	207,43	233,36	115,94	194,90	219,26	97,30	182,36	205,16	78,65	169,83	191,06	60,01	157,30	176,
	III	2.241,16	-	179,29	201,70	-	167,73	188,69	-	156,42	175,97	-	145,37	163,54	-	134,57	151,39	-	124,04	139,54	-	113,76	127,
	IV	3.055,33	168,04	244,42	274,97	163,73	238,16	267,93	159,42	231,89	260,87	155,11	225,62	253,82	150,81	219,36	246,78	143,00	213,09	239,72	133,68	206,82	232,
	V	3.569,75	196,33	285,58	321,27																		
	VI	3.614,08	198,77	289,12	325,26																		
10.502,99 (Ost)	I	3.063,08	168,46	245,04	275,67	159,85	232,51	261,57	151,24	219,98	247,48	134,61	207,45	233,38	115,97	194,92	219,28	97,33	182,38	205,18	78,68	169,85	191,
	II	2.914,00	160,27	233,12	262,26	151,65	220,58	248,15	135,51	208,05	234,05	116,86	195,52	219,96	98,23	182,99	205,86	79,59	170,46	191,76	60,94	157,92	177,
	III	2.248,50	-	179,88	202,36	-	168,30	189,34	-	156,98	176,60	-	145,92	164,16	-	135,10	151,99	-	124,56	140,13	-	114,26	128,
	IV	3.063,08	168,46	245,04	275,67	164,16	238,78	268,62	159,85	232,51	261,57	155,54	226,25	254,53	151,24	219,98	247,48	143,94	213,72	240,43	134,61	207,45	233,
	V	3.577,58	196,76	286,20	321,98																		
	VI	3.621,83	199,20	289,74	325,96																		
10.505,99 (West)	I	3.056,58	168,11	244,52	275,09	159,49	231,99	260,99	150,87	219,46	246,89	133,83	206,92	232,79	115,19	194,39	218,69	96,54	181,86	204,59	77,90	169,32	190,
	II	2.907,50	159,91	232,60	261,67	151,29	220,06	247,57	134,73	207,53	233,47	116,09	195,00	219,37	97,45	182,46	205,27	78,80	169,93	191,17	60,16	157,40	177,
	III	2.242,33	-	179,38	201,80	-	167,82	188,80	-	156,50	176,06	-	145,45	163,63	-	134,66	151,49	-	124,12	139,63	-	113,84	128,
	IV	3.056,58	168,11	244,52	275,09	163,80	238,26	268,04	159,49	231,99	260,99	155,18	225,72	253,94	150,87	219,46	246,89	143,15	213,19	239,84	133,83	206,92	232,7
	V	3.571,00	196,40	285,68	321,39																		
	VI	3.615,33	198,84	289,22	325,37																		
10.505,99 (Ost)	I	3.064,41	168,54	245,15	275,79	159,92	232,62	261,69	151,30	220,08	247,59	134,76	207,55	233,49	116,12	195,02	219,39	97,48	182,48	205,29	78,83	169,95	191,1
	II	2.915,25	160,33	233,22	262,37	151,72	220,68	248,27	135,66	208,15	234,17	117,02	195,62	220,07	98,38	183,09	205,97	79,73	170,56	191,88	61,09	158,02	177,7
	III	2.249,66	-	179,97	202,46	-	168,40	189,45	-	157,06	176,69	-	146,00	164,25	-	135,20	152,10	-	124,64	140,22	-	114,34	128,6
	IV	3.064,41	168,54	245,15	275,79	164,23	238,88	268,74	159,92	232,62	261,69	155,61	226,35	254,64	151,30	220,08	247,59	144,08	213,82	240,54	134,76	207,55	233,4
	V	3.578,83	196,83	286,30	322,09																		
	VI	3.623,16	199,27	289,85	326,08																		
10.508,99 (West)	I	3.057,83	168,18	244,62	275,20	159,56	232,09	261,10	150,94	219,56	247,00	133,98	207,02	232,90	115,34	194,49	218,80	96,69	181,96	204,70	78,05	169,42	190,6
	II	2.908,75	159,98	232,70	261,78	151,36	220,16	247,68	134,88	207,63	233,58	116,24	195,10	219,48	97,59	182,56	205,38	78,95	170,03	191,28	60,31	157,50	177,1
	III	2.243,50	-	179,48	201,91	-	167,92	188,91	-	156,60	176,17	-	145,54	163,73	-	134,74	151,58	-	124,20	139,72	-	113,92	128,1
	IV	3.057,83	168,18	244,62	275,20	163,87	238,36	268,15	159,56	232,09	261,10	155,25	225,82	254,05	150,94	219,56	247,00	143,30	213,29	239,95	133,98	207,02	232,9
	V	3.572,25	196,47	285,78	321,50																		
	VI	3.616,58	198,91	289,32	325,49																		
10.508,99 (Ost)	I	3.065,66	168,61	245,25	275,90	159,99	232,72	261,81	151,37	220,18	247,70	134,91	207,65	233,60	116,27	195,12	219,51	97,62	182,58	205,40	78,98	170,05	191,30
	II	2.916,50	160,40	233,32	262,48	151,79	220,79	248,39	135,81	208,26	234,29	117,17	195,72	220,19	98,53	183,19	206,09	79,88	170,66	191,99	61,24	158,12	177,89
	III	2.250,83	-	180,06	202,57	-	168,49	189,55	-	157,16	176,80	-	146,09	164,35	-	135,28	152,19	-	124,72	140,31	-	114,42	128,72
	IV	3.065,66	168,61	245,25	275,90	164,30	238,98	268,85	159,99	232,72	261,81	155,68	226,45	254,75	151,37	220,18	247,70	144,23	213,92	240,66	134,91	207,65	233,60
	V	3.580,08	196,90	286,40	322,20																		
	VI	3.624,41	199,34	289,95	326,19																		

Lohn/ Gehalt bis	Steuerklasse	Lohn-steuer	ohne Kinderfreibetrag			Anzahl Kinderfreibeträge (nur Steuerklassen I–IV) 0,5			1,0			1,5			2,0			2,5			3,0		
			SolZ 5,5%	Kirchensteuer 8%	9%	SolZ 5,5%	Kirchensteuer 8%	9%	SolZ 5,5%	Kirchensteuer 8%	9%	SolZ 5,5%	Kirchensteuer 8%	9%	SolZ 5,5%	Kirchensteuer 8%	9%	SolZ 5,5%	Kirchensteuer 8%	9%	SolZ 5,5%	Kirchensteuer 8%	9%
0.511,99 (West)	I	3.059,08	168,24	244,72	275,31	159,63	232,19	261,21	151,01	219,66	247,11	134,13	207,12	233,01	115,48	194,59	218,91	96,85	182,06	204,82	78,21	169,53	190,72
	II	2.910,00	160,05	232,80	261,90	151,43	220,26	247,79	135,03	207,73	233,69	116,39	195,20	219,60	97,74	182,66	205,49	79,10	170,13	191,39	60,46	157,60	177,30
	III	2.244,66	-	179,57	202,01	-	168,01	189,01	-	156,69	176,27	-	145,62	163,82	-	134,82	151,67	-	124,29	139,82	-	114,00	128,25
	IV	3.059,08	168,24	244,72	275,31	163,94	238,46	268,26	159,63	232,19	261,21	155,32	225,92	254,16	151,01	219,66	247,11	143,45	213,39	240,06	134,13	207,12	233,01
	V	3.573,50	196,54	285,88	321,61																		
	VI	3.617,83	198,98	289,42	325,60																		
0.511,99 (Ost)	I	3.066,91	168,68	245,35	276,02	160,06	232,82	261,92	151,44	220,28	247,82	135,06	207,75	233,72	116,42	195,22	219,62	97,77	182,68	205,52	79,13	170,15	191,42
	II	2.917,83	160,48	233,42	262,60	151,86	220,89	248,50	135,96	208,36	234,40	117,32	195,82	220,30	98,68	183,29	206,20	80,03	170,76	192,10	61,39	158,22	178,00
	III	2.252,00	-	180,16	202,68	-	168,57	189,64	-	157,25	176,90	-	146,18	164,45	-	135,36	152,28	-	124,81	140,41	-	114,50	128,81
	IV	3.066,91	168,68	245,35	276,02	164,37	239,08	268,97	160,06	232,82	261,92	155,75	226,55	254,87	151,44	220,28	247,82	144,38	214,02	240,77	135,06	207,75	233,72
	V	3.581,33	196,97	286,50	322,31																		
	VI	3.625,66	199,41	290,05	326,30																		
0.514,99 (West)	I	3.060,33	168,31	244,82	275,42	159,70	232,29	261,32	151,08	219,76	247,23	134,28	207,22	233,12	115,64	194,70	219,03	97,00	182,16	204,93	78,36	169,63	190,83
	II	2.911,25	160,11	232,90	262,01	151,50	220,36	247,91	135,18	207,83	233,81	116,54	195,30	219,71	97,89	182,76	205,61	79,25	170,23	191,51	60,62	157,70	177,41
	III	2.246,00	-	179,68	202,14	-	168,09	189,10	-	156,78	176,38	-	145,72	163,93	-	134,92	151,78	-	124,37	139,91	-	114,08	128,34
	IV	3.060,33	168,31	244,82	275,42	164,01	238,56	268,38	159,70	232,29	261,32	155,39	226,02	254,27	151,08	219,76	247,23	143,60	213,49	240,17	134,28	207,22	233,12
	V	3.574,83	196,61	285,98	321,73																		
	VI	3.619,08	199,04	289,52	325,71																		
0.514,99 (Ost)	I	3.068,16	168,74	245,45	276,13	160,13	232,92	262,03	151,51	220,38	247,93	135,21	207,85	233,83	116,57	195,32	219,73	97,92	182,78	205,63	79,28	170,25	191,53
	II	2.919,08	160,54	233,52	262,71	151,93	220,99	248,61	136,11	208,46	234,51	117,47	195,92	220,41	98,82	183,39	206,31	80,18	170,86	192,21	61,54	158,32	178,11
	III	2.253,16	-	180,25	202,78	-	168,66	189,74	-	157,34	177,01	-	146,26	164,54	-	135,45	152,38	-	124,89	140,50	-	114,58	128,90
	IV	3.068,16	168,74	245,45	276,13	164,44	239,18	269,08	160,13	232,92	262,03	155,82	226,65	254,98	151,51	220,38	247,93	144,53	214,12	240,88	135,21	207,85	233,83
	V	3.582,58	197,04	286,60	322,43																		
	VI	3.626,91	199,48	290,15	326,42																		
0.517,99 (West)	I	3.061,58	168,38	244,92	275,54	159,77	232,39	261,44	151,15	219,86	247,34	134,44	207,33	233,24	115,79	194,80	219,15	97,15	182,26	205,04	78,51	169,73	190,94
	II	2.912,50	160,18	233,00	262,12	151,57	220,46	248,02	135,33	207,93	233,92	116,68	195,40	219,82	98,04	182,86	205,72	79,41	170,34	191,63	60,76	157,80	177,53
	III	2.247,16	-	179,77	202,24	-	168,18	189,20	-	156,86	176,47	-	145,81	164,03	-	135,00	151,87	-	124,45	140,00	-	114,16	128,43
	IV	3.061,58	168,38	244,92	275,54	164,07	238,66	268,49	159,77	232,39	261,44	155,46	226,12	254,39	151,15	219,86	247,34	143,76	213,60	240,30	134,44	207,33	233,24
	V	3.576,08	196,68	286,08	321,84																		
	VI	3.620,33	199,11	289,62	325,82																		
0.517,99 (Ost)	I	3.069,41	168,81	245,55	276,24	160,20	233,02	262,14	151,58	220,48	248,04	135,36	207,95	233,94	116,71	195,42	219,84	98,07	182,88	205,74	79,43	170,35	191,64
	II	2.920,33	160,61	233,62	262,82	152,00	221,09	248,72	136,26	208,56	234,63	117,62	196,02	220,52	98,97	183,49	206,42	80,33	170,96	192,33	61,69	158,42	178,22
	III	2.254,50	-	180,36	202,90	-	168,76	189,85	-	157,42	177,10	-	146,36	164,65	-	135,53	152,47	-	124,97	140,59	-	114,68	129,01
	IV	3.069,41	168,81	245,55	276,24	164,50	239,28	269,19	160,20	233,02	262,14	155,89	226,75	255,09	151,58	220,48	248,04	144,68	214,22	240,99	135,36	207,95	233,94
	V	3.583,83	197,11	286,70	322,54																		
	VI	3.628,16	199,54	290,25	326,53																		
0.520,99 (West)	I	3.062,83	168,45	245,02	275,65	159,84	232,50	261,56	151,22	219,96	247,46	134,58	207,43	233,36	115,94	194,90	219,26	97,30	182,36	205,16	78,65	169,83	191,06
	II	2.913,75	160,25	233,10	262,23	151,63	220,56	248,13	135,48	208,03	234,03	116,84	195,50	219,94	98,20	182,97	205,84	79,56	170,44	191,74	60,91	157,90	177,64
	III	2.248,33	-	179,86	202,34	-	168,28	189,31	-	156,96	176,58	-	145,89	164,12	-	135,09	151,97	-	124,53	140,09	-	114,25	128,53
	IV	3.062,83	168,45	245,02	275,65	164,15	238,76	268,61	159,84	232,50	261,56	155,53	226,23	254,51	151,22	219,96	247,46	143,91	213,70	240,41	134,58	207,43	233,36
	V	3.577,33	196,75	286,18	321,95																		
	VI	3.621,58	199,18	289,72	325,94																		
0.520,99 (Ost)	I	3.070,66	168,88	245,65	276,35	160,27	233,12	262,26	151,65	220,58	248,15	135,51	208,05	234,05	116,86	195,52	219,96	98,23	182,99	205,86	79,59	170,46	191,76
	II	2.921,58	160,68	233,72	262,94	152,07	221,19	248,84	136,41	208,66	234,74	117,77	196,12	220,64	99,12	183,59	206,54	80,48	171,06	192,44	61,84	158,52	178,34
	III	2.255,66	-	180,45	203,00	-	168,85	189,95	-	157,52	177,21	-	146,44	164,74	-	135,62	152,57	-	125,06	140,69	-	114,76	129,10
	IV	3.070,66	168,88	245,65	276,35	164,57	239,38	269,30	160,27	233,12	262,26	155,96	226,85	255,20	151,65	220,58	248,15	144,83	214,32	241,11	135,51	208,05	234,05
	V	3.585,08	197,17	286,80	322,65																		
	VI	3.629,41	199,61	290,35	326,64																		
0.523,99 (West)	I	3.064,16	168,52	245,13	275,77	159,91	232,60	261,67	151,29	220,06	247,57	134,73	207,53	233,47	116,09	195,00	219,37	97,45	182,46	205,27	78,80	169,93	191,17
	II	2.915,00	160,32	233,20	262,35	151,70	220,66	248,24	135,64	208,14	234,15	116,99	195,60	220,05	98,35	183,07	205,95	79,71	170,54	191,85	61,06	158,00	177,75
	III	2.249,50	-	179,96	202,45	-	168,37	189,41	-	157,05	176,68	-	145,98	164,23	-	135,17	152,06	-	124,62	140,20	-	114,33	128,62
	IV	3.064,16	168,52	245,13	275,77	164,22	238,86	268,72	159,91	232,60	261,67	155,60	226,33	254,62	151,29	220,06	247,57	144,05	213,80	240,52	134,73	207,53	233,47
	V	3.578,58	196,82	286,28	322,07																		
	VI	3.622,91	199,26	289,83	326,06																		
0.523,99 (Ost)	I	3.071,91	168,95	245,75	276,47	160,33	233,22	262,37	151,72	220,68	248,27	135,66	208,15	234,17	117,02	195,62	220,07	98,38	183,09	205,97	79,73	170,56	191,88
	II	2.922,83	160,75	233,82	263,05	152,13	221,29	248,95	136,56	208,76	234,85	117,91	196,22	220,75	99,27	183,69	206,65	80,63	171,16	192,55	61,99	158,63	178,46
	III	2.256,83	-	180,54	203,11	-	168,94	190,06	-	157,61	177,31	-	146,53	164,84	-	135,70	152,66	-	125,14	140,78	-	114,84	129,19
	IV	3.071,91	168,95	245,75	276,47	164,64	239,48	269,42	160,33	233,22	262,37	156,03	226,95	255,32	151,72	220,68	248,27	144,98	214,42	241,22	135,66	208,15	234,17
	V	3.586,41	197,25	286,91	322,77																		
	VI	3.630,66	199,68	290,45	326,75																		
10.526,99 (West)	I	3.065,41	168,59	245,23	275,88	159,98	232,70	261,78	151,36	220,16	247,68	134,88	207,63	233,58	116,24	195,10	219,48	97,59	182,56	205,38	78,95	170,03	191,28
	II	2.916,33	160,39	233,30	262,46	151,78	220,77	248,36	135,78	208,24	234,27	117,14	195,70	220,16	98,50	183,17	206,06	79,85	170,64	191,97	61,21	158,10	177,86
	III	2.250,66	-	180,05	202,55	-	168,46	189,52	-	157,14	176,78	-	146,06	164,32	-	135,26	152,17	-	124,70	140,29	-	114,41	128,71
	IV	3.065,41	168,59	245,23	275,88	164,28	238,96	268,83	159,98	232,70	261,78	155,67	226,43	254,73	151,36	220,16	247,68	144,20	213,90	240,63	134,88	207,63	233,58
	V	3.579,83	196,89	286,38	322,18																		
	VI	3.624,16	199,32	289,93	326,17																		
10.526,99 (Ost)	I	3.073,16	169,02	245,85	276,58	160,40	233,32	262,48	151,79	220,79	248,39	135,81	208,26	234,29	117,17	195,72	220,19	98,53	183,19	206,09	79,88	170,66	191,99
	II	2.924,08	160,82	233,92	263,16	152,20	221,39	249,06	136,71	208,86	234,96	118,06	196,32	220,86	99,42	183,79	206,76	80,79	171,26	192,67	62,14	158,73	178,57
	III	2.258,00	-	180,64	203,22	-	169,04	190,17	-	157,70	177,41	-	146,62	164,95	-	135,80	152,77	-	125,22	140,87	-	114,92	129,28
	IV	3.073,16	169,02	245,85	276,58	164,71	239,58	269,53	160,40	233,32	262,48	156,09	227,05	255,43	151,79	220,79	248,39	145,14	214,52	241,34	135,81	208,26	234,29
	V	3.587,66	197,32	287,01	322,88																		
	VI	3.631,91	199,75	290,55	326,87																		
10.529,99 (West)	I	3.066,66	168,66	245,33	275,99	160,05	232,80	261,90	151,43	220,26	247,79	135,03	207,73	233,69	116,39	195,20	219,60	97,74	182,66	205,49	79,10	170,13	191,39
	II	2.917,58	160,46	233,40	262,58	151,85	220,87	248,48	135,93	208,34	234,38	117,29	195,80	220,28	98,65	183,27	206,18	80,00	170,74	192,08	61,36	158,20	177,98
	III	2.251,83	-	180,14	202,66	-	168,56	189,63	-	157,22	176,87	-	146,16	164,43	-	135,34	152,26	-	124,78	140,38	-	114,49	128,80
	IV	3.066,66	168,66	245,33	275,99	164,35	239,06	268,94	160,05	232,80	261,90	155,74	226,53	254,84	151,43	220,26	247,79	144,35	214,00	240,75	135,03	207,73	233,69
	V	3.581,08	196,95	286,48	322,29																		
	VI	3.625,41	199,39	290,03	326,28																		
10.529,99 (Ost)	I	3.074,41	169,09	245,95	276,69	160,48	233,42	262,60	151,86	220,89	248,50	135,96	208,36	234,40	117,32	195,82	220,30	98,68	183,29	206,20	80,03	170,76	192,10
	II	2.925,33	160,89	234,02	263,27	152,27	221,49	249,17	136,85	208,96	235,08	118,22	196,43	220,98	99,58	183,90	206,88	80,93	171,36	192,78	62,29	158,83	178,68
	III	2.259,16	-	180,73	203,32	-	169,13	190,27	-	157,78	177,50	-	146,70	165,04	-	135,88	152,86	-	125,32	140,98	-	115,00	129,37
	IV	3.074,41	169,09	245,95	276,69	164,78	239,69	269,65	160,48	233,42	262,60	156,17	227,16	255,55	151,86	220,89	248,50	145,28	214,62	241,45	135,96	208,36	234,40
	V	3.588,91	197,39	287,11	323,00																		
	VI	3.633,25	199,82	290,66	326,99																		

Lohn/ Gehalt bis	Steuerklasse	Lohnsteuer	ohne Kinderfreibetrag SolZ 5,5%	Kirchensteuer 8%	Kirchensteuer 9%	0,5 SolZ 5,5%	0,5 Kirchensteuer 8%	0,5 Kirchensteuer 9%	1,0 SolZ 5,5%	1,0 Kirchensteuer 8%	1,0 Kirchensteuer 9%	1,5 SolZ 5,5%	1,5 Kirchensteuer 8%	1,5 Kirchensteuer 9%	2,0 SolZ 5,5%	2,0 Kirchensteuer 8%	2,0 Kirchensteuer 9%	2,5 SolZ 5,5%	2,5 Kirchensteuer 8%	2,5 Kirchensteuer 9%	3,0 SolZ 5,5%	3,0 Kirchensteuer 8%	3,0 Kirchensteuer 9%
						Anzahl Kinderfreibeträge (nur Steuerklassen I–IV)																	
10.532,99 (West)	I	3.067,91	168,73	245,43	276,11	160,11	232,90	262,01	151,50	220,36	247,91	135,18	207,83	233,81	116,54	195,30	219,71	97,89	182,76	205,61	79,25	170,23	19
	II	2.918,83	160,53	233,50	262,69	151,91	220,97	248,59	136,08	208,44	234,49	117,44	195,90	220,39	98,79	183,37	206,29	80,15	170,84	192,19	61,51	158,30	178
	III	2.253,00	-	180,24	202,77	-	168,65	189,73	-	157,32	176,98	-	146,25	164,53	-	135,44	152,37	-	124,88	140,49	-	114,57	12
	IV	3.067,91	168,73	245,43	276,11	164,42	239,16	269,06	160,11	232,90	262,01	155,81	226,63	254,96	151,50	220,36	247,91	144,50	214,10	240,86	135,18	207,83	23
	V	3.582,33	197,02	286,58	322,40																		
	VI	3.626,66	199,46	290,13	326,39																		
10.532,99 (Ost)	I	3.075,75	169,16	246,06	276,81	160,54	233,52	262,71	151,93	220,99	248,61	136,11	208,46	234,51	117,47	195,92	220,41	98,82	183,39	206,31	80,18	170,86	192
	II	2.926,58	160,96	234,12	263,39	152,34	221,59	249,29	137,01	209,06	235,19	118,37	196,53	221,09	99,73	184,00	207,00	81,08	171,46	192,89	62,44	158,93	178
	III	2.260,33	-	180,82	203,42	-	169,22	190,37	-	157,88	177,61	-	146,80	165,15	-	135,97	152,96	-	125,40	141,07	-	115,08	129
	IV	3.075,75	169,16	246,06	276,81	164,85	239,79	269,76	160,54	233,52	262,71	156,24	227,26	255,66	151,93	220,99	248,61	145,43	214,72	241,56	136,11	208,46	234
	V	3.590,16	197,45	287,21	323,11																		
	VI	3.634,50	199,89	290,76	327,10																		
10.535,99 (West)	I	3.069,16	168,80	245,53	276,22	160,18	233,00	262,12	151,57	220,46	248,02	135,33	207,93	233,92	116,68	195,40	219,82	98,04	182,86	205,72	79,41	170,34	19
	II	2.920,08	160,60	233,60	262,80	151,98	221,07	248,70	136,23	208,54	234,60	117,59	196,00	220,50	98,94	183,47	206,40	80,30	170,94	192,30	61,66	158,40	178
	III	2.254,16	-	180,33	202,87	-	168,74	189,83	-	157,41	177,08	-	146,33	164,62	-	135,52	152,46	-	124,96	140,58	-	114,65	128
	IV	3.069,16	168,80	245,53	276,22	164,49	239,26	269,17	160,18	233,00	262,12	155,87	226,73	255,07	151,57	220,46	248,02	144,65	214,20	240,97	135,33	207,93	233
	V	3.583,58	197,09	286,68	322,52																		
	VI	3.627,91	199,53	290,23	326,51																		
10.535,99 (Ost)	I	3.077,00	169,23	246,16	276,93	160,61	233,62	262,82	152,00	221,09	248,72	136,26	208,56	234,63	117,62	196,02	220,52	98,97	183,49	206,42	80,33	170,96	192
	II	2.927,91	161,03	234,23	263,51	152,41	221,70	249,41	137,16	209,16	235,31	118,52	196,63	221,21	99,88	184,10	207,11	81,23	171,56	193,01	62,59	159,03	178
	III	2.261,50	-	180,92	203,53	-	169,32	190,48	-	157,97	177,71	-	146,88	165,24	-	136,05	153,05	-	125,48	141,16	-	115,16	129
	IV	3.077,00	169,23	246,16	276,93	164,92	239,89	269,87	160,61	233,62	262,82	156,31	227,36	255,78	152,00	221,09	248,72	145,58	214,82	241,67	136,26	208,56	234
	V	3.591,41	197,52	287,31	323,22																		
	VI	3.635,75	199,96	290,86	327,21																		
10.538,99 (West)	I	3.070,41	168,87	245,63	276,33	160,25	233,10	262,23	151,63	220,56	248,13	135,48	208,03	234,03	116,84	195,50	219,94	98,20	182,97	205,84	79,56	170,44	191
	II	2.921,33	160,67	233,70	262,91	152,05	221,17	248,81	136,38	208,64	234,72	117,74	196,10	220,61	99,09	183,57	206,51	80,45	171,04	192,42	61,81	158,50	178
	III	2.255,33	-	180,42	202,97	-	168,84	189,94	-	157,50	177,19	-	146,42	164,72	-	135,60	152,55	-	125,04	140,67	-	114,73	129
	IV	3.070,41	168,87	245,63	276,33	164,56	239,36	269,28	160,25	233,10	262,23	155,94	226,83	255,18	151,63	220,56	248,13	144,80	214,30	241,08	135,48	208,03	234
	V	3.584,83	197,16	286,78	322,63																		
	VI	3.629,16	199,60	290,33	326,62																		
10.538,99 (Ost)	I	3.078,25	169,30	246,26	277,04	160,68	233,72	262,94	152,07	221,19	248,84	136,41	208,66	234,74	117,77	196,12	220,64	99,12	183,59	206,54	80,48	171,06	192
	II	2.929,16	161,10	234,33	263,62	152,48	221,80	249,52	137,31	209,26	235,42	118,67	196,73	221,32	100,02	184,20	207,22	81,38	171,66	193,12	62,74	159,13	179
	III	2.262,66	-	181,01	203,63	-	169,41	190,58	-	158,06	177,82	-	146,97	165,34	-	136,14	153,16	-	125,56	141,25	-	115,25	129
	IV	3.078,25	169,30	246,26	277,04	164,99	239,99	269,99	160,68	233,72	262,94	156,37	227,46	255,89	152,07	221,19	248,84	145,73	214,92	241,79	136,41	208,66	234
	V	3.592,66	197,59	287,41	323,33																		
	VI	3.637,00	200,03	290,96	327,33																		
10.541,99 (West)	I	3.071,66	168,94	245,73	276,44	160,32	233,20	262,35	151,70	220,66	248,24	135,64	208,14	234,15	116,99	195,60	220,05	98,35	183,07	205,95	79,71	170,54	191
	II	2.922,58	160,74	233,80	263,03	152,12	221,27	248,93	136,53	208,74	234,83	117,88	196,20	220,73	99,24	183,67	206,63	80,61	171,14	192,53	61,96	158,61	178
	III	2.256,50	-	180,52	203,08	-	168,93	190,04	-	157,58	177,28	-	146,50	164,81	-	135,69	152,65	-	125,13	140,77	-	114,81	129,
	IV	3.071,66	168,94	245,73	276,44	164,63	239,46	269,39	160,32	233,20	262,35	156,01	226,93	255,29	151,70	220,66	248,24	144,96	214,40	241,20	135,64	208,14	234
	V	3.586,16	197,23	286,89	322,75																		
	VI	3.630,41	199,67	290,43	326,73																		
10.541,99 (Ost)	I	3.079,50	169,37	246,36	277,15	160,75	233,82	263,05	152,13	221,29	248,95	136,56	208,76	234,85	117,91	196,22	220,75	99,27	183,69	206,65	80,63	171,16	192
	II	2.930,41	161,17	234,43	263,73	152,55	221,90	249,63	137,46	209,36	235,53	118,82	196,83	221,43	100,17	184,30	207,33	81,53	171,76	193,23	62,89	159,23	179
	III	2.263,83	-	181,10	203,74	-	169,50	190,69	-	158,14	177,91	-	147,06	165,44	-	136,22	153,25	-	125,65	141,35	-	115,33	129
	IV	3.079,50	169,37	246,36	277,15	165,06	240,09	270,10	160,75	233,82	263,05	156,44	227,56	256,00	152,13	221,29	248,95	145,88	215,02	241,90	136,56	208,76	234
	V	3.593,91	197,66	287,51	323,45																		
	VI	3.638,25	200,10	291,06	327,44																		
10.544,99 (West)	I	3.072,91	169,01	245,83	276,56	160,39	233,30	262,46	151,78	220,77	248,36	135,78	208,24	234,27	117,14	195,70	220,16	98,50	183,17	206,06	79,85	170,64	191,
	II	2.923,83	160,81	233,90	263,14	152,19	221,37	249,04	136,68	208,84	234,94	118,03	196,30	220,84	99,40	183,78	206,75	80,76	171,24	192,65	62,11	158,71	178,
	III	2.257,66	-	180,61	203,18	-	169,02	190,15	-	157,68	177,39	-	146,60	164,92	-	135,77	152,74	-	125,21	140,86	-	114,90	129,
	IV	3.072,91	169,01	245,83	276,56	164,70	239,56	269,51	160,39	233,30	262,46	156,09	227,04	255,42	151,78	220,77	248,36	145,11	214,50	241,31	135,78	208,24	234,
	V	3.587,41	197,30	286,99	322,86																		
	VI	3.631,66	199,74	290,53	326,84																		
10.544,99 (Ost)	I	3.080,75	169,44	246,46	277,26	160,82	233,92	263,16	152,20	221,39	249,06	136,71	208,86	234,96	118,06	196,32	220,86	99,42	183,79	206,76	80,79	171,26	192,
	II	2.931,66	161,24	234,53	263,84	152,62	222,00	249,75	137,61	209,46	235,64	118,97	196,93	221,54	100,32	184,40	207,45	81,68	171,86	193,34	63,04	159,33	179,
	III	2.265,00	-	181,20	203,85	-	169,60	190,80	-	158,24	178,02	-	147,14	165,53	-	136,30	153,34	-	125,73	141,44	-	115,41	129,
	IV	3.080,75	169,44	246,46	277,26	165,13	240,19	270,21	160,82	233,92	263,16	156,51	227,66	256,11	152,20	221,39	249,06	146,03	215,12	242,01	136,71	208,86	234,
	V	3.595,16	197,73	287,61	323,56																		
	VI	3.639,50	200,17	291,16	327,55																		
10.547,99 (West)	I	3.074,25	169,08	245,94	276,68	160,46	233,40	262,58	151,85	220,87	248,48	135,93	208,34	234,38	117,29	195,80	220,28	98,65	183,27	206,18	80,00	170,74	192,
	II	2.925,08	160,87	234,00	263,25	152,26	221,47	249,15	136,84	208,94	235,06	118,19	196,41	220,96	99,55	183,88	206,86	80,91	171,34	192,76	62,26	158,81	178,
	III	2.258,83	-	180,70	203,29	-	169,10	190,24	-	157,77	177,49	-	146,69	165,02	-	135,86	152,84	-	125,29	140,95	-	114,98	129,
	IV	3.074,25	169,08	245,94	276,68	164,77	239,67	269,63	160,46	233,40	262,58	156,15	227,14	255,53	151,85	220,87	248,48	145,25	214,60	241,43	135,93	208,34	234,
	V	3.588,66	197,37	287,09	322,97																		
	VI	3.633,00	199,81	290,64	326,97																		
10.547,99 (Ost)	I	3.082,00	169,51	246,56	277,38	160,89	234,02	263,27	152,27	221,49	249,17	136,85	208,96	235,08	118,22	196,43	220,98	99,58	183,90	206,88	80,93	171,36	192,
	II	2.932,91	161,31	234,63	263,96	152,69	222,10	249,86	137,76	209,56	235,76	119,11	197,03	221,66	100,47	184,50	207,56	81,83	171,96	193,46	63,18	159,43	179,
	III	2.266,16	-	181,29	203,95	-	169,69	190,90	-	158,33	178,12	-	147,24	165,64	-	136,40	153,45	-	125,81	141,53	-	115,49	129,
	IV	3.082,00	169,51	246,56	277,38	165,20	240,29	270,32	160,89	234,02	263,27	156,58	227,76	256,23	152,27	221,49	249,17	146,18	215,22	242,12	136,85	208,96	235,
	V	3.596,50	197,80	287,72	323,68																		
	VI	3.640,75	200,24	291,26	327,66																		
10.550,99 (West)	I	3.075,50	169,15	246,04	276,79	160,53	233,50	262,69	151,91	220,97	248,59	136,08	208,44	234,49	117,44	195,90	220,39	98,79	183,37	206,29	80,15	170,84	192,1
	II	2.926,33	160,94	234,10	263,36	152,33	221,58	249,27	136,98	209,04	235,17	118,34	196,51	221,07	99,70	183,98	206,97	81,05	171,44	192,87	62,41	158,91	178,7
	III	2.260,00	-	180,80	203,40	-	169,20	190,35	-	157,86	177,59	-	146,77	165,11	-	135,94	152,93	-	125,37	141,04	-	115,06	129,4
	IV	3.075,50	169,15	246,04	276,79	164,84	239,77	269,74	160,53	233,50	262,69	156,22	227,24	255,64	151,91	220,97	248,59	145,40	214,70	241,54	136,08	208,44	234,4
	V	3.589,91	197,44	287,19	323,09																		
	VI	3.634,25	199,88	290,74	327,08																		
10.550,99 (Ost)	I	3.083,25	169,57	246,66	277,49	160,96	234,12	263,39	152,34	221,59	249,29	137,01	209,06	235,19	118,37	196,53	221,09	99,73	184,00	207,00	81,08	171,46	192,8
	II	2.934,16	161,37	234,73	264,07	152,76	222,20	249,97	137,91	209,66	235,87	119,26	197,13	221,77	100,62	184,60	207,67	81,99	172,07	193,58	63,34	159,54	179,4
	III	2.267,33	-	181,38	204,05	-	169,77	190,99	-	158,42	178,22	-	147,32	165,73	-	136,48	153,54	-	125,90	141,64	-	115,57	130,0
	IV	3.083,25	169,57	246,66	277,49	165,27	240,39	270,44	160,96	234,12	263,39	156,65	227,86	256,34	152,34	221,59	249,29	146,34	215,33	242,24	137,01	209,06	235,1
	V	3.597,75	197,87	287,82	323,79																		
	VI	3.642,00	200,31	291,36	327,78																		

Lohn/ Gehalt bis	Steuerklasse	Lohnsteuer	ohne Kinderfreibetrag SolZ 5,5%	Kirchensteuer 8%	Kirchensteuer 9%	0,5 SolZ 5,5%	0,5 Kirchensteuer 8%	0,5 Kirchensteuer 9%	1,0 SolZ 5,5%	1,0 Kirchensteuer 8%	1,0 Kirchensteuer 9%	1,5 SolZ 5,5%	1,5 Kirchensteuer 8%	1,5 Kirchensteuer 9%	2,0 SolZ 5,5%	2,0 Kirchensteuer 8%	2,0 Kirchensteuer 9%	2,5 SolZ 5,5%	2,5 Kirchensteuer 8%	2,5 Kirchensteuer 9%	3,0 SolZ 5,5%	3,0 Kirchensteuer 8%	3,0 Kirchensteuer 9%
10.553,99 (West)	I	3.076,75	169,22	246,14	276,90	160,60	233,60	262,80	151,98	221,07	248,70	136,23	208,54	234,60	117,59	196,00	220,50	98,94	183,47	206,40	80,30	170,94	192,30
	II	2.927,66	161,02	234,21	263,48	152,40	221,68	249,39	137,13	209,14	235,28	118,49	196,61	221,18	99,85	184,08	207,09	81,20	171,54	192,98	62,56	159,01	178,88
	III	2.261,16	-	180,89	203,50	-	169,29	190,45	-	157,94	177,68	-	146,86	165,22	-	136,04	153,04	-	125,46	141,14	-	115,14	129,53
	IV	3.076,75	169,22	246,14	276,90	164,91	239,87	269,85	160,60	233,60	262,80	156,29	227,34	255,75	151,98	221,07	248,70	145,55	214,80	241,65	136,23	208,54	234,60
	V	3.591,16	197,51	287,29	323,20																		
	VI	3.635,50	199,95	290,84	327,19																		
10.553,99 (Ost)	I	3.084,50	169,64	246,76	277,60	161,03	234,23	263,51	152,41	221,70	249,41	137,16	209,16	235,31	118,52	196,63	221,21	99,88	184,10	207,11	81,23	171,56	193,01
	II	2.935,41	161,44	234,83	264,18	152,83	222,30	250,08	138,05	209,76	235,98	119,41	197,23	221,88	100,78	184,70	207,79	82,13	172,17	193,69	63,49	159,64	179,59
	III	2.268,50	-	181,48	204,16	-	169,86	191,09	-	158,52	178,33	-	147,41	165,83	-	136,57	153,64	-	125,98	141,73	-	115,65	130,10
	IV	3.084,50	169,64	246,76	277,60	165,33	240,49	270,55	161,03	234,23	263,51	156,72	227,96	256,46	152,41	221,70	249,41	146,48	215,43	242,36	137,16	209,16	235,31
	V	3.599,00	197,94	287,92	323,91																		
	VI	3.643,25	200,37	291,46	327,89																		
10.556,99 (West)	I	3.078,00	169,29	246,24	277,02	160,67	233,70	262,91	152,05	221,17	248,81	136,38	208,64	234,72	117,74	196,10	220,61	99,09	183,57	206,51	80,45	171,04	192,42
	II	2.928,91	161,09	234,31	263,60	152,47	221,78	249,50	137,28	209,24	235,40	118,64	196,71	221,30	99,99	184,18	207,20	81,35	171,64	193,10	62,71	159,11	179,00
	III	2.262,33	-	180,98	203,60	-	169,38	190,55	-	158,04	177,79	-	146,96	165,33	-	136,12	153,13	-	125,54	141,23	-	115,22	129,62
	IV	3.078,00	169,29	246,24	277,02	164,98	239,97	269,96	160,67	233,70	262,91	156,36	227,44	255,87	152,05	221,17	248,81	145,70	214,90	241,76	136,38	208,64	234,72
	V	3.592,41	197,58	287,39	323,31																		
	VI	3.636,75	200,02	290,94	327,30																		
10.556,99 (Ost)	I	3.085,83	169,72	246,86	277,72	161,10	234,33	263,62	152,48	221,80	249,52	137,31	209,26	235,42	118,67	196,73	221,32	100,02	184,20	207,22	81,38	171,66	193,12
	II	2.936,66	161,51	234,93	264,29	152,90	222,40	250,20	138,21	209,87	236,10	119,57	197,34	222,00	100,93	184,80	207,90	82,28	172,27	193,80	63,64	159,74	179,70
	III	2.269,83	-	181,58	204,28	-	169,96	191,20	-	158,60	178,42	-	147,50	165,94	-	136,65	153,73	-	126,06	141,82	-	115,73	130,19
	IV	3.085,83	169,72	246,86	277,72	165,41	240,60	270,67	161,10	234,33	263,62	156,79	228,06	256,57	152,48	221,80	249,52	146,63	215,53	242,47	137,31	209,26	235,42
	V	3.600,25	198,01	288,02	324,02																		
	VI	3.644,58	200,45	291,56	328,01																		
10.559,99 (West)	I	3.079,25	169,35	246,34	277,13	160,74	233,80	263,03	152,12	221,27	248,93	136,53	208,74	234,83	117,88	196,20	220,73	99,24	183,67	206,63	80,61	171,14	192,53
	II	2.930,16	161,15	234,41	263,71	152,54	221,88	249,61	137,43	209,34	235,51	118,79	196,81	221,41	100,14	184,28	207,31	81,50	171,74	193,21	62,86	159,21	179,11
	III	2.263,66	-	181,09	203,72	-	169,48	190,66	-	158,13	177,89	-	147,04	165,42	-	136,21	153,23	-	125,62	141,32	-	115,30	129,71
	IV	3.079,25	169,35	246,34	277,13	165,05	240,07	270,08	160,74	233,80	263,03	156,43	227,54	255,98	152,12	221,27	248,93	145,85	215,00	241,88	136,53	208,74	234,83
	V	3.593,66	197,65	287,49	323,42																		
	VI	3.638,00	200,09	291,04	327,42																		
10.559,99 (Ost)	I	3.087,08	169,78	246,96	277,83	161,17	234,43	263,73	152,55	221,90	249,63	137,46	209,36	235,53	118,82	196,83	221,43	100,17	184,30	207,33	81,53	171,76	193,23
	II	2.937,91	161,58	235,03	264,41	152,97	222,50	250,31	138,36	209,97	236,21	119,72	197,44	222,12	101,08	184,90	208,01	82,43	172,37	193,91	63,79	159,84	179,82
	III	2.271,00	-	181,68	204,39	-	170,05	191,30	-	158,69	178,52	-	147,58	166,03	-	136,74	153,83	-	126,16	141,93	-	115,82	130,30
	IV	3.087,08	169,78	246,96	277,83	165,48	240,70	270,78	161,17	234,43	263,73	156,86	228,16	256,68	152,55	221,90	249,63	146,78	215,63	242,58	137,46	209,36	235,53
	V	3.601,50	198,08	288,12	324,13																		
	VI	3.645,83	200,52	291,66	328,12																		
10.562,99 (West)	I	3.080,50	169,42	246,44	277,24	160,81	233,90	263,14	152,19	221,37	249,04	136,68	208,84	234,94	118,03	196,30	220,84	99,40	183,78	206,75	80,76	171,24	192,65
	II	2.931,41	161,22	234,51	263,82	152,61	221,98	249,72	137,58	209,44	235,62	118,94	196,91	221,52	100,29	184,38	207,42	81,65	171,84	193,32	63,01	159,31	179,22
	III	2.264,83	-	181,18	203,83	-	169,57	190,76	-	158,22	178,00	-	147,13	165,52	-	136,29	153,32	-	125,72	141,43	-	115,38	129,80
	IV	3.080,50	169,42	246,44	277,24	165,11	240,17	270,19	160,81	233,90	263,14	156,50	227,64	256,09	152,19	221,37	249,04	146,00	215,10	241,99	136,68	208,84	234,94
	V	3.594,91	197,72	287,59	323,54																		
	VI	3.639,25	200,15	291,14	327,53																		
10.562,99 (Ost)	I	3.088,33	169,85	247,06	277,94	161,24	234,53	263,84	152,62	222,00	249,75	137,61	209,46	235,64	118,97	196,93	221,54	100,32	184,40	207,45	81,68	171,86	193,34
	II	2.939,25	161,65	235,14	264,53	153,04	222,60	250,43	138,51	210,07	236,33	119,87	197,54	222,23	101,22	185,00	208,13	82,58	172,47	194,03	63,94	159,94	179,93
	III	2.272,16	-	181,77	204,49	-	170,14	191,41	-	158,78	178,63	-	147,68	166,14	-	136,82	153,92	-	126,24	142,02	-	115,90	130,39
	IV	3.088,33	169,85	247,06	277,94	165,55	240,80	270,90	161,24	234,53	263,84	156,93	228,26	256,79	152,62	222,00	249,75	146,93	215,73	242,69	137,61	209,46	235,64
	V	3.602,75	198,15	288,22	324,24																		
	VI	3.647,08	200,58	291,76	328,23																		
10.565,99 (West)	I	3.081,75	169,49	246,54	277,35	160,87	234,00	263,25	152,26	221,47	249,15	136,84	208,94	235,06	118,19	196,41	220,96	99,55	183,88	206,86	80,91	171,34	192,76
	II	2.932,66	161,29	234,61	263,93	152,68	222,08	249,84	137,73	209,54	235,73	119,08	197,01	221,63	100,44	184,48	207,54	81,80	171,94	193,43	63,16	159,42	179,34
	III	2.266,00	-	181,28	203,94	-	169,66	190,87	-	158,32	178,11	-	147,21	165,61	-	136,37	153,41	-	125,80	141,52	-	115,48	129,91
	IV	3.081,75	169,49	246,54	277,35	165,18	240,27	270,30	160,87	234,00	263,25	156,57	227,74	256,20	152,26	221,47	249,15	146,15	215,20	242,10	136,84	208,94	235,06
	V	3.596,25	197,79	287,70	323,66																		
	VI	3.640,50	200,22	291,24	327,64																		
10.565,99 (Ost)	I	3.089,58	169,92	247,16	278,06	161,31	234,63	263,96	152,69	222,10	249,86	137,76	209,56	235,76	119,11	197,03	221,66	100,47	184,50	207,56	81,83	171,96	193,46
	II	2.940,50	161,72	235,24	264,64	153,11	222,70	250,54	138,66	210,17	236,44	120,02	197,64	222,34	101,37	185,10	208,24	82,73	172,57	194,14	64,09	160,04	180,04
	III	2.273,33	-	181,86	204,59	-	170,24	191,52	-	158,88	178,74	-	147,77	166,24	-	136,92	154,03	-	126,32	142,11	-	115,98	130,48
	IV	3.089,58	169,92	247,16	278,06	165,61	240,90	271,01	161,31	234,63	263,96	157,00	228,36	256,91	152,69	222,10	249,86	147,08	215,83	242,81	137,76	209,56	235,76
	V	3.604,00	198,22	288,32	324,36																		
	VI	3.648,33	200,65	291,86	328,34																		
10.568,99 (West)	I	3.083,00	169,56	246,64	277,47	160,94	234,10	263,36	152,33	221,58	249,27	136,98	209,04	235,17	118,34	196,51	221,07	99,70	183,98	206,97	81,05	171,44	192,87
	II	2.933,91	161,36	234,71	264,05	152,74	222,18	249,95	137,88	209,64	235,85	119,23	197,11	221,75	100,60	184,58	207,65	81,96	172,05	193,55	63,31	159,52	179,46
	III	2.267,16	-	181,37	204,04	-	169,76	190,98	-	158,40	178,20	-	147,30	165,71	-	136,46	153,52	-	125,88	141,61	-	115,56	130,00
	IV	3.083,00	169,56	246,64	277,47	165,25	240,37	270,41	160,94	234,10	263,36	156,64	227,84	256,32	152,33	221,58	249,27	146,31	215,31	242,22	136,98	209,04	235,17
	V	3.597,50	197,86	287,80	323,77																		
	VI	3.641,75	200,29	291,34	327,75																		
10.568,99 (Ost)	I	3.090,83	169,99	247,26	278,17	161,37	234,73	264,07	152,76	222,20	249,97	137,91	209,66	235,87	119,26	197,13	221,77	100,62	184,60	207,67	81,99	172,07	193,58
	II	2.941,75	161,79	235,34	264,75	153,17	222,80	250,65	138,81	210,27	236,55	120,17	197,74	222,45	101,52	185,20	208,35	82,88	172,67	194,25	64,24	160,14	180,15
	III	2.274,50	-	181,96	204,70	-	170,33	191,62	-	158,96	178,83	-	147,85	166,33	-	137,00	154,12	-	126,40	142,20	-	116,06	130,57
	IV	3.090,83	169,99	247,26	278,17	165,68	241,00	271,12	161,37	234,73	264,07	157,07	228,46	257,02	152,76	222,20	249,97	147,23	215,93	242,92	137,91	209,66	235,87
	V	3.605,25	198,28	288,42	324,47																		
	VI	3.649,58	200,72	291,96	328,46																		
10.571,99 (West)	I	3.084,33	169,63	246,74	277,58	161,02	234,21	263,48	152,40	221,68	249,39	137,13	209,14	235,28	118,49	196,61	221,18	99,85	184,08	207,09	81,20	171,54	192,98
	II	2.935,16	161,43	234,81	264,16	152,81	222,28	250,06	138,03	209,74	235,96	119,39	197,22	221,87	100,75	184,68	207,77	82,11	172,15	193,67	63,46	159,62	179,57
	III	2.268,33	-	181,46	204,14	-	169,85	191,08	-	158,49	178,30	-	147,40	165,82	-	136,54	153,61	-	125,97	141,71	-	115,64	130,09
	IV	3.084,33	169,63	246,74	277,58	165,33	240,48	270,54	161,02	234,21	263,48	156,71	227,94	256,43	152,40	221,68	249,39	146,45	215,41	242,33	137,13	209,14	235,28
	V	3.598,75	197,93	287,90	323,88																		
	VI	3.643,08	200,36	291,44	327,87																		
10.571,99 (Ost)	I	3.092,08	170,06	247,36	278,28	161,44	234,83	264,18	152,83	222,30	250,08	138,05	209,76	235,98	119,41	197,23	221,88	100,78	184,70	207,79	82,13	172,17	193,69
	II	2.943,00	161,86	235,44	264,87	153,24	222,90	250,76	138,96	210,37	236,66	120,31	197,84	222,57	101,67	185,30	208,46	83,03	172,77	194,36	64,38	160,24	180,27
	III	2.275,66	-	182,05	204,80	-	170,42	191,72	-	159,05	178,93	-	147,94	166,43	-	137,09	154,22	-	126,49	142,30	-	116,14	130,66
	IV	3.092,08	170,06	247,36	278,28	165,75	241,10	271,23	161,44	234,83	264,18	157,13	228,56	257,13	152,83	222,30	250,08	147,38	216,03	243,03	138,05	209,76	235,98
	V	3.606,50	198,35	288,52	324,58																		
	VI	3.650,83	200,79	292,06	328,57																		

Anzahl Kinderfreibeträge (nur Steuerklassen I–IV)

Lohn/ Gehalt bis	Steuerklasse	Lohn-steuer	ohne Kinderfreibetrag SolZ 5,5%	ohne Kinderfreibetrag Kirchensteuer 8%	ohne Kinderfreibetrag Kirchensteuer 9%	0,5 SolZ 5,5%	0,5 Kirchensteuer 8%	0,5 Kirchensteuer 9%	1,0 SolZ 5,5%	1,0 Kirchensteuer 8%	1,0 Kirchensteuer 9%	1,5 SolZ 5,5%	1,5 Kirchensteuer 8%	1,5 Kirchensteuer 9%	2,0 SolZ 5,5%	2,0 Kirchensteuer 8%	2,0 Kirchensteuer 9%	2,5 SolZ 5,5%	2,5 Kirchensteuer 8%	2,5 Kirchensteuer 9%	3,0 SolZ 5,5%	3,0 Kirchensteuer 8%	3,0 Kirchensteu 9%
						Anzahl Kinderfreibeträge (nur Steuerklassen I–IV)																	
10.574,99 (West)	I	3.085,58	169,70	246,84	277,70	161,09	234,31	263,60	152,47	221,78	249,50	137,28	209,24	235,40	118,64	196,71	221,30	99,99	184,18	207,20	81,35	171,64	193
	II	2.936,41	161,50	234,91	264,27	152,89	222,38	250,18	138,18	209,85	236,08	119,54	197,32	221,98	100,90	184,78	207,88	82,25	172,25	193,78	63,61	159,72	179
	III	2.269,50	-	181,56	204,25	-	169,94	191,18	-	158,58	178,40	-	147,48	165,91	-	136,64	153,72	-	126,05	141,80	-	115,72	130
	IV	3.085,58	169,70	246,84	277,70	165,39	240,58	270,65	161,09	234,31	263,60	156,78	228,04	256,55	152,47	221,78	249,50	146,60	215,51	242,45	137,28	209,24	235
	V	3.600,00	198,00	288,00	324,00																		
	VI	3.644,33	200,43	291,54	327,98																		
10.574,99 (Ost)	I	3.093,33	170,13	247,46	278,39	161,51	234,93	264,29	152,90	222,40	250,20	138,21	209,87	236,10	119,57	197,34	222,00	100,93	184,80	207,90	82,28	172,27	193
	II	2.944,25	161,93	235,54	264,98	153,31	223,00	250,88	139,11	210,47	236,78	120,46	197,94	222,68	101,82	185,40	208,58	83,18	172,87	194,48	64,54	160,34	180
	III	2.276,83	-	182,14	204,91	-	170,52	191,83	-	159,14	179,03	-	148,02	166,52	-	137,17	154,31	-	126,57	142,39	-	116,22	130
	IV	3.093,33	170,13	247,46	278,39	165,82	241,20	271,35	161,51	234,93	264,29	157,20	228,66	257,24	152,90	222,40	250,20	147,53	216,13	243,14	138,21	209,87	236
	V	3.607,83	198,43	288,62	324,70																		
	VI	3.652,08	200,86	292,16	328,68																		
10.577,99 (West)	I	3.086,83	169,77	246,94	277,81	161,15	234,41	263,71	152,54	221,88	249,61	137,43	209,34	235,51	118,79	196,81	221,41	100,14	184,28	207,31	81,50	171,74	193
	II	2.937,75	161,57	235,02	264,39	152,95	222,48	250,29	138,33	209,95	236,19	119,69	197,42	222,09	101,05	184,88	207,99	82,40	172,35	193,89	63,76	159,82	179
	III	2.270,66	-	181,65	204,35	-	170,04	191,29	-	158,68	178,51	-	147,57	166,01	-	136,72	153,81	-	126,13	141,89	-	115,80	130
	IV	3.086,83	169,77	246,94	277,81	165,46	240,68	270,76	161,15	234,41	263,71	156,85	228,14	256,66	152,54	221,88	249,61	146,75	215,61	242,56	137,43	209,34	235
	V	3.601,25	198,06	288,10	324,11																		
	VI	3.645,58	200,50	291,64	328,10																		
10.577,99 (Ost)	I	3.094,58	170,20	247,56	278,51	161,58	235,03	264,41	152,97	222,50	250,31	138,36	209,97	236,21	119,72	197,44	222,12	101,08	184,90	208,01	82,43	172,37	193
	II	2.945,50	162,00	235,64	265,09	153,38	223,10	250,99	139,25	210,57	236,89	120,61	198,04	222,79	101,98	185,51	208,70	83,33	172,98	194,60	64,69	160,44	180
	III	2.278,00	-	182,24	205,02	-	170,61	191,93	-	159,24	179,14	-	148,12	166,63	-	137,26	154,42	-	126,65	142,48	-	116,32	130
	IV	3.094,58	170,20	247,56	278,51	165,89	241,30	271,46	161,58	235,03	264,41	157,28	228,77	257,36	152,97	222,50	250,31	147,68	216,24	243,27	138,36	209,97	236
	V	3.609,08	198,49	288,72	324,81																		
	VI	3.653,33	200,93	292,26	328,79																		
10.580,99 (West)	I	3.088,08	169,84	247,04	277,92	161,22	234,51	263,82	152,61	221,98	249,72	137,58	209,44	235,62	118,94	196,91	221,52	100,29	184,38	207,42	81,65	171,84	193
	II	2.939,00	161,64	235,12	264,51	153,02	222,58	250,40	138,48	210,05	236,30	119,84	197,52	222,21	101,19	184,98	208,10	82,55	172,45	194,00	63,91	159,92	179
	III	2.271,83	-	181,74	204,46	-	170,13	191,39	-	158,76	178,60	-	147,65	166,10	-	136,81	153,91	-	126,21	141,98	-	115,88	130
	IV	3.088,08	169,84	247,04	277,92	165,53	240,78	270,87	161,22	234,51	263,82	156,91	228,24	256,77	152,61	221,98	249,72	146,90	215,71	242,67	137,58	209,44	235
	V	3.602,50	198,13	288,20	324,22																		
	VI	3.646,83	200,57	291,74	328,21																		
10.580,99 (Ost)	I	3.095,91	170,27	247,67	278,63	161,65	235,14	264,53	153,04	222,60	250,43	138,51	210,07	236,33	119,87	197,54	222,23	101,22	185,00	208,13	82,58	172,47	194
	II	2.946,75	162,07	235,74	265,20	153,45	223,20	251,10	139,40	210,67	237,00	120,77	198,14	222,91	102,13	185,61	208,81	83,48	173,08	194,71	64,84	160,54	180,
	III	2.279,16	-	182,33	205,12	-	170,70	192,04	-	159,33	179,24	-	148,21	166,73	-	137,34	154,51	-	126,74	142,58	-	116,40	130
	IV	3.095,91	170,27	247,67	278,63	165,96	241,40	271,58	161,65	235,14	264,53	157,35	228,87	257,48	153,04	222,60	250,43	147,83	216,34	243,38	138,51	210,07	236
	V	3.610,33	198,56	288,82	324,92																		
	VI	3.654,66	201,00	292,37	328,91																		
10.583,99 (West)	I	3.089,33	169,91	247,14	278,03	161,29	234,61	263,93	152,68	222,08	249,84	137,73	209,54	235,73	119,08	197,01	221,63	100,44	184,48	207,54	81,80	171,94	193,
	II	2.940,25	161,71	235,22	264,62	153,09	222,68	250,52	138,63	210,15	236,42	119,99	197,62	222,32	101,34	185,08	208,22	82,70	172,55	194,12	64,06	160,02	180,
	III	2.273,00	-	181,84	204,57	-	170,22	191,50	-	158,85	178,70	-	147,74	166,21	-	136,89	154,00	-	126,30	142,09	-	115,97	130,
	IV	3.089,33	169,91	247,14	278,03	165,60	240,88	270,99	161,29	234,61	263,93	156,98	228,34	256,88	152,68	222,08	249,84	147,05	215,81	242,78	137,73	209,54	235,
	V	3.603,75	198,20	288,30	324,33																		
	VI	3.648,08	200,64	291,84	328,32																		
10.583,99 (Ost)	I	3.097,16	170,34	247,77	278,74	161,72	235,24	264,64	153,11	222,70	250,54	138,66	210,17	236,44	120,02	197,64	222,34	101,37	185,10	208,24	82,73	172,57	194,
	II	2.948,00	162,14	235,84	265,32	153,52	223,31	251,22	139,56	210,78	237,12	120,92	198,24	223,02	102,28	185,71	208,92	83,63	173,18	194,82	64,99	160,64	180,
	III	2.280,33	-	182,42	205,22	-	170,80	192,15	-	159,41	179,33	-	148,29	166,82	-	137,44	154,62	-	126,82	142,67	-	116,48	131,
	IV	3.097,16	170,34	247,77	278,74	166,03	241,50	271,69	161,72	235,24	264,64	157,41	228,97	257,59	153,11	222,70	250,54	147,98	216,44	243,49	138,66	210,17	236,
	V	3.611,58	198,63	288,92	325,04																		
	VI	3.655,91	201,07	292,47	329,03																		
10.586,99 (West)	I	3.090,58	169,98	247,24	278,15	161,36	234,71	264,05	152,74	222,18	249,95	137,88	209,64	235,85	119,23	197,11	221,75	100,60	184,58	207,65	81,96	172,05	193,
	II	2.941,50	161,78	235,32	264,73	153,16	222,78	250,63	138,78	210,25	236,53	120,14	197,72	222,43	101,49	185,18	208,33	82,85	172,65	194,23	64,21	160,12	180,
	III	2.274,16	-	181,93	204,67	-	170,30	191,59	-	158,94	178,81	-	147,84	166,32	-	136,98	154,10	-	126,38	142,18	-	116,05	130,
	IV	3.090,58	169,98	247,24	278,15	165,67	240,98	271,10	161,36	234,71	264,05	157,05	228,44	257,00	152,74	222,18	249,95	147,20	215,91	242,90	137,88	209,64	235,
	V	3.605,00	198,27	288,40	324,45																		
	VI	3.649,33	200,71	291,94	328,43																		
10.586,99 (Ost)	I	3.098,41	170,41	247,87	278,85	161,79	235,34	264,75	153,17	222,80	250,65	138,81	210,27	236,55	120,17	197,74	222,45	101,52	185,20	208,35	82,88	172,67	194,
	II	2.949,33	162,21	235,94	265,43	153,59	223,41	251,33	139,71	210,88	237,24	121,07	198,34	223,13	102,42	185,81	209,03	83,78	173,28	194,94	65,14	160,74	180,
	III	2.281,50	-	182,52	205,33	-	170,89	192,25	-	159,50	179,44	-	148,38	166,93	-	137,52	154,71	-	126,90	142,76	-	116,56	131,
	IV	3.098,41	170,41	247,87	278,85	166,10	241,60	271,80	161,79	235,34	264,75	157,48	229,07	257,70	153,17	222,80	250,65	148,13	216,54	243,60	138,81	210,27	236,
	V	3.612,83	198,70	289,02	325,15																		
	VI	3.657,16	201,14	292,57	329,14																		
10.589,99 (West)	I	3.091,83	170,05	247,34	278,26	161,43	234,81	264,16	152,81	222,28	250,06	138,03	209,74	235,96	119,39	197,22	221,87	100,75	184,68	207,77	82,11	172,15	193,
	II	2.942,75	161,85	235,42	264,84	153,23	222,88	250,74	138,93	210,35	236,64	120,28	197,82	222,54	101,64	185,28	208,44	83,00	172,75	194,34	64,36	160,22	180,
	III	2.275,33	-	182,02	204,77	-	170,40	191,70	-	159,04	178,92	-	147,92	166,41	-	137,06	154,19	-	126,46	142,27	-	116,13	130,
	IV	3.091,83	170,05	247,34	278,26	165,74	241,08	271,21	161,43	234,81	264,16	157,12	228,54	257,11	152,81	222,28	250,06	147,35	216,01	243,01	138,03	209,74	235,
	V	3.606,33	198,34	288,50	324,56																		
	VI	3.650,58	200,78	292,04	328,55																		
10.589,99 (Ost)	I	3.099,66	170,48	247,97	278,96	161,86	235,44	264,87	153,24	222,90	250,76	138,96	210,37	236,66	120,31	197,84	222,57	101,67	185,30	208,46	83,03	172,77	194,3
	II	2.950,58	162,28	236,04	265,55	153,66	223,51	251,45	139,86	210,98	237,35	121,22	198,44	223,25	102,57	185,91	209,15	83,93	173,38	195,05	65,29	160,84	180,9
	III	2.282,83	-	182,62	205,45	-	170,98	192,35	-	159,60	179,55	-	148,48	167,04	-	137,60	154,80	-	127,00	142,87	-	116,64	131,2
	IV	3.099,66	170,48	247,97	278,96	166,17	241,70	271,91	161,86	235,44	264,87	157,55	229,17	257,81	153,24	222,90	250,76	148,28	216,64	243,72	138,96	210,37	236,
	V	3.614,08	198,77	289,12	325,26																		
	VI	3.658,41	201,21	292,67	329,25																		
10.592,99 (West)	I	3.093,08	170,11	247,44	278,37	161,50	234,91	264,27	152,89	222,38	250,18	138,18	209,85	236,08	119,54	197,32	221,98	100,90	184,78	207,88	82,25	172,25	193,7
	II	2.944,00	161,92	235,52	264,96	153,30	222,98	250,85	139,08	210,45	236,75	120,43	197,92	222,66	101,79	185,38	208,55	83,16	172,86	194,46	64,51	160,32	180,3
	III	2.276,50	-	182,12	204,88	-	170,49	191,80	-	159,13	179,02	-	148,01	166,51	-	137,16	154,30	-	126,56	142,38	-	116,21	130,7
	IV	3.093,08	170,11	247,44	278,37	165,81	241,18	271,32	161,50	234,91	264,27	157,19	228,64	257,22	152,89	222,38	250,18	147,51	216,12	243,13	138,18	209,85	236,0
	V	3.607,58	198,41	288,60	324,68																		
	VI	3.651,83	200,85	292,14	328,66																		
10.592,99 (Ost)	I	3.100,91	170,55	248,07	279,08	161,93	235,54	264,98	153,31	223,00	250,88	139,11	210,47	236,78	120,46	197,94	222,68	101,82	185,40	208,58	83,18	172,87	194,4
	II	2.951,83	162,35	236,14	265,66	153,73	223,61	251,56	140,01	211,08	237,46	121,37	198,54	223,36	102,72	186,01	209,26	84,08	173,48	195,16	65,44	160,94	181,0
	III	2.284,00	-	182,72	205,56	-	171,08	192,46	-	159,69	179,65	-	148,56	167,13	-	137,69	154,90	-	127,08	142,96	-	116,72	131,3
	IV	3.100,91	170,55	248,07	279,08	166,24	241,80	272,03	161,93	235,54	264,98	157,62	229,27	257,93	153,31	223,00	250,88	148,43	216,74	243,83	139,11	210,47	236,7
	V	3.615,33	198,84	289,22	325,37																		
	VI	3.659,66	201,28	292,77	329,36																		

Lohn/ Gehalt bis	Steuerklasse	Lohn-steuer	ohne Kinderfreibetrag SolZ 5,5%	Kirchensteuer 8%	9%	0,5 SolZ 5,5%	Kirchensteuer 8%	9%	1,0 SolZ 5,5%	Kirchensteuer 8%	9%	1,5 SolZ 5,5%	Kirchensteuer 8%	9%	2,0 SolZ 5,5%	Kirchensteuer 8%	9%	2,5 SolZ 5,5%	Kirchensteuer 8%	9%	3,0 SolZ 5,5%	Kirchensteuer 8%	9%
						Anzahl Kinderfreibeträge (nur Steuerklassen I–IV)																	
0.595,99 (West)	I	3.094,33	170,18	247,54	278,48	161,57	235,02	264,39	152,95	222,48	250,29	138,33	209,95	236,19	119,69	197,42	222,09	101,05	184,88	207,99	82,40	172,35	193,89
	II	2.945,25	161,98	235,62	265,07	153,37	223,08	250,97	139,23	210,55	236,87	120,59	198,02	222,77	101,95	185,49	208,67	83,30	172,96	194,58	64,66	160,42	180,47
	III	2.277,83	-	182,22	205,00	-	170,58	191,90	-	159,21	179,11	-	148,10	166,61	-	137,24	154,39	-	126,64	142,47	-	116,29	130,82
	IV	3.094,33	170,18	247,54	278,48	165,88	241,28	271,44	161,57	235,02	264,39	157,26	228,75	257,34	152,95	222,48	250,29	147,65	216,22	243,24	138,33	209,95	236,19
	V	3.608,83	198,48	288,70	324,79																		
	VI	3.653,08	200,91	292,24	328,77																		
0.595,99 (Ost)	I	3.102,16	170,61	248,17	279,19	162,00	235,64	265,09	153,38	223,10	250,99	139,25	210,57	236,89	120,61	198,04	222,79	101,98	185,51	208,70	83,33	172,98	194,60
	II	2.953,08	162,41	236,24	265,77	153,80	223,71	251,67	140,16	211,18	237,57	121,51	198,64	223,47	102,87	186,11	209,37	84,23	173,58	195,27	65,58	161,04	181,17
	III	2.285,16	-	182,81	205,66	-	171,16	192,55	-	159,78	179,75	-	148,65	167,23	-	137,77	154,99	-	127,16	143,05	-	116,81	131,41
	IV	3.102,16	170,61	248,17	279,19	166,31	241,90	272,14	162,00	235,64	265,09	157,69	229,37	258,04	153,38	223,10	250,99	148,58	216,84	243,94	139,25	210,57	236,89
	V	3.616,58	198,91	289,32	325,49																		
	VI	3.660,91	201,35	292,87	329,48																		
0.598,99 (West)	I	3.095,66	170,26	247,65	278,60	161,64	235,12	264,51	153,02	222,58	250,40	138,48	210,05	236,30	119,84	197,52	222,21	101,19	184,98	208,10	82,55	172,45	194,00
	II	2.946,50	162,05	235,72	265,18	153,44	223,18	251,08	139,38	210,66	236,99	120,74	198,12	222,89	102,10	185,59	208,79	83,45	173,06	194,69	64,81	160,52	180,59
	III	2.279,00	-	182,32	205,11	-	170,68	192,01	-	159,30	179,21	-	148,18	166,70	-	137,33	154,49	-	126,72	142,56	-	116,37	130,91
	IV	3.095,66	170,26	247,65	278,60	165,95	241,38	271,55	161,64	235,12	264,51	157,33	228,85	257,45	153,02	222,58	250,40	147,80	216,32	243,36	138,48	210,05	236,30
	V	3.610,08	198,55	288,80	324,90																		
	VI	3.654,41	200,99	292,35	328,89																		
0.598,99 (Ost)	I	3.103,41	170,68	248,27	279,30	162,07	235,74	265,20	153,45	223,20	251,10	139,40	210,67	237,00	120,77	198,14	222,91	102,13	185,61	208,81	83,48	173,08	194,71
	II	2.954,33	162,48	236,34	265,88	153,87	223,81	251,78	140,31	211,28	237,69	121,66	198,74	223,58	103,02	186,21	209,48	84,38	173,68	195,39	65,74	161,15	181,29
	III	2.286,33	-	182,90	205,76	-	171,25	192,65	-	159,86	179,84	-	148,73	167,32	-	137,86	155,09	-	127,25	143,15	-	116,89	131,50
	IV	3.103,41	170,68	248,27	279,30	166,37	242,00	272,25	162,07	235,74	265,20	157,76	229,47	258,15	153,45	223,20	251,10	148,73	216,94	244,05	139,40	210,67	237,00
	V	3.617,91	198,98	289,43	325,61																		
	VI	3.662,16	201,41	292,97	329,59																		
0.601,99 (West)	I	3.096,91	170,33	247,75	278,72	161,71	235,22	264,62	153,09	222,68	250,52	138,63	210,15	236,42	119,99	197,62	222,32	101,34	185,08	208,22	82,70	172,55	194,12
	II	2.947,83	162,13	235,82	265,30	153,51	223,29	251,20	139,53	210,76	237,10	120,89	198,22	223,00	102,25	185,69	208,90	83,60	173,16	194,80	64,96	160,62	180,70
	III	2.280,16	-	182,41	205,21	-	170,77	192,11	-	159,40	179,32	-	148,28	166,81	-	137,41	154,58	-	126,81	142,66	-	116,46	131,02
	IV	3.096,91	170,33	247,75	278,72	166,02	241,48	271,67	161,71	235,22	264,62	157,40	228,95	257,57	153,09	222,68	250,52	147,95	216,42	243,47	138,63	210,15	236,42
	V	3.611,33	198,62	288,90	325,01																		
	VI	3.655,66	201,06	292,45	329,00																		
0.601,99 (Ost)	I	3.104,66	170,75	248,37	279,41	162,14	235,84	265,32	153,52	223,31	251,22	139,56	210,78	237,12	120,92	198,24	223,02	102,28	185,71	208,92	83,63	173,18	194,82
	II	2.955,58	162,55	236,44	266,00	153,94	223,91	251,90	140,45	211,38	237,80	121,81	198,84	223,70	103,17	186,31	209,60	84,53	173,78	195,50	65,89	161,25	181,40
	III	2.287,50	-	183,00	205,87	-	171,34	192,76	-	159,96	179,95	-	148,82	167,42	-	137,94	155,18	-	127,33	143,24	-	116,97	131,59
	IV	3.104,66	170,75	248,37	279,41	166,44	242,10	272,36	162,14	235,84	265,32	157,83	229,57	258,26	153,52	223,31	251,22	148,88	217,04	244,17	139,56	210,78	237,12
	V	3.619,16	199,05	289,53	325,72																		
	VI	3.663,41	201,48	293,07	329,70																		
10.604,99 (West)	I	3.098,16	170,39	247,85	278,83	161,78	235,32	264,73	153,16	222,78	250,63	138,78	210,25	236,53	120,14	197,72	222,43	101,49	185,18	208,33	82,85	172,65	194,23
	II	2.949,08	162,19	235,92	265,41	153,58	223,39	251,31	139,68	210,86	237,21	121,04	198,32	223,11	102,39	185,79	209,01	83,75	173,26	194,91	65,11	160,72	180,81
	III	2.281,33	-	182,50	205,31	-	170,86	192,22	-	159,49	179,42	-	148,36	166,90	-	137,50	154,69	-	126,89	142,75	-	116,54	131,11
	IV	3.098,16	170,39	247,85	278,83	166,09	241,58	271,78	161,78	235,32	264,73	157,47	229,05	257,68	153,16	222,78	250,63	148,10	216,52	243,58	138,78	210,25	236,53
	V	3.612,58	198,69	289,00	325,13																		
	VI	3.656,91	201,13	292,55	329,12																		
10.604,99 (Ost)	I	3.105,91	170,82	248,47	279,53	162,21	235,94	265,43	153,59	223,41	251,33	139,71	210,88	237,24	121,07	198,34	223,13	102,42	185,81	209,03	83,78	173,28	194,94
	II	2.956,83	162,62	236,54	266,11	154,00	224,01	252,01	140,60	211,48	237,91	121,97	198,95	223,82	103,33	186,42	209,72	84,68	173,88	195,62	66,04	161,35	181,52
	III	2.288,66	-	183,09	205,97	-	171,44	192,87	-	160,05	180,05	-	148,92	167,53	-	138,04	155,29	-	127,41	143,33	-	117,05	131,68
	IV	3.105,91	170,82	248,47	279,53	166,52	242,21	272,48	162,21	235,94	265,43	157,90	229,68	258,39	153,59	223,41	251,33	149,03	217,14	244,28	139,71	210,88	237,24
	V	3.620,41	199,12	289,63	325,83																		
	VI	3.664,75	201,56	293,18	329,82																		
10.607,99 (West)	I	3.099,41	170,46	247,95	278,94	161,85	235,42	264,84	153,23	222,88	250,74	138,93	210,35	236,64	120,28	197,82	222,54	101,64	185,28	208,44	83,00	172,75	194,34
	II	2.950,33	162,26	236,02	265,52	153,65	223,49	251,42	139,83	210,96	237,33	121,19	198,42	223,22	102,54	185,89	209,12	83,90	173,36	195,03	65,26	160,82	180,92
	III	2.282,50	-	182,60	205,42	-	170,96	192,33	-	159,57	179,51	-	148,45	167,00	-	137,58	154,78	-	126,97	142,84	-	116,62	131,20
	IV	3.099,41	170,46	247,95	278,94	166,15	241,68	271,89	161,85	235,42	264,84	157,54	229,15	257,79	153,23	222,88	250,74	148,25	216,62	243,69	138,93	210,35	236,64
	V	3.613,83	198,76	289,10	325,24																		
	VI	3.658,16	201,19	292,65	329,23																		
10.607,99 (Ost)	I	3.107,25	170,89	248,58	279,65	162,28	236,04	265,55	153,66	223,51	251,45	139,86	210,98	237,35	121,22	198,44	223,25	102,57	185,91	209,15	83,93	173,38	195,05
	II	2.958,08	162,69	236,64	266,22	154,07	224,11	252,12	140,76	211,58	238,03	122,12	199,05	223,93	103,48	186,52	209,83	84,83	173,98	195,73	66,19	161,45	181,63
	III	2.289,83	-	183,18	206,08	-	171,53	192,97	-	160,14	180,16	-	149,00	167,62	-	138,12	155,38	-	127,50	143,44	-	117,13	131,77
	IV	3.107,25	170,89	248,58	279,65	166,59	242,31	272,60	162,28	236,04	265,55	157,97	229,78	258,50	153,66	223,51	251,45	149,18	217,24	244,40	139,86	210,98	237,35
	V	3.621,66	199,19	289,73	325,94																		
	VI	3.666,00	201,63	293,28	329,94																		
10.610,99 (West)	I	3.100,66	170,53	248,05	279,05	161,92	235,52	264,96	153,30	222,98	250,85	139,08	210,45	236,75	120,43	197,92	222,66	101,79	185,38	208,55	83,16	172,86	194,46
	II	2.951,58	162,33	236,12	265,64	153,72	223,59	251,54	139,98	211,06	237,44	121,34	198,52	223,34	102,69	185,99	209,24	84,05	173,46	195,14	65,41	160,92	181,04
	III	2.283,66	-	182,69	205,52	-	171,05	192,43	-	159,66	179,62	-	148,54	167,11	-	137,68	154,89	-	127,06	142,94	-	116,70	131,29
	IV	3.100,66	170,53	248,05	279,05	166,22	241,78	272,00	161,92	235,52	264,96	157,61	229,25	257,90	153,30	222,98	250,85	148,40	216,72	243,81	139,08	210,45	236,75
	V	3.615,08	198,82	289,20	325,35																		
	VI	3.659,41	201,26	292,75	329,34																		
10.610,99 (Ost)	I	3.108,50	170,96	248,68	279,76	162,35	236,14	265,66	153,73	223,61	251,56	140,01	211,08	237,46	121,37	198,54	223,36	102,72	186,01	209,26	84,08	173,48	195,16
	II	2.959,41	162,76	236,75	266,34	154,15	224,22	252,24	140,91	211,68	238,14	122,27	199,15	224,04	103,62	186,62	209,94	84,98	174,08	195,84	66,34	161,55	181,74
	III	2.291,00	-	183,28	206,19	-	171,62	193,07	-	160,22	180,25	-	149,09	167,72	-	138,21	155,48	-	127,58	143,53	-	117,21	131,86
	IV	3.108,50	170,96	248,68	279,76	166,65	242,41	272,71	162,35	236,14	265,66	158,04	229,88	258,61	153,73	223,61	251,56	149,33	217,34	244,51	140,01	211,08	237,46
	V	3.622,91	199,26	289,83	326,06																		
	VI	3.667,25	201,69	293,38	330,05																		
10.613,99 (West)	I	3.101,91	170,60	248,15	279,17	161,98	235,62	265,07	153,37	223,08	250,97	139,23	210,55	236,87	120,59	198,02	222,77	101,95	185,49	208,67	83,30	172,96	194,58
	II	2.952,83	162,40	236,22	265,75	153,78	223,69	251,65	140,13	211,16	237,55	121,48	198,62	223,45	102,84	186,09	209,35	84,20	173,56	195,25	65,55	161,02	181,15
	III	2.284,83	-	182,78	205,63	-	171,14	192,53	-	159,76	179,73	-	148,62	167,20	-	137,76	154,98	-	127,14	143,03	-	116,78	131,38
	IV	3.101,91	170,60	248,15	279,17	166,29	241,88	272,12	161,98	235,62	265,07	157,68	229,35	258,02	153,37	223,08	250,97	148,55	216,82	243,92	139,23	210,55	236,87
	V	3.616,33	198,89	289,30	325,46																		
	VI	3.660,66	201,33	292,85	329,45																		
10.613,99 (Ost)	I	3.109,75	171,03	248,78	279,87	162,41	236,24	265,77	153,80	223,71	251,67	140,16	211,18	237,57	121,51	198,64	223,47	102,87	186,11	209,37	84,23	173,58	195,27
	II	2.960,66	162,83	236,85	266,45	154,22	224,32	252,36	141,06	211,78	238,25	122,42	199,25	224,15	103,77	186,72	210,06	85,13	174,18	195,95	66,49	161,65	181,85
	III	2.292,16	-	183,37	206,29	-	171,72	193,18	-	160,32	180,36	-	149,18	167,83	-	138,29	155,57	-	127,66	143,62	-	117,30	131,96
	IV	3.109,75	171,03	248,78	279,87	166,72	242,51	272,82	162,41	236,24	265,77	158,11	229,98	258,72	153,80	223,71	251,67	149,48	217,44	244,62	140,16	211,18	237,57
	V	3.624,16	199,32	289,93	326,17																		
	VI	3.668,50	201,76	293,48	330,16																		

Lohn/ Gehalt bis	Steuerklasse	Lohnsteuer	ohne Kinderfreibetrag SolZ 5,5%	ohne Kinderfreibetrag Kirchensteuer 8%	ohne Kinderfreibetrag Kirchensteuer 9%	0,5 SolZ 5,5%	0,5 Kirchensteuer 8%	0,5 Kirchensteuer 9%	1,0 SolZ 5,5%	1,0 Kirchensteuer 8%	1,0 Kirchensteuer 9%	1,5 SolZ 5,5%	1,5 Kirchensteuer 8%	1,5 Kirchensteuer 9%	2,0 SolZ 5,5%	2,0 Kirchensteuer 8%	2,0 Kirchensteuer 9%	2,5 SolZ 5,5%	2,5 Kirchensteuer 8%	2,5 Kirchensteuer 9%	3,0 SolZ 5,5%	3,0 Kirchensteuer 8%	3,0 Kirchensteuer 9%
						Anzahl Kinderfreibeträge (nur Steuerklassen I–IV)																	
10.616,99 (West)	I	3.103,16	170,67	248,25	279,28	162,05	235,72	265,18	153,44	223,18	251,08	139,38	210,66	236,99	120,74	198,12	222,89	102,10	185,59	208,79	83,45	173,06	194
	II	2.954,08	162,47	236,32	265,86	153,85	223,79	251,76	140,28	211,26	237,66	121,63	198,72	223,56	102,99	186,19	209,46	84,36	173,66	195,37	65,71	161,13	181
	III	2.286,00	-	182,88	205,74	-	171,24	192,64	-	159,85	179,83	-	148,72	167,31	-	137,84	155,07	-	127,22	143,12	-	116,86	131
	IV	3.103,16	170,67	248,25	279,28	166,36	241,98	272,23	162,05	235,72	265,18	157,74	229,45	258,13	153,44	223,18	251,08	148,71	216,92	244,04	139,38	210,66	236
	V	3.617,66	198,97	289,41	325,58																		
	VI	3.661,91	201,40	292,95	329,57																		
10.616,99 (Ost)	I	3.111,00	171,10	248,88	279,99	162,48	236,34	265,88	153,87	223,81	251,78	140,31	211,28	237,69	121,66	198,74	223,58	103,02	186,21	209,48	84,38	173,68	195
	II	2.961,91	162,90	236,95	266,57	154,28	224,42	252,47	141,21	211,88	238,37	122,57	199,35	224,27	103,92	186,82	210,17	85,28	174,28	196,07	66,64	161,75	181
	III	2.293,33	-	183,46	206,39	-	171,81	193,28	-	160,41	180,46	-	149,26	167,92	-	138,38	155,68	-	127,76	143,73	-	117,38	132
	IV	3.111,00	171,10	248,88	279,99	166,79	242,61	272,93	162,48	236,34	265,88	158,18	230,08	258,84	153,87	223,81	251,78	149,56	217,54	244,73	140,31	211,28	237
	V	3.625,41	199,39	290,03	326,28																		
	VI	3.669,75	201,83	293,58	330,27																		
10.619,99 (West)	I	3.104,41	170,74	248,35	279,39	162,13	235,82	265,30	153,51	223,29	251,20	139,53	210,76	237,10	120,89	198,22	223,00	102,25	185,69	208,90	83,60	173,16	194
	II	2.955,33	162,54	236,42	265,97	153,92	223,89	251,87	140,42	211,36	237,78	121,78	198,82	223,67	103,15	186,30	209,58	84,50	173,76	195,48	65,86	161,23	181
	III	2.287,16	-	182,97	205,84	-	171,33	192,74	-	159,94	179,93	-	148,81	167,41	-	137,93	155,17	-	127,32	143,23	-	116,96	131
	IV	3.104,41	170,74	248,35	279,39	166,43	242,08	272,34	162,13	235,82	265,30	157,82	229,56	258,25	153,51	223,29	251,20	148,85	217,02	244,15	139,53	210,76	237
	V	3.618,91	199,04	289,51	325,70																		
	VI	3.663,16	201,47	293,05	329,68																		
10.619,99 (Ost)	I	3.112,25	171,17	248,98	280,10	162,55	236,44	266,00	153,94	223,91	251,90	140,45	211,38	237,80	121,81	198,84	223,70	103,17	186,31	209,60	84,53	173,78	195
	II	2.963,16	162,97	237,05	266,68	154,35	224,52	252,58	141,36	211,98	238,48	122,71	199,45	224,38	104,07	186,92	210,28	85,43	174,38	196,18	66,78	161,85	182
	III	2.294,66	-	183,57	206,51	-	171,90	193,39	-	160,50	180,56	-	149,36	168,03	-	138,46	155,77	-	127,84	143,82	-	117,46	132
	IV	3.112,25	171,17	248,98	280,10	166,86	242,71	273,05	162,55	236,44	266,00	158,24	230,18	258,95	153,94	223,91	251,90	149,63	217,64	244,85	140,45	211,38	237
	V	3.626,66	199,46	290,13	326,39																		
	VI	3.671,00	201,90	293,68	330,39																		
10.622,99 (West)	I	3.105,75	170,81	248,46	279,51	162,19	235,92	265,41	153,58	223,39	251,31	139,68	210,86	237,21	121,04	198,32	223,11	102,39	185,79	209,01	83,75	173,26	194
	II	2.956,58	162,61	236,52	266,09	153,99	223,99	251,99	140,58	211,46	237,89	121,94	198,93	223,79	103,30	186,40	209,70	84,65	173,86	195,59	66,01	161,33	181
	III	2.288,33	-	183,06	205,94	-	171,42	192,85	-	160,02	180,02	-	148,89	167,50	-	138,01	155,26	-	127,40	143,32	-	117,04	131
	IV	3.105,75	170,81	248,46	279,51	166,50	242,19	272,46	162,19	235,92	265,41	157,89	229,66	258,36	153,58	223,39	251,31	149,00	217,12	244,26	139,68	210,86	237
	V	3.620,16	199,10	289,61	325,81																		
	VI	3.664,50	201,54	293,16	329,80																		
10.622,99 (Ost)	I	3.113,50	171,24	249,08	280,21	162,62	236,54	266,11	154,00	224,01	252,01	140,60	211,48	237,91	121,97	198,95	223,82	103,33	186,42	209,72	84,68	173,88	195
	II	2.964,41	163,04	237,15	266,79	154,42	224,62	252,69	141,51	212,08	238,59	122,86	199,55	224,49	104,22	187,02	210,39	85,58	174,48	196,29	66,93	161,95	182
	III	2.295,83	-	183,66	206,62	-	172,00	193,50	-	160,60	180,67	-	149,45	168,13	-	138,56	155,88	-	127,92	143,91	-	117,54	132
	IV	3.113,50	171,24	249,08	280,21	166,93	242,81	273,16	162,62	236,54	266,11	158,31	230,28	259,06	154,00	224,01	252,01	149,70	217,74	244,96	140,60	211,48	237
	V	3.628,00	199,54	290,24	326,52																		
	VI	3.672,25	201,97	293,78	330,50																		
10.625,99 (West)	I	3.107,00	170,88	248,56	279,63	162,26	236,02	265,52	153,65	223,49	251,42	139,83	210,96	237,33	121,19	198,42	223,22	102,54	185,89	209,12	83,90	173,36	195
	II	2.957,83	162,68	236,62	266,20	154,06	224,10	252,11	140,73	211,56	238,01	122,09	199,03	223,91	103,45	186,50	209,81	84,80	173,96	195,71	66,16	161,43	181
	III	2.289,66	-	183,17	206,06	-	171,52	192,96	-	160,12	180,13	-	148,98	167,60	-	138,10	155,36	-	127,48	143,41	-	117,12	131
	IV	3.107,00	170,88	248,56	279,63	166,57	242,29	272,57	162,26	236,02	265,52	157,96	229,76	258,48	153,65	223,49	251,42	149,15	217,22	244,37	139,83	210,96	237
	V	3.621,41	199,17	289,71	325,92																		
	VI	3.665,75	201,61	293,26	329,91																		
10.625,99 (Ost)	I	3.114,75	171,31	249,18	280,32	162,69	236,64	266,22	154,07	224,11	252,12	140,76	211,58	238,03	122,12	199,05	223,93	103,48	186,52	209,83	84,83	173,98	195
	II	2.965,66	163,11	237,25	266,90	154,49	224,72	252,81	141,65	212,18	238,70	123,01	199,65	224,60	104,37	187,12	210,51	85,73	174,59	196,41	67,09	162,06	182
	III	2.297,00	-	183,76	206,73	-	172,09	193,60	-	160,68	180,76	-	149,53	168,22	-	138,64	155,97	-	128,01	144,01	-	117,62	132
	IV	3.114,75	171,31	249,18	280,32	167,00	242,91	273,27	162,69	236,64	266,22	158,38	230,38	259,17	154,07	224,11	252,12	149,77	217,85	245,08	140,76	211,58	238
	V	3.629,25	199,60	290,34	326,63																		
	VI	3.673,50	202,04	293,88	330,61																		
10.628,99 (West)	I	3.108,25	170,95	248,66	279,74	162,33	236,12	265,64	153,72	223,59	251,54	139,98	211,06	237,44	121,34	198,52	223,34	102,69	185,99	209,24	84,05	173,46	195
	II	2.959,16	162,75	236,73	266,32	154,13	224,20	252,22	140,88	211,66	238,12	122,24	199,13	224,02	103,59	186,60	209,92	84,95	174,06	195,82	66,31	161,53	181
	III	2.290,83	-	183,26	206,17	-	171,61	193,06	-	160,21	180,23	-	149,08	167,71	-	138,18	155,45	-	127,57	143,51	-	117,20	131
	IV	3.108,25	170,95	248,66	279,74	166,64	242,39	272,69	162,33	236,12	265,64	158,02	229,86	258,59	153,72	223,59	251,54	149,30	217,32	244,49	139,98	211,06	237
	V	3.622,66	199,24	289,81	326,03																		
	VI	3.667,00	201,68	293,36	330,03																		
10.628,99 (Ost)	I	3.116,00	171,38	249,28	280,44	162,76	236,75	266,34	154,15	224,22	252,24	140,91	211,68	238,14	122,27	199,15	224,04	103,62	186,62	209,94	84,98	174,08	195
	II	2.966,91	163,18	237,35	267,02	154,56	224,82	252,92	141,80	212,28	238,82	123,16	199,75	224,72	104,53	187,22	210,62	85,88	174,69	196,52	67,24	162,16	182
	III	2.298,16	-	183,85	206,83	-	172,18	193,70	-	160,77	180,86	-	149,62	168,32	-	138,73	156,07	-	128,09	144,10	-	117,72	132
	IV	3.116,00	171,38	249,28	280,44	167,07	243,01	273,38	162,76	236,75	266,34	158,45	230,48	259,29	154,15	224,22	252,24	149,84	217,95	245,19	140,91	211,68	238
	V	3.630,50	199,67	290,44	326,74																		
	VI	3.674,75	202,11	293,98	330,72																		
10.631,99 (West)	I	3.109,50	171,02	248,76	279,85	162,40	236,22	265,75	153,78	223,69	251,65	140,13	211,16	237,55	121,48	198,62	223,45	102,84	186,09	209,35	84,20	173,56	195
	II	2.960,41	162,82	236,83	266,43	154,20	224,30	252,33	141,03	211,76	238,23	122,39	199,23	224,13	103,74	186,70	210,03	85,10	174,16	195,93	66,46	161,63	181
	III	2.292,00	-	183,36	206,28	-	171,70	193,16	-	160,30	180,34	-	149,16	167,80	-	138,28	155,56	-	127,65	143,60	-	117,28	131
	IV	3.109,50	171,02	248,76	279,85	166,71	242,49	272,80	162,40	236,22	265,75	158,09	229,96	258,70	153,78	223,69	251,65	149,45	217,42	244,60	140,13	211,16	237
	V	3.623,91	199,31	289,91	326,15																		
	VI	3.668,25	201,75	293,46	330,14																		
10.631,99 (Ost)	I	3.117,33	171,45	249,38	280,55	162,83	236,85	266,45	154,22	224,32	252,36	141,06	211,78	238,25	122,42	199,25	224,15	103,77	186,72	210,06	85,13	174,18	195
	II	2.968,16	163,24	237,45	267,13	154,63	224,92	253,03	141,96	212,39	238,94	123,32	199,86	224,84	104,68	187,32	210,74	86,03	174,79	196,64	67,39	162,26	182
	III	2.299,33	-	183,94	206,93	-	172,28	193,81	-	160,86	180,97	-	149,72	168,43	-	138,81	156,16	-	128,17	144,19	-	117,80	132
	IV	3.117,33	171,45	249,38	280,55	167,14	243,12	273,51	162,83	236,85	266,45	158,52	230,58	259,40	154,22	224,32	252,36	149,91	218,05	245,30	141,06	211,78	238
	V	3.631,75	199,74	290,54	326,85																		
	VI	3.676,08	202,18	294,08	330,84																		
10.634,99 (West)	I	3.110,75	171,09	248,86	279,96	162,47	236,32	265,86	153,85	223,79	251,76	140,28	211,26	237,66	121,63	198,72	223,56	102,99	186,19	209,46	84,36	173,66	195
	II	2.961,66	162,89	236,93	266,54	154,27	224,40	252,45	141,18	211,86	238,34	122,54	199,33	224,24	103,89	186,80	210,15	85,25	174,26	196,04	66,61	161,73	181
	III	2.293,16	-	183,45	206,38	-	171,80	193,27	-	160,40	180,45	-	149,25	167,90	-	138,36	155,65	-	127,73	143,69	-	117,36	132
	IV	3.110,75	171,09	248,86	279,96	166,78	242,59	272,91	162,47	236,32	265,86	158,16	230,06	258,81	153,85	223,79	251,76	149,54	217,52	244,71	140,28	211,26	237
	V	3.625,16	199,38	290,01	326,26																		
	VI	3.669,50	201,82	293,56	330,25																		
10.634,99 (Ost)	I	3.118,58	171,52	249,48	280,67	162,90	236,95	266,57	154,28	224,42	252,47	141,21	211,88	238,37	122,57	199,35	224,27	103,92	186,82	210,17	85,28	174,28	196
	II	2.969,41	163,31	237,55	267,24	154,70	225,02	253,15	142,11	212,49	239,05	123,47	199,96	224,95	104,82	187,42	210,85	86,18	174,89	196,75	67,54	162,36	182
	III	2.300,50	-	184,04	207,04	-	172,37	193,91	-	160,96	181,08	-	149,80	168,52	-	138,90	156,26	-	128,26	144,29	-	117,88	132
	IV	3.118,58	171,52	249,48	280,67	167,21	243,22	273,62	162,90	236,95	266,57	158,59	230,68	259,52	154,28	224,42	252,47	149,98	218,15	245,42	141,21	211,88	238
	V	3.633,00	199,81	290,64	326,97																		
	VI	3.677,33	202,25	294,18	330,95																		

Lohn/ Gehalt bis	Steuerklasse	Lohn-steuer	ohne Kinderfreibetrag			Anzahl Kinderfreibeträge (nur Steuerklassen I–IV)																	
						0,5			1,0			1,5			2,0			2,5			3,0		
			SolZ 5,5%	Kirchensteuer 8%	9%	SolZ 5,5%	Kirchensteuer 8%	9%	SolZ 5,5%	Kirchensteuer 8%	9%	SolZ 5,5%	Kirchensteuer 8%	9%	SolZ 5,5%	Kirchensteuer 8%	9%	SolZ 5,5%	Kirchensteuer 8%	9%	SolZ 5,5%	Kirchensteuer 8%	9%
10.637,99 (West)	I	3.112,00	171,16	248,96	280,08	162,54	236,42	265,97	153,92	223,89	251,87	140,42	211,36	237,78	121,78	198,82	223,67	103,15	186,30	209,58	84,50	173,76	195,48
	II	2.962,91	162,96	237,03	266,66	154,34	224,50	252,56	141,33	211,96	238,46	122,68	199,43	224,36	104,04	186,90	210,26	85,40	174,36	196,16	66,75	161,83	182,06
	III	2.294,33	-	183,54	206,48	-	171,89	193,37	-	160,48	180,54	-	149,33	167,99	-	138,45	155,75	-	127,82	143,80	-	117,45	132,13
	IV	3.112,00	171,16	248,96	280,08	166,85	242,69	273,02	162,54	236,42	265,97	158,23	230,16	258,93	153,92	223,89	251,87	149,61	217,62	244,82	140,42	211,36	237,78
	V	3.626,41	199,45	290,11	326,37																		
	VI	3.670,75	201,89	293,66	330,36																		
10.637,99 (Ost)	I	3.119,83	171,59	249,58	280,78	162,97	237,05	266,68	154,35	224,52	252,58	141,36	211,98	238,48	122,71	199,45	224,38	104,07	186,92	210,28	85,43	174,38	196,18
	II	2.970,75	163,39	237,66	267,36	154,77	225,12	253,26	142,26	212,59	239,16	123,62	200,06	225,06	104,97	187,52	210,96	86,33	174,99	196,86	67,69	162,46	182,76
	III	2.301,66	-	184,13	207,14	-	172,46	194,02	-	161,05	181,18	-	149,89	168,62	-	138,98	156,35	-	128,34	144,38	-	117,96	132,70
	IV	3.119,83	171,59	249,58	280,78	167,28	243,32	273,73	162,97	237,05	266,68	158,66	230,78	259,63	154,35	224,52	252,58	150,04	218,25	245,53	141,36	211,98	238,48
	V	3.634,25	199,88	290,74	327,08																		
	VI	3.678,58	202,32	294,28	331,07																		
10.640,99 (West)	I	3.113,25	171,22	249,06	280,19	162,61	236,52	266,09	153,99	223,99	251,99	140,58	211,46	237,89	121,94	198,93	223,79	103,30	186,40	209,70	84,65	173,86	195,59
	II	2.964,16	163,02	237,13	266,77	154,41	224,60	252,67	141,48	212,06	238,57	122,83	199,53	224,47	104,19	187,00	210,37	85,55	174,46	196,27	66,91	161,94	182,18
	III	2.295,50	-	183,64	206,59	-	171,98	193,48	-	160,57	180,64	-	149,42	168,10	-	138,53	155,84	-	127,90	143,89	-	117,53	132,22
	IV	3.113,25	171,22	249,06	280,19	166,92	242,79	273,14	162,61	236,52	266,09	158,30	230,26	259,04	153,99	223,99	251,99	149,68	217,72	244,94	140,58	211,46	237,89
	V	3.627,75	199,52	290,22	326,49																		
	VI	3.672,00	201,96	293,76	330,48																		
10.640,99 (Ost)	I	3.121,08	171,65	249,68	280,89	163,04	237,15	266,79	154,42	224,62	252,69	141,51	212,08	238,59	122,86	199,55	224,49	104,22	187,02	210,39	85,58	174,48	196,29
	II	2.972,00	163,46	237,76	267,48	154,84	225,22	253,37	142,41	212,69	239,27	123,76	200,16	225,18	105,12	187,62	211,07	86,48	175,09	196,97	67,83	162,56	182,88
	III	2.302,83	-	184,22	207,25	-	172,56	194,13	-	161,14	181,28	-	149,98	168,73	-	139,08	156,46	-	128,42	144,47	-	118,04	132,79
	IV	3.121,08	171,65	249,68	280,89	167,35	243,42	273,84	163,04	237,15	266,79	158,73	230,88	259,74	154,42	224,62	252,69	150,11	218,35	245,64	141,51	212,08	238,59
	V	3.635,50	199,95	290,84	327,19																		
	VI	3.679,83	202,39	294,38	331,18																		
10.643,99 (West)	I	3.114,50	171,29	249,16	280,30	162,68	236,62	266,20	154,06	224,10	252,11	140,73	211,56	238,01	122,09	199,03	223,91	103,45	186,50	209,81	84,80	173,96	195,71
	II	2.965,41	163,09	237,23	266,88	154,48	224,70	252,78	141,62	212,16	238,68	122,98	199,63	224,58	104,35	187,10	210,49	85,70	174,57	196,39	67,06	162,04	182,29
	III	2.296,66	-	183,73	206,69	-	172,06	193,57	-	160,66	180,74	-	149,52	168,21	-	138,62	155,95	-	127,98	143,98	-	117,61	132,31
	IV	3.114,50	171,29	249,16	280,30	166,98	242,89	273,25	162,68	236,62	266,20	158,37	230,36	259,16	154,06	224,10	252,11	149,76	217,83	245,06	140,73	211,56	238,01
	V	3.629,00	199,59	290,32	326,61																		
	VI	3.673,25	202,02	293,86	330,59																		
10.643,99 (Ost)	I	3.122,33	171,72	249,78	281,00	163,11	237,25	266,90	154,49	224,72	252,81	141,65	212,18	238,70	123,01	199,65	224,60	104,37	187,12	210,51	85,73	174,59	196,41
	II	2.973,25	163,52	237,86	267,59	154,91	225,32	253,49	142,56	212,79	239,39	123,91	200,26	225,29	105,27	187,72	211,19	86,63	175,19	197,09	67,98	162,66	182,99
	III	2.304,16	-	184,33	207,37	-	172,65	194,23	-	161,22	181,37	-	150,06	168,82	-	139,16	156,55	-	128,52	144,58	-	118,12	132,88
	IV	3.122,33	171,72	249,78	281,00	167,42	243,52	273,96	163,11	237,25	266,90	158,80	230,98	259,85	154,49	224,72	252,81	150,18	218,45	245,75	141,65	212,18	238,70
	V	3.636,75	200,02	290,94	327,30																		
	VI	3.681,08	202,45	294,48	331,29																		
10.646,99 (West)	I	3.115,83	171,37	249,26	280,42	162,75	236,73	266,32	154,13	224,20	252,22	140,88	211,66	238,12	122,24	199,13	224,02	103,59	186,60	209,92	84,95	174,06	195,82
	II	2.966,66	163,16	237,33	266,99	154,55	224,80	252,90	141,77	212,26	238,79	123,14	199,74	224,70	104,50	187,20	210,60	85,85	174,67	196,50	67,21	162,14	182,40
	III	2.297,83	-	183,82	206,80	-	172,16	193,68	-	160,76	180,85	-	149,60	168,30	-	138,70	156,04	-	128,08	144,09	-	117,69	132,40
	IV	3.115,83	171,37	249,26	280,42	167,06	243,00	273,37	162,75	236,73	266,32	158,44	230,46	259,27	154,13	224,20	252,22	149,82	217,93	245,17	140,88	211,66	238,12
	V	3.630,25	199,66	290,42	326,72																		
	VI	3.674,58	202,10	293,96	330,71																		
10.646,99 (Ost)	I	3.123,58	171,79	249,88	281,12	163,18	237,35	267,02	154,56	224,82	252,92	141,80	212,28	238,82	123,16	199,75	224,72	104,53	187,22	210,62	85,88	174,69	196,52
	II	2.974,50	163,59	237,96	267,70	154,98	225,42	253,60	142,71	212,89	239,50	124,06	200,36	225,40	105,42	187,82	211,30	86,78	175,29	197,20	68,13	162,76	183,10
	III	2.305,33	-	184,42	207,47	-	172,74	194,33	-	161,32	181,48	-	150,16	168,93	-	139,25	156,65	-	128,60	144,67	-	118,21	132,98
	IV	3.123,58	171,79	249,88	281,12	167,48	243,62	274,07	163,18	237,35	267,02	158,87	231,08	259,97	154,56	224,82	252,92	150,25	218,55	245,87	141,80	212,28	238,82
	V	3.638,00	200,09	291,04	327,42																		
	VI	3.682,33	202,52	294,58	331,40																		
10.649,99 (West)	I	3.117,08	171,43	249,36	280,53	162,82	236,83	266,43	154,20	224,30	252,33	141,03	211,76	238,23	122,39	199,23	224,13	103,74	186,70	210,03	85,10	174,16	195,93
	II	2.967,91	163,23	237,43	267,11	154,62	224,90	253,01	141,93	212,37	238,91	123,29	199,84	224,82	104,65	187,30	210,71	86,00	174,77	196,61	67,36	162,24	182,52
	III	2.299,00	-	183,92	206,91	-	172,25	193,78	-	160,85	180,95	-	149,69	168,40	-	138,80	156,15	-	128,16	144,18	-	117,77	132,49
	IV	3.117,08	171,43	249,36	280,53	167,13	243,10	273,48	162,82	236,83	266,43	158,51	230,56	259,38	154,20	224,30	252,33	149,89	218,03	245,28	141,03	211,76	238,23
	V	3.631,50	199,73	290,52	326,83																		
	VI	3.675,83	202,17	294,06	330,82																		
10.649,99 (Ost)	I	3.124,83	171,86	249,98	281,23	163,24	237,45	267,13	154,63	224,92	253,03	141,96	212,39	238,94	123,32	199,86	224,84	104,68	187,32	210,74	86,03	174,79	196,64
	II	2.975,75	163,66	238,06	267,81	155,04	225,52	253,71	142,85	212,99	239,61	124,21	200,46	225,51	105,57	187,92	211,41	86,92	175,39	197,31	68,29	162,86	183,22
	III	2.306,50	-	184,52	207,58	-	172,84	194,44	-	161,41	181,58	-	150,24	169,02	-	139,33	156,74	-	128,68	144,76	-	118,29	133,07
	IV	3.124,83	171,86	249,98	281,23	167,55	243,72	274,18	163,24	237,45	267,13	158,94	231,18	260,08	154,63	224,92	253,03	150,32	218,65	245,98	141,96	212,39	238,94
	V	3.639,33	200,16	291,14	327,53																		
	VI	3.683,58	202,59	294,68	331,52																		
10.652,99 (West)	I	3.118,33	171,50	249,46	280,64	162,89	236,93	266,54	154,27	224,40	252,45	141,18	211,86	238,34	122,54	199,33	224,24	103,89	186,80	210,15	85,25	174,26	196,04
	II	2.969,25	163,30	237,54	267,23	154,69	225,00	253,13	142,08	212,47	239,03	123,44	199,94	224,93	104,79	187,40	210,83	86,15	174,87	196,73	67,51	162,34	182,63
	III	2.300,33	-	184,02	207,02	-	172,34	193,88	-	160,93	181,04	-	149,78	168,50	-	138,88	156,24	-	128,24	144,27	-	117,86	132,59
	IV	3.118,33	171,50	249,46	280,64	167,20	243,20	273,60	162,89	236,93	266,54	158,58	230,66	259,49	154,27	224,40	252,45	149,96	218,13	245,39	141,18	211,86	238,34
	V	3.632,75	199,80	290,62	326,94																		
	VI	3.677,08	202,23	294,16	330,93																		
10.652,99 (Ost)	I	3.126,08	171,93	250,08	281,34	163,31	237,55	267,24	154,70	225,02	253,15	142,11	212,49	239,05	123,47	199,96	224,95	104,82	187,42	210,85	86,18	174,89	196,75
	II	2.977,00	163,73	238,16	267,93	155,11	225,62	253,82	143,00	213,09	239,72	124,36	200,56	225,63	105,73	188,03	211,53	87,08	175,50	197,43	68,44	162,96	183,33
	III	2.307,66	-	184,61	207,68	-	172,93	194,54	-	161,50	181,69	-	150,33	169,12	-	139,42	156,85	-	128,77	144,86	-	118,37	133,16
	IV	3.126,08	171,93	250,08	281,34	167,62	243,82	274,29	163,31	237,55	267,24	159,01	231,29	260,20	154,70	225,02	253,15	150,39	218,76	246,10	142,11	212,49	239,05
	V	3.640,58	200,23	291,24	327,65																		
	VI	3.684,83	202,66	294,78	331,63																		
10.655,99 (West)	I	3.119,58	171,57	249,56	280,76	162,96	237,03	266,66	154,34	224,50	252,56	141,33	211,96	238,46	122,68	199,43	224,36	104,04	186,90	210,26	85,40	174,36	196,16
	II	2.970,50	163,37	237,64	267,34	154,76	225,10	253,24	142,23	212,57	239,14	123,59	200,04	225,04	104,94	187,50	210,94	86,30	174,97	196,84	67,66	162,44	182,74
	III	2.301,50	-	184,12	207,13	-	172,44	193,99	-	161,02	181,15	-	149,86	168,59	-	138,97	156,34	-	128,33	144,37	-	117,94	132,68
	IV	3.119,58	171,57	249,56	280,76	167,26	243,30	273,71	162,96	237,03	266,66	158,65	230,76	259,61	154,34	224,50	252,56	150,03	218,23	245,51	141,33	211,96	238,46
	V	3.634,00	199,87	290,72	327,06																		
	VI	3.678,33	202,30	294,26	331,04																		
10.655,99 (Ost)	I	3.127,41	172,00	250,19	281,46	163,39	237,66	267,36	154,77	225,12	253,26	142,26	212,59	239,16	123,62	200,06	225,06	104,97	187,52	210,96	86,33	174,99	196,86
	II	2.978,25	163,80	238,26	268,04	155,18	225,72	253,94	143,15	213,19	239,84	124,52	200,66	225,74	105,88	188,13	211,64	87,23	175,60	197,55	68,59	163,06	183,44
	III	2.308,83	-	184,70	207,79	-	173,02	194,65	-	161,60	181,80	-	150,42	169,22	-	139,50	156,94	-	128,85	144,95	-	118,45	133,25
	IV	3.127,41	172,00	250,19	281,46	167,69	243,92	274,41	163,39	237,66	267,36	159,08	231,39	260,31	154,77	225,12	253,26	150,46	218,86	246,21	142,26	212,59	239,16
	V	3.641,83	200,30	291,34	327,76																		
	VI	3.686,16	202,73	294,89	331,75																		

Lohn/ Gehalt bis	Steuerklasse	Lohnsteuer	ohne Kinderfreibetrag SolZ 5,5%	ohne Kinderfreibetrag Kirchensteuer 8%	ohne Kinderfreibetrag Kirchensteuer 9%	0,5 SolZ 5,5%	0,5 Kirchensteuer 8%	0,5 Kirchensteuer 9%	1,0 SolZ 5,5%	1,0 Kirchensteuer 8%	1,0 Kirchensteuer 9%	1,5 SolZ 5,5%	1,5 Kirchensteuer 8%	1,5 Kirchensteuer 9%	2,0 SolZ 5,5%	2,0 Kirchensteuer 8%	2,0 Kirchensteuer 9%	2,5 SolZ 5,5%	2,5 Kirchensteuer 8%	2,5 Kirchensteuer 9%	3,0 SolZ 5,5%	3,0 Kirchensteuer 8%	3,0 Kirchensteuer 9%
						Anzahl Kinderfreibeträge (nur Steuerklassen I–IV)																	
10.658,99 *(West)*	I	3.120,83	171,64	249,66	280,87	163,02	237,13	266,77	154,41	224,60	252,67	141,48	212,06	238,57	122,83	199,53	224,47	104,19	187,00	210,37	85,55	174,46	196
	II	2.971,75	163,44	237,74	267,45	154,82	225,20	253,35	142,38	212,67	239,25	123,74	200,14	225,15	105,09	187,60	211,05	86,45	175,07	196,95	67,81	162,54	182
	III	2.302,66	-	184,21	207,23	-	172,53	194,09	-	161,12	181,26	-	149,96	168,70	-	139,05	156,43	-	128,41	144,46	-	118,02	132
	IV	3.120,83	171,64	249,66	280,87	167,33	243,40	273,82	163,02	237,13	266,77	158,72	230,86	259,72	154,41	224,60	252,67	150,10	218,33	245,62	141,48	212,06	238
	V	3.635,25	199,93	290,82	327,17																		
	VI	3.679,58	202,37	294,36	331,16																		
10.658,99 *(Ost)*	I	3.128,66	172,07	250,29	281,57	163,46	237,76	267,48	154,84	225,22	253,37	142,41	212,69	239,27	123,76	200,16	225,18	105,12	187,62	211,07	86,48	175,09	196
	II	2.979,50	163,87	238,36	268,15	155,26	225,83	254,06	143,31	213,30	239,96	124,67	200,76	225,86	106,02	188,23	211,76	87,38	175,70	197,66	68,74	163,16	183
	III	2.310,00	-	184,80	207,90	-	173,12	194,76	-	161,68	181,89	-	150,50	169,31	-	139,60	157,05	-	128,93	145,04	-	118,53	133
	IV	3.128,66	172,07	250,29	281,57	167,76	244,02	274,52	163,46	237,76	267,48	159,15	231,49	260,42	154,84	225,22	253,37	150,53	218,96	246,33	142,41	212,69	239
	V	3.643,08	200,36	291,44	327,87																		
	VI	3.687,41	202,80	294,99	331,86																		
10.661,99 *(West)*	I	3.122,08	171,71	249,76	280,98	163,09	237,23	266,88	154,48	224,70	252,78	141,62	212,16	238,68	122,98	199,63	224,58	104,35	187,10	210,49	85,70	174,57	196
	II	2.973,00	163,51	237,84	267,57	154,89	225,30	253,46	142,53	212,77	239,36	123,88	200,24	225,27	105,24	187,70	211,16	86,60	175,17	197,06	67,95	162,64	182
	III	2.303,83	-	184,30	207,34	-	172,62	194,20	-	161,21	181,36	-	150,05	168,80	-	139,14	156,53	-	128,49	144,55	-	118,10	132
	IV	3.122,08	171,71	249,76	280,98	167,40	243,50	273,93	163,09	237,23	266,88	158,78	230,96	259,83	154,48	224,70	252,78	150,17	218,43	245,73	141,62	212,16	238
	V	3.636,50	200,00	290,92	327,28																		
	VI	3.680,83	202,44	294,46	331,27																		
10.661,99 *(Ost)*	I	3.129,91	172,14	250,39	281,69	163,52	237,86	267,59	154,91	225,32	253,49	142,56	212,79	239,39	123,91	200,26	225,29	105,27	187,72	211,19	86,63	175,19	197
	II	2.980,83	163,94	238,46	268,27	155,32	225,93	254,17	143,46	213,40	240,07	124,82	200,86	225,97	106,17	188,33	211,87	87,53	175,80	197,77	68,89	163,26	183
	III	2.311,16	-	184,89	208,00	-	173,21	194,86	-	161,77	181,99	-	150,60	169,42	-	139,68	157,14	-	129,02	145,15	-	118,62	133
	IV	3.129,91	172,14	250,39	281,69	167,83	244,12	274,64	163,52	237,86	267,59	159,22	231,59	260,54	154,91	225,32	253,49	150,60	219,06	246,44	142,56	212,79	239
	V	3.644,33	200,43	291,54	327,98																		
	VI	3.688,66	202,87	295,09	331,97																		
10.664,99 *(West)*	I	3.123,33	171,78	249,86	281,09	163,16	237,33	266,99	154,55	224,80	252,90	141,77	212,26	238,79	123,14	199,74	224,70	104,50	187,20	210,60	85,85	174,67	196
	II	2.974,25	163,58	237,94	267,68	154,96	225,40	253,58	142,68	212,87	239,48	124,03	200,34	225,38	105,39	187,80	211,28	86,75	175,27	197,18	68,11	162,74	183
	III	2.305,00	-	184,40	207,45	-	172,72	194,31	-	161,30	181,46	-	150,13	168,89	-	139,22	156,62	-	128,58	144,65	-	118,18	132
	IV	3.123,33	171,78	249,86	281,09	167,47	243,60	274,05	163,16	237,33	266,99	158,85	231,06	259,94	154,55	224,80	252,90	150,24	218,53	245,84	141,77	212,26	238
	V	3.637,83	200,08	291,02	327,40																		
	VI	3.682,08	202,51	294,56	331,38																		
10.664,99 *(Ost)*	I	3.131,16	172,21	250,49	281,80	163,59	237,96	267,70	154,98	225,42	253,60	142,71	212,89	239,50	124,06	200,36	225,40	105,42	187,82	211,30	86,78	175,29	197
	II	2.982,08	164,01	238,56	268,38	155,39	226,03	254,28	143,61	213,50	240,18	124,96	200,96	226,08	106,32	188,43	211,98	87,68	175,90	197,88	69,03	163,36	183
	III	2.312,33	-	184,98	208,10	-	173,30	194,96	-	161,86	182,09	-	150,69	169,52	-	139,77	157,24	-	129,10	145,24	-	118,70	133
	IV	3.131,16	172,21	250,49	281,80	167,90	244,22	274,75	163,59	237,96	267,70	159,28	231,69	260,65	154,98	225,42	253,60	150,67	219,16	246,55	142,71	212,89	239
	V	3.645,58	200,50	291,64	328,10																		
	VI	3.689,91	202,94	295,19	332,09																		
10.667,99 *(West)*	I	3.124,58	171,85	249,96	281,21	163,23	237,43	267,11	154,62	224,90	253,01	141,93	212,37	238,91	123,29	199,84	224,82	104,65	187,30	210,71	86,00	174,77	196
	II	2.975,50	163,65	238,04	267,79	155,03	225,50	253,69	142,82	212,97	239,59	124,18	200,44	225,49	105,54	187,90	211,39	86,90	175,38	197,30	68,26	162,84	183
	III	2.306,16	-	184,49	207,55	-	172,81	194,41	-	161,38	181,55	-	150,22	169,00	-	139,32	156,73	-	128,66	144,74	-	118,26	133
	IV	3.124,58	171,85	249,96	281,21	167,54	243,70	274,16	163,23	237,43	267,11	158,92	231,16	260,06	154,62	224,90	253,01	150,31	218,64	245,97	141,93	212,37	238
	V	3.639,08	200,14	291,12	327,51																		
	VI	3.683,33	202,58	294,66	331,49																		
10.667,99 *(Ost)*	I	3.132,41	172,28	250,59	281,91	163,66	238,06	267,81	155,04	225,52	253,71	142,85	212,99	239,61	124,21	200,46	225,51	105,57	187,92	211,41	86,92	175,39	197,
	II	2.983,33	164,08	238,66	268,49	155,46	226,13	254,39	143,76	213,60	240,30	125,11	201,06	226,19	106,47	188,53	212,09	87,83	176,00	198,00	69,18	163,46	183,
	III	2.313,66	-	185,09	208,22	-	173,40	195,07	-	161,96	182,20	-	150,77	169,61	-	139,85	157,33	-	129,20	145,35	-	118,78	133,
	IV	3.132,41	172,28	250,59	281,91	167,97	244,32	274,86	163,66	238,06	267,81	159,35	231,79	260,76	155,04	225,52	253,71	150,74	219,26	246,66	142,85	212,99	239,
	V	3.646,83	200,57	291,74	328,21																		
	VI	3.691,16	203,01	295,29	332,20																		
10.670,99 *(West)*	I	3.125,83	171,92	250,06	281,32	163,30	237,54	267,23	154,69	225,00	253,13	142,08	212,47	239,03	123,44	199,94	224,93	104,79	187,40	210,83	86,15	174,87	196,
	II	2.976,75	163,72	238,14	267,90	155,10	225,60	253,80	142,97	213,07	239,70	124,34	200,54	225,61	105,70	188,01	211,51	87,05	175,48	197,41	68,41	162,94	183,
	III	2.307,33	-	184,58	207,65	-	172,90	194,51	-	161,48	181,66	-	150,32	169,11	-	139,40	156,82	-	128,74	144,83	-	118,36	133,
	IV	3.125,83	171,92	250,06	281,32	167,61	243,80	274,28	163,30	237,54	267,23	159,00	231,27	260,18	154,69	225,00	253,13	150,38	218,74	246,08	142,08	212,47	239,
	V	3.640,33	200,21	291,22	327,62																		
	VI	3.684,58	202,65	294,76	331,61																		
10.670,99 *(Ost)*	I	3.133,66	172,35	250,69	282,02	163,73	238,16	267,93	155,11	225,62	253,82	143,00	213,09	239,72	124,36	200,56	225,63	105,73	188,03	211,53	87,08	175,50	197,
	II	2.984,58	164,15	238,76	268,61	155,53	226,23	254,51	143,91	213,70	240,41	125,26	201,16	226,31	106,62	188,63	212,21	87,98	176,10	198,11	69,33	163,56	184,
	III	2.314,83	-	185,18	208,33	-	173,49	195,17	-	162,05	182,30	-	150,86	169,72	-	139,94	157,43	-	129,28	145,44	-	118,86	133,
	IV	3.133,66	172,35	250,69	282,02	168,04	244,42	274,97	163,73	238,16	267,93	159,42	231,89	260,87	155,11	225,62	253,82	150,81	219,36	246,78	143,00	213,09	239,
	V	3.648,08	200,64	291,84	328,32																		
	VI	3.692,41	203,08	295,39	332,31																		
10.673,99 *(West)*	I	3.127,16	171,99	250,17	281,44	163,37	237,64	267,34	154,76	225,10	253,24	142,23	212,57	239,14	123,59	200,04	225,04	104,94	187,50	210,94	86,30	174,97	196,
	II	2.978,00	163,79	238,24	268,02	155,17	225,70	253,91	143,13	213,18	239,82	124,49	200,64	225,72	105,85	188,11	211,62	87,20	175,58	197,52	68,56	163,04	183,
	III	2.308,50	-	184,68	207,76	-	173,00	194,62	-	161,57	181,76	-	150,40	169,20	-	139,49	156,92	-	128,84	144,94	-	118,44	133,
	IV	3.127,16	171,99	250,17	281,44	167,68	243,90	274,39	163,37	237,64	267,34	159,06	231,37	260,29	154,76	225,10	253,24	150,45	218,84	246,19	142,23	212,57	239,
	V	3.641,58	200,28	291,32	327,74																		
	VI	3.685,91	202,72	294,87	331,73																		
10.673,99 *(Ost)*	I	3.134,91	172,42	250,79	282,14	163,80	238,26	268,04	155,18	225,72	253,94	143,15	213,19	239,84	124,52	200,66	225,74	105,88	188,13	211,64	87,23	175,60	197,
	II	2.985,83	164,22	238,86	268,72	155,60	226,33	254,62	144,05	213,80	240,52	125,41	201,26	226,42	106,77	188,73	212,32	88,12	176,20	198,22	69,49	163,67	184,
	III	2.316,00	-	185,28	208,44	-	173,58	195,28	-	162,14	182,41	-	150,96	169,83	-	140,02	157,52	-	129,36	145,53	-	118,94	133,
	IV	3.134,91	172,42	250,79	282,14	168,11	244,52	275,09	163,80	238,26	268,04	159,49	231,99	260,99	155,18	225,72	253,94	150,87	219,46	246,89	143,15	213,19	239,
	V	3.649,41	200,71	291,95	328,44																		
	VI	3.693,66	203,15	295,49	332,42																		
10.676,99 *(West)*	I	3.128,41	172,06	250,27	281,55	163,44	237,74	267,45	154,82	225,20	253,35	142,38	212,67	239,25	123,74	200,14	225,15	105,09	187,60	211,05	86,45	175,07	196,
	II	2.979,33	163,86	238,34	268,13	155,24	225,81	254,03	143,28	213,28	239,94	124,64	200,74	225,83	105,99	188,21	211,73	87,35	175,68	197,64	68,71	163,14	183,
	III	2.309,83	-	184,78	207,88	-	173,09	194,72	-	161,66	181,87	-	150,49	169,30	-	139,57	157,01	-	128,92	145,03	-	118,52	133,
	IV	3.128,41	172,06	250,27	281,55	167,75	244,00	274,50	163,44	237,74	267,45	159,13	231,47	260,40	154,82	225,20	253,35	150,52	218,94	246,30	142,38	212,67	239,
	V	3.642,83	200,35	291,42	327,85																		
	VI	3.687,16	202,79	294,97	331,84																		
10.676,99 *(Ost)*	I	3.136,16	172,48	250,89	282,25	163,87	238,36	268,15	155,26	225,83	254,06	143,31	213,30	239,96	124,67	200,76	225,86	106,02	188,23	211,76	87,38	175,70	197,
	II	2.987,08	164,28	238,96	268,83	155,67	226,43	254,73	144,20	213,90	240,63	125,56	201,36	226,53	106,92	188,83	212,43	88,28	176,30	198,34	69,64	163,77	184,
	III	2.317,16	-	185,37	208,54	-	173,66	195,37	-	162,22	182,50	-	151,04	169,92	-	140,12	157,63	-	129,45	145,63	-	119,04	133,
	IV	3.136,16	172,48	250,89	282,25	168,18	244,62	275,20	163,87	238,36	268,15	159,56	232,09	261,10	155,26	225,83	254,06	150,95	219,56	247,01	143,31	213,30	239,
	V	3.650,66	200,78	292,05	328,55																		
	VI	3.694,91	203,22	295,59	332,54																		

Lohn/ Gehalt bis	Steuerklasse	Lohn-steuer	ohne Kinderfreibetrag SolZ 5,5%	ohne Kinderfreibetrag Kirchensteuer 8%	ohne Kinderfreibetrag Kirchensteuer 9%	0,5 SolZ 5,5%	0,5 Kirchensteuer 8%	0,5 Kirchensteuer 9%	1,0 SolZ 5,5%	1,0 Kirchensteuer 8%	1,0 Kirchensteuer 9%	1,5 SolZ 5,5%	1,5 Kirchensteuer 8%	1,5 Kirchensteuer 9%	2,0 SolZ 5,5%	2,0 Kirchensteuer 8%	2,0 Kirchensteuer 9%	2,5 SolZ 5,5%	2,5 Kirchensteuer 8%	2,5 Kirchensteuer 9%	3,0 SolZ 5,5%	3,0 Kirchensteuer 8%	3,0 Kirchensteuer 9%
						Anzahl Kinderfreibeträge (nur Steuerklassen I–IV)																	
0.679,99 (West)	I	3.129,66	172,13	250,37	281,66	163,51	237,84	267,57	154,89	225,30	253,46	142,53	212,77	239,36	123,88	200,24	225,27	105,24	187,70	211,16	86,60	175,17	197,06
	II	2.980,58	163,93	238,44	268,25	155,31	225,91	254,15	143,43	213,38	240,05	124,79	200,84	225,95	106,14	188,31	211,85	87,50	175,78	197,75	68,86	163,24	183,65
	III	2.311,00	-	184,88	207,99	-	173,18	194,83	-	161,76	181,98	-	150,58	169,40	-	139,66	157,12	-	129,00	145,12	-	118,60	133,42
	IV	3.129,66	172,13	250,37	281,66	167,82	244,10	274,61	163,51	237,84	267,57	159,20	231,57	260,51	154,89	225,30	253,46	150,59	219,04	246,42	142,53	212,77	239,36
	V	3.644,08	200,42	291,52	327,96																		
	VI	3.688,41	202,86	295,07	331,95																		
0.679,99 (Ost)	I	3.137,41	172,55	250,99	282,36	163,94	238,46	268,27	155,32	225,93	254,17	143,46	213,40	240,07	124,82	200,86	225,97	106,17	188,33	211,87	87,53	175,80	197,77
	II	2.988,33	164,35	239,06	268,94	155,74	226,53	254,84	144,35	214,00	240,75	125,72	201,47	226,65	107,08	188,94	212,55	88,43	176,40	198,45	69,79	163,87	184,35
	III	2.318,33	-	185,46	208,64	-	173,76	195,48	-	162,32	182,61	-	151,13	170,02	-	140,20	157,72	-	129,53	145,72	-	119,12	134,01
	IV	3.137,41	172,55	250,99	282,36	168,25	244,73	275,32	163,94	238,46	268,27	159,63	232,20	261,22	155,32	225,93	254,17	151,02	219,66	247,12	143,46	213,40	240,07
	V	3.651,91	200,85	292,15	328,67																		
	VI	3.696,25	203,29	295,70	332,66																		
0.682,99 (West)	I	3.130,91	172,20	250,47	281,78	163,58	237,94	267,68	154,96	225,40	253,58	142,68	212,87	239,48	124,03	200,34	225,38	105,39	187,80	211,28	86,75	175,27	197,18
	II	2.981,83	164,00	238,54	268,36	155,38	226,01	254,26	143,58	213,48	240,16	124,94	200,94	226,06	106,29	188,41	211,96	87,65	175,88	197,86	69,01	163,34	183,76
	III	2.312,16	-	184,97	208,09	-	173,28	194,94	-	161,85	182,08	-	150,66	169,49	-	139,74	157,21	-	129,09	145,22	-	118,68	133,51
	IV	3.130,91	172,20	250,47	281,78	167,89	244,20	274,73	163,58	237,94	267,68	159,27	231,67	260,63	154,96	225,40	253,58	150,65	219,14	246,53	142,68	212,87	239,48
	V	3.645,33	200,49	291,62	328,07																		
	VI	3.689,66	202,93	295,17	332,06																		
0.682,99 (Ost)	I	3.138,75	172,63	251,10	282,48	164,01	238,56	268,38	155,39	226,03	254,28	143,61	213,50	240,18	124,96	200,96	226,08	106,32	188,43	211,98	87,68	175,90	197,88
	II	2.989,58	164,42	239,16	269,06	155,81	226,63	254,96	144,51	214,10	240,86	125,87	201,57	226,76	107,22	189,04	212,67	88,58	176,50	198,56	69,94	163,97	184,46
	III	2.319,50	-	185,56	208,75	-	173,85	195,58	-	162,41	182,71	-	151,22	170,12	-	140,29	157,82	-	129,61	145,81	-	119,20	134,10
	IV	3.138,75	172,63	251,10	282,48	168,32	244,83	275,43	164,01	238,56	268,38	159,70	232,30	261,33	155,39	226,03	254,28	151,08	219,76	247,23	143,61	213,50	240,18
	V	3.653,16	200,92	292,25	328,78																		
	VI	3.697,50	203,36	295,80	332,77																		
0.685,99 (West)	I	3.132,16	172,26	250,57	281,89	163,65	238,04	267,79	155,03	225,50	253,69	142,82	212,97	239,59	124,18	200,44	225,49	105,54	187,90	211,39	86,90	175,38	197,30
	II	2.983,08	164,06	238,64	268,47	155,45	226,11	254,37	143,73	213,58	240,27	125,08	201,04	226,17	106,44	188,51	212,07	87,80	175,98	197,97	69,15	163,44	183,87
	III	2.313,33	-	185,06	208,19	-	173,37	195,04	-	161,93	182,17	-	150,76	169,60	-	139,84	157,32	-	129,17	145,31	-	118,77	133,61
	IV	3.132,16	172,26	250,57	281,89	167,96	244,30	274,84	163,65	238,04	267,79	159,34	231,77	260,74	155,03	225,50	253,69	150,72	219,24	246,64	142,82	212,97	239,59
	V	3.646,58	200,56	291,72	328,19																		
	VI	3.690,91	203,00	295,27	332,18																		
0.685,99 (Ost)	I	3.140,00	172,70	251,20	282,60	164,08	238,66	268,49	155,46	226,13	254,39	143,76	213,60	240,30	125,11	201,06	226,19	106,47	188,53	212,09	87,83	176,00	198,00
	II	2.990,91	164,50	239,27	269,18	155,88	226,74	255,08	144,66	214,20	240,98	126,02	201,67	226,88	107,37	189,14	212,78	88,73	176,60	198,68	70,09	164,07	184,58
	III	2.320,66	-	185,65	208,85	-	173,94	195,68	-	162,50	182,81	-	151,30	170,21	-	140,37	157,91	-	129,70	145,91	-	119,28	134,19
	IV	3.140,00	172,70	251,20	282,60	168,39	244,93	275,54	164,08	238,66	268,49	159,77	232,40	261,45	155,46	226,13	254,39	151,15	219,86	247,34	143,76	213,60	240,30
	V	3.654,41	200,99	292,35	328,89																		
	VI	3.698,75	203,43	295,90	332,88																		
0.688,99 (West)	I	3.133,41	172,33	250,67	282,00	163,72	238,14	267,90	155,10	225,60	253,80	142,97	213,07	239,70	124,34	200,54	225,61	105,70	188,01	211,51	87,05	175,48	197,41
	II	2.984,33	164,13	238,74	268,58	155,52	226,21	254,48	143,88	213,68	240,39	125,23	201,14	226,28	106,59	188,61	212,18	87,95	176,08	198,09	69,30	163,54	183,98
	III	2.314,50	-	185,16	208,30	-	173,46	195,14	-	162,02	182,27	-	150,85	169,70	-	139,92	157,41	-	129,25	145,40	-	118,85	133,70
	IV	3.133,41	172,33	250,67	282,00	168,02	244,40	274,95	163,72	238,14	267,90	159,41	231,87	260,85	155,10	225,60	253,80	150,79	219,34	246,75	142,97	213,07	239,70
	V	3.647,83	200,63	291,82	328,30																		
	VI	3.692,16	203,06	295,37	332,29																		
0.688,99 (Ost)	I	3.141,25	172,76	251,30	282,71	164,15	238,76	268,61	155,53	226,23	254,51	143,91	213,70	240,41	125,26	201,16	226,31	106,62	188,63	212,21	87,98	176,10	198,11
	II	2.992,16	164,56	239,37	269,29	155,95	226,84	255,19	144,81	214,30	241,09	126,16	201,77	226,99	107,52	189,24	212,89	88,88	176,70	198,79	70,23	164,17	184,69
	III	2.321,83	-	185,74	208,96	-	174,04	195,79	-	162,60	182,92	-	151,40	170,32	-	140,46	158,02	-	129,78	146,00	-	119,36	134,28
	IV	3.141,25	172,76	251,30	282,71	168,46	245,03	275,66	164,15	238,76	268,61	159,84	232,50	261,56	155,53	226,23	254,51	151,22	219,96	247,46	143,91	213,70	240,41
	V	3.655,66	201,06	292,45	329,00																		
	VI	3.700,00	203,50	296,00	333,00																		
10.691,99 (West)	I	3.134,66	172,40	250,77	282,11	163,79	238,24	268,02	155,17	225,70	253,91	143,13	213,18	239,82	124,49	200,64	225,72	105,85	188,11	211,62	87,20	175,58	197,52
	II	2.985,58	164,20	238,84	268,70	155,59	226,31	254,60	144,02	213,78	240,50	125,38	201,24	226,40	106,74	188,71	212,30	88,10	176,18	198,20	69,46	163,65	184,10
	III	2.315,66	-	185,25	208,40	-	173,56	195,25	-	162,12	182,38	-	150,93	169,79	-	140,01	157,51	-	129,34	145,51	-	118,93	133,79
	IV	3.134,66	172,40	250,77	282,11	168,09	244,50	275,06	163,79	238,24	268,02	159,48	231,97	260,96	155,17	225,70	253,91	150,86	219,44	246,87	143,13	213,18	239,82
	V	3.649,16	200,70	291,93	328,42																		
	VI	3.693,41	203,13	295,47	332,40																		
10.691,99 (Ost)	I	3.142,50	172,83	251,40	282,82	164,22	238,86	268,72	155,60	226,33	254,62	144,05	213,80	240,52	125,41	201,26	226,42	106,77	188,73	212,32	88,12	176,20	198,22
	II	2.993,41	164,63	239,47	269,40	156,02	226,94	255,30	144,96	214,40	241,20	126,31	201,87	227,10	107,67	189,34	213,00	89,03	176,80	198,90	70,38	164,27	184,80
	III	2.323,16	-	185,85	209,08	-	174,13	195,89	-	162,68	183,01	-	151,49	170,42	-	140,54	158,11	-	129,86	146,09	-	119,45	134,38
	IV	3.142,50	172,83	251,40	282,82	168,52	245,13	275,77	164,22	238,86	268,72	159,91	232,60	261,67	155,60	226,33	254,62	151,29	220,06	247,57	144,05	213,80	240,52
	V	3.656,91	201,13	292,55	329,12																		
	VI	3.701,25	203,56	296,10	333,11																		
10.694,99 (West)	I	3.135,91	172,47	250,87	282,23	163,86	238,34	268,13	155,24	225,81	254,03	143,28	213,28	239,94	124,64	200,74	225,83	105,99	188,21	211,73	87,35	175,68	197,64
	II	2.986,83	164,27	238,94	268,81	155,65	226,41	254,71	144,17	213,88	240,61	125,53	201,34	226,51	106,90	188,82	212,42	88,25	176,28	198,32	69,61	163,75	184,22
	III	2.316,83	-	185,34	208,51	-	173,65	195,35	-	162,21	182,48	-	151,02	169,90	-	140,09	157,60	-	129,42	145,60	-	119,01	133,88
	IV	3.135,91	172,47	250,87	282,23	168,16	244,60	275,18	163,86	238,34	268,13	159,55	232,08	261,09	155,24	225,81	254,03	150,93	219,54	246,98	143,28	213,28	239,94
	V	3.650,41	200,77	292,03	328,53																		
	VI	3.694,66	203,20	295,57	332,51																		
10.694,99 (Ost)	I	3.143,75	172,90	251,50	282,93	164,28	238,96	268,83	155,67	226,43	254,73	144,20	213,90	240,63	125,56	201,36	226,53	106,92	188,83	212,43	88,28	176,30	198,34
	II	2.994,66	164,70	239,57	269,51	156,09	227,04	255,42	145,11	214,50	241,31	126,46	201,97	227,21	107,82	189,44	213,12	89,18	176,90	199,01	70,53	164,37	184,91
	III	2.324,33	-	185,94	209,18	-	174,22	196,00	-	162,77	183,11	-	151,57	170,51	-	140,64	158,22	-	129,96	146,20	-	119,53	134,47
	IV	3.143,75	172,90	251,50	282,93	168,59	245,23	275,88	164,28	238,96	268,83	159,98	232,70	261,78	155,67	226,43	254,73	151,36	220,16	247,68	144,20	213,90	240,63
	V	3.658,16	201,19	292,65	329,23																		
	VI	3.702,50	203,63	296,20	333,22																		
10.697,99 (West)	I	3.137,25	172,54	250,98	282,35	163,93	238,44	268,25	155,31	225,91	254,15	143,43	213,38	240,05	124,79	200,84	225,95	106,14	188,31	211,85	87,50	175,78	197,75
	II	2.988,08	164,34	239,04	268,92	155,72	226,51	254,82	144,33	213,98	240,73	125,69	201,45	226,63	107,05	188,92	212,53	88,40	176,38	198,43	69,76	163,85	184,33
	III	2.318,00	-	185,44	208,62	-	173,74	195,46	-	162,30	182,59	-	151,12	170,01	-	140,18	157,70	-	129,52	145,71	-	119,09	133,97
	IV	3.137,25	172,54	250,98	282,35	168,24	244,71	275,30	163,93	238,44	268,25	159,62	232,18	261,20	155,31	225,91	254,15	151,00	219,64	247,10	143,43	213,38	240,05
	V	3.651,66	200,84	292,13	328,64																		
	VI	3.696,00	203,28	295,68	332,64																		
10.697,99 (Ost)	I	3.145,00	172,97	251,60	283,05	164,35	239,06	268,94	155,74	226,53	254,84	144,35	214,00	240,75	125,72	201,47	226,65	107,08	188,94	212,55	88,43	176,40	198,45
	II	2.995,91	164,77	239,67	269,63	156,15	227,14	255,53	145,25	214,60	241,43	126,61	202,07	227,33	107,97	189,54	213,23	89,32	177,00	199,13	70,68	164,47	185,03
	III	2.325,50	-	186,04	209,29	-	174,32	196,11	-	162,86	183,22	-	151,66	170,62	-	140,73	158,32	-	130,04	146,29	-	119,61	134,56
	IV	3.145,00	172,97	251,60	283,05	168,66	245,33	275,99	164,35	239,06	268,94	160,05	232,80	261,90	155,74	226,53	254,84	151,43	220,26	247,79	144,35	214,00	240,75
	V	3.659,50	201,27	292,76	329,35																		
	VI	3.703,75	203,70	296,30	333,33																		

Lohn/ Gehalt bis	Steuerklasse	Lohnsteuer	ohne Kinderfreibetrag			Anzahl Kinderfreibeträge (nur Steuerklassen I–IV) 0,5			1,0			1,5			2,0			2,5			3,0		
			SolZ 5,5%	Kirchensteuer 8%	9%	SolZ 5,5%	Kirchensteuer 8%	9%	SolZ 5,5%	Kirchensteuer 8%	9%	SolZ 5,5%	Kirchensteuer 8%	9%	SolZ 5,5%	Kirchensteuer 8%	9%	SolZ 5,5%	Kirchensteuer 8%	9%	SolZ 5,5%	Kirchensteu 8%	9%
10.700,99	I	3.138,50	172,61	251,08	282,46	164,00	238,54	268,36	155,38	226,01	254,26	143,58	213,48	240,16	124,94	200,94	226,06	106,29	188,41	211,96	87,65	175,88	197
(West)	II	2.989,33	164,41	239,14	269,03	155,80	226,62	254,94	144,48	214,08	240,84	125,84	201,55	226,74	107,19	189,02	212,64	88,55	176,48	198,54	69,91	163,95	184
	III	2.319,33	-	185,54	208,73	-	173,84	195,57	-	162,38	182,68	-	151,20	170,10	-	140,26	157,79	-	129,60	145,80	-	119,18	134
	IV	3.138,50	172,61	251,08	282,46	168,30	244,81	275,41	164,00	238,54	268,36	159,69	232,28	261,31	155,38	226,01	254,26	151,07	219,74	247,21	143,58	213,48	240
	V	3.652,91	200,91	292,23	328,76																		
	VI	3.697,25	203,34	295,78	332,75																		
10.700,99	I	3.146,25	173,04	251,70	283,16	164,42	239,16	269,06	155,81	226,63	254,96	144,51	214,10	240,86	125,87	201,57	226,76	107,22	189,04	212,67	88,58	176,50	198
(Ost)	II	2.997,16	164,84	239,77	269,74	156,22	227,24	255,64	145,40	214,70	241,54	126,76	202,17	227,44	108,12	189,64	213,34	89,48	177,11	199,25	70,84	164,58	185
	III	2.326,66	-	186,13	209,39	-	174,41	196,21	-	162,96	183,33	-	151,76	170,73	-	140,81	158,41	-	130,13	146,39	-	119,69	134
	IV	3.146,25	173,04	251,70	283,16	168,73	245,43	276,11	164,42	239,16	269,06	160,11	232,90	262,01	155,81	226,63	254,96	151,50	220,37	247,91	144,51	214,10	240
	V	3.660,75	201,34	292,86	329,46																		
	VI	3.705,00	203,77	296,40	333,45																		
10.703,99	I	3.139,75	172,68	251,18	282,57	164,06	238,64	268,47	155,45	226,11	254,37	143,73	213,58	240,27	125,08	201,04	226,17	106,44	188,51	212,07	87,80	175,98	197
(West)	II	2.990,66	164,48	239,25	269,15	155,87	226,72	255,06	144,63	214,18	240,95	125,99	201,65	226,85	107,34	189,12	212,76	88,70	176,58	198,65	70,06	164,05	184
	III	2.320,50	-	185,64	208,84	-	173,93	195,67	-	162,48	182,79	-	151,29	170,20	-	140,36	157,90	-	129,68	145,89	-	119,26	134,
	IV	3.139,75	172,68	251,18	282,57	168,37	244,91	275,52	164,06	238,64	268,47	159,76	232,38	261,42	155,45	226,11	254,37	151,14	219,84	247,32	143,73	213,58	240,
	V	3.654,16	200,97	292,33	328,87																		
	VI	3.698,50	203,41	295,88	332,86																		
10.703,99	I	3.147,50	173,11	251,80	283,27	164,50	239,27	269,18	155,88	226,74	255,08	144,66	214,20	240,98	126,02	201,67	226,88	107,37	189,14	212,78	88,73	176,60	198,
(Ost)	II	2.998,41	164,91	239,87	269,85	156,29	227,34	255,75	145,55	214,80	241,65	126,91	202,27	227,55	108,28	189,74	213,46	89,63	177,21	199,36	70,99	164,68	185,
	III	2.327,83	-	186,22	209,50	-	174,50	196,31	-	163,05	183,43	-	151,85	170,83	-	140,90	158,51	-	130,21	146,48	-	119,77	134,
	IV	3.147,50	173,11	251,80	283,27	168,80	245,53	276,22	164,50	239,27	269,18	160,19	233,00	262,13	155,88	226,74	255,08	151,57	220,47	248,03	144,66	214,20	240,
	V	3.662,00	201,41	292,96	329,58																		
	VI	3.706,25	203,84	296,50	333,56																		
10.706,99	I	3.141,00	172,75	251,28	282,69	164,13	238,74	268,58	155,52	226,21	254,48	143,88	213,68	240,39	125,23	201,14	226,28	106,59	188,61	212,18	87,95	176,08	198,
(West)	II	2.991,91	164,55	239,35	269,27	155,93	226,82	255,17	144,78	214,28	241,07	126,14	201,75	226,97	107,49	189,22	212,87	88,85	176,68	198,77	70,21	164,15	184,
	III	2.321,66	-	185,73	208,94	-	174,02	195,77	-	162,57	182,89	-	151,38	170,30	-	140,45	158,00	-	129,77	145,99	-	119,34	134,
	IV	3.141,00	172,75	251,28	282,69	168,44	245,01	275,63	164,13	238,74	268,58	159,83	232,48	261,54	155,52	226,21	254,48	151,21	219,94	247,43	143,88	213,68	240,
	V	3.655,41	201,04	292,43	328,98																		
	VI	3.699,75	203,48	295,98	332,97																		
10.706,99	I	3.148,83	173,18	251,90	283,39	164,56	239,37	269,29	155,95	226,84	255,19	144,81	214,30	241,09	126,16	201,77	226,99	107,52	189,24	212,89	88,88	176,70	198,
(Ost)	II	2.999,66	164,98	239,97	269,96	156,36	227,44	255,87	145,71	214,91	241,77	127,07	202,38	227,67	108,42	189,84	213,57	89,78	177,31	199,47	71,14	164,78	185,
	III	2.329,00	-	186,32	209,61	-	174,60	196,42	-	163,14	183,53	-	151,93	170,92	-	140,98	158,60	-	130,29	146,57	-	119,86	134,
	IV	3.148,83	173,18	251,90	283,39	168,87	245,64	276,34	164,56	239,37	269,29	160,26	233,10	262,24	155,95	226,84	255,19	151,64	220,57	248,14	144,81	214,30	241,
	V	3.663,25	201,47	293,06	329,69																		
	VI	3.707,58	203,91	296,60	333,68																		
10.709,99	I	3.142,25	172,82	251,38	282,80	164,20	238,84	268,70	155,59	226,31	254,60	144,02	213,78	240,50	125,38	201,24	226,40	106,74	188,71	212,30	88,10	176,18	198,
(West)	II	2.993,16	164,62	239,45	269,38	156,00	226,92	255,28	144,93	214,38	241,18	126,28	201,85	227,08	107,64	189,32	212,98	89,00	176,78	198,88	70,35	164,25	184,
	III	2.322,83	-	185,82	209,05	-	174,12	195,88	-	162,66	182,99	-	151,46	170,39	-	140,53	158,09	-	129,85	146,08	-	119,42	134,
	IV	3.142,25	172,82	251,38	282,80	168,51	245,11	275,75	164,20	238,84	268,70	159,89	232,58	261,65	155,59	226,31	254,60	151,28	220,04	247,55	144,02	213,78	240,
	V	3.656,66	201,11	292,53	329,09																		
	VI	3.701,00	203,55	296,08	333,09																		
10.709,99	I	3.150,08	173,25	252,00	283,50	164,63	239,47	269,40	156,02	226,94	255,30	144,96	214,40	241,20	126,31	201,87	227,10	107,67	189,34	213,00	89,03	176,80	198,
(Ost)	II	3.000,91	165,05	240,07	270,08	156,43	227,54	255,98	145,86	215,01	241,88	127,22	202,48	227,79	108,57	189,94	213,68	89,93	177,41	199,58	71,29	164,88	185,
	III	2.330,16	-	186,41	209,71	-	174,69	196,52	-	163,22	183,62	-	152,02	171,02	-	141,08	158,71	-	130,38	146,68	-	119,94	134,
	IV	3.150,08	173,25	252,00	283,50	168,94	245,74	276,45	164,63	239,47	269,40	160,32	233,20	262,35	156,02	226,94	255,30	151,71	220,67	248,25	144,96	214,40	241,
	V	3.664,50	201,54	293,16	329,80																		
	VI	3.708,83	203,98	296,70	333,79																		
10.712,99	I	3.143,50	172,89	251,48	282,91	164,27	238,94	268,81	155,65	226,41	254,71	144,17	213,88	240,61	125,53	201,34	226,51	106,90	188,82	212,42	88,25	176,28	198,
(West)	II	2.994,41	164,69	239,55	269,49	156,07	227,02	255,39	145,08	214,48	241,29	126,43	201,95	227,19	107,79	189,42	213,09	89,15	176,88	198,99	70,50	164,35	184,
	III	2.324,00	-	185,92	209,16	-	174,21	195,98	-	162,76	183,10	-	151,56	170,50	-	140,62	158,20	-	129,93	146,17	-	119,50	134,
	IV	3.143,50	172,89	251,48	282,91	168,58	245,21	275,86	164,27	238,94	268,81	159,96	232,68	261,76	155,65	226,41	254,71	151,35	220,14	247,66	144,17	213,88	240,6
	V	3.657,91	201,18	292,63	329,21																		
	VI	3.702,25	203,62	296,18	333,20																		
10.712,99	I	3.151,33	173,32	252,10	283,61	164,70	239,57	269,51	156,09	227,04	255,42	145,11	214,50	241,31	126,46	201,97	227,21	107,82	189,44	213,12	89,18	176,90	199,0
(Ost)	II	3.002,25	165,12	240,18	270,20	156,50	227,64	256,10	146,01	215,11	242,00	127,36	202,58	227,90	108,72	190,04	213,80	90,08	177,51	199,70	71,43	164,98	185,6
	III	2.331,50	-	186,52	209,83	-	174,78	196,63	-	163,32	183,73	-	152,12	171,13	-	141,16	158,80	-	130,46	146,77	-	120,02	135,0
	IV	3.151,33	173,32	252,10	283,61	169,01	245,84	276,57	164,70	239,57	269,51	160,39	233,30	262,46	156,09	227,04	255,42	151,78	220,77	248,36	145,11	214,50	241,3
	V	3.665,75	201,61	293,26	329,91																		
	VI	3.710,08	204,05	296,80	333,90																		
10.715,99	I	3.144,75	172,96	251,58	283,02	164,34	239,04	268,92	155,72	226,51	254,82	144,33	213,98	240,73	125,69	201,45	226,63	107,05	188,92	212,53	88,40	176,38	198,4
(West)	II	2.995,66	164,76	239,65	269,60	156,14	227,12	255,51	145,22	214,58	241,40	126,58	202,05	227,30	107,94	189,52	213,21	89,29	176,98	199,10	70,66	164,46	185,0
	III	2.325,16	-	186,01	209,26	-	174,30	196,09	-	162,85	183,20	-	151,65	170,60	-	140,70	158,29	-	130,02	146,27	-	119,60	134,5
	IV	3.144,75	172,96	251,58	283,02	168,65	245,31	275,97	164,34	239,04	268,92	160,03	232,78	261,87	155,72	226,51	254,82	151,41	220,24	247,77	144,33	213,98	240,7
	V	3.659,25	201,25	292,74	329,33																		
	VI	3.703,50	203,69	296,28	333,31																		
10.715,99	I	3.152,58	173,39	252,20	283,73	164,77	239,67	269,63	156,15	227,14	255,53	145,25	214,60	241,43	126,61	202,07	227,33	107,97	189,54	213,23	89,32	177,00	199,1
(Ost)	II	3.003,50	165,19	240,28	270,31	156,57	227,74	256,21	146,16	215,21	242,11	127,51	202,68	228,01	108,87	190,14	213,91	90,23	177,61	199,81	71,58	165,08	185,7
	III	2.332,66	-	186,61	209,93	-	174,88	196,74	-	163,41	183,83	-	152,20	171,22	-	141,25	158,90	-	130,54	146,86	-	120,10	135,1
	IV	3.152,58	173,39	252,20	283,73	169,08	245,94	276,68	164,77	239,67	269,63	160,46	233,40	262,58	156,15	227,14	255,53	151,85	220,87	248,48	145,25	214,60	241,4
	V	3.667,00	201,68	293,36	330,03																		
	VI	3.711,33	204,12	296,90	334,01																		
10.718,99	I	3.146,00	173,03	251,68	283,14	164,41	239,14	269,03	155,80	226,62	254,94	144,48	214,08	240,84	125,84	201,55	226,74	107,19	189,02	212,64	88,55	176,48	198,5
(West)	II	2.996,91	164,83	239,75	269,72	156,21	227,22	255,62	145,37	214,68	241,52	126,73	202,15	227,42	108,10	189,62	213,32	89,45	177,09	199,22	70,81	164,56	185,1
	III	2.326,33	-	186,10	209,36	-	174,40	196,20	-	162,93	183,29	-	151,73	170,69	-	140,80	158,40	-	130,10	146,36	-	119,68	134,6
	IV	3.146,00	173,03	251,68	283,14	168,72	245,41	276,08	164,41	239,14	269,03	160,10	232,88	261,99	155,80	226,62	254,94	151,49	220,35	247,89	144,48	214,08	240,8
	V	3.660,50	201,32	292,84	329,44																		
	VI	3.704,75	203,76	296,38	333,42																		
10.718,99	I	3.153,83	173,46	252,30	283,84	164,84	239,77	269,74	156,22	227,24	255,64	145,40	214,70	241,54	126,76	202,17	227,44	108,12	189,64	213,34	89,48	177,11	199,2
(Ost)	II	3.004,75	165,26	240,38	270,42	156,64	227,84	256,32	146,31	215,31	242,22	127,66	202,78	228,12	109,02	190,24	214,02	90,38	177,71	199,92	71,73	165,18	185,8
	III	2.333,83	-	186,70	210,04	-	174,97	196,84	-	163,50	183,94	-	152,29	171,32	-	141,33	158,99	-	130,64	146,97	-	120,20	135,2
	IV	3.153,83	173,46	252,30	283,84	169,15	246,04	276,79	164,84	239,77	269,74	160,53	233,50	262,69	156,22	227,24	255,64	151,91	220,97	248,59	145,40	214,70	241,5
	V	3.668,25	201,75	293,46	330,14																		
	VI	3.712,58	204,19	297,00	334,13																		

Lohn/ Gehalt bis	Steuerklasse	Lohn-steuer	ohne Kinderfreibetrag			Anzahl Kinderfreibeträge (nur Steuerklassen I–IV)																	
						0,5			1,0			1,5			2,0			2,5			3,0		
			SolZ 5,5%	Kirchensteuer 8%	9%	SolZ 5,5%	Kirchensteuer 8%	9%	SolZ 5,5%	Kirchensteuer 8%	9%	SolZ 5,5%	Kirchensteuer 8%	9%	SolZ 5,5%	Kirchensteuer 8%	9%	SolZ 5,5%	Kirchensteuer 8%	9%	SolZ 5,5%	Kirchensteuer 8%	9%
0.721,99 (West)	I	3.147,33	173,10	251,78	283,25	164,48	239,25	269,15	155,87	226,72	255,06	144,63	214,18	240,95	125,99	201,65	226,85	107,34	189,12	212,76	88,70	176,58	198,65
	II	2.998,16	164,89	239,85	269,83	156,28	227,32	255,73	145,52	214,78	241,63	126,89	202,26	227,54	108,25	189,72	213,44	89,60	177,19	199,34	70,96	164,66	185,24
	III	2.327,66	-	186,21	209,48	-	174,49	196,30	-	163,02	183,40	-	151,82	170,80	-	140,88	158,49	-	130,18	146,45	-	119,76	134,73
	IV	3.147,33	173,10	251,78	283,25	168,79	245,52	276,21	164,48	239,25	269,15	160,17	232,98	262,10	155,87	226,72	255,06	151,56	220,45	248,00	144,63	214,18	240,95
	V	3.661,75	201,39	292,94	329,55																		
	VI	3.706,08	203,83	296,48	333,54																		
0.721,99 (Ost)	I	3.155,08	173,52	252,40	283,95	164,91	239,87	269,85	156,29	227,34	255,75	145,55	214,80	241,65	126,91	202,27	227,55	108,28	189,74	213,46	89,63	177,21	199,36
	II	3.006,00	165,33	240,48	270,54	156,71	227,94	256,43	146,45	215,41	242,33	127,81	202,88	228,24	109,17	190,34	214,13	90,52	177,81	200,03	71,88	165,28	185,94
	III	2.335,00	-	186,80	210,15	-	175,06	196,94	-	163,60	184,05	-	152,38	171,43	-	141,42	159,10	-	130,72	147,06	-	120,28	135,31
	IV	3.155,08	173,52	252,40	283,95	169,22	246,14	276,90	164,91	239,87	269,85	160,60	233,60	262,80	156,29	227,34	255,75	151,98	221,07	248,70	145,55	214,80	241,65
	V	3.669,50	201,82	293,56	330,25																		
	VI	3.713,83	204,26	297,10	334,24																		
0.724,99 (West)	I	3.148,58	173,17	251,88	283,37	164,55	239,35	269,27	155,93	226,82	255,17	144,78	214,28	241,07	126,14	201,75	226,97	107,49	189,22	212,87	88,85	176,68	198,77
	II	2.999,41	164,96	239,95	269,94	156,35	227,42	255,85	145,68	214,89	241,75	127,04	202,36	227,65	108,39	189,82	213,55	89,75	177,29	199,45	71,11	164,76	185,35
	III	2.328,83	-	186,30	209,59	-	174,58	196,40	-	163,12	183,51	-	151,92	170,91	-	140,97	158,59	-	130,28	146,56	-	119,84	134,82
	IV	3.148,58	173,17	251,88	283,37	168,86	245,62	276,32	164,55	239,35	269,27	160,24	233,08	262,22	155,93	226,82	255,17	151,63	220,55	248,12	144,78	214,28	241,07
	V	3.663,00	201,46	293,04	329,67																		
	VI	3.707,33	203,90	296,58	333,65																		
0.724,99 (Ost)	I	3.156,33	173,59	252,50	284,06	164,98	239,97	269,96	156,36	227,44	255,87	145,71	214,91	241,77	127,07	202,38	227,67	108,42	189,84	213,57	89,78	177,31	199,47
	II	3.007,25	165,39	240,58	270,65	156,78	228,04	256,55	146,60	215,51	242,45	127,96	202,98	228,35	109,32	190,44	214,25	90,67	177,91	200,15	72,04	165,38	186,05
	III	2.336,16	-	186,89	210,25	-	175,16	197,05	-	163,69	184,15	-	152,46	171,52	-	141,50	159,19	-	130,81	147,16	-	120,36	135,40
	IV	3.156,33	173,59	252,50	284,06	169,29	246,24	277,02	164,98	239,97	269,96	160,67	233,70	262,91	156,36	227,44	255,87	152,05	221,17	248,81	145,71	214,91	241,77
	V	3.670,83	201,89	293,66	330,37																		
	VI	3.715,08	204,32	297,20	334,35																		
0.727,99 (West)	I	3.149,83	173,24	251,98	283,48	164,62	239,45	269,38	156,00	226,92	255,28	144,93	214,38	241,18	126,28	201,85	227,08	107,64	189,32	212,98	89,00	176,78	198,88
	II	3.000,75	165,04	240,06	270,06	156,42	227,52	255,96	145,83	214,99	241,86	127,19	202,46	227,76	108,54	189,92	213,66	89,90	177,39	199,56	71,26	164,86	185,46
	III	2.330,00	-	186,40	209,70	-	174,68	196,51	-	163,21	183,61	-	152,00	171,00	-	141,05	158,68	-	130,36	146,65	-	119,93	134,92
	IV	3.149,83	173,24	251,98	283,48	168,93	245,72	276,43	164,62	239,45	269,38	160,31	233,18	262,33	156,00	226,92	255,28	151,69	220,65	248,23	144,93	214,38	241,18
	V	3.664,25	201,53	293,14	329,78																		
	VI	3.708,58	203,97	296,68	333,77																		
0.727,99 (Ost)	I	3.157,58	173,66	252,60	284,18	165,05	240,07	270,08	156,43	227,54	255,98	145,86	215,01	241,88	127,22	202,48	227,79	108,57	189,94	213,68	89,93	177,41	199,58
	II	3.008,50	165,46	240,68	270,76	156,85	228,14	256,66	146,75	215,61	242,56	128,11	203,08	228,46	109,48	190,55	214,37	90,83	178,02	200,27	72,19	165,48	186,17
	III	2.337,33	-	186,98	210,35	-	175,25	197,15	-	163,78	184,25	-	152,56	171,63	-	141,60	159,30	-	130,89	147,25	-	120,44	135,49
	IV	3.157,58	173,66	252,60	284,18	169,35	246,34	277,13	165,05	240,07	270,08	160,74	233,81	263,03	156,43	227,54	255,98	152,13	221,28	248,94	145,86	215,01	241,88
	V	3.672,08	201,96	293,76	330,48																		
	VI	3.716,33	204,39	297,30	334,46																		
0.730,99 (West)	I	3.151,08	173,30	252,08	283,59	164,69	239,55	269,49	156,07	227,02	255,39	145,08	214,48	241,29	126,43	201,95	227,19	107,79	189,42	213,09	89,15	176,88	198,99
	II	3.002,00	165,11	240,16	270,18	156,49	227,62	256,07	145,98	215,09	241,97	127,33	202,56	227,88	108,69	190,02	213,77	90,05	177,49	199,67	71,40	164,96	185,58
	III	2.331,16	-	186,49	209,80	-	174,77	196,61	-	163,30	183,71	-	152,09	171,10	-	141,14	158,78	-	130,45	146,75	-	120,01	135,01
	IV	3.151,08	173,30	252,08	283,59	169,00	245,82	276,54	164,69	239,55	269,49	160,38	233,28	262,44	156,07	227,02	255,39	151,76	220,75	248,34	145,08	214,48	241,29
	V	3.665,50	201,60	293,24	329,89																		
	VI	3.709,83	204,04	296,78	333,88																		
0.730,99 (Ost)	I	3.158,91	173,74	252,71	284,30	165,12	240,18	270,20	156,50	227,64	256,10	146,01	215,11	242,00	127,36	202,58	227,90	108,72	190,04	213,80	90,08	177,51	199,70
	II	3.009,75	165,53	240,78	270,87	156,91	228,24	256,77	146,90	215,71	242,67	128,27	203,18	228,58	109,62	190,65	214,48	90,98	178,12	200,38	72,34	165,58	186,28
	III	2.338,66	-	187,09	210,47	-	175,34	197,26	-	163,86	184,34	-	152,65	171,73	-	141,68	159,39	-	130,97	147,34	-	120,52	135,58
	IV	3.158,91	173,74	252,71	284,30	169,43	246,44	277,25	165,12	240,18	270,20	160,81	233,91	263,15	156,50	227,64	256,10	152,19	221,38	249,05	146,01	215,11	242,00
	V	3.673,33	202,03	293,86	330,59																		
	VI	3.717,66	204,47	297,41	334,58																		
0.733,99 (West)	I	3.152,33	173,37	252,18	283,70	164,76	239,65	269,60	156,14	227,12	255,51	145,22	214,58	241,40	126,58	202,05	227,30	107,94	189,52	213,21	89,29	176,98	199,10
	II	3.003,25	165,17	240,26	270,29	156,56	227,72	256,19	146,13	215,19	242,09	127,48	202,66	227,99	108,84	190,12	213,89	90,20	177,59	199,79	71,55	165,06	185,69
	III	2.332,33	-	186,58	209,90	-	174,86	196,72	-	163,40	183,82	-	152,18	171,20	-	141,22	158,87	-	130,53	146,84	-	120,09	135,10
	IV	3.152,33	173,37	252,18	283,70	169,07	245,92	276,66	164,76	239,65	269,60	160,45	233,38	262,55	156,14	227,12	255,51	151,83	220,85	248,45	145,22	214,58	241,40
	V	3.666,75	201,67	293,34	330,00																		
	VI	3.711,08	204,10	296,88	333,99																		
0.733,99 (Ost)	I	3.160,16	173,80	252,81	284,41	165,19	240,28	270,31	156,57	227,74	256,21	146,16	215,21	242,11	127,51	202,68	228,01	108,87	190,14	213,91	90,23	177,61	199,81
	II	3.011,00	165,60	240,88	270,99	156,99	228,35	256,89	147,06	215,82	242,79	128,42	203,28	228,69	109,77	190,75	214,59	91,13	178,22	200,49	72,49	165,68	186,39
	III	2.339,83	-	187,18	210,58	-	175,44	197,37	-	163,96	184,45	-	152,73	171,82	-	141,77	159,49	-	131,06	147,44	-	120,61	135,68
	IV	3.160,16	173,80	252,81	284,41	169,50	246,54	277,36	165,19	240,28	270,31	160,88	234,01	263,26	156,57	227,74	256,21	152,26	221,48	249,16	146,16	215,21	242,11
	V	3.674,58	202,10	293,96	330,71																		
	VI	3.718,91	204,54	297,51	334,70																		
0.736,99 (West)	I	3.153,58	173,44	252,28	283,82	164,83	239,75	269,72	156,21	227,22	255,62	145,37	214,68	241,52	126,73	202,15	227,42	108,10	189,62	213,32	89,45	177,09	199,22
	II	3.004,50	165,24	240,36	270,40	156,63	227,82	256,30	146,28	215,29	242,20	127,63	202,76	228,10	108,99	190,22	214,00	90,35	177,69	199,90	71,70	165,16	185,80
	III	2.333,50	-	186,68	210,01	-	174,96	196,83	-	163,48	183,91	-	152,26	171,29	-	141,32	158,98	-	130,61	146,93	-	120,17	135,19
	IV	3.153,58	173,44	252,28	283,82	169,13	246,02	276,77	164,83	239,75	269,72	160,52	233,48	262,67	156,21	227,22	255,62	151,90	220,95	248,57	145,37	214,68	241,52
	V	3.668,00	201,74	293,44	330,12																		
	VI	3.712,33	204,17	296,98	334,10																		
0.736,99 (Ost)	I	3.161,41	173,87	252,91	284,52	165,26	240,38	270,42	156,64	227,84	256,32	146,31	215,31	242,22	127,66	202,78	228,12	109,02	190,24	214,02	90,38	177,71	199,92
	II	3.012,33	165,67	240,98	271,10	157,06	228,45	257,00	147,21	215,92	242,91	128,56	203,38	228,80	109,92	190,85	214,70	91,28	178,32	200,61	72,63	165,78	186,50
	III	2.341,00	-	187,28	210,69	-	175,53	197,47	-	164,05	184,55	-	152,82	171,92	-	141,85	159,58	-	131,14	147,53	-	120,69	135,77
	IV	3.161,41	173,87	252,91	284,52	169,56	246,64	277,47	165,26	240,38	270,42	160,95	234,11	263,37	156,64	227,84	256,32	152,33	221,58	249,27	146,31	215,31	242,22
	V	3.675,83	202,17	294,06	330,82																		
	VI	3.720,16	204,60	297,61	334,81																		
0.739,99 (West)	I	3.154,83	173,51	252,38	283,93	164,89	239,85	269,83	156,28	227,32	255,73	145,52	214,78	241,63	126,89	202,26	227,54	108,25	189,72	213,44	89,60	177,19	199,34
	II	3.005,75	165,31	240,46	270,51	156,69	227,92	256,41	146,42	215,39	242,31	127,78	202,86	228,21	109,14	190,32	214,11	90,49	177,79	200,01	71,86	165,26	185,92
	III	2.334,83	-	186,78	210,13	-	175,05	196,93	-	163,57	184,01	-	152,36	171,40	-	141,40	159,07	-	130,70	147,04	-	120,25	135,28
	IV	3.154,83	173,51	252,38	283,93	169,20	246,12	276,88	164,89	239,85	269,83	160,59	233,58	262,78	156,28	227,32	255,73	151,97	221,05	248,68	145,52	214,78	241,63
	V	3.669,33	201,81	293,54	330,23																		
	VI	3.713,58	204,24	297,08	334,22																		
0.739,99 (Ost)	I	3.162,66	173,94	253,01	284,63	165,33	240,48	270,54	156,71	227,94	256,43	146,45	215,41	242,33	127,81	202,88	228,24	109,17	190,34	214,13	90,52	177,81	200,03
	II	3.013,58	165,74	241,08	271,22	157,13	228,55	257,12	147,36	216,02	243,02	128,71	203,48	228,92	110,07	190,95	214,82	91,43	178,42	200,72	72,78	165,88	186,62
	III	2.342,16	-	187,37	210,79	-	175,62	197,57	-	164,14	184,66	-	152,92	172,03	-	141,94	159,68	-	131,22	147,62	-	120,77	135,86
	IV	3.162,66	173,94	253,01	284,63	169,63	246,74	277,58	165,33	240,48	270,54	161,02	234,21	263,48	156,71	227,94	256,43	152,40	221,68	249,39	146,45	215,41	242,33
	V	3.677,08	202,23	294,16	330,93																		
	VI	3.721,41	204,67	297,71	334,92																		

Lohn/ Gehalt bis	Steuerklasse	Lohn-steuer	ohne Kinderfreibetrag SolZ 5,5%	ohne Kinderfreibetrag Kirchensteuer 8%	ohne Kinderfreibetrag Kirchensteuer 9%	0,5 SolZ 5,5%	0,5 Kirchensteuer 8%	0,5 Kirchensteuer 9%	1,0 SolZ 5,5%	1,0 Kirchensteuer 8%	1,0 Kirchensteuer 9%	1,5 SolZ 5,5%	1,5 Kirchensteuer 8%	1,5 Kirchensteuer 9%	2,0 SolZ 5,5%	2,0 Kirchensteuer 8%	2,0 Kirchensteuer 9%	2,5 SolZ 5,5%	2,5 Kirchensteuer 8%	2,5 Kirchensteuer 9%	3,0 SolZ 5,5%	3,0 Kirchensteuer 8%	3,0 Kirchensteuer 9%
10.742,99 (West)	I	3.156,08	173,58	252,48	284,04	164,96	239,95	269,94	156,35	227,42	255,85	145,68	214,89	241,75	127,04	202,36	227,65	108,39	189,82	213,55	89,75	177,29	19
	II	3.007,00	165,38	240,56	270,63	156,76	228,02	256,52	146,57	215,49	242,42	127,93	202,96	228,33	109,29	190,42	214,22	90,65	177,90	200,13	72,01	165,36	18
	III	2.336,00	-	186,88	210,24	-	175,14	197,03	-	163,66	184,12	-	152,45	171,50	-	141,49	159,17	-	130,78	147,13	-	120,34	13
	IV	3.156,08	173,58	252,48	284,04	169,27	246,22	276,99	164,96	239,95	269,94	160,65	233,68	262,89	156,35	227,42	255,85	152,04	221,16	248,80	145,68	214,89	24
	V	3.670,58	201,88	293,64	330,35																		
	VI	3.714,83	204,31	297,18	334,33																		
10.742,99 (Ost)	I	3.163,91	174,01	253,11	284,75	165,39	240,58	270,65	156,78	228,04	256,55	146,60	215,51	242,45	127,96	202,98	228,35	109,32	190,44	214,25	90,67	177,91	20
	II	3.014,83	165,81	241,18	271,33	157,19	228,65	257,23	147,51	216,12	243,13	128,86	203,58	229,03	110,22	191,05	214,93	91,58	178,52	200,83	72,93	165,98	18
	III	2.343,33	-	187,46	210,89	-	175,72	197,68	-	164,24	184,77	-	153,00	172,12	-	142,02	159,77	-	131,32	147,73	-	120,85	13
	IV	3.163,91	174,01	253,11	284,75	169,70	246,84	277,70	165,39	240,58	270,65	161,09	234,31	263,60	156,78	228,04	256,55	152,47	221,78	249,50	146,60	215,51	24
	V	3.678,33	202,30	294,26	331,04																		
	VI	3.722,66	204,74	297,81	335,03																		
10.745,99 (West)	I	3.157,33	173,65	252,58	284,15	165,04	240,06	270,06	156,42	227,52	255,96	145,83	214,99	241,86	127,19	202,46	227,76	108,54	189,92	213,66	89,90	177,39	19
	II	3.008,25	165,45	240,66	270,74	156,83	228,12	256,64	146,72	215,59	242,54	128,09	203,06	228,44	109,45	190,53	214,34	90,80	178,00	200,25	72,16	165,46	18
	III	2.337,16	-	186,97	210,34	-	175,24	197,14	-	163,76	184,23	-	152,54	171,61	-	141,57	159,26	-	130,86	147,22	-	120,42	13
	IV	3.157,33	173,65	252,58	284,15	169,34	246,32	277,11	165,04	240,06	270,06	160,73	233,79	263,01	156,42	227,52	255,96	152,11	221,26	248,91	145,83	214,99	24
	V	3.671,83	201,95	293,74	330,46																		
	VI	3.716,08	204,38	297,28	334,44																		
10.745,99 (Ost)	I	3.165,16	174,08	253,21	284,86	165,46	240,68	270,76	156,85	228,14	256,66	146,75	215,61	242,56	128,11	203,08	228,46	109,48	190,55	214,37	90,83	178,02	200
	II	3.016,08	165,88	241,28	271,44	157,26	228,75	257,34	147,65	216,22	243,24	129,01	203,68	229,14	110,37	191,15	215,04	91,72	178,62	200,94	73,08	166,08	186
	III	2.344,50	-	187,56	211,00	-	175,81	197,78	-	164,33	184,87	-	153,09	172,22	-	142,12	159,88	-	131,40	147,82	-	120,94	136
	IV	3.165,16	174,08	253,21	284,86	169,77	246,94	277,81	165,46	240,68	270,76	161,15	234,41	263,71	156,85	228,14	256,66	152,54	221,88	249,61	146,75	215,61	242
	V	3.679,58	202,37	294,36	331,16																		
	VI	3.723,91	204,81	297,91	335,15																		
10.748,99 (West)	I	3.158,66	173,72	252,69	284,27	165,11	240,16	270,18	156,49	227,62	256,07	145,98	215,09	241,97	127,33	202,56	227,88	108,69	190,02	213,77	90,05	177,49	19
	II	3.009,50	165,52	240,76	270,85	156,90	228,22	256,75	146,88	215,70	242,66	128,24	203,16	228,56	109,59	190,63	214,46	90,95	178,10	200,36	72,31	165,56	18
	III	2.338,33	-	187,06	210,44	-	175,33	197,24	-	163,85	184,33	-	152,62	171,70	-	141,66	159,37	-	130,96	147,33	-	120,50	13
	IV	3.158,66	173,72	252,69	284,27	169,41	246,42	277,22	165,11	240,16	270,18	160,80	233,89	263,12	156,49	227,62	256,07	152,18	221,36	249,03	145,98	215,09	24
	V	3.673,08	202,01	293,84	330,57																		
	VI	3.717,41	204,45	297,39	334,56																		
10.748,99 (Ost)	I	3.166,41	174,15	253,31	284,97	165,53	240,78	270,87	156,91	228,24	256,77	146,90	215,71	242,67	128,27	203,18	228,58	109,62	190,65	214,48	90,98	178,12	20
	II	3.017,33	165,95	241,38	271,55	157,33	228,85	257,45	147,80	216,32	243,36	129,16	203,78	229,25	110,52	191,25	215,15	91,87	178,72	201,06	73,24	166,19	18
	III	2.345,83	-	187,66	211,12	-	175,90	197,89	-	164,41	184,96	-	153,18	172,33	-	142,21	159,98	-	131,49	147,92	-	121,02	13
	IV	3.166,41	174,15	253,31	284,97	169,84	247,04	277,92	165,53	240,78	270,87	161,22	234,51	263,82	156,91	228,24	256,77	152,61	221,98	249,72	146,90	215,71	24
	V	3.680,91	202,45	294,47	331,28																		
	VI	3.725,16	204,88	298,01	335,26																		
10.751,99 (West)	I	3.159,91	173,79	252,79	284,39	165,17	240,26	270,29	156,56	227,72	256,19	146,13	215,19	242,09	127,48	202,66	227,99	108,84	190,12	213,89	90,20	177,59	199
	II	3.010,83	165,59	240,86	270,97	156,97	228,33	256,87	147,03	215,80	242,77	128,39	203,26	228,67	109,74	190,73	214,57	91,10	178,20	200,47	72,46	165,66	186
	III	2.339,50	-	187,16	210,55	-	175,42	197,35	-	163,94	184,43	-	152,72	171,81	-	141,74	159,46	-	131,04	147,42	-	120,58	135
	IV	3.159,91	173,79	252,79	284,39	169,48	246,52	277,34	165,17	240,26	270,29	160,87	233,99	263,24	156,56	227,72	256,19	152,25	221,46	249,14	146,13	215,19	242
	V	3.674,33	202,08	293,94	330,68																		
	VI	3.718,66	204,52	297,49	334,67																		
10.751,99 (Ost)	I	3.167,66	174,22	253,41	285,08	165,60	240,88	270,99	156,99	228,35	256,89	147,06	215,82	242,79	128,42	203,28	228,69	109,77	190,75	214,59	91,13	178,22	200
	II	3.018,58	166,02	241,48	271,67	157,40	228,95	257,57	147,95	216,42	243,47	129,31	203,88	229,37	110,67	191,35	215,27	92,03	178,82	201,17	73,39	166,29	187
	III	2.347,00	-	187,76	211,23	-	176,00	198,00	-	164,50	185,06	-	153,28	172,44	-	142,29	160,07	-	131,57	148,01	-	121,10	136
	IV	3.167,66	174,22	253,41	285,08	169,91	247,14	278,03	165,60	240,88	270,99	161,29	234,61	263,93	156,99	228,35	256,89	152,68	222,08	249,84	147,06	215,82	242
	V	3.682,16	202,51	294,57	331,39																		
	VI	3.726,41	204,95	298,11	335,37																		
10.754,99 (West)	I	3.161,16	173,86	252,89	284,50	165,24	240,36	270,40	156,63	227,82	256,30	146,28	215,29	242,20	127,63	202,76	228,10	108,99	190,22	214,00	90,35	177,69	199
	II	3.012,08	165,66	240,96	271,08	157,04	228,43	256,98	147,18	215,90	242,88	128,53	203,36	228,78	109,89	190,83	214,68	91,25	178,30	200,58	72,60	165,76	186
	III	2.340,66	-	187,25	210,65	-	175,52	197,46	-	164,04	184,54	-	152,81	171,91	-	141,84	159,57	-	131,13	147,52	-	120,68	135,
	IV	3.161,16	173,86	252,89	284,50	169,55	246,62	277,45	165,24	240,36	270,40	160,93	234,09	263,35	156,63	227,82	256,30	152,32	221,56	249,25	146,28	215,29	242
	V	3.675,58	202,15	294,04	330,80																		
	VI	3.719,91	204,59	297,59	334,79																		
10.754,99 (Ost)	I	3.168,91	174,29	253,51	285,20	165,67	240,98	271,10	157,06	228,45	257,00	147,21	215,92	242,91	128,56	203,38	228,80	109,92	190,85	214,70	91,28	178,32	200
	II	3.019,83	166,09	241,58	271,78	157,47	229,05	257,68	148,10	216,52	243,58	129,47	203,99	229,49	110,82	191,46	215,39	92,18	178,92	201,29	73,54	166,39	187
	III	2.348,16	-	187,85	211,33	-	176,09	198,10	-	164,60	185,17	-	153,36	172,53	-	142,38	160,18	-	131,65	148,10	-	121,18	136,
	IV	3.168,91	174,29	253,51	285,20	169,98	247,25	278,15	165,67	240,98	271,10	161,37	234,72	264,06	157,06	228,45	257,00	152,75	222,18	249,95	147,21	215,92	242
	V	3.683,41	202,58	294,67	331,50																		
	VI	3.727,75	205,02	298,22	335,49																		
10.757,99 (West)	I	3.162,41	173,93	252,99	284,61	165,31	240,46	270,51	156,69	227,92	256,41	146,42	215,39	242,31	127,78	202,86	228,21	109,14	190,32	214,11	90,49	177,79	200,
	II	3.013,33	165,73	241,06	271,19	157,11	228,53	257,09	147,33	216,00	243,00	128,68	203,46	228,89	110,04	190,93	214,79	91,40	178,40	200,70	72,75	165,86	186,
	III	2.341,83	-	187,34	210,76	-	175,61	197,56	-	164,12	184,63	-	152,89	172,00	-	141,93	159,67	-	131,21	147,61	-	120,76	135,
	IV	3.162,41	173,93	252,99	284,61	169,62	246,72	277,56	165,31	240,46	270,51	161,00	234,19	263,46	156,69	227,92	256,41	152,39	221,66	249,36	146,42	215,39	242,
	V	3.676,83	202,22	294,14	330,91																		
	VI	3.721,16	204,66	297,69	334,90																		
10.757,99 (Ost)	I	3.170,25	174,36	253,62	285,32	165,74	241,08	271,22	157,13	228,55	257,12	147,36	216,02	243,02	128,71	203,48	228,92	110,07	190,95	214,82	91,43	178,42	200,
	II	3.021,08	166,15	241,68	271,89	157,54	229,15	257,79	148,26	216,62	243,70	129,62	204,09	229,60	110,97	191,56	215,50	92,33	179,02	201,40	73,69	166,49	187,
	III	2.349,33	-	187,94	211,43	-	176,18	198,20	-	164,69	185,27	-	153,45	172,63	-	142,46	160,27	-	131,74	148,21	-	121,28	136,
	IV	3.170,25	174,36	253,62	285,32	170,05	247,35	278,27	165,74	241,08	271,22	161,43	234,82	264,17	157,13	228,55	257,12	152,82	222,28	250,07	147,36	216,02	243,
	V	3.684,66	202,65	294,77	331,61																		
	VI	3.729,00	205,09	298,32	335,61																		
10.760,99 (West)	I	3.163,66	174,00	253,09	284,72	165,38	240,56	270,63	156,76	228,02	256,52	146,57	215,49	242,42	127,93	202,96	228,33	109,29	190,42	214,22	90,65	177,90	200,
	II	3.014,58	165,80	241,16	271,31	157,18	228,63	257,21	147,48	216,10	243,11	128,83	203,56	229,01	110,19	191,03	214,91	91,55	178,50	200,81	72,90	165,96	186,
	III	2.343,16	-	187,45	210,88	-	175,70	197,66	-	164,21	184,73	-	152,98	172,10	-	142,01	159,76	-	131,29	147,70	-	120,84	135,
	IV	3.163,66	174,00	253,09	284,72	169,69	246,82	277,67	165,38	240,56	270,63	161,07	234,29	263,57	156,76	228,02	256,52	152,46	221,76	249,48	146,57	215,49	242,
	V	3.678,08	202,29	294,24	331,02																		
	VI	3.722,41	204,73	297,79	335,01																		
10.760,99 (Ost)	I	3.171,50	174,43	253,72	285,43	165,81	241,18	271,33	157,19	228,65	257,23	147,51	216,12	243,13	128,86	203,58	229,03	110,22	191,05	214,93	91,58	178,52	200,
	II	3.022,41	166,23	241,79	272,01	157,61	229,26	257,91	148,41	216,72	243,81	129,76	204,19	229,71	111,12	191,66	215,61	92,48	179,12	201,51	73,83	166,59	187,
	III	2.350,50	-	188,04	211,54	-	176,28	198,31	-	164,78	185,38	-	153,54	172,73	-	142,56	160,38	-	131,82	148,30	-	121,36	136,
	IV	3.171,50	174,43	253,72	285,43	170,12	247,45	278,38	165,81	241,18	271,33	161,50	234,92	264,28	157,19	228,65	257,23	152,89	222,38	250,18	147,51	216,12	243,
	V	3.685,91	202,72	294,87	331,73																		
	VI	3.730,25	205,16	298,42	335,72																		

"Anzahl Kinderfreibeträge (nur Steuerklassen I–IV)" applies to columns 0,5 through 3,0.

Lohn/ Gehalt bis	Steuerklasse	Lohnsteuer	ohne Kinderfreibetrag SolZ 5,5%	ohne Kinderfreibetrag Kirchensteuer 8%	ohne Kinderfreibetrag Kirchensteuer 9%	0,5 SolZ 5,5%	0,5 Kirchensteuer 8%	0,5 Kirchensteuer 9%	1,0 SolZ 5,5%	1,0 Kirchensteuer 8%	1,0 Kirchensteuer 9%	1,5 SolZ 5,5%	1,5 Kirchensteuer 8%	1,5 Kirchensteuer 9%	2,0 SolZ 5,5%	2,0 Kirchensteuer 8%	2,0 Kirchensteuer 9%	2,5 SolZ 5,5%	2,5 Kirchensteuer 8%	2,5 Kirchensteuer 9%	3,0 SolZ 5,5%	3,0 Kirchensteuer 8%	3,0 Kirchensteuer 9%
0.763,99 (West)	I	3.164,91	174,07	253,19	284,84	165,45	240,66	270,74	156,83	228,12	256,64	146,72	215,59	242,54	128,09	203,06	228,44	109,45	190,53	214,34	90,80	178,00	200,25
	II	3.015,83	165,87	241,26	271,42	157,25	228,73	257,32	147,62	216,20	243,22	128,98	203,66	229,12	110,34	191,13	215,02	91,69	178,60	200,92	73,05	166,06	186,82
	III	2.344,33	-	187,54	210,98	-	175,80	197,77	-	164,30	184,84	-	153,08	172,21	-	142,10	159,86	-	131,38	147,80	-	120,92	136,03
	IV	3.164,91	174,07	253,19	284,84	169,76	246,92	277,79	165,45	240,66	270,74	161,14	234,39	263,69	156,83	228,12	256,64	152,52	221,86	249,59	146,72	215,59	242,54
	V	3.679,33	202,36	294,34	331,13																		
	VI	3.723,66	204,80	297,89	335,12																		
0.763,99 (Ost)	I	3.172,75	174,50	253,82	285,54	165,88	241,28	271,44	157,26	228,75	257,34	147,65	216,22	243,24	129,01	203,68	229,14	110,37	191,15	215,04	91,72	178,62	200,94
	II	3.023,66	166,30	241,89	272,12	157,68	229,36	258,03	148,56	216,82	243,92	129,91	204,29	229,82	111,27	191,76	215,73	92,63	179,22	201,62	73,98	166,69	187,52
	III	2.351,66	-	188,13	211,64	-	176,37	198,41	-	164,88	185,49	-	153,62	172,82	-	142,64	160,47	-	131,92	148,41	-	121,44	136,62
	IV	3.172,75	174,50	253,82	285,54	170,19	247,55	278,49	165,88	241,28	271,44	161,57	235,02	264,39	157,26	228,75	257,34	152,95	222,48	250,29	147,65	216,22	243,24
	V	3.687,16	202,79	294,97	331,84																		
	VI	3.731,50	205,23	298,52	335,83																		
0.766,99 (West)	I	3.166,16	174,13	253,29	284,95	165,52	240,76	270,85	156,90	228,22	256,75	146,88	215,70	242,66	128,24	203,16	228,56	109,59	190,63	214,46	90,95	178,10	200,36
	II	3.017,08	165,93	241,36	271,53	157,32	228,83	257,43	147,77	216,30	243,33	129,13	203,76	229,23	110,49	191,23	215,13	91,85	178,70	201,04	73,21	166,17	186,94
	III	2.345,50	-	187,64	211,09	-	175,89	197,87	-	164,40	184,95	-	153,16	172,30	-	142,18	159,95	-	131,46	147,89	-	121,00	136,12
	IV	3.166,16	174,13	253,29	284,95	169,83	247,02	277,90	165,52	240,76	270,85	161,21	234,49	263,80	156,90	228,22	256,75	152,60	221,96	249,71	146,88	215,70	242,66
	V	3.680,66	202,43	294,45	331,25																		
	VI	3.724,91	204,87	297,99	335,24																		
0.766,99 (Ost)	I	3.174,00	174,57	253,92	285,66	165,95	241,38	271,55	157,33	228,85	257,45	147,80	216,32	243,36	129,16	203,78	229,25	110,52	191,25	215,15	91,87	178,72	201,06
	II	3.024,91	166,37	241,99	272,24	157,75	229,46	258,14	148,71	216,92	244,04	130,06	204,39	229,94	111,42	191,86	215,84	92,78	179,32	201,74	74,13	166,79	187,64
	III	2.353,00	-	188,24	211,77	-	176,46	198,52	-	164,97	185,59	-	153,72	172,93	-	142,73	160,57	-	132,00	148,50	-	121,52	136,71
	IV	3.174,00	174,57	253,92	285,66	170,26	247,65	278,60	165,95	241,38	271,55	161,64	235,12	264,51	157,33	228,85	257,45	153,02	222,58	250,40	147,80	216,32	243,36
	V	3.688,41	202,86	295,07	331,95																		
	VI	3.732,75	205,30	298,62	335,94																		
0.769,99 (West)	I	3.167,41	174,20	253,39	285,06	165,59	240,86	270,97	156,97	228,33	256,87	147,03	215,80	242,77	128,39	203,26	228,67	109,74	190,73	214,57	91,10	178,20	200,47
	II	3.018,33	166,00	241,46	271,64	157,39	228,93	257,54	147,92	216,40	243,45	129,28	203,86	229,34	110,65	191,34	215,25	92,00	178,80	201,15	73,36	166,27	187,05
	III	2.346,66	-	187,73	211,19	-	175,98	197,98	-	164,49	185,05	-	153,25	172,40	-	142,28	160,06	-	131,56	148,00	-	121,09	136,22
	IV	3.167,41	174,20	253,39	285,06	169,89	247,12	278,01	165,59	240,86	270,97	161,28	234,60	263,92	156,97	228,33	256,87	152,67	222,06	249,82	147,03	215,80	242,77
	V	3.681,91	202,50	294,55	331,37																		
	VI	3.726,16	204,93	298,09	335,35																		
0.769,99 (Ost)	I	3.175,25	174,63	254,02	285,77	166,02	241,48	271,67	157,40	228,95	257,57	147,95	216,42	243,47	129,31	203,88	229,37	110,67	191,35	215,27	92,03	178,82	201,17
	II	3.026,16	166,43	242,09	272,35	157,82	229,56	258,25	148,85	217,02	244,15	130,21	204,49	230,05	111,57	191,96	215,95	92,92	179,42	201,85	74,28	166,89	187,75
	III	2.354,16	-	188,33	211,87	-	176,56	198,63	-	165,05	185,68	-	153,81	173,03	-	142,81	160,66	-	132,08	148,59	-	121,61	136,81
	IV	3.175,25	174,63	254,02	285,77	170,33	247,75	278,72	166,02	241,48	271,67	161,71	235,22	264,62	157,40	228,95	257,57	153,09	222,68	250,52	147,95	216,42	243,47
	V	3.689,66	202,93	295,17	332,06																		
	VI	3.734,00	205,37	298,72	336,06																		
0.772,99 (West)	I	3.168,75	174,28	253,50	285,18	165,66	240,96	271,08	157,04	228,43	256,98	147,18	215,90	242,88	128,53	203,36	228,78	109,89	190,83	214,68	91,25	178,30	200,58
	II	3.019,58	166,07	241,56	271,76	157,46	229,03	257,66	148,08	216,50	243,56	129,44	203,97	229,46	110,79	191,44	215,37	92,15	178,90	201,26	73,51	166,37	187,16
	III	2.347,83	-	187,82	211,30	-	176,08	198,09	-	164,58	185,15	-	153,34	172,51	-	142,36	160,15	-	131,64	148,09	-	121,17	136,31
	IV	3.168,75	174,28	253,50	285,18	169,97	247,23	278,13	165,66	240,96	271,08	161,35	234,70	264,03	157,04	228,43	256,98	152,73	222,16	249,93	147,18	215,90	242,88
	V	3.683,16	202,57	294,65	331,48																		
	VI	3.727,50	205,01	298,20	335,47																		
0.772,99 (Ost)	I	3.176,50	174,70	254,12	285,88	166,09	241,58	271,78	157,47	229,05	257,68	148,10	216,52	243,58	129,47	203,99	229,49	110,82	191,46	215,39	92,18	178,92	201,29
	II	3.027,41	166,50	242,19	272,46	157,89	229,66	258,36	149,00	217,12	244,26	130,36	204,59	230,16	111,72	192,06	216,06	93,07	179,52	201,96	74,43	166,99	187,86
	III	2.355,33	-	188,42	211,97	-	176,65	198,73	-	165,14	185,78	-	153,90	173,14	-	142,90	160,76	-	132,17	148,69	-	121,69	136,90
	IV	3.176,50	174,70	254,12	285,88	170,39	247,85	278,83	166,09	241,58	271,78	161,78	235,32	264,73	157,47	229,05	257,68	153,16	222,78	250,63	148,10	216,52	243,58
	V	3.691,00	203,00	295,28	332,19																		
	VI	3.735,25	205,43	298,82	336,17																		
10.775,99 (West)	I	3.170,00	174,35	253,60	285,30	165,73	241,06	271,19	157,11	228,53	257,09	147,33	216,00	243,00	128,68	203,46	228,89	110,04	190,93	214,79	91,40	178,40	200,70
	II	3.020,83	166,14	241,66	271,87	157,53	229,14	257,78	148,23	216,60	243,68	129,59	204,07	229,58	110,94	191,54	215,48	92,30	179,00	201,38	73,66	166,47	187,28
	III	2.349,00	-	187,92	211,41	-	176,17	198,19	-	164,68	185,26	-	153,42	172,60	-	142,45	160,25	-	131,72	148,18	-	121,25	136,40
	IV	3.170,00	174,35	253,60	285,30	170,04	247,33	278,24	165,73	241,06	271,19	161,42	234,80	264,15	157,11	228,53	257,09	152,80	222,26	250,04	147,33	216,00	243,00
	V	3.684,41	202,64	294,75	331,59																		
	VI	3.728,75	205,08	298,30	335,58																		
10.775,99 (Ost)	I	3.177,75	174,77	254,22	285,99	166,15	241,68	271,89	157,54	229,15	257,79	148,26	216,62	243,70	129,62	204,09	229,60	110,97	191,56	215,50	92,33	179,02	201,40
	II	3.028,66	166,57	242,29	272,57	157,96	229,76	258,48	149,15	217,22	244,37	130,51	204,69	230,27	111,86	192,16	216,18	93,23	179,63	202,08	74,59	167,10	187,98
	III	2.356,50	-	188,52	212,08	-	176,74	198,83	-	165,24	185,89	-	153,98	173,23	-	143,00	160,87	-	132,25	148,78	-	121,77	136,99
	IV	3.177,75	174,77	254,22	285,99	170,46	247,95	278,94	166,15	241,68	271,89	161,85	235,42	264,84	157,54	229,15	257,79	153,23	222,89	250,75	148,26	216,62	243,70
	V	3.692,25	203,07	295,38	332,30																		
	VI	3.736,50	205,50	298,92	336,28																		
10.778,99 (West)	I	3.171,25	174,41	253,70	285,41	165,80	241,16	271,31	157,18	228,63	257,21	147,48	216,10	243,11	128,83	203,56	229,01	110,19	191,03	214,91	91,55	178,50	200,81
	II	3.022,16	166,21	241,77	271,99	157,60	229,24	257,89	148,38	216,70	243,79	129,73	204,17	229,69	111,09	191,64	215,59	92,45	179,10	201,49	73,80	166,57	187,39
	III	2.350,33	-	188,02	211,52	-	176,26	198,29	-	164,76	185,35	-	153,52	172,71	-	142,53	160,34	-	131,81	148,28	-	121,33	136,49
	IV	3.171,25	174,41	253,70	285,41	170,11	247,43	278,36	165,80	241,16	271,31	161,49	234,90	264,26	157,18	228,63	257,21	152,87	222,36	250,16	147,48	216,10	243,11
	V	3.685,66	202,71	294,85	331,70																		
	VI	3.730,00	205,15	298,40	335,70																		
10.778,99 (Ost)	I	3.179,00	174,84	254,32	286,11	166,23	241,79	272,01	157,61	229,26	257,91	148,41	216,72	243,81	129,76	204,19	229,71	111,12	191,66	215,61	92,48	179,12	201,51
	II	3.029,91	166,64	242,39	272,69	158,02	229,86	258,59	149,30	217,32	244,49	130,66	204,79	230,39	112,02	192,26	216,29	93,38	179,73	202,19	74,74	167,20	188,10
	III	2.357,66	-	188,61	212,18	-	176,85	198,95	-	165,33	185,99	-	154,08	173,34	-	143,08	160,96	-	132,34	148,88	-	121,85	137,08
	IV	3.179,00	174,84	254,32	286,11	170,53	248,05	279,05	166,23	241,79	272,01	161,92	235,52	264,96	157,61	229,26	257,91	153,30	222,99	250,86	148,41	216,72	243,81
	V	3.693,50	203,14	295,48	332,41																		
	VI	3.737,75	205,57	299,02	336,39																		
10.781,99 (West)	I	3.172,50	174,48	253,80	285,52	165,87	241,26	271,42	157,25	228,73	257,32	147,62	216,20	243,22	128,98	203,66	229,12	110,34	191,13	215,02	91,69	178,60	200,92
	II	3.023,41	166,28	241,87	272,10	157,67	229,34	258,00	148,53	216,80	243,90	129,88	204,27	229,80	111,24	191,74	215,70	92,60	179,20	201,60	73,95	166,67	187,50
	III	2.351,50	-	188,12	211,63	-	176,36	198,40	-	164,85	185,45	-	153,61	172,81	-	142,62	160,45	-	131,89	148,37	-	121,42	136,60
	IV	3.172,50	174,48	253,80	285,52	170,17	247,53	278,47	165,87	241,26	271,42	161,56	235,00	264,37	157,25	228,73	257,32	152,94	222,46	250,27	147,62	216,20	243,22
	V	3.686,91	202,78	294,95	331,82																		
	VI	3.731,25	205,21	298,50	335,81																		
10.781,99 (Ost)	I	3.180,33	174,91	254,42	286,22	166,30	241,89	272,12	157,68	229,36	258,03	148,56	216,82	243,92	129,91	204,29	229,82	111,27	191,76	215,73	92,63	179,22	201,62
	II	3.031,16	166,71	242,49	272,80	158,09	229,96	258,70	149,46	217,43	244,61	130,82	204,90	230,51	112,17	192,36	216,41	93,53	179,83	202,31	74,89	167,30	188,21
	III	2.358,83	-	188,70	212,29	-	176,94	199,06	-	165,42	186,10	-	154,17	173,44	-	143,17	161,06	-	132,42	148,97	-	121,94	137,18
	IV	3.180,33	174,91	254,42	286,22	170,61	248,16	279,18	166,30	241,89	272,12	161,99	235,62	265,07	157,68	229,36	258,03	153,37	223,09	250,97	148,56	216,82	243,92
	V	3.694,75	203,21	295,58	332,52																		
	VI	3.739,08	205,64	299,12	336,51																		

Lohn/ Gehalt bis	Steuerklasse	Lohn-steuer	ohne Kinderfreibetrag SolZ 5,5%	Kirchensteuer 8%	9%	0,5 SolZ 5,5%	Kirchensteuer 8%	9%	1,0 SolZ 5,5%	Kirchensteuer 8%	9%	1,5 SolZ 5,5%	Kirchensteuer 8%	9%	2,0 SolZ 5,5%	Kirchensteuer 8%	9%	2,5 SolZ 5,5%	Kirchensteuer 8%	9%	3,0 SolZ 5,5%	Kirchensteuer 8%	9%
						Anzahl Kinderfreibeträge (nur Steuerklassen I–IV)																	
10.784,99 (West)	I	3.173,75	174,55	253,90	285,63	165,93	241,36	271,53	157,32	228,83	257,43	147,77	216,30	243,33	129,13	203,76	229,23	110,49	191,23	215,13	91,85	178,70	201
	II	3.024,66	166,35	241,97	272,21	157,74	229,44	258,12	148,68	216,90	244,01	130,03	204,37	229,91	111,39	191,84	215,82	92,75	179,30	201,71	74,10	166,77	187
	III	2.352,66	-	188,21	211,73	-	176,45	198,50	-	164,94	185,56	-	153,70	172,91	-	142,70	160,54	-	131,98	148,48	-	121,50	136
	IV	3.173,75	174,55	253,90	285,63	170,24	247,63	278,58	165,93	241,36	271,53	161,63	235,10	264,48	157,32	228,83	257,43	153,01	222,56	250,38	147,77	216,30	243
	V	3.688,16	202,84	295,05	331,93																		
	VI	3.732,50	205,28	298,60	335,92																		
10.784,99 (Ost)	I	3.181,58	174,98	254,52	286,34	166,37	241,99	272,24	157,75	229,46	258,14	148,71	216,92	244,04	130,06	204,39	229,94	111,42	191,86	215,84	92,78	179,32	201
	II	3.032,41	166,78	242,59	272,91	158,17	230,06	258,82	149,55	217,53	244,72	130,96	205,00	230,62	112,32	192,46	216,52	93,68	179,93	202,42	75,03	167,40	188
	III	2.360,16	-	188,81	212,41	-	177,04	199,17	-	165,52	186,21	-	154,25	173,53	-	143,25	161,15	-	132,50	149,06	-	122,02	137
	IV	3.181,58	174,98	254,52	286,34	170,67	248,26	279,29	166,37	241,99	272,24	162,06	235,72	265,19	157,75	229,46	258,14	153,44	223,19	251,09	148,71	216,92	244
	V	3.696,00	203,28	295,68	332,64																		
	VI	3.740,33	205,71	299,22	336,62																		
10.787,99 (West)	I	3.175,00	174,62	254,00	285,75	166,00	241,46	271,64	157,39	228,93	257,54	147,92	216,40	243,45	129,28	203,86	229,34	110,65	191,34	215,25	92,00	178,80	201
	II	3.025,91	166,42	242,07	272,33	157,80	229,54	258,23	148,82	217,00	244,13	130,18	204,47	230,03	111,54	191,94	215,93	92,89	179,40	201,83	74,25	166,87	187
	III	2.353,83	-	188,30	211,84	-	176,54	198,61	-	165,04	185,67	-	153,78	173,00	-	142,80	160,65	-	132,06	148,57	-	121,58	136
	IV	3.175,00	174,62	254,00	285,75	170,31	247,73	278,69	166,00	241,46	271,64	161,70	235,20	264,60	157,39	228,93	257,54	153,08	222,66	250,49	147,92	216,40	243
	V	3.689,41	202,91	295,15	332,04																		
	VI	3.733,75	205,35	298,70	336,03																		
10.787,99 (Ost)	I	3.182,83	175,05	254,62	286,45	166,43	242,09	272,35	157,82	229,56	258,25	148,85	217,02	244,15	130,21	204,49	230,05	111,57	191,96	215,95	92,92	179,42	201
	II	3.033,75	166,85	242,70	273,03	158,23	230,16	258,93	149,62	217,63	244,83	131,11	205,10	230,73	112,47	192,56	216,63	93,83	180,03	202,53	75,18	167,50	188
	III	2.361,33	-	188,90	212,51	-	177,13	199,27	-	165,61	186,31	-	154,34	173,63	-	143,34	161,26	-	132,60	149,17	-	122,10	137
	IV	3.182,83	175,05	254,62	286,45	170,74	248,36	279,40	166,43	242,09	272,35	162,13	235,82	265,30	157,82	229,56	258,25	153,51	223,29	251,20	148,85	217,02	244
	V	3.697,25	203,34	295,78	332,75																		
	VI	3.741,58	205,78	299,32	336,74																		
10.790,99 (West)	I	3.176,25	174,69	254,10	285,86	166,07	241,56	271,76	157,46	229,03	257,66	148,08	216,50	243,56	129,44	203,97	229,46	110,79	191,44	215,37	92,15	178,90	201
	II	3.027,16	166,49	242,17	272,44	157,87	229,64	258,34	148,97	217,10	244,24	130,33	204,57	230,14	111,69	192,04	216,04	93,04	179,50	201,94	74,41	166,98	187,
	III	2.355,00	-	188,40	211,95	-	176,64	198,72	-	165,13	185,77	-	153,88	173,11	-	142,89	160,75	-	132,14	148,66	-	121,66	136,
	IV	3.176,25	174,69	254,10	285,86	170,38	247,83	278,81	166,07	241,56	271,76	161,76	235,30	264,71	157,46	229,03	257,66	153,15	222,76	250,61	148,08	216,50	243
	V	3.690,75	202,99	295,26	332,16																		
	VI	3.735,00	205,42	298,80	336,15																		
10.790,99 (Ost)	I	3.184,08	175,12	254,72	286,56	166,50	242,19	272,46	157,89	229,66	258,36	149,00	217,12	244,26	130,36	204,59	230,16	111,72	192,06	216,06	93,07	179,52	201,
	II	3.035,00	166,92	242,80	273,15	158,30	230,26	259,04	149,69	217,73	244,94	131,26	205,20	230,85	112,62	192,66	216,74	93,98	180,13	202,64	75,33	167,60	188,
	III	2.362,50	-	189,00	212,62	-	177,22	199,37	-	165,70	186,41	-	154,44	173,74	-	143,42	161,35	-	132,68	149,26	-	122,18	137,
	IV	3.184,08	175,12	254,72	286,56	170,81	248,46	279,51	166,50	242,19	272,46	162,19	235,92	265,41	157,89	229,66	258,36	153,58	223,39	251,31	149,00	217,12	244,
	V	3.698,50	203,41	295,88	332,86																		
	VI	3.742,83	205,85	299,42	336,85																		
10.793,99 (West)	I	3.177,50	174,76	254,20	285,97	166,14	241,66	271,87	157,53	229,14	257,78	148,23	216,60	243,68	129,59	204,07	229,58	110,94	191,54	215,48	92,30	179,00	201,
	II	3.028,41	166,56	242,27	272,55	157,94	229,74	258,45	149,12	217,20	244,35	130,48	204,67	230,25	111,85	192,14	216,16	93,20	179,61	202,06	74,56	167,08	187,
	III	2.356,16	-	188,49	212,05	-	176,73	198,82	-	165,22	185,87	-	153,97	173,21	-	142,97	160,84	-	132,24	148,77	-	121,76	136,
	IV	3.177,50	174,76	254,20	285,97	170,45	247,93	278,92	166,14	241,66	271,87	161,84	235,40	264,83	157,53	229,14	257,78	153,22	222,87	250,73	148,23	216,60	243
	V	3.692,00	203,06	295,36	332,28																		
	VI	3.736,25	205,49	298,90	336,26																		
10.793,99 (Ost)	I	3.185,33	175,19	254,82	286,67	166,57	242,29	272,57	157,96	229,76	258,48	149,15	217,22	244,37	130,51	204,69	230,27	111,86	192,16	216,18	93,23	179,63	202,
	II	3.036,25	166,99	242,90	273,26	158,37	230,36	259,16	149,76	217,83	245,06	131,41	205,30	230,96	112,77	192,76	216,86	94,12	180,23	202,76	75,48	167,70	188,
	III	2.363,66	-	189,09	212,72	-	177,32	199,48	-	165,78	186,50	-	154,53	173,84	-	143,52	161,46	-	132,77	149,36	-	122,28	137,
	IV	3.185,33	175,19	254,82	286,67	170,88	248,56	279,63	166,57	242,29	272,57	162,26	236,02	265,52	157,96	229,76	258,48	153,65	223,49	251,42	149,15	217,22	244,
	V	3.699,75	203,48	295,98	332,97																		
	VI	3.744,08	205,92	299,52	336,96																		
10.796,99 (West)	I	3.178,83	174,83	254,30	286,09	166,21	241,77	271,99	157,60	229,24	257,89	148,38	216,70	243,79	129,73	204,17	229,69	111,09	191,64	215,59	92,45	179,10	201,
	II	3.029,66	166,63	242,37	272,66	158,01	229,84	258,57	149,27	217,30	244,46	130,64	204,78	230,37	111,99	192,24	216,27	93,35	179,71	202,17	74,71	167,18	188,
	III	2.357,50	-	188,60	212,17	-	176,82	198,92	-	165,32	185,98	-	154,05	173,30	-	143,06	160,94	-	132,32	148,86	-	121,84	137,
	IV	3.178,83	174,83	254,30	286,09	170,52	248,04	279,04	166,21	241,77	271,99	161,91	235,50	264,94	157,60	229,24	257,89	153,29	222,97	250,84	148,38	216,70	243,
	V	3.693,25	203,12	295,46	332,39																		
	VI	3.737,58	205,56	299,00	336,38																		
10.796,99 (Ost)	I	3.186,58	175,26	254,92	286,79	166,64	242,39	272,69	158,02	229,86	258,59	149,30	217,32	244,49	130,66	204,79	230,39	112,02	192,26	216,29	93,38	179,73	202,
	II	3.037,50	167,06	243,00	273,37	158,44	230,46	259,27	149,82	217,93	245,17	131,56	205,40	231,07	112,92	192,86	216,97	94,27	180,33	202,87	75,63	167,80	188,
	III	2.364,83	-	189,18	212,83	-	177,41	199,58	-	165,88	186,61	-	154,61	173,93	-	143,60	161,55	-	132,85	149,45	-	122,36	137,
	IV	3.186,58	175,26	254,92	286,79	170,95	248,66	279,74	166,64	242,39	272,69	162,33	236,12	265,64	158,02	229,86	258,59	153,72	223,59	251,54	149,30	217,32	244,
	V	3.701,00	203,55	296,08	333,09																		
	VI	3.745,33	205,99	299,62	337,07																		
10.799,99 (West)	I	3.180,08	174,90	254,40	286,20	166,28	241,87	272,10	157,67	229,34	258,00	148,53	216,80	243,90	129,88	204,27	229,80	111,24	191,74	215,70	92,60	179,20	201,
	II	3.030,91	166,70	242,47	272,78	158,08	229,94	258,68	149,43	217,41	244,58	130,79	204,88	230,49	112,14	192,34	216,38	93,50	179,81	202,28	74,86	167,28	188,
	III	2.358,66	-	188,69	212,27	-	176,92	199,03	-	165,40	186,07	-	154,14	173,41	-	143,14	161,03	-	132,41	148,96	-	121,92	137,
	IV	3.180,08	174,90	254,40	286,20	170,59	248,14	279,15	166,28	241,87	272,10	161,97	235,60	265,05	157,67	229,34	258,00	153,36	223,07	250,95	148,53	216,80	243,9
	V	3.694,50	203,19	295,56	332,50																		
	VI	3.738,83	205,63	299,10	336,49																		
10.799,99 (Ost)	I	3.187,83	175,33	255,02	286,90	166,71	242,49	272,80	158,09	229,96	258,70	149,46	217,43	244,61	130,82	204,90	230,51	112,17	192,36	216,41	93,53	179,83	202,
	II	3.038,75	167,13	243,10	273,48	158,51	230,56	259,38	149,89	218,03	245,28	131,71	205,50	231,18	113,06	192,96	217,08	94,42	180,43	202,98	75,79	167,90	188,
	III	2.366,16	-	189,29	212,95	-	177,50	199,69	-	165,97	186,71	-	154,70	174,04	-	143,69	161,65	-	132,93	149,54	-	122,44	137,
	IV	3.187,83	175,33	255,02	286,90	171,02	248,76	279,85	166,71	242,49	272,80	162,40	236,22	265,75	158,09	229,96	258,70	153,78	223,69	251,65	149,46	217,43	244,6
	V	3.702,33	203,62	296,18	333,20																		
	VI	3.746,58	206,06	299,72	337,19																		
10.802,99 (West)	I	3.181,33	174,97	254,50	286,31	166,35	241,97	272,21	157,74	229,44	258,12	148,68	216,90	244,01	130,03	204,37	229,91	111,39	191,84	215,82	92,75	179,30	201,7
	II	3.032,25	166,77	242,58	272,90	158,15	230,04	258,80	149,54	217,51	244,70	130,93	204,98	230,60	112,29	192,44	216,50	93,65	179,91	202,40	75,00	167,38	188,3
	III	2.359,83	-	188,78	212,38	-	177,01	199,13	-	165,49	186,17	-	154,24	173,52	-	143,24	161,14	-	132,49	149,05	-	122,00	137,2
	IV	3.181,33	174,97	254,50	286,31	170,66	248,24	279,27	166,35	241,97	272,21	162,04	235,70	265,16	157,74	229,44	258,12	153,43	223,17	251,06	148,68	216,90	244,0
	V	3.695,75	203,26	295,66	332,61																		
	VI	3.740,08	205,70	299,20	336,60																		
10.802,99 (Ost)	I	3.189,08	175,39	255,12	287,01	166,78	242,59	272,91	158,17	230,06	258,82	149,55	217,53	244,72	130,96	205,00	230,62	112,32	192,46	216,52	93,68	179,93	202,4
	II	3.040,00	167,20	243,20	273,60	158,58	230,66	259,49	149,96	218,13	245,39	131,86	205,60	231,30	113,22	193,07	217,20	94,58	180,54	203,10	75,94	168,00	189,0
	III	2.367,33	-	189,38	213,05	-	177,60	199,80	-	166,06	186,82	-	154,80	174,15	-	143,78	161,75	-	133,02	149,65	-	122,52	137,8
	IV	3.189,08	175,39	255,12	287,01	171,09	248,86	279,96	166,78	242,59	272,91	162,47	236,33	265,87	158,17	230,06	258,82	153,86	223,80	251,77	149,55	217,53	244,7
	V	3.703,58	203,69	296,28	333,32																		
	VI	3.747,83	206,13	299,82	337,30																		

Lohn/Gehalt bis	Steuerklasse	Lohnsteuer	ohne Kinderfreibetrag SolZ 5,5%	Kirchensteuer 8%	Kirchensteuer 9%	0,5 SolZ 5,5%	0,5 Kirchensteuer 8%	0,5 Kirchensteuer 9%	1,0 SolZ 5,5%	1,0 Kirchensteuer 8%	1,0 Kirchensteuer 9%	1,5 SolZ 5,5%	1,5 Kirchensteuer 8%	1,5 Kirchensteuer 9%	2,0 SolZ 5,5%	2,0 Kirchensteuer 8%	2,0 Kirchensteuer 9%	2,5 SolZ 5,5%	2,5 Kirchensteuer 8%	2,5 Kirchensteuer 9%	3,0 SolZ 5,5%	3,0 Kirchensteuer 8%	3,0 Kirchensteuer 9%
0.805,99 (West)	I	3.182,58	175,04	254,60	286,43	166,42	242,07	272,33	157,80	229,54	258,23	148,82	217,00	244,13	130,18	204,47	230,03	111,54	191,94	215,93	92,89	179,40	201,83
	II	3.033,50	166,84	242,68	273,01	158,22	230,14	258,91	149,60	217,61	244,81	131,08	205,08	230,71	112,44	192,54	216,61	93,80	180,01	202,51	75,15	167,48	188,41
	III	2.361,00	-	188,88	212,49	-	177,10	199,24	-	165,58	186,28	-	154,33	173,62	-	143,32	161,23	-	132,57	149,14	-	122,09	137,35
	IV	3.182,58	175,04	254,60	286,43	170,73	248,34	279,38	166,42	242,07	272,33	162,11	235,80	265,28	157,80	229,54	258,23	153,50	223,27	251,18	148,82	217,00	244,13
	V	3.697,00	203,33	295,76	332,73																		
	VI	3.741,33	205,77	299,30	336,71																		
0.805,99 (Ost)	I	3.190,41	175,47	255,23	287,13	166,85	242,70	273,03	158,23	230,16	258,93	149,62	217,63	244,83	131,11	205,10	230,73	112,47	192,56	216,63	93,83	180,03	202,53
	II	3.041,25	167,26	243,30	273,71	158,65	230,76	259,61	150,03	218,23	245,51	132,02	205,70	231,41	113,37	193,17	217,31	94,73	180,64	203,22	76,09	168,10	189,11
	III	2.368,50	-	189,48	213,16	-	177,69	199,90	-	166,16	186,93	-	154,88	174,24	-	143,86	161,84	-	133,10	149,74	-	122,61	137,93
	IV	3.190,41	175,47	255,23	287,13	171,16	248,96	280,08	166,85	242,70	273,03	162,54	236,43	265,98	158,23	230,16	258,93	153,93	223,90	251,88	149,62	217,63	244,83
	V	3.704,83	203,76	296,38	333,43																		
	VI	3.749,16	206,20	299,93	337,42																		
0.808,99 (West)	I	3.183,83	175,11	254,70	286,54	166,49	242,17	272,44	157,87	229,64	258,34	148,97	217,10	244,24	130,33	204,57	230,14	111,69	192,04	216,04	93,04	179,50	201,94
	II	3.034,75	166,91	242,78	273,12	158,29	230,24	259,02	149,67	217,71	244,92	131,23	205,18	230,82	112,59	192,64	216,72	93,95	180,11	202,62	75,30	167,58	188,52
	III	2.362,16	-	188,97	212,59	-	177,20	199,35	-	165,68	186,39	-	154,41	173,71	-	143,41	161,33	-	132,66	149,24	-	122,17	137,44
	IV	3.183,83	175,11	254,70	286,54	170,80	248,44	279,49	166,49	242,17	272,44	162,18	235,90	265,39	157,87	229,64	258,34	153,56	223,37	251,29	148,97	217,10	244,24
	V	3.698,25	203,40	295,86	332,84																		
	VI	3.742,58	205,84	299,40	336,83																		
0.808,99 (Ost)	I	3.191,66	175,54	255,33	287,24	166,92	242,80	273,15	158,30	230,26	259,04	149,69	217,73	244,94	131,26	205,20	230,85	112,62	192,66	216,74	93,98	180,13	202,64
	II	3.042,50	167,33	243,40	273,82	158,72	230,87	259,73	150,10	218,34	245,63	132,16	205,80	231,53	113,52	193,27	217,43	94,88	180,74	203,33	76,23	168,20	189,23
	III	2.369,66	-	189,57	213,26	-	177,78	200,00	-	166,25	187,03	-	154,97	174,34	-	143,96	161,95	-	133,20	149,85	-	122,69	138,02
	IV	3.191,66	175,54	255,33	287,24	171,23	249,06	280,19	166,92	242,80	273,15	162,61	236,53	266,09	158,30	230,26	259,04	154,00	224,00	252,00	149,69	217,73	244,94
	V	3.706,08	203,83	296,48	333,54																		
	VI	3.750,41	206,27	300,03	337,53																		
0.811,99 (West)	I	3.185,08	175,17	254,80	286,65	166,56	242,27	272,55	157,94	229,74	258,45	149,12	217,20	244,35	130,48	204,67	230,25	111,85	192,14	216,16	93,20	179,61	202,06
	II	3.036,00	166,98	242,88	273,24	158,36	230,34	259,13	149,74	217,81	245,03	131,38	205,28	230,94	112,74	192,74	216,83	94,09	180,21	202,73	75,45	167,68	188,64
	III	2.363,50	-	189,08	212,71	-	177,29	199,45	-	165,77	186,49	-	154,50	173,81	-	143,49	161,42	-	132,74	149,33	-	122,25	137,53
	IV	3.185,08	175,17	254,80	286,65	170,87	248,54	279,60	166,56	242,27	272,55	162,25	236,00	265,50	157,94	229,74	258,45	153,63	223,47	251,40	149,12	217,20	244,35
	V	3.699,50	203,47	295,96	332,95																		
	VI	3.743,83	205,91	299,50	336,94																		
0.811,99 (Ost)	I	3.192,91	175,61	255,43	287,36	166,99	242,90	273,26	158,37	230,36	259,16	149,76	217,83	245,06	131,41	205,30	230,96	112,77	192,76	216,86	94,12	180,23	202,76
	II	3.043,83	167,41	243,50	273,94	158,79	230,97	259,84	150,17	218,44	245,74	132,31	205,90	231,64	113,67	193,37	217,54	95,03	180,84	203,44	76,38	168,30	189,34
	III	2.370,83	-	189,66	213,37	-	177,88	200,11	-	166,34	187,13	-	155,06	174,44	-	144,04	162,04	-	133,28	149,94	-	122,77	138,11
	IV	3.192,91	175,61	255,43	287,36	171,30	249,16	280,31	166,99	242,90	273,26	162,68	236,63	266,21	158,37	230,36	259,16	154,06	224,10	252,11	149,76	217,83	245,06
	V	3.707,33	203,90	296,58	333,65																		
	VI	3.751,66	206,34	300,13	337,64																		
0.814,99 (West)	I	3.186,33	175,24	254,90	286,76	166,63	242,37	272,66	158,01	229,84	258,57	149,27	217,30	244,46	130,64	204,78	230,37	111,99	192,24	216,27	93,35	179,71	202,17
	II	3.037,25	167,04	242,98	273,35	158,43	230,44	259,25	149,81	217,91	245,15	131,53	205,38	231,05	112,89	192,84	216,95	94,24	180,31	202,85	75,61	167,78	188,75
	III	2.364,66	-	189,17	212,81	-	177,38	199,55	-	165,86	186,59	-	154,60	173,92	-	143,58	161,53	-	132,84	149,44	-	122,33	137,62
	IV	3.186,33	175,24	254,90	286,76	170,94	248,64	279,72	166,63	242,37	272,66	162,32	236,10	265,61	158,01	229,84	258,57	153,70	223,57	251,51	149,27	217,30	244,46
	V	3.700,83	203,54	296,06	333,07																		
	VI	3.745,08	205,97	299,60	337,05																		
0.814,99 (Ost)	I	3.194,16	175,67	255,53	287,47	167,06	243,00	273,37	158,44	230,46	259,27	149,82	217,93	245,17	131,56	205,40	231,07	112,92	192,86	216,97	94,27	180,33	202,87
	II	3.045,08	167,47	243,60	274,05	158,86	231,07	259,95	150,24	218,54	245,85	132,46	206,00	231,75	113,82	193,47	217,65	95,18	180,94	203,55	76,53	168,40	189,45
	III	2.372,00	-	189,76	213,48	-	177,97	200,21	-	166,44	187,24	-	155,16	174,55	-	144,13	162,14	-	133,36	150,03	-	122,85	138,20
	IV	3.194,16	175,67	255,53	287,47	171,37	249,26	280,42	167,06	243,00	273,37	162,75	236,73	266,32	158,44	230,46	259,27	154,13	224,20	252,22	149,82	217,93	245,17
	V	3.708,58	203,97	296,68	333,77																		
	VI	3.752,91	206,41	300,23	337,76																		
0.817,99 (West)	I	3.187,58	175,31	255,00	286,88	166,70	242,47	272,78	158,08	229,94	258,68	149,43	217,41	244,58	130,79	204,88	230,49	112,14	192,34	216,38	93,50	179,81	202,28
	II	3.038,50	167,11	243,08	273,46	158,50	230,54	259,36	149,88	218,01	245,26	131,68	205,48	231,16	113,04	192,94	217,06	94,40	180,42	202,97	75,76	167,88	188,87
	III	2.365,83	-	189,26	212,92	-	177,48	199,66	-	165,96	186,70	-	154,68	174,01	-	143,68	161,64	-	132,92	149,53	-	122,42	137,72
	IV	3.187,58	175,31	255,00	286,88	171,00	248,74	279,83	166,70	242,47	272,78	162,39	236,20	265,73	158,08	229,94	258,68	153,78	223,68	251,64	149,43	217,41	244,58
	V	3.702,08	203,61	296,16	333,18																		
	VI	3.746,33	206,04	299,70	337,16																		
0.817,99 (Ost)	I	3.195,41	175,74	255,63	287,58	167,13	243,10	273,48	158,51	230,56	259,38	149,89	218,03	245,28	131,71	205,50	231,18	113,06	192,96	217,08	94,42	180,43	202,98
	II	3.046,33	167,54	243,70	274,16	158,93	231,17	260,06	150,31	218,64	245,97	132,61	206,10	231,86	113,97	193,57	217,76	95,32	181,04	203,67	76,68	168,50	189,56
	III	2.373,33	-	189,86	213,59	-	178,06	200,32	-	166,52	187,33	-	155,24	174,64	-	144,21	162,23	-	133,45	150,13	-	122,94	138,31
	IV	3.195,41	175,74	255,63	287,58	171,43	249,36	280,53	167,13	243,10	273,48	162,82	236,83	266,43	158,51	230,56	259,38	154,20	224,30	252,33	149,89	218,03	245,28
	V	3.709,83	204,04	296,78	333,88																		
	VI	3.754,16	206,47	300,33	337,87																		
0.820,99 (West)	I	3.188,83	175,38	255,10	286,99	166,77	242,58	272,90	158,15	230,04	258,80	149,54	217,51	244,70	130,93	204,98	230,60	112,29	192,44	216,50	93,65	179,91	202,40
	II	3.039,75	167,18	243,18	273,57	158,56	230,64	259,47	149,95	218,11	245,37	131,84	205,58	231,28	113,19	193,05	217,18	94,55	180,52	203,08	75,91	167,98	188,98
	III	2.367,00	-	189,36	213,03	-	177,57	199,76	-	166,05	186,80	-	154,77	174,11	-	143,76	161,73	-	133,00	149,62	-	122,50	137,81
	IV	3.188,83	175,38	255,10	286,99	171,08	248,84	279,95	166,77	242,58	272,90	162,46	236,31	265,85	158,15	230,04	258,80	153,84	223,78	251,75	149,54	217,51	244,70
	V	3.703,33	203,68	296,26	333,29																		
	VI	3.747,58	206,11	299,80	337,28																		
0.820,99 (Ost)	I	3.196,66	175,81	255,73	287,69	167,20	243,20	273,60	158,58	230,66	259,49	149,96	218,13	245,39	131,86	205,60	231,30	113,22	193,07	217,20	94,58	180,54	203,10
	II	3.047,58	167,61	243,80	274,28	159,00	231,27	260,18	150,38	218,74	246,08	132,76	206,20	231,98	114,12	193,67	217,88	95,47	181,14	203,78	76,83	168,60	189,68
	III	2.374,50	-	189,96	213,70	-	178,16	200,43	-	166,61	187,43	-	155,33	174,74	-	144,30	162,34	-	133,53	150,22	-	123,02	138,40
	IV	3.196,66	175,81	255,73	287,69	171,50	249,46	280,64	167,20	243,20	273,60	162,89	236,93	266,54	158,58	230,66	259,49	154,27	224,40	252,45	149,96	218,13	245,39
	V	3.711,08	204,10	296,88	333,99																		
	VI	3.755,41	206,54	300,43	337,98																		
10.823,99 (West)	I	3.190,16	175,45	255,21	287,11	166,84	242,68	273,01	158,22	230,14	258,91	149,60	217,61	244,81	131,08	205,08	230,71	112,44	192,54	216,61	93,80	180,01	202,51
	II	3.041,00	167,25	243,28	273,69	158,63	230,74	259,58	150,02	218,22	245,49	131,99	205,68	231,39	113,34	193,15	217,29	94,70	180,62	203,19	76,06	168,08	189,09
	III	2.368,16	-	189,45	213,13	-	177,66	199,87	-	166,13	186,89	-	154,86	174,22	-	143,85	161,83	-	133,09	149,72	-	122,58	137,90
	IV	3.190,16	175,45	255,21	287,11	171,15	248,94	280,06	166,84	242,68	273,01	162,53	236,41	265,96	158,22	230,14	258,91	153,91	223,88	251,86	149,60	217,61	244,81
	V	3.704,58	203,75	296,36	333,41																		
	VI	3.748,91	206,19	299,91	337,40																		
10.823,99 (Ost)	I	3.197,91	175,88	255,83	287,81	167,26	243,30	273,71	158,65	230,76	259,61	150,03	218,23	245,51	132,02	205,70	231,41	113,37	193,17	217,31	94,73	180,64	203,22
	II	3.048,83	167,68	243,90	274,39	159,06	231,37	260,29	150,45	218,84	246,19	132,91	206,30	232,09	114,26	193,77	217,99	95,62	181,24	203,89	76,99	168,71	189,80
	III	2.375,66	-	190,05	213,80	-	178,25	200,53	-	166,70	187,54	-	155,42	174,85	-	144,40	162,45	-	133,62	150,32	-	123,10	138,49
	IV	3.197,91	175,88	255,83	287,81	171,57	249,56	280,76	167,26	243,30	273,71	162,96	237,03	266,66	158,65	230,76	259,61	154,34	224,50	252,56	150,03	218,23	245,51
	V	3.712,41	204,18	296,99	334,11																		
	VI	3.756,66	206,61	300,53	338,09																		

Lohn/ Gehalt bis	Steuerklasse	Lohnsteuer	ohne Kinderfreibetrag SolZ 5,5%	ohne Kinderfreibetrag Kirchensteuer 8%	ohne Kinderfreibetrag Kirchensteuer 9%	0,5 SolZ 5,5%	0,5 Kirchensteuer 8%	0,5 Kirchensteuer 9%	1,0 SolZ 5,5%	1,0 Kirchensteuer 8%	1,0 Kirchensteuer 9%	1,5 SolZ 5,5%	1,5 Kirchensteuer 8%	1,5 Kirchensteuer 9%	2,0 SolZ 5,5%	2,0 Kirchensteuer 8%	2,0 Kirchensteuer 9%	2,5 SolZ 5,5%	2,5 Kirchensteuer 8%	2,5 Kirchensteuer 9%	3,0 SolZ 5,5%	3,0 Kirchensteuer 8%	3,0 Kirchensteu[er] 9[%]
						Anzahl Kinderfreibeträge (nur Steuerklassen I–IV)																	
10.826,99 (West)	I	3.191,41	175,52	255,31	287,22	166,91	242,78	273,12	158,29	230,24	259,02	149,67	217,71	244,92	131,23	205,18	230,82	112,59	192,64	216,72	93,95	180,11	202
	II	3.042,33	167,32	243,38	273,80	158,71	230,85	259,70	150,09	218,32	245,61	132,13	205,78	231,50	113,49	193,25	217,40	94,85	180,72	203,31	76,20	168,18	189
	III	2.369,33	-	189,54	213,23	-	177,76	199,98	-	166,22	187,00	-	154,96	174,33	-	143,93	161,92	-	133,17	149,81	-	122,66	137
	IV	3.191,41	175,52	255,31	287,22	171,21	249,04	280,17	166,91	242,78	273,12	162,60	236,51	266,07	158,29	230,24	259,02	153,98	223,98	251,97	149,67	217,71	244
	V	3.705,83	203,82	296,46	333,52																		
	VI	3.750,16	206,25	300,01	337,51																		
10.826,99 (Ost)	I	3.199,16	175,95	255,93	287,92	167,33	243,40	273,82	158,72	230,87	259,73	150,10	218,34	245,63	132,16	205,80	231,53	113,52	193,27	217,43	94,88	180,74	203
	II	3.050,08	167,75	244,00	274,50	159,13	231,47	260,40	150,52	218,94	246,30	133,06	206,40	232,20	114,41	193,87	218,10	95,78	181,34	204,01	77,14	168,81	189
	III	2.376,83	-	190,14	213,91	-	178,34	200,63	-	166,80	187,65	-	155,50	174,94	-	144,48	162,54	-	133,70	150,41	-	123,18	138
	IV	3.199,16	175,95	255,93	287,92	171,64	249,66	280,87	167,33	243,40	273,82	163,02	237,13	266,77	158,72	230,87	259,73	154,41	224,60	252,68	150,10	218,34	245
	V	3.713,66	204,25	297,09	334,22																		
	VI	3.757,91	206,68	300,63	338,21																		
10.829,99 (West)	I	3.192,66	175,59	255,41	287,33	166,98	242,88	273,24	158,36	230,34	259,13	149,74	217,81	245,03	131,38	205,28	230,94	112,74	192,74	216,83	94,09	180,21	202
	II	3.043,58	167,39	243,48	273,92	158,78	230,95	259,82	150,16	218,42	245,72	132,28	205,88	231,62	113,64	193,35	217,52	95,00	180,82	203,42	76,35	168,28	189
	III	2.370,66	-	189,65	213,35	-	177,85	200,08	-	166,32	187,11	-	155,04	174,42	-	144,02	162,02	-	133,26	149,92	-	122,76	138
	IV	3.192,66	175,59	255,41	287,33	171,28	249,14	280,28	166,98	242,88	273,24	162,67	236,61	266,18	158,36	230,34	259,13	154,05	224,08	252,09	149,74	217,81	245
	V	3.707,08	203,88	296,56	333,63																		
	VI	3.751,41	206,32	300,11	337,62																		
10.829,99 (Ost)	I	3.200,41	176,02	256,03	288,03	167,41	243,50	273,94	158,79	230,97	259,84	150,17	218,44	245,74	132,31	205,90	231,64	113,67	193,37	217,54	95,03	180,84	203
	II	3.051,33	167,82	244,10	274,61	159,20	231,57	260,51	150,59	219,04	246,42	133,22	206,51	232,32	114,57	193,98	218,22	95,93	181,44	204,12	77,29	168,91	190
	III	2.378,00	-	190,24	214,02	-	178,44	200,74	-	166,89	187,75	-	155,60	175,05	-	144,57	162,64	-	133,80	150,52	-	123,28	138
	IV	3.200,41	176,02	256,03	288,03	171,71	249,77	280,99	167,41	243,50	273,94	163,10	237,24	266,89	158,79	230,97	259,84	154,48	224,70	252,79	150,17	218,44	245
	V	3.714,91	204,32	297,19	334,34																		
	VI	3.759,25	206,75	300,74	338,33																		
10.832,99 (West)	I	3.193,91	175,66	255,51	287,45	167,04	242,98	273,35	158,43	230,44	259,25	149,81	217,91	245,15	131,53	205,38	231,05	112,89	192,84	216,95	94,24	180,31	202
	II	3.044,83	167,46	243,58	274,03	158,84	231,05	259,93	150,23	218,52	245,83	132,43	205,98	231,73	113,79	193,45	217,63	95,15	180,92	203,53	76,50	168,38	189
	III	2.371,83	-	189,74	213,46	-	177,94	200,18	-	166,41	187,21	-	155,13	174,52	-	144,10	162,11	-	133,34	150,01	-	122,84	138
	IV	3.193,91	175,66	255,51	287,45	171,35	249,24	280,40	167,04	242,98	273,35	162,74	236,71	266,30	158,43	230,44	259,25	154,12	224,18	252,20	149,81	217,91	245
	V	3.708,33	203,95	296,66	333,74																		
	VI	3.752,66	206,39	300,21	337,73																		
10.832,99 (Ost)	I	3.201,75	176,09	256,14	288,15	167,47	243,60	274,05	158,86	231,07	259,95	150,24	218,54	245,85	132,46	206,00	231,75	113,82	193,47	217,65	95,18	180,94	203
	II	3.052,58	167,89	244,20	274,73	159,27	231,67	260,63	150,66	219,14	246,53	133,36	206,61	232,43	114,72	194,08	218,34	96,08	181,54	204,23	77,43	169,01	190
	III	2.379,33	-	190,34	214,13	-	178,53	200,84	-	166,98	187,85	-	155,69	175,15	-	144,65	162,73	-	133,88	150,61	-	123,36	138
	IV	3.201,75	176,09	256,14	288,15	171,78	249,87	281,10	167,47	243,60	274,05	163,17	237,34	267,00	158,86	231,07	259,95	154,55	224,80	252,90	150,24	218,54	245
	V	3.716,16	204,38	297,29	334,45																		
	VI	3.760,50	206,82	300,84	338,44																		
10.835,99 (West)	I	3.195,16	175,73	255,61	287,56	167,11	243,08	273,46	158,50	230,54	259,36	149,88	218,01	245,26	131,68	205,48	231,16	113,04	192,94	217,06	94,40	180,42	202
	II	3.046,08	167,53	243,68	274,14	158,91	231,15	260,04	150,30	218,62	245,94	132,58	206,08	231,84	113,94	193,55	217,74	95,29	181,02	203,64	76,65	168,48	189
	III	2.373,00	-	189,84	213,57	-	178,04	200,29	-	166,50	187,31	-	155,22	174,62	-	144,20	162,22	-	133,42	150,10	-	122,92	138
	IV	3.195,16	175,73	255,61	287,56	171,42	249,34	280,51	167,11	243,08	273,46	162,80	236,81	266,41	158,50	230,54	259,36	154,19	224,28	252,31	149,88	218,01	245
	V	3.709,58	204,02	296,76	333,86																		
	VI	3.753,91	206,46	300,31	337,85																		
10.835,99 (Ost)	I	3.203,00	176,16	256,24	288,27	167,54	243,70	274,16	158,93	231,17	260,06	150,31	218,64	245,97	132,61	206,10	231,86	113,97	193,57	217,76	95,32	181,04	203
	II	3.053,91	167,96	244,31	274,85	159,34	231,78	260,75	150,73	219,24	246,65	133,51	206,71	232,55	114,87	194,18	218,45	96,23	181,64	204,35	77,58	169,11	190
	III	2.380,50	-	190,44	214,24	-	178,62	200,95	-	167,08	187,96	-	155,78	175,25	-	144,74	162,83	-	133,96	150,70	-	123,44	138
	IV	3.203,00	176,16	256,24	288,27	171,85	249,97	281,21	167,54	243,70	274,16	163,24	237,44	267,12	158,93	231,17	260,06	154,62	224,90	253,01	150,31	218,64	245
	V	3.717,41	204,45	297,39	334,56																		
	VI	3.761,75	206,89	300,94	338,55																		
10.838,99 (West)	I	3.196,41	175,80	255,71	287,67	167,18	243,18	273,57	158,56	230,64	259,47	149,95	218,11	245,37	131,84	205,58	231,28	113,19	193,05	217,18	94,55	180,52	203
	II	3.047,33	167,60	243,78	274,25	158,98	231,25	260,15	150,37	218,72	246,06	132,73	206,18	231,95	114,09	193,65	217,85	95,44	181,12	203,76	76,80	168,58	189
	III	2.374,16	-	189,93	213,67	-	178,13	200,39	-	166,60	187,42	-	155,32	174,73	-	144,29	162,32	-	133,52	150,21	-	123,00	138
	IV	3.196,41	175,80	255,71	287,67	171,49	249,44	280,62	167,18	243,18	273,57	162,87	236,91	266,52	158,56	230,64	259,47	154,26	224,38	252,42	149,95	218,11	245,
	V	3.710,83	204,09	296,86	333,97																		
	VI	3.755,16	206,53	300,41	337,96																		
10.838,99 (Ost)	I	3.204,25	176,23	256,34	288,38	167,61	243,80	274,28	159,00	231,27	260,18	150,38	218,74	246,08	132,76	206,20	231,98	114,12	193,67	217,88	95,47	181,14	203,
	II	3.055,16	168,03	244,41	274,96	159,41	231,88	260,86	150,80	219,34	246,76	133,66	206,81	232,66	115,02	194,28	218,56	96,38	181,74	204,46	77,73	169,21	190,
	III	2.381,66	-	190,53	214,34	-	178,72	201,06	-	167,17	188,06	-	155,86	175,34	-	144,82	162,92	-	134,05	150,80	-	123,52	138,
	IV	3.204,25	176,23	256,34	288,38	171,92	250,07	281,33	167,61	243,80	274,28	163,30	237,54	267,23	159,00	231,27	260,18	154,69	225,00	253,13	150,38	218,74	246,
	V	3.718,66	204,52	297,49	334,67																		
	VI	3.763,00	206,96	301,04	338,67																		
10.841,99 (West)	I	3.197,66	175,87	255,81	287,78	167,25	243,28	273,69	158,63	230,74	259,58	150,02	218,22	245,49	131,99	205,68	231,39	113,34	193,15	217,29	94,70	180,62	203,
	II	3.048,58	167,67	243,88	274,37	159,05	231,35	260,27	150,43	218,82	246,17	132,88	206,28	232,07	114,24	193,75	217,97	95,60	181,22	203,87	76,96	168,69	189,
	III	2.375,33	-	190,02	213,77	-	178,22	200,50	-	166,69	187,52	-	155,40	174,82	-	144,37	162,41	-	133,60	150,30	-	123,09	138,
	IV	3.197,66	175,87	255,81	287,78	171,56	249,54	280,73	167,25	243,28	273,69	162,94	237,01	266,63	158,63	230,74	259,58	154,33	224,48	252,54	150,02	218,22	245,
	V	3.712,16	204,16	296,97	334,09																		
	VI	3.756,41	206,60	300,51	338,07																		
10.841,99 (Ost)	I	3.205,50	176,30	256,44	288,49	167,68	243,90	274,39	159,06	231,37	260,29	150,45	218,84	246,19	132,91	206,30	232,09	114,26	193,77	217,99	95,62	181,24	203,
	II	3.056,41	168,10	244,51	275,07	159,48	231,98	260,97	150,86	219,44	246,87	133,81	206,91	232,77	115,17	194,38	218,67	96,52	181,84	204,57	77,88	169,31	190,
	III	2.382,83	-	190,62	214,45	-	178,81	201,16	-	167,26	188,17	-	155,96	175,45	-	144,92	163,03	-	134,13	150,89	-	123,61	139,
	IV	3.205,50	176,30	256,44	288,49	171,99	250,17	281,44	167,68	243,90	274,39	163,37	237,64	267,34	159,06	231,37	260,29	154,76	225,10	253,24	150,45	218,84	246,
	V	3.719,91	204,59	297,59	334,79																		
	VI	3.764,25	207,03	301,14	338,78																		
10.844,99 (West)	I	3.198,91	175,94	255,91	287,90	167,32	243,38	273,80	158,71	230,85	259,70	150,09	218,32	245,61	132,13	205,78	231,50	113,49	193,25	217,40	94,85	180,72	203,
	II	3.049,83	167,74	243,98	274,48	159,12	231,45	260,38	150,50	218,92	246,28	133,03	206,38	232,18	114,39	193,86	218,09	95,75	181,32	203,99	77,11	168,79	189,
	III	2.376,66	-	190,13	213,89	-	178,32	200,61	-	166,78	187,63	-	155,49	174,92	-	144,46	162,52	-	133,69	150,40	-	123,17	138,
	IV	3.198,91	175,94	255,91	287,90	171,63	249,64	280,85	167,32	243,38	273,80	163,02	237,12	266,76	158,71	230,85	259,70	154,40	224,58	252,65	150,09	218,32	245,
	V	3.713,41	204,23	297,07	334,20																		
	VI	3.757,66	206,67	300,61	338,18																		
10.844,99 (Ost)	I	3.206,75	176,37	256,54	288,60	167,75	244,00	274,50	159,13	231,47	260,40	150,52	218,94	246,30	133,06	206,40	232,20	114,41	193,87	218,10	95,78	181,34	204,
	II	3.057,66	168,17	244,61	275,18	159,55	232,08	261,09	150,93	219,54	246,98	133,96	207,01	232,88	115,32	194,48	218,79	96,67	181,94	204,68	78,03	169,41	190,
	III	2.384,00	-	190,72	214,56	-	178,90	201,26	-	167,34	188,26	-	156,05	175,55	-	145,01	163,13	-	134,22	151,00	-	123,69	139,
	IV	3.206,75	176,37	256,54	288,60	172,06	250,27	281,55	167,75	244,00	274,50	163,44	237,74	267,45	159,13	231,47	260,40	154,82	225,20	253,35	150,52	218,94	246,
	V	3.721,16	204,66	297,69	334,90																		
	VI	3.765,50	207,10	301,24	338,89																		

Allgemeine Tabelle

MONAT bis 10.865,99 €

Lohn/Gehalt bis	Steuerklasse	Lohnsteuer	ohne Kinderfreibetrag SolZ 5,5%	ohne Kinderfreibetrag Kirchensteuer 8%	ohne Kinderfreibetrag Kirchensteuer 9%	0,5 SolZ 5,5%	0,5 Kirchensteuer 8%	0,5 Kirchensteuer 9%	1,0 SolZ 5,5%	1,0 Kirchensteuer 8%	1,0 Kirchensteuer 9%	1,5 SolZ 5,5%	1,5 Kirchensteuer 8%	1,5 Kirchensteuer 9%	2,0 SolZ 5,5%	2,0 Kirchensteuer 8%	2,0 Kirchensteuer 9%	2,5 SolZ 5,5%	2,5 Kirchensteuer 8%	2,5 Kirchensteuer 9%	3,0 SolZ 5,5%	3,0 Kirchensteuer 8%	3,0 Kirchensteuer 9%
						Anzahl Kinderfreibeträge (nur Steuerklassen I–IV)																	
10.847,99 (West)	I	3.200,25	176,01	256,02	288,02	167,39	243,48	273,92	158,78	230,95	259,82	150,16	218,42	245,72	132,28	205,88	231,62	113,64	193,35	217,52	95,00	180,82	203,42
	II	3.051,08	167,80	244,08	274,59	159,19	231,55	260,49	150,58	219,02	246,40	133,19	206,49	232,30	114,54	193,96	218,20	95,90	181,42	204,10	77,26	168,89	190,00
	III	2.377,83	-	190,22	214,00	-	178,42	200,72	-	166,86	187,72	-	155,58	175,03	-	144,54	162,61	-	133,77	150,49	-	123,25	138,65
	IV	3.200,25	176,01	256,02	288,02	171,70	249,75	280,97	167,39	243,48	273,92	163,08	237,22	266,87	158,78	230,95	259,82	154,47	224,68	252,77	150,16	218,42	245,72
	V	3.714,66	204,30	297,17	334,31																		
	VI	3.759,00	206,74	300,72	338,31																		
10.847,99 (Ost)	I	3.208,00	176,44	256,64	288,72	167,82	244,10	274,61	159,20	231,57	260,51	150,59	219,04	246,42	133,22	206,51	232,32	114,57	193,98	218,22	95,93	181,44	204,12
	II	3.058,91	168,24	244,71	275,30	159,62	232,18	261,20	151,00	219,64	247,10	134,11	207,11	233,00	115,46	194,58	218,90	96,82	182,04	204,80	78,18	169,51	190,70
	III	2.385,33	-	190,82	214,67	-	179,00	201,37	-	167,44	188,37	-	156,14	175,66	-	145,09	163,22	-	134,30	151,09	-	123,77	139,24
	IV	3.208,00	176,44	256,64	288,72	172,13	250,37	281,66	167,82	244,10	274,61	163,51	237,84	267,57	159,20	231,57	260,51	154,89	225,30	253,46	150,59	219,04	246,42
	V	3.722,50	204,73	297,80	335,02																		
	VI	3.766,75	207,17	301,34	339,00																		
10.850,99 (West)	I	3.201,50	176,08	256,12	288,13	167,46	243,58	274,03	158,84	231,05	259,93	150,23	218,52	245,83	132,43	205,98	231,73	113,79	193,45	217,63	95,15	180,92	203,53
	II	3.052,33	167,87	244,18	274,70	159,26	231,66	260,61	150,64	219,12	246,51	133,33	206,59	232,41	114,69	194,06	218,31	96,05	181,52	204,21	77,40	168,99	190,11
	III	2.379,00	-	190,32	214,11	-	178,52	200,83	-	166,96	187,83	-	155,66	175,12	-	144,64	162,72	-	133,86	150,59	-	123,34	138,76
	IV	3.201,50	176,08	256,12	288,13	171,77	249,85	281,08	167,46	243,58	274,03	163,15	237,32	266,98	158,84	231,05	259,93	154,54	224,78	252,88	150,23	218,52	245,83
	V	3.715,91	204,37	297,27	334,43																		
	VI	3.760,25	206,81	300,82	338,42																		
10.850,99 (Ost)	I	3.209,25	176,50	256,74	288,83	167,89	244,20	274,73	159,27	231,67	260,63	150,66	219,14	246,53	133,36	206,61	232,43	114,72	194,08	218,34	96,08	181,54	204,23
	II	3.060,16	168,30	244,81	275,41	159,69	232,28	261,31	151,07	219,74	247,21	134,26	207,21	233,11	115,61	194,68	219,01	96,98	182,15	204,92	78,34	169,62	190,82
	III	2.386,50	-	190,92	214,78	-	179,09	201,47	-	167,53	188,47	-	156,22	175,75	-	145,18	163,33	-	134,40	151,20	-	123,86	139,34
	IV	3.209,25	176,50	256,74	288,83	172,20	250,47	281,78	167,89	244,20	274,73	163,58	237,94	267,68	159,27	231,67	260,63	154,97	225,41	253,58	150,66	219,14	246,53
	V	3.723,75	204,80	297,90	335,13																		
	VI	3.768,00	207,24	301,44	339,12																		
10.853,99 (West)	I	3.202,75	176,15	256,22	288,24	167,53	243,68	274,14	158,91	231,15	260,04	150,30	218,62	245,94	132,58	206,08	231,84	113,94	193,55	217,74	95,29	181,02	203,64
	II	3.053,66	167,95	244,29	274,82	159,33	231,76	260,73	150,71	219,22	246,62	133,48	206,69	232,52	114,84	194,16	218,43	96,20	181,62	204,32	77,55	169,09	190,22
	III	2.380,16	-	190,41	214,21	-	178,61	200,93	-	167,05	187,93	-	155,76	175,23	-	144,72	162,81	-	133,94	150,68	-	123,42	138,85
	IV	3.202,75	176,15	256,22	288,24	171,84	249,95	281,19	167,53	243,68	274,14	163,22	237,42	267,09	158,91	231,15	260,04	154,60	224,88	252,99	150,30	218,62	245,94
	V	3.717,16	204,44	297,37	334,54																		
	VI	3.761,50	206,88	300,92	338,53																		
10.853,99 (Ost)	I	3.210,50	176,57	256,84	288,94	167,96	244,31	274,85	159,34	231,78	260,75	150,73	219,24	246,65	133,51	206,71	232,55	114,87	194,18	218,45	96,23	181,64	204,35
	II	3.061,41	168,37	244,91	275,52	159,76	232,38	261,42	151,14	219,84	247,32	134,41	207,31	233,22	115,77	194,78	219,13	97,13	182,25	205,03	78,49	169,72	190,93
	III	2.387,66	-	191,01	214,88	-	179,18	201,58	-	167,62	188,57	-	156,32	175,86	-	145,26	163,42	-	134,48	151,29	-	123,94	139,43
	IV	3.210,50	176,57	256,84	288,94	172,26	250,57	281,89	167,96	244,31	274,85	163,65	238,04	267,80	159,34	231,78	260,75	155,04	225,51	253,70	150,73	219,24	246,65
	V	3.725,00	204,87	298,00	335,25																		
	VI	3.769,25	207,30	301,54	339,23																		
10.856,99 (West)	I	3.204,00	176,22	256,32	288,36	167,60	243,78	274,25	158,98	231,25	260,15	150,37	218,72	246,06	132,73	206,18	231,95	114,09	193,65	217,85	95,44	181,12	203,76
	II	3.054,91	168,02	244,39	274,94	159,40	231,86	260,84	150,78	219,32	246,74	133,63	206,79	232,64	114,99	194,26	218,54	96,35	181,72	204,44	77,70	169,19	190,34
	III	2.381,33	-	190,50	214,31	-	178,70	201,04	-	167,14	188,03	-	155,85	175,33	-	144,81	162,91	-	134,02	150,77	-	123,50	138,94
	IV	3.204,00	176,22	256,32	288,36	171,91	250,05	281,30	167,60	243,78	274,25	163,29	237,52	267,21	158,98	231,25	260,15	154,67	224,98	253,10	150,37	218,72	246,06
	V	3.718,41	204,51	297,47	334,65																		
	VI	3.762,75	206,95	301,02	338,64																		
10.856,99 (Ost)	I	3.211,83	176,65	256,94	289,06	168,03	244,41	274,96	159,41	231,88	260,86	150,80	219,34	246,76	133,66	206,81	232,66	115,02	194,28	218,56	96,38	181,74	204,46
	II	3.062,66	168,44	245,01	275,63	159,83	232,48	261,54	151,21	219,95	247,44	134,56	207,42	233,34	115,92	194,88	219,24	97,28	182,35	205,14	78,63	169,82	191,04
	III	2.388,83	-	191,10	214,99	-	179,29	201,70	-	167,72	188,68	-	156,41	175,96	-	145,36	163,53	-	134,56	151,38	-	124,02	139,52
	IV	3.211,83	176,65	256,94	289,06	172,34	250,68	282,01	168,03	244,41	274,96	163,72	238,14	267,91	159,41	231,88	260,86	155,10	225,61	253,81	150,80	219,34	246,76
	V	3.726,25	204,94	298,10	335,36																		
	VI	3.770,58	207,38	301,64	339,35																		
10.859,99 (West)	I	3.205,25	176,28	256,42	288,47	167,67	243,88	274,37	159,05	231,35	260,27	150,43	218,82	246,17	132,88	206,28	232,07	114,24	193,75	217,97	95,60	181,22	203,87
	II	3.056,16	168,08	244,49	275,05	159,47	231,96	260,95	150,85	219,42	246,85	133,78	206,89	232,75	115,14	194,36	218,65	96,49	181,82	204,55	77,85	169,29	190,45
	III	2.382,66	-	190,61	214,43	-	178,80	201,15	-	167,24	188,14	-	155,94	175,43	-	144,90	163,01	-	134,12	150,88	-	123,58	139,03
	IV	3.205,25	176,28	256,42	288,47	171,98	250,15	281,42	167,67	243,88	274,37	163,36	237,62	267,32	159,05	231,35	260,27	154,74	225,08	253,22	150,43	218,82	246,17
	V	3.719,66	204,58	297,57	334,76																		
	VI	3.764,00	207,02	301,12	338,76																		
10.859,99 (Ost)	I	3.213,08	176,71	257,04	289,17	168,10	244,51	275,07	159,48	231,98	260,97	150,86	219,44	246,87	133,81	206,91	232,77	115,17	194,38	218,67	96,52	181,84	204,57
	II	3.063,91	168,51	245,11	275,75	159,90	232,58	261,65	151,28	220,05	247,55	134,71	207,52	233,46	116,07	194,98	219,35	97,43	182,45	205,25	78,78	169,92	191,16
	III	2.390,00	-	191,20	215,10	-	179,38	201,80	-	167,81	188,78	-	156,50	176,06	-	145,45	163,63	-	134,65	151,48	-	124,10	139,61
	IV	3.213,08	176,71	257,04	289,17	172,41	250,78	282,12	168,10	244,51	275,07	163,79	238,24	268,02	159,48	231,98	260,97	155,17	225,71	253,92	150,86	219,44	246,87
	V	3.727,50	205,01	298,20	335,47																		
	VI	3.771,83	207,45	301,74	339,46																		
10.862,99 (West)	I	3.206,50	176,35	256,52	288,58	167,74	243,98	274,48	159,12	231,45	260,38	150,50	218,92	246,28	133,03	206,38	232,18	114,39	193,86	218,09	95,75	181,32	203,99
	II	3.057,41	168,15	244,59	275,16	159,54	232,06	261,06	150,92	219,52	246,96	133,93	206,99	232,86	115,29	194,46	218,76	96,64	181,92	204,66	78,00	169,39	190,56
	III	2.383,83	-	190,70	214,54	-	178,89	201,25	-	167,33	188,24	-	156,02	175,52	-	144,98	163,10	-	134,20	150,97	-	123,68	139,14
	IV	3.206,50	176,35	256,52	288,58	172,04	250,25	281,53	167,74	243,98	274,48	163,43	237,72	267,43	159,12	231,45	260,38	154,81	225,18	253,33	150,50	218,92	246,28
	V	3.720,91	204,65	297,67	334,88																		
	VI	3.765,25	207,08	301,22	338,87																		
10.862,99 (Ost)	I	3.214,33	176,78	257,14	289,28	168,17	244,61	275,18	159,55	232,08	261,09	150,93	219,54	246,98	133,96	207,01	232,88	115,32	194,48	218,79	96,67	181,94	204,68
	II	3.065,25	168,58	245,22	275,87	159,97	232,68	261,77	151,35	220,15	247,67	134,86	207,62	233,57	116,22	195,08	219,47	97,58	182,55	205,37	78,93	170,02	191,27
	III	2.391,33	-	191,30	215,21	-	179,48	201,91	-	167,90	188,89	-	156,58	176,15	-	145,53	163,72	-	134,73	151,57	-	124,20	139,72
	IV	3.214,33	176,78	257,14	289,28	172,48	250,88	282,24	168,17	244,61	275,18	163,86	238,34	268,13	159,55	232,08	261,09	155,24	225,81	254,03	150,93	219,54	246,98
	V	3.728,75	205,08	298,30	335,58																		
	VI	3.773,08	207,51	301,84	339,57																		
10.865,99 (West)	I	3.207,75	176,42	256,62	288,69	167,80	244,08	274,59	159,19	231,55	260,49	150,58	219,02	246,40	133,19	206,49	232,30	114,54	193,96	218,20	95,90	181,42	204,10
	II	3.058,66	168,22	244,69	275,27	159,61	232,16	261,18	150,99	219,62	247,07	134,08	207,09	232,97	115,43	194,56	218,88	96,79	182,02	204,77	78,16	169,50	190,68
	III	2.385,00	-	190,80	214,65	-	178,98	201,35	-	167,42	188,35	-	156,12	175,63	-	145,08	163,21	-	134,29	151,07	-	123,76	139,23
	IV	3.207,75	176,42	256,62	288,69	172,11	250,35	281,64	167,80	244,08	274,59	163,50	237,82	267,54	159,19	231,55	260,49	154,88	225,28	253,44	150,58	219,02	246,40
	V	3.722,25	204,72	297,78	335,00																		
	VI	3.766,50	207,15	301,32	338,98																		
10.865,99 (Ost)	I	3.215,58	176,85	257,24	289,40	168,24	244,71	275,30	159,62	232,18	261,20	151,00	219,64	247,10	134,11	207,11	233,00	115,46	194,58	218,90	96,82	182,04	204,80
	II	3.066,50	168,65	245,32	275,98	160,04	232,78	261,88	151,42	220,25	247,78	135,01	207,72	233,68	116,37	195,18	219,58	97,72	182,65	205,48	79,08	170,12	191,38
	III	2.392,50	-	191,40	215,32	-	179,57	202,01	-	168,00	189,00	-	156,68	176,26	-	145,62	163,82	-	134,82	151,67	-	124,28	139,81
	IV	3.215,58	176,85	257,24	289,40	172,54	250,98	282,35	168,24	244,71	275,30	163,93	238,44	268,25	159,62	232,18	261,20	155,31	225,91	254,15	151,00	219,64	247,10
	V	3.730,00	205,15	298,40	335,70																		
	VI	3.774,33	207,58	301,94	339,68																		

Lohn/Gehalt bis	Steuerklasse	Lohnsteuer	ohne Kinderfreibetrag			Anzahl Kinderfreibeträge (nur Steuerklassen I–IV)																	
						0,5			1,0			1,5			2,0			2,5			3,0		
			SolZ 5,5%	Kirchensteuer 8%	Kirchensteuer 9%	SolZ 5,5%	Kirchensteuer 8%	Kirchensteuer 9%	SolZ 5,5%	Kirchensteuer 8%	Kirchensteuer 9%	SolZ 5,5%	Kirchensteuer 8%	Kirchensteuer 9%	SolZ 5,5%	Kirchensteuer 8%	Kirchensteuer 9%	SolZ 5,5%	Kirchensteuer 8%	Kirchensteuer 9%	SolZ 5,5%	Kirchensteuer 8%	Kirchensteuer 9%
10.868,99 ***(West)***	I	3.209,00	176,49	256,72	288,81	167,87	244,18	274,70	159,26	231,66	260,61	150,64	219,12	246,51	133,33	206,59	232,41	114,69	194,06	218,31	96,05	181,52	204
	II	3.059,91	168,29	244,79	275,39	159,67	232,26	261,29	151,06	219,72	247,19	134,23	207,19	233,09	115,59	194,66	218,99	96,95	182,13	204,89	78,31	169,60	190
	III	2.386,16	–	190,89	214,75	–	179,08	201,46	–	167,52	188,46	–	156,21	175,73	–	145,10	163,30	–	134,37	151,16	–	123,84	139
	IV	3.209,00	176,49	256,72	288,81	172,18	250,45	281,75	167,87	244,18	274,70	163,57	237,92	267,66	159,26	231,66	260,61	154,95	225,39	253,56	150,64	219,12	246
	V	3.723,50	204,79	297,88	335,11																		
	VI	3.767,75	207,22	301,42	339,09																		
10.868,99 ***(Ost)***	I	3.216,83	176,92	257,34	289,51	168,30	244,81	275,41	159,69	232,28	261,31	151,07	219,74	247,21	134,26	207,21	233,11	115,61	194,68	219,01	96,98	182,15	204
	II	3.067,75	168,72	245,42	276,09	160,10	232,88	261,99	151,49	220,35	247,89	135,16	207,82	233,79	116,52	195,28	219,69	97,87	182,75	205,59	79,23	170,22	191
	III	2.393,66	–	191,49	215,42	–	179,66	202,12	–	168,09	189,10	–	156,77	176,36	–	145,70	163,91	–	134,90	151,76	–	124,36	139
	IV	3.216,83	176,92	257,34	289,51	172,61	251,08	282,46	168,30	244,81	275,41	164,00	238,54	268,36	159,69	232,28	261,31	155,38	226,01	254,26	151,07	219,74	247
	V	3.731,25	205,21	298,50	335,81																		
	VI	3.775,58	207,65	302,04	339,80																		
10.871,99 ***(West)***	I	3.210,33	176,56	256,82	288,92	167,95	244,29	274,82	159,33	231,76	260,73	150,71	219,22	246,62	133,48	206,69	232,52	114,84	194,16	218,43	96,20	181,62	204
	II	3.061,16	168,36	244,89	275,50	159,74	232,36	261,40	151,13	219,82	247,30	134,39	207,30	233,21	115,74	194,76	219,11	97,10	182,23	205,01	78,46	169,70	190
	III	2.387,33	–	190,98	214,85	–	179,17	201,56	–	167,61	188,56	–	156,30	175,84	–	145,25	163,40	–	134,46	151,27	–	123,92	139
	IV	3.210,33	176,56	256,82	288,92	172,26	250,56	281,88	167,95	244,29	274,82	163,64	238,02	267,77	159,33	231,76	260,73	155,02	225,49	253,67	150,71	219,22	246
	V	3.724,75	204,86	297,98	335,22																		
	VI	3.769,08	207,29	301,52	339,21																		
10.871,99 ***(Ost)***	I	3.218,08	176,99	257,44	289,62	168,37	244,91	275,52	159,76	232,38	261,42	151,14	219,84	247,32	134,41	207,31	233,22	115,77	194,78	219,13	97,13	182,25	205
	II	3.069,00	168,79	245,52	276,21	160,17	232,98	262,10	151,56	220,45	248,00	135,31	207,92	233,91	116,66	195,38	219,80	98,02	182,85	205,70	79,38	170,32	191
	III	2.394,83	–	191,58	215,53	–	179,76	202,23	–	168,18	189,20	–	156,86	176,47	–	145,80	164,02	–	135,00	151,87	–	124,44	139
	IV	3.218,08	176,99	257,44	289,62	172,68	251,18	282,57	168,37	244,91	275,52	164,06	238,64	268,47	159,76	232,38	261,42	155,45	226,11	254,37	151,14	219,84	247
	V	3.732,50	205,28	298,60	335,92																		
	VI	3.776,83	207,72	302,14	339,91																		
10.874,99 ***(West)***	I	3.211,58	176,63	256,92	289,04	168,02	244,39	274,94	159,40	231,86	260,84	150,78	219,32	246,74	133,63	206,79	232,64	114,99	194,26	218,54	96,35	181,72	204,
	II	3.062,41	168,43	244,99	275,61	159,82	232,46	261,52	151,20	219,93	247,42	134,53	207,40	233,32	115,89	194,86	219,22	97,25	182,33	205,12	78,60	169,80	191
	III	2.388,66	–	191,09	214,97	–	179,26	201,67	–	167,70	188,66	–	156,38	175,93	–	145,34	163,51	–	134,54	151,36	–	124,01	139,
	IV	3.211,58	176,63	256,92	289,04	172,32	250,66	281,99	168,02	244,39	274,94	163,71	238,12	267,89	159,40	231,86	260,84	155,09	225,59	253,79	150,78	219,32	246
	V	3.726,00	204,93	298,08	335,34																		
	VI	3.770,33	207,36	301,62	339,32																		
10.874,99 ***(Ost)***	I	3.219,33	177,06	257,54	289,73	168,44	245,01	275,63	159,83	232,48	261,54	151,21	219,95	247,44	134,56	207,42	233,34	115,92	194,88	219,24	97,28	182,35	205,
	II	3.070,25	168,86	245,62	276,32	160,24	233,08	262,22	151,63	220,55	248,12	135,46	208,02	234,02	116,81	195,48	219,92	98,17	182,95	205,82	79,54	170,42	191,
	III	2.396,16	–	191,69	215,65	–	179,85	202,33	–	168,26	189,29	–	156,94	176,56	–	145,89	164,12	–	135,08	151,96	–	124,53	140,
	IV	3.219,33	177,06	257,54	289,73	172,75	251,28	282,69	168,44	245,01	275,63	164,13	238,74	268,58	159,83	232,48	261,54	155,52	226,21	254,48	151,21	219,95	247,
	V	3.733,83	205,36	298,70	336,04																		
	VI	3.778,08	207,79	302,24	340,02																		
10.877,99 ***(West)***	I	3.212,83	176,70	257,02	289,15	168,08	244,49	275,05	159,47	231,96	260,95	150,85	219,42	246,85	133,78	206,89	232,75	115,14	194,36	218,65	96,49	181,82	204
	II	3.063,75	168,50	245,10	275,73	159,88	232,56	261,63	151,27	220,03	247,53	134,68	207,50	233,43	116,04	194,96	219,33	97,40	182,43	205,23	78,75	169,90	191,
	III	2.389,83	–	191,18	215,08	–	179,36	201,78	–	167,78	188,75	–	156,48	176,04	–	145,42	163,60	–	134,62	151,45	–	124,09	139,
	IV	3.212,83	176,70	257,02	289,15	172,39	250,76	282,10	168,08	244,49	275,05	163,78	238,22	268,00	159,47	231,96	260,95	155,16	225,69	253,90	150,85	219,42	246,
	V	3.727,25	204,99	298,18	335,45																		
	VI	3.771,58	207,43	301,72	339,44																		
10.877,99 ***(Ost)***	I	3.220,58	177,13	257,64	289,85	168,51	245,11	275,75	159,90	232,58	261,65	151,28	220,05	247,55	134,71	207,52	233,46	116,07	194,98	219,35	97,43	182,45	205,
	II	3.071,50	168,93	245,72	276,43	160,31	233,18	262,33	151,69	220,65	248,23	135,61	208,12	234,13	116,97	195,59	220,04	98,33	183,06	205,94	79,69	170,52	191,
	III	2.397,33	–	191,78	215,75	–	179,94	202,43	–	168,36	189,40	–	157,04	176,67	–	145,97	164,21	–	135,16	152,05	–	124,61	140,
	IV	3.220,58	177,13	257,64	289,85	172,82	251,38	282,80	168,51	245,11	275,75	164,21	238,85	268,70	159,90	232,58	261,65	155,59	226,32	254,61	151,28	220,05	247,
	V	3.735,08	205,42	298,80	336,15																		
	VI	3.779,33	207,86	302,34	340,13																		
10.880,99 ***(West)***	I	3.214,08	176,77	257,12	289,26	168,15	244,59	275,16	159,54	232,06	261,06	150,92	219,52	246,96	133,93	206,99	232,86	115,29	194,46	218,76	96,64	181,92	204,
	II	3.065,00	168,57	245,20	275,85	159,95	232,66	261,74	151,34	220,13	247,64	134,83	207,60	233,55	116,19	195,06	219,44	97,55	182,53	205,34	78,90	170,00	191,
	III	2.391,00	–	191,28	215,19	–	179,45	201,88	–	167,88	188,86	–	156,57	176,14	–	145,52	163,71	–	134,72	151,56	–	124,17	139,
	IV	3.214,08	176,77	257,12	289,26	172,46	250,86	282,21	168,15	244,59	275,16	163,84	238,32	268,11	159,54	232,06	261,06	155,23	225,79	254,01	150,92	219,52	246,
	V	3.728,50	205,06	298,28	335,56																		
	VI	3.772,83	207,50	301,82	339,55																		
10.880,99 ***(Ost)***	I	3.221,91	177,20	257,75	289,97	168,58	245,22	275,87	159,97	232,68	261,77	151,35	220,15	247,67	134,86	207,62	233,57	116,22	195,08	219,47	97,58	182,55	205,
	II	3.072,75	169,00	245,82	276,54	160,38	233,28	262,44	151,76	220,75	248,34	135,76	208,22	234,25	117,12	195,69	220,15	98,48	183,16	206,05	79,83	170,62	191,
	III	2.398,50	–	191,88	215,86	–	180,04	202,54	–	168,45	189,50	–	157,13	176,77	–	146,06	164,32	–	135,25	152,15	–	124,69	140,
	IV	3.221,91	177,20	257,75	289,97	172,89	251,48	282,92	168,58	245,22	275,87	164,28	238,95	268,82	159,97	232,68	261,77	155,66	226,42	254,72	151,35	220,15	247,
	V	3.736,33	205,49	298,90	336,26																		
	VI	3.780,66	207,93	302,45	340,25																		
10.883,99 ***(West)***	I	3.215,33	176,84	257,22	289,37	168,22	244,69	275,27	159,61	232,16	261,18	150,99	219,62	247,07	134,08	207,09	232,97	115,43	194,56	218,88	96,79	182,02	204,
	II	3.066,25	168,64	245,30	275,96	160,02	232,76	261,86	151,41	220,23	247,76	134,98	207,70	233,66	116,34	195,16	219,56	97,69	182,63	205,46	79,05	170,10	191,3
	III	2.392,16	–	191,37	215,29	–	179,54	201,98	–	167,97	188,96	–	156,66	176,24	–	145,60	163,80	–	134,80	151,65	–	124,26	139,7
	IV	3.215,33	176,84	257,22	289,37	172,53	250,96	282,33	168,22	244,69	275,27	163,91	238,42	268,22	159,61	232,16	261,18	155,30	225,89	254,12	150,99	219,62	247,0
	V	3.729,75	205,13	298,38	335,67																		
	VI	3.774,08	207,57	301,92	339,66																		
10.883,99 ***(Ost)***	I	3.223,16	177,27	257,85	290,08	168,65	245,32	275,98	160,04	232,78	261,88	151,42	220,25	247,78	135,01	207,72	233,68	116,37	195,18	219,58	97,72	182,65	205,4
	II	3.074,00	169,07	245,92	276,66	160,45	233,39	262,56	151,84	220,86	248,46	135,91	208,32	234,36	117,27	195,79	220,26	98,63	183,26	206,16	79,98	170,72	192,0
	III	2.399,66	–	191,97	215,96	–	180,13	202,64	–	168,54	189,61	–	157,22	176,87	–	146,14	164,41	–	135,33	152,24	–	124,78	140,3
	IV	3.223,16	177,27	257,85	290,08	172,96	251,58	283,03	168,65	245,32	275,98	164,34	239,05	268,93	160,04	232,78	261,88	155,73	226,52	254,83	151,42	220,25	247,7
	V	3.737,58	205,56	299,00	336,38																		
	VI	3.781,91	208,00	302,55	340,37																		
10.886,99 ***(West)***	I	3.216,58	176,91	257,32	289,49	168,29	244,79	275,39	159,67	232,26	261,29	151,06	219,72	247,19	134,23	207,19	233,09	115,59	194,66	218,99	96,95	182,13	204,8
	II	3.067,50	168,71	245,40	276,07	160,09	232,86	261,97	151,47	220,33	247,87	135,13	207,80	233,77	116,49	195,26	219,67	97,84	182,73	205,57	79,20	170,20	191,4
	III	2.393,50	–	191,48	215,41	–	179,64	202,09	–	168,06	189,07	–	156,74	176,33	–	145,69	163,90	–	134,89	151,75	–	124,34	139,
	IV	3.216,58	176,91	257,32	289,49	172,60	251,06	282,44	168,29	244,79	275,39	163,98	238,52	268,34	159,67	232,26	261,29	155,37	225,99	254,24	151,06	219,72	247,1
	V	3.731,00	205,20	298,48	335,79																		
	VI	3.775,33	207,64	302,02	339,77																		
10.886,99 ***(Ost)***	I	3.224,41	177,34	257,95	290,19	168,72	245,42	276,09	160,10	232,88	261,99	151,49	220,35	247,89	135,16	207,82	233,79	116,52	195,28	219,69	97,87	182,75	205,5
	II	3.075,33	169,14	246,02	276,77	160,52	233,49	262,67	151,91	220,96	248,58	136,06	208,42	234,47	117,42	195,89	220,37	98,77	183,36	206,28	80,13	170,82	192,1
	III	2.400,83	–	192,06	216,07	–	180,22	202,75	–	168,64	189,72	–	157,30	176,96	–	146,24	164,52	–	135,42	152,35	–	124,86	140,4
	IV	3.224,41	177,34	257,95	290,19	173,03	251,68	283,14	168,72	245,42	276,09	164,41	239,15	269,04	160,10	232,88	261,99	155,80	226,62	254,94	151,49	220,35	247,8
	V	3.738,83	205,63	299,10	336,49																		
	VI	3.783,16	208,07	302,65	340,48																		

Lohn/ Gehalt bis	Steuerklasse	Lohn-steuer	ohne Kinderfreibetrag			Anzahl Kinderfreibeträge (nur Steuerklassen I–IV)																	
						0,5			1,0			1,5			2,0			2,5			3,0		
			SolZ 5,5%	Kirchensteuer 8%	9%	SolZ 5,5%	Kirchensteuer 8%	9%	SolZ 5,5%	Kirchensteuer 8%	9%	SolZ 5,5%	Kirchensteuer 8%	9%	SolZ 5,5%	Kirchensteuer 8%	9%	SolZ 5,5%	Kirchensteuer 8%	9%	SolZ 5,5%	Kirchensteuer 8%	9%
0.889,99 (West)	I	3.217,83	176,98	257,42	289,60	168,36	244,89	275,50	159,74	232,36	261,40	151,13	219,82	247,30	134,39	207,30	233,21	115,74	194,76	219,11	97,10	182,23	205,01
	II	3.068,75	168,78	245,50	276,18	160,16	232,96	262,08	151,54	220,43	247,98	135,28	207,90	233,88	116,63	195,36	219,78	97,99	182,83	205,68	79,36	170,30	191,59
	III	2.394,66	-	191,57	215,51	-	179,73	202,19	-	168,16	189,18	-	156,84	176,44	-	145,77	163,99	-	134,97	151,84	-	124,42	139,97
	IV	3.217,83	176,98	257,42	289,60	172,67	251,16	282,55	168,36	244,89	275,50	164,05	238,62	268,45	159,74	232,36	261,40	155,43	226,09	254,35	151,13	219,82	247,30
	V	3.732,33	205,27	298,58	335,90																		
	VI	3.776,58	207,71	302,12	339,89																		
0.889,99 (Ost)	I	3.225,66	177,41	258,05	290,30	168,79	245,52	276,21	160,17	232,98	262,10	151,56	220,45	248,00	135,31	207,92	233,91	116,66	195,38	219,80	98,02	182,85	205,70
	II	3.076,58	169,21	246,12	276,89	160,59	233,59	262,79	151,97	221,06	248,69	136,21	208,52	234,59	117,57	195,99	220,49	98,92	183,46	206,39	80,28	170,92	192,29
	III	2.402,16	-	192,17	216,19	-	180,32	202,86	-	168,73	189,82	-	157,40	177,07	-	146,33	164,62	-	135,50	152,44	-	124,94	140,56
	IV	3.225,66	177,41	258,05	290,30	173,10	251,78	283,25	168,79	245,52	276,21	164,48	239,25	269,15	160,17	232,98	262,10	155,87	226,72	255,06	151,56	220,45	248,00
	V	3.740,08	205,70	299,20	336,60																		
	VI	3.784,41	208,14	302,75	340,59																		
0.892,99 (West)	I	3.219,08	177,04	257,52	289,71	168,43	244,99	275,61	159,82	232,46	261,52	151,20	219,93	247,42	134,53	207,40	233,32	115,89	194,86	219,22	97,25	182,33	205,12
	II	3.070,00	168,85	245,60	276,30	160,23	233,06	262,19	151,61	220,53	248,09	135,43	208,00	234,00	116,78	195,46	219,89	98,15	182,94	205,80	79,51	170,40	191,70
	III	2.395,83	-	191,66	215,62	-	179,82	202,30	-	168,25	189,28	-	156,93	176,54	-	145,86	164,09	-	135,06	151,94	-	124,50	140,06
	IV	3.219,08	177,04	257,52	289,71	172,74	251,26	282,66	168,43	244,99	275,61	164,12	238,72	268,56	159,82	232,46	261,52	155,51	226,20	254,47	151,20	219,93	247,42
	V	3.733,58	205,34	298,68	336,02																		
	VI	3.777,83	207,78	302,22	340,00																		
0.892,99 (Ost)	I	3.226,91	177,48	258,15	290,42	168,86	245,62	276,32	160,24	233,08	262,22	151,63	220,55	248,12	135,46	208,02	234,02	116,81	195,48	219,92	98,17	182,95	205,82
	II	3.077,83	169,28	246,22	277,00	160,66	233,69	262,90	152,04	221,16	248,80	136,36	208,62	234,70	117,72	196,09	220,60	99,07	183,56	206,50	80,43	171,02	192,40
	III	2.403,33	-	192,26	216,29	-	180,41	202,96	-	168,82	189,92	-	157,49	177,17	-	146,41	164,71	-	135,60	152,55	-	125,04	140,67
	IV	3.226,91	177,48	258,15	290,42	173,17	251,88	283,37	168,86	245,62	276,32	164,55	239,35	269,27	160,24	233,08	262,22	155,93	226,82	255,17	151,63	220,55	248,12
	V	3.741,33	205,77	299,30	336,71																		
	VI	3.785,66	208,21	302,85	340,70																		
0.895,99 (West)	I	3.220,33	177,11	257,62	289,82	168,50	245,10	275,73	159,88	232,56	261,63	151,27	220,03	247,53	134,68	207,50	233,43	116,04	194,96	219,33	97,40	182,43	205,23
	II	3.071,25	168,91	245,70	276,41	160,30	233,16	262,31	151,68	220,63	248,21	135,59	208,10	234,11	116,94	195,57	220,01	98,30	183,04	205,92	79,66	170,50	191,81
	III	2.397,00	-	191,76	215,73	-	179,92	202,41	-	168,34	189,38	-	157,02	176,65	-	145,96	164,20	-	135,14	152,03	-	124,60	140,17
	IV	3.220,33	177,11	257,62	289,82	172,81	251,36	282,78	168,50	245,10	275,73	164,19	238,83	268,68	159,88	232,56	261,63	155,58	226,30	254,58	151,27	220,03	247,53
	V	3.734,83	205,41	298,78	336,13																		
	VI	3.779,08	207,84	302,32	340,11																		
0.895,99 (Ost)	I	3.228,16	177,54	258,25	290,53	168,93	245,72	276,43	160,31	233,18	262,33	151,69	220,65	248,23	135,61	208,12	234,13	116,97	195,59	220,04	98,33	183,06	205,94
	II	3.079,08	169,34	246,32	277,11	160,73	233,79	263,01	152,11	221,26	248,91	136,51	208,72	234,81	117,86	196,19	220,71	99,22	183,66	206,61	80,58	171,12	192,51
	III	2.404,50	-	192,36	216,40	-	180,50	203,06	-	168,92	190,03	-	157,58	177,28	-	146,50	164,81	-	135,68	152,64	-	125,12	140,76
	IV	3.228,16	177,54	258,25	290,53	173,24	251,98	283,48	168,93	245,72	276,43	164,62	239,45	269,38	160,31	233,18	262,33	156,00	226,92	255,28	151,69	220,65	248,23
	V	3.742,58	205,84	299,40	336,83																		
	VI	3.786,91	208,28	302,95	340,82																		
0.898,99 (West)	I	3.221,66	177,19	257,73	289,94	168,57	245,20	275,85	159,95	232,66	261,74	151,34	220,13	247,64	134,83	207,60	233,55	116,19	195,06	219,44	97,55	182,53	205,34
	II	3.072,50	168,98	245,80	276,52	160,37	233,26	262,42	151,75	220,74	248,33	135,73	208,20	234,23	117,09	195,67	220,13	98,45	183,14	206,03	79,80	170,60	191,93
	III	2.398,16	-	191,85	215,83	-	180,01	202,51	-	168,44	189,49	-	157,10	176,74	-	146,04	164,29	-	135,22	152,12	-	124,68	140,26
	IV	3.221,66	177,19	257,73	289,94	172,88	251,46	282,89	168,57	245,20	275,85	164,26	238,93	268,79	159,95	232,66	261,74	155,65	226,40	254,70	151,34	220,13	247,64
	V	3.736,08	205,48	298,88	336,24																		
	VI	3.780,41	207,92	302,43	340,23																		
0.898,99 (Ost)	I	3.229,41	177,61	258,35	290,64	169,00	245,82	276,54	160,38	233,28	262,44	151,76	220,75	248,34	135,76	208,22	234,25	117,12	195,69	220,15	98,48	183,16	206,05
	II	3.080,33	169,41	246,42	277,22	160,80	233,89	263,12	152,18	221,36	249,03	136,66	208,82	234,92	118,01	196,29	220,82	99,37	183,76	206,73	80,74	171,23	192,63
	III	2.405,66	-	192,45	216,50	-	180,60	203,17	-	169,01	190,13	-	157,66	177,37	-	146,58	164,90	-	135,77	152,74	-	125,20	140,85
	IV	3.229,41	177,61	258,35	290,64	173,30	252,08	283,59	169,00	245,82	276,54	164,69	239,55	269,49	160,38	233,28	262,44	156,07	227,02	255,39	151,76	220,75	248,34
	V	3.743,91	205,91	299,51	336,95																		
	VI	3.788,16	208,34	303,05	340,93																		
0.901,99 (West)	I	3.222,91	177,26	257,83	290,06	168,64	245,30	275,96	160,02	232,76	261,86	151,41	220,23	247,76	134,98	207,70	233,66	116,34	195,16	219,56	97,69	182,63	205,46
	II	3.073,83	169,06	245,90	276,64	160,44	233,37	262,54	151,82	220,84	248,44	135,88	208,30	234,34	117,24	195,77	220,24	98,60	183,24	206,14	79,95	170,70	192,04
	III	2.399,50	-	191,96	215,95	-	180,10	202,61	-	168,53	189,59	-	157,20	176,85	-	146,13	164,39	-	135,32	152,23	-	124,76	140,35
	IV	3.222,91	177,26	257,83	290,06	172,95	251,56	283,01	168,64	245,30	275,96	164,33	239,03	268,91	160,02	232,76	261,86	155,71	226,50	254,81	151,41	220,23	247,76
	V	3.737,33	205,55	298,98	336,35																		
	VI	3.781,66	207,99	302,53	340,34																		
0.901,99 (Ost)	I	3.230,66	177,68	258,45	290,75	169,07	245,92	276,66	160,45	233,39	262,56	151,84	220,86	248,46	135,91	208,32	234,36	117,27	195,79	220,26	98,63	183,26	206,16
	II	3.081,58	169,48	246,52	277,34	160,87	233,99	263,24	152,25	221,46	249,14	136,81	208,92	235,04	118,16	196,39	220,94	99,53	183,86	206,84	80,89	171,33	192,74
	III	2.407,00	-	192,56	216,63	-	180,69	203,27	-	169,10	190,24	-	157,76	177,48	-	146,68	165,01	-	135,85	152,83	-	125,28	140,94
	IV	3.230,66	177,68	258,45	290,75	173,37	252,18	283,70	169,07	245,92	276,66	164,76	239,65	269,60	160,45	233,39	262,56	156,14	227,12	255,51	151,84	220,86	248,46
	V	3.745,16	205,98	299,61	337,06																		
	VI	3.789,41	208,41	303,15	341,04																		
0.904,99 (West)	I	3.224,16	177,32	257,93	290,17	168,71	245,40	276,07	160,09	232,86	261,97	151,47	220,33	247,87	135,13	207,80	233,77	116,49	195,26	219,67	97,84	182,73	205,57
	II	3.075,08	169,12	246,00	276,75	160,51	233,47	262,65	151,89	220,94	248,55	136,03	208,40	234,45	117,39	195,87	220,35	98,75	183,34	206,25	80,10	170,80	192,15
	III	2.400,66	-	192,05	216,05	-	180,21	202,73	-	168,62	189,70	-	157,29	176,95	-	146,21	164,48	-	135,40	152,32	-	124,85	140,45
	IV	3.224,16	177,32	257,93	290,17	173,02	251,66	283,12	168,71	245,40	276,07	164,40	239,13	269,02	160,09	232,86	261,97	155,78	226,60	254,92	151,47	220,33	247,87
	V	3.738,58	205,62	299,08	336,47																		
	VI	3.782,91	208,06	302,63	340,46																		
0.904,99 (Ost)	I	3.231,91	177,75	258,55	290,87	169,14	246,02	276,77	160,52	233,49	262,67	151,91	220,96	248,58	136,06	208,42	234,47	117,42	195,89	220,37	98,77	183,36	206,28
	II	3.082,83	169,55	246,62	277,45	160,93	234,09	263,35	152,32	221,56	249,25	136,96	209,03	235,16	118,32	196,50	221,06	99,68	183,96	206,96	81,03	171,43	192,86
	III	2.408,16	-	192,65	216,73	-	180,80	203,40	-	169,20	190,35	-	157,85	177,58	-	146,77	165,11	-	135,93	152,92	-	125,37	141,04
	IV	3.231,91	177,75	258,55	290,87	173,45	252,29	283,82	169,14	246,02	276,77	164,83	239,76	269,73	160,52	233,49	262,67	156,21	227,22	255,62	151,91	220,96	248,58
	V	3.746,41	206,05	299,71	337,17																		
	VI	3.790,75	208,49	303,26	341,16																		
0.907,99 (West)	I	3.225,41	177,39	258,03	290,28	168,78	245,50	276,18	160,16	232,96	262,08	151,54	220,43	247,98	135,28	207,90	233,88	116,63	195,36	219,78	97,99	182,83	205,68
	II	3.076,33	169,19	246,10	276,86	160,58	233,57	262,76	151,96	221,04	248,67	136,18	208,50	234,56	117,54	195,97	220,46	98,89	183,44	206,37	80,25	170,90	192,26
	III	2.401,83	-	192,14	216,16	-	180,30	202,84	-	168,70	189,79	-	157,38	177,05	-	146,30	164,59	-	135,49	152,42	-	124,93	140,54
	IV	3.225,41	177,39	258,03	290,28	173,08	251,76	283,23	168,78	245,50	276,18	164,47	239,23	269,13	160,16	232,96	262,08	155,85	226,70	255,03	151,54	220,43	247,98
	V	3.739,83	205,69	299,18	336,58																		
	VI	3.784,16	208,12	302,73	340,57																		
0.907,99 (Ost)	I	3.233,25	177,82	258,66	290,99	169,21	246,12	276,89	160,59	233,59	262,79	151,97	221,06	248,69	136,21	208,52	234,59	117,57	195,99	220,49	98,92	183,46	206,39
	II	3.084,08	169,62	246,72	277,56	161,00	234,19	263,46	152,39	221,66	249,37	137,11	209,13	235,27	118,47	196,60	221,17	99,83	184,06	207,07	81,18	171,53	192,97
	III	2.409,33	-	192,74	216,83	-	180,89	203,50	-	169,29	190,45	-	157,94	177,68	-	146,85	165,20	-	136,02	153,02	-	125,45	141,13
	IV	3.233,25	177,82	258,66	290,99	173,52	252,39	283,94	169,21	246,12	276,89	164,90	239,86	269,84	160,59	233,59	262,79	156,28	227,32	255,74	151,97	221,06	248,69
	V	3.747,66	206,12	299,81	337,28																		
	VI	3.792,00	208,56	303,36	341,28																		

Lohn/ Gehalt bis	Steuerklasse	Lohn-steuer	ohne Kinderfreibetrag			Anzahl Kinderfreibeträge (nur Steuerklassen I–IV)																	
						0,5			1,0			1,5			2,0			2,5			3,0		
			SolZ 5,5%	Kirchensteuer 8%	Kirchensteuer 9%	SolZ 5,5%	Kirchensteuer 8%	Kirchensteuer 9%	SolZ 5,5%	Kirchensteuer 8%	Kirchensteuer 9%	SolZ 5,5%	Kirchensteuer 8%	Kirchensteuer 9%	SolZ 5,5%	Kirchensteuer 8%	Kirchensteuer 9%	SolZ 5,5%	Kirchensteuer 8%	Kirchensteuer 9%	SolZ 5,5%	Kirchensteuer 8%	Kirchensteuer 9%
10.910,99 (West)	I	3.226,66	177,46	258,13	290,39	168,85	245,60	276,30	160,23	233,06	262,19	151,61	220,53	248,09	135,43	208,00	234,00	116,78	195,46	219,89	98,15	182,94	20
	II	3.077,58	169,26	246,20	276,98	160,65	233,67	262,88	152,03	221,14	248,78	136,33	208,60	234,68	117,69	196,07	220,58	99,04	183,54	206,48	80,40	171,00	19
	III	2.403,00	-	192,24	216,27	-	180,40	202,95	-	168,80	189,90	-	157,46	177,14	-	146,40	164,70	-	135,57	152,51	-	125,01	14
	IV	3.226,66	177,46	258,13	290,39	173,15	251,86	283,34	168,85	245,60	276,30	164,54	239,33	269,24	160,23	233,06	262,19	155,92	226,80	255,15	151,61	220,53	24
	V	3.741,08	205,75	299,28	336,69																		
	VI	3.785,41	208,19	302,83	340,68																		
10.910,99 (Ost)	I	3.234,50	177,89	258,76	291,10	169,28	246,22	277,00	160,66	233,69	262,90	152,04	221,16	248,80	136,36	208,62	234,70	117,72	196,09	220,60	99,07	183,56	20
	II	3.085,41	169,69	246,83	277,68	161,08	234,30	263,58	152,46	221,76	249,48	137,26	209,23	235,38	118,62	196,70	221,28	99,97	184,16	207,18	81,33	171,63	19
	III	2.410,50	-	192,84	216,94	-	180,98	203,60	-	169,37	190,54	-	158,02	177,77	-	146,94	165,31	-	136,10	153,11	-	125,53	14
	IV	3.234,50	177,89	258,76	291,10	173,58	252,49	284,05	169,28	246,22	277,00	164,97	239,96	269,95	160,66	233,69	262,90	156,35	227,42	255,85	152,04	221,16	24
	V	3.748,91	206,19	299,91	337,40																		
	VI	3.793,25	208,62	303,46	341,39																		
10.913,99 (West)	I	3.227,91	177,53	258,23	290,51	168,91	245,70	276,41	160,30	233,16	262,31	151,68	220,63	248,21	135,59	208,10	234,11	116,94	195,57	220,01	98,30	183,04	20
	II	3.078,83	169,33	246,30	277,09	160,71	233,77	262,99	152,10	221,24	248,89	136,48	208,70	234,79	117,83	196,17	220,69	99,19	183,64	206,59	80,55	171,10	19
	III	2.404,16	-	192,33	216,37	-	180,49	203,05	-	168,89	190,00	-	157,56	177,25	-	146,48	164,79	-	135,66	152,62	-	125,09	14
	IV	3.227,91	177,53	258,23	290,51	173,22	251,96	283,46	168,91	245,70	276,41	164,61	239,43	269,36	160,30	233,16	262,31	155,99	226,90	255,26	151,68	220,63	24
	V	3.742,33	205,82	299,38	336,80																		
	VI	3.786,66	208,26	302,93	340,79																		
10.913,99 (Ost)	I	3.235,75	177,96	258,86	291,21	169,34	246,32	277,11	160,73	233,79	263,01	152,11	221,26	248,91	136,51	208,72	234,81	117,86	196,19	220,71	99,22	183,66	20
	II	3.086,66	169,76	246,93	277,79	161,15	234,40	263,70	152,53	221,86	249,59	137,41	209,33	235,49	118,77	196,80	221,40	100,12	184,26	207,29	81,48	171,73	19
	III	2.411,66	-	192,93	217,04	-	181,08	203,71	-	169,46	190,64	-	158,12	177,88	-	147,02	165,40	-	136,20	153,22	-	125,62	14
	IV	3.235,75	177,96	258,86	291,21	173,65	252,59	284,16	169,34	246,32	277,11	165,04	240,06	270,06	160,73	233,79	263,01	156,42	227,52	255,96	152,11	221,26	24
	V	3.750,16	206,25	300,01	337,51																		
	VI	3.794,50	208,69	303,56	341,50																		
10.916,99 (West)	I	3.229,16	177,60	258,33	290,62	168,98	245,80	276,52	160,37	233,26	262,42	151,75	220,74	248,33	135,73	208,20	234,23	117,09	195,67	220,13	98,45	183,14	20
	II	3.080,08	169,40	246,40	277,20	160,78	233,87	263,10	152,17	221,34	249,00	136,63	208,80	234,90	117,98	196,27	220,80	99,35	183,74	206,71	80,71	171,21	19
	III	2.405,50	-	192,44	216,49	-	180,58	203,15	-	168,98	190,10	-	157,65	177,35	-	146,57	164,89	-	135,74	152,71	-	125,18	14
	IV	3.229,16	177,60	258,33	290,62	173,29	252,06	283,57	168,98	245,80	276,52	164,67	239,53	269,47	160,37	233,26	262,42	156,06	227,00	255,38	151,75	220,74	24
	V	3.743,66	205,90	299,49	336,92																		
	VI	3.787,91	208,33	303,03	340,91																		
10.916,99 (Ost)	I	3.237,00	178,03	258,96	291,33	169,41	246,42	277,22	160,80	233,89	263,12	152,18	221,36	249,03	136,66	208,82	234,92	118,01	196,29	220,82	99,37	183,76	20
	II	3.087,91	169,83	247,03	277,91	161,21	234,50	263,81	152,60	221,96	249,71	137,56	209,43	235,61	118,92	196,90	221,51	100,27	184,36	207,41	81,63	171,83	19
	III	2.413,00	-	193,04	217,17	-	181,17	203,81	-	169,56	190,75	-	158,21	177,98	-	147,12	165,51	-	136,28	153,31	-	125,70	14
	IV	3.237,00	178,03	258,96	291,33	173,72	252,69	284,27	169,41	246,42	277,22	165,11	240,16	270,18	160,80	233,89	263,12	156,49	227,62	256,07	152,18	221,36	24
	V	3.751,41	206,32	300,11	337,62																		
	VI	3.795,75	208,76	303,66	341,61																		
10.919,99 (West)	I	3.230,41	177,67	258,43	290,73	169,06	245,90	276,64	160,44	233,37	262,54	151,82	220,84	248,44	135,88	208,30	234,34	117,24	195,77	220,24	98,60	183,24	20
	II	3.081,33	169,47	246,50	277,31	160,85	233,97	263,21	152,24	221,44	249,12	136,78	208,90	235,01	118,14	196,38	220,92	99,50	183,84	206,82	80,86	171,31	19
	III	2.406,66	-	192,53	216,59	-	180,68	203,26	-	169,08	190,21	-	157,74	177,46	-	146,65	164,98	-	135,84	152,82	-	125,26	14
	IV	3.230,41	177,67	258,43	290,73	173,36	252,16	283,68	169,06	245,90	276,64	164,75	239,64	269,59	160,44	233,37	262,54	156,13	227,10	255,49	151,82	220,84	24
	V	3.744,91	205,97	299,59	337,04																		
	VI	3.789,16	208,40	303,13	341,02																		
10.919,99 (Ost)	I	3.238,25	178,10	259,06	291,44	169,48	246,52	277,34	160,87	233,99	263,24	152,25	221,46	249,14	136,81	208,92	235,04	118,16	196,39	220,94	99,53	183,86	20
	II	3.089,16	169,90	247,13	278,02	161,28	234,60	263,92	152,67	222,06	249,82	137,71	209,53	235,72	119,06	197,00	221,62	100,42	184,46	207,52	81,78	171,93	19
	III	2.414,16	-	193,13	217,27	-	181,26	203,92	-	169,65	190,85	-	158,30	178,09	-	147,21	165,61	-	136,37	153,41	-	125,78	14
	IV	3.238,25	178,10	259,06	291,44	173,79	252,79	284,39	169,48	246,52	277,34	165,17	240,26	270,29	160,87	233,99	263,24	156,56	227,72	256,19	152,25	221,46	249
	V	3.752,66	206,39	300,21	337,73																		
	VI	3.797,00	208,83	303,76	341,73																		
10.922,99 (West)	I	3.231,75	177,74	258,54	290,85	169,12	246,00	276,75	160,51	233,47	262,65	151,89	220,94	248,55	136,03	208,40	234,45	117,39	195,87	220,35	98,75	183,34	206
	II	3.082,58	169,54	246,60	277,43	160,92	234,07	263,33	152,31	221,54	249,23	136,93	209,01	235,13	118,29	196,48	221,04	99,65	183,94	206,93	81,00	171,41	192
	III	2.407,83	-	192,62	216,70	-	180,77	203,36	-	169,17	190,31	-	157,82	177,55	-	146,74	165,08	-	135,92	152,91	-	125,34	141
	IV	3.231,75	177,74	258,54	290,85	173,43	252,27	283,80	169,12	246,00	276,75	164,82	239,74	269,70	160,51	233,47	262,65	156,20	227,20	255,60	151,89	220,94	248
	V	3.746,16	206,03	299,69	337,15																		
	VI	3.790,50	208,47	303,24	341,14																		
10.922,99 (Ost)	I	3.239,50	178,17	259,16	291,55	169,55	246,62	277,45	160,93	234,09	263,35	152,32	221,56	249,25	136,96	209,03	235,16	118,32	196,50	221,06	99,68	183,96	206
	II	3.090,41	169,97	247,23	278,13	161,35	234,70	264,03	152,73	222,16	249,93	137,86	209,63	235,83	119,21	197,10	221,73	100,57	184,56	207,63	81,93	172,03	193
	III	2.415,33	-	193,22	217,37	-	181,36	204,03	-	169,74	190,96	-	158,40	178,20	-	147,29	165,70	-	136,45	153,50	-	125,88	141
	IV	3.239,50	178,17	259,16	291,55	173,86	252,89	284,50	169,55	246,62	277,45	165,24	240,36	270,40	160,93	234,09	263,35	156,63	227,82	256,30	152,32	221,56	249
	V	3.754,00	206,47	300,32	337,86																		
	VI	3.798,25	208,90	303,86	341,84																		
10.925,99 (West)	I	3.233,00	177,81	258,64	290,97	169,19	246,10	276,86	160,58	233,57	262,76	151,96	221,04	248,67	136,18	208,50	234,56	117,54	195,97	220,46	98,89	183,44	206
	II	3.083,83	169,61	246,70	277,54	160,99	234,18	263,45	152,38	221,64	249,35	137,08	209,11	235,25	118,44	196,58	221,15	99,80	184,04	207,05	81,15	171,51	192
	III	2.409,00	-	192,72	216,81	-	180,86	203,47	-	169,26	190,42	-	157,92	177,66	-	146,84	165,19	-	136,01	153,01	-	125,44	141,
	IV	3.233,00	177,81	258,64	290,97	173,50	252,37	283,91	169,19	246,10	276,86	164,89	239,84	269,82	160,58	233,57	262,76	156,27	227,30	255,71	151,96	221,04	248
	V	3.747,41	206,10	299,79	337,26																		
	VI	3.791,75	208,54	303,34	341,25																		
10.925,99 (Ost)	I	3.240,75	178,24	259,26	291,66	169,62	246,72	277,56	161,00	234,19	263,46	152,39	221,66	249,37	137,11	209,13	235,27	118,47	196,60	221,17	99,83	184,06	207
	II	3.091,66	170,04	247,33	278,24	161,42	234,80	264,15	152,80	222,26	250,04	138,01	209,73	235,94	119,36	197,20	221,85	100,73	184,67	207,75	82,09	172,14	193
	III	2.416,50	-	193,32	217,48	-	181,45	204,13	-	169,84	191,07	-	158,48	178,29	-	147,38	165,80	-	136,54	153,61	-	125,96	141,
	IV	3.240,75	178,24	259,26	291,66	173,93	252,99	284,61	169,62	246,72	277,56	165,31	240,46	270,51	161,00	234,19	263,46	156,70	227,93	256,42	152,39	221,66	249,
	V	3.755,25	206,53	300,42	337,97																		
	VI	3.799,50	208,97	303,96	341,95																		
10.928,99 (West)	I	3.234,25	177,88	258,74	291,08	169,26	246,20	276,98	160,65	233,67	262,88	152,03	221,14	248,78	136,33	208,60	234,68	117,69	196,07	220,58	99,04	183,54	206,
	II	3.085,16	169,68	246,81	277,66	161,06	234,28	263,56	152,45	221,74	249,46	137,23	209,21	235,36	118,59	196,68	221,26	99,95	184,14	207,16	81,30	171,61	193,
	III	2.410,33	-	192,82	216,92	-	180,96	203,58	-	169,36	190,53	-	158,01	177,76	-	146,92	165,28	-	136,09	153,10	-	125,52	141,
	IV	3.234,25	177,88	258,74	291,08	173,57	252,47	284,03	169,26	246,20	276,98	164,95	239,94	269,93	160,65	233,67	262,88	156,34	227,40	255,83	152,03	221,14	248,
	V	3.748,66	206,17	299,89	337,37																		
	VI	3.793,00	208,61	303,44	341,37																		
10.928,99 (Ost)	I	3.242,00	178,31	259,36	291,78	169,69	246,83	277,68	161,08	234,30	263,58	152,46	221,76	249,48	137,26	209,23	235,38	118,62	196,70	221,28	99,97	184,16	207,
	II	3.092,91	170,11	247,43	278,36	161,49	234,90	264,26	152,87	222,36	250,16	138,15	209,83	236,06	119,52	197,30	221,96	100,88	184,77	207,86	82,23	172,24	193,
	III	2.417,83	-	193,42	217,60	-	181,54	204,23	-	169,93	191,17	-	158,57	178,39	-	147,46	165,89	-	136,62	153,70	-	126,04	141,
	IV	3.242,00	178,31	259,36	291,78	174,00	253,09	284,72	169,69	246,83	277,68	165,38	240,56	270,63	161,08	234,30	263,58	156,77	228,03	256,53	152,46	221,76	249,
	V	3.756,50	206,60	300,52	338,08																		
	VI	3.800,75	209,04	304,06	342,06																		

Lohn/ Gehalt bis	Steuerklasse	Lohnsteuer	ohne Kinderfreibetrag SolZ 5,5%	Kirchensteuer 8%	9%	Anzahl Kinderfreibeträge (nur Steuerklassen I–IV) 0,5 SolZ 5,5%	Kirchensteuer 8%	9%	1,0 SolZ 5,5%	Kirchensteuer 8%	9%	1,5 SolZ 5,5%	Kirchensteuer 8%	9%	2,0 SolZ 5,5%	Kirchensteuer 8%	9%	2,5 SolZ 5,5%	Kirchensteuer 8%	9%	3,0 SolZ 5,5%	Kirchensteuer 8%	9%
0.931,99 (West)	I	3.235,50	177,95	258,84	291,19	169,33	246,30	277,09	160,71	233,77	262,99	152,10	221,24	248,89	136,48	208,70	234,79	117,83	196,17	220,69	99,19	183,64	206,59
	II	3.086,41	169,75	246,91	277,77	161,13	234,38	263,67	152,51	221,84	249,57	137,38	209,31	235,47	118,74	196,78	221,37	100,09	184,24	207,27	81,45	171,71	193,17
	III	2.411,50	-	192,92	217,03	-	181,05	203,68	-	169,45	190,63	-	158,10	177,86	-	147,01	165,38	-	136,17	153,19	-	125,60	141,30
	IV	3.235,50	177,95	258,84	291,19	173,64	252,57	284,14	169,33	246,30	277,09	165,02	240,04	270,04	160,71	233,77	262,99	156,41	227,50	255,94	152,10	221,24	248,89
	V	3.749,91	206,24	299,99	337,49																		
	VI	3.794,25	208,68	303,54	341,48																		
0.931,99 (Ost)	I	3.243,33	178,38	259,46	291,89	169,76	246,93	277,79	161,15	234,40	263,70	152,53	221,86	249,59	137,41	209,33	235,49	118,77	196,80	221,40	100,12	184,26	207,29
	II	3.094,16	170,17	247,53	278,47	161,56	235,00	264,37	152,95	222,47	250,28	138,31	209,94	236,18	119,67	197,40	222,08	101,03	184,87	207,98	82,38	172,34	193,88
	III	2.419,00	-	193,52	217,71	-	181,64	204,34	-	170,02	191,27	-	158,66	178,49	-	147,56	166,00	-	136,72	153,81	-	126,12	141,88
	IV	3.243,33	178,38	259,46	291,89	174,07	253,20	284,85	169,76	246,93	277,79	165,45	240,66	270,74	161,15	234,40	263,70	156,84	228,13	256,64	152,53	221,86	249,59
	V	3.757,75	206,67	300,62	338,19																		
	VI	3.802,08	209,11	304,16	342,18																		
0.934,99 (West)	I	3.236,75	178,02	258,94	291,30	169,40	246,40	277,20	160,78	233,87	263,10	152,17	221,34	249,00	136,63	208,80	234,90	117,98	196,27	220,80	99,35	183,74	206,71
	II	3.087,66	169,82	247,01	277,88	161,20	234,48	263,79	152,58	221,94	249,68	137,53	209,41	235,58	118,89	196,88	221,49	100,24	184,34	207,38	81,60	171,81	193,28
	III	2.412,66	-	193,01	217,13	-	181,14	203,78	-	169,54	190,73	-	158,18	177,95	-	147,10	165,49	-	136,26	153,29	-	125,69	141,40
	IV	3.236,75	178,02	258,94	291,30	173,71	252,67	284,25	169,40	246,40	277,20	165,09	240,14	270,15	160,78	233,87	263,10	156,47	227,60	256,05	152,17	221,34	249,00
	V	3.751,16	206,31	300,09	337,60																		
	VI	3.795,50	208,75	303,64	341,59																		
0.934,99 (Ost)	I	3.244,58	178,45	259,56	292,01	169,83	247,03	277,91	161,21	234,50	263,81	152,60	221,96	249,71	137,56	209,43	235,61	118,92	196,90	221,51	100,27	184,36	207,41
	II	3.095,41	170,24	247,63	278,58	161,63	235,10	264,49	153,01	222,57	250,39	138,46	210,04	236,29	119,82	197,50	222,19	101,17	184,97	208,09	82,53	172,44	193,99
	III	2.420,16	-	193,61	217,81	-	181,73	204,44	-	170,12	191,38	-	158,76	178,60	-	147,65	166,10	-	136,80	153,90	-	126,21	141,98
	IV	3.244,58	178,45	259,56	292,01	174,14	253,30	284,96	169,83	247,03	277,91	165,52	240,76	270,86	161,21	234,50	263,81	156,91	228,23	256,76	152,60	221,96	249,71
	V	3.759,00	206,74	300,72	338,31																		
	VI	3.803,33	209,18	304,26	342,29																		
0.937,99 (West)	I	3.238,00	178,09	259,04	291,42	169,47	246,50	277,31	160,85	233,97	263,21	152,24	221,44	249,12	136,78	208,90	235,01	118,14	196,38	220,92	99,50	183,84	206,82
	II	3.088,91	169,89	247,11	278,00	161,27	234,58	263,90	152,65	222,04	249,80	137,68	209,51	235,70	119,03	196,98	221,60	100,39	184,44	207,50	81,75	171,91	193,40
	III	2.413,83	-	193,10	217,24	-	181,24	203,89	-	169,64	190,84	-	158,28	178,06	-	147,18	165,58	-	136,34	153,38	-	125,77	141,49
	IV	3.238,00	178,09	259,04	291,42	173,78	252,77	284,36	169,47	246,50	277,31	165,16	240,24	270,27	160,85	233,97	263,21	156,54	227,70	256,16	152,24	221,44	249,12
	V	3.752,41	206,38	300,19	337,71																		
	VI	3.796,75	208,82	303,74	341,70																		
0.937,99 (Ost)	I	3.245,83	178,52	259,66	292,12	169,90	247,13	278,02	161,28	234,60	263,92	152,67	222,06	249,82	137,71	209,53	235,72	119,06	197,00	221,62	100,42	184,46	207,52
	II	3.096,75	170,32	247,74	278,70	161,70	235,20	264,60	153,08	222,67	250,50	138,61	210,14	236,40	119,97	197,60	222,30	101,32	185,07	208,20	82,68	172,54	194,10
	III	2.421,33	-	193,70	217,91	-	181,82	204,55	-	170,21	191,48	-	158,84	178,69	-	147,73	166,19	-	136,89	154,00	-	126,29	142,07
	IV	3.245,83	178,52	259,66	292,12	174,21	253,40	285,07	169,90	247,13	278,02	165,59	240,86	270,97	161,28	234,60	263,92	156,97	228,33	256,87	152,67	222,06	249,82
	V	3.760,25	206,81	300,82	338,42																		
	VI	3.804,58	209,25	304,36	342,41																		
0.940,99 (West)	I	3.239,25	178,15	259,14	291,53	169,54	246,60	277,43	160,92	234,07	263,33	152,31	221,54	249,23	136,93	209,01	235,13	118,29	196,48	221,04	99,65	183,94	206,93
	II	3.090,16	169,95	247,21	278,11	161,34	234,68	264,01	152,72	222,14	249,91	137,83	209,61	235,81	119,18	197,08	221,71	100,54	184,54	207,61	81,91	172,02	193,52
	III	2.415,16	-	193,21	217,36	-	181,33	203,99	-	169,73	190,94	-	158,37	178,16	-	147,28	165,69	-	136,44	153,49	-	125,85	141,58
	IV	3.239,25	178,15	259,14	291,53	173,85	252,87	284,48	169,54	246,60	277,43	165,23	240,34	270,38	160,92	234,07	263,33	156,61	227,80	256,28	152,31	221,54	249,23
	V	3.753,75	206,45	300,30	337,83																		
	VI	3.798,00	208,89	303,84	341,82																		
0.940,99 (Ost)	I	3.247,08	178,58	259,76	292,23	169,97	247,23	278,13	161,35	234,70	264,03	152,73	222,16	249,93	137,86	209,63	235,83	119,21	197,10	221,73	100,57	184,56	207,63
	II	3.098,00	170,39	247,84	278,82	161,77	235,30	264,71	153,15	222,77	250,61	138,76	210,24	236,52	120,12	197,70	222,41	101,47	185,17	208,31	82,83	172,64	194,22
	III	2.422,66	-	193,81	218,03	-	181,93	204,67	-	170,30	191,59	-	158,93	178,79	-	147,82	166,30	-	136,97	154,09	-	126,37	142,16
	IV	3.247,08	178,58	259,76	292,23	174,28	253,50	285,18	169,97	247,23	278,13	165,66	240,96	271,08	161,35	234,70	264,03	157,04	228,43	256,98	152,73	222,16	249,93
	V	3.761,50	206,88	300,92	338,53																		
	VI	3.805,83	209,32	304,46	342,52																		
0.943,99 (West)	I	3.240,50	178,22	259,24	291,64	169,61	246,70	277,54	160,99	234,18	263,45	152,38	221,64	249,35	137,08	209,11	235,25	118,44	196,58	221,15	99,80	184,04	207,05
	II	3.091,41	170,02	247,31	278,22	161,41	234,78	264,12	152,79	222,24	250,02	137,98	209,71	235,92	119,34	197,18	221,83	100,70	184,65	207,73	82,06	172,12	193,63
	III	2.416,33	-	193,30	217,46	-	181,44	204,12	-	169,82	191,05	-	158,46	178,27	-	147,36	165,78	-	136,52	153,58	-	125,93	141,67
	IV	3.240,50	178,22	259,24	291,64	173,91	252,97	284,59	169,61	246,70	277,54	165,30	240,44	270,50	160,99	234,18	263,45	156,69	227,91	256,40	152,38	221,64	249,35
	V	3.755,00	206,52	300,40	337,95																		
	VI	3.799,25	208,95	303,94	341,93																		
0.943,99 (Ost)	I	3.248,33	178,65	259,86	292,34	170,04	247,33	278,24	161,42	234,80	264,15	152,80	222,26	250,04	138,01	209,73	235,94	119,36	197,20	221,85	100,73	184,67	207,75
	II	3.099,25	170,45	247,94	278,93	161,84	235,40	264,83	153,22	222,87	250,73	138,91	210,34	236,63	120,26	197,80	222,53	101,62	185,27	208,43	82,98	172,74	194,33
	III	2.423,83	-	193,90	218,14	-	182,02	204,77	-	170,40	191,70	-	159,02	178,90	-	147,92	166,41	-	137,05	154,18	-	126,46	142,27
	IV	3.248,33	178,65	259,86	292,34	174,35	253,60	285,30	170,04	247,33	278,24	165,73	241,06	271,19	161,42	234,80	264,15	157,11	228,53	257,09	152,80	222,26	250,04
	V	3.762,75	206,95	301,02	338,64																		
	VI	3.807,08	209,38	304,56	342,63																		
0.946,99 (West)	I	3.241,83	178,30	259,34	291,76	169,68	246,81	277,66	161,06	234,28	263,56	152,45	221,74	249,46	137,23	209,21	235,36	118,59	196,68	221,26	99,95	184,14	207,16
	II	3.092,66	170,09	247,41	278,33	161,48	234,88	264,24	152,86	222,34	250,13	138,13	209,82	236,04	119,49	197,28	221,94	100,85	184,75	207,84	82,20	172,22	193,74
	III	2.417,50	-	193,40	217,57	-	181,53	204,22	-	169,90	191,14	-	158,56	178,38	-	147,45	165,88	-	136,61	153,68	-	126,02	141,77
	IV	3.241,83	178,30	259,34	291,76	173,99	253,08	284,71	169,68	246,81	277,66	165,37	240,54	270,61	161,06	234,28	263,56	156,75	228,01	256,51	152,45	221,74	249,46
	V	3.756,25	206,59	300,50	338,06																		
	VI	3.800,58	209,03	304,04	342,05																		
0.946,99 (Ost)	I	3.249,58	178,72	259,96	292,46	170,11	247,43	278,36	161,49	234,90	264,26	152,87	222,36	250,16	138,15	209,83	236,06	119,52	197,30	221,96	100,88	184,77	207,86
	II	3.100,50	170,52	248,04	279,04	161,91	235,50	264,94	153,29	222,97	250,84	139,06	210,44	236,74	120,41	197,90	222,64	101,77	185,37	208,54	83,13	172,84	194,44
	III	2.425,00	-	194,00	218,25	-	182,12	204,88	-	170,49	191,80	-	159,12	179,01	-	148,00	166,50	-	137,14	154,28	-	126,54	142,36
	IV	3.249,58	178,72	259,96	292,46	174,41	253,70	285,41	170,11	247,43	278,36	165,80	241,16	271,31	161,49	234,90	264,26	157,18	228,63	257,21	152,87	222,36	250,16
	V	3.764,00	207,02	301,12	338,76																		
	VI	3.808,33	209,45	304,66	342,74																		
0.949,99 (West)	I	3.243,08	178,36	259,44	291,87	169,75	246,91	277,77	161,13	234,38	263,67	152,51	221,84	249,57	137,38	209,31	235,47	118,74	196,78	221,37	100,09	184,24	207,27
	II	3.093,91	170,16	247,51	278,45	161,55	234,98	264,35	152,93	222,45	250,25	138,28	209,92	236,16	119,64	197,38	222,05	101,00	184,85	207,95	82,35	172,32	193,86
	III	2.418,66	-	193,49	217,67	-	181,62	204,32	-	170,00	191,25	-	158,64	178,47	-	147,54	165,98	-	136,69	153,77	-	126,10	141,86
	IV	3.243,08	178,36	259,44	291,87	174,06	253,18	284,82	169,75	246,91	277,77	165,44	240,64	270,72	161,13	234,38	263,67	156,82	228,11	256,62	152,51	221,84	249,57
	V	3.757,50	206,66	300,60	338,17																		
	VI	3.801,83	209,10	304,14	342,16																		
0.949,99 (Ost)	I	3.250,83	178,79	260,06	292,57	170,17	247,53	278,47	161,56	235,00	264,37	152,95	222,47	250,28	138,31	209,94	236,18	119,67	197,40	222,08	101,03	184,87	207,98
	II	3.101,75	170,59	248,14	279,15	161,97	235,60	265,05	153,36	223,07	250,95	139,21	210,54	236,85	120,56	198,00	222,75	101,92	185,47	208,65	83,29	172,94	194,56
	III	2.426,16	-	194,09	218,35	-	182,21	204,98	-	170,58	191,90	-	159,21	179,11	-	148,09	166,60	-	137,22	154,37	-	126,62	142,45
	IV	3.250,83	178,79	260,06	292,57	174,48	253,80	285,52	170,17	247,53	278,47	165,87	241,26	271,42	161,56	235,00	264,37	157,25	228,73	257,32	152,95	222,47	250,28
	V	3.765,33	207,09	301,22	338,87																		
	VI	3.809,58	209,52	304,76	342,86																		

Lohn/ Gehalt bis	Steuerklasse	Lohnsteuer	ohne Kinderfreibetrag			Anzahl Kinderfreibeträge (nur Steuerklassen I–IV)																	
						0,5			1,0			1,5			2,0			2,5			3,0		
			SolZ 5,5%	Kirchensteuer 8%	9%	SolZ 5,5%	Kirchensteuer 8%	9%	SolZ 5,5%	Kirchensteuer 8%	9%	SolZ 5,5%	Kirchensteuer 8%	9%	SolZ 5,5%	Kirchensteuer 8%	9%	SolZ 5,5%	Kirchensteuer 8%	9%	SolZ 5,5%	Kirchensteuer 8%	9
10.952,99 (West)	I	3.244,33	178,43	259,54	291,98	169,82	247,01	277,88	161,20	234,48	263,79	152,58	221,94	249,68	137,53	209,41	235,58	118,89	196,88	221,49	100,24	184,34	20
	II	3.095,25	170,23	247,62	278,57	161,62	235,08	264,47	153,00	222,55	250,37	138,43	210,02	236,27	119,79	197,48	222,17	101,15	184,95	208,07	82,50	172,42	19
	III	2.420,00	-	193,60	217,80	-	181,72	204,43	-	170,09	191,35	-	158,73	178,57	-	147,62	166,07	-	136,78	153,88	-	126,18	14
	IV	3.244,33	178,43	259,54	291,98	174,13	253,28	284,94	169,82	247,01	277,88	165,51	240,74	270,83	161,20	234,48	263,79	156,89	228,21	256,73	152,58	221,94	24
	V	3.758,75	206,73	300,70	338,28																		
	VI	3.803,08	209,16	304,24	342,27																		
10.952,99 (Ost)	I	3.252,08	178,86	260,16	292,68	170,24	247,63	278,58	161,63	235,10	264,49	153,01	222,57	250,39	138,46	210,04	236,29	119,82	197,50	222,19	101,17	184,97	20
	II	3.103,00	170,66	248,24	279,27	162,04	235,70	265,16	153,43	223,17	251,06	139,35	210,64	236,97	120,72	198,11	222,87	102,08	185,58	208,77	83,43	173,04	19
	III	2.427,50	-	194,20	218,47	-	182,30	205,09	-	170,66	191,99	-	159,29	179,20	-	148,17	166,69	-	137,32	154,48	-	126,72	14
	IV	3.252,08	178,86	260,16	292,68	174,55	253,90	285,63	170,24	247,63	278,58	165,94	241,37	271,54	161,63	235,10	264,49	157,32	228,84	257,44	153,01	222,57	25
	V	3.766,58	207,16	301,32	338,99																		
	VI	3.810,83	209,59	304,86	342,97																		
10.955,99 (West)	I	3.245,58	178,50	259,64	292,10	169,89	247,11	278,00	161,27	234,58	263,90	152,65	222,04	249,80	137,68	209,51	235,70	119,03	196,98	221,60	100,39	184,44	20
	II	3.096,50	170,30	247,72	278,68	161,69	235,18	264,58	153,07	222,65	250,48	138,58	210,12	236,38	119,94	197,58	222,28	101,29	185,05	208,18	82,65	172,52	19
	III	2.421,16	-	193,69	217,90	-	181,81	204,53	-	170,18	191,45	-	158,82	178,67	-	147,72	166,18	-	136,86	153,97	-	126,28	14
	IV	3.245,58	178,50	259,64	292,10	174,19	253,38	285,05	169,89	247,11	278,00	165,58	240,84	270,95	161,27	234,58	263,90	156,96	228,31	256,85	152,65	222,04	24
	V	3.760,00	206,80	300,80	338,40																		
	VI	3.804,33	209,23	304,34	342,38																		
10.955,99 (Ost)	I	3.253,41	178,93	260,27	292,80	170,32	247,74	278,70	161,70	235,20	264,60	153,08	222,67	250,50	138,61	210,14	236,40	119,97	197,60	222,30	101,32	185,07	20
	II	3.104,25	170,73	248,34	279,38	162,11	235,80	265,28	153,50	223,27	251,18	139,51	210,74	237,08	120,87	198,21	222,98	102,23	185,68	208,89	83,58	173,14	19
	III	2.428,66	-	194,29	218,57	-	182,40	205,20	-	170,76	192,10	-	159,38	179,30	-	148,26	166,79	-	137,40	154,57	-	126,80	14
	IV	3.253,41	178,93	260,27	292,80	174,62	254,00	285,75	170,32	247,74	278,70	166,01	241,47	271,65	161,70	235,20	264,60	157,39	228,94	257,55	153,08	222,67	25
	V	3.767,83	207,23	301,42	339,10																		
	VI	3.812,16	209,66	304,97	343,09																		
10.958,99 (West)	I	3.246,83	178,57	259,74	292,21	169,95	247,21	278,11	161,34	234,68	264,01	152,72	222,14	249,91	137,83	209,61	235,81	119,18	197,08	221,71	100,54	184,54	20
	II	3.097,75	170,37	247,82	278,79	161,75	235,28	264,69	153,14	222,75	250,59	138,73	210,22	236,49	120,09	197,68	222,39	101,44	185,15	208,29	82,80	172,62	19
	III	2.422,33	-	193,78	218,00	-	181,90	204,64	-	170,28	191,56	-	158,92	178,78	-	147,80	166,27	-	136,96	154,08	-	126,36	14
	IV	3.246,83	178,57	259,74	292,21	174,26	253,48	285,16	169,95	247,21	278,11	165,65	240,94	271,06	161,34	234,68	264,01	157,03	228,41	256,96	152,72	222,14	24
	V	3.761,25	206,86	300,90	338,51																		
	VI	3.805,58	209,30	304,44	342,50																		
10.958,99 (Ost)	I	3.254,66	179,00	260,37	292,91	170,39	247,84	278,82	161,77	235,30	264,71	153,15	222,77	250,61	138,76	210,24	236,52	120,12	197,70	222,41	101,47	185,17	20
	II	3.105,50	170,80	248,44	279,49	162,19	235,91	265,40	153,57	223,38	251,30	139,66	210,84	237,20	121,02	198,31	223,10	102,37	185,78	209,00	83,73	173,24	19
	III	2.429,83	-	194,38	218,68	-	182,49	205,30	-	170,85	192,20	-	159,48	179,41	-	148,36	166,90	-	137,49	154,67	-	126,88	14
	IV	3.254,66	179,00	260,37	292,91	174,69	254,10	285,86	170,39	247,84	278,82	166,08	241,57	271,76	161,77	235,30	264,71	157,46	229,04	257,67	153,15	222,77	25
	V	3.769,08	207,29	301,52	339,21																		
	VI	3.813,41	209,73	305,07	343,20																		
10.961,99 (West)	I	3.248,08	178,64	259,84	292,32	170,02	247,31	278,22	161,41	234,78	264,12	152,79	222,24	250,02	137,98	209,71	235,92	119,34	197,18	221,83	100,70	184,65	20
	II	3.099,00	170,44	247,92	278,91	161,82	235,38	264,80	153,21	222,85	250,70	138,88	210,32	236,61	120,23	197,78	222,50	101,59	185,25	208,40	82,95	172,72	19
	III	2.423,50	-	193,88	218,11	-	182,00	204,75	-	170,37	191,66	-	159,00	178,87	-	147,89	166,37	-	137,04	154,17	-	126,44	14
	IV	3.248,08	178,64	259,84	292,32	174,33	253,58	285,27	170,02	247,31	278,22	165,71	241,04	271,17	161,41	234,78	264,12	157,10	228,51	257,07	152,79	222,24	25
	V	3.762,50	206,93	301,00	338,62																		
	VI	3.806,83	209,37	304,54	342,61																		
10.961,99 (Ost)	I	3.255,91	179,07	260,47	293,03	170,45	247,94	278,93	161,84	235,40	264,83	153,22	222,87	250,73	138,91	210,34	236,63	120,26	197,80	222,53	101,62	185,27	20
	II	3.106,83	170,87	248,54	279,61	162,25	236,01	265,51	153,64	223,48	251,41	139,81	210,94	237,31	121,17	198,41	223,21	102,52	185,88	209,11	83,88	173,34	19
	III	2.431,00	-	194,48	218,79	-	182,58	205,40	-	170,94	192,31	-	159,57	179,51	-	148,44	166,99	-	137,57	154,76	-	126,97	14
	IV	3.255,91	179,07	260,47	293,03	174,76	254,20	285,98	170,45	247,94	278,93	166,15	241,67	271,88	161,84	235,40	264,83	157,53	229,14	257,78	153,22	222,87	25
	V	3.770,33	207,36	301,62	339,32																		
	VI	3.814,66	209,80	305,17	343,31																		
10.964,99 (West)	I	3.249,33	178,71	259,94	292,43	170,09	247,41	278,33	161,48	234,88	264,24	152,86	222,34	250,13	138,13	209,82	236,04	119,49	197,28	221,94	100,85	184,75	20
	II	3.100,25	170,51	248,02	279,02	161,89	235,48	264,92	153,28	222,95	250,82	139,03	210,42	236,72	120,38	197,88	222,62	101,74	185,35	208,52	83,11	172,82	19
	III	2.424,83	-	193,98	218,23	-	182,09	204,85	-	170,46	191,77	-	159,09	178,97	-	147,98	166,48	-	137,13	154,27	-	126,53	14
	IV	3.249,33	178,71	259,94	292,43	174,40	253,68	285,39	170,09	247,41	278,33	165,78	241,14	271,28	161,48	234,88	264,24	157,17	228,61	257,18	152,86	222,34	25
	V	3.763,83	207,01	301,10	338,74																		
	VI	3.808,08	209,44	304,64	342,72																		
10.964,99 (Ost)	I	3.257,16	179,14	260,57	293,14	170,52	248,04	279,04	161,91	235,50	264,94	153,29	222,97	250,84	139,06	210,44	236,74	120,41	197,90	222,64	101,77	185,37	20
	II	3.108,08	170,94	248,64	279,72	162,32	236,11	265,62	153,71	223,58	251,52	139,96	211,04	237,42	121,32	198,51	223,32	102,67	185,98	209,22	84,03	173,44	19
	III	2.432,33	-	194,58	218,90	-	182,68	205,51	-	171,04	192,42	-	159,65	179,60	-	148,53	167,09	-	137,66	154,87	-	127,05	14
	IV	3.257,16	179,14	260,57	293,14	174,83	254,30	286,09	170,52	248,04	279,04	166,21	241,77	271,99	161,91	235,50	264,94	157,60	229,24	257,89	153,29	222,97	25
	V	3.771,58	207,43	301,72	339,44																		
	VI	3.815,91	209,87	305,27	343,43																		
10.967,99 (West)	I	3.250,58	178,78	260,04	292,55	170,16	247,51	278,45	161,55	234,98	264,35	152,93	222,45	250,25	138,28	209,92	236,16	119,64	197,38	222,05	101,00	184,85	20
	II	3.101,50	170,58	248,12	279,13	161,96	235,58	265,03	153,34	223,05	250,93	139,18	210,52	236,83	120,53	197,98	222,73	101,90	185,46	208,64	83,26	172,92	19
	III	2.426,00	-	194,08	218,34	-	182,18	204,95	-	170,56	191,88	-	159,18	179,08	-	148,06	166,57	-	137,21	154,36	-	126,61	14
	IV	3.250,58	178,78	260,04	292,55	174,47	253,78	285,50	170,16	247,51	278,45	165,85	241,24	271,40	161,55	234,98	264,35	157,24	228,72	257,31	152,93	222,45	25
	V	3.765,08	207,07	301,20	338,85																		
	VI	3.809,33	209,51	304,74	342,83																		
10.967,99 (Ost)	I	3.258,41	179,21	260,67	293,25	170,59	248,14	279,15	161,97	235,60	265,05	153,36	223,07	250,95	139,21	210,54	236,85	120,56	198,00	222,75	101,92	185,47	20
	II	3.109,33	171,01	248,74	279,83	162,39	236,21	265,73	153,78	223,68	251,64	140,11	211,14	237,53	121,46	198,61	223,43	102,82	186,08	209,34	84,18	173,54	19
	III	2.433,50	-	194,68	219,01	-	182,77	205,61	-	171,13	192,52	-	159,74	179,71	-	148,62	167,20	-	137,74	154,96	-	127,13	14
	IV	3.258,41	179,21	260,67	293,25	174,90	254,40	286,20	170,59	248,14	279,15	166,28	241,87	272,10	161,97	235,60	265,05	157,67	229,34	258,00	153,36	223,07	25
	V	3.772,83	207,50	301,82	339,55																		
	VI	3.817,16	209,94	305,37	343,54																		
10.970,99 (West)	I	3.251,83	178,85	260,14	292,66	170,23	247,62	278,57	161,62	235,08	264,47	153,00	222,55	250,37	138,43	210,02	236,27	119,79	197,48	222,17	101,15	184,95	20
	II	3.102,75	170,65	248,22	279,24	162,03	235,68	265,14	153,41	223,15	251,04	139,33	210,62	236,95	120,69	198,09	222,85	102,05	185,56	208,75	83,40	173,02	19
	III	2.427,16	-	194,17	218,44	-	182,28	205,06	-	170,65	191,98	-	159,28	179,19	-	148,16	166,68	-	137,29	154,45	-	126,69	14
	IV	3.251,83	178,85	260,14	292,66	174,54	253,88	285,62	170,23	247,62	278,57	165,93	241,35	271,52	161,62	235,08	264,47	157,31	228,82	257,42	153,00	222,55	25
	V	3.766,33	207,14	301,30	338,96																		
	VI	3.810,58	209,58	304,84	342,95																		
10.970,99 (Ost)	I	3.259,66	179,28	260,77	293,36	170,66	248,24	279,27	162,04	235,70	265,16	153,43	223,17	251,06	139,35	210,64	236,97	120,72	198,11	222,87	102,08	185,58	20
	II	3.110,58	171,08	248,84	279,95	162,46	236,31	265,85	153,84	223,78	251,75	140,26	211,24	237,65	121,61	198,71	223,55	102,97	186,18	209,45	84,33	173,64	19
	III	2.434,66	-	194,77	219,11	-	182,86	205,72	-	171,22	192,62	-	159,84	179,82	-	148,70	167,29	-	137,84	155,07	-	127,22	14
	IV	3.259,66	179,28	260,77	293,36	174,97	254,50	286,31	170,66	248,24	279,27	166,35	241,97	272,21	162,04	235,70	265,16	157,74	229,44	258,12	153,43	223,17	25
	V	3.774,08	207,57	301,92	339,66																		
	VI	3.818,41	210,01	305,47	343,65																		

Lohn/ Gehalt bis	Steuerklasse	Lohn-steuer	ohne Kinderfreibetrag SolZ 5,5%	ohne Kinderfreibetrag Kirchensteuer 8%	ohne Kinderfreibetrag Kirchensteuer 9%	0,5 SolZ 5,5%	0,5 Kirchensteuer 8%	0,5 Kirchensteuer 9%	1,0 SolZ 5,5%	1,0 Kirchensteuer 8%	1,0 Kirchensteuer 9%	1,5 SolZ 5,5%	1,5 Kirchensteuer 8%	1,5 Kirchensteuer 9%	2,0 SolZ 5,5%	2,0 Kirchensteuer 8%	2,0 Kirchensteuer 9%	2,5 SolZ 5,5%	2,5 Kirchensteuer 8%	2,5 Kirchensteuer 9%	3,0 SolZ 5,5%	3,0 Kirchensteuer 8%	3,0 Kirchensteuer 9%
0.973,99 *(West)*	I	3.253,16	*178,92*	260,25	292,78	*170,30*	247,72	278,68	*161,69*	235,18	264,58	*153,07*	222,65	250,48	*138,58*	210,12	236,38	*119,94*	197,58	222,28	*101,29*	185,05	208,18
	II	3.104,00	*170,72*	248,32	279,36	*162,10*	235,78	265,25	*153,49*	223,26	251,16	*139,48*	210,72	237,06	*120,84*	198,19	222,96	*102,20*	185,66	208,86	*83,55*	173,12	194,76
	III	2.428,33	-	194,26	218,54	-	182,37	205,16	-	170,74	192,08	-	159,37	179,29	-	148,25	166,78	-	137,38	154,55	-	126,78	142,63
	IV	3.253,16	*178,92*	260,25	292,78	*174,61*	253,98	285,73	*170,30*	247,72	278,68	*165,99*	241,45	271,63	*161,69*	235,18	264,58	*157,38*	228,92	257,53	*153,07*	222,65	250,48
	V	3.767,58	*207,21*	301,40	339,08																		
	VI	3.811,91	*209,65*	304,95	343,07																		
0.973,99 *(Ost)*	I	3.260,91	*179,35*	260,87	293,48	*170,73*	248,34	279,38	*162,11*	235,80	265,28	*153,50*	223,27	251,18	*139,51*	210,74	237,08	*120,87*	198,21	222,98	*102,23*	185,68	208,89
	II	3.111,83	*171,15*	248,94	280,06	*162,53*	236,41	265,96	*153,91*	223,88	251,86	*140,41*	211,34	237,76	*121,76*	198,81	223,66	*103,12*	186,28	209,56	*84,49*	173,75	195,47
	III	2.435,83	-	194,86	219,22	-	182,97	205,84	-	171,32	192,73	-	159,93	179,92	-	148,80	167,40	-	137,92	155,16	-	127,30	143,21
	IV	3.260,91	*179,35*	260,87	293,48	*175,04*	254,60	286,43	*170,73*	248,34	279,38	*166,42*	242,07	272,33	*162,11*	235,80	265,28	*157,80*	229,54	258,23	*153,50*	223,27	251,18
	V	3.775,41	*207,64*	302,03	339,78																		
	VI	3.819,66	*210,08*	305,57	343,76																		
0.976,99 *(West)*	I	3.254,41	*178,99*	260,35	292,89	*170,37*	247,82	278,79	*161,75*	235,28	264,69	*153,14*	222,75	250,59	*138,73*	210,22	236,49	*120,09*	197,68	222,39	*101,44*	185,15	208,29
	II	3.105,33	*170,79*	248,42	279,47	*162,17*	235,89	265,37	*153,56*	223,36	251,28	*139,63*	210,82	237,17	*120,99*	198,29	223,07	*102,34*	185,76	208,98	*83,70*	173,22	194,87
	III	2.429,66	-	194,37	218,66	-	182,48	205,29	-	170,84	192,19	-	159,45	179,38	-	148,33	166,87	-	137,46	154,64	-	126,86	142,72
	IV	3.254,41	*178,99*	260,35	292,89	*174,68*	254,08	285,84	*170,37*	247,82	278,79	*166,06*	241,55	271,74	*161,75*	235,28	264,69	*157,45*	229,02	257,64	*153,14*	222,75	250,59
	V	3.768,83	*207,28*	301,50	339,19																		
	VI	3.813,16	*209,72*	305,05	343,18																		
0.976,99 *(Ost)*	I	3.262,16	*179,41*	260,97	293,59	*170,80*	248,44	279,49	*162,19*	235,91	265,40	*153,57*	223,38	251,30	*139,66*	210,84	237,20	*121,02*	198,31	223,10	*102,37*	185,78	209,00
	II	3.113,08	*171,21*	249,04	280,17	*162,60*	236,51	266,07	*153,98*	223,98	251,97	*140,55*	211,44	237,87	*121,91*	198,91	223,77	*103,28*	186,38	209,68	*84,63*	173,85	195,58
	III	2.437,16	-	194,97	219,34	-	183,06	205,94	-	171,41	192,83	-	160,02	180,02	-	148,89	167,50	-	138,01	155,26	-	127,38	143,30
	IV	3.262,16	*179,41*	260,97	293,59	*175,11*	254,70	286,54	*170,80*	248,44	279,49	*166,49*	242,17	272,44	*162,19*	235,91	265,40	*157,88*	229,64	258,35	*153,57*	223,38	251,30
	V	3.776,66	*207,71*	302,13	339,89																		
	VI	3.820,91	*210,15*	305,67	343,88																		
0.979,99 *(West)*	I	3.255,66	*179,06*	260,45	293,00	*170,44*	247,92	278,91	*161,82*	235,38	264,80	*153,21*	222,85	250,70	*138,88*	210,32	236,61	*120,23*	197,78	222,50	*101,59*	185,25	208,40
	II	3.106,58	*170,86*	248,52	279,59	*162,24*	235,99	265,49	*153,62*	223,46	251,39	*139,78*	210,92	237,29	*121,14*	198,39	223,19	*102,49*	185,86	209,09	*83,85*	173,32	194,99
	III	2.430,83	-	194,46	218,77	-	182,57	205,39	-	170,93	192,29	-	159,54	179,48	-	148,42	166,97	-	137,56	154,75	-	126,94	142,81
	IV	3.255,66	*179,06*	260,45	293,00	*174,75*	254,18	285,95	*170,44*	247,92	278,91	*166,13*	241,65	271,85	*161,82*	235,38	264,80	*157,52*	229,12	257,76	*153,21*	222,85	250,70
	V	3.770,08	*207,35*	301,60	339,30																		
	VI	3.814,41	*209,79*	305,15	343,29																		
0.979,99 *(Ost)*	I	3.263,41	*179,48*	261,07	293,70	*170,87*	248,54	279,61	*162,25*	236,01	265,51	*153,64*	223,48	251,41	*139,81*	210,94	237,31	*121,17*	198,41	223,21	*102,52*	185,88	209,11
	II	3.114,33	*171,28*	249,14	280,28	*162,67*	236,61	266,18	*154,05*	224,08	252,09	*140,71*	211,55	237,99	*122,07*	199,02	223,89	*103,43*	186,48	209,79	*84,78*	173,95	195,69
	III	2.438,33	-	195,06	219,44	-	183,16	206,05	-	171,50	192,94	-	160,10	180,11	-	148,97	167,59	-	138,09	155,35	-	127,48	143,41
	IV	3.263,41	*179,48*	261,07	293,70	*175,18*	254,81	286,66	*170,87*	248,54	279,61	*166,56*	242,28	272,56	*162,25*	236,01	265,51	*157,95*	229,74	258,46	*153,64*	223,48	251,41
	V	3.777,91	*207,78*	302,23	340,01																		
	VI	3.822,25	*210,22*	305,78	344,00																		
0.982,99 *(West)*	I	3.256,91	*179,13*	260,55	293,12	*170,51*	248,02	279,02	*161,89*	235,48	264,92	*153,28*	222,95	250,82	*139,03*	210,42	236,72	*120,38*	197,88	222,62	*101,74*	185,35	208,52
	II	3.107,83	*170,93*	248,62	279,70	*162,31*	236,09	265,60	*153,69*	223,56	251,50	*139,93*	211,02	237,40	*121,29*	198,49	223,30	*102,64*	185,96	209,20	*84,00*	173,42	195,10
	III	2.432,00	-	194,56	218,88	-	182,66	205,49	-	171,02	192,40	-	159,64	179,59	-	148,52	167,08	-	137,64	154,84	-	127,04	142,92
	IV	3.256,91	*179,13*	260,55	293,12	*174,82*	254,28	286,07	*170,51*	248,02	279,02	*166,20*	241,75	271,97	*161,89*	235,48	264,92	*157,58*	229,22	257,87	*153,28*	222,95	250,82
	V	3.771,33	*207,42*	301,70	339,41																		
	VI	3.815,66	*209,86*	305,25	343,40																		
0.982,99 *(Ost)*	I	3.264,75	*179,56*	261,18	293,82	*170,94*	248,64	279,72	*162,32*	236,11	265,62	*153,71*	223,58	251,52	*139,96*	211,04	237,42	*121,32*	198,51	223,32	*102,67*	185,98	209,22
	II	3.115,58	*171,35*	249,24	280,40	*162,74*	236,71	266,30	*154,12*	224,18	252,20	*140,86*	211,65	238,10	*122,22*	199,12	224,01	*103,57*	186,58	209,90	*84,93*	174,05	195,80
	III	2.439,50	-	195,16	219,55	-	183,25	206,15	-	171,60	193,05	-	160,20	180,22	-	149,06	167,69	-	138,18	155,45	-	127,56	143,50
	IV	3.264,75	*179,56*	261,18	293,82	*175,25*	254,91	286,77	*170,94*	248,64	279,72	*166,63*	242,38	272,67	*162,32*	236,11	265,62	*158,01*	229,84	258,57	*153,71*	223,58	251,52
	V	3.779,16	*207,85*	302,33	340,12																		
	VI	3.823,50	*210,29*	305,88	344,11																		
0.985,99 *(West)*	I	3.258,16	*179,19*	260,65	293,23	*170,58*	248,12	279,13	*161,96*	235,58	265,03	*153,34*	223,05	250,93	*139,18*	210,52	236,83	*120,53*	197,98	222,73	*101,90*	185,46	208,64
	II	3.109,08	*170,99*	248,72	279,81	*162,38*	236,19	265,71	*153,76*	223,66	251,61	*140,08*	211,12	237,51	*121,43*	198,59	223,41	*102,79*	186,06	209,31	*84,15*	173,52	195,21
	III	2.433,16	-	194,65	218,98	-	182,76	205,60	-	171,12	192,51	-	159,73	179,69	-	148,60	167,17	-	137,73	154,94	-	127,12	143,01
	IV	3.258,16	*179,19*	260,65	293,23	*174,89*	254,38	286,18	*170,58*	248,12	279,13	*166,27*	241,85	272,08	*161,96*	235,58	265,03	*157,65*	229,32	257,98	*153,34*	223,05	250,93
	V	3.772,58	*207,49*	301,80	339,53																		
	VI	3.816,91	*209,93*	305,35	343,52																		
0.985,99 *(Ost)*	I	3.266,00	*179,63*	261,28	293,94	*171,01*	248,74	279,83	*162,39*	236,21	265,73	*153,78*	223,68	251,64	*140,11*	211,14	237,53	*121,46*	198,61	223,43	*102,82*	186,08	209,34
	II	3.116,91	*171,43*	249,35	280,52	*162,81*	236,82	266,42	*154,19*	224,28	252,32	*141,01*	211,75	238,22	*122,37*	199,22	224,12	*103,72*	186,68	210,02	*85,08*	174,15	195,92
	III	2.440,66	-	195,25	219,65	-	183,34	206,26	-	171,69	193,15	-	160,29	180,32	-	149,14	167,78	-	138,26	155,54	-	127,64	143,59
	IV	3.266,00	*179,63*	261,28	293,94	*175,32*	255,01	286,88	*171,01*	248,74	279,83	*166,70*	242,48	272,79	*162,39*	236,21	265,73	*158,08*	229,94	258,68	*153,78*	223,68	251,64
	V	3.780,41	*207,92*	302,43	340,23																		
	VI	3.824,75	*210,36*	305,98	344,22																		
0.988,99 *(West)*	I	3.259,41	*179,26*	260,75	293,34	*170,65*	248,22	279,24	*162,03*	235,68	265,14	*153,41*	223,15	251,04	*139,33*	210,62	236,95	*120,69*	198,09	222,85	*102,05*	185,56	208,75
	II	3.110,33	*171,06*	248,82	279,92	*162,45*	236,29	265,82	*153,83*	223,76	251,73	*140,23*	211,22	237,62	*121,58*	198,69	223,52	*102,94*	186,16	209,43	*84,30*	173,62	195,32
	III	2.434,50	-	194,76	219,10	-	182,85	205,70	-	171,21	192,61	-	159,82	179,80	-	148,69	167,27	-	137,81	155,03	-	127,20	143,10
	IV	3.259,41	*179,26*	260,75	293,34	*174,95*	254,48	286,29	*170,65*	248,22	279,24	*166,34*	241,95	272,19	*162,03*	235,68	265,14	*157,72*	229,42	258,09	*153,41*	223,15	251,04
	V	3.773,83	*207,56*	301,90	339,64																		
	VI	3.818,16	*209,99*	305,45	343,63																		
0.988,99 *(Ost)*	I	3.267,25	*179,69*	261,38	294,05	*171,08*	248,84	279,95	*162,46*	236,31	265,85	*153,84*	223,78	251,75	*140,26*	211,24	237,65	*121,61*	198,71	223,55	*102,97*	186,18	209,45
	II	3.118,16	*171,49*	249,45	280,63	*162,88*	236,92	266,53	*154,26*	224,38	252,43	*141,16*	211,85	238,33	*122,52*	199,32	224,23	*103,87*	186,78	210,13	*85,23*	174,25	196,03
	III	2.442,00	-	195,36	219,78	-	183,44	206,37	-	171,78	193,25	-	160,38	180,43	-	149,24	167,89	-	138,36	155,65	-	127,73	143,69
	IV	3.267,25	*179,69*	261,38	294,05	*175,39*	255,11	287,00	*171,08*	248,84	279,95	*166,77*	242,58	272,90	*162,46*	236,31	265,85	*158,15*	230,04	258,80	*153,84*	223,78	251,75
	V	3.781,66	*207,99*	302,53	340,34																		
	VI	3.826,00	*210,43*	306,08	344,34																		
0.991,99 *(West)*	I	3.260,66	*179,33*	260,85	293,45	*170,72*	248,32	279,36	*162,10*	235,78	265,25	*153,49*	223,26	251,16	*139,48*	210,72	237,06	*120,84*	198,19	222,96	*102,20*	185,66	208,86
	II	3.111,58	*171,13*	248,92	280,04	*162,52*	236,39	265,94	*153,90*	223,86	251,84	*140,38*	211,32	237,74	*121,73*	198,79	223,64	*103,10*	186,26	209,54	*84,46*	173,73	195,44
	III	2.435,66	-	194,85	219,20	-	182,94	205,81	-	171,30	192,71	-	159,90	179,89	-	148,77	167,36	-	137,90	155,14	-	127,29	143,20
	IV	3.260,66	*179,33*	260,85	293,45	*175,02*	254,58	286,40	*170,72*	248,32	279,36	*166,41*	242,05	272,30	*162,10*	235,78	265,25	*157,79*	229,52	258,21	*153,49*	223,26	251,16
	V	3.775,16	*207,63*	302,01	339,76																		
	VI	3.819,41	*210,06*	305,55	343,74																		
0.991,99 *(Ost)*	I	3.268,50	*179,76*	261,48	294,16	*171,15*	248,94	280,06	*162,53*	236,41	265,96	*153,91*	223,88	251,86	*140,41*	211,34	237,76	*121,76*	198,81	223,66	*103,12*	186,28	209,56
	II	3.119,41	*171,56*	249,55	280,74	*162,95*	237,02	266,64	*154,33*	224,48	252,54	*141,31*	211,95	238,44	*122,66*	199,42	224,34	*104,02*	186,88	210,24	*85,38*	174,35	196,14
	III	2.443,16	-	195,45	219,88	-	183,53	206,47	-	171,88	193,36	-	160,48	180,54	-	149,33	167,99	-	138,44	155,74	-	127,81	143,78
	IV	3.268,50	*179,76*	261,48	294,16	*175,45*	255,21	287,11	*171,15*	248,94	280,06	*166,84*	242,68	273,01	*162,53*	236,41	265,96	*158,22*	230,14	258,91	*153,91*	223,88	251,86
	V	3.782,91	*208,06*	302,63	340,46																		
	VI	3.827,25	*210,49*	306,18	344,45																		

Anzahl Kinderfreibeträge (nur Steuerklassen I–IV): 0,5 / 1,0 / 1,5 / 2,0 / 2,5 / 3,0

Lohn/ Gehalt bis	Steuerklasse	Lohn-steuer	ohne Kinderfreibetrag			Anzahl Kinderfreibeträge (nur Steuerklassen I–IV)																	
						0,5			1,0			1,5			2,0			2,5			3,0		
			SolZ 5,5%	Kirchensteuer 8%	9%	SolZ 5,5%	Kirchensteuer 8%	9%	SolZ 5,5%	Kirchensteuer 8%	9%	SolZ 5,5%	Kirchensteuer 8%	9%	SolZ 5,5%	Kirchensteuer 8%	9%	SolZ 5,5%	Kirchensteuer 8%	9%	SolZ 5,5%	Kirchensteuer 8%	9%
10.994,99 (West)	I	3.261,91	179,40	260,95	293,57	170,79	248,42	279,47	162,17	235,89	265,37	153,56	223,36	251,28	139,63	210,82	237,17	120,99	198,29	223,07	102,34	185,76	20
	II	3.112,83	171,20	249,02	280,15	162,58	236,49	266,05	153,97	223,96	251,95	140,52	211,42	237,85	121,89	198,90	223,76	103,25	186,36	209,66	84,60	173,83	19
	III	2.436,83	-	194,94	219,31	-	183,04	205,92	-	171,38	192,80	-	160,00	180,00	-	148,86	167,47	-	137,98	155,23	-	127,37	14
	IV	3.261,91	179,40	260,95	293,57	175,09	254,68	286,52	170,79	248,42	279,47	166,48	242,16	272,43	162,17	235,89	265,37	157,86	229,62	258,32	153,56	223,36	25
	V	3.776,41	207,70	302,11	339,87																		
	VI	3.820,66	210,13	305,65	343,85																		
10.994,99 (Ost)	I	3.269,75	179,83	261,58	294,27	171,21	249,04	280,17	162,60	236,51	266,07	153,98	223,98	251,97	140,55	211,44	237,87	121,91	198,91	223,77	103,28	186,38	20
	II	3.120,66	171,63	249,65	280,85	163,02	237,12	266,76	154,40	224,58	252,65	141,46	212,05	238,55	122,81	199,52	224,46	104,17	186,98	210,35	85,53	174,45	19
	III	2.444,33	-	195,54	219,98	-	183,62	206,57	-	171,97	193,46	-	160,56	180,63	-	149,41	168,08	-	138,53	155,84	-	127,89	14
	IV	3.269,75	179,83	261,58	294,27	175,52	255,31	287,22	171,21	249,04	280,17	166,91	242,78	273,12	162,60	236,51	266,07	158,29	230,24	259,02	153,98	223,98	25
	V	3.784,16	208,12	302,73	340,57																		
	VI	3.828,50	210,56	306,28	344,56																		
10.997,99 (West)	I	3.263,25	179,47	261,06	293,69	170,86	248,52	279,59	162,24	235,99	265,49	153,62	223,46	251,39	139,78	210,92	237,29	121,14	198,39	223,19	102,49	185,86	20
	II	3.114,08	171,27	249,12	280,26	162,65	236,59	266,16	154,04	224,06	252,07	140,68	211,53	237,97	122,04	199,00	223,87	103,40	186,46	209,77	84,75	173,93	19
	III	2.438,00	-	195,04	219,42	-	183,13	206,02	-	171,48	192,91	-	160,09	180,10	-	148,96	167,58	-	138,08	155,34	-	127,45	14
	IV	3.263,25	179,47	261,06	293,69	175,17	254,79	286,64	170,86	248,52	279,59	166,55	242,26	272,54	162,24	235,99	265,49	157,93	229,72	258,44	153,62	223,46	25
	V	3.777,66	207,77	302,21	339,98																		
	VI	3.822,00	210,21	305,76	343,98																		
10.997,99 (Ost)	I	3.271,00	179,90	261,68	294,39	171,28	249,14	280,28	162,67	236,61	266,18	154,05	224,08	252,09	140,71	211,55	237,99	122,07	199,02	223,89	103,43	186,48	20
	II	3.121,91	171,70	249,75	280,97	163,08	237,22	266,87	154,47	224,68	252,77	141,61	212,15	238,67	122,96	199,62	224,57	104,32	187,08	210,47	85,68	174,55	19
	III	2.445,66	-	195,65	220,10	-	183,72	206,68	-	172,06	193,57	-	160,65	180,73	-	149,50	168,19	-	138,61	155,93	-	127,98	14
	IV	3.271,00	179,90	261,68	294,39	175,59	255,41	287,33	171,28	249,14	280,28	166,98	242,88	273,24	162,67	236,61	266,18	158,36	230,34	259,13	154,05	224,08	25
	V	3.785,50	208,20	302,84	340,69																		
	VI	3.829,75	210,63	306,38	344,67																		
11.000,99 (West)	I	3.264,50	179,54	261,16	293,80	170,93	248,62	279,70	162,31	236,09	265,60	153,69	223,56	251,50	139,93	211,02	237,40	121,29	198,49	223,30	102,64	185,96	20
	II	3.115,33	171,34	249,22	280,37	162,73	236,70	266,28	154,11	224,16	252,18	140,83	211,63	238,08	122,19	199,10	223,98	103,54	186,56	209,88	84,90	174,03	19
	III	2.439,33	-	195,14	219,53	-	183,22	206,12	-	171,57	193,01	-	160,18	180,20	-	149,04	167,67	-	138,16	155,43	-	127,53	14
	IV	3.264,50	179,54	261,16	293,80	175,23	254,89	286,75	170,93	248,62	279,70	166,62	242,36	272,65	162,31	236,09	265,60	158,00	229,82	258,55	153,69	223,56	25
	V	3.778,91	207,84	302,31	340,10																		
	VI	3.823,25	210,27	305,86	344,09																		
11.000,99 (Ost)	I	3.272,25	179,97	261,78	294,50	171,35	249,24	280,40	162,74	236,71	266,30	154,12	224,18	252,20	140,86	211,65	238,10	122,22	199,12	224,01	103,57	186,58	20
	II	3.123,16	171,77	249,85	281,08	163,15	237,32	266,98	154,54	224,78	252,88	141,75	212,25	238,78	123,11	199,72	224,68	104,48	187,19	210,59	85,83	174,66	19
	III	2.446,83	-	195,74	220,21	-	183,82	206,80	-	172,16	193,68	-	160,74	180,83	-	149,60	168,30	-	138,70	156,04	-	128,06	14
	IV	3.272,25	179,97	261,78	294,50	175,66	255,51	287,45	171,35	249,24	280,40	167,04	242,98	273,35	162,74	236,71	266,30	158,43	230,45	259,25	154,12	224,18	25
	V	3.786,75	208,27	302,94	340,80																		
	VI	3.831,00	210,70	306,48	344,79																		
11.003,99 (West)	I	3.265,75	179,61	261,26	293,91	170,99	248,72	279,81	162,38	236,19	265,71	153,76	223,66	251,61	140,08	211,12	237,51	121,43	198,59	223,41	102,79	186,06	20
	II	3.116,66	171,41	249,33	280,49	162,80	236,80	266,40	154,18	224,26	252,29	140,98	211,73	238,19	122,34	199,20	224,10	103,69	186,66	209,99	85,05	174,13	19
	III	2.440,50	-	195,24	219,64	-	183,32	206,23	-	171,66	193,12	-	160,28	180,31	-	149,13	167,77	-	138,25	155,53	-	127,62	14
	IV	3.265,75	179,61	261,26	293,91	175,30	254,99	286,86	170,99	248,72	279,81	166,69	242,46	272,76	162,38	236,19	265,71	158,07	229,92	258,66	153,76	223,66	25
	V	3.780,16	207,90	302,41	340,21																		
	VI	3.824,50	210,34	305,96	344,20																		
11.003,99 (Ost)	I	3.273,50	180,04	261,88	294,61	171,43	249,35	280,52	162,81	236,82	266,42	154,19	224,28	252,32	141,01	211,75	238,22	122,37	199,22	224,12	103,72	186,68	21
	II	3.124,41	171,84	249,95	281,19	163,22	237,42	267,09	154,60	224,88	252,99	141,90	212,35	238,89	123,27	199,82	224,80	104,63	187,29	210,70	85,98	174,76	19
	III	2.448,00	-	195,84	220,32	-	183,92	206,91	-	172,25	193,78	-	160,84	180,94	-	149,68	168,39	-	138,78	156,13	-	128,14	14
	IV	3.273,50	180,04	261,88	294,61	175,73	255,61	287,56	171,43	249,35	280,52	167,12	243,08	273,47	162,81	236,82	266,42	158,50	230,55	259,37	154,19	224,28	25
	V	3.788,00	208,34	303,04	340,92																		
	VI	3.832,25	210,77	306,58	344,90																		
11.006,99 (West)	I	3.267,00	179,68	261,36	294,03	171,06	248,82	279,92	162,45	236,29	265,82	153,83	223,76	251,73	140,23	211,22	237,62	121,58	198,69	223,52	102,94	186,16	20
	II	3.117,91	171,48	249,43	280,61	162,86	236,90	266,51	154,25	224,36	252,41	141,13	211,83	238,31	122,49	199,30	224,21	103,84	186,76	210,11	85,20	174,23	19
	III	2.441,66	-	195,33	219,74	-	183,42	206,35	-	171,76	193,23	-	160,36	180,40	-	149,22	167,87	-	138,33	155,62	-	127,70	14
	IV	3.267,00	179,68	261,36	294,03	175,37	255,09	286,97	171,06	248,82	279,92	166,76	242,56	272,88	162,45	236,29	265,82	158,14	230,02	258,77	153,83	223,76	25
	V	3.781,41	207,97	302,51	340,32																		
	VI	3.825,75	210,41	306,06	344,31																		
11.006,99 (Ost)	I	3.274,83	180,11	261,98	294,73	171,49	249,45	280,63	162,88	236,92	266,53	154,26	224,38	252,43	141,16	211,85	238,33	122,52	199,32	224,23	103,87	186,78	21
	II	3.125,66	171,91	250,05	281,30	163,29	237,52	267,21	154,68	224,99	253,11	142,06	212,46	239,01	123,42	199,92	224,91	104,77	187,39	210,81	86,13	174,86	19
	III	2.449,16	-	195,93	220,42	-	184,01	207,01	-	172,34	193,88	-	160,93	181,04	-	149,77	168,49	-	138,88	156,24	-	128,24	14
	IV	3.274,83	180,11	261,98	294,73	175,80	255,72	287,68	171,49	249,45	280,63	167,19	243,18	273,58	162,88	236,92	266,53	158,57	230,65	259,48	154,26	224,38	25
	V	3.789,25	208,40	303,14	341,03																		
	VI	3.833,58	210,84	306,68	345,02																		
11.009,99 (West)	I	3.268,25	179,75	261,46	294,14	171,13	248,92	280,04	162,52	236,39	265,94	153,90	223,86	251,84	140,38	211,32	237,74	121,73	198,79	223,64	103,10	186,26	20
	II	3.119,16	171,55	249,53	280,72	162,93	237,00	266,62	154,32	224,46	252,52	141,28	211,93	238,42	122,63	199,40	224,32	103,99	186,86	210,22	85,35	174,33	19
	III	2.442,83	-	195,42	219,85	-	183,52	206,46	-	171,85	193,33	-	160,45	180,50	-	149,30	167,96	-	138,42	155,72	-	127,78	14
	IV	3.268,25	179,75	261,46	294,14	175,44	255,19	287,09	171,13	248,92	280,04	166,82	242,66	272,99	162,52	236,39	265,94	158,21	230,12	258,89	153,90	223,86	25
	V	3.782,66	208,04	302,61	340,43																		
	VI	3.827,00	210,48	306,16	344,43																		
11.009,99 (Ost)	I	3.276,08	180,18	262,08	294,84	171,56	249,55	280,74	162,95	237,02	266,64	154,33	224,48	252,54	141,31	211,95	238,44	122,66	199,42	224,34	104,02	186,88	21
	II	3.126,91	171,98	250,15	281,42	163,36	237,62	267,32	154,75	225,09	253,22	142,21	212,56	239,13	123,57	200,02	225,02	104,92	187,49	210,92	86,28	174,96	19
	III	2.450,50	-	196,04	220,54	-	184,10	207,11	-	172,44	193,99	-	161,01	181,13	-	149,86	168,59	-	138,96	156,33	-	128,32	14
	IV	3.276,08	180,18	262,08	294,84	175,87	255,82	287,79	171,56	249,55	280,74	167,25	243,28	273,69	162,95	237,02	266,64	158,64	230,75	259,59	154,33	224,48	25
	V	3.790,50	208,47	303,24	341,14																		
	VI	3.834,83	210,91	306,78	345,13																		
11.012,99 (West)	I	3.269,50	179,82	261,56	294,25	171,20	249,02	280,15	162,58	236,49	266,05	153,97	223,96	251,95	140,52	211,42	237,85	121,89	198,90	223,76	103,25	186,36	20
	II	3.120,41	171,62	249,63	280,83	163,00	237,10	266,73	154,38	224,56	252,63	141,43	212,03	238,53	122,78	199,50	224,43	104,14	186,96	210,33	85,50	174,43	19
	III	2.444,16	-	195,53	219,97	-	183,61	206,56	-	171,94	193,43	-	160,54	180,61	-	149,40	168,07	-	138,50	155,81	-	127,88	14
	IV	3.269,50	179,82	261,56	294,25	175,51	255,29	287,20	171,20	249,02	280,15	166,89	242,76	273,10	162,58	236,49	266,05	158,28	230,22	259,00	153,97	223,96	25
	V	3.783,91	208,11	302,71	340,55																		
	VI	3.828,25	210,55	306,26	344,54																		
11.012,99 (Ost)	I	3.277,33	180,25	262,18	294,95	171,63	249,65	280,85	163,02	237,12	266,76	154,40	224,58	252,65	141,46	212,05	238,55	122,81	199,52	224,46	104,17	186,98	21
	II	3.128,25	172,05	250,26	281,54	163,43	237,72	267,44	154,82	225,19	253,34	142,36	212,66	239,24	123,72	200,12	225,14	105,07	187,59	211,04	86,43	175,06	19
	III	2.451,66	-	196,13	220,64	-	184,20	207,22	-	172,52	194,08	-	161,10	181,24	-	149,94	168,68	-	139,05	156,43	-	128,40	14
	IV	3.277,33	180,25	262,18	294,95	175,94	255,92	287,91	171,63	249,65	280,85	167,32	243,38	273,80	163,02	237,12	266,76	158,71	230,85	259,70	154,40	224,58	25
	V	3.791,75	208,54	303,34	341,25																		
	VI	3.836,08	210,98	306,88	345,24																		

Lohn/ Gehalt bis	Steuerklasse	Lohn-steuer	ohne Kinderfreibetrag SolZ 5,5%	Kirchensteuer 8%	9%	0,5 SolZ 5,5%	Kirchensteuer 8%	9%	1,0 SolZ 5,5%	Kirchensteuer 8%	9%	1,5 SolZ 5,5%	Kirchensteuer 8%	9%	2,0 SolZ 5,5%	Kirchensteuer 8%	9%	2,5 SolZ 5,5%	Kirchensteuer 8%	9%	3,0 SolZ 5,5%	Kirchensteuer 8%	9%
						Anzahl Kinderfreibeträge (nur Steuerklassen I–IV)																	
.015,99 (West)	I	3.270,75	179,89	261,66	294,36	171,27	249,12	280,26	162,65	236,59	266,16	154,04	224,06	252,07	140,68	211,53	237,97	122,04	199,00	223,87	103,40	186,46	209,77
	II	3.121,66	171,69	249,73	280,94	163,07	237,20	266,85	154,45	224,66	252,74	141,58	212,13	238,64	122,93	199,60	224,55	104,29	187,06	210,44	85,66	174,54	196,35
	III	2.445,33	–	195,62	220,07	–	183,70	206,66	–	172,04	193,54	–	160,64	180,72	–	149,49	168,17	–	138,60	155,92	–	127,96	143,95
	IV	3.270,75	179,89	261,66	294,36	175,58	255,39	287,31	171,27	249,12	280,26	166,96	242,86	273,21	162,65	236,59	266,16	158,34	230,32	259,11	154,04	224,06	252,07
	V	3.785,25	208,18	302,82	340,67																		
	VI	3.829,50	210,62	306,36	344,65																		
.015,99 (Ost)	I	3.278,58	180,32	262,28	295,07	171,70	249,75	280,97	163,08	237,22	266,87	154,47	224,68	252,77	141,61	212,15	238,67	122,96	199,62	224,57	104,32	187,08	210,47
	II	3.129,50	172,12	250,36	281,65	163,50	237,82	267,55	154,88	225,29	253,45	142,51	212,76	239,35	123,86	200,22	225,25	105,22	187,69	211,15	86,58	175,16	197,05
	III	2.452,83	–	196,22	220,75	–	184,29	207,32	–	172,61	194,18	–	161,20	181,35	–	150,04	168,79	–	139,13	156,52	–	128,49	144,55
	IV	3.278,58	180,32	262,28	295,07	176,01	256,02	288,02	171,70	249,75	280,97	167,39	243,48	273,92	163,08	237,22	266,87	158,78	230,95	259,82	154,47	224,68	252,77
	V	3.793,00	208,61	303,44	341,37																		
	VI	3.837,33	211,05	306,98	345,35																		
.018,99 (West)	I	3.272,00	179,96	261,76	294,48	171,34	249,22	280,37	162,73	236,70	266,28	154,11	224,16	252,18	140,83	211,63	238,08	122,19	199,10	223,98	103,54	186,56	209,88
	II	3.122,91	171,76	249,83	281,06	163,14	237,30	266,96	154,52	224,76	252,86	141,72	212,23	238,76	123,09	199,70	224,66	104,45	187,17	210,56	85,80	174,64	196,47
	III	2.446,50	–	195,72	220,18	–	183,80	206,77	–	172,13	193,64	–	160,73	180,82	–	149,57	168,26	–	138,68	156,01	–	128,04	144,04
	IV	3.272,00	179,96	261,76	294,48	175,65	255,49	287,42	171,34	249,22	280,37	167,03	242,96	273,33	162,73	236,70	266,28	158,42	230,43	259,23	154,11	224,16	252,18
	V	3.786,50	208,25	302,92	340,78																		
	VI	3.830,75	210,69	306,46	344,76																		
.018,99 (Ost)	I	3.279,83	180,39	262,38	295,18	171,77	249,85	281,08	163,15	237,32	266,98	154,54	224,78	252,88	141,75	212,25	238,78	123,11	199,72	224,68	104,48	187,19	210,59
	II	3.130,75	172,19	250,46	281,76	163,57	237,92	267,66	154,95	225,39	253,56	142,66	212,86	239,46	124,01	200,32	225,36	105,37	187,79	211,26	86,73	175,26	197,16
	III	2.454,00	–	196,32	220,86	–	184,38	207,43	–	172,70	194,29	–	161,29	181,45	–	150,13	168,89	–	139,22	156,62	–	128,57	144,64
	IV	3.279,83	180,39	262,38	295,18	176,08	256,12	288,13	171,77	249,85	281,08	167,46	243,58	274,03	163,15	237,32	266,98	158,84	231,05	259,93	154,54	224,78	252,88
	V	3.794,25	208,68	303,54	341,48																		
	VI	3.838,58	211,12	307,08	345,47																		
.021,99 (West)	I	3.273,33	180,03	261,86	294,59	171,41	249,33	280,49	162,80	236,80	266,40	154,18	224,26	252,29	140,98	211,73	238,19	122,34	199,20	224,10	103,69	186,66	209,99
	II	3.124,16	171,82	249,93	281,17	163,21	237,40	267,07	154,59	224,86	252,97	141,88	212,34	238,88	123,24	199,80	224,78	104,60	187,27	210,68	85,95	174,74	196,58
	III	2.447,66	–	195,81	220,28	–	183,89	206,87	–	172,22	193,75	–	160,81	180,91	–	149,66	168,37	–	138,77	156,11	–	128,13	144,14
	IV	3.273,33	180,03	261,86	294,59	175,72	255,60	287,55	171,41	249,33	280,49	167,10	243,06	273,44	162,80	236,80	266,40	158,49	230,53	259,34	154,18	224,26	252,29
	V	3.787,75	208,32	303,02	340,89																		
	VI	3.832,08	210,76	306,56	344,88																		
.021,99 (Ost)	I	3.281,08	180,45	262,48	295,29	171,84	249,95	281,19	163,22	237,42	267,09	154,60	224,88	252,99	141,90	212,35	238,89	123,27	199,82	224,80	104,63	187,29	210,70
	II	3.132,00	172,26	250,56	281,88	163,64	238,02	267,77	155,02	225,49	253,67	142,80	212,96	239,58	124,16	200,42	225,47	105,52	187,89	211,37	86,87	175,36	197,28
	III	2.455,33	–	196,42	220,97	–	184,48	207,54	–	172,80	194,40	–	161,38	181,55	–	150,21	168,98	–	139,30	156,71	–	128,65	144,73
	IV	3.281,08	180,45	262,48	295,29	176,15	256,22	288,24	171,84	249,95	281,19	167,53	243,68	274,14	163,22	237,42	267,09	158,91	231,15	260,04	154,60	224,88	252,99
	V	3.795,50	208,75	303,64	341,59																		
	VI	3.839,83	211,19	307,18	345,58																		
.024,99 (West)	I	3.274,58	180,10	261,96	294,71	171,48	249,43	280,61	162,86	236,90	266,51	154,25	224,36	252,41	141,13	211,83	238,31	122,49	199,30	224,21	103,84	186,76	210,11
	II	3.125,41	171,89	250,03	281,28	163,28	237,50	267,19	154,66	224,97	253,09	142,03	212,44	238,99	123,39	199,90	224,89	104,74	187,37	210,79	86,10	174,84	196,69
	III	2.449,00	–	195,92	220,41	–	183,98	206,98	–	172,32	193,86	–	160,90	181,01	–	149,76	168,48	–	138,85	156,20	–	128,21	144,23
	IV	3.274,58	180,10	261,96	294,71	175,79	255,70	287,66	171,48	249,43	280,61	167,17	243,16	273,56	162,86	236,90	266,51	158,56	230,63	259,46	154,25	224,36	252,41
	V	3.789,00	208,39	303,12	341,01																		
	VI	3.833,33	210,83	306,66	344,99																		
.024,99 (Ost)	I	3.282,33	180,52	262,58	295,40	171,91	250,05	281,30	163,29	237,52	267,21	154,68	224,99	253,11	142,06	212,46	239,01	123,42	199,92	224,91	104,77	187,39	210,81
	II	3.133,25	172,32	250,66	281,99	163,71	238,12	267,89	155,09	225,59	253,79	142,95	213,06	239,69	124,31	200,52	225,59	105,67	187,99	211,49	87,03	175,46	197,39
	III	2.456,50	–	196,52	221,08	–	184,58	207,65	–	172,89	194,50	–	161,46	181,64	–	150,30	169,09	–	139,40	156,82	–	128,74	144,83
	IV	3.282,33	180,52	262,58	295,40	176,22	256,32	288,36	171,91	250,05	281,30	167,60	243,78	274,25	163,29	237,52	267,21	158,98	231,25	260,15	154,68	224,99	253,11
	V	3.796,83	208,82	303,74	341,71																		
	VI	3.841,08	211,25	307,28	345,69																		
.027,99 (West)	I	3.275,83	180,17	262,06	294,82	171,55	249,53	280,72	162,93	237,00	266,62	154,32	224,46	252,52	141,28	211,93	238,42	122,63	199,40	224,32	103,99	186,86	210,22
	II	3.126,75	171,97	250,14	281,40	163,35	237,60	267,30	154,73	225,07	253,20	142,18	212,54	239,10	123,54	200,00	225,00	104,89	187,47	210,90	86,25	174,94	196,80
	III	2.450,16	–	196,01	220,51	–	184,08	207,09	–	172,41	193,96	–	161,00	181,12	–	149,84	168,57	–	138,94	156,31	–	128,30	144,34
	IV	3.275,83	180,17	262,06	294,82	175,86	255,80	287,77	171,55	249,53	280,72	167,24	243,26	273,67	162,93	237,00	266,62	158,62	230,73	259,57	154,32	224,46	252,52
	V	3.790,25	208,46	303,22	341,12																		
	VI	3.834,58	210,90	306,76	345,11																		
1.027,99 (Ost)	I	3.283,58	180,59	262,68	295,52	171,98	250,15	281,42	163,36	237,62	267,32	154,75	225,09	253,22	142,21	212,56	239,13	123,57	200,02	225,02	104,92	187,49	210,92
	II	3.134,50	172,39	250,76	282,10	163,78	238,22	268,00	155,16	225,69	253,90	143,10	213,16	239,80	124,47	200,63	225,71	105,83	188,10	211,61	87,18	175,56	197,51
	III	2.457,66	–	196,61	221,18	–	184,68	207,76	–	172,98	194,60	–	161,56	181,75	–	150,40	169,20	–	139,48	156,91	–	128,82	144,92
	IV	3.283,58	180,59	262,68	295,52	176,28	256,42	288,47	171,98	250,15	281,42	167,67	243,89	274,37	163,36	237,62	267,32	159,06	231,36	260,28	154,75	225,09	253,22
	V	3.798,08	208,89	303,84	341,82																		
	VI	3.842,33	211,32	307,38	345,80																		
1.030,99 (West)	I	3.277,08	180,23	262,16	294,93	171,62	249,63	280,83	163,00	237,10	266,73	154,38	224,56	252,63	141,43	212,03	238,53	122,78	199,50	224,43	104,14	186,96	210,33
	II	3.128,00	172,04	250,24	281,52	163,42	237,70	267,41	154,80	225,17	253,31	142,33	212,64	239,22	123,69	200,10	225,11	105,04	187,57	211,01	86,40	175,04	196,92
	III	2.451,33	–	196,10	220,61	–	184,17	207,19	–	172,50	194,06	–	161,09	181,22	–	149,93	168,67	–	139,02	156,40	–	128,38	144,43
	IV	3.277,08	180,23	262,16	294,93	175,93	255,90	287,88	171,62	249,63	280,83	167,31	243,36	273,78	163,00	237,10	266,73	158,69	230,83	259,68	154,38	224,56	252,63
	V	3.791,50	208,53	303,32	341,23																		
	VI	3.835,83	210,97	306,86	345,22																		
1.030,99 (Ost)	I	3.284,91	180,67	262,79	295,64	172,05	250,26	281,54	163,43	237,72	267,44	154,82	225,19	253,34	142,36	212,66	239,24	123,72	200,12	225,14	105,07	187,59	211,04
	II	3.135,75	172,46	250,86	282,21	163,84	238,32	268,11	155,23	225,79	254,01	143,26	213,26	239,92	124,62	200,73	225,82	105,97	188,20	211,72	87,33	175,66	197,62
	III	2.459,00	–	196,72	221,31	–	184,77	207,86	–	173,08	194,71	–	161,65	181,85	–	150,48	169,29	–	139,57	157,01	–	128,90	145,01
	IV	3.284,91	180,67	262,79	295,64	176,36	256,52	288,59	172,05	250,26	281,54	167,74	243,99	274,49	163,43	237,72	267,44	159,12	231,46	260,39	154,82	225,19	253,34
	V	3.799,33	208,96	303,94	341,93																		
	VI	3.843,66	211,40	307,49	345,92																		
1.033,99 (West)	I	3.278,33	180,30	262,26	295,04	171,69	249,73	280,94	163,07	237,20	266,85	154,45	224,66	252,74	141,58	212,13	238,64	122,93	199,60	224,55	104,29	187,06	210,44
	II	3.129,25	172,10	250,34	281,63	163,49	237,80	267,53	154,87	225,27	253,43	142,48	212,74	239,33	123,83	200,20	225,23	105,19	187,67	211,13	86,55	175,14	197,03
	III	2.452,66	–	196,21	220,73	–	184,28	207,31	–	172,60	194,17	–	161,18	181,33	–	150,01	168,76	–	139,12	156,51	–	128,46	144,52
	IV	3.278,33	180,30	262,26	295,04	176,00	256,00	288,00	171,69	249,73	280,94	167,38	243,46	273,89	163,07	237,20	266,85	158,76	230,93	259,79	154,45	224,66	252,74
	V	3.792,75	208,60	303,42	341,34																		
	VI	3.837,08	211,03	306,96	345,33																		
1.033,99 (Ost)	I	3.286,16	180,73	262,89	295,75	172,12	250,36	281,65	163,50	237,82	267,55	154,88	225,29	253,45	142,51	212,76	239,35	123,86	200,22	225,25	105,22	187,69	211,15
	II	3.137,00	172,53	250,96	282,33	163,92	238,43	268,23	155,30	225,90	254,13	143,41	213,36	240,03	124,77	200,83	225,93	106,12	188,30	211,83	87,48	175,76	197,73
	III	2.460,16	–	196,81	221,41	–	184,86	207,97	–	173,17	194,81	–	161,74	181,96	–	150,57	169,39	–	139,65	157,10	–	129,00	145,12
	IV	3.286,16	180,73	262,89	295,75	176,43	256,62	288,70	172,12	250,36	281,65	167,81	244,09	274,60	163,50	237,82	267,55	159,19	231,56	260,50	154,88	225,29	253,45
	V	3.800,58	209,03	304,04	342,05																		
	VI	3.844,91	211,47	307,59	346,04																		

Lohn/ Gehalt bis	Steuerklasse	Lohn-steuer	ohne Kinderfreibetrag SolZ 5,5%	ohne Kinderfreibetrag Kirchensteuer 8%	ohne Kinderfreibetrag Kirchensteuer 9%	0,5 SolZ 5,5%	0,5 Kirchensteuer 8%	0,5 Kirchensteuer 9%	1,0 SolZ 5,5%	1,0 Kirchensteuer 8%	1,0 Kirchensteuer 9%	1,5 SolZ 5,5%	1,5 Kirchensteuer 8%	1,5 Kirchensteuer 9%	2,0 SolZ 5,5%	2,0 Kirchensteuer 8%	2,0 Kirchensteuer 9%	2,5 SolZ 5,5%	2,5 Kirchensteuer 8%	2,5 Kirchensteuer 9%	3,0 SolZ 5,5%	3,0 Kirchensteuer 8%
						Anzahl Kinderfreibeträge (nur Steuerklassen I–IV)																
11.036,99 (West)	I	3.279,58	180,37	262,36	295,16	171,76	249,83	281,06	163,14	237,30	266,96	154,52	224,76	252,86	141,72	212,23	238,76	123,09	199,70	224,66	104,45	187,17
	II	3.130,50	172,17	250,44	281,74	163,56	237,90	267,64	154,94	225,37	253,54	142,63	212,84	239,44	123,98	200,30	225,34	105,34	187,77	211,24	86,70	175,24
	III	2.453,83	-	196,30	220,84	-	184,37	207,41	-	172,69	194,27	-	161,26	181,42	-	150,10	168,86	-	139,20	156,60	-	128,56
	IV	3.279,58	180,37	262,36	295,16	176,06	256,10	288,11	171,76	249,83	281,06	167,45	243,56	274,01	163,14	237,30	266,96	158,83	231,03	259,91	154,52	224,76
	V	3.794,00	208,67	303,52	341,46																	
	VI	3.838,33	211,10	307,06	345,44																	
11.036,99 (Ost)	I	3.287,41	180,80	262,99	295,86	172,19	250,46	281,76	163,57	237,92	267,66	154,95	225,39	253,56	142,66	212,86	239,46	124,01	200,32	225,36	105,37	187,79
	II	3.138,33	172,60	251,06	282,44	163,99	238,53	268,34	155,37	226,00	254,25	143,56	213,46	240,14	124,92	200,93	226,04	106,27	188,40	211,95	87,63	175,86
	III	2.461,33	-	196,90	221,51	-	184,96	208,08	-	173,26	194,92	-	161,84	182,07	-	150,66	169,49	-	139,74	157,21	-	129,08
	IV	3.287,41	180,80	262,99	295,86	176,49	256,72	288,81	172,19	250,46	281,76	167,88	244,19	274,71	163,57	237,92	267,66	159,26	231,66	260,61	154,95	225,39
	V	3.801,83	209,10	304,14	342,16																	
	VI	3.846,16	211,53	307,69	346,15																	
11.039,99 (West)	I	3.280,83	180,44	262,46	295,27	171,82	249,93	281,17	163,21	237,40	267,07	154,59	224,86	252,97	141,88	212,34	238,88	123,24	199,80	224,78	104,60	187,27
	II	3.131,75	172,24	250,54	281,85	163,62	238,00	267,75	155,01	225,47	253,65	142,78	212,94	239,55	124,13	200,40	225,45	105,49	187,87	211,35	86,86	175,34
	III	2.455,00	-	196,40	220,95	-	184,46	207,52	-	172,78	194,38	-	161,36	181,53	-	150,20	168,97	-	139,29	156,70	-	128,64
	IV	3.280,83	180,44	262,46	295,27	176,13	256,20	288,22	171,82	249,93	281,17	167,52	243,66	274,12	163,21	237,40	267,07	158,90	231,13	260,02	154,59	224,86
	V	3.795,33	208,74	303,62	341,57																	
	VI	3.839,58	211,17	307,16	345,56																	
11.039,99 (Ost)	I	3.288,66	180,87	263,09	295,97	172,26	250,56	281,88	163,64	238,02	267,77	155,02	225,49	253,67	142,80	212,96	239,58	124,16	200,42	225,47	105,52	187,89
	II	3.139,58	172,67	251,16	282,56	164,06	238,63	268,46	155,44	226,10	254,36	143,71	213,56	240,26	125,06	201,03	226,16	106,42	188,50	212,06	87,78	175,96
	III	2.462,50	-	197,00	221,62	-	185,05	208,18	-	173,36	195,03	-	161,93	182,17	-	150,74	169,58	-	139,82	157,30	-	129,16
	IV	3.288,66	180,87	263,09	295,97	176,56	256,82	288,92	172,26	250,56	281,88	167,95	244,29	274,82	163,64	238,02	267,77	159,33	231,76	260,73	155,02	225,49
	V	3.803,08	209,16	304,24	342,27																	
	VI	3.847,41	211,60	307,79	346,26																	
11.042,99 (West)	I	3.282,08	180,51	262,56	295,38	171,89	250,03	281,28	163,28	237,50	267,19	154,66	224,97	253,09	142,03	212,44	238,99	123,39	199,90	224,89	104,74	187,37
	II	3.133,00	172,31	250,64	281,97	163,69	238,10	267,86	155,08	225,57	253,76	142,92	213,04	239,67	124,28	200,50	225,56	105,65	187,98	211,47	87,00	175,44
	III	2.456,16	-	196,49	221,05	-	184,56	207,63	-	172,88	194,49	-	161,45	181,63	-	150,28	169,06	-	139,37	156,79	-	128,72
	IV	3.282,08	180,51	262,56	295,38	176,20	256,30	288,33	171,89	250,03	281,28	167,58	243,76	274,23	163,28	237,50	267,19	158,97	231,24	260,14	154,66	224,97
	V	3.796,58	208,81	303,72	341,69																	
	VI	3.840,83	211,24	307,26	345,67																	
11.042,99 (Ost)	I	3.289,91	180,94	263,19	296,09	172,32	250,66	281,99	163,71	238,12	267,89	155,09	225,59	253,79	142,95	213,06	239,69	124,31	200,52	225,59	105,67	187,99
	II	3.140,83	172,74	251,26	282,67	164,12	238,73	268,57	155,51	226,20	254,47	143,86	213,66	240,37	125,21	201,13	226,27	106,57	188,60	212,17	87,93	176,06
	III	2.463,83	-	197,10	221,74	-	185,14	208,28	-	173,45	195,13	-	162,01	182,26	-	150,84	169,69	-	139,92	157,41	-	129,25
	IV	3.289,91	180,94	263,19	296,09	176,63	256,92	289,04	172,32	250,66	281,99	168,02	244,39	274,94	163,71	238,12	267,89	159,40	231,86	260,84	155,09	225,59
	V	3.804,33	209,23	304,34	342,38																	
	VI	3.848,66	211,67	307,89	346,37																	
11.045,99 (West)	I	3.283,33	180,58	262,66	295,49	171,97	250,14	281,40	163,35	237,60	267,30	154,73	225,07	253,20	142,18	212,54	239,10	123,54	200,00	225,00	104,89	187,47
	II	3.134,25	172,38	250,74	282,08	163,76	238,20	267,98	155,15	225,67	253,88	143,08	213,14	239,78	124,44	200,61	225,68	105,80	188,08	211,59	87,15	175,54
	III	2.457,50	-	196,60	221,17	-	184,65	207,73	-	172,97	194,59	-	161,54	181,73	-	150,37	169,16	-	139,46	156,89	-	128,81
	IV	3.283,33	180,58	262,66	295,49	176,27	256,40	288,45	171,97	250,14	281,40	167,66	243,87	274,35	163,35	237,60	267,30	159,04	231,34	260,25	154,73	225,07
	V	3.797,83	208,88	303,82	341,80																	
	VI	3.842,08	211,31	307,36	345,78																	
11.045,99 (Ost)	I	3.291,16	181,01	263,29	296,20	172,39	250,76	282,10	163,78	238,22	268,00	155,16	225,69	253,90	143,10	213,16	239,80	124,47	200,63	225,71	105,83	188,10
	II	3.142,08	172,81	251,36	282,78	164,19	238,83	268,68	155,58	226,30	254,58	144,00	213,76	240,48	125,36	201,23	226,38	106,72	188,70	212,28	88,07	176,16
	III	2.465,00	-	197,20	221,85	-	185,24	208,39	-	173,54	195,23	-	162,10	182,36	-	150,93	169,79	-	140,00	157,50	-	129,33
	IV	3.291,16	181,01	263,29	296,20	176,70	257,02	289,15	172,39	250,76	282,10	168,08	244,49	275,05	163,78	238,22	268,00	159,47	231,96	260,95	155,16	225,69
	V	3.805,58	209,30	304,44	342,50																	
	VI	3.849,91	211,74	307,99	346,49																	
11.048,99 (West)	I	3.284,66	180,65	262,77	295,61	172,04	250,24	281,52	163,42	237,70	267,41	154,80	225,17	253,31	142,33	212,64	239,22	123,69	200,10	225,11	105,04	187,57
	II	3.135,50	172,45	250,84	282,19	163,83	238,30	268,09	155,22	225,78	254,00	143,23	213,24	239,90	124,59	200,71	225,80	105,94	188,18	211,70	87,30	175,64
	III	2.458,66	-	196,69	221,27	-	184,74	207,83	-	173,06	194,69	-	161,64	181,84	-	150,46	169,27	-	139,54	156,98	-	128,89
	IV	3.284,66	180,65	262,77	295,61	176,34	256,50	288,56	172,04	250,24	281,52	167,73	243,97	274,46	163,42	237,70	267,41	159,11	231,44	260,37	154,80	225,17
	V	3.799,08	208,94	303,92	341,91																	
	VI	3.843,41	211,38	307,47	345,90																	
11.048,99 (Ost)	I	3.292,41	181,08	263,39	296,31	172,46	250,86	282,21	163,84	238,32	268,11	155,23	225,79	254,01	143,26	213,26	239,92	124,62	200,73	225,82	105,97	188,20
	II	3.143,33	172,88	251,46	282,89	164,26	238,93	268,79	155,65	226,40	254,70	144,15	213,86	240,59	125,51	201,33	226,49	106,87	188,80	212,40	88,23	176,27
	III	2.466,16	-	197,29	221,95	-	185,34	208,51	-	173,64	195,34	-	162,20	182,47	-	151,01	169,88	-	140,09	157,60	-	129,41
	IV	3.292,41	181,08	263,39	296,31	176,77	257,12	289,26	172,46	250,86	282,21	168,15	244,59	275,16	163,84	238,32	268,11	159,54	232,06	261,06	155,23	225,79
	V	3.806,91	209,38	304,55	342,62																	
	VI	3.851,16	211,81	308,09	346,60																	
11.051,99 (West)	I	3.285,91	180,72	262,87	295,73	172,10	250,34	281,63	163,49	237,80	267,53	154,87	225,27	253,43	142,48	212,74	239,33	123,83	200,20	225,23	105,19	187,67
	II	3.136,83	172,52	250,94	282,31	163,90	238,41	268,21	155,29	225,88	254,11	143,38	213,34	240,01	124,74	200,81	225,91	106,09	188,28	211,81	87,45	175,74
	III	2.459,83	-	196,78	221,38	-	184,84	207,94	-	173,16	194,80	-	161,72	181,93	-	150,54	169,36	-	139,64	157,09	-	128,97
	IV	3.285,91	180,72	262,87	295,73	176,41	256,60	288,68	172,10	250,34	281,63	167,80	244,07	274,58	163,49	237,80	267,53	159,18	231,54	260,48	154,87	225,27
	V	3.800,33	209,01	304,02	342,02																	
	VI	3.844,66	211,45	307,57	346,01																	
11.051,99 (Ost)	I	3.293,66	181,15	263,49	296,42	172,53	250,96	282,33	163,92	238,43	268,23	155,30	225,90	254,13	143,41	213,36	240,03	124,77	200,83	225,93	106,12	188,30
	II	3.144,58	172,95	251,56	283,01	164,33	239,03	268,91	155,71	226,50	254,81	144,30	213,96	240,71	125,66	201,43	226,61	107,03	188,90	212,51	88,38	176,37
	III	2.467,50	-	197,40	222,07	-	185,44	208,62	-	173,73	195,44	-	162,29	182,57	-	151,10	169,99	-	140,17	157,69	-	129,50
	IV	3.293,66	181,15	263,49	296,42	176,84	257,22	289,37	172,53	250,96	282,33	168,22	244,69	275,27	163,92	238,43	268,23	159,61	232,16	261,18	155,30	225,90
	V	3.808,16	209,44	304,65	342,73																	
	VI	3.852,41	211,88	308,19	346,71																	
11.054,99 (West)	I	3.287,16	180,79	262,97	295,84	172,17	250,44	281,74	163,56	237,90	267,64	154,94	225,37	253,54	142,63	212,84	239,44	123,98	200,30	225,34	105,34	187,77
	II	3.138,08	172,59	251,04	282,42	163,97	238,51	268,32	155,36	225,98	254,22	143,53	213,44	240,12	124,89	200,91	226,02	106,24	188,38	211,92	87,60	175,84
	III	2.461,00	-	196,88	221,49	-	184,93	208,04	-	173,25	194,90	-	161,81	182,03	-	150,64	169,47	-	139,72	157,18	-	129,06
	IV	3.287,16	180,79	262,97	295,84	176,48	256,70	288,79	172,17	250,44	281,74	167,86	244,17	274,69	163,56	237,90	267,64	159,25	231,64	260,59	154,94	225,37
	V	3.801,58	209,08	304,12	342,14																	
	VI	3.845,91	211,52	307,67	346,13																	
11.054,99 (Ost)	I	3.294,91	181,22	263,59	296,54	172,60	251,06	282,44	163,99	238,53	268,34	155,37	226,00	254,25	143,56	213,46	240,14	124,92	200,93	226,04	106,27	188,40
	II	3.145,83	173,02	251,66	283,12	164,40	239,13	269,02	155,78	226,60	254,92	144,46	214,07	240,83	125,82	201,54	226,73	107,17	189,00	212,63	88,53	176,47
	III	2.468,66	-	197,49	222,17	-	185,53	208,72	-	173,82	195,55	-	162,38	182,68	-	151,20	170,10	-	140,26	157,79	-	129,58
	IV	3.294,91	181,22	263,59	296,54	176,91	257,33	289,49	172,60	251,06	282,44	168,30	244,80	275,40	163,99	238,53	268,34	159,68	232,26	261,29	155,37	226,00
	V	3.809,41	209,51	304,75	342,84																	
	VI	3.853,75	211,95	308,30	346,83																	

Lohn/ Gehalt bis	Steuerklasse	Lohn-steuer	ohne Kinderfreibetrag SolZ 5,5%	Kirchensteuer 8%	9%	0,5 SolZ 5,5%	Kirchensteuer 8%	9%	1,0 SolZ 5,5%	Kirchensteuer 8%	9%	1,5 SolZ 5,5%	Kirchensteuer 8%	9%	2,0 SolZ 5,5%	Kirchensteuer 8%	9%	2,5 SolZ 5,5%	Kirchensteuer 8%	9%	3,0 SolZ 5,5%	Kirchensteuer 8%	9%
						Anzahl Kinderfreibeträge (nur Steuerklassen I–IV)																	
1.057,99 (West)	I	3.288,41	180,86	263,07	295,95	172,24	250,54	281,85	163,62	238,00	267,75	155,01	225,47	253,65	142,78	212,94	239,55	124,13	200,40	225,45	105,49	187,87	211,35
	II	3.139,33	172,66	251,14	282,53	164,04	238,61	268,43	155,43	226,08	254,34	143,68	213,54	240,23	125,03	201,01	226,13	106,39	188,48	212,04	87,75	175,94	197,93
	III	2.462,33	-	196,98	221,60	-	185,04	208,17	-	173,34	195,01	-	161,90	182,14	-	150,73	169,57	-	139,81	157,28	-	129,14	145,28
	IV	3.288,41	180,86	263,07	295,95	176,55	256,80	288,90	172,24	250,54	281,85	167,93	244,27	274,80	163,62	238,00	267,75	159,32	231,74	260,70	155,01	225,47	253,65
	V	3.802,83	209,15	304,22	342,25																		
	VI	3.847,16	211,59	307,77	346,24																		
1.057,99 (Ost)	I	3.296,25	181,29	263,70	296,66	172,67	251,16	282,56	164,06	238,63	268,46	155,44	226,10	254,36	143,71	213,56	240,26	125,06	201,03	226,16	106,42	188,50	212,06
	II	3.147,08	173,08	251,76	283,23	164,47	239,23	269,13	155,86	226,70	255,04	144,61	214,17	240,94	125,97	201,64	226,84	107,32	189,10	212,74	88,68	176,57	198,64
	III	2.469,83	-	197,58	222,28	-	185,62	208,82	-	173,92	195,66	-	162,48	182,79	-	151,28	170,19	-	140,34	157,88	-	129,68	145,89
	IV	3.296,25	181,29	263,70	296,66	176,98	257,43	289,61	172,67	251,16	282,56	168,36	244,90	275,51	164,06	238,63	268,46	159,75	232,36	261,41	155,44	226,10	254,36
	V	3.810,66	209,58	304,85	342,95																		
	VI	3.855,00	212,02	308,40	346,95																		
1.060,99 (West)	I	3.289,66	180,93	263,17	296,06	172,31	250,64	281,97	163,69	238,10	267,86	155,08	225,57	253,76	142,92	213,04	239,67	124,28	200,50	225,56	105,65	187,98	211,47
	II	3.140,58	172,73	251,24	282,65	164,11	238,71	268,55	155,49	226,18	254,45	143,83	213,64	240,35	125,18	201,11	226,25	106,54	188,58	212,15	87,90	176,04	198,05
	III	2.463,50	-	197,08	221,71	-	185,13	208,27	-	173,44	195,12	-	162,00	182,25	-	150,81	169,66	-	139,89	157,37	-	129,22	145,37
	IV	3.289,66	180,93	263,17	296,06	176,62	256,90	289,01	172,31	250,64	281,97	168,00	244,37	274,91	163,69	238,10	267,86	159,39	231,84	260,82	155,08	225,57	253,76
	V	3.804,08	209,22	304,32	342,36																		
	VI	3.848,41	211,66	307,87	346,35																		
1.060,99 (Ost)	I	3.297,50	181,36	263,80	296,77	172,74	251,26	282,67	164,12	238,73	268,57	155,51	226,20	254,47	143,86	213,66	240,37	125,21	201,13	226,27	106,57	188,60	212,17
	II	3.148,41	173,16	251,87	283,35	164,54	239,34	269,25	155,92	226,80	255,15	144,76	214,27	241,05	126,12	201,74	226,95	107,47	189,20	212,85	88,83	176,67	198,75
	III	2.471,00	-	197,68	222,39	-	185,72	208,93	-	174,01	195,76	-	162,56	182,88	-	151,37	170,29	-	140,44	157,99	-	129,76	145,98
	IV	3.297,50	181,36	263,80	296,77	177,05	257,53	289,72	172,74	251,26	282,67	168,43	245,00	275,62	164,12	238,73	268,57	159,82	232,46	261,52	155,51	226,20	254,47
	V	3.811,91	209,65	304,95	343,07																		
	VI	3.856,25	212,09	308,50	347,06																		
1.063,99 (West)	I	3.290,91	181,00	263,27	296,18	172,38	250,74	282,08	163,76	238,20	267,98	155,15	225,67	253,88	143,08	213,14	239,78	124,44	200,61	225,68	105,80	188,08	211,59
	II	3.141,83	172,80	251,34	282,76	164,18	238,81	268,66	155,56	226,28	254,56	143,98	213,74	240,46	125,33	201,21	226,36	106,69	188,68	212,26	88,05	176,14	198,16
	III	2.464,66	-	197,17	221,81	-	185,22	208,37	-	173,53	195,22	-	162,09	182,35	-	150,90	169,76	-	139,98	157,48	-	129,32	145,48
	IV	3.290,91	181,00	263,27	296,18	176,69	257,00	289,13	172,38	250,74	282,08	168,07	244,47	275,03	163,76	238,20	267,98	159,45	231,94	260,93	155,15	225,67	253,88
	V	3.805,33	209,29	304,42	342,47																		
	VI	3.849,66	211,73	307,97	346,46																		
1.063,99 (Ost)	I	3.298,75	181,43	263,90	296,88	172,81	251,36	282,78	164,19	238,83	268,68	155,58	226,30	254,58	144,00	213,76	240,48	125,36	201,23	226,38	106,72	188,70	212,28
	II	3.149,66	173,23	251,97	283,46	164,61	239,44	269,37	155,99	226,90	255,26	144,91	214,37	241,16	126,26	201,84	227,07	107,62	189,30	212,96	88,98	176,77	198,86
	III	2.472,33	-	197,78	222,50	-	185,81	209,03	-	174,10	195,86	-	162,65	182,98	-	151,46	170,39	-	140,52	158,08	-	129,84	146,07
	IV	3.298,75	181,43	263,90	296,88	177,12	257,63	289,83	172,81	251,36	282,78	168,50	245,10	275,73	164,19	238,83	268,68	159,88	232,56	261,63	155,58	226,30	254,58
	V	3.813,16	209,72	305,05	343,18																		
	VI	3.857,50	212,16	308,60	347,17																		
1.066,99 (West)	I	3.292,16	181,06	263,37	296,29	172,45	250,84	282,19	163,83	238,30	268,09	155,22	225,78	254,00	143,23	213,24	239,90	124,59	200,71	225,80	105,94	188,18	211,70
	II	3.143,08	172,86	251,44	282,87	164,25	238,91	268,77	155,63	226,38	254,67	144,12	213,84	240,57	125,48	201,31	226,47	106,85	188,78	212,38	88,20	176,25	198,28
	III	2.466,00	-	197,28	221,94	-	185,32	208,48	-	173,62	195,32	-	162,18	182,45	-	151,00	169,87	-	140,06	157,57	-	129,40	145,57
	IV	3.292,16	181,06	263,37	296,29	176,76	257,10	289,24	172,45	250,84	282,19	168,14	244,57	275,14	163,83	238,30	268,09	159,53	232,04	261,05	155,22	225,78	254,00
	V	3.806,66	209,36	304,53	342,59																		
	VI	3.850,91	211,80	308,07	346,58																		
1.066,99 (Ost)	I	3.300,00	181,50	264,00	297,00	172,88	251,46	282,89	164,26	238,93	268,79	155,65	226,40	254,70	144,15	213,86	240,59	125,51	201,33	226,49	106,87	188,80	212,40
	II	3.150,91	173,30	252,07	283,58	164,68	239,54	269,48	156,06	227,00	255,38	145,06	214,47	241,28	126,41	201,94	227,18	107,77	189,40	213,08	89,13	176,87	198,98
	III	2.473,50	-	197,88	222,61	-	185,90	209,14	-	174,20	195,97	-	162,74	183,08	-	151,54	170,48	-	140,61	158,18	-	129,93	146,17
	IV	3.300,00	181,50	264,00	297,00	177,19	257,73	289,94	172,88	251,46	282,89	168,57	245,20	275,85	164,26	238,93	268,79	159,95	232,66	261,74	155,65	226,40	254,70
	V	3.814,41	209,79	305,15	343,29																		
	VI	3.858,75	212,23	308,70	347,28																		
1.069,99 (West)	I	3.293,41	181,13	263,47	296,40	172,52	250,94	282,31	163,90	238,41	268,21	155,29	225,88	254,11	143,38	213,34	240,01	124,74	200,81	225,91	106,09	188,28	211,81
	II	3.144,33	172,93	251,54	282,98	164,32	239,01	268,88	155,70	226,48	254,79	144,27	213,94	240,68	125,64	201,42	226,59	107,00	188,88	212,49	88,35	176,35	198,39
	III	2.467,16	-	197,37	222,04	-	185,41	208,58	-	173,72	195,43	-	162,26	182,54	-	151,08	169,96	-	140,16	157,68	-	129,48	145,66
	IV	3.293,41	181,13	263,47	296,40	176,82	257,20	289,35	172,52	250,94	282,31	168,21	244,68	275,26	163,90	238,41	268,21	159,60	232,14	261,16	155,29	225,88	254,11
	V	3.807,91	209,43	304,63	342,71																		
	VI	3.852,16	211,86	308,17	346,69																		
1.069,99 (Ost)	I	3.301,25	181,56	264,10	297,11	172,95	251,56	283,01	164,33	239,03	268,91	155,71	226,50	254,81	144,30	213,96	240,71	125,66	201,43	226,61	107,03	188,90	212,51
	II	3.152,16	173,36	252,17	283,69	164,75	239,64	269,59	156,13	227,10	255,49	145,20	214,57	241,39	126,56	202,04	227,29	107,92	189,50	213,19	89,27	176,97	199,09
	III	2.474,66	-	197,97	222,71	-	186,01	209,26	-	174,29	196,07	-	162,84	183,19	-	151,64	170,59	-	140,69	158,27	-	130,01	146,26
	IV	3.301,25	181,56	264,10	297,11	177,26	257,83	290,06	172,95	251,56	283,01	168,64	245,30	275,96	164,33	239,03	268,91	160,02	232,76	261,86	155,71	226,50	254,81
	V	3.815,66	209,86	305,25	343,40																		
	VI	3.860,00	212,30	308,80	347,40																		
1.072,99 (West)	I	3.294,75	181,21	263,58	296,52	172,59	251,04	282,42	163,97	238,51	268,32	155,36	225,98	254,22	143,53	213,44	240,12	124,89	200,91	226,02	106,24	188,38	211,92
	II	3.145,58	173,00	251,64	283,10	164,39	239,11	269,00	155,77	226,58	254,90	144,43	214,05	240,80	125,79	201,52	226,71	107,14	188,98	212,60	88,50	176,45	198,50
	III	2.468,33	-	197,46	222,14	-	185,50	208,69	-	173,81	195,53	-	162,36	182,65	-	151,17	170,06	-	140,24	157,77	-	129,57	145,76
	IV	3.294,75	181,21	263,58	296,52	176,90	257,31	289,47	172,59	251,04	282,42	168,28	244,78	275,37	163,97	238,51	268,32	159,66	232,24	261,27	155,36	225,98	254,22
	V	3.809,16	209,50	304,73	342,82																		
	VI	3.853,50	211,94	308,28	346,81																		
1.072,99 (Ost)	I	3.302,50	181,63	264,20	297,22	173,02	251,66	283,12	164,40	239,13	269,02	155,78	226,60	254,92	144,46	214,07	240,83	125,82	201,54	226,73	107,17	189,00	212,63
	II	3.153,41	173,43	252,27	283,80	164,82	239,74	269,70	156,20	227,20	255,60	145,35	214,67	241,50	126,71	202,14	227,40	108,07	189,60	213,30	89,42	177,07	199,20
	III	2.476,00	-	198,08	222,84	-	186,10	209,36	-	174,38	196,18	-	162,93	183,29	-	151,73	170,69	-	140,78	158,38	-	130,09	146,35
	IV	3.302,50	181,63	264,20	297,22	177,32	257,93	290,17	173,02	251,66	283,12	168,71	245,40	276,07	164,40	239,13	269,02	160,09	232,86	261,97	155,78	226,60	254,92
	V	3.817,00	209,93	305,36	343,53																		
	VI	3.861,25	212,36	308,90	347,51																		
1.075,99 (West)	I	3.296,00	181,28	263,68	296,64	172,66	251,14	282,53	164,04	238,61	268,43	155,43	226,08	254,34	143,68	213,54	240,23	125,03	201,01	226,13	106,39	188,48	212,04
	II	3.146,83	173,07	251,74	283,21	164,46	239,22	269,12	155,84	226,68	255,02	144,58	214,15	240,92	125,94	201,62	226,82	107,29	189,08	212,72	88,65	176,55	198,62
	III	2.469,66	-	197,57	222,26	-	185,60	208,80	-	173,90	195,64	-	162,45	182,75	-	151,26	170,17	-	140,33	157,87	-	129,65	145,85
	IV	3.296,00	181,28	263,68	296,64	176,97	257,41	289,58	172,66	251,14	282,53	168,35	244,88	275,49	164,04	238,61	268,43	159,73	232,34	261,38	155,43	226,08	254,34
	V	3.810,41	209,57	304,83	342,93																		
	VI	3.854,75	212,01	308,38	346,92																		
11.075,99 (Ost)	I	3.303,75	181,70	264,30	297,33	173,08	251,76	283,23	164,47	239,23	269,13	155,86	226,70	255,04	144,61	214,17	240,94	125,97	201,64	226,84	107,32	189,10	212,74
	II	3.154,66	173,50	252,37	283,91	164,89	239,84	269,82	156,27	227,30	255,71	145,50	214,77	241,61	126,86	202,24	227,52	108,23	189,71	213,42	89,58	177,18	199,32
	III	2.477,16	-	198,17	222,94	-	186,20	209,47	-	174,48	196,29	-	163,02	183,40	-	151,81	170,78	-	140,86	158,47	-	130,18	146,45
	IV	3.303,75	181,70	264,30	297,33	177,39	258,03	290,28	173,08	251,76	283,23	168,78	245,50	276,18	164,47	239,23	269,13	160,16	232,97	262,09	155,86	226,70	255,04
	V	3.818,25	210,00	305,46	343,64																		
	VI	3.862,50	212,43	309,00	347,62																		

Lohn/ Gehalt bis	Steuerklasse	Lohn-steuer	ohne Kinderfreibetrag SolZ 5,5%	Kirchensteuer 8%	Kirchensteuer 9%	0,5 SolZ 5,5%	0,5 Kirchensteuer 8%	0,5 Kirchensteuer 9%	1,0 SolZ 5,5%	1,0 Kirchensteuer 8%	1,0 Kirchensteuer 9%	1,5 SolZ 5,5%	1,5 Kirchensteuer 8%	1,5 Kirchensteuer 9%	2,0 SolZ 5,5%	2,0 Kirchensteuer 8%	2,0 Kirchensteuer 9%	2,5 SolZ 5,5%	2,5 Kirchensteuer 8%	2,5 Kirchensteuer 9%	3,0 SolZ 5,5%	3,0 Kirchenste[uer] 8%	9
						Anzahl Kinderfreibeträge (nur Steuerklassen I–IV)																	
11.078,99	I	**3.297,25**	*181,34*	263,78	296,75	*172,73*	251,24	282,65	*164,11*	238,71	268,55	*155,49*	226,18	254,45	*143,83*	213,64	240,35	*125,18*	201,11	226,25	*106,54*	188,58	2
(West)	II	**3.148,16**	*173,14*	251,85	283,33	*164,53*	239,32	269,23	*155,91*	226,78	255,13	*144,73*	214,25	241,03	*126,09*	201,72	226,93	*107,44*	189,18	212,83	*88,80*	176,65	1
	III	**2.470,83**	–	197,66	222,37	–	185,70	208,91	–	174,00	195,75	–	162,54	182,86	–	151,34	170,26	–	140,41	157,96	–	129,74	14
	IV	**3.297,25**	*181,34*	263,78	296,75	*177,04*	257,51	289,70	*172,73*	251,24	282,65	*168,42*	244,98	275,60	*164,11*	238,71	268,55	*159,80*	232,44	261,50	*155,49*	226,18	25
	V	**3.811,66**	*209,64*	304,93	343,04																		
	VI	**3.856,00**	*212,08*	308,48	347,04																		
11.078,99	I	**3.305,00**	*181,77*	264,40	297,45	*173,16*	251,87	283,35	*164,54*	239,34	269,25	*155,92*	226,80	255,15	*144,76*	214,27	241,05	*126,12*	201,74	226,95	*107,47*	189,20	21
(Ost)	II	**3.155,91**	*173,57*	252,47	284,03	*164,95*	239,94	269,93	*156,34*	227,40	255,83	*145,65*	214,87	241,73	*127,02*	202,34	227,63	*108,37*	189,81	213,53	*89,73*	177,28	19
	III	**2.478,33**	–	198,26	223,04	–	186,29	209,57	–	174,57	196,39	–	163,10	183,49	–	151,90	170,89	–	140,96	158,58	–	130,26	14
	IV	**3.305,00**	*181,77*	264,40	297,45	*177,46*	258,13	290,39	*173,16*	251,87	283,35	*168,85*	245,60	276,30	*164,54*	239,34	269,25	*160,23*	233,07	262,20	*155,92*	226,80	25
	V	**3.819,50**	*210,07*	305,56	343,75																		
	VI	**3.863,75**	*212,50*	309,10	347,73																		
11.081,99	I	**3.298,50**	*181,41*	263,88	296,86	*172,80*	251,34	282,76	*164,18*	238,81	268,66	*155,56*	226,28	254,56	*143,98*	213,74	240,46	*125,33*	201,21	226,36	*106,69*	188,68	21
(West)	II	**3.149,41**	*173,21*	251,95	283,44	*164,60*	239,42	269,34	*155,98*	226,88	255,24	*144,88*	214,35	241,14	*126,23*	201,82	227,04	*107,59*	189,28	212,94	*88,95*	176,75	19
	III	**2.472,00**	–	197,76	222,48	–	185,80	209,02	–	174,09	195,85	–	162,64	182,97	–	151,44	170,37	–	140,50	158,06	–	129,82	14
	IV	**3.298,50**	*181,41*	263,88	296,86	*177,10*	257,61	289,81	*172,80*	251,34	282,76	*168,49*	245,08	275,71	*164,18*	238,81	268,66	*159,87*	232,54	261,61	*155,56*	226,28	25
	V	**3.812,91**	*209,71*	305,03	343,16																		
	VI	**3.857,25**	*212,14*	308,58	347,15																		
11.081,99	I	**3.306,33**	*181,84*	264,50	297,56	*173,23*	251,97	283,46	*164,61*	239,44	269,37	*155,99*	226,90	255,26	*144,91*	214,37	241,16	*126,26*	201,84	227,07	*107,62*	189,30	21
(Ost)	II	**3.157,16**	*173,64*	252,57	284,14	*165,02*	240,04	270,04	*156,41*	227,51	255,95	*145,81*	214,98	241,85	*127,17*	202,44	227,75	*108,52*	189,91	213,65	*89,88*	177,38	19
	III	**2.479,66**	–	198,37	223,16	–	186,38	209,68	–	174,66	196,49	–	163,20	183,60	–	152,00	171,00	–	141,04	158,67	–	130,36	14
	IV	**3.306,33**	*181,84*	264,50	297,56	*177,54*	258,24	290,52	*173,23*	251,97	283,46	*168,92*	245,70	276,41	*164,61*	239,44	269,37	*160,30*	233,17	262,31	*155,99*	226,90	25
	V	**3.820,75**	*210,14*	305,66	343,86																		
	VI	**3.865,08**	*212,57*	309,20	347,85																		
11.084,99	I	**3.299,75**	*181,48*	263,98	296,97	*172,86*	251,44	282,87	*164,25*	238,91	268,77	*155,63*	226,38	254,67	*144,12*	213,84	240,57	*125,48*	201,31	226,47	*106,85*	188,78	21
(West)	II	**3.150,66**	*173,28*	252,05	283,55	*164,67*	239,52	269,46	*156,05*	226,98	255,35	*145,03*	214,45	241,25	*126,38*	201,92	227,16	*107,74*	189,38	213,05	*89,10*	176,85	19
	III	**2.473,16**	–	197,85	222,58	–	185,89	209,12	–	174,18	195,95	–	162,72	183,06	–	151,53	170,47	–	140,58	158,15	–	129,90	14
	IV	**3.299,75**	*181,48*	263,98	296,97	*177,17*	257,71	289,92	*172,86*	251,44	282,87	*168,56*	245,18	275,82	*164,25*	238,91	268,77	*159,94*	232,64	261,72	*155,63*	226,38	25
	V	**3.814,16**	*209,77*	305,13	343,27																		
	VI	**3.858,50**	*212,21*	308,68	347,26																		
11.084,99	I	**3.307,58**	*181,91*	264,60	297,68	*173,30*	252,07	283,58	*164,68*	239,54	269,48	*156,06*	227,00	255,38	*145,06*	214,47	241,28	*126,41*	201,94	227,18	*107,77*	189,40	21
(Ost)	II	**3.158,41**	*173,71*	252,67	284,25	*165,10*	240,14	270,16	*156,48*	227,61	256,06	*145,96*	215,08	241,96	*127,32*	202,54	227,86	*108,67*	190,01	213,76	*90,03*	177,48	19
	III	**2.480,83**	–	198,46	223,27	–	186,48	209,79	–	174,76	196,60	–	163,29	183,70	–	152,08	171,09	–	141,13	158,77	–	130,44	14
	IV	**3.307,58**	*181,91*	264,60	297,68	*177,60*	258,34	290,63	*173,30*	252,07	283,58	*168,99*	245,80	276,53	*164,68*	239,54	269,48	*160,37*	233,27	262,43	*156,06*	227,00	25
	V	**3.822,00**	*210,21*	305,76	343,98																		
	VI	**3.866,33**	*212,64*	309,30	347,96																		
11.087,99	I	**3.301,00**	*181,55*	264,08	297,09	*172,93*	251,54	282,98	*164,32*	239,01	268,88	*155,70*	226,48	254,79	*144,27*	213,94	240,68	*125,64*	201,42	226,59	*107,00*	188,88	21
(West)	II	**3.151,91**	*173,35*	252,15	283,67	*164,73*	239,62	269,57	*156,12*	227,08	255,47	*145,18*	214,55	241,37	*126,53*	202,02	227,27	*107,89*	189,48	213,17	*89,25*	176,95	19
	III	**2.474,50**	–	197,96	222,70	–	185,98	209,23	–	174,26	196,04	–	162,81	183,16	–	151,61	170,56	–	140,68	158,26	–	130,00	14
	IV	**3.301,00**	*181,55*	264,08	297,09	*177,24*	257,81	290,03	*172,93*	251,54	282,98	*168,63*	245,28	275,94	*164,32*	239,01	268,88	*160,01*	232,74	261,83	*155,70*	226,48	25
	V	**3.815,41**	*209,84*	305,23	343,38																		
	VI	**3.859,75**	*212,28*	308,78	347,37																		
11.087,99	I	**3.308,83**	*181,98*	264,70	297,79	*173,36*	252,17	283,69	*164,75*	239,64	269,59	*156,13*	227,10	255,49	*145,20*	214,57	241,39	*126,56*	202,04	227,29	*107,92*	189,50	21
(Ost)	II	**3.159,75**	*173,78*	252,78	284,37	*165,16*	240,24	270,27	*156,55*	227,71	256,17	*146,11*	215,18	242,07	*127,46*	202,64	227,97	*108,82*	190,11	213,87	*90,18*	177,58	19
	III	**2.482,00**	–	198,56	223,38	–	186,57	209,89	–	174,85	196,70	–	163,38	183,80	–	152,17	171,19	–	141,21	158,86	–	130,52	14
	IV	**3.308,83**	*181,98*	264,70	297,79	*177,67*	258,44	290,74	*173,36*	252,17	283,69	*169,06*	245,90	276,64	*164,75*	239,64	269,59	*160,44*	233,37	262,54	*156,13*	227,10	25
	V	**3.823,25**	*210,27*	305,86	344,09																		
	VI	**3.867,58**	*212,71*	309,40	348,08																		
11.090,99	I	**3.302,25**	*181,62*	264,18	297,20	*173,00*	251,64	283,10	*164,39*	239,11	269,00	*155,77*	226,58	254,90	*144,43*	214,05	240,80	*125,79*	201,52	226,71	*107,14*	188,98	212
(West)	II	**3.153,16**	*173,42*	252,25	283,78	*164,80*	239,72	269,68	*156,19*	227,18	255,58	*145,32*	214,65	241,48	*126,68*	202,12	227,38	*108,04*	189,58	213,28	*89,40*	177,06	199
	III	**2.475,66**	–	198,05	222,80	–	186,08	209,34	–	174,36	196,15	–	162,90	183,26	–	151,70	170,66	–	140,76	158,35	–	130,08	146
	IV	**3.302,25**	*181,62*	264,18	297,20	*177,31*	257,91	290,15	*173,00*	251,64	283,10	*168,69*	245,38	276,05	*164,39*	239,11	269,00	*160,08*	232,84	261,95	*155,77*	226,58	254
	V	**3.816,75**	*209,92*	305,34	343,50																		
	VI	**3.861,00**	*212,35*	308,88	347,49																		
11.090,99	I	**3.310,08**	*182,05*	264,80	297,90	*173,43*	252,27	283,80	*164,82*	239,74	269,70	*156,20*	227,20	255,60	*145,35*	214,67	241,50	*126,71*	202,14	227,40	*108,07*	189,60	213
(Ost)	II	**3.161,00**	*173,85*	252,88	284,49	*165,23*	240,34	270,38	*156,62*	227,81	256,28	*146,26*	215,28	242,19	*127,61*	202,74	228,08	*108,97*	190,21	213,98	*90,33*	177,68	199
	III	**2.483,16**	–	198,65	223,48	–	186,68	210,01	–	174,94	196,81	–	163,48	183,91	–	152,26	171,29	–	141,30	158,96	–	130,61	146
	IV	**3.310,08**	*182,05*	264,80	297,90	*177,74*	258,54	290,85	*173,43*	252,27	283,80	*169,12*	246,00	276,75	*164,82*	239,74	269,70	*160,51*	233,47	262,65	*156,20*	227,20	255
	V	**3.824,50**	*210,34*	305,96	344,20																		
	VI	**3.868,83**	*212,78*	309,50	348,19																		
11.093,99	I	**3.303,50**	*181,69*	264,28	297,31	*173,07*	251,74	283,21	*164,46*	239,22	269,12	*155,84*	226,68	255,02	*144,58*	214,15	240,92	*125,94*	201,62	226,82	*107,29*	189,08	212
(West)	II	**3.154,41**	*173,49*	252,35	283,89	*164,87*	239,82	269,79	*156,25*	227,28	255,69	*145,47*	214,75	241,59	*126,84*	202,22	227,50	*108,20*	189,69	213,40	*89,55*	177,16	199
	III	**2.476,83**	–	198,14	222,91	–	186,17	209,44	–	174,45	196,25	–	163,00	183,37	–	151,80	170,77	–	140,85	158,45	–	130,16	146
	IV	**3.303,50**	*181,69*	264,28	297,31	*177,38*	258,01	290,26	*173,07*	251,74	283,21	*168,77*	245,48	276,17	*164,46*	239,22	269,12	*160,15*	232,95	262,07	*155,84*	226,68	255
	V	**3.818,00**	*209,99*	305,44	343,62																		
	VI	**3.862,25**	*212,42*	308,98	347,60																		
11.093,99	I	**3.311,33**	*182,12*	264,90	298,01	*173,50*	252,37	283,91	*164,89*	239,84	269,82	*156,27*	227,30	255,71	*145,50*	214,77	241,61	*126,86*	202,24	227,52	*108,23*	189,71	213
(Ost)	II	**3.162,25**	*173,92*	252,98	284,60	*165,30*	240,44	270,50	*156,69*	227,91	256,40	*146,40*	215,38	242,30	*127,76*	202,84	228,20	*109,12*	190,31	214,10	*90,47*	177,78	200
	III	**2.484,50**	–	198,76	223,60	–	186,77	210,11	–	175,04	196,92	–	163,57	184,01	–	152,34	171,38	–	141,40	159,07	–	130,69	147
	IV	**3.311,33**	*182,12*	264,90	298,01	*177,81*	258,64	290,97	*173,50*	252,37	283,91	*169,19*	246,10	276,86	*164,89*	239,84	269,82	*160,58*	233,57	262,76	*156,27*	227,30	255
	V	**3.825,75**	*210,41*	306,06	344,31																		
	VI	**3.870,08**	*212,85*	309,60	348,30																		
11.096,99	I	**3.304,83**	*181,76*	264,38	297,43	*173,14*	251,85	283,33	*164,53*	239,32	269,23	*155,91*	226,78	255,13	*144,73*	214,25	241,03	*126,09*	201,72	226,93	*107,44*	189,18	212,
(West)	II	**3.155,66**	*173,56*	252,45	284,00	*164,94*	239,92	269,91	*156,32*	227,38	255,80	*145,63*	214,86	241,71	*126,99*	202,32	227,61	*108,34*	189,79	213,51	*89,70*	177,26	199
	III	**2.478,16**	–	198,25	223,03	–	186,26	209,54	–	174,54	196,36	–	163,09	183,47	–	151,89	170,87	–	140,93	158,54	–	130,25	146,
	IV	**3.304,83**	*181,76*	264,38	297,43	*177,45*	258,12	290,38	*173,14*	251,85	283,33	*168,84*	245,58	276,28	*164,53*	239,32	269,23	*160,22*	233,05	262,18	*155,91*	226,78	255,
	V	**3.819,25**	*210,05*	305,54	343,73																		
	VI	**3.863,58**	*212,49*	309,08	347,72																		
11.096,99	I	**3.312,58**	*182,19*	265,00	298,13	*173,57*	252,47	284,03	*164,95*	239,94	269,93	*156,34*	227,40	255,83	*145,65*	214,87	241,73	*127,02*	202,34	227,63	*108,37*	189,81	213,
(Ost)	II	**3.163,50**	*173,99*	253,08	284,71	*165,37*	240,54	270,61	*156,75*	228,01	256,51	*146,55*	215,48	242,41	*127,91*	202,94	228,31	*109,27*	190,41	214,21	*90,62*	177,88	200,
	III	**2.485,66**	–	198,85	223,70	–	186,86	210,22	–	175,13	197,02	–	163,65	184,10	–	152,44	171,49	–	141,48	159,16	–	130,77	147,
	IV	**3.312,58**	*182,19*	265,00	298,13	*177,88*	258,74	291,08	*173,57*	252,47	284,03	*169,26*	246,20	276,98	*164,95*	239,94	269,93	*160,65*	233,67	262,88	*156,34*	227,40	255,
	V	**3.827,00**	*210,48*	306,16	344,43																		
	VI	**3.871,33**	*212,92*	309,70	348,41																		

Lohn/ Gehalt bis	Steuerklasse	Lohn-steuer	ohne Kinderfreibetrag			Anzahl Kinderfreibeträge (nur Steuerklassen I–IV)																	
						0,5			1,0			1,5			2,0			2,5			3,0		
			SolZ 5,5%	Kirchensteuer 8%	9%	SolZ 5,5%	Kirchensteuer 8%	9%	SolZ 5,5%	Kirchensteuer 8%	9%	SolZ 5,5%	Kirchensteuer 8%	9%	SolZ 5,5%	Kirchensteuer 8%	9%	SolZ 5,5%	Kirchensteuer 8%	9%	SolZ 5,5%	Kirchensteuer 8%	9%
1.099,99 (West)	I	3.306,08	181,83	264,48	297,54	173,21	251,95	283,44	164,60	239,42	269,34	155,98	226,88	255,24	144,88	214,35	241,14	126,23	201,82	227,04	107,59	189,28	212,94
	II	3.156,91	173,63	252,55	284,12	165,01	240,02	270,02	156,40	227,49	255,92	145,78	214,96	241,83	127,14	202,42	227,72	108,49	189,89	213,62	89,85	177,36	199,53
	III	2.479,33	-	198,34	223,13	-	186,37	209,66	-	174,64	196,47	-	163,18	183,58	-	151,97	170,96	-	141,02	158,65	-	130,33	146,62
	IV	3.306,08	181,83	264,48	297,54	177,52	258,22	290,49	173,21	251,95	283,44	168,90	245,68	276,39	164,60	239,42	269,34	160,29	233,15	262,29	155,98	226,88	255,24
	V	3.820,50	210,12	305,64	343,84																		
	VI	3.864,83	212,56	309,18	347,83																		
1.099,99 (Ost)	I	3.313,83	182,26	265,10	298,24	173,64	252,57	284,14	165,02	240,04	270,04	156,41	227,51	255,95	145,81	214,98	241,85	127,17	202,44	227,75	108,52	189,91	213,65
	II	3.164,75	174,06	253,18	284,82	165,44	240,64	270,72	156,82	228,11	256,62	146,70	215,58	242,52	128,06	203,04	228,42	109,42	190,51	214,32	90,78	177,98	200,23
	III	2.486,83	-	198,94	223,81	-	186,96	210,33	-	175,22	197,12	-	163,74	184,21	-	152,53	171,59	-	141,57	159,26	-	130,86	147,22
	IV	3.313,83	182,26	265,10	298,24	177,95	258,84	291,19	173,64	252,57	284,14	169,33	246,30	277,09	165,02	240,04	270,04	160,71	233,77	262,99	156,41	227,51	255,95
	V	3.828,33	210,55	306,26	344,54																		
	VI	3.872,58	212,99	309,80	348,53																		
1.102,99 (West)	I	3.307,33	181,90	264,58	297,65	173,28	252,05	283,55	164,67	239,52	269,46	156,05	226,98	255,35	145,03	214,45	241,25	126,38	201,92	227,16	107,74	189,38	213,05
	II	3.158,25	173,70	252,66	284,24	165,08	240,12	270,14	156,47	227,59	256,04	145,93	215,06	241,94	127,29	202,52	227,84	108,64	189,99	213,74	90,00	177,46	199,64
	III	2.480,50	-	198,44	223,24	-	186,46	209,77	-	174,73	196,57	-	163,28	183,69	-	152,06	171,07	-	141,12	158,76	-	130,41	146,71
	IV	3.307,33	181,90	264,58	297,65	177,59	258,32	290,61	173,28	252,05	283,55	168,97	245,78	276,50	164,67	239,52	269,46	160,36	233,25	262,40	156,05	226,98	255,35
	V	3.821,75	210,19	305,74	343,95																		
	VI	3.866,08	212,63	309,28	347,94																		
1.102,99 (Ost)	I	3.315,08	182,32	265,20	298,35	173,71	252,67	284,25	165,10	240,14	270,16	156,48	227,61	256,06	145,96	215,08	241,96	127,32	202,54	227,86	108,67	190,01	213,76
	II	3.166,00	174,13	253,28	284,94	165,51	240,74	270,83	156,89	228,21	256,73	146,85	215,68	242,64	128,22	203,15	228,54	109,57	190,62	214,44	90,93	178,08	200,34
	III	2.488,16	-	199,05	223,93	-	187,05	210,43	-	175,32	197,23	-	163,84	184,32	-	152,61	171,68	-	141,65	159,35	-	130,94	147,31
	IV	3.315,08	182,32	265,20	298,35	178,02	258,94	291,30	173,71	252,67	284,25	169,40	246,41	277,21	165,10	240,14	270,16	160,79	233,88	263,11	156,48	227,61	256,06
	V	3.829,58	210,62	306,36	344,66																		
	VI	3.873,83	213,06	309,90	348,64																		
1.105,99 (West)	I	3.308,58	181,97	264,68	297,77	173,35	252,15	283,67	164,73	239,62	269,57	156,12	227,08	255,47	145,18	214,55	241,37	126,53	202,02	227,27	107,89	189,48	213,17
	II	3.159,50	173,77	252,76	284,35	165,15	240,22	270,25	156,53	227,69	256,15	146,08	215,16	242,05	127,43	202,62	227,95	108,79	190,09	213,85	90,15	177,56	199,75
	III	2.481,66	-	198,53	223,34	-	186,56	209,88	-	174,82	196,67	-	163,36	183,78	-	152,16	171,18	-	141,20	158,85	-	130,50	146,81
	IV	3.308,58	181,97	264,68	297,77	177,66	258,42	290,72	173,35	252,15	283,67	169,04	245,88	276,62	164,73	239,62	269,57	160,43	233,35	262,52	156,12	227,08	255,47
	V	3.823,00	210,26	305,84	344,07																		
	VI	3.867,33	212,70	309,38	348,05																		
1.105,99 (Ost)	I	3.316,41	182,40	265,31	298,47	173,78	252,78	284,37	165,16	240,24	270,27	156,55	227,71	256,17	146,11	215,18	242,07	127,46	202,64	227,97	108,82	190,11	213,87
	II	3.167,25	174,19	253,38	285,05	165,58	240,84	270,95	156,96	228,31	256,85	147,01	215,78	242,75	128,37	203,25	228,65	109,72	190,72	214,56	91,08	178,18	200,45
	III	2.489,33	-	199,14	224,03	-	187,14	210,53	-	175,41	197,33	-	163,93	184,42	-	152,70	171,79	-	141,74	159,46	-	131,04	147,42
	IV	3.316,41	182,40	265,31	298,47	178,09	259,04	291,42	173,78	252,78	284,37	169,47	246,51	277,32	165,16	240,24	270,27	160,86	233,98	263,22	156,55	227,71	256,17
	V	3.830,83	210,69	306,46	344,77																		
	VI	3.875,16	213,13	310,01	348,76																		
1.108,99 (West)	I	3.309,83	182,04	264,78	297,88	173,42	252,25	283,78	164,80	239,72	269,68	156,19	227,18	255,58	145,32	214,65	241,48	126,68	202,12	227,38	108,04	189,58	213,28
	II	3.160,75	173,84	252,86	284,46	165,22	240,32	270,36	156,60	227,79	256,26	146,23	215,26	242,16	127,58	202,72	228,06	108,94	190,19	213,96	90,30	177,66	199,86
	III	2.483,00	-	198,64	223,47	-	186,65	209,98	-	174,92	196,78	-	163,45	183,88	-	152,24	171,27	-	141,29	158,95	-	130,58	146,90
	IV	3.309,83	182,04	264,78	297,88	177,73	258,52	290,83	173,42	252,25	283,78	169,11	245,98	276,73	164,80	239,72	269,68	160,49	233,45	262,63	156,19	227,18	255,58
	V	3.824,25	210,33	305,94	344,18																		
	VI	3.868,58	212,77	309,48	348,17																		
1.108,99 (Ost)	I	3.317,66	182,47	265,41	298,58	173,85	252,88	284,49	165,23	240,34	270,38	156,62	227,81	256,28	146,26	215,28	242,19	127,61	202,74	228,08	108,97	190,21	213,98
	II	3.168,50	174,26	253,48	285,16	165,65	240,95	271,07	157,03	228,42	256,97	147,16	215,88	242,87	128,52	203,35	228,77	109,87	190,82	214,67	91,23	178,28	200,57
	III	2.490,50	-	199,24	224,14	-	187,24	210,64	-	175,50	197,44	-	164,02	184,52	-	152,80	171,90	-	141,82	159,55	-	131,12	147,51
	IV	3.317,66	182,47	265,41	298,58	178,16	259,14	291,53	173,85	252,88	284,49	169,54	246,61	277,43	165,23	240,34	270,38	160,93	234,08	263,34	156,62	227,81	256,28
	V	3.832,08	210,76	306,56	344,88																		
	VI	3.876,41	213,20	310,11	348,87																		
1.111,99 (West)	I	3.311,08	182,10	264,88	297,99	173,49	252,35	283,89	164,87	239,82	269,79	156,25	227,28	255,69	145,47	214,75	241,59	126,84	202,22	227,50	108,20	189,69	213,40
	II	3.162,00	173,91	252,96	284,58	165,29	240,42	270,47	156,67	227,89	256,37	146,37	215,36	242,28	127,73	202,82	228,17	109,09	190,29	214,07	90,44	177,76	199,98
	III	2.484,16	-	198,73	223,57	-	186,74	210,08	-	175,01	196,88	-	163,54	183,98	-	152,33	171,37	-	141,37	159,04	-	130,68	147,01
	IV	3.311,08	182,10	264,88	297,99	177,80	258,62	290,94	173,49	252,35	283,89	169,18	246,08	276,84	164,87	239,82	269,79	160,56	233,55	262,74	156,25	227,28	255,69
	V	3.825,50	210,40	306,04	344,29																		
	VI	3.869,83	212,84	309,58	348,28																		
1.111,99 (Ost)	I	3.318,91	182,54	265,51	298,70	173,92	252,98	284,60	165,30	240,44	270,50	156,69	227,91	256,40	146,40	215,38	242,30	127,76	202,84	228,20	109,12	190,31	214,10
	II	3.169,83	174,34	253,58	285,28	165,72	241,05	271,18	157,10	228,52	257,08	147,31	215,98	242,98	128,66	203,45	228,88	110,02	190,92	214,78	91,38	178,38	200,68
	III	2.491,83	-	199,34	224,26	-	187,34	210,76	-	175,60	197,55	-	164,12	184,63	-	152,89	172,00	-	141,92	159,66	-	131,20	147,60
	IV	3.318,91	182,54	265,51	298,70	178,23	259,24	291,65	173,92	252,98	284,60	169,61	246,71	277,55	165,30	240,44	270,50	160,99	234,18	263,45	156,69	227,91	256,40
	V	3.833,33	210,83	306,66	344,99																		
	VI	3.877,66	213,27	310,21	348,98																		
1.114,99 (West)	I	3.312,33	182,17	264,98	298,10	173,56	252,45	284,00	164,94	239,92	269,91	156,32	227,38	255,80	145,63	214,86	241,71	126,99	202,32	227,61	108,34	189,79	213,51
	II	3.163,25	173,97	253,06	284,69	165,36	240,52	270,59	156,74	227,99	256,49	146,52	215,46	242,39	127,88	202,92	228,29	109,24	190,39	214,19	90,60	177,86	200,09
	III	2.485,33	-	198,82	223,67	-	186,84	210,19	-	175,10	196,99	-	163,64	184,09	-	152,42	171,47	-	141,46	159,14	-	130,76	147,10
	IV	3.312,33	182,17	264,98	298,10	177,87	258,72	291,06	173,56	252,45	284,00	169,25	246,18	276,95	164,94	239,92	269,91	160,63	233,65	262,85	156,32	227,38	255,80
	V	3.826,83	210,47	306,14	344,41																		
	VI	3.871,08	212,90	309,68	348,39																		
1.114,99 (Ost)	I	3.320,16	182,60	265,61	298,81	173,99	253,08	284,71	165,37	240,54	270,61	156,75	228,01	256,51	146,55	215,48	242,41	127,91	202,94	228,31	109,27	190,41	214,21
	II	3.171,08	174,40	253,68	285,39	165,79	241,15	271,29	157,17	228,62	257,19	147,46	216,08	243,09	128,81	203,55	228,99	110,17	191,02	214,89	91,53	178,48	200,79
	III	2.493,00	-	199,44	224,37	-	187,44	210,87	-	175,69	197,65	-	164,20	184,72	-	152,97	172,09	-	142,00	159,75	-	131,29	147,70
	IV	3.320,16	182,60	265,61	298,81	178,30	259,34	291,76	173,99	253,08	284,71	169,68	246,81	277,66	165,37	240,54	270,61	161,06	234,28	263,56	156,75	228,01	256,51
	V	3.834,58	210,90	306,76	345,11																		
	VI	3.878,91	213,34	310,31	349,10																		
1.117,99 (West)	I	3.313,58	182,24	265,08	298,22	173,63	252,55	284,12	165,01	240,02	270,02	156,40	227,49	255,92	145,78	214,96	241,83	127,14	202,42	227,72	108,49	189,89	213,62
	II	3.164,50	174,04	253,16	284,80	165,43	240,62	270,70	156,81	228,09	256,60	146,67	215,56	242,50	128,03	203,02	228,40	109,40	190,50	214,31	90,75	177,96	200,21
	III	2.486,66	-	198,93	223,79	-	186,93	210,29	-	175,20	197,10	-	163,73	184,19	-	152,50	171,56	-	141,54	159,23	-	130,84	147,19
	IV	3.313,58	182,24	265,08	298,22	177,93	258,82	291,17	173,63	252,55	284,12	169,32	246,28	277,07	165,01	240,02	270,02	160,71	233,76	262,98	156,40	227,49	255,92
	V	3.828,08	210,54	306,24	344,52																		
	VI	3.872,33	212,97	309,78	348,50																		
1.117,99 (Ost)	I	3.321,41	182,67	265,71	298,92	174,06	253,18	284,82	165,44	240,64	270,72	156,82	228,11	256,62	146,70	215,58	242,52	128,06	203,04	228,42	109,42	190,51	214,32
	II	3.172,33	174,47	253,78	285,50	165,86	241,25	271,40	157,24	228,72	257,31	147,60	216,18	243,20	128,96	203,65	229,10	110,32	191,12	215,01	91,67	178,58	200,90
	III	2.494,16	-	199,53	224,47	-	187,53	210,97	-	175,78	197,75	-	164,29	184,82	-	153,06	172,19	-	142,09	159,85	-	131,37	147,79
	IV	3.321,41	182,67	265,71	298,92	178,36	259,44	291,87	174,06	253,18	284,82	169,75	246,91	277,77	165,44	240,64	270,72	161,13	234,38	263,67	156,82	228,11	256,62
	V	3.835,83	210,97	306,86	345,22																		
	VI	3.880,16	213,40	310,41	349,21																		

MONAT bis 11.138,99 €

Allgemeine Tabelle

Lohn/ Gehalt bis	Steuerklasse	Lohnsteuer	ohne Kinderfreibetrag			Anzahl Kinderfreibeträge (nur Steuerklassen I–IV)																	
						0,5			1,0			1,5			2,0			2,5			3,0		
			SolZ 5,5%	Kirchensteuer 8%	Kirchensteuer 9%	SolZ 5,5%	Kirchensteuer 8%	Kirchensteuer 9%	SolZ 5,5%	Kirchensteuer 8%	Kirchensteuer 9%	SolZ 5,5%	Kirchensteuer 8%	Kirchensteuer 9%	SolZ 5,5%	Kirchensteuer 8%	Kirchensteuer 9%	SolZ 5,5%	Kirchensteuer 8%	Kirchensteuer 9%	SolZ 5,5%	Kirchensteuer 8%	Kirchensteuer 9
11.120,99 *(West)*	I	3.314,83	*182,31*	265,18	298,33	*173,70*	252,66	284,24	*165,08*	240,12	270,14	*156,47*	227,59	256,04	*145,93*	215,06	241,94	*127,29*	202,52	227,84	*108,64*	189,99	21
	II	3.165,75	*174,11*	253,26	284,91	*165,49*	240,72	270,81	*156,88*	228,19	256,71	*146,83*	215,66	242,62	*128,19*	203,13	228,52	*109,54*	190,60	214,42	*90,90*	178,06	20
	III	2.487,83	–	199,02	223,90	–	187,04	210,42	–	175,29	197,20	–	163,82	184,30	–	152,60	171,67	–	141,64	159,34	–	130,93	14
	IV	3.314,83	*182,31*	265,18	298,33	*178,01*	258,92	291,29	*173,70*	252,66	284,24	*169,39*	246,39	277,19	*165,08*	240,12	270,14	*160,77*	233,86	263,09	*156,47*	227,59	25
	V	3.829,33	*210,61*	306,34	344,63																		
	VI	3.873,58	*213,04*	309,88	348,62																		
11.120,99 *(Ost)*	I	3.322,66	*182,74*	265,81	299,03	*174,13*	253,28	284,94	*165,51*	240,74	270,83	*156,89*	228,21	256,73	*146,85*	215,68	242,64	*128,22*	203,15	228,54	*109,57*	190,62	21
	II	3.173,58	*174,54*	253,88	285,62	*165,93*	241,35	271,52	*157,31*	228,82	257,42	*147,75*	216,28	243,32	*129,11*	203,75	229,22	*110,47*	191,22	215,12	*91,82*	178,68	20
	III	2.495,50	–	199,64	224,59	–	187,62	211,07	–	175,88	197,86	–	164,38	184,93	–	153,16	172,30	–	142,17	159,94	–	131,45	14
	IV	3.322,66	*182,74*	265,81	299,03	*178,43*	259,54	291,98	*174,13*	253,28	284,94	*169,82*	247,01	277,88	*165,51*	240,74	270,83	*161,20*	234,48	263,79	*156,89*	228,21	25
	V	3.837,08	*211,03*	306,96	345,33																		
	VI	3.881,41	*213,47*	310,51	349,32																		
11.123,99 *(West)*	I	3.316,16	*182,38*	265,29	298,45	*173,77*	252,76	284,35	*165,15*	240,22	270,25	*156,53*	227,69	256,15	*146,08*	215,16	242,05	*127,43*	202,62	227,95	*108,79*	190,09	21
	II	3.167,00	*174,18*	253,36	285,03	*165,56*	240,82	270,92	*156,95*	228,30	256,83	*146,98*	215,76	242,73	*128,34*	203,23	228,63	*109,69*	190,70	214,53	*91,05*	178,16	20
	III	2.489,00	–	199,12	224,01	–	187,13	210,52	–	175,38	197,30	–	163,90	184,39	–	152,69	171,77	–	141,72	159,43	–	131,01	14
	IV	3.316,16	*182,38*	265,29	298,45	*178,08*	259,02	291,40	*173,77*	252,76	284,35	*169,46*	246,49	277,30	*165,15*	240,22	270,25	*160,84*	233,96	263,20	*156,53*	227,69	25
	V	3.830,58	*210,68*	306,44	344,75																		
	VI	3.874,91	*213,12*	309,99	348,74																		
11.123,99 *(Ost)*	I	3.323,91	*182,81*	265,91	299,15	*174,19*	253,38	285,05	*165,58*	240,84	270,95	*156,96*	228,31	256,85	*147,01*	215,78	242,75	*128,37*	203,25	228,65	*109,72*	190,72	21
	II	3.174,83	*174,61*	253,98	285,73	*165,99*	241,45	271,63	*157,38*	228,92	257,53	*147,90*	216,38	243,43	*129,26*	203,85	229,33	*110,62*	191,32	215,23	*91,98*	178,79	20
	III	2.496,66	–	199,73	224,69	–	187,72	211,18	–	175,97	197,96	–	164,48	185,04	–	153,24	172,39	–	142,26	160,04	–	131,54	14
	IV	3.323,91	*182,81*	265,91	299,15	*178,50*	259,64	292,10	*174,19*	253,38	285,05	*169,89*	247,11	278,00	*165,58*	240,84	270,95	*161,27*	234,58	263,90	*156,96*	228,31	25
	V	3.838,41	*211,11*	307,07	345,45																		
	VI	3.882,66	*213,54*	310,61	349,43																		
11.126,99 *(West)*	I	3.317,41	*182,45*	265,39	298,56	*173,84*	252,86	284,46	*165,22*	240,32	270,36	*156,60*	227,79	256,26	*146,23*	215,26	242,16	*127,58*	202,72	228,06	*108,94*	190,19	21
	II	3.168,33	*174,25*	253,46	285,14	*165,64*	240,93	271,04	*157,02*	228,40	256,95	*147,13*	215,86	242,84	*128,49*	203,33	228,74	*109,84*	190,80	214,65	*91,20*	178,26	200
	III	2.490,33	–	199,22	224,12	–	187,22	210,62	–	175,48	197,41	–	164,00	184,50	–	152,77	171,86	–	141,81	159,53	–	131,09	14
	IV	3.317,41	*182,45*	265,39	298,56	*178,14*	259,12	291,51	*173,84*	252,86	284,46	*169,53*	246,59	277,41	*165,22*	240,32	270,36	*160,91*	234,06	263,31	*156,60*	227,79	25
	V	3.831,83	*210,75*	306,54	344,86																		
	VI	3.876,16	*213,18*	310,09	348,85																		
11.126,99 *(Ost)*	I	3.325,16	*182,88*	266,01	299,26	*174,26*	253,48	285,16	*165,65*	240,95	271,07	*157,03*	228,42	256,97	*147,16*	215,88	242,87	*128,52*	203,35	228,77	*109,87*	190,82	21
	II	3.176,08	*174,68*	254,08	285,84	*166,06*	241,55	271,74	*157,45*	229,02	257,64	*148,05*	216,48	243,54	*129,41*	203,95	229,44	*110,77*	191,42	215,35	*92,13*	178,89	20
	III	2.497,83	–	199,82	224,80	–	187,81	211,28	–	176,06	198,07	–	164,57	185,14	–	153,33	172,49	–	142,34	160,13	–	131,62	148
	IV	3.325,16	*182,88*	266,01	299,26	*178,57*	259,74	292,21	*174,26*	253,48	285,16	*169,95*	247,21	278,11	*165,65*	240,95	271,07	*161,34*	234,68	264,02	*157,03*	228,42	25
	V	3.839,66	*211,18*	307,17	345,56																		
	VI	3.883,91	*213,61*	310,71	349,55																		
11.129,99 *(West)*	I	3.318,66	*182,52*	265,49	298,67	*173,91*	252,96	284,58	*165,29*	240,42	270,47	*156,67*	227,89	256,37	*146,37*	215,36	242,28	*127,73*	202,82	228,17	*109,09*	190,29	214
	II	3.169,58	*174,32*	253,56	285,26	*165,71*	241,03	271,16	*157,09*	228,50	257,06	*147,28*	215,96	242,96	*128,63*	203,43	228,86	*109,99*	190,90	214,76	*91,35*	178,36	20
	III	2.491,50	–	199,32	224,23	–	187,32	210,73	–	175,57	197,51	–	164,09	184,60	–	152,86	171,97	–	141,89	159,62	–	131,18	147
	IV	3.318,66	*182,52*	265,49	298,67	*178,21*	259,22	291,62	*173,91*	252,96	284,58	*169,60*	246,69	277,52	*165,29*	240,42	270,47	*160,98*	234,16	263,43	*156,67*	227,89	25
	V	3.833,08	*210,81*	306,64	344,97																		
	VI	3.877,41	*213,25*	310,19	348,96																		
11.129,99 *(Ost)*	I	3.326,41	*182,95*	266,11	299,37	*174,34*	253,58	285,28	*165,72*	241,05	271,18	*157,10*	228,52	257,08	*147,31*	215,98	242,98	*128,66*	203,45	228,88	*110,02*	190,92	214
	II	3.177,33	*174,75*	254,18	285,95	*166,13*	241,65	271,85	*157,52*	229,12	257,76	*148,21*	216,59	243,66	*129,57*	204,06	229,56	*110,92*	191,52	215,46	*92,28*	178,99	201
	III	2.499,16	–	199,93	224,92	–	187,92	211,41	–	176,16	198,18	–	164,66	185,24	–	153,42	172,60	–	142,44	160,24	–	131,72	148
	IV	3.326,41	*182,95*	266,11	299,37	*178,64*	259,85	292,33	*174,34*	253,58	285,28	*170,03*	247,32	278,23	*165,72*	241,05	271,18	*161,41*	234,78	264,13	*157,10*	228,52	257
	V	3.840,91	*211,25*	307,27	345,68																		
	VI	3.885,25	*213,68*	310,82	349,67																		
11.132,99 *(West)*	I	3.319,91	*182,59*	265,59	298,79	*173,97*	253,06	284,69	*165,36*	240,52	270,59	*156,74*	227,99	256,49	*146,52*	215,46	242,39	*127,88*	202,92	228,29	*109,24*	190,39	214
	II	3.170,83	*174,39*	253,66	285,37	*165,77*	241,13	271,27	*157,16*	228,60	257,17	*147,43*	216,06	243,07	*128,78*	203,53	228,97	*110,14*	191,00	214,87	*91,50*	178,46	200
	III	2.492,66	–	199,41	224,33	–	187,41	210,83	–	175,66	197,62	–	164,18	184,70	–	152,96	172,08	–	141,98	159,73	–	131,26	147
	IV	3.319,91	*182,59*	265,59	298,79	*178,28*	259,32	291,74	*173,97*	253,06	284,69	*169,67*	246,79	277,64	*165,36*	240,52	270,59	*161,05*	234,26	263,54	*156,74*	227,99	256
	V	3.834,33	*210,88*	306,74	345,08																		
	VI	3.878,66	*213,32*	310,29	349,07																		
11.132,99 *(Ost)*	I	3.327,75	*183,02*	266,22	299,49	*174,40*	253,68	285,39	*165,79*	241,15	271,29	*157,17*	228,62	257,19	*147,46*	216,08	243,09	*128,81*	203,55	228,99	*110,17*	191,02	214
	II	3.178,58	*174,82*	254,28	286,07	*166,20*	241,75	271,97	*157,59*	229,22	257,87	*148,36*	216,69	243,77	*129,71*	204,16	229,68	*111,07*	191,62	215,57	*92,43*	179,09	201
	III	2.500,33	–	200,02	225,02	–	188,01	211,51	–	176,25	198,28	–	164,76	185,35	–	153,50	172,69	–	142,53	160,34	–	131,80	148
	IV	3.327,75	*183,02*	266,22	299,49	*178,71*	259,95	292,44	*174,40*	253,68	285,39	*170,10*	247,42	278,34	*165,79*	241,15	271,29	*161,48*	234,88	264,24	*157,17*	228,62	257
	V	3.842,16	*211,31*	307,37	345,79																		
	VI	3.886,50	*213,75*	310,92	349,78																		
11.135,99 *(West)*	I	3.321,16	*182,66*	265,69	298,90	*174,04*	253,16	284,80	*165,43*	240,62	270,70	*156,81*	228,09	256,60	*146,67*	215,56	242,50	*128,03*	203,02	228,40	*109,40*	190,50	214
	II	3.172,08	*174,46*	253,76	285,48	*165,84*	241,23	271,38	*157,23*	228,70	257,28	*147,57*	216,16	243,18	*128,93*	203,63	229,08	*110,29*	191,10	214,98	*91,64*	178,56	200
	III	2.494,00	–	199,52	224,46	–	187,50	210,94	–	175,76	197,73	–	164,28	184,81	–	153,04	172,17	–	142,06	159,82	–	131,36	147
	IV	3.321,16	*182,66*	265,69	298,90	*178,35*	259,42	291,85	*174,04*	253,16	284,80	*169,73*	246,89	277,75	*165,43*	240,62	270,70	*161,12*	234,36	263,65	*156,81*	228,09	256
	V	3.835,58	*210,95*	306,84	345,20																		
	VI	3.879,91	*213,39*	310,39	349,19																		
11.135,99 *(Ost)*	I	3.329,00	*183,09*	266,32	299,61	*174,47*	253,78	285,50	*165,86*	241,25	271,40	*157,24*	228,72	257,31	*147,60*	216,18	243,20	*128,96*	203,65	229,10	*110,32*	191,12	215,
	II	3.179,91	*174,89*	254,39	286,19	*166,27*	241,86	272,09	*157,66*	229,32	257,99	*148,51*	216,79	243,89	*129,86*	204,26	229,79	*111,22*	191,72	215,69	*92,58*	179,19	201,
	III	2.501,50	–	200,12	225,13	–	188,10	211,61	–	176,34	198,38	–	164,84	185,44	–	153,60	172,80	–	142,61	160,43	–	131,88	148,
	IV	3.329,00	*183,09*	266,32	299,61	*178,78*	260,05	292,55	*174,47*	253,78	285,50	*170,17*	247,52	278,46	*165,86*	241,25	271,40	*161,55*	234,98	264,35	*157,24*	228,72	257,
	V	3.843,41	*211,38*	307,47	345,90																		
	VI	3.887,75	*213,82*	311,02	349,89																		
11.138,99 *(West)*	I	3.322,41	*182,73*	265,79	299,01	*174,11*	253,26	284,91	*165,49*	240,72	270,81	*156,88*	228,19	256,71	*146,83*	215,66	242,62	*128,19*	203,13	228,52	*109,54*	190,60	214,
	II	3.173,33	*174,53*	253,86	285,59	*165,91*	241,33	271,49	*157,30*	228,80	257,40	*147,72*	216,26	243,29	*129,08*	203,73	229,19	*110,44*	191,20	215,10	*91,79*	178,66	200,
	III	2.495,16	–	199,61	224,56	–	187,61	211,06	–	175,85	197,83	–	164,37	184,91	–	153,13	172,27	–	142,16	159,93	–	131,44	147,
	IV	3.322,41	*182,73*	265,79	299,01	*178,42*	259,52	291,96	*174,11*	253,26	284,91	*169,80*	246,99	277,86	*165,49*	240,72	270,81	*161,19*	234,46	263,76	*156,88*	228,19	256,
	V	3.836,83	*211,02*	306,94	345,31																		
	VI	3.881,16	*213,46*	310,49	349,30																		
11.138,99 *(Ost)*	I	3.330,25	*183,16*	266,42	299,72	*174,54*	253,88	285,62	*165,93*	241,35	271,52	*157,31*	228,82	257,42	*147,75*	216,28	243,32	*129,11*	203,75	229,22	*110,47*	191,22	215,
	II	3.181,16	*174,96*	254,49	286,30	*166,34*	241,96	272,20	*157,73*	229,42	258,10	*148,66*	216,89	244,00	*130,01*	204,36	229,90	*111,37*	191,82	215,80	*92,73*	179,29	201,
	III	2.502,66	–	200,21	225,23	–	188,20	211,72	–	176,44	198,49	–	164,93	185,54	–	153,69	172,90	–	142,70	160,54	–	131,97	148,
	IV	3.330,25	*183,16*	266,42	299,72	*178,85*	260,15	292,67	*174,54*	253,88	285,62	*170,23*	247,62	278,57	*165,93*	241,35	271,52	*161,62*	235,08	264,47	*157,31*	228,82	257,
	V	3.844,66	*211,45*	307,57	346,01																		
	VI	3.889,00	*213,89*	311,12	350,01																		

Lohn/ Gehalt bis	Steuerklasse	Lohn-steuer	ohne Kinderfreibetrag			Anzahl Kinderfreibeträge (nur Steuerklassen I–IV) 0,5			1,0			1,5			2,0			2,5			3,0		
			SolZ 5,5%	Kirchensteuer 8%	9%	SolZ 5,5%	Kirchensteuer 8%	9%	SolZ 5,5%	Kirchensteuer 8%	9%	SolZ 5,5%	Kirchensteuer 8%	9%	SolZ 5,5%	Kirchensteuer 8%	9%	SolZ 5,5%	Kirchensteuer 8%	9%	SolZ 5,5%	Kirchensteuer 8%	9%
1.141,99 (West)	I	3.323,66	182,80	265,89	299,12	174,18	253,36	285,03	165,56	240,82	270,92	156,95	228,30	256,83	146,98	215,76	242,73	128,34	203,23	228,63	109,69	190,70	214,53
	II	3.174,58	174,60	253,96	285,71	165,98	241,43	271,61	157,36	228,90	257,51	147,87	216,36	243,41	129,23	203,83	229,31	110,60	191,30	215,21	91,95	178,77	201,11
	III	2.496,33	-	199,70	224,66	-	187,70	211,16	-	175,94	197,93	-	164,46	185,02	-	153,22	172,37	-	142,24	160,02	-	131,52	147,96
	IV	3.323,66	182,80	265,89	299,12	178,49	259,62	292,07	174,18	253,36	285,03	169,87	247,09	277,97	165,56	240,82	270,92	161,26	234,56	263,88	156,95	228,30	256,83
	V	3.838,16	211,09	307,05	345,43																		
	VI	3.882,41	213,53	310,59	349,41																		
1.141,99 (Ost)	I	3.331,50	183,23	266,52	299,83	174,61	253,98	285,73	165,99	241,45	271,63	157,38	228,92	257,53	147,90	216,38	243,43	129,26	203,85	229,33	110,62	191,32	215,23
	II	3.182,41	175,03	254,59	286,41	166,41	242,06	272,31	157,79	229,52	258,21	148,80	216,99	244,11	130,16	204,46	230,01	111,52	191,92	215,91	92,87	179,39	201,81
	III	2.504,00	-	200,32	225,36	-	188,29	211,82	-	176,53	198,59	-	165,02	185,65	-	153,78	173,00	-	142,78	160,63	-	132,05	148,55
	IV	3.331,50	183,23	266,52	299,83	178,92	260,25	292,78	174,61	253,98	285,73	170,30	247,72	278,68	165,99	241,45	271,63	161,69	235,18	264,58	157,38	228,92	257,53
	V	3.845,91	211,52	307,67	346,13																		
	VI	3.890,25	213,96	311,22	350,12																		
1.144,99 (West)	I	3.324,91	182,87	265,99	299,24	174,25	253,46	285,14	165,64	240,93	271,04	157,02	228,40	256,95	147,13	215,86	242,84	128,49	203,33	228,74	109,84	190,80	214,65
	II	3.175,83	174,67	254,06	285,82	166,05	241,53	271,72	157,43	229,00	257,62	148,02	216,46	243,52	129,39	203,94	229,43	110,74	191,40	215,33	92,10	178,87	201,23
	III	2.497,66	-	199,81	224,78	-	187,80	211,27	-	176,04	198,04	-	164,54	185,11	-	153,32	172,48	-	142,33	160,12	-	131,61	148,06
	IV	3.324,91	182,87	265,99	299,24	178,56	259,72	292,19	174,25	253,46	285,14	169,95	247,20	278,10	165,64	240,93	271,04	161,33	234,66	263,99	157,02	228,40	256,95
	V	3.839,41	211,16	307,15	345,54																		
	VI	3.883,66	213,60	310,69	349,52																		
1.144,99 (Ost)	I	3.332,75	183,30	266,62	299,94	174,68	254,08	285,84	166,06	241,55	271,74	157,45	229,02	257,64	148,05	216,48	243,54	129,41	203,95	229,44	110,77	191,42	215,35
	II	3.183,66	175,10	254,69	286,52	166,48	242,16	272,43	157,86	229,62	258,32	148,95	217,09	244,22	130,31	204,56	230,13	111,67	192,02	216,02	93,02	179,49	201,92
	III	2.505,16	-	200,41	225,46	-	188,38	211,93	-	176,62	198,70	-	165,12	185,76	-	153,86	173,09	-	142,88	160,74	-	132,14	148,66
	IV	3.332,75	183,30	266,62	299,94	178,99	260,35	292,89	174,68	254,08	285,84	170,37	247,82	278,79	166,06	241,55	271,74	161,75	235,28	264,69	157,45	229,02	257,64
	V	3.847,16	211,59	307,77	346,24																		
	VI	3.891,50	214,03	311,32	350,23																		
1.147,99 (West)	I	3.326,25	182,94	266,10	299,36	174,32	253,56	285,26	165,71	241,03	271,16	157,09	228,50	257,06	147,28	215,96	242,96	128,63	203,43	228,86	109,99	190,90	214,76
	II	3.177,08	174,73	254,16	285,93	166,12	241,63	271,83	157,51	229,10	257,74	148,18	216,57	243,64	129,54	204,04	229,54	110,89	191,50	215,44	92,25	178,97	201,34
	III	2.498,83	-	199,90	224,89	-	187,89	211,37	-	176,13	198,14	-	164,64	185,22	-	153,40	172,57	-	142,42	160,22	-	131,69	148,15
	IV	3.326,25	182,94	266,10	299,36	178,63	259,83	292,31	174,32	253,56	285,26	170,01	247,30	278,21	165,71	241,03	271,16	161,40	234,76	264,11	157,09	228,50	257,06
	V	3.840,66	211,23	307,25	345,65																		
	VI	3.885,00	213,67	310,80	349,65																		
1.147,99 (Ost)	I	3.334,00	183,37	266,72	300,06	174,75	254,18	285,95	166,13	241,65	271,85	157,52	229,12	257,76	148,21	216,59	243,66	129,57	204,06	229,56	110,92	191,52	215,46
	II	3.184,91	175,17	254,79	286,64	166,55	242,26	272,54	157,93	229,72	258,44	149,10	217,19	244,34	130,46	204,66	230,24	111,82	192,12	216,14	93,17	179,59	202,04
	III	2.506,33	-	200,50	225,56	-	188,49	212,05	-	176,72	198,81	-	165,21	185,86	-	153,96	173,20	-	142,96	160,83	-	132,22	148,75
	IV	3.334,00	183,37	266,72	300,06	179,06	260,45	293,00	174,75	254,18	285,95	170,44	247,92	278,91	166,13	241,65	271,85	161,82	235,38	264,80	157,52	229,12	257,76
	V	3.848,50	211,66	307,88	346,36																		
	VI	3.892,75	214,10	311,42	350,34																		
1.150,99 (West)	I	3.327,50	183,01	266,20	299,47	174,39	253,66	285,37	165,77	241,13	271,27	157,16	228,60	257,17	147,43	216,06	243,07	128,78	203,53	228,97	110,14	191,00	214,87
	II	3.178,33	174,80	254,26	286,04	166,19	241,74	271,95	157,57	229,20	257,85	148,33	216,67	243,75	129,69	204,14	229,65	111,04	191,60	215,55	92,40	179,07	201,45
	III	2.500,00	-	200,00	225,00	-	187,98	211,48	-	176,24	198,27	-	164,73	185,32	-	153,49	172,67	-	142,50	160,31	-	131,78	148,25
	IV	3.327,50	183,01	266,20	299,47	178,70	259,93	292,42	174,39	253,66	285,37	170,08	247,40	278,32	165,77	241,13	271,27	161,47	234,86	264,22	157,16	228,60	257,17
	V	3.841,91	211,30	307,35	345,77																		
	VI	3.886,25	213,74	310,90	349,76																		
1.150,99 (Ost)	I	3.335,25	183,43	266,82	300,17	174,82	254,28	286,07	166,20	241,75	271,97	157,59	229,22	257,87	148,36	216,69	243,77	129,71	204,16	229,68	111,07	191,62	215,57
	II	3.186,16	175,23	254,89	286,75	166,62	242,36	272,65	158,00	229,82	258,55	149,25	217,29	244,45	130,61	204,76	230,35	111,97	192,23	216,26	93,33	179,70	202,16
	III	2.507,66	-	200,61	225,68	-	188,58	212,15	-	176,81	198,91	-	165,30	185,96	-	154,05	173,30	-	143,05	160,93	-	132,30	148,84
	IV	3.335,25	183,43	266,82	300,17	179,13	260,55	293,12	174,82	254,28	286,07	170,51	248,02	279,02	166,20	241,75	271,97	161,90	235,49	264,92	157,59	229,22	257,87
	V	3.849,75	211,73	307,98	346,47																		
	VI	3.894,00	214,17	311,52	350,46																		
1.153,99 (West)	I	3.328,75	183,08	266,30	299,58	174,46	253,76	285,48	165,84	241,23	271,38	157,23	228,70	257,28	147,57	216,16	243,18	128,93	203,63	229,08	110,29	191,10	214,98
	II	3.179,66	174,88	254,37	286,16	166,26	241,84	272,07	157,64	229,30	257,96	148,48	216,77	243,86	129,83	204,24	229,77	111,19	191,70	215,66	92,55	179,17	201,56
	III	2.501,33	-	200,10	225,11	-	188,08	211,59	-	176,33	198,37	-	164,82	185,42	-	153,58	172,78	-	142,60	160,42	-	131,86	148,34
	IV	3.328,75	183,08	266,30	299,58	178,77	260,03	292,53	174,46	253,76	285,48	170,15	247,50	278,43	165,84	241,23	271,38	161,53	234,96	264,33	157,23	228,70	257,28
	V	3.843,16	211,37	307,45	345,88																		
	VI	3.887,50	213,81	311,00	349,87																		
1.153,99 (Ost)	I	3.336,50	183,50	266,92	300,28	174,89	254,39	286,19	166,27	241,86	272,09	157,66	229,32	257,99	148,51	216,79	243,89	129,86	204,26	229,79	111,22	191,72	215,69
	II	3.187,41	175,30	254,99	286,86	166,69	242,46	272,76	158,07	229,92	258,66	149,40	217,39	244,56	130,77	204,86	230,47	112,12	192,33	216,37	93,48	179,80	202,27
	III	2.508,83	-	200,70	225,79	-	188,68	212,26	-	176,90	199,01	-	165,40	186,07	-	154,13	173,39	-	143,13	161,02	-	132,40	148,95
	IV	3.336,50	183,50	266,92	300,28	179,19	260,65	293,23	174,89	254,39	286,19	170,58	248,12	279,14	166,27	241,86	272,09	161,97	235,59	265,04	157,66	229,32	257,99
	V	3.851,00	211,80	308,08	346,59																		
	VI	3.895,25	214,23	311,62	350,57																		
1.156,99 (West)	I	3.330,00	183,15	266,40	299,70	174,53	253,86	285,59	165,91	241,33	271,49	157,30	228,80	257,40	147,72	216,26	243,29	129,08	203,73	229,19	110,44	191,20	215,10
	II	3.180,91	174,95	254,47	286,28	166,33	241,94	272,18	157,71	229,40	258,08	148,63	216,87	243,98	129,98	204,34	229,88	111,34	191,80	215,78	92,70	179,27	201,68
	III	2.502,50	-	200,20	225,22	-	188,18	211,70	-	176,42	198,47	-	164,92	185,53	-	153,66	172,87	-	142,68	160,51	-	131,94	148,43
	IV	3.330,00	183,15	266,40	299,70	178,84	260,13	292,64	174,53	253,86	285,59	170,22	247,60	278,55	165,91	241,33	271,49	161,60	235,06	264,44	157,30	228,80	257,40
	V	3.844,41	211,44	307,55	345,99																		
	VI	3.888,75	213,88	311,10	349,98																		
11.156,99 (Ost)	I	3.337,83	183,58	267,02	300,40	174,96	254,49	286,30	166,34	241,96	272,20	157,73	229,42	258,10	148,66	216,89	244,00	130,01	204,36	229,90	111,37	191,82	215,80
	II	3.188,66	175,37	255,09	286,97	166,76	242,56	272,88	158,14	230,03	258,78	149,53	217,50	244,68	130,91	204,96	230,58	112,27	192,43	216,48	93,63	179,90	202,38
	III	2.510,00	-	200,80	225,90	-	188,77	212,36	-	177,00	199,12	-	165,49	186,17	-	154,22	173,50	-	143,22	161,12	-	132,48	149,04
	IV	3.337,83	183,58	267,02	300,40	179,27	260,76	293,35	174,96	254,49	286,30	170,65	248,22	279,25	166,34	241,96	272,20	162,03	235,69	265,15	157,73	229,42	258,10
	V	3.852,25	211,87	308,18	346,70																		
	VI	3.896,58	214,31	311,72	350,69																		
11.159,99 (West)	I	3.331,25	183,21	266,50	299,81	174,60	253,96	285,71	165,98	241,43	271,61	157,36	228,90	257,51	147,87	216,36	243,41	129,23	203,83	229,31	110,60	191,30	215,21
	II	3.182,16	175,01	254,57	286,39	166,40	242,04	272,29	157,78	229,50	258,19	148,77	216,97	244,09	130,13	204,44	229,99	111,49	191,90	215,89	92,84	179,37	201,79
	III	2.503,66	-	200,29	225,32	-	188,28	211,81	-	176,52	198,58	-	165,01	185,63	-	153,76	172,98	-	142,77	160,61	-	132,04	148,54
	IV	3.331,25	183,21	266,50	299,81	178,91	260,23	292,76	174,60	253,96	285,71	170,29	247,70	278,66	165,98	241,43	271,61	161,67	235,16	264,56	157,36	228,90	257,51
	V	3.845,66	211,51	307,65	346,10																		
	VI	3.890,00	213,95	311,20	350,10																		
11.159,99 (Ost)	I	3.339,08	183,64	267,12	300,51	175,03	254,59	286,41	166,41	242,06	272,31	157,79	229,52	258,21	148,80	216,99	244,11	130,16	204,46	230,01	111,52	191,92	215,91
	II	3.189,91	175,44	255,19	287,09	166,83	242,66	272,99	158,21	230,13	258,89	149,60	217,60	244,80	131,06	205,06	230,69	112,42	192,53	216,59	93,78	180,00	202,50
	III	2.511,33	-	200,90	226,01	-	188,86	212,47	-	177,09	199,22	-	165,57	186,26	-	154,32	173,61	-	143,32	161,23	-	132,57	149,14
	IV	3.339,08	183,64	267,12	300,51	179,34	260,86	293,46	175,03	254,59	286,41	170,72	248,32	279,36	166,41	242,06	272,31	162,10	235,79	265,26	157,79	229,52	258,21
	V	3.853,50	211,94	308,28	346,81																		
	VI	3.897,83	214,38	311,82	350,80																		

MONAT bis 11.180,99 €

Lohn/Gehalt bis	Steuerklasse	Lohn-steuer	ohne Kinderfreibetrag			Anzahl Kinderfreibeträge (nur Steuerklassen I–IV) 0,5			1,0			1,5			2,0			2,5			3,0		
			SolZ 5,5%	Kirchensteuer 8%	9%	SolZ 5,5%	Kirchensteuer 8%	9%	SolZ 5,5%	Kirchensteuer 8%	9%	SolZ 5,5%	Kirchensteuer 8%	9%	SolZ 5,5%	Kirchensteuer 8%	9%	SolZ 5,5%	Kirchensteuer 8%	9%	SolZ 5,5%	Kirchensteuer 8%	9%
11.162,99 (West)	I	3.332,50	183,28	266,60	299,92	174,67	254,06	285,82	166,05	241,53	271,72	157,43	229,00	257,62	148,02	216,46	243,52	129,39	203,94	229,43	110,74	191,40	21
	II	3.183,41	175,08	254,67	286,50	166,47	242,14	272,40	157,85	229,60	258,30	148,92	217,07	244,20	130,28	204,54	230,10	111,64	192,00	216,00	92,99	179,47	20
	III	2.505,00	-	200,40	225,45	-	188,37	211,91	-	176,61	198,68	-	165,10	185,74	-	153,85	173,08	-	142,85	160,70	-	132,12	14
	IV	3.332,50	183,28	266,60	299,92	178,97	260,33	292,87	174,67	254,06	285,82	170,36	247,80	278,77	166,05	241,53	271,72	161,74	235,26	264,67	157,43	229,00	25
	V	3.846,91	211,58	307,75	346,22																		
	VI	3.891,25	214,01	311,30	350,21																		
11.162,99 (Ost)	I	3.340,33	183,71	267,22	300,62	175,10	254,69	286,52	166,48	242,16	272,43	157,86	229,62	258,32	148,95	217,09	244,22	130,31	204,56	230,13	111,67	192,02	21
	II	3.191,25	175,51	255,30	287,21	166,90	242,76	273,11	158,28	230,23	259,01	149,66	217,70	244,91	131,21	205,16	230,81	112,57	192,63	216,71	93,93	180,10	20
	III	2.512,50	-	201,00	226,12	-	188,97	212,59	-	177,18	199,33	-	165,66	186,37	-	154,41	173,71	-	143,40	161,32	-	132,65	14
	IV	3.340,33	183,71	267,22	300,62	179,41	260,96	293,58	175,10	254,69	286,52	170,79	248,42	279,47	166,48	242,16	272,43	162,17	235,89	265,37	157,86	229,62	25
	V	3.854,75	212,01	308,38	346,92																		
	VI	3.899,08	214,44	311,92	350,91																		
11.165,99 (West)	I	3.333,75	183,35	266,70	300,03	174,73	254,16	285,93	166,12	241,63	271,83	157,51	229,10	257,74	148,18	216,57	243,64	129,54	204,04	229,54	110,89	191,50	21
	II	3.184,66	175,15	254,77	286,61	166,54	242,24	272,52	157,92	229,70	258,41	149,07	217,17	244,31	130,43	204,64	230,22	111,79	192,10	216,11	93,15	179,58	20
	III	2.506,16	-	200,49	225,55	-	188,46	212,02	-	176,70	198,79	-	165,18	185,83	-	153,93	173,17	-	142,94	160,81	-	132,21	14
	IV	3.333,75	183,35	266,70	300,03	179,04	260,43	292,98	174,73	254,16	285,93	170,43	247,90	278,88	166,12	241,63	271,83	161,81	235,36	264,78	157,51	229,10	25
	V	3.848,25	211,65	307,86	346,34																		
	VI	3.892,50	214,08	311,40	350,32																		
11.165,99 (Ost)	I	3.341,58	183,78	267,32	300,74	175,17	254,79	286,64	166,55	242,26	272,54	157,93	229,72	258,44	149,10	217,19	244,34	130,46	204,66	230,24	111,82	192,12	21
	II	3.192,50	175,58	255,40	287,32	166,97	242,86	273,22	158,35	230,33	259,12	149,73	217,80	245,02	131,36	205,26	230,92	112,72	192,73	216,82	94,07	180,20	20
	III	2.513,66	-	201,09	226,22	-	189,06	212,69	-	177,28	199,44	-	165,76	186,48	-	154,49	173,80	-	143,49	161,42	-	132,73	14
	IV	3.341,58	183,78	267,32	300,74	179,47	261,06	293,69	175,17	254,79	286,64	170,86	248,52	279,59	166,55	242,26	272,54	162,24	235,99	265,49	157,93	229,72	25
	V	3.856,00	212,08	308,48	347,04																		
	VI	3.900,33	214,51	312,02	351,02																		
11.168,99 (West)	I	3.335,00	183,42	266,80	300,15	174,80	254,26	286,04	166,19	241,74	271,95	157,57	229,20	257,85	148,33	216,67	243,75	129,69	204,14	229,65	111,04	191,60	21
	II	3.185,91	175,22	254,87	286,73	166,60	242,34	272,63	157,99	229,80	258,53	149,22	217,27	244,43	130,59	204,74	230,33	111,94	192,21	216,23	93,30	179,68	20
	III	2.507,33	-	200,58	225,65	-	188,56	212,13	-	176,80	198,90	-	165,28	185,94	-	154,02	173,27	-	143,02	160,90	-	132,29	14
	IV	3.335,00	183,42	266,80	300,15	179,11	260,53	293,09	174,80	254,26	286,04	170,50	248,00	279,00	166,19	241,74	271,95	161,88	235,47	264,90	157,57	229,20	257
	V	3.849,50	211,72	307,96	346,45																		
	VI	3.893,75	214,15	311,50	350,43																		
11.168,99 (Ost)	I	3.342,83	183,85	267,42	300,85	175,23	254,89	286,75	166,62	242,36	272,65	158,00	229,82	258,55	149,25	217,29	244,45	130,61	204,76	230,35	111,97	192,23	216
	II	3.193,75	175,65	255,50	287,43	167,03	242,96	273,33	158,42	230,43	259,23	149,80	217,90	245,13	131,51	205,36	231,03	112,87	192,83	216,93	94,22	180,30	202
	III	2.515,00	-	201,20	226,35	-	189,16	212,80	-	177,37	199,54	-	165,85	186,58	-	154,58	173,90	-	143,57	161,51	-	132,82	149
	IV	3.342,83	183,85	267,42	300,85	179,54	261,16	293,80	175,23	254,89	286,75	170,93	248,62	279,70	166,62	242,36	272,65	162,31	236,09	265,60	158,00	229,82	258
	V	3.857,25	212,14	308,58	347,15																		
	VI	3.901,58	214,58	312,12	351,14																		
11.171,99 (West)	I	3.336,33	183,49	266,90	300,26	174,88	254,37	286,16	166,26	241,84	272,07	157,64	229,30	257,96	148,48	216,77	243,86	129,83	204,24	229,77	111,19	191,70	215
	II	3.187,16	175,29	254,97	286,84	166,67	242,44	272,74	158,06	229,90	258,64	149,38	217,38	244,55	130,74	204,84	230,45	112,09	192,31	216,35	93,45	179,78	202
	III	2.508,66	-	200,69	225,77	-	188,65	212,23	-	176,89	199,00	-	165,37	186,04	-	154,12	173,38	-	143,12	161,01	-	132,37	148
	IV	3.336,33	183,49	266,90	300,26	179,19	260,64	293,22	174,88	254,37	286,16	170,57	248,10	279,11	166,26	241,84	272,07	161,95	235,57	265,01	157,64	229,30	257
	V	3.850,75	211,79	308,06	346,56																		
	VI	3.895,08	214,22	311,60	350,55																		
11.171,99 (Ost)	I	3.344,08	183,92	267,52	300,96	175,30	254,99	286,86	166,69	242,46	272,76	158,07	229,92	258,66	149,40	217,39	244,56	130,77	204,86	230,47	112,12	192,33	216
	II	3.195,00	175,72	255,60	287,55	167,10	243,06	273,44	158,49	230,53	259,34	149,87	218,00	245,25	131,66	205,46	231,14	113,02	192,93	217,04	94,37	180,40	202
	III	2.516,16	-	201,29	226,45	-	189,25	212,90	-	177,46	199,64	-	165,94	186,68	-	154,68	174,01	-	143,66	161,62	-	132,90	149
	IV	3.344,08	183,92	267,52	300,96	179,61	261,26	293,91	175,30	254,99	286,86	170,99	248,72	279,81	166,69	242,46	272,76	162,38	236,19	265,71	158,07	229,92	258
	V	3.858,50	212,21	308,68	347,26																		
	VI	3.902,83	214,65	312,22	351,25																		
11.174,99 (West)	I	3.337,58	183,56	267,00	300,38	174,95	254,47	286,28	166,33	241,94	272,18	157,71	229,40	258,08	148,63	216,87	243,98	129,98	204,34	229,88	111,34	191,80	215
	II	3.188,41	175,36	255,07	286,95	166,75	242,54	272,86	158,13	230,01	258,76	149,51	217,48	244,66	130,89	204,94	230,56	112,24	192,41	216,46	93,60	179,88	202,
	III	2.509,83	-	200,78	225,88	-	188,76	212,35	-	176,98	199,10	-	165,46	186,14	-	154,21	173,48	-	143,21	161,11	-	132,46	149
	IV	3.337,58	183,56	267,00	300,38	179,25	260,74	293,33	174,95	254,47	286,28	170,64	248,20	279,23	166,33	241,94	272,18	162,02	235,67	265,13	157,71	229,40	258
	V	3.852,00	211,86	308,16	346,68																		
	VI	3.896,33	214,29	311,70	350,66																		
11.174,99 (Ost)	I	3.345,33	183,99	267,62	301,07	175,37	255,09	286,97	166,76	242,56	272,88	158,14	230,03	258,78	149,53	217,50	244,68	130,91	204,96	230,58	112,27	192,43	216,
	II	3.196,25	175,79	255,70	287,66	167,17	243,16	273,56	158,56	230,63	259,46	149,94	218,10	245,36	131,81	205,56	231,26	113,16	193,03	217,16	94,53	180,50	203,
	III	2.517,50	-	201,40	226,57	-	189,34	213,01	-	177,56	199,75	-	166,04	186,79	-	154,76	174,10	-	143,74	161,71	-	133,00	149,
	IV	3.345,33	183,99	267,62	301,07	179,68	261,36	294,03	175,37	255,09	286,97	171,06	248,82	279,92	166,76	242,56	272,88	162,45	236,29	265,82	158,14	230,03	258,
	V	3.859,83	212,29	308,78	347,38																		
	VI	3.904,08	214,72	312,32	351,36																		
11.177,99 (West)	I	3.338,83	183,63	267,10	300,49	175,01	254,57	286,39	166,40	242,04	272,29	157,78	229,50	258,19	148,77	216,97	244,09	130,13	204,44	229,99	111,49	191,90	215,
	II	3.189,75	175,43	255,18	287,07	166,81	242,64	272,97	158,20	230,11	258,87	149,58	217,58	244,77	131,03	205,04	230,67	112,39	192,51	216,57	93,75	179,98	202,
	III	2.511,00	-	200,88	225,99	-	188,85	212,45	-	177,08	199,21	-	165,56	186,25	-	154,29	173,57	-	143,29	161,20	-	132,54	149,
	IV	3.338,83	183,63	267,10	300,49	179,32	260,84	293,44	175,01	254,57	286,39	170,71	248,30	279,34	166,40	242,04	272,29	162,09	235,77	265,24	157,78	229,50	258,
	V	3.853,25	211,92	308,26	346,79																		
	VI	3.897,58	214,36	311,80	350,78																		
11.177,99 (Ost)	I	3.346,58	184,06	267,72	301,19	175,44	255,19	287,09	166,83	242,66	272,99	158,21	230,13	258,89	149,60	217,60	244,80	131,06	205,06	230,69	112,42	192,53	216,
	II	3.197,50	175,86	255,80	287,77	167,24	243,26	273,67	158,62	230,73	259,57	150,01	218,20	245,47	131,97	205,67	231,38	113,32	193,14	217,28	94,68	180,60	203,
	III	2.518,66	-	201,49	226,67	-	189,44	213,12	-	177,65	199,85	-	166,13	186,89	-	154,85	174,20	-	143,84	161,82	-	133,08	149,
	IV	3.346,58	184,06	267,72	301,19	179,75	261,46	294,14	175,44	255,19	287,09	171,14	248,93	280,04	166,83	242,66	272,99	162,52	236,40	265,95	158,21	230,13	258,
	V	3.861,08	212,35	308,88	347,49																		
	VI	3.905,33	214,79	312,42	351,47																		
11.180,99 (West)	I	3.340,08	183,70	267,20	300,60	175,08	254,67	286,50	166,47	242,14	272,40	157,85	229,60	258,30	148,92	217,07	244,20	130,28	204,54	230,10	111,64	192,00	216,
	II	3.191,00	175,50	255,28	287,19	166,88	242,74	273,08	158,27	230,21	258,98	149,65	217,68	244,89	131,18	205,14	230,78	112,54	192,61	216,68	93,90	180,08	202,
	III	2.512,33	-	200,98	226,10	-	188,94	212,56	-	177,17	199,31	-	165,65	186,35	-	154,38	173,68	-	143,38	161,30	-	132,64	149,
	IV	3.340,08	183,70	267,20	300,60	179,39	260,94	293,55	175,08	254,67	286,50	170,77	248,40	279,45	166,47	242,14	272,40	162,16	235,87	265,35	157,85	229,60	258,
	V	3.854,50	211,99	308,36	346,90																		
	VI	3.898,83	214,43	311,90	350,89																		
11.180,99 (Ost)	I	3.347,91	184,13	267,83	301,31	175,51	255,30	287,21	166,90	242,76	273,11	158,28	230,23	259,01	149,66	217,70	244,91	131,21	205,16	230,81	112,57	192,63	216,7
	II	3.198,75	175,93	255,90	287,88	167,31	243,36	273,78	158,69	230,83	259,68	150,08	218,30	245,59	132,11	205,77	231,49	113,47	193,24	217,39	94,83	180,70	203,2
	III	2.519,83	-	201,58	226,78	-	189,54	213,23	-	177,74	199,96	-	166,22	187,00	-	154,94	174,31	-	143,93	161,92	-	133,16	149,8
	IV	3.347,91	184,13	267,83	301,31	179,82	261,56	294,26	175,51	255,30	287,21	171,21	249,03	280,16	166,90	242,76	273,11	162,59	236,50	266,06	158,28	230,23	259,0
	V	3.862,33	212,42	308,98	347,60																		
	VI	3.906,66	214,86	312,53	351,59																		

Lohn/ Gehalt bis	Steuerklasse	Lohn-steuer	ohne Kinderfreibetrag			Anzahl Kinderfreibeträge (nur Steuerklassen I–IV)																	
						0,5			1,0			1,5			2,0			2,5			3,0		
			SolZ 5,5%	Kirchensteuer 8%	9%	SolZ 5,5%	Kirchensteuer 8%	9%	SolZ 5,5%	Kirchensteuer 8%	9%	SolZ 5,5%	Kirchensteuer 8%	9%	SolZ 5,5%	Kirchensteuer 8%	9%	SolZ 5,5%	Kirchensteuer 8%	9%	SolZ 5,5%	Kirchensteuer 8%	9%
.183,99 (West)	I	3.341,33	183,77	267,30	300,71	175,15	254,77	286,61	166,54	242,24	272,52	157,92	229,70	258,41	149,07	217,17	244,31	130,43	204,64	230,22	111,79	192,10	216,11
	II	3.192,25	175,57	255,38	287,30	166,95	242,84	273,20	158,34	230,31	259,10	149,72	217,78	245,00	131,33	205,24	230,90	112,69	192,71	216,80	94,04	180,18	202,70
	III	2.513,50	-	201,08	226,21	-	189,04	212,67	-	177,26	199,42	-	165,74	186,46	-	154,48	173,79	-	143,46	161,39	-	132,72	149,31
	IV	3.341,33	183,77	267,30	300,71	179,46	261,04	293,67	175,15	254,77	286,61	170,84	248,50	279,56	166,54	242,24	272,52	162,23	235,97	265,46	157,92	229,70	258,41
	V	3.855,75	212,06	308,46	347,01																		
	VI	3.900,08	214,50	312,00	351,00																		
.183,99 (Ost)	I	3.349,16	184,20	267,93	301,42	175,58	255,40	287,32	166,97	242,86	273,22	158,35	230,33	259,12	149,73	217,80	245,02	131,36	205,26	230,92	112,72	192,73	216,82
	II	3.200,00	176,00	256,00	288,00	167,38	243,47	273,90	158,77	230,94	259,80	150,15	218,40	245,70	132,26	205,87	231,60	113,62	193,34	217,50	94,98	180,80	203,40
	III	2.521,16	-	201,69	226,90	-	189,64	213,34	-	177,84	200,07	-	166,30	187,09	-	155,04	174,42	-	144,01	162,01	-	133,25	149,90
	IV	3.349,16	184,20	267,93	301,42	179,89	261,66	294,37	175,58	255,40	287,32	171,27	249,13	280,27	166,97	242,86	273,22	162,66	236,60	266,17	158,35	230,33	259,12
	V	3.863,58	212,49	309,08	347,72																		
	VI	3.907,91	214,93	312,63	351,71																		
.186,99 (West)	I	3.342,58	183,84	267,40	300,83	175,22	254,87	286,73	166,60	242,34	272,63	157,99	229,80	258,53	149,22	217,27	244,43	130,59	204,74	230,33	111,94	192,21	216,23
	II	3.193,50	175,64	255,48	287,41	167,02	242,94	273,31	158,40	230,41	259,21	149,79	217,88	245,11	131,48	205,34	231,01	112,84	192,81	216,91	94,19	180,28	202,81
	III	2.514,66	-	201,17	226,31	-	189,13	212,77	-	177,36	199,53	-	165,82	186,55	-	154,56	173,88	-	143,56	161,50	-	132,80	149,40
	IV	3.342,58	183,84	267,40	300,83	179,53	261,14	293,78	175,22	254,87	286,73	170,91	248,60	279,68	166,60	242,34	272,63	162,30	236,07	265,58	157,99	229,80	258,53
	V	3.857,00	212,13	308,56	347,13																		
	VI	3.901,33	214,57	312,10	351,11																		
.186,99 (Ost)	I	3.350,41	184,27	268,03	301,53	175,65	255,50	287,43	167,03	242,96	273,33	158,42	230,43	259,23	149,80	217,90	245,13	131,51	205,36	231,03	112,87	192,83	216,93
	II	3.201,33	176,07	256,10	288,11	167,45	243,57	274,01	158,84	231,04	259,92	150,22	218,50	245,81	132,41	205,97	231,71	113,77	193,44	217,62	95,13	180,90	203,51
	III	2.522,33	-	201,78	227,00	-	189,73	213,44	-	177,94	200,18	-	166,40	187,20	-	155,12	174,51	-	144,10	162,11	-	133,33	149,99
	IV	3.350,41	184,27	268,03	301,53	179,96	261,76	294,48	175,65	255,50	287,43	171,34	249,23	280,38	167,03	242,96	273,33	162,73	236,70	266,28	158,42	230,43	259,23
	V	3.864,83	212,56	309,18	347,83																		
	VI	3.909,16	215,00	312,73	351,82																		
.189,99 (West)	I	3.343,83	183,91	267,50	300,94	175,29	254,97	286,84	166,67	242,44	272,74	158,06	229,90	258,64	149,38	217,38	244,55	130,74	204,84	230,45	112,09	192,31	216,35
	II	3.194,75	175,71	255,58	287,52	167,09	243,04	273,42	158,47	230,51	259,32	149,86	217,98	245,22	131,63	205,44	231,12	112,99	192,91	217,02	94,35	180,38	202,93
	III	2.516,00	-	201,28	226,44	-	189,24	212,89	-	177,45	199,63	-	165,92	186,66	-	154,65	173,98	-	143,64	161,59	-	132,89	149,50
	IV	3.343,83	183,91	267,50	300,94	179,60	261,24	293,89	175,29	254,97	286,84	170,98	248,70	279,79	166,67	242,44	272,74	162,36	236,17	265,69	158,06	229,90	258,64
	V	3.858,33	212,20	308,66	347,24																		
	VI	3.902,58	214,64	312,20	351,23																		
.189,99 (Ost)	I	3.351,66	184,34	268,13	301,64	175,72	255,60	287,55	167,10	243,06	273,44	158,49	230,53	259,34	149,87	218,00	245,25	131,66	205,46	231,14	113,02	192,93	217,04
	II	3.202,58	176,14	256,20	288,23	167,52	243,67	274,13	158,90	231,14	260,03	150,29	218,60	245,93	132,56	206,07	231,83	113,92	193,54	217,73	95,27	181,00	203,63
	III	2.523,50	-	201,88	227,11	-	189,82	213,55	-	178,04	200,29	-	166,49	187,30	-	155,21	174,61	-	144,18	162,20	-	133,42	150,10
	IV	3.351,66	184,34	268,13	301,64	180,03	261,86	294,59	175,72	255,60	287,55	171,41	249,33	280,49	167,10	243,06	273,44	162,80	236,80	266,40	158,49	230,53	259,34
	V	3.866,08	212,63	309,28	347,94																		
	VI	3.910,41	215,07	312,83	351,93																		
.192,99 (West)	I	3.345,08	183,97	267,60	301,05	175,36	255,07	286,95	166,75	242,54	272,86	158,13	230,01	258,76	149,51	217,48	244,66	130,89	204,94	230,56	112,24	192,41	216,46
	II	3.196,00	175,78	255,68	287,64	167,16	243,14	273,53	158,54	230,61	259,43	149,93	218,08	245,34	131,78	205,54	231,23	113,14	193,02	217,14	94,50	180,48	203,04
	III	2.517,16	-	201,37	226,54	-	189,33	212,99	-	177,54	199,73	-	166,01	186,76	-	154,74	174,08	-	143,73	161,69	-	132,97	149,59
	IV	3.345,08	183,97	267,60	301,05	179,67	261,34	294,00	175,36	255,07	286,95	171,05	248,80	279,90	166,75	242,54	272,86	162,44	236,28	265,81	158,13	230,01	258,76
	V	3.859,58	212,27	308,76	347,36																		
	VI	3.903,83	214,71	312,30	351,34																		
.192,99 (Ost)	I	3.352,91	184,41	268,23	301,76	175,79	255,70	287,66	167,17	243,16	273,56	158,56	230,63	259,46	149,94	218,10	245,36	131,81	205,56	231,26	113,16	193,03	217,16
	II	3.203,83	176,21	256,30	288,34	167,59	243,77	274,24	158,97	231,24	260,14	150,36	218,70	246,04	132,71	206,17	231,94	114,07	193,64	217,84	95,42	181,10	203,74
	III	2.524,83	-	201,98	227,23	-	189,92	213,66	-	178,13	200,39	-	166,58	187,40	-	155,30	174,71	-	144,28	162,31	-	133,50	150,19
	IV	3.352,91	184,41	268,23	301,76	180,10	261,96	294,71	175,79	255,70	287,66	171,48	249,43	280,61	167,17	243,16	273,56	162,86	236,90	266,51	158,56	230,63	259,46
	V	3.867,33	212,70	309,38	348,05																		
	VI	3.911,66	215,14	312,93	352,04																		
1.195,99 (West)	I	3.346,33	184,04	267,70	301,16	175,43	255,18	287,07	166,81	242,64	272,97	158,20	230,11	258,87	149,58	217,58	244,77	131,03	205,04	230,67	112,39	192,51	216,57
	II	3.197,25	175,84	255,78	287,75	167,23	243,24	273,65	158,61	230,71	259,55	150,00	218,18	245,45	131,94	205,65	231,35	113,29	193,12	217,26	94,65	180,58	203,15
	III	2.518,33	-	201,46	226,64	-	189,42	213,10	-	177,64	199,84	-	166,10	186,86	-	154,84	174,19	-	143,81	161,78	-	133,06	149,69
	IV	3.346,33	184,04	267,70	301,16	179,74	261,44	294,12	175,43	255,18	287,07	171,12	248,91	280,02	166,81	242,64	272,97	162,51	236,38	265,92	158,20	230,11	258,87
	V	3.860,83	212,34	308,86	347,47																		
	VI	3.905,08	214,77	312,40	351,45																		
1.195,99 (Ost)	I	3.354,16	184,47	268,33	301,87	175,86	255,80	287,77	167,24	243,26	273,67	158,62	230,73	259,57	150,01	218,20	245,47	131,97	205,67	231,38	113,32	193,14	217,28
	II	3.205,08	176,27	256,40	288,45	167,66	243,87	274,35	159,04	231,34	260,25	150,42	218,80	246,15	132,86	206,27	232,05	114,22	193,74	217,95	95,57	181,20	203,85
	III	2.526,00	-	202,08	227,34	-	190,02	213,77	-	178,22	200,50	-	166,68	187,51	-	155,40	174,82	-	144,36	162,40	-	133,60	150,30
	IV	3.354,16	184,47	268,33	301,87	180,17	262,06	294,82	175,86	255,80	287,77	171,55	249,53	280,72	167,24	243,26	273,67	162,93	237,00	266,62	158,62	230,73	259,57
	V	3.868,58	212,77	309,48	348,17																		
	VI	3.912,91	215,21	313,03	352,16																		
1.198,99 (West)	I	3.347,66	184,12	267,81	301,28	175,50	255,28	287,19	166,88	242,74	273,08	158,27	230,21	258,98	149,65	217,68	244,89	131,18	205,14	230,78	112,54	192,61	216,68
	II	3.198,50	175,91	255,88	287,86	167,30	243,34	273,76	158,68	230,82	259,67	150,07	218,28	245,57	132,09	205,75	231,47	113,44	193,22	217,37	94,80	180,68	203,27
	III	2.519,66	-	201,57	226,76	-	189,52	213,21	-	177,73	199,94	-	166,20	186,97	-	154,92	174,28	-	143,90	161,89	-	133,14	149,78
	IV	3.347,66	184,12	267,81	301,28	179,81	261,54	294,23	175,50	255,28	287,19	171,19	249,01	280,13	166,88	242,74	273,08	162,58	236,48	266,04	158,27	230,21	258,98
	V	3.862,08	212,41	308,96	347,58																		
	VI	3.906,41	214,85	312,51	351,57																		
1.198,99 (Ost)	I	3.355,41	184,54	268,43	301,98	175,93	255,90	287,88	167,31	243,36	273,78	158,69	230,83	259,68	150,08	218,30	245,59	132,11	205,77	231,49	113,47	193,24	217,39
	II	3.206,33	176,34	256,50	288,56	167,73	243,97	274,46	159,11	231,44	260,37	150,49	218,90	246,26	133,01	206,37	232,16	114,36	193,84	218,07	95,73	181,31	203,97
	III	2.527,16	-	202,17	227,44	-	190,12	213,88	-	178,32	200,61	-	166,77	187,61	-	155,48	174,91	-	144,45	162,50	-	133,68	150,39
	IV	3.355,41	184,54	268,43	301,98	180,23	262,16	294,93	175,93	255,90	287,88	171,62	249,63	280,83	167,31	243,36	273,78	163,00	237,10	266,73	158,69	230,83	259,68
	V	3.869,91	212,84	309,59	348,29																		
	VI	3.914,16	215,27	313,13	352,27																		
1.201,99 (West)	I	3.348,91	184,19	267,91	301,40	175,57	255,38	287,30	166,95	242,84	273,20	158,34	230,31	259,10	149,72	217,78	245,00	131,33	205,24	230,90	112,69	192,71	216,80
	II	3.199,83	175,99	255,98	287,98	167,37	243,45	273,88	158,75	230,92	259,78	150,14	218,38	245,68	132,23	205,85	231,58	113,59	193,32	217,48	94,95	180,78	203,38
	III	2.520,83	-	201,66	226,87	-	189,61	213,31	-	177,82	200,05	-	166,29	187,07	-	155,01	174,38	-	144,00	162,00	-	133,22	149,87
	IV	3.348,91	184,19	267,91	301,40	179,88	261,64	294,35	175,57	255,38	287,30	171,26	249,11	280,25	166,95	242,84	273,20	162,64	236,58	266,15	158,34	230,31	259,10
	V	3.863,33	212,48	309,06	347,69																		
	VI	3.907,66	214,92	312,61	351,68																		
1.201,99 (Ost)	I	3.356,66	184,61	268,53	302,09	176,00	256,00	288,00	167,38	243,47	273,90	158,77	230,94	259,80	150,15	218,40	245,70	132,26	205,87	231,60	113,62	193,34	217,50
	II	3.207,58	176,41	256,60	288,68	167,80	244,07	274,58	159,18	231,54	260,48	150,56	219,00	246,38	133,16	206,47	232,28	114,52	193,94	218,18	95,88	181,41	204,08
	III	2.528,50	-	202,28	227,56	-	190,21	213,98	-	178,41	200,71	-	166,86	187,72	-	155,57	175,01	-	144,54	162,61	-	133,76	150,48
	IV	3.356,66	184,61	268,53	302,09	180,30	262,26	295,04	176,00	256,00	288,00	171,69	249,73	280,94	167,38	243,47	273,90	163,07	237,20	266,85	158,77	230,94	259,80
	V	3.871,16	212,91	309,69	348,40																		
	VI	3.915,41	215,34	313,23	352,38																		

Lohn/Gehalt bis	Steuerklasse	Lohnsteuer	ohne Kinderfreibetrag SolZ 5,5%	ohne Kinderfreibetrag Kirchensteuer 8%	ohne Kinderfreibetrag Kirchensteuer 9%	0,5 SolZ 5,5%	0,5 Kirchensteuer 8%	0,5 Kirchensteuer 9%	1,0 SolZ 5,5%	1,0 Kirchensteuer 8%	1,0 Kirchensteuer 9%	1,5 SolZ 5,5%	1,5 Kirchensteuer 8%	1,5 Kirchensteuer 9%	2,0 SolZ 5,5%	2,0 Kirchensteuer 8%	2,0 Kirchensteuer 9%	2,5 SolZ 5,5%	2,5 Kirchensteuer 8%	2,5 Kirchensteuer 9%	3,0 SolZ 5,5%	3,0 Kirchensteuer 8%
						Anzahl Kinderfreibeträge (nur Steuerklassen I–IV)																
11.204,99 (West)	I	3.350,16	184,25	268,01	301,51	175,64	255,48	287,41	167,02	242,94	273,31	158,40	230,41	259,21	149,79	217,88	245,11	131,48	205,34	231,01	112,84	192,81
	II	3.201,08	176,05	256,08	288,09	167,44	243,55	273,99	158,82	231,02	259,89	150,20	218,48	245,79	132,38	205,95	231,69	113,74	193,42	217,59	95,10	180,88
	III	2.522,00	–	201,76	226,98	–	189,70	213,41	–	177,92	200,16	–	166,38	187,18	–	155,10	174,49	–	144,08	162,09	–	133,32
	IV	3.350,16	184,25	268,01	301,51	179,95	261,74	294,46	175,64	255,48	287,41	171,33	249,21	280,36	167,02	242,94	273,31	162,71	236,68	266,26	158,40	230,41
	V	3.864,58	212,55	309,16	347,81																	
	VI	3.908,91	214,99	312,71	351,80																	
11.204,99 (Ost)	I	3.357,91	184,68	268,63	302,21	176,07	256,10	288,11	167,45	243,57	274,01	158,84	231,04	259,92	150,22	218,50	245,81	132,41	205,97	231,71	113,77	193,44
	II	3.208,83	176,48	256,70	288,79	167,86	244,17	274,69	159,25	231,64	260,59	150,64	219,11	246,50	133,31	206,58	232,40	114,67	194,04	218,30	96,03	181,51
	III	2.529,66	–	202,37	227,66	–	190,30	214,09	–	178,50	200,81	–	166,96	187,83	–	155,66	175,12	–	144,62	162,70	–	133,85
	IV	3.357,91	184,68	268,63	302,21	180,38	262,37	295,16	176,07	256,10	288,11	171,76	249,84	281,07	167,45	243,57	274,01	163,14	237,30	266,96	158,84	231,04
	V	3.872,41	212,98	309,79	348,51																	
	VI	3.916,75	215,42	313,34	352,50																	
11.207,99 (West)	I	3.351,41	184,32	268,11	301,62	175,71	255,58	287,52	167,09	243,04	273,42	158,47	230,51	259,32	149,86	217,98	245,22	131,63	205,44	231,12	112,99	192,91
	II	3.202,33	176,12	256,18	288,20	167,51	243,65	274,10	158,89	231,12	260,01	150,27	218,58	245,90	132,53	206,05	231,80	113,89	193,52	217,71	95,24	180,98
	III	2.523,33	–	201,86	227,09	–	189,81	213,53	–	178,01	200,26	–	166,48	187,29	–	155,20	174,60	–	144,17	162,19	–	133,40
	IV	3.351,41	184,32	268,11	301,62	180,01	261,84	294,57	175,71	255,58	287,52	171,40	249,31	280,47	167,09	243,04	273,42	162,78	236,78	266,37	158,47	230,51
	V	3.865,83	212,62	309,26	347,92																	
	VI	3.910,16	215,05	312,81	351,91																	
11.207,99 (Ost)	I	3.359,25	184,75	268,74	302,33	176,14	256,20	288,23	167,52	243,67	274,13	158,90	231,14	260,03	150,29	218,60	245,93	132,56	206,07	231,83	113,92	193,54
	II	3.210,08	176,55	256,80	288,90	167,93	244,27	274,80	159,32	231,74	260,71	150,70	219,21	246,61	133,46	206,68	232,51	114,82	194,14	218,41	96,18	181,61
	III	2.530,83	–	202,46	227,77	–	190,40	214,20	–	178,60	200,92	–	167,04	187,92	–	155,74	175,21	–	144,72	162,81	–	133,93
	IV	3.359,25	184,75	268,74	302,33	180,45	262,47	295,28	176,14	256,20	288,23	171,83	249,94	281,18	167,52	243,67	274,13	163,21	237,40	267,08	158,90	231,14
	V	3.873,66	213,05	309,89	348,62																	
	VI	3.918,00	215,49	313,44	352,62																	
11.210,99 (West)	I	3.352,66	184,39	268,21	301,73	175,78	255,68	287,64	167,16	243,14	273,53	158,54	230,61	259,43	149,93	218,08	245,34	131,78	205,54	231,23	113,14	193,02
	II	3.203,58	176,19	256,28	288,32	167,58	243,75	274,22	158,96	231,22	260,12	150,34	218,68	246,02	132,68	206,15	231,92	114,04	193,62	217,82	95,39	181,08
	III	2.524,50	–	201,96	227,20	–	189,90	213,64	–	178,10	200,36	–	166,57	187,39	–	155,28	174,69	–	144,25	162,28	–	133,49
	IV	3.352,66	184,39	268,21	301,73	180,08	261,94	294,68	175,78	255,68	287,64	171,47	249,41	280,58	167,16	243,14	273,53	162,85	236,88	266,49	158,54	230,61
	V	3.867,08	212,68	309,36	348,03																	
	VI	3.911,41	215,12	312,91	352,02																	
11.210,99 (Ost)	I	3.360,50	184,82	268,84	302,44	176,21	256,30	288,34	167,59	243,77	274,24	158,97	231,24	260,14	150,36	218,70	246,04	132,71	206,17	231,94	114,07	193,64
	II	3.211,41	176,62	256,91	289,02	168,01	244,38	274,92	159,39	231,84	260,82	150,77	219,31	246,72	133,61	206,78	232,62	114,97	194,24	218,52	96,33	181,71
	III	2.532,16	–	202,57	227,89	–	190,50	214,31	–	178,69	201,02	–	167,13	188,02	–	155,84	175,32	–	144,80	162,90	–	134,02
	IV	3.360,50	184,82	268,84	302,44	180,51	262,57	295,39	176,21	256,30	288,34	171,90	250,04	281,29	167,59	243,77	274,24	163,28	237,50	267,19	158,97	231,24
	V	3.874,91	213,12	309,99	348,74																	
	VI	3.919,25	215,55	313,54	352,73																	
11.213,99 (West)	I	3.353,91	184,46	268,31	301,85	175,84	255,78	287,75	167,23	243,24	273,65	158,61	230,71	259,55	150,00	218,18	245,45	131,94	205,65	231,35	113,29	193,12
	II	3.204,83	176,26	256,38	288,43	167,64	243,85	274,33	159,03	231,32	260,23	150,41	218,78	246,13	132,83	206,25	232,03	114,19	193,72	217,93	95,54	181,18
	III	2.525,66	–	202,05	227,30	–	190,00	213,75	–	178,20	200,47	–	166,65	187,48	–	155,37	174,79	–	144,34	162,38	–	133,57
	IV	3.353,91	184,46	268,31	301,85	180,15	262,04	294,80	175,84	255,78	287,75	171,54	249,51	280,70	167,23	243,24	273,65	162,92	236,98	266,60	158,61	230,71
	V	3.868,33	212,75	309,46	348,14																	
	VI	3.912,66	215,19	313,01	352,13																	
11.213,99 (Ost)	I	3.361,75	184,89	268,94	302,55	176,27	256,40	288,45	167,66	243,87	274,35	159,04	231,34	260,25	150,42	218,80	246,15	132,86	206,27	232,05	114,22	193,74
	II	3.212,66	176,69	257,01	289,13	168,08	244,48	275,04	159,46	231,94	260,93	150,84	219,41	246,83	133,76	206,88	232,74	115,12	194,34	218,63	96,47	181,81
	III	2.533,33	–	202,66	227,99	–	190,60	214,42	–	178,78	201,13	–	167,22	188,12	–	155,93	175,42	–	144,89	163,00	–	134,10
	IV	3.361,75	184,89	268,94	302,55	180,58	262,67	295,50	176,27	256,40	288,45	171,97	250,14	281,40	167,66	243,87	274,35	163,35	237,60	267,30	159,04	231,34
	V	3.876,16	213,18	310,09	348,85																	
	VI	3.920,50	215,62	313,64	352,84																	
11.216,99 (West)	I	3.355,16	184,53	268,41	301,96	175,91	255,88	287,86	167,30	243,34	273,76	158,68	230,82	259,67	150,07	218,28	245,57	132,09	205,75	231,47	113,44	193,22
	II	3.206,08	176,33	256,48	288,54	167,71	243,95	274,44	159,10	231,42	260,34	150,48	218,88	246,24	132,98	206,35	232,14	114,34	193,82	218,05	95,70	181,29
	III	2.527,00	–	202,16	227,43	–	190,09	213,85	–	178,29	200,57	–	166,74	187,58	–	155,46	174,89	–	144,42	162,47	–	133,66
	IV	3.355,16	184,53	268,41	301,96	180,22	262,14	294,91	175,91	255,88	287,86	171,60	249,61	280,81	167,30	243,34	273,76	162,99	237,08	266,72	158,68	230,82
	V	3.869,66	212,83	309,57	348,26																	
	VI	3.913,91	215,26	313,11	352,25																	
11.216,99 (Ost)	I	3.363,00	184,96	269,04	302,67	176,34	256,50	288,56	167,73	243,97	274,46	159,11	231,44	260,37	150,49	218,90	246,26	133,01	206,37	232,16	114,36	193,84
	II	3.213,91	176,76	257,11	289,25	168,14	244,58	275,15	159,53	232,04	261,05	150,91	219,51	246,95	133,91	206,98	232,85	115,27	194,44	218,75	96,62	181,91
	III	2.534,50	–	202,76	228,10	–	190,69	214,52	–	178,88	201,24	–	167,32	188,23	–	156,02	175,52	–	144,97	163,09	–	134,20
	IV	3.363,00	184,96	269,04	302,67	180,65	262,77	295,61	176,34	256,50	288,56	172,04	250,24	281,52	167,73	243,97	274,46	163,42	237,70	267,41	159,11	231,44
	V	3.877,41	213,25	310,19	348,96																	
	VI	3.921,75	215,69	313,74	352,95																	
11.219,99 (West)	I	3.356,41	184,60	268,51	302,07	175,99	255,98	287,98	167,37	243,45	273,88	158,75	230,92	259,78	150,14	218,38	245,68	132,23	205,85	231,58	113,59	193,32
	II	3.207,33	176,40	256,58	288,65	167,78	244,05	274,55	159,17	231,52	260,46	150,55	218,98	246,35	133,14	206,46	232,26	114,49	193,92	218,16	95,85	181,39
	III	2.528,16	–	202,25	227,53	–	190,18	213,95	–	178,38	200,68	–	166,84	187,69	–	155,54	174,98	–	144,52	162,58	–	133,74
	IV	3.356,41	184,60	268,51	302,07	180,29	262,24	295,02	175,99	255,98	287,98	171,68	249,72	280,93	167,37	243,45	273,88	163,06	237,18	266,83	158,75	230,92
	V	3.870,91	212,90	309,67	348,38																	
	VI	3.915,16	215,33	313,21	352,36																	
11.219,99 (Ost)	I	3.364,25	185,03	269,14	302,78	176,41	256,60	288,68	167,80	244,07	274,58	159,18	231,54	260,48	150,56	219,00	246,38	133,16	206,47	232,28	114,52	193,94
	II	3.215,16	176,83	257,21	289,36	168,21	244,68	275,26	159,60	232,14	261,16	150,98	219,61	247,06	134,06	207,08	232,96	115,42	194,54	218,86	96,77	182,01
	III	2.535,83	–	202,86	228,22	–	190,78	214,63	–	178,97	201,34	–	167,41	188,33	–	156,10	175,61	–	145,06	163,19	–	134,28
	IV	3.364,25	185,03	269,14	302,78	180,72	262,87	295,73	176,41	256,60	288,68	172,10	250,34	281,63	167,80	244,07	274,58	163,49	237,80	267,53	159,18	231,54
	V	3.878,66	213,32	310,29	349,07																	
	VI	3.923,00	215,76	313,84	353,07																	
11.222,99 (West)	I	3.357,75	184,67	268,62	302,19	176,05	256,08	288,09	167,44	243,55	273,99	158,82	231,02	259,89	150,20	218,48	245,79	132,38	205,95	231,69	113,74	193,42
	II	3.208,58	176,47	256,68	288,77	167,85	244,15	274,67	159,24	231,62	260,57	150,62	219,09	246,47	133,28	206,56	232,38	114,64	194,02	218,27	96,00	181,49
	III	2.529,33	–	202,34	227,63	–	190,29	214,07	–	178,48	200,79	–	166,93	187,79	–	155,64	175,09	–	144,61	162,68	–	133,82
	IV	3.357,75	184,67	268,62	302,19	180,36	262,35	295,14	176,05	256,08	288,09	171,75	249,82	281,04	167,44	243,55	273,99	163,13	237,28	266,94	158,82	231,02
	V	3.872,16	212,96	309,77	348,49																	
	VI	3.916,50	215,40	313,32	352,48																	
11.222,99 (Ost)	I	3.365,50	185,10	269,24	302,89	176,48	256,70	288,79	167,86	244,17	274,69	159,25	231,64	260,59	150,64	219,11	246,50	133,31	206,58	232,40	114,67	194,04
	II	3.216,41	176,90	257,31	289,47	168,28	244,78	275,37	159,66	232,24	261,27	151,05	219,71	247,17	134,21	207,18	233,07	115,56	194,64	218,97	96,92	182,11
	III	2.537,00	–	202,96	228,33	–	190,88	214,74	–	179,06	201,44	–	167,50	188,44	–	156,20	175,72	–	145,16	163,30	–	134,36
	IV	3.365,50	185,10	269,24	302,89	180,79	262,97	295,84	176,48	256,70	288,79	172,17	250,44	281,74	167,86	244,17	274,69	163,56	237,90	267,64	159,25	231,64
	V	3.880,00	213,40	310,40	349,20																	
	VI	3.924,25	215,83	313,94	353,18																	

Allgemeine Tabelle

MONAT bis 11.243,99 €

Lohn/ Gehalt bis	Steuerklasse	Lohn-steuer	ohne Kinderfreibetrag SolZ 5,5%	ohne Kinderfreibetrag Kirchensteuer 8%	ohne Kinderfreibetrag Kirchensteuer 9%	0,5 SolZ 5,5%	0,5 Kirchensteuer 8%	0,5 Kirchensteuer 9%	1,0 SolZ 5,5%	1,0 Kirchensteuer 8%	1,0 Kirchensteuer 9%	1,5 SolZ 5,5%	1,5 Kirchensteuer 8%	1,5 Kirchensteuer 9%	2,0 SolZ 5,5%	2,0 Kirchensteuer 8%	2,0 Kirchensteuer 9%	2,5 SolZ 5,5%	2,5 Kirchensteuer 8%	2,5 Kirchensteuer 9%	3,0 SolZ 5,5%	3,0 Kirchensteuer 8%	3,0 Kirchensteuer 9%
						Anzahl Kinderfreibeträge (nur Steuerklassen I–IV)																	
.225,99 (West)	I	3.359,00	184,74	268,72	302,31	176,12	256,18	288,20	167,51	243,65	274,10	158,89	231,12	260,01	150,27	218,58	245,90	132,53	206,05	231,80	113,89	193,52	217,71
	II	3.209,83	176,54	256,78	288,88	167,92	244,26	274,79	159,31	231,72	260,69	150,69	219,19	246,59	133,43	206,66	232,49	114,79	194,12	218,39	96,15	181,59	204,29
	III	2.530,66	–	202,45	227,75	–	190,38	214,18	–	178,57	200,89	–	167,02	187,90	–	155,73	175,19	–	144,69	162,77	–	133,92	150,66
	IV	3.359,00	184,74	268,72	302,31	180,43	262,45	295,25	176,12	256,18	288,20	171,82	249,92	281,16	167,51	243,65	274,10	163,20	237,38	267,05	158,89	231,12	260,01
	V	3.873,41	213,03	309,87	348,60																		
	VI	3.917,75	215,47	313,42	352,59																		
.225,99 (Ost)	I	3.366,75	185,17	269,34	303,00	176,55	256,80	288,90	167,93	244,27	274,80	159,32	231,74	260,71	150,70	219,21	246,61	133,46	206,68	232,51	114,82	194,14	218,41
	II	3.217,66	176,97	257,41	289,58	168,35	244,88	275,49	159,73	232,34	261,38	151,12	219,81	247,28	134,36	207,28	233,19	115,72	194,75	219,09	97,08	182,22	204,99
	III	2.538,33	–	203,06	228,44	–	190,98	214,85	–	179,16	201,55	–	167,60	188,55	–	156,29	175,82	–	145,24	163,39	–	134,45	151,25
	IV	3.366,75	185,17	269,34	303,00	180,86	263,07	295,95	176,55	256,80	288,90	172,24	250,54	281,85	167,93	244,27	274,80	163,63	238,01	267,76	159,32	231,74	260,71
	V	3.881,25	213,46	310,50	349,31																		
	VI	3.925,50	215,90	314,04	353,29																		
1.228,99 (West)	I	3.360,25	184,81	268,82	302,42	176,19	256,28	288,32	167,58	243,75	274,22	158,96	231,22	260,12	150,34	218,68	246,02	132,68	206,15	231,92	114,04	193,62	217,82
	II	3.211,16	176,61	256,89	289,00	167,99	244,36	274,90	159,38	231,82	260,80	150,76	219,29	246,70	133,58	206,76	232,60	114,94	194,22	218,50	96,30	181,69	204,40
	III	2.531,83	–	202,54	227,86	–	190,48	214,29	–	178,66	200,99	–	167,12	188,01	–	155,82	175,30	–	144,78	162,88	–	134,00	150,75
	IV	3.360,25	184,81	268,82	302,42	180,50	262,55	295,37	176,19	256,28	288,32	171,88	250,02	281,27	167,58	243,75	274,22	163,27	237,48	267,17	158,96	231,22	260,12
	V	3.874,66	213,10	309,97	348,71																		
	VI	3.919,00	215,54	313,52	352,71																		
1.228,99 (Ost)	I	3.368,00	185,24	269,44	303,12	176,62	256,91	289,02	168,01	244,38	274,92	159,39	231,84	260,82	150,77	219,31	246,72	133,61	206,78	232,62	114,97	194,24	218,52
	II	3.218,91	177,04	257,51	289,70	168,42	244,98	275,60	159,80	232,44	261,50	151,19	219,91	247,40	134,51	207,38	233,30	115,87	194,85	219,20	97,23	182,32	205,11
	III	2.539,50	–	203,16	228,55	–	191,08	214,96	–	179,25	201,65	–	167,69	188,65	–	156,38	175,93	–	145,33	163,49	–	134,53	151,34
	IV	3.368,00	185,24	269,44	303,12	180,93	263,17	296,06	176,62	256,91	289,02	172,31	250,64	281,97	168,01	244,38	274,92	163,70	238,11	267,87	159,39	231,84	260,82
	V	3.882,50	213,53	310,60	349,42																		
	VI	3.926,75	215,97	314,14	353,40																		
1.231,99 (West)	I	3.361,50	184,88	268,92	302,53	176,26	256,38	288,43	167,64	243,85	274,33	159,03	231,32	260,23	150,41	218,78	246,13	132,83	206,25	232,03	114,19	193,72	217,93
	II	3.212,41	176,68	256,99	289,11	168,06	244,46	275,01	159,44	231,92	260,91	150,83	219,39	246,81	133,73	206,86	232,71	115,09	194,32	218,61	96,44	181,79	204,51
	III	2.533,00	–	202,64	227,97	–	190,57	214,39	–	178,76	201,10	–	167,21	188,11	–	155,90	175,39	–	144,86	162,97	–	134,09	150,85
	IV	3.361,50	184,88	268,92	302,53	180,57	262,65	295,48	176,26	256,38	288,43	171,95	250,12	281,38	167,64	243,85	274,33	163,34	237,58	267,28	159,03	231,32	260,23
	V	3.875,91	213,17	310,07	348,83																		
	VI	3.920,25	215,61	313,62	352,82																		
1.231,99 (Ost)	I	3.369,33	185,31	269,54	303,23	176,69	257,01	289,13	168,08	244,48	275,04	159,46	231,94	260,93	150,84	219,41	246,83	133,76	206,88	232,74	115,12	194,34	218,63
	II	3.220,16	177,10	257,61	289,81	168,49	245,08	275,71	159,88	232,55	261,62	151,26	220,02	247,52	134,66	207,48	233,42	116,02	194,95	219,32	97,38	182,42	205,22
	III	2.540,66	–	203,25	228,65	–	191,17	215,06	–	179,34	201,76	–	167,78	188,75	–	156,46	176,02	–	145,41	163,58	–	134,62	151,45
	IV	3.369,33	185,31	269,54	303,23	181,00	263,28	296,19	176,69	257,01	289,13	172,38	250,74	282,08	168,08	244,48	275,04	163,77	238,21	267,98	159,46	231,94	260,93
	V	3.883,75	213,60	310,70	349,53																		
	VI	3.928,08	216,04	314,24	353,52																		
1.234,99 (West)	I	3.362,75	184,95	269,02	302,64	176,33	256,48	288,54	167,71	243,95	274,44	159,10	231,42	260,34	150,48	218,88	246,24	132,98	206,35	232,14	114,34	193,82	218,05
	II	3.213,66	176,75	257,09	289,22	168,13	244,56	275,13	159,51	232,02	261,02	150,90	219,49	246,92	133,88	206,96	232,83	115,24	194,42	218,72	96,59	181,89	204,62
	III	2.534,33	–	202,74	228,08	–	190,66	214,49	–	178,85	201,20	–	167,30	188,21	–	156,00	175,50	–	144,96	163,08	–	134,17	150,94
	IV	3.362,75	184,95	269,02	302,64	180,64	262,75	295,59	176,33	256,48	288,54	172,02	250,22	281,49	167,71	243,95	274,44	163,40	237,68	267,39	159,10	231,42	260,34
	V	3.877,16	213,24	310,17	348,94																		
	VI	3.921,50	215,68	313,72	352,93																		
1.234,99 (Ost)	I	3.370,58	185,38	269,64	303,35	176,76	257,11	289,25	168,14	244,58	275,15	159,53	232,04	261,05	150,91	219,51	246,95	133,91	206,98	232,85	115,27	194,44	218,75
	II	3.221,41	177,17	257,71	289,92	168,56	245,18	275,83	159,94	232,65	261,73	151,33	220,12	247,63	134,81	207,58	233,53	116,17	195,05	219,43	97,53	182,52	205,33
	III	2.542,00	–	203,36	228,78	–	191,26	215,17	–	179,44	201,87	–	167,88	188,86	–	156,56	176,13	–	145,50	163,69	–	134,70	151,54
	IV	3.370,58	185,38	269,64	303,35	181,07	263,38	296,30	176,76	257,11	289,25	172,45	250,84	282,20	168,14	244,58	275,15	163,84	238,31	268,10	159,53	232,04	261,05
	V	3.885,00	213,67	310,80	349,65																		
	VI	3.929,33	216,11	314,34	353,63																		
1.237,99 (West)	I	3.364,00	185,02	269,12	302,76	176,40	256,58	288,65	167,78	244,05	274,55	159,17	231,52	260,46	150,55	218,98	246,35	133,14	206,46	232,26	114,49	193,92	218,16
	II	3.214,91	176,82	257,19	289,34	168,20	244,66	275,24	159,58	232,12	261,14	150,97	219,59	247,04	134,03	207,06	232,94	115,39	194,52	218,84	96,74	181,99	204,74
	III	2.535,50	–	202,84	228,19	–	190,77	214,61	–	178,94	201,31	–	167,40	188,32	–	156,09	175,60	–	145,05	163,18	–	134,26	151,04
	IV	3.364,00	185,02	269,12	302,76	180,71	262,85	295,70	176,40	256,58	288,65	172,09	250,32	281,61	167,78	244,05	274,55	163,47	237,78	267,50	159,17	231,52	260,46
	V	3.878,41	213,31	310,27	349,05																		
	VI	3.922,75	215,75	313,82	353,04																		
1.237,99 (Ost)	I	3.371,83	185,45	269,74	303,46	176,83	257,21	289,36	168,21	244,68	275,26	159,60	232,14	261,16	150,98	219,61	247,06	134,06	207,08	232,96	115,42	194,54	218,86
	II	3.222,75	177,25	257,82	290,04	168,63	245,28	275,94	160,01	232,75	261,84	151,40	220,22	247,74	134,96	207,68	233,64	116,32	195,15	219,54	97,67	182,62	205,44
	III	2.543,16	–	203,45	228,88	–	191,37	215,29	–	179,53	201,97	–	167,96	188,95	–	156,65	176,23	–	145,60	163,80	–	134,80	151,65
	IV	3.371,83	185,45	269,74	303,46	181,14	263,48	296,41	176,83	257,21	289,36	172,52	250,94	282,31	168,21	244,68	275,26	163,90	238,41	268,21	159,60	232,14	261,16
	V	3.886,25	213,74	310,90	349,76																		
	VI	3.930,58	216,18	314,44	353,75																		
1.240,99 (West)	I	3.365,25	185,08	269,22	302,87	176,47	256,68	288,77	167,85	244,15	274,67	159,24	231,62	260,57	150,62	219,09	246,47	133,28	206,56	232,38	114,64	194,02	218,27
	II	3.216,16	176,88	257,29	289,45	168,27	244,76	275,35	159,65	232,22	261,25	151,03	219,69	247,15	134,18	207,16	233,05	115,53	194,62	218,95	96,90	182,10	204,86
	III	2.536,83	–	202,94	228,31	–	190,86	214,72	–	179,04	201,42	–	167,48	188,41	–	156,18	175,70	–	145,13	163,27	–	134,34	151,13
	IV	3.365,25	185,08	269,22	302,87	180,78	262,95	295,82	176,47	256,68	288,77	172,16	250,42	281,72	167,85	244,15	274,67	163,54	237,88	267,62	159,24	231,62	260,57
	V	3.879,75	213,38	310,38	349,17																		
	VI	3.924,00	215,82	313,92	353,16																		
11.240,99 (Ost)	I	3.373,08	185,51	269,84	303,57	176,90	257,31	289,47	168,28	244,78	275,37	159,66	232,24	261,27	151,05	219,71	247,17	134,21	207,18	233,07	115,56	194,64	218,97
	II	3.224,00	177,32	257,92	290,16	168,70	245,38	276,05	160,08	232,85	261,95	151,47	220,32	247,86	135,11	207,78	233,75	116,47	195,25	219,65	97,82	182,72	205,56
	III	2.544,33	–	203,54	228,98	–	191,46	215,39	–	179,62	202,07	–	168,05	189,05	–	156,74	176,33	–	145,68	163,89	–	134,88	151,74
	IV	3.373,08	185,51	269,84	303,57	181,21	263,58	296,52	176,90	257,31	289,47	172,59	251,04	282,42	168,28	244,78	275,37	163,97	238,51	268,32	159,66	232,24	261,27
	V	3.887,50	213,81	311,00	349,87																		
	VI	3.931,83	216,25	314,54	353,86																		
11.243,99 (West)	I	3.366,50	185,15	269,32	302,98	176,54	256,78	288,88	167,92	244,26	274,79	159,31	231,72	260,69	150,69	219,19	246,59	133,43	206,66	232,49	114,79	194,12	218,39
	II	3.217,41	176,95	257,39	289,56	168,34	244,86	275,46	159,72	232,32	261,36	151,10	219,79	247,26	134,34	207,26	233,17	115,69	194,73	219,07	97,05	182,20	204,97
	III	2.538,00	–	203,04	228,42	–	190,96	214,83	–	179,14	201,53	–	167,57	188,51	–	156,26	175,79	–	145,22	163,37	–	134,42	151,22
	IV	3.366,50	185,15	269,32	302,98	180,84	263,05	295,93	176,54	256,78	288,88	172,23	250,52	281,84	167,92	244,26	274,79	163,62	237,99	267,74	159,31	231,72	260,69
	V	3.881,00	213,45	310,48	349,29																		
	VI	3.925,25	215,88	314,02	353,27																		
11.243,99 (Ost)	I	3.374,33	185,58	269,94	303,68	176,97	257,41	289,58	168,35	244,88	275,49	159,73	232,34	261,38	151,12	219,81	247,28	134,36	207,28	233,19	115,72	194,75	219,09
	II	3.225,25	177,38	258,02	290,27	168,77	245,48	276,17	160,15	232,95	262,07	151,53	220,42	247,97	135,26	207,88	233,87	116,62	195,35	219,77	97,97	182,82	205,67
	III	2.545,66	–	203,65	229,10	–	191,56	215,50	–	179,72	202,18	–	168,14	189,16	–	156,82	176,42	–	145,77	163,99	–	134,96	151,83
	IV	3.374,33	185,58	269,94	303,68	181,28	263,68	296,64	176,97	257,41	289,58	172,66	251,14	282,53	168,35	244,88	275,49	164,04	238,61	268,43	159,73	232,34	261,38
	V	3.888,75	213,88	311,10	349,98																		
	VI	3.933,08	216,31	314,64	353,97																		

Lohn/ Gehalt bis	Steuerklasse	Lohn-steuer	ohne Kinderfreibetrag			Anzahl Kinderfreibeträge (nur Steuerklassen I–IV)																
						0,5			1,0			1,5			2,0			2,5			3,0	
			SolZ 5,5%	Kirchensteuer 8%	9%	SolZ 5,5%	Kirchensteuer 8%	9%	SolZ 5,5%	Kirchensteuer 8%	9%	SolZ 5,5%	Kirchensteuer 8%	9%	SolZ 5,5%	Kirchensteuer 8%	9%	SolZ 5,5%	Kirchensteuer 8%	9%	SolZ 5,5%	Kirchensteuer 8%
11.246,99	I	3.367,83	185,23	269,42	303,10	176,61	256,89	289,00	167,99	244,36	274,90	159,38	231,82	260,80	150,76	219,29	246,70	133,58	206,76	232,60	114,94	194,22
(West)	II	3.218,66	177,02	257,49	289,67	168,41	244,96	275,58	159,79	232,42	261,47	151,18	219,90	247,38	134,48	207,36	233,28	115,84	194,83	219,18	97,20	182,30
	III	2.539,16	–	203,13	228,52	–	191,05	214,93	–	179,24	201,64	–	167,66	188,62	–	156,36	175,90	–	145,30	163,46	–	134,52
	IV	3.367,83	185,23	269,42	303,10	180,92	263,16	296,05	176,61	256,89	289,00	172,30	250,62	281,95	167,99	244,36	274,90	163,68	238,09	267,85	159,38	231,82
	V	3.882,25	213,52	310,58	349,40																	
	VI	3.926,58	215,96	314,12	353,39																	
11.246,99	I	3.375,58	185,65	270,04	303,80	177,04	257,51	289,70	168,42	244,98	275,60	159,80	232,44	261,50	151,19	219,91	247,40	134,51	207,38	233,30	115,87	194,85
(Ost)	II	3.226,50	177,45	258,12	290,38	168,84	245,58	276,28	160,22	233,05	262,18	151,60	220,52	248,08	135,41	207,98	233,98	116,76	195,45	219,88	98,12	182,92
	III	2.546,83	–	203,74	229,21	–	191,65	215,60	–	179,82	202,30	–	168,24	189,27	–	156,92	176,53	–	145,85	164,08	–	135,05
	IV	3.375,58	185,65	270,04	303,80	181,34	263,78	296,75	177,04	257,51	289,70	172,73	251,24	282,65	168,42	244,98	275,60	164,11	238,71	268,55	159,80	232,44
	V	3.890,00	213,95	311,20	350,10																	
	VI	3.934,33	216,38	314,74	354,08																	
11.249,99	I	3.369,08	185,29	269,52	303,21	176,68	256,99	289,11	168,06	244,46	275,01	159,44	231,92	260,91	150,83	219,39	246,81	133,73	206,86	232,71	115,09	194,32
(West)	II	3.219,91	177,09	257,59	289,79	168,48	245,06	275,69	159,86	232,53	261,59	151,25	220,00	247,50	134,63	207,46	233,39	115,99	194,93	219,29	97,35	182,40
	III	2.540,50	–	203,24	228,64	–	191,14	215,03	–	179,33	201,74	–	167,76	188,73	–	156,45	176,00	–	145,40	163,57	–	134,60
	IV	3.369,08	185,29	269,52	303,21	180,99	263,26	296,16	176,68	256,99	289,11	172,37	250,72	282,06	168,06	244,46	275,01	163,75	238,19	267,96	159,44	231,92
	V	3.883,50	213,59	310,68	349,51																	
	VI	3.927,83	216,03	314,22	353,50																	
11.249,99	I	3.376,83	185,72	270,14	303,91	177,10	257,61	289,81	168,49	245,08	275,71	159,88	232,55	261,62	151,26	220,02	247,52	134,66	207,48	233,42	116,02	194,95
(Ost)	II	3.227,75	177,52	258,22	290,49	168,90	245,68	276,39	160,29	233,15	262,29	151,67	220,62	248,19	135,56	208,08	234,09	116,91	195,55	219,99	98,28	183,02
	III	2.548,00	–	203,84	229,32	–	191,74	215,71	–	179,92	202,41	–	168,33	189,37	–	157,01	176,63	–	145,94	164,18	–	135,13
	IV	3.376,83	185,72	270,14	303,91	181,41	263,88	296,86	177,10	257,61	289,81	172,80	251,34	282,76	168,49	245,08	275,71	164,18	238,81	268,66	159,88	232,55
	V	3.891,33	214,02	311,30	350,21																	
	VI	3.935,58	216,45	314,84	354,20																	
11.252,99	I	3.370,33	185,36	269,62	303,32	176,75	257,09	289,22	168,13	244,56	275,13	159,51	232,02	261,02	150,90	219,49	246,92	133,88	206,96	232,83	115,24	194,42
(West)	II	3.221,25	177,16	257,70	289,91	168,55	245,16	275,81	159,93	232,63	261,71	151,31	220,10	247,61	134,78	207,56	233,51	116,14	195,03	219,41	97,50	182,50
	III	2.541,66	–	203,33	228,74	–	191,25	215,15	–	179,42	201,85	–	167,85	188,83	–	156,54	176,11	–	145,48	163,66	–	134,69
	IV	3.370,33	185,36	269,62	303,32	181,06	263,36	296,28	176,75	257,09	289,22	172,44	250,82	282,17	168,13	244,56	275,13	163,82	238,29	268,07	159,51	232,02
	V	3.884,75	213,66	310,78	349,62																	
	VI	3.929,08	216,09	314,32	353,61																	
11.252,99	I	3.378,08	185,79	270,24	304,02	177,17	257,71	289,92	168,56	245,18	275,83	159,94	232,65	261,73	151,33	220,12	247,63	134,81	207,58	233,53	116,17	195,05
(Ost)	II	3.229,00	177,59	258,32	290,61	168,97	245,78	276,50	160,36	233,25	262,40	151,74	220,72	248,31	135,71	208,19	234,21	117,07	195,66	220,11	98,43	183,12
	III	2.549,33	–	203,94	229,43	–	191,85	215,83	–	180,01	202,51	–	168,42	189,47	–	157,10	176,74	–	146,04	164,29	–	135,22
	IV	3.378,08	185,79	270,24	304,02	181,48	263,98	296,97	177,17	257,71	289,92	172,87	251,45	282,88	168,56	245,18	275,83	164,25	238,92	268,78	159,94	232,65
	V	3.892,58	214,09	311,40	350,33																	
	VI	3.936,83	216,52	314,94	354,31																	
11.255,99	I	3.371,58	185,43	269,72	303,44	176,82	257,19	289,34	168,20	244,66	275,24	159,58	232,12	261,14	150,97	219,59	247,04	134,03	207,06	232,94	115,39	194,52
(West)	II	3.222,50	177,23	257,80	290,02	168,62	245,26	275,92	160,00	232,73	261,82	151,38	220,20	247,72	134,93	207,66	233,62	116,29	195,13	219,52	97,64	182,60
	III	2.542,83	–	203,42	228,85	–	191,34	215,26	–	179,52	201,96	–	167,94	188,93	–	156,62	176,20	–	145,57	163,76	–	134,77
	IV	3.371,58	185,43	269,72	303,44	181,12	263,46	296,39	176,82	257,19	289,34	172,51	250,92	282,29	168,20	244,66	275,24	163,89	238,39	268,19	159,58	232,12
	V	3.886,00	213,73	310,88	349,74																	
	VI	3.930,33	216,16	314,42	353,72																	
11.255,99	I	3.379,41	185,86	270,35	304,14	177,25	257,82	290,04	168,63	245,28	275,94	160,01	232,75	261,84	151,40	220,22	247,74	134,96	207,68	233,64	116,32	195,15
(Ost)	II	3.230,25	177,66	258,42	290,72	169,04	245,88	276,62	160,43	233,35	262,52	151,81	220,82	248,42	135,86	208,29	234,32	117,22	195,76	220,23	98,58	183,22
	III	2.550,50	–	204,04	229,54	–	191,94	215,93	–	180,10	202,61	–	168,52	189,58	–	157,18	176,83	–	146,12	164,38	–	135,30
	IV	3.379,41	185,86	270,35	304,14	181,55	264,08	297,09	177,25	257,82	290,04	172,94	251,55	282,99	168,63	245,28	275,94	164,32	239,02	268,89	160,01	232,75
	V	3.893,83	214,16	311,50	350,44																	
	VI	3.938,16	216,59	315,05	354,43																	
11.258,99	I	3.372,83	185,50	269,82	303,55	176,88	257,29	289,45	168,27	244,76	275,35	159,65	232,22	261,25	151,03	219,69	247,15	134,18	207,16	233,05	115,53	194,62
(West)	II	3.223,75	177,30	257,90	290,13	168,68	245,36	276,03	160,07	232,83	261,93	151,45	220,30	247,83	135,08	207,76	233,73	116,44	195,23	219,63	97,79	182,70
	III	2.544,16	–	203,53	228,97	–	191,44	215,37	–	179,61	202,06	–	168,04	189,04	–	156,72	176,31	–	145,66	163,87	–	134,86
	IV	3.372,83	185,50	269,82	303,55	181,19	263,56	296,50	176,88	257,29	289,45	172,58	251,02	282,40	168,27	244,76	275,35	163,96	238,49	268,30	159,65	232,22
	V	3.887,25	213,79	310,98	349,85																	
	VI	3.931,58	216,23	314,52	353,84																	
11.258,99	I	3.380,66	185,93	270,45	304,25	177,32	257,92	290,16	168,70	245,38	276,05	160,08	232,85	261,95	151,47	220,32	247,86	135,11	207,78	233,75	116,47	195,25
(Ost)	II	3.231,50	177,73	258,52	290,83	169,12	245,99	276,74	160,50	233,46	262,64	151,88	220,92	248,54	136,01	208,39	234,44	117,37	195,86	220,34	98,73	183,32
	III	2.551,83	–	204,14	229,66	–	192,04	216,04	–	180,20	202,72	–	168,61	189,68	–	157,28	176,94	–	146,21	164,48	–	135,40
	IV	3.380,66	185,93	270,45	304,25	181,62	264,18	297,20	177,32	257,92	290,16	173,01	251,65	283,10	168,70	245,38	276,05	164,39	239,12	269,01	160,08	232,85
	V	3.895,08	214,22	311,60	350,55																	
	VI	3.939,41	216,66	315,15	354,54																	
11.261,99	I	3.374,08	185,57	269,92	303,66	176,95	257,39	289,56	168,34	244,86	275,46	159,72	232,32	261,36	151,10	219,79	247,26	134,34	207,26	233,17	115,69	194,73
(West)	II	3.225,00	177,37	258,00	290,25	168,75	245,46	276,14	160,14	232,93	262,04	151,52	220,40	247,95	135,23	207,86	233,84	116,59	195,33	219,74	97,94	182,80
	III	2.545,33	–	203,62	229,07	–	191,53	215,47	–	179,70	202,16	–	168,13	189,14	–	156,81	176,41	–	145,74	163,96	–	134,94
	IV	3.374,08	185,57	269,92	303,66	181,26	263,66	296,61	176,95	257,39	289,56	172,64	251,12	282,51	168,34	244,86	275,46	164,03	238,59	268,41	159,72	232,32
	V	3.888,50	213,86	311,08	349,96																	
	VI	3.932,83	216,30	314,62	353,95																	
11.261,99	I	3.381,91	186,00	270,55	304,37	177,38	258,02	290,27	168,77	245,48	276,17	160,15	232,95	262,07	151,53	220,42	247,97	135,26	207,88	233,87	116,62	195,35
(Ost)	II	3.232,83	177,80	258,62	290,95	169,18	246,09	276,85	160,57	233,56	262,75	151,95	221,02	248,65	136,16	208,49	234,55	117,52	195,96	220,45	98,87	183,42
	III	2.553,00	–	204,24	229,77	–	192,13	216,14	–	180,29	202,82	–	168,70	189,79	–	157,37	177,04	–	146,29	164,57	–	135,48
	IV	3.381,91	186,00	270,55	304,37	181,69	264,28	297,32	177,38	258,02	290,27	173,08	251,75	283,22	168,77	245,48	276,17	164,46	239,22	269,12	160,15	232,95
	V	3.896,33	214,29	311,70	350,66																	
	VI	3.940,66	216,73	315,25	354,65																	
11.264,99	I	3.375,33	185,64	270,02	303,77	177,02	257,49	289,67	168,41	244,96	275,58	159,79	232,42	261,47	151,18	219,90	247,38	134,48	207,36	233,28	115,84	194,83
(West)	II	3.226,25	177,44	258,10	290,36	168,82	245,56	276,26	160,21	233,03	262,16	151,59	220,50	248,06	135,38	207,96	233,96	116,73	195,43	219,86	98,10	182,90
	III	2.546,50	–	203,72	229,18	–	191,64	215,59	–	179,80	202,27	–	168,22	189,25	–	156,90	176,51	–	145,84	164,07	–	135,02
	IV	3.375,33	185,64	270,02	303,77	181,33	263,76	296,73	177,02	257,49	289,67	172,71	251,22	282,62	168,41	244,96	275,58	164,10	238,69	268,52	159,79	232,42
	V	3.889,83	213,94	311,18	350,08																	
	VI	3.934,08	216,37	314,72	354,06																	
11.264,99	I	3.383,16	186,07	270,65	304,48	177,45	258,12	290,38	168,84	245,58	276,28	160,22	233,05	262,18	151,60	220,52	248,08	135,41	207,98	233,98	116,76	195,45
(Ost)	II	3.234,08	177,87	258,72	291,06	169,25	246,19	276,96	160,64	233,66	262,86	152,02	221,12	248,76	136,31	208,59	234,66	117,67	196,06	220,56	99,02	183,52
	III	2.554,16	–	204,33	229,87	–	192,22	216,25	–	180,38	202,93	–	168,80	189,90	–	157,46	177,14	–	146,38	164,68	–	135,57
	IV	3.383,16	186,07	270,65	304,48	181,76	264,38	297,43	177,45	258,12	290,38	173,14	251,85	283,33	168,84	245,58	276,28	164,53	239,32	269,23	160,22	233,05
	V	3.897,58	214,36	311,80	350,78																	
	VI	3.941,91	216,80	315,35	354,77																	

Allgemeine Tabelle

Lohn/ Gehalt bis	Steuerklasse	Lohnsteuer	ohne Kinderfreibetrag SolZ 5,5%	Kirchensteuer 8%	9%	0,5 SolZ 5,5%	Kirchensteuer 8%	9%	1,0 SolZ 5,5%	Kirchensteuer 8%	9%	1,5 SolZ 5,5%	Kirchensteuer 8%	9%	2,0 SolZ 5,5%	Kirchensteuer 8%	9%	2,5 SolZ 5,5%	Kirchensteuer 8%	9%	3,0 SolZ 5,5%	Kirchensteuer 8%	9%
						Anzahl Kinderfreibeträge (nur Steuerklassen I–IV)																	
.267,99 (West)	I	3.376,58	185,71	270,12	303,89	177,09	257,59	289,79	168,48	245,06	275,69	159,86	232,53	261,59	151,25	220,00	247,50	134,63	207,46	233,39	115,99	194,93	219,29
	II	3.227,50	177,51	258,20	290,47	168,89	245,66	276,37	160,27	233,13	262,27	151,66	220,60	248,17	135,53	208,06	234,07	116,89	195,54	219,98	98,25	183,00	205,88
	III	2.547,83	-	203,82	229,30	-	191,73	215,69	-	179,89	202,37	-	168,32	189,36	-	156,98	176,60	-	145,92	164,16	-	135,12	152,01
	IV	3.376,58	185,71	270,12	303,89	181,40	263,86	296,84	177,09	257,59	289,79	172,78	251,32	282,74	168,48	245,06	275,69	164,17	238,80	268,65	159,86	232,53	261,59
	V	3.891,08	214,00	311,28	350,19																		
	VI	3.935,33	216,44	314,82	354,17																		
.267,99 (Ost)	I	3.384,41	186,14	270,75	304,59	177,52	258,22	290,49	168,90	245,68	276,39	160,29	233,15	262,29	151,67	220,62	248,19	135,56	208,08	234,09	116,91	195,55	219,99
	II	3.235,33	177,94	258,82	291,17	169,32	246,29	277,07	160,71	233,76	262,98	152,09	221,22	248,87	136,46	208,69	234,77	117,81	196,16	220,68	99,17	183,62	206,57
	III	2.555,50	-	204,44	229,99	-	192,33	216,37	-	180,48	203,04	-	168,89	190,00	-	157,54	177,23	-	146,48	164,79	-	135,65	152,60
	IV	3.384,41	186,14	270,75	304,59	181,83	264,48	297,54	177,52	258,22	290,49	173,21	251,95	283,44	168,90	245,68	276,39	164,60	239,42	269,34	160,29	233,15	262,29
	V	3.898,83	214,43	311,90	350,89																		
	VI	3.943,16	216,87	315,45	354,88																		
.270,99 (West)	I	3.377,83	185,78	270,22	304,00	177,16	257,70	289,91	168,55	245,16	275,81	159,93	232,63	261,71	151,31	220,10	247,61	134,78	207,56	233,51	116,14	195,03	219,41
	II	3.228,75	177,58	258,30	290,58	168,96	245,76	276,48	160,34	233,23	262,38	151,73	220,70	248,29	135,68	208,17	234,19	117,04	195,64	220,09	98,40	183,10	205,99
	III	2.549,00	-	203,92	229,41	-	191,82	215,80	-	179,98	202,48	-	168,40	189,45	-	157,08	176,71	-	146,01	164,26	-	135,20	152,10
	IV	3.377,83	185,78	270,22	304,00	181,47	263,96	296,96	177,16	257,70	289,91	172,86	251,43	282,86	168,55	245,16	275,81	164,24	238,90	268,76	159,93	232,63	261,71
	V	3.892,33	214,07	311,38	350,30																		
	VI	3.936,58	216,51	314,92	354,29																		
.270,99 (Ost)	I	3.385,66	186,21	270,85	304,70	177,59	258,32	290,61	168,97	245,78	276,50	160,36	233,25	262,40	151,74	220,72	248,31	135,71	208,19	234,21	117,07	195,66	220,11
	II	3.236,58	178,01	258,92	291,29	169,39	246,39	277,19	160,77	233,86	263,09	152,16	221,32	248,99	136,61	208,79	234,89	117,96	196,26	220,79	99,32	183,72	206,69
	III	2.556,66	-	204,53	230,09	-	192,42	216,47	-	180,57	203,14	-	168,97	190,09	-	157,64	177,34	-	146,56	164,88	-	135,73	152,69
	IV	3.385,66	186,21	270,85	304,70	181,90	264,58	297,65	177,59	258,32	290,61	173,28	252,05	283,55	168,97	245,78	276,50	164,67	239,52	269,46	160,36	233,25	262,40
	V	3.900,08	214,50	312,00	351,00																		
	VI	3.944,41	216,94	315,55	354,99																		
1.273,99 (West)	I	3.379,16	185,85	270,33	304,12	177,23	257,80	290,02	168,62	245,26	275,92	160,00	232,73	261,82	151,38	220,20	247,72	134,93	207,66	233,62	116,29	195,13	219,52
	II	3.230,00	177,65	258,40	290,70	169,03	245,86	276,59	160,42	233,34	262,50	151,80	220,80	248,40	135,83	208,27	234,30	117,19	195,74	220,20	98,55	183,20	206,10
	III	2.550,33	-	204,02	229,52	-	191,92	215,91	-	180,08	202,59	-	168,49	189,55	-	157,17	176,81	-	146,10	164,36	-	135,29	152,20
	IV	3.379,16	185,85	270,33	304,12	181,54	264,06	297,07	177,23	257,80	290,02	172,92	251,53	282,97	168,62	245,26	275,92	164,31	239,00	268,87	160,00	232,73	261,82
	V	3.893,58	214,14	311,48	350,42																		
	VI	3.937,91	216,58	315,03	354,41																		
1.273,99 (Ost)	I	3.386,91	186,28	270,95	304,82	177,66	258,42	290,72	169,04	245,88	276,62	160,43	233,35	262,52	151,81	220,82	248,42	135,86	208,29	234,32	117,22	195,76	220,23
	II	3.237,83	178,08	259,02	291,40	169,46	246,49	277,30	160,84	233,96	263,20	152,23	221,42	249,10	136,76	208,89	235,00	118,11	196,36	220,90	99,48	183,83	206,81
	III	2.557,83	-	204,62	230,20	-	192,52	216,58	-	180,66	203,24	-	169,06	190,19	-	157,73	177,44	-	146,65	164,98	-	135,82	152,80
	IV	3.386,91	186,28	270,95	304,82	181,97	264,68	297,77	177,66	258,42	290,72	173,35	252,15	283,67	169,04	245,88	276,62	164,73	239,62	269,57	160,43	233,35	262,52
	V	3.901,41	214,57	312,11	351,12																		
	VI	3.945,66	217,01	315,65	355,10																		
1.276,99 (West)	I	3.380,41	185,92	270,43	304,23	177,30	257,90	290,13	168,68	245,36	276,03	160,07	232,83	261,93	151,45	220,30	247,83	135,08	207,76	233,73	116,44	195,23	219,63
	II	3.231,33	177,72	258,50	290,81	169,10	245,97	276,71	160,49	233,44	262,62	151,87	220,90	248,51	135,98	208,37	234,41	117,34	195,84	220,32	98,70	183,30	206,21
	III	2.551,50	-	204,12	229,63	-	192,01	216,01	-	180,17	202,69	-	168,58	189,65	-	157,26	176,92	-	146,18	164,45	-	135,37	152,29
	IV	3.380,41	185,92	270,43	304,23	181,61	264,16	297,18	177,30	257,90	290,13	172,99	251,63	283,08	168,68	245,36	276,03	164,38	239,10	268,98	160,07	232,83	261,93
	V	3.894,83	214,21	311,58	350,53																		
	VI	3.939,16	216,65	315,13	354,52																		
1.276,99 (Ost)	I	3.388,16	186,34	271,05	304,93	177,73	258,52	290,83	169,12	245,99	276,74	160,50	233,46	262,64	151,88	220,92	248,54	136,01	208,39	234,44	117,37	195,86	220,34
	II	3.239,08	178,14	259,12	291,51	169,53	246,59	277,41	160,91	234,06	263,31	152,29	221,52	249,21	136,90	208,99	235,11	118,27	196,46	221,02	99,63	183,93	206,92
	III	2.559,16	-	204,73	230,32	-	192,61	216,68	-	180,76	203,35	-	169,16	190,30	-	157,82	177,55	-	146,73	165,07	-	135,90	152,89
	IV	3.388,16	186,34	271,05	304,93	182,04	264,78	297,88	177,73	258,52	290,83	173,42	252,25	283,78	169,12	245,99	276,74	164,81	239,72	269,69	160,50	233,46	262,64
	V	3.902,66	214,64	312,21	351,23																		
	VI	3.946,91	217,08	315,75	355,22																		
1.279,99 (West)	I	3.381,66	185,99	270,53	304,34	177,37	258,00	290,25	168,75	245,46	276,14	160,14	232,93	262,04	151,52	220,40	247,95	135,23	207,86	233,84	116,59	195,33	219,74
	II	3.232,58	177,79	258,60	290,93	169,17	246,07	276,83	160,55	233,54	262,73	151,94	221,00	248,63	136,13	208,47	234,53	117,49	195,94	220,43	98,84	183,40	206,33
	III	2.552,66	-	204,21	229,73	-	192,12	216,13	-	180,26	202,79	-	168,68	189,76	-	157,34	177,01	-	146,28	164,56	-	135,46	152,39
	IV	3.381,66	185,99	270,53	304,34	181,68	264,26	297,29	177,37	258,00	290,25	173,06	251,73	283,19	168,75	245,46	276,14	164,45	239,20	269,10	160,14	232,93	262,04
	V	3.896,08	214,28	311,68	350,64																		
	VI	3.940,41	216,72	315,23	354,63																		
1.279,99 (Ost)	I	3.389,41	186,41	271,15	305,04	177,80	258,62	290,95	169,18	246,09	276,85	160,57	233,56	262,75	151,95	221,02	248,65	136,16	208,49	234,55	117,52	195,96	220,45
	II	3.240,33	178,21	259,22	291,62	169,60	246,69	277,52	160,98	234,16	263,43	152,37	221,63	249,33	137,06	209,10	235,23	118,42	196,56	221,13	99,78	184,03	207,03
	III	2.560,33	-	204,82	230,42	-	192,72	216,81	-	180,85	203,45	-	169,25	190,40	-	157,90	177,64	-	146,82	165,17	-	136,00	153,00
	IV	3.389,41	186,41	271,15	305,04	182,11	264,89	298,00	177,80	258,62	290,95	173,49	252,36	283,90	169,18	246,09	276,85	164,88	239,82	269,80	160,57	233,56	262,75
	V	3.903,91	214,71	312,31	351,35																		
	VI	3.948,25	217,15	315,86	355,34																		
1.282,99 (West)	I	3.382,91	186,06	270,63	304,46	177,44	258,10	290,36	168,82	245,56	276,26	160,21	233,03	262,16	151,59	220,50	248,06	135,38	207,96	233,96	116,73	195,43	219,86
	II	3.233,83	177,86	258,70	291,04	169,24	246,17	276,94	160,62	233,64	262,84	152,01	221,10	248,74	136,28	208,57	234,64	117,64	196,04	220,54	98,99	183,50	206,44
	III	2.554,00	-	204,32	229,86	-	192,21	216,23	-	180,36	202,90	-	168,77	189,86	-	157,44	177,12	-	146,36	164,65	-	135,54	152,48
	IV	3.382,91	186,06	270,63	304,46	181,75	264,36	297,41	177,44	258,10	290,36	173,13	251,83	283,31	168,82	245,56	276,26	164,51	239,30	269,21	160,21	233,03	262,16
	V	3.897,33	214,35	311,78	350,75																		
	VI	3.941,66	216,79	315,33	354,74																		
1.282,99 (Ost)	I	3.390,75	186,49	271,26	305,16	177,87	258,72	291,06	169,25	246,19	276,96	160,64	233,66	262,86	152,02	221,12	248,76	136,31	208,59	234,66	117,67	196,06	220,56
	II	3.241,58	178,28	259,32	291,74	169,67	246,79	277,64	161,05	234,26	263,54	152,44	221,73	249,44	137,21	209,20	235,35	118,57	196,66	221,24	99,93	184,13	207,14
	III	2.561,66	-	204,93	230,54	-	192,81	216,91	-	180,94	203,56	-	169,34	190,51	-	158,00	177,75	-	146,92	165,28	-	136,08	153,09
	IV	3.390,75	186,49	271,26	305,16	182,18	264,99	298,11	177,87	258,72	291,06	173,56	252,46	284,01	169,25	246,19	276,96	164,94	239,92	269,91	160,64	233,66	262,86
	V	3.905,16	214,78	312,41	351,46																		
	VI	3.949,50	217,22	315,96	355,45																		
1.285,99 (West)	I	3.384,16	186,12	270,73	304,57	177,51	258,20	290,47	168,89	245,66	276,37	160,27	233,13	262,27	151,66	220,60	248,17	135,53	208,06	234,07	116,89	195,54	219,98
	II	3.235,08	177,92	258,80	291,15	169,31	246,27	277,05	160,69	233,74	262,95	152,07	221,20	248,85	136,43	208,67	234,75	117,79	196,14	220,65	99,14	183,60	206,55
	III	2.555,16	-	204,41	229,96	-	192,30	216,34	-	180,45	203,00	-	168,86	189,97	-	157,53	177,22	-	146,45	164,75	-	135,64	152,59
	IV	3.384,16	186,12	270,73	304,57	181,82	264,46	297,52	177,51	258,20	290,47	173,20	251,93	283,42	168,89	245,66	276,37	164,58	239,40	269,32	160,27	233,13	262,27
	V	3.898,58	214,42	311,88	350,87																		
	VI	3.942,91	216,86	315,43	354,86																		
11.285,99 (Ost)	I	3.392,00	186,56	271,36	305,28	177,94	258,82	291,17	169,32	246,29	277,07	160,71	233,76	262,98	152,09	221,22	248,87	136,46	208,69	234,77	117,81	196,16	220,68
	II	3.242,91	178,36	259,43	291,86	169,74	246,90	277,76	161,12	234,36	263,66	152,51	221,83	249,56	137,36	209,30	235,46	118,72	196,76	221,36	100,07	184,23	207,26
	III	2.562,83	-	205,02	230,65	-	192,90	217,01	-	181,04	203,67	-	169,44	190,62	-	158,09	177,85	-	147,00	165,37	-	136,17	153,19
	IV	3.392,00	186,56	271,36	305,28	182,25	265,09	298,22	177,94	258,82	291,17	173,63	252,56	284,13	169,32	246,29	277,07	165,01	240,02	270,02	160,71	233,76	262,98
	V	3.906,41	214,85	312,51	351,57																		
	VI	3.950,75	217,29	316,06	355,56																		

Lohn/ Gehalt bis	Steuerklasse	Lohn-steuer	ohne Kinderfreibetrag SolZ 5,5%	ohne Kinderfreibetrag Kirchensteuer 8%	ohne Kinderfreibetrag Kirchensteuer 9%	0,5 SolZ 5,5%	0,5 Kirchensteuer 8%	0,5 Kirchensteuer 9%	1,0 SolZ 5,5%	1,0 Kirchensteuer 8%	1,0 Kirchensteuer 9%	1,5 SolZ 5,5%	1,5 Kirchensteuer 8%	1,5 Kirchensteuer 9%	2,0 SolZ 5,5%	2,0 Kirchensteuer 8%	2,0 Kirchensteuer 9%	2,5 SolZ 5,5%	2,5 Kirchensteuer 8%	2,5 Kirchensteuer 9%	3,0 SolZ 5,5%	3,0 Kirchenste 8%	3,0 9
						Anzahl Kinderfreibeträge (nur Steuerklassen I–IV)																	
11.288,99 (West)	I	3.385,41	186,19	270,83	304,68	177,58	258,30	290,58	168,96	245,76	276,48	160,34	233,23	262,38	151,73	220,70	248,29	135,68	208,17	234,19	117,04	195,64	22
	II	3.236,33	177,99	258,90	291,26	169,38	246,37	277,16	160,76	233,84	263,07	152,14	221,30	248,96	136,58	208,77	234,86	117,93	196,24	220,77	99,29	183,70	2C
	III	2.556,33	-	204,50	230,06	-	192,40	216,45	-	180,54	203,11	-	168,96	190,08	-	157,62	177,32	-	146,54	164,86	-	135,72	15
	IV	3.385,41	186,19	270,83	304,68	181,88	264,56	297,63	177,58	258,30	290,58	173,27	252,03	283,53	168,96	245,76	276,48	164,65	239,50	269,43	160,34	233,23	26
	V	3.899,83	214,49	311,98	350,98																		
	VI	3.944,16	216,92	315,53	354,97																		
11.288,99 (Ost)	I	3.393,25	186,62	271,46	305,39	178,01	258,92	291,29	169,39	246,39	277,19	160,77	233,86	263,09	152,16	221,32	248,99	136,61	208,79	234,89	117,96	196,26	22
	II	3.244,16	178,42	259,53	291,97	169,81	247,00	277,87	161,19	234,46	263,77	152,57	221,93	249,67	137,51	209,40	235,57	118,87	196,86	221,47	100,22	184,33	2C
	III	2.564,00	-	205,12	230,76	-	193,00	217,12	-	181,13	203,77	-	169,53	190,72	-	158,18	177,95	-	147,09	165,47	-	136,25	15
	IV	3.393,25	186,62	271,46	305,39	182,32	265,19	298,34	178,01	258,92	291,29	173,70	252,66	284,24	169,39	246,39	277,19	165,08	240,12	270,14	160,77	233,86	26
	V	3.907,66	214,92	312,61	351,68																		
	VI	3.952,00	217,36	316,16	355,68																		
11.291,99 (West)	I	3.386,66	186,26	270,93	304,79	177,65	258,40	290,70	169,03	245,86	276,59	160,42	233,34	262,50	151,80	220,80	248,40	135,83	208,27	234,30	117,19	195,74	22
	II	3.237,58	178,06	259,00	291,38	169,45	246,47	277,28	160,83	233,94	263,18	152,21	221,40	249,08	136,73	208,87	234,98	118,09	196,34	220,88	99,45	183,81	20
	III	2.557,66	-	204,61	230,18	-	192,50	216,56	-	180,65	203,23	-	169,05	190,18	-	157,70	177,41	-	146,62	164,95	-	135,80	15
	IV	3.386,66	186,26	270,93	304,79	181,95	264,66	297,74	177,65	258,40	290,70	173,34	252,13	283,64	169,03	245,86	276,59	164,72	239,60	269,55	160,42	233,34	26
	V	3.901,16	214,56	312,09	351,10																		
	VI	3.945,41	216,99	315,63	355,08																		
11.291,99 (Ost)	I	3.394,50	186,69	271,56	305,50	178,08	259,02	291,40	169,46	246,49	277,30	160,84	233,96	263,20	152,23	221,42	249,10	136,76	208,89	235,00	118,11	196,36	22
	II	3.245,41	178,49	259,63	292,08	169,88	247,10	277,98	161,26	234,56	263,88	152,64	222,03	249,78	137,66	209,50	235,68	119,01	196,96	221,58	100,37	184,43	20
	III	2.565,33	-	205,22	230,87	-	193,10	217,24	-	181,24	203,89	-	169,62	190,82	-	158,28	178,06	-	147,17	165,56	-	136,34	15
	IV	3.394,50	186,69	271,56	305,50	182,38	265,29	298,45	178,08	259,02	291,40	173,77	252,76	284,35	169,46	246,49	277,30	165,15	240,22	270,25	160,84	233,96	26
	V	3.908,91	214,99	312,71	351,80																		
	VI	3.953,25	217,42	316,26	355,79																		
11.294,99 (West)	I	3.387,91	186,33	271,03	304,91	177,72	258,50	290,81	169,10	245,97	276,71	160,49	233,44	262,62	151,87	220,90	248,51	135,98	208,37	234,41	117,34	195,84	22
	II	3.238,83	178,13	259,10	291,49	169,51	246,57	277,39	160,90	234,04	263,29	152,28	221,50	249,19	136,88	208,98	235,10	118,24	196,44	221,00	99,60	183,91	20
	III	2.558,83	-	204,70	230,29	-	192,60	216,67	-	180,74	203,33	-	169,14	190,28	-	157,80	177,52	-	146,72	165,06	-	135,89	15
	IV	3.387,91	186,33	271,03	304,91	182,02	264,76	297,86	177,72	258,50	290,81	173,41	252,24	283,77	169,10	245,97	276,71	164,79	239,70	269,66	160,49	233,44	26
	V	3.902,41	214,63	312,19	351,21																		
	VI	3.946,66	217,06	315,73	355,19																		
11.294,99 (Ost)	I	3.395,75	186,76	271,66	305,61	178,14	259,12	291,51	169,53	246,59	277,41	160,91	234,06	263,31	152,29	221,52	249,21	136,90	208,99	235,11	118,27	196,46	22
	II	3.246,66	178,56	259,73	292,19	169,95	247,20	278,10	161,33	234,66	263,99	152,71	222,13	249,89	137,81	209,60	235,80	119,16	197,06	221,69	100,52	184,53	20
	III	2.566,50	-	205,32	230,98	-	193,20	217,35	-	181,33	203,99	-	169,72	190,93	-	158,36	178,15	-	147,26	165,67	-	136,42	15
	IV	3.395,75	186,76	271,66	305,61	182,45	265,39	298,56	178,14	259,12	291,51	173,84	252,86	284,46	169,53	246,59	277,41	165,22	240,32	270,36	160,91	234,06	26
	V	3.910,16	215,05	312,81	351,91																		
	VI	3.954,50	217,49	316,36	355,90																		
11.297,99 (West)	I	3.389,25	186,40	271,14	305,03	177,79	258,60	290,93	169,17	246,07	276,83	160,55	233,54	262,73	151,94	221,00	248,63	136,13	208,47	234,53	117,49	195,94	22
	II	3.240,08	178,20	259,20	291,60	169,58	246,67	277,50	160,97	234,14	263,41	152,35	221,61	249,31	137,03	209,08	235,21	118,39	196,54	221,11	99,75	184,01	20
	III	2.560,16	-	204,81	230,41	-	192,69	216,77	-	180,84	203,44	-	169,24	190,39	-	157,89	177,62	-	146,81	165,16	-	135,97	15
	IV	3.389,25	186,40	271,14	305,03	182,10	264,87	297,98	177,79	258,60	290,93	173,48	252,34	283,88	169,17	246,07	276,83	164,86	239,80	269,78	160,55	233,54	26
	V	3.903,66	214,70	312,29	351,32																		
	VI	3.948,00	217,14	315,84	355,32																		
11.297,99 (Ost)	I	3.397,00	186,83	271,76	305,73	178,21	259,22	291,62	169,60	246,69	277,52	160,98	234,16	263,43	152,37	221,63	249,33	137,06	209,10	235,23	118,42	196,56	22
	II	3.247,91	178,63	259,83	292,31	170,01	247,30	278,21	161,40	234,76	264,11	152,78	222,23	250,01	137,96	209,70	235,91	119,31	197,16	221,81	100,67	184,63	20
	III	2.567,83	-	205,42	231,10	-	193,29	217,45	-	181,42	204,10	-	169,81	191,03	-	158,45	178,25	-	147,36	165,78	-	136,52	15
	IV	3.397,00	186,83	271,76	305,73	182,52	265,49	298,67	178,21	259,22	291,62	173,91	252,96	284,58	169,60	246,69	277,52	165,29	240,42	270,47	160,98	234,16	26
	V	3.911,50	215,13	312,92	352,03																		
	VI	3.955,75	217,56	316,46	356,01																		
11.300,99 (West)	I	3.390,50	186,47	271,24	305,14	177,86	258,70	291,04	169,24	246,17	276,94	160,62	233,64	262,84	152,01	221,10	248,74	136,28	208,57	234,64	117,64	196,04	22
	II	3.241,33	178,27	259,30	291,71	169,66	246,78	277,62	161,04	234,24	263,52	152,42	221,71	249,42	137,18	209,18	235,32	118,54	196,64	221,22	99,90	184,11	20
	III	2.561,33	-	204,90	230,51	-	192,78	216,88	-	180,93	203,54	-	169,33	190,49	-	157,98	177,73	-	146,89	165,25	-	136,06	15
	IV	3.390,50	186,47	271,24	305,14	182,16	264,97	298,09	177,86	258,70	291,04	173,55	252,44	283,99	169,24	246,17	276,94	164,93	239,90	269,89	160,62	233,64	26
	V	3.904,91	214,77	312,39	351,44																		
	VI	3.949,25	217,20	315,94	355,43																		
11.300,99 (Ost)	I	3.398,25	186,90	271,86	305,84	178,28	259,32	291,74	169,67	246,79	277,64	161,05	234,26	263,54	152,44	221,73	249,44	137,21	209,20	235,35	118,57	196,66	221
	II	3.249,16	178,70	259,93	292,42	170,08	247,40	278,32	161,47	234,86	264,22	152,85	222,33	250,12	138,10	209,80	236,02	119,47	197,27	221,93	100,83	184,74	207
	III	2.569,00	-	205,52	231,21	-	193,38	217,55	-	181,52	204,21	-	169,90	191,14	-	158,54	178,36	-	147,44	165,87	-	136,60	153
	IV	3.398,25	186,90	271,86	305,84	182,59	265,59	298,79	178,28	259,32	291,74	173,97	253,06	284,69	169,67	246,79	277,64	165,36	240,53	270,59	161,05	234,26	263
	V	3.912,75	215,20	313,02	352,14																		
	VI	3.957,00	217,63	316,56	356,13																		
11.303,99 (West)	I	3.391,75	186,54	271,34	305,25	177,92	258,80	291,15	169,31	246,27	277,05	160,69	233,74	262,95	152,07	221,20	248,85	136,43	208,67	234,75	117,79	196,14	220
	II	3.242,66	178,34	259,41	291,83	169,73	246,88	277,74	161,11	234,34	263,63	152,49	221,81	249,53	137,33	209,28	235,44	118,69	196,74	221,33	100,04	184,21	207,
	III	2.562,50	-	205,00	230,62	-	192,88	216,99	-	181,02	203,65	-	169,42	190,60	-	158,06	177,82	-	146,98	165,35	-	136,14	153,
	IV	3.391,75	186,54	271,34	305,25	182,23	265,07	298,20	177,92	258,80	291,15	173,62	252,54	284,10	169,31	246,27	277,05	165,00	240,00	270,00	160,69	233,74	262,
	V	3.906,16	214,83	312,49	351,55																		
	VI	3.950,50	217,27	316,04	355,54																		
11.303,99 (Ost)	I	3.399,50	186,97	271,96	305,95	178,36	259,43	291,86	169,74	246,90	277,76	161,12	234,36	263,66	152,51	221,83	249,56	137,36	209,30	235,46	118,72	196,76	221,
	II	3.250,41	178,77	260,03	292,53	170,15	247,50	278,43	161,53	234,96	264,33	152,92	222,43	250,23	138,26	209,90	236,14	119,62	197,37	222,04	100,98	184,84	207,
	III	2.570,16	-	205,61	231,31	-	193,48	217,66	-	181,61	204,31	-	170,00	191,25	-	158,64	178,47	-	147,53	165,97	-	136,68	153,
	IV	3.399,50	186,97	271,96	305,95	182,66	265,69	298,90	178,36	259,43	291,86	174,05	253,16	284,81	169,74	246,90	277,76	165,43	240,63	270,71	161,12	234,36	263,
	V	3.914,00	215,27	313,12	352,26																		
	VI	3.958,25	217,70	316,64	356,24																		
11.306,99 (West)	I	3.393,00	186,61	271,44	305,37	177,99	258,90	291,26	169,38	246,37	277,16	160,76	233,84	263,07	152,14	221,30	248,96	136,58	208,77	234,86	117,93	196,24	220,
	II	3.243,91	178,41	259,51	291,95	169,79	246,98	277,85	161,18	234,44	263,75	152,56	221,91	249,65	137,48	209,38	235,55	118,84	196,84	221,45	100,19	184,31	207,
	III	2.563,83	-	205,10	230,74	-	192,98	217,10	-	181,12	203,76	-	169,50	190,69	-	158,16	177,93	-	147,06	165,44	-	136,24	153,
	IV	3.393,00	186,61	271,44	305,37	182,30	265,17	298,31	177,99	258,90	291,26	173,69	252,64	284,22	169,38	246,37	277,16	165,07	240,10	270,11	160,76	233,84	263,
	V	3.907,41	214,90	312,59	351,66																		
	VI	3.951,75	217,34	316,14	355,65																		
11.306,99 (Ost)	I	3.400,83	187,04	272,06	306,07	178,42	259,53	291,97	169,81	247,00	277,87	161,19	234,46	263,77	152,57	221,93	249,67	137,51	209,40	235,57	118,87	196,86	221,
	II	3.251,66	178,84	260,13	292,64	170,22	247,60	278,55	161,61	235,07	264,45	152,99	222,54	250,35	138,41	210,00	236,25	119,77	197,47	222,15	101,13	184,94	208,
	III	2.571,50	-	205,72	231,43	-	193,58	217,78	-	181,70	204,41	-	170,09	191,35	-	158,72	178,56	-	147,62	166,07	-	136,77	153,
	IV	3.400,83	187,04	272,06	306,07	182,73	265,80	299,02	178,42	259,53	291,97	174,12	253,26	284,92	169,81	247,00	277,87	165,50	240,73	270,82	161,19	234,46	263,
	V	3.915,25	215,33	313,22	352,37																		
	VI	3.959,58	217,77	316,76	356,36																		

Lohn/ Gehalt bis	Steuerklasse	Lohn-steuer	ohne Kinderfreibetrag			Anzahl Kinderfreibeträge (nur Steuerklassen I–IV) 0,5			1,0			1,5			2,0			2,5			3,0		
			SolZ 5,5%	Kirchensteuer 8%	9%	SolZ 5,5%	Kirchensteuer 8%	9%	SolZ 5,5%	Kirchensteuer 8%	9%	SolZ 5,5%	Kirchensteuer 8%	9%	SolZ 5,5%	Kirchensteuer 8%	9%	SolZ 5,5%	Kirchensteuer 8%	9%	SolZ 5,5%	Kirchensteuer 8%	9%
.309,99 (West)	I	3.394,25	186,68	271,54	305,48	178,06	259,00	291,38	169,45	246,47	277,28	160,83	233,94	263,18	152,21	221,40	249,08	136,73	208,87	234,98	118,09	196,34	220,88
	II	3.245,16	178,48	259,61	292,06	169,86	247,08	277,96	161,25	234,54	263,86	152,63	222,01	249,76	137,63	209,48	235,66	118,99	196,94	221,56	100,34	184,41	207,46
	III	2.565,00	-	205,20	230,85	-	193,08	217,21	-	181,21	203,86	-	169,60	190,80	-	158,25	178,03	-	147,16	165,55	-	136,32	153,36
	IV	3.394,25	186,68	271,54	305,48	182,37	265,27	298,43	178,06	259,00	291,38	173,75	252,74	284,33	169,45	246,47	277,28	165,14	240,20	270,23	160,83	233,94	263,18
	V	3.908,66	214,97	312,69	351,77																		
	VI	3.953,00	217,41	316,24	355,77																		
.309,99 (Ost)	I	3.402,08	187,11	272,16	306,18	178,49	259,63	292,08	169,88	247,10	277,98	161,26	234,56	263,88	152,64	222,03	249,78	137,66	209,50	235,68	119,01	196,96	221,58
	II	3.252,91	178,91	260,23	292,76	170,29	247,70	278,66	161,68	235,17	264,56	153,06	222,64	250,47	138,56	210,10	236,36	119,92	197,57	222,26	101,27	185,04	208,17
	III	2.572,66	-	205,81	231,53	-	193,68	217,89	-	181,80	204,52	-	170,17	191,44	-	158,81	178,66	-	147,70	166,16	-	136,85	153,95
	IV	3.402,08	187,11	272,16	306,18	182,80	265,90	299,13	178,49	259,63	292,08	174,18	253,36	285,03	169,88	247,10	277,98	165,57	240,83	270,93	161,26	234,56	263,88
	V	3.916,50	215,40	313,32	352,48																		
	VI	3.960,83	217,84	316,86	356,47																		
.312,99 (West)	I	3.395,50	186,75	271,64	305,59	178,13	259,10	291,49	169,51	246,57	277,39	160,90	234,04	263,29	152,28	221,50	249,19	136,88	208,98	235,10	118,24	196,44	221,00
	II	3.246,41	178,55	259,71	292,17	169,93	247,18	278,07	161,31	234,64	263,97	152,70	222,11	249,87	137,78	209,58	235,77	119,13	197,04	221,67	100,49	184,51	207,57
	III	2.566,33	-	205,30	230,96	-	193,17	217,31	-	181,30	203,96	-	169,69	190,90	-	158,34	178,13	-	147,25	165,65	-	136,41	153,46
	IV	3.395,50	186,75	271,64	305,59	182,44	265,37	298,54	178,13	259,10	291,49	173,82	252,84	284,44	169,51	246,57	277,39	165,21	240,30	270,34	160,90	234,04	263,29
	V	3.909,91	215,04	312,79	351,89																		
	VI	3.954,25	217,48	316,34	355,88																		
.312,99 (Ost)	I	3.403,33	187,18	272,26	306,29	178,56	259,73	292,19	169,95	247,20	278,10	161,33	234,66	263,99	152,71	222,13	249,89	137,81	209,60	235,80	119,16	197,06	221,69
	II	3.254,25	178,98	260,34	292,88	170,36	247,80	278,78	161,75	235,27	264,68	153,13	222,74	250,58	138,71	210,20	236,48	120,07	197,67	222,38	101,42	185,14	208,28
	III	2.574,00	-	205,92	231,66	-	193,77	217,99	-	181,89	204,62	-	170,26	191,54	-	158,90	178,76	-	147,80	166,27	-	136,94	154,06
	IV	3.403,33	187,18	272,26	306,29	182,87	266,00	299,25	178,56	259,73	292,19	174,25	253,46	285,14	169,95	247,20	278,10	165,64	240,93	271,04	161,33	234,66	263,99
	V	3.917,75	215,47	313,42	352,59																		
	VI	3.962,08	217,91	316,96	356,58																		
.315,99 (West)	I	3.396,75	186,82	271,74	305,70	178,20	259,20	291,60	169,58	246,67	277,50	160,97	234,14	263,41	152,35	221,61	249,31	137,03	209,08	235,21	118,39	196,54	221,11
	II	3.247,66	178,62	259,81	292,28	170,00	247,28	278,19	161,38	234,74	264,08	152,77	222,21	249,98	137,93	209,68	235,89	119,28	197,14	221,78	100,65	184,62	207,69
	III	2.567,50	-	205,40	231,07	-	193,26	217,42	-	181,40	204,07	-	169,78	191,00	-	158,44	178,24	-	147,33	165,74	-	136,49	153,55
	IV	3.396,75	186,82	271,74	305,70	182,51	265,47	298,65	178,20	259,20	291,60	173,89	252,94	284,55	169,58	246,67	277,50	165,27	240,40	270,45	160,97	234,14	263,41
	V	3.911,25	215,11	312,90	352,01																		
	VI	3.955,50	217,55	316,44	355,99																		
.315,99 (Ost)	I	3.404,58	187,25	272,36	306,41	178,63	259,83	292,31	170,01	247,30	278,21	161,40	234,76	264,11	152,78	222,23	250,01	137,96	209,70	235,91	119,31	197,16	221,81
	II	3.255,50	179,05	260,44	292,99	170,43	247,90	278,89	161,81	235,37	264,79	153,20	222,84	250,69	138,86	210,30	236,59	120,21	197,77	222,49	101,57	185,24	208,39
	III	2.575,16	-	206,01	231,76	-	193,86	218,09	-	181,98	204,73	-	170,36	191,65	-	159,00	178,87	-	147,88	166,36	-	137,02	154,15
	IV	3.404,58	187,25	272,36	306,41	182,94	266,10	299,36	178,63	259,83	292,31	174,32	253,56	285,26	170,01	247,30	278,21	165,71	241,03	271,16	161,40	234,76	264,11
	V	3.919,00	215,54	313,52	352,71																		
	VI	3.963,33	217,98	317,06	356,69																		
.318,99 (West)	I	3.398,00	186,89	271,84	305,82	178,27	259,30	291,71	169,66	246,78	277,62	161,04	234,24	263,52	152,42	221,71	249,42	137,18	209,18	235,32	118,54	196,64	221,22
	II	3.248,91	178,69	259,91	292,40	170,07	247,38	278,30	161,45	234,84	264,20	152,84	222,31	250,10	138,08	209,78	236,00	119,44	197,25	221,90	100,80	184,72	207,81
	III	2.568,66	-	205,49	231,17	-	193,37	217,54	-	181,49	204,17	-	169,88	191,11	-	158,52	178,33	-	147,42	165,85	-	136,58	153,65
	IV	3.398,00	186,89	271,84	305,82	182,58	265,57	298,76	178,27	259,30	291,71	173,96	253,04	284,67	169,66	246,78	277,62	165,35	240,51	270,57	161,04	234,24	263,52
	V	3.912,50	215,18	313,00	352,12																		
	VI	3.956,75	217,62	316,54	356,10																		
.318,99 (Ost)	I	3.405,83	187,32	272,46	306,52	178,70	259,93	292,42	170,08	247,40	278,32	161,47	234,86	264,22	152,85	222,33	250,12	138,10	209,80	236,02	119,47	197,27	221,93
	II	3.256,75	179,12	260,54	293,10	170,50	248,00	279,00	161,88	235,47	264,90	153,27	222,94	250,80	139,01	210,40	236,70	120,36	197,87	222,60	101,72	185,34	208,50
	III	2.576,33	-	206,10	231,86	-	193,97	218,21	-	182,08	204,84	-	170,45	191,75	-	159,08	178,96	-	147,97	166,46	-	137,12	154,26
	IV	3.405,83	187,32	272,46	306,52	183,01	266,20	299,47	178,70	259,93	292,42	174,39	253,66	285,37	170,08	247,40	278,32	165,77	241,13	271,27	161,47	234,86	264,22
	V	3.920,25	215,61	313,62	352,82																		
	VI	3.964,58	218,05	317,16	356,81																		
1.321,99 (West)	I	3.399,33	186,96	271,94	305,93	178,34	259,41	291,83	169,73	246,88	277,74	161,11	234,34	263,63	152,49	221,81	249,53	137,33	209,28	235,44	118,69	196,74	221,33
	II	3.250,16	178,75	260,01	292,51	170,14	247,48	278,41	161,52	234,94	264,31	152,91	222,42	250,22	138,23	209,88	236,12	119,59	197,35	222,02	100,95	184,82	207,92
	III	2.570,00	-	205,60	231,30	-	193,46	217,64	-	181,58	204,28	-	169,97	191,21	-	158,61	178,43	-	147,50	165,94	-	136,66	153,74
	IV	3.399,33	186,96	271,94	305,93	182,65	265,68	298,89	178,34	259,41	291,83	174,03	253,14	284,78	169,73	246,88	277,74	165,42	240,61	270,68	161,11	234,34	263,63
	V	3.913,75	215,25	313,10	352,23																		
	VI	3.958,08	217,69	316,64	356,22																		
1.321,99 (Ost)	I	3.407,08	187,38	272,56	306,63	178,77	260,03	292,53	170,15	247,50	278,43	161,53	234,96	264,33	152,92	222,43	250,23	138,26	209,90	236,14	119,62	197,37	222,04
	II	3.258,00	179,19	260,64	293,22	170,57	248,10	279,11	161,95	235,57	265,01	153,34	223,04	250,92	139,16	210,50	236,81	120,51	197,97	222,71	101,87	185,44	208,62
	III	2.577,66	-	206,21	231,98	-	194,06	218,32	-	182,17	204,94	-	170,54	191,86	-	159,17	179,06	-	148,06	166,57	-	137,20	154,35
	IV	3.407,08	187,38	272,56	306,63	183,08	266,30	299,58	178,77	260,03	292,53	174,46	253,76	285,48	170,15	247,50	278,43	165,84	241,23	271,38	161,53	234,96	264,33
	V	3.921,50	215,68	313,72	352,93																		
	VI	3.965,83	218,12	317,26	356,92																		
1.324,99 (West)	I	3.400,58	187,03	272,04	306,05	178,41	259,51	291,95	169,79	246,98	277,85	161,18	234,44	263,75	152,56	221,91	249,65	137,48	209,38	235,55	118,84	196,84	221,45
	II	3.251,41	178,82	260,11	292,62	170,21	247,58	278,53	161,59	235,05	264,43	152,98	222,52	250,33	138,38	209,98	236,23	119,74	197,45	222,13	101,10	184,92	208,03
	III	2.571,16	-	205,69	231,40	-	193,56	217,75	-	181,68	204,39	-	170,06	191,32	-	158,70	178,54	-	147,60	166,05	-	136,74	153,83
	IV	3.400,58	187,03	272,04	306,05	182,72	265,78	299,00	178,41	259,51	291,95	174,10	253,24	284,90	169,79	246,98	277,85	165,49	240,71	270,80	161,18	234,44	263,75
	V	3.915,00	215,32	313,20	352,35																		
	VI	3.959,33	217,76	316,74	356,33																		
1.324,99 (Ost)	I	3.408,33	187,45	272,66	306,74	178,84	260,13	292,64	170,22	247,60	278,55	161,61	235,07	264,45	152,99	222,54	250,35	138,41	210,00	236,25	119,77	197,47	222,15
	II	3.259,25	179,25	260,74	293,33	170,64	248,20	279,23	162,02	235,67	265,13	153,40	223,14	251,03	139,30	210,60	236,93	120,66	198,07	222,83	102,03	185,54	208,73
	III	2.578,83	-	206,30	232,09	-	194,16	218,43	-	182,28	205,06	-	170,64	191,97	-	159,26	179,17	-	148,14	166,66	-	137,29	154,45
	IV	3.408,33	187,45	272,66	306,74	183,15	266,40	299,70	178,84	260,13	292,64	174,53	253,86	285,59	170,22	247,60	278,55	165,91	241,33	271,49	161,61	235,07	264,45
	V	3.922,83	215,75	313,82	353,05																		
	VI	3.967,08	218,18	317,36	357,03																		
1.327,99 (West)	I	3.401,83	187,10	272,14	306,16	178,48	259,61	292,06	169,86	247,08	277,96	161,25	234,54	263,86	152,63	222,01	249,76	137,63	209,48	235,66	118,99	196,94	221,56
	II	3.252,75	178,90	260,22	292,74	170,28	247,68	278,64	161,66	235,15	264,54	153,05	222,62	250,44	138,53	210,08	236,34	119,89	197,55	222,24	101,24	185,02	208,14
	III	2.572,50	-	205,80	231,52	-	193,65	217,85	-	181,78	204,50	-	170,16	191,43	-	158,80	178,65	-	147,69	166,15	-	136,84	153,94
	IV	3.401,83	187,10	272,14	306,16	182,79	265,88	299,11	178,48	259,61	292,06	174,17	253,34	285,01	169,86	247,08	277,96	165,55	240,81	270,91	161,25	234,54	263,86
	V	3.916,25	215,39	313,30	352,46																		
	VI	3.960,58	217,83	316,84	356,45																		
1.327,99 (Ost)	I	3.409,58	187,52	272,76	306,86	178,91	260,23	292,76	170,29	247,70	278,66	161,68	235,17	264,56	153,06	222,64	250,47	138,56	210,10	236,36	119,92	197,57	222,26
	II	3.260,50	179,32	260,84	293,44	170,71	248,30	279,34	162,09	235,77	265,24	153,47	223,24	251,14	139,46	210,71	237,05	120,82	198,18	222,95	102,18	185,64	208,85
	III	2.580,16	-	206,41	232,21	-	194,25	218,53	-	182,37	205,16	-	170,73	192,07	-	159,36	179,28	-	148,24	166,77	-	137,37	154,54
	IV	3.409,58	187,52	272,76	306,86	183,21	266,50	299,81	178,91	260,23	292,76	174,60	253,97	285,71	170,29	247,70	278,66	165,99	241,44	271,62	161,68	235,17	264,56
	V	3.924,08	215,82	313,92	353,16																		
	VI	3.968,33	218,25	317,46	357,14																		

Lohn/ Gehalt bis	Steuerklasse	Lohnsteuer	ohne Kinderfreibetrag SolZ 5,5%	Kirchensteuer 8%	Kirchensteuer 9%	0,5 SolZ 5,5%	0,5 Kirchensteuer 8%	0,5 Kirchensteuer 9%	1,0 SolZ 5,5%	1,0 Kirchensteuer 8%	1,0 Kirchensteuer 9%	1,5 SolZ 5,5%	1,5 Kirchensteuer 8%	1,5 Kirchensteuer 9%	2,0 SolZ 5,5%	2,0 Kirchensteuer 8%	2,0 Kirchensteuer 9%	2,5 SolZ 5,5%	2,5 Kirchensteuer 8%	2,5 Kirchensteuer 9%	3,0 SolZ 5,5%	3,0 Kirchenste[uer] 8%
11.330,99 (West)	I	3.403,08	187,16	272,24	306,27	178,55	259,71	292,17	169,93	247,18	278,07	161,31	234,64	263,97	152,70	222,11	249,87	137,78	209,58	235,77	119,13	197,04
	II	3.254,00	178,97	260,32	292,86	170,35	247,78	278,75	161,73	235,25	264,65	153,12	222,72	250,56	138,68	210,18	236,45	120,04	197,65	222,35	101,39	185,12
	III	2.573,66	-	205,89	231,62	-	193,76	217,98	-	181,88	204,61	-	170,25	191,53	-	158,88	178,74	-	147,77	166,24	-	136,92
	IV	3.403,08	187,16	272,24	306,27	182,86	265,98	299,22	178,55	259,71	292,17	174,24	253,44	285,12	169,93	247,18	278,07	165,62	240,91	271,02	161,31	234,64
	V	3.917,50	215,46	313,40	352,57																	
	VI	3.961,83	217,90	316,94	356,56																	
11.330,99 (Ost)	I	3.410,91	187,60	272,87	306,98	178,98	260,34	292,88	170,36	247,80	278,78	161,75	235,27	264,68	153,13	222,74	250,58	138,71	210,20	236,48	120,07	197,67
	II	3.261,75	179,39	260,94	293,55	170,77	248,40	279,45	162,16	235,87	265,35	153,55	223,34	251,26	139,61	210,81	237,16	120,97	198,28	223,06	102,33	185,74
	III	2.581,33	-	206,50	232,31	-	194,36	218,65	-	182,46	205,27	-	170,82	192,17	-	159,45	179,38	-	148,33	166,87	-	137,46
	IV	3.410,91	187,60	272,87	306,98	183,29	266,60	299,93	178,98	260,34	292,88	174,67	254,07	285,83	170,36	247,80	278,78	166,05	241,54	271,73	161,75	235,27
	V	3.925,33	215,89	314,02	353,27																	
	VI	3.969,66	218,33	317,57	357,26																	
11.333,99 (West)	I	3.404,33	187,23	272,34	306,38	178,62	259,81	292,28	170,00	247,28	278,19	161,38	234,74	264,08	152,77	222,21	249,98	137,93	209,68	235,89	119,28	197,14
	II	3.255,25	179,03	260,42	292,97	170,42	247,88	278,87	161,80	235,35	264,77	153,18	222,82	250,67	138,83	210,28	236,57	120,19	197,75	222,47	101,54	185,22
	III	2.574,83	-	205,98	231,73	-	193,85	218,08	-	181,97	204,71	-	170,34	191,63	-	158,97	178,84	-	147,86	166,34	-	137,01
	IV	3.404,33	187,23	272,34	306,38	182,93	266,08	299,34	178,62	259,81	292,28	174,31	253,54	285,23	170,00	247,28	278,19	165,69	241,01	271,13	161,38	234,74
	V	3.918,75	215,53	313,50	352,68																	
	VI	3.963,08	217,96	317,04	356,67																	
11.333,99 (Ost)	I	3.412,16	187,66	272,97	307,09	179,05	260,44	292,99	170,43	247,90	278,89	161,81	235,37	264,79	153,20	222,84	250,69	138,86	210,30	236,59	120,21	197,77
	II	3.263,00	179,46	261,04	293,67	170,85	248,51	279,57	162,23	235,98	265,47	153,61	223,44	251,37	139,76	210,91	237,27	121,12	198,38	223,17	102,47	185,84
	III	2.582,50	-	206,60	232,42	-	194,45	218,75	-	182,56	205,38	-	170,92	192,28	-	159,53	179,47	-	148,41	166,96	-	137,54
	IV	3.412,16	187,66	272,97	307,09	183,36	266,70	300,04	179,05	260,44	292,99	174,74	254,17	285,94	170,43	247,90	278,89	166,12	241,64	271,84	161,81	235,37
	V	3.926,58	215,96	314,12	353,39																	
	VI	3.970,91	218,40	317,67	357,38																	
11.336,99 (West)	I	3.405,58	187,30	272,44	306,50	178,69	259,91	292,40	170,07	247,38	278,30	161,45	234,84	264,20	152,84	222,31	250,10	138,08	209,78	236,00	119,44	197,25
	II	3.256,50	179,10	260,52	293,08	170,49	247,98	278,98	161,87	235,45	264,88	153,25	222,92	250,78	138,98	210,38	236,68	120,33	197,85	222,58	101,69	185,32
	III	2.576,16	-	206,09	231,85	-	193,94	218,18	-	182,06	204,82	-	170,44	191,74	-	159,06	178,94	-	147,96	166,45	-	137,09
	IV	3.405,58	187,30	272,44	306,50	182,99	266,18	299,45	178,69	259,91	292,40	174,38	253,64	285,35	170,07	247,38	278,30	165,76	241,11	271,25	161,45	234,84
	V	3.920,00	215,60	313,60	352,80																	
	VI	3.964,33	218,03	317,14	356,78																	
11.336,99 (Ost)	I	3.413,41	187,73	273,07	307,20	179,12	260,54	293,10	170,50	248,00	279,00	161,88	235,47	264,90	153,27	222,94	250,80	139,01	210,40	236,70	120,36	197,87
	II	3.264,33	179,53	261,14	293,78	170,92	248,61	279,68	162,30	236,08	265,59	153,68	223,54	251,48	139,91	211,01	237,38	121,27	198,48	223,29	102,62	185,94
	III	2.583,83	-	206,70	232,54	-	194,54	218,86	-	182,65	205,48	-	171,01	192,38	-	159,62	179,57	-	148,50	167,06	-	137,64
	IV	3.413,41	187,73	273,07	307,20	183,42	266,80	300,15	179,12	260,54	293,10	174,81	254,27	286,05	170,50	248,00	279,00	166,19	241,74	271,95	161,88	235,47
	V	3.927,83	216,03	314,22	353,50																	
	VI	3.972,16	218,46	317,77	357,49																	
11.339,99 (West)	I	3.406,83	187,37	272,54	306,61	178,75	260,01	292,51	170,14	247,48	278,41	161,52	234,94	264,31	152,91	222,42	250,22	138,23	209,88	236,12	119,59	197,35
	II	3.257,75	179,17	260,62	293,19	170,55	248,08	279,09	161,94	235,55	264,99	153,32	223,02	250,89	139,13	210,48	236,79	120,48	197,95	222,69	101,85	185,42
	III	2.577,33	-	206,18	231,95	-	194,04	218,29	-	182,16	204,93	-	170,53	191,84	-	159,16	179,05	-	148,04	166,54	-	137,18
	IV	3.406,83	187,37	272,54	306,61	183,06	266,28	299,56	178,75	260,01	292,51	174,45	253,74	285,46	170,14	247,48	278,41	165,83	241,21	271,36	161,52	234,94
	V	3.921,33	215,67	313,70	352,91																	
	VI	3.965,58	218,10	317,24	356,90																	
11.339,99 (Ost)	I	3.414,66	187,80	273,17	307,31	179,19	260,64	293,22	170,57	248,10	279,11	161,95	235,57	265,01	153,34	223,04	250,92	139,16	210,50	236,81	120,51	197,97
	II	3.265,58	179,60	261,24	293,90	170,99	248,71	279,80	162,37	236,18	265,70	153,75	223,64	251,60	140,06	211,11	237,50	121,41	198,58	223,40	102,77	186,04
	III	2.585,00	-	206,80	232,65	-	194,64	218,97	-	182,74	205,58	-	171,10	192,49	-	159,72	179,68	-	148,58	167,15	-	137,72
	IV	3.414,66	187,80	273,17	307,31	183,49	266,90	300,26	179,19	260,64	293,22	174,88	254,37	286,16	170,57	248,10	279,11	166,26	241,84	272,07	161,95	235,57
	V	3.929,08	216,09	314,32	353,61																	
	VI	3.973,41	218,53	317,87	357,60																	
11.342,99 (West)	I	3.408,08	187,44	272,64	306,72	178,82	260,11	292,62	170,21	247,58	278,53	161,59	235,05	264,43	152,98	222,52	250,33	138,38	209,98	236,23	119,74	197,45
	II	3.259,00	179,24	260,72	293,31	170,62	248,18	279,20	162,01	235,65	265,10	153,39	223,12	251,01	139,27	210,58	236,90	120,64	198,06	222,81	102,00	185,52
	III	2.578,66	-	206,29	232,07	-	194,14	218,41	-	182,25	205,03	-	170,62	191,95	-	159,25	179,15	-	148,13	166,64	-	137,26
	IV	3.408,08	187,44	272,64	306,72	183,13	266,38	299,67	178,82	260,11	292,62	174,51	253,84	285,57	170,21	247,58	278,53	165,90	241,32	271,48	161,59	235,05
	V	3.922,58	215,74	313,80	353,03																	
	VI	3.966,83	218,17	317,34	357,01																	
11.342,99 (Ost)	I	3.415,91	187,87	273,27	307,43	179,25	260,74	293,33	170,64	248,20	279,23	162,02	235,67	265,13	153,40	223,14	251,03	139,30	210,60	236,93	120,66	198,07
	II	3.266,83	179,67	261,34	294,01	171,05	248,81	279,91	162,44	236,28	265,81	153,82	223,74	251,71	140,21	211,21	237,61	121,56	198,68	223,51	102,92	186,14
	III	2.586,33	-	206,90	232,76	-	194,74	219,08	-	182,84	205,69	-	171,20	192,60	-	159,81	179,78	-	148,68	167,26	-	137,81
	IV	3.415,91	187,87	273,27	307,43	183,56	267,00	300,38	179,25	260,74	293,33	174,95	254,47	286,28	170,64	248,20	279,23	166,33	241,94	272,18	162,02	235,67
	V	3.930,33	216,16	314,42	353,72																	
	VI	3.974,66	218,60	317,97	357,71																	
11.345,99 (West)	I	3.409,33	187,51	272,74	306,83	178,90	260,22	292,74	170,28	247,68	278,64	161,66	235,15	264,54	153,05	222,62	250,44	138,53	210,08	236,34	119,89	197,55
	II	3.260,25	179,31	260,82	293,42	170,69	248,28	279,32	162,08	235,75	265,22	153,46	223,22	251,12	139,43	210,69	237,02	120,79	198,16	222,93	102,15	185,62
	III	2.579,83	-	206,38	232,18	-	194,24	218,52	-	182,34	205,13	-	170,72	192,06	-	159,33	179,24	-	148,21	166,73	-	137,36
	IV	3.409,33	187,51	272,74	306,83	183,20	266,48	299,79	178,90	260,22	292,74	174,59	253,95	285,69	170,28	247,68	278,64	165,97	241,42	271,59	161,66	235,15
	V	3.923,83	215,81	313,90	353,14																	
	VI	3.968,08	218,24	317,44	357,12																	
11.345,99 (Ost)	I	3.417,16	187,94	273,37	307,54	179,32	260,84	293,44	170,71	248,30	279,34	162,09	235,77	265,24	153,47	223,24	251,14	139,46	210,71	237,05	120,82	198,18
	II	3.268,08	179,74	261,44	294,12	171,12	248,91	280,02	162,51	236,38	265,92	153,89	223,84	251,82	140,36	211,31	237,72	121,71	198,78	223,62	103,07	186,24
	III	2.587,50	-	207,00	232,87	-	194,84	219,19	-	182,93	205,79	-	171,29	192,70	-	159,90	179,89	-	148,77	167,36	-	137,89
	IV	3.417,16	187,94	273,37	307,54	183,63	267,10	300,49	179,32	260,84	293,44	175,01	254,57	286,39	170,71	248,30	279,34	166,40	242,04	272,29	162,09	235,77
	V	3.931,58	216,23	314,52	353,84																	
	VI	3.975,91	218,67	318,07	357,83																	
11.348,99 (West)	I	3.410,66	187,58	272,85	306,95	178,97	260,32	292,86	170,35	247,78	278,75	161,73	235,25	264,65	153,12	222,72	250,56	138,68	210,18	236,45	120,04	197,65
	II	3.261,50	179,38	260,92	293,53	170,76	248,38	279,43	162,15	235,86	265,34	153,53	223,32	251,24	139,58	210,79	237,14	120,94	198,26	223,04	102,30	185,72
	III	2.581,00	-	206,48	232,29	-	194,33	218,62	-	182,44	205,24	-	170,80	192,15	-	159,42	179,35	-	148,30	166,84	-	137,44
	IV	3.410,66	187,58	272,85	306,95	183,27	266,58	299,90	178,97	260,32	292,86	174,66	254,05	285,80	170,35	247,78	278,75	166,04	241,52	271,71	161,73	235,25
	V	3.925,08	215,87	314,00	353,25																	
	VI	3.969,41	218,31	317,55	357,24																	
11.348,99 (Ost)	I	3.418,41	188,01	273,47	307,65	179,39	260,94	293,55	170,77	248,40	279,45	162,16	235,87	265,35	153,55	223,34	251,26	139,61	210,81	237,16	120,97	198,28
	II	3.269,33	179,81	261,54	294,23	171,19	249,01	280,13	162,58	236,48	266,04	153,96	223,94	251,93	140,50	211,41	237,83	121,86	198,88	223,74	103,23	186,35
	III	2.588,66	-	207,09	232,97	-	194,93	219,29	-	183,02	205,90	-	171,38	192,80	-	159,98	179,98	-	148,85	167,45	-	137,98
	IV	3.418,41	188,01	273,47	307,65	183,70	267,20	300,60	179,39	260,94	293,55	175,08	254,67	286,50	170,77	248,40	279,45	166,47	242,14	272,40	162,16	235,87
	V	3.932,91	216,31	314,63	353,96																	
	VI	3.977,16	218,74	318,17	357,94																	

Anzahl Kinderfreibeträge (nur Steuerklassen I–IV)

Lohn/ Gehalt bis	Steuerklasse	Lohn-steuer	ohne Kinderfreibetrag			Anzahl Kinderfreibeträge (nur Steuerklassen I–IV)																	
						0,5			1,0			1,5			2,0			2,5			3,0		
			SolZ 5,5%	Kirchensteuer 8%	9%	SolZ 5,5%	Kirchensteuer 8%	9%	SolZ 5,5%	Kirchensteuer 8%	9%	SolZ 5,5%	Kirchensteuer 8%	9%	SolZ 5,5%	Kirchensteuer 8%	9%	SolZ 5,5%	Kirchensteuer 8%	9%	SolZ 5,5%	Kirchensteuer 8%	9%
1.351,99 (West)	I	3.411,91	187,65	272,95	307,07	179,03	260,42	292,97	170,42	247,88	278,87	161,80	235,35	264,77	153,18	222,82	250,67	138,83	210,28	236,57	120,19	197,75	222,47
	II	3.262,83	179,45	261,02	293,65	170,83	248,49	279,55	162,22	235,96	265,45	153,60	223,42	251,35	139,73	210,89	237,25	121,09	198,36	223,15	102,44	185,82	209,05
	III	2.582,33	-	206,58	232,40	-	194,42	218,72	-	182,53	205,34	-	170,89	192,25	-	159,52	179,46	-	148,40	166,95	-	137,53	154,72
	IV	3.411,91	187,65	272,95	307,07	183,34	266,68	300,02	179,03	260,42	292,97	174,73	254,15	285,92	170,42	247,88	278,87	166,11	241,62	271,82	161,80	235,35	264,77
	V	3.926,33	215,94	314,10	353,36																		
	VI	3.970,66	218,38	317,65	357,35																		
1.351,99 (Ost)	I	3.419,66	188,08	273,57	307,76	179,46	261,04	293,67	170,85	248,51	279,57	162,23	235,98	265,47	153,61	223,44	251,37	139,76	210,91	237,27	121,12	198,38	223,17
	II	3.270,58	179,88	261,64	294,35	171,26	249,11	280,25	162,64	236,58	266,15	154,03	224,04	252,05	140,65	211,51	237,95	122,02	198,98	223,85	103,38	186,45	209,75
	III	2.590,00	-	207,20	233,10	-	195,02	219,40	-	183,12	206,01	-	171,48	192,91	-	160,08	180,09	-	148,94	167,56	-	138,06	155,32
	IV	3.419,66	188,08	273,57	307,76	183,77	267,30	300,71	179,46	261,04	293,67	175,15	254,77	286,61	170,85	248,51	279,57	166,54	242,24	272,52	162,23	235,98	265,47
	V	3.934,16	216,37	314,73	354,07																		
	VI	3.978,41	218,81	318,27	358,05																		
1.354,99 (West)	I	3.413,16	187,72	273,05	307,18	179,10	260,52	293,08	170,49	247,98	278,98	161,87	235,45	264,88	153,25	222,92	250,78	138,98	210,38	236,68	120,33	197,85	222,58
	II	3.264,08	179,52	261,12	293,76	170,90	248,59	279,66	162,29	236,06	265,56	153,67	223,52	251,46	139,88	210,99	237,36	121,24	198,46	223,26	102,59	185,92	209,16
	III	2.583,50	-	206,68	232,51	-	194,53	218,84	-	182,62	205,45	-	170,98	192,35	-	159,61	179,56	-	148,48	167,04	-	137,61	154,81
	IV	3.413,16	187,72	273,05	307,18	183,41	266,78	300,13	179,10	260,52	293,08	174,79	254,25	286,03	170,49	247,98	278,98	166,18	241,72	271,93	161,87	235,45	264,88
	V	3.927,58	216,01	314,20	353,48																		
	VI	3.971,91	218,45	317,75	357,47																		
1.354,99 (Ost)	I	3.420,91	188,15	273,67	307,88	179,53	261,14	293,78	170,92	248,61	279,68	162,30	236,08	265,59	153,68	223,54	251,48	139,91	211,01	237,38	121,27	198,48	223,29
	II	3.271,83	179,95	261,74	294,46	171,33	249,21	280,36	162,71	236,68	266,26	154,10	224,15	252,17	140,81	211,62	238,07	122,17	199,08	223,97	103,53	186,55	209,87
	III	2.591,16	-	207,29	233,20	-	195,13	219,52	-	183,22	206,12	-	171,57	193,01	-	160,17	180,19	-	149,04	167,67	-	138,16	155,43
	IV	3.420,91	188,15	273,67	307,88	183,84	267,41	300,83	179,53	261,14	293,78	175,23	254,88	286,74	170,92	248,61	279,68	166,61	242,34	272,63	162,30	236,08	265,59
	V	3.935,41	216,44	314,83	354,18																		
	VI	3.979,75	218,88	318,38	358,17																		
1.357,99 (West)	I	3.414,41	187,79	273,15	307,29	179,17	260,62	293,19	170,55	248,08	279,09	161,94	235,55	264,99	153,32	223,02	250,89	139,13	210,48	236,79	120,48	197,95	222,69
	II	3.265,33	179,59	261,22	293,87	170,97	248,69	279,77	162,36	236,16	265,68	153,74	223,62	251,57	140,03	211,09	237,47	121,38	198,56	223,38	102,74	186,02	209,27
	III	2.584,83	-	206,78	232,63	-	194,62	218,95	-	182,72	205,56	-	171,08	192,46	-	159,69	179,65	-	148,57	167,14	-	137,70	154,91
	IV	3.414,41	187,79	273,15	307,29	183,48	266,88	300,24	179,17	260,62	293,19	174,86	254,35	286,14	170,55	248,08	279,09	166,25	241,82	272,04	161,94	235,55	264,99
	V	3.928,83	216,08	314,30	353,59																		
	VI	3.973,16	218,52	317,85	357,58																		
1.357,99 (Ost)	I	3.422,25	188,22	273,78	308,00	179,60	261,24	293,90	170,99	248,71	279,80	162,37	236,18	265,70	153,75	223,64	251,60	140,06	211,11	237,50	121,41	198,58	223,40
	II	3.273,08	180,01	261,84	294,57	171,40	249,31	280,47	162,79	236,78	266,38	154,17	224,25	252,28	140,96	211,72	238,18	122,32	199,18	224,08	103,67	186,65	209,98
	III	2.592,50	-	207,40	233,32	-	195,22	219,62	-	183,32	206,23	-	171,66	193,12	-	160,26	180,29	-	149,12	167,76	-	138,24	155,52
	IV	3.422,25	188,22	273,78	308,00	183,91	267,51	300,95	179,60	261,24	293,90	175,29	254,98	286,85	170,99	248,71	279,80	166,68	242,44	272,75	162,37	236,18	265,70
	V	3.936,66	216,51	314,93	354,29																		
	VI	3.981,00	218,95	318,48	358,29																		
1.360,99 (West)	I	3.415,66	187,86	273,25	307,40	179,24	260,72	293,31	170,62	248,18	279,20	162,01	235,65	265,10	153,39	223,12	251,01	139,27	210,58	236,90	120,64	198,06	222,81
	II	3.266,58	179,66	261,32	293,99	171,04	248,79	279,89	162,42	236,26	265,79	153,81	223,72	251,69	140,18	211,19	237,59	121,53	198,66	223,49	102,89	186,12	209,39
	III	2.586,00	-	206,88	232,74	-	194,72	219,06	-	182,82	205,67	-	171,17	192,56	-	159,78	179,75	-	148,66	167,24	-	137,78	155,00
	IV	3.415,66	187,86	273,25	307,40	183,55	266,98	300,35	179,24	260,72	293,31	174,93	254,45	286,25	170,62	248,18	279,20	166,32	241,92	272,16	162,01	235,65	265,10
	V	3.930,08	216,15	314,40	353,70																		
	VI	3.974,41	218,59	317,95	357,69																		
1.360,99 (Ost)	I	3.423,50	188,29	273,88	308,11	179,67	261,34	294,01	171,05	248,81	279,91	162,44	236,28	265,81	153,82	223,74	251,71	140,21	211,21	237,61	121,56	198,68	223,51
	II	3.274,41	180,09	261,95	294,69	171,47	249,42	280,59	162,85	236,88	266,49	154,24	224,35	252,39	141,11	211,82	238,29	122,47	199,28	224,19	103,82	186,75	210,09
	III	2.593,66	-	207,49	233,42	-	195,32	219,73	-	183,41	206,33	-	171,76	193,23	-	160,36	180,40	-	149,21	167,86	-	138,33	155,62
	IV	3.423,50	188,29	273,88	308,11	183,98	267,61	301,06	179,67	261,34	294,01	175,36	255,08	286,96	171,05	248,81	279,91	166,75	242,54	272,86	162,44	236,28	265,81
	V	3.937,91	216,58	315,03	354,41																		
	VI	3.982,25	219,02	318,58	358,40																		
1.363,99 (West)	I	3.416,91	187,93	273,35	307,52	179,31	260,82	293,42	170,69	248,28	279,32	162,08	235,75	265,22	153,46	223,22	251,12	139,43	210,69	237,02	120,79	198,16	222,93
	II	3.267,83	179,73	261,42	294,10	171,11	248,89	280,00	162,49	236,36	265,90	153,88	223,82	251,80	140,33	211,29	237,70	121,68	198,76	223,60	103,04	186,22	209,50
	III	2.587,16	-	206,97	232,84	-	194,81	219,16	-	182,92	205,78	-	171,26	192,67	-	159,88	179,86	-	148,74	167,33	-	137,88	155,11
	IV	3.416,91	187,93	273,35	307,52	183,62	267,08	300,47	179,31	260,82	293,42	175,00	254,55	286,37	170,69	248,28	279,32	166,38	242,02	272,27	162,08	235,75	265,22
	V	3.931,33	216,22	314,50	353,81																		
	VI	3.975,66	218,66	318,05	357,80																		
1.363,99 (Ost)	I	3.424,75	188,36	273,98	308,22	179,74	261,44	294,12	171,12	248,91	280,02	162,51	236,38	265,92	153,89	223,84	251,82	140,36	211,31	237,72	121,71	198,78	223,62
	II	3.275,66	180,16	262,05	294,80	171,54	249,52	280,71	162,92	236,98	266,60	154,31	224,45	252,50	141,26	211,92	238,41	122,61	199,38	224,30	103,97	186,85	210,20
	III	2.595,00	-	207,60	233,55	-	195,42	219,85	-	183,50	206,44	-	171,84	193,32	-	160,44	180,49	-	149,30	167,96	-	138,41	155,71
	IV	3.424,75	188,36	273,98	308,22	184,05	267,71	301,17	179,74	261,44	294,12	175,43	255,18	287,07	171,12	248,91	280,02	166,81	242,64	272,97	162,51	236,38	265,92
	V	3.939,16	216,65	315,13	354,52																		
	VI	3.983,50	219,09	318,68	358,51																		
11.366,99 (West)	I	3.418,16	187,99	273,45	307,63	179,38	260,92	293,53	170,76	248,38	279,43	162,15	235,86	265,34	153,53	223,32	251,24	139,58	210,79	237,14	120,94	198,26	223,04
	II	3.269,08	179,79	261,52	294,21	171,18	248,99	280,11	162,56	236,46	266,01	153,94	223,92	251,91	140,47	211,39	237,81	121,84	198,86	223,72	103,20	186,33	209,62
	III	2.588,50	-	207,08	232,96	-	194,92	219,28	-	183,01	205,88	-	171,36	192,78	-	159,97	179,96	-	148,84	167,44	-	137,96	155,20
	IV	3.418,16	187,99	273,45	307,63	183,69	267,18	300,58	179,38	260,92	293,53	175,07	254,65	286,48	170,76	248,38	279,43	166,46	242,12	272,39	162,15	235,86	265,34
	V	3.932,66	216,29	314,61	353,93																		
	VI	3.976,91	218,73	318,15	357,92																		
11.366,99 (Ost)	I	3.426,00	188,43	274,08	308,34	179,81	261,54	294,23	171,19	249,01	280,13	162,58	236,48	266,04	153,96	223,94	251,93	140,50	211,41	237,83	121,86	198,88	223,74
	II	3.276,91	180,23	262,15	294,92	171,61	249,62	280,82	162,99	237,08	266,72	154,38	224,55	252,62	141,41	212,02	238,52	122,76	199,48	224,42	104,12	186,95	210,32
	III	2.596,16	-	207,69	233,65	-	195,52	219,96	-	183,60	206,55	-	171,93	193,42	-	160,53	180,59	-	149,38	168,05	-	138,50	155,81
	IV	3.426,00	188,43	274,08	308,34	184,12	267,81	301,28	179,81	261,54	294,23	175,50	255,28	287,19	171,19	249,01	280,13	166,88	242,74	273,08	162,58	236,48	266,04
	V	3.940,41	216,72	315,23	354,63																		
	VI	3.984,75	219,16	318,78	358,62																		
11.369,99 (West)	I	3.419,41	188,06	273,55	307,74	179,45	261,02	293,65	170,83	248,49	279,55	162,22	235,96	265,45	153,60	223,42	251,35	139,73	210,89	237,25	121,09	198,36	223,15
	II	3.270,33	179,86	261,62	294,32	171,25	249,09	280,22	162,63	236,56	266,13	154,01	224,02	252,02	140,63	211,50	237,93	121,99	198,96	223,83	103,35	186,43	209,73
	III	2.589,66	-	207,17	233,06	-	195,01	219,38	-	183,10	205,99	-	171,45	192,88	-	160,06	180,07	-	148,92	167,53	-	138,05	155,30
	IV	3.419,41	188,06	273,55	307,74	183,75	267,28	300,69	179,45	261,02	293,65	175,14	254,76	286,60	170,83	248,49	279,55	166,53	242,22	272,50	162,22	235,96	265,45
	V	3.933,91	216,36	314,71	354,05																		
	VI	3.978,16	218,79	318,25	358,03																		
11.369,99 (Ost)	I	3.427,25	188,49	274,18	308,45	179,88	261,64	294,35	171,26	249,11	280,25	162,64	236,58	266,15	154,03	224,04	252,05	140,65	211,51	237,95	122,02	198,98	223,85
	II	3.278,16	180,29	262,25	295,03	171,68	249,72	280,93	163,06	237,18	266,83	154,44	224,65	252,73	141,56	212,12	238,63	122,91	199,58	224,53	104,27	187,05	210,43
	III	2.597,33	-	207,78	233,75	-	195,61	220,06	-	183,69	206,65	-	172,02	193,52	-	160,62	180,70	-	149,48	168,16	-	138,58	155,90
	IV	3.427,25	188,49	274,18	308,45	184,19	267,91	301,40	179,88	261,64	294,35	175,57	255,38	287,30	171,26	249,11	280,25	166,95	242,84	273,20	162,64	236,58	266,15
	V	3.941,66	216,79	315,33	354,74																		
	VI	3.986,00	219,23	318,88	358,74																		

Lohn/ Gehalt bis	Steuerklasse	Lohn-steuer	ohne Kinderfreibetrag SolZ 5,5%	Kirchensteuer 8%	9%	0,5 SolZ 5,5%	Kirchensteuer 8%	9%	1,0 SolZ 5,5%	Kirchensteuer 8%	9%	1,5 SolZ 5,5%	Kirchensteuer 8%	9%	2,0 SolZ 5,5%	Kirchensteuer 8%	9%	2,5 SolZ 5,5%	Kirchensteuer 8%	9%	3,0 SolZ 5,5%	Kirchensteuer 8%	9%
11.372,99 (West)	I	3.420,75	188,14	273,66	307,86	179,52	261,12	293,76	170,90	248,59	279,66	162,29	236,06	265,56	153,67	223,52	251,46	139,88	210,99	237,36	121,24	198,46	223
	II	3.271,58	179,93	261,72	294,44	171,32	249,19	280,34	162,70	236,66	266,24	154,09	224,13	252,14	140,78	211,60	238,05	122,14	199,06	223,94	103,50	186,53	209
	III	2.591,00	-	207,28	233,19	-	195,10	219,49	-	183,20	206,10	-	171,54	192,98	-	160,14	180,16	-	149,01	167,63	-	138,13	155
	IV	3.420,75	188,14	273,66	307,86	183,83	267,39	300,81	179,52	261,12	293,76	175,21	254,86	286,71	170,90	248,59	279,66	166,59	242,32	272,61	162,29	236,06	265
	V	3.935,16	216,43	314,81	354,16																		
	VI	3.979,50	218,87	318,36	358,15																		
11.372,99 (Ost)	I	3.428,50	188,56	274,28	308,56	179,95	261,74	294,46	171,33	249,21	280,36	162,71	236,68	266,26	154,10	224,15	252,17	140,81	211,62	238,07	122,17	199,08	223
	II	3.279,41	180,36	262,35	295,14	171,75	249,82	281,04	163,13	237,28	266,94	154,51	224,75	252,84	141,70	212,22	238,74	123,06	199,68	224,64	104,42	187,15	210
	III	2.598,66	-	207,89	233,87	-	195,70	220,16	-	183,78	206,75	-	172,12	193,63	-	160,72	180,81	-	149,56	168,25	-	138,66	155
	IV	3.428,50	188,56	274,28	308,56	184,25	268,01	301,51	179,95	261,74	294,46	175,64	255,48	287,41	171,33	249,21	280,36	167,02	242,94	273,31	162,71	236,68	266
	V	3.943,00	216,86	315,44	354,87																		
	VI	3.987,25	219,29	318,98	358,85																		
11.375,99 (West)	I	3.422,00	188,21	273,76	307,98	179,59	261,22	293,87	170,97	248,69	279,77	162,36	236,16	265,68	153,74	223,62	251,57	140,03	211,09	237,47	121,38	198,56	223
	II	3.272,83	180,00	261,82	294,55	171,39	249,30	280,46	162,77	236,76	266,36	154,16	224,23	252,26	140,93	211,70	238,16	122,29	199,16	224,06	103,64	186,63	209
	III	2.592,16	-	207,37	233,29	-	195,20	219,60	-	183,29	206,20	-	171,64	193,09	-	160,24	180,27	-	149,10	167,74	-	138,22	155
	IV	3.422,00	188,21	273,76	307,98	183,90	267,49	300,92	179,59	261,22	293,87	175,28	254,96	286,83	170,97	248,69	279,77	166,66	242,42	272,72	162,36	236,16	265
	V	3.936,41	216,50	314,91	354,27																		
	VI	3.980,75	218,94	318,46	358,26																		
11.375,99 (Ost)	I	3.429,75	188,63	274,38	308,67	180,01	261,84	294,57	171,40	249,31	280,47	162,79	236,78	266,38	154,17	224,25	252,28	140,96	211,72	238,18	122,32	199,18	224
	II	3.280,66	180,43	262,45	295,25	171,82	249,92	281,16	163,20	237,38	267,05	154,58	224,85	252,95	141,85	212,32	238,86	123,22	199,79	224,76	104,58	187,26	210
	III	2.599,83	-	207,98	233,98	-	195,81	220,28	-	183,88	206,86	-	172,21	193,73	-	160,81	180,91	-	149,65	168,35	-	138,76	156
	IV	3.429,75	188,63	274,38	308,67	184,32	268,11	301,62	180,01	261,84	294,57	175,71	255,58	287,52	171,40	249,31	280,47	167,09	243,05	273,43	162,79	236,78	266
	V	3.944,25	216,93	315,54	354,98																		
	VI	3.988,50	219,36	319,08	358,96																		
11.378,99 (West)	I	3.423,25	188,27	273,86	308,09	179,66	261,32	293,99	171,04	248,79	279,89	162,42	236,26	265,79	153,81	223,72	251,69	140,18	211,19	237,59	121,53	198,66	223
	II	3.274,16	180,07	261,93	294,67	171,46	249,40	280,57	162,84	236,86	266,47	154,22	224,33	252,37	141,08	211,80	238,27	122,44	199,26	224,17	103,79	186,73	210
	III	2.593,33	-	207,46	233,39	-	195,30	219,71	-	183,38	206,30	-	171,73	193,19	-	160,33	180,37	-	149,18	167,83	-	138,30	155
	IV	3.423,25	188,27	273,86	308,09	183,97	267,59	301,04	179,66	261,32	293,99	175,35	255,06	286,94	171,04	248,79	279,89	166,73	242,52	272,84	162,42	236,26	265
	V	3.937,66	216,57	315,01	354,38																		
	VI	3.982,00	219,01	318,56	358,38																		
11.378,99 (Ost)	I	3.431,00	188,70	274,48	308,79	180,09	261,95	294,69	171,47	249,42	280,59	162,85	236,88	266,49	154,24	224,35	252,39	141,11	211,82	238,29	122,47	199,28	224
	II	3.281,91	180,50	262,55	295,37	171,88	250,02	281,27	163,27	237,48	267,17	154,65	224,95	253,07	142,01	212,42	238,97	123,37	199,89	224,87	104,72	187,36	210
	III	2.601,16	-	208,09	234,10	-	195,90	220,39	-	183,97	206,96	-	172,30	193,84	-	160,89	181,00	-	149,74	168,46	-	138,84	156
	IV	3.431,00	188,70	274,48	308,79	184,39	268,21	301,73	180,09	261,95	294,69	175,78	255,68	287,64	171,47	249,42	280,59	167,16	243,15	273,54	162,85	236,88	266
	V	3.945,50	217,00	315,64	355,09																		
	VI	3.989,75	219,43	319,18	359,07																		
11.381,99 (West)	I	3.424,50	188,34	273,96	308,20	179,73	261,42	294,10	171,11	248,89	280,00	162,49	236,36	265,90	153,88	223,82	251,80	140,33	211,29	237,70	121,68	198,76	223
	II	3.275,41	180,14	262,03	294,78	171,53	249,50	280,68	162,91	236,96	266,58	154,29	224,43	252,48	141,23	211,90	238,38	122,58	199,36	224,28	103,94	186,83	210
	III	2.594,66	-	207,57	233,51	-	195,40	219,82	-	183,48	206,41	-	171,82	193,30	-	160,42	180,47	-	149,28	167,94	-	138,40	155,
	IV	3.424,50	188,34	273,96	308,20	184,03	267,69	301,15	179,73	261,42	294,10	175,42	255,16	287,05	171,11	248,89	280,00	166,80	242,62	272,95	162,49	236,36	265
	V	3.938,91	216,64	315,11	354,50																		
	VI	3.983,25	219,07	318,66	358,49																		
11.381,99 (Ost)	I	3.432,33	188,77	274,58	308,90	180,16	262,05	294,80	171,54	249,52	280,71	162,92	236,98	266,60	154,31	224,45	252,50	141,26	211,92	238,41	122,61	199,38	224,
	II	3.283,16	180,57	262,65	295,48	171,95	250,12	281,38	163,34	237,59	267,29	154,72	225,06	253,19	142,16	212,52	239,09	123,52	199,99	224,99	104,87	187,46	210
	III	2.602,33	-	208,18	234,20	-	196,00	220,50	-	184,08	207,09	-	172,40	193,95	-	160,98	181,10	-	149,82	168,55	-	138,93	156,
	IV	3.432,33	188,77	274,58	308,90	184,47	268,32	301,86	180,16	262,05	294,80	175,85	255,78	287,75	171,54	249,52	280,71	167,23	243,25	273,65	162,92	236,98	266
	V	3.946,75	217,07	315,74	355,20																		
	VI	3.991,08	219,50	319,28	359,19																		
11.384,99 (West)	I	3.425,75	188,41	274,06	308,31	179,79	261,52	294,21	171,18	248,99	280,11	162,56	236,46	266,01	153,94	223,92	251,91	140,47	211,39	237,81	121,84	198,86	223,
	II	3.276,66	180,21	262,13	294,89	171,60	249,60	280,80	162,98	237,06	266,69	154,36	224,53	252,59	141,38	212,00	238,50	122,73	199,46	224,39	104,09	186,93	210,
	III	2.595,83	-	207,66	233,62	-	195,49	219,92	-	183,57	206,51	-	171,92	193,41	-	160,52	180,58	-	149,37	168,04	-	138,48	155,
	IV	3.425,75	188,41	274,06	308,31	184,10	267,79	301,26	179,79	261,52	294,21	175,49	255,26	287,16	171,18	248,99	280,11	166,87	242,72	273,06	162,56	236,46	266,
	V	3.940,16	216,70	315,21	354,61																		
	VI	3.984,50	219,14	318,76	358,60																		
11.384,99 (Ost)	I	3.433,58	188,84	274,68	309,02	180,23	262,15	294,92	171,61	249,62	280,82	162,99	237,08	266,72	154,38	224,55	252,62	141,41	212,02	238,52	122,76	199,48	224,
	II	3.284,41	180,64	262,75	295,59	172,03	250,22	281,50	163,41	237,69	267,40	154,79	225,16	253,30	142,31	212,62	239,20	123,67	200,09	225,10	105,02	187,56	211,
	III	2.603,66	-	208,29	234,32	-	196,09	220,60	-	184,17	207,19	-	172,49	194,05	-	161,08	181,21	-	149,92	168,66	-	139,01	156,
	IV	3.433,58	188,84	274,68	309,02	184,53	268,42	301,97	180,23	262,15	294,92	175,92	255,88	287,87	171,61	249,62	280,82	167,30	243,35	273,77	162,99	237,08	266,
	V	3.948,00	217,14	315,84	355,32																		
	VI	3.992,33	219,57	319,38	359,30																		
11.387,99 (West)	I	3.427,00	188,48	274,16	308,43	179,86	261,62	294,32	171,25	249,09	280,22	162,63	236,56	266,13	154,01	224,02	252,02	140,63	211,50	237,93	121,99	198,96	223,8
	II	3.277,91	180,28	262,23	295,01	171,66	249,70	280,91	163,05	237,16	266,81	154,43	224,63	252,71	141,53	212,10	238,61	122,88	199,56	224,51	104,24	187,03	210,4
	III	2.597,16	-	207,77	233,74	-	195,58	220,03	-	183,68	206,64	-	172,01	193,51	-	160,60	180,67	-	149,45	168,13	-	138,57	155,8
	IV	3.427,00	188,48	274,16	308,43	184,17	267,89	301,37	179,86	261,62	294,32	175,56	255,36	287,28	171,25	249,09	280,22	166,94	242,82	273,17	162,63	236,56	266,1
	V	3.941,41	216,77	315,31	354,72																		
	VI	3.985,75	219,21	318,86	358,71																		
11.387,99 (Ost)	I	3.434,83	188,91	274,78	309,13	180,29	262,25	295,03	171,68	249,72	280,93	163,06	237,18	266,83	154,44	224,65	252,73	141,56	212,12	238,63	122,91	199,58	224,5
	II	3.285,75	180,71	262,86	295,71	172,09	250,32	281,61	163,48	237,79	267,51	154,86	225,26	253,41	142,46	212,72	239,31	123,81	200,19	225,21	105,17	187,66	211,1
	III	2.604,83	-	208,38	234,43	-	196,20	220,72	-	184,26	207,29	-	172,58	194,15	-	161,17	181,31	-	150,01	168,76	-	139,10	156,4
	IV	3.434,83	188,91	274,78	309,13	184,60	268,52	302,08	180,29	262,25	295,03	175,99	255,98	287,98	171,68	249,72	280,93	167,37	243,45	273,88	163,06	237,18	266,8
	V	3.949,25	217,20	315,94	355,43																		
	VI	3.993,58	219,64	319,48	359,42																		
11.390,99 (West)	I	3.428,25	188,55	274,26	308,54	179,93	261,72	294,44	171,32	249,19	280,34	162,70	236,66	266,24	154,09	224,13	252,14	140,78	211,60	238,05	122,14	199,06	223,9
	II	3.279,16	180,35	262,33	295,12	171,73	249,80	281,02	163,12	237,26	266,92	154,50	224,73	252,82	141,67	212,20	238,72	123,03	199,66	224,62	104,40	187,14	210,5
	III	2.598,33	-	207,86	233,84	-	195,69	220,15	-	183,77	206,74	-	172,10	193,61	-	160,69	180,77	-	149,54	168,23	-	138,65	155,9
	IV	3.428,25	188,55	274,26	308,54	184,24	267,99	301,49	179,93	261,72	294,44	175,62	255,46	287,39	171,32	249,19	280,34	167,01	242,92	273,29	162,70	236,66	266,2
	V	3.942,75	216,85	315,42	354,84																		
	VI	3.987,00	219,28	318,96	358,83																		
11.390,99 (Ost)	I	3.436,08	188,98	274,88	309,24	180,36	262,35	295,14	171,75	249,82	281,04	163,13	237,28	266,94	154,51	224,75	252,84	141,70	212,22	238,74	123,06	199,68	224,6
	II	3.287,00	180,78	262,96	295,83	172,16	250,42	281,72	163,55	237,89	267,62	154,93	225,36	253,53	142,61	212,82	239,42	123,96	200,29	225,32	105,32	187,76	211,2
	III	2.606,00	-	208,48	234,54	-	196,29	220,82	-	184,36	207,40	-	172,68	194,26	-	161,26	181,42	-	150,09	168,85	-	139,18	156,5
	IV	3.436,08	188,98	274,88	309,24	184,67	268,62	302,19	180,36	262,35	295,14	176,05	256,08	288,09	171,75	249,82	281,04	167,44	243,55	273,99	163,13	237,28	266,9
	V	3.950,50	217,27	316,04	355,54																		
	VI	3.994,83	219,71	319,58	359,53																		

Anzahl Kinderfreibeträge (nur Steuerklassen I–IV)

Lohn/ Gehalt bis	Steuerklasse	Lohn- steuer	ohne Kinderfreibetrag SolZ 5,5%	Kirchensteuer 8%	9%	0,5 SolZ 5,5%	Kirchensteuer 8%	9%	1,0 SolZ 5,5%	Kirchensteuer 8%	9%	1,5 SolZ 5,5%	Kirchensteuer 8%	9%	2,0 SolZ 5,5%	Kirchensteuer 8%	9%	2,5 SolZ 5,5%	Kirchensteuer 8%	9%	3,0 SolZ 5,5%	Kirchensteuer 8%	9%
1.393,99	I	3.429,50	188,62	274,36	308,65	180,00	261,82	294,55	171,39	249,30	280,46	162,77	236,76	266,36	154,16	224,23	252,26	140,93	211,70	238,16	122,29	199,16	224,06
(West)	II	3.280,41	180,42	262,43	295,23	171,80	249,90	281,13	163,18	237,36	267,03	154,57	224,83	252,93	141,83	212,30	238,84	123,19	199,77	224,74	104,55	187,24	210,64
	III	2.599,66	-	207,97	233,96	-	195,78	220,25	-	183,86	206,84	-	172,20	193,72	-	160,78	180,88	-	149,64	168,34	-	138,74	156,08
	IV	3.429,50	188,62	274,36	308,65	184,31	268,09	301,60	180,00	261,82	294,55	175,70	255,56	287,51	171,39	249,30	280,46	167,08	243,03	273,41	162,77	236,76	266,36
	V	3.944,00	216,92	315,52	354,96																		
	VI	3.988,25	219,35	319,06	358,94																		
1.393,99	I	3.437,33	189,05	274,98	309,35	180,43	262,45	295,25	171,82	249,92	281,16	163,20	237,38	267,05	154,58	224,85	252,95	141,85	212,32	238,86	123,22	199,79	224,76
(Ost)	II	3.288,25	180,85	263,06	295,94	172,23	250,52	281,84	163,62	237,99	267,74	155,00	225,46	253,64	142,76	212,92	239,54	124,11	200,39	225,44	105,47	187,86	211,34
	III	2.607,33	-	208,58	234,65	-	196,38	220,93	-	184,45	207,50	-	172,77	194,36	-	161,34	181,51	-	150,18	168,95	-	139,28	156,69
	IV	3.437,33	189,05	274,98	309,35	184,74	268,72	302,31	180,43	262,45	295,25	176,12	256,18	288,20	171,82	249,92	281,16	167,51	243,65	274,10	163,20	237,38	267,05
	V	3.951,75	217,34	316,14	355,65																		
	VI	3.996,08	219,78	319,68	359,64																		
1.396,99	I	3.430,83	188,69	274,46	308,77	180,07	261,93	294,67	171,46	249,40	280,57	162,84	236,86	266,47	154,22	224,33	252,37	141,08	211,80	238,27	122,44	199,26	224,17
(West)	II	3.281,66	180,49	262,53	295,34	171,87	250,00	281,25	163,25	237,46	267,14	154,64	224,94	253,05	141,98	212,40	238,95	123,34	199,87	224,85	104,70	187,34	210,75
	III	2.600,83	-	208,06	234,07	-	195,88	220,36	-	183,96	206,95	-	172,29	193,82	-	160,88	180,99	-	149,72	168,43	-	138,82	156,17
	IV	3.430,83	188,69	274,46	308,77	184,38	268,20	301,72	180,07	261,93	294,67	175,77	255,66	287,62	171,46	249,40	280,57	167,15	243,13	273,52	162,84	236,86	266,47
	V	3.945,25	216,98	315,62	355,07																		
	VI	3.989,58	219,42	319,16	359,06																		
1.396,99	I	3.438,58	189,12	275,08	309,47	180,50	262,55	295,37	171,88	250,02	281,27	163,27	237,48	267,17	154,65	224,95	253,07	142,01	212,42	238,97	123,37	199,89	224,87
(Ost)	II	3.289,50	180,92	263,16	296,05	172,30	250,62	281,95	163,68	238,09	267,85	155,07	225,56	253,75	142,90	213,02	239,65	124,26	200,49	225,55	105,62	187,96	211,45
	III	2.608,50	-	208,68	234,76	-	196,49	221,05	-	184,54	207,61	-	172,86	194,47	-	161,44	181,62	-	150,28	169,06	-	139,36	156,78
	IV	3.438,58	189,12	275,08	309,47	184,81	268,82	302,42	180,50	262,55	295,37	176,19	256,28	288,32	171,88	250,02	281,27	167,58	243,75	274,22	163,27	237,48	267,17
	V	3.953,00	217,41	316,24	355,77																		
	VI	3.997,33	219,85	319,78	359,75																		
1.399,99	I	3.432,08	188,76	274,56	308,88	180,14	262,03	294,78	171,53	249,50	280,68	162,91	236,96	266,58	154,29	224,43	252,48	141,23	211,90	238,38	122,58	199,36	224,28
(West)	II	3.282,91	180,56	262,63	295,46	171,94	250,10	281,36	163,33	237,57	267,26	154,71	225,04	253,17	142,13	212,50	239,06	123,49	199,97	224,96	104,84	187,44	210,87
	III	2.602,00	-	208,16	234,18	-	195,98	220,48	-	184,05	207,05	-	172,38	193,93	-	160,97	181,09	-	149,81	168,53	-	138,92	156,28
	IV	3.432,08	188,76	274,56	308,88	184,45	268,30	301,83	180,14	262,03	294,78	175,83	255,76	287,73	171,53	249,50	280,68	167,22	243,23	273,63	162,91	236,96	266,58
	V	3.946,50	217,05	315,72	355,18																		
	VI	3.990,83	219,49	319,26	359,17																		
1.399,99	I	3.439,83	189,19	275,18	309,58	180,57	262,65	295,48	171,95	250,12	281,38	163,34	237,59	267,29	154,72	225,06	253,19	142,16	212,52	239,09	123,52	199,99	224,99
(Ost)	II	3.290,75	180,99	263,26	296,16	172,37	250,72	282,06	163,75	238,19	267,96	155,14	225,66	253,86	143,05	213,12	239,76	124,41	200,59	225,66	105,78	188,06	211,57
	III	2.609,83	-	208,78	234,88	-	196,58	221,15	-	184,64	207,72	-	172,96	194,58	-	161,53	181,72	-	150,36	169,15	-	139,45	156,88
	IV	3.439,83	189,19	275,18	309,58	184,88	268,92	302,53	180,57	262,65	295,48	176,26	256,38	288,43	171,95	250,12	281,38	167,64	243,85	274,33	163,34	237,59	267,29
	V	3.954,33	217,48	316,34	355,88																		
	VI	3.998,58	219,92	319,88	359,87																		
1.402,99	I	3.433,33	188,83	274,66	308,99	180,21	262,13	294,89	171,60	249,60	280,80	162,98	237,06	266,69	154,36	224,53	252,59	141,38	212,00	238,50	122,73	199,46	224,39
(West)	II	3.284,25	180,63	262,74	295,58	172,01	250,20	281,48	163,40	237,67	267,38	154,78	225,14	253,28	142,28	212,60	239,18	123,64	200,07	225,08	104,99	187,54	210,98
	III	2.603,33	-	208,26	234,29	-	196,08	220,59	-	184,14	207,16	-	172,48	194,04	-	161,05	181,18	-	149,90	168,64	-	139,00	156,37
	IV	3.433,33	188,83	274,66	308,99	184,52	268,40	301,95	180,21	262,13	294,89	175,90	255,86	287,84	171,60	249,60	280,80	167,29	243,33	273,74	162,98	237,06	266,69
	V	3.947,75	217,12	315,82	355,29																		
	VI	3.992,08	219,56	319,36	359,28																		
1.402,99	I	3.441,08	189,25	275,28	309,69	180,64	262,75	295,59	172,03	250,22	281,50	163,41	237,69	267,40	154,79	225,16	253,30	142,31	212,62	239,20	123,67	200,09	225,10
(Ost)	II	3.292,00	181,06	263,36	296,28	172,44	250,82	282,17	163,82	238,29	268,07	155,21	225,76	253,98	143,21	213,23	239,88	124,57	200,70	225,78	105,92	188,16	211,68
	III	2.611,00	-	208,88	234,99	-	196,68	221,26	-	184,73	207,82	-	173,05	194,68	-	161,62	181,82	-	150,45	169,25	-	139,53	156,97
	IV	3.441,08	189,25	275,28	309,69	184,95	269,02	302,64	180,64	262,75	295,59	176,33	256,49	288,55	172,03	250,22	281,50	167,72	243,96	274,45	163,41	237,69	267,40
	V	3.955,58	217,55	316,44	356,00																		
	VI	3.999,83	219,99	319,98	359,98																		
1.405,99	I	3.434,58	188,90	274,76	309,11	180,28	262,23	295,01	171,66	249,70	280,91	163,05	237,16	266,81	154,43	224,63	252,71	141,53	212,10	238,61	122,88	199,56	224,51
(West)	II	3.285,50	180,70	262,84	295,69	172,08	250,30	281,59	163,46	237,77	267,49	154,85	225,24	253,39	142,43	212,70	239,29	123,78	200,17	225,19	105,14	187,64	211,09
	III	2.604,50	-	208,36	234,40	-	196,17	220,69	-	184,24	207,27	-	172,57	194,14	-	161,14	181,28	-	149,98	168,73	-	139,09	156,47
	IV	3.434,58	188,90	274,76	309,11	184,59	268,50	302,06	180,28	262,23	295,01	175,97	255,96	287,96	171,66	249,70	280,91	167,36	243,43	273,86	163,05	237,16	266,81
	V	3.949,00	217,19	315,92	355,41																		
	VI	3.993,33	219,63	319,46	359,39																		
1.405,99	I	3.442,41	189,33	275,39	309,81	180,71	262,86	295,71	172,09	250,32	281,61	163,48	237,79	267,51	154,86	225,26	253,41	142,46	212,72	239,31	123,81	200,19	225,21
(Ost)	II	3.293,25	181,12	263,46	296,39	172,51	250,92	282,29	163,89	238,39	268,19	155,28	225,86	254,09	143,36	213,33	239,99	124,72	200,80	225,90	106,07	188,26	211,79
	III	2.612,33	-	208,98	235,10	-	196,77	221,36	-	184,84	207,94	-	173,14	194,78	-	161,72	181,93	-	150,54	169,36	-	139,62	157,07
	IV	3.442,41	189,33	275,39	309,81	185,02	269,12	302,76	180,71	262,86	295,71	176,40	256,59	288,66	172,09	250,32	281,61	167,79	244,06	274,56	163,48	237,79	267,51
	V	3.956,83	217,62	316,54	356,11																		
	VI	4.001,16	220,06	320,09	360,10																		
1.408,99	I	3.435,83	188,97	274,86	309,22	180,35	262,33	295,12	171,73	249,80	281,02	163,12	237,26	266,92	154,50	224,73	252,82	141,67	212,20	238,72	123,03	199,66	224,62
(West)	II	3.286,75	180,77	262,94	295,80	172,15	250,40	281,70	163,53	237,87	267,60	154,92	225,34	253,50	142,58	212,80	239,40	123,93	200,27	225,30	105,29	187,74	211,20
	III	2.605,83	-	208,46	234,52	-	196,26	220,79	-	184,33	207,37	-	172,66	194,24	-	161,24	181,39	-	150,08	168,84	-	139,17	156,56
	IV	3.435,83	188,97	274,86	309,22	184,66	268,60	302,17	180,35	262,33	295,12	176,04	256,06	288,07	171,73	249,80	281,02	167,42	243,53	273,97	163,12	237,26	266,92
	V	3.950,25	217,26	316,02	355,52																		
	VI	3.994,58	219,70	319,56	359,51																		
11.408,99	I	3.443,66	189,40	275,49	309,92	180,78	262,96	295,83	172,16	250,42	281,72	163,55	237,89	267,62	154,93	225,36	253,53	142,61	212,82	239,42	123,96	200,29	225,32
(Ost)	II	3.294,50	181,19	263,56	296,50	172,58	251,03	282,41	163,96	238,50	268,31	155,35	225,96	254,21	143,51	213,43	240,11	124,87	200,90	226,01	106,22	188,36	211,91
	III	2.613,50	-	209,08	235,21	-	196,88	221,49	-	184,93	208,04	-	173,24	194,89	-	161,80	182,02	-	150,62	169,45	-	139,70	157,16
	IV	3.443,66	189,40	275,49	309,92	185,09	269,22	302,87	180,78	262,96	295,83	176,47	256,69	288,77	172,16	250,42	281,72	167,86	244,16	274,68	163,55	237,89	267,62
	V	3.958,08	217,69	316,64	356,22																		
	VI	4.002,41	220,13	320,19	360,21																		
11.411,99	I	3.437,08	189,03	274,96	309,33	180,42	262,43	295,23	171,80	249,90	281,13	163,18	237,36	267,03	154,57	224,83	252,93	141,83	212,30	238,84	123,19	199,77	224,74
(West)	II	3.288,00	180,84	263,04	295,92	172,22	250,50	281,81	163,60	237,97	267,71	154,99	225,44	253,62	142,73	212,90	239,51	124,08	200,37	225,41	105,44	187,84	211,32
	III	2.607,00	-	208,56	234,63	-	196,37	220,91	-	184,42	207,47	-	172,76	194,35	-	161,33	181,49	-	150,17	168,94	-	139,26	156,67
	IV	3.437,08	189,03	274,96	309,33	184,73	268,70	302,28	180,42	262,43	295,23	176,11	256,16	288,18	171,80	249,90	281,13	167,49	243,63	274,08	163,18	237,36	267,03
	V	3.951,50	217,33	316,12	355,63																		
	VI	3.995,83	219,77	319,66	359,62																		
11.411,99	I	3.444,91	189,47	275,59	310,04	180,85	263,06	295,94	172,23	250,52	281,84	163,62	237,99	267,74	155,00	225,46	253,64	142,76	212,92	239,54	124,11	200,39	225,44
(Ost)	II	3.295,83	181,27	263,66	296,62	172,65	251,13	282,52	164,03	238,60	268,42	155,42	226,06	254,32	143,66	213,53	240,22	125,01	201,00	226,12	106,37	188,46	212,02
	III	2.614,66	-	209,17	235,31	-	196,97	221,59	-	185,02	208,15	-	173,33	194,99	-	161,89	182,12	-	150,72	169,56	-	139,80	157,27
	IV	3.444,91	189,47	275,59	310,04	185,16	269,32	302,99	180,85	263,06	295,94	176,54	256,79	288,89	172,23	250,52	281,84	167,92	244,26	274,79	163,62	237,99	267,74
	V	3.959,33	217,76	316,74	356,33																		
	VI	4.003,66	220,20	320,29	360,32																		

Anzahl Kinderfreibeträge (nur Steuerklassen I–IV)

Lohn/ Gehalt bis	Steuerklasse	Lohn-steuer	ohne Kinderfreibetrag			Anzahl Kinderfreibeträge (nur Steuerklassen I–IV) 0,5			1,0			1,5			2,0			2,5			3,0		
			SolZ 5,5%	Kirchensteuer 8%	9%	SolZ 5,5%	Kirchensteuer 8%	9%	SolZ 5,5%	Kirchensteuer 8%	9%	SolZ 5,5%	Kirchensteuer 8%	9%	SolZ 5,5%	Kirchensteuer 8%	9%	SolZ 5,5%	Kirchensteuer 8%	9%	SolZ 5,5%	Kirchensteuer 8%	9%
11.414,99 (West)	I	3.438,33	189,10	275,06	309,44	180,49	262,53	295,34	171,87	250,00	281,25	163,25	237,46	267,14	154,64	224,94	253,05	141,98	212,40	238,95	123,34	199,87	22
	II	3.289,25	180,90	263,14	296,03	172,29	250,60	281,93	163,67	238,07	267,83	155,05	225,54	253,73	142,87	213,00	239,63	124,23	200,47	225,53	105,60	187,94	21
	III	2.608,33	–	208,66	234,74	–	196,46	221,02	–	184,53	207,59	–	172,84	194,44	–	161,42	181,60	–	150,25	169,03	–	139,34	15
	IV	3.438,33	189,10	275,06	309,44	184,80	268,80	302,40	180,49	262,53	295,34	176,18	256,26	288,29	171,87	250,00	281,25	167,56	243,73	274,19	163,25	237,46	26
	V	3.952,83	217,40	316,22	355,75																		
	VI	3.997,08	219,83	319,76	359,73																		
11.414,99 (Ost)	I	3.446,16	189,53	275,69	310,15	180,92	263,16	296,05	172,30	250,62	281,95	163,68	238,09	267,85	155,07	225,56	253,75	142,90	213,02	239,65	124,26	200,49	225
	II	3.297,08	181,33	263,76	296,73	172,72	251,23	282,63	164,10	238,70	268,53	155,48	226,16	254,43	143,81	213,63	240,33	125,16	201,10	226,23	106,52	188,56	21
	III	2.616,00	–	209,28	235,44	–	197,06	221,69	–	185,12	208,26	–	173,42	195,10	–	161,98	182,23	–	150,81	169,66	–	139,89	15
	IV	3.446,16	189,53	275,69	310,15	185,23	269,42	303,10	180,92	263,16	296,05	176,61	256,89	289,00	172,30	250,62	281,95	167,99	244,36	274,90	163,68	238,09	26
	V	3.960,58	217,83	316,84	356,45																		
	VI	4.004,91	220,27	320,39	360,44																		
11.417,99 (West)	I	3.439,58	189,17	275,16	309,56	180,56	262,63	295,46	171,94	250,10	281,36	163,33	237,57	267,26	154,71	225,04	253,17	142,13	212,50	239,06	123,49	199,97	224
	II	3.290,50	180,97	263,24	296,14	172,36	250,70	282,04	163,74	238,17	267,94	155,12	225,64	253,84	143,02	213,10	239,74	124,39	200,58	225,65	105,75	188,04	21
	III	2.609,50	–	208,76	234,85	–	196,56	221,13	–	184,62	207,70	–	172,93	194,54	–	161,52	181,71	–	150,34	169,13	–	139,44	15
	IV	3.439,58	189,17	275,16	309,56	184,86	268,90	302,51	180,56	262,63	295,46	176,25	256,36	288,41	171,94	250,10	281,36	167,64	243,84	274,32	163,33	237,57	26
	V	3.954,08	217,47	316,32	355,86																		
	VI	3.998,33	219,90	319,86	359,84																		
11.417,99 (Ost)	I	3.447,41	189,60	275,79	310,26	180,99	263,26	296,16	172,37	250,72	282,06	163,75	238,19	267,96	155,14	225,66	253,86	143,05	213,12	239,76	124,41	200,59	225
	II	3.298,33	181,40	263,86	296,84	172,79	251,33	282,74	164,17	238,80	268,65	155,55	226,26	254,54	143,96	213,73	240,44	125,31	201,20	226,35	106,67	188,66	212
	III	2.617,16	–	209,37	235,54	–	197,17	221,81	–	185,21	208,36	–	173,52	195,21	–	162,08	182,34	–	150,89	169,75	–	139,97	157
	IV	3.447,41	189,60	275,79	310,26	185,29	269,52	303,21	180,99	263,26	296,16	176,68	256,99	289,11	172,37	250,72	282,06	168,06	244,46	275,01	163,75	238,19	267
	V	3.961,83	217,90	316,94	356,56																		
	VI	4.006,16	220,33	320,49	360,55																		
11.420,99 (West)	I	3.440,83	189,24	275,26	309,67	180,63	262,74	295,58	172,01	250,20	281,48	163,40	237,67	267,38	154,78	225,14	253,28	142,28	212,60	239,18	123,64	200,07	225
	II	3.291,75	181,04	263,34	296,25	172,42	250,80	282,15	163,81	238,27	268,05	155,20	225,74	253,96	143,18	213,21	239,86	124,54	200,68	225,76	105,90	188,14	211
	III	2.610,66	–	208,85	234,95	–	196,65	221,23	–	184,72	207,81	–	173,02	194,65	–	161,60	181,80	–	150,44	169,24	–	139,52	156
	IV	3.440,83	189,24	275,26	309,67	184,94	269,00	302,63	180,63	262,74	295,58	176,32	256,47	288,53	172,01	250,20	281,48	167,70	243,94	274,43	163,40	237,67	267
	V	3.955,33	217,54	316,42	355,97																		
	VI	3.999,58	219,97	319,96	359,96																		
11.420,99 (Ost)	I	3.448,66	189,67	275,89	310,37	181,06	263,36	296,28	172,44	250,82	282,17	163,82	238,29	268,07	155,21	225,76	253,98	143,21	213,23	239,88	124,57	200,70	225
	II	3.299,58	181,47	263,96	296,96	172,86	251,43	282,86	164,24	238,90	268,76	155,62	226,36	254,66	144,10	213,83	240,56	125,46	201,30	226,46	106,82	188,76	212
	III	2.618,50	–	209,48	235,66	–	197,26	221,92	–	185,30	208,46	–	173,61	195,31	–	162,17	182,44	–	150,98	169,85	–	140,06	157
	IV	3.448,66	189,67	275,89	310,37	185,36	269,62	303,32	181,06	263,36	296,28	176,75	257,09	289,22	172,44	250,82	282,17	168,13	244,56	275,13	163,82	238,29	268
	V	3.963,08	217,96	317,04	356,67																		
	VI	4.007,41	220,40	320,59	360,66																		
11.423,99 (West)	I	3.442,16	189,31	275,37	309,79	180,70	262,84	295,69	172,08	250,30	281,59	163,46	237,77	267,49	154,85	225,24	253,39	142,43	212,70	239,29	123,78	200,17	225
	II	3.293,00	181,11	263,44	296,37	172,49	250,90	282,26	163,88	238,38	268,17	155,26	225,84	254,07	143,33	213,31	239,97	124,69	200,78	225,87	106,04	188,24	211
	III	2.612,00	–	208,96	235,08	–	196,76	221,35	–	184,81	207,91	–	173,12	194,76	–	161,69	181,90	–	150,52	169,33	–	139,61	157
	IV	3.442,16	189,31	275,37	309,79	185,01	269,10	302,74	180,70	262,84	295,69	176,39	256,57	288,64	172,08	250,30	281,59	167,77	244,04	274,54	163,46	237,77	267
	V	3.956,58	217,61	316,52	356,09																		
	VI	4.000,91	220,05	320,07	360,08																		
11.423,99 (Ost)	I	3.449,91	189,74	275,99	310,49	181,12	263,46	296,39	172,51	250,92	282,29	163,89	238,39	268,19	155,28	225,86	254,09	143,36	213,33	239,99	124,72	200,80	225
	II	3.300,83	181,54	264,06	297,07	172,92	251,53	282,97	164,31	239,00	268,87	155,69	226,46	254,77	144,25	213,93	240,67	125,61	201,40	226,57	106,98	188,87	212,
	III	2.619,66	–	209,57	235,76	–	197,36	222,03	–	185,40	208,57	–	173,70	195,41	–	162,26	182,54	–	151,08	169,96	–	140,14	157
	IV	3.449,91	189,74	275,99	310,49	185,43	269,72	303,44	181,12	263,46	296,39	176,82	257,19	289,34	172,51	250,92	282,29	168,20	244,66	275,24	163,89	238,39	268
	V	3.964,41	218,04	317,15	356,79																		
	VI	4.008,66	220,47	320,69	360,77																		
11.426,99 (West)	I	3.443,41	189,38	275,47	309,90	180,77	262,94	295,80	172,15	250,40	281,70	163,53	237,87	267,60	154,92	225,34	253,50	142,58	212,80	239,40	123,93	200,27	225
	II	3.294,33	181,18	263,54	296,48	172,57	251,01	282,38	163,95	238,48	268,29	155,33	225,94	254,18	143,48	213,41	240,08	124,84	200,88	225,99	106,19	188,34	211,
	III	2.613,16	–	209,05	235,18	–	196,85	221,45	–	184,90	208,01	–	173,21	194,86	–	161,78	182,00	–	150,61	169,43	–	139,69	157,
	IV	3.443,41	189,38	275,47	309,90	185,07	269,20	302,85	180,77	262,94	295,80	176,46	256,67	288,75	172,15	250,40	281,70	167,84	244,14	274,65	163,53	237,87	267,
	V	3.957,83	217,68	316,62	356,20																		
	VI	4.002,16	220,11	320,17	360,19																		
11.426,99 (Ost)	I	3.451,16	189,81	276,09	310,60	181,19	263,56	296,50	172,58	251,03	282,41	163,96	238,50	268,31	155,35	225,96	254,21	143,51	213,43	240,11	124,87	200,90	226
	II	3.302,08	181,61	264,16	297,18	172,99	251,63	283,08	164,38	239,10	268,98	155,76	226,56	254,88	144,40	214,03	240,78	125,77	201,50	226,69	107,12	188,97	212,
	III	2.621,00	–	209,68	235,89	–	197,45	222,13	–	185,49	208,67	–	173,80	195,52	–	162,34	182,63	–	151,16	170,05	–	140,24	157,
	IV	3.451,16	189,81	276,09	310,60	185,50	269,82	303,55	181,19	263,56	296,50	176,88	257,29	289,45	172,58	251,03	282,41	168,27	244,76	275,36	163,96	238,50	268,
	V	3.965,66	218,11	317,25	356,90																		
	VI	4.009,91	220,54	320,79	360,89																		
11.429,99 (West)	I	3.444,66	189,45	275,57	310,01	180,84	263,04	295,92	172,22	250,50	281,81	163,60	237,97	267,71	154,99	225,44	253,62	142,73	212,90	239,51	124,08	200,37	225,
	II	3.295,58	181,25	263,64	296,60	172,64	251,11	282,50	164,02	238,58	268,40	155,40	226,04	254,30	143,63	213,51	240,20	124,98	200,98	226,10	106,34	188,44	212,
	III	2.614,50	–	209,16	235,30	–	196,94	221,56	–	185,00	208,12	–	173,30	194,96	–	161,88	182,11	–	150,70	169,54	–	139,78	157,
	IV	3.444,66	189,45	275,57	310,01	185,14	269,30	302,96	180,84	263,04	295,92	176,53	256,77	288,86	172,22	250,50	281,81	167,91	244,24	274,77	163,60	237,97	267,
	V	3.959,08	217,74	316,72	356,31																		
	VI	4.003,41	220,18	320,27	360,30																		
11.429,99 (Ost)	I	3.452,41	189,88	276,19	310,71	181,27	263,66	296,62	172,65	251,13	282,52	164,03	238,60	268,42	155,42	226,06	254,32	143,66	213,53	240,22	125,01	201,00	226,
	II	3.303,33	181,68	264,26	297,29	173,06	251,73	283,19	164,45	239,20	269,10	155,83	226,67	255,00	144,56	214,14	240,90	125,92	201,60	226,80	107,27	189,07	212,
	III	2.622,16	–	209,77	235,99	–	197,56	222,25	–	185,60	208,80	–	173,89	195,62	–	162,44	182,74	–	151,25	170,15	–	140,32	157,
	IV	3.452,41	189,88	276,19	310,71	185,57	269,93	303,67	181,27	263,66	296,62	176,96	257,40	289,57	172,65	251,13	282,52	168,34	244,86	275,47	164,03	238,60	268,
	V	3.966,91	218,18	317,35	357,02																		
	VI	4.011,25	220,61	320,90	361,01																		
11.432,99 (West)	I	3.445,91	189,52	275,67	310,13	180,90	263,14	296,03	172,29	250,60	281,93	163,67	238,07	267,83	155,05	225,54	253,73	142,87	213,00	239,63	124,23	200,47	225,
	II	3.296,83	181,32	263,74	296,71	172,70	251,21	282,61	164,09	238,68	268,51	155,47	226,14	254,41	143,78	213,61	240,31	125,13	201,08	226,21	106,49	188,54	212,
	III	2.615,66	–	209,25	235,40	–	197,05	221,68	–	185,09	208,22	–	173,40	195,07	–	161,97	182,21	–	150,78	169,63	–	139,86	157,
	IV	3.445,91	189,52	275,67	310,13	185,21	269,40	303,08	180,90	263,14	296,03	176,60	256,87	288,98	172,29	250,60	281,93	167,98	244,34	274,88	163,67	238,07	267,
	V	3.960,33	217,81	316,82	356,42																		
	VI	4.004,66	220,25	320,37	360,41																		
11.432,99 (Ost)	I	3.453,75	189,95	276,30	310,83	181,33	263,76	296,73	172,72	251,23	282,63	164,10	238,70	268,53	155,48	226,16	254,43	143,81	213,63	240,33	125,16	201,10	226,
	II	3.304,58	181,75	264,36	297,41	173,13	251,83	283,31	164,52	239,30	269,21	155,90	226,77	255,11	144,71	214,24	241,02	126,07	201,70	226,91	107,42	189,17	212,
	III	2.623,50	–	209,88	236,11	–	197,65	222,35	–	185,69	208,90	–	173,98	195,73	–	162,53	182,84	–	151,34	170,26	–	140,41	157,
	IV	3.453,75	189,95	276,30	310,83	185,64	270,03	303,78	181,33	263,76	296,73	177,03	257,50	289,68	172,72	251,23	282,63	168,41	244,96	275,58	164,10	238,70	268,
	V	3.968,16	218,24	317,45	357,13																		
	VI	4.012,50	220,68	321,00	361,12																		

Lohn/ Gehalt bis	Steuerklasse	Lohn-steuer	ohne Kinderfreibetrag			Anzahl Kinderfreibeträge (nur Steuerklassen I–IV)																	
						0,5			1,0			1,5			2,0			2,5			3,0		
			SolZ 5,5%	Kirchensteuer 8%	9%	SolZ 5,5%	Kirchensteuer 8%	9%	SolZ 5,5%	Kirchensteuer 8%	9%	SolZ 5,5%	Kirchensteuer 8%	9%	SolZ 5,5%	Kirchensteuer 8%	9%	SolZ 5,5%	Kirchensteuer 8%	9%	SolZ 5,5%	Kirchensteuer 8%	9%
.435,99	I	3.447,16	189,59	275,77	310,24	180,97	263,24	296,14	172,36	250,70	282,04	163,74	238,17	267,94	155,12	225,64	253,84	143,02	213,10	239,74	124,39	200,58	225,65
(West)	II	3.298,08	181,39	263,84	296,82	172,77	251,31	282,72	164,16	238,78	268,62	155,54	226,24	254,52	143,93	213,71	240,42	125,28	201,18	226,32	106,64	188,64	212,22
	III	2.617,00	-	209,36	235,53	-	197,14	221,78	-	185,18	208,33	-	173,49	195,17	-	162,05	182,30	-	150,88	169,74	-	139,96	157,45
	IV	3.447,16	189,59	275,77	310,24	185,28	269,50	303,19	180,97	263,24	296,14	176,66	256,97	289,09	172,36	250,70	282,04	168,05	244,44	274,99	163,74	238,17	267,94
	V	3.961,58	217,88	316,92	356,54																		
	VI	4.005,91	220,32	320,47	360,53																		
.435,99	I	3.455,00	190,02	276,40	310,95	181,40	263,86	296,84	172,79	251,33	282,74	164,17	238,80	268,65	155,55	226,26	254,54	143,96	213,73	240,44	125,31	201,20	226,35
(Ost)	II	3.305,91	181,82	264,47	297,53	173,20	251,94	283,43	164,59	239,40	269,33	155,97	226,87	255,23	144,86	214,34	241,13	126,21	201,80	227,03	107,57	189,27	212,93
	III	2.624,66	-	209,97	236,21	-	197,74	222,46	-	185,78	209,00	-	174,08	195,84	-	162,62	182,95	-	151,42	170,35	-	140,49	158,05
	IV	3.455,00	190,02	276,40	310,95	185,71	270,13	303,89	181,40	263,86	296,84	177,10	257,60	289,80	172,79	251,33	282,74	168,48	245,06	275,69	164,17	238,80	268,65
	V	3.969,41	218,31	317,55	357,24																		
	VI	4.013,75	220,75	321,10	361,23																		
.438,99	I	3.448,41	189,66	275,87	310,35	181,04	263,34	296,25	172,42	250,80	282,15	163,81	238,27	268,05	155,20	225,74	253,96	143,18	213,21	239,86	124,54	200,68	225,76
(West)	II	3.299,33	181,46	263,94	296,93	172,84	251,41	282,83	164,23	238,88	268,74	155,61	226,34	254,63	144,07	213,81	240,53	125,43	201,28	226,44	106,79	188,74	212,33
	III	2.618,16	-	209,45	235,63	-	197,24	221,89	-	185,29	208,45	-	173,58	195,28	-	162,14	182,41	-	150,97	169,84	-	140,04	157,54
	IV	3.448,41	189,66	275,87	310,35	185,35	269,60	303,30	181,04	263,34	296,25	176,73	257,07	289,20	172,42	250,80	282,15	168,12	244,54	275,10	163,81	238,27	268,05
	V	3.962,83	217,95	317,02	356,65																		
	VI	4.007,16	220,39	320,57	360,64																		
.438,99	I	3.456,25	190,09	276,50	311,06	181,47	263,96	296,96	172,86	251,43	282,86	164,24	238,90	268,76	155,62	226,36	254,66	144,10	213,83	240,56	125,46	201,30	226,46
(Ost)	II	3.307,16	181,89	264,57	297,64	173,27	252,04	283,54	164,66	239,50	269,44	156,04	226,97	255,34	145,01	214,44	241,24	126,36	201,90	227,14	107,72	189,37	213,04
	III	2.625,83	-	210,06	236,32	-	197,85	222,58	-	185,88	209,11	-	174,17	195,94	-	162,72	183,06	-	151,52	170,46	-	140,58	158,15
	IV	3.456,25	190,09	276,50	311,06	185,78	270,23	304,01	181,47	263,96	296,96	177,16	257,70	289,91	172,86	251,43	282,86	168,55	245,16	275,81	164,24	238,90	268,76
	V	3.970,66	218,38	317,65	357,35																		
	VI	4.015,00	220,82	321,20	361,35																		
1.441,99	I	3.449,66	189,73	275,97	310,46	181,11	263,44	296,37	172,49	250,90	282,26	163,88	238,38	268,17	155,26	225,84	254,07	143,33	213,31	239,97	124,69	200,78	225,87
(West)	II	3.300,58	181,53	264,04	297,05	172,91	251,51	282,95	164,29	238,98	268,85	155,68	226,44	254,75	144,22	213,91	240,65	125,59	201,38	226,55	106,95	188,85	212,45
	III	2.619,50	-	209,56	235,75	-	197,33	221,99	-	185,38	208,55	-	173,68	195,39	-	162,24	182,52	-	151,05	169,93	-	140,13	157,64
	IV	3.449,66	189,73	275,97	310,46	185,42	269,70	303,41	181,11	263,44	296,37	176,80	257,17	289,31	172,49	250,90	282,26	168,19	244,64	275,22	163,88	238,38	268,17
	V	3.964,16	218,02	317,13	356,77																		
	VI	4.008,41	220,46	320,67	360,75																		
1.441,99	I	3.457,50	190,16	276,60	311,17	181,54	264,06	297,07	172,92	251,53	282,97	164,31	239,00	268,87	155,69	226,46	254,77	144,25	213,93	240,67	125,61	201,40	226,57
(Ost)	II	3.308,41	181,96	264,67	297,75	173,34	252,14	283,65	164,72	239,60	269,55	156,11	227,07	255,45	145,16	214,54	241,35	126,51	202,00	227,25	107,87	189,47	213,15
	III	2.627,16	-	210,17	236,44	-	197,94	222,68	-	185,97	209,21	-	174,26	196,04	-	162,81	183,16	-	151,61	170,56	-	140,66	158,24
	IV	3.457,50	190,16	276,60	311,17	185,85	270,33	304,12	181,54	264,06	297,07	177,23	257,80	290,02	172,92	251,53	282,97	168,62	245,26	275,92	164,31	239,00	268,87
	V	3.971,91	218,45	317,75	357,47																		
	VI	4.016,25	220,89	321,30	361,46																		
1.444,99	I	3.450,91	189,80	276,07	310,58	181,18	263,54	296,48	172,57	251,01	282,38	163,95	238,48	268,29	155,33	225,94	254,18	143,48	213,41	240,08	124,84	200,88	225,99
(West)	II	3.301,83	181,60	264,14	297,16	172,98	251,61	283,06	164,36	239,08	268,96	155,75	226,54	254,86	144,38	214,02	240,77	125,74	201,48	226,67	107,10	188,95	212,57
	III	2.620,66	-	209,65	235,85	-	197,44	222,12	-	185,48	208,66	-	173,77	195,49	-	162,33	182,62	-	151,14	170,03	-	140,21	157,73
	IV	3.450,91	189,80	276,07	310,58	185,49	269,80	303,53	181,18	263,54	296,48	176,88	257,28	289,44	172,57	251,01	282,38	168,26	244,74	275,33	163,95	238,48	268,29
	V	3.965,41	218,09	317,23	356,88																		
	VI	4.009,66	220,53	320,77	360,86																		
1.444,99	I	3.458,75	190,23	276,70	311,28	181,61	264,16	297,18	172,99	251,63	283,08	164,38	239,10	268,98	155,76	226,56	254,88	144,40	214,03	240,78	125,77	201,50	226,69
(Ost)	II	3.309,66	182,03	264,77	297,86	173,41	252,24	283,77	164,79	239,70	269,66	156,18	227,17	255,56	145,30	214,64	241,47	126,66	202,10	227,36	108,02	189,57	213,26
	III	2.628,33	-	210,26	236,54	-	198,04	222,79	-	186,06	209,32	-	174,36	196,15	-	162,89	183,25	-	151,69	170,65	-	140,76	158,35
	IV	3.458,75	190,23	276,70	311,28	185,92	270,43	304,23	181,61	264,16	297,18	177,30	257,90	290,13	172,99	251,63	283,08	168,68	245,36	276,03	164,38	239,10	268,98
	V	3.973,16	218,52	317,85	357,58																		
	VI	4.017,50	220,96	321,40	361,57																		
1.447,99	I	3.452,25	189,87	276,18	310,70	181,25	263,64	296,60	172,64	251,11	282,50	164,02	238,58	268,40	155,40	226,04	254,30	143,63	213,51	240,20	124,98	200,98	226,10
(West)	II	3.303,08	181,66	264,24	297,27	173,05	251,71	283,17	164,44	239,18	269,08	155,82	226,65	254,98	144,53	214,12	240,88	125,89	201,58	226,78	107,24	189,05	212,68
	III	2.621,83	-	209,74	235,96	-	197,53	222,22	-	185,57	208,76	-	173,86	195,59	-	162,42	182,72	-	151,24	170,14	-	140,30	157,84
	IV	3.452,25	189,87	276,18	310,70	185,56	269,91	303,65	181,25	263,64	296,60	176,94	257,38	289,55	172,64	251,11	282,50	168,33	244,84	275,45	164,02	238,58	268,40
	V	3.966,66	218,16	317,33	356,99																		
	VI	4.011,00	220,60	320,88	360,99																		
1.447,99	I	3.460,00	190,30	276,80	311,40	181,68	264,26	297,29	173,06	251,73	283,19	164,45	239,20	269,10	155,83	226,67	255,00	144,56	214,14	240,90	125,92	201,60	226,80
(Ost)	II	3.310,91	182,10	264,87	297,98	173,48	252,34	283,88	164,86	239,80	269,78	156,25	227,27	255,68	145,45	214,74	241,58	126,81	202,20	227,48	108,17	189,67	213,38
	III	2.629,66	-	210,37	236,66	-	198,13	222,89	-	186,16	209,43	-	174,45	196,25	-	162,98	183,35	-	151,78	170,75	-	140,84	158,44
	IV	3.460,00	190,30	276,80	311,40	185,99	270,53	304,34	181,68	264,26	297,29	177,37	258,00	290,25	173,06	251,73	283,19	168,75	245,46	276,14	164,45	239,20	269,10
	V	3.974,50	218,59	317,96	357,70																		
	VI	4.018,75	221,03	321,50	361,68																		
1.450,99	I	3.453,50	189,94	276,28	310,81	181,32	263,74	296,71	172,70	251,21	282,61	164,09	238,68	268,51	155,47	226,14	254,41	143,78	213,61	240,31	125,13	201,08	226,21
(West)	II	3.304,33	181,73	264,34	297,38	173,12	251,82	283,29	164,50	239,28	269,19	155,89	226,75	255,09	144,68	214,22	240,99	126,04	201,68	226,89	107,39	189,15	212,79
	III	2.623,16	-	209,85	236,08	-	197,62	222,32	-	185,66	208,87	-	173,96	195,70	-	162,52	182,83	-	151,32	170,23	-	140,38	157,93
	IV	3.453,50	189,94	276,28	310,81	185,63	270,01	303,76	181,32	263,74	296,71	177,01	257,48	289,66	172,70	251,21	282,61	168,40	244,94	275,56	164,09	238,68	268,51
	V	3.967,91	218,23	317,43	357,11																		
	VI	4.012,25	220,67	320,98	361,10																		
1.450,99	I	3.461,25	190,36	276,90	311,51	181,75	264,36	297,41	173,13	251,83	283,31	164,52	239,30	269,21	155,90	226,77	255,11	144,71	214,24	241,02	126,07	201,70	226,91
(Ost)	II	3.312,16	182,16	264,97	298,09	173,55	252,44	283,99	164,93	239,90	269,89	156,31	227,37	255,79	145,60	214,84	241,69	126,97	202,31	227,60	108,32	189,78	213,50
	III	2.630,83	-	210,46	236,77	-	198,24	223,02	-	186,26	209,54	-	174,54	196,36	-	163,08	183,46	-	151,88	170,86	-	140,93	158,54
	IV	3.461,25	190,36	276,90	311,51	186,06	270,63	304,46	181,75	264,36	297,41	177,44	258,10	290,36	173,13	251,83	283,31	168,83	245,57	276,26	164,52	239,30	269,21
	V	3.975,75	218,66	318,06	357,81																		
	VI	4.020,00	221,10	321,60	361,80																		
1.453,99	I	3.454,75	190,01	276,38	310,92	181,39	263,84	296,82	172,77	251,31	282,72	164,16	238,78	268,62	155,54	226,24	254,52	143,93	213,71	240,42	125,28	201,18	226,32
(West)	II	3.305,66	181,81	264,45	297,50	173,19	251,92	283,41	164,57	239,38	269,30	155,96	226,85	255,20	144,83	214,32	241,11	126,18	201,78	227,00	107,54	189,25	212,90
	III	2.624,33	-	209,94	236,18	-	197,73	222,44	-	185,76	208,98	-	174,05	195,80	-	162,60	182,92	-	151,41	170,33	-	140,48	158,04
	IV	3.454,75	190,01	276,38	310,92	185,70	270,11	303,87	181,39	263,84	296,82	177,08	257,58	289,77	172,77	251,31	282,72	168,46	245,04	275,67	164,16	238,78	268,62
	V	3.969,16	218,30	317,53	357,22																		
	VI	4.013,50	220,74	321,08	361,21																		
11.453,99	I	3.462,50	190,43	277,00	311,62	181,82	264,47	297,53	173,20	251,94	283,43	164,59	239,40	269,33	155,97	226,87	255,23	144,86	214,34	241,13	126,21	201,80	227,03
(Ost)	II	3.313,41	182,23	265,07	298,20	173,62	252,54	284,10	165,00	240,00	270,00	156,38	227,47	255,90	145,76	214,94	241,81	127,12	202,41	227,71	108,47	189,88	213,61
	III	2.632,16	-	210,57	236,89	-	198,33	223,12	-	186,36	209,65	-	174,64	196,47	-	163,17	183,56	-	151,96	170,95	-	141,01	158,63
	IV	3.462,50	190,43	277,00	311,62	186,12	270,73	304,57	181,82	264,47	297,53	177,51	258,20	290,48	173,20	251,94	283,43	168,90	245,67	276,38	164,59	239,40	269,33
	V	3.977,00	218,73	318,16	357,93																		
	VI	4.021,25	221,16	321,70	361,91																		

Lohn/Gehalt bis	Steuerklasse	Lohnsteuer	ohne Kinderfreibetrag SolZ 5,5%	Kirchensteuer 8%	9%	0,5 SolZ 5,5%	Kirchensteuer 8%	9%	1,0 SolZ 5,5%	Kirchensteuer 8%	9%	1,5 SolZ 5,5%	Kirchensteuer 8%	9%	2,0 SolZ 5,5%	Kirchensteuer 8%	9%	2,5 SolZ 5,5%	Kirchensteuer 8%	9%	3,0 SolZ 5,5%	Kirchensteuer 8%	9
						Anzahl Kinderfreibeträge (nur Steuerklassen I–IV)																	
11.456,99 (West)	I	3.456,00	190,08	276,48	311,04	181,46	263,94	296,93	172,84	251,41	282,83	164,23	238,88	268,74	155,61	226,34	254,63	144,07	213,81	240,53	125,43	201,28	22
	II	3.306,91	181,88	264,55	297,62	173,26	252,02	283,52	164,64	239,48	269,42	156,03	226,95	255,32	144,98	214,42	241,22	126,33	201,88	227,12	107,69	189,35	21
	III	2.625,66	-	210,05	236,30	-	197,82	222,55	-	185,85	209,08	-	174,14	195,91	-	162,69	183,02	-	151,50	170,44	-	140,56	15
	IV	3.456,00	190,08	276,48	311,04	185,77	270,21	303,98	181,46	263,94	296,93	177,15	257,68	289,89	172,84	251,41	282,83	168,53	245,14	275,78	164,23	238,88	26
	V	3.970,41	218,37	317,63	357,33																		
	VI	4.014,75	220,81	321,18	361,32																		
11.456,99 (Ost)	I	3.463,83	190,51	277,10	311,74	181,89	264,57	297,64	173,27	252,04	283,54	164,66	239,50	269,44	156,04	226,97	255,34	145,01	214,44	241,24	126,36	201,90	22
	II	3.314,66	182,30	265,17	298,31	173,69	252,64	284,22	165,07	240,11	270,12	156,46	227,58	256,02	145,91	215,04	241,92	127,27	202,51	227,82	108,62	189,98	21
	III	2.633,33	-	210,66	236,99	-	198,42	223,22	-	186,45	209,75	-	174,73	196,57	-	163,26	183,67	-	152,05	171,05	-	141,10	15
	IV	3.463,83	190,51	277,10	311,74	186,20	270,84	304,69	181,89	264,57	297,64	177,58	258,30	290,59	173,27	252,04	283,54	168,96	245,77	276,49	164,66	239,50	26
	V	3.978,25	218,80	318,26	358,04																		
	VI	4.022,58	221,24	321,80	362,03																		
11.459,99 (West)	I	3.457,25	190,14	276,58	311,15	181,53	264,04	297,05	172,91	251,51	282,95	164,29	238,98	268,85	155,68	226,44	254,75	144,22	213,91	240,65	125,59	201,38	22
	II	3.308,16	181,94	264,65	297,73	173,33	252,12	283,63	164,71	239,58	269,53	156,09	227,05	255,43	145,13	214,52	241,33	126,48	201,98	227,23	107,84	189,45	21
	III	2.626,83	-	210,14	236,41	-	197,92	222,66	-	185,96	209,20	-	174,24	196,02	-	162,78	183,13	-	151,58	170,53	-	140,65	15
	IV	3.457,25	190,14	276,58	311,15	185,84	270,31	304,10	181,53	264,04	297,05	177,22	257,78	290,00	172,91	251,51	282,95	168,60	245,24	275,90	164,29	238,98	26
	V	3.971,66	218,44	317,73	357,44																		
	VI	4.016,00	220,88	321,28	361,44																		
11.459,99 (Ost)	I	3.465,08	190,57	277,20	311,85	181,96	264,67	297,75	173,34	252,14	283,65	164,72	239,60	269,55	156,11	227,07	255,45	145,16	214,54	241,35	126,51	202,00	22
	II	3.315,91	182,37	265,27	298,43	173,76	252,74	284,33	165,14	240,21	270,23	156,53	227,68	256,14	146,06	215,14	242,03	127,41	202,61	227,93	108,77	190,08	21
	III	2.634,66	-	210,77	237,11	-	198,53	223,34	-	186,54	209,86	-	174,82	196,67	-	163,36	183,78	-	152,14	171,16	-	141,18	15
	IV	3.465,08	190,57	277,20	311,85	186,27	270,94	304,80	181,96	264,67	297,75	177,65	258,40	290,70	173,34	252,14	283,65	169,03	245,87	276,60	164,72	239,60	26
	V	3.979,50	218,87	318,36	358,15																		
	VI	4.023,83	221,31	321,90	362,14																		
11.462,99 (West)	I	3.458,50	190,21	276,68	311,26	181,60	264,14	297,16	172,98	251,61	283,06	164,36	239,08	268,96	155,75	226,54	254,86	144,38	214,02	240,77	125,74	201,48	22
	II	3.309,41	182,01	264,75	297,84	173,40	252,22	283,74	164,78	239,68	269,64	156,16	227,15	255,54	145,27	214,62	241,44	126,63	202,08	227,34	107,99	189,55	21
	III	2.628,16	-	210,25	236,53	-	198,02	222,77	-	186,05	209,30	-	174,33	196,12	-	162,88	183,24	-	151,68	170,64	-	140,73	15
	IV	3.458,50	190,21	276,68	311,26	185,90	270,41	304,21	181,60	264,14	297,16	177,29	257,88	290,11	172,98	251,61	283,06	168,67	245,34	276,01	164,36	239,08	26
	V	3.972,91	218,51	317,83	357,56																		
	VI	4.017,25	220,94	321,38	361,55																		
11.462,99 (Ost)	I	3.466,33	190,64	277,30	311,96	182,03	264,77	297,86	173,41	252,24	283,77	164,79	239,70	269,66	156,18	227,17	255,56	145,30	214,64	241,47	126,66	202,10	22
	II	3.317,25	182,44	265,38	298,55	173,83	252,84	284,45	165,21	240,31	270,35	156,59	227,78	256,25	146,21	215,24	242,15	127,56	202,71	228,05	108,92	190,18	21
	III	2.635,83	-	210,86	237,22	-	198,62	223,45	-	186,64	209,97	-	174,92	196,78	-	163,44	183,87	-	152,22	171,25	-	141,28	15
	IV	3.466,33	190,64	277,30	311,96	186,34	271,04	304,92	182,03	264,77	297,86	177,72	258,50	290,81	173,41	252,24	283,77	169,10	245,97	276,71	164,79	239,70	26
	V	3.980,75	218,94	318,46	358,26																		
	VI	4.025,08	221,37	322,00	362,25																		
11.465,99 (West)	I	3.459,75	190,28	276,78	311,37	181,66	264,24	297,27	173,05	251,71	283,17	164,44	239,18	269,08	155,82	226,65	254,98	144,53	214,12	240,88	125,89	201,58	22
	II	3.310,66	182,08	264,85	297,95	173,47	252,32	283,86	164,85	239,78	269,75	156,23	227,25	255,65	145,42	214,72	241,56	126,78	202,18	227,45	108,15	189,66	21
	III	2.629,33	-	210,34	236,63	-	198,12	222,88	-	186,14	209,41	-	174,42	196,22	-	162,97	183,34	-	151,77	170,74	-	140,82	15
	IV	3.459,75	190,28	276,78	311,37	185,97	270,51	304,32	181,66	264,24	297,27	177,36	257,98	290,22	173,05	251,71	283,17	168,74	245,44	276,12	164,44	239,18	26
	V	3.974,25	218,58	317,94	357,68																		
	VI	4.018,50	221,01	321,48	361,66																		
11.465,99 (Ost)	I	3.467,58	190,71	277,40	312,08	182,10	264,87	297,98	173,48	252,34	283,88	164,86	239,80	269,78	156,25	227,27	255,68	145,45	214,74	241,58	126,81	202,20	22
	II	3.318,50	182,51	265,48	298,66	173,90	252,94	284,56	165,28	240,41	270,46	156,66	227,88	256,36	146,36	215,34	242,26	127,71	202,81	228,16	109,07	190,28	21
	III	2.637,16	-	210,97	237,34	-	198,72	223,56	-	186,73	210,07	-	175,01	196,88	-	163,53	183,97	-	152,32	171,36	-	141,36	15
	IV	3.467,58	190,71	277,40	312,08	186,40	271,14	305,03	182,10	264,87	297,98	177,79	258,60	290,93	173,48	252,34	283,88	169,17	246,07	276,83	164,86	239,80	26
	V	3.982,00	219,01	318,56	358,38																		
	VI	4.026,33	221,44	322,10	362,36																		
11.468,99 (West)	I	3.461,00	190,35	276,88	311,49	181,73	264,34	297,38	173,12	251,82	283,29	164,50	239,28	269,19	155,89	226,75	255,09	144,68	214,22	240,99	126,04	201,68	22
	II	3.311,91	182,15	264,95	298,07	173,53	252,42	283,97	164,92	239,88	269,87	156,30	227,35	255,77	145,58	214,82	241,67	126,94	202,29	227,57	108,29	189,76	21
	III	2.630,66	-	210,45	236,75	-	198,21	222,98	-	186,24	209,52	-	174,52	196,33	-	163,06	183,44	-	151,85	170,83	-	140,90	15
	IV	3.461,00	190,35	276,88	311,49	186,04	270,61	304,43	181,73	264,34	297,38	177,43	258,08	290,34	173,12	251,82	283,29	168,81	245,55	276,24	164,50	239,28	26
	V	3.975,50	218,65	318,04	357,79																		
	VI	4.019,75	221,08	321,58	361,77																		
11.468,99 (Ost)	I	3.468,83	190,78	277,50	312,19	182,16	264,97	298,09	173,55	252,44	283,99	164,93	239,90	269,89	156,31	227,37	255,79	145,60	214,84	241,69	126,97	202,31	22
	II	3.319,75	182,58	265,58	298,77	173,96	253,04	284,67	165,35	240,51	270,57	156,73	227,98	256,47	146,50	215,44	242,37	127,86	202,91	228,27	109,22	190,38	21
	III	2.638,33	-	211,06	237,44	-	198,82	223,67	-	186,82	210,17	-	175,10	196,99	-	163,62	184,07	-	152,41	171,46	-	141,45	15
	IV	3.468,83	190,78	277,50	312,19	186,47	271,24	305,14	182,16	264,97	298,09	177,86	258,70	291,04	173,55	252,44	283,99	169,24	246,17	276,94	164,93	239,90	26
	V	3.983,25	219,07	318,66	358,49																		
	VI	4.027,58	221,51	322,20	362,48																		
11.471,99 (West)	I	3.462,33	190,42	276,98	311,60	181,81	264,45	297,50	173,19	251,92	283,41	164,57	239,38	269,30	155,96	226,85	255,20	144,83	214,32	241,11	126,18	201,78	227
	II	3.313,16	182,22	265,05	298,18	173,60	252,52	284,08	164,99	239,98	269,98	156,37	227,46	255,89	145,73	214,92	241,79	127,09	202,39	227,69	108,44	189,86	213
	III	2.631,83	-	210,54	236,86	-	198,30	223,09	-	186,33	209,62	-	174,61	196,43	-	163,14	183,53	-	151,94	170,93	-	141,00	158
	IV	3.462,33	190,42	276,98	311,60	186,12	270,72	304,56	181,81	264,45	297,50	177,50	258,18	290,45	173,19	251,92	283,41	168,88	245,65	276,35	164,57	239,38	269
	V	3.976,75	218,72	318,14	357,90																		
	VI	4.021,08	221,15	321,68	361,89																		
11.471,99 (Ost)	I	3.470,08	190,85	277,60	312,30	182,23	265,07	298,20	173,62	252,54	284,10	165,00	240,00	270,00	156,38	227,47	255,90	145,76	214,94	241,81	127,12	202,41	227
	II	3.321,00	182,65	265,68	298,89	174,03	253,14	284,78	165,42	240,61	270,68	156,80	228,08	256,59	146,65	215,54	242,48	128,01	203,01	228,38	109,37	190,48	214
	III	2.639,50	-	211,16	237,55	-	198,92	223,78	-	186,93	210,29	-	175,20	197,10	-	163,72	184,18	-	152,50	171,56	-	141,53	159
	IV	3.470,08	190,85	277,60	312,30	186,54	271,34	305,25	182,23	265,07	298,20	177,92	258,80	291,15	173,62	252,54	284,10	169,31	246,27	277,05	165,00	240,00	270
	V	3.984,50	219,14	318,76	358,60																		
	VI	4.028,83	221,58	322,30	362,59																		
11.474,99 (West)	I	3.463,58	190,49	277,08	311,72	181,88	264,55	297,62	173,26	252,02	283,52	164,64	239,48	269,42	156,03	226,95	255,32	144,98	214,42	241,22	126,33	201,88	227
	II	3.314,41	182,29	265,15	298,29	173,68	252,62	284,20	165,06	240,09	270,10	156,44	227,56	256,00	145,88	215,02	241,90	127,24	202,49	227,80	108,59	189,96	213
	III	2.633,16	-	210,65	236,98	-	198,41	223,21	-	186,42	209,72	-	174,70	196,54	-	163,24	183,64	-	152,04	171,04	-	141,08	158
	IV	3.463,58	190,49	277,08	311,72	186,18	270,82	304,67	181,88	264,55	297,62	177,57	258,28	290,57	173,26	252,02	283,52	168,95	245,75	276,47	164,64	239,48	269
	V	3.978,00	218,79	318,24	358,02																		
	VI	4.022,33	221,22	321,78	362,00																		
11.474,99 (Ost)	I	3.471,33	190,92	277,70	312,41	182,30	265,17	298,31	173,69	252,64	284,22	165,07	240,11	270,12	156,46	227,58	256,02	145,91	215,04	241,92	127,27	202,51	227
	II	3.322,25	182,72	265,78	299,00	174,10	253,24	284,90	165,49	240,71	270,80	156,87	228,18	256,70	146,80	215,64	242,60	128,16	203,11	228,50	109,52	190,58	214
	III	2.640,83	-	211,26	237,67	-	199,01	223,88	-	187,02	210,40	-	175,29	197,20	-	163,81	184,28	-	152,58	171,65	-	141,62	159
	IV	3.471,33	190,92	277,70	312,41	186,61	271,44	305,37	182,30	265,17	298,31	177,99	258,90	291,26	173,69	252,64	284,22	169,38	246,37	277,16	165,07	240,11	270
	V	3.985,83	219,22	318,86	358,72																		
	VI	4.030,08	221,65	322,40	362,70																		

Lohn/Gehalt bis	Steuerklasse	Lohnsteuer	ohne Kinderfreibetrag SolZ 5,5%	Kirchensteuer 8%	Kirchensteuer 9%	0,5 SolZ 5,5%	0,5 Kirchensteuer 8%	0,5 Kirchensteuer 9%	1,0 SolZ 5,5%	1,0 Kirchensteuer 8%	1,0 Kirchensteuer 9%	1,5 SolZ 5,5%	1,5 Kirchensteuer 8%	1,5 Kirchensteuer 9%	2,0 SolZ 5,5%	2,0 Kirchensteuer 8%	2,0 Kirchensteuer 9%	2,5 SolZ 5,5%	2,5 Kirchensteuer 8%	2,5 Kirchensteuer 9%	3,0 SolZ 5,5%	3,0 Kirchensteuer 8%	3,0 Kirchensteuer 9%
						Anzahl Kinderfreibeträge (nur Steuerklassen I–IV)																	
1.477,99 (West)	I	3.464,83	190,56	277,18	311,83	181,94	264,65	297,73	173,33	252,12	283,63	164,71	239,58	269,53	156,09	227,05	255,43	145,13	214,52	241,33	126,48	201,98	227,23
	II	3.315,75	182,36	265,26	298,41	173,74	252,72	284,31	165,13	240,19	270,21	156,51	227,66	256,11	146,03	215,12	242,01	127,38	202,59	227,91	108,74	190,06	213,81
	III	2.634,33	-	210,74	237,08	-	198,50	223,31	-	186,52	209,83	-	174,80	196,65	-	163,33	183,74	-	152,12	171,13	-	141,17	158,81
	IV	3.464,83	190,56	277,18	311,83	186,25	270,92	304,78	181,94	264,65	297,73	177,64	258,38	290,68	173,33	252,12	283,63	169,02	245,85	276,58	164,71	239,58	269,53
	V	3.979,25	218,85	318,34	358,13																		
	VI	4.023,58	221,29	321,88	362,12																		
1.477,99 (Ost)	I	3.472,58	190,99	277,80	312,53	182,37	265,27	298,43	173,76	252,74	284,33	165,14	240,21	270,23	156,53	227,68	256,14	146,06	215,14	242,03	127,41	202,61	227,93
	II	3.323,50	182,79	265,88	299,11	174,17	253,34	285,01	165,55	240,81	270,91	156,94	228,28	256,81	146,96	215,75	242,72	128,32	203,22	228,62	109,67	190,68	214,52
	III	2.642,00	-	211,36	237,78	-	199,12	224,01	-	187,12	210,51	-	175,38	197,30	-	163,90	184,39	-	152,68	171,76	-	141,72	159,43
	IV	3.472,58	190,99	277,80	312,53	186,68	271,54	305,48	182,37	265,27	298,43	178,07	259,01	291,38	173,76	252,74	284,33	169,45	246,48	277,29	165,14	240,21	270,23
	V	3.987,08	219,28	318,96	358,83																		
	VI	4.031,33	221,72	322,50	362,81																		
1.480,99 (West)	I	3.466,08	190,63	277,28	311,94	182,01	264,75	297,84	173,40	252,22	283,74	164,78	239,68	269,64	156,16	227,15	255,54	145,27	214,62	241,44	126,63	202,08	227,34
	II	3.317,00	182,43	265,36	298,53	173,81	252,82	284,42	165,20	240,29	270,32	156,58	227,76	256,23	146,18	215,22	242,12	127,53	202,69	228,02	108,89	190,16	213,93
	III	2.635,50	-	210,84	237,19	-	198,60	223,42	-	186,62	209,95	-	174,89	196,75	-	163,42	183,85	-	152,21	171,23	-	141,25	158,90
	IV	3.466,08	190,63	277,28	311,94	186,32	271,02	304,89	182,01	264,75	297,84	177,70	258,48	290,79	173,40	252,22	283,74	169,09	245,95	276,69	164,78	239,68	269,64
	V	3.980,50	218,92	318,44	358,24																		
	VI	4.024,83	221,36	321,98	362,23																		
1.480,99 (Ost)	I	3.473,91	191,06	277,91	312,65	182,44	265,38	298,55	173,83	252,84	284,45	165,21	240,31	270,35	156,59	227,78	256,25	146,21	215,24	242,15	127,56	202,71	228,05
	II	3.324,75	182,86	265,98	299,22	174,24	253,44	285,12	165,62	240,91	271,02	157,01	228,38	256,93	147,11	215,85	242,83	128,47	203,32	228,73	109,82	190,78	214,63
	III	2.643,33	-	211,46	237,89	-	199,21	224,11	-	187,21	210,61	-	175,48	197,41	-	163,98	184,48	-	152,77	171,86	-	141,80	159,52
	IV	3.473,91	191,06	277,91	312,65	186,75	271,64	305,60	182,44	265,38	298,55	178,14	259,11	291,50	173,83	252,84	284,45	169,52	246,58	277,40	165,21	240,31	270,35
	V	3.988,33	219,35	319,06	358,94																		
	VI	4.032,66	221,79	322,61	362,93																		
1.483,99 (West)	I	3.467,33	190,70	277,38	312,05	182,08	264,85	297,95	173,47	252,32	283,86	164,85	239,78	269,75	156,23	227,25	255,65	145,42	214,72	241,56	126,78	202,18	227,45
	II	3.318,25	182,50	265,46	298,64	173,88	252,92	284,54	165,27	240,39	270,44	156,65	227,86	256,34	146,33	215,32	242,24	127,68	202,79	228,14	109,04	190,26	214,04
	III	2.636,83	-	210,94	237,31	-	198,70	223,54	-	186,72	210,06	-	174,98	196,85	-	163,52	183,96	-	152,30	171,34	-	141,34	159,01
	IV	3.467,33	190,70	277,38	312,05	186,39	271,12	305,01	182,08	264,85	297,95	177,77	258,58	290,90	173,47	252,32	283,86	169,16	246,05	276,80	164,85	239,78	269,75
	V	3.981,75	218,99	318,54	358,35																		
	VI	4.026,08	221,43	322,08	362,34																		
1.483,99 (Ost)	I	3.475,16	191,13	278,01	312,76	182,51	265,48	298,66	173,90	252,94	284,56	165,28	240,41	270,46	156,66	227,88	256,36	146,36	215,34	242,26	127,71	202,81	228,16
	II	3.326,00	182,93	266,08	299,34	174,31	253,55	285,24	165,70	241,02	271,14	157,08	228,48	257,04	147,26	215,95	242,94	128,61	203,42	228,84	109,97	190,88	214,74
	III	2.644,50	-	211,56	238,00	-	199,30	224,21	-	187,30	210,71	-	175,57	197,51	-	164,08	184,59	-	152,85	171,95	-	141,89	159,62
	IV	3.475,16	191,13	278,01	312,76	186,82	271,74	305,71	182,51	265,48	298,66	178,20	259,21	291,61	173,90	252,94	284,56	169,59	246,68	277,51	165,28	240,41	270,46
	V	3.989,58	219,42	319,16	359,06																		
	VI	4.033,91	221,86	322,71	363,05																		
1.486,99 (West)	I	3.468,58	190,77	277,48	312,17	182,15	264,95	298,07	173,53	252,42	283,97	164,92	239,88	269,87	156,30	227,35	255,77	145,58	214,82	241,67	126,94	202,29	227,57
	II	3.319,50	182,57	265,56	298,75	173,95	253,02	284,65	165,33	240,49	270,55	156,72	227,96	256,45	146,47	215,42	242,35	127,83	202,89	228,25	109,19	190,36	214,15
	III	2.638,00	-	211,04	237,42	-	198,80	223,65	-	186,81	210,16	-	175,08	196,96	-	163,61	184,06	-	152,38	171,43	-	141,42	159,10
	IV	3.468,58	190,77	277,48	312,17	186,46	271,22	305,12	182,15	264,95	298,07	177,84	258,68	291,02	173,53	252,42	283,97	169,23	246,15	276,92	164,92	239,88	269,87
	V	3.983,00	219,06	318,64	358,47																		
	VI	4.027,33	221,50	322,18	362,45																		
1.486,99 (Ost)	I	3.476,41	191,20	278,11	312,87	182,58	265,58	298,77	173,96	253,04	284,67	165,35	240,51	270,57	156,73	227,98	256,47	146,50	215,44	242,37	127,86	202,91	228,27
	II	3.327,33	183,00	266,18	299,45	174,38	253,65	285,35	165,77	241,12	271,26	157,15	228,58	257,15	147,41	216,05	243,05	128,76	203,52	228,96	110,12	190,98	214,85
	III	2.645,83	-	211,66	238,12	-	199,40	224,32	-	187,40	210,82	-	175,66	197,62	-	164,17	184,69	-	152,94	172,06	-	141,97	159,71
	IV	3.476,41	191,20	278,11	312,87	186,89	271,84	305,82	182,58	265,58	298,77	178,27	259,31	291,72	173,96	253,04	284,67	169,66	246,78	277,62	165,35	240,51	270,57
	V	3.990,83	219,49	319,26	359,17																		
	VI	4.035,16	221,93	322,81	363,16																		
1.489,99 (West)	I	3.469,83	190,84	277,58	312,28	182,22	265,05	298,18	173,60	252,52	284,08	164,99	239,98	269,98	156,37	227,46	255,89	145,73	214,92	241,79	127,09	202,39	227,69
	II	3.320,75	182,64	265,66	298,86	174,02	253,12	284,76	165,40	240,59	270,66	156,79	228,06	256,56	146,62	215,52	242,46	127,98	202,99	228,36	109,35	190,46	214,27
	III	2.639,33	-	211,14	237,53	-	198,89	223,75	-	186,90	210,26	-	175,17	197,06	-	163,69	184,15	-	152,48	171,54	-	141,52	159,21
	IV	3.469,83	190,84	277,58	312,28	186,53	271,32	305,23	182,22	265,05	298,18	177,91	258,78	291,13	173,60	252,52	284,08	169,29	246,25	277,03	164,99	239,98	269,98
	V	3.984,33	219,13	318,74	358,58																		
	VI	4.028,58	221,57	322,28	362,57																		
1.489,99 (Ost)	I	3.477,66	191,27	278,21	312,98	182,65	265,68	298,89	174,03	253,14	284,78	165,42	240,61	270,68	156,80	228,08	256,59	146,65	215,54	242,48	128,01	203,01	228,38
	II	3.328,58	183,07	266,28	299,57	174,45	253,75	285,47	165,83	241,22	271,37	157,22	228,68	257,27	147,56	216,15	243,17	128,91	203,62	229,07	110,27	191,08	214,97
	III	2.647,00	-	211,76	238,23	-	199,50	224,44	-	187,50	210,94	-	175,76	197,73	-	164,26	184,79	-	153,04	172,17	-	142,06	159,82
	IV	3.477,66	191,27	278,21	312,98	186,96	271,94	305,93	182,65	265,68	298,89	178,34	259,41	291,83	174,03	253,14	284,78	169,73	246,88	277,74	165,42	240,61	270,68
	V	3.992,08	219,56	319,36	359,28																		
	VI	4.036,41	222,00	322,91	363,27																		
1.492,99 (West)	I	3.471,08	190,90	277,68	312,39	182,29	265,15	298,29	173,68	252,62	284,20	165,06	240,09	270,10	156,44	227,56	256,00	145,88	215,02	241,90	127,24	202,49	227,80
	II	3.322,00	182,71	265,76	298,98	174,09	253,22	284,87	165,47	240,69	270,77	156,86	228,16	256,68	146,77	215,62	242,57	128,14	203,10	228,48	109,49	190,56	214,38
	III	2.640,50	-	211,24	237,64	-	199,00	223,87	-	187,00	210,37	-	175,26	197,17	-	163,78	184,25	-	152,57	171,64	-	141,61	159,31
	IV	3.471,08	190,90	277,68	312,39	186,60	271,42	305,34	182,29	265,15	298,29	177,98	258,88	291,24	173,68	252,62	284,20	169,37	246,36	277,15	165,06	240,09	270,10
	V	3.985,58	219,20	318,84	358,70																		
	VI	4.029,83	221,64	322,38	362,68																		
1.492,99 (Ost)	I	3.478,91	191,34	278,31	313,10	182,72	265,78	299,00	174,10	253,24	284,90	165,49	240,71	270,80	156,87	228,18	256,70	146,80	215,64	242,60	128,16	203,11	228,50
	II	3.329,83	183,14	266,38	299,68	174,52	253,85	285,58	165,90	241,32	271,48	157,29	228,78	257,38	147,70	216,25	243,28	129,06	203,72	229,18	110,42	191,18	215,08
	III	2.648,33	-	211,86	238,34	-	199,60	224,55	-	187,60	211,05	-	175,85	197,83	-	164,36	184,90	-	153,12	172,26	-	142,14	159,91
	IV	3.478,91	191,34	278,31	313,10	187,03	272,04	306,05	182,72	265,78	299,00	178,41	259,51	291,95	174,10	253,24	284,90	169,79	246,98	277,85	165,49	240,71	270,80
	V	3.993,33	219,63	319,46	359,39																		
	VI	4.037,66	222,07	323,01	363,38																		
1.495,99 (West)	I	3.472,33	190,97	277,78	312,50	182,36	265,26	298,41	173,74	252,72	284,31	165,13	240,19	270,21	156,51	227,66	256,11	146,03	215,12	242,01	127,38	202,59	227,91
	II	3.323,25	182,77	265,86	299,09	174,16	253,32	284,99	165,54	240,79	270,89	156,93	228,26	256,79	146,93	215,73	242,69	128,29	203,20	228,60	109,64	190,66	214,49
	III	2.641,83	-	211,34	237,76	-	199,09	223,97	-	187,09	210,47	-	175,36	197,28	-	163,88	184,36	-	152,65	171,73	-	141,69	159,40
	IV	3.472,33	190,97	277,78	312,50	186,67	271,52	305,46	182,36	265,26	298,41	178,05	258,99	291,36	173,74	252,72	284,31	169,44	246,46	277,26	165,13	240,19	270,21
	V	3.986,83	219,27	318,94	358,81																		
	VI	4.031,08	221,70	322,48	362,79																		
1.495,99 (Ost)	I	3.480,16	191,40	278,41	313,21	182,79	265,88	299,11	174,17	253,34	285,01	165,55	240,81	270,91	156,94	228,28	256,81	146,96	215,75	242,72	128,32	203,22	228,62
	II	3.331,08	183,20	266,48	299,79	174,59	253,95	285,69	165,97	241,42	271,59	157,35	228,88	257,49	147,85	216,35	243,39	129,21	203,82	229,29	110,57	191,28	215,19
	III	2.649,50	-	211,96	238,45	-	199,69	224,65	-	187,69	211,15	-	175,94	197,93	-	164,45	185,00	-	153,21	172,36	-	142,24	160,02
	IV	3.480,16	191,40	278,41	313,21	187,10	272,14	306,16	182,79	265,88	299,11	178,48	259,61	292,06	174,17	253,34	285,01	169,86	247,08	277,96	165,55	240,81	270,91
	V	3.994,58	219,70	319,56	359,51																		
	VI	4.038,91	222,14	323,11	363,50																		

MONAT bis 11.516,99 €

Allgemeine Tabelle

Lohn/ Gehalt bis	Steuerklasse	Lohn-steuer	ohne Kinderfreibetrag SolZ 5,5%	Kirchensteuer 8%	9%	0,5 SolZ 5,5%	Kirchensteuer 8%	9%	1,0 SolZ 5,5%	Kirchensteuer 8%	9%	1,5 SolZ 5,5%	Kirchensteuer 8%	9%	2,0 SolZ 5,5%	Kirchensteuer 8%	9%	2,5 SolZ 5,5%	Kirchensteuer 8%	9%	3,0 SolZ 5,5%	Kirchensteuer 8%	9%
11.498,99 (West)	I	3.473,66	191,05	277,89	312,62	182,43	265,36	298,53	173,81	252,82	284,42	165,20	240,29	270,32	156,58	227,76	256,23	146,18	215,22	242,12	127,53	202,69	2
	II	3.324,50	182,84	265,96	299,20	174,23	253,42	285,10	165,61	240,90	271,01	157,00	228,36	256,91	147,08	215,83	242,81	128,44	203,30	228,71	109,79	190,76	2
	III	2.643,00	-	211,44	237,87	-	199,18	224,08	-	187,20	210,60	-	175,45	197,38	-	163,97	184,46	-	152,74	171,83	-	141,78	1
	IV	3.473,66	191,05	277,89	312,62	186,74	271,62	305,57	182,43	265,36	298,53	178,12	259,09	291,47	173,81	252,82	284,42	169,51	246,56	277,38	165,20	240,29	2
	V	3.988,08	219,34	319,04	358,92																		
	VI	4.032,41	221,78	322,59	362,91																		
11.498,99 (Ost)	I	3.481,41	191,47	278,51	313,32	182,86	265,98	299,22	174,24	253,44	285,12	165,62	240,91	271,02	157,01	228,38	256,93	147,11	215,85	242,83	128,47	203,32	2
	II	3.332,33	183,27	266,58	299,90	174,66	254,05	285,80	166,04	241,52	271,71	157,42	228,98	257,60	148,00	216,45	243,50	129,36	203,92	229,41	110,72	191,39	2
	III	2.650,83	-	212,06	238,57	-	199,80	224,77	-	187,78	211,25	-	176,04	198,04	-	164,54	185,11	-	153,30	172,46	-	142,32	1
	IV	3.481,41	191,47	278,51	313,32	187,16	272,24	306,27	182,86	265,98	299,22	178,55	259,71	292,17	174,24	253,44	285,12	169,93	247,18	278,07	165,62	240,91	2
	V	3.995,91	219,77	319,67	359,63																		
	VI	4.040,16	222,20	323,21	363,61																		
11.501,99 (West)	I	3.474,91	191,12	277,99	312,74	182,50	265,46	298,64	173,88	252,92	284,54	165,27	240,39	270,44	156,65	227,86	256,34	146,33	215,32	242,24	127,68	202,79	2
	II	3.325,83	182,92	266,06	299,32	174,30	253,53	285,22	165,68	241,00	271,12	157,07	228,46	257,02	147,23	215,93	242,92	128,58	203,40	228,82	109,94	190,86	2
	III	2.644,33	-	211,54	237,98	-	199,29	224,20	-	187,29	210,70	-	175,54	197,48	-	164,06	184,57	-	152,84	171,94	-	141,86	1
	IV	3.474,91	191,12	277,99	312,74	186,81	271,72	305,69	182,50	265,46	298,64	178,19	259,19	291,59	173,88	252,92	284,54	169,57	246,66	277,49	165,27	240,39	2
	V	3.989,33	219,41	319,14	359,03																		
	VI	4.033,66	221,85	322,69	363,02																		
11.501,99 (Ost)	I	3.482,66	191,54	278,61	313,43	182,93	266,08	299,34	174,31	253,55	285,24	165,70	241,02	271,14	157,08	228,48	257,04	147,26	215,95	242,94	128,61	203,42	2
	II	3.333,58	183,34	266,68	300,02	174,73	254,15	285,92	166,11	241,62	271,82	157,49	229,08	257,72	148,15	216,55	243,62	129,52	204,02	229,52	110,87	191,49	2
	III	2.652,00	-	212,16	238,68	-	199,89	224,87	-	187,88	211,36	-	176,13	198,14	-	164,62	185,20	-	153,40	172,57	-	142,41	1
	IV	3.482,66	191,54	278,61	313,43	187,23	272,34	306,38	182,93	266,08	299,34	178,62	259,81	292,28	174,31	253,55	285,24	170,00	247,28	278,19	165,70	241,02	2
	V	3.997,16	219,84	319,77	359,74																		
	VI	4.041,41	222,27	323,31	363,72																		
11.504,99 (West)	I	3.476,16	191,18	278,09	312,85	182,57	265,56	298,75	173,95	253,02	284,65	165,33	240,49	270,55	156,72	227,96	256,45	146,47	215,42	242,35	127,83	202,89	2
	II	3.327,08	182,98	266,16	299,43	174,37	253,63	285,33	165,75	241,10	271,23	157,13	228,56	257,13	147,38	216,03	243,03	128,73	203,50	228,93	110,09	190,96	2
	III	2.645,50	-	211,64	238,09	-	199,38	224,30	-	187,38	210,80	-	175,64	197,59	-	164,16	184,68	-	152,93	172,04	-	141,96	1
	IV	3.476,16	191,18	278,09	312,85	186,88	271,82	305,80	182,57	265,56	298,75	178,26	259,29	291,70	173,95	253,02	284,65	169,64	246,76	277,60	165,33	240,49	2
	V	3.990,58	219,48	319,24	359,15																		
	VI	4.034,91	221,92	322,79	363,14																		
11.504,99 (Ost)	I	3.483,91	191,61	278,71	313,55	183,00	266,18	299,45	174,38	253,65	285,35	165,77	241,12	271,26	157,15	228,58	257,15	147,41	216,05	243,05	128,76	203,52	2
	II	3.334,83	183,41	266,78	300,13	174,79	254,25	286,03	166,18	241,72	271,93	157,57	229,19	257,84	148,31	216,66	243,74	129,67	204,12	229,64	111,02	191,59	2
	III	2.653,33	-	212,26	238,79	-	199,98	224,98	-	187,97	211,46	-	176,22	198,25	-	164,72	185,31	-	153,48	172,66	-	142,49	1
	IV	3.483,91	191,61	278,71	313,55	187,31	272,45	306,50	183,00	266,18	299,45	178,69	259,92	292,41	174,38	253,65	285,35	170,07	247,38	278,30	165,77	241,12	2
	V	3.998,41	219,91	319,87	359,85																		
	VI	4.042,75	222,35	323,42	363,84																		
11.507,99 (West)	I	3.477,41	191,25	278,19	312,96	182,64	265,66	298,86	174,02	253,12	284,76	165,40	240,59	270,66	156,79	228,06	256,56	146,62	215,52	242,46	127,98	202,99	2
	II	3.328,33	183,05	266,26	299,54	174,44	253,73	285,44	165,82	241,20	271,35	157,20	228,66	257,24	147,53	216,13	243,14	128,88	203,60	229,05	110,24	191,06	2
	III	2.646,83	-	211,74	238,21	-	199,48	224,41	-	187,48	210,91	-	175,73	197,69	-	164,25	184,78	-	153,01	172,13	-	142,04	1
	IV	3.477,41	191,25	278,19	312,96	186,94	271,92	305,91	182,64	265,66	298,86	178,33	259,39	291,81	174,02	253,12	284,76	169,71	246,86	277,71	165,40	240,59	2
	V	3.991,83	219,55	319,34	359,26																		
	VI	4.036,16	221,98	322,89	363,25																		
11.507,99 (Ost)	I	3.485,25	191,68	278,82	313,67	183,07	266,28	299,57	174,45	253,75	285,47	165,83	241,22	271,37	157,22	228,68	257,27	147,56	216,15	243,17	128,91	203,62	2
	II	3.336,08	183,48	266,88	300,24	174,86	254,35	286,14	166,25	241,82	272,05	157,63	229,29	257,95	148,46	216,76	243,85	129,81	204,22	229,75	111,17	191,69	2
	III	2.654,50	-	212,36	238,90	-	200,09	225,10	-	188,08	211,59	-	176,32	198,36	-	164,81	185,41	-	153,57	172,76	-	142,58	1
	IV	3.485,25	191,68	278,82	313,67	187,38	272,55	306,62	183,07	266,28	299,57	178,76	260,02	292,52	174,45	253,75	285,47	170,14	247,48	278,42	165,83	241,22	2
	V	3.999,66	219,98	319,97	359,96																		
	VI	4.044,00	222,42	323,52	363,96																		
11.510,99 (West)	I	3.478,66	191,32	278,29	313,07	182,71	265,76	298,98	174,09	253,22	284,87	165,47	240,69	270,77	156,86	228,16	256,68	146,77	215,62	242,57	128,14	203,10	2
	II	3.329,58	183,12	266,36	299,66	174,51	253,83	285,56	165,89	241,30	271,46	157,27	228,76	257,36	147,67	216,23	243,26	129,03	203,70	229,16	110,39	191,16	2
	III	2.648,00	-	211,84	238,32	-	199,57	224,51	-	187,57	211,01	-	175,82	197,80	-	164,33	184,87	-	153,10	172,24	-	142,13	1
	IV	3.478,66	191,32	278,29	313,07	187,01	272,02	306,02	182,71	265,76	298,98	178,40	259,49	291,92	174,09	253,22	284,87	169,78	246,96	277,83	165,47	240,69	2
	V	3.993,08	219,61	319,44	359,37																		
	VI	4.037,41	222,05	322,99	363,36																		
11.510,99 (Ost)	I	3.486,50	191,75	278,92	313,78	183,14	266,38	299,68	174,52	253,85	285,58	165,90	241,32	271,48	157,29	228,78	257,38	147,70	216,25	243,28	129,06	203,72	229
	II	3.337,41	183,55	266,99	300,36	174,94	254,46	286,26	166,32	241,92	272,16	157,70	229,39	258,06	148,61	216,86	243,96	129,96	204,32	229,86	111,32	191,79	215
	III	2.655,83	-	212,46	239,02	-	200,18	225,20	-	188,17	211,69	-	176,41	198,46	-	164,90	185,51	-	153,66	172,87	-	142,68	160
	IV	3.486,50	191,75	278,92	313,78	187,44	272,65	306,73	183,14	266,38	299,68	178,83	260,12	292,63	174,52	253,85	285,58	170,21	247,58	278,53	165,90	241,32	271
	V	4.000,91	220,05	320,07	360,08																		
	VI	4.045,25	222,48	323,62	364,07																		
11.513,99 (West)	I	3.479,91	191,39	278,39	313,19	182,77	265,86	299,09	174,16	253,32	284,99	165,54	240,79	270,89	156,93	228,26	256,79	146,93	215,73	242,69	128,29	203,20	228
	II	3.330,83	183,19	266,46	299,77	174,57	253,93	285,67	165,96	241,40	271,57	157,34	228,86	257,47	147,82	216,33	243,37	129,18	203,80	229,27	110,54	191,26	215
	III	2.649,33	-	211,94	238,43	-	199,68	224,64	-	187,66	211,12	-	175,92	197,91	-	164,42	184,97	-	153,20	172,35	-	142,21	159
	IV	3.479,91	191,39	278,39	313,19	187,08	272,12	306,14	182,77	265,86	299,09	178,47	259,59	292,04	174,16	253,32	284,99	169,85	247,06	277,94	165,54	240,79	270
	V	3.994,33	219,68	319,54	359,48																		
	VI	4.038,66	222,12	323,09	363,47																		
11.513,99 (Ost)	I	3.487,75	191,82	279,02	313,89	183,20	266,48	299,79	174,59	253,95	285,69	165,97	241,42	271,59	157,35	228,88	257,49	147,85	216,35	243,39	129,21	203,82	229
	II	3.338,66	183,62	267,09	300,47	175,01	254,56	286,38	166,39	242,02	272,27	157,77	229,49	258,17	148,75	216,96	244,08	130,11	204,42	229,97	111,47	191,89	215
	III	2.657,00	-	212,56	239,13	-	200,28	225,31	-	188,26	211,79	-	176,50	198,56	-	165,00	185,62	-	153,74	172,96	-	142,76	160
	IV	3.487,75	191,82	279,02	313,89	187,51	272,75	306,84	183,20	266,48	299,79	178,90	260,22	292,74	174,59	253,95	285,69	170,28	247,68	278,64	165,97	241,42	271
	V	4.002,16	220,11	320,17	360,19																		
	VI	4.046,50	222,55	323,72	364,18																		
11.516,99 (West)	I	3.481,16	191,46	278,49	313,30	182,84	265,96	299,20	174,23	253,42	285,10	165,61	240,90	271,01	157,00	228,36	256,91	147,08	215,83	242,81	128,44	203,30	228
	II	3.332,08	183,26	266,56	299,88	174,64	254,03	285,78	166,03	241,50	271,68	157,41	228,96	257,58	147,97	216,43	243,48	129,34	203,90	229,39	110,69	191,37	215
	III	2.650,50	-	212,04	238,54	-	199,77	224,74	-	187,76	211,23	-	176,01	198,01	-	164,52	185,08	-	153,28	172,44	-	142,30	160
	IV	3.481,16	191,46	278,49	313,30	187,15	272,22	306,25	182,84	265,96	299,20	178,53	259,69	292,15	174,23	253,42	285,10	169,92	247,16	278,06	165,61	240,90	271
	V	3.995,66	219,76	319,65	359,60																		
	VI	4.039,91	222,19	323,19	363,59																		
11.516,99 (Ost)	I	3.489,00	191,89	279,12	314,01	183,27	266,58	299,90	174,66	254,05	285,80	166,04	241,52	271,71	157,42	228,98	257,60	148,00	216,45	243,50	129,36	203,92	229,
	II	3.339,91	183,69	267,19	300,59	175,07	254,66	286,49	166,46	242,12	272,39	157,84	229,59	258,29	148,90	217,06	244,19	130,26	204,52	230,09	111,62	191,99	215,
	III	2.658,33	-	212,66	239,24	-	200,38	225,43	-	188,36	211,90	-	176,60	198,67	-	165,09	185,72	-	153,84	173,07	-	142,85	160,
	IV	3.489,00	191,89	279,12	314,01	187,58	272,85	306,95	183,27	266,58	299,90	178,97	260,32	292,86	174,66	254,05	285,80	170,35	247,78	278,75	166,04	241,52	271,
	V	4.003,41	220,18	320,27	360,30																		
	VI	4.047,75	222,62	323,82	364,29																		

Lohn/ Gehalt bis	Steuerklasse	Lohnsteuer	ohne Kinderfreibetrag SolZ 5,5%	Kirchensteuer 8%	9%	0,5 SolZ 5,5%	Kirchensteuer 8%	9%	1,0 SolZ 5,5%	Kirchensteuer 8%	9%	1,5 SolZ 5,5%	Kirchensteuer 8%	9%	2,0 SolZ 5,5%	Kirchensteuer 8%	9%	2,5 SolZ 5,5%	Kirchensteuer 8%	9%	3,0 SolZ 5,5%	Kirchensteuer 8%	9%
						Anzahl Kinderfreibeträge (nur Steuerklassen I–IV)																	
1.519,99	I	3.482,41	191,53	278,59	313,41	182,92	266,06	299,32	174,30	253,53	285,22	165,68	241,00	271,12	157,07	228,46	257,02	147,23	215,93	242,92	128,58	203,40	228,82
(West)	II	3.333,33	183,33	266,66	299,99	174,71	254,13	285,89	166,10	241,60	271,80	157,48	229,06	257,69	148,13	216,54	243,60	129,49	204,00	229,50	110,84	191,47	215,40
	III	2.651,83	-	212,14	238,66	-	199,86	224,84	-	187,86	211,34	-	176,10	198,11	-	164,61	185,18	-	153,37	172,54	-	142,38	160,18
	IV	3.482,41	191,53	278,59	313,41	187,22	272,32	306,36	182,92	266,06	299,32	178,61	259,80	292,27	174,30	253,53	285,22	169,99	247,26	278,17	165,68	241,00	271,12
	V	3.996,91	219,83	319,75	359,72																		
	VI	4.041,16	222,26	323,29	363,70																		
1.519,99	I	3.490,25	191,96	279,22	314,12	183,34	266,68	300,02	174,73	254,15	285,92	166,11	241,62	271,82	157,49	229,08	257,72	148,15	216,55	243,62	129,52	204,02	229,52
(Ost)	II	3.341,16	183,76	267,29	300,70	175,14	254,76	286,60	166,53	242,22	272,50	157,91	229,69	258,40	149,05	217,16	244,30	130,41	204,62	230,20	111,77	192,09	216,10
	III	2.659,50	-	212,76	239,35	-	200,48	225,54	-	188,45	212,00	-	176,69	198,77	-	165,18	185,83	-	153,93	173,17	-	142,93	160,79
	IV	3.490,25	191,96	279,22	314,12	187,65	272,95	307,07	183,34	266,68	300,02	179,03	260,42	292,97	174,73	254,15	285,92	170,42	247,88	278,87	166,11	241,62	271,82
	V	4.004,66	220,25	320,37	360,41																		
	VI	4.049,00	222,69	323,92	364,41																		
1.522,99	I	3.483,75	191,60	278,70	313,53	182,98	266,16	299,43	174,37	253,63	285,33	165,75	241,10	271,23	157,13	228,56	257,13	147,38	216,03	243,03	128,73	203,50	228,93
(West)	II	3.334,58	183,40	266,76	300,11	174,78	254,23	286,01	166,17	241,70	271,91	157,55	229,17	257,81	148,28	216,64	243,72	129,64	204,10	229,61	110,99	191,57	215,51
	III	2.653,00	-	212,24	238,77	-	199,97	224,96	-	187,96	211,45	-	176,20	198,22	-	164,70	185,29	-	153,46	172,64	-	142,48	160,29
	IV	3.483,75	191,60	278,70	313,53	187,29	272,43	306,48	182,98	266,16	299,43	178,68	259,90	292,38	174,37	253,63	285,33	170,06	247,36	278,28	165,75	241,10	271,23
	V	3.998,16	219,89	319,85	359,83																		
	VI	4.042,50	222,33	323,40	363,82																		
1.522,99	I	3.491,50	192,03	279,32	314,23	183,41	266,78	300,13	174,79	254,25	286,03	166,18	241,72	271,93	157,57	229,19	257,84	148,31	216,66	243,74	129,67	204,12	229,64
(Ost)	II	3.342,41	183,83	267,39	300,81	175,21	254,86	286,71	166,59	242,32	272,61	157,98	229,79	258,51	149,20	217,26	244,41	130,56	204,72	230,31	111,91	192,19	216,21
	III	2.660,83	-	212,86	239,47	-	200,57	225,64	-	188,54	212,11	-	176,78	198,88	-	165,28	185,94	-	154,01	173,26	-	143,02	160,90
	IV	3.491,50	192,03	279,32	314,23	187,72	273,05	307,18	183,41	266,78	300,13	179,10	260,52	293,08	174,79	254,25	286,03	170,49	247,98	278,98	166,18	241,72	271,93
	V	4.006,00	220,33	320,48	360,54																		
	VI	4.050,25	222,76	324,02	364,52																		
1.525,99	I	3.485,00	191,67	278,80	313,65	183,05	266,26	299,54	174,44	253,73	285,44	165,82	241,20	271,35	157,20	228,66	257,24	147,53	216,13	243,14	128,88	203,60	229,05
(West)	II	3.335,83	183,47	266,86	300,22	174,85	254,34	286,13	166,24	241,80	272,03	157,62	229,27	257,93	148,43	216,74	243,83	129,78	204,20	229,73	111,14	191,67	215,63
	III	2.654,33	-	212,34	238,88	-	200,06	225,07	-	188,05	211,55	-	176,29	198,32	-	164,80	185,40	-	153,54	172,73	-	142,56	160,38
	IV	3.485,00	191,67	278,80	313,65	187,36	272,53	306,59	183,05	266,26	299,54	178,75	260,00	292,50	174,44	253,73	285,44	170,13	247,46	278,39	165,82	241,20	271,35
	V	3.999,41	219,96	319,95	359,94																		
	VI	4.043,75	222,40	323,50	363,93																		
1.525,99	I	3.492,75	192,10	279,42	314,34	183,48	266,88	300,24	174,86	254,35	286,14	166,25	241,82	272,05	157,63	229,29	257,95	148,46	216,76	243,85	129,81	204,22	229,75
(Ost)	II	3.343,66	183,90	267,49	300,92	175,28	254,96	286,83	166,66	242,42	272,72	158,05	229,89	258,62	149,35	217,36	244,53	130,72	204,83	230,43	112,07	192,30	216,33
	III	2.662,00	-	212,96	239,58	-	200,68	225,76	-	188,65	212,23	-	176,88	198,99	-	165,36	186,03	-	154,10	173,36	-	143,10	160,99
	IV	3.492,75	192,10	279,42	314,34	187,79	273,15	307,29	183,48	266,88	300,24	179,17	260,62	293,19	174,86	254,35	286,14	170,56	248,09	279,10	166,25	241,82	272,05
	V	4.007,25	220,39	320,58	360,65																		
	VI	4.051,50	222,83	324,12	364,63																		
1.528,99	I	3.486,25	191,74	278,90	313,76	183,12	266,36	299,66	174,51	253,83	285,56	165,89	241,30	271,46	157,27	228,76	257,36	147,67	216,23	243,26	129,03	203,70	229,16
(West)	II	3.337,16	183,54	266,97	300,34	174,92	254,44	286,24	166,31	241,90	272,14	157,69	229,37	258,04	148,58	216,84	243,94	129,93	204,30	229,84	111,29	191,77	215,74
	III	2.655,50	-	212,44	238,99	-	200,16	225,18	-	188,14	211,66	-	176,38	198,43	-	164,89	185,50	-	153,64	172,84	-	142,65	160,48
	IV	3.486,25	191,74	278,90	313,76	187,43	272,63	306,71	183,12	266,36	299,66	178,81	260,10	292,61	174,51	253,83	285,56	170,20	247,56	278,51	165,89	241,30	271,46
	V	4.000,66	220,03	320,05	360,05																		
	VI	4.045,00	222,47	323,60	364,05																		
1.528,99	I	3.494,00	192,17	279,52	314,46	183,55	266,99	300,36	174,94	254,46	286,26	166,32	241,92	272,16	157,70	229,39	258,06	148,61	216,86	243,96	129,96	204,32	229,86
(Ost)	II	3.344,91	183,97	267,59	301,04	175,35	255,06	286,94	166,73	242,52	272,84	158,12	229,99	258,74	149,50	217,46	244,64	130,87	204,93	230,54	112,22	192,40	216,45
	III	2.663,33	-	213,06	239,69	-	200,77	225,86	-	188,74	212,33	-	176,97	199,09	-	165,45	186,13	-	154,20	173,47	-	143,20	161,10
	IV	3.494,00	192,17	279,52	314,46	187,86	273,25	307,40	183,55	266,99	300,36	179,24	260,72	293,31	174,94	254,46	286,26	170,63	248,19	279,21	166,32	241,92	272,16
	V	4.008,50	220,46	320,68	360,76																		
	VI	4.052,75	222,90	324,22	364,74																		
1.531,99	I	3.487,50	191,81	279,00	313,87	183,19	266,46	299,77	174,57	253,93	285,67	165,96	241,40	271,57	157,34	228,86	257,47	147,82	216,33	243,37	129,18	203,80	229,27
(West)	II	3.338,41	183,61	267,07	300,45	174,99	254,54	286,35	166,37	242,00	272,25	157,76	229,47	258,15	148,73	216,94	244,05	130,08	204,40	229,95	111,44	191,87	215,85
	III	2.656,66	-	212,53	239,09	-	200,26	225,29	-	188,24	211,77	-	176,48	198,54	-	164,97	185,59	-	153,73	172,94	-	142,74	160,58
	IV	3.487,50	191,81	279,00	313,87	187,50	272,73	306,82	183,19	266,46	299,77	178,88	260,20	292,72	174,57	253,93	285,67	170,27	247,66	278,62	165,96	241,40	271,57
	V	4.001,91	220,10	320,15	360,17																		
	VI	4.046,25	222,54	323,70	364,16																		
1.531,99	I	3.495,33	192,24	279,62	314,57	183,62	267,09	300,47	175,01	254,56	286,38	166,39	242,02	272,27	157,77	229,49	258,17	148,75	216,96	244,08	130,11	204,42	229,97
(Ost)	II	3.346,16	184,03	267,69	301,15	175,42	255,16	287,05	166,81	242,63	272,96	158,19	230,10	258,86	149,57	217,56	244,76	131,01	205,03	230,66	112,37	192,50	216,56
	III	2.664,50	-	213,16	239,80	-	200,86	225,97	-	188,84	212,44	-	177,06	199,19	-	165,54	186,23	-	154,29	173,57	-	143,28	161,19
	IV	3.495,33	192,24	279,62	314,57	187,93	273,36	307,53	183,62	267,09	300,47	179,31	260,82	293,42	175,01	254,56	286,38	170,70	248,29	279,32	166,39	242,02	272,27
	V	4.009,75	220,53	320,78	360,87																		
	VI	4.054,08	222,97	324,32	364,86																		
1.534,99	I	3.488,75	191,88	279,10	313,98	183,26	266,56	299,88	174,64	254,03	285,78	166,03	241,50	271,68	157,41	228,96	257,58	147,97	216,43	243,48	129,34	203,90	229,39
(West)	II	3.339,66	183,68	267,17	300,56	175,06	254,64	286,47	166,44	242,10	272,36	157,83	229,57	258,26	148,87	217,04	244,17	130,23	204,50	230,06	111,59	191,97	215,96
	III	2.658,00	-	212,64	239,22	-	200,36	225,40	-	188,34	211,88	-	176,57	198,64	-	165,06	185,69	-	153,82	173,05	-	142,82	160,67
	IV	3.488,75	191,88	279,10	313,98	187,57	272,83	306,93	183,26	266,56	299,88	178,95	260,30	292,83	174,64	254,03	285,78	170,33	247,76	278,73	166,03	241,50	271,68
	V	4.003,16	220,17	320,25	360,28																		
	VI	4.047,50	222,61	323,80	364,27																		
11.534,99	I	3.496,58	192,31	279,72	314,69	183,69	267,19	300,59	175,07	254,66	286,49	166,46	242,12	272,39	157,84	229,59	258,29	148,90	217,06	244,19	130,26	204,52	230,09
(Ost)	II	3.347,41	184,10	267,79	301,26	175,49	255,26	287,17	166,87	242,73	273,07	158,26	230,20	258,97	149,64	217,66	244,87	131,16	205,13	230,77	112,52	192,60	216,67
	III	2.665,83	-	213,26	239,92	-	200,97	226,09	-	188,93	212,54	-	177,16	199,30	-	165,64	186,34	-	154,37	173,66	-	143,37	161,29
	IV	3.496,58	192,31	279,72	314,69	188,00	273,46	307,64	183,69	267,19	300,59	179,38	260,92	293,54	175,07	254,66	286,49	170,77	248,39	279,44	166,46	242,12	272,39
	V	4.011,00	220,60	320,88	360,99																		
	VI	4.055,33	223,04	324,42	364,97																		
11.537,99	I	3.490,00	191,95	279,20	314,10	183,33	266,66	299,99	174,71	254,13	285,89	166,10	241,60	271,80	157,48	229,06	257,69	148,13	216,54	243,60	129,49	204,00	229,50
(West)	II	3.340,91	183,75	267,27	300,68	175,13	254,74	286,58	166,51	242,20	272,48	157,90	229,67	258,38	149,02	217,14	244,28	130,38	204,60	230,18	111,74	192,07	216,08
	III	2.659,16	-	212,73	239,32	-	200,45	225,50	-	188,44	211,99	-	176,66	198,74	-	165,16	185,80	-	153,90	173,14	-	142,92	160,78
	IV	3.490,00	191,95	279,20	314,10	187,64	272,93	307,04	183,33	266,66	299,99	179,02	260,40	292,95	174,71	254,13	285,89	170,40	247,86	278,84	166,10	241,60	271,80
	V	4.004,41	220,24	320,35	360,39																		
	VI	4.048,75	222,68	323,90	364,38																		
11.537,99	I	3.497,83	192,38	279,82	314,80	183,76	267,29	300,70	175,14	254,76	286,60	166,53	242,22	272,50	157,91	229,69	258,40	149,05	217,16	244,30	130,41	204,62	230,20
(Ost)	II	3.348,75	184,18	267,90	301,38	175,56	255,36	287,28	166,94	242,83	273,18	158,33	230,30	259,08	149,71	217,76	244,98	131,31	205,23	230,88	112,67	192,70	216,78
	III	2.667,00	-	213,36	240,03	-	201,06	226,19	-	189,02	212,65	-	177,25	199,40	-	165,73	186,44	-	154,46	173,77	-	143,46	161,39
	IV	3.497,83	192,38	279,82	314,80	188,07	273,56	307,75	183,76	267,29	300,70	179,45	261,02	293,65	175,14	254,76	286,60	170,83	248,49	279,55	166,53	242,22	272,50
	V	4.012,25	220,67	320,98	361,10																		
	VI	4.056,58	223,11	324,52	365,09																		

Lohn/ Gehalt bis	Steuerklasse	Lohn-steuer	ohne Kinderfreibetrag SolZ 5,5%	ohne Kinderfreibetrag Kirchensteuer 8%	ohne Kinderfreibetrag Kirchensteuer 9%	0,5 SolZ 5,5%	0,5 Kirchensteuer 8%	0,5 Kirchensteuer 9%	1,0 SolZ 5,5%	1,0 Kirchensteuer 8%	1,0 Kirchensteuer 9%	1,5 SolZ 5,5%	1,5 Kirchensteuer 8%	1,5 Kirchensteuer 9%	2,0 SolZ 5,5%	2,0 Kirchensteuer 8%	2,0 Kirchensteuer 9%	2,5 SolZ 5,5%	2,5 Kirchensteuer 8%	2,5 Kirchensteuer 9%	3,0 SolZ 5,5%	3,0 Kirchensteuer 8%	3,0 Kirchensteuer 9%
						Anzahl Kinderfreibeträge (nur Steuerklassen I–IV)																	
11.540,99	I	3.491,25	192,01	279,30	314,21	183,40	266,76	300,11	174,78	254,23	286,01	166,17	241,70	271,91	157,55	229,17	257,81	148,28	216,64	243,72	129,64	204,10	229
(West)	II	3.342,16	183,81	267,37	300,79	175,20	254,84	286,69	166,58	242,30	272,59	157,96	229,77	258,49	149,17	217,24	244,39	130,53	204,70	230,29	111,89	192,18	216
	III	2.660,50	-	212,84	239,44	-	200,56	225,63	-	188,53	212,09	-	176,76	198,85	-	165,25	185,90	-	154,00	173,25	-	143,00	160
	IV	3.491,25	192,01	279,30	314,21	187,71	273,03	307,16	183,40	266,76	300,11	179,09	260,50	293,06	174,78	254,23	286,01	170,47	247,96	278,96	166,17	241,70	271
	V	4.005,75	220,31	320,46	360,51																		
	VI	4.050,00	222,75	324,00	364,50																		
11.540,99	I	3.499,08	192,44	279,92	314,91	183,83	267,39	300,81	175,21	254,86	286,71	166,59	242,32	272,61	157,98	229,79	258,51	149,20	217,26	244,41	130,56	204,72	230
(Ost)	II	3.350,00	184,25	268,00	301,50	175,63	255,46	287,39	167,01	242,93	273,29	158,40	230,40	259,20	149,78	217,86	245,09	131,46	205,33	230,99	112,82	192,80	216
	III	2.668,33	-	213,46	240,14	-	201,16	226,30	-	189,13	212,77	-	177,34	199,51	-	165,82	186,55	-	154,56	173,88	-	143,54	161
	IV	3.499,08	192,44	279,92	314,91	188,14	273,66	307,86	183,83	267,39	300,81	179,52	261,12	293,76	175,21	254,86	286,71	170,90	248,59	279,66	166,59	242,32	272
	V	4.013,50	220,74	321,08	361,21																		
	VI	4.057,83	223,18	324,62	365,20																		
11.543,99	I	3.492,50	192,08	279,40	314,32	183,47	266,86	300,22	174,85	254,34	286,13	166,24	241,80	272,03	157,62	229,27	257,93	148,43	216,74	243,83	129,78	204,20	229
(West)	II	3.343,41	183,88	267,47	300,90	175,27	254,94	286,80	166,65	242,40	272,70	158,03	229,87	258,60	149,33	217,34	244,51	130,69	204,81	230,41	112,04	192,28	216
	III	2.661,66	-	212,93	239,54	-	200,65	225,73	-	188,62	212,20	-	176,85	198,95	-	165,34	186,01	-	154,09	173,35	-	143,09	160
	IV	3.492,50	192,08	279,40	314,32	187,77	273,13	307,27	183,47	266,86	300,22	179,16	260,60	293,18	174,85	254,34	286,13	170,55	248,07	279,08	166,24	241,80	272
	V	4.007,00	220,38	320,56	360,63																		
	VI	4.051,25	222,81	324,10	364,61																		
11.543,99	I	3.500,33	192,51	280,02	315,02	183,90	267,49	300,92	175,28	254,96	286,83	166,66	242,42	272,72	158,05	229,89	258,62	149,35	217,36	244,53	130,72	204,83	230
(Ost)	II	3.351,25	184,31	268,10	301,61	175,70	255,56	287,51	167,08	243,03	273,41	158,46	230,50	259,31	149,85	217,96	245,21	131,61	205,43	231,11	112,97	192,90	217
	III	2.669,50	-	213,56	240,25	-	201,26	226,42	-	189,22	212,87	-	177,44	199,62	-	165,92	186,66	-	154,64	173,97	-	143,64	161
	IV	3.500,33	192,51	280,02	315,02	188,21	273,76	307,98	183,90	267,49	300,92	179,59	261,22	293,87	175,28	254,96	286,83	170,97	248,69	279,77	166,66	242,42	272
	V	4.014,75	220,81	321,18	361,32																		
	VI	4.059,08	223,24	324,72	365,31																		
11.546,99	I	3.493,83	192,16	279,50	314,44	183,54	266,97	300,34	174,92	254,44	286,24	166,31	241,90	272,14	157,69	229,37	258,04	148,58	216,84	243,94	129,93	204,30	229
(West)	II	3.344,66	183,95	267,57	301,01	175,34	255,04	286,92	166,72	242,50	272,81	158,11	229,98	258,72	149,48	217,44	244,62	130,84	204,91	230,52	112,19	192,38	216
	III	2.663,00	-	213,04	239,67	-	200,74	225,83	-	188,72	212,31	-	176,94	199,06	-	165,44	186,12	-	154,17	173,44	-	143,17	161
	IV	3.493,83	192,16	279,50	314,44	187,85	273,24	307,39	183,54	266,97	300,34	179,23	260,70	293,29	174,92	254,44	286,24	170,61	248,17	279,19	166,31	241,90	272
	V	4.008,25	220,45	320,66	360,74																		
	VI	4.052,58	222,89	324,20	364,73																		
11.546,99	I	3.501,58	192,58	280,12	315,14	183,97	267,59	301,04	175,35	255,06	286,94	166,73	242,52	272,84	158,12	229,99	258,74	149,50	217,46	244,64	130,87	204,93	230
(Ost)	II	3.352,50	184,38	268,20	301,72	175,77	255,66	287,62	167,15	243,13	273,52	158,53	230,60	259,42	149,92	218,06	245,32	131,76	205,53	231,22	113,11	193,00	217
	III	2.670,83	-	213,66	240,37	-	201,36	226,53	-	189,32	212,98	-	177,53	199,72	-	166,00	186,75	-	154,73	174,07	-	143,72	161
	IV	3.501,58	192,58	280,12	315,14	188,27	273,86	308,09	183,97	267,59	301,04	179,66	261,32	293,99	175,35	255,06	286,94	171,04	248,79	279,89	166,73	242,52	272
	V	4.016,00	220,88	321,28	361,44																		
	VI	4.060,33	223,31	324,82	365,42																		
11.549,99	I	3.495,08	192,22	279,60	314,55	183,61	267,07	300,45	174,99	254,54	286,35	166,37	242,00	272,25	157,76	229,47	258,15	148,73	216,94	244,05	130,08	204,40	229,
(West)	II	3.345,91	184,02	267,67	301,13	175,41	255,14	287,03	166,79	242,61	272,93	158,18	230,08	258,84	149,56	217,54	244,73	130,98	205,01	230,63	112,34	192,48	216,
	III	2.664,16	-	213,13	239,77	-	200,85	225,95	-	188,81	212,41	-	177,04	199,17	-	165,53	186,22	-	154,26	173,54	-	143,26	161,
	IV	3.495,08	192,22	279,60	314,55	187,92	273,34	307,50	183,61	267,07	300,45	179,30	260,80	293,40	174,99	254,54	286,35	170,68	248,27	279,30	166,37	242,00	272,
	V	4.009,50	220,52	320,76	360,85																		
	VI	4.053,83	222,96	324,30	364,84																		
11.549,99	I	3.502,83	192,65	280,22	315,25	184,03	267,69	301,15	175,42	255,16	287,05	166,81	242,63	272,96	158,19	230,10	258,86	149,57	217,56	244,76	131,01	205,03	230,
(Ost)	II	3.353,75	184,45	268,30	301,83	175,83	255,76	287,73	167,22	243,23	273,63	158,60	230,70	259,53	149,98	218,16	245,43	131,91	205,63	231,33	113,27	193,10	217
	III	2.672,00	-	213,76	240,48	-	201,45	226,63	-	189,41	213,08	-	177,62	199,82	-	166,09	186,85	-	154,82	174,17	-	143,81	161,
	IV	3.502,83	192,65	280,22	315,25	188,34	273,96	308,20	184,03	267,69	301,15	179,73	261,42	294,10	175,42	255,16	287,05	171,11	248,89	280,00	166,81	242,63	272,
	V	4.017,33	220,95	321,38	361,55																		
	VI	4.061,58	223,38	324,92	365,54																		
11.552,99	I	3.496,33	192,29	279,70	314,66	183,68	267,17	300,56	175,06	254,64	286,47	166,44	242,10	272,36	157,83	229,57	258,26	148,87	217,04	244,17	130,23	204,50	230,
(West)	II	3.347,25	184,09	267,78	301,25	175,48	255,24	287,15	166,86	242,71	273,05	158,24	230,18	258,95	149,63	217,64	244,85	131,13	205,11	230,75	112,49	192,58	216,
	III	2.665,50	-	213,24	239,89	-	200,94	226,06	-	188,92	212,53	-	177,13	199,27	-	165,61	186,31	-	154,36	173,65	-	143,34	161,
	IV	3.496,33	192,29	279,70	314,66	187,99	273,44	307,62	183,68	267,17	300,56	179,37	260,90	293,51	175,06	254,64	286,47	170,75	248,37	279,41	166,44	242,10	272,
	V	4.010,75	220,59	320,86	360,96																		
	VI	4.055,08	223,02	324,40	364,95																		
11.552,99	I	3.504,08	192,72	280,32	315,36	184,10	267,79	301,26	175,49	255,26	287,17	166,87	242,73	273,07	158,26	230,20	258,97	149,64	217,66	244,87	131,16	205,13	230,
(Ost)	II	3.355,00	184,52	268,40	301,95	175,90	255,86	287,84	167,29	243,33	273,74	158,67	230,80	259,65	150,06	218,27	245,55	132,07	205,74	231,45	113,42	193,20	217,
	III	2.673,33	-	213,86	240,59	-	201,56	226,75	-	189,50	213,19	-	177,72	199,93	-	166,18	186,95	-	154,92	174,28	-	143,89	161,
	IV	3.504,08	192,72	280,32	315,36	188,41	274,06	308,31	184,10	267,79	301,26	179,80	261,53	294,22	175,49	255,26	287,17	171,18	249,00	280,12	166,87	242,73	273,
	V	4.018,58	221,02	321,48	361,67																		
	VI	4.062,83	223,45	325,02	365,65																		
11.555,99	I	3.497,58	192,36	279,80	314,78	183,75	267,27	300,68	175,13	254,74	286,58	166,51	242,20	272,48	157,90	229,67	258,38	149,02	217,14	244,28	130,38	204,60	230,
(West)	II	3.348,50	184,16	267,88	301,36	175,55	255,34	287,26	166,93	242,81	273,16	158,31	230,28	259,06	149,70	217,74	244,96	131,28	205,21	230,86	112,64	192,68	216,7
	III	2.666,66	-	213,33	239,99	-	201,04	226,17	-	189,01	212,63	-	177,22	199,37	-	165,70	186,41	-	154,45	173,75	-	143,44	161,3
	IV	3.497,58	192,36	279,80	314,78	188,05	273,54	307,73	183,75	267,27	300,68	179,44	261,00	293,63	175,13	254,74	286,58	170,82	248,47	279,53	166,51	242,20	272,4
	V	4.012,00	220,66	320,96	361,08																		
	VI	4.056,33	223,09	324,50	365,06																		
11.555,99	I	3.505,41	192,79	280,43	315,48	184,18	267,90	301,38	175,56	255,36	287,28	166,94	242,83	273,18	158,33	230,30	259,08	149,71	217,76	244,98	131,31	205,23	230,8
(Ost)	II	3.356,25	184,59	268,50	302,06	175,97	255,96	287,96	167,36	243,43	273,86	158,74	230,90	259,76	150,13	218,37	245,66	132,21	205,84	231,57	113,57	193,30	217,4
	III	2.674,50	-	213,96	240,70	-	201,65	226,85	-	189,60	213,30	-	177,81	200,03	-	166,28	187,06	-	155,00	174,37	-	143,98	161,9
	IV	3.505,41	192,79	280,43	315,48	188,48	274,16	308,43	184,18	267,90	301,38	179,87	261,63	294,33	175,56	255,36	287,28	171,25	249,10	280,23	166,94	242,83	273,1
	V	4.019,83	221,09	321,58	361,78																		
	VI	4.064,16	223,52	325,13	365,77																		
11.558,99	I	3.498,83	192,43	279,90	314,89	183,81	267,37	300,79	175,20	254,84	286,69	166,58	242,30	272,59	157,96	229,77	258,49	149,17	217,24	244,39	130,53	204,70	230,2
(West)	II	3.349,75	184,23	267,98	301,47	175,61	255,44	287,37	167,00	242,91	273,27	158,38	230,38	259,17	149,76	217,84	245,07	131,43	205,31	230,97	112,79	192,78	216,8
	III	2.668,00	-	213,44	240,12	-	201,14	226,28	-	189,10	212,74	-	177,32	199,48	-	165,80	186,52	-	154,53	173,84	-	143,53	161,4
	IV	3.498,83	192,43	279,90	314,89	188,12	273,64	307,84	183,81	267,37	300,79	179,51	261,10	293,74	175,20	254,84	286,69	170,89	248,57	279,64	166,58	242,30	272,5
	V	4.013,25	220,72	321,06	361,19																		
	VI	4.057,58	223,16	324,60	365,18																		
11.558,99	I	3.506,66	192,86	280,53	315,59	184,25	268,00	301,50	175,63	255,46	287,39	167,01	242,93	273,29	158,40	230,40	259,20	149,78	217,86	245,09	131,46	205,33	230,9
(Ost)	II	3.357,50	184,66	268,60	302,17	176,05	256,07	288,08	167,43	243,54	273,98	158,81	231,00	259,88	150,20	218,47	245,78	132,36	205,94	231,68	113,72	193,40	217,5
	III	2.675,83	-	214,06	240,82	-	201,74	226,96	-	189,70	213,41	-	177,90	200,14	-	166,37	187,16	-	155,09	174,47	-	144,06	162,0
	IV	3.506,66	192,86	280,53	315,59	188,55	274,26	308,54	184,25	268,00	301,50	179,94	261,73	294,44	175,63	255,46	287,39	171,32	249,20	280,35	167,01	242,93	273,2
	V	4.021,08	221,15	321,68	361,89																		
	VI	4.065,41	223,59	325,23	365,88																		

Lohn/ Gehalt bis	Steuerklasse	Lohn- steuer	ohne Kinderfreibetrag			Anzahl Kinderfreibeträge (nur Steuerklassen I–IV) 0,5			1,0			1,5			2,0			2,5			3,0		
			SolZ 5,5%	Kirchensteuer 8%	9%	SolZ 5,5%	Kirchensteuer 8%	9%	SolZ 5,5%	Kirchensteuer 8%	9%	SolZ 5,5%	Kirchensteuer 8%	9%	SolZ 5,5%	Kirchensteuer 8%	9%	SolZ 5,5%	Kirchensteuer 8%	9%	SolZ 5,5%	Kirchensteuer 8%	9%
1.561,99 (West)	I	3.500,08	192,50	280,00	315,00	183,88	267,47	300,90	175,27	254,94	286,80	166,65	242,40	272,70	158,03	229,87	258,60	149,33	217,34	244,51	130,69	204,81	230,41
	II	3.351,00	184,30	268,08	301,59	175,68	255,54	287,48	167,07	243,01	273,38	158,45	230,48	259,29	149,83	217,94	245,18	131,58	205,41	231,08	112,94	192,88	216,99
	III	2.669,16	-	213,53	240,22	-	201,24	226,39	-	189,20	212,85	-	177,41	199,58	-	165,89	186,62	-	154,62	173,95	-	143,61	161,56
	IV	3.500,08	192,50	280,00	315,00	188,19	273,74	307,95	183,88	267,47	300,90	179,57	261,20	293,85	175,27	254,94	286,80	170,96	248,67	279,75	166,65	242,40	272,70
	V	4.014,50	220,79	321,16	361,30																		
	VI	4.058,83	223,23	324,70	365,29																		
1.561,99 (Ost)	I	3.507,91	192,93	280,63	315,71	184,31	268,10	301,61	175,70	255,56	287,51	167,08	243,03	273,41	158,46	230,50	259,31	149,85	217,96	245,21	131,61	205,43	231,11
	II	3.358,83	184,73	268,70	302,29	176,11	256,17	288,19	167,50	243,64	274,09	158,88	231,10	259,99	150,26	218,57	245,89	132,51	206,04	231,79	113,87	193,50	217,69
	III	2.677,00	-	214,16	240,93	-	201,85	227,08	-	189,80	213,52	-	178,00	200,25	-	166,46	187,27	-	155,18	174,58	-	144,16	162,18
	IV	3.507,91	192,93	280,63	315,71	188,62	274,36	308,66	184,31	268,10	301,61	180,01	261,83	294,56	175,70	255,56	287,51	171,39	249,30	280,46	167,08	243,03	273,41
	V	4.022,33	221,22	321,78	362,00																		
	VI	4.066,66	223,66	325,33	365,99																		
1.564,99 (West)	I	3.501,33	192,57	280,10	315,11	183,95	267,57	301,01	175,34	255,04	286,92	166,72	242,50	272,81	158,11	229,98	258,72	149,48	217,44	244,62	130,84	204,91	230,52
	II	3.352,25	184,37	268,18	301,70	175,75	255,64	287,60	167,14	243,11	273,50	158,52	230,58	259,40	149,90	218,04	245,30	131,73	205,51	231,20	113,09	192,98	217,10
	III	2.670,50	-	213,64	240,34	-	201,33	226,49	-	189,29	212,95	-	177,50	199,69	-	165,98	186,73	-	154,72	174,06	-	143,70	161,66
	IV	3.501,33	192,57	280,10	315,11	188,26	273,84	308,07	183,95	267,57	301,01	179,64	261,30	293,96	175,34	255,04	286,92	171,03	248,77	279,86	166,72	242,50	272,81
	V	4.015,83	220,87	321,26	361,42																		
	VI	4.060,08	223,30	324,80	365,40																		
1.564,99 (Ost)	I	3.509,16	193,00	280,73	315,82	184,38	268,20	301,72	175,77	255,66	287,62	167,15	243,13	273,52	158,53	230,60	259,42	149,92	218,06	245,32	131,76	205,53	231,22
	II	3.360,08	184,80	268,80	302,40	176,18	256,27	288,30	167,57	243,74	274,20	158,95	231,20	260,10	150,33	218,67	246,00	132,66	206,14	231,90	114,02	193,60	217,80
	III	2.678,33	-	214,26	241,04	-	201,94	227,18	-	189,89	213,62	-	178,09	200,35	-	166,56	187,38	-	155,28	174,69	-	144,25	162,28
	IV	3.509,16	193,00	280,73	315,82	188,69	274,46	308,77	184,38	268,20	301,72	180,07	261,93	294,67	175,77	255,66	287,62	171,46	249,40	280,57	167,15	243,13	273,52
	V	4.023,58	221,29	321,88	362,12																		
	VI	4.067,91	223,73	325,43	366,11																		
1.567,99 (West)	I	3.502,58	192,64	280,20	315,23	184,02	267,67	301,13	175,41	255,14	287,03	166,79	242,61	272,93	158,18	230,08	258,84	149,56	217,54	244,73	130,98	205,01	230,63
	II	3.353,50	184,44	268,28	301,81	175,82	255,74	287,71	167,20	243,21	273,61	158,59	230,68	259,51	149,97	218,14	245,41	131,89	205,62	231,32	113,24	193,08	217,22
	III	2.671,66	-	213,73	240,44	-	201,44	226,62	-	189,38	213,05	-	177,61	199,81	-	166,08	186,84	-	154,80	174,15	-	143,78	161,75
	IV	3.502,58	192,64	280,20	315,23	188,33	273,94	308,18	184,02	267,67	301,13	179,71	261,40	294,08	175,41	255,14	287,03	171,10	248,88	279,99	166,79	242,61	272,93
	V	4.017,08	220,93	321,36	361,53																		
	VI	4.061,33	223,37	324,90	365,51																		
1.567,99 (Ost)	I	3.510,41	193,07	280,83	315,93	184,45	268,30	301,83	175,83	255,76	287,73	167,22	243,23	273,63	158,60	230,70	259,53	149,98	218,16	245,43	131,91	205,63	231,33
	II	3.361,33	184,87	268,90	302,51	176,25	256,37	288,41	167,64	243,84	274,32	159,02	231,30	260,21	150,40	218,77	246,11	132,81	206,24	232,02	114,17	193,70	217,91
	III	2.679,50	-	214,36	241,15	-	202,04	227,29	-	189,98	213,73	-	178,18	200,45	-	166,65	187,48	-	155,36	174,78	-	144,33	162,37
	IV	3.510,41	193,07	280,83	315,93	188,76	274,56	308,88	184,45	268,30	301,83	180,14	262,03	294,78	175,83	255,76	287,73	171,53	249,50	280,68	167,22	243,23	273,63
	V	4.024,83	221,36	321,98	362,23																		
	VI	4.069,16	223,80	325,53	366,22																		
1.570,99 (West)	I	3.503,83	192,71	280,30	315,34	184,09	267,78	301,25	175,48	255,24	287,15	166,86	242,71	273,05	158,24	230,18	258,95	149,63	217,64	244,85	131,13	205,11	230,75
	II	3.354,75	184,51	268,38	301,92	175,89	255,84	287,82	167,27	243,31	273,72	158,66	230,78	259,63	150,04	218,25	245,53	132,04	205,72	231,43	113,39	193,18	217,33
	III	2.673,00	-	213,84	240,57	-	201,53	226,72	-	189,49	213,17	-	177,70	199,91	-	166,17	186,94	-	154,89	174,25	-	143,88	161,86
	IV	3.503,83	192,71	280,30	315,34	188,40	274,04	308,30	184,09	267,78	301,25	179,79	261,51	294,20	175,48	255,24	287,15	171,17	248,98	280,10	166,86	242,71	273,05
	V	4.018,33	221,00	321,46	361,64																		
	VI	4.062,58	223,44	325,00	365,63																		
1.570,99 (Ost)	I	3.511,66	193,14	280,93	316,04	184,52	268,40	301,95	175,90	255,86	287,84	167,29	243,33	273,74	158,67	230,80	259,65	150,06	218,27	245,55	132,07	205,74	231,45
	II	3.362,58	184,94	269,00	302,63	176,32	256,47	288,53	167,70	243,94	274,43	159,09	231,40	260,33	150,47	218,87	246,23	132,96	206,34	232,13	114,31	193,80	218,03
	III	2.680,83	-	214,46	241,27	-	202,14	227,41	-	190,08	213,84	-	178,28	200,56	-	166,74	187,58	-	155,45	174,88	-	144,42	162,47
	IV	3.511,66	193,14	280,93	316,04	188,83	274,66	308,99	184,52	268,40	301,95	180,21	262,13	294,89	175,90	255,86	287,84	171,60	249,60	280,80	167,29	243,33	273,74
	V	4.026,08	221,43	322,08	362,34																		
	VI	4.070,41	223,87	325,63	366,33																		
1.573,99 (West)	I	3.505,16	192,78	280,41	315,46	184,16	267,88	301,36	175,55	255,34	287,26	166,93	242,81	273,16	158,31	230,28	259,06	149,70	217,74	244,96	131,28	205,21	230,86
	II	3.356,00	184,58	268,48	302,04	175,96	255,94	287,93	167,35	243,42	273,84	158,73	230,88	259,74	150,11	218,35	245,64	132,18	205,82	231,54	113,54	193,28	217,44
	III	2.674,16	-	213,93	240,67	-	201,62	226,82	-	189,58	213,28	-	177,80	200,02	-	166,26	187,04	-	154,98	174,35	-	143,96	161,95
	IV	3.505,16	192,78	280,41	315,46	188,47	274,14	308,41	184,16	267,88	301,36	179,85	261,61	294,31	175,55	255,34	287,26	171,24	249,08	280,21	166,93	242,81	273,16
	V	4.019,58	221,07	321,56	361,76																		
	VI	4.063,91	223,51	325,11	365,75																		
1.573,99 (Ost)	I	3.512,91	193,21	281,03	316,16	184,59	268,50	302,06	175,97	255,96	287,96	167,36	243,43	273,86	158,74	230,90	259,76	150,13	218,37	245,66	132,21	205,84	231,57
	II	3.363,83	185,01	269,10	302,74	176,39	256,57	288,64	167,77	244,04	274,54	159,16	231,50	260,44	150,54	218,97	246,34	133,11	206,44	232,24	114,47	193,91	218,15
	III	2.682,00	-	214,56	241,38	-	202,24	227,52	-	190,18	213,95	-	178,37	200,66	-	166,82	187,67	-	155,54	174,98	-	144,50	162,56
	IV	3.512,91	193,21	281,03	316,16	188,90	274,76	309,11	184,59	268,50	302,06	180,28	262,23	295,01	175,97	255,96	287,96	171,66	249,70	280,91	167,36	243,43	273,86
	V	4.027,41	221,50	322,19	362,46																		
	VI	4.071,66	223,94	325,73	366,44																		
1.576,99 (West)	I	3.506,41	192,85	280,51	315,57	184,23	267,98	301,47	175,61	255,44	287,37	167,00	242,91	273,27	158,38	230,38	259,17	149,76	217,84	245,07	131,43	205,31	230,97
	II	3.357,33	184,65	268,58	302,15	176,03	256,05	288,05	167,42	243,52	273,96	158,80	230,98	259,85	150,18	218,45	245,75	132,33	205,92	231,66	113,69	193,38	217,55
	III	2.675,50	-	214,04	240,79	-	201,73	226,94	-	189,68	213,39	-	177,89	200,12	-	166,34	187,13	-	155,08	174,46	-	144,05	162,05
	IV	3.506,41	192,85	280,51	315,57	188,54	274,24	308,52	184,23	267,98	301,47	179,92	261,71	294,42	175,61	255,44	287,37	171,31	249,18	280,32	167,00	242,91	273,27
	V	4.020,83	221,14	321,66	361,87																		
	VI	4.065,16	223,58	325,21	365,86																		
1.576,99 (Ost)	I	3.514,16	193,27	281,13	316,27	184,66	268,60	302,17	176,05	256,07	288,08	167,43	243,54	273,98	158,81	231,00	259,88	150,20	218,47	245,78	132,36	205,94	231,68
	II	3.365,08	185,07	269,20	302,85	176,46	256,67	288,75	167,84	244,14	274,65	159,22	231,60	260,55	150,61	219,07	246,45	133,27	206,54	232,36	114,62	194,01	218,26
	III	2.683,33	-	214,66	241,49	-	202,34	227,63	-	190,28	214,06	-	178,46	200,77	-	166,92	187,78	-	155,62	175,07	-	144,60	162,67
	IV	3.514,16	193,27	281,13	316,27	188,97	274,86	309,22	184,66	268,60	302,17	180,35	262,33	295,12	176,05	256,07	288,08	171,74	249,80	281,03	167,43	243,54	273,98
	V	4.028,66	221,57	322,29	362,57																		
	VI	4.072,91	224,01	325,83	366,56																		
1.579,99 (West)	I	3.507,66	192,92	280,61	315,68	184,30	268,08	301,59	175,68	255,54	287,48	167,07	243,01	273,38	158,45	230,48	259,29	149,83	217,94	245,18	131,58	205,41	231,08
	II	3.358,58	184,72	268,68	302,27	176,10	256,15	288,17	167,48	243,62	274,07	158,87	231,08	259,97	150,25	218,55	245,87	132,48	206,02	231,77	113,84	193,48	217,67
	III	2.676,66	-	214,13	240,89	-	201,82	227,05	-	189,77	213,49	-	177,98	200,23	-	166,44	187,24	-	155,16	174,55	-	144,14	162,16
	IV	3.507,66	192,92	280,61	315,68	188,61	274,34	308,63	184,30	268,08	301,59	179,99	261,81	294,53	175,68	255,54	287,48	171,38	249,28	280,44	167,07	243,01	273,38
	V	4.022,08	221,21	321,76	361,98																		
	VI	4.066,41	223,65	325,31	365,97																		
11.579,99 (Ost)	I	3.515,41	193,34	281,23	316,38	184,73	268,70	302,29	176,11	256,17	288,19	167,50	243,64	274,09	158,88	231,10	259,99	150,26	218,57	245,89	132,51	206,04	231,79
	II	3.366,33	185,14	269,30	302,96	176,53	256,77	288,86	167,91	244,24	274,77	159,30	231,71	260,67	150,68	219,18	246,57	133,41	206,64	232,47	114,77	194,11	218,37
	III	2.684,50	-	214,76	241,60	-	202,44	227,74	-	190,37	214,16	-	178,56	200,88	-	167,01	187,88	-	155,72	175,18	-	144,69	162,77
	IV	3.515,41	193,34	281,23	316,38	189,04	274,97	309,34	184,73	268,70	302,29	180,42	262,44	295,24	176,11	256,17	288,19	171,81	249,90	281,14	167,50	243,64	274,09
	V	4.029,91	221,64	322,39	362,69																		
	VI	4.074,25	224,08	325,94	366,68																		

Lohn/ Gehalt bis	Steuerklasse	Lohn- steuer	ohne Kinderfreibetrag SolZ 5,5%	Kirchensteuer 8%	9%	0,5 SolZ 5,5%	Kirchensteuer 8%	9%	1,0 SolZ 5,5%	Kirchensteuer 8%	9%	1,5 SolZ 5,5%	Kirchensteuer 8%	9%	2,0 SolZ 5,5%	Kirchensteuer 8%	9%	2,5 SolZ 5,5%	Kirchensteuer 8%	9%	3,0 SolZ 5,5%	Kirchensteuer 8%	9%
11.582,99 (West)	I	3.508,91	192,99	280,71	315,80	184,37	268,18	301,70	175,75	255,64	287,60	167,14	243,11	273,50	158,52	230,58	259,40	149,90	218,04	245,30	131,73	205,51	23
	II	3.359,83	184,79	268,78	302,38	176,17	256,25	288,28	167,55	243,72	274,18	158,94	231,18	260,08	150,32	218,65	245,98	132,63	206,12	231,88	113,99	193,58	21
	III	2.678,00	-	214,24	241,02	-	201,93	227,17	-	189,86	213,59	-	178,08	200,34	-	166,53	187,34	-	155,25	174,65	-	144,22	16
	IV	3.508,91	192,99	280,71	315,80	188,68	274,44	308,75	184,37	268,18	301,70	180,06	261,91	294,65	175,75	255,64	287,60	171,44	249,38	280,55	167,14	243,11	27
	V	4.023,33	221,28	321,86	362,09																		
	VI	4.067,66	223,72	325,41	366,08																		
11.582,99 (Ost)	I	3.516,75	193,42	281,34	316,50	184,80	268,80	302,40	176,18	256,27	288,30	167,57	243,74	274,20	158,95	231,20	260,10	150,33	218,67	246,00	132,66	206,14	23
	II	3.367,58	185,21	269,40	303,08	176,60	256,87	288,98	167,98	244,34	274,88	159,37	231,81	260,78	150,75	219,28	246,69	133,56	206,74	232,58	114,92	194,21	21
	III	2.685,83	-	214,86	241,72	-	202,53	227,84	-	190,46	214,27	-	178,66	200,99	-	167,10	187,99	-	155,81	175,28	-	144,77	16
	IV	3.516,75	193,42	281,34	316,50	189,11	275,07	309,45	184,80	268,80	302,40	180,49	262,54	295,35	176,18	256,27	288,30	171,87	250,00	281,25	167,57	243,74	27
	V	4.031,16	221,71	322,49	362,80																		
	VI	4.075,50	224,15	326,04	366,79																		
11.585,99 (West)	I	3.510,16	193,05	280,81	315,91	184,44	268,28	301,81	175,82	255,74	287,71	167,20	243,21	273,61	158,59	230,68	259,51	149,97	218,14	245,41	131,89	205,62	23
	II	3.361,08	184,85	268,88	302,49	176,24	256,35	288,39	167,62	243,82	274,29	159,00	231,28	260,19	150,39	218,75	246,09	132,78	206,22	231,99	114,14	193,68	21
	III	2.679,16	-	214,33	241,12	-	202,02	227,27	-	189,97	213,71	-	178,17	200,44	-	166,62	187,45	-	155,34	174,76	-	144,32	16
	IV	3.510,16	193,05	280,81	315,91	188,75	274,54	308,86	184,44	268,28	301,81	180,13	262,01	294,76	175,82	255,74	287,71	171,51	249,48	280,66	167,20	243,21	27
	V	4.024,58	221,35	321,96	362,21																		
	VI	4.068,91	223,79	325,51	366,20																		
11.585,99 (Ost)	I	3.518,00	193,49	281,44	316,62	184,87	268,90	302,51	176,25	256,37	288,41	167,64	243,84	274,32	159,02	231,30	260,21	150,40	218,77	246,11	132,81	206,24	232
	II	3.368,91	185,29	269,51	303,20	176,67	256,98	289,10	168,05	244,44	275,00	159,44	231,91	260,90	150,82	219,38	246,80	133,71	206,84	232,70	115,07	194,31	218
	III	2.687,00	-	214,96	241,83	-	202,64	227,97	-	190,56	214,38	-	178,76	201,10	-	167,20	188,10	-	155,90	175,39	-	144,86	162
	IV	3.518,00	193,49	281,44	316,62	189,18	275,17	309,56	184,87	268,90	302,51	180,56	262,64	295,47	176,25	256,37	288,41	171,94	250,10	281,36	167,64	243,84	274
	V	4.032,41	221,78	322,59	362,91																		
	VI	4.076,75	224,22	326,14	366,90																		
11.588,99 (West)	I	3.511,41	193,12	280,91	316,02	184,51	268,38	301,92	175,89	255,84	287,82	167,27	243,31	273,72	158,66	230,78	259,63	150,04	218,25	245,53	132,04	205,72	231
	II	3.362,33	184,92	268,98	302,60	176,31	256,45	288,50	167,69	243,92	274,41	159,07	231,38	260,30	150,46	218,85	246,20	132,93	206,32	232,11	114,28	193,78	218
	III	2.680,50	-	214,44	241,24	-	202,12	227,38	-	190,06	213,82	-	178,26	200,54	-	166,72	187,56	-	155,44	174,87	-	144,40	162
	IV	3.511,41	193,12	280,91	316,02	188,81	274,64	308,97	184,51	268,38	301,92	180,20	262,11	294,87	175,89	255,84	287,82	171,58	249,58	280,77	167,27	243,31	273
	V	4.025,83	221,42	322,06	362,32																		
	VI	4.070,16	223,85	325,61	366,31																		
11.588,99 (Ost)	I	3.519,25	193,55	281,54	316,73	184,94	269,00	302,63	176,32	256,47	288,53	167,70	243,94	274,43	159,09	231,40	260,33	150,47	218,87	246,23	132,96	206,34	232
	II	3.370,16	185,35	269,61	303,31	176,74	257,08	289,21	168,12	244,54	275,11	159,50	232,01	261,01	150,89	219,48	246,91	133,86	206,94	232,81	115,22	194,41	218
	III	2.688,33	-	215,06	241,94	-	202,73	228,07	-	190,66	214,49	-	178,85	201,20	-	167,29	188,20	-	155,98	175,48	-	144,94	163
	IV	3.519,25	193,55	281,54	316,73	189,25	275,27	309,68	184,94	269,00	302,63	180,63	262,74	295,58	176,32	256,47	288,53	172,01	250,20	281,48	167,70	243,94	274
	V	4.033,66	221,85	322,69	363,02																		
	VI	4.078,00	224,29	326,24	367,02																		
11.591,99 (West)	I	3.512,66	193,19	281,01	316,13	184,58	268,48	302,04	175,96	255,94	287,93	167,35	243,42	273,84	158,73	230,88	259,74	150,11	218,35	245,64	132,18	205,82	231
	II	3.363,58	184,99	269,08	302,72	176,38	256,55	288,62	167,76	244,02	274,52	159,14	231,48	260,42	150,53	218,95	246,32	133,09	206,42	232,22	114,44	193,89	218
	III	2.681,66	-	214,53	241,34	-	202,22	227,50	-	190,16	213,93	-	178,36	200,65	-	166,81	187,66	-	155,52	174,96	-	144,49	162
	IV	3.512,66	193,19	281,01	316,13	188,88	274,74	309,08	184,58	268,48	302,04	180,27	262,21	294,98	175,96	255,94	287,93	171,65	249,68	280,89	167,35	243,42	273
	V	4.027,16	221,49	322,17	362,44																		
	VI	4.071,41	223,92	325,71	366,42																		
11.591,99 (Ost)	I	3.520,50	193,62	281,64	316,84	185,01	269,10	302,74	176,39	256,57	288,64	167,77	244,04	274,54	159,16	231,50	260,44	150,54	218,97	246,34	133,11	206,44	232
	II	3.371,41	185,42	269,71	303,42	176,81	257,18	289,32	168,19	244,64	275,22	159,57	232,11	261,12	150,96	219,58	247,02	134,01	207,04	232,92	115,37	194,51	218
	III	2.689,50	-	215,16	242,05	-	202,82	228,17	-	190,76	214,60	-	178,94	201,31	-	167,38	188,30	-	156,08	175,59	-	145,04	163
	IV	3.520,50	193,62	281,64	316,84	189,31	275,37	309,79	185,01	269,10	302,74	180,70	262,84	295,69	176,39	256,57	288,64	172,08	250,30	281,59	167,77	244,04	274,
	V	4.034,91	221,92	322,79	363,14																		
	VI	4.079,25	224,35	326,34	367,13																		
11.594,99 (West)	I	3.513,91	193,26	281,11	316,25	184,65	268,58	302,15	176,03	256,05	288,05	167,42	243,52	273,96	158,80	230,98	259,85	150,18	218,45	245,75	132,33	205,92	231
	II	3.364,83	185,06	269,18	302,83	176,44	256,65	288,73	167,83	244,12	274,63	159,21	231,58	260,53	150,60	219,06	246,44	133,24	206,52	232,34	114,59	193,99	218,
	III	2.683,00	-	214,64	241,47	-	202,32	227,61	-	190,25	214,03	-	178,45	200,75	-	166,90	187,76	-	155,61	175,06	-	144,57	162
	IV	3.513,91	193,26	281,11	316,25	188,95	274,84	309,20	184,65	268,58	302,15	180,34	262,32	295,11	176,03	256,05	288,05	171,72	249,78	281,00	167,42	243,52	273,
	V	4.028,41	221,56	322,27	362,55																		
	VI	4.072,66	223,99	325,81	366,53																		
11.594,99 (Ost)	I	3.521,75	193,69	281,74	316,95	185,07	269,20	302,85	176,46	256,67	288,75	167,84	244,14	274,65	159,22	231,60	260,55	150,61	219,07	246,45	133,27	206,54	232,
	II	3.372,66	185,49	269,81	303,53	176,88	257,28	289,44	168,26	244,74	275,33	159,64	232,21	261,23	151,03	219,68	247,14	134,16	207,14	233,03	115,51	194,61	218,
	III	2.690,83	-	215,26	242,17	-	202,93	228,29	-	190,85	214,70	-	179,04	201,42	-	167,48	188,41	-	156,17	175,69	-	145,12	163,
	IV	3.521,75	193,69	281,74	316,95	189,38	275,47	309,90	185,07	269,20	302,85	180,77	262,94	295,80	176,46	256,67	288,75	172,15	250,40	281,70	167,84	244,14	274,
	V	4.036,16	221,98	322,89	363,25																		
	VI	4.080,50	224,42	326,44	367,24																		
11.597,99 (West)	I	3.515,25	193,33	281,22	316,37	184,72	268,68	302,27	176,10	256,15	288,17	167,48	243,62	274,07	158,87	231,08	259,97	150,25	218,55	245,87	132,48	206,02	231,
	II	3.366,08	185,13	269,28	302,94	176,51	256,75	288,84	167,90	244,22	274,75	159,28	231,69	260,65	150,67	219,16	246,55	133,38	206,62	232,45	114,74	194,09	218,
	III	2.684,16	-	214,73	241,57	-	202,41	227,71	-	190,34	214,13	-	178,54	200,86	-	167,00	187,87	-	155,70	175,16	-	144,66	162,
	IV	3.515,25	193,33	281,22	316,37	189,03	274,95	309,32	184,72	268,68	302,27	180,41	262,42	295,22	176,10	256,15	288,17	171,79	249,88	281,12	167,48	243,62	274,
	V	4.029,66	221,63	322,37	362,66																		
	VI	4.074,00	224,07	325,92	366,66																		
11.597,99 (Ost)	I	3.523,00	193,76	281,84	317,07	185,14	269,30	302,96	176,53	256,77	288,86	167,91	244,24	274,77	159,30	231,71	260,67	150,68	219,18	246,57	133,41	206,64	232,
	II	3.373,91	185,56	269,91	303,65	176,94	257,38	289,55	168,33	244,84	275,45	159,71	232,31	261,35	151,09	219,78	247,25	134,31	207,24	233,15	115,66	194,71	219,
	III	2.692,00	-	215,36	242,28	-	203,02	228,40	-	190,94	214,81	-	179,13	201,52	-	167,57	188,51	-	156,26	175,79	-	145,21	163,
	IV	3.523,00	193,76	281,84	317,07	189,45	275,57	310,01	185,14	269,30	302,96	180,84	263,04	295,92	176,53	256,77	288,86	172,22	250,50	281,81	167,91	244,24	274,
	V	4.037,50	222,06	323,00	363,37																		
	VI	4.081,75	224,49	326,54	367,35																		
11.600,99 (West)	I	3.516,50	193,40	281,32	316,48	184,79	268,78	302,38	176,17	256,25	288,28	167,55	243,72	274,18	158,94	231,18	260,08	150,32	218,65	245,98	132,63	206,12	231,8
	II	3.367,33	185,20	269,38	303,05	176,59	256,86	288,96	167,97	244,32	274,86	159,35	231,79	260,76	150,74	219,26	246,66	133,53	206,72	232,56	114,89	194,19	218,4
	III	2.685,50	-	214,84	241,69	-	202,52	227,83	-	190,45	214,25	-	178,64	200,97	-	167,09	187,97	-	155,78	175,25	-	144,76	162,8
	IV	3.516,50	193,40	281,32	316,48	189,09	275,05	309,43	184,79	268,78	302,38	180,48	262,52	295,33	176,17	256,25	288,28	171,86	249,98	281,23	167,55	243,72	274,1
	V	4.030,91	221,70	322,47	362,78																		
	VI	4.075,25	224,13	326,02	366,77																		
11.600,99 (Ost)	I	3.524,25	193,83	281,94	317,18	185,21	269,40	303,08	176,60	256,87	288,98	167,98	244,34	274,88	159,37	231,81	260,78	150,75	219,28	246,69	133,56	206,74	232,5
	II	3.375,16	185,63	270,01	303,76	177,01	257,48	289,66	168,40	244,94	275,56	159,78	232,41	261,46	151,16	219,88	247,36	134,47	207,35	233,27	115,82	194,82	219,1
	III	2.693,33	-	215,46	242,39	-	203,12	228,51	-	191,04	214,92	-	179,22	201,62	-	167,65	188,60	-	156,34	175,88	-	145,30	163,4
	IV	3.524,25	193,83	281,94	317,18	189,52	275,67	310,13	185,21	269,40	303,08	180,90	263,14	296,03	176,60	256,87	288,98	172,29	250,61	281,93	167,98	244,34	274,8
	V	4.038,75	222,13	323,10	363,48																		
	VI	4.083,00	224,56	326,64	367,47																		

Allgemeine Tabelle

MONAT bis 11.621,99 €

Lohn/ Gehalt bis	Steuerklasse	Lohn- steuer	ohne Kinderfreibetrag SolZ 5,5%	Kirchensteuer 8%	Kirchensteuer 9%	0,5 SolZ 5,5%	0,5 Kirchensteuer 8%	0,5 Kirchensteuer 9%	1,0 SolZ 5,5%	1,0 Kirchensteuer 8%	1,0 Kirchensteuer 9%	1,5 SolZ 5,5%	1,5 Kirchensteuer 8%	1,5 Kirchensteuer 9%	2,0 SolZ 5,5%	2,0 Kirchensteuer 8%	2,0 Kirchensteuer 9%	2,5 SolZ 5,5%	2,5 Kirchensteuer 8%	2,5 Kirchensteuer 9%	3,0 SolZ 5,5%	3,0 Kirchensteuer 8%	3,0 Kirchensteuer 9%
						Anzahl Kinderfreibeträge (nur Steuerklassen I–IV)																	
1.603,99	I	3.517,75	193,47	281,42	316,59	184,85	268,88	302,49	176,24	256,35	288,39	167,62	243,82	274,29	159,00	231,28	260,19	150,39	218,75	246,09	132,78	206,22	231,99
(West)	II	3.368,66	185,27	269,49	303,17	176,66	256,96	289,08	168,04	244,42	274,97	159,42	231,89	260,87	150,81	219,36	246,78	133,68	206,82	232,67	115,04	194,29	218,57
	III	2.686,66	-	214,93	241,79	-	202,61	227,93	-	190,54	214,36	-	178,73	201,07	-	167,17	188,06	-	155,88	175,36	-	144,84	162,94
	IV	3.517,75	193,47	281,42	316,59	189,16	275,15	309,54	184,85	268,88	302,49	180,55	262,62	295,44	176,24	256,35	288,39	171,93	250,08	281,34	167,62	243,82	274,29
	V	4.032,16	221,76	322,57	362,89																		
	VI	4.076,50	224,20	326,12	366,88																		
1.603,99	I	3.525,50	193,90	282,04	317,29	185,29	269,51	303,20	176,67	256,98	289,10	168,05	244,44	275,00	159,44	231,91	260,90	150,82	219,38	246,80	133,71	206,84	232,70
(Ost)	II	3.376,41	185,70	270,11	303,87	177,08	257,58	289,77	168,46	245,04	275,67	159,85	232,51	261,57	151,24	219,98	247,48	134,61	207,45	233,38	115,97	194,92	219,28
	III	2.694,50	-	215,56	242,50	-	203,22	228,62	-	191,14	215,03	-	179,32	201,73	-	167,74	188,71	-	156,44	175,99	-	145,38	163,55
	IV	3.525,50	193,90	282,04	317,29	189,59	275,77	310,24	185,29	269,51	303,20	180,98	263,24	296,15	176,67	256,98	289,10	172,36	250,71	282,05	168,05	244,44	275,00
	V	4.040,00	222,20	323,20	363,60																		
	VI	4.084,25	224,63	326,74	367,58																		
1.606,99	I	3.519,00	193,54	281,52	316,71	184,92	268,98	302,60	176,31	256,45	288,50	167,69	243,92	274,41	159,07	231,38	260,30	150,46	218,85	246,20	132,93	206,32	232,11
(West)	II	3.369,91	185,34	269,59	303,29	176,72	257,06	289,19	168,11	244,52	275,09	159,49	231,99	260,99	150,87	219,46	246,89	133,83	206,92	232,79	115,19	194,39	218,69
	III	2.688,00	-	215,04	241,92	-	202,70	228,04	-	190,64	214,47	-	178,82	201,17	-	167,26	188,17	-	155,97	175,46	-	144,93	163,04
	IV	3.519,00	193,54	281,52	316,71	189,23	275,25	309,65	184,92	268,98	302,60	180,62	262,72	295,56	176,31	256,45	288,50	172,00	250,18	281,45	167,69	243,92	274,41
	V	4.033,41	221,83	322,67	363,00																		
	VI	4.077,75	224,27	326,22	366,99																		
1.606,99	I	3.526,83	193,97	282,14	317,41	185,35	269,61	303,31	176,74	257,08	289,21	168,12	244,54	275,11	159,50	232,01	261,01	150,89	219,48	246,91	133,86	206,94	232,81
(Ost)	II	3.377,66	185,77	270,21	303,98	177,15	257,68	289,89	168,54	245,15	275,79	159,92	232,62	261,69	151,30	220,08	247,59	134,76	207,55	233,49	116,12	195,02	219,39
	III	2.695,83	-	215,66	242,62	-	203,32	228,73	-	191,24	215,14	-	179,41	201,83	-	167,84	188,82	-	156,53	176,09	-	145,48	163,66
	IV	3.526,83	193,97	282,14	317,41	189,66	275,88	310,36	185,35	269,61	303,31	181,05	263,34	296,26	176,74	257,08	289,21	172,43	250,81	282,16	168,12	244,54	275,11
	V	4.041,25	222,26	323,30	363,71																		
	VI	4.085,58	224,70	326,84	367,70																		
1.609,99	I	3.520,25	193,61	281,62	316,82	184,99	269,08	302,72	176,38	256,55	288,62	167,76	244,02	274,52	159,14	231,48	260,42	150,53	218,95	246,32	133,09	206,42	232,22
(West)	II	3.371,16	185,41	269,69	303,40	176,79	257,16	289,30	168,18	244,62	275,20	159,56	232,09	261,10	150,94	219,56	247,00	133,98	207,02	232,90	115,34	194,49	218,80
	III	2.689,16	-	215,13	242,02	-	202,81	228,16	-	190,73	214,57	-	178,92	201,28	-	167,36	188,28	-	156,06	175,57	-	145,01	163,13
	IV	3.520,25	193,61	281,62	316,82	189,30	275,35	309,77	184,99	269,08	302,72	180,68	262,82	295,67	176,38	256,55	288,62	172,07	250,28	281,57	167,76	244,02	274,52
	V	4.034,66	221,90	322,77	363,11																		
	VI	4.079,00	224,34	326,32	367,11																		
1.609,99	I	3.528,08	194,04	282,24	317,52	185,42	269,71	303,42	176,81	257,18	289,32	168,19	244,64	275,22	159,57	232,11	261,12	150,96	219,58	247,02	134,01	207,04	232,92
(Ost)	II	3.378,91	185,84	270,31	304,10	177,22	257,78	290,00	168,61	245,25	275,90	159,99	232,72	261,81	151,37	220,18	247,70	134,91	207,65	233,60	116,27	195,12	219,51
	III	2.697,00	-	215,76	242,73	-	203,42	228,85	-	191,33	215,24	-	179,50	201,94	-	167,93	188,92	-	156,62	176,20	-	145,56	163,75
	IV	3.528,08	194,04	282,24	317,52	189,73	275,98	310,47	185,42	269,71	303,42	181,11	263,44	296,37	176,81	257,18	289,32	172,50	250,91	282,27	168,19	244,64	275,22
	V	4.042,50	222,33	323,40	363,82																		
	VI	4.086,83	224,77	326,94	367,81																		
11.612,99	I	3.521,50	193,68	281,72	316,93	185,06	269,18	302,83	176,44	256,65	288,73	167,83	244,12	274,63	159,21	231,58	260,53	150,60	219,06	246,44	133,24	206,52	232,34
(West)	II	3.372,41	185,48	269,79	303,51	176,86	257,26	289,41	168,24	244,72	275,31	159,63	232,19	261,21	151,01	219,66	247,11	134,13	207,12	233,01	115,48	194,59	218,91
	III	2.690,50	-	215,24	242,14	-	202,90	228,26	-	190,82	214,67	-	179,01	201,38	-	167,45	188,38	-	156,14	175,66	-	145,10	163,24
	IV	3.521,50	193,68	281,72	316,93	189,37	275,45	309,88	185,06	269,18	302,83	180,75	262,92	295,78	176,44	256,65	288,73	172,14	250,38	281,68	167,83	244,12	274,63
	V	4.035,91	221,97	322,87	363,23																		
	VI	4.080,25	224,41	326,42	367,22																		
11.612,99	I	3.529,33	194,11	282,34	317,63	185,49	269,81	303,53	176,88	257,28	289,44	168,26	244,74	275,33	159,64	232,21	261,23	151,03	219,68	247,14	134,16	207,14	233,03
(Ost)	II	3.380,25	185,91	270,42	304,22	177,29	257,88	290,12	168,68	245,35	276,02	160,06	232,82	261,92	151,44	220,28	247,82	135,06	207,75	233,72	116,42	195,22	219,62
	III	2.698,33	-	215,86	242,84	-	203,52	228,96	-	191,42	215,35	-	179,60	202,05	-	168,02	189,02	-	156,70	176,29	-	145,65	163,85
	IV	3.529,33	194,11	282,34	317,63	189,80	276,08	310,59	185,49	269,81	303,53	181,18	263,54	296,48	176,88	257,28	289,44	172,57	251,01	282,38	168,26	244,74	275,33
	V	4.043,75	222,40	323,50	363,93																		
	VI	4.088,08	224,84	327,04	367,92																		
11.615,99	I	3.522,75	193,75	281,82	317,04	185,13	269,28	302,94	176,51	256,75	288,84	167,90	244,22	274,75	159,28	231,69	260,65	150,67	219,16	246,55	133,38	206,62	232,45
(West)	II	3.373,66	185,55	269,89	303,62	176,93	257,36	289,53	168,31	244,82	275,42	159,70	232,29	261,32	151,08	219,76	247,23	134,28	207,22	233,12	115,64	194,70	219,03
	III	2.691,66	-	215,33	242,24	-	203,00	228,37	-	190,93	214,79	-	179,10	201,49	-	167,54	188,48	-	156,24	175,77	-	145,20	163,35
	IV	3.522,75	193,75	281,82	317,04	189,44	275,55	309,99	185,13	269,28	302,94	180,82	263,02	295,89	176,51	256,75	288,84	172,20	250,48	281,79	167,90	244,22	274,75
	V	4.037,25	222,04	322,98	363,35																		
	VI	4.081,50	224,48	326,52	367,33																		
11.615,99	I	3.530,58	194,18	282,44	317,75	185,56	269,91	303,65	176,94	257,38	289,55	168,33	244,84	275,45	159,71	232,31	261,35	151,09	219,78	247,25	134,31	207,24	233,15
(Ost)	II	3.381,50	185,98	270,52	304,33	177,36	257,98	290,23	168,74	245,45	276,13	160,13	232,92	262,03	151,51	220,38	247,93	135,21	207,85	233,83	116,57	195,32	219,73
	III	2.699,50	-	215,96	242,95	-	203,61	229,06	-	191,53	215,47	-	179,69	202,15	-	168,12	189,13	-	156,80	176,40	-	145,74	163,96
	IV	3.530,58	194,18	282,44	317,75	189,87	276,18	310,70	185,56	269,91	303,65	181,25	263,64	296,60	176,94	257,38	289,55	172,64	251,11	282,50	168,33	244,84	275,45
	V	4.045,00	222,47	323,60	364,05																		
	VI	4.089,33	224,91	327,14	368,03																		
11.618,99	I	3.524,00	193,82	281,92	317,16	185,20	269,38	303,05	176,59	256,86	288,96	167,97	244,32	274,86	159,35	231,79	260,76	150,74	219,26	246,66	133,53	206,72	232,56
(West)	II	3.374,91	185,62	269,99	303,74	177,00	257,46	289,64	168,38	244,92	275,54	159,77	232,39	261,44	151,15	219,86	247,34	134,44	207,33	233,24	115,79	194,80	219,15
	III	2.693,00	-	215,44	242,37	-	203,10	228,49	-	191,02	214,90	-	179,20	201,60	-	167,64	188,59	-	156,33	175,87	-	145,28	163,44
	IV	3.524,00	193,82	281,92	317,16	189,51	275,65	310,10	185,20	269,38	303,05	180,89	263,12	296,01	176,59	256,86	288,96	172,28	250,59	281,91	167,97	244,32	274,86
	V	4.038,50	222,11	323,08	363,46																		
	VI	4.082,75	224,55	326,62	367,44																		
11.618,99	I	3.531,83	194,25	282,54	317,86	185,63	270,01	303,76	177,01	257,48	289,66	168,40	244,94	275,56	159,78	232,41	261,46	151,16	219,88	247,36	134,47	207,35	233,27
(Ost)	II	3.382,75	186,05	270,62	304,44	177,43	258,08	290,34	168,81	245,55	276,24	160,20	233,02	262,14	151,58	220,48	248,04	135,36	207,95	233,94	116,71	195,42	219,84
	III	2.700,83	-	216,06	243,07	-	203,72	229,18	-	191,62	215,57	-	179,78	202,25	-	168,21	189,23	-	156,89	176,50	-	145,82	164,05
	IV	3.531,83	194,25	282,54	317,86	189,94	276,28	310,81	185,63	270,01	303,76	181,32	263,74	296,71	177,01	257,48	289,66	172,70	251,21	282,61	168,40	244,94	275,56
	V	4.046,25	222,54	323,70	364,16																		
	VI	4.090,58	224,98	327,24	368,15																		
11.621,99	I	3.525,33	193,89	282,02	317,27	185,27	269,49	303,17	176,66	256,96	289,08	168,04	244,42	274,97	159,42	231,89	260,87	150,81	219,36	246,78	133,68	206,82	232,67
(West)	II	3.376,16	185,68	270,09	303,85	177,07	257,56	289,75	168,45	245,02	275,65	159,84	232,50	261,56	151,22	219,96	247,46	134,58	207,43	233,36	115,94	194,90	219,26
	III	2.694,33	-	215,54	242,48	-	203,20	228,60	-	191,12	215,01	-	179,29	201,70	-	167,73	188,69	-	156,42	175,97	-	145,37	163,54
	IV	3.525,33	193,89	282,02	317,27	189,58	275,76	310,23	185,27	269,49	303,17	180,96	263,22	296,12	176,66	256,96	289,08	172,35	250,69	282,02	168,04	244,42	274,97
	V	4.039,75	222,18	323,18	363,57																		
	VI	4.084,08	224,62	326,72	367,56																		
11.621,99	I	3.533,08	194,31	282,64	317,97	185,70	270,11	303,87	177,08	257,58	289,77	168,46	245,04	275,67	159,85	232,51	261,57	151,24	219,98	247,48	134,61	207,45	233,38
(Ost)	II	3.384,00	186,12	270,72	304,56	177,50	258,18	290,45	168,88	245,65	276,35	160,27	233,12	262,26	151,65	220,58	248,15	135,51	208,05	234,05	116,86	195,52	219,96
	III	2.702,00	-	216,16	243,18	-	203,81	229,28	-	191,72	215,68	-	179,88	202,36	-	168,30	189,34	-	156,98	176,60	-	145,92	164,16
	IV	3.533,08	194,31	282,64	317,97	190,01	276,38	310,92	185,70	270,11	303,87	181,39	263,84	296,82	177,08	257,58	289,77	172,77	251,31	282,72	168,46	245,04	275,67
	V	4.047,50	222,61	323,80	364,27																		
	VI	4.091,83	225,05	327,34	368,26																		

MONAT bis 11.642,99 €

Lohn/ Gehalt bis	Steuerklasse	Lohnsteuer	ohne Kinderfreibetrag SolZ 5,5%	ohne Kinderfreibetrag Kirchensteuer 8%	ohne Kinderfreibetrag Kirchensteuer 9%	0,5 SolZ 5,5%	0,5 Kirchensteuer 8%	0,5 Kirchensteuer 9%	1,0 SolZ 5,5%	1,0 Kirchensteuer 8%	1,0 Kirchensteuer 9%	1,5 SolZ 5,5%	1,5 Kirchensteuer 8%	1,5 Kirchensteuer 9%	2,0 SolZ 5,5%	2,0 Kirchensteuer 8%	2,0 Kirchensteuer 9%	2,5 SolZ 5,5%	2,5 Kirchensteuer 8%	2,5 Kirchensteuer 9%	3,0 SolZ 5,5%	3,0 Kirchensteuer 8%	3,0 Kirchensteuer 9%
						Anzahl Kinderfreibeträge (nur Steuerklassen I–IV)																	
11.624,99 *(West)*	I	3.526,58	193,96	282,12	317,39	185,34	269,59	303,29	176,72	257,06	289,19	168,11	244,52	275,09	159,49	231,99	260,99	150,87	219,46	246,89	133,83	206,92	232,
	II	3.377,41	185,75	270,19	303,96	177,14	257,66	289,87	168,52	245,13	275,77	159,91	232,60	261,67	151,29	220,06	247,57	134,73	207,53	233,47	116,09	195,00	219
	III	2.695,50	-	215,64	242,59	-	203,30	228,71	-	191,21	215,11	-	179,38	201,80	-	167,82	188,80	-	156,50	176,06	-	145,45	163,
	IV	3.526,58	193,96	282,12	317,39	189,65	275,86	310,34	185,34	269,59	303,29	181,03	263,32	296,24	176,72	257,06	289,19	172,42	250,79	282,14	168,11	244,52	275,
	V	4.041,00	222,25	323,28	363,69																		
	VI	4.085,33	224,69	326,82	367,67																		
11.624,99 *(Ost)*	I	3.534,33	194,38	282,74	318,08	185,77	270,21	303,98	177,15	257,68	289,89	168,54	245,15	275,79	159,92	232,62	261,69	151,30	220,08	247,59	134,76	207,55	233,
	II	3.385,25	186,18	270,82	304,67	177,57	258,28	290,57	168,95	245,75	276,47	160,33	233,22	262,37	151,72	220,68	248,27	135,66	208,15	234,17	117,02	195,62	220
	III	2.703,33	-	216,26	243,29	-	203,90	229,39	-	191,81	215,78	-	179,97	202,46	-	168,40	189,45	-	157,06	176,69	-	146,00	164,
	IV	3.534,33	194,38	282,74	318,08	190,08	276,48	311,04	185,77	270,21	303,98	181,46	263,94	296,93	177,15	257,68	289,89	172,84	251,41	282,83	168,54	245,15	275
	V	4.048,83	222,68	323,90	364,39																		
	VI	4.093,08	225,11	327,44	368,37																		
11.627,99 *(West)*	I	3.527,83	194,03	282,22	317,50	185,41	269,69	303,40	176,79	257,16	289,30	168,18	244,62	275,20	159,56	232,09	261,10	150,94	219,56	247,00	133,98	207,02	232,
	II	3.378,75	185,83	270,30	304,08	177,21	257,76	289,98	168,59	245,23	275,88	159,98	232,70	261,78	151,36	220,16	247,68	134,88	207,63	233,58	116,24	195,10	219,
	III	2.696,83	-	215,74	242,71	-	203,40	228,82	-	191,30	215,21	-	179,48	201,91	-	167,92	188,91	-	156,60	176,17	-	145,54	163,
	IV	3.527,83	194,03	282,22	317,50	189,72	275,96	310,45	185,41	269,69	303,40	181,10	263,42	296,35	176,79	257,16	289,30	172,48	250,89	282,25	168,18	244,62	275,
	V	4.042,25	222,32	323,38	363,80																		
	VI	4.086,58	224,76	326,92	367,79																		
11.627,99 *(Ost)*	I	3.535,58	194,45	282,84	318,20	185,84	270,31	304,10	177,22	257,78	290,00	168,61	245,25	275,90	159,99	232,72	261,81	151,37	220,18	247,70	134,91	207,65	233,
	II	3.386,50	186,25	270,92	304,78	177,64	258,38	290,68	169,02	245,85	276,58	160,40	233,32	262,48	151,79	220,79	248,39	135,81	208,26	234,29	117,17	195,72	220,
	III	2.704,50	-	216,36	243,40	-	204,01	229,51	-	191,90	215,89	-	180,06	202,57	-	168,49	189,55	-	157,16	176,80	-	146,09	164,
	IV	3.535,58	194,45	282,84	318,20	190,14	276,58	311,15	185,84	270,31	304,10	181,53	264,05	297,05	177,22	257,78	290,00	172,92	251,52	282,96	168,61	245,25	275,
	V	4.050,08	222,75	324,00	364,50																		
	VI	4.094,33	225,18	327,54	368,48																		
11.630,99 *(West)*	I	3.529,08	194,09	282,32	317,61	185,48	269,79	303,51	176,86	257,26	289,41	168,24	244,72	275,31	159,63	232,19	261,21	151,01	219,66	247,11	134,13	207,12	233,
	II	3.380,00	185,90	270,40	304,20	177,28	257,86	290,09	168,66	245,33	275,99	160,05	232,80	261,90	151,43	220,26	247,79	135,03	207,73	233,69	116,39	195,20	219,
	III	2.698,00	-	215,84	242,82	-	203,49	228,92	-	191,41	215,33	-	179,57	202,01	-	168,01	189,01	-	156,69	176,27	-	145,62	163,
	IV	3.529,08	194,09	282,32	317,61	189,79	276,06	310,56	185,48	269,79	303,51	181,17	263,52	296,46	176,86	257,26	289,41	172,55	250,99	282,36	168,24	244,72	275,
	V	4.043,50	222,39	323,48	363,91																		
	VI	4.087,83	224,83	327,02	367,90																		
11.630,99 *(Ost)*	I	3.536,91	194,53	282,95	318,32	185,91	270,42	304,22	177,29	257,88	290,12	168,68	245,35	276,02	160,06	232,82	261,92	151,44	220,28	247,82	135,06	207,75	233,
	II	3.387,75	186,32	271,02	304,89	177,70	258,48	290,79	169,09	245,95	276,69	160,48	233,42	262,60	151,86	220,89	248,50	135,96	208,36	234,40	117,32	195,82	220,
	III	2.705,83	-	216,46	243,52	-	204,10	229,61	-	192,01	216,01	-	180,16	202,68	-	168,57	189,64	-	157,25	176,90	-	146,18	164,
	IV	3.536,91	194,53	282,95	318,32	190,22	276,68	311,27	185,91	270,42	304,22	181,60	264,15	297,17	177,29	257,88	290,12	172,98	251,62	283,07	168,68	245,35	276,
	V	4.051,33	222,82	324,10	364,61																		
	VI	4.095,66	225,26	327,65	368,60																		
11.633,99 *(West)*	I	3.530,33	194,16	282,42	317,72	185,55	269,89	303,62	176,93	257,36	289,53	168,31	244,82	275,42	159,70	232,29	261,32	151,08	219,76	247,23	134,28	207,22	233,
	II	3.381,25	185,96	270,50	304,31	177,35	257,96	290,21	168,73	245,43	276,11	160,11	232,90	262,01	151,50	220,36	247,91	135,18	207,83	233,81	116,54	195,30	219,
	III	2.699,33	-	215,94	242,93	-	203,60	229,05	-	191,50	215,44	-	179,68	202,14	-	168,09	189,10	-	156,78	176,38	-	145,72	163,
	IV	3.530,33	194,16	282,42	317,72	189,86	276,16	310,68	185,55	269,89	303,62	181,24	263,62	296,57	176,93	257,36	289,53	172,62	251,09	282,47	168,31	244,82	275,
	V	4.044,75	222,46	323,58	364,02																		
	VI	4.089,08	224,89	327,12	368,01																		
11.633,99 *(Ost)*	I	3.538,16	194,59	283,05	318,43	185,98	270,52	304,33	177,36	257,98	290,23	168,74	245,45	276,13	160,13	232,92	262,03	151,51	220,38	247,93	135,21	207,85	233,
	II	3.389,00	186,39	271,12	305,01	177,78	258,59	290,91	169,16	246,06	276,81	160,54	233,52	262,71	151,93	220,99	248,61	136,11	208,46	234,51	117,47	195,92	220,
	III	2.707,00	-	216,56	243,63	-	204,20	229,72	-	192,10	216,11	-	180,25	202,78	-	168,66	189,74	-	157,34	177,01	-	146,26	164,
	IV	3.538,16	194,59	283,05	318,43	190,29	276,78	311,38	185,98	270,52	304,33	181,67	264,25	297,28	177,36	257,98	290,23	173,05	251,72	283,18	168,74	245,45	276,
	V	4.052,58	222,89	324,20	364,73																		
	VI	4.096,91	225,33	327,75	368,72																		
11.636,99 *(West)*	I	3.531,58	194,23	282,52	317,84	185,62	269,99	303,74	177,00	257,46	289,64	168,38	244,92	275,54	159,77	232,39	261,44	151,15	219,86	247,34	134,44	207,33	233,
	II	3.382,50	186,03	270,60	304,42	177,42	258,06	290,32	168,80	245,53	276,22	160,18	233,00	262,12	151,57	220,46	248,02	135,33	207,93	233,92	116,68	195,40	219,
	III	2.700,50	-	216,04	243,04	-	203,69	229,15	-	191,60	215,55	-	179,77	202,24	-	168,18	189,20	-	156,86	176,47	-	145,81	164,
	IV	3.531,58	194,23	282,52	317,84	189,92	276,26	310,79	185,62	269,99	303,74	181,31	263,72	296,69	177,00	257,46	289,64	172,69	251,19	282,59	168,38	244,92	275,
	V	4.046,00	222,53	323,68	364,14																		
	VI	4.090,33	224,96	327,22	368,12																		
11.636,99 *(Ost)*	I	3.539,41	194,66	283,15	318,54	186,05	270,62	304,44	177,43	258,08	290,34	168,81	245,55	276,24	160,20	233,02	262,14	151,58	220,48	248,04	135,36	207,95	233,9
	II	3.390,33	186,46	271,22	305,12	177,85	258,69	291,02	169,23	246,16	276,93	160,61	233,62	262,82	152,00	221,09	248,72	136,26	208,56	234,63	117,62	196,02	220,5
	III	2.708,33	-	216,66	243,74	-	204,30	229,84	-	192,20	216,22	-	180,36	202,90	-	168,76	189,85	-	157,42	177,10	-	146,36	164,6
	IV	3.539,41	194,66	283,15	318,54	190,35	276,88	311,49	186,05	270,62	304,44	181,74	264,35	297,39	177,43	258,08	290,34	173,12	251,82	283,29	168,81	245,55	276,2
	V	4.053,83	222,96	324,30	364,84																		
	VI	4.098,16	225,39	327,85	368,83																		
11.639,99 *(West)*	I	3.532,83	194,30	282,62	317,95	185,68	270,09	303,85	177,07	257,56	289,75	168,45	245,02	275,65	159,84	232,50	261,56	151,22	219,96	247,46	134,58	207,43	233,3
	II	3.383,75	186,10	270,70	304,53	177,48	258,16	290,43	168,87	245,63	276,33	160,25	233,10	262,23	151,63	220,56	248,13	135,48	208,03	234,03	116,84	195,50	219,9
	III	2.701,83	-	216,14	243,16	-	203,78	229,25	-	191,69	215,65	-	179,86	202,34	-	168,28	189,31	-	156,96	176,58	-	145,89	164,1
	IV	3.532,83	194,30	282,62	317,95	189,99	276,36	310,90	185,68	270,09	303,85	181,38	263,82	296,80	177,07	257,56	289,75	172,76	251,29	282,70	168,45	245,02	275,6
	V	4.047,33	222,60	323,78	364,25																		
	VI	4.091,58	225,03	327,32	368,24																		
11.639,99 *(Ost)*	I	3.540,66	194,73	283,25	318,65	186,12	270,72	304,56	177,50	258,18	290,45	168,88	245,65	276,35	160,27	233,12	262,26	151,65	220,58	248,15	135,51	208,05	234,0
	II	3.391,58	186,53	271,32	305,24	177,92	258,79	291,14	169,30	246,26	277,04	160,68	233,72	262,94	152,07	221,19	248,84	136,41	208,66	234,74	117,77	196,12	220,6
	III	2.709,66	-	216,77	243,86	-	204,40	229,95	-	192,29	216,32	-	180,45	203,00	-	168,85	189,95	-	157,52	177,21	-	146,44	164,7
	IV	3.540,66	194,73	283,25	318,65	190,42	276,98	311,60	186,12	270,72	304,56	181,81	264,45	297,50	177,50	258,18	290,45	173,19	251,92	283,41	168,88	245,65	276,3
	V	4.055,08	223,02	324,40	364,95																		
	VI	4.099,41	225,46	327,95	368,94																		
11.642,99 *(West)*	I	3.534,08	194,37	282,72	318,06	185,75	270,19	303,96	177,14	257,66	289,87	168,52	245,13	275,77	159,91	232,60	261,67	151,29	220,06	247,57	134,73	207,53	233,4
	II	3.385,00	186,17	270,80	304,65	177,55	258,26	290,54	168,94	245,73	276,44	160,32	233,20	262,35	151,70	220,66	248,24	135,64	208,14	234,15	116,99	195,60	220,0
	III	2.703,00	-	216,24	243,27	-	203,89	229,37	-	191,80	215,77	-	179,96	202,45	-	168,37	189,41	-	157,05	176,68	-	145,98	164,2
	IV	3.534,08	194,37	282,72	318,06	190,06	276,46	311,01	185,75	270,19	303,96	181,44	263,92	296,91	177,14	257,66	289,87	172,83	251,40	282,82	168,52	245,13	275,7
	V	4.048,58	222,67	323,88	364,37																		
	VI	4.092,83	225,10	327,42	368,35																		
11.642,99 *(Ost)*	I	3.541,91	194,80	283,35	318,77	186,18	270,82	304,67	177,57	258,28	290,57	168,95	245,75	276,47	160,33	233,22	262,37	151,72	220,68	248,27	135,66	208,15	234,1
	II	3.392,83	186,60	271,42	305,35	177,98	258,89	291,25	169,37	246,36	277,15	160,75	233,82	263,05	152,13	221,29	248,95	136,56	208,76	234,85	117,91	196,22	220,7
	III	2.710,83	-	216,86	243,97	-	204,50	230,06	-	192,40	216,45	-	180,54	203,11	-	168,94	190,06	-	157,61	177,31	-	146,53	164,8
	IV	3.541,91	194,80	283,35	318,77	190,49	277,08	311,72	186,18	270,82	304,67	181,88	264,55	297,62	177,57	258,28	290,57	173,26	252,02	283,52	168,95	245,75	276,4
	V	4.056,33	223,09	324,50	365,06																		
	VI	4.100,66	225,53	328,05	369,05																		

Lohn/ Gehalt bis	Steuerklasse	Lohn- steuer	ohne Kinderfreibetrag			Anzahl Kinderfreibeträge (nur Steuerklassen I–IV)																	
						0,5			1,0			1,5			2,0			2,5			3,0		
			SolZ 5,5%	Kirchensteuer 8%	9%	SolZ 5,5%	Kirchensteuer 8%	9%	SolZ 5,5%	Kirchensteuer 8%	9%	SolZ 5,5%	Kirchensteuer 8%	9%	SolZ 5,5%	Kirchensteuer 8%	9%	SolZ 5,5%	Kirchensteuer 8%	9%	SolZ 5,5%	Kirchensteuer 8%	9%
1.645,99 (West)	I	3.535,33	194,44	282,82	318,17	185,83	270,30	304,08	177,21	257,76	289,98	168,59	245,23	275,88	159,98	232,70	261,78	151,36	220,16	247,68	134,88	207,63	233,58
	II	3.386,25	186,24	270,90	304,76	177,62	258,36	290,66	169,01	245,83	276,56	160,39	233,30	262,46	151,78	220,77	248,36	135,78	208,24	234,27	117,14	195,70	220,16
	III	2.704,33	-	216,34	243,38	-	203,98	229,48	-	191,89	215,87	-	180,05	202,55	-	168,46	189,52	-	157,14	176,78	-	146,06	164,32
	IV	3.535,33	194,44	282,82	318,17	190,13	276,56	311,13	185,83	270,30	304,08	181,52	264,03	297,03	177,21	257,76	289,98	172,90	251,50	282,93	168,59	245,23	275,88
	V	4.049,83	222,74	323,98	364,48																		
	VI	4.094,08	225,17	327,52	368,46																		
1.645,99 (Ost)	I	3.543,16	194,87	283,45	318,88	186,25	270,92	304,78	177,64	258,38	290,68	169,02	245,85	276,58	160,40	233,32	262,48	151,79	220,79	248,39	135,81	208,26	234,29
	II	3.394,08	186,67	271,52	305,46	178,05	258,99	291,36	169,44	246,46	277,26	160,82	233,92	263,16	152,20	221,39	249,06	136,71	208,86	234,96	118,06	196,32	220,86
	III	2.712,16	-	216,97	244,09	-	204,60	230,17	-	192,49	216,55	-	180,64	203,22	-	169,04	190,17	-	157,70	177,41	-	146,62	164,95
	IV	3.543,16	194,87	283,45	318,88	190,56	277,18	311,83	186,25	270,92	304,78	181,94	264,65	297,73	177,64	258,38	290,68	173,33	252,12	283,63	169,02	245,85	276,58
	V	4.057,58	223,16	324,60	365,18																		
	VI	4.101,91	225,60	328,15	369,17																		
1.648,99 (West)	I	3.536,66	194,51	282,93	318,29	185,90	270,40	304,20	177,28	257,86	290,09	168,66	245,33	275,99	160,05	232,80	261,90	151,43	220,26	247,79	135,03	207,73	233,69
	II	3.387,50	186,31	271,00	304,87	177,69	258,46	290,77	169,08	245,94	276,68	160,46	233,40	262,58	151,85	220,87	248,48	135,93	208,34	234,38	117,29	195,80	220,28
	III	2.705,50	-	216,44	243,49	-	204,08	229,59	-	191,98	215,98	-	180,14	202,66	-	168,56	189,63	-	157,22	176,87	-	146,16	164,43
	IV	3.536,66	194,51	282,93	318,29	190,20	276,66	311,24	185,90	270,40	304,20	181,59	264,13	297,14	177,28	257,86	290,09	172,97	251,60	283,05	168,66	245,33	275,99
	V	4.051,08	222,80	324,08	364,59																		
	VI	4.095,41	225,24	327,63	368,58																		
1.648,99 (Ost)	I	3.544,41	194,94	283,55	318,99	186,32	271,02	304,89	177,70	258,48	290,79	169,09	245,95	276,69	160,48	233,42	262,60	151,86	220,89	248,50	135,96	208,36	234,40
	II	3.395,33	186,74	271,62	305,57	178,12	259,09	291,47	169,51	246,56	277,38	160,89	234,02	263,27	152,27	221,49	249,17	136,85	208,96	235,08	118,22	196,43	220,98
	III	2.713,33	-	217,06	244,19	-	204,69	230,27	-	192,58	216,65	-	180,73	203,32	-	169,13	190,27	-	157,78	177,50	-	146,70	165,04
	IV	3.544,41	194,94	283,55	318,99	190,63	277,28	311,94	186,32	271,02	304,89	182,01	264,75	297,84	177,70	258,48	290,79	173,40	252,22	283,74	169,09	245,95	276,69
	V	4.058,91	223,24	324,71	365,30																		
	VI	4.103,16	225,67	328,25	369,28																		
1.651,99 (West)	I	3.537,91	194,58	283,03	318,41	185,96	270,50	304,31	177,35	257,96	290,21	168,73	245,43	276,11	160,11	232,90	262,01	151,50	220,36	247,91	135,18	207,83	233,81
	II	3.388,83	186,38	271,10	304,99	177,76	258,57	290,89	169,15	246,04	276,79	160,53	233,50	262,69	151,91	220,97	248,59	136,08	208,44	234,49	117,44	195,90	220,39
	III	2.706,83	-	216,54	243,61	-	204,18	229,70	-	192,08	216,09	-	180,24	202,77	-	168,65	189,73	-	157,32	176,98	-	146,25	164,53
	IV	3.537,91	194,58	283,03	318,41	190,27	276,76	311,36	185,96	270,50	304,31	181,66	264,23	297,26	177,35	257,96	290,21	173,04	251,70	283,16	168,73	245,43	276,11
	V	4.052,33	222,87	324,18	364,70																		
	VI	4.096,66	225,31	327,73	368,69																		
1.651,99 (Ost)	I	3.545,66	195,01	283,65	319,10	186,39	271,12	305,01	177,78	258,59	290,91	169,16	246,06	276,81	160,54	233,52	262,71	151,93	220,99	248,61	136,11	208,46	234,51
	II	3.396,58	186,81	271,72	305,69	178,19	259,19	291,59	169,57	246,66	277,49	160,96	234,12	263,39	152,34	221,59	249,29	137,01	209,06	235,19	118,37	196,53	221,09
	III	2.714,66	-	217,17	244,31	-	204,80	230,40	-	192,68	216,76	-	180,82	203,42	-	169,22	190,37	-	157,88	177,61	-	146,80	165,15
	IV	3.545,66	195,01	283,65	319,10	190,70	277,38	312,05	186,39	271,12	305,01	182,08	264,85	297,95	177,78	258,59	290,91	173,47	252,32	283,86	169,16	246,06	276,81
	V	4.060,16	223,30	324,81	365,41																		
	VI	4.104,41	225,74	328,35	369,39																		
1.654,99 (West)	I	3.539,16	194,65	283,13	318,52	186,03	270,60	304,42	177,42	258,06	290,32	168,80	245,53	276,22	160,18	233,00	262,12	151,57	220,46	248,02	135,33	207,93	233,92
	II	3.390,08	186,45	271,20	305,10	177,83	258,67	291,00	169,22	246,14	276,90	160,60	233,60	262,80	151,98	221,07	248,70	136,23	208,54	234,60	117,59	196,00	220,50
	III	2.708,00	-	216,64	243,72	-	204,28	229,81	-	192,17	216,19	-	180,33	202,87	-	168,74	189,83	-	157,41	177,08	-	146,33	164,62
	IV	3.539,16	194,65	283,13	318,52	190,34	276,86	311,47	186,03	270,60	304,42	181,72	264,33	297,37	177,42	258,06	290,32	173,11	251,80	283,27	168,80	245,53	276,22
	V	4.053,58	222,94	324,28	364,82																		
	VI	4.097,91	225,38	327,83	368,81																		
1.654,99 (Ost)	I	3.546,91	195,08	283,75	319,22	186,46	271,22	305,12	177,85	258,69	291,02	169,23	246,16	276,93	160,61	233,62	262,82	152,00	221,09	248,72	136,26	208,56	234,63
	II	3.397,83	186,88	271,82	305,80	178,26	259,29	291,70	169,64	246,76	277,60	161,03	234,23	263,51	152,41	221,70	249,41	137,16	209,16	235,31	118,52	196,63	221,21
	III	2.715,83	-	217,26	244,42	-	204,89	230,50	-	192,77	216,86	-	180,92	203,53	-	169,32	190,48	-	157,97	177,71	-	146,88	165,24
	IV	3.546,91	195,08	283,75	319,22	190,77	277,49	312,17	186,46	271,22	305,12	182,16	264,96	298,08	177,85	258,69	291,02	173,54	252,42	283,97	169,23	246,16	276,93
	V	4.061,41	223,37	324,91	365,52																		
	VI	4.105,75	225,81	328,46	369,51																		
1.657,99 (West)	I	3.540,41	194,72	283,23	318,63	186,10	270,70	304,53	177,48	258,16	290,43	168,87	245,63	276,33	160,25	233,10	262,23	151,63	220,56	248,13	135,48	208,03	234,03
	II	3.391,33	186,52	271,30	305,21	177,90	258,77	291,11	169,29	246,24	277,02	160,67	233,70	262,91	152,05	221,17	248,81	136,38	208,64	234,72	117,74	196,10	220,61
	III	2.709,33	-	216,74	243,83	-	204,38	229,93	-	192,28	216,31	-	180,42	202,97	-	168,84	189,94	-	157,50	177,19	-	146,42	164,72
	IV	3.540,41	194,72	283,23	318,63	190,41	276,96	311,58	186,10	270,70	304,53	181,79	264,43	297,48	177,48	258,16	290,43	173,18	251,90	283,38	168,87	245,63	276,33
	V	4.054,83	223,01	324,38	364,93																		
	VI	4.099,16	225,45	327,93	368,92																		
1.657,99 (Ost)	I	3.548,25	195,15	283,86	319,34	186,53	271,32	305,24	177,92	258,79	291,14	169,30	246,26	277,04	160,68	233,72	262,94	152,07	221,19	248,84	136,41	208,66	234,74
	II	3.399,08	186,94	271,92	305,91	178,33	259,39	291,81	169,72	246,86	277,72	161,10	234,33	263,62	152,48	221,80	249,52	137,31	209,26	235,42	118,67	196,73	221,32
	III	2.717,16	-	217,37	244,54	-	205,00	230,62	-	192,88	216,99	-	181,01	203,63	-	169,41	190,58	-	158,06	177,82	-	146,97	165,34
	IV	3.548,25	195,15	283,86	319,34	190,84	277,59	312,29	186,53	271,32	305,24	182,22	265,06	298,19	177,92	258,79	291,14	173,61	252,52	284,09	169,30	246,26	277,04
	V	4.062,66	223,44	325,01	365,63																		
	VI	4.107,00	225,88	328,56	369,63																		
1.660,99 (West)	I	3.541,66	194,79	283,33	318,74	186,17	270,80	304,65	177,55	258,26	290,54	168,94	245,73	276,44	160,32	233,20	262,35	151,70	220,66	248,24	135,64	208,14	234,15
	II	3.392,58	186,59	271,40	305,33	177,97	258,87	291,23	169,35	246,34	277,13	160,74	233,80	263,03	152,12	221,27	248,93	136,53	208,74	234,83	117,88	196,20	220,73
	III	2.710,50	-	216,84	243,94	-	204,48	230,04	-	192,37	216,41	-	180,52	203,08	-	168,93	190,04	-	157,58	177,28	-	146,50	164,81
	IV	3.541,66	194,79	283,33	318,74	190,48	277,06	311,69	186,17	270,80	304,65	181,86	264,53	297,59	177,55	258,26	290,54	173,25	252,00	283,50	168,94	245,73	276,44
	V	4.056,08	223,08	324,48	365,04																		
	VI	4.100,41	225,52	328,03	369,03																		
11.660,99 (Ost)	I	3.549,50	195,22	283,96	319,45	186,60	271,42	305,35	177,98	258,89	291,25	169,37	246,36	277,15	160,75	233,82	263,05	152,13	221,29	248,95	136,56	208,76	234,85
	II	3.400,41	187,02	272,03	306,03	178,40	259,50	291,93	169,78	246,96	277,83	161,17	234,43	263,73	152,55	221,90	249,63	137,46	209,36	235,53	118,82	196,83	221,43
	III	2.718,33	-	217,46	244,64	-	205,09	230,72	-	192,97	217,09	-	181,10	203,74	-	169,50	190,69	-	158,14	177,91	-	147,06	165,44
	IV	3.549,50	195,22	283,96	319,45	190,91	277,69	312,40	186,60	271,42	305,35	182,29	265,16	298,30	177,98	258,89	291,25	173,68	252,62	284,20	169,37	246,36	277,15
	V	4.063,91	223,51	325,11	365,75																		
	VI	4.108,25	225,95	328,66	369,74																		
11.663,99 (West)	I	3.542,91	194,86	283,43	318,86	186,24	270,90	304,76	177,62	258,36	290,66	169,01	245,83	276,56	160,39	233,30	262,46	151,78	220,77	248,36	135,78	208,24	234,27
	II	3.393,83	186,66	271,50	305,44	178,04	258,97	291,34	169,42	246,44	277,24	160,81	233,90	263,14	152,19	221,37	249,04	136,68	208,84	234,94	118,03	196,30	220,84
	III	2.711,83	-	216,94	244,06	-	204,57	230,14	-	192,46	216,52	-	180,61	203,18	-	169,02	190,15	-	157,68	177,39	-	146,60	164,92
	IV	3.542,91	194,86	283,43	318,86	190,55	277,16	311,81	186,24	270,90	304,76	181,93	264,63	297,71	177,62	258,36	290,66	173,31	252,10	283,61	169,01	245,83	276,56
	V	4.057,33	223,15	324,58	365,15																		
	VI	4.101,66	225,59	328,13	369,14																		
11.663,99 (Ost)	I	3.550,75	195,29	284,06	319,56	186,67	271,52	305,46	178,05	258,99	291,36	169,44	246,46	277,26	160,82	233,92	263,16	152,20	221,39	249,06	136,71	208,86	234,96
	II	3.401,66	187,09	272,13	306,14	178,47	259,60	292,05	169,85	247,06	277,94	161,24	234,53	263,84	152,62	222,00	249,75	137,61	209,46	235,64	118,97	196,93	221,54
	III	2.719,66	-	217,57	244,76	-	205,18	230,83	-	193,06	217,19	-	181,20	203,85	-	169,60	190,80	-	158,24	178,02	-	147,14	165,53
	IV	3.550,75	195,29	284,06	319,56	190,98	277,79	312,51	186,67	271,52	305,46	182,36	265,26	298,41	178,05	258,99	291,36	173,74	252,72	284,31	169,44	246,46	277,26
	V	4.065,16	223,58	325,21	365,86																		
	VI	4.109,50	226,02	328,76	369,85																		

MONAT bis 11.684,99 €

Allgemeine Tabelle

Lohn/ Gehalt bis	Steuerklasse	Lohnsteuer	ohne Kinderfreibetrag SolZ 5,5%	Kirchensteuer 8%	9%	0,5 SolZ 5,5%	Kirchensteuer 8%	9%	1,0 SolZ 5,5%	Kirchensteuer 8%	9%	1,5 SolZ 5,5%	Kirchensteuer 8%	9%	2,0 SolZ 5,5%	Kirchensteuer 8%	9%	2,5 SolZ 5,5%	Kirchensteuer 8%	9%	3,0 SolZ 5,5%	Kirchensteuer 8%	9%
						Anzahl Kinderfreibeträge (nur Steuerklassen I–IV)																	
11.666,99 (West)	I	3.544,16	194,92	283,53	318,97	186,31	271,00	304,87	177,69	258,46	290,77	169,08	245,94	276,68	160,46	233,40	262,58	151,85	220,87	248,48	135,93	208,34	234
	II	3.395,08	186,72	271,60	305,55	178,11	259,07	291,45	169,49	246,54	277,35	160,87	234,00	263,25	152,26	221,47	249,15	136,84	208,94	235,06	118,19	196,41	220
	III	2.713,00	-	217,04	244,17	-	204,68	230,26	-	192,56	216,63	-	180,70	203,29	-	169,10	190,24	-	157,77	177,49	-	146,69	165
	IV	3.544,16	194,92	283,53	318,97	190,62	277,26	311,92	186,31	271,00	304,87	182,00	264,73	297,82	177,69	258,46	290,77	173,39	252,20	283,73	169,08	245,94	276
	V	4.058,66	223,22	324,69	365,27																		
	VI	4.102,91	225,66	328,23	369,26																		
11.666,99 (Ost)	I	3.552,00	195,36	284,16	319,68	186,74	271,62	305,57	178,12	259,09	291,47	169,51	246,56	277,38	160,89	234,02	263,27	152,27	221,49	249,17	136,85	208,96	235
	II	3.402,91	187,16	272,23	306,26	178,54	259,70	292,16	169,92	247,16	278,06	161,31	234,63	263,96	152,69	222,10	249,86	137,76	209,56	235,76	119,11	197,03	221
	III	2.720,83	-	217,66	244,87	-	205,29	230,95	-	193,16	217,30	-	181,29	203,95	-	169,69	190,90	-	158,33	178,12	-	147,24	165
	IV	3.552,00	195,36	284,16	319,68	191,05	277,89	312,62	186,74	271,62	305,57	182,43	265,36	298,53	178,12	259,09	291,47	173,81	252,82	284,42	169,51	246,56	277
	V	4.066,41	223,65	325,31	365,97																		
	VI	4.110,75	226,09	328,86	369,96																		
11.669,99 (West)	I	3.545,41	194,99	283,63	319,08	186,38	271,10	304,99	177,76	258,57	290,89	169,15	246,04	276,79	160,53	233,50	262,69	151,91	220,97	248,59	136,08	208,44	234
	II	3.396,33	186,79	271,70	305,66	178,18	259,17	291,56	169,56	246,64	277,47	160,94	234,10	263,36	152,33	221,58	249,27	136,98	209,04	235,17	118,34	196,51	221
	III	2.714,33	-	217,14	244,28	-	204,77	230,36	-	192,66	216,74	-	180,80	203,40	-	169,20	190,35	-	157,86	177,59	-	146,77	165
	IV	3.545,41	194,99	283,63	319,08	190,68	277,36	312,03	186,38	271,10	304,99	182,07	264,84	297,94	177,76	258,57	290,89	173,46	252,30	283,84	169,15	246,04	276
	V	4.059,91	223,29	324,79	365,39																		
	VI	4.104,16	225,72	328,33	369,37																		
11.669,99 (Ost)	I	3.553,25	195,42	284,26	319,79	186,81	271,72	305,69	178,19	259,19	291,59	169,57	246,66	277,49	160,96	234,12	263,39	152,34	221,59	249,29	137,01	209,06	235
	II	3.404,16	187,22	272,33	306,37	178,61	259,80	292,27	169,99	247,26	278,17	161,37	234,73	264,07	152,76	222,20	249,97	137,91	209,66	235,87	119,26	197,13	221
	III	2.722,16	-	217,77	244,99	-	205,38	231,05	-	193,26	217,42	-	181,38	204,05	-	169,77	190,99	-	158,42	178,22	-	147,32	165
	IV	3.553,25	195,42	284,26	319,79	191,12	277,99	312,74	186,81	271,72	305,69	182,50	265,46	298,64	178,19	259,19	291,59	173,88	252,92	284,54	169,57	246,66	277
	V	4.067,66	223,72	325,41	366,08																		
	VI	4.112,00	226,16	328,96	370,08																		
11.672,99 (West)	I	3.546,75	195,07	283,74	319,20	186,45	271,20	305,10	177,83	258,67	291,00	169,22	246,14	276,90	160,60	233,60	262,80	151,98	221,07	248,70	136,23	208,54	234
	II	3.397,58	186,86	271,80	305,78	178,25	259,27	291,68	169,63	246,74	277,58	161,02	234,21	263,48	152,40	221,68	249,39	137,13	209,14	235,28	118,49	196,61	221,
	III	2.715,66	-	217,25	244,40	-	204,88	230,49	-	192,76	216,85	-	180,89	203,50	-	169,29	190,45	-	157,94	177,68	-	146,86	165
	IV	3.546,75	195,07	283,74	319,20	190,76	277,47	312,15	186,45	271,20	305,10	182,14	264,94	298,05	177,83	258,67	291,00	173,52	252,40	283,95	169,22	246,14	276
	V	4.061,16	223,36	324,89	365,50																		
	VI	4.105,50	225,80	328,44	369,49																		
11.672,99 (Ost)	I	3.554,50	195,49	284,36	319,90	186,88	271,82	305,80	178,26	259,29	291,70	169,64	246,76	277,60	161,03	234,23	263,51	152,41	221,70	249,41	137,16	209,16	235,
	II	3.405,41	187,29	272,43	306,48	178,68	259,90	292,38	170,06	247,36	278,28	161,44	234,83	264,18	152,83	222,30	250,08	138,05	209,76	235,98	119,41	197,23	221,
	III	2.723,33	-	217,86	245,09	-	205,49	231,17	-	193,36	217,53	-	181,48	204,16	-	169,86	191,09	-	158,52	178,33	-	147,41	165,
	IV	3.554,50	195,49	284,36	319,90	191,18	278,09	312,85	186,88	271,82	305,80	182,57	265,56	298,75	178,26	259,29	291,70	173,95	253,02	284,65	169,64	246,76	277,
	V	4.069,00	223,79	325,52	366,21																		
	VI	4.113,25	226,22	329,06	370,19																		
11.675,99 (West)	I	3.548,00	195,14	283,84	319,32	186,52	271,30	305,21	177,90	258,77	291,11	169,29	246,24	277,02	160,67	233,70	262,91	152,05	221,17	248,81	136,38	208,64	234
	II	3.398,83	186,93	271,90	305,89	178,32	259,38	291,80	169,70	246,84	277,70	161,09	234,31	263,60	152,47	221,78	249,50	137,28	209,24	235,40	118,64	196,71	221,
	III	2.716,83	-	217,34	244,51	-	204,97	230,59	-	192,85	216,95	-	180,98	203,60	-	169,38	190,55	-	158,04	177,79	-	146,96	165,
	IV	3.548,00	195,14	283,84	319,32	190,83	277,57	312,26	186,52	271,30	305,21	182,21	265,04	298,17	177,90	258,77	291,11	173,59	252,50	284,06	169,29	246,24	277,
	V	4.062,41	223,43	324,99	365,61																		
	VI	4.106,75	225,87	328,54	369,60																		
11.675,99 (Ost)	I	3.555,75	195,56	284,46	320,01	186,94	271,92	305,91	178,33	259,39	291,81	169,72	246,86	277,72	161,10	234,33	263,62	152,48	221,80	249,52	137,31	209,26	235,
	II	3.406,66	187,36	272,53	306,59	178,75	260,00	292,50	170,13	247,46	278,39	161,51	234,93	264,29	152,90	222,40	250,20	138,21	209,87	236,10	119,57	197,34	222,
	III	2.724,66	-	217,97	245,21	-	205,58	231,28	-	193,45	217,63	-	181,58	204,28	-	169,96	191,20	-	158,60	178,42	-	147,50	165,
	IV	3.555,75	195,56	284,46	320,01	191,25	278,19	312,96	186,94	271,92	305,91	182,64	265,66	298,86	178,33	259,39	291,81	174,02	253,13	284,77	169,72	246,86	277,
	V	4.070,25	223,86	325,62	366,32																		
	VI	4.114,50	226,29	329,16	370,30																		
11.678,99 (West)	I	3.549,25	195,20	283,94	319,43	186,59	271,40	305,33	177,97	258,87	291,23	169,35	246,34	277,13	160,74	233,80	263,03	152,12	221,27	248,93	136,53	208,74	234,
	II	3.400,16	187,00	272,01	306,01	178,39	259,48	291,91	169,77	246,94	277,81	161,15	234,41	263,71	152,54	221,88	249,61	137,43	209,34	235,51	118,79	196,81	221,
	III	2.718,16	-	217,45	244,63	-	205,06	230,69	-	192,94	217,06	-	181,09	203,72	-	169,48	190,66	-	158,13	177,89	-	147,04	165,
	IV	3.549,25	195,20	283,94	319,43	190,90	277,67	312,38	186,59	271,40	305,33	182,28	265,14	298,28	177,97	258,87	291,23	173,66	252,60	284,18	169,35	246,34	277,
	V	4.063,66	223,50	325,09	365,72																		
	VI	4.108,00	225,94	328,64	369,72																		
11.678,99 (Ost)	I	3.557,00	195,63	284,56	320,13	187,02	272,03	306,03	178,40	259,50	291,93	169,78	246,96	277,83	161,17	234,43	263,73	152,55	221,90	249,63	137,46	209,36	235,
	II	3.407,91	187,43	272,63	306,71	178,81	260,10	292,61	170,20	247,56	278,51	161,58	235,03	264,41	152,97	222,50	250,31	138,36	209,97	236,21	119,72	197,44	222,
	III	2.726,00	-	218,08	245,34	-	205,68	231,39	-	193,54	217,73	-	181,68	204,39	-	170,05	191,30	-	158,69	178,52	-	147,58	166,
	IV	3.557,00	195,63	284,56	320,13	191,32	278,29	313,07	187,02	272,03	306,03	182,71	265,76	298,98	178,40	259,50	291,93	174,09	253,23	284,88	169,78	246,96	277,
	V	4.071,50	223,93	325,72	366,43																		
	VI	4.115,75	226,36	329,26	370,41																		
11.681,99 (West)	I	3.550,50	195,27	284,04	319,54	186,66	271,50	305,44	178,04	258,97	291,34	169,42	246,44	277,24	160,81	233,90	263,14	152,19	221,37	249,04	136,68	208,84	234,
	II	3.401,41	187,07	272,11	306,12	178,46	259,58	292,02	169,84	247,04	277,92	161,22	234,51	263,82	152,61	221,98	249,72	137,58	209,44	235,62	118,94	196,91	221,
	III	2.719,33	-	217,54	244,73	-	205,17	230,81	-	193,05	217,18	-	181,18	203,83	-	169,57	190,76	-	158,22	178,00	-	147,13	165,
	IV	3.550,50	195,27	284,04	319,54	190,96	277,77	312,49	186,66	271,50	305,44	182,35	265,24	298,39	178,04	258,97	291,34	173,73	252,70	284,29	169,42	246,44	277,
	V	4.064,91	223,57	325,19	365,84																		
	VI	4.109,25	226,00	328,74	369,83																		
11.681,99 (Ost)	I	3.558,33	195,70	284,66	320,24	187,09	272,13	306,14	178,47	259,60	292,05	169,85	247,06	277,94	161,24	234,53	263,84	152,62	222,00	249,75	137,61	209,46	235,
	II	3.409,16	187,50	272,73	306,82	178,88	260,20	292,72	170,27	247,67	278,63	161,65	235,14	264,53	153,04	222,60	250,43	138,51	210,07	236,33	119,87	197,54	222,
	III	2.727,16	-	218,17	245,44	-	205,78	231,50	-	193,65	217,85	-	181,77	204,49	-	170,14	191,41	-	158,78	178,63	-	147,68	166,
	IV	3.558,33	195,70	284,66	320,24	191,40	278,40	313,20	187,09	272,13	306,14	182,78	265,86	299,09	178,47	259,60	292,05	174,16	253,33	284,99	169,85	247,06	277,
	V	4.072,75	224,00	325,82	366,54																		
	VI	4.117,08	226,43	329,36	370,53																		
11.684,99 (West)	I	3.551,75	195,34	284,14	319,65	186,72	271,60	305,55	178,11	259,07	291,45	169,49	246,54	277,35	160,87	234,00	263,25	152,26	221,47	249,15	136,84	208,94	235,
	II	3.402,66	187,14	272,21	306,23	178,53	259,68	292,14	169,91	247,14	278,03	161,29	234,61	263,93	152,68	222,08	249,84	137,73	209,54	235,73	119,08	197,01	221,
	III	2.720,66	-	217,65	244,85	-	205,26	230,92	-	193,14	217,28	-	181,28	203,94	-	169,66	190,87	-	158,32	178,11	-	147,21	165,
	IV	3.551,75	195,34	284,14	319,65	191,03	277,87	312,60	186,72	271,60	305,55	182,42	265,34	298,50	178,11	259,07	291,45	173,80	252,80	284,40	169,49	246,54	277,
	V	4.066,16	223,63	325,29	365,95																		
	VI	4.110,50	226,07	328,84	369,94																		
11.684,99 (Ost)	I	3.559,58	195,77	284,76	320,36	187,16	272,23	306,26	178,54	259,70	292,16	169,92	247,16	278,06	161,31	234,63	263,96	152,69	222,10	249,86	137,76	209,56	235,
	II	3.410,41	187,57	272,83	306,93	178,96	260,30	292,84	170,34	247,77	278,74	161,72	235,24	264,64	153,11	222,70	250,54	138,66	210,17	236,44	120,02	197,64	222,
	III	2.728,50	-	218,28	245,56	-	205,88	231,61	-	193,74	217,96	-	181,86	204,59	-	170,24	191,52	-	158,88	178,74	-	147,77	166,
	IV	3.559,58	195,77	284,76	320,36	191,46	278,50	313,31	187,16	272,23	306,26	182,85	265,96	299,21	178,54	259,70	292,16	174,23	253,43	285,11	169,92	247,16	278,
	V	4.074,00	224,07	325,92	366,66																		
	VI	4.118,33	226,50	329,46	370,64																		

Lohn/ Gehalt bis	Steuerklasse	Lohn-steuer	ohne Kinderfreibetrag			Anzahl Kinderfreibeträge (nur Steuerklassen I–IV) 0,5			1,0			1,5			2,0			2,5			3,0		
			SolZ 5,5%	Kirchensteuer 8%	9%	SolZ 5,5%	Kirchensteuer 8%	9%	SolZ 5,5%	Kirchensteuer 8%	9%	SolZ 5,5%	Kirchensteuer 8%	9%	SolZ 5,5%	Kirchensteuer 8%	9%	SolZ 5,5%	Kirchensteuer 8%	9%	SolZ 5,5%	Kirchensteuer 8%	9%
11.687,99	I	3.553,00	195,41	284,24	319,77	186,79	271,70	305,66	178,18	259,17	291,56	169,56	246,64	277,47	160,94	234,10	263,36	152,33	221,58	249,27	136,98	209,04	235,17
(West)	II	3.403,91	187,21	272,31	306,35	178,59	259,78	292,25	169,98	247,24	278,15	161,36	234,71	264,05	152,74	222,18	249,95	137,88	209,64	235,85	119,23	197,11	221,75
	III	2.721,83	-	217,74	244,96	-	205,36	231,03	-	193,24	217,39	-	181,37	204,04	-	169,76	190,98	-	158,40	178,20	-	147,30	165,71
	IV	3.553,00	195,41	284,24	319,77	191,10	277,97	312,71	186,79	271,70	305,66	182,49	265,44	298,62	178,18	259,17	291,56	173,87	252,90	284,51	169,56	246,64	277,47
	V	4.067,41	223,70	325,39	366,06																		
	VI	4.111,75	226,14	328,94	370,05																		
11.687,99	I	3.560,83	195,84	284,86	320,47	187,22	272,33	306,37	178,61	259,80	292,27	169,99	247,26	278,17	161,37	234,73	264,07	152,76	222,20	249,97	137,91	209,66	235,87
(Ost)	II	3.411,75	187,64	272,94	307,05	179,02	260,40	292,95	170,41	247,87	278,85	161,79	235,34	264,75	153,17	222,80	250,65	138,81	210,27	236,55	120,17	197,74	222,45
	III	2.729,66	-	218,37	245,66	-	205,97	231,71	-	193,84	218,07	-	181,96	204,70	-	170,33	191,62	-	158,96	178,83	-	147,85	166,33
	IV	3.560,83	195,84	284,86	320,47	191,53	278,60	313,42	187,22	272,33	306,37	182,92	266,06	299,32	178,61	259,80	292,27	174,30	253,53	285,22	169,99	247,26	278,17
	V	4.075,25	224,13	326,02	366,77																		
	VI	4.119,58	226,57	329,56	370,76																		
11.690,99	I	3.554,25	195,48	284,34	319,88	186,86	271,80	305,78	178,25	259,27	291,68	169,63	246,74	277,58	161,02	234,21	263,48	152,40	221,68	249,39	137,13	209,14	235,28
(West)	II	3.405,16	187,28	272,41	306,46	178,66	259,88	292,36	170,05	247,34	278,26	161,43	234,81	264,16	152,81	222,28	250,06	138,03	209,74	235,96	119,39	197,22	221,87
	III	2.723,16	-	217,85	245,08	-	205,46	231,14	-	193,33	217,49	-	181,46	204,14	-	169,85	191,08	-	158,49	178,30	-	147,40	165,82
	IV	3.554,25	195,48	284,34	319,88	191,17	278,07	312,83	186,86	271,80	305,78	182,55	265,54	298,73	178,25	259,27	291,68	173,94	253,00	284,63	169,63	246,74	277,58
	V	4.068,75	223,78	325,50	366,18																		
	VI	4.113,00	226,21	329,04	370,17																		
11.690,99	I	3.562,08	195,91	284,96	320,58	187,29	272,43	306,48	178,68	259,90	292,38	170,06	247,36	278,28	161,44	234,83	264,18	152,83	222,30	250,08	138,05	209,76	235,98
(Ost)	II	3.413,00	187,71	273,04	307,17	179,09	260,50	293,06	170,48	247,97	278,96	161,86	235,44	264,87	153,24	222,90	250,76	138,96	210,37	236,66	120,31	197,84	222,57
	III	2.731,00	-	218,48	245,79	-	206,08	231,84	-	193,93	218,17	-	182,05	204,80	-	170,42	191,72	-	159,05	178,93	-	147,94	166,43
	IV	3.562,08	195,91	284,96	320,58	191,60	278,70	313,53	187,29	272,43	306,48	182,98	266,16	299,43	178,68	259,90	292,38	174,37	253,63	285,33	170,06	247,36	278,28
	V	4.076,50	224,20	326,12	366,88																		
	VI	4.120,83	226,64	329,66	370,87																		
11.693,99	I	3.555,50	195,55	284,44	319,99	186,93	271,90	305,89	178,32	259,38	291,80	169,70	246,84	277,70	161,09	234,31	263,60	152,47	221,78	249,50	137,28	209,24	235,40
(West)	II	3.406,41	187,35	272,51	306,57	178,73	259,98	292,47	170,11	247,44	278,37	161,50	234,91	264,27	152,89	222,38	250,18	138,18	209,85	236,08	119,54	197,32	221,98
	III	2.724,33	-	217,94	245,18	-	205,56	231,25	-	193,42	217,60	-	181,56	204,25	-	169,94	191,18	-	158,58	178,40	-	147,48	165,91
	IV	3.555,50	195,55	284,44	319,99	191,24	278,17	312,94	186,93	271,90	305,89	182,63	265,64	298,85	178,32	259,38	291,80	174,01	253,11	284,75	169,70	246,84	277,70
	V	4.070,00	223,85	325,60	366,30																		
	VI	4.114,25	226,28	329,14	370,28																		
11.693,99	I	3.563,33	195,98	285,06	320,69	187,36	272,53	306,59	178,75	260,00	292,50	170,13	247,46	278,39	161,51	234,93	264,29	152,90	222,40	250,20	138,21	209,87	236,10
(Ost)	II	3.414,25	187,78	273,14	307,28	179,16	260,60	293,18	170,55	248,07	279,08	161,93	235,54	264,98	153,31	223,00	250,88	139,11	210,47	236,78	120,46	197,94	222,68
	III	2.732,16	-	218,57	245,89	-	206,17	231,94	-	194,04	218,29	-	182,14	204,91	-	170,52	191,83	-	159,14	179,03	-	148,02	166,52
	IV	3.563,33	195,98	285,06	320,69	191,67	278,80	313,65	187,36	272,53	306,59	183,05	266,26	299,54	178,75	260,00	292,50	174,44	253,73	285,44	170,13	247,46	278,39
	V	4.077,75	224,27	326,22	366,99																		
	VI	4.122,08	226,71	329,76	370,98																		
11.696,99	I	3.556,83	195,62	284,54	320,11	187,00	272,01	306,01	178,39	259,48	291,91	169,77	246,94	277,81	161,15	234,41	263,71	152,54	221,88	249,61	137,43	209,34	235,51
(West)	II	3.407,66	187,42	272,61	306,68	178,80	260,08	292,59	170,18	247,54	278,48	161,57	235,02	264,39	152,95	222,48	250,29	138,33	209,95	236,19	119,69	197,42	222,09
	III	2.725,66	-	218,05	245,30	-	205,66	231,37	-	193,53	217,72	-	181,65	204,35	-	170,04	191,29	-	158,68	178,51	-	147,57	166,01
	IV	3.556,83	195,62	284,54	320,11	191,31	278,28	313,06	187,00	272,01	306,01	182,70	265,74	298,96	178,39	259,48	291,91	174,08	253,21	284,86	169,77	246,94	277,81
	V	4.071,25	223,91	325,70	366,41																		
	VI	4.115,58	226,35	329,24	370,40																		
11.696,99	I	3.564,58	196,05	285,16	320,81	187,43	272,63	306,71	178,81	260,10	292,61	170,20	247,56	278,51	161,58	235,03	264,41	152,97	222,50	250,31	138,36	209,97	236,21
(Ost)	II	3.415,50	187,85	273,24	307,39	179,23	260,70	293,29	170,61	248,17	279,19	162,00	235,64	265,09	153,38	223,10	250,99	139,25	210,57	236,89	120,61	198,04	222,79
	III	2.733,50	-	218,68	246,01	-	206,28	232,06	-	194,13	218,39	-	182,24	205,02	-	170,61	191,93	-	159,24	179,14	-	148,12	166,63
	IV	3.564,58	196,05	285,16	320,81	191,74	278,90	313,76	187,43	272,63	306,71	183,12	266,36	299,66	178,81	260,10	292,61	174,51	253,83	285,56	170,20	247,56	278,51
	V	4.079,00	224,34	326,32	367,11																		
	VI	4.123,33	226,78	329,86	371,09																		
11.699,99	I	3.558,08	195,69	284,64	320,22	187,07	272,11	306,12	178,46	259,58	292,02	169,84	247,04	277,92	161,22	234,51	263,82	152,61	221,98	249,72	137,58	209,44	235,62
(West)	II	3.408,91	187,49	272,71	306,80	178,87	260,18	292,70	170,26	247,65	278,60	161,64	235,12	264,51	153,02	222,58	250,40	138,48	210,05	236,30	119,84	197,52	222,21
	III	2.726,83	-	218,14	245,41	-	205,76	231,48	-	193,62	217,82	-	181,74	204,46	-	170,13	191,39	-	158,76	178,60	-	147,65	166,10
	IV	3.558,08	195,69	284,64	320,22	191,38	278,38	313,17	187,07	272,11	306,12	182,76	265,84	299,07	178,46	259,58	292,02	174,15	253,31	284,97	169,84	247,04	277,92
	V	4.072,50	223,98	325,80	366,52																		
	VI	4.116,83	226,42	329,34	370,51																		
11.699,99	I	3.565,83	196,12	285,26	320,92	187,50	272,73	306,82	178,88	260,20	292,72	170,27	247,67	278,63	161,65	235,14	264,53	153,04	222,60	250,43	138,51	210,07	236,33
(Ost)	II	3.416,75	187,92	273,34	307,50	179,30	260,80	293,40	170,68	248,27	279,30	162,07	235,74	265,20	153,45	223,20	251,10	139,40	210,67	237,00	120,77	198,14	222,91
	III	2.734,66	-	218,77	246,11	-	206,37	232,16	-	194,22	218,50	-	182,33	205,12	-	170,70	192,04	-	159,33	179,24	-	148,21	166,73
	IV	3.565,83	196,12	285,26	320,92	191,81	279,00	313,87	187,50	272,73	306,82	183,19	266,46	299,77	178,88	260,20	292,72	174,57	253,93	285,67	170,27	247,67	278,63
	V	4.080,33	224,41	326,42	367,22																		
	VI	4.124,58	226,85	329,96	371,21																		
11.702,99	I	3.559,33	195,76	284,74	320,33	187,14	272,21	306,23	178,53	259,68	292,14	169,91	247,14	278,03	161,29	234,61	263,93	152,68	222,08	249,84	137,73	209,54	235,73
(West)	II	3.410,25	187,56	272,82	306,92	178,94	260,28	292,82	170,33	247,75	278,72	161,71	235,22	264,62	153,09	222,68	250,52	138,63	210,15	236,42	119,99	197,62	222,32
	III	2.728,16	-	218,25	245,53	-	205,85	231,58	-	193,72	217,93	-	181,84	204,57	-	170,22	191,50	-	158,85	178,70	-	147,74	166,21
	IV	3.559,33	195,76	284,74	320,33	191,45	278,48	313,29	187,14	272,21	306,23	182,83	265,94	299,18	178,53	259,68	292,14	174,22	253,41	285,08	169,91	247,14	278,03
	V	4.073,75	224,05	325,90	366,63																		
	VI	4.118,08	226,49	329,44	370,62																		
11.702,99	I	3.567,08	196,18	285,36	321,03	187,57	272,83	306,93	178,96	260,30	292,84	170,34	247,77	278,74	161,72	235,24	264,64	153,11	222,70	250,54	138,66	210,17	236,44
(Ost)	II	3.418,00	187,99	273,44	307,62	179,37	260,90	293,51	170,75	248,37	279,41	162,14	235,84	265,32	153,52	223,31	251,22	139,56	210,78	237,12	120,92	198,24	223,02
	III	2.736,00	-	218,88	246,24	-	206,48	232,29	-	194,32	218,61	-	182,42	205,22	-	170,80	192,15	-	159,41	179,33	-	148,29	166,82
	IV	3.567,08	196,18	285,36	321,03	191,88	279,10	313,98	187,57	272,83	306,93	183,26	266,57	299,89	178,96	260,30	292,84	174,65	254,04	285,79	170,34	247,77	278,74
	V	4.081,58	224,48	326,52	367,34																		
	VI	4.125,83	226,92	330,06	371,32																		
11.705,99	I	3.560,58	195,83	284,84	320,45	187,21	272,31	306,35	178,59	259,78	292,25	169,98	247,24	278,15	161,36	234,71	264,05	152,74	222,18	249,95	137,88	209,64	235,85
(West)	II	3.411,50	187,63	272,92	307,03	179,01	260,38	292,93	170,39	247,85	278,83	161,78	235,32	264,73	153,16	222,78	250,63	138,78	210,25	236,53	120,14	197,72	222,43
	III	2.729,50	-	218,36	245,65	-	205,96	231,70	-	193,81	218,03	-	181,93	204,67	-	170,30	191,59	-	158,94	178,81	-	147,84	166,32
	IV	3.560,58	195,83	284,84	320,45	191,52	278,58	313,40	187,21	272,31	306,35	182,90	266,04	299,30	178,59	259,78	292,25	174,29	253,51	285,20	169,98	247,24	278,15
	V	4.075,00	224,12	326,00	366,75																		
	VI	4.119,33	226,56	329,54	370,73																		
11.705,99	I	3.568,41	196,26	285,47	321,15	187,64	272,94	307,05	179,02	260,40	292,95	170,41	247,87	278,85	161,79	235,34	264,75	153,17	222,80	250,65	138,81	210,27	236,55
(Ost)	II	3.419,25	188,05	273,54	307,73	179,44	261,00	293,63	170,82	248,47	279,53	162,21	235,94	265,43	153,59	223,41	251,33	139,71	210,88	237,24	121,07	198,34	223,13
	III	2.737,33	-	218,98	246,35	-	206,57	232,39	-	194,42	218,72	-	182,52	205,33	-	170,89	192,25	-	159,50	179,44	-	148,38	166,93
	IV	3.568,41	196,26	285,47	321,15	191,95	279,20	314,10	187,64	272,94	307,05	183,33	266,67	300,00	179,02	260,40	292,95	174,72	254,14	285,90	170,41	247,87	278,85
	V	4.082,83	224,55	326,62	367,45																		
	VI	4.127,16	226,99	330,17	371,44																		

MONAT bis 11.726,99 €

Allgemeine Tabelle

Lohn/ Gehalt bis	Steuerklasse	Lohn-steuer	ohne Kinderfreibetrag SolZ 5,5%	Kirchensteuer 8%	Kirchensteuer 9%	0,5 SolZ 5,5%	0,5 Kirchensteuer 8%	0,5 Kirchensteuer 9%	1,0 SolZ 5,5%	1,0 Kirchensteuer 8%	1,0 Kirchensteuer 9%	1,5 SolZ 5,5%	1,5 Kirchensteuer 8%	1,5 Kirchensteuer 9%	2,0 SolZ 5,5%	2,0 Kirchensteuer 8%	2,0 Kirchensteuer 9%	2,5 SolZ 5,5%	2,5 Kirchensteuer 8%	2,5 Kirchensteuer 9%	3,0 SolZ 5,5%	3,0 Kirchensteuer 8%	3,0 Kirchensteue[r] 9%
						Anzahl Kinderfreibeträge (nur Steuerklassen I–IV)																	
11.708,99 (West)	I	3.561,83	195,90	284,94	320,56	187,28	272,41	306,46	178,66	259,88	292,36	170,05	247,34	278,26	161,43	234,81	264,16	152,81	222,28	250,06	138,03	209,74	235,9
	II	3.412,75	187,70	273,02	307,14	179,08	260,48	293,04	170,46	247,95	278,94	161,85	235,42	264,84	153,23	222,88	250,74	138,93	210,35	236,64	120,28	197,82	222,5
	III	2.730,66	–	218,45	245,75	–	206,05	231,80	–	193,92	218,16	–	182,02	204,77	–	170,40	191,70	–	159,04	178,92	–	147,92	166,4
	IV	3.561,83	195,90	284,94	320,56	191,59	278,68	313,51	187,28	272,41	306,46	182,97	266,14	299,41	178,66	259,88	292,36	174,35	253,61	285,31	170,05	247,34	278,2
	V	4.076,25	224,19	326,10	366,86																		
	VI	4.120,58	226,63	329,64	370,85																		
11.708,99 (Ost)	I	3.569,66	196,33	285,57	321,26	187,71	273,04	307,17	179,09	260,50	293,06	170,48	247,97	278,96	161,86	235,44	264,87	153,24	222,90	250,76	138,96	210,37	236,6
	II	3.420,50	188,12	273,64	307,84	179,51	261,11	293,75	170,89	248,58	279,65	162,28	236,04	265,55	153,66	223,51	251,45	139,86	210,98	237,35	121,22	198,44	223,2
	III	2.738,50	–	219,08	246,46	–	206,66	232,49	–	194,52	218,83	–	182,62	205,45	–	170,98	192,35	–	159,60	179,55	–	148,48	167,0
	IV	3.569,66	196,33	285,57	321,26	192,02	279,30	314,21	187,71	273,04	307,17	183,40	266,77	300,11	179,09	260,50	293,06	174,79	254,24	286,02	170,48	247,97	278,9
	V	4.084,08	224,62	326,72	367,56																		
	VI	4.128,41	227,06	330,27	371,55																		
11.711,99 (West)	I	3.563,08	195,96	285,04	320,67	187,35	272,51	306,57	178,73	259,98	292,47	170,11	247,44	278,37	161,50	234,91	264,27	152,89	222,38	250,18	138,18	209,85	236,0
	II	3.414,00	187,77	273,12	307,26	179,15	260,58	293,15	170,53	248,05	279,05	161,92	235,52	264,96	153,30	222,98	250,85	139,08	210,45	236,75	120,43	197,92	222,6
	III	2.732,00	–	218,56	245,88	–	206,16	231,93	–	194,01	218,26	–	182,12	204,88	–	170,49	191,80	–	159,13	179,02	–	148,01	166,5
	IV	3.563,08	195,96	285,04	320,67	191,66	278,78	313,62	187,35	272,51	306,57	183,04	266,24	299,52	178,73	259,98	292,47	174,42	253,71	285,42	170,11	247,44	278,3
	V	4.077,50	224,26	326,20	366,97																		
	VI	4.121,83	226,70	329,74	370,96																		
11.711,99 (Ost)	I	3.570,91	196,40	285,67	321,38	187,78	273,14	307,28	179,16	260,60	293,18	170,55	248,07	279,08	161,93	235,54	264,98	153,31	223,00	250,88	139,11	210,47	236,7
	II	3.421,83	188,20	273,74	307,96	179,58	261,21	293,86	170,96	248,68	279,76	162,35	236,14	265,66	153,73	223,61	251,56	140,01	211,08	237,46	121,37	198,54	223,3
	III	2.739,83	–	219,18	246,58	–	206,77	232,61	–	194,61	218,93	–	182,72	205,56	–	171,08	192,46	–	159,69	179,65	–	148,56	167,1
	IV	3.570,91	196,40	285,67	321,38	192,09	279,40	314,33	187,78	273,14	307,28	183,47	266,87	300,23	179,16	260,60	293,18	174,85	254,34	286,13	170,55	248,07	279,0
	V	4.085,33	224,69	326,82	367,67																		
	VI	4.129,66	227,13	330,37	371,66																		
11.714,99 (West)	I	3.564,33	196,03	285,14	320,78	187,42	272,61	306,68	178,80	260,08	292,59	170,18	247,54	278,48	161,57	235,02	264,39	152,95	222,48	250,29	138,33	209,95	236,1
	II	3.415,25	187,83	273,22	307,37	179,22	260,68	293,27	170,60	248,15	279,17	161,98	235,62	265,07	153,37	223,08	250,97	139,23	210,55	236,87	120,59	198,02	222,7
	III	2.733,16	–	218,65	245,98	–	206,25	232,03	–	194,10	218,36	–	182,22	205,00	–	170,58	191,90	–	159,21	179,11	–	148,10	166,6
	IV	3.564,33	196,03	285,14	320,78	191,73	278,88	313,74	187,42	272,61	306,68	183,11	266,34	299,63	178,80	260,08	292,59	174,49	253,81	285,53	170,18	247,54	278,4
	V	4.078,83	224,33	326,30	367,09																		
	VI	4.123,08	226,76	329,84	371,07																		
11.714,99 (Ost)	I	3.572,16	196,46	285,77	321,49	187,85	273,24	307,39	179,23	260,70	293,29	170,61	248,17	279,19	162,00	235,64	265,09	153,38	223,10	250,99	139,25	210,57	236,8
	II	3.423,08	188,26	273,84	308,07	179,65	261,31	293,97	171,03	248,78	279,87	162,41	236,24	265,77	153,80	223,71	251,67	140,16	211,18	237,57	121,51	198,64	223,4
	III	2.741,00	–	219,28	246,69	–	206,86	232,72	–	194,70	219,04	–	182,81	205,66	–	171,16	192,55	–	159,78	179,75	–	148,65	167,2
	IV	3.572,16	196,46	285,77	321,49	192,16	279,50	314,44	187,85	273,24	307,39	183,54	266,97	300,34	179,23	260,70	293,29	174,92	254,44	286,24	170,61	248,17	279,1
	V	4.086,58	224,76	326,92	367,79																		
	VI	4.130,91	227,20	330,47	371,78																		
11.717,99 (West)	I	3.565,58	196,10	285,24	320,90	187,49	272,71	306,80	178,87	260,18	292,70	170,26	247,65	278,60	161,64	235,12	264,51	153,02	222,58	250,40	138,48	210,05	236,3
	II	3.416,50	187,90	273,32	307,48	179,29	260,78	293,38	170,67	248,25	279,28	162,05	235,72	265,18	153,44	223,18	251,08	139,38	210,66	236,99	120,74	198,12	222,8
	III	2.734,50	–	218,76	246,10	–	206,34	232,13	–	194,20	218,47	–	182,32	205,11	–	170,68	192,01	–	159,30	179,21	–	148,18	166,7
	IV	3.565,58	196,10	285,24	320,90	191,79	278,98	313,85	187,49	272,71	306,80	183,18	266,44	299,75	178,87	260,18	292,70	174,57	253,92	285,66	170,26	247,65	278,6
	V	4.080,08	224,40	326,40	367,20																		
	VI	4.124,33	226,83	329,94	371,18																		
11.717,99 (Ost)	I	3.573,41	196,53	285,87	321,60	187,92	273,34	307,50	179,30	260,80	293,40	170,68	248,27	279,30	162,07	235,74	265,20	153,45	223,20	251,10	139,40	210,67	237,0
	II	3.424,33	188,33	273,94	308,18	179,72	261,41	294,08	171,10	248,88	279,99	162,48	236,34	265,88	153,87	223,81	251,78	140,31	211,28	237,69	121,66	198,74	223,5
	III	2.742,33	–	219,38	246,80	–	206,97	232,84	–	194,81	219,16	–	182,90	205,76	–	171,25	192,65	–	159,86	179,84	–	148,73	167,3
	IV	3.573,41	196,53	285,87	321,60	192,22	279,60	314,55	187,92	273,34	307,50	183,61	267,07	300,45	179,30	260,80	293,40	174,99	254,54	286,35	170,68	248,27	279,3
	V	4.087,83	224,83	327,02	367,90																		
	VI	4.132,16	227,26	330,57	371,89																		
11.720,99 (West)	I	3.566,83	196,17	285,34	321,01	187,56	272,82	306,92	178,94	260,28	292,82	170,33	247,75	278,72	161,71	235,22	264,62	153,09	222,68	250,52	138,63	210,15	236,4
	II	3.417,75	187,97	273,42	307,59	179,35	260,88	293,49	170,74	248,35	279,39	162,13	235,82	265,30	153,51	223,29	251,20	139,53	210,76	237,10	120,89	198,22	223,0
	III	2.735,66	–	218,85	246,20	–	206,45	232,25	–	194,30	218,59	–	182,41	205,21	–	170,77	192,11	–	159,40	179,32	–	148,28	166,8
	IV	3.566,83	196,17	285,34	321,01	191,87	279,08	313,97	187,56	272,82	306,92	183,25	266,55	299,87	178,94	260,28	292,82	174,63	254,02	285,77	170,33	247,75	278,7
	V	4.081,33	224,47	326,50	367,31																		
	VI	4.125,58	226,90	330,04	371,30																		
11.720,99 (Ost)	I	3.574,66	196,60	285,97	321,71	187,99	273,44	307,62	179,37	260,90	293,51	170,75	248,37	279,41	162,14	235,84	265,32	153,52	223,31	251,22	139,56	210,78	237,1
	II	3.425,58	188,40	274,04	308,30	179,79	261,51	294,20	171,17	248,98	280,10	162,55	236,44	266,00	153,94	223,91	251,90	140,45	211,38	237,80	121,81	198,84	223,7
	III	2.743,50	–	219,48	246,91	–	207,06	232,94	–	194,90	219,26	–	183,00	205,87	–	171,34	192,76	–	159,96	179,95	–	148,82	167,42
	IV	3.574,66	196,60	285,97	321,71	192,29	279,70	314,66	187,99	273,44	307,62	183,68	267,17	300,56	179,37	260,90	293,51	175,06	254,64	286,47	170,75	248,37	279,41
	V	4.089,08	224,89	327,12	368,01																		
	VI	4.133,41	227,33	330,67	372,00																		
11.723,99 (West)	I	3.568,16	196,24	285,45	321,13	187,63	272,92	307,03	179,01	260,38	292,93	170,39	247,85	278,83	161,78	235,32	264,73	153,16	222,78	250,63	138,78	210,25	236,53
	II	3.419,00	188,04	273,52	307,71	179,42	260,98	293,60	170,81	248,46	279,51	162,19	235,92	265,41	153,58	223,39	251,31	139,68	210,86	237,21	121,04	198,32	223,1
	III	2.737,00	–	218,96	246,33	–	206,54	232,36	–	194,40	218,70	–	182,50	205,31	–	170,86	192,22	–	159,49	179,42	–	148,36	166,90
	IV	3.568,16	196,24	285,45	321,13	191,94	279,18	314,08	187,63	272,92	307,03	183,32	266,65	299,98	179,01	260,38	292,93	174,70	254,12	285,88	170,39	247,85	278,83
	V	4.082,58	224,54	326,60	367,43																		
	VI	4.126,91	226,98	330,15	371,42																		
11.723,99 (Ost)	I	3.575,91	196,67	286,07	321,83	188,05	273,54	307,73	179,44	261,00	293,63	170,82	248,47	279,53	162,21	235,94	265,43	153,59	223,41	251,33	139,71	210,88	237,24
	II	3.426,83	188,47	274,14	308,41	179,85	261,61	294,31	171,24	249,08	280,21	162,62	236,54	266,11	154,00	224,01	252,01	140,60	211,48	237,91	121,97	198,95	223,82
	III	2.744,83	–	219,58	247,03	–	207,16	233,05	–	195,00	219,37	–	183,09	205,97	–	171,44	192,87	–	160,05	180,05	–	148,92	167,53
	IV	3.575,91	196,67	286,07	321,83	192,36	279,80	314,78	188,05	273,54	307,73	183,75	267,27	300,68	179,44	261,00	293,63	175,13	254,74	286,58	170,82	248,47	279,53
	V	4.090,41	224,97	327,23	368,13																		
	VI	4.134,66	227,40	330,77	372,11																		
11.726,99 (West)	I	3.569,41	196,31	285,55	321,24	187,70	273,02	307,14	179,08	260,48	293,04	170,46	247,95	278,94	161,85	235,42	264,84	153,23	222,88	250,74	138,93	210,35	236,64
	II	3.420,33	188,11	273,62	307,82	179,50	261,09	293,72	170,88	248,56	279,63	162,26	236,02	265,52	153,65	223,49	251,42	139,83	210,96	237,33	121,19	198,42	223,22
	III	2.738,16	–	219,05	246,43	–	206,65	232,48	–	194,49	218,80	–	182,60	205,42	–	170,96	192,33	–	159,57	179,51	–	148,45	167,00
	IV	3.569,41	196,31	285,55	321,24	192,00	279,28	314,19	187,70	273,02	307,14	183,39	266,75	300,09	179,08	260,48	293,04	174,77	254,22	285,99	170,46	247,95	278,94
	V	4.083,83	224,61	326,70	367,54																		
	VI	4.128,16	227,04	330,25	371,53																		
11.726,99 (Ost)	I	3.577,16	196,74	286,17	321,94	188,12	273,64	307,84	179,51	261,11	293,75	170,89	248,58	279,65	162,28	236,04	265,55	153,66	223,51	251,45	139,86	210,98	237,35
	II	3.428,08	188,54	274,24	308,52	179,92	261,71	294,42	171,31	249,18	280,32	162,69	236,64	266,22	154,07	224,11	252,12	140,76	211,58	238,03	122,12	199,05	223,93
	III	2.746,00	–	219,68	247,14	–	207,26	233,17	–	195,09	219,47	–	183,18	206,08	–	171,53	192,97	–	160,14	180,16	–	149,00	167,62
	IV	3.577,16	196,74	286,17	321,94	192,43	279,90	314,89	188,12	273,64	307,84	183,81	267,37	300,79	179,51	261,11	293,75	175,20	254,84	286,70	170,89	248,58	279,65
	V	4.091,66	225,04	327,33	368,24																		
	VI	4.135,91	227,47	330,87	372,23																		

Lohn/Gehalt bis	Steuerklasse	Lohnsteuer	ohne Kinderfreibetrag SolZ 5,5%	ohne Kinderfreibetrag Kirchensteuer 8%	ohne Kinderfreibetrag Kirchensteuer 9%	0,5 SolZ 5,5%	0,5 Kirchensteuer 8%	0,5 Kirchensteuer 9%	1,0 SolZ 5,5%	1,0 Kirchensteuer 8%	1,0 Kirchensteuer 9%	1,5 SolZ 5,5%	1,5 Kirchensteuer 8%	1,5 Kirchensteuer 9%	2,0 SolZ 5,5%	2,0 Kirchensteuer 8%	2,0 Kirchensteuer 9%	2,5 SolZ 5,5%	2,5 Kirchensteuer 8%	2,5 Kirchensteuer 9%	3,0 SolZ 5,5%	3,0 Kirchensteuer 8%	3,0 Kirchensteuer 9%
						Anzahl Kinderfreibeträge (nur Steuerklassen I–IV)																	
1.729,99 (West)	I	3.570,66	196,38	285,65	321,35	187,77	273,12	307,26	179,15	260,58	293,15	170,53	248,05	279,05	161,92	235,52	264,96	153,30	222,98	250,85	139,08	210,45	236,75
	II	3.421,58	188,18	273,72	307,94	179,57	261,19	293,84	170,95	248,66	279,74	162,33	236,12	265,64	153,72	223,59	251,54	139,98	211,06	237,44	121,34	198,52	223,34
	III	2.739,50	-	219,16	246,55	-	206,74	232,58	-	194,58	218,90	-	182,69	205,52	-	171,05	192,43	-	159,66	179,62	-	148,54	167,11
	IV	3.570,66	196,38	285,65	321,35	192,07	279,38	314,30	187,77	273,12	307,26	183,46	266,85	300,20	179,15	260,58	293,15	174,84	254,32	286,11	170,53	248,05	279,05
	V	4.085,08	224,67	326,80	367,65																		
	VI	4.129,41	227,11	330,35	371,64																		
1.729,99 (Ost)	I	3.578,41	196,81	286,27	322,05	188,20	273,74	307,96	179,58	261,21	293,86	170,96	248,68	279,76	162,35	236,14	265,66	153,73	223,61	251,56	140,01	211,08	237,46
	II	3.429,33	188,61	274,34	308,63	179,99	261,81	294,53	171,38	249,28	280,44	162,76	236,75	266,34	154,15	224,22	252,24	140,91	211,68	238,14	122,27	199,15	224,04
	III	2.747,33	-	219,78	247,25	-	207,36	233,28	-	195,20	219,60	-	183,28	206,19	-	171,62	193,07	-	160,22	180,25	-	149,09	167,72
	IV	3.578,41	196,81	286,27	322,05	192,50	280,01	315,01	188,20	273,74	307,96	183,89	267,48	300,91	179,58	261,21	293,86	175,27	254,94	286,81	170,96	248,68	279,76
	V	4.092,91	225,11	327,43	368,36																		
	VI	4.137,25	227,54	330,98	372,35																		
1.732,99 (West)	I	3.571,91	196,45	285,75	321,47	187,83	273,22	307,37	179,22	260,68	293,27	170,60	248,15	279,17	161,98	235,62	265,07	153,37	223,08	250,97	139,23	210,55	236,87
	II	3.422,83	188,25	273,82	308,05	179,63	261,29	293,95	171,02	248,76	279,85	162,40	236,22	265,75	153,78	223,69	251,65	140,13	211,16	237,55	121,48	198,62	223,45
	III	2.740,83	-	219,26	246,67	-	206,85	232,70	-	194,69	219,02	-	182,78	205,63	-	171,14	192,53	-	159,76	179,73	-	148,62	167,20
	IV	3.571,91	196,45	285,75	321,47	192,14	279,48	314,42	187,83	273,22	307,37	183,53	266,95	300,32	179,22	260,68	293,27	174,91	254,42	286,22	170,60	248,15	279,17
	V	4.086,33	224,74	326,90	367,76																		
	VI	4.130,66	227,18	330,45	371,75																		
1.732,99 (Ost)	I	3.579,75	196,88	286,38	322,17	188,26	273,84	308,07	179,65	261,31	293,97	171,03	248,78	279,87	162,41	236,24	265,77	153,80	223,71	251,67	140,16	211,18	237,57
	II	3.430,58	188,68	274,44	308,75	180,06	261,91	294,65	171,45	249,38	280,55	162,83	236,85	266,45	154,22	224,32	252,36	141,06	211,78	238,25	122,42	199,25	224,15
	III	2.748,66	-	219,89	247,37	-	207,46	233,39	-	195,29	219,70	-	183,37	206,29	-	171,72	193,18	-	160,32	180,36	-	149,18	167,83
	IV	3.579,75	196,88	286,38	322,17	192,57	280,11	315,12	188,26	273,84	308,07	183,96	267,58	301,02	179,65	261,31	293,97	175,34	255,04	286,92	171,03	248,78	279,87
	V	4.094,16	225,17	327,53	368,47																		
	VI	4.138,50	227,61	331,08	372,46																		
1.735,99 (West)	I	3.573,16	196,52	285,85	321,58	187,90	273,32	307,48	179,29	260,78	293,38	170,67	248,25	279,28	162,05	235,72	265,18	153,44	223,18	251,08	139,38	210,66	236,99
	II	3.424,08	188,32	273,92	308,16	179,70	261,39	294,06	171,09	248,86	279,96	162,47	236,32	265,86	153,85	223,79	251,76	140,28	211,26	237,66	121,63	198,72	223,56
	III	2.742,00	-	219,36	246,78	-	206,94	232,81	-	194,78	219,13	-	182,88	205,74	-	171,24	192,64	-	159,85	179,83	-	148,72	167,31
	IV	3.573,16	196,52	285,85	321,58	192,21	279,58	314,53	187,90	273,32	307,48	183,59	267,05	300,43	179,29	260,78	293,38	174,98	254,52	286,33	170,67	248,25	279,28
	V	4.087,58	224,81	327,00	367,88																		
	VI	4.131,91	227,25	330,55	371,87																		
1.735,99 (Ost)	I	3.581,00	196,95	286,48	322,29	188,33	273,94	308,18	179,72	261,41	294,08	171,10	248,88	279,99	162,48	236,34	265,88	153,87	223,81	251,78	140,31	211,28	237,69
	II	3.431,91	188,75	274,55	308,87	180,13	262,02	294,77	171,52	249,48	280,67	162,90	236,95	266,57	154,28	224,42	252,47	141,21	211,88	238,37	122,57	199,35	224,27
	III	2.749,83	-	219,98	247,48	-	207,56	233,50	-	195,38	219,80	-	183,46	206,39	-	171,81	193,28	-	160,41	180,46	-	149,26	167,92
	IV	3.581,00	196,95	286,48	322,29	192,64	280,21	315,23	188,33	273,94	308,18	184,03	267,68	301,14	179,72	261,41	294,08	175,41	255,14	287,03	171,10	248,88	279,99
	V	4.095,41	225,24	327,63	368,58																		
	VI	4.139,75	227,68	331,18	372,57																		
1.738,99 (West)	I	3.574,41	196,59	285,95	321,69	187,97	273,42	307,59	179,35	260,88	293,49	170,74	248,35	279,39	162,13	235,82	265,30	153,51	223,29	251,20	139,53	210,76	237,10
	II	3.425,33	188,39	274,02	308,27	179,77	261,49	294,17	171,16	248,96	280,08	162,54	236,42	265,97	153,92	223,89	251,87	140,42	211,36	237,78	121,78	198,82	223,67
	III	2.743,33	-	219,46	246,89	-	207,04	232,92	-	194,88	219,24	-	182,97	205,84	-	171,33	192,74	-	159,94	179,93	-	148,81	167,41
	IV	3.574,41	196,59	285,95	321,69	192,28	279,68	314,64	187,97	273,42	307,59	183,66	267,15	300,54	179,35	260,88	293,49	175,05	254,62	286,44	170,74	248,35	279,39
	V	4.088,83	224,88	327,10	367,99																		
	VI	4.133,16	227,32	330,65	371,98																		
1.738,99 (Ost)	I	3.582,25	197,02	286,58	322,40	188,40	274,04	308,30	179,79	261,51	294,20	171,17	248,98	280,10	162,55	236,44	266,00	153,94	223,91	251,90	140,45	211,38	237,80
	II	3.433,16	188,82	274,65	308,98	180,20	262,12	294,88	171,59	249,58	280,78	162,97	237,05	266,68	154,35	224,52	252,58	141,36	211,98	238,48	122,71	199,45	224,38
	III	2.751,16	-	220,09	247,60	-	207,65	233,60	-	195,48	219,91	-	183,57	206,51	-	171,90	193,39	-	160,50	180,56	-	149,36	168,03
	IV	3.582,25	197,02	286,58	322,40	192,71	280,31	315,35	188,40	274,04	308,30	184,09	267,78	301,25	179,79	261,51	294,20	175,48	255,24	287,15	171,17	248,98	280,10
	V	4.096,66	225,31	327,73	368,69																		
	VI	4.141,00	227,75	331,28	372,69																		
1.741,99 (West)	I	3.575,66	196,66	286,05	321,80	188,04	273,52	307,71	179,42	260,98	293,60	170,81	248,46	279,51	162,19	235,92	265,41	153,58	223,39	251,31	139,68	210,86	237,21
	II	3.426,58	188,46	274,12	308,39	179,84	261,59	294,29	171,22	249,06	280,19	162,61	236,52	266,09	153,99	223,99	251,99	140,58	211,46	237,89	121,94	198,93	223,79
	III	2.744,50	-	219,56	247,00	-	207,14	233,03	-	194,97	219,34	-	183,06	205,94	-	171,42	192,85	-	160,02	180,02	-	148,89	167,50
	IV	3.575,66	196,66	286,05	321,80	192,35	279,78	314,75	188,04	273,52	307,71	183,73	267,25	300,65	179,42	260,98	293,60	175,12	254,72	286,56	170,81	248,46	279,51
	V	4.090,16	224,95	327,21	368,11																		
	VI	4.134,41	227,39	330,75	372,09																		
11.741,99 (Ost)	I	3.583,50	197,09	286,68	322,51	188,47	274,14	308,41	179,85	261,61	294,31	171,24	249,08	280,21	162,62	236,54	266,11	154,00	224,01	252,01	140,60	211,48	237,91
	II	3.434,41	188,89	274,75	309,09	180,27	262,22	294,99	171,65	249,68	280,89	163,04	237,15	266,79	154,42	224,62	252,69	141,51	212,08	238,59	122,86	199,55	224,49
	III	2.752,33	-	220,18	247,70	-	207,76	233,73	-	195,58	220,03	-	183,66	206,62	-	172,00	193,50	-	160,60	180,67	-	149,45	168,13
	IV	3.583,50	197,09	286,68	322,51	192,78	280,41	315,46	188,47	274,14	308,41	184,16	267,88	301,36	179,85	261,61	294,31	175,55	255,34	287,26	171,24	249,08	280,21
	V	4.097,91	225,38	327,83	368,81																		
	VI	4.142,25	227,82	331,38	372,80																		
11.744,99 (West)	I	3.576,91	196,73	286,15	321,92	188,11	273,62	307,82	179,50	261,09	293,72	170,88	248,56	279,63	162,26	236,02	265,52	153,65	223,49	251,42	139,83	210,96	237,33
	II	3.427,83	188,53	274,22	308,50	179,91	261,69	294,40	171,29	249,16	280,30	162,68	236,62	266,20	154,06	224,10	252,11	140,73	211,56	238,01	122,09	199,03	223,91
	III	2.745,83	-	219,66	247,12	-	207,24	233,14	-	195,08	219,46	-	183,17	206,06	-	171,52	192,96	-	160,12	180,13	-	148,98	167,60
	IV	3.576,91	196,73	286,15	321,92	192,42	279,88	314,87	188,11	273,62	307,82	183,81	267,36	300,78	179,50	261,09	293,72	175,19	254,82	286,67	170,88	248,56	279,63
	V	4.091,41	225,02	327,31	368,22																		
	VI	4.135,66	227,46	330,85	372,20																		
11.744,99 (Ost)	I	3.584,75	197,16	286,78	322,62	188,54	274,24	308,52	179,92	261,71	294,42	171,31	249,18	280,32	162,69	236,64	266,22	154,07	224,11	252,12	140,76	211,58	238,03
	II	3.435,66	188,96	274,85	309,20	180,34	262,32	295,11	171,72	249,78	281,00	163,11	237,25	266,90	154,49	224,72	252,81	141,65	212,18	238,70	123,01	199,65	224,60
	III	2.753,66	-	220,29	247,82	-	207,85	233,83	-	195,68	220,14	-	183,76	206,73	-	172,09	193,60	-	160,68	180,76	-	149,53	168,22
	IV	3.584,75	197,16	286,78	322,62	192,85	280,51	315,57	188,54	274,24	308,52	184,23	267,98	301,47	179,92	261,71	294,42	175,61	255,44	287,37	171,31	249,18	280,32
	V	4.099,16	225,45	327,93	368,92																		
	VI	4.143,50	227,89	331,48	372,91																		
11.747,99 (West)	I	3.578,25	196,80	286,26	322,04	188,18	273,72	307,94	179,57	261,19	293,84	170,95	248,66	279,74	162,33	236,12	265,64	153,72	223,59	251,54	139,98	211,06	237,44
	II	3.429,08	188,59	274,32	308,61	179,98	261,79	294,51	171,37	249,26	280,42	162,75	236,73	266,32	154,13	224,20	252,22	140,88	211,66	238,12	122,24	199,13	224,02
	III	2.747,00	-	219,76	247,23	-	207,34	233,26	-	195,17	219,56	-	183,26	206,17	-	171,61	193,06	-	160,21	180,23	-	149,08	167,71
	IV	3.578,25	196,80	286,26	322,04	192,49	279,99	314,99	188,18	273,72	307,94	183,87	267,46	300,89	179,57	261,19	293,84	175,26	254,92	286,79	170,95	248,66	279,74
	V	4.092,66	225,09	327,41	368,33																		
	VI	4.137,00	227,53	330,96	372,33																		
11.747,99 (Ost)	I	3.586,00	197,23	286,88	322,74	188,61	274,34	308,63	179,99	261,81	294,53	171,38	249,28	280,44	162,76	236,75	266,34	154,15	224,22	252,24	140,91	211,68	238,14
	II	3.436,91	189,03	274,95	309,32	180,41	262,42	295,22	171,79	249,88	281,12	163,18	237,35	267,02	154,56	224,82	252,92	141,80	212,28	238,82	123,16	199,75	224,72
	III	2.754,83	-	220,38	247,93	-	207,96	233,95	-	195,77	220,24	-	183,85	206,83	-	172,18	193,70	-	160,77	180,86	-	149,62	168,32
	IV	3.586,00	197,23	286,88	322,74	192,92	280,61	315,68	188,61	274,34	308,63	184,30	268,08	301,59	179,99	261,81	294,53	175,68	255,54	287,48	171,38	249,28	280,44
	V	4.100,50	225,52	328,04	369,04																		
	VI	4.144,75	227,96	331,58	373,02																		

Lohn/ Gehalt bis	Steuerklasse	Lohnsteuer	ohne Kinderfreibetrag SolZ 5,5%	Kirchensteuer 8%	9%	0,5 SolZ 5,5%	Kirchensteuer 8%	9%	1,0 SolZ 5,5%	Kirchensteuer 8%	9%	1,5 SolZ 5,5%	Kirchensteuer 8%	9%	2,0 SolZ 5,5%	Kirchensteuer 8%	9%	2,5 SolZ 5,5%	Kirchensteuer 8%	9%	3,0 SolZ 5,5%	Kirchensteu 8%	9%
11.750,99 (West)	I	3.579,50	196,87	286,36	322,15	188,25	273,82	308,05	179,63	261,29	293,95	171,02	248,76	279,85	162,40	236,22	265,75	153,78	223,69	251,65	140,13	211,16	237
	II	3.430,33	188,66	274,42	308,72	180,05	261,90	294,63	171,43	249,36	280,53	162,82	236,83	266,43	154,20	224,30	252,33	141,03	211,76	238,23	122,39	199,23	224
	III	2.748,33	-	219,86	247,34	-	207,44	233,37	-	195,26	219,67	-	183,36	206,28	-	171,70	193,16	-	160,30	180,34	-	149,16	167
	IV	3.579,50	196,87	286,36	322,15	192,56	280,09	315,10	188,25	273,82	308,05	183,94	267,56	301,00	179,63	261,29	293,95	175,33	255,02	286,90	171,02	248,76	279
	V	4.093,91	225,16	327,51	368,45																		
	VI	4.138,25	227,60	331,06	372,44																		
11.750,99 (Ost)	I	3.587,25	197,29	286,98	322,85	188,68	274,44	308,75	180,06	261,91	294,65	171,45	249,38	280,55	162,83	236,85	266,45	154,22	224,32	252,36	141,06	211,78	238
	II	3.438,16	189,09	275,05	309,43	180,48	262,52	295,33	171,86	249,98	281,23	163,24	237,45	267,13	154,63	224,92	253,03	141,96	212,39	238,94	123,32	199,86	224
	III	2.756,16	-	220,49	248,05	-	208,05	234,05	-	195,86	220,34	-	183,94	206,93	-	172,28	193,81	-	160,86	180,97	-	149,72	168
	IV	3.587,25	197,29	286,98	322,85	192,99	280,71	315,80	188,68	274,44	308,75	184,37	268,18	301,70	180,06	261,91	294,65	175,76	255,65	287,60	171,45	249,38	280
	V	4.101,75	225,59	328,14	369,15																		
	VI	4.146,00	228,03	331,68	373,14																		
11.753,99 (West)	I	3.580,75	196,94	286,46	322,26	188,32	273,92	308,16	179,70	261,39	294,06	171,09	248,86	279,96	162,47	236,32	265,86	153,85	223,79	251,76	140,28	211,26	237
	II	3.431,66	188,74	274,53	308,84	180,12	262,00	294,75	171,50	249,46	280,64	162,89	236,93	266,54	154,27	224,40	252,45	141,18	211,86	238,34	122,54	199,33	224
	III	2.749,50	-	219,96	247,45	-	207,53	233,47	-	195,37	219,79	-	183,45	206,38	-	171,80	193,27	-	160,40	180,45	-	149,25	167
	IV	3.580,75	196,94	286,46	322,26	192,63	280,19	315,21	188,32	273,92	308,16	184,01	267,66	301,11	179,70	261,39	294,06	175,39	255,12	287,01	171,09	248,86	279
	V	4.095,16	225,23	327,61	368,56																		
	VI	4.139,50	227,67	331,16	372,55																		
11.753,99 (Ost)	I	3.588,50	197,36	287,08	322,96	188,75	274,55	308,87	180,13	262,02	294,77	171,52	249,48	280,67	162,90	236,95	266,57	154,28	224,42	252,47	141,21	211,88	238
	II	3.439,41	189,16	275,15	309,54	180,55	262,62	295,44	171,93	250,08	281,34	163,31	237,55	267,24	154,70	225,02	253,15	142,11	212,49	239,05	123,47	199,96	224
	III	2.757,33	-	220,58	248,15	-	208,16	234,18	-	195,97	220,46	-	184,04	207,04	-	172,37	193,91	-	160,96	181,08	-	149,80	168
	IV	3.588,50	197,36	287,08	322,96	193,05	280,81	315,91	188,75	274,55	308,87	184,44	268,28	301,82	180,13	262,02	294,77	175,83	255,75	287,72	171,52	249,48	280
	V	4.103,00	225,66	328,24	369,27																		
	VI	4.147,25	228,09	331,78	373,25																		
11.756,99 (West)	I	3.582,00	197,01	286,56	322,38	188,39	274,02	308,27	179,77	261,49	294,17	171,16	248,96	280,08	162,54	236,42	265,97	153,92	223,89	251,87	140,42	211,36	237,
	II	3.432,91	188,81	274,63	308,96	180,19	262,10	294,86	171,57	249,56	280,76	162,96	237,03	266,66	154,34	224,50	252,56	141,33	211,96	238,46	122,68	199,43	224,
	III	2.750,83	-	220,06	247,57	-	207,64	233,59	-	195,46	219,89	-	183,54	206,48	-	171,89	193,37	-	160,48	180,54	-	149,33	167
	IV	3.582,00	197,01	286,56	322,38	192,70	280,29	315,32	188,39	274,02	308,27	184,08	267,76	301,23	179,77	261,49	294,17	175,46	255,22	287,12	171,16	248,96	280,
	V	4.096,41	225,30	327,71	368,67																		
	VI	4.140,75	227,74	331,26	372,66																		
11.756,99 (Ost)	I	3.589,83	197,44	287,18	323,08	188,82	274,65	308,98	180,20	262,12	294,88	171,59	249,58	280,78	162,97	237,05	266,68	154,35	224,52	252,58	141,36	211,98	238,
	II	3.440,66	189,23	275,25	309,65	180,62	262,72	295,56	172,00	250,19	281,46	163,39	237,66	267,36	154,77	225,12	253,26	142,26	212,59	239,16	123,62	200,06	225,
	III	2.758,66	-	220,69	248,27	-	208,25	234,28	-	196,06	220,57	-	184,13	207,14	-	172,46	194,02	-	161,05	181,18	-	149,89	168,
	IV	3.589,83	197,44	287,18	323,08	193,13	280,92	316,03	188,82	274,65	308,98	184,51	268,38	301,93	180,20	262,12	294,88	175,89	255,85	287,83	171,59	249,58	280,
	V	4.104,25	225,73	328,34	369,38																		
	VI	4.148,58	228,17	331,88	373,37																		
11.759,99 (West)	I	3.583,25	197,07	286,66	322,49	188,46	274,12	308,39	179,84	261,59	294,29	171,22	249,06	280,19	162,61	236,52	266,09	153,99	223,99	251,99	140,58	211,46	237,
	II	3.434,16	188,87	274,73	309,07	180,26	262,20	294,97	171,64	249,66	280,87	163,02	237,13	266,77	154,41	224,60	252,67	141,48	212,06	238,57	122,83	199,53	224,
	III	2.752,16	-	220,17	247,69	-	207,73	233,69	-	195,56	220,00	-	183,64	206,59	-	171,98	193,48	-	160,57	180,64	-	149,42	168,
	IV	3.583,25	197,07	286,66	322,49	192,77	280,39	315,44	188,46	274,12	308,39	184,15	267,86	301,34	179,84	261,59	294,29	175,53	255,32	287,24	171,22	249,06	280,
	V	4.097,66	225,37	327,81	368,78																		
	VI	4.142,00	227,81	331,36	372,78																		
11.759,99 (Ost)	I	3.591,08	197,50	287,28	323,19	188,89	274,75	309,09	180,27	262,22	294,99	171,65	249,68	280,89	163,04	237,15	266,79	154,42	224,62	252,69	141,51	212,08	238,
	II	3.441,91	189,30	275,35	309,77	180,69	262,82	295,67	172,07	250,29	281,57	163,46	237,76	267,48	154,84	225,22	253,37	142,41	212,69	239,27	123,76	200,16	225,
	III	2.760,00	-	220,80	248,40	-	208,34	234,38	-	196,16	220,68	-	184,22	207,25	-	172,56	194,13	-	161,14	181,28	-	149,98	168,
	IV	3.591,08	197,50	287,28	323,19	193,20	281,02	316,14	188,89	274,75	309,09	184,58	268,48	302,04	180,27	262,22	294,99	175,96	255,95	287,94	171,65	249,68	280,
	V	4.105,50	225,80	328,44	369,49																		
	VI	4.149,83	228,24	331,98	373,48																		
11.762,99 (West)	I	3.584,50	197,14	286,76	322,60	188,53	274,22	308,50	179,91	261,69	294,40	171,29	249,16	280,30	162,68	236,62	266,20	154,06	224,10	252,11	140,73	211,56	238,
	II	3.435,41	188,94	274,83	309,18	180,33	262,30	295,08	171,71	249,76	280,98	163,09	237,23	266,88	154,48	224,70	252,78	141,62	212,16	238,68	122,98	199,63	224,
	III	2.753,33	-	220,26	247,79	-	207,84	233,82	-	195,65	220,10	-	183,73	206,69	-	172,06	193,57	-	160,66	180,74	-	149,52	168,
	IV	3.584,50	197,14	286,76	322,60	192,83	280,49	315,55	188,53	274,22	308,50	184,22	267,96	301,45	179,91	261,69	294,40	175,60	255,42	287,35	171,29	249,16	280,
	V	4.098,91	225,44	327,91	368,90																		
	VI	4.143,25	227,87	331,46	372,89																		
11.762,99 (Ost)	I	3.592,33	197,57	287,38	323,30	188,96	274,85	309,20	180,34	262,32	295,11	171,72	249,78	281,00	163,11	237,25	266,90	154,49	224,72	252,81	141,65	212,18	238,
	II	3.443,25	189,37	275,46	309,89	180,76	262,92	295,79	172,14	250,39	281,69	163,52	237,86	267,59	154,91	225,32	253,49	142,56	212,79	239,39	123,91	200,26	225,
	III	2.761,16	-	220,89	248,50	-	208,45	234,50	-	196,26	220,79	-	184,33	207,37	-	172,65	194,23	-	161,22	181,37	-	150,06	168,
	IV	3.592,33	197,57	287,38	323,30	193,27	281,12	316,26	188,96	274,85	309,20	184,65	268,58	302,15	180,34	262,32	295,11	176,03	256,05	288,05	171,72	249,78	281,
	V	4.106,75	225,87	328,54	369,60																		
	VI	4.151,08	228,30	332,08	373,59																		
11.765,99 (West)	I	3.585,75	197,21	286,86	322,71	188,59	274,32	308,61	179,98	261,79	294,51	171,37	249,26	280,42	162,75	236,73	266,32	154,13	224,20	252,22	140,88	211,66	238,
	II	3.436,66	189,01	274,93	309,29	180,40	262,40	295,20	171,78	249,86	281,09	163,16	237,33	266,99	154,55	224,80	252,90	141,77	212,26	238,79	123,14	199,74	224,
	III	2.754,66	-	220,37	247,91	-	207,93	233,92	-	195,76	220,23	-	183,82	206,80	-	172,16	193,68	-	160,76	180,85	-	149,60	168,
	IV	3.585,75	197,21	286,86	322,71	192,90	280,59	315,66	188,59	274,32	308,61	184,29	268,06	301,56	179,98	261,79	294,51	175,67	255,52	287,46	171,37	249,26	280,
	V	4.100,25	225,51	328,02	369,02																		
	VI	4.144,50	227,94	331,56	373,00																		
11.765,99 (Ost)	I	3.593,58	197,64	287,48	323,42	189,03	274,95	309,32	180,41	262,42	295,22	171,79	249,88	281,12	163,18	237,35	267,02	154,56	224,82	252,92	141,80	212,28	238,
	II	3.444,50	189,44	275,56	310,00	180,83	263,02	295,90	172,21	250,49	281,80	163,59	237,96	267,70	154,98	225,42	253,60	142,71	212,89	239,50	124,06	200,36	225,
	III	2.762,50	-	221,00	248,62	-	208,54	234,61	-	196,36	220,90	-	184,42	207,47	-	172,74	194,33	-	161,32	181,48	-	150,16	168,
	IV	3.593,58	197,64	287,48	323,42	193,33	281,22	316,37	189,03	274,95	309,32	184,72	268,68	302,27	180,41	262,42	295,22	176,10	256,15	288,17	171,79	249,88	281,
	V	4.108,00	225,94	328,64	369,72																		
	VI	4.152,33	228,37	332,18	373,70																		
11.768,99 (West)	I	3.587,00	197,28	286,96	322,83	188,66	274,42	308,72	180,05	261,90	294,63	171,43	249,36	280,53	162,82	236,83	266,43	154,20	224,30	252,33	141,03	211,76	238,
	II	3.437,91	189,08	275,03	309,41	180,46	262,50	295,31	171,85	249,96	281,21	163,23	237,43	267,11	154,62	224,90	253,01	141,93	212,37	238,91	123,29	199,84	224,
	III	2.755,83	-	220,46	248,02	-	208,04	234,04	-	195,85	220,33	-	183,92	206,91	-	172,25	193,78	-	160,85	180,95	-	149,69	168,
	IV	3.587,00	197,28	286,96	322,83	192,97	280,69	315,77	188,66	274,42	308,72	184,36	268,16	301,68	180,05	261,90	294,63	175,74	255,63	287,58	171,43	249,36	280,
	V	4.101,50	225,58	328,12	369,13																		
	VI	4.145,75	228,01	331,66	373,11																		
11.768,99 (Ost)	I	3.594,83	197,71	287,58	323,53	189,09	275,05	309,43	180,48	262,52	295,33	171,86	249,98	281,23	163,24	237,45	267,13	154,63	224,92	253,03	141,96	212,39	238,9
	II	3.445,75	189,51	275,66	310,11	180,89	263,12	296,01	172,28	250,59	281,91	163,66	238,06	267,81	155,04	225,52	253,71	142,85	212,99	239,61	124,21	200,46	225,5
	III	2.763,66	-	221,09	248,72	-	208,65	234,73	-	196,45	221,00	-	184,52	207,58	-	172,84	194,44	-	161,41	181,58	-	150,24	169,0
	IV	3.594,83	197,71	287,58	323,53	193,40	281,32	316,48	189,09	275,05	309,43	184,79	268,78	302,38	180,48	262,52	295,33	176,17	256,25	288,28	171,86	249,98	281,2
	V	4.109,25	226,00	328,74	369,83																		
	VI	4.153,58	228,44	332,28	373,82																		

Lohn/ Gehalt bis	Steuerklasse	Lohn-steuer	ohne Kinderfreibetrag SolZ 5,5%	ohne Kinderfreibetrag Kirchensteuer 8%	ohne Kinderfreibetrag Kirchensteuer 9%	0,5 SolZ 5,5%	0,5 Kirchensteuer 8%	0,5 Kirchensteuer 9%	1,0 SolZ 5,5%	1,0 Kirchensteuer 8%	1,0 Kirchensteuer 9%	1,5 SolZ 5,5%	1,5 Kirchensteuer 8%	1,5 Kirchensteuer 9%	2,0 SolZ 5,5%	2,0 Kirchensteuer 8%	2,0 Kirchensteuer 9%	2,5 SolZ 5,5%	2,5 Kirchensteuer 8%	2,5 Kirchensteuer 9%	3,0 SolZ 5,5%	3,0 Kirchensteuer 8%	3,0 Kirchensteuer 9%
						Anzahl Kinderfreibeträge (nur Steuerklassen I–IV)																	
1.771,99 (West)	I	3.588,33	197,35	287,06	322,94	188,74	274,53	308,84	180,12	262,00	294,75	171,50	249,46	280,64	162,89	236,93	266,54	154,27	224,40	252,45	141,18	211,86	238,34
	II	3.439,16	189,15	275,13	309,52	180,53	262,60	295,42	171,92	250,06	281,32	163,30	237,54	267,23	154,69	225,00	253,13	142,08	212,47	239,03	123,44	199,94	224,93
	III	2.757,16	-	220,57	248,14	-	208,13	234,14	-	195,94	220,43	-	184,02	207,02	-	172,34	193,88	-	160,93	181,04	-	149,78	168,50
	IV	3.588,33	197,35	287,06	322,94	193,05	280,80	315,90	188,74	274,53	308,84	184,43	268,26	301,79	180,12	262,00	294,75	175,81	255,73	287,69	171,50	249,46	280,64
	V	4.102,75	225,65	328,22	369,24																		
	VI	4.147,08	228,08	331,76	373,23																		
1.771,99 (Ost)	I	3.596,08	197,78	287,68	323,64	189,16	275,15	309,54	180,55	262,62	295,44	171,93	250,08	281,34	163,31	237,55	267,24	154,70	225,02	253,15	142,11	212,49	239,05
	II	3.447,00	189,58	275,76	310,23	180,96	263,22	296,12	172,35	250,69	282,02	163,73	238,16	267,93	155,11	225,62	253,82	143,00	213,09	239,72	124,36	200,56	225,63
	III	2.765,00	-	221,20	248,85	-	208,74	234,83	-	196,54	221,11	-	184,61	207,68	-	172,93	194,54	-	161,50	181,69	-	150,33	169,12
	IV	3.596,08	197,78	287,68	323,64	193,47	281,42	316,59	189,16	275,15	309,54	184,85	268,88	302,49	180,55	262,62	295,44	176,24	256,35	288,39	171,93	250,08	281,34
	V	4.110,50	226,07	328,84	369,94																		
	VI	4.154,83	228,51	332,38	373,93																		
1.774,99 (West)	I	3.589,58	197,42	287,16	323,06	188,81	274,63	308,96	180,19	262,10	294,86	171,57	249,56	280,76	162,96	237,03	266,66	154,34	224,50	252,56	141,33	211,96	238,46
	II	3.440,41	189,22	275,23	309,63	180,61	262,70	295,54	171,99	250,17	281,44	163,37	237,64	267,34	154,76	225,10	253,24	142,23	212,57	239,14	123,59	200,04	225,04
	III	2.758,33	-	220,66	248,24	-	208,22	234,25	-	196,04	220,54	-	184,12	207,13	-	172,44	193,99	-	161,02	181,15	-	149,86	168,59
	IV	3.589,58	197,42	287,16	323,06	193,11	280,90	316,01	188,81	274,63	308,96	184,50	268,36	301,91	180,19	262,10	294,86	175,88	255,83	287,81	171,57	249,56	280,76
	V	4.104,00	225,72	328,32	369,36																		
	VI	4.148,33	228,15	331,86	373,34																		
1.774,99 (Ost)	I	3.597,33	197,85	287,78	323,75	189,23	275,25	309,65	180,62	262,72	295,56	172,00	250,19	281,46	163,39	237,66	267,36	154,77	225,12	253,26	142,26	212,59	239,16
	II	3.448,25	189,65	275,86	310,34	181,03	263,32	296,24	172,42	250,79	282,14	163,80	238,26	268,04	155,18	225,72	253,94	143,15	213,19	239,84	124,52	200,66	225,74
	III	2.766,16	-	221,29	248,95	-	208,85	234,95	-	196,65	221,23	-	184,70	207,79	-	173,02	194,65	-	161,60	181,80	-	150,42	169,22
	IV	3.597,33	197,85	287,78	323,75	193,54	281,52	316,71	189,23	275,25	309,65	184,92	268,98	302,60	180,62	262,72	295,56	176,31	256,45	288,50	172,00	250,19	281,46
	V	4.111,83	226,15	328,94	370,06																		
	VI	4.156,08	228,58	332,48	374,04																		
1.777,99 (West)	I	3.590,83	197,49	287,26	323,17	188,87	274,73	309,07	180,26	262,20	294,97	171,64	249,66	280,87	163,02	237,13	266,77	154,41	224,60	252,67	141,48	212,06	238,57
	II	3.441,75	189,29	275,34	309,75	180,67	262,80	295,65	172,06	250,27	281,55	163,44	237,74	267,45	154,82	225,20	253,35	142,38	212,67	239,25	123,74	200,14	225,15
	III	2.759,66	-	220,77	248,36	-	208,33	234,37	-	196,14	220,66	-	184,21	207,23	-	172,53	194,09	-	161,12	181,26	-	149,96	168,70
	IV	3.590,83	197,49	287,26	323,17	193,18	281,00	316,12	188,87	274,73	309,07	184,57	268,46	302,02	180,26	262,20	294,97	175,95	255,93	287,92	171,64	249,66	280,87
	V	4.105,25	225,78	328,42	369,47																		
	VI	4.149,58	228,22	331,96	373,46																		
1.777,99 (Ost)	I	3.598,58	197,92	287,88	323,87	189,30	275,35	309,77	180,69	262,82	295,67	172,07	250,29	281,57	163,46	237,76	267,48	154,84	225,22	253,37	142,41	212,69	239,27
	II	3.449,50	189,72	275,96	310,45	181,10	263,42	296,35	172,48	250,89	282,25	163,87	238,36	268,15	155,26	225,83	254,06	143,31	213,30	239,96	124,67	200,76	225,86
	III	2.767,50	-	221,40	249,07	-	208,94	235,06	-	196,74	221,33	-	184,80	207,90	-	173,12	194,76	-	161,68	181,89	-	150,50	169,31
	IV	3.598,58	197,92	287,88	323,87	193,61	281,62	316,82	189,30	275,35	309,77	185,00	269,09	302,72	180,69	262,82	295,67	176,38	256,56	288,63	172,07	250,29	281,57
	V	4.113,08	226,21	329,04	370,17																		
	VI	4.157,33	228,65	332,58	374,15																		
1.780,99 (West)	I	3.592,08	197,56	287,36	323,28	188,94	274,83	309,18	180,33	262,30	295,08	171,71	249,76	280,98	163,09	237,23	266,88	154,48	224,70	252,78	141,62	212,16	238,68
	II	3.443,00	189,36	275,44	309,87	180,74	262,90	295,76	172,13	250,37	281,66	163,51	237,84	267,57	154,89	225,30	253,46	142,53	212,77	239,36	123,88	200,24	225,27
	III	2.760,83	-	220,86	248,47	-	208,42	234,47	-	196,24	220,77	-	184,30	207,34	-	172,62	194,20	-	161,21	181,36	-	150,05	168,80
	IV	3.592,08	197,56	287,36	323,28	193,25	281,10	316,23	188,94	274,83	309,18	184,63	268,56	302,13	180,33	262,30	295,08	176,02	256,03	288,03	171,71	249,76	280,98
	V	4.106,50	225,85	328,52	369,58																		
	VI	4.150,83	228,29	332,06	373,57																		
1.780,99 (Ost)	I	3.599,91	197,99	287,99	323,99	189,37	275,46	309,89	180,76	262,92	295,79	172,14	250,39	281,69	163,52	237,86	267,59	154,91	225,32	253,49	142,56	212,79	239,39
	II	3.450,75	189,79	276,06	310,56	181,17	263,52	296,46	172,55	250,99	282,36	163,94	238,46	268,27	155,32	225,93	254,17	143,46	213,40	240,07	124,82	200,86	225,97
	III	2.768,83	-	221,50	249,19	-	209,05	235,18	-	196,84	221,44	-	184,89	208,00	-	173,21	194,86	-	161,77	181,99	-	150,60	169,42
	IV	3.599,91	197,99	287,99	323,99	193,68	281,72	316,94	189,37	275,46	309,89	185,07	269,19	302,84	180,76	262,92	295,79	176,45	256,66	288,74	172,14	250,39	281,69
	V	4.114,33	226,28	329,14	370,28																		
	VI	4.158,66	228,72	332,69	374,27																		
11.783,99 (West)	I	3.593,33	197,63	287,46	323,39	189,01	274,93	309,29	180,40	262,40	295,20	171,78	249,86	281,09	163,16	237,33	266,99	154,55	224,80	252,90	141,77	212,26	238,79
	II	3.444,25	189,43	275,54	309,98	180,81	263,00	295,88	172,20	250,47	281,78	163,58	237,94	267,68	154,96	225,40	253,58	142,68	212,87	239,48	124,03	200,34	225,38
	III	2.762,16	-	220,97	248,59	-	208,53	234,59	-	196,33	220,87	-	184,40	207,45	-	172,72	194,31	-	161,30	181,46	-	150,13	168,89
	IV	3.593,33	197,63	287,46	323,39	193,32	281,20	316,35	189,01	274,93	309,29	184,70	268,66	302,24	180,40	262,40	295,20	176,09	256,13	288,14	171,78	249,86	281,09
	V	4.107,75	225,92	328,62	369,69																		
	VI	4.152,08	228,36	332,16	373,68																		
11.783,99 (Ost)	I	3.601,16	198,06	288,09	324,10	189,44	275,56	310,00	180,83	263,02	295,90	172,21	250,49	281,80	163,59	237,96	267,70	154,98	225,42	253,60	142,71	212,89	239,50
	II	3.452,00	189,86	276,16	310,68	181,24	263,63	296,58	172,63	251,10	282,48	164,01	238,56	268,38	155,39	226,03	254,28	143,61	213,50	240,18	124,96	200,96	226,08
	III	2.770,00	-	221,60	249,30	-	209,14	235,28	-	196,94	221,56	-	184,98	208,10	-	173,30	194,96	-	161,86	182,09	-	150,69	169,52
	IV	3.601,16	198,06	288,09	324,10	193,75	281,82	317,05	189,44	275,56	310,00	185,13	269,29	302,95	180,83	263,02	295,90	176,52	256,76	288,85	172,21	250,49	281,80
	V	4.115,58	226,35	329,24	370,40																		
	VI	4.159,91	228,79	332,79	374,39																		
11.786,99 (West)	I	3.594,58	197,70	287,56	323,51	189,08	275,03	309,41	180,46	262,50	295,31	171,85	249,96	281,21	163,23	237,43	267,11	154,62	224,90	253,01	141,93	212,37	238,91
	II	3.445,50	189,50	275,64	310,09	180,88	263,10	295,99	172,26	250,57	281,89	163,65	238,04	267,79	155,03	225,50	253,69	142,82	212,97	239,59	124,18	200,44	225,49
	III	2.763,50	-	221,08	248,71	-	208,62	234,70	-	196,44	220,99	-	184,49	207,55	-	172,81	194,41	-	161,38	181,55	-	150,22	169,00
	IV	3.594,58	197,70	287,56	323,51	193,39	281,30	316,46	189,08	275,03	309,41	184,77	268,76	302,36	180,46	262,50	295,31	176,16	256,23	288,26	171,85	249,96	281,21
	V	4.109,00	225,99	328,72	369,81																		
	VI	4.153,33	228,43	332,26	373,79																		
11.786,99 (Ost)	I	3.602,41	198,13	288,19	324,21	189,51	275,66	310,11	180,89	263,12	296,01	172,28	250,59	281,91	163,66	238,06	267,81	155,04	225,52	253,71	142,85	212,99	239,61
	II	3.453,33	189,93	276,26	310,79	181,31	263,73	296,69	172,70	251,20	282,60	164,08	238,66	268,49	155,46	226,13	254,39	143,76	213,60	240,30	125,11	201,06	226,19
	III	2.771,33	-	221,70	249,41	-	209,24	235,39	-	197,04	221,67	-	185,09	208,22	-	173,40	195,07	-	161,96	182,20	-	150,77	169,61
	IV	3.602,41	198,13	288,19	324,21	193,82	281,92	317,16	189,51	275,66	310,11	185,20	269,39	303,06	180,89	263,12	296,01	176,59	256,86	288,96	172,28	250,59	281,91
	V	4.116,83	226,42	329,34	370,51																		
	VI	4.161,16	228,86	332,89	374,50																		
11.789,99 (West)	I	3.595,83	197,77	287,66	323,62	189,15	275,13	309,52	180,53	262,60	295,42	171,92	250,06	281,32	163,30	237,54	267,23	154,69	225,00	253,13	142,08	212,47	239,03
	II	3.446,75	189,57	275,74	310,20	180,95	263,20	296,10	172,33	250,67	282,00	163,72	238,14	267,90	155,10	225,60	253,80	142,97	213,07	239,70	124,34	200,54	225,61
	III	2.764,66	-	221,17	248,81	-	208,73	234,82	-	196,53	221,09	-	184,58	207,65	-	172,90	194,51	-	161,48	181,66	-	150,32	169,11
	IV	3.595,83	197,77	287,66	323,62	193,46	281,40	316,57	189,15	275,13	309,52	184,84	268,86	302,47	180,53	262,60	295,42	176,22	256,33	288,37	171,92	250,06	281,32
	V	4.110,33	226,06	328,82	369,92																		
	VI	4.154,58	228,50	332,36	373,91																		
11.789,99 (Ost)	I	3.603,66	198,20	288,29	324,32	189,58	275,76	310,23	180,96	263,22	296,12	172,35	250,69	282,02	163,73	238,16	267,93	155,11	225,62	253,82	143,00	213,09	239,72
	II	3.454,58	190,00	276,36	310,91	181,38	263,83	296,81	172,76	251,30	282,71	164,15	238,76	268,61	155,53	226,23	254,51	143,91	213,70	240,41	125,26	201,16	226,31
	III	2.772,50	-	221,80	249,52	-	209,34	235,51	-	197,13	221,77	-	185,18	208,33	-	173,49	195,17	-	162,05	182,30	-	150,86	169,72
	IV	3.603,66	198,20	288,29	324,32	193,89	282,02	317,27	189,58	275,76	310,23	185,27	269,49	303,17	180,96	263,22	296,12	176,66	256,96	289,08	172,35	250,69	282,02
	V	4.118,08	226,49	329,44	370,62																		
	VI	4.162,41	228,93	332,99	374,61																		

Lohn/ Gehalt bis	Steuerklasse	Lohn-steuer	ohne Kinderfreibetrag			Anzahl Kinderfreibeträge (nur Steuerklassen I–IV)																	
						0,5			1,0			1,5			2,0			2,5			3,0		
			SolZ 5,5%	Kirchensteuer 8%	9%	SolZ 5,5%	Kirchensteuer 8%	9%	SolZ 5,5%	Kirchensteuer 8%	9%	SolZ 5,5%	Kirchensteuer 8%	9%	SolZ 5,5%	Kirchensteuer 8%	9%	SolZ 5,5%	Kirchensteuer 8%	9%	SolZ 5,5%	Kirchensteuer 8%	9%
11.792,99 (West)	I	3.597,08	197,83	287,76	323,73	189,22	275,23	309,63	180,61	262,70	295,54	171,99	250,17	281,44	163,37	237,64	267,34	154,76	225,10	253,24	142,23	212,57	239
	II	3.448,00	189,64	275,84	310,32	181,02	263,30	296,21	172,40	250,77	282,11	163,79	238,24	268,02	155,17	225,70	253,91	143,13	213,18	239,82	124,49	200,64	225
	III	2.766,00	-	221,28	248,94	-	208,82	234,92	-	196,62	221,20	-	184,68	207,76	-	173,00	194,62	-	161,57	181,76	-	150,40	169
	IV	3.597,08	197,83	287,76	323,73	193,53	281,50	316,68	189,22	275,23	309,63	184,91	268,96	302,58	180,61	262,70	295,54	176,30	256,44	288,49	171,99	250,17	281
	V	4.111,58	226,13	328,92	370,04																		
	VI	4.155,83	228,57	332,46	374,02																		
11.792,99 (Ost)	I	3.604,91	198,27	288,39	324,44	189,65	275,86	310,34	181,03	263,32	296,24	172,42	250,79	282,14	163,80	238,26	268,04	155,18	225,72	253,94	143,15	213,19	239
	II	3.455,83	190,07	276,46	311,02	181,45	263,93	296,92	172,83	251,40	282,82	164,22	238,86	268,72	155,60	226,33	254,62	144,05	213,80	240,52	125,41	201,26	226
	III	2.773,83	-	221,90	249,64	-	209,44	235,62	-	197,22	221,87	-	185,28	208,44	-	173,58	195,28	-	162,14	182,41	-	150,96	169
	IV	3.604,91	198,27	288,39	324,44	193,96	282,12	317,39	189,65	275,86	310,34	185,34	269,59	303,29	181,03	263,32	296,24	176,72	257,06	289,19	172,42	250,79	282
	V	4.119,33	226,56	329,54	370,73																		
	VI	4.163,66	229,00	333,09	374,72																		
11.795,99 (West)	I	3.598,33	197,90	287,86	323,84	189,29	275,34	309,75	180,67	262,80	295,65	172,06	250,27	281,55	163,44	237,74	267,45	154,82	225,20	253,35	142,38	212,67	239,
	II	3.449,25	189,70	275,94	310,43	181,09	263,40	296,33	172,47	250,87	282,23	163,86	238,34	268,13	155,24	225,81	254,03	143,28	213,28	239,94	124,64	200,74	225,
	III	2.767,16	-	221,37	249,04	-	208,92	235,03	-	196,72	221,31	-	184,78	207,88	-	173,09	194,72	-	161,66	181,87	-	150,49	169,
	IV	3.598,33	197,90	287,86	323,84	193,60	281,60	316,80	189,29	275,34	309,75	184,98	269,07	302,70	180,67	262,80	295,65	176,37	256,54	288,60	172,06	250,27	281
	V	4.112,83	226,20	329,02	370,15																		
	VI	4.157,08	228,63	332,56	374,13																		
11.795,99 (Ost)	I	3.606,16	198,33	288,49	324,55	189,72	275,96	310,45	181,10	263,42	296,35	172,48	250,89	282,25	163,87	238,36	268,15	155,26	225,83	254,06	143,31	213,30	239
	II	3.457,08	190,13	276,56	311,13	181,52	264,03	297,03	172,90	251,50	282,93	164,28	238,96	268,83	155,67	226,43	254,73	144,20	213,90	240,63	125,56	201,36	226,
	III	2.775,00	-	222,00	249,75	-	209,54	235,73	-	197,33	221,99	-	185,37	208,54	-	173,66	195,37	-	162,22	182,50	-	151,04	169
	IV	3.606,16	198,33	288,49	324,55	194,03	282,22	317,50	189,72	275,96	310,45	185,41	269,69	303,40	181,10	263,42	296,35	176,79	257,16	289,30	172,48	250,89	282,
	V	4.120,58	226,63	329,64	370,85																		
	VI	4.164,91	229,07	333,19	374,84																		
11.798,99 (West)	I	3.599,66	197,98	287,97	323,96	189,36	275,44	309,87	180,74	262,90	295,76	172,13	250,37	281,66	163,51	237,84	267,57	154,89	225,30	253,46	142,53	212,77	239,
	II	3.450,50	189,77	276,04	310,54	181,16	263,50	296,44	172,54	250,98	282,35	163,93	238,44	268,25	155,31	225,91	254,15	143,43	213,38	240,05	124,79	200,84	225,
	III	2.768,50	-	221,48	249,16	-	209,02	235,15	-	196,82	221,42	-	184,88	207,99	-	173,18	194,83	-	161,76	181,98	-	150,58	169,
	IV	3.599,66	197,98	287,97	323,96	193,67	281,70	316,91	189,36	275,44	309,87	185,05	269,17	302,81	180,74	262,90	295,76	176,44	256,64	288,72	172,13	250,37	281,
	V	4.114,08	226,27	329,12	370,26																		
	VI	4.158,41	228,71	332,67	374,25																		
11.798,99 (Ost)	I	3.607,41	198,40	288,59	324,66	189,79	276,06	310,56	181,17	263,52	296,46	172,55	250,99	282,36	163,94	238,46	268,27	155,32	225,93	254,17	143,46	213,40	240,
	II	3.458,33	190,20	276,66	311,24	181,59	264,13	297,14	172,97	251,60	283,05	164,35	239,06	268,94	155,74	226,53	254,84	144,35	214,00	240,75	125,72	201,47	226,
	III	2.776,33	-	222,10	249,86	-	209,64	235,84	-	197,42	222,10	-	185,46	208,64	-	173,76	195,48	-	162,32	182,61	-	151,13	170
	IV	3.607,41	198,40	288,59	324,66	194,09	282,32	317,61	189,79	276,06	310,56	185,48	269,79	303,51	181,17	263,52	296,46	176,86	257,26	289,41	172,55	250,99	282,
	V	4.121,91	226,70	329,75	370,97																		
	VI	4.166,16	229,13	333,29	374,95																		
11.801,99 (West)	I	3.600,91	198,05	288,07	324,08	189,43	275,54	309,98	180,81	263,00	295,88	172,20	250,47	281,78	163,58	237,94	267,68	154,96	225,40	253,58	142,68	212,87	239,
	II	3.451,83	189,85	276,14	310,66	181,23	263,61	296,56	172,61	251,08	282,46	164,00	238,54	268,36	155,38	226,01	254,26	143,58	213,48	240,16	124,94	200,94	226,
	III	2.769,66	-	221,57	249,26	-	209,12	235,26	-	196,92	221,53	-	184,97	208,09	-	173,28	194,94	-	161,85	182,08	-	150,66	169,
	IV	3.600,91	198,05	288,07	324,08	193,74	281,80	317,03	189,43	275,54	309,98	185,12	269,27	302,93	180,81	263,00	295,88	176,50	256,74	288,83	172,20	250,47	281,
	V	4.115,33	226,34	329,22	370,37																		
	VI	4.159,66	228,78	332,77	374,36																		
11.801,99 (Ost)	I	3.608,66	198,47	288,69	324,77	189,86	276,16	310,68	181,24	263,63	296,58	172,63	251,10	282,48	164,01	238,56	268,38	155,39	226,03	254,28	143,61	213,50	240,
	II	3.459,58	190,27	276,76	311,36	181,66	264,23	297,26	173,04	251,70	283,16	164,42	239,16	269,06	155,81	226,63	254,96	144,51	214,10	240,86	125,87	201,57	226,
	III	2.777,50	-	222,20	249,97	-	209,74	235,96	-	197,52	222,21	-	185,56	208,75	-	173,85	195,58	-	162,41	182,71	-	151,22	170,
	IV	3.608,66	198,47	288,69	324,77	194,16	282,42	317,72	189,86	276,16	310,68	185,55	269,89	303,62	181,24	263,63	296,58	176,93	257,36	289,53	172,63	251,10	282,
	V	4.123,16	226,77	329,85	371,08																		
	VI	4.167,41	229,20	333,39	375,06																		
11.804,99 (West)	I	3.602,16	198,11	288,17	324,19	189,50	275,64	310,09	180,88	263,10	295,99	172,26	250,57	281,89	163,65	238,04	267,79	155,03	225,50	253,69	142,82	212,97	239,
	II	3.453,08	189,91	276,24	310,77	181,30	263,71	296,67	172,68	251,18	282,57	164,06	238,64	268,47	155,45	226,11	254,37	143,73	213,58	240,27	125,08	201,04	226,
	III	2.771,00	-	221,68	249,39	-	209,22	235,37	-	197,01	221,63	-	185,06	208,19	-	173,37	195,04	-	161,93	182,17	-	150,76	169,
	IV	3.602,16	198,11	288,17	324,19	193,81	281,90	317,14	189,50	275,64	310,09	185,19	269,37	303,04	180,88	263,10	295,99	176,57	256,84	288,94	172,26	250,57	281,
	V	4.116,58	226,41	329,32	370,49																		
	VI	4.160,91	228,85	332,87	374,48																		
11.804,99 (Ost)	I	3.609,91	198,54	288,79	324,89	189,93	276,26	310,79	181,31	263,73	296,69	172,70	251,20	282,60	164,08	238,66	268,49	155,46	226,13	254,39	143,76	213,60	240,
	II	3.460,83	190,34	276,86	311,47	181,72	264,33	297,37	173,11	251,80	283,27	164,50	239,27	269,18	155,88	226,74	255,08	144,66	214,20	240,98	126,02	201,67	226,
	III	2.778,83	-	222,30	250,09	-	209,84	236,07	-	197,62	222,32	-	185,65	208,85	-	173,94	195,68	-	162,50	182,81	-	151,30	170,
	IV	3.609,91	198,54	288,79	324,89	194,24	282,53	317,84	189,93	276,26	310,79	185,62	270,00	303,75	181,31	263,73	296,69	177,00	257,46	289,64	172,70	251,20	282,
	V	4.124,41	226,84	329,95	371,19																		
	VI	4.168,75	229,28	333,50	375,18																		
11.807,99 (West)	I	3.603,41	198,18	288,27	324,30	189,57	275,74	310,20	180,95	263,20	296,10	172,33	250,67	282,00	163,72	238,14	267,90	155,10	225,60	253,80	142,97	213,07	239,
	II	3.454,33	189,98	276,34	310,88	181,37	263,81	296,78	172,75	251,28	282,69	164,13	238,74	268,58	155,52	226,21	254,48	143,88	213,68	240,39	125,23	201,14	226,
	III	2.772,33	-	221,78	249,50	-	209,32	235,48	-	197,10	221,74	-	185,16	208,30	-	173,46	195,14	-	162,02	182,27	-	150,85	169,
	IV	3.603,41	198,18	288,27	324,30	193,87	282,00	317,25	189,57	275,74	310,20	185,26	269,47	303,15	180,95	263,20	296,10	176,64	256,94	289,05	172,33	250,67	282,
	V	4.117,83	226,48	329,42	370,60																		
	VI	4.162,16	228,91	332,97	374,59																		
11.807,99 (Ost)	I	3.611,25	198,61	288,90	325,01	190,00	276,36	310,91	181,38	263,83	296,81	172,76	251,30	282,71	164,15	238,76	268,61	155,53	226,23	254,51	143,91	213,70	240,4
	II	3.462,08	190,41	276,96	311,58	181,79	264,43	297,48	173,18	251,90	283,39	164,56	239,37	269,29	155,95	226,84	255,19	144,81	214,30	241,09	126,16	201,77	226,9
	III	2.780,16	-	222,41	250,21	-	209,94	236,18	-	197,72	222,43	-	185,74	208,96	-	174,04	195,79	-	162,60	182,92	-	151,40	170,3
	IV	3.611,25	198,61	288,90	325,01	194,31	282,63	317,96	190,00	276,36	310,91	185,69	270,10	303,86	181,38	263,83	296,81	177,07	257,56	289,76	172,76	251,30	282,7
	V	4.125,66	226,91	330,05	371,30																		
	VI	4.170,00	229,35	333,60	375,30																		
11.810,99 (West)	I	3.604,66	198,25	288,37	324,41	189,64	275,84	310,32	181,02	263,30	296,21	172,40	250,77	282,11	163,79	238,24	268,02	155,17	225,70	253,91	143,13	213,18	239,8
	II	3.455,58	190,05	276,44	311,00	181,44	263,91	296,90	172,82	251,38	282,80	164,20	238,84	268,70	155,59	226,31	254,60	144,02	213,78	240,50	125,38	201,24	226,4
	III	2.773,50	-	221,88	249,61	-	209,42	235,60	-	197,21	221,86	-	185,25	208,40	-	173,56	195,25	-	162,12	182,38	-	150,93	169,7
	IV	3.604,66	198,25	288,37	324,41	193,94	282,10	317,36	189,64	275,84	310,32	185,33	269,57	303,26	181,02	263,30	296,21	176,71	257,04	289,17	172,40	250,77	282,1
	V	4.119,08	226,54	329,52	370,71																		
	VI	4.163,41	228,98	333,07	374,70																		
11.810,99 (Ost)	I	3.612,50	198,68	289,00	325,12	190,07	276,46	311,02	181,45	263,93	296,92	172,83	251,40	282,82	164,22	238,86	268,72	155,60	226,33	254,62	144,05	213,80	240,5
	II	3.463,41	190,48	277,07	311,70	181,87	264,54	297,60	173,25	252,00	283,50	164,63	239,47	269,40	156,02	226,94	255,30	144,96	214,40	241,20	126,31	201,87	227,1
	III	2.781,33	-	222,50	250,31	-	210,04	236,29	-	197,81	222,53	-	185,85	209,08	-	174,13	195,89	-	162,68	183,01	-	151,49	170,4
	IV	3.612,50	198,68	289,00	325,12	194,37	282,73	318,07	190,07	276,46	311,02	185,76	270,20	303,97	181,45	263,93	296,92	177,14	257,66	289,87	172,83	251,40	282,8
	V	4.126,91	226,98	330,15	371,42																		
	VI	4.171,25	229,41	333,70	375,41																		

Lohn/ Gehalt bis	Steuerklasse	Lohnsteuer	ohne Kinderfreibetrag SolZ 5,5%	Kirchensteuer 8%	Kirchensteuer 9%	0,5 SolZ 5,5%	0,5 Kirchensteuer 8%	0,5 Kirchensteuer 9%	1,0 SolZ 5,5%	1,0 Kirchensteuer 8%	1,0 Kirchensteuer 9%	1,5 SolZ 5,5%	1,5 Kirchensteuer 8%	1,5 Kirchensteuer 9%	2,0 SolZ 5,5%	2,0 Kirchensteuer 8%	2,0 Kirchensteuer 9%	2,5 SolZ 5,5%	2,5 Kirchensteuer 8%	2,5 Kirchensteuer 9%	3,0 SolZ 5,5%	3,0 Kirchensteuer 8%	3,0 Kirchensteuer 9%
						Anzahl Kinderfreibeträge (nur Steuerklassen I–IV)																	
1.813,99	I	3.605,91	198,32	288,47	324,53	189,70	275,94	310,43	181,09	263,40	296,33	172,47	250,87	282,23	163,86	238,34	268,13	155,24	225,81	254,03	143,28	213,28	239,94
(West)	II	3.456,83	190,12	276,54	311,11	181,50	264,01	297,01	172,89	251,48	282,91	164,27	238,94	268,81	155,65	226,41	254,71	144,17	213,88	240,61	125,53	201,34	226,51
	III	2.774,83	-	221,98	249,73	-	209,52	235,71	-	197,30	221,96	-	185,34	208,51	-	173,65	195,35	-	162,21	182,48	-	151,02	169,90
	IV	3.605,91	198,32	288,47	324,53	194,01	282,20	317,48	189,70	275,94	310,43	185,40	269,67	303,38	181,09	263,40	296,33	176,78	257,14	289,28	172,47	250,87	282,23
	V	4.120,33	226,61	329,62	370,82																		
	VI	4.164,66	229,05	333,17	374,81																		
1.813,99	I	3.613,75	198,75	289,10	325,23	190,13	276,56	311,13	181,52	264,03	297,03	172,90	251,50	282,93	164,28	238,96	268,83	155,67	226,43	254,73	144,20	213,90	240,63
(Ost)	II	3.464,66	190,55	277,17	311,81	181,94	264,64	297,72	173,32	252,10	283,61	164,70	239,57	269,51	156,09	227,04	255,42	145,11	214,50	241,31	126,46	201,97	227,21
	III	2.782,66	-	222,61	250,43	-	210,13	236,39	-	197,90	222,64	-	185,94	209,18	-	174,22	196,00	-	162,77	183,11	-	151,57	170,51
	IV	3.613,75	198,75	289,10	325,23	194,44	282,83	318,18	190,13	276,56	311,13	185,83	270,30	304,08	181,52	264,03	297,03	177,21	257,76	289,98	172,90	251,50	282,93
	V	4.128,16	227,04	330,25	371,53																		
	VI	4.172,50	229,48	333,80	375,52																		
1.816,99	I	3.607,16	198,39	288,57	324,64	189,77	276,04	310,54	181,16	263,50	296,44	172,54	250,98	282,35	163,93	238,44	268,25	155,31	225,91	254,15	143,43	213,38	240,05
(West)	II	3.458,08	190,19	276,64	311,22	181,57	264,11	297,12	172,96	251,58	283,02	164,34	239,04	268,92	155,72	226,51	254,82	144,33	213,98	240,73	125,69	201,45	226,63
	III	2.776,00	-	222,08	249,84	-	209,62	235,82	-	197,40	222,07	-	185,44	208,62	-	173,74	195,46	-	162,30	182,59	-	151,12	170,01
	IV	3.607,16	198,39	288,57	324,64	194,08	282,30	317,59	189,77	276,04	310,54	185,46	269,77	303,49	181,16	263,50	296,44	176,85	257,24	289,40	172,54	250,98	282,35
	V	4.121,66	226,69	329,73	370,94																		
	VI	4.165,91	229,12	333,27	374,93																		
1.816,99	I	3.615,00	198,82	289,20	325,35	190,20	276,66	311,24	181,59	264,13	297,14	172,97	251,60	283,05	164,35	239,06	268,94	155,74	226,53	254,84	144,35	214,00	240,75
(Ost)	II	3.465,91	190,62	277,27	311,93	182,00	264,74	297,83	173,39	252,20	283,73	164,77	239,67	269,63	156,15	227,14	255,53	145,25	214,60	241,43	126,61	202,07	227,33
	III	2.783,83	-	222,70	250,54	-	210,24	236,52	-	198,01	222,76	-	186,04	209,29	-	174,32	196,11	-	162,86	183,22	-	151,66	170,62
	IV	3.615,00	198,82	289,20	325,35	194,51	282,93	318,29	190,20	276,66	311,24	185,90	270,40	304,20	181,59	264,13	297,14	177,28	257,86	290,09	172,97	251,60	283,05
	V	4.129,41	227,11	330,35	371,64																		
	VI	4.173,75	229,55	333,90	375,63																		
1.819,99	I	3.608,41	198,46	288,67	324,75	189,85	276,14	310,66	181,23	263,61	296,56	172,61	251,08	282,46	164,00	238,54	268,36	155,38	226,01	254,26	143,58	213,48	240,16
(West)	II	3.459,33	190,26	276,74	311,33	181,64	264,21	297,23	173,03	251,68	283,14	164,41	239,14	269,03	155,80	226,62	254,94	144,48	214,08	240,84	125,84	201,55	226,74
	III	2.777,33	-	222,18	249,95	-	209,72	235,93	-	197,50	222,19	-	185,54	208,73	-	173,84	195,57	-	162,38	182,68	-	151,20	170,10
	IV	3.608,41	198,46	288,67	324,75	194,15	282,40	317,70	189,85	276,14	310,66	185,54	269,88	303,61	181,23	263,61	296,56	176,92	257,34	289,51	172,61	251,08	282,46
	V	4.122,91	226,76	329,83	371,06																		
	VI	4.167,16	229,19	333,37	375,04																		
1.819,99	I	3.616,25	198,89	289,30	325,46	190,27	276,76	311,36	181,66	264,23	297,26	173,04	251,70	283,16	164,42	239,16	269,06	155,81	226,63	254,96	144,51	214,10	240,86
(Ost)	II	3.467,16	190,69	277,37	312,04	182,07	264,84	297,94	173,46	252,30	283,84	164,84	239,77	269,74	156,22	227,24	255,64	145,40	214,70	241,54	126,76	202,17	227,44
	III	2.785,16	-	222,81	250,66	-	210,33	236,62	-	198,10	222,86	-	186,13	209,39	-	174,41	196,21	-	162,96	183,33	-	151,76	170,73
	IV	3.616,25	198,89	289,30	325,46	194,58	283,03	318,41	190,27	276,76	311,36	185,96	270,50	304,31	181,66	264,23	297,26	177,35	257,96	290,21	173,04	251,70	283,16
	V	4.130,66	227,18	330,45	371,75																		
	VI	4.175,00	229,62	334,00	375,75																		
1.822,99	I	3.609,75	198,53	288,78	324,87	189,91	276,24	310,77	181,30	263,71	296,67	172,68	251,18	282,57	164,06	238,64	268,47	155,45	226,11	254,37	143,73	213,58	240,27
(West)	II	3.460,58	190,33	276,84	311,45	181,71	264,31	297,35	173,10	251,78	283,25	164,48	239,25	269,15	155,87	226,72	255,06	144,63	214,18	240,95	125,99	201,65	226,85
	III	2.778,50	-	222,28	250,06	-	209,81	236,03	-	197,60	222,30	-	185,64	208,84	-	173,93	195,67	-	162,48	182,79	-	151,29	170,20
	IV	3.609,75	198,53	288,78	324,87	194,22	282,51	317,82	189,91	276,24	310,77	185,61	269,98	303,72	181,30	263,71	296,67	176,99	257,44	289,62	172,68	251,18	282,57
	V	4.124,16	226,82	329,93	371,17																		
	VI	4.168,50	229,26	333,48	375,16																		
1.822,99	I	3.617,50	198,96	289,40	325,57	190,34	276,86	311,47	181,72	264,33	297,37	173,11	251,80	283,27	164,50	239,27	269,18	155,88	226,74	255,08	144,66	214,20	240,98
(Ost)	II	3.468,41	190,76	277,47	312,15	182,14	264,94	298,05	173,52	252,40	283,95	164,91	239,87	269,85	156,29	227,34	255,75	145,55	214,80	241,65	126,91	202,27	227,55
	III	2.786,33	-	222,90	250,76	-	210,44	236,74	-	198,20	222,97	-	186,22	209,50	-	174,50	196,31	-	163,05	183,43	-	151,85	170,83
	IV	3.617,50	198,96	289,40	325,57	194,65	283,13	318,52	190,34	276,86	311,47	186,03	270,60	304,42	181,72	264,33	297,37	177,42	258,06	290,32	173,11	251,80	283,27
	V	4.132,00	227,26	330,56	371,88																		
	VI	4.176,25	229,69	334,10	375,86																		
1.825,99	I	3.611,00	198,60	288,88	324,99	189,98	276,34	310,88	181,37	263,81	296,78	172,75	251,28	282,69	164,13	238,74	268,58	155,52	226,21	254,48	143,88	213,68	240,39
(West)	II	3.461,83	190,40	276,94	311,56	181,78	264,42	297,47	173,17	251,88	283,37	164,55	239,35	269,27	155,93	226,82	255,17	144,78	214,28	241,07	126,14	201,75	226,97
	III	2.779,83	-	222,38	250,18	-	209,92	236,16	-	197,69	222,40	-	185,73	208,94	-	174,02	195,77	-	162,57	182,89	-	151,38	170,30
	IV	3.611,00	198,60	288,88	324,99	194,29	282,61	317,93	189,98	276,34	310,88	185,68	270,08	303,84	181,37	263,81	296,78	177,06	257,54	289,73	172,75	251,28	282,69
	V	4.125,41	226,89	330,03	371,28																		
	VI	4.169,75	229,33	333,58	375,27																		
1.825,99	I	3.618,75	199,03	289,50	325,68	190,41	276,96	311,58	181,79	264,43	297,48	173,18	251,90	283,39	164,56	239,37	269,29	155,95	226,84	255,19	144,81	214,30	241,09
(Ost)	II	3.469,66	190,83	277,57	312,26	182,21	265,04	298,17	173,59	252,50	284,06	164,98	239,97	269,96	156,36	227,44	255,87	145,71	214,91	241,77	127,07	202,38	227,67
	III	2.787,66	-	223,01	250,88	-	210,53	236,84	-	198,30	223,09	-	186,32	209,61	-	174,60	196,42	-	163,14	183,53	-	151,93	170,92
	IV	3.618,75	199,03	289,50	325,68	194,72	283,23	318,63	190,41	276,96	311,58	186,10	270,70	304,53	181,79	264,43	297,48	177,49	258,17	290,44	173,18	251,90	283,39
	V	4.133,25	227,32	330,66	371,99																		
	VI	4.177,50	229,76	334,20	375,97																		
1.828,99	I	3.612,25	198,67	288,98	325,10	190,05	276,44	311,00	181,44	263,91	296,90	172,82	251,38	282,80	164,20	238,84	268,70	155,59	226,31	254,60	144,02	213,78	240,50
(West)	II	3.463,16	190,47	277,05	311,68	181,85	264,52	297,58	173,24	251,98	283,48	164,62	239,45	269,38	156,00	226,92	255,28	144,93	214,38	241,18	126,28	201,85	227,08
	III	2.781,00	-	222,48	250,29	-	210,01	236,26	-	197,80	222,52	-	185,82	209,05	-	174,12	195,88	-	162,66	182,99	-	151,46	170,39
	IV	3.612,25	198,67	288,98	325,10	194,36	282,71	318,05	190,05	276,44	311,00	185,74	270,18	303,95	181,44	263,91	296,90	177,13	257,64	289,85	172,82	251,38	282,80
	V	4.126,66	226,96	330,13	371,39																		
	VI	4.171,00	229,40	333,68	375,39																		
11.828,99	I	3.620,00	199,10	289,60	325,80	190,48	277,07	311,70	181,87	264,54	297,60	173,25	252,00	283,50	164,63	239,47	269,40	156,02	226,94	255,30	144,96	214,40	241,20
(Ost)	II	3.470,91	190,90	277,67	312,38	182,28	265,14	298,28	173,66	252,60	284,18	165,05	240,07	270,08	156,43	227,54	255,98	145,86	215,01	241,88	127,22	202,48	227,79
	III	2.788,83	-	223,10	250,99	-	210,64	236,97	-	198,40	223,20	-	186,41	209,71	-	174,69	196,52	-	163,22	183,62	-	152,02	171,02
	IV	3.620,00	199,10	289,60	325,80	194,79	283,33	318,74	190,48	277,07	311,70	186,17	270,80	304,65	181,87	264,54	297,60	177,56	258,27	290,55	173,25	252,00	283,50
	V	4.134,50	227,39	330,76	372,10																		
	VI	4.178,75	229,83	334,30	376,08																		
11.831,99	I	3.613,50	198,74	289,08	325,21	190,12	276,54	311,11	181,50	264,01	297,01	172,89	251,48	282,91	164,27	238,94	268,81	155,65	226,41	254,71	144,17	213,88	240,61
(West)	II	3.464,41	190,54	277,15	311,79	181,92	264,62	297,69	173,30	252,08	283,59	164,69	239,55	269,49	156,07	227,02	255,39	145,08	214,48	241,29	126,43	201,95	227,19
	III	2.782,33	-	222,58	250,40	-	210,12	236,38	-	197,89	222,62	-	185,92	209,16	-	174,21	195,98	-	162,76	183,10	-	151,56	170,50
	IV	3.613,50	198,74	289,08	325,21	194,43	282,81	318,16	190,12	276,54	311,11	185,81	270,28	304,06	181,50	264,01	297,01	177,20	257,74	289,96	172,89	251,48	282,91
	V	4.127,91	227,03	330,23	371,51																		
	VI	4.172,25	229,47	333,78	375,50																		
11.831,99	I	3.621,33	199,17	289,70	325,91	190,55	277,17	311,81	181,94	264,64	297,72	173,32	252,10	283,61	164,70	239,57	269,51	156,09	227,04	255,42	145,11	214,50	241,31
(Ost)	II	3.472,16	190,96	277,77	312,49	182,35	265,24	298,39	173,74	252,71	284,30	165,12	240,18	270,20	156,50	227,64	256,10	146,01	215,11	242,00	127,36	202,58	227,90
	III	2.790,16	-	223,21	251,11	-	210,73	237,07	-	198,49	223,30	-	186,52	209,83	-	174,78	196,63	-	163,32	183,73	-	152,12	171,13
	IV	3.621,33	199,17	289,70	325,91	194,86	283,44	318,87	190,55	277,17	311,81	186,24	270,90	304,76	181,94	264,64	297,72	177,63	258,37	290,66	173,32	252,10	283,61
	V	4.135,75	227,46	330,86	372,21																		
	VI	4.180,08	229,90	334,40	376,20																		

Lohn/ Gehalt bis	Steuerklasse	Lohn-steuer	ohne Kinderfreibetrag SolZ 5,5%	Kirchensteuer 8%	9%	Anzahl Kinderfreibeträge (nur Steuerklassen I–IV) 0,5 SolZ 5,5%	Kirchensteuer 8%	9%	1,0 SolZ 5,5%	Kirchensteuer 8%	9%	1,5 SolZ 5,5%	Kirchensteuer 8%	9%	2,0 SolZ 5,5%	Kirchensteuer 8%	9%	2,5 SolZ 5,5%	Kirchensteuer 8%	9%	3,0 SolZ 5,5%	Kirchensteu 8%	9%
11.834,99 (West)	I	3.614,75	198,81	289,18	325,32	190,19	276,64	311,22	181,57	264,11	297,12	172,96	251,58	283,02	164,34	239,04	268,92	155,72	226,51	254,82	144,33	213,98	240
	II	3.465,66	190,61	277,25	311,90	181,99	264,72	297,81	173,37	252,18	283,70	164,76	239,65	269,60	156,14	227,12	255,51	145,22	214,58	241,40	126,58	202,05	227
	III	2.783,66	-	222,69	250,52	-	210,21	236,48	-	197,98	222,73	-	186,01	209,26	-	174,30	196,09	-	162,85	183,20	-	151,65	170
	IV	3.614,75	198,81	289,18	325,32	194,50	282,91	318,27	190,19	276,64	311,22	185,88	270,38	304,17	181,57	264,11	297,12	177,26	257,84	290,07	172,96	251,58	283
	V	4.129,16	227,10	330,33	371,62																		
	VI	4.173,50	229,54	333,88	375,61																		
11.834,99 (Ost)	I	3.622,58	199,24	289,80	326,03	190,62	277,27	311,93	182,00	264,74	297,83	173,39	252,20	283,73	164,77	239,67	269,63	156,15	227,14	255,53	145,25	214,60	241
	II	3.473,41	191,03	277,87	312,60	182,42	265,34	298,51	173,80	252,81	284,41	165,19	240,28	270,31	156,57	227,74	256,21	146,16	215,21	242,11	127,51	202,68	228
	III	2.791,50	-	223,32	251,23	-	210,84	237,19	-	198,60	223,42	-	186,61	209,93	-	174,88	196,74	-	163,41	183,83	-	152,20	171
	IV	3.622,58	199,24	289,80	326,03	194,93	283,54	318,98	190,62	277,27	311,93	186,31	271,00	304,88	182,00	264,74	297,83	177,70	258,47	290,78	173,39	252,20	283
	V	4.137,00	227,53	330,96	372,33																		
	VI	4.181,33	229,97	334,50	376,31																		
11.837,99 (West)	I	3.616,00	198,88	289,28	325,44	190,26	276,74	311,33	181,64	264,21	297,23	173,03	251,68	283,14	164,41	239,14	269,03	155,80	226,62	254,94	144,48	214,08	240
	II	3.466,91	190,68	277,35	312,02	182,06	264,82	297,92	173,44	252,28	283,82	164,83	239,75	269,72	156,21	227,22	255,62	145,37	214,68	241,52	126,73	202,15	227
	III	2.784,83	-	222,78	250,63	-	210,32	236,61	-	198,08	222,84	-	186,10	209,36	-	174,40	196,20	-	162,93	183,29	-	151,73	170
	IV	3.616,00	198,88	289,28	325,44	194,57	283,01	318,38	190,26	276,74	311,33	185,95	270,48	304,29	181,64	264,21	297,23	177,33	257,94	290,18	173,03	251,68	283
	V	4.130,41	227,17	330,43	371,73																		
	VI	4.174,75	229,61	333,98	375,72																		
11.837,99 (Ost)	I	3.623,83	199,31	289,90	326,14	190,69	277,37	312,04	182,07	264,84	297,94	173,46	252,30	283,84	164,84	239,77	269,74	156,22	227,24	255,64	145,40	214,70	241
	II	3.474,75	191,11	277,98	312,72	182,49	265,44	298,62	173,87	252,91	284,52	165,26	240,38	270,42	156,64	227,84	256,32	146,31	215,31	242,22	127,66	202,78	228
	III	2.792,66	-	223,41	251,33	-	210,93	237,29	-	198,69	223,52	-	186,70	210,04	-	174,97	196,84	-	163,50	183,94	-	152,29	171
	IV	3.623,83	199,31	289,90	326,14	195,00	283,64	319,09	190,69	277,37	312,04	186,38	271,10	304,99	182,07	264,84	297,94	177,76	258,57	290,89	173,46	252,30	283
	V	4.138,25	227,60	331,06	372,44																		
	VI	4.182,58	230,04	334,60	376,43																		
11.840,99 (West)	I	3.617,25	198,94	289,38	325,55	190,33	276,84	311,45	181,71	264,31	297,35	173,10	251,78	283,25	164,48	239,25	269,15	155,87	226,72	255,06	144,63	214,18	240
	II	3.468,16	190,74	277,45	312,13	182,13	264,92	298,03	173,51	252,38	283,93	164,89	239,85	269,83	156,28	227,32	255,73	145,52	214,78	241,63	126,89	202,26	227
	III	2.786,16	-	222,89	250,75	-	210,41	236,71	-	198,18	222,95	-	186,21	209,48	-	174,49	196,30	-	163,02	183,40	-	151,82	170
	IV	3.617,25	198,94	289,38	325,55	194,64	283,11	318,50	190,33	276,84	311,45	186,02	270,58	304,40	181,71	264,31	297,35	177,40	258,04	290,30	173,10	251,78	283
	V	4.131,75	227,24	330,54	371,85																		
	VI	4.176,00	229,68	334,08	375,84																		
11.840,99 (Ost)	I	3.625,08	199,37	290,00	326,25	190,76	277,47	312,15	182,14	264,94	298,05	173,52	252,40	283,95	164,91	239,87	269,85	156,29	227,34	255,75	145,55	214,80	241
	II	3.476,00	191,18	278,08	312,84	182,56	265,54	298,73	173,94	253,01	284,63	165,33	240,48	270,54	156,71	227,94	256,43	146,45	215,41	242,33	127,81	202,88	228
	III	2.794,00	-	223,52	251,46	-	211,04	237,42	-	198,78	223,63	-	186,80	210,15	-	175,06	196,94	-	163,60	184,05	-	152,38	171,
	IV	3.625,08	199,37	290,00	326,25	195,07	283,74	319,20	190,76	277,47	312,15	186,45	271,20	305,10	182,14	264,94	298,05	177,83	258,67	291,00	173,52	252,40	283
	V	4.139,50	227,67	331,16	372,55																		
	VI	4.183,83	230,11	334,70	376,54																		
11.843,99 (West)	I	3.618,50	199,01	289,48	325,66	190,40	276,94	311,56	181,78	264,42	297,47	173,17	251,88	283,37	164,55	239,35	269,27	155,93	226,82	255,17	144,78	214,28	241
	II	3.469,41	190,81	277,55	312,24	182,20	265,02	298,14	173,58	252,48	284,04	164,96	239,95	269,94	156,35	227,42	255,85	145,68	214,89	241,75	127,04	202,36	227
	III	2.787,33	-	222,98	250,85	-	210,52	236,83	-	198,28	223,06	-	186,30	209,59	-	174,58	196,40	-	163,12	183,51	-	151,92	170
	IV	3.618,50	199,01	289,48	325,66	194,70	283,21	318,61	190,40	276,94	311,56	186,09	270,68	304,52	181,78	264,42	297,47	177,48	258,15	290,42	173,17	251,88	283
	V	4.133,00	227,31	330,64	371,97																		
	VI	4.177,25	229,74	334,18	375,95																		
11.843,99 (Ost)	I	3.626,33	199,44	290,10	326,36	190,83	277,57	312,26	182,21	265,04	298,17	173,59	252,50	284,06	164,98	239,97	269,96	156,36	227,44	255,87	145,71	214,91	241
	II	3.477,25	191,24	278,18	312,95	182,63	265,64	298,85	174,01	253,11	284,75	165,39	240,58	270,65	156,78	228,04	256,55	146,60	215,51	242,45	127,96	202,98	228
	III	2.795,16	-	223,61	251,56	-	211,13	237,52	-	198,88	223,74	-	186,89	210,25	-	175,16	197,05	-	163,69	184,15	-	152,46	171,
	IV	3.626,33	199,44	290,10	326,36	195,14	283,84	319,32	190,83	277,57	312,26	186,52	271,30	305,21	182,21	265,04	298,17	177,90	258,77	291,11	173,59	252,50	284,
	V	4.140,75	227,74	331,26	372,66																		
	VI	4.185,08	230,17	334,80	376,65																		
11.846,99 (West)	I	3.619,83	199,09	289,58	325,78	190,47	277,05	311,68	181,85	264,52	297,58	173,24	251,98	283,48	164,62	239,45	269,38	156,00	226,92	255,28	144,93	214,38	241,
	II	3.470,66	190,88	277,65	312,35	182,27	265,12	298,26	173,65	252,58	284,15	165,04	240,06	270,06	156,42	227,52	255,96	145,83	214,99	241,86	127,19	202,46	227,
	III	2.788,66	-	223,09	250,97	-	210,61	236,93	-	198,37	223,16	-	186,40	209,70	-	174,68	196,51	-	163,21	183,61	-	152,00	171,
	IV	3.619,83	199,09	289,58	325,78	194,78	283,32	318,73	190,47	277,05	311,68	186,16	270,78	304,63	181,85	264,52	297,58	177,54	258,25	290,53	173,24	251,98	283,
	V	4.134,25	227,38	330,74	372,08																		
	VI	4.178,58	229,82	334,28	376,07																		
11.846,99 (Ost)	I	3.627,58	199,51	290,20	326,48	190,90	277,67	312,38	182,28	265,14	298,28	173,66	252,60	284,18	165,05	240,07	270,08	156,43	227,54	255,98	145,86	215,01	241,
	II	3.478,50	191,31	278,28	313,06	182,70	265,74	298,96	174,08	253,21	284,86	165,46	240,68	270,76	156,85	228,14	256,66	146,75	215,61	242,56	128,11	203,08	228,
	III	2.796,50	-	223,72	251,68	-	211,22	237,62	-	198,98	223,85	-	186,98	210,35	-	175,25	197,15	-	163,78	184,25	-	152,56	171,
	IV	3.627,58	199,51	290,20	326,48	195,20	283,94	319,43	190,90	277,67	312,38	186,59	271,40	305,33	182,28	265,14	298,28	177,97	258,87	291,23	173,66	252,60	284,
	V	4.142,00	227,81	331,36	372,78																		
	VI	4.186,33	230,24	334,90	376,76																		
11.849,99 (West)	I	3.621,08	199,15	289,68	325,89	190,54	277,15	311,79	181,92	264,62	297,69	173,30	252,08	283,59	164,69	239,55	269,49	156,07	227,02	255,39	145,08	214,48	241,
	II	3.471,91	190,95	277,75	312,47	182,34	265,22	298,37	173,72	252,69	284,27	165,11	240,16	270,18	156,49	227,62	256,07	145,98	215,09	241,97	127,33	202,56	227,
	III	2.789,83	-	223,18	251,08	-	210,70	237,04	-	198,48	223,29	-	186,49	209,80	-	174,77	196,61	-	163,30	183,71	-	152,09	171,
	IV	3.621,08	199,15	289,68	325,89	194,85	283,42	318,84	190,54	277,15	311,79	186,23	270,88	304,74	181,92	264,62	297,69	177,61	258,35	290,64	173,30	252,08	283,
	V	4.135,50	227,45	330,84	372,19																		
	VI	4.179,83	229,89	334,38	376,18																		
11.849,99 (Ost)	I	3.628,83	199,58	290,30	326,59	190,96	277,77	312,49	182,35	265,24	298,39	173,74	252,71	284,30	165,12	240,18	270,20	156,50	227,64	256,10	146,01	215,11	242,
	II	3.479,75	191,38	278,38	313,17	182,76	265,84	299,07	174,15	253,31	284,97	165,53	240,78	270,87	156,91	228,24	256,77	146,90	215,71	242,67	128,27	203,18	228,
	III	2.797,66	-	223,81	251,78	-	211,33	237,74	-	199,08	223,96	-	187,09	210,47	-	175,34	197,26	-	163,86	184,34	-	152,65	171,
	IV	3.628,83	199,58	290,30	326,59	195,27	284,04	319,54	190,96	277,77	312,49	186,66	271,50	305,44	182,35	265,24	298,39	178,04	258,97	291,34	173,74	252,71	284,
	V	4.143,33	227,88	331,46	372,89																		
	VI	4.187,58	230,31	335,00	376,88																		
11.852,99 (West)	I	3.622,33	199,22	289,78	326,00	190,61	277,25	311,90	181,99	264,72	297,81	173,37	252,18	283,70	164,76	239,65	269,60	156,14	227,12	255,51	145,22	214,58	241,
	II	3.473,25	191,02	277,86	312,59	182,41	265,32	298,49	173,79	252,79	284,39	165,17	240,26	270,29	156,56	227,72	256,19	146,13	215,19	242,09	127,48	202,66	227,
	III	2.791,16	-	223,29	251,20	-	210,81	237,16	-	198,57	223,39	-	186,58	209,90	-	174,86	196,72	-	163,40	183,82	-	152,18	171,
	IV	3.622,33	199,22	289,78	326,00	194,92	283,52	318,96	190,61	277,25	311,90	186,30	270,98	304,85	181,99	264,72	297,81	177,68	258,45	290,75	173,37	252,18	283,
	V	4.136,75	227,52	330,94	372,30																		
	VI	4.181,08	229,95	334,48	376,29																		
11.852,99 (Ost)	I	3.630,08	199,65	290,40	326,70	191,03	277,87	312,60	182,42	265,34	298,51	173,80	252,81	284,41	165,19	240,28	270,31	156,57	227,74	256,21	146,16	215,21	242,1
	II	3.481,00	191,45	278,48	313,29	182,83	265,94	299,18	174,22	253,41	285,08	165,60	240,78	270,99	156,99	228,35	256,89	147,06	215,82	242,79	128,42	203,28	228,6
	III	2.799,00	-	223,92	251,91	-	211,42	237,85	-	199,17	224,06	-	187,18	210,58	-	175,44	197,37	-	163,96	184,45	-	152,73	171,8
	IV	3.630,08	199,65	290,40	326,70	195,34	284,14	319,65	191,03	277,87	312,60	186,73	271,61	305,56	182,42	265,34	298,51	178,11	259,08	291,46	173,80	252,81	284,4
	V	4.144,58	227,95	331,56	373,01																		
	VI	4.188,83	230,38	335,10	376,99																		

Lohn/ Gehalt bis	Steuerklasse	Lohnsteuer	ohne Kinderfreibetrag SolZ 5,5%	ohne Kinderfreibetrag Kirchensteuer 8%	ohne Kinderfreibetrag Kirchensteuer 9%	0,5 SolZ 5,5%	0,5 Kirchensteuer 8%	0,5 Kirchensteuer 9%	1,0 SolZ 5,5%	1,0 Kirchensteuer 8%	1,0 Kirchensteuer 9%	1,5 SolZ 5,5%	1,5 Kirchensteuer 8%	1,5 Kirchensteuer 9%	2,0 SolZ 5,5%	2,0 Kirchensteuer 8%	2,0 Kirchensteuer 9%	2,5 SolZ 5,5%	2,5 Kirchensteuer 8%	2,5 Kirchensteuer 9%	3,0 SolZ 5,5%	3,0 Kirchensteuer 8%	3,0 Kirchensteuer 9%
						Anzahl Kinderfreibeträge (nur Steuerklassen I–IV)																	
11.855,99 (West)	I	3.623,58	199,29	289,88	326,12	190,68	277,35	312,02	182,06	264,82	297,92	173,44	252,28	283,82	164,83	239,75	269,72	156,21	227,22	255,62	145,37	214,68	241,52
	II	3.474,50	191,09	277,96	312,70	182,48	265,42	298,60	173,86	252,89	284,50	165,24	240,36	270,40	156,63	227,82	256,30	146,28	215,29	242,20	127,63	202,76	228,10
	III	2.792,33	-	223,38	251,30	-	210,90	237,26	-	198,66	223,49	-	186,68	210,01	-	174,96	196,83	-	163,48	183,91	-	152,26	171,29
	IV	3.623,58	199,29	289,88	326,12	194,98	283,62	319,07	190,68	277,35	312,02	186,37	271,08	304,97	182,06	264,82	297,92	177,75	258,55	290,87	173,44	252,28	283,82
	V	4.138,00	227,59	331,04	372,42																		
	VI	4.182,33	230,02	334,58	376,40																		
11.855,99 (Ost)	I	3.631,41	199,72	290,51	326,82	191,11	277,98	312,72	182,49	265,44	298,62	173,87	252,91	284,52	165,26	240,38	270,42	156,64	227,84	256,32	146,31	215,31	242,22
	II	3.482,25	191,52	278,58	313,40	182,90	266,04	299,30	174,29	253,51	285,20	165,67	240,98	271,10	157,06	228,45	257,00	147,21	215,92	242,91	128,56	203,38	228,80
	III	2.800,33	-	224,02	252,02	-	211,53	237,97	-	199,28	224,19	-	187,28	210,69	-	175,53	197,47	-	164,05	184,55	-	152,82	171,92
	IV	3.631,41	199,72	290,51	326,82	195,41	284,24	319,77	191,11	277,98	312,72	186,80	271,71	305,67	182,49	265,44	298,62	178,18	259,18	291,57	173,87	252,91	284,52
	V	4.145,83	228,02	331,66	373,12																		
	VI	4.190,16	230,45	335,21	377,11																		
11.858,99 (West)	I	3.624,83	199,36	289,98	326,23	190,74	277,45	312,13	182,13	264,92	298,03	173,51	252,38	283,93	164,89	239,85	269,83	156,28	227,32	255,73	145,52	214,78	241,63
	II	3.475,75	191,16	278,06	312,81	182,54	265,52	298,71	173,93	252,99	284,61	165,31	240,46	270,51	156,69	227,92	256,41	146,42	215,39	242,31	127,78	202,86	228,21
	III	2.793,66	-	223,49	251,42	-	211,01	237,38	-	198,77	223,61	-	186,78	210,13	-	175,05	196,93	-	163,57	184,01	-	152,36	171,40
	IV	3.624,83	199,36	289,98	326,23	195,05	283,72	319,18	190,74	277,45	312,13	186,44	271,18	305,08	182,13	264,92	298,03	177,82	258,65	290,98	173,51	252,38	283,93
	V	4.139,25	227,65	331,14	372,53																		
	VI	4.183,58	230,09	334,68	376,52																		
11.858,99 (Ost)	I	3.632,66	199,79	290,61	326,93	191,18	278,08	312,84	182,56	265,54	298,73	173,94	253,01	284,63	165,33	240,48	270,54	156,71	227,94	256,43	146,45	215,41	242,33
	II	3.483,50	191,59	278,68	313,51	182,98	266,15	299,42	174,36	253,62	285,32	165,74	241,08	271,22	157,13	228,55	257,12	147,36	216,02	243,02	128,71	203,48	228,92
	III	2.801,50	-	224,12	252,13	-	211,62	238,07	-	199,37	224,29	-	187,37	210,79	-	175,62	197,57	-	164,14	184,66	-	152,92	172,03
	IV	3.632,66	199,79	290,61	326,93	195,48	284,34	319,88	191,18	278,08	312,84	186,87	271,81	305,78	182,56	265,54	298,73	178,25	259,28	291,69	173,94	253,01	284,63
	V	4.147,08	228,08	331,76	373,23																		
	VI	4.191,41	230,52	335,31	377,22																		
11.861,99 (West)	I	3.626,08	199,43	290,08	326,34	190,81	277,55	312,24	182,20	265,02	298,14	173,58	252,48	284,04	164,96	239,95	269,94	156,35	227,42	255,85	145,68	214,89	241,75
	II	3.477,00	191,23	278,16	312,93	182,61	265,62	298,82	174,00	253,09	284,72	165,38	240,56	270,63	156,76	228,02	256,52	146,57	215,49	242,42	127,93	202,96	228,33
	III	2.795,00	-	223,60	251,55	-	211,10	237,49	-	198,86	223,72	-	186,88	210,24	-	175,14	197,03	-	163,66	184,12	-	152,45	171,50
	IV	3.626,08	199,43	290,08	326,34	195,12	283,82	319,29	190,81	277,55	312,24	186,50	271,28	305,19	182,20	265,02	298,14	177,89	258,75	291,09	173,58	252,48	284,04
	V	4.140,50	227,72	331,24	372,64																		
	VI	4.184,83	230,16	334,78	376,63																		
11.861,99 (Ost)	I	3.633,91	199,86	290,71	327,05	191,24	278,18	312,95	182,63	265,64	298,85	174,01	253,11	284,75	165,39	240,58	270,65	156,78	228,04	256,55	146,60	215,51	242,45
	II	3.484,83	191,66	278,78	313,63	183,04	266,25	299,53	174,43	253,72	285,43	165,81	241,18	271,33	157,19	228,65	257,23	147,51	216,12	243,13	128,86	203,58	229,03
	III	2.802,83	-	224,22	252,25	-	211,73	238,19	-	199,46	224,39	-	187,46	210,89	-	175,72	197,68	-	164,24	184,77	-	153,00	172,12
	IV	3.633,91	199,86	290,71	327,05	195,55	284,44	320,00	191,24	278,18	312,95	186,94	271,91	305,90	182,63	265,64	298,85	178,32	259,38	291,80	174,01	253,11	284,75
	V	4.148,33	228,15	331,86	373,34																		
	VI	4.192,66	230,59	335,41	377,33																		
11.864,99 (West)	I	3.627,33	199,50	290,18	326,45	190,88	277,65	312,35	182,27	265,12	298,26	173,65	252,58	284,15	165,04	240,06	270,06	156,42	227,52	255,96	145,83	214,99	241,86
	II	3.478,25	191,30	278,26	313,04	182,68	265,72	298,94	174,07	253,19	284,84	165,45	240,66	270,74	156,83	228,12	256,64	146,72	215,59	242,54	128,09	203,06	228,44
	III	2.796,16	-	223,69	251,65	-	211,21	237,61	-	198,96	223,83	-	186,97	210,34	-	175,24	197,14	-	163,76	184,23	-	152,54	171,61
	IV	3.627,33	199,50	290,18	326,45	195,19	283,92	319,41	190,88	277,65	312,35	186,57	271,38	305,30	182,27	265,12	298,26	177,96	258,85	291,20	173,65	252,58	284,15
	V	4.141,83	227,80	331,34	372,76																		
	VI	4.186,08	230,23	334,88	376,74																		
11.864,99 (Ost)	I	3.635,16	199,93	290,81	327,16	191,31	278,28	313,06	182,70	265,74	298,96	174,08	253,21	284,86	165,46	240,68	270,76	156,85	228,14	256,66	146,75	215,61	242,56
	II	3.486,08	191,73	278,88	313,74	183,11	266,35	299,64	174,50	253,82	285,54	165,88	241,28	271,44	157,26	228,75	257,34	147,65	216,22	243,24	129,01	203,68	229,14
	III	2.804,00	-	224,32	252,36	-	211,82	238,30	-	199,57	224,51	-	187,56	211,00	-	175,81	197,78	-	164,33	184,87	-	153,09	172,22
	IV	3.635,16	199,93	290,81	327,16	195,62	284,54	320,11	191,31	278,28	313,06	187,00	272,01	306,01	182,70	265,74	298,96	178,39	259,48	291,91	174,08	253,21	284,86
	V	4.149,58	228,22	331,96	373,46																		
	VI	4.193,91	230,66	335,51	377,45																		
11.867,99 (West)	I	3.628,58	199,57	290,28	326,57	190,95	277,75	312,47	182,34	265,22	298,37	173,72	252,69	284,27	165,11	240,16	270,18	156,49	227,62	256,07	145,98	215,09	241,97
	II	3.479,50	191,37	278,36	313,15	182,75	265,82	299,05	174,13	253,29	284,95	165,52	240,76	270,85	156,90	228,22	256,75	146,88	215,70	242,66	128,24	203,16	228,56
	III	2.797,50	-	223,80	251,77	-	211,30	237,71	-	199,05	223,93	-	187,06	210,44	-	175,33	197,24	-	163,85	184,33	-	152,62	171,70
	IV	3.628,58	199,57	290,28	326,57	195,26	284,02	319,52	190,95	277,75	312,47	186,64	271,48	305,42	182,34	265,22	298,37	178,03	258,96	291,33	173,72	252,69	284,27
	V	4.143,08	227,86	331,44	372,87																		
	VI	4.187,33	230,30	334,98	376,85																		
11.867,99 (Ost)	I	3.636,41	200,00	290,91	327,27	191,38	278,38	313,17	182,76	265,84	299,07	174,15	253,31	284,97	165,53	240,78	270,87	156,91	228,24	256,77	146,90	215,71	242,67
	II	3.487,33	191,80	278,98	313,85	183,18	266,45	299,75	174,57	253,92	285,66	165,95	241,38	271,55	157,33	228,85	257,45	147,80	216,32	243,36	129,16	203,78	229,25
	III	2.805,33	-	224,42	252,47	-	211,93	238,42	-	199,66	224,62	-	187,66	211,12	-	175,90	197,89	-	164,41	184,96	-	153,18	172,33
	IV	3.636,41	200,00	290,91	327,27	195,69	284,64	320,22	191,38	278,38	313,17	187,07	272,11	306,12	182,76	265,84	299,07	178,46	259,58	292,02	174,15	253,31	284,97
	V	4.150,83	228,29	332,06	373,57																		
	VI	4.195,16	230,73	335,61	377,56																		
11.870,99 (West)	I	3.629,83	199,64	290,38	326,68	191,02	277,86	312,59	182,41	265,32	298,49	173,79	252,79	284,39	165,17	240,26	270,29	156,56	227,72	256,19	146,13	215,19	242,09
	II	3.480,75	191,44	278,46	313,26	182,82	265,92	299,16	174,20	253,39	285,06	165,59	240,86	270,97	156,97	228,33	256,87	147,03	215,80	242,77	128,39	203,26	228,67
	III	2.798,66	-	223,89	251,87	-	211,41	237,83	-	199,16	224,05	-	187,16	210,55	-	175,42	197,35	-	163,94	184,43	-	152,72	171,81
	IV	3.629,83	199,64	290,38	326,68	195,33	284,12	319,64	191,02	277,86	312,59	186,72	271,59	305,54	182,41	265,32	298,49	178,10	259,06	291,44	173,79	252,79	284,39
	V	4.144,33	227,93	331,54	372,98																		
	VI	4.188,58	230,37	335,08	376,97																		
11.870,99 (Ost)	I	3.637,66	200,07	291,01	327,38	191,45	278,48	313,29	182,83	265,94	299,18	174,22	253,41	285,08	165,60	240,88	270,99	156,99	228,35	256,89	147,06	215,82	242,79
	II	3.488,58	191,87	279,08	313,97	183,25	266,55	299,87	174,63	254,02	285,77	166,02	241,48	271,67	157,40	228,95	257,57	147,95	216,42	243,47	129,31	203,88	229,37
	III	2.806,50	-	224,52	252,58	-	212,02	238,52	-	199,76	224,73	-	187,76	211,23	-	176,00	198,00	-	164,50	185,06	-	153,28	172,44
	IV	3.637,66	200,07	291,01	327,38	195,76	284,74	320,33	191,45	278,48	313,29	187,14	272,21	306,23	182,83	265,94	299,18	178,53	259,68	292,14	174,22	253,41	285,08
	V	4.152,08	228,36	332,16	373,68																		
	VI	4.196,41	230,80	335,71	377,67																		
11.873,99 (West)	I	3.631,16	199,71	290,49	326,80	191,09	277,96	312,70	182,48	265,42	298,60	173,86	252,89	284,50	165,24	240,36	270,40	156,63	227,82	256,30	146,28	215,29	242,20
	II	3.482,00	191,51	278,56	313,38	182,89	266,02	299,27	174,28	253,50	285,18	165,66	240,96	271,08	157,04	228,43	256,98	147,18	215,90	242,88	128,53	203,36	228,78
	III	2.800,00	-	224,00	252,00	-	211,50	237,94	-	199,25	224,15	-	187,25	210,65	-	175,52	197,46	-	164,04	184,54	-	152,81	171,91
	IV	3.631,16	199,71	290,49	326,80	195,40	284,22	319,75	191,09	277,96	312,70	186,78	271,69	305,65	182,48	265,42	298,60	178,17	259,16	291,55	173,86	252,89	284,50
	V	4.145,58	228,00	331,64	373,10																		
	VI	4.189,91	230,44	335,19	377,09																		
11.873,99 (Ost)	I	3.638,91	200,14	291,11	327,50	191,52	278,58	313,40	182,90	266,04	299,30	174,29	253,51	285,20	165,67	240,98	271,10	157,06	228,45	257,00	147,21	215,92	242,91
	II	3.489,83	191,94	279,18	314,08	183,32	266,65	299,98	174,70	254,12	285,88	166,09	241,58	271,78	157,47	229,05	257,68	148,10	216,52	243,58	129,47	203,99	229,49
	III	2.807,83	-	224,62	252,70	-	212,13	238,64	-	199,86	224,84	-	187,85	211,33	-	176,09	198,10	-	164,60	185,17	-	153,36	172,53
	IV	3.638,91	200,14	291,11	327,50	195,83	284,84	320,45	191,52	278,58	313,40	187,21	272,31	306,35	182,90	266,04	299,30	178,59	259,78	292,25	174,29	253,51	285,20
	V	4.153,41	228,43	332,27	373,80																		
	VI	4.197,66	230,87	335,81	377,78																		

Lohn/ Gehalt bis	Steuerklasse	Lohn-steuer	ohne Kinderfreibetrag SolZ 5,5%	Kirchensteuer 8%	Kirchensteuer 9%	0,5 SolZ 5,5%	0,5 Kirchensteuer 8%	0,5 Kirchensteuer 9%	1,0 SolZ 5,5%	1,0 Kirchensteuer 8%	1,0 Kirchensteuer 9%	1,5 SolZ 5,5%	1,5 Kirchensteuer 8%	1,5 Kirchensteuer 9%	2,0 SolZ 5,5%	2,0 Kirchensteuer 8%	2,0 Kirchensteuer 9%	2,5 SolZ 5,5%	2,5 Kirchensteuer 8%	2,5 Kirchensteuer 9%	3,0 SolZ 5,5%	3,0 Kirchensteuer 8%	3,0 Kirchensteue 9%
11.876,99 *(West)*	I	3.632,41	*199,78*	290,59	326,91	*191,16*	278,06	312,81	*182,54*	265,52	298,71	*173,93*	252,99	284,61	*165,31*	240,46	270,51	*156,69*	227,92	256,41	*146,42*	215,39	242,
	II	3.483,33	*191,58*	278,66	313,49	*182,96*	266,13	299,39	*174,35*	253,60	285,30	*165,73*	241,06	271,19	*157,11*	228,53	257,09	*147,33*	216,00	243,00	*128,68*	203,46	228,
	III	2.801,16	–	224,09	252,10	–	211,61	238,06	–	199,34	224,26	–	187,34	210,76	–	175,61	197,56	–	164,12	184,63	–	152,89	172,
	IV	3.632,41	*199,78*	290,59	326,91	*195,47*	284,32	319,86	*191,16*	278,06	312,81	*186,85*	271,79	305,76	*182,54*	265,52	298,71	*178,24*	259,26	291,66	*173,93*	252,99	284,
	V	4.146,83	*228,07*	331,74	373,21																		
	VI	4.191,16	*230,51*	335,29	377,20																		
11.876,99 *(Ost)*	I	3.640,16	*200,20*	291,21	327,61	*191,59*	278,68	313,51	*182,98*	266,15	299,42	*174,36*	253,62	285,32	*165,74*	241,08	271,22	*157,13*	228,55	257,12	*147,36*	216,02	243,
	II	3.491,08	*192,00*	279,28	314,19	*183,39*	266,75	300,09	*174,77*	254,22	285,99	*166,15*	241,68	271,89	*157,54*	229,15	257,79	*148,26*	216,62	243,70	*129,62*	204,09	229,
	III	2.809,00	–	224,72	252,81	–	212,22	238,75	–	199,96	224,95	–	187,94	211,43	–	176,18	198,20	–	164,69	185,27	–	153,45	172,
	IV	3.640,16	*200,20*	291,21	327,61	*195,90*	284,94	320,56	*191,59*	278,68	313,51	*187,28*	272,41	306,46	*182,98*	266,15	299,42	*178,67*	259,88	292,37	*174,36*	253,62	285,
	V	4.154,66	*228,50*	332,37	373,91																		
	VI	4.198,91	*230,94*	335,91	377,90																		
11.879,99 *(West)*	I	3.633,66	*199,85*	290,69	327,02	*191,23*	278,16	312,93	*182,61*	265,62	298,82	*174,00*	253,09	284,72	*165,38*	240,56	270,63	*156,76*	228,02	256,52	*146,57*	215,49	242,
	II	3.484,58	*191,65*	278,76	313,61	*183,03*	266,23	299,51	*174,41*	253,70	285,41	*165,80*	241,16	271,31	*157,18*	228,63	257,21	*147,48*	216,10	243,11	*128,83*	203,56	229,
	III	2.802,50	–	224,20	252,22	–	211,70	238,16	–	199,45	224,38	–	187,45	210,88	–	175,70	197,66	–	164,21	184,73	–	152,98	172,
	IV	3.633,66	*199,85*	290,69	327,02	*195,54*	284,42	319,97	*191,23*	278,16	312,93	*186,92*	271,89	305,87	*182,61*	265,62	298,82	*178,31*	259,36	291,78	*174,00*	253,09	284,
	V	4.148,08	*228,14*	331,84	373,32																		
	VI	4.192,41	*230,58*	335,39	377,31																		
11.879,99 *(Ost)*	I	3.641,41	*200,27*	291,31	327,72	*191,66*	278,78	313,63	*183,04*	266,25	299,53	*174,43*	253,72	285,43	*165,81*	241,18	271,33	*157,19*	228,65	257,23	*147,51*	216,12	243,
	II	3.492,33	*192,07*	279,38	314,30	*183,46*	266,85	300,20	*174,84*	254,32	286,11	*166,23*	241,79	272,01	*157,61*	229,26	257,91	*148,41*	216,72	243,81	*129,76*	204,19	229,
	III	2.810,33	–	224,82	252,92	–	212,33	238,87	–	200,05	225,05	–	188,04	211,54	–	176,28	198,31	–	164,78	185,38	–	153,54	172,
	IV	3.641,41	*200,27*	291,31	327,72	*195,97*	285,05	320,68	*191,66*	278,78	313,63	*187,35*	272,52	306,58	*183,04*	266,25	299,53	*178,74*	259,98	292,48	*174,43*	253,72	285,4
	V	4.155,91	*228,57*	332,47	374,03																		
	VI	4.200,25	*231,01*	336,02	378,02																		
11.882,99 *(West)*	I	3.634,91	*199,92*	290,79	327,14	*191,30*	278,26	313,04	*182,68*	265,72	298,94	*174,07*	253,19	284,84	*165,45*	240,66	270,74	*156,83*	228,12	256,64	*146,72*	215,59	242,5
	II	3.485,83	*191,72*	278,86	313,72	*183,10*	266,33	299,62	*174,48*	253,80	285,52	*165,87*	241,26	271,42	*157,25*	228,73	257,32	*147,62*	216,20	243,22	*128,98*	203,66	229,
	III	2.803,83	–	224,30	252,34	–	211,81	238,28	–	199,54	224,48	–	187,54	210,98	–	175,80	197,77	–	164,30	184,84	–	153,08	172,2
	IV	3.634,91	*199,92*	290,79	327,14	*195,61*	284,52	320,09	*191,30*	278,26	313,04	*186,99*	271,99	305,99	*182,68*	265,72	298,94	*178,37*	259,46	291,89	*174,07*	253,19	284,8
	V	4.149,33	*228,21*	331,94	373,43																		
	VI	4.193,66	*230,65*	335,49	377,42																		
11.882,99 *(Ost)*	I	3.642,75	*200,35*	291,42	327,84	*191,73*	278,88	313,74	*183,11*	266,35	299,64	*174,50*	253,82	285,54	*165,88*	241,28	271,44	*157,26*	228,75	257,34	*147,65*	216,22	243,2
	II	3.493,58	*192,14*	279,48	314,42	*183,53*	266,95	300,32	*174,91*	254,42	286,22	*166,30*	241,89	272,12	*157,68*	229,36	258,03	*148,56*	216,82	243,92	*129,91*	204,29	229,8
	III	2.811,66	–	224,93	253,04	–	212,42	238,97	–	200,16	225,18	–	188,13	211,64	–	176,37	198,41	–	164,88	185,49	–	153,62	172,8
	IV	3.642,75	*200,35*	291,42	327,84	*196,04*	285,15	320,79	*191,73*	278,88	313,74	*187,42*	272,62	306,69	*183,11*	266,35	299,64	*178,80*	260,08	292,59	*174,50*	253,82	285,5
	V	4.157,16	*228,64*	332,57	374,14																		
	VI	4.201,50	*231,08*	336,12	378,13																		
11.885,99 *(West)*	I	3.636,16	*199,98*	290,89	327,25	*191,37*	278,36	313,15	*182,75*	265,82	299,05	*174,13*	253,29	284,95	*165,52*	240,76	270,85	*156,90*	228,22	256,75	*146,88*	215,70	242,6
	II	3.487,08	*191,78*	278,96	313,83	*183,17*	266,43	299,73	*174,55*	253,90	285,63	*165,93*	241,36	271,53	*157,32*	228,83	257,43	*147,77*	216,30	243,33	*129,13*	203,76	229,2
	III	2.805,00	–	224,40	252,45	–	211,90	238,39	–	199,64	224,59	–	187,64	211,09	–	175,89	197,87	–	164,40	184,95	–	153,16	172,3
	IV	3.636,16	*199,98*	290,89	327,25	*195,68*	284,62	320,20	*191,37*	278,36	313,15	*187,06*	272,09	306,10	*182,75*	265,82	299,05	*178,44*	259,56	292,00	*174,13*	253,29	284,9
	V	4.150,58	*228,28*	332,04	373,55																		
	VI	4.194,91	*230,72*	335,59	377,54																		
11.885,99 *(Ost)*	I	3.644,00	*200,42*	291,52	327,96	*191,80*	278,98	313,85	*183,18*	266,45	299,75	*174,57*	253,92	285,66	*165,95*	241,38	271,55	*157,33*	228,85	257,45	*147,80*	216,32	243,3
	II	3.494,91	*192,22*	279,59	314,54	*183,60*	267,06	300,44	*174,98*	254,52	286,34	*166,37*	241,99	272,24	*157,75*	229,46	258,14	*148,71*	216,92	244,04	*130,06*	204,39	229,9
	III	2.812,83	–	225,02	253,15	–	212,53	239,09	–	200,25	225,28	–	188,24	211,77	–	176,46	198,52	–	164,97	185,59	–	153,72	172,9
	IV	3.644,00	*200,42*	291,52	327,96	*196,11*	285,25	320,90	*191,80*	278,98	313,85	*187,49*	272,72	306,81	*183,18*	266,45	299,75	*178,87*	260,18	292,70	*174,57*	253,92	285,6
	V	4.158,41	*228,71*	332,67	374,25																		
	VI	4.202,75	*231,15*	336,22	378,24																		
11.888,99 *(West)*	I	3.637,41	*200,05*	290,99	327,36	*191,44*	278,46	313,26	*182,82*	265,92	299,16	*174,20*	253,39	285,06	*165,59*	240,86	270,97	*156,97*	228,33	256,87	*147,03*	215,80	242,7
	II	3.488,33	*191,85*	279,06	313,94	*183,24*	266,53	299,84	*174,62*	254,00	285,75	*166,00*	241,46	271,64	*157,39*	228,93	257,54	*147,92*	216,40	243,45	*129,28*	203,86	229,3
	III	2.806,33	–	224,50	252,56	–	212,01	238,51	–	199,74	224,71	–	187,73	211,19	–	175,98	197,98	–	164,49	185,05	–	153,25	172,4
	IV	3.637,41	*200,05*	290,99	327,36	*195,74*	284,72	320,31	*191,44*	278,46	313,26	*187,13*	272,19	306,21	*182,82*	265,92	299,16	*178,51*	259,66	292,11	*174,20*	253,39	285,0
	V	4.151,83	*228,35*	332,14	373,66																		
	VI	4.196,16	*230,78*	335,69	377,65																		
11.888,99 *(Ost)*	I	3.645,25	*200,48*	291,62	328,07	*191,87*	279,08	313,97	*183,25*	266,55	299,87	*174,63*	254,02	285,77	*166,02*	241,48	271,67	*157,40*	228,95	257,57	*147,95*	216,42	243,4
	II	3.496,16	*192,28*	279,69	314,65	*183,67*	267,16	300,55	*175,05*	254,62	286,45	*166,43*	242,09	272,35	*157,82*	229,56	258,25	*148,85*	217,02	244,15	*130,21*	204,49	230,0
	III	2.814,16	–	225,13	253,27	–	212,62	239,20	–	200,34	225,38	–	188,33	211,87	–	176,56	198,63	–	165,05	185,68	–	153,81	173,0
	IV	3.645,25	*200,48*	291,62	328,07	*196,18*	285,35	321,02	*191,87*	279,08	313,97	*187,56*	272,82	306,92	*183,25*	266,55	299,87	*178,94*	260,28	292,82	*174,63*	254,02	285,7
	V	4.159,66	*228,78*	332,77	374,36																		
	VI	4.204,00	*231,22*	336,32	378,36																		
11.891,99 *(West)*	I	3.638,66	*200,12*	291,09	327,47	*191,51*	278,56	313,38	*182,89*	266,02	299,27	*174,28*	253,50	285,18	*165,66*	240,96	271,08	*157,04*	228,43	256,98	*147,18*	215,90	242,8
	II	3.489,58	*191,92*	279,16	314,06	*183,31*	266,63	299,96	*174,69*	254,10	285,86	*166,07*	241,56	271,76	*157,46*	229,03	257,66	*148,08*	216,50	243,56	*129,44*	203,97	229,4
	III	2.807,50	–	224,60	252,67	–	212,10	238,61	–	199,84	224,82	–	187,82	211,30	–	176,08	198,09	–	164,58	185,15	–	153,34	172,5
	IV	3.638,66	*200,12*	291,09	327,47	*195,81*	284,82	320,42	*191,51*	278,56	313,38	*187,20*	272,29	306,32	*182,89*	266,02	299,27	*178,58*	259,76	292,23	*174,28*	253,50	285,1
	V	4.153,16	*228,42*	332,25	373,78																		
	VI	4.197,41	*230,85*	335,79	377,76																		
11.891,99 *(Ost)*	I	3.646,50	*200,55*	291,72	328,18	*191,94*	279,18	314,08	*183,32*	266,65	299,98	*174,70*	254,12	285,88	*166,09*	241,58	271,78	*157,47*	229,05	257,68	*148,10*	216,52	243,58
	II	3.497,41	*192,35*	279,79	314,76	*183,74*	267,26	300,66	*175,12*	254,72	286,56	*166,50*	242,19	272,46	*157,89*	229,66	258,36	*149,00*	217,12	244,26	*130,36*	204,59	230,16
	III	2.815,33	–	225,22	253,37	–	212,73	239,32	–	200,45	225,50	–	188,42	211,97	–	176,65	198,73	–	165,14	185,78	–	153,90	173,14
	IV	3.646,50	*200,55*	291,72	328,18	*196,24*	285,45	321,13	*191,94*	279,18	314,08	*187,63*	272,92	307,03	*183,32*	266,65	299,98	*179,01*	260,38	292,93	*174,70*	254,12	285,88
	V	4.160,91	*228,85*	332,87	374,48																		
	VI	4.205,25	*231,28*	336,42	378,47																		
11.894,99 *(West)*	I	3.639,91	*200,19*	291,19	327,59	*191,58*	278,66	313,49	*182,96*	266,13	299,39	*174,35*	253,60	285,30	*165,73*	241,06	271,19	*157,11*	228,53	257,09	*147,33*	216,00	243,0
	II	3.490,83	*191,99*	279,26	314,17	*183,37*	266,73	300,07	*174,76*	254,20	285,97	*166,14*	241,66	271,87	*157,53*	229,14	257,78	*148,23*	216,60	243,68	*129,59*	204,07	229,58
	III	2.808,83	–	224,70	252,79	–	212,21	238,73	–	199,93	224,92	–	187,92	211,41	–	176,17	198,19	–	164,68	185,26	–	153,42	172,60
	IV	3.639,91	*200,19*	291,19	327,59	*195,88*	284,92	320,54	*191,58*	278,66	313,49	*187,27*	272,40	306,45	*182,96*	266,13	299,39	*178,65*	259,86	292,34	*174,35*	253,60	285,30
	V	4.154,41	*228,49*	332,35	373,89																		
	VI	4.198,66	*230,92*	335,89	377,87																		
11.894,99 *(Ost)*	I	3.647,75	*200,62*	291,82	328,29	*192,00*	279,28	314,19	*183,39*	266,75	300,09	*174,77*	254,22	285,99	*166,15*	241,68	271,89	*157,54*	229,15	257,79	*148,26*	216,62	243,70
	II	3.498,66	*192,42*	279,89	314,87	*183,81*	267,36	300,78	*175,19*	254,82	286,67	*166,57*	242,29	272,57	*157,96*	229,76	258,48	*149,15*	217,22	244,37	*130,51*	204,69	230,27
	III	2.816,66	–	225,33	253,49	–	212,82	239,42	–	200,54	225,61	–	188,52	212,08	–	176,74	198,83	–	165,24	185,89	–	153,98	173,23
	IV	3.647,75	*200,62*	291,82	328,29	*196,31*	285,55	321,24	*192,00*	279,28	314,19	*187,70*	273,02	307,14	*183,39*	266,75	300,09	*179,08*	260,48	293,04	*174,77*	254,22	285,99
	V	4.162,16	*228,91*	332,97	374,59																		
	VI	4.206,50	*231,35*	336,52	378,58																		

Lohn/ Gehalt bis	Steuerklasse	Lohn-steuer	ohne Kinderfreibetrag SolZ 5,5%	ohne Kinderfreibetrag Kirchensteuer 8%	ohne Kinderfreibetrag Kirchensteuer 9%	0,5 SolZ 5,5%	0,5 Kirchensteuer 8%	0,5 Kirchensteuer 9%	1,0 SolZ 5,5%	1,0 Kirchensteuer 8%	1,0 Kirchensteuer 9%	1,5 SolZ 5,5%	1,5 Kirchensteuer 8%	1,5 Kirchensteuer 9%	2,0 SolZ 5,5%	2,0 Kirchensteuer 8%	2,0 Kirchensteuer 9%	2,5 SolZ 5,5%	2,5 Kirchensteuer 8%	2,5 Kirchensteuer 9%	3,0 SolZ 5,5%	3,0 Kirchensteuer 8%	3,0 Kirchensteuer 9%
1.897,99 (West)	I	3.641,25	200,26	291,30	327,71	191,65	278,76	313,61	183,03	266,23	299,51	174,41	253,70	285,41	165,80	241,16	271,31	157,18	228,63	257,21	147,48	216,10	243,11
	II	3.492,08	192,06	279,36	314,28	183,44	266,83	300,18	174,83	254,30	286,09	166,21	241,77	271,99	157,60	229,24	257,89	148,38	216,70	243,79	129,73	204,17	229,69
	III	2.810,00	-	224,80	252,90	-	212,30	238,84	-	200,04	225,04	-	188,02	211,52	-	176,26	198,29	-	164,76	185,35	-	153,52	172,71
	IV	3.641,25	200,26	291,30	327,71	195,96	285,03	320,66	191,65	278,76	313,61	187,34	272,50	306,56	183,03	266,23	299,51	178,72	259,96	292,46	174,41	253,70	285,41
	V	4.155,66	228,56	332,45	374,00																		
	VI	4.200,00	231,00	336,00	378,00																		
1.897,99 (Ost)	I	3.649,00	200,69	291,92	328,41	192,07	279,38	314,30	183,46	266,85	300,20	174,84	254,32	286,11	166,23	241,79	272,01	157,61	229,26	257,91	148,41	216,72	243,81
	II	3.499,91	192,49	279,99	314,99	183,87	267,46	300,89	175,26	254,92	286,79	166,64	242,39	272,69	158,02	229,86	258,59	149,30	217,32	244,49	130,66	204,79	230,39
	III	2.817,83	-	225,42	253,60	-	212,93	239,54	-	200,64	225,72	-	188,61	212,18	-	176,85	198,95	-	165,33	185,99	-	154,08	173,34
	IV	3.649,00	200,69	291,92	328,41	196,38	285,65	321,35	192,07	279,38	314,30	187,77	273,12	307,26	183,46	266,85	300,20	179,15	260,58	293,15	174,84	254,32	286,11
	V	4.163,50	228,99	333,08	374,71																		
	VI	4.207,75	231,42	336,62	378,69																		
1.900,99 (West)	I	3.642,50	200,33	291,40	327,82	191,72	278,86	313,72	183,10	266,33	299,62	174,48	253,80	285,52	165,87	241,26	271,42	157,25	228,73	257,32	147,62	216,20	243,22
	II	3.493,33	192,13	279,46	314,39	183,52	266,94	300,30	174,90	254,40	286,20	166,28	241,87	272,10	157,67	229,34	258,00	148,53	216,80	243,90	129,88	204,27	229,80
	III	2.811,33	-	224,90	253,01	-	212,40	238,95	-	200,13	225,14	-	188,12	211,63	-	176,36	198,40	-	164,85	185,45	-	153,61	172,81
	IV	3.642,50	200,33	291,40	327,82	196,02	285,13	320,77	191,72	278,86	313,72	187,41	272,60	306,67	183,10	266,33	299,62	178,79	260,06	292,57	174,48	253,80	285,52
	V	4.156,91	228,63	332,55	374,12																		
	VI	4.201,25	231,06	336,10	378,11																		
1.900,99 (Ost)	I	3.650,25	200,76	292,02	328,52	192,14	279,48	314,42	183,53	266,95	300,32	174,91	254,42	286,22	166,30	241,89	272,12	157,68	229,36	258,03	148,56	216,82	243,92
	II	3.501,16	192,56	280,09	315,10	183,94	267,56	301,00	175,33	255,02	286,90	166,71	242,49	272,80	158,09	229,96	258,70	149,46	217,43	244,61	130,82	204,90	230,51
	III	2.819,16	-	225,53	253,72	-	213,02	239,65	-	200,74	225,83	-	188,70	212,29	-	176,94	199,06	-	165,42	186,10	-	154,17	173,44
	IV	3.650,25	200,76	292,02	328,52	196,45	285,75	321,47	192,14	279,48	314,42	187,83	273,22	307,37	183,53	266,95	300,32	179,22	260,69	293,27	174,91	254,42	286,22
	V	4.164,75	229,06	333,18	374,82																		
	VI	4.209,00	231,49	336,72	378,81																		
1.903,99 (West)	I	3.643,75	200,40	291,50	327,93	191,78	278,96	313,83	183,17	266,43	299,73	174,55	253,90	285,63	165,93	241,36	271,53	157,32	228,83	257,43	147,77	216,30	243,33
	II	3.494,66	192,20	279,57	314,51	183,59	267,04	300,42	174,97	254,50	286,31	166,35	241,97	272,21	157,74	229,44	258,12	148,68	216,90	244,01	130,03	204,37	229,91
	III	2.812,50	-	225,00	253,12	-	212,50	239,06	-	200,22	225,25	-	188,21	211,73	-	176,45	198,50	-	164,94	185,56	-	153,70	172,91
	IV	3.643,75	200,40	291,50	327,93	196,09	285,23	320,88	191,78	278,96	313,83	187,48	272,70	306,78	183,17	266,43	299,73	178,86	260,16	292,68	174,55	253,90	285,63
	V	4.158,16	228,69	332,65	374,23																		
	VI	4.202,50	231,13	336,20	378,22																		
1.903,99 (Ost)	I	3.651,50	200,83	292,12	328,63	192,22	279,59	314,54	183,60	267,06	300,44	174,98	254,52	286,34	166,37	241,99	272,24	157,75	229,46	258,14	148,71	216,92	244,04
	II	3.502,41	192,63	280,19	315,21	184,01	267,66	301,11	175,39	255,12	287,01	166,78	242,59	272,91	158,17	230,06	258,82	149,55	217,53	244,72	130,96	205,00	230,62
	III	2.820,33	-	225,62	253,82	-	213,13	239,77	-	200,84	225,94	-	188,81	212,41	-	177,04	199,17	-	165,52	186,21	-	154,25	173,53
	IV	3.651,50	200,83	292,12	328,63	196,52	285,85	321,58	192,22	279,59	314,54	187,91	273,32	307,49	183,60	267,06	300,44	179,29	260,79	293,39	174,98	254,52	286,34
	V	4.166,00	229,13	333,28	374,94																		
	VI	4.210,25	231,56	336,82	378,92																		
1.906,99 (West)	I	3.645,00	200,47	291,60	328,05	191,85	279,06	313,94	183,24	266,53	299,84	174,62	254,00	285,75	166,00	241,46	271,64	157,39	228,93	257,54	147,92	216,40	243,45
	II	3.495,91	192,27	279,67	314,63	183,65	267,14	300,53	175,04	254,60	286,43	166,42	242,07	272,33	157,80	229,54	258,23	148,82	217,00	244,13	130,18	204,47	230,03
	III	2.813,83	-	225,10	253,24	-	212,60	239,17	-	200,33	225,37	-	188,30	211,84	-	176,54	198,61	-	165,04	185,67	-	153,78	173,00
	IV	3.645,00	200,47	291,60	328,05	196,16	285,33	320,99	191,85	279,06	313,94	187,55	272,80	306,90	183,24	266,53	299,84	178,93	260,26	292,79	174,62	254,00	285,75
	V	4.159,41	228,76	332,75	374,34																		
	VI	4.203,75	231,20	336,30	378,33																		
1.906,99 (Ost)	I	3.652,83	200,90	292,22	328,75	192,28	279,69	314,65	183,67	267,16	300,55	175,05	254,62	286,45	166,43	242,09	272,35	157,82	229,56	258,25	148,85	217,02	244,15
	II	3.503,66	192,70	280,29	315,32	184,08	267,76	301,23	175,47	255,23	287,13	166,85	242,70	273,03	158,23	230,16	258,93	149,62	217,63	244,83	131,11	205,10	230,73
	III	2.821,66	-	225,73	253,94	-	213,22	239,87	-	200,93	226,04	-	188,90	212,51	-	177,13	199,27	-	165,61	186,31	-	154,34	173,63
	IV	3.652,83	200,90	292,22	328,75	196,59	285,96	321,70	192,28	279,69	314,65	187,98	273,42	307,60	183,67	267,16	300,55	179,36	260,89	293,50	175,05	254,62	286,45
	V	4.167,25	229,19	333,38	375,05																		
	VI	4.211,58	231,63	336,92	379,04																		
1.909,99 (West)	I	3.646,25	200,54	291,70	328,16	191,92	279,16	314,06	183,31	266,63	299,96	174,69	254,10	285,86	166,07	241,56	271,76	157,46	229,03	257,66	148,08	216,50	243,56
	II	3.497,16	192,34	279,77	314,74	183,72	267,24	300,64	175,11	254,70	286,54	166,49	242,17	272,44	157,87	229,64	258,34	148,97	217,10	244,24	130,33	204,57	230,14
	III	2.815,16	-	225,21	253,36	-	212,70	239,29	-	200,42	225,47	-	188,40	211,95	-	176,64	198,72	-	165,13	185,77	-	153,88	173,11
	IV	3.646,25	200,54	291,70	328,16	196,23	285,43	321,11	191,92	279,16	314,06	187,61	272,90	307,01	183,31	266,63	299,96	179,00	260,36	292,91	174,69	254,10	285,86
	V	4.160,66	228,83	332,85	374,45																		
	VI	4.205,00	231,27	336,40	378,45																		
1.909,99 (Ost)	I	3.654,08	200,97	292,32	328,86	192,35	279,79	314,76	183,74	267,26	300,66	175,12	254,72	286,56	166,50	242,19	272,46	157,89	229,66	258,36	149,00	217,12	244,26
	II	3.504,91	192,77	280,39	315,44	184,15	267,86	301,34	175,54	255,33	287,24	166,92	242,80	273,15	158,30	230,26	259,04	149,69	217,73	244,94	131,26	205,20	230,85
	III	2.823,00	-	225,84	254,07	-	213,33	239,99	-	201,04	226,17	-	189,00	212,62	-	177,22	199,37	-	165,70	186,41	-	154,44	173,74
	IV	3.654,08	200,97	292,32	328,86	196,66	286,06	321,81	192,35	279,79	314,76	188,04	273,52	307,71	183,74	267,26	300,66	179,43	260,99	293,61	175,12	254,72	286,56
	V	4.168,50	229,26	333,48	375,16																		
	VI	4.212,83	231,70	337,02	379,15																		
11.912,99 (West)	I	3.647,50	200,61	291,80	328,27	191,99	279,26	314,17	183,37	266,73	300,07	174,76	254,20	285,97	166,14	241,66	271,87	157,53	229,14	257,78	148,23	216,60	243,68
	II	3.498,41	192,41	279,87	314,85	183,79	267,34	300,75	175,17	254,80	286,65	166,56	242,27	272,55	157,94	229,74	258,45	149,12	217,20	244,35	130,48	204,67	230,25
	III	2.816,33	-	225,30	253,46	-	212,80	239,40	-	200,52	225,58	-	188,49	212,05	-	176,73	198,82	-	165,22	185,87	-	153,97	173,21
	IV	3.647,50	200,61	291,80	328,27	196,30	285,53	321,22	191,99	279,26	314,17	187,68	273,00	307,12	183,37	266,73	300,07	179,07	260,46	293,02	174,76	254,20	285,97
	V	4.161,91	228,90	332,95	374,57																		
	VI	4.206,25	231,34	336,50	378,56																		
11.912,99 (Ost)	I	3.655,33	201,04	292,42	328,97	192,42	279,89	314,87	183,81	267,36	300,78	175,19	254,82	286,67	166,57	242,29	272,57	157,96	229,76	258,48	149,15	217,22	244,37
	II	3.506,25	192,84	280,50	315,56	184,22	267,96	301,46	175,61	255,43	287,36	166,99	242,90	273,26	158,37	230,36	259,16	149,76	217,83	245,06	131,41	205,30	230,96
	III	2.824,16	-	225,93	254,17	-	213,42	240,10	-	201,13	226,27	-	189,09	212,72	-	177,32	199,48	-	165,78	186,50	-	154,53	173,84
	IV	3.655,33	201,04	292,42	328,97	196,73	286,16	321,93	192,42	279,89	314,87	188,11	273,62	307,82	183,81	267,36	300,78	179,50	261,09	293,72	175,19	254,82	286,67
	V	4.169,75	229,33	333,58	375,27																		
	VI	4.214,08	231,77	337,12	379,26																		
11.915,99 (West)	I	3.648,75	200,68	291,90	328,38	192,06	279,36	314,28	183,44	266,83	300,18	174,83	254,30	286,09	166,21	241,77	271,99	157,60	229,24	257,89	148,38	216,70	243,79
	II	3.499,66	192,48	279,97	314,96	183,86	267,44	300,87	175,24	254,90	286,76	166,63	242,37	272,66	158,01	229,84	258,57	149,27	217,30	244,46	130,64	204,78	230,37
	III	2.817,66	-	225,41	253,58	-	212,90	239,51	-	200,62	225,70	-	188,60	212,17	-	176,82	198,92	-	165,32	185,98	-	154,05	173,30
	IV	3.648,75	200,68	291,90	328,38	196,37	285,63	321,33	192,06	279,36	314,28	187,75	273,10	307,23	183,44	266,83	300,18	179,13	260,56	293,13	174,83	254,30	286,09
	V	4.163,25	228,97	333,06	374,69																		
	VI	4.207,50	231,41	336,60	378,67																		
11.915,99 (Ost)	I	3.656,58	201,11	292,52	329,09	192,49	279,99	314,99	183,87	267,46	300,89	175,26	254,92	286,79	166,64	242,39	272,69	158,02	229,86	258,59	149,30	217,32	244,49
	II	3.507,50	192,91	280,60	315,67	184,29	268,06	301,57	175,67	255,53	287,47	167,06	243,00	273,37	158,44	230,46	259,27	149,82	217,93	245,17	131,56	205,40	231,07
	III	2.825,50	-	226,04	254,29	-	213,53	240,22	-	201,22	226,37	-	189,18	212,83	-	177,41	199,58	-	165,88	186,61	-	154,61	173,93
	IV	3.656,58	201,11	292,52	329,09	196,80	286,26	322,04	192,49	279,99	314,99	188,18	273,72	307,94	183,87	267,46	300,89	179,57	261,19	293,84	175,26	254,92	286,79
	V	4.171,00	229,40	333,68	375,39																		
	VI	4.215,33	231,84	337,22	379,37																		

Anzahl Kinderfreibeträge (nur Steuerklassen I–IV)

Lohn/ Gehalt bis	Steuerklasse	Lohn-steuer	ohne Kinderfreibetrag			Anzahl Kinderfreibeträge (nur Steuerklassen I–IV) 0,5			1,0			1,5			2,0			2,5			3,0		
			SolZ 5,5%	Kirchensteuer 8%	Kirchensteuer 9%	SolZ 5,5%	Kirchensteuer 8%	Kirchensteuer 9%	SolZ 5,5%	Kirchensteuer 8%	Kirchensteuer 9%	SolZ 5,5%	Kirchensteuer 8%	Kirchensteuer 9%	SolZ 5,5%	Kirchensteuer 8%	Kirchensteuer 9%	SolZ 5,5%	Kirchensteuer 8%	Kirchensteuer 9%	SolZ 5,5%	Kirchensteuer 8%	Kirchensteuer 9%
11.918,99 *(West)*	I	3.650,00	200,75	292,00	328,50	192,13	279,46	314,39	183,52	266,94	300,30	174,90	254,40	286,20	166,28	241,87	272,10	157,67	229,34	258,00	148,53	216,80	243
	II	3.500,91	192,55	280,07	315,08	183,93	267,54	300,98	175,31	255,00	286,88	166,70	242,47	272,78	158,08	229,94	258,68	149,43	217,41	244,58	130,79	204,88	230
	III	2.818,83	–	225,50	253,69	–	213,00	239,62	–	200,72	225,81	–	188,69	212,27	–	176,92	199,03	–	165,40	186,07	–	154,14	173
	IV	3.650,00	200,75	292,00	328,50	196,44	285,73	321,44	192,13	279,46	314,39	187,82	273,20	307,35	183,52	266,94	300,30	179,21	260,67	293,25	174,90	254,40	286
	V	4.164,50	229,04	333,16	374,80																		
	VI	4.208,75	231,48	336,70	378,78																		
11.918,99 *(Ost)*	I	3.657,83	201,18	292,62	329,20	192,56	280,09	315,10	183,94	267,56	301,00	175,33	255,02	286,90	166,71	242,49	272,80	158,09	229,96	258,70	149,46	217,43	244
	II	3.508,75	192,98	280,70	315,78	184,36	268,16	301,68	175,74	255,63	287,58	167,13	243,10	273,48	158,51	230,56	259,38	149,89	218,03	245,28	131,71	205,50	231
	III	2.826,66	–	226,13	254,39	–	213,62	240,32	–	201,33	226,49	–	189,29	212,95	–	177,50	199,69	–	165,97	186,71	–	154,70	174
	IV	3.657,83	201,18	292,62	329,20	196,87	286,36	322,15	192,56	280,09	315,10	188,25	273,82	308,05	183,94	267,56	301,00	179,63	261,29	293,95	175,33	255,02	286
	V	4.172,25	229,47	333,78	375,50																		
	VI	4.216,58	231,91	337,32	379,49																		
11.921,99 *(West)*	I	3.651,33	200,82	292,10	328,61	192,20	279,57	314,51	183,59	267,04	300,42	174,97	254,50	286,31	166,35	241,97	272,21	157,74	229,44	258,12	148,68	216,90	244
	II	3.502,16	192,61	280,17	315,19	184,00	267,64	301,09	175,38	255,10	286,99	166,77	242,58	272,90	158,15	230,04	258,80	149,54	217,51	244,70	130,93	204,98	230
	III	2.820,16	–	225,61	253,81	–	213,10	239,74	–	200,81	225,91	–	188,78	212,38	–	177,01	199,13	–	165,49	186,17	–	154,24	173
	IV	3.651,33	200,82	292,10	328,61	196,51	285,84	321,57	192,20	279,57	314,51	187,89	273,30	307,46	183,59	267,04	300,42	179,28	260,77	293,36	174,97	254,50	286
	V	4.165,75	229,11	333,26	374,91																		
	VI	4.210,08	231,55	336,80	378,90																		
11.921,99 *(Ost)*	I	3.659,08	201,24	292,72	329,31	192,63	280,19	315,21	184,01	267,66	301,11	175,39	255,12	287,01	166,78	242,59	272,91	158,17	230,06	258,82	149,55	217,53	244,
	II	3.510,00	193,05	280,80	315,90	184,43	268,26	301,79	175,81	255,73	287,69	167,20	243,20	273,60	158,58	230,66	259,49	149,96	218,13	245,39	131,86	205,60	231
	III	2.828,00	–	226,24	254,52	–	213,73	240,44	–	201,42	226,60	–	189,38	213,05	–	177,60	199,80	–	166,06	186,82	–	154,80	174,
	IV	3.659,08	201,24	292,72	329,31	196,94	286,46	322,26	192,63	280,19	315,21	188,32	273,92	308,16	184,01	267,66	301,11	179,70	261,39	294,06	175,39	255,12	287
	V	4.173,50	229,54	333,88	375,61																		
	VI	4.217,83	231,98	337,42	379,60																		
11.924,99 *(West)*	I	3.652,58	200,89	292,20	328,73	192,27	279,67	314,63	183,65	267,14	300,53	175,04	254,60	286,43	166,42	242,07	272,33	157,80	229,54	258,23	148,82	217,00	244
	II	3.503,41	192,68	280,27	315,30	184,07	267,74	301,21	175,45	255,21	287,11	166,84	242,68	273,01	158,22	230,14	258,91	149,60	217,61	244,81	131,08	205,08	230,
	III	2.821,33	–	225,70	253,91	–	213,20	239,85	–	200,92	226,03	–	188,88	212,49	–	177,10	199,24	–	165,58	186,28	–	154,33	173
	IV	3.652,58	200,89	292,20	328,73	196,58	285,94	321,68	192,27	279,67	314,63	187,96	273,40	307,58	183,65	267,14	300,53	179,35	260,87	293,48	175,04	254,60	286,
	V	4.167,00	229,18	333,36	375,03																		
	VI	4.211,33	231,62	336,90	379,01																		
11.924,99 *(Ost)*	I	3.660,33	201,31	292,82	329,42	192,70	280,29	315,32	184,08	267,76	301,23	175,47	255,23	287,13	166,85	242,70	273,03	158,23	230,16	258,93	149,62	217,63	244,
	II	3.511,25	193,11	280,90	316,01	184,50	268,36	301,91	175,88	255,83	287,81	167,26	243,30	273,71	158,65	230,76	259,61	150,03	218,23	245,51	132,02	205,70	231,
	III	2.829,16	–	226,33	254,62	–	213,82	240,55	–	201,52	226,71	–	189,48	213,16	–	177,69	199,90	–	166,16	186,93	–	154,88	174
	IV	3.660,33	201,31	292,82	329,42	197,01	286,56	322,38	192,70	280,29	315,32	188,39	274,02	308,27	184,08	267,76	301,23	179,77	261,49	294,17	175,47	255,23	287,
	V	4.174,83	229,61	333,98	375,73																		
	VI	4.219,08	232,04	337,52	379,71																		
11.927,99 *(West)*	I	3.653,83	200,96	292,30	328,84	192,34	279,77	314,74	183,72	267,24	300,64	175,11	254,70	286,54	166,49	242,17	272,44	157,87	229,64	258,34	148,97	217,10	244,
	II	3.504,75	192,76	280,38	315,42	184,14	267,84	301,32	175,52	255,31	287,22	166,91	242,78	273,12	158,29	230,24	259,02	149,67	217,71	244,92	131,23	205,18	230,
	III	2.822,66	–	225,81	254,03	–	213,30	239,96	–	201,01	226,13	–	188,97	212,59	–	177,20	199,35	–	165,68	186,39	–	154,41	173,
	IV	3.653,83	200,96	292,30	328,84	196,65	286,04	321,79	192,34	279,77	314,74	188,03	273,50	307,69	183,72	267,24	300,64	179,41	260,97	293,59	175,11	254,70	286,
	V	4.168,25	229,25	333,46	375,14																		
	VI	4.212,58	231,69	337,00	379,13																		
11.927,99 *(Ost)*	I	3.661,58	201,38	292,92	329,54	192,77	280,39	315,44	184,15	267,86	301,34	175,54	255,33	287,24	166,92	242,80	273,15	158,30	230,26	259,04	149,69	217,73	244,
	II	3.512,50	193,18	281,00	316,12	184,57	268,46	302,02	175,95	255,93	287,92	167,33	243,40	273,82	158,72	230,87	259,73	150,10	218,34	245,63	132,16	205,80	231,
	III	2.830,50	–	226,44	254,74	–	213,93	240,67	–	201,62	226,82	–	189,57	213,26	–	177,78	200,00	–	166,25	187,03	–	154,97	174,
	IV	3.661,58	201,38	292,92	329,54	197,07	286,66	322,49	192,77	280,39	315,44	188,46	274,13	308,39	184,15	267,86	301,34	179,85	261,60	294,30	175,54	255,33	287,
	V	4.176,08	229,68	334,08	375,84																		
	VI	4.220,33	232,11	337,62	379,82																		
11.930,99 *(West)*	I	3.655,08	201,02	292,40	328,95	192,41	279,87	314,85	183,79	267,34	300,75	175,17	254,80	286,65	166,56	242,27	272,55	157,94	229,74	258,45	149,12	217,20	244,
	II	3.506,00	192,83	280,48	315,54	184,21	267,94	301,43	175,59	255,41	287,33	166,98	242,88	273,24	158,36	230,34	259,13	149,74	217,81	245,03	131,38	205,28	230,
	III	2.823,83	–	225,90	254,14	–	213,40	240,07	–	201,10	226,24	–	189,08	212,71	–	177,29	199,45	–	165,77	186,49	–	154,50	173,
	IV	3.655,08	201,02	292,40	328,95	196,72	286,14	321,90	192,41	279,87	314,85	188,10	273,60	307,80	183,79	267,34	300,75	179,48	261,07	293,70	175,17	254,80	286,
	V	4.169,50	229,32	333,56	375,25																		
	VI	4.213,83	231,76	337,10	379,24																		
11.930,99 *(Ost)*	I	3.662,91	201,46	293,03	329,66	192,84	280,50	315,56	184,22	267,96	301,46	175,61	255,43	287,36	166,99	242,90	273,26	158,37	230,36	259,16	149,76	217,83	245,
	II	3.513,75	193,25	281,10	316,23	184,63	268,56	302,13	176,02	256,03	288,03	167,41	243,50	273,94	158,79	230,97	259,84	150,17	218,44	245,74	132,31	205,90	231,
	III	2.831,83	–	226,54	254,86	–	214,02	240,77	–	201,72	226,93	–	189,66	213,37	–	177,88	200,11	–	166,34	187,13	–	155,06	174,
	IV	3.662,91	201,46	293,03	329,66	197,15	286,76	322,61	192,84	280,50	315,56	188,53	274,23	308,51	184,22	267,96	301,46	179,91	261,70	294,41	175,61	255,43	287,
	V	4.177,33	229,75	334,18	375,95																		
	VI	4.221,66	232,19	337,73	379,94																		
11.933,99 *(West)*	I	3.656,33	201,09	292,50	329,06	192,48	279,97	314,96	183,86	267,44	300,87	175,24	254,90	286,76	166,63	242,37	272,66	158,01	229,84	258,57	149,27	217,30	244,
	II	3.507,25	192,89	280,58	315,65	184,28	268,04	301,55	175,66	255,51	287,45	167,04	242,98	273,35	158,43	230,44	259,25	149,81	217,91	245,15	131,53	205,38	231,
	III	2.825,16	–	226,01	254,26	–	213,50	240,19	–	201,21	226,36	–	189,17	212,81	–	177,38	199,55	–	165,86	186,59	–	154,60	173,
	IV	3.656,33	201,09	292,50	329,06	196,79	286,24	322,02	192,48	279,97	314,96	188,17	273,70	307,91	183,86	267,44	300,87	179,55	261,17	293,81	175,24	254,90	286,
	V	4.170,75	229,39	333,66	375,36																		
	VI	4.215,08	231,82	337,20	379,35																		
11.933,99 *(Ost)*	I	3.664,16	201,52	293,13	329,77	192,91	280,60	315,67	184,29	268,06	301,57	175,67	255,53	287,47	167,06	243,00	273,37	158,44	230,46	259,27	149,82	217,93	245,
	II	3.515,00	193,32	281,20	316,35	184,71	268,67	302,25	176,09	256,14	288,15	167,47	243,60	274,05	158,86	231,07	259,95	150,24	218,54	245,85	132,46	206,00	231,
	III	2.833,00	–	226,64	254,97	–	214,13	240,89	–	201,81	227,03	–	189,76	213,48	–	177,97	200,21	–	166,44	187,24	–	155,16	174,
	IV	3.664,16	201,52	293,13	329,77	197,22	286,86	322,72	192,91	280,60	315,67	188,60	274,33	308,62	184,29	268,06	301,57	179,98	261,80	294,52	175,67	255,53	287,
	V	4.178,58	229,82	334,28	376,07																		
	VI	4.222,91	232,26	337,83	380,06																		
11.936,99 *(West)*	I	3.657,58	201,16	292,60	329,18	192,55	280,07	315,08	183,93	267,54	300,98	175,31	255,00	286,88	166,70	242,47	272,78	158,08	229,94	258,68	149,43	217,41	244,5
	II	3.508,50	192,96	280,68	315,76	184,35	268,14	301,66	175,73	255,61	287,56	167,11	243,08	273,46	158,50	230,54	259,36	149,88	218,01	245,26	131,68	205,48	231,
	III	2.826,50	–	226,12	254,38	–	213,60	240,30	–	201,30	226,46	–	189,26	212,92	–	177,48	199,66	–	165,96	186,70	–	154,68	174,0
	IV	3.657,58	201,16	292,60	329,18	196,85	286,34	322,13	192,55	280,07	315,08	188,24	273,80	308,03	183,93	267,54	300,98	179,62	261,27	293,93	175,31	255,00	286,8
	V	4.172,00	229,46	333,76	375,48																		
	VI	4.216,33	231,89	337,30	379,46																		
11.936,99 *(Ost)*	I	3.665,41	201,59	293,23	329,88	192,98	280,70	315,78	184,36	268,16	301,68	175,74	255,63	287,58	167,13	243,10	273,48	158,51	230,56	259,38	149,89	218,03	245,2
	II	3.516,33	193,39	281,30	316,46	184,78	268,77	302,36	176,16	256,24	288,27	167,54	243,70	274,16	158,93	231,17	260,06	150,31	218,64	245,97	132,61	206,10	231,8
	III	2.834,33	–	226,74	255,08	–	214,22	241,00	–	201,92	227,16	–	189,86	213,59	–	178,06	200,32	–	166,52	187,33	–	155,24	174,6
	IV	3.665,41	201,59	293,23	329,88	197,28	286,96	322,83	192,98	280,70	315,78	188,67	274,43	308,73	184,36	268,16	301,68	180,05	261,90	294,63	175,74	255,63	287,5
	V	4.179,83	229,89	334,38	376,18																		
	VI	4.224,16	232,32	337,93	380,17																		

Lohn/ Gehalt bis	Steuerklasse	Lohnsteuer	ohne Kinderfreibetrag			Anzahl Kinderfreibeträge (nur Steuerklassen I–IV)																	
						0,5			1,0			1,5			2,0			2,5			3,0		
			SolZ 5,5%	Kirchensteuer 8%	Kirchensteuer 9%	SolZ 5,5%	Kirchensteuer 8%	Kirchensteuer 9%	SolZ 5,5%	Kirchensteuer 8%	Kirchensteuer 9%	SolZ 5,5%	Kirchensteuer 8%	Kirchensteuer 9%	SolZ 5,5%	Kirchensteuer 8%	Kirchensteuer 9%	SolZ 5,5%	Kirchensteuer 8%	Kirchensteuer 9%	SolZ 5,5%	Kirchensteuer 8%	Kirchensteuer 9%
1.939,99 (West)	I	3.658,83	201,23	292,70	329,29	192,61	280,17	315,19	184,00	267,64	301,09	175,38	255,10	286,99	166,77	242,58	272,90	158,15	230,04	258,80	149,54	217,51	244,70
	II	3.509,75	193,03	280,78	315,87	184,41	268,24	301,77	175,80	255,71	287,67	167,18	243,18	273,57	158,56	230,64	259,47	149,95	218,11	245,37	131,84	205,58	231,28
	III	2.827,66	-	226,21	254,48	-	213,70	240,41	-	201,40	226,57	-	189,36	213,03	-	177,57	199,76	-	166,05	186,80	-	154,77	174,11
	IV	3.658,83	201,23	292,70	329,29	196,92	286,44	322,24	192,61	280,17	315,19	188,31	273,90	308,14	184,00	267,64	301,09	179,69	261,37	294,04	175,38	255,10	286,99
	V	4.173,33	229,53	333,86	375,59																		
	VI	4.217,58	231,96	337,40	379,58																		
1.939,99 (Ost)	I	3.666,66	201,66	293,33	329,99	193,05	280,80	315,90	184,43	268,26	301,79	175,81	255,73	287,69	167,20	243,20	273,60	158,58	230,66	259,49	149,96	218,13	245,39
	II	3.517,58	193,46	281,40	316,58	184,85	268,87	302,48	176,23	256,34	288,38	167,61	243,80	274,28	159,00	231,27	260,18	150,38	218,74	246,08	132,76	206,20	231,98
	III	2.835,50	-	226,84	255,19	-	214,33	241,12	-	202,01	227,26	-	189,96	213,70	-	178,16	200,43	-	166,61	187,43	-	155,33	174,74
	IV	3.666,66	201,66	293,33	329,99	197,35	287,06	322,94	193,05	280,80	315,90	188,74	274,53	308,84	184,43	268,26	301,79	180,12	262,00	294,75	175,81	255,73	287,69
	V	4.181,08	229,95	334,48	376,29																		
	VI	4.225,41	232,39	338,03	380,28																		
1.942,99 (West)	I	3.660,08	201,30	292,80	329,40	192,68	280,27	315,30	184,07	267,74	301,21	175,45	255,21	287,11	166,84	242,68	273,01	158,22	230,14	258,91	149,60	217,61	244,81
	II	3.511,00	193,10	280,88	315,99	184,48	268,34	301,88	175,87	255,81	287,78	167,25	243,28	273,69	158,63	230,74	259,58	150,02	218,22	245,49	131,99	205,68	231,39
	III	2.829,00	-	226,32	254,61	-	213,80	240,52	-	201,50	226,69	-	189,45	213,13	-	177,66	199,87	-	166,13	186,89	-	154,86	174,22
	IV	3.660,08	201,30	292,80	329,40	196,99	286,54	322,35	192,68	280,27	315,30	188,37	274,00	308,25	184,07	267,74	301,21	179,76	261,48	294,16	175,45	255,21	287,11
	V	4.174,58	229,60	333,96	375,71																		
	VI	4.218,83	232,03	337,50	379,69																		
1.942,99 (Ost)	I	3.667,91	201,73	293,43	330,11	193,11	280,90	316,01	184,50	268,36	301,91	175,88	255,83	287,81	167,26	243,30	273,71	158,65	230,76	259,61	150,03	218,23	245,51
	II	3.518,83	193,53	281,50	316,69	184,91	268,97	302,59	176,30	256,44	288,49	167,68	243,90	274,39	159,06	231,37	260,29	150,45	218,84	246,19	132,91	206,30	232,09
	III	2.836,83	-	226,94	255,31	-	214,42	241,22	-	202,10	227,36	-	190,05	213,80	-	178,25	200,53	-	166,70	187,54	-	155,42	174,85
	IV	3.667,91	201,73	293,43	330,11	197,42	287,16	323,06	193,11	280,90	316,01	188,81	274,63	308,96	184,50	268,36	301,91	180,19	262,10	294,86	175,88	255,83	287,81
	V	4.182,33	230,02	334,58	376,40																		
	VI	4.226,66	232,46	338,13	380,39																		
1.945,99 (West)	I	3.661,33	201,37	292,90	329,51	192,76	280,38	315,42	184,14	267,84	301,32	175,52	255,31	287,22	166,91	242,78	273,12	158,29	230,24	259,02	149,67	217,71	244,92
	II	3.512,25	193,17	280,98	316,10	184,55	268,44	302,00	175,94	255,91	287,90	167,32	243,38	273,80	158,71	230,85	259,70	150,09	218,32	245,61	132,13	205,78	231,50
	III	2.830,16	-	226,41	254,71	-	213,90	240,64	-	201,60	226,80	-	189,54	213,23	-	177,76	199,98	-	166,22	187,00	-	154,96	174,33
	IV	3.661,33	201,37	292,90	329,51	197,06	286,64	322,47	192,76	280,38	315,42	188,45	274,11	308,37	184,14	267,84	301,32	179,83	261,58	294,27	175,52	255,31	287,22
	V	4.175,83	229,67	334,06	375,82																		
	VI	4.220,08	232,10	337,60	379,80																		
1.945,99 (Ost)	I	3.669,16	201,80	293,53	330,22	193,18	281,00	316,12	184,57	268,46	302,02	175,95	255,93	287,92	167,33	243,40	273,82	158,72	230,87	259,73	150,10	218,34	245,63
	II	3.520,08	193,60	281,60	316,80	184,98	269,07	302,70	176,37	256,54	288,60	167,75	244,00	274,50	159,13	231,47	260,40	150,52	218,94	246,30	133,06	206,40	232,20
	III	2.838,00	-	227,04	255,42	-	214,53	241,34	-	202,21	227,48	-	190,14	213,91	-	178,34	200,63	-	166,80	187,65	-	155,50	174,94
	IV	3.669,16	201,80	293,53	330,22	197,49	287,26	323,17	193,18	281,00	316,12	188,87	274,73	309,07	184,57	268,46	302,02	180,26	262,20	294,97	175,95	255,93	287,92
	V	4.183,58	230,09	334,68	376,52																		
	VI	4.227,91	232,53	338,23	380,51																		
1.948,99 (West)	I	3.662,66	201,44	293,01	329,63	192,83	280,48	315,54	184,21	267,94	301,43	175,59	255,41	287,33	166,98	242,88	273,24	158,36	230,34	259,13	149,74	217,81	245,03
	II	3.513,50	193,24	281,08	316,21	184,62	268,54	302,11	176,01	256,02	288,02	167,39	243,48	273,92	158,78	230,95	259,82	150,16	218,42	245,72	132,28	205,88	231,62
	III	2.831,50	-	226,52	254,83	-	214,00	240,75	-	201,69	226,90	-	189,65	213,35	-	177,85	200,08	-	166,32	187,11	-	155,04	174,42
	IV	3.662,66	201,44	293,01	329,63	197,13	286,74	322,58	192,83	280,48	315,54	188,52	274,21	308,48	184,21	267,94	301,43	179,90	261,68	294,39	175,59	255,41	287,33
	V	4.177,08	229,73	334,16	375,93																		
	VI	4.221,41	232,17	337,71	379,92																		
1.948,99 (Ost)	I	3.670,41	201,87	293,63	330,33	193,25	281,10	316,23	184,63	268,56	302,13	176,02	256,03	288,03	167,41	243,50	273,94	158,79	230,97	259,84	150,17	218,44	245,74
	II	3.521,33	193,67	281,70	316,91	185,05	269,17	302,81	176,44	256,64	288,72	167,82	244,10	274,61	159,20	231,57	260,51	150,59	219,04	246,42	133,22	206,51	232,32
	III	2.839,33	-	227,14	255,53	-	214,62	241,45	-	202,30	227,59	-	190,24	214,02	-	178,44	200,74	-	166,89	187,75	-	155,60	175,05
	IV	3.670,41	201,87	293,63	330,33	197,56	287,36	323,28	193,25	281,10	316,23	188,94	274,83	309,18	184,63	268,56	302,13	180,33	262,30	295,08	176,02	256,03	288,03
	V	4.184,91	230,17	334,79	376,64																		
	VI	4.229,16	232,60	338,33	380,62																		
11.951,99 (West)	I	3.663,91	201,51	293,11	329,75	192,89	280,58	315,65	184,28	268,04	301,55	175,66	255,51	287,45	167,04	242,98	273,35	158,43	230,44	259,25	149,81	217,91	245,15
	II	3.514,83	193,31	281,18	316,33	184,69	268,65	302,23	176,08	256,12	288,13	167,46	243,58	274,03	158,84	231,05	259,93	150,23	218,52	245,83	132,43	205,98	231,73
	III	2.832,66	-	226,61	254,93	-	214,10	240,86	-	201,80	227,02	-	189,74	213,46	-	177,94	200,18	-	166,41	187,21	-	155,13	174,52
	IV	3.663,91	201,51	293,11	329,75	197,20	286,84	322,70	192,89	280,58	315,65	188,59	274,31	308,60	184,28	268,04	301,55	179,97	261,78	294,50	175,66	255,51	287,45
	V	4.178,33	229,80	334,26	376,04																		
	VI	4.222,66	232,24	337,81	380,03																		
11.951,99 (Ost)	I	3.671,66	201,94	293,73	330,44	193,32	281,20	316,35	184,71	268,67	302,25	176,09	256,14	288,15	167,47	243,60	274,05	158,86	231,07	259,95	150,24	218,54	245,85
	II	3.522,58	193,74	281,80	317,03	185,12	269,27	302,93	176,50	256,74	288,83	167,89	244,20	274,73	159,27	231,67	260,63	150,66	219,14	246,53	133,36	206,61	232,43
	III	2.840,50	-	227,24	255,64	-	214,73	241,57	-	202,40	227,70	-	190,34	214,13	-	178,53	200,84	-	166,98	187,85	-	155,69	175,15
	IV	3.671,66	201,94	293,73	330,44	197,63	287,46	323,39	193,32	281,20	316,35	189,01	274,93	309,29	184,71	268,67	302,25	180,40	262,40	295,20	176,09	256,14	288,15
	V	4.186,16	230,23	334,89	376,75																		
	VI	4.230,41	232,67	338,43	380,73																		
11.954,99 (West)	I	3.665,16	201,58	293,21	329,86	192,96	280,68	315,76	184,35	268,14	301,66	175,73	255,61	287,56	167,11	243,08	273,46	158,50	230,54	259,36	149,88	218,01	245,26
	II	3.516,08	193,38	281,28	316,44	184,76	268,75	302,34	176,15	256,22	288,24	167,53	243,68	274,14	158,91	231,15	260,04	150,30	218,62	245,94	132,58	206,08	231,84
	III	2.834,00	-	226,72	255,06	-	214,20	240,97	-	201,89	227,12	-	189,84	213,57	-	178,04	200,29	-	166,50	187,31	-	155,22	174,62
	IV	3.665,16	201,58	293,21	329,86	197,27	286,94	322,81	192,96	280,68	315,76	188,65	274,41	308,71	184,35	268,14	301,66	180,04	261,88	294,61	175,73	255,61	287,56
	V	4.179,58	229,87	334,36	376,16																		
	VI	4.223,91	232,31	337,91	380,15																		
11.954,99 (Ost)	I	3.672,91	202,01	293,83	330,56	193,39	281,30	316,46	184,78	268,77	302,36	176,16	256,24	288,27	167,54	243,70	274,16	158,93	231,17	260,06	150,31	218,64	245,97
	II	3.523,83	193,81	281,90	317,14	185,19	269,37	303,04	176,57	256,84	288,94	167,96	244,31	274,85	159,34	231,78	260,75	150,73	219,24	246,65	133,51	206,71	232,55
	III	2.841,83	-	227,34	255,76	-	214,82	241,67	-	202,50	227,81	-	190,44	214,24	-	178,62	200,95	-	167,08	187,96	-	155,78	175,25
	IV	3.672,91	202,01	293,83	330,56	197,70	287,57	323,51	193,39	281,30	316,46	189,09	275,04	309,42	184,78	268,77	302,36	180,47	262,50	295,31	176,16	256,24	288,27
	V	4.187,41	230,30	334,99	376,86																		
	VI	4.231,75	232,74	338,54	380,85																		
11.957,99 (West)	I	3.666,41	201,65	293,31	329,97	193,03	280,78	315,87	184,41	268,24	301,77	175,80	255,71	287,67	167,18	243,18	273,57	158,56	230,64	259,47	149,95	218,11	245,37
	II	3.517,33	193,45	281,38	316,55	184,83	268,85	302,45	176,22	256,32	288,36	167,60	243,78	274,25	158,98	231,25	260,15	150,37	218,72	246,06	132,73	206,18	231,95
	III	2.835,33	-	226,82	255,17	-	214,30	241,09	-	201,98	227,23	-	189,93	213,67	-	178,13	200,39	-	166,60	187,42	-	155,32	174,73
	IV	3.666,41	201,65	293,31	329,97	197,34	287,04	322,92	193,03	280,78	315,87	188,72	274,51	308,82	184,41	268,24	301,77	180,11	261,98	294,72	175,80	255,71	287,67
	V	4.180,83	229,94	334,46	376,27																		
	VI	4.225,16	232,38	338,01	380,26																		
11.957,99 (Ost)	I	3.674,25	202,08	293,94	330,68	193,46	281,40	316,58	184,85	268,87	302,48	176,23	256,34	288,38	167,61	243,80	274,28	159,00	231,27	260,18	150,38	218,74	246,08
	II	3.525,08	193,87	282,00	317,25	185,26	269,47	303,15	176,65	256,94	289,06	168,03	244,41	274,96	159,41	231,88	260,86	150,80	219,34	246,76	133,66	206,81	232,66
	III	2.843,16	-	227,45	255,88	-	214,93	241,79	-	202,60	227,92	-	190,53	214,34	-	178,72	201,06	-	167,17	188,06	-	155,86	175,34
	IV	3.674,25	202,08	293,94	330,68	197,77	287,67	323,63	193,46	281,40	316,58	189,15	275,14	309,53	184,85	268,87	302,48	180,54	262,60	295,43	176,23	256,34	288,38
	V	4.188,66	230,37	335,09	376,97																		
	VI	4.233,00	232,81	338,64	380,97																		

Lohn/ Gehalt bis	Steuerklasse	Lohnsteuer	ohne Kinderfreibetrag SolZ 5,5%	Kirchensteuer 8%	Kirchensteuer 9%	0,5 SolZ 5,5%	Kirchensteuer 8%	Kirchensteuer 9%	1,0 SolZ 5,5%	Kirchensteuer 8%	Kirchensteuer 9%	1,5 SolZ 5,5%	Kirchensteuer 8%	Kirchensteuer 9%	2,0 SolZ 5,5%	Kirchensteuer 8%	Kirchensteuer 9%	2,5 SolZ 5,5%	Kirchensteuer 8%	Kirchensteuer 9%	3,0 SolZ 5,5%	Kirchensteuer 8%	Kirchensteuer 9%
11.960,99 (West)	I	3.667,66	201,72	293,41	330,08	193,10	280,88	315,99	184,48	268,34	301,88	175,87	255,81	287,78	167,25	243,28	273,69	158,63	230,74	259,58	150,02	218,22	245
	II	3.518,58	193,52	281,48	316,67	184,90	268,95	302,57	176,28	256,42	288,47	167,67	243,88	274,37	159,05	231,35	260,27	150,43	218,82	246,17	132,88	206,28	232
	III	2.836,50	-	226,92	255,28	-	214,40	241,20	-	202,09	227,35	-	190,02	213,77	-	178,22	200,50	-	166,69	187,52	-	155,40	174
	IV	3.667,66	201,72	293,41	330,08	197,41	287,14	323,03	193,10	280,88	315,99	188,79	274,61	308,93	184,48	268,34	301,88	180,18	262,08	294,84	175,87	255,81	287
	V	4.182,08	230,01	334,56	376,38																		
	VI	4.226,41	232,45	338,11	380,37																		
11.960,99 (Ost)	I	3.675,50	202,15	294,04	330,79	193,53	281,50	316,69	184,91	268,97	302,59	176,30	256,44	288,49	167,68	243,90	274,39	159,06	231,37	260,29	150,45	218,84	246,
	II	3.526,41	193,95	282,11	317,37	185,33	269,58	303,27	176,71	257,04	289,17	168,10	244,51	275,07	159,48	231,98	260,97	150,86	219,44	246,87	133,81	206,91	232,
	III	2.844,33	-	227,54	255,98	-	215,02	241,90	-	202,70	228,04	-	190,62	214,45	-	178,81	201,16	-	167,26	188,17	-	155,96	175,
	IV	3.675,50	202,15	294,04	330,79	197,84	287,77	323,74	193,53	281,50	316,69	189,22	275,24	309,64	184,91	268,97	302,59	180,61	262,70	295,54	176,30	256,44	288
	V	4.189,91	230,44	335,19	377,09																		
	VI	4.234,25	232,88	338,74	381,08																		
11.963,99 (West)	I	3.668,91	201,79	293,51	330,20	193,17	280,98	316,10	184,55	268,44	302,00	175,94	255,91	287,90	167,32	243,38	273,80	158,71	230,85	259,70	150,09	218,32	245,
	II	3.519,83	193,59	281,58	316,78	184,97	269,05	302,68	176,35	256,52	288,58	167,74	243,98	274,48	159,12	231,45	260,38	150,50	218,92	246,28	133,03	206,38	232.
	III	2.837,83	-	227,02	255,40	-	214,50	241,31	-	202,18	227,45	-	190,13	213,89	-	178,32	200,61	-	166,78	187,63	-	155,49	174,
	IV	3.668,91	201,79	293,51	330,20	197,48	287,24	323,15	193,17	280,98	316,10	188,86	274,71	309,05	184,55	268,44	302,00	180,24	262,18	294,95	175,94	255,91	287
	V	4.183,33	230,08	334,66	376,49																		
	VI	4.227,66	232,52	338,21	380,48																		
11.963,99 (Ost)	I	3.676,75	202,22	294,14	330,90	193,60	281,60	316,80	184,98	269,07	302,70	176,37	256,54	288,60	167,75	244,00	274,50	159,13	231,47	260,40	150,52	218,94	246,
	II	3.527,66	194,02	282,21	317,48	185,40	269,68	303,39	176,78	257,14	289,28	168,17	244,61	275,18	159,55	232,08	261,09	150,93	219,54	246,98	133,96	207,01	232
	III	2.845,66	-	227,65	256,10	-	215,13	242,02	-	202,80	228,15	-	190,72	214,56	-	178,90	201,26	-	167,34	188,26	-	156,05	175
	IV	3.676,75	202,22	294,14	330,90	197,91	287,87	323,85	193,60	281,60	316,80	189,29	275,34	309,75	184,98	269,07	302,70	180,67	262,80	295,65	176,37	256,54	288
	V	4.191,16	230,51	335,29	377,20																		
	VI	4.235,50	232,95	338,84	381,19																		
11.966,99 (West)	I	3.670,16	201,85	293,61	330,31	193,24	281,08	316,21	184,62	268,54	302,11	176,01	256,02	288,02	167,39	243,48	273,92	158,78	230,95	259,82	150,16	218,42	245.
	II	3.521,08	193,65	281,68	316,89	185,04	269,15	302,79	176,42	256,62	288,69	167,80	244,08	274,59	159,19	231,55	260,49	150,58	219,02	246,40	133,19	206,49	232,
	III	2.839,00	-	227,12	255,51	-	214,60	241,42	-	202,28	227,56	-	190,22	214,00	-	178,42	200,72	-	166,86	187,72	-	155,58	175,
	IV	3.670,16	201,85	293,61	330,31	197,55	287,34	323,26	193,24	281,08	316,21	188,93	274,81	309,16	184,62	268,54	302,11	180,32	262,28	295,07	176,01	256,02	288,
	V	4.184,66	230,15	334,77	376,61																		
	VI	4.228,91	232,59	338,31	380,60																		
11.966,99 (Ost)	I	3.678,00	202,29	294,24	331,02	193,67	281,70	316,91	185,05	269,17	302,81	176,44	256,64	288,72	167,82	244,10	274,61	159,20	231,57	260,51	150,59	219,04	246
	II	3.528,91	194,09	282,31	317,60	185,47	269,78	303,50	176,85	257,24	289,40	168,24	244,71	275,30	159,62	232,18	261,20	151,00	219,64	247,10	134,11	207,11	233,
	III	2.846,83	-	227,74	256,21	-	215,22	242,12	-	202,89	228,25	-	190,82	214,67	-	179,00	201,37	-	167,44	188,37	-	156,14	175,
	IV	3.678,00	202,29	294,24	331,02	197,98	287,97	323,96	193,67	281,70	316,91	189,36	275,44	309,87	185,05	269,17	302,81	180,74	262,90	295,76	176,44	256,64	288,
	V	4.192,41	230,58	335,39	377,31																		
	VI	4.236,75	233,02	338,94	381,30																		
11.969,99 (West)	I	3.671,41	201,92	293,71	330,42	193,31	281,18	316,33	184,69	268,65	302,23	176,08	256,12	288,13	167,46	243,58	274,03	158,84	231,05	259,93	150,23	218,52	245
	II	3.522,33	193,72	281,78	317,00	185,11	269,25	302,90	176,49	256,72	288,81	167,87	244,18	274,70	159,26	231,66	260,61	150,64	219,12	246,51	133,33	206,59	232,
	III	2.840,33	-	227,22	255,62	-	214,70	241,54	-	202,38	227,68	-	190,32	214,11	-	178,52	200,83	-	166,96	187,83	-	155,66	175,
	IV	3.671,41	201,92	293,71	330,42	197,61	287,44	323,37	193,31	281,18	316,33	189,00	274,92	309,28	184,69	268,65	302,23	180,39	262,38	295,18	176,08	256,12	288,
	V	4.185,91	230,22	334,87	376,73																		
	VI	4.230,16	232,65	338,41	380,71																		
11.969,99 (Ost)	I	3.679,25	202,35	294,34	331,13	193,74	281,80	317,03	185,12	269,27	302,93	176,50	256,74	288,83	167,89	244,20	274,73	159,27	231,67	260,63	150,66	219,14	246,
	II	3.530,16	194,15	282,41	317,71	185,54	269,88	303,61	176,92	257,34	289,51	168,30	244,81	275,41	159,69	232,28	261,31	151,07	219,74	247,21	134,26	207,21	233,
	III	2.848,16	-	227,85	256,33	-	215,33	242,24	-	203,00	228,37	-	190,92	214,78	-	179,09	201,47	-	167,53	188,47	-	156,22	175,
	IV	3.679,25	202,35	294,34	331,13	198,05	288,07	324,08	193,74	281,80	317,03	189,43	275,54	309,98	185,12	269,27	302,93	180,81	263,00	295,88	176,50	256,74	288,
	V	4.193,66	230,65	335,49	377,42																		
	VI	4.238,00	233,09	339,04	381,42																		
11.972,99 (West)	I	3.672,75	202,00	293,82	330,54	193,38	281,28	316,44	184,76	268,75	302,34	176,15	256,22	288,24	167,53	243,68	274,14	158,91	231,15	260,04	150,30	218,62	245,
	II	3.523,58	193,79	281,88	317,12	185,18	269,35	303,02	176,56	256,82	288,92	167,95	244,29	274,82	159,33	231,76	260,73	150,71	219,22	246,62	133,48	206,69	232,
	III	2.841,50	-	227,32	255,73	-	214,80	241,65	-	202,48	227,79	-	190,41	214,21	-	178,61	200,93	-	167,05	187,93	-	155,76	175,
	IV	3.672,75	202,00	293,82	330,54	197,69	287,55	323,49	193,38	281,28	316,44	189,07	275,02	309,39	184,76	268,75	302,34	180,45	262,48	295,29	176,15	256,22	288,
	V	4.187,16	230,29	334,97	376,84																		
	VI	4.231,50	232,73	338,52	380,83																		
11.972,99 (Ost)	I	3.680,50	202,42	294,44	331,24	193,81	281,90	317,14	185,19	269,37	303,04	176,57	256,84	288,94	167,96	244,31	274,85	159,34	231,78	260,75	150,73	219,24	246,
	II	3.531,41	194,22	282,51	317,82	185,61	269,98	303,72	176,99	257,44	289,62	168,37	244,91	275,52	159,76	232,38	261,42	151,14	219,84	247,32	134,41	207,31	233,
	III	2.849,33	-	227,94	256,43	-	215,42	242,35	-	203,09	228,47	-	191,01	214,88	-	179,18	201,58	-	167,62	188,57	-	156,32	175,
	IV	3.680,50	202,42	294,44	331,24	198,11	288,17	324,19	193,81	281,90	317,14	189,50	275,64	310,09	185,19	269,37	303,04	180,88	263,10	295,99	176,57	256,84	288,
	V	4.195,00	230,72	335,60	377,55																		
	VI	4.239,25	233,15	339,14	381,53																		
11.975,99 (West)	I	3.674,00	202,07	293,92	330,66	193,45	281,38	316,55	184,83	268,85	302,45	176,22	256,32	288,36	167,60	243,78	274,25	158,98	231,25	260,15	150,37	218,72	246,
	II	3.524,83	193,86	281,98	317,23	185,25	269,46	303,14	176,63	256,92	289,04	168,02	244,39	274,94	159,40	231,86	260,84	150,78	219,32	246,74	133,63	206,79	232,
	III	2.842,83	-	227,42	255,85	-	214,90	241,76	-	202,58	227,90	-	190,50	214,31	-	178,70	201,04	-	167,14	188,03	-	155,85	175,
	IV	3.674,00	202,07	293,92	330,66	197,76	287,65	323,60	193,45	281,38	316,55	189,14	275,12	309,51	184,83	268,85	302,45	180,52	262,58	295,40	176,22	256,32	288,
	V	4.188,41	230,36	335,07	376,95																		
	VI	4.232,75	232,80	338,62	380,94																		
11.975,99 (Ost)	I	3.681,75	202,49	294,54	331,35	193,87	282,00	317,25	185,26	269,47	303,15	176,65	256,94	289,06	168,03	244,41	274,96	159,41	231,88	260,86	150,80	219,34	246,
	II	3.532,66	194,29	282,61	317,93	185,68	270,08	303,84	177,06	257,54	289,73	168,44	245,01	275,63	159,83	232,48	261,54	151,21	219,95	247,44	134,56	207,42	233,
	III	2.850,66	-	228,05	256,55	-	215,53	242,47	-	203,18	228,58	-	191,10	214,99	-	179,29	201,70	-	167,72	188,68	-	156,41	175,
	IV	3.681,75	202,49	294,54	331,35	198,18	288,27	324,30	193,87	282,00	317,25	189,57	275,74	310,20	185,26	269,47	303,15	180,95	263,21	296,11	176,65	256,94	289,
	V	4.196,25	230,79	335,70	377,66																		
	VI	4.240,50	233,22	339,24	381,64																		
11.978,99 (West)	I	3.675,25	202,13	294,02	330,77	193,52	281,48	316,67	184,90	268,95	302,57	176,28	256,42	288,47	167,67	243,88	274,37	159,05	231,35	260,27	150,43	218,82	246,1
	II	3.526,16	193,93	282,09	317,35	185,32	269,56	303,25	176,70	257,02	289,15	168,08	244,49	275,05	159,47	231,96	260,95	150,85	219,42	246,85	133,78	206,89	232,7
	III	2.844,00	-	227,52	255,96	-	215,00	241,87	-	202,68	228,01	-	190,61	214,43	-	178,80	201,15	-	167,24	188,14	-	155,94	175,4
	IV	3.675,25	202,13	294,02	330,77	197,83	287,75	323,72	193,52	281,48	316,67	189,21	275,22	309,62	184,90	268,95	302,57	180,59	262,68	295,52	176,28	256,42	288,4
	V	4.189,66	230,43	335,17	377,06																		
	VI	4.234,00	232,87	338,72	381,06																		
11.978,99 (Ost)	I	3.683,00	202,56	294,64	331,47	193,95	282,11	317,37	185,33	269,58	303,27	176,71	257,04	289,17	168,10	244,51	275,07	159,48	231,98	260,97	150,86	219,44	246,8
	II	3.533,91	194,36	282,71	318,05	185,74	270,18	303,95	177,13	257,64	289,85	168,51	245,11	275,75	159,90	232,58	261,65	151,28	220,05	247,55	134,71	207,52	233,4
	III	2.851,83	-	228,14	256,66	-	215,62	242,57	-	203,29	228,70	-	191,20	215,10	-	179,38	201,80	-	167,81	188,78	-	156,50	176,0
	IV	3.683,00	202,56	294,64	331,47	198,25	288,37	324,41	193,95	282,11	317,37	189,64	275,84	310,32	185,33	269,58	303,27	181,02	263,31	296,22	176,71	257,04	289,1
	V	4.197,50	230,86	335,80	377,77																		
	VI	4.241,75	233,29	339,34	381,75																		

Anzahl Kinderfreibeträge (nur Steuerklassen I–IV)

Lohn/ Gehalt bis	Steuerklasse	Lohnsteuer	ohne Kinderfreibetrag SolZ 5,5%	ohne Kinderfreibetrag Kirchensteuer 8%	ohne Kinderfreibetrag Kirchensteuer 9%	Anzahl Kinderfreibeträge (nur Steuerklassen I–IV) 0,5 SolZ 5,5%	0,5 Kirchensteuer 8%	0,5 Kirchensteuer 9%	1,0 SolZ 5,5%	1,0 Kirchensteuer 8%	1,0 Kirchensteuer 9%	1,5 SolZ 5,5%	1,5 Kirchensteuer 8%	1,5 Kirchensteuer 9%	2,0 SolZ 5,5%	2,0 Kirchensteuer 8%	2,0 Kirchensteuer 9%	2,5 SolZ 5,5%	2,5 Kirchensteuer 8%	2,5 Kirchensteuer 9%	3,0 SolZ 5,5%	3,0 Kirchensteuer 8%	3,0 Kirchensteuer 9%
11.981,99 (West)	I	3.676,50	202,20	294,12	330,88	193,59	281,58	316,78	184,97	269,05	302,68	176,35	256,52	288,58	167,74	243,98	274,48	159,12	231,45	260,38	150,50	218,92	246,28
	II	3.527,41	194,00	282,19	317,46	185,39	269,66	303,36	176,77	257,12	289,26	168,15	244,59	275,16	159,54	232,06	261,06	150,92	219,52	246,96	133,93	206,99	232,86
	III	2.845,33	-	227,62	256,07	-	215,10	241,99	-	202,77	228,11	-	190,70	214,54	-	178,89	201,25	-	167,33	188,24	-	156,02	175,52
	IV	3.676,50	202,20	294,12	330,88	197,89	287,85	323,83	193,59	281,58	316,78	189,28	275,32	309,73	184,97	269,05	302,68	180,66	262,78	295,63	176,35	256,52	288,58
	V	4.190,91	230,50	335,27	377,18																		
	VI	4.235,25	232,93	338,82	381,17																		
11.981,99 (Ost)	I	3.684,33	202,63	294,74	331,58	194,02	282,21	317,48	185,40	269,68	303,39	176,78	257,14	289,28	168,17	244,61	275,18	159,55	232,08	261,09	150,93	219,54	246,98
	II	3.535,16	194,43	282,81	318,16	185,81	270,28	304,06	177,20	257,75	289,97	168,58	245,22	275,87	159,97	232,68	261,77	151,35	220,15	247,67	134,86	207,62	233,57
	III	2.853,16	-	228,25	256,78	-	215,73	242,69	-	203,38	228,80	-	191,30	215,21	-	179,48	201,91	-	167,90	188,89	-	156,58	176,15
	IV	3.684,33	202,63	294,74	331,58	198,33	288,48	324,54	194,02	282,21	317,48	189,71	275,94	310,43	185,40	269,68	303,39	181,09	263,41	296,33	176,78	257,14	289,28
	V	4.198,75	230,93	335,90	377,88																		
	VI	4.243,08	233,36	339,44	381,87																		
11.984,99 (West)	I	3.677,75	202,27	294,22	330,99	193,65	281,68	316,89	185,04	269,15	302,79	176,42	256,62	288,69	167,80	244,08	274,59	159,19	231,55	260,49	150,58	219,02	246,40
	II	3.528,66	194,07	282,29	317,57	185,46	269,76	303,48	176,84	257,22	289,37	168,22	244,69	275,27	159,61	232,16	261,18	150,99	219,62	247,07	134,08	207,09	232,97
	III	2.846,66	-	227,73	256,19	-	215,20	242,10	-	202,88	228,24	-	190,80	214,65	-	178,98	201,35	-	167,42	188,35	-	156,12	175,63
	IV	3.677,75	202,27	294,22	330,99	197,96	287,95	323,94	193,65	281,68	316,89	189,35	275,42	309,84	185,04	269,15	302,79	180,73	262,88	295,74	176,42	256,62	288,69
	V	4.192,16	230,56	335,37	377,29																		
	VI	4.236,50	233,00	338,92	381,28																		
11.984,99 (Ost)	I	3.685,58	202,70	294,84	331,70	194,09	282,31	317,60	185,47	269,78	303,50	176,85	257,24	289,40	168,24	244,71	275,30	159,62	232,18	261,20	151,00	219,64	247,10
	II	3.536,41	194,50	282,91	318,27	185,89	270,38	304,18	177,27	257,85	290,08	168,65	245,32	275,98	160,04	232,78	261,88	151,42	220,25	247,78	135,01	207,72	233,68
	III	2.854,50	-	228,36	256,90	-	215,82	242,80	-	203,48	228,91	-	191,40	215,32	-	179,57	202,01	-	168,00	189,00	-	156,68	176,26
	IV	3.685,58	202,70	294,84	331,70	198,39	288,58	324,65	194,09	282,31	317,60	189,78	276,04	310,55	185,47	269,78	303,50	181,16	263,51	296,45	176,85	257,24	289,40
	V	4.200,00	231,00	336,00	378,00																		
	VI	4.244,33	233,43	339,54	381,98																		
11.987,99 (West)	I	3.679,00	202,34	294,32	331,11	193,72	281,78	317,00	185,11	269,25	302,90	176,49	256,72	288,81	167,87	244,18	274,70	159,26	231,66	260,61	150,64	219,12	246,51
	II	3.529,91	194,14	282,39	317,69	185,52	269,86	303,59	176,91	257,32	289,49	168,29	244,79	275,39	159,67	232,26	261,29	151,06	219,72	247,19	134,23	207,19	233,09
	III	2.847,83	-	227,82	256,30	-	215,30	242,21	-	202,97	228,34	-	190,89	214,75	-	179,08	201,46	-	167,52	188,46	-	156,21	175,73
	IV	3.679,00	202,34	294,32	331,11	198,03	288,05	324,05	193,72	281,78	317,00	189,42	275,52	309,96	185,11	269,25	302,90	180,80	262,98	295,85	176,49	256,72	288,81
	V	4.193,41	230,63	335,47	377,40																		
	VI	4.237,75	233,07	339,02	381,39																		
11.987,99 (Ost)	I	3.686,83	202,77	294,94	331,81	194,15	282,41	317,71	185,54	269,88	303,61	176,92	257,34	289,51	168,30	244,81	275,41	159,69	232,28	261,31	151,07	219,74	247,21
	II	3.537,75	194,57	283,02	318,39	185,95	270,48	304,29	177,34	257,95	290,19	168,72	245,42	276,09	160,10	232,88	261,99	151,49	220,35	247,89	135,16	207,82	233,79
	III	2.855,66	-	228,45	257,00	-	215,93	242,92	-	203,58	229,03	-	191,49	215,42	-	179,66	202,12	-	168,09	189,10	-	156,77	176,36
	IV	3.686,83	202,77	294,94	331,81	198,46	288,68	324,76	194,15	282,41	317,71	189,85	276,14	310,66	185,54	269,88	303,61	181,23	263,61	296,56	176,92	257,34	289,51
	V	4.201,25	231,06	336,10	378,11																		
	VI	4.245,58	233,50	339,64	382,10																		
11.990,99 (West)	I	3.680,25	202,41	294,42	331,22	193,79	281,88	317,12	185,18	269,35	303,02	176,56	256,82	288,92	167,95	244,29	274,82	159,33	231,76	260,73	150,71	219,22	246,62
	II	3.531,16	194,21	282,49	317,80	185,59	269,96	303,70	176,98	257,42	289,60	168,36	244,89	275,50	159,74	232,36	261,40	151,13	219,82	247,30	134,39	207,30	233,21
	III	2.849,16	-	227,93	256,42	-	215,40	242,32	-	203,06	228,44	-	190,98	214,85	-	179,17	201,56	-	167,61	188,56	-	156,30	175,84
	IV	3.680,25	202,41	294,42	331,22	198,10	288,15	324,17	193,79	281,88	317,12	189,48	275,62	310,07	185,18	269,35	303,02	180,87	263,08	295,97	176,56	256,82	288,92
	V	4.194,75	230,71	335,58	377,52																		
	VI	4.239,00	233,14	339,12	381,51																		
11.990,99 (Ost)	I	3.688,08	202,84	295,04	331,92	194,22	282,51	317,82	185,61	269,98	303,72	176,99	257,44	289,62	168,37	244,91	275,52	159,76	232,38	261,42	151,14	219,84	247,32
	II	3.539,00	194,64	283,12	318,51	186,02	270,58	304,40	177,41	258,05	290,30	168,79	245,52	276,21	160,17	232,98	262,10	151,56	220,45	248,00	135,31	207,92	233,91
	III	2.857,00	-	228,56	257,13	-	216,02	243,02	-	203,68	229,14	-	191,58	215,53	-	179,76	202,23	-	168,18	189,20	-	156,86	176,47
	IV	3.688,08	202,84	295,04	331,92	198,53	288,78	324,87	194,22	282,51	317,82	189,91	276,24	310,77	185,61	269,98	303,72	181,30	263,71	296,67	176,99	257,44	289,62
	V	4.202,50	231,13	336,20	378,22																		
	VI	4.246,83	233,57	339,74	382,21																		
11.993,99 (West)	I	3.681,50	202,48	294,52	331,33	193,86	281,98	317,23	185,25	269,46	303,14	176,63	256,92	289,04	168,02	244,39	274,94	159,40	231,86	260,84	150,78	219,32	246,74
	II	3.532,41	194,28	282,59	317,91	185,66	270,06	303,81	177,04	257,52	289,71	168,43	244,99	275,61	159,82	232,46	261,52	151,20	219,93	247,42	134,53	207,40	233,32
	III	2.850,33	-	228,02	256,52	-	215,50	242,44	-	203,17	228,56	-	191,09	214,97	-	179,26	201,67	-	167,70	188,66	-	156,38	175,93
	IV	3.681,50	202,48	294,52	331,33	198,17	288,25	324,28	193,86	281,98	317,23	189,56	275,72	310,19	185,25	269,46	303,14	180,94	263,19	296,09	176,63	256,92	289,04
	V	4.196,00	230,78	335,68	377,64																		
	VI	4.240,25	233,21	339,22	381,62																		
11.993,99 (Ost)	I	3.689,33	202,91	295,14	332,03	194,29	282,61	317,93	185,68	270,08	303,84	177,06	257,54	289,73	168,44	245,01	275,63	159,83	232,48	261,54	151,21	219,95	247,44
	II	3.540,25	194,71	283,22	318,62	186,09	270,68	304,52	177,48	258,15	290,42	168,86	245,62	276,32	160,24	233,08	262,22	151,63	220,55	248,12	135,46	208,02	234,02
	III	2.858,16	-	228,65	257,23	-	216,13	243,14	-	203,78	229,25	-	191,69	215,65	-	179,85	202,33	-	168,26	189,29	-	156,94	176,56
	IV	3.689,33	202,91	295,14	332,03	198,60	288,88	324,99	194,29	282,61	317,93	189,98	276,34	310,88	185,68	270,08	303,84	181,37	263,81	296,78	177,06	257,54	289,73
	V	4.203,75	231,20	336,30	378,33																		
	VI	4.248,08	233,64	339,84	382,32																		
11.996,99 (West)	I	3.682,83	202,55	294,62	331,45	193,93	282,09	317,35	185,32	269,56	303,25	176,70	257,02	289,15	168,08	244,49	275,05	159,47	231,96	260,95	150,85	219,42	246,85
	II	3.533,66	194,35	282,69	318,02	185,73	270,16	303,93	177,11	257,62	289,82	168,50	245,10	275,73	159,88	232,56	261,63	151,27	220,03	247,53	134,68	207,50	233,43
	III	2.851,66	-	228,13	256,64	-	215,61	242,56	-	203,26	228,67	-	191,18	215,08	-	179,36	201,78	-	167,78	188,75	-	156,48	176,04
	IV	3.682,83	202,55	294,62	331,45	198,24	288,36	324,40	193,93	282,09	317,35	189,63	275,82	310,30	185,32	269,56	303,25	181,01	263,29	296,20	176,70	257,02	289,15
	V	4.197,25	230,84	335,78	377,75																		
	VI	4.241,58	233,28	339,32	381,74																		
11.996,99 (Ost)	I	3.690,58	202,98	295,24	332,15	194,36	282,71	318,05	185,74	270,18	303,95	177,13	257,64	289,85	168,51	245,11	275,75	159,90	232,58	261,65	151,28	220,05	247,55
	II	3.541,50	194,78	283,32	318,73	186,16	270,78	304,63	177,54	258,25	290,53	168,93	245,72	276,43	160,31	233,18	262,33	151,69	220,65	248,23	135,61	208,12	234,13
	III	2.859,50	-	228,76	257,35	-	216,22	243,25	-	203,88	229,36	-	191,78	215,75	-	179,94	202,43	-	168,36	189,40	-	157,04	176,67
	IV	3.690,58	202,98	295,24	332,15	198,67	288,98	325,10	194,36	282,71	318,05	190,05	276,44	311,00	185,74	270,18	303,95	181,44	263,91	296,90	177,13	257,64	289,85
	V	4.205,00	231,27	336,40	378,45																		
	VI	4.249,33	233,71	339,94	382,43																		
11.999,99 (West)	I	3.684,08	202,62	294,72	331,56	194,00	282,19	317,46	185,39	269,66	303,36	176,77	257,12	289,26	168,15	244,59	275,16	159,54	232,06	261,06	150,92	219,52	246,96
	II	3.534,91	194,42	282,79	318,14	185,80	270,26	304,04	177,19	257,73	289,94	168,57	245,20	275,85	159,95	232,66	261,74	151,34	220,13	247,64	134,83	207,60	233,55
	III	2.852,83	-	228,22	256,75	-	215,70	242,66	-	203,36	228,78	-	191,28	215,19	-	179,45	201,88	-	167,88	188,86	-	156,57	176,14
	IV	3.684,08	202,62	294,72	331,56	198,31	288,46	324,51	194,00	282,19	317,46	189,69	275,92	310,41	185,39	269,66	303,36	181,08	263,39	296,31	176,77	257,12	289,26
	V	4.198,50	230,91	335,88	377,86																		
	VI	4.242,83	233,35	339,42	381,85																		
11.999,99 (Ost)	I	3.691,83	203,05	295,34	332,26	194,43	282,81	318,16	185,81	270,28	304,06	177,20	257,75	289,97	168,58	245,22	275,87	159,97	232,68	261,77	151,35	220,15	247,67
	II	3.542,75	194,85	283,42	318,84	186,23	270,88	304,74	177,61	258,35	290,64	169,00	245,82	276,54	160,38	233,28	262,44	151,76	220,75	248,34	135,76	208,22	234,25
	III	2.860,66	-	228,85	257,45	-	216,33	243,37	-	203,97	229,46	-	191,88	215,86	-	180,04	202,54	-	168,45	189,50	-	157,13	176,77
	IV	3.691,83	203,05	295,34	332,26	198,74	289,08	325,21	194,43	282,81	318,16	190,12	276,54	311,11	185,81	270,28	304,06	181,50	264,01	297,01	177,20	257,75	289,97
	V	4.206,33	231,34	336,50	378,56																		
	VI	4.250,58	233,78	340,04	382,55																		

MONAT bis 12.020,99 €

Allgemeine Tabelle

Lohn/ Gehalt bis	Steuerklasse	Lohnsteuer	ohne Kinderfreibetrag SolZ 5,5%	Kirchensteuer 8%	9%	Anzahl Kinderfreibeträge (nur Steuerklassen I–IV) 0,5 SolZ 5,5%	0,5 Kirchensteuer 8%	0,5 9%	1,0 SolZ 5,5%	1,0 Kirchensteuer 8%	1,0 9%	1,5 SolZ 5,5%	1,5 Kirchensteuer 8%	1,5 9%	2,0 SolZ 5,5%	2,0 Kirchensteuer 8%	2,0 9%	2,5 SolZ 5,5%	2,5 Kirchensteuer 8%	2,5 9%	3,0 SolZ 5,5%	3,0 Kirchensteuer 8%	3,0 9%
12.002,99 *(West)*	I	3.685,33	202,69	294,82	331,67	194,07	282,29	317,57	185,46	269,76	303,48	176,84	257,22	289,37	168,22	244,69	275,27	159,61	232,16	261,18	150,99	219,62	247,
	II	3.536,25	194,49	282,90	318,26	185,87	270,36	304,16	177,26	257,83	290,06	168,64	245,30	275,96	160,02	232,76	261,86	151,41	220,23	247,76	134,98	207,70	233,
	III	2.854,16	–	228,33	256,87	–	215,81	242,78	–	203,46	228,89	–	191,37	215,29	–	179,54	201,98	–	167,97	188,96	–	156,66	176,
	IV	3.685,33	202,69	294,82	331,67	198,38	288,56	324,63	194,07	282,29	317,57	189,76	276,02	310,52	185,46	269,76	303,48	181,15	263,49	296,42	176,84	257,22	289,
	V	4.199,75	230,98	335,98	377,97																		
	VI	4.244,08	233,42	339,52	381,96																		
12.002,99 *(Ost)*	I	3.693,08	203,11	295,44	332,37	194,50	282,91	318,27	185,89	270,38	304,18	177,27	257,85	290,08	168,65	245,32	275,98	160,04	232,78	261,88	151,42	220,25	247,
	II	3.544,00	194,92	283,52	318,96	186,30	270,98	304,85	177,68	258,45	290,75	169,07	245,92	276,66	160,45	233,39	262,56	151,84	220,86	248,46	135,91	208,32	234,
	III	2.862,00	–	228,96	257,58	–	216,42	243,47	–	204,08	229,59	–	191,97	215,96	–	180,13	202,64	–	168,54	189,61	–	157,22	176,8
	IV	3.693,08	203,11	295,44	332,37	198,81	289,18	325,32	194,50	282,91	318,27	190,19	276,65	311,23	185,89	270,38	304,18	181,58	264,12	297,13	177,27	257,85	290,
	V	4.207,58	231,41	336,60	378,68																		
	VI	4.251,83	233,85	340,14	382,66																		
12.005,99 *(West)*	I	3.686,58	202,76	294,92	331,79	194,14	282,39	317,69	185,52	269,86	303,59	176,91	257,32	289,49	168,29	244,79	275,39	159,67	232,26	261,29	151,06	219,72	247,1
	II	3.537,50	194,56	283,00	318,37	185,94	270,46	304,27	177,32	257,93	290,17	168,71	245,40	276,07	160,09	232,86	261,97	151,47	220,33	247,87	135,13	207,80	233,
	III	2.855,33	–	228,42	256,97	–	215,90	242,89	–	203,56	229,00	–	191,48	215,41	–	179,64	202,09	–	168,06	189,07	–	156,74	176,
	IV	3.686,58	202,76	294,92	331,79	198,45	288,66	324,74	194,14	282,39	317,69	189,83	276,12	310,64	185,52	269,86	303,59	181,22	263,59	296,54	176,91	257,32	289,4
	V	4.201,00	231,05	336,08	378,09																		
	VI	4.245,33	233,49	339,62	382,07																		
12.005,99 *(Ost)*	I	3.694,41	203,19	295,55	332,49	194,57	283,02	318,39	185,95	270,48	304,29	177,34	257,95	290,19	168,72	245,42	276,09	160,10	232,88	261,99	151,49	220,35	247,8
	II	3.545,25	194,98	283,62	319,07	186,37	271,08	304,97	177,75	258,55	290,87	169,14	246,02	276,77	160,52	233,49	262,67	151,91	220,96	248,58	136,06	208,42	234,4
	III	2.863,33	–	229,06	257,69	–	216,53	243,59	–	204,17	229,69	–	192,06	216,07	–	180,22	202,75	–	168,64	189,72	–	157,30	176,9
	IV	3.694,41	203,19	295,55	332,49	198,88	289,28	325,44	194,57	283,02	318,39	190,26	276,75	311,34	185,95	270,48	304,29	181,65	264,22	297,24	177,34	257,95	290,1
	V	4.208,83	231,48	336,70	378,79																		
	VI	4.253,16	233,92	340,25	382,78																		
12.008,99 *(West)*	I	3.687,83	202,83	295,02	331,90	194,21	282,49	317,80	185,59	269,96	303,70	176,98	257,42	289,60	168,36	244,89	275,50	159,74	232,36	261,40	151,13	219,82	247,3
	II	3.538,75	194,63	283,10	318,48	186,01	270,56	304,38	177,39	258,03	290,28	168,78	245,50	276,18	160,16	232,96	262,08	151,54	220,43	247,98	135,28	207,90	233,8
	III	2.856,66	–	228,53	257,09	–	216,01	243,01	–	203,66	229,12	–	191,57	215,51	–	179,73	202,19	–	168,16	189,18	–	156,84	176,4
	IV	3.687,83	202,83	295,02	331,90	198,52	288,76	324,85	194,21	282,49	317,80	189,90	276,22	310,75	185,59	269,96	303,70	181,28	263,69	296,65	176,98	257,42	289,6
	V	4.202,25	231,12	336,18	378,20																		
	VI	4.246,58	233,56	339,72	382,19																		
12.008,99 *(Ost)*	I	3.695,66	203,26	295,65	332,60	194,64	283,12	318,51	186,02	270,58	304,40	177,41	258,05	290,30	168,79	245,52	276,21	160,17	232,98	262,10	151,56	220,45	248,0
	II	3.546,50	195,05	283,72	319,18	186,44	271,19	305,09	177,82	258,66	290,99	169,21	246,12	276,89	160,59	233,59	262,79	151,97	221,06	248,69	136,21	208,52	234,5
	III	2.864,50	–	229,16	257,80	–	216,62	243,70	–	204,26	229,79	–	192,17	216,19	–	180,32	202,86	–	168,73	189,82	–	157,40	177,0
	IV	3.695,66	203,26	295,65	332,60	198,95	289,38	325,55	194,64	283,12	318,51	190,33	276,85	311,45	186,02	270,58	304,40	181,72	264,32	297,36	177,41	258,05	290,
	V	4.210,08	231,55	336,80	378,90																		
	VI	4.254,41	233,99	340,35	382,89																		
12.011,99 *(West)*	I	3.689,08	202,89	295,12	332,01	194,28	282,59	317,91	185,66	270,06	303,81	177,04	257,52	289,71	168,43	244,99	275,61	159,82	232,46	261,52	151,20	219,93	247,4
	II	3.540,00	194,70	283,20	318,60	186,08	270,66	304,49	177,46	258,13	290,39	168,85	245,60	276,30	160,23	233,06	262,19	151,61	220,53	248,09	135,43	208,00	234,
	III	2.858,00	–	228,64	257,22	–	216,10	243,11	–	203,76	229,23	–	191,66	215,62	–	179,82	202,30	–	168,25	189,28	–	156,93	176,5
	IV	3.689,08	202,89	295,12	332,01	198,59	288,86	324,96	194,28	282,59	317,91	189,97	276,32	310,86	185,66	270,06	303,81	181,35	263,79	296,76	177,04	257,52	289,7
	V	4.203,50	231,19	336,28	378,31																		
	VI	4.247,83	233,63	339,82	382,30																		
12.011,99 *(Ost)*	I	3.696,91	203,33	295,75	332,72	194,71	283,22	318,62	186,09	270,68	304,52	177,48	258,15	290,42	168,86	245,62	276,32	160,24	233,08	262,22	151,63	220,55	248,
	II	3.547,83	195,13	283,82	319,30	186,51	271,29	305,20	177,89	258,76	291,10	169,28	246,22	277,00	160,66	233,69	262,90	152,04	221,16	248,80	136,36	208,62	234,7
	III	2.865,83	–	229,26	257,92	–	216,73	243,82	–	204,37	229,91	–	192,26	216,29	–	180,41	202,96	–	168,82	189,92	–	157,49	177,1
	IV	3.696,91	203,33	295,75	332,72	199,02	289,48	325,67	194,71	283,22	318,62	190,40	276,95	311,57	186,09	270,68	304,52	181,78	264,42	297,47	177,48	258,15	290,4
	V	4.211,33	231,62	336,90	379,01																		
	VI	4.255,66	234,06	340,45	383,00																		
12.014,99 *(West)*	I	3.690,33	202,96	295,22	332,12	194,35	282,69	318,02	185,73	270,16	303,93	177,11	257,62	289,82	168,50	245,10	275,73	159,88	232,56	261,63	151,27	220,03	247,5
	II	3.541,25	194,76	283,30	318,71	186,15	270,76	304,61	177,53	258,23	290,51	168,91	245,70	276,41	160,30	233,16	262,31	151,68	220,63	248,21	135,59	208,10	234,1
	III	2.859,16	–	228,73	257,32	–	216,21	243,23	–	203,85	229,33	–	191,76	215,73	–	179,92	202,41	–	168,34	189,38	–	157,02	176,6
	IV	3.690,33	202,96	295,22	332,12	198,66	288,96	325,08	194,35	282,69	318,02	190,04	276,42	310,97	185,73	270,16	303,93	181,42	263,89	296,87	177,11	257,62	289,8
	V	4.204,83	231,26	336,38	378,43																		
	VI	4.249,08	233,69	339,92	382,41																		
12.014,99 *(Ost)*	I	3.698,16	203,39	295,85	332,83	194,78	283,32	318,73	186,16	270,78	304,63	177,54	258,25	290,53	168,93	245,72	276,43	160,31	233,18	262,33	151,69	220,65	248,2
	II	3.549,08	195,19	283,92	319,41	186,58	271,39	305,31	177,96	258,86	291,21	169,34	246,32	277,11	160,73	233,79	263,01	152,11	221,26	248,91	136,51	208,72	234,8
	III	2.867,00	–	229,36	258,03	–	216,84	243,94	–	204,46	230,02	–	192,36	216,40	–	180,50	203,06	–	168,92	190,03	–	157,58	177,2
	IV	3.698,16	203,39	295,85	332,83	199,09	289,58	325,78	194,78	283,32	318,73	190,47	277,05	311,68	186,16	270,78	304,63	181,85	264,52	297,58	177,54	258,25	290,5
	V	4.212,58	231,69	337,00	379,13																		
	VI	4.256,91	234,13	340,55	383,12																		
12.017,99 *(West)*	I	3.691,58	203,03	295,32	332,24	194,42	282,79	318,14	185,80	270,26	304,04	177,19	257,73	289,94	168,57	245,20	275,85	159,95	232,66	261,74	151,34	220,13	247,6
	II	3.542,50	194,83	283,40	318,82	186,22	270,86	304,72	177,60	258,33	290,62	168,98	245,80	276,52	160,37	233,26	262,42	151,75	220,74	248,33	135,73	208,20	234,2
	III	2.860,50	–	228,84	257,44	–	216,30	243,34	–	203,96	229,45	–	191,85	215,83	–	180,01	202,51	–	168,44	189,49	–	157,10	176,7
	IV	3.691,58	203,03	295,32	332,24	198,72	289,06	325,19	194,42	282,79	318,14	190,11	276,52	311,09	185,80	270,26	304,04	181,50	264,00	297,00	177,19	257,73	289,9
	V	4.206,08	231,33	336,48	378,54																		
	VI	4.250,33	233,76	340,02	382,52																		
12.017,99 *(Ost)*	I	3.699,41	203,46	295,95	332,94	194,85	283,42	318,84	186,23	270,88	304,74	177,61	258,35	290,64	169,00	245,82	276,54	160,38	233,28	262,44	151,76	220,75	248,3
	II	3.550,33	195,26	284,02	319,52	186,65	271,49	305,42	178,03	258,96	291,33	169,41	246,42	277,22	160,80	233,89	263,12	152,18	221,36	249,03	136,66	208,82	234,9
	III	2.868,33	–	229,46	258,14	–	216,93	244,04	–	204,57	230,14	–	192,45	216,50	–	180,60	203,17	–	169,01	190,13	–	157,66	177,3
	IV	3.699,41	203,46	295,95	332,94	199,15	289,68	325,89	194,85	283,42	318,84	190,54	277,15	311,79	186,23	270,88	304,74	181,92	264,62	297,69	177,61	258,35	290,6
	V	4.213,83	231,76	337,10	379,24																		
	VI	4.258,16	234,19	340,65	383,23																		
12.020,99 *(West)*	I	3.692,83	203,10	295,42	332,35	194,49	282,90	318,26	185,87	270,36	304,16	177,26	257,83	290,06	168,64	245,30	275,96	160,02	232,76	261,86	151,41	220,23	247,7
	II	3.543,75	194,90	283,50	318,93	186,28	270,96	304,83	177,67	258,43	290,73	169,06	245,90	276,64	160,44	233,37	262,54	151,82	220,84	248,44	135,88	208,30	234,3
	III	2.861,66	–	228,93	257,54	–	216,41	243,46	–	204,05	229,55	–	191,96	215,95	–	180,10	202,61	–	168,53	189,59	–	157,20	176,8
	IV	3.692,83	203,10	295,42	332,35	198,80	289,16	325,31	194,49	282,90	318,26	190,18	276,63	311,21	185,87	270,36	304,16	181,56	264,10	297,11	177,26	257,83	290,0
	V	4.207,33	231,40	336,58	378,65																		
	VI	4.251,58	233,83	340,12	382,64																		
12.020,99 *(Ost)*	I	3.700,66	203,53	296,05	333,05	194,92	283,52	318,96	186,30	270,98	304,85	177,68	258,45	290,75	169,07	245,92	276,66	160,45	233,39	262,56	151,84	220,86	248,4
	II	3.551,58	195,33	284,12	319,64	186,72	271,59	305,54	178,10	259,06	291,44	169,48	246,52	277,34	160,87	233,99	263,24	152,25	221,46	249,14	136,81	208,92	235,0
	III	2.869,50	–	229,56	258,25	–	217,04	244,17	–	204,66	230,24	–	192,56	216,63	–	180,69	203,27	–	169,10	190,24	–	157,76	177,4
	IV	3.700,66	203,53	296,05	333,05	199,22	289,78	326,00	194,92	283,52	318,96	190,61	277,25	311,90	186,30	270,98	304,85	181,99	264,72	297,81	177,68	258,45	290,7
	V	4.215,08	231,82	337,20	379,35																		
	VI	4.259,41	234,26	340,75	383,34																		

Lohn/ Gehalt bis	Steuerklasse	Lohn-steuer	ohne Kinderfreibetrag SolZ 5,5%	Kirchensteuer 8%	9%	0,5 SolZ 5,5%	Kirchensteuer 8%	9%	1,0 SolZ 5,5%	Kirchensteuer 8%	9%	1,5 SolZ 5,5%	Kirchensteuer 8%	9%	2,0 SolZ 5,5%	Kirchensteuer 8%	9%	2,5 SolZ 5,5%	Kirchensteuer 8%	9%	3,0 SolZ 5,5%	Kirchensteuer 8%	9%
						Anzahl Kinderfreibeträge (nur Steuerklassen I–IV)																	
2.023,99 (West)	I	3.694,16	203,17	295,53	332,47	194,56	283,00	318,37	185,94	270,46	304,27	177,32	257,93	290,17	168,71	245,40	276,07	160,09	232,86	261,97	151,47	220,33	247,87
	II	3.545,00	194,97	283,60	319,05	186,35	271,06	304,94	177,74	258,54	290,85	169,12	246,00	276,75	160,51	233,47	262,65	151,89	220,94	248,55	136,03	208,40	234,45
	III	2.863,00	-	229,04	257,67	-	216,50	243,56	-	204,14	229,66	-	192,05	216,05	-	180,21	202,73	-	168,62	189,70	-	157,29	176,95
	IV	3.694,16	203,17	295,53	332,47	198,87	289,26	325,42	194,56	283,00	318,37	190,25	276,73	311,32	185,94	270,46	304,27	181,63	264,20	297,22	177,32	257,93	290,17
	V	4.208,58	231,47	336,68	378,77																		
	VI	4.252,91	233,91	340,23	382,76																		
2.023,99 (Ost)	I	3.701,91	203,60	296,15	333,17	194,98	283,62	319,07	186,37	271,08	304,97	177,75	258,55	290,87	169,14	246,02	276,77	160,52	233,49	262,67	151,91	220,96	248,58
	II	3.552,83	195,40	284,22	319,75	186,78	271,69	305,65	178,17	259,16	291,55	169,55	246,62	277,45	160,93	234,09	263,35	152,32	221,56	249,25	136,96	209,03	235,16
	III	2.870,83	-	229,66	258,37	-	217,13	244,27	-	204,76	230,35	-	192,65	216,73	-	180,80	203,40	-	169,20	190,35	-	157,85	177,58
	IV	3.701,91	203,60	296,15	333,17	199,29	289,88	326,12	194,98	283,62	319,07	190,68	277,35	312,02	186,37	271,08	304,97	182,06	264,82	297,92	177,75	258,55	290,87
	V	4.216,41	231,90	337,31	379,47																		
	VI	4.260,66	234,33	340,85	383,45																		
2.026,99 (West)	I	3.695,41	203,24	295,63	332,58	194,63	283,10	318,48	186,01	270,56	304,38	177,39	258,03	290,28	168,78	245,50	276,18	160,16	232,96	262,08	151,54	220,43	247,98
	II	3.546,33	195,04	283,70	319,16	186,43	271,17	305,06	177,81	258,64	290,97	169,19	246,10	276,86	160,58	233,57	262,76	151,96	221,04	248,67	136,18	208,50	234,56
	III	2.864,16	-	229,13	257,77	-	216,61	243,68	-	204,25	229,78	-	192,14	216,16	-	180,30	202,84	-	168,70	189,79	-	157,38	177,05
	IV	3.695,41	203,24	295,63	332,58	198,93	289,36	325,53	194,63	283,10	318,48	190,32	276,83	311,43	186,01	270,56	304,38	181,70	264,30	297,33	177,39	258,03	290,28
	V	4.209,83	231,54	336,78	378,88																		
	VI	4.254,16	233,97	340,33	382,87																		
2.026,99 (Ost)	I	3.703,16	203,67	296,25	333,28	195,05	283,72	319,18	186,44	271,19	305,09	177,82	258,66	290,99	169,21	246,12	276,89	160,59	233,59	262,79	151,97	221,06	248,69
	II	3.554,08	195,47	284,32	319,86	186,85	271,79	305,76	178,24	259,26	291,66	169,62	246,72	277,56	161,00	234,19	263,46	152,39	221,66	249,37	137,11	209,13	235,27
	III	2.872,00	-	229,76	258,48	-	217,24	244,39	-	204,86	230,47	-	192,74	216,83	-	180,89	203,50	-	169,29	190,45	-	157,94	177,68
	IV	3.703,16	203,67	296,25	333,28	199,36	289,98	326,23	195,05	283,72	319,18	190,74	277,45	312,13	186,44	271,19	305,09	182,13	264,92	298,04	177,82	258,66	290,99
	V	4.217,66	231,97	337,41	379,58																		
	VI	4.261,91	234,40	340,95	383,57																		
2.029,99 (West)	I	3.696,66	203,31	295,73	332,69	194,70	283,20	318,60	186,08	270,66	304,49	177,46	258,13	290,39	168,85	245,60	276,30	160,23	233,06	262,19	151,61	220,53	248,09
	II	3.547,58	195,11	283,80	319,28	186,50	271,27	305,18	177,88	258,74	291,08	169,26	246,20	276,98	160,65	233,67	262,88	152,03	221,14	248,78	136,33	208,60	234,68
	III	2.865,50	-	229,24	257,89	-	216,70	243,79	-	204,34	229,88	-	192,24	216,27	-	180,40	202,95	-	168,80	189,90	-	157,46	177,14
	IV	3.696,66	203,31	295,73	332,69	199,00	289,46	325,64	194,70	283,20	318,60	190,39	276,93	311,54	186,08	270,66	304,49	181,77	264,40	297,45	177,46	258,13	290,39
	V	4.211,08	231,60	336,88	378,99																		
	VI	4.255,41	234,04	340,43	382,98																		
2.029,99 (Ost)	I	3.704,41	203,74	296,35	333,39	195,13	283,82	319,30	186,51	271,29	305,20	177,89	258,76	291,10	169,28	246,22	277,00	160,66	233,69	262,90	152,04	221,16	248,80
	II	3.555,33	195,54	284,42	319,97	186,92	271,89	305,87	178,31	259,36	291,78	169,69	246,83	277,68	161,08	234,30	263,58	152,46	221,76	249,48	137,26	209,23	235,38
	III	2.873,33	-	229,86	258,59	-	217,33	244,49	-	204,96	230,58	-	192,84	216,94	-	180,98	203,60	-	169,37	190,54	-	158,02	177,77
	IV	3.704,41	203,74	296,35	333,39	199,43	290,09	326,35	195,13	283,82	319,30	190,82	277,56	312,25	186,51	271,29	305,20	182,20	265,02	298,15	177,89	258,76	291,10
	V	4.218,91	232,04	337,51	379,70																		
	VI	4.263,25	234,47	341,06	383,69																		
2.032,99 (West)	I	3.697,91	203,38	295,83	332,81	194,76	283,30	318,71	186,15	270,76	304,61	177,53	258,23	290,51	168,91	245,70	276,41	160,30	233,16	262,31	151,68	220,63	248,21
	II	3.548,83	195,18	283,90	319,39	186,56	271,37	305,29	177,95	258,84	291,19	169,33	246,30	277,09	160,71	233,77	262,99	152,10	221,24	248,89	136,48	208,70	234,79
	III	2.866,83	-	229,34	258,01	-	216,81	243,91	-	204,45	230,00	-	192,33	216,37	-	180,49	203,05	-	168,89	190,00	-	157,56	177,25
	IV	3.697,91	203,38	295,83	332,81	199,07	289,56	325,76	194,76	283,30	318,71	190,46	277,03	311,66	186,15	270,76	304,61	181,84	264,50	297,56	177,53	258,23	290,51
	V	4.212,33	231,67	336,98	379,10																		
	VI	4.256,66	234,11	340,53	383,09																		
2.032,99 (Ost)	I	3.705,75	203,81	296,46	333,51	195,19	283,92	319,41	186,58	271,39	305,31	177,96	258,86	291,21	169,34	246,32	277,11	160,73	233,79	263,01	152,11	221,26	248,91
	II	3.556,58	195,61	284,52	320,09	186,99	271,99	305,99	178,38	259,46	291,89	169,76	246,93	277,79	161,15	234,40	263,70	152,53	221,86	249,59	137,41	209,33	235,49
	III	2.874,66	-	229,97	258,71	-	217,44	244,62	-	205,05	230,68	-	192,93	217,04	-	181,08	203,71	-	169,46	190,64	-	158,12	177,88
	IV	3.705,75	203,81	296,46	333,51	199,50	290,19	326,46	195,19	283,92	319,41	190,89	277,66	312,36	186,58	271,39	305,31	182,27	265,12	298,26	177,96	258,86	291,21
	V	4.220,16	232,10	337,61	379,81																		
	VI	4.264,50	234,54	341,16	383,80																		
2.035,99 (West)	I	3.699,16	203,45	295,93	332,92	194,83	283,40	318,82	186,22	270,86	304,72	177,60	258,33	290,62	168,98	245,80	276,52	160,37	233,26	262,42	151,75	220,74	248,33
	II	3.550,08	195,25	284,00	319,50	186,63	271,47	305,40	178,02	258,94	291,30	169,40	246,40	277,20	160,78	233,87	263,10	152,17	221,34	249,00	136,63	208,80	234,90
	III	2.868,00	-	229,44	258,12	-	216,90	244,01	-	204,54	230,11	-	192,44	216,49	-	180,58	203,15	-	168,98	190,10	-	157,65	177,35
	IV	3.699,16	203,45	295,93	332,92	199,14	289,66	325,87	194,83	283,40	318,82	190,52	277,13	311,77	186,22	270,86	304,72	181,91	264,60	297,67	177,60	258,33	290,62
	V	4.213,58	231,74	337,08	379,22																		
	VI	4.257,91	234,18	340,63	383,21																		
2.035,99 (Ost)	I	3.707,00	203,88	296,56	333,63	195,26	284,02	319,52	186,65	271,49	305,42	178,03	258,96	291,33	169,41	246,42	277,22	160,80	233,89	263,12	152,18	221,36	249,03
	II	3.557,91	195,68	284,63	320,21	187,06	272,10	306,11	178,45	259,56	292,01	169,83	247,03	277,91	161,21	234,50	263,81	152,60	221,96	249,71	137,56	209,43	235,61
	III	2.875,83	-	230,06	258,82	-	217,53	244,72	-	205,16	230,80	-	193,04	217,17	-	181,17	203,81	-	169,56	190,75	-	158,21	177,98
	IV	3.707,00	203,88	296,56	333,63	199,57	290,29	326,57	195,26	284,02	319,52	190,96	277,76	312,48	186,65	271,49	305,42	182,34	265,22	298,37	178,03	258,96	291,33
	V	4.221,41	232,17	337,71	379,92																		
	VI	4.265,75	234,61	341,26	383,91																		
2.038,99 (West)	I	3.700,41	203,52	296,03	333,03	194,90	283,50	318,93	186,28	270,96	304,83	177,67	258,43	290,73	169,06	245,90	276,64	160,44	233,37	262,54	151,82	220,84	248,44
	II	3.551,33	195,32	284,10	319,61	186,70	271,57	305,51	178,09	259,04	291,42	169,47	246,50	277,31	160,85	233,97	263,21	152,24	221,44	249,12	136,78	208,90	235,01
	III	2.869,33	-	229,54	258,23	-	217,01	244,13	-	204,64	230,22	-	192,53	216,59	-	180,68	203,26	-	169,08	190,21	-	157,74	177,46
	IV	3.700,41	203,52	296,03	333,03	199,21	289,76	325,98	194,90	283,50	318,93	190,59	277,23	311,88	186,28	270,96	304,83	181,98	264,70	297,78	177,67	258,43	290,73
	V	4.214,83	231,81	337,18	379,33																		
	VI	4.259,16	234,25	340,73	383,32																		
2.038,99 (Ost)	I	3.708,25	203,95	296,66	333,74	195,33	284,12	319,64	186,72	271,59	305,54	178,10	259,06	291,44	169,48	246,52	277,34	160,87	233,99	263,24	152,25	221,46	249,14
	II	3.559,16	195,75	284,73	320,32	187,13	272,20	306,22	178,52	259,66	292,12	169,90	247,13	278,02	161,28	234,60	263,92	152,67	222,06	249,82	137,71	209,53	235,72
	III	2.877,16	-	230,17	258,94	-	217,64	244,84	-	205,25	230,90	-	193,13	217,27	-	181,26	203,92	-	169,65	190,85	-	158,30	178,09
	IV	3.708,25	203,95	296,66	333,74	199,64	290,39	326,69	195,33	284,12	319,64	191,02	277,86	312,59	186,72	271,59	305,54	182,41	265,32	298,49	178,10	259,06	291,44
	V	4.222,66	232,24	337,81	380,03																		
	VI	4.267,00	234,68	341,36	384,03																		
2.041,99 (West)	I	3.701,66	203,59	296,13	333,14	194,97	283,60	319,05	186,35	271,06	304,94	177,74	258,54	290,85	169,12	246,00	276,75	160,51	233,47	262,65	151,89	220,94	248,55
	II	3.552,58	195,39	284,20	319,73	186,77	271,67	305,63	178,15	259,14	291,53	169,54	246,60	277,43	160,92	234,07	263,33	152,31	221,54	249,23	136,93	209,01	235,13
	III	2.870,50	-	229,64	258,34	-	217,10	244,24	-	204,74	230,33	-	192,62	216,70	-	180,77	203,36	-	169,17	190,31	-	157,82	177,55
	IV	3.701,66	203,59	296,13	333,14	199,28	289,86	326,09	194,97	283,60	319,05	190,66	277,33	311,99	186,35	271,06	304,94	182,05	264,80	297,90	177,74	258,54	290,85
	V	4.216,16	231,88	337,29	379,45																		
	VI	4.260,41	234,32	340,83	383,43																		
2.041,99 (Ost)	I	3.709,50	204,02	296,76	333,85	195,40	284,22	319,75	186,78	271,69	305,65	178,17	259,16	291,55	169,55	246,62	277,45	160,93	234,09	263,35	152,32	221,56	249,25
	II	3.560,41	195,82	284,83	320,43	187,20	272,30	306,33	178,58	259,76	292,23	169,97	247,23	278,13	161,35	234,70	264,03	152,73	222,16	249,93	137,86	209,63	235,83
	III	2.878,33	-	230,26	259,04	-	217,73	244,94	-	205,36	231,03	-	193,22	217,37	-	181,36	204,03	-	169,74	190,96	-	158,40	178,20
	IV	3.709,50	204,02	296,76	333,85	199,71	290,49	326,80	195,40	284,22	319,75	191,09	277,96	312,70	186,78	271,69	305,65	182,48	265,42	298,60	178,17	259,16	291,55
	V	4.223,91	232,31	337,91	380,15																		
	VI	4.268,25	234,75	341,46	384,14																		

MONAT bis 12.062,99 €

Lohn/ Gehalt bis	Steuerklasse	Lohn- steuer	ohne Kinderfreibetrag			Anzahl Kinderfreibeträge (nur Steuerklassen I–IV)																	
						0,5			1,0			1,5			2,0			2,5			3,0		
			SolZ 5,5%	Kirchensteuer 8%	9%	SolZ 5,5%	Kirchensteuer 8%	9%	SolZ 5,5%	Kirchensteuer 8%	9%	SolZ 5,5%	Kirchensteuer 8%	9%	SolZ 5,5%	Kirchensteuer 8%	9%	SolZ 5,5%	Kirchensteuer 8%	9%	SolZ 5,5%	Kirchensteu 8%	9%
12.044,99 (West)	I	3.702,91	203,66	296,23	333,26	195,04	283,70	319,16	186,43	271,17	305,06	177,81	258,64	290,97	169,19	246,10	276,86	160,58	233,57	262,76	151,96	221,04	24
	II	3.553,83	195,46	284,30	319,84	186,84	271,77	305,74	178,22	259,24	291,64	169,61	246,70	277,54	160,99	234,18	263,45	152,38	221,64	249,35	137,08	209,11	23
	III	2.871,83	–	229,74	258,46	–	217,21	244,36	–	204,84	230,44	–	192,72	216,81	–	180,86	203,47	–	169,26	190,42	–	157,92	17
	IV	3.702,91	203,66	296,23	333,26	199,35	289,96	326,21	195,04	283,70	319,16	190,74	277,44	312,12	186,43	271,17	305,06	182,12	264,90	298,01	177,81	258,64	29
	V	4.217,41	231,95	337,39	379,56																		
	VI	4.261,66	234,39	340,93	383,54																		
12.044,99 (Ost)	I	3.710,75	204,09	296,86	333,96	195,47	284,32	319,86	186,85	271,79	305,76	178,24	259,26	291,66	169,62	246,72	277,56	161,00	234,19	263,46	152,39	221,66	24
	II	3.561,66	195,89	284,93	320,54	187,27	272,40	306,45	178,65	259,86	292,34	170,04	247,33	278,24	161,42	234,80	264,15	152,80	222,26	250,04	138,01	209,73	23
	III	2.879,66	–	230,37	259,16	–	217,84	245,07	–	205,45	231,13	–	193,32	217,48	–	181,45	204,13	–	169,84	191,07	–	158,48	17
	IV	3.710,75	204,09	296,86	333,96	199,78	290,59	326,91	195,47	284,32	319,86	191,16	278,06	312,81	186,85	271,79	305,76	182,54	265,52	298,71	178,24	259,26	29
	V	4.225,16	232,38	338,01	380,26																		
	VI	4.269,50	234,82	341,56	384,25																		
12.047,99 (West)	I	3.704,25	203,73	296,34	333,38	195,11	283,80	319,28	186,50	271,27	305,18	177,88	258,74	291,08	169,26	246,20	276,98	160,65	233,67	262,88	152,03	221,14	24
	II	3.555,08	195,52	284,40	319,95	186,91	271,87	305,85	178,30	259,34	291,76	169,68	246,81	277,66	161,06	234,28	263,56	152,45	221,74	249,46	137,23	209,21	23
	III	2.873,00	–	229,84	258,57	–	217,32	244,48	–	204,93	230,54	–	192,82	216,92	–	180,96	203,58	–	169,36	190,53	–	158,01	17
	IV	3.704,25	203,73	296,34	333,38	199,42	290,07	326,33	195,11	283,80	319,28	190,80	277,54	312,23	186,50	271,27	305,18	182,19	265,00	298,13	177,88	258,74	29
	V	4.218,66	232,02	337,49	379,67																		
	VI	4.263,00	234,46	341,04	383,67																		
12.047,99 (Ost)	I	3.712,00	204,16	296,96	334,08	195,54	284,42	319,97	186,92	271,89	305,87	178,31	259,36	291,78	169,69	246,83	277,68	161,08	234,30	263,58	152,46	221,76	24
	II	3.562,91	195,96	285,03	320,66	187,34	272,50	306,56	178,72	259,96	292,46	170,11	247,43	278,36	161,49	234,90	264,26	152,87	222,36	250,16	138,15	209,83	23
	III	2.880,83	–	230,46	259,27	–	217,94	245,18	–	205,54	231,23	–	193,42	217,60	–	181,54	204,23	–	169,93	191,17	–	158,57	17
	IV	3.712,00	204,16	296,96	334,08	199,85	290,69	327,02	195,54	284,42	319,97	191,23	278,16	312,93	186,92	271,89	305,87	182,61	265,62	298,82	178,31	259,36	29
	V	4.226,50	232,45	338,12	380,38																		
	VI	4.270,75	234,89	341,66	384,36																		
12.050,99 (West)	I	3.705,50	203,80	296,44	333,49	195,18	283,90	319,39	186,56	271,37	305,29	177,95	258,84	291,19	169,33	246,30	277,09	160,71	233,77	262,99	152,10	221,24	24
	II	3.556,33	195,59	284,50	320,06	186,98	271,98	305,97	178,36	259,44	291,87	169,75	246,91	277,77	161,13	234,38	263,67	152,51	221,84	249,57	137,38	209,31	23
	III	2.874,33	–	229,94	258,68	–	217,41	244,58	–	205,04	230,67	–	192,92	217,03	–	181,05	203,68	–	169,45	190,63	–	158,10	17
	IV	3.705,50	203,80	296,44	333,49	199,49	290,17	326,44	195,18	283,90	319,39	190,87	277,64	312,34	186,56	271,37	305,29	182,26	265,10	298,24	177,95	258,84	29
	V	4.219,91	232,09	337,59	379,79																		
	VI	4.264,25	234,53	341,14	383,78																		
12.050,99 (Ost)	I	3.713,25	204,22	297,06	334,19	195,61	284,52	320,09	186,99	271,99	305,99	178,38	259,46	291,89	169,76	246,93	277,79	161,15	234,40	263,70	152,53	221,86	24
	II	3.564,16	196,02	285,13	320,77	187,41	272,60	306,67	178,79	260,06	292,57	170,17	247,53	278,47	161,56	235,00	264,37	152,95	222,47	250,28	138,31	209,94	23
	III	2.882,16	–	230,57	259,39	–	218,04	245,29	–	205,65	231,35	–	193,52	217,71	–	181,64	204,34	–	170,02	191,27	–	158,66	17
	IV	3.713,25	204,22	297,06	334,19	199,92	290,79	327,14	195,61	284,52	320,09	191,30	278,26	313,04	186,99	271,99	305,99	182,69	265,73	298,94	178,38	259,46	29
	V	4.227,75	232,52	338,22	380,49																		
	VI	4.272,00	234,96	341,76	384,48																		
12.053,99 (West)	I	3.706,75	203,87	296,54	333,60	195,25	284,00	319,50	186,63	271,47	305,40	178,02	258,94	291,30	169,40	246,40	277,20	160,78	233,87	263,10	152,17	221,34	24
	II	3.557,66	195,67	284,61	320,18	187,05	272,08	306,09	178,43	259,54	291,98	169,82	247,01	277,88	161,20	234,48	263,79	152,58	221,94	249,68	137,53	209,41	23
	III	2.875,50	–	230,04	258,79	–	217,52	244,71	–	205,13	230,77	–	193,01	217,13	–	181,14	203,78	–	169,54	190,73	–	158,18	17
	IV	3.706,75	203,87	296,54	333,60	199,56	290,27	326,55	195,25	284,00	319,50	190,94	277,74	312,45	186,63	271,47	305,40	182,32	265,20	298,35	178,02	258,94	29
	V	4.221,16	232,16	337,69	379,90																		
	VI	4.265,50	234,60	341,24	383,89																		
12.053,99 (Ost)	I	3.714,50	204,29	297,16	334,30	195,68	284,63	320,21	187,06	272,10	306,11	178,45	259,56	292,01	169,83	247,03	277,91	161,21	234,50	263,81	152,60	221,96	24
	II	3.565,41	196,09	285,23	320,88	187,48	272,70	306,78	178,86	260,16	292,68	170,24	247,63	278,58	161,63	235,10	264,49	153,01	222,57	250,39	138,46	210,04	236
	III	2.883,33	–	230,66	259,49	–	218,14	245,41	–	205,74	231,46	–	193,61	217,81	–	181,73	204,44	–	170,12	191,38	–	158,76	178
	IV	3.714,50	204,29	297,16	334,30	199,98	290,89	327,25	195,68	284,63	320,21	191,37	278,36	313,16	187,06	272,10	306,11	182,76	265,83	299,06	178,45	259,56	292
	V	4.229,00	232,59	338,32	380,61																		
	VI	4.273,25	235,02	341,86	384,59																		
12.056,99 (West)	I	3.708,00	203,94	296,64	333,72	195,32	284,10	319,61	186,70	271,57	305,51	178,09	259,04	291,42	169,47	246,50	277,31	160,85	233,97	263,21	152,24	221,44	24
	II	3.558,91	195,74	284,71	320,30	187,12	272,18	306,20	178,50	259,64	292,10	169,89	247,11	278,00	161,27	234,58	263,90	152,65	222,04	249,80	137,68	209,51	235
	III	2.876,83	–	230,14	258,91	–	217,61	244,81	–	205,24	230,89	–	193,10	217,24	–	181,24	203,89	–	169,64	190,84	–	158,28	178
	IV	3.708,00	203,94	296,64	333,72	199,63	290,37	326,66	195,32	284,10	319,61	191,01	277,84	312,57	186,70	271,57	305,51	182,39	265,30	298,46	178,09	259,04	291
	V	4.222,41	232,23	337,79	380,01																		
	VI	4.266,75	234,67	341,34	384,00																		
12.056,99 (Ost)	I	3.715,83	204,37	297,26	334,42	195,75	284,73	320,32	187,13	272,20	306,22	178,52	259,66	292,12	169,90	247,13	278,02	161,28	234,60	263,92	152,67	222,06	249
	II	3.566,66	196,16	285,33	320,99	187,55	272,80	306,90	178,93	260,27	292,80	170,32	247,74	278,70	161,70	235,20	264,60	153,08	222,67	250,50	138,61	210,14	236
	III	2.884,66	–	230,77	259,61	–	218,24	245,52	–	205,85	231,58	–	193,70	217,91	–	181,82	204,55	–	170,21	191,48	–	158,84	178
	IV	3.715,83	204,37	297,26	334,42	200,06	291,00	327,37	195,75	284,73	320,32	191,44	278,46	313,27	187,13	272,20	306,22	182,82	265,93	299,17	178,52	259,66	292
	V	4.230,25	232,66	338,42	380,72																		
	VI	4.274,58	235,10	341,96	384,71																		
12.059,99 (West)	I	3.709,25	204,00	296,74	333,83	195,39	284,20	319,73	186,77	271,67	305,63	178,15	259,14	291,53	169,54	246,60	277,43	160,92	234,07	263,33	152,31	221,54	249
	II	3.560,16	195,80	284,81	320,41	187,19	272,28	306,31	178,57	259,74	292,21	169,95	247,21	278,11	161,34	234,68	264,01	152,72	222,14	249,91	137,83	209,61	235
	III	2.878,16	–	230,25	259,03	–	217,72	244,93	–	205,33	230,99	–	193,21	217,36	–	181,33	203,99	–	169,73	190,94	–	158,37	178
	IV	3.709,25	204,00	296,74	333,83	199,70	290,47	326,78	195,39	284,20	319,73	191,08	277,94	312,68	186,77	271,67	305,63	182,46	265,40	298,58	178,15	259,14	291
	V	4.223,66	232,30	337,89	380,12																		
	VI	4.268,00	234,74	341,44	384,12																		
12.059,99 (Ost)	I	3.717,08	204,43	297,36	334,53	195,82	284,83	320,43	187,20	272,30	306,33	178,58	259,76	292,23	169,97	247,23	278,13	161,35	234,70	264,03	152,73	222,16	249
	II	3.567,91	196,23	285,43	321,11	187,62	272,90	307,01	179,00	260,37	292,91	170,39	247,84	278,82	161,77	235,30	264,71	153,15	222,77	250,61	138,76	210,24	236
	III	2.886,00	–	230,88	259,74	–	218,34	245,63	–	205,94	231,68	–	193,81	218,03	–	181,93	204,67	–	170,30	191,59	–	158,93	178
	IV	3.717,08	204,43	297,36	334,53	200,13	291,10	327,48	195,82	284,83	320,43	191,51	278,56	313,38	187,20	272,30	306,33	182,89	266,03	299,28	178,58	259,76	292
	V	4.231,50	232,73	338,52	380,83																		
	VI	4.275,83	235,17	342,06	384,82																		
12.062,99 (West)	I	3.710,50	204,07	296,84	333,94	195,46	284,30	319,84	186,84	271,77	305,74	178,22	259,24	291,64	169,61	246,70	277,54	160,99	234,18	263,45	152,38	221,64	249
	II	3.561,41	195,87	284,91	320,52	187,26	272,38	306,42	178,64	259,84	292,32	170,02	247,31	278,22	161,41	234,78	264,12	152,79	222,24	250,02	137,98	209,71	235
	III	2.879,33	–	230,34	259,13	–	217,81	245,03	–	205,42	231,10	–	193,30	217,46	–	181,44	204,12	–	169,82	191,05	–	158,46	178
	IV	3.710,50	204,07	296,84	333,94	199,76	290,57	326,89	195,46	284,30	319,84	191,15	278,04	312,79	186,84	271,77	305,74	182,53	265,50	298,69	178,22	259,24	291
	V	4.224,91	232,37	337,99	380,24																		
	VI	4.269,25	234,80	341,54	384,23																		
12.062,99 (Ost)	I	3.718,33	204,50	297,46	334,64	195,89	284,93	320,54	187,27	272,40	306,45	178,65	259,86	292,34	170,04	247,33	278,24	161,42	234,80	264,15	152,80	222,26	250,
	II	3.569,25	196,30	285,54	321,23	187,69	273,00	307,13	179,07	260,47	293,03	170,45	247,94	278,93	161,84	235,40	264,83	153,22	222,87	250,73	138,91	210,34	236,
	III	2.887,16	–	230,97	259,84	–	218,44	245,74	–	206,04	231,79	–	193,90	218,14	–	182,02	204,77	–	170,40	191,70	–	159,02	178,
	IV	3.718,33	204,50	297,46	334,64	200,20	291,20	327,60	195,89	284,93	320,54	191,58	278,66	313,49	187,27	272,40	306,45	182,96	266,13	299,39	178,65	259,86	292,
	V	4.232,75	232,80	338,62	380,94																		
	VI	4.277,08	235,23	342,16	384,93																		

Lohn/ Gehalt bis	Steuerklasse	Lohn-steuer	ohne Kinderfreibetrag SolZ 5,5%	ohne Kinderfreibetrag Kirchensteuer 8%	ohne Kinderfreibetrag Kirchensteuer 9%	0,5 SolZ 5,5%	0,5 Kirchensteuer 8%	0,5 Kirchensteuer 9%	1,0 SolZ 5,5%	1,0 Kirchensteuer 8%	1,0 Kirchensteuer 9%	1,5 SolZ 5,5%	1,5 Kirchensteuer 8%	1,5 Kirchensteuer 9%	2,0 SolZ 5,5%	2,0 Kirchensteuer 8%	2,0 Kirchensteuer 9%	2,5 SolZ 5,5%	2,5 Kirchensteuer 8%	2,5 Kirchensteuer 9%	3,0 SolZ 5,5%	3,0 Kirchensteuer 8%	3,0 Kirchensteuer 9%
						Anzahl Kinderfreibeträge (nur Steuerklassen I–IV)																	
2.065,99 (West)	I	3.711,75	204,14	296,94	334,05	195,52	284,40	319,95	186,91	271,87	305,85	178,30	259,34	291,76	169,68	246,81	277,66	161,06	234,28	263,56	152,45	221,74	249,46
	II	3.562,66	195,94	285,01	320,63	187,33	272,48	306,54	178,71	259,94	292,43	170,09	247,41	278,33	161,48	234,88	264,24	152,86	222,34	250,13	138,13	209,82	236,04
	III	2.880,66	-	230,45	259,25	-	217,92	245,16	-	205,53	231,22	-	193,40	217,57	-	181,53	204,22	-	169,90	191,14	-	158,56	178,38
	IV	3.711,75	204,14	296,94	334,05	199,83	290,67	327,00	195,52	284,40	319,95	191,22	278,14	312,90	186,91	271,87	305,85	182,60	265,60	298,80	178,30	259,34	291,76
	V	4.226,25	232,44	338,10	380,36																		
	VI	4.270,50	234,87	341,64	384,34																		
2.065,99 (Ost)	I	3.719,58	204,57	297,56	334,76	195,96	285,03	320,66	187,34	272,50	306,56	178,72	259,96	292,46	170,11	247,43	278,36	161,49	234,90	264,26	152,87	222,36	250,16
	II	3.570,50	196,37	285,64	321,34	187,76	273,10	307,24	179,14	260,57	293,14	170,52	248,04	279,04	161,91	235,50	264,94	153,29	222,97	250,84	139,06	210,44	236,74
	III	2.888,50	-	231,08	259,96	-	218,54	245,86	-	206,14	231,91	-	194,00	218,25	-	182,12	204,88	-	170,49	191,80	-	159,12	179,01
	IV	3.719,58	204,57	297,56	334,76	200,26	291,30	327,71	195,96	285,03	320,66	191,65	278,76	313,61	187,34	272,50	306,56	183,03	266,23	299,51	178,72	259,96	292,46
	V	4.234,00	232,87	338,72	381,06																		
	VI	4.278,33	235,30	342,26	385,04																		
2.068,99 (West)	I	3.713,00	204,21	297,04	334,17	195,59	284,50	320,06	186,98	271,98	305,97	178,36	259,44	291,87	169,75	246,91	277,77	161,13	234,38	263,67	152,51	221,84	249,57
	II	3.563,91	196,01	285,11	320,75	187,39	272,58	306,65	178,78	260,04	292,55	170,16	247,51	278,45	161,55	234,98	264,35	152,93	222,45	250,25	138,28	209,92	236,16
	III	2.881,83	-	230,54	259,36	-	218,01	245,26	-	205,62	231,32	-	193,49	217,67	-	181,62	204,32	-	170,00	191,25	-	158,64	178,47
	IV	3.713,00	204,21	297,04	334,17	199,90	290,77	327,11	195,59	284,50	320,06	191,29	278,24	313,02	186,98	271,98	305,97	182,67	265,71	298,92	178,36	259,44	291,87
	V	4.227,50	232,51	338,20	380,47																		
	VI	4.271,75	234,94	341,74	384,45																		
2.068,99 (Ost)	I	3.720,83	204,64	297,66	334,87	196,02	285,13	320,77	187,41	272,60	306,67	178,79	260,06	292,57	170,17	247,53	278,47	161,56	235,00	264,37	152,95	222,47	250,28
	II	3.571,75	196,44	285,74	321,45	187,82	273,20	307,35	179,21	260,67	293,25	170,59	248,14	279,15	161,97	235,60	265,05	153,36	223,07	250,95	139,21	210,54	236,85
	III	2.889,66	-	231,17	260,06	-	218,64	245,97	-	206,24	232,02	-	194,09	218,35	-	182,21	204,98	-	170,58	191,90	-	159,21	179,11
	IV	3.720,83	204,64	297,66	334,87	200,33	291,40	327,82	196,02	285,13	320,77	191,72	278,86	313,72	187,41	272,60	306,67	183,10	266,33	299,62	178,79	260,06	292,57
	V	4.235,25	232,93	338,82	381,17																		
	VI	4.279,58	235,37	342,36	385,16																		
2.071,99 (West)	I	3.714,33	204,28	297,14	334,28	195,67	284,61	320,18	187,05	272,08	306,09	178,43	259,54	291,98	169,82	247,01	277,88	161,20	234,48	263,79	152,58	221,94	249,68
	II	3.565,16	196,08	285,21	320,86	187,46	272,68	306,76	178,85	260,14	292,66	170,23	247,62	278,57	161,62	235,08	264,47	153,00	222,55	250,37	138,43	210,02	236,27
	III	2.883,16	-	230,65	259,48	-	218,12	245,38	-	205,73	231,44	-	193,60	217,80	-	181,72	204,43	-	170,09	191,35	-	158,73	178,57
	IV	3.714,33	204,28	297,14	334,28	199,98	290,88	327,24	195,67	284,61	320,18	191,36	278,34	313,13	187,05	272,08	306,09	182,74	265,81	299,03	178,43	259,54	291,98
	V	4.228,75	232,58	338,30	380,58																		
	VI	4.273,08	235,01	341,84	384,57																		
2.071,99 (Ost)	I	3.722,08	204,71	297,76	334,98	196,09	285,23	320,88	187,48	272,70	306,78	178,86	260,16	292,68	170,24	247,63	278,58	161,63	235,10	264,49	153,01	222,57	250,39
	II	3.573,00	196,51	285,84	321,57	187,89	273,30	307,46	179,28	260,77	293,36	170,66	248,24	279,27	162,04	235,70	265,16	153,43	223,17	251,06	139,35	210,64	236,97
	III	2.891,00	-	231,28	260,19	-	218,74	246,08	-	206,34	232,13	-	194,20	218,47	-	182,30	205,09	-	170,66	191,99	-	159,29	179,20
	IV	3.722,08	204,71	297,76	334,98	200,40	291,50	327,93	196,09	285,23	320,88	191,78	278,96	313,83	187,48	272,70	306,78	183,17	266,43	299,73	178,86	260,16	292,68
	V	4.236,50	233,00	338,92	381,28																		
	VI	4.280,83	235,44	342,46	385,27																		
2.074,99 (West)	I	3.715,58	204,35	297,24	334,40	195,74	284,71	320,30	187,12	272,18	306,20	178,50	259,64	292,10	169,89	247,11	278,00	161,27	234,58	263,90	152,65	222,04	249,80
	II	3.566,41	196,15	285,31	320,97	187,54	272,78	306,88	178,92	260,25	292,78	170,30	247,72	278,68	161,69	235,18	264,58	153,07	222,65	250,48	138,58	210,12	236,38
	III	2.884,33	-	230,74	259,58	-	218,21	245,48	-	205,82	231,55	-	193,69	217,90	-	181,81	204,53	-	170,18	191,45	-	158,82	178,67
	IV	3.715,58	204,35	297,24	334,40	200,04	290,98	327,35	195,74	284,71	320,30	191,43	278,44	313,25	187,12	272,18	306,20	182,81	265,91	299,15	178,50	259,64	292,10
	V	4.230,00	232,65	338,40	380,70																		
	VI	4.274,33	235,08	341,94	384,68																		
2.074,99 (Ost)	I	3.723,33	204,78	297,86	335,09	196,16	285,33	320,99	187,55	272,80	306,90	178,93	260,27	292,80	170,32	247,74	278,70	161,70	235,20	264,60	153,08	222,67	250,50
	II	3.574,25	196,58	285,94	321,68	187,96	273,40	307,58	179,35	260,87	293,48	170,73	248,34	279,38	162,11	235,80	265,28	153,50	223,27	251,18	139,51	210,74	237,08
	III	2.892,16	-	231,37	260,29	-	218,84	246,19	-	206,44	232,24	-	194,29	218,57	-	182,40	205,20	-	170,76	192,10	-	159,38	179,30
	IV	3.723,33	204,78	297,86	335,09	200,47	291,60	328,05	196,16	285,33	320,99	191,85	279,06	313,94	187,55	272,80	306,90	183,24	266,53	299,84	178,93	260,27	292,80
	V	4.237,83	233,08	339,02	381,40																		
	VI	4.282,08	235,51	342,56	385,38																		
2.077,99 (West)	I	3.716,83	204,42	297,34	334,51	195,80	284,81	320,41	187,19	272,28	306,31	178,57	259,74	292,21	169,95	247,21	278,11	161,34	234,68	264,01	152,72	222,14	249,91
	II	3.567,75	196,22	285,42	321,09	187,60	272,88	306,99	178,99	260,35	292,89	170,37	247,82	278,79	161,75	235,28	264,69	153,14	222,75	250,59	138,73	210,22	236,49
	III	2.885,66	-	230,85	259,70	-	218,32	245,61	-	205,92	231,66	-	193,78	218,00	-	181,90	204,64	-	170,28	191,56	-	158,92	178,78
	IV	3.716,83	204,42	297,34	334,51	200,11	291,08	327,46	195,80	284,81	320,41	191,50	278,54	313,36	187,19	272,28	306,31	182,88	266,01	299,26	178,57	259,74	292,21
	V	4.231,25	232,71	338,50	380,81																		
	VI	4.275,58	235,15	342,04	384,80																		
2.077,99 (Ost)	I	3.724,58	204,85	297,96	335,21	196,23	285,43	321,11	187,62	272,90	307,01	179,00	260,37	292,91	170,39	247,84	278,82	161,77	235,30	264,71	153,15	222,77	250,61
	II	3.575,50	196,65	286,04	321,79	188,03	273,50	307,69	179,41	260,97	293,59	170,80	248,44	279,49	162,19	235,91	265,40	153,57	223,38	251,30	139,66	210,84	237,20
	III	2.893,50	-	231,48	260,41	-	218,94	246,31	-	206,53	232,34	-	194,38	218,68	-	182,49	205,30	-	170,85	192,20	-	159,48	179,41
	IV	3.724,58	204,85	297,96	335,21	200,54	291,70	328,16	196,23	285,43	321,11	191,93	279,17	314,06	187,62	272,90	307,01	183,31	266,64	299,97	179,00	260,37	292,91
	V	4.239,08	233,14	339,12	381,51																		
	VI	4.283,33	235,58	342,66	385,49																		
2.080,99 (West)	I	3.718,08	204,49	297,44	334,62	195,87	284,91	320,52	187,26	272,38	306,42	178,64	259,84	292,32	170,02	247,31	278,22	161,41	234,78	264,12	152,79	222,24	250,02
	II	3.569,00	196,29	285,52	321,21	187,67	272,98	307,10	179,06	260,45	293,00	170,44	247,92	278,91	161,82	235,38	264,80	153,21	222,85	250,70	138,88	210,32	236,61
	III	2.886,83	-	230,94	259,81	-	218,42	245,72	-	206,02	231,77	-	193,88	218,11	-	182,00	204,75	-	170,37	191,66	-	159,00	178,87
	IV	3.718,08	204,49	297,44	334,62	200,18	291,18	327,57	195,87	284,91	320,52	191,56	278,64	313,47	187,26	272,38	306,42	182,95	266,11	299,37	178,64	259,84	292,32
	V	4.232,50	232,78	338,60	380,92																		
	VI	4.276,83	235,22	342,14	384,91																		
2.080,99 (Ost)	I	3.725,91	204,92	298,07	335,33	196,30	285,54	321,23	187,69	273,00	307,13	179,07	260,47	293,03	170,45	247,94	278,93	161,84	235,40	264,83	153,22	222,87	250,73
	II	3.576,75	196,72	286,14	321,90	188,10	273,60	307,80	179,48	261,07	293,70	170,87	248,54	279,61	162,25	236,01	265,51	153,64	223,48	251,41	139,81	210,94	237,31
	III	2.894,83	-	231,58	260,53	-	219,05	246,43	-	206,64	232,47	-	194,48	218,79	-	182,58	205,40	-	170,94	192,31	-	159,57	179,51
	IV	3.725,91	204,92	298,07	335,33	200,61	291,80	328,28	196,30	285,54	321,23	192,00	279,27	314,18	187,69	273,00	307,13	183,38	266,74	300,08	179,07	260,47	293,03
	V	4.240,33	233,21	339,22	381,62																		
	VI	4.284,66	235,65	342,77	385,61																		
2.083,99 (West)	I	3.719,33	204,56	297,54	334,73	195,94	285,01	320,63	187,33	272,48	306,54	178,71	259,94	292,43	170,09	247,41	278,33	161,48	234,88	264,24	152,86	222,34	250,13
	II	3.570,25	196,36	285,62	321,32	187,74	273,08	307,22	179,13	260,55	293,12	170,51	248,02	279,02	161,89	235,48	264,92	153,28	222,95	250,82	139,03	210,42	236,72
	III	2.888,16	-	231,05	259,93	-	218,52	245,83	-	206,12	231,88	-	193,98	218,23	-	182,09	204,85	-	170,46	191,77	-	159,09	178,97
	IV	3.719,33	204,56	297,54	334,73	200,25	291,28	327,69	195,94	285,01	320,63	191,63	278,74	313,58	187,33	272,48	306,54	183,02	266,21	299,48	178,71	259,94	292,43
	V	4.233,75	232,85	338,70	381,03																		
	VI	4.278,08	235,29	342,24	385,02																		
2.083,99 (Ost)	I	3.727,16	204,99	298,17	335,44	196,37	285,64	321,34	187,76	273,10	307,24	179,14	260,57	293,14	170,52	248,04	279,04	161,91	235,50	264,94	153,29	222,97	250,84
	II	3.578,00	196,79	286,24	322,02	188,17	273,71	307,92	179,56	261,18	293,82	170,94	248,64	279,72	162,32	236,11	265,62	153,71	223,58	251,52	139,96	211,04	237,42
	III	2.896,00	-	231,68	260,64	-	219,14	246,53	-	206,73	232,57	-	194,58	218,90	-	182,68	205,51	-	171,04	192,42	-	159,65	179,60
	IV	3.727,16	204,99	298,17	335,44	200,68	291,90	328,39	196,37	285,64	321,34	192,06	279,37	314,29	187,76	273,10	307,24	183,45	266,84	300,19	179,14	260,57	293,14
	V	4.241,58	233,28	339,32	381,74																		
	VI	4.285,91	235,72	342,87	385,73																		

Lohn/ Gehalt bis	Steuerklasse	Lohn-steuer	ohne Kinderfreibetrag			Anzahl Kinderfreibeträge (nur Steuerklassen I–IV)																	
						0,5			1,0			1,5			2,0			2,5			3,0		
			SolZ 5,5%	Kirchensteuer 8%	9%	*SolZ* 5,5%	Kirchensteuer 8%	9%	*SolZ* 5,5%	Kirchensteuer 8%	9%	*SolZ* 5,5%	Kirchensteuer 8%	9%	*SolZ* 5,5%	Kirchensteuer 8%	9%	*SolZ* 5,5%	Kirchensteuer 8%	9%	*SolZ* 5,5%	Kirchensteuer 8%	9%
12.086,99 (West)	I	3.720,58	*204,63*	297,64	334,85	*196,01*	285,11	320,75	*187,39*	272,58	306,65	*178,78*	260,04	292,55	*170,16*	247,51	278,45	*161,55*	234,98	264,35	*152,93*	222,45	250
	II	3.571,50	*196,43*	285,72	321,43	*187,81*	273,18	307,33	*179,19*	260,65	293,23	*170,58*	248,12	279,13	*161,96*	235,58	265,03	*153,34*	223,05	250,93	*139,18*	210,52	236
	III	2.889,50	–	231,16	260,05	–	218,62	245,95	–	206,22	232,00	–	194,08	218,34	–	182,18	204,95	–	170,56	191,88	–	159,18	179
	IV	3.720,58	*204,63*	297,64	334,85	*200,32*	291,38	327,80	*196,01*	285,11	320,75	*191,70*	278,84	313,70	*187,39*	272,58	306,65	*183,09*	266,31	299,60	*178,78*	260,04	292
	V	4.235,00	*232,92*	338,80	381,15																		
	VI	4.279,33	*235,36*	342,34	385,13																		
12.086,99 (Ost)	I	3.728,41	*205,06*	298,27	335,55	*196,44*	285,74	321,45	*187,82*	273,20	307,35	*179,21*	260,67	293,25	*170,59*	248,14	279,15	*161,97*	235,60	265,05	*153,36*	223,07	250
	II	3.579,33	*196,86*	286,34	322,13	*188,24*	273,81	308,03	*179,63*	261,28	293,94	*171,01*	248,74	279,83	*162,39*	236,21	265,73	*153,78*	223,68	251,64	*140,11*	211,14	237
	III	2.897,33	–	231,78	260,75	–	219,25	246,65	–	206,84	232,69	–	194,68	219,01	–	182,77	205,61	–	171,13	192,52	–	159,74	179
	IV	3.728,41	*205,06*	298,27	335,55	*200,75*	292,00	328,50	*196,44*	285,74	321,45	*192,13*	279,47	314,40	*187,82*	273,20	307,35	*183,52*	266,94	300,30	*179,21*	260,67	293
	V	4.242,83	*233,35*	339,42	381,85																		
	VI	4.287,16	*235,79*	342,97	385,84																		
12.089,99 (West)	I	3.721,83	*204,70*	297,74	334,96	*196,08*	285,21	320,86	*187,46*	272,68	306,76	*178,85*	260,14	292,66	*170,23*	247,62	278,57	*161,62*	235,08	264,47	*153,00*	222,55	250
	II	3.572,75	*196,50*	285,82	321,54	*187,88*	273,28	307,44	*179,26*	260,75	293,34	*170,65*	248,22	279,24	*162,03*	235,68	265,14	*153,41*	223,15	251,04	*139,33*	210,62	236
	III	2.890,66	–	231,25	260,15	–	218,72	246,06	–	206,32	232,11	–	194,17	218,44	–	182,28	205,06	–	170,65	191,98	–	159,28	179
	IV	3.721,83	*204,70*	297,74	334,96	*200,39*	291,48	327,91	*196,08*	285,21	320,86	*191,77*	278,94	313,81	*187,46*	272,68	306,76	*183,15*	266,41	299,71	*178,85*	260,14	292
	V	4.236,33	*232,99*	338,90	381,26																		
	VI	4.280,58	*235,43*	342,44	385,25																		
12.089,99 (Ost)	I	3.729,66	*205,13*	298,37	335,66	*196,51*	285,84	321,57	*187,89*	273,30	307,46	*179,28*	260,77	293,36	*170,66*	248,24	279,27	*162,04*	235,70	265,16	*153,43*	223,17	251
	II	3.580,58	*196,93*	286,44	322,25	*188,31*	273,91	308,15	*179,69*	261,38	294,05	*171,08*	248,84	279,95	*162,46*	236,31	265,85	*153,84*	223,78	251,75	*140,26*	211,24	237
	III	2.898,50	–	231,88	260,86	–	219,34	246,76	–	206,93	232,79	–	194,77	219,11	–	182,86	205,72	–	171,22	192,62	–	159,84	179
	IV	3.729,66	*205,13*	298,37	335,66	*200,82*	292,10	328,61	*196,51*	285,84	321,57	*192,20*	279,57	314,51	*187,89*	273,30	307,46	*183,59*	267,04	300,42	*179,28*	260,77	293
	V	4.244,08	*233,42*	339,52	381,96																		
	VI	4.288,41	*235,86*	343,07	385,95																		
12.092,99 (West)	I	3.723,08	*204,76*	297,84	335,07	*196,15*	285,31	320,97	*187,54*	272,78	306,88	*178,92*	260,25	292,78	*170,30*	247,72	278,68	*161,69*	235,18	264,58	*153,07*	222,65	250
	II	3.574,00	*196,57*	285,92	321,66	*187,95*	273,38	307,55	*179,33*	260,85	293,45	*170,72*	248,32	279,36	*162,10*	235,78	265,25	*153,49*	223,26	251,16	*139,48*	210,72	237
	III	2.892,00	–	231,36	260,28	–	218,82	246,17	–	206,41	232,21	–	194,26	218,54	–	182,37	205,16	–	170,74	192,08	–	159,37	179
	IV	3.723,08	*204,76*	297,84	335,07	*200,46*	291,58	328,02	*196,15*	285,31	320,97	*191,84*	279,04	313,92	*187,54*	272,78	306,88	*183,23*	266,52	299,83	*178,92*	260,25	292
	V	4.237,58	*233,06*	339,00	381,38																		
	VI	4.281,83	*235,50*	342,54	385,36																		
12.092,99 (Ost)	I	3.730,91	*205,20*	298,47	335,78	*196,58*	285,94	321,68	*187,96*	273,40	307,58	*179,35*	260,87	293,48	*170,73*	248,34	279,38	*162,11*	235,80	265,28	*153,50*	223,27	251
	II	3.581,83	*197,00*	286,54	322,36	*188,38*	274,01	308,26	*179,76*	261,48	294,16	*171,15*	248,94	280,06	*162,53*	236,41	265,96	*153,91*	223,88	251,86	*140,41*	211,34	237
	III	2.899,83	–	231,98	260,98	–	219,45	246,88	–	207,04	232,92	–	194,86	219,22	–	182,97	205,84	–	171,32	192,73	–	159,93	179
	IV	3.730,91	*205,20*	298,47	335,78	*200,89*	292,20	328,73	*196,58*	285,94	321,68	*192,27*	279,67	314,63	*187,96*	273,40	307,58	*183,65*	267,14	300,53	*179,35*	260,87	293
	V	4.245,33	*233,49*	339,62	382,07																		
	VI	4.289,66	*235,93*	343,17	386,06																		
12.095,99 (West)	I	3.724,33	*204,83*	297,94	335,18	*196,22*	285,42	321,09	*187,60*	272,88	306,99	*178,99*	260,35	292,89	*170,37*	247,82	278,79	*161,75*	235,28	264,69	*153,14*	222,75	250
	II	3.575,25	*196,63*	286,02	321,77	*188,02*	273,48	307,67	*179,40*	260,95	293,57	*170,79*	248,42	279,47	*162,17*	235,89	265,37	*153,56*	223,36	251,28	*139,63*	210,82	237
	III	2.893,16	–	231,45	260,38	–	218,92	246,28	–	206,52	232,33	–	194,37	218,66	–	182,48	205,29	–	170,84	192,19	–	159,45	179
	IV	3.724,33	*204,83*	297,94	335,18	*200,53*	291,68	328,14	*196,22*	285,42	321,09	*191,91*	279,15	314,04	*187,60*	272,88	306,99	*183,30*	266,62	299,94	*178,99*	260,35	292
	V	4.238,83	*233,13*	339,10	381,49																		
	VI	4.283,08	*235,56*	342,64	385,47																		
12.095,99 (Ost)	I	3.732,16	*205,26*	298,57	335,89	*196,65*	286,04	321,79	*188,03*	273,50	307,69	*179,41*	260,97	293,59	*170,80*	248,44	279,49	*162,19*	235,91	265,40	*153,57*	223,38	251
	II	3.583,08	*197,06*	286,64	322,47	*188,45*	274,11	308,37	*179,83*	261,58	294,27	*171,21*	249,04	280,17	*162,60*	236,51	266,07	*153,98*	223,98	251,97	*140,55*	211,44	237
	III	2.901,00	–	232,08	261,09	–	219,54	246,98	–	207,13	233,02	–	194,97	219,34	–	183,06	205,94	–	171,41	192,83	–	160,02	180
	IV	3.732,16	*205,26*	298,57	335,89	*200,96*	292,30	328,84	*196,65*	286,04	321,79	*192,34*	279,77	314,74	*188,03*	273,50	307,69	*183,72*	267,24	300,64	*179,41*	260,97	293
	V	4.246,58	*233,56*	339,72	382,19																		
	VI	4.290,91	*236,00*	343,27	386,18																		
12.098,99 (West)	I	3.725,66	*204,91*	298,05	335,30	*196,29*	285,52	321,21	*187,67*	272,98	307,10	*179,06*	260,45	293,00	*170,44*	247,92	278,91	*161,82*	235,38	264,80	*153,21*	222,85	250
	II	3.576,50	*196,70*	286,12	321,88	*188,09*	273,58	307,78	*179,47*	261,06	293,69	*170,86*	248,52	279,59	*162,24*	235,99	265,49	*153,62*	223,46	251,39	*139,78*	210,92	237
	III	2.894,50	–	231,56	260,50	–	219,02	246,40	–	206,61	232,43	–	194,46	218,77	–	182,57	205,39	–	170,93	192,29	–	159,54	179
	IV	3.725,66	*204,91*	298,05	335,30	*200,60*	291,78	328,25	*196,29*	285,52	321,21	*191,98*	279,25	314,15	*187,67*	272,98	307,10	*183,37*	266,72	300,06	*179,06*	260,45	293
	V	4.240,08	*233,20*	339,20	381,60																		
	VI	4.284,41	*235,64*	342,75	385,59																		
12.098,99 (Ost)	I	3.733,41	*205,33*	298,67	336,00	*196,72*	286,14	321,90	*188,10*	273,60	307,80	*179,48*	261,07	293,70	*170,87*	248,54	279,61	*162,25*	236,01	265,51	*153,64*	223,48	251
	II	3.584,33	*197,13*	286,74	322,58	*188,52*	274,21	308,48	*179,90*	261,68	294,39	*171,28*	249,14	280,28	*162,67*	236,61	266,18	*154,05*	224,08	252,09	*140,71*	211,55	237
	III	2.902,33	–	232,18	261,20	–	219,65	247,10	–	207,22	233,12	–	195,06	219,44	–	183,16	206,05	–	171,50	192,94	–	160,10	180
	IV	3.733,41	*205,33*	298,67	336,00	*201,02*	292,40	328,95	*196,72*	286,14	321,90	*192,41*	279,87	314,85	*188,10*	273,60	307,80	*183,79*	267,34	300,75	*179,48*	261,07	293
	V	4.247,91	*233,63*	339,83	382,31																		
	VI	4.292,16	*236,06*	343,37	386,29																		
12.101,99 (West)	I	3.726,91	*204,98*	298,15	335,42	*196,36*	285,62	321,32	*187,74*	273,08	307,22	*179,13*	260,55	293,12	*170,51*	248,02	279,02	*161,89*	235,48	264,92	*153,28*	222,95	250
	II	3.577,83	*196,78*	286,22	322,00	*188,16*	273,69	307,90	*179,54*	261,16	293,80	*170,93*	248,62	279,70	*162,31*	236,09	265,60	*153,69*	223,56	251,50	*139,93*	211,02	237
	III	2.895,66	–	231,65	260,60	–	219,12	246,51	–	206,72	232,56	–	194,56	218,88	–	182,66	205,49	–	171,02	192,40	–	159,64	179
	IV	3.726,91	*204,98*	298,15	335,42	*200,67*	291,88	328,37	*196,36*	285,62	321,32	*192,05*	279,35	314,27	*187,74*	273,08	307,22	*183,43*	266,82	300,17	*179,13*	260,55	293
	V	4.241,33	*233,27*	339,30	381,71																		
	VI	4.285,66	*235,71*	342,85	385,70																		
12.101,99 (Ost)	I	3.734,66	*205,40*	298,77	336,11	*196,79*	286,24	322,02	*188,17*	273,71	307,92	*179,56*	261,18	293,82	*170,94*	248,64	279,72	*162,32*	236,11	265,62	*153,71*	223,58	251,
	II	3.585,58	*197,20*	286,84	322,70	*188,59*	274,31	308,60	*179,97*	261,78	294,50	*171,35*	249,24	280,40	*162,74*	236,71	266,30	*154,12*	224,18	252,20	*140,86*	211,65	238,
	III	2.903,50	–	232,28	261,31	–	219,74	247,21	–	207,33	233,24	–	195,16	219,55	–	183,25	206,15	–	171,60	193,05	–	160,20	180,
	IV	3.734,66	*205,40*	298,77	336,11	*201,09*	292,50	329,06	*196,79*	286,24	322,02	*192,48*	279,97	314,96	*188,17*	273,71	307,92	*183,86*	267,44	300,87	*179,56*	261,18	293,
	V	4.249,16	*233,70*	339,93	382,42																		
	VI	4.293,41	*236,13*	343,47	386,40																		
12.104,99 (West)	I	3.728,16	*205,04*	298,25	335,53	*196,43*	285,72	321,43	*187,81*	273,18	307,33	*179,19*	260,65	293,23	*170,58*	248,12	279,13	*161,96*	235,58	265,03	*153,34*	223,05	250,
	II	3.579,08	*196,84*	286,32	322,11	*188,23*	273,79	308,01	*179,61*	261,26	293,91	*170,99*	248,72	279,81	*162,38*	236,19	265,71	*153,76*	223,66	251,61	*140,08*	211,12	237,
	III	2.897,00	–	231,76	260,73	–	219,22	246,62	–	206,81	232,66	–	194,65	218,98	–	182,76	205,60	–	171,12	192,51	–	159,73	179,
	IV	3.728,16	*205,04*	298,25	335,53	*200,74*	291,98	328,48	*196,43*	285,72	321,43	*192,12*	279,45	314,38	*187,81*	273,18	307,33	*183,50*	266,92	300,28	*179,19*	260,65	293,
	V	4.242,58	*233,34*	339,40	381,83																		
	VI	4.286,91	*235,77*	342,95	385,82																		
12.104,99 (Ost)	I	3.735,91	*205,47*	298,87	336,23	*196,86*	286,34	322,13	*188,24*	273,81	308,03	*179,63*	261,28	293,94	*171,01*	248,74	279,83	*162,39*	236,21	265,73	*153,78*	223,68	251,
	II	3.586,83	*197,27*	286,94	322,81	*188,65*	274,41	308,71	*180,04*	261,88	294,61	*171,43*	249,35	280,52	*162,81*	236,82	266,42	*154,19*	224,28	252,32	*141,01*	211,75	238,
	III	2.904,83	–	232,38	261,43	–	219,85	247,33	–	207,42	233,35	–	195,25	219,65	–	183,34	206,26	–	171,69	193,15	–	160,29	180,
	IV	3.735,91	*205,47*	298,87	336,23	*201,17*	292,61	329,18	*196,86*	286,34	322,13	*192,55*	280,08	315,09	*188,24*	273,81	308,03	*183,93*	267,54	300,98	*179,63*	261,28	293,
	V	4.250,41	*233,77*	340,03	382,53																		
	VI	4.294,75	*236,21*	343,58	386,52																		

Lohn/ Gehalt bis	Steuerklasse	Lohn-steuer	ohne Kinderfreibetrag SolZ 5,5%	Kirchensteuer 8%	9%	0,5 SolZ 5,5%	Kirchensteuer 8%	9%	1,0 SolZ 5,5%	Kirchensteuer 8%	9%	1,5 SolZ 5,5%	Kirchensteuer 8%	9%	2,0 SolZ 5,5%	Kirchensteuer 8%	9%	2,5 SolZ 5,5%	Kirchensteuer 8%	9%	3,0 SolZ 5,5%	Kirchensteuer 8%	9%
						Anzahl Kinderfreibeträge (nur Steuerklassen I–IV)																	
12.107,99 (West)	I	3.729,41	205,11	298,35	335,64	196,50	285,82	321,54	187,88	273,28	307,44	179,26	260,75	293,34	170,65	248,22	279,24	162,03	235,68	265,14	153,41	223,15	251,04
	II	3.580,33	196,91	286,42	322,22	188,30	273,89	308,12	179,68	261,36	294,03	171,06	248,82	279,92	162,45	236,29	265,82	153,83	223,76	251,73	140,23	211,22	237,62
	III	2.898,33	-	231,86	260,84	-	219,33	246,74	-	206,90	232,76	-	194,76	219,10	-	182,85	205,70	-	171,21	192,61	-	159,82	179,80
	IV	3.729,41	205,11	298,35	335,64	200,80	292,08	328,59	196,50	285,82	321,54	192,19	279,55	314,49	187,88	273,28	307,44	183,57	267,02	300,39	179,26	260,75	293,34
	V	4.243,83	233,41	339,50	381,94																		
	VI	4.288,16	235,84	343,05	385,93																		
12.107,99 (Ost)	I	3.737,25	205,54	298,98	336,35	196,93	286,44	322,25	188,31	273,91	308,15	179,69	261,38	294,05	171,08	248,84	279,95	162,46	236,31	265,85	153,84	223,78	251,75
	II	3.588,08	197,34	287,04	322,92	188,72	274,51	308,82	180,11	261,98	294,73	171,49	249,45	280,63	162,88	236,92	266,53	154,26	224,38	252,43	141,16	211,85	238,33
	III	2.906,16	-	232,49	261,55	-	219,96	247,45	-	207,53	233,47	-	195,36	219,78	-	183,44	206,37	-	171,78	193,25	-	160,38	180,43
	IV	3.737,25	205,54	298,98	336,35	201,24	292,71	329,30	196,93	286,44	322,25	192,62	280,18	315,20	188,31	273,91	308,15	184,00	267,64	301,10	179,69	261,38	294,05
	V	4.251,66	233,84	340,13	382,64																		
	VI	4.296,00	236,28	343,68	386,64																		
12.110,99 (West)	I	3.730,66	205,18	298,45	335,75	196,57	285,92	321,66	187,95	273,38	307,55	179,33	260,85	293,45	170,72	248,32	279,36	162,10	235,78	265,25	153,49	223,26	251,16
	II	3.581,58	196,98	286,52	322,34	188,37	273,99	308,24	179,75	261,46	294,14	171,13	248,92	280,04	162,52	236,39	265,94	153,90	223,86	251,84	140,38	211,32	237,74
	III	2.899,50	-	231,96	260,95	-	219,42	246,85	-	207,01	232,88	-	194,85	219,20	-	182,94	205,81	-	171,30	192,71	-	159,90	179,89
	IV	3.730,66	205,18	298,45	335,75	200,87	292,18	328,70	196,57	285,92	321,66	192,26	279,65	314,60	187,95	273,38	307,55	183,64	267,12	300,51	179,33	260,85	293,45
	V	4.245,08	233,47	339,60	382,05																		
	VI	4.289,41	235,91	343,15	386,04																		
12.110,99 (Ost)	I	3.738,50	205,61	299,08	336,46	197,00	286,54	322,36	188,38	274,01	308,26	179,76	261,48	294,16	171,15	248,94	280,06	162,53	236,41	265,96	153,91	223,88	251,86
	II	3.589,41	197,41	287,15	323,04	188,80	274,62	308,94	180,18	262,08	294,84	171,56	249,55	280,74	162,95	237,02	266,64	154,33	224,48	252,54	141,31	211,95	238,44
	III	2.907,33	-	232,58	261,65	-	220,05	247,55	-	207,62	233,57	-	195,45	219,88	-	183,53	206,47	-	171,88	193,36	-	160,48	180,54
	IV	3.738,50	205,61	299,08	336,46	201,30	292,81	329,41	197,00	286,54	322,36	192,69	280,28	315,31	188,38	274,01	308,26	184,07	267,74	301,21	179,76	261,48	294,16
	V	4.252,91	233,91	340,23	382,76																		
	VI	4.297,25	236,34	343,78	386,75																		
12.113,99 (West)	I	3.731,91	205,25	298,55	335,87	196,63	286,02	321,77	188,02	273,48	307,67	179,40	260,95	293,57	170,79	248,42	279,47	162,17	235,89	265,37	153,56	223,36	251,28
	II	3.582,83	197,05	286,62	322,45	188,43	274,09	308,35	179,82	261,56	294,25	171,20	249,02	280,15	162,58	236,49	266,05	153,97	223,96	251,95	140,52	211,42	237,85
	III	2.900,83	-	232,06	261,07	-	219,53	246,97	-	207,10	232,99	-	194,94	219,31	-	183,04	205,92	-	171,38	192,80	-	160,00	180,00
	IV	3.731,91	205,25	298,55	335,87	200,94	292,28	328,82	196,63	286,02	321,77	192,33	279,75	314,72	188,02	273,48	307,67	183,71	267,22	300,62	179,40	260,95	293,57
	V	4.246,33	233,54	339,70	382,16																		
	VI	4.290,66	235,98	343,25	386,15																		
12.113,99 (Ost)	I	3.739,75	205,68	299,18	336,57	197,06	286,64	322,47	188,45	274,11	308,37	179,83	261,58	294,27	171,21	249,04	280,17	162,60	236,51	266,07	153,98	223,98	251,97
	II	3.590,66	197,48	287,25	323,15	188,87	274,72	309,06	180,25	262,18	294,95	171,63	249,65	280,85	163,02	237,12	266,76	154,40	224,58	252,65	141,46	212,05	238,55
	III	2.908,66	-	232,69	261,77	-	220,16	247,68	-	207,72	233,68	-	195,54	219,98	-	183,62	206,57	-	171,97	193,46	-	160,56	180,63
	IV	3.739,75	205,68	299,18	336,57	201,37	292,91	329,52	197,06	286,64	322,47	192,76	280,38	315,42	188,45	274,11	308,37	184,14	267,84	301,32	179,83	261,58	294,27
	V	4.254,16	233,97	340,33	382,87																		
	VI	4.298,50	236,41	343,88	386,86																		
12.116,99 (West)	I	3.733,16	205,32	298,65	335,98	196,70	286,12	321,88	188,09	273,58	307,78	179,47	261,06	293,69	170,86	248,52	279,59	162,24	235,99	265,49	153,62	223,46	251,39
	II	3.584,08	197,12	286,72	322,56	188,50	274,19	308,46	179,89	261,66	294,36	171,27	249,12	280,26	162,65	236,59	266,16	154,04	224,06	252,07	140,68	211,53	237,97
	III	2.902,00	-	232,16	261,18	-	219,62	247,07	-	207,21	233,11	-	195,04	219,42	-	183,13	206,02	-	171,48	192,91	-	160,09	180,10
	IV	3.733,16	205,32	298,65	335,98	201,01	292,38	328,93	196,70	286,12	321,88	192,39	279,85	314,83	188,09	273,58	307,78	183,78	267,32	300,74	179,47	261,06	293,69
	V	4.247,66	233,62	339,81	382,28																		
	VI	4.291,91	236,05	343,35	386,27																		
12.116,99 (Ost)	I	3.741,00	205,75	299,28	336,69	197,13	286,74	322,58	188,52	274,21	308,48	179,90	261,68	294,39	171,28	249,14	280,28	162,67	236,61	266,18	154,05	224,08	252,09
	II	3.591,91	197,55	287,35	323,27	188,93	274,82	309,17	180,32	262,28	295,07	171,70	249,75	280,97	163,08	237,22	266,87	154,47	224,68	252,77	141,61	212,15	238,67
	III	2.909,83	-	232,78	261,88	-	220,25	247,78	-	207,82	233,80	-	195,65	220,10	-	183,72	206,68	-	172,06	193,57	-	160,65	180,73
	IV	3.741,00	205,75	299,28	336,69	201,44	293,01	329,63	197,13	286,74	322,58	192,83	280,48	315,54	188,52	274,21	308,48	184,21	267,94	301,43	179,90	261,68	294,39
	V	4.255,41	234,04	340,43	382,98																		
	VI	4.299,75	236,48	343,98	386,97																		
12.119,99 (West)	I	3.734,41	205,39	298,75	336,09	196,78	286,22	322,00	188,16	273,69	307,90	179,54	261,16	293,80	170,93	248,62	279,70	162,31	236,09	265,60	153,69	223,56	251,50
	II	3.585,33	197,19	286,82	322,67	188,57	274,29	308,57	179,96	261,76	294,48	171,34	249,22	280,37	162,73	236,70	266,28	154,11	224,16	252,18	140,83	211,63	238,08
	III	2.903,33	-	232,26	261,29	-	219,73	247,19	-	207,30	233,21	-	195,14	219,53	-	183,22	206,12	-	171,57	193,01	-	160,18	180,20
	IV	3.734,41	205,39	298,75	336,09	201,08	292,48	329,04	196,78	286,22	322,00	192,47	279,96	314,95	188,16	273,69	307,90	183,85	267,42	300,85	179,54	261,16	293,80
	V	4.248,91	233,69	339,91	382,40																		
	VI	4.293,16	236,12	343,45	386,38																		
12.119,99 (Ost)	I	3.742,25	205,82	299,38	336,80	197,20	286,84	322,70	188,59	274,31	308,60	179,97	261,78	294,50	171,35	249,24	280,40	162,74	236,71	266,30	154,12	224,18	252,20
	II	3.593,16	197,62	287,45	323,38	189,00	274,92	309,28	180,39	262,38	295,18	171,77	249,85	281,08	163,15	237,32	266,98	154,54	224,78	252,88	141,75	212,25	238,78
	III	2.911,16	-	232,89	262,00	-	220,36	247,90	-	207,92	233,91	-	195,74	220,21	-	183,82	206,80	-	172,16	193,68	-	160,74	180,83
	IV	3.742,25	205,82	299,38	336,80	201,51	293,11	329,75	197,20	286,84	322,70	192,89	280,58	315,65	188,59	274,31	308,60	184,28	268,04	301,55	179,97	261,78	294,50
	V	4.256,66	234,11	340,53	383,09																		
	VI	4.301,00	236,55	344,08	387,09																		
12.122,99 (West)	I	3.735,75	205,46	298,86	336,21	196,84	286,32	322,11	188,23	273,79	308,01	179,61	261,26	293,91	170,99	248,72	279,81	162,38	236,19	265,71	153,76	223,66	251,61
	II	3.586,58	197,26	286,92	322,79	188,64	274,39	308,69	180,03	261,86	294,59	171,41	249,33	280,49	162,80	236,80	266,40	154,18	224,26	252,29	140,98	211,73	238,19
	III	2.904,50	-	232,36	261,40	-	219,82	247,30	-	207,41	233,33	-	195,24	219,64	-	183,32	206,23	-	171,66	193,12	-	160,28	180,31
	IV	3.735,75	205,46	298,86	336,21	201,15	292,59	329,16	196,84	286,32	322,11	192,54	280,06	315,06	188,23	273,79	308,01	183,92	267,52	300,96	179,61	261,26	293,91
	V	4.250,16	233,75	340,01	382,51																		
	VI	4.294,50	236,19	343,56	386,50																		
12.122,99 (Ost)	I	3.743,50	205,89	299,48	336,91	197,27	286,94	322,81	188,65	274,41	308,71	180,04	261,88	294,61	171,43	249,35	280,52	162,81	236,82	266,42	154,19	224,28	252,32
	II	3.594,41	197,69	287,55	323,49	189,07	275,02	309,39	180,45	262,48	295,29	171,84	249,95	281,19	163,22	237,42	267,09	154,60	224,88	252,99	141,90	212,35	238,89
	III	2.912,33	-	232,98	262,10	-	220,45	248,00	-	208,02	234,02	-	195,84	220,32	-	183,92	206,91	-	172,25	193,78	-	160,84	180,94
	IV	3.743,50	205,89	299,48	336,91	201,58	293,21	329,86	197,27	286,94	322,81	192,96	280,68	315,76	188,65	274,41	308,71	184,35	268,14	301,66	180,04	261,88	294,61
	V	4.258,00	234,19	340,64	383,22																		
	VI	4.302,25	236,62	344,18	387,20																		
12.125,99 (West)	I	3.737,00	205,53	298,96	336,33	196,91	286,42	322,22	188,30	273,89	308,12	179,68	261,36	294,03	171,06	248,82	279,92	162,45	236,29	265,82	153,83	223,76	251,73
	II	3.587,83	197,33	287,02	322,90	188,71	274,50	308,81	180,10	261,96	294,71	171,48	249,43	280,61	162,86	236,90	266,51	154,25	224,36	252,41	141,13	211,83	238,31
	III	2.905,83	-	232,46	261,52	-	219,93	247,42	-	207,50	233,44	-	195,33	219,74	-	183,42	206,35	-	171,76	193,23	-	160,36	180,40
	IV	3.737,00	205,53	298,96	336,33	201,22	292,69	329,27	196,91	286,42	322,22	192,61	280,16	315,18	188,30	273,89	308,12	183,99	267,62	301,07	179,68	261,36	294,03
	V	4.251,41	233,82	340,11	382,62																		
	VI	4.295,75	236,26	343,66	386,61																		
12.125,99 (Ost)	I	3.744,75	205,96	299,58	337,02	197,34	287,04	322,92	188,72	274,51	308,82	180,11	261,98	294,73	171,49	249,45	280,63	162,88	236,92	266,53	154,26	224,38	252,43
	II	3.595,66	197,76	287,65	323,60	189,14	275,12	309,51	180,52	262,58	295,40	171,91	250,05	281,30	163,29	237,52	267,21	154,68	224,99	253,11	142,06	212,46	239,01
	III	2.913,66	-	233,09	262,22	-	220,56	248,13	-	208,12	234,13	-	195,93	220,42	-	184,01	207,01	-	172,34	193,88	-	160,93	181,04
	IV	3.744,75	205,96	299,58	337,02	201,65	293,31	329,97	197,34	287,04	322,92	193,03	280,78	315,87	188,72	274,51	308,82	184,42	268,25	301,78	180,11	261,98	294,73
	V	4.259,25	234,25	340,74	383,33																		
	VI	4.303,50	236,69	344,28	387,31																		

Lohn/ Gehalt bis	Steuerklasse	Lohn-steuer	ohne Kinderfreibetrag			Anzahl Kinderfreibeträge (nur Steuerklassen I–IV) 0,5			1,0			1,5			2,0			2,5			3,0		
			SolZ 5,5%	Kirchensteuer 8%	9%	SolZ 5,5%	Kirchensteuer 8%	9%	SolZ 5,5%	Kirchensteuer 8%	9%	SolZ 5,5%	Kirchensteuer 8%	9%	SolZ 5,5%	Kirchensteuer 8%	9%	SolZ 5,5%	Kirchensteuer 8%	9%	SolZ 5,5%	Kirchensteue 8%	9%
12.128,99 (West)	I	3.738,25	205,60	299,06	336,44	196,98	286,52	322,34	188,37	273,99	308,24	179,75	261,46	294,14	171,13	248,92	280,04	162,52	236,39	265,94	153,90	223,86	251
	II	3.589,16	197,40	287,13	323,02	188,78	274,60	308,92	180,17	262,06	294,82	171,55	249,53	280,72	162,93	237,00	266,62	154,32	224,46	252,52	141,28	211,93	238
	III	2.907,00	-	232,56	261,63	-	220,02	247,52	-	207,60	233,55	-	195,42	219,85	-	183,52	206,46	-	171,85	193,33	-	160,45	180
	IV	3.738,25	205,60	299,06	336,44	201,29	292,79	329,39	196,98	286,52	322,34	192,67	280,26	315,29	188,37	273,99	308,24	184,06	267,72	301,19	179,75	261,46	294
	V	4.252,66	233,89	340,21	382,73																		
	VI	4.297,00	236,33	343,76	386,73																		
12.128,99 (Ost)	I	3.746,00	206,03	299,68	337,14	197,41	287,15	323,04	188,80	274,62	308,94	180,18	262,08	294,84	171,56	249,55	280,74	162,95	237,02	266,64	154,33	224,48	252
	II	3.596,91	197,83	287,75	323,72	189,21	275,22	309,62	180,59	262,68	295,52	171,98	250,15	281,42	163,36	237,62	267,32	154,75	225,09	253,22	142,21	212,56	239
	III	2.914,83	-	233,18	262,33	-	220,66	248,24	-	208,22	234,25	-	196,04	220,54	-	184,10	207,11	-	172,44	193,99	-	161,01	181
	IV	3.746,00	206,03	299,68	337,14	201,72	293,41	330,08	197,41	287,15	323,04	193,10	280,88	315,99	188,80	274,62	308,94	184,49	268,35	301,89	180,18	262,08	294
	V	4.260,50	234,32	340,84	383,44																		
	VI	4.304,75	236,76	344,38	387,42																		
12.131,99 (West)	I	3.739,50	205,67	299,16	336,55	197,05	286,62	322,45	188,43	274,09	308,35	179,82	261,56	294,25	171,20	249,02	280,15	162,58	236,49	266,05	153,97	223,96	251
	II	3.590,41	197,47	287,23	323,13	188,85	274,70	309,03	180,23	262,16	294,93	171,62	249,63	280,83	163,00	237,10	266,73	154,38	224,56	252,63	141,43	212,03	238
	III	2.908,33	-	232,66	261,74	-	220,13	247,64	-	207,70	233,66	-	195,53	219,97	-	183,61	206,56	-	171,94	193,43	-	160,54	180
	IV	3.739,50	205,67	299,16	336,55	201,36	292,89	329,50	197,05	286,62	322,45	192,74	280,36	315,40	188,43	274,09	308,35	184,13	267,82	301,30	179,82	261,56	294
	V	4.253,91	233,96	340,31	382,85																		
	VI	4.298,25	236,40	343,86	386,84																		
12.131,99 (Ost)	I	3.747,33	206,10	299,78	337,25	197,48	287,25	323,15	188,87	274,72	309,06	180,25	262,18	294,95	171,63	249,65	280,85	163,02	237,12	266,76	154,40	224,58	252
	II	3.598,16	197,89	287,85	323,83	189,28	275,32	309,73	180,67	262,79	295,64	172,05	250,26	281,54	163,43	237,72	267,44	154,82	225,19	253,34	142,36	212,66	239
	III	2.916,16	-	233,29	262,45	-	220,76	248,35	-	208,32	234,36	-	196,13	220,64	-	184,20	207,22	-	172,52	194,08	-	161,10	181
	IV	3.747,33	206,10	299,78	337,25	201,79	293,52	330,21	197,48	287,25	323,15	193,17	280,98	316,10	188,87	274,72	309,06	184,56	268,45	302,00	180,25	262,18	294
	V	4.261,75	234,39	340,94	383,55																		
	VI	4.306,08	236,83	344,48	387,54																		
12.134,99 (West)	I	3.740,75	205,74	299,26	336,66	197,12	286,72	322,56	188,50	274,19	308,46	179,89	261,66	294,36	171,27	249,12	280,26	162,65	236,59	266,16	154,04	224,06	252
	II	3.591,66	197,54	287,33	323,24	188,92	274,80	309,15	180,30	262,26	295,04	171,69	249,73	280,94	163,07	237,20	266,85	154,45	224,66	252,74	141,58	212,13	238
	III	2.909,66	-	232,77	261,86	-	220,24	247,77	-	207,80	233,77	-	195,62	220,07	-	183,70	206,66	-	172,04	193,54	-	160,64	180
	IV	3.740,75	205,74	299,26	336,66	201,43	292,99	329,61	197,12	286,72	322,56	192,81	280,46	315,51	188,50	274,19	308,46	184,19	267,92	301,41	179,89	261,66	294
	V	4.255,16	234,03	340,41	382,96																		
	VI	4.299,50	236,47	343,96	386,95																		
12.134,99 (Ost)	I	3.748,58	206,17	299,88	337,37	197,55	287,35	323,27	188,93	274,82	309,17	180,32	262,28	295,07	171,70	249,75	280,97	163,08	237,22	266,87	154,47	224,68	252
	II	3.599,41	197,96	287,95	323,94	189,35	275,42	309,85	180,73	262,89	295,75	172,12	250,36	281,65	163,50	237,82	267,55	154,88	225,29	253,45	142,51	212,76	239
	III	2.917,50	-	233,40	262,57	-	220,86	248,47	-	208,41	234,46	-	196,22	220,75	-	184,29	207,32	-	172,61	194,18	-	161,20	181
	IV	3.748,58	206,17	299,88	337,37	201,86	293,62	330,32	197,55	287,35	323,27	193,24	281,08	316,22	188,93	274,82	309,17	184,63	268,55	302,12	180,32	262,28	295
	V	4.263,00	234,46	341,04	383,67																		
	VI	4.307,33	236,90	344,58	387,65																		
12.137,99 (West)	I	3.742,00	205,81	299,36	336,78	197,19	286,82	322,67	188,57	274,29	308,57	179,96	261,76	294,48	171,34	249,22	280,37	162,73	236,70	266,28	154,11	224,16	252
	II	3.592,91	197,61	287,43	323,36	188,99	274,90	309,26	180,37	262,36	295,16	171,76	249,83	281,06	163,14	237,30	266,96	154,52	224,76	252,86	141,72	212,23	238
	III	2.910,83	-	232,86	261,97	-	220,33	247,87	-	207,90	233,89	-	195,72	220,18	-	183,80	206,77	-	172,13	193,64	-	160,73	180
	IV	3.742,00	205,81	299,36	336,78	201,50	293,09	329,72	197,19	286,82	322,67	192,88	280,56	315,63	188,57	274,29	308,57	184,26	268,02	301,52	179,96	261,76	294
	V	4.256,41	234,10	340,51	383,07																		
	VI	4.300,75	236,54	344,06	387,06																		
12.137,99 (Ost)	I	3.749,83	206,24	299,98	337,48	197,62	287,45	323,38	189,00	274,92	309,28	180,39	262,38	295,18	171,77	249,85	281,08	163,15	237,32	266,98	154,54	224,78	252
	II	3.600,75	198,04	288,06	324,06	189,42	275,52	309,96	180,80	262,99	295,86	172,19	250,46	281,76	163,57	237,92	267,66	154,95	225,39	253,56	142,66	212,86	239
	III	2.918,66	-	233,49	262,67	-	220,96	248,58	-	208,52	234,58	-	196,32	220,86	-	184,38	207,43	-	172,70	194,29	-	161,29	181
	IV	3.749,83	206,24	299,98	337,48	201,93	293,72	330,43	197,62	287,45	323,38	193,31	281,18	316,33	189,00	274,92	309,28	184,69	268,65	302,23	180,39	262,38	295
	V	4.264,25	234,53	341,14	383,78																		
	VI	4.308,58	236,97	344,68	387,77																		
12.140,99 (West)	I	3.743,25	205,87	299,46	336,89	197,26	286,92	322,79	188,64	274,39	308,69	180,03	261,86	294,59	171,41	249,33	280,49	162,80	236,80	266,40	154,18	224,26	252
	II	3.594,16	197,67	287,53	323,47	189,06	275,00	309,37	180,44	262,46	295,27	171,82	249,93	281,17	163,21	237,40	267,07	154,59	224,86	252,97	141,88	212,34	238
	III	2.912,16	-	232,97	262,09	-	220,44	247,99	-	208,00	234,00	-	195,81	220,28	-	183,89	206,87	-	172,22	193,75	-	160,81	180
	IV	3.743,25	205,87	299,46	336,89	201,57	293,19	329,84	197,26	286,92	322,79	192,95	280,66	315,74	188,64	274,39	308,69	184,33	268,12	301,64	180,03	261,86	294
	V	4.257,75	234,17	340,62	383,19																		
	VI	4.302,00	236,61	344,16	387,18																		
12.140,99 (Ost)	I	3.751,08	206,30	300,08	337,59	197,69	287,55	323,49	189,07	275,02	309,39	180,45	262,48	295,29	171,84	249,95	281,19	163,22	237,42	267,09	154,60	224,88	252
	II	3.602,00	198,11	288,16	324,18	189,49	275,62	310,07	180,87	263,09	295,97	172,26	250,56	281,88	163,64	238,02	267,77	155,02	225,49	253,67	142,80	212,96	239
	III	2.920,00	-	233,60	262,80	-	221,06	248,69	-	208,61	234,68	-	196,42	220,97	-	184,48	207,54	-	172,80	194,40	-	161,38	181,
	IV	3.751,08	206,30	300,08	337,59	202,00	293,82	330,54	197,69	287,55	323,49	193,38	281,28	316,44	189,07	275,02	309,39	184,76	268,75	302,34	180,45	262,48	295,
	V	4.265,50	234,60	341,24	383,89																		
	VI	4.309,83	237,04	344,78	387,88																		
12.143,99 (West)	I	3.744,50	205,94	299,56	337,00	197,33	287,02	322,90	188,71	274,50	308,81	180,10	261,96	294,71	171,48	249,43	280,61	162,86	236,90	266,51	154,25	224,36	252,
	II	3.595,41	197,74	287,63	323,58	189,13	275,10	309,48	180,51	262,56	295,38	171,89	250,03	281,28	163,28	237,50	267,19	154,66	224,97	253,09	142,03	212,44	238,
	III	2.913,33	-	233,06	262,19	-	220,53	248,09	-	208,09	234,10	-	195,92	220,41	-	183,98	206,98	-	172,32	193,86	-	160,90	181,
	IV	3.744,50	205,94	299,56	337,00	201,63	293,29	329,95	197,33	287,02	322,90	193,02	280,76	315,86	188,71	274,50	308,81	184,41	268,23	301,76	180,10	261,96	294,
	V	4.259,00	234,24	340,72	383,31																		
	VI	4.303,25	236,67	344,26	387,29																		
12.143,99 (Ost)	I	3.752,33	206,37	300,18	337,70	197,76	287,65	323,60	189,14	275,12	309,51	180,52	262,58	295,40	171,91	250,05	281,30	163,29	237,52	267,21	154,68	224,99	253,
	II	3.603,25	198,17	288,26	324,29	189,56	275,72	310,19	180,94	263,19	296,09	172,32	250,66	281,99	163,71	238,12	267,89	155,09	225,59	253,79	142,95	213,06	239,
	III	2.921,16	-	233,69	262,90	-	221,16	248,80	-	208,72	234,81	-	196,52	221,08	-	184,58	207,65	-	172,89	194,50	-	161,46	181,
	IV	3.752,33	206,37	300,18	337,70	202,07	293,92	330,66	197,76	287,65	323,60	193,45	281,38	316,55	189,14	275,12	309,51	184,83	268,85	302,45	180,52	262,58	295,
	V	4.266,75	234,67	341,34	384,00																		
	VI	4.311,08	237,10	344,88	387,99																		
12.146,99 (West)	I	3.745,83	206,02	299,66	337,12	197,40	287,13	323,02	188,78	274,60	308,92	180,17	262,06	294,82	171,55	249,53	280,72	162,93	237,00	266,62	154,32	224,46	252,
	II	3.596,66	197,81	287,73	323,69	189,20	275,20	309,60	180,58	262,66	295,49	171,97	250,14	281,40	163,35	237,60	267,30	154,73	225,07	253,20	142,18	212,54	239,
	III	2.914,66	-	233,17	262,31	-	220,64	248,22	-	208,20	234,22	-	196,01	220,51	-	184,08	207,09	-	172,41	193,96	-	161,00	181,
	IV	3.745,83	206,02	299,66	337,12	201,71	293,40	330,07	197,40	287,13	323,02	193,09	280,86	315,97	188,78	274,60	308,92	184,47	268,33	301,87	180,17	262,06	294,
	V	4.260,25	234,31	340,82	383,42																		
	VI	4.304,58	236,75	344,36	387,41																		
12.146,99 (Ost)	I	3.753,58	206,44	300,28	337,82	197,83	287,75	323,72	189,21	275,22	309,62	180,59	262,68	295,52	171,98	250,15	281,42	163,36	237,62	267,32	154,75	225,09	253,
	II	3.604,50	198,24	288,36	324,40	189,63	275,82	310,30	181,01	263,29	296,20	172,39	250,76	282,10	163,78	238,22	268,00	155,16	225,69	253,90	143,10	213,16	239,
	III	2.922,50	-	233,80	263,02	-	221,26	248,92	-	208,81	234,91	-	196,61	221,18	-	184,68	207,76	-	172,98	194,60	-	161,56	181,
	IV	3.753,58	206,44	300,28	337,82	202,13	294,02	330,77	197,83	287,75	323,72	193,52	281,48	316,67	189,21	275,22	309,62	184,90	268,95	302,57	180,59	262,68	295,
	V	4.268,00	234,74	341,44	384,12																		
	VI	4.312,33	237,17	344,98	388,10																		

Allgemeine Tabelle

MONAT bis 12.167,99 €

Lohn/ Gehalt bis	Steuerklasse	Lohn- steuer	ohne Kinderfreibetrag SolZ 5,5%	ohne Kinderfreibetrag Kirchensteuer 8%	ohne Kinderfreibetrag Kirchensteuer 9%	0,5 SolZ 5,5%	0,5 Kirchensteuer 8%	0,5 Kirchensteuer 9%	1,0 SolZ 5,5%	1,0 Kirchensteuer 8%	1,0 Kirchensteuer 9%	1,5 SolZ 5,5%	1,5 Kirchensteuer 8%	1,5 Kirchensteuer 9%	2,0 SolZ 5,5%	2,0 Kirchensteuer 8%	2,0 Kirchensteuer 9%	2,5 SolZ 5,5%	2,5 Kirchensteuer 8%	2,5 Kirchensteuer 9%	3,0 SolZ 5,5%	3,0 Kirchensteuer 8%	3,0 Kirchensteuer 9%
						Anzahl Kinderfreibeträge (nur Steuerklassen I–IV)																	
12.149,99 (West)	I	3.747,08	206,08	299,76	337,23	197,47	287,23	323,13	188,85	274,70	309,03	180,23	262,16	294,93	171,62	249,63	280,83	163,00	237,10	266,73	154,38	224,56	252,63
	II	3.597,91	197,88	287,83	323,81	189,27	275,30	309,71	180,65	262,77	295,61	172,04	250,24	281,52	163,42	237,70	267,41	154,80	225,17	253,31	142,33	212,64	239,22
	III	2.915,83	-	233,26	262,42	-	220,73	248,32	-	208,29	234,32	-	196,10	220,61	-	184,17	207,19	-	172,50	194,06	-	161,09	181,22
	IV	3.747,08	206,08	299,76	337,23	201,78	293,50	330,18	197,47	287,23	323,13	193,16	280,96	316,08	188,85	274,70	309,03	184,54	268,43	301,98	180,23	262,16	294,93
	V	4.261,50	234,38	340,92	383,53																		
	VI	4.305,83	236,82	344,46	387,52																		
12.149,99 (Ost)	I	3.754,83	206,51	300,38	337,93	197,89	287,85	323,83	189,28	275,32	309,73	180,67	262,79	295,64	172,05	250,26	281,54	163,43	237,72	267,44	154,82	225,19	253,34
	II	3.605,75	198,31	288,46	324,51	189,69	275,92	310,41	181,08	263,39	296,31	172,46	250,86	282,21	163,84	238,32	268,11	155,23	225,79	254,01	143,26	213,26	239,92
	III	2.923,66	-	233,89	263,12	-	221,36	249,03	-	208,92	235,03	-	196,72	221,31	-	184,77	207,86	-	173,08	194,71	-	161,65	181,85
	IV	3.754,83	206,51	300,38	337,93	202,20	294,12	330,88	197,89	287,85	323,83	193,59	281,58	316,78	189,28	275,32	309,73	184,97	269,05	302,68	180,67	262,79	295,64
	V	4.269,33	234,81	341,54	384,23																		
	VI	4.313,58	237,24	345,08	388,22																		
12.152,99 (West)	I	3.748,33	206,15	299,86	337,34	197,54	287,33	323,24	188,92	274,80	309,15	180,30	262,26	295,04	171,69	249,73	280,94	163,07	237,20	266,85	154,45	224,66	252,74
	II	3.599,25	197,95	287,94	323,93	189,34	275,40	309,83	180,72	262,87	295,73	172,10	250,34	281,63	163,49	237,80	267,53	154,87	225,27	253,43	142,48	212,74	239,33
	III	2.917,16	-	233,37	262,54	-	220,84	248,44	-	208,40	234,45	-	196,21	220,73	-	184,28	207,31	-	172,60	194,17	-	161,18	181,33
	IV	3.748,33	206,15	299,86	337,34	201,85	293,60	330,30	197,54	287,33	323,24	193,23	281,06	316,19	188,92	274,80	309,15	184,61	268,53	302,09	180,30	262,26	295,04
	V	4.262,75	234,45	341,02	383,64																		
	VI	4.307,08	236,88	344,56	387,63																		
12.152,99 (Ost)	I	3.756,08	206,58	300,48	338,04	197,96	287,95	323,94	189,35	275,42	309,85	180,73	262,89	295,75	172,12	250,36	281,65	163,50	237,82	267,55	154,88	225,29	253,45
	II	3.607,00	198,38	288,56	324,63	189,76	276,02	310,52	181,15	263,49	296,42	172,53	250,96	282,33	163,92	238,43	268,23	155,30	225,90	254,13	143,41	213,36	240,03
	III	2.925,00	0,13	234,00	263,25	-	221,46	249,14	-	209,01	235,13	-	196,81	221,41	-	184,86	207,97	-	173,17	194,81	-	161,74	181,96
	IV	3.756,08	206,58	300,48	338,04	202,27	294,22	330,99	197,96	287,95	323,94	193,66	281,69	316,90	189,35	275,42	309,85	185,04	269,16	302,80	180,73	262,89	295,75
	V	4.270,58	234,88	341,64	384,35																		
	VI	4.314,83	237,31	345,18	388,33																		
12.155,99 (West)	I	3.749,58	206,22	299,96	337,46	197,61	287,43	323,36	188,99	274,90	309,26	180,37	262,36	295,16	171,76	249,83	281,06	163,14	237,30	266,96	154,52	224,76	252,86
	II	3.600,50	198,02	288,04	324,04	189,41	275,50	309,94	180,79	262,97	295,84	172,17	250,44	281,74	163,56	237,90	267,64	154,94	225,37	253,54	142,63	212,84	239,44
	III	2.918,33	-	233,46	262,64	-	220,94	248,56	-	208,49	234,55	-	196,30	220,84	-	184,37	207,41	-	172,69	194,27	-	161,26	181,42
	IV	3.749,58	206,22	299,96	337,46	201,91	293,70	330,41	197,61	287,43	323,36	193,30	281,16	316,31	188,99	274,90	309,26	184,68	268,63	302,21	180,37	262,36	295,16
	V	4.264,00	234,52	341,12	383,76																		
	VI	4.308,33	236,95	344,66	387,74																		
12.155,99 (Ost)	I	3.757,41	206,65	300,59	338,16	198,04	288,06	324,06	189,42	275,52	309,96	180,80	262,99	295,86	172,19	250,46	281,76	163,57	237,92	267,66	154,95	225,39	253,56
	II	3.608,25	198,45	288,66	324,74	189,83	276,12	310,64	181,22	263,59	296,54	172,60	251,06	282,44	163,99	238,53	268,34	155,37	226,00	254,25	143,56	213,46	240,14
	III	2.926,33	0,29	234,10	263,36	-	221,57	249,26	-	209,10	235,24	-	196,90	221,51	-	184,96	208,08	-	173,26	194,92	-	161,84	182,07
	IV	3.757,41	206,65	300,59	338,16	202,34	294,32	331,11	198,04	288,06	324,06	193,73	281,79	317,01	189,42	275,52	309,96	185,11	269,26	302,91	180,80	262,99	295,86
	V	4.271,83	234,95	341,74	384,46																		
	VI	4.316,16	237,38	345,29	388,45																		
12.158,99 (West)	I	3.750,83	206,29	300,06	337,57	197,67	287,53	323,47	189,06	275,00	309,37	180,44	262,46	295,27	171,82	249,93	281,17	163,21	237,40	267,07	154,59	224,86	252,97
	II	3.601,75	198,09	288,14	324,15	189,47	275,60	310,05	180,86	263,07	295,95	172,24	250,54	281,85	163,62	238,00	267,75	155,01	225,47	253,65	142,78	212,94	239,55
	III	2.919,66	-	233,57	262,76	-	221,04	248,67	-	208,60	234,67	-	196,40	220,95	-	184,46	207,52	-	172,78	194,38	-	161,36	181,53
	IV	3.750,83	206,29	300,06	337,57	201,98	293,80	330,52	197,67	287,53	323,47	193,37	281,26	316,42	189,06	275,00	309,37	184,75	268,73	302,32	180,44	262,46	295,27
	V	4.265,25	234,58	341,22	383,87																		
	VI	4.309,58	237,02	344,76	387,86																		
12.158,99 (Ost)	I	3.758,66	206,72	300,69	338,27	198,11	288,16	324,18	189,49	275,62	310,07	180,87	263,09	295,97	172,26	250,56	281,88	163,64	238,02	267,77	155,02	225,49	253,67
	II	3.609,50	198,52	288,76	324,85	189,91	276,23	310,76	181,29	263,70	296,66	172,67	251,16	282,56	164,06	238,63	268,46	155,44	226,10	254,36	143,71	213,56	240,26
	III	2.927,50	0,43	234,20	263,47	-	221,66	249,37	-	209,21	235,36	-	197,00	221,62	-	185,05	208,18	-	173,36	195,03	-	161,93	182,17
	IV	3.758,66	206,72	300,69	338,27	202,41	294,42	331,22	198,11	288,16	324,18	193,80	281,89	317,12	189,49	275,62	310,07	185,18	269,36	303,03	180,87	263,09	295,97
	V	4.273,08	235,01	341,84	384,57																		
	VI	4.317,41	237,45	345,39	388,56																		
12.161,99 (West)	I	3.752,08	206,36	300,16	337,68	197,74	287,63	323,58	189,13	275,10	309,48	180,51	262,56	295,38	171,89	250,03	281,28	163,28	237,50	267,19	154,66	224,97	253,09
	II	3.603,00	198,16	288,24	324,27	189,54	275,70	310,16	180,93	263,17	296,06	172,31	250,64	281,97	163,69	238,10	267,86	155,08	225,57	253,76	142,92	213,04	239,67
	III	2.921,00	-	233,68	262,89	-	221,14	248,78	-	208,69	234,77	-	196,49	221,05	-	184,56	207,63	-	172,88	194,49	-	161,45	181,63
	IV	3.752,08	206,36	300,16	337,68	202,05	293,90	330,63	197,74	287,63	323,58	193,43	281,36	316,53	189,13	275,10	309,48	184,82	268,83	302,43	180,51	262,56	295,38
	V	4.266,50	234,65	341,32	383,98																		
	VI	4.310,83	237,09	344,86	387,97																		
12.161,99 (Ost)	I	3.759,91	206,79	300,79	338,39	198,17	288,26	324,29	189,56	275,72	310,19	180,94	263,19	296,09	172,32	250,66	281,99	163,71	238,12	267,89	155,09	225,59	253,79
	II	3.610,83	198,59	288,86	324,97	189,97	276,33	310,87	181,36	263,80	296,77	172,74	251,26	282,67	164,12	238,73	268,57	155,51	226,20	254,47	143,86	213,66	240,37
	III	2.928,83	0,59	234,30	263,59	-	221,77	249,49	-	209,30	235,46	-	197,10	221,74	-	185,14	208,28	-	173,45	195,13	-	162,01	182,26
	IV	3.759,91	206,79	300,79	338,39	202,48	294,52	331,34	198,17	288,26	324,29	193,87	281,99	317,24	189,56	275,72	310,19	185,25	269,46	303,14	180,94	263,19	296,09
	V	4.274,33	235,08	341,94	384,68																		
	VI	4.318,66	237,52	345,49	388,67																		
12.164,99 (West)	I	3.753,33	206,43	300,26	337,79	197,81	287,73	323,69	189,20	275,20	309,60	180,58	262,66	295,49	171,97	250,14	281,40	163,35	237,60	267,30	154,73	225,07	253,20
	II	3.604,25	198,23	288,34	324,38	189,61	275,80	310,28	181,00	263,27	296,18	172,38	250,74	282,08	163,76	238,20	267,98	155,15	225,67	253,88	143,08	213,14	239,78
	III	2.922,16	-	233,77	262,99	-	221,24	248,89	-	208,78	234,88	-	196,60	221,17	-	184,65	207,73	-	172,97	194,59	-	161,54	181,73
	IV	3.753,33	206,43	300,26	337,79	202,12	294,00	330,75	197,81	287,73	323,69	193,50	281,46	316,64	189,20	275,20	309,60	184,89	268,93	302,54	180,58	262,66	295,49
	V	4.267,83	234,73	341,42	384,10																		
	VI	4.312,08	237,16	344,96	388,08																		
12.164,99 (Ost)	I	3.761,16	206,86	300,89	338,50	198,24	288,36	324,40	189,63	275,82	310,30	181,01	263,29	296,20	172,39	250,76	282,10	163,78	238,22	268,00	155,16	225,69	253,90
	II	3.612,08	198,66	288,96	325,08	190,04	276,43	310,98	181,43	263,90	296,88	172,81	251,36	282,78	164,19	238,83	268,68	155,58	226,30	254,58	144,00	213,76	240,48
	III	2.930,00	0,73	234,40	263,70	-	221,86	249,59	-	209,41	235,58	-	197,20	221,85	-	185,24	208,39	-	173,54	195,23	-	162,10	182,36
	IV	3.761,16	206,86	300,89	338,50	202,55	294,62	331,45	198,24	288,36	324,40	193,93	282,09	317,35	189,63	275,82	310,30	185,32	269,56	303,25	181,01	263,29	296,20
	V	4.275,58	235,15	342,04	384,80																		
	VI	4.319,91	237,59	345,59	388,79																		
12.167,99 (West)	I	3.754,58	206,50	300,36	337,91	197,88	287,83	323,81	189,27	275,30	309,71	180,65	262,77	295,61	172,04	250,24	281,52	163,42	237,70	267,41	154,80	225,17	253,31
	II	3.605,50	198,30	288,44	324,49	189,68	275,90	310,39	181,06	263,37	296,29	172,45	250,84	282,19	163,83	238,30	268,09	155,22	225,78	254,00	143,23	213,24	239,90
	III	2.923,50	-	233,88	263,11	-	221,34	249,01	-	208,89	235,00	-	196,69	221,27	-	184,74	207,83	-	173,06	194,69	-	161,64	181,84
	IV	3.754,58	206,50	300,36	337,91	202,19	294,10	330,86	197,88	287,83	323,81	193,57	281,56	316,76	189,27	275,30	309,71	184,96	269,04	302,67	180,65	262,77	295,61
	V	4.269,08	234,79	341,52	384,21																		
	VI	4.313,33	237,23	345,06	388,19																		
12.167,99 (Ost)	I	3.762,41	206,93	300,99	338,61	198,31	288,46	324,51	189,69	275,92	310,41	181,08	263,39	296,31	172,46	250,86	282,21	163,84	238,32	268,11	155,23	225,79	254,01
	II	3.613,33	198,73	289,06	325,19	190,11	276,53	311,09	181,50	264,00	297,00	172,88	251,46	282,89	164,26	238,93	268,79	155,65	226,40	254,70	144,15	213,86	240,59
	III	2.931,33	0,89	234,50	263,81	-	221,97	249,71	-	209,50	235,69	-	197,29	221,95	-	185,34	208,51	-	173,64	195,34	-	162,20	182,47
	IV	3.762,41	206,93	300,99	338,61	202,62	294,72	331,56	198,31	288,46	324,51	194,00	282,19	317,46	189,69	275,92	310,41	185,39	269,66	303,36	181,08	263,39	296,31
	V	4.276,83	235,22	342,14	384,91																		
	VI	4.321,16	237,66	345,69	388,90																		

MONAT bis 12.188,99 €

Allgemeine Tabelle

Lohn/ Gehalt bis	Steuerklasse	Lohnsteuer	ohne Kinderfreibetrag SolZ 5,5%	Kirchensteuer 8%	9%	0,5 SolZ 5,5%	Kirchensteuer 8%	9%	1,0 SolZ 5,5%	Kirchensteuer 8%	9%	1,5 SolZ 5,5%	Kirchensteuer 8%	9%	2,0 SolZ 5,5%	Kirchensteuer 8%	9%	2,5 SolZ 5,5%	Kirchensteuer 8%	9%	3,0 SolZ 5,5%	Kirchensteuer 8%	9%
12.170,99 *(West)*	I	3.755,83	206,57	300,46	338,02	197,95	287,94	323,93	189,34	275,40	309,83	180,72	262,87	295,73	172,10	250,34	281,63	163,49	237,80	267,53	154,87	225,27	253,
	II	3.606,75	198,37	288,54	324,60	189,75	276,00	310,50	181,13	263,47	296,40	172,52	250,94	282,31	163,90	238,41	268,21	155,29	225,88	254,11	143,38	213,34	240,
	III	2.924,66	0,09	233,97	263,21	-	221,44	249,12	-	208,98	235,10	-	196,78	221,38	-	184,84	207,94	-	173,16	194,80	-	161,72	181,
	IV	3.755,83	206,57	300,46	338,02	202,26	294,20	330,98	197,95	287,94	323,93	193,65	281,67	316,88	189,34	275,40	309,83	185,03	269,14	302,78	180,72	262,87	295,
	V	4.270,33	234,86	341,62	384,32																		
	VI	4.314,58	237,30	345,16	388,31																		
12.170,99 *(Ost)*	I	3.763,66	207,00	301,09	338,72	198,38	288,56	324,63	189,76	276,02	310,52	181,15	263,49	296,42	172,53	250,96	282,33	163,92	238,43	268,23	155,30	225,90	254,
	II	3.614,58	198,80	289,16	325,31	190,18	276,63	311,21	181,56	264,10	297,11	172,95	251,56	283,01	164,33	239,03	268,91	155,71	226,50	254,81	144,30	213,96	240,
	III	2.932,50	1,03	234,60	263,92	-	222,06	249,82	-	209,61	235,81	-	197,40	222,07	-	185,44	208,62	-	173,73	195,44	-	162,29	182,
	IV	3.763,66	207,00	301,09	338,72	202,69	294,82	331,67	198,38	288,56	324,63	194,07	282,29	317,57	189,76	276,02	310,52	185,46	269,76	303,48	181,15	263,49	296,
	V	4.278,08	235,29	342,24	385,02																		
	VI	4.322,41	237,73	345,79	389,01																		
12.173,99 *(West)*	I	3.757,16	206,64	300,57	338,14	198,02	288,04	324,04	189,41	275,50	309,94	180,79	262,97	295,84	172,17	250,44	281,74	163,56	237,90	267,64	154,94	225,37	253,
	II	3.608,00	198,44	288,64	324,72	189,82	276,10	310,61	181,21	263,58	296,52	172,59	251,04	282,42	163,97	238,51	268,32	155,36	225,98	254,22	143,53	213,44	240,
	III	2.926,00	0,25	234,08	263,34	-	221,54	249,23	-	209,09	235,22	-	196,88	221,49	-	184,93	208,04	-	173,25	194,90	-	161,81	182,
	IV	3.757,16	206,64	300,57	338,14	202,33	294,30	331,09	198,02	288,04	324,04	193,71	281,77	316,99	189,41	275,50	309,94	185,10	269,24	302,89	180,79	262,97	295,
	V	4.271,58	234,93	341,72	384,44																		
	VI	4.315,91	237,37	345,27	388,43																		
12.173,99 *(Ost)*	I	3.764,91	207,07	301,19	338,84	198,45	288,66	324,74	189,83	276,12	310,64	181,22	263,59	296,54	172,60	251,06	282,44	163,99	238,53	268,34	155,37	226,00	254,
	II	3.615,83	198,87	289,26	325,42	190,25	276,73	311,32	181,63	264,20	297,22	173,02	251,66	283,12	164,40	239,13	269,02	155,78	226,60	254,92	144,46	214,07	240,
	III	2.933,83	1,19	234,70	264,04	-	222,17	249,94	-	209,70	235,91	-	197,49	222,17	-	185,53	208,72	-	173,82	195,55	-	162,38	182,
	IV	3.764,91	207,07	301,19	338,84	202,76	294,92	331,79	198,45	288,66	324,74	194,14	282,39	317,69	189,83	276,12	310,64	185,52	269,86	303,59	181,22	263,59	296,
	V	4.279,41	235,36	342,35	385,14																		
	VI	4.323,66	237,80	345,89	389,12																		
12.176,99 *(West)*	I	3.758,41	206,71	300,67	338,25	198,09	288,14	324,15	189,47	275,60	310,05	180,86	263,07	295,95	172,24	250,54	281,85	163,62	238,00	267,75	155,01	225,47	253,
	II	3.609,33	198,51	288,74	324,83	189,89	276,21	310,73	181,28	263,68	296,64	172,66	251,14	282,53	164,04	238,61	268,43	155,43	226,08	254,34	143,68	213,54	240,
	III	2.927,16	0,39	234,17	263,44	-	221,64	249,34	-	209,18	235,33	-	196,98	221,60	-	185,04	208,17	-	173,34	195,01	-	161,90	182,
	IV	3.758,41	206,71	300,67	338,25	202,40	294,40	331,20	198,09	288,14	324,15	193,78	281,87	317,10	189,47	275,60	310,05	185,17	269,34	303,00	180,86	263,07	295,
	V	4.272,83	235,00	341,82	384,55																		
	VI	4.317,16	237,44	345,37	388,54																		
12.176,99 *(Ost)*	I	3.766,16	207,13	301,29	338,95	198,52	288,76	324,85	189,91	276,23	310,76	181,29	263,70	296,66	172,67	251,16	282,56	164,06	238,63	268,46	155,44	226,10	254,
	II	3.617,08	198,93	289,36	325,53	190,32	276,83	311,43	181,70	264,30	297,33	173,08	251,76	283,23	164,47	239,23	269,13	155,86	226,70	255,04	144,61	214,17	240,
	III	2.935,00	1,32	234,80	264,15	-	222,26	250,04	-	209,81	236,03	-	197,58	222,28	-	185,62	208,82	-	173,92	195,66	-	162,48	182,
	IV	3.766,16	207,13	301,29	338,95	202,83	295,02	331,90	198,52	288,76	324,85	194,21	282,49	317,80	189,91	276,23	310,76	185,60	269,96	303,71	181,29	263,70	296,
	V	4.280,66	235,43	342,45	385,25																		
	VI	4.324,91	237,87	345,99	389,24																		
12.179,99 *(West)*	I	3.759,66	206,78	300,77	338,36	198,16	288,24	324,27	189,54	275,70	310,16	180,93	263,17	296,06	172,31	250,64	281,97	163,69	238,10	267,86	155,08	225,57	253,
	II	3.610,58	198,58	288,84	324,95	189,96	276,31	310,85	181,34	263,78	296,75	172,73	251,24	282,65	164,11	238,71	268,55	155,49	226,18	254,45	143,83	213,64	240,
	III	2.928,50	0,55	234,28	263,56	-	221,74	249,46	-	209,29	235,45	-	197,08	221,71	-	185,13	208,27	-	173,44	195,12	-	162,00	182,
	IV	3.759,66	206,78	300,77	338,36	202,47	294,50	331,31	198,16	288,24	324,27	193,85	281,97	317,21	189,54	275,70	310,16	185,24	269,44	303,12	180,93	263,17	296,0
	V	4.274,08	235,07	341,92	384,66																		
	VI	4.318,41	237,51	345,47	388,65																		
12.179,99 *(Ost)*	I	3.767,41	207,20	301,39	339,06	198,59	288,86	324,97	189,97	276,33	310,87	181,36	263,80	296,77	172,74	251,26	282,67	164,12	238,73	268,57	155,51	226,20	254,
	II	3.618,33	199,00	289,46	325,64	190,39	276,93	311,54	181,77	264,40	297,45	173,16	251,87	283,35	164,54	239,34	269,25	155,92	226,80	255,15	144,76	214,27	241,
	III	2.936,33	1,48	234,90	264,26	-	222,37	250,16	-	209,90	236,14	-	197,68	222,39	-	185,72	208,93	-	174,01	195,76	-	162,56	182,
	IV	3.767,41	207,20	301,39	339,06	202,90	295,13	332,02	198,59	288,86	324,97	194,28	282,60	317,92	189,97	276,33	310,87	185,67	270,06	303,82	181,36	263,80	296,
	V	4.281,91	235,50	342,55	385,37																		
	VI	4.326,25	237,94	346,10	389,36																		
12.182,99 *(West)*	I	3.760,91	206,85	300,87	338,48	198,23	288,34	324,38	189,61	275,80	310,28	181,00	263,27	296,18	172,38	250,74	282,08	163,76	238,20	267,98	155,15	225,67	253,
	II	3.611,83	198,65	288,94	325,06	190,03	276,41	310,96	181,41	263,88	296,86	172,80	251,34	282,76	164,18	238,81	268,66	155,56	226,28	254,56	143,98	213,74	240,
	III	2.929,83	0,71	234,38	263,68	-	221,85	249,58	-	209,38	235,55	-	197,17	221,81	-	185,22	208,37	-	173,53	195,22	-	162,09	182,
	IV	3.760,91	206,85	300,87	338,48	202,54	294,60	331,43	198,23	288,34	324,38	193,92	282,07	317,33	189,61	275,80	310,28	185,30	269,54	303,23	181,00	263,27	296,
	V	4.275,33	235,14	342,02	384,77																		
	VI	4.319,66	237,58	345,57	388,76																		
12.182,99 *(Ost)*	I	3.768,75	207,28	301,50	339,18	198,66	288,96	325,08	190,04	276,43	310,98	181,43	263,90	296,88	172,81	251,36	282,78	164,19	238,83	268,68	155,58	226,30	254,
	II	3.619,58	199,07	289,56	325,76	190,46	277,03	311,66	181,84	264,50	297,56	173,23	251,97	283,46	164,61	239,44	269,37	155,99	226,90	255,26	144,91	214,37	241,
	III	2.937,66	1,64	235,01	264,38	-	222,48	250,29	-	210,00	236,25	-	197,78	222,50	-	185,81	209,03	-	174,10	195,86	-	162,65	182,
	IV	3.768,75	207,28	301,50	339,18	202,97	295,23	332,13	198,66	288,96	325,08	194,35	282,70	318,03	190,04	276,43	310,98	185,73	270,16	303,93	181,43	263,90	296,
	V	4.283,16	235,57	342,65	385,48																		
	VI	4.327,50	238,01	346,20	389,47																		
12.185,99 *(West)*	I	3.762,16	206,91	300,97	338,59	198,30	288,44	324,49	189,68	275,90	310,39	181,06	263,37	296,29	172,45	250,84	282,19	163,83	238,30	268,09	155,22	225,78	254,
	II	3.613,08	198,71	289,04	325,17	190,10	276,51	311,07	181,48	263,98	296,97	172,86	251,44	282,87	164,25	238,91	268,77	155,63	226,38	254,67	144,12	213,84	240,
	III	2.931,00	0,85	234,48	263,79	-	221,94	249,68	-	209,49	235,67	-	197,28	221,94	-	185,32	208,48	-	173,62	195,32	-	162,18	182,
	IV	3.762,16	206,91	300,97	338,59	202,61	294,70	331,54	198,30	288,44	324,49	193,99	282,17	317,44	189,68	275,90	310,39	185,37	269,64	303,34	181,06	263,37	296,
	V	4.276,58	235,21	342,12	384,89																		
	VI	4.320,91	237,65	345,67	388,88																		
12.185,99 *(Ost)*	I	3.770,00	207,35	301,60	339,30	198,73	289,06	325,19	190,11	276,53	311,09	181,50	264,00	297,00	172,88	251,46	282,89	164,26	238,93	268,79	155,65	226,40	254,
	II	3.620,91	199,15	289,67	325,88	190,53	277,14	311,78	181,91	264,60	297,68	173,30	252,07	283,58	164,68	239,54	269,48	156,06	227,00	255,38	145,06	214,47	241,
	III	2.938,83	1,78	235,10	264,49	-	222,57	250,39	-	210,10	236,36	-	197,88	222,61	-	185,90	209,14	-	174,20	195,97	-	162,74	183,
	IV	3.770,00	207,35	301,60	339,30	203,04	295,33	332,24	198,73	289,06	325,19	194,42	282,80	318,15	190,11	276,53	311,09	185,80	270,26	304,04	181,50	264,00	297,
	V	4.284,41	235,64	342,75	385,59																		
	VI	4.328,75	238,08	346,30	389,58																		
12.188,99 *(West)*	I	3.763,41	206,98	301,07	338,70	198,37	288,54	324,60	189,75	276,00	310,50	181,13	263,47	296,40	172,52	250,94	282,31	163,90	238,41	268,21	155,29	225,88	254,
	II	3.614,33	198,78	289,14	325,28	190,17	276,61	311,18	181,55	264,08	297,09	172,93	251,54	282,98	164,32	239,01	268,88	155,70	226,48	254,79	144,27	213,94	240,
	III	2.932,33	1,01	234,58	263,90	-	222,05	249,80	-	209,58	235,78	-	197,37	222,04	-	185,41	208,58	-	173,72	195,43	-	162,26	182,
	IV	3.763,41	206,98	301,07	338,70	202,67	294,80	331,65	198,37	288,54	324,60	194,06	282,27	317,55	189,75	276,00	310,50	185,44	269,74	303,45	181,13	263,47	296,
	V	4.277,83	235,28	342,22	385,00																		
	VI	4.322,16	237,71	345,77	388,99																		
12.188,99 *(Ost)*	I	3.771,25	207,41	301,70	339,41	198,80	289,16	325,31	190,18	276,63	311,21	181,56	264,10	297,11	172,95	251,56	283,01	164,33	239,03	268,91	155,71	226,50	254,
	II	3.622,16	199,21	289,77	325,99	190,60	277,24	311,89	181,98	264,70	297,79	173,36	252,17	283,69	164,75	239,64	269,59	156,13	227,10	255,49	145,20	214,57	241,
	III	2.940,16	1,94	235,21	264,61	-	222,68	250,51	-	210,20	236,47	-	197,97	222,71	-	186,01	209,26	-	174,29	196,07	-	162,84	183,
	IV	3.771,25	207,41	301,70	339,41	203,11	295,43	332,36	198,80	289,16	325,31	194,49	282,90	318,26	190,18	276,63	311,21	185,87	270,36	304,16	181,56	264,10	297,
	V	4.285,66	235,71	342,85	385,70																		
	VI	4.330,00	238,15	346,40	389,70																		

Lohn/ Gehalt bis	Steuerklasse	Lohn-steuer	ohne Kinderfreibetrag SolZ 5,5%	ohne Kinderfreibetrag Kirchensteuer 8%	ohne Kinderfreibetrag Kirchensteuer 9%	0,5 SolZ 5,5%	0,5 Kirchensteuer 8%	0,5 Kirchensteuer 9%	1,0 SolZ 5,5%	1,0 Kirchensteuer 8%	1,0 Kirchensteuer 9%	1,5 SolZ 5,5%	1,5 Kirchensteuer 8%	1,5 Kirchensteuer 9%	2,0 SolZ 5,5%	2,0 Kirchensteuer 8%	2,0 Kirchensteuer 9%	2,5 SolZ 5,5%	2,5 Kirchensteuer 8%	2,5 Kirchensteuer 9%	3,0 SolZ 5,5%	3,0 Kirchensteuer 8%	3,0 Kirchensteuer 9%
						Anzahl Kinderfreibeträge (nur Steuerklassen I–IV)																	
2.191,99 (West)	I	3.764,66	207,05	301,17	338,81	198,44	288,64	324,72	189,82	276,10	310,61	181,21	263,58	296,52	172,59	251,04	282,42	163,97	238,51	268,32	155,36	225,98	254,22
	II	3.615,58	198,85	289,24	325,40	190,24	276,71	311,30	181,62	264,18	297,20	173,00	251,64	283,10	164,39	239,11	269,00	155,77	226,58	254,90	144,43	214,05	240,80
	III	2.933,50	1,15	234,68	264,01	-	222,14	249,91	-	209,68	235,89	-	197,46	222,14	-	185,50	208,69	-	173,81	195,53	-	162,36	182,65
	IV	3.764,66	207,05	301,17	338,81	202,74	294,90	331,76	198,44	288,64	324,72	194,13	282,37	317,66	189,82	276,10	310,61	185,51	269,84	303,57	181,21	263,58	296,52
	V	4.279,16	235,35	342,33	385,12																		
	VI	4.323,41	237,78	345,87	389,10																		
2.191,99 (Ost)	I	3.772,50	207,48	301,80	339,52	198,87	289,26	325,42	190,25	276,73	311,32	181,63	264,20	297,22	173,02	251,66	283,12	164,40	239,13	269,02	155,78	226,60	254,92
	II	3.623,41	199,28	289,87	326,10	190,67	277,34	312,00	182,05	264,80	297,90	173,43	252,27	283,80	164,82	239,74	269,70	156,20	227,20	255,60	145,35	214,67	241,50
	III	2.941,33	2,08	235,30	264,71	-	222,77	250,61	-	210,30	236,59	-	198,08	222,84	-	186,10	209,36	-	174,38	196,18	-	162,93	183,29
	IV	3.772,50	207,48	301,80	339,52	203,17	295,53	332,47	198,87	289,26	325,42	194,56	283,00	318,37	190,25	276,73	311,32	185,94	270,46	304,27	181,63	264,20	297,22
	V	4.286,91	235,78	342,95	385,82																		
	VI	4.331,25	238,21	346,50	389,81																		
2.194,99 (West)	I	3.765,91	207,12	301,27	338,93	198,51	288,74	324,83	189,89	276,21	310,73	181,28	263,68	296,64	172,66	251,14	282,53	164,04	238,61	268,43	155,43	226,08	254,34
	II	3.616,83	198,92	289,34	325,51	190,30	276,81	311,41	181,69	264,28	297,31	173,07	251,74	283,21	164,46	239,22	269,12	155,84	226,68	255,02	144,58	214,15	240,92
	III	2.934,83	1,30	234,78	264,13	-	222,25	250,03	-	209,78	236,00	-	197,57	222,26	-	185,60	208,80	-	173,90	195,64	-	162,45	182,75
	IV	3.765,91	207,12	301,27	338,93	202,81	295,00	331,88	198,51	288,74	324,83	194,20	282,48	317,79	189,89	276,21	310,73	185,58	269,94	303,68	181,28	263,68	296,64
	V	4.280,41	235,42	342,43	385,23																		
	VI	4.324,66	237,85	345,97	389,21																		
2.194,99 (Ost)	I	3.773,75	207,55	301,90	339,63	198,93	289,36	325,53	190,32	276,83	311,43	181,70	264,30	297,33	173,08	251,76	283,23	164,47	239,23	269,13	155,86	226,70	255,04
	II	3.624,66	199,35	289,97	326,21	190,74	277,44	312,12	182,12	264,90	298,01	173,50	252,37	283,91	164,89	239,84	269,82	156,27	227,30	255,71	145,50	214,77	241,61
	III	2.942,66	2,24	235,41	264,83	-	222,88	250,74	-	210,40	236,70	-	198,17	222,94	-	186,20	209,47	-	174,48	196,29	-	163,02	183,40
	IV	3.773,75	207,55	301,90	339,63	203,24	295,63	332,58	198,93	289,36	325,53	194,63	283,10	318,48	190,32	276,83	311,43	186,01	270,56	304,38	181,70	264,30	297,33
	V	4.288,16	235,84	343,05	385,93																		
	VI	4.332,50	238,28	346,60	389,92																		
2.197,99 (West)	I	3.767,25	207,19	301,38	339,05	198,58	288,84	324,95	189,96	276,31	310,85	181,34	263,78	296,75	172,73	251,24	282,65	164,11	238,71	268,55	155,49	226,18	254,45
	II	3.618,08	198,99	289,44	325,62	190,37	276,91	311,52	181,76	264,38	297,43	173,14	251,85	283,33	164,53	239,32	269,23	155,91	226,78	255,13	144,73	214,25	241,03
	III	2.936,00	1,44	234,88	264,24	-	222,34	250,13	-	209,88	236,11	-	197,66	222,37	-	185,70	208,91	-	174,00	195,75	-	162,54	182,86
	IV	3.767,25	207,19	301,38	339,05	202,89	295,11	332,00	198,58	288,84	324,95	194,27	282,58	317,90	189,96	276,31	310,85	185,65	270,04	303,80	181,34	263,78	296,75
	V	4.281,66	235,49	342,53	385,34																		
	VI	4.326,00	237,93	346,08	389,34																		
2.197,99 (Ost)	I	3.775,00	207,62	302,00	339,75	199,00	289,46	325,64	190,39	276,93	311,54	181,77	264,40	297,45	173,16	251,87	283,35	164,54	239,34	269,25	155,92	226,80	255,15
	II	3.625,91	199,42	290,07	326,33	190,80	277,54	312,23	182,19	265,00	298,13	173,57	252,47	284,03	164,95	239,94	269,93	156,34	227,40	255,83	145,65	214,87	241,73
	III	2.943,83	2,38	235,50	264,94	-	222,97	250,84	-	210,50	236,81	-	198,26	223,04	-	186,29	209,57	-	174,57	196,39	-	163,10	183,49
	IV	3.775,00	207,62	302,00	339,75	203,31	295,73	332,69	199,00	289,46	325,64	194,70	283,20	318,60	190,39	276,93	311,54	186,08	270,66	304,49	181,77	264,40	297,45
	V	4.289,50	235,92	343,16	386,05																		
	VI	4.333,75	238,35	346,70	390,03																		
2.200,99 (West)	I	3.768,50	207,26	301,48	339,16	198,65	288,94	325,06	190,03	276,41	310,96	181,41	263,88	296,86	172,80	251,34	282,76	164,18	238,81	268,66	155,56	226,28	254,56
	II	3.619,33	199,06	289,54	325,73	190,45	277,02	311,64	181,83	264,48	297,54	173,21	251,95	283,44	164,60	239,42	269,34	155,98	226,88	255,24	144,88	214,35	241,14
	III	2.937,33	1,60	234,98	264,35	-	222,45	250,25	-	209,98	236,23	-	197,76	222,48	-	185,80	209,02	-	174,09	195,85	-	162,64	182,97
	IV	3.768,50	207,26	301,48	339,16	202,95	295,21	332,11	198,65	288,94	325,06	194,34	282,68	318,01	190,03	276,41	310,96	185,72	270,14	303,91	181,41	263,88	296,86
	V	4.282,91	235,56	342,63	385,46																		
	VI	4.327,25	237,99	346,18	389,45																		
2.200,99 (Ost)	I	3.776,25	207,69	302,10	339,86	199,07	289,56	325,76	190,46	277,03	311,66	181,84	264,50	297,56	173,23	251,97	283,46	164,61	239,44	269,37	155,99	226,90	255,26
	II	3.627,16	199,49	290,17	326,44	190,87	277,64	312,34	182,26	265,10	298,24	173,64	252,57	284,14	165,02	240,04	270,04	156,41	227,51	255,95	145,81	214,98	241,85
	III	2.945,16	2,53	235,61	265,06	-	223,08	250,96	-	210,60	236,92	-	198,37	223,16	-	186,38	209,68	-	174,66	196,49	-	163,20	183,60
	IV	3.776,25	207,69	302,10	339,86	203,38	295,83	332,81	199,07	289,56	325,76	194,76	283,30	318,71	190,46	277,03	311,66	186,15	270,77	304,61	181,84	264,50	297,56
	V	4.290,75	235,99	343,26	386,16																		
	VI	4.335,00	238,42	346,80	390,15																		
2.203,99 (West)	I	3.769,75	207,33	301,58	339,27	198,71	289,04	325,17	190,10	276,51	311,07	181,48	263,98	296,97	172,86	251,44	282,87	164,25	238,91	268,77	155,63	226,38	254,67
	II	3.620,66	199,13	289,65	325,85	190,52	277,12	311,76	181,90	264,58	297,65	173,28	252,05	283,55	164,67	239,52	269,46	156,05	226,98	255,35	145,03	214,45	241,25
	III	2.938,50	1,74	235,08	264,46	-	222,54	250,36	-	210,08	236,34	-	197,85	222,58	-	185,89	209,12	-	174,18	195,95	-	162,72	183,06
	IV	3.769,75	207,33	301,58	339,27	203,02	295,31	332,22	198,71	289,04	325,17	194,41	282,78	318,12	190,10	276,51	311,07	185,79	270,24	304,02	181,48	263,98	296,97
	V	4.284,16	235,62	342,73	385,57																		
	VI	4.328,50	238,06	346,28	389,56																		
2.203,99 (Ost)	I	3.777,50	207,76	302,20	339,97	199,15	289,67	325,88	190,53	277,14	311,78	181,91	264,60	297,68	173,30	252,07	283,58	164,68	239,54	269,48	156,06	227,00	255,38
	II	3.628,41	199,56	290,27	326,55	190,94	277,74	312,45	182,32	265,20	298,35	173,71	252,67	284,25	165,10	240,14	270,16	156,48	227,61	256,06	145,96	215,08	241,96
	III	2.946,33	2,67	235,70	265,16	-	223,18	251,08	-	210,70	237,04	-	198,46	223,27	-	186,48	209,79	-	174,76	196,60	-	163,29	183,70
	IV	3.777,50	207,76	302,20	339,97	203,45	295,93	332,92	199,15	289,67	325,88	194,84	283,40	318,83	190,53	277,14	311,78	186,22	270,87	304,73	181,91	264,60	297,68
	V	4.292,00	236,06	343,36	386,28																		
	VI	4.336,25	238,49	346,90	390,26																		
2.206,99 (West)	I	3.771,00	207,40	301,68	339,39	198,78	289,14	325,28	190,17	276,61	311,18	181,55	264,08	297,09	172,93	251,54	282,98	164,32	239,01	268,88	155,70	226,48	254,79
	II	3.621,91	199,20	289,75	325,97	190,58	277,22	311,87	181,97	264,68	297,77	173,35	252,15	283,67	164,73	239,62	269,57	156,12	227,08	255,47	145,18	214,55	241,37
	III	2.939,83	1,90	235,18	264,58	-	222,65	250,48	-	210,18	236,45	-	197,96	222,70	-	185,98	209,23	-	174,26	196,04	-	162,81	183,16
	IV	3.771,00	207,40	301,68	339,39	203,09	295,41	332,33	198,78	289,14	325,28	194,48	282,88	318,24	190,17	276,61	311,18	185,86	270,34	304,13	181,55	264,08	297,09
	V	4.285,41	235,69	342,83	385,68																		
	VI	4.329,75	238,13	346,38	389,67																		
2.206,99 (Ost)	I	3.778,83	207,83	302,30	340,09	199,21	289,77	325,99	190,60	277,24	311,89	181,98	264,70	297,79	173,36	252,17	283,69	164,75	239,64	269,59	156,13	227,10	255,49
	II	3.629,66	199,63	290,37	326,66	191,01	277,84	312,57	182,40	265,31	298,47	173,78	252,78	284,37	165,16	240,24	270,27	156,55	227,71	256,17	146,11	215,18	242,07
	III	2.947,66	2,83	235,81	265,28	-	223,28	251,19	-	210,80	237,15	-	198,56	223,38	-	186,57	209,89	-	174,85	196,70	-	163,38	183,80
	IV	3.778,83	207,83	302,30	340,09	203,52	296,04	333,04	199,21	289,77	325,99	194,91	283,50	318,94	190,60	277,24	311,89	186,29	270,97	304,84	181,98	264,70	297,79
	V	4.293,25	236,12	343,46	386,39																		
	VI	4.337,58	238,56	347,00	390,38																		
2.209,99 (West)	I	3.772,25	207,47	301,78	339,50	198,85	289,24	325,40	190,24	276,71	311,30	181,62	264,18	297,20	173,00	251,64	283,10	164,39	239,11	269,00	155,77	226,58	254,90
	II	3.623,16	199,27	289,85	326,08	190,65	277,32	311,98	182,04	264,78	297,88	173,42	252,25	283,78	164,80	239,72	269,68	156,19	227,18	255,58	145,32	214,65	241,48
	III	2.941,16	2,06	235,29	264,70	-	222,76	250,60	-	210,28	236,56	-	198,05	222,80	-	186,08	209,34	-	174,36	196,15	-	162,90	183,26
	IV	3.772,25	207,47	301,78	339,50	203,16	295,51	332,45	198,85	289,24	325,40	194,54	282,98	318,35	190,24	276,71	311,30	185,93	270,44	304,25	181,62	264,18	297,20
	V	4.286,66	235,76	342,93	385,79																		
	VI	4.331,00	238,20	346,48	389,79																		
2.209,99 (Ost)	I	3.780,08	207,90	302,40	340,20	199,28	289,87	326,10	190,67	277,34	312,00	182,05	264,80	297,90	173,43	252,27	283,80	164,82	239,74	269,70	156,20	227,20	255,60
	II	3.630,91	199,70	290,47	326,78	191,08	277,94	312,68	182,47	265,41	298,58	173,85	252,88	284,49	165,23	240,34	270,38	156,62	227,81	256,28	146,26	215,28	242,19
	III	2.949,00	2,99	235,92	265,41	-	223,38	251,30	-	210,90	237,26	-	198,65	223,48	-	186,68	210,01	-	174,94	196,81	-	163,48	183,91
	IV	3.780,08	207,90	302,40	340,20	203,59	296,14	333,15	199,28	289,87	326,10	194,97	283,60	319,05	190,67	277,34	312,00	186,36	271,07	304,95	182,05	264,80	297,90
	V	4.294,50	236,19	343,56	386,50																		
	VI	4.338,83	238,63	347,10	390,49																		

Lohn/ Gehalt bis	Steuerklasse	Lohn-steuer	ohne Kinderfreibetrag			Anzahl Kinderfreibeträge (nur Steuerklassen I–IV) 0,5			1,0			1,5			2,0			2,5			3,0		
			SolZ 5,5%	Kirchensteuer 8%	9%	SolZ 5,5%	Kirchensteuer 8%	9%	SolZ 5,5%	Kirchensteuer 8%	9%	SolZ 5,5%	Kirchensteuer 8%	9%	SolZ 5,5%	Kirchensteuer 8%	9%	SolZ 5,5%	Kirchensteuer 8%	9%	SolZ 5,5%	Kirchensteu[er] 8%	9[%]
12.212,99 (West)	I	3.773,50	207,54	301,88	339,61	198,92	289,34	325,51	190,30	276,81	311,41	181,69	264,28	297,31	173,07	251,74	283,21	164,46	239,22	269,12	155,84	226,68	25
	II	3.624,41	199,34	289,95	326,19	190,72	277,42	312,09	182,10	264,88	297,99	173,49	252,35	283,89	164,87	239,82	269,79	156,25	227,28	255,69	145,47	214,75	24
	III	2.942,33	2,20	235,38	264,80	–	222,85	250,70	–	210,38	236,68	–	198,14	222,91	–	186,17	209,44	–	174,45	196,25	–	163,00	18
	IV	3.773,50	207,54	301,88	339,61	203,23	295,61	332,56	198,92	289,34	325,51	194,61	283,08	318,46	190,30	276,81	311,41	186,00	270,54	304,36	181,69	264,28	29
	V	4.287,91	235,83	343,03	385,91																		
	VI	4.332,25	238,27	346,58	389,90																		
12.212,99 (Ost)	I	3.781,33	207,97	302,50	340,31	199,35	289,97	326,21	190,74	277,44	312,12	182,12	264,90	298,01	173,50	252,37	283,91	164,89	239,84	269,82	156,27	227,30	25
	II	3.632,25	199,77	290,58	326,90	191,15	278,04	312,80	182,54	265,51	298,70	173,92	252,98	284,60	165,30	240,44	270,50	156,69	227,91	256,40	146,40	215,38	24
	III	2.950,16	3,13	236,01	265,51	–	223,48	251,41	–	211,00	237,37	–	198,76	223,60	–	186,77	210,11	–	175,04	196,92	–	163,57	18
	IV	3.781,33	207,97	302,50	340,31	203,66	296,24	333,27	199,35	289,97	326,21	195,04	283,70	319,16	190,74	277,44	312,12	186,43	271,17	305,06	182,12	264,90	29
	V	4.295,75	236,26	343,66	386,61																		
	VI	4.340,08	238,70	347,20	390,60																		
12.215,99 (West)	I	3.774,75	207,61	301,98	339,72	198,99	289,44	325,62	190,37	276,91	311,52	181,76	264,38	297,43	173,14	251,85	283,33	164,53	239,32	269,23	155,91	226,78	25
	II	3.625,66	199,41	290,05	326,30	190,79	277,52	312,21	182,17	264,98	298,10	173,56	252,45	284,00	164,94	239,92	269,91	156,32	227,38	255,80	145,63	214,86	24
	III	2.943,66	2,36	235,49	264,92	–	222,96	250,83	–	210,48	236,79	–	198,25	223,03	–	186,26	209,54	–	174,54	196,36	–	163,09	18
	IV	3.774,75	207,61	301,98	339,72	203,30	295,71	332,67	198,99	289,44	325,62	194,68	283,18	318,57	190,37	276,91	311,52	186,06	270,64	304,47	181,76	264,38	29
	V	4.289,25	235,90	343,14	386,03																		
	VI	4.333,50	238,34	346,68	390,01																		
12.215,99 (Ost)	I	3.782,58	208,04	302,60	340,43	199,42	290,07	326,33	190,80	277,54	312,23	182,19	265,00	298,13	173,57	252,47	284,03	164,95	239,94	269,93	156,34	227,40	25
	II	3.633,50	199,84	290,68	327,01	191,22	278,14	312,91	182,60	265,61	298,81	173,99	253,08	284,71	165,37	240,54	270,61	156,75	228,01	256,51	146,55	215,48	24
	III	2.951,50	3,29	236,12	265,63	–	223,58	251,53	–	211,10	237,49	–	198,85	223,70	–	186,86	210,22	–	175,13	197,02	–	163,65	18
	IV	3.782,58	208,04	302,60	340,43	203,73	296,34	333,38	199,42	290,07	326,33	195,11	283,80	319,28	190,80	277,54	312,23	186,50	271,27	305,18	182,19	265,00	29
	V	4.297,00	236,33	343,76	386,73																		
	VI	4.341,33	238,77	347,30	390,71																		
12.218,99 (West)	I	3.776,00	207,68	302,08	339,84	199,06	289,54	325,73	190,45	277,02	311,64	181,83	264,48	297,54	173,21	251,95	283,44	164,60	239,42	269,34	155,98	226,88	25
	II	3.626,91	199,48	290,15	326,42	190,86	277,62	312,32	182,24	265,08	298,22	173,63	252,55	284,12	165,01	240,02	270,02	156,40	227,49	255,92	145,78	214,96	24
	III	2.944,83	2,49	235,58	265,03	–	223,05	250,93	–	210,58	236,90	–	198,34	223,13	–	186,37	209,66	–	174,64	196,47	–	163,18	18
	IV	3.776,00	207,68	302,08	339,84	203,37	295,81	332,78	199,06	289,54	325,73	194,75	283,28	318,69	190,45	277,02	311,64	186,14	270,75	304,59	181,83	264,48	29
	V	4.290,50	235,97	343,24	386,14																		
	VI	4.334,75	238,41	346,78	390,12																		
12.218,99 (Ost)	I	3.783,83	208,11	302,70	340,54	199,49	290,17	326,44	190,87	277,64	312,34	182,26	265,10	298,24	173,64	252,57	284,14	165,02	240,04	270,04	156,41	227,51	25
	II	3.634,75	199,91	290,78	327,12	191,29	278,24	313,02	182,67	265,71	298,92	174,06	253,18	284,82	165,44	240,64	270,72	156,82	228,11	256,62	146,70	215,58	24
	III	2.952,66	3,43	236,21	265,73	–	223,68	251,64	–	211,20	237,60	–	198,94	223,81	–	186,96	210,33	–	175,22	197,12	–	163,74	18
	IV	3.783,83	208,11	302,70	340,54	203,80	296,44	333,49	199,49	290,17	326,44	195,18	283,90	319,39	190,87	277,64	312,34	186,56	271,37	305,29	182,26	265,10	29
	V	4.298,25	236,40	343,86	386,84																		
	VI	4.342,58	238,84	347,40	390,83																		
12.221,99 (West)	I	3.777,33	207,75	302,18	339,95	199,13	289,65	325,85	190,52	277,12	311,76	181,90	264,58	297,65	173,28	252,05	283,55	164,67	239,52	269,46	156,05	226,98	25
	II	3.628,16	199,54	290,25	326,53	190,93	277,72	312,43	182,31	265,18	298,33	173,70	252,66	284,24	165,08	240,12	270,14	156,47	227,59	256,04	145,93	215,06	24
	III	2.946,16	2,65	235,69	265,15	–	223,16	251,05	–	210,68	237,01	–	198,44	223,24	–	186,46	209,77	–	174,73	196,57	–	163,28	18
	IV	3.777,33	207,75	302,18	339,95	203,44	295,92	332,91	199,13	289,65	325,85	194,82	283,38	318,80	190,52	277,12	311,76	186,21	270,85	304,70	181,90	264,58	29
	V	4.291,75	236,04	343,34	386,25																		
	VI	4.336,08	238,48	346,88	390,24																		
12.221,99 (Ost)	I	3.785,08	208,17	302,80	340,65	199,56	290,27	326,55	190,94	277,74	312,45	182,32	265,20	298,35	173,71	252,67	284,25	165,10	240,14	270,16	156,48	227,61	256
	II	3.636,00	199,98	290,88	327,24	191,36	278,34	313,13	182,74	265,81	299,03	174,13	253,28	284,94	165,51	240,74	270,83	156,89	228,21	256,73	146,85	215,68	242
	III	2.954,00	3,58	236,32	265,86	–	223,78	251,75	–	211,29	237,70	–	199,05	223,93	–	187,05	210,43	–	175,32	197,23	–	163,84	184
	IV	3.785,08	208,17	302,80	340,65	203,87	296,54	333,60	199,56	290,27	326,55	195,25	284,00	319,50	190,94	277,74	312,45	186,63	271,47	305,40	182,32	265,20	298
	V	4.299,50	236,47	343,96	386,95																		
	VI	4.343,83	238,91	347,50	390,94																		
12.224,99 (West)	I	3.778,58	207,82	302,28	340,07	199,20	289,75	325,97	190,58	277,22	311,87	181,97	264,68	297,77	173,35	252,15	283,67	164,73	239,62	269,57	156,12	227,08	255
	II	3.629,41	199,61	290,35	326,64	191,00	277,82	312,55	182,38	265,29	298,45	173,77	252,76	284,35	165,15	240,22	270,25	156,53	227,69	256,15	146,08	215,16	242
	III	2.947,33	2,79	235,78	265,25	–	223,25	251,15	–	210,77	237,11	–	198,53	223,34	–	186,56	209,88	–	174,82	196,67	–	163,36	183
	IV	3.778,58	207,82	302,28	340,07	203,51	296,02	333,02	199,20	289,75	325,97	194,89	283,48	318,92	190,58	277,22	311,87	186,28	270,95	304,82	181,97	264,68	297
	V	4.293,00	236,11	343,44	386,37																		
	VI	4.337,33	238,55	346,98	390,35																		
12.224,99 (Ost)	I	3.786,33	208,24	302,90	340,76	199,63	290,37	326,66	191,01	277,84	312,57	182,40	265,31	298,47	173,78	252,78	284,37	165,16	240,24	270,27	156,55	227,71	256
	II	3.637,25	200,04	290,98	327,35	191,43	278,44	313,25	182,81	265,91	299,15	174,19	253,38	285,05	165,58	240,84	270,95	156,96	228,31	256,85	147,01	215,78	242
	III	2.955,16	3,72	236,41	265,96	–	223,88	251,86	–	211,40	237,82	–	199,14	224,03	–	187,14	210,53	–	175,41	197,33	–	163,93	184
	IV	3.786,33	208,24	302,90	340,76	203,94	296,64	333,72	199,63	290,37	326,66	195,32	284,10	319,61	191,01	277,84	312,57	186,70	271,57	305,51	182,40	265,31	298
	V	4.300,83	236,54	344,06	387,07																		
	VI	4.345,08	238,97	347,60	391,05																		
12.227,99 (West)	I	3.779,83	207,89	302,38	340,18	199,27	289,85	326,08	190,65	277,32	311,98	182,04	264,78	297,88	173,42	252,25	283,78	164,80	239,72	269,68	156,19	227,18	255
	II	3.630,75	199,69	290,46	326,76	191,07	277,92	312,66	182,45	265,39	298,56	173,84	252,86	284,46	165,22	240,32	270,36	156,60	227,79	256,26	146,23	215,26	242
	III	2.948,66	2,95	235,89	265,37	–	223,36	251,28	–	210,88	237,24	–	198,64	223,47	–	186,65	209,98	–	174,92	196,78	–	163,45	183
	IV	3.779,83	207,89	302,38	340,18	203,58	296,12	333,13	199,27	289,85	326,08	194,96	283,58	319,03	190,65	277,32	311,98	186,34	271,05	304,93	182,04	264,78	297
	V	4.294,25	236,18	343,54	386,48																		
	VI	4.338,58	238,62	347,08	390,47																		
12.227,99 (Ost)	I	3.787,58	208,31	303,00	340,88	199,70	290,47	326,78	191,08	277,94	312,68	182,47	265,41	298,58	173,85	252,88	284,49	165,23	240,34	270,38	156,62	227,81	256
	II	3.638,50	200,11	291,08	327,46	191,50	278,54	313,36	182,88	266,01	299,26	174,26	253,48	285,16	165,65	240,95	271,07	157,03	228,42	256,97	147,16	215,88	242
	III	2.956,50	3,88	236,52	266,08	–	223,98	251,98	–	211,49	237,92	–	199,24	224,14	–	187,24	210,64	–	175,50	197,44	–	164,02	184
	IV	3.787,58	208,31	303,00	340,88	204,00	296,74	333,83	199,70	290,47	326,78	195,39	284,21	319,73	191,08	277,94	312,68	186,78	271,68	305,64	182,47	265,41	298
	V	4.302,08	236,61	344,16	387,18																		
	VI	4.346,33	239,04	347,70	391,16																		
12.230,99 (West)	I	3.781,08	207,95	302,48	340,29	199,34	289,95	326,19	190,72	277,42	312,09	182,10	264,88	297,99	173,49	252,35	283,89	164,87	239,82	269,79	156,25	227,28	255
	II	3.632,00	199,76	290,56	326,88	191,14	278,02	312,77	182,52	265,49	298,67	173,91	252,96	284,58	165,29	240,42	270,47	156,67	227,89	256,37	146,37	215,36	242
	III	2.949,83	3,09	235,98	265,48	–	223,46	251,39	–	210,97	237,34	–	198,73	223,57	–	186,74	210,08	–	175,01	196,88	–	163,54	183
	IV	3.781,08	207,95	302,48	340,29	203,65	296,22	333,24	199,34	289,95	326,19	195,03	283,68	319,14	190,72	277,42	312,09	186,41	271,15	305,04	182,10	264,88	297
	V	4.295,50	236,25	343,64	386,59																		
	VI	4.339,83	238,69	347,18	390,58																		
12.230,99 (Ost)	I	3.788,91	208,39	303,11	341,00	199,77	290,58	326,90	191,15	278,04	312,80	182,54	265,51	298,70	173,92	252,98	284,60	165,30	240,44	270,50	156,69	227,91	256
	II	3.639,75	200,18	291,18	327,57	191,56	278,64	313,47	182,95	266,11	299,37	174,34	253,58	285,28	165,72	241,05	271,18	157,10	228,52	257,08	147,31	215,98	242
	III	2.957,83	4,04	236,62	266,20	–	224,09	252,10	–	211,60	238,05	–	199,34	224,26	–	187,34	210,76	–	175,60	197,55	–	164,12	184
	IV	3.788,91	208,39	303,11	341,00	204,08	296,84	333,95	199,77	290,58	326,90	195,46	284,31	319,85	191,15	278,04	312,80	186,84	271,78	305,75	182,54	265,51	298
	V	4.303,33	236,68	344,26	387,29																		
	VI	4.347,66	239,12	347,81	391,28																		

Lohn/ Gehalt bis	Steuerklasse	Lohn-steuer	ohne Kinderfreibetrag			Anzahl Kinderfreibeträge (nur Steuerklassen I–IV) 0,5			1,0			1,5			2,0			2,5			3,0		
			SolZ 5,5%	Kirchensteuer 8%	9%	SolZ 5,5%	Kirchensteuer 8%	9%	SolZ 5,5%	Kirchensteuer 8%	9%	SolZ 5,5%	Kirchensteuer 8%	9%	SolZ 5,5%	Kirchensteuer 8%	9%	SolZ 5,5%	Kirchensteuer 8%	9%	SolZ 5,5%	Kirchensteuer 8%	9%
2.233,99 (West)	I	3.782,33	208,02	302,58	340,40	199,41	290,05	326,30	190,79	277,52	312,21	182,17	264,98	298,10	173,56	252,45	284,00	164,94	239,92	269,91	156,32	227,38	255,80
	II	3.633,25	199,82	290,66	326,99	191,21	278,12	312,89	182,59	265,59	298,79	173,97	253,06	284,69	165,36	240,52	270,59	156,74	227,99	256,49	146,52	215,46	242,39
	III	2.951,16	3,25	236,09	265,60	-	223,56	251,50	-	211,08	237,46	-	198,82	223,67	-	186,84	210,19	-	175,10	196,99	-	163,64	184,09
	IV	3.782,33	208,02	302,58	340,40	203,72	296,32	333,36	199,41	290,05	326,30	195,10	283,78	319,25	190,79	277,52	312,21	186,48	271,25	305,15	182,17	264,98	298,10
	V	4.296,75	236,32	343,74	386,70																		
	VI	4.341,08	238,75	347,28	390,69																		
2.233,99 (Ost)	I	3.790,16	208,45	303,21	341,11	199,84	290,68	327,01	191,22	278,14	312,91	182,60	265,61	298,81	173,99	253,08	284,71	165,37	240,54	270,61	156,75	228,01	256,51
	II	3.641,00	200,25	291,28	327,69	191,64	278,75	313,59	183,02	266,22	299,49	174,40	253,68	285,39	165,79	241,15	271,29	157,17	228,62	257,19	147,46	216,08	243,09
	III	2.959,00	4,18	236,72	266,31	-	224,18	252,20	-	211,69	238,15	-	199,44	224,37	-	187,44	210,87	-	175,69	197,65	-	164,20	184,72
	IV	3.790,16	208,45	303,21	341,11	204,15	296,94	334,06	199,84	290,68	327,01	195,53	284,41	319,96	191,22	278,14	312,91	186,91	271,88	305,86	182,60	265,61	298,81
	V	4.304,58	236,75	344,36	387,41																		
	VI	4.348,91	239,19	347,91	391,40																		
2.236,99 (West)	I	3.783,58	208,09	302,68	340,52	199,48	290,15	326,42	190,86	277,62	312,32	182,24	265,08	298,22	173,63	252,55	284,12	165,01	240,02	270,02	156,40	227,49	255,92
	II	3.634,50	199,89	290,76	327,10	191,28	278,22	313,00	182,66	265,69	298,90	174,04	253,16	284,80	165,43	240,62	270,70	156,81	228,09	256,60	146,67	215,56	242,50
	III	2.952,50	3,41	236,20	265,72	-	223,66	251,62	-	211,17	237,56	-	198,93	223,79	-	186,93	210,29	-	175,20	197,10	-	163,73	184,19
	IV	3.783,58	208,09	302,68	340,52	203,78	296,42	333,47	199,48	290,15	326,42	195,17	283,88	319,37	190,86	277,62	312,32	186,55	271,35	305,27	182,24	265,08	298,22
	V	4.298,00	236,39	343,84	386,82																		
	VI	4.342,33	238,82	347,38	390,80																		
2.236,99 (Ost)	I	3.791,41	208,52	303,31	341,22	199,91	290,78	327,12	191,29	278,24	313,02	182,67	265,71	298,92	174,06	253,18	284,82	165,44	240,64	270,72	156,82	228,11	256,62
	II	3.642,33	200,32	291,38	327,80	191,71	278,85	313,70	183,09	266,32	299,61	174,47	253,78	285,50	165,86	241,25	271,40	157,24	228,72	257,31	147,60	216,18	243,20
	III	2.960,33	4,34	236,82	266,42	-	224,29	252,32	-	211,80	238,27	-	199,53	224,47	-	187,53	210,97	-	175,78	197,75	-	164,29	184,82
	IV	3.791,41	208,52	303,31	341,22	204,21	297,04	334,17	199,91	290,78	327,12	195,60	284,51	320,07	191,29	278,24	313,02	186,98	271,98	305,97	182,67	265,71	298,92
	V	4.305,83	236,82	344,46	387,52																		
	VI	4.350,16	239,25	348,01	391,51																		
2.239,99 (West)	I	3.784,83	208,16	302,78	340,63	199,54	290,25	326,53	190,93	277,72	312,43	182,31	265,18	298,33	173,70	252,66	284,24	165,08	240,12	270,14	156,47	227,59	256,04
	II	3.635,75	199,96	290,86	327,21	191,34	278,32	313,11	182,73	265,79	299,01	174,11	253,26	284,91	165,49	240,72	270,81	156,88	228,19	256,71	146,83	215,66	242,62
	III	2.953,66	3,55	236,29	265,82	-	223,76	251,73	-	211,28	237,69	-	199,02	223,90	-	187,04	210,42	-	175,29	197,20	-	163,82	184,30
	IV	3.784,83	208,16	302,78	340,63	203,85	296,52	333,58	199,54	290,25	326,53	195,24	283,98	319,48	190,93	277,72	312,43	186,62	271,45	305,38	182,31	265,18	298,33
	V	4.299,33	236,46	343,94	386,93																		
	VI	4.343,58	238,89	347,48	390,92																		
2.239,99 (Ost)	I	3.792,66	208,59	303,41	341,33	199,98	290,88	327,24	191,36	278,34	313,13	182,74	265,81	299,03	174,13	253,28	284,94	165,51	240,74	270,83	156,89	228,21	256,73
	II	3.643,58	200,39	291,48	327,92	191,78	278,95	313,82	183,16	266,42	299,72	174,54	253,88	285,62	165,93	241,35	271,52	157,31	228,82	257,42	147,75	216,28	243,32
	III	2.961,50	4,48	236,92	266,53	-	224,38	252,43	-	211,89	238,37	-	199,64	224,59	-	187,62	211,07	-	175,88	197,86	-	164,38	184,93
	IV	3.792,66	208,59	303,41	341,33	204,28	297,14	334,28	199,98	290,88	327,24	195,67	284,61	320,18	191,36	278,34	313,13	187,05	272,08	306,09	182,74	265,81	299,03
	V	4.307,08	236,88	344,56	387,63																		
	VI	4.351,41	239,32	348,11	391,62																		
2.242,99 (West)	I	3.786,08	208,23	302,88	340,74	199,61	290,35	326,64	191,00	277,82	312,55	182,38	265,29	298,45	173,77	252,76	284,35	165,15	240,22	270,25	156,53	227,69	256,15
	II	3.637,00	200,03	290,96	327,33	191,41	278,42	313,22	182,80	265,89	299,12	174,18	253,36	285,03	165,56	240,82	270,92	156,95	228,30	256,83	146,98	215,76	242,73
	III	2.955,00	3,70	236,40	265,95	-	223,86	251,84	-	211,37	237,79	-	199,12	224,01	-	187,13	210,52	-	175,38	197,30	-	163,90	184,39
	IV	3.786,08	208,23	302,88	340,74	203,92	296,62	333,69	199,61	290,35	326,64	195,30	284,08	319,59	191,00	277,82	312,55	186,69	271,56	305,50	182,38	265,29	298,45
	V	4.300,58	236,53	344,04	387,05																		
	VI	4.344,83	238,96	347,58	391,03																		
2.242,99 (Ost)	I	3.793,91	208,66	303,51	341,45	200,04	290,98	327,35	191,43	278,44	313,25	182,81	265,91	299,15	174,19	253,38	285,05	165,58	240,84	270,95	156,96	228,31	256,85
	II	3.644,83	200,46	291,58	328,03	191,84	279,05	313,93	183,23	266,52	299,83	174,61	253,98	285,73	165,99	241,45	271,63	157,38	228,92	257,53	147,90	216,38	243,43
	III	2.962,83	4,64	237,02	266,65	-	224,49	252,55	-	212,00	238,50	-	199,73	224,69	-	187,72	211,18	-	175,97	197,96	-	164,48	185,04
	IV	3.793,91	208,66	303,51	341,45	204,35	297,24	334,40	200,04	290,98	327,35	195,74	284,71	320,30	191,43	278,44	313,25	187,12	272,18	306,20	182,81	265,91	299,15
	V	4.308,33	236,95	344,66	387,74																		
	VI	4.352,66	239,39	348,21	391,73																		
2.245,99 (West)	I	3.787,33	208,30	302,98	340,85	199,69	290,46	326,76	191,07	277,92	312,66	182,45	265,39	298,56	173,84	252,86	284,46	165,22	240,32	270,36	156,60	227,79	256,26
	II	3.638,25	200,10	291,06	327,44	191,48	278,52	313,34	182,87	265,99	299,24	174,25	253,46	285,14	165,64	240,93	271,04	157,02	228,40	256,95	147,13	215,86	242,84
	III	2.956,16	3,84	236,49	266,05	-	223,96	251,95	-	211,48	237,91	-	199,22	224,12	-	187,22	210,62	-	175,48	197,41	-	164,00	184,50
	IV	3.787,33	208,30	302,98	340,85	203,99	296,72	333,81	199,69	290,46	326,76	195,38	284,19	319,71	191,07	277,92	312,66	186,76	271,66	305,61	182,45	265,39	298,56
	V	4.301,83	236,60	344,14	387,16																		
	VI	4.346,08	239,03	347,68	391,14																		
2.245,99 (Ost)	I	3.795,16	208,73	303,61	341,56	200,11	291,08	327,46	191,50	278,54	313,36	182,88	266,01	299,26	174,26	253,48	285,16	165,65	240,95	271,07	157,03	228,42	256,97
	II	3.646,08	200,53	291,68	328,14	191,91	279,15	314,04	183,30	266,62	299,94	174,68	254,08	285,84	166,06	241,55	271,74	157,45	229,02	257,64	148,05	216,48	243,54
	III	2.964,00	4,77	237,12	266,76	-	224,58	252,65	-	212,09	238,60	-	199,82	224,80	-	187,81	211,28	-	176,06	198,07	-	164,57	185,14
	IV	3.795,16	208,73	303,61	341,56	204,42	297,34	334,51	200,11	291,08	327,46	195,80	284,81	320,41	191,50	278,54	313,36	187,19	272,28	306,31	182,88	266,01	299,26
	V	4.309,58	237,02	344,76	387,86																		
	VI	4.353,91	239,46	348,31	391,85																		
2.248,99 (West)	I	3.788,66	208,37	303,09	340,97	199,76	290,56	326,88	191,14	278,02	312,77	182,52	265,49	298,67	173,91	252,96	284,58	165,29	240,42	270,47	156,67	227,89	256,37
	II	3.639,50	200,17	291,16	327,55	191,55	278,62	313,45	182,94	266,10	299,36	174,32	253,56	285,26	165,71	241,03	271,16	157,09	228,50	257,06	147,28	215,96	242,96
	III	2.957,50	4,00	236,60	266,17	-	224,06	252,07	-	211,57	238,01	-	199,32	224,23	-	187,32	210,73	-	175,57	197,51	-	164,09	184,60
	IV	3.788,66	208,37	303,09	340,97	204,06	296,82	333,92	199,76	290,56	326,88	195,45	284,29	319,82	191,14	278,02	312,77	186,83	271,76	305,73	182,52	265,49	298,67
	V	4.303,08	236,66	344,24	387,27																		
	VI	4.347,41	239,10	347,79	391,26																		
2.248,99 (Ost)	I	3.796,41	208,80	303,71	341,67	200,18	291,18	327,57	191,56	278,64	313,47	182,95	266,11	299,37	174,34	253,58	285,28	165,72	241,05	271,18	157,10	228,52	257,08
	II	3.647,33	200,60	291,78	328,25	191,98	279,25	314,15	183,37	266,72	300,06	174,75	254,18	285,95	166,13	241,65	271,85	157,52	229,12	257,76	148,21	216,59	243,66
	III	2.965,33	4,93	237,22	266,87	-	224,69	252,77	-	212,20	238,72	-	199,93	224,92	-	187,92	211,41	-	176,16	198,18	-	164,66	185,24
	IV	3.796,41	208,80	303,71	341,67	204,49	297,44	334,62	200,18	291,18	327,57	195,87	284,91	320,52	191,56	278,64	313,47	187,26	272,38	306,42	182,95	266,11	299,37
	V	4.310,91	237,10	344,87	387,98																		
	VI	4.355,16	239,53	348,41	391,96																		
2.251,99 (West)	I	3.789,91	208,44	303,19	341,09	199,82	290,66	326,99	191,21	278,12	312,89	182,59	265,59	298,79	173,97	253,06	284,69	165,36	240,52	270,59	156,74	227,99	256,49
	II	3.640,83	200,24	291,26	327,67	191,62	278,73	313,57	183,01	266,20	299,47	174,39	253,66	285,37	165,77	241,13	271,27	157,16	228,60	257,17	147,43	216,06	243,07
	III	2.958,66	4,14	236,69	266,27	-	224,16	252,18	-	211,68	238,14	-	199,41	224,33	-	187,41	210,83	-	175,66	197,62	-	164,18	184,70
	IV	3.789,91	208,44	303,19	341,09	204,13	296,92	334,04	199,82	290,66	326,99	195,52	284,39	319,94	191,21	278,12	312,89	186,90	271,86	305,84	182,59	265,59	298,79
	V	4.304,33	236,73	344,34	387,38																		
	VI	4.348,66	239,17	347,89	391,37																		
2.251,99 (Ost)	I	3.797,66	208,87	303,81	341,78	200,25	291,28	327,69	191,64	278,75	313,59	183,02	266,22	299,49	174,40	253,68	285,39	165,79	241,15	271,29	157,17	228,62	257,19
	II	3.648,58	200,67	291,88	328,37	192,05	279,35	314,27	183,43	266,82	300,17	174,82	254,28	286,07	166,20	241,75	271,97	157,59	229,22	257,87	148,36	216,69	243,77
	III	2.966,50	5,07	237,32	266,98	-	224,78	252,88	-	212,29	238,82	-	200,02	225,02	-	188,01	211,51	-	176,25	198,28	-	164,76	185,35
	IV	3.797,66	208,87	303,81	341,78	204,56	297,54	334,73	200,25	291,28	327,69	195,94	285,01	320,63	191,64	278,75	313,59	187,33	272,48	306,54	183,02	266,22	299,49
	V	4.312,16	237,16	344,97	388,09																		
	VI	4.356,41	239,60	348,51	392,07																		

MONAT bis 12.272,99 €

Lohn/ Gehalt bis	Steuerklasse	Lohn-steuer	ohne Kinderfreibetrag			Anzahl Kinderfreibeträge (nur Steuerklassen I–IV)																	
						0,5			1,0			1,5			2,0			2,5			3,0		
			SolZ 5,5%	Kirchensteuer 8%	9%	SolZ 5,5%	Kirchensteuer 8%	9%	SolZ 5,5%	Kirchensteuer 8%	9%	SolZ 5,5%	Kirchensteuer 8%	9%	SolZ 5,5%	Kirchensteuer 8%	9%	SolZ 5,5%	Kirchensteuer 8%	9%	SolZ 5,5%	Kirchensteu 8%	9
12.254,99 *(West)*	I	3.791,16	*208,51*	303,29	341,20	*199,89*	290,76	327,10	*191,28*	278,22	313,00	*182,66*	265,69	298,90	*174,04*	253,16	284,80	*165,43*	240,62	270,70	*156,81*	228,09	256
	II	3.642,08	*200,31*	291,36	327,78	*191,69*	278,83	313,68	*183,08*	266,30	299,58	*174,46*	253,76	285,48	*165,84*	241,23	271,38	*157,23*	228,70	257,28	*147,57*	216,16	243
	III	2.960,00	*4,30*	236,80	266,40	–	224,26	252,29	–	211,77	238,24	–	199,52	224,46	–	187,50	210,94	–	175,76	197,73	–	164,28	184
	IV	3.791,16	*208,51*	303,29	341,20	*204,20*	297,02	334,15	*199,89*	290,76	327,10	*195,58*	284,49	320,05	*191,28*	278,22	313,00	*186,97*	271,96	305,95	*182,66*	265,69	298
	V	4.305,58	*236,80*	344,44	387,50																		
	VI	4.349,91	*239,24*	347,99	391,49																		
12.254,99 *(Ost)*	I	3.798,91	*208,94*	303,91	341,90	*200,32*	291,38	327,80	*191,71*	278,85	313,70	*183,09*	266,32	299,61	*174,47*	253,78	285,50	*165,86*	241,25	271,40	*157,24*	228,72	257
	II	3.649,83	*200,74*	291,98	328,48	*192,12*	279,45	314,38	*183,50*	266,92	300,28	*174,89*	254,39	286,19	*166,27*	241,86	272,09	*157,66*	229,32	257,99	*148,51*	216,79	243
	III	2.967,83	*5,23*	237,42	267,10	–	224,89	253,00	–	212,40	238,95	–	200,12	225,13	–	188,10	211,61	–	176,34	198,38	–	164,84	185
	IV	3.798,91	*208,94*	303,91	341,90	*204,63*	297,65	334,85	*200,32*	291,38	327,80	*196,02*	285,12	320,76	*191,71*	278,85	313,70	*187,40*	272,58	306,65	*183,09*	266,32	299
	V	4.313,41	*237,23*	345,07	388,20																		
	VI	4.357,75	*239,67*	348,62	392,19																		
12.257,99 *(West)*	I	3.792,41	*208,58*	303,39	341,31	*199,96*	290,86	327,21	*191,34*	278,32	313,11	*182,73*	265,79	299,01	*174,11*	253,26	284,91	*165,49*	240,72	270,81	*156,88*	228,19	256
	II	3.643,33	*200,38*	291,46	327,89	*191,76*	278,93	313,79	*183,15*	266,40	299,70	*174,53*	253,86	285,59	*165,91*	241,33	271,49	*157,30*	228,80	257,40	*147,72*	216,26	243
	III	2.961,33	*4,46*	236,90	266,51	–	224,37	252,41	–	211,88	238,36	–	199,61	224,56	–	187,61	211,06	–	175,85	197,83	–	164,37	184
	IV	3.792,41	*208,58*	303,39	341,31	*204,27*	297,12	334,26	*199,96*	290,86	327,21	*195,65*	284,59	320,16	*191,34*	278,32	313,11	*187,04*	272,06	306,06	*182,73*	265,79	299
	V	4.306,83	*236,87*	344,54	387,61																		
	VI	4.351,16	*239,31*	348,09	391,60																		
12.257,99 *(Ost)*	I	3.800,25	*209,01*	304,02	342,02	*200,39*	291,48	327,92	*191,78*	278,95	313,82	*183,16*	266,42	299,72	*174,54*	253,88	285,62	*165,93*	241,35	271,52	*157,31*	228,82	257
	II	3.651,08	*200,80*	292,08	328,59	*192,19*	279,55	314,49	*183,58*	267,02	300,40	*174,96*	254,49	286,30	*166,34*	241,96	272,20	*157,73*	229,42	258,10	*148,66*	216,89	244
	III	2.969,16	*5,39*	237,53	267,22	–	225,00	253,12	–	212,49	239,05	–	200,21	225,23	–	188,20	211,72	–	176,44	198,49	–	164,93	185
	IV	3.800,25	*209,01*	304,02	342,02	*204,70*	297,75	334,97	*200,39*	291,48	327,92	*196,08*	285,22	320,87	*191,78*	278,95	313,82	*187,47*	272,68	306,77	*183,16*	266,42	299
	V	4.314,66	*237,30*	345,17	388,31																		
	VI	4.359,00	*239,74*	348,72	392,31																		
12.260,99 *(West)*	I	3.793,66	*208,65*	303,49	341,42	*200,03*	290,96	327,33	*191,41*	278,42	313,22	*182,80*	265,89	299,12	*174,18*	253,36	285,03	*165,56*	240,82	270,92	*156,95*	228,30	256
	II	3.644,58	*200,45*	291,56	328,01	*191,83*	279,03	313,91	*183,21*	266,50	299,81	*174,60*	253,96	285,71	*165,98*	241,43	271,61	*157,36*	228,90	257,51	*147,87*	216,36	243
	III	2.962,50	*4,60*	237,00	266,62	–	224,46	252,52	–	211,97	238,46	–	199,70	224,66	–	187,70	211,16	–	175,94	197,93	–	164,46	185
	IV	3.793,66	*208,65*	303,49	341,42	*204,34*	297,22	334,37	*200,03*	290,96	327,33	*195,72*	284,69	320,27	*191,41*	278,42	313,22	*187,11*	272,16	306,18	*182,80*	265,89	299
	V	4.308,08	*236,94*	344,64	387,72																		
	VI	4.352,41	*239,38*	348,19	391,71																		
12.260,99 *(Ost)*	I	3.801,50	*209,08*	304,12	342,13	*200,46*	291,58	328,03	*191,84*	279,05	313,93	*183,23*	266,52	299,83	*174,61*	253,98	285,73	*165,99*	241,45	271,63	*157,38*	228,92	257
	II	3.652,41	*200,88*	292,19	328,71	*192,26*	279,66	314,61	*183,64*	267,12	300,51	*175,03*	254,59	286,41	*166,41*	242,06	272,31	*157,79*	229,52	258,21	*148,80*	216,99	244
	III	2.970,33	*5,53*	237,62	267,32	–	225,09	253,22	–	212,60	239,17	–	200,32	225,36	–	188,29	211,82	–	176,53	198,59	–	165,02	185
	IV	3.801,50	*209,08*	304,12	342,13	*204,77*	297,85	335,08	*200,46*	291,58	328,03	*196,15*	285,32	320,98	*191,84*	279,05	313,93	*187,54*	272,78	306,88	*183,23*	266,52	299
	V	4.315,91	*237,37*	345,27	388,43																		
	VI	4.360,25	*239,81*	348,82	392,42																		
12.263,99 *(West)*	I	3.794,91	*208,72*	303,59	341,54	*200,10*	291,06	327,44	*191,48*	278,52	313,34	*182,87*	265,99	299,24	*174,25*	253,46	285,14	*165,64*	240,93	271,04	*157,02*	228,40	256
	II	3.645,83	*200,52*	291,66	328,12	*191,90*	279,13	314,02	*183,28*	266,60	299,92	*174,67*	254,06	285,82	*166,05*	241,53	271,72	*157,43*	229,00	257,62	*148,02*	216,46	243
	III	2.963,83	*4,76*	237,10	266,74	–	224,57	252,64	–	212,08	238,59	–	199,81	224,78	–	187,80	211,27	–	176,04	198,04	–	164,54	185
	IV	3.794,91	*208,72*	303,59	341,54	*204,41*	297,32	334,49	*200,10*	291,06	327,44	*195,79*	284,79	320,39	*191,48*	278,52	313,34	*187,17*	272,26	306,29	*182,87*	265,99	299
	V	4.309,33	*237,01*	344,74	387,83																		
	VI	4.353,66	*239,45*	348,29	391,82																		
12.263,99 *(Ost)*	I	3.802,75	*209,15*	304,22	342,24	*200,53*	291,68	328,14	*191,91*	279,15	314,04	*183,30*	266,62	299,94	*174,68*	254,08	285,84	*166,06*	241,55	271,74	*157,45*	229,02	257
	II	3.653,66	*200,95*	292,29	328,82	*192,33*	279,76	314,73	*183,71*	267,22	300,62	*175,10*	254,69	286,52	*166,48*	242,16	272,43	*157,86*	229,62	258,32	*148,95*	217,09	244
	III	2.971,66	*5,69*	237,73	267,44	–	225,20	253,35	–	212,69	239,27	–	200,41	225,46	–	188,38	211,93	–	176,62	198,70	–	165,12	185
	IV	3.802,75	*209,15*	304,22	342,24	*204,84*	297,95	335,19	*200,53*	291,68	328,14	*196,22*	285,42	321,09	*191,91*	279,15	314,04	*187,60*	272,88	306,99	*183,30*	266,62	299
	V	4.317,16	*237,44*	345,37	388,54																		
	VI	4.361,50	*239,88*	348,92	392,53																		
12.266,99 *(West)*	I	3.796,16	*208,78*	303,69	341,65	*200,17*	291,16	327,55	*191,55*	278,62	313,45	*182,94*	266,10	299,36	*174,32*	253,56	285,26	*165,71*	241,03	271,16	*157,09*	228,50	257
	II	3.647,08	*200,58*	291,76	328,23	*191,97*	279,23	314,13	*183,35*	266,70	300,03	*174,73*	254,16	285,93	*166,12*	241,63	271,83	*157,51*	229,10	257,74	*148,18*	216,57	243
	III	2.965,00	*4,89*	237,20	266,85	–	224,66	252,74	–	212,17	238,69	–	199,90	224,89	–	187,89	211,37	–	176,13	198,14	–	164,64	185
	IV	3.796,16	*208,78*	303,69	341,65	*204,48*	297,42	334,60	*200,17*	291,16	327,55	*195,86*	284,89	320,50	*191,55*	278,62	313,45	*187,25*	272,36	306,41	*182,94*	266,10	299
	V	4.310,66	*237,08*	344,85	387,95																		
	VI	4.354,91	*239,52*	348,39	391,94																		
12.266,99 *(Ost)*	I	3.804,00	*209,22*	304,32	342,36	*200,60*	291,78	328,25	*191,98*	279,25	314,15	*183,37*	266,72	300,06	*174,75*	254,18	285,95	*166,13*	241,65	271,85	*157,52*	229,12	257
	II	3.654,91	*201,02*	292,39	328,94	*192,40*	279,86	314,84	*183,78*	267,32	300,74	*175,17*	254,79	286,64	*166,55*	242,26	272,54	*157,93*	229,72	258,44	*149,10*	217,19	244
	III	2.972,83	*5,83*	237,82	267,55	–	225,29	253,45	–	212,80	239,40	–	200,50	225,56	–	188,49	212,05	–	176,72	198,81	–	165,21	185
	IV	3.804,00	*209,22*	304,32	342,36	*204,91*	298,05	335,30	*200,60*	291,78	328,25	*196,29*	285,52	321,21	*191,98*	279,25	314,15	*187,67*	272,98	307,10	*183,37*	266,72	300
	V	4.318,41	*237,51*	345,47	388,65																		
	VI	4.362,75	*239,95*	349,02	392,64																		
12.269,99 *(West)*	I	3.797,41	*208,85*	303,79	341,76	*200,24*	291,26	327,67	*191,62*	278,73	313,57	*183,01*	266,20	299,47	*174,39*	253,66	285,37	*165,77*	241,13	271,27	*157,16*	228,60	257
	II	3.648,33	*200,65*	291,86	328,34	*192,04*	279,33	314,24	*183,42*	266,80	300,15	*174,80*	254,26	286,04	*166,19*	241,74	271,95	*157,57*	229,20	257,85	*148,33*	216,67	243
	III	2.966,33	*5,05*	237,30	266,96	–	224,77	252,86	–	212,28	238,81	–	200,00	225,00	–	187,98	211,48	–	176,24	198,27	–	164,73	185
	IV	3.797,41	*208,85*	303,79	341,76	*204,54*	297,52	334,71	*200,24*	291,26	327,67	*195,93*	285,00	320,62	*191,62*	278,73	313,57	*187,32*	272,46	306,52	*183,01*	266,20	299
	V	4.311,91	*237,15*	344,95	388,07																		
	VI	4.356,16	*239,58*	348,49	392,05																		
12.269,99 *(Ost)*	I	3.805,25	*209,28*	304,42	342,47	*200,67*	291,88	328,37	*192,05*	279,35	314,27	*183,43*	266,82	300,17	*174,82*	254,28	286,07	*166,20*	241,75	271,97	*157,59*	229,22	257
	II	3.656,16	*201,08*	292,49	329,05	*192,47*	279,96	314,95	*183,85*	267,42	300,85	*175,23*	254,89	286,75	*166,62*	242,36	272,65	*158,00*	229,82	258,55	*149,25*	217,29	244
	III	2.974,16	*5,98*	237,93	267,67	–	225,40	253,57	–	212,89	239,50	–	200,61	225,68	–	188,58	212,15	–	176,81	198,91	–	165,30	185
	IV	3.805,25	*209,28*	304,42	342,47	*204,98*	298,15	335,42	*200,67*	291,88	328,37	*196,36*	285,62	321,32	*192,05*	279,35	314,27	*187,74*	273,08	307,22	*183,43*	266,82	300
	V	4.319,66	*237,58*	345,57	388,76																		
	VI	4.364,00	*240,02*	349,12	392,76																		
12.272,99 *(West)*	I	3.798,75	*208,93*	303,90	341,88	*200,31*	291,36	327,78	*191,69*	278,83	313,68	*183,08*	266,30	299,58	*174,46*	253,76	285,48	*165,84*	241,23	271,38	*157,23*	228,70	257
	II	3.649,58	*200,72*	291,96	328,46	*192,11*	279,43	314,36	*183,49*	266,90	300,26	*174,88*	254,37	286,16	*166,26*	241,84	272,07	*157,64*	229,30	257,96	*148,48*	216,77	243
	III	2.967,50	*5,19*	237,40	267,07	–	224,86	252,97	–	212,37	238,91	–	200,10	225,11	–	188,08	211,59	–	176,33	198,37	–	164,82	185
	IV	3.798,75	*208,93*	303,90	341,88	*204,62*	297,63	334,83	*200,31*	291,36	327,78	*196,00*	285,10	320,73	*191,69*	278,83	313,68	*187,38*	272,56	306,63	*183,08*	266,30	299
	V	4.313,16	*237,22*	345,05	388,18																		
	VI	4.357,50	*239,66*	348,60	392,17																		
12.272,99 *(Ost)*	I	3.806,50	*209,35*	304,52	342,58	*200,74*	291,98	328,48	*192,12*	279,45	314,38	*183,50*	266,92	300,28	*174,89*	254,39	286,19	*166,27*	241,86	272,09	*157,66*	229,32	257,
	II	3.657,41	*201,15*	292,59	329,16	*192,54*	280,06	315,06	*183,92*	267,52	300,96	*175,30*	254,99	286,86	*166,69*	242,46	272,76	*158,07*	229,92	258,66	*149,40*	217,39	244,
	III	2.975,33	*6,12*	238,02	267,77	–	225,49	253,67	–	213,00	239,62	–	200,70	225,79	–	188,68	212,26	–	176,90	199,01	–	165,40	186,
	IV	3.806,50	*209,35*	304,52	342,58	*205,04*	298,25	335,53	*200,74*	291,98	328,48	*196,43*	285,72	321,43	*192,12*	279,45	314,38	*187,81*	273,18	307,33	*183,50*	266,92	300,
	V	4.321,00	*237,65*	345,68	388,89																		
	VI	4.365,25	*240,08*	349,22	392,87																		

Lohn/ Gehalt bis	Steuerklasse	Lohn-steuer	ohne Kinderfreibetrag SolZ 5,5%	Kirchensteuer 8%	9%	Anzahl Kinderfreibeträge (nur Steuerklassen I–IV) 0,5 SolZ 5,5%	Kirchensteuer 8%	9%	1,0 SolZ 5,5%	Kirchensteuer 8%	9%	1,5 SolZ 5,5%	Kirchensteuer 8%	9%	2,0 SolZ 5,5%	Kirchensteuer 8%	9%	2,5 SolZ 5,5%	Kirchensteuer 8%	9%	3,0 SolZ 5,5%	Kirchensteuer 8%	9%
2.275,99 (West)	I	3.800,00	209,00	304,00	342,00	200,38	291,46	327,89	191,76	278,93	313,79	183,15	266,40	299,70	174,53	253,86	285,59	165,91	241,33	271,49	157,30	228,80	257,40
	II	3.650,83	200,79	292,06	328,57	192,18	279,54	314,48	183,56	267,00	300,38	174,95	254,47	286,28	166,33	241,94	272,18	157,71	229,40	258,08	148,63	216,87	243,98
	III	2.968,83	5,35	237,50	267,19	-	224,97	253,09	-	212,46	239,02	-	200,20	225,22	-	188,18	211,70	-	176,42	198,47	-	164,92	185,53
	IV	3.800,00	209,00	304,00	342,00	204,69	297,73	334,94	200,38	291,46	327,89	196,07	285,20	320,85	191,76	278,93	313,79	187,45	272,66	306,74	183,15	266,40	299,70
	V	4.314,41	237,29	345,15	388,29																		
	VI	4.358,75	239,73	348,70	392,28																		
2.275,99 (Ost)	I	3.807,75	209,42	304,62	342,69	200,80	292,08	328,59	192,19	279,55	314,49	183,58	267,02	300,40	174,96	254,49	286,30	166,34	241,96	272,20	157,73	229,42	258,10
	II	3.658,66	201,22	292,69	329,27	192,61	280,16	315,18	183,99	267,62	301,07	175,37	255,09	286,97	166,76	242,56	272,88	158,14	230,03	258,78	149,53	217,50	244,68
	III	2.976,66	6,28	238,13	267,89	-	225,60	253,80	-	213,09	239,72	-	200,80	225,90	-	188,77	212,36	-	177,00	199,12	-	165,49	186,17
	IV	3.807,75	209,42	304,62	342,69	205,11	298,35	335,64	200,80	292,08	328,59	196,50	285,82	321,54	192,19	279,55	314,49	187,88	273,29	307,45	183,58	267,02	300,40
	V	4.322,25	237,72	345,78	389,00																		
	VI	4.366,50	240,15	349,32	392,98																		
2.278,99 (West)	I	3.801,25	209,06	304,10	342,11	200,45	291,56	328,01	191,83	279,03	313,91	183,21	266,50	299,81	174,60	253,96	285,71	165,98	241,43	271,61	157,36	228,90	257,51
	II	3.652,16	200,86	292,17	328,69	192,25	279,64	314,59	183,63	267,10	300,49	175,01	254,57	286,39	166,40	242,04	272,29	157,78	229,50	258,19	148,77	216,97	244,09
	III	2.970,00	5,49	237,60	267,30	-	225,06	253,19	-	212,57	239,14	-	200,29	225,32	-	188,28	211,81	-	176,52	198,58	-	165,01	185,63
	IV	3.801,25	209,06	304,10	342,11	204,76	297,83	335,06	200,45	291,56	328,01	196,14	285,30	320,96	191,83	279,03	313,91	187,52	272,76	306,86	183,21	266,50	299,81
	V	4.315,66	237,36	345,25	388,40																		
	VI	4.360,00	239,80	348,80	392,40																		
2.278,99 (Ost)	I	3.809,00	209,49	304,72	342,81	200,88	292,19	328,71	192,26	279,66	314,61	183,64	267,12	300,51	175,03	254,59	286,41	166,41	242,06	272,31	157,79	229,52	258,21
	II	3.659,91	201,29	292,79	329,39	192,67	280,26	315,29	184,06	267,72	301,19	175,44	255,19	287,09	166,83	242,66	272,99	158,21	230,13	258,89	149,60	217,60	244,80
	III	2.977,83	6,42	238,22	268,00	-	225,70	253,91	-	213,20	239,85	-	200,90	226,01	-	188,86	212,47	-	177,09	199,22	-	165,57	186,26
	IV	3.809,00	209,49	304,72	342,81	205,18	298,45	335,75	200,88	292,19	328,71	196,57	285,92	321,66	192,26	279,66	314,61	187,95	273,39	307,56	183,64	267,12	300,51
	V	4.323,50	237,79	345,88	389,11																		
	VI	4.367,75	240,22	349,42	393,09																		
2.281,99 (West)	I	3.802,50	209,13	304,20	342,22	200,52	291,66	328,12	191,90	279,13	314,02	183,28	266,60	299,92	174,67	254,06	285,82	166,05	241,53	271,72	157,43	229,00	257,62
	II	3.653,41	200,93	292,27	328,80	192,32	279,74	314,70	183,70	267,20	300,60	175,08	254,67	286,50	166,47	242,14	272,40	157,85	229,60	258,30	148,92	217,07	244,20
	III	2.971,33	5,65	237,70	267,41	-	225,17	253,31	-	212,66	239,24	-	200,40	225,45	-	188,37	211,91	-	176,61	198,68	-	165,10	185,74
	IV	3.802,50	209,13	304,20	342,22	204,82	297,93	335,17	200,52	291,66	328,12	196,21	285,40	321,07	191,90	279,13	314,02	187,59	272,86	306,97	183,28	266,60	299,92
	V	4.316,91	237,43	345,35	388,52																		
	VI	4.361,25	239,86	348,90	392,51																		
2.281,99 (Ost)	I	3.810,33	209,56	304,82	342,92	200,95	292,29	328,82	192,33	279,76	314,73	183,71	267,22	300,62	175,10	254,69	286,52	166,48	242,16	272,43	157,86	229,62	258,32
	II	3.661,16	201,36	292,89	329,50	192,74	280,36	315,40	184,13	267,83	301,31	175,51	255,30	287,21	166,90	242,76	273,11	158,28	230,23	259,01	149,66	217,70	244,91
	III	2.979,16	6,58	238,33	268,12	-	225,80	254,02	-	213,29	239,95	-	201,00	226,12	-	188,97	212,59	-	177,18	199,33	-	165,66	186,37
	IV	3.810,33	209,56	304,82	342,92	205,26	298,56	335,88	200,95	292,29	328,82	196,64	286,02	321,77	192,33	279,76	314,73	188,02	273,49	307,67	183,71	267,22	300,62
	V	4.324,75	237,86	345,98	389,22																		
	VI	4.369,08	240,29	349,52	393,21																		
2.284,99 (West)	I	3.803,75	209,20	304,30	342,33	200,58	291,76	328,23	191,97	279,23	314,13	183,35	266,70	300,03	174,73	254,16	285,93	166,12	241,63	271,83	157,51	229,10	257,74
	II	3.654,66	201,00	292,37	328,91	192,39	279,84	314,82	183,77	267,30	300,71	175,15	254,77	286,61	166,54	242,24	272,52	157,92	229,70	258,41	149,07	217,17	244,31
	III	2.972,66	5,81	237,81	267,53	-	225,28	253,44	-	212,77	239,36	-	200,49	225,55	-	188,46	212,02	-	176,70	198,79	-	165,18	185,83
	IV	3.803,75	209,20	304,30	342,33	204,89	298,03	335,28	200,58	291,76	328,23	196,28	285,50	321,18	191,97	279,23	314,13	187,66	272,96	307,08	183,35	266,70	300,03
	V	4.318,16	237,49	345,45	388,63																		
	VI	4.362,50	239,93	349,00	392,62																		
2.284,99 (Ost)	I	3.811,58	209,63	304,92	343,04	201,02	292,39	328,94	192,40	279,86	314,84	183,78	267,32	300,74	175,17	254,79	286,64	166,55	242,26	272,54	157,93	229,72	258,44
	II	3.662,41	201,43	292,99	329,61	192,82	280,46	315,52	184,20	267,93	301,42	175,58	255,40	287,32	166,97	242,86	273,22	158,35	230,33	259,12	149,73	217,80	245,02
	III	2.980,50	6,74	238,44	268,24	-	225,90	254,14	-	213,40	240,07	-	201,09	226,22	-	189,06	212,69	-	177,28	199,44	-	165,76	186,48
	IV	3.811,58	209,63	304,92	343,04	205,32	298,66	335,99	201,02	292,39	328,94	196,71	286,12	321,89	192,40	279,86	314,84	188,09	273,59	307,79	183,78	267,32	300,74
	V	4.326,00	237,93	346,08	389,34																		
	VI	4.370,33	240,36	349,62	393,32																		
2.287,99 (West)	I	3.805,00	209,27	304,40	342,45	200,65	291,86	328,34	192,04	279,33	314,24	183,42	266,80	300,15	174,80	254,26	286,04	166,19	241,74	271,95	157,57	229,20	257,85
	II	3.655,91	201,07	292,47	329,03	192,45	279,94	314,93	183,84	267,40	300,83	175,22	254,87	286,73	166,60	242,34	272,63	157,99	229,80	258,53	149,22	217,27	244,43
	III	2.973,83	5,95	237,90	267,64	-	225,37	253,54	-	212,86	239,47	-	200,58	225,65	-	188,56	212,13	-	176,80	198,90	-	165,28	185,94
	IV	3.805,00	209,27	304,40	342,45	204,96	298,13	335,39	200,65	291,86	328,34	196,35	285,60	321,30	192,04	279,33	314,24	187,73	273,06	307,19	183,42	266,80	300,15
	V	4.319,41	237,56	345,55	388,74																		
	VI	4.364,75	240,00	349,10	392,73																		
2.287,99 (Ost)	I	3.812,83	209,70	305,02	343,15	201,08	292,49	329,05	192,47	279,96	314,95	183,85	267,42	300,85	175,23	254,89	286,75	166,62	242,36	272,65	158,00	229,82	258,55
	II	3.663,75	201,50	293,10	329,73	192,88	280,56	315,63	184,27	268,03	301,53	175,65	255,50	287,43	167,03	242,96	273,33	158,42	230,43	259,23	149,80	217,90	245,13
	III	2.981,66	6,88	238,53	268,34	-	226,00	254,25	-	213,49	240,17	-	201,20	226,35	-	189,16	212,80	-	177,37	199,54	-	165,85	186,58
	IV	3.812,83	209,70	305,02	343,15	205,39	298,76	336,10	201,08	292,49	329,05	196,78	286,22	322,00	192,47	279,96	314,95	188,16	273,69	307,90	183,85	267,42	300,85
	V	4.327,25	237,99	346,18	389,45																		
	VI	4.371,58	240,43	349,72	393,44																		
2.290,99 (West)	I	3.806,25	209,34	304,50	342,56	200,72	291,96	328,46	192,11	279,43	314,36	183,49	266,90	300,26	174,88	254,37	286,16	166,26	241,84	272,07	157,64	229,30	257,96
	II	3.657,16	201,14	292,57	329,14	192,52	280,04	315,04	183,91	267,50	300,94	175,29	254,97	286,84	166,67	242,44	272,74	158,06	229,90	258,64	149,38	217,38	244,55
	III	2.975,16	6,10	238,01	267,76	-	225,48	253,66	-	212,97	239,59	-	200,69	225,77	-	188,65	212,23	-	176,89	199,00	-	165,37	186,04
	IV	3.806,25	209,34	304,50	342,56	205,03	298,23	335,51	200,72	291,96	328,46	196,41	285,70	321,41	192,11	279,43	314,36	187,80	273,16	307,31	183,49	266,90	300,26
	V	4.320,75	237,64	345,66	388,86																		
	VI	4.365,00	240,07	349,20	392,85																		
2.290,99 (Ost)	I	3.814,08	209,77	305,12	343,26	201,15	292,59	329,16	192,54	280,06	315,06	183,92	267,52	300,96	175,30	254,99	286,86	166,69	242,46	272,76	158,07	229,92	258,66
	II	3.665,00	201,57	293,20	329,85	192,95	280,66	315,74	184,34	268,13	301,64	175,72	255,60	287,55	167,10	243,06	273,44	158,49	230,53	259,34	149,87	218,00	245,25
	III	2.983,00	7,04	238,64	268,47	-	226,10	254,36	-	213,60	240,30	-	201,29	226,45	-	189,25	212,90	-	177,46	199,64	-	165,94	186,68
	IV	3.814,08	209,77	305,12	343,26	205,46	298,86	336,21	201,15	292,59	329,16	196,84	286,32	322,11	192,54	280,06	315,06	188,23	273,79	308,01	183,92	267,52	300,96
	V	4.328,50	238,06	346,28	389,56																		
	VI	4.372,83	240,50	349,82	393,55																		
2.293,99 (West)	I	3.807,50	209,41	304,60	342,67	200,79	292,06	328,57	192,18	279,54	314,48	183,56	267,00	300,38	174,95	254,47	286,28	166,33	241,94	272,18	157,71	229,40	258,08
	II	3.658,41	201,21	292,67	329,25	192,59	280,14	315,15	183,97	267,60	301,05	175,36	255,07	286,95	166,75	242,54	272,86	158,13	230,01	258,76	149,51	217,48	244,66
	III	2.976,33	6,24	238,10	267,86	-	225,57	253,76	-	213,06	239,69	-	200,78	225,88	-	188,76	212,35	-	176,98	199,10	-	165,46	186,14
	IV	3.807,50	209,41	304,60	342,67	205,10	298,33	335,62	200,79	292,06	328,57	196,49	285,80	321,53	192,18	279,54	314,48	187,87	273,27	307,43	183,56	267,00	300,38
	V	4.322,00	237,71	345,76	388,98																		
	VI	4.366,25	240,14	349,30	392,96																		
2.293,99 (Ost)	I	3.815,33	209,84	305,22	343,37	201,22	292,69	329,27	192,61	280,16	315,18	183,99	267,62	301,07	175,37	255,09	286,97	166,76	242,56	272,88	158,14	230,03	258,78
	II	3.666,25	201,64	293,30	329,96	193,02	280,76	315,86	184,41	268,23	301,76	175,79	255,70	287,66	167,17	243,16	273,56	158,56	230,63	259,46	149,94	218,10	245,36
	III	2.984,16	7,17	238,73	268,57	-	226,20	254,47	-	213,69	240,40	-	201,40	226,57	-	189,34	213,01	-	177,56	199,75	-	166,04	186,79
	IV	3.815,33	209,84	305,22	343,37	205,53	298,96	336,33	201,22	292,69	329,27	196,91	286,42	322,22	192,61	280,16	315,18	188,30	273,89	308,12	183,99	267,62	301,07
	V	4.329,75	238,13	346,38	389,67																		
	VI	4.374,08	240,57	349,92	393,66																		

Lohn/ Gehalt bis	Steuerklasse	Lohn- steuer	ohne Kinderfreibetrag SolZ 5,5%	Kirchensteuer 8%	9%	0,5 SolZ 5,5%	Kirchensteuer 8%	9%	1,0 SolZ 5,5%	Kirchensteuer 8%	9%	1,5 SolZ 5,5%	Kirchensteuer 8%	9%	2,0 SolZ 5,5%	Kirchensteuer 8%	9%	2,5 SolZ 5,5%	Kirchensteuer 8%	9%	3,0 SolZ 5,5%	Kirchensteuer 8%	9%
12.296,99 (West)	I	3.808,83	209,48	304,70	342,79	200,86	292,17	328,69	192,25	279,64	314,59	183,63	267,10	300,49	175,01	254,57	286,39	166,40	242,04	272,29	157,78	229,50	258
	II	3.659,66	201,28	292,77	329,36	192,66	280,24	315,27	184,04	267,70	301,16	175,43	255,18	287,07	166,81	242,64	272,97	158,20	230,11	258,87	149,58	217,58	24
	III	2.977,66	6,40	238,21	267,98	-	225,68	253,89	-	213,17	239,81	-	200,88	225,99	-	188,85	212,45	-	177,08	199,21	-	165,56	18
	IV	3.808,83	209,48	304,70	342,79	205,17	298,44	335,74	200,86	292,17	328,69	196,56	285,90	321,64	192,25	279,64	314,59	187,94	273,37	307,54	183,63	267,10	30
	V	4.323,25	237,77	345,86	389,09																		
	VI	4.367,58	240,21	349,40	393,08																		
12.296,99 (Ost)	I	3.816,58	209,91	305,32	343,49	201,29	292,79	329,39	192,67	280,26	315,29	184,06	267,72	301,19	175,44	255,19	287,09	166,83	242,66	272,99	158,21	230,13	258
	II	3.667,50	201,71	293,40	330,07	193,09	280,86	315,97	184,47	268,33	301,87	175,86	255,80	287,77	167,24	243,26	273,67	158,62	230,73	259,57	150,01	218,20	245
	III	2.985,50	7,33	238,84	268,69	-	226,30	254,59	-	213,80	240,52	-	201,49	226,67	-	189,44	213,12	-	177,65	199,85	-	166,13	18
	IV	3.816,58	209,91	305,32	343,49	205,60	299,06	336,44	201,29	292,79	329,39	196,98	286,52	322,34	192,67	280,26	315,29	188,37	273,99	308,24	184,06	267,72	30
	V	4.331,00	238,20	346,48	389,79																		
	VI	4.375,33	240,64	350,02	393,77																		
12.299,99 (West)	I	3.810,08	209,55	304,80	342,90	200,93	292,27	328,80	192,32	279,74	314,70	183,70	267,20	300,60	175,08	254,67	286,50	166,47	242,14	272,40	157,85	229,60	258
	II	3.660,91	201,35	292,87	329,48	192,73	280,34	315,38	184,12	267,81	301,28	175,50	255,28	287,19	166,88	242,74	273,08	158,27	230,21	258,98	149,65	217,68	24
	III	2.978,83	6,54	238,30	268,09	-	225,77	253,99	-	213,26	239,92	-	200,98	226,10	-	188,94	212,56	-	177,17	199,31	-	165,65	18
	IV	3.810,08	209,55	304,80	342,90	205,24	298,54	335,85	200,93	292,27	328,80	196,62	286,00	321,75	192,32	279,74	314,70	188,01	273,47	307,65	183,70	267,20	30
	V	4.324,50	237,84	345,96	389,20																		
	VI	4.368,83	240,28	349,50	393,19																		
12.299,99 (Ost)	I	3.817,83	209,98	305,42	343,60	201,36	292,89	329,50	192,74	280,36	315,40	184,13	267,83	301,31	175,51	255,30	287,21	166,90	242,76	273,11	158,28	230,23	25
	II	3.668,75	201,78	293,50	330,18	193,16	280,96	316,08	184,54	268,43	301,98	175,93	255,90	287,88	167,31	243,36	273,78	158,69	230,83	259,68	150,08	218,30	245
	III	2.986,66	7,47	238,93	268,79	-	226,40	254,70	-	213,89	240,62	-	201,58	226,78	-	189,54	213,23	-	177,74	199,96	-	166,22	18
	IV	3.817,83	209,98	305,42	343,60	205,67	299,16	336,55	201,36	292,89	329,50	197,05	286,62	322,45	192,74	280,36	315,40	188,43	274,09	308,35	184,13	267,83	30
	V	4.332,33	238,27	346,58	389,90																		
	VI	4.376,58	240,71	350,12	393,89																		
12.302,99 (West)	I	3.811,33	209,62	304,90	343,01	201,00	292,37	328,91	192,39	279,84	314,82	183,77	267,30	300,71	175,15	254,77	286,61	166,54	242,24	272,52	157,92	229,70	258
	II	3.662,25	201,42	292,98	329,60	192,80	280,44	315,50	184,19	267,91	301,40	175,57	255,38	287,30	166,95	242,84	273,20	158,34	230,31	259,10	149,72	217,78	245
	III	2.980,16	6,70	238,41	268,21	-	225,88	254,11	-	213,37	240,04	-	201,08	226,21	-	189,04	212,67	-	177,26	199,42	-	165,74	18
	IV	3.811,33	209,62	304,90	343,01	205,31	298,64	335,97	201,00	292,37	328,91	196,69	286,10	321,86	192,39	279,84	314,82	188,08	273,57	307,76	183,77	267,30	30
	V	4.325,75	237,91	346,06	389,31																		
	VI	4.370,08	240,35	349,60	393,30																		
12.302,99 (Ost)	I	3.819,08	210,04	305,52	343,71	201,43	292,99	329,61	192,82	280,46	315,52	184,20	267,93	301,42	175,58	255,40	287,32	166,97	242,86	273,22	158,35	230,33	25
	II	3.670,00	201,85	293,60	330,30	193,23	281,06	316,19	184,61	268,53	302,09	176,00	256,00	288,00	167,38	243,47	273,90	158,77	230,94	259,80	150,15	218,40	245
	III	2.988,00	7,63	239,04	268,92	-	226,50	254,81	-	214,00	240,75	-	201,69	226,90	-	189,64	213,34	-	177,84	200,07	-	166,30	18
	IV	3.819,08	210,04	305,52	343,71	205,74	299,26	336,66	201,43	292,99	329,61	197,12	286,73	322,57	192,82	280,46	315,52	188,51	274,20	308,47	184,20	267,93	30
	V	4.333,58	238,34	346,68	390,02																		
	VI	4.377,83	240,78	350,22	394,00																		
12.305,99 (West)	I	3.812,58	209,69	305,00	343,13	201,07	292,47	329,03	192,45	279,94	314,93	183,84	267,40	300,83	175,22	254,87	286,73	166,60	242,34	272,63	157,99	229,80	258
	II	3.663,50	201,49	293,08	329,71	192,87	280,54	315,61	184,25	268,01	301,51	175,64	255,48	287,41	167,02	242,94	273,31	158,40	230,41	259,21	149,79	217,88	245
	III	2.981,33	6,84	238,50	268,31	-	225,98	254,23	-	213,46	240,14	-	201,17	226,31	-	189,13	212,77	-	177,36	199,53	-	165,82	18
	IV	3.812,58	209,69	305,00	343,13	205,38	298,74	336,08	201,07	292,47	329,03	196,76	286,20	321,98	192,45	279,94	314,93	188,15	273,67	307,88	183,84	267,40	30
	V	4.327,00	237,98	346,16	389,43																		
	VI	4.371,33	240,42	349,70	393,41																		
12.305,99 (Ost)	I	3.820,41	210,12	305,63	343,83	201,50	293,10	329,73	192,88	280,56	315,63	184,27	268,03	301,53	175,65	255,50	287,43	167,03	242,96	273,33	158,42	230,43	259
	II	3.671,25	201,91	293,70	330,41	193,30	281,16	316,31	184,68	268,63	302,21	176,07	256,10	288,11	167,45	243,57	274,01	158,84	231,04	259,92	150,22	218,50	245
	III	2.989,33	7,79	239,14	269,03	-	226,61	254,93	-	214,09	240,85	-	201,78	227,00	-	189,73	213,44	-	177,94	200,18	-	166,40	187
	IV	3.820,41	210,12	305,63	343,83	205,81	299,36	336,78	201,50	293,10	329,73	197,19	286,83	322,68	192,88	280,56	315,63	188,58	274,30	308,58	184,27	268,03	301
	V	4.334,83	238,41	346,78	390,13																		
	VI	4.379,16	240,85	350,33	394,12																		
12.308,99 (West)	I	3.813,83	209,76	305,10	343,24	201,14	292,57	329,14	192,52	280,04	315,04	183,91	267,50	300,94	175,29	254,97	286,84	166,67	242,44	272,74	158,06	229,90	258
	II	3.664,75	201,56	293,18	329,82	192,94	280,64	315,72	184,32	268,11	301,62	175,71	255,58	287,52	167,09	243,04	273,42	158,47	230,51	259,32	149,86	217,98	245
	III	2.982,66	7,00	238,61	268,43	-	226,08	254,34	-	213,57	240,26	-	201,28	226,44	-	189,24	212,89	-	177,45	199,63	-	165,92	186
	IV	3.813,83	209,76	305,10	343,24	205,45	298,84	336,19	201,14	292,57	329,14	196,83	286,30	322,09	192,52	280,04	315,04	188,21	273,77	307,99	183,91	267,50	300
	V	4.328,25	238,05	346,26	389,54																		
	VI	4.372,58	240,49	349,80	393,53																		
12.308,99 (Ost)	I	3.821,66	210,19	305,73	343,94	201,57	293,20	329,85	192,95	280,66	315,74	184,34	268,13	301,64	175,72	255,60	287,55	167,10	243,06	273,44	158,49	230,53	259
	II	3.672,50	201,98	293,80	330,52	193,37	281,27	316,43	184,75	268,74	302,33	176,14	256,20	288,23	167,52	243,67	274,13	158,90	231,14	260,03	150,29	218,60	245
	III	2.990,50	7,93	239,24	269,14	-	226,70	255,04	-	214,20	240,97	-	201,88	227,11	-	189,82	213,55	-	178,04	200,29	-	166,49	187
	IV	3.821,66	210,19	305,73	343,94	205,88	299,46	336,89	201,57	293,20	329,85	197,26	286,93	322,79	192,95	280,66	315,74	188,65	274,40	308,70	184,34	268,13	301
	V	4.336,08	238,48	346,88	390,24																		
	VI	4.380,41	240,92	350,43	394,23																		
12.311,99 (West)	I	3.815,08	209,82	305,20	343,35	201,21	292,67	329,25	192,59	280,14	315,15	183,97	267,60	301,05	175,36	255,07	286,95	166,75	242,54	272,86	158,13	230,01	258
	II	3.666,00	201,63	293,28	329,94	193,01	280,74	315,83	184,39	268,21	301,73	175,78	255,68	287,64	167,16	243,14	273,53	158,54	230,61	259,43	149,93	218,08	245
	III	2.984,00	7,15	238,72	268,56	-	226,18	254,45	-	213,66	240,37	-	201,37	226,54	-	189,33	212,99	-	177,54	199,73	-	166,01	186
	IV	3.815,08	209,82	305,20	343,35	205,52	298,94	336,30	201,21	292,67	329,25	196,90	286,40	322,20	192,59	280,14	315,15	188,28	273,87	308,10	183,97	267,60	301
	V	4.329,50	238,12	346,36	389,65																		
	VI	4.373,83	240,56	349,90	393,64																		
12.311,99 (Ost)	I	3.822,91	210,26	305,83	344,06	201,64	293,30	329,96	193,02	280,76	315,86	184,41	268,23	301,76	175,79	255,70	287,66	167,17	243,16	273,56	158,56	230,63	259
	II	3.673,83	202,06	293,90	330,64	193,44	281,37	316,54	184,82	268,84	302,44	176,21	256,30	288,34	167,59	243,77	274,24	158,97	231,24	260,14	150,36	218,70	246
	III	2.991,83	8,09	239,34	269,26	-	226,81	255,16	-	214,29	241,07	-	201,98	227,23	-	189,92	213,66	-	178,13	200,39	-	166,58	187
	IV	3.822,91	210,26	305,83	344,06	205,95	299,56	337,01	201,64	293,30	329,96	197,33	287,03	322,91	193,02	280,76	315,86	188,71	274,50	308,81	184,41	268,23	301
	V	4.337,33	238,55	346,98	390,35																		
	VI	4.381,66	240,99	350,53	394,34																		
12.314,99 (West)	I	3.816,33	209,89	305,30	343,46	201,28	292,77	329,36	192,66	280,24	315,27	184,04	267,70	301,16	175,43	255,18	287,07	166,81	242,64	272,97	158,20	230,11	258
	II	3.667,25	201,69	293,38	330,05	193,08	280,84	315,95	184,46	268,31	301,85	175,84	255,78	287,75	167,23	243,24	273,65	158,61	230,71	259,55	150,00	218,18	245
	III	2.985,16	7,29	238,81	268,66	-	226,28	254,56	-	213,77	240,49	-	201,46	226,64	-	189,42	213,10	-	177,64	199,84	-	166,10	186
	IV	3.816,33	209,89	305,30	343,46	205,59	299,04	336,42	201,28	292,77	329,36	196,97	286,50	322,31	192,66	280,24	315,27	188,35	273,97	308,21	184,04	267,70	301,
	V	4.330,83	238,19	346,46	389,77																		
	VI	4.375,08	240,62	350,00	393,75																		
12.314,99 (Ost)	I	3.824,16	210,32	305,93	344,17	201,71	293,40	330,07	193,09	280,86	315,97	184,47	268,33	301,87	175,86	255,80	287,77	167,24	243,26	273,67	158,62	230,73	259,
	II	3.675,08	202,12	294,00	330,75	193,51	281,47	316,65	184,89	268,94	302,55	176,27	256,40	288,45	167,66	243,87	274,35	159,04	231,34	260,25	150,42	218,80	246,
	III	2.993,00	8,23	239,44	269,37	-	226,90	255,26	-	214,40	241,20	-	202,08	227,34	-	190,02	213,77	-	178,22	200,50	-	166,68	187,
	IV	3.824,16	210,32	305,93	344,17	206,02	299,66	337,12	201,71	293,40	330,07	197,40	287,13	323,02	193,09	280,86	315,97	188,78	274,60	308,92	184,47	268,33	301,
	V	4.338,58	238,62	347,08	390,47																		
	VI	4.382,91	241,06	350,63	394,46																		

Lohn/ Gehalt bis	Steuerklasse	Lohn- steuer	ohne Kinderfreibetrag			Anzahl Kinderfreibeträge (nur Steuerklassen I–IV)																	
						0,5			1,0			1,5			2,0			2,5			3,0		
			SolZ 5,5%	Kirchensteuer 8%	9%	SolZ 5,5%	Kirchensteuer 8%	9%	SolZ 5,5%	Kirchensteuer 8%	9%	SolZ 5,5%	Kirchensteuer 8%	9%	SolZ 5,5%	Kirchensteuer 8%	9%	SolZ 5,5%	Kirchensteuer 8%	9%	SolZ 5,5%	Kirchensteuer 8%	9%
2.317,99 (West)	I	3.817,58	209,96	305,40	343,58	201,35	292,87	329,48	192,73	280,34	315,38	184,12	267,81	301,28	175,50	255,28	287,19	166,88	242,74	273,08	158,27	230,21	258,98
	II	3.668,50	201,76	293,48	330,16	193,15	280,94	316,06	184,53	268,41	301,96	175,91	255,88	287,86	167,30	243,34	273,76	158,68	230,82	259,67	150,07	218,28	245,57
	III	2.986,50	7,45	238,92	268,78	-	226,38	254,68	-	213,86	240,59	-	201,57	226,76	-	189,52	213,21	-	177,73	199,94	-	166,20	186,97
	IV	3.817,58	209,96	305,40	343,58	205,65	299,14	336,53	201,35	292,87	329,48	197,04	286,60	322,43	192,73	280,34	315,38	188,43	274,08	308,34	184,12	267,81	301,28
	V	4.332,08	238,26	346,56	389,88																		
	VI	4.376,33	240,69	350,10	393,86																		
2.317,99 (Ost)	I	3.825,41	210,39	306,03	344,28	201,78	293,50	330,18	193,16	280,96	316,08	184,54	268,43	301,98	175,93	255,90	287,88	167,31	243,36	273,78	158,69	230,83	259,68
	II	3.676,33	202,19	294,10	330,86	193,58	281,57	316,76	184,96	269,04	302,67	176,34	256,50	288,56	167,73	243,97	274,46	159,11	231,44	260,37	150,49	218,90	246,26
	III	2.994,33	8,38	239,54	269,48	-	227,01	255,38	-	214,49	241,30	-	202,17	227,44	-	190,12	213,88	-	178,32	200,61	-	166,77	187,61
	IV	3.825,41	210,39	306,03	344,28	206,08	299,76	337,23	201,78	293,50	330,18	197,47	287,23	323,13	193,16	280,96	316,08	188,85	274,70	309,03	184,54	268,43	301,98
	V	4.339,83	238,69	347,18	390,58																		
	VI	4.384,16	241,12	350,73	394,57																		
2.320,99 (West)	I	3.818,83	210,03	305,50	343,69	201,42	292,98	329,60	192,80	280,44	315,50	184,19	267,91	301,40	175,57	255,38	287,30	166,95	242,84	273,20	158,34	230,31	259,10
	II	3.669,75	201,83	293,58	330,27	193,21	281,04	316,17	184,60	268,51	302,07	175,99	255,98	287,98	167,37	243,45	273,88	158,75	230,92	259,78	150,14	218,38	245,68
	III	2.987,66	7,59	239,01	268,88	-	226,48	254,79	-	213,97	240,71	-	201,66	226,87	-	189,61	213,31	-	177,82	200,05	-	166,29	187,07
	IV	3.818,83	210,03	305,50	343,69	205,73	299,24	336,65	201,42	292,98	329,60	197,11	286,71	322,55	192,80	280,44	315,50	188,49	274,18	308,45	184,19	267,91	301,40
	V	4.333,33	238,33	346,66	389,99																		
	VI	4.377,58	240,76	350,20	393,98																		
2.320,99 (Ost)	I	3.826,66	210,46	306,13	344,39	201,85	293,60	330,30	193,23	281,06	316,19	184,61	268,53	302,09	176,00	256,00	288,00	167,38	243,47	273,90	158,77	230,94	259,80
	II	3.677,58	202,26	294,20	330,98	193,65	281,67	316,88	185,03	269,14	302,78	176,41	256,60	288,68	167,80	244,07	274,58	159,18	231,54	260,48	150,56	219,00	246,38
	III	2.995,50	8,52	239,64	269,59	-	227,10	255,49	-	214,60	241,42	-	202,28	227,56	-	190,21	213,98	-	178,41	200,71	-	166,86	187,72
	IV	3.826,66	210,46	306,13	344,39	206,15	299,86	337,34	201,85	293,60	330,30	197,54	287,33	323,24	193,23	281,06	316,19	188,92	274,80	309,15	184,61	268,53	302,09
	V	4.341,08	238,75	347,28	390,69																		
	VI	4.385,41	241,19	350,83	394,68																		
2.323,99 (West)	I	3.820,16	210,10	305,61	343,81	201,49	293,08	329,71	192,87	280,54	315,61	184,25	268,01	301,51	175,64	255,48	287,41	167,02	242,94	273,31	158,40	230,41	259,21
	II	3.671,00	201,90	293,68	330,39	193,28	281,14	316,28	184,67	268,62	302,19	176,05	256,08	288,09	167,44	243,55	273,99	158,82	231,02	259,89	150,20	218,48	245,79
	III	2.989,00	7,75	239,12	269,01	-	226,58	254,90	-	214,06	240,82	-	201,76	226,98	-	189,70	213,41	-	177,92	200,16	-	166,38	187,18
	IV	3.820,16	210,10	305,61	343,81	205,80	299,34	336,76	201,49	293,08	329,71	197,18	286,81	322,66	192,87	280,54	315,61	188,56	274,28	308,56	184,25	268,01	301,51
	V	4.334,58	238,40	346,76	390,11																		
	VI	4.378,91	240,84	350,31	394,10																		
2.323,99 (Ost)	I	3.827,91	210,53	306,23	344,51	201,91	293,70	330,41	193,30	281,16	316,31	184,68	268,63	302,21	176,07	256,10	288,11	167,45	243,57	274,01	158,84	231,04	259,92
	II	3.678,83	202,33	294,30	331,09	193,71	281,77	316,99	185,10	269,24	302,89	176,48	256,70	288,79	167,86	244,17	274,69	159,25	231,64	260,59	150,64	219,11	246,50
	III	2.996,83	8,68	239,74	269,71	-	227,21	255,61	-	214,69	241,52	-	202,37	227,66	-	190,30	214,09	-	178,50	200,81	-	166,96	187,83
	IV	3.827,91	210,53	306,23	344,51	206,22	299,96	337,46	201,91	293,70	330,41	197,61	287,43	323,36	193,30	281,16	316,31	188,99	274,90	309,26	184,68	268,63	302,21
	V	4.342,41	238,83	347,39	390,81																		
	VI	4.386,66	241,26	350,93	394,79																		
2.326,99 (West)	I	3.821,41	210,17	305,71	343,92	201,56	293,18	329,82	192,94	280,64	315,72	184,32	268,11	301,62	175,71	255,58	287,52	167,09	243,04	273,42	158,47	230,51	259,32
	II	3.672,33	201,97	293,78	330,50	193,36	281,25	316,40	184,74	268,72	302,31	176,12	256,18	288,20	167,51	243,65	274,10	158,89	231,12	260,01	150,27	218,58	245,90
	III	2.990,16	7,89	239,21	269,11	-	226,68	255,01	-	214,17	240,94	-	201,86	227,09	-	189,81	213,53	-	178,01	200,26	-	166,48	187,29
	IV	3.821,41	210,17	305,71	343,92	205,86	299,44	336,87	201,56	293,18	329,82	197,25	286,91	322,77	192,94	280,64	315,72	188,63	274,38	308,67	184,32	268,11	301,62
	V	4.335,83	238,47	346,86	390,22																		
	VI	4.380,16	240,90	350,41	394,21																		
2.326,99 (Ost)	I	3.829,16	210,60	306,33	344,62	201,98	293,80	330,52	193,37	281,27	316,43	184,75	268,74	302,33	176,14	256,20	288,23	167,52	243,67	274,13	158,90	231,14	260,03
	II	3.680,08	202,40	294,40	331,20	193,78	281,87	317,10	185,17	269,34	303,00	176,55	256,80	288,90	167,93	244,27	274,80	159,32	231,74	260,71	150,70	219,21	246,61
	III	2.998,00	8,82	239,84	269,82	-	227,30	255,71	-	214,80	241,65	-	202,46	227,77	-	190,40	214,20	-	178,60	200,92	-	167,04	187,92
	IV	3.829,16	210,60	306,33	344,62	206,29	300,06	337,57	201,98	293,80	330,52	197,67	287,53	323,47	193,37	281,27	316,43	189,06	275,00	309,38	184,75	268,74	302,33
	V	4.343,66	238,90	347,49	390,92																		
	VI	4.387,91	241,33	351,03	394,91																		
2.329,99 (West)	I	3.822,66	210,24	305,81	344,03	201,63	293,28	329,94	193,01	280,74	315,83	184,39	268,21	301,73	175,78	255,68	287,64	167,16	243,14	273,53	158,54	230,61	259,43
	II	3.673,58	202,04	293,88	330,62	193,43	281,35	316,52	184,81	268,82	302,42	176,19	256,28	288,32	167,58	243,75	274,22	158,96	231,22	260,12	150,34	218,68	246,02
	III	2.991,50	8,05	239,32	269,23	-	226,78	255,13	-	214,26	241,04	-	201,96	227,20	-	189,90	213,64	-	178,10	200,36	-	166,57	187,39
	IV	3.822,66	210,24	305,81	344,03	205,93	299,54	336,98	201,63	293,28	329,94	197,32	287,01	322,88	193,01	280,74	315,83	188,70	274,48	308,79	184,39	268,21	301,73
	V	4.337,08	238,53	346,96	390,33																		
	VI	4.381,41	240,97	350,51	394,32																		
2.329,99 (Ost)	I	3.830,41	210,67	306,43	344,73	202,06	293,90	330,64	193,44	281,37	316,54	184,82	268,84	302,44	176,21	256,30	288,34	167,59	243,77	274,24	158,97	231,24	260,14
	II	3.681,33	202,47	294,50	331,31	193,85	281,97	317,21	185,24	269,44	303,12	176,62	256,91	289,02	168,01	244,38	274,92	159,39	231,84	260,82	150,77	219,31	246,72
	III	2.999,33	8,98	239,94	269,93	-	227,41	255,83	-	214,89	241,75	-	202,57	227,89	-	190,50	214,31	-	178,69	201,02	-	167,13	188,02
	IV	3.830,41	210,67	306,43	344,73	206,36	300,17	337,69	202,06	293,90	330,64	197,75	287,64	323,59	193,44	281,37	316,54	189,13	275,10	309,49	184,82	268,84	302,44
	V	4.344,91	238,97	347,59	391,04																		
	VI	4.389,25	241,40	351,14	395,03																		
2.332,99 (West)	I	3.823,91	210,31	305,91	344,15	201,69	293,38	330,05	193,08	280,84	315,95	184,46	268,31	301,85	175,84	255,78	287,75	167,23	243,24	273,65	158,61	230,71	259,55
	II	3.674,83	202,11	293,98	330,73	193,49	281,45	316,63	184,88	268,92	302,53	176,26	256,38	288,43	167,64	243,85	274,33	159,03	231,32	260,23	150,41	218,78	246,13
	III	2.992,83	8,21	239,42	269,35	-	226,89	255,25	-	214,37	241,16	-	202,05	227,30	-	190,00	213,75	-	178,20	200,47	-	166,65	187,48
	IV	3.823,91	210,31	305,91	344,15	206,00	299,64	337,10	201,69	293,38	330,05	197,39	287,11	323,00	193,08	280,84	315,95	188,77	274,58	308,90	184,46	268,31	301,85
	V	4.338,33	238,60	347,06	390,44																		
	VI	4.382,66	241,04	350,61	394,43																		
2.332,99 (Ost)	I	3.831,75	210,74	306,54	344,85	202,12	294,00	330,75	193,51	281,47	316,65	184,89	268,94	302,55	176,27	256,40	288,45	167,66	243,87	274,35	159,04	231,34	260,25
	II	3.682,58	202,54	294,60	331,43	193,92	282,07	317,33	185,31	269,54	303,23	176,69	257,01	289,13	168,08	244,48	275,04	159,46	231,94	260,93	150,84	219,41	246,83
	III	3.000,66	9,14	240,05	270,05	-	227,52	255,96	-	215,00	241,87	-	202,66	227,99	-	190,60	214,42	-	178,78	201,13	-	167,22	188,12
	IV	3.831,75	210,74	306,54	344,85	206,43	300,27	337,80	202,12	294,00	330,75	197,82	287,74	323,70	193,51	281,47	316,65	189,20	275,20	309,60	184,89	268,94	302,55
	V	4.346,16	239,03	347,69	391,15																		
	VI	4.390,50	241,47	351,24	395,14																		
2.335,99 (West)	I	3.825,16	210,38	306,01	344,26	201,76	293,48	330,16	193,15	280,94	316,06	184,53	268,41	301,96	175,91	255,88	287,86	167,30	243,34	273,76	158,68	230,82	259,67
	II	3.676,08	202,18	294,08	330,84	193,56	281,55	316,74	184,95	269,02	302,64	176,33	256,48	288,54	167,71	243,95	274,44	159,10	231,42	260,34	150,48	218,88	246,24
	III	2.994,00	8,34	239,52	269,46	-	226,98	255,35	-	214,46	241,27	-	202,16	227,43	-	190,09	213,85	-	178,29	200,57	-	166,74	187,58
	IV	3.825,16	210,38	306,01	344,26	206,07	299,74	337,21	201,76	293,48	330,16	197,45	287,21	323,11	193,15	280,94	316,06	188,84	274,68	309,01	184,53	268,41	301,96
	V	4.339,58	238,67	347,16	390,56																		
	VI	4.383,91	241,11	350,71	394,55																		
2.335,99 (Ost)	I	3.833,00	210,81	306,64	344,97	202,19	294,10	330,86	193,58	281,57	316,76	184,96	269,04	302,67	176,34	256,50	288,56	167,73	243,97	274,46	159,11	231,44	260,37
	II	3.683,91	202,61	294,71	331,55	193,99	282,18	317,45	185,38	269,64	303,35	176,76	257,11	289,25	168,14	244,58	275,15	159,53	232,04	261,05	150,91	219,51	246,95
	III	3.001,83	9,28	240,14	270,16	-	227,61	256,06	-	215,09	241,97	-	202,76	228,10	-	190,69	214,52	-	178,88	201,24	-	167,32	188,23
	IV	3.833,00	210,81	306,64	344,97	206,50	300,37	337,91	202,19	294,10	330,86	197,89	287,84	323,82	193,58	281,57	316,76	189,27	275,30	309,71	184,96	269,04	302,67
	V	4.347,41	239,10	347,79	391,26																		
	VI	4.391,75	241,54	351,34	395,25																		

Lohn/ Gehalt bis	Steuerklasse	Lohn-steuer	ohne Kinderfreibetrag SolZ 5,5%	ohne Kinderfreibetrag Kirchensteuer 8%	ohne Kinderfreibetrag Kirchensteuer 9%	0,5 SolZ 5,5%	0,5 Kirchensteuer 8%	0,5 Kirchensteuer 9%	1,0 SolZ 5,5%	1,0 Kirchensteuer 8%	1,0 Kirchensteuer 9%	1,5 SolZ 5,5%	1,5 Kirchensteuer 8%	1,5 Kirchensteuer 9%	2,0 SolZ 5,5%	2,0 Kirchensteuer 8%	2,0 Kirchensteuer 9%	2,5 SolZ 5,5%	2,5 Kirchensteuer 8%	2,5 Kirchensteuer 9%	3,0 SolZ 5,5%	3,0 Kirchensteuer 8%	3,0 Kirchensteuer 9%
12.338,99 (West)	I	3.826,41	210,45	306,11	344,37	201,83	293,58	330,27	193,21	281,04	316,17	184,60	268,51	302,07	175,99	255,98	287,98	167,37	243,45	273,88	158,75	230,92	25
	II	3.677,33	202,25	294,18	330,95	193,63	281,65	316,85	185,02	269,12	302,76	176,40	256,58	288,65	167,78	244,05	274,55	159,17	231,52	260,46	150,55	218,98	24
	III	2.995,33	8,50	239,62	269,57	-	227,09	255,47	-	214,57	241,39	-	202,25	227,53	-	190,18	213,95	-	178,38	200,68	-	166,84	18
	IV	3.826,41	210,45	306,11	344,37	206,14	299,84	337,32	201,83	293,58	330,27	197,52	287,31	323,22	193,21	281,04	316,17	188,91	274,78	309,12	184,60	268,51	30
	V	4.340,83	238,74	347,26	390,67																		
	VI	4.385,16	241,18	350,81	394,66																		
12.338,99 (Ost)	I	3.834,25	210,88	306,74	345,08	202,26	294,20	330,98	193,65	281,67	316,88	185,03	269,14	302,78	176,41	256,60	288,68	167,80	244,07	274,58	159,18	231,54	26
	II	3.685,16	202,68	294,81	331,66	194,06	282,28	317,56	185,45	269,74	303,46	176,83	257,21	289,36	168,21	244,68	275,26	159,60	232,14	261,16	150,98	219,61	24
	III	3.003,16	9,44	240,25	270,28	-	227,72	256,18	-	215,20	242,10	-	202,86	228,22	-	190,78	214,63	-	178,97	201,34	-	167,41	18
	IV	3.834,25	210,88	306,74	345,08	206,57	300,47	338,03	202,26	294,20	330,98	197,95	287,94	323,93	193,65	281,67	316,88	189,34	275,40	309,83	185,03	269,14	30
	V	4.348,66	239,17	347,89	391,37																		
	VI	4.393,00	241,61	351,44	395,37																		
12.341,99 (West)	I	3.827,66	210,52	306,21	344,48	201,90	293,68	330,39	193,28	281,14	316,28	184,67	268,62	302,19	176,05	256,08	288,09	167,44	243,55	273,99	158,82	231,02	25
	II	3.678,58	202,32	294,28	331,07	193,70	281,75	316,97	185,08	269,22	302,87	176,47	256,68	288,77	167,85	244,15	274,67	159,24	231,62	260,57	150,62	219,09	24
	III	2.996,50	8,64	239,72	269,68	-	227,18	255,58	-	214,66	241,49	-	202,34	227,63	-	190,29	214,07	-	178,48	200,79	-	166,93	18
	IV	3.827,66	210,52	306,21	344,48	206,21	299,94	337,43	201,90	293,68	330,39	197,59	287,41	323,33	193,28	281,14	316,28	188,98	274,88	309,24	184,67	268,62	30
	V	4.342,16	238,81	347,37	390,79																		
	VI	4.386,41	241,25	350,91	394,77																		
12.341,99 (Ost)	I	3.835,50	210,95	306,84	345,19	202,33	294,30	331,09	193,71	281,77	316,99	185,10	269,24	302,89	176,48	256,70	288,79	167,86	244,17	274,69	159,25	231,64	26
	II	3.686,41	202,75	294,91	331,77	194,13	282,38	317,67	185,51	269,84	303,57	176,90	257,31	289,47	168,28	244,78	275,37	159,66	232,24	261,27	151,05	219,71	24
	III	3.004,33	9,57	240,34	270,38	-	227,81	256,28	-	215,29	242,20	-	202,96	228,33	-	190,88	214,74	-	179,06	201,44	-	167,50	18
	IV	3.835,50	210,95	306,84	345,19	206,64	300,57	338,14	202,33	294,30	331,09	198,02	288,04	324,04	193,71	281,77	316,99	189,41	275,50	309,94	185,10	269,24	30
	V	4.349,91	239,24	347,99	391,49																		
	VI	4.394,25	241,68	351,54	395,48																		
12.344,99 (West)	I	3.828,91	210,59	306,31	344,60	201,97	293,78	330,50	193,36	281,25	316,40	184,74	268,72	302,31	176,12	256,18	288,20	167,51	243,65	274,10	158,89	231,12	26
	II	3.679,83	202,39	294,38	331,18	193,77	281,85	317,08	185,15	269,32	302,98	176,54	256,78	288,88	167,92	244,26	274,79	159,31	231,72	260,69	150,69	219,19	24
	III	2.997,83	8,80	239,82	269,80	-	227,29	255,70	-	214,77	241,61	-	202,45	227,75	-	190,38	214,18	-	178,57	200,89	-	167,02	18
	IV	3.828,91	210,59	306,31	344,60	206,28	300,04	337,55	201,97	293,78	330,50	197,67	287,52	323,46	193,36	281,25	316,40	189,05	274,98	309,35	184,74	268,72	30
	V	4.343,41	238,88	347,47	390,90																		
	VI	4.387,66	241,32	351,01	394,88																		
12.344,99 (Ost)	I	3.836,75	211,02	306,94	345,30	202,40	294,40	331,20	193,78	281,87	317,10	185,17	269,34	303,00	176,55	256,80	288,90	167,93	244,27	274,80	159,32	231,74	26
	II	3.687,66	202,82	295,01	331,88	194,20	282,48	317,79	185,58	269,94	303,68	176,97	257,41	289,58	168,35	244,88	275,49	159,73	232,34	261,38	151,12	219,81	24
	III	3.005,66	9,73	240,45	270,50	-	227,92	256,41	-	215,40	242,32	-	203,06	228,44	-	190,98	214,85	-	179,16	201,55	-	167,60	18
	IV	3.836,75	211,02	306,94	345,30	206,71	300,67	338,25	202,40	294,40	331,20	198,09	288,14	324,15	193,78	281,87	317,10	189,47	275,60	310,05	185,17	269,34	30
	V	4.351,16	239,31	348,09	391,60																		
	VI	4.395,50	241,75	351,64	395,59																		
12.347,99 (West)	I	3.830,25	210,66	306,42	344,72	202,04	293,88	330,62	193,43	281,35	316,52	184,81	268,82	302,42	176,19	256,28	288,32	167,58	243,75	274,22	158,96	231,22	26
	II	3.681,08	202,45	294,48	331,29	193,84	281,95	317,19	185,23	269,42	303,10	176,61	256,89	289,00	167,99	244,36	274,90	159,38	231,82	260,80	150,76	219,29	24
	III	2.999,00	8,94	239,92	269,91	-	227,38	255,80	-	214,86	241,72	-	202,54	227,86	-	190,48	214,29	-	178,66	200,99	-	167,12	18
	IV	3.830,25	210,66	306,42	344,72	206,35	300,15	337,67	202,04	293,88	330,62	197,73	287,62	323,57	193,43	281,35	316,52	189,12	275,08	309,47	184,81	268,82	30
	V	4.344,66	238,95	347,57	391,01																		
	VI	4.389,00	241,39	351,12	395,01																		
12.347,99 (Ost)	I	3.838,00	211,09	307,04	345,42	202,47	294,50	331,31	193,85	281,97	317,21	185,24	269,44	303,12	176,62	256,91	289,02	168,01	244,38	274,92	159,39	231,84	26
	II	3.688,91	202,89	295,11	332,00	194,27	282,58	317,90	185,65	270,04	303,80	177,04	257,51	289,70	168,42	244,98	275,60	159,80	232,44	261,50	151,19	219,91	24
	III	3.006,83	9,87	240,54	270,61	-	228,01	256,51	-	215,49	242,42	-	203,16	228,55	-	191,08	214,96	-	179,25	201,65	-	167,69	18
	IV	3.838,00	211,09	307,04	345,42	206,78	300,77	338,36	202,47	294,50	331,31	198,16	288,24	324,27	193,85	281,97	317,21	189,54	275,70	310,16	185,24	269,44	30
	V	4.352,50	239,38	348,20	391,72																		
	VI	4.396,75	241,82	351,74	395,70																		
12.350,99 (West)	I	3.831,50	210,73	306,52	344,83	202,11	293,98	330,73	193,49	281,45	316,63	184,88	268,92	302,53	176,26	256,38	288,43	167,64	243,85	274,33	159,03	231,32	26
	II	3.682,33	202,52	294,58	331,40	193,91	282,06	317,31	185,29	269,52	303,21	176,68	256,99	289,11	168,06	244,46	275,01	159,44	231,92	260,91	150,83	219,39	24
	III	3.000,33	9,10	240,02	270,02	-	227,49	255,92	-	214,97	241,84	-	202,64	227,97	-	190,57	214,39	-	178,76	201,10	-	167,21	18
	IV	3.831,50	210,73	306,52	344,83	206,42	300,25	337,78	202,11	293,98	330,73	197,80	287,72	323,68	193,49	281,45	316,63	189,19	275,18	309,58	184,88	268,92	30
	V	4.345,91	239,02	347,67	391,13																		
	VI	4.390,25	241,46	351,22	395,12																		
12.350,99 (Ost)	I	3.839,25	211,15	307,14	345,53	202,54	294,60	331,43	193,92	282,07	317,33	185,31	269,54	303,23	176,69	257,01	289,13	168,08	244,48	275,04	159,46	231,94	26
	II	3.690,16	202,95	295,21	332,11	194,34	282,68	318,01	185,72	270,14	303,91	177,10	257,61	289,81	168,49	245,08	275,71	159,88	232,55	261,62	151,26	220,02	24
	III	3.008,16	10,03	240,65	270,73	-	228,12	256,63	-	215,60	242,55	-	203,25	228,65	-	191,17	215,06	-	179,34	201,76	-	167,78	18
	IV	3.839,25	211,15	307,14	345,53	206,85	300,87	338,48	202,54	294,60	331,43	198,23	288,34	324,38	193,92	282,07	317,33	189,62	275,81	310,28	185,31	269,54	30
	V	4.353,75	239,45	348,30	391,83																		
	VI	4.398,00	241,89	351,84	395,82																		
12.353,99 (West)	I	3.832,75	210,80	306,62	344,94	202,18	294,08	330,84	193,56	281,55	316,74	184,95	269,02	302,64	176,33	256,48	288,54	167,71	243,95	274,44	159,10	231,42	26
	II	3.683,66	202,60	294,69	331,52	193,98	282,16	317,43	185,36	269,62	303,32	176,75	257,09	289,22	168,13	244,56	275,13	159,51	232,02	261,02	150,90	219,49	24
	III	3.001,50	9,24	240,12	270,13	-	227,58	256,03	-	215,06	241,94	-	202,74	228,08	-	190,66	214,49	-	178,85	201,20	-	167,30	18
	IV	3.832,75	210,80	306,62	344,94	206,49	300,35	337,89	202,18	294,08	330,84	197,87	287,82	323,79	193,56	281,55	316,74	189,25	275,28	309,69	184,95	269,02	30
	V	4.347,16	239,09	347,77	391,24																		
	VI	4.391,50	241,53	351,32	395,23																		
12.353,99 (Ost)	I	3.840,50	211,22	307,24	345,64	202,61	294,71	331,55	193,99	282,18	317,45	185,38	269,64	303,35	176,76	257,11	289,25	168,14	244,58	275,15	159,53	232,04	261
	II	3.691,41	203,02	295,31	332,22	194,41	282,78	318,12	185,79	270,24	304,02	177,17	257,71	289,92	168,56	245,18	275,83	159,94	232,65	261,73	151,33	220,12	247
	III	3.009,33	10,17	240,74	270,83	-	228,22	256,75	-	215,69	242,65	-	203,36	228,78	-	191,26	215,17	-	179,44	201,87	-	167,88	188
	IV	3.840,50	211,22	307,24	345,64	206,91	300,97	338,59	202,61	294,71	331,55	198,30	288,44	324,50	193,99	282,18	317,45	189,69	275,91	310,40	185,38	269,64	303
	V	4.355,00	239,52	348,40	391,95																		
	VI	4.399,25	241,96	351,94	395,93																		
12.356,99 (West)	I	3.834,00	210,87	306,72	345,06	202,25	294,18	330,95	193,63	281,65	316,85	185,02	269,12	302,76	176,40	256,58	288,65	167,78	244,05	274,55	159,17	231,52	260
	II	3.684,91	202,67	294,79	331,64	194,05	282,26	317,54	185,43	269,72	303,44	176,82	257,19	289,34	168,20	244,66	275,24	159,58	232,12	261,14	150,97	219,59	247
	III	3.002,83	9,40	240,22	270,25	-	227,69	256,15	-	215,17	242,06	-	202,84	228,19	-	190,77	214,61	-	178,94	201,31	-	167,40	188
	IV	3.834,00	210,87	306,72	345,06	206,56	300,45	338,00	202,25	294,18	330,95	197,94	287,92	323,91	193,63	281,65	316,85	189,32	275,38	309,80	185,02	269,12	302
	V	4.348,41	239,16	347,87	391,35																		
	VI	4.392,75	241,60	351,42	395,34																		
12.356,99 (Ost)	I	3.841,83	211,30	307,34	345,76	202,68	294,81	331,66	194,06	282,28	317,56	185,45	269,74	303,46	176,83	257,21	289,36	168,21	244,68	275,26	159,60	232,14	261,
	II	3.692,66	203,09	295,41	332,33	194,48	282,88	318,24	185,86	270,35	304,14	177,25	257,82	290,04	168,63	245,28	275,94	160,01	232,75	261,84	151,40	220,22	247,
	III	3.010,66	10,33	240,85	270,95	-	228,32	256,86	-	215,80	242,77	-	203,45	228,88	-	191,37	215,29	-	179,53	201,97	-	167,96	188,
	IV	3.841,83	211,30	307,34	345,76	206,99	301,08	338,71	202,68	294,81	331,66	198,37	288,54	324,61	194,06	282,28	317,56	189,75	276,01	310,51	185,45	269,74	303,
	V	4.356,25	239,59	348,50	392,06																		
	VI	4.400,58	242,03	352,04	396,05																		

Anzahl Kinderfreibeträge (nur Steuerklassen I–IV)

Lohn/Gehalt bis	Steuerklasse	Lohnsteuer	ohne Kinderfreibetrag SolZ 5,5%	ohne Kinderfreibetrag Kirchensteuer 8%	ohne Kinderfreibetrag Kirchensteuer 9%	0,5 SolZ 5,5%	0,5 Kirchensteuer 8%	0,5 Kirchensteuer 9%	1,0 SolZ 5,5%	1,0 Kirchensteuer 8%	1,0 Kirchensteuer 9%	1,5 SolZ 5,5%	1,5 Kirchensteuer 8%	1,5 Kirchensteuer 9%	2,0 SolZ 5,5%	2,0 Kirchensteuer 8%	2,0 Kirchensteuer 9%	2,5 SolZ 5,5%	2,5 Kirchensteuer 8%	2,5 Kirchensteuer 9%	3,0 SolZ 5,5%	3,0 Kirchensteuer 8%	3,0 Kirchensteuer 9%
359,99 (West)	I	3.835,25	210,93	306,82	345,17	202,32	294,28	331,07	193,70	281,75	316,97	185,08	269,22	302,87	176,47	256,68	288,77	167,85	244,15	274,67	159,24	231,62	260,57
	II	3.686,16	202,73	294,89	331,75	194,12	282,36	317,65	185,50	269,82	303,55	176,88	257,29	289,45	168,27	244,76	275,35	159,65	232,22	261,25	151,03	219,69	247,15
	III	3.004,16	9,55	240,33	270,37	-	227,80	256,27	-	215,26	242,17	-	202,94	228,31	-	190,86	214,72	-	179,04	201,42	-	167,48	188,41
	IV	3.835,25	210,93	306,82	345,17	206,63	300,55	338,12	202,32	294,28	331,07	198,01	288,02	324,02	193,70	281,75	316,97	189,39	275,48	309,92	185,08	269,22	302,87
	V	4.349,66	239,23	347,97	391,46																		
	VI	4.394,00	241,67	351,52	395,46																		
2.359,99 (Ost)	I	3.843,08	211,36	307,44	345,87	202,75	294,91	331,77	194,13	282,38	317,67	185,51	269,84	303,57	176,90	257,31	289,47	168,28	244,78	275,37	159,66	232,24	261,27
	II	3.693,91	203,16	295,51	332,45	194,55	282,98	318,35	185,93	270,45	304,25	177,32	257,92	290,16	168,70	245,38	276,05	160,08	232,85	261,95	151,47	220,32	247,86
	III	3.012,00	10,49	240,96	271,08	-	228,42	256,97	-	215,89	242,87	-	203,54	228,98	-	191,46	215,39	-	179,62	202,07	-	168,05	189,05
	IV	3.843,08	211,36	307,44	345,87	207,06	301,18	338,82	202,75	294,91	331,77	198,44	288,64	324,72	194,13	282,38	317,67	189,82	276,11	310,62	185,51	269,84	303,57
	V	4.357,50	239,66	348,60	392,17																		
	VI	4.401,83	242,10	352,14	396,16																		
2.362,99 (West)	I	3.836,50	211,00	306,92	345,28	202,39	294,38	331,18	193,77	281,85	317,08	185,15	269,32	302,98	176,54	256,78	288,88	167,92	244,26	274,79	159,31	231,72	260,69
	II	3.687,41	202,80	294,99	331,86	194,19	282,46	317,76	185,57	269,92	303,66	176,95	257,39	289,56	168,34	244,86	275,46	159,72	232,32	261,36	151,10	219,79	247,26
	III	3.005,33	9,69	240,42	270,47	-	227,89	256,37	-	215,37	242,29	-	203,04	228,42	-	190,96	214,83	-	179,14	201,53	-	167,57	188,51
	IV	3.836,50	211,00	306,92	345,28	206,69	300,65	338,23	202,39	294,38	331,18	198,08	288,12	324,13	193,77	281,85	317,08	189,46	275,58	310,03	185,15	269,32	302,98
	V	4.350,91	239,30	348,07	391,58																		
	VI	4.395,25	241,73	351,62	395,57																		
2.362,99 (Ost)	I	3.844,33	211,43	307,54	345,98	202,82	295,01	331,88	194,20	282,48	317,79	185,58	269,94	303,68	176,97	257,41	289,58	168,35	244,88	275,49	159,73	232,34	261,38
	II	3.695,25	203,23	295,62	332,57	194,62	283,08	318,47	186,00	270,55	304,37	177,38	258,02	290,27	168,77	245,48	276,17	160,15	232,95	262,07	151,53	220,42	247,97
	III	3.013,16	10,63	241,05	271,18	-	228,52	257,08	-	216,00	243,00	-	203,65	229,10	-	191,56	215,50	-	179,72	202,18	-	168,14	189,16
	IV	3.844,33	211,43	307,54	345,98	207,13	301,28	338,94	202,82	295,01	331,88	198,51	288,74	324,83	194,20	282,48	317,79	189,89	276,21	310,73	185,58	269,94	303,68
	V	4.358,75	239,73	348,70	392,28																		
	VI	4.403,08	242,16	352,24	396,27																		
2.365,99 (West)	I	3.837,75	211,07	307,02	345,39	202,45	294,48	331,29	193,84	281,95	317,19	185,23	269,42	303,10	176,61	256,89	289,00	167,99	244,36	274,90	159,38	231,82	260,80
	II	3.688,66	202,87	295,09	331,97	194,26	282,56	317,88	185,64	270,02	303,77	177,02	257,49	289,67	168,41	244,96	275,58	159,79	232,42	261,47	151,18	219,90	247,38
	III	3.006,66	9,85	240,53	270,59	-	228,00	256,50	-	215,46	242,39	-	203,13	228,52	-	191,05	214,93	-	179,24	201,64	-	167,66	188,62
	IV	3.837,75	211,07	307,02	345,39	206,76	300,75	338,34	202,45	294,48	331,29	198,15	288,22	324,24	193,84	281,95	317,19	189,53	275,68	310,14	185,23	269,42	303,10
	V	4.352,25	239,37	348,18	391,70																		
	VI	4.396,50	241,80	351,72	395,68																		
2.365,99 (Ost)	I	3.845,58	211,50	307,64	346,10	202,89	295,11	332,00	194,27	282,58	317,90	185,65	270,04	303,80	177,04	257,51	289,70	168,42	244,98	275,60	159,80	232,44	261,50
	II	3.696,50	203,30	295,72	332,68	194,69	283,18	318,58	186,07	270,65	304,48	177,45	258,12	290,38	168,84	245,58	276,28	160,22	233,05	262,18	151,60	220,52	248,08
	III	3.014,50	10,78	241,16	271,30	-	228,62	257,20	-	216,09	243,10	-	203,74	229,21	-	191,65	215,60	-	179,82	202,30	-	168,24	189,27
	IV	3.845,58	211,50	307,64	346,10	207,19	301,38	339,05	202,89	295,11	332,00	198,58	288,84	324,95	194,27	282,58	317,90	189,96	276,31	310,85	185,65	270,04	303,80
	V	4.360,00	239,80	348,80	392,40																		
	VI	4.404,33	242,23	352,34	396,38																		
2.368,99 (West)	I	3.839,00	211,14	307,12	345,51	202,52	294,58	331,40	193,91	282,06	317,31	185,29	269,52	303,21	176,68	256,99	289,11	168,06	244,46	275,01	159,44	231,92	260,91
	II	3.689,91	202,94	295,19	332,09	194,32	282,66	317,99	185,71	270,12	303,89	177,09	257,59	289,79	168,48	245,06	275,69	159,86	232,53	261,59	151,25	220,00	247,50
	III	3.007,83	9,99	240,62	270,70	-	228,09	256,60	-	215,57	242,51	-	203,24	228,64	-	191,14	215,03	-	179,33	201,74	-	167,76	188,73
	IV	3.839,00	211,14	307,12	345,51	206,83	300,85	338,45	202,52	294,58	331,40	198,22	288,32	324,36	193,91	282,06	317,31	189,60	275,79	310,26	185,29	269,52	303,21
	V	4.353,50	239,44	348,28	391,81																		
	VI	4.397,75	241,87	351,82	395,79																		
2.368,99 (Ost)	I	3.846,83	211,57	307,74	346,21	202,95	295,21	332,11	194,34	282,68	318,01	185,72	270,14	303,91	177,10	257,61	289,81	168,49	245,08	275,71	159,88	232,55	261,62
	II	3.697,75	203,37	295,82	332,79	194,75	283,28	318,69	186,14	270,75	304,59	177,52	258,22	290,49	168,90	245,68	276,39	160,29	233,15	262,29	151,67	220,62	248,19
	III	3.015,66	10,92	241,25	271,40	-	228,72	257,31	-	216,20	243,22	-	203,84	229,32	-	191,74	215,71	-	179,92	202,41	-	168,33	189,37
	IV	3.846,83	211,57	307,74	346,21	207,26	301,48	339,16	202,95	295,21	332,11	198,65	288,94	325,06	194,34	282,68	318,01	190,03	276,41	310,96	185,72	270,14	303,91
	V	4.361,25	239,86	348,90	392,51																		
	VI	4.405,58	242,30	352,44	396,50																		
2.371,99 (West)	I	3.840,33	211,21	307,22	345,62	202,60	294,69	331,52	193,98	282,16	317,43	185,36	269,62	303,32	176,75	257,09	289,22	168,13	244,56	275,13	159,51	232,02	261,02
	II	3.691,16	203,01	295,29	332,20	194,39	282,76	318,10	185,78	270,22	304,00	177,16	257,70	289,91	168,55	245,16	275,81	159,93	232,63	261,71	151,31	220,10	247,61
	III	3.009,16	10,15	240,73	270,82	-	228,20	256,72	-	215,68	242,64	-	203,33	228,74	-	191,25	215,15	-	179,42	201,85	-	167,85	188,83
	IV	3.840,33	211,21	307,22	345,62	206,91	300,96	338,58	202,60	294,69	331,52	198,29	288,42	324,47	193,98	282,16	317,43	189,67	275,89	310,37	185,36	269,62	303,32
	V	4.354,75	239,51	348,38	391,92																		
	VI	4.399,08	241,94	351,92	395,91																		
2.371,99 (Ost)	I	3.848,08	211,64	307,84	346,32	203,02	295,31	332,22	194,41	282,78	318,12	185,79	270,24	304,02	177,17	257,71	289,92	168,56	245,18	275,83	159,94	232,65	261,73
	II	3.699,00	203,44	295,92	332,91	194,82	283,38	318,80	186,21	270,85	304,70	177,59	258,32	290,61	168,97	245,78	276,50	160,36	233,25	262,40	151,74	220,72	248,31
	III	3.017,00	11,08	241,36	271,53	-	228,82	257,42	-	216,29	243,32	-	203,94	229,43	-	191,85	215,83	-	180,01	202,51	-	168,42	189,47
	IV	3.848,08	211,64	307,84	346,32	207,33	301,58	339,27	203,02	295,31	332,22	198,71	289,04	325,17	194,41	282,78	318,12	190,10	276,51	311,07	185,79	270,24	304,02
	V	4.362,50	239,93	349,00	392,62																		
	VI	4.406,83	242,37	352,54	396,61																		
2.374,99 (West)	I	3.841,58	211,28	307,32	345,74	202,67	294,79	331,64	194,05	282,26	317,54	185,43	269,72	303,44	176,82	257,19	289,34	168,20	244,66	275,24	159,58	232,12	261,14
	II	3.692,41	203,08	295,39	332,31	194,47	282,86	318,22	185,85	270,33	304,12	177,23	257,80	290,02	168,62	245,26	275,92	160,00	232,73	261,82	151,38	220,20	247,72
	III	3.010,33	10,29	240,82	270,92	-	228,29	256,82	-	215,77	242,74	-	203,42	228,85	-	191,34	215,26	-	179,52	201,96	-	167,94	188,93
	IV	3.841,58	211,28	307,32	345,74	206,97	301,06	338,69	202,67	294,79	331,64	198,36	288,52	324,59	194,05	282,26	317,54	189,74	275,99	310,49	185,43	269,72	303,44
	V	4.356,00	239,58	348,48	392,04																		
	VI	4.400,33	242,01	352,02	396,02																		
2.374,99 (Ost)	I	3.849,33	211,71	307,94	346,43	203,09	295,41	332,33	194,48	282,88	318,24	185,86	270,35	304,14	177,25	257,82	290,04	168,63	245,28	275,94	160,01	232,75	261,84
	II	3.700,25	203,51	296,02	333,02	194,89	283,48	318,92	186,28	270,95	304,82	177,66	258,42	290,72	169,04	245,88	276,62	160,43	233,35	262,52	151,81	220,82	248,42
	III	3.018,16	11,22	241,45	271,63	-	228,92	257,53	-	216,40	243,45	-	204,04	229,54	-	191,94	215,93	-	180,10	202,61	-	168,52	189,58
	IV	3.849,33	211,71	307,94	346,43	207,40	301,68	339,39	203,09	295,41	332,33	198,78	289,14	325,28	194,48	282,88	318,24	190,17	276,61	311,18	185,86	270,35	304,14
	V	4.363,83	240,01	349,10	392,74																		
	VI	4.408,08	242,44	352,64	396,72																		
2.377,99 (West)	I	3.842,83	211,35	307,42	345,85	202,73	294,89	331,75	194,12	282,36	317,65	185,50	269,82	303,55	176,88	257,29	289,45	168,27	244,76	275,35	159,65	232,22	261,25
	II	3.693,75	203,15	295,50	332,43	194,53	282,96	318,33	185,92	270,43	304,23	177,30	257,90	290,13	168,68	245,36	276,03	160,07	232,83	261,93	151,45	220,30	247,83
	III	3.011,66	10,45	240,93	271,04	-	228,40	256,95	-	215,88	242,86	-	203,53	228,97	-	191,44	215,37	-	179,61	202,06	-	168,04	189,04
	IV	3.842,83	211,35	307,42	345,85	207,04	301,16	338,80	202,73	294,89	331,75	198,43	288,62	324,70	194,12	282,36	317,65	189,81	276,09	310,60	185,50	269,82	303,55
	V	4.357,25	239,64	348,58	392,15																		
	VI	4.401,58	242,08	352,12	396,14																		
2.377,99 (Ost)	I	3.850,58	211,78	308,04	346,55	203,16	295,51	332,45	194,55	282,98	318,35	185,93	270,45	304,25	177,32	257,92	290,16	168,70	245,38	276,05	160,08	232,85	261,95
	II	3.701,50	203,58	296,12	333,13	194,96	283,58	319,03	186,34	271,05	304,93	177,73	258,52	290,83	169,12	245,99	276,74	160,50	233,46	262,64	151,88	220,92	248,54
	III	3.019,50	11,38	241,56	271,75	-	229,02	257,65	-	216,49	243,55	-	204,14	229,66	-	192,04	216,04	-	180,20	202,72	-	168,61	189,68
	IV	3.850,58	211,78	308,04	346,55	207,47	301,78	339,50	203,16	295,51	332,45	198,86	289,25	325,40	194,55	282,98	318,35	190,24	276,72	311,31	185,93	270,45	304,25
	V	4.365,08	240,07	349,20	392,85																		
	VI	4.409,33	242,51	352,74	396,83																		

Anzahl Kinderfreibeträge (nur Steuerklassen I–IV)

Lohn/ Gehalt bis	Steuerklasse	Lohn-steuer	ohne Kinderfreibetrag SolZ 5,5%	ohne Kinderfreibetrag Kirchensteuer 8%	ohne Kinderfreibetrag Kirchensteuer 9%	0,5 SolZ 5,5%	0,5 Kirchensteuer 8%	0,5 Kirchensteuer 9%	1,0 SolZ 5,5%	1,0 Kirchensteuer 8%	1,0 Kirchensteuer 9%	1,5 SolZ 5,5%	1,5 Kirchensteuer 8%	1,5 Kirchensteuer 9%	2,0 SolZ 5,5%	2,0 Kirchensteuer 8%	2,0 Kirchensteuer 9%	2,5 SolZ 5,5%	2,5 Kirchensteuer 8%	2,5 Kirchensteuer 9%	3,0 SolZ 5,5%	3,0 Kirchensteuer 8%	3,0 Kirchensteuer 9%
						Anzahl Kinderfreibeträge (nur Steuerklassen I–IV)																	
12.380,99 (West)	I	3.844,08	211,42	307,52	345,96	202,80	294,99	331,86	194,19	282,46	317,76	185,57	269,92	303,66	176,95	257,39	289,56	168,34	244,86	275,46	159,72	232,32	26
	II	3.695,00	203,22	295,60	332,55	194,60	283,06	318,44	185,99	270,53	304,34	177,37	258,00	290,25	168,75	245,46	276,14	160,14	232,93	262,04	151,52	220,40	24
	III	3.012,83	10,59	241,02	271,15	-	228,50	257,06	-	215,97	242,96	-	203,62	229,07	-	191,53	215,47	-	179,70	202,16	-	168,13	18
	IV	3.844,08	211,42	307,52	345,96	207,11	301,26	338,91	202,80	294,99	331,86	198,49	288,72	324,81	194,19	282,46	317,76	189,88	276,19	310,71	185,57	269,92	30
	V	4.358,50	239,71	348,68	392,26																		
	VI	4.402,83	242,15	352,22	396,25																		
12.380,99 (Ost)	I	3.851,91	211,85	308,15	346,67	203,23	295,62	332,57	194,62	283,08	318,47	186,00	270,55	304,37	177,38	258,02	290,27	168,77	245,48	276,17	160,15	232,95	26
	II	3.702,75	203,65	296,22	333,24	195,03	283,68	319,14	186,41	271,15	305,04	177,80	258,62	290,95	169,18	246,09	276,85	160,57	233,56	262,75	151,95	221,02	24
	III	3.020,83	11,54	241,66	271,87	-	229,13	257,77	-	216,60	243,67	-	204,24	229,77	-	192,13	216,14	-	180,29	202,82	-	168,70	18
	IV	3.851,91	211,85	308,15	346,67	207,54	301,88	339,62	203,23	295,62	332,57	198,93	289,35	325,52	194,62	283,08	318,47	190,31	276,82	311,42	186,00	270,55	30
	V	4.366,33	240,14	349,30	392,96																		
	VI	4.410,66	242,58	352,85	396,95																		
12.383,99 (West)	I	3.845,33	211,49	307,62	346,07	202,87	295,09	331,97	194,26	282,56	317,88	185,64	270,02	303,77	177,02	257,49	289,67	168,41	244,96	275,58	159,79	232,42	26
	II	3.696,25	203,29	295,70	332,66	194,67	283,16	318,56	186,06	270,63	304,46	177,44	258,10	290,36	168,82	245,56	276,26	160,21	233,03	262,16	151,59	220,50	24
	III	3.014,16	10,74	241,13	271,27	-	228,60	257,17	-	216,08	243,09	-	203,72	229,18	-	191,64	215,59	-	179,80	202,27	-	168,22	18
	IV	3.845,33	211,49	307,62	346,07	207,18	301,36	339,03	202,87	295,09	331,97	198,56	288,82	324,92	194,26	282,56	317,88	189,95	276,29	310,82	185,64	270,02	30
	V	4.359,75	239,78	348,78	392,37																		
	VI	4.404,08	242,22	352,32	396,36																		
12.383,99 (Ost)	I	3.853,16	211,92	308,25	346,78	203,30	295,72	332,68	194,69	283,18	318,58	186,07	270,65	304,48	177,45	258,12	290,38	168,84	245,58	276,28	160,22	233,05	26
	II	3.704,00	203,72	296,32	333,36	195,10	283,79	319,26	186,49	271,26	305,16	177,87	258,72	291,06	169,25	246,19	276,96	160,64	233,66	262,86	152,02	221,12	24
	III	3.022,00	11,68	241,76	271,98	-	229,22	257,87	-	216,69	243,77	-	204,33	229,87	-	192,22	216,25	-	180,38	202,93	-	168,80	18
	IV	3.853,16	211,92	308,25	346,78	207,61	301,98	339,73	203,30	295,72	332,68	198,99	289,45	325,63	194,69	283,18	318,58	190,38	276,92	311,53	186,07	270,65	30
	V	4.367,58	240,21	349,40	393,08																		
	VI	4.411,91	242,65	352,95	397,07																		
12.386,99 (West)	I	3.846,58	211,56	307,72	346,19	202,94	295,19	332,09	194,32	282,66	317,99	185,71	270,12	303,89	177,09	257,59	289,79	168,48	245,06	275,69	159,86	232,53	26
	II	3.697,50	203,36	295,80	332,77	194,74	283,26	318,67	186,12	270,73	304,57	177,51	258,20	290,47	168,89	245,66	276,37	160,27	233,13	262,27	151,66	220,60	24
	III	3.015,50	10,90	241,24	271,39	-	228,70	257,29	-	216,17	243,19	-	203,82	229,30	-	191,73	215,69	-	179,89	202,37	-	168,32	18
	IV	3.846,58	211,56	307,72	346,19	207,25	301,46	339,14	202,94	295,19	332,09	198,63	288,92	325,04	194,32	282,66	317,99	190,02	276,39	310,94	185,71	270,12	30
	V	4.361,00	239,85	348,88	392,49																		
	VI	4.405,33	242,29	352,42	396,47																		
12.386,99 (Ost)	I	3.854,41	211,99	308,35	346,89	203,37	295,82	332,79	194,75	283,28	318,69	186,14	270,75	304,59	177,52	258,22	290,49	168,90	245,68	276,39	160,29	233,15	26
	II	3.705,33	203,79	296,42	333,47	195,17	283,89	319,37	186,56	271,36	305,28	177,94	258,82	291,17	169,32	246,29	277,07	160,71	233,76	262,98	152,09	221,22	24
	III	3.023,33	11,84	241,86	272,09	-	229,33	257,99	-	216,80	243,90	-	204,44	229,99	-	192,33	216,37	-	180,48	203,04	-	168,89	19
	IV	3.854,41	211,99	308,35	346,89	207,68	302,08	339,84	203,37	295,82	332,79	199,06	289,55	325,74	194,75	283,28	318,69	190,45	277,02	311,64	186,14	270,75	30
	V	4.368,83	240,28	349,50	393,19																		
	VI	4.413,16	242,72	353,05	397,18																		
12.389,99 (West)	I	3.847,83	211,63	307,82	346,30	203,01	295,29	332,20	194,39	282,76	318,10	185,78	270,22	304,00	177,16	257,70	289,91	168,55	245,16	275,81	159,93	232,63	26
	II	3.698,75	203,43	295,90	332,88	194,81	283,36	318,78	186,19	270,83	304,68	177,58	258,30	290,58	168,96	245,76	276,48	160,34	233,23	262,38	151,73	220,70	24
	III	3.016,66	11,04	241,33	271,49	-	228,80	257,40	-	216,28	243,31	-	203,92	229,41	-	191,82	215,80	-	179,98	202,48	-	168,40	18
	IV	3.847,83	211,63	307,82	346,30	207,32	301,56	339,25	203,01	295,29	332,20	198,70	289,02	325,15	194,39	282,76	318,10	190,08	276,49	311,05	185,78	270,22	30
	V	4.362,33	239,92	348,98	392,60																		
	VI	4.406,58	242,36	352,52	396,59																		
12.389,99 (Ost)	I	3.855,66	212,06	308,45	347,00	203,44	295,92	332,91	194,82	283,38	318,80	186,21	270,85	304,70	177,59	258,32	290,61	168,97	245,78	276,50	160,36	233,25	26
	II	3.706,58	203,86	296,52	333,59	195,24	283,99	319,49	186,62	271,46	305,39	178,01	258,92	291,29	169,39	246,39	277,19	160,77	233,86	263,09	152,16	221,32	24
	III	3.024,50	11,97	241,96	272,20	-	229,42	258,10	-	216,90	244,01	-	204,53	230,09	-	192,42	216,47	-	180,57	203,14	-	168,97	19
	IV	3.855,66	212,06	308,45	347,00	207,75	302,18	339,95	203,44	295,92	332,91	199,13	289,65	325,85	194,82	283,38	318,80	190,52	277,12	311,76	186,21	270,85	30
	V	4.370,08	240,35	349,60	393,30																		
	VI	4.414,41	242,79	353,15	397,29																		
12.392,99 (West)	I	3.849,08	211,69	307,92	346,41	203,08	295,39	332,31	194,47	282,86	318,22	185,85	270,33	304,12	177,23	257,80	290,02	168,62	245,26	275,92	160,00	232,73	26
	II	3.700,00	203,50	296,00	333,00	194,88	283,46	318,89	186,26	270,93	304,79	177,65	258,40	290,70	169,03	245,86	276,59	160,42	233,34	262,50	151,80	220,80	24
	III	3.018,00	11,20	241,44	271,62	-	228,90	257,51	-	216,37	243,41	-	204,02	229,52	-	191,92	215,91	-	180,08	202,59	-	168,49	18
	IV	3.849,08	211,69	307,92	346,41	207,39	301,66	339,36	203,08	295,39	332,31	198,77	289,12	325,26	194,47	282,86	318,22	190,16	276,60	311,17	185,85	270,33	30
	V	4.363,58	239,99	349,08	392,72																		
	VI	4.407,83	242,43	352,62	396,70																		
12.392,99 (Ost)	I	3.856,91	212,13	308,55	347,12	203,51	296,02	333,02	194,89	283,48	318,92	186,28	270,95	304,82	177,66	258,42	290,72	169,04	245,88	276,62	160,43	233,35	26
	II	3.707,83	203,93	296,62	333,70	195,31	284,09	319,60	186,69	271,56	305,50	178,08	259,02	291,40	169,46	246,49	277,30	160,84	233,96	263,20	152,23	221,42	24
	III	3.025,83	12,13	242,06	272,32	-	229,53	258,22	-	217,00	244,12	-	204,62	230,20	-	192,52	216,58	-	180,66	203,24	-	169,06	19
	IV	3.856,91	212,13	308,55	347,12	207,82	302,28	340,07	203,51	296,02	333,02	199,20	289,75	325,97	194,89	283,48	318,92	190,58	277,22	311,87	186,28	270,95	30
	V	4.371,33	240,42	349,70	393,41																		
	VI	4.415,66	242,86	353,25	397,40																		
12.395,99 (West)	I	3.850,33	211,76	308,02	346,52	203,15	295,50	332,43	194,53	282,96	318,33	185,92	270,43	304,23	177,30	257,90	290,13	168,68	245,36	276,03	160,07	232,83	26
	II	3.701,25	203,56	296,10	333,11	194,95	283,56	319,01	186,33	271,03	304,91	177,72	258,50	290,81	169,10	245,97	276,71	160,49	233,44	262,62	151,87	220,90	24
	III	3.019,16	11,34	241,53	271,72	-	229,00	257,62	-	216,48	243,54	-	204,12	229,63	-	192,01	216,01	-	180,17	202,69	-	168,58	18
	IV	3.850,33	211,76	308,02	346,52	207,46	301,76	339,48	203,15	295,50	332,43	198,84	289,23	325,38	194,53	282,96	318,33	190,23	276,70	311,28	185,92	270,43	30
	V	4.364,83	240,06	349,18	392,83																		
	VI	4.409,08	242,49	352,72	396,81																		
12.395,99 (Ost)	I	3.858,16	212,19	308,65	347,23	203,58	296,12	333,13	194,96	283,58	319,03	186,34	271,05	304,93	177,73	258,52	290,83	169,12	245,99	276,74	160,50	233,46	26
	II	3.709,08	203,99	296,72	333,81	195,38	284,19	319,71	186,76	271,66	305,61	178,14	259,12	291,51	169,53	246,59	277,41	160,91	234,06	263,31	152,29	221,52	24
	III	3.027,00	12,27	242,16	272,43	-	229,62	258,32	-	217,10	244,24	-	204,73	230,32	-	192,61	216,68	-	180,76	203,35	-	169,16	19
	IV	3.858,16	212,19	308,65	347,23	207,89	302,38	340,18	203,58	296,12	333,13	199,27	289,85	326,08	194,96	283,58	319,03	190,65	277,32	311,98	186,34	271,05	30
	V	4.372,58	240,49	349,80	393,53																		
	VI	4.416,91	242,93	353,35	397,52																		
12.398,99 (West)	I	3.851,66	211,84	308,13	346,64	203,22	295,60	332,55	194,60	283,06	318,44	185,99	270,53	304,34	177,37	258,00	290,25	168,75	245,46	276,14	160,14	232,93	26
	II	3.702,50	203,63	296,20	333,22	195,02	283,66	319,12	186,40	271,14	305,03	177,79	258,60	290,93	169,17	246,07	276,83	160,55	233,54	262,73	151,94	221,00	24
	III	3.020,50	11,50	241,64	271,84	-	229,10	257,74	-	216,57	243,64	-	204,21	229,73	-	192,12	216,13	-	180,26	202,79	-	168,68	18
	IV	3.851,66	211,84	308,13	346,64	207,53	301,86	339,59	203,22	295,60	332,55	198,91	289,33	325,49	194,60	283,06	318,44	190,30	276,80	311,40	185,99	270,53	30
	V	4.366,08	240,13	349,28	392,94																		
	VI	4.410,41	242,57	352,83	396,93																		
12.398,99 (Ost)	I	3.859,41	212,26	308,75	347,34	203,65	296,22	333,24	195,03	283,68	319,14	186,41	271,15	305,04	177,80	258,62	290,95	169,18	246,09	276,85	160,57	233,56	26
	II	3.710,33	204,06	296,82	333,92	195,45	284,29	319,82	186,83	271,76	305,73	178,21	259,22	291,62	169,60	246,69	277,52	160,98	234,16	263,43	152,37	221,63	24
	III	3.028,33	12,43	242,26	272,54	-	229,73	258,44	-	217,20	244,35	-	204,82	230,42	-	192,72	216,81	-	180,85	203,45	-	169,25	19
	IV	3.859,41	212,26	308,75	347,34	207,95	302,48	340,29	203,65	296,22	333,24	199,34	289,95	326,19	195,03	283,68	319,14	190,72	277,42	312,09	186,41	271,15	30
	V	4.373,91	240,56	349,91	393,65																		
	VI	4.418,16	242,99	353,45	397,63																		

Lohn/ Gehalt bis	Steuerklasse	Lohn-steuer	ohne Kinderfreibetrag SolZ 5,5%	Kirchensteuer 8%	9%	0,5 SolZ 5,5%	Kirchensteuer 8%	9%	1,0 SolZ 5,5%	Kirchensteuer 8%	9%	1,5 SolZ 5,5%	Kirchensteuer 8%	9%	2,0 SolZ 5,5%	Kirchensteuer 8%	9%	2,5 SolZ 5,5%	Kirchensteuer 8%	9%	3,0 SolZ 5,5%	Kirchensteuer 8%	9%
						Anzahl Kinderfreibeträge (nur Steuerklassen I–IV)																	
2.401,99 (West)	I	3.852,91	211,91	308,23	346,76	203,29	295,70	332,66	194,67	283,16	318,56	186,06	270,63	304,46	177,44	258,10	290,36	168,82	245,56	276,26	160,21	233,03	262,16
	II	3.703,83	203,71	296,30	333,34	195,09	283,77	319,24	186,47	271,24	305,14	177,86	258,70	291,04	169,24	246,17	276,94	160,62	233,64	262,84	152,01	221,10	248,74
	III	3.021,66	11,64	241,73	271,94	-	229,20	257,85	-	216,68	243,76	-	204,32	229,86	-	192,21	216,23	-	180,36	202,90	-	168,77	189,86
	IV	3.852,91	211,91	308,23	346,76	207,60	301,96	339,71	203,29	295,70	332,66	198,98	289,43	325,61	194,67	283,16	318,56	190,36	276,90	311,51	186,06	270,63	304,46
	V	4.367,33	240,20	349,38	393,05																		
	VI	4.411,66	242,64	352,93	397,04																		
2.401,99 (Ost)	I	3.860,66	212,33	308,85	347,45	203,72	296,32	333,36	195,10	283,79	319,26	186,49	271,26	305,16	177,87	258,72	291,06	169,25	246,19	276,96	160,64	233,66	262,86
	II	3.711,58	204,13	296,92	334,04	195,52	284,39	319,94	186,90	271,86	305,84	178,28	259,32	291,74	169,67	246,79	277,64	161,05	234,26	263,54	152,44	221,73	249,44
	III	3.029,50	12,57	242,36	272,65	-	229,82	258,55	-	217,30	244,46	-	204,93	230,54	-	192,81	216,91	-	180,94	203,56	-	169,34	190,51
	IV	3.860,66	212,33	308,85	347,45	208,02	302,58	340,40	203,72	296,32	333,36	199,41	290,05	326,30	195,10	283,79	319,26	190,79	277,52	312,21	186,49	271,26	305,16
	V	4.375,16	240,63	350,01	393,76																		
	VI	4.419,41	243,06	353,55	397,74																		
2.404,99 (West)	I	3.854,16	211,97	308,33	346,87	203,36	295,80	332,77	194,74	283,26	318,67	186,12	270,73	304,57	177,51	258,20	290,47	168,89	245,66	276,37	160,27	233,13	262,27
	II	3.705,08	203,77	296,40	333,45	195,16	283,87	319,35	186,54	271,34	305,25	177,92	258,80	291,15	169,31	246,27	277,05	160,69	233,74	262,95	152,07	221,20	248,85
	III	3.023,00	11,80	241,84	272,07	-	229,30	257,96	-	216,77	243,86	-	204,41	229,96	-	192,30	216,34	-	180,45	203,00	-	168,86	189,97
	IV	3.854,16	211,97	308,33	346,87	207,67	302,06	339,82	203,36	295,80	332,77	199,05	289,53	325,72	194,74	283,26	318,67	190,43	277,00	311,62	186,12	270,73	304,57
	V	4.368,58	240,27	349,48	393,17																		
	VI	4.412,91	242,71	353,03	397,16																		
2.404,99 (Ost)	I	3.861,91	212,40	308,95	347,57	203,79	296,42	333,47	195,17	283,89	319,37	186,56	271,36	305,28	177,94	258,82	291,17	169,32	246,29	277,07	160,71	233,76	262,98
	II	3.712,83	204,20	297,02	334,15	195,58	284,49	320,05	186,97	271,96	305,95	178,36	259,43	291,86	169,74	246,90	277,76	161,12	234,36	263,66	152,51	221,83	249,56
	III	3.030,83	12,73	242,46	272,77	-	229,93	258,67	-	217,40	244,57	-	205,02	230,65	-	192,90	217,01	-	181,04	203,67	-	169,44	190,62
	IV	3.861,91	212,40	308,95	347,57	208,10	302,69	340,52	203,79	296,42	333,47	199,48	290,16	326,43	195,17	283,89	319,37	190,86	277,62	312,32	186,56	271,36	305,28
	V	4.376,41	240,70	350,11	393,87																		
	VI	4.420,75	243,14	353,66	397,86																		
2.407,99 (West)	I	3.855,41	212,04	308,43	346,98	203,43	295,90	332,88	194,81	283,36	318,78	186,19	270,83	304,68	177,58	258,30	290,58	168,96	245,76	276,48	160,34	233,23	262,38
	II	3.706,33	203,84	296,50	333,56	195,23	283,97	319,46	186,61	271,44	305,37	177,99	258,90	291,26	169,38	246,37	277,16	160,76	233,84	263,07	152,14	221,30	248,96
	III	3.024,33	11,95	241,94	272,18	-	229,41	258,08	-	216,88	243,99	-	204,50	230,06	-	192,40	216,45	-	180,54	203,11	-	168,96	190,08
	IV	3.855,41	212,04	308,43	346,98	207,73	302,16	339,93	203,43	295,90	332,88	199,12	289,63	325,83	194,81	283,36	318,78	190,50	277,10	311,73	186,19	270,83	304,68
	V	4.369,83	240,34	349,58	393,28																		
	VI	4.414,16	242,77	353,13	397,27																		
2.407,99 (Ost)	I	3.863,25	212,47	309,06	347,69	203,86	296,52	333,59	195,24	283,99	319,49	186,62	271,46	305,39	178,01	258,92	291,29	169,39	246,39	277,19	160,77	233,86	263,09
	II	3.714,08	204,27	297,12	334,26	195,65	284,59	320,16	187,04	272,06	306,07	178,42	259,53	291,97	169,81	247,00	277,87	161,19	234,46	263,77	152,57	221,93	249,67
	III	3.032,16	12,89	242,57	272,89	-	230,04	258,79	-	217,50	244,69	-	205,12	230,76	-	193,00	217,12	-	181,13	203,77	-	169,53	190,72
	IV	3.863,25	212,47	309,06	347,69	208,17	302,79	340,64	203,86	296,52	333,59	199,55	290,26	326,54	195,24	283,99	319,49	190,93	277,72	312,44	186,62	271,46	305,39
	V	4.377,66	240,77	350,21	393,98																		
	VI	4.422,00	243,21	353,76	397,98																		
2.410,99 (West)	I	3.856,66	212,11	308,53	347,09	203,50	296,00	333,00	194,88	283,46	318,89	186,26	270,93	304,79	177,65	258,40	290,70	169,03	245,86	276,59	160,42	233,34	262,50
	II	3.707,58	203,91	296,60	333,68	195,30	284,07	319,58	186,68	271,54	305,48	178,06	259,00	291,38	169,45	246,47	277,28	160,83	233,94	263,18	152,21	221,40	249,08
	III	3.025,50	12,09	242,04	272,29	-	229,50	258,19	-	216,97	244,09	-	204,61	230,18	-	192,50	216,56	-	180,65	203,23	-	169,05	190,18
	IV	3.856,66	212,11	308,53	347,09	207,80	302,26	340,04	203,50	296,00	333,00	199,19	289,73	325,94	194,88	283,46	318,89	190,57	277,20	311,85	186,26	270,93	304,79
	V	4.371,08	240,40	349,68	393,39																		
	VI	4.415,41	242,84	353,23	397,38																		
2.410,99 (Ost)	I	3.864,50	212,54	309,16	347,80	203,93	296,62	333,70	195,31	284,09	319,60	186,69	271,56	305,50	178,08	259,02	291,40	169,46	246,49	277,30	160,84	233,96	263,20
	II	3.715,41	204,34	297,23	334,38	195,73	284,70	320,28	187,11	272,16	306,18	178,49	259,63	292,08	169,88	247,10	277,98	161,26	234,56	263,88	152,64	222,03	249,78
	III	3.033,33	13,03	242,66	272,99	-	230,13	258,89	-	217,60	244,80	-	205,22	230,87	-	193,10	217,24	-	181,24	203,89	-	169,62	190,82
	IV	3.864,50	212,54	309,16	347,80	208,23	302,89	340,75	203,93	296,62	333,70	199,62	290,36	326,65	195,31	284,09	319,60	191,00	277,82	312,55	186,69	271,56	305,50
	V	4.378,91	240,84	350,31	394,10																		
	VI	4.423,25	243,27	353,86	398,09																		
2.413,99 (West)	I	3.857,91	212,18	308,63	347,21	203,56	296,10	333,11	194,95	283,56	319,01	186,33	271,03	304,91	177,72	258,50	290,81	169,10	245,97	276,71	160,49	233,44	262,62
	II	3.708,83	203,98	296,70	333,79	195,36	284,17	319,69	186,75	271,64	305,59	178,13	259,10	291,49	169,51	246,57	277,39	160,90	234,04	263,29	152,28	221,50	249,19
	III	3.026,83	12,25	242,14	272,41	-	229,61	258,31	-	217,08	244,21	-	204,70	230,29	-	192,60	216,67	-	180,74	203,33	-	169,14	190,28
	IV	3.857,91	212,18	308,63	347,21	207,87	302,36	340,16	203,56	296,10	333,11	199,26	289,83	326,06	194,95	283,56	319,01	190,64	277,30	311,96	186,33	271,03	304,91
	V	4.372,33	240,47	349,78	393,50																		
	VI	4.416,66	242,91	353,33	397,49																		
2.413,99 (Ost)	I	3.865,75	212,61	309,26	347,91	203,99	296,72	333,81	195,38	284,19	319,71	186,76	271,66	305,61	178,14	259,12	291,51	169,53	246,59	277,41	160,91	234,06	263,31
	II	3.716,66	204,41	297,33	334,49	195,80	284,80	320,40	187,18	272,26	306,29	178,56	259,73	292,19	169,95	247,20	278,10	161,33	234,66	263,99	152,71	222,13	249,89
	III	3.034,66	13,18	242,77	273,11	-	230,24	259,02	-	217,70	244,91	-	205,32	230,98	-	193,20	217,35	-	181,33	203,99	-	169,72	190,93
	IV	3.865,75	212,61	309,26	347,91	208,30	302,99	340,86	203,99	296,72	333,81	199,69	290,46	326,76	195,38	284,19	319,71	191,07	277,92	312,66	186,76	271,66	305,61
	V	4.380,16	240,90	350,41	394,21																		
	VI	4.424,50	243,34	353,96	398,20																		
2.416,99 (West)	I	3.859,16	212,25	308,73	347,32	203,63	296,20	333,22	195,02	283,66	319,12	186,40	271,14	305,03	177,79	258,60	290,93	169,17	246,07	276,83	160,55	233,54	262,73
	II	3.710,08	204,05	296,80	333,90	195,43	284,27	319,80	186,82	271,74	305,70	178,20	259,20	291,60	169,58	246,67	277,50	160,97	234,14	263,41	152,35	221,61	249,31
	III	3.028,00	12,39	242,24	272,52	-	229,70	258,41	-	217,18	244,33	-	204,81	230,41	-	192,69	216,77	-	180,84	203,44	-	169,24	190,39
	IV	3.859,16	212,25	308,73	347,32	207,94	302,46	340,27	203,63	296,20	333,22	199,32	289,93	326,17	195,02	283,66	319,12	190,71	277,40	312,08	186,40	271,14	305,03
	V	4.373,66	240,55	349,89	393,62																		
	VI	4.417,91	242,98	353,43	397,61																		
2.416,99 (Ost)	I	3.867,00	212,68	309,36	348,03	204,06	296,82	333,92	195,45	284,29	319,82	186,83	271,76	305,73	178,21	259,22	291,62	169,60	246,69	277,52	160,98	234,16	263,43
	II	3.717,91	204,48	297,43	334,61	195,86	284,90	320,51	187,25	272,36	306,41	178,63	259,83	292,31	170,01	247,30	278,21	161,40	234,76	264,11	152,78	222,23	250,01
	III	3.035,83	13,32	242,86	273,22	-	230,33	259,12	-	217,80	245,02	-	205,42	231,10	-	193,29	217,45	-	181,42	204,10	-	169,81	191,03
	IV	3.867,00	212,68	309,36	348,03	208,37	303,09	340,97	204,06	296,82	333,92	199,76	290,56	326,88	195,45	284,29	319,82	191,14	278,02	312,77	186,83	271,76	305,73
	V	4.381,41	240,97	350,51	394,32																		
	VI	4.425,75	243,41	354,06	398,31																		
2.419,99 (West)	I	3.860,41	212,32	308,83	347,43	203,71	296,30	333,34	195,09	283,77	319,24	186,47	271,24	305,14	177,86	258,70	291,04	169,24	246,17	276,94	160,62	233,64	262,84
	II	3.711,33	204,12	296,90	334,01	195,50	284,37	319,91	186,89	271,84	305,82	178,27	259,30	291,71	169,66	246,78	277,62	161,04	234,24	263,52	152,42	221,71	249,42
	III	3.029,33	12,55	242,34	272,63	-	229,81	258,53	-	217,28	244,44	-	204,90	230,51	-	192,78	216,88	-	180,93	203,54	-	169,33	190,49
	IV	3.860,41	212,32	308,83	347,43	208,01	302,56	340,38	203,71	296,30	333,34	199,40	290,04	326,29	195,09	283,77	319,24	190,78	277,50	312,19	186,47	271,24	305,14
	V	4.374,91	240,62	349,99	393,74																		
	VI	4.419,16	243,05	353,53	397,72																		
2.419,99 (Ost)	I	3.868,25	212,75	309,46	348,14	204,13	296,92	334,04	195,52	284,39	319,94	186,90	271,86	305,84	178,28	259,32	291,74	169,67	246,79	277,64	161,05	234,26	263,54
	II	3.719,16	204,55	297,53	334,72	195,93	285,00	320,62	187,32	272,46	306,52	178,70	259,93	292,42	170,08	247,40	278,32	161,47	234,86	264,22	152,85	222,33	250,12
	III	3.037,16	13,48	242,97	273,34	-	230,44	259,24	-	217,90	245,14	-	205,52	231,21	-	193,38	217,55	-	181,52	204,21	-	169,90	191,14
	IV	3.868,25	212,75	309,46	348,14	208,44	303,19	341,09	204,13	296,92	334,04	199,82	290,66	326,99	195,52	284,39	319,94	191,21	278,12	312,89	186,90	271,86	305,84
	V	4.382,66	241,04	350,61	394,43																		
	VI	4.427,00	243,48	354,16	398,43																		

MONAT bis 12.440,99 €

Allgemeine Tabelle

Lohn/Gehalt bis	Steuerklasse	Lohnsteuer	ohne Kinderfreibetrag SolZ 5,5%	ohne Kinderfreibetrag Kirchensteuer 8%	ohne Kinderfreibetrag Kirchensteuer 9%	0,5 SolZ 5,5%	0,5 Kirchensteuer 8%	0,5 Kirchensteuer 9%	1,0 SolZ 5,5%	1,0 Kirchensteuer 8%	1,0 Kirchensteuer 9%	1,5 SolZ 5,5%	1,5 Kirchensteuer 8%	1,5 Kirchensteuer 9%	2,0 SolZ 5,5%	2,0 Kirchensteuer 8%	2,0 Kirchensteuer 9%	2,5 SolZ 5,5%	2,5 Kirchensteuer 8%	2,5 Kirchensteuer 9%	3,0 SolZ 5,5%	3,0 Kirchensteuer 8%	3,0 Kirchensteuer 9%
						Anzahl Kinderfreibeträge (nur Steuerklassen I–IV)																	
12.422,99 (West)	I	3.861,75	212,39	308,94	347,55	203,77	296,40	333,45	195,16	283,87	319,35	186,54	271,34	305,25	177,92	258,80	291,15	169,31	246,27	277,05	160,69	233,74	[illegible]
	II	3.712,58	204,19	297,00	334,13	195,57	284,47	320,03	186,96	271,94	305,93	178,34	259,41	291,83	169,73	246,88	277,74	161,11	234,34	263,63	152,49	221,81	[illegible]
	III	3.030,50	12,69	242,44	272,74	–	229,90	258,64	–	217,38	244,55	–	205,00	230,62	–	192,88	216,99	–	181,02	203,65	–	169,42	[illegible]
	IV	3.861,75	212,39	308,94	347,55	208,08	302,67	340,50	203,77	296,40	333,45	199,47	290,14	326,40	195,16	283,87	319,35	190,85	277,60	312,30	186,54	271,34	[illegible]
	V	4.376,16	240,68	350,09	393,85																		
	VI	4.420,50	243,12	353,64	397,84																		
12.422,99 (Ost)	I	3.869,50	212,82	309,56	348,25	204,20	297,02	334,15	195,58	284,49	320,05	186,97	271,96	305,95	178,36	259,43	291,86	169,74	246,90	277,76	161,12	234,36	[illegible]
	II	3.720,41	204,62	297,63	334,83	196,00	285,10	320,73	187,38	272,56	306,63	178,77	260,03	292,53	170,15	247,50	278,43	161,53	234,96	264,33	152,92	222,43	[illegible]
	III	3.038,33	13,62	243,06	273,44	–	230,53	259,34	–	218,01	245,26	–	205,61	231,31	–	193,48	217,66	–	181,61	204,31	–	170,00	[illegible]
	IV	3.869,50	212,82	309,56	348,25	208,51	303,29	341,20	204,20	297,02	334,15	199,89	290,76	327,10	195,58	284,49	320,05	191,28	278,22	313,00	186,97	271,96	[illegible]
	V	4.384,00	241,12	350,72	394,56																		
	VI	4.428,25	243,55	354,26	398,54																		
12.425,99 (West)	I	3.863,00	212,46	309,04	347,67	203,84	296,50	333,56	195,23	283,97	319,46	186,61	271,44	305,37	177,99	258,90	291,26	169,38	246,37	277,16	160,76	233,84	[illegible]
	II	3.713,83	204,26	297,10	334,24	195,64	284,58	320,15	187,03	272,04	306,05	178,41	259,51	291,95	169,79	246,98	277,85	161,18	234,44	263,75	152,56	221,91	[illegible]
	III	3.031,83	12,85	242,54	272,86	–	230,01	258,76	–	217,48	244,66	–	205,10	230,74	–	192,98	217,10	–	181,12	203,76	–	169,50	[illegible]
	IV	3.863,00	212,46	309,04	347,67	208,15	302,77	340,61	203,84	296,50	333,56	199,54	290,24	326,52	195,23	283,97	319,46	190,92	277,70	312,41	186,61	271,44	[illegible]
	V	4.377,41	240,75	350,19	393,96																		
	VI	4.421,75	243,19	353,74	397,95																		
12.425,99 (Ost)	I	3.870,75	212,89	309,66	348,36	204,27	297,12	334,26	195,65	284,59	320,16	187,04	272,06	306,07	178,42	259,53	291,97	169,81	247,00	277,87	161,19	234,46	[illegible]
	II	3.721,66	204,69	297,73	334,94	196,07	285,20	320,85	187,45	272,66	306,74	178,84	260,13	292,64	170,22	247,60	278,55	161,61	235,07	264,45	152,99	222,54	[illegible]
	III	3.039,66	13,78	243,17	273,56	–	230,64	259,47	–	218,10	245,36	–	205,72	231,43	–	193,58	217,78	–	181,70	204,41	–	170,09	[illegible]
	IV	3.870,75	212,89	309,66	348,36	208,58	303,39	341,31	204,27	297,12	334,26	199,96	290,86	327,21	195,65	284,59	320,16	191,35	278,33	313,12	187,04	272,06	[illegible]
	V	4.385,25	241,18	350,82	394,67																		
	VI	4.429,75	243,62	354,36	398,65																		
12.428,99 (West)	I	3.864,25	212,53	309,14	347,78	203,91	296,60	333,68	195,30	284,07	319,58	186,68	271,54	305,48	178,06	259,00	291,38	169,45	246,47	277,28	160,83	233,94	[illegible]
	II	3.715,16	204,33	297,21	334,36	195,71	284,68	320,26	187,10	272,14	306,16	178,48	259,61	292,06	169,86	247,08	277,96	161,25	234,54	263,86	152,63	222,01	[illegible]
	III	3.033,00	12,99	242,64	272,97	–	230,10	258,86	–	217,58	244,78	–	205,20	230,85	–	193,08	217,21	–	181,21	203,86	–	169,60	[illegible]
	IV	3.864,25	212,53	309,14	347,78	208,22	302,87	340,73	203,91	296,60	333,68	199,60	290,34	326,63	195,30	284,07	319,58	190,99	277,80	312,53	186,68	271,54	[illegible]
	V	4.378,66	240,82	350,29	394,07																		
	VI	4.423,00	243,26	353,84	398,07																		
12.428,99 (Ost)	I	3.872,00	212,96	309,76	348,48	204,34	297,23	334,38	195,73	284,70	320,28	187,11	272,16	306,18	178,49	259,63	292,08	169,88	247,10	277,98	161,26	234,56	[illegible]
	II	3.722,91	204,76	297,83	335,06	196,14	285,30	320,96	187,52	272,76	306,86	178,91	260,23	292,76	170,29	247,70	278,66	161,68	235,17	264,56	153,06	222,64	[illegible]
	III	3.040,83	13,92	243,26	273,67	–	230,74	259,58	–	218,21	245,48	–	205,81	231,53	–	193,68	217,89	–	181,80	204,52	–	170,17	[illegible]
	IV	3.872,00	212,96	309,76	348,48	208,65	303,49	341,42	204,34	297,23	334,38	200,03	290,96	327,33	195,73	284,70	320,28	191,42	278,43	313,23	187,11	272,16	[illegible]
	V	4.386,50	241,25	350,92	394,78																		
	VI	4.430,75	243,69	354,46	398,76																		
12.431,99 (West)	I	3.865,50	212,60	309,24	347,89	203,98	296,70	333,79	195,36	284,17	319,69	186,75	271,64	305,59	178,13	259,10	291,49	169,51	246,57	277,39	160,90	234,04	[illegible]
	II	3.716,41	204,40	297,31	334,47	195,78	284,78	320,37	187,16	272,24	306,27	178,55	259,71	292,17	169,93	247,18	278,07	161,31	234,64	263,97	152,70	222,11	[illegible]
	III	3.034,33	13,14	242,74	273,08	–	230,21	258,98	–	217,68	244,89	–	205,30	230,96	–	193,17	217,31	–	181,30	203,96	–	169,69	[illegible]
	IV	3.865,50	212,60	309,24	347,89	208,29	302,97	340,84	203,98	296,70	333,79	199,67	290,44	326,74	195,36	284,17	319,69	191,06	277,90	312,64	186,75	271,64	[illegible]
	V	4.379,91	240,89	350,39	394,19																		
	VI	4.424,25	243,33	353,94	398,18																		
12.431,99 (Ost)	I	3.873,33	213,03	309,86	348,59	204,41	297,33	334,49	195,80	284,80	320,40	187,18	272,26	306,29	178,56	259,73	292,19	169,95	247,20	278,10	161,33	234,66	[illegible]
	II	3.724,16	204,82	297,93	335,17	196,21	285,40	321,07	187,60	272,87	306,98	178,98	260,34	292,88	170,36	247,80	278,78	161,75	235,27	264,68	153,13	222,74	[illegible]
	III	3.042,16	14,08	243,37	273,79	–	230,84	259,69	–	218,30	245,59	–	205,92	231,66	–	193,77	217,99	–	181,89	204,62	–	170,26	[illegible]
	IV	3.873,33	213,03	309,86	348,59	208,72	303,60	341,55	204,41	297,33	334,49	200,10	291,06	327,44	195,80	284,80	320,40	191,49	278,53	313,34	187,18	272,26	[illegible]
	V	4.387,75	241,32	351,02	394,89																		
	VI	4.432,08	243,76	354,56	398,88																		
12.434,99 (West)	I	3.866,75	212,67	309,34	348,00	204,05	296,80	333,90	195,43	284,27	319,80	186,82	271,74	305,70	178,20	259,20	291,60	169,58	246,67	277,50	160,97	234,14	[illegible]
	II	3.717,66	204,47	297,41	334,58	195,85	284,88	320,49	187,23	272,34	306,38	178,62	259,81	292,28	170,00	247,28	278,19	161,38	234,74	264,08	152,77	222,21	[illegible]
	III	3.035,66	13,30	242,85	273,20	–	230,32	259,11	–	217,78	245,00	–	205,40	231,07	–	193,26	217,42	–	181,40	204,07	–	169,78	[illegible]
	IV	3.866,75	212,67	309,34	348,00	208,36	303,07	340,95	204,05	296,80	333,90	199,74	290,54	326,85	195,43	284,27	319,80	191,12	278,00	312,75	186,82	271,74	[illegible]
	V	4.381,16	240,96	350,49	394,30																		
	VI	4.425,50	243,40	354,04	398,29																		
12.434,99 (Ost)	I	3.874,58	213,10	309,96	348,71	204,48	297,43	334,61	195,86	284,90	320,51	187,25	272,36	306,41	178,63	259,83	292,31	170,01	247,30	278,21	161,40	234,76	[illegible]
	II	3.725,41	204,89	298,03	335,28	196,28	285,50	321,19	187,66	272,97	307,09	179,05	260,44	292,99	170,43	247,90	278,89	161,81	235,37	264,79	153,20	222,84	[illegible]
	III	3.043,50	14,24	243,48	273,91	–	230,94	259,81	–	218,41	245,71	–	206,01	231,76	–	193,86	218,09	–	181,98	204,73	–	170,36	[illegible]
	IV	3.874,58	213,10	309,96	348,71	208,79	303,70	341,66	204,48	297,43	334,61	200,17	291,16	327,56	195,86	284,90	320,51	191,56	278,63	313,46	187,25	272,36	[illegible]
	V	4.389,00	241,39	351,12	395,01																		
	VI	4.433,33	243,83	354,66	398,99																		
12.437,99 (West)	I	3.868,00	212,74	309,44	348,12	204,12	296,90	334,01	195,50	284,37	319,91	186,89	271,84	305,82	178,27	259,30	291,71	169,66	246,78	277,62	161,04	234,24	[illegible]
	II	3.718,91	204,54	297,51	334,70	195,92	284,98	320,60	187,30	272,44	306,50	178,69	259,91	292,40	170,07	247,38	278,30	161,45	234,84	264,20	152,84	222,31	[illegible]
	III	3.036,83	13,44	242,94	273,31	–	230,41	259,21	–	217,88	245,11	–	205,49	231,17	–	193,37	217,54	–	181,49	204,17	–	169,88	[illegible]
	IV	3.868,00	212,74	309,44	348,12	208,43	303,17	341,06	204,12	296,90	334,01	199,81	290,64	326,97	195,50	284,37	319,91	191,19	278,10	312,86	186,89	271,84	[illegible]
	V	4.382,41	241,03	350,59	394,41																		
	VI	4.426,75	243,47	354,14	398,40																		
12.437,99 (Ost)	I	3.875,83	213,17	310,06	348,82	204,55	297,53	334,72	195,93	285,00	320,62	187,32	272,46	306,52	178,70	259,93	292,42	170,08	247,40	278,32	161,47	234,86	[illegible]
	II	3.726,75	204,97	298,14	335,40	196,35	285,60	321,30	187,73	273,07	307,20	179,12	260,54	293,10	170,50	248,00	279,00	161,88	235,47	264,90	153,27	222,94	[illegible]
	III	3.044,66	14,37	243,57	274,01	–	231,04	259,92	–	218,50	245,81	–	206,10	231,86	–	193,97	218,21	–	182,08	204,84	–	170,45	[illegible]
	IV	3.875,83	213,17	310,06	348,82	208,86	303,80	341,77	204,55	297,53	334,72	200,24	291,26	327,67	195,93	285,00	320,62	191,62	278,73	313,57	187,32	272,46	[illegible]
	V	4.390,25	241,46	351,22	395,12																		
	VI	4.434,58	243,90	354,76	399,11																		
12.440,99 (West)	I	3.869,25	212,80	309,54	348,23	204,19	297,00	334,13	195,57	284,47	320,03	186,96	271,94	305,93	178,34	259,41	291,83	169,73	246,88	277,74	161,11	234,34	[illegible]
	II	3.720,16	204,60	297,61	334,81	195,99	285,08	320,71	187,37	272,54	306,61	178,75	260,01	292,51	170,14	247,48	278,41	161,52	234,94	264,31	152,91	222,42	[illegible]
	III	3.038,16	13,60	243,05	273,43	–	230,52	259,33	–	217,98	245,23	–	205,60	231,30	–	193,46	217,64	–	181,58	204,28	–	169,97	[illegible]
	IV	3.869,25	212,80	309,54	348,23	208,50	303,27	341,18	204,19	297,00	334,13	199,88	290,74	327,08	195,57	284,47	320,03	191,26	278,20	312,98	186,96	271,94	[illegible]
	V	4.383,75	241,10	350,70	394,53																		
	VI	4.428,00	243,54	354,24	398,52																		
12.440,99 (Ost)	I	3.877,08	213,23	310,16	348,93	204,62	297,63	334,83	196,00	285,10	320,73	187,38	272,56	306,63	178,77	260,03	292,53	170,15	247,50	278,43	161,53	234,96	[illegible]
	II	3.728,00	205,04	298,24	335,52	196,42	285,70	321,41	187,80	273,17	307,31	179,19	260,64	293,22	170,57	248,10	279,11	161,95	235,57	265,01	153,34	223,04	[illegible]
	III	3.046,00	14,53	243,68	274,14	–	231,14	260,03	–	218,61	245,93	–	206,21	231,98	–	194,06	218,32	–	182,17	204,94	–	170,54	[illegible]
	IV	3.877,08	213,23	310,16	348,93	208,93	303,90	341,88	204,62	297,63	334,83	200,31	291,36	327,78	196,00	285,10	320,73	191,69	278,83	313,68	187,38	272,56	[illegible]
	V	4.391,50	241,53	351,32	395,23																		
	VI	4.435,83	243,97	354,86	399,22																		

Lohn/ Gehalt bis	Steuerklasse	Lohn-steuer	ohne Kinderfreibetrag			Anzahl Kinderfreibeträge (nur Steuerklassen I–IV)																	
						0,5			1,0			1,5			2,0			2,5			3,0		
			SolZ	Kirchensteuer		SolZ	Kirchensteuer		SolZ	Kirchensteuer		SolZ	Kirchensteuer		SolZ	Kirchensteuer		SolZ	Kirchensteuer		SolZ	Kirchensteuer	
			5,5%	8%	9%	5,5%	8%	9%	5,5%	8%	9%	5,5%	8%	9%	5,5%	8%	9%	5,5%	8%	9%	5,5%	8%	9%
2.443,99	I	3.870,50	212,87	309,64	348,34	204,26	297,10	334,24	195,64	284,58	320,15	187,03	272,04	306,05	178,41	259,51	291,95	169,79	246,98	277,85	161,18	234,44	263,75
(West)	II	3.721,41	204,67	297,71	334,92	196,06	285,18	320,82	187,44	272,64	306,72	178,82	260,11	292,62	170,21	247,58	278,53	161,59	235,05	264,43	152,98	222,52	250,33
	III	3.039,33	13,74	243,14	273,53	-	230,61	259,43	-	218,08	245,34	-	205,69	231,40	-	193,56	217,75	-	181,68	204,39	-	170,06	191,32
	IV	3.870,50	212,87	309,64	348,34	208,56	303,37	341,29	204,26	297,10	334,24	199,95	290,84	327,20	195,64	284,58	320,15	191,34	278,31	313,10	187,03	272,04	306,05
	V	4.385,00	241,17	350,80	394,65																		
	VI	4.429,25	243,60	354,34	398,63																		
2.443,99	I	3.878,33	213,30	310,26	349,04	204,69	297,73	334,94	196,07	285,20	320,85	187,45	272,66	306,74	178,84	260,13	292,64	170,22	247,60	278,55	161,61	235,07	264,45
(Ost)	II	3.729,25	205,10	298,34	335,63	196,49	285,80	321,53	187,87	273,27	307,43	179,25	260,74	293,33	170,64	248,20	279,23	162,02	235,67	265,13	153,40	223,14	251,03
	III	3.047,16	14,67	243,77	274,24	-	231,24	260,14	-	218,70	246,04	-	206,30	232,09	-	194,16	218,43	-	182,28	205,06	-	170,64	191,97
	IV	3.878,33	213,30	310,26	349,04	209,00	304,00	342,00	204,69	297,73	334,94	200,38	291,46	327,89	196,07	285,20	320,85	191,76	278,93	313,79	187,45	272,66	306,74
	V	4.392,75	241,60	351,42	395,34																		
	VI	4.437,08	244,03	354,96	399,33																		
2.446,99	I	3.871,83	212,95	309,74	348,46	204,33	297,21	334,36	195,71	284,68	320,26	187,10	272,14	306,16	178,48	259,61	292,06	169,86	247,08	277,96	161,25	234,54	263,86
(West)	II	3.722,66	204,74	297,81	335,03	196,13	285,28	320,94	187,51	272,74	306,83	178,90	260,22	292,74	170,28	247,68	278,64	161,66	235,15	264,54	153,05	222,62	250,44
	III	3.040,66	13,90	243,25	273,65	-	230,72	259,56	-	218,18	245,45	-	205,80	231,52	-	193,65	217,85	-	181,78	204,50	-	170,16	191,43
	IV	3.871,83	212,95	309,74	348,46	208,64	303,48	341,41	204,33	297,21	334,36	200,02	290,94	327,31	195,71	284,68	320,26	191,40	278,41	313,21	187,10	272,14	306,16
	V	4.386,25	241,24	350,90	394,76																		
	VI	4.430,58	243,68	354,44	398,75																		
2.446,99	I	3.879,58	213,37	310,36	349,16	204,76	297,83	335,06	196,14	285,30	320,96	187,52	272,76	306,86	178,91	260,23	292,76	170,29	247,70	278,66	161,68	235,17	264,56
(Ost)	II	3.730,50	205,17	298,44	335,74	196,56	285,90	321,64	187,94	273,37	307,54	179,32	260,84	293,44	170,71	248,30	279,34	162,09	235,77	265,24	153,47	223,24	251,14
	III	3.048,50	14,83	243,88	274,36	-	231,34	260,26	-	218,81	246,16	-	206,41	232,21	-	194,25	218,53	-	182,37	205,16	-	170,73	192,07
	IV	3.879,58	213,37	310,36	349,16	209,06	304,10	342,11	204,76	297,83	335,06	200,45	291,56	328,01	196,14	285,30	320,96	191,83	279,03	313,91	187,52	272,76	306,86
	V	4.394,00	241,67	351,52	395,46																		
	VI	4.438,33	244,10	355,06	399,44																		
2.449,99	I	3.873,08	213,01	309,84	348,57	204,40	297,31	334,47	195,78	284,78	320,37	187,16	272,24	306,27	178,55	259,71	292,17	169,93	247,18	278,07	161,31	234,64	263,97
(West)	II	3.723,91	204,81	297,91	335,15	196,20	285,38	321,05	187,58	272,85	306,95	178,97	260,32	292,86	170,35	247,78	278,75	161,73	235,25	264,65	153,12	222,72	250,56
	III	3.041,83	14,04	243,34	273,76	-	230,81	259,66	-	218,29	245,57	-	205,89	231,62	-	193,76	217,98	-	181,88	204,61	-	170,25	191,53
	IV	3.873,08	213,01	309,84	348,57	208,71	303,58	341,52	204,40	297,31	334,47	200,09	291,04	327,42	195,78	284,78	320,37	191,47	278,51	313,32	187,16	272,24	306,27
	V	4.387,50	241,31	351,00	394,87																		
	VI	4.431,83	243,75	354,54	398,86																		
2.449,99	I	3.880,83	213,44	310,46	349,27	204,82	297,93	335,17	196,21	285,40	321,07	187,60	272,87	306,98	178,98	260,34	292,88	170,36	247,80	278,78	161,75	235,27	264,68
(Ost)	II	3.731,75	205,24	298,54	335,85	196,62	286,00	321,75	188,01	273,47	307,65	179,39	260,94	293,55	170,77	248,40	279,45	162,16	235,87	265,35	153,55	223,34	251,26
	III	3.049,66	14,97	243,97	274,46	-	231,44	260,37	-	218,90	246,26	-	206,50	232,31	-	194,36	218,65	-	182,46	205,27	-	170,82	192,17
	IV	3.880,83	213,44	310,46	349,27	209,13	304,20	342,22	204,82	297,93	335,17	200,52	291,66	328,12	196,21	285,40	321,07	191,90	279,13	314,02	187,60	272,87	306,98
	V	4.395,33	241,74	351,62	395,57																		
	VI	4.439,58	244,17	355,16	399,56																		
2.452,99	I	3.874,33	213,08	309,94	348,68	204,47	297,41	334,58	195,85	284,88	320,49	187,23	272,34	306,38	178,62	259,81	292,28	170,00	247,28	278,19	161,38	234,74	264,08
(West)	II	3.725,25	204,88	298,02	335,27	196,27	285,48	321,17	187,65	272,95	307,07	179,03	260,42	292,97	170,42	247,88	278,87	161,80	235,35	264,77	153,18	222,82	250,67
	III	3.043,16	14,20	243,45	273,88	-	230,92	259,78	-	218,38	245,68	-	205,98	231,73	-	193,85	218,08	-	181,97	204,71	-	170,34	191,63
	IV	3.874,33	213,08	309,94	348,68	208,78	303,68	341,64	204,47	297,41	334,58	200,16	291,14	327,53	195,85	284,88	320,49	191,54	278,61	313,43	187,23	272,34	306,38
	V	4.388,75	241,38	351,10	394,98																		
	VI	4.433,08	243,81	354,64	398,97																		
2.452,99	I	3.882,08	213,51	310,56	349,38	204,89	298,03	335,28	196,28	285,50	321,19	187,66	272,97	307,09	179,05	260,44	292,99	170,43	247,90	278,89	161,81	235,37	264,79
(Ost)	II	3.733,00	205,31	298,64	335,97	196,69	286,10	321,86	188,08	273,57	307,76	179,46	261,04	293,67	170,85	248,51	279,57	162,23	235,98	265,47	153,61	223,44	251,37
	III	3.051,00	15,13	244,08	274,59	-	231,54	260,48	-	219,01	246,38	-	206,60	232,42	-	194,45	218,75	-	182,56	205,38	-	170,92	192,28
	IV	3.882,08	213,51	310,56	349,38	209,20	304,30	342,33	204,89	298,03	335,28	200,59	291,77	328,24	196,28	285,50	321,19	191,97	279,24	314,14	187,66	272,97	307,09
	V	4.396,58	241,81	351,72	395,69																		
	VI	4.440,83	244,24	355,26	399,67																		
2.455,99	I	3.875,58	213,15	310,04	348,80	204,54	297,51	334,70	195,92	284,98	320,60	187,30	272,44	306,50	178,69	259,91	292,40	170,07	247,38	278,30	161,45	234,84	264,20
(West)	II	3.726,50	204,95	298,12	335,38	196,34	285,58	321,28	187,72	273,05	307,18	179,10	260,52	293,08	170,49	247,98	278,98	161,87	235,45	264,88	153,25	222,92	250,78
	III	3.044,33	14,33	243,54	273,98	-	231,02	259,90	-	218,49	245,80	-	206,09	231,85	-	193,94	218,18	-	182,06	204,82	-	170,44	191,74
	IV	3.875,58	213,15	310,04	348,80	208,84	303,78	341,75	204,54	297,51	334,70	200,23	291,24	327,65	195,92	284,98	320,60	191,61	278,71	313,55	187,30	272,44	306,50
	V	4.390,00	241,45	351,20	395,10																		
	VI	4.434,33	243,88	354,74	399,08																		
2.455,99	I	3.883,41	213,58	310,67	349,50	204,97	298,14	335,40	196,35	285,60	321,30	187,73	273,07	307,20	179,12	260,54	293,10	170,50	248,00	279,00	161,88	235,47	264,90
(Ost)	II	3.734,25	205,38	298,74	336,08	196,76	286,20	321,98	188,15	273,67	307,88	179,53	261,14	293,78	170,92	248,61	279,68	162,30	236,08	265,59	153,68	223,54	251,48
	III	3.052,33	15,29	244,18	274,70	-	231,65	260,60	-	219,12	246,51	-	206,70	232,54	-	194,54	218,86	-	182,65	205,48	-	171,01	192,38
	IV	3.883,41	213,58	310,67	349,50	209,27	304,40	342,45	204,97	298,14	335,40	200,66	291,87	328,35	196,35	285,60	321,30	192,04	279,34	314,25	187,73	273,07	307,20
	V	4.397,83	241,88	351,82	395,80																		
	VI	4.442,16	244,31	355,37	399,79																		
2.458,99	I	3.876,83	213,22	310,14	348,91	204,60	297,61	334,81	195,99	285,08	320,71	187,37	272,54	306,61	178,75	260,01	292,51	170,14	247,48	278,41	161,52	234,94	264,31
(West)	II	3.727,75	205,02	298,22	335,49	196,40	285,68	321,39	187,79	273,15	307,29	179,17	260,62	293,19	170,55	248,08	279,09	161,94	235,55	264,99	153,32	223,02	250,89
	III	3.045,66	14,49	243,65	274,10	-	231,12	260,01	-	218,58	245,90	-	206,18	231,95	-	194,04	218,29	-	182,16	204,93	-	170,53	191,84
	IV	3.876,83	213,22	310,14	348,91	208,91	303,88	341,86	204,60	297,61	334,81	200,30	291,34	327,76	195,99	285,08	320,71	191,68	278,81	313,66	187,37	272,54	306,61
	V	4.391,25	241,51	351,30	395,21																		
	VI	4.435,58	243,95	354,84	399,20																		
12.458,99	I	3.884,66	213,65	310,77	349,61	205,04	298,24	335,52	196,42	285,70	321,41	187,80	273,17	307,31	179,19	260,64	293,22	170,57	248,10	279,11	161,95	235,57	265,01
(Ost)	II	3.735,50	205,45	298,84	336,19	196,84	286,31	322,10	188,22	273,78	308,00	179,60	261,24	293,90	170,99	248,71	279,80	162,37	236,18	265,70	153,75	223,64	251,60
	III	3.053,50	15,43	244,28	274,81	-	231,74	260,71	-	219,21	246,61	-	206,80	232,65	-	194,64	218,97	-	182,74	205,58	-	171,10	192,49
	IV	3.884,66	213,65	310,77	349,61	209,34	304,50	342,56	205,04	298,24	335,52	200,73	291,97	328,46	196,42	285,70	321,41	192,11	279,44	314,37	187,80	273,17	307,31
	V	4.399,08	241,94	351,92	395,91																		
	VI	4.443,41	244,38	355,47	399,90																		
12.461,99	I	3.878,08	213,29	310,24	349,02	204,67	297,71	334,92	196,06	285,18	320,82	187,44	272,64	306,72	178,82	260,11	292,62	170,21	247,58	278,53	161,59	235,05	264,43
(West)	II	3.729,00	205,09	298,32	335,61	196,47	285,78	321,50	187,86	273,25	307,40	179,24	260,72	293,31	170,62	248,18	279,20	162,01	235,65	265,10	153,39	223,12	251,01
	III	3.047,00	14,65	243,76	274,23	-	231,22	260,12	-	218,69	246,02	-	206,29	232,07	-	194,14	218,41	-	182,25	205,03	-	170,62	191,95
	IV	3.878,08	213,29	310,24	349,02	208,98	303,98	341,97	204,67	297,71	334,92	200,36	291,44	327,87	196,06	285,18	320,82	191,75	278,91	313,77	187,44	272,64	306,72
	V	4.392,50	241,58	351,40	395,32																		
	VI	4.436,83	244,02	354,94	399,31																		
12.461,99	I	3.885,91	213,72	310,87	349,73	205,10	298,34	335,63	196,49	285,80	321,53	187,87	273,27	307,43	179,25	260,74	293,33	170,64	248,20	279,23	162,02	235,67	265,13
(Ost)	II	3.736,83	205,52	298,94	336,31	196,90	286,41	322,21	188,29	273,88	308,11	179,67	261,34	294,01	171,05	248,81	279,91	162,44	236,28	265,81	153,82	223,74	251,71
	III	3.054,83	15,58	244,38	274,93	-	231,85	260,83	-	219,32	246,73	-	206,90	232,76	-	194,74	219,08	-	182,84	205,69	-	171,20	192,60
	IV	3.885,91	213,72	310,87	349,73	209,41	304,60	342,68	205,10	298,34	335,63	200,80	292,07	328,58	196,49	285,80	321,53	192,18	279,54	314,48	187,87	273,27	307,43
	V	4.400,33	242,01	352,02	396,02																		
	VI	4.444,66	244,45	355,57	400,01																		

Lohn/ Gehalt bis	Steuerklasse	Lohn-steuer	ohne Kinderfreibetrag SolZ 5,5%	ohne Kinderfreibetrag Kirchensteuer 8%	ohne Kinderfreibetrag Kirchensteuer 9%	0,5 SolZ 5,5%	0,5 Kirchensteuer 8%	0,5 Kirchensteuer 9%	1,0 SolZ 5,5%	1,0 Kirchensteuer 8%	1,0 Kirchensteuer 9%	1,5 SolZ 5,5%	1,5 Kirchensteuer 8%	1,5 Kirchensteuer 9%	2,0 SolZ 5,5%	2,0 Kirchensteuer 8%	2,0 Kirchensteuer 9%	2,5 SolZ 5,5%	2,5 Kirchensteuer 8%	2,5 Kirchensteuer 9%	3,0 SolZ 5,5%	3,0 Kirchensteuer 8%	3,0 Kirchensteuer 9%
						Anzahl Kinderfreibeträge (nur Steuerklassen I–IV)																	
12.464,99 (West)	I	3.879,33	213,36	310,34	349,13	204,74	297,81	335,03	196,13	285,28	320,94	187,51	272,74	306,83	178,90	260,22	292,74	170,28	247,68	278,64	161,66	235,15	264
	II	3.730,25	205,16	298,42	335,72	196,54	285,88	321,62	187,93	273,35	307,52	179,31	260,82	293,42	170,69	248,28	279,32	162,08	235,75	265,22	153,46	223,22	251
	III	3.048,16	14,79	243,85	274,33	–	231,32	260,23	–	218,78	246,13	–	206,38	232,18	–	194,24	218,52	–	182,34	205,13	–	170,72	192
	IV	3.879,33	213,36	310,34	349,13	209,05	304,08	342,09	204,74	297,81	335,03	200,43	291,54	327,98	196,13	285,28	320,94	191,82	279,01	313,88	187,51	272,74	306
	V	4.393,83	241,66	351,50	395,44																		
	VI	4.438,08	244,09	355,04	399,42																		
12.464,99 (Ost)	I	3.887,16	213,79	310,97	349,84	205,17	298,44	335,74	196,56	285,90	321,64	187,94	273,37	307,54	179,32	260,84	293,44	170,71	248,30	279,34	162,09	235,77	265
	II	3.738,08	205,59	299,04	336,42	196,97	286,51	322,32	188,36	273,98	308,22	179,74	261,44	294,12	171,12	248,91	280,02	162,51	236,38	265,92	153,89	223,84	251
	III	3.056,00	15,72	244,48	275,04	–	231,94	260,93	–	219,41	246,83	–	207,00	232,87	–	194,84	219,19	–	182,93	205,79	–	171,29	192
	IV	3.887,16	213,79	310,97	349,84	209,48	304,70	342,79	205,17	298,44	335,74	200,86	292,17	328,69	196,56	285,90	321,64	192,25	279,64	314,59	187,94	273,37	307
	V	4.401,58	242,08	352,12	396,14																		
	VI	4.445,91	244,52	355,67	400,13																		
12.467,99 (West)	I	3.880,58	213,43	310,44	349,25	204,81	297,91	335,15	196,20	285,38	321,05	187,58	272,85	306,95	178,97	260,32	292,86	170,35	247,78	278,75	161,73	235,25	264
	II	3.731,50	205,23	298,52	335,83	196,61	285,98	321,73	187,99	273,45	307,63	179,38	260,92	293,53	170,76	248,38	279,43	162,15	235,86	265,34	153,53	223,32	251
	III	3.049,50	14,95	243,96	274,45	–	231,42	260,35	–	218,89	246,25	–	206,48	232,29	–	194,33	218,62	–	182,44	205,24	–	170,80	192
	IV	3.880,58	213,43	310,44	349,25	209,12	304,18	342,20	204,81	297,91	335,15	200,50	291,64	328,10	196,20	285,38	321,05	191,89	279,12	314,01	187,58	272,85	306
	V	4.395,08	241,72	351,60	395,55																		
	VI	4.439,33	244,16	355,14	399,53																		
12.467,99 (Ost)	I	3.888,41	213,86	311,07	349,95	205,24	298,54	335,85	196,62	286,00	321,75	188,01	273,47	307,65	179,39	260,94	293,55	170,77	248,40	279,45	162,16	235,87	265
	II	3.739,33	205,66	299,14	336,53	197,04	286,61	322,43	188,43	274,08	308,34	179,81	261,54	294,23	171,19	249,01	280,13	162,58	236,48	266,04	153,96	223,94	251
	III	3.057,33	15,88	244,58	275,15	–	232,05	261,05	–	219,52	246,96	–	207,09	232,97	–	194,93	219,29	–	183,02	205,90	–	171,38	192
	IV	3.888,41	213,86	311,07	349,95	209,55	304,80	342,90	205,24	298,54	335,85	200,93	292,27	328,80	196,62	286,00	321,75	192,32	279,74	314,70	188,01	273,47	307
	V	4.402,83	242,15	352,22	396,25																		
	VI	4.447,16	244,59	355,77	400,24																		
12.470,99 (West)	I	3.881,83	213,50	310,54	349,36	204,88	298,02	335,27	196,27	285,48	321,17	187,65	272,95	307,07	179,03	260,42	292,97	170,42	247,88	278,87	161,80	235,35	264
	II	3.732,75	205,30	298,62	335,94	196,68	286,08	321,84	188,06	273,55	307,74	179,45	261,02	293,65	170,83	248,49	279,55	162,22	235,96	265,45	153,60	223,42	251
	III	3.050,66	15,09	244,05	274,55	–	231,52	260,46	–	218,98	246,35	–	206,58	232,40	–	194,42	218,72	–	182,53	205,34	–	170,89	192
	IV	3.881,83	213,50	310,54	349,36	209,19	304,28	342,32	204,88	298,02	335,27	200,58	291,75	328,22	196,27	285,48	321,17	191,96	279,22	314,12	187,65	272,95	307
	V	4.396,33	241,79	351,70	395,66																		
	VI	4.440,58	244,23	355,24	399,65																		
12.470,99 (Ost)	I	3.889,66	213,93	311,17	350,06	205,31	298,64	335,97	196,69	286,10	321,86	188,08	273,57	307,76	179,46	261,04	293,67	170,85	248,51	279,57	162,23	235,98	265
	II	3.740,58	205,73	299,24	336,65	197,11	286,71	322,55	188,49	274,18	308,45	179,88	261,64	294,35	171,26	249,11	280,25	162,64	236,58	266,15	154,03	224,04	252
	III	3.058,50	16,02	244,68	275,26	–	232,14	261,16	–	219,61	247,06	–	207,20	233,10	–	195,02	219,40	–	183,12	206,01	–	171,48	192
	IV	3.889,66	213,93	311,17	350,06	209,62	304,90	343,01	205,31	298,64	335,97	201,00	292,37	328,91	196,69	286,10	321,86	192,39	279,84	314,82	188,08	273,57	307
	V	4.404,08	242,22	352,32	396,36																		
	VI	4.448,41	244,66	355,87	400,35																		
12.473,99 (West)	I	3.883,16	213,57	310,65	349,48	204,95	298,12	335,38	196,34	285,58	321,28	187,72	273,05	307,18	179,10	260,52	293,08	170,49	247,98	278,98	161,87	235,45	264
	II	3.734,00	205,37	298,72	336,06	196,75	286,18	321,95	188,14	273,66	307,86	179,52	261,12	293,76	170,90	248,59	279,66	162,29	236,06	265,56	153,67	223,52	251
	III	3.052,00	15,25	244,16	274,68	–	231,62	260,57	–	219,09	246,47	–	206,68	232,51	–	194,53	218,84	–	182,62	205,45	–	170,98	192
	IV	3.883,16	213,57	310,65	349,48	209,26	304,38	342,43	204,95	298,12	335,38	200,64	291,85	328,33	196,34	285,58	321,28	192,03	279,32	314,23	187,72	273,05	307
	V	4.397,58	241,86	351,80	395,78																		
	VI	4.441,91	244,30	355,35	399,77																		
12.473,99 (Ost)	I	3.890,91	214,00	311,27	350,18	205,38	298,74	336,08	196,76	286,20	321,98	188,15	273,67	307,88	179,53	261,14	293,78	170,92	248,61	279,68	162,30	236,08	265
	II	3.741,83	205,80	299,34	336,76	197,18	286,81	322,66	188,56	274,28	308,56	179,95	261,74	294,46	171,33	249,21	280,36	162,71	236,68	266,26	154,10	224,15	252,
	III	3.059,83	16,18	244,78	275,38	–	232,25	261,28	–	219,72	247,18	–	207,29	233,20	–	195,13	219,52	–	183,22	206,12	–	171,57	193,
	IV	3.890,91	214,00	311,27	350,18	209,69	305,00	343,13	205,38	298,74	336,08	201,07	292,47	329,03	196,76	286,20	321,98	192,45	279,94	314,93	188,15	273,67	307,
	V	4.405,41	242,29	352,43	396,48																		
	VI	4.449,66	244,73	355,97	400,46																		
12.476,99 (West)	I	3.884,41	213,64	310,75	349,59	205,02	298,22	335,49	196,40	285,68	321,39	187,79	273,15	307,29	179,17	260,62	293,19	170,55	248,08	279,09	161,94	235,55	264,
	II	3.735,33	205,44	298,82	336,17	196,82	286,29	322,07	188,21	273,76	307,98	179,59	261,22	293,87	170,97	248,69	279,77	162,36	236,16	265,68	153,74	223,62	251,
	III	3.053,16	15,39	244,25	274,78	–	231,72	260,68	–	219,18	246,58	–	206,78	232,63	–	194,62	218,95	–	182,72	205,56	–	171,08	192,
	IV	3.884,41	213,64	310,75	349,59	209,33	304,48	342,54	205,02	298,22	335,49	200,71	291,95	328,44	196,40	285,68	321,39	192,10	279,42	314,34	187,79	273,15	307,
	V	4.398,83	241,93	351,90	395,89																		
	VI	4.443,16	244,37	355,45	399,88																		
12.476,99 (Ost)	I	3.892,16	214,06	311,37	350,29	205,45	298,84	336,19	196,84	286,31	322,10	188,22	273,78	308,00	179,60	261,24	293,90	170,99	248,71	279,80	162,37	236,18	265,
	II	3.743,08	205,86	299,44	336,87	197,25	286,91	322,77	188,63	274,38	308,67	180,01	261,84	294,57	171,40	249,31	280,47	162,79	236,78	266,38	154,17	224,25	252,
	III	3.061,00	16,32	244,88	275,49	–	232,34	261,38	–	219,82	247,30	–	207,40	233,32	–	195,22	219,62	–	183,32	206,23	–	171,66	193,
	IV	3.892,16	214,06	311,37	350,29	209,76	305,10	343,24	205,45	298,84	336,19	201,14	292,57	329,14	196,84	286,31	322,10	192,53	280,04	315,05	188,22	273,78	308,
	V	4.406,66	242,36	352,53	396,59																		
	VI	4.450,91	244,80	356,07	400,58																		
12.479,99 (West)	I	3.885,66	213,71	310,85	349,70	205,09	298,32	335,61	196,47	285,78	321,50	187,86	273,25	307,40	179,24	260,72	293,31	170,62	248,18	279,20	162,01	235,65	265,
	II	3.736,58	205,51	298,92	336,29	196,89	286,39	322,19	188,27	273,86	308,09	179,66	261,32	293,99	171,04	248,79	279,89	162,42	236,26	265,79	153,81	223,72	251,
	III	3.054,50	15,54	244,36	274,90	–	231,82	260,80	–	219,29	246,70	–	206,88	232,74	–	194,72	219,06	–	182,82	205,67	–	171,17	192,
	IV	3.885,66	213,71	310,85	349,70	209,40	304,58	342,65	205,09	298,32	335,61	200,78	292,05	328,55	196,47	285,78	321,50	192,17	279,52	314,46	187,86	273,25	307,
	V	4.400,08	242,00	352,00	396,00																		
	VI	4.444,41	244,44	355,55	399,99																		
12.479,99 (Ost)	I	3.893,41	214,13	311,47	350,40	205,52	298,94	336,31	196,90	286,41	322,21	188,29	273,88	308,11	179,67	261,34	294,01	171,05	248,81	279,91	162,44	236,28	265,
	II	3.744,33	205,93	299,54	336,98	197,32	287,01	322,88	188,70	274,48	308,79	180,09	261,95	294,69	171,47	249,42	280,59	162,85	236,88	266,49	154,24	224,35	252,
	III	3.062,33	16,48	244,98	275,60	–	232,45	261,50	–	219,92	247,41	–	207,49	233,42	–	195,32	219,73	–	183,41	206,33	–	171,76	193,
	IV	3.893,41	214,13	311,47	350,40	209,83	305,21	343,36	205,52	298,94	336,31	201,21	292,68	329,26	196,90	286,41	322,21	192,60	280,14	315,16	188,29	273,88	308,
	V	4.407,91	242,43	352,63	396,71																		
	VI	4.452,25	244,87	356,18	400,70																		
12.482,99 (West)	I	3.886,91	213,78	310,95	349,82	205,16	298,42	335,72	196,54	285,88	321,62	187,93	273,35	307,52	179,31	260,82	293,42	170,69	248,28	279,32	162,08	235,75	265,2
	II	3.737,83	205,58	299,02	336,40	196,96	286,49	322,30	188,34	273,96	308,20	179,73	261,42	294,10	171,11	248,89	280,00	162,49	236,36	265,90	153,88	223,82	251,8
	III	3.055,83	15,70	244,46	275,02	–	231,93	260,92	–	219,40	246,82	–	206,97	232,84	–	194,81	219,16	–	182,92	205,78	–	171,26	192,6
	IV	3.886,91	213,78	310,95	349,82	209,47	304,68	342,77	205,16	298,42	335,72	200,85	292,15	328,67	196,54	285,88	321,62	192,23	279,62	314,57	187,93	273,35	307,5
	V	4.401,33	242,07	352,10	396,11																		
	VI	4.445,66	244,51	355,65	400,10																		
12.482,99 (Ost)	I	3.894,75	214,21	311,58	350,52	205,59	299,04	336,42	196,97	286,51	322,32	188,36	273,98	308,22	179,74	261,44	294,12	171,12	248,91	280,02	162,51	236,38	265,9
	II	3.745,58	206,00	299,64	337,10	197,39	287,11	323,00	188,77	274,58	308,90	180,16	262,05	294,80	171,54	249,52	280,71	162,92	236,98	266,60	154,31	224,45	252,5
	III	3.063,66	16,64	245,09	275,72	–	232,56	261,63	–	220,02	247,52	–	207,60	233,55	–	195,42	219,85	–	183,50	206,44	–	171,84	193,3
	IV	3.894,75	214,21	311,58	350,52	209,90	305,31	343,47	205,59	299,04	336,42	201,28	292,78	329,37	196,97	286,51	322,32	192,66	280,24	315,27	188,36	273,98	308,2
	V	4.409,16	242,50	352,73	396,82																		
	VI	4.453,50	244,94	356,28	400,81																		

Allgemeine Tabelle

Lohn/ Gehalt bis	Steuerklasse	Lohn- steuer	ohne Kinderfreibetrag			Anzahl Kinderfreibeträge (nur Steuerklassen I–IV)																	
						0,5			1,0			1,5			2,0			2,5			3,0		
			SolZ 5,5%	Kirchensteuer 8%	9%	SolZ 5,5%	Kirchensteuer 8%	9%	SolZ 5,5%	Kirchensteuer 8%	9%	SolZ 5,5%	Kirchensteuer 8%	9%	SolZ 5,5%	Kirchensteuer 8%	9%	SolZ 5,5%	Kirchensteuer 8%	9%	SolZ 5,5%	Kirchensteuer 8%	9%
2.485,99	I	3.888,16	213,84	311,05	349,93	205,23	298,52	335,83	196,61	285,98	321,73	187,99	273,45	307,63	179,38	260,92	293,53	170,76	248,38	279,43	162,15	235,86	265,34
(West)	II	3.739,08	205,64	299,12	336,51	197,03	286,59	322,41	188,41	274,06	308,31	179,79	261,52	294,21	171,18	248,99	280,11	162,56	236,46	266,01	153,94	223,92	251,91
	III	3.057,00	15,84	244,56	275,13	–	232,02	261,02	–	219,49	246,92	–	207,08	232,96	–	194,92	219,28	–	183,01	205,88	–	171,36	192,78
	IV	3.888,16	213,84	311,05	349,93	209,54	304,78	342,88	205,23	298,52	335,83	200,92	292,25	328,78	196,61	285,98	321,73	192,30	279,72	314,68	187,99	273,45	307,63
	V	4.402,58	242,14	352,20	396,23																		
	VI	4.446,91	244,58	355,75	400,22																		
2.485,99	I	3.896,00	214,28	311,68	350,64	205,66	299,14	336,53	197,04	286,61	322,43	188,43	274,08	308,34	179,81	261,54	294,23	171,19	249,01	280,13	162,58	236,48	266,04
(Ost)	II	3.746,91	206,08	299,75	337,22	197,46	287,22	323,12	188,84	274,68	309,02	180,23	262,15	294,92	171,61	249,62	280,82	162,99	237,08	266,72	154,38	224,55	252,62
	III	3.064,83	16,77	245,18	275,83	–	232,65	261,73	–	220,12	247,63	–	207,69	233,65	–	195,52	219,96	–	183,60	206,55	–	171,93	193,42
	IV	3.896,00	214,28	311,68	350,64	209,97	305,41	343,58	205,66	299,14	336,53	201,35	292,88	329,49	197,04	286,61	322,43	192,73	280,34	315,38	188,43	274,08	308,34
	V	4.410,41	242,57	352,83	396,93																		
	VI	4.454,75	245,01	356,38	400,92																		
2.488,99	I	3.889,41	213,91	311,15	350,04	205,30	298,62	335,94	196,68	286,08	321,84	188,06	273,55	307,74	179,45	261,02	293,65	170,83	248,49	279,55	162,22	235,96	265,45
(West)	II	3.740,33	205,71	299,22	336,62	197,10	286,69	322,52	188,48	274,16	308,43	179,86	261,62	294,32	171,25	249,09	280,22	162,63	236,56	266,13	154,01	224,02	252,02
	III	3.058,33	16,00	244,66	275,24	–	232,13	261,14	–	219,60	247,05	–	207,17	233,06	–	195,01	219,38	–	183,10	205,99	–	171,45	192,88
	IV	3.889,41	213,91	311,15	350,04	209,60	304,88	342,99	205,30	298,62	335,94	200,99	292,35	328,89	196,68	286,08	321,84	192,37	279,82	314,79	188,06	273,55	307,74
	V	4.403,83	242,21	352,30	396,34																		
	VI	4.448,16	244,64	355,85	400,33																		
2.488,99	I	3.897,25	214,34	311,78	350,75	205,73	299,24	336,65	197,11	286,71	322,55	188,49	274,18	308,45	179,88	261,64	294,35	171,26	249,11	280,25	162,64	236,58	266,15
(Ost)	II	3.748,16	206,14	299,85	337,33	197,53	287,32	323,23	188,91	274,78	309,13	180,29	262,25	295,03	171,68	249,72	280,93	163,06	237,18	266,83	154,44	224,65	252,73
	III	3.066,16	16,93	245,29	275,95	–	232,76	261,85	–	220,22	247,75	–	207,78	233,75	–	195,61	220,06	–	183,69	206,65	–	172,02	193,52
	IV	3.897,25	214,34	311,78	350,75	210,04	305,51	343,70	205,73	299,24	336,65	201,42	292,98	329,60	197,11	286,71	322,55	192,80	280,44	315,50	188,49	274,18	308,45
	V	4.411,66	242,64	352,93	397,04																		
	VI	4.456,00	245,08	356,48	401,04																		
2.491,99	I	3.890,66	213,98	311,25	350,15	205,37	298,72	336,06	196,75	286,18	321,95	188,14	273,66	307,86	179,52	261,12	293,76	170,90	248,59	279,66	162,29	236,06	265,56
(West)	II	3.741,58	205,78	299,32	336,74	197,17	286,79	322,64	188,55	274,26	308,54	179,93	261,72	294,44	171,32	249,19	280,34	162,70	236,66	266,24	154,09	224,13	252,14
	III	3.059,50	16,14	244,76	275,35	–	232,22	261,25	–	219,69	247,15	–	207,28	233,19	–	195,10	219,49	–	183,20	206,10	–	171,54	192,98
	IV	3.890,66	213,98	311,25	350,15	209,67	304,98	343,10	205,37	298,72	336,06	201,06	292,45	329,00	196,75	286,18	321,95	192,44	279,92	314,91	188,14	273,66	307,86
	V	4.405,16	242,28	352,41	396,46																		
	VI	4.449,41	244,71	355,95	400,44																		
2.491,99	I	3.898,50	214,41	311,88	350,86	205,80	299,34	336,76	197,18	286,81	322,66	188,56	274,28	308,56	179,95	261,74	294,46	171,33	249,21	280,36	162,71	236,68	266,26
(Ost)	II	3.749,41	206,21	299,95	337,44	197,60	287,42	323,34	188,98	274,88	309,24	180,36	262,35	295,14	171,75	249,82	281,04	163,13	237,28	266,94	154,51	224,75	252,84
	III	3.067,33	17,07	245,38	276,05	–	232,85	261,95	–	220,32	247,86	–	207,89	233,87	–	195,70	220,16	–	183,78	206,75	–	172,12	193,63
	IV	3.898,50	214,41	311,88	350,86	210,10	305,61	343,81	205,80	299,34	336,76	201,49	293,08	329,71	197,18	286,81	322,66	192,87	280,54	315,61	188,56	274,28	308,56
	V	4.412,91	242,71	353,03	397,16																		
	VI	4.457,25	245,14	356,58	401,15																		
2.494,99	I	3.891,91	214,05	311,35	350,27	205,44	298,82	336,17	196,82	286,29	322,07	188,21	273,76	307,98	179,59	261,22	293,87	170,97	248,69	279,77	162,36	236,16	265,68
(West)	II	3.742,83	205,85	299,42	336,85	197,23	286,89	322,75	188,62	274,36	308,65	180,00	261,82	294,55	171,39	249,30	280,46	162,77	236,76	266,36	154,16	224,23	252,26
	III	3.060,83	16,30	244,86	275,47	–	232,33	261,37	–	219,80	247,27	–	207,37	233,29	–	195,20	219,60	–	183,29	206,20	–	171,64	193,09
	IV	3.891,91	214,05	311,35	350,27	209,74	305,08	343,22	205,44	298,82	336,17	201,13	292,56	329,13	196,82	286,29	322,07	192,51	280,02	315,02	188,21	273,76	307,98
	V	4.406,41	242,35	352,51	396,57																		
	VI	4.450,66	244,78	356,05	400,55																		
2.494,99	I	3.899,75	214,48	311,98	350,97	205,86	299,44	336,87	197,25	286,91	322,77	188,63	274,38	308,67	180,01	261,84	294,57	171,40	249,31	280,47	162,79	236,78	266,38
(Ost)	II	3.750,66	206,28	300,05	337,55	197,67	287,52	323,46	189,05	274,98	309,35	180,43	262,45	295,25	171,82	249,92	281,16	163,20	237,38	267,05	154,58	224,85	252,95
	III	3.068,66	17,23	245,49	276,17	–	232,96	262,08	–	220,42	247,97	–	207,98	233,98	–	195,81	220,28	–	183,88	206,86	–	172,21	193,73
	IV	3.899,75	214,48	311,98	350,97	210,17	305,71	343,92	205,86	299,44	336,87	201,56	293,18	329,82	197,25	286,91	322,77	192,94	280,64	315,72	188,63	274,38	308,67
	V	4.414,16	242,77	353,13	397,27																		
	VI	4.458,50	245,21	356,68	401,26																		
2.497,99	I	3.893,25	214,12	311,46	350,39	205,51	298,92	336,29	196,89	286,39	322,19	188,27	273,86	308,09	179,66	261,32	293,99	171,04	248,79	279,89	162,42	236,26	265,79
(West)	II	3.744,08	205,92	299,52	336,96	197,30	286,99	322,86	188,69	274,46	308,77	180,07	261,93	294,67	171,46	249,40	280,57	162,84	236,86	266,47	154,22	224,33	252,37
	III	3.062,00	16,44	244,96	275,58	–	232,42	261,47	–	219,89	247,37	–	207,46	233,39	–	195,30	219,71	–	183,38	206,30	–	171,73	193,19
	IV	3.893,25	214,12	311,46	350,39	209,82	305,19	343,34	205,51	298,92	336,29	201,20	292,66	329,24	196,89	286,39	322,19	192,58	280,12	315,14	188,27	273,86	308,09
	V	4.407,66	242,42	352,61	396,68																		
	VI	4.452,00	244,86	356,16	400,68																		
2.497,99	I	3.901,00	214,55	312,08	351,09	205,93	299,54	336,98	197,32	287,01	322,88	188,70	274,48	308,79	180,09	261,95	294,69	171,47	249,42	280,59	162,85	236,88	266,49
(Ost)	II	3.751,91	206,35	300,15	337,67	197,73	287,62	323,57	189,12	275,08	309,47	180,50	262,55	295,37	171,88	250,02	281,27	163,27	237,48	267,17	154,65	224,95	253,07
	III	3.069,83	17,37	245,58	276,28	–	233,05	262,18	–	220,52	248,08	–	208,09	234,10	–	195,90	220,39	–	183,97	206,96	–	172,30	193,84
	IV	3.901,00	214,55	312,08	351,09	210,24	305,81	344,03	205,93	299,54	336,98	201,63	293,28	329,94	197,32	287,01	322,88	193,01	280,74	315,83	188,70	274,48	308,79
	V	4.415,50	242,85	353,24	397,39																		
	VI	4.459,75	245,28	356,78	401,37																		
2.500,99	I	3.894,50	214,19	311,56	350,50	205,58	299,02	336,40	196,96	286,49	322,30	188,34	273,96	308,20	179,73	261,42	294,10	171,11	248,89	280,00	162,49	236,36	265,90
(West)	II	3.745,33	205,99	299,62	337,07	197,38	287,10	322,98	188,76	274,56	308,88	180,14	262,03	294,78	171,53	249,50	280,68	162,91	236,96	266,58	154,29	224,43	252,48
	III	3.063,33	16,60	245,06	275,69	–	232,53	261,59	–	220,00	247,50	–	207,57	233,51	–	195,40	219,82	–	183,48	206,41	–	171,82	193,30
	IV	3.894,50	214,19	311,56	350,50	209,88	305,29	343,45	205,58	299,02	336,40	201,27	292,76	329,35	196,96	286,49	322,30	192,65	280,22	315,25	188,34	273,96	308,20
	V	4.408,91	242,49	352,71	396,80																		
	VI	4.453,25	244,92	356,26	400,79																		
2.500,99	I	3.902,25	214,62	312,18	351,20	206,00	299,64	337,10	197,39	287,11	323,00	188,77	274,58	308,90	180,16	262,05	294,80	171,54	249,52	280,71	162,92	236,98	266,60
(Ost)	II	3.753,16	206,42	300,25	337,78	197,80	287,72	323,68	189,19	275,18	309,58	180,57	262,65	295,48	171,95	250,12	281,38	163,34	237,59	267,29	154,72	225,06	253,19
	III	3.071,16	17,53	245,69	276,40	–	233,16	262,30	–	220,62	248,20	–	208,18	234,20	–	196,00	220,50	–	184,08	207,09	–	172,40	193,95
	IV	3.902,25	214,62	312,18	351,20	210,31	305,91	344,15	206,00	299,64	337,10	201,69	293,38	330,05	197,39	287,11	323,00	193,08	280,85	315,95	188,77	274,58	308,90
	V	4.416,75	242,92	353,34	397,50																		
	VI	4.461,00	245,35	356,88	401,49																		
2.503,99	I	3.895,75	214,26	311,66	350,61	205,64	299,12	336,51	197,03	286,59	322,41	188,41	274,06	308,31	179,79	261,52	294,21	171,18	248,99	280,11	162,56	236,46	266,01
(West)	II	3.746,66	206,06	299,73	337,19	197,45	287,20	323,10	188,83	274,66	308,99	180,21	262,13	294,89	171,60	249,60	280,80	162,98	237,06	266,69	154,36	224,53	252,59
	III	3.064,50	16,73	245,16	275,80	–	232,62	261,70	–	220,10	247,61	–	207,66	233,62	–	195,49	219,92	–	183,57	206,51	–	171,92	193,41
	IV	3.895,75	214,26	311,66	350,61	209,95	305,39	343,56	205,64	299,12	336,51	201,34	292,86	329,46	197,03	286,59	322,41	192,72	280,32	315,36	188,41	274,06	308,31
	V	4.410,16	242,55	352,81	396,91																		
	VI	4.454,50	244,99	356,36	400,90																		
12.503,99	I	3.903,50	214,69	312,28	351,31	206,08	299,75	337,22	197,46	287,22	323,12	188,84	274,68	309,02	180,23	262,15	294,92	171,61	249,62	280,82	162,99	237,08	266,72
(Ost)	II	3.754,41	206,49	300,35	337,89	197,87	287,82	323,79	189,25	275,28	309,69	180,64	262,75	295,59	172,03	250,22	281,50	163,41	237,69	267,40	154,79	225,16	253,30
	III	3.072,33	17,67	245,78	276,50	–	233,26	262,42	–	220,73	248,32	–	208,29	234,32	–	196,09	220,60	–	184,17	207,19	–	172,49	194,05
	IV	3.903,50	214,69	312,28	351,31	210,38	306,01	344,26	206,08	299,75	337,22	201,77	293,48	330,17	197,46	287,22	323,12	193,15	280,95	316,07	188,84	274,68	309,02
	V	4.418,00	242,99	353,44	397,62																		
	VI	4.462,25	245,42	356,98	401,60																		

MONAT bis 12.524,99 €

Lohn/ Gehalt bis	Steuerklasse	Lohnsteuer	ohne Kinderfreibetrag SolZ 5,5%	Kirchensteuer 8%	9%	0,5 SolZ 5,5%	Kirchensteuer 8%	9%	1,0 SolZ 5,5%	Kirchensteuer 8%	9%	1,5 SolZ 5,5%	Kirchensteuer 8%	9%	2,0 SolZ 5,5%	Kirchensteuer 8%	9%	2,5 SolZ 5,5%	Kirchensteuer 8%	9%	3,0 SolZ 5,5%	Kirchensteuer 8%	9%
						Anzahl Kinderfreibeträge (nur Steuerklassen I–IV)																	
12.506,99 (West)	I	3.897,00	214,33	311,76	350,73	205,71	299,22	336,62	197,10	286,69	322,52	188,48	274,16	308,43	179,86	261,62	294,32	171,25	249,09	280,22	162,63	236,56	26
	II	3.747,91	206,13	299,83	337,31	197,51	287,30	323,21	188,90	274,76	309,11	180,28	262,23	295,01	171,66	249,70	280,91	163,05	237,16	266,81	154,43	224,63	25
	III	3.065,83	16,89	245,26	275,92	-	232,73	261,82	-	220,20	247,72	-	207,77	233,74	-	195,58	220,03	-	183,68	206,64	-	172,01	19
	IV	3.897,00	214,33	311,76	350,73	210,02	305,49	343,67	205,71	299,22	336,62	201,41	292,96	329,58	197,10	286,69	322,52	192,79	280,42	315,47	188,48	274,16	30
	V	4.411,41	242,62	352,91	397,02																		
	VI	4.455,75	245,06	356,46	401,01																		
12.506,99 (Ost)	I	3.904,83	214,76	312,38	351,43	206,14	299,85	337,33	197,53	287,32	323,23	188,91	274,78	309,13	180,29	262,25	295,03	171,68	249,72	280,93	163,06	237,18	26
	II	3.755,66	206,56	300,45	338,00	197,94	287,92	323,91	189,33	275,39	309,81	180,71	262,86	295,71	172,09	250,32	281,61	163,48	237,79	267,51	154,86	225,26	25
	III	3.073,66	17,83	245,89	276,62	-	233,36	262,53	-	220,82	248,42	-	208,38	234,43	-	196,20	220,72	-	184,26	207,29	-	172,58	19
	IV	3.904,83	214,76	312,38	351,43	210,45	306,12	344,38	206,14	299,85	337,33	201,84	293,58	330,28	197,53	287,32	323,23	193,22	281,05	316,18	188,91	274,78	30
	V	4.419,25	243,05	353,54	397,73																		
	VI	4.463,58	245,49	357,08	401,72																		
12.509,99 (West)	I	3.898,25	214,40	311,86	350,84	205,78	299,32	336,74	197,17	286,79	322,64	188,55	274,26	308,54	179,93	261,72	294,44	171,32	249,19	280,34	162,70	236,66	26
	II	3.749,16	206,20	299,93	337,42	197,58	287,40	323,32	188,97	274,86	309,22	180,35	262,33	295,12	171,73	249,80	281,02	163,12	237,26	266,92	154,50	224,73	25
	III	3.067,16	17,05	245,37	276,04	-	232,84	261,94	-	220,30	247,84	-	207,86	233,84	-	195,69	220,15	-	183,77	206,74	-	172,10	19
	IV	3.898,25	214,40	311,86	350,84	210,09	305,59	343,79	205,78	299,32	336,74	201,47	293,06	329,69	197,17	286,79	322,64	192,86	280,52	315,59	188,55	274,26	30
	V	4.412,66	242,69	353,01	397,13																		
	VI	4.457,00	245,13	356,56	401,13																		
12.509,99 (Ost)	I	3.906,08	214,83	312,48	351,54	206,21	299,95	337,44	197,60	287,42	323,34	188,98	274,88	309,24	180,36	262,35	295,14	171,75	249,82	281,04	163,13	237,28	26
	II	3.756,91	206,63	300,55	338,12	198,01	288,02	324,02	189,40	275,49	309,92	180,78	262,96	295,83	172,16	250,42	281,72	163,55	237,89	267,62	154,93	225,36	25
	III	3.075,00	17,98	246,00	276,75	-	233,46	262,64	-	220,93	248,54	-	208,48	234,54	-	196,29	220,82	-	184,36	207,40	-	172,68	19
	IV	3.906,08	214,83	312,48	351,54	210,52	306,22	344,49	206,21	299,95	337,44	201,90	293,68	330,39	197,60	287,42	323,34	193,29	281,15	316,29	188,98	274,88	30
	V	4.420,50	243,12	353,64	397,84																		
	VI	4.464,83	245,56	357,18	401,83																		
12.512,99 (West)	I	3.899,50	214,47	311,96	350,95	205,85	299,42	336,85	197,23	286,89	322,75	188,62	274,36	308,65	180,00	261,82	294,55	171,39	249,30	280,46	162,77	236,76	26
	II	3.750,41	206,27	300,03	337,53	197,65	287,50	323,43	189,03	274,96	309,33	180,42	262,43	295,23	171,80	249,90	281,13	163,18	237,36	267,03	154,57	224,83	25
	III	3.068,33	17,19	245,46	276,14	-	232,93	262,04	-	220,40	247,95	-	207,97	233,96	-	195,78	220,25	-	183,86	206,84	-	172,20	19
	IV	3.899,50	214,47	311,96	350,95	210,16	305,69	343,90	205,85	299,42	336,85	201,54	293,16	329,80	197,23	286,89	322,75	192,93	280,62	315,70	188,62	274,36	30
	V	4.413,91	242,76	353,11	397,25																		
	VI	4.458,25	245,20	356,66	401,24																		
12.512,99 (Ost)	I	3.907,33	214,90	312,58	351,65	206,28	300,05	337,55	197,67	287,52	323,46	189,05	274,98	309,35	180,43	262,45	295,25	171,82	249,92	281,16	163,20	237,38	26
	II	3.758,25	206,70	300,66	338,24	198,08	288,12	324,14	189,47	275,59	310,04	180,85	263,06	295,94	172,23	250,52	281,84	163,62	237,99	267,74	155,00	225,46	25
	III	3.076,16	18,12	246,09	276,85	-	233,56	262,75	-	221,02	248,65	-	208,58	234,65	-	196,38	220,93	-	184,45	207,50	-	172,77	19
	IV	3.907,33	214,90	312,58	351,65	210,59	306,32	344,61	206,28	300,05	337,55	201,97	293,78	330,50	197,67	287,52	323,46	193,36	281,25	316,40	189,05	274,98	30
	V	4.421,75	243,19	353,74	397,95																		
	VI	4.466,08	245,63	357,28	401,94																		
12.515,99 (West)	I	3.900,75	214,54	312,06	351,06	205,92	299,52	336,96	197,30	286,99	322,86	188,69	274,46	308,77	180,07	261,93	294,67	171,46	249,40	280,57	162,84	236,86	26
	II	3.751,66	206,34	300,13	337,64	197,72	287,60	323,55	189,10	275,06	309,44	180,49	262,53	295,34	171,87	250,00	281,25	163,25	237,46	267,14	154,64	224,94	25
	III	3.069,66	17,35	245,57	276,26	-	233,04	262,17	-	220,50	248,06	-	208,06	234,07	-	195,88	220,36	-	183,96	206,95	-	172,29	19
	IV	3.900,75	214,54	312,06	351,06	210,23	305,79	344,01	205,92	299,52	336,96	201,61	293,26	329,91	197,30	286,99	322,86	192,99	280,72	315,81	188,69	274,46	30
	V	4.415,25	242,83	353,22	397,37																		
	VI	4.459,50	245,27	356,76	401,35																		
12.515,99 (Ost)	I	3.908,58	214,97	312,68	351,77	206,35	300,15	337,67	197,73	287,62	323,57	189,12	275,08	309,47	180,50	262,55	295,37	171,88	250,02	281,27	163,27	237,48	26
	II	3.759,50	206,77	300,76	338,35	198,15	288,22	324,25	189,53	275,69	310,15	180,92	263,16	296,05	172,30	250,62	281,95	163,68	238,09	267,85	155,07	225,56	25
	III	3.077,50	18,28	246,20	276,97	-	233,66	262,87	-	221,13	248,77	-	208,68	234,76	-	196,49	221,05	-	184,54	207,61	-	172,86	19
	IV	3.908,58	214,97	312,68	351,77	210,66	306,42	344,72	206,35	300,15	337,67	202,04	293,88	330,62	197,73	287,62	323,57	193,43	281,35	316,52	189,12	275,08	30
	V	4.423,00	243,26	353,84	398,07																		
	VI	4.467,33	245,70	357,38	402,05																		
12.518,99 (West)	I	3.902,00	214,61	312,16	351,18	205,99	299,62	337,07	197,38	287,10	322,98	188,76	274,56	308,88	180,14	262,03	294,78	171,53	249,50	280,68	162,91	236,96	26
	II	3.752,91	206,41	300,23	337,76	197,79	287,70	323,66	189,17	275,16	309,56	180,56	262,63	295,46	171,94	250,10	281,36	163,33	237,57	267,26	154,71	225,04	25
	III	3.070,83	17,49	245,66	276,37	-	233,13	262,27	-	220,60	248,17	-	208,16	234,18	-	195,98	220,48	-	184,05	207,05	-	172,38	19
	IV	3.902,00	214,61	312,16	351,18	210,30	305,89	344,12	205,99	299,62	337,07	201,68	293,36	330,03	197,38	287,10	322,98	193,07	280,83	315,93	188,76	274,56	30
	V	4.416,50	242,90	353,32	397,48																		
	VI	4.460,75	245,34	356,86	401,46																		
12.518,99 (Ost)	I	3.909,83	215,04	312,78	351,88	206,42	300,25	337,78	197,80	287,72	323,68	189,19	275,18	309,58	180,57	262,65	295,48	171,95	250,12	281,38	163,34	237,59	267
	II	3.760,75	206,84	300,86	338,46	198,22	288,32	324,36	189,60	275,79	310,26	180,99	263,26	296,16	172,37	250,72	282,06	163,75	238,19	267,96	155,14	225,66	253
	III	3.078,66	18,42	246,29	277,07	-	233,76	262,98	-	221,22	248,87	-	208,78	234,88	-	196,58	221,15	-	184,64	207,72	-	172,96	194
	IV	3.909,83	215,04	312,78	351,88	210,73	306,52	344,83	206,42	300,25	337,78	202,11	293,98	330,73	197,80	287,72	323,68	193,49	281,45	316,63	189,19	275,18	309
	V	4.424,25	243,33	353,94	398,18																		
	VI	4.468,58	245,77	357,48	402,17																		
12.521,99 (West)	I	3.903,33	214,68	312,26	351,29	206,06	299,73	337,19	197,45	287,20	323,10	188,83	274,66	308,99	180,21	262,13	294,89	171,60	249,60	280,80	162,98	237,06	266,
	II	3.754,16	206,47	300,33	337,87	197,86	287,80	323,77	189,24	275,26	309,67	180,63	262,74	295,58	172,01	250,20	281,48	163,40	237,67	267,38	154,78	225,14	253,
	III	3.072,16	17,65	245,77	276,49	-	233,24	262,39	-	220,70	248,29	-	208,26	234,29	-	196,08	220,59	-	184,14	207,16	-	172,48	194,
	IV	3.903,33	214,68	312,26	351,29	210,37	306,00	344,25	206,06	299,73	337,19	201,75	293,46	330,14	197,45	287,20	323,10	193,14	280,93	316,04	188,83	274,66	308,
	V	4.417,75	242,97	353,42	397,59																		
	VI	4.462,08	245,41	356,96	401,58																		
12.521,99 (Ost)	I	3.911,08	215,10	312,88	351,99	206,49	300,35	337,89	197,87	287,82	323,79	189,25	275,28	309,69	180,64	262,75	295,59	172,03	250,22	281,50	163,41	237,69	267,
	II	3.762,00	206,91	300,96	338,58	198,29	288,42	324,47	189,67	275,89	310,37	181,06	263,36	296,28	172,44	250,82	282,17	163,82	238,29	268,07	155,21	225,76	253,
	III	3.080,00	18,58	246,40	277,20	-	233,86	263,09	-	221,33	248,99	-	208,88	234,99	-	196,68	221,26	-	184,73	207,82	-	173,05	194,
	IV	3.911,08	215,10	312,88	351,99	210,80	306,62	344,94	206,49	300,35	337,89	202,18	294,08	330,84	197,87	287,82	323,79	193,56	281,55	316,74	189,25	275,28	309,
	V	4.425,50	243,40	354,04	398,29																		
	VI	4.469,83	245,84	357,58	402,28																		
12.524,99 (West)	I	3.904,58	214,75	312,36	351,41	206,13	299,83	337,31	197,51	287,30	323,21	188,90	274,76	309,11	180,28	262,23	295,01	171,66	249,70	280,91	163,05	237,16	266,
	II	3.755,41	206,54	300,43	337,98	197,93	287,90	323,89	189,31	275,37	309,79	180,70	262,84	295,69	172,08	250,30	281,59	163,46	237,77	267,49	154,85	225,24	253,
	III	3.073,33	17,79	245,86	276,59	-	233,33	262,49	-	220,80	248,40	-	208,36	234,40	-	196,17	220,69	-	184,24	207,27	-	172,57	194,
	IV	3.904,58	214,75	312,36	351,41	210,44	306,10	344,36	206,13	299,83	337,31	201,82	293,56	330,26	197,51	287,30	323,21	193,21	281,03	316,16	188,90	274,76	309,
	V	4.419,00	243,04	353,52	397,71																		
	VI	4.463,33	245,48	357,06	401,69																		
12.524,99 (Ost)	I	3.912,33	215,17	312,98	352,10	206,56	300,45	338,00	197,94	287,92	323,91	189,33	275,39	309,81	180,71	262,86	295,71	172,09	250,32	281,61	163,48	237,79	267,
	II	3.763,25	206,97	301,06	338,69	198,36	288,52	324,59	189,74	275,99	310,49	181,12	263,46	296,39	172,51	250,92	282,29	163,89	238,39	268,19	155,28	225,86	254,
	III	3.081,16	18,72	246,49	277,30	0,07	233,96	263,20	-	221,42	249,10	-	208,98	235,10	-	196,77	221,36	-	184,84	207,94	-	173,14	194,
	IV	3.912,33	215,17	312,98	352,10	210,87	306,72	345,06	206,56	300,45	338,00	202,25	294,18	330,95	197,94	287,92	323,91	193,63	281,65	316,85	189,33	275,39	309,
	V	4.426,83	243,47	354,14	398,41																		
	VI	4.471,08	245,90	357,68	402,39																		

Lohn/ Gehalt bis	Steuerklasse	Lohn-steuer	ohne Kinderfreibetrag SolZ 5,5%	Kirchensteuer 8%	Kirchensteuer 9%	0,5 SolZ 5,5%	Kirchensteuer 8%	Kirchensteuer 9%	1,0 SolZ 5,5%	Kirchensteuer 8%	Kirchensteuer 9%	1,5 SolZ 5,5%	Kirchensteuer 8%	Kirchensteuer 9%	2,0 SolZ 5,5%	Kirchensteuer 8%	Kirchensteuer 9%	2,5 SolZ 5,5%	Kirchensteuer 8%	Kirchensteuer 9%	3,0 SolZ 5,5%	Kirchensteuer 8%	Kirchensteuer 9%
						Anzahl Kinderfreibeträge (nur Steuerklassen I–IV)																	
2.527,99 (West)	I	3.905,83	214,82	312,46	351,52	206,20	299,93	337,42	197,58	287,40	323,32	188,97	274,86	309,22	180,35	262,33	295,12	171,73	249,80	281,02	163,12	237,26	266,92
	II	3.756,75	206,62	300,54	338,10	198,00	288,00	324,00	189,38	275,47	309,90	180,77	262,94	295,80	172,15	250,40	281,70	163,53	237,87	267,60	154,92	225,34	253,50
	III	3.074,66	17,94	245,97	276,71	-	233,44	262,62	-	220,90	248,51	-	208,46	234,52	-	196,26	220,79	-	184,33	207,37	-	172,66	194,24
	IV	3.905,83	214,82	312,46	351,52	210,51	306,20	344,47	206,20	299,93	337,42	201,89	293,66	330,37	197,58	287,40	323,32	193,27	281,13	316,27	188,97	274,86	309,22
	V	4.420,25	243,11	353,62	397,82																		
	VI	4.464,58	245,55	357,16	401,81																		
2.527,99 (Ost)	I	3.913,58	215,24	313,08	352,22	206,63	300,55	338,12	198,01	288,02	324,02	189,40	275,49	309,92	180,78	262,96	295,83	172,16	250,42	281,72	163,55	237,89	267,62
	II	3.764,50	207,04	301,16	338,80	198,43	288,62	324,70	189,81	276,09	310,60	181,19	263,56	296,50	172,58	251,03	282,41	163,96	238,50	268,31	155,35	225,96	254,21
	III	3.082,50	18,88	246,60	277,42	0,23	234,06	263,32	-	221,53	249,22	-	209,08	235,21	-	196,88	221,49	-	184,93	208,04	-	173,24	194,89
	IV	3.913,58	215,24	313,08	352,22	210,93	306,82	345,17	206,63	300,55	338,12	202,32	294,29	331,07	198,01	288,02	324,02	193,71	281,76	316,98	189,40	275,49	309,92
	V	4.428,08	243,54	354,24	398,52																		
	VI	4.472,33	245,97	357,78	402,50																		
2.530,99 (West)	I	3.907,08	214,88	312,56	351,63	206,27	300,03	337,53	197,65	287,50	323,43	189,03	274,96	309,33	180,42	262,43	295,23	171,80	249,90	281,13	163,18	237,36	267,03
	II	3.758,00	206,69	300,64	338,22	198,07	288,10	324,11	189,45	275,57	310,01	180,84	263,04	295,92	172,22	250,50	281,81	163,60	237,97	267,71	154,99	225,44	253,62
	III	3.075,83	18,08	246,06	276,82	-	233,54	262,73	-	221,01	248,63	-	208,56	234,63	-	196,37	220,91	-	184,42	207,47	-	172,76	194,35
	IV	3.907,08	214,88	312,56	351,63	210,58	306,30	344,58	206,27	300,03	337,53	201,96	293,76	330,48	197,65	287,50	323,43	193,34	281,23	316,38	189,03	274,96	309,33
	V	4.421,50	243,18	353,72	397,93																		
	VI	4.465,83	245,62	357,26	401,92																		
2.530,99 (Ost)	I	3.914,91	215,32	313,19	352,34	206,70	300,66	338,24	198,08	288,12	324,14	189,47	275,59	310,04	180,85	263,06	295,94	172,23	250,52	281,84	163,62	237,99	267,74
	II	3.765,75	207,11	301,26	338,91	198,49	288,72	324,81	189,88	276,19	310,71	181,27	263,66	296,62	172,65	251,13	282,52	164,03	238,60	268,42	155,42	226,06	254,32
	III	3.083,83	19,04	246,70	277,54	0,39	234,17	263,44	-	221,64	249,34	-	209,17	235,31	-	196,97	221,59	-	185,02	208,15	-	173,33	194,99
	IV	3.914,91	215,32	313,19	352,34	211,01	306,92	345,29	206,70	300,66	338,24	202,39	294,39	331,19	198,08	288,12	324,14	193,77	281,86	317,09	189,47	275,59	310,04
	V	4.429,33	243,61	354,34	398,63																		
	VI	4.473,66	246,05	357,89	402,62																		
2.533,99 (West)	I	3.908,33	214,95	312,66	351,74	206,34	300,13	337,64	197,72	287,60	323,55	189,10	275,06	309,44	180,49	262,53	295,34	171,87	250,00	281,25	163,25	237,46	267,14
	II	3.759,25	206,75	300,74	338,33	198,14	288,20	324,23	189,52	275,67	310,13	180,90	263,14	296,03	172,29	250,60	281,93	163,67	238,07	267,83	155,05	225,54	253,73
	III	3.077,16	18,24	246,17	276,94	-	233,64	262,84	-	221,10	248,74	-	208,66	234,74	-	196,46	221,02	-	184,53	207,59	-	172,84	194,44
	IV	3.908,33	214,95	312,66	351,74	210,65	306,40	344,70	206,34	300,13	337,64	202,03	293,86	330,59	197,72	287,60	323,55	193,41	281,33	316,49	189,10	275,06	309,44
	V	4.422,75	243,25	353,82	398,04																		
	VI	4.467,08	245,68	357,36	402,03																		
2.533,99 (Ost)	I	3.916,16	215,38	313,29	352,45	206,77	300,76	338,35	198,15	288,22	324,25	189,53	275,69	310,15	180,92	263,16	296,05	172,30	250,62	281,95	163,68	238,09	267,85
	II	3.767,00	207,18	301,36	339,03	198,57	288,83	324,93	189,95	276,30	310,83	181,33	263,76	296,73	172,72	251,23	282,63	164,10	238,70	268,53	155,48	226,16	254,43
	III	3.085,00	19,17	246,80	277,65	0,53	234,26	263,54	-	221,73	249,44	-	209,28	235,44	-	197,06	221,69	-	185,12	208,26	-	173,42	195,10
	IV	3.916,16	215,38	313,29	352,45	211,08	307,02	345,40	206,77	300,76	338,35	202,46	294,49	331,30	198,15	288,22	324,25	193,84	281,96	317,20	189,53	275,69	310,15
	V	4.430,58	243,68	354,44	398,75																		
	VI	4.474,91	246,12	357,99	402,74																		
2.536,99 (West)	I	3.909,58	215,02	312,76	351,86	206,41	300,23	337,76	197,79	287,70	323,66	189,17	275,16	309,56	180,56	262,63	295,46	171,94	250,10	281,36	163,33	237,57	267,26
	II	3.760,50	206,82	300,84	338,44	198,21	288,30	324,34	189,59	275,77	310,24	180,97	263,24	296,14	172,36	250,70	282,04	163,74	238,17	267,94	155,12	225,64	253,84
	III	3.078,50	18,40	246,28	277,06	-	233,74	262,96	-	221,21	248,86	-	208,76	234,85	-	196,56	221,13	-	184,62	207,70	-	172,93	194,54
	IV	3.909,58	215,02	312,76	351,86	210,71	306,50	344,81	206,41	300,23	337,76	202,10	293,96	330,71	197,79	287,70	323,66	193,48	281,43	316,61	189,17	275,16	309,56
	V	4.424,00	243,32	353,92	398,16																		
	VI	4.468,33	245,75	357,46	402,14																		
2.536,99 (Ost)	I	3.917,41	215,45	313,39	352,56	206,84	300,86	338,46	198,22	288,32	324,36	189,60	275,79	310,26	180,99	263,26	296,16	172,37	250,72	282,06	163,75	238,19	267,96
	II	3.768,33	207,25	301,46	339,14	198,64	288,93	325,04	190,02	276,40	310,95	181,40	263,86	296,84	172,79	251,33	282,74	164,17	238,80	268,65	155,55	226,26	254,54
	III	3.086,33	19,33	246,90	277,76	0,69	234,37	263,66	-	221,84	249,57	-	209,37	235,54	-	197,17	221,81	-	185,21	208,36	-	173,52	195,21
	IV	3.917,41	215,45	313,39	352,56	211,14	307,12	345,51	206,84	300,86	338,46	202,53	294,59	331,41	198,22	288,32	324,36	193,91	282,06	317,31	189,60	275,79	310,26
	V	4.431,83	243,75	354,54	398,86																		
	VI	4.476,16	246,18	358,09	402,85																		
2.539,99 (West)	I	3.910,83	215,09	312,86	351,97	206,47	300,33	337,87	197,86	287,80	323,77	189,24	275,26	309,67	180,63	262,74	295,58	172,01	250,20	281,48	163,40	237,67	267,38
	II	3.761,75	206,89	300,94	338,55	198,27	288,40	324,45	189,66	275,87	310,35	181,04	263,34	296,25	172,42	250,80	282,15	163,81	238,27	268,05	155,20	225,74	253,96
	III	3.079,66	18,54	246,37	277,16	-	233,84	263,07	-	221,30	248,96	-	208,85	234,95	-	196,65	221,23	-	184,72	207,81	-	173,02	194,65
	IV	3.910,83	215,09	312,86	351,97	210,78	306,60	344,92	206,47	300,33	337,87	202,17	294,06	330,82	197,86	287,80	323,77	193,55	281,53	316,72	189,24	275,26	309,67
	V	4.425,33	243,39	354,02	398,27																		
	VI	4.469,58	245,82	357,56	402,26																		
2.539,99 (Ost)	I	3.918,66	215,52	313,49	352,67	206,91	300,96	338,58	198,29	288,42	324,47	189,67	275,89	310,37	181,06	263,36	296,28	172,44	250,82	282,17	163,82	238,29	268,07
	II	3.769,58	207,32	301,56	339,26	198,71	289,03	325,16	190,09	276,50	311,06	181,47	263,96	296,96	172,86	251,43	282,86	164,24	238,90	268,76	155,62	226,36	254,66
	III	3.087,50	19,47	247,00	277,87	0,83	234,46	263,77	-	221,93	249,67	-	209,48	235,66	-	197,26	221,92	-	185,30	208,46	-	173,61	195,31
	IV	3.918,66	215,52	313,49	352,67	211,21	307,22	345,62	206,91	300,96	338,58	202,60	294,69	331,52	198,29	288,42	324,47	193,98	282,16	317,43	189,67	275,89	310,37
	V	4.433,08	243,81	354,64	398,97																		
	VI	4.477,41	246,25	358,19	402,96																		
2.542,99 (West)	I	3.912,08	215,16	312,96	352,08	206,54	300,43	337,98	197,93	287,90	323,89	189,31	275,37	309,79	180,70	262,84	295,69	172,08	250,30	281,59	163,46	237,77	267,49
	II	3.763,00	206,96	301,04	338,67	198,34	288,50	324,56	189,73	275,97	310,46	181,11	263,44	296,37	172,49	250,90	282,26	163,88	238,38	268,17	155,26	225,84	254,07
	III	3.081,00	18,70	246,48	277,29	0,05	233,94	263,18	-	221,41	249,08	-	208,96	235,08	-	196,76	221,35	-	184,81	207,91	-	173,12	194,76
	IV	3.912,08	215,16	312,96	352,08	210,85	306,70	345,03	206,54	300,43	337,98	202,23	294,16	330,93	197,93	287,90	323,89	193,62	281,64	316,84	189,31	275,37	309,79
	V	4.426,58	243,46	354,12	398,39																		
	VI	4.470,83	245,89	357,66	402,37																		
2.542,99 (Ost)	I	3.919,91	215,59	313,59	352,79	206,97	301,06	338,69	198,36	288,52	324,59	189,74	275,99	310,49	181,12	263,46	296,39	172,51	250,92	282,29	163,89	238,39	268,19
	II	3.770,83	207,39	301,66	339,37	198,77	289,13	325,27	190,16	276,60	311,17	181,54	264,06	297,07	172,92	251,53	282,97	164,31	239,00	268,87	155,69	226,46	254,77
	III	3.088,83	19,63	247,10	277,99	0,99	234,57	263,89	-	222,04	249,79	-	209,57	235,76	-	197,36	222,03	-	185,40	208,57	-	173,70	195,41
	IV	3.919,91	215,59	313,59	352,79	211,28	307,32	345,74	206,97	301,06	338,69	202,67	294,79	331,64	198,36	288,52	324,59	194,05	282,26	317,54	189,74	275,99	310,49
	V	4.434,33	243,88	354,74	399,08																		
	VI	4.478,66	246,32	358,29	403,07																		
2.545,99 (West)	I	3.913,33	215,23	313,06	352,19	206,62	300,54	338,10	198,00	288,00	324,00	189,38	275,47	309,90	180,77	262,94	295,80	172,15	250,40	281,70	163,53	237,87	267,60
	II	3.764,25	207,03	301,14	338,78	198,41	288,60	324,68	189,80	276,07	310,58	181,18	263,54	296,48	172,57	251,01	282,38	163,95	238,48	268,29	155,33	225,94	254,18
	III	3.082,16	18,84	246,57	277,39	0,19	234,04	263,29	-	221,50	249,19	-	209,05	235,18	-	196,85	221,45	-	184,90	208,01	-	173,21	194,86
	IV	3.913,33	215,23	313,06	352,19	210,92	306,80	345,15	206,62	300,54	338,10	202,31	294,27	331,05	198,00	288,00	324,00	193,69	281,74	316,95	189,38	275,47	309,90
	V	4.427,83	243,53	354,22	398,50																		
	VI	4.472,08	245,96	357,76	402,48																		
2.545,99 (Ost)	I	3.921,16	215,66	313,69	352,90	207,04	301,16	338,80	198,43	288,62	324,70	189,81	276,09	310,60	181,19	263,56	296,50	172,58	251,03	282,41	163,96	238,50	268,31
	II	3.772,08	207,46	301,76	339,48	198,84	289,23	325,38	190,23	276,70	311,28	181,61	264,16	297,18	172,99	251,63	283,08	164,38	239,10	268,98	155,76	226,56	254,88
	III	3.090,00	19,77	247,20	278,10	1,13	234,66	263,99	-	222,13	249,89	-	209,68	235,89	-	197,45	222,13	-	185,49	208,67	-	173,80	195,52
	IV	3.921,16	215,66	313,69	352,90	211,35	307,42	345,85	207,04	301,16	338,80	202,73	294,89	331,75	198,43	288,62	324,70	194,12	282,36	317,65	189,81	276,09	310,60
	V	4.435,58	243,95	354,84	399,20																		
	VI	4.479,91	246,39	358,39	403,19																		

MONAT bis 12.566,99 €

Allgemeine Tabelle

Lohn/ Gehalt bis	Steuerklasse	Lohn-steuer	ohne Kinderfreibetrag SolZ 5,5%	Kirchensteuer 8%	Kirchensteuer 9%	0,5 SolZ 5,5%	0,5 Kirchensteuer 8%	0,5 Kirchensteuer 9%	1,0 SolZ 5,5%	1,0 Kirchensteuer 8%	1,0 Kirchensteuer 9%	1,5 SolZ 5,5%	1,5 Kirchensteuer 8%	1,5 Kirchensteuer 9%	2,0 SolZ 5,5%	2,0 Kirchensteuer 8%	2,0 Kirchensteuer 9%	2,5 SolZ 5,5%	2,5 Kirchensteuer 8%	2,5 Kirchensteuer 9%	3,0 SolZ 5,5%	3,0 Kirchensteuer 8%	3,0 Kirchensteuer 9%
						Anzahl Kinderfreibeträge (nur Steuerklassen I–IV)																	
12.548,99 (West)	I	3.914,66	215,30	313,17	352,31	206,69	300,64	338,22	198,07	288,10	324,11	189,45	275,57	310,01	180,84	263,04	295,92	172,22	250,50	281,81	163,60	237,97	26
	II	3.765,50	207,10	301,24	338,89	198,48	288,70	324,79	189,87	276,18	310,70	181,25	263,64	296,60	172,64	251,11	282,50	164,02	238,58	268,40	155,40	226,04	25
	III	3.083,50	19,00	246,68	277,51	0,35	234,14	263,41	-	221,61	249,31	-	209,16	235,30	-	196,94	221,56	-	185,00	208,12	-	173,30	19
	IV	3.914,66	215,30	313,17	352,31	210,99	306,90	345,26	206,69	300,64	338,22	202,38	294,37	331,16	198,07	288,10	324,11	193,76	281,84	317,07	189,45	275,57	31
	V	4.429,08	243,59	354,32	398,61																		
	VI	4.473,41	246,03	357,87	402,60																		
12.548,99 (Ost)	I	3.922,41	215,73	313,79	353,01	207,11	301,26	338,91	198,49	288,72	324,81	189,88	276,19	310,71	181,27	263,66	296,62	172,65	251,13	282,52	164,03	238,60	26
	II	3.773,33	207,53	301,86	339,59	198,91	289,33	325,49	190,30	276,80	311,40	181,68	264,26	297,29	173,06	251,73	283,19	164,45	239,20	269,10	155,83	226,67	25
	III	3.091,33	19,93	247,30	278,21	1,28	234,77	264,11	-	222,24	250,02	-	209,77	235,99	-	197,56	222,25	-	185,60	208,80	-	173,89	19
	IV	3.922,41	215,73	313,79	353,01	211,42	307,52	345,96	207,11	301,26	338,91	202,80	294,99	331,86	198,49	288,72	324,81	194,19	282,46	317,76	189,88	276,19	31
	V	4.436,91	244,03	354,95	399,32																		
	VI	4.481,16	246,46	358,49	403,30																		
12.551,99 (West)	I	3.915,91	215,37	313,27	352,43	206,75	300,74	338,33	198,14	288,20	324,23	189,52	275,67	310,13	180,90	263,14	296,03	172,29	250,60	281,93	163,67	238,07	26
	II	3.766,83	207,17	301,34	339,01	198,55	288,81	324,91	189,94	276,28	310,81	181,32	263,74	296,71	172,70	251,21	282,61	164,09	238,68	268,51	155,47	226,14	25
	III	3.084,66	19,13	246,77	277,61	0,49	234,24	263,52	-	221,70	249,41	-	209,25	235,40	-	197,05	221,68	-	185,09	208,22	-	173,40	19
	IV	3.915,91	215,37	313,27	352,43	211,06	307,00	345,38	206,75	300,74	338,33	202,45	294,47	331,28	198,14	288,20	324,23	193,83	281,94	317,18	189,52	275,67	31
	V	4.430,33	243,66	354,42	398,72																		
	VI	4.474,66	246,10	357,97	402,71																		
12.551,99 (Ost)	I	3.923,66	215,80	313,89	353,12	207,18	301,36	339,03	198,57	288,83	324,93	189,95	276,30	310,83	181,33	263,76	296,73	172,72	251,23	282,63	164,10	238,70	26
	II	3.774,58	207,60	301,96	339,71	198,98	289,43	325,61	190,36	276,90	311,51	181,75	264,36	297,41	173,13	251,83	283,31	164,52	239,30	269,21	155,90	226,77	25
	III	3.092,50	20,07	247,40	278,32	1,42	234,86	264,22	-	222,34	250,13	-	209,88	236,11	-	197,65	222,35	-	185,69	208,90	-	173,98	19
	IV	3.923,66	215,80	313,89	353,12	211,49	307,62	346,07	207,18	301,36	339,03	202,87	295,09	331,97	198,57	288,83	324,93	194,26	282,56	317,88	189,95	276,30	31
	V	4.438,16	244,09	355,05	399,43																		
	VI	4.482,41	246,53	358,59	403,41																		
12.554,99 (West)	I	3.917,16	215,44	313,37	352,54	206,82	300,84	338,44	198,21	288,30	324,34	189,59	275,77	310,24	180,97	263,24	296,14	172,36	250,70	282,04	163,74	238,17	26
	II	3.768,08	207,24	301,44	339,12	198,62	288,91	325,02	190,01	276,38	310,92	181,39	263,84	296,82	172,77	251,31	282,72	164,16	238,78	268,62	155,54	226,24	25
	III	3.086,00	19,29	246,88	277,74	0,65	234,34	263,63	-	221,81	249,53	-	209,36	235,53	-	197,14	221,78	-	185,18	208,33	-	173,49	19
	IV	3.917,16	215,44	313,37	352,54	211,13	307,10	345,49	206,82	300,84	338,44	202,51	294,57	331,39	198,21	288,30	324,34	193,90	282,04	317,29	189,59	275,77	31
	V	4.431,58	243,73	354,52	398,84																		
	VI	4.475,91	246,17	358,07	402,83																		
12.554,99 (Ost)	I	3.924,91	215,87	313,99	353,24	207,25	301,46	339,14	198,64	288,93	325,04	190,02	276,40	310,95	181,40	263,86	296,84	172,79	251,33	282,74	164,17	238,80	26
	II	3.775,83	207,67	302,06	339,82	199,05	289,53	325,72	190,43	277,00	311,62	181,82	264,47	297,53	173,20	251,94	283,43	164,59	239,40	269,33	155,97	226,87	25
	III	3.093,83	20,23	247,50	278,44	1,58	234,97	264,34	-	222,44	250,24	-	209,97	236,21	-	197,74	222,46	-	185,78	209,00	-	174,08	19
	IV	3.924,91	215,87	313,99	353,24	211,56	307,73	346,19	207,25	301,46	339,14	202,95	295,20	332,10	198,64	288,93	325,04	194,33	282,66	317,99	190,02	276,40	31
	V	4.439,41	244,16	355,15	399,54																		
	VI	4.483,75	246,60	358,70	403,53																		
12.557,99 (West)	I	3.918,41	215,51	313,47	352,65	206,89	300,94	338,55	198,27	288,40	324,45	189,66	275,87	310,35	181,04	263,34	296,25	172,42	250,80	282,15	163,81	238,27	268
	II	3.769,33	207,31	301,54	339,23	198,69	289,01	325,13	190,08	276,48	311,04	181,46	263,94	296,93	172,84	251,41	282,83	164,23	238,88	268,74	155,61	226,34	254
	III	3.087,33	19,45	246,98	277,85	0,81	234,45	263,75	-	221,92	249,66	-	209,45	235,63	-	197,24	221,89	-	185,29	208,45	-	173,58	195
	IV	3.918,41	215,51	313,47	352,65	211,20	307,20	345,60	206,89	300,94	338,55	202,58	294,67	331,50	198,27	288,40	324,45	193,97	282,14	317,40	189,66	275,87	310
	V	4.432,83	243,80	354,62	398,95																		
	VI	4.477,16	246,24	358,17	402,94																		
12.557,99 (Ost)	I	3.926,25	215,94	314,10	353,36	207,32	301,56	339,26	198,71	289,03	325,16	190,09	276,50	311,06	181,47	263,96	296,96	172,86	251,43	282,86	164,24	238,90	268
	II	3.777,08	207,73	302,16	339,93	199,12	289,63	325,83	190,51	277,10	311,74	181,89	264,57	297,64	173,27	252,04	283,54	164,66	239,50	269,44	156,04	226,97	255
	III	3.095,16	20,38	247,61	278,56	1,74	235,08	264,46	-	222,54	250,36	-	210,06	236,32	-	197,85	222,58	-	185,88	209,11	-	174,17	195
	IV	3.926,25	215,94	314,10	353,36	211,63	307,83	346,31	207,32	301,56	339,26	203,01	295,30	332,21	198,71	289,03	325,16	194,40	282,76	318,11	190,09	276,50	311
	V	4.440,66	244,23	355,25	399,65																		
	VI	4.485,00	246,67	358,80	403,65																		
12.560,99 (West)	I	3.919,66	215,58	313,57	352,76	206,96	301,04	338,67	198,34	288,50	324,56	189,73	275,97	310,46	181,11	263,44	296,37	172,49	250,90	282,26	163,88	238,38	268
	II	3.770,58	207,38	301,64	339,35	198,76	289,11	325,25	190,14	276,58	311,15	181,53	264,04	297,05	172,91	251,51	282,95	164,29	238,98	268,85	155,68	226,44	254
	III	3.088,50	19,59	247,08	277,96	0,95	234,54	263,86	-	222,01	249,76	-	209,56	235,75	-	197,33	221,99	-	185,38	208,55	-	173,68	195
	IV	3.919,66	215,58	313,57	352,76	211,27	307,30	345,71	206,96	301,04	338,67	202,65	294,77	331,61	198,34	288,50	324,56	194,04	282,24	317,52	189,73	275,97	310
	V	4.434,08	243,87	354,72	399,06																		
	VI	4.478,41	246,31	358,27	403,05																		
12.560,99 (Ost)	I	3.927,50	216,01	314,20	353,47	207,39	301,66	339,37	198,77	289,13	325,27	190,16	276,60	311,17	181,54	264,06	297,07	172,92	251,53	282,97	164,31	239,00	268
	II	3.778,41	207,81	302,27	340,05	199,19	289,74	325,95	190,57	277,20	311,85	181,96	264,67	297,75	173,34	252,14	283,65	164,72	239,60	269,55	156,11	227,07	255
	III	3.096,33	20,52	247,70	278,66	1,88	235,17	264,56	-	222,64	250,47	-	210,17	236,44	-	197,94	222,68	-	185,97	209,21	-	174,26	196
	IV	3.927,50	216,01	314,20	353,47	211,70	307,93	346,42	207,39	301,66	339,37	203,08	295,40	332,32	198,77	289,13	325,27	194,47	282,86	318,22	190,16	276,60	311
	V	4.441,91	244,30	355,35	399,77																		
	VI	4.486,25	246,74	358,90	403,76																		
12.563,99 (West)	I	3.920,91	215,65	313,67	352,88	207,03	301,14	338,78	198,41	288,60	324,68	189,80	276,07	310,58	181,18	263,54	296,48	172,57	251,01	282,38	163,95	238,48	268
	II	3.771,83	207,45	301,74	339,46	198,83	289,21	325,36	190,21	276,68	311,26	181,60	264,14	297,16	172,98	251,61	283,06	164,36	239,08	268,96	155,75	226,54	254
	III	3.089,83	19,75	247,18	278,08	1,11	234,65	263,98	-	222,12	249,88	-	209,65	235,85	-	197,44	222,12	-	185,48	208,66	-	173,77	195
	IV	3.920,91	215,65	313,67	352,88	211,34	307,40	345,83	207,03	301,14	338,78	202,72	294,87	331,73	198,41	288,60	324,68	194,10	282,34	317,63	189,80	276,07	310
	V	4.435,33	243,94	354,82	399,17																		
	VI	4.479,66	246,38	358,37	403,16																		
12.563,99 (Ost)	I	3.928,75	216,08	314,30	353,58	207,46	301,76	339,48	198,84	289,23	325,38	190,23	276,70	311,28	181,61	264,16	297,18	172,99	251,63	283,08	164,38	239,10	268
	II	3.779,66	207,88	302,37	340,16	199,26	289,84	326,07	190,64	277,30	311,96	182,03	264,77	297,86	173,41	252,24	283,77	164,79	239,70	269,66	156,18	227,17	255
	III	3.097,66	20,68	247,81	278,78	2,04	235,28	264,69	-	222,74	250,58	-	210,26	236,54	-	198,04	222,79	-	186,06	209,32	-	174,36	196,
	IV	3.928,75	216,08	314,30	353,58	211,77	308,03	346,53	207,46	301,76	339,48	203,15	295,50	332,43	198,84	289,23	325,38	194,53	282,96	318,33	190,23	276,70	311,
	V	4.443,16	244,37	355,45	399,88																		
	VI	4.487,50	246,81	359,00	403,87																		
12.566,99 (West)	I	3.922,16	215,71	313,77	352,99	207,10	301,24	338,89	198,48	288,70	324,79	189,87	276,18	310,70	181,25	263,64	296,60	172,64	251,11	282,50	164,02	238,58	268,
	II	3.773,08	207,51	301,84	339,57	198,90	289,31	325,47	190,28	276,78	311,37	181,66	264,24	297,27	173,05	251,71	283,17	164,44	239,18	269,08	155,82	226,65	254
	III	3.091,00	19,89	247,28	278,19	1,24	234,74	264,08	-	222,21	249,98	-	209,74	235,96	-	197,53	222,22	-	185,57	208,76	-	173,86	195,
	IV	3.922,16	215,71	313,77	352,99	211,41	307,50	345,94	207,10	301,24	338,89	202,79	294,97	331,84	198,48	288,70	324,79	194,18	282,44	317,75	189,87	276,18	310,
	V	4.436,66	244,01	354,93	399,29																		
	VI	4.480,91	246,45	358,47	403,28																		
12.566,99 (Ost)	I	3.930,00	216,15	314,40	353,70	207,53	301,86	339,59	198,91	289,33	325,49	190,30	276,80	311,40	181,68	264,26	297,29	173,06	251,73	283,19	164,45	239,20	269,
	II	3.780,91	207,95	302,47	340,28	199,33	289,94	326,18	190,71	277,40	312,08	182,10	264,87	297,98	173,48	252,34	283,88	164,86	239,80	269,78	156,25	227,27	255,
	III	3.098,83	20,82	247,90	278,89	2,18	235,37	264,79	-	222,84	250,69	-	210,37	236,66	-	198,13	222,89	-	186,16	209,43	-	174,45	196,
	IV	3.930,00	216,15	314,40	353,70	211,84	308,13	346,64	207,53	301,86	339,59	203,22	295,60	332,55	198,91	289,33	325,49	194,60	283,06	318,44	190,30	276,80	311,
	V	4.444,41	244,44	355,55	399,99																		
	VI	4.488,75	246,88	359,10	403,98																		

Allgemeine Tabelle

Lohn/ Gehalt bis	Steuerklasse	Lohn- steuer	ohne Kinderfreibetrag SolZ 5,5%	ohne Kinderfreibetrag Kirchensteuer 8%	ohne Kinderfreibetrag Kirchensteuer 9%	0,5 SolZ 5,5%	0,5 Kirchensteuer 8%	0,5 Kirchensteuer 9%	1,0 SolZ 5,5%	1,0 Kirchensteuer 8%	1,0 Kirchensteuer 9%	1,5 SolZ 5,5%	1,5 Kirchensteuer 8%	1,5 Kirchensteuer 9%	2,0 SolZ 5,5%	2,0 Kirchensteuer 8%	2,0 Kirchensteuer 9%	2,5 SolZ 5,5%	2,5 Kirchensteuer 8%	2,5 Kirchensteuer 9%	3,0 SolZ 5,5%	3,0 Kirchensteuer 8%	3,0 Kirchensteuer 9%
						Anzahl Kinderfreibeträge (nur Steuerklassen I–IV)																	
.569,99 (West)	I	3.923,41	215,78	313,87	353,10	207,17	301,34	339,01	198,55	288,81	324,91	189,94	276,28	310,81	181,32	263,74	296,71	172,70	251,21	282,61	164,09	238,68	268,51
	II	3.774,33	207,58	301,94	339,68	198,97	289,41	325,58	190,35	276,88	311,49	181,73	264,34	297,38	173,12	251,82	283,29	164,50	239,28	269,19	155,89	226,75	255,09
	III	3.092,33	20,05	247,38	278,30	1,40	234,85	264,20	-	222,32	250,11	-	209,85	236,08	-	197,62	222,32	-	185,66	208,87	-	173,96	195,70
	IV	3.923,41	215,78	313,87	353,10	211,47	307,60	346,05	207,17	301,34	339,01	202,86	295,08	331,96	198,55	288,81	324,91	194,25	282,54	317,86	189,94	276,28	310,81
	V	4.437,91	244,08	355,03	399,41																		
	VI	4.482,16	246,51	358,57	403,39																		
.569,99 (Ost)	I	3.931,25	216,21	314,50	353,81	207,60	301,96	339,71	198,98	289,43	325,61	190,36	276,90	311,51	181,75	264,36	297,41	173,13	251,83	283,31	164,52	239,30	269,21
	II	3.782,16	208,01	302,57	340,39	199,40	290,04	326,29	190,78	277,50	312,19	182,16	264,97	298,09	173,55	252,44	283,99	164,93	239,90	269,89	156,31	227,37	255,79
	III	3.100,16	20,98	248,01	279,01	2,34	235,48	264,91	-	222,94	250,81	-	210,46	236,77	-	198,24	223,02	-	186,26	209,54	-	174,54	196,36
	IV	3.931,25	216,21	314,50	353,81	211,91	308,23	346,76	207,60	301,96	339,71	203,29	295,70	332,66	198,98	289,43	325,61	194,67	283,16	318,56	190,36	276,90	311,51
	V	4.445,66	244,51	355,65	400,10																		
	VI	4.490,00	246,95	359,20	404,10																		
.572,99 (West)	I	3.924,75	215,86	313,98	353,22	207,24	301,44	339,12	198,62	288,91	325,02	190,01	276,38	310,92	181,39	263,84	296,82	172,77	251,31	282,72	164,16	238,78	268,62
	II	3.775,58	207,65	302,04	339,80	199,04	289,51	325,70	190,42	276,98	311,60	181,81	264,45	297,50	173,19	251,92	283,41	164,57	239,38	269,30	155,96	226,85	255,20
	III	3.093,50	20,19	247,48	278,41	1,54	234,94	264,31	-	222,41	250,21	-	209,94	236,18	-	197,73	222,44	-	185,76	208,98	-	174,05	195,80
	IV	3.924,75	215,86	313,98	353,22	211,55	307,71	346,17	207,24	301,44	339,12	202,93	295,18	332,07	198,62	288,91	325,02	194,31	282,64	317,97	190,01	276,38	310,92
	V	4.439,16	244,15	355,13	399,52																		
	VI	4.483,50	246,59	358,68	403,51																		
.572,99 (Ost)	I	3.932,50	216,28	314,60	353,92	207,67	302,06	339,82	199,05	289,53	325,72	190,43	277,00	311,62	181,82	264,47	297,53	173,20	251,94	283,43	164,59	239,40	269,33
	II	3.783,41	208,08	302,67	340,50	199,47	290,14	326,40	190,85	277,60	312,30	182,23	265,07	298,20	173,62	252,54	284,10	165,00	240,00	270,00	156,38	227,47	255,90
	III	3.101,33	21,12	248,10	279,11	2,47	235,57	265,01	-	223,04	250,92	-	210,57	236,89	-	198,33	223,12	-	186,36	209,65	-	174,64	196,47
	IV	3.932,50	216,28	314,60	353,92	211,97	308,33	346,87	207,67	302,06	339,82	203,36	295,80	332,77	199,05	289,53	325,72	194,74	283,26	318,67	190,43	277,00	311,62
	V	4.447,00	244,58	355,76	400,23																		
	VI	4.491,25	247,01	359,30	404,21																		
2.575,99 (West)	I	3.926,00	215,93	314,08	353,34	207,31	301,54	339,23	198,69	289,01	325,13	190,08	276,48	311,04	181,46	263,94	296,93	172,84	251,41	282,83	164,23	238,88	268,74
	II	3.776,83	207,72	302,14	339,91	199,11	289,62	325,82	190,49	277,08	311,72	181,88	264,55	297,62	173,26	252,02	283,52	164,64	239,48	269,42	156,03	226,95	255,32
	III	3.094,83	20,34	247,58	278,53	1,70	235,05	264,43	-	222,52	250,33	-	210,05	236,30	-	197,82	222,55	-	185,85	209,08	-	174,14	195,91
	IV	3.926,00	215,93	314,08	353,34	211,62	307,81	346,28	207,31	301,54	339,23	203,00	295,28	332,19	198,69	289,01	325,13	194,38	282,74	318,08	190,08	276,48	311,04
	V	4.440,41	244,22	355,23	399,63																		
	VI	4.484,75	246,66	358,78	403,62																		
2.575,99 (Ost)	I	3.933,75	216,35	314,70	354,03	207,73	302,16	339,93	199,12	289,63	325,83	190,51	277,10	311,74	181,89	264,57	297,64	173,27	252,04	283,54	164,66	239,50	269,44
	II	3.784,66	208,15	302,77	340,61	199,54	290,24	326,52	190,92	277,70	312,41	182,30	265,17	298,31	173,69	252,64	284,22	165,07	240,11	270,12	156,46	227,58	256,02
	III	3.102,66	21,28	248,21	279,23	2,63	235,68	265,14	-	223,14	251,03	-	210,66	236,99	-	198,42	223,22	-	186,45	209,75	-	174,73	196,57
	IV	3.933,75	216,35	314,70	354,03	212,04	308,43	346,98	207,73	302,16	339,93	203,43	295,90	332,88	199,12	289,63	325,83	194,81	283,37	318,79	190,51	277,10	311,74
	V	4.448,25	244,65	355,86	400,34																		
	VI	4.492,50	247,08	359,40	404,32																		
2.578,99 (West)	I	3.927,25	215,99	314,18	353,45	207,38	301,64	339,35	198,76	289,11	325,25	190,14	276,58	311,15	181,53	264,04	297,05	172,91	251,51	282,95	164,29	238,98	268,85
	II	3.778,16	207,79	302,25	340,03	199,18	289,72	325,93	190,56	277,18	311,83	181,94	264,65	297,73	173,33	252,12	283,63	164,71	239,58	269,53	156,09	227,05	255,43
	III	3.096,00	20,48	247,68	278,64	1,84	235,14	264,53	-	222,62	250,45	-	210,14	236,41	-	197,92	222,66	-	185,96	209,20	-	174,24	196,02
	IV	3.927,25	215,99	314,18	353,45	211,69	307,91	346,40	207,38	301,64	339,35	203,07	295,38	332,30	198,76	289,11	325,25	194,45	282,84	318,20	190,14	276,58	311,15
	V	4.441,66	244,29	355,33	399,74																		
	VI	4.486,00	246,73	358,88	403,74																		
2.578,99 (Ost)	I	3.935,00	216,42	314,80	354,15	207,81	302,27	340,05	199,19	289,74	325,95	190,57	277,20	311,85	181,96	264,67	297,75	173,34	252,14	283,65	164,72	239,60	269,55
	II	3.785,91	208,22	302,87	340,73	199,60	290,34	326,63	190,99	277,80	312,53	182,37	265,27	298,43	173,76	252,74	284,33	165,14	240,21	270,23	156,53	227,68	256,14
	III	3.103,83	21,42	248,30	279,34	2,79	235,78	265,25	-	223,25	251,15	-	210,77	237,11	-	198,53	223,34	-	186,54	209,86	-	174,82	196,67
	IV	3.935,00	216,42	314,80	354,15	212,11	308,53	347,09	207,81	302,27	340,05	203,50	296,00	333,00	199,19	289,74	325,95	194,88	283,47	318,90	190,57	277,20	311,85
	V	4.449,50	244,72	355,96	400,45																		
	VI	4.493,75	247,15	359,50	404,43																		
2.581,99 (West)	I	3.928,50	216,06	314,28	353,56	207,45	301,74	339,46	198,83	289,21	325,36	190,21	276,68	311,26	181,60	264,14	297,16	172,98	251,61	283,06	164,36	239,08	268,96
	II	3.779,41	207,86	302,35	340,14	199,25	289,82	326,04	190,63	277,28	311,94	182,01	264,75	297,84	173,40	252,22	283,74	164,78	239,68	269,64	156,16	227,15	255,54
	III	3.097,33	20,64	247,78	278,75	2,00	235,25	264,65	-	222,72	250,56	-	210,25	236,53	-	198,02	222,77	-	186,05	209,30	-	174,33	196,12
	IV	3.928,50	216,06	314,28	353,56	211,75	308,01	346,51	207,45	301,74	339,46	203,14	295,48	332,41	198,83	289,21	325,36	194,52	282,94	318,31	190,21	276,68	311,26
	V	4.442,91	244,36	355,43	399,86																		
	VI	4.487,25	246,79	358,98	403,85																		
2.581,99 (Ost)	I	3.936,33	216,49	314,90	354,26	207,88	302,37	340,16	199,26	289,84	326,07	190,64	277,30	311,96	182,03	264,77	297,86	173,41	252,24	283,77	164,79	239,70	269,66
	II	3.787,16	208,29	302,97	340,84	199,67	290,44	326,74	191,06	277,91	312,65	182,44	265,38	298,55	173,83	252,84	284,45	165,21	240,31	270,35	156,59	227,78	256,25
	III	3.105,16	21,57	248,41	279,46	2,93	235,88	265,36	-	223,34	251,26	-	210,86	237,22	-	198,62	223,45	-	186,64	209,97	-	174,92	196,78
	IV	3.936,33	216,49	314,90	354,26	212,19	308,64	347,22	207,88	302,37	340,16	203,57	296,10	333,11	199,26	289,84	326,07	194,95	283,57	319,01	190,64	277,30	311,96
	V	4.450,75	244,79	356,06	400,56																		
	VI	4.495,08	247,22	359,60	404,55																		
2.584,99 (West)	I	3.929,75	216,13	314,38	353,67	207,51	301,84	339,57	198,90	289,31	325,47	190,28	276,78	311,37	181,66	264,24	297,27	173,05	251,71	283,17	164,44	239,18	269,08
	II	3.780,66	207,93	302,45	340,25	199,32	289,92	326,16	190,70	277,38	312,05	182,08	264,85	297,95	173,47	252,32	283,86	164,85	239,78	269,75	156,23	227,25	255,65
	III	3.098,66	20,80	247,89	278,87	2,16	235,36	264,78	-	222,82	250,67	-	210,34	236,63	-	198,12	222,88	-	186,14	209,41	-	174,42	196,22
	IV	3.929,75	216,13	314,38	353,67	211,82	308,11	346,62	207,51	301,84	339,57	203,21	295,58	332,52	198,90	289,31	325,47	194,59	283,04	318,42	190,28	276,78	311,37
	V	4.444,16	244,42	355,53	399,97																		
	VI	4.488,50	246,86	359,08	403,96																		
2.584,99 (Ost)	I	3.937,58	216,56	315,00	354,38	207,95	302,47	340,28	199,33	289,94	326,18	190,71	277,40	312,08	182,10	264,87	297,98	173,48	252,34	283,88	164,86	239,80	269,78
	II	3.788,41	208,36	303,07	340,95	199,75	290,54	326,86	191,13	278,01	312,76	182,51	265,48	298,66	173,90	252,94	284,56	165,28	240,41	270,46	156,66	227,88	256,36
	III	3.106,50	21,73	248,52	279,58	3,09	235,98	265,48	-	223,45	251,38	-	210,97	237,34	-	198,72	223,56	-	186,73	210,07	-	175,01	196,88
	IV	3.937,58	216,56	315,00	354,38	212,25	308,74	347,33	207,95	302,47	340,28	203,64	296,20	333,23	199,33	289,94	326,18	195,02	283,67	319,13	190,71	277,40	312,08
	V	4.452,00	244,86	356,16	400,68																		
	VI	4.496,33	247,29	359,70	404,66																		
2.587,99 (West)	I	3.931,00	216,20	314,48	353,79	207,58	301,94	339,68	198,97	289,41	325,58	190,35	276,88	311,49	181,73	264,34	297,38	173,12	251,82	283,29	164,50	239,28	269,19
	II	3.781,91	208,00	302,55	340,37	199,38	290,02	326,27	190,77	277,48	312,17	182,15	264,95	298,07	173,53	252,42	283,97	164,92	239,88	269,87	156,30	227,35	255,77
	III	3.099,83	20,94	247,98	278,98	2,30	235,45	264,88	-	222,92	250,78	-	210,45	236,75	-	198,21	222,98	-	186,24	209,52	-	174,52	196,33
	IV	3.931,00	216,20	314,48	353,79	211,89	308,21	346,73	207,58	301,94	339,68	203,28	295,68	332,64	198,97	289,41	325,58	194,66	283,14	318,53	190,35	276,88	311,49
	V	4.445,41	244,49	355,63	400,08																		
	VI	4.489,75	246,93	359,18	404,07																		
2.587,99 (Ost)	I	3.938,83	216,63	315,10	354,49	208,01	302,57	340,39	199,40	290,04	326,29	190,78	277,50	312,19	182,16	264,97	298,09	173,55	252,44	283,99	164,93	239,90	269,89
	II	3.789,75	208,43	303,18	341,07	199,81	290,64	326,97	191,20	278,11	312,87	182,58	265,58	298,77	173,96	253,04	284,67	165,35	240,51	270,57	156,73	227,98	256,47
	III	3.107,66	21,87	248,61	279,68	3,23	236,08	265,59	-	223,54	251,48	-	211,06	237,44	-	198,82	223,67	-	186,82	210,17	-	175,10	196,99
	IV	3.938,83	216,63	315,10	354,49	212,32	308,84	347,44	208,01	302,57	340,39	203,71	296,30	333,34	199,40	290,04	326,29	195,09	283,77	319,24	190,78	277,50	312,19
	V	4.453,25	244,92	356,26	400,79																		
	VI	4.497,58	247,36	359,80	404,78																		

Lohn/ Gehalt bis	Steuerklasse	Lohn-steuer	ohne Kinderfreibetrag			Anzahl Kinderfreibeträge (nur Steuerklassen I–IV) 0,5			1,0		
			SolZ 5,5%	Kirchensteuer 8%	9%	SolZ 5,5%	Kirchensteuer 8%	9%	SolZ 5,5%	Kirchensteuer 8%	9%
12.590,99 (West)	I	3.932,25	216,27	314,58	353,90	207,65	302,04	339,80	199,04	289,51	325,70
	II	3.783,16	208,07	302,65	340,48	199,45	290,12	326,38	190,84	277,58	312,28
	III	3.101,16	21,10	248,09	279,10	2,45	235,56	265,00	-	223,02	250,90
	IV	3.932,25	216,27	314,58	353,90	211,96	308,31	346,85	207,65	302,04	339,80
	V	4.446,75	244,57	355,74	400,20						
	VI	4.491,00	247,00	359,28	404,19						
12.590,99 (Ost)	I	3.940,08	216,70	315,20	354,60	208,08	302,67	340,50	199,47	290,14	326,40
	II	3.791,00	208,50	303,28	341,19	199,88	290,74	327,08	191,27	278,21	312,98
	III	3.109,00	22,03	248,72	279,81	3,39	236,18	265,70	-	223,65	251,60
	IV	3.940,08	216,70	315,20	354,60	212,39	308,94	347,55	208,08	302,67	340,50
	V	4.454,50	244,99	356,36	400,90						
	VI	4.498,83	247,43	359,90	404,89						
12.593,99 (West)	I	3.933,50	216,34	314,68	354,01	207,72	302,14	339,91	199,11	289,62	325,82
	II	3.784,41	208,14	302,75	340,59	199,52	290,22	326,49	190,90	277,68	312,39
	III	3.102,33	21,24	248,18	279,20	2,59	235,65	265,10	-	223,12	251,01
	IV	3.933,50	216,34	314,68	354,01	212,03	308,41	346,96	207,72	302,14	339,91
	V	4.448,00	244,64	355,84	400,32						
	VI	4.492,25	247,07	359,38	404,30						
12.593,99 (Ost)	I	3.941,33	216,77	315,30	354,71	208,15	302,77	340,61	199,54	290,24	326,52
	II	3.792,25	208,57	303,38	341,30	199,95	290,84	327,20	191,34	278,31	313,10
	III	3.110,16	22,17	248,81	279,91	3,53	236,28	265,81	-	223,74	251,71
	IV	3.941,33	216,77	315,30	354,71	212,46	309,04	347,67	208,15	302,77	340,61
	V	4.455,75	245,06	356,46	401,01						
	VI	4.500,08	247,50	360,00	405,00						
12.596,99 (West)	I	3.934,83	216,41	314,78	354,13	207,79	302,25	340,03	199,18	289,72	325,93
	II	3.785,66	208,21	302,85	340,70	199,59	290,32	326,61	190,97	277,78	312,50
	III	3.103,66	21,40	248,29	279,32	2,75	235,76	265,23	-	223,22	251,12
	IV	3.934,83	216,41	314,78	354,13	212,10	308,52	347,08	207,79	302,25	340,03
	V	4.449,25	244,70	355,94	400,43						
	VI	4.493,58	247,14	359,48	404,42						
12.596,99 (Ost)	I	3.942,58	216,84	315,40	354,83	208,22	302,87	340,73	199,60	290,34	326,63
	II	3.793,50	208,64	303,48	341,41	200,02	290,94	327,31	191,40	278,41	313,21
	III	3.111,50	22,33	248,92	280,03	3,68	236,38	265,93	-	223,85	251,83
	IV	3.942,58	216,84	315,40	354,83	212,53	309,14	347,78	208,22	302,87	340,73
	V	4.457,00	245,13	356,56	401,13						
	VI	4.501,33	247,57	360,10	405,11						
12.599,99 (West)	I	3.936,08	216,48	314,88	354,24	207,86	302,35	340,14	199,25	289,82	326,04
	II	3.786,91	208,28	302,95	340,82	199,66	290,42	326,72	191,05	277,89	312,62
	III	3.104,83	21,53	248,38	279,43	2,89	235,85	265,33	-	223,32	251,23
	IV	3.936,08	216,48	314,88	354,24	212,17	308,62	347,19	207,86	302,35	340,14
	V	4.450,50	244,77	356,04	400,54						
	VI	4.494,83	247,21	359,58	404,53						
12.599,99 (Ost)	I	3.943,83	216,91	315,50	354,94	208,29	302,97	340,84	199,67	290,44	326,74
	II	3.794,75	208,71	303,58	341,52	200,09	291,04	327,42	191,47	278,51	313,32
	III	3.112,66	22,47	249,01	280,13	3,82	236,48	266,04	-	223,94	251,93
	IV	3.943,83	216,91	315,50	354,94	212,60	309,24	347,89	208,29	302,97	340,84
	V	4.458,33	245,20	356,66	401,24						
	VI	4.502,58	247,64	360,20	405,23						
12.602,99 (West)	I	3.937,33	216,55	314,98	354,35	207,93	302,45	340,25	199,32	289,92	326,16
	II	3.788,25	208,35	303,06	340,94	199,73	290,52	326,84	191,12	277,99	312,74
	III	3.106,16	21,69	248,49	279,55	3,05	235,96	265,45	-	223,42	251,35
	IV	3.937,33	216,55	314,98	354,35	212,24	308,72	347,31	207,93	302,45	340,25
	V	4.451,75	244,84	356,14	400,65						
	VI	4.496,08	247,28	359,68	404,64						
12.602,99 (Ost)	I	3.945,08	216,97	315,60	355,05	208,36	303,07	340,95	199,75	290,54	326,86
	II	3.796,00	208,78	303,68	341,64	200,16	291,14	327,53	191,54	278,61	313,43
	III	3.114,00	22,62	249,12	280,26	3,98	236,58	266,15	-	224,05	252,05
	IV	3.945,08	216,97	315,60	355,05	212,67	309,34	348,00	208,36	303,07	340,95
	V	4.459,58	245,27	356,76	401,36						
	VI	4.503,83	247,71	360,30	405,34						
12.605,99 (West)	I	3.938,58	216,62	315,08	354,47	208,00	302,55	340,37	199,38	290,02	326,27
	II	3.789,50	208,42	303,16	341,05	199,80	290,62	326,95	191,18	278,09	312,85
	III	3.107,33	21,83	248,58	279,65	3,21	236,06	265,57	-	223,53	251,47
	IV	3.938,58	216,62	315,08	354,47	212,31	308,82	347,42	208,00	302,55	340,37
	V	4.453,00	244,91	356,24	400,77						
	VI	4.497,33	247,35	359,78	404,75						
12.605,99 (Ost)	I	3.946,41	217,05	315,71	355,17	208,43	303,18	341,07	199,81	290,64	326,97
	II	3.797,25	208,84	303,78	341,75	200,23	291,24	327,65	191,61	278,71	313,55
	III	3.115,33	22,78	249,22	280,37	4,14	236,69	266,27	-	224,16	252,18
	IV	3.946,41	217,05	315,71	355,17	212,74	309,44	348,12	208,43	303,18	341,07
	V	4.460,83	245,34	356,86	401,47						
	VI	4.505,16	247,78	360,41	405,46						
12.608,99 (West)	I	3.939,83	216,69	315,18	354,58	208,07	302,65	340,48	199,45	290,12	326,38
	II	3.790,75	208,49	303,26	341,16	199,87	290,72	327,06	191,25	278,19	312,96
	III	3.108,66	21,99	248,69	279,77	3,35	236,16	265,68	-	223,62	251,57
	IV	3.939,83	216,69	315,18	354,58	212,38	308,92	347,53	208,07	302,65	340,48
	V	4.454,25	244,98	356,34	400,88						
	VI	4.498,58	247,42	359,88	404,87						
12.608,99 (Ost)	I	3.947,66	217,12	315,81	355,28	208,50	303,28	341,19	199,88	290,74	327,08
	II	3.798,50	208,91	303,88	341,86	200,30	291,35	327,77	191,68	278,82	313,67
	III	3.116,50	22,92	249,32	280,48	4,28	236,78	266,38	-	224,25	252,28
	IV	3.947,66	217,12	315,81	355,28	212,81	309,54	348,23	208,50	303,28	341,19
	V	4.462,08	245,41	356,96	401,58						
	VI	4.506,41	247,85	360,51	405,57						

Lohn/ Gehalt bis	Steuerklasse	1,5			2,0			2,5			3,0		
		SolZ 5,5%	Kirchensteuer 8%	9%	SolZ 5,5%	Kirchensteuer 8%	9%	SolZ 5,5%	Kirchensteuer 8%	9%	SolZ 5,5%	Kirchensteuer 8%	9
12.590,99 (West)	I	190,42	276,98	311,60	181,81	264,45	297,50	173,19	251,92	283,41	164,57	239,38	2
	II	182,22	265,05	298,18	173,60	252,52	284,08	164,99	239,98	269,98	156,37	227,46	2
	III	-	210,54	236,86	-	198,30	223,09	-	186,33	209,62	-	174,61	1
	IV	203,34	295,78	332,75	199,04	289,51	325,70	194,73	283,24	318,65	190,42	276,98	3
	V												
	VI												
12.590,99 (Ost)	I	190,85	277,60	312,30	182,23	265,07	298,20	173,62	252,54	284,10	165,00	240,00	2
	II	182,65	265,68	298,89	174,03	253,14	284,78	165,42	240,61	270,68	156,80	228,08	2
	III	-	211,16	237,55	-	198,92	223,78	-	186,93	210,29	-	175,20	1
	IV	203,77	296,40	333,45	199,47	290,14	326,40	195,16	283,87	319,35	190,85	277,60	3
	V												
	VI												
12.593,99 (West)	I	190,49	277,08	311,72	181,88	264,55	297,62	173,26	252,02	283,52	164,64	239,48	26
	II	182,29	265,15	298,29	173,68	252,62	284,20	165,06	240,09	270,10	156,44	227,56	25
	III	-	210,65	236,98	-	198,41	223,21	-	186,42	209,72	-	174,70	19
	IV	203,42	295,88	332,87	199,11	289,62	325,82	194,80	283,35	318,77	190,49	277,08	31
	V												
	VI												
12.593,99 (Ost)	I	190,92	277,70	312,41	182,30	265,17	298,31	173,69	252,64	284,22	165,07	240,11	27
	II	182,72	265,78	299,00	174,10	253,24	284,90	165,49	240,71	270,80	156,87	228,18	25
	III	-	211,26	237,67	-	199,01	223,88	-	187,02	210,40	-	175,29	19
	IV	203,84	296,50	333,56	199,54	290,24	326,52	195,23	283,97	319,46	190,92	277,70	31
	V												
	VI												
12.596,99 (West)	I	190,56	277,18	311,83	181,94	264,65	297,73	173,33	252,12	283,63	164,71	239,58	26
	II	182,36	265,26	298,41	173,74	252,72	284,31	165,13	240,19	270,21	156,51	227,66	25
	III	-	210,74	237,08	-	198,50	223,31	-	186,52	209,83	-	174,80	19
	IV	203,49	295,98	332,98	199,18	289,72	325,93	194,87	283,45	318,88	190,56	277,18	31
	V												
	VI												
12.596,99 (Ost)	I	190,99	277,80	312,53	182,37	265,27	298,43	173,76	252,74	284,33	165,14	240,21	27
	II	182,79	265,88	299,11	174,17	253,34	285,01	165,55	240,81	270,91	156,94	228,28	25
	III	-	211,36	237,78	-	199,12	224,01	-	187,12	210,51	-	175,38	19
	IV	203,91	296,60	333,68	199,60	290,34	326,63	195,30	284,07	319,58	190,99	277,80	31
	V												
	VI												
12.599,99 (West)	I	190,63	277,28	311,94	182,01	264,75	297,84	173,40	252,22	283,74	164,78	239,68	26
	II	182,43	265,36	298,53	173,81	252,82	284,42	165,20	240,29	270,32	156,58	227,75	25
	III	-	210,84	237,19	-	198,60	223,42	-	186,62	209,95	-	174,89	19
	IV	203,55	296,08	333,09	199,25	289,82	326,04	194,94	283,55	318,99	190,63	277,28	31
	V												
	VI												
12.599,99 (Ost)	I	191,06	277,91	312,65	182,44	265,38	298,55	173,83	252,84	284,45	165,21	240,31	27
	II	182,86	265,98	299,22	174,24	253,44	285,12	165,62	240,91	271,02	157,01	228,38	25
	III	-	211,46	237,89	-	199,21	224,11	-	187,21	210,61	-	175,48	19
	IV	203,98	296,70	333,79	199,67	290,44	326,74	195,36	284,17	319,69	191,06	277,91	31
	V												
	VI												
12.602,99 (West)	I	190,70	277,38	312,05	182,08	264,85	297,95	173,47	252,32	283,86	164,85	239,78	26
	II	182,50	265,46	298,64	173,88	252,92	284,54	165,27	240,39	270,44	156,65	227,86	25
	III	-	210,94	237,31	-	198,70	223,54	-	186,72	210,06	-	174,98	19
	IV	203,62	296,18	333,20	199,32	289,92	326,16	195,01	283,65	319,10	190,70	277,38	31
	V												
	VI												
12.602,99 (Ost)	I	191,13	278,01	312,76	182,51	265,48	298,66	173,90	252,94	284,56	165,28	240,41	27
	II	182,93	266,08	299,34	174,31	253,55	285,24	165,70	241,02	271,14	157,08	228,48	25
	III	-	211,56	238,00	-	199,30	224,21	-	187,30	210,71	-	175,57	19
	IV	204,05	296,81	333,91	199,75	290,54	326,86	195,44	284,28	319,81	191,13	278,01	31
	V												
	VI												
12.605,99 (West)	I	190,77	277,48	312,17	182,15	264,95	298,07	173,53	252,42	283,97	164,92	239,88	26
	II	182,57	265,56	298,75	173,95	253,02	284,65	165,33	240,49	270,55	156,72	227,96	25
	III	-	211,04	237,42	-	198,80	223,65	-	186,81	210,16	-	175,08	19
	IV	203,69	296,28	333,32	199,38	290,02	326,27	195,08	283,75	319,22	190,77	277,48	31
	V												
	VI												
12.605,99 (Ost)	I	191,20	278,11	312,87	182,58	265,58	298,77	173,96	253,04	284,67	165,35	240,51	270,
	II	183,00	266,18	299,45	174,38	253,65	285,35	165,77	241,12	271,26	157,15	228,58	257,
	III	-	211,66	238,12	-	199,40	224,32	-	187,40	210,82	-	175,66	197,
	IV	204,12	296,91	334,02	199,81	290,64	326,97	195,51	284,38	319,92	191,20	278,11	312,
	V												
	VI												
12.608,99 (West)	I	190,84	277,58	312,28	182,22	265,05	298,18	173,60	252,52	284,08	164,99	239,98	269,
	II	182,64	265,66	298,86	174,02	253,12	284,76	165,40	240,59	270,66	156,79	228,06	256,
	III	-	211,14	237,53	-	198,89	223,75	-	186,90	210,26	-	175,17	197,
	IV	203,76	296,38	333,43	199,45	290,12	326,38	195,14	283,85	319,33	190,84	277,58	312,
	V												
	VI												
12.608,99 (Ost)	I	191,27	278,21	312,98	182,65	265,68	298,89	174,03	253,14	284,78	165,42	240,61	270,
	II	183,07	266,28	299,57	174,45	253,75	285,47	165,83	241,22	271,37	157,22	228,68	257,
	III	-	211,76	238,23	-	199,50	224,44	-	187,50	210,94	-	175,76	197,
	IV	204,19	297,01	334,13	199,88	290,74	327,08	195,58	284,48	320,04	191,27	278,21	312,
	V												
	VI												

Lohn/Gehalt bis	Steuerklasse	Lohnsteuer	ohne Kinderfreibetrag SolZ 5,5%	ohne Kinderfreibetrag Kirchensteuer 8%	ohne Kinderfreibetrag Kirchensteuer 9%	0,5 SolZ 5,5%	0,5 Kirchensteuer 8%	0,5 Kirchensteuer 9%	1,0 SolZ 5,5%	1,0 Kirchensteuer 8%	1,0 Kirchensteuer 9%	1,5 SolZ 5,5%	1,5 Kirchensteuer 8%	1,5 Kirchensteuer 9%	2,0 SolZ 5,5%	2,0 Kirchensteuer 8%	2,0 Kirchensteuer 9%	2,5 SolZ 5,5%	2,5 Kirchensteuer 8%	2,5 Kirchensteuer 9%	3,0 SolZ 5,5%	3,0 Kirchensteuer 8%	3,0 Kirchensteuer 9%
						Anzahl Kinderfreibeträge (nur Steuerklassen I–IV)																	
.611,99 (West)	I	3.941,08	216,75	315,28	354,69	208,14	302,75	340,59	199,52	290,22	326,49	190,90	277,68	312,39	182,29	265,15	298,29	173,68	252,62	284,20	165,06	240,09	270,10
	II	3.792,00	208,56	303,36	341,28	199,94	290,82	327,17	191,32	278,29	313,07	182,71	265,76	298,98	174,09	253,22	284,87	165,47	240,69	270,77	156,86	228,16	256,68
	III	3.110,00	22,15	248,80	279,90	3,51	236,26	265,79	-	223,73	251,69	-	211,24	237,64	-	199,00	223,87	-	187,00	210,37	-	175,26	197,17
	IV	3.941,08	216,75	315,28	354,69	212,45	309,02	347,64	208,14	302,75	340,59	203,83	296,48	333,54	199,52	290,22	326,49	195,21	283,95	319,44	190,90	277,68	312,39
	V	4.455,50	245,05	356,44	400,99																		
	VI	4.499,83	247,49	359,98	404,98																		
.611,99 (Ost)	I	3.948,91	217,19	315,91	355,40	208,57	303,38	341,30	199,95	290,84	327,20	191,34	278,31	313,10	182,72	265,78	299,00	174,10	253,24	284,90	165,49	240,71	270,80
	II	3.799,83	208,99	303,98	341,98	200,37	291,45	327,88	191,75	278,92	313,78	183,14	266,38	299,68	174,52	253,85	285,58	165,90	241,32	271,48	157,29	228,78	257,38
	III	3.117,83	23,08	249,42	280,60	4,44	236,89	266,50	-	224,36	252,40	-	211,86	238,34	-	199,60	224,55	-	187,60	211,05	-	175,85	197,83
	IV	3.948,91	217,19	315,91	355,40	212,88	309,64	348,35	208,57	303,38	341,30	204,26	297,11	334,25	199,95	290,84	327,20	195,64	284,58	320,15	191,34	278,31	313,10
	V	4.463,33	245,48	357,06	401,69																		
	VI	4.507,66	247,92	360,61	405,68																		
.614,99 (West)	I	3.942,33	216,82	315,38	354,80	208,21	302,85	340,70	199,59	290,32	326,61	190,97	277,78	312,50	182,36	265,26	298,41	173,74	252,72	284,31	165,13	240,19	270,21
	II	3.793,25	208,62	303,46	341,39	200,01	290,92	327,29	191,39	278,39	313,19	182,77	265,86	299,09	174,16	253,32	284,99	165,54	240,79	270,89	156,93	228,26	256,79
	III	3.111,16	22,29	248,89	280,00	3,64	236,36	265,90	-	223,82	251,80	-	211,34	237,76	-	199,09	223,97	-	187,09	210,47	-	175,36	197,28
	IV	3.942,33	216,82	315,38	354,80	212,52	309,12	347,76	208,21	302,85	340,70	203,90	296,58	333,65	199,59	290,32	326,61	195,28	284,05	319,55	190,97	277,78	312,50
	V	4.456,83	245,12	356,54	401,11																		
	VI	4.501,08	247,55	360,08	405,09																		
.614,99 (Ost)	I	3.950,16	217,25	316,01	355,51	208,64	303,48	341,41	200,02	290,94	327,31	191,40	278,41	313,21	182,79	265,88	299,11	174,17	253,34	285,01	165,55	240,81	270,91
	II	3.801,08	209,05	304,08	342,09	200,44	291,55	327,99	191,82	279,02	313,89	183,20	266,48	299,79	174,59	253,95	285,69	165,97	241,42	271,59	157,35	228,88	257,49
	III	3.119,00	23,22	249,52	280,71	4,58	236,98	266,60	-	224,45	252,50	-	211,96	238,45	-	199,69	224,65	-	187,69	211,15	-	175,94	197,93
	IV	3.950,16	217,25	316,01	355,51	212,95	309,74	348,46	208,64	303,48	341,41	204,33	297,21	334,36	200,02	290,94	327,31	195,71	284,68	320,26	191,40	278,41	313,21
	V	4.464,58	245,55	357,16	401,81																		
	VI	4.508,91	247,99	360,71	405,80																		
.617,99 (West)	I	3.943,58	216,89	315,48	354,92	208,28	302,95	340,82	199,66	290,42	326,72	191,05	277,89	312,62	182,43	265,36	298,53	173,81	252,82	284,42	165,20	240,29	270,32
	II	3.794,50	208,69	303,56	341,50	200,08	291,02	327,40	191,46	278,49	313,30	182,84	265,96	299,20	174,23	253,42	285,10	165,61	240,90	271,01	157,00	228,36	256,91
	III	3.112,50	22,45	249,00	280,12	3,80	236,46	266,02	-	223,93	251,92	-	211,44	237,87	-	199,18	224,08	-	187,20	210,60	-	175,45	197,38
	IV	3.943,58	216,89	315,48	354,92	212,58	309,22	347,87	208,28	302,95	340,82	203,97	296,68	333,77	199,66	290,42	326,72	195,36	284,16	319,68	191,05	277,89	312,62
	V	4.458,08	245,19	356,64	401,22																		
	VI	4.502,33	247,62	360,18	405,20																		
.617,99 (Ost)	I	3.951,41	217,32	316,11	355,62	208,71	303,58	341,52	200,09	291,04	327,42	191,47	278,51	313,32	182,86	265,98	299,22	174,24	253,44	285,12	165,62	240,91	271,02
	II	3.802,33	209,12	304,18	342,20	200,51	291,65	328,10	191,89	279,12	314,01	183,27	266,58	299,90	174,66	254,05	285,80	166,04	241,52	271,71	157,42	228,98	257,60
	III	3.120,33	23,38	249,62	280,82	4,74	237,09	266,72	-	224,56	252,63	-	212,06	238,57	-	199,80	224,77	-	187,78	211,25	-	176,04	198,04
	IV	3.951,41	217,32	316,11	355,62	213,01	309,84	348,57	208,71	303,58	341,52	204,40	297,31	334,47	200,09	291,04	327,42	195,78	284,78	320,37	191,47	278,51	313,32
	V	4.465,83	245,62	357,26	401,92																		
	VI	4.510,16	248,05	360,81	405,91																		
2.620,99 (West)	I	3.944,83	216,96	315,58	355,03	208,35	303,06	340,94	199,73	290,52	326,84	191,12	277,99	312,74	182,50	265,46	298,64	173,88	252,92	284,54	165,27	240,39	270,44
	II	3.795,75	208,76	303,66	341,61	200,14	291,12	327,51	191,53	278,59	313,41	182,92	266,06	299,32	174,30	253,53	285,22	165,68	241,00	271,12	157,07	228,46	257,02
	III	3.113,66	22,59	249,09	280,22	3,94	236,56	266,13	-	224,02	252,02	-	211,54	237,98	-	199,29	224,20	-	187,29	210,70	-	175,54	197,48
	IV	3.944,83	216,96	315,58	355,03	212,66	309,32	347,99	208,35	303,06	340,94	204,04	296,79	333,89	199,73	290,52	326,84	195,42	284,26	319,79	191,12	277,99	312,74
	V	4.459,33	245,26	356,74	401,33																		
	VI	4.503,58	247,69	360,28	405,32																		
2.620,99 (Ost)	I	3.952,66	217,39	316,21	355,73	208,78	303,68	341,64	200,16	291,14	327,53	191,54	278,61	313,43	182,93	266,08	299,34	174,31	253,55	285,24	165,70	241,02	271,14
	II	3.803,58	209,19	304,28	342,32	200,58	291,75	328,22	191,96	279,22	314,12	183,34	266,68	300,02	174,73	254,15	285,92	166,11	241,62	271,82	157,49	229,08	257,72
	III	3.121,50	23,52	249,72	280,93	4,87	237,18	266,83	-	224,65	252,73	-	212,16	238,68	-	199,89	224,87	-	187,88	211,36	-	176,13	198,14
	IV	3.952,66	217,39	316,21	355,73	213,08	309,94	348,68	208,78	303,68	341,64	204,47	297,41	334,58	200,16	291,14	327,53	195,85	284,88	320,49	191,54	278,61	313,43
	V	4.467,08	245,68	357,36	402,03																		
	VI	4.511,41	248,12	360,91	406,02																		
2.623,99 (West)	I	3.946,16	217,03	315,69	355,15	208,42	303,16	341,05	199,80	290,62	326,95	191,18	278,09	312,85	182,57	265,56	298,75	173,95	253,02	284,65	165,33	240,49	270,55
	II	3.797,00	208,83	303,76	341,73	200,21	291,22	327,62	191,60	278,70	313,53	182,98	266,16	299,43	174,37	253,63	285,33	165,75	241,10	271,23	157,13	228,56	257,13
	III	3.115,00	22,74	249,20	280,35	4,10	236,66	266,24	-	224,13	252,14	-	211,64	238,09	-	199,38	224,30	-	187,38	210,80	-	175,64	197,59
	IV	3.946,16	217,03	315,69	355,15	212,73	309,42	348,10	208,42	303,16	341,05	204,11	296,89	334,00	199,80	290,62	326,95	195,49	284,36	319,90	191,18	278,09	312,85
	V	4.460,58	245,33	356,84	401,45																		
	VI	4.504,91	247,77	360,39	405,44																		
2.623,99 (Ost)	I	3.953,91	217,46	316,31	355,85	208,84	303,78	341,75	200,23	291,24	327,65	191,61	278,71	313,55	183,00	266,18	299,45	174,38	253,65	285,35	165,77	241,12	271,26
	II	3.804,83	209,26	304,38	342,43	200,64	291,85	328,33	192,03	279,32	314,23	183,41	266,78	300,13	174,79	254,25	286,03	166,18	241,72	271,93	157,57	229,19	257,84
	III	3.122,83	23,68	249,82	281,05	5,03	237,29	266,95	-	224,76	252,85	-	212,26	238,79	-	199,98	224,98	-	187,97	211,46	-	176,22	198,25
	IV	3.953,91	217,46	316,31	355,85	213,15	310,04	348,80	208,84	303,78	341,75	204,54	297,51	334,70	200,23	291,24	327,65	195,92	284,98	320,60	191,61	278,71	313,55
	V	4.468,41	245,76	357,47	402,15																		
	VI	4.512,66	248,19	361,01	406,13																		
2.626,99 (West)	I	3.947,41	217,10	315,79	355,26	208,49	303,26	341,16	199,87	290,72	327,06	191,25	278,19	312,96	182,64	265,66	298,86	174,02	253,12	284,76	165,40	240,59	270,66
	II	3.798,33	208,90	303,86	341,84	200,29	291,33	327,74	191,67	278,80	313,65	183,05	266,26	299,54	174,44	253,73	285,44	165,82	241,20	271,35	157,20	228,66	257,24
	III	3.116,16	22,88	249,29	280,45	4,24	236,76	266,35	-	224,22	252,25	-	211,74	238,21	-	199,48	224,41	-	187,48	210,91	-	175,73	197,69
	IV	3.947,41	217,10	315,79	355,26	212,79	309,52	348,21	208,49	303,26	341,16	204,18	296,99	334,11	199,87	290,72	327,06	195,56	284,46	320,01	191,25	278,19	312,96
	V	4.461,83	245,40	356,94	401,56																		
	VI	4.506,16	247,83	360,49	405,55																		
2.626,99 (Ost)	I	3.955,16	217,53	316,41	355,96	208,91	303,88	341,86	200,30	291,35	327,77	191,68	278,82	313,67	183,07	266,28	299,57	174,45	253,75	285,47	165,83	241,22	271,37
	II	3.806,08	209,33	304,48	342,54	200,71	291,95	328,44	192,10	279,42	314,34	183,48	266,88	300,24	174,86	254,35	286,14	166,25	241,82	272,05	157,63	229,29	257,95
	III	3.124,00	23,81	249,92	281,16	5,17	237,38	267,05	-	224,86	252,97	-	212,36	238,90	-	200,09	225,10	-	188,08	211,59	-	176,32	198,36
	IV	3.955,16	217,53	316,41	355,96	213,22	310,14	348,91	208,91	303,88	341,86	204,60	297,61	334,81	200,30	291,35	327,77	195,99	285,08	320,72	191,68	278,82	313,67
	V	4.469,66	245,83	357,57	402,26																		
	VI	4.513,91	248,26	361,11	406,25																		
2.629,99 (West)	I	3.948,66	217,17	315,89	355,37	208,56	303,36	341,28	199,94	290,82	327,17	191,32	278,29	313,07	182,71	265,76	298,98	174,09	253,22	284,87	165,47	240,69	270,77
	II	3.799,58	208,97	303,96	341,96	200,36	291,43	327,86	191,74	278,90	313,76	183,12	266,36	299,66	174,51	253,83	285,56	165,89	241,30	271,46	157,27	228,76	257,36
	III	3.117,50	23,04	249,40	280,57	4,40	236,86	266,47	-	224,33	252,37	-	211,84	238,32	-	199,57	224,51	-	187,57	211,01	-	175,82	197,80
	IV	3.948,66	217,17	315,89	355,37	212,86	309,62	348,32	208,56	303,36	341,28	204,25	297,09	334,22	199,94	290,82	327,17	195,63	284,56	320,13	191,32	278,29	313,07
	V	4.463,08	245,46	357,04	401,67																		
	VI	4.507,41	247,90	360,59	405,66																		
2.629,99 (Ost)	I	3.956,41	217,60	316,51	356,07	208,99	303,98	341,98	200,37	291,45	327,88	191,75	278,92	313,78	183,14	266,38	299,68	174,52	253,85	285,58	165,90	241,32	271,48
	II	3.807,33	209,40	304,58	342,65	200,78	292,05	328,55	192,17	279,52	314,46	183,55	266,99	300,36	174,94	254,46	286,26	166,32	241,92	272,16	157,70	229,39	258,06
	III	3.125,33	23,97	250,02	281,27	5,33	237,49	267,17	-	224,96	253,08	-	212,46	239,02	-	200,18	225,20	-	188,17	211,69	-	176,41	198,46
	IV	3.956,41	217,60	316,51	356,07	213,29	310,25	349,03	208,99	303,98	341,98	204,68	297,72	334,93	200,37	291,45	327,88	196,06	285,18	320,83	191,75	278,92	313,78
	V	4.470,91	245,90	357,67	402,38																		
	VI	4.515,25	248,33	361,22	406,37																		

Lohn/ Gehalt bis	Steuerklasse	Lohnsteuer	ohne Kinderfreibetrag			Anzahl Kinderfreibeträge (nur Steuerklassen I–IV)																	
						0,5			1,0			1,5			2,0			2,5			3,0		
			SolZ 5,5%	Kirchensteuer 8%	9%	SolZ 5,5%	Kirchensteuer 8%	9%	SolZ 5,5%	Kirchensteuer 8%	9%	SolZ 5,5%	Kirchensteuer 8%	9%	SolZ 5,5%	Kirchensteuer 8%	9%	SolZ 5,5%	Kirchensteuer 8%	9%	SolZ 5,5%	Kirchenste[uer] 8%	9[%]
12.632,99 (West)	I	3.949,91	217,24	315,99	355,49	208,62	303,46	341,39	200,01	290,92	327,29	191,39	278,39	313,19	182,77	265,86	299,09	174,16	253,32	284,99	165,54	240,79	2
	II	3.800,83	209,04	304,06	342,07	200,42	291,53	327,97	191,81	279,00	313,87	183,19	266,46	299,77	174,57	253,93	285,67	165,96	241,40	271,57	157,34	228,86	2
	III	3.118,83	23,20	249,50	280,69	4,56	236,97	266,59	-	224,44	252,49	-	211,94	238,43	-	199,68	224,64	-	187,66	211,12	-	175,92	1
	IV	3.949,91	217,24	315,99	355,49	212,93	309,72	348,44	208,62	303,46	341,39	204,32	297,19	334,34	200,01	290,92	327,29	195,70	284,66	320,24	191,39	278,39	3
	V	4.464,33	245,53	357,14	401,78																		
	VI	4.508,66	247,97	360,69	405,77																		
12.632,99 (Ost)	I	3.957,75	217,67	316,62	356,19	209,05	304,08	342,09	200,44	291,55	327,99	191,82	279,02	313,89	183,20	266,48	299,79	174,59	253,95	285,69	165,97	241,42	2
	II	3.808,58	209,47	304,68	342,77	200,85	292,15	328,67	192,24	279,62	314,57	183,62	267,09	300,47	175,01	254,56	286,38	166,39	242,02	272,27	157,77	229,49	2
	III	3.126,66	24,13	250,13	281,39	5,49	237,60	267,30	-	225,06	253,19	-	212,56	239,13	-	200,28	225,31	-	188,26	211,79	-	175,50	1
	IV	3.957,75	217,67	316,62	356,19	213,36	310,35	349,14	209,05	304,08	342,09	204,75	297,82	335,04	200,44	291,55	327,99	196,13	285,28	320,94	191,82	279,02	3
	V	4.472,16	245,96	357,77	402,49																		
	VI	4.516,50	248,40	361,32	406,48																		
12.635,99 (West)	I	3.951,16	217,31	316,09	355,60	208,69	303,56	341,50	200,08	291,02	327,40	191,46	278,49	313,30	182,84	265,96	299,20	174,23	253,42	285,10	165,61	240,90	2
	II	3.802,08	209,11	304,16	342,18	200,49	291,63	328,08	191,88	279,10	313,98	183,26	266,56	299,88	174,64	254,03	285,78	166,03	241,50	271,68	157,41	228,96	2
	III	3.120,00	23,34	249,60	280,80	4,70	237,06	266,69	-	224,53	252,59	-	212,04	238,54	-	199,77	224,74	-	187,76	211,23	-	176,01	1
	IV	3.951,16	217,31	316,09	355,60	213,00	309,82	348,55	208,69	303,56	341,50	204,38	297,29	334,45	200,08	291,02	327,40	195,77	284,76	320,35	191,46	278,49	3
	V	4.465,58	245,60	357,24	401,90																		
	VI	4.509,91	248,04	360,79	405,89																		
12.635,99 (Ost)	I	3.959,00	217,74	316,72	356,31	209,12	304,18	342,20	200,51	291,65	328,10	191,89	279,12	314,01	183,27	266,58	299,90	174,66	254,05	285,80	166,04	241,52	2
	II	3.809,91	209,54	304,79	342,89	200,92	292,26	328,79	192,31	279,72	314,69	183,69	267,19	300,59	175,07	254,66	286,49	166,46	242,12	272,39	157,84	229,59	2
	III	3.127,83	24,27	250,22	281,50	5,63	237,69	267,40	-	225,16	253,30	-	212,66	239,24	-	200,38	225,43	-	188,36	211,90	-	176,60	1
	IV	3.959,00	217,74	316,72	356,31	213,43	310,45	349,25	209,12	304,18	342,20	204,82	297,92	335,16	200,51	291,65	328,10	196,20	285,38	321,05	191,89	279,12	3
	V	4.473,41	246,03	357,87	402,60																		
	VI	4.517,75	248,47	361,42	406,59																		
12.638,99 (West)	I	3.952,41	217,38	316,19	355,71	208,76	303,66	341,61	200,14	291,12	327,51	191,53	278,59	313,41	182,92	266,06	299,32	174,30	253,53	285,22	165,68	241,00	2
	II	3.803,33	209,18	304,26	342,29	200,56	291,73	328,19	191,95	279,20	314,10	183,33	266,66	299,99	174,71	254,13	285,89	166,10	241,60	271,80	157,48	229,06	2
	III	3.121,33	23,50	249,70	280,91	4,85	237,17	266,81	-	224,64	252,72	-	212,14	238,66	-	199,86	224,84	-	187,86	211,34	-	176,10	1
	IV	3.952,41	217,38	316,19	355,71	213,07	309,92	348,66	208,76	303,66	341,61	204,45	297,39	334,56	200,14	291,12	327,51	195,84	284,86	320,46	191,53	278,59	3
	V	4.466,83	245,67	357,34	402,01																		
	VI	4.511,16	248,11	360,89	406,00																		
12.638,99 (Ost)	I	3.960,25	217,81	316,82	356,42	209,19	304,28	342,32	200,58	291,75	328,22	191,96	279,22	314,12	183,34	266,68	300,02	174,73	254,15	285,92	166,11	241,62	2
	II	3.811,16	209,61	304,89	343,00	200,99	292,36	328,90	192,38	279,82	314,80	183,76	267,29	300,70	175,14	254,76	286,60	166,53	242,22	272,50	157,91	229,69	2
	III	3.129,16	24,43	250,33	281,62	5,79	237,80	267,52	-	225,26	253,42	-	212,76	239,35	-	200,48	225,54	-	188,45	212,00	-	176,69	1
	IV	3.960,25	217,81	316,82	356,42	213,50	310,55	349,37	209,19	304,28	342,32	204,88	298,02	335,27	200,58	291,75	328,22	196,27	285,48	321,17	191,96	279,22	3
	V	4.474,66	246,10	357,97	402,71																		
	VI	4.519,00	248,54	361,52	406,71																		
12.641,99 (West)	I	3.953,66	217,45	316,29	355,82	208,83	303,76	341,73	200,21	291,22	327,62	191,60	278,70	313,53	182,98	266,16	299,43	174,37	253,63	285,33	165,75	241,10	27
	II	3.804,58	209,25	304,36	342,41	200,63	291,83	328,31	192,01	279,30	314,21	183,40	266,76	300,11	174,78	254,23	286,01	166,17	241,70	271,91	157,55	229,17	25
	III	3.122,50	23,64	249,80	281,02	4,99	237,26	266,92	-	224,73	252,82	-	212,24	238,77	-	199,97	224,96	-	187,96	211,45	-	176,20	19
	IV	3.953,66	217,45	316,29	355,82	213,14	310,02	348,77	208,83	303,76	341,73	204,52	297,49	334,67	200,21	291,22	327,62	195,91	284,96	320,58	191,60	278,70	31
	V	4.468,16	245,74	357,45	402,13																		
	VI	4.512,41	248,18	360,99	406,11																		
12.641,99 (Ost)	I	3.961,50	217,88	316,92	356,53	209,26	304,38	342,43	200,64	291,85	328,33	192,03	279,32	314,23	183,41	266,78	300,13	174,79	254,25	286,03	166,18	241,72	27
	II	3.812,41	209,68	304,99	343,11	201,06	292,46	329,01	192,44	279,92	314,91	183,83	267,39	300,81	175,21	254,86	286,71	166,59	242,32	272,61	157,98	229,79	25
	III	3.130,33	24,57	250,42	281,72	5,93	237,89	267,62	-	225,36	253,53	-	212,86	239,47	-	200,57	225,64	-	188,54	212,11	-	176,73	19
	IV	3.961,50	217,88	316,92	356,53	213,57	310,65	349,48	209,26	304,38	342,43	204,95	298,12	335,38	200,64	291,85	328,33	196,34	285,58	321,28	192,03	279,32	31
	V	4.475,91	246,17	358,07	402,83																		
	VI	4.520,25	248,61	361,62	406,82																		
12.644,99 (West)	I	3.954,91	217,52	316,39	355,94	208,90	303,86	341,84	200,29	291,33	327,74	191,67	278,80	313,65	183,05	266,26	299,54	174,44	253,73	285,44	165,82	241,20	27
	II	3.805,83	209,32	304,46	342,52	200,70	291,93	328,42	192,08	279,40	314,32	183,47	266,86	300,22	174,85	254,34	286,13	166,24	241,80	272,03	157,62	229,27	25
	III	3.123,83	23,80	249,90	281,14	5,15	237,37	267,04	-	224,84	252,94	-	212,34	238,88	-	200,06	225,07	-	188,05	211,55	-	176,29	19
	IV	3.954,91	217,52	316,39	355,94	213,21	310,12	348,89	208,90	303,86	341,84	204,60	297,60	334,80	200,29	291,33	327,74	195,98	285,06	320,69	191,67	278,80	31
	V	4.469,41	245,81	357,55	402,24																		
	VI	4.513,66	248,25	361,09	406,22																		
12.644,99 (Ost)	I	3.962,75	217,95	317,02	356,64	209,33	304,48	342,54	200,71	291,95	328,44	192,10	279,42	314,34	183,48	266,88	300,24	174,86	254,35	286,14	166,25	241,82	27
	II	3.813,66	209,75	305,09	343,22	201,13	292,56	329,13	192,51	280,02	315,02	183,90	267,49	300,92	175,28	254,96	286,83	166,66	242,42	272,72	158,05	229,89	25
	III	3.131,66	24,73	250,53	281,84	6,08	238,00	267,75	-	225,46	253,64	-	212,96	239,58	-	200,68	225,76	-	188,65	212,23	-	176,88	19
	IV	3.962,75	217,95	317,02	356,64	213,64	310,75	349,59	209,33	304,48	342,54	205,02	298,22	335,49	200,71	291,95	328,44	196,40	285,68	321,39	192,10	279,42	31
	V	4.477,16	246,24	358,17	402,94																		
	VI	4.521,50	248,68	361,72	406,93																		
12.647,99 (West)	I	3.956,25	217,59	316,50	356,06	208,97	303,96	341,96	200,36	291,43	327,86	191,74	278,90	313,76	183,12	266,36	299,66	174,51	253,83	285,56	165,89	241,30	27
	II	3.807,08	209,38	304,56	342,63	200,77	292,03	328,53	192,16	279,50	314,44	183,54	266,97	300,34	174,92	254,44	286,24	166,31	241,90	272,14	157,69	229,37	25
	III	3.125,00	23,93	250,00	281,25	5,29	237,46	267,14	-	224,93	253,04	-	212,44	238,99	-	200,16	225,18	-	188,14	211,66	-	176,38	19
	IV	3.956,25	217,59	316,50	356,06	213,28	310,23	349,01	208,97	303,96	341,96	204,66	297,70	334,91	200,36	291,43	327,86	196,05	285,16	320,81	191,74	278,90	31
	V	4.470,66	245,88	357,65	402,35																		
	VI	4.515,00	248,32	361,20	406,35																		
12.647,99 (Ost)	I	3.964,00	218,02	317,12	356,76	209,40	304,58	342,65	200,78	292,05	328,55	192,17	279,52	314,46	183,55	266,99	300,36	174,94	254,46	286,26	166,32	241,92	272
	II	3.814,91	209,82	305,19	343,34	201,20	292,66	329,24	192,58	280,12	315,14	183,97	267,59	301,04	175,35	255,06	286,94	166,73	242,52	272,84	158,12	229,99	258
	III	3.132,83	24,87	250,62	281,95	6,22	238,09	267,85	-	225,56	253,75	-	213,06	239,69	-	200,77	225,86	-	188,74	212,33	-	176,97	199
	IV	3.964,00	218,02	317,12	356,76	213,71	310,85	349,70	209,40	304,58	342,65	205,09	298,32	335,61	200,78	292,05	328,55	196,47	285,78	321,50	192,17	279,52	314
	V	4.478,50	246,31	358,28	403,06																		
	VI	4.522,75	248,75	361,82	407,04																		
12.650,99 (West)	I	3.957,50	217,66	316,60	356,17	209,04	304,06	342,07	200,42	291,53	327,97	191,81	279,00	313,87	183,19	266,46	299,77	174,57	253,93	285,67	165,96	241,40	271
	II	3.808,33	209,45	304,66	342,74	200,84	292,14	328,65	192,22	279,60	314,55	183,61	267,07	300,45	174,99	254,54	286,35	166,37	242,00	272,25	157,76	229,47	258
	III	3.126,33	24,09	250,10	281,36	5,45	237,57	267,26	-	225,04	253,17	-	212,53	239,09	-	200,26	225,29	-	188,24	211,77	-	176,48	198
	IV	3.957,50	217,66	316,60	356,17	213,35	310,33	349,12	209,04	304,06	342,07	204,73	297,80	335,02	200,42	291,53	327,97	196,12	285,26	320,92	191,81	279,00	313
	V	4.471,91	245,95	357,75	402,47																		
	VI	4.516,25	248,39	361,30	406,46																		
12.650,99 (Ost)	I	3.965,25	218,08	317,22	356,87	209,47	304,68	342,77	200,85	292,15	328,67	192,24	279,62	314,57	183,62	267,09	300,47	175,01	254,56	286,38	166,39	242,02	272,
	II	3.816,16	209,88	305,29	343,45	201,27	292,76	329,35	192,65	280,22	315,25	184,03	267,69	301,15	175,42	255,16	287,05	166,81	242,63	272,96	158,19	230,10	258,
	III	3.134,16	25,02	250,73	282,07	6,38	238,20	267,97	-	225,66	253,87	-	213,16	239,80	-	200,86	225,97	-	188,84	212,44	-	177,06	199,
	IV	3.965,25	218,08	317,22	356,87	213,78	310,95	349,82	209,47	304,68	342,77	205,16	298,42	335,72	200,85	292,15	328,67	196,55	285,89	321,62	192,24	279,62	314,
	V	4.479,75	246,38	358,38	403,17																		
	VI	4.524,00	248,82	361,92	407,16																		

Lohn/ Gehalt bis	Steuerklasse	Lohn-steuer	ohne Kinderfreibetrag SolZ 5,5%	ohne Kinderfreibetrag Kirchensteuer 8%	ohne Kinderfreibetrag Kirchensteuer 9%	0,5 SolZ 5,5%	0,5 Kirchensteuer 8%	0,5 Kirchensteuer 9%	1,0 SolZ 5,5%	1,0 Kirchensteuer 8%	1,0 Kirchensteuer 9%	1,5 SolZ 5,5%	1,5 Kirchensteuer 8%	1,5 Kirchensteuer 9%	2,0 SolZ 5,5%	2,0 Kirchensteuer 8%	2,0 Kirchensteuer 9%	2,5 SolZ 5,5%	2,5 Kirchensteuer 8%	2,5 Kirchensteuer 9%	3,0 SolZ 5,5%	3,0 Kirchensteuer 8%	3,0 Kirchensteuer 9%
						Anzahl Kinderfreibeträge (nur Steuerklassen I–IV)																	
.653,99 (West)	I	3.958,75	217,73	316,70	356,28	209,11	304,16	342,18	200,49	291,63	328,08	191,88	279,10	313,98	183,26	266,56	299,88	174,64	254,03	285,78	166,03	241,50	271,68
	II	3.809,66	209,53	304,77	342,86	200,91	292,24	328,77	192,29	279,70	314,66	183,68	267,17	300,56	175,06	254,64	286,47	166,44	242,10	272,36	157,83	229,57	258,26
	III	3.127,50	24,23	250,20	281,47	5,59	237,66	267,37	-	225,14	253,28	-	212,64	239,22	-	200,36	225,40	-	188,34	211,88	-	176,57	198,64
	IV	3.958,75	217,73	316,70	356,28	213,42	310,43	349,23	209,11	304,16	342,18	204,80	297,90	335,13	200,49	291,63	328,08	196,18	285,36	321,03	191,88	279,10	313,98
	V	4.473,16	246,02	357,85	402,58																		
	VI	4.517,50	248,46	361,40	406,57																		
.653,99 (Ost)	I	3.966,50	218,15	317,32	356,98	209,54	304,79	342,89	200,92	292,26	328,79	192,31	279,72	314,69	183,69	267,19	300,59	175,07	254,66	286,49	166,46	242,12	272,39
	II	3.817,41	209,95	305,39	343,56	201,34	292,86	329,46	192,72	280,32	315,36	184,10	267,79	301,26	175,49	255,26	287,17	166,87	242,73	273,07	158,26	230,20	258,97
	III	3.135,33	25,16	250,82	282,17	6,54	238,30	268,09	-	225,77	253,99	-	213,26	239,92	-	200,97	226,09	-	188,93	212,54	-	177,16	199,30
	IV	3.966,50	218,15	317,32	356,98	213,84	311,05	349,93	209,54	304,79	342,89	205,23	298,52	335,84	200,92	292,26	328,79	196,62	285,99	321,74	192,31	279,72	314,69
	V	4.481,00	246,45	358,48	403,29																		
	VI	4.525,25	248,88	362,02	407,27																		
2.656,99 (West)	I	3.960,00	217,80	316,80	356,40	209,18	304,26	342,29	200,56	291,73	328,19	191,95	279,20	314,10	183,33	266,66	299,99	174,71	254,13	285,89	166,10	241,60	271,80
	II	3.810,91	209,60	304,87	342,98	200,98	292,34	328,88	192,36	279,80	314,78	183,75	267,27	300,68	175,13	254,74	286,58	166,51	242,20	272,48	157,90	229,67	258,38
	III	3.128,83	24,39	250,30	281,59	5,75	237,77	267,49	-	225,24	253,39	-	212,73	239,32	-	200,45	225,50	-	188,44	211,99	-	176,66	198,74
	IV	3.960,00	217,80	316,80	356,40	213,49	310,53	349,34	209,18	304,26	342,29	204,87	298,00	335,25	200,56	291,73	328,19	196,25	285,46	321,14	191,95	279,20	314,10
	V	4.474,41	246,09	357,95	402,69																		
	VI	4.518,75	248,53	361,50	406,68																		
.656,99 (Ost)	I	3.967,83	218,23	317,42	357,10	209,61	304,89	343,00	200,99	292,36	328,90	192,38	279,82	314,80	183,76	267,29	300,70	175,14	254,76	286,60	166,53	242,22	272,50
	II	3.818,66	210,02	305,49	343,67	201,41	292,96	329,58	192,79	280,43	315,48	184,18	267,90	301,38	175,56	255,36	287,28	166,94	242,83	273,18	158,33	230,30	259,08
	III	3.136,66	25,32	250,93	282,29	6,68	238,40	268,20	-	225,86	254,09	-	213,36	240,03	-	201,06	226,19	-	189,02	212,65	-	177,25	199,40
	IV	3.967,83	218,23	317,42	357,10	213,92	311,16	350,05	209,61	304,89	343,00	205,30	298,62	335,95	200,99	292,36	328,90	196,68	286,09	321,85	192,38	279,82	314,80
	V	4.482,25	246,52	358,58	403,40																		
	VI	4.526,58	248,96	362,12	407,39																		
2.659,99 (West)	I	3.961,25	217,86	316,90	356,51	209,25	304,36	342,41	200,63	291,83	328,31	192,01	279,30	314,21	183,40	266,76	300,11	174,78	254,23	286,01	166,17	241,70	271,91
	II	3.812,16	209,66	304,97	343,09	201,05	292,44	328,99	192,43	279,90	314,89	183,81	267,37	300,79	175,20	254,84	286,69	166,58	242,30	272,59	157,96	229,77	258,49
	III	3.130,16	24,55	250,41	281,71	5,91	237,88	267,61	-	225,34	253,51	-	212,84	239,44	-	200,56	225,63	-	188,53	212,09	-	176,76	198,85
	IV	3.961,25	217,86	316,90	356,51	213,56	310,63	349,46	209,25	304,36	342,41	204,94	298,10	335,36	200,63	291,83	328,31	196,32	285,56	321,26	192,01	279,30	314,21
	V	4.475,66	246,16	358,05	402,80																		
	VI	4.520,00	248,60	361,60	406,80																		
2.659,99 (Ost)	I	3.969,08	218,29	317,52	357,21	209,68	304,99	343,11	201,06	292,46	329,01	192,44	279,92	314,91	183,83	267,39	300,81	175,21	254,86	286,71	166,59	242,32	272,61
	II	3.819,91	210,09	305,59	343,79	201,48	293,06	329,69	192,86	280,53	315,59	184,25	268,00	301,50	175,63	255,46	287,39	167,01	242,93	273,29	158,40	230,40	259,20
	III	3.138,00	25,48	251,04	282,42	6,84	238,50	268,31	-	225,97	254,21	-	213,46	240,14	-	201,16	226,30	-	189,13	212,77	-	177,34	199,51
	IV	3.969,08	218,29	317,52	357,21	213,99	311,26	350,16	209,68	304,99	343,11	205,37	298,72	336,06	201,06	292,46	329,01	196,75	286,19	321,96	192,44	279,92	314,91
	V	4.483,50	246,59	358,68	403,51																		
	VI	4.527,83	249,03	362,22	407,50																		
2.662,99 (West)	I	3.962,50	217,93	317,00	356,62	209,32	304,46	342,52	200,70	291,93	328,42	192,08	279,40	314,32	183,47	266,86	300,22	174,85	254,34	286,13	166,24	241,80	272,03
	II	3.813,41	209,73	305,07	343,20	201,12	292,54	329,10	192,50	280,00	315,00	183,88	267,47	300,90	175,27	254,94	286,80	166,65	242,40	272,70	158,03	229,87	258,60
	III	3.131,33	24,69	250,50	281,81	6,04	237,97	267,71	-	225,44	253,62	-	212,93	239,54	-	200,65	225,73	-	188,62	212,20	-	176,85	198,95
	IV	3.962,50	217,93	317,00	356,62	213,62	310,73	349,57	209,32	304,46	342,52	205,01	298,20	335,47	200,70	291,93	328,42	196,39	285,66	321,37	192,08	279,40	314,32
	V	4.476,91	246,23	358,15	402,92																		
	VI	4.521,25	248,66	361,70	406,91																		
2.662,99 (Ost)	I	3.970,33	218,36	317,62	357,32	209,75	305,09	343,22	201,13	292,56	329,13	192,51	280,02	315,02	183,90	267,49	300,92	175,28	254,96	286,83	166,66	242,42	272,72
	II	3.821,25	210,16	305,70	343,91	201,55	293,16	329,81	192,93	280,63	315,71	184,31	268,10	301,61	175,70	255,56	287,51	167,08	243,03	273,41	158,46	230,50	259,31
	III	3.139,16	25,62	251,13	282,52	6,98	238,60	268,42	-	226,06	254,32	-	213,56	240,25	-	201,26	226,42	-	189,22	212,87	-	177,44	199,62
	IV	3.970,33	218,36	317,62	357,32	214,06	311,36	350,28	209,75	305,09	343,22	205,44	298,82	336,17	201,13	292,56	329,13	196,82	286,29	322,07	192,51	280,02	315,02
	V	4.484,75	246,66	358,78	403,62																		
	VI	4.529,08	249,09	362,32	407,61																		
2.665,99 (West)	I	3.963,75	218,00	317,10	356,73	209,38	304,56	342,63	200,77	292,03	328,53	192,16	279,50	314,44	183,54	266,97	300,34	174,92	254,44	286,24	166,31	241,90	272,14
	II	3.814,66	209,80	305,17	343,31	201,19	292,64	329,22	192,57	280,10	315,11	183,95	267,57	301,01	175,34	255,04	286,92	166,72	242,50	272,81	158,11	229,98	258,72
	III	3.132,66	24,85	250,61	281,93	6,20	238,08	267,84	-	225,54	253,73	-	213,04	239,67	-	200,74	225,83	-	188,72	212,31	-	176,94	199,06
	IV	3.963,75	218,00	317,10	356,73	213,69	310,83	349,68	209,38	304,56	342,63	205,08	298,30	335,58	200,77	292,03	328,53	196,46	285,76	321,48	192,16	279,50	314,44
	V	4.478,25	246,30	358,26	403,04																		
	VI	4.522,50	248,73	361,80	407,02																		
2.665,99 (Ost)	I	3.971,58	218,43	317,72	357,44	209,82	305,19	343,34	201,20	292,66	329,24	192,58	280,12	315,14	183,97	267,59	301,04	175,35	255,06	286,94	166,73	242,52	272,84
	II	3.822,50	210,23	305,80	344,02	201,62	293,26	329,92	193,00	280,73	315,82	184,38	268,20	301,72	175,77	255,66	287,62	167,15	243,13	273,52	158,53	230,60	259,42
	III	3.140,50	25,78	251,24	282,64	7,14	238,70	268,54	-	226,17	254,44	-	213,66	240,37	-	201,36	226,53	-	189,32	212,98	-	177,53	199,72
	IV	3.971,58	218,43	317,72	357,44	214,12	311,46	350,39	209,82	305,19	343,34	205,51	298,92	336,29	201,20	292,66	329,24	196,89	286,39	322,19	192,58	280,12	315,14
	V	4.486,00	246,73	358,88	403,74																		
	VI	4.530,33	249,16	362,42	407,72																		
2.668,99 (West)	I	3.965,00	218,07	317,20	356,85	209,45	304,66	342,74	200,84	292,14	328,65	192,22	279,60	314,55	183,61	267,07	300,45	174,99	254,54	286,35	166,37	242,00	272,25
	II	3.815,91	209,87	305,27	343,43	201,25	292,74	329,33	192,64	280,20	315,23	184,02	267,67	301,13	175,41	255,14	287,03	166,79	242,61	272,93	158,18	230,08	258,84
	III	3.133,83	24,99	250,70	282,04	6,34	238,17	267,94	-	225,64	253,84	-	213,13	239,77	-	200,85	225,95	-	188,81	212,41	-	177,04	199,17
	IV	3.965,00	218,07	317,20	356,85	213,76	310,93	349,79	209,45	304,66	342,74	205,15	298,40	335,70	200,84	292,14	328,65	196,53	285,87	321,60	192,22	279,60	314,55
	V	4.479,50	246,37	358,36	403,15																		
	VI	4.523,75	248,80	361,90	407,13																		
2.668,99 (Ost)	I	3.972,83	218,50	317,82	357,55	209,88	305,29	343,45	201,27	292,76	329,35	192,65	280,22	315,25	184,03	267,69	301,15	175,42	255,16	287,05	166,81	242,63	272,96
	II	3.823,75	210,30	305,90	344,13	201,68	293,36	330,03	193,07	280,83	315,93	184,45	268,30	301,83	175,83	255,76	287,73	167,22	243,23	273,63	158,60	230,70	259,53
	III	3.141,66	25,92	251,33	282,74	7,27	238,80	268,65	-	226,26	254,54	-	213,76	240,48	-	201,45	226,63	-	189,41	213,08	-	177,62	199,82
	IV	3.972,83	218,50	317,82	357,55	214,19	311,56	350,50	209,88	305,29	343,45	205,58	299,02	336,40	201,27	292,76	329,35	196,96	286,49	322,30	192,65	280,22	315,25
	V	4.487,25	246,79	358,98	403,85																		
	VI	4.531,58	249,23	362,52	407,84																		
2.671,99 (West)	I	3.966,33	218,14	317,30	356,96	209,53	304,77	342,86	200,91	292,24	328,77	192,29	279,70	314,66	183,68	267,17	300,56	175,06	254,64	286,47	166,44	242,10	272,36
	II	3.817,16	209,94	305,37	343,54	201,32	292,84	329,44	192,71	280,30	315,34	184,09	267,78	301,25	175,48	255,24	287,15	166,86	242,71	273,05	158,24	230,18	258,95
	III	3.135,16	25,14	250,81	282,16	6,50	238,28	268,06	-	225,74	253,96	-	213,24	239,89	-	200,94	226,06	-	188,92	212,53	-	177,13	199,27
	IV	3.966,33	218,14	317,30	356,96	213,84	311,04	349,92	209,53	304,77	342,86	205,22	298,50	335,81	200,91	292,24	328,77	196,60	285,97	321,71	192,29	279,70	314,66
	V	4.480,75	246,44	358,46	403,26																		
	VI	4.525,08	248,87	362,00	407,25																		
12.671,99 (Ost)	I	3.974,08	218,57	317,92	357,66	209,95	305,39	343,56	201,34	292,86	329,46	192,72	280,32	315,36	184,10	267,79	301,26	175,49	255,26	287,17	166,87	242,73	273,07
	II	3.825,00	210,37	306,00	344,25	201,75	293,46	330,14	193,14	280,93	316,04	184,52	268,40	301,95	175,90	255,86	287,84	167,29	243,33	273,74	158,67	230,80	259,65
	III	3.143,00	26,08	251,44	282,87	7,43	238,90	268,76	-	226,37	254,66	-	213,86	240,59	-	201,56	226,75	-	189,50	213,19	-	177,72	199,93
	IV	3.974,08	218,57	317,92	357,66	214,26	311,66	350,61	209,95	305,39	343,56	205,64	299,12	336,51	201,34	292,86	329,46	197,03	286,59	322,41	192,72	280,32	315,36
	V	4.488,50	246,86	359,08	403,96																		
	VI	4.532,83	249,30	362,62	407,95																		

Lohn/ Gehalt bis	Steuerklasse	Lohn-steuer	ohne Kinderfreibetrag SolZ 5,5%	Kirchensteuer 8%	9%	0,5 SolZ 5,5%	Kirchensteuer 8%	9%	1,0 SolZ 5,5%	Kirchensteuer 8%	9%	1,5 SolZ 5,5%	Kirchensteuer 8%	9%	2,0 SolZ 5,5%	Kirchensteuer 8%	9%	2,5 SolZ 5,5%	Kirchensteuer 8%	9%	3,0 SolZ 5,5%	Kirchensteuer 8%	9
12.674,99 (West)	I	3.967,58	218,21	317,40	357,08	209,60	304,87	342,98	200,98	292,34	328,88	192,36	279,80	314,78	183,75	267,27	300,68	175,13	254,74	286,58	166,51	242,20	27
	II	3.818,41	210,01	305,47	343,65	201,40	292,94	329,56	192,78	280,41	315,46	184,16	267,88	301,36	175,55	255,34	287,26	166,93	242,81	273,16	158,31	230,28	2
	III	3.136,33	25,28	250,90	282,26	6,64	238,37	268,16	-	225,84	254,07	-	213,33	239,99	-	201,04	226,17	-	189,01	212,63	-	177,22	1
	IV	3.967,58	218,21	317,40	357,08	213,90	311,14	350,03	209,60	304,87	342,98	205,29	298,60	335,93	200,98	292,34	328,88	196,67	286,07	321,83	192,36	279,80	3
	V	4.482,00	246,51	358,56	403,38																		
	VI	4.526,33	248,94	362,10	407,36																		
12.674,99 (Ost)	I	3.975,33	218,64	318,02	357,77	210,02	305,49	343,67	201,41	292,96	329,58	192,79	280,43	315,48	184,18	267,90	301,38	175,56	255,36	287,28	166,94	242,83	27
	II	3.826,25	210,44	306,10	344,36	201,82	293,56	330,26	193,21	281,03	316,16	184,59	268,50	302,06	175,97	255,96	287,96	167,36	243,43	273,86	158,74	230,90	2
	III	3.144,16	26,21	251,53	282,97	7,57	239,00	268,87	-	226,46	254,77	-	213,96	240,70	-	201,65	226,85	-	189,60	213,30	-	177,81	2
	IV	3.975,33	218,64	318,02	357,77	214,33	311,76	350,73	210,02	305,49	343,67	205,71	299,22	336,62	201,41	292,96	329,58	197,10	286,69	322,52	192,79	280,43	3
	V	4.489,83	246,94	359,18	404,08																		
	VI	4.534,08	249,37	362,72	408,06																		
12.677,99 (West)	I	3.968,83	218,28	317,50	357,19	209,66	304,97	343,09	201,05	292,44	328,99	192,43	279,90	314,89	183,81	267,37	300,79	175,20	254,84	286,69	166,58	242,30	27
	II	3.819,75	210,08	305,58	343,77	201,46	293,04	329,67	192,85	280,51	315,57	184,23	267,98	301,47	175,61	255,44	287,37	167,00	242,91	273,27	158,38	230,38	2
	III	3.137,66	25,44	251,01	282,38	6,80	238,48	268,29	-	225,94	254,18	-	213,44	240,12	-	201,14	226,28	-	189,10	212,74	-	177,32	1
	IV	3.968,83	218,28	317,50	357,19	213,97	311,24	350,14	209,66	304,97	343,09	205,36	298,70	336,04	201,05	292,44	328,99	196,74	286,17	321,94	192,43	279,90	3
	V	4.483,25	246,57	358,66	403,49																		
	VI	4.527,58	249,01	362,20	407,48																		
12.677,99 (Ost)	I	3.976,58	218,71	318,12	357,89	210,09	305,59	343,79	201,48	293,06	329,69	192,86	280,53	315,59	184,25	268,00	301,50	175,63	255,46	287,39	167,01	242,93	27
	II	3.827,50	210,51	306,20	344,47	201,89	293,66	330,37	193,27	281,13	316,27	184,66	268,60	302,17	176,05	256,07	288,08	167,43	243,54	273,98	158,81	231,00	25
	III	3.145,50	26,37	251,64	283,09	7,73	239,10	268,99	-	226,57	254,89	-	214,06	240,82	-	201,74	226,96	-	189,70	213,41	-	177,90	20
	IV	3.976,58	218,71	318,12	357,89	214,40	311,86	350,84	210,09	305,59	343,79	205,79	299,33	336,74	201,48	293,06	329,69	197,17	286,80	322,65	192,86	280,53	3
	V	4.491,08	247,00	359,28	404,19																		
	VI	4.535,33	249,44	362,82	408,17																		
12.680,99 (West)	I	3.970,08	218,35	317,60	357,30	209,73	305,07	343,20	201,12	292,54	329,10	192,50	280,00	315,00	183,88	267,47	300,90	175,27	254,94	286,80	166,65	242,40	27
	II	3.821,00	210,15	305,68	343,89	201,53	293,14	329,78	192,92	280,61	315,68	184,30	268,08	301,59	175,68	255,54	287,48	167,07	243,01	273,38	158,45	230,48	25
	III	3.138,83	25,58	251,10	282,49	6,96	238,58	268,40	-	226,05	254,30	-	213,53	240,22	-	201,24	226,39	-	189,20	212,85	-	177,41	19
	IV	3.970,08	218,35	317,60	357,30	214,04	311,34	350,25	209,73	305,07	343,20	205,42	298,80	336,15	201,12	292,54	329,10	196,81	286,27	322,05	192,50	280,00	31
	V	4.484,50	246,64	358,76	403,60																		
	VI	4.528,83	249,08	362,30	407,59																		
12.680,99 (Ost)	I	3.977,91	218,78	318,23	358,01	210,16	305,70	343,91	201,55	293,16	329,81	192,93	280,63	315,71	184,31	268,10	301,61	175,70	255,56	287,51	167,08	243,03	27
	II	3.828,75	210,58	306,30	344,58	201,96	293,76	330,48	193,34	281,23	316,38	184,73	268,70	302,29	176,11	256,17	288,19	167,50	243,64	274,09	158,88	231,10	25
	III	3.146,83	26,53	251,74	283,21	7,89	239,21	269,11	-	226,68	255,01	-	214,16	240,93	-	201,85	227,08	-	189,80	213,52	-	178,00	20
	IV	3.977,91	218,78	318,23	358,01	214,47	311,96	350,96	210,16	305,70	343,91	205,86	299,43	336,86	201,55	293,16	329,81	197,24	286,90	322,76	192,93	280,63	31
	V	4.492,33	247,07	359,38	404,30																		
	VI	4.536,66	249,51	362,93	408,29																		
12.683,99 (West)	I	3.971,33	218,42	317,70	357,41	209,80	305,17	343,31	201,19	292,64	329,22	192,57	280,10	315,11	183,95	267,57	301,01	175,34	255,04	286,92	166,72	242,50	27
	II	3.822,25	210,22	305,78	344,00	201,60	293,24	329,90	192,99	280,71	315,80	184,37	268,18	301,70	175,75	255,64	287,60	167,14	243,11	273,50	158,52	230,58	25
	III	3.140,16	25,74	251,21	282,61	7,10	238,68	268,51	-	226,14	254,41	-	213,64	240,34	-	201,33	226,49	-	189,29	212,95	-	177,50	19
	IV	3.971,33	218,42	317,70	357,41	214,11	311,44	350,37	209,80	305,17	343,31	205,49	298,90	336,26	201,19	292,64	329,22	196,88	286,37	322,16	192,57	280,10	31
	V	4.485,75	246,71	358,86	403,71																		
	VI	4.530,08	249,15	362,40	407,70																		
12.683,99 (Ost)	I	3.979,16	218,85	318,33	358,12	210,23	305,80	344,02	201,62	293,26	329,92	193,00	280,73	315,82	184,38	268,20	301,72	175,77	255,66	287,62	167,15	243,13	27
	II	3.830,00	210,65	306,40	344,70	202,03	293,87	330,60	193,42	281,34	316,50	184,80	268,80	302,40	176,18	256,27	288,30	167,57	243,74	274,20	158,95	231,20	26
	III	3.148,00	26,67	251,84	283,32	8,03	239,30	269,21	-	226,77	255,11	-	214,26	241,04	-	201,94	227,18	-	189,89	213,62	-	178,09	20
	IV	3.979,16	218,85	318,33	358,12	214,54	312,06	351,07	210,23	305,80	344,02	205,92	299,53	336,97	201,62	293,26	329,92	197,31	287,00	322,87	193,00	280,73	31
	V	4.493,58	247,14	359,48	404,42																		
	VI	4.537,91	249,58	363,03	408,41																		
12.686,99 (West)	I	3.972,58	218,49	317,80	357,53	209,87	305,27	343,43	201,25	292,74	329,33	192,64	280,20	315,23	184,02	267,67	301,13	175,41	255,14	287,03	166,79	242,61	272
	II	3.823,50	210,29	305,88	344,11	201,67	293,34	330,01	193,05	280,81	315,91	184,44	268,28	301,81	175,82	255,74	287,71	167,20	243,21	273,61	158,59	230,68	259
	III	3.141,50	25,90	251,32	282,73	7,25	238,78	268,63	-	226,25	254,53	-	213,73	240,44	-	201,44	226,62	-	189,38	213,05	-	177,61	199
	IV	3.972,58	218,49	317,80	357,53	214,18	311,54	350,48	209,87	305,27	343,43	205,56	299,00	336,38	201,25	292,74	329,33	196,95	286,47	322,28	192,64	280,20	315
	V	4.487,00	246,78	358,96	403,83																		
	VI	4.531,33	249,22	362,50	407,81																		
12.686,99 (Ost)	I	3.980,41	218,92	318,43	358,23	210,30	305,90	344,13	201,68	293,36	330,03	193,07	280,83	315,93	184,45	268,30	301,83	175,83	255,76	287,73	167,22	243,23	273
	II	3.831,33	210,72	306,50	344,81	202,10	293,97	330,71	193,49	281,44	316,62	184,87	268,90	302,51	176,25	256,37	288,41	167,64	243,84	274,32	159,02	231,30	260
	III	3.149,33	26,83	251,94	283,43	8,19	239,41	269,33	-	226,88	255,24	-	214,36	241,15	-	202,04	227,29	-	189,98	213,73	-	178,18	200
	IV	3.980,41	218,92	318,43	358,23	214,61	312,16	351,18	210,30	305,90	344,13	205,99	299,63	337,08	201,68	293,36	330,03	197,38	287,10	322,98	193,07	280,83	315
	V	4.494,83	247,21	359,58	404,53																		
	VI	4.539,16	249,65	363,13	408,52																		
12.689,99 (West)	I	3.973,83	218,56	317,90	357,64	209,94	305,37	343,54	201,32	292,84	329,44	192,71	280,30	315,34	184,09	267,78	301,25	175,48	255,24	287,15	166,86	242,71	273
	II	3.824,75	210,36	305,98	344,22	201,74	293,44	330,12	193,12	280,91	316,02	184,51	268,38	301,92	175,89	255,84	287,82	167,27	243,31	273,72	158,66	230,78	259
	III	3.142,66	26,04	251,41	282,83	7,39	238,88	268,74	-	226,34	254,63	-	213,84	240,57	-	201,53	226,72	-	189,49	213,17	-	177,70	199
	IV	3.973,83	218,56	317,90	357,64	214,25	311,64	350,59	209,94	305,37	343,54	205,63	299,10	336,49	201,32	292,84	329,44	197,01	286,57	322,39	192,71	280,30	315
	V	4.488,33	246,85	359,06	403,94																		
	VI	4.532,58	249,29	362,60	407,93																		
12.689,99 (Ost)	I	3.981,66	218,99	318,53	358,34	210,37	306,00	344,25	201,75	293,46	330,14	193,14	280,93	316,04	184,52	268,40	301,95	175,90	255,86	287,84	167,29	243,33	273
	II	3.832,58	210,79	306,60	344,93	202,17	294,07	330,83	193,55	281,54	316,73	184,94	269,00	302,63	176,32	256,47	288,53	167,70	243,94	274,43	159,09	231,40	260
	III	3.150,50	26,97	252,04	283,54	8,33	239,50	269,44	-	226,97	255,34	-	214,46	241,27	-	202,14	227,41	-	190,08	213,84	-	178,28	200
	IV	3.981,66	218,99	318,53	358,34	214,68	312,26	351,29	210,37	306,00	344,25	206,06	299,73	337,19	201,75	293,46	330,14	197,45	287,20	323,10	193,14	280,93	316
	V	4.496,08	247,28	359,68	404,64																		
	VI	4.540,41	249,72	363,23	408,63																		
12.692,99 (West)	I	3.975,08	218,62	318,00	357,75	210,01	305,47	343,65	201,40	292,94	329,56	192,78	280,41	315,46	184,16	267,88	301,36	175,55	255,34	287,26	166,93	242,81	273,
	II	3.826,00	210,43	306,08	344,34	201,81	293,54	330,23	193,19	281,01	316,13	184,58	268,48	302,04	175,96	255,94	287,93	167,35	243,42	273,84	158,73	230,88	259,
	III	3.144,00	26,19	251,52	282,96	7,55	238,98	268,85	-	226,45	254,75	-	213,93	240,67	-	201,62	226,82	-	189,58	213,28	-	177,80	200,
	IV	3.975,08	218,62	318,00	357,75	214,32	311,74	350,70	210,01	305,47	343,65	205,70	299,20	336,60	201,40	292,94	329,56	197,09	286,68	322,51	192,78	280,41	315,
	V	4.489,58	246,92	359,16	404,06																		
	VI	4.533,83	249,36	362,70	408,04																		
12.692,99 (Ost)	I	3.982,91	219,06	318,63	358,46	210,44	306,10	344,36	201,82	293,56	330,26	193,21	281,03	316,16	184,59	268,50	302,06	175,97	255,96	287,96	167,36	243,43	273,
	II	3.833,83	210,86	306,70	345,04	202,24	294,17	330,94	193,62	281,64	316,84	185,01	269,10	302,74	176,39	256,57	288,64	167,77	244,04	274,54	159,16	231,50	260,
	III	3.151,83	27,13	252,14	283,66	8,48	239,61	269,56	-	227,08	255,46	-	214,56	241,38	-	202,24	227,52	-	190,18	213,95	-	178,37	200,
	IV	3.982,91	219,06	318,63	358,46	214,75	312,36	351,41	210,44	306,10	344,36	206,13	299,83	337,31	201,82	293,56	330,26	197,51	287,30	323,21	193,21	281,03	316,
	V	4.497,33	247,35	359,78	404,75																		
	VI	4.541,66	249,79	363,33	408,74																		

Anzahl Kinderfreibeträge (nur Steuerklassen I–IV)

Allgemeine Tabelle

Lohn/ Gehalt bis	Steuerklasse	Lohn-steuer	ohne Kinderfreibetrag			Anzahl Kinderfreibeträge (nur Steuerklassen I–IV)																	
						0,5			1,0			1,5			2,0			2,5			3,0		
			SolZ 5,5%	Kirchensteuer 8%	Kirchensteuer 9%	SolZ 5,5%	Kirchensteuer 8%	9%	SolZ 5,5%	Kirchensteuer 8%	9%	SolZ 5,5%	Kirchensteuer 8%	9%	SolZ 5,5%	Kirchensteuer 8%	9%	SolZ 5,5%	Kirchensteuer 8%	9%	SolZ 5,5%	Kirchensteuer 8%	9%
12.695,99 (West)	I	3.976,33	218,69	318,10	357,86	210,08	305,58	343,77	201,46	293,04	329,67	192,85	280,51	315,57	184,23	267,98	301,47	175,61	255,44	287,37	167,00	242,91	273,27
	II	3.827,25	210,49	306,18	344,45	201,88	293,64	330,35	193,26	281,11	316,25	184,65	268,58	302,15	176,03	256,05	288,05	167,42	243,52	273,96	158,80	230,98	259,85
	III	3.145,16	26,33	251,61	283,06	7,69	239,08	268,96	-	226,54	254,86	-	214,04	240,79	-	201,73	226,94	-	189,68	213,39	-	177,89	200,12
	IV	3.976,33	218,69	318,10	357,86	214,39	311,84	350,82	210,08	305,58	343,77	205,77	299,31	336,72	201,46	293,04	329,67	197,16	286,78	322,62	192,85	280,51	315,57
	V	4.490,83	246,99	359,26	404,17																		
	VI	4.535,08	249,42	362,80	408,15																		
12.695,99 (Ost)	I	3.984,16	219,12	318,73	358,57	210,51	306,20	344,47	201,89	293,66	330,37	193,27	281,13	316,27	184,66	268,60	302,17	176,05	256,07	288,08	167,43	243,54	273,98
	II	3.835,08	210,92	306,80	345,15	202,31	294,27	331,05	193,69	281,74	316,95	185,07	269,20	302,85	176,46	256,67	288,75	167,84	244,14	274,65	159,22	231,60	260,55
	III	3.153,00	27,27	252,24	283,77	8,62	239,70	269,66	-	227,17	255,56	-	214,66	241,49	-	202,34	227,63	-	190,28	214,06	-	178,46	200,77
	IV	3.984,16	219,12	318,73	358,57	214,82	312,46	351,52	210,51	306,20	344,47	206,20	299,93	337,42	201,89	293,66	330,37	197,58	287,40	323,32	193,27	281,13	316,27
	V	4.498,58	247,42	359,88	404,87																		
	VI	4.542,91	249,86	363,43	408,86																		
12.698,99 (West)	I	3.977,66	218,77	318,21	357,98	210,15	305,68	343,89	201,53	293,14	329,78	192,92	280,61	315,68	184,30	268,08	301,59	175,68	255,54	287,48	167,07	243,01	273,38
	II	3.828,50	210,56	306,28	344,56	201,95	293,74	330,46	193,33	281,22	316,37	184,72	268,68	302,27	176,10	256,15	288,17	167,48	243,62	274,07	158,87	231,08	259,97
	III	3.146,50	26,49	251,72	283,18	7,85	239,18	269,08	-	226,65	254,98	-	214,13	240,89	-	201,82	227,05	-	189,77	213,49	-	177,98	200,23
	IV	3.977,66	218,77	318,21	357,98	214,46	311,94	350,93	210,15	305,68	343,89	205,84	299,41	336,83	201,53	293,14	329,78	197,23	286,88	322,74	192,92	280,61	315,68
	V	4.492,08	247,06	359,36	404,28																		
	VI	4.536,41	249,50	362,91	408,27																		
12.698,99 (Ost)	I	3.985,41	219,19	318,83	358,68	210,58	306,30	344,58	201,96	293,76	330,48	193,34	281,23	316,38	184,73	268,70	302,29	176,11	256,17	288,19	167,50	243,64	274,09
	II	3.836,33	210,99	306,90	345,26	202,38	294,37	331,16	193,76	281,84	317,07	185,14	269,30	302,96	176,53	256,77	288,86	167,91	244,24	274,77	159,30	231,71	260,67
	III	3.154,33	27,42	252,34	283,88	8,78	239,81	269,78	-	227,28	255,69	-	214,76	241,60	-	202,44	227,74	-	190,37	214,16	-	178,56	200,88
	IV	3.985,41	219,19	318,83	358,68	214,88	312,56	351,63	210,58	306,30	344,58	206,27	300,03	337,53	201,96	293,76	330,48	197,65	287,50	323,43	193,34	281,23	316,38
	V	4.499,91	247,49	359,99	404,99																		
	VI	4.544,16	249,92	363,53	408,97																		
12.701,99 (West)	I	3.978,91	218,84	318,31	358,10	210,22	305,78	344,00	201,60	293,24	329,90	192,99	280,71	315,80	184,37	268,18	301,70	175,75	255,64	287,60	167,14	243,11	273,50
	II	3.829,83	210,64	306,38	344,68	202,02	293,85	330,58	193,40	281,32	316,48	184,79	268,78	302,38	176,17	256,25	288,28	167,55	243,72	274,18	158,94	231,18	260,08
	III	3.147,66	26,63	251,81	283,28	7,99	239,28	269,19	-	226,74	255,08	-	214,24	241,02	-	201,93	227,17	-	189,86	213,59	-	178,08	200,34
	IV	3.978,91	218,84	318,31	358,10	214,53	312,04	351,05	210,22	305,78	344,00	205,91	299,51	336,95	201,60	293,24	329,90	197,29	286,98	322,85	192,99	280,71	315,80
	V	4.493,33	247,13	359,46	404,39																		
	VI	4.537,66	249,57	363,01	408,38																		
12.701,99 (Ost)	I	3.986,66	219,26	318,93	358,79	210,65	306,40	344,70	202,03	293,87	330,60	193,42	281,34	316,50	184,80	268,80	302,40	176,18	256,27	288,30	167,57	243,74	274,20
	II	3.837,58	211,06	307,00	345,38	202,45	294,47	331,28	193,83	281,94	317,18	185,21	269,40	303,08	176,60	256,87	288,98	167,98	244,34	274,88	159,37	231,81	260,78
	III	3.155,50	27,56	252,44	283,99	8,92	239,90	269,89	-	227,38	255,80	-	214,86	241,72	-	202,53	227,84	-	190,46	214,27	-	178,66	200,99
	IV	3.986,66	219,26	318,93	358,79	214,95	312,66	351,74	210,65	306,40	344,70	206,34	300,13	337,64	202,03	293,87	330,60	197,72	287,60	323,55	193,42	281,34	316,50
	V	4.501,16	247,56	360,09	405,10																		
	VI	4.545,41	249,99	363,63	409,08																		
12.704,99 (West)	I	3.980,16	218,90	318,41	358,21	210,29	305,88	344,11	201,67	293,34	330,01	193,05	280,81	315,91	184,44	268,28	301,81	175,82	255,74	287,71	167,20	243,21	273,61
	II	3.831,08	210,70	306,48	344,79	202,09	293,95	330,69	193,47	281,42	316,59	184,85	268,88	302,49	176,24	256,35	288,39	167,62	243,82	274,29	159,00	231,28	260,19
	III	3.149,00	26,79	251,92	283,41	8,15	239,38	269,30	-	226,85	255,20	-	214,33	241,12	-	202,02	227,27	-	189,97	213,71	-	178,17	200,44
	IV	3.980,16	218,90	318,41	358,21	214,60	312,14	351,16	210,29	305,88	344,11	205,98	299,61	337,06	201,67	293,34	330,01	197,36	287,08	322,96	193,05	280,81	315,91
	V	4.494,58	247,20	359,56	404,51																		
	VI	4.538,91	249,64	363,11	408,50																		
12.704,99 (Ost)	I	3.987,91	219,33	319,03	358,91	210,72	306,50	344,81	202,10	293,97	330,71	193,49	281,44	316,62	184,87	268,90	302,51	176,25	256,37	288,41	167,64	243,84	274,32
	II	3.838,83	211,13	307,10	345,49	202,51	294,57	331,39	193,90	282,04	317,29	185,29	269,51	303,20	176,67	256,98	289,10	168,05	244,44	275,00	159,44	231,91	260,90
	III	3.156,83	27,72	252,54	284,11	9,08	240,01	270,01	-	227,48	255,91	-	214,96	241,83	-	202,64	227,97	-	190,56	214,38	-	178,76	201,10
	IV	3.987,91	219,33	319,03	358,91	215,03	312,77	351,86	210,72	306,50	344,81	206,41	300,24	337,77	202,10	293,97	330,71	197,79	287,70	323,66	193,49	281,44	316,62
	V	4.502,41	247,63	360,19	405,21																		
	VI	4.546,75	250,07	363,74	409,20																		
12.707,99 (West)	I	3.981,41	218,97	318,51	358,32	210,36	305,98	344,22	201,74	293,44	330,12	193,12	280,91	316,02	184,51	268,38	301,92	175,89	255,84	287,82	167,27	243,31	273,72
	II	3.832,33	210,77	306,58	344,90	202,16	294,05	330,80	193,54	281,52	316,71	184,92	268,98	302,60	176,31	256,45	288,50	167,69	243,92	274,41	159,07	231,38	260,30
	III	3.150,33	26,95	252,02	283,52	8,31	239,49	269,42	-	226,96	255,33	-	214,44	241,24	-	202,12	227,38	-	190,06	213,82	-	178,26	200,54
	IV	3.981,41	218,97	318,51	358,32	214,66	312,24	351,27	210,36	305,98	344,22	206,05	299,71	337,17	201,74	293,44	330,12	197,43	287,18	323,07	193,12	280,91	316,02
	V	4.495,83	247,27	359,66	404,62																		
	VI	4.540,16	249,70	363,21	408,61																		
12.707,99 (Ost)	I	3.989,25	219,40	319,14	359,03	210,79	306,60	344,93	202,17	294,07	330,83	193,55	281,54	316,73	184,94	269,00	302,63	176,32	256,47	288,53	167,70	243,94	274,43
	II	3.840,08	211,20	307,20	345,60	202,58	294,67	331,50	193,97	282,14	317,41	185,35	269,61	303,31	176,74	257,08	289,21	168,12	244,54	275,11	159,50	232,01	261,01
	III	3.158,16	27,88	252,65	284,23	9,24	240,12	270,13	-	227,58	256,03	-	215,06	241,94	-	202,73	228,07	-	190,66	214,49	-	178,85	201,20
	IV	3.989,25	219,40	319,14	359,03	215,10	312,87	351,98	210,79	306,60	344,93	206,48	300,34	337,88	202,17	294,07	330,83	197,86	287,80	323,78	193,55	281,54	316,73
	V	4.503,66	247,70	360,29	405,32																		
	VI	4.548,00	250,14	363,84	409,32																		
12.710,99 (West)	I	3.982,66	219,04	318,61	358,43	210,43	306,08	344,34	201,81	293,54	330,23	193,19	281,01	316,13	184,58	268,48	302,04	175,96	255,94	287,93	167,35	243,42	273,84
	II	3.833,58	210,84	306,68	345,02	202,23	294,15	330,92	193,61	281,62	316,82	184,99	269,08	302,72	176,38	256,55	288,62	167,76	244,02	274,52	159,14	231,48	260,42
	III	3.151,50	27,09	252,12	283,63	8,44	239,58	269,53	-	227,05	255,43	-	214,53	241,34	-	202,22	227,50	-	190,16	213,93	-	178,36	200,65
	IV	3.982,66	219,04	318,61	358,43	214,73	312,34	351,38	210,43	306,08	344,34	206,12	299,81	337,28	201,81	293,54	330,23	197,50	287,28	323,19	193,19	281,01	316,13
	V	4.497,08	247,33	359,76	404,73																		
	VI	4.541,41	249,77	363,31	408,72																		
12.710,99 (Ost)	I	3.990,50	219,47	319,24	359,14	210,86	306,70	345,04	202,24	294,17	330,94	193,62	281,64	316,84	185,01	269,10	302,74	176,39	256,57	288,64	167,77	244,04	274,54
	II	3.841,41	211,27	307,31	345,72	202,66	294,78	331,62	194,04	282,24	317,52	185,42	269,71	303,42	176,81	257,18	289,32	168,19	244,64	275,22	159,57	232,11	261,12
	III	3.159,33	28,02	252,74	284,33	9,38	240,21	270,23	-	227,68	256,14	-	215,16	242,05	-	202,82	228,17	-	190,76	214,60	-	178,94	201,31
	IV	3.990,50	219,47	319,24	359,14	215,16	312,97	352,09	210,86	306,70	345,04	206,55	300,44	337,99	202,24	294,17	330,94	197,93	287,90	323,89	193,62	281,64	316,84
	V	4.504,91	247,77	360,39	405,44																		
	VI	4.549,25	250,20	363,94	409,43																		
12.713,99 (West)	I	3.983,91	219,11	318,71	358,55	210,49	306,18	344,45	201,88	293,64	330,35	193,26	281,11	316,25	184,65	268,58	302,15	176,03	256,05	288,05	167,42	243,52	273,96
	II	3.834,83	210,91	306,78	345,13	202,29	294,25	331,03	193,68	281,72	316,93	185,06	269,18	302,83	176,44	256,65	288,73	167,83	244,12	274,63	159,21	231,58	260,53
	III	3.152,83	27,25	252,22	283,75	8,60	239,69	269,65	-	227,16	255,55	-	214,64	241,47	-	202,32	227,61	-	190,25	214,03	-	178,45	200,75
	IV	3.983,91	219,11	318,71	358,55	214,80	312,44	351,50	210,49	306,18	344,45	206,19	299,91	337,40	201,88	293,64	330,35	197,57	287,38	323,30	193,26	281,11	316,25
	V	4.498,33	247,40	359,86	404,84																		
	VI	4.542,66	249,84	363,41	408,83																		
12.713,99 (Ost)	I	3.991,75	219,54	319,34	359,25	210,92	306,80	345,15	202,31	294,27	331,05	193,69	281,74	316,95	185,07	269,20	302,85	176,46	256,67	288,75	167,84	244,14	274,65
	II	3.842,66	211,34	307,41	345,83	202,73	294,88	331,74	194,11	282,34	317,63	185,49	269,81	303,53	176,88	257,28	289,44	168,26	244,74	275,33	159,64	232,21	261,23
	III	3.160,66	28,18	252,85	284,45	9,53	240,32	270,36	-	227,78	256,25	-	215,26	242,17	-	202,93	228,29	-	190,85	214,70	-	179,04	201,42
	IV	3.991,75	219,54	319,34	359,25	215,23	313,07	352,20	210,92	306,80	345,15	206,62	300,54	338,10	202,31	294,27	331,05	198,00	288,00	324,00	193,69	281,74	316,95
	V	4.506,16	247,83	360,49	405,55																		
	VI	4.550,50	250,27	364,04	409,54																		

Lohn/ Gehalt bis	Steuerklasse	Lohn-steuer	ohne Kinderfreibetrag			Anzahl Kinderfreibeträge (nur Steuerklassen I–IV)																	
						0,5			1,0			1,5			2,0			2,5			3,0		
			SolZ 5,5%	Kirchensteuer 8%	9%	SolZ 5,5%	Kirchensteuer 8%	9%	SolZ 5,5%	Kirchensteuer 8%	9%	SolZ 5,5%	Kirchensteuer 8%	9%	SolZ 5,5%	Kirchensteuer 8%	9%	SolZ 5,5%	Kirchensteuer 8%	9%	SolZ 5,5%	Kirchensteuer 8%	9%
12.716,99 (West)	I	3.985,16	219,18	318,81	358,66	210,56	306,28	344,56	201,95	293,74	330,46	193,33	281,22	316,37	184,72	268,68	302,27	176,10	256,15	288,17	167,48	243,62	27
	II	3.836,08	210,98	306,88	345,24	202,36	294,35	331,14	193,75	281,82	317,04	185,13	269,28	302,94	176,51	256,75	288,84	167,90	244,22	274,75	159,28	231,69	26
	III	3.154,00	27,38	252,32	283,86	8,74	239,78	269,75	-	227,25	255,65	-	214,73	241,57	-	202,41	227,71	-	190,34	214,13	-	178,54	20
	IV	3.985,16	219,18	318,81	358,66	214,87	312,54	351,61	210,56	306,28	344,56	206,25	300,01	337,51	201,95	293,74	330,46	197,64	287,48	323,42	193,33	281,22	31
	V	4.499,66	247,48	359,97	404,96																		
	VI	4.543,91	249,91	363,51	408,95																		
12.716,99 (Ost)	I	3.993,00	219,61	319,44	359,37	210,99	306,90	345,26	202,38	294,37	331,16	193,76	281,84	317,07	185,14	269,30	302,96	176,53	256,77	288,86	167,91	244,24	27
	II	3.843,91	211,41	307,51	345,95	202,79	294,98	331,85	194,18	282,44	317,75	185,56	269,91	303,65	176,94	257,38	289,55	168,33	244,84	275,45	159,71	232,31	26
	III	3.161,83	28,32	252,94	284,56	9,67	240,41	270,46	-	227,88	256,36	-	215,36	242,28	-	203,02	228,40	-	190,94	214,81	-	179,13	20
	IV	3.993,00	219,61	319,44	359,37	215,30	313,17	352,31	210,99	306,90	345,26	206,69	300,64	338,22	202,38	294,37	331,16	198,07	288,10	324,11	193,76	281,84	31
	V	4.507,41	247,90	360,59	405,66																		
	VI	4.551,75	250,34	364,14	409,65																		
12.719,99 (West)	I	3.986,41	219,25	318,91	358,77	210,64	306,38	344,68	202,02	293,85	330,58	193,40	281,32	316,48	184,79	268,78	302,38	176,17	256,25	288,28	167,55	243,72	27
	II	3.837,33	211,05	306,98	345,35	202,43	294,45	331,25	193,82	281,92	317,16	185,20	269,38	303,05	176,59	256,86	288,96	167,97	244,32	274,86	159,35	231,79	26
	III	3.155,33	27,54	252,42	283,97	8,90	239,89	269,87	-	227,36	255,78	-	214,84	241,69	-	202,52	227,83	-	190,45	214,25	-	178,64	20
	IV	3.986,41	219,25	318,91	358,77	214,94	312,64	351,72	210,64	306,38	344,68	206,33	300,12	337,63	202,02	293,85	330,58	197,71	287,58	323,53	193,40	281,32	31
	V	4.500,91	247,55	360,07	405,08																		
	VI	4.545,16	249,98	363,61	409,06																		
12.719,99 (Ost)	I	3.994,25	219,68	319,54	359,48	211,06	307,00	345,38	202,45	294,47	331,28	193,83	281,94	317,18	185,21	269,40	303,08	176,60	256,87	288,98	167,98	244,34	274
	II	3.845,16	211,48	307,61	346,06	202,86	295,08	331,96	194,25	282,54	317,86	185,63	270,01	303,76	177,01	257,48	289,66	168,40	244,94	275,56	159,78	232,41	26
	III	3.163,16	28,48	253,05	284,68	9,83	240,52	270,58	-	227,98	256,48	-	215,46	242,39	-	203,12	228,51	-	191,04	214,92	-	179,22	20
	IV	3.994,25	219,68	319,54	359,48	215,37	313,27	352,43	211,06	307,00	345,38	206,75	300,74	338,33	202,45	294,47	331,28	198,14	288,20	324,23	193,83	281,94	31
	V	4.508,66	247,97	360,69	405,77																		
	VI	4.553,00	250,41	364,24	409,77																		
12.722,99 (West)	I	3.987,75	219,32	319,02	358,89	210,70	306,48	344,79	202,09	293,95	330,69	193,47	281,42	316,59	184,85	268,88	302,49	176,24	256,35	288,39	167,62	243,82	274
	II	3.838,58	211,12	307,08	345,47	202,50	294,55	331,37	193,89	282,02	317,27	185,27	269,49	303,17	176,66	256,96	289,08	168,04	244,42	274,97	159,42	231,89	260
	III	3.156,50	27,68	252,52	284,08	9,04	239,98	269,98	-	227,45	255,88	-	214,93	241,79	-	202,61	227,93	-	190,54	214,36	-	178,73	201
	IV	3.987,75	219,32	319,02	358,89	215,01	312,75	351,84	210,70	306,48	344,79	206,40	300,22	337,74	202,09	293,95	330,69	197,78	287,68	323,64	193,47	281,42	316
	V	4.502,16	247,61	360,17	405,19																		
	VI	4.546,50	250,05	363,72	409,18																		
12.722,99 (Ost)	I	3.995,50	219,75	319,64	359,59	211,13	307,10	345,49	202,51	294,57	331,39	193,90	282,04	317,29	185,29	269,51	303,20	176,67	256,98	289,10	168,05	244,44	275
	II	3.846,41	211,55	307,71	346,17	202,93	295,18	332,07	194,31	282,64	317,97	185,70	270,11	303,87	177,08	257,58	289,77	168,46	245,04	275,67	159,85	232,51	261
	III	3.164,33	28,61	253,14	284,78	9,97	240,61	270,68	-	228,08	256,59	-	215,56	242,50	-	203,22	228,62	-	191,14	215,03	-	179,32	201
	IV	3.995,50	219,75	319,64	359,59	215,44	313,37	352,54	211,13	307,10	345,49	206,82	300,84	338,44	202,51	294,57	331,39	198,21	288,30	324,34	193,90	282,04	317
	V	4.510,00	248,05	360,80	405,90																		
	VI	4.554,25	250,48	364,34	409,88																		
12.725,99 (West)	I	3.989,00	219,39	319,12	359,01	210,77	306,58	344,90	202,16	294,05	330,80	193,54	281,52	316,71	184,92	268,98	302,60	176,31	256,45	288,50	167,69	243,92	274
	II	3.839,83	211,19	307,18	345,58	202,57	294,66	331,49	193,96	282,12	317,39	185,34	269,59	303,29	176,72	257,06	289,19	168,11	244,52	275,09	159,49	231,99	260
	III	3.157,83	27,84	252,62	284,20	9,20	240,09	270,10	-	227,56	256,00	-	215,04	241,92	-	202,70	228,04	-	190,64	214,47	-	178,82	201
	IV	3.989,00	219,39	319,12	359,01	215,08	312,85	351,95	210,77	306,58	344,90	206,47	300,32	337,86	202,16	294,05	330,80	197,85	287,78	323,75	193,54	281,52	316
	V	4.503,41	247,68	360,27	405,30																		
	VI	4.547,75	250,12	363,82	409,29																		
12.725,99 (Ost)	I	3.996,75	219,82	319,74	359,70	211,20	307,20	345,60	202,58	294,67	331,50	193,97	282,14	317,41	185,35	269,61	303,31	176,74	257,08	289,21	168,12	244,54	275
	II	3.847,66	211,62	307,81	346,28	203,00	295,28	332,19	194,38	282,74	318,08	185,77	270,21	303,98	177,15	257,68	289,89	168,54	245,15	275,79	159,92	232,62	261
	III	3.165,66	28,77	253,25	284,90	10,13	240,72	270,81	-	228,18	256,70	-	215,66	242,62	-	203,32	228,73	-	191,24	215,14	-	179,41	201
	IV	3.996,75	219,82	319,74	359,70	215,51	313,47	352,65	211,20	307,20	345,60	206,89	300,94	338,55	202,58	294,67	331,50	198,28	288,41	324,46	193,97	282,14	317
	V	4.511,25	248,11	360,90	406,01																		
	VI	4.555,50	250,55	364,44	409,99																		
12.728,99 (West)	I	3.990,25	219,46	319,22	359,12	210,84	306,68	345,02	202,23	294,15	330,92	193,61	281,62	316,82	184,99	269,08	302,72	176,38	256,55	288,62	167,76	244,02	274
	II	3.841,16	211,26	307,29	345,70	202,64	294,76	331,60	194,03	282,22	317,50	185,41	269,69	303,40	176,79	257,16	289,30	168,18	244,62	275,20	159,56	232,09	261
	III	3.159,00	27,98	252,72	284,31	9,34	240,18	270,20	-	227,66	256,12	-	215,13	242,02	-	202,81	228,16	-	190,73	214,57	-	178,92	201
	IV	3.990,25	219,46	319,22	359,12	215,15	312,95	352,07	210,84	306,68	345,02	206,53	300,42	337,97	202,23	294,15	330,92	197,92	287,88	323,87	193,61	281,62	316
	V	4.504,66	247,75	360,37	405,41																		
	VI	4.549,00	250,19	363,92	409,41																		
12.728,99 (Ost)	I	3.998,00	219,89	319,84	359,82	211,27	307,31	345,72	202,66	294,78	331,62	194,04	282,24	317,52	185,42	269,71	303,42	176,81	257,18	289,32	168,19	244,64	275
	II	3.848,91	211,69	307,91	346,40	203,07	295,38	332,30	194,45	282,84	318,20	185,84	270,31	304,10	177,22	257,78	290,00	168,61	245,25	275,90	159,99	232,72	261,
	III	3.166,83	28,91	253,34	285,01	10,29	240,82	270,92	-	228,29	256,82	-	215,76	242,73	-	203,42	228,85	-	191,33	215,24	-	179,50	201
	IV	3.998,00	219,89	319,84	359,82	215,58	313,57	352,76	211,27	307,31	345,72	206,96	301,04	338,67	202,66	294,78	331,62	198,35	288,51	324,57	194,04	282,24	317
	V	4.512,50	248,18	361,00	406,12																		
	VI	4.556,75	250,62	364,54	410,10																		
12.731,99 (West)	I	3.991,50	219,53	319,32	359,23	210,91	306,78	345,13	202,29	294,25	331,03	193,68	281,72	316,93	185,06	269,18	302,83	176,44	256,65	288,73	167,83	244,12	274,
	II	3.842,41	211,33	307,39	345,81	202,71	294,86	331,71	194,09	282,32	317,61	185,48	269,79	303,51	176,86	257,26	289,41	168,24	244,72	275,31	159,63	232,19	261,
	III	3.160,33	28,14	252,82	284,42	9,50	240,29	270,32	-	227,76	256,23	-	215,24	242,14	-	202,90	228,26	-	190,82	214,67	-	179,01	201,
	IV	3.991,50	219,53	319,32	359,23	215,22	313,05	352,18	210,91	306,78	345,13	206,60	300,52	338,08	202,29	294,25	331,03	197,99	287,98	323,98	193,68	281,72	316,
	V	4.505,91	247,82	360,47	405,53																		
	VI	4.550,25	250,26	364,02	409,52																		
12.731,99 (Ost)	I	3.999,33	219,96	319,94	359,93	211,34	307,41	345,83	202,73	294,88	331,74	194,11	282,34	317,63	185,49	269,81	303,53	176,88	257,28	289,44	168,26	244,74	275,
	II	3.850,16	211,75	308,01	346,51	203,14	295,48	332,41	194,53	282,95	318,32	185,91	270,42	304,22	177,29	257,88	290,12	168,68	245,35	276,02	160,06	232,82	261,
	III	3.168,16	29,07	253,45	285,13	10,43	240,92	271,03	-	228,38	256,93	-	215,86	242,84	-	203,52	228,96	-	191,42	215,35	-	179,60	202,
	IV	3.999,33	219,96	319,94	359,93	215,65	313,68	352,89	211,34	307,41	345,83	207,03	301,14	338,78	202,73	294,88	331,74	198,42	288,61	324,68	194,11	282,34	317,
	V	4.513,75	248,25	361,10	406,23																		
	VI	4.558,08	250,69	364,64	410,22																		
12.734,99 (West)	I	3.992,75	219,60	319,42	359,34	210,98	306,88	345,24	202,36	294,35	331,14	193,75	281,82	317,04	185,13	269,28	302,94	176,51	256,75	288,84	167,90	244,22	274,
	II	3.843,66	211,40	307,49	345,92	202,78	294,96	331,83	194,16	282,42	317,72	185,55	269,89	303,62	176,93	257,36	289,53	168,31	244,82	275,42	159,70	232,29	261,
	III	3.161,66	28,30	252,93	284,54	9,65	240,40	270,45	-	227,86	256,34	-	215,33	242,24	-	203,00	228,37	-	190,93	214,79	-	179,10	201,
	IV	3.992,75	219,60	319,42	359,34	215,29	313,15	352,29	210,98	306,88	345,24	206,67	300,62	338,19	202,36	294,35	331,14	198,05	288,08	324,09	193,75	281,82	317,
	V	4.507,16	247,89	360,57	405,64																		
	VI	4.551,50	250,33	364,12	409,63																		
12.734,99 (Ost)	I	4.000,58	220,03	320,04	360,05	211,41	307,51	345,95	202,79	294,98	331,85	194,18	282,44	317,75	185,56	269,91	303,65	176,94	257,38	289,55	168,33	244,84	275,4
	II	3.851,41	211,82	308,11	346,62	203,21	295,58	332,53	194,59	283,05	318,43	185,98	270,52	304,33	177,36	257,98	290,23	168,74	245,45	276,13	160,13	232,92	262,
	III	3.169,50	29,23	253,56	285,25	10,59	241,02	271,15	-	228,49	257,05	-	215,96	242,95	-	203,61	229,06	-	191,53	215,47	-	179,69	202,1
	IV	4.000,58	220,03	320,04	360,05	215,72	313,78	353,00	211,41	307,51	345,95	207,10	301,24	338,90	202,79	294,98	331,85	198,49	288,71	324,80	194,18	282,44	317,7
	V	4.515,00	248,32	361,20	406,35																		
	VI	4.559,33	250,76	364,74	410,33																		

Lohn/ Gehalt bis	Steuerklasse	Lohnsteuer	ohne Kinderfreibetrag			Anzahl Kinderfreibeträge (nur Steuerklassen I–IV)																	
						0,5			1,0			1,5			2,0			2,5			3,0		
			SolZ 5,5%	Kirchensteuer 8%	9%	SolZ 5,5%	Kirchensteuer 8%	9%	SolZ 5,5%	Kirchensteuer 8%	9%	SolZ 5,5%	Kirchensteuer 8%	9%	SolZ 5,5%	Kirchensteuer 8%	9%	SolZ 5,5%	Kirchensteuer 8%	9%	SolZ 5,5%	Kirchensteuer 8%	9%
2.737,99 (West)	I	3.994,00	219,67	319,52	359,46	211,05	306,98	345,35	202,43	294,45	331,25	193,82	281,92	317,16	185,20	269,38	303,05	176,59	256,86	288,96	167,97	244,32	274,86
	II	3.844,91	211,47	307,59	346,04	202,85	295,06	331,94	194,23	282,52	317,84	185,62	269,99	303,74	177,00	257,46	289,64	168,38	244,92	275,54	159,77	232,39	261,44
	III	3.162,83	28,44	253,02	284,65	9,79	240,49	270,55	–	227,96	256,45	–	215,44	242,37	–	203,10	228,49	–	191,02	214,90	–	179,20	201,60
	IV	3.994,00	219,67	319,52	359,46	215,36	313,25	352,40	211,05	306,98	345,35	206,74	300,72	338,31	202,43	294,45	331,25	198,12	288,18	324,20	193,82	281,92	317,16
	V	4.508,41	247,96	360,67	405,75																		
	VI	4.552,75	250,40	364,22	409,74																		
2.737,99 (Ost)	I	4.001,83	220,10	320,14	360,16	211,48	307,61	346,06	202,86	295,08	331,96	194,25	282,54	317,86	185,63	270,01	303,76	177,01	257,48	289,66	168,40	244,94	275,56
	II	3.852,75	211,90	308,22	346,74	203,28	295,68	332,64	194,66	283,15	318,54	186,05	270,62	304,44	177,43	258,08	290,34	168,81	245,55	276,24	160,20	233,02	262,14
	III	3.170,66	29,37	253,65	285,35	10,72	241,12	271,26	–	228,58	257,15	–	216,06	243,07	–	203,72	229,18	–	191,62	215,57	–	179,78	202,25
	IV	4.001,83	220,10	320,14	360,16	215,79	313,88	353,11	211,48	307,61	346,06	207,17	301,34	339,01	202,86	295,08	331,96	198,55	288,81	324,91	194,25	282,54	317,86
	V	4.516,25	248,39	361,30	406,46																		
	VI	4.560,58	250,83	364,84	410,45																		
2.740,99 (West)	I	3.995,25	219,73	319,62	359,57	211,12	307,08	345,47	202,50	294,55	331,37	193,89	282,02	317,27	185,27	269,49	303,17	176,66	256,96	289,08	168,04	244,42	274,97
	II	3.846,16	211,53	307,69	346,15	202,92	295,16	332,05	194,30	282,62	317,95	185,68	270,09	303,85	177,07	257,56	289,75	168,45	245,02	275,65	159,84	232,50	261,56
	III	3.164,16	28,59	253,13	284,77	9,95	240,60	270,67	–	228,06	256,57	–	215,54	242,48	–	203,20	228,60	–	191,12	215,01	–	179,29	201,70
	IV	3.995,25	219,73	319,62	359,57	215,43	313,35	352,52	211,12	307,08	345,47	206,81	300,82	338,42	202,50	294,55	331,37	198,19	288,28	324,32	193,89	282,02	317,27
	V	4.509,75	248,03	360,78	405,87																		
	VI	4.554,00	250,47	364,32	409,86																		
2.740,99 (Ost)	I	4.003,08	220,16	320,24	360,27	211,55	307,71	346,17	202,93	295,18	332,07	194,31	282,64	317,97	185,70	270,11	303,87	177,08	257,58	289,77	168,46	245,04	275,67
	II	3.854,00	211,97	308,32	346,86	203,35	295,78	332,75	194,73	283,25	318,65	186,12	270,72	304,56	177,50	258,18	290,45	168,88	245,65	276,35	160,27	233,12	262,26
	III	3.172,00	29,53	253,76	285,48	10,88	241,22	271,37	–	228,69	257,27	–	216,16	243,18	–	203,81	229,28	–	191,72	215,68	–	179,88	202,36
	IV	4.003,08	220,16	320,24	360,27	215,86	313,98	353,22	211,55	307,71	346,17	207,24	301,44	339,12	202,93	295,18	332,07	198,62	288,91	325,02	194,31	282,64	317,97
	V	4.517,50	248,46	361,40	406,57																		
	VI	4.561,83	250,90	364,94	410,56																		
2.743,99 (West)	I	3.996,50	219,80	319,72	359,68	211,19	307,18	345,58	202,57	294,66	331,49	193,96	282,12	317,39	185,34	269,59	303,29	176,72	257,06	289,19	168,11	244,52	275,09
	II	3.847,41	211,60	307,79	346,26	202,99	295,26	332,16	194,37	282,72	318,06	185,75	270,19	303,96	177,14	257,66	289,87	168,52	245,13	275,77	159,91	232,60	261,67
	III	3.165,33	28,73	253,22	284,87	10,09	240,69	270,77	–	228,16	256,68	–	215,64	242,59	–	203,30	228,71	–	191,21	215,11	–	179,38	201,80
	IV	3.996,50	219,80	319,72	359,68	215,49	313,45	352,63	211,19	307,18	345,58	206,88	300,92	338,54	202,57	294,66	331,49	198,27	288,39	324,44	193,96	282,12	317,39
	V	4.511,00	248,10	360,88	405,99																		
	VI	4.555,25	250,53	364,42	409,97																		
2.743,99 (Ost)	I	4.004,33	220,23	320,34	360,38	211,62	307,81	346,28	203,00	295,28	332,19	194,38	282,74	318,08	185,77	270,21	303,98	177,15	257,68	289,89	168,54	245,15	275,79
	II	3.855,25	212,03	308,42	346,97	203,42	295,88	332,87	194,80	283,35	318,77	186,18	270,82	304,67	177,57	258,28	290,57	168,95	245,75	276,47	160,33	233,22	262,37
	III	3.173,16	29,67	253,85	285,58	11,02	241,32	271,48	–	228,78	257,38	–	216,26	243,29	–	203,90	229,39	–	191,81	215,78	–	179,97	202,46
	IV	4.004,33	220,23	320,34	360,38	215,93	314,08	353,34	211,62	307,81	346,28	207,31	301,54	339,23	203,00	295,28	332,19	198,69	289,01	325,13	194,38	282,74	318,08
	V	4.518,75	248,53	361,50	406,68																		
	VI	4.563,08	250,96	365,04	410,67																		
2.746,99 (West)	I	3.997,83	219,88	319,82	359,80	211,26	307,29	345,70	202,64	294,76	331,60	194,03	282,22	317,50	185,41	269,69	303,40	176,79	257,16	289,30	168,18	244,62	275,20
	II	3.848,66	211,67	307,89	346,37	203,06	295,36	332,28	194,44	282,82	318,17	185,83	270,30	304,08	177,21	257,76	289,98	168,59	245,23	275,88	159,98	232,70	261,78
	III	3.166,66	28,89	253,33	284,99	10,25	240,80	270,90	–	228,26	256,79	–	215,74	242,71	–	203,40	228,82	–	191,30	215,21	–	179,48	201,91
	IV	3.997,83	219,88	319,82	359,80	215,57	313,56	352,75	211,26	307,29	345,70	206,95	301,02	338,65	202,64	294,76	331,60	198,33	288,49	324,55	194,03	282,22	317,50
	V	4.512,25	248,17	360,98	406,10																		
	VI	4.556,58	250,61	364,52	410,09																		
2.746,99 (Ost)	I	4.005,58	220,30	320,44	360,50	211,69	307,91	346,40	203,07	295,38	332,30	194,45	282,84	318,20	185,84	270,31	304,10	177,22	257,78	290,00	168,61	245,25	275,90
	II	3.856,50	212,10	308,52	347,08	203,49	295,98	332,98	194,87	283,45	318,88	186,25	270,92	304,78	177,64	258,38	290,68	169,02	245,85	276,58	160,40	233,32	262,48
	III	3.174,50	29,82	253,96	285,70	11,18	241,42	271,60	–	228,89	257,50	–	216,36	243,40	–	204,01	229,51	–	191,90	215,89	–	180,06	202,57
	IV	4.005,58	220,30	320,44	360,50	215,99	314,18	353,45	211,69	307,91	346,40	207,38	301,64	339,35	203,07	295,38	332,30	198,76	289,11	325,25	194,45	282,84	318,20
	V	4.520,00	248,60	361,60	406,80																		
	VI	4.564,33	251,03	365,14	410,78																		
2.749,99 (West)	I	3.999,08	219,94	319,92	359,91	211,33	307,39	345,81	202,71	294,86	331,71	194,09	282,32	317,61	185,48	269,79	303,51	176,86	257,26	289,41	168,24	244,72	275,31
	II	3.849,91	211,74	307,99	346,49	203,13	295,46	332,39	194,51	282,93	318,29	185,90	270,40	304,20	177,28	257,86	290,09	168,66	245,33	275,99	160,05	232,80	261,90
	III	3.167,83	29,03	253,42	285,10	10,39	240,89	271,00	–	228,36	256,90	–	215,84	242,82	–	203,49	228,92	–	191,41	215,33	–	179,57	202,01
	IV	3.999,08	219,94	319,92	359,91	215,64	313,66	352,86	211,33	307,39	345,81	207,02	301,12	338,76	202,71	294,86	331,71	198,40	288,59	324,66	194,09	282,32	317,61
	V	4.513,50	248,24	361,08	406,21																		
	VI	4.557,83	250,68	364,62	410,20																		
12.749,99 (Ost)	I	4.006,83	220,37	320,54	360,61	211,75	308,01	346,51	203,14	295,48	332,41	194,53	282,95	318,32	185,91	270,42	304,22	177,29	257,88	290,12	168,68	245,35	276,02
	II	3.857,75	212,17	308,62	347,19	203,55	296,08	333,09	194,94	283,55	318,99	186,32	271,02	304,89	177,70	258,48	290,79	169,09	245,95	276,69	160,48	233,42	262,60
	III	3.175,66	29,96	254,05	285,80	11,32	241,52	271,71	–	228,98	257,60	–	216,46	243,52	–	204,10	229,61	–	192,01	216,01	–	180,16	202,68
	IV	4.006,83	220,37	320,54	360,61	216,06	314,28	353,56	211,75	308,01	346,51	207,45	301,74	339,46	203,14	295,48	332,41	198,83	289,21	325,36	194,53	282,95	318,32
	V	4.521,33	248,67	361,70	406,91																		
	VI	4.565,58	251,10	365,24	410,90																		
12.752,99 (West)	I	4.000,33	220,01	320,02	360,02	211,40	307,49	345,92	202,78	294,96	331,83	194,16	282,42	317,72	185,55	269,89	303,62	176,93	257,36	289,53	168,31	244,82	275,42
	II	3.851,25	211,81	308,10	346,61	203,20	295,56	332,51	194,58	283,03	318,41	185,96	270,50	304,31	177,35	257,96	290,21	168,73	245,43	276,11	160,11	232,90	262,01
	III	3.169,16	29,19	253,53	285,22	10,55	241,00	271,12	–	228,46	257,02	–	215,94	242,93	–	203,60	229,05	–	191,50	215,44	–	179,68	202,14
	IV	4.000,33	220,01	320,02	360,02	215,71	313,76	352,98	211,40	307,49	345,92	207,09	301,22	338,87	202,78	294,96	331,83	198,47	288,69	324,77	194,16	282,42	317,72
	V	4.514,75	248,31	361,18	406,32																		
	VI	4.559,08	250,74	364,72	410,31																		
12.752,99 (Ost)	I	4.008,08	220,44	320,64	360,72	211,82	308,11	346,62	203,21	295,58	332,53	194,59	283,05	318,43	185,98	270,52	304,33	177,36	257,98	290,23	168,74	245,45	276,13
	II	3.859,00	212,24	308,72	347,31	203,62	296,18	333,20	195,01	283,65	319,10	186,39	271,12	305,01	177,78	258,59	290,91	169,16	246,06	276,81	160,54	233,52	262,71
	III	3.177,00	30,12	254,16	285,93	11,48	241,62	271,82	–	229,09	257,72	–	216,56	243,63	–	204,20	229,72	–	192,10	216,11	–	180,25	202,78
	IV	4.008,08	220,44	320,64	360,72	216,13	314,38	353,67	211,82	308,11	346,62	207,52	301,85	339,58	203,21	295,58	332,53	198,90	289,32	325,48	194,59	283,05	318,43
	V	4.522,58	248,74	361,80	407,03																		
	VI	4.566,83	251,17	365,34	411,01																		
12.755,99 (West)	I	4.001,58	220,08	320,12	360,14	211,47	307,59	346,04	202,85	295,06	331,94	194,23	282,52	317,84	185,62	269,99	303,74	177,00	257,46	289,64	168,38	244,92	275,54
	II	3.852,50	211,88	308,20	346,72	203,27	295,66	332,62	194,65	283,13	318,52	186,03	270,60	304,42	177,42	258,06	290,32	168,80	245,53	276,22	160,18	233,00	262,12
	III	3.170,33	29,33	253,62	285,32	10,71	241,10	271,24	–	228,57	257,14	–	216,04	243,04	–	203,69	229,15	–	191,60	215,55	–	179,77	202,24
	IV	4.001,58	220,08	320,12	360,14	215,77	313,86	353,09	211,47	307,59	346,04	207,16	301,32	338,99	202,85	295,06	331,94	198,54	288,79	324,89	194,23	282,52	317,84
	V	4.516,00	248,38	361,28	406,44																		
	VI	4.560,33	250,81	364,82	410,42																		
12.755,99 (Ost)	I	4.009,41	220,51	320,75	360,84	211,90	308,22	346,74	203,28	295,68	332,64	194,66	283,15	318,54	186,05	270,62	304,44	177,43	258,08	290,34	168,81	245,55	276,24
	II	3.860,25	212,31	308,82	347,42	203,69	296,28	333,32	195,08	283,75	319,22	186,46	271,22	305,12	177,85	258,69	291,02	169,23	246,16	276,93	160,61	233,62	262,82
	III	3.178,33	30,28	254,26	286,04	11,64	241,73	271,94	–	229,20	257,85	–	216,66	243,74	–	204,30	229,84	–	192,20	216,22	–	180,36	202,90
	IV	4.009,41	220,51	320,75	360,84	216,20	314,48	353,79	211,90	308,22	346,74	207,59	301,95	339,69	203,28	295,68	332,64	198,97	289,42	325,59	194,66	283,15	318,54
	V	4.523,83	248,81	361,90	407,14																		
	VI	4.568,16	251,24	365,45	411,13																		

Lohn/Gehalt bis	Steuerklasse	Lohn-steuer	ohne Kinderfreibetrag SolZ 5,5%	ohne Kinderfreibetrag Kirchensteuer 8%	ohne Kinderfreibetrag Kirchensteuer 9%	0,5 SolZ 5,5%	0,5 Kirchensteuer 8%	0,5 Kirchensteuer 9%	1,0 SolZ 5,5%	1,0 Kirchensteuer 8%	1,0 Kirchensteuer 9%	1,5 SolZ 5,5%	1,5 Kirchensteuer 8%	1,5 Kirchensteuer 9%	2,0 SolZ 5,5%	2,0 Kirchensteuer 8%	2,0 Kirchensteuer 9%	2,5 SolZ 5,5%	2,5 Kirchensteuer 8%	2,5 Kirchensteuer 9%	3,0 SolZ 5,5%	3,0 Kirchensteuer 8%	3,0 Kirchensteuer 9%
						Anzahl Kinderfreibeträge (nur Steuerklassen I–IV)																	
12.758,99	I	**4.002,83**	*220,15*	320,22	360,25	*211,53*	307,69	346,15	*202,92*	295,16	332,05	*194,30*	282,62	317,95	*185,68*	270,09	303,85	*177,07*	257,56	289,75	*168,45*	245,02	275
(West)	II	**3.853,75**	*211,95*	308,30	346,83	*203,33*	295,76	332,73	*194,72*	283,23	318,63	*186,10*	270,70	304,53	*177,48*	258,16	290,43	*168,87*	245,63	276,33	*160,25*	233,10	262
	III	**3.171,66**	*29,49*	253,73	285,44	*10,84*	241,20	271,35	–	228,66	257,24	–	216,14	243,16	–	203,78	229,25	–	191,69	215,65	–	179,86	202
	IV	**4.002,83**	*220,15*	320,22	360,25	*215,84*	313,96	353,20	*211,53*	307,69	346,15	*207,23*	301,42	339,10	*202,92*	295,16	332,05	*198,61*	288,89	325,00	*194,30*	282,62	317
	V	**4.517,25**	*248,44*	361,38	406,55																		
	VI	**4.561,58**	*250,88*	364,92	410,54																		
12.758,99	I	**4.010,66**	*220,58*	320,85	360,95	*211,97*	308,32	346,86	*203,35*	295,78	332,75	*194,73*	283,25	318,65	*186,12*	270,72	304,56	*177,50*	258,18	290,45	*168,88*	245,65	276
(Ost)	II	**3.861,50**	*212,38*	308,92	347,53	*203,77*	296,39	333,44	*195,15*	283,86	319,34	*186,53*	271,32	305,24	*177,92*	258,79	291,14	*169,30*	246,26	277,04	*160,68*	233,72	262
	III	**3.179,50**	*30,42*	254,36	286,15	*11,78*	241,82	272,05	–	229,29	257,95	–	216,77	243,86	–	204,40	229,95	–	192,29	216,32	–	180,45	203
	IV	**4.010,66**	*220,58*	320,85	360,95	*216,27*	314,58	353,90	*211,97*	308,32	346,86	*207,66*	302,05	339,80	*203,35*	295,78	332,75	*199,04*	289,52	325,71	*194,73*	283,25	318
	V	**4.525,08**	*248,87*	362,00	407,25																		
	VI	**4.569,41**	*251,31*	365,55	411,24																		
12.761,99	I	**4.004,08**	*220,22*	320,32	360,36	*211,60*	307,79	346,26	*202,99*	295,26	332,16	*194,37*	282,72	318,06	*185,75*	270,19	303,96	*177,14*	257,66	289,87	*168,52*	245,13	275
(West)	II	**3.855,00**	*212,02*	308,40	346,95	*203,40*	295,86	332,84	*194,79*	283,33	318,74	*186,17*	270,80	304,65	*177,55*	258,26	290,54	*168,94*	245,73	276,44	*160,32*	233,20	262
	III	**3.173,00**	*29,65*	253,84	285,57	*11,00*	241,30	271,46	–	228,77	257,36	–	216,24	243,27	–	203,89	229,37	–	191,80	215,77	–	179,96	202
	IV	**4.004,08**	*220,22*	320,32	360,36	*215,91*	314,06	353,31	*211,60*	307,79	346,26	*207,29*	301,52	339,21	*202,99*	295,26	332,16	*198,68*	288,99	325,11	*194,37*	282,72	318
	V	**4.518,50**	*248,51*	361,48	406,66																		
	VI	**4.562,83**	*250,95*	365,02	410,65																		
12.761,99	I	**4.011,91**	*220,65*	320,95	361,07	*212,03*	308,42	346,97	*203,42*	295,88	332,87	*194,80*	283,35	318,77	*186,18*	270,82	304,67	*177,57*	258,28	290,57	*168,95*	245,75	276
(Ost)	II	**3.862,83**	*212,45*	309,02	347,65	*203,83*	296,49	333,55	*195,22*	283,96	319,45	*186,60*	271,42	305,35	*177,98*	258,89	291,25	*169,37*	246,36	277,15	*160,75*	233,82	263
	III	**3.180,83**	*30,58*	254,46	286,27	*11,93*	241,93	272,17	–	229,40	258,07	–	216,86	243,97	–	204,50	230,06	–	192,40	216,45	–	180,54	203
	IV	**4.011,91**	*220,65*	320,95	361,07	*216,34*	314,68	354,02	*212,03*	308,42	346,97	*207,73*	302,15	339,92	*203,42*	295,88	332,87	*199,11*	289,62	325,82	*194,80*	283,35	318
	V	**4.526,33**	*248,94*	362,10	407,36																		
	VI	**4.570,66**	*251,38*	365,65	411,35																		
12.764,99	I	**4.005,33**	*220,29*	320,42	360,47	*211,67*	307,89	346,37	*203,06*	295,36	332,28	*194,44*	282,82	318,17	*185,83*	270,30	304,08	*177,21*	257,76	289,98	*168,59*	245,23	275
(West)	II	**3.856,25**	*212,09*	308,50	347,06	*203,47*	295,96	332,96	*194,86*	283,43	318,86	*186,24*	270,90	304,76	*177,62*	258,36	290,66	*169,01*	245,83	276,56	*160,39*	233,30	262
	III	**3.174,16**	*29,78*	253,93	285,67	*11,14*	241,40	271,57	–	228,86	257,47	–	216,34	243,38	–	203,98	229,48	–	191,89	215,87	–	180,05	202
	IV	**4.005,33**	*220,29*	320,42	360,47	*215,98*	314,16	353,43	*211,67*	307,89	346,37	*207,36*	301,62	339,32	*203,06*	295,36	332,28	*198,75*	289,09	325,22	*194,44*	282,82	318
	V	**4.519,83**	*248,59*	361,58	406,78																		
	VI	**4.564,08**	*251,02*	365,12	410,76																		
12.764,99	I	**4.013,16**	*220,72*	321,05	361,18	*212,10*	308,52	347,08	*203,49*	295,98	332,98	*194,87*	283,45	318,88	*186,25*	270,92	304,78	*177,64*	258,38	290,68	*169,02*	245,85	276
(Ost)	II	**3.864,08**	*212,52*	309,12	347,76	*203,90*	296,59	333,66	*195,29*	284,06	319,56	*186,67*	271,52	305,46	*178,05*	258,99	291,36	*169,44*	246,46	277,26	*160,82*	233,92	263
	III	**3.182,00**	*30,72*	254,56	286,38	*12,07*	242,02	272,27	–	229,49	258,17	–	216,97	244,09	–	204,60	230,17	–	192,49	216,55	–	180,64	203
	IV	**4.013,16**	*220,72*	321,05	361,18	*216,41*	314,78	354,13	*212,10*	308,52	347,08	*207,79*	302,25	340,03	*203,49*	295,98	332,98	*199,18*	289,72	325,93	*194,87*	283,45	318
	V	**4.527,58**	*249,01*	362,20	407,48																		
	VI	**4.571,91**	*251,45*	365,75	411,47																		
12.767,99	I	**4.006,58**	*220,36*	320,52	360,59	*211,74*	307,99	346,49	*203,13*	295,46	332,39	*194,51*	282,93	318,29	*185,90*	270,40	304,20	*177,28*	257,86	290,09	*168,66*	245,33	275
(West)	II	**3.857,50**	*212,16*	308,60	347,17	*203,54*	296,06	333,07	*194,92*	283,53	318,97	*186,31*	271,00	304,87	*177,69*	258,46	290,77	*169,08*	245,94	276,68	*160,46*	233,40	262
	III	**3.175,50**	*29,94*	254,04	285,79	*11,30*	241,50	271,69	–	228,97	257,59	–	216,44	243,49	–	204,08	229,59	–	191,98	215,98	–	180,14	202
	IV	**4.006,58**	*220,36*	320,52	360,59	*216,05*	314,26	353,54	*211,74*	307,99	346,49	*207,43*	301,72	339,44	*203,13*	295,46	332,39	*198,82*	289,20	325,35	*194,51*	282,93	318
	V	**4.521,08**	*248,65*	361,68	406,89																		
	VI	**4.565,33**	*251,09*	365,22	410,87																		
12.767,99	I	**4.014,41**	*220,79*	321,15	361,29	*212,17*	308,62	347,19	*203,55*	296,08	333,09	*194,94*	283,55	318,99	*186,32*	271,02	304,89	*177,70*	258,48	290,79	*169,09*	245,95	276
(Ost)	II	**3.865,33**	*212,59*	309,22	347,87	*203,97*	296,69	333,77	*195,36*	284,16	319,68	*186,74*	271,62	305,57	*178,12*	259,09	291,47	*169,51*	246,56	277,38	*160,89*	234,02	263,
	III	**3.183,33**	*30,88*	254,66	286,49	*12,23*	242,13	272,39	–	229,60	258,30	–	217,06	244,19	–	204,69	230,27	–	192,58	216,65	–	180,73	203,
	IV	**4.014,41**	*220,79*	321,15	361,29	*216,48*	314,88	354,24	*212,17*	308,62	347,19	*207,86*	302,35	340,14	*203,55*	296,08	333,09	*199,25*	289,82	326,04	*194,94*	283,55	318
	V	**4.528,83**	*249,08*	362,30	407,59																		
	VI	**4.573,16**	*251,52*	365,85	411,58																		
12.770,99	I	**4.007,83**	*220,43*	320,62	360,70	*211,81*	308,10	346,61	*203,20*	295,56	332,51	*194,58*	283,03	318,41	*185,96*	270,50	304,31	*177,35*	257,96	290,21	*168,73*	245,43	276,
(West)	II	**3.858,75**	*212,23*	308,70	347,28	*203,61*	296,16	333,18	*194,99*	283,63	319,08	*186,38*	271,10	304,99	*177,76*	258,57	290,89	*169,15*	246,04	276,79	*160,53*	233,50	262,
	III	**3.176,66**	*30,08*	254,13	285,89	*11,44*	241,60	271,80	–	229,06	257,69	–	216,54	243,61	–	204,18	229,70	–	192,08	216,09	–	180,24	202
	IV	**4.007,83**	*220,43*	320,62	360,70	*216,12*	314,36	353,66	*211,81*	308,10	346,61	*207,51*	301,83	339,56	*203,20*	295,56	332,51	*198,89*	289,30	325,46	*194,58*	283,03	318,
	V	**4.522,33**	*248,72*	361,78	407,00																		
	VI	**4.566,58**	*251,16*	365,32	410,99																		
12.770,99	I	**4.015,66**	*220,86*	321,25	361,40	*212,24*	308,72	347,31	*203,62*	296,18	333,20	*195,01*	283,65	319,10	*186,39*	271,12	305,01	*177,78*	258,59	290,91	*169,16*	246,06	276,
(Ost)	II	**3.866,58**	*212,66*	309,32	347,99	*204,04*	296,79	333,89	*195,42*	284,26	319,79	*186,81*	271,72	305,69	*178,19*	259,19	291,59	*169,57*	246,66	277,49	*160,96*	234,12	263,
	III	**3.184,50**	*31,01*	254,76	286,60	*12,37*	242,22	272,50	–	229,69	258,40	–	217,17	244,31	–	204,80	230,40	–	192,68	216,76	–	180,82	203,
	IV	**4.015,66**	*220,86*	321,25	361,40	*216,55*	314,98	354,35	*212,24*	308,72	347,31	*207,93*	302,45	340,25	*203,62*	296,18	333,20	*199,32*	289,92	326,16	*195,01*	283,65	319,
	V	**4.530,08**	*249,15*	362,40	407,70																		
	VI	**4.574,41**	*251,59*	365,95	411,69																		
12.773,99	I	**4.009,16**	*220,50*	320,73	360,82	*211,88*	308,20	346,72	*203,27*	295,66	332,62	*194,65*	283,13	318,52	*186,03*	270,60	304,42	*177,42*	258,06	290,32	*168,80*	245,53	276,
(West)	II	**3.860,00**	*212,30*	308,80	347,40	*203,68*	296,26	333,29	*195,07*	283,74	319,20	*186,45*	271,20	305,10	*177,83*	258,67	291,00	*169,22*	246,14	276,90	*160,60*	233,60	262,
	III	**3.178,00**	*30,24*	254,24	286,02	*11,60*	241,70	271,91	–	229,17	257,81	–	216,64	243,72	–	204,28	229,81	–	192,17	216,19	–	180,33	202,
	IV	**4.009,16**	*220,50*	320,73	360,82	*216,19*	314,46	353,77	*211,88*	308,20	346,72	*207,57*	301,93	339,67	*203,27*	295,66	332,62	*198,96*	289,40	325,57	*194,65*	283,13	318,
	V	**4.523,58**	*248,79*	361,88	407,12																		
	VI	**4.567,91**	*251,23*	365,43	411,11																		
12.773,99	I	**4.016,91**	*220,93*	321,35	361,52	*212,31*	308,82	347,42	*203,69*	296,28	333,32	*195,08*	283,75	319,22	*186,46*	271,22	305,12	*177,85*	258,69	291,02	*169,23*	246,16	276,
(Ost)	II	**3.867,83**	*212,73*	309,42	348,10	*204,11*	296,89	334,00	*195,49*	284,36	319,90	*186,88*	271,82	305,80	*178,26*	259,29	291,70	*169,64*	246,76	277,60	*161,03*	234,23	263,
	III	**3.185,83**	*31,17*	254,86	286,72	*12,53*	242,33	272,62	–	229,80	258,52	–	217,26	244,42	–	204,89	230,50	–	192,77	216,86	–	180,92	203,
	IV	**4.016,91**	*220,93*	321,35	361,52	*216,62*	315,08	354,47	*212,31*	308,82	347,42	*208,00*	302,55	340,37	*203,69*	296,28	333,32	*199,38*	290,02	326,27	*195,08*	283,75	319,
	V	**4.531,41**	*249,22*	362,51	407,82																		
	VI	**4.575,66**	*251,66*	366,05	411,80																		
12.776,99	I	**4.010,41**	*220,57*	320,83	360,93	*211,95*	308,30	346,83	*203,33*	295,76	332,73	*194,72*	283,23	318,63	*186,10*	270,70	304,53	*177,48*	258,16	290,43	*168,87*	245,63	276,3
(West)	II	**3.861,33**	*212,37*	308,90	347,51	*203,75*	296,37	333,41	*195,14*	283,84	319,32	*186,52*	271,30	305,21	*177,90*	258,77	291,11	*169,29*	246,24	277,02	*160,67*	233,70	262,9
	III	**3.179,16**	*30,38*	254,33	286,12	*11,74*	241,80	272,02	–	229,26	257,92	–	216,74	243,83	–	204,38	229,93	–	192,28	216,31	–	180,42	202,9
	IV	**4.010,41**	*220,57*	320,83	360,93	*216,26*	314,56	353,88	*211,95*	308,30	346,83	*207,64*	302,03	339,78	*203,33*	295,76	332,73	*199,03*	289,50	325,68	*194,72*	283,23	318,6
	V	**4.524,83**	*248,86*	361,98	407,23																		
	VI	**4.569,16**	*251,30*	365,53	411,22																		
12.776,99	I	**4.018,16**	*220,99*	321,45	361,63	*212,38*	308,92	347,53	*203,77*	296,39	333,44	*195,15*	283,86	319,34	*186,53*	271,32	305,24	*177,92*	258,79	291,14	*169,30*	246,26	277,0
(Ost)	II	**3.869,08**	*212,79*	309,52	348,21	*204,18*	296,99	334,11	*195,56*	284,46	320,01	*186,94*	271,92	305,91	*178,33*	259,39	291,81	*169,72*	246,86	277,72	*161,10*	234,33	263,6
	III	**3.187,00**	*31,31*	254,96	286,83	*12,67*	242,42	272,72	–	229,90	258,64	–	217,37	244,54	–	205,00	230,62	–	192,88	216,99	–	181,01	203,6
	IV	**4.018,16**	*220,99*	321,45	361,63	*216,69*	315,18	354,58	*212,38*	308,92	347,53	*208,07*	302,65	340,48	*203,77*	296,39	333,44	*199,46*	290,12	326,39	*195,15*	283,86	319,3
	V	**4.532,66**	*249,29*	362,61	407,93																		
	VI	**4.576,91**	*251,73*	366,15	411,92																		

Allgemeine Tabelle

MONAT bis 12.797,99 €

Lohn/ Gehalt bis	Steuerklasse	Lohnsteuer	ohne Kinderfreibetrag SolZ 5,5%	Kirchensteuer 8%	9%	0,5 SolZ 5,5%	Kirchensteuer 8%	9%	1,0 SolZ 5,5%	Kirchensteuer 8%	9%	1,5 SolZ 5,5%	Kirchensteuer 8%	9%	2,0 SolZ 5,5%	Kirchensteuer 8%	9%	2,5 SolZ 5,5%	Kirchensteuer 8%	9%	3,0 SolZ 5,5%	Kirchensteuer 8%	9%
.779,99 (West)	I	4.011,66	220,64	320,93	361,04	212,02	308,40	346,95	203,40	295,86	332,84	194,79	283,33	318,74	186,17	270,80	304,65	177,55	258,26	290,54	168,94	245,73	276,44
	II	3.862,58	212,44	309,00	347,63	203,82	296,47	333,53	195,20	283,94	319,43	186,59	271,40	305,33	177,97	258,87	291,23	169,35	246,34	277,13	160,74	233,80	263,03
	III	3.180,50	30,54	254,44	286,24	11,90	241,90	272,14	-	229,37	258,04	-	216,84	243,94	-	204,48	230,04	-	192,37	216,41	-	180,52	203,08
	IV	4.011,66	220,64	320,93	361,04	216,33	314,66	353,99	212,02	308,40	346,95	207,71	302,13	339,89	203,40	295,86	332,84	199,10	289,60	325,80	194,79	283,33	318,74
	V	4.526,08	248,93	362,08	407,34																		
	VI	4.570,41	251,37	365,63	411,33																		
.779,99 (Ost)	I	4.019,41	221,06	321,55	361,74	212,45	309,02	347,65	203,83	296,49	333,55	195,22	283,96	319,45	186,60	271,42	305,35	177,98	258,89	291,25	169,37	246,36	277,15
	II	3.870,33	212,86	309,62	348,32	204,25	297,09	334,22	195,63	284,56	320,13	187,02	272,03	306,03	178,40	259,50	291,93	169,78	246,96	277,83	161,17	234,43	263,73
	III	3.188,33	31,47	255,06	286,94	12,83	242,53	272,84	-	230,00	258,75	-	217,46	244,64	-	205,09	230,72	-	192,97	217,09	-	181,10	203,74
	IV	4.019,41	221,06	321,55	361,74	216,76	315,29	354,70	212,45	309,02	347,65	208,14	302,76	340,60	203,83	296,49	333,55	199,53	290,22	326,50	195,22	283,96	319,45
	V	4.533,91	249,36	362,71	408,05																		
	VI	4.578,25	251,80	366,26	412,04																		
.782,99 (West)	I	4.012,91	220,71	321,03	361,16	212,09	308,50	347,06	203,47	295,96	332,96	194,86	283,43	318,86	186,24	270,90	304,76	177,62	258,36	290,66	169,01	245,83	276,56
	II	3.863,83	212,51	309,10	347,74	203,89	296,57	333,64	195,27	284,04	319,54	186,66	271,50	305,44	178,04	258,97	291,34	169,42	246,44	277,24	160,81	233,90	263,14
	III	3.181,83	30,70	254,54	286,36	12,05	242,01	272,26	-	229,48	258,16	-	216,94	244,06	-	204,57	230,14	-	192,46	216,52	-	180,61	203,18
	IV	4.012,91	220,71	321,03	361,16	216,40	314,76	354,11	212,09	308,50	347,06	207,78	302,23	340,01	203,47	295,96	332,96	199,16	289,70	325,91	194,86	283,43	318,86
	V	4.527,33	249,00	362,18	407,45																		
	VI	4.571,66	251,44	365,73	411,44																		
.782,99 (Ost)	I	4.020,75	221,14	321,66	361,86	212,52	309,12	347,76	203,90	296,59	333,66	195,29	284,06	319,56	186,67	271,52	305,46	178,05	258,99	291,36	169,44	246,46	277,26
	II	3.871,58	212,93	309,72	348,44	204,32	297,19	334,34	195,70	284,66	320,24	187,09	272,13	306,14	178,47	259,60	292,05	169,85	247,06	277,94	161,24	234,53	263,84
	III	3.189,66	31,63	255,17	287,06	12,99	242,64	272,97	-	230,10	258,86	-	217,57	244,76	-	205,18	230,83	-	193,06	217,19	-	181,20	203,85
	IV	4.020,75	221,14	321,66	361,86	216,83	315,39	354,81	212,52	309,12	347,76	208,21	302,86	340,71	203,90	296,59	333,66	199,59	290,32	326,61	195,29	284,06	319,56
	V	4.535,16	249,43	362,81	408,16																		
	VI	4.579,50	251,87	366,36	412,15																		
.785,99 (West)	I	4.014,16	220,77	321,13	361,27	212,16	308,60	347,17	203,54	296,06	333,07	194,92	283,53	318,97	186,31	271,00	304,87	177,69	258,46	290,77	169,08	245,94	276,68
	II	3.865,08	212,57	309,20	347,85	203,96	296,67	333,75	195,34	284,14	319,65	186,72	271,60	305,55	178,11	259,07	291,45	169,49	246,54	277,35	160,87	234,00	263,25
	III	3.183,00	30,84	254,64	286,47	12,19	242,10	272,36	-	229,57	258,26	-	217,04	244,17	-	204,68	230,26	-	192,56	216,63	-	180,70	203,29
	IV	4.014,16	220,77	321,13	361,27	216,47	314,86	354,22	212,16	308,60	347,17	207,85	302,33	340,12	203,54	296,06	333,07	199,23	289,80	326,02	194,92	283,53	318,97
	V	4.528,58	249,07	362,28	407,57																		
	VI	4.572,91	251,51	365,83	411,56																		
.785,99 (Ost)	I	4.022,00	221,21	321,76	361,98	212,59	309,22	347,87	203,97	296,69	333,77	195,36	284,16	319,68	186,74	271,62	305,57	178,12	259,09	291,47	169,51	246,56	277,38
	II	3.872,91	213,01	309,83	348,56	204,39	297,30	334,46	195,77	284,76	320,36	187,16	272,23	306,26	178,54	259,70	292,16	169,92	247,16	278,06	161,31	234,63	263,96
	III	3.190,83	31,77	255,26	287,17	13,12	242,73	273,07	-	230,20	258,97	-	217,66	244,87	-	205,29	230,95	-	193,16	217,30	-	181,29	203,95
	IV	4.022,00	221,21	321,76	361,98	216,90	315,49	354,92	212,59	309,22	347,87	208,28	302,96	340,83	203,97	296,69	333,77	199,66	290,42	326,72	195,36	284,16	319,68
	V	4.536,41	249,50	362,91	408,27																		
	VI	4.580,75	251,94	366,46	412,26																		
.788,99 (West)	I	4.015,41	220,84	321,23	361,38	212,23	308,70	347,28	203,61	296,16	333,18	194,99	283,63	319,08	186,38	271,10	304,99	177,76	258,57	290,89	169,15	246,04	276,79
	II	3.866,33	212,64	309,30	347,96	204,03	296,77	333,86	195,41	284,24	319,77	186,79	271,70	305,66	178,18	259,17	291,56	169,56	246,64	277,47	160,94	234,10	263,36
	III	3.184,33	30,99	254,74	286,58	12,35	242,21	272,48	-	229,68	258,39	-	217,14	244,28	-	204,77	230,36	-	192,66	216,74	-	180,80	203,40
	IV	4.015,41	220,84	321,23	361,38	216,53	314,96	354,33	212,23	308,70	347,28	207,92	302,43	340,23	203,61	296,16	333,18	199,30	289,90	326,13	194,99	283,63	319,08
	V	4.529,83	249,14	362,38	407,68																		
	VI	4.574,16	251,57	365,93	411,67																		
.788,99 (Ost)	I	4.023,25	221,27	321,86	362,09	212,66	309,32	347,99	204,04	296,79	333,89	195,42	284,26	319,79	186,81	271,72	305,69	178,19	259,19	291,59	169,57	246,66	277,49
	II	3.874,16	213,07	309,93	348,67	204,46	297,40	334,57	195,84	284,86	320,47	187,22	272,33	306,37	178,61	259,80	292,27	169,99	247,26	278,17	161,37	234,73	264,07
	III	3.192,16	31,93	255,37	287,29	13,28	242,84	273,19	-	230,30	259,09	-	217,77	244,99	-	205,38	231,05	-	193,26	217,42	-	181,38	204,05
	IV	4.023,25	221,27	321,86	362,09	216,97	315,59	355,04	212,66	309,32	347,99	208,35	303,06	340,94	204,04	296,79	333,89	199,73	290,52	326,84	195,42	284,26	319,79
	V	4.537,66	249,57	363,01	408,38																		
	VI	4.582,00	252,01	366,56	412,38																		
2.791,99 (West)	I	4.016,66	220,91	321,33	361,49	212,30	308,80	347,40	203,68	296,26	333,29	195,07	283,74	319,20	186,45	271,20	305,10	177,83	258,67	291,00	169,22	246,14	276,90
	II	3.867,58	212,71	309,40	348,08	204,10	296,87	333,98	195,48	284,34	319,88	186,86	271,80	305,78	178,25	259,27	291,68	169,63	246,74	277,58	161,02	234,21	263,48
	III	3.185,50	31,13	254,84	286,69	12,49	242,30	272,59	-	229,77	258,49	-	217,25	244,40	-	204,88	230,49	-	192,76	216,85	-	180,89	203,50
	IV	4.016,66	220,91	321,33	361,49	216,60	315,06	354,44	212,30	308,80	347,40	207,99	302,53	340,34	203,68	296,26	333,29	199,37	290,00	326,25	195,07	283,74	319,20
	V	4.531,16	249,21	362,49	407,80																		
	VI	4.575,41	251,64	366,03	411,78																		
2.791,99 (Ost)	I	4.024,50	221,34	321,96	362,20	212,73	309,42	348,10	204,11	296,89	334,00	195,49	284,36	319,90	186,88	271,82	305,80	178,26	259,29	291,70	169,64	246,76	277,60
	II	3.875,41	213,14	310,03	348,78	204,53	297,50	334,68	195,91	284,96	320,58	187,29	272,43	306,48	178,68	259,90	292,38	170,06	247,36	278,28	161,44	234,83	264,18
	III	3.193,33	32,07	255,46	287,39	13,42	242,93	273,29	-	230,40	259,20	-	217,86	245,09	-	205,49	231,17	-	193,36	217,53	-	181,48	204,16
	IV	4.024,50	221,34	321,96	362,20	217,03	315,69	355,15	212,73	309,42	348,10	208,42	303,16	341,05	204,11	296,89	334,00	199,80	290,62	326,95	195,49	284,36	319,90
	V	4.538,91	249,64	363,11	408,50																		
	VI	4.583,25	252,07	366,66	412,49																		
2.794,99 (West)	I	4.017,91	220,98	321,43	361,61	212,37	308,90	347,51	203,75	296,37	333,41	195,14	283,84	319,32	186,52	271,30	305,21	177,90	258,77	291,11	169,29	246,24	277,02
	II	3.868,83	212,78	309,50	348,19	204,16	296,97	334,09	195,55	284,44	319,99	186,93	271,90	305,89	178,32	259,38	291,80	169,70	246,84	277,70	161,09	234,31	263,60
	III	3.186,83	31,29	254,94	286,81	12,65	242,41	272,71	-	229,88	258,61	-	217,34	244,51	-	204,97	230,59	-	192,85	216,95	-	180,98	203,60
	IV	4.017,91	220,98	321,43	361,61	216,67	315,16	354,56	212,37	308,90	347,51	208,06	302,64	340,47	203,75	296,37	333,41	199,44	290,10	326,36	195,14	283,84	319,32
	V	4.532,41	249,28	362,59	407,91																		
	VI	4.576,66	251,71	366,13	411,89																		
2.794,99 (Ost)	I	4.025,75	221,41	322,06	362,31	212,79	309,52	348,21	204,18	296,99	334,11	195,56	284,46	320,01	186,94	271,92	305,91	178,33	259,39	291,81	169,72	246,86	277,72
	II	3.876,66	213,21	310,13	348,89	204,60	297,60	334,80	195,98	285,06	320,69	187,36	272,53	306,59	178,75	260,00	292,50	170,13	247,46	278,39	161,51	234,93	264,29
	III	3.194,66	32,22	255,57	287,51	13,58	243,04	273,42	-	230,50	259,31	-	217,97	245,21	-	205,58	231,28	-	193,45	217,63	-	181,58	204,28
	IV	4.025,75	221,41	322,06	362,31	217,10	315,79	355,26	212,79	309,52	348,21	208,49	303,26	341,16	204,18	296,99	334,11	199,87	290,72	327,06	195,56	284,46	320,01
	V	4.540,16	249,70	363,21	408,61																		
	VI	4.584,50	252,14	366,76	412,60																		
2.797,99 (West)	I	4.019,25	221,05	321,54	361,73	212,44	309,00	347,63	203,82	296,47	333,53	195,20	283,94	319,43	186,59	271,40	305,33	177,97	258,87	291,23	169,35	246,34	277,13
	II	3.870,08	212,85	309,60	348,30	204,23	297,07	334,20	195,62	284,54	320,11	187,00	272,01	306,01	178,39	259,48	291,91	169,77	246,94	277,81	161,15	234,41	263,71
	III	3.188,00	31,43	255,04	286,92	12,79	242,50	272,81	-	229,97	258,71	-	217,45	244,63	-	205,06	230,69	-	192,94	217,06	-	181,09	203,72
	IV	4.019,25	221,05	321,54	361,73	216,75	315,27	354,68	212,44	309,00	347,63	208,13	302,74	340,58	203,82	296,47	333,53	199,51	290,20	326,48	195,20	283,94	319,43
	V	4.533,66	249,35	362,69	408,02																		
	VI	4.578,00	251,79	366,24	412,02																		
2.797,99 (Ost)	I	4.027,00	221,48	322,16	362,43	212,86	309,62	348,32	204,25	297,09	334,22	195,63	284,56	320,13	187,02	272,03	306,03	178,40	259,50	291,93	169,78	246,96	277,83
	II	3.877,91	213,28	310,23	349,01	204,66	297,70	334,91	196,05	285,16	320,81	187,43	272,63	306,71	178,81	260,10	292,61	170,20	247,56	278,51	161,58	235,03	264,41
	III	3.195,83	32,36	255,66	287,62	13,72	243,13	273,52	-	230,60	259,42	-	218,08	245,34	-	205,68	231,39	-	193,54	217,73	-	181,68	204,39
	IV	4.027,00	221,48	322,16	362,43	217,17	315,89	355,37	212,86	309,62	348,32	208,56	303,36	341,28	204,25	297,09	334,22	199,94	290,82	327,17	195,63	284,56	320,13
	V	4.541,50	249,78	363,32	408,73																		
	VI	4.585,75	252,21	366,86	412,71																		

Anzahl Kinderfreibeträge (nur Steuerklassen I–IV)

MONAT bis 12.818,99 €

Allgemeine Tabelle

Lohn/Gehalt bis	Steuerklasse	Lohnsteuer	ohne Kinderfreibetrag SolZ 5,5%	ohne Kinderfreibetrag Kirchensteuer 8%	ohne Kinderfreibetrag Kirchensteuer 9%	0,5 SolZ 5,5%	0,5 Kirchensteuer 8%	0,5 Kirchensteuer 9%	1,0 SolZ 5,5%	1,0 Kirchensteuer 8%	1,0 Kirchensteuer 9%	1,5 SolZ 5,5%	1,5 Kirchensteuer 8%	1,5 Kirchensteuer 9%	2,0 SolZ 5,5%	2,0 Kirchensteuer 8%	2,0 Kirchensteuer 9%	2,5 SolZ 5,5%	2,5 Kirchensteuer 8%	2,5 Kirchensteuer 9%	3,0 SolZ 5,5%	3,0 Kirchensteuer 8%
						Anzahl Kinderfreibeträge (nur Steuerklassen I–IV)																
12.800,99 (West)	I	4.020,50	221,12	321,64	361,84	212,51	309,10	347,74	203,89	296,57	333,64	195,27	284,04	319,54	186,66	271,50	305,44	178,04	258,97	291,34	169,42	246,44
	II	3.871,33	212,92	309,70	348,41	204,31	297,18	334,32	195,69	284,64	320,22	187,07	272,11	306,12	178,46	259,58	292,02	169,84	247,04	277,92	161,22	234,51
	III	3.189,33	31,59	255,14	287,03	12,95	242,61	272,93	–	230,08	258,84	–	217,54	244,73	–	205,17	230,81	–	193,05	217,18	–	181,18
	IV	4.020,50	221,12	321,64	361,84	216,81	315,37	354,79	212,51	309,10	347,74	208,20	302,84	340,69	203,89	296,57	333,64	199,58	290,30	326,59	195,27	284,04
	V	4.534,91	249,42	362,79	408,14																	
	VI	4.579,25	251,85	366,34	412,13																	
12.800,99 (Ost)	I	4.028,25	221,55	322,26	362,54	212,93	309,72	348,44	204,32	297,19	334,34	195,70	284,66	320,24	187,09	272,13	306,14	178,47	259,60	292,05	169,85	247,06
	II	3.879,16	213,35	310,33	349,12	204,73	297,80	335,02	196,12	285,26	320,92	187,50	272,73	306,82	178,88	260,20	292,72	170,27	247,67	278,63	161,65	235,14
	III	3.197,16	32,52	255,77	287,74	13,88	243,24	273,64	–	230,70	259,54	–	218,17	245,44	–	205,78	231,50	–	193,65	217,85	–	181,77
	IV	4.028,25	221,55	322,26	362,54	217,24	315,99	355,49	212,93	309,72	348,44	208,62	303,46	341,39	204,32	297,19	334,34	200,01	290,93	327,29	195,70	284,66
	V	4.542,75	249,85	363,42	408,84																	
	VI	4.587,00	252,28	366,96	412,83																	
12.803,99 (West)	I	4.021,75	221,19	321,74	361,95	212,57	309,20	347,85	203,96	296,67	333,75	195,34	284,14	319,65	186,72	271,60	305,55	178,11	259,07	291,45	169,49	246,54
	II	3.872,66	212,99	309,81	348,53	204,38	297,28	334,44	195,76	284,74	320,33	187,14	272,21	306,23	178,53	259,68	292,14	169,91	247,14	278,03	161,29	234,61
	III	3.190,50	31,73	255,24	287,14	13,09	242,70	273,04	–	230,18	258,95	–	217,65	244,85	–	205,26	230,92	–	193,14	217,28	–	181,28
	IV	4.021,75	221,19	321,74	361,95	216,88	315,47	354,90	212,57	309,20	347,85	208,27	302,94	340,80	203,96	296,67	333,75	199,65	290,40	326,70	195,34	284,14
	V	4.536,16	249,48	362,89	408,25																	
	VI	4.580,50	251,92	366,44	412,24																	
12.803,99 (Ost)	I	4.029,50	221,62	322,36	362,65	213,01	309,83	348,56	204,39	297,30	334,46	195,77	284,76	320,36	187,16	272,23	306,26	178,54	259,70	292,16	169,92	247,16
	II	3.880,41	213,42	310,43	349,23	204,80	297,90	335,13	196,18	285,36	321,03	187,57	272,83	306,93	178,96	260,30	292,84	170,34	247,77	278,74	161,72	235,24
	III	3.198,33	32,66	255,86	287,84	14,04	243,34	273,76	–	230,81	259,66	–	218,28	245,56	–	205,88	231,61	–	193,74	217,96	–	181,86
	IV	4.029,50	221,62	322,36	362,65	217,31	316,09	355,60	213,01	309,83	348,56	208,70	303,56	341,51	204,39	297,30	334,46	200,08	291,03	327,41	195,77	284,76
	V	4.544,00	249,92	363,52	408,96																	
	VI	4.588,25	252,35	367,06	412,94																	
12.806,99 (West)	I	4.023,00	221,26	321,84	362,07	212,64	309,30	347,96	204,03	296,77	333,86	195,41	284,24	319,77	186,79	271,70	305,66	178,18	259,17	291,56	169,56	246,64
	II	3.873,91	213,06	309,91	348,65	204,44	297,38	334,55	195,83	284,84	320,45	187,21	272,31	306,35	178,59	259,78	292,25	169,98	247,24	278,15	161,36	234,71
	III	3.191,83	31,89	255,34	287,26	13,24	242,81	273,16	–	230,28	259,06	–	217,74	244,96	–	205,36	231,03	–	193,24	217,39	–	181,37
	IV	4.023,00	221,26	321,84	362,07	216,95	315,57	355,01	212,64	309,30	347,96	208,34	303,04	340,92	204,03	296,77	333,86	199,72	290,50	326,81	195,41	284,24
	V	4.537,41	249,55	362,99	408,36																	
	VI	4.581,75	251,99	366,54	412,35																	
12.806,99 (Ost)	I	4.030,83	221,69	322,46	362,77	213,07	309,93	348,67	204,46	297,40	334,57	195,84	284,86	320,47	187,22	272,33	306,37	178,61	259,80	292,27	169,99	247,26
	II	3.881,66	213,49	310,53	349,34	204,87	298,00	335,25	196,26	285,47	321,15	187,64	272,94	307,05	179,02	260,40	292,95	170,41	247,87	278,85	161,79	235,34
	III	3.199,66	32,82	255,97	287,96	14,18	243,44	273,87	–	230,90	259,76	–	218,37	245,66	–	205,97	231,71	–	193,84	218,07	–	181,96
	IV	4.030,83	221,69	322,46	362,77	217,38	316,20	355,72	213,07	309,93	348,67	208,77	303,66	341,62	204,46	297,40	334,57	200,15	291,13	327,52	195,84	284,86
	V	4.545,25	249,98	363,62	409,07																	
	VI	4.589,58	252,42	367,16	413,06																	
12.809,99 (West)	I	4.024,25	221,33	321,94	362,18	212,71	309,40	348,08	204,10	296,87	333,98	195,48	284,34	319,88	186,86	271,80	305,78	178,25	259,27	291,68	169,63	246,74
	II	3.875,16	213,13	310,01	348,76	204,51	297,48	334,66	195,90	284,94	320,56	187,28	272,41	306,46	178,66	259,88	292,36	170,05	247,34	278,26	161,43	234,81
	III	3.193,16	32,05	255,45	287,38	13,40	242,92	273,28	–	230,38	259,18	–	217,85	245,08	–	205,46	231,14	–	193,33	217,49	–	181,46
	IV	4.024,25	221,33	321,94	362,18	217,02	315,67	355,13	212,71	309,40	348,08	208,40	303,14	341,03	204,10	296,87	333,98	199,79	290,60	326,93	195,48	284,34
	V	4.538,66	249,62	363,09	408,47																	
	VI	4.583,00	252,06	366,64	412,47																	
12.809,99 (Ost)	I	4.032,08	221,76	322,56	362,88	213,14	310,03	348,78	204,53	297,50	334,68	195,91	284,96	320,58	187,29	272,43	306,48	178,68	259,90	292,38	170,06	247,36
	II	3.882,91	213,56	310,63	349,46	204,94	298,10	335,36	196,33	285,57	321,26	187,71	273,04	307,17	179,09	260,50	293,06	170,48	247,97	278,96	161,86	235,44
	III	3.201,00	32,98	256,08	288,09	14,33	243,54	273,98	–	231,01	259,88	–	218,48	245,79	–	206,08	231,84	–	193,93	218,17	–	182,05
	IV	4.032,08	221,76	322,56	362,88	217,45	316,30	355,83	213,14	310,03	348,78	208,83	303,76	341,73	204,53	297,50	334,68	200,22	291,23	327,63	195,91	284,96
	V	4.546,50	250,05	363,72	409,18																	
	VI	4.590,83	252,49	367,26	413,17																	
12.812,99 (West)	I	4.025,50	221,40	322,04	362,29	212,78	309,50	348,19	204,16	296,97	334,09	195,55	284,44	319,99	186,93	271,90	305,89	178,32	259,38	291,80	169,70	246,84
	II	3.876,41	213,20	310,11	348,87	204,58	297,58	334,77	195,96	285,04	320,67	187,35	272,51	306,57	178,73	259,98	292,47	170,11	247,44	278,37	161,50	234,91
	III	3.194,33	32,18	255,54	287,48	13,54	243,01	273,38	–	230,48	259,29	–	217,94	245,18	–	205,56	231,25	–	193,42	217,60	–	181,56
	IV	4.025,50	221,40	322,04	362,29	217,09	315,77	355,24	212,78	309,50	348,19	208,47	303,24	341,14	204,16	296,97	334,09	199,86	290,70	327,04	195,55	284,44
	V	4.539,91	249,69	363,19	408,59																	
	VI	4.584,25	252,13	366,74	412,58																	
12.812,99 (Ost)	I	4.033,33	221,83	322,66	362,99	213,21	310,13	348,89	204,60	297,60	334,80	195,98	285,06	320,69	187,36	272,53	306,59	178,75	260,00	292,50	170,13	247,46
	II	3.884,25	213,63	310,74	349,58	205,01	298,20	335,48	196,40	285,67	321,38	187,78	273,14	307,28	179,16	260,60	293,18	170,55	248,07	279,08	161,93	235,54
	III	3.202,16	33,12	256,17	288,19	14,47	243,64	274,09	–	231,10	259,99	–	218,57	245,89	–	206,17	231,94	–	194,04	218,29	–	182,14
	IV	4.033,33	221,83	322,66	362,99	217,52	316,40	355,95	213,21	310,13	348,89	208,90	303,86	341,84	204,60	297,60	334,80	200,29	291,33	327,74	195,98	285,06
	V	4.547,75	250,12	363,82	409,29																	
	VI	4.592,08	252,56	367,36	413,28																	
12.815,99 (West)	I	4.026,75	221,47	322,14	362,40	212,85	309,60	348,30	204,23	297,07	334,20	195,62	284,54	320,11	187,00	272,01	306,01	178,39	259,48	291,91	169,77	246,94
	II	3.877,66	213,27	310,21	348,98	204,65	297,68	334,89	196,03	285,14	320,78	187,42	272,61	306,68	178,80	260,08	292,59	170,18	247,54	278,48	161,57	235,02
	III	3.195,66	32,34	255,65	287,60	13,70	243,12	273,51	–	230,58	259,40	–	218,05	245,30	–	205,66	231,37	–	193,53	217,72	–	181,65
	IV	4.026,75	221,47	322,14	362,40	217,16	315,87	355,35	212,85	309,60	348,30	208,54	303,34	341,25	204,23	297,07	334,20	199,92	290,80	327,15	195,62	284,54
	V	4.541,25	249,76	363,30	408,71																	
	VI	4.585,50	252,20	366,84	412,69																	
12.815,99 (Ost)	I	4.034,58	221,90	322,76	363,11	213,28	310,23	349,01	204,66	297,70	334,91	196,05	285,16	320,81	187,43	272,63	306,71	178,81	260,10	292,61	170,20	247,56
	II	3.885,50	213,70	310,84	349,69	205,08	298,30	335,59	196,46	285,77	321,49	187,85	273,24	307,39	179,23	260,70	293,29	170,61	248,17	279,19	162,00	235,64
	III	3.203,50	33,28	256,28	288,31	14,63	243,74	274,21	–	231,21	260,11	–	218,68	246,01	–	206,28	232,06	–	194,13	218,39	–	182,24
	IV	4.034,58	221,90	322,76	363,11	217,59	316,50	356,06	213,28	310,23	349,01	208,97	303,96	341,96	204,66	297,70	334,91	200,36	291,43	327,86	196,05	285,16
	V	4.549,00	250,19	363,92	409,41																	
	VI	4.593,33	252,63	367,46	413,39																	
12.818,99 (West)	I	4.028,00	221,54	322,24	362,52	212,92	309,70	348,41	204,31	297,18	334,32	195,69	284,64	320,22	187,07	272,11	306,12	178,46	259,58	292,02	169,84	247,04
	II	3.878,91	213,34	310,31	349,10	204,72	297,78	335,00	196,10	285,24	320,90	187,49	272,71	306,80	178,87	260,18	292,70	170,26	247,65	278,60	161,64	235,12
	III	3.196,83	32,48	255,74	287,71	13,84	243,21	273,61	–	230,68	259,51	–	218,14	245,41	–	205,76	231,48	–	193,62	217,82	–	181,74
	IV	4.028,00	221,54	322,24	362,52	217,23	315,97	355,46	212,92	309,70	348,41	208,61	303,44	341,37	204,31	297,18	334,32	200,00	290,91	327,27	195,69	284,64
	V	4.542,50	249,83	363,40	408,82																	
	VI	4.586,75	252,27	366,94	412,80																	
12.818,99 (Ost)	I	4.035,83	221,97	322,86	363,22	213,35	310,33	349,12	204,73	297,80	335,02	196,12	285,26	320,92	187,50	272,73	306,82	178,88	260,20	292,72	170,27	247,67
	II	3.886,75	213,77	310,94	349,80	205,15	298,40	335,70	196,53	285,87	321,60	187,92	273,34	307,50	179,30	260,80	293,40	170,68	248,27	279,30	162,07	235,74
	III	3.204,66	33,41	256,37	288,41	14,77	243,84	274,32	–	231,30	260,21	–	218,77	246,11	–	206,37	232,16	–	194,22	218,50	–	182,33
	IV	4.035,83	221,97	322,86	363,22	217,66	316,60	356,17	213,35	310,33	349,12	209,04	304,06	342,07	204,73	297,80	335,02	200,42	291,53	327,97	196,12	285,26
	V	4.550,25	250,26	364,02	409,52																	
	VI	4.594,58	252,70	367,56	413,51																	

Allgemeine Tabelle

MONAT bis 12.839,99 €

Lohn/ Gehalt bis	Steuerklasse	Lohn-steuer	ohne Kinderfreibetrag SolZ 5,5%	Kirchensteuer 8%	9%	0,5 SolZ 5,5%	Kirchensteuer 8%	9%	1,0 SolZ 5,5%	Kirchensteuer 8%	9%	1,5 SolZ 5,5%	Kirchensteuer 8%	9%	2,0 SolZ 5,5%	Kirchensteuer 8%	9%	2,5 SolZ 5,5%	Kirchensteuer 8%	9%	3,0 SolZ 5,5%	Kirchensteuer 8%	9%
						Anzahl Kinderfreibeträge (nur Steuerklassen I–IV)																	
.821,99 (West)	I	4.029,33	221,61	322,34	362,63	212,99	309,81	348,53	204,38	297,28	334,44	195,76	284,74	320,33	187,14	272,21	306,23	178,53	259,68	292,14	169,91	247,14	278,03
	II	3.880,16	213,40	310,41	349,21	204,79	297,88	335,11	196,17	285,34	321,01	187,56	272,82	306,92	178,94	260,28	292,82	170,33	247,75	278,72	161,71	235,22	264,62
	III	3.198,16	32,64	255,85	287,83	14,00	243,32	273,73	-	230,78	259,63	-	218,25	245,53	-	205,85	231,58	-	193,72	217,93	-	181,84	204,57
	IV	4.029,33	221,61	322,34	362,63	217,30	316,08	355,59	212,99	309,81	348,53	208,68	303,54	341,48	204,38	297,28	334,44	200,07	291,01	327,38	195,76	284,74	320,33
	V	4.543,75	249,90	363,50	408,93																		
	VI	4.588,08	252,34	367,04	412,92																		
.821,99 (Ost)	I	4.037,08	222,03	322,96	363,33	213,42	310,43	349,23	204,80	297,90	335,13	196,18	285,36	321,03	187,57	272,83	306,93	178,96	260,30	292,84	170,34	247,77	278,74
	II	3.888,00	213,84	311,04	349,92	205,22	298,50	335,81	196,60	285,97	321,71	187,99	273,44	307,62	179,37	260,90	293,51	170,75	248,37	279,41	162,14	235,84	265,32
	III	3.206,00	33,57	256,48	288,54	14,93	243,94	274,43	-	231,41	260,33	-	218,88	246,24	-	206,48	232,29	-	194,32	218,61	-	182,42	205,22
	IV	4.037,08	222,03	322,96	363,33	217,73	316,70	356,28	213,42	310,43	349,23	209,11	304,16	342,18	204,80	297,90	335,13	200,49	291,63	328,08	196,18	285,36	321,03
	V	4.551,50	250,33	364,12	409,63																		
	VI	4.595,83	252,77	367,66	413,62																		
.824,99 (West)	I	4.030,58	221,68	322,44	362,75	213,06	309,91	348,65	204,44	297,38	334,55	195,83	284,84	320,45	187,21	272,31	306,35	178,59	259,78	292,25	169,98	247,24	278,15
	II	3.881,41	213,47	310,51	349,32	204,86	297,98	335,23	196,24	285,45	321,13	187,63	272,92	307,03	179,01	260,38	292,93	170,39	247,85	278,83	161,78	235,32	264,73
	III	3.199,33	32,78	255,94	287,93	14,14	243,41	273,83	-	230,88	259,74	-	218,36	245,65	-	205,96	231,70	-	193,81	218,03	-	181,93	204,67
	IV	4.030,58	221,68	322,44	362,75	217,37	316,18	355,70	213,06	309,91	348,65	208,75	303,64	341,60	204,44	297,38	334,55	200,14	291,11	327,50	195,83	284,84	320,45
	V	4.545,00	249,97	363,60	409,05																		
	VI	4.589,33	252,41	367,14	413,03																		
.824,99 (Ost)	I	4.038,33	222,10	323,06	363,44	213,49	310,53	349,34	204,87	298,00	335,25	196,26	285,47	321,15	187,64	272,94	307,05	179,02	260,40	292,95	170,41	247,87	278,85
	II	3.889,25	213,90	311,14	350,03	205,29	298,60	335,93	196,67	286,07	321,83	188,05	273,54	307,73	179,44	261,00	293,63	170,82	248,47	279,53	162,21	235,94	265,43
	III	3.207,16	33,71	256,57	288,64	15,07	244,04	274,54	-	231,50	260,44	-	218,98	246,35	-	206,57	232,39	-	194,42	218,72	-	182,52	205,33
	IV	4.038,33	222,10	323,06	363,44	217,80	316,80	356,40	213,49	310,53	349,34	209,18	304,26	342,29	204,87	298,00	335,25	200,56	291,73	328,19	196,26	285,47	321,15
	V	4.552,83	250,40	364,22	409,75																		
	VI	4.597,08	252,83	367,76	413,73																		
.827,99 (West)	I	4.031,83	221,75	322,54	362,86	213,13	310,01	348,76	204,51	297,48	334,66	195,90	284,94	320,56	187,28	272,41	306,46	178,66	259,88	292,36	170,05	247,34	278,26
	II	3.882,75	213,55	310,62	349,44	204,93	298,08	335,34	196,31	285,55	321,24	187,70	273,02	307,14	179,08	260,48	293,04	170,46	247,95	278,94	161,85	235,42	264,84
	III	3.200,66	32,94	256,05	288,05	14,29	243,52	273,96	-	230,98	259,85	-	218,45	245,75	-	206,05	231,80	-	193,92	218,16	-	182,02	204,77
	IV	4.031,83	221,75	322,54	362,86	217,44	316,28	355,81	213,13	310,01	348,76	208,82	303,74	341,71	204,51	297,48	334,66	200,20	291,21	327,61	195,90	284,94	320,56
	V	4.546,25	250,04	363,70	409,16																		
	VI	4.590,58	252,48	367,24	413,15																		
.827,99 (Ost)	I	4.039,58	222,17	323,16	363,56	213,56	310,63	349,46	204,94	298,10	335,36	196,33	285,57	321,26	187,71	273,04	307,17	179,09	260,50	293,06	170,48	247,97	278,96
	II	3.890,50	213,97	311,24	350,14	205,36	298,70	336,04	196,74	286,17	321,94	188,12	273,64	307,84	179,51	261,11	293,75	170,89	248,58	279,65	162,28	236,04	265,55
	III	3.208,50	33,87	256,68	288,76	15,23	244,14	274,66	-	231,61	260,56	-	219,08	246,46	-	206,66	232,49	-	194,52	218,83	-	182,62	205,45
	IV	4.039,58	222,17	323,16	363,56	217,86	316,90	356,51	213,56	310,63	349,46	209,25	304,37	342,41	204,94	298,10	335,36	200,64	291,84	328,32	196,33	285,57	321,26
	V	4.554,08	250,47	364,32	409,86																		
	VI	4.598,33	252,90	367,86	413,84																		
2.830,99 (West)	I	4.033,08	221,81	322,64	362,97	213,20	310,11	348,87	204,58	297,58	334,77	195,96	285,04	320,67	187,35	272,51	306,57	178,73	259,98	292,47	170,11	247,44	278,37
	II	3.884,00	213,62	310,72	349,56	205,00	298,18	335,45	196,38	285,65	321,35	187,77	273,12	307,26	179,15	260,58	293,15	170,53	248,05	279,05	161,92	235,52	264,96
	III	3.201,83	33,08	256,14	288,16	14,45	243,62	274,07	-	231,09	259,97	-	218,56	245,88	-	206,16	231,93	-	194,01	218,26	-	182,12	204,88
	IV	4.033,08	221,81	322,64	362,97	217,51	316,38	355,92	213,20	310,11	348,87	208,89	303,84	341,82	204,58	297,58	334,77	200,27	291,31	327,72	195,96	285,04	320,67
	V	4.547,50	250,11	363,80	409,27																		
	VI	4.591,83	252,55	367,34	413,26																		
2.830,99 (Ost)	I	4.040,91	222,25	323,27	363,68	213,63	310,74	349,58	205,01	298,20	335,48	196,40	285,67	321,38	187,78	273,14	307,28	179,16	260,60	293,18	170,55	248,07	279,08
	II	3.891,75	214,04	311,34	350,25	205,42	298,80	336,15	196,81	286,27	322,05	188,20	273,74	307,96	179,58	261,21	293,86	170,96	248,68	279,76	162,35	236,14	265,66
	III	3.209,83	34,03	256,78	288,88	15,39	244,25	274,78	-	231,72	260,68	-	219,18	246,58	-	206,77	232,61	-	194,61	218,93	-	182,72	205,56
	IV	4.040,91	222,25	323,27	363,68	217,94	317,00	356,63	213,63	310,74	349,58	209,32	304,47	342,53	205,01	298,20	335,48	200,70	291,94	328,43	196,40	285,67	321,38
	V	4.555,33	250,54	364,42	409,97																		
	VI	4.599,66	252,98	367,97	413,96																		
2.833,99 (West)	I	4.034,33	221,88	322,74	363,08	213,27	310,21	348,98	204,65	297,68	334,89	196,03	285,14	320,78	187,42	272,61	306,68	178,80	260,08	292,59	170,18	247,54	278,48
	II	3.885,25	213,68	310,82	349,67	205,07	298,28	335,57	196,45	285,75	321,47	187,83	273,22	307,37	179,22	260,68	293,27	170,60	248,15	279,17	161,98	235,62	265,07
	III	3.203,16	33,24	256,25	288,28	14,59	243,72	274,18	-	231,18	260,08	-	218,65	245,98	-	206,25	232,03	-	194,10	218,36	-	182,22	205,00
	IV	4.034,33	221,88	322,74	363,08	217,58	316,48	356,04	213,27	310,21	348,98	208,96	303,94	341,93	204,65	297,68	334,89	200,34	291,41	327,83	196,03	285,14	320,78
	V	4.548,75	250,18	363,90	409,38																		
	VI	4.593,08	252,61	367,44	413,37																		
2.833,99 (Ost)	I	4.042,16	222,31	323,37	363,79	213,70	310,84	349,69	205,08	298,30	335,59	196,46	285,77	321,49	187,85	273,24	307,39	179,23	260,70	293,29	170,61	248,17	279,19
	II	3.893,00	214,11	311,44	350,37	205,50	298,91	336,27	196,88	286,38	322,17	188,26	273,84	308,07	179,65	261,31	293,97	171,03	248,78	279,87	162,41	236,24	265,77
	III	3.211,00	34,17	256,88	288,99	15,52	244,34	274,88	-	231,81	260,78	-	219,28	246,69	-	206,86	232,72	-	194,70	219,04	-	182,81	205,66
	IV	4.042,16	222,31	323,37	363,79	218,01	317,10	356,74	213,70	310,84	349,69	209,39	304,57	342,64	205,08	298,30	335,59	200,77	292,04	328,54	196,46	285,77	321,49
	V	4.556,58	250,61	364,52	410,09																		
	VI	4.600,91	253,05	368,07	414,08																		
2.836,99 (West)	I	4.035,58	221,95	322,84	363,20	213,34	310,31	349,10	204,72	297,78	335,00	196,10	285,24	320,90	187,49	272,71	306,80	178,87	260,18	292,70	170,26	247,65	278,60
	II	3.886,50	213,75	310,92	349,78	205,14	298,38	335,68	196,52	285,85	321,58	187,90	273,32	307,48	179,29	260,78	293,38	170,67	248,25	279,28	162,05	235,72	265,18
	III	3.204,50	33,39	256,36	288,40	14,75	243,82	274,30	-	231,29	260,20	-	218,76	246,10	-	206,34	232,13	-	194,20	218,47	-	182,32	205,11
	IV	4.035,58	221,95	322,84	363,20	217,64	316,58	356,15	213,34	310,31	349,10	209,03	304,04	342,05	204,72	297,78	335,00	200,41	291,51	327,95	196,10	285,24	320,90
	V	4.550,00	250,25	364,00	409,50																		
	VI	4.594,33	252,68	367,54	413,48																		
2.836,99 (Ost)	I	4.043,41	222,38	323,47	363,90	213,77	310,94	349,80	205,15	298,40	335,70	196,53	285,87	321,60	187,92	273,34	307,50	179,30	260,80	293,40	170,68	248,27	279,30
	II	3.894,33	214,18	311,54	350,48	205,57	299,01	336,38	196,95	286,48	322,29	188,33	273,94	308,18	179,72	261,41	294,08	171,10	248,88	279,99	162,48	236,34	265,88
	III	3.212,33	34,33	256,98	289,10	15,68	244,45	275,00	-	231,92	260,91	-	219,38	246,80	-	206,97	232,84	-	194,81	219,16	-	182,90	205,76
	IV	4.043,41	222,38	323,47	363,90	218,07	317,20	356,85	213,77	310,94	349,80	209,46	304,67	342,75	205,15	298,40	335,70	200,84	292,14	328,65	196,53	285,87	321,60
	V	4.557,83	250,68	364,62	410,20																		
	VI	4.602,16	253,11	368,17	414,19																		
2.839,99 (West)	I	4.036,83	222,02	322,94	363,31	213,40	310,41	349,21	204,79	297,88	335,11	196,17	285,34	321,01	187,56	272,82	306,92	178,94	260,28	292,82	170,33	247,75	278,72
	II	3.887,75	213,82	311,02	349,89	205,20	298,48	335,79	196,59	285,95	321,69	187,97	273,42	307,59	179,35	260,88	293,49	170,74	248,35	279,39	162,13	235,82	265,30
	III	3.205,66	33,53	256,45	288,50	14,89	243,92	274,41	-	231,38	260,30	-	218,85	246,20	-	206,45	232,25	-	194,30	218,59	-	182,41	205,21
	IV	4.036,83	222,02	322,94	363,31	217,71	316,68	356,26	213,40	310,41	349,21	209,10	304,14	342,16	204,79	297,88	335,11	200,48	291,61	328,06	196,17	285,34	321,01
	V	4.551,33	250,32	364,10	409,61																		
	VI	4.595,58	252,75	367,64	413,60																		
2.839,99 (Ost)	I	4.044,66	222,45	323,57	364,01	213,84	311,04	349,92	205,22	298,50	335,81	196,60	285,97	321,71	187,99	273,44	307,62	179,37	260,90	293,51	170,75	248,37	279,41
	II	3.895,58	214,25	311,64	350,60	205,64	299,11	336,50	197,02	286,58	322,40	188,40	274,04	308,30	179,79	261,51	294,20	171,17	248,98	280,10	162,55	236,44	266,00
	III	3.213,50	34,47	257,08	289,21	15,82	244,54	275,11	-	232,01	261,01	-	219,48	246,91	-	207,06	232,94	-	194,90	219,26	-	183,00	205,87
	IV	4.044,66	222,45	323,57	364,01	218,14	317,30	356,96	213,84	311,04	349,92	209,53	304,77	342,86	205,22	298,50	335,81	200,91	292,24	328,77	196,60	285,97	321,71
	V	4.559,08	250,74	364,72	410,31																		
	VI	4.603,41	253,18	368,27	414,30																		

MONAT bis 12.860,99 €

Allgemeine Tabelle

Lohn/ Gehalt bis	Steuerklasse	Lohn- steuer	ohne Kinderfreibetrag SolZ 5,5%	Kirchensteuer 8%	Kirchensteuer 9%	0,5 SolZ 5,5%	0,5 Kirchensteuer 8%	0,5 Kirchensteuer 9%	1,0 SolZ 5,5%	1,0 Kirchensteuer 8%	1,0 Kirchensteuer 9%	1,5 SolZ 5,5%	1,5 Kirchensteuer 8%	1,5 Kirchensteuer 9%	2,0 SolZ 5,5%	2,0 Kirchensteuer 8%	2,0 Kirchensteuer 9%	2,5 SolZ 5,5%	2,5 Kirchensteuer 8%	2,5 Kirchensteuer 9%	3,0 SolZ 5,5%	3,0 Kirchensteuer 8%	3,0 Kirchensteuer 9
						Anzahl Kinderfreibeträge (nur Steuerklassen I–IV)																	
12.842,99 (West)	I	4.038,08	222,09	323,04	363,42	213,47	310,51	349,32	204,86	297,98	335,23	196,24	285,45	321,13	187,63	272,92	307,03	179,01	260,38	292,93	170,39	247,85	2
	II	3.889,00	213,89	311,12	350,01	205,27	298,58	335,90	196,66	286,05	321,80	188,04	273,52	307,71	179,42	260,98	293,60	170,81	248,46	279,51	162,19	235,92	2
	III	3.207,00	33,69	256,56	288,63	15,05	244,02	274,52	–	231,49	260,42	–	218,96	246,33	–	206,54	232,36	–	194,40	218,70	–	182,50	2
	IV	4.038,08	222,09	323,04	363,42	217,78	316,78	356,37	213,47	310,51	349,32	209,16	304,24	342,27	204,86	297,98	335,23	200,55	291,72	328,18	196,24	285,45	3
	V	4.552,58	250,39	364,20	409,73																		
	VI	4.596,83	252,82	367,74	413,71																		
12.842,99 (Ost)	I	4.045,91	222,52	323,67	364,13	213,90	311,14	350,03	205,29	298,60	335,93	196,67	286,07	321,83	188,05	273,54	307,73	179,44	261,00	293,63	170,82	248,47	2
	II	3.896,83	214,32	311,74	350,71	205,70	299,21	336,61	197,09	286,68	322,51	188,47	274,14	308,41	179,85	261,61	294,31	171,24	249,08	280,21	162,62	236,54	2
	III	3.214,83	34,62	257,18	289,33	15,98	244,65	275,23	–	232,12	261,13	–	219,58	247,03	–	207,16	233,05	–	195,00	219,37	–	183,09	2
	IV	4.045,91	222,52	323,67	364,13	218,21	317,40	357,08	213,90	311,14	350,03	209,60	304,87	342,98	205,29	298,60	335,93	200,98	292,34	328,88	196,67	286,07	3
	V	4.560,33	250,81	364,82	410,42																		
	VI	4.604,66	253,25	368,37	414,41																		
12.845,99 (West)	I	4.039,33	222,16	323,14	363,53	213,55	310,62	349,44	204,93	298,08	335,34	196,31	285,55	321,24	187,70	273,02	307,14	179,08	260,48	293,04	170,46	247,95	2
	II	3.890,25	213,96	311,22	350,12	205,34	298,68	336,02	196,73	286,15	321,92	188,11	273,62	307,82	179,50	261,09	293,72	170,88	248,56	279,63	162,26	236,02	2
	III	3.208,16	33,83	256,65	288,73	15,19	244,12	274,63	–	231,58	260,53	–	219,05	246,43	–	206,65	232,48	–	194,49	218,80	–	182,60	2
	IV	4.039,33	222,16	323,14	363,53	217,85	316,88	356,49	213,55	310,62	349,44	209,24	304,35	342,39	204,93	298,08	335,34	200,62	291,82	328,29	196,31	285,55	3
	V	4.553,83	250,46	364,30	409,84																		
	VI	4.598,08	252,89	367,84	413,82																		
12.845,99 (Ost)	I	4.047,16	222,59	323,77	364,24	213,97	311,24	350,14	205,36	298,70	336,04	196,74	286,17	321,94	188,12	273,64	307,84	179,51	261,11	293,75	170,89	248,58	2
	II	3.898,08	214,39	311,84	350,82	205,77	299,31	336,72	197,16	286,78	322,62	188,54	274,24	308,52	179,92	261,71	294,42	171,31	249,18	280,32	162,69	236,64	2
	III	3.216,00	34,76	257,28	289,44	16,12	244,74	275,33	–	232,21	261,23	–	219,68	247,14	–	207,26	233,17	–	195,09	219,47	–	183,18	2
	IV	4.047,16	222,59	323,77	364,24	218,28	317,50	357,19	213,97	311,24	350,14	209,66	304,97	343,09	205,36	298,70	336,04	201,05	292,44	328,99	196,74	286,17	3
	V	4.561,58	250,88	364,92	410,54																		
	VI	4.605,91	253,32	368,47	414,53																		
12.848,99 (West)	I	4.040,66	222,23	323,25	363,65	213,62	310,72	349,56	205,00	298,18	335,45	196,38	285,65	321,35	187,77	273,12	307,26	179,15	260,58	293,15	170,53	248,05	27
	II	3.891,50	214,03	311,32	350,23	205,41	298,78	336,13	196,80	286,26	322,04	188,18	273,72	307,94	179,57	261,19	293,84	170,95	248,66	279,74	162,33	236,12	26
	III	3.209,50	33,99	256,76	288,85	15,35	244,22	274,75	–	231,69	260,65	–	219,16	246,55	–	206,74	232,58	–	194,58	218,90	–	182,69	20
	IV	4.040,66	222,23	323,25	363,65	217,92	316,98	356,60	213,62	310,72	349,56	209,31	304,45	342,50	205,00	298,18	335,45	200,69	291,92	328,41	196,38	285,65	32
	V	4.555,08	250,52	364,40	409,95																		
	VI	4.599,41	252,96	367,95	413,94																		
12.848,99 (Ost)	I	4.048,41	222,66	323,87	364,35	214,04	311,34	350,25	205,42	298,80	336,15	196,81	286,27	322,05	188,20	273,74	307,96	179,58	261,21	293,86	170,96	248,68	27
	II	3.899,33	214,46	311,94	350,93	205,84	299,41	336,83	197,23	286,88	322,74	188,61	274,34	308,63	179,99	261,81	294,53	171,38	249,28	280,44	162,76	236,75	26
	III	3.217,33	34,92	257,38	289,55	16,28	244,85	275,45	–	232,32	261,36	–	219,78	247,25	–	207,36	233,28	–	195,20	219,60	–	183,28	20
	IV	4.048,41	222,66	323,87	364,35	218,35	317,60	357,30	214,04	311,34	350,25	209,73	305,07	343,20	205,42	298,80	336,15	201,12	292,54	329,10	196,81	286,27	32
	V	4.562,91	250,96	365,03	410,66																		
	VI	4.607,16	253,39	368,57	414,64																		
12.851,99 (West)	I	4.041,91	222,30	323,35	363,77	213,68	310,82	349,67	205,07	298,28	335,57	196,45	285,75	321,47	187,83	273,22	307,37	179,22	260,68	293,27	170,60	248,15	27
	II	3.892,83	214,10	311,42	350,35	205,48	298,89	336,25	196,87	286,36	322,15	188,25	273,82	308,05	179,63	261,29	293,95	171,02	248,76	279,85	162,40	236,22	26
	III	3.210,66	34,13	256,85	288,95	15,48	244,32	274,86	–	231,78	260,75	–	219,26	246,67	–	206,85	232,70	–	194,69	219,02	–	182,78	20
	IV	4.041,91	222,30	323,35	363,77	217,99	317,08	356,72	213,68	310,82	349,67	209,38	304,55	342,62	205,07	298,28	335,57	200,76	292,02	328,52	196,45	285,75	32
	V	4.556,33	250,59	364,50	410,06																		
	VI	4.600,66	253,03	368,05	414,05																		
12.851,99 (Ost)	I	4.049,66	222,73	323,97	364,46	214,11	311,44	350,37	205,50	298,91	336,27	196,88	286,38	322,17	188,26	273,84	308,07	179,65	261,31	293,97	171,03	248,78	27
	II	3.900,58	214,53	312,04	351,05	205,91	299,51	336,95	197,29	286,98	322,85	188,68	274,44	308,75	180,06	261,91	294,65	171,45	249,38	280,55	162,83	236,85	26
	III	3.218,50	35,06	257,48	289,66	16,42	244,94	275,56	–	232,42	261,47	–	219,89	247,37	–	207,46	233,39	–	195,29	219,70	–	183,37	20
	IV	4.049,66	222,73	323,97	364,46	218,42	317,70	357,41	214,11	311,44	350,37	209,80	305,17	343,31	205,50	298,91	336,27	201,19	292,64	329,22	196,88	286,38	32
	V	4.564,16	251,02	365,13	410,77																		
	VI	4.608,41	253,46	368,67	414,75																		
12.854,99 (West)	I	4.043,16	222,37	323,45	363,88	213,75	310,92	349,78	205,14	298,38	335,68	196,52	285,85	321,58	187,90	273,32	307,48	179,29	260,78	293,38	170,67	248,25	27
	II	3.894,08	214,17	311,52	350,46	205,55	298,99	336,36	196,94	286,46	322,26	188,32	273,92	308,16	179,70	261,39	294,06	171,09	248,86	279,96	162,47	236,32	26
	III	3.212,00	34,29	256,96	289,08	15,64	244,42	274,97	–	231,89	260,87	–	219,36	246,78	–	206,94	232,81	–	194,78	219,13	–	182,88	20
	IV	4.043,16	222,37	323,45	363,88	218,06	317,18	356,83	213,75	310,92	349,78	209,44	304,65	342,73	205,14	298,38	335,68	200,83	292,12	328,63	196,52	285,85	32
	V	4.557,58	250,66	364,60	410,18																		
	VI	4.601,91	253,10	368,15	414,17																		
12.854,99 (Ost)	I	4.050,91	222,80	324,07	364,58	214,18	311,54	350,48	205,57	299,01	336,38	196,95	286,48	322,29	188,33	273,94	308,18	179,72	261,41	294,08	171,10	248,88	27
	II	3.901,83	214,60	312,14	351,16	205,98	299,61	337,06	197,36	287,08	322,96	188,75	274,55	308,87	180,13	262,02	294,77	171,52	249,48	280,67	162,90	236,95	26
	III	3.219,83	35,22	257,58	289,78	16,58	245,05	275,68	–	232,52	261,58	–	219,98	247,48	–	207,56	233,50	–	195,38	219,80	–	183,46	20
	IV	4.050,91	222,80	324,07	364,58	218,49	317,81	357,53	214,18	311,54	350,48	209,88	305,28	343,44	205,57	299,01	336,38	201,26	292,74	329,33	196,95	286,48	32
	V	4.565,41	251,09	365,23	410,88																		
	VI	4.609,75	253,53	368,78	414,87																		
12.857,99 (West)	I	4.044,41	222,44	323,55	363,99	213,82	311,02	349,89	205,20	298,48	335,79	196,59	285,95	321,69	187,97	273,42	307,59	179,35	260,88	293,49	170,74	248,35	27
	II	3.895,33	214,24	311,62	350,57	205,62	299,09	336,47	197,01	286,56	322,38	188,39	274,02	308,27	179,77	261,49	294,17	171,16	248,96	280,08	162,54	236,42	26
	III	3.213,33	34,45	257,06	289,19	15,80	244,53	275,09	–	232,00	261,00	–	219,46	246,89	–	207,04	232,92	–	194,88	219,24	–	182,97	20
	IV	4.044,41	222,44	323,55	363,99	218,13	317,28	356,94	213,82	311,02	349,89	209,51	304,75	342,84	205,20	298,48	335,79	200,90	292,22	328,74	196,59	285,95	321
	V	4.558,83	250,73	364,70	410,29																		
	VI	4.603,16	253,17	368,25	414,28																		
12.857,99 (Ost)	I	4.052,25	222,87	324,18	364,70	214,25	311,64	350,60	205,64	299,11	336,50	197,02	286,58	322,40	188,40	274,04	308,30	179,79	261,51	294,20	171,17	248,98	280
	II	3.903,08	214,66	312,24	351,27	206,05	299,71	337,17	197,44	287,18	323,08	188,82	274,65	308,98	180,20	262,12	294,88	171,59	249,58	280,78	162,97	237,05	266
	III	3.221,16	35,38	257,69	289,90	16,73	245,16	275,80	–	232,62	261,70	–	220,09	247,60	–	207,65	233,60	–	195,48	219,91	–	183,57	206
	IV	4.052,25	222,87	324,18	364,70	218,56	317,91	357,65	214,25	311,64	350,60	209,94	305,38	343,55	205,64	299,11	336,50	201,33	292,84	329,45	197,02	286,58	322
	V	4.566,66	251,16	365,33	410,99																		
	VI	4.611,00	253,60	368,88	414,99																		
12.860,99 (West)	I	4.045,66	222,51	323,65	364,10	213,89	311,12	350,01	205,27	298,58	335,90	196,66	286,05	321,80	188,04	273,52	307,71	179,42	260,98	293,60	170,81	248,46	279,
	II	3.896,58	214,31	311,72	350,69	205,69	299,19	336,59	197,07	286,66	322,49	188,46	274,12	308,39	179,84	261,59	294,29	171,22	249,06	280,19	162,61	236,52	266,
	III	3.214,50	34,58	257,16	289,30	15,94	244,62	275,20	–	232,09	261,10	–	219,56	247,00	–	207,14	233,03	–	194,97	219,34	–	183,06	205,
	IV	4.045,66	222,51	323,65	364,10	218,20	317,38	357,05	213,89	311,12	350,01	209,58	304,85	342,95	205,27	298,58	335,90	200,97	292,32	328,86	196,66	286,05	321,
	V	4.560,08	250,80	364,80	410,40																		
	VI	4.604,41	253,24	368,35	414,39																		
12.860,99 (Ost)	I	4.053,50	222,94	324,28	364,81	214,32	311,74	350,71	205,70	299,21	336,61	197,09	286,68	322,51	188,47	274,14	308,41	179,85	261,61	294,31	171,24	249,08	280,
	II	3.904,41	214,74	312,35	351,39	206,12	299,82	337,29	197,50	287,28	323,19	188,89	274,75	309,09	180,27	262,22	294,99	171,65	249,58	280,89	163,04	237,15	266,
	III	3.222,33	35,52	257,78	290,00	16,87	245,25	275,90	–	232,72	261,81	–	220,18	247,70	–	207,76	233,73	–	195,58	220,03	–	183,66	206,
	IV	4.053,50	222,94	324,28	364,81	218,63	318,01	357,76	214,32	311,74	350,71	210,01	305,48	343,66	205,70	299,21	336,61	201,40	292,94	329,56	197,09	286,68	322,
	V	4.567,91	251,23	365,43	411,11																		
	VI	4.612,25	253,67	368,98	415,10																		

Lohn/ Gehalt bis	Steuerklasse	Lohn-steuer	ohne Kinderfreibetrag SolZ 5,5%	Kirchensteuer 8%	9%	0,5 SolZ 5,5%	Kirchensteuer 8%	9%	1,0 SolZ 5,5%	Kirchensteuer 8%	9%	1,5 SolZ 5,5%	Kirchensteuer 8%	9%	2,0 SolZ 5,5%	Kirchensteuer 8%	9%	2,5 SolZ 5,5%	Kirchensteuer 8%	9%	3,0 SolZ 5,5%	Kirchensteuer 8%	9%
2.863,99	I	4.046,91	222,58	323,75	364,22	213,96	311,22	350,12	205,34	298,68	336,02	196,73	286,15	321,92	188,11	273,62	307,82	179,50	261,09	293,72	170,88	248,56	279,63
(West)	II	3.897,83	214,38	311,82	350,80	205,76	299,29	336,70	197,14	286,76	322,60	188,53	274,22	308,50	179,91	261,69	294,40	171,29	249,16	280,30	162,68	236,62	266,20
	III	3.215,83	34,74	257,26	289,42	16,10	244,73	275,32	-	232,20	261,22	-	219,66	247,12	-	207,24	233,14	-	195,08	219,46	-	183,17	206,06
	IV	4.046,91	222,58	323,75	364,22	218,27	317,48	357,17	213,96	311,22	350,12	209,65	304,95	343,07	205,34	298,68	336,02	201,03	292,42	328,97	196,73	286,15	321,92
	V	4.561,33	250,87	364,90	410,51																		
	VI	4.605,66	253,31	368,45	414,50																		
2.863,99	I	4.054,75	223,01	324,38	364,92	214,39	311,84	350,82	205,77	299,31	336,72	197,16	286,78	322,62	188,54	274,24	308,52	179,92	261,71	294,42	171,31	249,18	280,32
(Ost)	II	3.905,66	214,81	312,45	351,50	206,19	299,92	337,41	197,57	287,38	323,30	188,96	274,85	309,20	180,34	262,32	295,11	171,72	249,78	281,00	163,11	237,25	266,90
	III	3.223,66	35,68	257,89	290,12	17,03	245,36	276,03	-	232,82	261,92	-	220,29	247,82	-	207,85	233,83	-	195,68	220,14	-	183,76	206,73
	IV	4.054,75	223,01	324,38	364,92	218,70	318,11	357,87	214,39	311,84	350,82	210,08	305,58	343,77	205,77	299,31	336,72	201,46	293,04	329,67	197,16	286,78	322,62
	V	4.569,16	251,30	365,53	411,22																		
	VI	4.613,50	253,74	369,08	415,21																		
2.866,99	I	4.048,16	222,64	323,85	364,33	214,03	311,32	350,23	205,41	298,78	336,13	196,80	286,26	322,04	188,18	273,72	307,94	179,57	261,19	293,84	170,95	248,66	279,74
(West)	II	3.899,08	214,44	311,92	350,91	205,83	299,39	336,81	197,21	286,86	322,71	188,59	274,32	308,61	179,98	261,79	294,51	171,37	249,26	280,42	162,75	236,73	266,32
	III	3.217,00	34,88	257,36	289,53	16,24	244,82	275,42	-	232,29	261,32	-	219,76	247,23	-	207,34	233,26	-	195,17	219,56	-	183,26	206,17
	IV	4.048,16	222,64	323,85	364,33	218,34	317,58	357,28	214,03	311,32	350,23	209,72	305,05	343,18	205,41	298,78	336,13	201,11	292,52	329,09	196,80	286,26	322,04
	V	4.562,66	250,94	365,01	410,63																		
	VI	4.606,91	253,38	368,55	414,62																		
2.866,99	I	4.056,00	223,08	324,48	365,04	214,46	311,94	350,93	205,84	299,41	336,83	197,23	286,88	322,74	188,61	274,34	308,63	179,99	261,81	294,53	171,38	249,28	280,44
(Ost)	II	3.906,91	214,88	312,55	351,62	206,26	300,02	337,52	197,64	287,48	323,42	189,03	274,95	309,32	180,41	262,42	295,22	171,79	249,88	281,12	163,18	237,35	267,02
	III	3.224,83	35,81	257,98	290,23	17,17	245,45	276,13	-	232,92	262,03	-	220,38	247,93	-	207,96	233,95	-	195,77	220,24	-	183,85	206,83
	IV	4.056,00	223,08	324,48	365,04	218,77	318,21	357,98	214,46	311,94	350,93	210,15	305,68	343,89	205,84	299,41	336,83	201,53	293,14	329,78	197,23	286,88	322,74
	V	4.570,41	251,37	365,63	411,33																		
	VI	4.614,75	253,81	369,18	415,32																		
2.869,99	I	4.049,41	222,71	323,95	364,44	214,10	311,42	350,35	205,48	298,89	336,25	196,87	286,36	322,15	188,25	273,82	308,05	179,63	261,29	293,95	171,02	248,76	279,85
(West)	II	3.900,33	214,51	312,02	351,02	205,90	299,49	336,92	197,28	286,96	322,83	188,66	274,42	308,72	180,05	261,90	294,63	171,43	249,36	280,53	162,82	236,83	266,43
	III	3.218,33	35,04	257,46	289,64	16,40	244,93	275,54	-	232,40	261,45	-	219,86	247,34	-	207,44	233,37	-	195,26	219,67	-	183,36	206,28
	IV	4.049,41	222,71	323,95	364,44	218,40	317,68	357,39	214,10	311,42	350,35	209,79	305,16	343,30	205,48	298,89	336,25	201,18	292,62	329,20	196,87	286,36	322,15
	V	4.563,91	251,01	365,11	410,75																		
	VI	4.608,16	253,44	368,65	414,73																		
2.869,99	I	4.057,25	223,14	324,58	365,15	214,53	312,04	351,05	205,91	299,51	336,95	197,29	286,98	322,85	188,68	274,44	308,75	180,06	261,91	294,65	171,45	249,38	280,55
(Ost)	II	3.908,16	214,94	312,65	351,73	206,33	300,12	337,63	197,71	287,58	323,53	189,09	275,05	309,43	180,48	262,52	295,33	171,86	249,98	281,23	163,24	237,45	267,13
	III	3.226,16	35,97	258,09	290,35	17,33	245,56	276,25	-	233,02	262,15	-	220,49	248,05	-	208,05	234,05	-	195,86	220,34	-	183,94	206,93
	IV	4.057,25	223,14	324,58	365,15	218,84	318,31	358,10	214,53	312,04	351,05	210,22	305,78	344,00	205,91	299,51	336,95	201,60	293,24	329,90	197,29	286,98	322,85
	V	4.571,66	251,44	365,73	411,44																		
	VI	4.616,00	253,88	369,28	415,44																		
2.872,99	I	4.050,75	222,79	324,06	364,56	214,17	311,52	350,46	205,55	298,99	336,36	196,94	286,46	322,26	188,32	273,92	308,16	179,70	261,39	294,06	171,09	248,86	279,96
(West)	II	3.901,58	214,58	312,12	351,14	205,97	299,59	337,04	197,35	287,06	322,94	188,74	274,53	308,84	180,12	262,00	294,75	171,50	249,46	280,64	162,89	236,93	266,54
	III	3.219,50	35,18	257,56	289,75	16,54	245,02	275,65	-	232,49	261,55	-	219,96	247,45	-	207,53	233,47	-	195,37	219,79	-	183,45	206,38
	IV	4.050,75	222,79	324,06	364,56	218,48	317,79	357,51	214,17	311,52	350,46	209,86	305,26	343,41	205,55	298,99	336,36	201,24	292,72	329,31	196,94	286,46	322,26
	V	4.565,16	251,08	365,21	410,86																		
	VI	4.609,50	253,52	368,76	414,85																		
2.872,99	I	4.058,50	223,21	324,68	365,26	214,60	312,14	351,16	205,98	299,61	337,06	197,36	287,08	322,96	188,75	274,55	308,87	180,13	262,02	294,77	171,52	249,48	280,67
(Ost)	II	3.909,41	215,01	312,75	351,84	206,40	300,22	337,74	197,78	287,68	323,64	189,16	275,15	309,54	180,55	262,62	295,44	171,93	250,08	281,34	163,31	237,55	267,24
	III	3.227,33	36,11	258,18	290,45	17,47	245,65	276,35	-	233,12	262,26	-	220,58	248,15	-	208,16	234,18	-	195,97	220,46	-	184,04	207,04
	IV	4.058,50	223,21	324,68	365,26	218,90	318,41	358,21	214,60	312,14	351,16	210,29	305,88	344,11	205,98	299,61	337,06	201,67	293,34	330,01	197,36	287,08	322,96
	V	4.573,00	251,51	365,84	411,57																		
	VI	4.617,25	253,94	369,38	415,55																		
2.875,99	I	4.052,00	222,86	324,16	364,68	214,24	311,62	350,57	205,62	299,09	336,47	197,01	286,56	322,38	188,39	274,02	308,27	179,77	261,49	294,17	171,16	248,96	280,08
(West)	II	3.902,83	214,65	312,22	351,25	206,04	299,70	337,16	197,42	287,16	323,06	188,81	274,63	308,96	180,19	262,10	294,86	171,57	249,56	280,76	162,96	237,03	266,66
	III	3.220,83	35,34	257,66	289,87	16,69	245,13	275,77	-	232,60	261,67	-	220,06	247,57	-	207,64	233,59	-	195,46	219,89	-	183,54	206,48
	IV	4.052,00	222,86	324,16	364,68	218,55	317,89	357,62	214,24	311,62	350,57	209,93	305,36	343,53	205,62	299,09	336,47	201,31	292,82	329,42	197,01	286,56	322,38
	V	4.566,41	251,15	365,31	410,97																		
	VI	4.610,75	253,59	368,86	414,96																		
2.875,99	I	4.059,75	223,28	324,78	365,37	214,66	312,24	351,27	206,05	299,71	337,17	197,44	287,18	323,08	188,82	274,65	308,98	180,20	262,12	294,88	171,59	249,58	280,78
(Ost)	II	3.910,66	215,08	312,85	351,95	206,47	300,32	337,86	197,85	287,78	323,75	189,23	275,25	309,65	180,62	262,72	295,56	172,00	250,19	281,46	163,39	237,66	267,36
	III	3.228,66	36,27	258,29	290,57	17,63	245,76	276,48	-	233,22	262,37	-	220,69	248,27	-	208,25	234,28	-	196,06	220,57	-	184,13	207,14
	IV	4.059,75	223,28	324,78	365,37	218,97	318,51	358,32	214,66	312,24	351,27	210,36	305,98	344,22	206,05	299,71	337,17	201,74	293,45	330,13	197,44	287,18	323,08
	V	4.574,25	251,58	365,94	411,68																		
	VI	4.618,50	254,01	369,48	415,66																		
2.878,99	I	4.053,25	222,92	324,26	364,79	214,31	311,72	350,69	205,69	299,19	336,59	197,07	286,66	322,49	188,46	274,12	308,39	179,84	261,59	294,29	171,22	249,06	280,19
(West)	II	3.904,16	214,72	312,33	351,37	206,11	299,80	337,27	197,49	287,26	323,17	188,87	274,73	309,07	180,26	262,20	294,97	171,64	249,66	280,87	163,02	237,13	266,77
	III	3.222,00	35,48	257,76	289,98	16,83	245,22	275,87	-	232,70	261,79	-	220,17	247,69	-	207,73	233,69	-	195,56	220,00	-	183,64	206,59
	IV	4.053,25	222,92	324,26	364,79	218,62	317,99	357,74	214,31	311,72	350,69	210,00	305,46	343,64	205,69	299,19	336,59	201,38	292,92	329,54	197,07	286,66	322,49
	V	4.567,66	251,22	365,41	411,08																		
	VI	4.612,00	253,66	368,96	415,08																		
2.878,99	I	4.061,00	223,35	324,88	365,49	214,74	312,35	351,39	206,12	299,82	337,29	197,50	287,28	323,19	188,89	274,75	309,09	180,27	262,22	294,99	171,65	249,68	280,89
(Ost)	II	3.911,91	215,15	312,95	352,07	206,53	300,42	337,97	197,92	287,88	323,87	189,30	275,35	309,77	180,69	262,82	295,67	172,07	250,29	281,57	163,46	237,76	267,48
	III	3.229,83	36,41	258,38	290,68	17,79	245,86	276,59	-	233,33	262,49	-	220,80	248,40	-	208,34	234,38	-	196,16	220,68	-	184,22	207,25
	IV	4.061,00	223,35	324,88	365,49	219,04	318,61	358,43	214,74	312,35	351,39	210,43	306,08	344,34	206,12	299,82	337,29	201,81	293,55	330,24	197,50	287,28	323,19
	V	4.575,50	251,65	366,04	411,79																		
	VI	4.619,75	254,08	369,58	415,77																		
12.881,99	I	4.054,50	222,99	324,36	364,90	214,38	311,82	350,80	205,76	299,29	336,70	197,14	286,76	322,60	188,53	274,22	308,50	179,91	261,69	294,40	171,29	249,16	280,30
(West)	II	3.905,41	214,79	312,43	351,48	206,18	299,90	337,38	197,56	287,36	323,28	188,94	274,83	309,18	180,33	262,30	295,08	171,71	249,76	280,98	163,09	237,23	266,88
	III	3.223,33	35,64	257,86	290,09	16,99	245,33	275,99	-	232,80	261,90	-	220,26	247,79	-	207,84	233,82	-	195,65	220,10	-	183,73	206,69
	IV	4.054,50	222,99	324,36	364,90	218,68	318,09	357,85	214,38	311,82	350,80	210,07	305,56	343,75	205,76	299,29	336,70	201,45	293,02	329,65	197,14	286,76	322,60
	V	4.568,91	251,29	365,51	411,20																		
	VI	4.613,25	253,72	369,06	415,19																		
12.881,99	I	4.062,33	223,42	324,98	365,60	214,81	312,45	351,50	206,19	299,92	337,41	197,57	287,38	323,30	188,96	274,85	309,20	180,34	262,32	295,11	171,72	249,78	281,00
(Ost)	II	3.913,16	215,22	313,05	352,18	206,60	300,52	338,08	197,99	287,99	323,99	189,37	275,46	309,89	180,76	262,92	295,79	172,14	250,39	281,69	163,52	237,86	267,59
	III	3.231,16	36,57	258,49	290,80	17,92	245,96	276,70	-	233,42	262,60	-	220,89	248,50	-	208,45	234,50	-	196,26	220,79	-	184,33	207,37
	IV	4.062,33	223,42	324,98	365,60	219,12	318,72	358,56	214,81	312,45	351,50	210,50	306,18	344,45	206,19	299,92	337,41	201,88	293,65	330,35	197,57	287,38	323,30
	V	4.576,75	251,72	366,14	411,90																		
	VI	4.621,08	254,15	369,68	415,89																		

Anzahl Kinderfreibeträge (nur Steuerklassen I–IV)

MONAT bis 12.902,99 €

Lohn/Gehalt bis	Steuerklasse	Lohnsteuer	ohne Kinderfreibetrag SolZ 5,5%	Kirchensteuer 8%	9%	0,5 SolZ 5,5%	Kirchensteuer 8%	9%	1,0 SolZ 5,5%	Kirchensteuer 8%	9%	1,5 SolZ 5,5%	Kirchensteuer 8%	9%	2,0 SolZ 5,5%	Kirchensteuer 8%	9%	2,5 SolZ 5,5%	Kirchensteuer 8%	9%	3,0 SolZ 5,5%	Kirchensteuer 8%	9
12.884,99 (West)	I	4.055,75	223,06	324,46	365,01	214,44	311,92	350,91	205,83	299,39	336,81	197,21	286,86	322,71	188,59	274,32	308,61	179,98	261,79	294,51	171,37	249,26	28
	II	3.906,66	214,86	312,53	351,59	206,25	300,00	337,50	197,63	287,46	323,39	189,01	274,93	309,29	180,40	262,40	295,20	171,78	249,86	281,09	163,16	237,33	26
	III	3.224,66	35,79	257,97	290,21	17,15	245,44	276,12	-	232,90	262,01	-	220,37	247,91	-	207,93	233,92	-	195,76	220,23	-	183,82	20
	IV	4.055,75	223,06	324,46	365,01	218,75	318,19	357,96	214,44	311,92	350,91	210,14	305,66	343,86	205,83	299,39	336,81	201,52	293,12	329,76	197,21	286,86	32
	V	4.570,16	251,35	365,61	411,31																		
	VI	4.614,50	253,79	369,16	415,30																		
12.884,99 (Ost)	I	4.063,58	223,49	325,08	365,72	214,88	312,55	351,62	206,26	300,02	337,52	197,64	287,48	323,42	189,03	274,95	309,32	180,41	262,42	295,22	171,79	249,88	28
	II	3.914,41	215,29	313,15	352,29	206,68	300,62	338,20	198,06	288,09	324,10	189,44	275,56	310,00	180,83	263,02	295,90	172,21	250,49	281,80	163,59	237,96	26
	III	3.232,50	36,73	258,60	290,92	18,08	246,06	276,82	-	233,53	262,72	-	221,00	248,62	-	208,54	234,61	-	196,36	220,90	-	184,42	20
	IV	4.063,58	223,49	325,08	365,72	219,18	318,82	358,67	214,88	312,55	351,62	210,57	306,28	344,57	206,26	300,02	337,52	201,95	293,75	330,47	197,64	287,48	32
	V	4.578,00	251,79	366,24	412,02																		
	VI	4.622,33	254,22	369,78	416,00																		
12.887,99 (West)	I	4.057,00	223,13	324,56	365,13	214,51	312,02	351,02	205,90	299,49	336,92	197,28	286,96	322,83	188,66	274,42	308,72	180,05	261,90	294,63	171,43	249,36	28
	II	3.907,91	214,93	312,63	351,71	206,31	300,10	337,61	197,70	287,56	323,51	189,08	275,03	309,41	180,46	262,50	295,31	171,85	249,96	281,21	163,23	237,43	26
	III	3.225,83	35,93	258,06	290,32	17,29	245,53	276,22	-	233,00	262,12	-	220,46	248,02	-	208,04	234,04	-	195,85	220,33	-	183,92	20
	IV	4.057,00	223,13	324,56	365,13	218,82	318,29	358,07	214,51	312,02	351,02	210,21	305,76	343,98	205,90	299,49	336,92	201,59	293,22	329,87	197,28	286,96	32
	V	4.571,41	251,42	365,71	411,42																		
	VI	4.615,75	253,86	369,26	415,41																		
12.887,99 (Ost)	I	4.064,83	223,56	325,18	365,83	214,94	312,65	351,73	206,33	300,12	337,63	197,71	287,58	323,53	189,09	275,05	309,43	180,48	262,52	295,33	171,86	249,98	28
	II	3.915,75	215,36	313,26	352,41	206,74	300,72	338,31	198,13	288,19	324,21	189,51	275,66	310,11	180,89	263,12	296,01	172,28	250,59	281,91	163,66	238,06	26
	III	3.233,66	36,87	258,69	291,02	18,22	246,16	276,93	-	233,62	262,82	-	221,09	248,72	-	208,65	234,73	-	196,45	221,00	-	184,52	20
	IV	4.064,83	223,56	325,18	365,83	219,25	318,92	358,78	214,94	312,65	351,73	210,64	306,38	344,68	206,33	300,12	337,63	202,02	293,85	330,58	197,71	287,58	32
	V	4.579,25	251,85	366,34	412,13																		
	VI	4.623,58	254,29	369,88	416,12																		
12.890,99 (West)	I	4.058,25	223,20	324,66	365,24	214,58	312,12	351,14	205,97	299,59	337,04	197,35	287,06	322,94	188,74	274,53	308,84	180,12	262,00	294,75	171,50	249,46	28
	II	3.909,16	215,00	312,73	351,82	206,38	300,20	337,72	197,77	287,66	323,62	189,15	275,13	309,52	180,53	262,60	295,42	171,92	250,06	281,32	163,30	237,54	26
	III	3.227,16	36,09	258,17	290,44	17,45	245,64	276,34	-	233,10	262,24	-	220,57	248,14	-	208,13	234,14	-	195,94	220,43	-	184,02	20
	IV	4.058,25	223,20	324,66	365,24	218,89	318,39	358,19	214,58	312,12	351,14	210,27	305,86	344,09	205,97	299,59	337,04	201,66	293,32	329,99	197,35	287,06	32
	V	4.572,75	251,50	365,82	411,54																		
	VI	4.617,00	253,93	369,36	415,53																		
12.890,99 (Ost)	I	4.066,08	223,63	325,28	365,94	215,01	312,75	351,84	206,40	300,22	337,74	197,78	287,68	323,64	189,16	275,15	309,54	180,55	262,62	295,44	171,93	250,08	28
	II	3.917,00	215,43	313,36	352,53	206,81	300,82	338,42	198,20	288,29	324,32	189,58	275,76	310,23	180,96	263,22	296,12	172,35	250,69	282,02	163,73	238,16	26
	III	3.235,00	37,02	258,80	291,15	18,38	246,26	277,04	-	233,73	262,94	-	221,20	248,85	-	208,74	234,83	-	196,54	221,11	-	184,61	20
	IV	4.066,08	223,63	325,28	365,94	219,32	319,02	358,89	215,01	312,75	351,84	210,70	306,48	344,79	206,40	300,22	337,74	202,09	293,95	330,69	197,78	287,68	32
	V	4.580,50	251,92	366,44	412,24																		
	VI	4.624,83	254,36	369,98	416,23																		
12.893,99 (West)	I	4.059,50	223,27	324,76	365,35	214,65	312,22	351,25	206,04	299,70	337,16	197,42	287,16	323,06	188,81	274,63	308,96	180,19	262,10	294,86	171,57	249,56	28
	II	3.910,41	215,07	312,83	351,93	206,45	300,30	337,83	197,83	287,76	323,73	189,22	275,23	309,63	180,61	262,70	295,54	171,99	250,17	281,44	163,37	237,64	26
	III	3.228,33	36,23	258,26	290,54	17,59	245,73	276,44	-	233,20	262,35	-	220,66	248,24	-	208,22	234,25	-	196,04	220,54	-	184,12	20
	IV	4.059,50	223,27	324,76	365,35	218,96	318,49	358,30	214,65	312,22	351,25	210,35	305,96	344,21	206,04	299,70	337,16	201,73	293,43	330,11	197,42	287,16	32
	V	4.574,00	251,57	365,92	411,66																		
	VI	4.618,25	254,00	369,46	415,64																		
12.893,99 (Ost)	I	4.067,33	223,70	325,38	366,05	215,08	312,85	351,95	206,47	300,32	337,86	197,85	287,78	323,75	189,23	275,25	309,65	180,62	262,72	295,56	172,00	250,19	28
	II	3.918,25	215,50	313,46	352,64	206,88	300,92	338,54	198,27	288,39	324,44	189,65	275,86	310,34	181,03	263,32	296,24	172,42	250,79	282,14	163,80	238,26	26
	III	3.236,16	37,16	258,89	291,25	18,52	246,36	277,15	-	233,82	263,05	-	221,29	248,95	-	208,85	234,95	-	196,65	221,23	-	184,70	20
	IV	4.067,33	223,70	325,38	366,05	219,39	319,12	359,01	215,08	312,85	351,95	210,77	306,58	344,90	206,47	300,32	337,86	202,16	294,05	330,80	197,85	287,78	32
	V	4.581,75	251,99	366,54	412,35																		
	VI	4.626,08	254,43	370,08	416,34																		
12.896,99 (West)	I	4.060,83	223,34	324,86	365,47	214,72	312,33	351,37	206,11	299,80	337,27	197,49	287,26	323,17	188,87	274,73	309,07	180,26	262,20	294,97	171,64	249,66	28
	II	3.911,66	215,14	312,93	352,04	206,52	300,40	337,95	197,90	287,86	323,84	189,29	275,34	309,75	180,67	262,80	295,65	172,06	250,27	281,55	163,44	237,74	26
	III	3.229,66	36,39	258,37	290,66	17,75	245,84	276,57	-	233,30	262,46	-	220,77	248,36	-	208,33	234,37	-	196,14	220,66	-	184,21	20
	IV	4.060,83	223,34	324,86	365,47	219,03	318,60	358,42	214,72	312,33	351,37	210,42	306,06	344,32	206,11	299,80	337,27	201,80	293,53	330,22	197,49	287,26	32
	V	4.575,25	251,63	366,02	411,77																		
	VI	4.619,58	254,07	369,56	415,76																		
12.896,99 (Ost)	I	4.068,58	223,77	325,48	366,17	215,15	312,95	352,07	206,53	300,42	337,97	197,92	287,88	323,87	189,30	275,35	309,77	180,69	262,82	295,67	172,07	250,29	28
	II	3.919,50	215,57	313,56	352,75	206,95	301,02	338,65	198,33	288,49	324,55	189,72	275,96	310,45	181,10	263,42	296,35	172,48	250,89	282,25	163,87	238,36	26
	III	3.237,50	37,32	259,00	291,37	18,68	246,46	277,27	0,03	233,93	263,17	-	221,40	249,07	-	208,94	235,06	-	196,74	221,33	-	184,80	20
	IV	4.068,58	223,77	325,48	366,17	219,46	319,22	359,12	215,15	312,95	352,07	210,84	306,68	345,02	206,53	300,42	337,97	202,23	294,15	330,92	197,92	287,88	32
	V	4.583,00	252,06	366,64	412,47																		
	VI	4.627,33	254,50	370,18	416,45																		
12.899,99 (West)	I	4.062,08	223,41	324,96	365,58	214,79	312,43	351,48	206,18	299,90	337,38	197,56	287,36	323,28	188,94	274,83	309,18	180,33	262,30	295,08	171,71	249,76	280,
	II	3.912,91	215,21	313,03	352,16	206,59	300,50	338,06	197,98	287,97	323,96	189,36	275,44	309,87	180,74	262,90	295,76	172,13	250,37	281,66	163,51	237,84	267,
	III	3.230,83	36,53	258,46	290,77	17,88	245,93	276,67	-	233,40	262,57	-	220,86	248,47	-	208,42	234,47	-	196,24	220,77	-	184,30	207,
	IV	4.062,08	223,41	324,96	365,58	219,10	318,70	358,53	214,79	312,43	351,48	210,48	306,16	344,43	206,18	299,90	337,38	201,87	293,63	330,33	197,56	287,36	323,
	V	4.576,50	251,70	366,12	411,88																		
	VI	4.620,83	254,14	369,66	415,87																		
12.899,99 (Ost)	I	4.069,83	223,84	325,58	366,28	215,22	313,05	352,18	206,60	300,52	338,08	197,99	287,99	323,99	189,37	275,46	309,89	180,76	262,92	295,79	172,14	250,39	281,
	II	3.920,75	215,64	313,66	352,86	207,02	301,12	338,76	198,40	288,59	324,66	189,79	276,06	310,56	181,17	263,52	296,46	172,55	250,99	282,36	163,94	238,46	268,
	III	3.238,66	37,46	259,09	291,47	18,82	246,56	277,38	0,17	234,02	263,27	-	221,50	249,19	-	209,05	235,18	-	196,84	221,44	-	184,89	208,
	IV	4.069,83	223,84	325,58	366,28	219,53	319,32	359,23	215,22	313,05	352,18	210,91	306,78	345,13	206,60	300,52	338,08	202,29	294,25	331,03	197,99	287,99	323,
	V	4.584,33	252,13	366,74	412,58																		
	VI	4.628,58	254,57	370,28	416,57																		
12.902,99 (West)	I	4.063,33	223,48	325,06	365,69	214,86	312,53	351,59	206,25	300,00	337,50	197,63	287,46	323,39	189,01	274,93	309,29	180,40	262,40	295,20	171,78	249,86	281,
	II	3.914,25	215,28	313,14	352,28	206,66	300,60	338,18	198,05	288,07	324,08	189,43	275,54	309,98	180,81	263,00	295,88	172,20	250,47	281,78	163,58	237,94	267,
	III	3.232,16	36,69	258,57	290,89	18,04	246,04	276,79	-	233,50	262,69	-	220,97	248,59	-	208,53	234,59	-	196,33	220,87	-	184,40	207,
	IV	4.063,33	223,48	325,06	365,69	219,17	318,80	358,65	214,86	312,53	351,59	210,55	306,26	344,54	206,25	300,00	337,50	201,94	293,73	330,44	197,63	287,46	323,
	V	4.577,75	251,77	366,22	411,99																		
	VI	4.622,08	254,21	369,76	415,98																		
12.902,99 (Ost)	I	4.071,08	223,90	325,68	366,39	215,29	313,15	352,29	206,68	300,62	338,20	198,06	288,09	324,10	189,44	275,56	310,00	180,83	263,02	295,90	172,21	250,49	281,
	II	3.922,00	215,71	313,76	352,98	207,09	301,22	338,87	198,47	288,69	324,77	189,86	276,16	310,68	181,24	263,63	296,58	172,63	251,10	282,48	164,01	238,56	268,
	III	3.240,00	37,62	259,20	291,60	18,98	246,66	277,49	0,33	234,13	263,39	-	221,60	249,30	-	209,14	235,28	-	196,94	221,56	-	184,98	208,
	IV	4.071,08	223,90	325,68	366,39	219,60	319,42	359,34	215,29	313,15	352,29	210,98	306,89	345,25	206,68	300,62	338,20	202,37	294,36	331,15	198,06	288,09	324,
	V	4.585,58	252,20	366,84	412,70																		
	VI	4.629,83	254,64	370,38	416,68																		

Anzahl Kinderfreibeträge (nur Steuerklassen I–IV)

Lohn/ Gehalt bis	Steuerklasse	Lohnsteuer	ohne Kinderfreibetrag			Anzahl Kinderfreibeträge (nur Steuerklassen I–IV)																	
						0,5			1,0			1,5			2,0			2,5			3,0		
			SolZ 5,5%	Kirchensteuer 8%	9%	SolZ 5,5%	Kirchensteuer 8%	9%	SolZ 5,5%	Kirchensteuer 8%	9%	SolZ 5,5%	Kirchensteuer 8%	9%	SolZ 5,5%	Kirchensteuer 8%	9%	SolZ 5,5%	Kirchensteuer 8%	9%	SolZ 5,5%	Kirchensteuer 8%	9%
2.905,99 (West)	I	4.064,58	223,55	325,16	365,81	214,93	312,63	351,71	206,31	300,10	337,61	197,70	287,56	323,51	189,08	275,03	309,41	180,46	262,50	295,31	171,85	249,96	281,21
	II	3.915,50	215,35	313,24	352,39	206,73	300,70	338,29	198,11	288,17	324,19	189,50	275,64	310,09	180,88	263,10	295,99	172,26	250,57	281,89	163,65	238,04	267,79
	III	3.233,33	36,83	258,66	290,99	18,20	246,14	276,91	-	233,61	262,81	-	221,08	248,71	-	208,62	234,70	-	196,44	220,99	-	184,49	207,55
	IV	4.064,58	223,55	325,16	365,81	219,24	318,90	358,76	214,93	312,63	351,71	210,62	306,36	344,66	206,31	300,10	337,61	202,01	293,83	330,56	197,70	287,56	323,51
	V	4.579,00	251,84	366,32	412,11																		
	VI	4.623,33	254,28	369,86	416,09																		
2.905,99 (Ost)	I	4.072,41	223,98	325,79	366,51	215,36	313,26	352,41	206,74	300,72	338,31	198,13	288,19	324,21	189,51	275,66	310,11	180,89	263,12	296,01	172,28	250,59	281,91
	II	3.923,25	215,77	313,86	353,09	207,16	301,32	338,99	198,54	288,79	324,89	189,93	276,26	310,79	181,31	263,73	296,69	172,70	251,20	282,60	164,08	238,66	268,49
	III	3.241,33	37,78	259,30	291,71	19,13	246,77	277,61	0,49	234,24	263,52	-	221,70	249,41	-	209,24	235,39	-	197,04	221,67	-	185,09	208,22
	IV	4.072,41	223,98	325,79	366,51	219,67	319,52	359,46	215,36	313,26	352,41	211,05	306,99	345,36	206,74	300,72	338,31	202,44	294,46	331,26	198,13	288,19	324,21
	V	4.586,83	252,27	366,94	412,81																		
	VI	4.631,16	254,71	370,49	416,80																		
2.908,99 (West)	I	4.065,83	223,62	325,26	365,92	215,00	312,73	351,82	206,38	300,20	337,72	197,77	287,66	323,62	189,15	275,13	309,52	180,53	262,60	295,42	171,92	250,06	281,32
	II	3.916,75	215,42	313,34	352,50	206,80	300,80	338,40	198,18	288,27	324,30	189,57	275,74	310,20	180,95	263,20	296,10	172,33	250,67	282,00	163,72	238,14	267,90
	III	3.234,66	36,98	258,77	291,11	18,34	246,24	277,02	-	233,70	262,91	-	221,17	248,81	-	208,73	234,82	-	196,53	221,09	-	184,58	207,65
	IV	4.065,83	223,62	325,26	365,92	219,31	319,00	358,87	215,00	312,73	351,82	210,69	306,46	344,77	206,38	300,20	337,72	202,07	293,93	330,67	197,77	287,66	323,62
	V	4.580,25	251,91	366,42	412,22																		
	VI	4.624,58	254,35	369,96	416,21																		
2.908,99 (Ost)	I	4.073,66	224,05	325,89	366,62	215,43	313,36	352,53	206,81	300,82	338,42	198,20	288,29	324,32	189,58	275,76	310,23	180,96	263,22	296,12	172,35	250,69	282,02
	II	3.924,50	215,84	313,96	353,20	207,23	301,43	339,11	198,61	288,90	325,01	190,00	276,36	310,91	181,38	263,83	296,81	172,76	251,30	282,71	164,15	238,76	268,61
	III	3.242,50	37,92	259,40	291,82	19,27	246,86	277,72	0,63	234,33	263,62	-	221,80	249,52	-	209,34	235,51	-	197,13	221,77	-	185,18	208,33
	IV	4.073,66	224,05	325,89	366,62	219,74	319,62	359,57	215,43	313,36	352,53	211,12	307,09	345,47	206,81	300,82	338,42	202,51	294,56	331,38	198,20	288,29	324,32
	V	4.588,08	252,34	367,04	412,92																		
	VI	4.632,41	254,78	370,59	416,91																		
2.911,99 (West)	I	4.067,08	223,68	325,36	366,03	215,07	312,83	351,93	206,45	300,30	337,83	197,83	287,76	323,73	189,22	275,23	309,63	180,61	262,70	295,54	171,99	250,17	281,44
	II	3.918,00	215,49	313,44	352,62	206,87	300,90	338,51	198,25	288,37	324,41	189,64	275,84	310,32	181,02	263,30	296,21	172,40	250,77	282,11	163,79	238,24	268,02
	III	3.236,00	37,14	258,88	291,24	18,50	246,34	277,13	-	233,81	263,03	-	221,28	248,94	-	208,82	234,92	-	196,62	221,20	-	184,68	207,76
	IV	4.067,08	223,68	325,36	366,03	219,38	319,10	358,98	215,07	312,83	351,93	210,76	306,56	344,88	206,45	300,30	337,83	202,14	294,03	330,78	197,83	287,76	323,73
	V	4.581,50	251,98	366,52	412,33																		
	VI	4.625,83	254,42	370,06	416,32																		
2.911,99 (Ost)	I	4.074,91	224,12	325,99	366,74	215,50	313,46	352,64	206,88	300,92	338,54	198,27	288,39	324,44	189,65	275,86	310,34	181,03	263,32	296,24	172,42	250,79	282,14
	II	3.925,83	215,92	314,06	353,32	207,30	301,53	339,22	198,68	289,00	325,12	190,07	276,46	311,02	181,45	263,93	296,92	172,83	251,40	282,82	164,22	238,86	268,72
	III	3.243,83	38,08	259,50	291,94	19,43	246,97	277,84	0,79	234,44	263,74	-	221,90	249,64	-	209,44	235,62	-	197,22	221,87	-	185,28	208,44
	IV	4.074,91	224,12	325,99	366,74	219,81	319,72	359,69	215,50	313,46	352,64	211,19	307,19	345,59	206,88	300,92	338,54	202,57	294,66	331,49	198,27	288,39	324,44
	V	4.589,33	252,41	367,14	413,03																		
	VI	4.633,66	254,85	370,69	417,02																		
2.914,99 (West)	I	4.068,33	223,75	325,46	366,14	215,14	312,93	352,04	206,52	300,40	337,95	197,90	287,86	323,84	189,29	275,34	309,75	180,67	262,80	295,65	172,06	250,27	281,55
	II	3.919,25	215,55	313,54	352,73	206,94	301,00	338,63	198,32	288,47	324,53	189,70	275,94	310,43	181,09	263,40	296,33	172,47	250,87	282,23	163,86	238,34	268,13
	III	3.237,16	37,28	258,97	291,34	18,64	246,44	277,24	-	233,90	263,14	-	221,37	249,04	-	208,92	235,03	-	196,72	221,31	-	184,78	207,88
	IV	4.068,33	223,75	325,46	366,14	219,45	319,20	359,10	215,14	312,93	352,04	210,83	306,66	344,99	206,52	300,40	337,95	202,21	294,13	330,89	197,90	287,86	323,84
	V	4.582,83	252,05	366,62	412,45																		
	VI	4.627,08	254,48	370,16	416,43																		
2.914,99 (Ost)	I	4.076,16	224,18	326,09	366,85	215,57	313,56	352,75	206,95	301,02	338,65	198,33	288,49	324,55	189,72	275,96	310,45	181,10	263,42	296,35	172,48	250,89	282,25
	II	3.927,08	215,98	314,16	353,43	207,37	301,63	339,33	198,75	289,10	325,23	190,13	276,56	311,13	181,52	264,03	297,03	172,90	251,50	282,93	164,28	238,96	268,83
	III	3.245,00	38,21	259,60	292,05	19,57	247,06	277,94	0,93	234,53	263,84	-	222,00	249,75	-	209,54	235,73	-	197,33	221,99	-	185,37	208,54
	IV	4.076,16	224,18	326,09	366,85	219,88	319,82	359,80	215,57	313,56	352,75	211,26	307,29	345,70	206,95	301,02	338,65	202,64	294,76	331,60	198,33	288,49	324,55
	V	4.590,58	252,48	367,24	413,15																		
	VI	4.634,91	254,92	370,79	417,14																		
2.917,99 (West)	I	4.069,58	223,82	325,56	366,26	215,21	313,03	352,16	206,59	300,50	338,06	197,98	287,97	323,96	189,36	275,44	309,87	180,74	262,90	295,76	172,13	250,37	281,66
	II	3.920,50	215,62	313,64	352,84	207,01	301,10	338,74	198,39	288,57	324,64	189,77	276,04	310,54	181,16	263,50	296,44	172,54	250,98	282,35	163,93	238,44	268,25
	III	3.238,50	37,44	259,08	291,46	18,80	246,54	277,36	0,15	234,01	263,26	-	221,48	249,16	-	209,02	235,15	-	196,82	221,42	-	184,88	207,99
	IV	4.069,58	223,82	325,56	366,26	219,51	319,30	359,21	215,21	313,03	352,16	210,90	306,76	345,11	206,59	300,50	338,06	202,29	294,24	331,02	197,98	287,97	323,96
	V	4.584,08	252,12	366,72	412,56																		
	VI	4.628,33	254,55	370,26	416,54																		
12.917,99 (Ost)	I	4.077,41	224,25	326,19	366,96	215,64	313,66	352,86	207,02	301,12	338,76	198,40	288,59	324,66	189,79	276,06	310,56	181,17	263,52	296,46	172,55	250,99	282,36
	II	3.928,33	216,05	314,26	353,54	207,44	301,73	339,44	198,82	289,20	325,35	190,20	276,66	311,24	181,59	264,13	297,14	172,97	251,60	283,05	164,35	239,06	268,94
	III	3.246,33	38,37	259,70	292,16	19,73	247,17	278,06	1,09	234,64	263,97	-	222,10	249,86	-	209,64	235,84	-	197,42	222,10	-	185,46	208,64
	IV	4.077,41	224,25	326,19	366,96	219,94	319,92	359,91	215,64	313,66	352,86	211,33	307,39	345,81	207,02	301,12	338,76	202,71	294,86	331,71	198,40	288,59	324,66
	V	4.591,83	252,55	367,34	413,26																		
	VI	4.636,16	254,98	370,89	417,25																		
12.920,99 (West)	I	4.070,83	223,89	325,66	366,37	215,28	313,14	352,28	206,66	300,60	338,18	198,05	288,07	324,08	189,43	275,54	309,98	180,81	263,00	295,88	172,20	250,47	281,78
	II	3.921,75	215,69	313,74	352,95	207,07	301,20	338,85	198,46	288,67	324,75	189,85	276,14	310,66	181,23	263,61	296,56	172,61	251,08	282,46	164,00	238,54	268,36
	III	3.239,66	37,58	259,17	291,56	18,94	246,64	277,47	0,29	234,10	263,36	-	221,57	249,26	-	209,12	235,26	-	196,92	221,53	-	184,97	208,09
	IV	4.070,83	223,89	325,66	366,37	219,59	319,40	359,33	215,28	313,14	352,28	210,97	306,87	345,23	206,66	300,60	338,18	202,35	294,34	331,13	198,05	288,07	324,08
	V	4.585,33	252,19	366,82	412,67																		
	VI	4.629,58	254,62	370,36	416,66																		
12.920,99 (Ost)	I	4.078,66	224,32	326,29	367,07	215,71	313,76	352,98	207,09	301,22	338,87	198,47	288,69	324,77	189,86	276,16	310,68	181,24	263,63	296,58	172,63	251,10	282,48
	II	3.929,58	216,12	314,36	353,66	207,51	301,83	339,56	198,89	289,30	325,46	190,27	276,76	311,36	181,66	264,23	297,26	173,04	251,70	283,16	164,42	239,16	269,06
	III	3.247,50	38,51	259,80	292,27	19,87	247,26	278,17	1,22	234,73	264,07	-	222,20	249,97	-	209,74	235,96	-	197,52	222,21	-	185,56	208,75
	IV	4.078,66	224,32	326,29	367,07	220,01	320,02	360,02	215,71	313,76	352,98	211,40	307,49	345,92	207,09	301,22	338,87	202,78	294,96	331,83	198,47	288,69	324,77
	V	4.593,08	252,61	367,44	413,37																		
	VI	4.637,41	255,05	370,99	417,36																		
12.923,99 (West)	I	4.072,16	223,96	325,77	366,49	215,35	313,24	352,39	206,73	300,70	338,29	198,11	288,17	324,19	189,50	275,64	310,09	180,88	263,10	295,99	172,26	250,57	281,89
	II	3.923,00	215,76	313,84	353,07	207,14	301,30	338,96	198,53	288,78	324,87	189,91	276,24	310,77	181,30	263,71	296,67	172,68	251,18	282,57	164,06	238,64	268,47
	III	3.241,00	37,74	259,28	291,69	19,09	246,74	277,58	0,45	234,21	263,48	-	221,68	249,39	-	209,22	235,37	-	197,01	221,63	-	185,06	208,19
	IV	4.072,16	223,96	325,77	366,49	219,66	319,50	359,44	215,35	313,24	352,39	211,04	306,97	345,34	206,73	300,70	338,29	202,42	294,44	331,24	198,11	288,17	324,19
	V	4.586,58	252,26	366,92	412,79																		
	VI	4.630,91	254,70	370,47	416,78																		
12.923,99 (Ost)	I	4.079,91	224,39	326,39	367,19	215,77	313,86	353,09	207,16	301,32	338,99	198,54	288,79	324,89	189,93	276,26	310,79	181,31	263,73	296,69	172,70	251,20	282,60
	II	3.930,83	216,19	314,46	353,77	207,57	301,93	339,67	198,96	289,40	325,57	190,34	276,86	311,47	181,72	264,33	297,37	173,11	251,80	283,27	164,50	239,27	269,18
	III	3.248,83	38,67	259,90	292,39	20,03	247,37	278,29	1,38	234,84	264,19	-	222,30	250,09	-	209,84	236,07	-	197,62	222,32	-	185,65	208,85
	IV	4.079,91	224,39	326,39	367,19	220,08	320,12	360,14	215,77	313,86	353,09	211,47	307,59	346,04	207,16	301,32	338,99	202,85	295,06	331,94	198,54	288,79	324,89
	V	4.594,41	252,69	367,55	413,49																		
	VI	4.638,66	255,12	371,09	417,47																		

Lohn/ Gehalt bis	Steuerklasse	Lohn-steuer	ohne Kinderfreibetrag SolZ 5,5%	Kirchensteuer 8%	Kirchensteuer 9%	0,5 SolZ 5,5%	0,5 Kirchensteuer 8%	0,5 Kirchensteuer 9%	1,0 SolZ 5,5%	1,0 Kirchensteuer 8%	1,0 Kirchensteuer 9%	1,5 SolZ 5,5%	1,5 Kirchensteuer 8%	1,5 Kirchensteuer 9%	2,0 SolZ 5,5%	2,0 Kirchensteuer 8%	2,0 Kirchensteuer 9%	2,5 SolZ 5,5%	2,5 Kirchensteuer 8%	2,5 Kirchensteuer 9%	3,0 SolZ 5,5%	3,0 Kirchensteuer 8%	3,0 Kirchensteu[er] 9%
12.926,99 (West)	I	4.073,41	224,03	325,87	366,60	215,42	313,34	352,50	206,80	300,80	338,40	198,18	288,27	324,30	189,57	275,74	310,20	180,95	263,20	296,10	172,33	250,67	282
	II	3.924,33	215,83	313,94	353,18	207,22	301,41	339,08	198,60	288,88	324,99	189,98	276,34	310,88	181,37	263,81	296,78	172,75	251,28	282,69	164,13	238,74	268
	III	3.242,16	37,88	259,37	291,79	19,23	246,84	277,69	0,59	234,30	263,59	–	221,78	249,50	–	209,32	235,48	–	197,10	221,74	–	185,16	208
	IV	4.073,41	224,03	325,87	366,60	219,72	319,60	359,55	215,42	313,34	352,50	211,11	307,07	345,45	206,80	300,80	338,40	202,49	294,54	331,35	198,18	288,27	324
	V	4.587,83	252,33	367,02	412,90																		
	VI	4.632,16	254,76	370,57	416,89																		
12.926,99 (Ost)	I	4.081,16	224,46	326,49	367,30	215,84	313,96	353,20	207,23	301,43	339,11	198,61	288,90	325,01	190,00	276,36	310,91	181,38	263,83	296,81	172,76	251,30	282
	II	3.932,08	216,26	314,56	353,88	207,64	302,03	339,78	199,03	289,50	325,68	190,41	276,96	311,58	181,79	264,43	297,48	173,18	251,90	283,39	164,56	239,37	269
	III	3.250,00	38,81	260,00	292,50	20,17	247,46	278,39	1,54	234,94	264,31	–	222,41	250,21	–	209,94	236,18	–	197,72	222,43	–	185,74	208
	IV	4.081,16	224,46	326,49	367,30	220,15	320,22	360,25	215,84	313,96	353,20	211,53	307,69	346,15	207,23	301,43	339,11	202,92	295,16	332,06	198,61	288,90	325
	V	4.595,66	252,76	367,65	413,60																		
	VI	4.639,91	255,19	371,19	417,59																		
12.929,99 (West)	I	4.074,66	224,10	325,97	366,71	215,49	313,44	352,62	206,87	300,90	338,51	198,25	288,37	324,41	189,64	275,84	310,32	181,02	263,30	296,21	172,40	250,77	282
	II	3.925,58	215,90	314,04	353,30	207,29	301,51	339,20	198,67	288,98	325,10	190,05	276,44	311,00	181,44	263,91	296,90	172,82	251,38	282,80	164,20	238,84	268
	III	3.243,50	38,04	259,48	291,91	19,39	246,94	277,81	0,75	234,41	263,71	–	221,88	249,61	–	209,42	235,60	–	197,21	221,86	–	185,25	208
	IV	4.074,66	224,10	325,97	366,71	219,79	319,70	359,66	215,49	313,44	352,62	211,18	307,17	345,56	206,87	300,90	338,51	202,56	294,64	331,47	198,25	288,37	324
	V	4.589,08	252,39	367,12	413,01																		
	VI	4.633,41	254,83	370,67	417,00																		
12.929,99 (Ost)	I	4.082,41	224,53	326,59	367,41	215,92	314,06	353,32	207,30	301,53	339,22	198,68	289,00	325,12	190,07	276,46	311,02	181,45	263,93	296,92	172,83	251,40	282
	II	3.933,33	216,33	314,66	353,99	207,71	302,13	339,89	199,10	289,60	325,80	190,48	277,07	311,70	181,87	264,54	297,60	173,25	252,00	283,50	164,63	239,47	269
	III	3.251,33	38,97	260,10	292,61	20,32	247,57	278,51	1,68	235,04	264,42	–	222,50	250,31	–	210,04	236,29	–	197,81	222,53	–	185,85	209
	IV	4.082,41	224,53	326,59	367,41	220,22	320,33	360,37	215,92	314,06	353,32	211,61	307,80	346,27	207,30	301,53	339,22	202,99	295,26	332,17	198,68	289,00	325
	V	4.596,91	252,83	367,75	413,72																		
	VI	4.641,25	255,26	371,30	417,71																		
12.932,99 (West)	I	4.075,91	224,17	326,07	366,83	215,55	313,54	352,73	206,94	301,00	338,63	198,32	288,47	324,53	189,70	275,94	310,43	181,09	263,40	296,33	172,47	250,87	282
	II	3.926,83	215,97	314,14	353,41	207,35	301,61	339,31	198,74	289,08	325,21	190,12	276,54	311,11	181,50	264,01	297,01	172,89	251,48	282,91	164,27	238,94	268
	III	3.244,83	38,19	259,58	292,03	19,55	247,05	277,93	0,91	234,52	263,83	–	221,98	249,73	–	209,52	235,71	–	197,30	221,96	–	185,34	208
	IV	4.075,91	224,17	326,07	366,83	219,86	319,80	359,78	215,55	313,54	352,73	211,25	307,27	345,68	206,94	301,00	338,63	202,63	294,74	331,58	198,32	288,47	324
	V	4.590,33	252,46	367,22	413,12																		
	VI	4.634,66	254,90	370,77	417,11																		
12.932,99 (Ost)	I	4.083,75	224,60	326,70	367,53	215,98	314,16	353,43	207,37	301,63	339,33	198,75	289,10	325,23	190,13	276,56	311,13	181,52	264,03	297,03	172,90	251,50	282
	II	3.934,58	216,40	314,76	354,11	207,78	302,23	340,01	199,17	289,70	325,91	190,55	277,17	311,81	181,94	264,64	297,72	173,32	252,10	283,61	164,70	239,57	269
	III	3.252,66	39,13	260,21	292,73	20,48	247,68	278,64	1,84	235,14	264,53	–	222,61	250,43	–	210,13	236,39	–	197,90	222,64	–	185,94	209
	IV	4.083,75	224,60	326,70	367,53	220,29	320,43	360,48	215,98	314,16	353,43	211,68	307,90	346,38	207,37	301,63	339,33	203,06	295,36	332,28	198,75	289,10	325
	V	4.598,16	252,89	367,85	413,83																		
	VI	4.642,50	255,33	371,40	417,82																		
12.935,99 (West)	I	4.077,16	224,24	326,17	366,94	215,62	313,64	352,84	207,01	301,10	338,74	198,39	288,57	324,64	189,77	276,04	310,54	181,16	263,50	296,44	172,54	250,98	282
	II	3.928,08	216,04	314,24	353,52	207,42	301,71	339,42	198,81	289,18	325,32	190,19	276,64	311,22	181,57	264,11	297,12	172,96	251,58	283,02	164,34	239,04	268
	III	3.246,00	38,33	259,68	292,14	19,69	247,14	278,03	1,05	234,61	263,93	–	222,08	249,84	–	209,62	235,82	–	197,40	222,07	–	185,44	208
	IV	4.077,16	224,24	326,17	366,94	219,93	319,90	359,89	215,62	313,64	352,84	211,31	307,37	345,79	207,01	301,10	338,74	202,70	294,84	331,69	198,39	288,57	324,
	V	4.591,58	252,53	367,32	413,24																		
	VI	4.635,91	254,97	370,87	417,23																		
12.935,99 (Ost)	I	4.085,00	224,67	326,80	367,65	216,05	314,26	353,54	207,44	301,73	339,44	198,82	289,20	325,35	190,20	276,66	311,24	181,59	264,13	297,14	172,97	251,60	283,
	II	3.935,91	216,47	314,87	354,23	207,85	302,34	340,13	199,24	289,80	326,03	190,62	277,27	311,93	182,00	264,74	297,83	173,39	252,20	283,73	164,77	239,67	269,
	III	3.253,83	39,27	260,30	292,84	20,62	247,77	278,74	1,98	235,24	264,64	–	222,70	250,54	–	210,24	236,52	–	198,01	222,76	–	186,04	209,
	IV	4.085,00	224,67	326,80	367,65	220,36	320,53	360,59	216,05	314,26	353,54	211,75	308,00	346,50	207,44	301,73	339,44	203,13	295,46	332,39	198,82	289,20	325,
	V	4.599,41	252,96	367,95	413,94																		
	VI	4.643,75	255,40	371,50	417,93																		
12.938,99 (West)	I	4.078,41	224,31	326,27	367,05	215,69	313,74	352,95	207,07	301,20	338,85	198,46	288,67	324,75	189,85	276,14	310,66	181,23	263,61	296,56	172,61	251,08	282,
	II	3.929,33	216,11	314,34	353,63	207,49	301,81	339,53	198,88	289,28	325,44	190,26	276,74	311,33	181,64	264,21	297,23	173,03	251,68	283,14	164,41	239,14	269,
	III	3.247,33	38,49	259,78	292,25	19,85	247,25	278,15	1,20	234,72	264,06	–	222,18	249,95	–	209,72	235,93	–	197,50	222,19	–	185,54	208,
	IV	4.078,41	224,31	326,27	367,05	220,00	320,00	360,00	215,69	313,74	352,95	211,38	307,47	345,90	207,07	301,20	338,85	202,77	294,94	331,80	198,46	288,67	324,
	V	4.592,83	252,60	367,42	413,35																		
	VI	4.637,16	255,04	370,97	417,34																		
12.938,99 (Ost)	I	4.086,25	224,74	326,90	367,76	216,12	314,36	353,66	207,51	301,83	339,56	198,89	289,30	325,46	190,27	276,76	311,36	181,66	264,23	297,26	173,04	251,70	283,
	II	3.937,16	216,54	314,97	354,34	207,92	302,44	340,24	199,31	289,90	326,14	190,69	277,37	312,04	182,07	264,84	297,94	173,46	252,30	283,84	164,84	239,77	269,
	III	3.255,16	39,42	260,41	292,96	20,78	247,88	278,86	2,14	235,34	264,76	–	222,81	250,66	–	210,33	236,62	–	198,10	222,86	–	186,13	209,
	IV	4.086,25	224,74	326,90	367,76	220,43	320,63	360,71	216,12	314,36	353,66	211,81	308,10	346,61	207,51	301,83	339,56	203,20	295,56	332,51	198,89	289,30	325,
	V	4.600,66	253,03	368,05	414,05																		
	VI	4.645,00	255,47	371,60	418,05																		
12.941,99 (West)	I	4.079,66	224,38	326,37	367,16	215,76	313,84	353,07	207,14	301,30	338,96	198,53	288,78	324,87	189,91	276,24	310,77	181,30	263,71	296,67	172,68	251,18	282,
	II	3.930,58	216,18	314,44	353,75	207,56	301,91	339,65	198,94	289,38	325,55	190,33	276,84	311,45	181,71	264,31	297,35	173,10	251,78	283,25	164,48	239,25	269,
	III	3.248,50	38,63	259,88	292,36	19,99	247,34	278,26	1,34	234,81	264,16	–	222,28	250,06	–	209,81	236,03	–	197,60	222,30	–	185,64	208,
	IV	4.079,66	224,38	326,37	367,16	220,07	320,10	360,11	215,76	313,84	353,07	211,45	307,57	346,01	207,14	301,30	338,96	202,84	295,04	331,92	198,53	288,78	324,
	V	4.594,16	252,67	367,53	413,47																		
	VI	4.638,41	255,11	371,07	417,45																		
12.941,99 (Ost)	I	4.087,50	224,81	327,00	367,87	216,19	314,46	353,77	207,57	301,93	339,67	198,96	289,40	325,57	190,34	276,86	311,47	181,72	264,33	297,37	173,11	251,80	283,
	II	3.938,41	216,61	315,07	354,45	207,99	302,54	340,35	199,37	290,00	326,25	190,76	277,47	312,15	182,14	264,94	298,05	173,52	252,40	283,95	164,91	239,87	269,
	III	3.256,33	39,56	260,50	293,06	20,92	247,97	278,96	2,28	235,44	264,87	–	222,90	250,76	–	210,44	236,74	–	198,20	222,97	–	186,22	209,5
	IV	4.087,50	224,81	327,00	367,87	220,50	320,73	360,82	216,19	314,46	353,77	211,88	308,20	346,72	207,57	301,93	339,67	203,27	295,66	332,62	198,96	289,40	325,5
	V	4.601,91	253,10	368,15	414,17																		
	VI	4.646,25	255,54	371,70	418,16																		
12.944,99 (West)	I	4.080,91	224,45	326,47	367,28	215,83	313,94	353,18	207,22	301,41	339,08	198,60	288,88	324,99	189,98	276,34	310,88	181,37	263,81	296,78	172,75	251,28	282,6
	II	3.931,83	216,25	314,54	353,86	207,63	302,01	339,76	199,01	289,48	325,66	190,40	276,94	311,56	181,78	264,42	297,47	173,17	251,88	283,37	164,55	239,35	269,2
	III	3.249,83	38,79	259,98	292,48	20,15	247,45	278,38	1,50	234,92	264,28	–	222,38	250,18	–	209,92	236,16	–	197,69	222,40	–	185,73	208,9
	IV	4.080,91	224,45	326,47	367,28	220,14	320,20	360,23	215,83	313,94	353,18	211,53	307,68	346,14	207,22	301,41	339,08	202,91	295,14	332,03	198,60	288,88	324,9
	V	4.595,41	252,74	367,63	413,58																		
	VI	4.639,66	255,18	371,17	417,56																		
12.944,99 (Ost)	I	4.088,75	224,88	327,10	367,98	216,26	314,56	353,88	207,64	302,03	339,78	199,03	289,50	325,68	190,41	276,96	311,58	181,79	264,43	297,48	173,18	251,90	283,3
	II	3.939,66	216,68	315,17	354,56	208,06	302,64	340,47	199,44	290,10	326,36	190,83	277,57	312,26	182,21	265,04	298,17	173,59	252,50	284,06	164,98	239,97	269,9
	III	3.257,66	39,72	260,61	293,18	21,08	248,08	279,09	2,43	235,54	264,98	–	223,01	250,88	–	210,53	236,84	–	198,30	223,09	–	186,32	209,6
	IV	4.088,75	224,88	327,10	367,98	220,57	320,83	360,93	216,26	314,56	353,88	211,95	308,30	346,83	207,64	302,03	339,78	203,33	295,76	332,73	199,03	289,50	325,6
	V	4.603,16	253,17	368,25	414,28																		
	VI	4.647,50	255,61	371,80	418,27																		

Anzahl Kinderfreibeträge (nur Steuerklassen I–IV)

Lohn/ Gehalt bis	Steuerklasse	Lohn-steuer	ohne Kinderfreibetrag SolZ 5,5%	Kirchensteuer 8%	9%	Anzahl Kinderfreibeträge (nur Steuerklassen I–IV) 0,5 SolZ 5,5%	Kirchensteuer 8%	9%	1,0 SolZ 5,5%	Kirchensteuer 8%	9%	1,5 SolZ 5,5%	Kirchensteuer 8%	9%	2,0 SolZ 5,5%	Kirchensteuer 8%	9%	2,5 SolZ 5,5%	Kirchensteuer 8%	9%	3,0 SolZ 5,5%	Kirchensteuer 8%	9%
2.947,99	I	4.082,25	224,52	326,58	367,40	215,90	314,04	353,30	207,29	301,51	339,20	198,67	288,98	325,10	190,05	276,44	311,00	181,44	263,91	296,90	172,82	251,38	282,80
(West)	II	3.933,08	216,31	314,64	353,97	207,70	302,11	339,87	199,09	289,58	325,78	190,47	277,05	311,68	181,85	264,52	297,58	173,24	251,98	283,48	164,62	239,45	269,38
	III	3.251,00	38,93	260,08	292,59	20,28	247,54	278,48	1,64	235,01	264,38	-	222,48	250,29	-	210,01	236,26	-	197,80	222,52	-	185,82	209,05
	IV	4.082,25	224,52	326,58	367,40	220,21	320,31	360,35	215,90	314,04	353,30	211,59	307,78	346,25	207,29	301,51	339,20	202,98	295,24	332,15	198,67	288,98	325,10
	V	4.596,66	252,81	367,73	413,69																		
	VI	4.641,00	255,25	371,28	417,69																		
2.947,99	I	4.090,00	224,95	327,20	368,10	216,33	314,66	353,99	207,71	302,13	339,89	199,10	289,60	325,80	190,48	277,07	311,70	181,87	264,54	297,60	173,25	252,00	283,50
(Ost)	II	3.940,91	216,75	315,27	354,68	208,13	302,74	340,58	199,51	290,20	326,48	190,90	277,67	312,38	182,28	265,14	298,28	173,66	252,60	284,18	165,05	240,07	270,08
	III	3.258,83	39,86	260,70	293,29	21,22	248,17	279,19	2,57	235,64	265,09	-	223,10	250,99	-	210,64	236,97	-	198,40	223,20	-	186,41	209,71
	IV	4.090,00	224,95	327,20	368,10	220,64	320,93	361,04	216,33	314,66	353,99	212,02	308,40	346,95	207,71	302,13	339,89	203,40	295,86	332,84	199,10	289,60	325,80
	V	4.604,50	253,24	368,36	414,40																		
	VI	4.648,75	255,68	371,90	418,38																		
2.950,99	I	4.083,50	224,59	326,68	367,51	215,97	314,14	353,41	207,35	301,61	339,31	198,74	289,08	325,21	190,12	276,54	311,11	181,50	264,01	297,01	172,89	251,48	282,91
(West)	II	3.934,33	216,38	314,74	354,08	207,77	302,22	339,99	199,15	289,68	325,89	190,54	277,15	311,79	181,92	264,62	297,69	173,30	252,08	283,59	164,69	239,55	269,49
	III	3.252,33	39,09	260,18	292,70	20,44	247,65	278,60	1,80	235,12	264,51	-	222,58	250,40	-	210,12	236,38	-	197,89	222,62	-	185,92	209,16
	IV	4.083,50	224,59	326,68	367,51	220,28	320,41	360,46	215,97	314,14	353,41	211,66	307,88	346,36	207,35	301,61	339,31	203,05	295,34	332,26	198,74	289,08	325,21
	V	4.597,91	252,88	367,83	413,81																		
	VI	4.642,25	255,32	371,38	417,80																		
2.950,99	I	4.091,25	225,01	327,30	368,21	216,40	314,76	354,11	207,78	302,23	340,01	199,17	289,70	325,91	190,55	277,17	311,81	181,94	264,64	297,72	173,32	252,10	283,61
(Ost)	II	3.942,16	216,81	315,37	354,79	208,20	302,84	340,69	199,58	290,30	326,59	190,96	277,77	312,49	182,35	265,24	298,39	173,74	252,71	284,30	165,12	240,18	270,20
	III	3.260,16	40,02	260,81	293,41	21,38	248,28	279,31	2,73	235,74	265,21	-	223,21	251,11	-	210,73	237,07	-	198,49	223,30	-	186,52	209,83
	IV	4.091,25	225,01	327,30	368,21	220,71	321,03	361,16	216,40	314,76	354,11	212,09	308,50	347,06	207,78	302,23	340,01	203,48	295,97	332,96	199,17	289,70	325,91
	V	4.605,75	253,31	368,46	414,51																		
	VI	4.650,00	255,75	372,00	418,50																		
2.953,99	I	4.084,75	224,66	326,78	367,62	216,04	314,24	353,52	207,42	301,71	339,42	198,81	289,18	325,32	190,19	276,64	311,22	181,57	264,11	297,12	172,96	251,58	283,02
(West)	II	3.935,66	216,46	314,85	354,20	207,84	302,32	340,11	199,22	289,78	326,00	190,61	277,25	311,90	181,99	264,72	297,81	173,37	252,18	283,70	164,76	239,65	269,60
	III	3.253,50	39,23	260,28	292,81	20,58	247,74	278,71	1,96	235,22	264,62	-	222,69	250,52	-	210,21	236,48	-	197,98	222,73	-	186,01	209,26
	IV	4.084,75	224,66	326,78	367,62	220,35	320,51	360,57	216,04	314,24	353,52	211,73	307,98	346,47	207,42	301,71	339,42	203,11	295,44	332,37	198,81	289,18	325,32
	V	4.599,16	252,95	367,93	413,92																		
	VI	4.643,50	255,39	371,48	417,91																		
2.953,99	I	4.092,50	225,08	327,40	368,32	216,47	314,87	354,23	207,85	302,34	340,13	199,24	289,80	326,03	190,62	277,27	311,93	182,00	264,74	297,83	173,39	252,20	283,73
(Ost)	II	3.943,41	216,88	315,47	354,90	208,27	302,94	340,80	199,65	290,40	326,70	191,03	277,87	312,60	182,42	265,34	298,51	173,80	252,81	284,41	165,19	240,28	270,31
	III	3.261,33	40,16	260,90	293,51	21,53	248,38	279,43	2,89	235,85	265,33	-	223,32	251,23	-	210,84	237,19	-	198,60	223,42	-	186,61	209,93
	IV	4.092,50	225,08	327,40	368,32	220,77	321,13	361,27	216,47	314,87	354,23	212,16	308,60	347,18	207,85	302,34	340,13	203,55	296,07	333,08	199,24	289,80	326,03
	V	4.607,00	253,38	368,56	414,63																		
	VI	4.651,25	255,81	372,10	418,61																		
2.956,99	I	4.086,00	224,73	326,88	367,74	216,11	314,34	353,63	207,49	301,81	339,53	198,88	289,28	325,44	190,26	276,74	311,33	181,64	264,21	297,23	173,03	251,68	283,14
(West)	II	3.936,91	216,53	314,95	354,32	207,91	302,42	340,22	199,29	289,88	326,12	190,68	277,35	312,02	182,06	264,82	297,92	173,44	252,28	283,82	164,83	239,75	269,72
	III	3.254,83	39,38	260,38	292,93	20,74	247,85	278,83	2,10	235,32	264,73	-	222,78	250,63	-	210,32	236,61	-	198,08	222,84	-	186,10	209,36
	IV	4.086,00	224,73	326,88	367,74	220,42	320,61	360,68	216,11	314,34	353,63	211,80	308,08	346,59	207,49	301,81	339,53	203,18	295,54	332,48	198,88	289,28	325,44
	V	4.600,41	253,02	368,03	414,03																		
	VI	4.644,75	255,46	371,58	418,02																		
2.956,99	I	4.093,83	225,16	327,50	368,44	216,54	314,97	354,34	207,92	302,44	340,24	199,31	289,90	326,14	190,69	277,37	312,04	182,07	264,84	297,94	173,46	252,30	283,84
(Ost)	II	3.944,66	216,95	315,57	355,01	208,34	303,04	340,92	199,72	290,51	326,82	191,11	277,98	312,72	182,49	265,44	298,62	173,87	252,91	284,52	165,26	240,38	270,42
	III	3.262,66	40,32	261,01	293,63	21,67	248,48	279,54	3,03	235,94	265,43	-	223,41	251,33	-	210,93	237,29	-	198,69	223,52	-	186,70	210,04
	IV	4.093,83	225,16	327,50	368,44	220,85	321,24	361,39	216,54	314,97	354,34	212,23	308,70	347,29	207,92	302,44	340,24	203,61	296,17	333,19	199,31	289,90	326,14
	V	4.608,25	253,45	368,66	414,74																		
	VI	4.652,58	255,89	372,20	418,73																		
2.959,99	I	4.087,25	224,79	326,98	367,85	216,18	314,44	353,75	207,56	301,91	339,65	198,94	289,38	325,55	190,33	276,84	311,45	181,71	264,31	297,35	173,10	251,78	283,25
(West)	II	3.938,16	216,59	315,05	354,43	207,98	302,52	340,33	199,36	289,98	326,23	190,74	277,45	312,13	182,13	264,92	298,03	173,51	252,38	283,93	164,89	239,85	269,83
	III	3.256,16	39,54	260,49	293,05	20,90	247,96	278,95	2,26	235,42	264,85	-	222,89	250,75	-	210,41	236,71	-	198,18	222,95	-	186,21	209,48
	IV	4.087,25	224,79	326,98	367,85	220,49	320,71	360,80	216,18	314,44	353,75	211,87	308,18	346,70	207,56	301,91	339,65	203,25	295,64	332,60	198,94	289,38	325,55
	V	4.601,66	253,09	368,13	414,14																		
	VI	4.646,00	255,53	371,68	418,14																		
12.959,99	I	4.095,08	225,22	327,60	368,55	216,61	315,07	354,45	207,99	302,54	340,35	199,37	290,00	326,25	190,76	277,47	312,15	182,14	264,94	298,05	173,52	252,40	283,95
(Ost)	II	3.945,91	217,02	315,67	355,13	208,41	303,14	341,03	199,79	290,61	326,93	191,18	278,08	312,84	182,56	265,54	298,73	173,94	253,01	284,63	165,33	240,48	270,54
	III	3.264,00	40,47	261,12	293,76	21,83	248,58	279,65	3,19	236,05	265,55	-	223,52	251,46	-	211,04	237,42	-	198,78	223,63	-	186,80	210,15
	IV	4.095,08	225,22	327,60	368,55	220,92	321,34	361,50	216,61	315,07	354,45	212,30	308,80	347,40	207,99	302,54	340,35	203,68	296,27	333,30	199,37	290,00	326,25
	V	4.609,50	253,52	368,76	414,85																		
	VI	4.653,83	255,96	372,30	418,84																		
12.962,99	I	4.088,50	224,86	327,08	367,96	216,25	314,54	353,86	207,63	302,01	339,76	199,01	289,48	325,66	190,40	276,94	311,56	181,78	264,42	297,47	173,17	251,88	283,37
(West)	II	3.939,41	216,66	315,15	354,54	208,05	302,62	340,44	199,43	290,08	326,34	190,81	277,55	312,24	182,20	265,02	298,14	173,58	252,48	284,04	164,96	239,95	269,94
	III	3.257,33	39,68	260,58	293,15	21,04	248,05	279,05	2,39	235,52	264,96	-	222,98	250,85	-	210,52	236,83	-	198,28	223,06	-	186,30	209,59
	IV	4.088,50	224,86	327,08	367,96	220,55	320,81	360,91	216,25	314,54	353,86	211,94	308,28	346,81	207,63	302,01	339,76	203,32	295,74	332,71	199,01	289,48	325,66
	V	4.602,91	253,16	368,23	414,26																		
	VI	4.647,25	255,59	371,78	418,25																		
12.962,99	I	4.096,33	225,29	327,70	368,66	216,68	315,17	354,56	208,06	302,64	340,47	199,44	290,10	326,36	190,83	277,57	312,26	182,21	265,04	298,17	173,59	252,50	284,06
(Ost)	II	3.947,25	217,09	315,78	355,25	208,48	303,24	341,15	199,86	290,71	327,05	191,24	278,18	312,95	182,63	265,64	298,85	174,01	253,11	284,75	165,39	240,58	270,65
	III	3.265,16	40,61	261,21	293,86	21,97	248,68	279,76	3,33	236,14	265,66	-	223,61	251,56	-	211,13	237,52	-	198,88	223,74	-	186,89	210,25
	IV	4.096,33	225,29	327,70	368,66	220,99	321,44	361,62	216,68	315,17	354,56	212,37	308,90	347,51	208,06	302,64	340,47	203,75	296,37	333,41	199,44	290,10	326,36
	V	4.610,75	253,59	368,86	414,96																		
	VI	4.655,08	256,02	372,40	418,95																		
12.965,99	I	4.089,75	224,93	327,18	368,07	216,31	314,64	353,97	207,70	302,11	339,87	199,09	289,58	325,78	190,47	277,05	311,68	181,85	264,52	297,58	173,24	251,98	283,48
(West)	II	3.940,66	216,73	315,25	354,65	208,12	302,72	340,56	199,50	290,18	326,45	190,88	277,65	312,35	182,27	265,12	298,26	173,65	252,58	284,15	165,04	240,06	270,06
	III	3.258,66	39,84	260,69	293,27	21,20	248,16	279,18	2,55	235,62	265,07	-	223,09	250,97	-	210,61	236,93	-	198,37	223,16	-	186,40	209,70
	IV	4.089,75	224,93	327,18	368,07	220,62	320,91	361,02	216,31	314,64	353,97	212,01	308,38	346,92	207,70	302,11	339,87	203,39	295,84	332,82	199,09	289,58	325,78
	V	4.604,25	253,23	368,34	414,38																		
	VI	4.648,50	255,66	371,88	418,36																		
12.965,99	I	4.097,58	225,36	327,80	368,78	216,75	315,27	354,68	208,13	302,74	340,58	199,51	290,20	326,48	190,90	277,67	312,38	182,28	265,14	298,28	173,66	252,60	284,18
(Ost)	II	3.948,50	217,16	315,88	355,36	208,55	303,34	341,26	199,93	290,81	327,16	191,31	278,28	313,06	182,70	265,74	298,96	174,08	253,21	284,86	165,46	240,68	270,76
	III	3.266,50	40,77	261,32	293,98	22,13	248,78	279,88	3,49	236,25	265,78	-	223,72	251,68	-	211,22	237,62	-	198,98	223,85	-	186,98	210,35
	IV	4.097,58	225,36	327,80	368,78	221,05	321,54	361,73	216,75	315,27	354,68	212,44	309,00	347,63	208,13	302,74	340,58	203,82	296,47	333,53	199,51	290,20	326,48
	V	4.612,00	253,66	368,96	415,08																		
	VI	4.656,33	256,09	372,50	419,06																		

MONAT bis 12.986,99 €

Allgemeine Tabelle

Lohn/ Gehalt bis	Steuerklasse	Lohn- steuer	ohne Kinderfreibetrag			Anzahl Kinderfreibeträge (nur Steuerklassen I–IV)																	
						0,5			1,0			1,5			2,0			2,5			3,0		
			SolZ 5,5%	Kirchensteuer 8%	Kirchensteuer 9%	SolZ 5,5%	Kirchensteuer 8%	Kirchensteuer 9%	SolZ 5,5%	Kirchensteuer 8%	Kirchensteuer 9%	SolZ 5,5%	Kirchensteuer 8%	Kirchensteuer 9%	SolZ 5,5%	Kirchensteuer 8%	Kirchensteuer 9%	SolZ 5,5%	Kirchensteuer 8%	Kirchensteuer 9%	SolZ 5,5%	Kirchensteuer 8%	Kirchensteuer 9%
12.968,99 (West)	I	4.091,00	225,00	327,28	368,19	216,38	314,74	354,08	207,77	302,22	339,99	199,15	289,68	325,89	190,54	277,15	311,79	181,92	264,62	297,69	173,30	252,08	283
	II	3.941,91	216,80	315,35	354,77	208,18	302,82	340,67	199,57	290,28	326,57	190,95	277,75	312,47	182,34	265,22	298,37	173,72	252,69	284,27	165,11	240,16	270
	III	3.259,83	39,98	260,78	293,38	21,34	248,25	279,28	2,69	235,72	265,18	–	223,18	251,08	–	210,70	237,04	–	198,48	223,29	–	186,49	209
	IV	4.091,00	225,00	327,28	368,19	220,69	321,01	361,13	216,38	314,74	354,08	212,08	308,48	347,04	207,77	302,22	339,99	203,46	295,95	332,94	199,15	289,68	325
	V	4.605,50	253,30	368,44	414,49																		
	VI	4.649,75	255,73	371,98	418,47																		
12.968,99 (Ost)	I	4.098,83	225,43	327,90	368,89	216,81	315,37	354,79	208,20	302,84	340,69	199,58	290,30	326,59	190,96	277,77	312,49	182,35	265,24	298,39	173,74	252,71	284
	II	3.949,75	217,23	315,98	355,47	208,61	303,44	341,37	200,00	290,91	327,27	191,38	278,38	313,17	182,76	265,84	299,07	174,15	253,31	284,97	165,53	240,78	270
	III	3.267,66	40,91	261,41	294,08	22,27	248,88	279,99	3,62	236,34	265,88	–	223,81	251,78	–	211,33	237,74	–	199,08	223,96	–	187,09	210
	IV	4.098,83	225,43	327,90	368,89	221,12	321,64	361,84	216,81	315,37	354,79	212,51	309,10	347,74	208,20	302,84	340,69	203,89	296,57	333,64	199,58	290,30	326
	V	4.613,25	253,72	369,06	415,19																		
	VI	4.657,58	256,16	372,60	419,18																		
12.971,99 (West)	I	4.092,33	225,07	327,38	368,30	216,46	314,85	354,20	207,84	302,32	340,11	199,22	289,78	326,00	190,61	277,25	311,90	181,99	264,72	297,81	173,37	252,18	283
	II	3.943,16	216,87	315,45	354,88	208,25	302,92	340,78	199,64	290,38	326,68	191,02	277,86	312,59	182,41	265,32	298,49	173,79	252,79	284,39	165,17	240,26	270
	III	3.261,16	40,14	260,89	293,50	21,49	248,36	279,40	2,85	235,82	265,30	–	223,29	251,20	–	210,81	237,16	–	198,57	223,39	–	186,58	209
	IV	4.092,33	225,07	327,38	368,30	220,77	321,12	361,26	216,46	314,85	354,20	212,15	308,58	347,15	207,84	302,32	340,11	203,53	296,05	333,05	199,22	289,78	326
	V	4.606,75	253,37	368,54	414,60																		
	VI	4.651,08	255,80	372,08	418,59																		
12.971,99 (Ost)	I	4.100,08	225,50	328,00	369,00	216,88	315,47	354,90	208,27	302,94	340,80	199,65	290,40	326,70	191,03	277,87	312,60	182,42	265,34	298,51	173,80	252,81	284
	II	3.951,00	217,30	316,08	355,59	208,68	303,54	341,48	200,07	291,01	327,38	191,45	278,48	313,29	182,83	265,94	299,18	174,22	253,41	285,08	165,60	240,88	270
	III	3.269,00	41,07	261,52	294,21	22,43	248,98	280,10	3,78	236,45	266,00	–	223,92	251,91	–	211,42	237,85	–	199,17	224,06	–	187,18	210
	IV	4.100,08	225,50	328,00	369,00	221,19	321,74	361,95	216,88	315,47	354,90	212,57	309,20	347,85	208,27	302,94	340,80	203,96	296,67	333,75	199,65	290,40	326
	V	4.614,50	253,79	369,16	415,30																		
	VI	4.658,83	256,23	372,70	419,29																		
12.974,99 (West)	I	4.093,58	225,14	327,48	368,42	216,53	314,95	354,32	207,91	302,42	340,22	199,29	289,88	326,12	190,68	277,35	312,02	182,06	264,82	297,92	173,44	252,28	283
	II	3.944,41	216,94	315,55	354,99	208,33	303,02	340,90	199,71	290,49	326,80	191,09	277,96	312,70	182,48	265,42	298,60	173,86	252,89	284,50	165,24	240,36	270
	III	3.262,33	40,28	260,98	293,60	21,63	248,45	279,50	2,99	235,92	265,41	–	223,38	251,30	–	210,90	237,26	–	198,66	223,49	–	186,68	210
	IV	4.093,58	225,14	327,48	368,42	220,83	321,22	361,37	216,53	314,95	354,32	212,22	308,68	347,27	207,91	302,42	340,22	203,60	296,15	333,17	199,29	289,88	326
	V	4.608,00	253,44	368,64	414,72																		
	VI	4.652,33	255,87	372,18	418,70																		
12.974,99 (Ost)	I	4.101,33	225,57	328,10	369,11	216,95	315,57	355,01	208,34	303,04	340,92	199,72	290,51	326,82	191,11	277,98	312,72	182,49	265,44	298,62	173,87	252,91	284
	II	3.952,25	217,37	316,18	355,70	208,75	303,64	341,60	200,14	291,11	327,50	191,52	278,58	313,40	182,90	266,04	299,30	174,29	253,51	285,20	165,67	240,98	271
	III	3.270,16	41,21	261,61	294,31	22,57	249,08	280,21	3,92	236,54	266,11	–	224,02	252,02	–	211,53	237,97	–	199,28	224,19	–	187,28	210
	IV	4.101,33	225,57	328,10	369,11	221,26	321,84	362,07	216,95	315,57	355,01	212,64	309,30	347,96	208,34	303,04	340,92	204,03	296,77	333,86	199,72	290,51	326
	V	4.615,83	253,87	369,26	415,42																		
	VI	4.660,08	256,30	372,80	419,40																		
12.977,99 (West)	I	4.094,83	225,21	327,58	368,53	216,59	315,05	354,43	207,98	302,52	340,33	199,36	289,98	326,23	190,74	277,45	312,13	182,13	264,92	298,03	173,51	252,38	283
	II	3.945,75	217,01	315,66	355,11	208,39	303,12	341,01	199,78	290,59	326,91	191,16	278,06	312,81	182,54	265,52	298,71	173,93	252,99	284,61	165,31	240,46	270,
	III	3.263,66	40,44	261,09	293,72	21,79	248,56	279,63	3,15	236,02	265,52	–	223,49	251,42	–	211,01	237,38	–	198,77	223,61	–	186,78	210,
	IV	4.094,83	225,21	327,58	368,53	220,90	321,32	361,48	216,59	315,05	354,43	212,29	308,78	347,38	207,98	302,52	340,33	203,67	296,25	333,28	199,36	289,98	326
	V	4.609,25	253,50	368,74	414,83																		
	VI	4.653,58	255,94	372,28	418,82																		
12.977,99 (Ost)	I	4.102,58	225,64	328,20	369,23	217,02	315,67	355,13	208,41	303,14	341,03	199,79	290,61	326,93	191,18	278,08	312,84	182,56	265,54	298,73	173,94	253,01	284,
	II	3.953,50	217,44	316,28	355,81	208,82	303,74	341,71	200,20	291,21	327,61	191,59	278,68	313,51	182,98	266,15	299,42	174,36	253,62	285,32	165,74	241,08	271
	III	3.271,50	41,37	261,72	294,43	22,72	249,18	280,33	4,08	236,65	266,23	–	224,12	252,13	–	211,62	238,07	–	199,37	224,29	–	187,37	210,
	IV	4.102,58	225,64	328,20	369,23	221,33	321,94	362,18	217,02	315,67	355,13	212,72	309,41	348,08	208,41	303,14	341,03	204,10	296,88	333,99	199,79	290,61	326,
	V	4.617,08	253,93	369,36	415,53																		
	VI	4.661,33	256,37	372,90	419,51																		
12.980,99 (West)	I	4.096,08	225,28	327,68	368,64	216,66	315,15	354,54	208,05	302,62	340,44	199,43	290,08	326,34	190,81	277,55	312,24	182,20	265,02	298,14	173,58	252,48	284,
	II	3.947,00	217,08	315,76	355,23	208,46	303,22	341,12	199,85	290,69	327,02	191,23	278,16	312,93	182,61	265,62	298,82	174,00	253,09	284,72	165,38	240,56	270,
	III	3.264,83	40,57	261,18	293,83	21,95	248,66	279,74	3,31	236,13	265,64	–	223,60	251,55	–	211,10	237,49	–	198,86	223,72	–	186,88	210,
	IV	4.096,08	225,28	327,68	368,64	220,97	321,42	361,59	216,66	315,15	354,54	212,35	308,88	347,49	208,05	302,62	340,44	203,74	296,35	333,39	199,43	290,08	326,
	V	4.610,50	253,57	368,84	414,94																		
	VI	4.654,83	256,01	372,38	418,93																		
12.980,99 (Ost)	I	4.103,91	225,71	328,31	369,35	217,09	315,78	355,25	208,48	303,24	341,15	199,86	290,71	327,05	191,24	278,18	312,95	182,63	265,64	298,85	174,01	253,11	284,
	II	3.954,75	217,51	316,38	355,92	208,89	303,84	341,82	200,27	291,31	327,72	191,66	278,78	313,63	183,04	266,25	299,53	174,43	253,72	285,43	165,81	241,18	271,
	III	3.272,83	41,53	261,82	294,55	22,88	249,29	280,45	4,24	236,76	266,35	–	224,22	252,25	–	211,73	238,19	–	199,46	224,39	–	187,46	210,
	IV	4.103,91	225,71	328,31	369,35	221,40	322,04	362,30	217,09	315,78	355,25	212,79	309,51	348,20	208,48	303,24	341,15	204,17	296,98	334,10	199,86	290,71	327,
	V	4.618,33	254,00	369,46	415,64																		
	VI	4.662,66	256,44	373,01	419,63																		
12.983,99 (West)	I	4.097,33	225,35	327,78	368,75	216,73	315,25	354,65	208,12	302,72	340,56	199,50	290,18	326,45	190,88	277,65	312,35	182,27	265,12	298,26	173,65	252,58	284,
	II	3.948,25	217,15	315,86	355,34	208,53	303,32	341,24	199,92	290,79	327,14	191,30	278,26	313,04	182,68	265,72	298,94	174,07	253,19	284,84	165,45	240,66	270,
	III	3.266,16	40,73	261,29	293,95	22,09	248,76	279,85	3,45	236,22	265,75	–	223,69	251,65	–	211,21	237,61	–	198,96	223,83	–	186,97	210,
	IV	4.097,33	225,35	327,78	368,75	221,04	321,52	361,71	216,73	315,25	354,65	212,42	308,98	347,60	208,12	302,72	340,56	203,81	296,45	333,50	199,50	290,18	326,
	V	4.611,75	253,64	368,94	415,05																		
	VI	4.656,08	256,08	372,48	419,04																		
12.983,99 (Ost)	I	4.105,16	225,78	328,41	369,46	217,16	315,88	355,36	208,55	303,34	341,26	199,93	290,81	327,16	191,31	278,28	313,06	182,70	265,74	298,96	174,08	253,21	284,8
	II	3.956,00	217,58	316,48	356,04	208,96	303,95	341,94	200,35	291,42	327,84	191,73	278,88	313,74	183,11	266,35	299,64	174,50	253,82	285,54	165,88	241,28	271,4
	III	3.274,00	41,66	261,92	294,66	23,02	249,38	280,55	4,38	236,85	266,45	–	224,32	252,36	–	211,82	238,30	–	199,57	224,51	–	187,56	211,0
	IV	4.105,16	225,78	328,41	369,46	221,47	322,14	362,41	217,16	315,88	355,36	212,85	309,61	348,31	208,55	303,34	341,26	204,24	297,08	334,21	199,93	290,81	327,1
	V	4.619,58	254,07	369,56	415,76																		
	VI	4.663,91	256,51	373,11	419,75																		
12.986,99 (West)	I	4.098,58	225,42	327,88	368,87	216,80	315,35	354,77	208,18	302,82	340,67	199,57	290,28	326,57	190,95	277,75	312,47	182,34	265,22	298,37	173,72	252,69	284,2
	II	3.949,50	217,22	315,96	355,45	208,60	303,42	341,35	199,98	290,89	327,25	191,37	278,36	313,15	182,75	265,82	299,05	174,13	253,29	284,95	165,52	240,76	270,8
	III	3.267,50	40,89	261,40	294,07	22,25	248,86	279,97	3,60	236,33	265,87	–	223,80	251,77	–	211,30	237,71	–	199,05	223,93	–	187,06	210,4
	IV	4.098,58	225,42	327,88	368,87	221,11	321,62	361,82	216,80	315,35	354,77	212,49	309,08	347,72	208,18	302,82	340,67	203,88	296,55	333,62	199,57	290,28	326,5
	V	4.613,00	253,71	369,04	415,17																		
	VI	4.657,33	256,15	372,58	419,15																		
12.986,99 (Ost)	I	4.106,41	225,85	328,51	369,57	217,23	315,98	355,47	208,61	303,44	341,37	200,00	290,91	327,27	191,38	278,38	313,17	182,76	265,84	299,07	174,15	253,31	284,9
	II	3.957,33	217,65	316,58	356,15	209,03	304,05	342,05	200,42	291,52	327,96	191,80	278,98	313,85	183,18	266,45	299,75	174,57	253,92	285,66	165,95	241,38	271,5
	III	3.275,33	41,82	262,02	294,77	23,18	249,49	280,67	4,54	236,96	266,58	–	224,42	252,47	–	211,93	238,42	–	199,66	224,62	–	187,66	211,1
	IV	4.106,41	225,85	328,51	369,57	221,54	322,24	362,52	217,23	315,98	355,47	212,92	309,71	348,42	208,61	303,44	341,37	204,31	297,18	334,32	200,00	290,91	327,2
	V	4.620,83	254,14	369,66	415,87																		
	VI	4.665,16	256,58	373,21	419,86																		

Lohn/ Gehalt bis	Steuerklasse	Lohn-steuer	ohne Kinderfreibetrag SolZ 5,5%	Kirchensteuer 8%	9%	0,5 SolZ 5,5%	Kirchensteuer 8%	9%	1,0 SolZ 5,5%	Kirchensteuer 8%	9%	1,5 SolZ 5,5%	Kirchensteuer 8%	9%	2,0 SolZ 5,5%	Kirchensteuer 8%	9%	2,5 SolZ 5,5%	Kirchensteuer 8%	9%	3,0 SolZ 5,5%	Kirchensteuer 8%	9%
						Anzahl Kinderfreibeträge (nur Steuerklassen I–IV)																	
2.989,99	I	4.099,83	225,49	327,98	368,98	216,87	315,45	354,88	208,25	302,92	340,78	199,64	290,38	326,68	191,02	277,86	312,59	182,41	265,32	298,49	173,79	252,79	284,39
(West)	II	3.950,75	217,29	316,06	355,56	208,67	303,52	341,46	200,05	290,99	327,36	191,44	278,46	313,26	182,82	265,92	299,16	174,20	253,39	285,06	165,59	240,86	270,97
	III	3.268,66	41,03	261,49	294,17	22,39	248,96	280,08	3,74	236,42	265,97	-	223,89	251,87	-	211,41	237,83	-	199,16	224,05	-	187,16	210,55
	IV	4.099,83	225,49	327,98	368,98	221,18	321,72	361,93	216,87	315,45	354,88	212,56	309,18	347,83	208,25	302,92	340,78	203,94	296,65	333,73	199,64	290,38	326,68
	V	4.614,33	253,78	369,14	415,28																		
	VI	4.658,58	256,22	372,68	419,27																		
2.989,99	I	4.107,66	225,92	328,61	369,68	217,30	316,08	355,59	208,68	303,54	341,48	200,07	291,01	327,38	191,45	278,48	313,29	182,83	265,94	299,18	174,22	253,41	285,08
(Ost)	II	3.958,58	217,72	316,68	356,27	209,10	304,15	342,17	200,48	291,62	328,07	191,87	279,08	313,97	183,25	266,55	299,87	174,63	254,02	285,77	166,02	241,48	271,67
	III	3.276,50	41,96	262,12	294,88	23,32	249,58	280,78	4,68	237,05	266,68	-	224,52	252,58	-	212,02	238,52	-	199,76	224,73	-	187,76	211,23
	IV	4.107,66	225,92	328,61	369,68	221,61	322,34	362,63	217,30	316,08	355,59	212,99	309,81	348,53	208,68	303,54	341,48	204,38	297,28	334,44	200,07	291,01	327,38
	V	4.622,08	254,21	369,76	415,98																		
	VI	4.666,41	256,65	373,31	419,97																		
2.992,99	I	4.101,08	225,55	328,08	369,09	216,94	315,55	354,99	208,33	303,02	340,90	199,71	290,49	326,80	191,09	277,96	312,70	182,48	265,42	298,60	173,86	252,89	284,50
(West)	II	3.952,00	217,36	316,16	355,68	208,74	303,62	341,57	200,12	291,09	327,47	191,51	278,56	313,38	182,89	266,02	299,27	174,28	253,50	285,18	165,66	240,96	271,08
	III	3.270,00	41,19	261,60	294,30	22,55	249,06	280,19	3,90	236,53	266,09	-	224,00	252,00	-	211,50	237,94	-	199,25	224,15	-	187,25	210,65
	IV	4.101,08	225,55	328,08	369,09	221,25	321,82	362,04	216,94	315,55	354,99	212,63	309,28	347,94	208,33	303,02	340,90	204,02	296,76	333,85	199,71	290,49	326,80
	V	4.615,58	253,85	369,24	415,40																		
	VI	4.659,83	256,29	372,78	419,38																		
2.992,99	I	4.108,91	225,99	328,71	369,80	217,37	316,18	355,70	208,75	303,64	341,60	200,14	291,11	327,50	191,52	278,58	313,40	182,90	266,04	299,30	174,29	253,51	285,20
(Ost)	II	3.959,83	217,79	316,78	356,38	209,17	304,25	342,28	200,55	291,72	328,18	191,94	279,18	314,08	183,32	266,65	299,98	174,70	254,12	285,88	166,09	241,58	271,78
	III	3.277,83	42,12	262,22	295,00	23,48	249,69	280,90	4,83	237,16	266,80	-	224,62	252,70	-	212,13	238,64	-	199,86	224,84	-	187,85	211,33
	IV	4.108,91	225,99	328,71	369,80	221,68	322,44	362,75	217,37	316,18	355,70	213,06	309,91	348,65	208,75	303,64	341,60	204,44	297,38	334,55	200,14	291,11	327,50
	V	4.623,33	254,28	369,86	416,09																		
	VI	4.667,66	256,72	373,41	420,08																		
2.995,99	I	4.102,33	225,62	328,18	369,20	217,01	315,66	355,11	208,39	303,12	341,01	199,78	290,59	326,91	191,16	278,06	312,81	182,54	265,52	298,71	173,93	252,99	284,61
(West)	II	3.953,25	217,42	316,26	355,79	208,81	303,72	341,69	200,19	291,19	327,59	191,58	278,66	313,49	182,96	266,13	299,39	174,35	253,60	285,30	165,73	241,06	271,19
	III	3.271,16	41,33	261,69	294,40	22,68	249,16	280,30	4,04	236,62	266,20	-	224,09	252,10	-	211,61	238,06	-	199,34	224,26	-	187,34	210,76
	IV	4.102,33	225,62	328,18	369,20	221,32	321,92	362,16	217,01	315,66	355,11	212,70	309,39	348,06	208,39	303,12	341,01	204,09	296,86	333,96	199,78	290,59	326,91
	V	4.616,83	253,92	369,34	415,51																		
	VI	4.661,08	256,35	372,88	419,49																		
2.995,99	I	4.110,16	226,05	328,81	369,91	217,44	316,28	355,81	208,82	303,74	341,71	200,20	291,21	327,61	191,59	278,68	313,51	182,98	266,15	299,42	174,36	253,62	285,32
(Ost)	II	3.961,08	217,85	316,88	356,49	209,24	304,35	342,39	200,62	291,82	328,29	192,00	279,28	314,19	183,39	266,75	300,09	174,77	254,22	285,99	166,15	241,68	271,89
	III	3.279,00	42,26	262,32	295,11	23,62	249,78	281,00	4,97	237,25	266,90	-	224,72	252,81	-	212,22	238,75	-	199,96	224,95	-	187,94	211,43
	IV	4.110,16	226,05	328,81	369,91	221,75	322,54	362,86	217,44	316,28	355,81	213,13	310,01	348,76	208,82	303,74	341,71	204,51	297,48	334,66	200,20	291,21	327,61
	V	4.624,58	254,35	369,96	416,21																		
	VI	4.668,91	256,79	373,51	420,20																		
2.998,99	I	4.103,66	225,70	328,29	369,32	217,08	315,76	355,23	208,46	303,22	341,12	199,85	290,69	327,02	191,23	278,16	312,93	182,61	265,62	298,82	174,00	253,09	284,72
(West)	II	3.954,50	217,49	316,36	355,90	208,88	303,82	341,80	200,26	291,30	327,71	191,65	278,76	313,61	183,03	266,23	299,51	174,41	253,70	285,41	165,80	241,16	271,31
	III	3.272,50	41,49	261,80	294,52	22,84	249,26	280,42	4,20	236,73	266,32	-	224,20	252,22	-	211,70	238,16	-	199,45	224,38	-	187,45	210,88
	IV	4.103,66	225,70	328,29	369,32	221,39	322,02	362,27	217,08	315,76	355,23	212,77	309,49	348,17	208,46	303,22	341,12	204,16	296,96	334,08	199,85	290,69	327,02
	V	4.618,08	253,99	369,44	415,62																		
	VI	4.662,41	256,43	372,99	419,61																		
2.998,99	I	4.111,41	226,12	328,91	370,02	217,51	316,38	355,92	208,89	303,84	341,82	200,27	291,31	327,72	191,66	278,78	313,63	183,04	266,25	299,53	174,43	253,72	285,43
(Ost)	II	3.962,33	217,92	316,98	356,60	209,31	304,45	342,50	200,69	291,92	328,41	192,07	279,38	314,30	183,46	266,85	300,20	174,84	254,32	286,11	166,23	241,79	272,01
	III	3.280,33	42,42	262,42	295,22	23,78	249,89	281,12	5,13	237,36	267,03	-	224,82	252,92	-	212,33	238,87	-	200,05	225,05	-	188,04	211,54
	IV	4.111,41	226,12	328,91	370,02	221,81	322,64	362,97	217,51	316,38	355,92	213,20	310,11	348,87	208,89	303,84	341,82	204,58	297,58	334,77	200,27	291,31	327,72
	V	4.625,91	254,42	370,07	416,33																		
	VI	4.670,16	256,85	373,61	420,31																		
13.001,99	I	4.104,91	225,77	328,39	369,44	217,15	315,86	355,34	208,53	303,32	341,24	199,92	290,79	327,14	191,30	278,26	313,04	182,68	265,72	298,94	174,07	253,19	284,84
(West)	II	3.955,83	217,57	316,46	356,02	208,95	303,93	341,92	200,33	291,40	327,82	191,72	278,86	313,72	183,10	266,33	299,62	174,48	253,80	285,52	165,87	241,26	271,42
	III	3.273,66	41,63	261,89	294,62	22,98	249,36	280,53	4,34	236,82	266,42	-	224,30	252,34	-	211,81	238,28	-	199,54	224,48	-	187,54	210,98
	IV	4.104,91	225,77	328,39	369,44	221,46	322,12	362,39	217,15	315,86	355,34	212,84	309,59	348,29	208,53	303,32	341,24	204,22	297,06	334,19	199,92	290,79	327,14
	V	4.619,33	254,06	369,54	415,73																		
	VI	4.663,66	256,50	373,09	419,72																		
13.001,99	I	4.112,66	226,19	329,01	370,13	217,58	316,48	356,04	208,96	303,95	341,94	200,35	291,42	327,84	191,73	278,88	313,74	183,11	266,35	299,64	174,50	253,82	285,54
(Ost)	II	3.963,58	217,99	317,08	356,72	209,38	304,55	342,62	200,76	292,02	328,52	192,14	279,48	314,42	183,53	266,95	300,32	174,91	254,42	286,22	166,30	241,89	272,12
	III	3.281,50	42,56	262,52	295,33	23,91	249,98	281,23	5,29	237,46	267,14	-	224,93	253,04	-	212,42	238,97	-	200,16	225,18	-	188,13	211,64
	IV	4.112,66	226,19	329,01	370,13	221,88	322,74	363,08	217,58	316,48	356,04	213,27	310,21	348,98	208,96	303,95	341,94	204,65	297,68	334,89	200,35	291,42	327,84
	V	4.627,16	254,49	370,17	416,44																		
	VI	4.671,41	256,92	373,71	420,42																		
13.004,99	I	4.106,16	225,83	328,49	369,55	217,22	315,96	355,45	208,60	303,42	341,35	199,98	290,89	327,25	191,37	278,36	313,15	182,75	265,82	299,05	174,13	253,29	284,95
(West)	II	3.957,08	217,63	316,56	356,13	209,02	304,03	342,03	200,40	291,50	327,93	191,78	278,96	313,83	183,17	266,43	299,73	174,55	253,90	285,63	165,93	241,36	271,53
	III	3.275,00	41,78	262,00	294,75	23,14	249,46	280,64	4,50	236,93	266,54	-	224,40	252,45	-	211,90	238,39	-	199,64	224,59	-	187,64	211,09
	IV	4.106,16	225,83	328,49	369,55	221,53	322,22	362,50	217,22	315,96	355,45	212,91	309,69	348,40	208,60	303,42	341,35	204,29	297,16	334,30	199,98	290,89	327,25
	V	4.620,58	254,13	369,64	415,85																		
	VI	4.664,91	256,57	373,19	419,84																		
13.004,99	I	4.113,91	226,26	329,11	370,25	217,65	316,58	356,15	209,03	304,05	342,05	200,42	291,52	327,96	191,80	278,98	313,85	183,18	266,45	299,75	174,57	253,92	285,66
(Ost)	II	3.964,83	218,06	317,18	356,83	209,44	304,65	342,73	200,83	292,12	328,63	192,22	279,59	314,54	183,60	267,06	300,44	174,98	254,52	286,34	166,37	241,99	272,24
	III	3.282,83	42,72	262,62	295,45	24,07	250,09	281,35	5,43	237,56	267,25	-	225,02	253,15	-	212,53	239,09	-	200,25	225,28	-	188,24	211,77
	IV	4.113,91	226,26	329,11	370,25	221,96	322,85	363,20	217,65	316,58	356,15	213,34	310,32	349,11	209,03	304,05	342,05	204,72	297,78	335,00	200,42	291,52	327,96
	V	4.628,41	254,56	370,27	416,55																		
	VI	4.672,75	257,00	373,82	420,54																		
13.007,99	I	4.107,41	225,90	328,59	369,66	217,29	316,06	355,56	208,67	303,52	341,46	200,05	290,99	327,36	191,44	278,46	313,26	182,82	265,92	299,16	174,20	253,39	285,06
(West)	II	3.958,33	217,70	316,66	356,24	209,09	304,13	342,14	200,47	291,60	328,05	191,85	279,06	313,94	183,24	266,53	299,84	174,62	254,00	285,75	166,00	241,46	271,64
	III	3.276,33	41,94	262,10	294,86	23,30	249,57	280,76	4,66	237,04	266,67	-	224,50	252,56	-	212,01	238,51	-	199,74	224,71	-	187,73	211,19
	IV	4.107,41	225,90	328,59	369,66	221,59	322,32	362,61	217,29	316,06	355,56	212,98	309,79	348,51	208,67	303,52	341,46	204,36	297,26	334,41	200,05	290,99	327,36
	V	4.621,83	254,20	369,74	415,96																		
	VI	4.666,16	256,63	373,29	419,95																		
13.007,99	I	4.115,25	226,33	329,22	370,37	217,72	316,68	356,27	209,10	304,15	342,17	200,48	291,62	328,07	191,87	279,08	313,97	183,25	266,55	299,87	174,63	254,02	285,77
(Ost)	II	3.966,08	218,13	317,28	356,94	209,51	304,75	342,84	200,90	292,22	328,75	192,28	279,69	314,65	183,67	267,16	300,55	175,05	254,62	286,45	166,43	242,09	272,35
	III	3.284,16	42,87	262,73	295,57	24,23	250,20	281,47	5,59	237,66	267,37	-	225,13	253,27	-	212,62	239,20	-	200,34	225,38	-	188,33	211,87
	IV	4.115,25	226,33	329,22	370,37	222,03	322,95	363,32	217,72	316,68	356,27	213,41	310,42	349,22	209,10	304,15	342,17	204,79	297,88	335,12	200,48	291,62	328,07
	V	4.629,66	254,63	370,37	416,66																		
	VI	4.674,00	257,07	373,92	420,66																		

Lohn/ Gehalt bis	Steuerklasse	Lohn-steuer	ohne Kinderfreibetrag			Anzahl Kinderfreibeträge (nur Steuerklassen I–IV) 0,5			1,0			1,5			2,0			2,5			3,0		
			SolZ 5,5%	Kirchensteuer 8%	9%	SolZ 5,5%	Kirchensteuer 8%	9%	SolZ 5,5%	Kirchensteuer 8%	9%	SolZ 5,5%	Kirchensteuer 8%	9%	SolZ 5,5%	Kirchensteuer 8%	9%	SolZ 5,5%	Kirchensteuer 8%	9%	SolZ 5,5%	Kirchensteuer 8%	9%
13.010,99 (West)	I	4.108,66	225,97	328,69	369,77	217,36	316,16	355,68	208,74	303,62	341,57	200,12	291,09	327,47	191,51	278,56	313,38	182,89	266,02	299,27	174,28	253,50	285
	II	3.959,58	217,77	316,76	356,36	209,16	304,23	342,26	200,54	291,70	328,16	191,92	279,16	314,06	183,31	266,63	299,96	174,69	254,10	285,86	166,07	241,56	271
	III	3.277,50	42,08	262,20	294,97	23,44	249,66	280,87	4,79	237,13	266,77	-	224,60	252,67	-	212,10	238,61	-	199,84	224,82	-	187,82	211
	IV	4.108,66	225,97	328,69	369,77	221,66	322,42	362,72	217,36	316,16	355,68	213,05	309,89	348,62	208,74	303,62	341,57	204,43	297,36	334,53	200,12	291,09	327
	V	4.623,08	254,26	369,84	416,07																		
	VI	4.667,41	256,70	373,39	420,06																		
13.010,99 (Ost)	I	4.116,50	226,40	329,32	370,48	217,79	316,78	356,38	209,17	304,25	342,28	200,55	291,72	328,18	191,94	279,18	314,08	183,32	266,65	299,98	174,70	254,12	285
	II	3.967,41	218,20	317,39	357,06	209,59	304,86	342,96	200,97	292,32	328,86	192,35	279,79	314,76	183,74	267,26	300,66	175,12	254,72	286,56	166,50	242,19	272
	III	3.285,33	43,01	262,82	295,67	24,37	250,29	281,57	5,73	237,76	267,48	-	225,22	253,37	-	212,73	239,32	-	200,45	225,50	-	188,42	211
	IV	4.116,50	226,40	329,32	370,48	222,09	323,05	363,43	217,79	316,78	356,38	213,48	310,52	349,33	209,17	304,25	342,28	204,86	297,98	335,23	200,55	291,72	328
	V	4.630,91	254,70	370,47	416,78																		
	VI	4.675,25	257,13	374,02	420,77																		
13.013,99 (West)	I	4.109,91	226,04	328,79	369,89	217,42	316,26	355,79	208,81	303,72	341,69	200,19	291,19	327,59	191,58	278,66	313,49	182,96	266,13	299,39	174,35	253,60	285
	II	3.960,83	217,84	316,86	356,47	209,22	304,33	342,37	200,61	291,80	328,27	191,99	279,26	314,17	183,37	266,73	300,07	174,76	254,20	285,97	166,14	241,66	271
	III	3.278,83	42,24	262,30	295,09	23,60	249,77	280,99	4,95	237,24	266,89	-	224,70	252,79	-	212,21	238,73	-	199,93	224,92	-	187,92	211
	IV	4.109,91	226,04	328,79	369,89	221,73	322,52	362,84	217,42	316,26	355,79	213,12	309,99	348,74	208,81	303,72	341,69	204,50	297,46	334,64	200,19	291,19	327
	V	4.624,33	254,33	369,94	416,18																		
	VI	4.668,66	256,77	373,49	420,17																		
13.013,99 (Ost)	I	4.117,75	226,47	329,42	370,59	217,85	316,88	356,49	209,24	304,35	342,39	200,62	291,82	328,29	192,00	279,28	314,19	183,39	266,75	300,09	174,77	254,22	285
	II	3.968,66	218,27	317,49	357,17	209,66	304,96	343,08	201,04	292,42	328,97	192,42	279,89	314,87	183,81	267,36	300,78	175,19	254,82	286,67	166,57	242,29	272
	III	3.286,66	43,17	262,93	295,79	24,53	250,40	281,70	5,89	237,86	267,59	-	225,33	253,49	-	212,82	239,42	-	200,54	225,61	-	188,52	212
	IV	4.117,75	226,47	329,42	370,59	222,16	323,15	363,54	217,85	316,88	356,49	213,55	310,62	349,44	209,24	304,35	342,39	204,93	298,08	335,34	200,62	291,82	328
	V	4.632,16	254,76	370,57	416,89																		
	VI	4.676,50	257,20	374,12	420,88																		
13.016,99 (West)	I	4.111,16	226,11	328,89	370,00	217,49	316,36	355,90	208,88	303,82	341,80	200,26	291,30	327,71	191,65	278,76	313,61	183,03	266,23	299,51	174,41	253,70	285,
	II	3.962,08	217,91	316,96	356,58	209,29	304,43	342,48	200,68	291,90	328,38	192,06	279,36	314,28	183,44	266,83	300,18	174,83	254,30	286,09	166,21	241,77	271,
	III	3.280,00	42,38	262,40	295,20	23,74	249,86	281,09	5,09	237,33	266,99	-	224,80	252,90	-	212,30	238,84	-	200,04	225,04	-	188,02	211,
	IV	4.111,16	226,11	328,89	370,00	221,80	322,62	362,95	217,49	316,36	355,90	213,18	310,09	348,85	208,88	303,82	341,80	204,57	297,56	334,76	200,26	291,30	327,
	V	4.625,66	254,41	370,05	416,30																		
	VI	4.669,91	256,84	373,59	420,29																		
13.016,99 (Ost)	I	4.119,00	226,54	329,52	370,71	217,92	316,98	356,60	209,31	304,45	342,50	200,69	291,92	328,41	192,07	279,38	314,30	183,46	266,85	300,20	174,84	254,32	286,
	II	3.969,91	218,34	317,59	357,29	209,72	305,06	343,19	201,11	292,52	329,09	192,49	279,99	314,99	183,87	267,46	300,89	175,26	254,92	286,79	166,64	242,39	272,
	III	3.287,83	43,31	263,02	295,90	24,67	250,49	281,80	6,02	237,96	267,70	-	225,42	253,60	-	212,93	239,54	-	200,64	225,72	-	188,61	212,
	IV	4.119,00	226,54	329,52	370,71	222,23	323,25	363,65	217,92	316,98	356,60	213,62	310,72	349,56	209,31	304,45	342,50	205,00	298,18	335,45	200,69	291,92	328,
	V	4.633,41	254,83	370,67	417,00																		
	VI	4.677,75	257,27	374,22	420,99																		
13.019,99 (West)	I	4.112,41	226,18	328,99	370,11	217,57	316,46	356,02	208,95	303,93	341,92	200,33	291,40	327,82	191,72	278,86	313,72	183,10	266,33	299,62	174,48	253,80	285,
	II	3.963,33	217,98	317,06	356,69	209,36	304,53	342,59	200,75	292,00	328,50	192,13	279,46	314,39	183,52	266,94	300,30	174,90	254,40	286,20	166,28	241,87	272,
	III	3.281,33	42,54	262,50	295,31	23,89	249,97	281,21	5,25	237,44	267,12	-	224,90	253,01	-	212,40	238,95	-	200,13	225,14	-	188,12	211,
	IV	4.112,41	226,18	328,99	370,11	221,87	322,72	363,06	217,57	316,46	356,02	213,26	310,20	348,97	208,95	303,93	341,92	204,64	297,66	334,87	200,33	291,40	327,
	V	4.626,91	254,48	370,15	416,42																		
	VI	4.671,16	256,91	373,69	420,40																		
13.019,99 (Ost)	I	4.120,25	226,61	329,62	370,82	217,99	317,08	356,72	209,38	304,55	342,62	200,76	292,02	328,52	192,14	279,48	314,42	183,53	266,95	300,32	174,91	254,42	286,
	II	3.971,16	218,41	317,69	357,40	209,79	305,16	343,30	201,18	292,62	329,20	192,56	280,09	315,10	183,94	267,56	301,00	175,33	255,02	286,90	166,71	242,49	272,
	III	3.289,16	43,47	263,13	296,02	24,83	250,60	281,92	6,18	238,06	267,82	-	225,53	253,72	-	213,02	239,65	-	200,74	225,83	-	188,70	212,
	IV	4.120,25	226,61	329,62	370,82	222,30	323,35	363,77	217,99	317,08	356,72	213,68	310,82	349,67	209,38	304,55	342,62	205,07	298,28	335,57	200,76	292,02	328,
	V	4.634,66	254,90	370,77	417,11																		
	VI	4.679,00	257,34	374,32	421,11																		
13.022,99 (West)	I	4.113,75	226,25	329,10	370,23	217,63	316,56	356,13	209,02	304,03	342,03	200,40	291,50	327,93	191,78	278,96	313,83	183,17	266,43	299,73	174,55	253,90	285,
	II	3.964,58	218,05	317,16	356,81	209,43	304,63	342,71	200,82	292,10	328,61	192,20	279,57	314,51	183,59	267,04	300,42	174,97	254,50	286,31	166,35	241,97	272,
	III	3.282,50	42,68	262,60	295,42	24,03	250,06	281,32	5,39	237,53	267,22	-	225,00	253,12	-	212,50	239,06	-	200,22	225,25	-	188,21	211,
	IV	4.113,75	226,25	329,10	370,23	221,94	322,83	363,18	217,63	316,56	356,13	213,33	310,30	349,08	209,02	304,03	342,03	204,71	297,76	334,98	200,40	291,50	327,
	V	4.628,16	254,54	370,25	416,53																		
	VI	4.672,50	256,98	373,80	420,52																		
13.022,99 (Ost)	I	4.121,50	226,68	329,72	370,93	218,06	317,18	356,83	209,44	304,65	342,73	200,83	292,12	328,63	192,22	279,59	314,54	183,60	267,06	300,44	174,98	254,52	286,
	II	3.972,41	218,48	317,79	357,51	209,86	305,26	343,41	201,24	292,72	329,31	192,63	280,19	315,21	184,01	267,66	301,11	175,39	255,12	287,01	166,78	242,59	272,
	III	3.290,33	43,61	263,22	296,12	24,97	250,69	282,02	6,32	238,16	267,93	-	225,62	253,82	-	213,13	239,77	-	200,84	225,94	-	188,81	212,
	IV	4.121,50	226,68	329,72	370,93	222,37	323,45	363,88	218,06	317,18	356,83	213,75	310,92	349,78	209,44	304,65	342,73	205,14	298,38	335,68	200,83	292,12	328,
	V	4.636,00	254,98	370,88	417,24																		
	VI	4.680,25	257,41	374,42	421,22																		
13.025,99 (West)	I	4.115,00	226,32	329,20	370,35	217,70	316,66	356,24	209,09	304,13	342,14	200,47	291,60	328,05	191,85	279,06	313,94	183,24	266,53	299,84	174,62	254,00	285,7
	II	3.965,83	218,12	317,26	356,92	209,50	304,74	342,83	200,89	292,20	328,73	192,27	279,67	314,63	183,65	267,14	300,53	175,04	254,60	286,43	166,42	242,07	272,3
	III	3.283,83	42,84	262,70	295,54	24,19	250,17	281,44	5,55	237,64	267,34	-	225,10	253,24	-	212,60	239,17	-	200,33	225,37	-	188,30	211,8
	IV	4.115,00	226,32	329,20	370,35	222,01	322,93	363,29	217,70	316,66	356,24	213,40	310,40	349,20	209,09	304,13	342,14	204,78	297,86	335,09	200,47	291,60	328,0
	V	4.629,41	254,61	370,35	416,64																		
	VI	4.673,75	257,05	373,90	420,63																		
13.025,99 (Ost)	I	4.122,75	226,75	329,82	371,04	218,13	317,28	356,94	209,51	304,75	342,84	200,90	292,22	328,75	192,28	279,69	314,65	183,67	267,16	300,55	175,05	254,62	286,4
	II	3.973,66	218,55	317,89	357,62	209,93	305,36	343,53	201,31	292,82	329,42	192,70	280,29	315,32	184,08	267,76	301,23	175,47	255,23	287,13	166,85	242,70	273,0
	III	3.291,66	43,77	263,33	296,24	25,12	250,80	282,15	6,48	238,26	268,04	-	225,73	253,94	-	213,22	239,87	-	200,93	226,04	-	188,90	212,5
	IV	4.122,75	226,75	329,82	371,04	222,44	323,55	363,99	218,13	317,28	356,94	213,82	311,02	349,89	209,51	304,75	342,84	205,21	298,49	335,80	200,90	292,22	328,7
	V	4.637,25	255,04	370,98	417,35																		
	VI	4.681,50	257,48	374,52	421,33																		
13.028,99 (West)	I	4.116,25	226,39	329,30	370,46	217,77	316,76	356,36	209,16	304,23	342,26	200,54	291,70	328,16	191,92	279,16	314,06	183,31	266,63	299,96	174,69	254,10	285,8
	II	3.967,16	218,19	317,37	357,04	209,57	304,84	342,94	200,96	292,30	328,84	192,34	279,77	314,74	183,72	267,24	300,64	175,11	254,70	286,54	166,49	242,17	272,4
	III	3.285,00	42,97	262,80	295,65	24,33	250,26	281,54	5,71	237,74	267,46	-	225,21	253,36	-	212,70	239,29	-	200,42	225,47	-	188,40	211,9
	IV	4.116,25	226,39	329,30	370,46	222,08	323,03	363,41	217,77	316,76	356,36	213,46	310,50	349,31	209,16	304,23	342,26	204,85	297,96	335,21	200,54	291,70	328,1
	V	4.630,66	254,68	370,45	416,75																		
	VI	4.675,00	257,12	374,00	420,75																		
13.028,99 (Ost)	I	4.124,00	226,82	329,92	371,16	218,20	317,39	357,06	209,59	304,86	342,96	200,97	292,32	328,86	192,35	279,79	314,76	183,74	267,26	300,66	175,12	254,72	286,5
	II	3.974,91	218,62	317,99	357,74	210,00	305,46	343,64	201,38	292,92	329,54	192,77	280,39	315,44	184,15	267,86	301,34	175,54	255,33	287,24	166,92	242,80	273,1
	III	3.292,83	43,91	263,42	296,35	25,28	250,90	282,26	6,64	238,37	268,16	-	225,84	254,07	-	213,33	239,99	-	201,04	226,17	-	189,00	212,6
	IV	4.124,00	226,82	329,92	371,16	222,51	323,65	364,10	218,20	317,39	357,06	213,89	311,12	350,01	209,59	304,86	342,96	205,28	298,59	335,91	200,97	292,32	328,8
	V	4.638,50	255,11	371,08	417,46																		
	VI	4.682,75	257,55	374,62	421,44																		

Lohn/ Gehalt bis	Steuerklasse	Lohn-steuer	ohne Kinderfreibetrag			Anzahl Kinderfreibeträge (nur Steuerklassen I–IV) 0,5			1,0			1,5			2,0			2,5			3,0		
			SolZ 5,5%	Kirchensteuer 8%	9%	SolZ 5,5%	Kirchensteuer 8%	9%	SolZ 5,5%	Kirchensteuer 8%	9%	SolZ 5,5%	Kirchensteuer 8%	9%	SolZ 5,5%	Kirchensteuer 8%	9%	SolZ 5,5%	Kirchensteuer 8%	9%	SolZ 5,5%	Kirchensteuer 8%	9%
13.031,99 (West)	I	4.117,50	226,46	329,40	370,57	217,84	316,86	356,47	209,22	304,33	342,37	200,61	291,80	328,27	191,99	279,26	314,17	183,37	266,73	300,07	174,76	254,20	285,97
	II	3.968,41	218,26	317,47	357,15	209,64	304,94	343,05	201,02	292,40	328,95	192,41	279,87	314,85	183,79	267,34	300,75	175,17	254,80	286,65	166,56	242,27	272,55
	III	3.286,33	43,13	262,90	295,76	24,49	250,37	281,66	5,85	237,84	267,57	-	225,30	253,46	-	212,80	239,40	-	200,52	225,58	-	188,49	212,05
	IV	4.117,50	226,46	329,40	370,57	222,15	323,13	363,52	217,84	316,86	356,47	213,53	310,60	349,42	209,22	304,33	342,37	204,92	298,06	335,32	200,61	291,80	328,27
	V	4.631,91	254,75	370,55	416,87																		
	VI	4.676,25	257,19	374,10	420,86																		
13.031,99 (Ost)	I	4.125,33	226,89	330,02	371,27	218,27	317,49	357,17	209,66	304,96	343,08	201,04	292,42	328,97	192,42	279,89	314,87	183,81	267,36	300,78	175,19	254,82	286,67
	II	3.976,16	218,68	318,09	357,85	210,07	305,56	343,75	201,46	293,03	329,66	192,84	280,50	315,56	184,22	267,96	301,46	175,61	255,43	287,36	166,99	242,90	273,26
	III	3.294,16	44,06	263,53	296,47	25,42	251,00	282,37	6,78	238,46	268,27	-	225,93	254,17	-	213,42	240,10	-	201,13	226,27	-	189,09	212,72
	IV	4.125,33	226,89	330,02	371,27	222,58	323,76	364,23	218,27	317,49	357,17	213,96	311,22	350,12	209,66	304,96	343,08	205,35	298,69	336,02	201,04	292,42	328,97
	V	4.639,75	255,18	371,18	417,57																		
	VI	4.684,08	257,62	374,72	421,56																		
13.034,99 (West)	I	4.118,75	226,53	329,50	370,68	217,91	316,96	356,58	209,29	304,43	342,48	200,68	291,90	328,38	192,06	279,36	314,28	183,44	266,83	300,18	174,83	254,30	286,09
	II	3.969,66	218,33	317,57	357,26	209,71	305,04	343,17	201,09	292,50	329,06	192,48	279,97	314,96	183,86	267,44	300,87	175,24	254,90	286,76	166,63	242,37	272,66
	III	3.287,66	43,29	263,01	295,88	24,65	250,48	281,79	6,00	237,94	267,68	-	225,41	253,58	-	212,90	239,51	-	200,62	225,70	-	188,60	212,17
	IV	4.118,75	226,53	329,50	370,68	222,22	323,23	363,63	217,91	316,96	356,58	213,60	310,70	349,53	209,29	304,43	342,48	204,98	298,16	335,43	200,68	291,90	328,38
	V	4.633,16	254,82	370,65	416,98																		
	VI	4.677,50	257,26	374,20	420,97																		
13.034,99 (Ost)	I	4.126,58	226,96	330,12	371,39	218,34	317,59	357,29	209,72	305,06	343,19	201,11	292,52	329,09	192,49	279,99	314,99	183,87	267,46	300,89	175,26	254,92	286,79
	II	3.977,41	218,75	318,19	357,96	210,14	305,66	343,87	201,52	293,13	329,77	192,91	280,60	315,67	184,29	268,06	301,57	175,67	255,53	287,47	167,06	243,00	273,37
	III	3.295,50	44,22	263,64	296,59	25,58	251,10	282,49	6,94	238,57	268,39	-	226,04	254,29	-	213,53	240,22	-	201,22	226,37	-	189,18	212,83
	IV	4.126,58	226,96	330,12	371,39	222,65	323,86	364,34	218,34	317,59	357,29	214,03	311,32	350,24	209,72	305,06	343,19	205,42	298,79	336,14	201,11	292,52	329,09
	V	4.641,00	255,25	371,28	417,69																		
	VI	4.685,33	257,69	374,82	421,67																		
13.037,99 (West)	I	4.120,00	226,60	329,60	370,80	217,98	317,06	356,69	209,36	304,53	342,59	200,75	292,00	328,50	192,13	279,46	314,39	183,52	266,94	300,30	174,90	254,40	286,20
	II	3.970,91	218,40	317,67	357,38	209,78	305,14	343,28	201,16	292,60	329,18	192,55	280,07	315,08	183,93	267,54	300,98	175,31	255,00	286,88	166,70	242,47	272,78
	III	3.288,83	43,43	263,10	295,99	24,79	250,57	281,89	6,14	238,04	267,79	-	225,50	253,69	-	213,00	239,62	-	200,72	225,81	-	188,69	212,27
	IV	4.120,00	226,60	329,60	370,80	222,29	323,33	363,74	217,98	317,06	356,69	213,67	310,80	349,65	209,36	304,53	342,59	205,05	298,26	335,54	200,75	292,00	328,50
	V	4.634,41	254,89	370,75	417,09																		
	VI	4.678,75	257,33	374,30	421,08																		
13.037,99 (Ost)	I	4.127,83	227,03	330,22	371,50	218,41	317,69	357,40	209,79	305,16	343,30	201,18	292,62	329,20	192,56	280,09	315,10	183,94	267,56	301,00	175,33	255,02	286,90
	II	3.978,75	218,83	318,30	358,08	210,21	305,76	343,98	201,59	293,23	329,88	192,98	280,70	315,78	184,36	268,16	301,68	175,74	255,63	287,58	167,13	243,10	273,48
	III	3.296,66	44,36	263,73	296,69	25,72	251,20	282,60	7,08	238,66	268,49	-	226,13	254,39	-	213,62	240,32	-	201,33	226,49	-	189,29	212,95
	IV	4.127,83	227,03	330,22	371,50	222,72	323,96	364,45	218,41	317,69	357,40	214,10	311,42	350,35	209,79	305,16	343,30	205,48	298,89	336,25	201,18	292,62	329,20
	V	4.642,25	255,32	371,38	417,80																		
	VI	4.686,58	257,76	374,92	421,79																		
13.040,99 (West)	I	4.121,25	226,66	329,70	370,91	218,05	317,16	356,81	209,43	304,63	342,71	200,82	292,10	328,61	192,20	279,57	314,51	183,59	267,04	300,42	174,97	254,50	286,31
	II	3.972,16	218,46	317,77	357,49	209,85	305,24	343,39	201,23	292,70	329,29	192,61	280,17	315,19	184,00	267,64	301,09	175,38	255,10	286,99	166,77	242,58	272,90
	III	3.290,16	43,59	263,21	296,11	24,95	250,68	282,01	6,30	238,14	267,91	-	225,61	253,81	-	213,10	239,74	-	200,81	225,91	-	188,78	212,38
	IV	4.121,25	226,66	329,70	370,91	222,36	323,43	363,86	218,05	317,16	356,81	213,74	310,90	349,76	209,43	304,63	342,71	205,12	298,36	335,66	200,82	292,10	328,61
	V	4.635,75	254,96	370,86	417,21																		
	VI	4.680,00	257,40	374,40	421,20																		
13.040,99 (Ost)	I	4.129,08	227,09	330,32	371,61	218,48	317,79	357,51	209,86	305,26	343,41	201,24	292,72	329,31	192,63	280,19	315,21	184,01	267,66	301,11	175,39	255,12	287,01
	II	3.980,00	218,90	318,40	358,20	210,28	305,86	344,09	201,66	293,33	329,99	193,05	280,80	315,90	184,43	268,26	301,79	175,81	255,73	287,69	167,20	243,20	273,60
	III	3.298,00	44,52	263,84	296,82	25,88	251,30	282,71	7,23	238,77	268,61	-	226,24	254,52	-	213,73	240,44	-	201,42	226,60	-	189,38	213,05
	IV	4.129,08	227,09	330,32	371,61	222,79	324,06	364,56	218,48	317,79	357,51	214,17	311,52	350,46	209,86	305,26	343,41	205,55	298,99	336,36	201,24	292,72	329,31
	V	4.643,50	255,39	371,48	417,91																		
	VI	4.687,83	257,83	375,02	421,90																		
13.043,99 (West)	I	4.122,50	226,73	329,80	371,02	218,12	317,26	356,92	209,50	304,74	342,83	200,89	292,20	328,73	192,27	279,67	314,63	183,65	267,14	300,53	175,04	254,60	286,43
	II	3.973,41	218,53	317,87	357,60	209,92	305,34	343,50	201,30	292,80	329,40	192,68	280,27	315,30	184,07	267,74	301,21	175,45	255,21	287,11	166,84	242,68	273,01
	III	3.291,33	43,73	263,30	296,21	25,08	250,77	282,11	6,44	238,24	268,02	-	225,70	253,91	-	213,20	239,85	-	200,92	226,03	-	188,88	212,49
	IV	4.122,50	226,73	329,80	371,02	222,42	323,53	363,97	218,12	317,26	356,92	213,81	311,00	349,88	209,50	304,74	342,83	205,20	298,47	335,78	200,89	292,20	328,73
	V	4.637,00	255,03	370,96	417,33																		
	VI	4.681,25	257,46	374,50	421,31																		
13.043,99 (Ost)	I	4.130,33	227,16	330,42	371,72	218,55	317,89	357,62	209,93	305,36	343,53	201,31	292,82	329,42	192,70	280,29	315,32	184,08	267,76	301,23	175,47	255,23	287,13
	II	3.981,25	218,96	318,50	358,31	210,35	305,96	344,21	201,73	293,43	330,11	193,11	280,90	316,01	184,50	268,36	301,91	175,88	255,83	287,81	167,26	243,30	273,71
	III	3.299,16	44,66	263,93	296,92	26,02	251,40	282,82	7,37	238,86	268,72	-	226,33	254,62	-	213,82	240,55	-	201,52	226,71	-	189,48	213,16
	IV	4.130,33	227,16	330,42	371,72	222,86	324,16	364,68	218,55	317,89	357,62	214,24	311,62	350,57	209,93	305,36	343,53	205,62	299,09	336,47	201,31	292,82	329,42
	V	4.644,75	255,46	371,58	418,02																		
	VI	4.689,08	257,89	375,12	422,01																		
13.046,99 (West)	I	4.123,83	226,81	329,90	371,14	218,19	317,37	357,04	209,57	304,84	342,94	200,96	292,30	328,84	192,34	279,77	314,74	183,72	267,24	300,64	175,11	254,70	286,54
	II	3.974,66	218,60	317,97	357,71	209,99	305,44	343,62	201,37	292,90	329,51	192,76	280,38	315,42	184,14	267,84	301,32	175,52	255,31	287,22	166,91	242,78	273,12
	III	3.292,66	43,89	263,41	296,33	25,24	250,88	282,24	6,60	238,34	268,13	-	225,81	254,03	-	213,30	239,96	-	201,01	226,13	-	188,97	212,59
	IV	4.123,83	226,81	329,90	371,14	222,50	323,64	364,09	218,19	317,37	357,04	213,88	311,10	349,99	209,57	304,84	342,94	205,26	298,57	335,89	200,96	292,30	328,84
	V	4.638,25	255,10	371,06	417,44																		
	VI	4.682,58	257,54	374,60	421,43																		
13.046,99 (Ost)	I	4.131,58	227,23	330,52	371,84	218,62	317,99	357,74	210,00	305,46	343,64	201,38	292,92	329,54	192,77	280,39	315,44	184,15	267,86	301,34	175,54	255,33	287,24
	II	3.982,50	219,03	318,60	358,42	210,42	306,06	344,32	201,80	293,53	330,22	193,18	281,00	316,12	184,57	268,46	302,02	175,95	255,93	287,92	167,33	243,40	273,82
	III	3.300,50	44,82	264,04	297,04	26,18	251,50	282,94	7,53	238,97	268,84	-	226,44	254,74	-	213,93	240,67	-	201,62	226,82	-	189,57	213,26
	IV	4.131,58	227,23	330,52	371,84	222,92	324,26	364,79	218,62	317,99	357,74	214,31	311,72	350,69	210,00	305,46	343,64	205,69	299,19	336,59	201,38	292,92	329,54
	V	4.646,00	255,53	371,68	418,14																		
	VI	4.690,33	257,96	375,22	422,12																		
13.049,99 (West)	I	4.125,08	226,87	330,00	371,25	218,26	317,47	357,15	209,64	304,94	343,05	201,02	292,40	328,95	192,41	279,87	314,85	183,79	267,34	300,75	175,17	254,80	286,65
	II	3.975,91	218,67	318,07	357,83	210,06	305,54	343,73	201,44	293,01	329,63	192,83	280,48	315,54	184,21	267,94	301,43	175,59	255,41	287,33	166,98	242,88	273,24
	III	3.293,83	44,03	263,50	296,44	25,38	250,97	282,34	6,74	238,44	268,24	-	225,90	254,14	-	213,40	240,07	-	201,10	226,24	-	189,08	212,71
	IV	4.125,08	226,87	330,00	371,25	222,57	323,74	364,20	218,26	317,47	357,15	213,95	311,20	350,10	209,64	304,94	343,05	205,33	298,67	336,00	201,02	292,40	328,95
	V	4.639,50	255,17	371,16	417,55																		
	VI	4.683,83	257,61	374,70	421,54																		
13.049,99 (Ost)	I	4.132,83	227,30	330,62	371,95	218,68	318,09	357,85	210,07	305,56	343,75	201,46	293,03	329,66	192,84	280,50	315,56	184,22	267,96	301,46	175,61	255,43	287,36
	II	3.983,75	219,10	318,70	358,53	210,48	306,16	344,43	201,87	293,63	330,33	193,25	281,10	316,23	184,63	268,56	302,13	176,02	256,03	288,03	167,41	243,50	273,94
	III	3.301,66	44,96	264,13	297,14	26,31	251,60	283,05	7,67	239,06	268,94	-	226,54	254,86	-	214,02	240,77	-	201,72	226,93	-	189,66	213,37
	IV	4.132,83	227,30	330,62	371,95	222,99	324,36	364,90	218,68	318,09	357,85	214,38	311,82	350,80	210,07	305,56	343,75	205,76	299,29	336,70	201,46	293,03	329,66
	V	4.647,33	255,60	371,78	418,25																		
	VI	4.691,58	258,03	375,32	422,24																		

Lohn/ Gehalt bis	Steuerklasse	Lohn- steuer	ohne Kinderfreibetrag			Anzahl Kinderfreibeträge (nur Steuerklassen I–IV) 0,5			1,0			1,5			2,0			2,5			3,0		
			SolZ 5,5%	Kirchensteuer 8%	9%	SolZ 5,5%	Kirchensteuer 8%	9%	SolZ 5,5%	Kirchensteuer 8%	9%	SolZ 5,5%	Kirchensteuer 8%	9%	SolZ 5,5%	Kirchensteuer 8%	9%	SolZ 5,5%	Kirchensteuer 8%	9%	SolZ 5,5%	Kirchensteuer 8%	9%
13.052,99 (West)	I	4.126,33	226,94	330,10	371,36	218,33	317,57	357,26	209,71	305,04	343,17	201,09	292,50	329,06	192,48	279,97	314,96	183,86	267,44	300,87	175,24	254,90	286,
	II	3.977,25	218,74	318,18	357,95	210,13	305,64	343,85	201,51	293,11	329,75	192,89	280,58	315,65	184,28	268,04	301,55	175,66	255,51	287,45	167,04	242,98	273,
	III	3.295,16	44,18	263,61	296,56	25,54	251,08	282,46	6,90	238,54	268,36	–	226,01	254,26	–	213,50	240,19	–	201,21	226,36	–	189,17	212,
	IV	4.126,33	226,94	330,10	371,36	222,64	323,84	364,32	218,33	317,57	357,26	214,02	311,30	350,21	209,71	305,04	343,17	205,40	298,77	336,11	201,09	292,50	329,
	V	4.640,75	255,24	371,26	417,66																		
	VI	4.685,08	257,67	374,80	421,65																		
13.052,99 (Ost)	I	4.134,08	227,37	330,72	372,06	218,75	318,19	357,96	210,14	305,66	343,87	201,52	293,13	329,77	192,91	280,60	315,67	184,29	268,06	301,57	175,67	255,53	287,
	II	3.985,00	219,17	318,80	358,65	210,55	306,26	344,54	201,94	293,73	330,44	193,32	281,20	316,35	184,71	268,67	302,25	176,09	256,14	288,15	167,47	243,60	274,
	III	3.303,00	45,12	264,24	297,27	26,47	251,70	283,16	7,83	239,17	269,06	–	226,64	254,97	–	214,13	240,89	–	201,81	227,03	–	189,76	213,
	IV	4.134,08	227,37	330,72	372,06	223,06	324,46	365,01	218,75	318,19	357,96	214,45	311,93	350,92	210,14	305,66	343,87	205,83	299,40	336,82	201,52	293,13	329,
	V	4.648,58	255,67	371,88	418,37																		
	VI	4.692,83	258,10	375,42	422,35																		
13.055,99 (West)	I	4.127,58	227,01	330,20	371,48	218,40	317,67	357,38	209,78	305,14	343,28	201,16	292,60	329,18	192,55	280,07	315,08	183,93	267,54	300,98	175,31	255,00	286,
	II	3.978,50	218,81	318,28	358,06	210,20	305,74	343,96	201,58	293,21	329,86	192,96	280,68	315,76	184,35	268,14	301,66	175,73	255,61	287,56	167,11	243,08	273,
	III	3.296,33	44,32	263,70	296,66	25,70	251,18	282,58	7,06	238,65	268,48	–	226,12	254,38	–	213,60	240,30	–	201,30	226,46	–	189,26	212,
	IV	4.127,58	227,01	330,20	371,48	222,70	323,94	364,43	218,40	317,67	357,38	214,09	311,40	350,33	209,78	305,14	343,28	205,47	298,87	336,23	201,16	292,60	329,
	V	4.642,00	255,31	371,36	417,78																		
	VI	4.686,33	257,74	374,90	421,76																		
13.055,99 (Ost)	I	4.135,41	227,44	330,83	372,18	218,83	318,30	358,08	210,21	305,76	343,98	201,59	293,23	329,88	192,98	280,70	315,78	184,36	268,16	301,68	175,74	255,63	287,
	II	3.986,25	219,24	318,90	358,76	210,62	306,36	344,66	202,01	293,83	330,56	193,39	281,30	316,46	184,78	268,77	302,36	176,16	256,24	288,27	167,54	243,70	274,
	III	3.304,33	45,27	264,34	297,38	26,63	251,81	283,28	7,99	239,28	269,19	–	226,74	255,08	–	214,22	241,00	–	201,92	227,16	–	189,86	213,
	IV	4.135,41	227,44	330,83	372,18	223,13	324,56	365,13	218,83	318,30	358,08	214,52	312,03	351,03	210,21	305,76	343,98	205,90	299,50	336,93	201,59	293,23	329,
	V	4.649,83	255,74	371,98	418,48																		
	VI	4.694,16	258,17	375,53	422,47																		
13.058,99 (West)	I	4.128,83	227,08	330,30	371,59	218,46	317,77	357,49	209,85	305,24	343,39	201,23	292,70	329,29	192,61	280,17	315,19	184,00	267,64	301,09	175,38	255,10	286,
	II	3.979,75	218,88	318,38	358,17	210,26	305,84	344,07	201,65	293,31	329,97	193,03	280,78	315,87	184,41	268,24	301,77	175,80	255,71	287,67	167,18	243,18	273,
	III	3.297,66	44,48	263,81	296,78	25,84	251,28	282,69	7,19	238,74	268,58	–	226,21	254,48	–	213,70	240,41	–	201,40	226,57	–	189,36	213,
	IV	4.128,83	227,08	330,30	371,59	222,77	324,04	364,54	218,46	317,77	357,49	214,16	311,50	350,44	209,85	305,24	343,39	205,54	298,97	336,34	201,23	292,70	329,
	V	4.643,25	255,37	371,46	417,89																		
	VI	4.687,58	257,81	375,00	421,88																		
13.058,99 (Ost)	I	4.136,66	227,51	330,93	372,29	218,90	318,40	358,20	210,28	305,86	344,09	201,66	293,33	329,99	193,05	280,80	315,90	184,43	268,26	301,79	175,81	255,73	287,
	II	3.987,50	219,31	319,00	358,87	210,70	306,47	344,78	202,08	293,94	330,68	193,46	281,40	316,58	184,85	268,87	302,48	176,23	256,34	288,38	167,61	243,80	274,
	III	3.305,50	45,41	264,44	297,49	26,77	251,90	283,39	8,13	239,37	269,29	–	226,84	255,19	–	214,33	241,12	–	202,01	227,26	–	189,96	213,
	IV	4.136,66	227,51	330,93	372,29	223,20	324,66	365,24	218,90	318,40	358,20	214,59	312,13	351,14	210,28	305,86	344,09	205,97	299,60	337,05	201,66	293,33	329,
	V	4.651,08	255,80	372,08	418,59																		
	VI	4.695,41	258,24	375,63	422,58																		
13.061,99 (West)	I	4.130,08	227,15	330,40	371,70	218,53	317,87	357,60	209,92	305,34	343,50	201,30	292,80	329,40	192,68	280,27	315,30	184,07	267,74	301,21	175,45	255,21	287,1
	II	3.981,00	218,95	318,48	358,29	210,33	305,94	344,18	201,72	293,41	330,08	193,10	280,88	315,99	184,48	268,34	301,88	175,87	255,81	287,78	167,25	243,28	273,6
	III	3.299,00	44,64	263,92	296,91	26,00	251,38	282,80	7,35	238,85	268,70	–	226,32	254,61	–	213,80	240,52	–	201,50	226,69	–	189,45	213,1
	IV	4.130,08	227,15	330,40	371,70	222,84	324,14	364,65	218,53	317,87	357,60	214,22	311,60	350,55	209,92	305,34	343,50	205,61	299,07	336,45	201,30	292,80	329,4
	V	4.644,50	255,44	371,56	418,00																		
	VI	4.688,83	257,88	375,10	421,99																		
13.061,99 (Ost)	I	4.137,91	227,58	331,03	372,41	218,96	318,50	358,31	210,35	305,96	344,21	201,73	293,43	330,11	193,11	280,90	316,01	184,50	268,36	301,91	175,88	255,83	287,8
	II	3.988,83	219,38	319,10	358,99	210,76	306,57	344,89	202,15	294,04	330,79	193,53	281,50	316,69	184,91	268,97	302,59	176,30	256,44	288,49	167,68	243,90	274,3
	III	3.306,83	45,57	264,54	297,61	26,93	252,01	283,51	8,29	239,48	269,41	–	226,94	255,31	–	214,42	241,22	–	202,10	227,36	–	190,05	213,8
	IV	4.137,91	227,58	331,03	372,41	223,27	324,76	365,36	218,96	318,50	358,31	214,66	312,23	351,26	210,35	305,96	344,21	206,04	299,70	337,16	201,73	293,43	330,1
	V	4.652,33	255,87	372,18	418,70																		
	VI	4.696,58	258,31	375,73	422,69																		
13.064,99 (West)	I	4.131,33	227,22	330,50	371,81	218,60	317,97	357,71	209,99	305,44	343,62	201,37	292,90	329,51	192,76	280,38	315,42	184,14	267,84	301,32	175,52	255,31	287,2
	II	3.982,25	219,02	318,58	358,40	210,40	306,04	344,30	201,79	293,51	330,20	193,17	280,98	316,10	184,55	268,44	302,00	175,94	255,91	287,90	167,32	243,38	273,8
	III	3.300,16	44,78	264,01	297,01	26,14	251,48	282,91	7,49	238,94	268,81	–	226,41	254,71	–	213,90	240,64	–	201,60	226,80	–	189,54	213,2
	IV	4.131,33	227,22	330,50	371,81	222,91	324,24	364,77	218,60	317,97	357,71	214,29	311,70	350,66	209,99	305,44	343,62	205,68	299,17	336,56	201,37	292,90	329,5
	V	4.645,83	255,52	371,66	418,12																		
	VI	4.690,08	257,95	375,20	422,10																		
13.064,99 (Ost)	I	4.139,16	227,65	331,13	372,52	219,03	318,60	358,42	210,42	306,06	344,32	201,80	293,53	330,22	193,18	281,00	316,12	184,57	268,46	302,02	175,95	255,93	287,9
	II	3.990,08	219,45	319,20	359,10	210,83	306,67	345,00	202,22	294,14	330,90	193,60	281,60	316,80	184,98	269,07	302,70	176,37	256,54	288,60	167,75	244,00	274,5
	III	3.308,00	45,71	264,64	297,72	27,07	252,10	283,61	8,42	239,57	269,51	–	227,04	255,42	–	214,53	241,34	–	202,21	227,48	–	190,14	213,9
	IV	4.139,16	227,65	331,13	372,52	223,34	324,86	365,47	219,03	318,60	358,42	214,72	312,33	351,37	210,42	306,06	344,32	206,11	299,80	337,27	201,80	293,53	330,2
	V	4.653,58	255,94	372,28	418,82																		
	VI	4.697,91	258,38	375,83	422,81																		
13.067,99 (West)	I	4.132,58	227,29	330,60	371,93	218,67	318,07	357,83	210,06	305,54	343,73	201,44	293,01	329,63	192,83	280,48	315,54	184,21	267,94	301,43	175,59	255,41	287,3
	II	3.983,50	219,09	318,68	358,51	210,47	306,14	344,41	201,85	293,61	330,31	193,24	281,08	316,21	184,62	268,54	302,11	176,01	256,02	288,02	167,39	243,48	273,9
	III	3.301,50	44,94	264,12	297,13	26,29	251,58	283,03	7,65	239,05	268,93	–	226,52	254,83	–	214,00	240,75	–	201,69	226,90	–	189,65	213,3
	IV	4.132,58	227,29	330,60	371,93	222,98	324,34	364,88	218,67	318,07	357,83	214,36	311,80	350,78	210,06	305,54	343,73	205,75	299,28	336,69	201,44	293,01	329,6
	V	4.647,08	255,58	371,76	418,23																		
	VI	4.691,33	258,02	375,30	422,21																		
13.067,99 (Ost)	I	4.140,41	227,72	331,23	372,63	219,10	318,70	358,53	210,48	306,16	344,43	201,87	293,63	330,33	193,25	281,10	316,23	184,63	268,56	302,13	176,02	256,03	288,0
	II	3.991,33	219,52	319,30	359,21	210,90	306,77	345,11	202,29	294,24	331,02	193,67	281,70	316,91	185,05	269,17	302,81	176,44	256,64	288,72	167,82	244,10	274,6
	III	3.309,33	45,87	264,74	297,83	27,23	252,21	283,73	8,58	239,68	269,64	–	227,14	255,53	–	214,62	241,45	–	202,30	227,59	–	190,24	214,0
	IV	4.140,41	227,72	331,23	372,63	223,41	324,96	365,58	219,10	318,70	358,53	214,79	312,43	351,48	210,48	306,16	344,43	206,18	299,90	337,38	201,87	293,63	330,3
	V	4.654,83	256,01	372,38	418,93																		
	VI	4.699,16	258,45	375,93	422,92																		
13.070,99 (West)	I	4.133,83	227,36	330,70	372,04	218,74	318,18	357,95	210,13	305,64	343,85	201,51	293,11	329,75	192,89	280,58	315,65	184,28	268,04	301,55	175,66	255,51	287,45
	II	3.984,75	219,16	318,78	358,62	210,54	306,24	344,52	201,92	293,71	330,42	193,31	281,18	316,33	184,69	268,65	302,23	176,08	256,12	288,13	167,46	243,58	274,03
	III	3.302,66	45,08	264,21	297,23	26,43	251,68	283,14	7,79	239,14	269,03	–	226,61	254,93	–	214,10	240,86	–	201,80	227,02	–	189,74	213,46
	IV	4.133,83	227,36	330,70	372,04	223,05	324,44	365,00	218,74	318,18	357,95	214,44	311,91	350,90	210,13	305,64	343,85	205,82	299,38	336,80	201,51	293,11	329,75
	V	4.648,33	255,65	371,86	418,34																		
	VI	4.692,58	258,09	375,40	422,33																		
13.070,99 (Ost)	I	4.141,66	227,79	331,33	372,74	219,17	318,80	358,65	210,55	306,26	344,54	201,94	293,73	330,44	193,32	281,20	316,35	184,71	268,67	302,25	176,09	256,14	288,15
	II	3.992,58	219,59	319,40	359,33	210,97	306,87	345,23	202,35	294,34	331,13	193,74	281,80	317,03	185,12	269,27	302,93	176,50	256,74	288,83	167,89	244,20	274,73
	III	3.310,50	46,01	264,84	297,94	27,37	252,30	283,84	8,72	239,77	269,74	–	227,24	255,64	–	214,73	241,57	–	202,40	227,70	–	190,34	214,13
	IV	4.141,66	227,79	331,33	372,74	223,48	325,06	365,69	219,17	318,80	358,65	214,86	312,53	351,59	210,55	306,26	344,54	206,25	300,00	337,50	201,94	293,73	330,44
	V	4.656,08	256,08	372,48	419,04																		
	VI	4.700,41	258,52	376,03	423,03																		

Lohn/ Gehalt bis	Steuerklasse	Lohn-steuer	ohne Kinderfreibetrag SolZ 5,5%	ohne Kinderfreibetrag Kirchensteuer 8%	ohne Kinderfreibetrag Kirchensteuer 9%	0,5 SolZ 5,5%	0,5 Kirchensteuer 8%	0,5 Kirchensteuer 9%	1,0 SolZ 5,5%	1,0 Kirchensteuer 8%	1,0 Kirchensteuer 9%	1,5 SolZ 5,5%	1,5 Kirchensteuer 8%	1,5 Kirchensteuer 9%	2,0 SolZ 5,5%	2,0 Kirchensteuer 8%	2,0 Kirchensteuer 9%	2,5 SolZ 5,5%	2,5 Kirchensteuer 8%	2,5 Kirchensteuer 9%	3,0 SolZ 5,5%	3,0 Kirchensteuer 8%	3,0 Kirchensteuer 9%
						Anzahl Kinderfreibeträge (nur Steuerklassen I–IV)																	
13.073,99 (West)	I	4.135,16	227,43	330,81	372,16	218,81	318,28	358,06	210,20	305,74	343,96	201,58	293,21	329,86	192,96	280,68	315,76	184,35	268,14	301,66	175,73	255,61	287,56
	II	3.986,00	219,23	318,88	358,74	210,61	306,34	344,63	202,00	293,82	330,54	193,38	281,28	316,44	184,76	268,75	302,34	176,15	256,22	288,24	167,53	243,68	274,14
	III	3.304,00	45,23	264,32	297,36	26,59	251,78	283,25	7,95	239,25	269,15	-	226,72	255,06	-	214,20	240,97	-	201,89	227,12	-	189,84	213,57
	IV	4.135,16	227,43	330,81	372,16	223,12	324,54	365,11	218,81	318,28	358,06	214,50	312,01	351,01	210,20	305,74	343,96	205,89	299,48	336,91	201,58	293,21	329,86
	V	4.649,58	255,72	371,96	418,46																		
	VI	4.693,91	258,16	375,51	422,45																		
13.073,99 (Ost)	I	4.142,91	227,86	331,43	372,86	219,24	318,90	358,76	210,62	306,36	344,66	202,01	293,83	330,56	193,39	281,30	316,46	184,78	268,77	302,36	176,16	256,24	288,27
	II	3.993,83	219,66	319,50	359,44	211,04	306,97	345,34	202,42	294,44	331,24	193,81	281,90	317,14	185,19	269,37	303,04	176,57	256,84	288,94	167,96	244,31	274,85
	III	3.311,83	46,17	264,94	298,06	27,52	252,41	283,96	8,88	239,88	269,86	-	227,34	255,76	-	214,82	241,67	-	202,50	227,81	-	190,44	214,24
	IV	4.142,91	227,86	331,43	372,86	223,55	325,16	365,81	219,24	318,90	358,76	214,93	312,63	351,71	210,62	306,36	344,66	206,31	300,10	337,61	202,01	293,83	330,56
	V	4.657,41	256,15	372,59	419,16																		
	VI	4.701,66	258,59	376,13	423,14																		
13.076,99 (West)	I	4.136,41	227,50	330,91	372,27	218,88	318,38	358,17	210,26	305,84	344,07	201,65	293,31	329,97	193,03	280,78	315,87	184,41	268,24	301,77	175,80	255,71	287,67
	II	3.987,33	219,30	318,98	358,85	210,68	306,45	344,75	202,07	293,92	330,66	193,45	281,38	316,55	184,83	268,85	302,45	176,22	256,32	288,36	167,60	243,78	274,25
	III	3.305,16	45,37	264,41	297,46	26,73	251,88	283,36	8,09	239,34	269,26	-	226,82	255,17	-	214,30	241,09	-	201,98	227,23	-	189,93	213,67
	IV	4.136,41	227,50	330,91	372,27	223,19	324,64	365,22	218,88	318,38	358,17	214,57	312,11	351,12	210,26	305,84	344,07	205,96	299,58	337,02	201,65	293,31	329,97
	V	4.650,83	255,79	372,06	418,57																		
	VI	4.695,16	258,23	375,61	422,56																		
13.076,99 (Ost)	I	4.144,16	227,92	331,53	372,97	219,31	319,00	358,87	210,70	306,47	344,78	202,08	293,94	330,68	193,46	281,40	316,58	184,85	268,87	302,48	176,23	256,34	288,38
	II	3.995,08	219,72	319,60	359,55	211,11	307,07	345,45	202,49	294,54	331,35	193,87	282,00	317,25	185,26	269,47	303,15	176,65	256,94	289,06	168,03	244,41	274,96
	III	3.313,00	46,31	265,04	298,17	27,66	252,50	284,06	9,04	239,98	269,98	-	227,45	255,88	-	214,93	241,79	-	202,60	227,92	-	190,53	214,34
	IV	4.144,16	227,92	331,53	372,97	223,62	325,26	365,92	219,31	319,00	358,87	215,00	312,73	351,82	210,70	306,47	344,78	206,39	300,20	337,73	202,08	293,94	330,68
	V	4.658,66	256,22	372,69	419,27																		
	VI	4.702,91	258,66	376,23	423,26																		
13.079,99 (West)	I	4.137,66	227,57	331,01	372,38	218,95	318,48	358,29	210,33	305,94	344,18	201,72	293,41	330,08	193,10	280,88	315,99	184,48	268,34	301,88	175,87	255,81	287,78
	II	3.988,58	219,37	319,08	358,97	210,75	306,55	344,87	202,13	294,02	330,77	193,52	281,48	316,67	184,90	268,95	302,57	176,28	256,42	288,47	167,67	243,88	274,37
	III	3.306,50	45,53	264,52	297,58	26,89	251,98	283,48	8,25	239,45	269,38	-	226,92	255,28	-	214,40	241,20	-	202,09	227,35	-	190,02	213,77
	IV	4.137,66	227,57	331,01	372,38	223,26	324,74	365,33	218,95	318,48	358,29	214,64	312,21	351,23	210,33	305,94	344,18	206,03	299,68	337,14	201,72	293,41	330,08
	V	4.652,08	255,86	372,16	418,68																		
	VI	4.696,41	258,30	375,71	422,67																		
13.079,99 (Ost)	I	4.145,41	227,99	331,63	373,08	219,38	319,10	358,99	210,76	306,57	344,89	202,15	294,04	330,79	193,53	281,50	316,69	184,91	268,97	302,59	176,30	256,44	288,49
	II	3.996,33	219,79	319,70	359,66	211,18	307,17	345,56	202,56	294,64	331,47	193,95	282,11	317,37	185,33	269,58	303,27	176,71	257,04	289,17	168,10	244,51	275,07
	III	3.314,33	46,46	265,14	298,28	27,82	252,61	284,18	9,18	240,08	270,09	-	227,54	255,98	-	215,02	241,90	-	202,70	228,04	-	190,62	214,45
	IV	4.145,41	227,99	331,63	373,08	223,69	325,37	366,04	219,38	319,10	358,99	215,07	312,84	351,94	210,76	306,57	344,89	206,46	300,30	337,84	202,15	294,04	330,79
	V	4.659,91	256,29	372,79	419,39																		
	VI	4.704,25	258,73	376,34	423,38																		
13.082,99 (West)	I	4.138,91	227,64	331,11	372,50	219,02	318,58	358,40	210,40	306,04	344,30	201,79	293,51	330,20	193,17	280,98	316,10	184,55	268,44	302,00	175,94	255,91	287,90
	II	3.989,83	219,44	319,18	359,08	210,82	306,65	344,98	202,20	294,12	330,88	193,59	281,58	316,78	184,97	269,05	302,68	176,35	256,52	288,58	167,74	243,98	274,48
	III	3.307,83	45,69	264,62	297,70	27,05	252,09	283,60	8,40	239,56	269,50	-	227,02	255,40	-	214,50	241,31	-	202,18	227,45	-	190,13	213,89
	IV	4.138,91	227,64	331,11	372,50	223,33	324,84	365,45	219,02	318,58	358,40	214,71	312,31	351,35	210,40	306,04	344,30	206,09	299,78	337,25	201,79	293,51	330,20
	V	4.653,33	255,93	372,26	418,79																		
	VI	4.697,66	258,37	375,81	422,78																		
13.082,99 (Ost)	I	4.146,75	228,07	331,74	373,20	219,45	319,20	359,10	210,83	306,67	345,00	202,22	294,14	330,90	193,60	281,60	316,80	184,98	269,07	302,70	176,37	256,54	288,60
	II	3.997,58	219,86	319,80	359,78	211,25	307,27	345,68	202,63	294,74	331,58	194,02	282,21	317,48	185,40	269,68	303,39	176,78	257,14	289,28	168,17	244,61	275,18
	III	3.315,66	46,62	265,25	298,40	27,98	252,72	284,31	9,34	240,18	270,20	-	227,65	256,10	-	215,13	242,02	-	202,80	228,15	-	190,72	214,56
	IV	4.146,75	228,07	331,74	373,20	223,76	325,47	366,15	219,45	319,20	359,10	215,14	312,94	352,05	210,83	306,67	345,00	206,52	300,40	337,95	202,22	294,14	330,90
	V	4.661,16	256,36	372,89	419,50																		
	VI	4.705,50	258,80	376,44	423,49																		
13.085,99 (West)	I	4.140,16	227,70	331,21	372,61	219,09	318,68	358,51	210,47	306,14	344,41	201,85	293,61	330,31	193,24	281,08	316,21	184,62	268,54	302,11	176,01	256,02	288,02
	II	3.991,08	219,50	319,28	359,19	210,89	306,75	345,09	202,27	294,22	330,99	193,65	281,68	316,89	185,04	269,15	302,79	176,42	256,62	288,69	167,80	244,08	274,59
	III	3.309,00	45,83	264,72	297,81	27,19	252,18	283,70	8,54	239,65	269,60	-	227,12	255,51	-	214,60	241,42	-	202,28	227,56	-	190,22	214,00
	IV	4.140,16	227,70	331,21	372,61	223,40	324,94	365,56	219,09	318,68	358,51	214,78	312,41	351,46	210,47	306,14	344,41	206,16	299,88	337,36	201,85	293,61	330,31
	V	4.654,58	256,00	372,36	418,91																		
	VI	4.698,91	258,44	375,91	422,90																		
13.085,99 (Ost)	I	4.148,00	228,14	331,84	373,32	219,52	319,30	359,21	210,90	306,77	345,11	202,29	294,24	331,02	193,67	281,70	316,91	185,05	269,17	302,81	176,44	256,64	288,72
	II	3.998,91	219,94	319,91	359,90	211,32	307,38	345,80	202,70	294,84	331,70	194,09	282,31	317,60	185,47	269,78	303,50	176,85	257,24	289,40	168,24	244,71	275,30
	III	3.316,83	46,76	265,34	298,51	28,12	252,81	284,41	9,48	240,28	270,31	-	227,74	256,21	-	215,22	242,12	-	202,89	228,25	-	190,82	214,67
	IV	4.148,00	228,14	331,84	373,32	223,83	325,57	366,26	219,52	319,30	359,21	215,21	313,04	352,17	210,90	306,77	345,11	206,59	300,50	338,06	202,29	294,24	331,02
	V	4.662,41	256,43	372,99	419,61																		
	VI	4.706,75	258,87	376,54	423,60																		
13.088,99 (West)	I	4.141,41	227,77	331,31	372,72	219,16	318,78	358,62	210,54	306,24	344,52	201,92	293,71	330,42	193,31	281,18	316,33	184,69	268,65	302,23	176,08	256,12	288,13
	II	3.992,33	219,57	319,38	359,30	210,96	306,85	345,20	202,34	294,32	331,11	193,72	281,78	317,00	185,11	269,25	302,90	176,49	256,72	288,81	167,87	244,18	274,70
	III	3.310,33	45,99	264,82	297,92	27,35	252,29	283,82	8,70	239,76	269,73	-	227,22	255,62	-	214,70	241,54	-	202,38	227,68	-	190,32	214,11
	IV	4.141,41	227,77	331,31	372,72	223,46	325,04	365,67	219,16	318,78	358,62	214,85	312,51	351,57	210,54	306,24	344,52	206,23	299,98	337,47	201,92	293,71	330,42
	V	4.655,83	256,07	372,46	419,02																		
	VI	4.700,16	258,50	376,01	423,01																		
13.088,99 (Ost)	I	4.149,25	228,20	331,94	373,43	219,59	319,40	359,33	210,97	306,87	345,23	202,35	294,34	331,13	193,74	281,80	317,03	185,12	269,27	302,93	176,50	256,74	288,83
	II	4.000,16	220,00	320,01	360,01	211,39	307,48	345,91	202,77	294,94	331,81	194,15	282,41	317,71	185,54	269,88	303,61	176,92	257,34	289,51	168,30	244,81	275,41
	III	3.318,16	46,92	265,45	298,63	28,28	252,92	284,53	9,63	240,38	270,43	-	227,85	256,33	-	215,33	242,24	-	203,00	228,37	-	190,92	214,78
	IV	4.149,25	228,20	331,94	373,43	223,90	325,67	366,38	219,59	319,40	359,33	215,28	313,14	352,28	210,97	306,87	345,23	206,66	300,60	338,18	202,35	294,34	331,13
	V	4.663,66	256,50	373,09	419,72																		
	VI	4.708,00	258,94	376,64	423,72																		
13.091,99 (West)	I	4.142,66	227,84	331,41	372,83	219,23	318,88	358,74	210,61	306,34	344,63	202,00	293,82	330,54	193,38	281,28	316,44	184,76	268,75	302,34	176,15	256,22	288,24
	II	3.993,58	219,64	319,48	359,42	211,03	306,95	345,32	202,41	294,42	331,22	193,79	281,88	317,12	185,18	269,35	303,02	176,56	256,82	288,92	167,95	244,29	274,82
	III	3.311,50	46,13	264,92	298,03	27,48	252,38	283,93	8,84	239,85	269,83	-	227,32	255,73	-	214,80	241,65	-	202,48	227,79	-	190,41	214,21
	IV	4.142,66	227,84	331,41	372,83	223,53	325,14	365,78	219,23	318,88	358,74	214,92	312,61	351,68	210,61	306,34	344,63	206,30	300,08	337,59	202,00	293,82	330,54
	V	4.657,16	256,14	372,57	419,14																		
	VI	4.701,41	258,57	376,11	423,12																		
13.091,99 (Ost)	I	4.150,50	228,27	332,04	373,54	219,66	319,50	359,44	211,04	306,97	345,34	202,42	294,44	331,24	193,81	281,90	317,14	185,19	269,37	303,04	176,57	256,84	288,94
	II	4.001,41	220,07	320,11	360,12	211,46	307,58	346,02	202,84	295,04	331,92	194,22	282,51	317,82	185,61	269,98	303,72	176,99	257,44	289,62	168,37	244,91	275,52
	III	3.319,33	47,06	265,54	298,73	28,42	253,01	284,63	9,77	240,48	270,54	-	227,94	256,43	-	215,42	242,35	-	203,09	228,47	-	191,01	214,88
	IV	4.150,50	228,27	332,04	373,54	223,96	325,77	366,49	219,66	319,50	359,44	215,35	313,24	352,39	211,04	306,97	345,34	206,73	300,70	338,29	202,42	294,44	331,24
	V	4.664,91	256,57	373,19	419,84																		
	VI	4.709,25	259,00	376,74	423,83																		

Lohn/ Gehalt bis	Steuerklasse	Lohn- steuer	ohne Kinderfreibetrag SolZ 5,5%	ohne Kinderfreibetrag Kirchensteuer 8%	ohne Kinderfreibetrag Kirchensteuer 9%	0,5 SolZ 5,5%	0,5 Kirchensteuer 8%	0,5 Kirchensteuer 9%	1,0 SolZ 5,5%	1,0 Kirchensteuer 8%	1,0 Kirchensteuer 9%	1,5 SolZ 5,5%	1,5 Kirchensteuer 8%	1,5 Kirchensteuer 9%	2,0 SolZ 5,5%	2,0 Kirchensteuer 8%	2,0 Kirchensteuer 9%	2,5 SolZ 5,5%	2,5 Kirchensteuer 8%	2,5 Kirchensteuer 9%	3,0 SolZ 5,5%	3,0 Kirchensteuer 8%	3,0 Kirchensteuer 9%
						Anzahl Kinderfreibeträge (nur Steuerklassen I–IV)																	
13.094,99 (West)	I	4.143,91	227,91	331,51	372,95	219,30	318,98	358,85	210,68	306,45	344,75	202,07	293,92	330,66	193,45	281,38	316,55	184,83	268,85	302,45	176,22	256,32	288,
	II	3.994,83	219,71	319,58	359,53	211,09	307,05	345,43	202,48	294,52	331,33	193,86	281,98	317,23	185,25	269,46	303,14	176,63	256,92	289,04	168,02	244,39	274,
	III	3.312,83	46,29	265,02	298,15	27,64	252,49	284,05	9,00	239,96	269,95	–	227,42	255,85	–	214,90	241,76	–	202,58	227,90	–	190,50	214,
	IV	4.143,91	227,91	331,51	372,95	223,60	325,24	365,90	219,30	318,98	358,85	214,99	312,72	351,81	210,68	306,45	344,75	206,37	300,18	337,70	202,07	293,92	330,
	V	4.658,41	256,21	372,67	419,25																		
	VI	4.702,66	258,64	376,21	423,23																		
13.094,99 (Ost)	I	4.151,75	228,34	332,14	373,65	219,72	319,60	359,55	211,11	307,07	345,45	202,49	294,54	331,35	193,87	282,00	317,25	185,26	269,47	303,15	176,65	256,94	289,
	II	4.002,66	220,14	320,21	360,23	211,53	307,68	346,14	202,91	295,14	332,03	194,29	282,61	317,93	185,68	270,08	303,84	177,06	257,54	289,73	168,44	245,01	275,
	III	3.320,66	47,22	265,65	298,85	28,57	253,12	284,76	9,93	240,58	270,65	–	228,05	256,55	–	215,53	242,47	–	203,18	228,58	–	191,10	214,
	IV	4.151,75	228,34	332,14	373,65	224,03	325,87	366,60	219,72	319,60	359,55	215,42	313,34	352,50	211,11	307,07	345,45	206,80	300,80	338,40	202,49	294,54	331,
	V	4.666,16	256,63	373,29	419,95																		
	VI	4.710,50	259,07	376,84	423,94																		
13.097,99 (West)	I	4.145,25	227,98	331,62	373,07	219,37	319,08	358,97	210,75	306,55	344,87	202,13	294,02	330,77	193,52	281,48	316,67	184,90	268,95	302,57	176,28	256,42	288,
	II	3.996,08	219,78	319,68	359,64	211,16	307,15	345,54	202,55	294,62	331,45	193,93	282,09	317,35	185,32	269,56	303,25	176,70	257,02	289,15	168,08	244,49	275,
	III	3.314,00	46,42	265,12	298,26	27,78	252,58	284,15	9,14	240,05	270,05	–	227,52	255,96	–	215,00	241,87	–	202,68	228,01	–	190,61	214,
	IV	4.145,25	227,98	331,62	373,07	223,68	325,35	366,02	219,37	319,08	358,97	215,06	312,82	351,92	210,75	306,55	344,87	206,44	300,28	337,82	202,13	294,02	330,
	V	4.659,66	256,28	372,77	419,36																		
	VI	4.704,00	258,72	376,32	423,36																		
13.097,99 (Ost)	I	4.153,00	228,41	332,24	373,77	219,79	319,70	359,66	211,18	307,17	345,56	202,56	294,64	331,47	193,95	282,11	317,37	185,33	269,58	303,27	176,71	257,04	289,
	II	4.003,91	220,21	320,31	360,35	211,59	307,78	346,25	202,98	295,24	332,15	194,36	282,71	318,05	185,74	270,18	303,95	177,13	257,64	289,85	168,51	245,11	275,
	III	3.321,83	47,36	265,74	298,96	28,71	253,21	284,86	10,07	240,68	270,76	–	228,14	256,66	–	215,62	242,57	–	203,29	228,70	–	191,20	215,
	IV	4.153,00	228,41	332,24	373,77	224,10	325,97	366,71	219,79	319,70	359,66	215,49	313,44	352,62	211,18	307,17	345,56	206,87	300,90	338,51	202,56	294,64	331,
	V	4.667,50	256,71	373,40	420,07																		
	VI	4.711,75	259,14	376,94	424,05																		
13.100,99 (West)	I	4.146,50	228,05	331,72	373,18	219,44	319,18	359,08	210,82	306,65	344,98	202,20	294,12	330,88	193,59	281,58	316,78	184,97	269,05	302,68	176,35	256,52	288,
	II	3.997,33	219,85	319,78	359,75	211,24	307,26	345,66	202,62	294,72	331,56	194,00	282,19	317,46	185,39	269,66	303,36	176,77	257,12	289,26	168,15	244,59	275,
	III	3.315,33	46,58	265,22	298,37	27,94	252,69	284,27	9,30	240,16	270,18	–	227,62	256,07	–	215,10	241,99	–	202,77	228,11	–	190,70	214,
	IV	4.146,50	228,05	331,72	373,18	223,74	325,45	366,13	219,44	319,18	359,08	215,13	312,92	352,03	210,82	306,65	344,98	206,51	300,38	337,93	202,20	294,12	330,
	V	4.660,91	256,35	372,87	419,48																		
	VI	4.705,25	258,78	376,42	423,47																		
13.100,99 (Ost)	I	4.154,25	228,48	332,34	373,88	219,86	319,80	359,78	211,25	307,27	345,68	202,63	294,74	331,58	194,02	282,21	317,48	185,40	269,68	303,39	176,78	257,14	289,
	II	4.005,16	220,28	320,41	360,46	211,66	307,88	346,36	203,05	295,34	332,26	194,43	282,81	318,16	185,81	270,28	304,06	177,20	257,75	289,97	168,58	245,22	275,
	III	3.323,16	47,52	265,85	299,08	28,87	253,32	284,98	10,23	240,78	270,88	–	228,25	256,78	–	215,73	242,69	–	203,38	228,80	–	191,30	215,
	IV	4.154,25	228,48	332,34	373,88	224,17	326,07	366,83	219,86	319,80	359,78	215,55	313,54	352,73	211,25	307,27	345,68	206,94	301,01	338,63	202,63	294,74	331,
	V	4.668,75	256,78	373,50	420,18																		
	VI	4.713,00	259,21	377,04	424,17																		
13.103,99 (West)	I	4.147,75	228,12	331,82	373,29	219,50	319,28	359,19	210,89	306,75	345,09	202,27	294,22	330,99	193,65	281,68	316,89	185,04	269,15	302,79	176,42	256,62	288,6
	II	3.998,66	219,92	319,89	359,87	211,31	307,36	345,78	202,69	294,82	331,67	194,07	282,29	317,57	185,46	269,76	303,48	176,84	257,22	289,37	168,22	244,69	275,2
	III	3.316,50	46,72	265,32	298,48	28,08	252,78	284,38	9,46	240,26	270,29	–	227,73	256,19	–	215,20	242,10	–	202,88	228,24	–	190,80	214,6
	IV	4.147,75	228,12	331,82	373,29	223,81	325,55	366,24	219,50	319,28	359,19	215,20	313,02	352,14	210,89	306,75	345,09	206,58	300,48	338,04	202,27	294,22	330,9
	V	4.662,16	256,41	372,97	419,59																		
	VI	4.706,50	258,85	376,52	423,58																		
13.103,99 (Ost)	I	4.155,50	228,55	332,44	373,99	219,94	319,91	359,90	211,32	307,38	345,80	202,70	294,84	331,70	194,09	282,31	317,60	185,47	269,78	303,50	176,85	257,24	289,4
	II	4.006,41	220,35	320,51	360,57	211,73	307,98	346,47	203,11	295,44	332,37	194,50	282,91	318,27	185,89	270,38	304,18	177,27	257,85	290,08	168,65	245,32	275,9
	III	3.324,33	47,65	265,94	299,18	29,03	253,42	285,10	10,39	240,89	271,00	–	228,36	256,90	–	215,82	242,80	–	203,48	228,91	–	191,40	215,3
	IV	4.155,50	228,55	332,44	373,99	224,24	326,17	366,94	219,94	319,91	359,90	215,63	313,64	352,85	211,32	307,38	345,80	207,01	301,11	338,75	202,70	294,84	331,7
	V	4.670,00	256,85	373,60	420,30																		
	VI	4.714,25	259,28	377,14	424,28																		
13.106,99 (West)	I	4.149,00	228,19	331,92	373,41	219,57	319,38	359,30	210,96	306,85	345,20	202,34	294,32	331,11	193,72	281,78	317,00	185,11	269,25	302,90	176,49	256,72	288,8
	II	3.999,91	219,99	319,99	359,99	211,37	307,46	345,89	202,76	294,92	331,79	194,14	282,39	317,69	185,52	269,86	303,59	176,91	257,32	289,49	168,29	244,79	275,3
	III	3.317,83	46,88	265,42	298,60	28,24	252,89	284,50	9,59	240,36	270,40	–	227,82	256,30	–	215,30	242,21	–	202,97	228,34	–	190,89	214,7
	IV	4.149,00	228,19	331,92	373,41	223,88	325,65	366,35	219,57	319,38	359,30	215,27	313,12	352,26	210,96	306,85	345,20	206,65	300,58	338,15	202,34	294,32	331,1
	V	4.663,41	256,48	373,07	419,70																		
	VI	4.707,75	258,92	376,62	423,69																		
13.106,99 (Ost)	I	4.156,83	228,62	332,54	374,11	220,00	320,01	360,01	211,39	307,48	345,91	202,77	294,94	331,81	194,15	282,41	317,71	185,54	269,88	303,61	176,92	257,34	289,5
	II	4.007,66	220,42	320,61	360,68	211,80	308,08	346,59	203,19	295,55	332,49	194,57	283,02	318,39	185,95	270,48	304,29	177,34	257,95	290,19	168,72	245,42	276,0
	III	3.325,66	47,81	266,05	299,30	29,17	253,52	285,21	10,53	240,98	271,10	–	228,45	257,00	–	215,93	242,92	–	203,58	229,03	–	191,49	215,4
	IV	4.156,83	228,62	332,54	374,11	224,31	326,28	367,06	220,00	320,01	360,01	215,70	313,74	352,96	211,39	307,48	345,91	207,08	301,21	338,86	202,77	294,94	331,8
	V	4.671,25	256,91	373,70	420,41																		
	VI	4.715,58	259,35	377,24	424,40																		
13.109,99 (West)	I	4.150,25	228,26	332,02	373,52	219,64	319,48	359,42	211,03	306,95	345,32	202,41	294,42	331,22	193,79	281,88	317,12	185,18	269,35	303,02	176,56	256,82	288,9
	II	4.001,16	220,06	320,09	360,10	211,44	307,56	346,00	202,83	295,02	331,90	194,21	282,49	317,80	185,59	269,96	303,70	176,98	257,42	289,60	168,36	244,89	275,5
	III	3.319,16	47,04	265,53	298,72	28,40	253,00	284,62	9,75	240,46	270,52	–	227,93	256,42	–	215,40	242,32	–	203,06	228,44	–	190,98	214,8
	IV	4.150,25	228,26	332,02	373,52	223,95	325,75	366,47	219,64	319,48	359,42	215,33	313,22	352,37	211,03	306,95	345,32	206,72	300,68	338,27	202,41	294,42	331,2
	V	4.664,66	256,55	373,17	419,81																		
	VI	4.709,00	258,99	376,72	423,81																		
13.109,99 (Ost)	I	4.158,08	228,69	332,64	374,22	220,07	320,11	360,12	211,46	307,58	346,02	202,84	295,04	331,92	194,22	282,51	317,82	185,61	269,98	303,72	176,99	257,44	289,6
	II	4.008,91	220,49	320,71	360,80	211,87	308,18	346,70	203,26	295,65	332,60	194,64	283,12	318,51	186,02	270,58	304,40	177,41	258,05	290,30	168,79	245,52	276,2
	III	3.327,00	47,97	266,16	299,43	29,33	253,62	285,32	10,69	241,09	271,22	–	228,56	257,13	–	216,02	243,02	–	203,68	229,14	–	191,58	215,5
	IV	4.158,08	228,69	332,64	374,22	224,38	326,38	367,17	220,07	320,11	360,12	215,76	313,84	353,07	211,46	307,58	346,02	207,15	301,31	338,97	202,84	295,04	331,9
	V	4.672,50	256,98	373,80	420,52																		
	VI	4.716,83	259,42	377,34	424,51																		
13.112,99 (West)	I	4.151,50	228,33	332,12	373,63	219,71	319,58	359,53	211,09	307,05	345,43	202,48	294,52	331,33	193,86	281,98	317,23	185,25	269,46	303,14	176,63	256,92	289,0
	II	4.002,41	220,13	320,19	360,21	211,51	307,66	346,11	202,89	295,12	332,01	194,28	282,59	317,91	185,66	270,06	303,81	177,04	257,52	289,71	168,43	244,99	275,6
	III	3.320,33	47,18	265,62	298,82	28,54	253,09	284,72	9,89	240,56	270,63	–	228,02	256,52	–	215,50	242,44	–	203,17	228,56	–	191,09	214,9
	IV	4.151,50	228,33	332,12	373,63	224,02	325,85	366,58	219,71	319,58	359,53	215,40	313,32	352,48	211,09	307,05	345,43	206,79	300,78	338,38	202,48	294,52	331,33
	V	4.665,91	256,62	373,27	419,93																		
	VI	4.710,25	259,06	376,82	423,92																		
13.112,99 (Ost)	I	4.159,33	228,76	332,74	374,33	220,14	320,21	360,23	211,53	307,68	346,14	202,91	295,14	332,03	194,29	282,61	317,93	185,68	270,08	303,84	177,06	257,54	289,73
	II	4.010,25	220,56	320,82	360,92	211,94	308,28	346,82	203,33	295,75	332,72	194,71	283,22	318,62	186,09	270,68	304,52	177,48	258,15	290,42	168,86	245,62	276,32
	III	3.328,16	48,11	266,25	299,53	29,47	253,72	285,43	10,82	241,18	271,33	–	228,65	257,23	–	216,13	243,14	–	203,78	229,25	–	191,69	215,65
	IV	4.159,33	228,76	332,74	374,33	224,45	326,48	367,29	220,14	320,21	360,23	215,83	313,94	353,18	211,53	307,68	346,14	207,22	301,41	339,08	202,91	295,14	332,03
	V	4.673,75	257,05	373,90	420,63																		
	VI	4.718,08	259,49	377,44	424,62																		

Allgemeine Tabelle

MONAT bis 13.133,99 €

Lohn/ Gehalt bis	Steuerklasse	Lohn- steuer	ohne Kinderfreibetrag			Anzahl Kinderfreibeträge (nur Steuerklassen I–IV)																	
						0,5			1,0			1,5			2,0			2,5			3,0		
			SolZ 5,5%	Kirchensteuer 8%	9%	SolZ 5,5%	Kirchensteuer 8%	9%	SolZ 5,5%	Kirchensteuer 8%	9%	SolZ 5,5%	Kirchensteuer 8%	9%	SolZ 5,5%	Kirchensteuer 8%	9%	SolZ 5,5%	Kirchensteuer 8%	9%	SolZ 5,5%	Kirchensteuer 8%	9%
3.115,99 (West)	I	4.152,75	228,40	332,22	373,74	219,78	319,68	359,64	211,16	307,15	345,54	202,55	294,62	331,45	193,93	282,09	317,35	185,32	269,56	303,25	176,70	257,02	289,15
	II	4.003,66	220,20	320,29	360,32	211,58	307,76	346,23	202,96	295,22	332,12	194,35	282,69	318,02	185,73	270,16	303,93	177,11	257,62	289,82	168,50	245,10	275,73
	III	3.321,66	47,34	265,73	298,94	28,69	253,20	284,85	10,05	240,66	270,74	-	228,13	256,64	-	215,61	242,56	-	203,26	228,67	-	191,18	215,08
	IV	4.152,75	228,40	332,22	373,74	224,09	325,95	366,69	219,78	319,68	359,64	215,47	313,42	352,59	211,16	307,15	345,54	206,85	300,88	338,49	202,55	294,62	331,45
	V	4.667,25	256,69	373,38	420,05																		
	VI	4.711,50	259,13	376,92	424,03																		
3.115,99 (Ost)	I	4.160,58	228,83	332,84	374,45	220,21	320,31	360,35	211,59	307,78	346,25	202,98	295,24	332,15	194,36	282,71	318,05	185,74	270,18	303,95	177,13	257,64	289,85
	II	4.011,50	220,63	320,92	361,03	212,01	308,38	346,93	203,39	295,85	332,83	194,78	283,32	318,73	186,16	270,78	304,63	177,54	258,25	290,53	168,93	245,72	276,43
	III	3.329,50	48,27	266,36	299,65	29,63	253,82	285,55	10,98	241,29	271,45	-	228,76	257,35	-	216,22	243,25	-	203,88	229,36	-	191,78	215,75
	IV	4.160,58	228,83	332,84	374,45	224,52	326,58	367,40	220,21	320,31	360,35	215,90	314,04	353,30	211,59	307,78	346,25	207,29	301,51	339,20	202,98	295,24	332,15
	V	4.675,00	257,12	374,00	420,75																		
	VI	4.719,33	259,56	377,54	424,73																		
3.118,99 (West)	I	4.154,00	228,47	332,32	373,86	219,85	319,78	359,75	211,24	307,26	345,66	202,62	294,72	331,56	194,00	282,19	317,46	185,39	269,66	303,36	176,77	257,12	289,26
	II	4.004,91	220,27	320,39	360,44	211,65	307,86	346,34	203,03	295,32	332,24	194,42	282,79	318,14	185,80	270,26	304,04	177,19	257,73	289,94	168,57	245,20	275,85
	III	3.322,83	47,48	265,82	299,05	28,83	253,29	284,95	10,19	240,76	270,85	-	228,22	256,75	-	215,70	242,66	-	203,36	228,78	-	191,28	215,19
	IV	4.154,00	228,47	332,32	373,86	224,16	326,05	366,80	219,85	319,78	359,75	215,54	313,52	352,71	211,24	307,26	345,66	206,93	300,99	338,61	202,62	294,72	331,56
	V	4.668,50	256,76	373,48	420,16																		
	VI	4.712,75	259,20	377,02	424,14																		
3.118,99 (Ost)	I	4.161,83	228,90	332,94	374,56	220,28	320,41	360,46	211,66	307,88	346,36	203,05	295,34	332,26	194,43	282,81	318,16	185,81	270,28	304,06	177,20	257,75	289,97
	II	4.012,75	220,70	321,02	361,14	212,08	308,48	347,04	203,46	295,95	332,94	194,85	283,42	318,84	186,23	270,88	304,74	177,61	258,35	290,64	169,00	245,82	276,54
	III	3.330,66	48,41	266,45	299,75	29,76	253,92	285,66	11,12	241,38	271,55	-	228,85	257,45	-	216,33	243,37	-	203,97	229,46	-	191,88	215,86
	IV	4.161,83	228,90	332,94	374,56	224,59	326,68	367,51	220,28	320,41	360,46	215,97	314,14	353,41	211,66	307,88	346,36	207,35	301,61	339,31	203,05	295,34	332,26
	V	4.676,25	257,19	374,10	420,86																		
	VI	4.720,58	259,63	377,64	424,85																		
3.121,99 (West)	I	4.155,33	228,54	332,42	373,97	219,92	319,89	359,87	211,31	307,36	345,78	202,69	294,82	331,67	194,07	282,29	317,57	185,46	269,76	303,48	176,84	257,22	289,37
	II	4.006,16	220,33	320,49	360,55	211,72	307,96	346,45	203,10	295,42	332,35	194,49	282,90	318,26	185,87	270,36	304,16	177,26	257,83	290,06	168,64	245,30	275,96
	III	3.324,16	47,63	265,93	299,17	28,99	253,40	285,07	10,35	240,86	270,97	-	228,33	256,87	-	215,81	242,78	-	203,46	228,89	-	191,37	215,29
	IV	4.155,33	228,54	332,42	373,97	224,23	326,16	366,93	219,92	319,89	359,87	215,61	313,62	352,82	211,31	307,36	345,78	207,00	301,09	338,72	202,69	294,82	331,67
	V	4.669,75	256,83	373,58	420,27																		
	VI	4.714,08	259,27	377,12	424,26																		
3.121,99 (Ost)	I	4.163,08	228,96	333,04	374,67	220,35	320,51	360,57	211,73	307,98	346,47	203,11	295,44	332,37	194,50	282,91	318,27	185,89	270,38	304,18	177,27	257,85	290,08
	II	4.014,00	220,77	321,12	361,26	212,15	308,58	347,15	203,53	296,05	333,05	194,92	283,52	318,96	186,30	270,98	304,85	177,68	258,45	290,75	169,07	245,92	276,66
	III	3.332,00	48,57	266,56	299,88	29,92	254,02	285,77	11,28	241,49	271,67	-	228,96	257,58	-	216,42	243,47	-	204,08	229,59	-	191,97	215,96
	IV	4.163,08	228,96	333,04	374,67	224,66	326,78	367,62	220,35	320,51	360,57	216,04	314,24	353,52	211,73	307,98	346,47	207,42	301,71	339,42	203,11	295,44	332,37
	V	4.677,50	257,26	374,20	420,97																		
	VI	4.721,83	259,70	377,74	424,96																		
3.124,99 (West)	I	4.156,58	228,61	332,52	374,09	219,99	319,99	359,99	211,37	307,46	345,89	202,76	294,92	331,79	194,14	282,39	317,69	185,52	269,86	303,59	176,91	257,32	289,49
	II	4.007,41	220,40	320,59	360,66	211,79	308,06	346,57	203,17	295,53	332,47	194,56	283,00	318,37	185,94	270,46	304,27	177,32	257,93	290,17	168,71	245,40	276,07
	III	3.325,33	47,77	266,02	299,27	29,13	253,49	285,17	10,49	240,96	271,08	-	228,42	256,97	-	215,90	242,89	-	203,56	229,00	-	191,48	215,41
	IV	4.156,58	228,61	332,52	374,09	224,30	326,26	367,04	219,99	319,99	359,99	215,68	313,72	352,94	211,37	307,46	345,89	207,07	301,19	338,84	202,76	294,92	331,79
	V	4.671,00	256,90	373,68	420,39																		
	VI	4.715,33	259,34	377,22	424,37																		
3.124,99 (Ost)	I	4.164,33	229,03	333,14	374,78	220,42	320,61	360,68	211,80	308,08	346,59	203,19	295,55	332,49	194,57	283,02	318,39	185,95	270,48	304,29	177,34	257,95	290,19
	II	4.015,25	220,83	321,22	361,37	212,22	308,68	347,27	203,60	296,15	333,17	194,98	283,62	319,07	186,37	271,08	304,97	177,75	258,55	290,87	169,14	246,02	276,77
	III	3.333,16	48,71	266,65	299,98	30,06	254,12	285,88	11,42	241,58	271,78	-	229,06	257,69	-	216,53	243,59	-	204,17	229,69	-	192,06	216,07
	IV	4.164,33	229,03	333,14	374,78	224,73	326,88	367,74	220,42	320,61	360,68	216,11	314,34	353,63	211,80	308,08	346,59	207,49	301,81	339,53	203,19	295,55	332,49
	V	4.678,83	257,33	374,30	421,09																		
	VI	4.723,08	259,76	377,84	425,07																		
3.127,99 (West)	I	4.157,83	228,68	332,62	374,20	220,06	320,09	360,10	211,44	307,56	346,00	202,83	295,02	331,90	194,21	282,49	317,80	185,59	269,96	303,70	176,98	257,42	289,60
	II	4.008,75	220,48	320,70	360,78	211,86	308,16	346,68	203,24	295,63	332,58	194,63	283,10	318,48	186,01	270,56	304,38	177,39	258,03	290,28	168,78	245,50	276,18
	III	3.326,66	47,93	266,13	299,39	29,29	253,60	285,30	10,65	241,06	271,19	-	228,53	257,09	-	216,01	243,01	-	203,66	229,12	-	191,57	215,51
	IV	4.157,83	228,68	332,62	374,20	224,37	326,36	367,15	220,06	320,09	360,10	215,75	313,82	353,05	211,44	307,56	346,00	207,13	301,29	338,95	202,83	295,02	331,90
	V	4.672,25	256,97	373,78	420,50																		
	VI	4.716,58	259,41	377,32	424,49																		
3.127,99 (Ost)	I	4.165,58	229,10	333,24	374,90	220,49	320,71	360,80	211,87	308,18	346,70	203,26	295,65	332,60	194,64	283,12	318,51	186,02	270,58	304,40	177,41	258,05	290,30
	II	4.016,50	220,90	321,32	361,48	212,29	308,78	347,38	203,67	296,25	333,28	195,05	283,72	319,18	186,44	271,19	305,09	177,82	258,66	290,99	169,21	246,12	276,89
	III	3.334,50	48,86	266,76	300,10	30,22	254,22	286,00	11,58	241,69	271,90	-	229,16	257,80	-	216,62	243,70	-	204,26	229,79	-	192,17	216,19
	IV	4.165,58	229,10	333,24	374,90	224,79	326,98	367,85	220,49	320,71	360,80	216,18	314,45	353,75	211,87	308,18	346,70	207,57	301,92	339,66	203,26	295,65	332,60
	V	4.680,08	257,40	374,40	421,20																		
	VI	4.724,33	259,83	377,94	425,18																		
13.130,99 (West)	I	4.159,08	228,74	332,72	374,31	220,13	320,19	360,21	211,51	307,66	346,11	202,89	295,12	332,01	194,28	282,59	317,91	185,66	270,06	303,81	177,04	257,52	289,71
	II	4.010,00	220,55	320,80	360,90	211,93	308,26	346,79	203,31	295,73	332,69	194,70	283,20	318,60	186,08	270,66	304,49	177,46	258,13	290,39	168,85	245,60	276,30
	III	3.327,83	48,07	266,22	299,50	29,45	253,70	285,41	10,80	241,17	271,31	-	228,64	257,22	-	216,10	243,11	-	203,76	229,23	-	191,66	215,62
	IV	4.159,08	228,74	332,72	374,31	224,44	326,46	367,26	220,13	320,19	360,21	215,82	313,92	353,16	211,51	307,66	346,11	207,20	301,39	339,06	202,89	295,12	332,01
	V	4.673,50	257,04	373,88	420,61																		
	VI	4.717,83	259,48	377,42	424,60																		
13.130,99 (Ost)	I	4.166,91	229,18	333,35	375,02	220,56	320,82	360,92	211,94	308,28	346,82	203,33	295,75	332,72	194,71	283,22	318,62	186,09	270,68	304,52	177,48	258,15	290,42
	II	4.017,75	220,97	321,42	361,59	212,35	308,88	347,49	203,74	296,35	333,39	195,13	283,82	319,30	186,51	271,29	305,20	177,89	258,76	291,10	169,28	246,22	277,00
	III	3.335,83	49,02	266,86	300,22	30,38	254,33	286,12	11,74	241,80	272,02	-	229,26	257,92	-	216,73	243,82	-	204,37	229,91	-	192,26	216,29
	IV	4.166,91	229,18	333,35	375,02	224,87	327,08	367,97	220,56	320,82	360,92	216,25	314,55	353,87	211,94	308,28	346,82	207,63	302,02	339,77	203,33	295,75	332,72
	V	4.681,33	257,47	374,50	421,31																		
	VI	4.725,66	259,91	378,05	425,30																		
13.133,99 (West)	I	4.160,33	228,81	332,82	374,42	220,20	320,29	360,32	211,58	307,76	346,23	202,96	295,22	332,12	194,35	282,69	318,02	185,73	270,16	303,93	177,11	257,62	289,82
	II	4.011,25	220,61	320,90	361,01	212,00	308,36	346,91	203,38	295,83	332,81	194,76	283,30	318,71	186,15	270,76	304,61	177,53	258,23	290,51	168,91	245,70	276,41
	III	3.329,16	48,23	266,33	299,62	29,59	253,80	285,52	10,94	241,26	271,42	-	228,73	257,32	-	216,21	243,23	-	203,85	229,33	-	191,76	215,73
	IV	4.160,33	228,81	332,82	374,42	224,51	326,56	367,38	220,20	320,29	360,32	215,89	314,02	353,27	211,58	307,76	346,23	207,27	301,49	339,17	202,96	295,22	332,12
	V	4.674,75	257,11	373,98	420,72																		
	VI	4.719,08	259,54	377,52	424,71																		
13.133,99 (Ost)	I	4.168,16	229,24	333,45	375,13	220,63	320,92	361,03	212,01	308,38	346,93	203,39	295,85	332,83	194,78	283,32	318,73	186,16	270,78	304,63	177,54	258,25	290,53
	II	4.019,00	221,04	321,52	361,71	212,43	308,99	347,61	203,81	296,46	333,51	195,19	283,92	319,41	186,58	271,39	305,31	177,96	258,86	291,21	169,34	246,32	277,11
	III	3.337,00	49,16	266,96	300,33	30,52	254,42	286,22	11,88	241,89	272,12	-	229,36	258,03	-	216,84	243,94	-	204,46	230,02	-	192,36	216,40
	IV	4.168,16	229,24	333,45	375,13	224,94	327,18	368,08	220,63	320,92	361,03	216,32	314,65	353,98	212,01	308,38	346,93	207,70	302,12	339,88	203,39	295,85	332,83
	V	4.682,58	257,54	374,60	421,43																		
	VI	4.726,91	259,98	378,15	425,42																		

MONAT bis 13.154,99 €

Allgemeine Tabelle

Lohn/ Gehalt bis	Steuerklasse	Lohn-steuer	ohne Kinderfreibetrag			Anzahl Kinderfreibeträge (nur Steuerklassen I–IV)																	
						0,5			1,0			1,5			2,0			2,5			3,0		
			SolZ 5,5%	Kirchensteuer 8%	9%	SolZ 5,5%	Kirchensteuer 8%	9%	SolZ 5,5%	Kirchensteuer 8%	9%	SolZ 5,5%	Kirchensteuer 8%	9%	SolZ 5,5%	Kirchensteuer 8%	9%	SolZ 5,5%	Kirchensteuer 8%	9%	SolZ 5,5%	Kirchensteu 8%	9%
13.136,99 (West)	I	4.161,58	228,88	332,92	374,54	220,27	320,39	360,44	211,65	307,86	346,34	203,03	295,32	332,24	194,42	282,79	318,14	185,80	270,26	304,04	177,19	257,73	289
	II	4.012,50	220,68	321,00	361,12	212,07	308,46	347,02	203,45	295,93	332,92	194,83	283,40	318,82	186,22	270,86	304,72	177,60	258,33	290,62	168,98	245,80	276
	III	3.330,50	48,39	266,44	299,74	29,75	253,90	285,64	11,10	241,37	271,54	-	228,84	257,44	-	216,30	243,34	-	203,96	229,45	-	191,85	215
	IV	4.161,58	228,88	332,92	374,54	224,57	326,66	367,49	220,27	320,39	360,44	215,96	314,12	353,39	211,65	307,86	346,34	207,34	301,59	339,29	203,03	295,32	332
	V	4.676,00	257,18	374,08	420,84																		
	VI	4.720,33	259,61	377,62	424,82																		
13.136,99 (Ost)	I	4.169,41	229,31	333,55	375,24	220,70	321,02	361,14	212,08	308,48	347,04	203,46	295,95	332,94	194,85	283,42	318,84	186,23	270,88	304,74	177,61	258,35	290
	II	4.020,33	221,11	321,62	361,82	212,50	309,09	347,72	203,88	296,56	333,63	195,26	284,02	319,52	186,65	271,49	305,42	178,03	258,96	291,33	169,41	246,42	277
	III	3.338,33	49,32	267,06	300,44	30,68	254,53	286,34	12,03	242,00	272,25	-	229,46	258,14	-	216,93	244,04	-	204,57	230,14	-	192,45	216
	IV	4.169,41	229,31	333,55	375,24	225,00	327,28	368,19	220,70	321,02	361,14	216,39	314,75	354,09	212,08	308,48	347,04	207,77	302,22	339,99	203,46	295,95	332
	V	4.683,83	257,61	374,70	421,54																		
	VI	4.728,16	260,04	378,25	425,53																		
13.139,99 (West)	I	4.162,83	228,95	333,02	374,65	220,33	320,49	360,55	211,72	307,96	346,45	203,10	295,42	332,35	194,49	282,90	318,26	185,87	270,36	304,16	177,26	257,83	290
	II	4.013,75	220,75	321,10	361,23	212,13	308,56	347,13	203,52	296,03	333,03	194,90	283,50	318,93	186,28	270,96	304,83	177,67	258,43	290,73	169,06	245,90	276
	III	3.331,66	48,53	266,53	299,84	29,88	254,00	285,75	11,24	241,46	271,64	-	228,93	257,54	-	216,41	243,46	-	204,05	229,55	-	191,96	215
	IV	4.162,83	228,95	333,02	374,65	224,64	326,76	367,60	220,33	320,49	360,55	216,03	314,22	353,50	211,72	307,96	346,45	207,41	301,69	339,40	203,10	295,42	332
	V	4.677,33	257,25	374,18	420,95																		
	VI	4.721,58	259,68	377,72	424,94																		
13.139,99 (Ost)	I	4.170,66	229,38	333,65	375,35	220,77	321,12	361,26	212,15	308,58	347,15	203,53	296,05	333,05	194,92	283,52	318,96	186,30	270,98	304,85	177,68	258,45	290
	II	4.021,58	221,18	321,72	361,94	212,57	309,19	347,84	203,95	296,66	333,74	195,33	284,12	319,64	186,72	271,59	305,54	178,10	259,06	291,44	169,48	246,52	277
	III	3.339,50	49,46	267,16	300,55	30,82	254,62	286,45	12,17	242,09	272,35	-	229,56	258,25	-	217,04	244,17	-	204,66	230,24	-	192,56	216
	IV	4.170,66	229,38	333,65	375,35	225,07	327,38	368,30	220,77	321,12	361,26	216,46	314,85	354,20	212,15	308,58	347,15	207,84	302,32	340,11	203,53	296,05	333
	V	4.685,08	257,67	374,80	421,65																		
	VI	4.729,41	260,11	378,35	425,64																		
13.142,99 (West)	I	4.164,08	229,02	333,12	374,76	220,40	320,59	360,66	211,79	308,06	346,57	203,17	295,53	332,47	194,56	283,00	318,37	185,94	270,46	304,27	177,32	257,93	290
	II	4.015,00	220,82	321,20	361,35	212,20	308,66	347,24	203,59	296,13	333,14	194,97	283,60	319,05	186,35	271,06	304,94	177,74	258,54	290,85	169,12	246,00	276
	III	3.333,00	48,69	266,64	299,97	30,04	254,10	285,86	11,40	241,57	271,76	-	229,04	257,67	-	216,50	243,56	-	204,14	229,66	-	192,05	216
	IV	4.164,08	229,02	333,12	374,76	224,71	326,86	367,71	220,40	320,59	360,66	216,09	314,32	353,61	211,79	308,06	346,57	207,48	301,80	339,52	203,17	295,53	332
	V	4.678,58	257,32	374,28	421,07																		
	VI	4.722,83	259,75	377,82	425,05																		
13.142,99 (Ost)	I	4.171,91	229,45	333,75	375,47	220,83	321,22	361,37	212,22	308,68	347,27	203,60	296,15	333,17	194,98	283,62	319,07	186,37	271,08	304,97	177,75	258,55	290
	II	4.022,83	221,25	321,82	362,05	212,63	309,29	347,95	204,02	296,76	333,85	195,40	284,22	319,75	186,78	271,69	305,65	178,17	259,16	291,55	169,55	246,62	277
	III	3.340,83	49,62	267,26	300,67	30,97	254,73	286,57	12,33	242,20	272,47	-	229,66	258,37	-	217,13	244,27	-	204,76	230,35	-	192,65	216
	IV	4.171,91	229,45	333,75	375,47	225,14	327,48	368,42	220,83	321,22	361,37	216,53	314,95	354,32	212,22	308,68	347,27	207,91	302,42	340,22	203,60	296,15	333
	V	4.686,33	257,74	374,90	421,76																		
	VI	4.730,66	260,18	378,45	425,75																		
13.145,99 (West)	I	4.165,33	229,09	333,22	374,87	220,48	320,70	360,78	211,86	308,16	346,68	203,24	295,63	332,58	194,63	283,10	318,48	186,01	270,56	304,38	177,39	258,03	290
	II	4.016,25	220,89	321,30	361,46	212,27	308,76	347,36	203,66	296,23	333,26	195,04	283,70	319,16	186,43	271,17	305,06	177,81	258,64	290,97	169,19	246,10	276
	III	3.334,16	48,82	266,73	300,07	30,18	254,20	285,97	11,54	241,66	271,87	-	229,13	257,77	-	216,61	243,68	-	204,25	229,78	-	192,14	216
	IV	4.165,33	229,09	333,22	374,87	224,78	326,96	367,83	220,48	320,70	360,78	216,17	314,43	353,73	211,86	308,16	346,68	207,55	301,90	339,63	203,24	295,63	332
	V	4.679,83	257,39	374,38	421,18																		
	VI	4.724,08	259,82	377,92	425,16																		
13.145,99 (Ost)	I	4.173,16	229,52	333,85	375,58	220,90	321,32	361,48	212,29	308,78	347,38	203,67	296,25	333,28	195,05	283,72	319,18	186,44	271,19	305,09	177,82	258,66	290
	II	4.024,08	221,32	321,92	362,16	212,70	309,39	348,06	204,09	296,86	333,96	195,47	284,32	319,86	186,85	271,79	305,76	178,24	259,26	291,66	169,62	246,72	277
	III	3.342,00	49,76	267,36	300,78	31,11	254,82	286,67	12,47	242,29	272,57	-	229,76	258,48	-	217,24	244,39	-	204,86	230,47	-	192,74	216
	IV	4.173,16	229,52	333,85	375,58	225,21	327,58	368,53	220,90	321,32	361,48	216,59	315,05	354,43	212,29	308,78	347,38	207,98	302,52	340,33	203,67	296,25	333
	V	4.687,58	257,81	375,00	421,88																		
	VI	4.731,91	260,25	378,55	425,87																		
13.148,99 (West)	I	4.166,66	229,16	333,33	374,99	220,55	320,80	360,90	211,93	308,26	346,79	203,31	295,73	332,69	194,70	283,20	318,60	186,08	270,66	304,49	177,46	258,13	290,
	II	4.017,50	220,96	321,40	361,57	212,34	308,86	347,47	203,73	296,34	333,38	195,11	283,80	319,28	186,50	271,27	305,18	177,88	258,74	291,08	169,26	246,20	276,
	III	3.335,50	48,98	266,84	300,19	30,34	254,30	286,09	11,70	241,77	271,99	-	229,24	257,89	-	216,70	243,79	-	204,34	229,88	-	192,24	216,
	IV	4.166,66	229,16	333,33	374,99	224,85	327,06	367,94	220,55	320,80	360,90	216,24	314,53	353,84	211,93	308,26	346,79	207,62	302,00	339,75	203,31	295,73	332,
	V	4.681,08	257,45	374,48	421,29																		
	VI	4.725,41	259,89	378,03	425,28																		
13.148,99 (Ost)	I	4.174,41	229,59	333,95	375,69	220,97	321,42	361,59	212,35	308,88	347,49	203,74	296,35	333,39	195,13	283,82	319,30	186,51	271,29	305,20	177,89	258,76	291,
	II	4.025,33	221,39	322,02	362,27	212,77	309,49	348,17	204,16	296,96	334,08	195,54	284,42	319,97	186,92	271,89	305,87	178,31	259,36	291,78	169,69	246,83	277,
	III	3.343,33	49,92	267,46	300,89	31,27	254,93	286,79	12,63	242,40	272,70	-	229,86	258,59	-	217,33	244,49	-	204,96	230,58	-	192,84	216,
	IV	4.174,41	229,59	333,95	375,69	225,28	327,68	368,64	220,97	321,42	361,59	216,66	315,15	354,54	212,35	308,88	347,49	208,05	302,62	340,44	203,74	296,35	333,
	V	4.688,91	257,89	375,11	422,00																		
	VI	4.733,16	260,32	378,65	425,98																		
13.151,99 (West)	I	4.167,91	229,23	333,43	375,11	220,61	320,90	361,01	212,00	308,36	346,91	203,38	295,83	332,81	194,76	283,30	318,71	186,15	270,76	304,61	177,53	258,23	290,
	II	4.018,83	221,03	321,50	361,69	212,41	308,97	347,59	203,80	296,44	333,49	195,18	283,90	319,39	186,56	271,37	305,29	177,95	258,84	291,19	169,33	246,30	277,
	III	3.336,66	49,12	266,93	300,29	30,48	254,40	286,20	11,84	241,86	272,09	-	229,34	258,01	-	216,81	243,91	-	204,45	230,00	-	192,33	216,
	IV	4.167,91	229,23	333,43	375,11	224,92	327,16	368,06	220,61	320,90	361,01	216,31	314,63	353,96	212,00	308,36	346,91	207,69	302,10	339,86	203,38	295,83	332,
	V	4.682,33	257,52	374,58	421,40																		
	VI	4.726,66	259,96	378,13	425,39																		
13.151,99 (Ost)	I	4.175,66	229,66	334,05	375,80	221,04	321,52	361,71	212,43	308,99	347,61	203,81	296,46	333,51	195,19	283,92	319,41	186,58	271,39	305,31	177,96	258,86	291,
	II	4.026,58	221,46	322,12	362,39	212,84	309,59	348,29	204,22	297,06	334,19	195,61	284,52	320,09	186,99	271,99	305,99	178,38	259,46	291,89	169,76	246,93	277,
	III	3.344,50	50,05	267,56	301,00	31,41	255,02	286,90	12,79	242,50	272,81	-	229,97	258,71	-	217,44	244,62	-	205,05	230,68	-	192,93	217,
	IV	4.175,66	229,66	334,05	375,80	225,35	327,78	368,75	221,04	321,52	361,71	216,73	315,25	354,65	212,43	308,99	347,61	208,12	302,72	340,56	203,81	296,46	333,
	V	4.690,16	257,95	375,21	422,11																		
	VI	4.734,41	260,39	378,75	426,09																		
13.154,99 (West)	I	4.169,16	229,30	333,53	375,22	220,68	321,00	361,12	212,07	308,46	347,02	203,45	295,93	332,92	194,83	283,40	318,82	186,22	270,86	304,72	177,60	258,33	290,
	II	4.020,08	221,10	321,60	361,80	212,48	309,07	347,70	203,87	296,54	333,60	195,25	284,00	319,50	186,63	271,47	305,40	178,02	258,94	291,30	169,40	246,40	277,
	III	3.338,00	49,28	267,04	300,42	30,64	254,50	286,31	11,99	241,97	272,21	-	229,44	258,12	-	216,90	244,01	-	204,54	230,11	-	192,44	216,
	IV	4.169,16	229,30	333,53	375,22	224,99	327,26	368,17	220,68	321,00	361,12	216,37	314,73	354,07	212,07	308,46	347,02	207,76	302,20	339,97	203,45	295,93	332,
	V	4.683,58	257,59	374,68	421,52																		
	VI	4.727,91	260,03	378,23	425,51																		
13.154,99 (Ost)	I	4.176,91	229,73	334,15	375,92	221,11	321,62	361,82	212,50	309,09	347,72	203,88	296,56	333,63	195,26	284,02	319,52	186,65	271,49	305,42	178,03	258,96	291,3
	II	4.027,83	221,53	322,22	362,50	212,91	309,69	348,40	204,29	297,16	334,30	195,68	284,63	320,21	187,06	272,10	306,11	178,45	259,56	292,01	169,83	247,03	277,9
	III	3.345,83	50,21	267,66	301,12	31,57	255,13	287,02	12,93	242,60	272,92	-	230,06	258,82	-	217,53	244,72	-	205,16	230,80	-	193,04	217,1
	IV	4.176,91	229,73	334,15	375,92	225,42	327,89	368,87	221,11	321,62	361,82	216,81	315,36	354,78	212,50	309,09	347,72	208,19	302,82	340,67	203,88	296,56	333,6
	V	4.691,41	258,02	375,31	422,22																		
	VI	4.735,75	260,46	378,86	426,21																		

Lohn/ Gehalt bis	Steuerklasse	Lohn-steuer	ohne Kinderfreibetrag			Anzahl Kinderfreibeträge (nur Steuerklassen I–IV) 0,5			1,0			1,5			2,0			2,5			3,0		
			SolZ 5,5%	Kirchensteuer 8%	9%	SolZ 5,5%	Kirchensteuer 8%	9%	SolZ 5,5%	Kirchensteuer 8%	9%	SolZ 5,5%	Kirchensteuer 8%	9%	SolZ 5,5%	Kirchensteuer 8%	9%	SolZ 5,5%	Kirchensteuer 8%	9%	SolZ 5,5%	Kirchensteuer 8%	9%
3.157,99 (West)	I	4.170,41	229,37	333,63	375,33	220,75	321,10	361,23	212,13	308,56	347,13	203,52	296,03	333,03	194,90	283,50	318,93	186,28	270,96	304,83	177,67	258,43	290,73
	II	4.021,33	221,17	321,70	361,91	212,55	309,17	347,81	203,94	296,64	333,72	195,32	284,10	319,61	186,70	271,57	305,51	178,09	259,04	291,42	169,47	246,50	277,31
	III	3.339,33	49,44	267,14	300,53	30,80	254,61	286,43	12,15	242,08	272,34	-	229,54	258,23	-	217,01	244,13	-	204,64	230,22	-	192,53	216,59
	IV	4.170,41	229,37	333,63	375,33	225,06	327,36	368,28	220,75	321,10	361,23	216,44	314,83	354,18	212,13	308,56	347,13	207,83	302,30	340,08	203,52	296,03	333,03
	V	4.684,83	257,66	374,78	421,63																		
	VI	4.729,16	260,10	378,33	425,62																		
3.157,99 (Ost)	I	4.178,25	229,80	334,26	376,04	221,18	321,72	361,94	212,57	309,19	347,84	203,95	296,66	333,74	195,33	284,12	319,64	186,72	271,59	305,54	178,10	259,06	291,44
	II	4.029,08	221,59	322,32	362,61	212,98	309,79	348,51	204,37	297,26	334,42	195,75	284,73	320,32	187,13	272,20	306,22	178,52	259,66	292,12	169,90	247,13	278,02
	III	3.347,16	50,37	267,77	301,24	31,73	255,24	287,14	13,09	242,70	273,04	-	230,17	258,94	-	217,64	244,84	-	205,25	230,90	-	193,13	217,27
	IV	4.178,25	229,80	334,26	376,04	225,49	327,99	368,99	221,18	321,72	361,94	216,87	315,46	354,89	212,57	309,19	347,84	208,26	302,92	340,79	203,95	296,66	333,74
	V	4.692,66	258,09	375,41	422,33																		
	VI	4.737,00	260,53	378,96	426,33																		
3.160,99 (West)	I	4.171,66	229,44	333,73	375,44	220,82	321,20	361,35	212,20	308,66	347,24	203,59	296,13	333,14	194,97	283,60	319,05	186,35	271,06	304,94	177,74	258,54	290,85
	II	4.022,58	221,24	321,80	362,03	212,62	309,27	347,93	204,00	296,74	333,83	195,39	284,20	319,73	186,77	271,67	305,63	178,15	259,14	291,53	169,54	246,60	277,43
	III	3.340,50	49,58	267,24	300,64	30,94	254,70	286,54	12,29	242,17	272,44	-	229,64	258,34	-	217,10	244,24	-	204,74	230,33	-	192,62	216,70
	IV	4.171,66	229,44	333,73	375,44	225,13	327,46	368,39	220,82	321,20	361,35	216,51	314,93	354,29	212,20	308,66	347,24	207,90	302,40	340,20	203,59	296,13	333,14
	V	4.686,08	257,73	374,88	421,74																		
	VI	4.730,41	260,17	378,43	425,73																		
3.160,99 (Ost)	I	4.179,50	229,87	334,36	376,15	221,25	321,82	362,05	212,63	309,29	347,95	204,02	296,76	333,85	195,40	284,22	319,75	186,78	271,69	305,65	178,17	259,16	291,55
	II	4.030,41	221,67	322,43	362,73	213,05	309,90	348,63	204,43	297,36	334,53	195,82	284,83	320,43	187,20	272,30	306,33	178,58	259,76	292,23	169,97	247,23	278,13
	III	3.348,33	50,51	267,86	301,34	31,87	255,33	287,24	13,22	242,80	273,15	-	230,26	259,04	-	217,73	244,94	-	205,36	231,03	-	193,22	217,37
	IV	4.179,50	229,87	334,36	376,15	225,56	328,09	369,10	221,25	321,82	362,05	216,94	315,56	355,00	212,63	309,29	347,95	208,33	303,02	340,90	204,02	296,76	333,85
	V	4.693,91	258,16	375,51	422,45																		
	VI	4.738,25	260,60	379,06	426,44																		
3.163,99 (West)	I	4.172,91	229,51	333,83	375,56	220,89	321,30	361,46	212,27	308,76	347,36	203,66	296,23	333,26	195,04	283,70	319,16	186,43	271,17	305,06	177,81	258,64	290,97
	II	4.023,83	221,31	321,90	362,14	212,69	309,37	348,04	204,07	296,84	333,94	195,46	284,30	319,84	186,84	271,77	305,74	178,22	259,24	291,64	169,61	246,70	277,54
	III	3.341,83	49,74	267,34	300,76	31,09	254,81	286,66	12,45	242,28	272,56	-	229,74	258,46	-	217,21	244,36	-	204,84	230,44	-	192,72	216,81
	IV	4.172,91	229,51	333,83	375,56	225,20	327,56	368,51	220,89	321,30	361,46	216,58	315,03	354,41	212,27	308,76	347,36	207,96	302,50	340,31	203,66	296,23	333,26
	V	4.687,33	257,80	374,98	421,85																		
	VI	4.731,66	260,24	378,53	425,84																		
3.163,99 (Ost)	I	4.180,75	229,94	334,46	376,26	221,32	321,92	362,16	212,70	309,39	348,06	204,09	296,86	333,96	195,47	284,32	319,86	186,85	271,79	305,76	178,24	259,26	291,66
	II	4.031,66	221,74	322,53	362,84	213,12	310,00	348,75	204,50	297,46	334,64	195,89	284,93	320,54	187,27	272,40	306,45	178,65	259,86	292,34	170,04	247,33	278,24
	III	3.349,66	50,67	267,97	301,46	32,03	255,44	287,37	13,38	242,90	273,26	-	230,37	259,16	-	217,84	245,07	-	205,45	231,13	-	193,32	217,48
	IV	4.180,75	229,94	334,46	376,26	225,63	328,19	369,21	221,32	321,92	362,16	217,01	315,66	355,11	212,70	309,39	348,06	208,39	303,12	341,01	204,09	296,86	333,96
	V	4.695,16	258,23	375,61	422,56																		
	VI	4.739,50	260,67	379,16	426,55																		
3.166,99 (West)	I	4.174,16	229,57	333,93	375,67	220,96	321,40	361,57	212,34	308,86	347,47	203,73	296,34	333,38	195,11	283,80	319,28	186,50	271,27	305,18	177,88	258,74	291,08
	II	4.025,08	221,37	322,00	362,25	212,76	309,47	348,15	204,14	296,94	334,05	195,52	284,40	319,95	186,91	271,87	305,85	178,30	259,34	291,76	169,68	246,81	277,66
	III	3.343,00	49,88	267,44	300,87	31,23	254,90	286,76	12,59	242,37	272,66	-	229,84	258,57	-	217,32	244,48	-	204,93	230,54	-	192,82	216,92
	IV	4.174,16	229,57	333,93	375,67	225,27	327,66	368,62	220,96	321,40	361,57	216,65	315,13	354,52	212,34	308,86	347,47	208,04	302,60	340,43	203,73	296,34	333,38
	V	4.688,66	257,87	375,09	421,97																		
	VI	4.732,91	260,31	378,63	425,96																		
3.166,99 (Ost)	I	4.182,00	230,01	334,56	376,38	221,39	322,02	362,27	212,77	309,49	348,17	204,16	296,96	334,08	195,54	284,42	319,97	186,92	271,89	305,87	178,31	259,36	291,78
	II	4.032,91	221,81	322,63	362,96	213,19	310,10	348,86	204,57	297,56	334,76	195,96	285,03	320,66	187,34	272,50	306,56	178,72	259,96	292,46	170,11	247,43	278,36
	III	3.350,83	50,81	268,06	301,57	32,16	255,53	287,47	13,52	243,00	273,37	-	230,46	259,27	-	217,94	245,18	-	205,54	231,23	-	193,42	217,60
	IV	4.182,00	230,01	334,56	376,38	225,70	328,29	369,32	221,39	322,02	362,27	217,08	315,76	355,23	212,77	309,49	348,17	208,46	303,22	341,12	204,16	296,96	334,08
	V	4.696,41	258,30	375,71	422,67																		
	VI	4.740,75	260,74	379,26	426,66																		
13.169,99 (West)	I	4.175,41	229,64	334,03	375,78	221,03	321,50	361,69	212,41	308,97	347,59	203,80	296,44	333,49	195,18	283,90	319,39	186,56	271,37	305,29	177,95	258,84	291,19
	II	4.026,33	221,44	322,10	362,36	212,83	309,57	348,26	204,21	297,04	334,17	195,59	284,50	320,06	186,98	271,98	305,97	178,36	259,44	291,87	169,75	246,91	277,77
	III	3.344,33	50,03	267,54	300,98	31,39	255,01	286,88	12,75	242,48	272,79	-	229,94	258,68	-	217,41	244,58	-	205,04	230,67	-	192,92	217,03
	IV	4.175,41	229,64	334,03	375,78	225,33	327,76	368,73	221,03	321,50	361,69	216,72	315,24	354,64	212,41	308,97	347,59	208,11	302,70	340,54	203,80	296,44	333,49
	V	4.689,91	257,94	375,19	422,09																		
	VI	4.734,16	260,37	378,73	426,07																		
13.169,99 (Ost)	I	4.183,25	230,07	334,66	376,49	221,46	322,12	362,39	212,84	309,59	348,29	204,22	297,06	334,19	195,61	284,52	320,09	186,99	271,99	305,99	178,38	259,46	291,89
	II	4.034,16	221,87	322,73	363,07	213,26	310,20	348,97	204,64	297,66	334,87	196,02	285,13	320,77	187,41	272,60	306,67	178,79	260,06	292,57	170,17	247,53	278,47
	III	3.352,16	50,97	268,17	301,69	32,32	255,64	287,59	13,68	243,10	273,49	-	230,57	259,39	-	218,04	245,29	-	205,65	231,35	-	193,52	217,71
	IV	4.183,25	230,07	334,66	376,49	225,77	328,39	369,44	221,46	322,12	362,39	217,15	315,86	355,34	212,84	309,59	348,29	208,53	303,32	341,24	204,22	297,06	334,19
	V	4.697,66	258,37	375,81	422,78																		
	VI	4.742,00	260,81	379,36	426,78																		
13.172,99 (West)	I	4.176,75	229,72	334,14	375,90	221,10	321,60	361,80	212,48	309,07	347,70	203,87	296,54	333,60	195,25	284,00	319,50	186,63	271,47	305,40	178,02	258,94	291,30
	II	4.027,58	221,51	322,20	362,48	212,90	309,67	348,38	204,28	297,14	334,28	195,67	284,61	320,18	187,05	272,08	306,09	178,43	259,54	291,98	169,82	247,01	277,88
	III	3.345,50	50,17	267,64	301,09	31,53	255,10	286,99	12,89	242,57	272,89	-	230,04	258,79	-	217,52	244,71	-	205,13	230,77	-	193,01	217,13
	IV	4.176,75	229,72	334,14	375,90	225,41	327,87	368,85	221,10	321,60	361,80	216,79	315,34	354,75	212,48	309,07	347,70	208,17	302,80	340,65	203,87	296,54	333,60
	V	4.691,16	258,01	375,29	422,20																		
	VI	4.735,50	260,45	378,84	426,19																		
13.172,99 (Ost)	I	4.184,50	230,14	334,76	376,60	221,53	322,22	362,50	212,91	309,69	348,40	204,29	297,16	334,30	195,68	284,63	320,21	187,06	272,10	306,11	178,45	259,56	292,01
	II	4.035,41	221,94	322,83	363,18	213,33	310,30	349,08	204,71	297,76	334,98	196,09	285,23	320,88	187,48	272,70	306,78	178,86	260,16	292,68	170,24	247,63	278,58
	III	3.353,33	51,11	268,26	301,79	32,46	255,73	287,69	13,82	243,20	273,60	-	230,66	259,49	-	218,14	245,41	-	205,74	231,46	-	193,61	217,81
	IV	4.184,50	230,14	334,76	376,60	225,83	328,49	369,55	221,53	322,22	362,50	217,22	315,96	355,45	212,91	309,69	348,40	208,60	303,42	341,35	204,29	297,16	334,30
	V	4.699,00	258,44	375,92	422,91																		
	VI	4.743,25	260,87	379,46	426,89																		
13.175,99 (West)	I	4.178,00	229,79	334,24	376,02	221,17	321,70	361,91	212,55	309,17	347,81	203,94	296,64	333,72	195,32	284,10	319,61	186,70	271,57	305,51	178,09	259,04	291,42
	II	4.028,83	221,58	322,30	362,59	212,97	309,78	348,50	204,35	297,24	334,40	195,74	284,71	320,30	187,12	272,18	306,20	178,50	259,64	292,10	169,89	247,11	278,00
	III	3.346,83	50,33	267,74	301,21	31,69	255,21	287,11	13,05	242,68	273,01	-	230,14	258,91	-	217,61	244,81	-	205,24	230,89	-	193,10	217,24
	IV	4.178,00	229,79	334,24	376,02	225,48	327,97	368,96	221,17	321,70	361,91	216,86	315,44	354,87	212,55	309,17	347,81	208,24	302,90	340,76	203,94	296,64	333,72
	V	4.692,41	258,08	375,39	422,31																		
	VI	4.736,75	260,52	378,94	426,30																		
13.175,99 (Ost)	I	4.185,75	230,21	334,86	376,71	221,59	322,32	362,61	212,98	309,79	348,51	204,37	297,26	334,42	195,75	284,73	320,32	187,13	272,20	306,22	178,52	259,66	292,12
	II	4.036,66	222,01	322,93	363,29	213,40	310,40	349,20	204,78	297,86	335,09	196,16	285,33	320,99	187,55	272,80	306,90	178,93	260,27	292,80	170,32	247,74	278,70
	III	3.354,66	51,26	268,37	301,91	32,62	255,84	287,82	13,98	243,30	273,71	-	230,77	259,61	-	218,24	245,52	-	205,85	231,58	-	193,70	217,91
	IV	4.185,75	230,21	334,86	376,71	225,90	328,59	369,66	221,59	322,32	362,61	217,29	316,06	355,56	212,98	309,79	348,51	208,67	303,53	341,47	204,37	297,26	334,42
	V	4.700,25	258,51	376,02	423,02																		
	VI	4.744,50	260,94	379,56	427,00																		

Lohn/ Gehalt bis	Steuerklasse	Lohn-steuer	ohne Kinderfreibetrag			Anzahl Kinderfreibeträge (nur Steuerklassen I–IV) 0,5			1,0			1,5			2,0			2,5			3,0		
			SolZ 5,5%	Kirchensteuer 8%	9%	SolZ 5,5%	Kirchensteuer 8%	9%	SolZ 5,5%	Kirchensteuer 8%	9%	SolZ 5,5%	Kirchensteuer 8%	9%	SolZ 5,5%	Kirchensteuer 8%	9%	SolZ 5,5%	Kirchensteuer 8%	9%	SolZ 5,5%	Kirchensteu 8%	9%
13.178,99 (West)	I	4.179,25	229,85	334,34	376,13	221,24	321,80	362,03	212,62	309,27	347,93	204,00	296,74	333,83	195,39	284,20	319,73	186,77	271,67	305,63	178,15	259,14	291
	II	4.030,16	221,65	322,41	362,71	213,04	309,88	348,61	204,42	297,34	334,51	195,80	284,81	320,41	187,19	272,28	306,31	178,57	259,74	292,21	169,95	247,21	278
	III	3.348,00	50,47	267,84	301,32	31,83	255,30	287,21	13,20	242,78	273,13	–	230,25	259,03	–	217,72	244,93	–	205,33	230,99	–	193,21	217
	IV	4.179,25	229,85	334,34	376,13	225,55	328,07	369,08	221,24	321,80	362,03	216,93	315,54	354,98	212,62	309,27	347,93	208,31	303,00	340,88	204,00	296,74	333
	V	4.693,66	258,15	375,49	422,42																		
	VI	4.738,00	260,59	379,04	426,42																		
13.178,99 (Ost)	I	4.187,00	230,28	334,96	376,83	221,67	322,43	362,73	213,05	309,90	348,63	204,43	297,36	334,53	195,82	284,83	320,43	187,20	272,30	306,33	178,58	259,76	292,
	II	4.037,91	222,08	323,03	363,41	213,46	310,50	349,31	204,85	297,96	335,21	196,23	285,43	321,11	187,62	272,90	307,01	179,00	260,37	292,91	170,39	247,84	278
	III	3.355,83	51,40	268,46	302,02	32,78	255,94	287,93	14,14	243,41	273,83	–	230,88	259,74	–	218,34	245,63	–	205,94	231,68	–	193,81	218
	IV	4.187,00	230,28	334,96	376,83	225,97	328,69	369,77	221,67	322,43	362,73	217,36	316,16	355,68	213,05	309,90	348,63	208,74	303,63	341,58	204,43	297,36	334
	V	4.701,50	258,58	376,12	423,13																		
	VI	4.745,75	261,01	379,66	427,11																		
13.181,99 (West)	I	4.180,50	229,92	334,44	376,24	221,31	321,90	362,14	212,69	309,37	348,04	204,07	296,84	333,94	195,46	284,30	319,84	186,84	271,77	305,74	178,22	259,24	291
	II	4.031,41	221,72	322,51	362,82	213,11	309,98	348,72	204,49	297,44	334,62	195,87	284,91	320,52	187,26	272,38	306,42	178,64	259,84	292,32	170,02	247,31	278
	III	3.349,33	50,63	267,94	301,43	31,99	255,41	287,33	13,34	242,88	273,24	–	230,34	259,13	–	217,81	245,03	–	205,42	231,10	–	193,30	217
	IV	4.180,50	229,92	334,44	376,24	225,61	328,17	369,19	221,31	321,90	362,14	217,00	315,64	355,09	212,69	309,37	348,04	208,38	303,10	340,99	204,07	296,84	333
	V	4.694,91	258,22	375,59	422,54																		
	VI	4.739,25	260,65	379,14	426,53																		
13.181,99 (Ost)	I	4.188,33	230,35	335,06	376,94	221,74	322,53	362,84	213,12	310,00	348,75	204,50	297,46	334,64	195,89	284,93	320,54	187,27	272,40	306,45	178,65	259,86	292,
	II	4.039,16	222,15	323,13	363,52	213,53	310,60	349,42	204,92	298,07	335,33	196,30	285,54	321,23	187,69	273,00	307,13	179,07	260,47	293,03	170,45	247,94	278
	III	3.357,16	51,56	268,57	302,14	32,92	256,04	288,04	14,28	243,50	273,94	–	230,97	259,84	–	218,44	245,74	–	206,04	231,79	–	193,90	218,
	IV	4.188,33	230,35	335,06	376,94	226,05	328,80	369,90	221,74	322,53	362,84	217,43	316,26	355,79	213,12	310,00	348,75	208,81	303,73	341,69	204,50	297,46	334,
	V	4.702,75	258,65	376,22	423,24																		
	VI	4.747,08	261,08	379,76	427,23																		
13.184,99 (West)	I	4.181,75	229,99	334,54	376,35	221,37	322,00	362,25	212,76	309,47	348,15	204,14	296,94	334,05	195,52	284,40	319,95	186,91	271,87	305,85	178,30	259,34	291,
	II	4.032,66	221,79	322,61	362,93	213,18	310,08	348,84	204,56	297,54	334,73	195,94	285,01	320,63	187,33	272,48	306,54	178,71	259,94	292,43	170,09	247,41	278,
	III	3.350,66	50,79	268,05	301,55	32,14	255,52	287,46	13,50	242,98	273,35	–	230,45	259,25	–	217,92	245,16	–	205,53	231,22	–	193,40	217,
	IV	4.181,75	229,99	334,54	376,35	225,68	328,27	369,30	221,37	322,00	362,25	217,07	315,74	355,20	212,76	309,47	348,15	208,45	303,20	341,10	204,14	296,94	334,
	V	4.696,16	258,28	375,69	422,65																		
	VI	4.740,50	260,72	379,24	426,64																		
13.184,99 (Ost)	I	4.189,58	230,42	335,16	377,06	221,81	322,63	362,96	213,19	310,10	348,86	204,57	297,56	334,76	195,96	285,03	320,66	187,34	272,50	306,56	178,72	259,96	292,
	II	4.040,41	222,22	323,23	363,63	213,61	310,70	349,54	204,99	298,17	335,44	196,37	285,64	321,34	187,76	273,10	307,24	179,14	260,57	293,14	170,52	248,04	279,
	III	3.358,50	51,72	268,68	302,26	33,08	256,14	288,16	14,43	243,61	274,06	–	231,08	259,96	–	218,54	245,86	–	206,14	231,91	–	194,00	218,
	IV	4.189,58	230,42	335,16	377,06	226,11	328,90	370,01	221,81	322,63	362,96	217,50	316,36	355,91	213,19	310,10	348,86	208,88	303,83	341,81	204,57	297,56	334,
	V	4.704,00	258,72	376,32	423,36																		
	VI	4.748,33	261,15	379,86	427,34																		
13.187,99 (West)	I	4.183,00	230,06	334,64	376,47	221,44	322,10	362,36	212,83	309,57	348,26	204,21	297,04	334,17	195,59	284,50	320,06	186,98	271,98	305,97	178,36	259,44	291,
	II	4.033,91	221,86	322,71	363,05	213,24	310,18	348,95	204,63	297,64	334,85	196,01	285,11	320,75	187,39	272,58	306,65	178,78	260,04	292,55	170,16	247,51	278,
	III	3.351,83	50,93	268,14	301,66	32,28	255,61	287,56	13,64	243,08	273,46	–	230,54	259,36	–	218,01	245,26	–	205,62	231,32	–	193,49	217,
	IV	4.183,00	230,06	334,64	376,47	225,75	328,37	369,41	221,44	322,10	362,36	217,14	315,84	355,32	212,83	309,57	348,26	208,52	303,30	341,21	204,21	297,04	334,
	V	4.697,41	258,35	375,79	422,76																		
	VI	4.741,75	260,79	379,34	426,75																		
13.187,99 (Ost)	I	4.190,83	230,49	335,26	377,17	221,87	322,73	363,07	213,26	310,20	348,97	204,64	297,66	334,87	196,02	285,13	320,77	187,41	272,60	306,67	178,79	260,06	292,
	II	4.041,75	222,29	323,34	363,75	213,67	310,80	349,65	205,06	298,27	335,55	196,44	285,74	321,45	187,82	273,20	307,35	179,21	260,67	293,25	170,59	248,14	279,
	III	3.359,66	51,86	268,77	302,36	33,22	256,24	288,27	14,57	243,70	274,16	–	231,17	260,06	–	218,64	245,97	–	206,24	232,02	–	194,09	218,
	IV	4.190,83	230,49	335,26	377,17	226,18	329,00	370,12	221,87	322,73	363,07	217,57	316,46	356,02	213,26	310,20	348,97	208,95	303,93	341,92	204,64	297,66	334,
	V	4.705,25	258,78	376,42	423,47																		
	VI	4.749,58	261,22	379,96	427,46																		
13.190,99 (West)	I	4.184,25	230,13	334,74	376,58	221,51	322,20	362,48	212,90	309,67	348,38	204,28	297,14	334,28	195,67	284,61	320,18	187,05	272,08	306,09	178,43	259,54	291,
	II	4.035,16	221,93	322,81	363,16	213,31	310,28	349,06	204,70	297,74	334,96	196,08	285,21	320,86	187,46	272,68	306,76	178,85	260,14	292,66	170,23	247,62	278,
	III	3.353,16	51,09	268,25	301,78	32,44	255,72	287,68	13,80	243,18	273,58	–	230,65	259,48	–	218,12	245,38	–	205,73	231,44	–	193,60	217,
	IV	4.184,25	230,13	334,74	376,58	225,82	328,47	369,53	221,51	322,20	362,48	217,20	315,94	355,43	212,90	309,67	348,38	208,59	303,40	341,33	204,28	297,14	334,
	V	4.698,75	258,43	375,90	422,88																		
	VI	4.743,08	260,86	379,44	426,87																		
13.190,99 (Ost)	I	4.192,08	230,56	335,36	377,28	221,94	322,83	363,18	213,33	310,30	349,08	204,71	297,76	334,98	196,09	285,23	320,88	187,48	272,70	306,78	178,86	260,16	292,6
	II	4.043,00	222,36	323,44	363,87	213,74	310,90	349,76	205,13	298,37	335,66	196,51	285,84	321,57	187,89	273,30	307,46	179,28	260,77	293,36	170,66	248,24	279,2
	III	3.361,00	52,02	268,88	302,49	33,37	256,34	288,38	14,73	243,81	274,28	–	231,28	260,19	–	218,74	246,08	–	206,34	232,13	–	194,20	218,4
	IV	4.192,08	230,56	335,36	377,28	226,25	329,10	370,23	221,94	322,83	363,18	217,63	316,56	356,13	213,33	310,30	349,08	209,02	304,03	342,03	204,71	297,76	334,9
	V	4.706,50	258,85	376,52	423,58																		
	VI	4.750,83	261,29	380,06	427,57																		
13.193,99 (West)	I	4.185,50	230,20	334,84	376,69	221,58	322,30	362,59	212,97	309,78	348,50	204,35	297,24	334,40	195,74	284,71	320,30	187,12	272,18	306,20	178,50	259,64	292,1
	II	4.036,41	222,00	322,91	363,27	213,38	310,38	349,17	204,76	297,84	335,07	196,15	285,31	320,97	187,54	272,78	306,88	178,92	260,25	292,78	170,30	247,72	278,6
	III	3.354,33	51,22	268,34	301,88	32,58	255,81	287,78	13,94	243,28	273,69	–	230,74	259,58	–	218,21	245,48	–	205,82	231,55	–	193,69	217,9
	IV	4.185,50	230,20	334,84	376,69	225,89	328,57	369,64	221,58	322,30	362,59	217,28	316,04	355,55	212,97	309,78	348,50	208,66	303,51	341,45	204,35	297,24	334,4
	V	4.700,00	258,50	376,00	423,00																		
	VI	4.744,25	260,93	379,54	426,98																		
13.193,99 (Ost)	I	4.193,33	230,63	335,46	377,39	222,01	322,93	363,29	213,40	310,40	349,20	204,78	297,86	335,09	196,16	285,33	320,99	187,55	272,80	306,90	178,93	260,27	292,8
	II	4.044,25	222,43	323,54	363,98	213,81	311,00	349,88	205,20	298,47	335,78	196,58	285,94	321,68	187,96	273,40	307,58	179,35	260,87	293,48	170,73	248,34	279,3
	III	3.362,16	52,16	268,97	302,59	33,51	256,44	288,49	14,87	243,90	274,39	–	231,37	260,29	–	218,84	246,19	–	206,44	232,24	–	194,29	218,5
	IV	4.193,33	230,63	335,46	377,39	226,32	329,20	370,35	222,01	322,93	363,29	217,70	316,66	356,24	213,40	310,40	349,20	209,09	304,13	342,14	204,78	297,86	335,0
	V	4.707,75	258,92	376,62	423,69																		
	VI	4.752,08	261,36	380,16	427,68																		
13.196,99 (West)	I	4.186,83	230,27	334,94	376,81	221,65	322,41	362,71	213,04	309,88	348,61	204,42	297,34	334,51	195,80	284,81	320,41	187,19	272,28	306,31	178,57	259,74	292,2
	II	4.037,66	222,07	323,01	363,38	213,45	310,48	349,29	204,83	297,94	335,18	196,22	285,42	321,09	187,60	272,88	306,99	178,99	260,35	292,89	170,37	247,82	278,7
	III	3.355,66	51,38	268,45	302,00	32,74	255,92	287,91	14,10	243,38	273,80	–	230,85	259,70	–	218,32	245,61	–	205,92	231,66	–	193,78	218,0
	IV	4.186,83	230,27	334,94	376,81	225,96	328,68	369,76	221,65	322,41	362,71	217,35	316,14	355,66	213,04	309,88	348,61	208,73	303,61	341,56	204,42	297,34	334,5
	V	4.701,25	258,56	376,10	423,11																		
	VI	4.745,58	261,00	379,64	427,10																		
13.196,99 (Ost)	I	4.194,58	230,70	335,56	377,51	222,08	323,03	363,41	213,46	310,50	349,31	204,85	297,96	335,21	196,23	285,43	321,11	187,62	272,90	307,01	179,00	260,37	292,9
	II	4.045,50	222,50	323,64	364,09	213,88	311,10	349,99	205,26	298,57	335,89	196,65	286,04	321,79	188,03	273,50	307,69	179,41	260,97	293,59	170,80	248,44	279,4
	III	3.363,50	52,32	269,08	302,71	33,67	256,54	288,61	15,03	244,01	274,51	–	231,48	260,41	–	218,94	246,31	–	206,53	232,34	–	194,38	218,6
	IV	4.194,58	230,70	335,56	377,51	226,39	329,30	370,46	222,08	323,03	363,41	217,77	316,76	356,36	213,46	310,50	349,31	209,16	304,23	342,26	204,85	297,96	335,2
	V	4.709,00	258,99	376,72	423,81																		
	VI	4.753,33	261,43	380,26	427,79																		

Lohn/ Gehalt bis	Steuerklasse	Lohn- steuer	ohne Kinderfreibetrag			Anzahl Kinderfreibeträge (nur Steuerklassen I–IV)																	
						0,5			1,0			1,5			2,0			2,5			3,0		
			SolZ 5,5%	Kirchensteuer 8%	9%	SolZ 5,5%	Kirchensteuer 8%	9%	SolZ 5,5%	Kirchensteuer 8%	9%	SolZ 5,5%	Kirchensteuer 8%	9%	SolZ 5,5%	Kirchensteuer 8%	9%	SolZ 5,5%	Kirchensteuer 8%	9%	SolZ 5,5%	Kirchensteuer 8%	9%
13.199,99 (West)	I	4.188,08	230,34	335,04	376,92	221,72	322,51	362,82	213,11	309,98	348,72	204,49	297,44	334,62	195,87	284,91	320,52	187,26	272,38	306,42	178,64	259,84	292,32
	II	4.038,91	222,14	323,11	363,50	213,52	310,58	349,40	204,91	298,05	335,30	196,29	285,52	321,21	187,67	272,98	307,10	179,06	260,45	293,00	170,44	247,92	278,91
	III	3.356,83	51,52	268,54	302,11	32,88	256,01	288,01	14,24	243,48	273,91	-	230,94	259,81	-	218,42	245,72	-	206,02	231,77	-	193,88	218,11
	IV	4.188,08	230,34	335,04	376,92	226,03	328,78	369,87	221,72	322,51	362,82	217,41	316,24	355,77	213,11	309,98	348,72	208,80	303,71	341,67	204,49	297,44	334,62
	V	4.702,50	258,63	376,20	423,22																		
	VI	4.746,83	261,07	379,74	427,21																		
13.199,99 (Ost)	I	4.195,83	230,77	335,66	377,62	222,15	323,13	363,52	213,53	310,60	349,42	204,92	298,07	335,33	196,30	285,54	321,23	187,69	273,00	307,13	179,07	260,47	293,03
	II	4.046,75	222,57	323,74	364,20	213,95	311,20	350,10	205,33	298,67	336,00	196,72	286,14	321,90	188,10	273,60	307,80	179,48	261,07	293,70	170,87	248,54	279,61
	III	3.364,66	52,45	269,17	302,81	33,81	256,64	288,72	15,17	244,10	274,61	-	231,58	260,53	-	219,05	246,43	-	206,64	232,47	-	194,48	218,79
	IV	4.195,83	230,77	335,66	377,62	226,46	329,40	370,57	222,15	323,13	363,52	217,84	316,86	356,47	213,53	310,60	349,42	209,22	304,33	342,37	204,92	298,07	335,33
	V	4.710,33	259,06	376,82	423,92																		
	VI	4.754,58	261,50	380,36	427,91																		
13.202,99 (West)	I	4.189,33	230,41	335,14	377,03	221,79	322,61	362,93	213,18	310,08	348,84	204,56	297,54	334,73	195,94	285,01	320,63	187,33	272,48	306,54	178,71	259,94	292,43
	II	4.040,25	222,21	323,22	363,62	213,59	310,68	349,52	204,98	298,15	335,42	196,36	285,62	321,32	187,74	273,08	307,22	179,13	260,55	293,12	170,51	248,02	279,02
	III	3.358,16	51,68	268,65	302,23	33,04	256,12	288,13	14,39	243,58	274,03	-	231,05	259,93	-	218,52	245,83	-	206,12	231,88	-	193,98	218,23
	IV	4.189,33	230,41	335,14	377,03	226,10	328,88	369,99	221,79	322,61	362,93	217,48	316,34	355,88	213,18	310,08	348,84	208,87	303,81	341,78	204,56	297,54	334,73
	V	4.703,75	258,70	376,30	423,33																		
	VI	4.748,08	261,14	379,84	427,32																		
13.202,99 (Ost)	I	4.197,08	230,83	335,76	377,73	222,22	323,23	363,63	213,61	310,70	349,54	204,99	298,17	335,44	196,37	285,64	321,34	187,76	273,10	307,24	179,14	260,57	293,14
	II	4.048,00	222,64	323,84	364,32	214,02	311,30	350,21	205,40	298,77	336,11	196,79	286,24	322,02	188,17	273,71	307,92	179,56	261,18	293,82	170,94	248,64	279,72
	III	3.366,00	52,61	269,28	302,94	33,97	256,74	288,83	15,33	244,21	274,73	-	231,68	260,64	-	219,14	246,53	-	206,73	232,57	-	194,58	218,90
	IV	4.197,08	230,83	335,76	377,73	226,53	329,50	370,68	222,22	323,23	363,63	217,91	316,97	356,59	213,61	310,70	349,54	209,30	304,44	342,49	204,99	298,17	335,44
	V	4.711,58	259,13	376,92	424,04																		
	VI	4.755,83	261,57	380,46	428,02																		
13.205,99 (West)	I	4.190,58	230,48	335,24	377,15	221,86	322,71	363,05	213,24	310,18	348,95	204,63	297,64	334,85	196,01	285,11	320,75	187,39	272,58	306,65	178,78	260,04	292,55
	II	4.041,50	222,28	323,32	363,73	213,66	310,78	349,63	205,04	298,25	335,53	196,43	285,72	321,43	187,81	273,18	307,33	179,19	260,65	293,23	170,58	248,12	279,13
	III	3.359,33	51,82	268,74	302,33	33,20	256,22	288,25	14,55	243,69	274,15	-	231,16	260,05	-	218,62	245,95	-	206,22	232,00	-	194,08	218,34
	IV	4.190,58	230,48	335,24	377,15	226,17	328,98	370,10	221,86	322,71	363,05	217,55	316,44	356,00	213,24	310,18	348,95	208,94	303,91	341,90	204,63	297,64	334,85
	V	4.705,00	258,77	376,40	423,45																		
	VI	4.749,33	261,21	379,94	427,43																		
13.205,99 (Ost)	I	4.198,41	230,91	335,87	377,85	222,29	323,34	363,75	213,67	310,80	349,65	205,06	298,27	335,55	196,44	285,74	321,45	187,82	273,20	307,35	179,21	260,67	293,25
	II	4.049,25	222,70	323,94	364,43	214,09	311,40	350,33	205,47	298,87	336,23	196,86	286,34	322,13	188,24	273,81	308,03	179,63	261,28	293,94	171,01	248,74	279,83
	III	3.367,33	52,77	269,38	303,05	34,13	256,85	288,95	15,48	244,32	274,86	-	231,78	260,75	-	219,25	246,65	-	206,84	232,69	-	194,68	219,01
	IV	4.198,41	230,91	335,87	377,85	226,60	329,60	370,80	222,29	323,34	363,75	217,98	317,07	356,70	213,67	310,80	349,65	209,37	304,54	342,60	205,06	298,27	335,55
	V	4.712,83	259,20	377,02	424,15																		
	VI	4.757,16	261,64	380,57	428,14																		
13.208,99 (West)	I	4.191,83	230,55	335,34	377,26	221,93	322,81	363,16	213,31	310,28	349,06	204,70	297,74	334,96	196,08	285,21	320,86	187,46	272,68	306,76	178,85	260,14	292,66
	II	4.042,75	222,35	323,42	363,84	213,73	310,88	349,74	205,11	298,35	335,64	196,50	285,82	321,54	187,88	273,28	307,44	179,26	260,75	293,34	170,65	248,22	279,24
	III	3.360,66	51,98	268,85	302,45	33,33	256,32	288,36	14,69	243,78	274,25	-	231,25	260,15	-	218,72	246,06	-	206,32	232,11	-	194,17	218,44
	IV	4.191,83	230,55	335,34	377,26	226,24	329,08	370,21	221,93	322,81	363,16	217,62	316,54	356,11	213,31	310,28	349,06	209,00	304,01	342,01	204,70	297,74	334,96
	V	4.706,25	258,84	376,50	423,56																		
	VI	4.750,58	261,28	380,04	427,55																		
13.208,99 (Ost)	I	4.199,66	230,98	335,97	377,96	222,36	323,44	363,87	213,74	310,90	349,76	205,13	298,37	335,66	196,51	285,84	321,57	187,89	273,30	307,46	179,28	260,77	293,36
	II	4.050,50	222,77	324,04	364,54	214,16	311,51	350,45	205,54	298,98	336,35	196,93	286,44	322,25	188,31	273,91	308,15	179,69	261,38	294,05	171,08	248,84	279,95
	III	3.368,50	52,91	269,48	303,16	34,27	256,94	289,06	15,62	244,41	274,96	-	231,88	260,86	-	219,34	246,76	-	206,93	232,79	-	194,77	219,11
	IV	4.199,66	230,98	335,97	377,96	226,67	329,70	370,91	222,36	323,44	363,87	218,05	317,17	356,81	213,74	310,90	349,76	209,44	304,64	342,72	205,13	298,37	335,66
	V	4.714,08	259,27	377,12	424,26																		
	VI	4.758,41	261,71	380,67	428,25																		
13.211,99 (West)	I	4.193,08	230,61	335,44	377,37	222,00	322,91	363,27	213,38	310,38	349,17	204,76	297,84	335,07	196,15	285,31	320,97	187,54	272,78	306,88	178,92	260,25	292,78
	II	4.044,00	222,42	323,52	363,96	213,80	310,98	349,85	205,18	298,45	335,75	196,57	285,92	321,66	187,95	273,38	307,55	179,33	260,85	293,45	170,72	248,32	279,36
	III	3.362,00	52,14	268,96	302,58	33,49	256,42	288,47	14,85	243,89	274,37	-	231,36	260,28	-	218,82	246,17	-	206,41	232,21	-	194,26	218,54
	IV	4.193,08	230,61	335,44	377,37	226,31	329,18	370,32	222,00	322,91	363,27	217,69	316,64	356,22	213,38	310,38	349,17	209,07	304,11	342,12	204,76	297,84	335,07
	V	4.707,50	258,91	376,60	423,67																		
	VI	4.751,83	261,35	380,14	427,66																		
13.211,99 (Ost)	I	4.200,91	231,05	336,07	378,08	222,43	323,54	363,98	213,81	311,00	349,88	205,20	298,47	335,78	196,58	285,94	321,68	187,96	273,40	307,58	179,35	260,87	293,48
	II	4.051,83	222,85	324,14	364,66	214,23	311,61	350,56	205,61	299,08	336,46	197,00	286,54	322,36	188,38	274,01	308,26	179,76	261,48	294,16	171,15	248,94	280,06
	III	3.369,83	53,07	269,58	303,28	34,43	257,05	289,18	15,78	244,52	275,08	-	231,98	260,98	-	219,45	246,88	-	207,04	232,92	-	194,86	219,22
	IV	4.200,91	231,05	336,07	378,08	226,74	329,80	371,03	222,43	323,54	363,98	218,12	317,27	356,93	213,81	311,00	349,88	209,50	304,74	342,83	205,20	298,47	335,78
	V	4.715,33	259,34	377,22	424,37																		
	VI	4.759,66	261,78	380,77	428,36																		
13.214,99 (West)	I	4.194,33	230,68	335,54	377,48	222,07	323,01	363,38	213,45	310,48	349,29	204,83	297,94	335,18	196,22	285,42	321,09	187,60	272,88	306,99	178,99	260,35	292,89
	II	4.045,25	222,48	323,62	364,07	213,87	311,08	349,97	205,25	298,55	335,87	196,63	286,02	321,77	188,02	273,48	307,67	179,40	260,95	293,57	170,79	248,42	279,47
	III	3.363,16	52,28	269,05	302,68	33,63	256,52	288,58	14,99	243,98	274,48	-	231,45	260,38	-	218,92	246,28	-	206,52	232,33	-	194,37	218,66
	IV	4.194,33	230,68	335,54	377,48	226,38	329,28	370,44	222,07	323,01	363,38	217,76	316,74	356,33	213,45	310,48	349,29	209,14	304,21	342,23	204,83	297,94	335,18
	V	4.708,83	258,98	376,70	423,79																		
	VI	4.753,08	261,41	380,24	427,77																		
13.214,99 (Ost)	I	4.202,16	231,11	336,17	378,19	222,50	323,64	364,09	213,88	311,10	349,99	205,26	298,57	335,89	196,65	286,04	321,79	188,03	273,50	307,69	179,41	260,97	293,59
	II	4.053,08	222,91	324,24	364,77	214,30	311,71	350,67	205,68	299,18	336,57	197,06	286,64	322,47	188,45	274,11	308,37	179,83	261,58	294,27	171,21	249,04	280,17
	III	3.371,00	53,21	269,68	303,39	34,56	257,14	289,28	15,92	244,61	275,18	-	232,08	261,09	-	219,54	246,98	-	207,13	233,02	-	194,97	219,34
	IV	4.202,16	231,11	336,17	378,19	226,81	329,90	371,14	222,50	323,64	364,09	218,19	317,37	357,04	213,88	311,10	349,99	209,57	304,84	342,94	205,26	298,57	335,89
	V	4.716,58	259,41	377,32	424,49																		
	VI	4.760,91	261,85	380,87	428,48																		
13.217,99 (West)	I	4.195,58	230,75	335,64	377,60	222,14	323,11	363,50	213,52	310,58	349,40	204,91	298,05	335,30	196,29	285,52	321,21	187,67	272,98	307,10	179,06	260,45	293,00
	II	4.046,50	222,55	323,72	364,18	213,94	311,18	350,08	205,32	298,65	335,98	196,70	286,12	321,88	188,09	273,58	307,78	179,47	261,06	293,69	170,86	248,52	279,59
	III	3.364,50	52,43	269,16	302,80	33,79	256,62	288,70	15,15	244,09	274,60	-	231,56	260,50	-	219,02	246,40	-	206,61	232,43	-	194,46	218,77
	IV	4.195,58	230,75	335,64	377,60	226,44	329,38	370,55	222,14	323,11	363,50	217,83	316,84	356,45	213,52	310,58	349,40	209,22	304,32	342,36	204,91	298,05	335,30
	V	4.710,08	259,05	376,80	423,90																		
	VI	4.754,33	261,48	380,34	427,88																		
13.217,99 (Ost)	I	4.203,41	231,18	336,27	378,30	222,57	323,74	364,20	213,95	311,20	350,10	205,33	298,67	336,00	196,72	286,14	321,90	188,10	273,60	307,80	179,48	261,07	293,70
	II	4.054,33	222,98	324,34	364,88	214,37	311,81	350,78	205,75	299,28	336,69	197,13	286,74	322,58	188,52	274,21	308,48	179,90	261,68	294,39	171,28	249,14	280,28
	III	3.372,33	53,37	269,78	303,50	34,72	257,25	289,40	16,08	244,72	275,31	-	232,18	261,20	-	219,65	247,10	-	207,22	233,12	-	195,06	219,44
	IV	4.203,41	231,18	336,27	378,30	226,87	330,00	371,25	222,57	323,74	364,20	218,26	317,47	357,15	213,95	311,20	350,10	209,64	304,94	343,05	205,33	298,67	336,00
	V	4.717,83	259,48	377,42	424,60																		
	VI	4.762,16	261,91	380,97	428,59																		

MONAT bis 13.238,99 €

Allgemeine Tabelle

Lohn/ Gehalt bis	Steuerklasse	Lohn-steuer	ohne Kinderfreibetrag			Anzahl Kinderfreibeträge (nur Steuerklassen I–IV)																	
						0,5			1,0			1,5			2,0			2,5			3,0		
			SolZ 5,5%	Kirchensteuer 8%	Kirchensteuer 9%	SolZ 5,5%	Kirchensteuer 8%	Kirchensteuer 9%	SolZ 5,5%	Kirchensteuer 8%	Kirchensteuer 9%	SolZ 5,5%	Kirchensteuer 8%	Kirchensteuer 9%	SolZ 5,5%	Kirchensteuer 8%	Kirchensteuer 9%	SolZ 5,5%	Kirchensteuer 8%	Kirchensteuer 9%	SolZ 5,5%	Kirchensteuer 8%	Kirchensteuer 9%
13.220,99	I	4.196,83	230,82	335,74	377,71	222,21	323,22	363,62	213,59	310,68	349,52	204,98	298,15	335,42	196,36	285,62	321,32	187,74	273,08	307,22	179,13	260,55	293,
(West)	II	4.047,75	222,62	323,82	364,29	214,00	311,28	350,19	205,39	298,75	336,09	196,78	286,22	322,00	188,16	273,69	307,90	179,54	261,16	293,80	170,93	248,62	279,
	III	3.365,66	52,57	269,25	302,90	33,93	256,72	288,81	15,29	244,18	274,70	-	231,65	260,60	-	219,12	246,51	-	206,72	232,56	-	194,56	218,
	IV	4.196,83	230,82	335,74	377,71	226,52	329,48	370,67	222,21	323,22	363,62	217,90	316,95	356,57	213,59	310,68	349,52	209,28	304,42	342,47	204,98	298,15	335,
	V	4.711,33	259,12	376,90	424,01																		
	VI	4.755,58	261,55	380,44	428,00																		
13.220,99	I	4.204,66	231,25	336,37	378,41	222,64	323,84	364,32	214,02	311,30	350,21	205,40	298,77	336,11	196,79	286,24	322,02	188,17	273,71	307,92	179,56	261,18	293,
(Ost)	II	4.055,58	223,05	324,44	365,00	214,44	311,91	350,90	205,82	299,38	336,80	197,20	286,84	322,70	188,59	274,31	308,60	179,97	261,78	294,50	171,35	249,24	280,
	III	3.373,50	53,51	269,88	303,61	34,86	257,34	289,51	16,22	244,81	275,41	-	232,28	261,31	-	219,74	247,21	-	207,33	233,24	-	195,16	219,
	IV	4.204,66	231,25	336,37	378,41	226,94	330,10	371,36	222,64	323,84	364,32	218,33	317,57	357,26	214,02	311,30	350,21	209,71	305,04	343,17	205,40	298,77	336,
	V	4.719,08	259,54	377,52	424,71																		
	VI	4.763,41	261,98	381,07	428,70																		
13.223,99	I	4.198,16	230,89	335,85	377,83	222,28	323,32	363,73	213,66	310,78	349,63	205,04	298,25	335,53	196,43	285,72	321,43	187,81	273,18	307,33	179,19	260,65	293,
(West)	II	4.049,00	222,69	323,92	364,41	214,07	311,38	350,30	205,46	298,86	336,21	196,84	286,32	322,11	188,23	273,79	308,01	179,61	261,26	293,91	170,99	248,72	279,
	III	3.367,00	52,73	269,36	303,03	34,09	256,82	288,92	15,45	244,29	274,82	-	231,76	260,73	-	219,22	246,62	-	206,81	232,66	-	194,65	218,
	IV	4.198,16	230,89	335,85	377,83	226,59	329,58	370,78	222,28	323,32	363,73	217,97	317,05	356,68	213,66	310,78	349,63	209,35	304,52	342,58	205,04	298,25	335,
	V	4.712,58	259,19	377,00	424,13																		
	VI	4.756,91	261,63	380,55	428,12																		
13.223,99	I	4.205,91	231,32	336,47	378,53	222,70	323,94	364,43	214,09	311,40	350,33	205,47	298,87	336,23	196,86	286,34	322,13	188,24	273,81	308,03	179,63	261,28	293,
(Ost)	II	4.056,83	223,12	324,54	365,11	214,50	312,01	351,01	205,89	299,48	336,91	197,27	286,94	322,81	188,65	274,41	308,71	180,04	261,88	294,61	171,43	249,35	280,
	III	3.374,83	53,66	269,98	303,73	35,02	257,45	289,63	16,38	244,92	275,53	-	232,38	261,43	-	219,85	247,33	-	207,42	233,35	-	195,25	219,
	IV	4.205,91	231,32	336,47	378,53	227,01	330,20	371,48	222,70	323,94	364,43	218,40	317,67	357,38	214,09	311,40	350,33	209,78	305,14	343,28	205,47	298,87	336,
	V	4.720,41	259,62	377,63	424,83																		
	VI	4.764,66	262,05	381,17	428,81																		
13.226,99	I	4.199,41	230,96	335,95	377,94	222,35	323,42	363,84	213,73	310,88	349,74	205,11	298,35	335,64	196,50	285,82	321,54	187,88	273,28	307,44	179,26	260,75	293,
(West)	II	4.050,33	222,76	324,02	364,52	214,15	311,49	350,42	205,53	298,96	336,33	196,91	286,42	322,22	188,30	273,89	308,12	179,68	261,36	294,03	171,06	248,82	279,
	III	3.368,16	52,87	269,45	303,13	34,23	256,92	289,03	15,58	244,38	274,93	-	231,86	260,84	-	219,33	246,74	-	206,90	232,76	-	194,76	219,
	IV	4.199,41	230,96	335,95	377,94	226,65	329,68	370,89	222,35	323,42	363,84	218,04	317,15	356,79	213,73	310,88	349,74	209,42	304,62	342,69	205,11	298,35	335,
	V	4.713,83	259,26	377,10	424,24																		
	VI	4.758,16	261,69	380,65	428,23																		
13.226,99	I	4.207,16	231,39	336,57	378,64	222,77	324,04	364,54	214,16	311,51	350,45	205,54	298,98	336,35	196,93	286,44	322,25	188,31	273,91	308,15	179,69	261,38	294,
(Ost)	II	4.058,08	223,19	324,64	365,22	214,57	312,11	351,12	205,96	299,58	337,02	197,34	287,04	322,92	188,72	274,51	308,82	180,11	261,98	294,73	171,49	249,45	280,
	III	3.376,00	53,80	270,08	303,84	35,16	257,54	289,73	16,54	245,02	275,65	-	232,49	261,55	-	219,96	247,45	-	207,53	233,47	-	195,36	219,
	IV	4.207,16	231,39	336,57	378,64	227,08	330,30	371,59	222,77	324,04	364,54	218,46	317,77	357,49	214,16	311,51	350,45	209,85	305,24	343,40	205,54	298,98	336,
	V	4.721,66	259,69	377,73	424,94																		
	VI	4.765,91	262,12	381,27	428,93																		
13.229,99	I	4.200,66	231,03	336,05	378,05	222,42	323,52	363,96	213,80	310,98	349,85	205,18	298,45	335,75	196,57	285,92	321,66	187,95	273,38	307,55	179,33	260,85	293,
(West)	II	4.051,58	222,83	324,12	364,64	214,22	311,59	350,54	205,60	299,06	336,44	196,98	286,52	322,34	188,37	273,99	308,24	179,75	261,46	294,14	171,13	248,92	280,
	III	3.369,50	53,03	269,56	303,25	34,39	257,02	289,15	15,74	244,49	275,05	-	231,96	260,95	-	219,42	246,85	-	207,01	232,88	-	194,85	219,
	IV	4.200,66	231,03	336,05	378,05	226,72	329,78	371,00	222,42	323,52	363,96	218,11	317,25	356,90	213,80	310,98	349,85	209,49	304,72	342,81	205,18	298,45	335,
	V	4.715,08	259,32	377,20	424,35																		
	VI	4.759,41	261,76	380,75	428,34																		
13.229,99	I	4.208,41	231,46	336,67	378,75	222,85	324,14	364,66	214,23	311,61	350,56	205,61	299,08	336,46	197,00	286,54	322,36	188,38	274,01	308,26	179,76	261,48	294,
(Ost)	II	4.059,33	223,26	324,74	365,33	214,64	312,21	351,23	206,03	299,68	337,14	197,41	287,15	323,04	188,80	274,62	308,94	180,18	262,08	294,84	171,56	249,55	280,
	III	3.377,33	53,96	270,18	303,95	35,32	257,65	289,85	16,67	245,12	275,76	-	232,58	261,65	-	220,05	247,55	-	207,62	233,57	-	195,45	219,
	IV	4.208,41	231,46	336,67	378,75	227,15	330,41	371,71	222,85	324,14	364,66	218,54	317,88	357,61	214,23	311,61	350,56	209,92	305,34	343,51	205,61	299,08	336,
	V	4.722,91	259,76	377,83	425,06																		
	VI	4.767,25	262,19	381,38	429,05																		
13.232,99	I	4.201,91	231,10	336,15	378,17	222,48	323,62	364,07	213,87	311,08	349,97	205,25	298,55	335,87	196,63	286,02	321,77	188,02	273,48	307,67	179,40	260,95	293,5
(West)	II	4.052,83	222,90	324,22	364,75	214,28	311,69	350,65	205,67	299,16	336,55	197,05	286,62	322,45	188,43	274,09	308,35	179,82	261,56	294,25	171,20	249,02	280,
	III	3.370,83	53,19	269,66	303,37	34,54	257,13	289,27	15,90	244,60	275,17	-	232,06	261,07	-	219,53	246,97	-	207,10	232,99	-	194,94	219,
	IV	4.201,91	231,10	336,15	378,17	226,79	329,88	371,12	222,48	323,62	364,07	218,18	317,35	357,02	213,87	311,08	349,97	209,56	304,82	342,92	205,25	298,55	335,
	V	4.716,33	259,39	377,30	424,46																		
	VI	4.760,66	261,83	380,85	428,45																		
13.232,99	I	4.209,75	231,53	336,78	378,87	222,91	324,24	364,77	214,30	311,71	350,67	205,68	299,18	336,57	197,06	286,64	322,47	188,45	274,11	308,37	179,83	261,58	294,2
(Ost)	II	4.060,58	223,33	324,84	365,45	214,71	312,31	351,35	206,10	299,78	337,25	197,48	287,25	323,15	188,87	274,72	309,06	180,25	262,18	294,95	171,63	249,65	280,
	III	3.378,66	54,12	270,29	304,07	35,48	257,76	289,98	16,83	245,22	275,87	-	232,69	261,77	-	220,16	247,68	-	207,72	233,68	-	195,54	219,
	IV	4.209,75	231,53	336,78	378,87	227,22	330,51	371,82	222,91	324,24	364,77	218,61	317,98	357,72	214,30	311,71	350,67	209,99	305,44	343,62	205,68	299,18	336,5
	V	4.724,16	259,82	377,93	425,17																		
	VI	4.768,50	262,26	381,48	429,16																		
13.235,99	I	4.203,16	231,17	336,25	378,28	222,55	323,72	364,18	213,94	311,18	350,08	205,32	298,65	335,98	196,70	286,12	321,88	188,09	273,58	307,78	179,47	261,06	293,6
(West)	II	4.054,08	222,97	324,32	364,86	214,35	311,79	350,76	205,74	299,26	336,66	197,12	286,72	322,56	188,50	274,19	308,46	179,89	261,66	294,36	171,27	249,12	280,2
	III	3.372,00	53,33	269,76	303,48	34,68	257,22	289,37	16,04	244,69	275,27	-	232,16	261,18	-	219,62	247,07	-	207,21	233,11	-	195,04	219,4
	IV	4.203,16	231,17	336,25	378,28	226,86	329,98	371,23	222,55	323,72	364,18	218,24	317,45	357,13	213,94	311,18	350,08	209,63	304,92	343,03	205,32	298,65	335,9
	V	4.717,58	259,46	377,40	424,58																		
	VI	4.761,91	261,90	380,95	428,57																		
13.235,99	I	4.211,00	231,60	336,88	378,99	222,98	324,34	364,88	214,37	311,81	350,78	205,75	299,28	336,69	197,13	286,74	322,58	188,52	274,21	308,48	179,90	261,68	294,3
(Ost)	II	4.061,91	223,40	324,95	365,57	214,78	312,42	351,47	206,17	299,88	337,37	197,55	287,35	323,27	188,93	274,82	309,17	180,32	262,28	295,07	171,70	249,75	280,9
	III	3.379,83	54,26	270,38	304,18	35,62	257,85	290,08	16,97	245,32	275,98	-	232,78	261,88	-	220,25	247,78	-	207,82	233,80	-	195,65	220,1
	IV	4.211,00	231,60	336,88	378,99	227,29	330,61	371,93	222,98	324,34	364,88	218,68	318,08	357,84	214,37	311,81	350,78	210,06	305,54	343,73	205,75	299,28	336,6
	V	4.725,41	259,89	378,03	425,28																		
	VI	4.769,75	262,33	381,58	429,27																		
13.238,99	I	4.204,41	231,24	336,35	378,39	222,62	323,82	364,29	214,00	311,28	350,19	205,39	298,75	336,09	196,78	286,22	322,00	188,16	273,69	307,90	179,54	261,16	293,8
(West)	II	4.055,33	223,04	324,42	364,97	214,42	311,89	350,87	205,81	299,36	336,78	197,19	286,82	322,67	188,57	274,29	308,57	179,96	261,76	294,48	171,34	249,22	280,3
	III	3.373,33	53,49	269,86	303,59	34,84	257,33	289,49	16,20	244,80	275,40	-	232,26	261,29	-	219,73	247,19	-	207,30	233,21	-	195,14	219,5
	IV	4.204,41	231,24	336,35	378,39	226,93	330,08	371,34	222,62	323,82	364,29	218,31	317,55	357,24	214,00	311,28	350,19	209,70	305,02	343,14	205,39	298,75	336,0
	V	4.718,83	259,53	377,50	424,69																		
	VI	4.763,16	261,97	381,05	428,68																		
13.238,99	I	4.212,25	231,67	336,98	379,10	223,05	324,44	365,00	214,44	311,91	350,90	205,82	299,38	336,80	197,20	286,84	322,70	188,59	274,31	308,60	179,97	261,78	294,5
(Ost)	II	4.063,16	223,47	325,05	365,68	214,85	312,52	351,58	206,24	299,98	337,48	197,62	287,45	323,38	189,00	274,92	309,28	180,39	262,38	295,18	171,77	249,85	281,0
	III	3.381,16	54,42	270,49	304,30	35,77	257,96	290,20	17,13	245,42	276,10	-	232,89	262,00	-	220,36	247,90	-	207,92	233,91	-	195,74	220,2
	IV	4.212,25	231,67	336,98	379,10	227,36	330,71	372,05	223,05	324,44	365,00	218,74	318,18	357,95	214,44	311,91	350,90	210,13	305,64	343,85	205,82	299,38	336,8
	V	4.726,66	259,96	378,13	425,39																		
	VI	4.771,00	262,40	381,68	429,39																		

Lohn/ Gehalt bis	Steuerklasse	Lohnsteuer	ohne Kinderfreibetrag SolZ 5,5%	Kirchensteuer 8%	Kirchensteuer 9%	0,5 SolZ 5,5%	0,5 Kirchensteuer 8%	0,5 Kirchensteuer 9%	1,0 SolZ 5,5%	1,0 Kirchensteuer 8%	1,0 Kirchensteuer 9%	1,5 SolZ 5,5%	1,5 Kirchensteuer 8%	1,5 Kirchensteuer 9%	2,0 SolZ 5,5%	2,0 Kirchensteuer 8%	2,0 Kirchensteuer 9%	2,5 SolZ 5,5%	2,5 Kirchensteuer 8%	2,5 Kirchensteuer 9%	3,0 SolZ 5,5%	3,0 Kirchensteuer 8%	3,0 Kirchensteuer 9%
						Anzahl Kinderfreibeträge (nur Steuerklassen I–IV)																	
13.241,99 (West)	I	4.205,66	231,31	336,45	378,50	222,69	323,92	364,41	214,07	311,38	350,30	205,46	298,86	336,21	196,84	286,32	322,11	188,23	273,79	308,01	179,61	261,26	293,91
	II	4.056,58	223,11	324,52	365,09	214,49	311,99	350,99	205,87	299,46	336,89	197,26	286,92	322,79	188,64	274,39	308,69	180,03	261,86	294,59	171,41	249,33	280,49
	III	3.374,50	53,62	269,96	303,70	34,98	257,42	289,60	16,34	244,89	275,50	-	232,36	261,40	-	219,82	247,30	-	207,41	233,33	-	195,24	219,64
	IV	4.205,66	231,31	336,45	378,50	227,00	330,18	371,45	222,69	323,92	364,41	218,38	317,65	357,35	214,07	311,38	350,30	209,77	305,12	343,26	205,46	298,86	336,21
	V	4.720,16	259,60	377,61	424,81																		
	VI	4.764,41	262,04	381,15	428,79																		
13.241,99 (Ost)	I	4.213,50	231,74	337,08	379,21	223,12	324,54	365,11	214,50	312,01	351,01	205,89	299,48	336,91	197,27	286,94	322,81	188,65	274,41	308,71	180,04	261,88	294,61
	II	4.064,41	223,54	325,15	365,79	214,92	312,62	351,69	206,30	300,08	337,59	197,69	287,55	323,49	189,07	275,02	309,39	180,45	262,48	295,29	171,84	249,95	281,19
	III	3.382,33	54,56	270,58	304,40	35,91	258,05	290,30	17,27	245,52	276,21	-	232,98	262,10	-	220,45	248,00	-	208,02	234,02	-	195,84	220,32
	IV	4.213,50	231,74	337,08	379,21	227,43	330,81	372,16	223,12	324,54	365,11	218,81	318,28	358,06	214,50	312,01	351,01	210,20	305,74	343,96	205,89	299,48	336,91
	V	4.727,91	260,03	378,23	425,51																		
	VI	4.772,25	262,47	381,78	429,50																		
13.244,99 (West)	I	4.206,91	231,38	336,55	378,62	222,76	324,02	364,52	214,15	311,49	350,42	205,53	298,96	336,33	196,91	286,42	322,22	188,30	273,89	308,12	179,68	261,36	294,03
	II	4.057,83	223,18	324,62	365,20	214,56	312,09	351,10	205,94	299,56	337,00	197,33	287,02	322,90	188,71	274,50	308,81	180,10	261,96	294,71	171,48	249,43	280,61
	III	3.375,83	53,78	270,06	303,82	35,14	257,53	289,72	16,50	245,00	275,62	-	232,46	261,52	-	219,93	247,42	-	207,50	233,44	-	195,33	219,74
	IV	4.206,91	231,38	336,55	378,62	227,07	330,28	371,57	222,76	324,02	364,52	218,46	317,76	357,48	214,15	311,49	350,42	209,84	305,22	343,37	205,53	298,96	336,33
	V	4.721,41	259,67	377,71	424,92																		
	VI	4.765,66	262,11	381,25	428,90																		
13.244,99 (Ost)	I	4.214,75	231,81	337,18	379,32	223,19	324,64	365,22	214,57	312,11	351,12	205,96	299,58	337,02	197,34	287,04	322,92	188,72	274,51	308,82	180,11	261,98	294,73
	II	4.065,66	223,61	325,25	365,90	214,99	312,72	351,81	206,37	300,18	337,70	197,76	287,65	323,60	189,14	275,12	309,51	180,52	262,58	295,40	171,91	250,05	281,30
	III	3.383,66	54,72	270,69	304,52	36,07	258,16	290,43	17,43	245,62	276,32	-	233,09	262,22	-	220,56	248,13	-	208,12	234,13	-	195,93	220,42
	IV	4.214,75	231,81	337,18	379,32	227,50	330,91	372,27	223,19	324,64	365,22	218,88	318,38	358,17	214,57	312,11	351,12	210,26	305,84	344,07	205,96	299,58	337,02
	V	4.729,16	260,10	378,33	425,62																		
	VI	4.773,50	262,54	381,88	429,61																		
13.247,99 (West)	I	4.208,25	231,45	336,66	378,74	222,83	324,12	364,64	214,22	311,59	350,54	205,60	299,06	336,44	196,98	286,52	322,34	188,37	273,99	308,24	179,75	261,46	294,14
	II	4.059,08	223,24	324,72	365,31	214,63	312,19	351,21	206,02	299,66	337,12	197,40	287,13	323,02	188,78	274,60	308,92	180,17	262,06	294,82	171,55	249,53	280,72
	III	3.377,00	53,92	270,16	303,93	35,28	257,62	289,82	16,64	245,09	275,72	-	232,56	261,63	-	220,02	247,52	-	207,60	233,55	-	195,42	219,85
	IV	4.208,25	231,45	336,66	378,74	227,14	330,39	371,69	222,83	324,12	364,64	218,52	317,86	357,59	214,22	311,59	350,54	209,91	305,32	343,49	205,60	299,06	336,44
	V	4.722,66	259,74	377,81	425,03																		
	VI	4.767,00	262,18	381,36	429,03																		
13.247,99 (Ost)	I	4.216,00	231,88	337,28	379,44	223,26	324,74	365,33	214,64	312,21	351,23	206,03	299,68	337,14	197,41	287,15	323,04	188,80	274,62	308,94	180,18	262,08	294,84
	II	4.066,91	223,68	325,35	366,02	215,06	312,82	351,92	206,44	300,28	337,82	197,83	287,75	323,72	189,21	275,22	309,62	180,59	262,68	295,52	171,98	250,15	281,42
	III	3.384,83	54,85	270,78	304,63	36,21	258,25	290,53	17,57	245,72	276,43	-	233,18	262,33	-	220,66	248,24	-	208,22	234,25	-	196,04	220,54
	IV	4.216,00	231,88	337,28	379,44	227,57	331,01	372,38	223,26	324,74	365,33	218,95	318,48	358,29	214,64	312,21	351,23	210,33	305,94	344,18	206,03	299,68	337,14
	V	4.730,50	260,17	378,44	425,74																		
	VI	4.774,75	262,61	381,98	429,72																		
13.250,99 (West)	I	4.209,50	231,52	336,76	378,85	222,90	324,22	364,75	214,28	311,69	350,65	205,67	299,16	336,55	197,05	286,62	322,45	188,43	274,09	308,35	179,82	261,56	294,25
	II	4.060,33	223,31	324,82	365,42	214,70	312,30	351,33	206,08	299,76	337,23	197,47	287,23	323,13	188,85	274,70	309,03	180,23	262,16	294,93	171,62	249,63	280,83
	III	3.378,33	54,08	270,26	304,04	35,44	257,73	289,94	16,79	245,20	275,85	-	232,66	261,74	-	220,13	247,64	-	207,70	233,66	-	195,53	219,97
	IV	4.209,50	231,52	336,76	378,85	227,21	330,49	371,80	222,90	324,22	364,75	218,59	317,96	357,70	214,28	311,69	350,65	209,98	305,42	343,60	205,67	299,16	336,55
	V	4.723,91	259,81	377,91	425,15																		
	VI	4.768,25	262,25	381,46	429,14																		
13.250,99 (Ost)	I	4.217,25	231,94	337,38	379,55	223,33	324,84	365,45	214,71	312,31	351,35	206,10	299,78	337,25	197,48	287,25	323,15	188,87	274,72	309,06	180,25	262,18	294,95
	II	4.068,16	223,74	325,45	366,13	215,13	312,92	352,03	206,51	300,38	337,93	197,89	287,85	323,83	189,28	275,32	309,73	180,67	262,79	295,64	172,05	250,26	281,54
	III	3.386,16	55,01	270,89	304,75	36,37	258,36	290,65	17,73	245,82	276,55	-	233,29	262,45	-	220,76	248,35	-	208,32	234,36	-	196,13	220,64
	IV	4.217,25	231,94	337,38	379,55	227,64	331,11	372,50	223,33	324,84	365,45	219,02	318,58	358,40	214,71	312,31	351,35	210,41	306,05	344,30	206,10	299,78	337,25
	V	4.731,75	260,24	378,54	425,85																		
	VI	4.776,00	262,68	382,08	429,84																		
13.253,99 (West)	I	4.210,75	231,59	336,86	378,96	222,97	324,32	364,86	214,35	311,79	350,76	205,74	299,26	336,66	197,12	286,72	322,56	188,50	274,19	308,46	179,89	261,66	294,36
	II	4.061,66	223,39	324,93	365,54	214,77	312,40	351,45	206,15	299,86	337,34	197,54	287,33	323,24	188,92	274,80	309,15	180,30	262,26	295,04	171,69	249,73	280,94
	III	3.379,50	54,22	270,36	304,15	35,58	257,82	290,05	16,95	245,30	275,96	-	232,77	261,86	-	220,24	247,77	-	207,80	233,77	-	195,62	220,07
	IV	4.210,75	231,59	336,86	378,96	227,28	330,59	371,91	222,97	324,32	364,86	218,66	318,06	357,81	214,35	311,79	350,76	210,04	305,52	343,71	205,74	299,26	336,66
	V	4.725,16	259,88	378,01	425,26																		
	VI	4.769,50	262,32	381,56	429,25																		
13.253,99 (Ost)	I	4.218,50	232,01	337,48	379,66	223,40	324,95	365,57	214,78	312,42	351,47	206,17	299,88	337,37	197,55	287,35	323,27	188,93	274,82	309,17	180,32	262,28	295,07
	II	4.069,41	223,81	325,55	366,24	215,20	313,02	352,14	206,58	300,48	338,04	197,96	287,95	323,94	189,35	275,42	309,85	180,73	262,89	295,75	172,12	250,36	281,65
	III	3.387,33	55,15	270,98	304,85	36,53	258,46	290,77	17,88	245,93	276,67	-	233,40	262,57	-	220,86	248,47	-	208,41	234,46	-	196,22	220,75
	IV	4.218,50	232,01	337,48	379,66	227,70	331,21	372,61	223,40	324,95	365,57	219,09	318,68	358,52	214,78	312,42	351,47	210,48	306,15	344,42	206,17	299,88	337,37
	V	4.733,00	260,31	378,64	425,97																		
	VI	4.777,25	262,74	382,18	429,95																		
13.256,99 (West)	I	4.212,00	231,66	336,96	379,08	223,04	324,42	364,97	214,42	311,89	350,87	205,81	299,36	336,78	197,19	286,82	322,67	188,57	274,29	308,57	179,96	261,76	294,48
	II	4.062,91	223,46	325,03	365,66	214,84	312,50	351,56	206,22	299,96	337,46	197,61	287,43	323,36	188,99	274,90	309,26	180,37	262,36	295,16	171,76	249,83	281,06
	III	3.380,83	54,38	270,46	304,27	35,73	257,93	290,17	17,09	245,40	276,07	-	232,86	261,97	-	220,33	247,87	-	207,90	233,89	-	195,72	220,18
	IV	4.212,00	231,66	336,96	379,08	227,35	330,69	372,02	223,04	324,42	364,97	218,73	318,16	357,93	214,42	311,89	350,87	210,11	305,62	343,82	205,81	299,36	336,78
	V	4.726,41	259,95	378,11	425,37																		
	VI	4.770,75	262,39	381,66	429,36																		
13.256,99 (Ost)	I	4.219,83	232,09	337,58	379,78	223,47	325,05	365,68	214,85	312,52	351,58	206,24	299,98	337,48	197,62	287,45	323,38	189,00	274,92	309,28	180,39	262,38	295,18
	II	4.070,66	223,88	325,65	366,35	215,27	313,12	352,26	206,65	300,59	338,16	198,04	288,06	324,06	189,42	275,52	309,96	180,80	262,99	295,86	172,19	250,46	281,76
	III	3.388,66	55,31	271,09	304,97	36,67	258,56	290,88	18,02	246,02	276,77	-	233,49	262,67	-	220,96	248,58	-	208,52	234,58	-	196,32	220,86
	IV	4.219,83	232,09	337,58	379,78	227,78	331,32	372,73	223,47	325,05	365,68	219,16	318,78	358,63	214,85	312,52	351,58	210,54	306,25	344,53	206,24	299,98	337,48
	V	4.734,25	260,38	378,74	426,08																		
	VI	4.778,58	262,82	382,28	430,07																		
13.259,99 (West)	I	4.213,25	231,72	337,06	379,19	223,11	324,52	365,09	214,49	311,99	350,99	205,87	299,46	336,89	197,26	286,92	322,79	188,64	274,39	308,69	180,03	261,86	294,59
	II	4.064,16	223,52	325,13	365,77	214,91	312,60	351,67	206,29	300,06	337,57	197,67	287,53	323,47	189,06	275,00	309,37	180,44	262,46	295,27	171,82	249,93	281,17
	III	3.382,16	54,54	270,57	304,39	35,89	258,04	290,29	17,25	245,50	276,19	-	232,97	262,09	-	220,44	247,99	-	208,00	234,00	-	195,81	220,28
	IV	4.213,25	231,72	337,06	379,19	227,42	330,79	372,14	223,11	324,52	365,09	218,80	318,26	358,04	214,49	311,99	350,99	210,18	305,72	343,94	205,87	299,46	336,89
	V	4.727,66	260,02	378,21	425,48																		
	VI	4.772,00	262,46	381,76	429,48																		
13.259,99 (Ost)	I	4.221,08	232,15	337,68	379,89	223,54	325,15	365,79	214,92	312,62	351,69	206,30	300,08	337,59	197,69	287,55	323,49	189,07	275,02	309,39	180,45	262,48	295,29
	II	4.071,91	223,95	325,75	366,47	215,34	313,22	352,37	206,72	300,69	338,27	198,11	288,16	324,18	189,49	275,62	310,07	180,87	263,09	295,97	172,26	250,56	281,88
	III	3.390,00	55,47	271,20	305,10	36,83	258,66	290,99	18,18	246,13	276,89	-	233,60	262,80	-	221,06	248,69	-	208,61	234,68	-	196,42	220,97
	IV	4.221,08	232,15	337,68	379,89	227,85	331,42	372,84	223,54	325,15	365,79	219,23	318,88	358,74	214,92	312,62	351,69	210,61	306,35	344,64	206,30	300,08	337,59
	V	4.735,50	260,45	378,84	426,19																		
	VI	4.779,83	262,89	382,38	430,18																		

MONAT bis 13.280,99 €

Lohn/ Gehalt bis	Steuerklasse	Lohnsteuer	ohne Kinderfreibetrag			Anzahl Kinderfreibeträge (nur Steuerklassen I–IV) 0,5			1,0			1,5			2,0			2,5			3,0		
			SolZ 5,5%	Kirchensteuer 8%	9%	SolZ 5,5%	Kirchensteuer 8%	9%	SolZ 5,5%	Kirchensteuer 8%	9%	SolZ 5,5%	Kirchensteuer 8%	9%	SolZ 5,5%	Kirchensteuer 8%	9%	SolZ 5,5%	Kirchensteuer 8%	9%	SolZ 5,5%	Kirchensteuer 8%	9%
13.262,99 *(West)*	I	4.214,50	231,79	337,16	379,30	223,18	324,62	365,20	214,56	312,09	351,10	205,94	299,56	337,00	197,33	287,02	322,90	188,71	274,50	308,81	180,10	261,96	294,
	II	4.065,41	223,59	325,23	365,88	214,98	312,70	351,78	206,36	300,16	337,68	197,74	287,63	323,58	189,13	275,10	309,48	180,51	262,56	295,38	171,89	250,03	281,
	III	3.383,33	54,68	270,66	304,49	36,03	258,13	290,39	17,39	245,60	276,30	–	233,06	262,19	–	220,53	248,09	–	208,09	234,10	–	195,92	220,
	IV	4.214,50	231,79	337,16	379,30	227,48	330,89	372,25	223,18	324,62	365,20	218,87	318,36	358,15	214,56	312,09	351,10	210,25	305,82	344,05	205,94	299,56	337,
	V	4.728,91	260,09	378,31	425,60																		
	VI	4.773,25	262,52	381,86	429,59																		
13.262,99 *(Ost)*	I	4.222,33	232,22	337,78	380,00	223,61	325,25	365,90	214,99	312,72	351,81	206,37	300,18	337,70	197,76	287,65	323,60	189,14	275,12	309,51	180,52	262,58	295,
	II	4.073,25	224,02	325,86	366,59	215,41	313,32	352,49	206,79	300,79	338,39	198,17	288,26	324,29	189,56	275,72	310,19	180,94	263,19	296,09	172,32	250,66	281,
	III	3.391,16	55,61	271,29	305,20	36,96	258,76	291,10	18,32	246,22	277,00	–	233,69	262,90	–	221,16	248,80	–	208,72	234,81	–	196,52	221,
	IV	4.222,33	232,22	337,78	380,00	227,92	331,52	372,96	223,61	325,25	365,90	219,30	318,98	358,85	214,99	312,72	351,81	210,68	306,45	344,75	206,37	300,18	337,
	V	4.736,75	260,52	378,94	426,30																		
	VI	4.781,08	262,95	382,48	430,29																		
13.265,99 *(West)*	I	4.215,75	231,86	337,26	379,41	223,24	324,72	365,31	214,63	312,19	351,21	206,02	299,66	337,12	197,40	287,13	323,02	188,78	274,60	308,92	180,17	262,06	294,
	II	4.066,66	223,66	325,33	365,99	215,05	312,80	351,90	206,43	300,26	337,79	197,81	287,73	323,69	189,20	275,20	309,60	180,58	262,66	295,49	171,97	250,14	281,
	III	3.384,66	54,83	270,77	304,61	36,19	258,24	290,52	17,55	245,70	276,41	–	233,17	262,31	–	220,64	248,22	–	208,20	234,22	–	196,01	220,
	IV	4.215,75	231,86	337,26	379,41	227,55	330,99	372,36	223,24	324,72	365,31	218,94	318,46	358,26	214,63	312,19	351,21	210,32	305,92	344,16	206,02	299,66	337,
	V	4.730,25	260,16	378,42	425,72																		
	VI	4.774,50	262,59	381,96	429,70																		
13.265,99 *(Ost)*	I	4.223,58	232,29	337,88	380,12	223,68	325,35	366,02	215,06	312,82	351,92	206,44	300,28	337,82	197,83	287,75	323,72	189,21	275,22	309,62	180,59	262,68	295,
	II	4.074,50	224,09	325,96	366,70	215,48	313,42	352,60	206,86	300,89	338,50	198,24	288,36	324,40	189,63	275,82	310,30	181,01	263,29	296,20	172,39	250,76	282,
	III	3.392,50	55,77	271,40	305,32	37,12	258,86	291,22	18,48	246,33	277,12	–	233,80	263,02	–	221,26	248,92	–	208,81	234,91	–	196,61	221,
	IV	4.223,58	232,29	337,88	380,12	227,98	331,62	373,07	223,68	325,35	366,02	219,37	319,08	358,97	215,06	312,82	351,92	210,75	306,55	344,87	206,44	300,28	337,
	V	4.738,00	260,59	379,04	426,42																		
	VI	4.782,33	263,02	382,58	430,40																		
13.268,99 *(West)*	I	4.217,00	231,93	337,36	379,53	223,31	324,82	365,42	214,70	312,30	351,33	206,08	299,76	337,23	197,47	287,23	323,13	188,85	274,70	309,03	180,23	262,16	294,
	II	4.067,91	223,73	325,43	366,11	215,11	312,90	352,01	206,50	300,36	337,91	197,88	287,83	323,81	189,27	275,30	309,71	180,65	262,77	295,61	172,04	250,24	281,
	III	3.385,83	54,97	270,86	304,72	36,33	258,33	290,62	17,69	245,80	276,52	–	233,26	262,42	–	220,73	248,32	–	208,29	234,32	–	196,10	220,
	IV	4.217,00	231,93	337,36	379,53	227,62	331,09	372,47	223,31	324,82	365,42	219,01	318,56	358,38	214,70	312,30	351,33	210,39	306,03	344,28	206,08	299,76	337,
	V	4.731,50	260,23	378,52	425,83																		
	VI	4.775,75	262,66	382,06	429,81																		
13.268,99 *(Ost)*	I	4.224,83	232,36	337,98	380,23	223,74	325,45	366,13	215,13	312,92	352,03	206,51	300,38	337,93	197,89	287,85	323,83	189,28	275,32	309,73	180,67	262,79	295,
	II	4.075,75	224,16	326,06	366,81	215,54	313,52	352,71	206,93	300,99	338,61	198,31	288,46	324,51	189,69	275,92	310,41	181,08	263,39	296,31	172,46	250,86	282,
	III	3.393,66	55,91	271,49	305,42	37,26	258,96	291,33	18,62	246,42	277,22	–	233,89	263,12	–	221,36	249,03	–	208,92	235,03	–	196,72	221,
	IV	4.224,83	232,36	337,98	380,23	228,05	331,72	373,18	223,74	325,45	366,13	219,44	319,18	359,08	215,13	312,92	352,03	210,82	306,65	344,98	206,51	300,38	337,
	V	4.739,25	260,65	379,14	426,53																		
	VI	4.783,58	263,09	382,68	430,52																		
13.271,99 *(West)*	I	4.218,33	232,00	337,46	379,64	223,39	324,93	365,54	214,77	312,40	351,45	206,15	299,86	337,34	197,54	287,33	323,24	188,92	274,80	309,15	180,30	262,26	295,
	II	4.069,16	223,80	325,53	366,22	215,18	313,00	352,12	206,57	300,46	338,02	197,95	287,94	323,93	189,34	275,40	309,83	180,72	262,87	295,73	172,10	250,34	281,
	III	3.387,16	55,13	270,97	304,84	36,49	258,44	290,74	17,85	245,90	276,64	–	233,37	262,54	–	220,84	248,44	–	208,40	234,45	–	196,21	220,
	IV	4.218,33	232,00	337,46	379,64	227,70	331,20	372,60	223,39	324,93	365,54	219,08	318,66	358,49	214,77	312,40	351,45	210,46	306,13	344,39	206,15	299,86	337,
	V	4.732,75	260,30	378,62	425,94																		
	VI	4.777,08	262,73	382,16	429,93																		
13.271,99 *(Ost)*	I	4.226,08	232,43	338,08	380,34	223,81	325,55	366,24	215,20	313,02	352,14	206,58	300,48	338,04	197,96	287,95	323,94	189,35	275,42	309,85	180,73	262,89	295,
	II	4.077,00	224,23	326,16	366,93	215,61	313,62	352,82	207,00	301,09	338,72	198,38	288,56	324,63	189,76	276,02	310,52	181,15	263,49	296,42	172,53	250,96	282,
	III	3.395,00	56,06	271,60	305,55	37,42	259,06	291,44	18,78	246,53	277,34	0,13	234,00	263,25	–	221,46	249,14	–	209,01	235,13	–	196,81	221,
	IV	4.226,08	232,43	338,08	380,34	228,12	331,82	373,29	223,81	325,55	366,24	219,50	319,28	359,19	215,20	313,02	352,14	210,89	306,75	345,09	206,58	300,48	338,
	V	4.740,50	260,72	379,24	426,64																		
	VI	4.784,83	263,16	382,78	430,63																		
13.274,99 *(West)*	I	4.219,58	232,07	337,56	379,76	223,46	325,03	365,66	214,84	312,50	351,56	206,22	299,96	337,46	197,61	287,43	323,36	188,99	274,90	309,26	180,37	262,36	295,
	II	4.070,41	223,87	325,63	366,33	215,26	313,10	352,24	206,64	300,57	338,14	198,02	288,04	324,04	189,41	275,50	309,94	180,79	262,97	295,84	172,17	250,44	281,
	III	3.388,33	55,27	271,06	304,94	36,63	258,53	290,84	17,98	246,00	276,75	–	233,46	262,64	–	220,94	248,56	–	208,49	234,55	–	196,30	220,
	IV	4.219,58	232,07	337,56	379,76	227,76	331,30	372,71	223,46	325,03	365,66	219,15	318,76	358,61	214,84	312,50	351,56	210,53	306,23	344,51	206,22	299,96	337,
	V	4.734,00	260,37	378,72	426,06																		
	VI	4.778,33	262,80	382,26	430,04																		
13.274,99 *(Ost)*	I	4.227,33	232,50	338,18	380,45	223,88	325,65	366,35	215,27	313,12	352,26	206,65	300,59	338,16	198,04	288,06	324,06	189,42	275,52	309,96	180,80	262,99	295,8
	II	4.078,25	224,30	326,26	367,04	215,68	313,72	352,94	207,07	301,19	338,84	198,45	288,66	324,74	189,83	276,12	310,64	181,22	263,59	296,54	172,60	251,06	282,4
	III	3.396,16	56,20	271,69	305,65	37,56	259,16	291,55	18,92	246,62	277,45	0,29	234,10	263,36	–	221,57	249,26	–	209,10	235,24	–	196,90	221,5
	IV	4.227,33	232,50	338,18	380,45	228,19	331,92	373,41	223,88	325,65	366,35	219,57	319,38	359,30	215,27	313,12	352,26	210,96	306,85	345,20	206,65	300,59	338,1
	V	4.741,83	260,80	379,34	426,76																		
	VI	4.786,08	263,23	382,88	430,74																		
13.277,99 *(West)*	I	4.220,83	232,14	337,66	379,87	223,52	325,13	365,77	214,91	312,60	351,67	206,29	300,06	337,57	197,67	287,53	323,47	189,06	275,00	309,37	180,44	262,46	295,2
	II	4.071,75	223,94	325,74	366,45	215,32	313,20	352,35	206,71	300,67	338,25	198,09	288,14	324,15	189,47	275,60	310,05	180,86	263,07	295,95	172,24	250,54	281,8
	III	3.389,66	55,43	271,17	305,06	36,79	258,64	290,97	18,14	246,10	276,86	–	233,57	262,76	–	221,04	248,67	–	208,60	234,67	–	196,40	220,9
	IV	4.220,83	232,14	337,66	379,87	227,83	331,40	372,82	223,52	325,13	365,77	219,22	318,86	358,72	214,91	312,60	351,67	210,60	306,33	344,62	206,29	300,06	337,5
	V	4.735,25	260,43	378,82	426,17																		
	VI	4.779,58	262,87	382,36	430,16																		
13.277,99 *(Ost)*	I	4.228,58	232,57	338,28	380,57	223,95	325,75	366,47	215,34	313,22	352,37	206,72	300,69	338,27	198,11	288,16	324,18	189,49	275,62	310,07	180,87	263,09	295,9
	II	4.079,50	224,37	326,36	367,15	215,75	313,82	353,05	207,13	301,29	338,95	198,52	288,76	324,85	189,91	276,23	310,76	181,29	263,70	296,66	172,67	251,16	282,5
	III	3.397,50	56,36	271,80	305,77	37,72	259,26	291,67	19,07	246,73	277,57	0,43	234,20	263,47	–	221,66	249,37	–	209,21	235,36	–	197,00	221,6
	IV	4.228,58	232,57	338,28	380,57	228,26	332,02	373,52	223,95	325,75	366,47	219,65	319,49	359,42	215,34	313,22	352,37	211,03	306,96	345,33	206,72	300,69	338,2
	V	4.743,08	260,86	379,44	426,87																		
	VI	4.787,33	263,30	382,98	430,85																		
13.280,99 *(West)*	I	4.222,08	232,21	337,76	379,98	223,59	325,23	365,88	214,98	312,70	351,78	206,36	300,16	337,68	197,74	287,63	323,58	189,13	275,10	309,48	180,51	262,56	295,3
	II	4.073,00	224,01	325,84	366,57	215,39	313,30	352,46	206,78	300,77	338,36	198,16	288,24	324,27	189,54	275,70	310,16	180,93	263,17	296,06	172,31	250,64	281,9
	III	3.390,83	55,57	271,26	305,17	36,94	258,74	291,08	18,30	246,21	276,98	–	233,68	262,89	–	221,14	248,78	–	208,69	234,77	–	196,49	221,0
	IV	4.222,08	232,21	337,76	379,98	227,90	331,50	372,93	223,59	325,23	365,88	219,28	318,96	358,83	214,98	312,70	351,78	210,67	306,43	344,73	206,36	300,16	337,6
	V	4.736,50	260,50	378,92	426,28																		
	VI	4.780,83	262,94	382,46	430,27																		
13.280,99 *(Ost)*	I	4.229,91	232,64	338,39	380,69	224,02	325,86	366,59	215,41	313,32	352,49	206,79	300,79	338,39	198,17	288,26	324,29	189,56	275,72	310,19	180,94	263,19	296,0
	II	4.080,75	224,44	326,46	367,26	215,82	313,92	353,16	207,20	301,39	339,06	198,59	288,86	324,97	189,97	276,33	310,87	181,36	263,80	296,77	172,74	251,26	282,6
	III	3.398,83	56,52	271,90	305,89	37,88	259,37	291,79	19,23	246,84	277,69	0,59	234,30	263,59	–	221,77	249,49	–	209,30	235,46	–	197,10	221,7
	IV	4.229,91	232,64	338,39	380,69	228,33	332,12	373,64	224,02	325,86	366,59	219,72	319,59	359,54	215,41	313,32	352,49	211,10	307,06	345,44	206,79	300,79	338,3
	V	4.744,33	260,93	379,54	426,98																		
	VI	4.788,66	263,37	383,09	430,97																		

Lohn/ Gehalt bis	Steuerklasse	Lohnsteuer	ohne Kinderfreibetrag SolZ 5,5%	Kirchensteuer 8%	Kirchensteuer 9%	0,5 SolZ 5,5%	0,5 Kirchensteuer 8%	0,5 Kirchensteuer 9%	1,0 SolZ 5,5%	1,0 Kirchensteuer 8%	1,0 Kirchensteuer 9%	1,5 SolZ 5,5%	1,5 Kirchensteuer 8%	1,5 Kirchensteuer 9%	2,0 SolZ 5,5%	2,0 Kirchensteuer 8%	2,0 Kirchensteuer 9%	2,5 SolZ 5,5%	2,5 Kirchensteuer 8%	2,5 Kirchensteuer 9%	3,0 SolZ 5,5%	3,0 Kirchensteuer 8%	3,0 Kirchensteuer 9%
13.283,99	I	4.223,33	232,28	337,86	380,09	223,66	325,33	365,99	215,05	312,80	351,90	206,43	300,26	337,79	197,81	287,73	323,69	189,20	275,20	309,60	180,58	262,66	295,49
(West)	II	4.074,25	224,08	325,94	366,68	215,46	313,40	352,58	206,85	300,87	338,48	198,23	288,34	324,38	189,61	275,80	310,28	181,00	263,27	296,18	172,38	250,74	282,08
	III	3.392,16	55,73	271,37	305,29	37,08	258,84	291,19	18,44	246,30	277,09	-	233,77	262,99	-	221,24	248,89	-	208,78	234,88	-	196,60	221,17
	IV	4.223,33	232,28	337,86	380,09	227,97	331,60	373,05	223,66	325,33	365,99	219,35	319,06	358,94	215,05	312,80	351,90	210,74	306,53	344,84	206,43	300,26	337,79
	V	4.737,75	260,57	379,02	426,39																		
	VI	4.782,08	263,01	382,56	430,38																		
13.283,99	I	4.231,16	232,71	338,49	380,80	224,09	325,96	366,70	215,48	313,42	352,60	206,86	300,89	338,50	198,24	288,36	324,40	189,63	275,82	310,30	181,01	263,29	296,20
(Ost)	II	4.082,00	224,51	326,56	367,38	215,89	314,03	353,28	207,28	301,50	339,18	198,66	288,96	325,08	190,04	276,43	310,98	181,43	263,90	296,88	172,81	251,36	282,78
	III	3.400,00	56,66	272,00	306,00	38,02	259,46	291,89	19,37	246,93	277,79	0,73	234,40	263,70	-	221,86	249,59	-	209,41	235,58	-	197,20	221,85
	IV	4.231,16	232,71	338,49	380,80	228,40	332,22	373,75	224,09	325,96	366,70	219,78	319,69	359,65	215,48	313,42	352,60	211,17	307,16	345,55	206,86	300,89	338,50
	V	4.745,58	261,00	379,64	427,10																		
	VI	4.789,91	263,44	383,19	431,09																		
13.286,99	I	4.224,58	232,35	337,96	380,21	223,73	325,43	366,11	215,11	312,90	352,01	206,50	300,36	337,91	197,88	287,83	323,81	189,27	275,30	309,71	180,65	262,77	295,61
(West)	II	4.075,50	224,15	326,04	366,79	215,53	313,50	352,69	206,91	300,97	338,59	198,30	288,44	324,49	189,68	275,90	310,39	181,06	263,37	296,29	172,45	250,84	282,19
	III	3.393,50	55,89	271,48	305,41	37,24	258,94	291,31	18,60	246,41	277,21	-	233,88	263,11	-	221,34	249,01	-	208,89	235,00	-	196,69	221,27
	IV	4.224,58	232,35	337,96	380,21	228,04	331,70	373,16	223,73	325,43	366,11	219,42	319,16	359,06	215,11	312,90	352,01	210,81	306,63	344,96	206,50	300,36	337,91
	V	4.739,00	260,64	379,12	426,51																		
	VI	4.783,33	263,08	382,66	430,49																		
13.286,99	I	4.232,41	232,78	338,59	380,91	224,16	326,06	366,81	215,54	313,52	352,71	206,93	300,99	338,61	198,31	288,46	324,51	189,69	275,92	310,41	181,08	263,39	296,31
(Ost)	II	4.083,33	224,58	326,66	367,49	215,96	314,13	353,39	207,35	301,60	339,30	198,73	289,06	325,19	190,11	276,53	311,09	181,50	264,00	297,00	172,88	251,46	282,89
	III	3.401,33	56,82	272,10	306,11	38,17	259,57	292,01	19,53	247,04	277,92	0,89	234,50	263,81	-	221,97	249,71	-	209,50	235,69	-	197,29	221,95
	IV	4.232,41	232,78	338,59	380,91	228,47	332,32	373,86	224,16	326,06	366,81	219,85	319,79	359,76	215,54	313,52	352,71	211,24	307,26	345,66	206,93	300,99	338,61
	V	4.746,83	261,07	379,74	427,21																		
	VI	4.791,16	263,51	383,29	431,20																		
13.289,99	I	4.225,83	232,42	338,06	380,32	223,80	325,53	366,22	215,18	313,00	352,12	206,57	300,46	338,02	197,95	287,94	323,93	189,34	275,40	309,83	180,72	262,87	295,73
(West)	II	4.076,75	224,22	326,14	366,90	215,60	313,60	352,80	206,98	301,07	338,70	198,37	288,54	324,60	189,75	276,00	310,50	181,13	263,47	296,40	172,52	250,94	282,31
	III	3.394,66	56,02	271,57	305,51	37,38	259,04	291,42	18,74	246,50	277,31	0,09	233,97	263,21	-	221,44	249,12	-	208,98	235,10	-	196,78	221,38
	IV	4.225,83	232,42	338,06	380,32	228,11	331,80	373,27	223,80	325,53	366,22	219,49	319,26	359,17	215,18	313,00	352,12	210,87	306,73	345,07	206,57	300,46	338,02
	V	4.740,33	260,71	379,22	426,62																		
	VI	4.784,58	263,15	382,76	430,61																		
13.289,99	I	4.233,66	232,85	338,69	381,02	224,23	326,16	366,93	215,61	313,62	352,82	207,00	301,09	338,72	198,38	288,56	324,63	189,76	276,02	310,52	181,15	263,49	296,42
(Ost)	II	4.084,58	224,65	326,76	367,61	216,03	314,23	353,51	207,41	301,70	339,41	198,80	289,16	325,31	190,18	276,63	311,21	181,56	264,10	297,11	172,95	251,56	283,01
	III	3.402,50	56,96	272,20	306,22	38,31	259,66	292,12	19,67	247,13	278,02	1,03	234,60	263,92	-	222,06	249,82	-	209,61	235,81	-	197,40	222,07
	IV	4.233,66	232,85	338,69	381,02	228,54	332,42	373,97	224,23	326,16	366,93	219,92	319,89	359,87	215,61	313,62	352,82	211,31	307,36	345,78	207,00	301,09	338,72
	V	4.748,08	261,14	379,84	427,32																		
	VI	4.792,41	263,58	383,39	431,31																		
13.292,99	I	4.227,08	232,48	338,16	380,43	223,87	325,63	366,33	215,26	313,10	352,24	206,64	300,57	338,14	198,02	288,04	324,04	189,41	275,50	309,94	180,79	262,97	295,84
(West)	II	4.078,00	224,29	326,24	367,02	215,67	313,70	352,91	207,05	301,17	338,81	198,44	288,64	324,72	189,82	276,10	310,61	181,21	263,58	296,52	172,59	251,04	282,42
	III	3.396,00	56,18	271,68	305,64	37,54	259,14	291,53	18,90	246,61	277,43	0,25	234,08	263,34	-	221,54	249,23	-	209,09	235,22	-	196,88	221,49
	IV	4.227,08	232,48	338,16	380,43	228,18	331,90	373,38	223,87	325,63	366,33	219,56	319,36	359,28	215,26	313,10	352,24	210,95	306,84	345,19	206,64	300,57	338,14
	V	4.741,58	260,78	379,32	426,74																		
	VI	4.785,83	263,22	382,86	430,72																		
13.292,99	I	4.234,91	232,92	338,79	381,14	224,30	326,26	367,04	215,68	313,72	352,94	207,07	301,19	338,84	198,45	288,66	324,74	189,83	276,12	310,64	181,22	263,59	296,54
(Ost)	II	4.085,83	224,72	326,86	367,72	216,10	314,33	353,62	207,48	301,80	339,52	198,87	289,26	325,42	190,25	276,73	311,32	181,63	264,20	297,22	173,02	251,66	283,12
	III	3.403,83	57,12	272,30	306,34	38,47	259,77	292,24	19,83	247,24	278,14	1,19	234,70	264,04	-	222,17	249,94	-	209,70	235,91	-	197,49	222,17
	IV	4.234,91	232,92	338,79	381,14	228,61	332,52	374,09	224,30	326,26	367,04	219,99	319,99	359,99	215,68	313,72	352,94	211,37	307,46	345,89	207,07	301,19	338,84
	V	4.749,33	261,21	379,94	427,43																		
	VI	4.793,66	263,65	383,49	431,42																		
13.295,99	I	4.228,33	232,55	338,26	380,54	223,94	325,74	366,45	215,32	313,20	352,35	206,71	300,67	338,25	198,09	288,14	324,15	189,47	275,60	310,05	180,86	263,07	295,95
(West)	II	4.079,25	224,35	326,34	367,13	215,74	313,80	353,03	207,12	301,27	338,93	198,51	288,74	324,83	189,89	276,21	310,73	181,28	263,68	296,64	172,66	251,14	282,53
	III	3.397,16	56,32	271,77	305,74	37,68	259,24	291,64	19,04	246,70	277,54	0,39	234,17	263,44	-	221,64	249,34	-	209,18	235,33	-	196,98	221,60
	IV	4.228,33	232,55	338,26	380,54	228,25	332,00	373,50	223,94	325,74	366,45	219,63	319,47	359,40	215,32	313,20	352,35	211,02	306,94	345,30	206,71	300,67	338,25
	V	4.742,83	260,85	379,42	426,85																		
	VI	4.787,08	263,28	382,96	430,83																		
13.295,99	I	4.236,16	232,98	338,89	381,25	224,37	326,36	367,15	215,75	313,82	353,05	207,13	301,29	338,95	198,52	288,76	324,85	189,91	276,23	310,76	181,29	263,70	296,66
(Ost)	II	4.087,08	224,78	326,96	367,83	216,17	314,43	353,73	207,55	301,90	339,63	198,93	289,36	325,53	190,32	276,83	311,43	181,70	264,30	297,33	173,08	251,76	283,23
	III	3.405,00	57,25	272,40	306,45	38,61	259,86	292,34	19,97	247,33	278,24	1,32	234,80	264,15	-	222,26	250,04	-	209,81	236,03	-	197,58	222,28
	IV	4.236,16	232,98	338,89	381,25	228,68	332,62	374,20	224,37	326,36	367,15	220,06	320,09	360,10	215,75	313,82	353,05	211,44	307,56	346,00	207,13	301,29	338,95
	V	4.750,58	261,28	380,04	427,55																		
	VI	4.794,91	263,72	383,59	431,54																		
13.298,99	I	4.229,66	232,63	338,37	380,66	224,01	325,84	366,57	215,39	313,30	352,46	206,78	300,77	338,36	198,16	288,24	324,27	189,54	275,70	310,16	180,93	263,17	296,06
(West)	II	4.080,50	224,42	326,44	367,24	215,81	313,90	353,14	207,19	301,38	339,05	198,58	288,84	324,95	189,96	276,31	310,85	181,34	263,78	296,75	172,73	251,24	282,65
	III	3.398,50	56,48	271,88	305,86	37,84	259,34	291,76	19,19	246,81	277,66	0,55	234,28	263,56	-	221,74	249,46	-	209,29	235,45	-	197,08	221,71
	IV	4.229,66	232,63	338,37	380,66	228,32	332,10	373,61	224,01	325,84	366,57	219,70	319,57	359,51	215,39	313,30	352,46	211,09	307,04	345,42	206,78	300,77	338,36
	V	4.744,08	260,92	379,52	426,96																		
	VI	4.788,41	263,36	383,07	430,95																		
13.298,99	I	4.237,41	233,05	338,99	381,36	224,44	326,46	367,26	215,82	313,92	353,16	207,20	301,39	339,06	198,59	288,86	324,97	189,97	276,33	310,87	181,36	263,80	296,77
(Ost)	II	4.088,33	224,85	327,06	367,94	216,24	314,53	353,84	207,62	302,00	339,75	199,00	289,46	325,64	190,39	276,93	311,54	181,77	264,40	297,45	173,16	251,87	283,35
	III	3.406,33	57,41	272,50	306,56	38,77	259,97	292,46	20,13	247,44	278,37	1,48	234,90	264,26	-	222,37	250,16	-	209,90	236,14	-	197,68	222,39
	IV	4.237,41	233,05	338,99	381,36	228,74	332,72	374,31	224,44	326,46	367,26	220,13	320,19	360,21	215,82	313,92	353,16	211,51	307,66	346,11	207,20	301,39	339,06
	V	4.751,91	261,35	380,15	427,67																		
	VI	4.796,16	263,78	383,69	431,65																		
13.301,99	I	4.230,91	232,70	338,47	380,78	224,08	325,94	366,68	215,46	313,40	352,58	206,85	300,87	338,48	198,23	288,34	324,38	189,61	275,80	310,28	181,00	263,27	296,18
(West)	II	4.081,83	224,50	326,54	367,36	215,88	314,01	353,26	207,26	301,48	339,16	198,65	288,94	325,06	190,03	276,41	310,96	181,41	263,88	296,86	172,80	251,34	282,76
	III	3.399,66	56,62	271,97	305,96	37,98	259,44	291,87	19,33	246,90	277,76	0,71	234,38	263,68	-	221,85	249,58	-	209,38	235,55	-	197,17	221,81
	IV	4.230,91	232,70	338,47	380,78	228,39	332,20	373,73	224,08	325,94	366,68	219,77	319,67	359,63	215,46	313,40	352,58	211,15	307,14	345,53	206,85	300,87	338,48
	V	4.745,33	260,99	379,62	427,07																		
	VI	4.789,66	263,43	383,17	431,06																		
13.301,99	I	4.238,66	233,12	339,09	381,47	224,51	326,56	367,38	215,89	314,03	353,28	207,28	301,50	339,18	198,66	288,96	325,08	190,04	276,43	310,98	181,43	263,90	296,88
(Ost)	II	4.089,58	224,92	327,16	368,06	216,31	314,63	353,96	207,69	302,10	339,86	199,07	289,56	325,76	190,46	277,03	311,66	181,84	264,50	297,56	173,23	251,97	283,46
	III	3.407,50	57,55	272,60	306,67	38,91	260,06	292,57	20,28	247,54	278,48	1,64	235,01	264,38	-	222,48	250,29	-	210,00	236,25	-	197,78	222,50
	IV	4.238,66	233,12	339,09	381,47	228,81	332,82	374,42	224,51	326,56	367,38	220,20	320,29	360,32	215,89	314,03	353,28	211,58	307,76	346,23	207,28	301,50	339,18
	V	4.753,16	261,42	380,25	427,78																		
	VI	4.797,41	263,85	383,79	431,76																		

Anzahl Kinderfreibeträge (nur Steuerklassen I–IV)

Lohn/ Gehalt bis	Steuerklasse	Lohn- steuer	ohne Kinderfreibetrag SolZ 5,5%	Kirchensteuer 8%	9%	0,5 SolZ 5,5%	Kirchensteuer 8%	9%	1,0 SolZ 5,5%	Kirchensteuer 8%	9%	1,5 SolZ 5,5%	Kirchensteuer 8%	9%	2,0 SolZ 5,5%	Kirchensteuer 8%	9%	2,5 SolZ 5,5%	Kirchensteuer 8%	9%	3,0 SolZ 5,5%	Kirchensteuer 8%	9%
13.304,99 (West)	I	4.232,16	232,76	338,57	380,89	224,15	326,04	366,79	215,53	313,50	352,69	206,91	300,97	338,59	198,30	288,44	324,49	189,68	275,90	310,39	181,06	263,37	296,2
	II	4.083,08	224,56	326,64	367,47	215,95	314,11	353,37	207,33	301,58	339,27	198,71	289,04	325,17	190,10	276,51	311,07	181,48	263,98	296,97	172,86	251,44	282,
	III	3.401,00	56,78	272,08	306,09	38,13	259,54	291,98	19,49	247,01	277,88	0,85	234,48	263,79	-	221,94	249,68	-	209,49	235,67	-	197,28	221,
	IV	4.232,16	232,76	338,57	380,89	228,46	332,30	373,84	224,15	326,04	366,79	219,84	319,77	359,74	215,53	313,50	352,69	211,22	307,24	345,64	206,91	300,97	338,
	V	4.746,58	261,06	379,72	427,19																		
	VI	4.790,91	263,50	383,27	431,18																		
13.304,99 (Ost)	I	4.239,91	233,19	339,19	381,59	224,58	326,66	367,49	215,96	314,13	353,39	207,35	301,60	339,30	198,73	289,06	325,19	190,11	276,53	311,09	181,50	264,00	297,
	II	4.090,83	224,99	327,26	368,17	216,37	314,73	354,07	207,76	302,20	339,97	199,15	289,67	325,88	190,53	277,14	311,78	181,91	264,60	297,68	173,30	252,07	283,
	III	3.408,83	57,71	272,70	306,79	39,07	260,17	292,69	20,42	247,64	278,59	1,78	235,10	264,49	-	222,57	250,39	-	210,10	236,36	-	197,88	222,
	IV	4.239,91	233,19	339,19	381,59	228,89	332,93	374,54	224,58	326,66	367,49	220,27	320,40	360,45	215,96	314,13	353,39	211,65	307,86	346,34	207,35	301,60	339,
	V	4.754,41	261,49	380,35	427,89																		
	VI	4.798,75	263,93	383,90	431,88																		
13.307,99 (West)	I	4.233,41	232,83	338,67	381,00	224,22	326,14	366,90	215,60	313,60	352,80	206,98	301,07	338,70	198,37	288,54	324,60	189,75	276,00	310,50	181,13	263,47	296,4
	II	4.084,33	224,63	326,74	367,58	216,02	314,21	353,48	207,40	301,68	339,39	198,78	289,14	325,28	190,17	276,61	311,18	181,55	264,08	297,09	172,93	251,54	282,
	III	3.402,33	56,94	272,18	306,20	38,29	259,65	292,10	19,65	247,12	278,01	1,01	234,58	263,90	-	222,05	249,80	-	209,58	235,78	-	197,37	222,
	IV	4.233,41	232,83	338,67	381,00	228,52	332,40	373,95	224,22	326,14	366,90	219,91	319,87	359,85	215,60	313,60	352,80	211,29	307,34	345,75	206,98	301,07	338,
	V	4.747,83	261,13	379,82	427,30																		
	VI	4.792,16	263,56	383,37	431,29																		
13.307,99 (Ost)	I	4.241,25	233,26	339,30	381,71	224,65	326,76	367,61	216,03	314,23	353,51	207,41	301,70	339,41	198,80	289,16	325,31	190,18	276,63	311,21	181,56	264,10	297,1
	II	4.092,08	225,06	327,36	368,28	216,44	314,83	354,18	207,83	302,30	340,09	199,21	289,77	325,99	190,60	277,24	311,89	181,98	264,70	297,79	173,36	252,17	283,
	III	3.410,16	57,87	272,81	306,91	39,23	260,28	292,81	20,58	247,74	278,71	1,94	235,21	264,61	-	222,68	250,51	-	210,20	236,47	-	197,97	222,
	IV	4.241,25	233,26	339,30	381,71	228,96	333,03	374,66	224,65	326,76	367,61	220,34	320,50	360,56	216,03	314,23	353,51	211,72	307,96	346,46	207,41	301,70	339,4
	V	4.755,66	261,56	380,45	428,00																		
	VI	4.800,00	264,00	384,00	432,00																		
13.310,99 (West)	I	4.234,66	232,90	338,77	381,11	224,29	326,24	367,02	215,67	313,70	352,91	207,05	301,17	338,81	198,44	288,64	324,72	189,82	276,10	310,61	181,21	263,58	296,5
	II	4.085,58	224,70	326,84	367,70	216,09	314,31	353,60	207,47	301,78	339,50	198,85	289,24	325,40	190,24	276,71	311,30	181,62	264,18	297,20	173,00	251,64	283,1
	III	3.403,50	57,08	272,28	306,31	38,43	259,74	292,21	19,79	247,21	278,11	1,15	234,68	264,01	-	222,14	249,91	-	209,68	235,89	-	197,46	222,
	IV	4.234,66	232,90	338,77	381,11	228,59	332,50	374,06	224,29	326,24	367,02	219,98	319,97	359,96	215,67	313,70	352,91	211,36	307,44	345,87	207,05	301,17	338,8
	V	4.749,08	261,19	379,92	427,41																		
	VI	4.793,41	263,63	383,47	431,40																		
13.310,99 (Ost)	I	4.242,50	233,33	339,40	381,82	224,72	326,86	367,72	216,10	314,33	353,62	207,48	301,80	339,52	198,87	289,26	325,42	190,25	276,73	311,32	181,63	264,20	297,2
	II	4.093,41	225,13	327,47	368,40	216,52	314,94	354,30	207,90	302,40	340,20	199,28	289,87	326,10	190,67	277,34	312,00	182,05	264,80	297,90	173,43	252,27	283,8
	III	3.411,33	58,01	272,90	307,01	39,36	260,37	292,91	20,72	247,84	278,82	2,08	235,30	264,71	-	222,77	250,61	-	210,30	236,59	-	198,08	222,8
	IV	4.242,50	233,33	339,40	381,82	229,02	333,13	374,77	224,72	326,86	367,72	220,41	320,60	360,67	216,10	314,33	353,62	211,79	308,06	346,57	207,48	301,80	339,5
	V	4.756,91	261,63	380,55	428,12																		
	VI	4.801,25	264,06	384,10	432,11																		
13.313,99 (West)	I	4.235,91	232,97	338,87	381,23	224,35	326,34	367,13	215,74	313,80	353,03	207,12	301,27	338,93	198,51	288,74	324,83	189,89	276,21	310,73	181,28	263,68	296,6
	II	4.086,83	224,77	326,94	367,81	216,15	314,41	353,71	207,54	301,88	339,61	198,92	289,34	325,51	190,30	276,81	311,41	181,69	264,28	297,31	173,07	251,74	283,2
	III	3.404,83	57,23	272,38	306,43	38,59	259,85	292,33	19,95	247,32	278,23	1,30	234,78	264,13	-	222,25	250,03	-	209,78	236,00	-	197,57	222,2
	IV	4.235,91	232,97	338,87	381,23	228,66	332,60	374,18	224,35	326,34	367,13	220,05	320,07	360,08	215,74	313,80	353,03	211,43	307,54	345,98	207,12	301,27	338,9
	V	4.750,33	261,26	380,02	427,52																		
	VI	4.794,66	263,70	383,57	431,51																		
13.313,99 (Ost)	I	4.243,75	233,40	339,50	381,93	224,78	326,96	367,83	216,17	314,43	353,73	207,55	301,90	339,63	198,93	289,36	325,53	190,32	276,83	311,43	181,70	264,30	297,3
	II	4.094,66	225,20	327,57	368,51	216,59	315,04	354,42	207,97	302,50	340,31	199,35	289,97	326,21	190,74	277,44	312,12	182,12	264,90	298,01	173,50	252,37	283,9
	III	3.412,66	58,17	273,01	307,13	39,52	260,48	293,04	20,88	247,94	278,93	2,24	235,41	264,83	-	222,88	250,74	-	210,40	236,70	-	198,17	222,9
	IV	4.243,75	233,40	339,50	381,93	229,09	333,23	374,88	224,78	326,96	367,83	220,48	320,70	360,78	216,17	314,43	353,73	211,86	308,16	346,68	207,55	301,90	339,6
	V	4.758,16	261,69	380,65	428,23																		
	VI	4.802,50	264,13	384,20	432,22																		
13.316,99 (West)	I	4.237,16	233,04	338,97	381,34	224,42	326,44	367,24	215,81	313,90	353,14	207,19	301,38	339,05	198,58	288,84	324,95	189,96	276,31	310,85	181,34	263,78	296,7
	II	4.088,08	224,84	327,04	367,92	216,22	314,51	353,82	207,61	301,98	339,72	198,99	289,44	325,62	190,37	276,91	311,52	181,76	264,38	297,43	173,14	251,85	283,3
	III	3.406,00	57,37	272,48	306,54	38,73	259,94	292,43	20,09	247,41	278,33	1,44	234,88	264,24	-	222,34	250,13	-	209,88	236,11	-	197,66	222,3
	IV	4.237,16	233,04	338,97	381,34	228,73	332,70	374,29	224,42	326,44	367,24	220,11	320,17	360,19	215,81	313,90	353,14	211,50	307,64	346,10	207,19	301,38	339,0
	V	4.751,66	261,34	380,13	427,64																		
	VI	4.795,91	263,77	383,67	431,63																		
13.316,99 (Ost)	I	4.245,00	233,47	339,60	382,05	224,85	327,06	367,94	216,24	314,53	353,84	207,62	302,00	339,75	199,00	289,46	325,64	190,39	276,93	311,54	181,77	264,40	297,4
	II	4.095,91	225,27	327,67	368,63	216,65	315,14	354,53	208,04	302,60	340,43	199,42	290,07	326,33	190,80	277,54	312,23	182,19	265,00	298,13	173,57	252,47	284,0
	III	3.413,83	58,31	273,10	307,24	39,66	260,57	293,14	21,02	248,04	279,04	2,38	235,50	264,94	-	222,97	250,84	-	210,50	236,81	-	198,26	223,0
	IV	4.245,00	233,47	339,60	382,05	229,16	333,33	374,99	224,85	327,06	367,94	220,55	320,80	360,90	216,24	314,53	353,84	211,93	308,26	346,79	207,62	302,00	339,7
	V	4.759,41	261,76	380,75	428,34																		
	VI	4.803,75	264,20	384,30	432,33																		
13.319,99 (West)	I	4.238,41	233,11	339,07	381,45	224,50	326,54	367,36	215,88	314,01	353,26	207,26	301,48	339,16	198,65	288,94	325,06	190,03	276,41	310,96	181,41	263,88	296,8
	II	4.089,33	224,91	327,14	368,03	216,29	314,61	353,93	207,68	302,08	339,84	199,06	289,54	325,73	190,45	277,02	311,64	181,83	264,48	297,54	173,21	251,95	283,4
	III	3.407,33	57,53	272,58	306,65	38,89	260,05	292,55	20,24	247,52	278,46	1,60	234,98	264,35	-	222,45	250,25	-	209,98	236,23	-	197,76	222,4
	IV	4.238,41	233,11	339,07	381,45	228,80	332,80	374,40	224,50	326,54	367,36	220,19	320,28	360,31	215,88	314,01	353,26	211,57	307,74	346,21	207,26	301,48	339,1
	V	4.752,91	261,41	380,23	427,76																		
	VI	4.797,16	263,84	383,77	431,74																		
13.319,99 (Ost)	I	4.246,25	233,54	339,70	382,16	224,92	327,16	368,06	216,31	314,63	353,96	207,69	302,10	339,86	199,07	289,56	325,76	190,46	277,03	311,66	181,84	264,50	297,5
	II	4.097,16	225,34	327,77	368,74	216,72	315,24	354,64	208,11	302,70	340,54	199,49	290,17	326,44	190,87	277,64	312,34	182,26	265,10	298,24	173,64	252,57	284,1
	III	3.415,16	58,46	273,21	307,36	39,82	260,68	293,26	21,18	248,14	279,16	2,53	235,61	265,06	-	223,08	250,96	-	210,60	236,92	-	198,37	223,1
	IV	4.246,25	233,54	339,70	382,16	229,23	333,43	375,11	224,92	327,16	368,06	220,61	320,90	361,01	216,31	314,63	353,96	212,00	308,36	346,91	207,69	302,10	339,8
	V	4.760,66	261,83	380,85	428,45																		
	VI	4.805,00	264,27	384,40	432,45																		
13.322,99 (West)	I	4.239,75	233,18	339,18	381,57	224,56	326,64	367,47	215,95	314,11	353,37	207,33	301,58	339,27	198,71	289,04	325,17	190,10	276,51	311,07	181,48	263,98	296,9
	II	4.090,58	224,98	327,24	368,15	216,36	314,71	354,05	207,75	302,18	339,95	199,13	289,65	325,85	190,52	277,12	311,76	181,90	264,58	297,65	173,28	252,05	283,5
	III	3.408,50	57,67	272,68	306,76	39,03	260,14	292,66	20,38	247,61	278,56	1,74	235,08	264,46	-	222,54	250,36	-	210,08	236,34	-	197,85	222,5
	IV	4.239,75	233,18	339,18	381,57	228,87	332,91	374,52	224,56	326,64	367,47	220,26	320,38	360,42	215,95	314,11	353,37	211,64	307,84	346,32	207,33	301,58	339,2
	V	4.754,16	261,47	380,33	427,87																		
	VI	4.798,50	263,91	383,88	431,86																		
13.322,99 (Ost)	I	4.247,50	233,61	339,80	382,27	224,99	327,26	368,17	216,37	314,73	354,07	207,76	302,20	339,97	199,15	289,67	325,88	190,53	277,14	311,78	181,91	264,60	297,6
	II	4.098,41	225,41	327,87	368,85	216,79	315,34	354,75	208,17	302,80	340,65	199,56	290,27	326,55	190,94	277,74	312,45	182,32	265,20	298,35	173,71	252,67	284,2
	III	3.416,33	58,60	273,30	307,46	39,96	260,77	293,36	21,32	248,24	279,27	2,67	235,70	265,16	-	223,18	251,08	-	210,70	237,04	-	198,46	223,2
	IV	4.247,50	233,61	339,80	382,27	229,30	333,53	375,22	224,99	327,26	368,17	220,68	321,00	361,12	216,37	314,73	354,07	212,07	308,46	347,02	207,76	302,20	339,9
	V	4.762,00	261,91	380,96	428,58																		
	VI	4.806,25	264,34	384,50	432,56																		

Allgemeine Tabelle

MONAT bis 13.343,99 €

Lohn/ Gehalt bis	Steuerklasse	Lohn-steuer	ohne Kinderfreibetrag SolZ 5,5%	Kirchensteuer 8%	9%	0,5 SolZ 5,5%	Kirchensteuer 8%	9%	1,0 SolZ 5,5%	Kirchensteuer 8%	9%	1,5 SolZ 5,5%	Kirchensteuer 8%	9%	2,0 SolZ 5,5%	Kirchensteuer 8%	9%	2,5 SolZ 5,5%	Kirchensteuer 8%	9%	3,0 SolZ 5,5%	Kirchensteuer 8%	9%
						Anzahl Kinderfreibeträge (nur Steuerklassen I–IV)																	
13.325,99 (West)	I	4.241,00	233,25	339,28	381,69	224,63	326,74	367,58	216,02	314,21	353,48	207,40	301,68	339,39	198,78	289,14	325,28	190,17	276,61	311,18	181,55	264,08	297,09
	II	4.091,83	225,05	327,34	368,26	216,43	314,82	354,17	207,82	302,28	340,07	199,20	289,75	325,97	190,58	277,22	311,87	181,97	264,68	297,77	173,35	252,15	283,67
	III	3.409,83	57,83	272,78	306,88	39,19	260,25	292,78	20,54	247,72	278,68	1,90	235,18	264,58	-	222,65	250,48	-	210,18	236,45	-	197,96	222,70
	IV	4.241,00	233,25	339,28	381,69	228,94	333,01	374,63	224,63	326,74	367,58	220,33	320,48	360,54	216,02	314,21	353,48	211,71	307,94	346,43	207,40	301,68	339,39
	V	4.755,41	261,54	380,43	427,98																		
	VI	4.799,75	263,98	383,98	431,97																		
13.325,99 (Ost)	I	4.248,75	233,68	339,90	382,38	225,06	327,36	368,28	216,44	314,83	354,18	207,83	302,30	340,09	199,21	289,77	325,99	190,60	277,24	311,89	181,98	264,70	297,79
	II	4.099,66	225,48	327,97	368,96	216,86	315,44	354,87	208,24	302,90	340,76	199,63	290,37	326,66	191,01	277,84	312,57	182,40	265,31	298,47	173,78	252,78	284,37
	III	3.417,66	58,76	273,41	307,58	40,12	260,88	293,49	21,47	248,34	279,38	2,83	235,81	265,28	-	223,28	251,19	-	210,80	237,15	-	198,56	223,38
	IV	4.248,75	233,68	339,90	382,38	229,37	333,63	375,33	225,06	327,36	368,28	220,75	321,10	361,23	216,44	314,83	354,18	212,14	308,57	347,14	207,83	302,30	340,09
	V	4.763,25	261,97	381,06	428,69																		
	VI	4.807,50	264,41	384,60	432,67																		
13.328,99 (West)	I	4.242,25	233,32	339,38	381,80	224,70	326,84	367,70	216,09	314,31	353,60	207,47	301,78	339,50	198,85	289,24	325,40	190,24	276,71	311,30	181,62	264,18	297,20
	II	4.093,16	225,12	327,45	368,38	216,50	314,92	354,28	207,89	302,38	340,18	199,27	289,85	326,08	190,65	277,32	311,98	182,04	264,78	297,88	173,42	252,25	283,78
	III	3.411,00	57,97	272,88	306,99	39,32	260,34	292,88	20,70	247,82	278,80	2,06	235,29	264,70	-	222,76	250,60	-	210,28	236,56	-	198,05	222,80
	IV	4.242,25	233,32	339,38	381,80	229,01	333,11	374,75	224,70	326,84	367,70	220,39	320,58	360,65	216,09	314,31	353,60	211,78	308,04	346,55	207,47	301,78	339,50
	V	4.756,66	261,61	380,53	428,09																		
	VI	4.801,00	264,05	384,08	432,09																		
13.328,99 (Ost)	I	4.250,00	233,75	340,00	382,50	225,13	327,47	368,40	216,52	314,94	354,30	207,90	302,40	340,20	199,28	289,87	326,10	190,67	277,34	312,00	182,05	264,80	297,90
	II	4.100,91	225,55	328,07	369,08	216,93	315,54	354,98	208,31	303,00	340,88	199,70	290,47	326,78	191,08	277,94	312,68	182,47	265,41	298,58	173,85	252,88	284,49
	III	3.418,83	58,90	273,50	307,69	40,28	260,98	293,60	21,63	248,45	279,50	2,99	235,92	265,41	-	223,38	251,30	-	210,90	237,26	-	198,65	223,48
	IV	4.250,00	233,75	340,00	382,50	229,44	333,73	375,44	225,13	327,47	368,40	220,82	321,20	361,35	216,52	314,94	354,30	212,21	308,67	347,25	207,90	302,40	340,20
	V	4.764,50	262,04	381,16	428,80																		
	VI	4.808,75	264,48	384,70	432,78																		
13.331,99 (West)	I	4.243,50	233,39	339,48	381,91	224,77	326,94	367,81	216,15	314,41	353,71	207,54	301,88	339,61	198,92	289,34	325,51	190,30	276,81	311,41	181,69	264,28	297,31
	II	4.094,41	225,19	327,55	368,49	216,57	315,02	354,39	207,95	302,48	340,29	199,34	289,95	326,19	190,72	277,42	312,09	182,10	264,88	297,99	173,49	252,35	283,89
	III	3.412,33	58,13	272,98	307,10	39,48	260,45	293,00	20,84	247,92	278,91	2,20	235,38	264,80	-	222,85	250,70	-	210,38	236,68	-	198,14	222,91
	IV	4.243,50	233,39	339,48	381,91	229,08	333,21	374,86	224,77	326,94	367,81	220,46	320,68	360,76	216,15	314,41	353,71	211,85	308,14	346,66	207,54	301,88	339,61
	V	4.757,91	261,68	380,63	428,21																		
	VI	4.802,25	264,12	384,18	432,20																		
13.331,99 (Ost)	I	4.251,33	233,82	340,10	382,61	225,20	327,57	368,51	216,59	315,04	354,42	207,97	302,50	340,31	199,35	289,97	326,21	190,74	277,44	312,12	182,12	264,90	298,01
	II	4.102,16	225,61	328,17	369,19	217,00	315,64	355,09	208,39	303,11	341,00	199,77	290,58	326,90	191,15	278,04	312,80	182,54	265,51	298,70	173,92	252,98	284,60
	III	3.420,16	59,06	273,61	307,81	40,42	261,08	293,71	21,77	248,54	279,61	3,13	236,01	265,51	-	223,48	251,41	-	211,00	237,37	-	198,76	223,60
	IV	4.251,33	233,82	340,10	382,61	229,51	333,84	375,57	225,20	327,57	368,51	220,89	321,30	361,46	216,59	315,04	354,42	212,28	308,77	347,36	207,97	302,50	340,31
	V	4.765,75	262,11	381,26	428,91																		
	VI	4.810,08	264,55	384,80	432,90																		
13.334,99 (West)	I	4.244,75	233,46	339,58	382,02	224,84	327,04	367,92	216,22	314,51	353,82	207,61	301,98	339,72	198,99	289,44	325,62	190,37	276,91	311,52	181,76	264,38	297,43
	II	4.095,66	225,26	327,65	368,60	216,64	315,12	354,51	208,02	302,58	340,40	199,41	290,05	326,30	190,79	277,52	312,21	182,17	264,98	298,10	173,56	252,45	284,00
	III	3.413,66	58,29	273,09	307,22	39,64	260,56	293,13	21,00	248,02	279,02	2,36	235,49	264,92	-	222,96	250,83	-	210,48	236,79	-	198,25	223,03
	IV	4.244,75	233,46	339,58	382,02	229,15	333,31	374,97	224,84	327,04	367,92	220,53	320,78	360,87	216,22	314,51	353,82	211,91	308,24	346,77	207,61	301,98	339,72
	V	4.759,16	261,75	380,73	428,32																		
	VI	4.803,50	264,19	384,28	432,31																		
13.334,99 (Ost)	I	4.252,58	233,89	340,20	382,73	225,27	327,67	368,63	216,65	315,14	354,53	208,04	302,60	340,43	199,42	290,07	326,33	190,80	277,54	312,23	182,19	265,00	298,13
	II	4.103,41	225,68	328,27	369,30	217,07	315,74	355,21	208,45	303,21	341,11	199,84	290,68	327,01	191,22	278,14	312,91	182,60	265,61	298,81	173,99	253,08	284,71
	III	3.421,50	59,22	273,72	307,93	40,57	261,18	293,83	21,93	248,65	279,73	3,29	236,12	265,63	-	223,58	251,53	-	211,10	237,49	-	198,85	223,70
	IV	4.252,58	233,89	340,20	382,73	229,58	333,94	375,68	225,27	327,67	368,63	220,96	321,40	361,58	216,65	315,14	354,53	212,35	308,87	347,48	208,04	302,60	340,43
	V	4.767,00	262,18	381,36	429,03																		
	VI	4.811,33	264,62	384,90	433,01																		
13.337,99 (West)	I	4.246,00	233,53	339,68	382,14	224,91	327,14	368,03	216,29	314,61	353,93	207,68	302,08	339,84	199,06	289,54	325,73	190,45	277,02	311,64	181,83	264,48	297,54
	II	4.096,91	225,33	327,75	368,72	216,71	315,22	354,62	208,09	302,68	340,52	199,48	290,15	326,42	190,86	277,62	312,32	182,24	265,08	298,22	173,63	252,55	284,12
	III	3.414,83	58,42	273,18	307,33	39,78	260,65	293,23	21,14	248,12	279,13	2,49	235,58	265,03	-	223,05	250,93	-	210,58	236,90	-	198,34	223,13
	IV	4.246,00	233,53	339,68	382,14	229,22	333,41	375,08	224,91	327,14	368,03	220,60	320,88	360,99	216,29	314,61	353,93	211,98	308,34	346,88	207,68	302,08	339,84
	V	4.760,41	261,82	380,83	428,43																		
	VI	4.804,75	264,26	384,38	432,42																		
13.337,99 (Ost)	I	4.253,83	233,96	340,30	382,84	225,34	327,77	368,74	216,72	315,24	354,64	208,11	302,70	340,54	199,49	290,17	326,44	190,87	277,64	312,34	182,26	265,10	298,24
	II	4.104,75	225,76	328,38	369,42	217,14	315,84	355,32	208,52	303,31	341,22	199,91	290,78	327,12	191,29	278,24	313,02	182,67	265,71	298,92	174,06	253,18	284,82
	III	3.422,66	59,36	273,81	308,03	40,71	261,28	293,94	22,07	248,74	279,83	3,43	236,21	265,73	-	223,68	251,64	-	211,20	237,60	-	198,94	223,81
	IV	4.253,83	233,96	340,30	382,84	229,65	334,04	375,79	225,34	327,77	368,74	221,03	321,50	361,69	216,72	315,24	354,64	212,41	308,97	347,59	208,11	302,70	340,54
	V	4.768,25	262,25	381,46	429,14																		
	VI	4.812,58	264,69	385,00	433,13																		
13.340,99 (West)	I	4.247,25	233,59	339,78	382,25	224,98	327,24	368,15	216,36	314,71	354,05	207,75	302,18	339,95	199,13	289,65	325,85	190,52	277,12	311,76	181,90	264,58	297,65
	II	4.098,16	225,39	327,85	368,83	216,78	315,32	354,73	208,16	302,78	340,63	199,54	290,25	326,53	190,93	277,72	312,43	182,31	265,18	298,33	173,70	252,66	284,24
	III	3.416,16	58,58	273,29	307,45	39,94	260,76	293,35	21,30	248,22	279,25	2,65	235,69	265,15	-	223,16	251,05	-	210,68	237,01	-	198,44	223,24
	IV	4.247,25	233,59	339,78	382,25	229,29	333,51	375,20	224,98	327,24	368,15	220,67	320,98	361,10	216,36	314,71	354,05	212,05	308,44	347,00	207,75	302,18	339,95
	V	4.761,75	261,89	380,94	428,55																		
	VI	4.806,00	264,33	384,48	432,54																		
13.340,99 (Ost)	I	4.255,08	234,02	340,40	382,95	225,41	327,87	368,85	216,79	315,34	354,75	208,17	302,80	340,65	199,56	290,27	326,55	190,94	277,74	312,45	182,32	265,20	298,35
	II	4.106,00	225,83	328,48	369,54	217,21	315,94	355,43	208,59	303,41	341,33	199,98	290,88	327,24	191,36	278,34	313,13	182,74	265,81	299,03	174,13	253,28	284,94
	III	3.424,00	59,51	273,92	308,16	40,87	261,38	294,05	22,23	248,85	279,95	3,58	236,32	265,86	-	223,78	251,75	-	211,29	237,70	-	199,05	223,93
	IV	4.255,08	234,02	340,40	382,95	229,72	334,14	375,90	225,41	327,87	368,85	221,10	321,60	361,80	216,79	315,34	354,75	212,48	309,07	347,70	208,17	302,80	340,65
	V	4.769,50	262,32	381,56	429,25																		
	VI	4.813,83	264,76	385,10	433,24																		
13.343,99 (West)	I	4.248,50	233,66	339,88	382,36	225,05	327,34	368,26	216,43	314,82	354,17	207,82	302,28	340,07	199,20	289,75	325,97	190,58	277,22	311,87	181,97	264,68	297,77
	II	4.099,41	225,46	327,95	368,94	216,85	315,42	354,84	208,23	302,88	340,74	199,61	290,35	326,64	191,00	277,82	312,55	182,38	265,29	298,45	173,77	252,76	284,35
	III	3.417,33	58,72	273,38	307,55	40,08	260,85	293,45	21,43	248,32	279,36	2,79	235,78	265,25	-	223,25	251,15	-	210,77	237,11	-	198,53	223,34
	IV	4.248,50	233,66	339,88	382,36	229,35	333,61	375,31	225,05	327,34	368,26	220,74	321,08	361,22	216,43	314,82	354,17	212,13	308,55	347,12	207,82	302,28	340,07
	V	4.763,00	261,96	381,04	428,67																		
	VI	4.807,25	264,39	384,58	432,65																		
13.343,99 (Ost)	I	4.256,33	234,09	340,50	383,06	225,48	327,97	368,96	216,86	315,44	354,87	208,24	302,90	340,76	199,63	290,37	326,66	191,01	277,84	312,57	182,40	265,31	298,47
	II	4.107,25	225,89	328,58	369,65	217,28	316,04	355,55	208,66	303,51	341,45	200,04	290,98	327,35	191,43	278,44	313,25	182,81	265,91	299,15	174,19	253,38	285,05
	III	3.425,16	59,65	274,01	308,26	41,01	261,48	294,16	22,37	248,94	280,06	3,72	236,41	265,96	-	223,88	251,86	-	211,40	237,82	-	199,14	224,03
	IV	4.256,33	234,09	340,50	383,06	229,79	334,24	376,02	225,48	327,97	368,96	221,17	321,70	361,91	216,86	315,44	354,87	212,55	309,17	347,81	208,24	302,90	340,76
	V	4.770,75	262,39	381,66	429,36																		
	VI	4.815,08	264,82	385,20	433,35																		

MONAT bis 13.364,99 €

Allgemeine Tabelle

Lohn/ Gehalt bis	Steuerklasse	Lohnsteuer	ohne Kinderfreibetrag SolZ 5,5%	ohne Kinderfreibetrag Kirchensteuer 8%	ohne Kinderfreibetrag Kirchensteuer 9%	0,5 SolZ 5,5%	0,5 Kirchensteuer 8%	0,5 Kirchensteuer 9%	1,0 SolZ 5,5%	1,0 Kirchensteuer 8%	1,0 Kirchensteuer 9%	1,5 SolZ 5,5%	1,5 Kirchensteuer 8%	1,5 Kirchensteuer 9%	2,0 SolZ 5,5%	2,0 Kirchensteuer 8%	2,0 Kirchensteuer 9%	2,5 SolZ 5,5%	2,5 Kirchensteuer 8%	2,5 Kirchensteuer 9%	3,0 SolZ 5,5%	3,0 Kirchensteuer 8%	3,0 Kirchensteuer 9%
						Anzahl Kinderfreibeträge (nur Steuerklassen I–IV)																	
13.346,99 (West)	I	4.249,83	233,74	339,98	382,48	225,12	327,45	368,38	216,50	314,92	354,28	207,89	302,38	340,18	199,27	289,85	326,08	190,65	277,32	311,98	182,04	264,78	297,
	II	4.100,66	225,53	328,05	369,05	216,92	315,52	354,96	208,30	302,98	340,85	199,69	290,46	326,76	191,07	277,92	312,66	182,45	265,39	298,56	173,84	252,86	284,
	III	3.418,66	58,88	273,49	307,67	40,24	260,96	293,58	21,59	248,42	279,47	2,95	235,89	265,37	–	223,36	251,28	–	210,88	237,24	–	198,64	223,
	IV	4.249,83	233,74	339,98	382,48	229,43	333,72	375,43	225,12	327,45	368,38	220,81	321,18	361,33	216,50	314,92	354,28	212,19	308,65	347,23	207,89	302,38	340,
	V	4.764,25	262,03	381,14	428,78																		
	VI	4.808,58	264,47	384,68	432,77																		
13.346,99 (Ost)	I	4.257,58	234,16	340,60	383,18	225,55	328,07	369,08	216,93	315,54	354,98	208,31	303,00	340,88	199,70	290,47	326,78	191,08	277,94	312,68	182,47	265,41	298,
	II	4.108,50	225,96	328,68	369,76	217,35	316,14	355,66	208,73	303,61	341,56	200,11	291,08	327,46	191,50	278,54	313,36	182,88	266,01	299,26	174,26	253,48	285,
	III	3.426,50	59,81	274,12	308,38	41,17	261,58	294,28	22,53	249,05	280,18	3,88	236,52	266,08	–	223,98	251,98	–	211,49	237,92	–	199,24	224,
	IV	4.257,58	234,16	340,60	383,18	229,85	334,34	376,13	225,55	328,07	369,08	221,24	321,80	362,03	216,93	315,54	354,98	212,62	309,27	347,93	208,31	303,00	340,
	V	4.772,00	262,46	381,76	429,48																		
	VI	4.816,33	264,89	385,30	433,46																		
13.349,99 (West)	I	4.251,08	233,80	340,08	382,59	225,19	327,55	368,49	216,57	315,02	354,39	207,95	302,48	340,29	199,34	289,95	326,19	190,72	277,42	312,09	182,10	264,88	297,
	II	4.101,91	225,60	328,15	369,17	216,99	315,62	355,07	208,37	303,09	340,97	199,76	290,56	326,88	191,14	278,02	312,77	182,52	265,49	298,67	173,91	252,96	284,
	III	3.419,83	59,02	273,58	307,78	40,38	261,05	293,68	21,73	248,52	279,58	3,09	235,98	265,48	–	223,46	251,39	–	210,97	237,34	–	198,73	223,
	IV	4.251,08	233,80	340,08	382,59	229,50	333,82	375,54	225,19	327,55	368,49	220,88	321,28	361,44	216,57	315,02	354,39	212,26	308,75	347,34	207,95	302,48	340,
	V	4.765,50	262,10	381,24	428,89																		
	VI	4.809,83	264,54	384,78	432,88																		
13.349,99 (Ost)	I	4.258,83	234,23	340,70	383,29	225,61	328,17	369,19	217,00	315,64	355,09	208,39	303,11	341,00	199,77	290,58	326,90	191,15	278,04	312,80	182,54	265,51	298,
	II	4.109,75	226,03	328,78	369,87	217,41	316,24	355,77	208,80	303,71	341,67	200,18	291,18	327,57	191,56	278,64	313,47	182,95	266,11	299,37	174,34	253,58	285,
	III	3.427,66	59,95	274,21	308,48	41,31	261,68	294,39	22,66	249,14	280,28	4,04	236,62	266,20	–	224,09	252,10	–	211,60	238,05	–	199,34	224,
	IV	4.258,83	234,23	340,70	383,29	229,92	334,44	376,24	225,61	328,17	369,19	221,31	321,90	362,14	217,00	315,64	355,09	212,69	309,37	348,04	208,39	303,11	341,
	V	4.773,33	262,53	381,86	429,59																		
	VI	4.817,58	264,96	385,40	433,58																		
13.352,99 (West)	I	4.252,33	233,87	340,18	382,70	225,26	327,65	368,60	216,64	315,12	354,51	208,02	302,58	340,40	199,41	290,05	326,30	190,79	277,52	312,21	182,17	264,98	298,
	II	4.103,25	225,67	328,26	369,29	217,06	315,72	355,19	208,44	303,19	341,09	199,82	290,66	326,99	191,21	278,12	312,89	182,59	265,59	298,79	173,97	253,06	284,
	III	3.421,16	59,18	273,69	307,90	40,53	261,16	293,80	21,89	248,62	279,70	3,25	236,09	265,60	–	223,56	251,50	–	211,08	237,46	–	198,82	223,
	IV	4.252,33	233,87	340,18	382,70	229,57	333,92	375,66	225,26	327,65	368,60	220,95	321,38	361,55	216,64	315,12	354,51	212,33	308,85	347,45	208,02	302,58	340,
	V	4.766,75	262,17	381,34	429,00																		
	VI	4.811,08	264,60	384,88	432,99																		
13.352,99 (Ost)	I	4.260,08	234,30	340,80	383,40	225,68	328,27	369,30	217,07	315,74	355,21	208,45	303,21	341,11	199,84	290,68	327,01	191,22	278,14	312,91	182,60	265,61	298,
	II	4.111,00	226,10	328,88	369,99	217,48	316,34	355,88	208,87	303,81	341,78	200,25	291,28	327,69	191,64	278,75	313,59	183,02	266,22	299,49	174,40	253,68	285,
	III	3.429,00	60,11	274,32	308,61	41,47	261,78	294,50	22,82	249,25	280,40	4,18	236,72	266,31	–	224,18	252,20	–	211,69	238,15	–	199,44	224,
	IV	4.260,08	234,30	340,80	383,40	229,99	334,54	376,35	225,68	328,27	369,30	221,38	322,01	362,26	217,07	315,74	355,21	212,76	309,48	348,16	208,45	303,21	341,
	V	4.774,58	262,60	381,96	429,71																		
	VI	4.818,83	265,03	385,50	433,69																		
13.355,99 (West)	I	4.253,58	233,94	340,28	382,82	225,33	327,75	368,72	216,71	315,22	354,62	208,09	302,68	340,52	199,48	290,15	326,42	190,86	277,62	312,32	182,24	265,08	298,
	II	4.104,50	225,74	328,36	369,40	217,13	315,82	355,30	208,51	303,29	341,20	199,89	290,76	327,10	191,28	278,22	313,00	182,66	265,69	298,90	174,04	253,16	284,
	III	3.422,33	59,32	273,78	308,00	40,69	261,26	293,92	22,05	248,73	279,82	3,41	236,20	265,72	–	223,66	251,62	–	211,17	237,56	–	198,93	223,
	IV	4.253,58	233,94	340,28	382,82	229,63	334,02	375,77	225,33	327,75	368,72	221,02	321,48	361,67	216,71	315,22	354,62	212,40	308,95	347,57	208,09	302,68	340,
	V	4.768,00	262,24	381,44	429,12																		
	VI	4.812,33	264,67	384,98	433,10																		
13.355,99 (Ost)	I	4.261,41	234,37	340,91	383,52	225,76	328,38	369,42	217,14	315,84	355,32	208,52	303,31	341,22	199,91	290,78	327,12	191,29	278,24	313,02	182,67	265,71	298,
	II	4.112,25	226,17	328,98	370,10	217,55	316,44	356,00	208,94	303,91	341,90	200,32	291,38	327,80	191,71	278,85	313,70	183,09	266,32	299,61	174,47	253,78	285,
	III	3.430,33	60,27	274,42	308,72	41,63	261,89	294,62	22,98	249,36	280,53	4,34	236,82	266,42	–	224,29	252,32	–	211,80	238,27	–	199,53	224,
	IV	4.261,41	234,37	340,91	383,52	230,06	334,64	376,47	225,76	328,38	369,42	221,45	322,11	362,37	217,14	315,84	355,32	212,83	309,58	348,27	208,52	303,31	341,
	V	4.775,83	262,67	382,06	429,82																		
	VI	4.820,16	265,10	385,61	433,81																		
13.358,99 (West)	I	4.254,83	234,01	340,38	382,93	225,39	327,85	368,83	216,78	315,32	354,73	208,16	302,78	340,63	199,54	290,25	326,53	190,93	277,72	312,43	182,31	265,18	298,
	II	4.105,75	225,81	328,46	369,51	217,19	315,92	355,41	208,58	303,39	341,31	199,96	290,86	327,21	191,34	278,32	313,11	182,73	265,79	299,01	174,11	253,26	284,
	III	3.423,66	59,48	273,89	308,12	40,83	261,36	294,03	22,19	248,82	279,92	3,55	236,29	265,82	–	223,76	251,73	–	211,28	237,69	–	199,02	223,
	IV	4.254,83	234,01	340,38	382,93	229,70	334,12	375,88	225,39	327,85	368,83	221,09	321,58	361,78	216,78	315,32	354,73	212,47	309,05	347,68	208,16	302,78	340,
	V	4.769,25	262,30	381,54	429,23																		
	VI	4.813,58	264,74	385,08	433,22																		
13.358,99 (Ost)	I	4.262,66	234,44	341,01	383,63	225,83	328,48	369,54	217,21	315,94	355,43	208,59	303,41	341,33	199,98	290,88	327,24	191,36	278,34	313,13	182,74	265,81	299,
	II	4.113,50	226,24	329,08	370,21	217,63	316,55	356,12	209,01	304,02	342,02	200,39	291,48	327,92	191,78	278,95	313,82	183,16	266,42	299,72	174,54	253,88	285,
	III	3.431,50	60,41	274,52	308,83	41,76	261,98	294,73	23,12	249,45	280,63	4,48	236,92	266,53	–	224,38	252,43	–	211,89	238,37	–	199,64	224,
	IV	4.262,66	234,44	341,01	383,63	230,13	334,74	376,58	225,83	328,48	369,54	221,52	322,21	362,48	217,21	315,94	355,43	212,90	309,68	348,39	208,59	303,41	341,
	V	4.777,08	262,73	382,16	429,93																		
	VI	4.821,41	265,17	385,71	433,92																		
13.361,99 (West)	I	4.256,08	234,08	340,48	383,04	225,46	327,95	368,94	216,85	315,42	354,84	208,23	302,88	340,74	199,61	290,35	326,64	191,00	277,82	312,55	182,38	265,29	298,
	II	4.107,00	225,88	328,56	369,63	217,26	316,02	355,52	208,65	303,49	341,42	200,03	290,96	327,33	191,41	278,42	313,22	182,80	265,89	299,12	174,18	253,36	285,
	III	3.425,00	59,63	274,00	308,25	40,99	261,46	294,14	22,35	248,93	280,04	3,70	236,40	265,95	–	223,86	251,84	–	211,37	237,79	–	199,12	224,
	IV	4.256,08	234,08	340,48	383,04	229,77	334,22	375,99	225,46	327,95	368,94	221,15	321,68	361,89	216,85	315,42	354,84	212,54	309,15	347,79	208,23	302,88	340,
	V	4.770,50	262,37	381,64	429,34																		
	VI	4.814,83	264,81	385,18	433,33																		
13.361,99 (Ost)	I	4.263,91	234,51	341,11	383,75	225,89	328,58	369,65	217,28	316,04	355,55	208,66	303,51	341,45	200,04	290,98	327,35	191,43	278,44	313,25	182,81	265,91	299,1
	II	4.114,83	226,31	329,18	370,33	217,69	316,65	356,23	209,08	304,12	342,13	200,46	291,58	328,03	191,84	279,05	313,93	183,23	266,52	299,83	174,61	253,98	285,7
	III	3.432,83	60,57	274,62	308,95	41,92	262,09	294,85	23,28	249,56	280,75	4,64	237,02	266,65	–	224,49	252,55	–	212,00	238,50	–	199,73	224,6
	IV	4.263,91	234,51	341,11	383,75	230,20	334,84	376,70	225,89	328,58	369,65	221,59	322,31	362,60	217,28	316,04	355,55	212,97	309,78	348,50	208,66	303,51	341,4
	V	4.778,33	262,80	382,26	430,04																		
	VI	4.822,66	265,24	385,81	434,03																		
13.364,99 (West)	I	4.257,33	234,15	340,58	383,15	225,53	328,05	369,05	216,92	315,52	354,96	208,30	302,98	340,85	199,69	290,46	326,76	191,07	277,92	312,66	182,45	265,39	298,5
	II	4.108,25	225,95	328,66	369,74	217,33	316,12	355,64	208,72	303,59	341,54	200,10	291,06	327,44	191,48	278,52	313,34	182,87	265,99	299,24	174,25	253,46	285,1
	III	3.426,16	59,77	274,09	308,35	41,13	261,56	294,25	22,49	249,02	280,15	3,84	236,49	266,05	–	223,96	251,95	–	211,48	237,91	–	199,22	224,1
	IV	4.257,33	234,15	340,58	383,15	229,84	334,32	376,11	225,53	328,05	369,05	221,22	321,78	362,00	216,92	315,52	354,96	212,61	309,25	347,90	208,30	302,98	340,8
	V	4.771,83	262,45	381,74	429,46																		
	VI	4.816,08	264,88	385,28	433,44																		
13.364,99 (Ost)	I	4.265,16	234,58	341,21	383,86	225,96	328,68	369,76	217,35	316,14	355,66	208,73	303,61	341,56	200,11	291,08	327,46	191,50	278,54	313,36	182,88	266,01	299,2
	II	4.116,08	226,38	329,28	370,44	217,76	316,75	356,34	209,15	304,22	342,24	200,53	291,68	328,14	191,91	279,15	314,04	183,30	266,62	299,94	174,68	254,08	285,8
	III	3.434,00	60,70	274,72	309,06	42,06	262,18	294,95	23,42	249,65	280,85	4,77	237,12	266,76	–	224,58	252,65	–	212,09	238,60	–	199,82	224,8
	IV	4.265,16	234,58	341,21	383,86	230,27	334,94	376,81	225,96	328,68	369,76	221,65	322,41	362,71	217,35	316,14	355,66	213,04	309,88	348,61	208,73	303,61	341,5
	V	4.779,58	262,87	382,36	430,16																		
	VI	4.823,91	265,31	385,91	434,15																		

Allgemeine Tabelle

MONAT bis 13.385,99 €

Lohn/ Gehalt bis	Steuerklasse	Lohn-steuer	ohne Kinderfreibetrag SolZ 5,5%	Kirchensteuer 8%	Kirchensteuer 9%	Anzahl Kinderfreibeträge (nur Steuerklassen I–IV) 0,5 SolZ 5,5%	0,5 Kirchensteuer 8%	0,5 Kirchensteuer 9%	1,0 SolZ 5,5%	1,0 Kirchensteuer 8%	1,0 Kirchensteuer 9%	1,5 SolZ 5,5%	1,5 Kirchensteuer 8%	1,5 Kirchensteuer 9%	2,0 SolZ 5,5%	2,0 Kirchensteuer 8%	2,0 Kirchensteuer 9%	2,5 SolZ 5,5%	2,5 Kirchensteuer 8%	2,5 Kirchensteuer 9%	3,0 SolZ 5,5%	3,0 Kirchensteuer 8%	3,0 Kirchensteuer 9%
3.367,99 (West)	I	4.258,58	234,22	340,68	383,27	225,60	328,15	369,17	216,99	315,62	355,07	208,37	303,09	340,97	199,76	290,56	326,88	191,14	278,02	312,77	182,52	265,49	298,67
	II	4.109,50	226,02	328,76	369,85	217,40	316,22	355,75	208,78	303,69	341,65	200,17	291,16	327,55	191,55	278,62	313,45	182,94	266,10	299,36	174,32	253,56	285,26
	III	3.427,50	59,93	274,20	308,47	41,29	261,66	294,37	22,64	249,13	280,27	4,00	236,60	266,17	-	224,06	252,07	-	211,57	238,01	-	199,32	224,23
	IV	4.258,58	234,22	340,68	383,27	229,91	334,42	376,22	225,60	328,15	369,17	221,29	321,88	362,12	216,99	315,62	355,07	212,68	309,36	348,03	208,37	303,09	340,97
	V	4.773,08	262,51	381,84	429,57																		
	VI	4.817,33	264,95	385,38	433,55																		
3.367,99 (Ost)	I	4.266,41	234,65	341,31	383,97	226,03	328,78	369,87	217,41	316,24	355,77	208,80	303,71	341,67	200,18	291,18	327,57	191,56	278,64	313,47	182,95	266,11	299,37
	II	4.117,33	226,45	329,38	370,55	217,83	316,85	356,45	209,22	304,32	342,36	200,60	291,78	328,25	191,98	279,25	314,15	183,37	266,72	300,06	174,75	254,18	285,95
	III	3.435,33	60,86	274,82	309,17	42,22	262,29	295,07	23,58	249,76	280,98	4,93	237,22	266,87	-	224,69	252,77	-	212,20	238,72	-	199,93	224,92
	IV	4.266,41	234,65	341,31	383,97	230,34	335,04	376,92	226,03	328,78	369,87	221,72	322,51	362,82	217,41	316,24	355,77	213,11	309,98	348,72	208,80	303,71	341,67
	V	4.780,83	262,94	382,46	430,27																		
	VI	4.825,16	265,38	386,01	434,26																		
3.370,99 (West)	I	4.259,83	234,29	340,78	383,38	225,67	328,26	369,29	217,06	315,72	355,19	208,44	303,19	341,09	199,82	290,66	326,99	191,21	278,12	312,89	182,59	265,59	298,79
	II	4.110,75	226,09	328,86	369,96	217,47	316,32	355,86	208,85	303,79	341,76	200,24	291,26	327,67	191,62	278,73	313,57	183,01	266,20	299,47	174,39	253,66	285,37
	III	3.428,66	60,07	274,29	308,57	41,43	261,76	294,48	22,78	249,22	280,37	4,14	236,69	266,27	-	224,16	252,18	-	211,68	238,14	-	199,41	224,33
	IV	4.259,83	234,29	340,78	383,38	229,98	334,52	376,34	225,67	328,26	369,29	221,37	321,99	362,24	217,06	315,72	355,19	212,75	309,46	348,14	208,44	303,19	341,09
	V	4.774,33	262,58	381,94	429,68																		
	VI	4.818,58	265,02	385,48	433,67																		
3.370,99 (Ost)	I	4.267,66	234,72	341,41	384,08	226,10	328,88	369,99	217,48	316,34	355,88	208,87	303,81	341,78	200,25	291,28	327,69	191,64	278,75	313,59	183,02	266,22	299,49
	II	4.118,58	226,52	329,48	370,67	217,90	316,95	356,57	209,28	304,42	342,47	200,67	291,88	328,37	192,05	279,35	314,27	183,43	266,82	300,17	174,82	254,28	286,07
	III	3.436,50	61,00	274,92	309,28	42,36	262,38	295,18	23,72	249,85	281,08	5,07	237,32	266,98	-	224,78	252,88	-	212,29	238,82	-	200,02	225,02
	IV	4.267,66	234,72	341,41	384,08	230,41	335,14	377,03	226,10	328,88	369,99	221,79	322,61	362,93	217,48	316,34	355,88	213,18	310,08	348,84	208,87	303,81	341,78
	V	4.782,08	263,01	382,56	430,38																		
	VI	4.826,41	265,45	386,11	434,37																		
3.373,99 (West)	I	4.261,16	234,36	340,89	383,50	225,74	328,36	369,40	217,13	315,82	355,30	208,51	303,29	341,20	199,89	290,76	327,10	191,28	278,22	313,00	182,66	265,69	298,90
	II	4.112,00	226,16	328,96	370,08	217,54	316,42	355,97	208,93	303,90	341,88	200,31	291,36	327,78	191,69	278,83	313,68	183,08	266,30	299,58	174,46	253,76	285,48
	III	3.430,00	60,23	274,40	308,70	41,59	261,86	294,59	22,94	249,33	280,49	4,30	236,80	266,40	-	224,26	252,29	-	211,77	238,24	-	199,52	224,46
	IV	4.261,16	234,36	340,89	383,50	230,05	334,62	376,45	225,74	328,36	369,40	221,43	322,09	362,35	217,13	315,82	355,30	212,82	309,56	348,25	208,51	303,29	341,20
	V	4.775,58	262,65	382,04	429,80																		
	VI	4.819,91	265,09	385,59	433,79																		
3.373,99 (Ost)	I	4.268,91	234,79	341,51	384,20	226,17	328,98	370,10	217,55	316,44	356,00	208,94	303,91	341,90	200,32	291,38	327,80	191,71	278,85	313,70	183,09	266,32	299,61
	II	4.119,83	226,59	329,58	370,78	217,97	317,05	356,68	209,35	304,52	342,58	200,74	291,98	328,48	192,12	279,45	314,38	183,50	266,92	300,28	174,89	254,39	286,19
	III	3.437,83	61,16	275,02	309,40	42,52	262,49	295,30	23,87	249,96	281,20	5,23	237,42	267,10	-	224,89	253,00	-	212,40	238,95	-	200,12	225,13
	IV	4.268,91	234,79	341,51	384,20	230,48	335,24	377,15	226,17	328,98	370,10	221,86	322,71	363,05	217,55	316,44	356,00	213,24	310,18	348,95	208,94	303,91	341,90
	V	4.783,41	263,08	382,67	430,50																		
	VI	4.827,66	265,52	386,21	434,48																		
3.376,99 (West)	I	4.262,41	234,43	340,99	383,61	225,81	328,46	369,51	217,19	315,92	355,41	208,58	303,39	341,31	199,96	290,86	327,21	191,34	278,32	313,11	182,73	265,79	299,01
	II	4.113,33	226,23	329,06	370,19	217,61	316,53	356,09	209,00	304,00	342,00	200,38	291,46	327,89	191,76	278,93	313,79	183,15	266,40	299,70	174,53	253,86	285,59
	III	3.431,16	60,37	274,49	308,80	41,72	261,96	294,70	23,08	249,42	280,60	4,46	236,90	266,51	-	224,37	252,41	-	211,88	238,36	-	199,61	224,56
	IV	4.262,41	234,43	340,99	383,61	230,12	334,72	376,56	225,81	328,46	369,51	221,50	322,19	362,46	217,19	315,92	355,41	212,89	309,66	348,36	208,58	303,39	341,31
	V	4.776,83	262,72	382,14	429,91																		
	VI	4.821,16	265,16	385,69	433,90																		
3.376,99 (Ost)	I	4.270,16	234,85	341,61	384,31	226,24	329,08	370,21	217,63	316,55	356,12	209,01	304,02	342,02	200,39	291,48	327,92	191,78	278,95	313,82	183,16	266,42	299,72
	II	4.121,08	226,65	329,68	370,89	218,04	317,15	356,79	209,42	304,62	342,69	200,80	292,08	328,59	192,19	279,55	314,49	183,58	267,02	300,40	174,96	254,49	286,30
	III	3.439,00	61,30	275,12	309,51	42,66	262,58	295,40	24,03	250,06	281,32	5,39	237,53	267,22	-	225,00	253,12	-	212,49	239,05	-	200,21	225,23
	IV	4.270,16	234,85	341,61	384,31	230,55	335,34	377,26	226,24	329,08	370,21	221,93	322,81	363,16	217,63	316,55	356,12	213,32	310,28	349,07	209,01	304,02	342,02
	V	4.784,66	263,15	382,77	430,61																		
	VI	4.828,91	265,59	386,31	434,60																		
3.379,99 (West)	I	4.263,66	234,50	341,09	383,72	225,88	328,56	369,63	217,26	316,02	355,52	208,65	303,49	341,42	200,03	290,96	327,33	191,41	278,42	313,22	182,80	265,89	299,12
	II	4.114,58	226,30	329,16	370,31	217,68	316,63	356,21	209,06	304,10	342,11	200,45	291,56	328,01	191,83	279,03	313,91	183,21	266,50	299,81	174,60	253,96	285,71
	III	3.432,50	60,53	274,60	308,92	41,88	262,06	294,82	23,24	249,53	280,72	4,60	237,00	266,62	-	224,46	252,52	-	211,97	238,46	-	199,70	224,66
	IV	4.263,66	234,50	341,09	383,72	230,19	334,82	376,67	225,88	328,56	369,63	221,57	322,29	362,57	217,26	316,02	355,52	212,96	309,76	348,48	208,65	303,49	341,42
	V	4.778,08	262,79	382,24	430,02																		
	VI	4.822,41	265,23	385,79	434,01																		
3.379,99 (Ost)	I	4.271,41	234,92	341,71	384,42	226,31	329,18	370,33	217,69	316,65	356,23	209,08	304,12	342,13	200,46	291,58	328,03	191,84	279,05	313,93	183,23	266,52	299,83
	II	4.122,33	226,72	329,78	371,00	218,11	317,25	356,90	209,49	304,72	342,81	200,88	292,19	328,71	192,26	279,66	314,61	183,64	267,12	300,51	175,03	254,59	286,41
	III	3.440,33	61,46	275,22	309,62	42,82	262,69	295,52	24,17	250,16	281,43	5,53	237,62	267,32	-	225,09	253,22	-	212,60	239,17	-	200,32	225,36
	IV	4.271,41	234,92	341,71	384,42	230,62	335,45	377,38	226,31	329,18	370,33	222,00	322,92	363,28	217,69	316,65	356,23	213,39	310,38	349,18	209,08	304,12	342,13
	V	4.785,91	263,22	382,87	430,73																		
	VI	4.830,25	265,66	386,42	434,72																		
3.382,99 (West)	I	4.264,91	234,57	341,19	383,84	225,95	328,66	369,74	217,33	316,12	355,64	208,72	303,59	341,54	200,10	291,06	327,44	191,48	278,52	313,34	182,87	265,99	299,24
	II	4.115,83	226,37	329,26	370,42	217,75	316,73	356,32	209,13	304,20	342,22	200,52	291,66	328,12	191,90	279,13	314,02	183,28	266,60	299,92	174,67	254,06	285,82
	III	3.433,83	60,69	274,70	309,04	42,04	262,17	294,94	23,40	249,64	280,84	4,76	237,10	266,74	-	224,57	252,64	-	212,08	238,59	-	199,81	224,78
	IV	4.264,91	234,57	341,19	383,84	230,26	334,92	376,79	225,95	328,66	369,74	221,64	322,39	362,69	217,33	316,12	355,64	213,02	309,86	348,59	208,72	303,59	341,54
	V	4.779,33	262,86	382,34	430,13																		
	VI	4.823,66	265,30	385,89	434,12																		
13.382,99 (Ost)	I	4.272,75	235,00	341,82	384,54	226,38	329,28	370,44	217,76	316,75	356,34	209,15	304,22	342,24	200,53	291,68	328,14	191,91	279,15	314,04	183,30	266,62	299,94
	II	4.123,58	226,79	329,88	371,12	218,18	317,35	357,02	209,56	304,82	342,92	200,95	292,29	328,82	192,33	279,76	314,73	183,71	267,22	300,62	175,10	254,69	286,52
	III	3.441,66	61,62	275,33	309,74	42,97	262,80	295,65	24,33	250,26	281,54	5,69	237,73	267,44	-	225,20	253,35	-	212,69	239,27	-	200,41	225,46
	IV	4.272,75	235,00	341,82	384,54	230,69	335,55	377,49	226,38	329,28	370,44	222,07	323,02	363,39	217,76	316,75	356,34	213,45	310,48	349,29	209,15	304,22	342,24
	V	4.787,16	263,29	382,97	430,84																		
	VI	4.831,50	265,73	386,52	434,83																		
13.385,99 (West)	I	4.266,16	234,63	341,29	383,95	226,02	328,76	369,85	217,40	316,22	355,75	208,78	303,69	341,65	200,17	291,16	327,55	191,55	278,62	313,45	182,94	266,10	299,36
	II	4.117,08	226,43	329,36	370,53	217,82	316,83	356,43	209,20	304,30	342,33	200,58	291,76	328,23	191,97	279,23	314,13	183,35	266,70	300,03	174,73	254,16	285,93
	III	3.435,00	60,82	274,80	309,15	42,18	262,26	295,04	23,54	249,73	280,94	4,89	237,20	266,85	-	224,66	252,74	-	212,17	238,69	-	199,90	224,89
	IV	4.266,16	234,63	341,29	383,95	230,33	335,02	376,90	226,02	328,76	369,85	221,71	322,49	362,80	217,40	316,22	355,75	213,09	309,96	348,70	208,78	303,69	341,65
	V	4.780,58	262,93	382,44	430,25																		
	VI	4.824,91	265,37	385,99	434,24																		
13.385,99 (Ost)	I	4.274,00	235,07	341,92	384,66	226,45	329,38	370,55	217,83	316,85	356,45	209,22	304,32	342,36	200,60	291,78	328,25	191,98	279,25	314,15	183,37	266,72	300,06
	II	4.124,91	226,87	329,99	371,24	218,25	317,46	357,14	209,63	304,92	343,04	201,02	292,39	328,94	192,40	279,86	314,84	183,78	267,32	300,74	175,17	254,79	286,64
	III	3.442,83	61,76	275,42	309,85	43,11	262,89	295,75	24,47	250,36	281,65	5,83	237,82	267,55	-	225,29	253,45	-	212,80	239,40	-	200,50	225,56
	IV	4.274,00	235,07	341,92	384,66	230,76	335,65	377,60	226,45	329,38	370,55	222,14	323,12	363,51	217,83	316,85	356,45	213,52	310,58	349,40	209,22	304,32	342,36
	V	4.788,41	263,36	383,07	430,95																		
	VI	4.832,75	265,80	386,62	434,94																		

Lohn/ Gehalt bis	Steuerklasse	Lohnsteuer	ohne Kinderfreibetrag SolZ 5,5%	Kirchensteuer 8%	Kirchensteuer 9%	0,5 SolZ 5,5%	Kirchensteuer 8%	Kirchensteuer 9%	1,0 SolZ 5,5%	Kirchensteuer 8%	Kirchensteuer 9%	1,5 SolZ 5,5%	Kirchensteuer 8%	Kirchensteuer 9%	2,0 SolZ 5,5%	Kirchensteuer 8%	Kirchensteuer 9%	2,5 SolZ 5,5%	Kirchensteuer 8%	Kirchensteuer 9%	3,0 SolZ 5,5%	Kirchensteuer 8%	Kirchensteuer 9%
						Anzahl Kinderfreibeträge (nur Steuerklassen I–IV)																	
13.388,99 (West)	I	4.267,41	234,70	341,39	384,06	226,09	328,86	369,96	217,47	316,32	355,86	208,85	303,79	341,76	200,24	291,26	327,67	191,62	278,73	313,57	183,01	266,20	299
	II	4.118,33	226,50	329,46	370,64	217,89	316,93	356,54	209,27	304,40	342,45	200,65	291,86	328,34	192,04	279,33	314,24	183,42	266,80	300,15	174,80	254,26	286
	III	3.436,33	60,98	274,90	309,26	42,34	262,37	295,16	23,70	249,84	281,07	5,05	237,30	266,96	-	224,77	252,86	-	212,28	238,81	-	200,00	225
	IV	4.267,41	234,70	341,39	384,06	230,39	335,12	377,01	226,09	328,86	369,96	221,78	322,59	362,91	217,47	316,32	355,86	213,16	310,06	348,81	208,85	303,79	341
	V	4.781,83	263,00	382,54	430,36																		
	VI	4.826,16	265,43	386,09	434,35																		
13.388,99 (Ost)	I	4.275,25	235,13	342,02	384,77	226,52	329,48	370,67	217,90	316,95	356,57	209,28	304,42	342,47	200,67	291,88	328,37	192,05	279,35	314,27	183,43	266,82	300
	II	4.126,16	226,93	330,09	371,35	218,32	317,56	357,25	209,70	305,02	343,15	201,08	292,49	329,05	192,47	279,96	314,95	183,85	267,42	300,85	175,23	254,89	286
	III	3.444,16	61,91	275,53	309,97	43,27	263,00	295,87	24,63	250,46	281,77	5,98	237,93	267,67	-	225,40	253,57	-	212,89	239,50	-	200,61	225
	IV	4.275,25	235,13	342,02	384,77	230,83	335,75	377,72	226,52	329,48	370,67	222,21	323,22	363,62	217,90	316,95	356,57	213,59	310,68	349,52	209,28	304,42	342
	V	4.789,66	263,43	383,17	431,06																		
	VI	4.834,00	265,87	386,72	435,06																		
13.391,99 (West)	I	4.268,66	234,77	341,49	384,17	226,16	328,96	370,08	217,54	316,42	355,97	208,93	303,90	341,88	200,31	291,36	327,78	191,69	278,83	313,68	183,08	266,30	299
	II	4.119,58	226,57	329,56	370,76	217,96	317,03	356,66	209,34	304,50	342,56	200,72	291,96	328,46	192,11	279,43	314,36	183,49	266,90	300,26	174,88	254,37	286
	III	3.437,50	61,12	275,00	309,37	42,48	262,46	295,27	23,83	249,93	281,17	5,19	237,40	267,07	-	224,86	252,97	-	212,37	238,91	-	200,10	225
	IV	4.268,66	234,77	341,49	384,17	230,46	335,22	377,12	226,16	328,96	370,08	221,85	322,69	363,02	217,54	316,42	355,97	213,23	310,16	348,93	208,93	303,90	341
	V	4.783,16	263,07	382,65	430,48																		
	VI	4.827,41	265,50	386,19	434,46																		
13.391,99 (Ost)	I	4.276,50	235,20	342,12	384,88	226,59	329,58	370,78	217,97	317,05	356,68	209,35	304,52	342,58	200,74	291,98	328,48	192,12	279,45	314,38	183,50	266,92	300
	II	4.127,41	227,00	330,19	371,46	218,39	317,66	357,36	209,77	305,12	343,26	201,15	292,59	329,16	192,54	280,06	315,06	183,92	267,52	300,96	175,30	254,99	286
	III	3.445,33	62,05	275,62	310,07	43,41	263,09	295,97	24,77	250,56	281,88	6,12	238,02	267,77	-	225,49	253,67	-	213,00	239,62	-	200,70	225
	IV	4.276,50	235,20	342,12	384,88	230,89	335,85	377,83	226,59	329,58	370,78	222,28	323,32	363,73	217,97	317,05	356,68	213,66	310,78	349,63	209,35	304,52	342
	V	4.790,91	263,50	383,27	431,18																		
	VI	4.835,25	265,93	386,82	435,17																		
13.394,99 (West)	I	4.269,91	234,84	341,59	384,29	226,23	329,06	370,19	217,61	316,53	356,09	209,00	304,00	342,00	200,38	291,46	327,89	191,76	278,93	313,79	183,15	266,40	299,
	II	4.120,83	226,64	329,66	370,87	218,02	317,13	356,77	209,41	304,60	342,67	200,79	292,06	328,57	192,18	279,54	314,48	183,56	267,00	300,38	174,95	254,47	286,
	III	3.438,83	61,28	275,10	309,49	42,64	262,57	295,39	23,99	250,04	281,29	5,35	237,50	267,19	-	224,97	253,09	-	212,46	239,02	-	200,20	225
	IV	4.269,91	234,84	341,59	384,29	230,53	335,32	377,24	226,23	329,06	370,19	221,92	322,80	363,15	217,61	316,53	356,09	213,30	310,26	349,04	209,00	304,00	342
	V	4.784,41	263,14	382,75	430,59																		
	VI	4.828,66	265,57	386,29	434,57																		
13.394,99 (Ost)	I	4.277,75	235,27	342,22	384,99	226,65	329,68	370,89	218,04	317,15	356,79	209,42	304,62	342,69	200,80	292,08	328,59	192,19	279,55	314,49	183,58	267,02	300,
	II	4.128,66	227,07	330,29	371,57	218,46	317,76	357,48	209,84	305,22	343,37	201,22	292,69	329,27	192,61	280,16	315,18	183,99	267,62	301,07	175,37	255,09	286
	III	3.446,66	62,21	275,73	310,19	43,57	263,20	296,10	24,93	250,66	281,99	6,28	238,13	267,89	-	225,60	253,80	-	213,09	239,72	-	200,80	225,
	IV	4.277,75	235,27	342,22	384,99	230,96	335,95	377,94	226,65	329,68	370,89	222,35	323,42	363,84	218,04	317,15	356,79	213,73	310,88	349,74	209,42	304,62	342
	V	4.792,16	263,56	383,37	431,29																		
	VI	4.836,50	266,00	386,92	435,28																		
13.397,99 (West)	I	4.271,25	234,91	341,70	384,41	226,30	329,16	370,31	217,68	316,63	356,21	209,06	304,10	342,11	200,45	291,56	328,01	191,83	279,03	313,91	183,21	266,50	299,
	II	4.122,08	226,71	329,76	370,98	218,09	317,23	356,88	209,48	304,70	342,79	200,86	292,17	328,69	192,25	279,64	314,59	183,63	267,10	300,49	175,01	254,57	286
	III	3.440,00	61,42	275,20	309,60	42,78	262,66	295,49	24,13	250,13	281,39	5,49	237,60	267,30	-	225,06	253,19	-	212,57	239,14	-	200,29	225
	IV	4.271,25	234,91	341,70	384,41	230,61	335,43	377,36	226,30	329,16	370,31	221,99	322,90	363,26	217,68	316,63	356,21	213,37	310,36	349,16	209,06	304,10	342,
	V	4.785,66	263,21	382,85	430,70																		
	VI	4.830,00	265,65	386,40	434,70																		
13.397,99 (Ost)	I	4.279,00	235,34	342,32	385,11	226,72	329,78	371,00	218,11	317,25	356,90	209,49	304,72	342,81	200,88	292,19	328,71	192,26	279,66	314,61	183,64	267,12	300
	II	4.129,91	227,14	330,39	371,69	218,52	317,86	357,59	209,91	305,32	343,49	201,29	292,79	329,39	192,67	280,26	315,29	184,06	267,72	301,19	175,44	255,19	287,
	III	3.447,83	62,35	275,82	310,30	43,71	263,29	296,20	25,06	250,76	282,10	6,42	238,22	268,00	-	225,70	253,91	-	213,20	239,85	-	200,90	226,
	IV	4.279,00	235,34	342,32	385,11	231,03	336,05	378,05	226,72	329,78	371,00	222,42	323,52	363,96	218,11	317,25	356,90	213,80	310,98	349,85	209,49	304,72	342,
	V	4.793,50	263,64	383,48	431,41																		
	VI	4.837,75	266,07	387,02	435,39																		
13.400,99 (West)	I	4.272,50	234,98	341,80	384,52	226,37	329,26	370,42	217,75	316,73	356,32	209,13	304,20	342,22	200,52	291,66	328,12	191,90	279,13	314,02	183,28	266,60	299,
	II	4.123,33	226,78	329,86	371,09	218,17	317,34	357,00	209,55	304,80	342,90	200,93	292,27	328,80	192,32	279,74	314,70	183,70	267,20	300,60	175,08	254,67	286,
	III	3.441,33	61,58	275,30	309,71	42,93	262,77	295,61	24,29	250,24	281,52	5,65	237,70	267,41	-	225,17	253,31	-	212,66	239,24	-	200,40	225,
	IV	4.272,50	234,98	341,80	384,52	230,67	335,53	377,47	226,37	329,26	370,42	222,06	323,00	363,37	217,75	316,73	356,32	213,44	310,46	349,27	209,13	304,20	342,
	V	4.786,91	263,28	382,95	430,82																		
	VI	4.831,25	265,71	386,50	434,81																		
13.400,99 (Ost)	I	4.280,25	235,41	342,42	385,22	226,79	329,88	371,12	218,18	317,35	357,02	209,56	304,82	342,92	200,95	292,29	328,82	192,33	279,76	314,73	183,71	267,22	300,
	II	4.131,16	227,21	330,49	371,80	218,59	317,96	357,70	209,98	305,42	343,60	201,36	292,89	329,50	192,74	280,36	315,40	184,13	267,83	301,31	175,51	255,30	287,
	III	3.449,16	62,51	275,93	310,42	43,87	263,40	296,32	25,22	250,86	282,22	6,58	238,33	268,12	-	225,80	254,02	-	213,29	239,95	-	201,00	226,
	IV	4.280,25	235,41	342,42	385,22	231,10	336,15	378,17	226,79	329,88	371,12	222,48	323,62	364,07	218,18	317,35	357,02	213,87	311,09	349,97	209,56	304,82	342,
	V	4.794,75	263,71	383,58	431,52																		
	VI	4.839,00	266,14	387,12	435,51																		
13.403,99 (West)	I	4.273,75	235,05	341,90	384,63	226,43	329,36	370,53	217,82	316,83	356,43	209,20	304,30	342,33	200,58	291,76	328,23	191,97	279,23	314,13	183,35	266,70	300,
	II	4.124,66	226,85	329,97	371,21	218,24	317,44	357,12	209,62	304,90	343,01	201,00	292,37	328,91	192,39	279,84	314,82	183,77	267,30	300,71	175,15	254,77	286,
	III	3.442,50	61,72	275,40	309,82	43,07	262,86	295,72	24,45	250,34	281,63	5,81	237,81	267,53	-	225,28	253,44	-	212,77	239,36	-	200,49	225,
	IV	4.273,75	235,05	341,90	384,63	230,74	335,63	377,58	226,43	329,36	370,53	222,13	323,10	363,48	217,82	316,83	356,43	213,51	310,56	349,38	209,20	304,30	342,
	V	4.788,16	263,34	383,05	430,93																		
	VI	4.832,50	265,78	386,60	434,92																		
13.403,99 (Ost)	I	4.281,50	235,48	342,52	385,33	226,87	329,99	371,24	218,25	317,46	357,14	209,63	304,92	343,04	201,02	292,39	328,94	192,40	279,86	314,84	183,78	267,32	300,
	II	4.132,41	227,28	330,59	371,91	218,66	318,06	357,81	210,04	305,52	343,71	201,43	292,99	329,61	192,82	280,46	315,52	184,20	267,93	301,42	175,58	255,40	287,
	III	3.450,33	62,65	276,02	310,52	44,03	263,50	296,44	25,38	250,97	282,34	6,74	238,44	268,24	-	225,90	254,14	-	213,40	240,07	-	201,09	226,
	IV	4.281,50	235,48	342,52	385,33	231,17	336,25	378,28	226,87	329,99	371,24	222,56	323,72	364,19	218,25	317,46	357,14	213,94	311,19	350,09	209,63	304,92	343,
	V	4.796,00	263,78	383,68	431,64																		
	VI	4.840,25	266,21	387,22	435,62																		
13.406,99 (West)	I	4.275,00	235,12	342,00	384,75	226,50	329,46	370,64	217,89	316,93	356,54	209,27	304,40	342,45	200,65	291,86	328,34	192,04	279,33	314,24	183,42	266,80	300,
	II	4.125,91	226,92	330,07	371,33	218,30	317,54	357,23	209,69	305,00	343,13	201,07	292,47	329,03	192,45	279,94	314,93	183,84	267,40	300,83	175,22	254,87	286,
	III	3.443,83	61,88	275,50	309,94	43,23	262,97	295,84	24,59	250,44	281,74	5,95	237,90	267,64	-	225,37	253,54	-	212,86	239,47	-	200,58	225,
	IV	4.275,00	235,12	342,00	384,75	230,81	335,73	377,69	226,50	329,46	370,64	222,20	323,20	363,60	217,89	316,93	356,54	213,58	310,66	349,49	209,27	304,40	342,
	V	4.789,41	263,41	383,15	431,04																		
	VI	4.833,75	265,85	386,70	435,03																		
13.406,99 (Ost)	I	4.282,83	235,55	342,62	385,45	226,93	330,09	371,35	218,32	317,56	357,25	209,70	305,02	343,15	201,08	292,49	329,05	192,47	279,96	314,95	183,85	267,42	300,
	II	4.133,66	227,35	330,69	372,02	218,73	318,16	357,93	210,12	305,63	343,83	201,50	293,10	329,73	192,88	280,56	315,63	184,27	268,03	301,53	175,65	255,50	287,
	III	3.451,66	62,81	276,13	310,64	44,16	263,60	296,55	25,52	251,06	282,44	6,88	238,53	268,34	-	226,00	254,25	-	213,49	240,17	-	201,20	226,
	IV	4.282,83	235,55	342,62	385,45	231,24	336,36	378,40	226,93	330,09	371,35	222,63	323,82	364,30	218,32	317,56	357,25	214,01	311,29	350,20	209,70	305,02	343,
	V	4.797,25	263,84	383,78	431,75																		
	VI	4.841,58	266,28	387,32	435,74																		

Lohn/ Gehalt bis	Steuerklasse	Lohnsteuer	ohne Kinderfreibetrag SolZ 5,5%	Kirchensteuer 8%	9%	0,5 SolZ 5,5%	Kirchensteuer 8%	9%	1,0 SolZ 5,5%	Kirchensteuer 8%	9%	1,5 SolZ 5,5%	Kirchensteuer 8%	9%	2,0 SolZ 5,5%	Kirchensteuer 8%	9%	2,5 SolZ 5,5%	Kirchensteuer 8%	9%	3,0 SolZ 5,5%	Kirchensteuer 8%	9%
3.409,99 (West)	I	4.276,25	235,19	342,10	384,86	226,57	329,56	370,76	217,96	317,03	356,66	209,34	304,50	342,56	200,72	291,96	328,46	192,11	279,43	314,36	183,49	266,90	300,26
	II	4.127,16	226,99	330,17	371,44	218,37	317,64	357,34	209,76	305,10	343,24	201,14	292,57	329,14	192,52	280,04	315,04	183,91	267,50	300,94	175,29	254,97	286,84
	III	3.445,16	62,03	275,61	310,06	43,39	263,08	295,96	24,75	250,54	281,86	6,10	238,01	267,76	-	225,48	253,66	-	212,97	239,59	-	200,69	225,77
	IV	4.276,25	235,19	342,10	384,86	230,88	335,83	377,81	226,57	329,56	370,76	222,26	323,30	363,71	217,96	317,03	356,66	213,65	310,76	349,61	209,34	304,50	342,56
	V	4.790,66	263,48	383,25	431,15																		
	VI	4.835,00	265,92	386,80	435,15																		
3.409,99 (Ost)	I	4.284,08	235,62	342,72	385,56	227,00	330,19	371,46	218,39	317,66	357,36	209,77	305,12	343,26	201,15	292,59	329,16	192,54	280,06	315,06	183,92	267,52	300,96
	II	4.134,91	227,42	330,79	372,14	218,80	318,26	358,04	210,19	305,73	343,94	201,57	293,20	329,85	192,95	280,66	315,74	184,34	268,13	301,64	175,72	255,60	287,55
	III	3.453,00	62,97	276,24	310,77	44,32	263,70	296,66	25,68	251,17	282,56	7,04	238,64	268,47	-	226,10	254,36	-	213,60	240,30	-	201,29	226,45
	IV	4.284,08	235,62	342,72	385,56	231,31	336,46	378,51	227,00	330,19	371,46	222,69	323,92	364,41	218,39	317,66	357,36	214,08	311,39	350,31	209,77	305,12	343,26
	V	4.798,50	263,91	383,88	431,86																		
	VI	4.842,83	266,35	387,42	435,85																		
3.412,99 (West)	I	4.277,50	235,26	342,20	384,97	226,64	329,66	370,87	218,02	317,13	356,77	209,41	304,60	342,67	200,79	292,06	328,57	192,18	279,54	314,48	183,56	267,00	300,38
	II	4.128,41	227,06	330,27	371,55	218,44	317,74	357,45	209,82	305,20	343,35	201,21	292,67	329,25	192,59	280,14	315,15	183,97	267,60	301,05	175,36	255,07	286,95
	III	3.446,33	62,17	275,70	310,16	43,53	263,17	296,06	24,89	250,64	281,97	6,24	238,10	267,86	-	225,57	253,76	-	213,06	239,69	-	200,78	225,88
	IV	4.277,50	235,26	342,20	384,97	230,95	335,93	377,92	226,64	329,66	370,87	222,33	323,40	363,82	218,02	317,13	356,77	213,72	310,86	349,72	209,41	304,60	342,67
	V	4.791,91	263,55	383,35	431,27																		
	VI	4.836,25	265,99	386,90	435,26																		
3.412,99 (Ost)	I	4.285,33	235,69	342,82	385,67	227,07	330,29	371,57	218,46	317,76	357,48	209,84	305,22	343,37	201,22	292,69	329,27	192,61	280,16	315,18	183,99	267,62	301,07
	II	4.136,25	227,49	330,90	372,26	218,87	318,36	358,16	210,26	305,83	344,06	201,64	293,30	329,96	193,02	280,76	315,86	184,41	268,23	301,76	175,79	255,70	287,66
	III	3.454,16	63,10	276,33	310,87	44,46	263,80	296,77	25,82	251,26	282,67	7,17	238,73	268,57	-	226,20	254,47	-	213,69	240,40	-	201,40	226,57
	IV	4.285,33	235,69	342,82	385,67	231,38	336,56	378,63	227,07	330,29	371,57	222,76	324,02	364,52	218,46	317,76	357,48	214,15	311,49	350,42	209,84	305,22	343,37
	V	4.799,75	263,98	383,98	431,97																		
	VI	4.844,08	266,42	387,52	435,96																		
3.415,99 (West)	I	4.278,75	235,33	342,30	385,08	226,71	329,76	370,98	218,09	317,23	356,88	209,48	304,70	342,79	200,86	292,17	328,69	192,25	279,64	314,59	183,63	267,10	300,49
	II	4.129,66	227,13	330,37	371,66	218,51	317,84	357,57	209,89	305,30	343,46	201,28	292,77	329,36	192,66	280,24	315,27	184,04	267,70	301,16	175,43	255,18	287,07
	III	3.447,66	62,33	275,81	310,28	43,69	263,28	296,19	25,04	250,74	282,08	6,40	238,21	267,98	-	225,68	253,89	-	213,17	239,81	-	200,88	225,99
	IV	4.278,75	235,33	342,30	385,08	231,02	336,03	378,03	226,71	329,76	370,98	222,40	323,50	363,93	218,09	317,23	356,88	213,78	310,96	349,83	209,48	304,70	342,79
	V	4.793,25	263,62	383,46	431,39																		
	VI	4.837,50	266,06	387,00	435,37																		
3.415,99 (Ost)	I	4.286,58	235,76	342,92	385,79	227,14	330,39	371,69	218,52	317,86	357,59	209,91	305,32	343,49	201,29	292,79	329,39	192,67	280,26	315,29	184,06	267,72	301,19
	II	4.137,50	227,56	331,00	372,37	218,94	318,46	358,27	210,32	305,93	344,17	201,71	293,40	330,07	193,09	280,86	315,97	184,47	268,33	301,87	175,86	255,80	287,77
	III	3.455,50	63,26	276,44	310,99	44,62	263,90	296,89	25,98	251,37	282,79	7,33	238,84	268,69	-	226,30	254,59	-	213,80	240,52	-	201,49	226,67
	IV	4.286,58	235,76	342,92	385,79	231,45	336,66	378,74	227,14	330,39	371,69	222,83	324,12	364,64	218,52	317,86	357,59	214,22	311,59	350,54	209,91	305,32	343,49
	V	4.801,00	264,05	384,08	432,09																		
	VI	4.845,33	266,49	387,62	436,07																		
3.418,99 (West)	I	4.280,00	235,40	342,40	385,20	226,78	329,86	371,09	218,17	317,34	357,00	209,55	304,80	342,90	200,93	292,27	328,80	192,32	279,74	314,70	183,70	267,20	300,60
	II	4.130,91	227,20	330,47	371,78	218,58	317,94	357,68	209,96	305,40	343,58	201,35	292,87	329,48	192,73	280,34	315,38	184,12	267,81	301,28	175,50	255,28	287,19
	III	3.448,83	62,47	275,90	310,39	43,83	263,37	296,29	25,18	250,84	282,19	6,54	238,30	268,09	-	225,77	253,99	-	213,26	239,92	-	200,98	226,10
	IV	4.280,00	235,40	342,40	385,20	231,09	336,13	378,14	226,78	329,86	371,09	222,47	323,60	364,05	218,17	317,34	357,00	213,86	311,07	349,95	209,55	304,80	342,90
	V	4.794,50	263,69	383,56	431,50																		
	VI	4.838,75	266,13	387,10	435,48																		
3.418,99 (Ost)	I	4.287,83	235,83	343,02	385,90	227,21	330,49	371,80	218,59	317,96	357,70	209,98	305,42	343,60	201,36	292,89	329,50	192,74	280,36	315,40	184,13	267,83	301,31
	II	4.138,75	227,63	331,10	372,48	219,01	318,56	358,38	210,39	306,03	344,28	201,78	293,50	330,18	193,16	280,96	316,08	184,54	268,43	301,98	175,93	255,90	287,88
	III	3.456,66	63,40	276,53	311,09	44,76	264,00	297,00	26,12	251,46	282,89	7,47	238,93	268,79	-	226,40	254,70	-	213,89	240,62	-	201,58	226,78
	IV	4.287,83	235,83	343,02	385,90	231,52	336,76	378,85	227,21	330,49	371,80	222,90	324,22	364,75	218,59	317,96	357,70	214,28	311,69	350,65	209,98	305,42	343,60
	V	4.802,25	264,12	384,18	432,20																		
	VI	4.846,58	266,56	387,72	436,19																		
3.421,99 (West)	I	4.281,33	235,47	342,50	385,31	226,85	329,97	371,21	218,24	317,44	357,12	209,62	304,90	343,01	201,00	292,37	328,91	192,39	279,84	314,82	183,77	267,30	300,71
	II	4.132,16	227,26	330,57	371,89	218,65	318,04	357,79	210,03	305,50	343,69	201,42	292,98	329,60	192,80	280,44	315,50	184,19	267,91	301,40	175,57	255,38	287,30
	III	3.450,16	62,63	276,01	310,51	43,99	263,48	296,41	25,34	250,94	282,31	6,70	238,41	268,21	-	225,88	254,11	-	213,37	240,04	-	201,08	226,21
	IV	4.281,33	235,47	342,50	385,31	231,16	336,24	378,27	226,85	329,97	371,21	222,54	323,70	364,16	218,24	317,44	357,12	213,93	311,17	350,06	209,62	304,90	343,01
	V	4.795,75	263,76	383,66	431,61																		
	VI	4.840,08	266,20	387,20	435,60																		
3.421,99 (Ost)	I	4.289,08	235,89	343,12	386,01	227,28	330,59	371,91	218,66	318,06	357,81	210,04	305,52	343,71	201,43	292,99	329,61	192,82	280,46	315,52	184,20	267,93	301,42
	II	4.140,00	227,70	331,20	372,60	219,08	318,66	358,49	210,46	306,13	344,39	201,85	293,60	330,30	193,23	281,06	316,19	184,61	268,53	302,09	176,00	256,00	288,00
	III	3.458,00	63,56	276,64	311,22	44,92	264,10	297,11	26,27	251,57	283,01	7,63	239,04	268,92	-	226,50	254,81	-	214,00	240,75	-	201,69	226,90
	IV	4.289,08	235,89	343,12	386,01	231,59	336,86	378,96	227,28	330,59	371,91	222,97	324,32	364,86	218,66	318,06	357,81	214,35	311,79	350,76	210,04	305,52	343,71
	V	4.803,50	264,19	384,28	432,31																		
	VI	4.847,83	266,63	387,82	436,30																		
3.424,99 (West)	I	4.282,58	235,54	342,60	385,43	226,92	330,07	371,33	218,30	317,54	357,23	209,69	305,00	343,13	201,07	292,47	329,03	192,45	279,94	314,93	183,84	267,40	300,83
	II	4.133,41	227,33	330,67	372,00	218,72	318,14	357,91	210,10	305,61	343,81	201,49	293,08	329,71	192,87	280,54	315,61	184,25	268,01	301,51	175,64	255,48	287,41
	III	3.451,33	62,77	276,10	310,61	44,12	263,57	296,51	25,48	251,04	282,42	6,84	238,50	268,31	-	225,98	254,23	-	213,46	240,14	-	201,17	226,31
	IV	4.282,58	235,54	342,60	385,43	231,23	336,34	378,38	226,92	330,07	371,33	222,61	323,80	364,28	218,30	317,54	357,23	214,00	311,27	350,18	209,69	305,00	343,13
	V	4.797,00	263,83	383,76	431,73																		
	VI	4.841,33	266,27	387,30	435,71																		
3.424,99 (Ost)	I	4.290,33	235,96	343,22	386,12	227,35	330,69	372,02	218,73	318,16	357,93	210,12	305,63	343,83	201,50	293,10	329,73	192,88	280,56	315,63	184,27	268,03	301,53
	II	4.141,25	227,76	331,30	372,71	219,15	318,76	358,61	210,53	306,23	344,51	201,91	293,70	330,41	193,30	281,16	316,31	184,68	268,63	302,21	176,07	256,10	288,11
	III	3.459,16	63,70	276,73	311,32	45,06	264,20	297,22	26,41	251,66	283,12	7,79	239,14	269,03	-	226,61	254,93	-	214,09	240,85	-	201,78	227,00
	IV	4.290,33	235,96	343,22	386,12	231,66	336,96	379,08	227,35	330,69	372,02	223,04	324,42	364,97	218,73	318,16	357,93	214,42	311,89	350,87	210,12	305,63	343,83
	V	4.804,83	264,26	384,38	432,43																		
	VI	4.849,08	266,69	387,92	436,41																		
3.427,99 (West)	I	4.283,83	235,61	342,70	385,54	226,99	330,17	371,44	218,37	317,64	357,34	209,76	305,10	343,24	201,14	292,57	329,14	192,52	280,04	315,04	183,91	267,50	300,94
	II	4.134,75	227,41	330,78	372,12	218,79	318,24	358,02	210,17	305,71	343,92	201,56	293,18	329,82	192,94	280,64	315,72	184,32	268,11	301,62	175,71	255,58	287,52
	III	3.452,66	62,93	276,21	310,73	44,28	263,68	296,64	25,64	251,14	282,53	7,00	238,61	268,43	-	226,08	254,34	-	213,57	240,26	-	201,28	226,44
	IV	4.283,83	235,61	342,70	385,54	231,30	336,44	378,49	226,99	330,17	371,44	222,68	323,90	364,39	218,37	317,64	357,34	214,06	311,37	350,29	209,76	305,10	343,24
	V	4.798,25	263,90	383,86	431,84																		
	VI	4.842,58	266,34	387,40	435,83																		
3.427,99 (Ost)	I	4.291,58	236,03	343,32	386,24	227,42	330,79	372,14	218,80	318,26	358,04	210,19	305,73	343,94	201,57	293,20	329,85	192,95	280,66	315,74	184,34	268,13	301,64
	II	4.142,50	227,83	331,40	372,82	219,22	318,86	358,72	210,60	306,33	344,62	201,98	293,80	330,52	193,37	281,27	316,43	184,75	268,74	302,33	176,14	256,20	288,23
	III	3.460,50	63,86	276,84	311,44	45,22	264,30	297,34	26,57	251,77	283,24	7,93	239,24	269,14	-	226,70	255,04	-	214,20	240,97	-	201,88	227,11
	IV	4.291,58	236,03	343,32	386,24	231,72	337,06	379,19	227,42	330,79	372,14	223,11	324,53	365,09	218,80	318,26	358,04	214,50	312,00	351,00	210,19	305,73	343,94
	V	4.806,08	264,33	384,48	432,54																		
	VI	4.850,33	266,76	388,02	436,52																		

MONAT bis 13.448,99 €

Allgemeine Tabelle

Lohn/ Gehalt bis	Steuerklasse	Lohn- steuer	ohne Kinderfreibetrag SolZ 5,5%	Kirchensteuer 8%	9%	0,5 SolZ 5,5%	Kirchensteuer 8%	9%	1,0 SolZ 5,5%	Kirchensteuer 8%	9%	1,5 SolZ 5,5%	Kirchensteuer 8%	9%	2,0 SolZ 5,5%	Kirchensteuer 8%	9%	2,5 SolZ 5,5%	Kirchensteuer 8%	9%	3,0 SolZ 5,5%	Kirchensteu 8%	9%
13.430,99	I	4.285,08	235,67	342,80	385,65	227,06	330,27	371,55	218,44	317,74	357,45	209,82	305,20	343,35	201,21	292,67	329,25	192,59	280,14	315,15	183,97	267,60	301
(West)	II	4.136,00	227,48	330,88	372,24	218,86	318,34	358,13	210,24	305,81	344,03	201,63	293,28	329,94	193,01	280,74	315,83	184,39	268,21	301,73	175,78	255,68	287
	III	3.453,83	63,07	276,30	310,84	44,44	263,78	296,75	25,80	251,25	282,65	7,15	238,72	268,56	–	226,18	254,45	–	213,66	240,37	–	201,37	226
	IV	4.285,08	235,67	342,80	385,65	231,37	336,54	378,60	227,06	330,27	371,55	222,75	324,00	364,50	218,44	317,74	357,45	214,13	311,47	350,40	209,82	305,20	343
	V	4.799,50	263,97	383,96	431,95																		
	VI	4.843,83	266,41	387,50	435,94																		
13.430,99	I	4.292,91	236,11	343,43	386,36	227,49	330,90	372,26	218,87	318,36	358,16	210,26	305,83	344,06	201,64	293,30	329,96	193,02	280,76	315,86	184,41	268,23	301
(Ost)	II	4.143,75	227,90	331,50	372,93	219,28	318,96	358,83	210,67	306,43	344,73	202,06	293,90	330,64	193,44	281,37	316,54	184,82	268,84	302,44	176,21	256,30	288
	III	3.461,83	64,02	276,94	311,56	45,37	264,41	297,46	26,73	251,88	283,36	8,09	239,34	269,26	–	226,81	255,16	–	214,29	241,07	–	201,98	227
	IV	4.292,91	236,11	343,43	386,36	231,80	337,16	379,31	227,49	330,90	372,26	223,18	324,63	365,21	218,87	318,36	358,16	214,56	312,10	351,11	210,26	305,83	344
	V	4.807,33	264,40	384,58	432,65																		
	VI	4.851,66	266,84	388,13	436,64																		
13.433,99	I	4.286,33	235,74	342,90	385,76	227,13	330,37	371,66	218,51	317,84	357,57	209,89	305,30	343,46	201,28	292,77	329,36	192,66	280,24	315,27	184,04	267,70	301
(West)	II	4.137,25	227,54	330,98	372,35	218,93	318,44	358,25	210,31	305,91	344,15	201,69	293,38	330,05	193,08	280,84	315,95	184,46	268,31	301,85	175,84	255,78	287
	III	3.455,16	63,22	276,41	310,96	44,58	263,88	296,86	25,94	251,34	282,76	7,29	238,81	268,66	–	226,28	254,56	–	213,77	240,49	–	201,46	226
	IV	4.286,33	235,74	342,90	385,76	231,44	336,64	378,72	227,13	330,37	371,66	222,82	324,10	364,61	218,51	317,84	357,57	214,20	311,57	350,51	209,89	305,30	343
	V	4.800,75	264,04	384,06	432,06																		
	VI	4.845,08	266,47	387,60	436,05																		
13.433,99	I	4.294,16	236,17	343,53	386,47	227,56	331,00	372,37	218,94	318,46	358,27	210,32	305,93	344,17	201,71	293,40	330,07	193,09	280,86	315,97	184,47	268,33	301
(Ost)	II	4.145,00	227,97	331,60	373,05	219,36	319,07	358,95	210,74	306,54	344,85	202,12	294,00	330,75	193,51	281,47	316,65	184,89	268,94	302,55	176,27	256,40	288
	III	3.463,00	64,16	277,04	311,67	45,51	264,50	297,56	26,87	251,97	283,46	8,23	239,44	269,37	–	226,90	255,26	–	214,40	241,20	–	202,08	227
	IV	4.294,16	236,17	343,53	386,47	231,87	337,26	379,42	227,56	331,00	372,37	223,25	324,73	365,32	218,94	318,46	358,27	214,63	312,20	351,22	210,32	305,93	344
	V	4.808,58	264,47	384,68	432,77																		
	VI	4.852,91	266,91	388,23	436,76																		
13.436,99	I	4.287,58	235,81	343,00	385,88	227,20	330,47	371,78	218,58	317,94	357,68	209,96	305,40	343,58	201,35	292,87	329,48	192,73	280,34	315,38	184,12	267,81	301
(West)	II	4.138,50	227,61	331,08	372,46	219,00	318,54	358,36	210,38	306,01	344,26	201,76	293,48	330,16	193,15	280,94	316,06	184,53	268,41	301,96	175,91	255,88	287
	III	3.456,50	63,38	276,52	311,08	44,74	263,98	296,98	26,10	251,45	282,88	7,45	238,92	268,78	–	226,38	254,68	–	213,86	240,59	–	201,57	226
	IV	4.287,58	235,81	343,00	385,88	231,50	336,74	378,83	227,20	330,47	371,78	222,89	324,20	364,73	218,58	317,94	357,68	214,27	311,67	350,63	209,96	305,40	343
	V	4.802,00	264,11	384,16	432,18																		
	VI	4.846,33	266,54	387,70	436,16																		
13.436,99	I	4.295,41	236,24	343,63	386,58	227,63	331,10	372,48	219,01	318,56	358,38	210,39	306,03	344,28	201,78	293,50	330,18	193,16	280,96	316,08	184,54	268,43	301
(Ost)	II	4.146,33	228,04	331,70	373,16	219,43	319,17	359,06	210,81	306,64	344,97	202,19	294,10	330,86	193,58	281,57	316,76	184,96	269,04	302,67	176,34	256,50	288
	III	3.464,33	64,31	277,14	311,78	45,67	264,61	297,68	27,03	252,08	283,59	8,38	239,54	269,48	–	227,01	255,38	–	214,49	241,30	–	202,17	227
	IV	4.295,41	236,24	343,63	386,58	231,93	337,36	379,53	227,63	331,10	372,48	223,32	324,83	365,43	219,01	318,56	358,38	214,70	312,30	351,33	210,39	306,03	344
	V	4.809,83	264,54	384,78	432,88																		
	VI	4.854,16	266,97	388,33	436,87																		
13.439,99	I	4.288,83	235,88	343,10	385,99	227,26	330,57	371,89	218,65	318,04	357,79	210,03	305,50	343,69	201,42	292,98	329,60	192,80	280,44	315,50	184,19	267,91	301
(West)	II	4.139,75	227,68	331,18	372,57	219,06	318,64	358,47	210,45	306,11	344,37	201,83	293,58	330,27	193,21	281,04	316,17	184,60	268,51	302,07	175,99	255,98	287
	III	3.457,66	63,52	276,61	311,18	44,88	264,08	297,09	26,23	251,54	282,98	7,59	239,01	268,88	–	226,48	254,79	–	213,97	240,71	–	201,66	226
	IV	4.288,83	235,88	343,10	385,99	231,57	336,84	378,94	227,26	330,57	371,89	222,96	324,30	364,84	218,65	318,04	357,79	214,34	311,77	350,74	210,03	305,50	343
	V	4.803,33	264,18	384,26	432,29																		
	VI	4.847,58	266,61	387,80	436,28																		
13.439,99	I	4.296,66	236,31	343,73	386,69	227,70	331,20	372,60	219,08	318,66	358,49	210,46	306,13	344,39	201,85	293,60	330,30	193,23	281,06	316,19	184,61	268,53	302
(Ost)	II	4.147,58	228,11	331,80	373,28	219,50	319,27	359,18	210,88	306,74	345,08	202,26	294,20	330,98	193,65	281,67	316,88	185,03	269,14	302,78	176,41	256,60	288
	III	3.465,50	64,45	277,24	311,89	45,81	264,70	297,79	27,17	252,17	283,69	8,52	239,64	269,59	–	227,10	255,49	–	214,60	241,42	–	202,28	227
	IV	4.296,66	236,31	343,73	386,69	232,00	337,46	379,64	227,70	331,20	372,60	223,39	324,93	365,54	219,08	318,66	358,49	214,77	312,40	351,45	210,46	306,13	344
	V	4.811,08	264,60	384,88	432,99																		
	VI	4.855,41	267,04	388,43	436,98																		
13.442,99	I	4.290,08	235,95	343,20	386,10	227,33	330,67	372,00	218,72	318,14	357,91	210,10	305,61	343,81	201,49	293,08	329,71	192,87	280,54	315,61	184,25	268,01	301
(West)	II	4.141,00	227,75	331,28	372,69	219,13	318,74	358,58	210,52	306,21	344,48	201,90	293,68	330,39	193,28	281,14	316,28	184,67	268,62	302,19	176,05	256,08	288
	III	3.459,00	63,68	276,72	311,31	45,04	264,18	297,20	26,39	251,65	283,10	7,75	239,12	269,01	–	226,58	254,90	–	214,06	240,82	–	201,76	226
	IV	4.290,08	235,95	343,20	386,10	231,64	336,94	379,05	227,33	330,67	372,00	223,02	324,40	364,95	218,72	318,14	357,91	214,41	311,88	350,86	210,10	305,61	343
	V	4.804,58	264,25	384,36	432,41																		
	VI	4.848,83	266,68	387,90	436,39																		
13.442,99	I	4.297,91	236,38	343,83	386,81	227,76	331,30	372,71	219,15	318,76	358,61	210,53	306,23	344,51	201,91	293,70	330,41	193,30	281,16	316,31	184,68	268,63	302
(Ost)	II	4.148,83	228,18	331,90	373,39	219,56	319,37	359,29	210,95	306,84	345,19	202,33	294,30	331,09	193,71	281,77	316,99	185,10	269,24	302,89	176,48	256,70	288
	III	3.466,83	64,61	277,34	312,01	45,97	264,81	297,91	27,33	252,28	283,81	8,68	239,74	269,71	–	227,21	255,61	–	214,69	241,52	–	202,37	227
	IV	4.297,91	236,38	343,83	386,81	232,07	337,56	379,76	227,76	331,30	372,71	223,46	325,03	365,66	219,15	318,76	358,61	214,84	312,50	351,56	210,53	306,23	344
	V	4.812,33	264,67	384,98	433,10																		
	VI	4.856,66	267,11	388,53	437,09																		
13.445,99	I	4.291,33	236,02	343,30	386,21	227,41	330,78	372,12	218,79	318,24	358,02	210,17	305,71	343,92	201,56	293,18	329,82	192,94	280,64	315,72	184,32	268,11	301
(West)	II	4.142,25	227,82	331,38	372,80	219,20	318,84	358,70	210,59	306,31	344,60	201,97	293,78	330,50	193,36	281,25	316,40	184,74	268,72	302,31	176,12	256,18	288
	III	3.460,16	63,82	276,81	311,41	45,18	264,28	297,31	26,53	251,74	283,21	7,89	239,21	269,11	–	226,68	255,01	–	214,17	240,94	–	201,86	227
	IV	4.291,33	236,02	343,30	386,21	231,71	337,04	379,17	227,41	330,78	372,12	223,10	324,51	365,07	218,79	318,24	358,02	214,48	311,98	350,97	210,17	305,71	343
	V	4.805,83	264,32	384,46	432,52																		
	VI	4.850,08	266,75	388,00	436,50																		
13.445,99	I	4.299,16	236,45	343,93	386,92	227,83	331,40	372,82	219,22	318,86	358,72	210,60	306,33	344,62	201,98	293,80	330,52	193,37	281,27	316,43	184,75	268,74	302
(Ost)	II	4.150,08	228,25	332,00	373,50	219,63	319,47	359,40	211,02	306,94	345,30	202,40	294,40	331,20	193,78	281,87	317,10	185,17	269,34	303,00	176,55	256,80	288,
	III	3.468,00	64,75	277,44	312,12	46,11	264,90	298,01	27,46	252,37	283,91	8,82	239,84	269,82	–	227,30	255,71	–	214,80	241,65	–	202,46	227,
	IV	4.299,16	236,45	343,93	386,92	232,14	337,66	379,87	227,83	331,40	372,82	223,52	325,13	365,77	219,22	318,86	358,72	214,91	312,60	351,67	210,60	306,33	344
	V	4.813,58	264,74	385,08	433,22																		
	VI	4.857,91	267,18	388,63	437,21																		
13.448,99	I	4.292,66	236,09	343,41	386,33	227,48	330,88	372,24	218,86	318,34	358,13	210,24	305,81	344,03	201,63	293,28	329,94	193,01	280,74	315,83	184,39	268,21	301,
(West)	II	4.143,50	227,89	331,48	372,91	219,27	318,94	358,81	210,66	306,42	344,72	202,04	293,88	330,62	193,43	281,35	316,52	184,81	268,82	302,42	176,19	256,28	288,
	III	3.461,50	63,98	276,92	311,53	45,33	264,38	297,43	26,69	251,85	283,33	8,05	239,32	269,23	–	226,78	255,13	–	214,26	241,04	–	201,96	227,
	IV	4.292,66	236,09	343,41	386,33	231,78	337,14	379,28	227,48	330,88	372,24	223,17	324,61	365,18	218,86	318,34	358,13	214,55	312,08	351,09	210,24	305,81	344,
	V	4.807,08	264,38	384,56	432,63																		
	VI	4.851,41	266,82	388,11	436,62																		
13.448,99	I	4.300,41	236,52	344,03	387,03	227,90	331,50	372,93	219,28	318,96	358,83	210,67	306,43	344,73	202,06	293,90	330,64	193,44	281,37	316,54	184,82	268,84	302,
(Ost)	II	4.151,33	228,32	332,10	373,61	219,70	319,57	359,51	211,09	307,04	345,42	202,47	294,50	331,31	193,85	281,97	317,21	185,24	269,44	303,12	176,62	256,91	289,
	III	3.469,33	64,91	277,54	312,23	46,27	265,01	298,13	27,62	252,48	284,04	8,98	239,94	269,93	–	227,41	255,83	–	214,89	241,75	–	202,57	227,
	IV	4.300,41	236,52	344,03	387,03	232,21	337,76	379,98	227,90	331,50	372,93	223,59	325,23	365,88	219,28	318,96	358,83	214,98	312,70	351,78	210,67	306,43	344,
	V	4.814,91	264,82	385,19	433,34																		
	VI	4.859,16	267,25	388,73	437,32																		

Lohn/ Gehalt bis	Steuerklasse	Lohn- steuer	ohne Kinderfreibetrag			Anzahl Kinderfreibeträge (nur Steuerklassen I–IV)																	
						0,5			1,0			1,5			2,0			2,5			3,0		
			SolZ 5,5%	Kirchensteuer 8%	9%	SolZ 5,5%	Kirchensteuer 8%	9%	SolZ 5,5%	Kirchensteuer 8%	9%	SolZ 5,5%	Kirchensteuer 8%	9%	SolZ 5,5%	Kirchensteuer 8%	9%	SolZ 5,5%	Kirchensteuer 8%	9%	SolZ 5,5%	Kirchensteuer 8%	9%
13.451,99	I	4.293,91	236,16	343,51	386,45	227,54	330,98	372,35	218,93	318,44	358,25	210,31	305,91	344,15	201,69	293,38	330,05	193,08	280,84	315,95	184,46	268,31	301,85
(West)	II	4.144,83	227,96	331,58	373,03	219,34	319,05	358,93	210,73	306,52	344,83	202,11	293,98	330,73	193,49	281,45	316,63	184,88	268,92	302,53	176,26	256,38	288,43
	III	3.462,66	64,12	277,01	311,63	45,47	264,48	297,54	26,83	251,94	283,43	8,21	239,42	269,35	-	226,89	255,25	-	214,37	241,16	-	202,05	227,30
	IV	4.293,91	236,16	343,51	386,45	231,85	337,24	379,40	227,54	330,98	372,35	223,24	324,71	365,30	218,93	318,44	358,25	214,62	312,18	351,20	210,31	305,91	344,15
	V	4.808,33	264,45	384,66	432,74																		
	VI	4.852,66	266,89	388,21	436,73																		
13.451,99	I	4.301,66	236,59	344,13	387,14	227,97	331,60	373,05	219,36	319,07	358,95	210,74	306,54	344,85	202,12	294,00	330,75	193,51	281,47	316,65	184,89	268,94	302,55
(Ost)	II	4.152,58	228,39	332,20	373,73	219,77	319,67	359,63	211,15	307,14	345,53	202,54	294,60	331,43	193,92	282,07	317,33	185,31	269,54	303,23	176,69	257,01	289,13
	III	3.470,50	65,05	277,64	312,34	46,41	265,10	298,24	27,78	252,58	284,15	9,14	240,05	270,05	-	227,52	255,96	-	215,00	241,87	-	202,66	227,99
	IV	4.301,66	236,59	344,13	387,14	232,28	337,86	380,09	227,97	331,60	373,05	223,66	325,33	365,99	219,36	319,07	358,95	215,05	312,80	351,90	210,74	306,54	344,85
	V	4.816,16	264,88	385,29	433,45																		
	VI	4.860,41	267,32	388,83	437,43																		
13.454,99	I	4.295,16	236,23	343,61	386,56	227,61	331,08	372,46	219,00	318,54	358,36	210,38	306,01	344,26	201,76	293,48	330,16	193,15	280,94	316,06	184,53	268,41	301,96
(West)	II	4.146,08	228,03	331,68	373,14	219,41	319,15	359,04	210,80	306,62	344,94	202,18	294,08	330,84	193,56	281,55	316,74	184,95	269,02	302,64	176,33	256,48	288,54
	III	3.464,00	64,27	277,12	311,76	45,63	264,58	297,65	26,99	252,05	283,55	8,34	239,52	269,46	-	226,98	255,35	-	214,46	241,27	-	202,16	227,43
	IV	4.295,16	236,23	343,61	386,56	231,92	337,34	379,51	227,61	331,08	372,46	223,30	324,81	365,41	219,00	318,54	358,36	214,69	312,28	351,31	210,38	306,01	344,26
	V	4.809,58	264,52	384,76	432,86																		
	VI	4.853,91	266,96	388,31	436,85																		
13.454,99	I	4.302,91	236,66	344,23	387,26	228,04	331,70	373,16	219,43	319,17	359,06	210,81	306,64	344,97	202,19	294,10	330,86	193,58	281,57	316,76	184,96	269,04	302,67
(Ost)	II	4.153,83	228,46	332,30	373,84	219,84	319,77	359,74	211,22	307,24	345,64	202,61	294,71	331,55	193,99	282,18	317,45	185,38	269,64	303,35	176,76	257,11	289,25
	III	3.471,83	65,21	277,74	312,46	46,56	265,21	298,36	27,92	252,68	284,26	9,28	240,14	270,16	-	227,61	256,06	-	215,09	241,97	-	202,76	228,10
	IV	4.302,91	236,66	344,23	387,26	232,35	337,97	380,21	228,04	331,70	373,16	223,74	325,44	366,12	219,43	319,17	359,06	215,12	312,90	352,01	210,81	306,64	344,97
	V	4.817,41	264,95	385,39	433,56																		
	VI	4.861,75	267,39	388,94	437,55																		
13.457,99	I	4.296,41	236,30	343,71	386,67	227,68	331,18	372,57	219,06	318,64	358,47	210,45	306,11	344,37	201,83	293,58	330,27	193,21	281,04	316,17	184,60	268,51	302,07
(West)	II	4.147,33	228,10	331,78	373,25	219,48	319,25	359,15	210,87	306,72	345,06	202,25	294,18	330,95	193,63	281,65	316,85	185,02	269,12	302,76	176,40	256,58	288,65
	III	3.465,33	64,43	277,22	311,87	45,79	264,69	297,77	27,15	252,16	283,68	8,50	239,62	269,57	-	227,09	255,47	-	214,57	241,39	-	202,25	227,53
	IV	4.296,41	236,30	343,71	386,67	231,99	337,44	379,62	227,68	331,18	372,57	223,37	324,91	365,52	219,06	318,64	358,47	214,76	312,38	351,42	210,45	306,11	344,37
	V	4.810,83	264,59	384,86	432,97																		
	VI	4.855,16	267,03	388,41	436,96																		
13.457,99	I	4.304,25	236,73	344,34	387,38	228,11	331,80	373,28	219,50	319,27	359,18	210,88	306,74	345,08	202,26	294,20	330,98	193,65	281,67	316,88	185,03	269,14	302,78
(Ost)	II	4.155,08	228,52	332,40	373,95	219,91	319,87	359,85	211,30	307,34	345,76	202,68	294,81	331,66	194,06	282,28	317,56	185,45	269,74	303,46	176,83	257,21	289,36
	III	3.473,16	65,37	277,85	312,58	46,72	265,32	298,48	28,08	252,78	284,38	9,44	240,25	270,28	-	227,72	256,18	-	215,20	242,10	-	202,86	228,22
	IV	4.304,25	236,73	344,34	387,38	232,42	338,07	380,33	228,11	331,80	373,28	223,80	325,54	366,23	219,50	319,27	359,18	215,19	313,00	352,13	210,88	306,74	345,08
	V	4.818,66	265,02	385,49	433,67																		
	VI	4.863,00	267,46	389,04	437,67																		
13.460,99	I	4.297,66	236,37	343,81	386,78	227,75	331,28	372,69	219,13	318,74	358,58	210,52	306,21	344,48	201,90	293,68	330,39	193,28	281,14	316,28	184,67	268,62	302,19
(West)	II	4.148,58	228,17	331,88	373,37	219,55	319,35	359,27	210,93	306,82	345,17	202,32	294,28	331,07	193,70	281,75	316,97	185,08	269,22	302,87	176,47	256,68	288,77
	III	3.466,50	64,57	277,32	311,98	45,93	264,78	297,88	27,29	252,25	283,78	8,64	239,72	269,68	-	227,18	255,58	-	214,66	241,49	-	202,34	227,63
	IV	4.297,66	236,37	343,81	386,78	232,06	337,54	379,73	227,75	331,28	372,69	223,44	325,01	365,63	219,13	318,74	358,58	214,83	312,48	351,54	210,52	306,21	344,48
	V	4.812,08	264,66	384,96	433,08																		
	VI	4.856,41	267,10	388,51	437,07																		
13.460,99	I	4.305,50	236,80	344,44	387,49	228,18	331,90	373,39	219,56	319,37	359,29	210,95	306,84	345,19	202,33	294,30	331,09	193,71	281,77	316,99	185,10	269,24	302,89
(Ost)	II	4.156,41	228,60	332,51	374,07	219,98	319,98	359,97	211,36	307,44	345,87	202,75	294,91	331,77	194,13	282,38	317,67	185,51	269,84	303,57	176,90	257,31	289,47
	III	3.474,33	65,50	277,94	312,68	46,86	265,41	298,58	28,22	252,88	284,49	9,57	240,34	270,38	-	227,81	256,28	-	215,29	242,20	-	202,96	228,33
	IV	4.305,50	236,80	344,44	387,49	232,49	338,17	380,44	228,18	331,90	373,39	223,87	325,64	366,34	219,56	319,37	359,29	215,26	313,10	352,24	210,95	306,84	345,19
	V	4.819,91	265,09	385,59	433,79																		
	VI	4.864,25	267,53	389,14	437,78																		
13.463,99	I	4.298,91	236,44	343,91	386,90	227,82	331,38	372,80	219,20	318,84	358,70	210,59	306,31	344,60	201,97	293,78	330,50	193,36	281,25	316,40	184,74	268,72	302,31
(West)	II	4.149,83	228,24	331,98	373,48	219,62	319,45	359,38	211,00	306,92	345,28	202,39	294,38	331,18	193,77	281,85	317,08	185,15	269,32	302,98	176,54	256,78	288,88
	III	3.467,83	64,73	277,42	312,10	46,09	264,89	298,00	27,44	252,36	283,90	8,80	239,82	269,80	-	227,29	255,70	-	214,77	241,61	-	202,45	227,75
	IV	4.298,91	236,44	343,91	386,90	232,13	337,64	379,85	227,82	331,38	372,80	223,51	325,11	365,75	219,20	318,84	358,70	214,89	312,58	351,65	210,59	306,31	344,60
	V	4.813,33	264,73	385,06	433,19																		
	VI	4.857,66	267,17	388,61	437,18																		
13.463,99	I	4.306,75	236,87	344,54	387,60	228,25	332,00	373,50	219,63	319,47	359,40	211,02	306,94	345,30	202,40	294,40	331,20	193,78	281,87	317,10	185,17	269,34	303,00
(Ost)	II	4.157,66	228,67	332,61	374,18	220,05	320,08	360,09	211,43	307,54	345,98	202,82	295,01	331,88	194,20	282,48	317,79	185,58	269,94	303,68	176,97	257,41	289,58
	III	3.475,66	65,66	278,05	312,80	47,02	265,52	298,71	28,38	252,98	284,60	9,73	240,45	270,50	-	227,92	256,41	-	215,40	242,32	-	203,06	228,44
	IV	4.306,75	236,87	344,54	387,60	232,56	338,27	380,55	228,25	332,00	373,50	223,94	325,74	366,45	219,63	319,47	359,40	215,32	313,20	352,35	211,02	306,94	345,30
	V	4.821,16	265,16	385,69	433,90																		
	VI	4.865,50	267,60	389,24	437,89																		
13.466,99	I	4.300,16	236,50	344,01	387,01	227,89	331,48	372,91	219,27	318,94	358,81	210,66	306,42	344,72	202,04	293,88	330,62	193,43	281,35	316,52	184,81	268,82	302,42
(West)	II	4.151,08	228,30	332,08	373,59	219,69	319,55	359,49	211,07	307,02	345,39	202,45	294,48	331,29	193,84	281,95	317,19	185,23	269,42	303,10	176,61	256,89	289,00
	III	3.469,00	64,87	277,52	312,21	46,23	264,98	298,10	27,58	252,45	284,00	8,94	239,92	269,91	-	227,38	255,80	-	214,86	241,72	-	202,54	227,86
	IV	4.300,16	236,50	344,01	387,01	232,20	337,74	379,96	227,89	331,48	372,91	223,58	325,21	365,86	219,27	318,94	358,81	214,97	312,68	351,77	210,66	306,42	344,72
	V	4.814,66	264,80	385,17	433,31																		
	VI	4.858,91	267,24	388,71	437,30																		
13.466,99	I	4.308,00	236,94	344,64	387,72	228,32	332,10	373,61	219,70	319,57	359,51	211,09	307,04	345,42	202,47	294,50	331,31	193,85	281,97	317,21	185,24	269,44	303,12
(Ost)	II	4.158,91	228,74	332,71	374,30	220,12	320,18	360,20	211,50	307,64	346,10	202,89	295,11	332,00	194,27	282,58	317,90	185,65	270,04	303,80	177,04	257,51	289,70
	III	3.476,83	65,80	278,14	312,91	47,16	265,61	298,81	28,52	253,08	284,71	9,87	240,54	270,61	-	228,01	256,51	-	215,49	242,42	-	203,16	228,55
	IV	4.308,00	236,94	344,64	387,72	232,63	338,37	380,66	228,32	332,10	373,61	224,01	325,84	366,57	219,70	319,57	359,51	215,39	313,30	352,46	211,09	307,04	345,42
	V	4.822,41	265,23	385,79	434,01																		
	VI	4.866,75	267,67	389,34	438,00																		
13.469,99	I	4.301,41	236,57	344,11	387,12	227,96	331,58	373,03	219,34	319,05	358,93	210,73	306,52	344,83	202,11	293,98	330,73	193,49	281,45	316,63	184,88	268,92	302,53
(West)	II	4.152,33	228,37	332,18	373,70	219,76	319,65	359,60	211,14	307,12	345,51	202,52	294,58	331,40	193,91	282,05	317,31	185,29	269,52	303,21	176,68	256,99	289,11
	III	3.470,33	65,03	277,62	312,32	46,39	265,09	298,22	27,74	252,56	284,13	9,10	240,02	270,02	-	227,49	255,92	-	214,97	241,84	-	202,64	227,97
	IV	4.301,41	236,57	344,11	387,12	232,26	337,84	380,07	227,96	331,58	373,03	223,65	325,32	365,98	219,34	319,05	358,93	215,04	312,78	351,88	210,73	306,52	344,83
	V	4.815,91	264,87	385,27	433,43																		
	VI	4.860,16	267,30	388,81	437,41																		
13.469,99	I	4.309,25	237,00	344,74	387,83	228,39	332,20	373,73	219,77	319,67	359,63	211,15	307,14	345,53	202,54	294,60	331,43	193,92	282,07	317,33	185,31	269,54	303,23
(Ost)	II	4.160,16	228,80	332,81	374,41	220,19	320,28	360,31	211,57	307,74	346,21	202,95	295,21	332,11	194,34	282,68	318,01	185,72	270,14	303,91	177,10	257,61	289,81
	III	3.478,16	65,96	278,25	313,03	47,32	265,72	298,93	28,67	253,18	284,83	10,03	240,65	270,73	-	228,12	256,63	-	215,60	242,55	-	203,25	228,65
	IV	4.309,25	237,00	344,74	387,83	232,70	338,47	380,78	228,39	332,20	373,73	224,08	325,94	366,68	219,77	319,67	359,63	215,46	313,40	352,58	211,15	307,14	345,53
	V	4.823,66	265,30	385,89	434,12																		
	VI	4.868,00	267,74	389,44	438,12																		

MONAT bis 13.490,99 €

Allgemeine Tabelle

Lohn/ Gehalt bis	Steuerklasse	Lohn-steuer	ohne Kinderfreibetrag			Anzahl Kinderfreibeträge (nur Steuerklassen I–IV)																	
						0,5			1,0			1,5			2,0			2,5			3,0		
			SolZ 5,5%	Kirchensteuer 8%	9%	SolZ 5,5%	Kirchensteuer 8%	9%	SolZ 5,5%	Kirchensteuer 8%	9%	SolZ 5,5%	Kirchensteuer 8%	9%	SolZ 5,5%	Kirchensteuer 8%	9%	SolZ 5,5%	Kirchensteuer 8%	9%	SolZ 5,5%	Kirchensteuer 8%	9%
13.472,99 (West)	I	4.302,75	236,65	344,22	387,24	228,03	331,68	373,14	219,41	319,15	359,04	210,80	306,62	344,94	202,18	294,08	330,84	193,56	281,55	316,74	184,95	269,02	302,
	II	4.153,58	228,44	332,28	373,82	219,83	319,75	359,72	211,21	307,22	345,62	202,60	294,69	331,52	193,98	282,16	317,43	185,36	269,62	303,32	176,75	257,09	289,
	III	3.471,50	65,17	277,72	312,43	46,52	265,18	298,33	27,88	252,65	284,23	9,24	240,12	270,13	-	227,58	256,03	-	215,06	241,94	-	202,74	228,
	IV	4.302,75	236,65	344,22	387,24	232,34	337,95	380,19	228,03	331,68	373,14	223,72	325,42	366,09	219,41	319,15	359,04	215,10	312,88	351,99	210,80	306,62	344,
	V	4.817,16	264,94	385,37	433,54																		
	VI	4.861,50	267,38	388,92	437,53																		
13.472,99 (Ost)	I	4.310,50	237,07	344,84	387,94	228,46	332,30	373,84	219,84	319,77	359,74	211,22	307,24	345,64	202,61	294,71	331,55	193,99	282,18	317,45	185,38	269,64	303,
	II	4.161,41	228,87	332,91	374,52	220,26	320,38	360,42	211,64	307,84	346,32	203,02	295,31	332,22	194,41	282,78	318,12	185,79	270,24	304,02	177,17	257,71	289,
	III	3.479,33	66,10	278,34	313,13	47,46	265,81	299,03	28,81	253,28	284,94	10,17	240,74	270,83	-	228,22	256,75	-	215,69	242,65	-	203,36	228,
	IV	4.310,50	237,07	344,84	387,94	232,76	338,57	380,89	228,46	332,30	373,84	224,15	326,04	366,79	219,84	319,77	359,74	215,53	313,50	352,69	211,22	307,24	345,
	V	4.825,00	265,37	386,00	434,25																		
	VI	4.869,25	267,80	389,54	438,23																		
13.475,99 (West)	I	4.304,00	236,72	344,32	387,36	228,10	331,78	373,25	219,48	319,25	359,15	210,87	306,72	345,06	202,25	294,18	330,95	193,63	281,65	316,85	185,02	269,12	302,
	II	4.154,83	228,51	332,38	373,93	219,90	319,86	359,84	211,28	307,32	345,74	202,67	294,79	331,64	194,05	282,26	317,54	185,43	269,72	303,44	176,82	257,19	289,
	III	3.472,83	65,33	277,82	312,55	46,68	265,29	298,45	28,04	252,76	284,35	9,40	240,22	270,25	-	227,69	256,15	-	215,17	242,06	-	202,84	228,
	IV	4.304,00	236,72	344,32	387,36	232,41	338,05	380,30	228,10	331,78	373,25	223,79	325,52	366,21	219,48	319,25	359,15	215,17	312,98	352,10	210,87	306,72	345,
	V	4.818,41	265,01	385,47	433,65																		
	VI	4.862,75	267,45	389,02	437,64																		
13.475,99 (Ost)	I	4.311,75	237,14	344,94	388,05	228,52	332,40	373,95	219,91	319,87	359,85	211,30	307,34	345,76	202,68	294,81	331,66	194,06	282,28	317,56	185,45	269,74	303,
	II	4.162,66	228,94	333,01	374,63	220,33	320,48	360,54	211,71	307,94	346,43	203,09	295,41	332,33	194,48	282,88	318,24	185,86	270,35	304,14	177,25	257,82	290,
	III	3.480,66	66,26	278,45	313,25	47,61	265,92	299,16	28,97	253,38	285,05	10,33	240,85	270,95	-	228,32	256,86	-	215,80	242,77	-	203,45	228,
	IV	4.311,75	237,14	344,94	388,05	232,83	338,67	381,00	228,52	332,40	373,95	224,22	326,14	366,90	219,91	319,87	359,85	215,60	313,61	352,81	211,30	307,34	345,
	V	4.826,25	265,44	386,10	434,36																		
	VI	4.870,50	267,87	389,64	438,34																		
13.478,99 (West)	I	4.305,25	236,78	344,42	387,47	228,17	331,88	373,37	219,55	319,35	359,27	210,93	306,82	345,17	202,32	294,28	331,07	193,70	281,75	316,97	185,08	269,22	302,
	II	4.156,16	228,58	332,49	374,05	219,97	319,96	359,95	211,35	307,42	345,85	202,73	294,89	331,75	194,12	282,36	317,65	185,50	269,82	303,55	176,88	257,29	289,
	III	3.474,00	65,46	277,92	312,66	46,82	265,38	298,55	28,20	252,86	284,47	9,55	240,33	270,37	-	227,80	256,27	-	215,26	242,17	-	202,94	228,
	IV	4.305,25	236,78	344,42	387,47	232,48	338,15	380,42	228,17	331,88	373,37	223,86	325,62	366,32	219,55	319,35	359,27	215,24	313,08	352,22	210,93	306,82	345,
	V	4.819,66	265,08	385,57	433,76																		
	VI	4.864,00	267,52	389,12	437,76																		
13.478,99 (Ost)	I	4.313,00	237,21	345,04	388,17	228,60	332,51	374,07	219,98	319,98	359,97	211,36	307,44	345,87	202,75	294,91	331,77	194,13	282,38	317,67	185,51	269,84	303,
	II	4.163,91	229,01	333,11	374,75	220,39	320,58	360,65	211,78	308,04	346,55	203,16	295,51	332,45	194,55	282,98	318,35	185,93	270,45	304,25	177,32	257,92	290,
	III	3.481,83	66,40	278,54	313,36	47,77	266,02	299,27	29,13	253,49	285,17	10,49	240,96	271,08	-	228,42	256,97	-	215,89	242,87	-	203,54	228,
	IV	4.313,00	237,21	345,04	388,17	232,90	338,77	381,11	228,60	332,51	374,07	224,29	326,24	367,02	219,98	319,98	359,97	215,67	313,71	352,92	211,36	307,44	345,
	V	4.827,50	265,51	386,20	434,47																		
	VI	4.871,75	267,94	389,74	438,45																		
13.481,99 (West)	I	4.306,50	236,85	344,52	387,58	228,24	331,98	373,48	219,62	319,45	359,38	211,00	306,92	345,28	202,39	294,38	331,18	193,77	281,85	317,08	185,15	269,32	302,
	II	4.157,41	228,65	332,59	374,16	220,04	320,06	360,06	211,42	307,52	345,96	202,80	294,99	331,86	194,19	282,46	317,76	185,57	269,92	303,66	176,95	257,39	289,
	III	3.475,33	65,62	278,02	312,77	46,98	265,49	298,67	28,34	252,96	284,58	9,69	240,42	270,47	-	227,89	256,37	-	215,37	242,29	-	203,04	228,
	IV	4.306,50	236,85	344,52	387,58	232,54	338,25	380,53	228,24	331,98	373,48	223,93	325,72	366,43	219,62	319,45	359,38	215,31	313,18	352,33	211,00	306,92	345,
	V	4.820,91	265,15	385,67	433,88																		
	VI	4.865,25	267,58	389,22	437,87																		
13.481,99 (Ost)	I	4.314,33	237,28	345,14	388,28	228,67	332,61	374,18	220,05	320,08	360,09	211,43	307,54	345,98	202,82	295,01	331,88	194,20	282,48	317,79	185,58	269,94	303,
	II	4.165,16	229,08	333,21	374,86	220,46	320,68	360,76	211,85	308,15	346,67	203,23	295,62	332,57	194,62	283,08	318,47	186,00	270,55	304,37	177,38	258,02	290,
	III	3.483,16	66,56	278,65	313,48	47,91	266,12	299,38	29,27	253,58	285,28	10,63	241,05	271,18	-	228,52	257,08	-	216,00	243,00	-	203,65	229,
	IV	4.314,33	237,28	345,14	388,28	232,98	338,88	381,24	228,67	332,61	374,18	224,36	326,34	367,13	220,05	320,08	360,09	215,74	313,81	353,03	211,43	307,54	345,
	V	4.828,75	265,58	386,30	434,58																		
	VI	4.873,08	268,01	389,84	438,57																		
13.484,99 (West)	I	4.307,75	236,92	344,62	387,69	228,30	332,08	373,59	219,69	319,55	359,49	211,07	307,02	345,39	202,45	294,48	331,29	193,84	281,95	317,19	185,23	269,42	303,
	II	4.158,66	228,72	332,69	374,27	220,11	320,16	360,18	211,49	307,62	346,07	202,87	295,09	331,97	194,26	282,56	317,88	185,64	270,02	303,77	177,02	257,49	289,
	III	3.476,66	65,78	278,13	312,89	47,14	265,60	298,80	28,50	253,06	284,69	9,85	240,53	270,59	-	228,00	256,50	-	215,46	242,39	-	203,13	228,
	IV	4.307,75	236,92	344,62	387,69	232,61	338,35	380,64	228,30	332,08	373,59	224,00	325,82	366,54	219,69	319,55	359,49	215,38	313,28	352,44	211,07	307,02	345,
	V	4.822,16	265,21	385,77	433,99																		
	VI	4.866,50	267,65	389,32	437,98																		
13.484,99 (Ost)	I	4.315,58	237,35	345,24	388,40	228,74	332,71	374,30	220,12	320,18	360,20	211,50	307,64	346,10	202,89	295,11	332,00	194,27	282,58	317,90	185,65	270,04	303,
	II	4.166,41	229,15	333,31	374,97	220,54	320,78	360,88	211,92	308,25	346,78	203,30	295,72	332,68	194,69	283,18	318,58	186,07	270,65	304,48	177,45	258,12	290,
	III	3.484,50	66,71	278,76	313,60	48,07	266,22	299,50	29,43	253,69	285,40	10,78	241,16	271,30	-	228,62	257,20	-	216,09	243,10	-	203,74	229,
	IV	4.315,58	237,35	345,24	388,40	233,04	338,98	381,35	228,74	332,71	374,30	224,43	326,44	367,25	220,12	320,18	360,20	215,81	313,91	353,15	211,50	307,64	346,
	V	4.830,00	265,65	386,40	434,70																		
	VI	4.874,33	268,08	389,94	438,68																		
13.487,99 (West)	I	4.309,00	236,99	344,72	387,81	228,37	332,18	373,70	219,76	319,65	359,60	211,14	307,12	345,51	202,52	294,58	331,40	193,91	282,06	317,31	185,29	269,52	303,
	II	4.159,91	228,79	332,79	374,39	220,17	320,26	360,29	211,56	307,72	346,19	202,94	295,19	332,09	194,32	282,66	317,99	185,71	270,12	303,89	177,09	257,59	289,
	III	3.477,83	65,92	278,22	313,00	47,28	265,69	298,90	28,63	253,16	284,80	9,99	240,62	270,70	-	228,09	256,60	-	215,57	242,51	-	203,24	228,
	IV	4.309,00	236,99	344,72	387,81	232,68	338,45	380,75	228,37	332,18	373,70	224,07	325,92	366,66	219,76	319,65	359,60	215,45	313,38	352,55	211,14	307,12	345,
	V	4.823,41	265,28	385,87	434,10																		
	VI	4.867,75	267,72	389,42	438,09																		
13.487,99 (Ost)	I	4.316,83	237,42	345,34	388,51	228,80	332,81	374,41	220,19	320,28	360,31	211,57	307,74	346,21	202,95	295,21	332,11	194,34	282,68	318,01	185,72	270,14	303,
	II	4.167,75	229,22	333,42	375,09	220,60	320,88	360,99	211,99	308,35	346,89	203,37	295,82	332,79	194,75	283,28	318,69	186,14	270,75	304,59	177,52	258,22	290,
	III	3.485,66	66,85	278,85	313,70	48,21	266,32	299,61	29,57	253,78	285,50	10,92	241,25	271,40	-	228,72	257,31	-	216,20	243,22	-	203,84	229,
	IV	4.316,83	237,42	345,34	388,51	233,11	339,08	381,46	228,80	332,81	374,41	224,50	326,54	367,36	220,19	320,28	360,31	215,88	314,01	353,26	211,57	307,74	346,
	V	4.831,25	265,71	386,50	434,81																		
	VI	4.875,58	268,15	390,04	438,80																		
13.490,99 (West)	I	4.310,25	237,06	344,82	387,92	228,44	332,28	373,82	219,83	319,75	359,72	211,21	307,22	345,62	202,60	294,69	331,52	193,98	282,16	317,43	185,36	269,62	303,
	II	4.161,16	228,86	332,89	374,50	220,24	320,36	360,40	211,63	307,82	346,30	203,01	295,29	332,20	194,39	282,76	318,10	185,78	270,22	304,00	177,16	257,70	289,
	III	3.479,16	66,08	278,33	313,12	47,44	265,80	299,02	28,79	253,26	284,92	10,15	240,73	270,82	-	228,20	256,72	-	215,68	242,64	-	203,33	228,
	IV	4.310,25	237,06	344,82	387,92	232,75	338,55	380,87	228,44	332,28	373,82	224,13	326,02	366,77	219,83	319,75	359,72	215,52	313,48	352,67	211,21	307,22	345,
	V	4.824,75	265,36	385,98	434,22																		
	VI	4.869,00	267,79	389,52	438,21																		
13.490,99 (Ost)	I	4.318,08	237,49	345,44	388,62	228,87	332,91	374,52	220,26	320,38	360,42	211,64	307,84	346,32	203,02	295,31	332,22	194,41	282,78	318,12	185,79	270,24	304,
	II	4.169,00	229,29	333,52	375,21	220,67	320,98	361,10	212,06	308,45	347,00	203,44	295,92	332,91	194,82	283,38	318,80	186,21	270,85	304,70	177,59	258,32	290,
	III	3.487,00	67,01	278,96	313,83	48,37	266,42	299,72	29,73	253,89	285,62	11,08	241,36	271,53	-	228,82	257,42	-	216,29	243,32	-	203,94	229,
	IV	4.318,08	237,49	345,44	388,62	233,18	339,18	381,57	228,87	332,91	374,52	224,56	326,64	367,47	220,26	320,38	360,42	215,95	314,11	353,37	211,64	307,84	346,
	V	4.832,50	265,78	386,60	434,92																		
	VI	4.876,83	268,22	390,14	438,91																		

Lohn/ Gehalt bis	Steuerklasse	Lohn-steuer	ohne Kinderfreibetrag SolZ 5,5%	ohne Kinderfreibetrag Kirchensteuer 8%	ohne Kinderfreibetrag Kirchensteuer 9%	0,5 SolZ 5,5%	0,5 Kirchensteuer 8%	0,5 Kirchensteuer 9%	1,0 SolZ 5,5%	1,0 Kirchensteuer 8%	1,0 Kirchensteuer 9%	1,5 SolZ 5,5%	1,5 Kirchensteuer 8%	1,5 Kirchensteuer 9%	2,0 SolZ 5,5%	2,0 Kirchensteuer 8%	2,0 Kirchensteuer 9%	2,5 SolZ 5,5%	2,5 Kirchensteuer 8%	2,5 Kirchensteuer 9%	3,0 SolZ 5,5%	3,0 Kirchensteuer 8%	3,0 Kirchensteuer 9%
13.493,99	I	4.311,50	237,13	344,92	388,03	228,51	332,38	373,93	219,90	319,86	359,84	211,28	307,32	345,74	202,67	294,79	331,64	194,05	282,26	317,54	185,43	269,72	303,44
(West)	II	4.162,41	228,93	332,99	374,61	220,31	320,46	360,51	211,69	307,92	346,41	203,08	295,39	332,31	194,47	282,86	318,22	185,85	270,33	304,12	177,23	257,80	290,02
	III	3.480,33	66,22	278,42	313,22	47,58	265,89	299,12	28,93	253,36	285,03	10,29	240,82	270,92	-	228,29	256,82	-	215,77	242,74	-	203,42	228,85
	IV	4.311,50	237,13	344,92	388,03	232,82	338,65	380,98	228,51	332,38	373,93	224,21	326,12	366,89	219,90	319,86	359,84	215,59	313,59	352,79	211,28	307,32	345,74
	V	4.826,00	265,43	386,08	434,34																		
	VI	4.870,25	267,86	389,62	438,32																		
13.493,99	I	4.319,33	237,56	345,54	388,73	228,94	333,01	374,63	220,33	320,48	360,54	211,71	307,94	346,43	203,09	295,41	332,33	194,48	282,88	318,24	185,86	270,35	304,14
(Ost)	II	4.170,25	229,36	333,62	375,32	220,74	321,08	361,22	212,13	308,55	347,12	203,51	296,02	333,02	194,89	283,48	318,92	186,28	270,95	304,82	177,66	258,42	290,72
	III	3.488,16	67,15	279,05	313,93	48,51	266,52	299,83	29,86	253,98	285,73	11,22	241,45	271,63	-	228,92	257,53	-	216,40	243,45	-	204,04	229,54
	IV	4.319,33	237,56	345,54	388,73	233,25	339,28	381,69	228,94	333,01	374,63	224,63	326,74	367,58	220,33	320,48	360,54	216,02	314,21	353,48	211,71	307,94	346,43
	V	4.833,75	265,85	386,70	435,03																		
	VI	4.878,08	268,29	390,24	439,02																		
13.496,99	I	4.312,83	237,20	345,02	388,15	228,58	332,49	374,05	219,97	319,96	359,95	211,35	307,42	345,85	202,73	294,89	331,75	194,12	282,36	317,65	185,50	269,82	303,55
(West)	II	4.163,66	229,00	333,09	374,72	220,38	320,56	360,63	211,76	308,02	346,52	203,15	295,50	332,43	194,53	282,96	318,33	185,92	270,43	304,23	177,30	257,90	290,13
	III	3.481,66	66,38	278,53	313,34	47,73	266,00	299,25	29,09	253,46	285,14	10,45	240,93	271,04	-	228,40	256,95	-	215,88	242,86	-	203,53	228,97
	IV	4.312,83	237,20	345,02	388,15	232,89	338,76	381,10	228,58	332,49	374,05	224,28	326,22	367,00	219,97	319,96	359,95	215,66	313,69	352,90	211,35	307,42	345,85
	V	4.827,25	265,49	386,18	434,45																		
	VI	4.871,58	267,93	389,72	438,44																		
13.496,99	I	4.320,58	237,63	345,64	388,85	229,01	333,11	374,75	220,39	320,58	360,65	211,78	308,04	346,55	203,16	295,51	332,45	194,55	282,98	318,35	185,93	270,45	304,25
(Ost)	II	4.171,50	229,43	333,72	375,43	220,81	321,18	361,33	212,19	308,65	347,23	203,58	296,12	333,13	194,96	283,58	319,03	186,34	271,05	304,93	177,73	258,52	290,83
	III	3.489,50	67,31	279,16	314,05	48,67	266,62	299,95	30,02	254,09	285,85	11,38	241,56	271,75	-	229,02	257,65	-	216,49	243,55	-	204,14	229,66
	IV	4.320,58	237,63	345,64	388,85	233,32	339,38	381,80	229,01	333,11	374,75	224,70	326,84	367,70	220,39	320,58	360,65	216,09	314,31	353,60	211,78	308,04	346,55
	V	4.835,00	265,92	386,80	435,15																		
	VI	4.879,33	268,36	390,34	439,13																		
13.499,99	I	4.314,08	237,27	345,12	388,26	228,65	332,59	374,16	220,04	320,06	360,06	211,42	307,52	345,96	202,80	294,99	331,86	194,19	282,46	317,76	185,57	269,92	303,66
(West)	II	4.164,91	229,07	333,19	374,84	220,45	320,66	360,74	211,84	308,13	346,64	203,22	295,60	332,55	194,60	283,06	318,44	185,99	270,53	304,34	177,37	258,00	290,25
	III	3.482,83	66,52	278,62	313,45	47,87	266,09	299,35	29,23	253,56	285,25	10,59	241,02	271,15	-	228,50	257,06	-	215,97	242,96	-	203,62	229,07
	IV	4.314,08	237,27	345,12	388,26	232,96	338,86	381,21	228,65	332,59	374,16	224,34	326,32	367,11	220,04	320,06	360,06	215,73	313,79	353,01	211,42	307,52	345,96
	V	4.828,50	265,56	386,28	434,56																		
	VI	4.872,83	268,00	389,82	438,55																		
13.499,99	I	4.321,83	237,70	345,74	388,96	229,08	333,21	374,86	220,46	320,68	360,76	211,85	308,15	346,67	203,23	295,62	332,57	194,62	283,08	318,47	186,00	270,55	304,37
(Ost)	II	4.172,75	229,50	333,82	375,54	220,88	321,28	361,44	212,26	308,75	347,34	203,65	296,22	333,24	195,03	283,68	319,14	186,41	271,15	305,04	177,80	258,62	290,95
	III	3.490,66	67,45	279,25	314,15	48,80	266,72	300,06	30,16	254,18	285,95	11,54	241,66	271,87	-	229,13	257,77	-	216,60	243,67	-	204,24	229,77
	IV	4.321,83	237,70	345,74	388,96	233,39	339,48	381,91	229,08	333,21	374,86	224,77	326,94	367,81	220,46	320,68	360,76	216,15	314,41	353,71	211,85	308,15	346,67
	V	4.836,33	265,99	386,90	435,26																		
	VI	4.880,58	268,43	390,44	439,25																		
13.502,99	I	4.315,33	237,34	345,22	388,37	228,72	332,69	374,27	220,11	320,16	360,18	211,49	307,62	346,07	202,87	295,09	331,97	194,26	282,56	317,88	185,64	270,02	303,77
(West)	II	4.166,25	229,14	333,30	374,96	220,52	320,76	360,86	211,91	308,23	346,76	203,29	295,70	332,66	194,67	283,16	318,56	186,06	270,63	304,46	177,44	258,10	290,36
	III	3.484,16	66,67	278,73	313,57	48,03	266,20	299,47	29,39	253,66	285,37	10,74	241,13	271,27	-	228,60	257,17	-	216,08	243,09	-	203,72	229,18
	IV	4.315,33	237,34	345,22	388,37	233,03	338,96	381,33	228,72	332,69	374,27	224,41	326,42	367,22	220,11	320,16	360,18	215,80	313,89	353,12	211,49	307,62	346,07
	V	4.829,75	265,63	386,38	434,67																		
	VI	4.874,08	268,07	389,92	438,66																		
13.502,99	I	4.323,08	237,76	345,84	389,07	229,15	333,31	374,97	220,54	320,78	360,88	211,92	308,25	346,78	203,30	295,72	332,68	194,69	283,18	318,58	186,07	270,65	304,48
(Ost)	II	4.174,00	229,57	333,92	375,66	220,95	321,38	361,55	212,33	308,85	347,45	203,72	296,32	333,36	195,10	283,79	319,26	186,49	271,26	305,16	177,87	258,72	291,06
	III	3.492,00	67,61	279,36	314,28	48,96	266,82	300,17	30,32	254,29	286,07	11,68	241,76	271,98	-	229,22	257,87	-	216,69	243,77	-	204,33	229,87
	IV	4.323,08	237,76	345,84	389,07	233,46	339,58	382,02	229,15	333,31	374,97	224,84	327,05	367,93	220,54	320,78	360,88	216,23	314,52	353,83	211,92	308,25	346,78
	V	4.837,58	266,06	387,00	435,38																		
	VI	4.881,83	268,50	390,54	439,36																		
13.505,99	I	4.316,58	237,41	345,32	388,49	228,79	332,79	374,39	220,17	320,26	360,29	211,56	307,72	346,19	202,94	295,19	332,09	194,32	282,66	317,99	185,71	270,12	303,89
(West)	II	4.167,50	229,21	333,40	375,07	220,59	320,86	360,97	211,97	308,33	346,87	203,36	295,80	332,77	194,74	283,26	318,67	186,12	270,73	304,57	177,51	258,20	290,47
	III	3.485,33	66,81	278,82	313,67	48,19	266,30	299,59	29,55	253,77	285,49	10,90	241,24	271,39	-	228,70	257,29	-	216,17	243,19	-	203,82	229,30
	IV	4.316,58	237,41	345,32	388,49	233,10	339,06	381,44	228,79	332,79	374,39	224,48	326,52	367,34	220,17	320,26	360,29	215,87	313,99	353,24	211,56	307,72	346,19
	V	4.831,00	265,70	386,48	434,79																		
	VI	4.875,33	268,14	390,02	438,77																		
13.505,99	I	4.324,41	237,84	345,95	389,19	229,22	333,42	375,09	220,60	320,88	360,99	211,99	308,35	346,89	203,37	295,82	332,79	194,75	283,28	318,69	186,14	270,75	304,59
(Ost)	II	4.175,25	229,63	334,02	375,77	221,02	321,48	361,67	212,40	308,95	347,57	203,79	296,42	333,47	195,17	283,89	319,37	186,56	271,36	305,28	177,94	258,82	291,17
	III	3.493,33	67,77	279,46	314,39	49,12	266,93	300,29	30,48	254,40	286,20	11,84	241,86	272,09	-	229,33	257,99	-	216,80	243,90	-	204,44	229,99
	IV	4.324,41	237,84	345,95	389,19	233,53	339,68	382,14	229,22	333,42	375,09	224,91	327,15	368,04	220,60	320,88	360,99	216,30	314,62	353,94	211,99	308,35	346,89
	V	4.838,83	266,13	387,10	435,49																		
	VI	4.883,16	268,57	390,65	439,48																		
13.508,99	I	4.317,83	237,48	345,42	388,60	228,86	332,89	374,50	220,24	320,36	360,40	211,63	307,82	346,30	203,01	295,29	332,20	194,39	282,76	318,10	185,78	270,22	304,00
(West)	II	4.168,75	229,28	333,50	375,18	220,66	320,96	361,08	212,04	308,43	346,98	203,43	295,90	332,88	194,81	283,36	318,78	186,19	270,83	304,68	177,58	258,30	290,58
	III	3.486,66	66,97	278,93	313,79	48,33	266,40	299,70	29,69	253,86	285,59	11,04	241,33	271,49	-	228,80	257,40	-	216,28	243,31	-	203,92	229,41
	IV	4.317,83	237,48	345,42	388,60	233,17	339,16	381,55	228,86	332,89	374,50	224,55	326,62	367,45	220,24	320,36	360,40	215,93	314,09	353,35	211,63	307,82	346,30
	V	4.832,25	265,77	386,58	434,90																		
	VI	4.876,58	268,21	390,12	438,89																		
13.508,99	I	4.325,66	237,91	346,05	389,30	229,29	333,52	375,21	220,67	320,98	361,10	212,06	308,45	347,00	203,44	295,92	332,91	194,82	283,38	318,80	186,21	270,85	304,70
(Ost)	II	4.176,50	229,70	334,12	375,88	221,09	321,59	361,79	212,47	309,06	347,69	203,86	296,52	333,59	195,24	283,99	319,49	186,62	271,46	305,39	178,01	258,92	291,29
	III	3.494,50	67,90	279,56	314,50	49,26	267,02	300,40	30,62	254,49	286,30	11,97	241,96	272,20	-	229,42	258,10	-	216,90	244,01	-	204,53	230,09
	IV	4.325,66	237,91	346,05	389,30	233,60	339,78	382,25	229,29	333,52	375,21	224,98	327,25	368,15	220,67	320,98	361,10	216,37	314,72	354,06	212,06	308,45	347,00
	V	4.840,08	266,20	387,20	435,60																		
	VI	4.884,41	268,64	390,75	439,59																		
13.511,99	I	4.319,08	237,54	345,52	388,71	228,93	332,99	374,61	220,31	320,46	360,51	211,69	307,92	346,41	203,08	295,39	332,31	194,47	282,86	318,22	185,85	270,33	304,12
(West)	II	4.170,00	229,35	333,60	375,30	220,73	321,06	361,19	212,11	308,53	347,09	203,50	296,00	333,00	194,88	283,46	318,89	186,26	270,93	304,79	177,65	258,40	290,70
	III	3.488,00	67,13	279,04	313,92	48,49	266,50	299,81	29,84	253,97	285,71	11,20	241,44	271,62	-	228,90	257,51	-	216,37	243,41	-	204,02	229,52
	IV	4.319,08	237,54	345,52	388,71	233,24	339,26	381,66	228,93	332,99	374,61	224,62	326,72	367,56	220,31	320,46	360,51	216,00	314,19	353,46	211,69	307,92	346,41
	V	4.833,50	265,84	386,68	435,01																		
	VI	4.877,83	268,28	390,22	439,00																		
13.511,99	I	4.326,91	237,98	346,15	389,42	229,36	333,62	375,32	220,74	321,08	361,22	212,13	308,55	347,12	203,51	296,02	333,02	194,89	283,48	318,92	186,28	270,95	304,82
(Ost)	II	4.177,83	229,78	334,22	376,00	221,16	321,69	361,90	212,54	309,16	347,80	203,93	296,62	333,70	195,31	284,09	319,60	186,69	271,56	305,50	178,08	259,02	291,40
	III	3.495,83	68,06	279,66	314,62	49,42	267,13	300,52	30,78	254,60	286,42	12,13	242,06	272,32	-	229,53	258,22	-	217,00	244,12	-	204,62	230,20
	IV	4.326,91	237,98	346,15	389,42	233,67	339,88	382,37	229,36	333,62	375,32	225,05	327,35	368,27	220,74	321,08	361,22	216,43	314,82	354,17	212,13	308,55	347,12
	V	4.841,33	266,27	387,30	435,71																		
	VI	4.885,66	268,71	390,85	439,70																		

Anzahl Kinderfreibeträge (nur Steuerklassen I–IV) applies to columns 0,5 to 3,0.

MONAT bis 13.532,99 €

Allgemeine Tabelle

Lohn/ Gehalt bis	Steuerklasse	Lohn-steuer	ohne Kinderfreibetrag			Anzahl Kinderfreibeträge (nur Steuerklassen I–IV)																	
						0,5			1,0			1,5			2,0			2,5			3,0		
			SolZ 5,5%	Kirchensteuer 8%	9%	SolZ 5,5%	Kirchensteuer 8%	9%	SolZ 5,5%	Kirchensteuer 8%	9%	SolZ 5,5%	Kirchensteuer 8%	9%	SolZ 5,5%	Kirchensteuer 8%	9%	SolZ 5,5%	Kirchensteuer 8%	9%	SolZ 5,5%	Kirchensteue 8%	9%
13.514,99 (West)	I	4.320,33	237,61	345,62	388,82	229,00	333,09	374,72	220,38	320,56	360,63	211,76	308,02	346,52	203,15	295,50	332,43	194,53	282,96	318,33	185,92	270,43	304,
	II	4.171,25	229,41	333,70	375,41	220,80	321,16	361,31	212,18	308,63	347,21	203,56	296,10	333,11	194,95	283,56	319,01	186,33	271,03	304,91	177,72	258,50	290,
	III	3.489,16	67,27	279,13	314,02	48,63	266,60	299,92	29,98	254,06	285,82	11,34	241,53	271,72	-	229,00	257,62	-	216,48	243,54	-	204,12	229,
	IV	4.320,33	237,61	345,62	388,82	233,31	339,36	381,78	229,00	333,09	374,72	224,69	326,82	367,67	220,38	320,56	360,63	216,07	314,29	353,57	211,76	308,02	346,
	V	4.834,83	265,91	386,78	435,13																		
	VI	4.879,08	268,34	390,32	439,11																		
13.514,99 (Ost)	I	4.328,16	238,04	346,25	389,53	229,43	333,72	375,43	220,81	321,18	361,33	212,19	308,65	347,23	203,58	296,12	333,13	194,96	283,58	319,03	186,34	271,05	304,
	II	4.179,08	229,84	334,32	376,11	221,23	321,79	362,01	212,61	309,26	347,91	203,99	296,72	333,81	195,38	284,19	319,71	186,76	271,66	305,61	178,14	259,12	291,
	III	3.497,00	68,20	279,76	314,73	49,56	267,22	300,62	30,92	254,69	286,52	12,27	242,16	272,43	-	229,62	258,32	-	217,10	244,24	-	204,73	230,
	IV	4.328,16	238,04	346,25	389,53	233,74	339,98	382,48	229,43	333,72	375,43	225,12	327,45	368,38	220,81	321,18	361,33	216,50	314,92	354,28	212,19	308,65	347,
	V	4.842,58	266,34	387,40	435,83																		
	VI	4.886,91	268,78	390,95	439,82																		
13.517,99 (West)	I	4.321,58	237,68	345,72	388,94	229,07	333,19	374,84	220,45	320,66	360,74	211,84	308,13	346,64	203,22	295,60	332,55	194,60	283,06	318,44	185,99	270,53	304,
	II	4.172,50	229,48	333,80	375,52	220,87	321,26	361,42	212,25	308,73	347,32	203,63	296,20	333,22	195,02	283,66	319,12	186,40	271,14	305,03	177,79	258,60	290,
	III	3.490,50	67,43	279,24	314,14	48,79	266,70	300,04	30,14	254,17	285,94	11,50	241,64	271,84	-	229,10	257,74	-	216,57	243,64	-	204,21	229
	IV	4.321,58	237,68	345,72	388,94	233,37	339,46	381,89	229,07	333,19	374,84	224,76	326,92	367,79	220,45	320,66	360,74	216,15	314,40	353,70	211,84	308,13	346
	V	4.836,08	265,98	386,88	435,24																		
	VI	4.880,33	268,41	390,42	439,22																		
13.517,99 (Ost)	I	4.329,41	238,11	346,35	389,64	229,50	333,82	375,54	220,88	321,28	361,44	212,26	308,75	347,34	203,65	296,22	333,24	195,03	283,68	319,14	186,41	271,15	305,
	II	4.180,33	229,91	334,42	376,22	221,30	321,89	362,12	212,68	309,36	348,03	204,06	296,82	333,92	195,45	284,29	319,82	186,83	271,76	305,73	178,21	259,22	291,
	III	3.498,33	68,36	279,86	314,84	49,72	267,33	300,74	31,07	254,80	286,65	12,43	242,26	272,54	-	229,73	258,44	-	217,20	244,35	-	204,82	230,
	IV	4.329,41	238,11	346,35	389,64	233,80	340,08	382,59	229,50	333,82	375,54	225,19	327,55	368,49	220,88	321,28	361,44	216,57	315,02	354,39	212,26	308,75	347,
	V	4.843,83	266,41	387,50	435,94																		
	VI	4.888,16	268,84	391,05	439,93																		
13.520,99 (West)	I	4.322,83	237,75	345,82	389,05	229,14	333,30	374,96	220,52	320,76	360,86	211,91	308,23	346,76	203,29	295,70	332,66	194,67	283,16	318,56	186,06	270,63	304,
	II	4.173,75	229,55	333,90	375,63	220,93	321,36	361,53	212,32	308,83	347,43	203,71	296,30	333,34	195,09	283,77	319,24	186,47	271,24	305,14	177,86	258,70	291,
	III	3.491,66	67,57	279,33	314,24	48,92	266,80	300,15	30,28	254,26	286,04	11,64	241,73	271,94	-	229,20	257,85	-	216,68	243,76	-	204,32	229,
	IV	4.322,83	237,75	345,82	389,05	233,45	339,56	382,01	229,14	333,30	374,96	224,83	327,03	367,91	220,52	320,76	360,86	216,21	314,50	353,81	211,91	308,23	346,
	V	4.837,33	266,05	386,98	435,35																		
	VI	4.881,58	268,48	390,52	439,34																		
13.520,99 (Ost)	I	4.330,66	238,18	346,45	389,75	229,57	333,92	375,66	220,95	321,38	361,55	212,33	308,85	347,45	203,72	296,32	333,36	195,10	283,79	319,26	186,49	271,26	305,
	II	4.181,58	229,98	334,52	376,34	221,37	321,99	362,24	212,75	309,46	348,14	204,13	296,92	334,04	195,52	284,39	319,94	186,90	271,86	305,84	178,28	259,32	291,
	III	3.499,50	68,50	279,96	314,95	49,86	267,42	300,85	31,21	254,89	286,75	12,57	242,36	272,65	-	229,82	258,55	-	217,30	244,46	-	204,93	230,
	IV	4.330,66	238,18	346,45	389,75	233,87	340,18	382,70	229,57	333,92	375,66	225,26	327,65	368,60	220,95	321,38	361,55	216,64	315,12	354,51	212,33	308,85	347,
	V	4.845,08	266,47	387,60	436,05																		
	VI	4.889,41	268,91	391,15	440,04																		
13.523,99 (West)	I	4.324,16	237,82	345,93	389,17	229,21	333,40	375,07	220,59	320,86	360,97	211,97	308,33	346,87	203,36	295,80	332,77	194,74	283,26	318,67	186,12	270,73	304,
	II	4.175,00	229,62	334,00	375,75	221,00	321,46	361,64	212,39	308,94	347,55	203,77	296,40	333,45	195,16	283,87	319,35	186,54	271,34	305,25	177,92	258,80	291,
	III	3.493,00	67,73	279,44	314,37	49,08	266,90	300,26	30,44	254,37	286,16	11,80	241,84	272,07	-	229,30	257,96	-	216,77	243,86	-	204,41	229,
	IV	4.324,16	237,82	345,93	389,17	233,52	339,66	382,12	229,21	333,40	375,07	224,90	327,13	368,02	220,59	320,86	360,97	216,28	314,60	353,92	211,97	308,33	346,
	V	4.838,58	266,12	387,08	435,47																		
	VI	4.882,91	268,56	390,63	439,46																		
13.523,99 (Ost)	I	4.331,91	238,25	346,55	389,87	229,63	334,02	375,77	221,02	321,48	361,67	212,40	308,95	347,57	203,79	296,42	333,47	195,17	283,89	319,37	186,56	271,36	305,
	II	4.182,83	230,05	334,62	376,45	221,43	322,09	362,35	212,82	309,56	348,25	204,20	297,02	334,15	195,58	284,49	320,05	186,97	271,96	305,95	178,36	259,43	291,
	III	3.500,83	68,66	280,06	315,07	50,01	267,53	300,97	31,37	255,00	286,87	12,73	242,46	272,77	-	229,93	258,67	-	217,40	244,57	-	205,02	230,
	IV	4.331,91	238,25	346,55	389,87	233,94	340,28	382,82	229,63	334,02	375,77	225,33	327,75	368,72	221,02	321,48	361,67	216,71	315,22	354,62	212,40	308,95	347,
	V	4.846,41	266,55	387,71	436,17																		
	VI	4.890,66	268,98	391,25	440,15																		
13.526,99 (West)	I	4.325,41	237,89	346,03	389,28	229,28	333,50	375,18	220,66	320,96	361,08	212,04	308,43	346,98	203,43	295,90	332,88	194,81	283,36	318,78	186,19	270,83	304,
	II	4.176,33	229,69	334,10	375,86	221,08	321,57	361,76	212,46	309,04	347,67	203,84	296,50	333,56	195,23	283,97	319,46	186,61	271,44	305,37	177,99	258,90	291,
	III	3.494,16	67,86	279,53	314,47	49,22	267,00	300,37	30,58	254,46	286,27	11,95	241,94	272,18	-	229,41	258,08	-	216,88	243,99	-	204,50	230,
	IV	4.325,41	237,89	346,03	389,28	233,58	339,76	382,23	229,28	333,50	375,18	224,97	327,23	368,13	220,66	320,96	361,08	216,35	314,70	354,03	212,04	308,43	346,
	V	4.839,83	266,19	387,18	435,58																		
	VI	4.884,16	268,62	390,73	439,57																		
13.526,99 (Ost)	I	4.333,16	238,32	346,65	389,98	229,70	334,12	375,88	221,09	321,59	361,79	212,47	309,06	347,69	203,86	296,52	333,59	195,24	283,99	319,49	186,62	271,46	305,
	II	4.184,08	230,12	334,72	376,56	221,50	322,19	362,46	212,89	309,66	348,36	204,27	297,12	334,26	195,65	284,59	320,16	187,04	272,06	306,07	178,42	259,53	291,
	III	3.502,00	68,80	280,16	315,18	50,15	267,62	301,07	31,53	255,10	286,99	12,89	242,57	272,89	-	230,04	258,79	-	217,50	244,69	-	205,12	230,
	IV	4.333,16	238,32	346,65	389,98	234,01	340,38	382,93	229,70	334,12	375,88	225,39	327,85	368,83	221,09	321,59	361,79	216,78	315,32	354,74	212,47	309,06	347,
	V	4.847,66	266,62	387,81	436,28																		
	VI	4.891,91	269,05	391,35	440,27																		
13.529,99 (West)	I	4.326,66	237,96	346,13	389,39	229,35	333,60	375,30	220,73	321,06	361,19	212,11	308,53	347,09	203,50	296,00	333,00	194,88	283,46	318,89	186,26	270,93	304,
	II	4.177,58	229,76	334,20	375,98	221,15	321,67	361,88	212,53	309,14	347,78	203,91	296,60	333,68	195,30	284,07	319,58	186,68	271,54	305,48	178,06	259,00	291,
	III	3.495,50	68,02	279,64	314,59	49,38	267,10	300,49	30,74	254,57	286,39	12,09	242,04	272,29	-	229,50	258,19	-	216,97	244,09	-	204,61	230,
	IV	4.326,66	237,96	346,13	389,39	233,65	339,86	382,34	229,35	333,60	375,30	225,04	327,33	368,24	220,73	321,06	361,19	216,42	314,80	354,15	212,11	308,53	347,
	V	4.841,08	266,25	387,28	435,69																		
	VI	4.885,41	268,69	390,83	439,68																		
13.529,99 (Ost)	I	4.334,41	238,39	346,75	390,09	229,78	334,22	376,00	221,16	321,69	361,90	212,54	309,16	347,80	203,93	296,62	333,70	195,31	284,09	319,60	186,69	271,56	305,
	II	4.185,33	230,19	334,82	376,67	221,57	322,29	362,57	212,96	309,76	348,48	204,34	297,23	334,38	195,73	284,70	320,28	187,11	272,16	306,18	178,49	259,63	292,
	III	3.503,33	68,96	280,26	315,29	50,31	267,73	301,19	31,67	255,20	287,10	13,03	242,66	272,99	-	230,13	258,89	-	217,60	244,80	-	205,22	230,
	IV	4.334,41	238,39	346,75	390,09	234,08	340,49	383,05	229,78	334,22	376,00	225,47	327,96	368,95	221,16	321,69	361,90	216,85	315,42	354,85	212,54	309,16	347,
	V	4.848,91	266,69	387,91	436,40																		
	VI	4.893,25	269,12	391,46	440,39																		
13.532,99 (West)	I	4.327,91	238,03	346,23	389,51	229,41	333,70	375,41	220,80	321,16	361,31	212,18	308,63	347,21	203,56	296,10	333,11	194,95	283,56	319,01	186,33	271,03	304,9
	II	4.178,83	229,83	334,30	376,09	221,21	321,77	361,99	212,60	309,24	347,89	203,98	296,70	333,79	195,36	284,17	319,69	186,75	271,64	305,59	178,13	259,10	291,4
	III	3.496,83	68,18	279,74	314,71	49,54	267,21	300,61	30,90	254,68	286,51	12,25	242,14	272,41	-	229,61	258,31	-	217,08	244,21	-	204,70	230,2
	IV	4.327,91	238,03	346,23	389,51	233,72	339,96	382,46	229,41	333,70	375,41	225,11	327,43	368,36	220,80	321,16	361,31	216,49	314,90	354,26	212,18	308,63	347,2
	V	4.842,33	266,32	387,38	435,80																		
	VI	4.886,66	268,76	390,93	439,79																		
13.532,99 (Ost)	I	4.335,75	238,46	346,86	390,21	229,84	334,32	376,11	221,23	321,79	362,01	212,61	309,26	347,91	203,99	296,72	333,81	195,38	284,19	319,71	186,76	271,66	305,6
	II	4.186,58	230,26	334,92	376,79	221,64	322,39	362,69	213,03	309,86	348,59	204,41	297,33	334,49	195,80	284,80	320,40	187,18	272,26	306,29	178,56	259,73	292,1
	III	3.504,66	69,11	280,37	315,41	50,47	267,84	301,32	31,83	255,30	287,21	13,18	242,77	273,11	-	230,24	259,02	-	217,70	244,91	-	205,32	230,9
	IV	4.335,75	238,46	346,86	390,21	234,15	340,59	383,16	229,84	334,32	376,11	225,54	328,06	369,06	221,23	321,79	362,01	216,92	315,52	354,96	212,61	309,26	347,9
	V	4.850,16	266,75	388,01	436,51																		
	VI	4.894,50	269,19	391,56	440,50																		

Lohn/ Gehalt bis	Steuerklasse	Lohn-steuer	ohne Kinderfreibetrag SolZ 5,5%	ohne Kinderfreibetrag Kirchensteuer 8%	ohne Kinderfreibetrag Kirchensteuer 9%	0,5 SolZ 5,5%	0,5 Kirchensteuer 8%	0,5 Kirchensteuer 9%	1,0 SolZ 5,5%	1,0 Kirchensteuer 8%	1,0 Kirchensteuer 9%	1,5 SolZ 5,5%	1,5 Kirchensteuer 8%	1,5 Kirchensteuer 9%	2,0 SolZ 5,5%	2,0 Kirchensteuer 8%	2,0 Kirchensteuer 9%	2,5 SolZ 5,5%	2,5 Kirchensteuer 8%	2,5 Kirchensteuer 9%	3,0 SolZ 5,5%	3,0 Kirchensteuer 8%	3,0 Kirchensteuer 9%
3.535,99	I	4.329,16	238,10	346,33	389,62	229,48	333,80	375,52	220,87	321,26	361,42	212,25	308,73	347,32	203,63	296,20	333,22	195,02	283,66	319,12	186,40	271,14	305,03
(West)	II	4.180,08	229,90	334,40	376,20	221,28	321,87	362,10	212,67	309,34	348,00	204,05	296,80	333,90	195,43	284,27	319,80	186,82	271,74	305,70	178,20	259,20	291,60
	III	3.498,00	68,32	279,84	314,82	49,68	267,30	300,71	31,03	254,77	286,61	12,39	242,24	272,52	-	229,70	258,41	-	217,18	244,33	-	204,81	230,41
	IV	4.329,16	238,10	346,33	389,62	233,79	340,06	382,57	229,48	333,80	375,52	225,17	327,53	368,47	220,87	321,26	361,42	216,56	315,00	354,37	212,25	308,73	347,32
	V	4.843,58	266,39	387,48	435,92																		
	VI	4.887,91	268,83	391,03	439,91																		
3.535,99	I	4.337,00	238,53	346,96	390,33	229,91	334,42	376,22	221,30	321,89	362,12	212,68	309,36	348,03	204,06	296,82	333,92	195,45	284,29	319,82	186,83	271,76	305,73
(Ost)	II	4.187,91	230,33	335,03	376,91	221,71	322,50	362,81	213,10	309,96	348,71	204,48	297,43	334,61	195,86	284,90	320,51	187,25	272,36	306,41	178,63	259,83	292,31
	III	3.505,83	69,25	280,46	315,52	50,61	267,93	301,42	31,97	255,40	287,32	13,32	242,86	273,22	-	230,33	259,12	-	217,80	245,02	-	205,42	231,10
	IV	4.337,00	238,53	346,96	390,33	234,22	340,69	383,27	229,91	334,42	376,22	225,61	328,16	369,18	221,30	321,89	362,12	216,99	315,62	355,07	212,68	309,36	348,03
	V	4.851,41	266,82	388,11	436,62																		
	VI	4.895,75	269,26	391,66	440,61																		
3.538,99	I	4.330,41	238,17	346,43	389,73	229,55	333,90	375,63	220,93	321,36	361,53	212,32	308,83	347,43	203,71	296,30	333,34	195,09	283,77	319,24	186,47	271,24	305,14
(West)	II	4.181,33	229,97	334,50	376,31	221,35	321,97	362,21	212,74	309,44	348,12	204,12	296,90	334,01	195,50	284,37	319,91	186,89	271,84	305,82	178,27	259,30	291,71
	III	3.499,33	68,48	279,94	314,93	49,84	267,41	300,83	31,19	254,88	286,74	12,55	242,34	272,63	-	229,81	258,53	-	217,28	244,44	-	204,90	230,51
	IV	4.330,41	238,17	346,43	389,73	233,86	340,16	382,68	229,55	333,90	375,63	225,24	327,63	368,58	220,93	321,36	361,53	216,63	315,10	354,48	212,32	308,83	347,43
	V	4.844,83	266,46	387,58	436,03																		
	VI	4.889,16	268,90	391,13	440,02																		
3.538,99	I	4.338,25	238,60	347,06	390,44	229,98	334,52	376,34	221,37	321,99	362,24	212,75	309,46	348,14	204,13	296,92	334,04	195,52	284,39	319,94	186,90	271,86	305,84
(Ost)	II	4.189,16	230,40	335,13	377,02	221,78	322,60	362,92	213,17	310,06	348,82	204,55	297,53	334,72	195,93	285,00	320,62	187,32	272,46	306,52	178,70	259,93	292,42
	III	3.507,16	69,41	280,57	315,64	50,77	268,04	301,54	32,13	255,50	287,44	13,48	242,97	273,34	-	230,44	259,24	-	217,90	245,14	-	205,52	231,21
	IV	4.338,25	238,60	347,06	390,44	234,29	340,79	383,39	229,98	334,52	376,34	225,67	328,26	369,29	221,37	321,99	362,24	217,06	315,72	355,19	212,75	309,46	348,14
	V	4.852,66	266,89	388,21	436,73																		
	VI	4.897,00	269,33	391,76	440,73																		
3.541,99	I	4.331,66	238,24	346,53	389,84	229,62	334,00	375,75	221,00	321,46	361,64	212,39	308,94	347,55	203,77	296,40	333,45	195,16	283,87	319,35	186,54	271,34	305,25
(West)	II	4.182,58	230,04	334,60	376,43	221,42	322,07	362,33	212,80	309,54	348,23	204,19	297,00	334,13	195,57	284,47	320,03	186,96	271,94	305,93	178,34	259,41	291,83
	III	3.500,50	68,62	280,04	315,04	49,98	267,50	300,94	31,33	254,97	286,84	12,69	242,44	272,74	-	229,90	258,64	-	217,38	244,55	-	205,00	230,62
	IV	4.331,66	238,24	346,53	389,84	233,93	340,26	382,79	229,62	334,00	375,75	225,31	327,73	368,69	221,00	321,46	361,64	216,70	315,20	354,60	212,39	308,94	347,55
	V	4.846,16	266,53	387,69	436,15																		
	VI	4.890,41	268,97	391,23	440,13																		
3.541,99	I	4.339,50	238,67	347,16	390,55	230,05	334,62	376,45	221,43	322,09	362,35	212,82	309,56	348,25	204,20	297,02	334,15	195,58	284,49	320,05	186,97	271,96	305,95
(Ost)	II	4.190,41	230,47	335,23	377,13	221,85	322,70	363,03	213,23	310,16	348,93	204,62	297,63	334,83	196,00	285,10	320,73	187,38	272,56	306,63	178,77	260,03	292,53
	III	3.508,33	69,55	280,66	315,74	50,91	268,13	301,64	32,26	255,60	287,55	13,62	243,06	273,44	-	230,53	259,34	-	218,01	245,26	-	205,61	231,31
	IV	4.339,50	238,67	347,16	390,55	234,36	340,89	383,50	230,05	334,62	376,45	225,74	328,36	369,40	221,43	322,09	362,35	217,13	315,82	355,30	212,82	309,56	348,25
	V	4.853,91	266,96	388,31	436,85																		
	VI	4.898,25	269,40	391,86	440,84																		
3.544,99	I	4.332,91	238,31	346,63	389,96	229,69	334,10	375,86	221,08	321,57	361,76	212,46	309,04	347,67	203,84	296,50	333,56	195,23	283,97	319,46	186,61	271,44	305,37
(West)	II	4.183,83	230,11	334,70	376,54	221,49	322,17	362,44	212,87	309,64	348,34	204,26	297,10	334,24	195,64	284,58	320,15	187,03	272,04	306,05	178,41	259,51	291,95
	III	3.501,83	68,78	280,14	315,16	50,13	267,61	301,06	31,49	255,08	286,96	12,85	242,54	272,86	-	230,01	258,76	-	217,48	244,66	-	205,10	230,74
	IV	4.332,91	238,31	346,63	389,96	234,00	340,36	382,91	229,69	334,10	375,86	225,39	327,84	368,82	221,08	321,57	361,76	216,77	315,30	354,71	212,46	309,04	347,67
	V	4.847,41	266,60	387,79	436,26																		
	VI	4.891,66	269,04	391,33	440,24																		
3.544,99	I	4.340,75	238,74	347,26	390,66	230,12	334,72	376,56	221,50	322,19	362,46	212,89	309,66	348,36	204,27	297,12	334,26	195,65	284,59	320,16	187,04	272,06	306,07
(Ost)	II	4.191,66	230,54	335,33	377,24	221,92	322,80	363,15	213,30	310,26	349,04	204,69	297,73	334,94	196,07	285,20	320,85	187,45	272,66	306,74	178,84	260,13	292,64
	III	3.509,66	69,71	280,77	315,86	51,07	268,24	301,77	32,42	255,70	287,66	13,78	243,17	273,56	-	230,64	259,47	-	218,10	245,36	-	205,72	231,43
	IV	4.340,75	238,74	347,26	390,66	234,43	340,99	383,61	230,12	334,72	376,56	225,81	328,46	369,51	221,50	322,19	362,46	217,19	315,92	355,41	212,89	309,66	348,36
	V	4.855,16	267,03	388,41	436,96																		
	VI	4.899,50	269,47	391,96	440,95																		
3.547,99	I	4.334,25	238,38	346,74	390,08	229,76	334,20	375,98	221,15	321,67	361,88	212,53	309,14	347,78	203,91	296,60	333,68	195,30	284,07	319,58	186,68	271,54	305,48
(West)	II	4.185,08	230,17	334,80	376,65	221,56	322,27	362,55	212,95	309,74	348,46	204,33	297,21	334,36	195,71	284,68	320,26	187,10	272,14	306,16	178,48	259,61	292,06
	III	3.503,00	68,92	280,24	315,27	50,27	267,70	301,16	31,63	255,17	287,06	12,99	242,64	272,97	-	230,10	258,86	-	217,58	244,78	-	205,20	230,85
	IV	4.334,25	238,38	346,74	390,08	234,07	340,47	383,03	229,76	334,20	375,98	225,45	327,94	368,93	221,15	321,67	361,88	216,84	315,40	354,83	212,53	309,14	347,78
	V	4.848,66	266,67	387,89	436,37																		
	VI	4.893,00	269,11	391,44	440,37																		
3.547,99	I	4.342,00	238,81	347,36	390,78	230,19	334,82	376,67	221,57	322,29	362,57	212,96	309,76	348,48	204,34	297,23	334,38	195,73	284,70	320,28	187,11	272,16	306,18
(Ost)	II	4.192,91	230,61	335,43	377,36	221,99	322,90	363,26	213,37	310,36	349,16	204,76	297,83	335,06	196,14	285,30	320,96	187,52	272,76	306,86	178,91	260,23	292,76
	III	3.510,83	69,85	280,86	315,97	51,20	268,33	301,87	32,56	255,80	287,77	13,92	243,26	273,67	-	230,74	259,58	-	218,21	245,48	-	205,81	231,53
	IV	4.342,00	238,81	347,36	390,78	234,50	341,09	383,72	230,19	334,82	376,67	225,88	328,56	369,63	221,57	322,29	362,57	217,26	316,02	355,52	212,96	309,76	348,48
	V	4.856,50	267,10	388,52	437,08																		
	VI	4.900,75	269,54	392,06	441,06																		
3.550,99	I	4.335,50	238,45	346,84	390,19	229,83	334,30	376,09	221,21	321,77	361,99	212,60	309,24	347,89	203,98	296,70	333,79	195,36	284,17	319,69	186,75	271,64	305,59
(West)	II	4.186,33	230,24	334,90	376,76	221,63	322,38	362,67	213,01	309,84	348,57	204,40	297,31	334,47	195,78	284,78	320,37	187,16	272,24	306,27	178,55	259,71	292,17
	III	3.504,33	69,07	280,34	315,38	50,43	267,81	301,28	31,79	255,28	287,19	13,14	242,74	273,08	-	230,21	258,98	-	217,68	244,89	-	205,30	230,96
	IV	4.335,50	238,45	346,84	390,19	234,14	340,57	383,14	229,83	334,30	376,09	225,52	328,04	369,04	221,21	321,77	361,99	216,91	315,50	354,94	212,60	309,24	347,89
	V	4.849,91	266,74	387,99	436,49																		
	VI	4.894,25	269,18	391,54	440,48																		
3.550,99	I	4.343,25	238,87	347,46	390,89	230,26	334,92	376,79	221,64	322,39	362,69	213,03	309,86	348,59	204,41	297,33	334,49	195,80	284,80	320,40	187,18	272,26	306,29
(Ost)	II	4.194,16	230,67	335,53	377,47	222,06	323,00	363,37	213,44	310,46	349,27	204,82	297,93	335,17	196,21	285,40	321,07	187,60	272,87	306,98	178,98	260,34	292,88
	III	3.512,16	70,01	280,97	316,09	51,36	268,44	301,99	32,72	255,90	287,89	14,08	243,37	273,79	-	230,84	259,69	-	218,30	245,59	-	205,92	231,66
	IV	4.343,25	238,87	347,46	390,89	234,57	341,19	383,84	230,26	334,92	376,79	225,95	328,66	369,74	221,64	322,39	362,69	217,34	316,13	355,64	213,03	309,86	348,59
	V	4.857,75	267,17	388,62	437,19																		
	VI	4.902,00	269,61	392,16	441,18																		
3.553,99	I	4.336,75	238,52	346,94	390,30	229,90	334,40	376,20	221,28	321,87	362,10	212,67	309,34	348,00	204,05	296,80	333,90	195,43	284,27	319,80	186,82	271,74	305,70
(West)	II	4.187,66	230,32	335,01	376,88	221,70	322,48	362,79	213,08	309,94	348,68	204,47	297,41	334,58	195,85	284,88	320,49	187,23	272,34	306,38	178,62	259,81	292,28
	III	3.505,50	69,21	280,44	315,49	50,57	267,90	301,39	31,95	255,38	287,30	13,30	242,85	273,20	-	230,32	259,11	-	217,78	245,00	-	205,40	231,07
	IV	4.336,75	238,52	346,94	390,30	234,21	340,67	383,25	229,90	334,40	376,20	225,59	328,14	369,15	221,28	321,87	362,10	216,97	315,60	355,05	212,67	309,34	348,00
	V	4.851,16	266,81	388,09	436,60																		
	VI	4.895,50	269,25	391,64	440,59																		
13.553,99	I	4.344,50	238,94	347,56	391,00	230,33	335,03	376,91	221,71	322,50	362,81	213,10	309,96	348,71	204,48	297,43	334,61	195,86	284,90	320,51	187,25	272,36	306,41
(Ost)	II	4.195,41	230,74	335,63	377,58	222,13	323,10	363,48	213,51	310,56	349,38	204,89	298,03	335,28	196,28	285,50	321,19	187,66	272,97	307,09	179,05	260,44	292,99
	III	3.513,33	70,15	281,06	316,19	51,52	268,54	302,11	32,88	256,01	288,01	14,24	243,48	273,91	-	230,94	259,81	-	218,41	245,71	-	206,01	231,76
	IV	4.344,50	238,94	347,56	391,00	234,63	341,29	383,95	230,33	335,03	376,91	226,02	328,76	369,86	221,71	322,50	362,81	217,41	316,23	355,76	213,10	309,96	348,71
	V	4.859,00	267,24	388,72	437,31																		
	VI	4.903,25	269,67	392,26	441,29																		

MONAT bis 13.574,99 €

Allgemeine Tabelle

Lohn/ Gehalt bis	Steuerklasse	Lohn-steuer	ohne Kinderfreibetrag			Anzahl Kinderfreibeträge (nur Steuerklassen I–IV) 0,5			1,0			1,5			2,0			2,5			3,0		
			SolZ 5,5%	Kirchensteuer 8%	9%	SolZ 5,5%	Kirchensteuer 8%	9%	SolZ 5,5%	Kirchensteuer 8%	9%	SolZ 5,5%	Kirchensteuer 8%	9%	SolZ 5,5%	Kirchensteuer 8%	9%	SolZ 5,5%	Kirchensteuer 8%	9%	SolZ 5,5%	Kirchensteuer 8%	9%
13.556,99 (West)	I	4.338,00	238,59	347,04	390,42	229,97	334,50	376,31	221,35	321,97	362,21	212,74	309,44	348,12	204,12	296,90	334,01	195,50	284,37	319,91	186,89	271,84	305
	II	4.188,91	230,39	335,11	377,00	221,77	322,58	362,90	213,15	310,04	348,80	204,54	297,51	334,70	195,92	284,98	320,60	187,30	272,44	306,50	178,69	259,91	292
	III	3.506,83	69,37	280,54	315,61	50,73	268,01	301,51	32,09	255,48	287,41	13,44	242,94	273,31	–	230,41	259,21	–	217,88	245,11	–	205,49	231
	IV	4.338,00	238,59	347,04	390,42	234,28	340,77	383,36	229,97	334,50	376,31	225,66	328,24	369,27	221,35	321,97	362,21	217,04	315,70	355,16	212,74	309,44	348
	V	4.852,41	266,88	388,19	436,71																		
	VI	4.896,75	269,32	391,74	440,70																		
13.556,99 (Ost)	I	4.345,83	239,02	347,66	391,12	230,40	335,13	377,02	221,78	322,60	362,92	213,17	310,06	348,82	204,55	297,53	334,72	195,93	285,00	320,62	187,32	272,46	306
	II	4.196,66	230,81	335,73	377,69	222,20	323,20	363,60	213,58	310,67	349,50	204,97	298,14	335,40	196,35	285,60	321,30	187,73	273,07	307,20	179,12	260,54	293
	III	3.514,66	70,30	281,17	316,31	51,66	268,64	302,22	33,02	256,10	288,11	14,37	243,57	274,01	–	231,04	259,92	–	218,50	245,81	–	206,10	231
	IV	4.345,83	239,02	347,66	391,12	234,71	341,40	384,07	230,40	335,13	377,02	226,09	328,86	369,97	221,78	322,60	362,92	217,47	316,33	355,87	213,17	310,06	348
	V	4.860,25	267,31	388,82	437,42																		
	VI	4.904,58	269,75	392,36	441,41																		
13.559,99 (West)	I	4.339,25	238,65	347,14	390,53	230,04	334,60	376,43	221,42	322,07	362,33	212,80	309,54	348,23	204,19	297,00	334,13	195,57	284,47	320,03	186,96	271,94	305
	II	4.190,16	230,45	335,21	377,11	221,84	322,68	363,01	213,22	310,14	348,91	204,60	297,61	334,81	195,99	285,08	320,71	187,37	272,54	306,61	178,75	260,01	292
	III	3.508,16	69,53	280,65	315,73	50,89	268,12	301,63	32,24	255,58	287,53	13,60	243,05	273,43	–	230,52	259,33	–	217,98	245,23	–	205,60	231
	IV	4.339,25	238,65	347,14	390,53	234,35	340,87	383,48	230,04	334,60	376,43	225,73	328,34	369,38	221,42	322,07	362,33	217,11	315,80	355,28	212,80	309,54	348
	V	4.853,66	266,95	388,29	436,82																		
	VI	4.898,00	269,39	391,84	440,82																		
13.559,99 (Ost)	I	4.347,08	239,08	347,76	391,23	230,47	335,23	377,13	221,85	322,70	363,03	213,23	310,16	348,93	204,62	297,63	334,83	196,00	285,10	320,73	187,38	272,56	306
	II	4.197,91	230,88	335,83	377,81	222,27	323,30	363,71	213,65	310,77	349,61	205,04	298,24	335,52	196,42	285,70	321,41	187,80	273,17	307,31	179,19	260,64	293
	III	3.516,00	70,46	281,28	316,44	51,82	268,74	302,33	33,18	256,21	288,23	14,53	243,68	274,14	–	231,14	260,03	–	218,61	245,93	–	206,21	231
	IV	4.347,08	239,08	347,76	391,23	234,78	341,50	384,18	230,47	335,23	377,13	226,16	328,96	370,08	221,85	322,70	363,03	217,54	316,43	355,98	213,23	310,16	348
	V	4.861,50	267,38	388,92	437,53																		
	VI	4.905,83	269,82	392,46	441,52																		
13.562,99 (West)	I	4.340,50	238,72	347,24	390,64	230,11	334,70	376,54	221,49	322,17	362,44	212,87	309,64	348,34	204,26	297,10	334,24	195,64	284,58	320,15	187,03	272,04	306
	II	4.191,41	230,52	335,31	377,22	221,91	322,78	363,12	213,29	310,24	349,02	204,67	297,71	334,92	196,06	285,18	320,82	187,44	272,64	306,72	178,82	260,11	292
	III	3.509,33	69,67	280,74	315,83	51,03	268,21	301,73	32,38	255,68	287,64	13,74	243,14	273,53	–	230,61	259,43	–	218,08	245,34	–	205,69	231
	IV	4.340,50	238,72	347,24	390,64	234,41	340,97	383,59	230,11	334,70	376,54	225,80	328,44	369,49	221,49	322,17	362,44	217,18	315,90	355,39	212,87	309,64	348
	V	4.854,91	267,02	388,39	436,94																		
	VI	4.899,25	269,45	391,94	440,93																		
13.562,99 (Ost)	I	4.348,33	239,15	347,86	391,34	230,54	335,33	377,24	221,92	322,80	363,15	213,30	310,26	349,04	204,69	297,73	334,94	196,07	285,20	320,85	187,45	272,66	306
	II	4.199,25	230,95	335,94	377,93	222,34	323,40	363,83	213,72	310,87	349,73	205,10	298,34	335,63	196,49	285,80	321,53	187,87	273,27	307,43	179,25	260,74	293
	III	3.517,16	70,60	281,37	316,54	51,96	268,84	302,44	33,32	256,30	288,34	14,67	243,77	274,24	–	231,24	260,14	–	218,70	246,04	–	206,30	232
	IV	4.348,33	239,15	347,86	391,34	234,85	341,60	384,30	230,54	335,33	377,24	226,23	329,06	370,19	221,92	322,80	363,15	217,61	316,53	356,09	213,30	310,26	349
	V	4.862,75	267,45	389,02	437,64																		
	VI	4.907,08	269,88	392,56	441,63																		
13.565,99 (West)	I	4.341,75	238,79	347,34	390,75	230,17	334,80	376,65	221,56	322,27	362,55	212,95	309,74	348,46	204,33	297,21	334,36	195,71	284,68	320,26	187,10	272,14	306
	II	4.192,66	230,59	335,41	377,33	221,98	322,88	363,24	213,36	310,34	349,13	204,74	297,81	335,03	196,13	285,28	320,94	187,51	272,74	306,83	178,90	260,22	292
	III	3.510,66	69,83	280,85	315,95	51,18	268,32	301,86	32,54	255,78	287,75	13,90	243,25	273,65	–	230,72	259,56	–	218,18	245,45	–	205,80	231
	IV	4.341,75	238,79	347,34	390,75	234,48	341,07	383,70	230,17	334,80	376,65	225,87	328,54	369,60	221,56	322,27	362,55	217,25	316,00	355,50	212,95	309,74	348
	V	4.856,25	267,09	388,50	437,06																		
	VI	4.900,50	269,52	392,04	441,04																		
13.565,99 (Ost)	I	4.349,58	239,22	347,96	391,46	230,61	335,43	377,36	221,99	322,90	363,26	213,37	310,36	349,16	204,76	297,83	335,06	196,14	285,30	320,96	187,52	272,76	306
	II	4.200,50	231,02	336,04	378,04	222,41	323,50	363,94	213,79	310,97	349,84	205,17	298,44	335,74	196,56	285,90	321,64	187,94	273,37	307,54	179,32	260,84	293
	III	3.518,50	70,76	281,48	316,66	52,12	268,94	302,56	33,47	256,41	288,46	14,83	243,88	274,36	–	231,34	260,26	–	218,81	246,16	–	206,41	232
	IV	4.349,58	239,22	347,96	391,46	234,91	341,70	384,41	230,61	335,43	377,36	226,30	329,16	370,31	221,99	322,90	363,26	217,68	316,63	356,21	213,37	310,36	349
	V	4.864,00	267,52	389,12	437,76																		
	VI	4.908,33	269,95	392,66	441,74																		
13.568,99 (West)	I	4.343,00	238,86	347,44	390,87	230,24	334,90	376,76	221,63	322,38	362,67	213,01	309,84	348,57	204,40	297,31	334,47	195,78	284,78	320,37	187,16	272,24	306
	II	4.193,91	230,66	335,51	377,45	222,04	322,98	363,35	213,43	310,44	349,25	204,81	297,91	335,15	196,20	285,38	321,05	187,58	272,85	306,95	178,97	260,32	292
	III	3.511,83	69,97	280,94	316,06	51,32	268,41	301,96	32,68	255,88	287,86	14,04	243,34	273,76	–	230,81	259,66	–	218,29	245,57	–	205,89	231
	IV	4.343,00	238,86	347,44	390,87	234,55	341,17	383,81	230,24	334,90	376,76	225,94	328,64	369,72	221,63	322,38	362,67	217,32	316,11	355,62	213,01	309,84	348
	V	4.857,50	267,16	388,60	437,17																		
	VI	4.901,75	269,59	392,14	441,15																		
13.568,99 (Ost)	I	4.350,83	239,29	348,06	391,57	230,67	335,53	377,47	222,06	323,00	363,37	213,44	310,46	349,27	204,82	297,93	335,17	196,21	285,40	321,07	187,60	272,87	306
	II	4.201,75	231,09	336,14	378,15	222,47	323,60	364,05	213,86	311,07	349,95	205,24	298,54	335,85	196,62	286,00	321,75	188,01	273,47	307,65	179,39	260,94	293
	III	3.519,66	70,90	281,57	316,76	52,26	269,04	302,67	33,61	256,50	288,56	14,97	243,97	274,46	–	231,44	260,37	–	218,90	246,26	–	206,50	232
	IV	4.350,83	239,29	348,06	391,57	234,98	341,80	384,52	230,67	335,53	377,47	226,37	329,26	370,42	222,06	323,00	363,37	217,75	316,73	356,32	213,44	310,46	349
	V	4.865,25	267,58	389,22	437,87																		
	VI	4.909,58	270,02	392,76	441,86																		
13.571,99 (West)	I	4.344,33	238,93	347,54	390,98	230,32	335,01	376,88	221,70	322,48	362,79	213,08	309,94	348,68	204,47	297,41	334,58	195,85	284,88	320,49	187,23	272,34	306,
	II	4.195,16	230,73	335,61	377,56	222,11	323,08	363,46	213,50	310,54	349,36	204,88	298,02	335,27	196,27	285,48	321,17	187,65	272,95	307,07	179,03	260,42	292
	III	3.513,16	70,13	281,05	316,18	51,48	268,52	302,08	32,84	255,98	287,98	14,20	243,45	273,88	–	230,92	259,78	–	218,38	245,68	–	205,98	231,
	IV	4.344,33	238,93	347,54	390,98	234,63	341,28	383,94	230,32	335,01	376,88	226,01	328,74	369,83	221,70	322,48	362,79	217,39	316,21	355,73	213,08	309,94	348
	V	4.858,75	267,23	388,70	437,28																		
	VI	4.903,08	269,66	392,24	441,27																		
13.571,99 (Ost)	I	4.352,08	239,36	348,16	391,68	230,74	335,63	377,58	222,13	323,10	363,48	213,51	310,56	349,38	204,89	298,03	335,28	196,28	285,50	321,19	187,66	272,97	307,
	II	4.203,00	231,16	336,24	378,27	222,54	323,70	364,16	213,93	311,17	350,06	205,31	298,64	335,97	196,69	286,10	321,86	188,08	273,57	307,76	179,46	261,04	293
	III	3.521,00	71,06	281,68	316,89	52,41	269,14	302,78	33,77	256,61	288,68	15,13	244,08	274,59	–	231,54	260,48	–	219,01	246,38	–	206,60	232,
	IV	4.352,08	239,36	348,16	391,68	235,05	341,90	384,63	230,74	335,63	377,58	226,43	329,36	370,53	222,13	323,10	363,48	217,82	316,83	356,43	213,51	310,56	349,
	V	4.866,50	267,65	389,32	437,98																		
	VI	4.910,83	270,09	392,86	441,97																		
13.574,99 (West)	I	4.345,58	239,00	347,64	391,10	230,39	335,11	377,00	221,77	322,58	362,90	213,15	310,04	348,80	204,54	297,51	334,70	195,92	284,98	320,60	187,30	272,44	306,
	II	4.196,41	230,80	335,71	377,67	222,19	323,18	363,58	213,57	310,65	349,48	204,95	298,12	335,38	196,34	285,58	321,28	187,72	273,05	307,18	179,10	260,52	293,
	III	3.514,33	70,26	281,14	316,28	51,62	268,61	302,18	32,98	256,08	288,09	14,33	243,54	273,98	–	231,02	259,90	–	218,49	245,80	–	206,09	231,
	IV	4.345,58	239,00	347,64	391,10	234,69	341,38	384,05	230,39	335,11	377,00	226,08	328,84	369,95	221,77	322,58	362,90	217,46	316,31	355,85	213,15	310,04	348,
	V	4.860,00	267,30	388,80	437,40																		
	VI	4.904,33	269,73	392,34	441,38																		
13.574,99 (Ost)	I	4.353,33	239,43	348,26	391,79	230,81	335,73	377,69	222,20	323,20	363,60	213,58	310,67	349,50	204,97	298,14	335,40	196,35	285,60	321,30	187,73	273,07	307,
	II	4.204,25	231,23	336,34	378,38	222,61	323,80	364,28	214,00	311,27	350,18	205,38	298,74	336,08	196,76	286,20	321,98	188,15	273,67	307,88	179,53	261,14	293,
	III	3.522,16	71,20	281,77	316,99	52,55	269,24	302,89	33,91	256,70	288,79	15,29	244,18	274,70	–	231,65	260,60	–	219,12	246,51	–	206,70	232,
	IV	4.353,33	239,43	348,26	391,79	235,12	342,00	384,75	230,81	335,73	377,69	226,50	329,46	370,64	222,20	323,20	363,60	217,89	316,93	356,54	213,58	310,67	349,
	V	4.867,83	267,73	389,42	438,10																		
	VI	4.912,08	270,16	392,96	442,08																		

Lohn/ Gehalt bis	Steuerklasse	Lohn- steuer	ohne Kinderfreibetrag			Anzahl Kinderfreibeträge (nur Steuerklassen I–IV) 0,5			1,0			1,5			2,0			2,5			3,0		
			SolZ 5,5%	Kirchensteuer 8%	Kirchensteuer 9%	SolZ 5,5%	Kirchensteuer 8%	Kirchensteuer 9%	SolZ 5,5%	Kirchensteuer 8%	Kirchensteuer 9%	SolZ 5,5%	Kirchensteuer 8%	Kirchensteuer 9%	SolZ 5,5%	Kirchensteuer 8%	Kirchensteuer 9%	SolZ 5,5%	Kirchensteuer 8%	Kirchensteuer 9%	SolZ 5,5%	Kirchensteuer 8%	Kirchensteuer 9%
3.577,99 (West)	I	4.346,83	239,07	347,74	391,21	230,45	335,21	377,11	221,84	322,68	363,01	213,22	310,14	348,91	204,60	297,61	334,81	195,99	285,08	320,71	187,37	272,54	306,61
	II	4.197,75	230,87	335,82	377,79	222,25	323,28	363,69	213,64	310,75	349,59	205,02	298,22	335,49	196,40	285,68	321,39	187,79	273,15	307,29	179,17	260,62	293,19
	III	3.515,66	70,42	281,25	316,40	51,78	268,72	302,31	33,14	256,18	288,20	14,49	243,65	274,10	-	231,12	260,01	-	218,58	245,90	-	206,18	231,95
	IV	4.346,83	239,07	347,74	391,21	234,76	341,48	384,16	230,45	335,21	377,11	226,15	328,94	370,06	221,84	322,68	363,01	217,53	316,41	355,96	213,22	310,14	348,91
	V	4.861,25	267,36	388,90	437,51																		
	VI	4.905,58	269,80	392,44	441,50																		
3.577,99 (Ost)	I	4.354,58	239,50	348,36	391,91	230,88	335,83	377,81	222,27	323,30	363,71	213,65	310,77	349,61	205,04	298,24	335,52	196,42	285,70	321,41	187,80	273,17	307,31
	II	4.205,50	231,30	336,44	378,49	222,68	323,90	364,39	214,06	311,37	350,29	205,45	298,84	336,19	196,84	286,31	322,10	188,22	273,78	308,00	179,60	261,24	293,90
	III	3.523,50	71,36	281,88	317,11	52,71	269,34	303,01	34,07	256,81	288,91	15,43	244,28	274,81	-	231,74	260,71	-	219,21	246,61	-	206,80	232,65
	IV	4.354,58	239,50	348,36	391,91	235,19	342,10	384,86	230,88	335,83	377,81	226,58	329,57	370,76	222,27	323,30	363,71	217,96	317,04	356,67	213,65	310,77	349,61
	V	4.869,08	267,79	389,52	438,21																		
	VI	4.913,33	270,23	393,06	442,19																		
3.580,99 (West)	I	4.348,08	239,14	347,84	391,32	230,52	335,31	377,22	221,91	322,78	363,12	213,29	310,24	349,02	204,67	297,71	334,92	196,06	285,18	320,82	187,44	272,64	306,72
	II	4.199,00	230,94	335,92	377,91	222,32	323,38	363,80	213,71	310,85	349,70	205,09	298,32	335,61	196,47	285,78	321,50	187,86	273,25	307,40	179,24	260,72	293,31
	III	3.516,83	70,56	281,34	316,51	51,94	268,82	302,42	33,30	256,29	288,32	14,65	243,76	274,23	-	231,22	260,12	-	218,69	246,02	-	206,29	232,07
	IV	4.348,08	239,14	347,84	391,32	234,83	341,58	384,27	230,52	335,31	377,22	226,21	329,04	370,17	221,91	322,78	363,12	217,60	316,51	356,07	213,29	310,24	349,02
	V	4.862,50	267,43	389,00	437,62																		
	VI	4.906,83	269,87	392,54	441,61																		
3.580,99 (Ost)	I	4.355,91	239,57	348,47	392,03	230,95	335,94	377,93	222,34	323,40	363,83	213,72	310,87	349,73	205,10	298,34	335,63	196,49	285,80	321,53	187,87	273,27	307,43
	II	4.206,75	231,37	336,54	378,60	222,75	324,00	364,50	214,13	311,47	350,40	205,52	298,94	336,31	196,90	286,41	322,21	188,29	273,88	308,11	179,67	261,34	294,01
	III	3.524,83	71,51	281,98	317,23	52,87	269,45	303,13	34,23	256,92	289,03	15,58	244,38	274,93	-	231,85	260,83	-	219,32	246,73	-	206,90	232,76
	IV	4.355,91	239,57	348,47	392,03	235,26	342,20	384,98	230,95	335,94	377,93	226,65	329,67	370,88	222,34	323,40	363,83	218,03	317,14	356,78	213,72	310,87	349,73
	V	4.870,33	267,86	389,62	438,32																		
	VI	4.914,66	270,30	393,17	442,31																		
3.583,99 (West)	I	4.349,33	239,21	347,94	391,43	230,59	335,41	377,33	221,98	322,88	363,24	213,36	310,34	349,13	204,74	297,81	335,03	196,13	285,28	320,94	187,51	272,74	306,83
	II	4.200,25	231,01	336,02	378,02	222,39	323,48	363,92	213,78	310,95	349,82	205,16	298,42	335,72	196,54	285,88	321,62	187,93	273,35	307,52	179,31	260,82	293,42
	III	3.518,16	70,72	281,45	316,63	52,08	268,92	302,53	33,43	256,38	288,43	14,79	243,85	274,33	-	231,32	260,23	-	218,78	246,13	-	206,38	232,18
	IV	4.349,33	239,21	347,94	391,43	234,90	341,68	384,39	230,59	335,41	377,33	226,28	329,14	370,28	221,98	322,88	363,24	217,67	316,61	356,18	213,36	310,34	349,13
	V	4.863,75	267,50	389,10	437,73																		
	VI	4.908,08	269,94	392,64	441,72																		
3.583,99 (Ost)	I	4.357,16	239,64	348,57	392,14	231,02	336,04	378,04	222,41	323,50	363,94	213,79	310,97	349,84	205,17	298,44	335,74	196,56	285,90	321,64	187,94	273,37	307,54
	II	4.208,00	231,44	336,64	378,72	222,82	324,11	364,62	214,21	311,58	350,52	205,59	299,04	336,42	196,97	286,51	322,32	188,36	273,98	308,22	179,74	261,44	294,12
	III	3.526,00	71,65	282,08	317,34	53,01	269,54	303,23	34,37	257,01	289,13	15,72	244,48	275,04	-	231,94	260,93	-	219,41	246,83	-	207,00	232,87
	IV	4.357,16	239,64	348,57	392,14	235,33	342,30	385,09	231,02	336,04	378,04	226,71	329,77	370,99	222,41	323,50	363,94	218,10	317,24	356,89	213,79	310,97	349,84
	V	4.871,58	267,93	389,72	438,44																		
	VI	4.915,91	270,37	393,27	442,43																		
3.586,99 (West)	I	4.350,58	239,28	348,04	391,55	230,66	335,51	377,45	222,04	322,98	363,35	213,43	310,44	349,25	204,81	297,91	335,15	196,20	285,38	321,05	187,58	272,85	306,95
	II	4.201,50	231,08	336,12	378,13	222,46	323,58	364,03	213,84	311,05	349,93	205,23	298,52	335,83	196,61	285,98	321,73	187,99	273,45	307,63	179,38	260,92	293,53
	III	3.519,50	70,88	281,56	316,75	52,24	269,02	302,65	33,59	256,49	288,55	14,95	243,96	274,45	-	231,42	260,35	-	218,89	246,25	-	206,48	232,29
	IV	4.350,58	239,28	348,04	391,55	234,97	341,78	384,50	230,66	335,51	377,45	226,35	329,24	370,40	222,04	322,98	363,35	217,74	316,71	356,30	213,43	310,44	349,25
	V	4.865,00	267,57	389,20	437,85																		
	VI	4.909,33	270,01	392,74	441,83																		
3.586,99 (Ost)	I	4.358,41	239,71	348,67	392,25	231,09	336,14	378,15	222,47	323,60	364,05	213,86	311,07	349,95	205,24	298,54	335,85	196,62	286,00	321,75	188,01	273,47	307,65
	II	4.209,33	231,51	336,74	378,83	222,89	324,21	364,73	214,28	311,68	350,64	205,66	299,14	336,53	197,04	286,61	322,43	188,43	274,08	308,34	179,81	261,54	294,23
	III	3.527,33	71,81	282,18	317,45	53,17	269,65	303,35	34,52	257,12	289,26	15,88	244,58	275,15	-	232,05	261,05	-	219,52	246,96	-	207,09	232,97
	IV	4.358,41	239,71	348,67	392,25	235,40	342,40	385,20	231,09	336,14	378,15	226,78	329,87	371,10	222,47	323,60	364,05	218,17	317,34	357,00	213,86	311,07	349,95
	V	4.872,83	268,00	389,82	438,55																		
	VI	4.917,16	270,44	393,37	442,54																		
3.589,99 (West)	I	4.351,83	239,35	348,14	391,66	230,73	335,61	377,56	222,11	323,08	363,46	213,50	310,54	349,36	204,88	298,02	335,27	196,27	285,48	321,17	187,65	272,95	307,07
	II	4.202,75	231,15	336,22	378,24	222,53	323,68	364,14	213,91	311,15	350,04	205,30	298,62	335,94	196,68	286,08	321,84	188,06	273,55	307,74	179,45	261,02	293,65
	III	3.520,66	71,02	281,65	316,85	52,37	269,12	302,76	33,73	256,58	288,65	15,09	244,05	274,55	-	231,52	260,46	-	218,98	246,35	-	206,58	232,40
	IV	4.351,83	239,35	348,14	391,66	235,04	341,88	384,61	230,73	335,61	377,56	226,42	329,34	370,51	222,11	323,08	363,46	217,80	316,81	356,41	213,50	310,54	349,36
	V	4.866,33	267,64	389,30	437,96																		
	VI	4.910,58	270,08	392,84	441,95																		
3.589,99 (Ost)	I	4.359,66	239,78	348,77	392,36	231,16	336,24	378,27	222,54	323,70	364,16	213,93	311,17	350,06	205,31	298,64	335,97	196,69	286,10	321,86	188,08	273,57	307,76
	II	4.210,58	231,58	336,84	378,95	222,96	324,31	364,85	214,34	311,78	350,75	205,73	299,24	336,65	197,11	286,71	322,55	188,49	274,18	308,45	179,88	261,64	294,35
	III	3.528,50	71,95	282,28	317,56	53,31	269,74	303,46	34,66	257,21	289,36	16,02	244,68	275,26	-	232,14	261,16	-	219,61	247,06	-	207,20	233,10
	IV	4.359,66	239,78	348,77	392,36	235,47	342,50	385,31	231,16	336,24	378,27	226,85	329,97	371,21	222,54	323,70	364,16	218,24	317,44	357,12	213,93	311,17	350,06
	V	4.874,08	268,07	389,92	438,66																		
	VI	4.918,41	270,51	393,47	442,65																		
3.592,99 (West)	I	4.353,08	239,41	348,24	391,77	230,80	335,71	377,67	222,19	323,18	363,58	213,57	310,65	349,48	204,95	298,12	335,38	196,34	285,58	321,28	187,72	273,05	307,18
	II	4.204,00	231,22	336,32	378,36	222,60	323,78	364,25	213,98	311,25	350,15	205,37	298,72	336,06	196,75	286,18	321,95	188,14	273,66	307,86	179,52	261,12	293,76
	III	3.522,00	71,18	281,76	316,98	52,53	269,22	302,87	33,89	256,69	288,77	15,25	244,16	274,68	-	231,62	260,57	-	219,09	246,47	-	206,68	232,51
	IV	4.353,08	239,41	348,24	391,77	235,11	341,98	384,72	230,80	335,71	377,67	226,49	329,44	370,62	222,19	323,18	363,58	217,88	316,92	356,53	213,57	310,65	349,48
	V	4.867,58	267,71	389,40	438,08																		
	VI	4.911,83	270,15	392,94	442,06																		
3.592,99 (Ost)	I	4.360,91	239,85	348,87	392,48	231,23	336,34	378,38	222,61	323,80	364,28	214,00	311,27	350,18	205,38	298,74	336,08	196,76	286,20	321,98	188,15	273,67	307,88
	II	4.211,83	231,65	336,94	379,06	223,03	324,41	364,96	214,41	311,88	350,86	205,80	299,34	336,76	197,18	286,81	322,66	188,56	274,28	308,56	179,95	261,74	294,46
	III	3.529,83	72,11	282,38	317,68	53,47	269,85	303,58	34,82	257,32	289,48	16,18	244,78	275,38	-	232,25	261,28	-	219,72	247,18	-	207,29	233,20
	IV	4.360,91	239,85	348,87	392,48	235,54	342,60	385,43	231,23	336,34	378,38	226,92	330,07	371,33	222,61	323,80	364,28	218,30	317,54	357,23	214,00	311,27	350,18
	V	4.875,33	268,14	390,02	438,77																		
	VI	4.919,66	270,58	393,57	442,76																		
3.595,99 (West)	I	4.354,33	239,48	348,34	391,88	230,87	335,82	377,79	222,25	323,28	363,69	213,64	310,75	349,59	205,02	298,22	335,49	196,40	285,68	321,39	187,79	273,15	307,29
	II	4.205,25	231,28	336,42	378,47	222,67	323,88	364,37	214,05	311,35	350,27	205,44	298,82	336,17	196,82	286,29	322,07	188,21	273,76	307,98	179,59	261,22	293,87
	III	3.523,16	71,32	281,85	317,08	52,67	269,32	302,98	34,03	256,78	288,88	15,39	244,25	274,78	-	231,72	260,68	-	219,18	246,58	-	206,78	232,63
	IV	4.354,33	239,48	348,34	391,88	235,18	342,08	384,84	230,87	335,82	377,79	226,56	329,55	370,74	222,25	323,28	363,69	217,95	317,02	356,64	213,64	310,75	349,59
	V	4.868,83	267,78	389,50	438,19																		
	VI	4.913,08	270,21	393,04	442,17																		
3.595,99 (Ost)	I	4.362,16	239,91	348,97	392,59	231,30	336,44	378,49	222,68	323,90	364,39	214,06	311,37	350,29	205,45	298,84	336,19	196,84	286,31	322,10	188,22	273,78	308,00
	II	4.213,08	231,71	337,04	379,17	223,10	324,51	365,07	214,48	311,98	350,97	205,86	299,44	336,87	197,25	286,91	322,77	188,63	274,38	308,67	180,01	261,84	294,57
	III	3.531,00	72,25	282,48	317,79	53,60	269,94	303,68	34,96	257,41	289,58	16,32	244,88	275,49	-	232,34	261,38	-	219,82	247,30	-	207,40	233,32
	IV	4.362,16	239,91	348,97	392,59	235,61	342,70	385,54	231,30	336,44	378,49	226,99	330,17	371,44	222,68	323,90	364,39	218,37	317,64	357,34	214,06	311,37	350,29
	V	4.876,58	268,21	390,12	438,89																		
	VI	4.920,91	270,65	393,67	442,88																		

Lohn/ Gehalt bis	Steuerklasse	Lohnsteuer	ohne Kinderfreibetrag			Anzahl Kinderfreibeträge (nur Steuerklassen I–IV) 0,5			1,0			1,5			2,0			2,5			3,0		
			SolZ 5,5%	Kirchensteuer 8%	9%	SolZ 5,5%	Kirchensteuer 8%	9%	SolZ 5,5%	Kirchensteuer 8%	9%	SolZ 5,5%	Kirchensteuer 8%	9%	SolZ 5,5%	Kirchensteuer 8%	9%	SolZ 5,5%	Kirchensteuer 8%	9%	SolZ 5,5%	Kirchensteuer 8%	9%
13.598,99 (West)	I	4.355,66	239,56	348,45	392,00	230,94	335,92	377,91	222,32	323,38	363,80	213,71	310,85	349,70	205,09	298,32	335,61	196,47	285,78	321,50	187,86	273,25	30
	II	4.206,50	231,35	336,52	378,58	222,74	323,98	364,48	214,12	311,46	350,39	205,51	298,92	336,29	196,89	286,39	322,19	188,27	273,86	308,09	179,66	261,32	29
	III	3.524,50	71,47	281,96	317,20	52,83	269,42	303,10	34,19	256,89	289,00	15,54	244,36	274,90	–	231,82	260,80	–	219,29	246,70	–	206,88	23
	IV	4.355,66	239,56	348,45	392,00	235,25	342,18	384,95	230,94	335,92	377,91	226,63	329,65	370,85	222,32	323,38	363,80	218,02	317,12	356,76	213,71	310,85	34
	V	4.870,08	267,85	389,60	438,30																		
	VI	4.914,41	270,29	393,15	442,29																		
13.598,99 (Ost)	I	4.363,41	239,98	349,07	392,70	231,37	336,54	378,60	222,75	324,00	364,50	214,13	311,47	350,40	205,52	298,94	336,31	196,90	286,41	322,21	188,29	273,88	30
	II	4.214,33	231,78	337,14	379,28	223,17	324,61	365,18	214,55	312,08	351,09	205,93	299,54	336,98	197,32	287,01	322,88	188,70	274,48	308,79	180,09	261,95	29
	III	3.532,33	72,41	282,58	317,90	53,76	270,05	303,80	35,12	257,52	289,71	16,48	244,98	275,60	–	232,45	261,50	–	219,92	247,41	–	207,49	23
	IV	4.363,41	239,98	349,07	392,70	235,67	342,80	385,65	231,37	336,54	378,60	227,06	330,27	371,55	222,75	324,00	364,50	218,44	317,74	357,45	214,13	311,47	35
	V	4.877,91	268,28	390,23	439,01																		
	VI	4.922,16	270,71	393,77	442,99																		
13.601,99 (West)	I	4.356,91	239,63	348,55	392,12	231,01	336,02	378,02	222,39	323,48	363,92	213,78	310,95	349,82	205,16	298,42	335,72	196,54	285,88	321,62	187,93	273,35	30
	II	4.207,83	231,43	336,62	378,70	222,81	324,09	364,60	214,19	311,56	350,50	205,58	299,02	336,40	196,96	286,49	322,30	188,34	273,96	308,20	179,73	261,42	29
	III	3.525,66	71,61	282,05	317,30	52,97	269,52	303,21	34,33	256,98	289,10	15,70	244,46	275,02	–	231,93	260,92	–	219,40	246,82	–	206,97	23
	IV	4.356,91	239,63	348,55	392,12	235,32	342,28	385,07	231,01	336,02	378,02	226,70	329,75	370,97	222,39	323,48	363,92	218,08	317,22	356,87	213,78	310,95	34
	V	4.871,33	267,92	389,70	438,41																		
	VI	4.915,66	270,36	393,25	442,40																		
13.601,99 (Ost)	I	4.364,66	240,05	349,17	392,81	231,44	336,64	378,72	222,82	324,11	364,62	214,21	311,58	350,52	205,59	299,04	336,42	196,97	286,51	322,32	188,36	273,98	30
	II	4.215,58	231,85	337,24	379,40	223,24	324,71	365,30	214,62	312,18	351,20	206,00	299,64	337,10	197,39	287,11	323,00	188,77	274,58	308,90	180,16	262,05	29
	III	3.533,50	72,55	282,68	318,01	53,90	270,14	303,91	35,28	257,62	289,82	16,64	245,09	275,72	–	232,56	261,63	–	220,02	247,52	–	207,60	23
	IV	4.364,66	240,05	349,17	392,81	235,74	342,90	385,76	231,44	336,64	378,72	227,13	330,37	371,66	222,82	324,11	364,62	218,51	317,84	357,57	214,21	311,58	35
	V	4.879,16	268,35	390,33	439,12																		
	VI	4.923,41	270,78	393,87	443,10																		
13.604,99 (West)	I	4.358,16	239,69	348,65	392,23	231,08	336,12	378,13	222,46	323,58	364,03	213,84	311,05	349,93	205,23	298,52	335,83	196,61	285,98	321,73	187,99	273,45	30
	II	4.209,08	231,49	336,72	378,81	222,88	324,19	364,71	214,26	311,66	350,61	205,64	299,12	336,51	197,03	286,59	322,41	188,41	274,06	308,31	179,79	261,52	29
	III	3.527,00	71,77	282,16	317,43	53,13	269,62	303,32	34,49	257,09	289,22	15,84	244,56	275,13	–	232,02	261,02	–	219,49	246,92	–	207,08	23
	IV	4.358,16	239,69	348,65	392,23	235,39	342,38	385,18	231,08	336,12	378,13	226,77	329,85	371,08	222,46	323,58	364,03	218,15	317,32	356,98	213,84	311,05	34
	V	4.872,58	267,99	389,80	438,53																		
	VI	4.916,91	270,43	393,35	442,52																		
13.604,99 (Ost)	I	4.365,91	240,12	349,27	392,93	231,51	336,74	378,83	222,89	324,21	364,73	214,28	311,68	350,64	205,66	299,14	336,53	197,04	286,61	322,43	188,43	274,08	30
	II	4.216,83	231,92	337,34	379,51	223,30	324,81	365,41	214,69	312,28	351,31	206,08	299,75	337,22	197,46	287,22	323,12	188,84	274,68	309,02	180,23	262,15	29
	III	3.534,83	72,70	282,78	318,13	54,06	270,25	304,03	35,42	257,72	289,93	16,77	245,18	275,83	–	232,65	261,73	–	220,12	247,63	–	207,69	23
	IV	4.365,91	240,12	349,27	392,93	235,82	343,01	385,88	231,51	336,74	378,83	227,20	330,48	371,79	222,89	324,21	364,73	218,58	317,94	357,68	214,28	311,68	35
	V	4.880,41	268,42	390,43	439,23																		
	VI	4.924,75	270,86	393,98	443,22																		
13.607,99 (West)	I	4.359,41	239,76	348,75	392,34	231,15	336,22	378,24	222,53	323,68	364,14	213,91	311,15	350,04	205,30	298,62	335,94	196,68	286,08	321,84	188,06	273,55	30
	II	4.210,33	231,56	336,82	378,92	222,95	324,29	364,82	214,33	311,76	350,73	205,71	299,22	336,62	197,10	286,69	322,52	188,48	274,16	308,43	179,86	261,62	29
	III	3.528,33	71,93	282,26	317,54	53,29	269,73	303,44	34,64	257,20	289,35	16,00	244,66	275,24	–	232,13	261,14	–	219,60	247,05	–	207,17	23
	IV	4.359,41	239,76	348,75	392,34	235,45	342,48	385,29	231,15	336,22	378,24	226,84	329,95	371,19	222,53	323,68	364,14	218,22	317,42	357,09	213,91	311,15	35
	V	4.873,83	268,06	389,90	438,64																		
	VI	4.918,16	270,49	393,45	442,63																		
13.607,99 (Ost)	I	4.367,25	240,19	349,38	393,05	231,58	336,84	378,95	222,96	324,31	364,85	214,34	311,78	350,75	205,73	299,24	336,65	197,11	286,71	322,55	188,49	274,18	30
	II	4.218,08	231,99	337,44	379,62	223,37	324,91	365,52	214,76	312,38	351,43	206,14	299,85	337,33	197,53	287,32	323,23	188,91	274,78	309,13	180,29	262,25	29
	III	3.536,16	72,86	282,89	318,25	54,22	270,36	304,15	35,58	257,82	290,05	16,93	245,29	275,95	–	232,76	261,85	–	220,22	247,75	–	207,78	23
	IV	4.367,25	240,19	349,38	393,05	235,89	343,11	386,00	231,58	336,84	378,95	227,27	330,58	371,90	222,96	324,31	364,85	218,65	318,04	357,80	214,34	311,78	35
	V	4.881,66	268,49	390,53	439,34																		
	VI	4.926,00	270,93	394,08	443,34																		
13.610,99 (West)	I	4.360,66	239,83	348,85	392,45	231,22	336,32	378,36	222,60	323,78	364,25	213,98	311,25	350,15	205,37	298,72	336,06	196,75	286,18	321,95	188,14	273,66	30
	II	4.211,58	231,63	336,92	379,04	223,02	324,39	364,94	214,40	311,86	350,84	205,78	299,32	336,74	197,17	286,79	322,64	188,55	274,26	308,54	179,93	261,72	29
	III	3.529,50	72,07	282,36	317,65	53,43	269,82	303,55	34,78	257,29	289,45	16,14	244,76	275,35	–	232,22	261,25	–	219,69	247,15	–	207,28	23
	IV	4.360,66	239,83	348,85	392,45	235,52	342,58	385,40	231,22	336,32	378,36	226,91	330,05	371,30	222,60	323,78	364,25	218,29	317,52	357,21	213,98	311,25	35
	V	4.875,08	268,12	390,00	438,75																		
	VI	4.919,41	270,56	393,55	442,74																		
13.610,99 (Ost)	I	4.368,50	240,26	349,48	393,16	231,65	336,94	379,06	223,03	324,41	364,96	214,41	311,88	350,86	205,80	299,34	336,76	197,18	286,81	322,66	188,56	274,28	30
	II	4.219,41	232,06	337,55	379,74	223,45	325,02	365,64	214,83	312,48	351,54	206,21	299,95	337,44	197,60	287,42	323,34	188,98	274,88	309,24	180,36	262,35	29
	III	3.537,33	73,00	282,98	318,35	54,36	270,45	304,25	35,71	257,92	290,16	17,07	245,38	276,05	–	232,85	261,95	–	220,32	247,86	–	207,89	23
	IV	4.368,50	240,26	349,48	393,16	235,95	343,21	386,11	231,65	336,94	379,06	227,34	330,68	372,01	223,03	324,41	364,96	218,72	318,14	357,91	214,41	311,88	35
	V	4.882,91	268,56	390,63	439,46																		
	VI	4.927,25	270,99	394,18	443,45																		
13.613,99 (West)	I	4.361,91	239,90	348,95	392,57	231,28	336,42	378,47	222,67	323,88	364,37	214,05	311,35	350,27	205,44	298,82	336,17	196,82	286,29	322,07	188,21	273,76	30
	II	4.212,83	231,70	337,02	379,15	223,08	324,49	365,05	214,47	311,96	350,95	205,85	299,42	336,85	197,23	286,89	322,75	188,62	274,36	308,65	180,00	261,82	29
	III	3.530,83	72,23	282,46	317,77	53,58	269,93	303,67	34,94	257,40	289,57	16,30	244,86	275,47	–	232,33	261,37	–	219,80	247,27	–	207,37	23
	IV	4.361,91	239,90	348,95	392,57	235,59	342,68	385,52	231,28	336,42	378,47	226,98	330,15	371,42	222,67	323,88	364,37	218,36	317,62	357,32	214,05	311,35	35
	V	4.876,33	268,19	390,10	438,86																		
	VI	4.920,66	270,63	393,65	442,85																		
13.613,99 (Ost)	I	4.369,75	240,33	349,58	393,27	231,71	337,04	379,17	223,10	324,51	365,07	214,48	311,98	350,97	205,86	299,44	336,87	197,25	286,91	322,77	188,63	274,38	30
	II	4.220,66	232,13	337,65	379,85	223,52	325,12	365,76	214,90	312,58	351,65	206,28	300,05	337,55	197,67	287,52	323,46	189,05	274,98	309,35	180,43	262,45	29
	III	3.538,66	73,16	283,09	318,47	54,52	270,56	304,38	35,87	258,02	290,27	17,23	245,49	276,17	–	232,96	262,08	–	220,42	247,97	–	207,98	23
	IV	4.369,75	240,33	349,58	393,27	236,02	343,31	386,22	231,71	337,04	379,17	227,41	330,78	372,12	223,10	324,51	365,07	218,79	318,24	358,02	214,48	311,98	35
	V	4.884,16	268,62	390,73	439,57																		
	VI	4.928,50	271,06	394,28	443,56																		
13.616,99 (West)	I	4.363,16	239,97	349,05	392,68	231,35	336,52	378,58	222,74	323,98	364,48	214,12	311,46	350,39	205,51	298,92	336,29	196,89	286,39	322,19	188,27	273,86	30
	II	4.214,08	231,77	337,12	379,26	223,15	324,59	365,16	214,54	312,06	351,06	205,92	299,52	336,96	197,30	286,99	322,86	188,69	274,46	308,77	180,07	261,93	294
	III	3.532,00	72,37	282,56	317,88	53,72	270,02	303,77	35,08	257,49	289,67	16,44	244,96	275,58	–	232,42	261,47	–	219,89	247,37	–	207,46	23
	IV	4.363,16	239,97	349,05	392,68	235,66	342,78	385,63	231,35	336,52	378,58	227,04	330,25	371,53	222,74	323,98	364,48	218,43	317,72	357,44	214,12	311,46	35
	V	4.877,66	268,27	390,21	438,98																		
	VI	4.921,91	270,70	393,75	442,97																		
13.616,99 (Ost)	I	4.371,00	240,40	349,68	393,39	231,78	337,14	379,28	223,17	324,61	365,18	214,55	312,08	351,09	205,93	299,54	336,98	197,32	287,01	322,88	188,70	274,48	30
	II	4.221,91	232,20	337,75	379,97	223,58	325,22	365,87	214,97	312,68	351,77	206,35	300,15	337,67	197,73	287,62	323,57	189,12	275,08	309,47	180,50	262,55	29
	III	3.539,83	73,30	283,18	318,58	54,66	270,65	304,48	36,01	258,12	290,38	17,37	245,58	276,28	–	233,05	262,18	–	220,52	248,08	–	208,09	23
	IV	4.371,00	240,40	349,68	393,39	236,09	343,41	386,33	231,78	337,14	379,28	227,48	330,88	372,24	223,17	324,61	365,18	218,86	318,34	358,13	214,55	312,08	35
	V	4.885,41	268,69	390,83	439,68																		
	VI	4.929,75	271,13	394,38	443,67																		

Allgemeine Tabelle

MONAT bis 13.637,99 €

Lohn/ Gehalt bis	Steuerklasse	Lohn-steuer	ohne Kinderfreibetrag SolZ 5,5%	Kirchensteuer 8%	9%	0,5 SolZ 5,5%	Kirchensteuer 8%	9%	1,0 SolZ 5,5%	Kirchensteuer 8%	9%	1,5 SolZ 5,5%	Kirchensteuer 8%	9%	2,0 SolZ 5,5%	Kirchensteuer 8%	9%	2,5 SolZ 5,5%	Kirchensteuer 8%	9%	3,0 SolZ 5,5%	Kirchensteuer 8%	9%
						Anzahl Kinderfreibeträge (nur Steuerklassen I–IV)																	
3.619,99 *(West)*	I	4.364,41	*240,04*	349,15	392,79	*231,43*	336,62	378,70	*222,81*	324,09	364,60	*214,19*	311,56	350,50	*205,58*	299,02	336,40	*196,96*	286,49	322,30	*188,34*	273,96	308,20
	II	4.215,33	*231,84*	337,22	379,37	*223,22*	324,69	365,27	*214,61*	312,16	351,18	*205,99*	299,62	337,07	*197,38*	287,10	322,98	*188,76*	274,56	308,88	*180,14*	262,03	294,78
	III	3.533,33	*72,53*	282,66	317,99	*53,88*	270,13	303,89	*35,24*	257,60	289,80	*16,60*	245,06	275,69	–	232,53	261,59	–	220,00	247,50	–	207,57	233,51
	IV	4.364,41	*240,04*	349,15	392,79	*235,73*	342,88	385,74	*231,43*	336,62	378,70	*227,12*	330,36	371,65	*222,81*	324,09	364,60	*218,50*	317,82	357,55	*214,19*	311,56	350,50
	V	4.878,91	*268,34*	390,31	439,10																		
	VI	4.923,16	*270,77*	393,85	443,08																		
3.619,99 *(Ost)*	I	4.372,25	*240,47*	349,78	393,50	*231,85*	337,24	379,40	*223,24*	324,71	365,30	*214,62*	312,18	351,20	*206,00*	299,64	337,10	*197,39*	287,11	323,00	*188,77*	274,58	308,90
	II	4.223,16	*232,27*	337,85	380,08	*223,65*	325,32	365,98	*215,04*	312,78	351,88	*206,42*	300,25	337,78	*197,80*	287,72	323,68	*189,19*	275,18	309,58	*180,57*	262,65	295,48
	III	3.541,16	*73,46*	283,29	318,70	*54,81*	270,76	304,60	*36,17*	258,22	290,50	*17,53*	245,69	276,40	–	233,16	262,30	–	220,62	248,20	–	208,18	234,20
	IV	4.372,25	*240,47*	349,78	393,50	*236,16*	343,51	386,45	*231,85*	337,24	379,40	*227,54*	330,98	372,35	*223,24*	324,71	365,30	*218,93*	318,44	358,25	*214,62*	312,18	351,20
	V	4.886,66	*268,76*	390,93	439,79																		
	VI	4.931,00	*271,20*	394,48	443,79																		
3.622,99 *(West)*	I	4.365,75	*240,11*	349,26	392,91	*231,49*	336,72	378,81	*222,88*	324,19	364,71	*214,26*	311,66	350,61	*205,64*	299,12	336,51	*197,03*	286,59	322,41	*188,41*	274,06	308,31
	II	4.216,58	*231,91*	337,32	379,49	*223,29*	324,79	365,39	*214,68*	312,26	351,29	*206,06*	299,73	337,19	*197,45*	287,20	323,10	*188,83*	274,66	308,99	*180,21*	262,13	294,89
	III	3.534,50	*72,66*	282,76	318,10	*54,02*	270,22	304,00	*35,38*	257,69	289,90	*16,73*	245,16	275,80	–	232,62	261,70	–	220,10	247,61	–	207,66	233,62
	IV	4.365,75	*240,11*	349,26	392,91	*235,80*	342,99	385,86	*231,49*	336,72	378,81	*227,19*	330,46	371,76	*222,88*	324,19	364,71	*218,57*	317,92	357,66	*214,26*	311,66	350,61
	V	4.880,16	*268,40*	390,41	439,21																		
	VI	4.924,50	*270,84*	393,96	443,20																		
3.622,99 *(Ost)*	I	4.373,50	*240,54*	349,88	393,61	*231,92*	337,34	379,51	*223,30*	324,81	365,41	*214,69*	312,28	351,31	*206,08*	299,75	337,22	*197,46*	287,22	323,12	*188,84*	274,68	309,02
	II	4.224,41	*232,34*	337,95	380,19	*223,72*	325,42	366,09	*215,10*	312,88	351,99	*206,49*	300,35	337,89	*197,87*	287,82	323,79	*189,25*	275,28	309,69	*180,64*	262,75	295,59
	III	3.542,33	*73,60*	283,38	318,80	*54,95*	270,85	304,70	*36,31*	258,32	290,61	*17,67*	245,78	276,50	–	233,26	262,42	–	220,73	248,32	–	208,29	234,32
	IV	4.373,50	*240,54*	349,88	393,61	*236,23*	343,61	386,56	*231,92*	337,34	379,51	*227,61*	331,08	372,46	*223,30*	324,81	365,41	*219,00*	318,54	358,36	*214,69*	312,28	351,31
	V	4.888,00	*268,84*	391,04	439,92																		
	VI	4.932,25	*271,27*	394,58	443,90																		
3.625,99 *(West)*	I	4.367,00	*240,18*	349,36	393,03	*231,56*	336,82	378,92	*222,95*	324,29	364,82	*214,33*	311,76	350,73	*205,71*	299,22	336,62	*197,10*	286,69	322,52	*188,48*	274,16	308,43
	II	4.217,83	*231,98*	337,42	379,60	*223,36*	324,90	365,51	*214,75*	312,36	351,41	*206,13*	299,83	337,31	*197,51*	287,30	323,21	*188,90*	274,76	309,11	*180,28*	262,23	295,01
	III	3.535,83	*72,82*	282,86	318,22	*54,18*	270,33	304,12	*35,54*	257,80	290,02	*16,89*	245,26	275,92	–	232,73	261,82	–	220,20	247,72	–	207,77	233,74
	IV	4.367,00	*240,18*	349,36	393,03	*235,87*	343,09	385,97	*231,56*	336,82	378,92	*227,26*	330,56	371,88	*222,95*	324,29	364,82	*218,64*	318,02	357,77	*214,33*	311,76	350,73
	V	4.881,41	*268,47*	390,51	439,32																		
	VI	4.925,75	*270,91*	394,06	443,31																		
3.625,99 *(Ost)*	I	4.374,75	*240,61*	349,98	393,72	*231,99*	337,44	379,62	*223,37*	324,91	365,52	*214,76*	312,38	351,43	*206,14*	299,85	337,33	*197,53*	287,32	323,23	*188,91*	274,78	309,13
	II	4.225,66	*232,41*	338,05	380,30	*223,79*	325,52	366,21	*215,17*	312,98	352,10	*206,56*	300,45	338,00	*197,94*	287,92	323,91	*189,33*	275,39	309,81	*180,71*	262,86	295,71
	III	3.543,66	*73,76*	283,49	318,92	*55,11*	270,96	304,83	*36,47*	258,42	290,72	*17,83*	245,89	276,62	–	233,36	262,53	–	220,82	248,42	–	208,38	234,43
	IV	4.374,75	*240,61*	349,98	393,72	*236,30*	343,71	386,67	*231,99*	337,44	379,62	*227,68*	331,18	372,57	*223,37*	324,91	365,52	*219,07*	318,65	358,48	*214,76*	312,38	351,43
	V	4.889,25	*268,90*	391,14	440,03																		
	VI	4.933,50	*271,34*	394,68	444,01																		
3.628,99 *(West)*	I	4.368,25	*240,25*	349,46	393,14	*231,63*	336,92	379,04	*223,02*	324,39	364,94	*214,40*	311,86	350,84	*205,78*	299,32	336,74	*197,17*	286,79	322,64	*188,55*	274,26	308,54
	II	4.219,16	*232,05*	337,53	379,72	*223,43*	325,00	365,62	*214,82*	312,46	351,52	*206,20*	299,93	337,42	*197,58*	287,40	323,32	*188,97*	274,86	309,22	*180,35*	262,33	295,12
	III	3.537,00	*72,96*	282,96	318,33	*54,32*	270,42	304,22	*35,70*	257,90	290,14	*17,05*	245,37	276,04	–	232,84	261,94	–	220,30	247,84	–	207,86	233,84
	IV	4.368,25	*240,25*	349,46	393,14	*235,94*	343,19	386,09	*231,63*	336,92	379,04	*227,32*	330,66	371,99	*223,02*	324,39	364,94	*218,71*	318,12	357,89	*214,40*	311,86	350,84
	V	4.882,66	*268,54*	390,61	439,43																		
	VI	4.927,00	*270,98*	394,16	443,43																		
3.628,99 *(Ost)*	I	4.376,00	*240,68*	350,08	393,84	*232,06*	337,55	379,74	*223,45*	325,02	365,64	*214,83*	312,48	351,54	*206,21*	299,95	337,44	*197,60*	287,42	323,34	*188,98*	274,88	309,24
	II	4.226,91	*232,48*	338,15	380,42	*223,86*	325,62	366,32	*215,24*	313,08	352,22	*206,63*	300,55	338,12	*198,01*	288,02	324,02	*189,40*	275,49	309,92	*180,78*	262,96	295,83
	III	3.544,83	*73,89*	283,58	319,03	*55,27*	271,06	304,94	*36,63*	258,53	290,84	*17,98*	246,00	276,75	–	233,46	262,64	–	220,93	248,54	–	208,48	234,54
	IV	4.376,00	*240,68*	350,08	393,84	*236,37*	343,81	386,78	*232,06*	337,55	379,74	*227,75*	331,28	372,69	*223,45*	325,02	365,64	*219,14*	318,75	358,59	*214,83*	312,48	351,54
	V	4.890,50	*268,97*	391,24	440,14																		
	VI	4.934,75	*271,41*	394,78	444,12																		
3.631,99 *(West)*	I	4.369,50	*240,32*	349,56	393,25	*231,70*	337,02	379,15	*223,08*	324,49	365,05	*214,47*	311,96	350,95	*205,85*	299,42	336,85	*197,23*	286,89	322,75	*188,62*	274,36	308,65
	II	4.220,41	*232,12*	337,63	379,83	*223,50*	325,10	365,73	*214,88*	312,56	351,63	*206,27*	300,03	337,53	*197,65*	287,50	323,43	*189,03*	274,96	309,33	*180,42*	262,43	295,23
	III	3.538,33	*73,12*	283,06	318,44	*54,48*	270,53	304,34	*35,83*	258,00	290,25	*17,19*	245,46	276,14	–	232,93	262,04	–	220,40	247,95	–	207,97	233,96
	IV	4.369,50	*240,32*	349,56	393,25	*236,01*	343,29	386,20	*231,70*	337,02	379,15	*227,39*	330,76	372,10	*223,08*	324,49	365,05	*218,78*	318,22	358,00	*214,47*	311,96	350,95
	V	4.883,91	*268,61*	390,71	439,55																		
	VI	4.928,25	*271,05*	394,26	443,54																		
3.631,99 *(Ost)*	I	4.377,33	*240,75*	350,18	393,95	*232,13*	337,65	379,85	*223,52*	325,12	365,76	*214,90*	312,58	351,65	*206,28*	300,05	337,55	*197,67*	287,52	323,46	*189,05*	274,98	309,35
	II	4.228,16	*232,54*	338,25	380,53	*223,93*	325,72	366,43	*215,32*	313,19	352,34	*206,70*	300,66	338,24	*198,08*	288,12	324,14	*189,47*	275,59	310,04	*180,85*	263,06	295,94
	III	3.546,16	*74,05*	283,69	319,15	*55,41*	271,16	305,05	*36,77*	258,62	290,95	*18,12*	246,09	276,85	–	233,56	262,75	–	221,02	248,65	–	208,58	234,65
	IV	4.377,33	*240,75*	350,18	393,95	*236,44*	343,92	386,91	*232,13*	337,65	379,85	*227,82*	331,38	372,80	*223,52*	325,12	365,76	*219,21*	318,85	358,70	*214,90*	312,58	351,65
	V	4.891,75	*269,04*	391,34	440,25																		
	VI	4.936,08	*271,48*	394,88	444,24																		
3.634,99 *(West)*	I	4.370,75	*240,39*	349,66	393,36	*231,77*	337,12	379,26	*223,15*	324,59	365,16	*214,54*	312,06	351,06	*205,92*	299,52	336,96	*197,30*	286,99	322,86	*188,69*	274,46	308,77
	II	4.221,66	*232,19*	337,73	379,94	*223,57*	325,20	365,85	*214,95*	312,66	351,74	*206,34*	300,13	337,64	*197,72*	287,60	323,55	*189,10*	275,06	309,44	*180,49*	262,53	295,34
	III	3.539,66	*73,28*	283,17	318,56	*54,64*	270,64	304,47	*35,99*	258,10	290,36	*17,35*	245,57	276,26	–	233,04	262,17	–	220,50	248,06	–	208,06	234,07
	IV	4.370,75	*240,39*	349,66	393,36	*236,08*	343,39	386,31	*231,77*	337,12	379,26	*227,46*	330,86	372,21	*223,15*	324,59	365,16	*218,84*	318,32	358,11	*214,54*	312,06	351,06
	V	4.885,16	*268,68*	390,81	439,66																		
	VI	4.929,50	*271,12*	394,36	443,65																		
3.634,99 *(Ost)*	I	4.378,58	*240,82*	350,28	394,07	*232,20*	337,75	379,97	*223,58*	325,22	365,87	*214,97*	312,68	351,77	*206,35*	300,15	337,67	*197,73*	287,62	323,57	*189,12*	275,08	309,47
	II	4.229,41	*232,61*	338,35	380,64	*224,00*	325,82	366,55	*215,38*	313,29	352,45	*206,77*	300,76	338,35	*198,15*	288,22	324,25	*189,53*	275,69	310,15	*180,92*	263,16	296,05
	III	3.547,50	*74,21*	283,80	319,27	*55,57*	271,26	305,17	*36,92*	258,73	291,07	*18,28*	246,20	276,97	–	233,66	262,87	–	221,13	248,77	–	208,68	234,76
	IV	4.378,58	*240,82*	350,28	394,07	*236,51*	344,02	387,02	*232,20*	337,75	379,97	*227,89*	331,48	372,92	*223,58*	325,22	365,87	*219,28*	318,95	358,82	*214,97*	312,68	351,77
	V	4.893,00	*269,11*	391,44	440,37																		
	VI	4.937,33	*271,55*	394,98	444,35																		
3.637,99 *(West)*	I	4.372,00	*240,46*	349,76	393,48	*231,84*	337,22	379,37	*223,22*	324,69	365,27	*214,61*	312,16	351,18	*205,99*	299,62	337,07	*197,38*	287,10	322,98	*188,76*	274,56	308,88
	II	4.222,91	*232,26*	337,83	380,06	*223,64*	325,30	365,96	*215,02*	312,76	351,86	*206,41*	300,23	337,76	*197,79*	287,70	323,66	*189,17*	275,16	309,56	*180,56*	262,63	295,46
	III	3.540,83	*73,42*	283,26	318,67	*54,77*	270,73	304,57	*36,13*	258,20	290,47	*17,49*	245,66	276,37	–	233,13	262,27	–	220,60	248,17	–	208,16	234,18
	IV	4.372,00	*240,46*	349,76	393,48	*236,15*	343,49	386,42	*231,84*	337,22	379,37	*227,53*	330,96	372,33	*223,22*	324,69	365,27	*218,91*	318,42	358,22	*214,61*	312,16	351,18
	V	4.886,41	*268,75*	390,91	439,77																		
	VI	4.930,75	*271,19*	394,46	443,76																		
3.637,99 *(Ost)*	I	4.379,83	*240,89*	350,38	394,18	*232,27*	337,85	380,08	*223,65*	325,32	365,98	*215,04*	312,78	351,88	*206,42*	300,25	337,78	*197,80*	287,72	323,68	*189,19*	275,18	309,58
	II	4.230,75	*232,69*	338,46	380,76	*224,07*	325,92	366,66	*215,45*	313,39	352,56	*206,84*	300,86	338,46	*198,22*	288,32	324,36	*189,60*	275,79	310,26	*180,99*	263,26	296,16
	III	3.548,66	*74,35*	283,89	319,37	*55,71*	271,36	305,28	*37,06*	258,82	291,17	*18,42*	246,29	277,07	–	233,76	262,98	–	221,22	248,87	–	208,78	234,88
	IV	4.379,83	*240,89*	350,38	394,18	*236,58*	344,12	387,13	*232,27*	337,85	380,08	*227,96*	331,58	373,03	*223,65*	325,32	365,98	*219,34*	319,05	358,93	*215,04*	312,78	351,88
	V	4.894,25	*269,18*	391,54	440,48																		
	VI	4.938,58	*271,62*	395,08	444,47																		

Lohn/ Gehalt bis	Steuerklasse	Lohn-steuer	ohne Kinderfreibetrag			Anzahl Kinderfreibeträge (nur Steuerklassen I–IV)																	
						0,5			1,0			1,5			2,0			2,5			3,0		
			SolZ 5,5%	Kirchensteuer 8%	9%	SolZ 5,5%	Kirchensteuer 8%	9%	SolZ 5,5%	Kirchensteuer 8%	9%	SolZ 5,5%	Kirchensteuer 8%	9%	SolZ 5,5%	Kirchensteuer 8%	9%	SolZ 5,5%	Kirchensteuer 8%	9%	SolZ 5,5%	Kirchensteu 8%	9
13.640,99	I	4.373,25	240,52	349,86	393,59	231,91	337,32	379,49	223,29	324,79	365,39	214,68	312,26	351,29	206,06	299,73	337,19	197,45	287,20	323,10	188,83	274,66	30
(West)	II	4.224,16	232,32	337,93	380,17	223,71	325,40	366,07	215,09	312,86	351,97	206,47	300,33	337,87	197,86	287,80	323,77	189,24	275,26	309,67	180,63	262,74	29
	III	3.542,16	73,58	283,37	318,79	54,93	270,84	304,69	36,29	258,30	290,59	17,65	245,77	276,49	-	233,24	262,39	-	220,70	248,29	-	208,26	23
	IV	4.373,25	240,52	349,86	393,59	236,22	343,59	386,54	231,91	337,32	379,49	227,60	331,06	372,44	223,29	324,79	365,39	218,98	318,52	358,34	214,68	312,26	35
	V	4.887,75	268,82	391,02	439,89																		
	VI	4.932,00	271,26	394,56	443,88																		
13.640,99	I	4.381,08	240,95	350,48	394,29	232,34	337,95	380,19	223,72	325,42	366,09	215,10	312,88	351,99	206,49	300,35	337,89	197,87	287,82	323,79	189,25	275,28	30
(Ost)	II	4.232,00	232,76	338,56	380,88	224,14	326,02	366,77	215,52	313,49	352,67	206,91	300,96	338,58	198,29	288,42	324,47	189,67	275,89	310,37	181,06	263,36	29
	III	3.550,00	74,51	284,00	319,50	55,87	271,46	305,39	37,22	258,93	291,29	18,58	246,40	277,20	-	233,86	263,09	-	221,33	248,99	-	208,88	23
	IV	4.381,08	240,95	350,48	394,29	236,65	344,22	387,24	232,34	337,95	380,19	228,03	331,68	373,14	223,72	325,42	366,09	219,41	319,15	359,04	215,10	312,88	35
	V	4.895,50	269,25	391,64	440,59																		
	VI	4.939,83	271,69	395,18	444,58																		
13.643,99	I	4.374,50	240,59	349,96	393,70	231,98	337,42	379,60	223,36	324,90	365,51	214,75	312,36	351,41	206,13	299,83	337,31	197,51	287,30	323,21	188,90	274,76	30
(West)	II	4.225,41	232,39	338,03	380,28	223,78	325,50	366,18	215,16	312,96	352,08	206,54	300,43	337,98	197,93	287,90	323,89	189,31	275,37	309,79	180,70	262,84	29
	III	3.543,33	73,72	283,46	318,89	55,07	270,93	304,79	36,43	258,40	290,70	17,79	245,86	276,59	-	233,33	262,49	-	220,80	248,40	-	208,36	23
	IV	4.374,50	240,59	349,96	393,70	236,28	343,69	386,65	231,98	337,42	379,60	227,67	331,16	372,56	223,36	324,90	365,51	219,06	318,63	358,46	214,75	312,36	35
	V	4.889,00	268,89	391,12	440,01																		
	VI	4.933,25	271,32	394,66	443,99																		
13.643,99	I	4.382,33	241,02	350,58	394,40	232,41	338,05	380,30	223,79	325,52	366,21	215,17	312,98	352,10	206,56	300,45	338,00	197,94	287,92	323,91	189,33	275,39	30
(Ost)	II	4.233,25	232,82	338,66	380,99	224,21	326,12	366,89	215,59	313,59	352,79	206,97	301,06	338,69	198,36	288,52	324,59	189,74	275,99	310,49	181,12	263,46	29
	III	3.551,16	74,65	284,09	319,60	56,00	271,56	305,50	37,36	259,02	291,40	18,72	246,49	277,30	0,07	233,96	263,20	-	221,42	249,10	-	208,98	23
	IV	4.382,33	241,02	350,58	394,40	236,72	344,32	387,36	232,41	338,05	380,30	228,10	331,78	373,25	223,79	325,52	366,21	219,48	319,25	359,15	215,17	312,98	35
	V	4.896,75	269,32	391,74	440,70																		
	VI	4.941,08	271,75	395,28	444,69																		
13.646,99	I	4.375,83	240,67	350,06	393,82	232,05	337,53	379,72	223,43	325,00	365,62	214,82	312,46	351,52	206,20	299,93	337,42	197,58	287,40	323,32	188,97	274,86	30
(West)	II	4.226,66	232,46	338,13	380,39	223,85	325,60	366,30	215,23	313,06	352,19	206,62	300,54	338,10	198,00	288,00	324,00	189,38	275,47	309,90	180,77	262,94	29
	III	3.544,66	73,87	283,57	319,01	55,23	271,04	304,92	36,59	258,50	290,81	17,94	245,97	276,71	-	233,44	262,62	-	220,90	248,51	-	208,46	23
	IV	4.375,83	240,67	350,06	393,82	236,36	343,80	386,77	232,05	337,53	379,72	227,74	331,26	372,67	223,43	325,00	365,62	219,12	318,73	358,57	214,82	312,46	35
	V	4.890,25	268,96	391,22	440,12																		
	VI	4.934,58	271,40	394,76	444,11																		
13.646,99	I	4.383,58	241,09	350,68	394,52	232,48	338,15	380,42	223,86	325,62	366,32	215,24	313,08	352,22	206,63	300,55	338,12	198,01	288,02	324,02	189,40	275,49	30
(Ost)	II	4.234,50	232,89	338,76	381,10	224,28	326,22	367,00	215,66	313,69	352,90	207,04	301,16	338,80	198,43	288,62	324,70	189,81	276,09	310,60	181,19	263,56	29
	III	3.552,50	74,81	284,20	319,72	56,16	271,66	305,62	37,52	259,13	291,52	18,88	246,60	277,42	0,23	234,06	263,32	-	221,53	249,22	-	209,08	23
	IV	4.383,58	241,09	350,68	394,52	236,78	344,42	387,47	232,48	338,15	380,42	228,17	331,88	373,37	223,86	325,62	366,32	219,55	319,35	359,27	215,24	313,08	35
	V	4.898,00	269,39	391,84	440,82																		
	VI	4.942,33	271,82	395,38	444,80																		
13.649,99	I	4.377,08	240,73	350,16	393,93	232,12	337,63	379,83	223,50	325,10	365,73	214,88	312,56	351,63	206,27	300,03	337,53	197,65	287,50	323,43	189,03	274,96	30
(West)	II	4.227,91	232,53	338,23	380,51	223,92	325,70	366,41	215,30	313,17	352,31	206,69	300,64	338,22	198,07	288,10	324,11	189,45	275,57	310,01	180,84	263,04	29
	III	3.545,83	74,01	283,66	319,12	55,37	271,13	305,02	36,73	258,60	290,92	18,08	246,06	276,82	-	233,54	262,73	-	221,01	248,63	-	208,56	23
	IV	4.377,08	240,73	350,16	393,93	236,43	343,90	386,88	232,12	337,63	379,83	227,81	331,36	372,78	223,50	325,10	365,73	219,19	318,83	358,68	214,88	312,56	35
	V	4.891,50	269,03	391,32	440,23																		
	VI	4.935,83	271,47	394,86	444,22																		
13.649,99	I	4.384,83	241,16	350,78	394,63	232,54	338,25	380,53	223,93	325,72	366,43	215,32	313,19	352,34	206,70	300,66	338,24	198,08	288,12	324,14	189,47	275,59	31
(Ost)	II	4.235,75	232,96	338,86	381,21	224,34	326,32	367,11	215,73	313,79	353,01	207,11	301,26	338,91	198,49	288,72	324,81	189,88	276,19	310,71	181,27	263,66	29
	III	3.553,66	74,95	284,29	319,82	56,30	271,76	305,73	37,66	259,22	291,62	19,04	246,70	277,54	0,39	234,17	263,44	-	221,64	249,34	-	209,17	23
	IV	4.384,83	241,16	350,78	394,63	236,85	344,52	387,58	232,54	338,25	380,53	228,24	331,98	373,48	223,93	325,72	366,43	219,62	319,45	359,38	215,32	313,19	35
	V	4.899,33	269,46	391,94	440,93																		
	VI	4.943,58	271,89	395,48	444,92																		
13.652,99	I	4.378,33	240,80	350,26	394,04	232,19	337,73	379,94	223,57	325,20	365,85	214,95	312,66	351,74	206,34	300,13	337,64	197,72	287,60	323,55	189,10	275,06	30
(West)	II	4.229,25	232,60	338,34	380,63	223,99	325,80	366,53	215,37	313,27	352,43	206,75	300,74	338,33	198,14	288,20	324,23	189,52	275,67	310,13	180,90	263,14	29
	III	3.547,16	74,17	283,77	319,24	55,53	271,24	305,14	36,89	258,70	291,04	18,24	246,17	276,94	-	233,64	262,84	-	221,10	248,74	-	208,66	23
	IV	4.378,33	240,80	350,26	394,04	236,50	344,00	387,00	232,19	337,73	379,94	227,88	331,46	372,89	223,57	325,20	365,85	219,26	318,93	358,79	214,95	312,66	35
	V	4.892,75	269,10	391,42	440,34																		
	VI	4.937,08	271,53	394,96	444,33																		
13.652,99	I	4.386,08	241,23	350,88	394,74	232,61	338,35	380,64	224,00	325,82	366,55	215,38	313,29	352,45	206,77	300,76	338,35	198,15	288,22	324,25	189,53	275,69	31
(Ost)	II	4.237,00	233,03	338,96	381,33	224,41	326,42	367,22	215,80	313,89	353,12	207,18	301,36	339,03	198,57	288,83	324,93	189,95	276,30	310,83	181,33	263,76	29
	III	3.555,00	75,10	284,40	319,95	56,46	271,86	305,84	37,82	259,33	291,74	19,17	246,80	277,65	0,53	234,26	263,54	-	221,73	249,44	-	209,28	23
	IV	4.386,08	241,23	350,88	394,74	236,92	344,62	387,69	232,61	338,35	380,64	228,31	332,09	373,60	224,00	325,82	366,55	219,69	319,56	359,50	215,38	313,29	35
	V	4.900,58	269,53	392,04	441,05																		
	VI	4.944,83	271,96	395,58	445,03																		
13.655,99	I	4.379,58	240,87	350,36	394,16	232,26	337,83	380,06	223,64	325,30	365,96	215,02	312,76	351,86	206,41	300,23	337,76	197,79	287,70	323,66	189,17	275,16	30
(West)	II	4.230,50	232,67	338,44	380,74	224,06	325,90	366,64	215,44	313,37	352,54	206,82	300,84	338,44	198,21	288,30	324,34	189,59	275,77	310,24	180,97	263,24	29
	III	3.548,33	74,31	283,86	319,34	55,69	271,34	305,26	37,04	258,81	291,16	18,40	246,28	277,06	-	233,74	262,96	-	221,21	248,86	-	208,76	23
	IV	4.379,58	240,87	350,36	394,16	236,56	344,10	387,11	232,26	337,83	380,06	227,95	331,56	373,01	223,64	325,30	365,96	219,33	319,03	358,91	215,02	312,76	35
	V	4.894,00	269,17	391,52	440,46																		
	VI	4.938,33	271,60	395,06	444,44																		
13.655,99	I	4.387,41	241,30	350,99	394,86	232,69	338,46	380,76	224,07	325,92	366,66	215,45	313,39	352,56	206,84	300,86	338,46	198,22	288,32	324,36	189,60	275,79	31
(Ost)	II	4.238,25	233,10	339,06	381,44	224,48	326,52	367,34	215,87	313,99	353,24	207,25	301,46	339,14	198,64	288,93	325,04	190,02	276,40	310,95	181,40	263,86	29
	III	3.556,33	75,26	284,50	320,06	56,62	271,97	305,96	37,98	259,44	291,87	19,33	246,90	277,76	0,69	234,37	263,66	-	221,84	249,57	-	209,37	23
	IV	4.387,41	241,30	350,99	394,86	236,99	344,72	387,81	232,69	338,46	380,76	228,38	332,19	373,71	224,07	325,92	366,66	219,76	319,66	359,61	215,45	313,39	35
	V	4.901,83	269,60	392,14	441,16																		
	VI	4.946,16	272,03	395,69	445,15																		
13.658,99	I	4.380,83	240,94	350,46	394,27	232,32	337,93	380,17	223,71	325,40	366,07	215,09	312,86	351,97	206,47	300,33	337,87	197,86	287,80	323,77	189,24	275,26	30
(West)	II	4.231,75	232,74	338,54	380,85	224,12	326,00	366,75	215,51	313,47	352,65	206,89	300,94	338,55	198,27	288,40	324,45	189,66	275,87	310,35	181,04	263,34	29
	III	3.549,66	74,47	283,97	319,46	55,83	271,44	305,37	37,18	258,90	291,26	18,54	246,37	277,16	-	233,84	263,07	-	221,30	248,96	-	208,85	23
	IV	4.380,83	240,94	350,46	394,27	236,63	344,20	387,22	232,32	337,93	380,17	228,02	331,66	373,12	223,71	325,40	366,07	219,40	319,13	359,02	215,09	312,86	35
	V	4.895,25	269,23	391,62	440,57																		
	VI	4.939,58	271,67	395,16	444,55																		
13.658,99	I	4.388,66	241,37	351,09	394,97	232,76	338,56	380,88	224,14	326,02	366,77	215,52	313,49	352,67	206,91	300,96	338,58	198,29	288,42	324,47	189,67	275,89	31
(Ost)	II	4.239,50	233,17	339,16	381,55	224,56	326,63	367,46	215,94	314,10	353,36	207,32	301,56	339,26	198,71	289,03	325,16	190,09	276,50	311,06	181,47	263,96	29
	III	3.557,50	75,40	284,60	320,17	56,76	272,06	306,07	38,11	259,53	291,97	19,47	247,00	277,87	0,83	234,46	263,77	-	221,93	249,67	-	209,48	23
	IV	4.388,66	241,37	351,09	394,97	237,06	344,82	387,92	232,76	338,56	380,88	228,45	332,29	373,82	224,14	326,02	366,77	219,83	319,76	359,73	215,52	313,49	35
	V	4.903,08	269,66	392,24	441,27																		
	VI	4.947,41	272,10	395,79	445,26																		

Lohn/ Gehalt bis	Steuerklasse	Lohn-steuer	ohne Kinderfreibetrag SolZ 5,5%	Kirchensteuer 8%	9%	0,5 SolZ 5,5%	Kirchensteuer 8%	9%	1,0 SolZ 5,5%	Kirchensteuer 8%	9%	1,5 SolZ 5,5%	Kirchensteuer 8%	9%	2,0 SolZ 5,5%	Kirchensteuer 8%	9%	2,5 SolZ 5,5%	Kirchensteuer 8%	9%	3,0 SolZ 5,5%	Kirchensteuer 8%	9%
						Anzahl Kinderfreibeträge (nur Steuerklassen I–IV)																	
3.661,99	I	4.382,08	241,01	350,56	394,38	232,39	338,03	380,28	223,78	325,50	366,18	215,16	312,96	352,08	206,54	300,43	337,98	197,93	287,90	323,89	189,31	275,37	309,79
(West)	II	4.233,00	232,81	338,64	380,97	224,19	326,10	366,86	215,58	313,57	352,76	206,96	301,04	338,67	198,34	288,50	324,56	189,73	275,97	310,46	181,11	263,44	296,37
	III	3.551,00	74,63	284,08	319,59	55,98	271,54	305,48	37,34	259,01	291,38	18,70	246,48	277,29	0,05	233,94	263,18	-	221,41	249,08	-	208,96	235,08
	IV	4.382,08	241,01	350,56	394,38	236,70	344,30	387,33	232,39	338,03	380,28	228,08	331,76	373,23	223,78	325,50	366,18	219,47	319,23	359,13	215,16	312,96	352,08
	V	4.896,50	269,30	391,72	440,68																		
	VI	4.940,83	271,74	395,26	444,67																		
3.661,99	I	4.389,91	241,44	351,19	395,09	232,82	338,66	380,99	224,21	326,12	366,89	215,59	313,59	352,79	206,97	301,06	338,69	198,36	288,52	324,59	189,74	275,99	310,49
(Ost)	II	4.240,83	233,24	339,26	381,67	224,62	326,73	367,57	216,01	314,20	353,47	207,39	301,66	339,37	198,77	289,13	325,27	190,16	276,60	311,17	181,54	264,06	297,07
	III	3.558,83	75,56	284,70	320,29	56,92	272,17	306,19	38,27	259,64	292,09	19,63	247,10	277,99	0,99	234,57	263,89	-	222,04	249,79	-	209,57	235,76
	IV	4.389,91	241,44	351,19	395,09	237,13	344,92	388,04	232,82	338,66	380,99	228,52	332,39	373,94	224,21	326,12	366,89	219,90	319,86	359,84	215,59	313,59	352,79
	V	4.904,33	269,73	392,34	441,38																		
	VI	4.948,66	272,17	395,89	445,37																		
3.664,99	I	4.383,33	241,08	350,66	394,49	232,46	338,13	380,39	223,85	325,60	366,30	215,23	313,06	352,19	206,62	300,54	338,10	198,00	288,00	324,00	189,38	275,47	309,90
(West)	II	4.234,25	232,88	338,74	381,08	224,26	326,20	366,98	215,65	313,67	352,88	207,03	301,14	338,78	198,41	288,60	324,68	189,80	276,07	310,58	181,18	263,54	296,48
	III	3.552,16	74,77	284,17	319,69	56,12	271,64	305,59	37,48	259,10	291,49	18,84	246,57	277,39	0,19	234,04	263,29	-	221,50	249,19	-	209,05	235,18
	IV	4.383,33	241,08	350,66	394,49	236,77	344,40	387,45	232,46	338,13	380,39	228,15	331,86	373,34	223,85	325,60	366,30	219,54	319,33	359,24	215,23	313,06	352,19
	V	4.897,83	269,38	391,82	440,80																		
	VI	4.942,08	271,81	395,36	444,78																		
3.664,99	I	4.391,16	241,51	351,29	395,20	232,89	338,76	381,10	224,28	326,22	367,00	215,66	313,69	352,90	207,04	301,16	338,80	198,43	288,62	324,70	189,81	276,09	310,60
(Ost)	II	4.242,08	233,31	339,36	381,78	224,69	326,83	367,68	216,08	314,30	353,58	207,46	301,76	339,48	198,84	289,23	325,38	190,23	276,70	311,28	181,61	264,16	297,18
	III	3.560,00	75,70	284,80	320,40	57,06	272,26	306,29	38,41	259,73	292,19	19,77	247,20	278,10	1,13	234,66	263,99	-	222,13	249,89	-	209,68	235,89
	IV	4.391,16	241,51	351,29	395,20	237,20	345,02	388,15	232,89	338,76	381,10	228,58	332,49	374,05	224,28	326,22	367,00	219,97	319,96	359,95	215,66	313,69	352,90
	V	4.905,58	269,80	392,44	441,50																		
	VI	4.949,91	272,24	395,99	445,49																		
3.667,99	I	4.384,58	241,15	350,76	394,61	232,53	338,23	380,51	223,92	325,70	366,41	215,30	313,17	352,31	206,69	300,64	338,22	198,07	288,10	324,11	189,45	275,57	310,01
(West)	II	4.235,50	232,95	338,84	381,19	224,33	326,30	367,09	215,71	313,77	352,99	207,10	301,24	338,89	198,48	288,70	324,79	189,87	276,18	310,70	181,25	263,64	296,60
	III	3.553,50	74,93	284,28	319,81	56,28	271,74	305,71	37,64	259,21	291,61	19,00	246,68	277,51	0,35	234,14	263,41	-	221,61	249,31	-	209,16	235,30
	IV	4.384,58	241,15	350,76	394,61	236,84	344,50	387,56	232,53	338,23	380,51	228,22	331,96	373,46	223,92	325,70	366,41	219,61	319,44	359,37	215,30	313,17	352,31
	V	4.899,08	269,44	391,92	440,91																		
	VI	4.943,33	271,88	395,46	444,89																		
3.667,99	I	4.392,41	241,58	351,39	395,31	232,96	338,86	381,21	224,34	326,32	367,11	215,73	313,79	353,01	207,11	301,26	338,91	198,49	288,72	324,81	189,88	276,19	310,71
(Ost)	II	4.243,33	233,38	339,46	381,89	224,76	326,93	367,79	216,15	314,40	353,70	207,53	301,86	339,59	198,91	289,33	325,49	190,30	276,80	311,40	181,68	264,26	297,29
	III	3.561,33	75,86	284,90	320,51	57,21	272,37	306,41	38,57	259,84	292,32	19,93	247,30	278,21	1,28	234,77	264,11	-	222,24	250,02	-	209,77	235,99
	IV	4.392,41	241,58	351,39	395,31	237,27	345,12	388,26	232,96	338,86	381,21	228,65	332,59	374,16	224,34	326,32	367,11	220,04	320,06	360,06	215,73	313,79	353,01
	V	4.906,83	269,87	392,54	441,61																		
	VI	4.951,16	272,31	396,09	445,60																		
3.670,99	I	4.385,83	241,22	350,86	394,72	232,60	338,34	380,63	223,99	325,80	366,53	215,37	313,27	352,43	206,75	300,74	338,33	198,14	288,20	324,23	189,52	275,67	310,13
(West)	II	4.236,75	233,02	338,94	381,30	224,40	326,40	367,20	215,78	313,87	353,10	207,17	301,34	339,01	198,55	288,81	324,91	189,94	276,28	310,81	181,32	263,74	296,71
	III	3.554,66	75,06	284,37	319,91	56,42	271,84	305,82	37,78	259,30	291,71	19,13	246,77	277,61	0,49	234,24	263,52	-	221,70	249,41	-	209,25	235,40
	IV	4.385,83	241,22	350,86	394,72	236,91	344,60	387,68	232,60	338,34	380,63	228,30	332,07	373,58	223,99	325,80	366,53	219,68	319,54	359,48	215,37	313,27	352,43
	V	4.900,33	269,51	392,02	441,02																		
	VI	4.944,58	271,95	395,56	445,01																		
3.670,99	I	4.393,66	241,65	351,49	395,42	233,03	338,96	381,33	224,41	326,42	367,22	215,80	313,89	353,12	207,18	301,36	339,03	198,57	288,83	324,93	189,95	276,30	310,83
(Ost)	II	4.244,58	233,45	339,56	382,01	224,83	327,03	367,91	216,21	314,50	353,81	207,60	301,96	339,71	198,98	289,43	325,61	190,36	276,90	311,51	181,75	264,36	297,41
	III	3.562,50	76,00	285,00	320,62	57,35	272,46	306,52	38,71	259,93	292,42	20,07	247,40	278,32	1,42	234,86	264,22	-	222,34	250,13	-	209,88	236,11
	IV	4.393,66	241,65	351,49	395,42	237,34	345,22	388,37	233,03	338,96	381,33	228,72	332,69	374,27	224,41	326,42	367,22	220,11	320,16	360,18	215,80	313,89	353,12
	V	4.908,08	269,94	392,64	441,72																		
	VI	4.952,41	272,38	396,19	445,71																		
3.673,99	I	4.387,16	241,29	350,97	394,84	232,67	338,44	380,74	224,06	325,90	366,64	215,44	313,37	352,54	206,82	300,84	338,44	198,21	288,30	324,34	189,59	275,77	310,24
(West)	II	4.238,00	233,09	339,04	381,42	224,47	326,50	367,31	215,86	313,98	353,22	207,24	301,44	339,12	198,62	288,91	325,02	190,01	276,38	310,92	181,39	263,84	296,82
	III	3.556,00	75,22	284,48	320,04	56,58	271,94	305,93	37,94	259,41	291,83	19,29	246,88	277,74	0,65	234,34	263,63	-	221,81	249,53	-	209,36	235,53
	IV	4.387,16	241,29	350,97	394,84	236,98	344,70	387,79	232,67	338,44	380,74	228,36	332,17	373,69	224,06	325,90	366,64	219,75	319,64	359,59	215,44	313,37	352,54
	V	4.901,58	269,58	392,12	441,14																		
	VI	4.945,91	272,02	395,67	445,13																		
3.673,99	I	4.394,91	241,72	351,59	395,54	233,10	339,06	381,44	224,48	326,52	367,34	215,87	313,99	353,24	207,25	301,46	339,14	198,64	288,93	325,04	190,02	276,40	310,95
(Ost)	II	4.245,83	233,52	339,66	382,12	224,90	327,13	368,02	216,28	314,60	353,92	207,67	302,06	339,82	199,05	289,53	325,72	190,43	277,00	311,62	181,82	264,47	297,53
	III	3.563,83	76,16	285,10	320,74	57,51	272,57	306,64	38,87	260,04	292,54	20,23	247,50	278,44	1,58	234,97	264,34	-	222,44	250,24	-	209,97	236,21
	IV	4.394,91	241,72	351,59	395,54	237,41	345,32	388,49	233,10	339,06	381,44	228,79	332,79	374,39	224,48	326,52	367,34	220,17	320,26	360,29	215,87	313,99	353,24
	V	4.909,41	270,01	392,75	441,84																		
	VI	4.953,66	272,45	396,29	445,82																		
3.676,99	I	4.388,41	241,36	351,07	394,95	232,74	338,54	380,85	224,12	326,00	366,75	215,51	313,47	352,65	206,89	300,94	338,55	198,27	288,40	324,45	189,66	275,87	310,35
(West)	II	4.239,33	233,16	339,14	381,53	224,54	326,61	367,43	215,93	314,08	353,34	207,31	301,54	339,23	198,69	289,01	325,13	190,08	276,48	311,04	181,46	263,94	296,93
	III	3.557,16	75,36	284,57	320,14	56,72	272,04	306,04	38,08	259,50	291,94	19,45	246,98	277,85	0,81	234,45	263,75	-	221,92	249,66	-	209,45	235,63
	IV	4.388,41	241,36	351,07	394,95	237,05	344,80	387,90	232,74	338,54	380,85	228,43	332,27	373,80	224,12	326,00	366,75	219,82	319,74	359,70	215,51	313,47	352,65
	V	4.902,83	269,65	392,22	441,25																		
	VI	4.947,16	272,09	395,77	445,24																		
3.676,99	I	4.396,16	241,78	351,69	395,65	233,17	339,16	381,55	224,56	326,63	367,46	215,94	314,10	353,36	207,32	301,56	339,26	198,71	289,03	325,16	190,09	276,50	311,06
(Ost)	II	4.247,08	233,58	339,76	382,23	224,97	327,23	368,13	216,35	314,70	354,03	207,73	302,16	339,93	199,12	289,63	325,83	190,51	277,10	311,74	181,89	264,57	297,64
	III	3.565,00	76,29	285,20	320,85	57,65	272,66	306,74	39,03	260,14	292,66	20,38	247,61	278,56	1,74	235,08	264,46	-	222,54	250,36	-	210,06	236,32
	IV	4.396,16	241,78	351,69	395,65	237,48	345,42	388,60	233,17	339,16	381,55	228,86	332,89	374,50	224,56	326,63	367,46	220,25	320,36	360,41	215,94	314,10	353,36
	V	4.910,66	270,08	392,85	441,95																		
	VI	4.954,91	272,52	396,39	445,94																		
3.679,99	I	4.389,66	241,43	351,17	395,06	232,81	338,64	380,97	224,19	326,10	366,86	215,58	313,57	352,76	206,96	301,04	338,67	198,34	288,50	324,56	189,73	275,97	310,46
(West)	II	4.240,58	233,23	339,24	381,65	224,61	326,71	367,55	215,99	314,18	353,45	207,38	301,64	339,35	198,76	289,11	325,25	190,14	276,58	311,15	181,53	264,04	297,05
	III	3.558,50	75,52	284,68	320,26	56,88	272,14	306,16	38,23	259,61	292,06	19,59	247,08	277,96	0,95	234,54	263,86	-	222,01	249,76	-	209,56	235,75
	IV	4.389,66	241,43	351,17	395,06	237,12	344,90	388,01	232,81	338,64	380,97	228,50	332,37	373,91	224,19	326,10	366,86	219,89	319,84	359,82	215,58	313,57	352,76
	V	4.904,08	269,72	392,32	441,36																		
	VI	4.948,41	272,16	395,87	445,35																		
3.679,99	I	4.397,41	241,85	351,79	395,76	233,24	339,26	381,67	224,62	326,73	367,57	216,01	314,20	353,47	207,39	301,66	339,37	198,77	289,13	325,27	190,16	276,60	311,17
(Ost)	II	4.248,33	233,65	339,86	382,34	225,04	327,33	368,24	216,42	314,80	354,15	207,81	302,27	340,05	199,19	289,74	325,95	190,57	277,20	311,85	181,96	264,67	297,75
	III	3.566,33	76,45	285,30	320,96	57,81	272,77	306,86	39,17	260,24	292,77	20,52	247,70	278,66	1,88	235,17	264,56	-	222,64	250,47	-	210,17	236,44
	IV	4.397,41	241,85	351,79	395,76	237,55	345,53	388,72	233,24	339,26	381,67	228,93	333,00	374,62	224,62	326,73	367,57	220,32	320,46	360,52	216,01	314,20	353,47
	V	4.911,91	270,15	392,95	442,07																		
	VI	4.956,25	272,59	396,50	446,06																		

MONAT bis 13.700,99 €

Allgemeine Tabelle

Lohn/ Gehalt bis	Steuerklasse	Lohn-steuer	ohne Kinderfreibetrag SolZ 5,5%	ohne Kinderfreibetrag Kirchensteuer 8%	ohne Kinderfreibetrag Kirchensteuer 9%	0,5 SolZ 5,5%	0,5 Kirchensteuer 8%	0,5 Kirchensteuer 9%	1,0 SolZ 5,5%	1,0 Kirchensteuer 8%	1,0 Kirchensteuer 9%	1,5 SolZ 5,5%	1,5 Kirchensteuer 8%	1,5 Kirchensteuer 9%	2,0 SolZ 5,5%	2,0 Kirchensteuer 8%	2,0 Kirchensteuer 9%	2,5 SolZ 5,5%	2,5 Kirchensteuer 8%	2,5 Kirchensteuer 9%	3,0 SolZ 5,5%	3,0 Kirchensteu 8%	9
						Anzahl Kinderfreibeträge (nur Steuerklassen I–IV)																	
13.682,99 (West)	I	4.390,91	241,50	351,27	395,18	232,88	338,74	381,08	224,26	326,20	366,98	215,65	313,67	352,88	207,03	301,14	338,78	198,41	288,60	324,68	189,80	276,07	31
	II	4.241,83	233,30	339,34	381,76	224,68	326,81	367,66	216,06	314,28	353,56	207,45	301,74	339,46	198,83	289,21	325,36	190,21	276,68	311,26	181,60	264,14	29
	III	3.559,83	75,68	284,78	320,38	57,04	272,25	306,28	38,39	259,72	292,18	19,75	247,18	278,08	1,11	234,65	263,98	-	222,12	249,88	-	209,65	23
	IV	4.390,91	241,50	351,27	395,18	237,19	345,00	388,13	232,88	338,74	381,08	228,57	332,47	374,03	224,26	326,20	366,98	219,95	319,94	359,93	215,65	313,67	35
	V	4.905,33	269,79	392,42	441,47																		
	VI	4.949,66	272,23	395,97	445,46																		
13.682,99 (Ost)	I	4.398,75	241,93	351,90	395,88	233,31	339,36	381,78	224,69	326,83	367,68	216,08	314,30	353,58	207,46	301,76	339,48	198,84	289,23	325,38	190,23	276,70	31
	II	4.249,58	233,72	339,96	382,46	225,11	327,43	368,36	216,49	314,90	354,26	207,88	302,37	340,16	199,26	289,84	326,07	190,64	277,30	311,96	182,03	264,77	29
	III	3.567,66	76,61	285,41	321,08	57,97	272,88	306,99	39,32	260,34	292,88	20,68	247,81	278,78	2,04	235,28	264,69	-	222,74	250,58	-	210,26	23
	IV	4.398,75	241,93	351,90	395,88	237,62	345,63	388,83	233,31	339,36	381,78	229,00	333,10	374,73	224,69	326,83	367,68	220,38	320,56	360,63	216,08	314,30	35
	V	4.913,16	270,22	393,05	442,18																		
	VI	4.957,50	272,66	396,60	446,17																		
13.685,99 (West)	I	4.392,16	241,56	351,37	395,29	232,95	338,84	381,19	224,33	326,30	367,09	215,71	313,77	352,99	207,10	301,24	338,89	198,48	288,70	324,79	189,87	276,18	31
	II	4.243,08	233,36	339,44	381,87	224,75	326,91	367,77	216,13	314,38	353,67	207,51	301,84	339,57	198,90	289,31	325,47	190,28	276,78	311,37	181,66	264,24	29
	III	3.561,00	75,82	284,88	320,49	57,17	272,34	306,38	38,53	259,81	292,28	19,89	247,28	278,19	1,24	234,74	264,08	-	222,21	249,98	-	209,74	23
	IV	4.392,16	241,56	351,37	395,29	237,26	345,10	388,24	232,95	338,84	381,19	228,64	332,57	374,14	224,33	326,30	367,09	220,02	320,04	360,04	215,71	313,77	35
	V	4.906,58	269,86	392,52	441,59																		
	VI	4.950,91	272,30	396,07	445,58																		
13.685,99 (Ost)	I	4.400,00	242,00	352,00	396,00	233,38	339,46	381,89	224,76	326,93	367,79	216,15	314,40	353,70	207,53	301,86	339,59	198,91	289,33	325,49	190,30	276,80	31
	II	4.250,91	233,80	340,07	382,58	225,18	327,54	368,48	216,56	315,00	354,38	207,95	302,47	340,28	199,33	289,94	326,18	190,71	277,40	312,08	182,10	264,87	29
	III	3.568,83	76,75	285,50	321,19	58,11	272,97	307,09	39,46	260,44	292,99	20,82	247,90	278,89	2,18	235,37	264,79	-	222,84	250,69	-	210,37	23
	IV	4.400,00	242,00	352,00	396,00	237,69	345,73	388,94	233,38	339,46	381,89	229,07	333,20	374,85	224,76	326,93	367,79	220,45	320,66	360,74	216,15	314,40	35
	V	4.914,41	270,29	393,15	442,29																		
	VI	4.958,75	272,73	396,70	446,28																		
13.688,99 (West)	I	4.393,41	241,63	351,47	395,40	233,02	338,94	381,30	224,40	326,40	367,20	215,78	313,87	353,10	207,17	301,34	339,01	198,55	288,81	324,91	189,94	276,28	31
	II	4.244,33	233,43	339,54	381,98	224,82	327,01	367,88	216,20	314,48	353,79	207,58	301,94	339,68	198,97	289,41	325,58	190,35	276,88	311,49	181,73	264,34	29
	III	3.562,33	75,98	284,98	320,60	57,33	272,45	306,50	38,69	259,92	292,41	20,05	247,38	278,30	1,40	234,85	264,20	-	222,32	250,11	-	209,85	23
	IV	4.393,41	241,63	351,47	395,40	237,32	345,20	388,35	233,02	338,94	381,30	228,71	332,67	374,25	224,40	326,40	367,20	220,09	320,14	360,15	215,78	313,87	35
	V	4.907,83	269,93	392,62	441,70																		
	VI	4.952,16	272,36	396,17	445,69																		
13.688,99 (Ost)	I	4.401,25	242,06	352,10	396,11	233,45	339,56	382,01	224,83	327,03	367,91	216,21	314,50	353,81	207,60	301,96	339,71	198,98	289,43	325,61	190,36	276,90	31
	II	4.252,16	233,86	340,17	382,69	225,25	327,64	368,59	216,63	315,10	354,49	208,01	302,57	340,39	199,40	290,04	326,29	190,78	277,50	312,19	182,16	264,97	29
	III	3.570,16	76,91	285,61	321,31	58,27	273,08	307,21	39,62	260,54	293,11	20,98	248,01	279,01	2,34	235,48	264,91	-	222,94	250,81	-	210,46	23
	IV	4.401,25	242,06	352,10	396,11	237,76	345,83	389,06	233,45	339,56	382,01	229,14	333,30	374,96	224,83	327,03	367,91	220,52	320,76	360,86	216,21	314,50	35
	V	4.915,66	270,36	393,25	442,40																		
	VI	4.960,00	272,80	396,80	446,40																		
13.691,99 (West)	I	4.394,66	241,70	351,57	395,51	233,09	339,04	381,42	224,47	326,50	367,31	215,86	313,98	353,22	207,24	301,44	339,12	198,62	288,91	325,02	190,01	276,38	31
	II	4.245,58	233,50	339,64	382,10	224,89	327,11	368,00	216,27	314,58	353,90	207,65	302,04	339,80	199,04	289,51	325,70	190,42	276,98	311,60	181,81	264,45	297
	III	3.563,50	76,12	285,08	320,71	57,47	272,54	306,61	38,83	260,01	292,51	20,19	247,48	278,41	1,54	234,94	264,31	-	222,41	250,21	-	209,94	236
	IV	4.394,66	241,70	351,57	395,51	237,39	345,30	388,46	233,09	339,04	381,42	228,78	332,77	374,36	224,47	326,50	367,31	220,16	320,24	360,27	215,86	313,98	353
	V	4.909,16	270,00	392,73	441,82																		
	VI	4.953,41	272,43	396,27	445,80																		
13.691,99 (Ost)	I	4.402,50	242,13	352,20	396,22	233,52	339,66	382,12	224,90	327,13	368,02	216,28	314,60	353,92	207,67	302,06	339,82	199,05	289,53	325,72	190,43	277,00	31
	II	4.253,41	233,93	340,27	382,80	225,32	327,74	368,70	216,70	315,20	354,60	208,08	302,67	340,50	199,47	290,14	326,40	190,85	277,60	312,30	182,23	265,07	298
	III	3.571,33	77,05	285,70	321,41	58,40	273,17	307,31	39,76	260,64	293,22	21,12	248,10	279,11	2,47	235,57	265,01	-	223,04	250,92	-	210,57	236
	IV	4.402,50	242,13	352,20	396,22	237,82	345,93	389,17	233,52	339,66	382,12	229,21	333,40	375,07	224,90	327,13	368,02	220,59	320,86	360,97	216,28	314,60	353
	V	4.916,91	270,43	393,35	442,52																		
	VI	4.961,25	272,86	396,90	446,51																		
13.694,99 (West)	I	4.395,91	241,77	351,67	395,63	233,16	339,14	381,53	224,54	326,61	367,43	215,93	314,08	353,34	207,31	301,54	339,23	198,69	289,01	325,13	190,08	276,48	311
	II	4.246,83	233,57	339,74	382,21	224,95	327,21	368,11	216,34	314,68	354,01	207,72	302,14	339,91	199,11	289,62	325,82	190,49	277,08	311,72	181,88	264,55	297
	III	3.564,83	76,27	285,18	320,83	57,63	272,65	306,73	38,99	260,12	292,63	20,34	247,58	278,53	1,70	235,05	264,43	-	222,52	250,33	-	210,05	236
	IV	4.395,91	241,77	351,67	395,63	237,46	345,40	388,58	233,16	339,14	381,53	228,85	332,88	374,49	224,54	326,61	367,43	220,23	320,34	360,38	215,93	314,08	353
	V	4.910,41	270,07	392,83	441,93																		
	VI	4.954,66	272,50	396,37	445,91																		
13.694,99 (Ost)	I	4.403,75	242,20	352,30	396,33	233,58	339,76	382,23	224,97	327,23	368,13	216,35	314,70	354,03	207,73	302,16	339,93	199,12	289,63	325,83	190,51	277,10	311
	II	4.254,66	234,00	340,37	382,91	225,39	327,84	368,82	216,77	315,30	354,71	208,15	302,77	340,61	199,54	290,24	326,52	190,92	277,70	312,41	182,30	265,17	298
	III	3.572,66	77,21	285,81	321,53	58,56	273,28	307,44	39,92	260,74	293,33	21,28	248,21	279,23	2,63	235,68	265,14	-	223,14	251,03	-	210,66	236
	IV	4.403,75	242,20	352,30	396,33	237,89	346,03	389,28	233,58	339,76	382,23	229,28	333,50	375,18	224,97	327,23	368,13	220,66	320,96	361,08	216,35	314,70	354
	V	4.918,16	270,49	393,45	442,63																		
	VI	4.962,50	272,93	397,00	446,62																		
13.697,99 (West)	I	4.397,25	241,84	351,78	395,75	233,23	339,24	381,65	224,61	326,71	367,55	215,99	314,18	353,45	207,38	301,64	339,35	198,76	289,11	325,25	190,14	276,58	311
	II	4.248,08	233,64	339,84	382,32	225,02	327,31	368,22	216,41	314,78	354,13	207,79	302,25	340,03	199,18	289,72	325,93	190,56	277,18	311,83	181,94	264,65	297
	III	3.566,00	76,41	285,28	320,94	57,77	272,74	306,83	39,13	260,21	292,73	20,48	247,68	278,64	1,84	235,14	264,53	-	222,62	250,45	-	210,14	236
	IV	4.397,25	241,84	351,78	395,75	237,54	345,51	388,70	233,23	339,24	381,65	228,92	332,98	374,60	224,61	326,71	367,55	220,30	320,44	360,50	215,99	314,18	353
	V	4.911,66	270,14	392,93	442,04																		
	VI	4.956,00	272,58	396,48	446,04																		
13.697,99 (Ost)	I	4.405,00	242,27	352,40	396,45	233,65	339,86	382,34	225,04	327,33	368,24	216,42	314,80	354,15	207,81	302,27	340,05	199,19	289,74	325,95	190,57	277,20	311
	II	4.255,91	234,07	340,47	383,03	225,45	327,94	368,93	216,84	315,40	354,83	208,22	302,87	340,73	199,60	290,34	326,63	190,99	277,80	312,53	182,37	265,27	298
	III	3.573,83	77,35	285,90	321,64	58,70	273,37	307,54	40,06	260,84	293,44	21,42	248,30	279,34	2,79	235,78	265,25	-	223,25	251,15	-	210,77	237
	IV	4.405,00	242,27	352,40	396,45	237,96	346,13	389,39	233,65	339,86	382,34	229,35	333,60	375,30	225,04	327,33	368,24	220,73	321,06	361,19	216,42	314,80	354
	V	4.919,50	270,57	393,56	442,75																		
	VI	4.963,75	273,00	397,10	446,73																		
13.700,99 (West)	I	4.398,50	241,91	351,88	395,86	233,30	339,34	381,76	224,68	326,81	367,66	216,06	314,28	353,56	207,45	301,74	339,46	198,83	289,21	325,36	190,21	276,68	311
	II	4.249,33	233,71	339,94	382,43	225,10	327,42	368,34	216,48	314,88	354,24	207,86	302,35	340,14	199,25	289,82	326,04	190,63	277,28	311,94	182,01	264,75	297
	III	3.567,33	76,57	285,38	321,05	57,93	272,85	306,95	39,28	260,32	292,86	20,64	247,78	278,75	2,00	235,25	264,65	-	222,72	250,56	-	210,25	236
	IV	4.398,50	241,91	351,88	395,86	237,60	345,61	388,81	233,30	339,34	381,76	228,99	333,08	374,71	224,68	326,81	367,66	220,37	320,54	360,61	216,06	314,28	353
	V	4.912,91	270,21	393,03	442,16																		
	VI	4.957,25	272,64	396,58	446,15																		
13.700,99 (Ost)	I	4.406,25	242,34	352,50	396,56	233,72	339,96	382,46	225,11	327,43	368,36	216,49	314,90	354,26	207,88	302,37	340,16	199,26	289,84	326,07	190,64	277,30	311
	II	4.257,16	234,14	340,57	383,14	225,52	328,04	369,04	216,91	315,50	354,94	208,29	302,97	340,84	199,67	290,44	326,74	191,06	277,91	312,65	182,44	265,38	298
	III	3.575,16	77,50	286,01	321,76	58,86	273,48	307,66	40,22	260,94	293,56	21,57	248,41	279,46	2,93	235,88	265,36	-	223,34	251,26	-	210,86	237
	IV	4.406,25	242,34	352,50	396,56	238,03	346,23	389,51	233,72	339,96	382,46	229,41	333,70	375,41	225,11	327,43	368,36	220,80	321,17	361,31	216,49	314,90	354
	V	4.920,75	270,64	393,66	442,86																		
	VI	4.965,00	273,07	397,20	446,85																		

Allgemeine Tabelle

MONAT bis 13.721,99 €

Lohn/ Gehalt bis	Steuerklasse	Lohnsteuer	ohne Kinderfreibetrag SolZ 5,5%	ohne Kinderfreibetrag Kirchensteuer 8%	ohne Kinderfreibetrag Kirchensteuer 9%	0,5 SolZ 5,5%	0,5 Kirchensteuer 8%	0,5 Kirchensteuer 9%	1,0 SolZ 5,5%	1,0 Kirchensteuer 8%	1,0 Kirchensteuer 9%	1,5 SolZ 5,5%	1,5 Kirchensteuer 8%	1,5 Kirchensteuer 9%	2,0 SolZ 5,5%	2,0 Kirchensteuer 8%	2,0 Kirchensteuer 9%	2,5 SolZ 5,5%	2,5 Kirchensteuer 8%	2,5 Kirchensteuer 9%	3,0 SolZ 5,5%	3,0 Kirchensteuer 8%	3,0 Kirchensteuer 9%
3.703,99 (West)	I	4.399,75	241,98	351,98	395,97	233,36	339,44	381,87	224,75	326,91	367,77	216,13	314,38	353,67	207,51	301,84	339,57	198,90	289,31	325,47	190,28	276,78	311,37
	II	4.250,66	233,78	340,05	382,55	225,17	327,52	368,46	216,55	314,98	354,35	207,93	302,45	340,25	199,32	289,92	326,16	190,70	277,38	312,05	182,08	264,85	297,95
	III	3.568,50	76,71	285,48	321,16	58,07	272,94	307,06	39,44	260,42	292,97	20,80	247,89	278,87	2,16	235,36	264,78	-	222,82	250,67	-	210,34	236,63
	IV	4.399,75	241,98	351,98	395,97	237,67	345,71	388,92	233,36	339,44	381,87	229,06	333,18	374,82	224,75	326,91	367,77	220,44	320,64	360,72	216,13	314,38	353,67
	V	4.914,16	270,27	393,13	442,27																		
	VI	4.958,50	272,71	396,68	446,26																		
3.703,99 (Ost)	I	4.407,50	242,41	352,60	396,67	233,80	340,07	382,58	225,18	327,54	368,48	216,56	315,00	354,38	207,95	302,47	340,28	199,33	289,94	326,18	190,71	277,40	312,08
	II	4.258,41	234,21	340,67	383,25	225,59	328,14	369,15	216,97	315,60	355,05	208,36	303,07	340,95	199,75	290,54	326,86	191,13	278,01	312,76	182,51	265,48	298,66
	III	3.576,33	77,64	286,10	321,86	59,02	273,58	307,78	40,38	261,05	293,68	21,73	248,52	279,58	3,09	235,98	265,48	-	223,45	251,38	-	210,97	237,34
	IV	4.407,50	242,41	352,60	396,67	238,10	346,33	389,62	233,80	340,07	382,58	229,49	333,80	375,53	225,18	327,54	368,48	220,87	321,27	361,43	216,56	315,00	354,38
	V	4.922,00	270,71	393,76	442,98																		
	VI	4.966,25	273,14	397,30	446,96																		
3.706,99 (West)	I	4.401,00	242,05	352,08	396,09	233,43	339,54	381,98	224,82	327,01	367,88	216,20	314,48	353,79	207,58	301,94	339,68	198,97	289,41	325,58	190,35	276,88	311,49
	II	4.251,91	233,85	340,15	382,67	225,23	327,62	368,57	216,62	315,08	354,47	208,00	302,55	340,37	199,38	290,02	326,27	190,77	277,48	312,17	182,15	264,95	298,07
	III	3.569,83	76,87	285,58	321,28	58,23	273,05	307,18	39,58	260,52	293,08	20,94	247,98	278,98	2,30	235,45	264,88	-	222,92	250,78	-	210,45	236,75
	IV	4.401,00	242,05	352,08	396,09	237,74	345,81	389,03	233,43	339,54	381,98	229,13	333,28	374,94	224,82	327,01	367,88	220,51	320,74	360,83	216,20	314,48	353,79
	V	4.915,41	270,34	393,23	442,38																		
	VI	4.959,75	272,78	396,78	446,37																		
3.706,99 (Ost)	I	4.408,83	242,48	352,70	396,79	233,86	340,17	382,69	225,25	327,64	368,59	216,63	315,10	354,49	208,01	302,57	340,39	199,40	290,04	326,29	190,78	277,50	312,19
	II	4.259,66	234,28	340,77	383,36	225,66	328,24	369,27	217,05	315,71	355,17	208,43	303,18	341,07	199,81	290,64	326,97	191,20	278,11	312,87	182,58	265,58	298,77
	III	3.577,66	77,80	286,21	321,98	59,16	273,68	307,89	40,51	261,14	293,78	21,87	248,61	279,68	3,23	236,08	265,59	-	223,54	251,48	-	211,06	237,44
	IV	4.408,83	242,48	352,70	396,79	238,17	346,44	389,74	233,86	340,17	382,69	229,56	333,90	375,64	225,25	327,64	368,59	220,94	321,37	361,54	216,63	315,10	354,49
	V	4.923,25	270,77	393,86	443,09																		
	VI	4.967,58	273,21	397,40	447,08																		
3.709,99 (West)	I	4.402,25	242,12	352,18	396,20	233,50	339,64	382,10	224,89	327,11	368,00	216,27	314,58	353,90	207,65	302,04	339,80	199,04	289,51	325,70	190,42	276,98	311,60
	II	4.253,16	233,92	340,25	382,78	225,30	327,72	368,68	216,69	315,18	354,58	208,07	302,65	340,48	199,45	290,12	326,38	190,84	277,58	312,28	182,22	265,05	298,18
	III	3.571,16	77,03	285,69	321,40	58,38	273,16	307,30	39,74	260,62	293,20	21,10	248,09	279,10	2,45	235,56	265,00	-	223,02	250,90	-	210,54	236,86
	IV	4.402,25	242,12	352,18	396,20	237,81	345,91	389,15	233,50	339,64	382,10	229,19	333,38	375,05	224,89	327,11	368,00	220,58	320,84	360,95	216,27	314,58	353,90
	V	4.916,66	270,41	393,33	442,49																		
	VI	4.961,00	272,85	396,88	446,49																		
3.709,99 (Ost)	I	4.410,08	242,55	352,80	396,90	233,93	340,27	382,80	225,32	327,74	368,70	216,70	315,20	354,60	208,08	302,67	340,50	199,47	290,14	326,40	190,85	277,60	312,30
	II	4.260,91	234,35	340,87	383,48	225,73	328,34	369,38	217,12	315,81	355,28	208,50	303,28	341,19	199,88	290,74	327,08	191,27	278,21	312,98	182,65	265,68	298,89
	III	3.579,00	77,96	286,32	322,11	59,32	273,78	308,00	40,67	261,25	293,90	22,03	248,72	279,81	3,39	236,18	265,70	-	223,65	251,60	-	211,16	237,55
	IV	4.410,08	242,55	352,80	396,90	238,24	346,54	389,85	233,93	340,27	382,80	229,62	334,00	375,75	225,32	327,74	368,70	221,01	321,47	361,65	216,70	315,20	354,60
	V	4.924,50	270,84	393,96	443,20																		
	VI	4.968,83	273,28	397,50	447,19																		
3.712,99 (West)	I	4.403,50	242,19	352,28	396,31	233,57	339,74	382,21	224,95	327,21	368,11	216,34	314,68	354,01	207,72	302,14	339,91	199,11	289,62	325,82	190,49	277,08	311,72
	II	4.254,41	233,99	340,35	382,89	225,37	327,82	368,79	216,75	315,28	354,69	208,14	302,75	340,59	199,52	290,22	326,49	190,90	277,68	312,39	182,29	265,15	298,29
	III	3.572,33	77,17	285,78	321,50	58,52	273,25	307,40	39,88	260,72	293,31	21,24	248,18	279,20	2,59	235,65	265,10	-	223,12	251,01	-	210,65	236,98
	IV	4.403,50	242,19	352,28	396,31	237,88	346,01	389,26	233,57	339,74	382,21	229,26	333,48	375,16	224,95	327,21	368,11	220,65	320,94	361,06	216,34	314,68	354,01
	V	4.917,91	270,48	393,43	442,61																		
	VI	4.962,25	272,92	396,98	446,60																		
3.712,99 (Ost)	I	4.411,33	242,62	352,90	397,01	234,00	340,37	382,91	225,39	327,84	368,82	216,77	315,30	354,71	208,15	302,77	340,61	199,54	290,24	326,52	190,92	277,70	312,41
	II	4.262,25	234,42	340,98	383,60	225,80	328,44	369,50	217,19	315,91	355,40	208,57	303,38	341,30	199,95	290,84	327,20	191,34	278,31	313,10	182,72	265,78	299,00
	III	3.580,16	78,10	286,41	322,21	59,46	273,88	308,11	40,81	261,34	294,01	22,17	248,81	279,91	3,53	236,28	265,81	-	223,74	251,71	-	211,26	237,67
	IV	4.411,33	242,62	352,90	397,01	238,31	346,64	389,97	234,00	340,37	382,91	229,69	334,10	375,86	225,39	327,84	368,82	221,08	321,57	361,76	216,77	315,30	354,71
	V	4.925,75	270,91	394,06	443,31																		
	VI	4.970,08	273,35	397,60	447,30																		
3.715,99 (West)	I	4.404,75	242,26	352,38	396,42	233,64	339,84	382,32	225,02	327,31	368,22	216,41	314,78	354,13	207,79	302,25	340,03	199,18	289,72	325,93	190,56	277,18	311,83
	II	4.255,66	234,06	340,45	383,00	225,44	327,92	368,91	216,82	315,38	354,80	208,21	302,85	340,70	199,59	290,32	326,61	190,97	277,78	312,50	182,36	265,26	298,41
	III	3.573,66	77,33	285,89	321,62	58,68	273,36	307,53	40,04	260,82	293,42	21,40	248,29	279,32	2,75	235,76	265,23	-	223,22	251,12	-	210,74	237,08
	IV	4.404,75	242,26	352,38	396,42	237,95	346,11	389,37	233,64	339,84	382,32	229,33	333,58	375,27	225,02	327,31	368,22	220,71	321,04	361,17	216,41	314,78	354,13
	V	4.919,25	270,55	393,54	442,73																		
	VI	4.963,50	272,99	397,08	446,71																		
3.715,99 (Ost)	I	4.412,58	242,69	353,00	397,13	234,07	340,47	383,03	225,45	327,94	368,93	216,84	315,40	354,83	208,22	302,87	340,73	199,60	290,34	326,63	190,99	277,80	312,53
	II	4.263,50	234,49	341,08	383,71	225,87	328,54	369,61	217,25	316,01	355,51	208,64	303,48	341,41	200,02	290,94	327,31	191,40	278,41	313,21	182,79	265,88	299,11
	III	3.581,50	78,26	286,52	322,33	59,61	273,98	308,23	40,97	261,45	294,13	22,33	248,92	280,03	3,68	236,38	265,93	-	223,85	251,83	-	211,36	237,78
	IV	4.412,58	242,69	353,00	397,13	238,38	346,74	390,08	234,07	340,47	383,03	229,76	334,20	375,98	225,45	327,94	368,93	221,15	321,67	361,88	216,84	315,40	354,83
	V	4.927,00	270,98	394,16	443,43																		
	VI	4.971,33	273,42	397,70	447,41																		
3.718,99 (West)	I	4.406,00	242,33	352,48	396,54	233,71	339,94	382,43	225,10	327,42	368,34	216,48	314,88	354,24	207,86	302,35	340,14	199,25	289,82	326,04	190,63	277,28	311,94
	II	4.256,91	234,13	340,55	383,12	225,51	328,02	369,02	216,89	315,48	354,92	208,28	302,95	340,82	199,66	290,42	326,72	191,05	277,89	312,62	182,43	265,36	298,53
	III	3.574,83	77,46	285,98	321,73	58,82	273,45	307,63	40,18	260,92	293,53	21,53	248,38	279,43	2,89	235,85	265,33	-	223,32	251,23	-	210,84	237,19
	IV	4.406,00	242,33	352,48	396,54	238,02	346,21	389,48	233,71	339,94	382,43	229,40	333,68	375,39	225,10	327,42	368,34	220,79	321,15	361,29	216,48	314,88	354,24
	V	4.920,50	270,62	393,64	442,84																		
	VI	4.964,75	273,06	397,18	446,82																		
3.718,99 (Ost)	I	4.413,83	242,76	353,10	397,24	234,14	340,57	383,14	225,52	328,04	369,04	216,91	315,50	354,94	208,29	302,97	340,84	199,67	290,44	326,74	191,06	277,91	312,65
	II	4.264,75	234,56	341,18	383,82	225,94	328,64	369,72	217,32	316,11	355,62	208,71	303,58	341,52	200,09	291,04	327,42	191,47	278,51	313,32	182,86	265,98	299,22
	III	3.582,66	78,40	286,61	322,43	59,75	274,08	308,34	41,11	261,54	294,23	22,47	249,01	280,13	3,82	236,48	266,04	-	223,94	251,93	-	211,46	237,89
	IV	4.413,83	242,76	353,10	397,24	238,45	346,84	390,19	234,14	340,57	383,14	229,83	334,30	376,09	225,52	328,04	369,04	221,21	321,77	361,99	216,91	315,50	354,94
	V	4.928,25	271,05	394,26	443,54																		
	VI	4.972,58	273,49	397,80	447,53																		
3.721,99 (West)	I	4.407,33	242,40	352,58	396,65	233,78	340,05	382,55	225,17	327,52	368,46	216,55	314,98	354,35	207,93	302,45	340,25	199,32	289,92	326,16	190,70	277,38	312,05
	II	4.258,16	234,19	340,65	383,23	225,58	328,12	369,13	216,96	315,58	355,03	208,35	303,06	340,94	199,73	290,52	326,84	191,12	277,99	312,74	182,50	265,46	298,64
	III	3.576,16	77,62	286,09	321,85	58,98	273,56	307,75	40,34	261,02	293,65	21,69	248,49	279,55	3,05	235,96	265,45	-	223,42	251,35	-	210,94	237,31
	IV	4.407,33	242,40	352,58	396,65	238,09	346,32	389,61	233,78	340,05	382,55	229,47	333,78	375,50	225,17	327,52	368,46	220,86	321,25	361,40	216,55	314,98	354,35
	V	4.921,75	270,69	393,74	442,95																		
	VI	4.966,08	273,13	397,28	446,94																		
3.721,99 (Ost)	I	4.415,08	242,82	353,20	397,35	234,21	340,67	383,25	225,59	328,14	369,15	216,97	315,60	355,05	208,36	303,07	340,95	199,75	290,54	326,86	191,13	278,01	312,76
	II	4.266,00	234,63	341,28	383,94	226,01	328,74	369,83	217,39	316,21	355,73	208,78	303,68	341,64	200,16	291,14	327,53	191,54	278,61	313,43	182,93	266,08	299,34
	III	3.584,00	78,55	286,72	322,56	59,91	274,18	308,45	41,27	261,65	294,35	22,62	249,12	280,26	3,98	236,58	266,15	-	224,05	252,05	-	211,56	238,00
	IV	4.415,08	242,82	353,20	397,35	238,52	346,94	390,30	234,21	340,67	383,25	229,90	334,40	376,20	225,59	328,14	369,15	221,28	321,87	362,10	216,97	315,60	355,05
	V	4.929,50	271,12	394,36	443,65																		
	VI	4.973,83	273,56	397,90	447,64																		

Anzahl Kinderfreibeträge (nur Steuerklassen I–IV): 0,5 / 1,0 / 1,5 / 2,0 / 2,5 / 3,0

MONAT bis 13.742,99 €

Allgemeine Tabelle

Lohn/ Gehalt bis	Steuerklasse	Lohn-steuer	ohne Kinderfreibetrag			Anzahl Kinderfreibeträge (nur Steuerklassen I–IV)																	
						0,5			1,0			1,5			2,0			2,5			3,0		
			SolZ 5,5%	Kirchensteuer 8%	Kirchensteuer 9%	SolZ 5,5%	Kirchensteuer 8%	Kirchensteuer 9%	SolZ 5,5%	Kirchensteuer 8%	Kirchensteuer 9%	SolZ 5,5%	Kirchensteuer 8%	Kirchensteuer 9%	SolZ 5,5%	Kirchensteuer 8%	Kirchensteuer 9%	SolZ 5,5%	Kirchensteuer 8%	Kirchensteuer 9%	SolZ 5,5%	Kirchensteuer 8%	Kirchensteuer 9%
13.724,99 (West)	I	4.408,58	242,47	352,68	396,77	233,85	340,15	382,67	225,23	327,62	368,57	216,62	315,08	354,47	208,00	302,55	340,37	199,38	290,02	326,27	190,77	277,48	31[illegible]
	II	4.259,41	234,26	340,75	383,34	225,65	328,22	369,25	217,03	315,69	355,15	208,42	303,16	341,05	199,80	290,62	326,95	191,18	278,09	312,85	182,57	265,56	29[illegible]
	III	3.577,33	77,76	286,18	321,95	59,12	273,65	307,85	40,47	261,12	293,76	21,83	248,58	279,65	3,21	236,06	265,57	–	223,53	251,47	–	211,04	23[illegible]
	IV	4.408,58	242,47	352,68	396,77	238,16	346,42	389,72	233,85	340,15	382,67	229,54	333,88	375,62	225,23	327,62	368,57	220,93	321,35	361,52	216,62	315,08	35[illegible]
	V	4.923,00	270,76	393,84	443,07																		
	VI	4.967,33	273,20	397,38	447,05																		
13.724,99 (Ost)	I	4.416,33	242,89	353,30	397,46	234,28	340,77	383,36	225,66	328,24	369,27	217,05	315,71	355,17	208,43	303,18	341,07	199,81	290,64	326,97	191,20	278,11	31[illegible]
	II	4.267,25	234,69	341,38	384,05	226,08	328,84	369,95	217,46	316,31	355,85	208,84	303,78	341,75	200,23	291,24	327,65	191,61	278,71	313,55	183,00	266,18	29[illegible]
	III	3.585,16	78,69	286,81	322,66	60,05	274,28	308,56	41,41	261,74	294,46	22,78	249,22	280,37	4,14	236,69	266,27	–	224,16	252,18	–	211,66	23[illegible]
	IV	4.416,33	242,89	353,30	397,46	238,59	347,04	390,42	234,28	340,77	383,36	229,97	334,50	376,31	225,66	328,24	369,27	221,35	321,97	362,21	217,05	315,71	35[illegible]
	V	4.930,83	271,19	394,46	443,77																		
	VI	4.975,08	273,62	398,00	447,75																		
13.727,99 (West)	I	4.409,83	242,54	352,78	396,88	233,92	340,25	382,78	225,30	327,72	368,68	216,69	315,18	354,58	208,07	302,65	340,48	199,45	290,12	326,38	190,84	277,58	31[illegible]
	II	4.260,75	234,34	340,86	383,46	225,72	328,32	369,36	217,10	315,79	355,26	208,49	303,26	341,16	199,87	290,72	327,06	191,25	278,19	312,96	182,64	265,66	29[illegible]
	III	3.578,66	77,92	286,29	322,07	59,28	273,76	307,98	40,63	261,22	293,87	21,99	248,69	279,77	3,35	236,16	265,68	–	223,62	251,57	–	211,14	23[illegible]
	IV	4.409,83	242,54	352,78	396,88	238,23	346,52	389,83	233,92	340,25	382,78	229,61	333,98	375,73	225,30	327,72	368,68	220,99	321,45	361,63	216,69	315,18	35[illegible]
	V	4.924,25	270,83	393,94	443,18																		
	VI	4.968,58	273,27	397,48	447,17																		
13.727,99 (Ost)	I	4.417,58	242,96	353,40	397,58	234,35	340,87	383,48	225,73	328,34	369,38	217,12	315,81	355,28	208,50	303,28	341,19	199,88	290,74	327,08	191,27	278,21	31[illegible]
	II	4.268,50	234,76	341,48	384,16	226,15	328,94	370,06	217,53	316,41	355,96	208,91	303,88	341,86	200,30	291,35	327,77	191,68	278,82	313,67	183,07	266,28	29[illegible]
	III	3.586,50	78,85	286,92	322,78	60,21	274,38	308,68	41,57	261,85	294,58	22,92	249,32	280,48	4,28	236,78	266,38	–	224,25	252,28	–	211,76	23[illegible]
	IV	4.417,58	242,96	353,40	397,58	238,65	347,14	390,53	234,35	340,87	383,48	230,04	334,61	376,43	225,73	328,34	369,38	221,43	322,08	362,34	217,12	315,81	35[illegible]
	V	4.932,08	271,26	394,56	443,88																		
	VI	4.976,33	273,69	398,10	447,86																		
13.730,99 (West)	I	4.411,08	242,60	352,88	396,99	233,99	340,35	382,89	225,37	327,82	368,79	216,75	315,28	354,69	208,14	302,75	340,59	199,52	290,22	326,49	190,90	277,68	31[illegible]
	II	4.262,00	234,41	340,96	383,58	225,79	328,42	369,47	217,17	315,89	355,37	208,56	303,36	341,28	199,94	290,82	327,17	191,32	278,29	313,07	182,71	265,76	29[illegible]
	III	3.579,83	78,06	286,38	322,18	59,44	273,86	308,09	40,79	261,33	293,99	22,15	248,80	279,90	3,51	236,26	265,79	–	223,73	251,69	–	211,24	23[illegible]
	IV	4.411,08	242,60	352,88	396,99	238,30	346,62	389,94	233,99	340,35	382,89	229,68	334,08	375,84	225,37	327,82	368,79	221,06	321,55	361,74	216,75	315,28	35[illegible]
	V	4.925,50	270,90	394,04	443,29																		
	VI	4.969,83	273,34	397,58	447,28																		
13.730,99 (Ost)	I	4.418,91	243,04	353,51	397,70	234,42	340,98	383,60	225,80	328,44	369,50	217,19	315,91	355,40	208,57	303,38	341,30	199,95	290,84	327,20	191,34	278,31	31[illegible]
	II	4.269,75	234,83	341,58	384,27	226,21	329,04	370,17	217,60	316,51	356,07	208,99	303,98	341,98	200,37	291,45	327,88	191,75	278,92	313,78	183,14	266,38	29[illegible]
	III	3.587,83	79,01	287,02	322,90	60,37	274,49	308,80	41,72	261,96	294,70	23,08	249,42	280,60	4,44	236,89	266,50	–	224,36	252,40	–	211,86	23[illegible]
	IV	4.418,91	243,04	353,51	397,70	238,73	347,24	390,65	234,42	340,98	383,60	230,11	334,71	376,55	225,80	328,44	369,50	221,49	322,18	362,45	217,19	315,91	35[illegible]
	V	4.933,33	271,33	394,66	443,99																		
	VI	4.977,66	273,77	398,21	447,98																		
13.733,99 (West)	I	4.412,33	242,67	352,98	397,10	234,06	340,45	383,00	225,44	327,92	368,91	216,82	315,38	354,80	208,21	302,85	340,70	199,59	290,32	326,61	190,97	277,78	31[illegible]
	II	4.263,25	234,47	341,06	383,69	225,86	328,52	369,59	217,24	315,99	355,49	208,62	303,46	341,39	200,01	290,92	327,29	191,39	278,39	313,19	182,77	265,86	29[illegible]
	III	3.581,16	78,22	286,49	322,30	59,57	273,96	308,20	40,93	261,42	294,10	22,29	248,89	280,00	3,64	236,36	265,90	–	223,82	251,80	–	211,34	23[illegible]
	IV	4.412,33	242,67	352,98	397,10	238,37	346,72	390,06	234,06	340,45	383,00	229,75	334,18	375,95	225,44	327,92	368,91	221,13	321,65	361,85	216,82	315,38	35[illegible]
	V	4.926,75	270,97	394,14	443,40																		
	VI	4.971,08	273,40	397,68	447,39																		
13.733,99 (Ost)	I	4.420,16	243,10	353,61	397,81	234,49	341,08	383,71	225,87	328,54	369,61	217,25	316,01	355,51	208,64	303,48	341,41	200,02	290,94	327,31	191,40	278,41	31[illegible]
	II	4.271,00	234,90	341,68	384,39	226,29	329,15	370,29	217,67	316,62	356,19	209,05	304,08	342,09	200,44	291,55	327,99	191,82	279,02	313,89	183,20	266,48	29[illegible]
	III	3.589,00	79,15	287,12	323,01	60,51	274,58	308,90	41,86	262,05	294,80	23,22	249,52	280,71	4,58	236,98	266,60	–	224,45	252,50	–	211,96	23[illegible]
	IV	4.420,16	243,10	353,61	397,81	238,80	347,34	390,76	234,49	341,08	383,71	230,18	334,81	376,66	225,87	328,54	369,61	221,56	322,28	362,56	217,25	316,01	35[illegible]
	V	4.934,58	271,40	394,76	444,11																		
	VI	4.978,91	273,84	398,31	448,10																		
13.736,99 (West)	I	4.413,58	242,74	353,08	397,22	234,13	340,55	383,12	225,51	328,02	369,02	216,89	315,48	354,92	208,28	302,95	340,82	199,66	290,42	326,72	191,05	277,89	312[illegible]
	II	4.264,50	234,54	341,16	383,80	225,93	328,62	369,70	217,31	316,09	355,60	208,69	303,56	341,50	200,08	291,02	327,40	191,46	278,49	313,30	182,84	265,96	299[illegible]
	III	3.582,50	78,38	286,60	322,42	59,73	274,06	308,32	41,09	261,53	294,22	22,45	249,00	280,12	3,80	236,46	266,02	–	223,93	251,92	–	211,44	237[illegible]
	IV	4.413,58	242,74	353,08	397,22	238,43	346,82	390,17	234,13	340,55	383,12	229,82	334,28	376,07	225,51	328,02	369,02	221,20	321,75	361,97	216,89	315,48	354[illegible]
	V	4.928,00	271,04	394,24	443,52																		
	VI	4.972,33	273,47	397,78	447,50																		
13.736,99 (Ost)	I	4.421,41	243,17	353,71	397,92	234,56	341,18	383,82	225,94	328,64	369,72	217,32	316,11	355,62	208,71	303,58	341,52	200,09	291,04	327,42	191,47	278,51	313[illegible]
	II	4.272,33	234,97	341,78	384,50	226,36	329,25	370,40	217,74	316,72	356,31	209,12	304,18	342,20	200,51	291,65	328,10	191,89	279,12	314,01	183,27	266,58	299[illegible]
	III	3.590,33	79,31	287,22	323,12	60,67	274,69	309,02	42,02	262,16	294,93	23,38	249,62	280,82	4,74	237,09	266,72	–	224,56	252,63	–	212,06	238[illegible]
	IV	4.421,41	243,17	353,71	397,92	238,86	347,44	390,87	234,56	341,18	383,82	230,25	334,91	376,77	225,94	328,64	369,72	221,63	322,38	362,67	217,32	316,11	355[illegible]
	V	4.935,83	271,47	394,86	444,22																		
	VI	4.980,16	273,90	398,41	448,21																		
13.739,99 (West)	I	4.414,83	242,81	353,18	397,33	234,19	340,65	383,23	225,58	328,12	369,13	216,96	315,58	355,03	208,35	303,06	340,94	199,73	290,52	326,84	191,12	277,99	312[illegible]
	II	4.265,75	234,61	341,26	383,91	225,99	328,72	369,81	217,38	316,19	355,71	208,76	303,66	341,61	200,14	291,12	327,51	191,53	278,59	313,41	182,92	266,06	299[illegible]
	III	3.583,66	78,52	286,69	322,52	59,87	274,16	308,43	41,23	261,62	294,32	22,59	249,09	280,22	3,94	236,56	266,13	–	224,02	252,02	–	211,54	237[illegible]
	IV	4.414,83	242,81	353,18	397,33	238,50	346,92	390,28	234,19	340,65	383,23	229,89	334,38	376,18	225,58	328,12	369,13	221,27	321,85	362,08	216,96	315,58	355[illegible]
	V	4.929,33	271,11	394,34	443,63																		
	VI	4.973,58	273,54	397,88	447,62																		
13.739,99 (Ost)	I	4.422,66	243,24	353,81	398,03	234,63	341,28	383,94	226,01	328,74	369,83	217,39	316,21	355,73	208,78	303,68	341,64	200,16	291,14	327,53	191,54	278,61	313[illegible]
	II	4.273,58	235,04	341,88	384,62	226,43	329,35	370,52	217,81	316,82	356,42	209,19	304,28	342,32	200,58	291,75	328,22	191,96	279,22	314,12	183,34	266,68	300[illegible]
	III	3.591,50	79,45	287,32	323,23	60,80	274,78	309,13	42,16	262,25	295,03	23,52	249,72	280,93	4,87	237,18	266,83	–	224,65	252,73	–	212,16	238[illegible]
	IV	4.422,66	243,24	353,81	398,03	238,93	347,54	390,98	234,63	341,28	383,94	230,32	335,01	376,88	226,01	328,74	369,83	221,70	322,48	362,79	217,39	316,21	355[illegible]
	V	4.937,08	271,53	394,96	444,33																		
	VI	4.981,41	273,97	398,51	448,32																		
13.742,99 (West)	I	4.416,08	242,88	353,28	397,44	234,26	340,75	383,34	225,65	328,22	369,25	217,03	315,69	355,15	208,42	303,16	341,05	199,80	290,62	326,95	191,18	278,09	312[illegible]
	II	4.267,00	234,68	341,36	384,03	226,06	328,82	369,92	217,45	316,29	355,82	208,83	303,76	341,73	200,21	291,22	327,62	191,60	278,70	313,53	182,98	266,16	299[illegible]
	III	3.585,00	78,67	286,80	322,65	60,03	274,26	308,54	41,39	261,73	294,44	22,74	249,20	280,35	4,10	236,66	266,24	–	224,13	252,14	–	211,64	238[illegible]
	IV	4.416,08	242,88	353,28	397,44	238,57	347,02	390,39	234,26	340,75	383,34	229,95	334,48	376,29	225,65	328,22	369,25	221,34	321,96	362,20	217,03	315,69	355[illegible]
	V	4.930,58	271,18	394,44	443,75																		
	VI	4.974,83	273,61	397,98	447,73																		
13.742,99 (Ost)	I	4.423,91	243,31	353,91	398,15	234,69	341,38	384,05	226,08	328,84	369,95	217,46	316,31	355,85	208,84	303,78	341,75	200,23	291,24	327,65	191,61	278,71	313[illegible]
	II	4.274,83	235,11	341,98	384,73	226,49	329,45	370,63	217,88	316,92	356,53	209,26	304,38	342,43	200,64	291,85	328,33	192,03	279,32	314,23	183,41	266,78	300,[illegible]
	III	3.592,83	79,61	287,42	323,35	60,96	274,89	309,25	42,32	262,36	295,15	23,68	249,82	281,05	5,03	237,29	266,95	–	224,76	252,85	–	212,26	238[illegible]
	IV	4.423,91	243,31	353,91	398,15	239,00	347,64	391,10	234,69	341,38	384,05	230,39	335,11	377,00	226,08	328,84	369,95	221,77	322,58	362,90	217,46	316,31	355,[illegible]
	V	4.938,33	271,60	395,06	444,44																		
	VI	4.982,66	274,04	398,61	448,43																		

Lohn/ Gehalt bis	Steuerklasse	Lohnsteuer	ohne Kinderfreibetrag			Anzahl Kinderfreibeträge (nur Steuerklassen I–IV)																	
						0,5			1,0			1,5			2,0			2,5			3,0		
			SolZ 5,5%	Kirchensteuer 8%	9%	SolZ 5,5%	Kirchensteuer 8%	9%	SolZ 5,5%	Kirchensteuer 8%	9%	SolZ 5,5%	Kirchensteuer 8%	9%	SolZ 5,5%	Kirchensteuer 8%	9%	SolZ 5,5%	Kirchensteuer 8%	9%	SolZ 5,5%	Kirchensteuer 8%	9%
3.745,99 (West)	I	4.417,33	242,95	353,38	397,55	234,34	340,86	383,46	225,72	328,32	369,36	217,10	315,79	355,26	208,49	303,26	341,16	199,87	290,72	327,06	191,25	278,19	312,96
	II	4.268,25	234,75	341,46	384,14	226,13	328,92	370,04	217,52	316,39	355,94	208,90	303,86	341,84	200,29	291,33	327,74	191,67	278,80	313,65	183,05	266,26	299,54
	III	3.586,16	78,81	286,89	322,75	60,17	274,36	308,65	41,53	261,82	294,55	22,88	249,29	280,45	4,24	236,76	266,35	–	224,22	252,25	–	211,74	238,21
	IV	4.417,33	242,95	353,38	397,55	238,64	347,12	390,51	234,34	340,86	383,46	230,03	334,59	376,41	225,72	328,32	369,36	221,41	322,06	362,31	217,10	315,79	355,26
	V	4.931,83	271,25	394,54	443,86																		
	VI	4.976,08	273,68	398,08	447,84																		
3.745,99 (Ost)	I	4.425,16	243,38	354,01	398,26	234,76	341,48	384,16	226,15	328,94	370,06	217,53	316,41	355,96	208,91	303,88	341,86	200,30	291,35	327,77	191,68	278,82	313,67
	II	4.276,08	235,18	342,08	384,84	226,56	329,55	370,74	217,95	317,02	356,64	209,33	304,48	342,54	200,71	291,95	328,44	192,10	279,42	314,34	183,48	266,88	300,24
	III	3.594,00	79,74	287,52	323,46	61,10	274,98	309,35	42,46	262,45	295,25	23,81	249,92	281,16	5,17	237,38	267,05	–	224,86	252,97	–	212,36	238,90
	IV	4.425,16	243,38	354,01	398,26	239,07	347,74	391,21	234,76	341,48	384,16	230,45	335,21	377,11	226,15	328,94	370,06	221,84	322,68	363,01	217,53	316,41	355,96
	V	4.939,58	271,67	395,16	444,56																		
	VI	4.983,91	274,11	398,71	448,55																		
3.748,99 (West)	I	4.418,66	243,02	353,49	397,67	234,41	340,96	383,58	225,79	328,42	369,47	217,17	315,89	355,37	208,56	303,36	341,28	199,94	290,82	327,17	191,32	278,29	313,07
	II	4.269,50	234,82	341,56	384,25	226,20	329,02	370,15	217,59	316,50	356,06	208,97	303,96	341,96	200,36	291,43	327,86	191,74	278,90	313,76	183,12	266,36	299,66
	III	3.587,50	78,97	287,00	322,87	60,33	274,46	308,77	41,68	261,93	294,67	23,04	249,40	280,57	4,40	236,86	266,47	–	224,33	252,37	–	211,84	238,32
	IV	4.418,66	243,02	353,49	397,67	238,71	347,22	390,62	234,41	340,96	383,58	230,10	334,69	376,52	225,79	328,42	369,47	221,48	322,16	362,43	217,17	315,89	355,37
	V	4.933,08	271,31	394,64	443,97																		
	VI	4.977,41	273,75	398,19	447,96																		
3.748,99 (Ost)	I	4.426,41	243,45	354,11	398,37	234,83	341,58	384,27	226,21	329,04	370,17	217,60	316,51	356,07	208,99	303,98	341,98	200,37	291,45	327,88	191,75	278,92	313,78
	II	4.277,33	235,25	342,18	384,95	226,63	329,65	370,85	218,02	317,12	356,76	209,40	304,58	342,65	200,78	292,05	328,55	192,17	279,52	314,46	183,55	266,99	300,36
	III	3.595,33	79,90	287,62	323,57	61,26	275,09	309,47	42,62	262,56	295,38	23,97	250,02	281,27	5,33	237,49	267,17	–	224,96	253,08	–	212,46	239,02
	IV	4.426,41	243,45	354,11	398,37	239,14	347,84	391,32	234,83	341,58	384,27	230,52	335,31	377,22	226,21	329,04	370,17	221,91	322,78	363,12	217,60	316,51	356,07
	V	4.940,91	271,75	395,27	444,68																		
	VI	4.985,16	274,18	398,81	448,66																		
3.751,99 (West)	I	4.419,91	243,09	353,59	397,79	234,47	341,06	383,69	225,86	328,52	369,59	217,24	315,99	355,49	208,62	303,46	341,39	200,01	290,92	327,29	191,39	278,39	313,19
	II	4.270,83	234,89	341,66	384,37	226,27	329,13	370,27	217,66	316,60	356,17	209,04	304,06	342,07	200,42	291,53	327,97	191,81	279,00	313,87	183,19	266,46	299,77
	III	3.588,66	79,11	287,09	322,97	60,47	274,56	308,88	41,82	262,02	294,77	23,20	249,50	280,69	4,56	236,97	266,59	–	224,44	252,49	–	211,94	238,43
	IV	4.419,91	243,09	353,59	397,79	238,78	347,32	390,74	234,47	341,06	383,69	230,17	334,79	376,64	225,86	328,52	369,59	221,55	322,26	362,54	217,24	315,99	355,49
	V	4.934,33	271,38	394,74	444,08																		
	VI	4.978,66	273,82	398,29	448,07																		
3.751,99 (Ost)	I	4.427,66	243,52	354,21	398,48	234,90	341,68	384,39	226,29	329,15	370,29	217,67	316,62	356,19	209,05	304,08	342,09	200,44	291,55	327,99	191,82	279,02	313,89
	II	4.278,58	235,32	342,28	385,07	226,70	329,75	370,97	218,08	317,22	356,87	209,47	304,68	342,77	200,85	292,15	328,67	192,24	279,62	314,57	183,62	267,09	300,47
	III	3.596,50	80,04	287,72	323,68	61,40	275,18	309,58	42,78	262,66	295,49	24,13	250,13	281,39	5,49	237,60	267,30	–	225,06	253,19	–	212,56	239,13
	IV	4.427,66	243,52	354,21	398,48	239,21	347,94	391,43	234,90	341,68	384,39	230,59	335,41	377,33	226,29	329,15	370,29	221,98	322,88	363,24	217,67	316,62	356,19
	V	4.942,16	271,81	395,37	444,79																		
	VI	4.986,41	274,25	398,91	448,77																		
3.754,99 (West)	I	4.421,16	243,16	353,69	397,90	234,54	341,16	383,80	225,93	328,62	369,70	217,31	316,09	355,60	208,69	303,56	341,50	200,08	291,02	327,40	191,46	278,49	313,30
	II	4.272,08	234,96	341,76	384,48	226,34	329,23	370,38	217,73	316,70	356,28	209,11	304,16	342,18	200,49	291,63	328,08	191,88	279,10	313,98	183,26	266,56	299,88
	III	3.590,00	79,27	287,20	323,10	60,63	274,66	308,99	41,98	262,13	294,89	23,34	249,60	280,80	4,70	237,06	266,69	–	224,53	252,59	–	212,04	238,54
	IV	4.421,16	243,16	353,69	397,90	238,85	347,42	390,85	234,54	341,16	383,80	230,23	334,89	376,75	225,93	328,62	369,70	221,62	322,36	362,65	217,31	316,09	355,60
	V	4.935,58	271,45	394,84	444,20																		
	VI	4.979,91	273,89	398,39	448,19																		
3.754,99 (Ost)	I	4.428,91	243,59	354,31	398,60	234,97	341,78	384,50	226,36	329,25	370,40	217,74	316,72	356,31	209,12	304,18	342,20	200,51	291,65	328,10	191,89	279,12	314,01
	II	4.279,83	235,39	342,38	385,18	226,77	329,85	371,08	218,15	317,32	356,98	209,54	304,79	342,89	200,92	292,26	328,79	192,31	279,72	314,69	183,69	267,19	300,59
	III	3.597,83	80,20	287,82	323,80	61,56	275,29	309,70	42,91	262,76	295,60	24,27	250,22	281,50	5,63	237,69	267,40	–	225,16	253,30	–	212,66	239,24
	IV	4.428,91	243,59	354,31	398,60	239,28	348,05	391,55	234,97	341,78	384,50	230,67	335,52	377,46	226,36	329,25	370,40	222,05	322,98	363,35	217,74	316,72	356,31
	V	4.943,41	271,88	395,47	444,90																		
	VI	4.987,75	274,32	399,02	448,89																		
3.757,99 (West)	I	4.422,41	243,23	353,79	398,01	234,61	341,26	383,91	225,99	328,72	369,81	217,38	316,19	355,71	208,76	303,66	341,61	200,14	291,12	327,51	191,53	278,59	313,41
	II	4.273,33	235,03	341,86	384,59	226,41	329,33	370,49	217,80	316,80	356,40	209,18	304,26	342,29	200,56	291,73	328,19	191,95	279,20	314,10	183,33	266,66	299,99
	III	3.591,33	79,43	287,30	323,21	60,78	274,77	309,11	42,14	262,24	295,02	23,50	249,70	280,91	4,85	237,17	266,81	–	224,64	252,72	–	212,14	238,66
	IV	4.422,41	243,23	353,79	398,01	238,92	347,52	390,96	234,61	341,26	383,91	230,30	334,99	376,86	225,99	328,72	369,81	221,69	322,46	362,76	217,38	316,19	355,71
	V	4.936,83	271,52	394,94	444,31																		
	VI	4.981,16	273,96	398,49	448,30																		
3.757,99 (Ost)	I	4.430,25	243,66	354,42	398,72	235,04	341,88	384,62	226,43	329,35	370,52	217,81	316,82	356,42	209,19	304,28	342,32	200,58	291,75	328,22	191,96	279,22	314,12
	II	4.281,08	235,45	342,48	385,29	226,84	329,95	371,19	218,23	317,42	357,10	209,61	304,89	343,00	200,99	292,36	328,90	192,38	279,82	314,80	183,76	267,29	300,70
	III	3.599,16	80,36	287,93	323,92	61,72	275,40	309,82	43,07	262,86	295,72	24,43	250,33	281,62	5,79	237,80	267,52	–	225,26	253,42	–	212,76	239,35
	IV	4.430,25	243,66	354,42	398,72	239,35	348,15	391,67	235,04	341,88	384,62	230,73	335,62	377,57	226,43	329,35	370,52	222,12	323,08	363,47	217,81	316,82	356,42
	V	4.944,66	271,95	395,57	445,01																		
	VI	4.989,00	274,39	399,12	449,01																		
3.760,99 (West)	I	4.423,66	243,30	353,89	398,12	234,68	341,36	384,03	226,06	328,82	369,92	217,45	316,29	355,82	208,83	303,76	341,73	200,21	291,22	327,62	191,60	278,70	313,53
	II	4.274,58	235,10	341,96	384,71	226,48	329,43	370,61	217,86	316,90	356,51	209,25	304,36	342,41	200,63	291,83	328,31	192,01	279,30	314,21	183,40	266,76	300,11
	III	3.592,50	79,57	287,40	323,32	60,92	274,86	309,22	42,28	262,33	295,12	23,64	249,80	281,02	4,99	237,26	266,92	–	224,73	252,82	–	212,24	238,77
	IV	4.423,66	243,30	353,89	398,12	238,99	347,62	391,07	234,68	341,36	384,03	230,37	335,09	376,97	226,06	328,82	369,92	221,76	322,56	362,88	217,45	316,29	355,82
	V	4.938,08	271,59	395,04	444,42																		
	VI	4.982,41	274,03	398,59	448,41																		
3.760,99 (Ost)	I	4.431,50	243,73	354,52	398,83	235,11	341,98	384,73	226,49	329,45	370,63	217,88	316,92	356,53	209,26	304,38	342,43	200,64	291,85	328,33	192,03	279,32	314,23
	II	4.282,41	235,53	342,59	385,41	226,91	330,06	371,31	218,29	317,52	357,21	209,68	304,99	343,11	201,06	292,46	329,01	192,44	279,92	314,91	183,83	267,39	300,81
	III	3.600,33	80,50	288,02	324,02	61,86	275,49	309,92	43,21	262,96	295,83	24,57	250,42	281,72	5,93	237,89	267,62	–	225,36	253,53	–	212,86	239,47
	IV	4.431,50	243,73	354,52	398,83	239,42	348,25	391,78	235,11	341,98	384,73	230,80	335,72	377,68	226,49	329,45	370,63	222,19	323,18	363,58	217,88	316,92	356,53
	V	4.945,91	272,02	395,67	445,13																		
	VI	4.990,25	274,46	399,22	449,12																		
3.763,99 (West)	I	4.424,91	243,37	353,99	398,24	234,75	341,46	384,14	226,13	328,92	370,04	217,52	316,39	355,94	208,90	303,86	341,84	200,29	291,33	327,74	191,67	278,80	313,65
	II	4.275,83	235,17	342,06	384,82	226,55	329,53	370,72	217,93	317,00	356,62	209,32	304,46	342,52	200,70	291,93	328,42	192,08	279,40	314,32	183,47	266,86	300,22
	III	3.593,83	79,73	287,50	323,44	61,08	274,97	309,34	42,44	262,44	295,24	23,80	249,90	281,14	5,15	237,37	267,04	–	224,84	252,94	–	212,34	238,88
	IV	4.424,91	243,37	353,99	398,24	239,06	347,72	391,19	234,75	341,46	384,14	230,44	335,19	377,09	226,13	328,92	370,04	221,82	322,66	362,99	217,52	316,39	355,94
	V	4.939,33	271,66	395,14	444,53																		
	VI	4.983,66	274,10	398,69	448,52																		
13.763,99 (Ost)	I	4.432,75	243,80	354,62	398,94	235,18	342,08	384,84	226,56	329,55	370,74	217,95	317,02	356,64	209,33	304,48	342,54	200,71	291,95	328,44	192,10	279,42	314,34
	II	4.283,66	235,60	342,69	385,52	226,98	330,16	371,43	218,36	317,62	357,32	209,75	305,09	343,22	201,13	292,56	329,13	192,51	280,02	315,02	183,90	267,49	300,92
	III	3.601,66	80,66	288,13	324,14	62,01	275,60	310,05	43,37	263,06	295,94	24,73	250,53	281,84	6,08	238,00	267,75	–	225,46	253,64	–	212,96	239,58
	IV	4.432,75	243,80	354,62	398,94	239,49	348,35	391,89	235,18	342,08	384,84	230,87	335,82	377,79	226,56	329,55	370,74	222,25	323,28	363,69	217,95	317,02	356,64
	V	4.947,16	272,09	395,77	445,24																		
	VI	4.991,50	274,53	399,32	449,23																		

Lohn/ Gehalt bis	Steuerklasse	Lohn-steuer	ohne Kinderfreibetrag SolZ 5,5%	Kirchensteuer 8%	Kirchensteuer 9%	0,5 SolZ 5,5%	Kirchensteuer 8%	Kirchensteuer 9%	1,0 SolZ 5,5%	Kirchensteuer 8%	Kirchensteuer 9%	1,5 SolZ 5,5%	Kirchensteuer 8%	Kirchensteuer 9%	2,0 SolZ 5,5%	Kirchensteuer 8%	Kirchensteuer 9%	2,5 SolZ 5,5%	Kirchensteuer 8%	Kirchensteuer 9%	3,0 SolZ 5,5%	Kirchensteuer 8%	Kirchensteuer 9%
						Anzahl Kinderfreibeträge (nur Steuerklassen I–IV)																	
13.766,99	I	4.426,16	243,43	354,09	398,35	234,82	341,56	384,25	226,20	329,02	370,15	217,59	316,50	356,06	208,97	303,96	341,96	200,36	291,43	327,86	191,74	278,90	31
(West)	II	4.277,08	235,23	342,16	384,93	226,62	329,63	370,83	218,00	317,10	356,73	209,38	304,56	342,63	200,77	292,03	328,53	192,16	279,50	314,44	183,54	266,97	30
	III	3.595,00	79,86	287,60	323,55	61,22	275,06	309,44	42,58	262,53	295,34	23,93	250,00	281,25	5,29	237,46	267,14	-	224,93	253,04	-	212,44	23
	IV	4.426,16	243,43	354,09	398,35	239,13	347,82	391,30	234,82	341,56	384,25	230,51	335,29	377,20	226,20	329,02	370,15	221,90	322,76	363,11	217,59	316,50	35
	V	4.940,66	271,73	395,25	444,65																		
	VI	4.984,91	274,17	398,79	448,64																		
13.766,99	I	4.434,00	243,87	354,72	399,06	235,25	342,18	384,95	226,63	329,65	370,85	218,02	317,12	356,76	209,40	304,58	342,65	200,78	292,05	328,55	192,17	279,52	314
(Ost)	II	4.284,91	235,67	342,79	385,64	227,05	330,26	371,54	218,43	317,72	357,44	209,82	305,19	343,34	201,20	292,66	329,24	192,58	280,12	315,14	183,97	267,59	301
	III	3.602,83	80,80	288,22	324,25	62,15	275,69	310,15	43,51	263,16	296,05	24,87	250,62	281,95	6,22	238,09	267,85	-	225,56	253,75	-	213,06	239
	IV	4.434,00	243,87	354,72	399,06	239,56	348,45	392,00	235,25	342,18	384,95	230,94	335,92	377,91	226,63	329,65	370,85	222,32	323,38	363,80	218,02	317,12	356
	V	4.948,41	272,16	395,87	445,35																		
	VI	4.992,75	274,60	399,42	449,34																		
13.769,99	I	4.427,41	243,50	354,19	398,46	234,89	341,66	384,37	226,27	329,13	370,27	217,66	316,60	356,17	209,04	304,06	342,07	200,42	291,53	327,97	191,81	279,00	313
(West)	II	4.278,33	235,30	342,26	385,04	226,69	329,73	370,94	218,07	317,20	356,85	209,45	304,66	342,74	200,84	292,14	328,65	192,22	279,60	314,55	183,61	267,07	300
	III	3.596,33	80,02	287,70	323,66	61,38	275,17	309,56	42,74	262,64	295,47	24,09	250,10	281,36	5,45	237,57	267,26	-	225,04	253,17	-	212,53	239
	IV	4.427,41	243,50	354,19	398,46	239,19	347,92	391,41	234,89	341,66	384,37	230,58	335,40	377,32	226,27	329,13	370,27	221,97	322,86	363,22	217,66	316,60	356
	V	4.941,91	271,80	395,35	444,77																		
	VI	4.986,16	274,23	398,89	448,75																		
13.769,99	I	4.435,25	243,93	354,82	399,17	235,32	342,28	385,07	226,70	329,75	370,97	218,08	317,22	356,87	209,47	304,68	342,77	200,85	292,15	328,67	192,24	279,62	314
(Ost)	II	4.286,16	235,73	342,89	385,75	227,12	330,36	371,65	218,50	317,82	357,55	209,88	305,29	343,45	201,27	292,76	329,35	192,65	280,22	315,25	184,03	267,69	301
	III	3.604,16	80,95	288,33	324,37	62,31	275,80	310,27	43,67	263,26	296,17	25,02	250,73	282,07	6,38	238,20	267,97	-	225,66	253,87	-	213,16	239
	IV	4.435,25	243,93	354,82	399,17	239,63	348,55	392,12	235,32	342,28	385,07	231,01	336,02	378,02	226,70	329,75	370,97	222,39	323,48	363,92	218,08	317,22	356
	V	4.949,66	272,23	395,97	445,46																		
	VI	4.994,00	274,67	399,52	449,46																		
13.772,99	I	4.428,75	243,58	354,30	398,58	234,96	341,76	384,48	226,34	329,23	370,38	217,73	316,70	356,28	209,11	304,16	342,18	200,49	291,63	328,08	191,88	279,10	313
(West)	II	4.279,58	235,37	342,36	385,16	226,76	329,83	371,06	218,14	317,30	356,96	209,53	304,77	342,86	200,91	292,24	328,77	192,29	279,70	314,66	183,68	267,17	300
	III	3.597,50	80,16	287,80	323,77	61,52	275,26	309,67	42,87	262,73	295,57	24,23	250,20	281,47	5,59	237,66	267,37	-	225,14	253,28	-	212,64	239
	IV	4.428,75	243,58	354,30	398,58	239,27	348,03	391,53	234,96	341,76	384,48	230,65	335,50	377,43	226,34	329,23	370,38	222,03	322,96	363,33	217,73	316,70	356
	V	4.943,16	271,87	395,45	444,88																		
	VI	4.987,50	274,31	399,00	448,87																		
13.772,99	I	4.436,50	244,00	354,92	399,28	235,39	342,38	385,18	226,77	329,85	371,08	218,15	317,32	356,98	209,54	304,79	342,89	200,92	292,26	328,79	192,31	279,72	314
(Ost)	II	4.287,41	235,80	342,99	385,86	227,19	330,46	371,76	218,57	317,92	357,66	209,95	305,39	343,56	201,34	292,86	329,46	192,72	280,32	315,36	184,10	267,79	301
	III	3.605,33	81,09	288,42	324,47	62,45	275,89	310,37	43,81	263,36	296,28	25,16	250,82	282,17	6,54	238,30	268,09	-	225,77	253,99	-	213,26	239
	IV	4.436,50	244,00	354,92	399,28	239,69	348,65	392,23	235,39	342,38	385,18	231,08	336,12	378,13	226,77	329,85	371,08	222,46	323,58	364,03	218,15	317,32	356
	V	4.951,00	272,30	396,08	445,59																		
	VI	4.995,25	274,73	399,62	449,57																		
13.775,99	I	4.430,00	243,65	354,40	398,70	235,03	341,86	384,59	226,41	329,33	370,49	217,80	316,80	356,40	209,18	304,26	342,29	200,56	291,73	328,19	191,95	279,20	314
(West)	II	4.280,83	235,44	342,46	385,27	226,83	329,94	371,18	218,21	317,40	357,08	209,60	304,87	342,98	200,98	292,34	328,88	192,36	279,80	314,78	183,75	267,27	300
	III	3.598,83	80,32	287,90	323,89	61,68	275,37	309,79	43,03	262,84	295,69	24,39	250,30	281,59	5,75	237,77	267,49	-	225,24	253,39	-	212,73	239
	IV	4.430,00	243,65	354,40	398,70	239,34	348,13	391,64	235,03	341,86	384,59	230,72	335,60	377,55	226,41	329,33	370,49	222,10	323,06	363,44	217,80	316,80	356
	V	4.944,41	271,94	395,55	444,99																		
	VI	4.988,75	274,38	399,10	448,98																		
13.775,99	I	4.437,75	244,07	355,02	399,39	235,45	342,48	385,29	226,84	329,95	371,19	218,23	317,42	357,10	209,61	304,89	343,00	200,99	292,36	328,90	192,38	279,82	314
(Ost)	II	4.288,66	235,87	343,09	385,97	227,26	330,56	371,88	218,64	318,02	357,77	210,02	305,49	343,67	201,41	292,96	329,58	192,79	280,43	315,48	184,18	267,90	301
	III	3.606,66	81,25	288,53	324,59	62,61	276,00	310,50	43,97	263,46	296,39	25,32	250,93	282,29	6,68	238,40	268,20	-	225,86	254,09	-	213,36	240
	IV	4.437,75	244,07	355,02	399,39	239,76	348,75	392,34	235,45	342,48	385,29	231,15	336,22	378,24	226,84	329,95	371,19	222,53	323,69	364,15	218,23	317,42	357
	V	4.952,25	272,37	396,18	445,70																		
	VI	4.996,50	274,80	399,72	449,68																		
13.778,99	I	4.431,25	243,71	354,50	398,81	235,10	341,96	384,71	226,48	329,43	370,61	217,86	316,90	356,51	209,25	304,36	342,41	200,63	291,83	328,31	192,01	279,30	314
(West)	II	4.282,16	235,51	342,57	385,39	226,90	330,04	371,29	218,28	317,50	357,19	209,66	304,97	343,09	201,05	292,44	328,99	192,43	279,90	314,89	183,81	267,37	300
	III	3.600,00	80,46	288,00	324,00	61,82	275,46	309,89	43,19	262,94	295,81	24,55	250,41	281,71	5,91	237,88	267,61	-	225,34	253,51	-	212,84	239
	IV	4.431,25	243,71	354,50	398,81	239,41	348,23	391,76	235,10	341,96	384,71	230,79	335,70	377,66	226,48	329,43	370,61	222,17	323,16	363,56	217,86	316,90	356
	V	4.945,66	272,01	395,65	445,10																		
	VI	4.990,00	274,45	399,20	449,10																		
13.778,99	I	4.439,00	244,14	355,12	399,51	235,53	342,59	385,41	226,91	330,06	371,31	218,29	317,52	357,21	209,68	304,99	343,11	201,06	292,46	329,01	192,44	279,92	314
(Ost)	II	4.289,91	235,94	343,19	386,09	227,32	330,66	371,99	218,71	318,12	357,89	210,09	305,59	343,79	201,48	293,06	329,69	192,86	280,53	315,59	184,25	268,00	301,
	III	3.607,83	81,39	288,62	324,70	62,77	276,10	310,61	44,12	263,57	296,51	25,48	251,04	282,42	6,84	238,50	268,31	-	225,97	254,21	-	213,46	240,
	IV	4.439,00	244,14	355,12	399,51	239,83	348,85	392,45	235,53	342,59	385,41	231,22	336,32	378,36	226,91	330,06	371,31	222,60	323,79	364,26	218,29	317,52	357,
	V	4.953,50	272,44	396,28	445,81																		
	VI	4.997,75	274,87	399,82	449,79																		
13.781,99	I	4.432,50	243,78	354,60	398,92	235,17	342,06	384,82	226,55	329,53	370,72	217,93	317,00	356,62	209,32	304,46	342,52	200,70	291,93	328,42	192,08	279,40	314
(West)	II	4.283,41	235,58	342,67	385,50	226,97	330,14	371,40	218,35	317,60	357,30	209,73	305,07	343,20	201,12	292,54	329,10	192,50	280,00	315,00	183,88	267,47	300,
	III	3.601,33	80,62	288,10	324,11	61,97	275,57	310,01	43,33	263,04	295,92	24,69	250,50	281,81	6,04	237,97	267,71	-	225,44	253,62	-	212,93	239,
	IV	4.432,50	243,78	354,60	398,92	239,47	348,33	391,87	235,17	342,06	384,82	230,86	335,80	377,77	226,55	329,53	370,72	222,24	323,26	363,67	217,93	317,00	356,
	V	4.946,91	272,08	395,75	445,22																		
	VI	4.991,25	274,51	399,30	449,21																		
13.781,99	I	4.440,33	244,21	355,22	399,62	235,60	342,69	385,52	226,98	330,16	371,43	218,36	317,62	357,32	209,75	305,09	343,22	201,13	292,56	329,13	192,51	280,02	315,
(Ost)	II	4.291,16	236,01	343,29	386,20	227,39	330,76	372,10	218,78	318,23	358,01	210,16	305,70	343,91	201,55	293,16	329,81	192,93	280,63	315,71	184,31	268,10	301,
	III	3.609,16	81,55	288,73	324,82	62,91	276,20	310,72	44,26	263,66	296,62	25,62	251,13	282,52	6,98	238,60	268,42	-	226,06	254,32	-	213,56	240,
	IV	4.440,33	244,21	355,22	399,62	239,91	348,96	392,58	235,60	342,69	385,52	231,29	336,42	378,47	226,98	330,16	371,43	222,67	323,89	364,37	218,36	317,62	357,
	V	4.954,75	272,51	396,38	445,92																		
	VI	4.999,08	274,94	399,92	449,91																		
13.784,99	I	4.433,75	243,85	354,70	399,03	235,23	342,16	384,93	226,62	329,63	370,83	218,00	317,10	356,73	209,38	304,56	342,63	200,77	292,03	328,53	192,16	279,50	314,
(West)	II	4.284,66	235,65	342,77	385,61	227,04	330,24	371,52	218,42	317,70	357,41	209,80	305,17	343,31	201,19	292,64	329,22	192,57	280,10	315,11	183,95	267,57	301,
	III	3.602,66	80,78	288,21	324,23	62,13	275,68	310,14	43,49	263,14	296,03	24,85	250,61	281,93	6,20	238,08	267,84	-	225,54	253,73	-	213,04	239,
	IV	4.433,75	243,85	354,70	399,03	239,54	348,43	391,98	235,23	342,16	384,93	230,93	335,90	377,88	226,62	329,63	370,83	222,31	323,36	363,78	218,00	317,10	356,
	V	4.948,16	272,14	395,85	445,33																		
	VI	4.992,50	274,58	399,40	449,32																		
13.784,99	I	4.441,58	244,28	355,32	399,74	235,67	342,79	385,64	227,05	330,26	371,54	218,43	317,72	357,44	209,82	305,19	343,34	201,20	292,66	329,24	192,58	280,12	315,
(Ost)	II	4.292,41	236,08	343,39	386,31	227,47	330,86	372,22	218,85	318,33	358,12	210,23	305,80	344,02	201,62	293,26	329,92	193,00	280,73	315,82	184,38	268,20	301,
	III	3.610,50	81,71	288,84	324,94	63,07	276,30	310,84	44,42	263,77	296,74	25,78	251,24	282,64	7,14	238,70	268,54	-	226,17	254,44	-	213,66	240,
	IV	4.441,58	244,28	355,32	399,74	239,97	349,06	392,69	235,67	342,79	385,64	231,36	336,52	378,59	227,05	330,26	371,54	222,74	323,99	364,49	218,43	317,72	357,
	V	4.956,00	272,58	396,48	446,04																		
	VI	5.000,33	275,01	400,02	450,02																		

Lohn/ Gehalt bis	Steuerklasse	Lohn-steuer	ohne Kinderfreibetrag			Anzahl Kinderfreibeträge (nur Steuerklassen I–IV)																	
						0,5			1,0			1,5			2,0			2,5			3,0		
			SolZ 5,5%	Kirchensteuer 8%	9%	SolZ 5,5%	Kirchensteuer 8%	9%	SolZ 5,5%	Kirchensteuer 8%	9%	SolZ 5,5%	Kirchensteuer 8%	9%	SolZ 5,5%	Kirchensteuer 8%	9%	SolZ 5,5%	Kirchensteuer 8%	9%	SolZ 5,5%	Kirchensteuer 8%	9%
3.787,99	I	4.435,00	243,92	354,80	399,15	235,30	342,26	385,04	226,69	329,73	370,94	218,07	317,20	356,85	209,45	304,66	342,74	200,84	292,14	328,65	192,22	279,60	314,55
(West)	II	4.285,91	235,72	342,87	385,73	227,10	330,34	371,63	218,49	317,80	357,53	209,87	305,27	343,43	201,25	292,74	329,33	192,64	280,20	315,23	184,02	267,67	301,13
	III	3.603,83	80,92	288,30	324,34	62,27	275,77	310,24	43,63	263,24	296,14	24,99	250,70	282,04	6,34	238,17	267,94	-	225,64	253,84	-	213,13	239,77
	IV	4.435,00	243,92	354,80	399,15	239,61	348,53	392,09	235,30	342,26	385,04	231,00	336,00	378,00	226,69	329,73	370,94	222,38	323,46	363,89	218,07	317,20	356,85
	V	4.949,41	272,21	395,95	445,44																		
	VI	4.993,75	274,65	399,50	449,43																		
3.787,99	I	4.442,83	244,35	355,42	399,85	235,73	342,89	385,75	227,12	330,36	371,65	218,50	317,82	357,55	209,88	305,29	343,45	201,27	292,76	329,35	192,65	280,22	315,25
(Ost)	II	4.293,75	236,15	343,50	386,43	227,53	330,96	372,33	218,92	318,43	358,23	210,30	305,90	344,13	201,68	293,36	330,03	193,07	280,83	315,93	184,45	268,30	301,83
	III	3.611,66	81,85	288,93	325,04	63,20	276,40	310,95	44,56	263,86	296,84	25,92	251,33	282,74	7,27	238,80	268,65	-	226,26	254,54	-	213,76	240,48
	IV	4.442,83	244,35	355,42	399,85	240,04	349,16	392,80	235,73	342,89	385,75	231,43	336,62	378,70	227,12	330,36	371,65	222,81	324,09	364,60	218,50	317,82	357,55
	V	4.957,25	272,64	396,58	446,15																		
	VI	5.001,58	275,08	400,12	450,14																		
3.790,99	I	4.436,25	243,99	354,90	399,26	235,37	342,36	385,16	226,76	329,83	371,06	218,14	317,30	356,96	209,53	304,77	342,86	200,91	292,24	328,77	192,29	279,70	314,66
(West)	II	4.287,16	235,79	342,97	385,84	227,17	330,44	371,74	218,56	317,90	357,64	209,94	305,37	343,54	201,32	292,84	329,44	192,71	280,30	315,34	184,09	267,78	301,25
	III	3.605,16	81,07	288,41	324,46	62,43	275,88	310,36	43,79	263,34	296,26	25,14	250,81	282,16	6,50	238,28	268,06	-	225,74	253,96	-	213,24	239,89
	IV	4.436,25	243,99	354,90	399,26	239,68	348,63	392,21	235,37	342,36	385,16	231,06	336,10	378,11	226,76	329,83	371,06	222,45	323,56	364,01	218,14	317,30	356,96
	V	4.950,75	272,29	396,06	445,56																		
	VI	4.995,00	274,72	399,60	449,55																		
3.790,99	I	4.444,08	244,42	355,52	399,96	235,80	342,99	385,86	227,19	330,46	371,76	218,57	317,92	357,66	209,95	305,39	343,56	201,34	292,86	329,46	192,72	280,32	315,36
(Ost)	II	4.295,00	236,22	343,60	386,55	227,60	331,06	372,44	218,99	318,53	358,34	210,37	306,00	344,25	201,75	293,46	330,14	193,14	280,93	316,04	184,52	268,40	301,95
	III	3.613,00	82,01	289,04	325,17	63,36	276,50	311,06	44,72	263,97	296,96	26,08	251,44	282,87	7,43	238,90	268,76	-	226,37	254,66	-	213,86	240,59
	IV	4.444,08	244,42	355,52	399,96	240,11	349,26	392,91	235,80	342,99	385,86	231,49	336,72	378,81	227,19	330,46	371,76	222,88	324,19	364,71	218,57	317,92	357,66
	V	4.958,50	272,71	396,68	446,26																		
	VI	5.002,83	275,15	400,22	450,25																		
3.793,99	I	4.437,50	244,06	355,00	399,37	235,44	342,46	385,27	226,83	329,94	371,18	218,21	317,40	357,08	209,60	304,87	342,98	200,98	292,34	328,88	192,36	279,80	314,78
(West)	II	4.288,41	235,86	343,07	385,95	227,24	330,54	371,85	218,62	318,00	357,75	210,01	305,47	343,65	201,40	292,94	329,56	192,78	280,41	315,46	184,16	267,88	301,36
	III	3.606,33	81,21	288,50	324,56	62,57	275,97	310,46	43,93	263,44	296,37	25,28	250,90	282,26	6,64	238,37	268,16	-	225,84	254,07	-	213,33	239,99
	IV	4.437,50	244,06	355,00	399,37	239,75	348,73	392,32	235,44	342,46	385,27	231,14	336,20	378,23	226,83	329,94	371,18	222,52	323,67	364,13	218,21	317,40	357,08
	V	4.952,00	272,36	396,16	445,68																		
	VI	4.996,25	274,79	399,70	449,66																		
3.793,99	I	4.445,33	244,49	355,62	400,07	235,87	343,09	385,97	227,26	330,56	371,88	218,64	318,02	357,77	210,02	305,49	343,67	201,41	292,96	329,58	192,79	280,43	315,48
(Ost)	II	4.296,25	236,29	343,70	386,66	227,67	331,16	372,56	219,06	318,63	358,46	210,44	306,10	344,36	201,82	293,56	330,26	193,21	281,03	316,16	184,59	268,50	302,06
	III	3.614,16	82,14	289,13	325,27	63,50	276,60	311,17	44,86	264,06	297,07	26,21	251,53	282,97	7,57	239,00	268,87	-	226,46	254,77	-	213,96	240,70
	IV	4.445,33	244,49	355,62	400,07	240,18	349,36	393,03	235,87	343,09	385,97	231,56	336,82	378,92	227,26	330,56	371,88	222,95	324,29	364,82	218,64	318,02	357,77
	V	4.959,75	272,78	396,78	446,37																		
	VI	5.004,08	275,22	400,32	450,36																		
3.796,99	I	4.438,83	244,13	355,10	399,49	235,51	342,57	385,39	226,90	330,04	371,29	218,28	317,50	357,19	209,66	304,97	343,09	201,05	292,44	328,99	192,43	279,90	314,89
(West)	II	4.289,66	235,93	343,17	386,06	227,31	330,64	371,97	218,69	318,10	357,86	210,08	305,58	343,77	201,46	293,04	329,67	192,85	280,51	315,57	184,23	267,98	301,47
	III	3.607,66	81,37	288,61	324,68	62,73	276,08	310,59	44,08	263,54	296,48	25,44	251,01	282,38	6,80	238,48	268,29	-	225,94	254,18	-	213,44	240,12
	IV	4.438,83	244,13	355,10	399,49	239,82	348,84	392,44	235,51	342,57	385,39	231,21	336,30	378,34	226,90	330,04	371,29	222,59	323,77	364,24	218,28	317,50	357,19
	V	4.953,25	272,42	396,26	445,79																		
	VI	4.997,58	274,86	399,80	449,78																		
3.796,99	I	4.446,58	244,56	355,72	400,19	235,94	343,19	386,09	227,32	330,66	371,99	218,71	318,12	357,89	210,09	305,59	343,79	201,48	293,06	329,69	192,86	280,53	315,59
(Ost)	II	4.297,50	236,36	343,80	386,77	227,74	331,26	372,67	219,12	318,73	358,57	210,51	306,20	344,47	201,89	293,66	330,37	193,27	281,13	316,27	184,66	268,60	302,17
	III	3.615,50	82,30	289,24	325,39	63,66	276,70	311,29	45,02	264,17	297,19	26,37	251,64	283,09	7,73	239,10	268,99	-	226,57	254,89	-	214,06	240,82
	IV	4.446,58	244,56	355,72	400,19	240,25	349,46	393,14	235,94	343,19	386,09	231,63	336,92	379,04	227,32	330,66	371,99	223,02	324,39	364,94	218,71	318,12	357,89
	V	4.961,00	272,85	396,88	446,49																		
	VI	5.005,33	275,29	400,42	450,47																		
3.799,99	I	4.440,08	244,20	355,20	399,60	235,58	342,67	385,50	226,97	330,14	371,40	218,35	317,60	357,30	209,73	305,07	343,20	201,12	292,54	329,10	192,50	280,00	315,00
(West)	II	4.290,91	236,00	343,27	386,18	227,38	330,74	372,08	218,77	318,21	357,98	210,15	305,68	343,89	201,53	293,14	329,78	192,92	280,61	315,68	184,30	268,08	301,59
	III	3.608,83	81,51	288,70	324,79	62,87	276,17	310,69	44,22	263,64	296,59	25,58	251,10	282,49	6,96	238,58	268,40	-	226,05	254,30	-	213,53	240,22
	IV	4.440,08	244,20	355,20	399,60	239,89	348,94	392,55	235,58	342,67	385,50	231,27	336,40	378,45	226,97	330,14	371,40	222,66	323,87	364,35	218,35	317,60	357,30
	V	4.954,50	272,49	396,36	445,90																		
	VI	4.998,83	274,93	399,90	449,89																		
3.799,99	I	4.447,83	244,63	355,82	400,30	236,01	343,29	386,20	227,39	330,76	372,10	218,78	318,23	358,01	210,16	305,70	343,91	201,55	293,16	329,81	192,93	280,63	315,71
(Ost)	II	4.298,75	236,43	343,90	386,88	227,81	331,36	372,78	219,19	318,83	358,68	210,58	306,30	344,58	201,96	293,76	330,48	193,34	281,23	316,38	184,73	268,70	302,29
	III	3.616,66	82,44	289,33	325,49	63,80	276,80	311,40	45,16	264,26	297,29	26,53	251,74	283,21	7,89	239,21	269,11	-	226,68	255,01	-	214,16	240,93
	IV	4.447,83	244,63	355,82	400,30	240,32	349,56	393,25	236,01	343,29	386,20	231,70	337,02	379,15	227,39	330,76	372,10	223,08	324,49	365,05	218,78	318,23	358,01
	V	4.962,33	272,92	396,98	446,60																		
	VI	5.006,58	275,36	400,52	450,59																		
3.802,99	I	4.441,33	244,27	355,30	399,71	235,65	342,77	385,61	227,04	330,24	371,52	218,42	317,70	357,41	209,80	305,17	343,31	201,19	292,64	329,22	192,57	280,10	315,11
(West)	II	4.292,25	236,07	343,38	386,30	227,45	330,84	372,20	218,84	318,31	358,10	210,22	305,78	344,00	201,60	293,24	329,90	192,99	280,71	315,80	184,37	268,18	301,70
	III	3.610,16	81,67	288,81	324,91	63,03	276,28	310,81	44,38	263,74	296,71	25,74	251,21	282,61	7,10	238,68	268,51	-	226,14	254,41	-	213,64	240,34
	IV	4.441,33	244,27	355,30	399,71	239,96	349,04	392,67	235,65	342,77	385,61	231,34	336,50	378,56	227,04	330,24	371,52	222,73	323,97	364,46	218,42	317,70	357,41
	V	4.955,75	272,56	396,46	446,01																		
	VI	5.000,08	275,00	400,00	450,00																		
3.802,99	I	4.449,08	244,69	355,92	400,41	236,08	343,39	386,31	227,47	330,86	372,22	218,85	318,33	358,12	210,23	305,80	344,02	201,62	293,26	329,92	193,00	280,73	315,82
(Ost)	II	4.300,00	236,50	344,00	387,00	227,88	331,46	372,89	219,26	318,93	358,79	210,65	306,40	344,70	202,03	293,87	330,60	193,42	281,34	316,50	184,80	268,80	302,40
	III	3.618,00	82,60	289,44	325,62	63,96	276,90	311,51	45,31	264,37	297,41	26,67	251,84	283,32	8,03	239,30	269,21	-	226,77	255,11	-	214,26	241,04
	IV	4.449,08	244,69	355,92	400,41	240,39	349,66	393,36	236,08	343,39	386,31	231,77	337,13	379,27	227,47	330,86	372,22	223,16	324,60	365,17	218,85	318,33	358,12
	V	4.963,58	272,99	397,08	446,72																		
	VI	5.007,83	275,43	400,62	450,70																		
3.805,99	I	4.442,58	244,34	355,40	399,83	235,72	342,87	385,73	227,10	330,34	371,63	218,49	317,80	357,53	209,87	305,27	343,43	201,25	292,74	329,33	192,64	280,20	315,23
(West)	II	4.293,50	236,14	343,48	386,41	227,52	330,94	372,31	218,90	318,41	358,21	210,29	305,88	344,11	201,67	293,34	330,01	193,05	280,81	315,91	184,44	268,28	301,81
	III	3.611,33	81,81	288,90	325,01	63,18	276,38	310,93	44,54	263,85	296,83	25,90	251,32	282,73	7,25	238,78	268,63	-	226,25	254,53	-	213,73	240,44
	IV	4.442,58	244,34	355,40	399,83	240,03	349,14	392,78	235,72	342,87	385,73	231,41	336,60	378,68	227,10	330,34	371,63	222,80	324,07	364,58	218,49	317,80	357,53
	V	4.957,00	272,63	396,56	446,13																		
	VI	5.001,33	275,07	400,10	450,11																		
3.805,99	I	4.450,41	244,77	356,03	400,53	236,15	343,50	386,43	227,53	330,96	372,33	218,92	318,43	358,23	210,30	305,90	344,13	201,68	293,36	330,03	193,07	280,83	315,93
(Ost)	II	4.301,25	236,56	344,10	387,11	227,95	331,56	373,01	219,33	319,03	358,91	210,72	306,50	344,81	202,10	293,97	330,71	193,49	281,44	316,62	184,87	268,90	302,51
	III	3.619,33	82,76	289,54	325,73	64,12	277,01	311,63	45,47	264,48	297,54	26,83	251,94	283,43	8,19	239,41	269,33	-	226,88	255,24	-	214,36	241,15
	IV	4.450,41	244,77	356,03	400,53	240,46	349,76	393,48	236,15	343,50	386,43	231,84	337,23	379,38	227,53	330,96	372,33	223,23	324,70	365,28	218,92	318,43	358,23
	V	4.964,83	273,06	397,18	446,83																		
	VI	5.009,16	275,50	400,73	450,82																		

Lohn/ Gehalt bis	Steuerklasse	Lohn-steuer	ohne Kinderfreibetrag SolZ 5,5%	Kirchensteuer 8%	9%	0,5 SolZ 5,5%	Kirchensteuer 8%	9%	1,0 SolZ 5,5%	Kirchensteuer 8%	9%	1,5 SolZ 5,5%	Kirchensteuer 8%	9%	2,0 SolZ 5,5%	Kirchensteuer 8%	9%	2,5 SolZ 5,5%	Kirchensteuer 8%	9%	3,0 SolZ 5,5%	Kirchensteuer 8%	9%
13.808,99 (West)	I	4.443,83	244,41	355,50	399,94	235,79	342,97	385,84	227,17	330,44	371,74	218,56	317,90	357,64	209,94	305,37	343,54	201,32	292,84	329,44	192,71	280,30	31
	II	4.294,75	236,21	343,58	386,52	227,59	331,04	372,42	218,97	318,51	358,32	210,36	305,98	344,22	201,74	293,44	330,12	193,12	280,91	316,02	184,51	268,38	30
	III	3.612,66	81,97	289,01	325,13	63,32	276,48	311,04	44,68	263,94	296,93	26,04	251,41	282,83	7,39	238,88	268,74	-	226,34	254,63	-	213,84	24
	IV	4.443,83	244,41	355,50	399,94	240,10	349,24	392,89	235,79	342,97	385,84	231,48	336,70	378,79	227,17	330,44	371,74	222,86	324,17	364,69	218,56	317,90	35
	V	4.958,25	272,70	396,66	446,24																		
	VI	5.002,58	275,14	400,20	450,23																		
13.808,99 (Ost)	I	4.451,66	244,84	356,13	400,64	236,22	343,60	386,55	227,60	331,06	372,44	218,99	318,53	358,34	210,37	306,00	344,25	201,75	293,46	330,14	193,14	280,93	31
	II	4.302,50	236,63	344,20	387,22	228,02	331,67	373,13	219,40	319,14	359,03	210,79	306,60	344,93	202,17	294,07	330,83	193,55	281,54	316,73	184,94	269,00	30
	III	3.620,50	82,90	289,64	325,84	64,26	277,10	311,74	45,61	264,57	297,64	26,97	252,04	283,54	8,33	239,50	269,44	-	226,97	255,34	-	214,46	24
	IV	4.451,66	244,84	356,13	400,64	240,53	349,86	393,59	236,22	343,60	386,55	231,91	337,33	379,49	227,60	331,06	372,44	223,30	324,80	365,40	218,99	318,53	35
	V	4.966,08	273,13	397,28	446,94																		
	VI	5.010,41	275,57	400,83	450,93																		
13.811,99 (West)	I	4.445,08	244,47	355,60	400,05	235,86	343,07	385,95	227,24	330,54	371,85	218,62	318,00	357,75	210,01	305,47	343,65	201,40	292,94	329,56	192,78	280,41	31
	II	4.296,00	236,28	343,68	386,64	227,66	331,14	372,53	219,04	318,61	358,43	210,43	306,08	344,34	201,81	293,54	330,23	193,19	281,01	316,13	184,58	268,48	30
	III	3.614,00	82,12	289,12	325,26	63,48	276,58	311,15	44,84	264,05	297,05	26,19	251,52	282,96	7,55	238,98	268,85	-	226,45	254,75	-	213,93	24
	IV	4.445,08	244,47	355,60	400,05	240,17	349,34	393,00	235,86	343,07	385,95	231,55	336,80	378,90	227,24	330,54	371,85	222,93	324,27	364,80	218,62	318,00	35
	V	4.959,50	272,77	396,76	446,35																		
	VI	5.003,83	275,21	400,30	450,34																		
13.811,99 (Ost)	I	4.452,91	244,91	356,23	400,76	236,29	343,70	386,66	227,67	331,16	372,56	219,06	318,63	358,46	210,44	306,10	344,36	201,82	293,56	330,26	193,21	281,03	31
	II	4.303,83	236,71	344,30	387,34	228,09	331,77	373,24	219,47	319,24	359,14	210,86	306,70	345,04	202,24	294,17	330,94	193,62	281,64	316,84	185,01	269,10	30
	III	3.621,83	83,06	289,74	325,96	64,41	277,21	311,86	45,77	264,68	297,76	27,13	252,14	283,66	8,48	239,61	269,56	-	227,08	255,46	-	214,56	24
	IV	4.452,91	244,91	356,23	400,76	240,60	349,96	393,71	236,29	343,70	386,66	231,98	337,43	379,61	227,67	331,16	372,56	223,36	324,90	365,51	219,06	318,63	35
	V	4.967,33	273,20	397,38	447,05																		
	VI	5.011,66	275,64	400,93	451,04																		
13.814,99 (West)	I	4.446,33	244,54	355,70	400,16	235,93	343,17	386,06	227,31	330,64	371,97	218,69	318,10	357,86	210,08	305,58	343,77	201,46	293,04	329,67	192,85	280,51	31
	II	4.297,25	236,34	343,78	386,75	227,73	331,24	372,65	219,11	318,71	358,55	210,49	306,18	344,45	201,88	293,64	330,35	193,26	281,11	316,25	184,65	268,58	30
	III	3.615,16	82,26	289,21	325,36	63,62	276,68	311,26	44,98	264,14	297,16	26,33	251,61	283,06	7,69	239,08	268,96	-	226,54	254,86	-	214,04	24
	IV	4.446,33	244,54	355,70	400,16	240,24	349,44	393,12	235,93	343,17	386,06	231,62	336,90	379,01	227,31	330,64	371,97	223,00	324,37	364,91	218,69	318,10	35
	V	4.960,83	272,84	396,86	446,47																		
	VI	5.005,08	275,27	400,40	450,45																		
13.814,99 (Ost)	I	4.454,16	244,97	356,33	400,87	236,36	343,80	386,77	227,74	331,26	372,67	219,12	318,73	358,57	210,51	306,20	344,47	201,89	293,66	330,37	193,27	281,13	31
	II	4.305,08	236,77	344,40	387,45	228,16	331,87	373,35	219,54	319,34	359,25	210,92	306,80	345,15	202,31	294,27	331,05	193,69	281,74	316,95	185,07	269,20	30
	III	3.623,00	83,20	289,84	326,07	64,55	277,30	311,96	45,91	264,77	297,86	27,27	252,24	283,77	8,62	239,70	269,66	-	227,17	255,56	-	214,66	24
	IV	4.454,16	244,97	356,33	400,87	240,67	350,06	393,82	236,36	343,80	386,77	232,05	337,53	379,72	227,74	331,26	372,67	223,43	325,00	365,62	219,12	318,73	35
	V	4.968,58	273,27	397,48	447,17																		
	VI	5.012,91	275,71	401,03	451,16																		
13.817,99 (West)	I	4.447,58	244,61	355,80	400,28	236,00	343,27	386,18	227,38	330,74	372,08	218,77	318,21	357,98	210,15	305,68	343,89	201,53	293,14	329,78	192,92	280,61	315
	II	4.298,50	236,41	343,88	386,86	227,80	331,34	372,76	219,18	318,81	358,66	210,56	306,28	344,56	201,95	293,74	330,46	193,33	281,22	316,37	184,72	268,68	302
	III	3.616,50	82,42	289,32	325,48	63,78	276,78	311,38	45,14	264,25	297,28	26,49	251,72	283,18	7,85	239,18	269,08	-	226,65	254,98	-	214,13	240
	IV	4.447,58	244,61	355,80	400,28	240,30	349,54	393,23	236,00	343,27	386,18	231,69	337,00	379,13	227,38	330,74	372,08	223,08	324,48	365,04	218,77	318,21	357
	V	4.962,08	272,91	396,96	446,58																		
	VI	5.006,33	275,34	400,50	450,56																		
13.817,99 (Ost)	I	4.455,41	245,04	356,43	400,98	236,43	343,90	386,88	227,81	331,36	372,78	219,19	318,83	358,68	210,58	306,30	344,58	201,96	293,76	330,48	193,34	281,23	316
	II	4.306,33	236,84	344,50	387,56	228,23	331,97	373,46	219,61	319,44	359,37	210,99	306,90	345,26	202,38	294,37	331,16	193,76	281,84	317,07	185,14	269,30	302
	III	3.624,33	83,35	289,94	326,18	64,71	277,41	312,08	46,07	264,88	297,99	27,42	252,34	283,88	8,78	239,81	269,78	-	227,28	255,69	-	214,76	241
	IV	4.455,41	245,04	356,43	400,98	240,73	350,16	393,93	236,43	343,90	386,88	232,12	337,63	379,83	227,81	331,36	372,78	223,50	325,10	365,73	219,19	318,83	358
	V	4.969,83	273,34	397,58	447,28																		
	VI	5.014,16	275,77	401,13	451,27																		
13.820,99 (West)	I	4.448,83	244,68	355,90	400,39	236,07	343,38	386,30	227,45	330,84	372,20	218,84	318,31	358,10	210,22	305,78	344,00	201,60	293,24	329,90	192,99	280,71	315
	II	4.299,75	236,48	343,98	386,97	227,86	331,44	372,87	219,25	318,91	358,77	210,64	306,38	344,68	202,02	293,85	330,58	193,40	281,32	316,48	184,79	268,78	302
	III	3.617,66	82,56	289,41	325,58	63,92	276,88	311,49	45,27	264,34	297,38	26,63	251,81	283,28	7,99	239,28	269,19	-	226,74	255,08	-	214,24	241
	IV	4.448,83	244,68	355,90	400,39	240,38	349,64	393,35	236,07	343,38	386,30	231,76	337,11	379,25	227,45	330,84	372,20	223,14	324,58	365,15	218,84	318,31	358
	V	4.963,33	272,98	397,06	446,69																		
	VI	5.007,58	275,41	400,60	450,68																		
13.820,99 (Ost)	I	4.456,66	245,11	356,53	401,09	236,50	344,00	387,00	227,88	331,46	372,89	219,26	318,93	358,79	210,65	306,40	344,70	202,03	293,87	330,60	193,42	281,34	316,
	II	4.307,58	236,91	344,60	387,68	228,30	332,07	373,58	219,68	319,54	359,48	211,06	307,00	345,38	202,45	294,47	331,28	193,83	281,94	317,18	185,21	269,40	303,
	III	3.625,50	83,49	290,04	326,29	64,85	277,50	312,19	46,21	264,97	298,09	27,56	252,44	283,99	8,92	239,90	269,89	-	227,38	255,80	-	214,86	241,
	IV	4.456,66	245,11	356,53	401,09	240,80	350,26	394,04	236,50	344,00	387,00	232,19	337,73	379,94	227,88	331,46	372,89	223,57	325,20	365,85	219,26	318,93	358,
	V	4.971,08	273,40	397,68	447,39																		
	VI	5.015,41	275,84	401,23	451,38																		
13.823,99 (West)	I	4.450,16	244,75	356,01	400,51	236,14	343,48	386,41	227,52	330,94	372,31	218,90	318,41	358,21	210,29	305,88	344,11	201,67	293,34	330,01	193,05	280,81	315,
	II	4.301,00	236,55	344,08	387,09	227,93	331,54	372,98	219,32	319,02	358,89	210,70	306,48	344,79	202,09	293,95	330,69	193,47	281,42	316,59	184,85	268,88	302,
	III	3.619,00	82,72	289,52	325,71	64,08	276,98	311,60	45,43	264,45	297,50	26,79	251,92	283,41	8,15	239,38	269,30	-	226,85	255,20	-	214,33	241,
	IV	4.450,16	244,75	356,01	400,51	240,45	349,74	393,46	236,14	343,48	386,41	231,83	337,21	379,36	227,52	330,94	372,31	223,21	324,68	365,26	218,90	318,41	358,
	V	4.964,58	273,05	397,16	446,81																		
	VI	5.008,91	275,49	400,71	450,80																		
13.823,99 (Ost)	I	4.457,91	245,18	356,63	401,21	236,56	344,10	387,11	227,95	331,56	373,01	219,33	319,03	358,91	210,72	306,50	344,81	202,10	293,97	330,71	193,49	281,44	316,
	II	4.308,83	236,98	344,70	387,79	228,36	332,17	373,69	219,75	319,64	359,59	211,13	307,10	345,49	202,51	294,57	331,39	193,90	282,04	317,29	185,29	269,51	303,
	III	3.626,83	83,65	290,14	326,41	65,01	277,61	312,31	46,37	265,08	298,21	27,72	252,54	284,11	9,08	240,01	270,01	-	227,48	255,91	-	214,96	241,
	IV	4.457,91	245,18	356,63	401,21	240,87	350,36	394,16	236,56	344,10	387,11	232,26	337,83	380,06	227,95	331,56	373,01	223,64	325,30	365,96	219,33	319,03	358,
	V	4.972,41	273,48	397,79	447,51																		
	VI	5.016,66	275,91	401,33	451,49																		
13.826,99 (West)	I	4.451,41	244,82	356,11	400,62	236,21	343,58	386,52	227,59	331,04	372,42	218,97	318,51	358,32	210,36	305,98	344,22	201,74	293,44	330,12	193,12	280,91	316,
	II	4.302,33	236,62	344,18	387,20	228,01	331,65	373,10	219,39	319,12	359,01	210,77	306,58	344,90	202,16	294,05	330,80	193,54	281,52	316,71	184,92	268,98	302,
	III	3.620,16	82,86	289,61	325,81	64,22	277,08	311,71	45,57	264,54	297,61	26,95	252,02	283,52	8,31	239,49	269,42	-	226,96	255,33	-	214,44	241,
	IV	4.451,41	244,82	356,11	400,62	240,51	349,84	393,57	236,21	343,58	386,52	231,90	337,31	379,47	227,59	331,04	372,42	223,28	324,78	365,37	218,97	318,51	358,
	V	4.965,83	273,12	397,26	446,92																		
	VI	5.010,16	275,55	400,81	450,91																		
13.826,99 (Ost)	I	4.459,16	245,25	356,73	401,32	236,63	344,20	387,22	228,02	331,67	373,13	219,40	319,14	359,03	210,79	306,60	344,93	202,17	294,07	330,83	193,55	281,54	316,
	II	4.310,08	237,05	344,80	387,90	228,43	332,27	373,80	219,82	319,74	359,70	211,20	307,20	345,60	202,58	294,67	331,50	193,97	282,14	317,41	185,35	269,61	303,
	III	3.628,00	83,79	290,24	326,52	65,15	277,70	312,41	46,52	265,18	298,33	27,88	252,65	284,23	9,24	240,12	270,13	-	227,58	256,03	-	215,06	241,
	IV	4.459,16	245,25	356,73	401,32	240,94	350,46	394,27	236,63	344,20	387,22	232,32	337,93	380,17	228,02	331,67	373,13	223,71	325,40	366,08	219,40	319,14	359,
	V	4.973,66	273,55	397,89	447,62																		
	VI	5.017,91	275,98	401,43	451,61																		

Anzahl Kinderfreibeträge (nur Steuerklassen I–IV)

Allgemeine Tabelle

MONAT bis 13.847,99 €

Lohn/ Gehalt bis	Steuerklasse	Lohn-steuer	ohne Kinderfreibetrag			Anzahl Kinderfreibeträge (nur Steuerklassen I–IV) 0,5			1,0			1,5			2,0			2,5			3,0		
			SolZ 5,5%	Kirchensteuer 8%	9%	SolZ 5,5%	Kirchensteuer 8%	9%	SolZ 5,5%	Kirchensteuer 8%	9%	SolZ 5,5%	Kirchensteuer 8%	9%	SolZ 5,5%	Kirchensteuer 8%	9%	SolZ 5,5%	Kirchensteuer 8%	9%	SolZ 5,5%	Kirchensteuer 8%	9%
3.829,99 (West)	I	4.452,66	244,89	356,21	400,73	236,28	343,68	386,64	227,66	331,14	372,53	219,04	318,61	358,43	210,43	306,08	344,34	201,81	293,54	330,23	193,19	281,01	316,13
	II	4.303,58	236,69	344,28	387,32	228,08	331,75	373,22	219,46	319,22	359,12	210,84	306,68	345,02	202,23	294,15	330,92	193,61	281,62	316,82	184,99	269,08	302,72
	III	3.621,50	83,02	289,72	325,93	64,37	277,18	311,83	45,73	264,65	297,73	27,09	252,12	283,63	8,44	239,58	269,53	-	227,05	255,43	-	214,53	241,34
	IV	4.452,66	244,89	356,21	400,73	240,58	349,94	393,68	236,28	343,68	386,64	231,97	337,41	379,58	227,66	331,14	372,53	223,35	324,88	365,49	219,04	318,61	358,43
	V	4.967,08	273,18	397,36	447,03																		
	VI	5.011,41	275,62	400,91	451,02																		
3.829,99 (Ost)	I	4.460,41	245,32	356,83	401,43	236,71	344,30	387,34	228,09	331,77	373,24	219,47	319,24	359,14	210,86	306,70	345,04	202,24	294,17	330,94	193,62	281,64	316,84
	II	4.311,33	237,12	344,90	388,01	228,50	332,37	373,91	219,89	319,84	359,82	211,27	307,31	345,72	202,66	294,78	331,62	194,04	282,24	317,52	185,42	269,71	303,42
	III	3.629,33	83,95	290,34	326,63	65,31	277,81	312,53	46,66	265,28	298,44	28,02	252,74	284,33	9,38	240,21	270,23	-	227,68	256,14	-	215,16	242,05
	IV	4.460,41	245,32	356,83	401,43	241,01	350,57	394,39	236,71	344,30	387,34	232,40	338,04	380,29	228,09	331,77	373,24	223,78	325,50	366,19	219,47	319,24	359,14
	V	4.974,91	273,62	397,99	447,74																		
	VI	5.019,25	276,05	401,54	451,73																		
3.832,99 (West)	I	4.453,91	244,96	356,31	400,85	236,34	343,78	386,75	227,73	331,24	372,65	219,11	318,71	358,55	210,49	306,18	344,45	201,88	293,64	330,35	193,26	281,11	316,25
	II	4.304,83	236,76	344,38	387,43	228,14	331,85	373,33	219,53	319,32	359,23	210,91	306,78	345,13	202,29	294,25	331,03	193,68	281,72	316,93	185,06	269,18	302,83
	III	3.622,83	83,18	289,82	326,05	64,53	277,29	311,95	45,89	264,76	297,85	27,25	252,22	283,75	8,60	239,69	269,65	-	227,16	255,55	-	214,64	241,47
	IV	4.453,91	244,96	356,31	400,85	240,65	350,04	393,80	236,34	343,78	386,75	232,04	337,51	379,70	227,73	331,24	372,65	223,42	324,98	365,60	219,11	318,71	358,55
	V	4.968,33	273,25	397,46	447,14																		
	VI	5.012,66	275,69	401,01	451,13																		
3.832,99 (Ost)	I	4.461,75	245,39	356,94	401,55	236,77	344,40	387,45	228,16	331,87	373,35	219,54	319,34	359,25	210,92	306,80	345,15	202,31	294,27	331,05	193,69	281,74	316,95
	II	4.312,58	237,19	345,00	388,13	228,57	332,47	374,03	219,96	319,94	359,93	211,34	307,41	345,83	202,73	294,88	331,74	194,11	282,34	317,63	185,49	269,81	303,53
	III	3.630,66	84,11	290,45	326,75	65,46	277,92	312,66	46,82	265,38	298,55	28,18	252,85	284,45	9,53	240,32	270,36	-	227,78	256,25	-	215,26	242,17
	IV	4.461,75	245,39	356,94	401,55	241,08	350,67	394,50	236,77	344,40	387,45	232,47	338,14	380,40	228,16	331,87	373,35	223,85	325,60	366,30	219,54	319,34	359,25
	V	4.976,16	273,68	398,09	447,85																		
	VI	5.020,50	276,12	401,64	451,84																		
3.835,99 (West)	I	4.455,16	245,03	356,41	400,96	236,41	343,88	386,86	227,80	331,34	372,76	219,18	318,81	358,66	210,56	306,28	344,56	201,95	293,74	330,46	193,33	281,22	316,37
	II	4.306,08	236,83	344,48	387,54	228,21	331,95	373,44	219,60	319,42	359,34	210,98	306,88	345,24	202,36	294,35	331,14	193,75	281,82	317,04	185,13	269,28	302,94
	III	3.624,00	83,31	289,92	326,16	64,67	277,38	312,05	46,03	264,85	297,95	27,38	252,32	283,86	8,74	239,78	269,75	-	227,25	255,65	-	214,73	241,57
	IV	4.455,16	245,03	356,41	400,96	240,72	350,14	393,91	236,41	343,88	386,86	232,10	337,61	379,81	227,80	331,34	372,76	223,49	325,08	365,71	219,18	318,81	358,66
	V	4.969,58	273,32	397,56	447,26																		
	VI	5.013,91	275,76	401,11	451,25																		
3.835,99 (Ost)	I	4.463,00	245,46	357,04	401,67	236,84	344,50	387,56	228,23	331,97	373,46	219,61	319,44	359,37	210,99	306,90	345,26	202,38	294,37	331,16	193,76	281,84	317,07
	II	4.313,91	237,26	345,11	388,25	228,64	332,58	374,15	220,03	320,04	360,05	211,41	307,51	345,95	202,79	294,98	331,85	194,18	282,44	317,75	185,56	269,91	303,65
	III	3.631,83	84,25	290,54	326,86	65,60	278,01	312,76	46,96	265,48	298,66	28,32	252,94	284,56	9,67	240,41	270,46	-	227,88	256,36	-	215,36	242,28
	IV	4.463,00	245,46	357,04	401,67	241,15	350,77	394,61	236,84	344,50	387,56	232,54	338,24	380,52	228,23	331,97	373,46	223,92	325,70	366,41	219,61	319,44	359,37
	V	4.977,41	273,75	398,19	447,96																		
	VI	5.021,75	276,19	401,74	451,95																		
3.838,99 (West)	I	4.456,41	245,10	356,51	401,07	236,48	343,98	386,97	227,86	331,44	372,87	219,25	318,91	358,77	210,64	306,38	344,68	202,02	293,85	330,58	193,40	281,32	316,48
	II	4.307,33	236,90	344,58	387,65	228,28	332,05	373,55	219,67	319,52	359,46	211,05	306,98	345,35	202,43	294,45	331,25	193,82	281,92	317,16	185,20	269,38	303,05
	III	3.625,33	83,47	290,02	326,27	64,83	277,49	312,17	46,19	264,96	298,08	27,54	252,42	283,97	8,90	239,89	269,87	-	227,36	255,78	-	214,84	241,69
	IV	4.456,41	245,10	356,51	401,07	240,79	350,24	394,02	236,48	343,98	386,97	232,17	337,71	379,92	227,86	331,44	372,87	223,56	325,18	365,82	219,25	318,91	358,77
	V	4.970,83	273,39	397,66	447,37																		
	VI	5.015,16	275,83	401,21	451,36																		
3.838,99 (Ost)	I	4.464,25	245,53	357,14	401,78	236,91	344,60	387,68	228,30	332,07	373,58	219,68	319,54	359,48	211,06	307,00	345,38	202,45	294,47	331,28	193,83	281,94	317,18
	II	4.315,16	237,33	345,21	388,36	228,71	332,68	374,26	220,10	320,14	360,16	211,48	307,61	346,06	202,86	295,08	331,96	194,25	282,54	317,86	185,63	270,01	303,76
	III	3.633,16	84,41	290,65	326,98	65,76	278,12	312,88	47,12	265,58	298,78	28,48	253,05	284,68	9,83	240,52	270,58	-	227,98	256,48	-	215,46	242,39
	IV	4.464,25	245,53	357,14	401,78	241,22	350,87	394,73	236,91	344,60	387,68	232,60	338,34	380,63	228,30	332,07	373,58	223,99	325,80	366,53	219,68	319,54	359,48
	V	4.978,66	273,82	398,29	448,07																		
	VI	5.023,00	276,26	401,84	452,07																		
3.841,99 (West)	I	4.457,66	245,17	356,61	401,18	236,55	344,08	387,09	227,93	331,54	372,98	219,32	319,02	358,89	210,70	306,48	344,79	202,09	293,95	330,69	193,47	281,42	316,59
	II	4.308,58	236,97	344,68	387,77	228,35	332,15	373,67	219,73	319,62	359,57	211,12	307,08	345,47	202,50	294,55	331,37	193,89	282,02	317,27	185,27	269,49	303,17
	III	3.626,50	83,61	290,12	326,38	64,97	277,58	312,28	46,33	265,05	298,18	27,68	252,52	284,08	9,04	239,98	269,98	-	227,45	255,88	-	214,93	241,79
	IV	4.457,66	245,17	356,61	401,18	240,86	350,34	394,13	236,55	344,08	387,09	232,24	337,81	380,03	227,93	331,54	372,98	223,63	325,28	365,94	219,32	319,02	358,89
	V	4.972,16	273,46	397,77	447,49																		
	VI	5.016,41	275,90	401,31	451,47																		
3.841,99 (Ost)	I	4.465,50	245,60	357,24	401,89	236,98	344,70	387,79	228,36	332,17	373,69	219,75	319,64	359,59	211,13	307,10	345,49	202,51	294,57	331,39	193,90	282,04	317,29
	II	4.316,41	237,40	345,31	388,47	228,78	332,78	374,37	220,16	320,24	360,27	211,55	307,71	346,17	202,93	295,18	332,07	194,31	282,64	317,97	185,70	270,11	303,87
	III	3.634,33	84,54	290,74	327,08	65,90	278,21	312,98	47,26	265,68	298,89	28,61	253,14	284,78	9,97	240,61	270,68	-	228,08	256,59	-	215,56	242,50
	IV	4.465,50	245,60	357,24	401,89	241,29	350,97	394,84	236,98	344,70	387,79	232,67	338,44	380,74	228,36	332,17	373,69	224,06	325,90	366,64	219,75	319,64	359,59
	V	4.979,91	273,89	398,39	448,19																		
	VI	5.024,25	276,33	401,94	452,18																		
3.844,99 (West)	I	4.458,91	245,24	356,71	401,30	236,62	344,18	387,20	228,01	331,65	373,10	219,39	319,12	359,01	210,77	306,58	344,90	202,16	294,05	330,80	193,54	281,52	316,71
	II	4.309,83	237,04	344,78	387,88	228,42	332,25	373,78	219,80	319,72	359,68	211,19	307,18	345,58	202,57	294,66	331,49	193,96	282,12	317,39	185,34	269,59	303,29
	III	3.627,83	83,77	290,22	326,50	65,13	277,69	312,40	46,48	265,16	298,30	27,84	252,62	284,20	9,20	240,09	270,10	-	227,56	256,00	-	215,04	241,92
	IV	4.458,91	245,24	356,71	401,30	240,93	350,44	394,25	236,62	344,18	387,20	232,32	337,92	380,16	228,01	331,65	373,10	223,70	325,38	366,05	219,39	319,12	359,01
	V	4.973,41	273,53	397,87	447,60																		
	VI	5.017,66	275,97	401,41	451,58																		
3.844,99 (Ost)	I	4.466,75	245,67	357,34	402,00	237,05	344,80	387,90	228,43	332,27	373,80	219,82	319,74	359,70	211,20	307,20	345,60	202,58	294,67	331,50	193,97	282,14	317,41
	II	4.317,66	237,47	345,41	388,58	228,85	332,88	374,49	220,23	320,34	360,38	211,62	307,81	346,28	203,00	295,28	332,19	194,38	282,74	318,08	185,77	270,21	303,98
	III	3.635,66	84,70	290,85	327,20	66,06	278,32	313,11	47,42	265,78	299,00	28,77	253,25	284,90	10,13	240,72	270,81	-	228,18	256,70	-	215,66	242,62
	IV	4.466,75	245,67	357,34	402,00	241,36	351,07	394,95	237,05	344,80	387,90	232,74	338,54	380,85	228,43	332,27	373,80	224,12	326,00	366,75	219,82	319,74	359,70
	V	4.981,16	273,96	398,49	448,30																		
	VI	5.025,50	276,40	402,04	452,29																		
3.847,99 (West)	I	4.460,25	245,31	356,82	401,42	236,69	344,28	387,32	228,08	331,75	373,22	219,46	319,22	359,12	210,84	306,68	345,02	202,23	294,15	330,92	193,61	281,62	316,82
	II	4.311,08	237,10	344,88	387,99	228,49	332,35	373,89	219,88	319,82	359,80	211,26	307,29	345,70	202,64	294,76	331,60	194,03	282,22	317,50	185,41	269,69	303,40
	III	3.629,00	83,91	290,32	326,61	65,27	277,78	312,50	46,62	265,25	298,40	27,98	252,72	284,31	9,34	240,18	270,20	-	227,66	256,12	-	215,13	242,02
	IV	4.460,25	245,31	356,82	401,42	241,00	350,55	394,37	236,69	344,28	387,32	232,38	338,02	380,27	228,08	331,75	373,22	223,77	325,48	366,17	219,46	319,22	359,12
	V	4.974,66	273,60	397,97	447,71																		
	VI	5.019,00	276,04	401,52	451,71																		
13.847,99 (Ost)	I	4.468,00	245,74	357,44	402,12	237,12	344,90	388,01	228,50	332,37	373,91	219,89	319,84	359,82	211,27	307,31	345,72	202,66	294,78	331,62	194,04	282,24	317,52
	II	4.318,91	237,54	345,51	388,70	228,92	332,98	374,60	220,30	320,44	360,50	211,69	307,91	346,40	203,07	295,38	332,30	194,45	282,84	318,20	185,84	270,31	304,10
	III	3.636,83	84,84	290,94	327,31	66,20	278,41	313,21	47,56	265,88	299,11	28,91	253,34	285,01	10,29	240,82	270,92	-	228,29	256,82	-	215,76	242,73
	IV	4.468,00	245,74	357,44	402,12	241,43	351,17	395,06	237,12	344,90	388,01	232,81	338,64	380,97	228,50	332,37	373,91	224,19	326,10	366,86	219,89	319,84	359,82
	V	4.982,50	274,03	398,60	448,42																		
	VI	5.026,75	276,47	402,14	452,40																		

Lohn/ Gehalt bis	Steuerklasse	Lohn-steuer	ohne Kinderfreibetrag SolZ 5,5%	Kirchensteuer 8%	Kirchensteuer 9%	0,5 SolZ 5,5%	Kirchensteuer 8%	Kirchensteuer 9%	1,0 SolZ 5,5%	Kirchensteuer 8%	Kirchensteuer 9%	1,5 SolZ 5,5%	Kirchensteuer 8%	Kirchensteuer 9%	2,0 SolZ 5,5%	Kirchensteuer 8%	Kirchensteuer 9%	2,5 SolZ 5,5%	Kirchensteuer 8%	Kirchensteuer 9%	3,0 SolZ 5,5%	Kirchensteuer 8%	Kirchensteuer 9%
						Anzahl Kinderfreibeträge (nur Steuerklassen I–IV)																	
13.850,99 (West)	I	4.461,50	245,38	356,92	401,53	236,76	344,38	387,43	228,14	331,85	373,33	219,53	319,32	359,23	210,91	306,78	345,13	202,29	294,25	331,03	193,68	281,72	31
	II	4.312,33	237,17	344,98	388,10	228,56	332,46	374,01	219,94	319,92	359,91	211,33	307,39	345,81	202,71	294,86	331,71	194,09	282,32	317,61	185,48	269,79	30
	III	3.630,33	84,07	290,42	326,72	65,43	277,89	312,62	46,78	265,36	298,53	28,14	252,82	284,42	9,50	240,29	270,32	–	227,76	256,23	–	215,24	24
	IV	4.461,50	245,38	356,92	401,53	241,07	350,65	394,48	236,76	344,38	387,43	232,45	338,12	380,38	228,14	331,85	373,33	223,84	325,58	366,28	219,53	319,32	35
	V	4.975,91	273,67	398,07	447,83																		
	VI	5.020,25	276,11	401,62	451,82																		
13.850,99 (Ost)	I	4.469,25	245,80	357,54	402,23	237,19	345,00	388,13	228,57	332,47	374,03	219,96	319,94	359,93	211,34	307,41	345,83	202,73	294,88	331,74	194,11	282,34	31
	II	4.320,16	237,60	345,61	388,81	228,99	333,08	374,71	220,37	320,54	360,61	211,75	308,01	346,51	203,14	295,48	332,41	194,53	282,95	318,32	185,91	270,42	30
	III	3.638,16	85,00	291,05	327,43	66,36	278,52	313,33	47,71	265,98	299,23	29,07	253,45	285,13	10,43	240,92	271,03	–	228,38	256,93	–	215,86	24
	IV	4.469,25	245,80	357,54	402,23	241,50	351,27	395,18	237,19	345,00	388,13	232,88	338,74	381,08	228,57	332,47	374,03	224,27	326,21	366,98	219,96	319,94	35
	V	4.983,75	274,10	398,70	448,53																		
	VI	5.028,00	276,54	402,24	452,52																		
13.853,99 (West)	I	4.462,75	245,45	357,02	401,64	236,83	344,48	387,54	228,21	331,95	373,44	219,60	319,42	359,34	210,98	306,88	345,24	202,36	294,35	331,14	193,75	281,82	31
	II	4.313,66	237,25	345,09	388,22	228,63	332,56	374,13	220,01	320,02	360,02	211,40	307,49	345,92	202,78	294,96	331,83	194,16	282,42	317,72	185,55	269,89	30
	III	3.631,50	84,21	290,52	326,83	65,56	277,98	312,73	46,94	265,46	298,64	28,30	252,93	284,54	9,65	240,40	270,45	–	227,86	256,34	–	215,33	24
	IV	4.462,75	245,45	357,02	401,64	241,14	350,75	394,59	236,83	344,48	387,54	232,52	338,22	380,49	228,21	331,95	373,44	223,90	325,68	366,39	219,60	319,42	35
	V	4.977,16	273,74	398,17	447,94																		
	VI	5.021,50	276,18	401,72	451,93																		
13.853,99 (Ost)	I	4.470,50	245,87	357,64	402,34	237,26	345,11	388,25	228,64	332,58	374,15	220,03	320,04	360,05	211,41	307,51	345,95	202,79	294,98	331,85	194,18	282,44	31
	II	4.321,41	237,67	345,71	388,92	229,06	333,18	374,82	220,44	320,64	360,72	211,82	308,11	346,62	203,21	295,58	332,53	194,59	283,05	318,43	185,98	270,52	30
	III	3.639,33	85,14	291,14	327,53	66,52	278,62	313,45	47,87	266,09	299,35	29,23	253,56	285,25	10,59	241,02	271,15	–	228,49	257,05	–	215,96	24
	IV	4.470,50	245,87	357,64	402,34	241,56	351,37	395,29	237,26	345,11	388,25	232,95	338,84	381,20	228,64	332,58	374,15	224,34	326,31	367,10	220,03	320,04	36
	V	4.985,00	274,17	398,80	448,65																		
	VI	5.029,25	276,60	402,34	452,63																		
13.856,99 (West)	I	4.464,00	245,52	357,12	401,76	236,90	344,58	387,65	228,28	332,05	373,55	219,67	319,52	359,46	211,05	306,98	345,35	202,43	294,45	331,25	193,82	281,92	31
	II	4.314,91	237,32	345,19	388,34	228,70	332,66	374,24	220,08	320,12	360,14	211,47	307,59	346,04	202,85	295,06	331,94	194,23	282,52	317,84	185,62	269,99	30
	III	3.632,83	84,37	290,62	326,95	65,72	278,09	312,85	47,08	265,56	298,75	28,44	253,02	284,65	9,79	240,49	270,55	–	227,96	256,45	–	215,44	24
	IV	4.464,00	245,52	357,12	401,76	241,21	350,85	394,70	236,90	344,58	387,65	232,59	338,32	380,61	228,28	332,05	373,55	223,97	325,78	366,50	219,67	319,52	35
	V	4.978,41	273,81	398,27	448,05																		
	VI	5.022,75	276,25	401,82	452,04																		
13.856,99 (Ost)	I	4.471,83	245,95	357,74	402,46	237,33	345,21	388,36	228,71	332,68	374,26	220,10	320,14	360,16	211,48	307,61	346,06	202,86	295,08	331,96	194,25	282,54	31
	II	4.322,66	237,74	345,81	389,03	229,13	333,28	374,94	220,51	320,75	360,84	211,90	308,22	346,74	203,28	295,68	332,64	194,66	283,15	318,54	186,05	270,62	30
	III	3.640,66	85,30	291,25	327,65	66,65	278,72	313,56	48,01	266,18	299,45	29,37	253,65	285,35	10,72	241,12	271,26	–	228,58	257,15	–	216,06	24
	IV	4.471,83	245,95	357,74	402,46	241,64	351,48	395,41	237,33	345,21	388,36	233,02	338,94	381,31	228,71	332,68	374,26	224,40	326,41	367,21	220,10	320,14	36
	V	4.986,25	274,24	398,90	448,76																		
	VI	5.030,58	276,68	402,44	452,75																		
13.859,99 (West)	I	4.465,25	245,58	357,22	401,87	236,97	344,68	387,77	228,35	332,15	373,67	219,73	319,62	359,57	211,12	307,08	345,47	202,50	294,55	331,37	193,89	282,02	317
	II	4.316,16	237,38	345,29	388,45	228,77	332,76	374,35	220,15	320,22	360,25	211,53	307,69	346,15	202,92	295,16	332,05	194,30	282,62	317,95	185,68	270,09	303
	III	3.634,16	84,52	290,73	327,07	65,88	278,20	312,97	47,24	265,66	298,87	28,59	253,13	284,77	9,95	240,60	270,67	–	228,06	256,57	–	215,54	242
	IV	4.465,25	245,58	357,22	401,87	241,28	350,95	394,82	236,97	344,68	387,77	232,66	338,42	380,72	228,35	332,15	373,67	224,04	325,88	366,62	219,73	319,62	359
	V	4.979,66	273,88	398,37	448,16																		
	VI	5.024,00	276,32	401,92	452,16																		
13.859,99 (Ost)	I	4.473,08	246,01	357,84	402,57	237,40	345,31	388,47	228,78	332,78	374,37	220,16	320,24	360,27	211,55	307,71	346,17	202,93	295,18	332,07	194,31	282,64	317
	II	4.323,91	237,81	345,91	389,15	229,20	333,38	375,05	220,58	320,85	360,95	211,97	308,32	346,86	203,35	295,78	332,75	194,73	283,25	318,65	186,12	270,72	304
	III	3.642,00	85,46	291,36	327,78	66,81	278,82	313,67	48,17	266,29	299,57	29,53	253,76	285,48	10,88	241,22	271,37	–	228,69	257,27	–	216,16	243
	IV	4.473,08	246,01	357,84	402,57	241,71	351,58	395,52	237,40	345,31	388,47	233,09	339,04	381,42	228,78	332,78	374,37	224,47	326,51	367,32	220,16	320,24	360
	V	4.987,50	274,31	399,00	448,87																		
	VI	5.031,83	276,75	402,54	452,86																		
13.862,99 (West)	I	4.466,50	245,65	357,32	401,98	237,04	344,78	387,88	228,42	332,25	373,78	219,80	319,72	359,68	211,19	307,18	345,58	202,57	294,66	331,49	193,96	282,12	317
	II	4.317,41	237,45	345,39	388,56	228,84	332,86	374,46	220,22	320,32	360,36	211,60	307,79	346,26	202,99	295,26	332,16	194,37	282,72	318,06	185,75	270,19	303
	III	3.635,33	84,66	290,82	327,17	66,02	278,29	313,07	47,38	265,76	298,98	28,73	253,22	284,87	10,09	240,69	270,77	–	228,16	256,68	–	215,64	242
	IV	4.466,50	245,65	357,32	401,98	241,34	351,05	394,93	237,04	344,78	387,88	232,73	338,52	380,83	228,42	332,25	373,78	224,11	325,98	366,73	219,80	319,72	359
	V	4.980,91	273,95	398,47	448,28																		
	VI	5.025,25	276,38	402,02	452,27																		
13.862,99 (Ost)	I	4.474,33	246,08	357,94	402,68	237,47	345,41	388,58	228,85	332,88	374,49	220,23	320,34	360,38	211,62	307,81	346,28	203,00	295,28	332,19	194,38	282,74	318,
	II	4.325,25	237,88	346,02	389,27	229,27	333,48	375,17	220,65	320,95	361,07	212,03	308,42	346,97	203,42	295,88	332,87	194,80	283,35	318,77	186,18	270,82	304
	III	3.643,16	85,60	291,45	327,88	66,95	278,92	313,78	48,31	266,38	299,68	29,67	253,85	285,58	11,02	241,32	271,48	–	228,78	257,38	–	216,26	243
	IV	4.474,33	246,08	357,94	402,68	241,78	351,68	395,64	237,47	345,41	388,58	233,16	339,14	381,53	228,85	332,88	374,49	224,54	326,61	367,43	220,23	320,34	360,
	V	4.988,75	274,38	399,10	448,98																		
	VI	5.033,08	276,81	402,64	452,97																		
13.865,99 (West)	I	4.467,75	245,72	357,42	402,09	237,10	344,88	387,99	228,49	332,35	373,89	219,88	319,82	359,80	211,26	307,29	345,70	202,64	294,76	331,60	194,03	282,22	317,
	II	4.318,66	237,52	345,49	388,67	228,91	332,96	374,58	220,29	320,42	360,47	211,67	307,89	346,37	203,06	295,36	332,28	194,44	282,82	318,17	185,83	270,30	304,
	III	3.636,66	84,82	290,93	327,29	66,18	278,40	313,20	47,54	265,86	299,09	28,89	253,33	284,99	10,25	240,80	270,90	–	228,26	256,79	–	215,74	242,
	IV	4.467,75	245,72	357,42	402,09	241,41	351,15	395,04	237,10	344,88	387,99	232,80	338,62	380,94	228,49	332,35	373,89	224,18	326,08	366,84	219,88	319,82	359,
	V	4.982,25	274,02	398,58	448,40																		
	VI	5.026,50	276,45	402,12	452,38																		
13.865,99 (Ost)	I	4.475,58	246,15	358,04	402,80	237,54	345,51	388,70	228,92	332,98	374,60	220,30	320,44	360,50	211,69	307,91	346,40	203,07	295,38	332,30	194,45	282,84	318,
	II	4.326,50	237,95	346,12	389,38	229,34	333,58	375,28	220,72	321,05	361,18	212,10	308,52	347,08	203,49	295,98	332,98	194,87	283,45	318,88	186,25	270,92	304,
	III	3.644,50	85,75	291,56	328,00	67,11	279,02	313,90	48,47	266,49	299,80	29,82	253,96	285,70	11,18	241,42	271,60	–	228,89	257,50	–	216,36	243,
	IV	4.475,58	246,15	358,04	402,80	241,84	351,78	395,75	237,54	345,51	388,70	233,23	339,24	381,65	228,92	332,98	374,60	224,61	326,71	367,55	220,30	320,44	360,
	V	4.990,00	274,45	399,20	449,10																		
	VI	5.034,33	276,88	402,74	453,08																		
13.868,99 (West)	I	4.469,00	245,79	357,52	402,21	237,17	344,98	388,10	228,56	332,46	374,01	219,94	319,92	359,91	211,33	307,39	345,81	202,71	294,86	331,71	194,09	282,32	317,
	II	4.319,91	237,59	345,59	388,79	228,97	333,06	374,69	220,36	320,52	360,59	211,74	307,99	346,49	203,13	295,46	332,39	194,51	282,93	318,29	185,90	270,40	304,
	III	3.637,83	84,96	291,02	327,40	66,32	278,49	313,30	47,67	265,96	299,20	29,03	253,42	285,10	10,39	240,89	271,00	–	228,36	256,90	–	215,84	242,
	IV	4.469,00	245,79	357,52	402,21	241,48	351,25	395,15	237,17	344,98	388,10	232,87	338,72	381,06	228,56	332,46	374,01	224,25	326,19	366,96	219,94	319,92	359,
	V	4.983,50	274,09	398,68	448,51																		
	VI	5.027,75	276,52	402,22	452,49																		
13.868,99 (Ost)	I	4.476,83	246,22	358,14	402,91	237,60	345,61	388,81	228,99	333,08	374,71	220,37	320,54	360,61	211,75	308,01	346,51	203,14	295,48	332,41	194,53	282,95	318,
	II	4.327,75	238,02	346,22	389,49	229,40	333,68	375,39	220,79	321,15	361,29	212,17	308,62	347,19	203,55	296,08	333,09	194,94	283,55	318,99	186,32	271,02	304,
	III	3.645,66	85,89	291,65	328,10	67,25	279,12	314,01	48,61	266,58	299,90	29,96	254,05	285,80	11,32	241,52	271,71	–	228,98	257,60	–	216,46	243,
	IV	4.476,83	246,22	358,14	402,91	241,91	351,88	395,86	237,60	345,61	388,81	233,30	339,34	381,76	228,99	333,08	374,71	224,68	326,81	367,66	220,37	320,54	360,
	V	4.991,25	274,51	399,30	449,21																		
	VI	5.035,58	276,95	402,84	453,20																		

Lohn/ Gehalt bis	Steuerklasse	Lohn-steuer	ohne Kinderfreibetrag			Anzahl Kinderfreibeträge (nur Steuerklassen I–IV)																	
						0,5			1,0			1,5			2,0			2,5			3,0		
			SolZ 5,5%	Kirchensteuer 8%	9%	SolZ 5,5%	Kirchensteuer 8%	9%	SolZ 5,5%	Kirchensteuer 8%	9%	SolZ 5,5%	Kirchensteuer 8%	9%	SolZ 5,5%	Kirchensteuer 8%	9%	SolZ 5,5%	Kirchensteuer 8%	9%	SolZ 5,5%	Kirchensteuer 8%	9%
3.871,99 (West)	I	4.470,33	245,86	357,62	402,32	237,25	345,09	388,22	228,63	332,56	374,13	220,01	320,02	360,02	211,40	307,49	345,92	202,78	294,96	331,83	194,16	282,42	317,72
	II	4.321,16	237,66	345,69	388,90	229,04	333,16	374,80	220,43	320,62	360,70	211,81	308,10	346,61	203,20	295,56	332,51	194,58	283,03	318,41	185,96	270,50	304,31
	III	3.639,16	85,12	291,13	327,52	66,48	278,60	313,42	47,83	266,06	299,32	29,19	253,53	285,22	10,55	241,00	271,12	-	228,46	257,02	-	215,94	242,93
	IV	4.470,33	245,86	357,62	402,32	241,56	351,36	395,28	237,25	345,09	388,22	232,94	338,82	381,17	228,63	332,56	374,13	224,32	326,29	367,07	220,01	320,02	360,02
	V	4.984,75	274,16	398,78	448,62																		
	VI	5.029,08	276,59	402,32	452,61																		
3.871,99 (Ost)	I	4.478,08	246,29	358,24	403,02	237,67	345,71	388,92	229,06	333,18	374,82	220,44	320,64	360,72	211,82	308,11	346,62	203,21	295,58	332,53	194,59	283,05	318,43
	II	4.329,00	238,09	346,32	389,61	229,47	333,78	375,50	220,86	321,25	361,40	212,24	308,72	347,31	203,62	296,18	333,20	195,01	283,65	319,10	186,39	271,12	305,01
	III	3.647,00	86,05	291,76	328,23	67,41	279,22	314,12	48,77	266,69	300,02	30,12	254,16	285,93	11,48	241,62	271,82	-	229,09	257,72	-	216,56	243,63
	IV	4.478,08	246,29	358,24	403,02	241,98	351,98	395,97	237,67	345,71	388,92	233,36	339,44	381,87	229,06	333,18	374,82	224,75	326,91	367,77	220,44	320,64	360,72
	V	4.992,50	274,58	399,40	449,32																		
	VI	5.036,83	277,02	402,94	453,31																		
3.874,99 (West)	I	4.471,58	245,93	357,72	402,44	237,32	345,19	388,34	228,70	332,66	374,24	220,08	320,12	360,14	211,47	307,59	346,04	202,85	295,06	331,94	194,23	282,52	317,84
	II	4.322,41	237,73	345,79	389,01	229,12	333,26	374,92	220,50	320,73	360,82	211,88	308,20	346,72	203,27	295,66	332,62	194,65	283,13	318,52	186,03	270,60	304,42
	III	3.640,33	85,26	291,22	327,62	66,62	278,69	313,52	47,97	266,16	299,43	29,33	253,62	285,32	10,71	241,10	271,24	-	228,57	257,14	-	216,04	243,04
	IV	4.471,58	245,93	357,72	402,44	241,62	351,46	395,39	237,32	345,19	388,34	233,01	338,92	381,29	228,70	332,66	374,24	224,39	326,39	367,19	220,08	320,12	360,14
	V	4.986,00	274,23	398,88	448,74																		
	VI	5.030,33	276,66	402,42	452,72																		
3.874,99 (Ost)	I	4.479,33	246,36	358,34	403,13	237,74	345,81	389,03	229,13	333,28	374,94	220,51	320,75	360,84	211,90	308,22	346,74	203,28	295,68	332,64	194,66	283,15	318,54
	II	4.330,25	238,16	346,42	389,72	229,54	333,88	375,62	220,93	321,35	361,52	212,31	308,82	347,42	203,69	296,28	333,32	195,08	283,75	319,22	186,46	271,22	305,12
	III	3.648,16	86,19	291,85	328,33	67,55	279,32	314,23	48,90	266,78	300,13	30,28	254,26	286,04	11,64	241,73	271,94	-	229,20	257,85	-	216,66	243,74
	IV	4.479,33	246,36	358,34	403,13	242,05	352,08	396,09	237,74	345,81	389,03	233,43	339,54	381,98	229,13	333,28	374,94	224,82	327,01	367,88	220,51	320,75	360,84
	V	4.993,83	274,66	399,50	449,44																		
	VI	5.038,08	277,09	403,04	453,42																		
3.877,99 (West)	I	4.472,83	246,00	357,82	402,55	237,38	345,29	388,45	228,77	332,76	374,35	220,15	320,22	360,25	211,53	307,69	346,15	202,92	295,16	332,05	194,30	282,62	317,95
	II	4.323,75	237,80	345,90	389,13	229,18	333,36	375,03	220,57	320,83	360,93	211,95	308,30	346,83	203,33	295,76	332,73	194,72	283,23	318,63	186,10	270,70	304,53
	III	3.641,66	85,42	291,33	327,74	66,77	278,80	313,65	48,13	266,26	299,54	29,49	253,73	285,44	10,84	241,20	271,35	-	228,66	257,24	-	216,14	243,16
	IV	4.472,83	246,00	357,82	402,55	241,69	351,56	395,50	237,38	345,29	388,45	233,08	339,02	381,40	228,77	332,76	374,35	224,46	326,49	367,30	220,15	320,22	360,25
	V	4.987,25	274,29	398,98	448,85																		
	VI	5.031,58	276,73	402,52	452,84																		
3.877,99 (Ost)	I	4.480,58	246,43	358,44	403,25	237,81	345,91	389,15	229,20	333,38	375,05	220,58	320,85	360,95	211,97	308,32	346,86	203,35	295,78	332,75	194,73	283,25	318,65
	II	4.331,50	238,23	346,52	389,83	229,61	333,98	375,73	220,99	321,45	361,63	212,38	308,92	347,53	203,77	296,39	333,44	195,15	283,86	319,34	186,53	271,32	305,24
	III	3.649,50	86,35	291,96	328,45	67,71	279,42	314,35	49,06	266,89	300,25	30,42	254,36	286,15	11,78	241,82	272,05	-	229,29	257,95	-	216,77	243,86
	IV	4.480,58	246,43	358,44	403,25	242,12	352,18	396,20	237,81	345,91	389,15	233,51	339,65	382,10	229,20	333,38	375,05	224,89	327,12	368,01	220,58	320,85	360,95
	V	4.995,08	274,72	399,60	449,55																		
	VI	5.039,33	277,16	403,14	453,53																		
3.880,99 (West)	I	4.474,08	246,07	357,92	402,66	237,45	345,39	388,56	228,84	332,86	374,46	220,22	320,32	360,36	211,60	307,79	346,26	202,99	295,26	332,16	194,37	282,72	318,06
	II	4.325,00	237,87	346,00	389,25	229,25	333,46	375,14	220,64	320,93	361,04	212,02	308,40	346,95	203,40	295,86	332,84	194,79	283,33	318,74	186,17	270,80	304,65
	III	3.642,83	85,56	291,42	327,85	66,93	278,90	313,76	48,29	266,37	299,66	29,65	253,84	285,57	11,00	241,30	271,46	-	228,77	257,36	-	216,24	243,27
	IV	4.474,08	246,07	357,92	402,66	241,76	351,66	395,61	237,45	345,39	388,56	233,14	339,12	381,51	228,84	332,86	374,46	224,53	326,59	367,41	220,22	320,32	360,36
	V	4.988,50	274,36	399,08	448,96																		
	VI	5.032,83	276,80	402,62	452,95																		
3.880,99 (Ost)	I	4.481,91	246,50	358,55	403,37	237,88	346,02	389,27	229,27	333,48	375,17	220,65	320,95	361,07	212,03	308,42	346,97	203,42	295,88	332,87	194,80	283,35	318,77
	II	4.332,75	238,30	346,62	389,94	229,68	334,08	375,84	221,06	321,55	361,74	212,45	309,02	347,65	203,83	296,49	333,55	195,22	283,96	319,45	186,60	271,42	305,35
	III	3.650,83	86,51	292,06	328,57	67,86	279,53	314,47	49,22	267,00	300,37	30,58	254,46	286,27	11,93	241,93	272,17	-	229,40	258,07	-	216,86	243,97
	IV	4.481,91	246,50	358,55	403,37	242,19	352,28	396,32	237,88	346,02	389,27	233,58	339,75	382,22	229,27	333,48	375,17	224,96	327,22	368,12	220,65	320,95	361,07
	V	4.996,33	274,79	399,70	449,66																		
	VI	5.040,66	277,23	403,25	453,65																		
3.883,99 (West)	I	4.475,33	246,14	358,02	402,77	237,52	345,49	388,67	228,91	332,96	374,58	220,29	320,42	360,47	211,67	307,89	346,37	203,06	295,36	332,28	194,44	282,82	318,17
	II	4.326,25	237,94	346,10	389,36	229,32	333,56	375,26	220,71	321,03	361,16	212,09	308,50	347,06	203,47	295,96	332,96	194,86	283,43	318,86	186,24	270,90	304,76
	III	3.644,16	85,71	291,53	327,97	67,07	279,00	313,87	48,43	266,46	299,77	29,78	253,93	285,67	11,14	241,40	271,57	-	228,86	257,47	-	216,34	243,38
	IV	4.475,33	246,14	358,02	402,77	241,83	351,76	395,73	237,52	345,49	388,67	233,21	339,22	381,62	228,91	332,96	374,58	224,60	326,69	367,52	220,29	320,42	360,47
	V	4.989,75	274,43	399,18	449,07																		
	VI	5.034,08	276,87	402,72	453,06																		
3.883,99 (Ost)	I	4.483,16	246,57	358,65	403,48	237,95	346,12	389,38	229,34	333,58	375,28	220,72	321,05	361,18	212,10	308,52	347,08	203,49	295,98	332,98	194,87	283,45	318,88
	II	4.334,00	238,37	346,72	390,06	229,75	334,19	375,96	221,14	321,66	361,86	212,52	309,12	347,76	203,90	296,59	333,66	195,29	284,06	319,56	186,67	271,52	305,46
	III	3.652,00	86,65	292,16	328,68	68,00	279,62	314,57	49,36	267,09	300,47	30,72	254,56	286,38	12,07	242,02	272,27	-	229,49	258,17	-	216,97	244,09
	IV	4.483,16	246,57	358,65	403,48	242,26	352,38	396,43	237,95	346,12	389,38	233,64	339,85	382,33	229,34	333,58	375,28	225,03	327,32	368,23	220,72	321,05	361,18
	V	4.997,58	274,86	399,80	449,78																		
	VI	5.041,91	277,30	403,35	453,77																		
3.886,99 (West)	I	4.476,58	246,21	358,12	402,89	237,59	345,59	388,79	228,97	333,06	374,69	220,36	320,52	360,59	211,74	307,99	346,49	203,13	295,46	332,39	194,51	282,93	318,29
	II	4.327,50	238,01	346,20	389,47	229,39	333,66	375,37	220,77	321,13	361,27	212,16	308,60	347,17	203,54	296,06	333,07	194,92	283,53	318,97	186,31	271,00	304,87
	III	3.645,50	85,87	291,64	328,09	67,23	279,10	313,99	48,59	266,57	299,89	29,94	254,04	285,79	11,30	241,50	271,69	-	228,97	257,59	-	216,44	243,49
	IV	4.476,58	246,21	358,12	402,89	241,90	351,86	395,84	237,59	345,59	388,79	233,28	339,32	381,74	228,97	333,06	374,69	224,67	326,79	367,64	220,36	320,52	360,59
	V	4.991,00	274,50	399,28	449,19																		
	VI	5.035,33	276,94	402,82	453,17																		
3.886,99 (Ost)	I	4.484,41	246,64	358,75	403,59	238,02	346,22	389,49	229,40	333,68	375,39	220,79	321,15	361,29	212,17	308,62	347,19	203,55	296,08	333,09	194,94	283,55	318,99
	II	4.335,33	238,44	346,82	390,17	229,82	334,29	376,07	221,21	321,76	361,98	212,59	309,22	347,87	203,97	296,69	333,77	195,36	284,16	319,68	186,74	271,62	305,57
	III	3.653,33	86,81	292,26	328,79	68,16	279,73	314,69	49,52	267,20	300,60	30,88	254,66	286,49	12,23	242,13	272,39	-	229,60	258,30	-	217,06	244,19
	IV	4.484,41	246,64	358,75	403,59	242,33	352,48	396,54	238,02	346,22	389,49	233,71	339,95	382,44	229,40	333,68	375,39	225,10	327,42	368,34	220,79	321,15	361,29
	V	4.998,83	274,93	399,90	449,89																		
	VI	5.043,16	277,37	403,45	453,88																		
3.889,99 (West)	I	4.477,83	246,28	358,22	403,00	237,66	345,69	388,90	229,04	333,16	374,80	220,43	320,62	360,70	211,81	308,10	346,61	203,20	295,56	332,51	194,58	283,03	318,41
	II	4.328,75	238,08	346,30	389,58	229,46	333,76	375,48	220,84	321,23	361,38	212,23	308,70	347,28	203,61	296,16	333,18	194,99	283,63	319,08	186,38	271,10	304,99
	III	3.646,66	86,01	291,73	328,19	67,37	279,20	314,10	48,73	266,66	299,99	30,08	254,13	285,89	11,44	241,60	271,80	-	229,06	257,69	-	216,54	243,61
	IV	4.477,83	246,28	358,22	403,00	241,97	351,96	395,95	237,66	345,69	388,90	233,35	339,42	381,85	229,04	333,16	374,80	224,73	326,89	367,75	220,43	320,62	360,70
	V	4.992,33	274,57	399,38	449,30																		
	VI	5.036,58	277,01	402,92	453,29																		
13.889,99 (Ost)	I	4.485,66	246,71	358,85	403,70	238,09	346,32	389,61	229,47	333,78	375,50	220,86	321,25	361,40	212,24	308,72	347,31	203,62	296,18	333,20	195,01	283,65	319,10
	II	4.336,58	238,51	346,92	390,29	229,89	334,39	376,19	221,27	321,86	362,09	212,66	309,32	347,99	204,04	296,79	333,89	195,42	284,26	319,79	186,81	271,72	305,69
	III	3.654,50	86,94	292,36	328,90	68,30	279,82	314,80	49,66	267,29	300,70	31,01	254,76	286,60	12,37	242,22	272,50	-	229,69	258,40	-	217,17	244,31
	IV	4.485,66	246,71	358,85	403,70	242,40	352,58	396,65	238,09	346,32	389,61	233,78	340,05	382,55	229,47	333,78	375,50	225,17	327,52	368,46	220,86	321,25	361,40
	V	5.000,08	275,00	400,00	450,00																		
	VI	5.044,41	277,44	403,55	453,99																		

MONAT bis 13.910,99 €

Allgemeine Tabelle

Lohn/ Gehalt bis	Steuerklasse	Lohn-steuer	ohne Kinderfreibetrag SolZ 5,5%	Kirchensteuer 8%	Kirchensteuer 9%	0,5 SolZ 5,5%	Kirchensteuer 8%	Kirchensteuer 9%	1,0 SolZ 5,5%	Kirchensteuer 8%	Kirchensteuer 9%	1,5 SolZ 5,5%	Kirchensteuer 8%	Kirchensteuer 9%	2,0 SolZ 5,5%	Kirchensteuer 8%	Kirchensteuer 9%	2,5 SolZ 5,5%	Kirchensteuer 8%	Kirchensteuer 9%	3,0 SolZ 5,5%	Kirchensteu 8%	9
						Anzahl Kinderfreibeträge (nur Steuerklassen I–IV)																	
13.892,99 (West)	I	4.479,08	246,34	358,32	403,11	237,73	345,79	389,01	229,12	333,26	374,92	220,50	320,73	360,82	211,88	308,20	346,72	203,27	295,66	332,62	194,65	283,13	31
	II	4.330,00	238,15	346,40	389,70	229,53	333,86	375,59	220,91	321,33	361,49	212,30	308,80	347,40	203,68	296,26	333,29	195,07	283,74	319,20	186,45	271,20	30
	III	3.648,00	86,17	291,84	328,32	67,53	279,30	314,21	48,88	266,77	300,11	30,24	254,24	286,02	11,60	241,70	271,91	–	229,17	257,81	–	216,64	24
	IV	4.479,08	246,34	358,32	403,11	242,04	352,06	396,06	237,73	345,79	389,01	233,42	339,52	381,96	229,12	333,26	374,92	224,81	327,00	367,87	220,50	320,73	36
	V	4.993,58	274,64	399,48	449,42																		
	VI	5.037,83	277,08	403,02	453,40																		
13.892,99 (Ost)	I	4.486,91	246,78	358,95	403,82	238,16	346,42	389,72	229,54	333,88	375,62	220,93	321,35	361,52	212,31	308,82	347,42	203,69	296,28	333,32	195,08	283,75	319
	II	4.337,83	238,58	347,02	390,40	229,96	334,49	376,30	221,34	321,96	362,20	212,73	309,42	348,10	204,11	296,89	334,00	195,49	284,36	319,90	186,88	271,82	305
	III	3.655,83	87,10	292,46	329,02	68,46	279,93	314,92	49,82	267,40	300,82	31,17	254,86	286,72	12,53	242,33	272,62	–	229,80	258,52	–	217,26	244
	IV	4.486,91	246,78	358,95	403,82	242,47	352,68	396,77	238,16	346,42	389,72	233,85	340,15	382,67	229,54	333,88	375,62	225,23	327,62	368,57	220,93	321,35	361
	V	5.001,33	275,07	400,10	450,11																		
	VI	5.045,66	277,51	403,65	454,10																		
13.895,99 (West)	I	4.480,33	246,41	358,42	403,22	237,80	345,90	389,13	229,18	333,36	375,03	220,57	320,83	360,93	211,95	308,30	346,83	203,33	295,76	332,73	194,72	283,23	318
	II	4.331,25	238,21	346,50	389,81	229,60	333,96	375,71	220,98	321,43	361,61	212,37	308,90	347,51	203,75	296,37	333,41	195,14	283,84	319,32	186,52	271,30	305
	III	3.649,16	86,31	291,93	328,42	67,67	279,40	314,32	49,02	266,86	300,22	30,38	254,33	286,12	11,74	241,80	272,02	–	229,26	257,92	–	216,74	243
	IV	4.480,33	246,41	358,42	403,22	242,11	352,16	396,18	237,80	345,90	389,13	233,49	339,63	382,08	229,18	333,36	375,03	224,88	327,10	367,98	220,57	320,83	360
	V	4.994,83	274,71	399,58	449,53																		
	VI	5.039,08	277,14	403,12	453,51																		
13.895,99 (Ost)	I	4.488,16	246,84	359,05	403,93	238,23	346,52	389,83	229,61	333,98	375,73	220,99	321,45	361,63	212,38	308,92	347,53	203,77	296,39	333,44	195,15	283,86	319
	II	4.339,08	238,64	347,12	390,51	230,03	334,59	376,41	221,41	322,06	362,31	212,79	309,52	348,21	204,18	296,99	334,11	195,56	284,46	320,01	186,94	271,92	305
	III	3.657,00	87,24	292,56	329,13	68,60	280,02	315,02	49,96	267,49	300,92	31,31	254,96	286,83	12,67	242,42	272,72	–	229,90	258,64	–	217,37	244
	IV	4.488,16	246,84	359,05	403,93	242,54	352,78	396,88	238,23	346,52	389,83	233,92	340,25	382,78	229,61	333,98	375,73	225,30	327,72	368,68	220,99	321,45	361
	V	5.002,58	275,14	400,20	450,23																		
	VI	5.046,91	277,58	403,75	454,22																		
13.898,99 (West)	I	4.481,66	246,49	358,53	403,34	237,87	346,00	389,25	229,25	333,46	375,14	220,64	320,93	361,04	212,02	308,40	346,95	203,40	295,86	332,84	194,79	283,33	318
	II	4.332,50	238,28	346,60	389,92	229,67	334,06	375,82	221,05	321,54	361,73	212,44	309,00	347,63	203,82	296,47	333,53	195,20	283,94	319,43	186,59	271,40	305
	III	3.650,50	86,47	292,04	328,54	67,83	279,50	314,44	49,18	266,97	300,34	30,54	254,44	286,24	11,90	241,90	272,14	–	229,37	258,04	–	216,84	243
	IV	4.481,66	246,49	358,53	403,34	242,18	352,26	396,29	237,87	346,00	389,25	233,56	339,73	382,19	229,25	333,46	375,14	224,95	327,20	368,10	220,64	320,93	361
	V	4.996,08	274,78	399,68	449,64																		
	VI	5.040,41	277,22	403,23	453,63																		
13.898,99 (Ost)	I	4.489,41	246,91	359,15	404,04	238,30	346,62	389,94	229,68	334,08	375,84	221,06	321,55	361,74	212,45	309,02	347,65	203,83	296,49	333,55	195,22	283,96	319
	II	4.340,33	238,71	347,22	390,62	230,10	334,69	376,52	221,48	322,16	362,43	212,86	309,62	348,32	204,25	297,09	334,22	195,63	284,56	320,13	187,02	272,03	306
	III	3.658,33	87,40	292,66	329,24	68,76	280,13	315,14	50,11	267,60	301,05	31,47	255,06	286,94	12,83	242,53	272,84	–	230,00	258,75	–	217,46	244
	IV	4.489,41	246,91	359,15	404,04	242,60	352,88	396,99	238,30	346,62	389,94	233,99	340,35	382,89	229,68	334,08	375,84	225,37	327,82	368,79	221,06	321,55	361
	V	5.003,91	275,21	400,31	450,35																		
	VI	5.048,16	277,64	403,85	454,33																		
13.901,99 (West)	I	4.482,91	246,56	358,63	403,46	237,94	346,10	389,36	229,32	333,56	375,26	220,71	321,03	361,16	212,09	308,50	347,06	203,47	295,96	332,96	194,86	283,43	318
	II	4.333,83	238,36	346,70	390,04	229,74	334,17	375,94	221,12	321,64	361,84	212,51	309,10	347,74	203,89	296,57	333,64	195,27	284,04	319,54	186,66	271,50	305
	III	3.651,66	86,61	292,13	328,64	67,96	279,60	314,55	49,32	267,06	300,44	30,70	254,54	286,36	12,05	242,01	272,26	–	229,48	258,16	–	216,94	244
	IV	4.482,91	246,56	358,63	403,46	242,25	352,36	396,41	237,94	346,10	389,36	233,63	339,83	382,31	229,32	333,56	375,26	225,01	327,30	368,21	220,71	321,03	361
	V	4.997,33	274,85	399,78	449,75																		
	VI	5.041,66	277,29	403,33	453,74																		
13.901,99 (Ost)	I	4.490,66	246,98	359,25	404,15	238,37	346,72	390,06	229,75	334,19	375,96	221,14	321,66	361,86	212,52	309,12	347,76	203,90	296,59	333,66	195,29	284,06	319
	II	4.341,58	238,78	347,32	390,74	230,17	334,79	376,64	221,55	322,26	362,54	212,93	309,72	348,44	204,32	297,19	334,34	195,70	284,66	320,24	187,09	272,13	306,
	III	3.659,50	87,54	292,76	329,35	68,90	280,22	315,25	50,27	267,70	301,16	31,63	255,17	287,06	12,99	242,64	272,97	–	230,10	258,86	–	217,57	244
	IV	4.490,66	246,98	359,25	404,15	242,67	352,98	397,10	238,37	346,72	390,06	234,06	340,45	383,00	229,75	334,19	375,96	225,44	327,92	368,91	221,14	321,66	361
	V	5.005,16	275,28	400,41	450,46																		
	VI	5.049,41	277,71	403,95	454,44																		
13.904,99 (West)	I	4.484,16	246,62	358,73	403,57	238,01	346,20	389,47	229,39	333,66	375,37	220,77	321,13	361,27	212,16	308,60	347,17	203,54	296,06	333,07	194,92	283,53	318
	II	4.335,08	238,42	346,80	390,15	229,81	334,27	376,05	221,19	321,74	361,95	212,57	309,20	347,85	203,96	296,67	333,75	195,34	284,14	319,65	186,72	271,60	305,
	III	3.653,00	86,77	292,24	328,77	68,12	279,70	314,66	49,48	267,17	300,56	30,84	254,64	286,47	12,19	242,10	272,36	–	229,57	258,26	–	217,04	244,
	IV	4.484,16	246,62	358,73	403,57	242,32	352,46	396,52	238,01	346,20	389,47	233,70	339,93	382,42	229,39	333,66	375,37	225,08	327,40	368,32	220,77	321,13	361,
	V	4.998,58	274,92	399,88	449,87																		
	VI	5.042,91	277,36	403,43	453,86																		
13.904,99 (Ost)	I	4.491,91	247,05	359,35	404,27	238,44	346,82	390,17	229,82	334,29	376,07	221,21	321,76	361,98	212,59	309,22	347,87	203,97	296,69	333,77	195,36	284,16	319
	II	4.342,83	238,85	347,42	390,85	230,23	334,89	376,75	221,62	322,36	362,65	213,01	309,83	348,56	204,39	297,30	334,46	195,77	284,76	320,36	187,16	272,23	306,
	III	3.660,83	87,70	292,86	329,47	69,05	280,33	315,37	50,41	267,80	301,27	31,77	255,26	287,17	13,12	242,73	273,07	–	230,20	258,97	–	217,66	244,
	IV	4.491,91	247,05	359,35	404,27	242,75	353,09	397,22	238,44	346,82	390,17	234,13	340,56	383,13	229,82	334,29	376,07	225,51	328,02	369,02	221,21	321,76	361,
	V	5.006,41	275,35	400,51	450,57																		
	VI	5.050,75	277,79	404,06	454,56																		
13.907,99 (West)	I	4.485,41	246,69	358,83	403,68	238,08	346,30	389,58	229,46	333,76	375,48	220,84	321,23	361,38	212,23	308,70	347,28	203,61	296,16	333,18	194,99	283,63	319,
	II	4.336,33	238,49	346,90	390,26	229,88	334,37	376,16	221,26	321,84	362,07	212,64	309,30	347,96	204,03	296,77	333,86	195,41	284,24	319,77	186,79	271,70	305,
	III	3.654,33	86,92	292,34	328,88	68,28	279,81	314,78	49,64	267,28	300,69	30,99	254,74	286,58	12,35	242,21	272,48	–	229,68	258,39	–	217,14	244,
	IV	4.485,41	246,69	358,83	403,68	242,38	352,56	396,63	238,08	346,30	389,58	233,77	340,03	382,53	229,46	333,76	375,48	225,15	327,50	368,43	220,84	321,23	361,
	V	4.999,83	274,99	399,98	449,98																		
	VI	5.044,16	277,42	403,53	453,97																		
13.907,99 (Ost)	I	4.493,25	247,12	359,46	404,39	238,51	346,92	390,29	229,89	334,39	376,19	221,27	321,86	362,09	212,66	309,32	347,99	204,04	296,79	333,89	195,42	284,26	319,
	II	4.344,08	238,92	347,52	390,96	230,30	334,99	376,86	221,69	322,46	362,77	213,07	309,93	348,67	204,46	297,40	334,57	195,84	284,86	320,47	187,22	272,33	306,
	III	3.662,16	87,86	292,97	329,59	69,21	280,44	315,49	50,57	267,90	301,39	31,93	255,37	287,29	13,28	242,84	273,19	–	230,30	259,09	–	217,77	244,
	IV	4.493,25	247,12	359,46	404,39	242,82	353,19	397,34	238,51	346,92	390,29	234,20	340,66	383,24	229,89	334,39	376,19	225,58	328,12	369,14	221,27	321,86	362,
	V	5.007,66	275,42	400,61	450,68																		
	VI	5.052,00	277,86	404,16	454,68																		
13.910,99 (West)	I	4.486,66	246,76	358,93	403,79	238,15	346,40	389,70	229,53	333,86	375,59	220,91	321,33	361,49	212,30	308,80	347,40	203,68	296,26	333,29	195,07	283,74	319,
	II	4.337,58	238,56	347,00	390,38	229,95	334,47	376,28	221,33	321,94	362,18	212,71	309,40	348,08	204,10	296,87	333,98	195,48	284,34	319,88	186,86	271,80	305,
	III	3.655,50	87,06	292,44	328,99	68,42	279,90	314,89	49,78	267,37	300,79	31,13	254,84	286,69	12,49	242,30	272,59	–	229,77	258,49	–	217,25	244,
	IV	4.486,66	246,76	358,93	403,79	242,45	352,66	396,74	238,15	346,40	389,70	233,84	340,13	382,64	229,53	333,86	375,59	225,22	327,60	368,55	220,91	321,33	361,
	V	5.001,08	275,05	400,08	450,09																		
	VI	5.045,41	277,49	403,63	454,08																		
13.910,99 (Ost)	I	4.494,50	247,19	359,56	404,50	238,58	347,02	390,40	229,96	334,49	376,30	221,34	321,96	362,20	212,73	309,42	348,10	204,11	296,89	334,00	195,49	284,36	319,
	II	4.345,41	238,99	347,63	391,08	230,38	335,10	376,98	221,76	322,56	362,88	213,14	310,03	348,78	204,53	297,50	334,68	195,91	284,96	320,58	187,29	272,43	306,
	III	3.663,33	88,00	293,06	329,69	69,35	280,53	315,59	50,71	268,00	301,50	32,07	255,46	287,39	13,42	242,93	273,29	–	230,40	259,20	–	217,86	245,
	IV	4.494,50	247,19	359,56	404,50	242,88	353,29	397,45	238,58	347,02	390,40	234,27	340,76	383,35	229,96	334,49	376,30	225,65	328,22	369,25	221,34	321,96	362,
	V	5.008,91	275,49	400,71	450,80																		
	VI	5.053,25	277,92	404,26	454,79																		

Allgemeine Tabelle

MONAT bis 13.931,99 €

Lohn/ Gehalt bis	Steuerklasse	Lohnsteuer	ohne Kinderfreibetrag SolZ 5,5%	ohne Kinderfreibetrag Kirchensteuer 8%	ohne Kinderfreibetrag Kirchensteuer 9%	0,5 SolZ 5,5%	0,5 Kirchensteuer 8%	0,5 Kirchensteuer 9%	1,0 SolZ 5,5%	1,0 Kirchensteuer 8%	1,0 Kirchensteuer 9%	1,5 SolZ 5,5%	1,5 Kirchensteuer 8%	1,5 Kirchensteuer 9%	2,0 SolZ 5,5%	2,0 Kirchensteuer 8%	2,0 Kirchensteuer 9%	2,5 SolZ 5,5%	2,5 Kirchensteuer 8%	2,5 Kirchensteuer 9%	3,0 SolZ 5,5%	3,0 Kirchensteuer 8%	3,0 Kirchensteuer 9%
						Anzahl Kinderfreibeträge (nur Steuerklassen I–IV)																	
3.913,99 (West)	I	4.487,91	246,83	359,03	403,91	238,21	346,50	389,81	229,60	333,96	375,71	220,98	321,43	361,61	212,37	308,90	347,51	203,75	296,37	333,41	195,14	283,84	319,32
	II	4.338,83	238,63	347,10	390,49	230,01	334,57	376,39	221,40	322,04	362,29	212,78	309,50	348,19	204,16	296,97	334,09	195,55	284,44	319,99	186,93	271,90	305,89
	III	3.656,83	87,22	292,54	329,11	68,58	280,01	315,01	49,94	267,48	300,91	31,29	254,94	286,81	12,65	242,41	272,71	-	229,88	258,61	-	217,34	244,51
	IV	4.487,91	246,83	359,03	403,91	242,52	352,76	396,86	238,21	346,50	389,81	233,91	340,23	382,76	229,60	333,96	375,71	225,29	327,70	368,66	220,98	321,43	361,61
	V	5.002,33	275,12	400,18	450,20																		
	VI	5.046,66	277,56	403,73	454,19																		
3.913,99 (Ost)	I	4.495,75	247,26	359,66	404,61	238,64	347,12	390,51	230,03	334,59	376,41	221,41	322,06	362,31	212,79	309,52	348,21	204,18	296,99	334,11	195,56	284,46	320,01
	II	4.346,66	239,06	347,73	391,19	230,45	335,20	377,10	221,83	322,66	362,99	213,21	310,13	348,89	204,60	297,60	334,80	195,98	285,06	320,69	187,36	272,53	306,59
	III	3.664,66	88,15	293,17	329,81	69,51	280,64	315,72	50,87	268,10	301,61	32,22	255,57	287,51	13,58	243,04	273,42	-	230,50	259,31	-	217,97	245,21
	IV	4.495,75	247,26	359,66	404,61	242,95	353,39	397,56	238,64	347,12	390,51	234,34	340,86	383,46	230,03	334,59	376,41	225,72	328,32	369,36	221,41	322,06	362,31
	V	5.010,16	275,55	400,81	450,91																		
	VI	5.054,50	277,99	404,36	454,90																		
3.916,99 (West)	I	4.489,16	246,90	359,13	404,02	238,28	346,60	389,92	229,67	334,06	375,82	221,05	321,54	361,73	212,44	309,00	347,63	203,82	296,47	333,53	195,20	283,94	319,43
	II	4.340,08	238,70	347,20	390,60	230,08	334,67	376,50	221,47	322,14	362,40	212,85	309,60	348,30	204,23	297,07	334,20	195,62	284,54	320,11	187,00	272,01	306,01
	III	3.658,00	87,36	292,64	329,22	68,72	280,10	315,11	50,07	267,57	301,01	31,43	255,04	286,92	12,79	242,50	272,81	-	229,97	258,71	-	217,45	244,63
	IV	4.489,16	246,90	359,13	404,02	242,59	352,86	396,97	238,28	346,60	389,92	233,97	340,33	382,87	229,67	334,06	375,82	225,36	327,80	368,78	221,05	321,54	361,73
	V	5.003,66	275,20	400,29	450,32																		
	VI	5.047,91	277,63	403,83	454,31																		
3.916,99 (Ost)	I	4.497,00	247,33	359,76	404,73	238,71	347,22	390,62	230,10	334,69	376,52	221,48	322,16	362,43	212,86	309,62	348,32	204,25	297,09	334,22	195,63	284,56	320,13
	II	4.347,91	239,13	347,83	391,31	230,51	335,30	377,21	221,90	322,76	363,11	213,28	310,23	349,01	204,66	297,70	334,91	196,05	285,16	320,81	187,43	272,63	306,71
	III	3.665,83	88,29	293,26	329,92	69,65	280,73	315,82	51,01	268,20	301,72	32,36	255,66	287,62	13,72	243,13	273,52	-	230,60	259,42	-	218,08	245,34
	IV	4.497,00	247,33	359,76	404,73	243,02	353,49	397,67	238,71	347,22	390,62	234,41	340,96	383,58	230,10	334,69	376,52	225,79	328,42	369,47	221,48	322,16	362,43
	V	5.011,41	275,62	400,91	451,02																		
	VI	5.055,75	278,06	404,46	455,01																		
3.919,99 (West)	I	4.490,41	246,97	359,23	404,13	238,36	346,70	390,04	229,74	334,17	375,94	221,12	321,64	361,84	212,51	309,10	347,74	203,89	296,57	333,64	195,27	284,04	319,54
	II	4.341,33	238,77	347,30	390,71	230,15	334,77	376,61	221,54	322,24	362,52	212,92	309,70	348,41	204,31	297,18	334,32	195,69	284,64	320,22	187,07	272,11	306,12
	III	3.659,33	87,52	292,74	329,33	68,88	280,21	315,23	50,23	267,68	301,14	31,59	255,14	287,03	12,95	242,61	272,93	-	230,08	258,84	-	217,54	244,73
	IV	4.490,41	246,97	359,23	404,13	242,66	352,96	397,08	238,36	346,70	390,04	234,05	340,44	382,99	229,74	334,17	375,94	225,43	327,90	368,89	221,12	321,64	361,84
	V	5.004,91	275,27	400,39	450,44																		
	VI	5.049,16	277,70	403,93	454,42																		
3.919,99 (Ost)	I	4.498,25	247,40	359,86	404,84	238,78	347,32	390,74	230,17	334,79	376,64	221,55	322,26	362,54	212,93	309,72	348,44	204,32	297,19	334,34	195,70	284,66	320,24
	II	4.349,16	239,20	347,93	391,42	230,58	335,40	377,32	221,97	322,86	363,22	213,35	310,33	349,12	204,73	297,80	335,02	196,12	285,26	320,92	187,50	272,73	306,82
	III	3.667,16	88,45	293,37	330,04	69,81	280,84	315,94	51,17	268,30	301,84	32,52	255,77	287,74	13,88	243,24	273,64	-	230,70	259,54	-	218,17	245,44
	IV	4.498,25	247,40	359,86	404,84	243,09	353,59	397,79	238,78	347,32	390,74	234,47	341,06	383,69	230,17	334,79	376,64	225,86	328,52	369,59	221,55	322,26	362,54
	V	5.012,66	275,69	401,01	451,13																		
	VI	5.057,00	278,13	404,56	455,13																		
3.922,99 (West)	I	4.491,75	247,04	359,34	404,25	238,42	346,80	390,15	229,81	334,27	376,05	221,19	321,74	361,95	212,57	309,20	347,85	203,96	296,67	333,75	195,34	284,14	319,65
	II	4.342,58	238,84	347,40	390,83	230,22	334,87	376,73	221,61	322,34	362,63	212,99	309,81	348,53	204,38	297,28	334,44	195,76	284,74	320,33	187,14	272,21	306,23
	III	3.660,50	87,66	292,84	329,44	69,02	280,30	315,34	50,37	267,77	301,24	31,73	255,24	287,14	13,09	242,70	273,04	-	230,18	258,95	-	217,65	244,85
	IV	4.491,75	247,04	359,34	404,25	242,73	353,07	397,20	238,42	346,80	390,15	234,12	340,54	383,10	229,81	334,27	376,05	225,50	328,00	369,00	221,19	321,74	361,95
	V	5.006,16	275,33	400,49	450,55																		
	VI	5.050,50	277,77	404,04	454,54																		
3.922,99 (Ost)	I	4.499,50	247,47	359,96	404,95	238,85	347,42	390,85	230,23	334,89	376,75	221,62	322,36	362,65	213,01	309,83	348,56	204,39	297,30	334,46	195,77	284,76	320,36
	II	4.350,41	239,27	348,03	391,53	230,65	335,50	377,43	222,03	322,96	363,33	213,42	310,43	349,23	204,80	297,90	335,13	196,18	285,36	321,03	187,57	272,83	306,93
	III	3.668,33	88,59	293,46	330,14	69,95	280,93	316,04	51,30	268,40	301,95	32,66	255,86	287,84	14,04	243,34	273,76	-	230,81	259,66	-	218,28	245,56
	IV	4.499,50	247,47	359,96	404,95	243,16	353,69	397,90	238,85	347,42	390,85	234,54	341,16	383,80	230,23	334,89	376,75	225,93	328,62	369,70	221,62	322,36	362,65
	V	5.014,00	275,77	401,12	451,26																		
	VI	5.058,25	278,20	404,66	455,24																		
3.925,99 (West)	I	4.493,00	247,11	359,44	404,37	238,49	346,90	390,26	229,88	334,37	376,16	221,26	321,84	362,07	212,64	309,30	347,96	204,03	296,77	333,86	195,41	284,24	319,77
	II	4.343,83	238,91	347,50	390,94	230,29	334,98	376,85	221,68	322,44	362,75	213,06	309,91	348,65	204,44	297,38	334,55	195,83	284,84	320,45	187,21	272,31	306,35
	III	3.661,83	87,82	292,94	329,56	69,17	280,41	315,46	50,53	267,88	301,36	31,89	255,34	287,26	13,24	242,81	273,16	-	230,28	259,06	-	217,74	244,96
	IV	4.493,00	247,11	359,44	404,37	242,80	353,17	397,31	238,49	346,90	390,26	234,19	340,64	383,22	229,88	334,37	376,16	225,57	328,10	369,11	221,26	321,84	362,07
	V	5.007,41	275,40	400,59	450,66																		
	VI	5.051,75	277,84	404,14	454,65																		
3.925,99 (Ost)	I	4.500,75	247,54	360,06	405,06	238,92	347,52	390,96	230,30	334,99	376,86	221,69	322,46	362,77	213,07	309,93	348,67	204,46	297,40	334,57	195,84	284,86	320,47
	II	4.351,66	239,34	348,13	391,64	230,72	335,60	377,55	222,10	323,06	363,44	213,49	310,53	349,34	204,87	298,00	335,25	196,26	285,47	321,15	187,64	272,94	307,05
	III	3.669,66	88,75	293,57	330,26	70,11	281,04	316,17	51,46	268,50	302,06	32,82	255,97	287,96	14,18	243,44	273,87	-	230,90	259,76	-	218,37	245,66
	IV	4.500,75	247,54	360,06	405,06	243,23	353,79	398,01	238,92	347,52	390,96	234,61	341,26	383,91	230,30	334,99	376,86	226,00	328,73	369,82	221,69	322,46	362,77
	V	5.015,25	275,83	401,22	451,37																		
	VI	5.059,50	278,27	404,76	455,35																		
3.928,99 (West)	I	4.494,25	247,18	359,54	404,48	238,56	347,00	390,38	229,95	334,47	376,28	221,33	321,94	362,18	212,71	309,40	348,08	204,10	296,87	333,98	195,48	284,34	319,88
	II	4.345,16	238,98	347,61	391,06	230,36	335,08	376,96	221,75	322,54	362,86	213,13	310,01	348,76	204,51	297,48	334,66	195,90	284,94	320,56	187,28	272,41	306,46
	III	3.663,00	87,96	293,04	329,67	69,31	280,50	315,56	50,69	267,98	301,48	32,05	255,45	287,38	13,40	242,92	273,28	-	230,38	259,18	-	217,85	245,08
	IV	4.494,25	247,18	359,54	404,48	242,87	353,27	397,43	238,56	347,00	390,38	234,25	340,74	383,33	229,95	334,47	376,28	225,64	328,20	369,23	221,33	321,94	362,18
	V	5.008,66	275,47	400,69	450,77																		
	VI	5.053,00	277,91	404,24	454,77																		
13.928,99 (Ost)	I	4.502,00	247,61	360,16	405,18	238,99	347,63	391,08	230,38	335,10	376,98	221,76	322,56	362,88	213,14	310,03	348,78	204,53	297,50	334,68	195,91	284,96	320,58
	II	4.352,91	239,41	348,23	391,76	230,79	335,70	377,66	222,17	323,16	363,56	213,56	310,63	349,46	204,94	298,10	335,36	196,33	285,57	321,26	187,71	273,04	307,17
	III	3.670,83	88,89	293,66	330,37	70,26	281,14	316,28	51,62	268,61	302,18	32,98	256,08	288,09	14,33	243,54	273,98	-	231,01	259,88	-	218,48	245,79
	IV	4.502,00	247,61	360,16	405,18	243,30	353,89	398,12	238,99	347,63	391,08	234,68	341,36	384,03	230,38	335,10	376,98	226,07	328,83	369,93	221,76	322,56	362,88
	V	5.016,50	275,90	401,32	451,48																		
	VI	5.060,75	278,34	404,86	455,46																		
13.931,99 (West)	I	4.495,50	247,25	359,64	404,59	238,63	347,10	390,49	230,01	334,57	376,39	221,40	322,04	362,29	212,78	309,50	348,19	204,16	296,97	334,09	195,55	284,44	319,99
	II	4.346,41	239,05	347,71	391,17	230,43	335,18	377,07	221,81	322,64	362,97	213,20	310,11	348,87	204,58	297,58	334,77	195,96	285,04	320,67	187,35	272,51	306,57
	III	3.664,33	88,11	293,14	329,78	69,47	280,61	315,68	50,83	268,08	301,59	32,18	255,54	287,48	13,54	243,01	273,38	-	230,48	259,29	-	217,94	245,18
	IV	4.495,50	247,25	359,64	404,59	242,94	353,37	397,54	238,63	347,10	390,49	234,32	340,84	383,44	230,01	334,57	376,39	225,71	328,30	369,34	221,40	322,04	362,29
	V	5.009,91	275,54	400,79	450,89																		
	VI	5.054,25	277,98	404,34	454,88																		
13.931,99 (Ost)	I	4.503,33	247,68	360,26	405,29	239,06	347,73	391,19	230,45	335,20	377,10	221,83	322,66	362,99	213,21	310,13	348,89	204,60	297,60	334,80	195,98	285,06	320,69
	II	4.354,16	239,47	348,33	391,87	230,86	335,80	377,77	222,25	323,27	363,68	213,63	310,74	349,58	205,01	298,20	335,48	196,40	285,67	321,38	187,78	273,14	307,28
	III	3.672,16	89,05	293,77	330,49	70,40	281,24	316,39	51,76	268,70	302,29	33,12	256,17	288,19	14,47	243,64	274,09	-	231,10	259,99	-	218,57	245,89
	IV	4.503,33	247,68	360,26	405,29	243,37	354,00	398,25	239,06	347,73	391,19	234,75	341,46	384,14	230,45	335,20	377,10	226,14	328,93	370,04	221,83	322,66	362,99
	V	5.017,75	275,97	401,42	451,59																		
	VI	5.062,08	278,41	404,96	455,58																		

Lohn/ Gehalt bis	Steuerklasse	Lohn-steuer	ohne Kinderfreibetrag SolZ 5,5%	Kirchensteuer 8%	9%	0,5 SolZ 5,5%	Kirchensteuer 8%	9%	1,0 SolZ 5,5%	Kirchensteuer 8%	9%	1,5 SolZ 5,5%	Kirchensteuer 8%	9%	2,0 SolZ 5,5%	Kirchensteuer 8%	9%	2,5 SolZ 5,5%	Kirchensteuer 8%	9%	3,0 SolZ 5,5%	Kirchensteu 8%	9%
13.934,99 (West)	I	4.496,75	247,32	359,74	404,70	238,70	347,20	390,60	230,08	334,67	376,50	221,47	322,14	362,40	212,85	309,60	348,30	204,23	297,07	334,20	195,62	284,54	320
	II	4.347,66	239,12	347,81	391,28	230,50	335,28	377,19	221,88	322,74	363,08	213,27	310,21	348,98	204,65	297,68	334,89	196,03	285,14	320,78	187,42	272,61	306
	III	3.665,66	88,27	293,25	329,90	69,63	280,72	315,81	50,99	268,18	301,70	32,34	255,65	287,60	13,70	243,12	273,51	-	230,58	259,40	-	218,05	245
	IV	4.496,75	247,32	359,74	404,70	243,01	353,47	397,65	238,70	347,20	390,60	234,39	340,94	383,55	230,08	334,67	376,50	225,77	328,40	369,45	221,47	322,14	362
	V	5.011,16	275,61	400,89	451,00																		
	VI	5.055,50	278,05	404,44	454,99																		
13.934,99 (Ost)	I	4.504,58	247,75	360,36	405,41	239,13	347,83	391,31	230,51	335,30	377,21	221,90	322,76	363,11	213,28	310,23	349,01	204,66	297,70	334,91	196,05	285,16	320
	II	4.355,41	239,54	348,43	391,98	230,93	335,90	377,89	222,31	323,37	363,79	213,70	310,84	349,69	205,08	298,30	335,59	196,46	285,77	321,49	187,85	273,24	307
	III	3.673,50	89,21	293,88	330,61	70,56	281,34	316,51	51,92	268,81	302,41	33,28	256,28	288,31	14,63	243,74	274,21	-	231,21	260,11	-	218,68	246
	IV	4.504,58	247,75	360,36	405,41	243,44	354,10	398,36	239,13	347,83	391,31	234,82	341,56	384,26	230,51	335,30	377,21	226,21	329,03	370,16	221,90	322,76	363
	V	5.019,00	276,04	401,52	451,71																		
	VI	5.063,33	278,48	405,06	455,69																		
13.937,99 (West)	I	4.498,00	247,39	359,84	404,82	238,77	347,30	390,71	230,15	334,77	376,61	221,54	322,24	362,52	212,92	309,70	348,41	204,31	297,18	334,32	195,69	284,64	320
	II	4.348,91	239,19	347,91	391,40	230,57	335,38	377,30	221,95	322,84	363,20	213,34	310,31	349,10	204,72	297,78	335,00	196,10	285,24	320,90	187,49	272,71	306
	III	3.666,83	88,41	293,34	330,01	69,77	280,81	315,91	51,13	268,28	301,81	32,48	255,74	287,71	13,84	243,21	273,61	-	230,68	259,51	-	218,14	245
	IV	4.498,00	247,39	359,84	404,82	243,08	353,57	397,76	238,77	347,30	390,71	234,46	341,04	383,67	230,15	334,77	376,61	225,84	328,50	369,56	221,54	322,24	362
	V	5.012,41	275,68	400,99	451,11																		
	VI	5.056,75	278,12	404,54	455,10																		
13.937,99 (Ost)	I	4.505,83	247,82	360,46	405,52	239,20	347,93	391,42	230,58	335,40	377,32	221,97	322,86	363,22	213,35	310,33	349,12	204,73	297,80	335,02	196,12	285,26	320
	II	4.356,75	239,62	348,54	392,10	231,00	336,00	378,00	222,38	323,47	363,90	213,77	310,94	349,80	205,15	298,40	335,70	196,53	285,87	321,60	187,92	273,34	307
	III	3.674,66	89,34	293,97	330,71	70,70	281,44	316,62	52,06	268,90	302,51	33,41	256,37	288,41	14,77	243,84	274,32	-	231,30	260,21	-	218,77	246
	IV	4.505,83	247,82	360,46	405,52	243,51	354,20	398,47	239,20	347,93	391,42	234,89	341,66	384,37	230,58	335,40	377,32	226,27	329,13	370,27	221,97	322,86	363
	V	5.020,25	276,11	401,62	451,82																		
	VI	5.064,58	278,55	405,16	455,81																		
13.940,99 (West)	I	4.499,25	247,45	359,94	404,93	238,84	347,40	390,83	230,22	334,87	376,73	221,61	322,34	362,63	212,99	309,81	348,53	204,38	297,28	334,44	195,76	284,74	320
	II	4.350,16	239,25	348,01	391,51	230,64	335,48	377,41	222,02	322,94	363,31	213,40	310,41	349,21	204,79	297,88	335,11	196,17	285,34	321,01	187,56	272,82	306
	III	3.668,16	88,57	293,45	330,13	69,93	280,92	316,03	51,28	268,38	301,93	32,64	255,85	287,83	14,00	243,32	273,73	-	230,78	259,63	-	218,25	245
	IV	4.499,25	247,45	359,94	404,93	243,15	353,67	397,88	238,84	347,40	390,83	234,53	341,14	383,78	230,22	334,87	376,73	225,91	328,60	369,68	221,61	322,34	362
	V	5.013,75	275,75	401,10	451,23																		
	VI	5.058,00	278,19	404,64	455,22																		
13.940,99 (Ost)	I	4.507,08	247,88	360,56	405,63	239,27	348,03	391,53	230,65	335,50	377,43	222,03	322,96	363,33	213,42	310,43	349,23	204,80	297,90	335,13	196,18	285,36	321
	II	4.358,00	239,69	348,64	392,22	231,07	336,10	378,11	222,45	323,57	364,01	213,84	311,04	349,92	205,22	298,50	335,81	196,60	285,97	321,71	187,99	273,44	307
	III	3.676,00	89,50	294,08	330,84	70,86	281,54	316,73	52,22	269,01	302,63	33,57	256,48	288,54	14,93	243,94	274,43	-	231,41	260,33	-	218,88	246
	IV	4.507,08	247,88	360,56	405,63	243,58	354,30	398,58	239,27	348,03	391,53	234,96	341,76	384,48	230,65	335,50	377,43	226,34	329,23	370,38	222,03	322,96	363
	V	5.021,50	276,18	401,72	451,93																		
	VI	5.065,83	278,62	405,26	455,92																		
13.943,99 (West)	I	4.500,50	247,52	360,04	405,04	238,91	347,50	390,94	230,29	334,98	376,85	221,68	322,44	362,75	213,06	309,91	348,65	204,44	297,38	334,55	195,83	284,84	320
	II	4.351,41	239,32	348,11	391,62	230,71	335,58	377,52	222,09	323,04	363,42	213,47	310,51	349,32	204,86	297,98	335,23	196,24	285,45	321,13	187,63	272,92	307
	III	3.669,33	88,71	293,54	330,23	70,07	281,01	316,13	51,42	268,48	302,04	32,78	255,94	287,93	14,14	243,41	273,83	-	230,88	259,74	-	218,36	245
	IV	4.500,50	247,52	360,04	405,04	243,21	353,77	397,99	238,91	347,50	390,94	234,60	341,24	383,90	230,29	334,98	376,85	225,99	328,71	369,80	221,68	322,44	362
	V	5.015,00	275,82	401,20	451,35																		
	VI	5.059,25	278,25	404,74	455,33																		
13.943,99 (Ost)	I	4.508,33	247,95	360,66	405,74	239,34	348,13	391,64	230,72	335,60	377,55	222,10	323,06	363,44	213,49	310,53	349,34	204,87	298,00	335,25	196,26	285,47	321,
	II	4.359,25	239,75	348,74	392,33	231,14	336,20	378,23	222,52	323,67	364,13	213,90	311,14	350,03	205,29	298,60	335,93	196,67	286,07	321,83	188,05	273,54	307,
	III	3.677,16	89,64	294,17	330,94	71,00	281,64	316,84	52,36	269,10	302,74	33,71	256,57	288,64	15,07	244,04	274,54	-	231,50	260,44	-	218,98	246,
	IV	4.508,33	247,95	360,66	405,74	243,65	354,40	398,70	239,34	348,13	391,64	235,03	341,86	384,59	230,72	335,60	377,55	226,41	329,33	370,49	222,10	323,06	363,
	V	5.022,75	276,25	401,82	452,04																		
	VI	5.067,08	278,68	405,36	456,03																		
13.946,99 (West)	I	4.501,83	247,60	360,14	405,16	238,98	347,61	391,06	230,36	335,08	376,96	221,75	322,54	362,86	213,13	310,01	348,76	204,51	297,48	334,66	195,90	284,94	320,
	II	4.352,66	239,39	348,21	391,73	230,78	335,68	377,64	222,16	323,14	363,53	213,55	310,62	349,44	204,93	298,08	335,34	196,31	285,55	321,24	187,70	273,02	307,
	III	3.670,83	88,87	293,65	330,35	70,22	281,12	316,26	51,58	268,58	302,15	32,94	256,05	288,05	14,29	243,52	273,96	-	230,98	259,85	-	218,45	245,
	IV	4.501,83	247,60	360,14	405,16	243,29	353,88	398,11	238,98	347,61	391,06	234,67	341,34	384,01	230,36	335,08	376,96	226,05	328,81	369,91	221,75	322,54	362,
	V	5.016,25	275,89	401,30	451,46																		
	VI	5.060,58	278,33	404,84	455,45																		
13.946,99 (Ost)	I	4.509,58	248,02	360,76	405,86	239,41	348,23	391,76	230,79	335,70	377,66	222,17	323,16	363,56	213,56	310,63	349,46	204,94	298,10	335,36	196,33	285,57	321,
	II	4.360,50	239,82	348,84	392,44	231,21	336,30	378,34	222,59	323,77	364,24	213,97	311,24	350,14	205,36	298,70	336,04	196,74	286,17	321,94	188,12	273,64	307,
	III	3.678,50	89,80	294,28	331,06	71,16	281,74	316,96	52,51	269,21	302,86	33,87	256,68	288,76	15,23	244,14	274,66	-	231,61	260,56	-	219,08	246,
	IV	4.509,58	248,02	360,76	405,86	243,71	354,50	398,81	239,41	348,23	391,76	235,10	341,96	384,71	230,79	335,70	377,66	226,48	329,43	370,61	222,17	323,16	363,
	V	5.024,00	276,32	401,92	452,16																		
	VI	5.068,33	278,75	405,46	456,14																		
13.949,99 (West)	I	4.503,08	247,66	360,24	405,27	239,05	347,71	391,17	230,43	335,18	377,07	221,81	322,64	362,97	213,20	310,11	348,87	204,58	297,58	334,77	195,96	285,04	320,
	II	4.353,91	239,46	348,31	391,85	230,85	335,78	377,75	222,23	323,25	363,65	213,62	310,72	349,56	205,00	298,18	335,45	196,38	285,65	321,35	187,77	273,12	307,
	III	3.671,83	89,01	293,74	330,46	70,36	281,21	316,36	51,72	268,68	302,26	33,08	256,14	288,16	14,45	243,62	274,07	-	231,09	259,97	-	218,56	245,
	IV	4.503,08	247,66	360,24	405,27	243,36	353,98	398,22	239,05	347,71	391,17	234,74	341,44	384,12	230,43	335,18	377,07	226,12	328,91	370,02	221,81	322,64	362,
	V	5.017,50	275,96	401,40	451,57																		
	VI	5.061,83	278,40	404,94	455,56																		
13.949,99 (Ost)	I	4.510,83	248,09	360,86	405,97	239,47	348,33	391,87	230,86	335,80	377,77	222,25	323,27	363,68	213,63	310,74	349,58	205,01	298,20	335,48	196,40	285,67	321,
	II	4.361,75	239,89	348,94	392,55	231,27	336,40	378,45	222,66	323,87	364,35	214,04	311,34	350,25	205,42	298,80	336,15	196,81	286,27	322,05	188,20	273,74	307,
	III	3.679,66	89,94	294,37	331,16	71,30	281,84	317,07	52,65	269,30	302,96	34,03	256,78	288,88	15,39	244,25	274,78	-	231,72	260,68	-	219,18	246,
	IV	4.510,83	248,09	360,86	405,97	243,78	354,60	398,92	239,47	348,33	391,87	235,17	342,06	384,82	230,86	335,80	377,77	226,55	329,53	370,72	222,25	323,27	363,
	V	5.025,33	276,39	402,02	452,27																		
	VI	5.069,58	278,82	405,56	456,26																		
13.952,99 (West)	I	4.504,33	247,73	360,34	405,38	239,12	347,81	391,28	230,50	335,28	377,19	221,88	322,74	363,08	213,27	310,21	348,98	204,65	297,68	334,89	196,03	285,14	320,
	II	4.355,25	239,53	348,42	391,97	230,92	335,88	377,87	222,30	323,35	363,77	213,68	310,82	349,67	205,07	298,28	335,57	196,45	285,75	321,47	187,83	273,22	307,
	III	3.673,16	89,17	293,85	330,58	70,52	281,32	316,48	51,88	268,78	302,38	33,24	256,25	288,28	14,59	243,72	274,18	-	231,18	260,08	-	218,65	245,
	IV	4.504,33	247,73	360,34	405,38	243,43	354,08	398,34	239,12	347,81	391,28	234,81	341,54	384,23	230,50	335,28	377,19	226,19	329,01	370,13	221,88	322,74	363,
	V	5.018,75	276,03	401,50	451,68																		
	VI	5.063,08	278,46	405,04	455,67																		
13.952,99 (Ost)	I	4.512,08	248,16	360,96	406,08	239,54	348,43	391,98	230,93	335,90	377,89	222,31	323,37	363,79	213,70	310,84	349,69	205,08	298,30	335,59	196,46	285,77	321,4
	II	4.363,00	239,96	349,04	392,67	231,34	336,50	378,56	222,73	323,97	364,46	214,11	311,45	350,37	205,50	298,91	336,27	196,88	286,38	322,17	188,26	273,84	308,0
	III	3.681,00	90,10	294,48	331,29	71,45	281,94	317,18	52,81	269,41	303,08	34,17	256,88	288,99	15,52	244,34	274,88	-	231,81	260,78	-	219,28	246,6
	IV	4.512,08	248,16	360,96	406,08	243,85	354,70	399,03	239,54	348,43	391,98	235,24	342,17	384,94	230,93	335,90	377,89	226,62	329,64	370,84	222,31	323,37	363,7
	V	5.026,58	276,46	402,12	452,39																		
	VI	5.070,83	278,89	405,66	456,37																		

Allgemeine Tabelle

MONAT bis 13.973,99 €

Lohn/ Gehalt bis	Steuerklasse	Lohn-steuer	ohne Kinderfreibetrag SolZ 5,5%	ohne Kinderfreibetrag Kirchensteuer 8%	ohne Kinderfreibetrag Kirchensteuer 9%	0,5 SolZ 5,5%	0,5 Kirchensteuer 8%	0,5 Kirchensteuer 9%	1,0 SolZ 5,5%	1,0 Kirchensteuer 8%	1,0 Kirchensteuer 9%	1,5 SolZ 5,5%	1,5 Kirchensteuer 8%	1,5 Kirchensteuer 9%	2,0 SolZ 5,5%	2,0 Kirchensteuer 8%	2,0 Kirchensteuer 9%	2,5 SolZ 5,5%	2,5 Kirchensteuer 8%	2,5 Kirchensteuer 9%	3,0 SolZ 5,5%	3,0 Kirchensteuer 8%	3,0 Kirchensteuer 9%
						Anzahl Kinderfreibeträge (nur Steuerklassen I–IV)																	
3.955,99 (West)	I	4.505,58	247,80	360,44	405,50	239,19	347,91	391,40	230,57	335,38	377,30	221,95	322,84	363,20	213,34	310,31	349,10	204,72	297,78	335,00	196,10	285,24	320,90
	II	4.356,50	239,60	348,52	392,08	230,99	335,98	377,98	222,37	323,45	363,88	213,75	310,92	349,78	205,14	298,38	335,68	196,52	285,85	321,58	187,90	273,32	307,48
	III	3.674,33	89,30	293,94	330,68	70,68	281,42	316,60	52,04	268,89	302,50	33,39	256,36	288,40	14,75	243,82	274,30	-	231,29	260,20	-	218,76	246,10
	IV	4.505,58	247,80	360,44	405,50	243,49	354,18	398,45	239,19	347,91	391,40	234,88	341,64	384,35	230,57	335,38	377,30	226,26	329,11	370,25	221,95	322,84	363,20
	V	5.020,00	276,10	401,60	451,80																		
	VI	5.064,33	278,53	405,14	455,78																		
3.955,99 (Ost)	I	4.513,41	248,23	361,07	406,20	239,62	348,54	392,10	231,00	336,00	378,00	222,38	323,47	363,90	213,77	310,94	349,80	205,15	298,40	335,70	196,53	285,87	321,60
	II	4.364,25	240,03	349,14	392,78	231,41	336,60	378,68	222,80	324,07	364,58	214,18	311,54	350,48	205,57	299,01	336,38	196,95	286,48	322,29	188,33	273,94	308,18
	III	3.682,33	90,26	294,58	331,40	71,61	282,05	317,30	52,97	269,52	303,21	34,33	256,98	289,10	15,68	244,45	275,00	-	231,92	260,91	-	219,38	246,80
	IV	4.513,41	248,23	361,07	406,20	243,92	354,80	399,15	239,62	348,54	392,10	235,31	342,27	385,05	231,00	336,00	378,00	226,69	329,74	370,95	222,38	323,47	363,90
	V	5.027,83	276,53	402,22	452,50																		
	VI	5.072,16	278,96	405,77	456,49																		
3.958,99 (West)	I	4.506,83	247,87	360,54	405,61	239,25	348,01	391,51	230,64	335,48	377,41	222,02	322,94	363,31	213,40	310,41	349,21	204,79	297,88	335,11	196,17	285,34	321,01
	II	4.357,75	239,67	348,62	392,19	231,05	336,08	378,09	222,44	323,55	363,99	213,82	311,02	349,89	205,20	298,48	335,79	196,59	285,95	321,69	187,97	273,42	307,59
	III	3.675,66	89,46	294,05	330,80	70,82	281,52	316,71	52,18	268,98	302,60	33,53	256,45	288,50	14,89	243,92	274,41	-	231,38	260,30	-	218,85	246,20
	IV	4.506,83	247,87	360,54	405,61	243,56	354,28	398,56	239,25	348,01	391,51	234,95	341,74	384,46	230,64	335,48	377,41	226,33	329,21	370,36	222,02	322,94	363,31
	V	5.021,25	276,16	401,70	451,91																		
	VI	5.065,58	278,60	405,24	455,90																		
3.958,99 (Ost)	I	4.514,66	248,30	361,17	406,31	239,69	348,64	392,22	231,07	336,10	378,11	222,45	323,57	364,01	213,84	311,04	349,92	205,22	298,50	335,81	196,60	285,97	321,71
	II	4.365,50	240,10	349,24	392,89	231,49	336,71	378,80	222,87	324,18	364,70	214,25	311,64	350,60	205,64	299,11	336,50	197,02	286,58	322,40	188,40	274,04	308,30
	III	3.683,50	90,40	294,68	331,51	71,75	282,14	317,41	53,11	269,61	303,31	34,47	257,08	289,21	15,82	244,54	275,11	-	232,01	261,01	-	219,48	246,91
	IV	4.514,66	248,30	361,17	406,31	243,99	354,90	399,26	239,69	348,64	392,22	235,38	342,37	385,16	231,07	336,10	378,11	226,76	329,84	371,07	222,45	323,57	364,01
	V	5.029,08	276,59	402,32	452,61																		
	VI	5.073,41	279,03	405,87	456,60																		
3.961,99 (West)	I	4.508,08	247,94	360,64	405,72	239,32	348,11	391,62	230,71	335,58	377,52	222,09	323,04	363,42	213,47	310,51	349,32	204,86	297,98	335,23	196,24	285,45	321,13
	II	4.359,00	239,74	348,72	392,31	231,12	336,18	378,20	222,51	323,65	364,10	213,89	311,12	350,01	205,27	298,58	335,90	196,66	286,05	321,80	188,04	273,52	307,71
	III	3.677,00	89,62	294,16	330,93	70,98	281,62	316,82	52,34	269,09	302,72	33,69	256,56	288,63	15,05	244,02	274,52	-	231,49	260,42	-	218,96	246,33
	IV	4.508,08	247,94	360,64	405,72	243,63	354,38	398,67	239,32	348,11	391,62	235,01	341,84	384,57	230,71	335,58	377,52	226,40	329,31	370,47	222,09	323,04	363,42
	V	5.022,50	276,23	401,80	452,02																		
	VI	5.066,83	278,67	405,34	456,01																		
3.961,99 (Ost)	I	4.515,91	248,37	361,27	406,43	239,75	348,74	392,33	231,14	336,20	378,23	222,52	323,67	364,13	213,90	311,14	350,03	205,29	298,60	335,93	196,67	286,07	321,83
	II	4.366,83	240,17	349,34	393,01	231,55	336,81	378,91	222,94	324,28	364,81	214,32	311,74	350,71	205,70	299,21	336,61	197,09	286,68	322,51	188,47	274,14	308,41
	III	3.684,83	90,55	294,78	331,63	71,91	282,25	317,53	53,27	269,72	303,43	34,62	257,18	289,33	15,98	244,65	275,23	-	232,12	261,13	-	219,58	247,03
	IV	4.515,91	248,37	361,27	406,43	244,06	355,00	399,38	239,75	348,74	392,33	235,45	342,47	385,28	231,14	336,20	378,23	226,83	329,94	371,18	222,52	323,67	364,13
	V	5.030,33	276,66	402,42	452,72																		
	VI	5.074,66	279,10	405,97	456,71																		
3.964,99 (West)	I	4.509,33	248,01	360,74	405,83	239,39	348,21	391,73	230,78	335,68	377,64	222,16	323,14	363,53	213,55	310,62	349,44	204,93	298,08	335,34	196,31	285,55	321,24
	II	4.360,25	239,81	348,82	392,42	231,19	336,28	378,32	222,58	323,75	364,22	213,96	311,22	350,12	205,34	298,68	336,02	196,73	286,15	321,92	188,11	273,62	307,82
	III	3.678,16	89,76	294,25	331,03	71,12	281,72	316,93	52,47	269,18	302,83	33,83	256,65	288,73	15,19	244,12	274,63	-	231,58	260,53	-	219,05	246,43
	IV	4.509,33	248,01	360,74	405,83	243,70	354,48	398,79	239,39	348,21	391,73	235,08	341,94	384,68	230,78	335,68	377,64	226,47	329,41	370,58	222,16	323,14	363,53
	V	5.023,83	276,31	401,90	452,14																		
	VI	5.068,08	278,74	405,44	456,12																		
3.964,99 (Ost)	I	4.517,16	248,44	361,37	406,54	239,82	348,84	392,44	231,21	336,30	378,34	222,59	323,77	364,24	213,97	311,24	350,14	205,36	298,70	336,04	196,74	286,17	321,94
	II	4.368,08	240,24	349,44	393,12	231,62	336,91	379,02	223,01	324,38	364,92	214,39	311,84	350,82	205,77	299,31	336,72	197,16	286,78	322,62	188,54	274,24	308,52
	III	3.686,00	90,69	294,88	331,74	72,05	282,34	317,63	53,41	269,81	303,53	34,76	257,28	289,44	16,12	244,74	275,33	-	232,21	261,23	-	219,68	247,14
	IV	4.517,16	248,44	361,37	406,54	244,13	355,10	399,49	239,82	348,84	392,44	235,51	342,57	385,39	231,21	336,30	378,34	226,90	330,04	371,29	222,59	323,77	364,24
	V	5.031,58	276,73	402,52	452,84																		
	VI	5.075,91	279,17	406,07	456,83																		
3.967,99 (West)	I	4.510,58	248,08	360,84	405,95	239,46	348,31	391,85	230,85	335,78	377,75	222,23	323,25	363,65	213,62	310,72	349,56	205,00	298,18	335,45	196,38	285,65	321,35
	II	4.361,50	239,88	348,92	392,53	231,26	336,38	378,43	222,64	323,85	364,33	214,03	311,32	350,23	205,41	298,78	336,13	196,80	286,26	322,04	188,18	273,72	307,94
	III	3.679,50	89,92	294,36	331,15	71,28	281,82	317,05	52,63	269,29	302,95	33,99	256,76	288,85	15,35	244,22	274,75	-	231,69	260,65	-	219,16	246,55
	IV	4.510,58	248,08	360,84	405,95	243,77	354,58	398,90	239,46	348,31	391,85	235,15	342,04	384,80	230,85	335,78	377,75	226,54	329,52	370,71	222,23	323,25	363,65
	V	5.025,08	276,37	402,00	452,25																		
	VI	5.069,33	278,81	405,54	456,23																		
3.967,99 (Ost)	I	4.518,41	248,51	361,47	406,65	239,89	348,94	392,55	231,27	336,40	378,45	222,66	323,87	364,35	214,04	311,34	350,25	205,42	298,80	336,15	196,81	286,27	322,05
	II	4.369,33	240,31	349,54	393,23	231,69	337,01	379,13	223,08	324,48	365,04	214,46	311,94	350,93	205,84	299,41	336,83	197,23	286,88	322,74	188,61	274,34	308,63
	III	3.687,33	90,85	294,98	331,85	72,21	282,45	317,75	53,56	269,92	303,66	34,92	257,38	289,55	16,28	244,85	275,45	-	232,32	261,36	-	219,78	247,25
	IV	4.518,41	248,51	361,47	406,65	244,20	355,20	399,60	239,89	348,94	392,55	235,58	342,67	385,50	231,27	336,40	378,45	226,97	330,14	371,40	222,66	323,87	364,35
	V	5.032,83	276,80	402,62	452,95																		
	VI	5.077,16	279,24	406,17	456,94																		
3.970,99 (West)	I	4.511,83	248,15	360,94	406,06	239,53	348,42	391,97	230,92	335,88	377,87	222,30	323,35	363,77	213,68	310,82	349,67	205,07	298,28	335,57	196,45	285,75	321,47
	II	4.362,75	239,95	349,02	392,64	231,33	336,48	378,54	222,71	323,95	364,44	214,10	311,42	350,35	205,48	298,89	336,25	196,87	286,36	322,15	188,25	273,82	308,05
	III	3.680,66	90,06	294,45	331,25	71,41	281,92	317,16	52,77	269,38	303,05	34,13	256,85	288,95	15,48	244,32	274,86	-	231,78	260,75	-	219,26	246,67
	IV	4.511,83	248,15	360,94	406,06	243,84	354,68	399,02	239,53	348,42	391,97	235,23	342,15	384,92	230,92	335,88	377,87	226,61	329,62	370,82	222,30	323,35	363,77
	V	5.026,33	276,44	402,10	452,36																		
	VI	5.070,58	278,88	405,64	456,35																		
13.970,99 (Ost)	I	4.519,66	248,58	361,57	406,76	239,96	349,04	392,67	231,34	336,50	378,56	222,73	323,97	364,46	214,11	311,44	350,37	205,50	298,91	336,27	196,88	286,38	322,17
	II	4.370,58	240,38	349,64	393,35	231,76	337,11	379,25	223,14	324,58	365,15	214,53	312,04	351,05	205,91	299,51	336,95	197,29	286,98	322,85	188,68	274,44	308,75
	III	3.688,50	90,99	295,08	331,96	72,35	282,54	317,86	53,70	270,01	303,76	35,06	257,48	289,66	16,42	244,94	275,56	-	232,42	261,47	-	219,89	247,37
	IV	4.519,66	248,58	361,57	406,76	244,27	355,30	399,71	239,96	349,04	392,67	235,65	342,77	385,61	231,34	336,50	378,56	227,04	330,24	371,52	222,73	323,97	364,46
	V	5.034,08	276,87	402,72	453,06																		
	VI	5.078,41	279,31	406,27	457,05																		
13.973,99 (West)	I	4.513,16	248,22	361,05	406,18	239,60	348,52	392,08	230,99	335,98	377,98	222,37	323,45	363,88	213,75	310,92	349,78	205,14	298,38	335,68	196,52	285,85	321,58
	II	4.364,00	240,02	349,12	392,76	231,40	336,58	378,65	222,79	324,06	364,56	214,17	311,52	350,46	205,55	298,99	336,36	196,94	286,46	322,26	188,32	273,92	308,16
	III	3.682,00	90,22	294,56	331,38	71,57	282,02	317,27	52,93	269,49	303,17	34,29	256,96	289,08	15,64	244,42	274,97	-	231,89	260,87	-	219,36	246,78
	IV	4.513,16	248,22	361,05	406,18	243,91	354,78	399,13	239,60	348,52	392,08	235,29	342,25	385,03	230,99	335,98	377,98	226,68	329,72	370,93	222,37	323,45	363,88
	V	5.027,58	276,51	402,20	452,48																		
	VI	5.071,91	278,95	405,75	456,47																		
13.973,99 (Ost)	I	4.520,91	248,65	361,67	406,88	240,03	349,14	392,78	231,41	336,60	378,68	222,80	324,07	364,58	214,18	311,54	350,48	205,57	299,01	336,38	196,95	286,48	322,29
	II	4.371,83	240,45	349,74	393,46	231,83	337,21	379,36	223,21	324,68	365,26	214,60	312,14	351,16	205,98	299,61	337,06	197,36	287,08	322,96	188,75	274,55	308,87
	III	3.689,83	91,15	295,18	332,08	72,51	282,65	317,98	53,86	270,12	303,88	35,22	257,58	289,78	16,58	245,05	275,68	-	232,52	261,58	-	219,98	247,48
	IV	4.520,91	248,65	361,67	406,88	244,34	355,40	399,83	240,03	349,14	392,78	235,72	342,87	385,73	231,41	336,60	378,68	227,10	330,34	371,63	222,80	324,07	364,58
	V	5.035,41	276,94	402,83	453,18																		
	VI	5.079,66	279,38	406,37	457,16																		

Lohn/ Gehalt bis	Steuerklasse	Lohn-steuer	ohne Kinderfreibetrag			Anzahl Kinderfreibeträge (nur Steuerklassen I–IV)																	
						0,5			1,0			1,5			2,0			2,5			3,0		
			SolZ 5,5%	Kirchensteuer 8%	9%	SolZ 5,5%	Kirchensteuer 8%	9%	SolZ 5,5%	Kirchensteuer 8%	9%	SolZ 5,5%	Kirchensteuer 8%	9%	SolZ 5,5%	Kirchensteuer 8%	9%	SolZ 5,5%	Kirchensteuer 8%	9%	SolZ 5,5%	Kirchensteu 8%	9
13.976,99	I	4.514,41	248,29	361,15	406,29	239,67	348,62	392,19	231,05	336,08	378,09	222,44	323,55	363,99	213,82	311,02	349,89	205,20	298,48	335,79	196,59	285,95	32
(West)	II	4.365,33	240,09	349,22	392,87	231,47	336,69	378,77	222,86	324,16	364,68	214,24	311,62	350,57	205,62	299,09	336,47	197,01	286,56	322,38	188,39	274,02	30
	III	3.683,16	90,36	294,65	331,48	71,71	282,12	317,38	53,07	269,58	303,28	34,45	257,06	289,19	15,80	244,53	275,09	-	232,00	261,00	-	219,46	24
	IV	4.514,41	248,29	361,15	406,29	243,98	354,88	399,24	239,67	348,62	392,19	235,36	342,35	385,14	231,05	336,08	378,09	226,75	329,82	371,04	222,44	323,55	36
	V	5.028,83	276,58	402,30	452,59																		
	VI	5.073,16	279,02	405,85	456,58																		
13.976,99	I	4.522,16	248,71	361,77	406,99	240,10	349,24	392,89	231,49	336,71	378,80	222,87	324,18	364,70	214,25	311,64	350,60	205,64	299,11	336,50	197,02	286,58	32
(Ost)	II	4.373,08	240,51	349,84	393,57	231,90	337,31	379,47	223,28	324,78	365,37	214,66	312,24	351,27	206,05	299,71	337,17	197,44	287,18	323,08	188,82	274,65	30
	III	3.691,00	91,29	295,28	332,19	72,64	282,74	318,08	54,02	270,22	304,00	35,38	257,69	289,90	16,73	245,16	275,80	-	232,62	261,70	-	220,09	24
	IV	4.522,16	248,71	361,77	406,99	244,41	355,50	399,94	240,10	349,24	392,89	235,79	342,97	385,84	231,49	336,71	378,80	227,18	330,44	371,75	222,87	324,18	36
	V	5.036,66	277,01	402,93	453,29																		
	VI	5.080,91	279,45	406,47	457,28																		
13.979,99	I	4.515,66	248,36	361,25	406,40	239,74	348,72	392,31	231,12	336,18	378,20	222,51	323,65	364,10	213,89	311,12	350,01	205,27	298,58	335,90	196,66	286,05	32
(West)	II	4.366,58	240,16	349,32	392,99	231,54	336,79	378,89	222,92	324,26	364,79	214,31	311,72	350,69	205,69	299,19	336,59	197,07	286,66	322,49	188,46	274,12	30
	III	3.684,50	90,51	294,76	331,60	71,87	282,22	317,50	53,23	269,69	303,40	34,58	257,16	289,30	15,94	244,62	275,20	-	232,09	261,10	-	219,56	24
	IV	4.515,66	248,36	361,25	406,40	244,05	354,98	399,35	239,74	348,72	392,31	235,43	342,45	385,25	231,12	336,18	378,20	226,82	329,92	371,16	222,51	323,65	36
	V	5.030,08	276,65	402,40	452,70																		
	VI	5.074,41	279,09	405,95	456,69																		
13.979,99	I	4.523,41	248,78	361,87	407,10	240,17	349,34	393,01	231,55	336,81	378,91	222,94	324,28	364,81	214,32	311,74	350,71	205,70	299,21	336,61	197,09	286,68	32
(Ost)	II	4.374,33	240,58	349,94	393,68	231,97	337,41	379,58	223,35	324,88	365,49	214,74	312,35	351,39	206,12	299,82	337,29	197,50	287,28	323,19	188,89	274,75	30
	III	3.692,33	91,45	295,38	332,30	72,80	282,85	318,20	54,16	270,32	304,11	35,52	257,78	290,00	16,87	245,25	275,90	-	232,72	261,81	-	220,18	24
	IV	4.523,41	248,78	361,87	407,10	244,48	355,61	400,06	240,17	349,34	393,01	235,86	343,08	385,96	231,55	336,81	378,91	227,25	330,54	371,86	222,94	324,28	36
	V	5.037,91	277,08	403,03	453,41																		
	VI	5.082,25	279,52	406,58	457,40																		
13.982,99	I	4.516,91	248,43	361,35	406,52	239,81	348,82	392,42	231,19	336,28	378,32	222,58	323,75	364,22	213,96	311,22	350,12	205,34	298,68	336,02	196,73	286,15	32
(West)	II	4.367,83	240,23	349,42	393,10	231,61	336,89	379,00	222,99	324,36	364,90	214,38	311,82	350,80	205,76	299,29	336,70	197,14	286,76	322,60	188,53	274,22	30
	III	3.685,83	90,67	294,86	331,72	72,03	282,33	317,62	53,39	269,80	303,52	34,74	257,26	289,42	16,10	244,73	275,32	-	232,20	261,22	-	219,66	24
	IV	4.516,91	248,43	361,35	406,52	244,12	355,08	399,47	239,81	348,82	392,42	235,50	342,55	385,37	231,19	336,28	378,32	226,88	330,02	371,27	222,58	323,75	36
	V	5.031,33	276,72	402,50	452,81																		
	VI	5.075,66	279,16	406,05	456,80																		
13.982,99	I	4.524,75	248,86	361,98	407,22	240,24	349,44	393,12	231,62	336,91	379,02	223,01	324,38	364,92	214,39	311,84	350,82	205,77	299,31	336,72	197,16	286,78	32
(Ost)	II	4.375,58	240,65	350,04	393,80	232,04	337,51	379,70	223,42	324,98	365,60	214,81	312,45	351,50	206,19	299,92	337,41	197,57	287,38	323,30	188,96	274,85	30
	III	3.693,66	91,61	295,49	332,42	72,96	282,96	318,33	54,32	270,42	304,22	35,68	257,89	290,12	17,03	245,36	276,03	-	232,82	261,92	-	220,29	24
	IV	4.524,75	248,86	361,98	407,22	244,55	355,71	400,17	240,24	349,44	393,12	235,93	343,18	386,07	231,62	336,91	379,02	227,31	330,64	371,97	223,01	324,38	36
	V	5.039,16	277,15	403,13	453,52																		
	VI	5.083,50	279,59	406,68	457,51																		
13.985,99	I	4.518,16	248,49	361,45	406,63	239,88	348,92	392,53	231,26	336,38	378,43	222,64	323,85	364,33	214,03	311,32	350,23	205,41	298,78	336,13	196,80	286,26	32
(West)	II	4.369,08	240,29	349,52	393,21	231,68	336,99	379,11	223,06	324,46	365,01	214,44	311,92	350,91	205,83	299,39	336,81	197,21	286,86	322,71	188,59	274,32	30
	III	3.687,00	90,81	294,96	331,83	72,17	282,42	317,72	53,53	269,89	303,62	34,88	257,36	289,53	16,24	244,82	275,42	-	232,29	261,32	-	219,76	24
	IV	4.518,16	248,49	361,45	406,63	244,19	355,18	399,58	239,88	348,92	392,53	235,57	342,65	385,48	231,26	336,38	378,43	226,95	330,12	371,38	222,64	323,85	36
	V	5.032,58	276,79	402,60	452,93																		
	VI	5.076,91	279,23	406,15	456,92																		
13.985,99	I	4.526,00	248,93	362,08	407,34	240,31	349,54	393,23	231,69	337,01	379,13	223,08	324,48	365,04	214,46	311,94	350,93	205,84	299,41	336,83	197,23	286,88	32
(Ost)	II	4.376,91	240,73	350,15	393,92	232,11	337,62	379,82	223,49	325,08	365,72	214,88	312,55	351,62	206,26	300,02	337,52	197,64	287,48	323,42	189,03	274,95	30
	III	3.694,83	91,74	295,58	332,53	73,10	283,05	318,43	54,46	270,52	304,33	35,81	257,98	290,23	17,17	245,45	276,13	-	232,92	262,03	-	220,38	24
	IV	4.526,00	248,93	362,08	407,34	244,62	355,81	400,28	240,31	349,54	393,23	236,00	343,28	386,19	231,69	337,01	379,13	227,38	330,74	372,08	223,08	324,48	36
	V	5.040,41	277,22	403,23	453,63																		
	VI	5.084,75	279,66	406,78	457,62																		
13.988,99	I	4.519,41	248,56	361,55	406,74	239,95	349,02	392,64	231,33	336,48	378,54	222,71	323,95	364,44	214,10	311,42	350,35	205,48	298,89	336,25	196,87	286,36	32
(West)	II	4.370,33	240,36	349,62	393,32	231,75	337,09	379,22	223,13	324,56	365,13	214,51	312,02	351,02	205,90	299,49	336,92	197,28	286,96	322,83	188,66	274,42	30
	III	3.688,33	90,97	295,06	331,94	72,33	282,53	317,84	53,68	270,00	303,75	35,04	257,46	289,64	16,40	244,93	275,54	-	232,40	261,45	-	219,86	24
	IV	4.519,41	248,56	361,55	406,74	244,25	355,28	399,69	239,95	349,02	392,64	235,64	342,75	385,59	231,33	336,48	378,54	227,02	330,22	371,49	222,71	323,95	36
	V	5.033,83	276,86	402,70	453,04																		
	VI	5.078,16	279,29	406,25	457,03																		
13.988,99	I	4.527,25	248,99	362,18	407,45	240,38	349,64	393,35	231,76	337,11	379,25	223,14	324,58	365,15	214,53	312,04	351,05	205,91	299,51	336,95	197,29	286,98	32
(Ost)	II	4.378,16	240,79	350,25	394,03	232,18	337,72	379,93	223,56	325,18	365,83	214,94	312,65	351,73	206,33	300,12	337,63	197,71	287,58	323,53	189,09	275,05	30
	III	3.696,16	91,90	295,69	332,65	73,26	283,16	318,55	54,62	270,62	304,45	35,97	258,09	290,35	17,33	245,56	276,25	-	233,02	262,15	-	220,49	24
	IV	4.527,25	248,99	362,18	407,45	244,69	355,91	400,40	240,38	349,64	393,35	236,07	343,38	386,30	231,76	337,11	379,25	227,45	330,84	372,20	223,14	324,58	36
	V	5.041,66	277,29	403,33	453,74																		
	VI	5.086,00	279,73	406,88	457,74																		
13.991,99	I	4.520,66	248,63	361,65	406,85	240,02	349,12	392,76	231,40	336,58	378,65	222,79	324,06	364,56	214,17	311,52	350,46	205,55	298,99	336,36	196,94	286,46	322,
(West)	II	4.371,58	240,43	349,72	393,44	231,82	337,19	379,34	223,20	324,66	365,24	214,58	312,12	351,14	205,97	299,59	337,04	197,35	287,06	322,94	188,74	274,53	308,
	III	3.689,50	91,11	295,16	332,05	72,47	282,62	317,95	53,82	270,09	303,85	35,18	257,56	289,75	16,54	245,02	275,65	-	232,49	261,55	-	219,96	247,
	IV	4.520,66	248,63	361,65	406,85	244,32	355,38	399,80	240,02	349,12	392,76	235,71	342,85	385,70	231,40	336,58	378,65	227,09	330,32	371,61	222,79	324,06	364,
	V	5.035,16	276,93	402,81	453,16																		
	VI	5.079,41	279,36	406,35	457,14																		
13.991,99	I	4.528,50	249,06	362,28	407,56	240,45	349,74	393,46	231,83	337,21	379,36	223,21	324,68	365,26	214,60	312,14	351,16	205,98	299,61	337,06	197,36	287,08	322,
(Ost)	II	4.379,41	240,86	350,35	394,14	232,25	337,82	380,04	223,63	325,28	365,94	215,01	312,75	351,84	206,40	300,22	337,74	197,78	287,68	323,64	189,16	275,15	309,
	III	3.697,33	92,04	295,78	332,75	73,40	283,25	318,65	54,75	270,72	304,56	36,11	258,18	290,45	17,47	245,65	276,35	-	233,12	262,26	-	220,58	248,
	IV	4.528,50	249,06	362,28	407,56	244,75	356,01	400,51	240,45	349,74	393,46	236,14	343,48	386,41	231,83	337,21	379,36	227,52	330,94	372,31	223,21	324,68	365,
	V	5.042,91	277,36	403,43	453,86																		
	VI	5.087,25	279,79	406,98	457,85																		
13.994,99	I	4.521,91	248,70	361,75	406,97	240,09	349,22	392,87	231,47	336,69	378,77	222,86	324,16	364,68	214,24	311,62	350,57	205,62	299,09	336,47	197,01	286,56	322,
(West)	II	4.372,83	240,50	349,82	393,55	231,88	337,29	379,45	223,27	324,76	365,35	214,65	312,22	351,25	206,04	299,70	337,16	197,42	287,16	323,06	188,81	274,63	308,
	III	3.690,83	91,27	295,26	332,17	72,62	282,73	318,07	53,98	270,20	303,97	35,34	257,66	289,87	16,69	245,13	275,77	-	232,60	261,67	-	220,06	247,
	IV	4.521,91	248,70	361,75	406,97	244,39	355,48	399,92	240,09	349,22	392,87	235,78	342,96	385,83	231,47	336,69	378,77	227,16	330,42	371,72	222,86	324,16	364,
	V	5.036,41	277,00	402,91	453,27																		
	VI	5.080,66	279,43	406,45	457,25																		
13.994,99	I	4.529,75	249,13	362,38	407,67	240,51	349,84	393,57	231,90	337,31	379,47	223,28	324,78	365,37	214,66	312,24	351,27	206,05	299,71	337,17	197,44	287,18	323,
(Ost)	II	4.380,66	240,93	350,45	394,25	232,32	337,92	380,16	223,70	325,38	366,05	215,08	312,85	351,95	206,47	300,32	337,86	197,85	287,78	323,75	189,23	275,25	309,
	III	3.698,66	92,20	295,89	332,87	73,56	283,36	318,78	54,91	270,82	304,67	36,27	258,29	290,57	17,63	245,76	276,48	-	233,22	262,37	-	220,69	248,
	IV	4.529,75	249,13	362,38	407,67	244,82	356,11	400,62	240,51	349,84	393,57	236,21	343,58	386,52	231,90	337,31	379,47	227,59	331,04	372,42	223,28	324,78	365,
	V	5.044,16	277,42	403,53	453,97																		
	VI	5.088,50	279,86	407,08	457,96																		

Allgemeine Tabelle

MONAT bis 14.015,99 €

Lohn/ Gehalt bis	Steuerklasse	Lohn-steuer	ohne Kinderfreibetrag			Anzahl Kinderfreibeträge (nur Steuerklassen I–IV) 0,5			1,0			1,5			2,0			2,5			3,0		
			SolZ 5,5%	Kirchensteuer 8%	9%	SolZ 5,5%	Kirchensteuer 8%	9%	SolZ 5,5%	Kirchensteuer 8%	9%	SolZ 5,5%	Kirchensteuer 8%	9%	SolZ 5,5%	Kirchensteuer 8%	9%	SolZ 5,5%	Kirchensteuer 8%	9%	SolZ 5,5%	Kirchensteuer 8%	9%
3.997,99	I	**4.523,25**	*248,77*	361,86	407,09	*240,16*	349,32	392,99	*231,54*	336,79	378,89	*222,92*	324,26	364,79	*214,31*	311,72	350,69	*205,69*	299,19	336,59	*197,07*	286,66	322,49
(West)	II	**4.374,08**	*240,57*	349,92	393,66	*231,95*	337,39	379,56	*223,34*	324,86	365,47	*214,72*	312,33	351,37	*206,11*	299,80	337,27	*197,49*	287,26	323,17	*188,87*	274,73	309,07
	III	**3.692,00**	*91,41*	295,36	332,28	*72,76*	282,82	318,17	*54,12*	270,29	304,07	*35,48*	257,76	289,98	*16,83*	245,22	275,87	–	232,70	261,79	–	220,17	247,69
	IV	**4.523,25**	*248,77*	361,86	407,09	*244,47*	355,59	400,04	*240,16*	349,32	392,99	*235,85*	343,06	385,94	*231,54*	336,79	378,89	*227,23*	330,52	371,84	*222,92*	324,26	364,79
	V	**5.037,66**	*277,07*	403,01	453,38																		
	VI	**5.082,00**	*279,51*	406,56	457,38																		
3.997,99	I	**4.531,00**	*249,20*	362,48	407,79	*240,58*	349,94	393,68	*231,97*	337,41	379,58	*223,35*	324,88	365,49	*214,74*	312,35	351,39	*206,12*	299,82	337,29	*197,50*	287,28	323,19
(Ost)	II	**4.381,91**	*241,00*	350,55	394,37	*232,38*	338,02	380,27	*223,77*	325,48	366,17	*215,15*	312,95	352,07	*206,53*	300,42	337,97	*197,92*	287,88	323,87	*189,30*	275,35	309,77
	III	**3.699,83**	*92,34*	295,98	332,98	*73,70*	283,45	318,88	*55,05*	270,92	304,78	*36,41*	258,38	290,68	*17,79*	245,86	276,59	–	233,33	262,49	–	220,80	248,40
	IV	**4.531,00**	*249,20*	362,48	407,79	*244,89*	356,21	400,73	*240,58*	349,94	393,68	*236,28*	343,68	386,64	*231,97*	337,41	379,58	*227,66*	331,14	372,53	*223,35*	324,88	365,49
	V	**5.045,50**	*277,50*	403,64	454,09																		
	VI	**5.089,75**	*279,93*	407,18	458,07																		
4.000,99	I	**4.524,50**	*248,84*	361,96	407,20	*240,23*	349,42	393,10	*231,61*	336,89	379,00	*222,99*	324,36	364,90	*214,38*	311,82	350,80	*205,76*	299,29	336,70	*197,14*	286,76	322,60
(West)	II	**4.375,33**	*240,64*	350,02	393,77	*232,03*	337,50	379,68	*223,41*	324,96	365,58	*214,79*	312,43	351,48	*206,18*	299,90	337,38	*197,56*	287,36	323,28	*188,94*	274,83	309,18
	III	**3.693,33**	*91,57*	295,46	332,39	*72,92*	282,93	318,29	*54,28*	270,40	304,20	*35,64*	257,86	290,09	*16,99*	245,33	275,99	–	232,80	261,90	–	220,26	247,79
	IV	**4.524,50**	*248,84*	361,96	407,20	*244,53*	355,69	400,15	*240,23*	349,42	393,10	*235,92*	343,16	386,05	*231,61*	336,89	379,00	*227,30*	330,62	371,95	*222,99*	324,36	364,90
	V	**5.038,91**	*277,14*	403,11	453,50																		
	VI	**5.083,25**	*279,57*	406,66	457,49																		
4.000,99	I	**4.532,25**	*249,27*	362,58	407,90	*240,65*	350,04	393,80	*232,04*	337,51	379,70	*223,42*	324,98	365,60	*214,81*	312,45	351,50	*206,19*	299,92	337,41	*197,57*	287,38	323,30
(Ost)	II	**4.383,16**	*241,07*	350,65	394,48	*232,45*	338,12	380,38	*223,84*	325,58	366,28	*215,22*	313,05	352,18	*206,60*	300,52	338,08	*197,99*	287,99	323,99	*189,37*	275,46	309,89
	III	**3.701,16**	*92,50*	296,09	333,10	*73,85*	283,56	319,00	*55,21*	271,02	304,90	*36,57*	258,49	290,80	*17,92*	245,96	276,70	–	233,42	262,60	–	220,89	248,50
	IV	**4.532,25**	*249,27*	362,58	407,90	*244,96*	356,31	400,85	*240,65*	350,04	393,80	*236,34*	343,78	386,75	*232,04*	337,51	379,70	*227,73*	331,25	372,65	*223,42*	324,98	365,60
	V	**5.046,75**	*277,57*	403,74	454,20																		
	VI	**5.091,00**	*280,00*	407,28	458,19																		
4.003,99	I	**4.525,75**	*248,91*	362,06	407,31	*240,29*	349,52	393,21	*231,68*	336,99	379,11	*223,06*	324,46	365,01	*214,44*	311,92	350,91	*205,83*	299,39	336,81	*197,21*	286,86	322,71
(West)	II	**4.376,66**	*240,71*	350,13	393,89	*232,10*	337,60	379,80	*223,48*	325,06	365,69	*214,86*	312,53	351,59	*206,25*	300,00	337,50	*197,63*	287,46	323,39	*189,01*	274,93	309,29
	III	**3.694,50**	*91,70*	295,56	332,50	*73,06*	283,02	318,40	*54,44*	270,50	304,31	*35,79*	257,97	290,21	*17,15*	245,44	276,12	–	232,90	262,01	–	220,37	247,91
	IV	**4.525,75**	*248,91*	362,06	407,31	*244,60*	355,79	400,26	*240,29*	349,52	393,21	*235,99*	343,26	386,16	*231,68*	336,99	379,11	*227,37*	330,72	372,06	*223,06*	324,46	365,01
	V	**5.040,16**	*277,20*	403,21	453,61																		
	VI	**5.084,50**	*279,64*	406,76	457,60																		
4.003,99	I	**4.533,50**	*249,34*	362,68	408,01	*240,73*	350,15	393,92	*232,11*	337,62	379,82	*223,49*	325,08	365,72	*214,88*	312,55	351,62	*206,26*	300,02	337,52	*197,64*	287,48	323,42
(Ost)	II	**4.384,41**	*241,14*	350,75	394,59	*232,52*	338,22	380,49	*223,90*	325,68	366,39	*215,29*	313,15	352,29	*206,68*	300,62	338,20	*198,06*	288,09	324,10	*189,44*	275,56	310,00
	III	**3.702,33**	*92,64*	296,18	333,20	*74,01*	283,66	319,12	*55,37*	271,13	305,02	*36,73*	258,60	290,92	*18,08*	246,06	276,82	–	233,53	262,72	–	221,00	248,62
	IV	**4.533,50**	*249,34*	362,68	408,01	*245,03*	356,41	400,96	*240,73*	350,15	393,92	*236,42*	343,88	386,87	*232,11*	337,62	379,82	*227,80*	331,35	372,77	*223,49*	325,08	365,72
	V	**5.048,00**	*277,64*	403,84	454,32																		
	VI	**5.092,25**	*280,07*	407,38	458,30																		
4.006,99	I	**4.527,00**	*248,98*	362,16	407,43	*240,36*	349,62	393,32	*231,75*	337,09	379,22	*223,13*	324,56	365,13	*214,51*	312,02	351,02	*205,90*	299,49	336,92	*197,28*	286,96	322,83
(West)	II	**4.377,91**	*240,78*	350,23	394,01	*232,16*	337,70	379,91	*223,55*	325,16	365,81	*214,93*	312,63	351,71	*206,31*	300,10	337,61	*197,70*	287,56	323,51	*189,08*	275,03	309,41
	III	**3.695,83**	*91,86*	295,66	332,62	*73,22*	283,13	318,52	*54,58*	270,60	304,42	*35,93*	258,06	290,32	*17,29*	245,53	276,22	–	233,00	262,12	–	220,46	248,02
	IV	**4.527,00**	*248,98*	362,16	407,43	*244,67*	355,89	400,37	*240,36*	349,62	393,32	*236,06*	343,36	386,28	*231,75*	337,09	379,22	*227,44*	330,82	372,17	*223,13*	324,56	365,13
	V	**5.041,41**	*277,27*	403,31	453,72																		
	VI	**5.085,75**	*279,71*	406,86	457,71																		
4.006,99	I	**4.534,83**	*249,41*	362,78	408,13	*240,79*	350,25	394,03	*232,18*	337,72	379,93	*223,56*	325,18	365,83	*214,94*	312,65	351,73	*206,33*	300,12	337,63	*197,71*	287,58	323,53
(Ost)	II	**4.385,66**	*241,21*	350,85	394,70	*232,59*	338,32	380,61	*223,98*	325,79	366,51	*215,36*	313,26	352,41	*206,74*	300,72	338,31	*198,13*	288,19	324,21	*189,51*	275,66	310,11
	III	**3.703,66**	*92,80*	296,29	333,32	*74,15*	283,76	319,23	*55,51*	271,22	305,12	*36,87*	258,69	291,02	*18,22*	246,16	276,93	–	233,62	262,82	–	221,09	248,72
	IV	**4.534,83**	*249,41*	362,78	408,13	*245,10*	356,52	401,08	*240,79*	350,25	394,03	*236,49*	343,98	386,98	*232,18*	337,72	379,93	*227,87*	331,45	372,88	*223,56*	325,18	365,83
	V	**5.049,25**	*277,70*	403,94	454,43																		
	VI	**5.093,58**	*280,14*	407,48	458,42																		
4.009,99	I	**4.528,25**	*249,05*	362,26	407,54	*240,43*	349,72	393,44	*231,82*	337,19	379,34	*223,20*	324,66	365,24	*214,58*	312,12	351,14	*205,97*	299,59	337,04	*197,35*	287,06	322,94
(West)	II	**4.379,16**	*240,85*	350,33	394,12	*232,23*	337,80	380,02	*223,62*	325,26	365,92	*215,00*	312,73	351,82	*206,38*	300,20	337,72	*197,77*	287,66	323,62	*189,15*	275,13	309,52
	III	**3.697,16**	*92,02*	295,77	332,74	*73,38*	283,24	318,64	*54,74*	270,70	304,54	*36,09*	258,17	290,44	*17,45*	245,64	276,34	–	233,10	262,24	–	220,57	248,14
	IV	**4.528,25**	*249,05*	362,26	407,54	*244,74*	355,99	400,49	*240,43*	349,72	393,44	*236,12*	343,46	386,39	*231,82*	337,19	379,34	*227,51*	330,92	372,29	*223,20*	324,66	365,24
	V	**5.042,66**	*277,34*	403,41	453,83																		
	VI	**5.087,00**	*279,78*	406,96	457,83																		
4.009,99	I	**4.536,08**	*249,48*	362,88	408,24	*240,86*	350,35	394,14	*232,25*	337,82	380,04	*223,63*	325,28	365,94	*215,01*	312,75	351,84	*206,40*	300,22	337,74	*197,78*	287,68	323,64
(Ost)	II	**4.386,91**	*241,28*	350,95	394,82	*232,66*	338,42	380,72	*224,05*	325,89	366,62	*215,43*	313,36	352,53	*206,81*	300,82	338,42	*198,20*	288,29	324,32	*189,58*	275,76	310,23
	III	**3.705,00**	*92,95*	296,40	333,45	*74,31*	283,86	319,34	*55,67*	271,33	305,24	*37,02*	258,80	291,15	*18,38*	246,26	277,04	–	233,73	262,94	–	221,20	248,85
	IV	**4.536,08**	*249,48*	362,88	408,24	*245,17*	356,62	401,19	*240,86*	350,35	394,14	*236,55*	344,08	387,09	*232,25*	337,82	380,04	*227,94*	331,55	372,99	*223,63*	325,28	365,94
	V	**5.050,50**	*277,77*	404,04	454,54																		
	VI	**5.094,83**	*280,21*	407,58	458,53																		
4.012,99	I	**4.529,50**	*249,12*	362,36	407,65	*240,50*	349,82	393,55	*231,88*	337,29	379,45	*223,27*	324,76	365,35	*214,65*	312,22	351,25	*206,04*	299,70	337,16	*197,42*	287,16	323,06
(West)	II	**4.380,41**	*240,92*	350,43	394,23	*232,30*	337,90	380,13	*223,68*	325,36	366,03	*215,07*	312,83	351,93	*206,45*	300,30	337,83	*197,83*	287,76	323,73	*189,22*	275,23	309,63
	III	**3.698,33**	*92,16*	295,86	332,84	*73,52*	283,33	318,74	*54,87*	270,80	304,65	*36,23*	258,26	290,54	*17,59*	245,73	276,44	–	233,20	262,35	–	220,66	248,24
	IV	**4.529,50**	*249,12*	362,36	407,65	*244,81*	356,09	400,60	*240,50*	349,82	393,55	*236,19*	343,56	386,50	*231,88*	337,29	379,45	*227,58*	331,02	372,40	*223,27*	324,76	365,35
	V	**5.043,91**	*277,41*	403,51	453,95																		
	VI	**5.088,25**	*279,85*	407,06	457,94																		
4.012,99	I	**4.537,33**	*249,55*	362,98	408,35	*240,93*	350,45	394,25	*232,32*	337,92	380,16	*223,70*	325,38	366,05	*215,08*	312,85	351,95	*206,47*	300,32	337,86	*197,85*	287,78	323,75
(Ost)	II	**4.388,25**	*241,35*	351,06	394,94	*232,73*	338,52	380,84	*224,12*	325,99	366,74	*215,50*	313,46	352,64	*206,88*	300,92	338,54	*198,27*	288,39	324,44	*189,65*	275,86	310,34
	III	**3.706,16**	*93,09*	296,49	333,55	*74,45*	283,96	319,45	*55,81*	271,42	305,35	*37,16*	258,89	291,25	*18,52*	246,36	277,15	–	233,82	263,05	–	221,29	248,95
	IV	**4.537,33**	*249,55*	362,98	408,35	*245,24*	356,72	401,31	*240,93*	350,45	394,25	*236,62*	344,18	387,20	*232,32*	337,92	380,16	*228,01*	331,65	373,10	*223,70*	325,38	366,05
	V	**5.051,75**	*277,84*	404,14	454,65																		
	VI	**5.096,08**	*280,28*	407,68	458,64																		
4.015,99	I	**4.530,75**	*249,19*	362,46	407,76	*240,57*	349,92	393,66	*231,95*	337,39	379,56	*223,34*	324,86	365,47	*214,72*	312,33	351,37	*206,11*	299,80	337,27	*197,49*	287,26	323,17
(West)	II	**4.381,66**	*240,99*	350,53	394,34	*232,37*	338,00	380,25	*223,75*	325,46	366,14	*215,14*	312,93	352,04	*206,52*	300,40	337,95	*197,90*	287,86	323,84	*189,29*	275,34	309,75
	III	**3.699,66**	*92,32*	295,97	332,96	*73,68*	283,44	318,87	*55,03*	270,90	304,76	*36,39*	258,37	290,66	*17,75*	245,84	276,57	–	233,30	262,46	–	220,77	248,36
	IV	**4.530,75**	*249,19*	362,46	407,76	*244,88*	356,19	400,71	*240,57*	349,92	393,66	*236,26*	343,66	386,61	*231,95*	337,39	379,56	*227,64*	331,12	372,51	*223,34*	324,86	365,47
	V	**5.045,25**	*277,48*	403,62	454,07																		
	VI	**5.089,50**	*279,92*	407,16	458,05																		
14.015,99	I	**4.538,58**	*249,62*	363,08	408,47	*241,00*	350,55	394,37	*232,38*	338,02	380,27	*223,77*	325,48	366,17	*215,15*	312,95	352,07	*206,53*	300,42	337,97	*197,92*	287,88	323,87
(Ost)	II	**4.389,50**	*241,42*	351,16	395,05	*232,80*	338,62	380,95	*224,18*	326,09	366,85	*215,57*	313,56	352,75	*206,95*	301,02	338,65	*198,33*	288,49	324,55	*189,72*	275,96	310,45
	III	**3.707,50**	*93,25*	296,60	333,67	*74,61*	284,06	319,57	*55,96*	271,53	305,47	*37,32*	259,00	291,37	*18,68*	246,46	277,27	*0,03*	233,93	263,17	–	221,40	249,07
	IV	**4.538,58**	*249,62*	363,08	408,47	*245,31*	356,82	401,42	*241,00*	350,55	394,37	*236,69*	344,28	387,32	*232,38*	338,02	380,27	*228,08*	331,75	373,22	*223,77*	325,48	366,17
	V	**5.053,00**	*277,91*	404,24	454,77																		
	VI	**5.097,33**	*280,35*	407,78	458,75																		

Lohn/Gehalt bis	Steuerklasse	Lohnsteuer	ohne Kinderfreibetrag SolZ 5,5%	ohne Kinderfreibetrag Kirchensteuer 8%	ohne Kinderfreibetrag Kirchensteuer 9%	0,5 SolZ 5,5%	0,5 Kirchensteuer 8%	0,5 Kirchensteuer 9%	1,0 SolZ 5,5%	1,0 Kirchensteuer 8%	1,0 Kirchensteuer 9%	1,5 SolZ 5,5%	1,5 Kirchensteuer 8%	1,5 Kirchensteuer 9%	2,0 SolZ 5,5%	2,0 Kirchensteuer 8%	2,0 Kirchensteuer 9%	2,5 SolZ 5,5%	2,5 Kirchensteuer 8%	2,5 Kirchensteuer 9%	3,0 SolZ 5,5%	3,0 Kirchensteuer 8%	3,0 Kirchensteuer 9%
14.018,99 (West)	I	4.532,00	249,26	362,56	407,88	240,64	350,02	393,77	232,03	337,50	379,68	223,41	324,96	365,58	214,79	312,43	351,48	206,18	299,90	337,38	197,56	287,36	32
	II	4.382,91	241,06	350,63	394,46	232,44	338,10	380,36	223,82	325,56	366,26	215,21	313,03	352,16	206,59	300,50	338,06	197,98	287,97	323,96	189,36	275,44	30
	III	3.700,83	92,46	296,06	333,07	73,81	283,53	318,97	55,17	271,00	304,87	36,53	258,46	290,77	17,88	245,93	276,67	-	233,40	262,57	-	220,86	24
	IV	4.532,00	249,26	362,56	407,88	244,95	356,29	400,82	240,64	350,02	393,77	236,33	343,76	386,73	232,03	337,50	379,68	227,72	331,23	372,63	223,41	324,96	36
	V	5.046,50	277,55	403,72	454,18																		
	VI	5.090,75	279,99	407,26	458,16																		
14.018,99 (Ost)	I	4.539,83	249,69	363,18	408,58	241,07	350,65	394,48	232,45	338,12	380,38	223,84	325,58	366,28	215,22	313,05	352,18	206,60	300,52	338,08	197,99	287,99	32
	II	4.390,75	241,49	351,26	395,16	232,87	338,72	381,06	224,25	326,19	366,96	215,64	313,66	352,86	207,02	301,12	338,76	198,40	288,59	324,66	189,79	276,06	31
	III	3.708,66	93,39	296,69	333,77	74,75	284,16	319,68	56,10	271,62	305,57	37,46	259,09	291,47	18,82	246,56	277,38	0,17	234,02	263,27	-	221,50	24
	IV	4.539,83	249,69	363,18	408,58	245,38	356,92	401,53	241,07	350,65	394,48	236,76	344,38	387,43	232,45	338,12	380,38	228,14	331,85	373,33	223,84	325,58	36
	V	5.054,25	277,98	404,34	454,88																		
	VI	5.098,58	280,42	407,88	458,87																		
14.021,99 (West)	I	4.533,33	249,33	362,66	407,99	240,71	350,13	393,89	232,10	337,60	379,80	223,48	325,06	365,69	214,86	312,53	351,59	206,25	300,00	337,50	197,63	287,46	32
	II	4.384,16	241,12	350,73	394,57	232,51	338,20	380,47	223,89	325,66	366,37	215,28	313,14	352,28	206,66	300,60	338,18	198,05	288,07	324,08	189,43	275,54	30
	III	3.702,16	92,62	296,17	333,19	73,97	283,64	319,09	55,33	271,10	304,99	36,69	258,57	290,89	18,04	246,04	276,79	-	233,50	262,69	-	220,97	24
	IV	4.533,33	249,33	362,66	407,99	245,02	356,40	400,95	240,71	350,13	393,89	236,40	343,86	386,84	232,10	337,60	379,80	227,79	331,33	372,74	223,48	325,06	36
	V	5.047,75	277,62	403,82	454,29																		
	VI	5.092,08	280,06	407,36	458,28																		
14.021,99 (Ost)	I	4.541,08	249,75	363,28	408,69	241,14	350,75	394,59	232,52	338,22	380,49	223,90	325,68	366,39	215,29	313,15	352,29	206,68	300,62	338,20	198,06	288,09	32
	II	4.392,00	241,56	351,36	395,28	232,94	338,82	381,17	224,32	326,29	367,07	215,71	313,76	352,98	207,09	301,22	338,87	198,47	288,69	324,77	189,86	276,16	31
	III	3.710,00	93,55	296,80	333,90	74,91	284,26	319,79	56,26	271,73	305,69	37,62	259,20	291,60	18,98	246,66	277,49	0,33	234,13	263,39	-	221,60	24
	IV	4.541,08	249,75	363,28	408,69	245,45	357,02	401,64	241,14	350,75	394,59	236,83	344,48	387,54	232,52	338,22	380,49	228,21	331,95	373,44	223,90	325,68	36
	V	5.055,50	278,05	404,44	454,99																		
	VI	5.099,83	280,49	407,98	458,99																		
14.024,99 (West)	I	4.534,58	249,40	362,76	408,11	240,78	350,23	394,01	232,16	337,70	379,91	223,55	325,16	365,81	214,93	312,63	351,71	206,31	300,10	337,61	197,70	287,56	32
	II	4.385,41	241,19	350,83	394,68	232,58	338,30	380,59	223,96	325,77	366,49	215,35	313,24	352,39	206,73	300,70	338,29	198,11	288,17	324,19	189,50	275,64	31
	III	3.703,33	92,76	296,26	333,29	74,11	283,73	319,19	55,47	271,20	305,10	36,83	258,66	290,99	18,20	246,14	276,91	-	233,61	262,81	-	221,08	24
	IV	4.534,58	249,40	362,76	408,11	245,09	356,50	401,06	240,78	350,23	394,01	236,47	343,96	386,96	232,16	337,70	379,91	227,86	331,43	372,86	223,55	325,16	36
	V	5.049,00	277,69	403,92	454,41																		
	VI	5.093,33	280,13	407,46	458,39																		
14.024,99 (Ost)	I	4.542,33	249,82	363,38	408,80	241,21	350,85	394,70	232,59	338,32	380,61	223,98	325,79	366,51	215,36	313,26	352,41	206,74	300,72	338,31	198,13	288,19	32
	II	4.393,25	241,62	351,46	395,39	233,01	338,92	381,29	224,39	326,39	367,19	215,77	313,86	353,09	207,16	301,32	338,99	198,54	288,79	324,89	189,93	276,26	31
	III	3.711,16	93,69	296,89	334,00	75,04	284,36	319,90	56,40	271,82	305,80	37,78	259,30	291,71	19,13	246,77	277,61	0,49	234,24	263,52	-	221,70	24
	IV	4.542,33	249,82	363,38	408,80	245,52	357,12	401,76	241,21	350,85	394,70	236,90	344,58	387,65	232,59	338,32	380,61	228,28	332,05	373,55	223,98	325,79	36
	V	5.056,83	278,12	404,54	455,11																		
	VI	5.101,08	280,55	408,08	459,09																		
14.027,99 (West)	I	4.535,83	249,47	362,86	408,22	240,85	350,33	394,12	232,23	337,80	380,02	223,62	325,26	365,92	215,00	312,73	351,82	206,38	300,20	337,72	197,77	287,66	32
	II	4.386,75	241,27	350,94	394,80	232,65	338,40	380,70	224,03	325,87	366,60	215,42	313,34	352,50	206,80	300,80	338,40	198,18	288,27	324,30	189,57	275,74	31
	III	3.704,66	92,91	296,37	333,41	74,27	283,84	319,32	55,63	271,30	305,21	36,98	258,77	291,11	18,34	246,24	277,02	-	233,70	262,91	-	221,17	24
	IV	4.535,83	249,47	362,86	408,22	245,16	356,60	401,17	240,85	350,33	394,12	236,54	344,06	387,07	232,23	337,80	380,02	227,92	331,53	372,97	223,62	325,26	36
	V	5.050,25	277,76	404,02	454,52																		
	VI	5.094,58	280,20	407,56	458,51																		
14.027,99 (Ost)	I	4.543,58	249,89	363,48	408,92	241,28	350,95	394,82	232,66	338,42	380,72	224,05	325,89	366,62	215,43	313,36	352,53	206,81	300,82	338,42	198,20	288,29	32
	II	4.394,50	241,69	351,56	395,50	233,08	339,02	381,40	224,46	326,49	367,30	215,84	313,96	353,20	207,23	301,43	339,11	198,61	288,90	325,01	190,00	276,36	31
	III	3.712,50	93,85	297,00	334,12	75,20	284,46	320,02	56,56	271,93	305,92	37,92	259,40	291,82	19,27	246,86	277,72	0,63	234,33	263,62	-	221,80	24
	IV	4.543,58	249,89	363,48	408,92	245,58	357,22	401,87	241,28	350,95	394,82	236,97	344,69	387,77	232,66	338,42	380,72	228,36	332,16	373,68	224,05	325,89	36
	V	5.058,08	278,19	404,64	455,22																		
	VI	5.102,33	280,62	408,18	459,20																		
14.030,99 (West)	I	4.537,08	249,53	362,96	408,33	240,92	350,43	394,23	232,30	337,90	380,13	223,68	325,36	366,03	215,07	312,83	351,93	206,45	300,30	337,83	197,83	287,76	32
	II	4.388,00	241,34	351,04	394,92	232,72	338,50	380,81	224,10	325,97	366,71	215,49	313,44	352,62	206,87	300,90	338,51	198,25	288,37	324,41	189,64	275,84	31
	III	3.705,83	93,05	296,46	333,52	74,43	283,94	319,43	55,79	271,41	305,33	37,14	258,88	291,24	18,50	246,34	277,13	-	233,81	263,03	-	221,28	24
	IV	4.537,08	249,53	362,96	408,33	245,23	356,70	401,28	240,92	350,43	394,23	236,61	344,16	387,18	232,30	337,90	380,13	227,99	331,63	373,08	223,68	325,36	36
	V	5.051,50	277,83	404,12	454,63																		
	VI	5.095,83	280,27	407,66	458,62																		
14.030,99 (Ost)	I	4.544,91	249,97	363,59	409,04	241,35	351,06	394,94	232,73	338,52	380,84	224,12	325,99	366,74	215,50	313,46	352,64	206,88	300,92	338,54	198,27	288,39	32
	II	4.395,75	241,76	351,66	395,61	233,14	339,12	381,51	224,53	326,59	367,41	215,92	314,06	353,32	207,30	301,53	339,22	198,68	289,00	325,12	190,07	276,46	31
	III	3.713,83	94,01	297,10	334,24	75,36	284,57	320,14	56,72	272,04	306,04	38,08	259,50	291,94	19,43	246,97	277,84	0,79	234,44	263,74	-	221,90	24
	IV	4.544,91	249,97	363,59	409,04	245,66	357,32	401,99	241,35	351,06	394,94	237,04	344,79	387,89	232,73	338,52	380,84	228,42	332,26	373,79	224,12	325,99	36
	V	5.059,33	278,26	404,74	455,33																		
	VI	5.103,66	280,70	408,29	459,32																		
14.033,99 (West)	I	4.538,33	249,60	363,06	408,44	240,99	350,53	394,34	232,37	338,00	380,25	223,75	325,46	366,14	215,14	312,93	352,04	206,52	300,40	337,95	197,90	287,86	323
	II	4.389,25	241,40	351,14	395,03	232,79	338,60	380,93	224,17	326,07	366,83	215,55	313,54	352,73	206,94	301,00	338,63	198,32	288,47	324,53	189,70	275,94	310
	III	3.707,16	93,21	296,57	333,64	74,57	284,04	319,54	55,93	271,50	305,44	37,28	258,97	291,34	18,64	246,44	277,24	-	233,90	263,14	-	221,37	249
	IV	4.538,33	249,60	363,06	408,44	245,30	356,80	401,40	240,99	350,53	394,34	236,68	344,26	387,29	232,37	338,00	380,25	228,06	331,73	373,19	223,75	325,46	366
	V	5.052,75	277,90	404,22	454,74																		
	VI	5.097,08	280,33	407,76	458,73																		
14.033,99 (Ost)	I	4.546,16	250,03	363,69	409,15	241,42	351,16	395,05	232,80	338,62	380,95	224,18	326,09	366,85	215,57	313,56	352,75	206,95	301,02	338,65	198,33	288,49	324,
	II	4.397,00	241,83	351,76	395,73	233,22	339,23	381,63	224,60	326,70	367,53	215,98	314,16	353,43	207,37	301,63	339,33	198,75	289,10	325,23	190,13	276,56	311,
	III	3.715,00	94,14	297,20	334,35	75,50	284,66	320,24	56,86	272,13	306,14	38,21	259,60	292,05	19,57	247,06	277,94	0,93	234,53	263,84	-	222,00	249,
	IV	4.546,16	250,03	363,69	409,15	245,73	357,42	402,10	241,42	351,16	395,05	237,11	344,89	388,00	232,80	338,62	380,95	228,49	332,36	373,90	224,18	326,09	366,
	V	5.060,58	278,33	404,84	455,45																		
	VI	5.104,91	280,77	408,39	459,44																		
14.036,99 (West)	I	4.539,58	249,67	363,16	408,56	241,06	350,63	394,46	232,44	338,10	380,36	223,82	325,56	366,26	215,21	313,03	352,16	206,59	300,50	338,06	197,98	287,97	323,
	II	4.390,50	241,47	351,24	395,14	232,86	338,70	381,04	224,24	326,17	366,94	215,62	313,64	352,84	207,01	301,10	338,74	198,39	288,57	324,64	189,77	276,04	310,
	III	3.708,50	93,37	296,68	333,76	74,73	284,14	319,66	56,08	271,61	305,56	37,44	259,08	291,46	18,80	246,54	277,36	0,15	234,01	263,26	-	221,48	249,
	IV	4.539,58	249,67	363,16	408,56	245,36	356,90	401,51	241,06	350,63	394,46	236,75	344,36	387,41	232,44	338,10	380,36	228,13	331,83	373,31	223,82	325,56	366,
	V	5.054,00	277,97	404,32	454,86																		
	VI	5.098,33	280,40	407,86	458,84																		
14.036,99 (Ost)	I	4.547,41	250,10	363,79	409,26	241,49	351,26	395,16	232,87	338,72	381,06	224,25	326,19	366,96	215,64	313,66	352,86	207,02	301,12	338,76	198,40	288,59	324,
	II	4.398,33	241,90	351,86	395,84	233,29	339,33	381,74	224,67	326,80	367,65	216,05	314,26	353,54	207,44	301,73	339,44	198,82	289,20	325,35	190,20	276,66	311,
	III	3.716,33	94,30	297,30	334,46	75,66	284,77	320,36	57,02	272,24	306,27	38,37	259,70	292,16	19,73	247,17	278,06	1,09	234,64	263,97	-	222,10	249,
	IV	4.547,41	250,10	363,79	409,26	245,79	357,52	402,21	241,49	351,26	395,16	237,18	344,99	388,11	232,87	338,72	381,06	228,56	332,46	374,01	224,25	326,19	366,
	V	5.061,83	278,40	404,94	455,56																		
	VI	5.106,16	280,83	408,49	459,55																		

Allgemeine Tabelle

MONAT bis 14.057,99 €

Lohn/ Gehalt bis	Steuerklasse	Lohnsteuer	ohne Kinderfreibetrag			Anzahl Kinderfreibeträge (nur Steuerklassen I–IV)																	
						0,5			1,0			1,5			2,0			2,5			3,0		
			SolZ 5,5%	Kirchensteuer 8%	9%	SolZ 5,5%	Kirchensteuer 8%	9%	SolZ 5,5%	Kirchensteuer 8%	9%	SolZ 5,5%	Kirchensteuer 8%	9%	SolZ 5,5%	Kirchensteuer 8%	9%	SolZ 5,5%	Kirchensteuer 8%	9%	SolZ 5,5%	Kirchensteuer 8%	9%
4.039,99 (West)	I	4.540,83	249,74	363,26	408,67	241,12	350,73	394,57	232,51	338,20	380,47	223,89	325,66	366,37	215,28	313,14	352,28	206,66	300,60	338,18	198,05	288,07	324,08
	II	4.391,75	241,54	351,34	395,25	232,92	338,80	381,15	224,31	326,27	367,05	215,69	313,74	352,95	207,07	301,20	338,85	198,46	288,67	324,75	189,85	276,14	310,66
	III	3.709,66	93,51	296,77	333,86	74,87	284,24	319,77	56,22	271,70	305,66	37,58	259,17	291,56	18,94	246,64	277,47	0,29	234,10	263,36	-	221,57	249,26
	IV	4.540,83	249,74	363,26	408,67	245,43	357,00	401,62	241,12	350,73	394,57	236,82	344,46	387,52	232,51	338,20	380,47	228,20	331,93	373,42	223,89	325,66	366,37
	V	5.055,33	278,04	404,42	454,97																		
	VI	5.099,58	280,47	407,96	458,96																		
4.039,99 (Ost)	I	4.548,66	250,17	363,89	409,37	241,56	351,36	395,28	232,94	338,82	381,17	224,32	326,29	367,07	215,71	313,76	352,98	207,09	301,22	338,87	198,47	288,69	324,77
	II	4.399,58	241,97	351,96	395,96	233,36	339,43	381,86	224,74	326,90	367,76	216,12	314,36	353,66	207,51	301,83	339,56	198,89	289,30	325,46	190,27	276,76	311,36
	III	3.717,50	94,44	297,40	334,57	75,80	284,86	320,47	57,15	272,33	306,37	38,51	259,80	292,27	19,87	247,26	278,17	1,22	234,73	264,07	-	222,20	249,97
	IV	4.548,66	250,17	363,89	409,37	245,86	357,62	402,32	241,56	351,36	395,28	237,25	345,09	388,22	232,94	338,82	381,17	228,63	332,56	374,13	224,32	326,29	367,07
	V	5.063,08	278,46	405,04	455,67																		
	VI	5.107,41	280,90	408,59	459,66																		
4.042,99 (West)	I	4.542,08	249,81	363,36	408,78	241,19	350,83	394,68	232,58	338,30	380,59	223,96	325,77	366,49	215,35	313,24	352,39	206,73	300,70	338,29	198,11	288,17	324,19
	II	4.393,00	241,61	351,44	395,37	232,99	338,90	381,26	224,38	326,37	367,16	215,76	313,84	353,07	207,14	301,30	338,96	198,53	288,78	324,87	189,91	276,24	310,77
	III	3.711,00	93,67	296,88	333,99	75,02	284,34	319,88	56,38	271,81	305,78	37,74	259,28	291,69	19,09	246,74	277,58	0,45	234,21	263,48	-	221,68	249,39
	IV	4.542,08	249,81	363,36	408,78	245,50	357,10	401,73	241,19	350,83	394,68	236,88	344,56	387,63	232,58	338,30	380,59	228,27	332,04	373,54	223,96	325,77	366,49
	V	5.056,58	278,11	404,52	455,09																		
	VI	5.100,83	280,54	408,06	459,07																		
4.042,99 (Ost)	I	4.549,91	250,24	363,99	409,49	241,62	351,46	395,39	233,01	338,92	381,29	224,39	326,39	367,19	215,77	313,86	353,09	207,16	301,32	338,99	198,54	288,79	324,89
	II	4.400,83	242,04	352,06	396,07	233,42	339,53	381,97	224,81	327,00	367,87	216,19	314,46	353,77	207,57	301,93	339,67	198,96	289,40	325,57	190,34	276,86	311,47
	III	3.718,83	94,60	297,50	334,69	75,96	284,97	320,59	57,31	272,44	306,49	38,67	259,90	292,39	20,03	247,37	278,29	1,38	234,84	264,19	-	222,30	250,09
	IV	4.549,91	250,24	363,99	409,49	245,93	357,72	402,44	241,62	351,46	395,39	237,32	345,19	388,34	233,01	338,92	381,29	228,70	332,66	374,24	224,39	326,39	367,19
	V	5.064,33	278,53	405,14	455,78																		
	VI	5.108,66	280,97	408,69	459,77																		
4.045,99 (West)	I	4.543,33	249,88	363,46	408,89	241,27	350,94	394,80	232,65	338,40	380,70	224,03	325,87	366,60	215,42	313,34	352,50	206,80	300,80	338,40	198,18	288,27	324,30
	II	4.394,25	241,68	351,54	395,48	233,06	339,00	381,38	224,45	326,47	367,28	215,83	313,94	353,18	207,22	301,41	339,08	198,60	288,88	324,99	189,98	276,34	310,88
	III	3.712,16	93,81	296,97	334,09	75,16	284,44	319,99	56,52	271,90	305,89	37,88	259,37	291,79	19,23	246,84	277,69	0,59	234,30	263,59	-	221,78	249,50
	IV	4.543,33	249,88	363,46	408,89	245,57	357,20	401,85	241,27	350,94	394,80	236,96	344,67	387,75	232,65	338,40	380,70	228,34	332,14	373,65	224,03	325,87	366,60
	V	5.057,83	278,18	404,62	455,20																		
	VI	5.102,08	280,61	408,16	459,18																		
4.045,99 (Ost)	I	4.551,16	250,31	364,09	409,60	241,69	351,56	395,50	233,08	339,02	381,40	224,46	326,49	367,30	215,84	313,96	353,20	207,23	301,43	339,11	198,61	288,90	325,01
	II	4.402,08	242,11	352,16	396,18	233,49	339,63	382,08	224,88	327,10	367,98	216,26	314,56	353,88	207,64	302,03	339,78	199,03	289,50	325,68	190,41	276,96	311,58
	III	3.720,00	94,74	297,60	334,80	76,10	285,06	320,69	57,45	272,53	306,59	38,81	260,00	292,50	20,17	247,46	278,39	1,54	234,94	264,31	-	222,41	250,21
	IV	4.551,16	250,31	364,09	409,60	246,00	357,82	402,55	241,69	351,56	395,50	237,38	345,29	388,45	233,08	339,02	381,40	228,77	332,76	374,35	224,46	326,49	367,30
	V	5.065,58	278,60	405,24	455,90																		
	VI	5.109,91	281,04	408,79	459,89																		
4.048,99 (West)	I	4.544,66	249,95	363,57	409,01	241,34	351,04	394,92	232,72	338,50	380,81	224,10	325,97	366,71	215,49	313,44	352,62	206,87	300,90	338,51	198,25	288,37	324,41
	II	4.395,50	241,75	351,64	395,59	233,13	339,10	381,49	224,52	326,58	367,40	215,90	314,04	353,30	207,29	301,51	339,20	198,67	288,98	325,10	190,05	276,44	311,00
	III	3.713,50	93,97	297,08	334,21	75,32	284,54	320,11	56,68	272,01	306,01	38,04	259,48	291,91	19,39	246,94	277,81	0,75	234,41	263,71	-	221,88	249,61
	IV	4.544,66	249,95	363,57	409,01	245,64	357,30	401,96	241,34	351,04	394,92	237,03	344,77	387,86	232,72	338,50	380,81	228,41	332,24	373,77	224,10	325,97	366,71
	V	5.059,08	278,24	404,72	455,31																		
	VI	5.103,41	280,68	408,27	459,30																		
4.048,99 (Ost)	I	4.552,41	250,38	364,19	409,71	241,76	351,66	395,61	233,14	339,12	381,51	224,53	326,59	367,41	215,92	314,06	353,32	207,30	301,53	339,22	198,68	289,00	325,12
	II	4.403,33	242,18	352,26	396,29	233,56	339,73	382,19	224,95	327,20	368,10	216,33	314,66	353,99	207,71	302,13	339,89	199,10	289,60	325,80	190,48	277,07	311,70
	III	3.721,33	94,90	297,70	334,91	76,25	285,17	320,81	57,61	272,64	306,72	38,97	260,10	292,61	20,32	247,57	278,51	1,68	235,04	264,42	-	222,50	250,31
	IV	4.552,41	250,38	364,19	409,71	246,07	357,92	402,66	241,76	351,66	395,61	237,45	345,39	388,56	233,14	339,12	381,51	228,84	332,86	374,46	224,53	326,59	367,41
	V	5.066,91	278,68	405,35	456,02																		
	VI	5.111,16	281,11	408,89	460,00																		
4.051,99 (West)	I	4.545,91	250,02	363,67	409,13	241,40	351,14	395,03	232,79	338,60	380,93	224,17	326,07	366,83	215,55	313,54	352,73	206,94	301,00	338,63	198,32	288,47	324,53
	II	4.396,83	241,82	351,74	395,71	233,20	339,21	381,61	224,59	326,68	367,51	215,97	314,14	353,41	207,35	301,61	339,31	198,74	289,08	325,21	190,12	276,54	311,11
	III	3.714,66	94,10	297,17	334,31	75,46	284,64	320,22	56,82	272,10	306,11	38,19	259,58	292,03	19,55	247,05	277,93	0,91	234,52	263,83	-	221,98	249,73
	IV	4.545,91	250,02	363,67	409,13	245,71	357,40	402,08	241,40	351,14	395,03	237,10	344,87	387,98	232,79	338,60	380,93	228,48	332,34	373,88	224,17	326,07	366,83
	V	5.060,33	278,31	404,82	455,42																		
	VI	5.104,66	280,75	408,37	459,41																		
4.051,99 (Ost)	I	4.553,66	250,45	364,29	409,82	241,83	351,76	395,73	233,22	339,23	381,63	224,60	326,70	367,53	215,98	314,16	353,43	207,37	301,63	339,33	198,75	289,10	325,23
	II	4.404,58	242,25	352,36	396,41	233,63	339,83	382,31	225,01	327,30	368,21	216,40	314,76	354,11	207,78	302,23	340,01	199,17	289,70	325,91	190,55	277,17	311,81
	III	3.722,50	95,04	297,80	335,02	76,39	285,26	320,92	57,77	272,74	306,83	39,13	260,21	292,73	20,48	247,68	278,64	1,84	235,14	264,53	-	222,61	250,43
	IV	4.553,66	250,45	364,29	409,82	246,14	358,02	402,77	241,83	351,76	395,73	237,52	345,49	388,67	233,22	339,23	381,63	228,91	332,96	374,58	224,60	326,70	367,53
	V	5.068,16	278,74	405,45	456,13																		
	VI	5.112,41	281,18	408,99	460,11																		
4.054,99 (West)	I	4.547,16	250,09	363,77	409,24	241,47	351,24	395,14	232,86	338,70	381,04	224,24	326,17	366,94	215,62	313,64	352,84	207,01	301,10	338,74	198,39	288,57	324,64
	II	4.398,08	241,89	351,84	395,82	233,27	339,31	381,72	224,66	326,78	367,62	216,04	314,24	353,52	207,42	301,71	339,42	198,81	289,18	325,32	190,19	276,64	311,22
	III	3.716,00	94,26	297,28	334,44	75,62	284,74	320,33	56,98	272,21	306,23	38,33	259,68	292,14	19,69	247,14	278,03	1,05	234,61	263,93	-	222,08	249,84
	IV	4.547,16	250,09	363,77	409,24	245,78	357,50	402,19	241,47	351,24	395,14	237,16	344,97	388,09	232,86	338,70	381,04	228,55	332,44	373,99	224,24	326,17	366,94
	V	5.061,58	278,38	404,92	455,54																		
	VI	5.105,91	280,82	408,47	459,53																		
4.054,99 (Ost)	I	4.554,91	250,52	364,39	409,94	241,90	351,86	395,84	233,29	339,33	381,74	224,67	326,80	367,65	216,05	314,26	353,54	207,44	301,73	339,44	198,82	289,20	325,35
	II	4.405,83	242,32	352,46	396,52	233,70	339,93	382,42	225,08	327,40	368,32	216,47	314,87	354,23	207,85	302,34	340,13	199,24	289,80	326,03	190,62	277,27	311,93
	III	3.723,83	95,20	297,90	335,14	76,55	285,37	321,04	57,91	272,84	306,94	39,27	260,30	292,84	20,62	247,77	278,74	1,98	235,24	264,64	-	222,70	250,54
	IV	4.554,91	250,52	364,39	409,94	246,21	358,13	402,89	241,90	351,86	395,84	237,60	345,60	388,80	233,29	339,33	381,74	228,98	333,06	374,69	224,67	326,80	367,65
	V	5.069,41	278,81	405,55	456,24																		
	VI	5.113,75	281,25	409,10	460,23																		
14.057,99 (West)	I	4.548,41	250,16	363,87	409,35	241,54	351,34	395,25	232,92	338,80	381,15	224,31	326,27	367,05	215,69	313,74	352,95	207,07	301,20	338,85	198,46	288,67	324,75
	II	4.399,33	241,96	351,94	395,93	233,34	339,41	381,83	224,73	326,88	367,74	216,11	314,34	353,63	207,49	301,81	339,53	198,88	289,28	325,44	190,26	276,74	311,33
	III	3.717,33	94,42	297,38	334,55	75,78	284,85	320,45	57,13	272,32	306,36	38,49	259,78	292,25	19,85	247,25	278,15	1,20	234,72	264,06	-	222,18	249,95
	IV	4.548,41	250,16	363,87	409,35	245,85	357,60	402,30	241,54	351,34	395,25	237,23	345,07	388,20	232,92	338,80	381,15	228,62	332,54	374,10	224,31	326,27	367,05
	V	5.062,83	278,45	405,02	455,65																		
	VI	5.107,16	280,89	408,57	459,64																		
14.057,99 (Ost)	I	4.556,25	250,59	364,50	410,06	241,97	351,96	395,96	233,36	339,43	381,86	224,74	326,90	367,76	216,12	314,36	353,66	207,51	301,83	339,56	198,89	289,30	325,46
	II	4.407,08	242,38	352,56	396,63	233,77	340,03	382,53	225,16	327,50	368,44	216,54	314,97	354,34	207,92	302,44	340,24	199,31	289,90	326,14	190,69	277,37	312,04
	III	3.725,16	95,35	298,01	335,26	76,71	285,48	321,16	58,07	272,94	307,06	39,42	260,41	292,96	20,78	247,88	278,86	2,14	235,34	264,76	-	222,81	250,66
	IV	4.556,25	250,59	364,50	410,06	246,28	358,23	403,01	241,97	351,96	395,96	237,66	345,70	388,91	233,36	339,43	381,86	229,05	333,16	374,81	224,74	326,90	367,76
	V	5.070,66	278,88	405,65	456,35																		
	VI	5.115,00	281,32	409,20	460,35																		

MONAT bis 14.078,99 €

Allgemeine Tabelle

Lohn/Gehalt bis	Steuerklasse	Lohnsteuer	ohne Kinderfreibetrag SolZ 5,5%	Kirchensteuer 8%	9%	0,5 SolZ 5,5%	Kirchensteuer 8%	9%	1,0 SolZ 5,5%	Kirchensteuer 8%	9%	1,5 SolZ 5,5%	Kirchensteuer 8%	9%	2,0 SolZ 5,5%	Kirchensteuer 8%	9%	2,5 SolZ 5,5%	Kirchensteuer 8%	9%	3,0 SolZ 5,5%	Kirchensteuer 8%	9%
						Anzahl Kinderfreibeträge (nur Steuerklassen I–IV)																	
14.060,99 (West)	I	4.549,66	250,23	363,97	409,46	241,61	351,44	395,37	232,99	338,90	381,26	224,38	326,37	367,16	215,76	313,84	353,07	207,14	301,30	338,96	198,53	288,78	32
	II	4.400,58	242,03	352,04	396,05	233,41	339,51	381,95	224,79	326,98	367,85	216,18	314,44	353,75	207,56	301,91	339,65	198,94	289,38	325,55	190,33	276,84	31
	III	3.718,50	94,56	297,48	334,66	75,92	284,94	320,56	57,27	272,41	306,46	38,63	259,88	292,36	19,99	247,34	278,26	1,34	234,81	264,16	-	222,28	25
	IV	4.549,66	250,23	363,97	409,46	245,92	357,70	402,41	241,61	351,44	395,37	237,30	345,17	388,31	232,99	338,90	381,26	228,69	332,64	374,22	224,38	326,37	36
	V	5.064,08	278,52	405,12	455,76																		
	VI	5.108,41	280,96	408,67	459,75																		
14.060,99 (Ost)	I	4.557,50	250,66	364,60	410,17	242,04	352,06	396,07	233,42	339,53	381,97	224,81	327,00	367,87	216,19	314,46	353,77	207,57	301,93	339,67	198,96	289,40	32
	II	4.408,41	242,46	352,67	396,75	233,84	340,14	382,65	225,22	327,60	368,55	216,61	315,07	354,45	207,99	302,54	340,35	199,37	290,00	326,25	190,76	277,47	31
	III	3.726,33	95,49	298,10	335,36	76,85	285,57	321,26	58,21	273,04	307,17	39,56	260,50	293,06	20,92	247,97	278,96	2,28	235,44	264,87	-	222,90	25
	IV	4.557,50	250,66	364,60	410,17	246,35	358,33	403,12	242,04	352,06	396,07	237,73	345,80	389,02	233,42	339,53	381,97	229,12	333,26	374,92	224,81	327,00	36
	V	5.071,91	278,95	405,75	456,47																		
	VI	5.116,25	281,39	409,30	460,46																		
14.063,99 (West)	I	4.550,91	250,30	364,07	409,58	241,68	351,54	395,48	233,06	339,00	381,38	224,45	326,47	367,28	215,83	313,94	353,18	207,22	301,41	339,08	198,60	288,88	32
	II	4.401,83	242,10	352,14	396,16	233,48	339,61	382,06	224,86	327,08	367,96	216,25	314,54	353,86	207,63	302,01	339,76	199,01	289,48	325,66	190,40	276,94	31
	III	3.719,83	94,72	297,58	334,78	76,08	285,05	320,68	57,43	272,52	306,58	38,79	259,98	292,48	20,15	247,45	278,38	1,50	234,92	264,28	-	222,38	25
	IV	4.550,91	250,30	364,07	409,58	245,99	357,80	402,53	241,68	351,54	395,48	237,37	345,27	388,43	233,06	339,00	381,38	228,75	332,74	374,33	224,45	326,47	36
	V	5.065,33	278,59	405,22	455,87																		
	VI	5.109,66	281,03	408,77	459,86																		
14.063,99 (Ost)	I	4.558,75	250,73	364,70	410,28	242,11	352,16	396,18	233,49	339,63	382,08	224,88	327,10	367,98	216,26	314,56	353,88	207,64	302,03	339,78	199,03	289,50	32
	II	4.409,66	242,53	352,77	396,86	233,91	340,24	382,77	225,29	327,70	368,66	216,68	315,17	354,56	208,06	302,64	340,47	199,44	290,10	326,36	190,83	277,57	31
	III	3.727,66	95,65	298,21	335,48	77,01	285,68	321,39	58,36	273,14	307,28	39,72	260,61	293,18	21,08	248,08	279,09	2,43	235,54	264,98	-	223,01	25
	IV	4.558,75	250,73	364,70	410,28	246,42	358,43	403,23	242,11	352,16	396,18	237,80	345,90	389,13	233,49	339,63	382,08	229,18	333,36	375,03	224,88	327,10	36
	V	5.073,16	279,02	405,85	456,58																		
	VI	5.117,50	281,46	409,40	460,57																		
14.066,99 (West)	I	4.552,16	250,36	364,17	409,69	241,75	351,64	395,59	233,13	339,10	381,49	224,52	326,58	367,40	215,90	314,04	353,30	207,29	301,51	339,20	198,67	288,98	32
	II	4.403,08	242,16	352,24	396,27	233,55	339,71	382,17	224,93	327,18	368,07	216,31	314,64	353,97	207,70	302,11	339,87	199,09	289,58	325,78	190,47	277,05	31
	III	3.721,00	94,86	297,68	334,89	76,21	285,14	320,78	57,57	272,61	306,68	38,93	260,08	292,59	20,28	247,54	278,48	1,64	235,01	264,38	-	222,48	25
	IV	4.552,16	250,36	364,17	409,69	246,06	357,90	402,64	241,75	351,64	395,59	237,44	345,37	388,54	233,13	339,10	381,49	228,83	332,84	374,45	224,52	326,58	36
	V	5.066,66	278,66	405,33	455,99																		
	VI	5.110,91	281,10	408,87	459,98																		
14.066,99 (Ost)	I	4.560,00	250,80	364,80	410,40	242,18	352,26	396,29	233,56	339,73	382,19	224,95	327,20	368,10	216,33	314,66	353,99	207,71	302,13	339,89	199,10	289,60	32
	II	4.410,91	242,60	352,87	396,98	233,98	340,34	382,88	225,36	327,80	368,78	216,75	315,27	354,68	208,13	302,74	340,58	199,51	290,20	326,48	190,90	277,67	31
	III	3.728,83	95,79	298,30	335,59	77,15	285,77	321,49	58,50	273,24	307,39	39,86	260,70	293,29	21,22	248,17	279,19	2,57	235,64	265,09	-	223,10	25
	IV	4.560,00	250,80	364,80	410,40	246,49	358,53	403,34	242,18	352,26	396,29	237,87	346,00	389,25	233,56	339,73	382,19	229,25	333,46	375,14	224,95	327,20	36
	V	5.074,41	279,09	405,95	456,69																		
	VI	5.118,75	281,53	409,50	460,68																		
14.069,99 (West)	I	4.553,41	250,43	364,27	409,80	241,82	351,74	395,71	233,20	339,21	381,61	224,59	326,68	367,51	215,97	314,14	353,41	207,35	301,61	339,31	198,74	289,08	32
	II	4.404,33	242,23	352,34	396,38	233,62	339,81	382,28	225,00	327,28	368,19	216,38	314,74	354,08	207,77	302,22	339,99	199,15	289,68	325,89	190,54	277,15	311
	III	3.722,33	95,02	297,78	335,00	76,37	285,25	320,90	57,73	272,72	306,81	39,09	260,18	292,70	20,44	247,65	278,60	1,80	235,12	264,51	-	222,58	250
	IV	4.553,41	250,43	364,27	409,80	246,12	358,00	402,75	241,82	351,74	395,71	237,51	345,48	388,66	233,20	339,21	381,61	228,90	332,94	374,56	224,59	326,68	367
	V	5.067,91	278,73	405,43	456,11																		
	VI	5.112,16	281,16	408,97	460,09																		
14.069,99 (Ost)	I	4.561,25	250,86	364,90	410,51	242,25	352,36	396,41	233,63	339,83	382,31	225,01	327,30	368,21	216,40	314,76	354,11	207,78	302,23	340,01	199,17	289,70	325
	II	4.412,16	242,66	352,97	397,09	234,05	340,44	382,99	225,43	327,90	368,89	216,81	315,37	354,79	208,20	302,84	340,69	199,58	290,30	326,59	190,96	277,77	312
	III	3.730,16	95,95	298,41	335,71	77,31	285,88	321,61	58,66	273,34	307,51	40,02	260,81	293,41	21,38	248,28	279,31	2,73	235,74	265,21	-	223,21	251
	IV	4.561,25	250,86	364,90	410,51	246,56	358,63	403,46	242,25	352,36	396,41	237,94	346,10	389,36	233,63	339,83	382,31	229,32	333,56	375,26	225,01	327,30	368
	V	5.075,66	279,16	406,05	456,80																		
	VI	5.120,00	281,60	409,60	460,80																		
14.072,99 (West)	I	4.554,75	250,51	364,38	409,92	241,89	351,84	395,82	233,27	339,31	381,72	224,66	326,78	367,62	216,04	314,24	353,52	207,42	301,71	339,42	198,81	289,18	325
	II	4.405,58	242,30	352,44	396,50	233,69	339,91	382,40	225,07	327,38	368,30	216,46	314,85	354,20	207,84	302,32	340,11	199,22	289,78	326,00	190,61	277,25	311
	III	3.723,50	95,16	297,88	335,11	76,51	285,34	321,01	57,87	272,81	306,91	39,23	260,28	292,81	20,58	247,74	278,71	1,96	235,22	264,62	-	222,69	250
	IV	4.554,75	250,51	364,38	409,92	246,20	358,11	402,87	241,89	351,84	395,82	237,58	345,58	388,77	233,27	339,31	381,72	228,96	333,04	374,67	224,66	326,78	367
	V	5.069,16	278,80	405,53	456,22																		
	VI	5.113,50	281,24	409,08	460,21																		
14.072,99 (Ost)	I	4.562,50	250,93	365,00	410,62	242,32	352,46	396,52	233,70	339,93	382,42	225,08	327,40	368,32	216,47	314,87	354,23	207,85	302,34	340,13	199,24	289,80	326
	II	4.413,41	242,73	353,07	397,20	234,12	340,54	383,10	225,50	328,00	369,00	216,88	315,47	354,90	208,27	302,94	340,80	199,65	290,40	326,70	191,03	277,87	312
	III	3.731,33	96,09	298,50	335,81	77,44	285,97	321,71	58,80	273,44	307,62	40,16	260,90	293,51	21,53	248,38	279,43	2,89	235,85	265,33	-	223,32	251
	IV	4.562,50	250,93	365,00	410,62	246,62	358,73	403,57	242,32	352,46	396,52	238,01	346,20	389,47	233,70	339,93	382,42	229,39	333,66	375,37	225,08	327,40	368
	V	5.077,00	279,23	406,16	456,93																		
	VI	5.121,25	281,66	409,70	460,91																		
14.075,99 (West)	I	4.556,00	250,58	364,48	410,04	241,96	351,94	395,93	233,34	339,41	381,83	224,73	326,88	367,74	216,11	314,34	353,63	207,49	301,81	339,53	198,88	289,28	325
	II	4.406,83	242,37	352,54	396,61	233,76	340,02	382,52	225,14	327,48	368,42	216,53	314,95	354,32	207,91	302,42	340,22	199,29	289,88	326,12	190,68	277,35	312
	III	3.724,83	95,31	297,98	335,23	76,67	285,45	321,13	58,03	272,92	307,03	39,38	260,38	292,93	20,74	247,85	278,83	2,10	235,32	264,73	-	222,78	250
	IV	4.556,00	250,58	364,48	410,04	246,27	358,21	402,98	241,96	351,94	395,93	237,65	345,68	388,89	233,34	339,41	381,83	229,03	333,14	374,78	224,73	326,88	367
	V	5.070,41	278,87	405,63	456,33																		
	VI	5.114,75	281,31	409,18	460,32																		
14.075,99 (Ost)	I	4.563,75	251,00	365,10	410,73	242,38	352,56	396,63	233,77	340,03	382,53	225,16	327,50	368,44	216,54	314,97	354,34	207,92	302,44	340,24	199,31	289,90	326
	II	4.414,66	242,80	353,17	397,31	234,19	340,64	383,22	225,57	328,10	369,11	216,95	315,57	355,01	208,34	303,04	340,92	199,72	290,51	326,82	191,11	277,98	312
	III	3.732,66	96,25	298,61	335,93	77,60	286,08	321,84	58,96	273,54	307,73	40,32	261,01	293,63	21,67	248,48	279,54	3,03	235,94	265,43	-	223,41	251
	IV	4.563,75	251,00	365,10	410,73	246,69	358,83	403,68	242,38	352,56	396,63	238,08	346,30	389,58	233,77	340,03	382,53	229,46	333,77	375,49	225,16	327,50	368
	V	5.078,25	279,30	406,26	457,04																		
	VI	5.122,50	281,73	409,80	461,02																		
14.078,99 (West)	I	4.557,25	250,64	364,58	410,15	242,03	352,04	396,05	233,41	339,51	381,95	224,79	326,98	367,85	216,18	314,44	353,75	207,56	301,91	339,65	198,94	289,38	325
	II	4.408,16	242,44	352,65	396,73	233,83	340,12	382,63	225,21	327,58	368,53	216,59	315,05	354,43	207,98	302,52	340,33	199,36	289,98	326,23	190,74	277,45	312
	III	3.726,00	95,45	298,08	335,34	76,81	285,54	321,23	58,19	273,02	307,15	39,54	260,49	293,05	20,90	247,96	278,95	2,26	235,42	264,85	-	222,89	250
	IV	4.557,25	250,64	364,58	410,15	246,34	358,31	403,10	242,03	352,04	396,05	237,72	345,78	389,00	233,41	339,51	381,95	229,10	333,24	374,90	224,79	326,98	367
	V	5.071,66	278,94	405,73	456,44																		
	VI	5.116,00	281,38	409,28	460,44																		
14.078,99 (Ost)	I	4.565,00	251,07	365,20	410,85	242,46	352,67	396,75	233,84	340,14	382,65	225,22	327,60	368,55	216,61	315,07	354,45	207,99	302,54	340,35	199,37	290,00	326
	II	4.415,91	242,87	353,27	397,43	234,25	340,74	383,33	225,64	328,20	369,23	217,02	315,67	355,13	208,41	303,14	341,03	199,79	290,61	326,93	191,18	278,07	312
	III	3.733,83	96,39	298,70	336,04	77,76	286,18	321,95	59,12	273,65	307,85	40,47	261,12	293,76	21,83	248,58	279,65	3,19	236,05	265,55	-	223,52	251
	IV	4.565,00	251,07	365,20	410,85	246,76	358,93	403,79	242,46	352,67	396,75	238,15	346,40	389,70	233,84	340,14	382,65	229,53	333,87	375,60	225,22	327,60	368
	V	5.079,50	279,37	406,36	457,15																		
	VI	5.123,75	281,80	409,90	461,13																		

Lohn/ Gehalt bis	Steuerklasse	Lohn-steuer	ohne Kinderfreibetrag SolZ 5,5%	Kirchensteuer 8%	9%	0,5 SolZ 5,5%	Kirchensteuer 8%	9%	1,0 SolZ 5,5%	Kirchensteuer 8%	9%	1,5 SolZ 5,5%	Kirchensteuer 8%	9%	2,0 SolZ 5,5%	Kirchensteuer 8%	9%	2,5 SolZ 5,5%	Kirchensteuer 8%	9%	3,0 SolZ 5,5%	Kirchensteuer 8%	9%
						Anzahl Kinderfreibeträge (nur Steuerklassen I–IV)																	
4.081,99 (West)	I	4.558,50	250,71	364,68	410,26	242,10	352,14	396,16	233,48	339,61	382,06	224,86	327,08	367,96	216,25	314,54	353,86	207,63	302,01	339,76	199,01	289,48	325,66
	II	4.409,41	242,51	352,75	396,84	233,90	340,22	382,74	225,28	327,68	368,64	216,66	315,15	354,54	208,05	302,62	340,44	199,43	290,08	326,34	190,81	277,55	312,24
	III	3.727,33	95,61	298,18	335,45	76,97	285,65	321,35	58,32	273,12	307,26	39,68	260,58	293,15	21,04	248,05	279,05	2,39	235,52	264,96	-	222,98	250,85
	IV	4.558,50	250,71	364,68	410,26	246,40	358,41	403,21	242,10	352,14	396,16	237,79	345,88	389,11	233,48	339,61	382,06	229,17	333,34	375,01	224,86	327,08	367,96
	V	5.072,91	279,01	405,83	456,56																		
	VI	5.117,25	281,44	409,38	460,55																		
4.081,99 (Ost)	I	4.566,33	251,14	365,30	410,96	242,53	352,77	396,86	233,91	340,24	382,77	225,29	327,70	368,66	216,68	315,17	354,56	208,06	302,64	340,47	199,44	290,10	326,36
	II	4.417,16	242,94	353,37	397,54	234,32	340,84	383,44	225,71	328,31	369,35	217,09	315,78	355,25	208,48	303,24	341,15	199,86	290,71	327,05	191,24	278,18	312,95
	III	3.735,16	96,54	298,81	336,16	77,90	286,28	322,06	59,26	273,74	307,96	40,61	261,21	293,86	21,97	248,68	279,76	3,33	236,14	265,66	-	223,61	251,56
	IV	4.566,33	251,14	365,30	410,96	246,84	359,04	403,92	242,53	352,77	396,86	238,22	346,50	389,81	233,91	340,24	382,77	229,60	333,97	375,71	225,29	327,70	368,66
	V	5.080,75	279,44	406,46	457,26																		
	VI	5.125,08	281,87	410,00	461,25																		
4.084,99 (West)	I	4.559,75	250,78	364,78	410,37	242,16	352,24	396,27	233,55	339,71	382,17	224,93	327,18	368,07	216,31	314,64	353,97	207,70	302,11	339,87	199,09	289,58	325,78
	II	4.410,66	242,58	352,85	396,95	233,97	340,32	382,86	225,35	327,78	368,75	216,73	315,25	354,65	208,12	302,72	340,56	199,50	290,18	326,45	190,88	277,65	312,35
	III	3.728,66	95,77	298,29	335,57	77,13	285,76	321,48	58,48	273,22	307,37	39,84	260,69	293,27	21,20	248,16	279,18	2,55	235,62	265,07	-	223,09	250,97
	IV	4.559,75	250,78	364,78	410,37	246,47	358,51	403,32	242,16	352,24	396,27	237,86	345,98	389,22	233,55	339,71	382,17	229,24	333,44	375,12	224,93	327,18	368,07
	V	5.074,16	279,07	405,93	456,67																		
	VI	5.118,50	281,51	409,48	460,66																		
4.084,99 (Ost)	I	4.567,58	251,21	365,40	411,08	242,60	352,87	396,98	233,98	340,34	382,88	225,36	327,80	368,78	216,75	315,27	354,68	208,13	302,74	340,58	199,51	290,20	326,48
	II	4.418,41	243,01	353,47	397,65	234,40	340,94	383,56	225,78	328,41	369,46	217,16	315,88	355,36	208,55	303,34	341,26	199,93	290,81	327,16	191,31	278,28	313,06
	III	3.736,50	96,70	298,92	336,28	78,06	286,38	322,18	59,42	273,85	308,08	40,77	261,32	293,98	22,13	248,78	279,88	3,49	236,25	265,78	-	223,72	251,68
	IV	4.567,58	251,21	365,40	411,08	246,90	359,14	404,03	242,60	352,87	396,98	238,29	346,60	389,93	233,98	340,34	382,88	229,67	334,07	375,83	225,36	327,80	368,78
	V	5.082,00	279,51	406,56	457,38																		
	VI	5.126,33	281,94	410,10	461,36																		
4.087,99 (West)	I	4.561,00	250,85	364,88	410,49	242,23	352,34	396,38	233,62	339,81	382,28	225,00	327,28	368,19	216,38	314,74	354,08	207,77	302,22	339,99	199,15	289,68	325,89
	II	4.411,91	242,65	352,95	397,07	234,03	340,42	382,97	225,42	327,88	368,87	216,80	315,35	354,77	208,18	302,82	340,67	199,57	290,28	326,57	190,95	277,75	312,47
	III	3.729,83	95,91	298,38	335,68	77,27	285,85	321,58	58,62	273,32	307,48	39,98	260,78	293,38	21,34	248,25	279,28	2,69	235,72	265,18	-	223,18	251,08
	IV	4.561,00	250,85	364,88	410,49	246,54	358,61	403,43	242,23	352,34	396,38	237,93	346,08	389,34	233,62	339,81	382,28	229,31	333,54	375,23	225,00	327,28	368,19
	V	5.075,41	279,14	406,03	456,78																		
	VI	5.119,75	281,58	409,58	460,77																		
4.087,99 (Ost)	I	4.568,83	251,28	365,50	411,19	242,66	352,97	397,09	234,05	340,44	382,99	225,43	327,90	368,89	216,81	315,37	354,79	208,20	302,84	340,69	199,58	290,30	326,59
	II	4.419,75	243,08	353,58	397,77	234,46	341,04	383,67	225,85	328,51	369,57	217,23	315,98	355,47	208,61	303,44	341,37	200,00	290,91	327,27	191,38	278,38	313,17
	III	3.737,66	96,84	299,01	336,38	78,20	286,48	322,29	59,55	273,94	308,18	40,91	261,41	294,08	22,27	248,88	279,99	3,62	236,34	265,88	-	223,81	251,78
	IV	4.568,83	251,28	365,50	411,19	246,97	359,24	404,14	242,66	352,97	397,09	238,36	346,70	390,04	234,05	340,44	382,99	229,74	334,17	375,94	225,43	327,90	368,89
	V	5.083,25	279,57	406,66	457,49																		
	VI	5.127,58	282,01	410,20	461,48																		
4.090,99 (West)	I	4.562,25	250,92	364,98	410,60	242,30	352,44	396,50	233,69	339,91	382,40	225,07	327,38	368,30	216,46	314,85	354,20	207,84	302,32	340,11	199,22	289,78	326,00
	II	4.413,16	242,72	353,05	397,18	234,10	340,52	383,08	225,49	327,98	368,98	216,87	315,45	354,88	208,25	302,92	340,78	199,64	290,38	326,68	191,02	277,86	312,59
	III	3.731,16	96,07	298,49	335,80	77,42	285,96	321,70	58,78	273,42	307,60	40,14	260,89	293,50	21,49	248,36	279,40	2,85	235,82	265,30	-	223,29	251,20
	IV	4.562,25	250,92	364,98	410,60	246,61	358,71	403,55	242,30	352,44	396,50	237,99	346,18	389,45	233,69	339,91	382,40	229,38	333,64	375,35	225,07	327,38	368,30
	V	5.076,75	279,22	406,14	456,90																		
	VI	5.121,00	281,65	409,68	460,89																		
4.090,99 (Ost)	I	4.570,08	251,35	365,60	411,30	242,73	353,07	397,20	234,12	340,54	383,10	225,50	328,00	369,00	216,88	315,47	354,90	208,27	302,94	340,80	199,65	290,40	326,70
	II	4.421,00	243,15	353,68	397,89	234,53	341,14	383,78	225,92	328,61	369,68	217,30	316,08	355,59	208,68	303,54	341,48	200,07	291,01	327,38	191,45	278,48	313,29
	III	3.739,00	97,00	299,12	336,51	78,36	286,58	322,40	59,71	274,05	308,30	41,07	261,52	294,21	22,43	248,98	280,10	3,78	236,45	266,00	-	223,92	251,91
	IV	4.570,08	251,35	365,60	411,30	247,04	359,34	404,25	242,73	353,07	397,20	238,42	346,80	390,15	234,12	340,54	383,10	229,81	334,27	376,05	225,50	328,00	369,00
	V	5.084,50	279,64	406,76	457,60																		
	VI	5.128,83	282,08	410,30	461,59																		
4.093,99 (West)	I	4.563,50	250,99	365,08	410,71	242,37	352,54	396,61	233,76	340,02	382,52	225,14	327,48	368,42	216,53	314,95	354,32	207,91	302,42	340,22	199,29	289,88	326,12
	II	4.414,41	242,79	353,15	397,29	234,17	340,62	383,19	225,55	328,08	369,09	216,94	315,55	354,99	208,33	303,02	340,90	199,71	290,49	326,80	191,09	277,96	312,70
	III	3.732,33	96,21	298,58	335,90	77,56	286,05	321,80	58,92	273,52	307,71	40,28	260,98	293,60	21,63	248,45	279,50	2,99	235,92	265,41	-	223,38	251,30
	IV	4.563,50	250,99	365,08	410,71	246,68	358,81	403,66	242,37	352,54	396,61	238,07	346,28	389,57	233,76	340,02	382,52	229,45	333,75	375,47	225,14	327,48	368,42
	V	5.078,00	279,29	406,24	457,02																		
	VI	5.122,25	281,72	409,78	461,00																		
4.093,99 (Ost)	I	4.571,33	251,42	365,70	411,41	242,80	353,17	397,31	234,19	340,64	383,22	225,57	328,10	369,11	216,95	315,57	355,01	208,34	303,04	340,92	199,72	290,51	326,82
	II	4.422,25	243,22	353,78	398,00	234,60	341,24	383,90	225,99	328,71	369,80	217,37	316,18	355,70	208,75	303,64	341,60	200,14	291,11	327,50	191,52	278,58	313,40
	III	3.740,16	97,14	299,21	336,61	78,50	286,68	322,51	59,85	274,14	308,41	41,21	261,61	294,31	22,57	249,08	280,21	3,92	236,54	266,11	-	224,02	252,02
	IV	4.571,33	251,42	365,70	411,41	247,11	359,44	404,37	242,80	353,17	397,31	238,49	346,90	390,26	234,19	340,64	383,22	229,88	334,37	376,16	225,57	328,10	369,11
	V	5.085,75	279,71	406,86	457,71																		
	VI	5.130,08	282,15	410,40	461,70																		
14.096,99 (West)	I	4.564,83	251,06	365,18	410,83	242,44	352,65	396,73	233,83	340,12	382,63	225,21	327,58	368,53	216,59	315,05	354,43	207,98	302,52	340,33	199,36	289,98	326,23
	II	4.415,66	242,86	353,25	397,40	234,24	340,72	383,31	225,62	328,18	369,20	217,01	315,66	355,11	208,39	303,12	341,01	199,78	290,59	326,91	191,16	278,06	312,81
	III	3.733,66	96,37	298,69	336,02	77,72	286,16	321,93	59,08	273,62	307,82	40,44	261,09	293,72	21,79	248,56	279,63	3,15	236,02	265,52	-	223,49	251,42
	IV	4.564,83	251,06	365,18	410,83	246,75	358,92	403,78	242,44	352,65	396,73	238,14	346,38	389,68	233,83	340,12	382,63	229,52	333,85	375,58	225,21	327,58	368,53
	V	5.079,25	279,35	406,34	457,13																		
	VI	5.123,58	281,79	409,88	461,12																		
14.096,99 (Ost)	I	4.572,58	251,49	365,80	411,53	242,87	353,27	397,43	234,25	340,74	383,33	225,64	328,20	369,23	217,02	315,67	355,13	208,41	303,14	341,03	199,79	290,61	326,93
	II	4.423,50	243,29	353,88	398,11	234,67	341,34	384,01	226,05	328,81	369,91	217,44	316,28	355,81	208,82	303,74	341,71	200,20	291,21	327,61	191,59	278,68	313,51
	III	3.741,50	97,30	299,32	336,73	78,65	286,78	322,63	60,01	274,25	308,53	41,37	261,72	294,43	22,72	249,18	280,33	4,08	236,65	266,23	-	224,12	252,13
	IV	4.572,58	251,49	365,80	411,53	247,18	359,54	404,48	242,87	353,27	397,43	238,56	347,00	390,38	234,25	340,74	383,33	229,95	334,47	376,28	225,64	328,20	369,23
	V	5.087,00	279,78	406,96	457,83																		
	VI	5.131,33	282,22	410,50	461,81																		
14.099,99 (West)	I	4.566,08	251,13	365,28	410,94	242,51	352,75	396,84	233,90	340,22	382,74	225,28	327,68	368,64	216,66	315,15	354,54	208,05	302,62	340,44	199,43	290,08	326,34
	II	4.416,91	242,93	353,35	397,52	234,31	340,82	383,42	225,70	328,29	369,32	217,08	315,76	355,23	208,46	303,22	341,12	199,85	290,69	327,02	191,23	278,16	312,93
	III	3.734,83	96,50	298,78	336,13	77,86	286,25	322,03	59,22	273,72	307,93	40,57	261,18	293,83	21,95	248,66	279,74	3,31	236,13	265,64	-	223,60	251,55
	IV	4.566,08	251,13	365,28	410,94	246,82	359,02	403,89	242,51	352,75	396,84	238,20	346,48	389,79	233,90	340,22	382,74	229,59	333,95	375,69	225,28	327,68	368,64
	V	5.080,50	279,42	406,44	457,24																		
	VI	5.124,83	281,86	409,98	461,23																		
14.099,99 (Ost)	I	4.573,83	251,56	365,90	411,64	242,94	353,37	397,54	234,32	340,84	383,44	225,71	328,31	369,35	217,09	315,78	355,25	208,48	303,24	341,15	199,86	290,71	327,05
	II	4.424,75	243,36	353,98	398,22	234,74	341,44	384,12	226,12	328,91	370,02	217,51	316,38	355,92	208,89	303,84	341,82	200,27	291,31	327,72	191,66	278,78	313,63
	III	3.742,66	97,44	299,41	336,83	78,79	286,88	322,74	60,15	274,34	308,63	41,53	261,82	294,55	22,88	249,29	280,45	4,24	236,76	266,35	-	224,22	252,25
	IV	4.573,83	251,56	365,90	411,64	247,25	359,64	404,59	242,94	353,37	397,54	238,63	347,10	390,49	234,32	340,84	383,44	230,01	334,57	376,39	225,71	328,31	369,35
	V	5.088,33	279,85	407,06	457,94																		
	VI	5.132,58	282,29	410,60	461,93																		

MONAT bis 14.120,99 €

Allgemeine Tabelle

Lohn/ Gehalt bis	Steuerklasse	Lohn- steuer	ohne Kinderfreibetrag			Anzahl Kinderfreibeträge (nur Steuerklassen I–IV)																	
						0,5			1,0			1,5			2,0			2,5			3,0		
			SolZ 5,5%	Kirchensteuer 8%	9%	SolZ 5,5%	Kirchensteuer 8%	9%	SolZ 5,5%	Kirchensteuer 8%	9%	SolZ 5,5%	Kirchensteuer 8%	9%	SolZ 5,5%	Kirchensteuer 8%	9%	SolZ 5,5%	Kirchensteuer 8%	9%	SolZ 5,5%	Kirchensteu 8%	9%
14.102,99 ***(West)***	I	**4.567,33**	*251,20*	365,38	411,05	*242,58*	352,85	396,95	*233,97*	340,32	382,86	*225,35*	327,78	368,75	*216,73*	315,25	354,65	*208,12*	302,72	340,56	*199,50*	290,18	32
	II	**4.418,25**	*243,00*	353,46	397,64	*234,38*	340,92	383,54	*225,77*	328,39	369,44	*217,15*	315,86	355,34	*208,53*	303,32	341,24	*199,92*	290,79	327,14	*191,30*	278,26	31
	III	**3.736,16**	*96,66*	298,89	336,25	*78,02*	286,36	322,15	*59,38*	273,82	308,05	*40,73*	261,29	293,95	*22,09*	248,76	279,85	*3,45*	236,22	265,75	–	223,69	25
	IV	**4.567,33**	*251,20*	365,38	411,05	*246,89*	359,12	404,01	*242,58*	352,85	396,95	*238,27*	346,58	389,90	*233,97*	340,32	382,86	*229,66*	334,05	375,80	*225,35*	327,78	36
	V	**5.081,75**	*279,49*	406,54	457,35																		
	VI	**5.126,08**	*281,93*	410,08	461,34																		
14.102,99 ***(Ost)***	I	**4.575,08**	*251,62*	366,00	411,75	*243,01*	353,47	397,65	*234,40*	340,94	383,56	*225,78*	328,41	369,46	*217,16*	315,88	355,36	*208,55*	303,34	341,26	*199,93*	290,81	32
	II	**4.426,00**	*243,43*	354,08	398,34	*234,81*	341,54	384,23	*226,19*	329,01	370,13	*217,58*	316,48	356,04	*208,96*	303,95	341,94	*200,35*	291,42	327,84	*191,73*	278,88	31
	III	**3.744,00**	*97,59*	299,52	336,96	*78,95*	286,98	322,85	*60,31*	274,45	308,75	*41,66*	261,92	294,66	*23,02*	249,38	280,55	*4,38*	236,85	266,45	–	224,32	25
	IV	**4.575,08**	*251,62*	366,00	411,75	*247,32*	359,74	404,70	*243,01*	353,47	397,65	*238,70*	347,21	390,61	*234,40*	340,94	383,56	*230,09*	334,68	376,51	*225,78*	328,41	36
	V	**5.089,58**	*279,92*	407,16	458,06																		
	VI	**5.133,83**	*282,36*	410,70	462,04																		
14.105,99 ***(West)***	I	**4.568,58**	*251,27*	365,48	411,17	*242,65*	352,95	397,07	*234,03*	340,42	382,97	*225,42*	327,88	368,87	*216,80*	315,35	354,77	*208,18*	302,82	340,67	*199,57*	290,28	32
	II	**4.419,50**	*243,07*	353,56	397,75	*234,45*	341,02	383,65	*225,83*	328,49	369,55	*217,22*	315,96	355,45	*208,60*	303,42	341,35	*199,98*	290,89	327,25	*191,37*	278,36	31
	III	**3.737,33**	*96,80*	298,98	336,35	*78,18*	286,46	322,27	*59,53*	273,93	308,17	*40,89*	261,40	294,07	*22,25*	248,86	279,97	*3,60*	236,33	265,87	–	223,80	25
	IV	**4.568,58**	*251,27*	365,48	411,17	*246,96*	359,22	404,12	*242,65*	352,95	397,07	*238,34*	346,68	390,02	*234,03*	340,42	382,97	*229,73*	334,15	375,92	*225,42*	327,88	36
	V	**5.083,00**	*279,56*	406,64	457,47																		
	VI	**5.127,33**	*282,00*	410,18	461,45																		
14.105,99 ***(Ost)***	I	**4.576,41**	*251,70*	366,11	411,87	*243,08*	353,58	397,77	*234,46*	341,04	383,67	*225,85*	328,51	369,57	*217,23*	315,98	355,47	*208,61*	303,44	341,37	*200,00*	290,91	327
	II	**4.427,25**	*243,49*	354,18	398,45	*234,88*	341,64	384,35	*226,26*	329,11	370,25	*217,65*	316,58	356,15	*209,03*	304,05	342,05	*200,42*	291,52	327,96	*191,80*	278,98	31
	III	**3.745,33**	*97,75*	299,62	337,07	*79,11*	287,09	322,97	*60,47*	274,56	308,88	*41,82*	262,02	294,77	*23,18*	249,49	280,67	*4,54*	236,96	266,58	–	224,42	252
	IV	**4.576,41**	*251,70*	366,11	411,87	*247,39*	359,84	404,82	*243,08*	353,58	397,77	*238,77*	347,31	390,72	*234,46*	341,04	383,67	*230,16*	334,78	376,62	*225,85*	328,51	36
	V	**5.090,83**	*279,99*	407,26	458,17																		
	VI	**5.135,16**	*282,43*	410,81	462,16																		
14.108,99 ***(West)***	I	**4.569,83**	*251,34*	365,58	411,28	*242,72*	353,05	397,18	*234,10*	340,52	383,08	*225,49*	327,98	368,98	*216,87*	315,45	354,88	*208,25*	302,92	340,78	*199,64*	290,38	32
	II	**4.420,75**	*243,14*	353,66	397,86	*234,52*	341,12	383,76	*225,90*	328,59	369,66	*217,29*	316,06	355,56	*208,67*	303,52	341,46	*200,05*	290,99	327,36	*191,44*	278,46	31
	III	**3.738,66**	*96,96*	299,09	336,47	*78,32*	286,56	322,38	*59,67*	274,02	308,27	*41,03*	261,49	294,17	*22,39*	248,96	280,08	*3,74*	236,42	265,97	–	223,89	25
	IV	**4.569,83**	*251,34*	365,58	411,28	*247,03*	359,32	404,23	*242,72*	353,05	397,18	*238,41*	346,78	390,13	*234,10*	340,52	383,08	*229,79*	334,25	376,03	*225,49*	327,98	36
	V	**5.084,25**	*279,63*	406,74	457,58																		
	VI	**5.128,58**	*282,07*	410,28	461,57																		
14.108,99 ***(Ost)***	I	**4.577,66**	*251,77*	366,21	411,98	*243,15*	353,68	397,89	*234,53*	341,14	383,78	*225,92*	328,61	369,68	*217,30*	316,08	355,59	*208,68*	303,54	341,48	*200,07*	291,01	327
	II	**4.428,50**	*243,56*	354,28	398,56	*234,95*	341,75	384,47	*226,33*	329,22	370,37	*217,72*	316,68	356,27	*209,10*	304,15	342,17	*200,48*	291,62	328,07	*191,87*	279,08	313
	III	**3.746,50**	*97,89*	299,72	337,18	*79,25*	287,18	323,08	*60,61*	274,65	308,98	*41,96*	262,12	294,88	*23,32*	249,58	280,78	*4,68*	237,05	266,68	–	224,52	252
	IV	**4.577,66**	*251,77*	366,21	411,98	*247,46*	359,94	404,93	*243,15*	353,68	397,89	*238,84*	347,41	390,83	*234,53*	341,14	383,78	*230,23*	334,88	376,74	*225,92*	328,61	369
	V	**5.092,08**	*280,06*	407,36	458,28																		
	VI	**5.136,41**	*282,50*	410,91	462,27																		
14.111,99 ***(West)***	I	**4.571,08**	*251,40*	365,68	411,39	*242,79*	353,15	397,29	*234,17*	340,62	383,19	*225,55*	328,08	369,09	*216,94*	315,55	354,99	*208,33*	303,02	340,90	*199,71*	290,49	326
	II	**4.422,00**	*243,21*	353,76	397,98	*234,59*	341,22	383,87	*225,97*	328,69	369,77	*217,36*	316,16	355,68	*208,74*	303,62	341,57	*200,12*	291,09	327,47	*191,51*	278,56	313
	III	**3.740,00**	*97,12*	299,20	336,60	*78,48*	286,66	322,49	*59,83*	274,13	308,39	*41,19*	261,60	294,30	*22,55*	249,06	280,19	*3,90*	236,53	266,09	–	224,00	252
	IV	**4.571,08**	*251,40*	365,68	411,39	*247,10*	359,42	404,34	*242,79*	353,15	397,29	*238,48*	346,88	390,24	*234,17*	340,62	383,19	*229,86*	334,35	376,14	*225,55*	328,08	369
	V	**5.085,50**	*279,70*	406,84	457,69																		
	VI	**5.129,83**	*282,14*	410,38	461,68																		
14.111,99 ***(Ost)***	I	**4.578,91**	*251,84*	366,31	412,10	*243,22*	353,78	398,00	*234,60*	341,24	383,90	*225,99*	328,71	369,80	*217,37*	316,18	355,70	*208,75*	303,64	341,60	*200,14*	291,11	327
	II	**4.429,83**	*243,64*	354,38	398,68	*235,02*	341,85	384,58	*226,40*	329,32	370,48	*217,79*	316,78	356,38	*209,17*	304,25	342,28	*200,55*	291,72	328,18	*191,94*	279,18	314
	III	**3.747,83**	*98,05*	299,82	337,30	*79,41*	287,29	323,20	*60,76*	274,76	309,10	*42,12*	262,22	295,00	*23,48*	249,69	280,90	*4,83*	237,16	266,80	–	224,62	252
	IV	**4.578,91**	*251,84*	366,31	412,10	*247,53*	360,04	405,05	*243,22*	353,78	398,00	*238,91*	347,51	390,95	*234,60*	341,24	383,90	*230,29*	334,98	376,85	*225,99*	328,71	369
	V	**5.093,33**	*280,13*	407,46	458,39																		
	VI	**5.137,66**	*282,57*	411,01	462,38																		
14.114,99 ***(West)***	I	**4.572,33**	*251,47*	365,78	411,50	*242,86*	353,25	397,40	*234,24*	340,72	383,31	*225,62*	328,18	369,20	*217,01*	315,66	355,11	*208,39*	303,12	341,01	*199,78*	290,59	326
	II	**4.423,25**	*243,27*	353,86	398,09	*234,66*	341,32	383,99	*226,04*	328,79	369,89	*217,42*	316,26	355,79	*208,81*	303,72	341,69	*200,19*	291,19	327,59	*191,58*	278,66	313,
	III	**3.741,16**	*97,26*	299,29	336,70	*78,61*	286,76	322,60	*59,97*	274,22	308,50	*41,33*	261,69	294,40	*22,68*	249,16	280,30	*4,04*	236,62	266,20	–	224,09	252
	IV	**4.572,33**	*251,47*	365,78	411,50	*247,17*	359,52	404,46	*242,86*	353,25	397,40	*238,55*	346,98	390,35	*234,24*	340,72	383,31	*229,93*	334,45	376,25	*225,62*	328,18	369,
	V	**5.086,83**	*279,77*	406,94	457,81																		
	VI	**5.131,08**	*282,20*	410,48	461,79																		
14.114,99 ***(Ost)***	I	**4.580,16**	*251,90*	366,41	412,21	*243,29*	353,88	398,11	*234,67*	341,34	384,01	*226,05*	328,81	369,91	*217,44*	316,28	355,81	*208,82*	303,74	341,71	*200,20*	291,21	327
	II	**4.431,08**	*243,70*	354,48	398,79	*235,09*	341,95	384,69	*226,47*	329,42	370,59	*217,85*	316,88	356,49	*209,24*	304,35	342,39	*200,62*	291,82	328,29	*192,00*	279,28	314,
	III	**3.749,00**	*98,19*	299,92	337,41	*79,55*	287,38	323,30	*60,90*	274,85	309,20	*42,26*	262,32	295,11	*23,62*	249,78	281,00	*4,97*	237,25	266,90	–	224,72	252,
	IV	**4.580,16**	*251,90*	366,41	412,21	*247,60*	360,14	405,16	*243,29*	353,88	398,11	*238,98*	347,61	391,06	*234,67*	341,34	384,01	*230,36*	335,08	376,96	*226,05*	328,81	369,
	V	**5.094,58**	*280,20*	407,56	458,51																		
	VI	**5.138,91**	*282,64*	411,11	462,50																		
14.117,99 ***(West)***	I	**4.573,58**	*251,54*	365,88	411,62	*242,93*	353,35	397,52	*234,31*	340,82	383,42	*225,70*	328,29	369,32	*217,08*	315,76	355,23	*208,46*	303,22	341,12	*199,85*	290,69	327,
	II	**4.424,50**	*243,34*	353,96	398,20	*234,73*	341,42	384,10	*226,11*	328,89	370,00	*217,49*	316,36	355,90	*208,88*	303,82	341,80	*200,26*	291,30	327,71	*191,65*	278,76	313,
	III	**3.742,50**	*97,42*	299,40	336,82	*78,77*	286,86	322,72	*60,13*	274,33	308,62	*41,49*	261,80	294,52	*22,84*	249,26	280,42	*4,20*	236,73	266,32	–	224,20	252,
	IV	**4.573,58**	*251,54*	365,88	411,62	*247,23*	359,62	404,57	*242,93*	353,35	397,52	*238,62*	347,08	390,47	*234,31*	340,82	383,42	*230,01*	334,56	376,38	*225,70*	328,29	369,
	V	**5.088,08**	*279,84*	407,04	457,92																		
	VI	**5.132,33**	*282,27*	410,58	461,90																		
14.117,99 ***(Ost)***	I	**4.581,41**	*251,97*	366,51	412,32	*243,36*	353,98	398,22	*234,74*	341,44	384,12	*226,12*	328,91	370,02	*217,51*	316,38	355,92	*208,89*	303,84	341,82	*200,27*	291,31	327,
	II	**4.432,33**	*243,77*	354,58	398,90	*235,16*	342,05	384,80	*226,54*	329,52	370,71	*217,92*	316,98	356,60	*209,31*	304,45	342,50	*200,69*	291,92	328,41	*192,07*	279,38	314,
	III	**3.750,33**	*98,35*	300,02	337,52	*79,71*	287,49	323,42	*61,06*	274,96	309,33	*42,42*	262,42	295,22	*23,78*	249,89	281,12	*5,13*	237,36	267,03	–	224,82	252,
	IV	**4.581,41**	*251,97*	366,51	412,32	*247,66*	360,24	405,27	*243,36*	353,98	398,22	*239,05*	347,71	391,17	*234,74*	341,44	384,12	*230,43*	335,18	377,07	*226,12*	328,91	370,
	V	**5.095,83**	*280,27*	407,66	458,62																		
	VI	**5.140,16**	*282,70*	411,21	462,61																		
14.120,99 ***(West)***	I	**4.574,83**	*251,61*	365,98	411,73	*243,00*	353,46	397,64	*234,38*	340,92	383,54	*225,77*	328,39	369,44	*217,15*	315,86	355,34	*208,53*	303,32	341,24	*199,92*	290,79	327,
	II	**4.425,75**	*243,41*	354,06	398,31	*234,79*	341,52	384,21	*226,18*	328,99	370,11	*217,57*	316,46	356,02	*208,95*	303,93	341,92	*200,33*	291,40	327,82	*191,72*	278,86	313,
	III	**3.743,66**	*97,56*	299,49	336,92	*78,91*	286,96	322,83	*60,27*	274,42	308,72	*41,63*	261,89	294,62	*22,98*	249,36	280,53	*4,34*	236,82	266,42	–	224,30	252,
	IV	**4.574,83**	*251,61*	365,98	411,73	*247,31*	359,72	404,69	*243,00*	353,46	397,64	*238,69*	347,19	390,59	*234,38*	340,92	383,54	*230,07*	334,66	376,49	*225,77*	328,39	369,
	V	**5.089,33**	*279,91*	407,14	458,03																		
	VI	**5.133,58**	*282,34*	410,68	462,02																		
14.120,99 ***(Ost)***	I	**4.582,66**	*252,04*	366,61	412,43	*243,43*	354,08	398,34	*234,81*	341,54	384,23	*226,19*	329,01	370,13	*217,58*	316,48	356,04	*208,96*	303,95	341,94	*200,35*	291,42	327,
	II	**4.433,58**	*243,84*	354,68	399,02	*235,23*	342,15	384,92	*226,61*	329,62	370,82	*217,99*	317,08	356,72	*209,38*	304,55	342,62	*200,76*	292,02	328,52	*192,14*	279,48	314,
	III	**3.751,50**	*98,49*	300,12	337,63	*79,84*	287,58	323,53	*61,20*	275,05	309,43	*42,56*	262,52	295,33	*23,91*	249,98	281,23	*5,29*	237,46	267,14	–	224,93	253,
	IV	**4.582,66**	*252,04*	366,61	412,43	*247,73*	360,34	405,38	*243,43*	354,08	398,34	*239,12*	347,81	391,28	*234,81*	341,54	384,23	*230,50*	335,28	377,19	*226,19*	329,01	370,
	V	**5.097,08**	*280,33*	407,76	458,73																		
	VI	**5.141,41**	*282,77*	411,31	462,72																		

Lohn/ Gehalt bis	Steuerklasse	Lohn-steuer	ohne Kinderfreibetrag			Anzahl Kinderfreibeträge (nur Steuerklassen I–IV)																	
						0,5			1,0			1,5			2,0			2,5			3,0		
			SolZ 5,5%	Kirchensteuer 8%	9%	SolZ 5,5%	Kirchensteuer 8%	9%	SolZ 5,5%	Kirchensteuer 8%	9%	SolZ 5,5%	Kirchensteuer 8%	9%	SolZ 5,5%	Kirchensteuer 8%	9%	SolZ 5,5%	Kirchensteuer 8%	9%	SolZ 5,5%	Kirchensteuer 8%	9%
4.123,99 (West)	I	4.576,16	251,68	366,09	411,85	243,07	353,56	397,75	234,45	341,02	383,65	225,83	328,49	369,55	217,22	315,96	355,45	208,60	303,42	341,35	199,98	290,89	327,25
	II	4.427,00	243,48	354,16	398,43	234,86	341,62	384,32	226,25	329,10	370,23	217,63	316,56	356,13	209,02	304,03	342,03	200,40	291,50	327,93	191,78	278,96	313,83
	III	3.745,00	97,71	299,60	337,05	79,07	287,06	322,94	60,43	274,53	308,84	41,78	262,00	294,75	23,14	249,46	280,64	4,50	236,93	266,54	-	224,40	252,45
	IV	4.576,16	251,68	366,09	411,85	247,38	359,82	404,80	243,07	353,56	397,75	238,76	347,29	390,70	234,45	341,02	383,65	230,14	334,76	376,60	225,83	328,49	369,55
	V	5.090,58	279,98	407,24	458,15																		
	VI	5.134,91	282,42	410,79	462,14																		
4.123,99 (Ost)	I	4.583,91	252,11	366,71	412,55	243,49	354,18	398,45	234,88	341,64	384,35	226,26	329,11	370,25	217,65	316,58	356,15	209,03	304,05	342,05	200,42	291,52	327,96
	II	4.434,83	243,91	354,78	399,13	235,29	342,25	385,03	226,68	329,72	370,93	218,06	317,18	356,83	209,44	304,65	342,73	200,83	292,12	328,63	192,22	279,59	314,54
	III	3.752,83	98,65	300,22	337,75	80,00	287,69	323,65	61,36	275,16	309,55	42,72	262,62	295,45	24,07	250,09	281,35	5,43	237,56	267,25	-	225,02	253,15
	IV	4.583,91	252,11	366,71	412,55	247,80	360,44	405,50	243,49	354,18	398,45	239,19	347,91	391,40	234,88	341,64	384,35	230,57	335,38	377,30	226,26	329,11	370,25
	V	5.098,41	280,41	407,87	458,85																		
	VI	5.142,66	282,84	411,41	462,83																		
4.126,99 (West)	I	4.577,41	251,75	366,19	411,96	243,14	353,66	397,86	234,52	341,12	383,76	225,90	328,59	369,66	217,29	316,06	355,56	208,67	303,52	341,46	200,05	290,99	327,36
	II	4.428,33	243,55	354,26	398,54	234,94	341,73	384,44	226,32	329,20	370,35	217,70	316,66	356,24	209,09	304,13	342,14	200,47	291,60	328,05	191,85	279,06	313,94
	III	3.746,16	97,85	299,69	337,15	79,21	287,16	323,05	60,57	274,62	308,95	41,94	262,10	294,86	23,30	249,57	280,76	4,66	237,04	266,67	-	224,50	252,56
	IV	4.577,41	251,75	366,19	411,96	247,44	359,92	404,91	243,14	353,66	397,86	238,83	347,39	390,81	234,52	341,12	383,76	230,21	334,86	376,71	225,90	328,59	369,66
	V	5.091,83	280,05	407,34	458,26																		
	VI	5.136,16	282,48	410,89	462,25																		
4.126,99 (Ost)	I	4.585,16	252,18	366,81	412,66	243,56	354,28	398,56	234,95	341,75	384,47	226,33	329,22	370,37	217,72	316,68	356,27	209,10	304,15	342,17	200,48	291,62	328,07
	II	4.436,08	243,98	354,88	399,24	235,36	342,35	385,14	226,75	329,82	371,04	218,13	317,28	356,94	209,51	304,75	342,84	200,90	292,22	328,75	192,28	279,69	314,65
	III	3.754,00	98,78	300,32	337,86	80,14	287,78	323,75	61,52	275,26	309,67	42,87	262,73	295,57	24,23	250,20	281,47	5,59	237,66	267,37	-	225,13	253,27
	IV	4.585,16	252,18	366,81	412,66	247,87	360,54	405,61	243,56	354,28	398,56	239,25	348,01	391,51	234,95	341,75	384,47	230,64	335,48	377,42	226,33	329,22	370,37
	V	5.099,66	280,48	407,97	458,96																		
	VI	5.143,91	282,91	411,51	462,95																		
4.129,99 (West)	I	4.578,66	251,82	366,29	412,07	243,21	353,76	397,98	234,59	341,22	383,87	225,97	328,69	369,77	217,36	316,16	355,68	208,74	303,62	341,57	200,12	291,09	327,47
	II	4.429,58	243,62	354,36	398,66	235,01	341,83	384,56	226,39	329,30	370,46	217,77	316,76	356,36	209,16	304,23	342,26	200,54	291,70	328,16	191,92	279,16	314,06
	III	3.747,50	98,01	299,80	337,27	79,37	287,26	323,17	60,72	274,73	309,07	42,08	262,20	294,97	23,44	249,66	280,87	4,79	237,13	266,77	-	224,60	252,67
	IV	4.578,66	251,82	366,29	412,07	247,51	360,02	405,02	243,21	353,76	397,98	238,90	347,49	390,92	234,59	341,22	383,87	230,28	334,96	376,83	225,97	328,69	369,77
	V	5.093,08	280,11	407,44	458,37																		
	VI	5.137,41	282,55	410,99	462,36																		
4.129,99 (Ost)	I	4.586,41	252,25	366,91	412,77	243,64	354,38	398,68	235,02	341,85	384,58	226,40	329,32	370,48	217,79	316,78	356,38	209,17	304,25	342,28	200,55	291,72	328,18
	II	4.437,33	244,05	354,98	399,35	235,43	342,45	385,25	226,82	329,92	371,16	218,20	317,39	357,06	209,59	304,86	342,96	200,97	292,32	328,86	192,35	279,79	314,76
	III	3.755,33	98,94	300,42	337,97	80,30	287,89	323,87	61,66	275,36	309,78	43,01	262,82	295,67	24,37	250,29	281,57	5,73	237,76	267,48	-	225,22	253,37
	IV	4.586,41	252,25	366,91	412,77	247,94	360,65	405,73	243,64	354,38	398,68	239,33	348,12	391,63	235,02	341,85	384,58	230,71	335,58	377,53	226,40	329,32	370,48
	V	5.100,91	280,55	408,07	459,08																		
	VI	5.145,25	282,98	411,62	463,07																		
4.132,99 (West)	I	4.579,91	251,89	366,39	412,19	243,27	353,86	398,09	234,66	341,32	383,99	226,04	328,79	369,89	217,42	316,26	355,79	208,81	303,72	341,69	200,19	291,19	327,59
	II	4.430,83	243,69	354,46	398,77	235,07	341,93	384,67	226,46	329,40	370,57	217,84	316,86	356,47	209,22	304,33	342,37	200,61	291,80	328,27	191,99	279,26	314,17
	III	3.748,83	98,17	299,90	337,39	79,53	287,37	323,29	60,88	274,84	309,19	42,24	262,30	295,09	23,60	249,77	280,99	4,95	237,24	266,89	-	224,70	252,79
	IV	4.579,91	251,89	366,39	412,19	247,58	360,12	405,14	243,27	353,86	398,09	238,97	347,59	391,04	234,66	341,32	383,99	230,35	335,06	376,94	226,04	328,79	369,89
	V	5.094,33	280,18	407,54	458,48																		
	VI	5.138,66	282,62	411,09	462,47																		
4.132,99 (Ost)	I	4.587,75	252,32	367,02	412,89	243,70	354,48	398,79	235,09	341,95	384,69	226,47	329,42	370,59	217,85	316,88	356,49	209,24	304,35	342,39	200,62	291,82	328,29
	II	4.438,58	244,12	355,08	399,47	235,50	342,55	385,37	226,89	330,02	371,27	218,27	317,49	357,17	209,66	304,96	343,08	201,04	292,42	328,97	192,42	279,89	314,87
	III	3.756,66	99,10	300,53	338,09	80,46	288,00	324,00	61,82	275,46	309,89	43,17	262,93	295,79	24,53	250,40	281,70	5,89	237,86	267,59	-	225,33	253,49
	IV	4.587,75	252,32	367,02	412,89	248,01	360,75	405,84	243,70	354,48	398,79	239,40	348,22	391,74	235,09	341,95	384,69	230,78	335,68	377,64	226,47	329,42	370,59
	V	5.102,16	280,61	408,17	459,19																		
	VI	5.146,50	283,05	411,72	463,18																		
4.135,99 (West)	I	4.581,16	251,96	366,49	412,30	243,34	353,96	398,20	234,73	341,42	384,10	226,11	328,89	370,00	217,49	316,36	355,90	208,88	303,82	341,80	200,26	291,30	327,71
	II	4.432,08	243,76	354,56	398,88	235,14	342,03	384,78	226,53	329,50	370,68	217,91	316,96	356,58	209,29	304,43	342,48	200,68	291,90	328,38	192,06	279,36	314,28
	III	3.750,00	98,31	300,00	337,50	79,67	287,46	323,39	61,02	274,93	309,29	42,38	262,40	295,20	23,74	249,86	281,09	5,09	237,33	266,99	-	224,80	252,90
	IV	4.581,16	251,96	366,49	412,30	247,65	360,22	405,25	243,34	353,96	398,20	239,03	347,69	391,15	234,73	341,42	384,10	230,42	335,16	377,05	226,11	328,89	370,00
	V	5.095,58	280,25	407,64	458,60																		
	VI	5.139,91	282,69	411,19	462,59																		
4.135,99 (Ost)	I	4.589,00	252,39	367,12	413,01	243,77	354,58	398,90	235,16	342,05	384,80	226,54	329,52	370,71	217,92	316,98	356,60	209,31	304,45	342,50	200,69	291,92	328,41
	II	4.439,91	244,19	355,19	399,59	235,57	342,66	385,49	226,96	330,12	371,39	218,34	317,59	357,29	209,72	305,06	343,19	201,11	292,52	329,09	192,49	279,99	314,99
	III	3.757,83	99,24	300,62	338,20	80,60	288,09	324,10	61,95	275,56	310,00	43,31	263,02	295,90	24,67	250,49	281,80	6,02	237,96	267,70	-	225,42	253,60
	IV	4.589,00	252,39	367,12	413,01	248,08	360,85	405,95	243,77	354,58	398,90	239,47	348,32	391,86	235,16	342,05	384,80	230,85	335,78	377,75	226,54	329,52	370,71
	V	5.103,41	280,68	408,27	459,30																		
	VI	5.147,75	283,12	411,82	463,29																		
4.138,99 (West)	I	4.582,41	252,03	366,59	412,41	243,41	354,06	398,31	234,79	341,52	384,21	226,18	328,99	370,11	217,57	316,46	356,02	208,95	303,93	341,92	200,33	291,40	327,82
	II	4.433,33	243,83	354,66	398,99	235,21	342,13	384,89	226,60	329,60	370,80	217,98	317,06	356,69	209,36	304,53	342,59	200,75	292,00	328,50	192,13	279,46	314,39
	III	3.751,33	98,47	300,10	337,61	79,82	287,57	323,51	61,18	275,04	309,42	42,54	262,50	295,31	23,89	249,97	281,21	5,25	237,44	267,12	-	224,90	253,01
	IV	4.582,41	252,03	366,59	412,41	247,72	360,32	405,36	243,41	354,06	398,31	239,10	347,79	391,26	234,79	341,52	384,21	230,49	335,26	377,16	226,18	328,99	370,11
	V	5.096,83	280,32	407,74	458,71																		
	VI	5.141,16	282,76	411,29	462,70																		
4.138,99 (Ost)	I	4.590,25	252,46	367,22	413,12	243,84	354,68	399,02	235,23	342,15	384,92	226,61	329,62	370,82	217,99	317,08	356,72	209,38	304,55	342,62	200,76	292,02	328,52
	II	4.441,16	244,26	355,29	399,70	235,64	342,76	385,60	227,03	330,22	371,50	218,41	317,69	357,40	209,79	305,16	343,30	201,18	292,62	329,20	192,56	280,09	315,10
	III	3.759,16	99,40	300,73	338,32	80,76	288,20	324,22	62,11	275,66	310,12	43,47	263,13	296,02	24,83	250,60	281,92	6,18	238,06	267,82	-	225,53	253,72
	IV	4.590,25	252,46	367,22	413,12	248,15	360,95	406,07	243,84	354,68	399,02	239,53	348,42	391,97	235,23	342,15	384,92	230,92	335,88	377,87	226,61	329,62	370,82
	V	5.104,66	280,75	408,37	459,41																		
	VI	5.149,00	283,19	411,92	463,41																		
4.141,99 (West)	I	4.583,66	252,10	366,69	412,52	243,48	354,16	398,43	234,86	341,62	384,32	226,25	329,10	370,23	217,63	316,56	356,13	209,02	304,03	342,03	200,40	291,50	327,93
	II	4.434,58	243,90	354,76	399,11	235,28	342,23	385,01	226,66	329,70	370,91	218,05	317,16	356,81	209,43	304,63	342,71	200,82	292,10	328,61	192,20	279,57	314,51
	III	3.752,50	98,61	300,20	337,72	79,96	287,66	323,62	61,32	275,13	309,52	42,68	262,60	295,42	24,03	250,06	281,32	5,39	237,53	267,22	-	225,00	253,12
	IV	4.583,66	252,10	366,69	412,52	247,79	360,42	405,47	243,48	354,16	398,43	239,17	347,89	391,37	234,86	341,62	384,32	230,56	335,36	377,28	226,25	329,10	370,23
	V	5.098,16	280,39	407,85	458,83																		
	VI	5.142,41	282,83	411,39	462,81																		
14.141,99 (Ost)	I	4.591,50	252,53	367,32	413,23	243,91	354,78	399,13	235,29	342,25	385,03	226,68	329,72	370,93	218,06	317,18	356,83	209,44	304,65	342,73	200,83	292,12	328,63
	II	4.442,41	244,33	355,39	399,81	235,71	342,86	385,71	227,09	330,32	371,61	218,48	317,79	357,51	209,86	305,26	343,41	201,24	292,72	329,31	192,63	280,19	315,21
	III	3.760,33	99,54	300,82	338,42	80,90	288,29	324,32	62,25	275,76	310,23	43,61	263,22	296,12	24,97	250,69	282,02	6,32	238,16	267,93	-	225,62	253,82
	IV	4.591,50	252,53	367,32	413,23	248,22	361,05	406,18	243,91	354,78	399,13	239,60	348,52	392,08	235,29	342,25	385,03	230,99	335,98	377,98	226,68	329,72	370,93
	V	5.105,91	280,82	408,47	459,53																		
	VI	5.150,25	283,26	412,02	463,52																		

Lohn/ Gehalt bis	Steuerklasse	Lohn-steuer	ohne Kinderfreibetrag			Anzahl Kinderfreibeträge (nur Steuerklassen I–IV) 0,5			1,0			1,5			2,0			2,5			3,0		
			SolZ 5,5%	Kirchensteuer 8%	Kirchensteuer 9%	SolZ 5,5%	Kirchensteuer 8%	Kirchensteuer 9%	SolZ 5,5%	Kirchensteuer 8%	Kirchensteuer 9%	SolZ 5,5%	Kirchensteuer 8%	Kirchensteuer 9%	SolZ 5,5%	Kirchensteuer 8%	Kirchensteuer 9%	SolZ 5,5%	Kirchensteuer 8%	Kirchensteuer 9%	SolZ 5,5%	Kirchensteuer 8%	Kirchensteu 9
14.144,99	I	4.584,91	*252,17*	366,79	412,64	*243,55*	354,26	398,54	*234,94*	341,73	384,44	*226,32*	329,20	370,35	*217,70*	316,66	356,24	*209,09*	304,13	342,14	*200,47*	291,60	32
(West)	II	4.435,83	*243,97*	354,86	399,22	*235,35*	342,33	385,12	*226,73*	329,80	371,02	*218,12*	317,26	356,92	*209,50*	304,74	342,83	*200,89*	292,20	328,73	*192,27*	279,67	31
	III	3.753,83	*98,77*	300,30	337,84	*80,12*	287,77	323,74	*61,48*	275,24	309,64	*42,84*	262,70	295,54	*24,19*	250,17	281,44	*5,55*	237,64	267,34	–	225,10	25
	IV	4.584,91	*252,17*	366,79	412,64	*247,86*	360,52	405,59	*243,55*	354,26	398,54	*239,25*	348,00	391,50	*234,94*	341,73	384,44	*230,63*	335,46	377,39	*226,32*	329,20	37
	V	5.099,41	*280,46*	407,95	458,94																		
	VI	5.143,66	*282,90*	411,49	462,92																		
14.144,99	I	4.592,75	*252,60*	367,42	413,34	*243,98*	354,88	399,24	*235,36*	342,35	385,14	*226,75*	329,82	371,04	*218,13*	317,28	356,94	*209,51*	304,75	342,84	*200,90*	292,22	32
(Ost)	II	4.443,66	*244,40*	355,49	399,92	*235,78*	342,96	385,83	*227,16*	330,42	371,72	*218,55*	317,89	357,62	*209,93*	305,36	343,53	*201,31*	292,82	329,42	*192,70*	280,29	31
	III	3.761,66	*99,70*	300,93	338,54	*81,05*	288,40	324,45	*62,41*	275,86	310,34	*43,77*	263,33	296,24	*25,12*	250,80	282,15	*6,48*	238,26	268,04	–	225,73	25
	IV	4.592,75	*252,60*	367,42	413,34	*248,29*	361,15	406,29	*243,98*	354,88	399,24	*239,67*	348,62	392,19	*235,36*	342,35	385,14	*231,05*	336,08	378,09	*226,75*	329,82	37
	V	5.107,16	*280,89*	408,57	459,64																		
	VI	5.151,50	*283,33*	412,12	463,63																		
14.147,99	I	4.586,25	*252,24*	366,90	412,76	*243,62*	354,36	398,66	*235,01*	341,83	384,56	*226,39*	329,30	370,46	*217,77*	316,76	356,36	*209,16*	304,23	342,26	*200,54*	291,70	32
(West)	II	4.437,08	*244,03*	354,96	399,33	*235,42*	342,43	385,23	*226,81*	329,90	371,14	*218,19*	317,37	357,04	*209,57*	304,84	342,94	*200,96*	292,30	328,84	*192,34*	279,77	31
	III	3.755,00	*98,90*	300,40	337,95	*80,26*	287,86	323,84	*61,62*	275,33	309,74	*42,97*	262,80	295,65	*24,33*	250,26	281,54	*5,71*	237,74	267,46	–	225,21	25
	IV	4.586,25	*252,24*	366,90	412,76	*247,93*	360,63	405,71	*243,62*	354,36	398,66	*239,31*	348,10	391,61	*235,01*	341,83	384,56	*230,70*	335,56	377,51	*226,39*	329,30	37
	V	5.100,66	*280,53*	408,05	459,05																		
	VI	5.145,00	*282,97*	411,60	463,05																		
14.147,99	I	4.594,00	*252,67*	367,52	413,46	*244,05*	354,98	399,35	*235,43*	342,45	385,25	*226,82*	329,92	371,16	*218,20*	317,39	357,06	*209,59*	304,86	342,96	*200,97*	292,32	32
(Ost)	II	4.444,91	*244,47*	355,59	400,04	*235,85*	343,06	385,94	*227,23*	330,52	371,84	*218,62*	317,99	357,74	*210,00*	305,46	343,64	*201,38*	292,92	329,54	*192,77*	280,39	31
	III	3.762,83	*99,84*	301,02	338,65	*81,19*	288,49	324,55	*62,55*	275,96	310,45	*43,91*	263,42	296,35	*25,28*	250,90	282,26	*6,64*	238,37	268,16	–	225,84	25
	IV	4.594,00	*252,67*	367,52	413,46	*248,36*	361,25	406,40	*244,05*	354,98	399,35	*239,74*	348,72	392,31	*235,43*	342,45	385,25	*231,12*	336,18	378,20	*226,82*	329,92	37
	V	5.108,50	*280,96*	408,68	459,76																		
	VI	5.152,75	*283,40*	412,22	463,74																		
14.150,99	I	4.587,50	*252,31*	367,00	412,87	*243,69*	354,46	398,77	*235,07*	341,93	384,67	*226,46*	329,40	370,57	*217,84*	316,86	356,47	*209,22*	304,33	342,37	*200,61*	291,80	328
(West)	II	4.438,33	*244,10*	355,06	399,44	*235,49*	342,54	385,35	*226,87*	330,00	371,25	*218,26*	317,47	357,15	*209,64*	304,94	343,05	*201,02*	292,40	328,95	*192,41*	279,87	314
	III	3.756,33	*99,06*	300,50	338,06	*80,42*	287,97	323,96	*61,78*	275,44	309,87	*43,13*	262,90	295,76	*24,49*	250,37	281,66	*5,85*	237,84	267,57	–	225,30	253
	IV	4.587,50	*252,31*	367,00	412,87	*248,00*	360,73	405,82	*243,69*	354,46	398,77	*239,38*	348,20	391,72	*235,07*	341,93	384,67	*230,77*	335,66	377,62	*226,46*	329,40	370
	V	5.101,91	*280,60*	408,15	459,17																		
	VI	5.146,25	*283,04*	411,70	463,16																		
14.150,99	I	4.595,25	*252,73*	367,62	413,57	*244,12*	355,08	399,47	*235,50*	342,55	385,37	*226,89*	330,02	371,27	*218,27*	317,49	357,17	*209,66*	304,96	343,08	*201,04*	292,42	328
(Ost)	II	4.446,16	*244,53*	355,69	400,15	*235,92*	343,16	386,05	*227,30*	330,62	371,95	*218,68*	318,09	357,85	*210,07*	305,56	343,75	*201,46*	293,03	329,66	*192,84*	280,50	315
	III	3.764,16	*99,99*	301,13	338,77	*81,35*	288,60	324,67	*62,71*	276,06	310,57	*44,06*	263,53	296,47	*25,42*	251,00	282,37	*6,78*	238,46	268,27	–	225,93	254
	IV	4.595,25	*252,73*	367,62	413,57	*248,43*	361,35	406,52	*244,12*	355,08	399,47	*239,81*	348,82	392,42	*235,50*	342,55	385,37	*231,20*	336,29	378,32	*226,89*	330,02	371
	V	5.109,75	*281,03*	408,78	459,87																		
	VI	5.154,00	*283,47*	412,32	463,86																		
14.153,99	I	4.588,75	*252,38*	367,10	412,98	*243,76*	354,56	398,88	*235,14*	342,03	384,78	*226,53*	329,50	370,68	*217,91*	316,96	356,58	*209,29*	304,43	342,48	*200,68*	291,90	328
(West)	II	4.439,66	*244,18*	355,17	399,56	*235,56*	342,64	385,47	*226,94*	330,10	371,36	*218,33*	317,57	357,26	*209,71*	305,04	343,17	*201,09*	292,50	329,06	*192,48*	279,97	314
	III	3.757,50	*99,20*	300,60	338,17	*80,56*	288,06	324,07	*61,93*	275,54	309,98	*43,29*	263,01	295,88	*24,65*	250,48	281,79	*6,00*	237,94	267,68	–	225,41	253
	IV	4.588,75	*252,38*	367,10	412,98	*248,07*	360,83	405,93	*243,76*	354,56	398,88	*239,45*	348,30	391,83	*235,14*	342,03	384,78	*230,83*	335,76	377,73	*226,53*	329,50	370
	V	5.103,16	*280,67*	408,25	459,28																		
	VI	5.147,50	*283,11*	411,80	463,27																		
14.153,99	I	4.596,50	*252,80*	367,72	413,68	*244,19*	355,19	399,59	*235,57*	342,66	385,49	*226,96*	330,12	371,39	*218,34*	317,59	357,29	*209,72*	305,06	343,19	*201,11*	292,52	329
(Ost)	II	4.447,41	*244,60*	355,79	400,26	*235,99*	343,26	386,16	*227,37*	330,72	372,06	*218,75*	318,19	357,96	*210,14*	305,66	343,87	*201,52*	293,13	329,77	*192,91*	280,60	315
	III	3.765,33	*100,13*	301,22	338,87	*81,51*	288,70	324,79	*62,87*	276,17	310,69	*44,22*	263,64	296,59	*25,58*	251,10	282,49	*6,94*	238,57	268,39	–	226,04	254
	IV	4.596,50	*252,80*	367,72	413,68	*248,49*	361,45	406,63	*244,19*	355,19	399,59	*239,88*	348,92	392,54	*235,57*	342,66	385,49	*231,27*	336,39	378,44	*226,96*	330,12	371
	V	5.111,00	*281,10*	408,88	459,99																		
	VI	5.155,25	*283,53*	412,42	463,97																		
14.156,99	I	4.590,00	*252,45*	367,20	413,10	*243,83*	354,66	398,99	*235,21*	342,13	384,89	*226,60*	329,60	370,80	*217,98*	317,06	356,69	*209,36*	304,53	342,59	*200,75*	292,00	328
(West)	II	4.440,91	*244,25*	355,27	399,68	*235,63*	342,74	385,58	*227,01*	330,20	371,48	*218,40*	317,67	357,38	*209,78*	305,14	343,28	*201,16*	292,60	329,18	*192,55*	280,07	315
	III	3.758,83	*99,36*	300,70	338,29	*80,72*	288,17	324,19	*62,07*	275,64	310,09	*43,43*	263,10	295,99	*24,79*	250,57	281,89	*6,14*	238,04	267,79	–	225,50	253
	IV	4.590,00	*252,45*	367,20	413,10	*248,14*	360,93	406,04	*243,83*	354,66	398,99	*239,52*	348,40	391,95	*235,21*	342,13	384,89	*230,90*	335,86	377,84	*226,60*	329,60	370
	V	5.104,41	*280,74*	408,35	459,39																		
	VI	5.148,75	*283,18*	411,90	463,38																		
14.156,99	I	4.597,83	*252,88*	367,82	413,80	*244,26*	355,29	399,70	*235,64*	342,76	385,60	*227,03*	330,22	371,50	*218,41*	317,69	357,40	*209,79*	305,16	343,30	*201,18*	292,62	329,
(Ost)	II	4.448,66	*244,67*	355,89	400,37	*236,06*	343,36	386,28	*227,44*	330,83	372,18	*218,83*	318,30	358,08	*210,21*	305,76	343,98	*201,59*	293,23	329,88	*192,98*	280,70	315,
	III	3.766,66	*100,29*	301,33	338,99	*81,65*	288,80	324,90	*63,01*	276,26	310,79	*44,36*	263,73	296,69	*25,72*	251,20	282,60	*7,08*	238,66	268,49	–	226,13	254,
	IV	4.597,83	*252,88*	367,82	413,80	*248,57*	361,56	406,75	*244,26*	355,29	399,70	*239,95*	349,02	392,65	*235,64*	342,76	385,60	*231,33*	336,49	378,55	*227,03*	330,22	371,
	V	5.112,25	*281,17*	408,98	460,10																		
	VI	5.156,58	*283,61*	412,52	464,09																		
14.159,99	I	4.591,25	*252,51*	367,30	413,21	*243,90*	354,76	399,11	*235,28*	342,23	385,01	*226,66*	329,70	370,91	*218,05*	317,16	356,81	*209,43*	304,63	342,71	*200,82*	292,10	328,
(West)	II	4.442,16	*244,31*	355,37	399,79	*235,70*	342,84	385,69	*227,08*	330,30	371,59	*218,46*	317,77	357,49	*209,85*	305,24	343,39	*201,23*	292,70	329,29	*192,61*	280,17	315,
	III	3.760,16	*99,52*	300,81	338,41	*80,88*	288,28	324,31	*62,23*	275,74	310,21	*43,59*	263,21	296,11	*24,95*	250,68	282,01	*6,30*	238,14	267,91	–	225,61	253,
	IV	4.591,25	*252,51*	367,30	413,21	*248,21*	361,03	406,16	*243,90*	354,76	399,11	*239,59*	348,50	392,06	*235,28*	342,23	385,01	*230,97*	335,96	377,96	*226,66*	329,70	370,
	V	5.105,66	*280,81*	408,45	459,50																		
	VI	5.150,00	*283,25*	412,00	463,50																		
14.159,99	I	4.599,08	*252,94*	367,92	413,91	*244,33*	355,39	399,81	*235,71*	342,86	385,71	*227,09*	330,32	371,61	*218,48*	317,79	357,51	*209,86*	305,26	343,41	*201,24*	292,72	329,
(Ost)	II	4.449,91	*244,74*	355,99	400,49	*236,13*	343,46	386,39	*227,51*	330,93	372,29	*218,90*	318,40	358,20	*210,28*	305,86	344,09	*201,66*	293,33	329,99	*193,05*	280,80	315,
	III	3.768,00	*100,45*	301,44	339,12	*81,81*	288,90	325,01	*63,16*	276,37	310,91	*44,52*	263,84	296,82	*25,88*	251,30	282,71	*7,23*	238,77	268,61	–	226,24	254,
	IV	4.599,08	*252,94*	367,92	413,91	*248,64*	361,66	406,86	*244,33*	355,39	399,81	*240,02*	349,12	392,76	*235,71*	342,86	385,71	*231,40*	336,59	378,66	*227,09*	330,32	371,
	V	5.113,50	*281,24*	409,08	460,21																		
	VI	5.157,83	*283,68*	412,62	464,20																		
14.162,99	I	4.592,50	*252,58*	367,40	413,32	*243,97*	354,86	399,22	*235,35*	342,33	385,12	*226,73*	329,80	371,02	*218,12*	317,26	356,92	*209,50*	304,74	342,83	*200,89*	292,20	328,
(West)	II	4.443,41	*244,38*	355,47	399,90	*235,77*	342,94	385,80	*227,15*	330,40	371,70	*218,53*	317,87	357,60	*209,92*	305,34	343,50	*201,30*	292,80	329,40	*192,68*	280,27	315,
	III	3.761,33	*99,66*	300,90	338,51	*81,01*	288,37	324,41	*62,37*	275,84	310,32	*43,73*	263,30	296,21	*25,08*	250,77	282,11	*6,44*	238,24	268,02	–	225,70	253,
	IV	4.592,50	*252,58*	367,40	413,32	*248,27*	361,13	406,27	*243,97*	354,86	399,22	*239,66*	348,60	392,17	*235,35*	342,33	385,12	*231,04*	336,06	378,07	*226,73*	329,80	371,
	V	5.106,91	*280,88*	408,55	459,62																		
	VI	5.151,25	*283,31*	412,10	463,61																		
14.162,99	I	4.600,33	*253,01*	368,02	414,02	*244,40*	355,49	399,92	*235,78*	342,96	385,83	*227,16*	330,42	371,72	*218,55*	317,89	357,62	*209,93*	305,36	343,53	*201,31*	292,82	329,
(Ost)	II	4.451,25	*244,81*	356,10	400,61	*236,20*	343,56	386,51	*227,58*	331,03	372,41	*218,96*	318,50	358,31	*210,35*	305,96	344,21	*201,73*	293,43	330,11	*193,11*	280,90	316,
	III	3.769,16	*100,59*	301,53	339,22	*81,95*	289,00	325,12	*63,30*	276,46	311,02	*44,66*	263,93	296,92	*26,02*	251,40	282,82	*7,37*	238,86	268,72	–	226,33	254,
	IV	4.600,33	*253,01*	368,02	414,02	*248,71*	361,76	406,98	*244,40*	355,49	399,92	*240,09*	349,22	392,87	*235,78*	342,96	385,83	*231,47*	336,69	378,77	*227,16*	330,42	371,
	V	5.114,75	*281,31*	409,18	460,32																		
	VI	5.159,08	*283,74*	412,72	464,31																		

Allgemeine Tabelle

MONAT bis 14.183,99 €

Lohn/ Gehalt bis	Steuerklasse	Lohn-steuer	ohne Kinderfreibetrag SolZ 5,5%	Kirchensteuer 8%	9%	0,5 SolZ 5,5%	Kirchensteuer 8%	9%	1,0 SolZ 5,5%	Kirchensteuer 8%	9%	1,5 SolZ 5,5%	Kirchensteuer 8%	9%	2,0 SolZ 5,5%	Kirchensteuer 8%	9%	2,5 SolZ 5,5%	Kirchensteuer 8%	9%	3,0 SolZ 5,5%	Kirchensteuer 8%	9%
						Anzahl Kinderfreibeträge (nur Steuerklassen I–IV)																	
4.165,99 (West)	I	4.593,75	252,65	367,50	413,43	244,03	354,96	399,33	235,42	342,43	385,23	226,81	329,90	371,14	218,19	317,37	357,04	209,57	304,84	342,94	200,96	292,30	328,84
	II	4.444,66	244,45	355,57	400,01	235,84	343,04	385,92	227,22	330,50	371,81	218,60	317,97	357,71	209,99	305,44	343,62	201,37	292,90	329,51	192,76	280,38	315,42
	III	3.762,66	99,82	301,01	338,63	81,17	288,48	324,54	62,53	275,94	310,43	43,89	263,41	296,33	25,24	250,88	282,24	6,60	238,34	268,13	–	225,81	254,03
	IV	4.593,75	252,65	367,50	413,43	248,34	361,23	406,38	244,03	354,96	399,33	239,73	348,70	392,28	235,42	342,43	385,23	231,11	336,16	378,18	226,81	329,90	371,14
	V	5.108,25	280,95	408,66	459,74																		
	VI	5.152,50	283,38	412,20	463,72																		
4.165,99 (Ost)	I	4.601,58	253,08	368,12	414,14	244,47	355,59	400,04	235,85	343,06	385,94	227,23	330,52	371,84	218,62	317,99	357,74	210,00	305,46	343,64	201,38	292,92	329,54
	II	4.452,50	244,88	356,20	400,72	236,27	343,66	386,62	227,65	331,13	372,52	219,03	318,60	358,42	210,42	306,06	344,32	201,80	293,53	330,22	193,18	281,00	316,12
	III	3.770,50	100,75	301,64	339,34	82,11	289,10	325,24	63,46	276,57	311,14	44,82	264,04	297,04	26,18	251,50	282,94	7,53	238,97	268,84	–	226,44	254,74
	IV	4.601,58	253,08	368,12	414,14	248,77	361,86	407,09	244,47	355,59	400,04	240,16	349,32	392,99	235,85	343,06	385,94	231,54	336,79	378,89	227,23	330,52	371,84
	V	5.116,00	281,38	409,28	460,44																		
	VI	5.160,33	283,81	412,82	464,42																		
4.168,99 (West)	I	4.595,00	252,72	367,60	413,55	244,10	355,06	399,44	235,49	342,54	385,35	226,87	330,00	371,25	218,26	317,47	357,15	209,64	304,94	343,05	201,02	292,40	328,95
	II	4.445,91	244,52	355,67	400,13	235,90	343,14	386,03	227,29	330,60	371,93	218,67	318,07	357,83	210,06	305,54	343,73	201,44	293,01	329,63	192,83	280,48	315,54
	III	3.763,83	99,96	301,10	338,74	81,31	288,57	324,64	62,67	276,04	310,54	44,03	263,50	296,44	25,38	250,97	282,34	6,74	238,44	268,24	–	225,90	254,14
	IV	4.595,00	252,72	367,60	413,55	248,41	361,33	406,49	244,10	355,06	399,44	239,80	348,80	392,40	235,49	342,54	385,35	231,18	336,27	378,30	226,87	330,00	371,25
	V	5.109,50	281,02	408,76	459,85																		
	VI	5.153,75	283,45	412,30	463,83																		
4.168,99 (Ost)	I	4.602,83	253,15	368,22	414,25	244,53	355,69	400,15	235,92	343,16	386,05	227,30	330,62	371,95	218,68	318,09	357,85	210,07	305,56	343,75	201,46	293,03	329,66
	II	4.453,75	244,95	356,30	400,83	236,33	343,76	386,73	227,72	331,23	372,63	219,10	318,70	358,53	210,48	306,16	344,43	201,87	293,63	330,33	193,25	281,10	316,23
	III	3.771,66	100,89	301,73	339,44	82,24	289,20	325,35	63,60	276,66	311,24	44,96	264,13	297,14	26,31	251,60	283,05	7,67	239,06	268,94	–	226,54	254,86
	IV	4.602,83	253,15	368,22	414,25	248,84	361,96	407,20	244,53	355,69	400,15	240,23	349,42	393,10	235,92	343,16	386,05	231,61	336,89	379,00	227,30	330,62	371,95
	V	5.117,25	281,44	409,38	460,55																		
	VI	5.161,58	283,88	412,92	464,54																		
4.171,99 (West)	I	4.596,33	252,79	367,70	413,66	244,18	355,17	399,56	235,56	342,64	385,47	226,94	330,10	371,36	218,33	317,57	357,26	209,71	305,04	343,17	201,09	292,50	329,06
	II	4.447,16	244,59	355,77	400,24	235,97	343,24	386,14	227,36	330,70	372,04	218,74	318,18	357,95	210,13	305,64	343,85	201,51	293,11	329,75	192,89	280,58	315,65
	III	3.765,16	100,11	301,21	338,86	81,47	288,68	324,76	62,83	276,14	310,66	44,18	263,61	296,56	25,54	251,08	282,46	6,90	238,54	268,36	–	226,01	254,26
	IV	4.596,33	252,79	367,70	413,66	248,49	361,44	406,62	244,18	355,17	399,56	239,87	348,90	392,51	235,56	342,64	385,47	231,25	336,37	378,41	226,94	330,10	371,36
	V	5.110,75	281,09	408,86	459,96																		
	VI	5.155,08	283,52	412,40	463,95																		
4.171,99 (Ost)	I	4.604,08	253,22	368,32	414,36	244,60	355,79	400,26	235,99	343,26	386,16	227,37	330,72	372,06	218,75	318,19	357,96	210,14	305,66	343,87	201,52	293,13	329,77
	II	4.455,00	245,02	356,40	400,95	236,40	343,86	386,84	227,79	331,33	372,74	219,17	318,80	358,65	210,55	306,26	344,54	201,94	293,73	330,44	193,32	281,20	316,35
	III	3.773,00	101,05	301,84	339,57	82,40	289,30	325,46	63,76	276,77	311,36	45,12	264,24	297,27	26,47	251,70	283,16	7,83	239,17	269,06	–	226,64	254,97
	IV	4.604,08	253,22	368,32	414,36	248,91	362,06	407,31	244,60	355,79	400,26	240,29	349,52	393,21	235,99	343,26	386,16	231,68	336,99	379,11	227,37	330,72	372,06
	V	5.118,50	281,51	409,48	460,66																		
	VI	5.162,83	283,95	413,02	464,65																		
4.174,99 (West)	I	4.597,58	252,86	367,80	413,78	244,25	355,27	399,68	235,63	342,74	385,58	227,01	330,20	371,48	218,40	317,67	357,38	209,78	305,14	343,28	201,16	292,60	329,18
	II	4.448,41	244,66	355,87	400,35	236,05	343,34	386,26	227,43	330,81	372,16	218,81	318,28	358,06	210,20	305,74	343,96	201,58	293,21	329,86	192,96	280,68	315,76
	III	3.766,33	100,25	301,30	338,96	81,61	288,77	324,86	62,97	276,24	310,77	44,32	263,70	296,66	25,70	251,18	282,58	7,06	238,65	268,48	–	226,12	254,38
	IV	4.597,58	252,86	367,80	413,78	248,55	361,54	406,73	244,25	355,27	399,68	239,94	349,00	392,63	235,63	342,74	385,58	231,32	336,47	378,53	227,01	330,20	371,48
	V	5.112,00	281,16	408,96	460,08																		
	VI	5.156,33	283,59	412,50	464,06																		
4.174,99 (Ost)	I	4.605,33	253,29	368,42	414,47	244,67	355,89	400,37	236,06	343,36	386,28	227,44	330,83	372,18	218,83	318,30	358,08	210,21	305,76	343,98	201,59	293,23	329,88
	II	4.456,25	245,09	356,50	401,06	236,47	343,96	386,96	227,86	331,43	372,86	219,24	318,90	358,76	210,62	306,36	344,66	202,01	293,83	330,56	193,39	281,30	316,46
	III	3.774,16	101,18	301,93	339,67	82,54	289,40	325,57	63,90	276,86	311,47	45,27	264,34	297,38	26,63	251,81	283,28	7,99	239,28	269,19	–	226,74	255,08
	IV	4.605,33	253,29	368,42	414,47	248,98	362,16	407,43	244,67	355,89	400,37	240,36	349,62	393,32	236,06	343,36	386,28	231,75	337,09	379,22	227,44	330,83	372,18
	V	5.119,83	281,59	409,58	460,78																		
	VI	5.164,08	284,02	413,12	464,76																		
4.177,99 (West)	I	4.598,83	252,93	367,90	413,89	244,31	355,37	399,79	235,70	342,84	385,69	227,08	330,30	371,59	218,46	317,77	357,49	209,85	305,24	343,39	201,23	292,70	329,29
	II	4.449,75	244,73	355,98	400,47	236,11	343,44	386,37	227,50	330,91	372,27	218,88	318,38	358,17	210,26	305,84	344,07	201,65	293,31	329,97	193,03	280,78	315,87
	III	3.767,66	100,41	301,41	339,08	81,77	288,88	324,99	63,12	276,34	310,88	44,48	263,81	296,78	25,84	251,28	282,69	7,19	238,74	268,58	–	226,21	254,48
	IV	4.598,83	252,93	367,90	413,89	248,62	361,64	406,84	244,31	355,37	399,79	240,01	349,10	392,74	235,70	342,84	385,69	231,39	336,57	378,64	227,08	330,30	371,59
	V	5.113,25	281,22	409,06	460,19																		
	VI	5.157,58	283,66	412,60	464,18																		
4.177,99 (Ost)	I	4.606,58	253,36	368,52	414,59	244,74	355,99	400,49	236,13	343,46	386,39	227,51	330,93	372,29	218,90	318,40	358,20	210,28	305,86	344,09	201,66	293,33	329,99
	II	4.457,50	245,16	356,60	401,17	236,54	344,06	387,07	227,92	331,53	372,97	219,31	319,00	358,87	210,70	306,47	344,78	202,08	293,94	330,68	193,46	281,40	316,58
	III	3.775,50	101,34	302,04	339,79	82,70	289,50	325,69	64,06	276,97	311,59	45,41	264,44	297,49	26,77	251,90	283,39	8,13	239,37	269,29	–	226,84	255,19
	IV	4.606,58	253,36	368,52	414,59	249,05	362,26	407,54	244,74	355,99	400,49	240,44	349,73	393,44	236,13	343,46	386,39	231,82	337,20	379,35	227,51	330,93	372,29
	V	5.121,08	281,65	409,68	460,89																		
	VI	5.165,33	284,09	413,22	464,87																		
4.180,99 (West)	I	4.600,08	253,00	368,00	414,00	244,38	355,47	399,90	235,77	342,94	385,80	227,15	330,40	371,70	218,53	317,87	357,60	209,92	305,34	343,50	201,30	292,80	329,40
	II	4.451,00	244,80	356,08	400,59	236,18	343,54	386,48	227,57	331,01	372,38	218,95	318,48	358,29	210,33	305,94	344,18	201,72	293,41	330,08	193,10	280,88	315,99
	III	3.768,83	100,55	301,50	339,19	81,93	288,98	325,10	63,28	276,45	311,00	44,64	263,92	296,91	26,00	251,38	282,80	7,35	238,85	268,70	–	226,32	254,61
	IV	4.600,08	253,00	368,00	414,00	248,69	361,74	406,95	244,38	355,47	399,90	240,07	349,20	392,85	235,77	342,94	385,80	231,46	336,67	378,75	227,15	330,40	371,70
	V	5.114,50	281,29	409,16	460,30																		
	VI	5.158,83	283,73	412,70	464,29																		
4.180,99 (Ost)	I	4.607,91	253,43	368,63	414,71	244,81	356,10	400,61	236,20	343,56	386,51	227,58	331,03	372,41	218,96	318,50	358,31	210,35	305,96	344,21	201,73	293,43	330,11
	II	4.458,75	245,23	356,70	401,28	236,61	344,16	387,18	227,99	331,63	373,08	219,38	319,10	358,99	210,76	306,57	344,89	202,15	294,04	330,79	193,53	281,50	316,69
	III	3.776,83	101,50	302,14	339,91	82,86	289,61	325,81	64,22	277,08	311,71	45,57	264,54	297,61	26,93	252,01	283,51	8,29	239,48	269,41	–	226,94	255,31
	IV	4.607,91	253,43	368,63	414,71	249,12	362,36	407,66	244,81	356,10	400,61	240,51	349,83	393,56	236,20	343,56	386,51	231,89	337,30	379,46	227,58	331,03	372,41
	V	5.122,33	281,72	409,78	461,00																		
	VI	5.166,66	284,16	413,33	464,99																		
4.183,99 (West)	I	4.601,33	253,07	368,10	414,11	244,45	355,57	400,01	235,84	343,04	385,92	227,22	330,50	371,81	218,60	317,97	357,71	209,99	305,44	343,62	201,37	292,90	329,51
	II	4.452,25	244,87	356,18	400,70	236,25	343,64	386,60	227,64	331,11	372,50	219,02	318,58	358,40	210,40	306,04	344,30	201,79	293,51	330,20	193,17	280,98	316,10
	III	3.770,16	100,71	301,61	339,31	82,07	289,08	325,21	63,42	276,54	311,11	44,78	264,01	297,01	26,14	251,48	282,91	7,49	238,94	268,81	–	226,41	254,71
	IV	4.601,33	253,07	368,10	414,11	248,76	361,84	407,07	244,45	355,57	400,01	240,14	349,30	392,96	235,84	343,04	385,92	231,53	336,77	378,86	227,22	330,50	371,81
	V	5.115,75	281,36	409,26	460,41																		
	VI	5.160,08	283,80	412,80	464,40																		
14.183,99 (Ost)	I	4.609,16	253,50	368,73	414,82	244,88	356,20	400,72	236,27	343,66	386,62	227,65	331,13	372,52	219,03	318,60	358,42	210,42	306,06	344,32	201,80	293,53	330,22
	II	4.460,00	245,30	356,80	401,40	236,68	344,27	387,30	228,07	331,74	373,20	219,45	319,20	359,10	210,83	306,67	345,00	202,22	294,14	330,90	193,60	281,60	316,80
	III	3.778,00	101,64	302,24	340,02	83,00	289,70	325,91	64,35	277,17	311,81	45,71	264,64	297,72	27,07	252,10	283,61	8,42	239,57	269,51	–	227,04	255,42
	IV	4.609,16	253,50	368,73	414,82	249,19	362,46	407,77	244,88	356,20	400,72	240,57	349,93	393,67	236,27	343,66	386,62	231,96	337,40	379,57	227,65	331,13	372,52
	V	5.123,58	281,79	409,88	461,12																		
	VI	5.167,91	284,23	413,43	465,11																		

Lohn/Gehalt bis	Steuerklasse	Lohnsteuer	ohne Kinderfreibetrag SolZ 5,5%	Kirchensteuer 8%	Kirchensteuer 9%	0,5 SolZ 5,5%	Kirchensteuer 8%	Kirchensteuer 9%	1,0 SolZ 5,5%	Kirchensteuer 8%	Kirchensteuer 9%	1,5 SolZ 5,5%	Kirchensteuer 8%	Kirchensteuer 9%	2,0 SolZ 5,5%	Kirchensteuer 8%	Kirchensteuer 9%	2,5 SolZ 5,5%	Kirchensteuer 8%	Kirchensteuer 9%	3,0 SolZ 5,5%	Kirchensteuer 8%	Kirchensteuer 9%
						Anzahl Kinderfreibeträge (nur Steuerklassen I–IV)																	
14.186,99 (West)	I	4.602,58	253,14	368,20	414,23	244,52	355,67	400,13	235,90	343,14	386,03	227,29	330,60	371,93	218,67	318,07	357,83	210,06	305,54	343,73	201,44	293,01	32
	II	4.453,50	244,94	356,28	400,81	236,32	343,74	386,71	227,70	331,21	372,61	219,09	318,68	358,51	210,47	306,14	344,41	201,85	293,61	330,31	193,24	281,08	31
	III	3.771,50	100,87	301,72	339,43	82,22	289,18	325,33	63,58	276,65	311,23	44,94	264,12	297,13	26,29	251,58	283,03	7,65	239,05	268,93	-	226,52	25
	IV	4.602,58	253,14	368,20	414,23	248,83	361,94	407,18	244,52	355,67	400,13	240,21	349,40	393,08	235,90	343,14	386,03	231,60	336,87	378,98	227,29	330,60	37
	V	5.117,00	281,43	409,36	460,53																		
	VI	5.161,33	283,87	412,90	464,51																		
14.186,99 (Ost)	I	4.610,41	253,57	368,83	414,93	244,95	356,30	400,83	236,33	343,76	386,73	227,72	331,23	372,63	219,10	318,70	358,53	210,48	306,16	344,43	201,87	293,63	33
	II	4.461,33	245,37	356,90	401,51	236,75	344,37	387,41	228,14	331,84	373,32	219,52	319,30	359,21	210,90	306,77	345,11	202,29	294,24	331,02	193,67	281,70	31
	III	3.779,33	101,80	302,34	340,13	83,16	289,81	326,03	64,51	277,28	311,94	45,87	264,74	297,83	27,23	252,21	283,73	8,58	239,68	269,64	-	227,14	25
	IV	4.610,41	253,57	368,83	414,93	249,26	362,56	407,88	244,95	356,30	400,83	240,64	350,03	393,78	236,33	343,76	386,73	232,03	337,50	379,68	227,72	331,23	37
	V	5.124,83	281,86	409,98	461,23																		
	VI	5.169,16	284,30	413,53	465,22																		
14.189,99 (West)	I	4.603,83	253,21	368,30	414,34	244,59	355,77	400,24	235,97	343,24	386,14	227,36	330,70	372,04	218,74	318,18	357,95	210,13	305,64	343,85	201,51	293,11	32
	II	4.454,75	245,01	356,38	400,92	236,39	343,84	386,82	227,77	331,31	372,72	219,16	318,78	358,62	210,54	306,24	344,52	201,92	293,71	330,42	193,31	281,18	31
	III	3.772,66	101,01	301,81	339,53	82,36	289,28	325,44	63,72	276,74	311,33	45,08	264,21	297,23	26,43	251,68	283,14	7,79	239,14	269,03	-	226,61	25
	IV	4.603,83	253,21	368,30	414,34	248,90	362,04	407,29	244,59	355,77	400,24	240,28	349,50	393,19	235,97	343,24	386,14	231,66	336,97	379,09	227,36	330,70	37
	V	5.118,33	281,50	409,46	460,64																		
	VI	5.162,58	283,94	413,00	464,63																		
14.189,99 (Ost)	I	4.611,66	253,64	368,93	415,04	245,02	356,40	400,95	236,40	343,86	386,84	227,79	331,33	372,74	219,17	318,80	358,65	210,55	306,26	344,54	201,94	293,73	33
	II	4.462,58	245,44	357,00	401,63	236,82	344,47	387,53	228,20	331,94	373,43	219,59	319,40	359,33	210,97	306,87	345,23	202,35	294,34	331,13	193,74	281,80	31
	III	3.780,50	101,94	302,44	340,24	83,30	289,90	326,14	64,65	277,37	312,04	46,01	264,84	297,94	27,37	252,30	283,84	8,72	239,77	269,74	-	227,24	25
	IV	4.611,66	253,64	368,93	415,04	249,33	362,66	407,99	245,02	356,40	400,95	240,71	350,13	393,89	236,40	343,86	386,84	232,10	337,60	379,80	227,79	331,33	37
	V	5.126,08	281,93	410,08	461,34																		
	VI	5.170,41	284,37	413,63	465,33																		
14.192,99 (West)	I	4.605,08	253,27	368,40	414,45	244,66	355,87	400,35	236,05	343,34	386,26	227,43	330,81	372,16	218,81	318,28	358,06	210,20	305,74	343,96	201,58	293,21	32
	II	4.456,00	245,08	356,48	401,04	236,46	343,94	386,93	227,84	331,41	372,83	219,23	318,88	358,74	210,61	306,34	344,63	202,00	293,82	330,54	193,38	281,28	31
	III	3.774,00	101,16	301,92	339,66	82,52	289,38	325,55	63,88	276,85	311,45	45,23	264,32	297,36	26,59	251,78	283,25	7,95	239,25	269,15	-	226,72	25
	IV	4.605,08	253,27	368,40	414,45	248,97	362,14	407,40	244,66	355,87	400,35	240,35	349,60	393,30	236,05	343,34	386,26	231,74	337,08	379,21	227,43	330,81	37
	V	5.119,58	281,57	409,56	460,76																		
	VI	5.163,83	284,01	413,10	464,74																		
14.192,99 (Ost)	I	4.612,91	253,71	369,03	415,16	245,09	356,50	401,06	236,47	343,96	386,96	227,86	331,43	372,86	219,24	318,90	358,76	210,62	306,36	344,66	202,01	293,83	33
	II	4.463,83	245,51	357,10	401,74	236,89	344,57	387,64	228,27	332,04	373,54	219,66	319,50	359,44	211,04	306,97	345,34	202,42	294,44	331,24	193,81	281,90	31
	III	3.781,83	102,10	302,54	340,36	83,45	290,01	326,26	64,81	277,48	312,16	46,17	264,94	298,06	27,52	252,41	283,96	8,88	239,88	269,86	-	227,34	25
	IV	4.612,91	253,71	369,03	415,16	249,40	362,76	408,11	245,09	356,50	401,06	240,78	350,23	394,01	236,47	343,96	386,96	232,16	337,70	379,91	227,86	331,43	37
	V	5.127,33	282,00	410,18	461,45																		
	VI	5.171,66	284,44	413,73	465,44																		
14.195,99 (West)	I	4.606,33	253,34	368,50	414,56	244,73	355,98	400,47	236,11	343,44	386,37	227,50	330,91	372,27	218,88	318,38	358,17	210,26	305,84	344,07	201,65	293,31	32
	II	4.457,25	245,14	356,58	401,15	236,53	344,04	387,05	227,91	331,51	372,95	219,30	318,98	358,85	210,68	306,45	344,75	202,07	293,92	330,66	193,45	281,38	31
	III	3.775,16	101,30	302,01	339,76	82,66	289,48	325,66	64,02	276,94	311,56	45,37	264,41	297,46	26,73	251,88	283,36	8,09	239,34	269,26	-	226,82	25
	IV	4.606,33	253,34	368,50	414,56	249,04	362,24	407,52	244,73	355,98	400,47	240,42	349,71	393,42	236,11	343,44	386,37	231,81	337,18	379,32	227,50	330,91	37
	V	5.120,83	281,64	409,66	460,87																		
	VI	5.165,08	284,07	413,20	464,85																		
14.195,99 (Ost)	I	4.614,16	253,77	369,13	415,27	245,16	356,60	401,17	236,54	344,06	387,07	227,92	331,53	372,97	219,31	319,00	358,87	210,70	306,47	344,78	202,08	293,94	33
	II	4.465,08	245,57	357,20	401,85	236,96	344,67	387,75	228,34	332,14	373,65	219,72	319,60	359,55	211,11	307,07	345,45	202,49	294,54	331,35	193,87	282,00	31
	III	3.783,00	102,24	302,64	340,47	83,59	290,10	326,36	64,95	277,57	312,26	46,31	265,04	298,17	27,66	252,50	284,06	9,04	239,98	269,98	-	227,45	25
	IV	4.614,16	253,77	369,13	415,27	249,47	362,86	408,22	245,16	356,60	401,17	240,85	350,33	394,12	236,54	344,06	387,07	232,23	337,80	380,02	227,92	331,53	37
	V	5.128,58	282,07	410,28	461,57																		
	VI	5.172,91	284,51	413,83	465,56																		
14.198,99 (West)	I	4.607,66	253,42	368,61	414,68	244,80	356,08	400,59	236,18	343,54	386,48	227,57	331,01	372,38	218,95	318,48	358,29	210,33	305,94	344,18	201,72	293,41	33
	II	4.458,50	245,21	356,68	401,26	236,60	344,14	387,16	227,98	331,62	373,07	219,37	319,08	358,97	210,75	306,55	344,87	202,13	294,02	330,77	193,52	281,48	31
	III	3.776,50	101,46	302,12	339,88	82,82	289,58	325,78	64,18	277,05	311,68	45,53	264,52	297,58	26,89	251,98	283,48	8,25	239,45	269,38	-	226,92	25
	IV	4.607,66	253,42	368,61	414,68	249,11	362,34	407,63	244,80	356,08	400,59	240,49	349,81	393,53	236,18	343,54	386,48	231,88	337,28	379,44	227,57	331,01	37
	V	5.122,08	281,71	409,76	460,98																		
	VI	5.166,41	284,15	413,31	464,97																		
14.198,99 (Ost)	I	4.615,41	253,84	369,23	415,38	245,23	356,70	401,28	236,61	344,16	387,18	227,99	331,63	373,08	219,38	319,10	358,99	210,76	306,57	344,89	202,15	294,04	330
	II	4.466,33	245,64	357,30	401,96	237,03	344,77	387,86	228,41	332,24	373,77	219,79	319,70	359,66	211,18	307,17	345,56	202,56	294,64	331,47	193,95	282,11	317,
	III	3.784,33	102,39	302,74	340,58	83,75	290,21	326,48	65,11	277,68	312,39	46,46	265,14	298,28	27,82	252,61	284,18	9,18	240,08	270,09	-	227,54	255
	IV	4.615,41	253,84	369,23	415,38	249,53	362,96	408,33	245,23	356,70	401,28	240,92	350,43	394,23	236,61	344,16	387,18	232,30	337,90	380,13	227,99	331,63	373
	V	5.129,91	282,14	410,39	461,69																		
	VI	5.174,16	284,57	413,93	465,67																		
14.201,99 (West)	I	4.608,91	253,49	368,71	414,80	244,87	356,18	400,70	236,25	343,64	386,60	227,64	331,11	372,50	219,02	318,58	358,40	210,40	306,04	344,30	201,79	293,51	330
	II	4.459,83	245,29	356,78	401,38	236,67	344,25	387,28	228,05	331,72	373,18	219,44	319,18	359,08	210,82	306,65	344,98	202,20	294,12	330,88	193,59	281,58	316,
	III	3.777,66	101,60	302,21	339,98	82,96	289,68	325,89	64,31	277,14	311,78	45,69	264,62	297,70	27,05	252,09	283,60	8,40	239,56	269,50	-	227,02	255,
	IV	4.608,91	253,49	368,71	414,80	249,18	362,44	407,75	244,87	356,18	400,70	240,56	349,91	393,65	236,25	343,64	386,60	231,94	337,38	379,55	227,64	331,11	372,
	V	5.123,33	281,78	409,86	461,09																		
	VI	5.167,66	284,22	413,41	465,08																		
14.201,99 (Ost)	I	4.616,66	253,91	369,33	415,49	245,30	356,80	401,40	236,68	344,27	387,30	228,07	331,74	373,20	219,45	319,20	359,10	210,83	306,67	345,00	202,22	294,14	330,
	II	4.467,58	245,71	357,40	402,08	237,10	344,87	387,98	228,48	332,34	373,88	219,86	319,80	359,78	211,25	307,27	345,68	202,63	294,74	331,58	194,02	282,21	317,
	III	3.785,50	102,53	302,84	340,69	83,89	290,30	326,59	65,27	277,78	312,50	46,62	265,25	298,40	27,98	252,72	284,31	9,34	240,18	270,20	-	227,65	256,
	IV	4.616,66	253,91	369,33	415,49	249,60	363,06	408,44	245,30	356,80	401,40	240,99	350,53	394,34	236,68	344,27	387,30	232,37	338,00	380,25	228,07	331,74	373,
	V	5.131,16	282,21	410,49	461,80																		
	VI	5.175,41	284,64	414,03	465,78																		
14.204,99 (West)	I	4.610,16	253,55	368,81	414,91	244,94	356,28	400,81	236,32	343,74	386,71	227,70	331,21	372,61	219,09	318,68	358,51	210,47	306,14	344,41	201,85	293,61	330,
	II	4.461,08	245,35	356,88	401,49	236,74	344,35	387,39	228,12	331,82	373,29	219,50	319,28	359,19	210,89	306,75	345,09	202,27	294,22	330,99	193,65	281,68	316,
	III	3.779,00	101,76	302,32	340,11	83,12	289,78	326,00	64,47	277,25	311,90	45,83	264,72	297,81	27,19	252,18	283,70	8,54	239,65	269,60	-	227,12	255,
	IV	4.610,16	253,55	368,81	414,91	249,25	362,54	407,86	244,94	356,28	400,81	240,63	350,01	393,76	236,32	343,74	386,71	232,01	337,48	379,66	227,70	331,21	372,
	V	5.124,58	281,85	409,96	461,21																		
	VI	5.168,91	284,29	413,51	465,20																		
14.204,99 (Ost)	I	4.617,91	253,98	369,43	415,61	245,37	356,90	401,51	236,75	344,37	387,41	228,14	331,84	373,32	219,52	319,30	359,21	210,90	306,77	345,11	202,29	294,24	331,
	II	4.468,83	245,78	357,50	402,19	237,16	344,97	388,09	228,55	332,44	373,99	219,94	319,91	359,90	211,32	307,38	345,80	202,70	294,84	331,70	194,09	282,31	317,
	III	3.786,83	102,69	302,94	340,81	84,05	290,41	326,71	65,41	277,88	312,61	46,76	265,34	298,51	28,12	252,81	284,41	9,48	240,28	270,31	-	227,74	256,
	IV	4.617,91	253,98	369,43	415,61	249,68	363,17	408,56	245,37	356,90	401,51	241,06	350,64	394,47	236,75	344,37	387,41	232,44	338,10	380,36	228,14	331,84	373,
	V	5.132,41	282,28	410,59	461,91																		
	VI	5.176,75	284,72	414,14	465,90																		

Lohn/ Gehalt bis	Steuerklasse	Lohn-steuer	ohne Kinderfreibetrag			Anzahl Kinderfreibeträge (nur Steuerklassen I–IV)																	
						0,5			1,0			1,5			2,0			2,5			3,0		
			SolZ 5,5%	Kirchensteuer 8%	9%	SolZ 5,5%	Kirchensteuer 8%	9%	SolZ 5,5%	Kirchensteuer 8%	9%	SolZ 5,5%	Kirchensteuer 8%	9%	SolZ 5,5%	Kirchensteuer 8%	9%	SolZ 5,5%	Kirchensteuer 8%	9%	SolZ 5,5%	Kirchensteuer 8%	9%
4.207,99 (West)	I	4.611,41	253,62	368,91	415,02	245,01	356,38	400,92	236,39	343,84	386,82	227,77	331,31	372,72	219,16	318,78	358,62	210,54	306,24	344,52	201,92	293,71	330,42
	II	4.462,33	245,42	356,98	401,60	236,81	344,45	387,50	228,19	331,92	373,41	219,57	319,38	359,30	210,96	306,85	345,20	202,34	294,32	331,11	193,72	281,78	317,00
	III	3.780,33	101,92	302,42	340,22	83,28	289,89	326,12	64,63	277,36	312,03	45,99	264,82	297,92	27,35	252,29	283,82	8,70	239,76	269,73	-	227,22	255,62
	IV	4.611,41	253,62	368,91	415,02	249,31	362,64	407,97	245,01	356,38	400,92	240,70	350,11	393,87	236,39	343,84	386,82	232,08	337,58	379,77	227,77	331,31	372,72
	V	5.125,83	281,92	410,06	461,32																		
	VI	5.170,16	284,35	413,61	465,31																		
4.207,99 (Ost)	I	4.619,25	254,05	369,54	415,73	245,44	357,00	401,63	236,82	344,47	387,53	228,20	331,94	373,43	219,59	319,40	359,33	210,97	306,87	345,23	202,35	294,34	331,13
	II	4.470,08	245,85	357,60	402,30	237,23	345,07	388,20	228,62	332,54	374,11	220,00	320,01	360,01	211,39	307,48	345,91	202,77	294,94	331,81	194,15	282,41	317,71
	III	3.788,16	102,85	303,05	340,93	84,21	290,52	326,83	65,56	277,98	312,73	46,92	265,45	298,63	28,28	252,92	284,53	9,63	240,38	270,43	-	227,85	256,33
	IV	4.619,25	254,05	369,54	415,73	249,75	363,27	408,68	245,44	357,00	401,63	241,13	350,74	394,58	236,82	344,47	387,53	232,51	338,20	380,48	228,20	331,94	373,43
	V	5.133,66	282,35	410,69	462,02																		
	VI	5.178,00	284,79	414,24	466,02																		
4.210,99 (West)	I	4.612,66	253,69	369,01	415,13	245,08	356,48	401,04	236,46	343,94	386,93	227,84	331,41	372,83	219,23	318,88	358,74	210,61	306,34	344,63	202,00	293,82	330,54
	II	4.463,58	245,49	357,08	401,72	236,88	344,55	387,62	228,26	332,02	373,52	219,64	319,48	359,42	211,03	306,95	345,32	202,41	294,42	331,22	193,79	281,88	317,12
	III	3.781,50	102,06	302,52	340,33	83,41	289,98	326,23	64,77	277,45	312,13	46,13	264,92	298,03	27,48	252,38	283,93	8,84	239,85	269,83	-	227,32	255,73
	IV	4.612,66	253,69	369,01	415,13	249,38	362,74	408,08	245,08	356,48	401,04	240,77	350,21	393,98	236,46	343,94	386,93	232,15	337,68	379,89	227,84	331,41	372,83
	V	5.127,08	281,98	410,16	461,43																		
	VI	5.171,41	284,42	413,71	465,42																		
4.210,99 (Ost)	I	4.620,50	254,12	369,64	415,84	245,51	357,10	401,74	236,89	344,57	387,64	228,27	332,04	373,54	219,66	319,50	359,44	211,04	306,97	345,34	202,42	294,44	331,24
	II	4.471,41	245,92	357,71	402,42	237,31	345,18	388,32	228,69	332,64	374,22	220,07	320,11	360,12	211,46	307,58	346,02	202,84	295,04	331,92	194,22	282,51	317,82
	III	3.789,33	102,99	303,14	341,03	84,35	290,61	326,93	65,70	278,08	312,84	47,06	265,54	298,73	28,42	253,01	284,63	9,77	240,48	270,54	-	227,94	256,43
	IV	4.620,50	254,12	369,64	415,84	249,81	363,37	408,79	245,51	357,10	401,74	241,20	350,84	394,69	236,89	344,57	387,64	232,58	338,30	380,59	228,27	332,04	373,54
	V	5.134,91	282,42	410,79	462,14																		
	VI	5.179,25	284,85	414,34	466,13																		
4.213,99 (West)	I	4.613,91	253,76	369,11	415,25	245,14	356,58	401,15	236,53	344,04	387,05	227,91	331,51	372,95	219,30	318,98	358,85	210,68	306,45	344,75	202,07	293,92	330,66
	II	4.464,83	245,56	357,18	401,83	236,94	344,65	387,73	228,33	332,12	373,63	219,71	319,58	359,53	211,09	307,05	345,43	202,48	294,52	331,33	193,86	281,98	317,23
	III	3.782,83	102,22	302,62	340,45	83,57	290,09	326,35	64,93	277,56	312,25	46,29	265,02	298,15	27,64	252,49	284,05	9,00	239,96	269,95	-	227,42	255,85
	IV	4.613,91	253,76	369,11	415,25	249,45	362,84	408,20	245,14	356,58	401,15	240,84	350,31	394,10	236,53	344,04	387,05	232,22	337,78	380,00	227,91	331,51	372,95
	V	5.128,33	282,05	410,26	461,54																		
	VI	5.172,66	284,49	413,81	465,53																		
4.213,99 (Ost)	I	4.621,75	254,19	369,74	415,95	245,57	357,20	401,85	236,96	344,67	387,75	228,34	332,14	373,65	219,72	319,60	359,55	211,11	307,07	345,45	202,49	294,54	331,35
	II	4.472,66	245,99	357,81	402,53	237,38	345,28	388,44	228,76	332,74	374,33	220,14	320,21	360,23	211,53	307,68	346,14	202,91	295,14	332,03	194,29	282,61	317,93
	III	3.790,66	103,15	303,25	341,15	84,50	290,72	327,06	65,86	278,18	312,95	47,22	265,65	298,85	28,57	253,12	284,76	9,93	240,58	270,65	-	228,05	256,55
	IV	4.621,75	254,19	369,74	415,95	249,88	363,47	408,90	245,57	357,20	401,85	241,27	350,94	394,80	236,96	344,67	387,75	232,65	338,40	380,70	228,34	332,14	373,65
	V	5.136,16	282,48	410,89	462,25																		
	VI	5.180,50	284,92	414,44	466,24																		
4.216,99 (West)	I	4.615,16	253,83	369,21	415,36	245,21	356,68	401,26	236,60	344,14	387,16	227,98	331,62	373,07	219,37	319,08	358,97	210,75	306,55	344,87	202,13	294,02	330,77
	II	4.466,08	245,63	357,28	401,94	237,01	344,75	387,84	228,40	332,22	373,74	219,78	319,68	359,64	211,16	307,15	345,54	202,55	294,62	331,45	193,93	282,09	317,35
	III	3.784,00	102,35	302,72	340,56	83,71	290,18	326,45	65,07	277,65	312,35	46,42	265,12	298,26	27,78	252,58	284,15	9,14	240,05	270,05	-	227,52	255,96
	IV	4.615,16	253,83	369,21	415,36	249,52	362,94	408,31	245,21	356,68	401,26	240,90	350,41	394,21	236,60	344,14	387,16	232,29	337,88	380,12	227,98	331,62	373,07
	V	5.129,66	282,13	410,37	461,66																		
	VI	5.173,91	284,56	413,91	465,65																		
4.216,99 (Ost)	I	4.623,00	254,26	369,84	416,07	245,64	357,30	401,96	237,03	344,77	387,86	228,41	332,24	373,77	219,79	319,70	359,66	211,18	307,17	345,56	202,56	294,64	331,47
	II	4.473,91	246,06	357,91	402,65	237,44	345,38	388,55	228,83	332,84	374,45	220,21	320,31	360,35	211,59	307,78	346,25	202,98	295,24	332,15	194,36	282,71	318,05
	III	3.791,83	103,29	303,34	341,26	84,64	290,81	327,16	66,00	278,28	313,06	47,36	265,74	298,96	28,71	253,21	284,86	10,07	240,68	270,76	-	228,14	256,66
	IV	4.623,00	254,26	369,84	416,07	249,95	363,57	409,01	245,64	357,30	401,96	241,34	351,04	394,92	237,03	344,77	387,86	232,72	338,50	380,81	228,41	332,24	373,77
	V	5.137,41	282,55	410,99	462,36																		
	VI	5.181,75	284,99	414,54	466,35																		
4.219,99 (West)	I	4.616,41	253,90	369,31	415,47	245,29	356,78	401,38	236,67	344,25	387,28	228,05	331,72	373,18	219,44	319,18	359,08	210,82	306,65	344,98	202,20	294,12	330,88
	II	4.467,33	245,70	357,38	402,05	237,08	344,85	387,95	228,47	332,32	373,86	219,85	319,78	359,75	211,24	307,26	345,66	202,62	294,72	331,56	194,00	282,19	317,46
	III	3.785,33	102,51	302,82	340,67	83,87	290,29	326,57	65,23	277,76	312,48	46,58	265,22	298,37	27,94	252,69	284,27	9,30	240,16	270,18	-	227,62	256,07
	IV	4.616,41	253,90	369,31	415,47	249,59	363,04	408,42	245,29	356,78	401,38	240,98	350,52	394,33	236,67	344,25	387,28	232,36	337,98	380,23	228,05	331,72	373,18
	V	5.130,91	282,20	410,47	461,78																		
	VI	5.175,16	284,63	414,01	465,76																		
4.219,99 (Ost)	I	4.624,25	254,33	369,94	416,18	245,71	357,40	402,08	237,10	344,87	387,98	228,48	332,34	373,88	219,86	319,80	359,78	211,25	307,27	345,68	202,63	294,74	331,58
	II	4.475,16	246,13	358,01	402,76	237,51	345,48	388,66	228,90	332,94	374,56	220,28	320,41	360,46	211,66	307,88	346,36	203,05	295,34	332,26	194,43	282,81	318,16
	III	3.793,16	103,45	303,45	341,38	84,80	290,92	327,28	66,16	278,38	313,18	47,52	265,85	299,08	28,87	253,32	284,98	10,23	240,78	270,88	-	228,25	256,78
	IV	4.624,25	254,33	369,94	416,18	250,02	363,67	409,13	245,71	357,40	402,08	241,40	351,14	395,03	237,10	344,87	387,98	232,79	338,60	380,93	228,48	332,34	373,88
	V	5.138,66	282,62	411,09	462,47																		
	VI	5.183,00	285,06	414,64	466,47																		
4.222,99 (West)	I	4.617,75	253,97	369,42	415,59	245,35	356,88	401,49	236,74	344,35	387,39	228,12	331,82	373,29	219,50	319,28	359,19	210,89	306,75	345,09	202,27	294,22	330,99
	II	4.468,58	245,77	357,48	402,17	237,15	344,95	388,07	228,54	332,42	373,97	219,92	319,89	359,87	211,31	307,36	345,78	202,69	294,82	331,67	194,07	282,29	317,57
	III	3.786,50	102,65	302,92	340,78	84,01	290,38	326,68	65,37	277,85	312,58	46,72	265,32	298,48	28,08	252,78	284,38	9,46	240,26	270,29	-	227,73	256,19
	IV	4.617,75	253,97	369,42	415,59	249,66	363,15	408,54	245,35	356,88	401,49	241,05	350,62	394,44	236,74	344,35	387,39	232,43	338,08	380,34	228,12	331,82	373,29
	V	5.132,16	282,26	410,57	461,89																		
	VI	5.176,50	284,70	414,12	465,88																		
4.222,99 (Ost)	I	4.625,50	254,40	370,04	416,29	245,78	357,50	402,19	237,16	344,97	388,09	228,55	332,44	373,99	219,94	319,91	359,90	211,32	307,38	345,80	202,70	294,84	331,70
	II	4.476,41	246,20	358,11	402,87	237,58	345,58	388,77	228,96	333,04	374,67	220,35	320,51	360,57	211,73	307,98	346,47	203,11	295,44	332,37	194,50	282,91	318,27
	III	3.794,33	103,58	303,54	341,48	84,94	291,01	327,38	66,30	278,48	313,29	47,65	265,94	299,18	29,03	253,42	285,10	10,39	240,89	271,00	-	228,36	256,90
	IV	4.625,50	254,40	370,04	416,29	250,09	363,77	409,24	245,78	357,50	402,19	241,47	351,24	395,14	237,16	344,97	388,09	232,86	338,70	381,04	228,55	332,44	373,99
	V	5.140,00	282,70	411,20	462,60																		
	VI	5.184,25	285,13	414,74	466,58																		
4.225,99 (West)	I	4.619,00	254,04	369,52	415,71	245,42	356,98	401,60	236,81	344,45	387,50	228,19	331,92	373,41	219,57	319,38	359,30	210,96	306,85	345,20	202,34	294,32	331,11
	II	4.469,83	245,84	357,58	402,28	237,22	345,06	388,19	228,61	332,52	374,09	219,99	319,99	359,99	211,37	307,46	345,89	202,76	294,92	331,79	194,14	282,39	317,69
	III	3.787,83	102,81	303,02	340,90	84,17	290,49	326,80	65,52	277,96	312,70	46,88	265,42	298,60	28,24	252,89	284,50	9,59	240,36	270,40	-	227,82	256,30
	IV	4.619,00	254,04	369,52	415,71	249,73	363,25	408,65	245,42	356,98	401,60	241,12	350,72	394,56	236,81	344,45	387,50	232,50	338,18	380,45	228,19	331,92	373,41
	V	5.133,41	282,33	410,67	462,00																		
	VI	5.177,75	284,77	414,22	465,99																		
14.225,99 (Ost)	I	4.626,75	254,47	370,14	416,40	245,85	357,60	402,30	237,23	345,07	388,20	228,62	332,54	374,11	220,00	320,01	360,01	211,39	307,48	345,91	202,77	294,94	331,81
	II	4.477,66	246,27	358,21	402,98	237,65	345,68	388,89	229,03	333,14	374,78	220,42	320,61	360,68	211,80	308,08	346,59	203,19	295,55	332,49	194,57	283,02	318,39
	III	3.795,66	103,74	303,65	341,60	85,10	291,12	327,51	66,46	278,58	313,40	47,81	266,05	299,30	29,17	253,52	285,21	10,53	240,98	271,10	-	228,45	257,00
	IV	4.626,75	254,47	370,14	416,40	250,16	363,87	409,35	245,85	357,60	402,30	241,54	351,34	395,25	237,23	345,07	388,20	232,93	338,81	381,16	228,62	332,54	374,11
	V	5.141,25	282,76	411,30	462,71																		
	VI	5.185,50	285,20	414,84	466,69																		

MONAT bis 14.246,99 €

Allgemeine Tabelle

Lohn/Gehalt bis	Steuerklasse	Lohnsteuer	ohne Kinderfreibetrag SolZ 5,5%	ohne Kinderfreibetrag Kirchensteuer 8%	ohne Kinderfreibetrag Kirchensteuer 9%	0,5 SolZ 5,5%	0,5 Kirchensteuer 8%	0,5 Kirchensteuer 9%	1,0 SolZ 5,5%	1,0 Kirchensteuer 8%	1,0 Kirchensteuer 9%	1,5 SolZ 5,5%	1,5 Kirchensteuer 8%	1,5 Kirchensteuer 9%	2,0 SolZ 5,5%	2,0 Kirchensteuer 8%	2,0 Kirchensteuer 9%	2,5 SolZ 5,5%	2,5 Kirchensteuer 8%	2,5 Kirchensteuer 9%	3,0 SolZ 5,5%	3,0 Kirchensteuer 8%	3,0 Kirchensteuer 9%
						Anzahl Kinderfreibeträge (nur Steuerklassen I–IV)																	
14.228,99 (West)	I	4.620,25	254,11	369,62	415,82	245,49	357,08	401,72	236,88	344,55	387,62	228,26	332,02	373,52	219,64	319,48	359,42	211,03	306,95	345,32	202,41	294,42	33
	II	4.471,16	245,91	357,69	402,40	237,29	345,16	388,30	228,68	332,62	374,20	220,06	320,09	360,10	211,44	307,56	346,00	202,83	295,02	331,90	194,21	282,49	31
	III	3.789,00	102,95	303,12	341,01	84,31	290,58	326,90	65,68	278,06	312,82	47,04	265,53	298,72	28,40	253,00	284,62	9,75	240,46	270,52	–	227,93	25
	IV	4.620,25	254,11	369,62	415,82	249,80	363,35	408,77	245,49	357,08	401,72	241,18	350,82	394,67	236,88	344,55	387,62	232,57	338,28	380,57	228,26	332,02	37
	V	5.134,66	282,40	410,77	462,11																		
	VI	5.179,00	284,84	414,32	466,11																		
14.228,99 (Ost)	I	4.628,00	254,54	370,24	416,52	245,92	357,71	402,42	237,31	345,18	388,32	228,69	332,64	374,22	220,07	320,11	360,12	211,46	307,58	346,02	202,84	295,04	33
	II	4.478,91	246,34	358,31	403,10	237,72	345,78	389,00	229,10	333,24	374,90	220,49	320,71	360,80	211,87	308,18	346,70	203,26	295,65	332,60	194,64	283,12	318
	III	3.796,83	103,88	303,74	341,71	85,26	291,22	327,62	66,62	278,69	313,52	47,97	266,16	299,43	29,33	253,62	285,32	10,69	241,09	271,22	–	228,56	257
	IV	4.628,00	254,54	370,24	416,52	250,23	363,97	409,46	245,92	357,71	402,42	241,61	351,44	395,37	237,31	345,18	388,32	233,00	338,91	381,27	228,69	332,64	374
	V	5.142,50	282,83	411,40	462,82																		
	VI	5.186,75	285,27	414,94	466,80																		
14.231,99 (West)	I	4.621,50	254,18	369,72	415,93	245,56	357,18	401,83	236,94	344,65	387,73	228,33	332,12	373,63	219,71	319,58	359,53	211,09	307,05	345,43	202,48	294,52	331
	II	4.472,41	245,98	357,79	402,51	237,36	345,26	388,41	228,74	332,72	374,31	220,13	320,19	360,21	211,51	307,66	346,11	202,89	295,12	332,01	194,28	282,59	317
	III	3.790,33	103,11	303,22	341,12	84,47	290,69	327,02	65,82	278,16	312,93	47,18	265,62	298,82	28,54	253,09	284,72	9,89	240,56	270,63	–	228,02	256
	IV	4.621,50	254,18	369,72	415,93	249,87	363,45	408,88	245,56	357,18	401,83	241,25	350,92	394,78	236,94	344,65	387,73	232,64	338,38	380,68	228,33	332,12	373
	V	5.135,91	282,47	410,87	462,23																		
	VI	5.180,25	284,91	414,42	466,22																		
14.231,99 (Ost)	I	4.629,33	254,61	370,34	416,63	245,99	357,81	402,53	237,38	345,28	388,44	228,76	332,74	374,33	220,14	320,21	360,23	211,53	307,68	346,14	202,91	295,14	332
	II	4.480,16	246,40	358,41	403,21	237,79	345,88	389,11	229,18	333,35	375,02	220,56	320,82	360,92	211,94	308,28	346,82	203,33	295,75	332,72	194,71	283,22	318
	III	3.798,16	104,04	303,85	341,83	85,40	291,32	327,73	66,75	278,78	313,63	48,11	266,25	299,53	29,47	253,72	285,43	10,82	241,18	271,33	–	228,65	257
	IV	4.629,33	254,61	370,34	416,63	250,30	364,08	409,59	245,99	357,81	402,53	241,68	351,54	395,48	237,38	345,28	388,44	233,07	339,01	381,38	228,76	332,74	374
	V	5.143,75	282,90	411,50	462,93																		
	VI	5.188,08	285,34	415,04	466,92																		
14.234,99 (West)	I	4.622,75	254,25	369,82	416,04	245,63	357,28	401,94	237,01	344,75	387,84	228,40	332,22	373,74	219,78	319,68	359,64	211,16	307,15	345,54	202,55	294,62	331
	II	4.473,66	246,05	357,89	402,62	237,43	345,36	388,53	228,81	332,82	374,42	220,20	320,29	360,32	211,58	307,76	346,23	202,96	295,22	332,12	194,35	282,69	318
	III	3.791,66	103,27	303,33	341,24	84,62	290,80	327,15	65,98	278,26	313,04	47,34	265,73	298,94	28,69	253,20	284,85	10,05	240,66	270,74	–	228,13	256
	IV	4.622,75	254,25	369,82	416,04	249,94	363,55	408,99	245,63	357,28	401,94	241,32	351,02	394,89	237,01	344,75	387,84	232,70	338,48	380,79	228,40	332,22	373
	V	5.137,16	282,54	410,97	462,34																		
	VI	5.181,50	284,98	414,52	466,33																		
14.234,99 (Ost)	I	4.630,58	254,68	370,44	416,75	246,06	357,91	402,65	237,44	345,38	388,55	228,83	332,84	374,45	220,21	320,31	360,35	211,59	307,78	346,25	202,98	295,24	332
	II	4.481,41	246,47	358,51	403,32	237,86	345,98	389,23	229,24	333,45	375,13	220,63	320,92	361,03	212,01	308,38	346,93	203,39	295,85	332,83	194,78	283,32	318
	III	3.799,50	104,20	303,96	341,95	85,56	291,42	327,85	66,91	278,89	313,75	48,27	266,36	299,65	29,63	253,82	285,55	10,98	241,29	271,45	–	228,76	257
	IV	4.630,58	254,68	370,44	416,75	250,37	364,18	409,70	246,06	357,91	402,65	241,75	351,64	395,60	237,44	345,38	388,55	233,14	339,11	381,50	228,83	332,84	374
	V	5.145,00	282,97	411,60	463,05																		
	VI	5.189,33	285,41	415,14	467,03																		
14.237,99 (West)	I	4.624,00	254,32	369,92	416,16	245,70	357,38	402,05	237,08	344,85	387,95	228,47	332,32	373,86	219,85	319,78	359,75	211,24	307,26	345,66	202,62	294,72	331
	II	4.474,91	246,12	357,99	402,74	237,50	345,46	388,64	228,88	332,92	374,54	220,27	320,39	360,44	211,65	307,86	346,34	203,03	295,32	332,24	194,42	282,79	318
	III	3.792,83	103,41	303,42	341,35	84,76	290,89	327,25	66,12	278,36	313,15	47,48	265,82	299,05	28,83	253,29	284,95	10,19	240,76	270,85	–	228,22	256
	IV	4.624,00	254,32	369,92	416,16	250,01	363,65	409,10	245,70	357,38	402,05	241,39	351,12	395,01	237,08	344,85	387,95	232,77	338,58	380,90	228,47	332,32	373
	V	5.138,41	282,61	411,07	462,45																		
	VI	5.182,75	285,05	414,62	466,44																		
14.237,99 (Ost)	I	4.631,83	254,75	370,54	416,86	246,13	358,01	402,76	237,51	345,48	388,66	228,90	332,94	374,56	220,28	320,41	360,46	211,66	307,88	346,36	203,05	295,34	332
	II	4.482,75	246,55	358,62	403,44	237,93	346,08	389,34	229,31	333,55	375,24	220,70	321,02	361,14	212,08	308,48	347,04	203,46	295,95	332,94	194,85	283,42	318
	III	3.800,66	104,34	304,05	342,05	85,69	291,52	327,96	67,05	278,98	313,85	48,41	266,45	299,75	29,76	253,92	285,66	11,12	241,38	271,55	–	228,85	257
	IV	4.631,83	254,75	370,54	416,86	250,44	364,28	409,81	246,13	358,01	402,76	241,82	351,74	395,71	237,51	345,48	388,66	233,20	339,21	381,61	228,90	332,94	374
	V	5.146,25	283,04	411,70	463,16																		
	VI	5.190,58	285,48	415,24	467,15																		
14.240,99 (West)	I	4.625,25	254,38	370,02	416,27	245,77	357,48	402,17	237,15	344,95	388,07	228,54	332,42	373,97	219,92	319,89	359,87	211,31	307,36	345,78	202,69	294,82	331
	II	4.476,16	246,18	358,09	402,85	237,57	345,56	388,75	228,95	333,02	374,65	220,33	320,49	360,55	211,72	307,96	346,45	203,10	295,42	332,35	194,49	282,90	318
	III	3.794,16	103,56	303,53	341,47	84,92	291,00	327,37	66,28	278,46	313,27	47,63	265,93	299,17	28,99	253,40	285,07	10,35	240,86	270,97	–	228,33	256
	IV	4.625,25	254,38	370,02	416,27	250,08	363,75	409,22	245,77	357,48	402,17	241,46	351,22	395,12	237,15	344,95	388,07	232,84	338,68	381,02	228,54	332,42	373
	V	5.139,75	282,68	411,18	462,57																		
	VI	5.184,00	285,12	414,72	466,56																		
14.240,99 (Ost)	I	4.633,08	254,81	370,64	416,97	246,20	358,11	402,87	237,58	345,58	388,77	228,96	333,04	374,67	220,35	320,51	360,57	211,73	307,98	346,47	203,11	295,44	332
	II	4.484,00	246,62	358,72	403,56	238,00	346,18	389,45	229,38	333,65	375,35	220,77	321,12	361,26	212,15	308,58	347,15	203,53	296,05	333,05	194,92	283,52	318
	III	3.802,00	104,50	304,16	342,18	85,85	291,62	328,07	67,21	279,09	313,97	48,57	266,56	299,88	29,92	254,02	285,77	11,28	241,49	271,67	–	228,96	257,
	IV	4.633,08	254,81	370,64	416,97	250,51	364,38	409,92	246,20	358,11	402,87	241,89	351,84	395,82	237,58	345,58	388,77	233,27	339,31	381,72	228,96	333,04	374
	V	5.147,50	283,11	411,80	463,27																		
	VI	5.191,83	285,55	415,34	467,26																		
14.243,99 (West)	I	4.626,50	254,45	370,12	416,38	245,84	357,58	402,28	237,22	345,06	388,19	228,61	332,52	374,09	219,99	319,99	359,99	211,37	307,46	345,89	202,76	294,92	331,
	II	4.477,41	246,25	358,19	402,96	237,64	345,66	388,86	229,02	333,12	374,76	220,40	320,59	360,66	211,79	308,06	346,57	203,17	295,53	332,47	194,56	283,00	318,
	III	3.795,33	103,70	303,62	341,57	85,06	291,09	327,47	66,42	278,56	313,38	47,77	266,02	299,27	29,13	253,49	285,17	10,49	240,96	271,08	–	228,42	256,
	IV	4.626,50	254,45	370,12	416,38	250,14	363,85	409,33	245,84	357,58	402,28	241,53	351,32	395,24	237,22	345,06	388,19	232,92	338,79	381,14	228,61	332,52	374,
	V	5.141,00	282,75	411,28	462,69																		
	VI	5.185,25	285,18	414,82	466,67																		
14.243,99 (Ost)	I	4.634,33	254,88	370,74	417,08	246,27	358,21	402,98	237,65	345,68	388,89	229,03	333,14	374,78	220,42	320,61	360,68	211,80	308,08	346,59	203,19	295,55	332,
	II	4.485,25	246,68	358,82	403,67	238,07	346,28	389,57	229,45	333,75	375,47	220,83	321,22	361,37	212,22	308,68	347,27	203,60	296,15	333,17	194,98	283,62	319,
	III	3.803,16	104,64	304,25	342,28	85,99	291,72	328,18	67,35	279,18	314,08	48,71	266,65	299,98	30,06	254,12	285,88	11,42	241,58	271,78	–	229,06	257,
	IV	4.634,33	254,88	370,74	417,08	250,58	364,48	410,04	246,27	358,21	402,98	241,96	351,94	395,93	237,65	345,68	388,89	233,34	339,41	381,83	229,03	333,14	374,
	V	5.148,75	283,18	411,90	463,38																		
	VI	5.193,08	285,61	415,44	467,37																		
14.246,99 (West)	I	4.627,83	254,53	370,22	416,50	245,91	357,69	402,40	237,29	345,16	388,30	228,68	332,62	374,20	220,06	320,09	360,10	211,44	307,56	346,00	202,83	295,02	331,
	II	4.478,66	246,32	358,29	403,07	237,71	345,76	388,98	229,09	333,22	374,87	220,48	320,70	360,78	211,86	308,16	346,68	203,24	295,63	332,58	194,63	283,10	318,
	III	3.796,66	103,86	303,73	341,69	85,22	291,20	327,60	66,58	278,66	313,49	47,93	266,13	299,39	29,29	253,60	285,30	10,65	241,06	271,19	–	228,53	257,
	IV	4.627,83	254,53	370,22	416,50	250,22	363,96	409,45	245,91	357,69	402,40	241,60	351,42	395,35	237,29	345,16	388,30	232,98	338,89	381,25	228,68	332,62	374,
	V	5.142,25	282,82	411,38	462,80																		
	VI	5.186,58	285,26	414,92	466,79																		
14.246,99 (Ost)	I	4.635,58	254,95	370,84	417,20	246,34	358,31	403,10	237,72	345,78	389,00	229,10	333,24	374,90	220,49	320,71	360,80	211,87	308,18	346,70	203,26	295,65	332,
	II	4.486,50	246,75	358,92	403,78	238,14	346,38	389,68	229,52	333,85	375,58	220,90	321,32	361,48	212,29	308,78	347,38	203,67	296,25	333,28	195,05	283,72	319,
	III	3.804,50	104,79	304,36	342,40	86,15	291,82	328,30	67,51	279,29	314,20	48,86	266,76	300,10	30,22	254,22	286,00	11,58	241,69	271,90	–	229,16	257,
	IV	4.635,58	254,95	370,84	417,20	250,64	364,58	410,15	246,34	358,31	403,10	242,03	352,04	396,05	237,72	345,78	389,00	233,41	339,51	381,95	229,10	333,24	374,
	V	5.150,00	283,25	412,00	463,50																		
	VI	5.194,33	285,68	415,54	467,48																		

Allgemeine Tabelle

Lohn/ Gehalt bis	Steuerklasse	Lohn-steuer	ohne Kinderfreibetrag			Anzahl Kinderfreibeträge (nur Steuerklassen I–IV) 0,5			1,0			1,5			2,0			2,5			3,0		
			SolZ 5,5%	Kirchensteuer 8%	9%	SolZ 5,5%	Kirchensteuer 8%	9%	SolZ 5,5%	Kirchensteuer 8%	9%	SolZ 5,5%	Kirchensteuer 8%	9%	SolZ 5,5%	Kirchensteuer 8%	9%	SolZ 5,5%	Kirchensteuer 8%	9%	SolZ 5,5%	Kirchensteuer 8%	9%
4.249,99 (West)	I	4.629,08	254,59	370,32	416,61	245,98	357,79	402,51	237,36	345,26	388,41	228,74	332,72	374,31	220,13	320,19	360,21	211,51	307,66	346,11	202,89	295,12	332,01
	II	4.479,91	246,39	358,39	403,19	237,78	345,86	389,09	229,16	333,33	374,99	220,55	320,80	360,90	211,93	308,26	346,79	203,31	295,73	332,69	194,70	283,20	318,60
	III	3.797,83	104,00	303,82	341,80	85,36	291,29	327,70	66,71	278,76	313,60	48,07	266,22	299,50	29,45	253,70	285,41	10,80	241,17	271,31	-	228,64	257,22
	IV	4.629,08	254,59	370,32	416,61	250,29	364,06	409,56	245,98	357,79	402,51	241,67	351,52	395,46	237,36	345,26	388,41	233,05	338,99	381,36	228,74	332,72	374,31
	V	5.143,50	282,89	411,48	462,91																		
	VI	5.187,83	285,33	415,02	466,90																		
4.249,99 (Ost)	I	4.636,83	255,02	370,94	417,31	246,40	358,41	403,21	237,79	345,88	389,11	229,18	333,35	375,02	220,56	320,82	360,92	211,94	308,28	346,82	203,33	295,75	332,72
	II	4.487,75	246,82	359,02	403,89	238,20	346,48	389,79	229,59	333,95	375,69	220,97	321,42	361,59	212,35	308,88	347,49	203,74	296,35	333,39	195,13	283,82	319,30
	III	3.805,66	104,93	304,45	342,50	86,29	291,92	328,41	67,65	279,38	314,30	49,02	266,86	300,22	30,38	254,33	286,12	11,74	241,80	272,02	-	229,26	257,92
	IV	4.636,83	255,02	370,94	417,31	250,71	364,68	410,26	246,40	358,41	403,21	242,10	352,14	396,16	237,79	345,88	389,11	233,48	339,61	382,06	229,18	333,35	375,02
	V	5.151,33	283,32	412,10	463,61																		
	VI	5.195,58	285,75	415,64	467,60																		
4.252,99 (West)	I	4.630,33	254,66	370,42	416,72	246,05	357,89	402,62	237,43	345,36	388,53	228,81	332,82	374,42	220,20	320,29	360,32	211,58	307,76	346,23	202,96	295,22	332,12
	II	4.481,25	246,46	358,50	403,31	237,85	345,96	389,21	229,23	333,43	375,11	220,61	320,90	361,01	212,00	308,36	346,91	203,38	295,83	332,81	194,76	283,30	318,71
	III	3.799,16	104,16	303,93	341,92	85,52	291,40	327,82	66,87	278,86	313,72	48,23	266,33	299,62	29,59	253,80	285,52	10,94	241,26	271,42	-	228,73	257,32
	IV	4.630,33	254,66	370,42	416,72	250,36	364,16	409,68	246,05	357,89	402,62	241,74	351,62	395,57	237,43	345,36	388,53	233,12	339,09	381,47	228,81	332,82	374,42
	V	5.144,75	282,96	411,58	463,02																		
	VI	5.189,08	285,39	415,12	467,01																		
4.252,99 (Ost)	I	4.638,08	255,09	371,04	417,42	246,47	358,51	403,32	237,86	345,98	389,23	229,24	333,45	375,13	220,63	320,92	361,03	212,01	308,38	346,93	203,39	295,85	332,83
	II	4.489,00	246,89	359,12	404,01	238,27	346,58	389,90	229,66	334,05	375,80	221,04	321,52	361,71	212,43	308,99	347,61	203,81	296,46	333,51	195,19	283,92	319,41
	III	3.807,00	105,09	304,56	342,63	86,45	292,02	328,52	67,81	279,49	314,42	49,16	266,96	300,33	30,52	254,42	286,22	11,88	241,89	272,12	-	229,36	258,03
	IV	4.638,08	255,09	371,04	417,42	250,78	364,78	410,37	246,47	358,51	403,32	242,17	352,25	396,28	237,86	345,98	389,23	233,55	339,72	382,18	229,24	333,45	375,13
	V	5.152,58	283,39	412,20	463,73																		
	VI	5.196,83	285,82	415,74	467,71																		
4.255,99 (West)	I	4.631,58	254,73	370,52	416,84	246,12	357,99	402,74	237,50	345,46	388,64	228,88	332,92	374,54	220,27	320,39	360,44	211,65	307,86	346,34	203,03	295,32	332,24
	II	4.482,50	246,53	358,60	403,42	237,92	346,06	389,32	229,30	333,53	375,22	220,68	321,00	361,12	212,07	308,46	347,02	203,45	295,93	332,92	194,83	283,40	318,82
	III	3.800,33	104,30	304,02	342,02	85,68	291,50	327,94	67,03	278,97	313,84	48,39	266,44	299,74	29,75	253,90	285,64	11,10	241,37	271,54	-	228,84	257,44
	IV	4.631,58	254,73	370,52	416,84	250,42	364,26	409,79	246,12	357,99	402,74	241,81	351,72	395,69	237,50	345,46	388,64	233,19	339,19	381,59	228,88	332,92	374,54
	V	5.146,00	283,03	411,68	463,14																		
	VI	5.190,33	285,46	415,22	467,12																		
4.255,99 (Ost)	I	4.639,41	255,16	371,15	417,54	246,55	358,62	403,44	237,93	346,08	389,34	229,31	333,55	375,24	220,70	321,02	361,14	212,08	308,48	347,04	203,46	295,95	332,94
	II	4.490,25	246,96	359,22	404,12	238,34	346,68	390,02	229,73	334,15	375,92	221,11	321,62	361,82	212,50	309,09	347,72	203,88	296,56	333,63	195,26	284,02	319,52
	III	3.808,33	105,25	304,66	342,74	86,61	292,13	328,64	67,96	279,60	314,55	49,32	267,06	300,44	30,68	254,53	286,34	12,03	242,00	272,25	-	229,46	258,14
	IV	4.639,41	255,16	371,15	417,54	250,85	364,88	410,49	246,55	358,62	403,44	242,24	352,35	396,39	237,93	346,08	389,34	233,62	339,82	382,29	229,31	333,55	375,24
	V	5.153,83	283,46	412,30	463,84																		
	VI	5.198,16	285,89	415,85	467,83																		
4.258,99 (West)	I	4.632,83	254,80	370,62	416,95	246,18	358,09	402,85	237,57	345,56	388,75	228,95	333,02	374,65	220,33	320,49	360,55	211,72	307,96	346,45	203,10	295,42	332,35
	II	4.483,75	246,60	358,70	403,53	237,98	346,16	389,43	229,37	333,63	375,33	220,75	321,10	361,23	212,13	308,56	347,13	203,52	296,03	333,03	194,90	283,50	318,93
	III	3.801,66	104,46	304,13	342,14	85,81	291,60	328,05	67,17	279,06	313,94	48,53	266,53	299,84	29,88	254,00	285,75	11,24	241,46	271,64	-	228,93	257,54
	IV	4.632,83	254,80	370,62	416,95	250,49	364,36	409,90	246,18	358,09	402,85	241,88	351,82	395,80	237,57	345,56	388,75	233,26	339,29	381,70	228,95	333,02	374,65
	V	5.147,25	283,09	411,78	463,25																		
	VI	5.191,58	285,53	415,32	467,24																		
4.258,99 (Ost)	I	4.640,66	255,23	371,25	417,65	246,62	358,72	403,56	238,00	346,18	389,45	229,38	333,65	375,35	220,77	321,12	361,26	212,15	308,58	347,15	203,53	296,05	333,05
	II	4.491,50	247,03	359,32	404,23	238,42	346,79	390,14	229,80	334,26	376,04	221,18	321,72	361,94	212,57	309,19	347,84	203,95	296,66	333,74	195,33	284,12	319,64
	III	3.809,50	105,39	304,76	342,85	86,75	292,22	328,75	68,10	279,69	314,65	49,46	267,16	300,55	30,82	254,62	286,45	12,17	242,09	272,35	-	229,56	258,25
	IV	4.640,66	255,23	371,25	417,65	250,92	364,98	410,60	246,62	358,72	403,56	242,31	352,45	396,50	238,00	346,18	389,45	233,69	339,92	382,41	229,38	333,65	375,35
	V	5.155,08	283,52	412,40	463,95																		
	VI	5.199,41	285,96	415,95	467,94																		
4.261,99 (West)	I	4.634,08	254,87	370,72	417,06	246,25	358,19	402,96	237,64	345,66	388,86	229,02	333,12	374,76	220,40	320,59	360,66	211,79	308,06	346,57	203,17	295,53	332,47
	II	4.485,00	246,67	358,80	403,65	238,05	346,26	389,54	229,44	333,73	375,44	220,82	321,20	361,35	212,20	308,66	347,24	203,59	296,13	333,14	194,97	283,60	319,05
	III	3.803,00	104,62	304,24	342,27	85,97	291,70	328,16	67,33	279,17	314,06	48,69	266,64	299,97	30,04	254,10	285,86	11,40	241,57	271,76	-	229,04	257,67
	IV	4.634,08	254,87	370,72	417,06	250,56	364,46	410,01	246,25	358,19	402,96	241,94	351,92	395,91	237,64	345,66	388,86	233,33	339,39	381,81	229,02	333,12	374,76
	V	5.148,50	283,16	411,88	463,36																		
	VI	5.192,83	285,60	415,42	467,35																		
4.261,99 (Ost)	I	4.641,91	255,30	371,35	417,77	246,68	358,82	403,67	238,07	346,28	389,57	229,45	333,75	375,47	220,83	321,22	361,37	212,22	308,68	347,27	203,60	296,15	333,17
	II	4.492,83	247,10	359,42	404,35	238,48	346,89	390,25	229,87	334,36	376,15	221,25	321,82	362,05	212,63	309,29	347,95	204,02	296,76	333,85	195,40	284,22	319,75
	III	3.810,83	105,55	304,86	342,97	86,90	292,33	328,87	68,26	279,80	314,77	49,62	267,26	300,67	30,97	254,73	286,57	12,33	242,20	272,47	-	229,66	258,37
	IV	4.641,91	255,30	371,35	417,77	250,99	365,08	410,72	246,68	358,82	403,67	242,38	352,55	396,62	238,07	346,28	389,57	233,76	340,02	382,52	229,45	333,75	375,47
	V	5.156,33	283,59	412,50	464,06																		
	VI	5.200,66	286,03	416,05	468,05																		
14.264,99 (West)	I	4.635,33	254,94	370,82	417,17	246,32	358,29	403,07	237,71	345,76	388,98	229,09	333,22	374,87	220,48	320,70	360,78	211,86	308,16	346,68	203,24	295,63	332,58
	II	4.486,25	246,74	358,90	403,76	238,12	346,36	389,66	229,51	333,83	375,56	220,89	321,30	361,46	212,27	308,76	347,36	203,66	296,23	333,26	195,04	283,70	319,16
	III	3.804,16	104,75	304,33	342,37	86,11	291,80	328,27	67,47	279,26	314,17	48,82	266,73	300,07	30,18	254,20	285,97	11,54	241,66	271,87	-	229,13	257,77
	IV	4.635,33	254,94	370,82	417,17	250,63	364,56	410,13	246,32	358,29	403,07	242,01	352,02	396,02	237,71	345,76	388,98	233,40	339,49	381,92	229,09	333,22	374,87
	V	5.149,83	283,24	411,98	463,48																		
	VI	5.194,08	285,67	415,52	467,46																		
14.264,99 (Ost)	I	4.643,16	255,37	371,45	417,88	246,75	358,92	403,78	238,14	346,38	389,68	229,52	333,85	375,58	220,90	321,32	361,48	212,29	308,78	347,38	203,67	296,25	333,28
	II	4.494,08	247,17	359,52	404,46	238,55	346,99	390,36	229,94	334,46	376,26	221,32	321,92	362,16	212,70	309,39	348,06	204,09	296,86	333,96	195,47	284,32	319,86
	III	3.812,00	105,69	304,96	343,08	87,04	292,42	328,97	68,40	279,89	314,87	49,76	267,36	300,78	31,11	254,82	286,67	12,47	242,29	272,57	-	229,76	258,48
	IV	4.643,16	255,37	371,45	417,88	251,06	365,18	410,83	246,75	358,92	403,78	242,44	352,65	396,73	238,14	346,38	389,68	233,83	340,12	382,63	229,52	333,85	375,58
	V	5.157,58	283,66	412,60	464,18																		
	VI	5.201,91	286,10	416,15	468,17																		
14.267,99 (West)	I	4.636,58	255,01	370,92	417,29	246,39	358,39	403,19	237,78	345,86	389,09	229,16	333,33	374,99	220,55	320,80	360,90	211,93	308,26	346,79	203,31	295,73	332,69
	II	4.487,50	246,81	359,00	403,87	238,19	346,46	389,77	229,57	333,93	375,67	220,96	321,40	361,57	212,34	308,86	347,47	203,73	296,34	333,38	195,11	283,80	319,28
	III	3.805,50	104,91	304,44	342,49	86,27	291,90	328,39	67,63	279,37	314,29	48,98	266,84	300,19	30,34	254,30	286,09	11,70	241,77	271,99	-	229,24	257,89
	IV	4.636,58	255,01	370,92	417,29	250,70	364,66	410,24	246,39	358,39	403,19	242,08	352,12	396,14	237,78	345,86	389,09	233,47	339,60	382,05	229,16	333,33	374,99
	V	5.151,08	283,30	412,08	463,59																		
	VI	5.195,33	285,74	415,62	467,57																		
14.267,99 (Ost)	I	4.644,41	255,44	371,55	417,99	246,82	359,02	403,89	238,20	346,48	389,79	229,59	333,95	375,69	220,97	321,42	361,59	212,35	308,88	347,49	203,74	296,35	333,39
	II	4.495,33	247,24	359,62	404,57	238,62	347,09	390,47	230,01	334,56	376,38	221,39	322,02	362,27	212,77	309,49	348,17	204,16	296,96	334,08	195,54	284,42	319,97
	III	3.813,33	105,85	305,06	343,19	87,20	292,53	329,09	68,56	280,00	315,00	49,92	267,46	300,89	31,27	254,93	286,79	12,63	242,40	272,70	-	229,86	258,59
	IV	4.644,41	255,44	371,55	417,99	251,13	365,28	410,94	246,82	359,02	403,89	242,51	352,75	396,84	238,20	346,48	389,79	233,90	340,22	382,74	229,59	333,95	375,69
	V	5.158,83	283,73	412,70	464,29																		
	VI	5.203,16	286,17	416,25	468,28																		

Lohn/ Gehalt bis	Steuerklasse	Lohn-steuer	ohne Kinderfreibetrag SolZ 5,5%	ohne Kinderfreibetrag Kirchensteuer 8%	ohne Kinderfreibetrag Kirchensteuer 9%	0,5 SolZ 5,5%	0,5 Kirchensteuer 8%	0,5 Kirchensteuer 9%	1,0 SolZ 5,5%	1,0 Kirchensteuer 8%	1,0 Kirchensteuer 9%	1,5 SolZ 5,5%	1,5 Kirchensteuer 8%	1,5 Kirchensteuer 9%	2,0 SolZ 5,5%	2,0 Kirchensteuer 8%	2,0 Kirchensteuer 9%	2,5 SolZ 5,5%	2,5 Kirchensteuer 8%	2,5 Kirchensteuer 9%	3,0 SolZ 5,5%	3,0 Kirchensteuer 8%	3,0 Kirchensteuer 9%
						Anzahl Kinderfreibeträge (nur Steuerklassen I–IV)																	
14.270,99 (West)	I	4.637,83	*255,08*	371,02	417,40	*246,46*	358,50	403,31	*237,85*	345,96	389,21	*229,23*	333,43	375,11	*220,61*	320,90	361,01	*212,00*	308,36	346,91	*203,38*	295,83	332
	II	4.488,75	*246,88*	359,10	403,98	*238,26*	346,56	389,88	*229,64*	334,03	375,78	*221,03*	321,50	361,69	*212,41*	308,97	347,59	*203,80*	296,44	333,49	*195,18*	283,90	319
	III	3.806,66	*105,05*	304,53	342,59	*86,41*	292,00	328,50	*67,77*	279,46	314,39	*49,12*	266,93	300,29	*30,48*	254,40	286,20	*11,84*	241,86	272,09	–	229,34	258
	IV	4.637,83	*255,08*	371,02	417,40	*250,77*	364,76	410,36	*246,46*	358,50	403,31	*242,16*	352,23	396,26	*237,85*	345,96	389,21	*233,54*	339,70	382,16	*229,23*	333,43	375
	V	5.152,33	*283,37*	412,18	463,70																		
	VI	5.196,58	*285,81*	415,72	467,69																		
14.270,99 (Ost)	I	4.645,66	*255,51*	371,65	418,10	*246,89*	359,12	404,01	*238,27*	346,58	389,90	*229,66*	334,05	375,80	*221,04*	321,52	361,71	*212,43*	308,99	347,61	*203,81*	296,46	333
	II	4.496,58	*247,31*	359,72	404,69	*238,69*	347,19	390,59	*230,07*	334,66	376,49	*221,46*	322,12	362,39	*212,84*	309,59	348,29	*204,22*	297,06	334,19	*195,61*	284,52	320
	III	3.814,50	*105,98*	305,16	343,30	*87,34*	292,62	329,20	*68,70*	280,09	315,10	*50,05*	267,56	301,00	*31,41*	255,02	286,90	*12,79*	242,50	272,81	–	229,97	258
	IV	4.645,66	*255,51*	371,65	418,10	*251,20*	365,38	411,05	*246,89*	359,12	404,01	*242,58*	352,85	396,95	*238,27*	346,58	389,90	*233,97*	340,32	382,86	*229,66*	334,05	375
	V	5.160,08	*283,80*	412,80	464,40																		
	VI	5.204,41	*286,24*	416,35	468,39																		
14.273,99 (West)	I	4.639,16	*255,15*	371,13	417,52	*246,53*	358,60	403,42	*237,92*	346,06	389,32	*229,30*	333,53	375,22	*220,68*	321,00	361,12	*212,07*	308,46	347,02	*203,45*	295,93	332
	II	4.490,00	*246,95*	359,20	404,10	*238,33*	346,66	389,99	*229,72*	334,14	375,90	*221,10*	321,60	361,80	*212,48*	309,07	347,70	*203,87*	296,54	333,60	*195,25*	284,00	319
	III	3.808,00	*105,21*	304,64	342,72	*86,57*	292,10	328,61	*67,92*	279,57	314,51	*49,28*	267,04	300,42	*30,64*	254,50	286,31	*11,99*	241,97	272,21	–	229,44	258
	IV	4.639,16	*255,15*	371,13	417,52	*250,84*	364,86	410,47	*246,53*	358,60	403,42	*242,22*	352,33	396,37	*237,92*	346,06	389,32	*233,61*	339,80	382,27	*229,30*	333,53	375
	V	5.153,58	*283,44*	412,28	463,82																		
	VI	5.197,91	*285,88*	415,83	467,81																		
14.273,99 (Ost)	I	4.646,91	*255,58*	371,75	418,22	*246,96*	359,22	404,12	*238,34*	346,68	390,02	*229,73*	334,15	375,92	*221,11*	321,62	361,82	*212,50*	309,09	347,72	*203,88*	296,56	333
	II	4.497,83	*247,38*	359,82	404,80	*238,76*	347,29	390,70	*230,14*	334,76	376,60	*221,53*	322,22	362,50	*212,91*	309,69	348,40	*204,29*	297,16	334,30	*195,68*	284,63	320
	III	3.815,83	*106,14*	305,26	343,42	*87,50*	292,73	329,32	*68,86*	280,20	315,22	*50,21*	267,66	301,12	*31,57*	255,13	287,02	*12,93*	242,60	272,92	–	230,06	258
	IV	4.646,91	*255,58*	371,75	418,22	*251,27*	365,48	411,17	*246,96*	359,22	404,12	*242,65*	352,95	397,07	*238,34*	346,68	390,02	*234,03*	340,42	382,97	*229,73*	334,15	375
	V	5.161,41	*283,87*	412,91	464,52																		
	VI	5.205,66	*286,31*	416,45	468,50																		
14.276,99 (West)	I	4.640,41	*255,22*	371,23	417,63	*246,60*	358,70	403,53	*237,98*	346,16	389,43	*229,37*	333,63	375,33	*220,75*	321,10	361,23	*212,13*	308,56	347,13	*203,52*	296,03	333
	II	4.491,33	*247,02*	359,30	404,21	*238,40*	346,77	390,11	*229,79*	334,24	376,02	*221,17*	321,70	361,91	*212,55*	309,17	347,81	*203,94*	296,64	333,72	*195,32*	284,10	319
	III	3.809,16	*105,35*	304,73	342,82	*86,71*	292,20	328,72	*68,06*	279,66	314,62	*49,44*	267,14	300,53	*30,80*	254,61	286,43	*12,15*	242,08	272,34	–	229,54	258
	IV	4.640,41	*255,22*	371,23	417,63	*250,91*	364,96	410,58	*246,60*	358,70	403,53	*242,29*	352,43	396,48	*237,98*	346,16	389,43	*233,68*	339,90	382,38	*229,37*	333,63	375
	V	5.154,83	*283,51*	412,38	463,93																		
	VI	5.199,16	*285,95*	415,93	467,92																		
14.276,99 (Ost)	I	4.648,16	*255,64*	371,85	418,33	*247,03*	359,32	404,23	*238,42*	346,79	390,14	*229,80*	334,26	376,04	*221,18*	321,72	361,94	*212,57*	309,19	347,84	*203,95*	296,66	333
	II	4.499,08	*247,44*	359,92	404,91	*238,83*	347,39	390,81	*230,21*	334,86	376,71	*221,59*	322,32	362,61	*212,98*	309,79	348,51	*204,37*	297,26	334,42	*195,75*	284,73	320
	III	3.817,00	*106,28*	305,36	343,53	*87,64*	292,82	329,42	*69,02*	280,30	315,34	*50,37*	267,77	301,24	*31,73*	255,24	287,14	*13,09*	242,70	273,04	–	230,17	258
	IV	4.648,16	*255,64*	371,85	418,33	*251,34*	365,58	411,28	*247,03*	359,32	404,23	*242,72*	353,05	397,18	*238,42*	346,79	390,14	*234,11*	340,52	383,09	*229,80*	334,26	376
	V	5.162,66	*283,94*	413,01	464,63																		
	VI	5.206,91	*286,38*	416,55	468,62																		
14.279,99 (West)	I	4.641,66	*255,29*	371,33	417,74	*246,67*	358,80	403,65	*238,05*	346,26	389,54	*229,44*	333,73	375,44	*220,82*	321,20	361,35	*212,20*	308,66	347,24	*203,59*	296,13	333
	II	4.492,58	*247,09*	359,40	404,33	*238,47*	346,87	390,23	*229,85*	334,34	376,13	*221,24*	321,80	362,03	*212,62*	309,27	347,93	*204,00*	296,74	333,83	*195,39*	284,20	319
	III	3.810,50	*105,51*	304,84	342,94	*86,87*	292,30	328,84	*68,22*	279,77	314,74	*49,58*	267,24	300,64	*30,94*	254,70	286,54	*12,29*	242,17	272,44	–	229,64	258
	IV	4.641,66	*255,29*	371,33	417,74	*250,98*	365,06	410,69	*246,67*	358,80	403,65	*242,36*	352,53	396,59	*238,05*	346,26	389,54	*233,75*	340,00	382,50	*229,44*	333,73	375
	V	5.156,08	*283,58*	412,48	464,04																		
	VI	5.200,41	*286,02*	416,03	468,03																		
14.279,99 (Ost)	I	4.649,41	*255,71*	371,95	418,44	*247,10*	359,42	404,35	*238,48*	346,89	390,25	*229,87*	334,36	376,15	*221,25*	321,82	362,05	*212,63*	309,29	347,95	*204,02*	296,76	333
	II	4.500,33	*247,51*	360,02	405,02	*238,90*	347,49	390,92	*230,28*	334,96	376,83	*221,67*	322,43	362,73	*213,05*	309,90	348,63	*204,43*	297,36	334,53	*195,82*	284,83	320
	III	3.818,33	*106,44*	305,46	343,64	*87,80*	292,93	329,54	*69,15*	280,40	315,45	*50,51*	267,86	301,34	*31,87*	255,33	287,24	*13,22*	242,80	273,15	–	230,26	259
	IV	4.649,41	*255,71*	371,95	418,44	*251,41*	365,69	411,40	*247,10*	359,42	404,35	*242,79*	353,16	397,30	*238,48*	346,89	390,25	*234,18*	340,62	383,20	*229,87*	334,36	376,
	V	5.163,91	*284,01*	413,11	464,75																		
	VI	5.208,25	*286,45*	416,66	468,74																		
14.282,99 (West)	I	4.642,91	*255,36*	371,43	417,86	*246,74*	358,90	403,76	*238,12*	346,36	389,66	*229,51*	333,83	375,56	*220,89*	321,30	361,46	*212,27*	308,76	347,36	*203,66*	296,23	333,
	II	4.493,83	*247,16*	359,50	404,44	*238,54*	346,97	390,34	*229,92*	334,44	376,24	*221,31*	321,90	362,14	*212,69*	309,37	348,04	*204,07*	296,84	333,94	*195,46*	284,30	319,
	III	3.811,83	*105,67*	304,94	343,06	*87,02*	292,41	328,96	*68,38*	279,88	314,86	*49,74*	267,34	300,76	*31,09*	254,81	286,66	*12,45*	242,28	272,56	–	229,74	258
	IV	4.642,91	*255,36*	371,43	417,86	*251,05*	365,16	410,81	*246,74*	358,90	403,76	*242,43*	352,63	396,71	*238,12*	346,36	389,66	*233,81*	340,10	382,61	*229,51*	333,83	375,
	V	5.157,33	*283,65*	412,58	464,15																		
	VI	5.201,66	*286,09*	416,13	468,14																		
14.282,99 (Ost)	I	4.650,75	*255,79*	372,06	418,56	*247,17*	359,52	404,46	*238,55*	346,99	390,36	*229,94*	334,46	376,26	*221,32*	321,92	362,16	*212,70*	309,39	348,06	*204,09*	296,86	333,
	II	4.501,58	*247,58*	360,12	405,14	*238,97*	347,59	391,04	*230,35*	335,06	376,94	*221,74*	322,53	362,84	*213,12*	310,00	348,75	*204,50*	297,46	334,64	*195,89*	284,93	320,
	III	3.819,66	*106,60*	305,57	343,76	*87,96*	293,04	329,67	*69,31*	280,50	315,56	*50,67*	267,97	301,46	*32,03*	255,44	287,37	*13,38*	242,90	273,26	–	230,37	259,
	IV	4.650,75	*255,79*	372,06	418,56	*251,48*	365,79	411,51	*247,17*	359,52	404,46	*242,86*	353,26	397,41	*238,55*	346,99	390,36	*234,24*	340,72	383,31	*229,94*	334,46	376,
	V	5.165,16	*284,08*	413,21	464,86																		
	VI	5.209,50	*286,52*	416,76	468,85																		
14.285,99 (West)	I	4.644,16	*255,42*	371,53	417,97	*246,81*	359,00	403,87	*238,19*	346,46	389,77	*229,57*	333,93	375,67	*220,96*	321,40	361,57	*212,34*	308,86	347,47	*203,73*	296,34	333,
	II	4.495,08	*247,22*	359,60	404,55	*238,61*	347,07	390,45	*229,99*	334,54	376,35	*221,37*	322,00	362,25	*212,76*	309,47	348,15	*204,14*	296,94	334,05	*195,52*	284,40	319,
	III	3.813,00	*105,81*	305,04	343,17	*87,16*	292,50	329,06	*68,52*	279,97	314,96	*49,88*	267,44	300,87	*31,23*	254,90	286,76	*12,59*	242,37	272,66	–	229,84	258,
	IV	4.644,16	*255,42*	371,53	417,97	*251,12*	365,26	410,92	*246,81*	359,00	403,87	*242,50*	352,73	396,82	*238,19*	346,46	389,77	*233,88*	340,20	382,72	*229,57*	333,93	375,
	V	5.158,58	*283,72*	412,68	464,27																		
	VI	5.202,91	*286,16*	416,23	468,26																		
14.285,99 (Ost)	I	4.652,00	*255,86*	372,16	418,68	*247,24*	359,62	404,57	*238,62*	347,09	390,47	*230,01*	334,56	376,38	*221,39*	322,02	362,27	*212,77*	309,49	348,17	*204,16*	296,96	334,
	II	4.502,91	*247,66*	360,23	405,26	*239,04*	347,70	391,16	*230,42*	335,16	377,06	*221,81*	322,63	362,96	*213,19*	310,10	348,86	*204,57*	297,56	334,76	*195,96*	285,03	320,
	III	3.820,83	*106,74*	305,66	343,87	*88,09*	293,13	329,77	*69,45*	280,60	315,67	*50,81*	268,06	301,57	*32,16*	255,53	287,47	*13,52*	243,00	273,37	–	230,46	259,
	IV	4.652,00	*255,86*	372,16	418,68	*251,55*	365,89	411,62	*247,24*	359,62	404,57	*242,93*	353,36	397,53	*238,62*	347,09	390,47	*234,31*	340,82	383,42	*230,01*	334,56	376,
	V	5.166,41	*284,15*	413,31	464,97																		
	VI	5.210,75	*286,59*	416,86	468,96																		
14.288,99 (West)	I	4.645,41	*255,49*	371,63	418,08	*246,88*	359,10	403,98	*238,26*	346,56	389,88	*229,64*	334,03	375,78	*221,03*	321,50	361,69	*212,41*	308,97	347,59	*203,80*	296,44	333,
	II	4.496,33	*247,29*	359,70	404,66	*238,68*	347,17	390,56	*230,06*	334,64	376,47	*221,44*	322,10	362,36	*212,83*	309,57	348,26	*204,21*	297,04	334,17	*195,59*	284,50	320,
	III	3.814,33	*105,96*	305,14	343,28	*87,32*	292,61	329,18	*68,68*	280,08	315,09	*50,03*	267,54	300,98	*31,39*	255,01	286,88	*12,75*	242,48	272,79	–	229,94	258,
	IV	4.645,41	*255,49*	371,63	418,08	*251,18*	365,36	411,03	*246,88*	359,10	403,98	*242,57*	352,83	396,93	*238,26*	346,56	389,88	*233,95*	340,30	382,83	*229,64*	334,03	375,
	V	5.159,83	*283,79*	412,78	464,38																		
	VI	5.204,16	*286,22*	416,33	468,37																		
14.288,99 (Ost)	I	4.653,25	*255,92*	372,26	418,79	*247,31*	359,72	404,69	*238,69*	347,19	390,59	*230,07*	334,66	376,49	*221,46*	322,12	362,39	*212,84*	309,59	348,29	*204,22*	297,06	334,
	II	4.504,16	*247,72*	360,33	405,37	*239,11*	347,80	391,27	*230,49*	335,26	377,17	*221,87*	322,73	363,07	*213,26*	310,20	348,97	*204,64*	297,66	334,87	*196,02*	285,13	320,
	III	3.822,16	*106,90*	305,77	343,99	*88,25*	293,24	329,89	*69,61*	280,70	315,79	*50,97*	268,17	301,69	*32,32*	255,64	287,59	*13,68*	243,10	273,49	–	230,57	259,
	IV	4.653,25	*255,92*	372,26	418,79	*251,62*	365,99	411,74	*247,31*	359,72	404,69	*243,00*	353,46	397,64	*238,69*	347,19	390,59	*234,38*	340,92	383,54	*230,07*	334,66	376,
	V	5.167,66	*284,22*	413,41	465,08																		
	VI	5.212,00	*286,66*	416,96	469,08																		

Lohn/ Gehalt bis	Steuerklasse	Lohn-steuer	ohne Kinderfreibetrag			Anzahl Kinderfreibeträge (nur Steuerklassen I–IV) 0,5			1,0			1,5			2,0			2,5			3,0		
			SolZ 5,5%	Kirchensteuer 8%	9%	SolZ 5,5%	Kirchensteuer 8%	9%	SolZ 5,5%	Kirchensteuer 8%	9%	SolZ 5,5%	Kirchensteuer 8%	9%	SolZ 5,5%	Kirchensteuer 8%	9%	SolZ 5,5%	Kirchensteuer 8%	9%	SolZ 5,5%	Kirchensteuer 8%	9%
4.291,99 (West)	I	4.646,66	255,56	371,73	418,19	246,95	359,20	404,10	238,33	346,66	389,99	229,72	334,14	375,90	221,10	321,60	361,80	212,48	309,07	347,70	203,87	296,54	333,60
	II	4.497,58	247,36	359,80	404,78	238,75	347,27	390,68	230,13	334,74	376,58	221,51	322,20	362,48	212,90	309,67	348,38	204,28	297,14	334,28	195,67	284,61	320,18
	III	3.815,50	106,10	305,24	343,39	87,46	292,70	329,29	68,82	280,17	315,19	50,17	267,64	301,09	31,53	255,10	286,99	12,89	242,57	272,89	-	230,04	258,79
	IV	4.646,66	255,56	371,73	418,19	251,25	365,46	411,14	246,95	359,20	404,10	242,64	352,93	397,04	238,33	346,66	389,99	234,02	340,40	382,95	229,72	334,14	375,90
	V	5.161,16	283,86	412,89	464,50																		
	VI	5.205,41	286,29	416,43	468,48																		
4.291,99 (Ost)	I	4.654,50	255,99	372,36	418,90	247,38	359,82	404,80	238,76	347,29	390,70	230,14	334,76	376,60	221,53	322,22	362,50	212,91	309,69	348,40	204,29	297,16	334,30
	II	4.505,41	247,79	360,43	405,48	239,18	347,90	391,38	230,56	335,36	377,28	221,94	322,83	363,18	213,33	310,30	349,08	204,71	297,76	334,98	196,09	285,23	320,88
	III	3.823,33	107,04	305,86	344,09	88,39	293,33	329,99	69,75	280,80	315,90	51,11	268,26	301,79	32,46	255,73	287,69	13,82	243,20	273,60	-	230,66	259,49
	IV	4.654,50	255,99	372,36	418,90	251,68	366,09	411,85	247,38	359,82	404,80	243,07	353,56	397,75	238,76	347,29	390,70	234,45	341,02	383,65	230,14	334,76	376,60
	V	5.168,91	284,29	413,51	465,20																		
	VI	5.213,25	286,72	417,06	469,19																		
4.294,99 (West)	I	4.647,91	255,63	371,83	418,31	247,02	359,30	404,21	238,40	346,77	390,11	229,79	334,24	376,02	221,17	321,70	361,91	212,55	309,17	347,81	203,94	296,64	333,72
	II	4.498,83	247,43	359,90	404,89	238,81	347,37	390,79	230,20	334,84	376,69	221,58	322,30	362,59	212,97	309,78	348,50	204,35	297,24	334,40	195,74	284,71	320,30
	III	3.816,83	106,26	305,34	343,51	87,62	292,81	329,41	68,98	280,28	315,31	50,33	267,74	301,21	31,69	255,21	287,11	13,05	242,68	273,01	-	230,14	258,91
	IV	4.647,91	255,63	371,83	418,31	251,32	365,56	411,26	247,02	359,30	404,21	242,71	353,04	397,17	238,40	346,77	390,11	234,09	340,50	383,06	229,79	334,24	376,02
	V	5.162,41	283,93	412,99	464,61																		
	VI	5.206,66	286,36	416,53	468,59																		
4.294,99 (Ost)	I	4.655,75	256,06	372,46	419,01	247,44	359,92	404,91	238,83	347,39	390,81	230,21	334,86	376,71	221,59	322,32	362,61	212,98	309,79	348,51	204,37	297,26	334,42
	II	4.506,66	247,86	360,53	405,59	239,25	348,00	391,50	230,63	335,46	377,39	222,01	322,93	363,29	213,40	310,40	349,20	204,78	297,86	335,09	196,16	285,33	320,99
	III	3.824,66	107,19	305,97	344,21	88,55	293,44	330,12	69,91	280,90	316,01	51,26	268,37	301,91	32,62	255,84	287,82	13,98	243,30	273,71	-	230,77	259,61
	IV	4.655,75	256,06	372,46	419,01	251,75	366,19	411,96	247,44	359,92	404,91	243,14	353,66	397,86	238,83	347,39	390,81	234,52	341,12	383,76	230,21	334,86	376,71
	V	5.170,16	284,35	413,61	465,31																		
	VI	5.214,50	286,79	417,16	469,30																		
4.297,99 (West)	I	4.649,25	255,70	371,94	418,43	247,09	359,40	404,33	238,47	346,87	390,23	229,85	334,34	376,13	221,24	321,80	362,03	212,62	309,27	347,93	204,00	296,74	333,83
	II	4.500,08	247,50	360,00	405,00	238,88	347,47	390,90	230,27	334,94	376,81	221,65	322,41	362,71	213,04	309,88	348,61	204,42	297,34	334,51	195,80	284,81	320,41
	III	3.818,00	106,40	305,44	343,62	87,76	292,90	329,51	69,11	280,37	315,41	50,47	267,84	301,32	31,83	255,30	287,21	13,20	242,78	273,13	-	230,25	259,03
	IV	4.649,25	255,70	371,94	418,43	251,40	365,67	411,38	247,09	359,40	404,33	242,78	353,14	397,28	238,47	346,87	390,23	234,16	340,60	383,18	229,85	334,34	376,13
	V	5.163,66	284,00	413,09	464,72																		
	VI	5.208,00	286,44	416,64	468,72																		
4.297,99 (Ost)	I	4.657,00	256,13	372,56	419,13	247,51	360,02	405,02	238,90	347,49	390,92	230,28	334,96	376,83	221,67	322,43	362,73	213,05	309,90	348,63	204,43	297,36	334,53
	II	4.507,91	247,93	360,63	405,71	239,31	348,10	391,61	230,70	335,56	377,51	222,08	323,03	363,41	213,46	310,50	349,31	204,85	297,96	335,21	196,23	285,43	321,11
	III	3.825,83	107,33	306,06	344,32	88,69	293,53	330,22	70,05	281,00	316,12	51,40	268,46	302,02	32,78	255,94	287,93	14,14	243,41	273,83	-	230,88	259,74
	IV	4.657,00	256,13	372,56	419,13	251,82	366,29	412,07	247,51	360,02	405,02	243,21	353,76	397,98	238,90	347,49	390,92	234,59	341,22	383,87	230,28	334,96	376,83
	V	5.171,50	284,43	413,72	465,43																		
	VI	5.215,75	286,86	417,26	469,41																		
4.300,99 (West)	I	4.650,50	255,77	372,04	418,54	247,16	359,50	404,44	238,54	346,97	390,34	229,92	334,44	376,24	221,31	321,90	362,14	212,69	309,37	348,04	204,07	296,84	333,94
	II	4.501,33	247,57	360,10	405,11	238,96	347,58	391,02	230,34	335,04	376,92	221,72	322,51	362,82	213,11	309,98	348,72	204,49	297,44	334,62	195,87	284,91	320,52
	III	3.819,33	106,56	305,54	343,73	87,92	293,01	329,63	69,27	280,48	315,54	50,63	267,94	301,43	31,99	255,41	287,33	13,34	242,88	273,24	-	230,34	259,13
	IV	4.650,50	255,77	372,04	418,54	251,46	365,77	411,49	247,16	359,50	404,44	242,85	353,24	397,39	238,54	346,97	390,34	234,23	340,70	383,29	229,92	334,44	376,24
	V	5.164,91	284,07	413,19	464,84																		
	VI	5.209,25	286,50	416,74	468,83																		
4.300,99 (Ost)	I	4.658,25	256,20	372,66	419,24	247,58	360,12	405,14	238,97	347,59	391,04	230,35	335,06	376,94	221,74	322,53	362,84	213,12	310,00	348,75	204,50	297,46	334,64
	II	4.509,16	248,00	360,73	405,82	239,38	348,20	391,72	230,77	335,66	377,62	222,15	323,13	363,52	213,53	310,60	349,42	204,92	298,07	335,33	196,30	285,54	321,23
	III	3.827,16	107,49	306,17	344,44	88,85	293,64	330,34	70,21	281,10	316,24	51,56	268,57	302,14	32,92	256,04	288,04	14,28	243,50	273,94	-	230,97	259,84
	IV	4.658,25	256,20	372,66	419,24	251,89	366,39	412,19	247,58	360,12	405,14	243,27	353,86	398,09	238,97	347,59	391,04	234,66	341,33	383,99	230,35	335,06	376,94
	V	5.172,75	284,50	413,82	465,54																		
	VI	5.217,00	286,93	417,36	469,53																		
14.303,99 (West)	I	4.651,75	255,84	372,14	418,65	247,22	359,60	404,55	238,61	347,07	390,45	229,99	334,54	376,35	221,37	322,00	362,25	212,76	309,47	348,15	204,14	296,94	334,05
	II	4.502,66	247,64	360,21	405,23	239,03	347,68	391,14	230,41	335,14	377,03	221,79	322,61	362,93	213,18	310,08	348,84	204,56	297,54	334,73	195,94	285,01	320,63
	III	3.820,50	106,70	305,64	343,84	88,06	293,10	329,74	69,43	280,58	315,65	50,79	268,05	301,55	32,14	255,52	287,46	13,50	242,98	273,35	-	230,45	259,25
	IV	4.651,75	255,84	372,14	418,65	251,53	365,87	411,60	247,22	359,60	404,55	242,92	353,34	397,50	238,61	347,07	390,45	234,30	340,80	383,40	229,99	334,54	376,35
	V	5.166,16	284,13	413,29	464,95																		
	VI	5.210,50	286,57	416,84	468,94																		
14.303,99 (Ost)	I	4.659,50	256,27	372,76	419,35	247,66	360,23	405,26	239,04	347,70	391,16	230,42	335,16	377,06	221,81	322,63	362,96	213,19	310,10	348,86	204,57	297,56	334,76
	II	4.510,41	248,07	360,83	405,93	239,45	348,30	391,83	230,83	335,76	377,73	222,22	323,23	363,63	213,61	310,70	349,54	204,99	298,17	335,44	196,37	285,64	321,34
	III	3.828,33	107,63	306,26	344,54	89,01	293,74	330,46	70,36	281,21	316,36	51,72	268,68	302,26	33,08	256,14	288,16	14,43	243,61	274,06	-	231,08	259,96
	IV	4.659,50	256,27	372,76	419,35	251,96	366,49	412,30	247,66	360,23	405,26	243,35	353,96	398,21	239,04	347,70	391,16	234,73	341,43	384,11	230,42	335,16	377,06
	V	5.174,00	284,57	413,92	465,66																		
	VI	5.218,25	287,00	417,46	469,64																		
14.306,99 (West)	I	4.653,00	255,91	372,24	418,77	247,29	359,70	404,66	238,68	347,17	390,56	230,06	334,64	376,47	221,44	322,10	362,36	212,83	309,57	348,26	204,21	297,04	334,17
	II	4.503,91	247,71	360,31	405,35	239,09	347,78	391,25	230,48	335,24	377,15	221,86	322,71	363,05	213,24	310,18	348,95	204,63	297,64	334,85	196,01	285,11	320,75
	III	3.821,83	106,86	305,74	343,96	88,21	293,21	329,86	69,57	280,68	315,76	50,93	268,14	301,66	32,28	255,61	287,56	13,64	243,08	273,46	-	230,54	259,36
	IV	4.653,00	255,91	372,24	418,77	251,60	365,97	411,71	247,29	359,70	404,66	242,99	353,44	397,62	238,68	347,17	390,56	234,37	340,90	383,51	230,06	334,64	376,47
	V	5.167,41	284,20	413,39	465,06																		
	VI	5.211,75	286,64	416,94	469,05																		
14.306,99 (Ost)	I	4.660,83	256,34	372,86	419,47	247,72	360,33	405,37	239,11	347,80	391,27	230,49	335,26	377,17	221,87	322,73	363,07	213,26	310,20	348,97	204,64	297,66	334,87
	II	4.511,66	248,14	360,93	406,04	239,52	348,40	391,95	230,91	335,87	377,85	222,29	323,34	363,75	213,67	310,80	349,65	205,06	298,27	335,55	196,44	285,74	321,45
	III	3.829,66	107,79	306,37	344,66	89,15	293,84	330,57	70,50	281,30	316,46	51,86	268,77	302,36	33,22	256,24	288,27	14,57	243,70	274,16	-	231,17	260,06
	IV	4.660,83	256,34	372,86	419,47	252,03	366,60	412,42	247,72	360,33	405,37	243,42	354,06	398,32	239,11	347,80	391,27	234,80	341,53	384,22	230,49	335,26	377,17
	V	5.175,25	284,63	414,02	465,77																		
	VI	5.219,58	287,07	417,56	469,76																		
14.309,99 (West)	I	4.654,25	255,98	372,34	418,88	247,36	359,80	404,78	238,75	347,27	390,68	230,13	334,74	376,58	221,51	322,20	362,48	212,90	309,67	348,38	204,28	297,14	334,28
	II	4.505,16	247,78	360,41	405,46	239,16	347,88	391,36	230,55	335,34	377,26	221,93	322,81	363,16	213,31	310,28	349,06	204,70	297,74	334,96	196,08	285,21	320,86
	III	3.823,16	107,02	305,85	344,08	88,37	293,32	329,98	69,73	280,78	315,88	51,09	268,25	301,78	32,44	255,72	287,68	13,80	243,18	273,58	-	230,65	259,48
	IV	4.654,25	255,98	372,34	418,88	251,67	366,07	411,83	247,36	359,80	404,78	243,05	353,54	397,73	238,75	347,27	390,68	234,44	341,00	383,63	230,13	334,74	376,58
	V	5.168,66	284,27	413,49	465,17																		
	VI	5.213,00	286,71	417,04	469,17																		
14.309,99 (Ost)	I	4.662,08	256,41	372,96	419,58	247,79	360,43	405,48	239,18	347,90	391,38	230,56	335,36	377,28	221,94	322,83	363,18	213,33	310,30	349,08	204,71	297,76	334,98
	II	4.512,91	248,21	361,03	406,16	239,59	348,50	392,06	230,98	335,97	377,96	222,36	323,44	363,87	213,74	310,90	349,76	205,13	298,37	335,66	196,51	285,84	321,57
	III	3.831,00	107,95	306,48	344,79	89,30	293,94	330,68	70,66	281,41	316,58	52,02	268,88	302,49	33,37	256,34	288,38	14,73	243,81	274,28	-	231,28	260,19
	IV	4.662,08	256,41	372,96	419,58	252,10	366,70	412,53	247,79	360,43	405,48	243,48	354,16	398,43	239,18	347,90	391,38	234,87	341,63	384,33	230,56	335,36	377,28
	V	5.176,50	284,70	414,12	465,88																		
	VI	5.220,83	287,14	417,66	469,87																		

Lohn/ Gehalt bis	Steuerklasse	Lohn-steuer	ohne Kinderfreibetrag			Anzahl Kinderfreibeträge (nur Steuerklassen I–IV)																	
						0,5			1,0			1,5			2,0			2,5			3,0		
			SolZ 5,5%	Kirchensteuer 8%	9%	SolZ 5,5%	Kirchensteuer 8%	9%	SolZ 5,5%	Kirchensteuer 8%	9%	SolZ 5,5%	Kirchensteuer 8%	9%	SolZ 5,5%	Kirchensteuer 8%	9%	SolZ 5,5%	Kirchensteuer 8%	9%	SolZ 5,5%	Kirchensteu 8%	9%
14.312,99	I	4.655,50	256,05	372,44	418,99	247,43	359,90	404,89	238,81	347,37	390,79	230,20	334,84	376,69	221,58	322,30	362,59	212,97	309,78	348,50	204,35	297,24	334
(West)	II	4.506,41	247,85	360,51	405,57	239,23	347,98	391,47	230,61	335,44	377,37	222,00	322,91	363,27	213,38	310,38	349,17	204,76	297,84	335,07	196,15	285,31	320
	III	3.824,33	107,15	305,94	344,18	88,51	293,41	330,08	69,87	280,88	315,99	51,22	268,34	301,88	32,58	255,81	287,78	13,94	243,28	273,69	–	230,74	259
	IV	4.655,50	256,05	372,44	418,99	251,74	366,17	411,94	247,43	359,90	404,89	243,12	353,64	397,84	238,81	347,37	390,79	234,51	341,10	383,74	230,20	334,84	376
	V	5.169,91	284,34	413,59	465,29																		
	VI	5.214,25	286,78	417,14	469,28																		
14.312,99	I	4.663,33	256,48	373,06	419,69	247,86	360,53	405,59	239,25	348,00	391,50	230,63	335,46	377,39	222,01	322,93	363,29	213,40	310,40	349,20	204,78	297,86	335
(Ost)	II	4.514,25	248,28	361,14	406,28	239,66	348,60	392,18	231,05	336,07	378,08	222,43	323,54	363,98	213,81	311,00	349,88	205,20	298,47	335,78	196,58	285,94	321
	III	3.832,16	108,09	306,57	344,89	89,44	294,04	330,79	70,80	281,50	316,69	52,16	268,97	302,59	33,51	256,44	288,49	14,87	243,90	274,39	–	231,37	260
	IV	4.663,33	256,48	373,06	419,69	252,17	366,80	412,65	247,86	360,53	405,59	243,55	354,26	398,54	239,25	348,00	391,50	234,94	341,73	384,44	230,63	335,46	377
	V	5.177,75	284,77	414,22	465,99																		
	VI	5.222,08	287,21	417,76	469,98																		
14.315,99	I	4.656,75	256,12	372,54	419,10	247,50	360,00	405,00	238,88	347,47	390,90	230,27	334,94	376,81	221,65	322,41	362,71	213,04	309,88	348,61	204,42	297,34	334
(West)	II	4.507,66	247,92	360,61	405,68	239,30	348,08	391,59	230,68	335,54	377,48	222,07	323,01	363,38	213,45	310,48	349,29	204,83	297,94	335,18	196,22	285,42	321
	III	3.825,66	107,31	306,05	344,30	88,67	293,52	330,21	70,03	280,98	316,10	51,38	268,45	302,00	32,74	255,92	287,91	14,10	243,38	273,80	–	230,85	259,
	IV	4.656,75	256,12	372,54	419,10	251,81	366,27	412,05	247,50	360,00	405,00	243,19	353,74	397,95	238,88	347,47	390,90	234,57	341,20	383,85	230,27	334,94	376
	V	5.171,25	284,41	413,70	465,41																		
	VI	5.215,50	286,85	417,24	469,39																		
14.315,99	I	4.664,58	256,55	373,16	419,81	247,93	360,63	405,71	239,31	348,10	391,61	230,70	335,56	377,51	222,08	323,03	363,41	213,46	310,50	349,31	204,85	297,96	335,
(Ost)	II	4.515,50	248,35	361,24	406,39	239,73	348,70	392,29	231,11	336,17	378,19	222,50	323,64	364,09	213,88	311,10	349,99	205,26	298,57	335,89	196,65	286,04	321
	III	3.833,50	108,25	306,68	345,01	89,60	294,14	330,91	70,96	281,61	316,81	52,32	269,08	302,71	33,67	256,54	288,61	15,03	244,01	274,51	–	231,48	260,
	IV	4.664,58	256,55	373,16	419,81	252,24	366,90	412,76	247,93	360,63	405,71	243,62	354,36	398,66	239,31	348,10	391,61	235,01	341,83	384,56	230,70	335,56	377,
	V	5.179,00	284,84	414,32	466,11																		
	VI	5.223,33	287,28	417,86	470,09																		
14.318,99	I	4.658,00	256,19	372,64	419,22	247,57	360,10	405,11	238,96	347,58	391,02	230,34	335,04	376,92	221,72	322,51	362,82	213,11	309,98	348,72	204,49	297,44	334
(West)	II	4.508,91	247,99	360,71	405,80	239,37	348,18	391,70	230,75	335,64	377,60	222,14	323,11	363,50	213,52	310,58	349,40	204,91	298,05	335,30	196,29	285,52	321
	III	3.826,83	107,45	306,14	344,41	88,81	293,61	330,31	70,17	281,08	316,21	51,52	268,54	302,11	32,88	256,01	288,01	14,24	243,48	273,91	–	230,94	259,
	IV	4.658,00	256,19	372,64	419,22	251,88	366,37	412,16	247,57	360,10	405,11	243,26	353,84	398,07	238,96	347,58	391,02	234,65	341,31	383,97	230,34	335,04	376,
	V	5.172,50	284,48	413,80	465,52																		
	VI	5.216,75	286,92	417,34	469,50																		
14.318,99	I	4.665,83	256,62	373,26	419,92	248,00	360,73	405,82	239,38	348,20	391,72	230,77	335,66	377,62	222,15	323,13	363,52	213,53	310,60	349,42	204,92	298,07	335,
(Ost)	II	4.516,75	248,42	361,34	406,50	239,80	348,80	392,40	231,18	336,27	378,30	222,57	323,74	364,20	213,95	311,20	350,10	205,33	298,67	336,00	196,72	286,14	321,
	III	3.834,66	108,38	306,77	345,11	89,74	294,24	331,02	71,10	281,70	316,91	52,45	269,17	302,81	33,81	256,64	288,72	15,17	244,10	274,61	–	231,58	260,
	IV	4.665,83	256,62	373,26	419,92	252,31	367,00	412,87	248,00	360,73	405,82	243,69	354,46	398,77	239,38	348,20	391,72	235,07	341,93	384,67	230,77	335,66	377,
	V	5.180,25	284,91	414,42	466,22																		
	VI	5.224,58	287,35	417,96	470,21																		
14.321,99	I	4.659,33	256,26	372,74	419,33	247,64	360,21	405,23	239,03	347,68	391,14	230,41	335,14	377,03	221,79	322,61	362,93	213,18	310,08	348,84	204,56	297,54	334,
(West)	II	4.510,16	248,05	360,81	405,91	239,44	348,28	391,81	230,82	335,74	377,71	222,21	323,22	363,62	213,59	310,68	349,52	204,98	298,15	335,42	196,36	285,62	321,
	III	3.828,16	107,61	306,25	344,53	88,97	293,72	330,43	70,32	281,18	316,33	51,68	268,65	302,23	33,04	256,12	288,13	14,39	243,58	274,03	–	231,05	259,
	IV	4.659,33	256,26	372,74	419,33	251,95	366,48	412,29	247,64	360,21	405,23	243,33	353,94	398,18	239,03	347,68	391,14	234,72	341,41	384,08	230,41	335,14	377,
	V	5.173,75	284,55	413,90	465,63																		
	VI	5.218,08	286,99	417,44	469,62																		
14.321,99	I	4.667,08	256,68	373,36	420,03	248,07	360,83	405,93	239,45	348,30	391,83	230,83	335,76	377,73	222,22	323,23	363,63	213,61	310,70	349,54	204,99	298,17	335,
(Ost)	II	4.518,00	248,49	361,44	406,62	239,87	348,90	392,51	231,25	336,37	378,41	222,64	323,84	364,32	214,02	311,30	350,21	205,40	298,77	336,11	196,79	286,24	322,
	III	3.836,00	108,54	306,88	345,24	89,90	294,34	331,13	71,26	281,81	317,03	52,61	269,28	302,94	33,97	256,74	288,83	15,33	244,21	274,73	–	231,68	260,
	IV	4.667,08	256,68	373,36	420,03	252,38	367,10	412,98	248,07	360,83	405,93	243,76	354,56	398,88	239,45	348,30	391,83	235,14	342,03	384,78	230,83	335,76	377,
	V	5.181,50	284,98	414,52	466,33																		
	VI	5.225,83	287,42	418,06	470,32																		
14.324,99	I	4.660,58	256,33	372,84	419,45	247,71	360,31	405,35	239,09	347,78	391,25	230,48	335,24	377,15	221,86	322,71	363,05	213,24	310,18	348,95	204,63	297,64	334,
(West)	II	4.511,41	248,12	360,91	406,02	239,51	348,38	391,93	230,89	335,85	377,83	222,28	323,32	363,73	213,66	310,78	349,63	205,04	298,25	335,53	196,43	285,72	321,
	III	3.829,33	107,75	306,34	344,63	89,11	293,81	330,53	70,46	281,28	316,44	51,82	268,74	302,33	33,20	256,22	288,25	14,55	243,69	274,15	–	231,16	260,
	IV	4.660,58	256,33	372,84	419,45	252,02	366,58	412,40	247,71	360,31	405,35	243,40	354,04	398,30	239,09	347,78	391,25	234,79	341,51	384,20	230,48	335,24	377,
	V	5.175,00	284,62	414,00	465,75																		
	VI	5.219,33	287,06	417,54	469,73																		
14.324,99	I	4.668,33	256,75	373,46	420,14	248,14	360,93	406,04	239,52	348,40	391,95	230,91	335,87	377,85	222,29	323,34	363,75	213,67	310,80	349,65	205,06	298,27	335,
(Ost)	II	4.519,25	248,55	361,54	406,73	239,94	349,00	392,63	231,32	336,47	378,53	222,70	323,94	364,43	214,09	311,40	350,33	205,47	298,87	336,23	196,86	286,34	322,
	III	3.837,16	108,68	306,97	345,34	90,04	294,44	331,24	71,40	281,90	317,14	52,77	269,38	303,05	34,13	256,85	288,95	15,48	244,32	274,86	–	231,78	260,
	IV	4.668,33	256,75	373,46	420,14	252,45	367,20	413,10	248,14	360,93	406,04	243,83	354,66	398,99	239,52	348,40	391,95	235,21	342,13	384,89	230,91	335,87	377,
	V	5.182,83	285,05	414,62	466,45																		
	VI	5.227,08	287,48	418,16	470,43																		
14.327,99	I	4.661,83	256,40	372,94	419,56	247,78	360,41	405,46	239,16	347,88	391,36	230,55	335,34	377,26	221,93	322,81	363,16	213,31	310,28	349,06	204,70	297,74	334,
(West)	II	4.512,75	248,20	361,02	406,14	239,58	348,48	392,04	230,96	335,95	377,94	222,35	323,42	363,84	213,73	310,88	349,74	205,11	298,35	335,64	196,50	285,82	321,
	III	3.830,66	107,91	306,45	344,75	89,26	293,92	330,66	70,62	281,38	316,55	51,98	268,85	302,45	33,33	256,32	288,36	14,69	243,78	274,25	–	231,25	260,
	IV	4.661,83	256,40	372,94	419,56	252,09	366,68	412,51	247,78	360,41	405,46	243,47	354,14	398,41	239,16	347,88	391,36	234,85	341,61	384,31	230,55	335,34	377,
	V	5.176,25	284,69	414,10	465,86																		
	VI	5.220,58	287,13	417,64	469,85																		
14.327,99	I	4.669,58	256,82	373,56	420,26	248,21	361,03	406,16	239,59	348,50	392,06	230,98	335,97	377,96	222,36	323,44	363,87	213,74	310,90	349,76	205,13	298,37	335,
(Ost)	II	4.520,50	248,62	361,64	406,84	240,01	349,10	392,74	231,39	336,57	378,64	222,77	324,04	364,54	214,16	311,51	350,45	205,54	298,98	336,35	196,93	286,44	322,
	III	3.838,50	108,84	307,08	345,46	90,20	294,54	331,36	71,55	282,01	317,26	52,91	269,48	303,16	34,27	256,94	289,06	15,62	244,41	274,96	–	231,88	260,
	IV	4.669,58	256,82	373,56	420,26	252,51	367,30	413,21	248,21	361,03	406,16	243,90	354,77	399,11	239,59	348,50	392,06	235,29	342,24	385,02	230,98	335,97	377,
	V	5.184,08	285,12	414,72	466,56																		
	VI	5.228,33	287,55	418,26	470,54																		
14.330,99	I	4.663,08	256,46	373,04	419,67	247,85	360,51	405,57	239,23	347,98	391,47	230,61	335,44	377,37	222,00	322,91	363,27	213,38	310,38	349,17	204,76	297,84	335,
(West)	II	4.514,00	248,27	361,12	406,26	239,65	348,58	392,15	231,03	336,05	378,05	222,42	323,52	363,96	213,80	310,98	349,85	205,18	298,45	335,75	196,57	285,92	321,
	III	3.831,83	108,05	306,54	344,86	89,42	294,02	330,77	70,78	281,49	316,67	52,14	268,96	302,58	33,49	256,42	288,47	14,85	243,89	274,37	–	231,36	260,
	IV	4.663,08	256,46	373,04	419,67	252,16	366,78	412,62	247,85	360,51	405,57	243,54	354,24	398,52	239,23	347,98	391,47	234,92	341,71	384,42	230,61	335,44	377,
	V	5.177,50	284,76	414,20	465,97																		
	VI	5.221,83	287,20	417,74	469,96																		
14.330,99	I	4.670,91	256,90	373,67	420,38	248,28	361,14	406,28	239,66	348,60	392,18	231,05	336,07	378,08	222,43	323,54	363,98	213,81	311,00	349,88	205,20	298,47	335,
(Ost)	II	4.521,75	248,69	361,74	406,95	240,07	349,20	392,85	231,46	336,67	378,75	222,85	324,14	364,66	214,23	311,61	350,56	205,61	299,08	336,46	197,00	286,54	322,
	III	3.839,83	109,00	307,18	345,58	90,36	294,65	331,48	71,71	282,12	317,38	53,07	269,58	303,28	34,43	257,05	289,18	15,78	244,52	275,08	–	231,98	260,
	IV	4.670,91	256,90	373,67	420,38	252,59	367,40	413,33	248,28	361,14	406,28	243,97	354,87	399,23	239,66	348,60	392,18	235,35	342,34	385,13	231,05	336,07	378,
	V	5.185,33	285,19	414,82	466,67																		
	VI	5.229,66	287,63	418,37	470,66																		

Allgemeine Tabelle

Lohn/Gehalt bis	Steuerklasse	Lohnsteuer	ohne Kinderfreibetrag SolZ 5,5%	ohne Kinderfreibetrag Kirchensteuer 8%	ohne Kinderfreibetrag Kirchensteuer 9%	0,5 SolZ 5,5%	0,5 Kirchensteuer 8%	0,5 Kirchensteuer 9%	1,0 SolZ 5,5%	1,0 Kirchensteuer 8%	1,0 Kirchensteuer 9%	1,5 SolZ 5,5%	1,5 Kirchensteuer 8%	1,5 Kirchensteuer 9%	2,0 SolZ 5,5%	2,0 Kirchensteuer 8%	2,0 Kirchensteuer 9%	2,5 SolZ 5,5%	2,5 Kirchensteuer 8%	2,5 Kirchensteuer 9%	3,0 SolZ 5,5%	3,0 Kirchensteuer 8%	3,0 Kirchensteuer 9%
						Anzahl Kinderfreibeträge (nur Steuerklassen I–IV)																	
4.333,99 (West)	I	4.664,33	256,53	373,14	419,78	247,92	360,61	405,68	239,30	348,08	391,59	230,68	335,54	377,48	222,07	323,01	363,38	213,45	310,48	349,29	204,83	297,94	335,18
	II	4.515,25	248,33	361,22	406,37	239,72	348,68	392,27	231,10	336,15	378,17	222,48	323,62	364,07	213,87	311,08	349,97	205,25	298,55	335,87	196,63	286,02	321,77
	III	3.833,16	108,21	306,65	344,98	89,56	294,12	330,88	70,92	281,58	316,78	52,28	269,05	302,68	33,63	256,52	288,58	14,99	243,98	274,48	-	231,45	260,38
	IV	4.664,33	256,53	373,14	419,78	252,23	366,88	412,74	247,92	360,61	405,68	243,61	354,34	398,63	239,30	348,08	391,59	234,99	341,81	384,53	230,68	335,54	377,48
	V	5.178,75	284,83	414,30	466,08																		
	VI	5.223,08	287,26	417,84	470,07																		
4.333,99 (Ost)	I	4.672,16	256,96	373,77	420,49	248,35	361,24	406,39	239,73	348,70	392,29	231,11	336,17	378,19	222,50	323,64	364,09	213,88	311,10	349,99	205,26	298,57	335,89
	II	4.523,00	248,76	361,84	407,07	240,15	349,31	392,97	231,53	336,78	378,87	222,91	324,24	364,77	214,30	311,71	350,67	205,68	299,18	336,57	197,06	286,64	322,47
	III	3.841,00	109,14	307,28	345,69	90,49	294,74	331,58	71,85	282,21	317,48	53,21	269,68	303,39	34,56	257,14	289,28	15,92	244,61	275,18	-	232,08	261,09
	IV	4.672,16	256,96	373,77	420,49	252,66	367,50	413,44	248,35	361,24	406,39	244,04	354,97	399,34	239,73	348,70	392,29	235,42	342,44	385,24	231,11	336,17	378,19
	V	5.186,58	285,26	414,92	466,79																		
	VI	5.230,91	287,70	418,47	470,78																		
4.336,99 (West)	I	4.665,58	256,60	373,24	419,90	247,99	360,71	405,80	239,37	348,18	391,70	230,75	335,64	377,60	222,14	323,11	363,50	213,52	310,58	349,40	204,91	298,05	335,30
	II	4.516,50	248,40	361,32	406,48	239,79	348,78	392,38	231,17	336,25	378,28	222,55	323,72	364,18	213,94	311,18	350,08	205,32	298,65	335,98	196,70	286,12	321,88
	III	3.834,50	108,36	306,76	345,10	89,72	294,22	331,00	71,08	281,69	316,90	52,43	269,16	302,80	33,79	256,62	288,70	15,15	244,09	274,60	-	231,56	260,50
	IV	4.665,58	256,60	373,24	419,90	252,29	366,98	412,85	247,99	360,71	405,80	243,68	354,44	398,75	239,37	348,18	391,70	235,06	341,91	384,65	230,75	335,64	377,60
	V	5.180,00	284,90	414,40	466,20																		
	VI	5.224,33	287,33	417,94	470,18																		
4.336,99 (Ost)	I	4.673,41	257,03	373,87	420,60	248,42	361,34	406,50	239,80	348,80	392,40	231,18	336,27	378,30	222,57	323,74	364,20	213,95	311,20	350,10	205,33	298,67	336,00
	II	4.524,33	248,83	361,94	407,18	240,22	349,41	393,08	231,60	336,88	378,99	222,98	324,34	364,88	214,37	311,81	350,78	205,75	299,28	336,69	197,13	286,74	322,58
	III	3.842,33	109,30	307,38	345,80	90,65	294,85	331,70	72,01	282,32	317,61	53,37	269,78	303,50	34,72	257,25	289,40	16,08	244,72	275,31	-	232,18	261,20
	IV	4.673,41	257,03	373,87	420,60	252,72	367,60	413,55	248,42	361,34	406,50	244,11	355,07	399,45	239,80	348,80	392,40	235,49	342,54	385,35	231,18	336,27	378,30
	V	5.187,83	285,33	415,02	466,90																		
	VI	5.232,16	287,76	418,57	470,89																		
4.339,99 (West)	I	4.666,83	256,67	373,34	420,01	248,05	360,81	405,91	239,44	348,28	391,81	230,82	335,74	377,71	222,21	323,22	363,62	213,59	310,68	349,52	204,98	298,15	335,42
	II	4.517,75	248,47	361,42	406,59	239,85	348,88	392,49	231,24	336,35	378,39	222,62	323,82	364,29	214,00	311,28	350,19	205,39	298,75	336,09	196,78	286,22	322,00
	III	3.835,66	108,50	306,85	345,20	89,86	294,32	331,11	71,22	281,78	317,00	52,57	269,25	302,90	33,93	256,72	288,81	15,29	244,18	274,70	-	231,65	260,60
	IV	4.666,83	256,67	373,34	420,01	252,36	367,08	412,96	248,05	360,81	405,91	243,75	354,54	398,86	239,44	348,28	391,81	235,13	342,01	384,76	230,82	335,74	377,71
	V	5.181,33	284,97	414,50	466,31																		
	VI	5.225,58	287,40	418,04	470,30																		
4.339,99 (Ost)	I	4.674,66	257,10	373,97	420,71	248,49	361,44	406,62	239,87	348,90	392,51	231,25	336,37	378,41	222,64	323,84	364,32	214,02	311,30	350,21	205,40	298,77	336,11
	II	4.525,58	248,90	362,04	407,30	240,29	349,51	393,20	231,67	336,98	379,10	223,05	324,44	365,00	214,44	311,91	350,90	205,82	299,38	336,80	197,20	286,84	322,70
	III	3.843,50	109,44	307,48	345,91	90,79	294,94	331,81	72,15	282,41	317,71	53,51	269,88	303,61	34,86	257,34	289,51	16,22	244,81	275,41	-	232,28	261,31
	IV	4.674,66	257,10	373,97	420,71	252,79	367,70	413,66	248,49	361,44	406,62	244,18	355,17	399,56	239,87	348,90	392,51	235,56	342,64	385,47	231,25	336,37	378,41
	V	5.189,08	285,39	415,12	467,01																		
	VI	5.233,41	287,83	418,67	471,00																		
4.342,99 (West)	I	4.668,08	256,74	373,44	420,12	248,12	360,91	406,02	239,51	348,38	391,93	230,89	335,85	377,83	222,28	323,32	363,73	213,66	310,78	349,63	205,04	298,25	335,53
	II	4.519,00	248,54	361,52	406,71	239,92	348,98	392,60	231,31	336,45	378,50	222,69	323,92	364,41	214,07	311,38	350,30	205,46	298,86	336,21	196,84	286,32	322,11
	III	3.837,00	108,66	306,96	345,33	90,02	294,42	331,22	71,38	281,89	317,12	52,73	269,36	303,03	34,09	256,82	288,92	15,45	244,29	274,82	-	231,76	260,73
	IV	4.668,08	256,74	373,44	420,12	252,43	367,18	413,07	248,12	360,91	406,02	243,81	354,64	398,97	239,51	348,38	391,93	235,20	342,12	384,88	230,89	335,85	377,83
	V	5.182,58	285,04	414,60	466,43																		
	VI	5.226,83	287,47	418,14	470,41																		
4.342,99 (Ost)	I	4.675,91	257,17	374,07	420,83	248,55	361,54	406,73	239,94	349,00	392,63	231,32	336,47	378,53	222,70	323,94	364,43	214,09	311,40	350,33	205,47	298,87	336,23
	II	4.526,83	248,97	362,14	407,41	240,35	349,61	393,31	231,74	337,08	379,21	223,12	324,54	365,11	214,50	312,01	351,01	205,89	299,48	336,91	197,27	286,94	322,81
	III	3.844,83	109,59	307,58	346,03	90,95	295,05	331,93	72,31	282,52	317,83	53,66	269,98	303,73	35,02	257,45	289,63	16,38	244,92	275,53	-	232,38	261,43
	IV	4.675,91	257,17	374,07	420,83	252,86	367,80	413,78	248,55	361,54	406,73	244,25	355,27	399,68	239,94	349,00	392,63	235,63	342,74	385,58	231,32	336,47	378,53
	V	5.190,33	285,46	415,22	467,12																		
	VI	5.234,66	287,90	418,77	471,11																		
14.345,99 (West)	I	4.669,33	256,81	373,54	420,23	248,20	361,02	406,14	239,58	348,48	392,04	230,96	335,95	377,94	222,35	323,42	363,84	213,73	310,88	349,74	205,11	298,35	335,64
	II	4.520,25	248,61	361,62	406,82	239,99	349,08	392,72	231,38	336,55	378,62	222,76	324,02	364,52	214,15	311,49	350,42	205,53	298,96	336,33	196,91	286,42	322,22
	III	3.838,16	108,80	307,05	345,43	90,16	294,52	331,33	71,51	281,98	317,23	52,87	269,45	303,13	34,23	256,92	289,03	15,58	244,38	274,93	-	231,86	260,84
	IV	4.669,33	256,81	373,54	420,23	252,50	367,28	413,19	248,20	361,02	406,14	243,89	354,75	399,09	239,58	348,48	392,04	235,27	342,22	384,99	230,96	335,95	377,94
	V	5.183,83	285,11	414,70	466,54																		
	VI	5.228,08	287,54	418,24	470,52																		
14.345,99 (Ost)	I	4.677,16	257,24	374,17	420,94	248,62	361,64	406,84	240,01	349,10	392,74	231,39	336,57	378,64	222,77	324,04	364,54	214,16	311,51	350,45	205,54	298,98	336,35
	II	4.528,08	249,04	362,24	407,52	240,42	349,71	393,42	231,81	337,18	379,32	223,19	324,64	365,22	214,57	312,11	351,12	205,96	299,58	337,02	197,34	287,04	322,92
	III	3.846,00	109,73	307,68	346,14	91,09	295,14	332,03	72,45	282,61	317,93	53,80	270,08	303,84	35,16	257,54	289,73	16,54	245,02	275,65	-	232,49	261,55
	IV	4.677,16	257,24	374,17	420,94	252,93	367,90	413,89	248,62	361,64	406,84	244,31	355,37	399,79	240,01	349,10	392,74	235,70	342,84	385,69	231,39	336,57	378,64
	V	5.191,58	285,53	415,32	467,24																		
	VI	5.235,91	287,97	418,87	471,23																		
14.348,99 (West)	I	4.670,66	256,88	373,65	420,35	248,27	361,12	406,26	239,65	348,58	392,15	231,03	336,05	378,05	222,42	323,52	363,96	213,80	310,98	349,85	205,18	298,45	335,75
	II	4.521,50	248,68	361,72	406,93	240,06	349,18	392,83	231,45	336,66	378,74	222,83	324,12	364,64	214,22	311,59	350,54	205,60	299,06	336,44	196,98	286,52	322,34
	III	3.839,50	108,96	307,16	345,55	90,32	294,62	331,45	71,67	282,09	317,35	53,03	269,56	303,25	34,39	257,02	289,15	15,74	244,49	275,05	-	231,96	260,95
	IV	4.670,66	256,88	373,65	420,35	252,57	367,38	413,30	248,27	361,12	406,26	243,96	354,85	399,20	239,65	348,58	392,15	235,34	342,32	385,11	231,03	336,05	378,05
	V	5.185,08	285,17	414,80	466,65																		
	VI	5.229,41	287,61	418,35	470,64																		
14.348,99 (Ost)	I	4.678,41	257,31	374,27	421,05	248,69	361,74	406,95	240,07	349,20	392,85	231,46	336,67	378,75	222,85	324,14	364,66	214,23	311,61	350,56	205,61	299,08	336,46
	II	4.529,33	249,11	362,34	407,63	240,49	349,81	393,53	231,88	337,28	379,44	223,26	324,74	365,33	214,64	312,21	351,23	206,03	299,68	337,14	197,41	287,15	323,04
	III	3.847,33	109,89	307,78	346,25	91,25	295,25	332,15	72,60	282,72	318,06	53,96	270,18	303,95	35,32	257,65	289,85	16,67	245,12	275,76	-	232,58	261,65
	IV	4.678,41	257,31	374,27	421,05	253,00	368,00	414,00	248,69	361,74	406,95	244,38	355,47	399,90	240,07	349,20	392,85	235,77	342,94	385,80	231,46	336,67	378,75
	V	5.192,91	285,61	415,43	467,36																		
	VI	5.237,16	288,04	418,97	471,34																		
14.351,99 (West)	I	4.671,91	256,95	373,75	420,47	248,33	361,22	406,37	239,72	348,68	392,27	231,10	336,15	378,17	222,48	323,62	364,07	213,87	311,08	349,97	205,25	298,55	335,87
	II	4.522,83	248,75	361,82	407,05	240,13	349,29	392,95	231,52	336,76	378,85	222,90	324,22	364,75	214,28	311,69	350,65	205,67	299,16	336,55	197,05	286,62	322,45
	III	3.840,66	109,10	307,25	345,65	90,45	294,72	331,56	71,81	282,18	317,45	53,19	269,66	303,37	34,54	257,13	289,27	15,90	244,60	275,17	-	232,06	261,07
	IV	4.671,91	256,95	373,75	420,47	252,64	367,48	413,42	248,33	361,22	406,37	244,03	354,95	399,32	239,72	348,68	392,27	235,41	342,42	385,22	231,10	336,15	378,17
	V	5.186,33	285,24	414,90	466,76																		
	VI	5.230,66	287,68	418,45	470,75																		
14.351,99 (Ost)	I	4.679,66	257,38	374,37	421,16	248,76	361,84	407,07	240,15	349,31	392,97	231,53	336,78	378,87	222,91	324,24	364,77	214,30	311,71	350,67	205,68	299,18	336,57
	II	4.530,58	249,18	362,44	407,75	240,56	349,91	393,65	231,94	337,38	379,55	223,33	324,84	365,45	214,71	312,31	351,35	206,10	299,78	337,25	197,48	287,25	323,15
	III	3.848,50	110,03	307,88	346,36	91,39	295,34	332,26	72,76	282,82	318,17	54,12	270,29	304,07	35,48	257,76	289,98	16,83	245,22	275,87	-	232,69	261,77
	IV	4.679,66	257,38	374,37	421,16	253,07	368,10	414,11	248,76	361,84	407,07	244,45	355,57	400,01	240,15	349,31	392,97	235,84	343,04	385,92	231,53	336,78	378,87
	V	5.194,16	285,67	415,53	467,47																		
	VI	5.238,41	288,11	419,07	471,45																		

MONAT bis 14.372,99 €

Allgemeine Tabelle

Lohn/ Gehalt bis	Steuerklasse	Lohn-steuer	ohne Kinderfreibetrag SolZ 5,5%	Kirchensteuer 8%	9%	0,5 SolZ 5,5%	Kirchensteuer 8%	9%	1,0 SolZ 5,5%	Kirchensteuer 8%	9%	1,5 SolZ 5,5%	Kirchensteuer 8%	9%	2,0 SolZ 5,5%	Kirchensteuer 8%	9%	2,5 SolZ 5,5%	Kirchensteuer 8%	9%	3,0 SolZ 5,5%	Kirchensteuer 8%	9%
14.354,99 (West)	I	4.673,16	257,02	373,85	420,58	248,40	361,32	406,48	239,79	348,78	392,38	231,17	336,25	378,28	222,55	323,72	364,18	213,94	311,18	350,08	205,32	298,65	335
	II	4.524,08	248,82	361,92	407,16	240,20	349,39	393,06	231,59	336,86	378,96	222,97	324,32	364,86	214,35	311,79	350,76	205,74	299,26	336,66	197,12	286,72	322
	III	3.842,00	109,26	307,36	345,78	90,61	294,82	331,67	71,97	282,29	317,57	53,33	269,76	303,48	34,68	257,22	289,37	16,04	244,69	275,27	–	232,16	261
	IV	4.673,16	257,02	373,85	420,58	252,71	367,58	413,53	248,40	361,32	406,48	244,09	355,05	399,43	239,79	348,78	392,38	235,48	342,52	385,33	231,17	336,25	378
	V	5.187,58	285,31	415,00	466,88																		
	VI	5.231,91	287,75	418,55	470,87																		
14.354,99 (Ost)	I	4.680,91	257,45	374,47	421,28	248,83	361,94	407,18	240,22	349,41	393,08	231,60	336,88	378,99	222,98	324,34	364,88	214,37	311,81	350,78	205,75	299,28	336
	II	4.531,83	249,25	362,54	407,86	240,63	350,01	393,76	232,01	337,48	379,66	223,40	324,95	365,57	214,78	312,42	351,47	206,17	299,88	337,37	197,55	287,35	323
	III	3.849,83	110,19	307,98	346,48	91,55	295,45	332,38	72,90	282,92	318,28	54,26	270,38	304,18	35,62	257,85	290,08	16,97	245,32	275,98	–	232,78	261
	IV	4.680,91	257,45	374,47	421,28	253,14	368,21	414,23	248,83	361,94	407,18	244,53	355,68	400,14	240,22	349,41	393,08	235,91	343,14	386,03	231,60	336,88	378
	V	5.195,41	285,74	415,63	467,58																		
	VI	5.239,75	288,18	419,18	471,57																		
14.357,99 (West)	I	4.674,41	257,09	373,95	420,69	248,47	361,42	406,59	239,85	348,88	392,49	231,24	336,35	378,39	222,62	323,82	364,29	214,00	311,28	350,19	205,39	298,75	336
	II	4.525,33	248,89	362,02	407,27	240,27	349,49	393,17	231,66	336,96	379,08	223,04	324,42	364,97	214,42	311,89	350,87	205,81	299,36	336,78	197,19	286,82	322
	III	3.843,33	109,42	307,46	345,89	90,77	294,93	331,79	72,13	282,40	317,70	53,49	269,86	303,59	34,84	257,33	289,49	16,20	244,80	275,40	–	232,26	261
	IV	4.674,41	257,09	373,95	420,69	252,78	367,68	413,64	248,47	361,42	406,59	244,16	355,15	399,54	239,85	348,88	392,49	235,55	342,62	385,44	231,24	336,35	378
	V	5.188,83	285,38	415,10	466,99																		
	VI	5.233,16	287,82	418,65	470,98																		
14.357,99 (Ost)	I	4.682,25	257,52	374,58	421,40	248,90	362,04	407,30	240,29	349,51	393,20	231,67	336,98	379,10	223,05	324,44	365,00	214,44	311,91	350,90	205,82	299,38	336,
	II	4.533,08	249,31	362,64	407,97	240,70	350,11	393,87	232,09	337,58	379,78	223,47	325,05	365,68	214,85	312,52	351,58	206,24	299,98	337,48	197,62	287,45	323,
	III	3.851,16	110,35	308,09	346,60	91,70	295,56	332,50	73,06	283,02	318,40	54,42	270,49	304,30	35,77	257,96	290,20	17,13	245,42	276,10	–	232,89	262,
	IV	4.682,25	257,52	374,58	421,40	253,21	368,31	414,35	248,90	362,04	407,30	244,59	355,78	400,25	240,29	349,51	393,20	235,98	343,24	386,15	231,67	336,98	379,
	V	5.196,66	285,81	415,73	467,69																		
	VI	5.241,00	288,25	419,28	471,69																		
14.360,99 (West)	I	4.675,66	257,16	374,05	420,80	248,54	361,52	406,71	239,92	348,98	392,60	231,31	336,45	378,50	222,69	323,92	364,41	214,07	311,38	350,30	205,46	298,86	336,
	II	4.526,58	248,96	362,12	407,39	240,34	349,59	393,29	231,72	337,06	379,19	223,11	324,52	365,09	214,49	311,99	350,99	205,87	299,46	336,89	197,26	286,92	322,
	III	3.844,50	109,55	307,56	346,00	90,91	295,02	331,90	72,27	282,49	317,80	53,62	269,96	303,70	34,98	257,42	289,60	16,34	244,89	275,50	–	232,36	261,
	IV	4.675,66	257,16	374,05	420,80	252,85	367,78	413,75	248,54	361,52	406,71	244,23	355,25	399,65	239,92	348,98	392,60	235,62	342,72	385,56	231,31	336,45	378,
	V	5.190,08	285,45	415,20	467,10																		
	VI	5.234,41	287,89	418,75	471,09																		
14.360,99 (Ost)	I	4.683,50	257,59	374,68	421,51	248,97	362,14	407,41	240,35	349,61	393,31	231,74	337,08	379,21	223,12	324,54	365,11	214,50	312,01	351,01	205,89	299,48	336,
	II	4.534,41	249,39	362,75	408,09	240,77	350,22	393,99	232,15	337,68	379,89	223,54	325,15	365,79	214,92	312,62	351,69	206,30	300,08	337,59	197,69	287,55	323,
	III	3.852,33	110,49	308,18	346,70	91,84	295,65	332,60	73,20	283,12	318,51	54,56	270,58	304,40	35,91	258,05	290,30	17,27	245,52	276,21	–	232,98	262,
	IV	4.683,50	257,59	374,68	421,51	253,28	368,41	414,46	248,97	362,14	407,41	244,66	355,88	400,36	240,35	349,61	393,31	236,05	343,34	386,26	231,74	337,08	379,
	V	5.197,91	285,88	415,83	467,81																		
	VI	5.242,25	288,32	419,38	471,80																		
14.363,99 (West)	I	4.676,91	257,23	374,15	420,92	248,61	361,62	406,82	239,99	349,08	392,72	231,38	336,55	378,62	222,76	324,02	364,52	214,15	311,49	350,42	205,53	298,96	336,
	II	4.527,83	249,03	362,22	407,50	240,41	349,69	393,40	231,79	337,16	379,30	223,18	324,62	365,20	214,56	312,09	351,10	205,94	299,56	337,00	197,33	287,02	322,
	III	3.845,83	109,71	307,66	346,12	91,07	295,13	332,02	72,43	282,60	317,92	53,78	270,06	303,82	35,14	257,53	289,72	16,50	245,00	275,62	–	232,46	261,
	IV	4.676,91	257,23	374,15	420,92	252,92	367,88	413,87	248,61	361,62	406,82	244,30	355,35	399,77	239,99	349,08	392,72	235,68	342,82	385,67	231,38	336,55	378,
	V	5.191,33	285,52	415,30	467,21																		
	VI	5.235,66	287,96	418,85	471,20																		
14.363,99 (Ost)	I	4.684,75	257,66	374,78	421,62	249,04	362,24	407,52	240,42	349,71	393,42	231,81	337,18	379,32	223,19	324,64	365,22	214,57	312,11	351,12	205,96	299,58	337,
	II	4.535,66	249,46	362,85	408,20	240,84	350,32	394,11	232,22	337,78	380,00	223,61	325,25	365,90	214,99	312,72	351,81	206,37	300,18	337,70	197,76	287,65	323,
	III	3.853,66	110,65	308,29	346,82	92,00	295,76	332,73	73,36	283,22	318,62	54,72	270,69	304,52	36,07	258,16	290,43	17,43	245,62	276,32	–	233,09	262,
	IV	4.684,75	257,66	374,78	421,62	253,35	368,51	414,57	249,04	362,24	407,52	244,73	355,98	400,47	240,42	349,71	393,42	236,11	343,44	386,37	231,81	337,18	379,
	V	5.199,16	285,95	415,93	467,92																		
	VI	5.243,50	288,39	419,48	471,91																		
14.366,99 (West)	I	4.678,16	257,29	374,25	421,03	248,68	361,72	406,93	240,06	349,18	392,83	231,45	336,66	378,74	222,83	324,12	364,64	214,22	311,59	350,54	205,60	299,06	336,
	II	4.529,08	249,09	362,32	407,61	240,48	349,79	393,51	231,86	337,26	379,41	223,24	324,72	365,31	214,63	312,19	351,21	206,02	299,66	337,12	197,40	287,13	323,
	III	3.847,00	109,85	307,76	346,23	91,21	295,22	332,12	72,57	282,69	318,02	53,92	270,16	303,93	35,28	257,62	289,82	16,64	245,09	275,72	–	232,56	261,
	IV	4.678,16	257,29	374,25	421,03	252,99	367,98	413,98	248,68	361,72	406,93	244,37	355,45	399,88	240,06	349,18	392,83	235,76	342,92	385,79	231,45	336,66	378,
	V	5.192,66	285,59	415,41	467,33																		
	VI	5.236,91	288,03	418,95	471,32																		
14.366,99 (Ost)	I	4.686,00	257,73	374,88	421,74	249,11	362,34	407,63	240,49	349,81	393,53	231,88	337,28	379,44	223,26	324,74	365,33	214,64	312,21	351,23	206,03	299,68	337,
	II	4.536,91	249,53	362,95	408,32	240,91	350,42	394,22	232,29	337,88	380,12	223,68	325,35	366,02	215,06	312,82	351,92	206,44	300,28	337,82	197,83	287,75	323,
	III	3.854,83	110,78	308,38	346,93	92,14	295,85	332,83	73,50	283,32	318,73	54,85	270,78	304,63	36,21	258,25	290,53	17,57	245,72	276,43	–	233,18	262,3
	IV	4.686,00	257,73	374,88	421,74	253,42	368,61	414,68	249,11	362,34	407,63	244,80	356,08	400,59	240,49	349,81	393,53	236,18	343,54	386,48	231,88	337,28	379,4
	V	5.200,41	286,02	416,03	468,03																		
	VI	5.244,75	288,46	419,58	472,02																		
14.369,99 (West)	I	4.679,41	257,36	374,35	421,14	248,75	361,82	407,05	240,13	349,29	392,95	231,52	336,76	378,85	222,90	324,22	364,75	214,28	311,69	350,65	205,67	299,16	336,5
	II	4.530,33	249,16	362,42	407,72	240,55	349,89	393,62	231,93	337,36	379,53	223,31	324,82	365,42	214,70	312,30	351,33	206,08	299,76	337,23	197,47	287,23	323,1
	III	3.848,33	110,01	307,86	346,34	91,37	295,33	332,24	72,72	282,80	318,15	54,08	270,26	304,04	35,44	257,73	289,94	16,79	245,20	275,85	–	232,66	261,7
	IV	4.679,41	257,36	374,35	421,14	253,05	368,08	414,09	248,75	361,82	407,05	244,44	355,56	400,00	240,13	349,29	392,95	235,83	343,02	385,90	231,52	336,76	378,8
	V	5.193,91	285,66	415,51	467,45																		
	VI	5.238,16	288,09	419,05	471,43																		
14.369,99 (Ost)	I	4.687,25	257,79	374,98	421,85	249,18	362,44	407,75	240,56	349,91	393,65	231,94	337,38	379,55	223,33	324,84	365,45	214,71	312,31	351,35	206,10	299,78	337,2
	II	4.538,16	249,59	363,05	408,43	240,98	350,52	394,33	232,36	337,98	380,23	223,74	325,45	366,13	215,13	312,92	352,03	206,51	300,38	337,93	197,89	287,85	323,8
	III	3.856,16	110,94	308,49	347,05	92,30	295,96	332,95	73,66	283,42	318,85	55,01	270,89	304,75	36,37	258,36	290,65	17,73	245,82	276,55	–	233,29	262,4
	IV	4.687,25	257,79	374,98	421,85	253,49	368,71	414,80	249,18	362,44	407,75	244,87	356,18	400,70	240,56	349,91	393,65	236,25	343,64	386,60	231,94	337,38	379,5
	V	5.201,66	286,09	416,13	468,14																		
	VI	5.246,00	288,53	419,68	472,14																		
14.372,99 (West)	I	4.680,75	257,44	374,46	421,26	248,82	361,92	407,16	240,20	349,39	393,06	231,59	336,86	378,96	222,97	324,32	364,86	214,35	311,79	350,76	205,74	299,26	336,6
	II	4.531,58	249,23	362,52	407,84	240,62	349,99	393,74	232,00	337,46	379,64	223,39	324,93	365,54	214,77	312,40	351,45	206,15	299,86	337,34	197,54	287,33	323,2
	III	3.849,50	110,15	307,96	346,45	91,51	295,42	332,35	72,86	282,89	318,25	54,22	270,36	304,15	35,58	257,82	290,05	16,95	245,30	275,96	–	232,77	261,8
	IV	4.680,75	257,44	374,46	421,26	253,13	368,19	414,21	248,82	361,92	407,16	244,51	355,66	400,11	240,20	349,39	393,06	235,89	343,12	386,01	231,59	336,86	378,9
	V	5.195,16	285,73	415,61	467,56																		
	VI	5.239,50	288,17	419,16	471,55																		
14.372,99 (Ost)	I	4.688,50	257,86	375,08	421,96	249,25	362,54	407,86	240,63	350,01	393,76	232,01	337,48	379,66	223,40	324,95	365,57	214,78	312,42	351,47	206,17	299,88	337,3
	II	4.539,41	249,66	363,15	408,54	241,05	350,62	394,44	232,43	338,08	380,34	223,81	325,55	366,24	215,20	313,02	352,14	206,58	300,48	338,04	197,96	287,95	323,9
	III	3.857,33	111,08	308,58	347,15	92,44	296,05	333,05	73,79	283,52	318,96	55,15	270,98	304,85	36,53	258,46	290,77	17,88	245,93	276,67	–	233,40	262,5
	IV	4.688,50	257,86	375,08	421,96	253,55	368,81	414,91	249,25	362,54	407,86	244,94	356,28	400,81	240,63	350,01	393,76	236,32	343,74	386,71	232,01	337,48	379,6
	V	5.203,00	286,16	416,24	468,27																		
	VI	5.247,25	288,59	419,78	472,25																		

Lohn/ Gehalt bis	Steuerklasse	Lohnsteuer	ohne Kinderfreibetrag			Anzahl Kinderfreibeträge (nur Steuerklassen I–IV)																	
						0,5			1,0			1,5			2,0			2,5			3,0		
			SolZ 5,5%	Kirchensteuer 8%	Kirchensteuer 9%	SolZ 5,5%	Kirchensteuer 8%	Kirchensteuer 9%	SolZ 5,5%	Kirchensteuer 8%	Kirchensteuer 9%	SolZ 5,5%	Kirchensteuer 8%	Kirchensteuer 9%	SolZ 5,5%	Kirchensteuer 8%	Kirchensteuer 9%	SolZ 5,5%	Kirchensteuer 8%	Kirchensteuer 9%	SolZ 5,5%	Kirchensteuer 8%	Kirchensteuer 9%
4.375,99	I	**4.682,00**	*257,51*	374,56	421,38	*248,89*	362,02	407,27	*240,27*	349,49	393,17	*231,66*	336,96	379,08	*223,04*	324,42	364,97	*214,42*	311,89	350,87	*205,81*	299,36	336,78
(West)	II	**4.532,83**	*249,30*	362,62	407,95	*240,69*	350,10	393,86	*232,07*	337,56	379,76	*223,46*	325,03	365,66	*214,84*	312,50	351,56	*206,22*	299,96	337,46	*197,61*	287,43	323,36
	III	**3.850,83**	*110,31*	308,06	346,57	*91,66*	295,53	332,47	*73,02*	283,00	318,37	*54,38*	270,46	304,27	*35,73*	257,93	290,17	*17,09*	245,40	276,07	–	232,86	261,97
	IV	**4.682,00**	*257,51*	374,56	421,38	*253,20*	368,29	414,32	*248,89*	362,02	407,27	*244,58*	355,76	400,23	*240,27*	349,49	393,17	*235,96*	343,22	386,12	*231,66*	336,96	379,08
	V	**5.196,41**	*285,80*	415,71	467,67																		
	VI	**5.240,75**	*288,24*	419,26	471,66																		
4.375,99	I	**4.689,75**	*257,93*	375,18	422,07	*249,31*	362,64	407,97	*240,70*	350,11	393,87	*232,09*	337,58	379,78	*223,47*	325,05	365,68	*214,85*	312,52	351,58	*206,24*	299,98	337,48
(Ost)	II	**4.540,66**	*249,73*	363,25	408,65	*241,12*	350,72	394,56	*232,50*	338,18	380,45	*223,88*	325,65	366,35	*215,27*	313,12	352,26	*206,65*	300,59	338,16	*198,04*	288,06	324,06
	III	**3.858,66**	*111,24*	308,69	347,27	*92,60*	296,16	333,18	*73,95*	283,62	319,07	*55,31*	271,09	304,97	*36,67*	258,56	290,88	*18,02*	246,02	276,77	–	233,49	262,67
	IV	**4.689,75**	*257,93*	375,18	422,07	*253,62*	368,91	415,02	*249,31*	362,64	407,97	*245,01*	356,38	400,92	*240,70*	350,11	393,87	*236,39*	343,85	386,83	*232,09*	337,58	379,78
	V	**5.204,25**	*286,23*	416,34	468,38																		
	VI	**5.248,50**	*288,66*	419,88	472,36																		
4.378,99	I	**4.683,25**	*257,57*	374,66	421,49	*248,96*	362,12	407,39	*240,34*	349,59	393,29	*231,72*	337,06	379,19	*223,11*	324,52	365,09	*214,49*	311,99	350,99	*205,87*	299,46	336,89
(West)	II	**4.534,16**	*249,37*	362,73	408,07	*240,76*	350,20	393,97	*232,14*	337,66	379,87	*223,52*	325,13	365,77	*214,91*	312,60	351,67	*206,29*	300,06	337,57	*197,67*	287,53	323,47
	III	**3.852,00**	*110,45*	308,16	346,68	*91,80*	295,62	332,57	*73,18*	283,10	318,49	*54,54*	270,57	304,39	*35,89*	258,04	290,29	*17,25*	245,50	276,19	–	232,97	262,09
	IV	**4.683,25**	*257,57*	374,66	421,49	*253,27*	368,39	414,44	*248,96*	362,12	407,39	*244,65*	355,86	400,34	*240,34*	349,59	393,29	*236,03*	343,32	386,24	*231,72*	337,06	379,19
	V	**5.197,66**	*285,87*	415,81	467,78																		
	VI	**5.242,00**	*288,31*	419,36	471,78																		
4.378,99	I	**4.691,00**	*258,00*	375,28	422,19	*249,39*	362,75	408,09	*240,77*	350,22	393,99	*232,15*	337,68	379,89	*223,54*	325,15	365,79	*214,92*	312,62	351,69	*206,30*	300,08	337,59
(Ost)	II	**4.541,91**	*249,80*	363,35	408,77	*241,18*	350,82	394,67	*232,57*	338,28	380,57	*223,95*	325,75	366,47	*215,34*	313,22	352,37	*206,72*	300,69	338,27	*198,11*	288,16	324,18
	III	**3.859,83**	*111,38*	308,78	347,38	*92,76*	296,26	333,29	*74,11*	283,73	319,19	*55,47*	271,20	305,10	*36,83*	258,66	290,99	*18,18*	246,13	276,89	–	233,60	262,80
	IV	**4.691,00**	*258,00*	375,28	422,19	*253,69*	369,01	415,13	*249,39*	362,75	408,09	*245,08*	356,48	401,04	*240,77*	350,22	393,99	*236,46*	343,95	386,94	*232,15*	337,68	379,89
	V	**5.205,50**	*286,30*	416,44	468,49																		
	VI	**5.249,75**	*288,73*	419,98	472,47																		
4.381,99	I	**4.684,50**	*257,64*	374,76	421,60	*249,03*	362,22	407,50	*240,41*	349,69	393,40	*231,79*	337,16	379,30	*223,18*	324,62	365,20	*214,56*	312,09	351,10	*205,94*	299,56	337,00
(West)	II	**4.535,41**	*249,44*	362,83	408,18	*240,83*	350,30	394,08	*232,21*	337,76	379,98	*223,59*	325,23	365,88	*214,98*	312,70	351,78	*206,36*	300,16	337,68	*197,74*	287,63	323,58
	III	**3.853,33**	*110,61*	308,26	346,79	*91,96*	295,73	332,69	*73,32*	283,20	318,60	*54,68*	270,66	304,49	*36,03*	258,13	290,39	*17,39*	245,60	276,30	–	233,06	262,19
	IV	**4.684,50**	*257,64*	374,76	421,60	*253,33*	368,49	414,55	*249,03*	362,22	407,50	*244,72*	355,96	400,45	*240,41*	349,69	393,40	*236,10*	343,42	386,35	*231,79*	337,16	379,30
	V	**5.198,91**	*285,94*	415,91	467,90																		
	VI	**5.243,25**	*288,37*	419,46	471,89																		
4.381,99	I	**4.692,33**	*258,07*	375,38	422,30	*249,46*	362,85	408,20	*240,84*	350,32	394,11	*232,22*	337,78	380,00	*223,61*	325,25	365,90	*214,99*	312,72	351,81	*206,37*	300,18	337,70
(Ost)	II	**4.543,16**	*249,87*	363,45	408,88	*241,25*	350,92	394,78	*232,64*	338,39	380,69	*224,02*	325,86	366,59	*215,41*	313,32	352,49	*206,79*	300,79	338,39	*198,17*	288,26	324,29
	III	**3.861,16**	*111,54*	308,89	347,50	*92,89*	296,36	333,40	*74,25*	283,82	319,30	*55,61*	271,29	305,20	*36,96*	258,76	291,10	*18,32*	246,22	277,00	–	233,69	262,90
	IV	**4.692,33**	*258,07*	375,38	422,30	*253,77*	369,12	415,26	*249,46*	362,85	408,20	*245,15*	356,58	401,15	*240,84*	350,32	394,11	*236,53*	344,05	387,05	*232,22*	337,78	380,00
	V	**5.206,75**	*286,37*	416,54	468,60																		
	VI	**5.251,08**	*288,80*	420,08	472,59																		
4.384,99	I	**4.685,75**	*257,71*	374,86	421,71	*249,09*	362,32	407,61	*240,48*	349,79	393,51	*231,86*	337,26	379,41	*223,24*	324,72	365,31	*214,63*	312,19	351,21	*206,02*	299,66	337,12
(West)	II	**4.536,66**	*249,51*	362,93	408,29	*240,90*	350,40	394,20	*232,28*	337,86	380,09	*223,66*	325,33	365,99	*215,05*	312,80	351,90	*206,43*	300,26	337,79	*197,81*	287,73	323,69
	III	**3.854,66**	*110,76*	308,37	346,91	*92,12*	295,84	332,82	*73,48*	283,30	318,71	*54,83*	270,77	304,61	*36,19*	258,24	290,52	*17,55*	245,70	276,41	–	233,17	262,31
	IV	**4.685,75**	*257,71*	374,86	421,71	*253,40*	368,59	414,66	*249,09*	362,32	407,61	*244,79*	356,06	400,56	*240,48*	349,79	393,51	*236,17*	343,52	386,46	*231,86*	337,26	379,41
	V	**5.200,16**	*286,00*	416,01	468,01																		
	VI	**5.244,50**	*288,44*	419,56	472,00																		
4.384,99	I	**4.693,58**	*258,14*	375,48	422,42	*249,53*	362,95	408,32	*240,91*	350,42	394,22	*232,29*	337,88	380,12	*223,68*	325,35	366,02	*215,06*	312,82	351,92	*206,44*	300,28	337,82
(Ost)	II	**4.544,41**	*249,94*	363,55	408,99	*241,33*	351,02	394,90	*232,71*	338,49	380,80	*224,09*	325,96	366,70	*215,48*	313,42	352,60	*206,86*	300,89	338,50	*198,24*	288,36	324,40
	III	**3.862,50**	*111,70*	309,00	347,62	*93,05*	296,46	333,52	*74,41*	283,93	319,42	*55,77*	271,40	305,32	*37,12*	258,86	291,22	*18,48*	246,33	277,12	–	233,80	263,02
	IV	**4.693,58**	*258,14*	375,48	422,42	*253,83*	369,22	415,37	*249,53*	362,95	408,32	*245,22*	356,68	401,27	*240,91*	350,42	394,22	*236,60*	344,15	387,17	*232,29*	337,88	380,12
	V	**5.208,00**	*286,44*	416,64	468,72																		
	VI	**5.252,33**	*288,87*	420,18	472,70																		
4.387,99	I	**4.687,00**	*257,78*	374,96	421,83	*249,16*	362,42	407,72	*240,55*	349,89	393,62	*231,93*	337,36	379,53	*223,31*	324,82	365,42	*214,70*	312,30	351,33	*206,08*	299,76	337,23
(West)	II	**4.537,91**	*249,58*	363,03	408,41	*240,96*	350,50	394,31	*232,35*	337,96	380,21	*223,73*	325,43	366,11	*215,11*	312,90	352,01	*206,50*	300,36	337,91	*197,88*	287,83	323,81
	III	**3.855,83**	*110,90*	308,46	347,02	*92,26*	295,93	332,92	*73,62*	283,40	318,82	*54,97*	270,86	304,72	*36,33*	258,33	290,62	*17,69*	245,80	276,52	–	233,26	262,42
	IV	**4.687,00**	*257,78*	374,96	421,83	*253,47*	368,69	414,77	*249,16*	362,42	407,72	*244,86*	356,16	400,68	*240,55*	349,89	393,62	*236,24*	343,62	386,57	*231,93*	337,36	379,53
	V	**5.201,41**	*286,07*	416,11	468,12																		
	VI	**5.245,75**	*288,51*	419,66	472,11																		
14.387,99	I	**4.694,83**	*258,21*	375,58	422,53	*249,59*	363,05	408,43	*240,98*	350,52	394,33	*232,36*	337,98	380,23	*223,74*	325,45	366,13	*215,13*	312,92	352,03	*206,51*	300,38	337,93
(Ost)	II	**4.545,75**	*250,01*	363,66	409,11	*241,39*	351,12	395,01	*232,78*	338,59	380,91	*224,16*	326,06	366,81	*215,54*	313,52	352,71	*206,93*	300,99	338,61	*198,31*	288,46	324,51
	III	**3.863,66**	*111,84*	309,09	347,72	*93,19*	296,56	333,63	*74,55*	284,02	319,52	*55,91*	271,49	305,42	*37,26*	258,96	291,33	*18,62*	246,42	277,22	–	233,89	263,12
	IV	**4.694,83**	*258,21*	375,58	422,53	*253,90*	369,32	415,48	*249,59*	363,05	408,43	*245,29*	356,78	401,38	*240,98*	350,52	394,33	*236,67*	344,25	387,28	*232,36*	337,98	380,23
	V	**5.209,25**	*286,50*	416,74	468,83																		
	VI	**5.253,58**	*288,94*	420,28	472,82																		
14.390,99	I	**4.688,25**	*257,85*	375,06	421,94	*249,23*	362,52	407,84	*240,62*	349,99	393,74	*232,00*	337,46	379,64	*223,39*	324,93	365,54	*214,77*	312,40	351,45	*206,15*	299,86	337,34
(West)	II	**4.539,16**	*249,65*	363,13	408,52	*241,03*	350,60	394,42	*232,42*	338,06	380,32	*223,80*	325,53	366,22	*215,18*	313,00	352,12	*206,57*	300,46	338,02	*197,95*	287,94	323,93
	III	**3.857,16**	*111,06*	308,57	347,14	*92,42*	296,04	333,04	*73,78*	283,50	318,94	*55,13*	270,97	304,84	*36,49*	258,44	290,74	*17,85*	245,90	276,64	–	233,37	262,54
	IV	**4.688,25**	*257,85*	375,06	421,94	*253,54*	368,79	414,89	*249,23*	362,52	407,84	*244,92*	356,26	400,79	*240,62*	349,99	393,74	*236,31*	343,72	386,69	*232,00*	337,46	379,64
	V	**5.202,75**	*286,15*	416,22	468,24																		
	VI	**5.247,00**	*288,58*	419,76	472,23																		
14.390,99	I	**4.696,08**	*258,28*	375,68	422,64	*249,66*	363,15	408,54	*241,05*	350,62	394,44	*232,43*	338,08	380,34	*223,81*	325,55	366,24	*215,20*	313,02	352,14	*206,58*	300,48	338,04
(Ost)	II	**4.547,00**	*250,08*	363,76	409,23	*241,46*	351,22	395,12	*232,85*	338,69	381,02	*224,23*	326,16	366,93	*215,61*	313,62	352,82	*207,00*	301,09	338,72	*198,38*	288,56	324,63
	III	**3.865,00**	*111,99*	309,20	347,85	*93,35*	296,66	333,74	*74,71*	284,13	319,64	*56,06*	271,60	305,55	*37,42*	259,06	291,44	*18,78*	246,53	277,34	*0,13*	234,00	263,25
	IV	**4.696,08**	*258,28*	375,68	422,64	*253,97*	369,42	415,59	*249,66*	363,15	408,54	*245,35*	356,88	401,49	*241,05*	350,62	394,44	*236,74*	344,35	387,39	*232,43*	338,08	380,34
	V	**5.210,50**	*286,57*	416,84	468,94																		
	VI	**5.254,83**	*289,01*	420,38	472,93																		
14.393,99	I	**4.689,50**	*257,92*	375,16	422,05	*249,30*	362,62	407,95	*240,69*	350,10	393,86	*232,07*	337,56	379,76	*223,46*	325,03	365,66	*214,84*	312,50	351,56	*206,22*	299,96	337,46
(West)	II	**4.540,41**	*249,72*	363,23	408,63	*241,10*	350,70	394,53	*232,48*	338,16	380,43	*223,87*	325,63	366,33	*215,26*	313,10	352,24	*206,64*	300,57	338,14	*198,02*	288,04	324,04
	III	**3.858,33**	*111,20*	308,66	347,24	*92,56*	296,13	333,14	*73,91*	283,60	319,05	*55,27*	271,06	304,94	*36,63*	258,53	290,84	*17,98*	246,00	276,75	–	233,46	262,64
	IV	**4.689,50**	*257,92*	375,16	422,05	*253,61*	368,89	415,00	*249,30*	362,62	407,95	*245,00*	356,36	400,91	*240,69*	350,10	393,86	*236,38*	343,83	386,81	*232,07*	337,56	379,76
	V	**5.204,00**	*286,22*	416,32	468,36																		
	VI	**5.248,25**	*288,65*	419,86	472,34																		
14.393,99	I	**4.697,33**	*258,35*	375,78	422,75	*249,73*	363,25	408,65	*241,12*	350,72	394,56	*232,50*	338,18	380,45	*223,88*	325,65	366,35	*215,27*	313,12	352,26	*206,65*	300,59	338,16
(Ost)	II	**4.548,25**	*250,15*	363,86	409,34	*241,53*	351,32	395,24	*232,92*	338,79	381,14	*224,30*	326,26	367,04	*215,68*	313,72	352,94	*207,07*	301,19	338,84	*198,45*	288,66	324,74
	III	**3.866,16**	*112,13*	309,29	347,95	*93,49*	296,76	333,85	*74,85*	284,22	319,75	*56,20*	271,69	305,65	*37,56*	259,16	291,55	*18,92*	246,62	277,45	*0,29*	234,10	263,36
	IV	**4.697,33**	*258,35*	375,78	422,75	*254,04*	369,52	415,71	*249,73*	363,25	408,65	*245,42*	356,98	401,60	*241,12*	350,72	394,56	*236,81*	344,45	387,50	*232,50*	338,18	380,45
	V	**5.211,75**	*286,64*	416,94	469,05																		
	VI	**5.256,08**	*289,08*	420,48	473,04																		

MONAT bis 14.414,99 €

Allgemeine Tabelle

Lohn/ Gehalt bis	Steuerklasse	Lohn-steuer	ohne Kinderfreibetrag SolZ 5,5%	ohne Kinderfreibetrag Kirchensteuer 8%	ohne Kinderfreibetrag Kirchensteuer 9%	0,5 SolZ 5,5%	0,5 Kirchensteuer 8%	0,5 Kirchensteuer 9%	1,0 SolZ 5,5%	1,0 Kirchensteuer 8%	1,0 Kirchensteuer 9%	1,5 SolZ 5,5%	1,5 Kirchensteuer 8%	1,5 Kirchensteuer 9%	2,0 SolZ 5,5%	2,0 Kirchensteuer 8%	2,0 Kirchensteuer 9%	2,5 SolZ 5,5%	2,5 Kirchensteuer 8%	2,5 Kirchensteuer 9%	3,0 SolZ 5,5%	3,0 Kirchensteuer 8%	3,0 Kirchensteuer 9%
14.396,99	I	4.690,83	257,99	375,26	422,17	249,37	362,73	408,07	240,76	350,20	393,97	232,14	337,66	379,87	223,52	325,13	365,77	214,91	312,60	351,67	206,29	300,06	337
(West)	II	4.541,66	249,79	363,33	408,74	241,17	350,80	394,65	232,55	338,26	380,54	223,94	325,74	366,45	215,32	313,20	352,35	206,71	300,67	338,25	198,09	288,14	324
	III	3.859,66	111,36	308,77	347,36	92,72	296,24	333,27	74,07	283,70	319,16	55,43	271,17	305,06	36,79	258,64	290,97	18,14	246,10	276,86	-	233,57	262
	IV	4.690,83	257,99	375,26	422,17	253,68	369,00	415,12	249,37	362,73	408,07	245,07	356,46	401,02	240,76	350,20	393,97	236,45	343,93	386,92	232,14	337,66	379
	V	5.205,25	286,28	416,42	468,47																		
	VI	5.249,58	288,72	419,96	472,46																		
14.396,99	I	4.698,58	258,42	375,88	422,87	249,80	363,35	408,77	241,18	350,82	394,67	232,57	338,28	380,57	223,95	325,75	366,47	215,34	313,22	352,37	206,72	300,69	338
(Ost)	II	4.549,50	250,22	363,96	409,45	241,60	351,42	395,35	232,98	338,89	381,25	224,37	326,36	367,15	215,75	313,82	353,05	207,13	301,29	338,95	198,52	288,76	324
	III	3.867,50	112,29	309,40	348,07	93,65	296,86	333,97	75,00	284,33	319,87	56,36	271,80	305,77	37,72	259,26	291,67	19,07	246,73	277,57	0,43	234,20	263,
	IV	4.698,58	258,42	375,88	422,87	254,11	369,62	415,82	249,80	363,35	408,77	245,49	357,08	401,72	241,18	350,82	394,67	236,88	344,55	387,62	232,57	338,28	380
	V	5.213,00	286,71	417,04	469,17																		
	VI	5.257,33	289,15	420,58	473,15																		
14.399,99	I	4.692,08	258,06	375,36	422,28	249,44	362,83	408,18	240,83	350,30	394,08	232,21	337,76	379,98	223,59	325,23	365,88	214,98	312,70	351,78	206,36	300,16	337,
(West)	II	4.542,91	249,86	363,43	408,86	241,24	350,90	394,76	232,63	338,37	380,66	224,01	325,84	366,57	215,39	313,30	352,46	206,78	300,77	338,36	198,16	288,24	324
	III	3.860,83	111,50	308,86	347,47	92,85	296,33	333,37	74,21	283,80	319,27	55,57	271,26	305,17	36,94	258,74	291,08	18,30	246,21	276,98	-	233,68	262,
	IV	4.692,08	258,06	375,36	422,28	253,75	369,10	415,23	249,44	362,83	408,18	245,13	356,56	401,13	240,83	350,30	394,08	236,52	344,03	387,03	232,21	337,76	379
	V	5.206,50	286,35	416,52	468,58																		
	VI	5.250,83	288,79	420,06	472,57																		
14.399,99	I	4.699,83	258,49	375,98	422,98	249,87	363,45	408,88	241,25	350,92	394,78	232,64	338,39	380,69	224,02	325,86	366,59	215,41	313,32	352,49	206,79	300,79	338,
(Ost)	II	4.550,75	250,29	364,06	409,56	241,67	351,52	395,46	233,05	338,99	381,36	224,44	326,46	367,26	215,82	313,92	353,16	207,20	301,39	339,06	198,59	288,86	324
	III	3.868,66	112,43	309,49	348,17	93,79	296,96	334,08	75,14	284,42	319,97	56,52	271,90	305,89	37,88	259,37	291,79	19,23	246,84	277,69	0,59	234,30	263
	IV	4.699,83	258,49	375,98	422,98	254,18	369,72	415,93	249,87	363,45	408,88	245,56	357,18	401,83	241,25	350,92	394,78	236,94	344,65	387,73	232,64	338,39	380,
	V	5.214,33	286,78	417,14	469,28																		
	VI	5.258,58	289,22	420,68	473,27																		
14.402,99	I	4.693,33	258,13	375,46	422,39	249,51	362,93	408,29	240,90	350,40	394,20	232,28	337,86	380,09	223,66	325,33	365,99	215,05	312,80	351,90	206,43	300,26	337,
(West)	II	4.544,25	249,93	363,54	408,98	241,31	351,00	394,88	232,70	338,47	380,78	224,08	325,94	366,68	215,46	313,40	352,58	206,85	300,87	338,48	198,23	288,34	324,
	III	3.862,16	111,66	308,97	347,59	93,01	296,44	333,49	74,37	283,90	319,39	55,73	271,37	305,29	37,08	258,84	291,19	18,44	246,30	277,09	-	233,77	262,
	IV	4.693,33	258,13	375,46	422,39	253,82	369,20	415,35	249,51	362,93	408,29	245,20	356,66	401,24	240,90	350,40	394,20	236,59	344,13	387,14	232,28	337,86	380,
	V	5.207,75	286,42	416,62	468,69																		
	VI	5.252,08	288,86	420,16	472,68																		
14.402,99	I	4.701,08	258,55	376,08	423,09	249,94	363,55	408,99	241,33	351,02	394,90	232,71	338,49	380,80	224,09	325,96	366,70	215,48	313,42	352,60	206,86	300,89	338,
(Ost)	II	4.552,00	250,36	364,16	409,68	241,74	351,62	395,57	233,12	339,09	381,47	224,51	326,56	367,38	215,89	314,03	353,28	207,28	301,50	339,18	198,66	288,96	325,
	III	3.870,00	112,59	309,60	348,30	93,95	297,06	334,19	75,30	284,53	320,09	56,66	272,00	306,00	38,02	259,46	291,89	19,37	246,93	277,79	0,73	234,40	263,
	IV	4.701,08	258,55	376,08	423,09	254,25	369,82	416,04	249,94	363,55	408,99	245,63	357,29	401,95	241,33	351,02	394,90	237,02	344,76	387,85	232,71	338,49	380,
	V	5.215,58	286,85	417,24	469,40																		
	VI	5.259,83	289,29	420,78	473,38																		
14.405,99	I	4.694,58	258,20	375,56	422,51	249,58	363,03	408,41	240,96	350,50	394,31	232,35	337,96	380,21	223,73	325,43	366,11	215,11	312,90	352,01	206,50	300,36	337,
(West)	II	4.545,50	250,00	363,64	409,09	241,38	351,10	394,99	232,76	338,57	380,89	224,15	326,04	366,79	215,53	313,50	352,69	206,91	300,97	338,59	198,30	288,44	324,
	III	3.863,33	111,80	309,06	347,69	93,17	296,54	333,61	74,53	284,01	319,51	55,89	271,48	305,41	37,24	258,94	291,31	18,60	246,41	277,21	-	233,88	263,
	IV	4.694,58	258,20	375,56	422,51	253,89	369,30	415,46	249,58	363,03	408,41	245,27	356,76	401,36	240,96	350,50	394,31	236,66	344,23	387,26	232,35	337,96	380,2
	V	5.209,00	286,49	416,72	468,81																		
	VI	5.253,33	288,93	420,26	472,79																		
14.405,99	I	4.702,41	258,63	376,19	423,21	250,01	363,66	409,11	241,39	351,12	395,01	232,78	338,59	380,91	224,16	326,06	366,81	215,54	313,52	352,71	206,93	300,99	338,
(Ost)	II	4.553,25	250,42	364,26	409,79	241,81	351,72	395,69	233,19	339,19	381,59	224,58	326,66	367,49	215,96	314,13	353,39	207,35	301,60	339,30	198,73	289,06	325,
	III	3.871,33	112,75	309,70	348,41	94,10	297,17	334,31	75,46	284,64	320,22	56,82	272,10	306,11	38,17	259,57	292,01	19,53	247,04	277,92	0,89	234,50	263,
	IV	4.702,41	258,63	376,19	423,21	254,32	369,92	416,16	250,01	363,66	409,11	245,70	357,39	402,06	241,39	351,12	395,01	237,09	344,86	387,96	232,78	338,59	380,
	V	5.216,83	286,92	417,34	469,51																		
	VI	5.261,08	289,36	420,89	473,50																		
14.408,99	I	4.695,83	258,27	375,66	422,62	249,65	363,13	408,52	241,03	350,60	394,42	232,42	338,06	380,32	223,80	325,53	366,22	215,18	313,00	352,12	206,57	300,46	338,
(West)	II	4.546,75	250,07	363,74	409,20	241,45	351,20	395,10	232,83	338,67	381,00	224,22	326,14	366,90	215,60	313,60	352,80	206,98	301,07	338,70	198,37	288,54	324,
	III	3.864,66	111,95	309,17	347,81	93,31	296,64	333,72	74,67	284,10	319,61	56,02	271,57	305,51	37,38	259,04	291,42	18,74	246,50	277,31	0,09	233,97	263,
	IV	4.695,83	258,27	375,66	422,62	253,96	369,40	415,57	249,65	363,13	408,52	245,34	356,86	401,47	241,03	350,60	394,42	236,72	344,33	387,37	232,42	338,06	380,
	V	5.210,25	286,56	416,82	468,92																		
	VI	5.254,58	289,00	420,36	472,91																		
14.408,99	I	4.703,66	258,70	376,29	423,32	250,08	363,76	409,23	241,46	351,22	395,12	232,85	338,69	381,02	224,23	326,16	366,93	215,61	313,62	352,82	207,00	301,09	338,
(Ost)	II	4.554,50	250,49	364,36	409,90	241,88	351,83	395,81	233,26	339,30	381,71	224,65	326,76	367,61	216,03	314,23	353,51	207,41	301,70	339,41	198,80	289,16	325,
	III	3.872,50	112,89	309,80	348,52	94,24	297,26	334,42	75,60	284,73	320,32	56,96	272,20	306,22	38,31	259,66	292,12	19,67	247,13	278,02	1,03	234,60	263,
	IV	4.703,66	258,70	376,29	423,32	254,39	370,02	416,27	250,08	363,76	409,23	245,77	357,49	402,17	241,46	351,22	395,12	237,16	344,96	388,08	232,85	338,69	381,
	V	5.218,08	286,99	417,44	469,62																		
	VI	5.262,41	289,43	420,99	473,61																		
14.411,99	I	4.697,08	258,33	375,76	422,73	249,72	363,23	408,63	241,10	350,70	394,53	232,48	338,16	380,43	223,87	325,63	366,33	215,26	313,10	352,24	206,64	300,57	338,1
(West)	II	4.548,00	250,14	363,84	409,32	241,52	351,30	395,21	232,90	338,77	381,11	224,29	326,24	367,02	215,67	313,70	352,91	207,05	301,17	338,81	198,44	288,64	324,7
	III	3.866,00	112,11	309,28	347,94	93,47	296,74	333,83	74,83	284,21	319,73	56,18	271,68	305,64	37,54	259,14	291,53	18,90	246,61	277,43	0,25	234,08	263,3
	IV	4.697,08	258,33	375,76	422,73	254,03	369,50	415,68	249,72	363,23	408,63	245,41	356,96	401,58	241,10	350,70	394,53	236,79	344,43	387,48	232,48	338,16	380,4
	V	5.211,50	286,63	416,92	469,03																		
	VI	5.255,83	289,07	420,46	473,02																		
14.411,99	I	4.704,91	258,77	376,39	423,44	250,15	363,86	409,34	241,53	351,32	395,24	232,92	338,79	381,14	224,30	326,26	367,04	215,68	313,72	352,94	207,07	301,19	338,8
(Ost)	II	4.555,83	250,57	364,46	410,02	241,95	351,93	395,92	233,33	339,40	381,82	224,72	326,86	367,72	216,10	314,33	353,62	207,48	301,80	339,52	198,87	289,26	325,4
	III	3.873,83	113,05	309,90	348,64	94,40	297,37	334,54	75,76	284,84	320,44	57,12	272,30	306,34	38,47	259,77	292,24	19,83	247,24	278,14	1,19	234,70	264,0
	IV	4.704,91	258,77	376,39	423,44	254,46	370,12	416,39	250,15	363,86	409,34	245,84	357,59	402,29	241,53	351,32	395,24	237,22	345,06	388,19	232,92	338,79	381,1
	V	5.219,33	287,06	417,54	469,73																		
	VI	5.263,66	289,50	421,09	473,72																		
14.414,99	I	4.698,33	258,40	375,86	422,84	249,79	363,33	408,74	241,17	350,80	394,65	232,55	338,26	380,54	223,94	325,74	366,45	215,32	313,20	352,35	206,71	300,67	338,2
(West)	II	4.549,25	250,20	363,94	409,43	241,59	351,40	395,33	232,97	338,87	381,23	224,35	326,34	367,13	215,74	313,80	353,03	207,12	301,27	338,93	198,51	288,74	324,8
	III	3.867,16	112,25	309,37	348,04	93,61	296,84	333,94	74,97	284,30	319,84	56,32	271,77	305,74	37,68	259,24	291,64	19,04	246,70	277,54	0,39	234,17	263,4
	IV	4.698,33	258,40	375,86	422,84	254,10	369,60	415,80	249,79	363,33	408,74	245,48	357,06	401,69	241,17	350,80	394,65	236,86	344,53	387,59	232,55	338,26	380,5
	V	5.212,83	286,70	417,02	469,15																		
	VI	5.257,08	289,13	420,56	473,13																		
14.414,99	I	4.706,16	258,83	376,49	423,55	250,22	363,96	409,45	241,60	351,42	395,35	232,98	338,89	381,25	224,37	326,36	367,15	215,75	313,82	353,05	207,13	301,29	338,9
(Ost)	II	4.557,08	250,63	364,56	410,13	242,02	352,03	396,03	233,40	339,50	381,93	224,78	326,96	367,83	216,17	314,43	353,73	207,55	301,90	339,63	198,93	289,36	325,5
	III	3.875,00	113,18	310,00	348,75	94,54	297,46	334,64	75,90	284,93	320,54	57,25	272,40	306,45	38,61	259,86	292,34	19,97	247,33	278,24	1,32	234,80	264,1
	IV	4.706,16	258,83	376,49	423,55	254,53	370,22	416,50	250,22	363,96	409,45	245,91	357,69	402,40	241,60	351,42	395,35	237,29	345,16	388,30	232,98	338,89	381,2
	V	5.220,58	287,13	417,64	469,85																		
	VI	5.264,91	289,57	421,19	473,84																		

Anzahl Kinderfreibeträge (nur Steuerklassen I–IV)

Lohn/ Gehalt bis	Steuerklasse	Lohn-steuer	ohne Kinderfreibetrag SolZ 5,5%	Kirchensteuer 8%	9%	0,5 SolZ 5,5%	Kirchensteuer 8%	9%	1,0 SolZ 5,5%	Kirchensteuer 8%	9%	1,5 SolZ 5,5%	Kirchensteuer 8%	9%	2,0 SolZ 5,5%	Kirchensteuer 8%	9%	2,5 SolZ 5,5%	Kirchensteuer 8%	9%	3,0 SolZ 5,5%	Kirchensteuer 8%	9%
4.417,99	I	4.699,58	258,47	375,96	422,96	249,86	363,43	408,86	241,24	350,90	394,76	232,63	338,37	380,66	224,01	325,84	366,57	215,39	313,30	352,46	206,78	300,77	338,36
(West)	II	4.550,50	250,27	364,04	409,54	241,66	351,50	395,44	233,04	338,97	381,34	224,42	326,44	367,24	215,81	313,90	353,14	207,19	301,38	339,05	198,58	288,84	324,95
	III	3.868,50	112,41	309,48	348,16	93,77	296,94	334,06	75,12	284,41	319,96	56,48	271,88	305,86	37,84	259,34	291,76	19,19	246,81	277,66	0,55	234,28	263,56
	IV	4.699,58	258,47	375,96	422,96	254,16	369,70	415,91	249,86	363,43	408,86	245,55	357,16	401,81	241,24	350,90	394,76	236,94	344,64	387,72	232,63	338,37	380,66
	V	5.214,08	286,77	417,12	469,26																		
	VI	5.258,33	289,20	420,66	473,24																		
4.417,99	I	4.707,41	258,90	376,59	423,66	250,29	364,06	409,56	241,67	351,52	395,46	233,05	338,99	381,36	224,44	326,46	367,26	215,82	313,92	353,16	207,20	301,39	339,06
(Ost)	II	4.558,33	250,70	364,66	410,24	242,09	352,13	396,14	233,47	339,60	382,05	224,85	327,06	367,94	216,24	314,53	353,84	207,62	302,00	339,75	199,00	289,46	325,64
	III	3.876,33	113,34	310,10	348,86	94,70	297,57	334,76	76,06	285,04	320,67	57,41	272,50	306,56	38,77	259,97	292,46	20,13	247,44	278,37	1,48	234,90	264,26
	IV	4.707,41	258,90	376,59	423,66	254,59	370,32	416,61	250,29	364,06	409,56	245,98	357,79	402,51	241,67	351,52	395,46	237,36	345,26	388,41	233,05	338,99	381,36
	V	5.221,83	287,20	417,74	469,96																		
	VI	5.266,16	289,63	421,29	473,95																		
4.420,99	I	4.700,83	258,54	376,06	423,07	249,93	363,54	408,98	241,31	351,00	394,88	232,70	338,47	380,78	224,08	325,94	366,68	215,46	313,40	352,58	206,85	300,87	338,48
(West)	II	4.551,75	250,34	364,14	409,65	241,72	351,60	395,55	233,11	339,07	381,45	224,50	326,54	367,36	215,88	314,01	353,26	207,26	301,48	339,16	198,65	288,94	325,06
	III	3.869,66	112,55	309,57	348,26	93,91	297,04	334,17	75,26	284,50	320,06	56,62	271,97	305,96	37,98	259,44	291,87	19,33	246,90	277,76	0,71	234,38	263,68
	IV	4.700,83	258,54	376,06	423,07	254,24	369,80	416,03	249,93	363,54	408,98	245,62	357,27	401,93	241,31	351,00	394,88	237,00	344,74	387,83	232,70	338,47	380,78
	V	5.215,33	286,84	417,22	469,37																		
	VI	5.259,58	289,27	420,76	473,36																		
4.420,99	I	4.708,66	258,97	376,69	423,77	250,36	364,16	409,68	241,74	351,62	395,57	233,12	339,09	381,47	224,51	326,56	367,38	215,89	314,03	353,28	207,28	301,50	339,18
(Ost)	II	4.559,58	250,77	364,76	410,36	242,16	352,23	396,26	233,54	339,70	382,16	224,92	327,16	368,06	216,31	314,63	353,96	207,69	302,10	339,86	199,07	289,56	325,76
	III	3.877,50	113,48	310,20	348,97	94,84	297,66	334,87	76,19	285,13	320,77	57,55	272,60	306,67	38,91	260,06	292,57	20,28	247,54	278,48	1,64	235,01	264,38
	IV	4.708,66	258,97	376,69	423,77	254,66	370,42	416,72	250,36	364,16	409,68	246,05	357,89	402,62	241,74	351,62	395,57	237,43	345,36	388,53	233,12	339,09	381,47
	V	5.223,08	287,26	417,84	470,07																		
	VI	5.267,41	289,70	421,39	474,06																		
4.423,99	I	4.702,16	258,61	376,17	423,19	250,00	363,64	409,09	241,38	351,10	394,99	232,76	338,57	380,89	224,15	326,04	366,79	215,53	313,50	352,69	206,91	300,97	338,59
(West)	II	4.553,00	250,41	364,24	409,77	241,79	351,70	395,66	233,18	339,18	381,57	224,56	326,64	367,47	215,95	314,11	353,37	207,33	301,58	339,27	198,71	289,04	325,17
	III	3.871,00	112,71	309,68	348,39	94,06	297,14	334,28	75,42	284,61	320,18	56,78	272,08	306,09	38,13	259,54	291,98	19,49	247,01	277,88	0,85	234,48	263,79
	IV	4.702,16	258,61	376,17	423,19	254,31	369,90	416,14	250,00	363,64	409,09	245,69	357,37	402,04	241,38	351,10	394,99	237,07	344,84	387,94	232,76	338,57	380,89
	V	5.216,58	286,91	417,32	469,49																		
	VI	5.260,91	289,35	420,87	473,48																		
4.423,99	I	4.709,91	259,04	376,79	423,89	250,42	364,26	409,79	241,81	351,72	395,69	233,19	339,19	381,59	224,58	326,66	367,49	215,96	314,13	353,39	207,35	301,60	339,30
(Ost)	II	4.560,83	250,84	364,86	410,47	242,22	352,33	396,37	233,61	339,80	382,27	224,99	327,26	368,17	216,37	314,73	354,07	207,76	302,20	339,97	199,15	289,67	325,88
	III	3.878,83	113,64	310,30	349,09	95,00	297,77	334,99	76,35	285,24	320,89	57,71	272,70	306,79	39,07	260,17	292,69	20,42	247,64	278,59	1,78	235,10	264,49
	IV	4.709,91	259,04	376,79	423,89	254,73	370,52	416,84	250,42	364,26	409,79	246,12	357,99	402,74	241,81	351,72	395,69	237,50	345,46	388,64	233,19	339,19	381,59
	V	5.224,41	287,34	417,95	470,19																		
	VI	5.268,66	289,77	421,49	474,17																		
4.426,99	I	4.703,41	258,68	376,27	423,30	250,07	363,74	409,20	241,45	351,20	395,10	232,83	338,67	381,00	224,22	326,14	366,90	215,60	313,60	352,80	206,98	301,07	338,70
(West)	II	4.554,33	250,48	364,34	409,88	241,87	351,81	395,78	233,25	339,28	381,69	224,63	326,74	367,58	216,02	314,21	353,48	207,40	301,68	339,39	198,78	289,14	325,28
	III	3.872,16	112,85	309,77	348,49	94,20	297,24	334,39	75,56	284,70	320,29	56,94	272,18	306,20	38,29	259,65	292,10	19,65	247,12	278,01	1,01	234,58	263,90
	IV	4.703,41	258,68	376,27	423,30	254,37	370,00	416,25	250,07	363,74	409,20	245,76	357,47	402,15	241,45	351,20	395,10	237,14	344,94	388,05	232,83	338,67	381,00
	V	5.217,83	286,98	417,42	469,60																		
	VI	5.262,16	289,41	420,97	473,59																		
4.426,99	I	4.711,16	259,11	376,89	424,00	250,49	364,36	409,90	241,88	351,83	395,81	233,26	339,30	381,71	224,65	326,76	367,61	216,03	314,23	353,51	207,41	301,70	339,41
(Ost)	II	4.562,08	250,91	364,96	410,58	242,29	352,43	396,48	233,68	339,90	382,38	225,06	327,36	368,28	216,44	314,83	354,18	207,83	302,30	340,09	199,21	289,77	325,99
	III	3.880,00	113,78	310,40	349,20	95,14	297,86	335,09	76,51	285,34	321,01	57,87	272,81	306,91	39,23	260,28	292,81	20,58	247,74	278,71	1,94	235,21	264,61
	IV	4.711,16	259,11	376,89	424,00	254,80	370,62	416,95	250,49	364,36	409,90	246,18	358,09	402,85	241,88	351,83	395,81	237,57	345,56	388,76	233,26	339,30	381,71
	V	5.225,66	287,41	418,05	470,30																		
	VI	5.269,91	289,84	421,59	474,29																		
4.429,99	I	4.704,66	258,75	376,37	423,41	250,14	363,84	409,32	241,52	351,30	395,21	232,90	338,77	381,11	224,29	326,24	367,02	215,67	313,70	352,91	207,05	301,17	338,81
(West)	II	4.555,58	250,55	364,44	410,00	241,94	351,91	395,90	233,32	339,38	381,80	224,70	326,84	367,70	216,09	314,31	353,60	207,47	301,78	339,50	198,85	289,24	325,40
	III	3.873,50	113,01	309,88	348,61	94,36	297,34	334,51	75,72	284,81	320,41	57,08	272,28	306,31	38,43	259,74	292,21	19,79	247,21	278,11	1,15	234,68	264,01
	IV	4.704,66	258,75	376,37	423,41	254,44	370,10	416,36	250,14	363,84	409,32	245,83	357,57	402,26	241,52	351,30	395,21	237,21	345,04	388,17	232,90	338,77	381,11
	V	5.219,08	287,04	417,52	469,71																		
	VI	5.263,41	289,48	421,07	473,70																		
4.429,99	I	4.712,41	259,18	376,99	424,11	250,57	364,46	410,02	241,95	351,93	395,92	233,33	339,40	381,82	224,72	326,86	367,72	216,10	314,33	353,62	207,48	301,80	339,52
(Ost)	II	4.563,33	250,98	365,06	410,69	242,36	352,53	396,59	233,75	340,00	382,50	225,13	327,47	368,40	216,52	314,94	354,30	207,90	302,40	340,20	199,28	289,87	326,10
	III	3.881,33	113,94	310,50	349,31	95,29	297,97	335,21	76,65	285,44	321,12	58,01	272,90	307,01	39,36	260,37	292,91	20,72	247,84	278,82	2,08	235,30	264,71
	IV	4.712,41	259,18	376,99	424,11	254,87	370,73	417,07	250,57	364,46	410,02	246,26	358,20	402,97	241,95	351,93	395,92	237,64	345,66	388,87	233,33	339,40	381,82
	V	5.226,91	287,48	418,15	470,42																		
	VI	5.271,25	289,91	421,70	474,41																		
4.432,99	I	4.705,91	258,82	376,47	423,53	250,20	363,94	409,43	241,59	351,40	395,33	232,97	338,87	381,23	224,35	326,34	367,13	215,74	313,80	353,03	207,12	301,27	338,93
(West)	II	4.556,83	250,62	364,54	410,11	242,00	352,01	396,01	233,39	339,48	381,91	224,77	326,94	367,81	216,15	314,41	353,71	207,54	301,88	339,61	198,92	289,34	325,51
	III	3.874,83	113,16	309,98	348,73	94,52	297,45	334,63	75,88	284,92	320,53	57,23	272,38	306,43	38,59	259,85	292,33	19,95	247,32	278,23	1,30	234,78	264,13
	IV	4.705,91	258,82	376,47	423,53	254,51	370,20	416,48	250,20	363,94	409,43	245,90	357,67	402,38	241,59	351,40	395,33	237,28	345,14	388,28	232,97	338,87	381,23
	V	5.220,33	287,11	417,62	469,82																		
	VI	5.264,66	289,55	421,17	473,81																		
14.432,99	I	4.713,75	259,25	377,10	424,23	250,63	364,56	410,13	242,02	352,03	396,03	233,40	339,50	381,93	224,78	326,96	367,83	216,17	314,43	353,73	207,55	301,90	339,63
(Ost)	II	4.564,58	251,05	365,16	410,81	242,43	352,63	396,71	233,82	340,10	382,61	225,20	327,57	368,51	216,59	315,04	354,42	207,97	302,50	340,31	199,35	289,97	326,21
	III	3.882,66	114,10	310,61	349,43	95,45	298,08	335,34	76,81	285,54	321,23	58,17	273,01	307,13	39,52	260,48	293,04	20,88	247,94	278,93	2,24	235,41	264,83
	IV	4.713,75	259,25	377,10	424,23	254,94	370,83	417,18	250,63	364,56	410,13	246,33	358,30	403,08	242,02	352,03	396,03	237,71	345,76	388,98	233,40	339,50	381,93
	V	5.228,16	287,54	418,25	470,53																		
	VI	5.272,50	289,98	421,80	474,52																		
14.435,99	I	4.707,16	258,89	376,57	423,64	250,27	364,04	409,54	241,66	351,50	395,44	233,04	338,97	381,34	224,42	326,44	367,24	215,81	313,90	353,14	207,19	301,38	339,05
(West)	II	4.558,08	250,69	364,64	410,22	242,07	352,11	396,12	233,46	339,58	382,02	224,84	327,04	367,92	216,22	314,51	353,82	207,61	301,98	339,72	198,99	289,44	325,62
	III	3.876,00	113,30	310,08	348,84	94,66	297,54	334,73	76,02	285,01	320,63	57,37	272,48	306,54	38,73	259,94	292,43	20,09	247,41	278,33	1,44	234,88	264,24
	IV	4.707,16	258,89	376,57	423,64	254,58	370,30	416,59	250,27	364,04	409,54	245,96	357,77	402,49	241,66	351,50	395,44	237,35	345,24	388,39	233,04	338,97	381,34
	V	5.221,58	287,18	417,72	469,94																		
	VI	5.265,91	289,62	421,27	473,93																		
14.435,99	I	4.715,00	259,32	377,20	424,35	250,70	364,66	410,24	242,09	352,13	396,14	233,47	339,60	382,05	224,85	327,06	367,94	216,24	314,53	353,84	207,62	302,00	339,75
(Ost)	II	4.565,91	251,12	365,27	410,93	242,50	352,74	396,83	233,89	340,20	382,73	225,27	327,67	368,63	216,65	315,14	354,53	208,04	302,60	340,43	199,42	290,07	326,33
	III	3.883,83	114,24	310,70	349,54	95,59	298,17	335,44	76,95	285,64	321,34	58,31	273,10	307,24	39,66	260,57	293,14	21,02	248,04	279,04	2,38	235,50	264,94
	IV	4.715,00	259,32	377,20	424,35	255,01	370,93	417,29	250,70	364,66	410,24	246,40	358,40	403,20	242,09	352,13	396,14	237,78	345,86	389,09	233,47	339,60	382,05
	V	5.229,41	287,61	418,35	470,64																		
	VI	5.273,75	290,05	421,90	474,63																		

Lohn/ Gehalt bis	Steuerklasse	Lohn- steuer	ohne Kinderfreibetrag			Anzahl Kinderfreibeträge (nur Steuerklassen I–IV)																	
						0,5			1,0			1,5			2,0			2,5			3,0		
			SolZ 5,5%	Kirchensteuer 8%	Kirchensteuer 9%	SolZ 5,5%	Kirchensteuer 8%	Kirchensteuer 9%	SolZ 5,5%	Kirchensteuer 8%	Kirchensteuer 9%	SolZ 5,5%	Kirchensteuer 8%	Kirchensteuer 9%	SolZ 5,5%	Kirchensteuer 8%	Kirchensteuer 9%	SolZ 5,5%	Kirchensteuer 8%	Kirchensteuer 9%	SolZ 5,5%	Kirchensteu 8%	9%
14.438,99 ***(West)***	I	4.708,41	258,96	376,67	423,75	250,34	364,14	409,65	241,72	351,60	395,55	233,11	339,07	381,45	224,50	326,54	367,36	215,88	314,01	353,26	207,26	301,48	339
	II	4.559,33	250,76	364,74	410,33	242,14	352,21	396,23	233,53	339,68	382,14	224,91	327,14	368,03	216,29	314,61	353,93	207,68	302,08	339,84	199,06	289,54	325
	III	3.877,33	113,46	310,18	348,95	94,82	297,65	334,85	76,17	285,12	320,76	57,53	272,58	306,65	38,89	260,05	292,55	20,24	247,52	278,46	1,60	234,98	264
	IV	4.708,41	258,96	376,67	423,75	254,65	370,40	416,70	250,34	364,14	409,65	246,03	357,87	402,60	241,72	351,60	395,55	237,42	345,34	388,50	233,11	339,07	381
	V	5.222,83	287,25	417,82	470,05																		
	VI	5.267,16	289,69	421,37	474,04																		
14.438,99 ***(Ost)***	I	4.716,25	259,39	377,30	424,46	250,77	364,76	410,36	242,16	352,23	396,26	233,54	339,70	382,16	224,92	327,16	368,06	216,31	314,63	353,96	207,69	302,10	339
	II	4.567,16	251,19	365,37	411,04	242,57	352,84	396,94	233,96	340,30	382,84	225,34	327,77	368,74	216,72	315,24	354,64	208,11	302,70	340,54	199,49	290,17	326
	III	3.885,16	114,39	310,81	349,66	95,75	298,28	335,56	77,11	285,74	321,46	58,46	273,21	307,36	39,82	260,68	293,26	21,18	248,14	279,16	2,53	235,61	265
	IV	4.716,25	259,39	377,30	424,46	255,08	371,03	417,41	250,77	364,76	410,36	246,46	358,50	403,31	242,16	352,23	396,26	237,85	345,96	389,21	233,54	339,70	382
	V	5.230,66	287,68	418,45	470,75																		
	VI	5.275,00	290,12	422,00	474,75																		
14.441,99 ***(West)***	I	4.709,66	259,03	376,77	423,86	250,41	364,24	409,77	241,79	351,70	395,66	233,18	339,18	381,57	224,56	326,64	367,47	215,95	314,11	353,37	207,33	301,58	339
	II	4.560,58	250,83	364,84	410,45	242,21	352,31	396,35	233,59	339,78	382,25	224,98	327,24	368,15	216,36	314,71	354,05	207,75	302,18	339,95	199,13	289,65	325
	III	3.878,50	113,60	310,28	349,06	94,96	297,74	334,96	76,31	285,21	320,86	57,67	272,68	306,76	39,03	260,14	292,66	20,38	247,61	278,56	1,74	235,08	264
	IV	4.709,66	259,03	376,77	423,86	254,72	370,50	416,81	250,41	364,24	409,77	246,10	357,97	402,71	241,79	351,70	395,66	237,49	345,44	388,62	233,18	339,18	381
	V	5.224,16	287,32	417,93	470,17																		
	VI	5.268,41	289,76	421,47	474,15																		
14.441,99 ***(Ost)***	I	4.717,50	259,46	377,40	424,57	250,84	364,86	410,47	242,22	352,33	396,37	233,61	339,80	382,27	224,99	327,26	368,17	216,37	314,73	354,07	207,76	302,20	339
	II	4.568,41	251,26	365,47	411,15	242,64	352,94	397,05	234,02	340,40	382,95	225,41	327,87	368,85	216,79	315,34	354,75	208,17	302,80	340,65	199,56	290,27	326
	III	3.886,33	114,53	310,90	349,76	95,89	298,37	335,66	77,25	285,84	321,57	58,60	273,30	307,46	39,96	260,77	293,36	21,32	248,24	279,27	2,67	235,70	265
	IV	4.717,50	259,46	377,40	424,57	255,15	371,13	417,52	250,84	364,86	410,47	246,53	358,60	403,42	242,22	352,33	396,37	237,92	346,06	389,32	233,61	339,80	382
	V	5.231,91	287,75	418,55	470,87																		
	VI	5.276,25	290,19	422,10	474,86																		
14.444,99 ***(West)***	I	4.710,91	259,10	376,87	423,98	250,48	364,34	409,88	241,87	351,81	395,78	233,25	339,28	381,69	224,63	326,74	367,58	216,02	314,21	353,48	207,40	301,68	339
	II	4.561,83	250,90	364,94	410,56	242,28	352,41	396,46	233,66	339,88	382,36	225,05	327,34	368,26	216,43	314,82	354,17	207,82	302,28	340,07	199,20	289,75	325
	III	3.879,83	113,76	310,38	349,18	95,12	297,85	335,08	76,47	285,32	320,98	57,83	272,78	306,88	39,19	260,25	292,78	20,54	247,72	278,68	1,90	235,18	264
	IV	4.710,91	259,10	376,87	423,98	254,79	370,60	416,93	250,48	364,34	409,88	246,18	358,08	402,84	241,87	351,81	395,78	237,56	345,54	388,73	233,25	339,28	381
	V	5.225,41	287,39	418,03	470,28																		
	VI	5.269,66	289,83	421,57	474,26																		
14.444,99 ***(Ost)***	I	4.718,75	259,53	377,50	424,68	250,91	364,96	410,58	242,29	352,43	396,48	233,68	339,90	382,38	225,06	327,36	368,28	216,44	314,83	354,18	207,83	302,30	340
	II	4.569,66	251,33	365,57	411,26	242,71	353,04	397,17	234,09	340,50	383,06	225,48	327,97	368,96	216,86	315,44	354,87	208,24	302,90	340,76	199,63	290,37	326
	III	3.887,66	114,69	311,01	349,88	96,05	298,48	335,79	77,40	285,94	321,68	58,76	273,41	307,58	40,12	260,88	293,49	21,47	248,34	279,38	2,83	235,81	265
	IV	4.718,75	259,53	377,50	424,68	255,22	371,23	417,63	250,91	364,96	410,58	246,60	358,70	403,53	242,29	352,43	396,48	237,98	346,16	389,43	233,68	339,90	382
	V	5.233,16	287,82	418,65	470,98																		
	VI	5.277,50	290,26	422,20	474,97																		
14.447,99 ***(West)***	I	4.712,25	259,17	376,98	424,10	250,55	364,44	410,00	241,94	351,91	395,90	233,32	339,38	381,80	224,70	326,84	367,70	216,09	314,31	353,60	207,47	301,78	339
	II	4.563,08	250,96	365,04	410,67	242,35	352,51	396,57	233,74	339,98	382,48	225,12	327,45	368,38	216,50	314,92	354,28	207,89	302,38	340,18	199,27	289,85	326
	III	3.881,00	113,90	310,48	349,29	95,25	297,94	335,18	76,61	285,41	321,08	57,97	272,88	306,99	39,32	260,34	292,88	20,70	247,82	278,80	2,06	235,29	264
	IV	4.712,25	259,17	376,98	424,10	254,86	370,71	417,05	250,55	364,44	410,00	246,24	358,18	402,95	241,94	351,91	395,90	237,63	345,64	388,85	233,32	339,38	381
	V	5.226,66	287,46	418,13	470,39																		
	VI	5.271,00	289,90	421,68	474,39																		
14.447,99 ***(Ost)***	I	4.720,00	259,60	377,60	424,80	250,98	365,06	410,69	242,36	352,53	396,59	233,75	340,00	382,50	225,13	327,47	368,40	216,52	314,94	354,30	207,90	302,40	340,
	II	4.570,91	251,40	365,67	411,38	242,78	353,14	397,28	234,16	340,60	383,18	225,55	328,07	369,08	216,93	315,54	354,98	208,31	303,00	340,88	199,70	290,47	326,
	III	3.888,83	114,83	311,10	349,99	96,19	298,57	335,89	77,54	286,04	321,79	58,90	273,50	307,69	40,28	260,98	293,60	21,63	248,45	279,50	2,99	235,92	265,
	IV	4.720,00	259,60	377,60	424,80	255,29	371,33	417,74	250,98	365,06	410,69	246,67	358,80	403,65	242,36	352,53	396,59	238,05	346,26	389,54	233,75	340,00	382,
	V	5.234,50	287,89	418,76	471,10																		
	VI	5.278,75	290,33	422,30	475,08																		
14.450,99 ***(West)***	I	4.713,50	259,24	377,08	424,21	250,62	364,54	410,11	242,00	352,01	396,01	233,39	339,48	381,91	224,77	326,94	367,81	216,15	314,41	353,71	207,54	301,88	339,
	II	4.564,33	251,03	365,14	410,78	242,42	352,62	396,69	233,80	340,08	382,59	225,19	327,55	368,49	216,57	315,02	354,39	207,95	302,48	340,29	199,34	289,95	326,
	III	3.882,33	114,06	310,58	349,40	95,41	298,05	335,30	76,77	285,52	321,21	58,13	272,98	307,10	39,48	260,45	293,00	20,84	247,92	278,91	2,20	235,38	264,
	IV	4.713,50	259,24	377,08	424,21	254,93	370,81	417,16	250,62	364,54	410,11	246,31	358,28	403,06	242,00	352,01	396,01	237,70	345,74	388,96	233,39	339,48	381,
	V	5.227,91	287,53	418,23	470,51																		
	VI	5.272,25	289,97	421,78	474,50																		
14.450,99 ***(Ost)***	I	4.721,25	259,66	377,70	424,91	251,05	365,16	410,81	242,43	352,63	396,71	233,82	340,10	382,61	225,20	327,57	368,51	216,59	315,04	354,42	207,97	302,50	340,
	II	4.572,16	251,46	365,77	411,49	242,85	353,24	397,39	234,23	340,70	383,29	225,61	328,17	369,19	217,00	315,64	355,09	208,39	303,11	341,00	199,77	290,58	326,
	III	3.890,16	114,99	311,21	350,11	96,35	298,68	336,01	77,70	286,14	321,91	59,06	273,61	307,81	40,42	261,08	293,71	21,77	248,54	279,61	3,13	236,01	265,
	IV	4.721,25	259,66	377,70	424,91	255,36	371,43	417,86	251,05	365,16	410,81	246,74	358,90	403,76	242,43	352,63	396,71	238,13	346,37	389,66	233,82	340,10	382,
	V	5.235,75	287,96	418,86	471,21																		
	VI	5.280,00	290,40	422,40	475,20																		
14.453,99 ***(West)***	I	4.714,75	259,31	377,18	424,32	250,69	364,64	410,22	242,07	352,11	396,12	233,46	339,58	382,02	224,84	327,04	367,92	216,22	314,51	353,82	207,61	301,98	339,
	II	4.565,66	251,11	365,25	410,90	242,49	352,72	396,81	233,87	340,18	382,70	225,26	327,65	368,60	216,64	315,12	354,51	208,02	302,58	340,40	199,41	290,05	326,
	III	3.883,50	114,20	310,68	349,51	95,55	298,14	335,41	76,93	285,62	321,32	58,29	273,09	307,22	39,64	260,56	293,13	21,00	248,02	279,02	2,36	235,49	264,
	IV	4.714,75	259,31	377,18	424,32	255,00	370,91	417,27	250,69	364,64	410,22	246,38	358,38	403,17	242,07	352,11	396,12	237,76	345,84	389,07	233,46	339,58	382,
	V	5.229,16	287,60	418,33	470,62																		
	VI	5.273,50	290,04	421,88	474,61																		
14.453,99 ***(Ost)***	I	4.722,50	259,73	377,80	425,02	251,12	365,27	410,93	242,50	352,74	396,83	233,89	340,20	382,73	225,27	327,67	368,63	216,65	315,14	354,53	208,04	302,60	340,
	II	4.573,41	251,53	365,87	411,60	242,92	353,34	397,50	234,30	340,80	383,40	225,68	328,27	369,30	217,07	315,74	355,21	208,45	303,21	341,11	199,84	290,68	327,
	III	3.891,33	115,13	311,30	350,21	96,50	298,78	336,13	77,86	286,25	322,03	59,22	273,72	307,93	40,57	261,18	293,83	21,93	248,65	279,73	3,29	236,12	265,
	IV	4.722,50	259,73	377,80	425,02	255,42	371,53	417,97	251,12	365,27	410,93	246,81	359,00	403,88	242,50	352,74	396,83	238,20	346,47	389,78	233,89	340,20	382,
	V	5.237,00	288,03	418,96	471,33																		
	VI	5.281,25	290,46	422,50	475,31																		
14.456,99 ***(West)***	I	4.716,00	259,38	377,28	424,44	250,76	364,74	410,33	242,14	352,21	396,23	233,53	339,68	382,14	224,91	327,14	368,03	216,29	314,61	353,93	207,68	302,08	339,
	II	4.566,91	251,18	365,35	411,02	242,56	352,82	396,92	233,94	340,28	382,82	225,33	327,75	368,72	216,71	315,22	354,62	208,09	302,68	340,52	199,48	290,15	326,
	III	3.884,83	114,35	310,78	349,63	95,71	298,25	335,53	77,07	285,72	321,43	58,42	273,18	307,33	39,78	260,65	293,23	21,14	248,12	279,13	2,49	235,58	265,
	IV	4.716,00	259,38	377,28	424,44	255,07	371,01	417,38	250,76	364,74	410,33	246,45	358,48	403,29	242,14	352,21	396,23	237,83	345,94	389,18	233,53	339,68	382,
	V	5.230,41	287,67	418,43	470,73																		
	VI	5.274,75	290,11	421,98	474,72																		
14.456,99 ***(Ost)***	I	4.723,83	259,81	377,90	425,14	251,19	365,37	411,04	242,57	352,84	396,94	233,96	340,30	382,84	225,34	327,77	368,74	216,72	315,24	354,64	208,11	302,70	340,
	II	4.574,66	251,60	365,97	411,71	242,99	353,44	397,62	234,37	340,91	383,52	225,76	328,38	369,42	217,14	315,84	355,32	208,52	303,31	341,22	199,91	290,78	327,
	III	3.892,66	115,29	311,41	350,33	96,64	298,88	336,24	78,00	286,34	322,13	59,36	273,81	308,03	40,71	261,28	293,94	22,07	248,74	279,83	3,43	236,21	265,
	IV	4.723,83	259,81	377,90	425,14	255,50	371,64	418,09	251,19	365,37	411,04	246,88	359,10	403,99	242,57	352,84	396,94	238,26	346,57	389,89	233,96	340,30	382,
	V	5.238,25	288,10	419,06	471,44																		
	VI	5.282,58	290,54	422,60	475,43																		

Allgemeine Tabelle

MONAT bis 14.477,99 €

Lohn/ Gehalt bis	Steuerklasse	Lohnsteuer	ohne Kinderfreibetrag			Anzahl Kinderfreibeträge (nur Steuerklassen I–IV) 0,5			1,0			1,5			2,0			2,5			3,0		
			SolZ 5,5%	Kirchensteuer 8%	9%	SolZ 5,5%	Kirchensteuer 8%	9%	SolZ 5,5%	Kirchensteuer 8%	9%	SolZ 5,5%	Kirchensteuer 8%	9%	SolZ 5,5%	Kirchensteuer 8%	9%	SolZ 5,5%	Kirchensteuer 8%	9%	SolZ 5,5%	Kirchensteuer 8%	9%
14.459,99 (West)	I	4.717,25	259,44	377,38	424,55	250,83	364,84	410,45	242,21	352,31	396,35	233,59	339,78	382,25	224,98	327,24	368,15	216,36	314,71	354,05	207,75	302,18	339,95
	II	4.568,16	251,24	365,45	411,13	242,63	352,92	397,03	234,01	340,38	382,93	225,39	327,85	368,83	216,78	315,32	354,73	208,16	302,78	340,63	199,54	290,25	326,53
	III	3.886,16	114,51	310,89	349,75	95,87	298,36	335,65	77,23	285,82	321,55	58,58	273,29	307,45	39,94	260,76	293,35	21,30	248,22	279,25	2,65	235,69	265,15
	IV	4.717,25	259,44	377,38	424,55	255,14	371,11	417,50	250,83	364,84	410,45	246,52	358,58	403,40	242,21	352,31	396,35	237,90	346,04	389,30	233,59	339,78	382,25
	V	5.231,66	287,74	418,53	470,84																		
	VI	5.276,00	290,18	422,08	474,84																		
14.459,99 (Ost)	I	4.725,08	259,87	378,00	425,25	251,26	365,47	411,15	242,64	352,94	397,05	234,02	340,40	382,95	225,41	327,87	368,85	216,79	315,34	354,75	208,17	302,80	340,65
	II	4.575,91	251,67	366,07	411,83	243,06	353,54	397,73	234,44	341,01	383,63	225,83	328,48	369,54	217,21	315,94	355,43	208,59	303,41	341,33	199,98	290,88	327,24
	III	3.894,00	115,44	311,52	350,46	96,80	298,98	336,35	78,16	286,45	322,25	59,51	273,92	308,16	40,87	261,38	294,05	22,23	248,85	279,95	3,58	236,32	265,86
	IV	4.725,08	259,87	378,00	425,25	255,57	371,74	418,20	251,26	365,47	411,15	246,95	359,20	404,10	242,64	352,94	397,05	238,33	346,67	390,00	234,02	340,40	382,95
	V	5.239,50	288,17	419,16	471,55																		
	VI	5.283,83	290,61	422,70	475,54																		
14.462,99 (West)	I	4.718,50	259,51	377,48	424,66	250,90	364,94	410,56	242,28	352,41	396,46	233,66	339,88	382,36	225,05	327,34	368,26	216,43	314,82	354,17	207,82	302,28	340,07
	II	4.569,41	251,31	365,55	411,24	242,70	353,02	397,14	234,08	340,48	383,04	225,46	327,95	368,94	216,85	315,42	354,84	208,23	302,88	340,74	199,61	290,35	326,64
	III	3.887,33	114,65	310,98	349,85	96,01	298,45	335,75	77,36	285,92	321,66	58,72	273,38	307,55	40,08	260,85	293,45	21,43	248,32	279,36	2,79	235,78	265,25
	IV	4.718,50	259,51	377,48	424,66	255,20	371,21	417,61	250,90	364,94	410,56	246,59	358,68	403,51	242,28	352,41	396,46	237,97	346,14	389,41	233,66	339,88	382,36
	V	5.232,91	287,81	418,63	470,96																		
	VI	5.277,25	290,24	422,18	474,95																		
14.462,99 (Ost)	I	4.726,33	259,94	378,10	425,36	251,33	365,57	411,26	242,71	353,04	397,17	234,09	340,50	383,06	225,48	327,97	368,96	216,86	315,44	354,87	208,24	302,90	340,76
	II	4.577,25	251,74	366,18	411,95	243,13	353,64	397,85	234,51	341,11	383,75	225,89	328,58	369,65	217,28	316,04	355,55	208,66	303,51	341,45	200,04	290,98	327,35
	III	3.895,16	115,58	311,61	350,56	96,94	299,08	336,46	78,30	286,54	322,36	59,65	274,01	308,26	41,01	261,48	294,16	22,37	248,94	280,06	3,72	236,41	265,96
	IV	4.726,33	259,94	378,10	425,36	255,64	371,84	418,32	251,33	365,57	411,26	247,02	359,30	404,21	242,71	353,04	397,17	238,40	346,77	390,11	234,09	340,50	383,06
	V	5.240,75	288,24	419,26	471,66																		
	VI	5.285,08	290,67	422,80	475,65																		
14.465,99 (West)	I	4.719,75	259,58	377,58	424,77	250,96	365,04	410,67	242,35	352,51	396,57	233,74	339,98	382,48	225,12	327,45	368,38	216,50	314,92	354,28	207,89	302,38	340,18
	II	4.570,66	251,38	365,65	411,35	242,77	353,12	397,26	234,15	340,58	383,15	225,53	328,05	369,05	216,92	315,52	354,96	208,30	302,98	340,85	199,69	290,46	326,76
	III	3.888,66	114,81	311,09	349,97	96,17	298,56	335,88	77,52	286,02	321,77	58,88	273,49	307,67	40,24	260,96	293,58	21,59	248,42	279,47	2,95	235,89	265,37
	IV	4.719,75	259,58	377,58	424,77	255,27	371,31	417,72	250,96	365,04	410,67	246,66	358,78	403,62	242,35	352,51	396,57	238,04	346,24	389,52	233,74	339,98	382,48
	V	5.234,25	287,88	418,74	471,08																		
	VI	5.278,50	290,31	422,28	475,06																		
14.465,99 (Ost)	I	4.727,58	260,01	378,20	425,48	251,40	365,67	411,38	242,78	353,14	397,28	234,16	340,60	383,18	225,55	328,07	369,08	216,93	315,54	354,98	208,31	303,00	340,88
	II	4.578,50	251,81	366,28	412,06	243,20	353,74	397,96	234,58	341,21	383,86	225,96	328,68	369,76	217,35	316,14	355,66	208,73	303,61	341,56	200,11	291,08	327,46
	III	3.896,50	115,74	311,72	350,68	97,10	299,18	336,58	78,46	286,65	322,48	59,81	274,12	308,38	41,17	261,58	294,28	22,53	249,05	280,18	3,88	236,52	266,08
	IV	4.727,58	260,01	378,20	425,48	255,70	371,94	418,43	251,40	365,67	411,38	247,09	359,40	404,33	242,78	353,14	397,28	238,47	346,87	390,23	234,16	340,60	383,18
	V	5.242,00	288,31	419,36	471,78																		
	VI	5.286,33	290,74	422,90	475,76																		
14.468,99 (West)	I	4.721,00	259,65	377,68	424,89	251,03	365,14	410,78	242,42	352,62	396,69	233,80	340,08	382,59	225,19	327,55	368,49	216,57	315,02	354,39	207,95	302,48	340,29
	II	4.571,91	251,45	365,75	411,47	242,83	353,22	397,37	234,22	340,68	383,27	225,60	328,15	369,17	216,99	315,62	355,07	208,37	303,09	340,97	199,76	290,56	326,88
	III	3.889,83	114,95	311,18	350,08	96,31	298,65	335,98	77,66	286,12	321,88	59,02	273,58	307,78	40,38	261,05	293,68	21,73	248,52	279,58	3,09	235,98	265,48
	IV	4.721,00	259,65	377,68	424,89	255,34	371,41	417,83	251,03	365,14	410,78	246,73	358,88	403,74	242,42	352,62	396,69	238,11	346,35	389,64	233,80	340,08	382,59
	V	5.235,50	287,95	418,84	471,19																		
	VI	5.279,75	290,38	422,38	475,17																		
14.468,99 (Ost)	I	4.728,83	260,08	378,30	425,59	251,46	365,77	411,49	242,85	353,24	397,39	234,23	340,70	383,29	225,61	328,17	369,19	217,00	315,64	355,09	208,39	303,11	341,00
	II	4.579,75	251,88	366,38	412,17	243,26	353,84	398,07	234,65	341,31	383,97	226,03	328,78	369,87	217,41	316,24	355,77	208,80	303,71	341,67	200,18	291,18	327,57
	III	3.897,66	115,88	311,81	350,78	97,24	299,28	336,69	78,59	286,74	322,58	59,95	274,21	308,48	41,31	261,68	294,39	22,66	249,14	280,28	4,04	236,62	266,20
	IV	4.728,83	260,08	378,30	425,59	255,77	372,04	418,54	251,46	365,77	411,49	247,16	359,50	404,44	242,85	353,24	397,39	238,54	346,97	390,34	234,23	340,70	383,29
	V	5.243,25	288,37	419,46	471,89																		
	VI	5.287,58	290,81	423,00	475,88																		
14.471,99 (West)	I	4.722,33	259,72	377,78	425,00	251,11	365,25	410,90	242,49	352,72	396,81	233,87	340,18	382,70	225,26	327,65	368,60	216,64	315,12	354,51	208,02	302,58	340,40
	II	4.573,16	251,52	365,85	411,58	242,90	353,32	397,48	234,29	340,78	383,38	225,67	328,26	369,29	217,06	315,72	355,19	208,44	303,19	341,09	199,82	290,66	326,99
	III	3.891,16	115,11	311,29	350,20	96,46	298,76	336,10	77,82	286,22	322,00	59,18	273,69	307,90	40,53	261,16	293,80	21,89	248,62	279,70	3,25	236,09	265,60
	IV	4.722,33	259,72	377,78	425,00	255,42	371,52	417,96	251,11	365,25	410,90	246,80	358,98	403,85	242,49	352,72	396,81	238,18	346,45	389,75	233,87	340,18	382,70
	V	5.236,75	288,02	418,94	471,30																		
	VI	5.281,08	290,45	422,48	475,29																		
14.471,99 (Ost)	I	4.730,08	260,15	378,40	425,70	251,53	365,87	411,60	242,92	353,34	397,50	234,30	340,80	383,40	225,68	328,27	369,30	217,07	315,74	355,21	208,45	303,21	341,11
	II	4.581,00	251,95	366,48	412,29	243,33	353,94	398,18	234,72	341,41	384,08	226,10	328,88	369,99	217,48	316,34	355,88	208,87	303,81	341,78	200,25	291,28	327,69
	III	3.899,00	116,04	311,92	350,91	97,40	299,38	336,80	78,75	286,85	322,70	60,11	274,32	308,61	41,47	261,78	294,50	22,82	249,25	280,40	4,18	236,72	266,31
	IV	4.730,08	260,15	378,40	425,70	255,84	372,14	418,65	251,53	365,87	411,60	247,22	359,60	404,55	242,92	353,34	397,50	238,61	347,07	390,45	234,30	340,80	383,40
	V	5.244,50	288,44	419,56	472,00																		
	VI	5.288,83	290,88	423,10	475,99																		
14.474,99 (West)	I	4.723,58	259,79	377,88	425,12	251,18	365,35	411,02	242,56	352,82	396,92	233,94	340,28	382,82	225,33	327,75	368,72	216,71	315,22	354,62	208,09	302,68	340,52
	II	4.574,41	251,59	365,95	411,69	242,98	353,42	397,60	234,36	340,89	383,50	225,74	328,36	369,40	217,13	315,82	355,30	208,51	303,29	341,20	199,89	290,76	327,10
	III	3.892,33	115,25	311,38	350,30	96,60	298,85	336,20	77,96	286,32	322,11	59,32	273,78	308,00	40,69	261,26	293,92	22,05	248,73	279,82	3,41	236,20	265,72
	IV	4.723,58	259,79	377,88	425,12	255,48	371,62	418,07	251,18	365,35	411,02	246,87	359,08	403,97	242,56	352,82	396,92	238,25	346,55	389,87	233,94	340,28	382,82
	V	5.238,00	288,09	419,04	471,42																		
	VI	5.282,33	290,52	422,58	475,40																		
14.474,99 (Ost)	I	4.731,33	260,22	378,50	425,81	251,60	365,97	411,71	242,99	353,44	397,62	234,37	340,91	383,52	225,76	328,38	369,42	217,14	315,84	355,32	208,52	303,31	341,22
	II	4.582,25	252,02	366,58	412,40	243,40	354,04	398,30	234,79	341,51	384,20	226,17	328,98	370,10	217,55	316,44	356,00	208,94	303,91	341,90	200,32	291,38	327,80
	III	3.900,16	116,18	312,01	351,01	97,54	299,48	336,91	78,89	286,94	322,81	60,27	274,42	308,72	41,63	261,89	294,62	22,98	249,36	280,53	4,34	236,82	266,42
	IV	4.731,33	260,22	378,50	425,81	255,91	372,24	418,77	251,60	365,97	411,71	247,29	359,70	404,66	242,99	353,44	397,62	238,68	347,17	390,56	234,37	340,91	383,52
	V	5.245,83	288,52	419,66	472,12																		
	VI	5.290,08	290,95	423,20	476,10																		
14.477,99 (West)	I	4.724,83	259,86	377,98	425,23	251,24	365,45	411,13	242,63	352,92	397,03	234,01	340,38	382,93	225,39	327,85	368,83	216,78	315,32	354,73	208,16	302,78	340,63
	II	4.575,75	251,66	366,06	411,81	243,04	353,52	397,71	234,43	340,99	383,61	225,81	328,46	369,51	217,19	315,92	355,41	208,58	303,39	341,31	199,96	290,86	327,21
	III	3.893,66	115,41	311,49	350,42	96,76	298,96	336,33	78,12	286,42	322,22	59,48	273,89	308,12	40,83	261,36	294,03	22,19	248,82	279,92	3,55	236,29	265,82
	IV	4.724,83	259,86	377,98	425,23	255,55	371,72	418,18	251,24	365,45	411,13	246,94	359,18	404,08	242,63	352,92	397,03	238,32	346,65	389,98	234,01	340,38	382,93
	V	5.239,25	288,15	419,14	471,53																		
	VI	5.283,58	290,59	422,68	475,52																		
14.477,99 (Ost)	I	4.732,58	260,29	378,60	425,93	251,67	366,07	411,83	243,06	353,54	397,73	234,44	341,01	383,63	225,83	328,48	369,54	217,21	315,94	355,43	208,59	303,41	341,33
	II	4.583,50	252,09	366,68	412,51	243,47	354,14	398,41	234,85	341,61	384,31	226,24	329,08	370,21	217,63	316,55	356,12	209,01	304,02	342,02	200,39	291,48	327,92
	III	3.901,50	116,34	312,12	351,13	97,69	299,58	337,03	79,05	287,05	322,93	60,41	274,52	308,83	41,76	261,98	294,73	23,12	249,45	280,63	4,48	236,92	266,53
	IV	4.732,58	260,29	378,60	425,93	255,98	372,34	418,88	251,67	366,07	411,83	247,37	359,81	404,78	243,06	353,54	397,73	238,75	347,28	390,69	234,44	341,01	383,63
	V	5.247,08	288,58	419,76	472,23																		
	VI	5.291,33	291,02	423,30	476,21																		

Lohn/ Gehalt bis	Steuerklasse	Lohn-steuer	ohne Kinderfreibetrag SolZ 5,5%	Kirchensteuer 8%	9%	0,5 SolZ 5,5%	Kirchensteuer 8%	9%	1,0 SolZ 5,5%	Kirchensteuer 8%	9%	1,5 SolZ 5,5%	Kirchensteuer 8%	9%	2,0 SolZ 5,5%	Kirchensteuer 8%	9%	2,5 SolZ 5,5%	Kirchensteuer 8%	9%	3,0 SolZ 5,5%	Kirchensteuer 8%	9%
14.480,99	I	4.726,08	259,93	378,08	425,34	251,31	365,55	411,24	242,70	353,02	397,14	234,08	340,48	383,04	225,46	327,95	368,94	216,85	315,42	354,84	208,23	302,88	340
(West)	II	4.577,00	251,73	366,16	411,93	243,11	353,62	397,82	234,50	341,09	383,72	225,88	328,56	369,63	217,26	316,02	355,52	208,65	303,49	341,42	200,03	290,96	327
	III	3.894,83	115,54	311,58	350,53	96,92	299,06	336,44	78,28	286,53	322,34	59,63	274,00	308,25	40,99	261,46	294,14	22,35	248,93	280,04	3,70	236,40	265
	IV	4.726,08	259,93	378,08	425,34	255,62	371,82	418,29	251,31	365,55	411,24	247,00	359,28	404,19	242,70	353,02	397,14	238,39	346,75	390,09	234,08	340,48	383
	V	5.240,50	288,22	419,24	471,64																		
	VI	5.284,83	290,66	422,78	475,63																		
14.480,99	I	4.733,91	260,36	378,71	426,05	251,74	366,18	411,95	243,13	353,64	397,85	234,51	341,11	383,75	225,89	328,58	369,65	217,28	316,04	355,55	208,66	303,51	341
(Ost)	II	4.584,75	252,16	366,78	412,62	243,54	354,24	398,52	234,92	341,71	384,42	226,31	329,18	370,33	217,69	316,65	356,23	209,08	304,12	342,13	200,46	291,58	328
	III	3.902,83	116,50	312,22	351,25	97,85	299,69	337,15	79,21	287,16	323,05	60,57	274,62	308,95	41,92	262,09	294,85	23,28	249,56	280,75	4,64	237,02	266
	IV	4.733,91	260,36	378,71	426,05	256,05	372,44	419,00	251,74	366,18	411,95	247,44	359,91	404,90	243,13	353,64	397,85	238,82	347,38	390,80	234,51	341,11	383
	V	5.248,33	288,65	419,86	472,34																		
	VI	5.292,66	291,09	423,41	476,33																		
14.483,99	I	4.727,33	260,00	378,18	425,45	251,38	365,65	411,35	242,77	353,12	397,26	234,15	340,58	383,15	225,53	328,05	369,05	216,92	315,52	354,96	208,30	302,98	340
(West)	II	4.578,25	251,80	366,26	412,04	243,18	353,72	397,94	234,57	341,19	383,84	225,95	328,66	369,74	217,33	316,12	355,64	208,72	303,59	341,54	200,10	291,06	327
	III	3.896,16	115,70	311,69	350,65	97,06	299,16	336,55	78,42	286,62	322,45	59,77	274,09	308,35	41,13	261,56	294,25	22,49	249,02	280,15	3,84	236,49	266
	IV	4.727,33	260,00	378,18	425,45	255,69	371,92	418,41	251,38	365,65	411,35	247,07	359,38	404,30	242,77	353,12	397,26	238,46	346,85	390,20	234,15	340,58	383
	V	5.241,75	288,29	419,34	471,75																		
	VI	5.286,08	290,73	422,88	475,74																		
14.483,99	I	4.735,16	260,43	378,81	426,16	251,81	366,28	412,06	243,20	353,74	397,96	234,58	341,21	383,86	225,96	328,68	369,76	217,35	316,14	355,66	208,73	303,61	341,
(Ost)	II	4.586,00	252,23	366,88	412,74	243,61	354,35	398,64	235,00	341,82	384,54	226,38	329,28	370,44	217,76	316,75	356,34	209,15	304,22	342,24	200,53	291,68	328
	III	3.904,00	116,63	312,32	351,36	97,99	299,78	337,25	79,35	287,25	323,15	60,70	274,72	309,06	42,06	262,18	294,95	23,42	249,65	280,85	4,77	237,12	266,
	IV	4.735,16	260,43	378,81	426,16	256,12	372,54	419,11	251,81	366,28	412,06	247,50	360,01	405,01	243,20	353,74	397,96	238,89	347,48	390,91	234,58	341,21	383,
	V	5.249,58	288,72	419,96	472,46																		
	VI	5.293,91	291,16	423,51	476,45																		
14.486,99	I	4.728,58	260,07	378,28	425,57	251,45	365,75	411,47	242,83	353,22	397,37	234,22	340,68	383,27	225,60	328,15	369,17	216,99	315,62	355,07	208,37	303,09	340
(West)	II	4.579,50	251,87	366,36	412,15	243,25	353,82	398,05	234,63	341,29	383,95	226,02	328,76	369,85	217,40	316,22	355,75	208,78	303,69	341,65	200,17	291,16	327,
	III	3.897,50	115,86	311,80	350,77	97,22	299,26	336,67	78,57	286,73	322,57	59,93	274,20	308,47	41,29	261,66	294,37	22,64	249,13	280,27	4,00	236,60	266,
	IV	4.728,58	260,07	378,28	425,57	255,76	372,02	418,52	251,45	365,75	411,47	247,14	359,48	404,42	242,83	353,22	397,37	238,53	346,95	390,32	234,22	340,68	383,
	V	5.243,00	288,36	419,44	471,87																		
	VI	5.287,33	290,80	422,98	475,85																		
14.486,99	I	4.736,41	260,50	378,91	426,27	251,88	366,38	412,17	243,26	353,84	398,07	234,65	341,31	383,97	226,03	328,78	369,87	217,41	316,24	355,77	208,80	303,71	341,
(Ost)	II	4.587,33	252,30	366,98	412,85	243,68	354,45	398,75	235,07	341,92	384,66	226,45	329,38	370,55	217,83	316,85	356,45	209,22	304,32	342,36	200,60	291,78	328,
	III	3.905,33	116,79	312,42	351,47	98,15	299,89	337,37	79,51	287,36	323,28	60,86	274,82	309,17	42,22	262,29	295,07	23,58	249,76	280,98	4,93	237,22	266,
	IV	4.736,41	260,50	378,91	426,27	256,19	372,64	419,22	251,88	366,38	412,17	247,57	360,11	405,12	243,26	353,84	398,07	238,96	347,58	391,02	234,65	341,31	383,
	V	5.250,83	288,79	420,06	472,57																		
	VI	5.295,16	291,23	423,61	476,56																		
14.489,99	I	4.729,83	260,14	378,38	425,68	251,52	365,85	411,58	242,90	353,32	397,48	234,29	340,78	383,38	225,67	328,26	369,29	217,06	315,72	355,19	208,44	303,19	341,
(West)	II	4.580,75	251,94	366,46	412,26	243,32	353,92	398,16	234,70	341,39	384,06	226,09	328,86	369,96	217,47	316,32	355,86	208,85	303,79	341,76	200,24	291,26	327,
	III	3.898,66	116,00	311,89	350,87	97,36	299,36	336,78	78,71	286,82	322,67	60,07	274,29	308,57	41,43	261,76	294,48	22,78	249,22	280,37	4,14	236,69	266,
	IV	4.729,83	260,14	378,38	425,68	255,83	372,12	418,63	251,52	365,85	411,58	247,21	359,58	404,53	242,90	353,32	397,48	238,59	347,05	390,43	234,29	340,78	383,
	V	5.244,33	288,43	419,54	471,98																		
	VI	5.288,58	290,87	423,08	475,97																		
14.489,99	I	4.737,66	260,57	379,01	426,38	251,95	366,48	412,29	243,33	353,94	398,18	234,72	341,41	384,08	226,10	328,88	369,99	217,48	316,34	355,88	208,87	303,81	341,
(Ost)	II	4.588,58	252,37	367,08	412,97	243,75	354,55	398,87	235,13	342,02	384,77	226,52	329,48	370,67	217,90	316,95	356,57	209,28	304,42	342,47	200,67	291,88	328,
	III	3.906,50	116,93	312,52	351,58	98,29	299,98	337,48	79,65	287,45	323,38	61,00	274,92	309,28	42,36	262,38	295,18	23,72	249,85	281,08	5,07	237,32	266,
	IV	4.737,66	260,57	379,01	426,38	256,26	372,74	419,33	251,95	366,48	412,29	247,64	360,21	405,23	243,33	353,94	398,18	239,03	347,68	391,08	234,72	341,41	384,
	V	5.252,08	288,86	420,16	472,68																		
	VI	5.296,41	291,30	423,71	476,67																		
14.492,99	I	4.731,08	260,20	378,48	425,79	251,59	365,95	411,69	242,98	353,42	397,60	234,36	340,89	383,50	225,74	328,36	369,40	217,13	315,82	355,30	208,51	303,29	341,
(West)	II	4.582,00	252,01	366,56	412,38	243,39	354,02	398,27	234,77	341,49	384,17	226,16	328,96	370,08	217,54	316,42	355,97	208,93	303,90	341,88	200,31	291,36	327,
	III	3.900,00	116,16	312,00	351,00	97,52	299,46	336,89	78,87	286,93	322,79	60,23	274,40	308,70	41,59	261,86	294,59	22,94	249,33	280,49	4,30	236,80	266,
	IV	4.731,08	260,20	378,48	425,79	255,90	372,22	418,74	251,59	365,95	411,69	247,28	359,68	404,64	242,98	353,42	397,60	238,67	347,16	390,55	234,36	340,89	383,
	V	5.245,58	288,50	419,64	472,10																		
	VI	5.289,83	290,94	423,18	476,08																		
14.492,99	I	4.738,91	260,64	379,11	426,50	252,02	366,58	412,40	243,40	354,04	398,30	234,79	341,51	384,20	226,17	328,98	370,10	217,55	316,44	356,00	208,94	303,91	341,
(Ost)	II	4.589,83	252,44	367,18	413,08	243,82	354,65	398,98	235,20	342,12	384,88	226,59	329,58	370,78	217,97	317,05	356,68	209,35	304,52	342,58	200,74	291,98	328,
	III	3.907,83	117,09	312,62	351,70	98,45	300,09	337,60	79,80	287,56	323,50	61,16	275,02	309,40	42,52	262,49	295,30	23,87	249,96	281,20	5,23	237,42	267,
	IV	4.738,91	260,64	379,11	426,50	256,33	372,84	419,45	252,02	366,58	412,40	247,71	360,31	405,35	243,40	354,04	398,30	239,09	347,78	391,25	234,79	341,51	384,
	V	5.253,33	288,93	420,26	472,79																		
	VI	5.297,66	291,37	423,81	476,78																		
14.495,99	I	4.732,33	260,27	378,58	425,90	251,66	366,06	411,81	243,04	353,52	397,71	234,43	340,99	383,61	225,81	328,46	369,51	217,19	315,92	355,41	208,58	303,39	341,
(West)	II	4.583,25	252,07	366,66	412,49	243,46	354,12	398,39	234,84	341,59	384,29	226,23	329,06	370,19	217,61	316,53	356,09	209,00	304,00	342,00	200,38	291,46	327,
	III	3.901,16	116,30	312,09	351,10	97,65	299,56	337,00	79,01	287,02	322,90	60,37	274,49	308,80	41,72	261,96	294,70	23,08	249,42	280,60	4,46	236,90	266,
	IV	4.732,33	260,27	378,58	425,90	255,97	372,32	418,86	251,66	366,06	411,81	247,35	359,79	404,76	243,04	353,52	397,71	238,74	347,26	390,66	234,43	340,99	383,
	V	5.246,83	288,57	419,74	472,21																		
	VI	5.291,08	291,00	423,28	476,19																		
14.495,99	I	4.740,16	260,70	379,21	426,61	252,09	366,68	412,51	243,47	354,14	398,41	234,85	341,61	384,31	226,24	329,08	370,21	217,63	316,55	356,12	209,01	304,02	342,
(Ost)	II	4.591,08	252,50	367,28	413,19	243,89	354,75	399,09	235,27	342,22	384,99	226,65	329,68	370,89	218,04	317,15	356,79	209,42	304,62	342,69	200,80	292,08	328,
	III	3.909,00	117,23	312,72	351,81	98,59	300,18	337,70	79,94	287,65	323,60	61,30	275,12	309,51	42,66	262,58	295,40	24,03	250,06	281,32	5,39	237,53	267,
	IV	4.740,16	260,70	379,21	426,61	256,40	372,94	419,56	252,09	366,68	412,51	247,78	360,41	405,46	243,47	354,14	398,41	239,16	347,88	391,36	234,85	341,61	384,
	V	5.254,58	289,00	420,36	472,91																		
	VI	5.298,91	291,44	423,91	476,90																		
14.498,99	I	4.733,66	260,35	378,69	426,02	251,73	366,16	411,93	243,11	353,62	397,82	234,50	341,09	383,72	225,88	328,56	369,63	217,26	316,02	355,52	208,65	303,49	341,
(West)	II	4.584,50	252,14	366,76	412,60	243,53	354,22	398,50	234,91	341,70	384,41	226,30	329,16	370,31	217,68	316,63	356,21	209,06	304,10	342,11	200,45	291,56	328,
	III	3.902,50	116,46	312,20	351,22	97,81	299,66	337,12	79,17	287,13	323,02	60,53	274,60	308,92	41,88	262,06	294,82	23,24	249,53	280,72	4,60	237,00	266,
	IV	4.733,66	260,35	378,69	426,02	256,04	372,42	418,97	251,73	366,16	411,93	247,42	359,89	404,87	243,11	353,62	397,82	238,81	347,36	390,78	234,50	341,09	383,
	V	5.248,08	288,64	419,84	472,32																		
	VI	5.292,41	291,08	423,39	476,31																		
14.498,99	I	4.741,41	260,77	379,31	426,72	252,16	366,78	412,62	243,54	354,24	398,52	234,92	341,71	384,42	226,31	329,18	370,33	217,69	316,65	356,23	209,08	304,12	342,
(Ost)	II	4.592,33	252,57	367,38	413,30	243,96	354,85	399,20	235,34	342,32	385,11	226,72	329,78	371,00	218,11	317,25	356,90	209,49	304,72	342,81	200,88	292,19	328,
	III	3.910,33	117,39	312,82	351,92	98,75	300,29	337,82	80,10	287,76	323,73	61,46	275,22	309,62	42,82	262,69	295,52	24,17	250,16	281,43	5,53	237,62	267,
	IV	4.741,41	260,77	379,31	426,72	256,46	373,04	419,67	252,16	366,78	412,62	247,85	360,51	405,57	243,54	354,24	398,52	239,23	347,98	391,47	234,92	341,71	384,
	V	5.255,91	289,07	420,47	473,03																		
	VI	5.300,16	291,50	424,01	477,01																		

Lohn/ Gehalt bis	Steuerklasse	Lohn-steuer	ohne Kinderfreibetrag			Anzahl Kinderfreibeträge (nur Steuerklassen I–IV)																	
						0,5			1,0			1,5			2,0			2,5			3,0		
			SolZ 5,5%	Kirchensteuer 8%	9%	SolZ 5,5%	Kirchensteuer 8%	9%	SolZ 5,5%	Kirchensteuer 8%	9%	SolZ 5,5%	Kirchensteuer 8%	9%	SolZ 5,5%	Kirchensteuer 8%	9%	SolZ 5,5%	Kirchensteuer 8%	9%	SolZ 5,5%	Kirchensteuer 8%	9%
14.501,99 (West)	I	4.734,91	260,42	378,79	426,14	251,80	366,26	412,04	243,18	353,72	397,94	234,57	341,19	383,84	225,95	328,66	369,74	217,33	316,12	355,64	208,72	303,59	341,54
	II	4.585,83	252,22	366,86	412,72	243,60	354,33	398,62	234,98	341,80	384,52	226,37	329,26	370,42	217,75	316,73	356,32	209,13	304,20	342,22	200,52	291,66	328,12
	III	3.903,66	116,60	312,29	351,32	97,95	299,76	337,23	79,31	287,22	323,12	60,69	274,70	309,04	42,04	262,17	294,94	23,40	249,64	280,84	4,76	237,10	266,74
	IV	4.734,91	260,42	378,79	426,14	256,11	372,52	419,09	251,80	366,26	412,04	247,49	359,99	404,99	243,18	353,72	397,94	238,87	347,46	390,89	234,57	341,19	383,84
	V	5.249,33	288,71	419,94	472,43																		
	VI	5.293,66	291,15	423,49	476,42																		
14.501,99 (Ost)	I	4.742,66	260,84	379,41	426,83	252,23	366,88	412,74	243,61	354,35	398,64	235,00	341,82	384,54	226,38	329,28	370,44	217,76	316,75	356,34	209,15	304,22	342,24
	II	4.593,58	252,64	367,48	413,42	244,03	354,95	399,32	235,41	342,42	385,22	226,79	329,88	371,12	218,18	317,35	357,02	209,56	304,82	342,92	200,95	292,29	328,82
	III	3.911,50	117,53	312,92	352,03	98,88	300,38	337,93	80,26	287,86	323,84	61,62	275,33	309,74	42,97	262,80	295,65	24,33	250,26	281,54	5,69	237,73	267,44
	IV	4.742,66	260,84	379,41	426,83	256,53	373,14	419,78	252,23	366,88	412,74	247,92	360,61	405,68	243,61	354,35	398,64	239,30	348,08	391,59	235,00	341,82	384,54
	V	5.257,16	289,14	420,57	473,14																		
	VI	5.301,41	291,57	424,11	477,12																		
14.504,99 (West)	I	4.736,16	260,48	378,89	426,25	251,87	366,36	412,15	243,25	353,82	398,05	234,63	341,29	383,95	226,02	328,76	369,85	217,40	316,22	355,75	208,78	303,69	341,65
	II	4.587,08	252,28	366,96	412,83	243,67	354,43	398,73	235,05	341,90	384,63	226,43	329,36	370,53	217,82	316,83	356,43	209,20	304,30	342,33	200,58	291,76	328,23
	III	3.905,00	116,75	312,40	351,45	98,11	299,86	337,34	79,47	287,33	323,24	60,82	274,80	309,15	42,18	262,26	295,04	23,54	249,73	280,94	4,89	237,20	266,85
	IV	4.736,16	260,48	378,89	426,25	256,18	372,62	419,20	251,87	366,36	412,15	247,56	360,09	405,10	243,25	353,82	398,05	238,94	347,56	391,00	234,63	341,29	383,95
	V	5.250,58	288,78	420,04	472,55																		
	VI	5.294,91	291,22	423,59	476,54																		
14.504,99 (Ost)	I	4.743,91	260,91	379,51	426,95	252,30	366,98	412,85	243,68	354,45	398,75	235,07	341,92	384,66	226,45	329,38	370,55	217,83	316,85	356,45	209,22	304,32	342,36
	II	4.594,83	252,71	367,58	413,53	244,09	355,05	399,43	235,48	342,52	385,33	226,87	329,99	371,24	218,25	317,46	357,14	209,63	304,92	343,04	201,02	292,39	328,94
	III	3.912,83	117,69	313,02	352,15	99,04	300,49	338,05	80,40	287,96	323,95	61,76	275,42	309,85	43,11	262,89	295,75	24,47	250,36	281,65	5,83	237,82	267,55
	IV	4.743,91	260,91	379,51	426,95	256,61	373,25	419,90	252,30	366,98	412,85	247,99	360,72	405,81	243,68	354,45	398,75	239,37	348,18	391,70	235,07	341,92	384,66
	V	5.258,41	289,21	420,67	473,25																		
	VI	5.302,75	291,65	424,22	477,24																		
14.507,99 (West)	I	4.737,41	260,55	378,99	426,36	251,94	366,46	412,26	243,32	353,92	398,16	234,70	341,39	384,06	226,09	328,86	369,96	217,47	316,32	355,86	208,85	303,79	341,76
	II	4.588,33	252,35	367,06	412,94	243,74	354,53	398,84	235,12	342,00	384,75	226,50	329,46	370,64	217,89	316,93	356,54	209,27	304,40	342,45	200,65	291,86	328,34
	III	3.906,33	116,91	312,50	351,56	98,27	299,97	337,46	79,63	287,44	323,37	60,98	274,90	309,26	42,34	262,37	295,16	23,70	249,84	281,07	5,05	237,30	266,96
	IV	4.737,41	260,55	378,99	426,36	256,24	372,72	419,31	251,94	366,46	412,26	247,63	360,19	405,21	243,32	353,92	398,16	239,01	347,66	391,11	234,70	341,39	384,06
	V	5.251,83	288,85	420,14	472,66																		
	VI	5.296,16	291,28	423,69	476,65																		
14.507,99 (Ost)	I	4.745,25	260,98	379,62	427,07	252,37	367,08	412,97	243,75	354,55	398,87	235,13	342,02	384,77	226,52	329,48	370,67	217,90	316,95	356,57	209,28	304,42	342,47
	II	4.596,08	252,78	367,68	413,64	244,16	355,15	399,54	235,55	342,62	385,45	226,93	330,09	371,35	218,32	317,56	357,25	209,70	305,02	343,15	201,08	292,49	329,05
	III	3.914,16	117,84	313,13	352,27	99,20	300,60	338,17	80,56	288,06	324,07	61,91	275,53	309,97	43,27	263,00	295,87	24,63	250,46	281,77	5,98	237,93	267,67
	IV	4.745,25	260,98	379,62	427,07	256,68	373,35	420,02	252,37	367,08	412,97	248,06	360,82	405,92	243,75	354,55	398,87	239,44	348,28	391,82	235,13	342,02	384,77
	V	5.259,66	289,28	420,77	473,36																		
	VI	5.304,00	291,72	424,32	477,36																		
14.510,99 (West)	I	4.738,66	260,62	379,09	426,47	252,01	366,56	412,38	243,39	354,02	398,27	234,77	341,49	384,17	226,16	328,96	370,08	217,54	316,42	355,97	208,93	303,90	341,88
	II	4.589,58	252,42	367,16	413,06	243,81	354,63	398,96	235,19	342,10	384,86	226,57	329,56	370,76	217,96	317,03	356,66	209,34	304,50	342,56	200,72	291,96	328,46
	III	3.907,50	117,05	312,60	351,67	98,41	300,06	337,57	79,76	287,53	323,47	61,12	275,00	309,37	42,48	262,46	295,27	23,83	249,93	281,17	5,19	237,40	267,07
	IV	4.738,66	260,62	379,09	426,47	256,31	372,82	419,42	252,01	366,56	412,38	247,70	360,29	405,32	243,39	354,02	398,27	239,08	347,76	391,23	234,77	341,49	384,17
	V	5.253,08	288,91	420,24	472,77																		
	VI	5.297,41	291,35	423,79	476,76																		
14.510,99 (Ost)	I	4.746,50	261,05	379,72	427,18	252,44	367,18	413,08	243,82	354,65	398,98	235,20	342,12	384,88	226,59	329,58	370,78	217,97	317,05	356,68	209,35	304,52	342,58
	II	4.597,41	252,85	367,79	413,76	244,24	355,26	399,66	235,62	342,72	385,56	227,00	330,19	371,46	218,39	317,66	357,36	209,77	305,12	343,26	201,15	292,59	329,16
	III	3.915,33	117,98	313,22	352,37	99,34	300,69	338,27	80,70	288,16	324,18	62,05	275,62	310,07	43,41	263,09	295,97	24,77	250,56	281,88	6,12	238,02	267,77
	IV	4.746,50	261,05	379,72	427,18	256,74	373,45	420,13	252,44	367,18	413,08	248,13	360,92	406,03	243,82	354,65	398,98	239,51	348,38	391,93	235,20	342,12	384,88
	V	5.260,91	289,35	420,87	473,48																		
	VI	5.305,25	291,78	424,42	477,47																		
14.513,99 (West)	I	4.739,91	260,69	379,19	426,59	252,07	366,66	412,49	243,46	354,12	398,39	234,84	341,59	384,29	226,23	329,06	370,19	217,61	316,53	356,09	209,00	304,00	342,00
	II	4.590,83	252,49	367,26	413,17	243,87	354,73	399,07	235,26	342,20	384,97	226,64	329,66	370,87	218,02	317,13	356,77	209,41	304,60	342,67	200,79	292,06	328,57
	III	3.908,83	117,21	312,70	351,79	98,57	300,17	337,69	79,92	287,64	323,59	61,28	275,10	309,49	42,64	262,57	295,39	23,99	250,04	281,29	5,35	237,50	267,19
	IV	4.739,91	260,69	379,19	426,59	256,38	372,92	419,54	252,07	366,66	412,49	247,77	360,39	405,44	243,46	354,12	398,39	239,15	347,86	391,34	234,84	341,59	384,29
	V	5.254,33	288,98	420,34	472,88																		
	VI	5.298,66	291,42	423,89	476,87																		
14.513,99 (Ost)	I	4.747,75	261,12	379,82	427,29	252,50	367,28	413,19	243,89	354,75	399,09	235,27	342,22	384,99	226,65	329,68	370,89	218,04	317,15	356,79	209,42	304,62	342,69
	II	4.598,66	252,92	367,89	413,87	244,31	355,36	399,78	235,69	342,82	385,67	227,07	330,29	371,57	218,46	317,76	357,48	209,84	305,22	343,37	201,22	292,69	329,27
	III	3.916,66	118,14	313,33	352,49	99,50	300,80	338,40	80,86	288,26	324,29	62,21	275,73	310,19	43,57	263,20	296,10	24,93	250,66	281,99	6,28	238,13	267,89
	IV	4.747,75	261,12	379,82	427,29	256,81	373,55	420,24	252,50	367,28	413,19	248,20	361,02	406,14	243,89	354,75	399,09	239,58	348,48	392,04	235,27	342,22	384,99
	V	5.262,16	289,41	420,97	473,59																		
	VI	5.306,50	291,85	424,52	477,58																		
14.516,99 (West)	I	4.741,16	260,76	379,29	426,70	252,14	366,76	412,60	243,53	354,22	398,50	234,91	341,70	384,41	226,30	329,16	370,31	217,68	316,63	356,21	209,06	304,10	342,11
	II	4.592,08	252,56	367,36	413,28	243,94	354,83	399,18	235,33	342,30	385,08	226,71	329,76	370,98	218,09	317,23	356,88	209,48	304,70	342,79	200,86	292,17	328,69
	III	3.910,00	117,35	312,80	351,90	98,71	300,26	337,79	80,06	287,73	323,69	61,42	275,20	309,60	42,78	262,66	295,49	24,13	250,13	281,39	5,49	237,60	267,30
	IV	4.741,16	260,76	379,29	426,70	256,45	373,02	419,65	252,14	366,76	412,60	247,83	360,49	405,55	243,53	354,22	398,50	239,22	347,96	391,46	234,91	341,70	384,41
	V	5.255,66	289,06	420,45	473,00																		
	VI	5.299,91	291,49	423,99	476,99																		
14.516,99 (Ost)	I	4.749,00	261,19	379,92	427,41	252,57	367,38	413,30	243,96	354,85	399,20	235,34	342,32	385,11	226,72	329,78	371,00	218,11	317,25	356,90	209,49	304,72	342,81
	II	4.599,91	252,99	367,99	413,99	244,37	355,46	399,89	235,76	342,92	385,79	227,14	330,39	371,69	218,52	317,86	357,59	209,91	305,32	343,49	201,29	292,79	329,39
	III	3.917,83	118,28	313,42	352,60	99,64	300,89	338,50	80,99	288,36	324,40	62,35	275,82	310,30	43,71	263,29	296,20	25,06	250,76	282,10	6,42	238,22	268,00
	IV	4.749,00	261,19	379,92	427,41	256,88	373,65	420,35	252,57	367,38	413,30	248,27	361,12	406,26	243,96	354,85	399,20	239,65	348,58	392,15	235,34	342,32	385,11
	V	5.263,41	289,48	421,07	473,70																		
	VI	5.307,75	291,92	424,62	477,69																		
14.519,99 (West)	I	4.742,41	260,83	379,39	426,81	252,22	366,86	412,72	243,60	354,33	398,62	234,98	341,80	384,52	226,37	329,26	370,42	217,75	316,73	356,32	209,13	304,20	342,22
	II	4.593,33	252,63	367,46	413,39	244,01	354,93	399,29	235,40	342,40	385,20	226,78	329,86	371,09	218,17	317,34	357,00	209,55	304,80	342,90	200,93	292,27	328,80
	III	3.911,33	117,51	312,90	352,01	98,86	300,37	337,91	80,22	287,84	323,82	61,58	275,30	309,71	42,93	262,77	295,61	24,29	250,24	281,52	5,65	237,70	267,41
	IV	4.742,41	260,83	379,39	426,81	256,52	373,12	419,76	252,22	366,86	412,72	247,91	360,60	405,67	243,60	354,33	398,62	239,29	348,06	391,57	234,98	341,80	384,52
	V	5.256,91	289,13	420,55	473,12																		
	VI	5.301,16	291,56	424,09	477,10																		
14.519,99 (Ost)	I	4.750,25	261,26	380,02	427,52	252,64	367,48	413,42	244,03	354,95	399,32	235,41	342,42	385,22	226,79	329,88	371,12	218,18	317,35	357,02	209,56	304,82	342,92
	II	4.601,16	253,06	368,09	414,10	244,44	355,56	400,00	235,83	343,02	385,90	227,21	330,49	371,80	218,59	317,96	357,70	209,98	305,42	343,60	201,36	292,89	329,50
	III	3.919,16	118,44	313,53	352,72	99,80	301,00	338,62	81,15	288,46	324,52	62,51	275,93	310,42	43,87	263,40	296,32	25,22	250,86	282,22	6,58	238,33	268,12
	IV	4.750,25	261,26	380,02	427,52	256,95	373,75	420,47	252,64	367,48	413,42	248,33	361,22	406,37	244,03	354,95	399,32	239,72	348,68	392,27	235,41	342,42	385,22
	V	5.264,66	289,55	421,17	473,81																		
	VI	5.309,00	291,99	424,72	477,81																		

Lohn/ Gehalt bis	Steuerklasse	Lohn-steuer	ohne Kinderfreibetrag SolZ 5,5%	Kirchensteuer 8%	9%	0,5 SolZ 5,5%	Kirchensteuer 8%	9%	1,0 SolZ 5,5%	Kirchensteuer 8%	9%	1,5 SolZ 5,5%	Kirchensteuer 8%	9%	2,0 SolZ 5,5%	Kirchensteuer 8%	9%	2,5 SolZ 5,5%	Kirchensteuer 8%	9%	3,0 SolZ 5,5%	Kirchensteuer 8%	9%
14.522,99 (West)	I	4.743,75	260,90	379,50	426,93	252,28	366,96	412,83	243,67	354,43	398,73	235,05	341,90	384,63	226,43	329,36	370,53	217,82	316,83	356,43	209,20	304,30	342
	II	4.594,58	252,70	367,56	413,51	244,08	355,03	399,41	235,47	342,50	385,31	226,85	329,97	371,21	218,24	317,44	357,12	209,62	304,90	343,01	201,00	292,37	328
	III	3.912,50	117,65	313,00	352,12	99,00	300,46	338,02	80,36	287,93	323,92	61,72	275,40	309,82	43,07	262,86	295,72	24,45	250,34	281,63	5,81	237,81	267
	IV	4.743,75	260,90	379,50	426,93	256,59	373,23	419,88	252,28	366,96	412,83	247,98	360,70	405,78	243,67	354,43	398,73	239,36	348,16	391,68	235,05	341,90	384
	V	5.258,16	289,19	420,65	473,23																		
	VI	5.302,50	291,63	424,20	477,22																		
14.522,99 (Ost)	I	4.751,50	261,33	380,12	427,63	252,71	367,58	413,53	244,09	355,05	399,43	235,48	342,52	385,33	226,87	329,99	371,24	218,25	317,46	357,14	209,63	304,92	343
	II	4.602,41	253,13	368,19	414,21	244,51	355,66	400,11	235,89	343,12	386,01	227,28	330,59	371,91	218,66	318,06	357,81	210,04	305,52	343,71	201,43	292,99	329
	III	3.920,33	118,58	313,62	352,82	99,94	301,09	338,72	81,29	288,56	324,63	62,65	276,02	310,52	44,03	263,50	296,44	25,38	250,97	282,34	6,74	238,44	268,
	IV	4.751,50	261,33	380,12	427,63	257,02	373,85	420,58	252,71	367,58	413,53	248,40	361,32	406,48	244,09	355,05	399,43	239,79	348,78	392,38	235,48	342,52	385,
	V	5.266,00	289,63	421,28	473,94																		
	VI	5.310,25	292,06	424,82	477,92																		
14.525,99 (West)	I	4.745,00	260,97	379,60	427,05	252,35	367,06	412,94	243,74	354,53	398,84	235,12	342,00	384,75	226,50	329,46	370,64	217,89	316,93	356,54	209,27	304,40	342,
	II	4.595,83	252,77	367,66	413,62	244,15	355,14	399,53	235,54	342,60	385,43	226,92	330,07	371,33	218,30	317,54	357,23	209,69	305,00	343,13	201,07	292,47	329,
	III	3.913,83	117,81	313,10	352,24	99,16	300,57	338,14	80,52	288,04	324,04	61,88	275,50	309,94	43,23	262,97	295,84	24,59	250,44	281,74	5,95	237,90	267,
	IV	4.745,00	260,97	379,60	427,05	256,66	373,33	419,99	252,35	367,06	412,94	248,05	360,80	405,90	243,74	354,53	398,84	239,43	348,26	391,79	235,12	342,00	384,
	V	5.259,41	289,26	420,75	473,34																		
	VI	5.303,75	291,70	424,30	477,33																		
14.525,99 (Ost)	I	4.752,75	261,40	380,22	427,74	252,78	367,68	413,64	244,16	355,15	399,54	235,55	342,62	385,45	226,93	330,09	371,35	218,32	317,56	357,25	209,70	305,02	343,
	II	4.603,66	253,20	368,29	414,32	244,58	355,76	400,23	235,96	343,22	386,12	227,35	330,69	372,02	218,73	318,16	357,93	210,12	305,63	343,83	201,50	293,10	329,
	III	3.921,66	118,74	313,73	352,94	100,09	301,20	338,85	81,45	288,66	324,74	62,81	276,13	310,64	44,16	263,60	296,55	25,52	251,06	282,44	6,88	238,53	268,
	IV	4.752,75	261,40	380,22	427,74	257,09	373,95	420,69	252,78	367,68	413,64	248,47	361,42	406,59	244,16	355,15	399,54	239,86	348,89	392,50	235,55	342,62	385,
	V	5.267,25	289,69	421,38	474,05																		
	VI	5.311,50	292,13	424,92	478,03																		
14.528,99 (West)	I	4.746,25	261,04	379,70	427,16	252,42	367,16	413,06	243,81	354,63	398,96	235,19	342,10	384,86	226,57	329,56	370,76	217,96	317,03	356,66	209,34	304,50	342,
	II	4.597,16	252,84	367,77	413,74	244,22	355,24	399,64	235,61	342,70	385,54	226,99	330,17	371,44	218,37	317,64	357,34	209,76	305,10	343,24	201,14	292,57	329,
	III	3.915,00	117,94	313,20	352,35	99,30	300,66	338,24	80,68	288,14	324,16	62,03	275,61	310,06	43,39	263,08	295,96	24,75	250,54	281,86	6,10	238,01	267,
	IV	4.746,25	261,04	379,70	427,16	256,73	373,43	420,11	252,42	367,16	413,06	248,11	360,90	406,01	243,81	354,63	398,96	239,50	348,36	391,91	235,19	342,10	384,
	V	5.260,66	289,33	420,85	473,45																		
	VI	5.305,00	291,77	424,40	477,45																		
14.528,99 (Ost)	I	4.754,00	261,47	380,32	427,86	252,85	367,79	413,76	244,24	355,26	399,66	235,62	342,72	385,56	227,00	330,19	371,46	218,39	317,66	357,36	209,77	305,12	343,
	II	4.604,91	253,27	368,39	414,44	244,65	355,86	400,34	236,03	343,32	386,24	227,42	330,79	372,14	218,80	318,26	358,04	210,19	305,73	343,94	201,57	293,20	329,
	III	3.922,83	118,88	313,82	353,05	100,25	301,30	338,96	81,61	288,77	324,86	62,97	276,24	310,77	44,32	263,70	296,66	25,68	251,17	282,56	7,04	238,64	268,
	IV	4.754,00	261,47	380,32	427,86	257,16	374,05	420,80	252,85	367,79	413,76	248,54	361,52	406,71	244,24	355,26	399,66	239,93	348,99	392,61	235,62	342,72	385,
	V	5.268,50	289,76	421,48	474,16																		
	VI	5.312,75	292,20	425,02	478,14																		
14.531,99 (West)	I	4.747,50	261,11	379,80	427,27	252,49	367,26	413,17	243,87	354,73	399,07	235,26	342,20	384,97	226,64	329,66	370,87	218,02	317,13	356,77	209,41	304,60	342,
	II	4.598,41	252,91	367,87	413,85	244,29	355,34	399,75	235,67	342,80	385,65	227,06	330,27	371,55	218,44	317,74	357,45	209,82	305,20	343,35	201,21	292,67	329,
	III	3.916,33	118,10	313,30	352,46	99,46	300,77	338,36	80,82	288,24	324,27	62,17	275,70	310,16	43,53	263,17	296,06	24,89	250,64	281,97	6,24	238,10	267,
	IV	4.747,50	261,11	379,80	427,27	256,80	373,53	420,22	252,49	367,26	413,17	248,18	361,00	406,12	243,87	354,73	399,07	239,57	348,46	392,02	235,26	342,20	384,
	V	5.261,91	289,40	420,95	473,57																		
	VI	5.306,25	291,84	424,50	477,56																		
14.531,99 (Ost)	I	4.755,33	261,54	380,42	427,97	252,92	367,89	413,87	244,31	355,36	399,78	235,69	342,82	385,67	227,07	330,29	371,57	218,46	317,76	357,48	209,84	305,22	343,
	II	4.606,16	253,33	368,49	414,55	244,72	355,96	400,45	236,11	343,43	386,36	227,49	330,90	372,26	218,87	318,36	358,16	210,26	305,83	344,06	201,64	293,30	329,
	III	3.924,16	119,03	313,93	353,17	100,39	301,40	339,07	81,75	288,86	324,97	63,10	276,33	310,87	44,46	263,80	296,77	25,82	251,26	282,67	7,17	238,73	268,
	IV	4.755,33	261,54	380,42	427,97	257,23	374,16	420,93	252,92	367,89	413,87	248,61	361,62	406,82	244,31	355,36	399,78	240,00	349,09	392,72	235,69	342,82	385,
	V	5.269,75	289,83	421,58	474,27																		
	VI	5.314,08	292,27	425,12	478,26																		
14.534,99 (West)	I	4.748,75	261,18	379,90	427,38	252,56	367,36	413,28	243,94	354,83	399,18	235,33	342,30	385,08	226,71	329,76	370,98	218,09	317,23	356,88	209,48	304,70	342,
	II	4.599,66	252,98	367,97	413,96	244,36	355,44	399,87	235,74	342,90	385,76	227,13	330,37	371,66	218,51	317,84	357,57	209,89	305,30	343,46	201,28	292,77	329,
	III	3.917,66	118,26	313,41	352,58	99,62	300,88	338,49	80,97	288,34	324,38	62,33	275,81	310,28	43,69	263,28	296,19	25,04	250,74	282,08	6,40	238,21	267,
	IV	4.748,75	261,18	379,90	427,38	256,87	373,63	420,33	252,56	367,36	413,28	248,25	361,10	406,23	243,94	354,83	399,18	239,63	348,56	392,13	235,33	342,30	385,
	V	5.263,16	289,47	421,05	473,68																		
	VI	5.307,50	291,91	424,60	477,67																		
14.534,99 (Ost)	I	4.756,58	261,61	380,52	428,09	252,99	367,99	413,99	244,37	355,46	399,89	235,76	342,92	385,79	227,14	330,39	371,69	218,52	317,86	357,59	209,91	305,32	343,
	II	4.607,41	253,40	368,59	414,66	244,79	356,06	400,57	236,17	343,53	386,47	227,56	331,00	372,37	218,94	318,46	358,27	210,32	305,93	344,17	201,71	293,40	330,
	III	3.925,50	119,19	314,04	353,29	100,55	301,50	339,19	81,91	288,97	325,09	63,26	276,44	310,99	44,62	263,90	296,89	25,98	251,37	282,79	7,33	238,84	268,
	IV	4.756,58	261,61	380,52	428,09	257,30	374,26	421,04	252,99	367,99	413,99	248,68	361,72	406,94	244,37	355,46	399,89	240,07	349,19	392,84	235,76	342,92	385,
	V	5.271,00	289,90	421,68	474,39																		
	VI	5.315,33	292,34	425,22	478,37																		
14.537,99 (West)	I	4.750,00	261,25	380,00	427,50	252,63	367,46	413,39	244,01	354,93	399,29	235,40	342,40	385,20	226,78	329,86	371,09	218,17	317,34	357,00	209,55	304,80	342,
	II	4.600,91	253,05	368,07	414,08	244,43	355,54	399,98	235,81	343,00	385,88	227,20	330,47	371,78	218,58	317,94	357,68	209,96	305,40	343,58	201,35	292,87	329,
	III	3.918,83	118,40	313,50	352,69	99,76	300,97	338,59	81,11	288,44	324,49	62,47	275,90	310,39	43,83	263,37	296,29	25,18	250,84	282,19	6,54	238,30	268,
	IV	4.750,00	261,25	380,00	427,50	256,94	373,73	420,44	252,63	367,46	413,39	248,32	361,20	406,35	244,01	354,93	399,29	239,70	348,66	392,24	235,40	342,40	385,
	V	5.264,41	289,54	421,15	473,79																		
	VI	5.308,75	291,98	424,70	477,78																		
14.537,99 (Ost)	I	4.757,83	261,68	380,62	428,20	253,06	368,09	414,10	244,44	355,56	400,00	235,83	343,02	385,90	227,21	330,49	371,80	218,59	317,96	357,70	209,98	305,42	343,
	II	4.608,75	253,48	368,70	414,78	244,86	356,16	400,68	236,24	343,63	386,58	227,63	331,10	372,48	219,01	318,56	358,38	210,39	306,03	344,28	201,78	293,50	330,
	III	3.926,66	119,33	314,13	353,39	100,69	301,60	339,30	82,05	289,06	325,19	63,40	276,53	311,09	44,76	264,00	297,00	26,12	251,46	282,89	7,47	238,93	268,
	IV	4.757,83	261,68	380,62	428,20	257,37	374,36	421,15	253,06	368,09	414,10	248,75	361,82	407,05	244,44	355,56	400,00	240,13	349,29	392,95	235,83	343,02	385,
	V	5.272,25	289,97	421,78	474,50																		
	VI	5.316,58	292,41	425,32	478,49																		
14.540,99 (West)	I	4.751,25	261,31	380,10	427,61	252,70	367,56	413,51	244,08	355,03	399,41	235,47	342,50	385,31	226,85	329,97	371,21	218,24	317,44	357,12	209,62	304,90	343,
	II	4.602,16	253,11	368,17	414,19	244,50	355,64	400,09	235,88	343,10	385,99	227,26	330,57	371,89	218,65	318,04	357,79	210,03	305,50	343,69	201,42	292,98	329,
	III	3.920,16	118,56	313,61	352,81	99,92	301,08	338,71	81,27	288,54	324,61	62,63	276,01	310,51	43,99	263,48	296,41	25,34	250,94	282,31	6,70	238,41	268,
	IV	4.751,25	261,31	380,10	427,61	257,01	373,83	420,56	252,70	367,56	413,51	248,39	361,30	406,46	244,08	355,03	399,41	239,77	348,76	392,36	235,47	342,50	385,
	V	5.265,75	289,61	421,26	473,91																		
	VI	5.310,00	292,05	424,80	477,90																		
14.540,99 (Ost)	I	4.759,08	261,74	380,72	428,31	253,13	368,19	414,21	244,51	355,66	400,11	235,89	343,12	386,01	227,28	330,59	371,91	218,66	318,06	357,81	210,04	305,52	343,
	II	4.610,00	253,55	368,80	414,90	244,93	356,26	400,79	236,31	343,73	386,69	227,70	331,20	372,58	219,08	318,66	358,49	210,46	306,13	344,39	201,85	293,60	330,
	III	3.928,00	119,49	314,24	353,52	100,85	301,70	339,41	82,20	289,17	325,31	63,56	276,64	311,22	44,92	264,10	297,11	26,27	251,57	283,01	7,63	239,04	268,
	IV	4.759,08	261,74	380,72	428,31	257,44	374,46	421,26	253,13	368,19	414,21	248,82	361,92	407,16	244,51	355,66	400,11	240,20	349,39	393,06	235,89	343,12	386,
	V	5.273,50	290,04	421,88	474,61																		
	VI	5.317,83	292,48	425,42	478,60																		

Lohn/ Gehalt bis	Steuerklasse	Lohn-steuer	ohne Kinderfreibetrag SolZ 5,5%	Kirchensteuer 8%	9%	0,5 SolZ 5,5%	Kirchensteuer 8%	9%	1,0 SolZ 5,5%	Kirchensteuer 8%	9%	1,5 SolZ 5,5%	Kirchensteuer 8%	9%	2,0 SolZ 5,5%	Kirchensteuer 8%	9%	2,5 SolZ 5,5%	Kirchensteuer 8%	9%	3,0 SolZ 5,5%	Kirchensteuer 8%	9%
4.543,99 (West)	I	4.752,50	261,38	380,20	427,72	252,77	367,66	413,62	244,15	355,14	399,53	235,54	342,60	385,43	226,92	330,07	371,33	218,30	317,54	357,23	209,69	305,00	343,13
	II	4.603,41	253,18	368,27	414,30	244,57	355,74	400,20	235,95	343,20	386,10	227,33	330,67	372,00	218,72	318,14	357,91	210,10	305,61	343,81	201,49	293,08	329,71
	III	3.921,33	118,70	313,70	352,91	100,05	301,17	338,81	81,41	288,64	324,72	62,77	276,10	310,61	44,12	263,57	296,51	25,48	251,04	282,42	6,84	238,50	268,31
	IV	4.752,50	261,38	380,20	427,72	257,07	373,93	420,67	252,77	367,66	413,62	248,46	361,40	406,58	244,15	355,14	399,53	239,85	348,87	392,48	235,54	342,60	385,43
	V	5.267,00	289,68	421,36	474,03																		
	VI	5.311,25	292,11	424,90	478,01																		
4.543,99 (Ost)	I	4.760,33	261,81	380,82	428,42	253,20	368,29	414,32	244,58	355,76	400,23	235,96	343,22	386,12	227,35	330,69	372,02	218,73	318,16	357,93	210,12	305,63	343,83
	II	4.611,25	253,61	368,90	415,01	245,00	356,36	400,91	236,38	343,83	386,81	227,76	331,30	372,71	219,15	318,76	358,61	210,53	306,23	344,51	201,91	293,70	330,41
	III	3.929,16	119,63	314,33	353,62	100,99	301,80	339,52	82,34	289,26	325,42	63,70	276,73	311,32	45,06	264,20	297,22	26,41	251,66	283,12	7,79	239,14	269,03
	IV	4.760,33	261,81	380,82	428,42	257,51	374,56	421,38	253,20	368,29	414,32	248,89	362,02	407,27	244,58	355,76	400,23	240,27	349,49	393,17	235,96	343,22	386,12
	V	5.274,75	290,11	421,98	474,72																		
	VI	5.319,08	292,54	425,52	478,71																		
4.546,99 (West)	I	4.753,83	261,46	380,30	427,84	252,84	367,77	413,74	244,22	355,24	399,64	235,61	342,70	385,54	226,99	330,17	371,44	218,37	317,64	357,34	209,76	305,10	343,24
	II	4.604,66	253,25	368,37	414,41	244,64	355,84	400,32	236,02	343,30	386,21	227,41	330,78	372,12	218,79	318,24	358,02	210,17	305,71	343,92	201,56	293,18	329,82
	III	3.922,66	118,86	313,81	353,03	100,21	301,28	338,94	81,57	288,74	324,83	62,93	276,21	310,73	44,28	263,68	296,64	25,64	251,14	282,53	7,00	238,61	268,43
	IV	4.753,83	261,46	380,30	427,84	257,15	374,04	420,79	252,84	367,77	413,74	248,53	361,50	406,69	244,22	355,24	399,64	239,91	348,97	392,59	235,61	342,70	385,54
	V	5.268,25	289,75	421,46	474,14																		
	VI	5.312,58	292,19	425,00	478,13																		
4.546,99 (Ost)	I	4.761,58	261,88	380,92	428,54	253,27	368,39	414,44	244,65	355,86	400,34	236,03	343,32	386,24	227,42	330,79	372,14	218,80	318,26	358,04	210,19	305,73	343,94
	II	4.612,50	253,68	369,00	415,12	245,07	356,46	401,02	236,45	343,93	386,92	227,83	331,40	372,82	219,22	318,86	358,72	210,60	306,33	344,62	201,98	293,80	330,52
	III	3.930,50	119,79	314,44	353,74	101,15	301,90	339,64	82,50	289,37	325,54	63,86	276,84	311,44	45,22	264,30	297,34	26,57	251,77	283,24	7,93	239,24	269,14
	IV	4.761,58	261,88	380,92	428,54	257,57	374,66	421,49	253,27	368,39	414,44	248,96	362,12	407,39	244,65	355,86	400,34	240,34	349,59	393,29	236,03	343,32	386,24
	V	5.276,00	290,18	422,08	474,84																		
	VI	5.320,33	292,61	425,62	478,82																		
4.549,99 (West)	I	4.755,08	261,52	380,40	427,95	252,91	367,87	413,85	244,29	355,34	399,75	235,67	342,80	385,65	227,06	330,27	371,55	218,44	317,74	357,45	209,82	305,20	343,35
	II	4.605,91	253,32	368,47	414,53	244,71	355,94	400,43	236,09	343,41	386,33	227,48	330,88	372,24	218,86	318,34	358,13	210,24	305,81	344,03	201,63	293,28	329,94
	III	3.923,83	119,00	313,90	353,14	100,35	301,37	339,04	81,71	288,84	324,94	63,07	276,30	310,84	44,44	263,78	296,75	25,80	251,25	282,65	7,15	238,72	268,56
	IV	4.755,08	261,52	380,40	427,95	257,22	374,14	420,90	252,91	367,87	413,85	248,60	361,60	406,80	244,29	355,34	399,75	239,98	349,07	392,70	235,67	342,80	385,65
	V	5.269,50	289,82	421,56	474,25																		
	VI	5.313,83	292,26	425,10	478,24																		
4.549,99 (Ost)	I	4.762,83	261,95	381,02	428,65	253,33	368,49	414,55	244,72	355,96	400,45	236,11	343,43	386,36	227,49	330,90	372,26	218,87	318,36	358,16	210,26	305,83	344,06
	II	4.613,75	253,75	369,10	415,23	245,13	356,56	401,13	236,52	344,03	387,03	227,90	331,50	372,93	219,28	318,96	358,83	210,67	306,43	344,73	202,06	293,90	330,64
	III	3.931,66	119,93	314,53	353,84	101,28	302,00	339,75	82,64	289,46	325,64	64,02	276,94	311,56	45,37	264,41	297,46	26,73	251,88	283,36	8,09	239,34	269,26
	IV	4.762,83	261,95	381,02	428,65	257,64	374,76	421,60	253,33	368,49	414,55	249,03	362,22	407,50	244,72	355,96	400,45	240,41	349,69	393,40	236,11	343,43	386,36
	V	5.277,33	290,25	422,18	474,95																		
	VI	5.321,58	292,68	425,72	478,94																		
4.552,99 (West)	I	4.756,33	261,59	380,50	428,06	252,98	367,97	413,96	244,36	355,44	399,87	235,74	342,90	385,76	227,13	330,37	371,66	218,51	317,84	357,57	209,89	305,30	343,46
	II	4.607,25	253,39	368,58	414,65	244,78	356,04	400,55	236,16	343,51	386,45	227,54	330,98	372,35	218,93	318,44	358,25	210,31	305,91	344,15	201,69	293,38	330,05
	III	3.925,16	119,15	314,01	353,26	100,51	301,48	339,16	81,87	288,94	325,06	63,22	276,41	310,96	44,58	263,88	296,86	25,94	251,34	282,76	7,29	238,81	268,66
	IV	4.756,33	261,59	380,50	428,06	257,29	374,24	421,02	252,98	367,97	413,96	248,67	361,70	406,91	244,36	355,44	399,87	240,05	349,17	392,81	235,74	342,90	385,76
	V	5.270,75	289,89	421,66	474,36																		
	VI	5.315,08	292,32	425,20	478,35																		
4.552,99 (Ost)	I	4.764,08	262,02	381,12	428,76	253,40	368,59	414,66	244,79	356,06	400,57	236,17	343,53	386,47	227,56	331,00	372,37	218,94	318,46	358,27	210,32	305,93	344,17
	II	4.615,00	253,82	369,20	415,35	245,20	356,66	401,24	236,59	344,13	387,14	227,97	331,60	373,05	219,36	319,07	358,95	210,74	306,54	344,85	202,12	294,00	330,75
	III	3.933,00	120,09	314,64	353,97	101,44	302,10	339,86	82,80	289,57	325,76	64,16	277,04	311,67	45,51	264,50	297,56	26,87	251,97	283,46	8,23	239,44	269,37
	IV	4.764,08	262,02	381,12	428,76	257,71	374,86	421,71	253,40	368,59	414,66	249,10	362,33	407,62	244,79	356,06	400,57	240,48	349,80	393,52	236,17	343,53	386,47
	V	5.278,58	290,32	422,28	475,07																		
	VI	5.322,83	292,75	425,82	479,05																		
4.555,99 (West)	I	4.757,58	261,66	380,60	428,18	253,05	368,07	414,08	244,43	355,54	399,98	235,81	343,00	385,88	227,20	330,47	371,78	218,58	317,94	357,68	209,96	305,40	343,58
	II	4.608,50	253,46	368,68	414,76	244,85	356,14	400,66	236,23	343,61	386,56	227,61	331,08	372,46	219,00	318,54	358,36	210,38	306,01	344,26	201,76	293,48	330,16
	III	3.926,33	119,29	314,10	353,36	100,67	301,58	339,28	82,03	289,05	325,18	63,38	276,52	311,08	44,74	263,98	296,98	26,10	251,45	282,88	7,45	238,92	268,78
	IV	4.757,58	261,66	380,60	428,18	257,35	374,34	421,13	253,05	368,07	414,08	248,74	361,80	407,03	244,43	355,54	399,98	240,12	349,27	392,93	235,81	343,00	385,88
	V	5.272,00	289,96	421,76	474,48																		
	VI	5.316,33	292,39	425,30	478,46																		
14.555,99 (Ost)	I	4.765,41	262,09	381,23	428,88	253,48	368,70	414,78	244,86	356,16	400,68	236,24	343,63	386,58	227,63	331,10	372,48	219,01	318,56	358,38	210,39	306,03	344,28
	II	4.616,25	253,89	369,30	415,46	245,27	356,76	401,36	236,66	344,23	387,26	228,04	331,70	373,16	219,43	319,17	359,06	210,81	306,64	344,97	202,19	294,10	330,86
	III	3.934,33	120,24	314,74	354,08	101,60	302,21	339,98	82,96	289,68	325,89	64,31	277,14	311,78	45,67	264,61	297,68	27,03	252,08	283,59	8,38	239,54	269,48
	IV	4.765,41	262,09	381,23	428,88	257,78	374,96	421,83	253,48	368,70	414,78	249,17	362,43	407,73	244,86	356,16	400,68	240,55	349,90	393,63	236,24	343,63	386,58
	V	5.279,83	290,39	422,38	475,18																		
	VI	5.324,16	292,82	425,93	479,17																		
14.558,99 (West)	I	4.758,83	261,73	380,70	428,29	253,11	368,17	414,19	244,50	355,64	400,09	235,88	343,10	385,99	227,26	330,57	371,89	218,65	318,04	357,79	210,03	305,50	343,69
	II	4.609,75	253,53	368,78	414,87	244,91	356,24	400,77	236,30	343,71	386,67	227,68	331,18	372,57	219,06	318,64	358,47	210,45	306,11	344,37	201,83	293,58	330,27
	III	3.927,66	119,45	314,21	353,48	100,81	301,68	339,39	82,16	289,14	325,28	63,52	276,61	311,18	44,88	264,08	297,09	26,23	251,54	282,98	7,59	239,01	268,88
	IV	4.758,83	261,73	380,70	428,29	257,42	374,44	421,24	253,11	368,17	414,19	248,81	361,90	407,14	244,50	355,64	400,09	240,19	349,37	393,04	235,88	343,10	385,99
	V	5.273,25	290,02	421,86	474,59																		
	VI	5.317,58	292,46	425,40	478,58																		
14.558,99 (Ost)	I	4.766,66	262,16	381,33	428,99	253,55	368,80	414,90	244,93	356,26	400,79	236,31	343,73	386,69	227,70	331,20	372,60	219,08	318,66	358,49	210,46	306,13	344,39
	II	4.617,50	253,96	369,40	415,57	245,35	356,87	401,48	236,73	344,34	387,38	228,11	331,80	373,28	219,50	319,27	359,18	210,88	306,74	345,08	202,26	294,20	330,98
	III	3.935,50	120,38	314,84	354,19	101,74	302,30	340,09	83,10	289,77	325,99	64,45	277,24	311,89	45,81	264,70	297,79	27,17	252,17	283,69	8,52	239,64	269,59
	IV	4.766,66	262,16	381,33	428,99	257,85	375,06	421,94	253,55	368,80	414,90	249,24	362,53	407,84	244,93	356,26	400,79	240,62	350,00	393,75	236,31	343,73	386,69
	V	5.281,08	290,45	422,48	475,29																		
	VI	5.325,41	292,89	426,03	479,28																		
14.561,99 (West)	I	4.760,08	261,80	380,80	428,40	253,18	368,27	414,30	244,57	355,74	400,20	235,95	343,20	386,10	227,33	330,67	372,00	218,72	318,14	357,91	210,10	305,61	343,81
	II	4.611,00	253,60	368,88	414,99	244,98	356,34	400,88	236,37	343,81	386,78	227,75	331,28	372,69	219,13	318,74	358,58	210,52	306,21	344,48	201,90	293,68	330,39
	III	3.929,00	119,61	314,32	353,61	100,97	301,78	339,50	82,32	289,25	325,40	63,68	276,72	311,31	45,04	264,18	297,20	26,39	251,65	283,10	7,75	239,12	269,01
	IV	4.760,08	261,80	380,80	428,40	257,49	374,54	421,35	253,18	368,27	414,30	248,87	362,00	407,25	244,57	355,74	400,20	240,26	349,47	393,15	235,95	343,20	386,10
	V	5.274,50	290,09	421,96	474,70																		
	VI	5.318,83	292,53	425,50	478,69																		
14.561,99 (Ost)	I	4.767,91	262,23	381,43	429,11	253,61	368,90	415,01	245,00	356,36	400,91	236,38	343,83	386,81	227,76	331,30	372,71	219,15	318,76	358,61	210,53	306,23	344,51
	II	4.618,83	254,03	369,50	415,69	245,41	356,97	401,59	236,80	344,44	387,49	228,18	331,90	373,39	219,56	319,37	359,29	210,95	306,84	345,19	202,33	294,30	331,09
	III	3.936,83	120,54	314,94	354,31	101,90	302,41	340,21	83,26	289,88	326,11	64,61	277,34	312,01	45,97	264,81	297,91	27,33	252,28	283,81	8,68	239,74	269,71
	IV	4.767,91	262,23	381,43	429,11	257,92	375,16	422,06	253,61	368,90	415,01	249,31	362,63	407,96	245,00	356,36	400,91	240,69	350,10	393,86	236,38	343,83	386,81
	V	5.282,33	290,52	422,58	475,40																		
	VI	5.326,66	292,96	426,13	479,39																		

Anzahl Kinderfreibeträge (nur Steuerklassen I–IV)

Lohn/ Gehalt bis	Steuerklasse	Lohn-steuer	ohne Kinderfreibetrag			Anzahl Kinderfreibeträge (nur Steuerklassen I–IV)																	
						0,5			1,0			1,5			2,0			2,5			3,0		
			SolZ 5,5%	Kirchensteuer 8%	9%	SolZ 5,5%	Kirchensteuer 8%	9%	SolZ 5,5%	Kirchensteuer 8%	9%	SolZ 5,5%	Kirchensteuer 8%	9%	SolZ 5,5%	Kirchensteuer 8%	9%	SolZ 5,5%	Kirchensteuer 8%	9%	SolZ 5,5%	Kirchensteuer 8%	9%
14.564,99 (West)	I	4.761,33	261,87	380,90	428,51	253,25	368,37	414,41	244,64	355,84	400,32	236,02	343,30	386,21	227,41	330,78	372,12	218,79	318,24	358,02	210,17	305,71	343
	II	4.612,25	253,67	368,98	415,10	245,05	356,44	401,00	236,44	343,91	386,90	227,82	331,38	372,80	219,20	318,84	358,70	210,59	306,31	344,60	201,97	293,78	330
	III	3.930,16	119,75	314,41	353,71	101,11	301,88	339,61	82,46	289,34	325,51	63,82	276,81	311,41	45,18	264,28	297,31	26,53	251,74	283,21	7,89	239,21	269
	IV	4.761,33	261,87	380,90	428,51	257,56	374,64	421,47	253,25	368,37	414,41	248,94	362,10	407,36	244,64	355,84	400,32	240,33	349,57	393,26	236,02	343,30	386
	V	5.275,83	290,17	422,06	474,82																		
	VI	5.320,08	292,60	425,60	478,80																		
14.564,99 (Ost)	I	4.769,16	262,30	381,53	429,22	253,68	369,00	415,12	245,07	356,46	401,02	236,45	343,93	386,92	227,83	331,40	372,82	219,22	318,86	358,72	210,60	306,33	344
	II	4.620,08	254,10	369,60	415,80	245,48	357,07	401,70	236,87	344,54	387,60	228,25	332,00	373,50	219,63	319,47	359,40	211,02	306,94	345,30	202,40	294,40	331
	III	3.938,00	120,68	315,04	354,42	102,04	302,50	340,31	83,39	289,97	326,21	64,75	277,44	312,12	46,11	264,90	298,01	27,46	252,37	283,91	8,82	239,84	269
	IV	4.769,16	262,30	381,53	429,22	257,99	375,26	422,17	253,68	369,00	415,12	249,37	362,73	408,07	245,07	356,46	401,02	240,76	350,20	393,97	236,45	343,93	386
	V	5.283,58	290,59	422,68	475,52																		
	VI	5.327,91	293,03	426,23	479,51																		
14.567,99 (West)	I	4.762,58	261,94	381,00	428,63	253,32	368,47	414,53	244,71	355,94	400,43	236,09	343,41	386,33	227,48	330,88	372,24	218,86	318,34	358,13	210,24	305,81	344
	II	4.613,50	253,74	369,08	415,21	245,12	356,54	401,11	236,50	344,01	387,01	227,89	331,48	372,91	219,27	318,94	358,81	210,66	306,42	344,72	202,04	293,88	330
	III	3.931,50	119,91	314,52	353,83	101,26	301,98	339,73	82,62	289,45	325,63	63,98	276,92	311,53	45,33	264,38	297,43	26,69	251,85	283,33	8,05	239,32	269
	IV	4.762,58	261,94	381,00	428,63	257,63	374,74	421,58	253,32	368,47	414,53	249,01	362,20	407,48	244,71	355,94	400,43	240,40	349,68	393,39	236,09	343,41	386
	V	5.277,08	290,23	422,16	474,93																		
	VI	5.321,33	292,67	425,70	478,91																		
14.567,99 (Ost)	I	4.770,41	262,37	381,63	429,33	253,75	369,10	415,23	245,13	356,56	401,13	236,52	344,03	387,03	227,90	331,50	372,93	219,28	318,96	358,83	210,67	306,43	344
	II	4.621,33	254,17	369,70	415,91	245,55	357,17	401,81	236,94	344,64	387,72	228,32	332,10	373,61	219,70	319,57	359,51	211,09	307,04	345,42	202,47	294,50	331
	III	3.939,33	120,84	315,14	354,53	102,20	302,61	340,43	83,55	290,08	326,34	64,91	277,54	312,23	46,27	265,01	298,13	27,62	252,48	284,04	8,98	239,94	269
	IV	4.770,41	262,37	381,63	429,33	258,06	375,36	422,28	253,75	369,10	415,23	249,44	362,83	408,18	245,13	356,56	401,13	240,83	350,30	394,08	236,52	344,03	387
	V	5.284,83	290,66	422,78	475,63																		
	VI	5.329,16	293,10	426,33	479,62																		
14.570,99 (West)	I	4.763,83	262,01	381,10	428,74	253,39	368,58	414,65	244,78	356,04	400,55	236,16	343,51	386,45	227,54	330,98	372,35	218,93	318,44	358,25	210,31	305,91	344,
	II	4.614,75	253,81	369,18	415,32	245,19	356,64	401,22	236,57	344,11	387,12	227,96	331,58	373,03	219,34	319,05	358,93	210,73	306,52	344,83	202,11	293,98	330,
	III	3.932,66	120,05	314,61	353,93	101,40	302,08	339,84	82,76	289,54	325,73	64,12	277,01	311,63	45,47	264,48	297,54	26,83	251,94	283,43	8,21	239,42	269,
	IV	4.763,83	262,01	381,10	428,74	257,70	374,84	421,70	253,39	368,58	414,65	249,09	362,31	407,60	244,78	356,04	400,55	240,47	349,78	393,50	236,16	343,51	386,
	V	5.278,33	290,30	422,26	475,04																		
	VI	5.322,58	292,74	425,80	479,03																		
14.570,99 (Ost)	I	4.771,66	262,44	381,73	429,44	253,82	369,20	415,35	245,20	356,66	401,24	236,59	344,13	387,14	227,97	331,60	373,05	219,36	319,07	358,95	210,74	306,54	344,
	II	4.622,58	254,24	369,80	416,03	245,62	357,27	401,93	237,00	344,74	387,83	228,39	332,20	373,73	219,77	319,67	359,63	211,15	307,14	345,53	202,54	294,60	331,
	III	3.940,50	120,98	315,24	354,64	102,34	302,70	340,54	83,69	290,17	326,44	65,05	277,64	312,34	46,41	265,10	298,24	27,78	252,58	284,15	9,14	240,05	270
	IV	4.771,66	262,44	381,73	429,44	258,13	375,46	422,39	253,82	369,20	415,35	249,51	362,93	408,29	245,20	356,66	401,24	240,90	350,40	394,20	236,59	344,13	387,
	V	5.286,08	290,73	422,88	475,74																		
	VI	5.330,41	293,17	426,43	479,73																		
14.573,99 (West)	I	4.765,16	262,08	381,21	428,86	253,46	368,68	414,76	244,85	356,14	400,66	236,23	343,61	386,56	227,61	331,08	372,46	219,00	318,54	358,36	210,38	306,01	344,
	II	4.616,00	253,88	369,28	415,44	245,26	356,74	401,33	236,65	344,22	387,24	228,03	331,68	373,14	219,41	319,15	359,04	210,80	306,62	344,94	202,18	294,08	330,
	III	3.934,00	120,20	314,72	354,06	101,56	302,18	339,95	82,92	289,65	325,85	64,27	277,12	311,76	45,63	264,58	297,65	26,99	252,05	283,55	8,34	239,52	269,
	IV	4.765,16	262,08	381,21	428,86	257,77	374,94	421,81	253,46	368,68	414,76	249,15	362,41	407,71	244,85	356,14	400,66	240,54	349,88	393,61	236,23	343,61	386,
	V	5.279,58	290,37	422,36	475,16																		
	VI	5.323,91	292,81	425,91	479,15																		
14.573,99 (Ost)	I	4.772,91	262,51	381,83	429,56	253,89	369,30	415,46	245,27	356,76	401,36	236,66	344,23	387,26	228,04	331,70	373,16	219,43	319,17	359,06	210,81	306,64	344,
	II	4.623,83	254,31	369,90	416,14	245,69	357,37	402,04	237,07	344,84	387,94	228,46	332,30	373,84	219,84	319,77	359,74	211,22	307,24	345,64	202,61	294,71	331,
	III	3.941,83	121,14	315,34	354,76	102,49	302,81	340,66	83,85	290,28	326,56	65,21	277,74	312,46	46,56	265,21	298,36	27,92	252,68	284,26	9,28	240,14	270,
	IV	4.772,91	262,51	381,83	429,56	258,20	375,56	422,51	253,89	369,30	415,46	249,58	363,03	408,41	245,27	356,76	401,36	240,96	350,50	394,31	236,66	344,23	387,
	V	5.287,41	290,80	422,99	475,86																		
	VI	5.331,66	293,24	426,53	479,84																		
14.576,99 (West)	I	4.766,41	262,15	381,31	428,97	253,53	368,78	414,87	244,91	356,24	400,77	236,30	343,71	386,67	227,68	331,18	372,57	219,06	318,64	358,47	210,45	306,11	344,
	II	4.617,33	253,95	369,38	415,55	245,33	356,85	401,45	236,72	344,32	387,36	228,10	331,78	373,25	219,48	319,25	359,15	210,87	306,72	345,06	202,25	294,18	330,
	III	3.935,16	120,34	314,81	354,16	101,70	302,28	340,06	83,06	289,74	325,96	64,43	277,22	311,87	45,79	264,69	297,77	27,15	252,16	283,68	8,50	239,62	269,
	IV	4.766,41	262,15	381,31	428,97	257,84	375,04	421,92	253,53	368,78	414,87	249,22	362,51	407,82	244,91	356,24	400,77	240,61	349,98	393,72	236,30	343,71	386,
	V	5.280,83	290,44	422,46	475,27																		
	VI	5.325,16	292,88	426,01	479,26																		
14.576,99 (Ost)	I	4.774,16	262,57	381,93	429,67	253,96	369,40	415,57	245,35	356,87	401,48	236,73	344,34	387,38	228,11	331,80	373,28	219,50	319,27	359,18	210,88	306,74	345,
	II	4.625,08	254,37	370,00	416,25	245,76	357,47	402,15	237,14	344,94	388,05	228,52	332,40	373,95	219,91	319,87	359,85	211,30	307,34	345,76	202,68	294,81	331,
	III	3.943,00	121,28	315,44	354,87	102,63	302,90	340,76	84,01	290,38	326,68	65,37	277,85	312,58	46,72	265,32	298,48	28,08	252,78	284,38	9,44	240,25	270,
	IV	4.774,16	262,57	381,93	429,67	258,27	375,66	422,62	253,96	369,40	415,57	249,65	363,13	408,52	245,35	356,87	401,48	241,04	350,60	394,43	236,73	344,34	387,
	V	5.288,66	290,87	423,09	475,97																		
	VI	5.332,91	293,31	426,63	479,96																		
14.579,99 (West)	I	4.767,66	262,22	381,41	429,08	253,60	368,88	414,99	244,98	356,34	400,88	236,37	343,81	386,78	227,75	331,28	372,69	219,13	318,74	358,58	210,52	306,21	344,
	II	4.618,58	254,02	369,48	415,67	245,40	356,95	401,57	236,78	344,42	387,47	228,17	331,88	373,37	219,55	319,35	359,27	210,93	306,82	345,17	202,32	294,28	331,
	III	3.936,50	120,50	314,92	354,28	101,86	302,38	340,18	83,22	289,85	326,08	64,57	277,32	311,98	45,93	264,78	297,88	27,29	252,25	283,78	8,64	239,72	269,
	IV	4.767,66	262,22	381,41	429,08	257,91	375,14	422,03	253,60	368,88	414,99	249,29	362,61	407,93	244,98	356,34	400,88	240,68	350,08	393,84	236,37	343,81	386,
	V	5.282,08	290,51	422,56	475,38																		
	VI	5.326,41	292,95	426,11	479,37																		
14.579,99 (Ost)	I	4.775,41	262,64	382,03	429,78	254,03	369,50	415,69	245,41	356,97	401,59	236,80	344,44	387,49	228,18	331,90	373,39	219,56	319,37	359,29	210,95	306,84	345,
	II	4.626,33	254,44	370,10	416,36	245,83	357,57	402,26	237,21	345,04	388,17	228,60	332,51	374,07	219,98	319,98	359,97	211,36	307,44	345,87	202,75	294,91	331,
	III	3.944,33	121,43	315,54	354,98	102,79	303,01	340,88	84,15	290,48	326,79	65,50	277,94	312,68	46,86	265,41	298,58	28,22	252,88	284,49	9,57	240,34	270,
	IV	4.775,41	262,64	382,03	429,78	258,34	375,77	422,74	254,03	369,50	415,69	249,72	363,24	408,64	245,41	356,97	401,59	241,11	350,70	394,54	236,80	344,44	387,
	V	5.289,91	290,94	423,19	476,09																		
	VI	5.334,25	293,38	426,74	480,08																		
14.582,99 (West)	I	4.768,91	262,29	381,51	429,20	253,67	368,98	415,10	245,05	356,44	401,00	236,44	343,91	386,90	227,82	331,38	372,80	219,20	318,84	358,70	210,59	306,31	344,
	II	4.619,83	254,09	369,58	415,78	245,47	357,05	401,68	236,85	344,52	387,58	228,24	332,01	373,48	219,62	319,45	359,38	211,00	306,92	345,28	202,39	294,38	331,
	III	3.937,83	120,66	315,02	354,40	102,02	302,49	340,30	83,37	289,96	326,20	64,73	277,42	312,10	46,09	264,89	298,00	27,44	252,36	283,90	8,80	239,82	269,
	IV	4.768,91	262,29	381,51	429,20	257,98	375,24	422,15	253,67	368,98	415,10	249,36	362,71	408,05	245,05	356,44	401,00	240,74	350,18	393,95	236,44	343,91	386,
	V	5.283,33	290,58	422,66	475,49																		
	VI	5.327,66	293,02	426,21	479,48																		
14.582,99 (Ost)	I	4.776,75	262,72	382,14	429,90	254,10	369,60	415,80	245,48	357,07	401,70	236,87	344,54	387,60	228,25	332,00	373,50	219,63	319,47	359,40	211,02	306,94	345,
	II	4.627,58	254,51	370,20	416,48	245,90	357,67	402,38	237,28	345,14	388,28	228,67	332,61	374,18	220,05	320,08	360,09	211,43	307,54	345,98	202,82	295,01	331,
	III	3.945,66	121,59	315,65	355,10	102,95	303,12	341,01	84,31	290,58	326,90	65,66	278,05	312,80	47,02	265,52	298,71	28,38	252,98	284,60	9,73	240,45	270,
	IV	4.776,75	262,72	382,14	429,90	258,41	375,87	422,85	254,10	369,60	415,80	249,79	363,34	408,75	245,48	357,07	401,70	241,17	350,80	394,65	236,87	344,54	387,
	V	5.291,16	291,01	423,29	476,20																		
	VI	5.335,50	293,45	426,84	480,19																		

Lohn/ Gehalt bis	Steuerklasse	Lohnsteuer	ohne Kinderfreibetrag SolZ 5,5%	Kirchensteuer 8%	9%	0,5 SolZ 5,5%	Kirchensteuer 8%	9%	1,0 SolZ 5,5%	Kirchensteuer 8%	9%	1,5 SolZ 5,5%	Kirchensteuer 8%	9%	2,0 SolZ 5,5%	Kirchensteuer 8%	9%	2,5 SolZ 5,5%	Kirchensteuer 8%	9%	3,0 SolZ 5,5%	Kirchensteuer 8%	9%
						Anzahl Kinderfreibeträge (nur Steuerklassen I–IV)																	
4.585,99 (West)	I	4.770,16	262,35	381,61	429,31	253,74	369,08	415,21	245,12	356,54	401,11	236,50	344,01	387,01	227,89	331,48	372,91	219,27	318,94	358,81	210,66	306,42	344,72
	II	4.621,08	254,15	369,68	415,89	245,54	357,15	401,79	236,92	344,62	387,69	228,30	332,08	373,59	219,69	319,55	359,49	211,07	307,02	345,39	202,45	294,48	331,29
	III	3.939,00	120,80	315,12	354,51	102,16	302,58	340,40	83,51	290,05	326,30	64,87	277,52	312,21	46,23	264,98	298,10	27,58	252,45	284,00	8,94	239,92	269,91
	IV	4.770,16	262,35	381,61	429,31	258,05	375,34	422,26	253,74	369,08	415,21	249,43	362,81	408,16	245,12	356,54	401,11	240,81	350,28	394,06	236,50	344,01	387,01
	V	5.284,58	290,65	422,76	475,61																		
	VI	5.328,91	293,09	426,31	479,60																		
4.585,99 (Ost)	I	4.778,00	262,79	382,24	430,02	254,17	369,70	415,91	245,55	357,17	401,81	236,94	344,64	387,72	228,32	332,10	373,61	219,70	319,57	359,51	211,09	307,04	345,42
	II	4.628,91	254,59	370,31	416,60	245,97	357,78	402,50	237,35	345,24	388,40	228,74	332,71	374,30	220,12	320,18	360,20	211,50	307,64	346,10	202,89	295,11	332,00
	III	3.946,83	121,73	315,74	355,21	103,09	303,21	341,11	84,45	290,68	327,01	65,80	278,14	312,91	47,16	265,61	298,81	28,52	253,08	284,71	9,87	240,54	270,61
	IV	4.778,00	262,79	382,24	430,02	258,48	375,97	422,96	254,17	369,70	415,91	249,86	363,44	408,87	245,55	357,17	401,81	241,24	350,90	394,76	236,94	344,64	387,72
	V	5.292,41	291,08	423,39	476,31																		
	VI	5.336,75	293,52	426,94	480,30																		
4.588,99 (West)	I	4.771,41	262,42	381,71	429,42	253,81	369,18	415,32	245,19	356,64	401,22	236,57	344,11	387,12	227,96	331,58	373,03	219,34	319,05	358,93	210,73	306,52	344,83
	II	4.622,33	254,22	369,78	416,00	245,61	357,25	401,90	236,99	344,72	387,81	228,37	332,18	373,70	219,76	319,65	359,60	211,14	307,12	345,51	202,52	294,58	331,40
	III	3.940,33	120,96	315,22	354,62	102,32	302,69	340,52	83,67	290,16	326,43	65,03	277,62	312,32	46,39	265,09	298,22	27,74	252,56	284,13	9,10	240,02	270,02
	IV	4.771,41	262,42	381,71	429,42	258,11	375,44	422,37	253,81	369,18	415,32	249,50	362,91	408,27	245,19	356,64	401,22	240,88	350,38	394,17	236,57	344,11	387,12
	V	5.285,83	290,72	422,86	475,72																		
	VI	5.330,16	293,15	426,41	479,71																		
4.588,99 (Ost)	I	4.779,25	262,85	382,34	430,13	254,24	369,80	416,03	245,62	357,27	401,93	237,00	344,74	387,83	228,39	332,20	373,73	219,77	319,67	359,63	211,15	307,14	345,53
	II	4.630,16	254,65	370,41	416,71	246,04	357,88	402,61	237,42	345,34	388,51	228,80	332,81	374,41	220,19	320,28	360,31	211,57	307,74	346,21	202,95	295,21	332,11
	III	3.948,16	121,89	315,85	355,33	103,25	303,32	341,23	84,60	290,78	327,13	65,96	278,25	313,03	47,32	265,72	298,93	28,67	253,18	284,83	10,03	240,65	270,73
	IV	4.779,25	262,85	382,34	430,13	258,55	376,07	423,08	254,24	369,80	416,03	249,93	363,54	408,98	245,62	357,27	401,93	241,31	351,00	394,88	237,00	344,74	387,83
	V	5.293,66	291,15	423,49	476,42																		
	VI	5.338,00	293,59	427,04	480,42																		
4.591,99 (West)	I	4.772,66	262,49	381,81	429,53	253,88	369,28	415,44	245,26	356,74	401,33	236,65	344,22	387,24	228,03	331,68	373,14	219,41	319,15	359,04	210,80	306,62	344,94
	II	4.623,58	254,29	369,88	416,12	245,68	357,35	402,02	237,06	344,82	387,92	228,44	332,28	373,82	219,83	319,75	359,72	211,21	307,22	345,62	202,60	294,69	331,52
	III	3.941,50	121,10	315,32	354,73	102,45	302,78	340,63	83,81	290,25	326,53	65,17	277,72	312,43	46,52	265,18	298,33	27,88	252,65	284,23	9,24	240,12	270,13
	IV	4.772,66	262,49	381,81	429,53	258,18	375,54	422,48	253,88	369,28	415,44	249,57	363,01	408,38	245,26	356,74	401,33	240,95	350,48	394,29	236,65	344,22	387,24
	V	5.287,16	290,79	422,97	475,84																		
	VI	5.331,41	293,22	426,51	479,82																		
4.591,99 (Ost)	I	4.780,50	262,92	382,44	430,24	254,31	369,90	416,14	245,69	357,37	402,04	237,07	344,84	387,94	228,46	332,30	373,84	219,84	319,77	359,74	211,22	307,24	345,64
	II	4.631,41	254,72	370,51	416,82	246,11	357,98	402,72	237,49	345,44	388,62	228,87	332,91	374,52	220,26	320,38	360,42	211,64	307,84	346,32	203,02	295,31	332,22
	III	3.949,33	122,03	315,94	355,43	103,39	303,41	341,33	84,74	290,88	327,24	66,10	278,34	313,13	47,46	265,81	299,03	28,81	253,28	284,94	10,17	240,74	270,83
	IV	4.780,50	262,92	382,44	430,24	258,61	376,17	423,19	254,31	369,90	416,14	250,00	363,64	409,09	245,69	357,37	402,04	241,38	351,10	394,99	237,07	344,84	387,94
	V	5.294,91	291,22	423,59	476,54																		
	VI	5.339,25	293,65	427,14	480,53																		
4.594,99 (West)	I	4.773,91	262,56	381,91	429,65	253,95	369,38	415,55	245,33	356,85	401,45	236,72	344,32	387,36	228,10	331,78	373,25	219,48	319,25	359,15	210,87	306,72	345,06
	II	4.624,83	254,36	369,98	416,23	245,74	357,45	402,13	237,13	344,92	388,03	228,51	332,38	373,93	219,90	319,86	359,84	211,28	307,32	345,74	202,67	294,79	331,64
	III	3.942,83	121,26	315,42	354,85	102,61	302,89	340,75	83,97	290,36	326,65	65,33	277,82	312,55	46,68	265,29	298,45	28,04	252,76	284,35	9,40	240,22	270,25
	IV	4.773,91	262,56	381,91	429,65	258,25	375,64	422,60	253,95	369,38	415,55	249,64	363,12	408,51	245,33	356,85	401,45	241,02	350,58	394,40	236,72	344,32	387,36
	V	5.288,41	290,86	423,07	475,95																		
	VI	5.332,66	293,29	426,61	479,93																		
4.594,99 (Ost)	I	4.781,75	262,99	382,54	430,35	254,37	370,00	416,25	245,76	357,47	402,15	237,14	344,94	388,05	228,52	332,40	373,95	219,91	319,87	359,85	211,30	307,34	345,76
	II	4.632,66	254,79	370,61	416,93	246,18	358,08	402,84	237,56	345,54	388,73	228,94	333,01	374,63	220,33	320,48	360,54	211,71	307,94	346,43	203,09	295,41	332,33
	III	3.950,66	122,19	316,05	355,55	103,54	303,52	341,46	84,90	290,98	327,35	66,26	278,45	313,25	47,61	265,92	299,16	28,97	253,38	285,05	10,33	240,85	270,95
	IV	4.781,75	262,99	382,54	430,35	258,68	376,27	423,30	254,37	370,00	416,25	250,07	363,74	409,20	245,76	357,47	402,15	241,45	351,20	395,10	237,14	344,94	388,05
	V	5.296,16	291,28	423,69	476,65																		
	VI	5.340,50	293,72	427,24	480,64																		
4.597,99 (West)	I	4.775,25	262,63	382,02	429,77	254,02	369,48	415,67	245,40	356,95	401,57	236,78	344,42	387,47	228,17	331,88	373,37	219,55	319,35	359,27	210,93	306,82	345,17
	II	4.626,08	254,43	370,08	416,34	245,81	357,55	402,24	237,20	345,02	388,15	228,58	332,49	374,05	219,97	319,96	359,95	211,35	307,42	345,85	202,73	294,89	331,75
	III	3.944,00	121,39	315,52	354,96	102,75	302,98	340,85	84,11	290,45	326,75	65,46	277,92	312,66	46,82	265,38	298,55	28,20	252,86	284,47	9,55	240,33	270,37
	IV	4.775,25	262,63	382,02	429,77	258,33	375,75	422,72	254,02	369,48	415,67	249,71	363,22	408,62	245,40	356,95	401,57	241,09	350,68	394,52	236,78	344,42	387,47
	V	5.289,66	290,93	423,17	476,06																		
	VI	5.334,00	293,37	426,72	480,06																		
4.597,99 (Ost)	I	4.783,00	263,06	382,64	430,47	254,44	370,10	416,36	245,83	357,57	402,26	237,21	345,04	388,17	228,60	332,51	374,07	219,98	319,98	359,97	211,36	307,44	345,87
	II	4.633,91	254,86	370,71	417,05	246,24	358,18	402,95	237,63	345,64	388,85	229,01	333,11	374,75	220,39	320,58	360,65	211,78	308,04	346,55	203,16	295,51	332,45
	III	3.951,83	122,33	316,14	355,66	103,68	303,61	341,56	85,04	291,08	327,46	66,40	278,54	313,36	47,77	266,02	299,27	29,13	253,49	285,17	10,49	240,96	271,08
	IV	4.783,00	263,06	382,64	430,47	258,75	376,37	423,41	254,44	370,10	416,36	250,14	363,84	409,32	245,83	357,57	402,26	241,52	351,30	395,21	237,21	345,04	388,17
	V	5.297,50	291,36	423,80	476,77																		
	VI	5.341,75	293,79	427,34	480,75																		
14.600,99 (West)	I	4.776,50	262,70	382,12	429,88	254,09	369,58	415,78	245,47	357,05	401,68	236,85	344,52	387,58	228,24	331,98	373,48	219,62	319,45	359,38	211,00	306,92	345,28
	II	4.627,33	254,50	370,18	416,45	245,89	357,66	402,36	237,27	345,12	388,26	228,65	332,59	374,16	220,04	320,06	360,06	211,42	307,52	345,96	202,80	294,99	331,86
	III	3.945,33	121,55	315,62	355,07	102,91	303,09	340,97	84,27	290,56	326,88	65,62	278,02	312,77	46,98	265,49	298,67	28,34	252,96	284,58	9,69	240,42	270,47
	IV	4.776,50	262,70	382,12	429,88	258,39	375,85	422,83	254,09	369,58	415,78	249,78	363,32	408,73	245,47	357,05	401,68	241,16	350,78	394,63	236,85	344,52	387,58
	V	5.290,91	291,00	423,27	476,18																		
	VI	5.335,25	293,43	426,82	480,17																		
14.600,99 (Ost)	I	4.784,25	263,13	382,74	430,58	254,51	370,20	416,48	245,90	357,67	402,38	237,28	345,14	388,28	228,67	332,61	374,18	220,05	320,08	360,09	211,43	307,54	345,98
	II	4.635,16	254,93	370,81	417,16	246,31	358,28	403,06	237,70	345,74	388,96	229,08	333,21	374,86	220,46	320,68	360,76	211,85	308,15	346,67	203,23	295,62	332,57
	III	3.953,16	122,49	316,25	355,78	103,84	303,72	341,68	85,20	291,18	327,58	66,56	278,65	313,48	47,91	266,12	299,38	29,27	253,58	285,28	10,63	241,05	271,18
	IV	4.784,25	263,13	382,74	430,58	258,82	376,47	423,53	254,51	370,20	416,48	250,20	363,94	409,43	245,90	357,67	402,38	241,59	351,41	395,33	237,28	345,14	388,28
	V	5.298,75	291,43	423,90	476,88																		
	VI	5.343,00	293,86	427,44	480,87																		
14.603,99 (West)	I	4.777,75	262,77	382,22	429,99	254,15	369,68	415,89	245,54	357,15	401,79	236,92	344,62	387,69	228,30	332,08	373,59	219,69	319,55	359,49	211,07	307,02	345,39
	II	4.628,66	254,57	370,29	416,57	245,96	357,76	402,48	237,34	345,22	388,37	228,72	332,69	374,27	220,11	320,16	360,18	211,49	307,62	346,07	202,87	295,09	331,97
	III	3.946,50	121,69	315,72	355,18	103,05	303,18	341,08	84,43	290,66	326,99	65,78	278,13	312,89	47,14	265,60	298,80	28,50	253,06	284,69	9,85	240,53	270,59
	IV	4.777,75	262,77	382,22	429,99	258,46	375,95	422,94	254,15	369,68	415,89	249,85	363,42	408,84	245,54	357,15	401,79	241,23	350,88	394,74	236,92	344,62	387,69
	V	5.292,16	291,06	423,37	476,29																		
	VI	5.336,50	293,50	426,92	480,28																		
14.603,99 (Ost)	I	4.785,50	263,20	382,84	430,69	254,59	370,31	416,60	245,97	357,78	402,50	237,35	345,24	388,40	228,74	332,71	374,30	220,12	320,18	360,20	211,50	307,64	346,10
	II	4.636,41	255,00	370,91	417,27	246,38	358,38	403,17	237,76	345,84	389,07	229,15	333,31	374,97	220,54	320,78	360,88	211,92	308,25	346,78	203,30	295,72	332,68
	III	3.954,33	122,62	316,34	355,88	104,00	303,82	341,80	85,36	291,29	327,70	66,71	278,76	313,60	48,07	266,22	299,50	29,43	253,69	285,40	10,78	241,16	271,30
	IV	4.785,50	263,20	382,84	430,69	258,89	376,57	423,64	254,59	370,31	416,60	250,28	364,04	409,55	245,97	357,78	402,50	241,66	351,51	395,45	237,35	345,24	388,40
	V	5.300,00	291,50	424,00	477,00																		
	VI	5.344,25	293,93	427,54	480,98																		

Lohn/ Gehalt bis	Steuerklasse	Lohn-steuer	ohne Kinderfreibetrag SolZ 5,5%	Kirchensteuer 8%	9%	0,5 SolZ 5,5%	Kirchensteuer 8%	9%	1,0 SolZ 5,5%	Kirchensteuer 8%	9%	1,5 SolZ 5,5%	Kirchensteuer 8%	9%	2,0 SolZ 5,5%	Kirchensteuer 8%	9%	2,5 SolZ 5,5%	Kirchensteuer 8%	9%	3,0 SolZ 5,5%	Kirchensteuer 8%	9%
14.606,99 (West)	I	4.779,00	262,84	382,32	430,11	254,22	369,78	416,00	245,61	357,25	401,90	236,99	344,72	387,81	228,37	332,18	373,70	219,76	319,65	359,60	211,14	307,12	345
	II	4.629,91	254,64	370,39	416,69	246,02	357,86	402,59	237,41	345,32	388,49	228,79	332,79	374,39	220,17	320,26	360,29	211,56	307,72	346,19	202,94	295,19	332
	III	3.947,83	121,85	315,82	355,30	103,21	303,29	341,20	84,56	290,76	327,10	65,92	278,22	313,00	47,28	265,69	298,90	28,63	253,16	284,80	9,99	240,62	270
	IV	4.779,00	262,84	382,32	430,11	258,53	376,05	423,05	254,22	369,78	416,00	249,92	363,52	408,96	245,61	357,25	401,90	241,30	350,98	394,85	236,99	344,72	387
	V	5.293,41	291,13	423,47	476,40																		
	VI	5.337,75	293,57	427,02	480,39																		
14.606,99 (Ost)	I	4.786,83	263,27	382,94	430,81	254,65	370,41	416,71	246,04	357,88	402,61	237,42	345,34	388,51	228,80	332,81	374,41	220,19	320,28	360,31	211,57	307,74	346
	II	4.637,66	255,07	371,01	417,38	246,45	358,48	403,29	237,84	345,95	389,19	229,22	333,42	375,09	220,60	320,88	360,99	211,99	308,35	346,89	203,37	295,82	332
	III	3.955,66	122,78	316,45	356,00	104,14	303,92	341,91	85,50	291,38	327,80	66,85	278,85	313,70	48,21	266,32	299,61	29,57	253,78	285,50	10,92	241,25	271
	IV	4.786,83	263,27	382,94	430,81	258,96	376,68	423,76	254,65	370,41	416,71	250,35	364,14	409,66	246,04	357,88	402,61	241,73	351,61	395,56	237,42	345,34	388
	V	5.301,25	291,56	424,10	477,11																		
	VI	5.345,58	294,00	427,64	481,10																		
14.609,99 (West)	I	4.780,25	262,91	382,42	430,22	254,29	369,88	416,12	245,68	357,35	402,02	237,06	344,82	387,92	228,44	332,28	373,82	219,83	319,75	359,72	211,21	307,22	345
	II	4.631,16	254,71	370,49	416,80	246,09	357,96	402,70	237,48	345,42	388,60	228,86	332,89	374,50	220,24	320,36	360,40	211,63	307,82	346,30	203,01	295,29	332
	III	3.949,16	122,01	315,93	355,42	103,37	303,40	341,32	84,72	290,86	327,22	66,08	278,33	313,12	47,44	265,80	299,02	28,79	253,26	284,92	10,15	240,73	270
	IV	4.780,25	262,91	382,42	430,22	258,60	376,15	423,17	254,29	369,88	416,12	249,98	363,62	409,07	245,68	357,35	402,02	241,37	351,08	394,97	237,06	344,82	387
	V	5.294,66	291,20	423,57	476,51																		
	VI	5.339,00	293,64	427,12	480,51																		
14.609,99 (Ost)	I	4.788,08	263,34	383,04	430,92	254,72	370,51	416,82	246,11	357,98	402,72	237,49	345,44	388,62	228,87	332,91	374,52	220,26	320,38	360,42	211,64	307,84	346
	II	4.638,91	255,14	371,11	417,50	246,52	358,58	403,40	237,91	346,05	389,30	229,29	333,52	375,21	220,67	320,98	361,10	212,06	308,45	347,00	203,44	295,92	332
	III	3.957,00	122,94	316,56	356,13	104,30	304,02	342,02	85,66	291,49	327,92	67,01	278,96	313,83	48,37	266,42	299,72	29,73	253,89	285,62	11,08	241,36	271
	IV	4.788,08	263,34	383,04	430,92	259,03	376,78	423,87	254,72	370,51	416,82	250,41	364,24	409,77	246,11	357,98	402,72	241,80	351,71	395,67	237,49	345,44	388
	V	5.302,50	291,63	424,20	477,22																		
	VI	5.346,83	294,07	427,74	481,21																		
14.612,99 (West)	I	4.781,50	262,98	382,52	430,33	254,36	369,98	416,23	245,74	357,45	402,13	237,13	344,92	388,03	228,51	332,38	373,93	219,90	319,86	359,84	211,28	307,32	345
	II	4.632,41	254,78	370,59	416,91	246,16	358,06	402,81	237,54	345,52	388,71	228,93	332,99	374,61	220,31	320,46	360,51	211,69	307,92	346,41	203,08	295,39	332
	III	3.950,33	122,15	316,02	355,52	103,51	303,49	341,42	84,86	290,96	327,33	66,22	278,42	313,22	47,58	265,89	299,12	28,93	253,36	285,03	10,29	240,82	270
	IV	4.781,50	262,98	382,52	430,33	258,67	376,25	423,28	254,36	369,98	416,23	250,05	363,72	409,18	245,74	357,45	402,13	241,44	351,18	395,08	237,13	344,92	388
	V	5.295,91	291,27	423,67	476,63																		
	VI	5.340,25	293,71	427,22	480,62																		
14.612,99 (Ost)	I	4.789,33	263,41	383,14	431,03	254,79	370,61	416,93	246,18	358,08	402,84	237,56	345,54	388,73	228,94	333,01	374,63	220,33	320,48	360,54	211,71	307,94	346
	II	4.640,25	255,21	371,22	417,62	246,59	358,68	403,52	237,98	346,15	389,42	229,36	333,62	375,32	220,74	321,08	361,22	212,13	308,55	347,12	203,51	296,02	333
	III	3.958,16	123,08	316,65	356,23	104,44	304,12	342,13	85,79	291,58	328,03	67,15	279,05	313,93	48,51	266,52	299,83	29,86	253,98	285,73	11,22	241,45	271
	IV	4.789,33	263,41	383,14	431,03	259,10	376,88	423,99	254,79	370,61	416,93	250,48	364,34	409,88	246,18	358,08	402,84	241,87	351,81	395,78	237,56	345,54	388
	V	5.303,75	291,70	424,30	477,33																		
	VI	5.348,08	294,14	427,84	481,32																		
14.615,99 (West)	I	4.782,75	263,05	382,62	430,44	254,43	370,08	416,34	245,81	357,55	402,24	237,20	345,02	388,15	228,58	332,49	374,05	219,97	319,96	359,95	211,35	307,42	345
	II	4.633,66	254,85	370,69	417,02	246,23	358,16	402,93	237,61	345,62	388,82	229,00	333,09	374,72	220,38	320,56	360,63	211,76	308,02	346,52	203,15	295,50	332
	III	3.951,66	122,31	316,13	355,64	103,66	303,60	341,55	85,02	291,06	327,44	66,38	278,53	313,34	47,73	266,00	299,25	29,09	253,46	285,14	10,45	240,93	271,
	IV	4.782,75	263,05	382,62	430,44	258,74	376,35	423,39	254,43	370,08	416,34	250,12	363,82	409,29	245,81	357,55	402,24	241,50	351,28	395,19	237,20	345,02	388
	V	5.297,25	291,34	423,78	476,75																		
	VI	5.341,50	293,78	427,32	480,73																		
14.615,99 (Ost)	I	4.790,58	263,48	383,24	431,15	254,86	370,71	417,05	246,24	358,18	402,95	237,63	345,64	388,85	229,01	333,11	374,75	220,39	320,58	360,65	211,78	308,04	346
	II	4.641,50	255,28	371,32	417,73	246,66	358,78	403,63	238,04	346,25	389,53	229,43	333,72	375,43	220,81	321,18	361,33	212,19	308,65	347,23	203,58	296,12	333
	III	3.959,50	123,24	316,76	356,35	104,60	304,22	342,25	85,95	291,69	328,15	67,31	279,16	314,05	48,67	266,62	299,95	30,02	254,09	285,85	11,38	241,56	271
	IV	4.790,58	263,48	383,24	431,15	259,17	376,98	424,10	254,86	370,71	417,05	250,55	364,44	410,00	246,24	358,18	402,95	241,94	351,91	395,90	237,63	345,64	388,
	V	5.305,00	291,77	424,40	477,45																		
	VI	5.349,33	294,21	427,94	481,43																		
14.618,99 (West)	I	4.784,00	263,12	382,72	430,56	254,50	370,18	416,45	245,89	357,66	402,36	237,27	345,12	388,26	228,65	332,59	374,16	220,04	320,06	360,06	211,42	307,52	345
	II	4.634,91	254,92	370,79	417,14	246,30	358,26	403,04	237,68	345,72	388,94	229,07	333,19	374,84	220,45	320,66	360,74	211,84	308,13	346,64	203,22	295,60	332,
	III	3.952,83	122,45	316,22	355,75	103,80	303,69	341,65	85,16	291,16	327,55	66,52	278,62	313,45	47,87	266,09	299,35	29,23	253,56	285,25	10,59	241,02	271,
	IV	4.784,00	263,12	382,72	430,56	258,81	376,45	423,50	254,50	370,18	416,45	250,19	363,92	409,41	245,89	357,66	402,36	241,58	351,39	395,31	237,27	345,12	388,
	V	5.298,50	291,41	423,88	476,86																		
	VI	5.342,75	293,85	427,42	480,84																		
14.618,99 (Ost)	I	4.791,83	263,55	383,34	431,26	254,93	370,81	417,16	246,31	358,28	403,06	237,70	345,74	388,96	229,08	333,21	374,86	220,46	320,68	360,76	211,85	308,15	346,
	II	4.642,75	255,35	371,42	417,84	246,73	358,88	403,74	238,11	346,35	389,64	229,50	333,82	375,54	220,88	321,28	361,44	212,26	308,75	347,34	203,65	296,22	333,
	III	3.960,66	123,38	316,85	356,45	104,73	304,32	342,36	86,09	291,78	328,25	67,45	279,25	314,15	48,80	266,72	300,06	30,16	254,18	285,95	11,54	241,66	271,
	IV	4.791,83	263,55	383,34	431,26	259,24	377,08	424,21	254,93	370,81	417,16	250,62	364,54	410,11	246,31	358,28	403,06	242,00	352,01	396,01	237,70	345,74	388,
	V	5.306,25	291,84	424,50	477,56																		
	VI	5.350,58	294,28	428,04	481,55																		
14.621,99 (West)	I	4.785,33	263,19	382,82	430,67	254,57	370,29	416,57	245,96	357,76	402,48	237,34	345,22	388,37	228,72	332,69	374,27	220,11	320,16	360,18	211,49	307,62	346,
	II	4.636,16	254,98	370,89	417,25	246,37	358,36	403,15	237,75	345,82	389,05	229,14	333,30	374,96	220,52	320,76	360,86	211,91	308,23	346,76	203,29	295,70	332,
	III	3.954,16	122,60	316,33	355,87	103,96	303,80	341,77	85,32	291,26	327,67	66,67	278,73	313,57	48,03	266,20	299,47	29,39	253,66	285,37	10,74	241,13	271,
	IV	4.785,33	263,19	382,82	430,67	258,88	376,56	423,63	254,57	370,29	416,57	250,26	364,02	409,52	245,96	357,76	402,48	241,65	351,49	395,42	237,34	345,22	388,
	V	5.299,75	291,48	423,98	476,97																		
	VI	5.344,08	293,92	427,52	480,96																		
14.621,99 (Ost)	I	4.793,08	263,61	383,44	431,37	255,00	370,91	417,27	246,38	358,38	403,17	237,76	345,84	389,07	229,15	333,31	374,97	220,54	320,78	360,88	211,92	308,25	346,
	II	4.644,00	255,42	371,52	417,96	246,80	358,98	403,85	238,18	346,45	389,75	229,57	333,92	375,66	220,95	321,38	361,55	212,33	308,85	347,45	203,72	296,32	333,
	III	3.962,00	123,54	316,96	356,58	104,89	304,42	342,47	86,25	291,89	328,37	67,61	279,36	314,28	48,96	266,82	300,17	30,32	254,29	286,07	11,68	241,76	271,
	IV	4.793,08	263,61	383,44	431,37	259,31	377,18	424,32	255,00	370,91	417,27	250,69	364,64	410,22	246,38	358,38	403,17	242,07	352,11	396,12	237,76	345,84	389,
	V	5.307,50	291,91	424,60	477,67																		
	VI	5.351,83	294,35	428,14	481,66																		
14.624,99 (West)	I	4.786,58	263,26	382,92	430,79	254,64	370,39	416,69	246,02	357,86	402,59	237,41	345,32	388,49	228,79	332,79	374,39	220,17	320,26	360,29	211,56	307,72	346,
	II	4.637,41	255,05	370,99	417,36	246,44	358,46	403,27	237,82	345,93	389,17	229,21	333,40	375,07	220,59	320,86	360,97	211,97	308,33	346,87	203,36	295,80	332,
	III	3.955,33	122,74	316,42	355,97	104,10	303,89	341,87	85,46	291,36	327,78	66,81	278,82	313,67	48,19	266,30	299,59	29,55	253,77	285,49	10,90	241,24	271,
	IV	4.786,58	263,26	382,92	430,79	258,95	376,66	423,74	254,64	370,39	416,69	250,33	364,12	409,64	246,02	357,86	402,59	241,72	351,59	395,54	237,41	345,32	388,
	V	5.301,00	291,55	424,08	477,09																		
	VI	5.345,33	293,99	427,62	481,07																		
14.624,99 (Ost)	I	4.794,33	263,68	383,54	431,48	255,07	371,01	417,38	246,45	358,48	403,29	237,84	345,95	389,19	229,22	333,42	375,09	220,60	320,88	360,99	211,99	308,35	346,
	II	4.645,25	255,48	371,62	418,07	246,87	359,08	403,97	238,25	346,55	389,87	229,63	334,02	375,77	221,02	321,48	361,67	212,40	308,96	347,57	203,79	296,42	333,
	III	3.963,16	123,68	317,05	356,68	105,03	304,52	342,58	86,39	291,98	328,48	67,77	279,46	314,39	49,12	266,93	300,29	30,48	254,40	286,20	11,84	241,86	272,
	IV	4.794,33	263,68	383,54	431,48	259,38	377,28	424,44	255,07	371,01	417,38	250,76	364,74	410,33	246,45	358,48	403,29	242,14	352,21	396,23	237,84	345,95	389,
	V	5.308,83	291,98	424,70	477,79																		
	VI	5.353,08	294,41	428,24	481,77																		

Lohn/ Gehalt bis	Steuerklasse	Lohn- steuer	ohne Kinderfreibetrag SolZ 5,5%	Kirchensteuer 8%	Kirchensteuer 9%	0,5 SolZ 5,5%	0,5 Kirchensteuer 8%	0,5 Kirchensteuer 9%	1,0 SolZ 5,5%	1,0 Kirchensteuer 8%	1,0 Kirchensteuer 9%	1,5 SolZ 5,5%	1,5 Kirchensteuer 8%	1,5 Kirchensteuer 9%	2,0 SolZ 5,5%	2,0 Kirchensteuer 8%	2,0 Kirchensteuer 9%	2,5 SolZ 5,5%	2,5 Kirchensteuer 8%	2,5 Kirchensteuer 9%	3,0 SolZ 5,5%	3,0 Kirchensteuer 8%	3,0 Kirchensteuer 9%
14.627,99	I	4.787,83	263,33	383,02	430,90	254,71	370,49	416,80	246,09	357,96	402,70	237,48	345,42	388,60	228,86	332,89	374,50	220,24	320,36	360,40	211,63	307,82	346,30
(West)	II	4.638,75	255,13	371,10	417,48	246,51	358,56	403,38	237,89	346,03	389,28	229,28	333,50	375,18	220,66	320,96	361,08	212,04	308,43	346,98	203,43	295,90	332,88
	III	3.956,66	122,90	316,53	356,09	104,26	304,00	342,00	85,62	291,46	327,89	66,97	278,93	313,79	48,33	266,40	299,70	29,69	253,86	285,59	11,04	241,33	271,49
	IV	4.787,83	263,33	383,02	430,90	259,02	376,76	423,85	254,71	370,49	416,80	250,40	364,22	409,75	246,09	357,96	402,70	241,78	351,69	395,65	237,48	345,42	388,60
	V	5.302,25	291,62	424,18	477,20																		
	VI	5.346,58	294,06	427,72	481,19																		
14.627,99	I	4.795,58	263,75	383,64	431,60	255,14	371,11	417,50	246,52	358,58	403,40	237,91	346,05	389,30	229,29	333,52	375,21	220,67	320,98	361,10	212,06	308,45	347,00
(Ost)	II	4.646,50	255,55	371,72	418,18	246,94	359,18	404,08	238,32	346,65	389,98	229,70	334,12	375,88	221,09	321,59	361,79	212,47	309,06	347,69	203,86	296,52	333,59
	III	3.964,50	123,83	317,16	356,80	105,19	304,62	342,70	86,55	292,09	328,60	67,90	279,56	314,50	49,26	267,02	300,40	30,62	254,49	286,30	11,97	241,96	272,20
	IV	4.795,58	263,75	383,64	431,60	259,44	377,38	424,55	255,14	371,11	417,50	250,83	364,85	410,45	246,52	358,58	403,40	242,22	352,32	396,36	237,91	346,05	389,30
	V	5.310,08	292,05	424,80	477,90																		
	VI	5.354,33	294,48	428,34	481,88																		
14.630,99	I	4.789,08	263,39	383,12	431,01	254,78	370,59	416,91	246,16	358,06	402,81	237,54	345,52	388,71	228,93	332,99	374,61	220,31	320,46	360,51	211,69	307,92	346,41
(West)	II	4.640,00	255,20	371,20	417,60	246,58	358,66	403,49	237,96	346,13	389,39	229,35	333,60	375,30	220,73	321,06	361,19	212,11	308,53	347,09	203,50	296,00	333,00
	III	3.957,83	123,04	316,62	356,20	104,42	304,10	342,11	85,77	291,57	328,01	67,13	279,04	313,92	48,49	266,50	299,81	29,84	253,97	285,71	11,20	241,44	271,62
	IV	4.789,08	263,39	383,12	431,01	259,09	376,86	423,96	254,78	370,59	416,91	250,47	364,32	409,86	246,16	358,06	402,81	241,85	351,79	395,76	237,54	345,52	388,71
	V	5.303,50	291,69	424,28	477,31																		
	VI	5.347,83	294,13	427,82	481,30																		
14.630,99	I	4.796,91	263,83	383,75	431,72	255,21	371,22	417,62	246,59	358,68	403,52	237,98	346,15	389,42	229,36	333,62	375,32	220,74	321,08	361,22	212,13	308,55	347,12
(Ost)	II	4.647,75	255,62	371,82	418,29	247,00	359,28	404,19	238,39	346,75	390,09	229,78	334,22	376,00	221,16	321,69	361,90	212,54	309,16	347,80	203,93	296,62	333,70
	III	3.965,83	123,99	317,26	356,92	105,35	304,73	342,82	86,71	292,20	328,72	68,06	279,66	314,62	49,42	267,13	300,52	30,78	254,60	286,42	12,13	242,06	272,32
	IV	4.796,91	263,83	383,75	431,72	259,52	377,48	424,67	255,21	371,22	417,62	250,90	364,95	410,57	246,59	358,68	403,52	242,28	352,42	396,47	237,98	346,15	389,42
	V	5.311,33	292,12	424,90	478,01																		
	VI	5.355,66	294,56	428,45	482,00																		
14.633,99	I	4.790,33	263,46	383,22	431,12	254,85	370,69	417,02	246,23	358,16	402,93	237,61	345,62	388,82	229,00	333,09	374,72	220,38	320,56	360,63	211,76	308,02	346,52
(West)	II	4.641,25	255,26	371,30	417,71	246,65	358,76	403,61	238,03	346,23	389,51	229,41	333,70	375,41	220,80	321,16	361,31	212,18	308,63	347,21	203,56	296,10	333,11
	III	3.959,16	123,20	316,73	356,32	104,56	304,20	342,22	85,91	291,66	328,12	67,27	279,13	314,02	48,63	266,60	299,92	29,98	254,06	285,82	11,34	241,53	271,72
	IV	4.790,33	263,46	383,22	431,12	259,16	376,96	424,08	254,85	370,69	417,02	250,54	364,42	409,97	246,23	358,16	402,93	241,92	351,89	395,87	237,61	345,62	388,82
	V	5.304,75	291,76	424,38	477,42																		
	VI	5.349,08	294,19	427,92	481,41																		
14.633,99	I	4.798,16	263,89	383,85	431,83	255,28	371,32	417,73	246,66	358,78	403,63	238,04	346,25	389,53	229,43	333,72	375,43	220,81	321,18	361,33	212,19	308,65	347,23
(Ost)	II	4.649,00	255,69	371,92	418,41	247,08	359,39	404,31	238,46	346,86	390,21	229,84	334,32	376,11	221,23	321,79	362,01	212,61	309,26	347,91	203,99	296,72	333,81
	III	3.967,00	124,13	317,36	357,03	105,49	304,82	342,92	86,85	292,29	328,82	68,20	279,76	314,73	49,56	267,22	300,62	30,92	254,69	286,52	12,27	242,16	272,43
	IV	4.798,16	263,89	383,85	431,83	259,59	377,58	424,78	255,28	371,32	417,73	250,97	365,05	410,68	246,66	358,78	403,63	242,35	352,52	396,58	238,04	346,25	389,53
	V	5.312,58	292,19	425,00	478,13																		
	VI	5.356,91	294,63	428,55	482,12																		
14.636,99	I	4.791,58	263,53	383,32	431,24	254,92	370,79	417,14	246,30	358,26	403,04	237,68	345,72	388,94	229,07	333,19	374,84	220,45	320,66	360,74	211,84	308,13	346,64
(West)	II	4.642,50	255,33	371,40	417,82	246,72	358,86	403,72	238,10	346,33	389,62	229,48	333,80	375,52	220,87	321,26	361,42	212,25	308,73	347,32	203,63	296,20	333,22
	III	3.960,50	123,36	316,84	356,44	104,72	304,30	342,34	86,07	291,77	328,24	67,43	279,24	314,14	48,79	266,70	300,04	30,14	254,17	285,94	11,50	241,64	271,84
	IV	4.791,58	263,53	383,32	431,24	259,22	377,06	424,19	254,92	370,79	417,14	250,61	364,52	410,09	246,30	358,26	403,04	241,99	351,99	395,99	237,68	345,72	388,94
	V	5.306,00	291,83	424,48	477,54																		
	VI	5.350,33	294,26	428,02	481,52																		
14.636,99	I	4.799,41	263,96	383,95	431,94	255,35	371,42	417,84	246,73	358,88	403,74	238,11	346,35	389,64	229,50	333,82	375,54	220,88	321,28	361,44	212,26	308,75	347,34
(Ost)	II	4.650,33	255,76	372,02	418,52	247,15	359,49	404,42	238,53	346,96	390,33	229,91	334,42	376,22	221,30	321,89	362,12	212,68	309,36	348,03	204,06	296,82	333,92
	III	3.968,33	124,29	317,46	357,14	105,65	304,93	343,04	87,00	292,40	328,95	68,36	279,86	314,84	49,72	267,33	300,74	31,07	254,80	286,65	12,43	242,26	272,54
	IV	4.799,41	263,96	383,95	431,94	259,65	377,68	424,89	255,35	371,42	417,84	251,04	365,15	410,79	246,73	358,88	403,74	242,42	352,62	396,69	238,11	346,35	389,64
	V	5.313,83	292,26	425,10	478,24																		
	VI	5.358,16	294,69	428,65	482,23																		
14.639,99	I	4.792,83	263,60	383,42	431,35	254,98	370,89	417,25	246,37	358,36	403,15	237,75	345,82	389,05	229,14	333,30	374,96	220,52	320,76	360,86	211,91	308,23	346,76
(West)	II	4.643,75	255,40	371,50	417,93	246,78	358,96	403,83	238,17	346,43	389,73	229,55	333,90	375,63	220,93	321,36	361,53	212,32	308,83	347,43	203,71	296,30	333,34
	III	3.961,66	123,50	316,93	356,54	104,85	304,40	342,45	86,21	291,86	328,34	67,57	279,33	314,24	48,92	266,80	300,15	30,28	254,26	286,04	11,64	241,73	271,94
	IV	4.792,83	263,60	383,42	431,35	259,29	377,16	424,30	254,98	370,89	417,25	250,68	364,62	410,20	246,37	358,36	403,15	242,06	352,09	396,10	237,75	345,82	389,05
	V	5.307,33	291,90	424,58	477,65																		
	VI	5.351,58	294,33	428,12	481,64																		
14.639,99	I	4.800,66	264,03	384,05	432,05	255,42	371,52	417,96	246,80	358,98	403,85	238,18	346,45	389,75	229,57	333,92	375,66	220,95	321,38	361,55	212,33	308,85	347,45
(Ost)	II	4.651,58	255,83	372,12	418,64	247,22	359,59	404,54	238,60	347,06	390,44	229,98	334,52	376,34	221,37	321,99	362,24	212,75	309,46	348,14	204,13	296,92	334,04
	III	3.969,50	124,43	317,56	357,25	105,79	305,02	343,15	87,14	292,49	329,05	68,50	279,96	314,95	49,86	267,42	300,85	31,21	254,89	286,75	12,57	242,36	272,65
	IV	4.800,66	264,03	384,05	432,05	259,72	377,78	425,00	255,42	371,52	417,96	251,11	365,25	410,90	246,80	358,98	403,85	242,49	352,72	396,81	238,18	346,45	389,75
	V	5.315,08	292,32	425,20	478,35																		
	VI	5.359,41	294,76	428,75	482,34																		
14.642,99	I	4.794,08	263,67	383,52	431,46	255,05	370,99	417,36	246,44	358,46	403,27	237,82	345,93	389,17	229,21	333,40	375,07	220,59	320,86	360,97	211,97	308,33	346,87
(West)	II	4.645,00	255,47	371,60	418,05	246,85	359,06	403,94	238,24	346,53	389,84	229,62	334,00	375,75	221,01	321,46	361,64	212,39	308,94	347,55	203,77	296,40	333,45
	III	3.963,00	123,66	317,04	356,67	105,01	304,50	342,56	86,37	291,97	328,46	67,73	279,44	314,37	49,08	266,90	300,26	30,44	254,37	286,16	11,80	241,84	272,07
	IV	4.794,08	263,67	383,52	431,46	259,36	377,26	424,41	255,05	370,99	417,36	250,74	364,72	410,31	246,44	358,46	403,27	242,13	352,20	396,22	237,82	345,93	389,17
	V	5.308,58	291,97	424,68	477,77																		
	VI	5.352,83	294,40	428,22	481,75																		
14.642,99	I	4.801,91	264,10	384,15	432,17	255,48	371,62	418,07	246,87	359,08	403,97	238,25	346,55	389,87	229,63	334,02	375,77	221,02	321,48	361,67	212,40	308,95	347,57
(Ost)	II	4.652,83	255,90	372,22	418,75	247,28	359,69	404,65	238,67	347,16	390,55	230,05	334,62	376,45	221,43	322,09	362,35	212,82	309,56	348,25	204,20	297,02	334,15
	III	3.970,83	124,59	317,66	357,37	105,94	305,13	343,27	87,30	292,60	329,17	68,66	280,06	315,07	50,01	267,53	300,97	31,37	255,00	286,87	12,73	242,46	272,77
	IV	4.801,91	264,10	384,15	432,17	259,79	377,88	425,12	255,48	371,62	418,07	251,18	365,35	411,02	246,87	359,08	403,97	242,56	352,82	396,92	238,25	346,55	389,87
	V	5.316,33	292,39	425,30	478,46																		
	VI	5.360,66	294,83	428,85	482,45																		
14.645,99	I	4.795,33	263,74	383,62	431,57	255,13	371,10	417,48	246,51	358,56	403,38	237,89	346,03	389,28	229,28	333,50	375,18	220,66	320,96	361,08	212,04	308,43	346,98
(West)	II	4.646,25	255,54	371,70	418,16	246,92	359,16	404,06	238,31	346,63	389,96	229,69	334,10	375,86	221,08	321,57	361,76	212,46	309,04	347,67	203,84	296,50	333,56
	III	3.964,16	123,79	317,13	356,77	105,15	304,60	342,67	86,51	292,06	328,57	67,86	279,53	314,47	49,22	267,00	300,37	30,58	254,46	286,27	11,95	241,94	272,18
	IV	4.795,33	263,74	383,62	431,57	259,43	377,36	424,53	255,13	371,10	417,48	250,82	364,83	410,43	246,51	358,56	403,38	242,20	352,30	396,33	237,89	346,03	389,28
	V	5.309,83	292,04	424,78	477,88																		
	VI	5.354,08	294,47	428,32	481,86																		
14.645,99	I	4.803,16	264,17	384,25	432,28	255,55	371,72	418,18	246,94	359,18	404,08	238,32	346,65	389,98	229,70	334,12	375,88	221,09	321,59	361,79	212,47	309,06	347,69
(Ost)	II	4.654,08	255,97	372,32	418,86	247,35	359,79	404,76	238,74	347,26	390,66	230,12	334,72	376,56	221,50	322,19	362,46	212,89	309,66	348,36	204,27	297,12	334,26
	III	3.972,00	124,73	317,76	357,48	106,08	305,22	343,37	87,44	292,69	329,27	68,80	280,16	315,18	50,15	267,62	301,07	31,53	255,10	286,99	12,89	242,57	272,89
	IV	4.803,16	264,17	384,25	432,28	259,86	377,98	425,23	255,55	371,72	418,18	251,24	365,45	411,13	246,94	359,18	404,08	242,63	352,92	397,03	238,32	346,65	389,98
	V	5.317,58	292,46	425,40	478,58																		
	VI	5.361,91	294,90	428,95	482,57																		

Anzahl Kinderfreibeträge (nur Steuerklassen I–IV)

Lohn/ Gehalt bis	Steuerklasse	Lohn-steuer	ohne Kinderfreibetrag			Anzahl Kinderfreibeträge (nur Steuerklassen I–IV)																	
						0,5			1,0			1,5			2,0			2,5			3,0		
			SolZ 5,5%	Kirchensteuer 8%	9%	SolZ 5,5%	Kirchensteuer 8%	9%	SolZ 5,5%	Kirchensteuer 8%	9%	SolZ 5,5%	Kirchensteuer 8%	9%	SolZ 5,5%	Kirchensteuer 8%	9%	SolZ 5,5%	Kirchensteuer 8%	9%	SolZ 5,5%	Kirchensteu[er] 8%	9%
14.648,99 (West)	I	4.796,66	263,81	383,73	431,69	255,20	371,20	417,60	246,58	358,66	403,49	237,96	346,13	389,39	229,35	333,60	375,30	220,73	321,06	361,19	212,11	308,53	347
	II	4.647,50	255,61	371,80	418,27	246,99	359,26	404,17	238,38	346,74	390,08	229,76	334,20	375,98	221,15	321,67	361,88	212,53	309,14	347,78	203,91	296,60	333
	III	3.965,50	123,95	317,24	356,89	105,31	304,70	342,79	86,67	292,17	328,69	68,02	279,64	314,59	49,38	267,10	300,49	30,74	254,57	286,39	12,09	242,04	272
	IV	4.796,66	263,81	383,73	431,69	259,50	377,46	424,64	255,20	371,20	417,60	250,89	364,93	410,54	246,58	358,66	403,49	242,27	352,40	396,45	237,96	346,13	389
	V	5.311,08	292,10	424,88	477,99																		
	VI	5.355,41	294,54	428,43	481,98																		
14.648,99 (Ost)	I	4.804,41	264,24	384,35	432,39	255,62	371,82	418,29	247,00	359,28	404,19	238,39	346,75	390,09	229,78	334,22	376,00	221,16	321,69	361,90	212,54	309,16	347
	II	4.655,33	256,04	372,42	418,97	247,42	359,89	404,87	238,81	347,36	390,78	230,19	334,82	376,67	221,57	322,29	362,57	212,96	309,76	348,48	204,34	297,23	334,
	III	3.973,33	124,89	317,86	357,59	106,24	305,33	343,49	87,60	292,80	329,40	68,96	280,26	315,29	50,31	267,73	301,19	31,67	255,20	287,10	13,03	242,66	272,
	IV	4.804,41	264,24	384,35	432,39	259,93	378,08	425,34	255,62	371,82	418,29	251,31	365,55	411,24	247,00	359,28	404,19	242,70	353,02	397,14	238,39	346,75	390,
	V	5.318,91	292,54	425,51	478,70																		
	VI	5.363,16	294,97	429,05	482,68																		
14.651,99 (West)	I	4.797,91	263,88	383,83	431,81	255,26	371,30	417,71	246,65	358,76	403,61	238,03	346,23	389,51	229,41	333,70	375,41	220,80	321,16	361,31	212,18	308,63	347,
	II	4.648,83	255,68	371,90	418,39	247,06	359,37	404,29	238,45	346,84	390,19	229,83	334,30	376,09	221,21	321,77	361,99	212,60	309,24	347,89	203,98	296,70	333,
	III	3.966,66	124,09	317,33	356,99	105,45	304,80	342,90	86,81	292,26	328,79	68,18	279,74	314,71	49,54	267,21	300,61	30,90	254,68	286,51	12,25	242,14	272,
	IV	4.797,91	263,88	383,83	431,81	259,57	377,56	424,76	255,26	371,30	417,71	250,96	365,03	410,66	246,65	358,76	403,61	242,34	352,50	396,56	238,03	346,23	389
	V	5.312,33	292,17	424,98	478,10																		
	VI	5.356,66	294,61	428,53	482,09																		
14.651,99 (Ost)	I	4.805,66	264,31	384,45	432,50	255,69	371,92	418,41	247,08	359,39	404,31	238,46	346,86	390,21	229,84	334,32	376,11	221,23	321,79	362,01	212,61	309,26	347,
	II	4.656,58	256,11	372,52	419,09	247,49	359,99	404,99	238,87	347,46	390,89	230,26	334,92	376,79	221,64	322,39	362,69	213,03	309,86	348,59	204,41	297,33	334,
	III	3.974,50	125,02	317,96	357,70	106,38	305,42	343,60	87,76	292,90	329,51	69,11	280,37	315,41	50,47	267,84	301,32	31,83	255,30	287,21	13,18	242,77	273,
	IV	4.805,66	264,31	384,45	432,50	260,00	378,18	425,45	255,69	371,92	418,41	251,38	365,65	411,35	247,08	359,39	404,31	242,77	353,12	397,26	238,46	346,86	390,
	V	5.320,16	292,60	425,61	478,81																		
	VI	5.364,41	295,04	429,15	482,79																		
14.654,99 (West)	I	4.799,16	263,95	383,93	431,92	255,33	371,40	417,82	246,72	358,86	403,72	238,10	346,33	389,62	229,48	333,80	375,52	220,87	321,26	361,42	212,25	308,73	347,
	II	4.650,08	255,75	372,00	418,50	247,13	359,47	404,40	238,52	346,94	390,30	229,90	334,40	376,20	221,28	321,87	362,10	212,67	309,34	348,00	204,05	296,80	333,
	III	3.968,00	124,25	317,44	357,12	105,61	304,90	343,01	86,96	292,37	328,91	68,32	279,84	314,82	49,68	267,30	300,71	31,03	254,77	286,61	12,39	242,24	272,
	IV	4.799,16	263,95	383,93	431,92	259,64	377,66	424,87	255,33	371,40	417,82	251,02	365,13	410,77	246,72	358,86	403,72	242,41	352,60	396,67	238,10	346,33	389,
	V	5.313,58	292,24	425,08	478,22																		
	VI	5.357,91	294,68	428,63	482,21																		
14.654,99 (Ost)	I	4.806,91	264,38	384,55	432,62	255,76	372,02	418,52	247,15	359,49	404,42	238,53	346,96	390,33	229,91	334,42	376,22	221,30	321,89	362,12	212,68	309,36	348,
	II	4.657,83	256,18	372,62	419,20	247,56	360,09	405,10	238,94	347,56	391,00	230,33	335,03	376,91	221,71	322,50	362,81	213,10	309,96	348,71	204,48	297,43	334,
	III	3.975,83	125,18	318,06	357,82	106,54	305,53	343,72	87,90	293,00	329,62	69,25	280,46	315,52	50,61	267,93	301,42	31,97	255,40	287,32	13,32	242,86	273,
	IV	4.806,91	264,38	384,55	432,62	260,07	378,29	425,57	255,76	372,02	418,52	251,46	365,76	411,48	247,15	359,49	404,42	242,84	353,22	397,37	238,53	346,96	390,
	V	5.321,41	292,67	425,71	478,92																		
	VI	5.365,75	295,11	429,26	482,91																		
14.657,99 (West)	I	4.800,41	264,02	384,03	432,03	255,40	371,50	417,93	246,78	358,96	403,83	238,17	346,43	389,73	229,55	333,90	375,63	220,93	321,36	361,53	212,32	308,83	347,
	II	4.651,33	255,82	372,10	418,61	247,20	359,57	404,51	238,59	347,04	390,42	229,97	334,50	376,31	221,35	321,97	362,21	212,74	309,44	348,12	204,12	296,90	334,
	III	3.969,33	124,41	317,54	357,23	105,77	305,01	343,13	87,12	292,48	329,04	68,48	279,94	314,93	49,84	267,41	300,83	31,19	254,88	286,74	12,55	242,34	272,
	IV	4.800,41	264,02	384,03	432,03	259,71	377,76	424,98	255,40	371,50	417,93	251,09	365,23	410,88	246,78	358,96	403,83	242,48	352,70	396,78	238,17	346,43	389,
	V	5.314,83	292,31	425,18	478,33																		
	VI	5.359,16	294,75	428,73	482,32																		
14.657,99 (Ost)	I	4.808,25	264,45	384,66	432,74	255,83	372,12	418,64	247,22	359,59	404,54	238,60	347,06	390,44	229,98	334,52	376,34	221,37	321,99	362,24	212,75	309,46	348,
	II	4.659,08	256,24	372,72	419,31	247,63	360,19	405,21	239,02	347,66	391,12	230,40	335,13	377,02	221,78	322,60	362,92	213,17	310,06	348,82	204,55	297,53	334,
	III	3.977,16	125,34	318,17	357,94	106,70	305,64	343,84	88,06	293,10	329,74	69,41	280,57	315,64	50,77	268,04	301,54	32,13	255,50	287,44	13,48	242,97	273,
	IV	4.808,25	264,45	384,66	432,74	260,14	378,39	425,69	255,83	372,12	418,64	251,52	365,86	411,59	247,22	359,59	404,54	242,91	353,32	397,49	238,60	347,06	390,
	V	5.322,66	292,74	425,81	479,03																		
	VI	5.367,00	295,18	429,36	483,03																		
14.660,99 (West)	I	4.801,66	264,09	384,13	432,14	255,47	371,60	418,05	246,85	359,06	403,94	238,24	346,53	389,84	229,62	334,00	375,75	221,00	321,46	361,64	212,39	308,94	347,
	II	4.652,58	255,89	372,20	418,73	247,27	359,67	404,63	238,65	347,14	390,53	230,04	334,60	376,43	221,42	322,07	362,33	212,80	309,54	348,23	204,19	297,00	334,
	III	3.970,50	124,55	317,64	357,34	105,91	305,10	343,24	87,26	292,57	329,14	68,62	280,04	315,04	49,98	267,50	300,94	31,33	254,97	286,84	12,69	242,44	272,
	IV	4.801,66	264,09	384,13	432,14	259,78	377,86	425,09	255,47	371,60	418,05	251,16	365,33	410,99	246,85	359,06	403,94	242,55	352,80	396,90	238,24	346,53	389,
	V	5.316,08	292,38	425,28	478,44																		
	VI	5.360,41	294,82	428,83	482,43																		
14.660,99 (Ost)	I	4.809,50	264,52	384,76	432,85	255,90	372,22	418,75	247,28	359,69	404,65	238,67	347,16	390,55	230,05	334,62	376,45	221,43	322,09	362,35	212,82	309,56	348,
	II	4.660,41	256,32	372,83	419,43	247,70	360,30	405,33	239,08	347,76	391,23	230,47	335,23	377,13	221,85	322,70	363,03	213,23	310,16	348,93	204,62	297,63	334,
	III	3.978,33	125,48	318,26	358,04	106,84	305,73	343,94	88,19	293,20	329,85	69,55	280,66	315,74	50,91	268,13	301,64	32,26	255,60	287,55	13,62	243,06	273,
	IV	4.809,50	264,52	384,76	432,85	260,21	378,49	425,80	255,90	372,22	418,75	251,59	365,96	411,70	247,28	359,69	404,65	242,98	353,42	397,60	238,67	347,16	390,
	V	5.323,91	292,81	425,91	479,15																		
	VI	5.368,25	295,25	429,46	483,14																		
14.663,99 (West)	I	4.802,91	264,16	384,23	432,26	255,54	371,70	418,16	246,92	359,16	404,06	238,31	346,63	389,96	229,69	334,10	375,86	221,08	321,57	361,76	212,46	309,04	347,
	II	4.653,83	255,96	372,30	418,84	247,34	359,77	404,74	238,72	347,24	390,64	230,11	334,70	376,54	221,49	322,17	362,44	212,87	309,64	348,34	204,26	297,10	334,
	III	3.971,83	124,71	317,74	357,46	106,06	305,21	343,36	87,42	292,68	329,26	68,78	280,14	315,16	50,13	267,61	301,06	31,49	255,08	286,96	12,85	242,54	272,
	IV	4.802,91	264,16	384,23	432,26	259,85	377,96	425,21	255,54	371,70	418,16	251,23	365,43	411,11	246,92	359,16	404,06	242,61	352,90	397,01	238,31	346,63	389,
	V	5.317,33	292,45	425,38	478,55																		
	VI	5.361,66	294,89	428,93	482,54																		
14.663,99 (Ost)	I	4.810,75	264,59	384,86	432,96	255,97	372,32	418,86	247,35	359,79	404,76	238,74	347,26	390,66	230,12	334,72	376,56	221,50	322,19	362,46	212,89	309,66	348,
	II	4.661,66	256,39	372,93	419,54	247,77	360,40	405,45	239,15	347,86	391,34	230,54	335,33	377,24	221,92	322,80	363,15	213,30	310,26	349,04	204,69	297,73	334,
	III	3.979,66	125,64	318,37	358,16	107,00	305,84	344,07	88,35	293,30	329,96	69,71	280,77	315,86	51,07	268,24	301,77	32,42	255,70	287,66	13,78	243,17	273,
	IV	4.810,75	264,59	384,86	432,96	260,28	378,59	425,91	255,97	372,32	418,86	251,66	366,06	411,81	247,35	359,79	404,76	243,04	353,52	397,71	238,74	347,26	390,
	V	5.325,16	292,88	426,01	479,26																		
	VI	5.369,50	295,32	429,56	483,25																		
14.666,99 (West)	I	4.804,16	264,22	384,33	432,37	255,61	371,80	418,27	246,99	359,26	404,17	238,38	346,74	390,08	229,76	334,20	375,98	221,15	321,67	361,88	212,53	309,14	347,
	II	4.655,08	256,02	372,40	418,95	247,41	359,87	404,85	238,79	347,34	390,75	230,17	334,80	376,65	221,56	322,27	362,55	212,95	309,74	348,46	204,33	297,21	334,
	III	3.973,00	124,85	317,84	357,57	106,20	305,30	343,46	87,56	292,77	329,36	68,92	280,24	315,27	50,27	267,70	301,16	31,63	255,17	287,06	12,99	242,64	272,
	IV	4.804,16	264,22	384,33	432,37	259,92	378,06	425,32	255,61	371,80	418,27	251,30	365,53	411,22	246,99	359,26	404,17	242,69	353,00	397,13	238,38	346,74	390,
	V	5.318,66	292,52	425,49	478,67																		
	VI	5.362,91	294,96	429,03	482,66																		
14.666,99 (Ost)	I	4.812,00	264,66	384,96	433,08	256,04	372,42	418,97	247,42	359,89	404,87	238,81	347,36	390,78	230,19	334,82	376,67	221,57	322,29	362,57	212,96	309,76	348,
	II	4.662,91	256,46	373,03	419,66	247,84	360,50	405,56	239,22	347,96	391,46	230,61	335,43	377,36	221,99	322,90	363,26	213,37	310,36	349,16	204,76	297,83	335,
	III	3.980,83	125,78	318,46	358,27	107,13	305,93	344,17	88,49	293,40	330,07	69,85	280,86	315,97	51,20	268,33	301,87	32,56	255,80	287,77	13,92	243,26	273,
	IV	4.812,00	264,66	384,96	433,08	260,35	378,69	426,02	256,04	372,42	418,97	251,73	366,16	411,93	247,42	359,89	404,87	243,11	353,62	397,82	238,81	347,36	390,
	V	5.326,41	292,95	426,11	479,37																		
	VI	5.370,75	295,39	429,66	483,36																		

Allgemeine Tabelle

MONAT bis 14.687,99 €

Lohn/ Gehalt bis	Steuerklasse	Lohnsteuer	ohne Kinderfreibetrag SolZ 5,5%	ohne Kinderfreibetrag Kirchensteuer 8%	ohne Kinderfreibetrag Kirchensteuer 9%	0,5 SolZ 5,5%	0,5 Kirchensteuer 8%	0,5 Kirchensteuer 9%	1,0 SolZ 5,5%	1,0 Kirchensteuer 8%	1,0 Kirchensteuer 9%	1,5 SolZ 5,5%	1,5 Kirchensteuer 8%	1,5 Kirchensteuer 9%	2,0 SolZ 5,5%	2,0 Kirchensteuer 8%	2,0 Kirchensteuer 9%	2,5 SolZ 5,5%	2,5 Kirchensteuer 8%	2,5 Kirchensteuer 9%	3,0 SolZ 5,5%	3,0 Kirchensteuer 8%	3,0 Kirchensteuer 9%
						Anzahl Kinderfreibeträge (nur Steuerklassen I–IV)																	
14.669,99 (West)	I	4.805,41	264,29	384,43	432,48	255,68	371,90	418,39	247,06	359,37	404,29	238,45	346,84	390,19	229,83	334,30	376,09	221,21	321,77	361,99	212,60	309,24	347,89
	II	4.656,33	256,09	372,50	419,06	247,48	359,97	404,96	238,86	347,44	390,87	230,24	334,90	376,76	221,63	322,38	362,67	213,01	309,84	348,57	204,40	297,31	334,47
	III	3.974,33	125,00	317,94	357,68	106,36	305,41	343,58	87,72	292,88	329,49	69,07	280,34	315,38	50,43	267,81	301,28	31,79	255,28	287,19	13,14	242,74	273,08
	IV	4.805,41	264,29	384,43	432,48	259,98	378,16	425,43	255,68	371,90	418,39	251,37	365,64	411,34	247,06	359,37	404,29	242,76	353,10	397,24	238,45	346,84	390,19
	V	5.319,91	292,59	425,59	478,79																		
	VI	5.364,16	295,02	429,13	482,77																		
14.669,99 (Ost)	I	4.813,25	264,72	385,06	433,19	256,11	372,52	419,09	247,49	359,99	404,99	238,87	347,46	390,89	230,26	334,92	376,79	221,64	322,39	362,69	213,03	309,86	348,59
	II	4.664,16	256,52	373,13	419,77	247,91	360,60	405,67	239,29	348,06	391,57	230,67	335,53	377,47	222,06	323,00	363,37	213,44	310,46	349,27	204,82	297,93	335,17
	III	3.982,16	125,94	318,57	358,39	107,29	306,04	344,29	88,65	293,50	330,19	70,01	280,97	316,09	51,36	268,44	301,99	32,72	255,90	287,89	14,08	243,37	273,79
	IV	4.813,25	264,72	385,06	433,19	260,42	378,79	426,14	256,11	372,52	419,09	251,80	366,26	412,04	247,49	359,99	404,99	243,18	353,72	397,94	238,87	347,46	390,89
	V	5.327,66	293,02	426,21	479,48																		
	VI	5.372,00	295,46	429,76	483,48																		
14.672,99 (West)	I	4.806,75	264,37	384,54	432,60	255,75	372,00	418,50	247,13	359,47	404,40	238,52	346,94	390,30	229,90	334,40	376,20	221,28	321,87	362,10	212,67	309,34	348,00
	II	4.657,58	256,16	372,60	419,18	247,55	360,07	405,08	238,93	347,54	390,98	230,32	335,01	376,88	221,70	322,48	362,79	213,08	309,94	348,68	204,47	297,41	334,58
	III	3.975,50	125,14	318,04	357,79	106,50	305,50	343,69	87,86	292,97	329,59	69,21	280,44	315,49	50,57	267,90	301,39	31,95	255,38	287,30	13,30	242,85	273,20
	IV	4.806,75	264,37	384,54	432,60	260,06	378,27	425,55	255,75	372,00	418,50	251,44	365,74	411,45	247,13	359,47	404,40	242,82	353,20	397,35	238,52	346,94	390,30
	V	5.321,16	292,66	425,69	478,90																		
	VI	5.365,50	295,10	429,24	482,89																		
14.672,99 (Ost)	I	4.814,50	264,79	385,16	433,30	256,18	372,62	419,20	247,56	360,09	405,10	238,94	347,56	391,00	230,33	335,03	376,91	221,71	322,50	362,81	213,10	309,96	348,71
	II	4.665,41	256,59	373,23	419,88	247,98	360,70	405,78	239,36	348,16	391,68	230,74	335,63	377,58	222,13	323,10	363,48	213,51	310,56	349,38	204,89	298,03	335,28
	III	3.983,33	126,08	318,66	358,49	107,43	306,13	344,39	88,79	293,60	330,30	70,15	281,06	316,19	51,52	268,54	302,11	32,88	256,01	288,01	14,24	243,48	273,91
	IV	4.814,50	264,79	385,16	433,30	260,48	378,89	426,25	256,18	372,62	419,20	251,87	366,36	412,15	247,56	360,09	405,10	243,25	353,82	398,05	238,94	347,56	391,00
	V	5.329,00	293,09	426,32	479,61																		
	VI	5.373,25	295,52	429,86	483,59																		
14.675,99 (West)	I	4.808,00	264,44	384,64	432,72	255,82	372,10	418,61	247,20	359,57	404,51	238,59	347,04	390,42	229,97	334,50	376,31	221,35	321,97	362,21	212,74	309,44	348,12
	II	4.658,83	256,23	372,70	419,29	247,62	360,18	405,20	239,00	347,64	391,10	230,39	335,11	377,00	221,77	322,58	362,90	213,15	310,04	348,80	204,54	297,51	334,70
	III	3.976,83	125,30	318,14	357,91	106,66	305,61	343,81	88,02	293,08	329,71	69,37	280,54	315,61	50,73	268,01	301,51	32,09	255,48	287,41	13,44	242,94	273,31
	IV	4.808,00	264,44	384,64	432,72	260,13	378,37	425,66	255,82	372,10	418,61	251,51	365,84	411,57	247,20	359,57	404,51	242,89	353,30	397,46	238,59	347,04	390,42
	V	5.322,41	292,73	425,79	479,01																		
	VI	5.366,75	295,17	429,34	483,00																		
14.675,99 (Ost)	I	4.815,75	264,86	385,26	433,41	256,24	372,72	419,31	247,63	360,19	405,21	239,02	347,66	391,12	230,40	335,13	377,02	221,78	322,60	362,92	213,17	310,06	348,82
	II	4.666,66	256,66	373,33	419,99	248,05	360,80	405,90	239,43	348,26	391,79	230,81	335,73	377,69	222,20	323,20	363,60	213,58	310,67	349,50	204,97	298,14	335,40
	III	3.984,66	126,23	318,77	358,61	107,59	306,24	344,52	88,95	293,70	330,41	70,30	281,17	316,31	51,66	268,64	302,22	33,02	256,10	288,11	14,37	243,57	274,01
	IV	4.815,75	264,86	385,26	433,41	260,55	378,99	426,36	256,24	372,72	419,31	251,94	366,46	412,26	247,63	360,19	405,21	243,32	353,93	398,17	239,02	347,66	391,12
	V	5.330,25	293,16	426,42	479,72																		
	VI	5.374,50	295,59	429,96	483,70																		
14.678,99 (West)	I	4.809,25	264,50	384,74	432,83	255,89	372,20	418,73	247,27	359,67	404,63	238,65	347,14	390,53	230,04	334,60	376,43	221,42	322,07	362,33	212,80	309,54	348,23
	II	4.660,16	256,30	372,81	419,41	247,69	360,28	405,31	239,07	347,74	391,21	230,45	335,21	377,11	221,84	322,68	363,01	213,22	310,14	348,91	204,60	297,61	334,81
	III	3.978,00	125,44	318,24	358,02	106,80	305,70	343,91	88,17	293,18	329,83	69,53	280,65	315,73	50,89	268,12	301,63	32,24	255,58	287,53	13,60	243,05	273,43
	IV	4.809,25	264,50	384,74	432,83	260,20	378,47	425,78	255,89	372,20	418,73	251,58	365,94	411,68	247,27	359,67	404,63	242,96	353,40	397,58	238,65	347,14	390,53
	V	5.323,66	292,80	425,89	479,12																		
	VI	5.368,00	295,24	429,44	483,12																		
14.678,99 (Ost)	I	4.817,00	264,93	385,36	433,53	256,32	372,83	419,43	247,70	360,30	405,33	239,08	347,76	391,23	230,47	335,23	377,13	221,85	322,70	363,03	213,23	310,16	348,93
	II	4.667,91	256,73	373,43	420,11	248,11	360,90	406,01	239,50	348,36	391,91	230,88	335,83	377,81	222,27	323,30	363,71	213,65	310,77	349,61	205,04	298,24	335,52
	III	3.985,83	126,37	318,86	358,72	107,75	306,34	344,63	89,11	293,81	330,53	70,46	281,28	316,44	51,82	268,74	302,33	33,18	256,21	288,23	14,53	243,68	274,14
	IV	4.817,00	264,93	385,36	433,53	260,62	379,09	426,47	256,32	372,83	419,43	252,01	366,56	412,38	247,70	360,30	405,33	243,39	354,03	398,28	239,08	347,76	391,23
	V	5.331,50	293,23	426,52	479,83																		
	VI	5.375,75	295,66	430,06	483,81																		
14.681,99 (West)	I	4.810,50	264,57	384,84	432,94	255,96	372,30	418,84	247,34	359,77	404,74	238,72	347,24	390,64	230,11	334,70	376,54	221,49	322,17	362,44	212,87	309,64	348,34
	II	4.661,41	256,37	372,91	419,52	247,76	360,38	405,42	239,14	347,84	391,32	230,52	335,31	377,22	221,91	322,78	363,12	213,29	310,24	349,02	204,67	297,71	334,92
	III	3.979,33	125,60	318,34	358,13	106,96	305,81	344,03	88,31	293,28	329,94	69,67	280,74	315,83	51,03	268,21	301,73	32,38	255,68	287,64	13,74	243,14	273,53
	IV	4.810,50	264,57	384,84	432,94	260,26	378,57	425,89	255,96	372,30	418,84	251,65	366,04	411,79	247,34	359,77	404,74	243,03	353,50	397,69	238,72	347,24	390,64
	V	5.324,91	292,87	425,99	479,24																		
	VI	5.369,25	295,30	429,54	483,23																		
14.681,99 (Ost)	I	4.818,33	265,00	385,46	433,64	256,39	372,93	419,54	247,77	360,40	405,45	239,15	347,86	391,34	230,54	335,33	377,24	221,92	322,80	363,15	213,30	310,26	349,04
	II	4.669,16	256,80	373,53	420,22	248,18	361,00	406,12	239,57	348,47	392,03	230,95	335,94	377,93	222,34	323,40	363,83	213,72	310,87	349,73	205,10	298,34	335,63
	III	3.987,16	126,53	318,97	358,84	107,89	306,44	344,74	89,25	293,90	330,64	70,60	281,37	316,54	51,96	268,84	302,44	33,32	256,30	288,34	14,67	243,77	274,24
	IV	4.818,33	265,00	385,46	433,64	260,70	379,20	426,60	256,39	372,93	419,54	252,08	366,66	412,49	247,77	360,40	405,45	243,46	354,13	398,39	239,15	347,86	391,34
	V	5.332,75	293,30	426,62	479,94																		
	VI	5.377,08	295,73	430,16	483,93																		
14.684,99 (West)	I	4.811,75	264,64	384,94	433,05	256,02	372,40	418,95	247,41	359,87	404,85	238,79	347,34	390,75	230,17	334,80	376,65	221,56	322,27	362,55	212,95	309,74	348,46
	II	4.662,66	256,44	373,01	419,63	247,83	360,48	405,54	239,21	347,94	391,43	230,59	335,41	377,33	221,98	322,88	363,24	213,36	310,34	349,13	204,74	297,81	335,03
	III	3.980,66	125,76	318,45	358,25	107,11	305,92	344,16	88,47	293,38	330,05	69,83	280,85	315,95	51,18	268,32	301,86	32,54	255,78	287,75	13,90	243,25	273,65
	IV	4.811,75	264,64	384,94	433,05	260,33	378,67	426,00	256,02	372,40	418,95	251,72	366,14	411,90	247,41	359,87	404,85	243,10	353,60	397,80	238,79	347,34	390,75
	V	5.326,16	292,93	426,09	479,35																		
	VI	5.370,50	295,37	429,64	483,34																		
14.684,99 (Ost)	I	4.819,58	265,07	385,56	433,76	256,46	373,03	419,66	247,84	360,50	405,56	239,22	347,96	391,46	230,61	335,43	377,36	221,99	322,90	363,26	213,37	310,36	349,16
	II	4.670,41	256,87	373,63	420,33	248,26	361,10	406,24	239,64	348,57	392,14	231,02	336,04	378,04	222,41	323,50	363,94	213,79	310,97	349,84	205,17	298,44	335,74
	III	3.988,50	126,69	319,08	358,96	108,05	306,54	344,86	89,40	294,01	330,76	70,76	281,48	316,66	52,12	268,94	302,56	33,47	256,41	288,46	14,83	243,88	274,36
	IV	4.819,58	265,07	385,56	433,76	260,76	379,30	426,71	256,46	373,03	419,66	252,15	366,76	412,61	247,84	360,50	405,56	243,53	354,23	398,51	239,22	347,96	391,46
	V	5.334,00	293,37	426,72	480,06																		
	VI	5.378,33	295,80	430,26	484,04																		
14.687,99 (West)	I	4.813,00	264,71	385,04	433,17	256,09	372,50	419,06	247,48	359,97	404,96	238,86	347,44	390,87	230,24	334,90	376,76	221,63	322,38	362,67	213,01	309,84	348,57
	II	4.663,91	256,51	373,11	419,75	247,89	360,58	405,65	239,28	348,04	391,55	230,66	335,51	377,45	222,04	322,98	363,35	213,43	310,44	349,25	204,81	297,91	335,15
	III	3.981,83	125,90	318,54	358,36	107,25	306,01	344,26	88,61	293,48	330,16	69,97	280,94	316,06	51,32	268,41	301,96	32,68	255,88	287,86	14,04	243,34	273,76
	IV	4.813,00	264,71	385,04	433,17	260,40	378,77	426,11	256,09	372,50	419,06	251,79	366,24	412,02	247,48	359,97	404,96	243,17	353,70	397,91	238,86	347,44	390,87
	V	5.327,41	293,00	426,19	479,46																		
	VI	5.371,75	295,44	429,74	483,45																		
14.687,99 (Ost)	I	4.820,83	265,14	385,66	433,87	256,52	373,13	419,77	247,91	360,60	405,67	239,29	348,06	391,57	230,67	335,53	377,47	222,06	323,00	363,37	213,44	310,46	349,27
	II	4.671,75	256,94	373,74	420,45	248,32	361,20	406,35	239,71	348,67	392,25	231,09	336,14	378,15	222,47	323,60	364,05	213,86	311,07	349,95	205,24	298,54	335,85
	III	3.989,66	126,83	319,17	359,06	108,19	306,64	344,97	89,54	294,10	330,86	70,90	281,57	316,76	52,26	269,04	302,67	33,61	256,50	288,56	14,97	243,97	274,46
	IV	4.820,83	265,14	385,66	433,87	260,83	379,40	426,82	256,52	373,13	419,77	252,22	366,86	412,72	247,91	360,60	405,67	243,60	354,33	398,62	239,29	348,06	391,57
	V	5.335,25	293,43	426,82	480,17																		
	VI	5.379,58	295,87	430,36	484,16																		

Lohn/ Gehalt bis	Steuerklasse	Lohn-steuer	ohne Kinderfreibetrag			Anzahl Kinderfreibeträge (nur Steuerklassen I–IV)																	
						0,5			1,0			1,5			2,0			2,5			3,0		
			SolZ 5,5%	Kirchensteuer 8%	9%	SolZ 5,5%	Kirchensteuer 8%	9%	SolZ 5,5%	Kirchensteuer 8%	9%	SolZ 5,5%	Kirchensteuer 8%	9%	SolZ 5,5%	Kirchensteuer 8%	9%	SolZ 5,5%	Kirchensteuer 8%	9%	SolZ 5,5%	Kirchensteuer 8%	9%
14.690,99 (West)	I	4.814,25	264,78	385,14	433,28	256,16	372,60	419,18	247,55	360,07	405,08	238,93	347,54	390,98	230,32	335,01	376,88	221,70	322,48	362,79	213,08	309,94	348,
	II	4.665,16	256,58	373,21	419,86	247,96	360,68	405,76	239,35	348,14	391,66	230,73	335,61	377,56	222,11	323,08	363,46	213,50	310,54	349,36	204,88	298,02	335,
	III	3.983,16	126,06	318,65	358,48	107,41	306,12	344,38	88,77	293,58	330,28	70,13	281,05	316,18	51,48	268,52	302,08	32,84	255,98	287,98	14,20	243,45	273
	IV	4.814,25	264,78	385,14	433,28	260,47	378,87	426,23	256,16	372,60	419,18	251,85	366,34	412,13	247,55	360,07	405,08	243,24	353,80	398,03	238,93	347,54	390
	V	5.328,75	293,08	426,30	479,58																		
	VI	5.373,00	295,51	429,84	483,57																		
14.690,99 (Ost)	I	4.822,08	265,21	385,76	433,98	256,59	373,23	419,88	247,98	360,70	405,78	239,36	348,16	391,68	230,74	335,63	377,58	222,13	323,10	363,48	213,51	310,56	349,
	II	4.673,00	257,01	373,84	420,57	248,39	361,30	406,46	239,78	348,77	392,36	231,16	336,24	378,27	222,54	323,70	364,16	213,93	311,17	350,06	205,31	298,64	335
	III	3.991,00	126,99	319,28	359,19	108,34	306,74	345,08	89,70	294,21	330,98	71,06	281,68	316,89	52,41	269,14	302,78	33,77	256,61	288,68	15,13	244,08	274,
	IV	4.822,08	265,21	385,76	433,98	260,90	379,50	426,93	256,59	373,23	419,88	252,28	366,96	412,83	247,98	360,70	405,78	243,67	354,43	398,73	239,36	348,16	391
	V	5.336,50	293,50	426,92	480,28																		
	VI	5.380,83	295,94	430,46	484,27																		
14.693,99 (West)	I	4.815,50	264,85	385,24	433,39	256,23	372,70	419,29	247,62	360,18	405,20	239,00	347,64	391,10	230,39	335,11	377,00	221,77	322,58	362,90	213,15	310,04	348,
	II	4.666,41	256,65	373,31	419,97	248,03	360,78	405,87	239,41	348,24	391,77	230,80	335,71	377,67	222,19	323,18	363,58	213,57	310,65	349,48	204,95	298,12	335,
	III	3.984,33	126,19	318,74	358,58	107,55	306,21	344,48	88,91	293,68	330,39	70,26	281,14	316,28	51,62	268,61	302,18	32,98	256,08	288,09	14,33	243,54	273,
	IV	4.815,50	264,85	385,24	433,39	260,54	378,97	426,34	256,23	372,70	419,29	251,93	366,44	412,25	247,62	360,18	405,20	243,31	353,91	398,15	239,00	347,64	391,
	V	5.330,00	293,15	426,40	479,70																		
	VI	5.374,25	295,58	429,94	483,68																		
14.693,99 (Ost)	I	4.823,33	265,28	385,86	434,09	256,66	373,33	419,99	248,05	360,80	405,90	239,43	348,26	391,79	230,81	335,73	377,69	222,20	323,20	363,60	213,58	310,67	349,
	II	4.674,25	257,08	373,94	420,68	248,46	361,40	406,58	239,85	348,87	392,48	231,23	336,34	378,38	222,61	323,80	364,28	214,00	311,27	350,18	205,38	298,74	336,
	III	3.992,16	127,13	319,37	359,29	108,48	306,84	345,19	89,84	294,30	331,09	71,20	281,77	316,99	52,55	269,24	302,89	33,91	256,70	288,79	15,29	244,18	274,
	IV	4.823,33	265,28	385,86	434,09	260,97	379,60	427,05	256,66	373,33	419,99	252,35	367,06	412,94	248,05	360,80	405,90	243,74	354,53	398,84	239,43	348,26	391,
	V	5.337,75	293,57	427,02	480,39																		
	VI	5.382,08	296,01	430,56	484,38																		
14.696,99 (West)	I	4.816,83	264,92	385,34	433,51	256,30	372,81	419,41	247,69	360,28	405,31	239,07	347,74	391,21	230,45	335,21	377,11	221,84	322,68	363,01	213,22	310,14	348,
	II	4.667,66	256,72	373,41	420,08	248,10	360,88	405,99	239,48	348,34	391,88	230,87	335,82	377,79	222,25	323,28	363,69	213,64	310,75	349,59	205,02	298,22	335,
	III	3.985,66	126,35	318,85	358,70	107,71	306,32	344,61	89,07	293,78	330,50	70,42	281,25	316,40	51,78	268,72	302,31	33,14	256,18	288,20	14,49	243,65	274,
	IV	4.816,83	264,92	385,34	433,51	260,61	379,08	426,46	256,30	372,81	419,41	252,00	366,54	412,36	247,69	360,28	405,31	243,38	354,01	398,26	239,07	347,74	391,
	V	5.331,25	293,21	426,50	479,81																		
	VI	5.375,58	295,65	430,04	483,80																		
14.696,99 (Ost)	I	4.824,58	265,35	385,96	434,21	256,73	373,43	420,11	248,11	360,90	406,01	239,50	348,36	391,91	230,88	335,83	377,81	222,27	323,30	363,71	213,65	310,77	349,
	II	4.675,50	257,15	374,04	420,79	248,53	361,50	406,69	239,91	348,97	392,59	231,30	336,44	378,49	222,68	323,90	364,39	214,06	311,37	350,29	205,45	298,84	336
	III	3.993,50	127,29	319,48	359,41	108,64	306,94	345,31	90,00	294,41	331,21	71,36	281,88	317,11	52,71	269,34	303,01	34,07	256,81	288,91	15,43	244,28	274,
	IV	4.824,58	265,35	385,96	434,21	261,04	379,70	427,16	256,73	373,43	420,11	252,42	367,16	413,06	248,11	360,90	406,01	243,81	354,63	398,96	239,50	348,36	391,
	V	5.339,00	293,64	427,12	480,51																		
	VI	5.383,33	296,08	430,66	484,49																		
14.699,99 (West)	I	4.818,08	264,99	385,44	433,62	256,37	372,91	419,52	247,76	360,38	405,42	239,14	347,84	391,32	230,52	335,31	377,22	221,91	322,78	363,12	213,29	310,24	349,
	II	4.668,91	256,79	373,51	420,20	248,17	360,98	406,10	239,56	348,45	392,00	230,94	335,92	377,91	222,32	323,38	363,80	213,71	310,85	349,70	205,09	298,32	335,
	III	3.986,83	126,49	318,94	358,81	107,85	306,41	344,71	89,21	293,88	330,61	70,56	281,34	316,51	51,94	268,82	302,42	33,30	256,29	288,32	14,65	243,76	274,
	IV	4.818,08	264,99	385,44	433,62	260,68	379,18	426,57	256,37	372,91	419,52	252,06	366,64	412,47	247,76	360,38	405,42	243,45	354,11	398,37	239,14	347,84	391,
	V	5.332,50	293,28	426,60	479,92																		
	VI	5.376,83	295,72	430,14	483,91																		
14.699,99 (Ost)	I	4.825,83	265,42	386,06	434,32	256,80	373,53	420,22	248,18	361,00	406,12	239,57	348,47	392,03	230,95	335,94	377,93	222,34	323,40	363,83	213,72	310,87	349,
	II	4.676,75	257,22	374,14	420,90	248,60	361,60	406,80	239,98	349,07	392,70	231,37	336,54	378,60	222,75	324,00	364,50	214,13	311,47	350,40	205,52	298,94	336,
	III	3.994,66	127,42	319,57	359,51	108,78	307,04	345,42	90,14	294,50	331,31	71,51	281,98	317,23	52,87	269,45	303,13	34,23	256,92	289,03	15,58	244,38	274,
	IV	4.825,83	265,42	386,06	434,32	261,11	379,80	427,27	256,80	373,53	420,22	252,49	367,26	413,17	248,18	361,00	406,12	243,87	354,73	399,07	239,57	348,47	392,
	V	5.340,33	293,71	427,22	480,62																		
	VI	5.384,58	296,15	430,76	484,61																		
14.702,99 (West)	I	4.819,33	265,06	385,54	433,73	256,44	373,01	419,63	247,83	360,48	405,54	239,21	347,94	391,43	230,59	335,41	377,33	221,98	322,88	363,24	213,36	310,34	349,
	II	4.670,25	256,86	373,62	420,32	248,24	361,08	406,22	239,63	348,55	392,12	231,01	336,02	378,02	222,39	323,48	363,92	213,78	310,95	349,82	205,16	298,42	335,
	III	3.988,16	126,65	319,05	358,93	108,01	306,52	344,83	89,36	293,98	330,73	70,72	281,45	316,63	52,08	268,92	302,53	33,43	256,38	288,43	14,79	243,85	274,
	IV	4.819,33	265,06	385,54	433,73	260,75	379,28	426,69	256,44	373,01	419,63	252,13	366,74	412,58	247,83	360,48	405,54	243,52	354,21	398,48	239,21	347,94	391,
	V	5.333,75	293,35	426,70	480,03																		
	VI	5.378,08	295,79	430,24	484,02																		
14.702,99 (Ost)	I	4.827,08	265,48	386,16	434,43	256,87	373,63	420,33	248,26	361,10	406,24	239,64	348,57	392,14	231,02	336,04	378,04	222,41	323,50	363,94	213,79	310,97	349,
	II	4.678,00	257,29	374,24	421,02	248,67	361,70	406,91	240,05	349,17	392,81	231,44	336,64	378,72	222,82	324,11	364,62	214,21	311,58	350,52	205,59	299,04	336,
	III	3.996,00	127,58	319,68	359,64	108,94	307,14	345,53	90,30	294,61	331,43	71,65	282,08	317,34	53,01	269,54	303,23	34,37	257,01	289,13	15,72	244,48	275,
	IV	4.827,08	265,48	386,16	434,43	261,18	379,90	427,38	256,87	373,63	420,33	252,56	367,37	413,29	248,26	361,10	406,24	243,95	354,84	399,19	239,64	348,57	392,
	V	5.341,58	293,78	427,32	480,74																		
	VI	5.385,83	296,22	430,86	484,72																		
14.705,99 (West)	I	4.820,58	265,13	385,64	433,85	256,51	373,11	419,75	247,89	360,58	405,65	239,28	348,04	391,55	230,66	335,51	377,45	222,04	322,98	363,35	213,43	310,44	349,
	II	4.671,50	256,93	373,72	420,43	248,31	361,18	406,33	239,69	348,65	392,23	231,08	336,12	378,13	222,46	323,58	364,03	213,84	311,05	349,93	205,23	298,52	335,
	III	3.989,33	126,79	319,14	359,03	108,17	306,62	344,95	89,52	294,09	330,85	70,88	281,56	316,75	52,24	269,02	302,65	33,59	256,49	288,55	14,95	243,96	274,
	IV	4.820,58	265,13	385,64	433,85	260,82	379,38	426,80	256,51	373,11	419,75	252,20	366,84	412,70	247,89	360,58	405,65	243,59	354,31	398,60	239,28	348,04	391,
	V	5.335,00	293,42	426,80	480,15																		
	VI	5.379,33	295,86	430,34	484,13																		
14.705,99 (Ost)	I	4.828,41	265,56	386,27	434,55	256,94	373,74	420,45	248,32	361,20	406,35	239,71	348,67	392,25	231,09	336,14	378,15	222,47	323,60	364,05	213,86	311,07	349,
	II	4.679,25	257,35	374,34	421,13	248,74	361,80	407,03	240,12	349,27	392,93	231,51	336,74	378,83	222,89	324,21	364,73	214,28	311,68	350,64	205,66	299,14	336,
	III	3.997,33	127,74	319,78	359,75	109,10	307,25	345,65	90,45	294,72	331,56	71,81	282,18	317,45	53,17	269,65	303,35	34,52	257,12	289,26	15,88	244,58	275,
	IV	4.828,41	265,56	386,27	434,55	261,25	380,00	427,50	256,94	373,74	420,45	252,63	367,47	413,40	248,32	361,20	406,35	244,02	354,94	399,30	239,71	348,67	392,
	V	5.342,83	293,85	427,42	480,85																		
	VI	5.387,16	296,29	430,97	484,84																		
14.708,99 (West)	I	4.821,83	265,20	385,74	433,96	256,58	373,21	419,86	247,96	360,68	405,76	239,35	348,14	391,66	230,73	335,61	377,56	222,11	323,08	363,46	213,50	310,54	349,
	II	4.672,75	257,00	373,82	420,54	248,38	361,28	406,44	239,76	348,75	392,34	231,15	336,22	378,24	222,53	323,68	364,14	213,91	311,15	350,04	205,30	298,62	335,
	III	3.990,66	126,95	319,25	359,15	108,30	306,72	345,06	89,66	294,18	330,95	71,02	281,65	316,85	52,37	269,12	302,76	33,73	256,58	288,65	15,09	244,05	274,
	IV	4.821,83	265,20	385,74	433,96	260,89	379,48	426,91	256,58	373,21	419,86	252,27	366,94	412,81	247,96	360,68	405,76	243,65	354,41	398,71	239,35	348,14	391,
	V	5.336,25	293,49	426,90	480,26																		
	VI	5.380,58	295,93	430,44	484,25																		
14.708,99 (Ost)	I	4.829,66	265,63	386,37	434,66	257,01	373,84	420,57	248,39	361,30	406,46	239,78	348,77	392,36	231,16	336,24	378,27	222,54	323,70	364,16	213,93	311,17	350,
	II	4.680,50	257,42	374,44	421,24	248,81	361,38	407,15	240,19	349,38	393,05	231,58	336,84	378,95	222,96	324,31	364,85	214,34	311,78	350,75	205,73	299,24	336,
	III	3.998,50	127,88	319,88	359,86	109,24	307,34	345,76	90,59	294,81	331,66	71,95	282,28	317,56	53,31	269,74	303,46	34,66	257,21	289,36	16,02	244,68	275,
	IV	4.829,66	265,63	386,37	434,66	261,32	380,10	427,61	257,01	373,84	420,57	252,70	367,57	413,51	248,39	361,30	406,46	244,09	355,04	399,42	239,78	348,77	392,
	V	5.344,08	293,92	427,52	480,96																		
	VI	5.388,41	296,36	431,07	484,95																		

Allgemeine Tabelle

MONAT bis 14.729,99 €

Lohn/ Gehalt bis	Steuerklasse	Lohn-steuer	ohne Kinderfreibetrag SolZ 5,5%	Kirchensteuer 8%	Kirchensteuer 9%	0,5 SolZ 5,5%	0,5 Kirchensteuer 8%	0,5 Kirchensteuer 9%	1,0 SolZ 5,5%	1,0 Kirchensteuer 8%	1,0 Kirchensteuer 9%	1,5 SolZ 5,5%	1,5 Kirchensteuer 8%	1,5 Kirchensteuer 9%	2,0 SolZ 5,5%	2,0 Kirchensteuer 8%	2,0 Kirchensteuer 9%	2,5 SolZ 5,5%	2,5 Kirchensteuer 8%	2,5 Kirchensteuer 9%	3,0 SolZ 5,5%	3,0 Kirchensteuer 8%	3,0 Kirchensteuer 9%
						Anzahl Kinderfreibeträge (nur Steuerklassen I–IV)																	
4.711,99 (West)	I	4.823,08	265,26	385,84	434,07	256,65	373,31	419,97	248,03	360,78	405,87	239,41	348,24	391,77	230,80	335,71	377,67	222,19	323,18	363,58	213,57	310,65	349,48
	II	4.674,00	257,07	373,92	420,66	248,45	361,38	406,55	239,83	348,85	392,45	231,22	336,32	378,36	222,60	323,78	364,25	213,98	311,25	350,15	205,37	298,72	336,06
	III	3.992,00	127,11	319,36	359,28	108,46	306,82	345,17	89,82	294,29	331,07	71,18	281,76	316,98	52,53	269,22	302,87	33,89	256,69	288,77	15,25	244,16	274,68
	IV	4.823,08	265,26	385,84	434,07	260,96	379,58	427,02	256,65	373,31	419,97	252,34	367,04	412,92	248,03	360,78	405,87	243,72	354,51	398,82	239,41	348,24	391,77
	V	5.337,50	293,56	427,00	480,37																		
	VI	5.381,83	296,00	430,54	484,36																		
4.711,99 (Ost)	I	4.830,91	265,70	386,47	434,78	257,08	373,94	420,68	248,46	361,40	406,58	239,85	348,87	392,48	231,23	336,34	378,38	222,61	323,80	364,28	214,00	311,27	350,18
	II	4.681,83	257,50	374,54	421,36	248,88	362,01	407,26	240,26	349,48	393,16	231,65	336,94	379,06	223,03	324,41	364,96	214,41	311,88	350,86	205,80	299,34	336,76
	III	3.999,83	128,04	319,98	359,98	109,40	307,45	345,88	90,75	294,92	331,78	72,11	282,38	317,68	53,47	269,85	303,58	34,82	257,32	289,48	16,18	244,78	275,38
	IV	4.830,91	265,70	386,47	434,78	261,39	380,20	427,73	257,08	373,94	420,68	252,77	367,67	413,63	248,46	361,40	406,58	244,15	355,14	399,53	239,85	348,87	392,48
	V	5.345,33	293,99	427,62	481,07																		
	VI	5.389,66	296,43	431,17	485,06																		
4.714,99 (West)	I	4.824,33	265,33	385,94	434,18	256,72	373,41	420,08	248,10	360,88	405,99	239,48	348,34	391,88	230,87	335,82	377,79	222,25	323,28	363,69	213,64	310,75	349,59
	II	4.675,25	257,13	374,02	420,77	248,52	361,48	406,67	239,90	348,95	392,57	231,28	336,42	378,47	222,67	323,88	364,37	214,05	311,35	350,27	205,44	298,82	336,17
	III	3.993,16	127,25	319,45	359,38	108,60	306,92	345,28	89,96	294,38	331,18	71,32	281,85	317,08	52,67	269,32	302,98	34,03	256,78	288,88	15,39	244,25	274,78
	IV	4.824,33	265,33	385,94	434,18	261,03	379,68	427,14	256,72	373,41	420,08	252,41	367,14	413,03	248,10	360,88	405,99	243,79	354,61	398,93	239,48	348,34	391,88
	V	5.338,83	293,63	427,10	480,49																		
	VI	5.383,08	296,06	430,64	484,47																		
4.714,99 (Ost)	I	4.832,16	265,76	386,57	434,89	257,15	374,04	420,79	248,53	361,50	406,69	239,91	348,97	392,59	231,30	336,44	378,49	222,68	323,90	364,39	214,06	311,37	350,29
	II	4.683,08	257,56	374,64	421,47	248,95	362,11	407,37	240,33	349,58	393,27	231,71	337,04	379,17	223,10	324,51	365,07	214,48	311,98	350,97	205,86	299,44	336,87
	III	4.001,00	128,18	320,08	360,09	109,53	307,54	345,98	90,89	295,01	331,88	72,25	282,48	317,79	53,60	269,94	303,68	34,96	257,41	289,58	16,32	244,88	275,49
	IV	4.832,16	265,76	386,57	434,89	261,46	380,30	427,84	257,15	374,04	420,79	252,84	367,77	413,74	248,53	361,50	406,69	244,22	355,24	399,64	239,91	348,97	392,59
	V	5.346,58	294,06	427,72	481,19																		
	VI	5.390,91	296,50	431,27	485,18																		
4.717,99 (West)	I	4.825,58	265,40	386,04	434,30	256,79	373,51	420,20	248,17	360,98	406,10	239,56	348,45	392,00	230,94	335,92	377,91	222,32	323,38	363,80	213,71	310,85	349,70
	II	4.676,50	257,20	374,12	420,88	248,59	361,58	406,78	239,97	349,05	392,68	231,35	336,52	378,58	222,74	323,98	364,48	214,12	311,46	350,39	205,51	298,92	336,29
	III	3.994,50	127,40	319,56	359,50	108,76	307,02	345,40	90,12	294,49	331,30	71,47	281,96	317,20	52,83	269,42	303,10	34,19	256,89	289,00	15,54	244,36	274,90
	IV	4.825,58	265,40	386,04	434,30	261,09	379,78	427,25	256,79	373,51	420,20	252,48	367,24	413,15	248,17	360,98	406,10	243,87	354,72	399,06	239,56	348,45	392,00
	V	5.340,08	293,70	427,20	480,60																		
	VI	5.384,33	296,13	430,74	484,58																		
4.717,99 (Ost)	I	4.833,41	265,83	386,67	435,00	257,22	374,14	420,90	248,60	361,60	406,80	239,98	349,07	392,70	231,37	336,54	378,60	222,75	324,00	364,50	214,13	311,47	350,40
	II	4.684,33	257,63	374,74	421,58	249,02	362,21	407,48	240,40	349,68	393,39	231,78	337,14	379,28	223,17	324,61	365,18	214,55	312,08	351,09	205,93	299,54	336,98
	III	4.002,33	128,34	320,18	360,20	109,69	307,65	346,10	91,05	295,12	332,01	72,41	282,58	317,90	53,76	270,05	303,80	35,12	257,52	289,71	16,48	244,98	275,60
	IV	4.833,41	265,83	386,67	435,00	261,52	380,40	427,95	257,22	374,14	420,90	252,91	367,87	413,85	248,60	361,60	406,80	244,29	355,34	399,75	239,98	349,07	392,70
	V	5.347,83	294,13	427,82	481,30																		
	VI	5.392,16	296,56	431,37	485,29																		
4.720,99 (West)	I	4.826,83	265,47	386,14	434,41	256,86	373,62	420,32	248,24	361,08	406,22	239,63	348,55	392,12	231,01	336,02	378,02	222,39	323,48	363,92	213,78	310,95	349,82
	II	4.677,75	257,27	374,22	420,99	248,65	361,68	406,89	240,04	349,15	392,79	231,43	336,62	378,70	222,81	324,09	364,60	214,19	311,56	350,50	205,58	299,02	336,40
	III	3.995,66	127,54	319,65	359,60	108,90	307,12	345,51	90,26	294,58	331,40	71,61	282,05	317,30	52,97	269,52	303,21	34,33	256,98	289,10	15,70	244,46	275,02
	IV	4.826,83	265,47	386,14	434,41	261,17	379,88	427,37	256,86	373,62	420,32	252,55	367,35	413,27	248,24	361,08	406,22	243,93	354,82	399,17	239,63	348,55	392,12
	V	5.341,33	293,77	427,30	480,71																		
	VI	5.385,58	296,20	430,84	484,70																		
4.720,99 (Ost)	I	4.834,66	265,90	386,77	435,11	257,29	374,24	421,02	248,67	361,70	406,91	240,05	349,17	392,81	231,44	336,64	378,72	222,82	324,11	364,62	214,21	311,58	350,52
	II	4.685,58	257,70	374,84	421,70	249,09	362,31	407,60	240,47	349,78	393,50	231,85	337,24	379,40	223,24	324,71	365,30	214,62	312,18	351,20	206,00	299,64	337,10
	III	4.003,50	128,48	320,28	360,31	109,83	307,74	346,21	91,19	295,21	332,11	72,55	282,68	318,01	53,90	270,14	303,91	35,28	257,62	289,82	16,64	245,09	275,72
	IV	4.834,66	265,90	386,77	435,11	261,59	380,50	428,06	257,29	374,24	421,02	252,98	367,97	413,96	248,67	361,70	406,91	244,36	355,44	399,87	240,05	349,17	392,81
	V	5.349,08	294,19	427,92	481,41																		
	VI	5.393,41	296,63	431,47	485,40																		
4.723,99 (West)	I	4.828,16	265,54	386,25	434,53	256,93	373,72	420,43	248,31	361,18	406,33	239,69	348,65	392,23	231,08	336,12	378,13	222,46	323,58	364,03	213,84	311,05	349,93
	II	4.679,00	257,34	374,32	421,11	248,72	361,78	407,00	240,11	349,26	392,91	231,49	336,72	378,81	222,88	324,19	364,71	214,26	311,66	350,61	205,64	299,12	336,51
	III	3.997,00	127,70	319,76	359,73	109,06	307,22	345,62	90,42	294,69	331,52	71,77	282,16	317,43	53,13	269,62	303,32	34,49	257,09	289,22	15,84	244,56	275,13
	IV	4.828,16	265,54	386,25	434,53	261,24	379,98	427,48	256,93	373,72	420,43	252,62	367,45	413,38	248,31	361,18	406,33	244,00	354,92	399,28	239,69	348,65	392,23
	V	5.342,58	293,84	427,40	480,83																		
	VI	5.386,91	296,28	430,95	484,82																		
4.723,99 (Ost)	I	4.835,91	265,97	386,87	435,23	257,35	374,34	421,13	248,74	361,80	407,03	240,12	349,27	392,93	231,51	336,74	378,83	222,89	324,21	364,73	214,28	311,68	350,64
	II	4.686,83	257,77	374,94	421,81	249,15	362,41	407,71	240,54	349,88	393,61	231,92	337,34	379,51	223,30	324,81	365,41	214,69	312,28	351,31	206,08	299,75	337,22
	III	4.004,83	128,63	320,38	360,43	109,99	307,85	346,33	91,35	295,32	332,23	72,70	282,78	318,13	54,06	270,25	304,03	35,42	257,72	289,93	16,77	245,18	275,83
	IV	4.835,91	265,97	386,87	435,23	261,66	380,60	428,18	257,35	374,34	421,13	253,05	368,07	414,08	248,74	361,80	407,03	244,43	355,54	399,98	240,12	349,27	392,93
	V	5.350,41	294,27	428,03	481,53																		
	VI	5.394,66	296,70	431,57	485,51																		
4.726,99 (West)	I	4.829,41	265,61	386,35	434,64	257,00	373,82	420,54	248,38	361,28	406,44	239,76	348,75	392,34	231,15	336,22	378,24	222,53	323,68	364,14	213,91	311,15	350,04
	II	4.680,33	257,41	374,42	421,22	248,80	361,89	407,12	240,18	349,36	393,03	231,56	336,82	378,92	222,95	324,29	364,82	214,33	311,76	350,73	205,71	299,22	336,62
	III	3.998,16	127,84	319,85	359,83	109,20	307,32	345,73	90,55	294,78	331,63	71,93	282,26	317,54	53,29	269,73	303,44	34,64	257,20	289,35	16,00	244,66	275,24
	IV	4.829,41	265,61	386,35	434,64	261,30	380,08	427,59	257,00	373,82	420,54	252,69	367,55	413,49	248,38	361,28	406,44	244,07	355,02	399,39	239,76	348,75	392,34
	V	5.343,83	293,91	427,50	480,94																		
	VI	5.388,16	296,34	431,05	484,93																		
4.726,99 (Ost)	I	4.837,16	266,04	386,97	435,34	257,42	374,44	421,24	248,81	361,91	407,15	240,19	349,38	393,05	231,58	336,84	378,95	222,96	324,31	364,85	214,34	311,78	350,75
	II	4.688,08	257,84	375,04	421,92	249,22	362,51	407,82	240,61	349,98	393,72	231,99	337,44	379,62	223,37	324,91	365,52	214,76	312,38	351,43	206,14	299,85	337,33
	III	4.006,00	128,77	320,48	360,54	110,13	307,94	346,43	91,51	295,42	332,35	72,86	282,89	318,25	54,22	270,36	304,15	35,58	257,82	290,05	16,93	245,29	275,95
	IV	4.837,16	266,04	386,97	435,34	261,73	380,70	428,29	257,42	374,44	421,24	253,11	368,17	414,19	248,81	361,91	407,15	244,50	355,64	400,10	240,19	349,38	393,05
	V	5.351,66	294,34	428,13	481,64																		
	VI	5.395,91	296,77	431,67	485,63																		
14.729,99 (West)	I	4.830,66	265,68	386,45	434,75	257,07	373,92	420,66	248,45	361,38	406,55	239,83	348,85	392,45	231,22	336,32	378,36	222,60	323,78	364,25	213,98	311,25	350,15
	II	4.681,58	257,48	374,52	421,34	248,87	361,99	407,24	240,25	349,46	393,14	231,63	336,92	379,04	223,02	324,39	364,94	214,40	311,86	350,84	205,78	299,32	336,74
	III	3.999,50	128,00	319,96	359,95	109,36	307,42	345,85	90,71	294,89	331,75	72,07	282,36	317,65	53,43	269,82	303,55	34,78	257,29	289,45	16,14	244,76	275,35
	IV	4.830,66	265,68	386,45	434,75	261,37	380,18	427,70	257,07	373,92	420,66	252,76	367,65	413,60	248,45	361,38	406,55	244,14	355,12	399,51	239,83	348,85	392,45
	V	5.345,08	293,97	427,60	481,05																		
	VI	5.389,41	296,41	431,15	485,04																		
14.729,99 (Ost)	I	4.838,41	266,11	387,07	435,45	257,50	374,54	421,36	248,88	362,01	407,26	240,26	349,48	393,16	231,65	336,94	379,06	223,03	324,41	364,96	214,41	311,88	350,86
	II	4.689,33	257,91	375,14	422,03	249,29	362,61	407,93	240,68	350,08	393,84	232,06	337,55	379,74	223,45	325,02	365,64	214,83	312,48	351,54	206,21	299,95	337,44
	III	4.007,33	128,93	320,58	360,65	110,29	308,05	346,55	91,64	295,52	332,46	73,00	282,98	318,35	54,36	270,45	304,25	35,71	257,92	290,16	17,07	245,38	276,05
	IV	4.838,41	266,11	387,07	435,45	261,80	380,81	428,41	257,50	374,54	421,36	253,19	368,28	414,31	248,88	362,01	407,26	244,57	355,74	400,21	240,26	349,48	393,16
	V	5.352,91	294,41	428,23	481,76																		
	VI	5.397,25	296,84	431,78	485,75																		

Lohn/ Gehalt bis	Steuerklasse	Lohn-steuer	ohne Kinderfreibetrag SolZ 5,5%	Kirchensteuer 8%	Kirchensteuer 9%	0,5 SolZ 5,5%	0,5 Kirchensteuer 8%	0,5 Kirchensteuer 9%	1,0 SolZ 5,5%	1,0 Kirchensteuer 8%	1,0 Kirchensteuer 9%	1,5 SolZ 5,5%	1,5 Kirchensteuer 8%	1,5 Kirchensteuer 9%	2,0 SolZ 5,5%	2,0 Kirchensteuer 8%	2,0 Kirchensteuer 9%	2,5 SolZ 5,5%	2,5 Kirchensteuer 8%	2,5 Kirchensteuer 9%	3,0 SolZ 5,5%	3,0 Kirchensteuer 8%	3,0 Kirchensteuer 9%
						Anzahl Kinderfreibeträge (nur Steuerklassen I–IV)																	
14.732,99 (West)	I	4.831,91	265,75	386,55	434,87	257,13	374,02	420,77	248,52	361,48	406,67	239,90	348,95	392,57	231,28	336,42	378,47	222,67	323,88	364,37	214,05	311,35	350
	II	4.682,83	257,55	374,62	421,45	248,93	362,09	407,35	240,32	349,56	393,25	231,70	337,02	379,15	223,08	324,49	365,05	214,47	311,96	350,95	205,85	299,42	336
	III	4.000,83	128,16	320,06	360,07	109,51	307,53	345,97	90,87	295,00	331,87	72,23	282,46	317,77	53,58	269,93	303,67	34,94	257,40	289,57	16,30	244,86	275
	IV	4.831,91	265,75	386,55	434,87	261,44	380,28	427,82	257,13	374,02	420,77	252,83	367,75	413,72	248,52	361,48	406,67	244,21	355,22	399,62	239,90	348,95	392
	V	5.346,33	294,04	427,70	481,16																		
	VI	5.390,66	296,48	431,25	485,15																		
14.732,99 (Ost)	I	4.839,75	266,18	387,18	435,57	257,56	374,64	421,47	248,95	362,11	407,37	240,33	349,58	393,27	231,71	337,04	379,17	223,10	324,51	365,07	214,48	311,98	350
	II	4.690,58	257,98	375,24	422,15	249,36	362,71	408,05	240,75	350,18	393,95	232,13	337,65	379,85	223,52	325,12	365,76	214,90	312,58	351,65	206,28	300,05	337
	III	4.008,66	129,09	320,69	360,77	110,45	308,16	346,68	91,80	295,62	332,57	73,16	283,09	318,47	54,52	270,56	304,38	35,87	258,02	290,27	17,23	245,49	276
	IV	4.839,75	266,18	387,18	435,57	261,87	380,91	428,52	257,56	374,64	421,47	253,26	368,38	414,42	248,95	362,11	407,37	244,64	355,84	400,32	240,33	349,58	393
	V	5.354,16	294,47	428,33	481,87																		
	VI	5.398,50	296,91	431,88	485,86																		
14.735,99 (West)	I	4.833,16	265,82	386,65	434,98	257,20	374,12	420,88	248,59	361,58	406,78	239,97	349,05	392,68	231,35	336,52	378,58	222,74	323,98	364,48	214,12	311,46	350
	II	4.684,08	257,62	374,72	421,56	249,00	362,19	407,46	240,39	349,66	393,36	231,77	337,12	379,26	223,15	324,59	365,16	214,54	312,06	351,06	205,92	299,52	336
	III	4.002,00	128,30	320,16	360,18	109,65	307,62	346,07	91,01	295,09	331,97	72,37	282,56	317,88	53,72	270,02	303,77	35,08	257,49	289,67	16,44	244,96	275
	IV	4.833,16	265,82	386,65	434,98	261,51	380,38	427,93	257,20	374,12	420,88	252,89	367,85	413,83	248,59	361,58	406,78	244,28	355,32	399,73	239,97	349,05	392
	V	5.347,58	294,11	427,80	481,28																		
	VI	5.391,91	296,55	431,35	485,27																		
14.735,99 (Ost)	I	4.841,00	266,25	387,28	435,69	257,63	374,74	421,58	249,02	362,21	407,48	240,40	349,68	393,39	231,78	337,14	379,28	223,17	324,61	365,18	214,55	312,08	351
	II	4.691,91	258,05	375,35	422,27	249,43	362,82	408,17	240,82	350,28	394,07	232,20	337,75	379,97	223,58	325,22	365,87	214,97	312,68	351,77	206,35	300,15	337
	III	4.009,83	129,23	320,78	360,88	110,59	308,25	346,78	91,94	295,72	332,68	73,30	283,18	318,58	54,66	270,65	304,48	36,01	258,12	290,38	17,37	245,58	276
	IV	4.841,00	266,25	387,28	435,69	261,94	381,01	428,63	257,63	374,74	421,58	253,33	368,48	414,54	249,02	362,21	407,48	244,71	355,94	400,43	240,40	349,68	393
	V	5.355,41	294,54	428,43	481,98																		
	VI	5.399,75	296,98	431,98	485,97																		
14.738,99 (West)	I	4.834,41	265,89	386,75	435,09	257,27	374,22	420,99	248,65	361,68	406,89	240,04	349,15	392,79	231,43	336,62	378,70	222,81	324,09	364,60	214,19	311,56	350,
	II	4.685,33	257,69	374,82	421,67	249,07	362,29	407,57	240,46	349,76	393,48	231,84	337,22	379,37	223,22	324,69	365,27	214,61	312,16	351,18	205,99	299,62	337,
	III	4.003,33	128,46	320,26	360,29	109,81	307,73	346,19	91,17	295,20	332,10	72,53	282,66	317,99	53,88	270,13	303,89	35,24	257,60	289,80	16,60	245,06	275,
	IV	4.834,41	265,89	386,75	435,09	261,58	380,48	428,04	257,27	374,22	420,99	252,96	367,95	413,94	248,65	361,68	406,89	244,35	355,42	399,84	240,04	349,15	392,
	V	5.348,83	294,18	427,90	481,39																		
	VI	5.393,16	296,62	431,45	485,38																		
14.738,99 (Ost)	I	4.842,25	266,32	387,38	435,80	257,70	374,84	421,70	249,09	362,31	407,60	240,47	349,78	393,50	231,85	337,24	379,40	223,24	324,71	365,30	214,62	312,18	351,
	II	4.693,16	258,12	375,45	422,38	249,50	362,92	408,28	240,89	350,38	394,18	232,27	337,85	380,08	223,65	325,32	365,98	215,04	312,78	351,88	206,42	300,25	337,
	III	4.011,16	129,39	320,89	361,00	110,74	308,36	346,90	92,10	295,82	332,80	73,46	283,29	318,70	54,81	270,76	304,60	36,17	258,22	290,50	17,53	245,69	276,
	IV	4.842,25	266,32	387,38	435,80	262,01	381,11	428,75	257,70	374,84	421,70	253,39	368,58	414,65	249,09	362,31	407,60	244,78	356,04	400,55	240,47	349,78	393,
	V	5.356,66	294,61	428,53	482,09																		
	VI	5.401,00	297,05	432,08	486,09																		
14.741,99 (West)	I	4.835,66	265,96	386,85	435,20	257,34	374,32	421,11	248,72	361,78	407,00	240,11	349,26	392,91	231,49	336,72	378,81	222,88	324,19	364,71	214,26	311,66	350,
	II	4.686,58	257,76	374,92	421,79	249,14	362,39	407,69	240,52	349,86	393,59	231,91	337,32	379,49	223,29	324,79	365,39	214,68	312,26	351,29	206,06	299,73	337,
	III	4.004,50	128,59	320,36	360,40	109,95	307,82	346,30	91,31	295,29	332,20	72,66	282,76	318,10	54,02	270,22	304,00	35,38	257,69	289,90	16,73	245,16	275,
	IV	4.835,66	265,96	386,85	435,20	261,65	380,58	428,15	257,34	374,32	421,11	253,03	368,05	414,05	248,72	361,78	407,00	244,42	355,52	399,96	240,11	349,26	392,
	V	5.350,16	294,25	428,01	481,51																		
	VI	5.394,41	296,69	431,55	485,49																		
14.741,99 (Ost)	I	4.843,50	266,39	387,48	435,91	257,77	374,94	421,81	249,15	362,41	407,71	240,54	349,88	393,61	231,92	337,34	379,51	223,30	324,81	365,41	214,69	312,28	351,
	II	4.694,41	258,19	375,55	422,49	249,57	363,02	408,39	240,95	350,48	394,29	232,34	337,95	380,19	223,72	325,42	366,09	215,10	312,88	351,99	206,49	300,35	337,
	III	4.012,33	129,53	320,98	361,10	110,88	308,45	347,00	92,24	295,92	332,91	73,60	283,38	318,80	54,95	270,85	304,70	36,31	258,32	290,61	17,67	245,78	276,
	IV	4.843,50	266,39	387,48	435,91	262,08	381,21	428,86	257,77	374,94	421,81	253,46	368,68	414,76	249,15	362,41	407,71	244,85	356,14	400,66	240,54	349,88	393,
	V	5.357,91	294,68	428,63	482,21																		
	VI	5.402,25	297,12	432,18	486,20																		
14.744,99 (West)	I	4.836,91	266,03	386,95	435,32	257,41	374,42	421,22	248,80	361,89	407,12	240,18	349,36	393,03	231,56	336,82	378,92	222,95	324,29	364,82	214,33	311,76	350,
	II	4.687,83	257,83	375,02	421,90	249,21	362,49	407,80	240,59	349,96	393,70	231,98	337,42	379,60	223,36	324,90	365,51	214,75	312,36	351,41	206,13	299,83	337,
	III	4.005,83	128,75	320,46	360,52	110,11	307,93	346,42	91,47	295,40	332,32	72,82	282,86	318,22	54,18	270,33	304,12	35,54	257,80	290,02	16,89	245,26	275,
	IV	4.836,91	266,03	386,95	435,32	261,72	380,68	428,27	257,41	374,42	421,22	253,11	368,16	414,18	248,80	361,89	407,12	244,49	355,62	400,07	240,18	349,36	393,
	V	5.351,41	294,32	428,11	481,62																		
	VI	5.395,66	296,76	431,65	485,60																		
14.744,99 (Ost)	I	4.844,75	266,46	387,58	436,02	257,84	375,04	421,92	249,22	362,51	407,82	240,61	349,98	393,72	231,99	337,44	379,62	223,37	324,91	365,52	214,76	312,38	351,
	II	4.695,66	258,26	375,65	422,60	249,64	363,12	408,51	241,02	350,58	394,40	232,41	338,05	380,30	223,79	325,52	366,21	215,17	312,98	352,10	206,56	300,45	338,
	III	4.013,66	129,69	321,09	361,22	111,04	308,56	347,13	92,40	296,02	333,02	73,76	283,49	318,92	55,11	270,96	304,83	36,47	258,42	290,72	17,83	245,89	276,
	IV	4.844,75	266,46	387,58	436,02	262,15	381,31	428,97	257,84	375,04	421,92	253,53	368,78	414,87	249,22	362,51	407,82	244,91	356,24	400,77	240,61	349,98	393,
	V	5.359,16	294,75	428,73	482,32																		
	VI	5.403,50	297,19	432,28	486,31																		
14.747,99 (West)	I	4.838,25	266,10	387,06	435,44	257,48	374,52	421,34	248,87	361,99	407,24	240,25	349,46	393,14	231,63	336,92	379,04	223,02	324,39	364,94	214,40	311,86	350,
	II	4.689,08	257,89	375,12	422,01	249,28	362,59	407,91	240,67	350,06	393,82	232,05	337,53	379,72	223,43	325,00	365,62	214,82	312,46	351,52	206,20	299,93	337,
	III	4.007,00	128,89	320,56	360,63	110,25	308,02	346,52	91,61	295,49	332,42	72,96	282,96	318,33	54,32	270,42	304,22	35,70	257,90	290,14	17,05	245,37	276,
	IV	4.838,25	266,10	387,06	435,44	261,79	380,79	428,39	257,48	374,52	421,34	253,17	368,26	414,29	248,87	361,99	407,24	244,56	355,72	400,19	240,25	349,46	393,
	V	5.352,66	294,39	428,21	481,73																		
	VI	5.397,00	296,83	431,76	485,73																		
14.747,99 (Ost)	I	4.846,00	266,53	387,68	436,14	257,91	375,14	422,03	249,29	362,61	407,93	240,68	350,08	393,84	232,06	337,55	379,74	223,45	325,02	365,64	214,83	312,48	351,
	II	4.696,91	258,33	375,75	422,72	249,71	363,22	408,62	241,09	350,68	394,52	232,48	338,15	380,42	223,86	325,62	366,32	215,24	313,08	352,22	206,63	300,55	338,
	III	4.014,83	129,82	321,18	361,33	111,18	308,65	347,23	92,54	296,12	333,13	73,89	283,58	319,03	55,27	271,06	304,94	36,63	258,53	290,84	17,98	246,00	276,
	IV	4.846,00	266,53	387,68	436,14	262,22	381,41	429,08	257,91	375,14	422,03	253,60	368,88	414,99	249,29	362,61	407,93	244,98	356,34	400,88	240,68	350,08	393,
	V	5.360,50	294,82	428,84	482,44																		
	VI	5.404,75	297,26	432,38	486,42																		
14.750,99 (West)	I	4.839,50	266,17	387,16	435,55	257,55	374,62	421,45	248,93	362,09	407,35	240,32	349,56	393,25	231,70	337,02	379,15	223,08	324,49	365,05	214,47	311,96	350,
	II	4.690,33	257,96	375,22	422,12	249,35	362,70	408,03	240,73	350,16	393,93	232,12	337,63	379,83	223,50	325,10	365,73	214,88	312,56	351,63	206,27	300,03	337,
	III	4.008,33	129,05	320,66	360,74	110,41	308,13	346,64	91,76	295,60	332,55	73,12	283,06	318,44	54,48	270,53	304,34	35,83	258,00	290,25	17,19	245,46	276,
	IV	4.839,50	266,17	387,16	435,55	261,86	380,89	428,50	257,55	374,62	421,45	253,24	368,36	414,40	248,93	362,09	407,35	244,63	355,82	400,30	240,32	349,56	393,
	V	5.353,91	294,46	428,31	481,85																		
	VI	5.398,25	296,90	431,86	485,84																		
14.750,99 (Ost)	I	4.847,25	266,59	387,78	436,25	257,98	375,24	422,15	249,36	362,71	408,05	240,75	350,18	393,95	232,13	337,65	379,85	223,52	325,12	365,76	214,90	312,58	351,
	II	4.698,16	258,39	375,85	422,83	249,78	363,32	408,73	241,16	350,78	394,63	232,54	338,25	380,53	223,93	325,72	366,43	215,32	313,19	352,34	206,70	300,66	338,
	III	4.016,16	129,98	321,29	361,45	111,34	308,76	347,35	92,70	296,22	333,25	74,05	283,69	319,15	55,41	271,16	305,05	36,77	258,62	290,95	18,12	246,09	276,
	IV	4.847,25	266,59	387,78	436,25	262,29	381,51	429,20	257,98	375,24	422,15	253,67	368,98	415,10	249,36	362,71	408,05	245,06	356,45	401,00	240,75	350,18	393,
	V	5.361,75	294,89	428,94	482,55																		
	VI	5.406,00	297,33	432,48	486,54																		

Lohn/ Gehalt bis	Steuerklasse	Lohn-steuer	ohne Kinderfreibetrag			Anzahl Kinderfreibeträge (nur Steuerklassen I–IV)																	
						0,5			1,0			1,5			2,0			2,5			3,0		
			SolZ 5,5%	Kirchensteuer 8%	Kirchensteuer 9%	SolZ 5,5%	Kirchensteuer 8%	Kirchensteuer 9%	SolZ 5,5%	Kirchensteuer 8%	Kirchensteuer 9%	SolZ 5,5%	Kirchensteuer 8%	Kirchensteuer 9%	SolZ 5,5%	Kirchensteuer 8%	Kirchensteuer 9%	SolZ 5,5%	Kirchensteuer 8%	Kirchensteuer 9%	SolZ 5,5%	Kirchensteuer 8%	Kirchensteuer 9%
4.753,99 (West)	I	4.840,75	266,24	387,26	435,66	257,62	374,72	421,56	249,00	362,19	407,46	240,39	349,66	393,36	231,77	337,12	379,26	223,15	324,59	365,16	214,54	312,06	351,06
	II	4.691,66	258,04	375,33	422,24	249,42	362,80	408,15	240,80	350,26	394,04	232,19	337,73	379,94	223,57	325,20	365,85	214,95	312,66	351,74	206,34	300,13	337,64
	III	4.009,50	129,19	320,76	360,85	110,55	308,22	346,75	91,92	295,70	332,66	73,28	283,17	318,56	54,64	270,64	304,47	35,99	258,10	290,36	17,35	245,57	276,26
	IV	4.840,75	266,24	387,26	435,66	261,93	380,99	428,61	257,62	374,72	421,56	253,31	368,46	414,51	249,00	362,19	407,46	244,69	355,92	400,41	240,39	349,66	393,36
	V	5.355,16	294,53	428,41	481,96																		
	VI	5.399,50	296,97	431,96	485,95																		
4.753,99 (Ost)	I	4.848,50	266,66	387,88	436,36	258,05	375,35	422,27	249,43	362,82	408,17	240,82	350,28	394,07	232,20	337,75	379,97	223,58	325,22	365,87	214,97	312,68	351,77
	II	4.699,41	258,46	375,95	422,94	249,85	363,42	408,84	241,23	350,88	394,74	232,61	338,35	380,64	224,00	325,82	366,55	215,38	313,29	352,45	206,77	300,76	338,35
	III	4.017,33	130,12	321,38	361,55	111,50	308,86	347,47	92,85	296,33	333,37	74,21	283,80	319,27	55,57	271,26	305,17	36,92	258,73	291,07	18,28	246,20	276,97
	IV	4.848,50	266,66	387,88	436,36	262,35	381,61	429,31	258,05	375,35	422,27	253,74	369,08	415,22	249,43	362,82	408,17	245,13	356,55	401,12	240,82	350,28	394,07
	V	5.363,00	294,96	429,04	482,67																		
	VI	5.407,25	297,39	432,58	486,65																		
4.756,99 (West)	I	4.842,00	266,31	387,36	435,78	257,69	374,82	421,67	249,07	362,29	407,57	240,46	349,76	393,48	231,84	337,22	379,37	223,22	324,69	365,27	214,61	312,16	351,18
	II	4.692,91	258,11	375,43	422,36	249,49	362,90	408,26	240,87	350,36	394,16	232,26	337,83	380,06	223,64	325,30	365,96	215,02	312,76	351,86	206,41	300,23	337,76
	III	4.010,83	129,35	320,86	360,97	110,70	308,33	346,87	92,06	295,80	332,77	73,42	283,26	318,67	54,77	270,73	304,57	36,13	258,20	290,47	17,49	245,66	276,37
	IV	4.842,00	266,31	387,36	435,78	262,00	381,09	428,72	257,69	374,82	421,67	253,38	368,56	414,63	249,07	362,29	407,57	244,76	356,02	400,52	240,46	349,76	393,48
	V	5.356,41	294,60	428,51	482,07																		
	VI	5.400,75	297,04	432,06	486,06																		
4.756,99 (Ost)	I	4.849,83	266,74	387,98	436,48	258,12	375,45	422,38	249,50	362,92	408,28	240,89	350,38	394,18	232,27	337,85	380,08	223,65	325,32	365,98	215,04	312,78	351,88
	II	4.700,66	258,53	376,05	423,05	249,92	363,52	408,96	241,30	350,99	394,86	232,69	338,46	380,76	224,07	325,92	366,66	215,45	313,39	352,56	206,84	300,86	338,46
	III	4.018,66	130,28	321,49	361,67	111,64	308,96	347,58	92,99	296,42	333,47	74,35	283,89	319,37	55,71	271,36	305,28	37,06	258,82	291,17	18,42	246,29	277,07
	IV	4.849,83	266,74	387,98	436,48	262,43	381,72	429,43	258,12	375,45	422,38	253,81	369,18	415,33	249,50	362,92	408,28	245,19	356,65	401,23	240,89	350,38	394,18
	V	5.364,25	295,03	429,14	482,78																		
	VI	5.408,58	297,47	432,68	486,77																		
4.759,99 (West)	I	4.843,25	266,37	387,46	435,89	257,76	374,92	421,79	249,14	362,39	407,69	240,52	349,86	393,59	231,91	337,32	379,49	223,29	324,79	365,39	214,68	312,26	351,29
	II	4.694,16	258,17	375,53	422,47	249,56	363,00	408,37	240,94	350,46	394,27	232,32	337,93	380,17	223,71	325,40	366,07	215,09	312,86	351,97	206,47	300,33	337,87
	III	4.012,16	129,51	320,97	361,09	110,86	308,44	346,99	92,22	295,90	332,89	73,58	283,37	318,79	54,93	270,84	304,69	36,29	258,30	290,59	17,65	245,77	276,49
	IV	4.843,25	266,37	387,46	435,89	262,07	381,19	428,84	257,76	374,92	421,79	253,45	368,66	414,74	249,14	362,39	407,69	244,83	356,12	400,64	240,52	349,86	393,59
	V	5.357,66	294,67	428,61	482,18																		
	VI	5.402,00	297,11	432,16	486,18																		
4.759,99 (Ost)	I	4.851,08	266,80	388,08	436,59	258,19	375,55	422,49	249,57	363,02	408,39	240,95	350,48	394,29	232,34	337,95	380,19	223,72	325,42	366,09	215,10	312,88	351,99
	II	4.701,91	258,60	376,15	423,17	249,99	363,62	409,07	241,37	351,09	394,97	232,76	338,56	380,88	224,14	326,02	366,77	215,52	313,49	352,67	206,91	300,96	338,58
	III	4.020,00	130,44	321,60	361,80	111,80	309,06	347,69	93,15	296,53	333,59	74,51	284,00	319,50	55,87	271,46	305,39	37,22	258,93	291,29	18,58	246,40	277,20
	IV	4.851,08	266,80	388,08	436,59	262,50	381,82	429,54	258,19	375,55	422,49	253,88	369,28	415,44	249,57	363,02	408,39	245,26	356,75	401,34	240,95	350,48	394,29
	V	5.365,50	295,10	429,24	482,89																		
	VI	5.409,83	297,54	432,78	486,88																		
4.762,99 (West)	I	4.844,50	266,44	387,56	436,00	257,83	375,02	421,90	249,21	362,49	407,80	240,59	349,96	393,70	231,98	337,42	379,60	223,36	324,90	365,51	214,75	312,36	351,41
	II	4.695,41	258,24	375,63	422,58	249,63	363,10	408,48	241,01	350,56	394,38	232,39	338,03	380,28	223,78	325,50	366,18	215,16	312,96	352,08	206,54	300,43	337,98
	III	4.013,33	129,65	321,06	361,19	111,00	308,53	347,09	92,36	296,00	333,00	73,72	283,46	318,89	55,07	270,93	304,79	36,43	258,40	290,70	17,79	245,86	276,59
	IV	4.844,50	266,44	387,56	436,00	262,13	381,29	428,95	257,83	375,02	421,90	253,52	368,76	414,85	249,21	362,49	407,80	244,90	356,22	400,75	240,59	349,96	393,70
	V	5.358,91	294,74	428,71	482,30																		
	VI	5.403,25	297,17	432,26	486,29																		
4.762,99 (Ost)	I	4.852,33	266,87	388,18	436,70	258,26	375,65	422,60	249,64	363,12	408,51	241,02	350,58	394,40	232,41	338,05	380,30	223,79	325,52	366,21	215,17	312,98	352,10
	II	4.703,25	258,67	376,26	423,29	250,06	363,72	409,19	241,44	351,19	395,09	232,82	338,66	380,99	224,21	326,12	366,89	215,59	313,59	352,79	206,97	301,06	338,69
	III	4.021,16	130,58	321,69	361,90	111,93	309,16	347,80	93,29	296,62	333,70	74,65	284,09	319,60	56,00	271,56	305,50	37,36	259,02	291,40	18,72	246,49	277,30
	IV	4.852,33	266,87	388,18	436,70	262,57	381,92	429,66	258,26	375,65	422,60	253,95	369,38	415,55	249,64	363,12	408,51	245,33	356,85	401,45	241,02	350,58	394,40
	V	5.366,75	295,17	429,34	483,00																		
	VI	5.411,08	297,60	432,88	486,99																		
4.765,99 (West)	I	4.845,75	266,51	387,66	436,11	257,89	375,12	422,01	249,28	362,59	407,91	240,67	350,06	393,82	232,05	337,53	379,72	223,43	325,00	365,62	214,82	312,46	351,52
	II	4.696,66	258,31	375,73	422,69	249,70	363,20	408,60	241,08	350,66	394,49	232,46	338,13	380,39	223,85	325,60	366,30	215,23	313,06	352,19	206,62	300,54	338,10
	III	4.014,66	129,80	321,17	361,31	111,16	308,64	347,22	92,52	296,10	333,11	73,87	283,57	319,01	55,23	271,04	304,92	36,59	258,50	290,81	17,94	245,97	276,71
	IV	4.845,75	266,51	387,66	436,11	262,20	381,39	429,06	257,89	375,12	422,01	253,59	368,86	414,96	249,28	362,59	407,91	244,97	356,32	400,86	240,67	350,06	393,82
	V	5.360,25	294,81	428,82	482,42																		
	VI	5.404,50	297,24	432,36	486,40																		
4.765,99 (Ost)	I	4.853,58	266,94	388,28	436,82	258,33	375,75	422,72	249,71	363,22	408,62	241,09	350,68	394,52	232,48	338,15	380,42	223,86	325,62	366,32	215,24	313,08	352,22
	II	4.704,50	258,74	376,36	423,40	250,13	363,82	409,30	241,51	351,29	395,20	232,89	338,76	381,10	224,28	326,22	367,00	215,66	313,69	352,90	207,04	301,16	338,80
	III	4.022,50	130,74	321,80	362,02	112,09	309,26	347,92	93,45	296,73	333,82	74,81	284,20	319,72	56,16	271,66	305,62	37,52	259,13	291,52	18,88	246,60	277,42
	IV	4.853,58	266,94	388,28	436,82	262,63	382,02	429,77	258,33	375,75	422,72	254,02	369,48	415,67	249,71	363,22	408,62	245,40	356,95	401,57	241,09	350,68	394,52
	V	5.368,00	295,24	429,44	483,12																		
	VI	5.412,33	297,67	432,98	487,10																		
4.768,99 (West)	I	4.847,00	266,58	387,76	436,23	257,96	375,22	422,12	249,35	362,70	408,03	240,73	350,16	393,93	232,12	337,63	379,83	223,50	325,10	365,73	214,88	312,56	351,63
	II	4.697,91	258,38	375,83	422,81	249,76	363,30	408,71	241,15	350,76	394,61	232,53	338,23	380,51	223,92	325,70	366,41	215,30	313,17	352,31	206,69	300,64	338,22
	III	4.015,83	129,94	321,26	361,42	111,30	308,73	347,32	92,66	296,20	333,22	74,01	283,66	319,12	55,37	271,13	305,02	36,73	258,60	290,92	18,08	246,06	276,82
	IV	4.847,00	266,58	387,76	436,23	262,27	381,49	429,17	257,96	375,22	422,12	253,66	368,96	415,08	249,35	362,70	408,03	245,04	356,43	400,98	240,73	350,16	393,93
	V	5.361,50	294,88	428,92	482,53																		
	VI	5.405,75	297,31	432,46	486,51																		
4.768,99 (Ost)	I	4.854,83	267,01	388,38	436,93	258,39	375,85	422,83	249,78	363,32	408,73	241,16	350,78	394,63	232,54	338,25	380,53	223,93	325,72	366,43	215,32	313,19	352,34
	II	4.705,75	258,81	376,46	423,51	250,19	363,92	409,41	241,58	351,39	395,31	232,96	338,86	381,21	224,34	326,32	367,11	215,73	313,79	353,01	207,11	301,26	338,91
	III	4.023,66	130,88	321,89	362,12	112,23	309,36	348,03	93,59	296,82	333,92	74,95	284,29	319,82	56,30	271,76	305,73	37,66	259,22	291,62	19,04	246,70	277,54
	IV	4.854,83	267,01	388,38	436,93	262,70	382,12	429,88	258,39	375,85	422,83	254,09	369,58	415,78	249,78	363,32	408,73	245,47	357,05	401,68	241,16	350,78	394,63
	V	5.369,25	295,30	429,54	483,23																		
	VI	5.413,58	297,74	433,08	487,22																		
4.771,99 (West)	I	4.848,33	266,65	387,86	436,34	258,04	375,33	422,24	249,42	362,80	408,15	240,80	350,26	394,04	232,19	337,73	379,94	223,57	325,20	365,85	214,95	312,66	351,74
	II	4.699,16	258,45	375,93	422,92	249,83	363,40	408,82	241,22	350,86	394,72	232,60	338,34	380,63	223,99	325,80	366,53	215,37	313,27	352,43	206,75	300,74	338,33
	III	4.017,16	130,10	321,37	361,54	111,46	308,84	347,44	92,82	296,30	333,34	74,17	283,77	319,24	55,53	271,24	305,14	36,89	258,70	291,04	18,24	246,17	276,94
	IV	4.848,33	266,65	387,86	436,34	262,35	381,60	429,30	258,04	375,33	422,24	253,73	369,06	415,19	249,42	362,80	408,15	245,11	356,53	401,09	240,80	350,26	394,04
	V	5.362,75	294,95	429,02	482,64																		
	VI	5.407,08	297,38	432,56	486,63																		
4.771,99 (Ost)	I	4.856,08	267,08	388,48	437,04	258,46	375,95	422,94	249,85	363,42	408,84	241,23	350,88	394,74	232,61	338,35	380,64	224,00	325,82	366,55	215,38	313,29	352,45
	II	4.707,00	258,88	376,56	423,63	250,26	364,02	409,52	241,65	351,49	395,42	233,03	338,96	381,33	224,41	326,42	367,22	215,80	313,89	353,12	207,18	301,36	339,03
	III	4.025,00	131,03	322,00	362,25	112,39	309,46	348,14	93,75	296,93	334,04	75,10	284,40	319,95	56,46	271,86	305,84	37,82	259,33	291,74	19,17	246,80	277,65
	IV	4.856,08	267,08	388,48	437,04	262,77	382,22	429,99	258,46	375,95	422,94	254,15	369,68	415,89	249,85	363,42	408,84	245,54	357,15	401,79	241,23	350,88	394,74
	V	5.370,50	295,37	429,64	483,34																		
	VI	5.414,83	297,81	433,18	487,33																		

Lohn/ Gehalt bis	Steuerklasse	Lohn-steuer	ohne Kinderfreibetrag SolZ 5,5%	Kirchensteuer 8%	9%	0,5 SolZ 5,5%	Kirchensteuer 8%	9%	1,0 SolZ 5,5%	Kirchensteuer 8%	9%	1,5 SolZ 5,5%	Kirchensteuer 8%	9%	2,0 SolZ 5,5%	Kirchensteuer 8%	9%	2,5 SolZ 5,5%	Kirchensteuer 8%	9%	3,0 SolZ 5,5%	Kirchensteuer 8%	9%
14.774,99 (West)	I	4.849,58	266,72	387,96	436,46	258,11	375,43	422,36	249,49	362,90	408,26	240,87	350,36	394,16	232,26	337,83	380,06	223,64	325,30	365,96	215,02	312,76	351
	II	4.700,41	258,52	376,03	423,03	249,91	363,50	408,94	241,29	350,97	394,84	232,67	338,44	380,74	224,06	325,90	366,64	215,44	313,37	352,54	206,82	300,84	338
	III	4.018,33	130,24	321,46	361,64	111,60	308,93	347,54	92,95	296,40	333,45	74,31	283,86	319,34	55,69	271,34	305,26	37,04	258,81	291,16	18,40	246,28	277
	IV	4.849,58	266,72	387,96	436,46	262,41	381,70	429,41	258,11	375,43	422,36	253,80	369,16	415,31	249,49	362,90	408,26	245,18	356,63	401,21	240,87	350,36	394
	V	5.364,00	295,02	429,12	482,76																		
	VI	5.408,33	297,45	432,66	486,74																		
14.774,99 (Ost)	I	4.857,33	267,15	388,58	437,15	258,53	376,05	423,05	249,92	363,52	408,96	241,30	350,99	394,86	232,69	338,46	380,76	224,07	325,92	366,66	215,45	313,39	352
	II	4.708,25	258,95	376,66	423,74	250,33	364,12	409,64	241,72	351,59	395,54	233,10	339,06	381,44	224,48	326,52	367,34	215,87	313,99	353,24	207,25	301,46	339
	III	4.026,16	131,17	322,09	362,35	112,53	309,56	348,25	93,89	297,02	334,15	75,26	284,50	320,06	56,62	271,97	305,96	37,98	259,44	291,87	19,33	246,90	277
	IV	4.857,33	267,15	388,58	437,15	262,84	382,32	430,11	258,53	376,05	423,05	254,22	369,78	416,00	249,92	363,52	408,96	245,61	357,25	401,90	241,30	350,99	394
	V	5.371,83	295,45	429,74	483,46																		
	VI	5.416,08	297,88	433,28	487,44																		
14.777,99 (West)	I	4.850,83	266,79	388,06	436,57	258,17	375,53	422,47	249,56	363,00	408,37	240,94	350,46	394,27	232,32	337,93	380,17	223,71	325,40	366,07	215,09	312,86	351
	II	4.701,75	258,59	376,14	423,15	249,97	363,60	409,05	241,36	351,07	394,95	232,74	338,54	380,85	224,12	326,00	366,75	215,51	313,47	352,65	206,89	300,94	338
	III	4.019,66	130,40	321,57	361,76	111,76	309,04	347,67	93,11	296,50	333,56	74,47	283,97	319,46	55,83	271,44	305,37	37,18	258,90	291,26	18,54	246,37	277
	IV	4.850,83	266,79	388,06	436,57	262,48	381,80	429,52	258,17	375,53	422,47	253,87	369,26	415,42	249,56	363,00	408,37	245,25	356,73	401,32	240,94	350,46	394
	V	5.365,25	295,08	429,22	482,87																		
	VI	5.409,58	297,52	432,76	486,86																		
14.777,99 (Ost)	I	4.858,58	267,22	388,68	437,27	258,60	376,15	423,17	249,99	363,62	409,07	241,37	351,09	394,97	232,76	338,56	380,88	224,14	326,02	366,77	215,52	313,49	352
	II	4.709,50	259,02	376,76	423,85	250,40	364,22	409,75	241,78	351,69	395,65	233,17	339,16	381,55	224,56	326,63	367,46	215,94	314,10	353,36	207,32	301,56	339
	III	4.027,50	131,33	322,20	362,47	112,69	309,66	348,37	94,04	297,13	334,27	75,40	284,60	320,17	56,76	272,06	306,07	38,11	259,53	291,97	19,47	247,00	277
	IV	4.858,58	267,22	388,68	437,27	262,91	382,42	430,22	258,60	376,15	423,17	254,30	369,89	416,12	249,99	363,62	409,07	245,68	357,36	402,03	241,37	351,09	394
	V	5.373,08	295,51	429,84	483,57																		
	VI	5.417,33	297,95	433,38	487,55																		
14.780,99 (West)	I	4.852,08	266,86	388,16	436,68	258,24	375,63	422,58	249,63	363,10	408,48	241,01	350,56	394,38	232,39	338,03	380,28	223,78	325,50	366,18	215,16	312,96	352
	II	4.703,00	258,66	376,24	423,27	250,04	363,70	409,16	241,43	351,17	395,06	232,81	338,64	380,97	224,19	326,10	366,86	215,58	313,57	352,76	206,96	301,04	338
	III	4.020,83	130,54	321,66	361,87	111,91	309,14	347,78	93,27	296,61	333,68	74,63	284,08	319,59	55,98	271,54	305,48	37,34	259,01	291,38	18,70	246,48	277
	IV	4.852,08	266,86	388,16	436,68	262,55	381,90	429,63	258,24	375,63	422,58	253,93	369,36	415,53	249,63	363,10	408,48	245,32	356,83	401,43	241,01	350,56	394
	V	5.366,50	295,15	429,32	482,98																		
	VI	5.410,83	297,59	432,86	486,97																		
14.780,99 (Ost)	I	4.859,91	267,29	388,79	437,39	258,67	376,26	423,29	250,06	363,72	409,19	241,44	351,19	395,09	232,82	338,66	380,99	224,21	326,12	366,89	215,59	313,59	352
	II	4.710,75	259,09	376,86	423,96	250,47	364,32	409,86	241,85	351,79	395,76	233,24	339,26	381,67	224,62	326,73	367,57	216,01	314,20	353,47	207,39	301,66	339
	III	4.028,83	131,49	322,30	362,59	112,85	309,77	348,49	94,20	297,24	334,39	75,56	284,70	320,29	56,92	272,17	306,19	38,27	259,64	292,09	19,63	247,10	277
	IV	4.859,91	267,29	388,79	437,39	262,98	382,52	430,34	258,67	376,26	423,29	254,37	369,99	416,24	250,06	363,72	409,19	245,75	357,46	402,14	241,44	351,19	395
	V	5.374,33	295,58	429,94	483,68																		
	VI	5.418,66	298,02	433,49	487,67																		
14.783,99 (West)	I	4.853,33	266,93	388,26	436,79	258,31	375,73	422,69	249,70	363,20	408,60	241,08	350,66	394,49	232,46	338,13	380,39	223,85	325,60	366,30	215,23	313,06	352
	II	4.704,25	258,73	376,34	423,38	250,11	363,80	409,28	241,50	351,27	395,18	232,88	338,74	381,08	224,26	326,20	366,98	215,65	313,67	352,88	207,03	301,14	338
	III	4.022,16	130,70	321,77	361,99	112,05	309,24	347,89	93,41	296,70	333,79	74,77	284,17	319,69	56,12	271,64	305,59	37,48	259,10	291,49	18,84	246,57	277
	IV	4.853,33	266,93	388,26	436,79	262,62	382,00	429,75	258,31	375,73	422,69	254,00	369,46	415,64	249,70	363,20	408,60	245,39	356,93	401,54	241,08	350,66	394
	V	5.367,75	295,22	429,42	483,09																		
	VI	5.412,08	297,66	432,96	487,08																		
14.783,99 (Ost)	I	4.861,16	267,36	388,89	437,50	258,74	376,36	423,40	250,13	363,82	409,30	241,51	351,29	395,20	232,89	338,76	381,10	224,28	326,22	367,00	215,66	313,69	352
	II	4.712,00	259,16	376,96	424,08	250,54	364,43	409,98	241,93	351,90	395,88	233,31	339,36	381,78	224,69	326,83	367,68	216,08	314,30	353,58	207,46	301,76	339
	III	4.030,00	131,63	322,40	362,70	112,99	309,86	348,59	94,34	297,33	334,49	75,70	284,80	320,40	57,06	272,26	306,29	38,41	259,73	292,19	19,77	247,20	278
	IV	4.861,16	267,36	388,89	437,50	263,05	382,62	430,45	258,74	376,36	423,40	254,43	370,09	416,35	250,13	363,82	409,30	245,82	357,56	402,25	241,51	351,29	395
	V	5.375,58	295,65	430,04	483,80																		
	VI	5.419,91	298,09	433,59	487,79																		
14.786,99 (West)	I	4.854,58	267,00	388,36	436,91	258,38	375,83	422,81	249,76	363,30	408,71	241,15	350,76	394,61	232,53	338,23	380,51	223,92	325,70	366,41	215,30	313,17	352,
	II	4.705,50	258,80	376,44	423,49	250,18	363,90	409,39	241,56	351,37	395,29	232,95	338,84	381,19	224,33	326,30	367,09	215,71	313,77	352,99	207,10	301,24	338,
	III	4.023,50	130,86	321,88	362,11	112,21	309,34	348,01	93,57	296,81	333,91	74,93	284,28	319,81	56,28	271,74	305,71	37,64	259,21	291,61	19,00	246,68	277,
	IV	4.854,58	267,00	388,36	436,91	262,69	382,10	429,86	258,38	375,83	422,81	254,07	369,56	415,76	249,76	363,30	408,71	245,46	357,03	401,66	241,15	350,76	394,
	V	5.369,00	295,29	429,52	483,21																		
	VI	5.413,33	297,73	433,06	487,19																		
14.786,99 (Ost)	I	4.862,41	267,43	388,99	437,61	258,81	376,46	423,51	250,19	363,92	409,41	241,58	351,39	395,31	232,96	338,86	381,21	224,34	326,32	367,11	215,73	313,79	353,
	II	4.713,33	259,23	377,06	424,19	250,61	364,53	410,09	242,00	352,00	396,00	233,38	339,46	381,89	224,76	326,93	367,79	216,15	314,40	353,70	207,53	301,86	339,
	III	4.031,33	131,79	322,50	362,81	113,14	309,97	348,71	94,50	297,44	334,62	75,86	284,90	320,51	57,21	272,37	306,41	38,57	259,84	292,32	19,93	247,30	278,
	IV	4.862,41	267,43	388,99	437,61	263,12	382,72	430,56	258,81	376,46	423,51	254,50	370,19	416,46	250,19	363,92	409,41	245,89	357,66	402,36	241,58	351,39	395,
	V	5.376,83	295,72	430,14	483,91																		
	VI	5.421,16	298,16	433,69	487,90																		
14.789,99 (West)	I	4.855,83	267,07	388,46	437,02	258,45	375,93	422,92	249,83	363,40	408,82	241,22	350,86	394,72	232,60	338,34	380,63	223,99	325,80	366,53	215,37	313,27	352,
	II	4.706,75	258,87	376,54	423,60	250,25	364,00	409,50	241,63	351,47	395,40	233,02	338,94	381,30	224,40	326,40	367,20	215,78	313,87	353,10	207,17	301,34	339,
	III	4.024,66	130,99	321,97	362,21	112,35	309,44	348,12	93,71	296,90	334,01	75,06	284,37	319,91	56,42	271,84	305,82	37,78	259,30	291,71	19,13	246,77	277,
	IV	4.855,83	267,07	388,46	437,02	262,76	382,20	429,97	258,45	375,93	422,92	254,14	369,66	415,87	249,83	363,40	408,82	245,52	357,13	401,77	241,22	350,86	394,
	V	5.370,33	295,36	429,62	483,32																		
	VI	5.414,58	297,80	433,16	487,31																		
14.789,99 (Ost)	I	4.863,66	267,50	389,09	437,72	258,88	376,56	423,63	250,26	364,02	409,52	241,65	351,49	395,42	233,03	338,96	381,33	224,41	326,42	367,22	215,80	313,89	353,
	II	4.714,58	259,30	377,16	424,31	250,68	364,63	410,21	242,06	352,10	396,11	233,45	339,56	382,01	224,83	327,03	367,91	216,21	314,50	353,81	207,60	301,96	339,
	III	4.032,50	131,93	322,60	362,92	113,28	310,06	348,82	94,64	297,53	334,72	76,00	285,00	320,62	57,35	272,46	306,52	38,71	259,93	292,42	20,07	247,40	278,
	IV	4.863,66	267,50	389,09	437,72	263,19	382,82	430,67	258,88	376,56	423,63	254,57	370,29	416,57	250,26	364,02	409,52	245,96	357,76	402,48	241,65	351,49	395,
	V	5.378,08	295,79	430,24	484,02																		
	VI	5.422,41	298,23	433,79	488,01																		
14.792,99 (West)	I	4.857,08	267,13	388,56	437,13	258,52	376,03	423,03	249,91	363,50	408,94	241,29	350,97	394,84	232,67	338,44	380,74	224,06	325,90	366,64	215,44	313,37	352,
	II	4.708,00	258,94	376,64	423,72	250,32	364,10	409,61	241,70	351,57	395,51	233,09	339,04	381,42	224,47	326,50	367,31	215,86	313,98	353,22	207,24	301,44	339,
	III	4.026,00	131,15	322,08	362,34	112,51	309,54	348,23	93,87	297,01	334,13	75,22	284,48	320,04	56,58	271,94	305,93	37,94	259,41	291,83	19,29	246,88	277,
	IV	4.857,08	267,13	388,56	437,13	262,83	382,30	430,08	258,52	376,03	423,03	254,21	369,76	415,98	249,91	363,50	408,94	245,60	357,24	401,89	241,29	350,97	394,
	V	5.371,58	295,43	429,72	483,44																		
	VI	5.415,83	297,87	433,26	487,42																		
14.792,99 (Ost)	I	4.864,91	267,57	389,19	437,84	258,95	376,66	423,74	250,33	364,12	409,64	241,72	351,59	395,54	233,10	339,06	381,44	224,48	326,52	367,34	215,87	313,99	353,
	II	4.715,83	259,37	377,26	424,42	250,75	364,73	410,32	242,13	352,20	396,22	233,52	339,66	382,12	224,90	327,13	368,02	216,28	314,60	353,92	207,67	302,06	339,
	III	4.033,83	132,09	322,70	363,04	113,44	310,17	348,94	94,80	297,64	334,84	76,16	285,10	320,74	57,51	272,57	306,64	38,87	260,04	292,54	20,23	247,50	278,
	IV	4.864,91	267,57	389,19	437,84	263,26	382,92	430,79	258,95	376,66	423,74	254,64	370,39	416,69	250,33	364,12	409,64	246,02	357,86	402,59	241,72	351,59	395,
	V	5.379,33	295,86	430,34	484,13																		
	VI	5.423,66	298,30	433,89	488,12																		

Anzahl Kinderfreibeträge (nur Steuerklassen I–IV)

Allgemeine Tabelle

MONAT bis 14.813,99 €

Lohn/ Gehalt bis	Steuerklasse	Lohnsteuer	ohne Kinderfreibetrag			Anzahl Kinderfreibeträge (nur Steuerklassen I–IV)																	
						0,5			1,0			1,5			2,0			2,5			3,0		
			SolZ	Kirchensteuer		SolZ	Kirchensteuer		SolZ	Kirchensteuer		SolZ	Kirchensteuer		SolZ	Kirchensteuer		SolZ	Kirchensteuer		SolZ	Kirchensteuer	
			5,5%	8%	9%	5,5%	8%	9%	5,5%	8%	9%	5,5%	8%	9%	5,5%	8%	9%	5,5%	8%	9%	5,5%	8%	9%
14.795,99 (West)	I	4.858,33	267,20	388,66	437,24	258,59	376,14	423,15	249,97	363,60	409,05	241,36	351,07	394,95	232,74	338,54	380,85	224,12	326,00	366,75	215,51	313,47	352,65
	II	4.709,25	259,00	376,74	423,83	250,39	364,20	409,73	241,77	351,67	395,63	233,16	339,14	381,53	224,54	326,61	367,43	215,93	314,08	353,34	207,31	301,54	339,23
	III	4.027,16	131,29	322,17	362,44	112,65	309,64	348,34	94,01	297,10	334,24	75,36	284,57	320,14	56,72	272,04	306,04	38,08	259,50	291,94	19,45	246,98	277,85
	IV	4.858,33	267,20	388,66	437,24	262,90	382,40	430,20	258,59	376,14	423,15	254,28	369,87	416,10	249,97	363,60	409,05	245,67	357,34	402,00	241,36	351,07	394,95
	V	5.372,83	295,50	429,82	483,55																		
	VI	5.417,08	297,93	433,36	487,53																		
14.795,99 (Ost)	I	4.866,16	267,63	389,29	437,95	259,02	376,76	423,85	250,40	364,22	409,75	241,78	351,69	395,65	233,17	339,16	381,55	224,56	326,63	367,46	215,94	314,10	353,36
	II	4.717,08	259,43	377,36	424,53	250,82	364,83	410,43	242,20	352,30	396,33	233,58	339,76	382,23	224,97	327,23	368,13	216,35	314,70	354,03	207,73	302,16	339,93
	III	4.035,00	132,22	322,80	363,15	113,58	310,26	349,04	94,94	297,73	334,94	76,29	285,20	320,85	57,65	272,66	306,74	39,03	260,14	292,66	20,38	247,61	278,56
	IV	4.866,16	267,63	389,29	437,95	263,33	383,02	430,90	259,02	376,76	423,85	254,71	370,49	416,80	250,40	364,22	409,75	246,09	357,96	402,70	241,78	351,69	395,65
	V	5.380,58	295,93	430,44	484,25																		
	VI	5.424,91	298,37	433,99	488,24																		
14.798,99 (West)	I	4.859,66	267,28	388,77	437,36	258,66	376,24	423,27	250,04	363,70	409,16	241,43	351,17	395,06	232,81	338,64	380,97	224,19	326,10	366,86	215,58	313,57	352,76
	II	4.710,50	259,07	376,84	423,94	250,46	364,30	409,84	241,84	351,78	395,75	233,23	339,24	381,65	224,61	326,71	367,55	215,99	314,18	353,45	207,38	301,64	339,35
	III	4.028,50	131,45	322,28	362,56	112,81	309,74	348,46	94,16	297,21	334,36	75,52	284,68	320,26	56,88	272,14	306,16	38,23	259,61	292,06	19,59	247,08	277,96
	IV	4.859,66	267,28	388,77	437,36	262,97	382,50	430,31	258,66	376,24	423,27	254,35	369,97	416,21	250,04	363,70	409,16	245,74	357,44	402,12	241,43	351,17	395,06
	V	5.374,08	295,57	429,92	483,66																		
	VI	5.418,41	298,01	433,47	487,65																		
14.798,99 (Ost)	I	4.867,41	267,70	389,39	438,06	259,09	376,86	423,96	250,47	364,32	409,86	241,85	351,79	395,76	233,24	339,26	381,67	224,62	326,73	367,57	216,01	314,20	353,47
	II	4.718,33	259,50	377,46	424,64	250,89	364,93	410,54	242,27	352,40	396,45	233,65	339,86	382,34	225,04	327,33	368,24	216,42	314,80	354,15	207,81	302,27	340,05
	III	4.036,33	132,38	322,90	363,26	113,74	310,37	349,16	95,10	297,84	335,07	76,45	285,30	320,96	57,81	272,77	306,86	39,17	260,24	292,77	20,52	247,70	278,66
	IV	4.867,41	267,70	389,39	438,06	263,39	383,12	431,01	259,09	376,86	423,96	254,78	370,59	416,91	250,47	364,32	409,86	246,16	358,06	402,81	241,85	351,79	395,76
	V	5.381,91	296,00	430,55	484,37																		
	VI	5.426,16	298,43	434,09	488,35																		
14.801,99 (West)	I	4.860,91	267,35	388,87	437,48	258,73	376,34	423,38	250,11	363,80	409,28	241,50	351,27	395,18	232,88	338,74	381,08	224,26	326,20	366,98	215,65	313,67	352,88
	II	4.711,83	259,15	376,94	424,06	250,53	364,41	409,96	241,91	351,88	395,86	233,30	339,34	381,76	224,68	326,81	367,66	216,06	314,28	353,56	207,45	301,74	339,46
	III	4.029,66	131,59	322,37	362,66	112,95	309,84	348,57	94,30	297,30	334,46	75,68	284,78	320,38	57,04	272,25	306,28	38,39	259,72	292,18	19,75	247,18	278,08
	IV	4.860,91	267,35	388,87	437,48	263,04	382,60	430,43	258,73	376,34	423,38	254,42	370,07	416,33	250,11	363,80	409,28	245,80	357,54	402,23	241,50	351,27	395,18
	V	5.375,33	295,64	430,02	483,77																		
	VI	5.419,66	298,08	433,57	487,76																		
14.801,99 (Ost)	I	4.868,66	267,77	389,49	438,17	259,16	376,96	424,08	250,54	364,43	409,98	241,93	351,90	395,88	233,31	339,36	381,78	224,69	326,83	367,68	216,08	314,30	353,58
	II	4.719,58	259,57	377,56	424,76	250,96	365,03	410,66	242,34	352,50	396,56	233,72	339,96	382,46	225,11	327,43	368,36	216,49	314,90	354,26	207,88	302,37	340,16
	III	4.037,50	132,52	323,00	363,37	113,88	310,46	349,27	95,25	297,94	335,18	76,61	285,41	321,08	57,97	272,88	306,99	39,32	260,34	292,88	20,68	247,81	278,78
	IV	4.868,66	267,77	389,49	438,17	263,46	383,22	431,12	259,16	376,96	424,08	254,85	370,69	417,02	250,54	364,43	409,98	246,23	358,16	402,93	241,93	351,90	395,88
	V	5.383,16	296,07	430,65	484,48																		
	VI	5.427,41	298,50	434,19	488,46																		
14.804,99 (West)	I	4.862,16	267,41	388,97	437,59	258,80	376,44	423,49	250,18	363,90	409,39	241,56	351,37	395,29	232,95	338,84	381,19	224,33	326,30	367,09	215,71	313,77	352,99
	II	4.713,08	259,21	377,04	424,17	250,60	364,51	410,07	241,98	351,98	395,97	233,36	339,44	381,87	224,75	326,91	367,77	216,13	314,38	353,67	207,51	301,84	339,57
	III	4.031,00	131,75	322,48	362,79	113,10	309,94	348,68	94,46	297,41	334,58	75,82	284,88	320,49	57,17	272,34	306,38	38,53	259,81	292,28	19,89	247,28	278,19
	IV	4.862,16	267,41	388,97	437,59	263,11	382,70	430,54	258,80	376,44	423,49	254,49	370,17	416,44	250,18	363,90	409,39	245,87	357,64	402,34	241,56	351,37	395,29
	V	5.376,58	295,71	430,12	483,89																		
	VI	5.420,91	298,15	433,67	487,88																		
14.804,99 (Ost)	I	4.869,91	267,84	389,59	438,29	259,23	377,06	424,19	250,61	364,53	410,09	242,00	352,00	396,00	233,38	339,46	381,89	224,76	326,93	367,79	216,15	314,40	353,70
	II	4.720,83	259,64	377,66	424,87	251,02	365,13	410,77	242,41	352,60	396,67	233,80	340,07	382,58	225,18	327,54	368,48	216,56	315,00	354,38	207,95	302,47	340,28
	III	4.038,83	132,68	323,10	363,49	114,04	310,57	349,39	95,39	298,04	335,29	76,75	285,50	321,19	58,11	272,97	307,09	39,46	260,44	292,99	20,82	247,90	278,89
	IV	4.869,91	267,84	389,59	438,29	263,54	383,33	431,24	259,23	377,06	424,19	254,92	370,80	417,15	250,61	364,53	410,09	246,30	358,26	403,04	242,00	352,00	396,00
	V	5.384,41	296,14	430,75	484,59																		
	VI	5.428,75	298,58	434,30	488,58																		
14.807,99 (West)	I	4.863,41	267,48	389,07	437,70	258,87	376,54	423,60	250,25	364,00	409,50	241,63	351,47	395,40	233,02	338,94	381,30	224,40	326,40	367,20	215,78	313,87	353,10
	II	4.714,33	259,28	377,14	424,28	250,67	364,61	410,18	242,05	352,08	396,09	233,43	339,54	381,98	224,82	327,01	367,88	216,20	314,48	353,79	207,58	301,94	339,68
	III	4.032,33	131,91	322,58	362,90	113,26	310,05	348,80	94,62	297,52	334,71	75,98	284,98	320,60	57,33	272,45	306,50	38,69	259,92	292,41	20,05	247,38	278,30
	IV	4.863,41	267,48	389,07	437,70	263,17	382,80	430,65	258,87	376,54	423,60	254,56	370,27	416,55	250,25	364,00	409,50	245,94	357,74	402,45	241,63	351,47	395,40
	V	5.377,83	295,78	430,22	484,00																		
	VI	5.422,16	298,21	433,77	487,99																		
14.807,99 (Ost)	I	4.871,25	267,91	389,70	438,41	259,30	377,16	424,31	250,68	364,63	410,21	242,06	352,10	396,11	233,45	339,56	382,01	224,83	327,03	367,91	216,21	314,50	353,81
	II	4.722,08	259,71	377,76	424,98	251,09	365,23	410,88	242,48	352,70	396,79	233,86	340,17	382,69	225,25	327,64	368,59	216,63	315,10	354,49	208,01	302,57	340,39
	III	4.040,16	132,84	323,21	363,61	114,20	310,68	349,51	95,55	298,14	335,41	76,91	285,61	321,31	58,27	273,08	307,21	39,62	260,54	293,11	20,98	248,01	279,01
	IV	4.871,25	267,91	389,70	438,41	263,61	383,43	431,36	259,30	377,16	424,31	254,99	370,90	417,26	250,68	364,63	410,21	246,37	358,36	403,16	242,06	352,10	396,11
	V	5.385,66	296,21	430,85	484,70																		
	VI	5.430,00	298,65	434,40	488,70																		
14.810,99 (West)	I	4.864,66	267,55	389,17	437,81	258,94	376,64	423,72	250,32	364,10	409,61	241,70	351,57	395,51	233,09	339,04	381,42	224,47	326,50	367,31	215,86	313,98	353,22
	II	4.715,58	259,35	377,24	424,40	250,74	364,71	410,30	242,12	352,18	396,20	233,50	339,64	382,10	224,89	327,11	368,00	216,27	314,58	353,90	207,65	302,04	339,80
	III	4.033,50	132,05	322,68	363,01	113,40	310,14	348,91	94,76	297,61	334,81	76,12	285,08	320,71	57,47	272,54	306,61	38,83	260,01	292,51	20,19	247,48	278,41
	IV	4.864,66	267,55	389,17	437,81	263,24	382,90	430,76	258,94	376,64	423,72	254,63	370,37	416,66	250,32	364,10	409,61	246,01	357,84	402,57	241,70	351,57	395,51
	V	5.379,08	295,84	430,32	484,11																		
	VI	5.423,41	298,28	433,87	488,10																		
14.810,99 (Ost)	I	4.872,50	267,98	389,80	438,52	259,37	377,26	424,42	250,75	364,73	410,32	242,13	352,20	396,22	233,52	339,66	382,12	224,90	327,13	368,02	216,28	314,60	353,92
	II	4.723,41	259,78	377,87	425,10	251,17	365,34	411,00	242,55	352,80	396,90	233,93	340,27	382,80	225,32	327,74	368,70	216,70	315,20	354,60	208,08	302,67	340,50
	III	4.041,33	132,98	323,30	363,71	114,33	310,77	349,61	95,69	298,24	335,52	77,05	285,70	321,41	58,40	273,17	307,31	39,76	260,64	293,22	21,12	248,10	279,11
	IV	4.872,50	267,98	389,80	438,52	263,67	383,53	431,47	259,37	377,26	424,42	255,06	371,00	417,37	250,75	364,73	410,32	246,44	358,46	403,27	242,13	352,20	396,22
	V	5.386,91	296,28	430,95	484,82																		
	VI	5.431,25	298,71	434,50	488,81																		
14.813,99 (West)	I	4.865,91	267,62	389,27	437,93	259,00	376,74	423,83	250,39	364,20	409,73	241,77	351,67	395,63	233,16	339,14	381,53	224,54	326,61	367,43	215,93	314,08	353,34
	II	4.716,83	259,42	377,34	424,51	250,80	364,81	410,41	242,19	352,28	396,31	233,57	339,74	382,21	224,95	327,21	368,11	216,34	314,68	354,01	207,72	302,14	339,91
	III	4.034,83	132,20	322,78	363,13	113,56	310,25	349,03	94,92	297,72	334,93	76,27	285,18	320,83	57,63	272,65	306,73	38,99	260,12	292,63	20,34	247,58	278,53
	IV	4.865,91	267,62	389,27	437,93	263,31	383,00	430,88	259,00	376,74	423,83	254,70	370,47	416,78	250,39	364,20	409,73	246,08	357,94	402,68	241,77	351,67	395,63
	V	5.380,33	295,91	430,42	484,22																		
	VI	5.424,66	298,35	433,97	488,21																		
14.813,99 (Ost)	I	4.873,75	268,05	389,90	438,63	259,43	377,36	424,53	250,82	364,83	410,43	242,20	352,30	396,33	233,58	339,76	382,23	224,97	327,23	368,13	216,35	314,70	354,03
	II	4.724,66	259,85	377,97	425,21	251,24	365,44	411,12	242,62	352,90	397,01	234,00	340,37	382,91	225,39	327,84	368,82	216,77	315,30	354,71	208,15	302,77	340,61
	III	4.042,66	133,14	323,41	363,83	114,49	310,88	349,74	95,85	298,34	335,63	77,21	285,81	321,53	58,56	273,28	307,44	39,92	260,74	293,33	21,28	248,21	279,23
	IV	4.873,75	268,05	389,90	438,63	263,74	383,63	431,58	259,43	377,36	424,53	255,13	371,10	417,48	250,82	364,83	410,43	246,51	358,56	403,38	242,20	352,30	396,33
	V	5.388,16	296,34	431,05	484,93																		
	VI	5.432,50	298,78	434,60	488,92																		

Lohn/ Gehalt bis	Steuerklasse	Lohn-steuer	ohne Kinderfreibetrag SolZ 5,5%	Kirchensteuer 8%	9%	0,5 SolZ 5,5%	Kirchensteuer 8%	9%	1,0 SolZ 5,5%	Kirchensteuer 8%	9%	1,5 SolZ 5,5%	Kirchensteuer 8%	9%	2,0 SolZ 5,5%	Kirchensteuer 8%	9%	2,5 SolZ 5,5%	Kirchensteuer 8%	9%	3,0 SolZ 5,5%	Kirchensteuer 8%	9%
14.816,99 (West)	I	4.867,16	267,69	389,37	438,04	259,07	376,84	423,94	250,46	364,30	409,84	241,84	351,78	395,75	233,23	339,24	381,65	224,61	326,71	367,55	215,99	314,18	353
	II	4.718,08	259,49	377,44	424,62	250,87	364,91	410,52	242,26	352,38	396,42	233,64	339,84	382,32	225,02	327,31	368,23	216,41	314,78	354,13	207,79	302,25	340
	III	4.036,00	132,34	322,88	363,24	113,70	310,34	349,13	95,06	297,81	335,03	76,41	285,28	320,94	57,77	272,74	306,83	39,13	260,21	292,73	20,48	247,68	278
	IV	4.867,16	267,69	389,37	438,04	263,38	383,10	430,99	259,07	376,84	423,94	254,76	370,57	416,89	250,46	364,30	409,84	246,15	358,04	402,80	241,84	351,78	395
	V	5.381,66	295,99	430,53	484,34																		
	VI	5.425,91	298,42	434,07	488,33																		
14.816,99 (Ost)	I	4.875,00	268,12	390,00	438,75	259,50	377,46	424,64	250,89	364,93	410,54	242,27	352,40	396,45	233,65	339,86	382,34	225,04	327,33	368,24	216,42	314,80	354
	II	4.725,91	259,92	378,07	425,33	251,30	365,54	411,23	242,69	353,00	397,13	234,07	340,47	383,03	225,45	327,94	368,93	216,84	315,40	354,83	208,22	302,87	340
	III	4.043,83	133,28	323,50	363,94	114,63	310,97	349,84	95,99	298,44	335,74	77,35	285,90	321,64	58,70	273,37	307,54	40,06	260,84	293,44	21,42	248,30	279
	IV	4.875,00	268,12	390,00	438,75	263,81	383,73	431,69	259,50	377,46	424,64	255,20	371,20	417,60	250,89	364,93	410,54	246,58	358,66	403,49	242,27	352,40	396
	V	5.389,41	296,41	431,15	485,04																		
	VI	5.433,75	298,85	434,70	489,03																		
14.819,99 (West)	I	4.868,41	267,76	389,47	438,15	259,15	376,94	424,06	250,53	364,41	409,96	241,91	351,88	395,86	233,30	339,34	381,76	224,68	326,81	367,66	216,06	314,28	353
	II	4.719,33	259,56	377,54	424,73	250,94	365,01	410,63	242,33	352,48	396,54	233,71	339,94	382,43	225,10	327,42	368,34	216,48	314,88	354,24	207,86	302,35	340
	III	4.037,33	132,50	322,98	363,35	113,86	310,45	349,25	95,21	297,92	335,16	76,57	285,38	321,05	57,93	272,85	306,95	39,28	260,32	292,86	20,64	247,78	278
	IV	4.868,41	267,76	389,47	438,15	263,45	383,20	431,10	259,15	376,94	424,06	254,84	370,68	417,01	250,53	364,41	409,96	246,22	358,14	402,91	241,91	351,88	395
	V	5.382,91	296,06	430,63	484,46																		
	VI	5.427,16	298,49	434,17	488,44																		
14.819,99 (Ost)	I	4.876,25	268,19	390,10	438,86	259,57	377,56	424,76	250,96	365,03	410,66	242,34	352,50	396,56	233,72	339,96	382,46	225,11	327,43	368,36	216,49	314,90	354
	II	4.727,16	259,99	378,17	425,44	251,37	365,64	411,34	242,76	353,10	397,24	234,14	340,57	383,14	225,52	328,04	369,04	216,91	315,50	354,94	208,29	302,97	340
	III	4.045,16	133,43	323,61	364,06	114,79	311,08	349,96	96,15	298,54	335,86	77,50	286,01	321,76	58,86	273,48	307,66	40,22	260,94	293,56	21,57	248,41	279
	IV	4.876,25	268,19	390,10	438,86	263,88	383,83	431,81	259,57	377,56	424,76	255,26	371,30	417,71	250,96	365,03	410,66	246,65	358,76	403,61	242,34	352,50	396,
	V	5.390,66	296,48	431,25	485,15																		
	VI	5.435,00	298,92	434,80	489,15																		
14.822,99 (West)	I	4.869,75	267,83	389,58	438,27	259,21	377,04	424,17	250,60	364,51	410,07	241,98	351,98	395,97	233,36	339,44	381,87	224,75	326,91	367,77	216,13	314,38	353
	II	4.720,58	259,63	377,64	424,85	251,01	365,11	410,75	242,40	352,58	396,65	233,78	340,05	382,55	225,17	327,52	368,46	216,55	314,98	354,35	207,93	302,45	340
	III	4.038,50	132,64	323,08	363,46	114,00	310,54	349,36	95,35	298,01	335,26	76,71	285,48	321,16	58,07	272,94	307,06	39,44	260,42	292,97	20,80	247,89	278
	IV	4.869,75	267,83	389,58	438,27	263,52	383,31	431,22	259,21	377,04	424,17	254,91	370,78	417,12	250,60	364,51	410,07	246,29	358,24	403,02	241,98	351,98	395
	V	5.384,16	296,12	430,73	484,57																		
	VI	5.428,50	298,56	434,28	488,56																		
14.822,99 (Ost)	I	4.877,50	268,26	390,20	438,97	259,64	377,66	424,87	251,02	365,13	410,77	242,41	352,60	396,67	233,80	340,07	382,58	225,18	327,54	368,48	216,56	315,00	354
	II	4.728,41	260,06	378,27	425,55	251,44	365,74	411,45	242,82	353,20	397,35	234,21	340,67	383,25	225,59	328,14	369,15	216,97	315,60	355,05	208,36	303,07	340
	III	4.046,33	133,57	323,70	364,16	114,93	311,17	350,06	96,29	298,64	335,97	77,64	286,10	321,86	59,02	273,58	307,78	40,38	261,05	293,68	21,73	248,52	279
	IV	4.877,50	268,26	390,20	438,97	263,95	383,93	431,92	259,64	377,66	424,87	255,33	371,40	417,82	251,02	365,13	410,77	246,72	358,86	403,72	242,41	352,60	396
	V	5.392,00	296,56	431,36	485,28																		
	VI	5.436,25	298,99	434,90	489,26																		
14.825,99 (West)	I	4.871,00	267,90	389,68	438,39	259,28	377,14	424,28	250,67	364,61	410,18	242,05	352,08	396,09	233,43	339,54	381,98	224,82	327,01	367,88	216,20	314,48	353
	II	4.721,83	259,70	377,74	424,96	251,08	365,22	410,87	242,47	352,68	396,77	233,85	340,15	382,67	225,23	327,62	368,57	216,62	315,08	354,47	208,00	302,55	340
	III	4.039,83	132,80	323,18	363,58	114,16	310,65	349,48	95,51	298,12	335,38	76,87	285,58	321,28	58,23	273,05	307,18	39,58	260,52	293,08	20,94	247,98	278
	IV	4.871,00	267,90	389,68	438,39	263,59	383,41	431,33	259,28	377,14	424,28	254,98	370,88	417,24	250,67	364,61	410,18	246,36	358,34	403,13	242,05	352,08	396
	V	5.385,41	296,19	430,83	484,68																		
	VI	5.429,75	298,63	434,38	488,67																		
14.825,99 (Ost)	I	4.878,75	268,33	390,30	439,08	259,71	377,76	424,98	251,09	365,23	410,88	242,48	352,70	396,79	233,86	340,17	382,69	225,25	327,64	368,59	216,63	315,10	354,
	II	4.729,66	260,13	378,37	425,66	251,51	365,84	411,57	242,89	353,30	397,46	234,28	340,77	383,36	225,66	328,24	369,27	217,05	315,71	355,17	208,43	303,18	341,
	III	4.047,66	133,73	323,81	364,28	115,09	311,28	350,19	96,44	298,74	336,08	77,80	286,21	321,98	59,16	273,68	307,89	40,51	261,14	293,78	21,87	248,61	279,
	IV	4.878,75	268,33	390,30	439,08	264,02	384,03	432,03	259,71	377,76	424,98	255,40	371,50	417,93	251,09	365,23	410,88	246,79	358,97	403,84	242,48	352,70	396,
	V	5.393,25	296,62	431,46	485,39																		
	VI	5.437,50	299,06	435,00	489,37																		
14.828,99 (West)	I	4.872,25	267,97	389,78	438,50	259,35	377,24	424,40	250,74	364,71	410,30	242,12	352,18	396,20	233,50	339,64	382,10	224,89	327,11	368,00	216,27	314,58	353,
	II	4.723,16	259,77	377,85	425,08	251,15	365,32	410,98	242,54	352,78	396,88	233,92	340,25	382,78	225,30	327,72	368,68	216,69	315,18	354,58	208,07	302,65	340,
	III	4.041,00	132,94	323,28	363,69	114,29	310,74	349,58	95,67	298,22	335,50	77,03	285,69	321,40	58,38	273,16	307,30	39,74	260,62	293,20	21,10	248,09	279,
	IV	4.872,25	267,97	389,78	438,50	263,66	383,51	431,45	259,35	377,24	424,40	255,04	370,98	417,35	250,74	364,71	410,30	246,43	358,44	403,25	242,12	352,18	396,
	V	5.386,66	296,26	430,93	484,79																		
	VI	5.431,00	298,70	434,48	488,79																		
14.828,99 (Ost)	I	4.880,00	268,40	390,40	439,20	259,78	377,87	425,10	251,17	365,34	411,00	242,55	352,80	396,90	233,93	340,27	382,80	225,32	327,74	368,70	216,70	315,20	354,
	II	4.730,91	260,20	378,47	425,78	251,58	365,94	411,68	242,96	353,40	397,58	234,35	340,87	383,48	225,73	328,34	369,38	217,12	315,81	355,28	208,50	303,28	341,
	III	4.048,83	133,87	323,90	364,39	115,25	311,38	350,30	96,60	298,85	336,20	77,96	286,32	322,11	59,32	273,78	308,00	40,67	261,25	293,90	22,03	248,72	279,
	IV	4.880,00	268,40	390,40	439,20	264,09	384,13	432,14	259,78	377,87	425,10	255,47	371,60	418,05	251,17	365,34	411,00	246,86	359,07	403,95	242,55	352,80	396,
	V	5.394,50	296,69	431,56	485,50																		
	VI	5.438,75	299,13	435,10	489,48																		
14.831,99 (West)	I	4.873,50	268,04	389,88	438,61	259,42	377,34	424,51	250,80	364,81	410,41	242,19	352,28	396,31	233,57	339,74	382,21	224,95	327,21	368,11	216,34	314,68	354,
	II	4.724,41	259,84	377,95	425,19	251,22	365,42	411,09	242,60	352,88	396,99	233,99	340,35	382,89	225,37	327,82	368,79	216,75	315,28	354,69	208,14	302,75	340,
	III	4.042,33	133,10	323,38	363,80	114,45	310,85	349,70	95,81	298,32	335,61	77,17	285,78	321,50	58,52	273,25	307,40	39,88	260,72	293,31	21,24	248,18	279,
	IV	4.873,50	268,04	389,88	438,61	263,73	383,61	431,56	259,42	377,34	424,51	255,11	371,08	417,46	250,80	364,81	410,41	246,50	358,54	403,36	242,19	352,28	396,
	V	5.387,91	296,33	431,03	484,91																		
	VI	5.432,25	298,77	434,58	488,90																		
14.831,99 (Ost)	I	4.881,33	268,47	390,50	439,31	259,85	377,97	425,21	251,24	365,44	411,12	242,62	352,90	397,01	234,00	340,37	382,91	225,39	327,84	368,82	216,77	315,30	354,
	II	4.732,16	260,26	378,57	425,89	251,65	366,04	411,79	243,04	353,51	397,70	234,42	340,98	383,60	225,80	328,44	369,50	217,19	315,91	355,40	208,57	303,38	341,
	III	4.050,16	134,03	324,01	364,51	115,39	311,48	350,41	96,74	298,94	336,31	78,10	286,41	322,21	59,46	273,88	308,11	40,81	261,34	294,01	22,17	248,81	279,
	IV	4.881,33	268,47	390,50	439,31	264,16	384,24	432,27	259,85	377,97	425,21	255,54	371,70	418,16	251,24	365,44	411,12	246,93	359,17	404,06	242,62	352,90	397,
	V	5.395,75	296,76	431,66	485,61																		
	VI	5.440,08	299,20	435,20	489,60																		
14.834,99 (West)	I	4.874,75	268,11	389,98	438,72	259,49	377,44	424,62	250,87	364,91	410,52	242,26	352,38	396,42	233,64	339,84	382,32	225,02	327,31	368,22	216,41	314,78	354,
	II	4.725,66	259,91	378,05	425,30	251,29	365,52	411,21	242,67	352,98	397,10	234,06	340,45	383,00	225,44	327,92	368,91	216,82	315,38	354,80	208,21	302,85	340,
	III	4.043,66	133,26	323,49	363,92	114,61	310,96	349,83	95,97	298,42	335,72	77,33	285,89	321,62	58,68	273,36	307,53	40,04	260,82	293,42	21,40	248,29	279,
	IV	4.874,75	268,11	389,98	438,72	263,80	383,71	431,67	259,49	377,44	424,62	255,18	371,18	417,57	250,87	364,91	410,52	246,56	358,64	403,47	242,26	352,38	396,
	V	5.389,16	296,40	431,13	485,02																		
	VI	5.433,50	298,84	434,68	489,01																		
14.834,99 (Ost)	I	4.882,58	268,54	390,60	439,43	259,92	378,07	425,33	251,30	365,54	411,23	242,69	353,00	397,13	234,07	340,47	383,03	225,45	327,94	368,93	216,84	315,40	354,8
	II	4.733,41	260,33	378,67	426,00	251,72	366,14	411,91	243,10	353,61	397,81	234,49	341,08	383,71	225,87	328,54	369,61	217,25	316,01	355,51	208,64	303,48	341,4
	III	4.051,50	134,19	324,12	364,63	115,54	311,58	350,53	96,90	299,05	336,43	78,26	286,52	322,33	59,61	273,98	308,23	40,97	261,45	294,13	22,33	248,92	280,
	IV	4.882,58	268,54	390,60	439,43	264,23	384,34	432,38	259,92	378,07	425,33	255,61	371,80	418,28	251,30	365,54	411,23	247,00	359,27	404,18	242,69	353,00	397,
	V	5.397,00	296,83	431,76	485,73																		
	VI	5.441,33	299,27	435,30	489,71																		

Allgemeine Tabelle

MONAT bis 14.855,99 €

Lohn/ Gehalt bis	Steuerklasse	Lohn- steuer	ohne Kinderfreibetrag			Anzahl Kinderfreibeträge (nur Steuerklassen I–IV)																	
						0,5			1,0			1,5			2,0			2,5			3,0		
			SolZ 5,5%	Kirchensteuer 8%	9%	SolZ 5,5%	Kirchensteuer 8%	9%	SolZ 5,5%	Kirchensteuer 8%	9%	SolZ 5,5%	Kirchensteuer 8%	9%	SolZ 5,5%	Kirchensteuer 8%	9%	SolZ 5,5%	Kirchensteuer 8%	9%	SolZ 5,5%	Kirchensteuer 8%	9%
14.837,99 (West)	I	4.876,00	268,18	390,08	438,84	259,56	377,54	424,73	250,94	365,01	410,63	242,33	352,48	396,54	233,71	339,94	382,43	225,10	327,42	368,34	216,48	314,88	354,24
	II	4.726,91	259,98	378,15	425,42	251,36	365,62	411,32	242,74	353,08	397,22	234,13	340,55	383,12	225,51	328,02	369,02	216,89	315,48	354,92	208,28	302,95	340,82
	III	4.044,83	133,39	323,58	364,03	114,75	311,05	349,93	96,11	298,52	335,83	77,46	285,98	321,73	58,82	273,45	307,63	40,18	260,92	293,53	21,53	248,38	279,43
	IV	4.876,00	268,18	390,08	438,84	263,87	383,81	431,78	259,56	377,54	424,73	255,25	371,28	417,69	250,94	365,01	410,63	246,63	358,74	403,58	242,33	352,48	396,54
	V	5.390,41	296,47	431,23	485,13																		
	VI	5.434,75	298,91	434,78	489,12																		
14.837,99 (Ost)	I	4.883,83	268,61	390,70	439,54	259,99	378,17	425,44	251,37	365,64	411,34	242,76	353,10	397,24	234,14	340,57	383,14	225,52	328,04	369,04	216,91	315,50	354,94
	II	4.734,75	260,41	378,78	426,12	251,79	366,24	412,02	243,17	353,71	397,92	234,56	341,18	383,82	225,94	328,64	369,72	217,32	316,11	355,62	208,71	303,58	341,52
	III	4.052,66	134,33	324,21	364,73	115,68	311,68	350,64	97,04	299,14	336,53	78,40	286,61	322,43	59,75	274,08	308,34	41,11	261,54	294,23	22,47	249,01	280,13
	IV	4.883,83	268,61	390,70	439,54	264,30	384,44	432,49	259,99	378,17	425,44	255,68	371,90	418,39	251,37	365,64	411,34	247,06	359,37	404,29	242,76	353,10	397,24
	V	5.398,25	296,90	431,86	485,84																		
	VI	5.442,58	299,34	435,40	489,83																		
14.840,99 (West)	I	4.877,25	268,24	390,18	438,95	259,63	377,64	424,85	251,01	365,11	410,75	242,40	352,58	396,65	233,78	340,05	382,55	225,17	327,52	368,46	216,55	314,98	354,35
	II	4.728,16	260,04	378,25	425,53	251,43	365,72	411,43	242,81	353,18	397,33	234,19	340,65	383,23	225,58	328,12	369,13	216,96	315,58	355,03	208,35	303,06	340,94
	III	4.046,16	133,55	323,69	364,15	114,91	311,16	350,05	96,27	298,62	335,95	77,62	286,09	321,85	58,98	273,56	307,75	40,34	261,02	293,65	21,69	248,49	279,55
	IV	4.877,25	268,24	390,18	438,95	263,94	383,91	431,90	259,63	377,64	424,85	255,32	371,38	417,80	251,01	365,11	410,75	246,70	358,84	403,70	242,40	352,58	396,65
	V	5.391,75	296,54	431,34	485,25																		
	VI	5.436,00	298,98	434,88	489,24																		
14.840,99 (Ost)	I	4.885,08	268,67	390,80	439,65	260,06	378,27	425,55	251,44	365,74	411,45	242,82	353,20	397,35	234,21	340,67	383,25	225,59	328,14	369,15	216,97	315,60	355,05
	II	4.736,00	260,48	378,88	426,24	251,86	366,34	412,13	243,24	353,81	398,03	234,63	341,28	383,94	226,01	328,74	369,83	217,39	316,21	355,73	208,78	303,68	341,64
	III	4.054,00	134,48	324,32	364,86	115,84	311,78	350,75	97,20	299,25	336,65	78,55	286,72	322,56	59,91	274,18	308,45	41,27	261,65	294,35	22,62	249,12	280,26
	IV	4.885,08	268,67	390,80	439,65	264,37	384,54	432,60	260,06	378,27	425,55	255,75	372,00	418,50	251,44	365,74	411,45	247,13	359,47	404,40	242,82	353,20	397,35
	V	5.399,50	296,97	431,96	485,95																		
	VI	5.443,83	299,41	435,50	489,94																		
14.843,99 (West)	I	4.878,50	268,31	390,28	439,06	259,70	377,74	424,96	251,08	365,22	410,87	242,47	352,68	396,77	233,85	340,15	382,67	225,23	327,62	368,57	216,62	315,08	354,47
	II	4.729,41	260,11	378,35	425,64	251,50	365,82	411,54	242,88	353,28	397,44	234,26	340,75	383,34	225,65	328,22	369,25	217,03	315,69	355,15	208,42	303,16	341,05
	III	4.047,33	133,69	323,78	364,25	115,05	311,25	350,15	96,40	298,72	336,06	77,76	286,18	321,95	59,12	273,65	307,85	40,47	261,12	293,76	21,83	248,58	279,65
	IV	4.878,50	268,31	390,28	439,06	264,00	384,01	432,01	259,70	377,74	424,96	255,39	371,48	417,92	251,08	365,22	410,87	246,78	358,95	403,82	242,47	352,68	396,77
	V	5.393,00	296,61	431,44	485,37																		
	VI	5.437,25	299,04	434,98	489,35																		
14.843,99 (Ost)	I	4.886,33	268,74	390,90	439,76	260,13	378,37	425,66	251,51	365,84	411,57	242,89	353,30	397,46	234,28	340,77	383,36	225,66	328,24	369,27	217,05	315,71	355,17
	II	4.737,25	260,54	378,98	426,35	251,93	366,44	412,25	243,31	353,91	398,15	234,69	341,38	384,05	226,08	328,84	369,95	217,46	316,31	355,85	208,84	303,78	341,75
	III	4.055,16	134,62	324,41	364,96	115,98	311,88	350,86	97,34	299,34	336,76	78,69	286,81	322,66	60,05	274,28	308,56	41,41	261,74	294,46	22,78	249,22	280,37
	IV	4.886,33	268,74	390,90	439,76	264,44	384,64	432,72	260,13	378,37	425,66	255,82	372,10	418,61	251,51	365,84	411,57	247,20	359,57	404,51	242,89	353,30	397,46
	V	5.400,75	297,04	432,06	486,06																		
	VI	5.445,08	299,47	435,60	490,05																		
14.846,99 (West)	I	4.879,83	268,39	390,38	439,18	259,77	377,85	425,08	251,15	365,32	410,98	242,54	352,78	396,88	233,92	340,25	382,78	225,30	327,72	368,68	216,69	315,18	354,58
	II	4.730,66	260,18	378,45	425,75	251,57	365,92	411,66	242,95	353,38	397,55	234,34	340,86	383,46	225,72	328,32	369,36	217,10	315,79	355,26	208,49	303,26	341,16
	III	4.048,66	133,85	323,89	364,37	115,21	311,36	350,28	96,56	298,82	336,17	77,92	286,29	322,07	59,28	273,76	307,98	40,63	261,22	293,87	21,99	248,69	279,77
	IV	4.879,83	268,39	390,38	439,18	264,08	384,12	432,13	259,77	377,85	425,08	255,46	371,58	418,03	251,15	365,32	410,98	246,84	359,05	403,93	242,54	352,78	396,88
	V	5.394,25	296,68	431,54	485,48																		
	VI	5.438,58	299,12	435,08	489,47																		
14.846,99 (Ost)	I	4.887,58	268,81	391,00	439,88	260,20	378,47	425,78	251,58	365,94	411,68	242,96	353,40	397,58	234,35	340,87	383,48	225,73	328,34	369,38	217,12	315,81	355,28
	II	4.738,50	260,61	379,08	426,46	252,00	366,54	412,36	243,38	354,01	398,26	234,76	341,48	384,16	226,15	328,94	370,06	217,53	316,41	355,96	208,91	303,88	341,86
	III	4.056,50	134,78	324,52	365,08	116,14	311,98	350,98	97,50	299,45	336,88	78,85	286,92	322,78	60,21	274,38	308,68	41,57	261,85	294,58	22,92	249,32	280,48
	IV	4.887,58	268,81	391,00	439,88	264,50	384,74	432,83	260,20	378,47	425,78	255,89	372,20	418,73	251,58	365,94	411,68	247,27	359,67	404,63	242,96	353,40	397,58
	V	5.402,00	297,11	432,16	486,18																		
	VI	5.446,33	299,54	435,70	490,16																		
14.849,99 (West)	I	4.881,08	268,45	390,48	439,29	259,84	377,95	425,19	251,22	365,42	411,09	242,60	352,88	396,99	233,99	340,35	382,89	225,37	327,82	368,79	216,75	315,28	354,69
	II	4.731,91	260,25	378,55	425,87	251,64	366,02	411,77	243,02	353,49	397,67	234,41	340,96	383,58	225,79	328,42	369,47	217,17	315,89	355,37	208,56	303,36	341,28
	III	4.049,83	133,99	323,98	364,48	115,35	311,45	350,38	96,70	298,92	336,28	78,06	286,38	322,18	59,44	273,86	308,09	40,79	261,33	293,99	22,15	248,80	279,90
	IV	4.881,08	268,45	390,48	439,29	264,15	384,22	432,24	259,84	377,95	425,19	255,53	371,68	418,14	251,22	365,42	411,09	246,91	359,15	404,04	242,60	352,88	396,99
	V	5.395,50	296,75	431,64	485,59																		
	VI	5.439,83	299,19	435,18	489,58																		
14.849,99 (Ost)	I	4.888,83	268,88	391,10	439,99	260,26	378,57	425,89	251,65	366,04	411,79	243,04	353,51	397,70	234,42	340,98	383,60	225,80	328,44	369,50	217,19	315,91	355,40
	II	4.739,75	260,68	379,18	426,57	252,06	366,64	412,47	243,45	354,11	398,37	234,83	341,58	384,27	226,21	329,04	370,17	217,60	316,51	356,07	208,99	303,98	341,98
	III	4.057,66	134,92	324,61	365,18	116,28	312,08	351,09	97,63	299,54	336,98	79,01	287,02	322,90	60,37	274,49	308,80	41,72	261,96	294,70	23,08	249,42	280,60
	IV	4.888,83	268,88	391,10	439,99	264,57	384,84	432,94	260,26	378,57	425,89	255,96	372,30	418,84	251,65	366,04	411,79	247,34	359,77	404,74	243,04	353,51	397,70
	V	5.403,33	297,18	432,26	486,29																		
	VI	5.447,58	299,61	435,80	490,28																		
14.852,99 (West)	I	4.882,33	268,52	390,58	439,40	259,91	378,05	425,30	251,29	365,52	411,21	242,67	352,98	397,10	234,06	340,45	383,00	225,44	327,92	368,91	216,82	315,38	354,80
	II	4.733,25	260,32	378,66	425,99	251,71	366,12	411,89	243,09	353,59	397,79	234,47	341,06	383,69	225,86	328,52	369,59	217,24	315,99	355,49	208,62	303,46	341,39
	III	4.051,16	134,15	324,09	364,60	115,50	311,56	350,50	96,86	299,02	336,40	78,22	286,49	322,30	59,57	273,96	308,20	40,93	261,42	294,10	22,29	248,89	280,00
	IV	4.882,33	268,52	390,58	439,40	264,22	384,32	432,36	259,91	378,05	425,30	255,60	371,78	418,25	251,29	365,52	411,21	246,98	359,25	404,15	242,67	352,98	397,10
	V	5.396,75	296,82	431,74	485,70																		
	VI	5.441,08	299,25	435,28	489,69																		
14.852,99 (Ost)	I	4.890,08	268,95	391,20	440,10	260,33	378,67	426,00	251,72	366,14	411,91	243,10	353,61	397,81	234,49	341,08	383,71	225,87	328,54	369,61	217,25	316,01	355,51
	II	4.741,00	260,75	379,28	426,69	252,13	366,74	412,58	243,52	354,21	398,48	234,90	341,68	384,39	226,29	329,15	370,29	217,67	316,62	356,19	209,05	304,08	342,09
	III	4.059,00	135,08	324,72	365,31	116,44	312,18	351,20	97,79	299,65	337,10	79,15	287,12	323,01	60,51	274,58	308,90	41,86	262,05	294,80	23,22	249,52	280,71
	IV	4.890,08	268,95	391,20	440,10	264,64	384,94	433,05	260,33	378,67	426,00	256,03	372,41	418,96	251,72	366,14	411,91	247,41	359,88	404,86	243,10	353,61	397,81
	V	5.404,58	297,25	432,36	486,41																		
	VI	5.448,83	299,68	435,90	490,39																		
14.855,99 (West)	I	4.883,58	268,59	390,68	439,52	259,98	378,15	425,42	251,36	365,62	411,32	242,74	353,08	397,22	234,13	340,55	383,12	225,51	328,02	369,02	216,89	315,48	354,92
	II	4.734,50	260,39	378,76	426,10	251,78	366,22	412,00	243,16	353,69	397,90	234,54	341,16	383,80	225,93	328,62	369,70	217,31	316,09	355,60	208,69	303,56	341,50
	III	4.052,33	134,29	324,18	364,70	115,66	311,66	350,62	97,02	299,13	336,52	78,38	286,60	322,42	59,73	274,06	308,32	41,09	261,53	294,22	22,45	249,00	280,12
	IV	4.883,58	268,59	390,68	439,52	264,28	384,42	432,47	259,98	378,15	425,42	255,67	371,88	418,37	251,36	365,62	411,32	247,05	359,35	404,27	242,74	353,08	397,22
	V	5.398,00	296,89	431,84	485,82																		
	VI	5.442,33	299,32	435,38	489,80																		
14.855,99 (Ost)	I	4.891,41	269,02	391,31	440,22	260,41	378,78	426,12	251,79	366,24	412,02	243,17	353,71	397,92	234,56	341,18	383,82	225,94	328,64	369,72	217,32	316,11	355,62
	II	4.742,25	260,82	379,38	426,80	252,20	366,84	412,70	243,59	354,31	398,60	234,97	341,78	384,50	226,36	329,25	370,40	217,74	316,72	356,31	209,12	304,18	342,20
	III	4.060,33	135,24	324,82	365,42	116,60	312,29	351,32	97,95	299,76	337,23	79,31	287,22	323,12	60,67	274,69	309,02	42,02	262,16	294,93	23,38	249,62	280,82
	IV	4.891,41	269,02	391,31	440,22	264,71	385,04	433,17	260,41	378,78	426,12	256,10	372,51	419,07	251,79	366,24	412,02	247,48	359,98	404,97	243,17	353,71	397,92
	V	5.405,83	297,32	432,46	486,52																		
	VI	5.450,16	299,75	436,01	490,51																		

Lohn/ Gehalt bis	Steuerklasse	Lohn-steuer	ohne Kinderfreibetrag SolZ 5,5%	Kirchensteuer 8%	9%	0,5 SolZ 5,5%	Kirchensteuer 8%	9%	1,0 SolZ 5,5%	Kirchensteuer 8%	9%	1,5 SolZ 5,5%	Kirchensteuer 8%	9%	2,0 SolZ 5,5%	Kirchensteuer 8%	9%	2,5 SolZ 5,5%	Kirchensteuer 8%	9%	3,0 SolZ 5,5%	Kirchensteuer 8%	9%
14.858,99 (West)	I	4.884,83	268,66	390,78	439,63	260,04	378,25	425,53	251,43	365,72	411,43	242,81	353,18	397,33	234,19	340,65	383,23	225,58	328,12	369,13	216,96	315,58	355
	II	4.735,75	260,46	378,86	426,21	251,84	366,32	412,11	243,23	353,79	398,01	234,61	341,26	383,91	225,99	328,72	369,81	217,38	316,19	355,71	208,76	303,66	341
	III	4.053,66	134,45	324,29	364,82	115,80	311,76	350,73	97,16	299,22	336,62	78,52	286,69	322,52	59,87	274,16	308,43	41,23	261,62	294,32	22,59	249,09	280
	IV	4.884,83	268,66	390,78	439,63	264,35	384,52	432,58	260,04	378,25	425,53	255,74	371,98	418,48	251,43	365,72	411,43	247,12	359,45	404,38	242,81	353,18	397
	V	5.399,25	296,95	431,94	485,93																		
	VI	5.443,58	299,39	435,48	489,92																		
14.858,99 (Ost)	I	4.892,66	269,09	391,41	440,33	260,48	378,88	426,24	251,86	366,34	412,13	243,24	353,81	398,03	234,63	341,28	383,94	226,01	328,74	369,83	217,39	316,21	355
	II	4.743,50	260,89	379,48	426,91	252,28	366,95	412,82	243,66	354,42	398,72	235,04	341,88	384,62	226,43	329,35	370,52	217,81	316,82	356,42	209,19	304,28	342
	III	4.061,50	135,38	324,92	365,53	116,73	312,38	351,43	98,09	299,85	337,33	79,45	287,32	323,23	60,80	274,78	309,13	42,16	262,25	295,03	23,52	249,72	280
	IV	4.892,66	269,09	391,41	440,33	264,78	385,14	433,28	260,48	378,88	426,24	256,17	372,61	419,18	251,86	366,34	412,13	247,55	360,08	405,09	243,24	353,81	398
	V	5.407,08	297,38	432,56	486,63																		
	VI	5.451,41	299,82	436,11	490,62																		
14.861,99 (West)	I	4.886,08	268,73	390,88	439,74	260,11	378,35	425,64	251,50	365,82	411,54	242,88	353,28	397,44	234,26	340,75	383,34	225,65	328,22	369,25	217,03	315,69	355
	II	4.737,00	260,53	378,96	426,33	251,91	366,42	412,22	243,30	353,89	398,12	234,68	341,36	384,03	226,06	328,82	369,92	217,45	316,29	355,82	208,83	303,76	341
	III	4.055,00	134,60	324,40	364,95	115,96	311,86	350,84	97,32	299,33	336,74	78,67	286,80	322,65	60,03	274,26	308,54	41,39	261,73	294,44	22,74	249,20	280
	IV	4.886,08	268,73	390,88	439,74	264,42	384,62	432,69	260,11	378,35	425,64	255,80	372,08	418,59	251,50	365,82	411,54	247,19	359,55	404,49	242,88	353,28	397
	V	5.400,50	297,02	432,04	486,04																		
	VI	5.444,83	299,46	435,58	490,03																		
14.861,99 (Ost)	I	4.893,91	269,16	391,51	440,45	260,54	378,98	426,35	251,93	366,44	412,25	243,31	353,91	398,15	234,69	341,38	384,05	226,08	328,84	369,95	217,46	316,31	355
	II	4.744,83	260,96	379,58	427,03	252,34	367,05	412,93	243,73	354,52	398,83	235,11	341,98	384,73	226,49	329,45	370,63	217,88	316,92	356,53	209,26	304,38	342
	III	4.062,83	135,54	325,02	365,65	116,89	312,49	351,55	98,25	299,96	337,45	79,61	287,42	323,35	60,96	274,89	309,25	42,32	262,36	295,15	23,68	249,82	281
	IV	4.893,91	269,16	391,51	440,45	264,85	385,24	433,40	260,54	378,98	426,35	256,24	372,71	419,30	251,93	366,44	412,25	247,62	360,18	405,20	243,31	353,91	398
	V	5.408,33	297,45	432,66	486,74																		
	VI	5.452,66	299,89	436,21	490,73																		
14.864,99 (West)	I	4.887,33	268,80	390,98	439,85	260,18	378,45	425,75	251,57	365,92	411,66	242,95	353,38	397,55	234,34	340,86	383,46	225,72	328,32	369,36	217,10	315,79	355
	II	4.738,25	260,60	379,06	426,44	251,98	366,52	412,34	243,37	353,99	398,24	234,75	341,46	384,14	226,13	328,92	370,04	217,52	316,39	355,94	208,90	303,86	341
	III	4.056,16	134,74	324,49	365,05	116,10	311,96	350,95	97,46	299,42	336,85	78,81	286,89	322,75	60,17	274,36	308,65	41,53	261,82	294,55	22,88	249,29	280
	IV	4.887,33	268,80	390,98	439,85	264,49	384,72	432,81	260,18	378,45	425,75	255,87	372,18	418,70	251,57	365,92	411,66	247,26	359,65	404,60	242,95	353,38	397
	V	5.401,83	297,10	432,14	486,16																		
	VI	5.446,08	299,53	435,68	490,14																		
14.864,99 (Ost)	I	4.895,16	269,23	391,61	440,56	260,61	379,08	426,46	252,00	366,54	412,36	243,38	354,01	398,26	234,76	341,48	384,16	226,15	328,94	370,06	217,53	316,41	355
	II	4.746,08	261,03	379,68	427,14	252,41	367,15	413,04	243,80	354,62	398,94	235,18	342,08	384,84	226,56	329,55	370,74	217,95	317,02	356,64	209,33	304,48	342
	III	4.064,00	135,67	325,12	365,76	117,03	312,58	351,65	98,39	300,05	337,55	79,74	287,52	323,46	61,10	274,98	309,35	42,46	262,45	295,25	23,81	249,92	281
	IV	4.895,16	269,23	391,61	440,56	264,92	385,34	433,51	260,61	379,08	426,46	256,30	372,81	419,41	252,00	366,54	412,36	247,69	360,28	405,31	243,38	354,01	398
	V	5.409,58	297,52	432,76	486,86																		
	VI	5.453,91	299,96	436,31	490,85																		
14.867,99 (West)	I	4.888,58	268,87	391,08	439,97	260,25	378,55	425,87	251,64	366,02	411,77	243,02	353,49	397,67	234,41	340,96	383,58	225,79	328,42	369,47	217,17	315,89	355
	II	4.739,50	260,67	379,16	426,55	252,05	366,62	412,45	243,43	354,09	398,35	234,82	341,56	384,25	226,20	329,02	370,15	217,59	316,50	356,06	208,97	303,96	341
	III	4.057,50	134,90	324,60	365,17	116,26	312,06	351,07	97,61	299,53	336,97	78,97	287,00	322,87	60,33	274,46	308,77	41,68	261,93	294,67	23,04	249,40	280
	IV	4.888,58	268,87	391,08	439,97	264,56	384,82	432,92	260,25	378,55	425,87	255,94	372,28	418,82	251,64	366,02	411,77	247,33	359,76	404,73	243,02	353,49	397
	V	5.403,08	297,16	432,24	486,27																		
	VI	5.447,33	299,60	435,78	490,25																		
14.867,99 (Ost)	I	4.896,41	269,30	391,71	440,67	260,68	379,18	426,57	252,06	366,64	412,47	243,45	354,11	398,37	234,83	341,58	384,27	226,21	329,04	370,17	217,60	316,51	356
	II	4.747,33	261,10	379,78	427,25	252,48	367,25	413,15	243,87	354,72	399,06	235,25	342,18	384,95	226,63	329,65	370,85	218,02	317,12	356,76	209,40	304,58	342
	III	4.065,33	135,83	325,22	365,87	117,19	312,69	351,77	98,55	300,16	337,68	79,90	287,62	323,57	61,26	275,09	309,47	42,62	262,56	295,38	23,97	250,02	281
	IV	4.896,41	269,30	391,71	440,67	264,99	385,44	433,62	260,68	379,18	426,57	256,37	372,91	419,52	252,06	366,64	412,47	247,76	360,38	405,42	243,45	354,11	398
	V	5.410,83	297,59	432,86	486,97																		
	VI	5.455,16	300,03	436,41	490,96																		
14.870,99 (West)	I	4.889,83	268,94	391,18	440,08	260,32	378,66	425,99	251,71	366,12	411,89	243,09	353,59	397,79	234,47	341,06	383,69	225,86	328,52	369,59	217,24	315,99	355
	II	4.740,75	260,74	379,26	426,66	252,12	366,72	412,56	243,50	354,19	398,46	234,89	341,66	384,37	226,27	329,13	370,27	217,66	316,60	356,17	209,04	304,06	342
	III	4.058,66	135,04	324,69	365,27	116,40	312,16	351,18	97,75	299,62	337,07	79,11	287,09	322,97	60,47	274,56	308,88	41,82	262,02	294,77	23,20	249,50	280
	IV	4.889,83	268,94	391,18	440,08	264,63	384,92	433,04	260,32	378,66	425,99	256,02	372,39	418,94	251,71	366,12	411,89	247,40	359,86	404,84	243,09	353,59	397
	V	5.404,33	297,23	432,34	486,38																		
	VI	5.448,58	299,67	435,88	490,37																		
14.870,99 (Ost)	I	4.897,66	269,37	391,81	440,78	260,75	379,28	426,69	252,13	366,74	412,58	243,52	354,21	398,48	234,90	341,68	384,39	226,29	329,15	370,29	217,67	316,62	356
	II	4.748,58	261,17	379,88	427,37	252,55	367,35	413,27	243,93	354,82	399,17	235,32	342,28	385,07	226,70	329,75	370,97	218,08	317,22	356,87	209,47	304,68	342
	III	4.066,50	135,97	325,32	365,98	117,33	312,78	351,88	98,69	300,25	337,78	80,04	287,72	323,68	61,40	275,18	309,58	42,78	262,66	295,49	24,13	250,13	281
	IV	4.897,66	269,37	391,81	440,78	265,06	385,54	433,73	260,75	379,28	426,69	256,44	373,01	419,63	252,13	366,74	412,58	247,83	360,48	405,54	243,52	354,21	398
	V	5.412,08	297,66	432,96	487,08																		
	VI	5.456,41	300,10	436,51	491,07																		
14.873,99 (West)	I	4.891,16	269,01	391,29	440,20	260,39	378,76	426,10	251,78	366,22	412,00	243,16	353,69	397,90	234,54	341,16	383,80	225,93	328,62	369,70	217,31	316,09	355
	II	4.742,00	260,81	379,36	426,78	252,19	366,82	412,67	243,58	354,30	398,58	234,96	341,76	384,48	226,34	329,23	370,38	217,73	316,70	356,28	209,11	304,16	342
	III	4.060,00	135,20	324,80	365,40	116,56	312,26	351,29	97,91	299,73	337,19	79,27	287,20	323,10	60,63	274,66	308,99	41,98	262,13	294,89	23,34	249,60	280
	IV	4.891,16	269,01	391,29	440,20	264,70	385,02	433,15	260,39	378,76	426,10	256,08	372,49	419,05	251,78	366,22	412,00	247,47	359,96	404,95	243,16	353,69	397
	V	5.405,58	297,30	432,44	486,50																		
	VI	5.449,91	299,74	435,99	490,49																		
14.873,99 (Ost)	I	4.898,91	269,44	391,91	440,90	260,82	379,38	426,80	252,20	366,84	412,70	243,59	354,31	398,60	234,97	341,78	384,50	226,36	329,25	370,40	217,74	316,72	356
	II	4.749,83	261,24	379,98	427,48	252,62	367,45	413,38	244,00	354,92	399,28	235,39	342,38	385,18	226,77	329,85	371,08	218,15	317,32	356,98	209,54	304,79	342
	III	4.067,83	136,13	325,42	366,10	117,49	312,89	352,00	98,84	300,36	337,90	80,20	287,82	323,80	61,56	275,29	309,70	42,91	262,76	295,60	24,27	250,22	281
	IV	4.898,91	269,44	391,91	440,90	265,13	385,64	433,85	260,82	379,38	426,80	256,51	373,11	419,75	252,20	366,84	412,70	247,89	360,58	405,65	243,59	354,31	398
	V	5.413,41	297,73	433,07	487,20																		
	VI	5.457,66	300,17	436,61	491,18																		
14.876,99 (West)	I	4.892,41	269,08	391,39	440,31	260,46	378,86	426,21	251,84	366,32	412,11	243,23	353,79	398,01	234,61	341,26	383,91	225,99	328,72	369,81	217,38	316,19	355
	II	4.743,33	260,88	379,46	426,89	252,26	366,93	412,79	243,65	354,40	398,70	235,03	341,86	384,59	226,41	329,33	370,49	217,80	316,80	356,40	209,18	304,26	342
	III	4.061,16	135,34	324,89	365,50	116,69	312,36	351,40	98,05	299,82	337,30	79,43	287,30	323,21	60,78	274,77	309,11	42,14	262,24	295,02	23,50	249,70	280
	IV	4.892,41	269,08	391,39	440,31	264,77	385,12	433,26	260,46	378,86	426,21	256,15	372,59	419,16	251,84	366,32	412,11	247,54	360,06	405,06	243,23	353,79	398
	V	5.406,83	297,37	432,54	486,61																		
	VI	5.451,16	299,81	436,09	490,60																		
14.876,99 (Ost)	I	4.900,16	269,50	392,01	441,01	260,89	379,48	426,91	252,28	366,95	412,82	243,66	354,42	398,72	235,04	341,88	384,62	226,43	329,35	370,52	217,81	316,82	356
	II	4.751,08	261,30	380,08	427,59	252,69	367,55	413,49	244,07	355,02	399,39	235,45	342,48	385,29	226,84	329,95	371,19	218,23	317,42	357,10	209,61	304,89	343
	III	4.069,00	136,27	325,52	366,21	117,63	312,98	352,10	99,00	300,46	338,02	80,36	287,93	323,92	61,72	275,40	309,82	43,07	262,86	295,72	24,43	250,33	281
	IV	4.900,16	269,50	392,01	441,01	265,20	385,74	433,96	260,89	379,48	426,91	256,58	373,21	419,86	252,28	366,95	412,82	247,97	360,68	405,77	243,66	354,42	398
	V	5.414,66	297,80	433,17	487,31																		
	VI	5.458,91	300,24	436,71	491,30																		

Allgemeine Tabelle

MONAT bis 4.897,99 €

Lohn/ Gehalt bis	Steuerklasse	Lohn-steuer	ohne Kinderfreibetrag SolZ 5,5%	Kirchensteuer 8%	Kirchensteuer 9%	0,5 SolZ 5,5%	0,5 Kirchensteuer 8%	0,5 Kirchensteuer 9%	1,0 SolZ 5,5%	1,0 Kirchensteuer 8%	1,0 Kirchensteuer 9%	1,5 SolZ 5,5%	1,5 Kirchensteuer 8%	1,5 Kirchensteuer 9%	2,0 SolZ 5,5%	2,0 Kirchensteuer 8%	2,0 Kirchensteuer 9%	2,5 SolZ 5,5%	2,5 Kirchensteuer 8%	2,5 Kirchensteuer 9%	3,0 SolZ 5,5%	3,0 Kirchensteuer 8%	3,0 Kirchensteuer 9%
4.879,99 (West)	I	4.893,66	269,15	391,49	440,42	260,53	378,96	426,33	251,91	366,42	412,22	243,30	353,89	398,12	234,68	341,36	384,03	226,06	328,82	369,92	217,45	316,29	355,82
	II	4.744,58	260,95	379,56	427,01	252,33	367,03	412,91	243,71	354,50	398,81	235,10	341,96	384,71	226,48	329,43	370,61	217,86	316,90	356,51	209,25	304,36	342,41
	III	4.062,50	135,50	325,00	365,62	116,85	312,46	351,52	98,21	299,93	337,42	79,57	287,40	323,32	60,92	274,86	309,22	42,28	262,33	295,12	23,64	249,80	281,02
	IV	4.893,66	269,15	391,49	440,42	264,84	385,22	433,37	260,53	378,96	426,33	256,22	372,69	419,27	251,91	366,42	412,22	247,61	360,16	405,18	243,30	353,89	398,12
	V	5.408,08	297,44	432,64	486,72																		
	VI	5.452,41	299,88	436,19	490,71																		
4.879,99 (Ost)	I	4.901,41	269,57	392,11	441,12	260,96	379,58	427,03	252,34	367,05	412,93	243,73	354,52	398,83	235,11	341,98	384,73	226,49	329,45	370,63	217,88	316,92	356,53
	II	4.752,33	261,37	380,18	427,70	252,76	367,65	413,60	244,14	355,12	399,51	235,53	342,59	385,41	226,91	330,06	371,31	218,29	317,52	357,21	209,68	304,99	343,11
	III	4.070,33	136,43	325,62	366,32	117,79	313,09	352,22	99,14	300,56	338,13	80,50	288,02	324,02	61,86	275,49	309,92	43,21	262,96	295,83	24,57	250,42	281,72
	IV	4.901,41	269,57	392,11	441,12	265,27	385,85	434,08	260,96	379,58	427,03	256,65	373,32	419,98	252,34	367,05	412,93	248,04	360,78	405,88	243,73	354,52	398,83
	V	5.415,91	297,87	433,27	487,43																		
	VI	5.460,25	300,31	436,82	491,42																		
4.882,99 (West)	I	4.894,91	269,22	391,59	440,54	260,60	379,06	426,44	251,98	366,52	412,34	243,37	353,99	398,24	234,75	341,46	384,14	226,13	328,92	370,04	217,52	316,39	355,94
	II	4.745,83	261,02	379,66	427,12	252,40	367,13	413,02	243,78	354,60	398,92	235,17	342,06	384,82	226,55	329,53	370,72	217,93	317,00	356,62	209,32	304,46	342,52
	III	4.063,83	135,66	325,10	365,74	117,01	312,57	351,64	98,37	300,04	337,54	79,73	287,50	323,44	61,08	274,97	309,34	42,44	262,44	295,24	23,80	249,90	281,14
	IV	4.894,91	269,22	391,59	440,54	264,91	385,32	433,49	260,60	379,06	426,44	256,29	372,79	419,39	251,98	366,52	412,34	247,67	360,26	405,29	243,37	353,99	398,24
	V	5.409,33	297,51	432,74	486,83																		
	VI	5.453,66	299,95	436,29	490,82																		
4.882,99 (Ost)	I	4.902,75	269,65	392,22	441,24	261,03	379,68	427,14	252,41	367,15	413,04	243,80	354,62	398,94	235,18	342,08	384,84	226,56	329,55	370,74	217,95	317,02	356,64
	II	4.753,58	261,44	380,28	427,82	252,83	367,75	413,72	244,21	355,22	399,62	235,60	342,69	385,52	226,98	330,16	371,43	218,36	317,62	357,32	209,75	305,09	343,22
	III	4.071,66	136,59	325,73	366,44	117,94	313,20	352,35	99,30	300,66	338,24	80,66	288,13	324,14	62,01	275,60	310,05	43,37	263,06	295,94	24,73	250,53	281,84
	IV	4.902,75	269,65	392,22	441,24	265,34	385,95	434,19	261,03	379,68	427,14	256,72	373,42	420,09	252,41	367,15	413,04	248,10	360,88	405,99	243,80	354,62	398,94
	V	5.417,16	297,94	433,37	487,54																		
	VI	5.461,50	300,38	436,92	491,53																		
4.885,99 (West)	I	4.896,16	269,28	391,69	440,65	260,67	379,16	426,55	252,05	366,62	412,45	243,43	354,09	398,35	234,82	341,56	384,25	226,20	329,02	370,15	217,59	316,50	356,06
	II	4.747,08	261,08	379,76	427,23	252,47	367,23	413,13	243,85	354,70	399,03	235,23	342,16	384,93	226,62	329,63	370,83	218,00	317,10	356,73	209,38	304,56	342,63
	III	4.065,00	135,79	325,20	365,85	117,15	312,66	351,74	98,51	300,13	337,64	79,86	287,60	323,55	61,22	275,06	309,44	42,58	262,53	295,34	23,93	250,00	281,25
	IV	4.896,16	269,28	391,69	440,65	264,98	385,42	433,60	260,67	379,16	426,55	256,36	372,89	419,50	252,05	366,62	412,45	247,74	360,36	405,40	243,43	354,09	398,35
	V	5.410,58	297,58	432,84	486,95																		
	VI	5.454,91	300,02	436,39	490,94																		
4.885,99 (Ost)	I	4.904,00	269,72	392,32	441,36	261,10	379,78	427,25	252,48	367,25	413,15	243,87	354,72	399,06	235,25	342,18	384,95	226,63	329,65	370,85	218,02	317,12	356,76
	II	4.754,91	261,52	380,39	427,94	252,90	367,86	413,84	244,28	355,32	399,74	235,67	342,79	385,64	227,05	330,26	371,54	218,43	317,72	357,44	209,82	305,19	343,34
	III	4.072,83	136,73	325,82	366,55	118,08	313,29	352,45	99,44	300,76	338,35	80,80	288,22	324,25	62,15	275,69	310,15	43,51	263,16	296,05	24,87	250,62	281,95
	IV	4.904,00	269,72	392,32	441,36	265,41	386,05	434,30	261,10	379,78	427,25	256,79	373,52	420,21	252,48	367,25	413,15	248,17	360,98	406,10	243,87	354,72	399,06
	V	5.418,41	298,01	433,47	487,65																		
	VI	5.462,75	300,45	437,02	491,64																		
4.888,99 (West)	I	4.897,41	269,35	391,79	440,76	260,74	379,26	426,66	252,12	366,72	412,56	243,50	354,19	398,46	234,89	341,66	384,37	226,27	329,13	370,27	217,66	316,60	356,17
	II	4.748,33	261,15	379,86	427,34	252,54	367,33	413,24	243,92	354,80	399,15	235,30	342,26	385,04	226,69	329,73	370,94	218,07	317,20	356,85	209,45	304,66	342,74
	III	4.066,33	135,95	325,30	365,96	117,31	312,77	351,86	98,67	300,24	337,77	80,02	287,70	323,66	61,38	275,17	309,56	42,74	262,64	295,47	24,09	250,10	281,36
	IV	4.897,41	269,35	391,79	440,76	265,04	385,52	433,71	260,74	379,26	426,66	256,43	372,99	419,61	252,12	366,72	412,56	247,81	360,46	405,51	243,50	354,19	398,46
	V	5.411,83	297,65	432,94	487,06																		
	VI	5.456,16	300,08	436,49	491,05																		
4.888,99 (Ost)	I	4.905,25	269,78	392,42	441,47	261,17	379,88	427,37	252,55	367,35	413,27	243,93	354,82	399,17	235,32	342,28	385,07	226,70	329,75	370,97	218,08	317,22	356,87
	II	4.756,16	261,58	380,49	428,05	252,97	367,96	413,95	244,35	355,42	399,85	235,73	342,89	385,75	227,12	330,36	371,65	218,50	317,82	357,55	209,88	305,29	343,45
	III	4.074,16	136,88	325,93	366,67	118,24	313,40	352,57	99,60	300,86	338,47	80,95	288,33	324,37	62,31	275,80	310,27	43,67	263,26	296,17	25,02	250,73	282,07
	IV	4.905,25	269,78	392,42	441,47	265,48	386,15	434,42	261,17	379,88	427,37	256,86	373,62	420,32	252,55	367,35	413,27	248,24	361,08	406,22	243,93	354,82	399,17
	V	5.419,66	298,08	433,57	487,76																		
	VI	5.464,00	300,52	437,12	491,76																		
4.891,99 (West)	I	4.898,66	269,42	391,89	440,87	260,81	379,36	426,78	252,19	366,82	412,67	243,58	354,30	398,58	234,96	341,76	384,48	226,34	329,23	370,38	217,73	316,70	356,28
	II	4.749,58	261,22	379,96	427,46	252,61	367,43	413,36	243,99	354,90	399,26	235,37	342,36	385,16	226,76	329,83	371,06	218,14	317,30	356,96	209,53	304,77	342,86
	III	4.067,50	136,09	325,40	366,07	117,45	312,86	351,97	98,80	300,33	337,87	80,16	287,80	323,77	61,52	275,26	309,67	42,87	262,73	295,57	24,23	250,20	281,47
	IV	4.898,66	269,42	391,89	440,87	265,11	385,62	433,82	260,81	379,36	426,78	256,50	373,09	419,72	252,19	366,82	412,67	247,88	360,56	405,63	243,58	354,30	398,58
	V	5.413,16	297,72	433,05	487,18																		
	VI	5.457,41	300,15	436,59	491,16																		
4.891,99 (Ost)	I	4.906,50	269,85	392,52	441,58	261,24	379,98	427,48	252,62	367,45	413,38	244,00	354,92	399,28	235,39	342,38	385,18	226,77	329,85	371,08	218,15	317,32	356,98
	II	4.757,41	261,65	380,59	428,16	253,04	368,06	414,06	244,42	355,52	399,96	235,80	342,99	385,86	227,19	330,46	371,76	218,57	317,92	357,66	209,95	305,39	343,56
	III	4.075,33	137,02	326,02	366,77	118,38	313,49	352,67	99,74	300,96	338,58	81,09	288,42	324,47	62,45	275,89	310,37	43,81	263,36	296,28	25,16	250,82	282,17
	IV	4.906,50	269,85	392,52	441,58	265,54	386,25	434,53	261,24	379,98	427,48	256,93	373,72	420,43	252,62	367,45	413,38	248,31	361,18	406,33	244,00	354,92	399,28
	V	5.420,91	298,15	433,67	487,88																		
	VI	5.465,25	300,58	437,22	491,87																		
4.894,99 (West)	I	4.899,91	269,49	391,99	440,99	260,88	379,46	426,89	252,26	366,93	412,79	243,65	354,40	398,70	235,03	341,86	384,59	226,41	329,33	370,49	217,80	316,80	356,40
	II	4.750,83	261,29	380,06	427,57	252,67	367,53	413,47	244,06	355,00	399,37	235,44	342,46	385,27	226,83	329,94	371,18	218,21	317,40	357,08	209,60	304,87	342,98
	III	4.068,83	136,25	325,50	366,19	117,61	312,97	352,09	98,96	300,44	337,99	80,32	287,90	323,89	61,68	275,37	309,79	43,03	262,84	295,69	24,39	250,30	281,59
	IV	4.899,91	269,49	391,99	440,99	265,18	385,72	433,94	260,88	379,46	426,89	256,57	373,20	419,85	252,26	366,93	412,79	247,95	360,66	405,74	243,65	354,40	398,70
	V	5.414,41	297,79	433,15	487,29																		
	VI	5.458,66	300,22	436,69	491,27																		
4.894,99 (Ost)	I	4.907,75	269,92	392,62	441,69	261,30	380,08	427,59	252,69	367,55	413,49	244,07	355,02	399,39	235,45	342,48	385,29	226,84	329,95	371,19	218,23	317,42	357,10
	II	4.758,66	261,72	380,69	428,27	253,11	368,16	414,18	244,49	355,62	400,07	235,87	343,09	385,97	227,26	330,56	371,88	218,64	318,02	357,77	210,02	305,49	343,67
	III	4.076,66	137,18	326,13	366,89	118,54	313,60	352,80	99,90	301,06	338,69	81,25	288,53	324,59	62,61	276,00	310,50	43,97	263,46	296,39	25,32	250,93	282,29
	IV	4.907,75	269,92	392,62	441,69	265,61	386,35	434,64	261,30	380,08	427,59	257,00	373,82	420,54	252,69	367,55	413,49	248,38	361,28	406,44	244,07	355,02	399,39
	V	5.422,16	298,21	433,77	487,99																		
	VI	5.466,50	300,65	437,32	491,98																		
4.897,99 (West)	I	4.901,25	269,56	392,10	441,11	260,95	379,56	427,01	252,33	367,03	412,91	243,71	354,50	398,81	235,10	341,96	384,71	226,48	329,43	370,61	217,86	316,90	356,51
	II	4.752,08	261,36	380,16	427,68	252,74	367,63	413,58	244,13	355,10	399,49	235,51	342,57	385,39	226,90	330,04	371,29	218,28	317,50	357,19	209,66	304,97	343,09
	III	4.070,00	136,39	325,60	366,30	117,75	313,06	352,19	99,10	300,53	338,09	80,46	288,00	324,00	61,82	275,46	309,89	43,19	262,94	295,81	24,55	250,41	281,71
	IV	4.901,25	269,56	392,10	441,11	265,26	385,83	434,06	260,95	379,56	427,01	256,64	373,30	419,96	252,33	367,03	412,91	248,02	360,76	405,86	243,71	354,50	398,81
	V	5.415,66	297,86	433,25	487,40																		
	VI	5.460,00	300,30	436,80	491,40																		
4.897,99 (Ost)	I	4.909,00	269,99	392,72	441,81	261,37	380,18	427,70	252,76	367,65	413,60	244,14	355,12	399,51	235,53	342,59	385,41	226,91	330,06	371,31	218,29	317,52	357,21
	II	4.759,91	261,79	380,79	428,39	253,17	368,26	414,29	244,56	355,72	400,19	235,94	343,19	386,09	227,32	330,66	371,99	218,71	318,12	357,89	210,09	305,59	343,79
	III	4.077,83	137,32	326,22	367,00	118,68	313,69	352,90	100,03	301,16	338,80	81,39	288,62	324,70	62,77	276,10	310,61	44,12	263,57	296,51	25,48	251,04	282,42
	IV	4.909,00	269,99	392,72	441,81	265,68	386,45	434,75	261,37	380,18	427,70	257,07	373,92	420,66	252,76	367,65	413,60	248,45	361,38	406,55	244,14	355,12	399,51
	V	5.423,50	298,29	433,88	488,11																		
	VI	5.467,75	300,72	437,42	492,09																		

Anzahl Kinderfreibeträge (nur Steuerklassen I–IV)

Lohn/ Gehalt bis	Steuerklasse	Lohn-steuer	ohne Kinderfreibetrag SolZ 5,5%	Kirchensteuer 8%	Kirchensteuer 9%	0,5 SolZ 5,5%	0,5 Kirchensteuer 8%	0,5 Kirchensteuer 9%	1,0 SolZ 5,5%	1,0 Kirchensteuer 8%	1,0 Kirchensteuer 9%	1,5 SolZ 5,5%	1,5 Kirchensteuer 8%	1,5 Kirchensteuer 9%	2,0 SolZ 5,5%	2,0 Kirchensteuer 8%	2,0 Kirchensteuer 9%	2,5 SolZ 5,5%	2,5 Kirchensteuer 8%	2,5 Kirchensteuer 9%	3,0 SolZ 5,5%	3,0 Kirchensteu(er) 8%	3,0 9%
14.900,99 (West)	I	4.902,50	269,63	392,20	441,22	261,02	379,66	427,12	252,40	367,13	413,02	243,78	354,60	398,92	235,17	342,06	384,82	226,55	329,53	370,72	217,93	317,00	356
	II	4.753,33	261,43	380,26	427,79	252,82	367,74	413,70	244,20	355,20	399,60	235,58	342,67	385,50	226,97	330,14	371,40	218,35	317,60	357,30	209,73	305,07	343
	III	4.071,33	136,55	325,70	366,41	117,90	313,17	352,31	99,26	300,64	338,22	80,62	288,10	324,11	61,97	275,57	310,01	43,33	263,04	295,92	24,69	250,50	281
	IV	4.902,50	269,63	392,20	441,22	265,32	385,93	434,17	261,02	379,66	427,12	256,71	373,40	420,07	252,40	367,13	413,02	248,09	360,86	405,97	243,78	354,60	398
	V	5.416,91	297,93	433,35	487,52																		
	VI	5.461,25	300,36	436,90	491,51																		
14.900,99 (Ost)	I	4.910,25	270,06	392,82	441,92	261,44	380,28	427,82	252,83	367,75	413,72	244,21	355,22	399,62	235,60	342,69	385,52	226,98	330,16	371,43	218,36	317,62	357
	II	4.761,16	261,86	380,89	428,50	253,24	368,36	414,40	244,63	355,82	400,30	236,01	343,29	386,20	227,39	330,76	372,10	218,78	318,23	358,01	210,16	305,70	343
	III	4.079,16	137,48	326,33	367,12	118,84	313,80	353,02	100,19	301,26	338,92	81,55	288,73	324,82	62,91	276,20	310,72	44,26	263,66	296,62	25,62	251,13	282
	IV	4.910,25	270,06	392,82	441,92	265,75	386,55	434,87	261,44	380,28	427,82	257,13	374,02	420,77	252,83	367,75	413,72	248,52	361,49	406,67	244,21	355,22	399
	V	5.424,75	298,36	433,98	488,22																		
	VI	5.469,00	300,79	437,52	492,21																		
14.903,99 (West)	I	4.903,75	269,70	392,30	441,33	261,08	379,76	427,23	252,47	367,23	413,13	243,85	354,70	399,03	235,23	342,16	384,93	226,62	329,63	370,83	218,00	317,10	356
	II	4.754,66	261,50	380,37	427,91	252,89	367,84	413,82	244,27	355,30	399,71	235,65	342,77	385,61	227,04	330,24	371,52	218,42	317,70	357,41	209,80	305,17	343
	III	4.072,50	136,69	325,80	366,52	118,04	313,26	352,42	99,42	300,74	338,33	80,78	288,21	324,23	62,13	275,68	310,14	43,49	263,14	296,03	24,85	250,61	281
	IV	4.903,75	269,70	392,30	441,33	265,39	386,03	434,28	261,08	379,76	427,23	256,78	373,50	420,18	252,47	367,23	413,13	248,16	360,96	406,08	243,85	354,70	399
	V	5.418,16	297,99	433,45	487,63																		
	VI	5.462,50	300,43	437,00	491,62																		
14.903,99 (Ost)	I	4.911,50	270,13	392,92	442,03	261,52	380,39	427,94	252,90	367,86	413,84	244,28	355,32	399,74	235,67	342,79	385,64	227,05	330,26	371,54	218,43	317,72	357
	II	4.762,41	261,93	380,99	428,61	253,31	368,46	414,51	244,69	355,92	400,41	236,08	343,39	386,31	227,47	330,86	372,22	218,85	318,33	358,12	210,23	305,80	344
	III	4.080,33	137,62	326,42	367,22	119,00	313,90	353,14	100,35	301,37	339,04	81,71	288,84	324,94	63,07	276,30	310,84	44,42	263,77	296,74	25,78	251,24	282
	IV	4.911,50	270,13	392,92	442,03	265,82	386,65	434,98	261,52	380,39	427,94	257,21	374,12	420,89	252,90	367,86	413,84	248,59	361,59	406,79	244,28	355,32	399
	V	5.426,00	298,43	434,08	488,34																		
	VI	5.470,25	300,86	437,62	492,32																		
14.906,99 (West)	I	4.905,00	269,77	392,40	441,45	261,15	379,86	427,34	252,54	367,33	413,24	243,92	354,80	399,15	235,30	342,26	385,04	226,69	329,73	370,94	218,07	317,20	356
	II	4.755,91	261,57	380,47	428,03	252,95	367,94	413,93	244,34	355,40	399,83	235,72	342,87	385,73	227,10	330,34	371,63	218,49	317,80	357,53	209,87	305,27	343
	III	4.073,83	136,85	325,90	366,64	118,20	313,37	352,54	99,56	300,84	338,44	80,92	288,30	324,34	62,27	275,77	310,24	43,63	263,24	296,14	24,99	250,70	282
	IV	4.905,00	269,77	392,40	441,45	265,46	386,13	434,39	261,15	379,86	427,34	256,85	373,60	420,30	252,54	367,33	413,24	248,23	361,06	406,19	243,92	354,80	399
	V	5.419,41	298,06	433,55	487,74																		
	VI	5.463,75	300,50	437,10	491,73																		
14.906,99 (Ost)	I	4.912,83	270,20	393,02	442,15	261,58	380,49	428,05	252,97	367,96	413,95	244,35	355,42	399,85	235,73	342,89	385,75	227,12	330,36	371,65	218,50	317,82	357
	II	4.763,66	262,00	381,09	428,72	253,38	368,56	414,63	244,77	356,03	400,53	236,15	343,50	386,43	227,53	330,96	372,33	218,92	318,43	358,23	210,30	305,90	344
	III	4.081,66	137,78	326,53	367,34	119,13	314,00	353,25	100,49	301,46	339,14	81,85	288,93	325,04	63,20	276,40	310,95	44,56	263,86	296,84	25,92	251,33	282
	IV	4.912,83	270,20	393,02	442,15	265,89	386,76	435,10	261,58	380,49	428,05	257,28	374,22	421,00	252,97	367,96	413,95	248,66	361,69	406,90	244,35	355,42	399
	V	5.427,25	298,49	434,18	488,45																		
	VI	5.471,58	300,93	437,72	492,44																		
14.909,99 (West)	I	4.906,25	269,84	392,50	441,56	261,22	379,96	427,46	252,61	367,43	413,36	243,99	354,90	399,26	235,37	342,36	385,16	226,76	329,83	371,06	218,14	317,30	356
	II	4.757,16	261,64	380,57	428,14	253,02	368,04	414,04	244,41	355,50	399,94	235,79	342,97	385,84	227,17	330,44	371,74	218,56	317,90	357,64	209,94	305,37	343
	III	4.075,16	137,00	326,01	366,76	118,36	313,48	352,66	99,72	300,94	338,56	81,07	288,41	324,46	62,43	275,88	310,36	43,79	263,34	296,26	25,14	250,81	282
	IV	4.906,25	269,84	392,50	441,56	265,53	386,23	434,51	261,22	379,96	427,46	256,91	373,70	420,41	252,61	367,43	413,36	248,30	361,16	406,31	243,99	354,90	399
	V	5.420,66	298,13	433,65	487,85																		
	VI	5.465,00	300,57	437,20	491,85																		
14.909,99 (Ost)	I	4.914,08	270,27	393,12	442,26	261,65	380,59	428,16	253,04	368,06	414,06	244,42	355,52	399,96	235,80	342,99	385,86	227,19	330,46	371,76	218,57	317,92	357
	II	4.764,91	262,07	381,19	428,84	253,45	368,66	414,74	244,84	356,13	400,64	236,22	343,60	386,55	227,60	331,06	372,44	218,99	318,53	358,34	210,37	306,00	344
	III	4.083,00	137,94	326,64	367,47	119,29	314,10	353,36	100,65	301,57	339,26	82,01	289,04	325,17	63,36	276,50	311,06	44,72	263,97	296,96	26,08	251,44	282
	IV	4.914,08	270,27	393,12	442,26	265,96	386,86	435,21	261,65	380,59	428,16	257,34	374,32	421,11	253,04	368,06	414,06	248,73	361,79	407,01	244,42	355,52	399
	V	5.428,50	298,56	434,28	488,56																		
	VI	5.472,83	301,00	437,82	492,55																		
14.912,99 (West)	I	4.907,50	269,91	392,60	441,67	261,29	380,06	427,57	252,67	367,53	413,47	244,06	355,00	399,37	235,44	342,46	385,27	226,83	329,94	371,18	218,21	317,40	357
	II	4.758,41	261,71	380,67	428,25	253,09	368,14	414,15	244,47	355,60	400,05	235,86	343,07	385,95	227,24	330,54	371,85	218,62	318,00	357,75	210,01	305,47	343
	III	4.076,33	137,14	326,10	366,86	118,50	313,57	352,76	99,86	301,04	338,67	81,21	288,50	324,56	62,57	275,97	310,46	43,93	263,44	296,37	25,28	250,90	282,
	IV	4.907,50	269,91	392,60	441,67	265,60	386,33	434,62	261,29	380,06	427,57	256,98	373,80	420,52	252,67	367,53	413,47	248,37	361,26	406,42	244,06	355,00	399,
	V	5.421,91	298,20	433,75	487,97																		
	VI	5.466,25	300,64	437,30	491,96																		
14.912,99 (Ost)	I	4.915,33	270,34	393,22	442,37	261,72	380,69	428,27	253,11	368,16	414,18	244,49	355,62	400,07	235,87	343,09	385,97	227,26	330,56	371,88	218,64	318,02	357,
	II	4.766,25	262,14	381,30	428,96	253,52	368,76	414,86	244,91	356,23	400,76	236,29	343,70	386,66	227,67	331,16	372,56	219,06	318,63	358,46	210,44	306,10	344,
	III	4.084,16	138,07	326,73	367,57	119,43	314,20	353,47	100,79	301,66	339,37	82,14	289,13	325,27	63,50	276,60	311,17	44,86	264,06	297,07	26,21	251,53	282,
	IV	4.915,33	270,34	393,22	442,37	266,03	386,96	435,33	261,72	380,69	428,27	257,41	374,42	421,22	253,11	368,16	414,18	248,80	361,89	407,12	244,49	355,62	400,
	V	5.429,75	298,63	434,38	488,67																		
	VI	5.474,08	301,07	437,92	492,66																		
14.915,99 (West)	I	4.908,75	269,98	392,70	441,78	261,36	380,16	427,68	252,74	367,63	413,58	244,13	355,10	399,49	235,51	342,57	385,39	226,90	330,04	371,29	218,28	317,50	357,
	II	4.759,66	261,78	380,77	428,36	253,16	368,24	414,27	244,54	355,70	400,16	235,93	343,17	386,06	227,31	330,64	371,97	218,69	318,10	357,86	210,08	305,58	343,
	III	4.077,66	137,30	326,21	366,98	118,66	313,68	352,89	100,01	301,14	338,78	81,37	288,61	324,68	62,73	276,08	310,59	44,08	263,54	296,48	25,44	251,01	282,
	IV	4.908,75	269,98	392,70	441,78	265,67	386,43	434,73	261,36	380,16	427,68	257,05	373,90	420,63	252,74	367,63	413,58	248,43	361,36	406,53	244,13	355,10	399,
	V	5.423,25	298,27	433,86	488,09																		
	VI	5.467,50	300,71	437,40	492,07																		
14.915,99 (Ost)	I	4.916,58	270,41	393,32	442,49	261,79	380,79	428,39	253,17	368,26	414,29	244,56	355,72	400,19	235,94	343,19	386,09	227,32	330,66	371,99	218,71	318,12	357,
	II	4.767,50	262,21	381,40	429,07	253,59	368,86	414,97	244,97	356,33	400,87	236,36	343,80	386,77	227,74	331,26	372,67	219,12	318,73	358,57	210,51	306,20	344,
	III	4.085,50	138,23	326,84	367,69	119,59	314,30	353,59	100,95	301,77	339,49	82,30	289,24	325,39	63,66	276,70	311,29	45,02	264,17	297,19	26,37	251,64	283,
	IV	4.916,58	270,41	393,32	442,49	266,10	387,06	435,44	261,79	380,79	428,39	257,48	374,52	421,34	253,17	368,26	414,29	248,87	361,99	407,24	244,56	355,72	400,
	V	5.431,00	298,70	434,48	488,79																		
	VI	5.475,33	301,14	438,02	492,77																		
14.918,99 (West)	I	4.910,00	270,05	392,80	441,90	261,43	380,26	427,79	252,82	367,74	413,70	244,20	355,20	399,60	235,58	342,67	385,50	226,97	330,14	371,40	218,35	317,60	357,
	II	4.760,91	261,85	380,87	428,48	253,23	368,34	414,38	244,61	355,80	400,28	236,00	343,27	386,18	227,38	330,74	372,08	218,77	318,21	357,98	210,15	305,68	343,
	III	4.078,83	137,44	326,30	367,09	118,80	313,77	352,99	100,15	301,24	338,89	81,51	288,70	324,79	62,87	276,17	310,69	44,22	263,64	296,59	25,58	251,10	282,
	IV	4.910,00	270,05	392,80	441,90	265,74	386,53	434,84	261,43	380,26	427,79	257,12	374,00	420,75	252,82	367,74	413,70	248,51	361,47	406,65	244,20	355,20	399,
	V	5.424,50	298,34	433,96	488,20																		
	VI	5.468,75	300,78	437,50	492,18																		
14.918,99 (Ost)	I	4.917,83	270,48	393,42	442,60	261,86	380,89	428,50	253,24	368,36	414,40	244,63	355,82	400,30	236,01	343,29	386,20	227,39	330,76	372,10	218,78	318,23	358,
	II	4.768,75	262,28	381,50	429,18	253,66	368,96	415,08	245,04	356,43	400,98	236,43	343,90	386,88	227,81	331,36	372,78	219,19	318,83	358,68	210,58	306,30	344,
	III	4.086,66	138,37	326,93	367,79	119,73	314,40	353,70	101,09	301,86	339,59	82,44	289,33	325,49	63,80	276,80	311,40	45,16	264,26	297,29	26,53	251,74	283,
	IV	4.917,83	270,48	393,42	442,60	266,17	387,16	435,55	261,86	380,89	428,50	257,55	374,62	421,45	253,24	368,36	414,40	248,93	362,09	407,35	244,63	355,82	400,
	V	5.432,25	298,77	434,58	488,90																		
	VI	5.476,58	301,21	438,12	492,89																		

Anzahl Kinderfreibeträge (nur Steuerklassen I–IV)

Lohn/ Gehalt bis	Steuerklasse	Lohn-steuer	ohne Kinderfreibetrag			Anzahl Kinderfreibeträge (nur Steuerklassen I–IV)																	
						0,5			1,0			1,5			2,0			2,5			3,0		
			SolZ 5,5%	Kirchensteuer 8%	9%	SolZ 5,5%	Kirchensteuer 8%	9%	SolZ 5,5%	Kirchensteuer 8%	9%	SolZ 5,5%	Kirchensteuer 8%	9%	SolZ 5,5%	Kirchensteuer 8%	9%	SolZ 5,5%	Kirchensteuer 8%	9%	SolZ 5,5%	Kirchensteuer 8%	9%
4.921,99	I	4.911,33	270,12	392,90	442,01	261,50	380,37	427,91	252,89	367,84	413,82	244,27	355,30	399,71	235,65	342,77	385,61	227,04	330,24	371,52	218,42	317,70	357,41
(West)	II	4.762,16	261,91	380,97	428,59	253,30	368,44	414,49	244,68	355,90	400,39	236,07	343,38	386,30	227,45	330,84	372,20	218,84	318,31	358,10	210,22	305,78	344,00
	III	4.080,16	137,60	326,41	367,21	118,96	313,88	353,11	100,31	301,34	339,01	81,67	288,81	324,91	63,03	276,28	310,81	44,38	263,74	296,71	25,74	251,21	282,61
	IV	4.911,33	270,12	392,90	442,01	265,81	386,64	434,97	261,50	380,37	427,91	257,19	374,10	420,86	252,89	367,84	413,82	248,58	361,57	406,76	244,27	355,30	399,71
	V	5.425,75	298,41	434,06	488,31																		
	VI	5.470,08	300,85	437,60	492,30																		
4.921,99	I	4.919,08	270,54	393,52	442,71	261,93	380,99	428,61	253,31	368,46	414,51	244,69	355,92	400,41	236,08	343,39	386,31	227,47	330,86	372,22	218,85	318,33	358,12
(Ost)	II	4.770,00	262,35	381,60	429,30	253,73	369,06	415,19	245,11	356,53	401,09	236,50	344,00	387,00	227,88	331,46	372,89	219,26	318,93	358,79	210,65	306,40	344,70
	III	4.088,00	138,53	327,04	367,92	119,89	314,50	353,81	101,24	301,97	339,71	82,60	289,44	325,62	63,96	276,90	311,51	45,31	264,37	297,41	26,67	251,84	283,32
	IV	4.919,08	270,54	393,52	442,71	266,24	387,26	435,66	261,93	380,99	428,61	257,62	374,72	421,56	253,31	368,46	414,51	249,00	362,19	407,46	244,69	355,92	400,41
	V	5.433,50	298,84	434,68	489,01																		
	VI	5.477,83	301,28	438,22	493,00																		
4.924,99	I	4.912,58	270,19	393,00	442,13	261,57	380,47	428,03	252,95	367,94	413,93	244,34	355,40	399,83	235,72	342,87	385,73	227,10	330,34	371,63	218,49	317,80	357,53
(West)	II	4.763,41	261,98	381,07	428,70	253,37	368,54	414,61	244,75	356,01	400,51	236,14	343,48	386,41	227,52	330,94	372,31	218,90	318,41	358,21	210,29	305,88	344,11
	III	4.081,33	137,74	326,50	367,31	119,09	313,97	353,21	100,45	301,44	339,12	81,81	288,90	325,01	63,18	276,38	310,93	44,54	263,85	296,83	25,90	251,32	282,73
	IV	4.912,58	270,19	393,00	442,13	265,88	386,74	435,08	261,57	380,47	428,03	257,26	374,20	420,98	252,95	367,94	413,93	248,65	361,67	406,88	244,34	355,40	399,83
	V	5.427,00	298,48	434,16	488,43																		
	VI	5.471,33	300,92	437,70	492,41																		
4.924,99	I	4.920,33	270,61	393,62	442,82	262,00	381,09	428,72	253,38	368,56	414,63	244,77	356,03	400,53	236,15	343,50	386,43	227,53	330,96	372,33	218,92	318,43	358,23
(Ost)	II	4.771,25	262,41	381,70	429,41	253,80	369,16	415,31	245,18	356,63	401,21	236,56	344,10	387,11	227,95	331,56	373,01	219,33	319,03	358,91	210,72	306,50	344,81
	III	4.089,16	138,67	327,13	368,02	120,03	314,60	353,92	101,38	302,06	339,82	82,76	289,54	325,73	64,12	277,01	311,63	45,47	264,48	297,54	26,83	251,94	283,43
	IV	4.920,33	270,61	393,62	442,82	266,31	387,36	435,78	262,00	381,09	428,72	257,69	374,82	421,67	253,38	368,56	414,63	249,07	362,29	407,57	244,77	356,03	400,53
	V	5.434,83	298,91	434,78	489,13																		
	VI	5.479,08	301,34	438,32	493,11																		
4.927,99	I	4.913,83	270,26	393,10	442,24	261,64	380,57	428,14	253,02	368,04	414,04	244,41	355,50	399,94	235,79	342,97	385,84	227,17	330,44	371,74	218,56	317,90	357,64
(West)	II	4.764,75	262,06	381,18	428,82	253,44	368,64	414,72	244,82	356,11	400,62	236,21	343,58	386,52	227,59	331,04	372,42	218,97	318,51	358,32	210,36	305,98	344,22
	III	4.082,66	137,90	326,61	367,43	119,25	314,08	353,34	100,61	301,54	339,23	81,97	289,01	325,13	63,32	276,48	311,04	44,68	263,94	296,93	26,04	251,41	282,83
	IV	4.913,83	270,26	393,10	442,24	265,95	386,84	435,19	261,64	380,57	428,14	257,33	374,30	421,09	253,02	368,04	414,04	248,71	361,77	406,99	244,41	355,50	399,94
	V	5.428,25	298,55	434,26	488,54																		
	VI	5.472,58	300,99	437,80	492,53																		
4.927,99	I	4.921,58	270,68	393,72	442,94	262,07	381,19	428,84	253,45	368,66	414,74	244,84	356,13	400,64	236,22	343,60	386,55	227,60	331,06	372,44	218,99	318,53	358,34
(Ost)	II	4.772,50	262,48	381,80	429,52	253,87	369,26	415,42	245,25	356,73	401,32	236,63	344,20	387,22	228,02	331,67	373,13	219,40	319,14	359,03	210,79	306,60	344,93
	III	4.090,50	138,83	327,24	368,14	120,19	314,70	354,04	101,54	302,17	339,94	82,90	289,64	325,84	64,26	277,10	311,74	45,61	264,57	297,64	26,97	252,04	283,54
	IV	4.921,58	270,68	393,72	442,94	266,37	387,46	435,89	262,07	381,19	428,84	257,76	374,93	421,79	253,45	368,66	414,74	249,15	362,40	407,70	244,84	356,13	400,64
	V	5.436,08	298,98	434,88	489,24																		
	VI	5.480,33	301,41	438,42	493,22																		
4.930,99	I	4.915,08	270,32	393,20	442,35	261,71	380,67	428,25	253,09	368,14	414,15	244,47	355,60	400,05	235,86	343,07	385,95	227,24	330,54	371,85	218,62	318,00	357,75
(West)	II	4.766,00	262,13	381,28	428,94	253,51	368,74	414,83	244,89	356,21	400,73	236,28	343,68	386,64	227,66	331,14	372,53	219,04	318,61	358,43	210,43	306,08	344,34
	III	4.083,83	138,04	326,70	367,54	119,41	314,18	353,45	100,77	301,65	339,35	82,12	289,12	325,26	63,48	276,58	311,15	44,84	264,05	297,05	26,19	251,52	282,96
	IV	4.915,08	270,32	393,20	442,35	266,02	386,94	435,30	261,71	380,67	428,25	257,40	374,40	421,20	253,09	368,14	414,15	248,78	361,87	407,10	244,47	355,60	400,05
	V	5.429,50	298,62	434,36	488,65																		
	VI	5.473,83	301,06	437,90	492,64																		
4.930,99	I	4.922,91	270,76	393,83	443,06	262,14	381,30	428,96	253,52	368,76	414,86	244,91	356,23	400,76	236,29	343,70	386,66	227,67	331,16	372,56	219,06	318,63	358,46
(Ost)	II	4.773,75	262,55	381,90	429,63	253,93	369,36	415,53	245,32	356,83	401,43	236,71	344,30	387,34	228,09	331,77	373,24	219,47	319,24	359,14	210,86	306,70	345,04
	III	4.091,83	138,99	327,34	368,26	120,34	314,81	354,16	101,70	302,28	340,06	83,06	289,74	325,96	64,41	277,21	311,86	45,77	264,68	297,76	27,13	252,14	283,66
	IV	4.922,91	270,76	393,83	443,06	266,45	387,56	436,01	262,14	381,30	428,96	257,83	375,03	421,91	253,52	368,76	414,86	249,21	362,50	407,81	244,91	356,23	400,76
	V	5.437,33	299,05	434,98	489,35																		
	VI	5.481,66	301,49	438,53	493,34																		
4.933,99	I	4.916,33	270,39	393,30	442,46	261,78	380,77	428,36	253,16	368,24	414,27	244,54	355,70	400,16	235,93	343,17	386,06	227,31	330,64	371,97	218,69	318,10	357,86
(West)	II	4.767,25	262,19	381,38	429,05	253,58	368,84	414,95	244,96	356,31	400,85	236,34	343,78	386,75	227,73	331,24	372,65	219,11	318,71	358,55	210,49	306,18	344,45
	III	4.085,16	138,19	326,81	367,66	119,55	314,28	353,56	100,91	301,74	339,46	82,26	289,21	325,36	63,62	276,68	311,26	44,98	264,14	297,16	26,33	251,61	283,06
	IV	4.916,33	270,39	393,30	442,46	266,09	387,04	435,42	261,78	380,77	428,36	257,47	374,50	421,31	253,16	368,24	414,27	248,85	361,97	407,21	244,54	355,70	400,16
	V	5.430,75	298,69	434,46	488,76																		
	VI	5.475,08	301,12	438,00	492,75																		
4.933,99	I	4.924,16	270,82	393,93	443,17	262,21	381,40	429,07	253,59	368,86	414,97	244,97	356,33	400,87	236,36	343,80	386,77	227,74	331,26	372,67	219,12	318,73	358,57
(Ost)	II	4.775,00	262,62	382,00	429,75	254,01	369,47	415,65	245,39	356,94	401,55	236,77	344,40	387,45	228,16	331,87	373,35	219,54	319,34	359,25	210,92	306,80	345,15
	III	4.093,00	139,13	327,44	368,37	120,48	314,90	354,26	101,84	302,37	340,16	83,20	289,84	326,07	64,55	277,30	311,96	45,91	264,77	297,86	27,27	252,24	283,77
	IV	4.924,16	270,82	393,93	443,17	266,52	387,66	436,12	262,21	381,40	429,07	257,90	375,13	422,02	253,59	368,86	414,97	249,28	362,60	407,92	244,97	356,33	400,87
	V	5.438,58	299,12	435,08	489,47																		
	VI	5.482,91	301,56	438,63	493,46																		
14.936,99	I	4.917,58	270,46	393,40	442,58	261,85	380,87	428,48	253,23	368,34	414,38	244,61	355,80	400,28	236,00	343,27	386,18	227,38	330,74	372,08	218,77	318,21	357,98
(West)	II	4.768,50	262,26	381,48	429,16	253,65	368,94	415,06	245,03	356,41	400,96	236,41	343,88	386,86	227,80	331,34	372,76	219,18	318,81	358,66	210,56	306,28	344,56
	III	4.086,50	138,35	326,92	367,78	119,71	314,38	353,68	101,07	301,85	339,58	82,42	289,32	325,48	63,78	276,78	311,38	45,14	264,25	297,28	26,49	251,72	283,18
	IV	4.917,58	270,46	393,40	442,58	266,15	387,14	435,53	261,85	380,87	428,48	257,54	374,60	421,43	253,23	368,34	414,38	248,92	362,07	407,33	244,61	355,80	400,28
	V	5.432,00	298,76	434,56	488,88																		
	VI	5.476,33	301,19	438,10	492,86																		
14.936,99	I	4.925,41	270,89	394,03	443,28	262,28	381,50	429,18	253,66	368,96	415,08	245,04	356,43	400,98	236,43	343,90	386,88	227,81	331,36	372,78	219,19	318,83	358,68
(Ost)	II	4.776,33	262,69	382,10	429,86	254,08	369,57	415,76	245,46	357,04	401,67	236,84	344,50	387,56	228,23	331,97	373,46	219,61	319,44	359,37	210,99	306,90	345,26
	III	4.094,33	139,28	327,54	368,48	120,64	315,01	354,38	102,00	302,48	340,29	83,35	289,94	326,18	64,71	277,41	312,08	46,07	264,88	297,99	27,42	252,34	283,88
	IV	4.925,41	270,89	394,03	443,28	266,58	387,76	436,23	262,28	381,50	429,18	257,97	375,23	422,13	253,66	368,96	415,08	249,35	362,70	408,03	245,04	356,43	400,98
	V	5.439,83	299,19	435,18	489,58																		
	VI	5.484,16	301,62	438,73	493,57																		
14.939,99	I	4.918,83	270,53	393,50	442,69	261,91	380,97	428,59	253,30	368,44	414,49	244,68	355,90	400,39	236,07	343,38	386,30	227,45	330,84	372,20	218,84	318,31	358,10
(West)	II	4.769,75	262,33	381,58	429,27	253,71	369,04	415,17	245,10	356,51	401,07	236,48	343,98	386,97	227,86	331,44	372,87	219,25	318,91	358,77	210,64	306,38	344,68
	III	4.087,66	138,49	327,01	367,88	119,85	314,48	353,79	101,20	301,94	339,68	82,56	289,41	325,58	63,92	276,88	311,49	45,27	264,34	297,38	26,63	251,81	283,28
	IV	4.918,83	270,53	393,50	442,69	266,22	387,24	435,64	261,91	380,97	428,59	257,61	374,70	421,54	253,30	368,44	414,49	248,99	362,17	407,44	244,68	355,90	400,39
	V	5.433,33	298,83	434,66	488,99																		
	VI	5.477,58	301,26	438,20	492,98																		
14.939,99	I	4.926,66	270,96	394,13	443,39	262,35	381,60	429,30	253,73	369,06	415,19	245,11	356,53	401,09	236,50	344,00	387,00	227,88	331,46	372,89	219,26	318,93	358,79
(Ost)	II	4.777,58	262,76	382,20	429,98	254,15	369,67	415,88	245,53	357,14	401,78	236,91	344,60	387,68	228,30	332,07	373,58	219,68	319,54	359,48	211,06	307,00	345,38
	III	4.095,50	139,42	327,64	368,59	120,78	315,10	354,49	102,14	302,57	340,39	83,49	290,04	326,29	64,85	277,50	312,19	46,21	264,97	298,09	27,56	252,44	283,99
	IV	4.926,66	270,96	394,13	443,39	266,65	387,86	436,34	262,35	381,60	429,30	258,04	375,33	422,24	253,73	369,06	415,19	249,42	362,80	408,15	245,11	356,53	401,09
	V	5.441,08	299,25	435,28	489,69																		
	VI	5.485,41	301,69	438,83	493,68																		

Berechnung der Steuerabzüge bei höheren Monatslöhnen*)
(für Arbeitnehmer, die in allen Zweigen sozialversichert sind)

A. Berechnung der Lohnsteuer

Bei höheren als in dieser **Allgemeinen Monatslohnsteuertabelle 2023** abgedruckten Monatslöhnen ist die Lohnsteuer wie folgt zu berechnen:

1. Der Monatslohn ist ggf. um einen individuellen Freibetrag des Arbeitnehmers zu vermindern und der sich ergebende Monatslohn auf einen Jahreslohn umzurechnen (Monatslohn × 12).
2. Von dem so ermittelten Jahreslohn sind folgende Beträge abzuziehen:
   a) der Arbeitnehmer-Pauschbetrag in den Steuerklassen I bis V von .... 1 230,— €,
   b) der Sonderausgaben-Pauschbetrag
      – in den Steuerklassen I bis V .... 36,— €,
   c) die Vorsorgepauschale in allen Steuerklassen
      – bei Beitragsbemessungsgrenze West .... 13 728,— €,
      – bei Beitragsbemessungsgrenze Ost .... 13 505,— €,
   d) der Freibetrag für Alleinerziehende in der Steuerklasse II von .... 4 260,— €**)

   Der Abzug dieser Beträge ergibt das zu versteuernde Einkommen.
3. Für das sich nach Nummer 2 ergebende zu versteuernde Einkommen ist die Jahressteuer wie folgt zu ermitteln:
   a) In den Steuerklassen I, II und IV ist das zu versteuernde Einkommen zunächst auf den nächsten vollen Euro-Betrag abzurunden. Der sich ergebende Betrag ist sodann mit 0,42***) zu vervielfältigen und das Ergebnis auf den nächsten vollen Euro-Betrag abzurunden sowie um 9 972,98 €***) zu vermindern. Der sich hiernach ergebende Betrag ist die Jahressteuer.
   b) In der Steuerklasse III ist die Jahressteuer aus der Einkommensteuer-Splittingtabelle abzulesen.
      Übersteigt das zu versteuernde Einkommen 125 618 €****), so ist es zunächst nach § 39b Abs. 2 EStG i.V.m. § 32a Abs. 5 EStG zu halbieren und auf den nächsten vollen Euro-Betrag abzurunden. Der sich ergebende Betrag ist sodann mit 0,42****) zu vervielfältigen und das Ergebnis auf den nächsten vollen Euro-Betrag abzurunden sowie um 9 972,98 €****) zu vermindern. Der sich ergebende Betrag ist zu verdoppeln und ist die Jahressteuer.
4. Die sich nach Nummer 3 ergebende Jahressteuer ist durch 12 zu teilen. Bruchteile eines Cents, die sich durch die Teilung ergeben, sind fortzulassen. Der verbleibende Betrag ist die monatliche Lohnsteuer.

Berechnungsbeispiel

Ein Arbeitnehmer mit Beitragsbemessungsgrenze West hat für das Kalenderjahr 2023 die Steuerklasse III und die Zahl der Kinderfreibeträge 1,0.

Der Monatslohn beträgt 14 000 €.

Der Jahreslohn beträgt somit
14 000 € × 12 = ... 168 000,— €

Von dem Jahreslohn sind abzuziehen:

a) der Arbeitnehmer-Pauschbetrag von 1 230,— €
b) der Sonderausgaben-Pauschbetrag von .... 36,— €
c) die Vorsorgepauschale von .... 13 728,— €

./. 14 994,— €

Es ergibt sich ein zu versteuerndes Einkommen von .. 153 006,— €

davon die Hälfte,
da Steuerklasse III und Splitting-Verfahren .... 76 503,— €

abgerundet auf volle € .... 76 503,— €

Die Jahressteuer beträgt: 0,42 × 76 503 € = ... 32 131,26 €

Abzugsbetrag ..../. 9 972,98 €

ergebender Betrag .... 22 158,28 €

abgerundet auf volle € .... 22 158,— €

Verdoppelung des sich ergebenden Betrags
= Jahressteuer .... 44 316,— €

Die monatliche Lohnsteuer beträgt somit:
1/12 von 44 316 € = ... 3 693,— €

B. Berechnung des Solidaritätszuschlags und der Kirchensteuer

Zur Berechnung der Bemessungsgrundlage für den Solidaritätszuschlag und die Kirchensteuer sind vom Jahresarbeitslohn (Monatslohn abzüglich monatlicher Freibetrag × 12) zusätzlich zu den unter A Nr. 2 Buchstaben a) bis d) genannten Beträgen die Kinderfreibeträge zuzüglich der Freibeträge für Betreuungs-, Erziehungs- und Ausbildungsbedarf (= Anzahl KFB) abzuziehen, und zwar in folgender Höhe:

Anzahl KFB	0,5	1,0	1,5	2,0	2,5	3,0
– in den Steuerklassen I, II und III	€ 4 476	€ 8 952	€ 13 428	€ 17 904	€ 22 380	€ 26 856
– in der Steuerklasse IV	2 238	4 476	6 714	8 952	11 190	13 428

Für das unter A aufgeführte Berechnungsbeispiel ergibt sich hiernach folgende Bemessungsgrundlage für den Solidaritätszuschlag und die Kirchensteuer:

Jahresarbeitslohn .... 168 000,— €
Abzugsbeträge wie o. a. Berechnungsbeispiel ..../. 14 994,— €
Kinderfreibetrag und Freibetrag für Betreuungs-, Erziehungs- und Ausbildungsbedarf für den Zähler 1,0 ..... ./. 8 952,— €

verbleiben .... 144 054,— €

Die Bemessungsgrundlage errechnet sich wie folgt:
Zu versteuerndes Einkommen von .... 144 054,— €
davon die Hälfte,
da Steuerklasse III und Splitting-Verfahren .... 72 027,— €
abgerundet auf volle € .... 72 027,— €

Die Jahressteuer beträgt: 0,42 × 72 027 € = ... 30 251,34 €
Abzugsbetrag ..../. 9 972,98 €

ergebender Betrag .... 20 278,36 €
abgerundet auf volle € .... 20 278,— €
Verdoppelung des sich ergebenden Betrags
= Bemessungsgrundlage für den Solidaritätszuschlag und die Kirchensteuer .... 40 556,— €
Monatliche Bemessungsgrundlage
1/12 von 40 556 € = ... 3 379,66 €

Auf die so ermittelte Bemessungsgrundlage ist der jeweils maßgebende Prozentsatz anzuwenden:

Kirchensteuer 8 % von 3 379,66 € = ... 270,37 €
Kirchensteuer 9 % von 3 379,66 € = ... 304,16 €
Solidaritätszuschlag = ... 54,24 €

Da die Lohnsteuer als Bemessungsgrundlage für den SolZ mehr als 2 923,83 € (Steuerklasse III) beträgt, ist ein SolZ zu erheben. Die Bemessungsgrundlage liegt jedoch im Übergangsbereich, sodass der SolZ nicht mit 5,5 % von 3 379,66 € = 185,88 €, sondern nach der Minderungsregelung höchstens 11,9 % von (3 379,66 € ./. 2 923,83 €) = 54,24 € beträgt (vgl. Monatstabelle Abschnitt E „Erläuterungen zum Solidaritätszuschlag).

*) Diese Tabellen sind ab dem **1.4.2023** anzuwenden und beruhen auf dem amtlichen Programmablaufplan gemäß BMF-Schreiben vom 13.2.2023, Az.: IV C 5 – S 2361/19/10008-008 (DOK: 2023/0028419), das im Bundessteuerblatt veröffentlicht wird. Diese neuen Tabellen berücksichtigen im Vergleich zu den auf der Grundlage des mit BMF-Schreiben vom 18.11.2022, BStBl. I S. 1531, für das Jahr 2023 bekannt gegebenen Programmablaufplans erstellten alten Lohnsteuertabellen 2023 die durch das Jahressteuergesetz 2022 erfolgten Anhebungen des Arbeitnehmer-Pauschbetrags von 1200 € auf 1230 € und des Entlastungsbetrags für Alleinerziehende von 4008 € auf 4260 €. Zur Korrektur eines bereits für das Jahr 2023 nach den alten Bestimmungen durchgeführten Lohnsteuerabzugs siehe in den Erläuterungen zur Monatstabelle Abschnitt 15 Buchstabe b.

**) Der Kinderzuschlag bei einem Alleinerziehenden mit mehr als einem Kind wird nach Nr. 1 über den vom Finanzamt zur Verfügung gestellten Jahresfreibetrag abgezogen.

***) Übersteigt das zu versteuernde Einkommen 277 825 €, ist es statt mit 0,42 mit 0,45 zu vervielfältigen. Der Abzugsbetrag beläuft sich statt auf 9 972,98 € auf 18 307,73 €.

****) Übersteigt das zu versteuernde Einkommen 555 650 €, ist es statt mit 0,42 mit 0,45 zu vervielfältigen. Der Abzugsbetrag beläuft sich statt auf 9 972,98 € auf 18 307,73 €.

Allgemeine Tabelle

TAG bis 8,99 €

Lohn/Gehalt bis	Steuerklasse	Lohnsteuer	ohne Kinderfreibetrag SolZ 5,5%	Kirchensteuer 8%	Kirchensteuer 9%
0,09	V	-	-	-	-
	VI	-	-	-	-
0,19	V	-	-	-	-
	VI	0,01	-	-	-
0,29	V	-	-	-	-
	VI	0,03	-	-	-
0,39	V	-	-	-	-
	VI	0,04	-	-	-
0,49	V	-	-	-	-
	VI	0,05	-	-	-
0,59	V	-	-	-	-
	VI	0,06	-	-	-
0,69	V	-	-	-	-
	VI	0,07	-	-	-
0,79	V	-	-	-	-
	VI	0,08	-	-	-
0,89	V	-	-	-	-
	VI	0,09	-	-	-
0,99	V	-	-	-	-
	VI	0,10	-	-	-
1,09	V	-	-	-	-
	VI	0,11	-	-	-
1,19	V	-	-	-	-
	VI	0,13	-	0,01	0,01
1,29	V	-	-	-	-
	VI	0,14	-	0,01	0,01
1,39	V	-	-	-	-
	VI	0,15	-	0,01	0,01
1,49	V	-	-	-	-
	VI	0,16	-	0,01	0,01
1,59	V	-	-	-	-
	VI	0,17	-	0,01	0,01
1,69	V	-	-	-	-
	VI	0,18	-	0,01	0,01
1,79	V	-	-	-	-
	VI	0,19	-	0,01	0,01
1,89	V	-	-	-	-
	VI	0,20	-	0,01	0,01
1,99	V	-	-	-	-
	VI	0,21	-	0,01	0,01
2,09	V	-	-	-	-
	VI	0,23	-	0,01	0,02
2,19	V	-	-	-	-
	VI	0,24	-	0,01	0,02
2,29	V	-	-	-	-
	VI	0,25	-	0,02	0,02
2,39	V	-	-	-	-
	VI	0,26	-	0,02	0,02
2,49	V	-	-	-	-
	VI	0,27	-	0,02	0,02
2,59	V	-	-	-	-
	VI	0,28	-	0,02	0,02
2,69	V	-	-	-	-
	VI	0,29	-	0,02	0,02
2,79	V	-	-	-	-
	VI	0,30	-	0,02	0,02
2,89	V	-	-	-	-
	VI	0,31	-	0,02	0,02
2,99	V	-	-	-	-
	VI	0,32	-	0,02	0,02
3,09	V	-	-	-	-
	VI	0,33	-	0,02	0,02
3,19	V	-	-	-	-
	VI	0,35	-	0,02	0,03
3,29	V	-	-	-	-
	VI	0,36	-	0,02	0,03
3,39	V	-	-	-	-
	VI	0,37	-	0,02	0,03
3,49	V	-	-	-	-
	VI	0,38	-	0,03	0,03
3,59	V	-	-	-	-
	VI	0,39	-	0,03	0,03
3,69	V	-	-	-	-
	VI	0,40	-	0,03	0,03
3,79	V	-	-	-	-
	VI	0,41	-	0,03	0,03
3,89	V	-	-	-	-
	VI	0,42	-	0,03	0,03
3,99	V	-	-	-	-
	VI	0,43	-	0,03	0,03
4,09	V	-	-	-	-
	VI	0,45	-	0,03	0,04
4,19	V	-	-	-	-
	VI	0,46	-	0,03	0,04
4,29	V	-	-	-	-
	VI	0,47	-	0,03	0,04
4,39	V	-	-	-	-
	VI	0,48	-	0,03	0,04
4,49	V	-	-	-	-
	VI	0,49	-	0,03	0,04
4,59	V	0,01	-	-	-
	VI	0,50	-	0,04	0,04
4,69	V	0,02	-	-	-
	VI	0,51	-	0,04	0,04
4,79	V	0,03	-	-	-
	VI	0,52	-	0,04	0,04
4,89	V	0,04	-	-	-
	VI	0,53	-	0,04	0,04
4,99	V	0,05	-	-	-
	VI	0,55	-	0,04	0,04
5,09	V	0,06	-	-	-
	VI	0,56	-	0,04	0,05
5,19	V	0,07	-	-	-
	VI	0,57	-	0,04	0,05
5,29	V	0,08	-	-	-
	VI	0,58	-	0,04	0,05
5,39	V	0,10	-	-	-
	VI	0,59	-	0,04	0,05
5,49	V	0,11	-	-	-
	VI	0,60	-	0,04	0,05
5,59	V	0,12	-	-	0,01
	VI	0,61	-	0,04	0,05
5,69	V	0,13	-	0,01	0,01
	VI	0,62	-	0,04	0,05
5,79	V	0,14	-	0,01	0,01
	VI	0,63	-	0,05	0,05
5,89	V	0,15	-	0,01	0,01
	VI	0,64	-	0,05	0,05
5,99	V	0,16	-	0,01	0,01
	VI	0,65	-	0,05	0,05
6,09	V	0,17	-	0,01	0,01
	VI	0,66	-	0,05	0,05
6,19	V	0,18	-	0,01	0,01
	VI	0,68	-	0,05	0,06
6,29	V	0,20	-	0,01	0,01
	VI	0,69	-	0,05	0,06
6,39	V	0,21	-	0,01	0,01
	VI	0,70	-	0,05	0,06
6,49	V	0,22	-	0,01	0,01
	VI	0,71	-	0,05	0,06
6,59	V	0,23	-	0,01	0,02
	VI	0,72	-	0,05	0,06
6,69	V	0,24	-	0,01	0,02
	VI	0,73	-	0,05	0,06
6,79	V	0,25	-	0,02	0,02
	VI	0,74	-	0,05	0,06
6,89	V	0,26	-	0,02	0,02
	VI	0,75	-	0,06	0,06
6,99	V	0,27	-	0,02	0,02
	VI	0,76	-	0,06	0,06
7,09	V	0,28	-	0,02	0,02
	VI	0,78	-	0,06	0,07
7,19	V	0,30	-	0,02	0,02
	VI	0,79	-	0,06	0,07
7,29	V	0,31	-	0,02	0,02
	VI	0,80	-	0,06	0,07
7,39	V	0,32	-	0,02	0,02
	VI	0,81	-	0,06	0,07
7,49	V	0,33	-	0,02	0,02
	VI	0,82	-	0,06	0,07
7,59	V	0,34	-	0,02	0,03
	VI	0,83	-	0,06	0,07
7,69	V	0,35	-	0,02	0,03
	VI	0,84	-	0,06	0,07
7,79	V	0,36	-	0,02	0,03
	VI	0,85	-	0,06	0,07
7,89	V	0,37	-	0,02	0,03
	VI	0,86	-	0,06	0,07
7,99	V	0,38	-	0,03	0,03
	VI	0,88	-	0,07	0,07
8,09	V	0,39	-	0,03	0,03
	VI	0,89	-	0,07	0,08
8,19	V	0,40	-	0,03	0,03
	VI	0,90	-	0,07	0,08
8,29	V	0,41	-	0,03	0,03
	VI	0,91	-	0,07	0,08
8,39	V	0,43	-	0,03	0,03
	VI	0,92	-	0,07	0,08
8,49	V	0,44	-	0,03	0,03
	VI	0,93	-	0,07	0,08
8,59	V	0,45	-	0,03	0,04
	VI	0,94	-	0,07	0,08
8,69	V	0,46	-	0,03	0,04
	VI	0,95	-	0,07	0,08
8,79	V	0,47	-	0,03	0,04
	VI	0,96	-	0,07	0,08
8,89	V	0,48	-	0,03	0,04
	VI	0,97	-	0,07	0,08
8,99	V	0,49	-	0,03	0,04
	VI	0,98	-	0,07	0,08

s täglich 43,09 € entstehen für die Steuerklassen I bis IV keine Steuerabzüge.

TAG bis 21,59 €

Allgemeine Tabelle

Lohn/ Gehalt bis	Steuerklasse	Lohn-steuer	ohne Kinderfreibetrag SolZ 5,5%	Kirchensteuer 8%	9%
9,09	V	0,50	-	0,04	0,04
	VI	1,00	-	0,08	0,09
9,19	V	0,51	-	0,04	0,04
	VI	1,01	-	0,08	0,09
9,29	V	0,53	-	0,04	0,04
	VI	1,02	-	0,08	0,09
9,39	V	0,54	-	0,04	0,04
	VI	1,03	-	0,08	0,09
9,49	V	0,55	-	0,04	0,04
	VI	1,04	-	0,08	0,09
9,59	V	0,56	-	0,04	0,05
	VI	1,05	-	0,08	0,09
9,69	V	0,57	-	0,04	0,05
	VI	1,06	-	0,08	0,09
9,79	V	0,58	-	0,04	0,05
	VI	1,07	-	0,08	0,09
9,89	V	0,59	-	0,04	0,05
	VI	1,08	-	0,08	0,09
9,99	V	0,60	-	0,04	0,05
	VI	1,10	-	0,08	0,09
10,09	V	0,61	-	0,04	0,05
	VI	1,11	-	0,08	0,09
10,19	V	0,63	-	0,05	0,05
	VI	1,12	-	0,08	0,10
10,29	V	0,64	-	0,05	0,05
	VI	1,13	-	0,09	0,10
10,39	V	0,65	-	0,05	0,05
	VI	1,14	-	0,09	0,10
10,49	V	0,66	-	0,05	0,05
	VI	1,15	-	0,09	0,10
10,59	V	0,67	-	0,05	0,06
	VI	1,16	-	0,09	0,10
10,69	V	0,68	-	0,05	0,06
	VI	1,17	-	0,09	0,10
10,79	V	0,69	-	0,05	0,06
	VI	1,18	-	0,09	0,10
10,89	V	0,70	-	0,05	0,06
	VI	1,20	-	0,09	0,10
10,99	V	0,71	-	0,05	0,06
	VI	1,21	-	0,09	0,10
11,09	V	0,72	-	0,05	0,06
	VI	1,22	-	0,09	0,10
11,19	V	0,73	-	0,05	0,06
	VI	1,23	-	0,09	0,11
11,29	V	0,75	-	0,06	0,06
	VI	1,24	-	0,09	0,11
11,39	V	0,76	-	0,06	0,06
	VI	1,25	-	0,10	0,11
11,49	V	0,77	-	0,06	0,06
	VI	1,26	-	0,10	0,11
11,59	V	0,78	-	0,06	0,07
	VI	1,27	-	0,10	0,11
11,69	V	0,79	-	0,06	0,07
	VI	1,28	-	0,10	0,11
11,79	V	0,80	-	0,06	0,07
	VI	1,29	-	0,10	0,11
11,89	V	0,81	-	0,06	0,07
	VI	1,30	-	0,10	0,11
11,99	V	0,82	-	0,06	0,07
	VI	1,31	-	0,10	0,11
12,09	V	0,83	-	0,06	0,07
	VI	1,33	-	0,10	0,11
12,19	V	0,85	-	0,06	0,07
	VI	1,34	-	0,10	0,12
12,29	V	0,86	-	0,06	0,07
	VI	1,35	-	0,10	0,12
12,39	V	0,87	-	0,06	0,07
	VI	1,36	-	0,10	0,12
12,49	V	0,88	-	0,07	0,07
	VI	1,37	-	0,10	0,12
12,59	V	0,89	-	0,07	0,08
	VI	1,38	-	0,11	0,12
12,69	V	0,90	-	0,07	0,08
	VI	1,39	-	0,11	0,12
12,79	V	0,91	-	0,07	0,08
	VI	1,40	-	0,11	0,12
12,89	V	0,92	-	0,07	0,08
	VI	1,41	-	0,11	0,12
12,99	V	0,93	-	0,07	0,08
	VI	1,43	-	0,11	0,12
13,09	V	0,95	-	0,07	0,08
	VI	1,44	-	0,11	0,12
13,19	V	0,96	-	0,07	0,08
	VI	1,45	-	0,11	0,13

Lohn/ Gehalt bis	Steuerklasse	Lohn-steuer	ohne Kinderfreibetrag SolZ 5,5%	Kirchensteuer 8%	9%
13,29	V	0,97	-	0,07	0,08
	VI	1,46	-	0,11	0,13
13,39	V	0,98	-	0,07	0,08
	VI	1,47	-	0,11	0,13
13,49	V	0,99	-	0,07	0,08
	VI	1,48	-	0,11	0,13
13,59	V	1,00	-	0,08	0,09
	VI	1,49	-	0,11	0,13
13,69	V	1,01	-	0,08	0,09
	VI	1,50	-	0,12	0,13
13,79	V	1,02	-	0,08	0,09
	VI	1,51	-	0,12	0,13
13,89	V	1,03	-	0,08	0,09
	VI	1,53	-	0,12	0,13
13,99	V	1,04	-	0,08	0,09
	VI	1,54	-	0,12	0,13
14,09	V	1,05	-	0,08	0,09
	VI	1,55	-	0,12	0,13
14,19	V	1,06	-	0,08	0,09
	VI	1,56	-	0,12	0,14
14,29	V	1,08	-	0,08	0,09
	VI	1,57	-	0,12	0,14
14,39	V	1,09	-	0,08	0,09
	VI	1,58	-	0,12	0,14
14,49	V	1,10	-	0,08	0,09
	VI	1,59	-	0,12	0,14
14,59	V	1,11	-	0,08	0,09
	VI	1,60	-	0,12	0,14
14,69	V	1,12	-	0,08	0,10
	VI	1,61	-	0,12	0,14
14,79	V	1,13	-	0,09	0,10
	VI	1,62	-	0,12	0,14
14,89	V	1,14	-	0,09	0,10
	VI	1,63	-	0,13	0,14
14,99	V	1,15	-	0,09	0,10
	VI	1,65	-	0,13	0,14
15,09	V	1,16	-	0,09	0,10
	VI	1,66	-	0,13	0,14
15,19	V	1,18	-	0,09	0,10
	VI	1,67	-	0,13	0,15
15,29	V	1,19	-	0,09	0,10
	VI	1,68	-	0,13	0,15
15,39	V	1,20	-	0,09	0,10
	VI	1,69	-	0,13	0,15
15,49	V	1,21	-	0,09	0,10
	VI	1,70	-	0,13	0,15
15,59	V	1,22	-	0,09	0,10
	VI	1,71	-	0,13	0,15
15,69	V	1,23	-	0,09	0,11
	VI	1,72	-	0,13	0,15
15,79	V	1,24	-	0,09	0,11
	VI	1,73	-	0,13	0,15
15,89	V	1,25	-	0,10	0,11
	VI	1,75	-	0,14	0,15
15,99	V	1,26	-	0,10	0,11
	VI	1,76	-	0,14	0,15
16,09	V	1,28	-	0,10	0,11
	VI	1,77	-	0,14	0,15
16,19	V	1,29	-	0,10	0,11
	VI	1,78	-	0,14	0,16
16,29	V	1,30	-	0,10	0,11
	VI	1,79	-	0,14	0,16
16,39	V	1,31	-	0,10	0,11
	VI	1,80	-	0,14	0,16
16,49	V	1,32	-	0,10	0,11
	VI	1,81	-	0,14	0,16
16,59	V	1,33	-	0,10	0,11
	VI	1,82	-	0,14	0,16
16,69	V	1,34	-	0,10	0,12
	VI	1,83	-	0,14	0,16
16,79	V	1,35	-	0,10	0,12
	VI	1,85	-	0,14	0,16
16,89	V	1,36	-	0,10	0,12
	VI	1,86	-	0,14	0,16
16,99	V	1,37	-	0,10	0,12
	VI	1,87	-	0,14	0,16
17,09	V	1,38	-	0,11	0,12
	VI	1,88	-	0,15	0,16
17,19	V	1,40	-	0,11	0,12
	VI	1,89	-	0,15	0,17
17,29	V	1,41	-	0,11	0,12
	VI	1,90	-	0,15	0,17
17,39	V	1,42	-	0,11	0,12
	VI	1,91	-	0,15	0,17

Lohn/ Gehalt bis	Steuerklasse	Lohn-steuer	ohne Kinderfreibetrag SolZ 5,5%	Kirchensteuer 8%
17,49	V	1,43	-	0,11
	VI	1,92	-	0,15
17,59	V	1,44	-	0,11
	VI	1,93	-	0,15
17,69	V	1,45	-	0,11
	VI	1,94	-	0,15
17,79	V	1,46	-	0,11
	VI	1,95	-	0,15
17,89	V	1,47	-	0,11
	VI	1,96	-	0,15
17,99	V	1,48	-	0,11
	VI	1,98	-	0,15
18,09	V	1,50	-	0,12
	VI	1,99	-	0,15
18,19	V	1,51	-	0,12
	VI	2,00	-	0,16
18,29	V	1,52	-	0,12
	VI	2,01	-	0,16
18,39	V	1,53	-	0,12
	VI	2,02	-	0,16
18,49	V	1,54	-	0,12
	VI	2,03	-	0,16
18,59	V	1,55	-	0,12
	VI	2,04	-	0,16
18,69	V	1,56	-	0,12
	VI	2,05	-	0,16
18,79	V	1,57	-	0,12
	VI	2,06	-	0,16
18,89	V	1,58	-	0,12
	VI	2,08	-	0,16
18,99	V	1,60	-	0,12
	VI	2,09	-	0,16
19,09	V	1,61	-	0,12
	VI	2,10	-	0,16
19,19	V	1,62	-	0,12
	VI	2,11	-	0,16
19,29	V	1,63	-	0,13
	VI	2,12	-	0,16
19,39	V	1,64	-	0,13
	VI	2,13	-	0,17
19,49	V	1,65	-	0,13
	VI	2,14	-	0,17
19,59	V	1,66	-	0,13
	VI	2,15	-	0,17
19,69	V	1,67	-	0,13
	VI	2,16	-	0,17
19,79	V	1,68	-	0,13
	VI	2,18	-	0,17
19,89	V	1,69	-	0,13
	VI	2,19	-	0,17
19,99	V	1,70	-	0,13
	VI	2,20	-	0,17
20,09	V	1,71	-	0,13
	VI	2,21	-	0,17
20,19	V	1,73	-	0,13
	VI	2,22	-	0,17
20,29	V	1,74	-	0,13
	VI	2,23	-	0,17
20,39	V	1,75	-	0,14
	VI	2,24	-	0,17
20,49	V	1,76	-	0,14
	VI	2,25	-	0,18
20,59	V	1,77	-	0,14
	VI	2,26	-	0,18
20,69	V	1,78	-	0,14
	VI	2,27	-	0,18
20,79	V	1,79	-	0,14
	VI	2,28	-	0,18
20,89	V	1,80	-	0,14
	VI	2,30	-	0,18
20,99	V	1,81	-	0,14
	VI	2,31	-	0,18
21,09	V	1,83	-	0,14
	VI	2,32	-	0,18
21,19	V	1,84	-	0,14
	VI	2,33	-	0,18
21,29	V	1,85	-	0,14
	VI	2,34	-	0,18
21,39	V	1,86	-	0,14
	VI	2,35	-	0,18
21,49	V	1,87	-	0,14
	VI	2,36	-	0,18
21,59	V	1,88	-	0,15
	VI	2,37	-	0,18

Bis täglich 43,09 € entstehen für die Steuerklassen I bis IV keine Steuerabzü

Lohn/ Gehalt bis	Steuerklasse	Lohnsteuer	ohne Kinderfreibetrag SolZ 5,5%	Kirchensteuer 8%	9%
21,69	V	1,89	-	0,15	0,17
	VI	2,38	-	0,19	0,21
21,79	V	1,90	-	0,15	0,17
	VI	2,40	-	0,19	0,21
21,89	V	1,91	-	0,15	0,17
	VI	2,41	-	0,19	0,21
21,99	V	1,93	-	0,15	0,17
	VI	2,42	-	0,19	0,21
22,09	V	1,94	-	0,15	0,17
	VI	2,43	-	0,19	0,21
22,19	V	1,95	-	0,15	0,17
	VI	2,44	-	0,19	0,21
22,29	V	1,96	-	0,15	0,17
	VI	2,45	-	0,19	0,22
22,39	V	1,97	-	0,15	0,17
	VI	2,46	-	0,19	0,22
22,49	V	1,98	-	0,15	0,17
	VI	2,47	-	0,19	0,22
22,59	V	1,99	-	0,15	0,17
	VI	2,48	-	0,19	0,22
22,69	V	2,00	-	0,16	0,18
	VI	2,50	-	0,20	0,22
22,79	V	2,01	-	0,16	0,18
	VI	2,51	-	0,20	0,22
22,89	V	2,02	-	0,16	0,18
	VI	2,52	-	0,20	0,22
22,99	V	2,03	-	0,16	0,18
	VI	2,53	-	0,20	0,22
23,09	V	2,05	-	0,16	0,18
	VI	2,54	-	0,20	0,22
23,19	V	2,06	-	0,16	0,18
	VI	2,55	-	0,20	0,22
23,29	V	2,07	-	0,16	0,18
	VI	2,56	-	0,20	0,23
23,39	V	2,08	-	0,16	0,18
	VI	2,57	-	0,20	0,23
23,49	V	2,09	-	0,16	0,18
	VI	2,58	-	0,20	0,23
23,59	V	2,10	-	0,16	0,18
	VI	2,59	-	0,20	0,23
23,69	V	2,11	-	0,16	0,18
	VI	2,60	-	0,20	0,23
23,79	V	2,12	-	0,16	0,19
	VI	2,61	-	0,20	0,23
23,89	V	2,13	-	0,17	0,19
	VI	2,63	-	0,21	0,23
23,99	V	2,15	-	0,17	0,19
	VI	2,64	-	0,21	0,23
24,09	V	2,16	-	0,17	0,19
	VI	2,65	-	0,21	0,23
24,19	V	2,17	-	0,17	0,19
	VI	2,66	-	0,21	0,23
24,29	V	2,18	-	0,17	0,19
	VI	2,67	-	0,21	0,24
24,39	V	2,19	-	0,17	0,19
	VI	2,68	-	0,21	0,24
24,49	V	2,20	-	0,17	0,19
	VI	2,69	-	0,21	0,24
24,59	V	2,21	-	0,17	0,19
	VI	2,70	-	0,21	0,24
24,69	V	2,22	-	0,17	0,19
	VI	2,71	-	0,21	0,24
24,79	V	2,23	-	0,17	0,20
	VI	2,73	-	0,21	0,24
24,89	V	2,25	-	0,18	0,20
	VI	2,74	-	0,21	0,24
24,99	V	2,26	-	0,18	0,20
	VI	2,75	-	0,22	0,24
25,09	V	2,27	-	0,18	0,20
	VI	2,76	-	0,22	0,24
25,19	V	2,28	-	0,18	0,20
	VI	2,77	-	0,22	0,24
25,29	V	2,29	-	0,18	0,20
	VI	2,78	-	0,22	0,25
25,39	V	2,30	-	0,18	0,20
	VI	2,79	-	0,22	0,25
25,49	V	2,31	-	0,18	0,20
	VI	2,80	-	0,22	0,25
25,59	V	2,32	-	0,18	0,20
	VI	2,81	-	0,22	0,25
25,69	V	2,33	-	0,18	0,20
	VI	2,83	-	0,22	0,25
25,79	V	2,34	-	0,18	0,21
	VI	2,84	-	0,22	0,25
25,89	V	2,35	-	0,18	0,21
	VI	2,85	-	0,22	0,25
25,99	V	2,36	-	0,18	0,21
	VI	2,86	-	0,22	0,25
26,09	V	2,38	-	0,19	0,21
	VI	2,87	-	0,22	0,25
26,19	V	2,39	-	0,19	0,21
	VI	2,88	-	0,23	0,25
26,29	V	2,40	-	0,19	0,21
	VI	2,89	-	0,23	0,26
26,39	V	2,41	-	0,19	0,21
	VI	2,90	-	0,23	0,26
26,49	V	2,42	-	0,19	0,21
	VI	2,91	-	0,23	0,26
26,59	V	2,43	-	0,19	0,21
	VI	2,92	-	0,23	0,26
26,69	V	2,44	-	0,19	0,21
	VI	2,93	-	0,23	0,26
26,79	V	2,45	-	0,19	0,22
	VI	2,95	-	0,23	0,26
26,89	V	2,46	-	0,19	0,22
	VI	2,96	-	0,23	0,26
26,99	V	2,48	-	0,19	0,22
	VI	2,97	-	0,23	0,26
27,09	V	2,49	-	0,19	0,22
	VI	2,98	-	0,23	0,26
27,19	V	2,50	-	0,20	0,22
	VI	2,99	-	0,23	0,26
27,29	V	2,51	-	0,20	0,22
	VI	3,00	-	0,24	0,27
27,39	V	2,52	-	0,20	0,22
	VI	3,01	-	0,24	0,27
27,49	V	2,53	-	0,20	0,22
	VI	3,02	-	0,24	0,27
27,59	V	2,54	-	0,20	0,22
	VI	3,03	-	0,24	0,27
27,69	V	2,55	-	0,20	0,22
	VI	3,05	-	0,24	0,27
27,79	V	2,56	-	0,20	0,23
	VI	3,06	-	0,24	0,27
27,89	V	2,58	-	0,20	0,23
	VI	3,07	-	0,24	0,27
27,99	V	2,59	-	0,20	0,23
	VI	3,08	-	0,24	0,27
28,09	V	2,60	-	0,20	0,23
	VI	3,09	-	0,24	0,27
28,19	V	2,61	-	0,20	0,23
	VI	3,10	-	0,24	0,27
28,29	V	2,62	-	0,20	0,23
	VI	3,11	-	0,24	0,27
28,39	V	2,63	-	0,21	0,23
	VI	3,12	-	0,24	0,28
28,49	V	2,64	-	0,21	0,23
	VI	3,13	-	0,25	0,28
28,59	V	2,65	-	0,21	0,23
	VI	3,15	-	0,25	0,28
28,69	V	2,66	-	0,21	0,23
	VI	3,16	-	0,25	0,28
28,79	V	2,67	-	0,21	0,24
	VI	3,17	-	0,25	0,28
28,89	V	2,68	-	0,21	0,24
	VI	3,18	-	0,25	0,28
28,99	V	2,70	-	0,21	0,24
	VI	3,19	-	0,25	0,28
29,09	V	2,71	-	0,21	0,24
	VI	3,20	-	0,25	0,28
29,19	V	2,72	-	0,21	0,24
	VI	3,21	-	0,25	0,28
29,29	V	2,73	-	0,21	0,24
	VI	3,22	-	0,25	0,28
29,39	V	2,74	-	0,21	0,24
	VI	3,23	-	0,25	0,29
29,49	V	2,75	-	0,22	0,24
	VI	3,24	-	0,25	0,29
29,59	V	2,76	-	0,22	0,24
	VI	3,25	-	0,26	0,29
29,69	V	2,77	-	0,22	0,24
	VI	3,26	-	0,26	0,29
29,79	V	2,78	-	0,22	0,25
	VI	3,28	-	0,26	0,29
29,89	V	2,80	-	0,22	0,25
	VI	3,29	-	0,26	0,29
29,99	V	2,81	-	0,22	0,25
	VI	3,30	-	0,26	0,29
30,09	I	-	-	-	-
	II	-	-	-	-
	III	-	-	-	-
	IV	-	-	-	-
	V	2,82	-	0,22	0,25
	VI	3,31	-	0,26	0,29
30,19	I	-	-	-	-
	II	-	-	-	-
	III	-	-	-	-
	IV	-	-	-	-
	V	2,83	-	0,22	0,25
	VI	3,32	-	0,26	0,29
30,29	I	-	-	-	-
	II	-	-	-	-
	III	-	-	-	-
	IV	-	-	-	-
	V	2,84	-	0,22	0,25
	VI	3,33	-	0,26	0,29
30,39	I	-	-	-	-
	II	-	-	-	-
	III	-	-	-	-
	IV	-	-	-	-
	V	2,85	-	0,22	0,25
	VI	3,34	-	0,26	0,30
30,49	I	-	-	-	-
	II	-	-	-	-
	III	-	-	-	-
	IV	-	-	-	-
	V	2,86	-	0,22	0,25
	VI	3,35	-	0,26	0,30
30,59	I	-	-	-	-
	II	-	-	-	-
	III	-	-	-	-
	IV	-	-	-	-
	V	2,87	-	0,22	0,25
	VI	3,36	-	0,26	0,30
30,69	I	-	-	-	-
	II	-	-	-	-
	III	-	-	-	-
	IV	-	-	-	-
	V	2,88	-	0,23	0,25
	VI	3,38	-	0,27	0,30
30,79	I	-	-	-	-
	II	-	-	-	-
	III	-	-	-	-
	IV	-	-	-	-
	V	2,90	-	0,23	0,26
	VI	3,39	-	0,27	0,30
30,89	I	-	-	-	-
	II	-	-	-	-
	III	-	-	-	-
	IV	-	-	-	-
	V	2,91	-	0,23	0,26
	VI	3,40	-	0,27	0,30
30,99	I	-	-	-	-
	II	-	-	-	-
	III	-	-	-	-
	IV	-	-	-	-
	V	2,92	-	0,23	0,26
	VI	3,41	-	0,27	0,30
31,09	I	-	-	-	-
	II	-	-	-	-
	III	-	-	-	-
	IV	-	-	-	-
	V	2,93	-	0,23	0,26
	VI	3,42	-	0,27	0,30
31,19	I	-	-	-	-
	II	-	-	-	-
	III	-	-	-	-
	IV	-	-	-	-
	V	2,94	-	0,23	0,26
	VI	3,43	-	0,27	0,30
31,29	I	-	-	-	-
	II	-	-	-	-
	III	-	-	-	-
	IV	-	-	-	-
	V	2,95	-	0,23	0,26
	VI	3,44	-	0,27	0,30
31,39	I	-	-	-	-
	II	-	-	-	-
	III	-	-	-	-
	IV	-	-	-	-
	V	2,96	-	0,23	0,26
	VI	3,45	-	0,27	0,31
31,49	I	-	-	-	-
	II	-	-	-	-
	III	-	-	-	-
	IV	-	-	-	-
	V	2,97	-	0,23	0,26
	VI	3,46	-	0,27	0,31

s täglich 43,09 € entstehen für die Steuerklassen I bis IV keine Steuerabzüge.

Lohn/Gehalt bis	Steuerklasse	Lohnsteuer	ohne Kinderfreibetrag SolZ 5,5%	Kirchensteuer 8%	Kirchensteuer 9%
31,59	I	-	-	-	-
	II	-	-	-	-
	III	-	-	-	-
	IV	-	-	-	-
	V	2,98	-	0,23	0,26
	VI	3,48	-	0,27	0,31
31,69	I	-	-	-	-
	II	-	-	-	-
	III	-	-	-	-
	IV	-	-	-	-
	V	2,99	-	0,23	0,26
	VI	3,49	-	0,27	0,31
31,79	I	-	-	-	-
	II	-	-	-	-
	III	-	-	-	-
	IV	-	-	-	-
	V	3,00	-	0,24	0,27
	VI	3,50	-	0,28	0,31
31,89	I	-	-	-	-
	II	-	-	-	-
	III	-	-	-	-
	IV	-	-	-	-
	V	3,01	-	0,24	0,27
	VI	3,51	-	0,28	0,31
31,99	I	-	-	-	-
	II	-	-	-	-
	III	-	-	-	-
	IV	-	-	-	-
	V	3,03	-	0,24	0,27
	VI	3,52	-	0,28	0,31
32,09	I	-	-	-	-
	II	-	-	-	-
	III	-	-	-	-
	IV	-	-	-	-
	V	3,04	-	0,24	0,27
	VI	3,53	-	0,28	0,31
32,19	I	-	-	-	-
	II	-	-	-	-
	III	-	-	-	-
	IV	-	-	-	-
	V	3,05	-	0,24	0,27
	VI	3,54	-	0,28	0,31
32,29	I	-	-	-	-
	II	-	-	-	-
	III	-	-	-	-
	IV	-	-	-	-
	V	3,06	-	0,24	0,27
	VI	3,55	-	0,28	0,31
32,39	I	-	-	-	-
	II	-	-	-	-
	III	-	-	-	-
	IV	-	-	-	-
	V	3,07	-	0,24	0,27
	VI	3,56	-	0,28	0,32
32,49	I	-	-	-	-
	II	-	-	-	-
	III	-	-	-	-
	IV	-	-	-	-
	V	3,08	-	0,24	0,27
	VI	3,57	-	0,28	0,32
32,59	I	-	-	-	-
	II	-	-	-	-
	III	-	-	-	-
	IV	-	-	-	-
	V	3,09	-	0,24	0,27
	VI	3,58	-	0,28	0,32
32,69	I	-	-	-	-
	II	-	-	-	-
	III	-	-	-	-
	IV	-	-	-	-
	V	3,10	-	0,24	0,27
	VI	3,60	-	0,28	0,32
32,79	I	-	-	-	-
	II	-	-	-	-
	III	-	-	-	-
	IV	-	-	-	-
	V	3,11	-	0,24	0,27
	VI	3,61	-	0,28	0,32
32,89	I	-	-	-	-
	II	-	-	-	-
	III	-	-	-	-
	IV	-	-	-	-
	V	3,13	-	0,25	0,28
	VI	3,62	-	0,28	0,32
32,99	I	-	-	-	-
	II	-	-	-	-
	III	-	-	-	-
	IV	-	-	-	-
	V	3,14	-	0,25	0,28
	VI	3,63	-	0,29	0,32

Lohn/Gehalt bis	Steuerklasse	Lohnsteuer	ohne Kinderfreibetrag SolZ 5,5%	Kirchensteuer 8%	Kirchensteuer 9%
33,09	I	-	-	-	-
	II	-	-	-	-
	III	-	-	-	-
	IV	-	-	-	-
	V	3,15	-	0,25	0,28
	VI	3,64	-	0,29	0,32
33,19	I	-	-	-	-
	II	-	-	-	-
	III	-	-	-	-
	IV	-	-	-	-
	V	3,16	-	0,25	0,28
	VI	3,65	-	0,29	0,32
33,29	I	-	-	-	-
	II	-	-	-	-
	III	-	-	-	-
	IV	-	-	-	-
	V	3,17	-	0,25	0,28
	VI	3,66	-	0,29	0,32
33,39	I	-	-	-	-
	II	-	-	-	-
	III	-	-	-	-
	IV	-	-	-	-
	V	3,18	-	0,25	0,28
	VI	3,67	-	0,29	0,33
33,49	I	-	-	-	-
	II	-	-	-	-
	III	-	-	-	-
	IV	-	-	-	-
	V	3,19	-	0,25	0,28
	VI	3,68	-	0,29	0,33
33,59	I	-	-	-	-
	II	-	-	-	-
	III	-	-	-	-
	IV	-	-	-	-
	V	3,20	-	0,25	0,28
	VI	3,70	-	0,29	0,33
33,69	I	-	-	-	-
	II	-	-	-	-
	III	-	-	-	-
	IV	-	-	-	-
	V	3,21	-	0,25	0,28
	VI	3,71	-	0,29	0,33
33,79	I	-	-	-	-
	II	-	-	-	-
	III	-	-	-	-
	IV	-	-	-	-
	V	3,23	-	0,25	0,29
	VI	3,72	-	0,29	0,33
33,89	I	-	-	-	-
	II	-	-	-	-
	III	-	-	-	-
	IV	-	-	-	-
	V	3,24	-	0,25	0,29
	VI	3,73	-	0,29	0,33
33,99	I	-	-	-	-
	II	-	-	-	-
	III	-	-	-	-
	IV	-	-	-	-
	V	3,25	-	0,26	0,29
	VI	3,74	-	0,29	0,33
34,09	I	-	-	-	-
	II	-	-	-	-
	III	-	-	-	-
	IV	-	-	-	-
	V	3,26	-	0,26	0,29
	VI	3,75	-	0,30	0,33
34,19	I	-	-	-	-
	II	-	-	-	-
	III	-	-	-	-
	IV	-	-	-	-
	V	3,27	-	0,26	0,29
	VI	3,76	-	0,30	0,33
34,29	I	-	-	-	-
	II	-	-	-	-
	III	-	-	-	-
	IV	-	-	-	-
	V	3,28	-	0,26	0,29
	VI	3,77	-	0,30	0,33
34,39	I	-	-	-	-
	II	-	-	-	-
	III	-	-	-	-
	IV	-	-	-	-
	V	3,29	-	0,26	0,29
	VI	3,78	-	0,30	0,34
34,49	I	-	-	-	-
	II	-	-	-	-
	III	-	-	-	-
	IV	-	-	-	-
	V	3,30	-	0,26	0,29
	VI	3,80	-	0,30	0,34

Lohn/Gehalt bis	Steuerklasse	Lohnsteuer	ohne Kinderfreibetrag SolZ 5,5%	Kirchensteuer 8%	Kirchensteuer 9%	mit 0,5 Kinderfreibetrag SolZ 5,5%	Kirchensteuer 8%
34,59	I	-	-	-	-	-	-
	II	-	-	-	-	-	-
	III	-	-	-	-	-	-
	IV	-	-	-	-	-	-
	V	3,31	-	0,26	0,29		
	VI	3,81	-	0,30	0,34		
34,69	I	-	-	-	-	-	-
	II	-	-	-	-	-	-
	III	-	-	-	-	-	-
	IV	-	-	-	-	-	-
	V	3,32	-	0,26	0,29		
	VI	3,82	-	0,30	0,34		
34,79	I	-	-	-	-	-	-
	II	-	-	-	-	-	-
	III	-	-	-	-	-	-
	IV	-	-	-	-	-	-
	V	3,33	-	0,26	0,29		
	VI	3,83	-	0,30	0,34		
34,89	I	-	-	-	-	-	-
	II	-	-	-	-	-	-
	III	-	-	-	-	-	-
	IV	-	-	-	-	-	-
	V	3,35	-	0,26	0,30		
	VI	3,84	-	0,30	0,34		
34,99	I	-	-	-	-	-	-
	II	-	-	-	-	-	-
	III	-	-	-	-	-	-
	IV	-	-	-	-	-	-
	V	3,36	-	0,26	0,30		
	VI	3,85	-	0,30	0,34		
35,09	I	-	-	-	-	-	-
	II	-	-	-	-	-	-
	III	-	-	-	-	-	-
	IV	-	-	-	-	-	-
	V	3,37	-	0,26	0,30		
	VI	3,86	-	0,30	0,34		
35,19	I	-	-	-	-	-	-
	II	-	-	-	-	-	-
	III	-	-	-	-	-	-
	IV	-	-	-	-	-	-
	V	3,38	-	0,27	0,30		
	VI	3,87	-	0,30	0,34		
35,29	I	-	-	-	-	-	-
	II	-	-	-	-	-	-
	III	-	-	-	-	-	-
	IV	-	-	-	-	-	-
	V	3,39	-	0,27	0,30		
	VI	3,88	-	0,31	0,34		
35,39	I	-	-	-	-	-	-
	II	-	-	-	-	-	-
	III	-	-	-	-	-	-
	IV	-	-	-	-	-	-
	V	3,40	-	0,27	0,30		
	VI	3,89	-	0,31	0,35		
35,49	I	-	-	-	-	-	-
	II	-	-	-	-	-	-
	III	-	-	-	-	-	-
	IV	-	-	-	-	-	-
	V	3,41	-	0,27	0,30		
	VI	3,90	-	0,31	0,35		
35,59	I	-	-	-	-	-	-
	II	-	-	-	-	-	-
	III	-	-	-	-	-	-
	IV	-	-	-	-	-	-
	V	3,42	-	0,27	0,30		
	VI	3,91	-	0,31	0,35		
35,69	I	-	-	-	-	-	-
	II	-	-	-	-	-	-
	III	-	-	-	-	-	-
	IV	-	-	-	-	-	-
	V	3,43	-	0,27	0,30		
	VI	3,93	-	0,31	0,35		
35,79	I	-	-	-	-	-	-
	II	-	-	-	-	-	-
	III	-	-	-	-	-	-
	IV	-	-	-	-	-	-
	V	3,45	-	0,27	0,31		
	VI	3,94	-	0,31	0,35		
35,89	I	-	-	-	-	-	-
	II	-	-	-	-	-	-
	III	-	-	-	-	-	-
	IV	-	-	-	-	-	-
	V	3,46	-	0,27	0,31		
	VI	3,95	-	0,31	0,35		
35,99	I	-	-	-	-	-	-
	II	-	-	-	-	-	-
	III	-	-	-	-	-	-
	IV	-	-	-	-	-	-
	V	3,47	-	0,27	0,31		
	VI	3,96	-	0,31	0,35		

Bis täglich 43,09 € entstehen für die Steuerklassen I bis IV keine Steuerabzüg

Allgemeine Tabelle

TAG bis 38,99 €

Lohn/ Gehalt bis	Steuerklasse	Lohn-steuer	ohne Kinderfreibetrag SolZ 5,5%	Kirchensteuer 8%	Kirchensteuer 9%	mit 0,5 Kinderfreibetrag SolZ 5,5%	Kirchensteuer 8%	Kirchensteuer 9%
36,09	I	-	-	-	-	-	-	-
	II	-	-	-	-	-	-	-
	III	-	-	-	-	-	-	-
	IV	-	-	-	-	-	-	-
	V	3,48	-	0,27	0,31			
	VI	3,97	-	0,31	0,35			
36,19	I	-	-	-	-	-	-	-
	II	-	-	-	-	-	-	-
	III	-	-	-	-	-	-	-
	IV	-	-	-	-	-	-	-
	V	3,49	-	0,27	0,31			
	VI	3,98	-	0,31	0,35			
36,29	I	-	-	-	-	-	-	-
	II	-	-	-	-	-	-	-
	III	-	-	-	-	-	-	-
	IV	-	-	-	-	-	-	-
	V	3,50	-	0,28	0,31			
	VI	3,99	-	0,31	0,35			
36,39	I	-	-	-	-	-	-	-
	II	-	-	-	-	-	-	-
	III	-	-	-	-	-	-	-
	IV	-	-	-	-	-	-	-
	V	3,51	-	0,28	0,31			
	VI	4,00	-	0,32	0,36			
36,49	I	-	-	-	-	-	-	-
	II	-	-	-	-	-	-	-
	III	-	-	-	-	-	-	-
	IV	-	-	-	-	-	-	-
	V	3,52	-	0,28	0,31			
	VI	4,01	-	0,32	0,36			
36,59	I	-	-	-	-	-	-	-
	II	-	-	-	-	-	-	-
	III	-	-	-	-	-	-	-
	IV	-	-	-	-	-	-	-
	V	3,53	-	0,28	0,31			
	VI	4,03	-	0,32	0,36			
36,69	I	-	-	-	-	-	-	-
	II	-	-	-	-	-	-	-
	III	-	-	-	-	-	-	-
	IV	-	-	-	-	-	-	-
	V	3,55	-	0,28	0,31			
	VI	4,04	-	0,32	0,36			
36,79	I	-	-	-	-	-	-	-
	II	-	-	-	-	-	-	-
	III	-	-	-	-	-	-	-
	IV	-	-	-	-	-	-	-
	V	3,56	-	0,28	0,32			
	VI	4,05	-	0,32	0,36			
36,89	I	-	-	-	-	-	-	-
	II	-	-	-	-	-	-	-
	III	-	-	-	-	-	-	-
	IV	-	-	-	-	-	-	-
	V	3,57	-	0,28	0,32			
	VI	4,06	-	0,32	0,36			
36,99	I	-	-	-	-	-	-	-
	II	-	-	-	-	-	-	-
	III	-	-	-	-	-	-	-
	IV	-	-	-	-	-	-	-
	V	3,58	-	0,28	0,32			
	VI	4,07	-	0,32	0,36			
37,09	I	-	-	-	-	-	-	-
	II	-	-	-	-	-	-	-
	III	-	-	-	-	-	-	-
	IV	-	-	-	-	-	-	-
	V	3,59	-	0,28	0,32			
	VI	4,08	-	0,32	0,36			
37,19	I	-	-	-	-	-	-	-
	II	-	-	-	-	-	-	-
	III	-	-	-	-	-	-	-
	IV	-	-	-	-	-	-	-
	V	3,60	-	0,28	0,32			
	VI	4,09	-	0,32	0,36			
37,29	I	-	-	-	-	-	-	-
	II	-	-	-	-	-	-	-
	III	-	-	-	-	-	-	-
	IV	-	-	-	-	-	-	-
	V	3,61	-	0,28	0,32			
	VI	4,10	-	0,32	0,36			
37,39	I	-	-	-	-	-	-	-
	II	-	-	-	-	-	-	-
	III	-	-	-	-	-	-	-
	IV	-	-	-	-	-	-	-
	V	3,62	-	0,28	0,32			
	VI	4,11	-	0,32	0,36			
37,49	I	-	-	-	-	-	-	-
	II	-	-	-	-	-	-	-
	III	-	-	-	-	-	-	-
	IV	-	-	-	-	-	-	-
	V	3,63	-	0,29	0,32			
	VI	4,13	-	0,33	0,37			
37,59	I	-	-	-	-	-	-	-
	II	-	-	-	-	-	-	-
	III	-	-	-	-	-	-	-
	IV	-	-	-	-	-	-	-
	V	3,64	-	0,29	0,32			
	VI	4,14	-	0,33	0,37			
37,69	I	-	-	-	-	-	-	-
	II	-	-	-	-	-	-	-
	III	-	-	-	-	-	-	-
	IV	-	-	-	-	-	-	-
	V	3,65	-	0,29	0,32			
	VI	4,15	-	0,33	0,37			
37,79	I	-	-	-	-	-	-	-
	II	-	-	-	-	-	-	-
	III	-	-	-	-	-	-	-
	IV	-	-	-	-	-	-	-
	V	3,66	-	0,29	0,32			
	VI	4,16	-	0,33	0,37			
37,89	I	-	-	-	-	-	-	-
	II	-	-	-	-	-	-	-
	III	-	-	-	-	-	-	-
	IV	-	-	-	-	-	-	-
	V	3,68	-	0,29	0,33			
	VI	4,17	-	0,33	0,37			
37,99	I	-	-	-	-	-	-	-
	II	-	-	-	-	-	-	-
	III	-	-	-	-	-	-	-
	IV	-	-	-	-	-	-	-
	V	3,69	-	0,29	0,33			
	VI	4,18	-	0,33	0,37			
38,09	I	-	-	-	-	-	-	-
	II	-	-	-	-	-	-	-
	III	-	-	-	-	-	-	-
	IV	-	-	-	-	-	-	-
	V	3,70	-	0,29	0,33			
	VI	4,19	-	0,33	0,37			
38,19	I	-	-	-	-	-	-	-
	II	-	-	-	-	-	-	-
	III	-	-	-	-	-	-	-
	IV	-	-	-	-	-	-	-
	V	3,71	-	0,29	0,33			
	VI	4,20	-	0,33	0,37			
38,29	I	-	-	-	-	-	-	-
	II	-	-	-	-	-	-	-
	III	-	-	-	-	-	-	-
	IV	-	-	-	-	-	-	-
	V	3,72	-	0,29	0,33			
	VI	4,21	-	0,33	0,37			
38,39	I	-	-	-	-	-	-	-
	II	-	-	-	-	-	-	-
	III	-	-	-	-	-	-	-
	IV	-	-	-	-	-	-	-
	V	3,73	-	0,29	0,33			
	VI	4,22	-	0,33	0,37			
38,49	I	-	-	-	-	-	-	-
	II	-	-	-	-	-	-	-
	III	-	-	-	-	-	-	-
	IV	-	-	-	-	-	-	-
	V	3,74	-	0,29	0,33			
	VI	4,23	-	0,33	0,38			
38,59	I	-	-	-	-	-	-	-
	II	-	-	-	-	-	-	-
	III	-	-	-	-	-	-	-
	IV	-	-	-	-	-	-	-
	V	3,75	-	0,30	0,33			
	VI	4,25	-	0,34	0,38			
38,69	I	-	-	-	-	-	-	-
	II	-	-	-	-	-	-	-
	III	-	-	-	-	-	-	-
	IV	-	-	-	-	-	-	-
	V	3,76	-	0,30	0,33			
	VI	4,26	-	0,34	0,38			
38,79	I	-	-	-	-	-	-	-
	II	-	-	-	-	-	-	-
	III	-	-	-	-	-	-	-
	IV	-	-	-	-	-	-	-
	V	3,78	-	0,30	0,34			
	VI	4,27	-	0,34	0,38			
38,89	I	-	-	-	-	-	-	-
	II	-	-	-	-	-	-	-
	III	-	-	-	-	-	-	-
	IV	-	-	-	-	-	-	-
	V	3,79	-	0,30	0,34			
	VI	4,28	-	0,34	0,38			
38,99	I	-	-	-	-	-	-	-
	II	-	-	-	-	-	-	-
	III	-	-	-	-	-	-	-
	IV	-	-	-	-	-	-	-
	V	3,80	-	0,30	0,34			
	VI	4,29	-	0,34	0,38			

s täglich 43,09 € entstehen für die Steuerklassen I bis IV keine Steuerabzüge.

Lohn/ Gehalt bis	Steuerklasse	Lohn-steuer	ohne Kinderfreibetrag			Anzahl Kinderfreibeträge (nur Steuerklassen I–IV)																	
						0,5			1,0			1,5			2,0			2,5			3,0		
			SolZ 5,5%	Kirchensteuer 8%	Kirchensteuer 9%	SolZ 5,5%	Kirchensteuer 8%	9%	SolZ 5,5%	Kirchensteuer 8%	9%	SolZ 5,5%	Kirchensteuer 8%	9%	SolZ 5,5%	Kirchensteuer 8%	9%	SolZ 5,5%	Kirchensteuer 8%	9%	SolZ 5,5%	Kirchensteuer 8%	9
39,09	I	-	-	-	-	-	-	-	-	-	-	-	-	-	-	-	-	-	-	-	-	-	
	II	-	-	-	-	-	-	-	-	-	-	-	-	-	-	-	-	-	-	-	-	-	
	III	-	-	-	-	-	-	-	-	-	-	-	-	-	-	-	-	-	-	-	-	-	
	IV	-	-	-	-	-	-	-	-	-	-	-	-	-	-	-	-	-	-	-	-	-	
	V	3,81	-	0,30	0,34																		
	VI	4,30	-	0,34	0,38																		
39,19	I	-	-	-	-	-	-	-	-	-	-	-	-	-	-	-	-	-	-	-	-	-	
	II	-	-	-	-	-	-	-	-	-	-	-	-	-	-	-	-	-	-	-	-	-	
	III	-	-	-	-	-	-	-	-	-	-	-	-	-	-	-	-	-	-	-	-	-	
	IV	-	-	-	-	-	-	-	-	-	-	-	-	-	-	-	-	-	-	-	-	-	
	V	3,82	-	0,30	0,34																		
	VI	4,31	-	0,34	0,38																		
39,29	I	-	-	-	-	-	-	-	-	-	-	-	-	-	-	-	-	-	-	-	-	-	
	II	-	-	-	-	-	-	-	-	-	-	-	-	-	-	-	-	-	-	-	-	-	
	III	-	-	-	-	-	-	-	-	-	-	-	-	-	-	-	-	-	-	-	-	-	
	IV	-	-	-	-	-	-	-	-	-	-	-	-	-	-	-	-	-	-	-	-	-	
	V	3,83	-	0,30	0,34																		
	VI	4,32	-	0,34	0,38																		
39,39	I	-	-	-	-	-	-	-	-	-	-	-	-	-	-	-	-	-	-	-	-	-	
	II	-	-	-	-	-	-	-	-	-	-	-	-	-	-	-	-	-	-	-	-	-	
	III	-	-	-	-	-	-	-	-	-	-	-	-	-	-	-	-	-	-	-	-	-	
	IV	-	-	-	-	-	-	-	-	-	-	-	-	-	-	-	-	-	-	-	-	-	
	V	3,84	-	0,30	0,34																		
	VI	4,33	-	0,34	0,38																		
39,49	I	-	-	-	-	-	-	-	-	-	-	-	-	-	-	-	-	-	-	-	-	-	
	II	-	-	-	-	-	-	-	-	-	-	-	-	-	-	-	-	-	-	-	-	-	
	III	-	-	-	-	-	-	-	-	-	-	-	-	-	-	-	-	-	-	-	-	-	
	IV	-	-	-	-	-	-	-	-	-	-	-	-	-	-	-	-	-	-	-	-	-	
	V	3,85	-	0,30	0,34																		
	VI	4,35	-	0,34	0,39																		
39,59	I	-	-	-	-	-	-	-	-	-	-	-	-	-	-	-	-	-	-	-	-	-	
	II	-	-	-	-	-	-	-	-	-	-	-	-	-	-	-	-	-	-	-	-	-	
	III	-	-	-	-	-	-	-	-	-	-	-	-	-	-	-	-	-	-	-	-	-	
	IV	-	-	-	-	-	-	-	-	-	-	-	-	-	-	-	-	-	-	-	-	-	
	V	3,86	-	0,30	0,34																		
	VI	4,36	-	0,34	0,39																		
39,69	I	-	-	-	-	-	-	-	-	-	-	-	-	-	-	-	-	-	-	-	-	-	
	II	-	-	-	-	-	-	-	-	-	-	-	-	-	-	-	-	-	-	-	-	-	
	III	-	-	-	-	-	-	-	-	-	-	-	-	-	-	-	-	-	-	-	-	-	
	IV	-	-	-	-	-	-	-	-	-	-	-	-	-	-	-	-	-	-	-	-	-	
	V	3,88	-	0,31	0,34																		
	VI	4,37	-	0,34	0,39																		
39,79	I	-	-	-	-	-	-	-	-	-	-	-	-	-	-	-	-	-	-	-	-	-	
	II	-	-	-	-	-	-	-	-	-	-	-	-	-	-	-	-	-	-	-	-	-	
	III	-	-	-	-	-	-	-	-	-	-	-	-	-	-	-	-	-	-	-	-	-	
	IV	-	-	-	-	-	-	-	-	-	-	-	-	-	-	-	-	-	-	-	-	-	
	V	3,89	-	0,31	0,35																		
	VI	4,38	-	0,35	0,39																		
39,89	I	-	-	-	-	-	-	-	-	-	-	-	-	-	-	-	-	-	-	-	-	-	
	II	-	-	-	-	-	-	-	-	-	-	-	-	-	-	-	-	-	-	-	-	-	
	III	-	-	-	-	-	-	-	-	-	-	-	-	-	-	-	-	-	-	-	-	-	
	IV	-	-	-	-	-	-	-	-	-	-	-	-	-	-	-	-	-	-	-	-	-	
	V	3,90	-	0,31	0,35																		
	VI	4,39	-	0,35	0,39																		
39,99	I	-	-	-	-	-	-	-	-	-	-	-	-	-	-	-	-	-	-	-	-	-	
	II	-	-	-	-	-	-	-	-	-	-	-	-	-	-	-	-	-	-	-	-	-	
	III	-	-	-	-	-	-	-	-	-	-	-	-	-	-	-	-	-	-	-	-	-	
	IV	-	-	-	-	-	-	-	-	-	-	-	-	-	-	-	-	-	-	-	-	-	
	V	3,91	-	0,31	0,35																		
	VI	4,40	-	0,35	0,39																		
40,09	I	-	-	-	-	-	-	-	-	-	-	-	-	-	-	-	-	-	-	-	-	-	
	II	-	-	-	-	-	-	-	-	-	-	-	-	-	-	-	-	-	-	-	-	-	
	III	-	-	-	-	-	-	-	-	-	-	-	-	-	-	-	-	-	-	-	-	-	
	IV	-	-	-	-	-	-	-	-	-	-	-	-	-	-	-	-	-	-	-	-	-	
	V	3,92	-	0,31	0,35																		
	VI	4,41	-	0,35	0,39																		
40,19	I	-	-	-	-	-	-	-	-	-	-	-	-	-	-	-	-	-	-	-	-	-	
	II	-	-	-	-	-	-	-	-	-	-	-	-	-	-	-	-	-	-	-	-	-	
	III	-	-	-	-	-	-	-	-	-	-	-	-	-	-	-	-	-	-	-	-	-	
	IV	-	-	-	-	-	-	-	-	-	-	-	-	-	-	-	-	-	-	-	-	-	
	V	3,93	-	0,31	0,35																		
	VI	4,42	-	0,35	0,39																		
40,29	I	-	-	-	-	-	-	-	-	-	-	-	-	-	-	-	-	-	-	-	-	-	
	II	-	-	-	-	-	-	-	-	-	-	-	-	-	-	-	-	-	-	-	-	-	
	III	-	-	-	-	-	-	-	-	-	-	-	-	-	-	-	-	-	-	-	-	-	
	IV	-	-	-	-	-	-	-	-	-	-	-	-	-	-	-	-	-	-	-	-	-	
	V	3,94	-	0,31	0,35																		
	VI	4,43	-	0,35	0,39																		
40,39	I	-	-	-	-	-	-	-	-	-	-	-	-	-	-	-	-	-	-	-	-	-	
	II	-	-	-	-	-	-	-	-	-	-	-	-	-	-	-	-	-	-	-	-	-	
	III	-	-	-	-	-	-	-	-	-	-	-	-	-	-	-	-	-	-	-	-	-	
	IV	-	-	-	-	-	-	-	-	-	-	-	-	-	-	-	-	-	-	-	-	-	
	V	3,95	-	0,31	0,35																		
	VI	4,45	-	0,35	0,40																		
40,49	I	-	-	-	-	-	-	-	-	-	-	-	-	-	-	-	-	-	-	-	-	-	
	II	-	-	-	-	-	-	-	-	-	-	-	-	-	-	-	-	-	-	-	-	-	
	III	-	-	-	-	-	-	-	-	-	-	-	-	-	-	-	-	-	-	-	-	-	
	IV	-	-	-	-	-	-	-	-	-	-	-	-	-	-	-	-	-	-	-	-	-	
	V	3,96	-	0,31	0,35																		
	VI	4,46	-	0,35	0,40																		

Bis täglich 43,09 € entstehen für die Steuerklassen I bis IV keine Steuerabzüg

Lohn/ Gehalt bis	Steuerklasse	Lohnsteuer	ohne Kinderfreibetrag			Anzahl Kinderfreibeträge (nur Steuerklassen I–IV)																	
						0,5			1,0			1,5			2,0			2,5			3,0		
			SolZ 5,5%	Kirchensteuer 8%	Kirchensteuer 9%	SolZ 5,5%	Kirchensteuer 8%	Kirchensteuer 9%	SolZ 5,5%	Kirchensteuer 8%	Kirchensteuer 9%	SolZ 5,5%	Kirchensteuer 8%	Kirchensteuer 9%	SolZ 5,5%	Kirchensteuer 8%	Kirchensteuer 9%	SolZ 5,5%	Kirchensteuer 8%	Kirchensteuer 9%	SolZ 5,5%	Kirchensteuer 8%	Kirchensteuer 9%
40,59	I	-	-	-	-	-	-	-	-	-	-	-	-	-	-	-	-	-	-	-	-	-	-
	II	-	-	-	-	-	-	-	-	-	-	-	-	-	-	-	-	-	-	-	-	-	-
	III	-	-	-	-	-	-	-	-	-	-	-	-	-	-	-	-	-	-	-	-	-	-
	IV	-	-	-	-	-	-	-	-	-	-	-	-	-	-	-	-	-	-	-	-	-	-
	V	3,97	-	0,31	0,35																		
	VI	4,47	-	0,35	0,40																		
40,69	I	-	-	-	-	-	-	-	-	-	-	-	-	-	-	-	-	-	-	-	-	-	-
	II	-	-	-	-	-	-	-	-	-	-	-	-	-	-	-	-	-	-	-	-	-	-
	III	-	-	-	-	-	-	-	-	-	-	-	-	-	-	-	-	-	-	-	-	-	-
	IV	-	-	-	-	-	-	-	-	-	-	-	-	-	-	-	-	-	-	-	-	-	-
	V	3,98	-	0,31	0,35																		
	VI	4,48	-	0,35	0,40																		
40,79	I	-	-	-	-	-	-	-	-	-	-	-	-	-	-	-	-	-	-	-	-	-	-
	II	-	-	-	-	-	-	-	-	-	-	-	-	-	-	-	-	-	-	-	-	-	-
	III	-	-	-	-	-	-	-	-	-	-	-	-	-	-	-	-	-	-	-	-	-	-
	IV	-	-	-	-	-	-	-	-	-	-	-	-	-	-	-	-	-	-	-	-	-	-
	V	4,00	-	0,32	0,36																		
	VI	4,49	-	0,35	0,40																		
40,89	I	-	-	-	-	-	-	-	-	-	-	-	-	-	-	-	-	-	-	-	-	-	-
	II	-	-	-	-	-	-	-	-	-	-	-	-	-	-	-	-	-	-	-	-	-	-
	III	-	-	-	-	-	-	-	-	-	-	-	-	-	-	-	-	-	-	-	-	-	-
	IV	-	-	-	-	-	-	-	-	-	-	-	-	-	-	-	-	-	-	-	-	-	-
	V	4,01	-	0,32	0,36																		
	VI	4,50	-	0,36	0,40																		
40,99	I	-	-	-	-	-	-	-	-	-	-	-	-	-	-	-	-	-	-	-	-	-	-
	II	-	-	-	-	-	-	-	-	-	-	-	-	-	-	-	-	-	-	-	-	-	-
	III	-	-	-	-	-	-	-	-	-	-	-	-	-	-	-	-	-	-	-	-	-	-
	IV	-	-	-	-	-	-	-	-	-	-	-	-	-	-	-	-	-	-	-	-	-	-
	V	4,02	-	0,32	0,36																		
	VI	4,51	-	0,36	0,40																		
41,09	I	-	-	-	-	-	-	-	-	-	-	-	-	-	-	-	-	-	-	-	-	-	-
	II	-	-	-	-	-	-	-	-	-	-	-	-	-	-	-	-	-	-	-	-	-	-
	III	-	-	-	-	-	-	-	-	-	-	-	-	-	-	-	-	-	-	-	-	-	-
	IV	-	-	-	-	-	-	-	-	-	-	-	-	-	-	-	-	-	-	-	-	-	-
	V	4,03	-	0,32	0,36																		
	VI	4,52	-	0,36	0,40																		
41,19	I	-	-	-	-	-	-	-	-	-	-	-	-	-	-	-	-	-	-	-	-	-	-
	II	-	-	-	-	-	-	-	-	-	-	-	-	-	-	-	-	-	-	-	-	-	-
	III	-	-	-	-	-	-	-	-	-	-	-	-	-	-	-	-	-	-	-	-	-	-
	IV	-	-	-	-	-	-	-	-	-	-	-	-	-	-	-	-	-	-	-	-	-	-
	V	4,04	-	0,32	0,36																		
	VI	4,53	-	0,36	0,40																		
41,29	I	-	-	-	-	-	-	-	-	-	-	-	-	-	-	-	-	-	-	-	-	-	-
	II	-	-	-	-	-	-	-	-	-	-	-	-	-	-	-	-	-	-	-	-	-	-
	III	-	-	-	-	-	-	-	-	-	-	-	-	-	-	-	-	-	-	-	-	-	-
	IV	-	-	-	-	-	-	-	-	-	-	-	-	-	-	-	-	-	-	-	-	-	-
	V	4,05	-	0,32	0,36																		
	VI	4,55	-	0,36	0,40																		
41,39	I	-	-	-	-	-	-	-	-	-	-	-	-	-	-	-	-	-	-	-	-	-	-
	II	-	-	-	-	-	-	-	-	-	-	-	-	-	-	-	-	-	-	-	-	-	-
	III	-	-	-	-	-	-	-	-	-	-	-	-	-	-	-	-	-	-	-	-	-	-
	IV	-	-	-	-	-	-	-	-	-	-	-	-	-	-	-	-	-	-	-	-	-	-
	V	4,06	-	0,32	0,36																		
	VI	4,55	-	0,36	0,40																		
41,49	I	-	-	-	-	-	-	-	-	-	-	-	-	-	-	-	-	-	-	-	-	-	-
	II	-	-	-	-	-	-	-	-	-	-	-	-	-	-	-	-	-	-	-	-	-	-
	III	-	-	-	-	-	-	-	-	-	-	-	-	-	-	-	-	-	-	-	-	-	-
	IV	-	-	-	-	-	-	-	-	-	-	-	-	-	-	-	-	-	-	-	-	-	-
	V	4,07	-	0,32	0,36																		
	VI	4,56	-	0,36	0,41																		
41,59	I	-	-	-	-	-	-	-	-	-	-	-	-	-	-	-	-	-	-	-	-	-	-
	II	-	-	-	-	-	-	-	-	-	-	-	-	-	-	-	-	-	-	-	-	-	-
	III	-	-	-	-	-	-	-	-	-	-	-	-	-	-	-	-	-	-	-	-	-	-
	IV	-	-	-	-	-	-	-	-	-	-	-	-	-	-	-	-	-	-	-	-	-	-
	V	4,08	-	0,32	0,36																		
	VI	4,58	-	0,36	0,41																		
41,69	I	-	-	-	-	-	-	-	-	-	-	-	-	-	-	-	-	-	-	-	-	-	-
	II	-	-	-	-	-	-	-	-	-	-	-	-	-	-	-	-	-	-	-	-	-	-
	III	-	-	-	-	-	-	-	-	-	-	-	-	-	-	-	-	-	-	-	-	-	-
	IV	-	-	-	-	-	-	-	-	-	-	-	-	-	-	-	-	-	-	-	-	-	-
	V	4,10	-	0,32	0,36																		
	VI	4,59	-	0,36	0,41																		
41,79	I	-	-	-	-	-	-	-	-	-	-	-	-	-	-	-	-	-	-	-	-	-	-
	II	-	-	-	-	-	-	-	-	-	-	-	-	-	-	-	-	-	-	-	-	-	-
	III	-	-	-	-	-	-	-	-	-	-	-	-	-	-	-	-	-	-	-	-	-	-
	IV	-	-	-	-	-	-	-	-	-	-	-	-	-	-	-	-	-	-	-	-	-	-
	V	4,11	-	0,32	0,36																		
	VI	4,60	-	0,36	0,41																		
41,89	I	-	-	-	-	-	-	-	-	-	-	-	-	-	-	-	-	-	-	-	-	-	-
	II	-	-	-	-	-	-	-	-	-	-	-	-	-	-	-	-	-	-	-	-	-	-
	III	-	-	-	-	-	-	-	-	-	-	-	-	-	-	-	-	-	-	-	-	-	-
	IV	-	-	-	-	-	-	-	-	-	-	-	-	-	-	-	-	-	-	-	-	-	-
	V	4,12	-	0,32	0,37																		
	VI	4,61	-	0,36	0,41																		
41,99	I	-	-	-	-	-	-	-	-	-	-	-	-	-	-	-	-	-	-	-	-	-	-
	II	-	-	-	-	-	-	-	-	-	-	-	-	-	-	-	-	-	-	-	-	-	-
	III	-	-	-	-	-	-	-	-	-	-	-	-	-	-	-	-	-	-	-	-	-	-
	IV	-	-	-	-	-	-	-	-	-	-	-	-	-	-	-	-	-	-	-	-	-	-
	V	4,13	-	0,33	0,37																		
	VI	4,62	-	0,36	0,41																		

s täglich 43,09 € entstehen für die Steuerklassen I bis IV keine Steuerabzüge.

Lohn/ Gehalt bis	Steuerklasse	Lohn-steuer	ohne Kinderfreibetrag			Anzahl Kinderfreibeträge (nur Steuerklassen I–IV) 0,5			1,0			1,5			2,0			2,5			3,0	
			SolZ 5,5%	Kirchensteuer 8%	9%	SolZ 5,5%	Kirchensteuer 8%	9%	SolZ 5,5%	Kirchensteuer 8%	9%	SolZ 5,5%	Kirchensteuer 8%	9%	SolZ 5,5%	Kirchensteuer 8%	9%	SolZ 5,5%	Kirchensteuer 8%	9%	SolZ 5,5%	Kirchensteuer 8%
42,09	I	-	-	-	-	-	-	-	-	-	-	-	-	-	-	-	-	-	-	-	-	-
	II	-	-	-	-	-	-	-	-	-	-	-	-	-	-	-	-	-	-	-	-	-
	III	-	-	-	-	-	-	-	-	-	-	-	-	-	-	-	-	-	-	-	-	-
	IV	-	-	-	-	-	-	-	-	-	-	-	-	-	-	-	-	-	-	-	-	-
	V	4,14	-	0,33	0,37																	
	VI	4,63	-	0,37	0,41																	
42,19	I	-	-	-	-	-	-	-	-	-	-	-	-	-	-	-	-	-	-	-	-	-
	II	-	-	-	-	-	-	-	-	-	-	-	-	-	-	-	-	-	-	-	-	-
	III	-	-	-	-	-	-	-	-	-	-	-	-	-	-	-	-	-	-	-	-	-
	IV	-	-	-	-	-	-	-	-	-	-	-	-	-	-	-	-	-	-	-	-	-
	V	4,15	-	0,33	0,37																	
	VI	4,64	-	0,37	0,41																	
42,29	I	-	-	-	-	-	-	-	-	-	-	-	-	-	-	-	-	-	-	-	-	-
	II	-	-	-	-	-	-	-	-	-	-	-	-	-	-	-	-	-	-	-	-	-
	III	-	-	-	-	-	-	-	-	-	-	-	-	-	-	-	-	-	-	-	-	-
	IV	-	-	-	-	-	-	-	-	-	-	-	-	-	-	-	-	-	-	-	-	-
	V	4,16	-	0,33	0,37																	
	VI	4,65	-	0,37	0,41																	
42,39	I	-	-	-	-	-	-	-	-	-	-	-	-	-	-	-	-	-	-	-	-	-
	II	-	-	-	-	-	-	-	-	-	-	-	-	-	-	-	-	-	-	-	-	-
	III	-	-	-	-	-	-	-	-	-	-	-	-	-	-	-	-	-	-	-	-	-
	IV	-	-	-	-	-	-	-	-	-	-	-	-	-	-	-	-	-	-	-	-	-
	V	4,17	-	0,33	0,37																	
	VI	4,66	-	0,37	0,41																	
42,49	I	-	-	-	-	-	-	-	-	-	-	-	-	-	-	-	-	-	-	-	-	-
	II	-	-	-	-	-	-	-	-	-	-	-	-	-	-	-	-	-	-	-	-	-
	III	-	-	-	-	-	-	-	-	-	-	-	-	-	-	-	-	-	-	-	-	-
	IV	-	-	-	-	-	-	-	-	-	-	-	-	-	-	-	-	-	-	-	-	-
	V	4,18	-	0,33	0,37																	
	VI	4,68	-	0,37	0,42																	
42,59	I	-	-	-	-	-	-	-	-	-	-	-	-	-	-	-	-	-	-	-	-	-
	II	-	-	-	-	-	-	-	-	-	-	-	-	-	-	-	-	-	-	-	-	-
	III	-	-	-	-	-	-	-	-	-	-	-	-	-	-	-	-	-	-	-	-	-
	IV	-	-	-	-	-	-	-	-	-	-	-	-	-	-	-	-	-	-	-	-	-
	V	4,20	-	0,33	0,37																	
	VI	4,69	-	0,37	0,42																	
42,69	I	-	-	-	-	-	-	-	-	-	-	-	-	-	-	-	-	-	-	-	-	-
	II	-	-	-	-	-	-	-	-	-	-	-	-	-	-	-	-	-	-	-	-	-
	III	-	-	-	-	-	-	-	-	-	-	-	-	-	-	-	-	-	-	-	-	-
	IV	-	-	-	-	-	-	-	-	-	-	-	-	-	-	-	-	-	-	-	-	-
	V	4,21	-	0,33	0,37																	
	VI	4,70	-	0,37	0,42																	
42,79	I	-	-	-	-	-	-	-	-	-	-	-	-	-	-	-	-	-	-	-	-	-
	II	-	-	-	-	-	-	-	-	-	-	-	-	-	-	-	-	-	-	-	-	-
	III	-	-	-	-	-	-	-	-	-	-	-	-	-	-	-	-	-	-	-	-	-
	IV	-	-	-	-	-	-	-	-	-	-	-	-	-	-	-	-	-	-	-	-	-
	V	4,22	-	0,33	0,37																	
	VI	4,71	-	0,37	0,42																	
42,89	I	-	-	-	-	-	-	-	-	-	-	-	-	-	-	-	-	-	-	-	-	-
	II	-	-	-	-	-	-	-	-	-	-	-	-	-	-	-	-	-	-	-	-	-
	III	-	-	-	-	-	-	-	-	-	-	-	-	-	-	-	-	-	-	-	-	-
	IV	-	-	-	-	-	-	-	-	-	-	-	-	-	-	-	-	-	-	-	-	-
	V	4,23	-	0,33	0,38																	
	VI	4,72	-	0,37	0,42																	
42,99	I	-	-	-	-	-	-	-	-	-	-	-	-	-	-	-	-	-	-	-	-	-
	II	-	-	-	-	-	-	-	-	-	-	-	-	-	-	-	-	-	-	-	-	-
	III	-	-	-	-	-	-	-	-	-	-	-	-	-	-	-	-	-	-	-	-	-
	IV	-	-	-	-	-	-	-	-	-	-	-	-	-	-	-	-	-	-	-	-	-
	V	4,24	-	0,33	0,38																	
	VI	4,73	-	0,37	0,42																	
43,09	I	0,01	-	-	-	-	-	-	-	-	-	-	-	-	-	-	-	-	-	-	-	-
	II	-	-	-	-	-	-	-	-	-	-	-	-	-	-	-	-	-	-	-	-	-
	III	-	-	-	-	-	-	-	-	-	-	-	-	-	-	-	-	-	-	-	-	-
	IV	0,01	-	-	-	-	-	-	-	-	-	-	-	-	-	-	-	-	-	-	-	-
	V	4,25	-	0,34	0,38																	
	VI	4,74	-	0,37	0,42																	
43,19	I	0,02	-	-	-	-	-	-	-	-	-	-	-	-	-	-	-	-	-	-	-	-
	II	-	-	-	-	-	-	-	-	-	-	-	-	-	-	-	-	-	-	-	-	-
	III	-	-	-	-	-	-	-	-	-	-	-	-	-	-	-	-	-	-	-	-	-
	IV	0,02	-	-	-	-	-	-	-	-	-	-	-	-	-	-	-	-	-	-	-	-
	V	4,26	-	0,34	0,38																	
	VI	4,75	-	0,38	0,42																	
43,29	I	0,03	-	-	-	-	-	-	-	-	-	-	-	-	-	-	-	-	-	-	-	-
	II	-	-	-	-	-	-	-	-	-	-	-	-	-	-	-	-	-	-	-	-	-
	III	-	-	-	-	-	-	-	-	-	-	-	-	-	-	-	-	-	-	-	-	-
	IV	0,03	-	-	-	-	-	-	-	-	-	-	-	-	-	-	-	-	-	-	-	-
	V	4,27	-	0,34	0,38																	
	VI	4,76	-	0,38	0,42																	
43,39	I	0,04	-	-	-	-	-	-	-	-	-	-	-	-	-	-	-	-	-	-	-	-
	II	-	-	-	-	-	-	-	-	-	-	-	-	-	-	-	-	-	-	-	-	-
	III	-	-	-	-	-	-	-	-	-	-	-	-	-	-	-	-	-	-	-	-	-
	IV	0,04	-	-	-	-	-	-	-	-	-	-	-	-	-	-	-	-	-	-	-	-
	V	4,28	-	0,34	0,38																	
	VI	4,78	-	0,38	0,43																	
43,49	I	0,05	-	-	-	-	-	-	-	-	-	-	-	-	-	-	-	-	-	-	-	-
	II	-	-	-	-	-	-	-	-	-	-	-	-	-	-	-	-	-	-	-	-	-
	III	-	-	-	-	-	-	-	-	-	-	-	-	-	-	-	-	-	-	-	-	-
	IV	0,05	-	-	-	-	-	-	-	-	-	-	-	-	-	-	-	-	-	-	-	-
	V	4,29	-	0,34	0,38																	
	VI	4,79	-	0,38	0,43																	

Bis täglich 43,09 € entstehen für die Steuerklassen I bis IV keine Steuerabzüg

Allgemeine Tabelle

Lohn/ Gehalt bis	Steuerklasse	Lohnsteuer	ohne Kinderfreibetrag SolZ 5,5%	ohne Kinderfreibetrag Kirchensteuer 8%	ohne Kinderfreibetrag Kirchensteuer 9%	0,5 SolZ 5,5%	0,5 Kirchensteuer 8%	0,5 Kirchensteuer 9%	1,0 SolZ 5,5%	1,0 Kirchensteuer 8%	1,0 Kirchensteuer 9%	1,5 SolZ 5,5%	1,5 Kirchensteuer 8%	1,5 Kirchensteuer 9%	2,0 SolZ 5,5%	2,0 Kirchensteuer 8%	2,0 Kirchensteuer 9%	2,5 SolZ 5,5%	2,5 Kirchensteuer 8%	2,5 Kirchensteuer 9%	3,0 SolZ 5,5%	3,0 Kirchensteuer 8%	3,0 Kirchensteuer 9%
43,59	I	0,06	-	-	-	-	-	-	-	-	-	-	-	-	-	-	-	-	-	-	-	-	-
	II	-	-	-	-	-	-	-	-	-	-	-	-	-	-	-	-	-	-	-	-	-	-
	III	-	-	-	-	-	-	-	-	-	-	-	-	-	-	-	-	-	-	-	-	-	-
	IV	0,06	-	-	-	-	-	-	-	-	-	-	-	-	-	-	-	-	-	-	-	-	-
	V	4,30	-	0,34	0,38																		
	VI	4,80	-	0,38	0,43																		
43,69	I	0,08	-	-	-	-	-	-	-	-	-	-	-	-	-	-	-	-	-	-	-	-	-
	II	-	-	-	-	-	-	-	-	-	-	-	-	-	-	-	-	-	-	-	-	-	-
	III	-	-	-	-	-	-	-	-	-	-	-	-	-	-	-	-	-	-	-	-	-	-
	IV	0,08	-	-	-	-	-	-	-	-	-	-	-	-	-	-	-	-	-	-	-	-	-
	V	4,31	-	0,34	0,38																		
	VI	4,81	-	0,38	0,43																		
43,79	I	0,09	-	-	-	-	-	-	-	-	-	-	-	-	-	-	-	-	-	-	-	-	-
	II	-	-	-	-	-	-	-	-	-	-	-	-	-	-	-	-	-	-	-	-	-	-
	III	-	-	-	-	-	-	-	-	-	-	-	-	-	-	-	-	-	-	-	-	-	-
	IV	0,09	-	-	-	-	-	-	-	-	-	-	-	-	-	-	-	-	-	-	-	-	-
	V	4,33	-	0,34	0,38																		
	VI	4,82	-	0,38	0,43																		
43,89	I	0,10	-	-	-	-	-	-	-	-	-	-	-	-	-	-	-	-	-	-	-	-	-
	II	-	-	-	-	-	-	-	-	-	-	-	-	-	-	-	-	-	-	-	-	-	-
	III	-	-	-	-	-	-	-	-	-	-	-	-	-	-	-	-	-	-	-	-	-	-
	IV	0,10	-	-	-	-	-	-	-	-	-	-	-	-	-	-	-	-	-	-	-	-	-
	V	4,34	-	0,34	0,39																		
	VI	4,83	-	0,38	0,43																		
43,99	I	0,11	-	-	-	-	-	-	-	-	-	-	-	-	-	-	-	-	-	-	-	-	-
	II	-	-	-	-	-	-	-	-	-	-	-	-	-	-	-	-	-	-	-	-	-	-
	III	-	-	-	-	-	-	-	-	-	-	-	-	-	-	-	-	-	-	-	-	-	-
	IV	0,11	-	-	-	-	-	-	-	-	-	-	-	-	-	-	-	-	-	-	-	-	-
	V	4,35	-	0,34	0,39																		
	VI	4,84	-	0,38	0,43																		
44,09	I	0,12	-	-	0,01	-	-	-	-	-	-	-	-	-	-	-	-	-	-	-	-	-	-
	II	-	-	-	-	-	-	-	-	-	-	-	-	-	-	-	-	-	-	-	-	-	-
	III	-	-	-	-	-	-	-	-	-	-	-	-	-	-	-	-	-	-	-	-	-	-
	IV	0,12	-	-	0,01	-	-	-	-	-	-	-	-	-	-	-	-	-	-	-	-	-	-
	V	4,36	-	0,34	0,39																		
	VI	4,86	-	0,38	0,43																		
44,19	I	0,14	-	0,01	0,01	-	-	-	-	-	-	-	-	-	-	-	-	-	-	-	-	-	-
	II	-	-	-	-	-	-	-	-	-	-	-	-	-	-	-	-	-	-	-	-	-	-
	III	-	-	-	-	-	-	-	-	-	-	-	-	-	-	-	-	-	-	-	-	-	-
	IV	0,14	-	0,01	0,01	-	-	-	-	-	-	-	-	-	-	-	-	-	-	-	-	-	-
	V	4,38	-	0,35	0,39																		
	VI	4,90	-	0,39	0,44																		
44,29	I	0,15	-	0,01	0,01	-	-	-	-	-	-	-	-	-	-	-	-	-	-	-	-	-	-
	II	-	-	-	-	-	-	-	-	-	-	-	-	-	-	-	-	-	-	-	-	-	-
	III	-	-	-	-	-	-	-	-	-	-	-	-	-	-	-	-	-	-	-	-	-	-
	IV	0,15	-	0,01	0,01	-	-	-	-	-	-	-	-	-	-	-	-	-	-	-	-	-	-
	V	4,39	-	0,35	0,39																		
	VI	4,94	-	0,39	0,44																		
44,39	I	0,16	-	0,01	0,01	-	-	-	-	-	-	-	-	-	-	-	-	-	-	-	-	-	-
	II	-	-	-	-	-	-	-	-	-	-	-	-	-	-	-	-	-	-	-	-	-	-
	III	-	-	-	-	-	-	-	-	-	-	-	-	-	-	-	-	-	-	-	-	-	-
	IV	0,16	-	0,01	0,01	-	-	-	-	-	-	-	-	-	-	-	-	-	-	-	-	-	-
	V	4,40	-	0,35	0,39																		
	VI	4,98	-	0,39	0,44																		
44,49	I	0,18	-	0,01	0,01	-	-	-	-	-	-	-	-	-	-	-	-	-	-	-	-	-	-
	II	-	-	-	-	-	-	-	-	-	-	-	-	-	-	-	-	-	-	-	-	-	-
	III	-	-	-	-	-	-	-	-	-	-	-	-	-	-	-	-	-	-	-	-	-	-
	IV	0,18	-	0,01	0,01	-	-	-	-	-	-	-	-	-	-	-	-	-	-	-	-	-	-
	V	4,41	-	0,35	0,39																		
	VI	5,01	-	0,40	0,45																		
44,59	I	0,19	-	0,01	0,01	-	-	-	-	-	-	-	-	-	-	-	-	-	-	-	-	-	-
	II	-	-	-	-	-	-	-	-	-	-	-	-	-	-	-	-	-	-	-	-	-	-
	III	-	-	-	-	-	-	-	-	-	-	-	-	-	-	-	-	-	-	-	-	-	-
	IV	0,19	-	0,01	0,01	-	-	-	-	-	-	-	-	-	-	-	-	-	-	-	-	-	-
	V	4,43	-	0,35	0,39																		
	VI	5,05	-	0,40	0,45																		
44,69	I	0,20	-	0,01	0,01	-	-	-	-	-	-	-	-	-	-	-	-	-	-	-	-	-	-
	II	-	-	-	-	-	-	-	-	-	-	-	-	-	-	-	-	-	-	-	-	-	-
	III	-	-	-	-	-	-	-	-	-	-	-	-	-	-	-	-	-	-	-	-	-	-
	IV	0,20	-	0,01	0,01	-	-	-	-	-	-	-	-	-	-	-	-	-	-	-	-	-	-
	V	4,44	-	0,35	0,39																		
	VI	5,09	-	0,40	0,45																		
44,79	I	0,22	-	0,01	0,01	-	-	-	-	-	-	-	-	-	-	-	-	-	-	-	-	-	-
	II	-	-	-	-	-	-	-	-	-	-	-	-	-	-	-	-	-	-	-	-	-	-
	III	-	-	-	-	-	-	-	-	-	-	-	-	-	-	-	-	-	-	-	-	-	-
	IV	0,22	-	0,01	0,01	-	-	-	-	-	-	-	-	-	-	-	-	-	-	-	-	-	-
	V	4,45	-	0,35	0,40																		
	VI	5,13	-	0,41	0,46																		
44,89	I	0,23	-	0,01	0,02	-	-	-	-	-	-	-	-	-	-	-	-	-	-	-	-	-	-
	II	-	-	-	-	-	-	-	-	-	-	-	-	-	-	-	-	-	-	-	-	-	-
	III	-	-	-	-	-	-	-	-	-	-	-	-	-	-	-	-	-	-	-	-	-	-
	IV	0,23	-	0,01	0,02	-	-	-	-	-	-	-	-	-	-	-	-	-	-	-	-	-	-
	V	4,46	-	0,35	0,40																		
	VI	5,17	-	0,41	0,46																		
44,99	I	0,25	-	0,02	0,02	-	-	-	-	-	-	-	-	-	-	-	-	-	-	-	-	-	-
	II	-	-	-	-	-	-	-	-	-	-	-	-	-	-	-	-	-	-	-	-	-	-
	III	-	-	-	-	-	-	-	-	-	-	-	-	-	-	-	-	-	-	-	-	-	-
	IV	0,25	-	0,02	0,02	-	-	-	-	-	-	-	-	-	-	-	-	-	-	-	-	-	-
	V	4,48	-	0,35	0,40																		
	VI	5,20	-	0,41	0,46																		

TAG bis 46,49 €

Allgemeine Tabelle

Lohn/ Gehalt bis	Steuerklasse	Lohn-steuer	ohne Kinderfreibetrag			Anzahl Kinderfreibeträge (nur Steuerklassen I–IV)																	
						0,5			1,0			1,5			2,0			2,5			3,0		
			SolZ 5,5%	Kirchensteuer 8%	9%	SolZ 5,5%	Kirchensteuer 8%	9%	SolZ 5,5%	Kirchensteuer 8%	9%	SolZ 5,5%	Kirchensteuer 8%	9%	SolZ 5,5%	Kirchensteuer 8%	9%	SolZ 5,5%	Kirchensteuer 8%	9%	SolZ 5,5%	Kirchensteu… 8%	9…
45,09	I	0,26	-	0,02	0,02	-	-	-	-	-	-	-	-	-	-	-	-	-	-	-	-	-	
	II	-	-	-	-	-	-	-	-	-	-	-	-	-	-	-	-	-	-	-	-	-	
	III	-	-	-	-	-	-	-	-	-	-	-	-	-	-	-	-	-	-	-	-	-	
	IV	0,26	-	0,02	0,02	-	-	-	-	-	-	-	-	-	-	-	-	-	-	-	-	-	
	V	4,49	-	0,35	0,40																		
	VI	5,24	-	0,41	0,47																		
45,19	I	0,27	-	0,02	0,02	-	-	-	-	-	-	-	-	-	-	-	-	-	-	-	-	-	
	II	-	-	-	-	-	-	-	-	-	-	-	-	-	-	-	-	-	-	-	-	-	
	III	-	-	-	-	-	-	-	-	-	-	-	-	-	-	-	-	-	-	-	-	-	
	IV	0,27	-	0,02	0,02	-	-	-	-	-	-	-	-	-	-	-	-	-	-	-	-	-	
	V	4,50	-	0,36	0,40																		
	VI	5,28	-	0,42	0,47																		
45,29	I	0,29	-	0,02	0,02	-	-	-	-	-	-	-	-	-	-	-	-	-	-	-	-	-	
	II	-	-	-	-	-	-	-	-	-	-	-	-	-	-	-	-	-	-	-	-	-	
	III	-	-	-	-	-	-	-	-	-	-	-	-	-	-	-	-	-	-	-	-	-	
	IV	0,29	-	0,02	0,02	-	-	-	-	-	-	-	-	-	-	-	-	-	-	-	-	-	
	V	4,51	-	0,36	0,40																		
	VI	5,32	-	0,42	0,47																		
45,39	I	0,30	-	0,02	0,02	-	-	-	-	-	-	-	-	-	-	-	-	-	-	-	-	-	
	II	-	-	-	-	-	-	-	-	-	-	-	-	-	-	-	-	-	-	-	-	-	
	III	-	-	-	-	-	-	-	-	-	-	-	-	-	-	-	-	-	-	-	-	-	
	IV	0,30	-	0,02	0,02	-	-	-	-	-	-	-	-	-	-	-	-	-	-	-	-	-	
	V	4,53	-	0,36	0,40																		
	VI	5,36	-	0,42	0,48																		
45,49	I	0,31	-	0,02	0,02	-	-	-	-	-	-	-	-	-	-	-	-	-	-	-	-	-	
	II	-	-	-	-	-	-	-	-	-	-	-	-	-	-	-	-	-	-	-	-	-	
	III	-	-	-	-	-	-	-	-	-	-	-	-	-	-	-	-	-	-	-	-	-	
	IV	0,31	-	0,02	0,02	-	-	-	-	-	-	-	-	-	-	-	-	-	-	-	-	-	
	V	4,54	-	0,36	0,40																		
	VI	5,40	-	0,43	0,48																		
45,59	I	0,33	-	0,02	0,02	-	-	-	-	-	-	-	-	-	-	-	-	-	-	-	-	-	
	II	-	-	-	-	-	-	-	-	-	-	-	-	-	-	-	-	-	-	-	-	-	
	III	-	-	-	-	-	-	-	-	-	-	-	-	-	-	-	-	-	-	-	-	-	
	IV	0,33	-	0,02	0,02	-	-	-	-	-	-	-	-	-	-	-	-	-	-	-	-	-	
	V	4,55	-	0,36	0,40																		
	VI	5,43	-	0,43	0,48																		
45,69	I	0,34	-	0,02	0,03	-	-	-	-	-	-	-	-	-	-	-	-	-	-	-	-	-	
	II	-	-	-	-	-	-	-	-	-	-	-	-	-	-	-	-	-	-	-	-	-	
	III	-	-	-	-	-	-	-	-	-	-	-	-	-	-	-	-	-	-	-	-	-	
	IV	0,34	-	0,02	0,03	-	-	-	-	-	-	-	-	-	-	-	-	-	-	-	-	-	
	V	4,56	-	0,36	0,41																		
	VI	5,47	-	0,43	0,49																		
45,79	I	0,36	-	0,02	0,03	-	-	-	-	-	-	-	-	-	-	-	-	-	-	-	-	-	
	II	-	-	-	-	-	-	-	-	-	-	-	-	-	-	-	-	-	-	-	-	-	
	III	-	-	-	-	-	-	-	-	-	-	-	-	-	-	-	-	-	-	-	-	-	
	IV	0,36	-	0,02	0,03	-	-	-	-	-	-	-	-	-	-	-	-	-	-	-	-	-	
	V	4,58	-	0,36	0,41																		
	VI	5,51	-	0,44	0,49																		
45,89	I	0,37	-	0,02	0,03	-	-	-	-	-	-	-	-	-	-	-	-	-	-	-	-	-	
	II	-	-	-	-	-	-	-	-	-	-	-	-	-	-	-	-	-	-	-	-	-	
	III	-	-	-	-	-	-	-	-	-	-	-	-	-	-	-	-	-	-	-	-	-	
	IV	0,37	-	0,02	0,03	-	-	-	-	-	-	-	-	-	-	-	-	-	-	-	-	-	
	V	4,59	-	0,36	0,41																		
	VI	5,55	-	0,44	0,49																		
45,99	I	0,38	-	0,03	0,03	-	-	-	-	-	-	-	-	-	-	-	-	-	-	-	-	-	
	II	-	-	-	-	-	-	-	-	-	-	-	-	-	-	-	-	-	-	-	-	-	
	III	-	-	-	-	-	-	-	-	-	-	-	-	-	-	-	-	-	-	-	-	-	
	IV	0,38	-	0,03	0,03	-	-	-	-	-	-	-	-	-	-	-	-	-	-	-	-	-	
	V	4,60	-	0,36	0,41																		
	VI	5,58	-	0,44	0,50																		
46,09	I	0,40	-	0,03	0,03	-	-	-	-	-	-	-	-	-	-	-	-	-	-	-	-	-	
	II	-	-	-	-	-	-	-	-	-	-	-	-	-	-	-	-	-	-	-	-	-	
	III	-	-	-	-	-	-	-	-	-	-	-	-	-	-	-	-	-	-	-	-	-	
	IV	0,40	-	0,03	0,03	-	-	-	-	-	-	-	-	-	-	-	-	-	-	-	-	-	
	V	4,61	-	0,36	0,41																		
	VI	5,62	-	0,44	0,50																		
46,19	I	0,41	-	0,03	0,03	-	-	-	-	-	-	-	-	-	-	-	-	-	-	-	-	-	
	II	-	-	-	-	-	-	-	-	-	-	-	-	-	-	-	-	-	-	-	-	-	
	III	-	-	-	-	-	-	-	-	-	-	-	-	-	-	-	-	-	-	-	-	-	
	IV	0,41	-	0,03	0,03	-	-	-	-	-	-	-	-	-	-	-	-	-	-	-	-	-	
	V	4,63	-	0,37	0,41																		
	VI	5,66	-	0,45	0,50																		
46,29	I	0,43	-	0,03	0,03	-	-	-	-	-	-	-	-	-	-	-	-	-	-	-	-	-	
	II	-	-	-	-	-	-	-	-	-	-	-	-	-	-	-	-	-	-	-	-	-	
	III	-	-	-	-	-	-	-	-	-	-	-	-	-	-	-	-	-	-	-	-	-	
	IV	0,43	-	0,03	0,03	-	-	-	-	-	-	-	-	-	-	-	-	-	-	-	-	-	
	V	4,64	-	0,37	0,41																		
	VI	5,70	-	0,45	0,51																		
46,39	I	0,44	-	0,03	0,03	-	-	-	-	-	-	-	-	-	-	-	-	-	-	-	-	-	
	II	-	-	-	-	-	-	-	-	-	-	-	-	-	-	-	-	-	-	-	-	-	
	III	-	-	-	-	-	-	-	-	-	-	-	-	-	-	-	-	-	-	-	-	-	
	IV	0,44	-	0,03	0,03	-	-	-	-	-	-	-	-	-	-	-	-	-	-	-	-	-	
	V	4,65	-	0,37	0,41																		
	VI	5,74	-	0,45	0,51																		
46,49	I	0,46	-	0,03	0,04	-	-	-	-	-	-	-	-	-	-	-	-	-	-	-	-	-	
	II	-	-	-	-	-	-	-	-	-	-	-	-	-	-	-	-	-	-	-	-	-	
	III	-	-	-	-	-	-	-	-	-	-	-	-	-	-	-	-	-	-	-	-	-	
	IV	0,46	-	0,03	0,04	-	-	-	-	-	-	-	-	-	-	-	-	-	-	-	-	-	
	V	4,67	-	0,37	0,42																		
	VI	5,78	-	0,46	0,52																		

Lohn/ Gehalt bis	Steuerklasse	Lohn-steuer	ohne Kinderfreibetrag			Anzahl Kinderfreibeträge (nur Steuerklassen I–IV) 0,5			1,0			1,5			2,0			2,5			3,0		
			SolZ 5,5%	Kirchensteuer 8%	Kirchensteuer 9%	SolZ 5,5%	Kirchensteuer 8%	Kirchensteuer 9%	SolZ 5,5%	Kirchensteuer 8%	Kirchensteuer 9%	SolZ 5,5%	Kirchensteuer 8%	Kirchensteuer 9%	SolZ 5,5%	Kirchensteuer 8%	Kirchensteuer 9%	SolZ 5,5%	Kirchensteuer 8%	Kirchensteuer 9%	SolZ 5,5%	Kirchensteuer 8%	Kirchensteuer 9%
46,59	I	0,47	-	0,03	0,04	-	-	-	-	-	-	-	-	-	-	-	-	-	-	-	-	-	-
	II	-	-	-	-	-	-	-	-	-	-	-	-	-	-	-	-	-	-	-	-	-	-
	III	-	-	-	-	-	-	-	-	-	-	-	-	-	-	-	-	-	-	-	-	-	-
	IV	0,47	-	0,03	0,04	-	-	-	-	-	-	-	-	-	-	-	-	-	-	-	-	-	-
	V	4,68	-	0,37	0,42																		
	VI	5,81	-	0,46	0,52																		
46,69	I	0,49	-	0,03	0,04	-	-	-	-	-	-	-	-	-	-	-	-	-	-	-	-	-	-
	II	-	-	-	-	-	-	-	-	-	-	-	-	-	-	-	-	-	-	-	-	-	-
	III	-	-	-	-	-	-	-	-	-	-	-	-	-	-	-	-	-	-	-	-	-	-
	IV	0,49	-	0,03	0,04	-	-	-	-	-	-	-	-	-	-	-	-	-	-	-	-	-	-
	V	4,69	-	0,37	0,42																		
	VI	5,85	-	0,46	0,52																		
46,79	I	0,50	-	0,04	0,04	-	-	-	-	-	-	-	-	-	-	-	-	-	-	-	-	-	-
	II	-	-	-	-	-	-	-	-	-	-	-	-	-	-	-	-	-	-	-	-	-	-
	III	-	-	-	-	-	-	-	-	-	-	-	-	-	-	-	-	-	-	-	-	-	-
	IV	0,50	-	0,04	0,04	-	-	-	-	-	-	-	-	-	-	-	-	-	-	-	-	-	-
	V	4,70	-	0,37	0,42																		
	VI	5,89	-	0,47	0,53																		
46,89	I	0,52	-	0,04	0,04	-	-	-	-	-	-	-	-	-	-	-	-	-	-	-	-	-	-
	II	-	-	-	-	-	-	-	-	-	-	-	-	-	-	-	-	-	-	-	-	-	-
	III	-	-	-	-	-	-	-	-	-	-	-	-	-	-	-	-	-	-	-	-	-	-
	IV	0,52	-	0,04	0,04	-	-	-	-	-	-	-	-	-	-	-	-	-	-	-	-	-	-
	V	4,72	-	0,37	0,42																		
	VI	5,93	-	0,47	0,53																		
46,99	I	0,53	-	0,04	0,04	-	-	-	-	-	-	-	-	-	-	-	-	-	-	-	-	-	-
	II	-	-	-	-	-	-	-	-	-	-	-	-	-	-	-	-	-	-	-	-	-	-
	III	-	-	-	-	-	-	-	-	-	-	-	-	-	-	-	-	-	-	-	-	-	-
	IV	0,53	-	0,04	0,04	-	-	-	-	-	-	-	-	-	-	-	-	-	-	-	-	-	-
	V	4,73	-	0,37	0,42																		
	VI	5,97	-	0,47	0,53																		
47,09	I	0,55	-	0,04	0,04	-	-	-	-	-	-	-	-	-	-	-	-	-	-	-	-	-	-
	II	-	-	-	-	-	-	-	-	-	-	-	-	-	-	-	-	-	-	-	-	-	-
	III	-	-	-	-	-	-	-	-	-	-	-	-	-	-	-	-	-	-	-	-	-	-
	IV	0,55	-	0,04	0,04	-	-	-	-	-	-	-	-	-	-	-	-	-	-	-	-	-	-
	V	4,74	-	0,37	0,42																		
	VI	6,01	-	0,48	0,54																		
47,19	I	0,56	-	0,04	0,05	-	-	-	-	-	-	-	-	-	-	-	-	-	-	-	-	-	-
	II	-	-	-	-	-	-	-	-	-	-	-	-	-	-	-	-	-	-	-	-	-	-
	III	-	-	-	-	-	-	-	-	-	-	-	-	-	-	-	-	-	-	-	-	-	-
	IV	0,56	-	0,04	0,05	-	-	-	-	-	-	-	-	-	-	-	-	-	-	-	-	-	-
	V	4,76	-	0,38	0,42																		
	VI	6,04	-	0,48	0,54																		
47,29	I	0,58	-	0,04	0,05	-	-	-	-	-	-	-	-	-	-	-	-	-	-	-	-	-	-
	II	-	-	-	-	-	-	-	-	-	-	-	-	-	-	-	-	-	-	-	-	-	-
	III	-	-	-	-	-	-	-	-	-	-	-	-	-	-	-	-	-	-	-	-	-	-
	IV	0,58	-	0,04	0,05	-	-	-	-	-	-	-	-	-	-	-	-	-	-	-	-	-	-
	V	4,77	-	0,38	0,42																		
	VI	6,08	-	0,48	0,54																		
47,39	I	0,59	-	0,04	0,05	-	-	-	-	-	-	-	-	-	-	-	-	-	-	-	-	-	-
	II	-	-	-	-	-	-	-	-	-	-	-	-	-	-	-	-	-	-	-	-	-	-
	III	-	-	-	-	-	-	-	-	-	-	-	-	-	-	-	-	-	-	-	-	-	-
	IV	0,59	-	0,04	0,05	-	-	-	-	-	-	-	-	-	-	-	-	-	-	-	-	-	-
	V	4,78	-	0,38	0,43																		
	VI	6,12	-	0,48	0,55																		
47,49	I	0,61	-	0,04	0,05	-	-	-	-	-	-	-	-	-	-	-	-	-	-	-	-	-	-
	II	-	-	-	-	-	-	-	-	-	-	-	-	-	-	-	-	-	-	-	-	-	-
	III	-	-	-	-	-	-	-	-	-	-	-	-	-	-	-	-	-	-	-	-	-	-
	IV	0,61	-	0,04	0,05	-	-	-	-	-	-	-	-	-	-	-	-	-	-	-	-	-	-
	V	4,79	-	0,38	0,43																		
	VI	6,16	-	0,49	0,55																		
47,59	I	0,62	-	0,04	0,05	-	-	-	-	-	-	-	-	-	-	-	-	-	-	-	-	-	-
	II	-	-	-	-	-	-	-	-	-	-	-	-	-	-	-	-	-	-	-	-	-	-
	III	-	-	-	-	-	-	-	-	-	-	-	-	-	-	-	-	-	-	-	-	-	-
	IV	0,62	-	0,04	0,05	-	-	-	-	-	-	-	-	-	-	-	-	-	-	-	-	-	-
	V	4,81	-	0,38	0,43																		
	VI	6,20	-	0,49	0,55																		
47,69	I	0,64	-	0,05	0,05	-	-	-	-	-	-	-	-	-	-	-	-	-	-	-	-	-	-
	II	-	-	-	-	-	-	-	-	-	-	-	-	-	-	-	-	-	-	-	-	-	-
	III	-	-	-	-	-	-	-	-	-	-	-	-	-	-	-	-	-	-	-	-	-	-
	IV	0,64	-	0,05	0,05	-	-	-	-	-	-	-	-	-	-	-	-	-	-	-	-	-	-
	V	4,82	-	0,38	0,43																		
	VI	6,23	-	0,49	0,56																		
47,79	I	0,65	-	0,05	0,05	-	-	-	-	-	-	-	-	-	-	-	-	-	-	-	-	-	-
	II	-	-	-	-	-	-	-	-	-	-	-	-	-	-	-	-	-	-	-	-	-	-
	III	-	-	-	-	-	-	-	-	-	-	-	-	-	-	-	-	-	-	-	-	-	-
	IV	0,65	-	0,05	0,05	-	-	-	-	-	-	-	-	-	-	-	-	-	-	-	-	-	-
	V	4,83	-	0,38	0,43																		
	VI	6,27	-	0,50	0,56																		
47,89	I	0,67	-	0,05	0,06	-	-	-	-	-	-	-	-	-	-	-	-	-	-	-	-	-	-
	II	-	-	-	-	-	-	-	-	-	-	-	-	-	-	-	-	-	-	-	-	-	-
	III	-	-	-	-	-	-	-	-	-	-	-	-	-	-	-	-	-	-	-	-	-	-
	IV	0,67	-	0,05	0,06	-	-	-	-	-	-	-	-	-	-	-	-	-	-	-	-	-	-
	V	4,85	-	0,38	0,43																		
	VI	6,31	-	0,50	0,56																		
47,99	I	0,68	-	0,05	0,06	-	-	-	-	-	-	-	-	-	-	-	-	-	-	-	-	-	-
	II	-	-	-	-	-	-	-	-	-	-	-	-	-	-	-	-	-	-	-	-	-	-
	III	-	-	-	-	-	-	-	-	-	-	-	-	-	-	-	-	-	-	-	-	-	-
	IV	0,68	-	0,05	0,06	-	-	-	-	-	-	-	-	-	-	-	-	-	-	-	-	-	-
	V	4,87	-	0,38	0,43																		
	VI	6,35	-	0,50	0,57																		

TAG bis 49,49 €

Lohn/ Gehalt bis	Steuerklasse	Lohnsteuer	ohne Kinderfreibetrag			Anzahl Kinderfreibeträge (nur Steuerklassen I–IV)																	
						0,5			1,0			1,5			2,0			2,5			3,0		
			SolZ 5,5%	Kirchensteuer 8%	Kirchensteuer 9%	SolZ 5,5%	Kirchensteuer 8%	Kirchensteuer 9%	SolZ 5,5%	Kirchensteuer 8%	Kirchensteuer 9%	SolZ 5,5%	Kirchensteuer 8%	Kirchensteuer 9%	SolZ 5,5%	Kirchensteuer 8%	Kirchensteuer 9%	SolZ 5,5%	Kirchensteuer 8%	Kirchensteuer 9%	SolZ 5,5%	Kirchensteuer 8%	Kirchensteuer 9
48,09	I	0,70	-	0,05	0,06	-	-	-	-	-	-	-	-	-	-	-	-	-	-	-	-	-	
	II	-	-	-	-	-	-	-	-	-	-	-	-	-	-	-	-	-	-	-	-	-	
	III	-	-	-	-	-	-	-	-	-	-	-	-	-	-	-	-	-	-	-	-	-	
	IV	0,70	-	0,05	0,06	-	-	-	-	-	-	-	-	-	-	-	-	-	-	-	-	-	
	V	4,91	-	0,39	0,44																		
	VI	6,38	-	0,51	0,57																		
48,19	I	0,71	-	0,05	0,06	-	-	-	-	-	-	-	-	-	-	-	-	-	-	-	-	-	
	II	-	-	-	-	-	-	-	-	-	-	-	-	-	-	-	-	-	-	-	-	-	
	III	-	-	-	-	-	-	-	-	-	-	-	-	-	-	-	-	-	-	-	-	-	
	IV	0,71	-	0,05	0,06	-	-	-	-	-	-	-	-	-	-	-	-	-	-	-	-	-	
	V	4,95	-	0,39	0,44																		
	VI	6,42	-	0,51	0,57																		
48,29	I	0,73	-	0,05	0,06	-	-	-	-	-	-	-	-	-	-	-	-	-	-	-	-	-	
	II	-	-	-	-	-	-	-	-	-	-	-	-	-	-	-	-	-	-	-	-	-	
	III	-	-	-	-	-	-	-	-	-	-	-	-	-	-	-	-	-	-	-	-	-	
	IV	0,73	-	0,05	0,06	-	-	-	-	-	-	-	-	-	-	-	-	-	-	-	-	-	
	V	4,98	-	0,39	0,44																		
	VI	6,46	-	0,51	0,58																		
48,39	I	0,75	-	0,06	0,06	-	-	-	-	-	-	-	-	-	-	-	-	-	-	-	-	-	
	II	-	-	-	-	-	-	-	-	-	-	-	-	-	-	-	-	-	-	-	-	-	
	III	-	-	-	-	-	-	-	-	-	-	-	-	-	-	-	-	-	-	-	-	-	
	IV	0,75	-	0,06	0,06	-	-	-	-	-	-	-	-	-	-	-	-	-	-	-	-	-	
	V	5,02	-	0,40	0,45																		
	VI	6,50	-	0,52	0,58																		
48,49	I	0,76	-	0,06	0,06	-	-	-	-	-	-	-	-	-	-	-	-	-	-	-	-	-	
	II	-	-	-	-	-	-	-	-	-	-	-	-	-	-	-	-	-	-	-	-	-	
	III	-	-	-	-	-	-	-	-	-	-	-	-	-	-	-	-	-	-	-	-	-	
	IV	0,76	-	0,06	0,06	-	-	-	-	-	-	-	-	-	-	-	-	-	-	-	-	-	
	V	5,06	-	0,40	0,45																		
	VI	6,54	-	0,52	0,58																		
48,59	I	0,78	-	0,06	0,07	-	-	-	-	-	-	-	-	-	-	-	-	-	-	-	-	-	
	II	-	-	-	-	-	-	-	-	-	-	-	-	-	-	-	-	-	-	-	-	-	
	III	-	-	-	-	-	-	-	-	-	-	-	-	-	-	-	-	-	-	-	-	-	
	IV	0,78	-	0,06	0,07	-	-	-	-	-	-	-	-	-	-	-	-	-	-	-	-	-	
	V	5,10	-	0,40	0,45																		
	VI	6,58	-	0,52	0,59																		
48,69	I	0,80	-	0,06	0,07	-	-	-	-	-	-	-	-	-	-	-	-	-	-	-	-	-	
	II	-	-	-	-	-	-	-	-	-	-	-	-	-	-	-	-	-	-	-	-	-	
	III	-	-	-	-	-	-	-	-	-	-	-	-	-	-	-	-	-	-	-	-	-	
	IV	0,80	-	0,06	0,07	-	-	-	-	-	-	-	-	-	-	-	-	-	-	-	-	-	
	V	5,14	-	0,41	0,46																		
	VI	6,61	-	0,52	0,59																		
48,79	I	0,81	-	0,06	0,07	-	-	-	-	-	-	-	-	-	-	-	-	-	-	-	-	-	
	II	-	-	-	-	-	-	-	-	-	-	-	-	-	-	-	-	-	-	-	-	-	
	III	-	-	-	-	-	-	-	-	-	-	-	-	-	-	-	-	-	-	-	-	-	
	IV	0,81	-	0,06	0,07	-	-	-	-	-	-	-	-	-	-	-	-	-	-	-	-	-	
	V	5,18	-	0,41	0,46																		
	VI	6,65	-	0,53	0,59																		
48,89	I	0,83	-	0,06	0,07	-	-	-	-	-	-	-	-	-	-	-	-	-	-	-	-	-	
	II	-	-	-	-	-	-	-	-	-	-	-	-	-	-	-	-	-	-	-	-	-	
	III	-	-	-	-	-	-	-	-	-	-	-	-	-	-	-	-	-	-	-	-	-	
	IV	0,83	-	0,06	0,07	-	-	-	-	-	-	-	-	-	-	-	-	-	-	-	-	-	
	V	5,21	-	0,41	0,46																		
	VI	6,69	-	0,53	0,60																		
48,99	I	0,84	-	0,06	0,07	-	-	-	-	-	-	-	-	-	-	-	-	-	-	-	-	-	
	II	-	-	-	-	-	-	-	-	-	-	-	-	-	-	-	-	-	-	-	-	-	
	III	-	-	-	-	-	-	-	-	-	-	-	-	-	-	-	-	-	-	-	-	-	
	IV	0,84	-	0,06	0,07	-	-	-	-	-	-	-	-	-	-	-	-	-	-	-	-	-	
	V	5,25	-	0,42	0,47																		
	VI	6,73	-	0,53	0,60																		
49,09	I	0,86	-	0,06	0,07	-	-	-	-	-	-	-	-	-	-	-	-	-	-	-	-	-	
	II	-	-	-	-	-	-	-	-	-	-	-	-	-	-	-	-	-	-	-	-	-	
	III	-	-	-	-	-	-	-	-	-	-	-	-	-	-	-	-	-	-	-	-	-	
	IV	0,86	-	0,06	0,07	-	-	-	-	-	-	-	-	-	-	-	-	-	-	-	-	-	
	V	5,29	-	0,42	0,47																		
	VI	6,77	-	0,54	0,60																		
49,19	I	0,88	-	0,07	0,07	-	-	-	-	-	-	-	-	-	-	-	-	-	-	-	-	-	
	II	-	-	-	-	-	-	-	-	-	-	-	-	-	-	-	-	-	-	-	-	-	
	III	-	-	-	-	-	-	-	-	-	-	-	-	-	-	-	-	-	-	-	-	-	
	IV	0,88	-	0,07	0,07	-	-	-	-	-	-	-	-	-	-	-	-	-	-	-	-	-	
	V	5,33	-	0,42	0,47																		
	VI	6,80	-	0,54	0,61																		
49,29	I	0,89	-	0,07	0,08	-	-	-	-	-	-	-	-	-	-	-	-	-	-	-	-	-	
	II	-	-	-	-	-	-	-	-	-	-	-	-	-	-	-	-	-	-	-	-	-	
	III	-	-	-	-	-	-	-	-	-	-	-	-	-	-	-	-	-	-	-	-	-	
	IV	0,89	-	0,07	0,08	-	-	-	-	-	-	-	-	-	-	-	-	-	-	-	-	-	
	V	5,36	-	0,42	0,48																		
	VI	6,84	-	0,54	0,61																		
49,39	I	0,91	-	0,07	0,08	-	-	-	-	-	-	-	-	-	-	-	-	-	-	-	-	-	
	II	-	-	-	-	-	-	-	-	-	-	-	-	-	-	-	-	-	-	-	-	-	
	III	-	-	-	-	-	-	-	-	-	-	-	-	-	-	-	-	-	-	-	-	-	
	IV	0,91	-	0,07	0,08	-	-	-	-	-	-	-	-	-	-	-	-	-	-	-	-	-	
	V	5,40	-	0,43	0,48																		
	VI	6,88	-	0,55	0,61																		
49,49	I	0,92	-	0,07	0,08	-	-	-	-	-	-	-	-	-	-	-	-	-	-	-	-	-	
	II	-	-	-	-	-	-	-	-	-	-	-	-	-	-	-	-	-	-	-	-	-	
	III	-	-	-	-	-	-	-	-	-	-	-	-	-	-	-	-	-	-	-	-	-	
	IV	0,92	-	0,07	0,08	-	-	-	-	-	-	-	-	-	-	-	-	-	-	-	-	-	
	V	5,44	-	0,43	0,48																		
	VI	6,92	-	0,55	0,62																		

Allgemeine Tabelle

TAG bis 50,99 €

Lohn/ Gehalt bis	Steuerklasse	Lohnsteuer	ohne Kinderfreibetrag			Anzahl Kinderfreibeträge (nur Steuerklassen I–IV)																	
						0,5			1,0			1,5			2,0			2,5			3,0		
			SolZ 5,5%	Kirchensteuer 8%	9%	SolZ 5,5%	Kirchensteuer 8%	9%	SolZ 5,5%	Kirchensteuer 8%	9%	SolZ 5,5%	Kirchensteuer 8%	9%	SolZ 5,5%	Kirchensteuer 8%	9%	SolZ 5,5%	Kirchensteuer 8%	9%	SolZ 5,5%	Kirchensteuer 8%	9%
49,59	I	0,94	-	0,07	0,08	-	-	-	-	-	-	-	-	-	-	-	-	-	-	-	-	-	-
	II	-	-	-	-	-	-	-	-	-	-	-	-	-	-	-	-	-	-	-	-	-	-
	III	-	-	-	-	-	-	-	-	-	-	-	-	-	-	-	-	-	-	-	-	-	-
	IV	0,94	-	0,07	0,08	-	-	-	-	-	-	-	-	-	-	-	-	-	-	-	-	-	-
	V	5,48	-	0,43	0,49																		
	VI	6,96	-	0,55	0,62																		
49,69	I	0,96	-	0,07	0,08	-	-	-	-	-	-	-	-	-	-	-	-	-	-	-	-	-	-
	II	-	-	-	-	-	-	-	-	-	-	-	-	-	-	-	-	-	-	-	-	-	-
	III	-	-	-	-	-	-	-	-	-	-	-	-	-	-	-	-	-	-	-	-	-	-
	IV	0,96	-	0,07	0,08	-	-	-	-	-	-	-	-	-	-	-	-	-	-	-	-	-	-
	V	5,52	-	0,44	0,49																		
	VI	7,00	-	0,56	0,63																		
49,79	I	0,97	-	0,07	0,08	-	-	-	-	-	-	-	-	-	-	-	-	-	-	-	-	-	-
	II	-	-	-	-	-	-	-	-	-	-	-	-	-	-	-	-	-	-	-	-	-	-
	III	-	-	-	-	-	-	-	-	-	-	-	-	-	-	-	-	-	-	-	-	-	-
	IV	0,97	-	0,07	0,08	-	-	-	-	-	-	-	-	-	-	-	-	-	-	-	-	-	-
	V	5,56	-	0,44	0,50																		
	VI	7,03	-	0,56	0,63																		
49,89	I	0,99	-	0,07	0,08	-	-	-	-	-	-	-	-	-	-	-	-	-	-	-	-	-	-
	II	-	-	-	-	-	-	-	-	-	-	-	-	-	-	-	-	-	-	-	-	-	-
	III	-	-	-	-	-	-	-	-	-	-	-	-	-	-	-	-	-	-	-	-	-	-
	IV	0,99	-	0,07	0,08	-	-	-	-	-	-	-	-	-	-	-	-	-	-	-	-	-	-
	V	5,60	-	0,44	0,50																		
	VI	7,07	-	0,56	0,63																		
49,99	I	1,01	-	0,08	0,09	-	-	-	-	-	-	-	-	-	-	-	-	-	-	-	-	-	-
	II	-	-	-	-	-	-	-	-	-	-	-	-	-	-	-	-	-	-	-	-	-	-
	III	-	-	-	-	-	-	-	-	-	-	-	-	-	-	-	-	-	-	-	-	-	-
	IV	1,01	-	0,08	0,09	-	-	-	-	-	-	-	-	-	-	-	-	-	-	-	-	-	-
	V	5,63	-	0,45	0,50																		
	VI	7,11	-	0,56	0,63																		
50,09	I	1,02	-	0,08	0,09	-	-	-	-	-	-	-	-	-	-	-	-	-	-	-	-	-	-
	II	-	-	-	-	-	-	-	-	-	-	-	-	-	-	-	-	-	-	-	-	-	-
	III	-	-	-	-	-	-	-	-	-	-	-	-	-	-	-	-	-	-	-	-	-	-
	IV	1,02	-	0,08	0,09	-	-	-	-	-	-	-	-	-	-	-	-	-	-	-	-	-	-
	V	5,67	-	0,45	0,51																		
	VI	7,15	-	0,57	0,64																		
50,19	I	1,04	-	0,08	0,09	-	-	-	-	-	-	-	-	-	-	-	-	-	-	-	-	-	-
	II	-	-	-	-	-	-	-	-	-	-	-	-	-	-	-	-	-	-	-	-	-	-
	III	-	-	-	-	-	-	-	-	-	-	-	-	-	-	-	-	-	-	-	-	-	-
	IV	1,04	-	0,08	0,09	-	-	-	-	-	-	-	-	-	-	-	-	-	-	-	-	-	-
	V	5,71	-	0,45	0,51																		
	VI	7,19	-	0,57	0,64																		
50,29	I	1,06	-	0,08	0,09	-	-	-	-	-	-	-	-	-	-	-	-	-	-	-	-	-	-
	II	-	-	-	-	-	-	-	-	-	-	-	-	-	-	-	-	-	-	-	-	-	-
	III	-	-	-	-	-	-	-	-	-	-	-	-	-	-	-	-	-	-	-	-	-	-
	IV	1,06	-	0,08	0,09	-	-	-	-	-	-	-	-	-	-	-	-	-	-	-	-	-	-
	V	5,75	-	0,46	0,51																		
	VI	7,22	-	0,57	0,64																		
50,39	I	1,07	-	0,08	0,09	-	-	-	-	-	-	-	-	-	-	-	-	-	-	-	-	-	-
	II	-	-	-	-	-	-	-	-	-	-	-	-	-	-	-	-	-	-	-	-	-	-
	III	-	-	-	-	-	-	-	-	-	-	-	-	-	-	-	-	-	-	-	-	-	-
	IV	1,07	-	0,08	0,09	-	-	-	-	-	-	-	-	-	-	-	-	-	-	-	-	-	-
	V	5,78	-	0,46	0,52																		
	VI	7,26	-	0,58	0,65																		
50,49	I	1,09	-	0,08	0,09	-	-	-	-	-	-	-	-	-	-	-	-	-	-	-	-	-	-
	II	-	-	-	-	-	-	-	-	-	-	-	-	-	-	-	-	-	-	-	-	-	-
	III	-	-	-	-	-	-	-	-	-	-	-	-	-	-	-	-	-	-	-	-	-	-
	IV	1,09	-	0,08	0,09	-	-	-	-	-	-	-	-	-	-	-	-	-	-	-	-	-	-
	V	5,82	-	0,46	0,52																		
	VI	7,30	-	0,58	0,65																		
50,59	I	1,11	-	0,08	0,09	-	-	-	-	-	-	-	-	-	-	-	-	-	-	-	-	-	-
	II	-	-	-	-	-	-	-	-	-	-	-	-	-	-	-	-	-	-	-	-	-	-
	III	-	-	-	-	-	-	-	-	-	-	-	-	-	-	-	-	-	-	-	-	-	-
	IV	1,11	-	0,08	0,09	-	-	-	-	-	-	-	-	-	-	-	-	-	-	-	-	-	-
	V	5,86	-	0,46	0,52																		
	VI	7,34	-	0,58	0,66																		
50,69	I	1,13	-	0,09	0,10	-	-	-	-	-	-	-	-	-	-	-	-	-	-	-	-	-	-
	II	-	-	-	-	-	-	-	-	-	-	-	-	-	-	-	-	-	-	-	-	-	-
	III	-	-	-	-	-	-	-	-	-	-	-	-	-	-	-	-	-	-	-	-	-	-
	IV	1,13	-	0,09	0,10	-	-	-	-	-	-	-	-	-	-	-	-	-	-	-	-	-	-
	V	5,90	-	0,47	0,53																		
	VI	7,38	-	0,59	0,66																		
50,79	I	1,14	-	0,09	0,10	-	-	-	-	-	-	-	-	-	-	-	-	-	-	-	-	-	-
	II	-	-	-	-	-	-	-	-	-	-	-	-	-	-	-	-	-	-	-	-	-	-
	III	-	-	-	-	-	-	-	-	-	-	-	-	-	-	-	-	-	-	-	-	-	-
	IV	1,14	-	0,09	0,10	-	-	-	-	-	-	-	-	-	-	-	-	-	-	-	-	-	-
	V	5,94	-	0,47	0,53																		
	VI	7,41	-	0,59	0,66																		
50,89	I	1,16	-	0,09	0,10	-	-	-	-	-	-	-	-	-	-	-	-	-	-	-	-	-	-
	II	-	-	-	-	-	-	-	-	-	-	-	-	-	-	-	-	-	-	-	-	-	-
	III	-	-	-	-	-	-	-	-	-	-	-	-	-	-	-	-	-	-	-	-	-	-
	IV	1,16	-	0,09	0,10	-	-	-	-	-	-	-	-	-	-	-	-	-	-	-	-	-	-
	V	5,98	-	0,47	0,53																		
	VI	7,45	-	0,59	0,67																		
50,99	I	1,18	-	0,09	0,10	-	-	-	-	-	-	-	-	-	-	-	-	-	-	-	-	-	-
	II	-	-	-	-	-	-	-	-	-	-	-	-	-	-	-	-	-	-	-	-	-	-
	III	-	-	-	-	-	-	-	-	-	-	-	-	-	-	-	-	-	-	-	-	-	-
	IV	1,18	-	0,09	0,10	-	0,01	0,01	-	-	-	-	-	-	-	-	-	-	-	-	-	-	-
	V	6,01	-	0,48	0,54																		
	VI	7,49	-	0,59	0,67																		

Lohn/ Gehalt bis	Steuerklasse	Lohn-steuer	ohne Kinderfreibetrag			Anzahl Kinderfreibeträge (nur Steuerklassen I–IV)																
						0,5			1,0			1,5			2,0			2,5			3,0	
			SolZ 5,5%	Kirchensteuer 8%	9%	SolZ 5,5%	Kirchensteuer 8%	9%	SolZ 5,5%	Kirchensteuer 8%	9%	SolZ 5,5%	Kirchensteuer 8%	9%	SolZ 5,5%	Kirchensteuer 8%	9%	SolZ 5,5%	Kirchensteuer 8%	9%	SolZ 5,5%	Kirchensteuer 8%
51,09	I	1,20	-	0,09	0,10	-	-	-	-	-	-	-	-	-	-	-	-	-	-	-	-	-
	II	-	-	-	-	-	-	-	-	-	-	-	-	-	-	-	-	-	-	-	-	-
	III	-	-	-	-	-	-	-	-	-	-	-	-	-	-	-	-	-	-	-	-	-
	IV	1,20	-	0,09	0,10	-	0,01	0,01	-	-	-	-	-	-	-	-	-	-	-	-	-	-
	V	6,05	-	0,48	0,54																	
	VI	7,53	-	0,60	0,67																	
51,19	I	1,21	-	0,09	0,10	-	-	-	-	-	-	-	-	-	-	-	-	-	-	-	-	-
	II	-	-	-	-	-	-	-	-	-	-	-	-	-	-	-	-	-	-	-	-	-
	III	-	-	-	-	-	-	-	-	-	-	-	-	-	-	-	-	-	-	-	-	-
	IV	1,21	-	0,09	0,10	-	0,01	0,01	-	-	-	-	-	-	-	-	-	-	-	-	-	-
	V	6,09	-	0,48	0,54																	
	VI	7,57	-	0,60	0,68																	
51,29	I	1,23	-	0,09	0,11	-	-	-	-	-	-	-	-	-	-	-	-	-	-	-	-	-
	II	-	-	-	-	-	-	-	-	-	-	-	-	-	-	-	-	-	-	-	-	-
	III	-	-	-	-	-	-	-	-	-	-	-	-	-	-	-	-	-	-	-	-	-
	IV	1,23	-	0,09	0,11	-	0,01	0,01	-	-	-	-	-	-	-	-	-	-	-	-	-	-
	V	6,13	-	0,49	0,55																	
	VI	7,60	-	0,60	0,68																	
51,39	I	1,25	-	0,10	0,11	-	-	-	-	-	-	-	-	-	-	-	-	-	-	-	-	-
	II	-	-	-	-	-	-	-	-	-	-	-	-	-	-	-	-	-	-	-	-	-
	III	-	-	-	-	-	-	-	-	-	-	-	-	-	-	-	-	-	-	-	-	-
	IV	1,25	-	0,10	0,11	-	0,01	0,01	-	-	-	-	-	-	-	-	-	-	-	-	-	-
	V	6,17	-	0,49	0,55																	
	VI	7,64	-	0,61	0,68																	
51,49	I	1,26	-	0,10	0,11	-	-	-	-	-	-	-	-	-	-	-	-	-	-	-	-	-
	II	-	-	-	-	-	-	-	-	-	-	-	-	-	-	-	-	-	-	-	-	-
	III	-	-	-	-	-	-	-	-	-	-	-	-	-	-	-	-	-	-	-	-	-
	IV	1,26	-	0,10	0,11	-	0,01	0,01	-	-	-	-	-	-	-	-	-	-	-	-	-	-
	V	6,20	-	0,49	0,55																	
	VI	7,68	-	0,61	0,69																	
51,59	I	1,28	-	0,10	0,11	-	-	-	-	-	-	-	-	-	-	-	-	-	-	-	-	-
	II	-	-	-	-	-	-	-	-	-	-	-	-	-	-	-	-	-	-	-	-	-
	III	-	-	-	-	-	-	-	-	-	-	-	-	-	-	-	-	-	-	-	-	-
	IV	1,28	-	0,10	0,11	-	0,01	0,01	-	-	-	-	-	-	-	-	-	-	-	-	-	-
	V	6,24	-	0,49	0,56																	
	VI	7,72	-	0,61	0,69																	
51,69	I	1,30	-	0,10	0,11	-	-	-	-	-	-	-	-	-	-	-	-	-	-	-	-	-
	II	-	-	-	-	-	-	-	-	-	-	-	-	-	-	-	-	-	-	-	-	-
	III	-	-	-	-	-	-	-	-	-	-	-	-	-	-	-	-	-	-	-	-	-
	IV	1,30	-	0,10	0,11	-	0,01	0,01	-	-	-	-	-	-	-	-	-	-	-	-	-	-
	V	6,28	-	0,50	0,56																	
	VI	7,76	-	0,62	0,69																	
51,79	I	1,32	-	0,10	0,11	-	-	-	-	-	-	-	-	-	-	-	-	-	-	-	-	-
	II	-	-	-	-	-	-	-	-	-	-	-	-	-	-	-	-	-	-	-	-	-
	III	-	-	-	-	-	-	-	-	-	-	-	-	-	-	-	-	-	-	-	-	-
	IV	1,32	-	0,10	0,11	-	0,01	0,02	-	-	-	-	-	-	-	-	-	-	-	-	-	-
	V	6,32	-	0,50	0,56																	
	VI	7,80	-	0,62	0,70																	
51,89	I	1,33	-	0,10	0,11	-	-	-	-	-	-	-	-	-	-	-	-	-	-	-	-	-
	II	-	-	-	-	-	-	-	-	-	-	-	-	-	-	-	-	-	-	-	-	-
	III	-	-	-	-	-	-	-	-	-	-	-	-	-	-	-	-	-	-	-	-	-
	IV	1,33	-	0,10	0,11	-	0,02	0,02	-	-	-	-	-	-	-	-	-	-	-	-	-	-
	V	6,36	-	0,50	0,57																	
	VI	7,83	-	0,62	0,70																	
51,99	I	1,35	-	0,10	0,12	-	-	-	-	-	-	-	-	-	-	-	-	-	-	-	-	-
	II	-	-	-	-	-	-	-	-	-	-	-	-	-	-	-	-	-	-	-	-	-
	III	-	-	-	-	-	-	-	-	-	-	-	-	-	-	-	-	-	-	-	-	-
	IV	1,35	-	0,10	0,12	-	0,02	0,02	-	-	-	-	-	-	-	-	-	-	-	-	-	-
	V	6,40	-	0,51	0,57																	
	VI	7,87	-	0,62	0,70																	
52,09	I	1,37	-	0,10	0,12	-	-	-	-	-	-	-	-	-	-	-	-	-	-	-	-	-
	II	-	-	-	-	-	-	-	-	-	-	-	-	-	-	-	-	-	-	-	-	-
	III	-	-	-	-	-	-	-	-	-	-	-	-	-	-	-	-	-	-	-	-	-
	IV	1,37	-	0,10	0,12	-	0,02	0,02	-	-	-	-	-	-	-	-	-	-	-	-	-	-
	V	6,43	-	0,51	0,57																	
	VI	7,91	-	0,63	0,71																	
52,19	I	1,39	-	0,11	0,12	-	-	-	-	-	-	-	-	-	-	-	-	-	-	-	-	-
	II	-	-	-	-	-	-	-	-	-	-	-	-	-	-	-	-	-	-	-	-	-
	III	-	-	-	-	-	-	-	-	-	-	-	-	-	-	-	-	-	-	-	-	-
	IV	1,39	-	0,11	0,12	-	0,02	0,02	-	-	-	-	-	-	-	-	-	-	-	-	-	-
	V	6,47	-	0,51	0,58																	
	VI	7,95	-	0,63	0,71																	
52,29	I	1,41	-	0,11	0,12	-	-	-	-	-	-	-	-	-	-	-	-	-	-	-	-	-
	II	-	-	-	-	-	-	-	-	-	-	-	-	-	-	-	-	-	-	-	-	-
	III	-	-	-	-	-	-	-	-	-	-	-	-	-	-	-	-	-	-	-	-	-
	IV	1,41	-	0,11	0,12	-	0,02	0,02	-	-	-	-	-	-	-	-	-	-	-	-	-	-
	V	6,51	-	0,52	0,58																	
	VI	7,99	-	0,63	0,71																	
52,39	I	1,42	-	0,11	0,12	-	-	-	-	-	-	-	-	-	-	-	-	-	-	-	-	-
	II	-	-	-	-	-	-	-	-	-	-	-	-	-	-	-	-	-	-	-	-	-
	III	-	-	-	-	-	-	-	-	-	-	-	-	-	-	-	-	-	-	-	-	-
	IV	1,42	-	0,11	0,12	-	0,02	0,02	-	-	-	-	-	-	-	-	-	-	-	-	-	-
	V	6,55	-	0,52	0,58																	
	VI	8,02	-	0,64	0,72																	
52,49	I	1,44	-	0,11	0,12	-	-	-	-	-	-	-	-	-	-	-	-	-	-	-	-	-
	II	-	-	-	-	-	-	-	-	-	-	-	-	-	-	-	-	-	-	-	-	-
	III	-	-	-	-	-	-	-	-	-	-	-	-	-	-	-	-	-	-	-	-	-
	IV	1,44	-	0,11	0,12	-	0,02	0,02	-	-	-	-	-	-	-	-	-	-	-	-	-	-
	V	6,58	-	0,52	0,59																	
	VI	8,06	-	0,64	0,72																	

Allgemeine Tabelle

Lohn/ Gehalt bis	Steuerklasse	Lohn-steuer	ohne Kinderfreibetrag			Anzahl Kinderfreibeträge (nur Steuerklassen I–IV) 0,5			1,0			1,5			2,0			2,5			3,0		
			SolZ 5,5%	Kirchensteuer 8%	9%	SolZ 5,5%	Kirchensteuer 8%	9%	SolZ 5,5%	Kirchensteuer 8%	9%	SolZ 5,5%	Kirchensteuer 8%	9%	SolZ 5,5%	Kirchensteuer 8%	9%	SolZ 5,5%	Kirchensteuer 8%	9%	SolZ 5,5%	Kirchensteuer 8%	9%
52,59	I	1,46	-	0,11	0,13	-	-	-	-	-	-	-	-	-	-	-	-	-	-	-	-	-	-
	II	-	-	-	-	-	-	-	-	-	-	-	-	-	-	-	-	-	-	-	-	-	-
	III	-	-	-	-	-	-	-	-	-	-	-	-	-	-	-	-	-	-	-	-	-	-
	IV	1,46	-	0,11	0,13	-	0,02	0,03	-	-	-	-	-	-	-	-	-	-	-	-	-	-	-
	V	6,62	-	0,52	0,59																		
	VI	8,10	-	0,64	0,72																		
52,69	I	1,48	-	0,11	0,13	-	-	-	-	-	-	-	-	-	-	-	-	-	-	-	-	-	-
	II	-	-	-	-	-	-	-	-	-	-	-	-	-	-	-	-	-	-	-	-	-	-
	III	-	-	-	-	-	-	-	-	-	-	-	-	-	-	-	-	-	-	-	-	-	-
	IV	1,48	-	0,11	0,13	-	0,02	0,03	-	-	-	-	-	-	-	-	-	-	-	-	-	-	-
	V	6,66	-	0,53	0,59																		
	VI	8,14	-	0,65	0,73																		
52,79	I	1,50	-	0,12	0,13	-	-	-	-	-	-	-	-	-	-	-	-	-	-	-	-	-	-
	II	-	-	-	-	-	-	-	-	-	-	-	-	-	-	-	-	-	-	-	-	-	-
	III	-	-	-	-	-	-	-	-	-	-	-	-	-	-	-	-	-	-	-	-	-	-
	IV	1,50	-	0,12	0,13	-	0,03	0,03	-	-	-	-	-	-	-	-	-	-	-	-	-	-	-
	V	6,70	-	0,53	0,60																		
	VI	8,18	-	0,65	0,73																		
52,89	I	1,51	-	0,12	0,13	-	-	-	-	-	-	-	-	-	-	-	-	-	-	-	-	-	-
	II	-	-	-	-	-	-	-	-	-	-	-	-	-	-	-	-	-	-	-	-	-	-
	III	-	-	-	-	-	-	-	-	-	-	-	-	-	-	-	-	-	-	-	-	-	-
	IV	1,51	-	0,12	0,13	-	0,03	0,03	-	-	-	-	-	-	-	-	-	-	-	-	-	-	-
	V	6,74	-	0,53	0,60																		
	VI	8,21	-	0,65	0,73																		
52,99	I	1,53	-	0,12	0,13	-	-	-	-	-	-	-	-	-	-	-	-	-	-	-	-	-	-
	II	-	-	-	-	-	-	-	-	-	-	-	-	-	-	-	-	-	-	-	-	-	-
	III	-	-	-	-	-	-	-	-	-	-	-	-	-	-	-	-	-	-	-	-	-	-
	IV	1,53	-	0,12	0,13	-	0,03	0,03	-	-	-	-	-	-	-	-	-	-	-	-	-	-	-
	V	6,78	-	0,54	0,61																		
	VI	8,25	-	0,66	0,74																		
53,09	I	1,55	-	0,12	0,13	-	-	-	-	-	-	-	-	-	-	-	-	-	-	-	-	-	-
	II	-	-	-	-	-	-	-	-	-	-	-	-	-	-	-	-	-	-	-	-	-	-
	III	-	-	-	-	-	-	-	-	-	-	-	-	-	-	-	-	-	-	-	-	-	-
	IV	1,55	-	0,12	0,13	-	0,03	0,03	-	-	-	-	-	-	-	-	-	-	-	-	-	-	-
	V	6,81	-	0,54	0,61																		
	VI	8,29	-	0,66	0,74																		
53,19	I	1,57	-	0,12	0,14	-	-	-	-	-	-	-	-	-	-	-	-	-	-	-	-	-	-
	II	-	-	-	-	-	-	-	-	-	-	-	-	-	-	-	-	-	-	-	-	-	-
	III	-	-	-	-	-	-	-	-	-	-	-	-	-	-	-	-	-	-	-	-	-	-
	IV	1,57	-	0,12	0,14	-	0,03	0,03	-	-	-	-	-	-	-	-	-	-	-	-	-	-	-
	V	6,85	-	0,54	0,61																		
	VI	8,33	-	0,66	0,74																		
53,29	I	1,59	-	0,12	0,14	-	-	-	-	-	-	-	-	-	-	-	-	-	-	-	-	-	-
	II	-	-	-	-	-	-	-	-	-	-	-	-	-	-	-	-	-	-	-	-	-	-
	III	-	-	-	-	-	-	-	-	-	-	-	-	-	-	-	-	-	-	-	-	-	-
	IV	1,59	-	0,12	0,14	-	0,03	0,04	-	-	-	-	-	-	-	-	-	-	-	-	-	-	-
	V	6,89	-	0,55	0,62																		
	VI	8,37	-	0,66	0,75																		
53,39	I	1,61	-	0,12	0,14	-	-	-	-	-	-	-	-	-	-	-	-	-	-	-	-	-	-
	II	-	-	-	-	-	-	-	-	-	-	-	-	-	-	-	-	-	-	-	-	-	-
	III	-	-	-	-	-	-	-	-	-	-	-	-	-	-	-	-	-	-	-	-	-	-
	IV	1,61	-	0,12	0,14	-	0,03	0,04	-	-	-	-	-	-	-	-	-	-	-	-	-	-	-
	V	6,93	-	0,55	0,62																		
	VI	8,41	-	0,67	0,75																		
53,49	I	1,63	-	0,13	0,14	-	-	-	-	-	-	-	-	-	-	-	-	-	-	-	-	-	-
	II	-	-	-	-	-	-	-	-	-	-	-	-	-	-	-	-	-	-	-	-	-	-
	III	-	-	-	-	-	-	-	-	-	-	-	-	-	-	-	-	-	-	-	-	-	-
	IV	1,63	-	0,13	0,14	-	0,03	0,04	-	-	-	-	-	-	-	-	-	-	-	-	-	-	-
	V	6,96	-	0,55	0,62																		
	VI	8,44	-	0,67	0,75																		
53,59	I	1,65	-	0,13	0,14	-	-	-	-	-	-	-	-	-	-	-	-	-	-	-	-	-	-
	II	-	-	-	-	-	-	-	-	-	-	-	-	-	-	-	-	-	-	-	-	-	-
	III	-	-	-	-	-	-	-	-	-	-	-	-	-	-	-	-	-	-	-	-	-	-
	IV	1,65	-	0,13	0,14	-	0,04	0,04	-	-	-	-	-	-	-	-	-	-	-	-	-	-	-
	V	7,00	-	0,56	0,63																		
	VI	8,48	-	0,67	0,76																		
53,69	I	1,66	-	0,13	0,14	-	-	-	-	-	-	-	-	-	-	-	-	-	-	-	-	-	-
	II	-	-	-	-	-	-	-	-	-	-	-	-	-	-	-	-	-	-	-	-	-	-
	III	-	-	-	-	-	-	-	-	-	-	-	-	-	-	-	-	-	-	-	-	-	-
	IV	1,66	-	0,13	0,14	-	0,04	0,04	-	-	-	-	-	-	-	-	-	-	-	-	-	-	-
	V	7,04	-	0,56	0,63																		
	VI	8,52	-	0,68	0,76																		
53,79	I	1,68	-	0,13	0,15	-	-	-	-	-	-	-	-	-	-	-	-	-	-	-	-	-	-
	II	-	-	-	-	-	-	-	-	-	-	-	-	-	-	-	-	-	-	-	-	-	-
	III	-	-	-	-	-	-	-	-	-	-	-	-	-	-	-	-	-	-	-	-	-	-
	IV	1,68	-	0,13	0,15	-	0,04	0,04	-	-	-	-	-	-	-	-	-	-	-	-	-	-	-
	V	7,08	-	0,56	0,63																		
	VI	8,56	-	0,68	0,77																		
53,89	I	1,70	-	0,13	0,15	-	-	-	-	-	-	-	-	-	-	-	-	-	-	-	-	-	-
	II	-	-	-	-	-	-	-	-	-	-	-	-	-	-	-	-	-	-	-	-	-	-
	III	-	-	-	-	-	-	-	-	-	-	-	-	-	-	-	-	-	-	-	-	-	-
	IV	1,70	-	0,13	0,15	-	0,04	0,04	-	-	-	-	-	-	-	-	-	-	-	-	-	-	-
	V	7,12	-	0,56	0,64																		
	VI	8,60	-	0,68	0,77																		
53,99	I	1,72	-	0,13	0,15	-	-	-	-	-	-	-	-	-	-	-	-	-	-	-	-	-	-
	II	-	-	-	-	-	-	-	-	-	-	-	-	-	-	-	-	-	-	-	-	-	-
	III	-	-	-	-	-	-	-	-	-	-	-	-	-	-	-	-	-	-	-	-	-	-
	IV	1,72	-	0,13	0,15	-	0,04	0,04	-	-	-	-	-	-	-	-	-	-	-	-	-	-	-
	V	7,16	-	0,57	0,64																		
	VI	8,63	-	0,69	0,77																		

Lohn/ Gehalt bis	Steuerklasse	Lohn-steuer	ohne Kinderfreibetrag			Anzahl Kinderfreibeträge (nur Steuerklassen I–IV)																	
						0,5			1,0			1,5			2,0			2,5			3,0		
			SolZ 5,5%	Kirchensteuer 8%	9%	SolZ 5,5%	Kirchensteuer 8%	9%	SolZ 5,5%	Kirchensteuer 8%	9%	SolZ 5,5%	Kirchensteuer 8%	9%	SolZ 5,5%	Kirchensteuer 8%	9%	SolZ 5,5%	Kirchensteuer 8%	9%	SolZ 5,5%	Kirchensteuer 8%	9%
54,09	I	1,74	-	0,13	0,15	-	-	-	-	-	-	-	-	-	-	-	-	-	-	-	-	-	
	II	-	-	-	-	-	-	-	-	-	-	-	-	-	-	-	-	-	-	-	-	-	
	III	-	-	-	-	-	-	-	-	-	-	-	-	-	-	-	-	-	-	-	-	-	
	IV	1,74	-	0,13	0,15	-	0,04	0,05	-	-	-	-	-	-	-	-	-	-	-	-	-	-	
	V	7,20	-	0,57	0,64																		
	VI	8,67	-	0,69	0,78																		
54,19	I	1,76	-	0,14	0,15	-	-	-	-	-	-	-	-	-	-	-	-	-	-	-	-	-	
	II	-	-	-	-	-	-	-	-	-	-	-	-	-	-	-	-	-	-	-	-	-	
	III	-	-	-	-	-	-	-	-	-	-	-	-	-	-	-	-	-	-	-	-	-	
	IV	1,76	-	0,14	0,15	-	0,04	0,05	-	-	-	-	-	-	-	-	-	-	-	-	-	-	
	V	7,23	-	0,57	0,65																		
	VI	8,71	-	0,69	0,78																		
54,29	I	1,78	-	0,14	0,16	-	-	-	-	-	-	-	-	-	-	-	-	-	-	-	-	-	
	II	-	-	-	-	-	-	-	-	-	-	-	-	-	-	-	-	-	-	-	-	-	
	III	-	-	-	-	-	-	-	-	-	-	-	-	-	-	-	-	-	-	-	-	-	
	IV	1,78	-	0,14	0,16	-	0,04	0,05	-	-	-	-	-	-	-	-	-	-	-	-	-	-	
	V	7,27	-	0,58	0,65																		
	VI	8,75	-	0,70	0,78																		
54,39	I	1,80	-	0,14	0,16	-	-	-	-	-	-	-	-	-	-	-	-	-	-	-	-	-	
	II	-	-	-	-	-	-	-	-	-	-	-	-	-	-	-	-	-	-	-	-	-	
	III	-	-	-	-	-	-	-	-	-	-	-	-	-	-	-	-	-	-	-	-	-	
	IV	1,80	-	0,14	0,16	-	0,04	0,05	-	-	-	-	-	-	-	-	-	-	-	-	-	-	
	V	7,31	-	0,58	0,65																		
	VI	8,78	-	0,70	0,79																		
54,49	I	1,82	-	0,14	0,16	-	-	-	-	-	-	-	-	-	-	-	-	-	-	-	-	-	
	II	-	-	-	-	-	-	-	-	-	-	-	-	-	-	-	-	-	-	-	-	-	
	III	-	-	-	-	-	-	-	-	-	-	-	-	-	-	-	-	-	-	-	-	-	
	IV	1,82	-	0,14	0,16	-	0,05	0,05	-	-	-	-	-	-	-	-	-	-	-	-	-	-	
	V	7,35	-	0,58	0,66																		
	VI	8,82	-	0,70	0,79																		
54,59	I	1,84	-	0,14	0,16	-	-	-	-	-	-	-	-	-	-	-	-	-	-	-	-	-	
	II	-	-	-	-	-	-	-	-	-	-	-	-	-	-	-	-	-	-	-	-	-	
	III	-	-	-	-	-	-	-	-	-	-	-	-	-	-	-	-	-	-	-	-	-	
	IV	1,84	-	0,14	0,16	-	0,05	0,05	-	-	-	-	-	-	-	-	-	-	-	-	-	-	
	V	7,38	-	0,59	0,66																		
	VI	8,86	-	0,70	0,79																		
54,69	I	1,86	-	0,14	0,16	-	-	-	-	-	-	-	-	-	-	-	-	-	-	-	-	-	
	II	-	-	-	-	-	-	-	-	-	-	-	-	-	-	-	-	-	-	-	-	-	
	III	-	-	-	-	-	-	-	-	-	-	-	-	-	-	-	-	-	-	-	-	-	
	IV	1,86	-	0,14	0,16	-	0,05	0,05	-	-	-	-	-	-	-	-	-	-	-	-	-	-	
	V	7,42	-	0,59	0,66																		
	VI	8,90	-	0,71	0,80																		
54,79	I	1,88	-	0,15	0,16	-	-	-	-	-	-	-	-	-	-	-	-	-	-	-	-	-	
	II	-	-	-	-	-	-	-	-	-	-	-	-	-	-	-	-	-	-	-	-	-	
	III	-	-	-	-	-	-	-	-	-	-	-	-	-	-	-	-	-	-	-	-	-	
	IV	1,88	-	0,15	0,16	-	0,05	0,06	-	-	-	-	-	-	-	-	-	-	-	-	-	-	
	V	7,46	-	0,59	0,67																		
	VI	8,94	-	0,71	0,80																		
54,89	I	1,90	-	0,15	0,17	-	-	-	-	-	-	-	-	-	-	-	-	-	-	-	-	-	
	II	-	-	-	-	-	-	-	-	-	-	-	-	-	-	-	-	-	-	-	-	-	
	III	-	-	-	-	-	-	-	-	-	-	-	-	-	-	-	-	-	-	-	-	-	
	IV	1,90	-	0,15	0,17	-	0,05	0,06	-	-	-	-	-	-	-	-	-	-	-	-	-	-	
	V	7,50	-	0,60	0,67																		
	VI	8,98	-	0,71	0,80																		
54,99	I	1,91	-	0,15	0,17	-	-	-	-	-	-	-	-	-	-	-	-	-	-	-	-	-	
	II	-	-	-	-	-	-	-	-	-	-	-	-	-	-	-	-	-	-	-	-	-	
	III	-	-	-	-	-	-	-	-	-	-	-	-	-	-	-	-	-	-	-	-	-	
	IV	1,91	-	0,15	0,17	-	0,05	0,06	-	-	-	-	-	-	-	-	-	-	-	-	-	-	
	V	7,54	-	0,60	0,67																		
	VI	9,01	-	0,72	0,81																		
55,09	I	1,93	-	0,15	0,17	-	-	-	-	-	-	-	-	-	-	-	-	-	-	-	-	-	
	II	-	-	-	-	-	-	-	-	-	-	-	-	-	-	-	-	-	-	-	-	-	
	III	-	-	-	-	-	-	-	-	-	-	-	-	-	-	-	-	-	-	-	-	-	
	IV	1,93	-	0,15	0,17	-	0,05	0,06	-	-	-	-	-	-	-	-	-	-	-	-	-	-	
	V	7,58	-	0,60	0,68																		
	VI	9,05	-	0,72	0,81																		
55,19	I	1,95	-	0,15	0,17	-	-	-	-	-	-	-	-	-	-	-	-	-	-	-	-	-	
	II	-	-	-	-	-	-	-	-	-	-	-	-	-	-	-	-	-	-	-	-	-	
	III	-	-	-	-	-	-	-	-	-	-	-	-	-	-	-	-	-	-	-	-	-	
	IV	1,95	-	0,15	0,17	-	0,05	0,06	-	-	-	-	-	-	-	-	-	-	-	-	-	-	
	V	7,61	-	0,60	0,68																		
	VI	9,09	-	0,72	0,81																		
55,29	I	1,97	-	0,15	0,17	-	-	-	-	-	-	-	-	-	-	-	-	-	-	-	-	-	
	II	-	-	-	-	-	-	-	-	-	-	-	-	-	-	-	-	-	-	-	-	-	
	III	-	-	-	-	-	-	-	-	-	-	-	-	-	-	-	-	-	-	-	-	-	
	IV	1,97	-	0,15	0,17	-	0,06	0,06	-	-	-	-	-	-	-	-	-	-	-	-	-	-	
	V	7,65	-	0,61	0,68																		
	VI	9,13	-	0,73	0,82																		
55,39	I	1,99	-	0,15	0,17	-	-	-	-	-	-	-	-	-	-	-	-	-	-	-	-	-	
	II	-	-	-	-	-	-	-	-	-	-	-	-	-	-	-	-	-	-	-	-	-	
	III	-	-	-	-	-	-	-	-	-	-	-	-	-	-	-	-	-	-	-	-	-	
	IV	1,99	-	0,15	0,17	-	0,06	0,06	-	-	-	-	-	-	-	-	-	-	-	-	-	-	
	V	7,69	-	0,61	0,69																		
	VI	9,17	-	0,73	0,82																		
55,49	I	2,01	-	0,16	0,18	-	-	-	-	-	-	-	-	-	-	-	-	-	-	-	-	-	
	II	-	-	-	-	-	-	-	-	-	-	-	-	-	-	-	-	-	-	-	-	-	
	III	-	-	-	-	-	-	-	-	-	-	-	-	-	-	-	-	-	-	-	-	-	
	IV	2,01	-	0,16	0,18	-	0,06	0,07	-	-	-	-	-	-	-	-	-	-	-	-	-	-	
	V	7,73	-	0,61	0,69																		
	VI	9,20	-	0,73	0,82																		

Allgemeine Tabelle

TAG bis 56,99 €

Lohn/ Gehalt bis	Steuerklasse	Lohn-steuer	ohne Kinderfreibetrag			Anzahl Kinderfreibeträge (nur Steuerklassen I–IV)																	
						0,5			1,0			1,5			2,0			2,5			3,0		
			SolZ 5,5%	Kirchensteuer 8%	Kirchensteuer 9%	SolZ 5,5%	Kirchensteuer 8%	Kirchensteuer 9%	SolZ 5,5%	Kirchensteuer 8%	Kirchensteuer 9%	SolZ 5,5%	Kirchensteuer 8%	Kirchensteuer 9%	SolZ 5,5%	Kirchensteuer 8%	Kirchensteuer 9%	SolZ 5,5%	Kirchensteuer 8%	Kirchensteuer 9%	SolZ 5,5%	Kirchensteuer 8%	Kirchensteuer 9%
55,59	I	2,03	-	0,16	0,18	-	-	-	-	-	-	-	-	-	-	-	-	-	-	-	-	-	-
	II	-	-	-	-	-	-	-	-	-	-	-	-	-	-	-	-	-	-	-	-	-	-
	III	-	-	-	-	-	-	-	-	-	-	-	-	-	-	-	-	-	-	-	-	-	-
	IV	2,03	-	0,16	0,18	-	0,06	0,07	-	-	-	-	-	-	-	-	-	-	-	-	-	-	-
	V	7,76	-	0,62	0,69																		
	VI	9,24	-	0,73	0,83																		
55,69	I	2,05	-	0,16	0,18	-	-	-	-	-	-	-	-	-	-	-	-	-	-	-	-	-	-
	II	-	-	-	-	-	-	-	-	-	-	-	-	-	-	-	-	-	-	-	-	-	-
	III	-	-	-	-	-	-	-	-	-	-	-	-	-	-	-	-	-	-	-	-	-	-
	IV	2,05	-	0,16	0,18	-	0,06	0,07	-	-	-	-	-	-	-	-	-	-	-	-	-	-	-
	V	7,80	-	0,62	0,70																		
	VI	9,28	-	0,74	0,83																		
55,79	I	2,07	-	0,16	0,18	-	-	-	-	-	-	-	-	-	-	-	-	-	-	-	-	-	-
	II	-	-	-	-	-	-	-	-	-	-	-	-	-	-	-	-	-	-	-	-	-	-
	III	-	-	-	-	-	-	-	-	-	-	-	-	-	-	-	-	-	-	-	-	-	-
	IV	2,07	-	0,16	0,18	-	0,06	0,07	-	-	-	-	-	-	-	-	-	-	-	-	-	-	-
	V	7,84	-	0,62	0,70																		
	VI	9,32	-	0,74	0,83																		
55,89	I	2,09	-	0,16	0,18	-	-	-	-	-	-	-	-	-	-	-	-	-	-	-	-	-	-
	II	-	-	-	-	-	-	-	-	-	-	-	-	-	-	-	-	-	-	-	-	-	-
	III	-	-	-	-	-	-	-	-	-	-	-	-	-	-	-	-	-	-	-	-	-	-
	IV	2,09	-	0,16	0,18	-	0,06	0,07	-	-	-	-	-	-	-	-	-	-	-	-	-	-	-
	V	7,88	-	0,63	0,70																		
	VI	9,36	-	0,74	0,84																		
55,99	I	2,11	-	0,16	0,18	-	-	-	-	-	-	-	-	-	-	-	-	-	-	-	-	-	-
	II	-	-	-	-	-	-	-	-	-	-	-	-	-	-	-	-	-	-	-	-	-	-
	III	-	-	-	-	-	-	-	-	-	-	-	-	-	-	-	-	-	-	-	-	-	-
	IV	2,11	-	0,16	0,18	-	0,06	0,07	-	-	-	-	-	-	-	-	-	-	-	-	-	-	-
	V	7,92	-	0,63	0,71																		
	VI	9,40	-	0,75	0,84																		
56,09	I	2,13	-	0,17	0,19	-	-	-	-	-	-	-	-	-	-	-	-	-	-	-	-	-	-
	II	-	-	-	-	-	-	-	-	-	-	-	-	-	-	-	-	-	-	-	-	-	-
	III	-	-	-	-	-	-	-	-	-	-	-	-	-	-	-	-	-	-	-	-	-	-
	IV	2,13	-	0,17	0,19	-	0,07	0,07	-	-	-	-	-	-	-	-	-	-	-	-	-	-	-
	V	7,96	-	0,63	0,71																		
	VI	9,43	-	0,75	0,84																		
56,19	I	2,15	-	0,17	0,19	-	-	-	-	-	-	-	-	-	-	-	-	-	-	-	-	-	-
	II	-	-	-	-	-	-	-	-	-	-	-	-	-	-	-	-	-	-	-	-	-	-
	III	-	-	-	-	-	-	-	-	-	-	-	-	-	-	-	-	-	-	-	-	-	-
	IV	2,15	-	0,17	0,19	-	0,07	0,08	-	-	-	-	-	-	-	-	-	-	-	-	-	-	-
	V	8,00	-	0,64	0,72																		
	VI	9,47	-	0,75	0,85																		
56,29	I	2,17	-	0,17	0,19	-	-	-	-	-	-	-	-	-	-	-	-	-	-	-	-	-	-
	II	0,01	-	-	-	-	-	-	-	-	-	-	-	-	-	-	-	-	-	-	-	-	-
	III	-	-	-	-	-	-	-	-	-	-	-	-	-	-	-	-	-	-	-	-	-	-
	IV	2,17	-	0,17	0,19	-	0,07	0,08	-	-	-	-	-	-	-	-	-	-	-	-	-	-	-
	V	8,03	-	0,64	0,72																		
	VI	9,51	-	0,76	0,85																		
56,39	I	2,20	-	0,17	0,19	-	-	-	-	-	-	-	-	-	-	-	-	-	-	-	-	-	-
	II	0,03	-	-	-	-	-	-	-	-	-	-	-	-	-	-	-	-	-	-	-	-	-
	III	-	-	-	-	-	-	-	-	-	-	-	-	-	-	-	-	-	-	-	-	-	-
	IV	2,20	-	0,17	0,19	-	0,07	0,08	-	-	-	-	-	-	-	-	-	-	-	-	-	-	-
	V	8,07	-	0,64	0,72																		
	VI	9,55	-	0,76	0,85																		
56,49	I	2,21	-	0,17	0,19	-	-	-	-	-	-	-	-	-	-	-	-	-	-	-	-	-	-
	II	0,04	-	-	-	-	-	-	-	-	-	-	-	-	-	-	-	-	-	-	-	-	-
	III	-	-	-	-	-	-	-	-	-	-	-	-	-	-	-	-	-	-	-	-	-	-
	IV	2,21	-	0,17	0,19	-	0,07	0,08	-	-	-	-	-	-	-	-	-	-	-	-	-	-	-
	V	8,11	-	0,64	0,72																		
	VI	9,59	-	0,76	0,86																		
56,59	I	2,23	-	0,17	0,20	-	-	-	-	-	-	-	-	-	-	-	-	-	-	-	-	-	-
	II	0,05	-	-	-	-	-	-	-	-	-	-	-	-	-	-	-	-	-	-	-	-	-
	III	-	-	-	-	-	-	-	-	-	-	-	-	-	-	-	-	-	-	-	-	-	-
	IV	2,23	-	0,17	0,20	-	0,07	0,08	-	-	-	-	-	-	-	-	-	-	-	-	-	-	-
	V	8,15	-	0,65	0,73																		
	VI	9,62	-	0,76	0,86																		
56,69	I	2,25	-	0,18	0,20	-	-	-	-	-	-	-	-	-	-	-	-	-	-	-	-	-	-
	II	0,06	-	-	-	-	-	-	-	-	-	-	-	-	-	-	-	-	-	-	-	-	-
	III	-	-	-	-	-	-	-	-	-	-	-	-	-	-	-	-	-	-	-	-	-	-
	IV	2,25	-	0,18	0,20	-	0,07	0,08	-	-	-	-	-	-	-	-	-	-	-	-	-	-	-
	V	8,18	-	0,65	0,73																		
	VI	9,66	-	0,77	0,86																		
56,79	I	2,27	-	0,18	0,20	-	-	-	-	-	-	-	-	-	-	-	-	-	-	-	-	-	-
	II	0,07	-	-	-	-	-	-	-	-	-	-	-	-	-	-	-	-	-	-	-	-	-
	III	-	-	-	-	-	-	-	-	-	-	-	-	-	-	-	-	-	-	-	-	-	-
	IV	2,27	-	0,18	0,20	-	0,08	0,09	-	-	-	-	-	-	-	-	-	-	-	-	-	-	-
	V	8,21	-	0,65	0,73																		
	VI	9,69	-	0,77	0,87																		
56,89	I	2,29	-	0,18	0,20	-	-	-	-	-	-	-	-	-	-	-	-	-	-	-	-	-	-
	II	0,09	-	-	-	-	-	-	-	-	-	-	-	-	-	-	-	-	-	-	-	-	-
	III	-	-	-	-	-	-	-	-	-	-	-	-	-	-	-	-	-	-	-	-	-	-
	IV	2,29	-	0,18	0,20	-	0,08	0,09	-	-	-	-	-	-	-	-	-	-	-	-	-	-	-
	V	8,25	-	0,66	0,74																		
	VI	9,73	-	0,77	0,87																		
56,99	I	2,31	-	0,18	0,20	-	-	-	-	-	-	-	-	-	-	-	-	-	-	-	-	-	-
	II	0,10	-	-	-	-	-	-	-	-	-	-	-	-	-	-	-	-	-	-	-	-	-
	III	-	-	-	-	-	-	-	-	-	-	-	-	-	-	-	-	-	-	-	-	-	-
	IV	2,31	-	0,18	0,20	-	0,08	0,09	-	-	-	-	-	-	-	-	-	-	-	-	-	-	-
	V	8,28	-	0,66	0,74																		
	VI	9,76	-	0,78	0,87																		

Lohn/ Gehalt bis	Steuerklasse	Lohn- steuer	ohne Kinderfreibetrag			Anzahl Kinderfreibeträge (nur Steuerklassen I–IV)																
						0,5			1,0			1,5			2,0			2,5			3,0	
			SolZ 5,5%	Kirchensteuer 8%	9%	SolZ 5,5%	Kirchensteuer 8%	9%	SolZ 5,5%	Kirchensteuer 8%	9%	SolZ 5,5%	Kirchensteuer 8%	9%	SolZ 5,5%	Kirchensteuer 8%	9%	SolZ 5,5%	Kirchensteuer 8%	9%	SolZ 5,5%	Kirchensteuer 8%
57,09	I	2,33	-	0,18	0,20	-	-	-	-	-	-	-	-	-	-	-	-	-	-	-	-	-
	II	0,11	-	-	-	-	-	-	-	-	-	-	-	-	-	-	-	-	-	-	-	-
	III	-	-	-	-	-	-	-	-	-	-	-	-	-	-	-	-	-	-	-	-	-
	IV	2,33	-	0,18	0,20	-	0,08	0,09	-	-	-	-	-	-	-	-	-	-	-	-	-	-
	V	8,32	-	0,66	0,74																	
	VI	9,80	-	0,78	0,88																	
57,19	I	2,35	-	0,18	0,21	-	-	-	-	-	-	-	-	-	-	-	-	-	-	-	-	-
	II	0,12	-	-	0,01	-	-	-	-	-	-	-	-	-	-	-	-	-	-	-	-	-
	III	-	-	-	-	-	-	-	-	-	-	-	-	-	-	-	-	-	-	-	-	-
	IV	2,35	-	0,18	0,21	-	0,08	0,09	-	-	-	-	-	-	-	-	-	-	-	-	-	-
	V	8,35	-	0,66	0,75																	
	VI	9,83	-	0,78	0,88																	
57,29	I	2,36	-	0,18	0,21	-	-	-	-	-	-	-	-	-	-	-	-	-	-	-	-	-
	II	0,13	-	0,01	0,01	-	-	-	-	-	-	-	-	-	-	-	-	-	-	-	-	-
	III	-	-	-	-	-	-	-	-	-	-	-	-	-	-	-	-	-	-	-	-	-
	IV	2,36	-	0,18	0,21	-	0,08	0,09	-	-	-	-	-	-	-	-	-	-	-	-	-	-
	V	8,39	-	0,67	0,75																	
	VI	9,86	-	0,78	0,88																	
57,39	I	2,38	-	0,19	0,21	-	-	-	-	-	-	-	-	-	-	-	-	-	-	-	-	-
	II	0,15	-	0,01	0,01	-	-	-	-	-	-	-	-	-	-	-	-	-	-	-	-	-
	III	-	-	-	-	-	-	-	-	-	-	-	-	-	-	-	-	-	-	-	-	-
	IV	2,38	-	0,19	0,21	-	0,08	0,09	-	-	-	-	-	-	-	-	-	-	-	-	-	-
	V	8,42	-	0,67	0,75																	
	VI	9,90	-	0,79	0,89																	
57,49	I	2,40	-	0,19	0,21	-	-	-	-	-	-	-	-	-	-	-	-	-	-	-	-	-
	II	0,16	-	0,01	0,01	-	-	-	-	-	-	-	-	-	-	-	-	-	-	-	-	-
	III	-	-	-	-	-	-	-	-	-	-	-	-	-	-	-	-	-	-	-	-	-
	IV	2,40	-	0,19	0,21	-	0,08	0,09	-	-	-	-	-	-	-	-	-	-	-	-	-	-
	V	8,45	-	0,67	0,76																	
	VI	9,93	-	0,79	0,89																	
57,59	I	2,42	-	0,19	0,21	-	-	-	-	-	-	-	-	-	-	-	-	-	-	-	-	-
	II	0,17	-	0,01	0,01	-	-	-	-	-	-	-	-	-	-	-	-	-	-	-	-	-
	III	-	-	-	-	-	-	-	-	-	-	-	-	-	-	-	-	-	-	-	-	-
	IV	2,42	-	0,19	0,21	-	0,08	0,09	-	-	-	-	-	-	-	-	-	-	-	-	-	-
	V	8,49	-	0,67	0,76																	
	VI	9,96	-	0,79	0,89																	
57,69	I	2,44	-	0,19	0,21	-	-	-	-	-	-	-	-	-	-	-	-	-	-	-	-	-
	II	0,18	-	0,01	0,01	-	-	-	-	-	-	-	-	-	-	-	-	-	-	-	-	-
	III	-	-	-	-	-	-	-	-	-	-	-	-	-	-	-	-	-	-	-	-	-
	IV	2,44	-	0,19	0,21	-	0,09	0,10	-	-	-	-	-	-	-	-	-	-	-	-	-	-
	V	8,52	-	0,68	0,76																	
	VI	10,00	-	0,80	0,90																	
57,79	I	2,46	-	0,19	0,22	-	-	-	-	-	-	-	-	-	-	-	-	-	-	-	-	-
	II	0,19	-	0,01	0,01	-	-	-	-	-	-	-	-	-	-	-	-	-	-	-	-	-
	III	-	-	-	-	-	-	-	-	-	-	-	-	-	-	-	-	-	-	-	-	-
	IV	2,46	-	0,19	0,22	-	0,09	0,10	-	-	-	-	-	-	-	-	-	-	-	-	-	-
	V	8,56	-	0,68	0,77																	
	VI	10,03	-	0,80	0,90																	
57,89	I	2,48	-	0,19	0,22	-	-	0,01	-	-	-	-	-	-	-	-	-	-	-	-	-	-
	II	0,21	-	0,01	0,01	-	-	-	-	-	-	-	-	-	-	-	-	-	-	-	-	-
	III	-	-	-	-	-	-	-	-	-	-	-	-	-	-	-	-	-	-	-	-	-
	IV	2,48	-	0,19	0,22	-	0,09	0,10	-	-	0,01	-	-	-	-	-	-	-	-	-	-	-
	V	8,59	-	0,68	0,77																	
	VI	10,07	-	0,80	0,90																	
57,99	I	2,50	-	0,20	0,22	-	0,01	0,01	-	-	-	-	-	-	-	-	-	-	-	-	-	-
	II	0,22	-	0,01	0,01	-	-	-	-	-	-	-	-	-	-	-	-	-	-	-	-	-
	III	-	-	-	-	-	-	-	-	-	-	-	-	-	-	-	-	-	-	-	-	-
	IV	2,50	-	0,20	0,22	-	0,09	0,10	-	0,01	0,01	-	-	-	-	-	-	-	-	-	-	-
	V	8,63	-	0,69	0,77																	
	VI	10,10	-	0,80	0,90																	
58,09	I	2,52	-	0,20	0,22	-	0,01	0,01	-	-	-	-	-	-	-	-	-	-	-	-	-	-
	II	0,23	-	0,01	0,02	-	-	-	-	-	-	-	-	-	-	-	-	-	-	-	-	-
	III	-	-	-	-	-	-	-	-	-	-	-	-	-	-	-	-	-	-	-	-	-
	IV	2,52	-	0,20	0,22	-	0,09	0,10	-	0,01	0,01	-	-	-	-	-	-	-	-	-	-	-
	V	8,66	-	0,69	0,77																	
	VI	10,14	-	0,81	0,91																	
58,19	I	2,53	-	0,20	0,22	-	0,01	0,01	-	-	-	-	-	-	-	-	-	-	-	-	-	-
	II	0,24	-	0,01	0,02	-	-	-	-	-	-	-	-	-	-	-	-	-	-	-	-	-
	III	-	-	-	-	-	-	-	-	-	-	-	-	-	-	-	-	-	-	-	-	-
	IV	2,53	-	0,20	0,22	-	0,09	0,10	-	0,01	0,01	-	-	-	-	-	-	-	-	-	-	-
	V	8,69	-	0,69	0,78																	
	VI	10,17	-	0,81	0,91																	
58,29	I	2,55	-	0,20	0,22	-	0,01	0,01	-	-	-	-	-	-	-	-	-	-	-	-	-	-
	II	0,26	-	0,02	0,02	-	-	-	-	-	-	-	-	-	-	-	-	-	-	-	-	-
	III	-	-	-	-	-	-	-	-	-	-	-	-	-	-	-	-	-	-	-	-	-
	IV	2,55	-	0,20	0,22	-	0,09	0,10	-	0,01	0,01	-	-	-	-	-	-	-	-	-	-	-
	V	8,73	-	0,69	0,78																	
	VI	10,20	-	0,81	0,91																	
58,39	I	2,57	-	0,20	0,23	-	0,01	0,01	-	-	-	-	-	-	-	-	-	-	-	-	-	-
	II	0,27	-	0,02	0,02	-	-	-	-	-	-	-	-	-	-	-	-	-	-	-	-	-
	III	-	-	-	-	-	-	-	-	-	-	-	-	-	-	-	-	-	-	-	-	-
	IV	2,57	-	0,20	0,23	-	0,09	0,11	-	0,01	0,01	-	-	-	-	-	-	-	-	-	-	-
	V	8,76	-	0,70	0,78																	
	VI	10,24	-	0,81	0,92																	
58,49	I	2,59	-	0,20	0,23	-	0,01	0,01	-	-	-	-	-	-	-	-	-	-	-	-	-	-
	II	0,28	-	0,02	0,02	-	-	-	-	-	-	-	-	-	-	-	-	-	-	-	-	-
	III	-	-	-	-	-	-	-	-	-	-	-	-	-	-	-	-	-	-	-	-	-
	IV	2,59	-	0,20	0,23	-	0,10	0,11	-	0,01	0,01	-	-	-	-	-	-	-	-	-	-	-
	V	8,80	-	0,70	0,79																	
	VI	10,27	-	0,82	0,92																	

Allgemeine Tabelle

Lohn/ Gehalt bis	Steuerklasse	Lohn-steuer	ohne Kinderfreibetrag			Anzahl Kinderfreibeträge (nur Steuerklassen I–IV)																	
						0,5			1,0			1,5			2,0			2,5			3,0		
			SolZ 5,5%	Kirchensteuer 8%	9%	SolZ 5,5%	Kirchensteuer 8%	9%	SolZ 5,5%	Kirchensteuer 8%	9%	SolZ 5,5%	Kirchensteuer 8%	9%	SolZ 5,5%	Kirchensteuer 8%	9%	SolZ 5,5%	Kirchensteuer 8%	9%	SolZ 5,5%	Kirchensteuer 8%	9%
58,59	I	2,61	-	0,20	0,23	-	0,01	0,01	-	-	-	-	-	-	-	-	-	-	-	-	-	-	-
	II	0,29	-	0,02	0,02	-	-	-	-	-	-	-	-	-	-	-	-	-	-	-	-	-	-
	III	-	-	-	-	-	-	-	-	-	-	-	-	-	-	-	-	-	-	-	-	-	-
	IV	2,61	-	0,20	0,23	-	0,10	0,11	-	0,01	0,01	-	-	-	-	-	-	-	-	-	-	-	-
	V	8,83	-	0,70	0,79																		
	VI	10,31	-	0,82	0,92																		
58,69	I	2,63	-	0,21	0,23	-	0,01	0,01	-	-	-	-	-	-	-	-	-	-	-	-	-	-	-
	II	0,31	-	0,02	0,02	-	-	-	-	-	-	-	-	-	-	-	-	-	-	-	-	-	-
	III	-	-	-	-	-	-	-	-	-	-	-	-	-	-	-	-	-	-	-	-	-	-
	IV	2,63	-	0,21	0,23	-	0,10	0,11	-	0,01	0,01	-	-	-	-	-	-	-	-	-	-	-	-
	V	8,86	-	0,70	0,79																		
	VI	10,34	-	0,82	0,93																		
58,79	I	2,65	-	0,21	0,23	-	0,01	0,02	-	-	-	-	-	-	-	-	-	-	-	-	-	-	-
	II	0,32	-	0,02	0,02	-	-	-	-	-	-	-	-	-	-	-	-	-	-	-	-	-	-
	III	-	-	-	-	-	-	-	-	-	-	-	-	-	-	-	-	-	-	-	-	-	-
	IV	2,65	-	0,21	0,23	-	0,10	0,11	-	0,01	0,02	-	-	-	-	-	-	-	-	-	-	-	-
	V	8,90	-	0,71	0,80																		
	VI	10,38	-	0,83	0,93																		
58,89	I	2,67	-	0,21	0,24	-	0,01	0,02	-	-	-	-	-	-	-	-	-	-	-	-	-	-	-
	II	0,33	-	0,02	0,02	-	-	-	-	-	-	-	-	-	-	-	-	-	-	-	-	-	-
	III	-	-	-	-	-	-	-	-	-	-	-	-	-	-	-	-	-	-	-	-	-	-
	IV	2,67	-	0,21	0,24	-	0,10	0,11	-	0,01	0,02	-	-	-	-	-	-	-	-	-	-	-	-
	V	8,93	-	0,71	0,80																		
	VI	10,41	-	0,83	0,93																		
58,99	I	2,69	-	0,21	0,24	-	0,02	0,02	-	-	-	-	-	-	-	-	-	-	-	-	-	-	-
	II	0,34	-	0,02	0,03	-	-	-	-	-	-	-	-	-	-	-	-	-	-	-	-	-	-
	III	-	-	-	-	-	-	-	-	-	-	-	-	-	-	-	-	-	-	-	-	-	-
	IV	2,69	-	0,21	0,24	-	0,10	0,11	-	0,02	0,02	-	-	-	-	-	-	-	-	-	-	-	-
	V	8,97	-	0,71	0,80																		
	VI	10,45	-	0,83	0,94																		
59,09	I	2,71	-	0,21	0,24	-	0,02	0,02	-	-	-	-	-	-	-	-	-	-	-	-	-	-	-
	II	0,36	-	0,02	0,03	-	-	-	-	-	-	-	-	-	-	-	-	-	-	-	-	-	-
	III	-	-	-	-	-	-	-	-	-	-	-	-	-	-	-	-	-	-	-	-	-	-
	IV	2,71	-	0,21	0,24	-	0,10	0,12	-	0,02	0,02	-	-	-	-	-	-	-	-	-	-	-	-
	V	9,00	-	0,72	0,81																		
	VI	10,48	-	0,83	0,94																		
59,19	I	2,73	-	0,21	0,24	-	0,02	0,02	-	-	-	-	-	-	-	-	-	-	-	-	-	-	-
	II	0,37	-	0,02	0,03	-	-	-	-	-	-	-	-	-	-	-	-	-	-	-	-	-	-
	III	-	-	-	-	-	-	-	-	-	-	-	-	-	-	-	-	-	-	-	-	-	-
	IV	2,73	-	0,21	0,24	-	0,10	0,12	-	0,02	0,02	-	-	-	-	-	-	-	-	-	-	-	-
	V	9,03	-	0,72	0,81																		
	VI	10,51	-	0,84	0,94																		
59,29	I	2,75	-	0,22	0,24	-	0,02	0,02	-	-	-	-	-	-	-	-	-	-	-	-	-	-	-
	II	0,38	-	0,03	0,03	-	-	-	-	-	-	-	-	-	-	-	-	-	-	-	-	-	-
	III	-	-	-	-	-	-	-	-	-	-	-	-	-	-	-	-	-	-	-	-	-	-
	IV	2,75	-	0,22	0,24	-	0,11	0,12	-	0,02	0,02	-	-	-	-	-	-	-	-	-	-	-	-
	V	9,07	-	0,72	0,81																		
	VI	10,55	-	0,84	0,94																		
59,39	I	2,77	-	0,22	0,24	-	0,02	0,02	-	-	-	-	-	-	-	-	-	-	-	-	-	-	-
	II	0,40	-	0,03	0,03	-	-	-	-	-	-	-	-	-	-	-	-	-	-	-	-	-	-
	III	-	-	-	-	-	-	-	-	-	-	-	-	-	-	-	-	-	-	-	-	-	-
	IV	2,77	-	0,22	0,24	-	0,11	0,12	-	0,02	0,02	-	-	-	-	-	-	-	-	-	-	-	-
	V	9,10	-	0,72	0,81																		
	VI	10,58	-	0,84	0,95																		
59,49	I	2,79	-	0,22	0,25	-	0,02	0,02	-	-	-	-	-	-	-	-	-	-	-	-	-	-	-
	II	0,41	-	0,03	0,03	-	-	-	-	-	-	-	-	-	-	-	-	-	-	-	-	-	-
	III	-	-	-	-	-	-	-	-	-	-	-	-	-	-	-	-	-	-	-	-	-	-
	IV	2,79	-	0,22	0,25	-	0,11	0,12	-	0,02	0,02	-	-	-	-	-	-	-	-	-	-	-	-
	V	9,14	-	0,73	0,82																		
	VI	10,61	-	0,84	0,95																		
59,59	I	2,81	-	0,22	0,25	-	0,02	0,02	-	-	-	-	-	-	-	-	-	-	-	-	-	-	-
	II	0,42	-	0,03	0,03	-	-	-	-	-	-	-	-	-	-	-	-	-	-	-	-	-	-
	III	-	-	-	-	-	-	-	-	-	-	-	-	-	-	-	-	-	-	-	-	-	-
	IV	2,81	-	0,22	0,25	-	0,11	0,12	-	0,02	0,02	-	-	-	-	-	-	-	-	-	-	-	-
	V	9,17	-	0,73	0,82																		
	VI	10,65	-	0,85	0,95																		
59,69	I	2,83	-	0,22	0,25	-	0,02	0,03	-	-	-	-	-	-	-	-	-	-	-	-	-	-	-
	II	0,43	-	0,03	0,03	-	-	-	-	-	-	-	-	-	-	-	-	-	-	-	-	-	-
	III	-	-	-	-	-	-	-	-	-	-	-	-	-	-	-	-	-	-	-	-	-	-
	IV	2,83	-	0,22	0,25	-	0,11	0,13	-	0,02	0,03	-	-	-	-	-	-	-	-	-	-	-	-
	V	9,21	-	0,73	0,82																		
	VI	10,68	-	0,85	0,96																		
59,79	I	2,85	-	0,22	0,25	-	0,02	0,03	-	-	-	-	-	-	-	-	-	-	-	-	-	-	-
	II	0,45	-	0,03	0,04	-	-	-	-	-	-	-	-	-	-	-	-	-	-	-	-	-	-
	III	-	-	-	-	-	-	-	-	-	-	-	-	-	-	-	-	-	-	-	-	-	-
	IV	2,85	-	0,22	0,25	-	0,11	0,13	-	0,02	0,03	-	-	-	-	-	-	-	-	-	-	-	-
	V	9,24	-	0,73	0,83																		
	VI	10,72	-	0,85	0,96																		
59,89	I	2,87	-	0,22	0,25	-	0,02	0,03	-	-	-	-	-	-	-	-	-	-	-	-	-	-	-
	II	0,46	-	0,03	0,04	-	-	-	-	-	-	-	-	-	-	-	-	-	-	-	-	-	-
	III	-	-	-	-	-	-	-	-	-	-	-	-	-	-	-	-	-	-	-	-	-	-
	IV	2,87	-	0,22	0,25	-	0,11	0,13	-	0,02	0,03	-	-	-	-	-	-	-	-	-	-	-	-
	V	9,27	-	0,74	0,83																		
	VI	10,75	-	0,86	0,96																		
59,99	I	2,89	-	0,23	0,26	-	0,03	0,03	-	-	-	-	-	-	-	-	-	-	-	-	-	-	-
	II	0,47	-	0,03	0,04	-	-	-	-	-	-	-	-	-	-	-	-	-	-	-	-	-	-
	III	-	-	-	-	-	-	-	-	-	-	-	-	-	-	-	-	-	-	-	-	-	-
	IV	2,89	-	0,23	0,26	-	0,12	0,13	-	0,03	0,03	-	-	-	-	-	-	-	-	-	-	-	-
	V	9,31	-	0,74	0,83																		
	VI	10,79	-	0,86	0,97																		

Lohn/ Gehalt bis	Steuerklasse	Lohn-steuer	ohne Kinderfreibetrag SolZ 5,5%	ohne Kinderfreibetrag Kirchensteuer 8%	ohne Kinderfreibetrag Kirchensteuer 9%	0,5 SolZ 5,5%	0,5 Kirchensteuer 8%	0,5 Kirchensteuer 9%	1,0 SolZ 5,5%	1,0 Kirchensteuer 8%	1,0 Kirchensteuer 9%	1,5 SolZ 5,5%	1,5 Kirchensteuer 8%	1,5 Kirchensteuer 9%	2,0 SolZ 5,5%	2,0 Kirchensteuer 8%	2,0 Kirchensteuer 9%	2,5 SolZ 5,5%	2,5 Kirchensteuer 8%	2,5 Kirchensteuer 9%	3,0 SolZ 5,5%	3,0 Kirchensteuer 8%
60,09	I	2,91	-	0,23	0,26	-	0,03	0,03	-	-	-	-	-	-	-	-	-	-	-	-	-	-
	II	0,49	-	0,03	0,04	-	-	-	-	-	-	-	-	-	-	-	-	-	-	-	-	-
	III	-	-	-	-	-	-	-	-	-	-	-	-	-	-	-	-	-	-	-	-	-
	IV	2,91	-	0,23	0,26	-	0,12	0,13	-	0,03	0,03	-	-	-	-	-	-	-	-	-	-	-
	V	9,34	-	0,74	0,84																	
	VI	10,82	-	0,86	0,97																	
60,19	I	2,93	-	0,23	0,26	-	0,03	0,03	-	-	-	-	-	-	-	-	-	-	-	-	-	-
	II	0,50	-	0,04	0,04	-	-	-	-	-	-	-	-	-	-	-	-	-	-	-	-	-
	III	-	-	-	-	-	-	-	-	-	-	-	-	-	-	-	-	-	-	-	-	-
	IV	2,93	-	0,23	0,26	-	0,12	0,13	-	0,03	0,03	-	-	-	-	-	-	-	-	-	-	-
	V	9,38	-	0,75	0,84																	
	VI	10,85	-	0,86	0,97																	
60,29	I	2,95	-	0,23	0,26	-	0,03	0,03	-	-	-	-	-	-	-	-	-	-	-	-	-	-
	II	0,51	-	0,04	0,04	-	-	-	-	-	-	-	-	-	-	-	-	-	-	-	-	-
	III	-	-	-	-	-	-	-	-	-	-	-	-	-	-	-	-	-	-	-	-	-
	IV	2,95	-	0,23	0,26	-	0,12	0,13	-	0,03	0,03	-	-	-	-	-	-	-	-	-	-	-
	V	9,41	-	0,75	0,84																	
	VI	10,89	-	0,87	0,98																	
60,39	I	2,96	-	0,23	0,26	-	0,03	0,03	-	-	-	-	-	-	-	-	-	-	-	-	-	-
	II	0,53	-	0,04	0,04	-	-	-	-	-	-	-	-	-	-	-	-	-	-	-	-	-
	III	-	-	-	-	-	-	-	-	-	-	-	-	-	-	-	-	-	-	-	-	-
	IV	2,96	-	0,23	0,26	-	0,12	0,14	-	0,03	0,03	-	-	-	-	-	-	-	-	-	-	-
	V	9,45	-	0,75	0,85																	
	VI	10,92	-	0,87	0,98																	
60,49	I	2,98	-	0,23	0,26	-	0,03	0,03	-	-	-	-	-	-	-	-	-	-	-	-	-	-
	II	0,54	-	0,04	0,04	-	-	-	-	-	-	-	-	-	-	-	-	-	-	-	-	-
	III	-	-	-	-	-	-	-	-	-	-	-	-	-	-	-	-	-	-	-	-	-
	IV	2,98	-	0,23	0,26	-	0,12	0,14	-	0,03	0,03	-	-	-	-	-	-	-	-	-	-	-
	V	9,48	-	0,75	0,85																	
	VI	10,96	-	0,87	0,98																	
60,59	I	3,00	-	0,24	0,27	-	0,03	0,04	-	-	-	-	-	-	-	-	-	-	-	-	-	-
	II	0,55	-	0,04	0,04	-	-	-	-	-	-	-	-	-	-	-	-	-	-	-	-	-
	III	-	-	-	-	-	-	-	-	-	-	-	-	-	-	-	-	-	-	-	-	-
	IV	3,00	-	0,24	0,27	-	0,12	0,14	-	0,03	0,04	-	-	-	-	-	-	-	-	-	-	-
	V	9,51	-	0,76	0,85																	
	VI	10,99	-	0,87	0,98																	
60,69	I	3,02	-	0,24	0,27	-	0,03	0,04	-	-	-	-	-	-	-	-	-	-	-	-	-	-
	II	0,57	-	0,04	0,05	-	-	-	-	-	-	-	-	-	-	-	-	-	-	-	-	-
	III	-	-	-	-	-	-	-	-	-	-	-	-	-	-	-	-	-	-	-	-	-
	IV	3,02	-	0,24	0,27	-	0,12	0,14	-	0,03	0,04	-	-	-	-	-	-	-	-	-	-	-
	V	9,55	-	0,76	0,85																	
	VI	11,03	-	0,88	0,99																	
60,79	I	3,04	-	0,24	0,27	-	0,03	0,04	-	-	-	-	-	-	-	-	-	-	-	-	-	-
	II	0,58	-	0,04	0,05	-	-	-	-	-	-	-	-	-	-	-	-	-	-	-	-	-
	III	-	-	-	-	-	-	-	-	-	-	-	-	-	-	-	-	-	-	-	-	-
	IV	3,04	-	0,24	0,27	-	0,13	0,14	-	0,03	0,04	-	-	-	-	-	-	-	-	-	-	-
	V	9,58	-	0,76	0,86																	
	VI	11,06	-	0,88	0,99																	
60,89	I	3,06	-	0,24	0,27	-	0,04	0,04	-	-	-	-	-	-	-	-	-	-	-	-	-	-
	II	0,60	-	0,04	0,05	-	-	-	-	-	-	-	-	-	-	-	-	-	-	-	-	-
	III	-	-	-	-	-	-	-	-	-	-	-	-	-	-	-	-	-	-	-	-	-
	IV	3,06	-	0,24	0,27	-	0,13	0,14	-	0,04	0,04	-	-	-	-	-	-	-	-	-	-	-
	V	9,61	-	0,76	0,86																	
	VI	11,09	-	0,88	0,99																	
60,99	I	3,08	-	0,24	0,27	-	0,04	0,04	-	-	-	-	-	-	-	-	-	-	-	-	-	-
	II	0,61	-	0,04	0,05	-	-	-	-	-	-	-	-	-	-	-	-	-	-	-	-	-
	III	-	-	-	-	-	-	-	-	-	-	-	-	-	-	-	-	-	-	-	-	-
	IV	3,08	-	0,24	0,27	-	0,13	0,14	-	0,04	0,04	-	-	-	-	-	-	-	-	-	-	-
	V	9,65	-	0,77	0,86																	
	VI	11,13	-	0,89	1,00																	
61,09	I	3,10	-	0,24	0,27	-	0,04	0,04	-	-	-	-	-	-	-	-	-	-	-	-	-	-
	II	0,62	-	0,04	0,05	-	-	-	-	-	-	-	-	-	-	-	-	-	-	-	-	-
	III	-	-	-	-	-	-	-	-	-	-	-	-	-	-	-	-	-	-	-	-	-
	IV	3,10	-	0,24	0,27	-	0,13	0,15	-	0,04	0,04	-	-	-	-	-	-	-	-	-	-	-
	V	9,68	-	0,77	0,87																	
	VI	11,16	-	0,89	1,00																	
61,19	I	3,12	-	0,24	0,28	-	0,04	0,04	-	-	-	-	-	-	-	-	-	-	-	-	-	-
	II	0,63	-	0,05	0,05	-	-	-	-	-	-	-	-	-	-	-	-	-	-	-	-	-
	III	-	-	-	-	-	-	-	-	-	-	-	-	-	-	-	-	-	-	-	-	-
	IV	3,12	-	0,24	0,28	-	0,13	0,15	-	0,04	0,04	-	-	-	-	-	-	-	-	-	-	-
	V	9,72	-	0,77	0,87																	
	VI	11,20	-	0,89	1,00																	
61,29	I	3,14	-	0,25	0,28	-	0,04	0,04	-	-	-	-	-	-	-	-	-	-	-	-	-	-
	II	0,65	-	0,05	0,05	-	-	-	-	-	-	-	-	-	-	-	-	-	-	-	-	-
	III	-	-	-	-	-	-	-	-	-	-	-	-	-	-	-	-	-	-	-	-	-
	IV	3,14	-	0,25	0,28	-	0,13	0,15	-	0,04	0,04	-	-	-	-	-	-	-	-	-	-	-
	V	9,75	-	0,78	0,87																	
	VI	11,23	-	0,89	1,01																	
61,39	I	3,16	-	0,25	0,28	-	0,04	0,05	-	-	-	-	-	-	-	-	-	-	-	-	-	-
	II	0,66	-	0,05	0,05	-	-	-	-	-	-	-	-	-	-	-	-	-	-	-	-	-
	III	-	-	-	-	-	-	-	-	-	-	-	-	-	-	-	-	-	-	-	-	-
	IV	3,16	-	0,25	0,28	-	0,13	0,15	-	0,04	0,05	-	-	-	-	-	-	-	-	-	-	-
	V	9,79	-	0,78	0,88																	
	VI	11,26	-	0,90	1,01																	
61,49	I	3,18	-	0,25	0,28	-	0,04	0,05	-	-	-	-	-	-	-	-	-	-	-	-	-	-
	II	0,68	-	0,05	0,06	-	-	-	-	-	-	-	-	-	-	-	-	-	-	-	-	-
	III	-	-	-	-	-	-	-	-	-	-	-	-	-	-	-	-	-	-	-	-	-
	IV	3,18	-	0,25	0,28	-	0,14	0,15	-	0,04	0,05	-	-	-	-	-	-	-	-	-	-	-
	V	9,82	-	0,78	0,88																	
	VI	11,30	-	0,90	1,01																	

Anzahl Kinderfreibeträge (nur Steuerklassen I–IV)

Allgemeine Tabelle

TAG bis 62,99 €

Lohn/ Gehalt bis	Steuerklasse	Lohnsteuer	ohne Kinderfreibetrag SolZ 5,5%	ohne Kinderfreibetrag Kirchensteuer 8%	ohne Kinderfreibetrag Kirchensteuer 9%	0,5 SolZ 5,5%	0,5 Kirchensteuer 8%	0,5 Kirchensteuer 9%	1,0 SolZ 5,5%	1,0 Kirchensteuer 8%	1,0 Kirchensteuer 9%	1,5 SolZ 5,5%	1,5 Kirchensteuer 8%	1,5 Kirchensteuer 9%	2,0 SolZ 5,5%	2,0 Kirchensteuer 8%	2,0 Kirchensteuer 9%	2,5 SolZ 5,5%	2,5 Kirchensteuer 8%	2,5 Kirchensteuer 9%	3,0 SolZ 5,5%	3,0 Kirchensteuer 8%	3,0 Kirchensteuer 9%
61,59	I	3,20	-	0,25	0,28	-	0,04	0,05	-	-	-	-	-	-	-	-	-	-	-	-	-	-	-
	II	0,69	-	0,05	0,06	-	-	-	-	-	-	-	-	-	-	-	-	-	-	-	-	-	-
	III	-	-	-	-	-	-	-	-	-	-	-	-	-	-	-	-	-	-	-	-	-	-
	IV	3,20	-	0,25	0,28	-	0,14	0,15	-	0,04	0,05	-	-	-	-	-	-	-	-	-	-	-	-
	V	9,86	-	0,78	0,88																		
	VI	11,33	-	0,90	1,01																		
61,69	I	3,22	-	0,25	0,28	-	0,04	0,05	-	-	-	-	-	-	-	-	-	-	-	-	-	-	-
	II	0,70	-	0,05	0,06	-	-	-	-	-	-	-	-	-	-	-	-	-	-	-	-	-	-
	III	-	-	-	-	-	-	-	-	-	-	-	-	-	-	-	-	-	-	-	-	-	-
	IV	3,22	-	0,25	0,28	-	0,14	0,16	-	0,04	0,05	-	-	-	-	-	-	-	-	-	-	-	-
	V	9,89	-	0,79	0,89																		
	VI	11,37	-	0,90	1,02																		
61,79	I	3,24	-	0,25	0,29	-	0,04	0,05	-	-	-	-	-	-	-	-	-	-	-	-	-	-	-
	II	0,72	-	0,05	0,06	-	-	-	-	-	-	-	-	-	-	-	-	-	-	-	-	-	-
	III	-	-	-	-	-	-	-	-	-	-	-	-	-	-	-	-	-	-	-	-	-	-
	IV	3,24	-	0,25	0,29	-	0,14	0,16	-	0,04	0,05	-	-	-	-	-	-	-	-	-	-	-	-
	V	9,92	-	0,79	0,89																		
	VI	11,40	-	0,91	1,02																		
61,89	I	3,26	-	0,26	0,29	-	0,05	0,05	-	-	-	-	-	-	-	-	-	-	-	-	-	-	-
	II	0,73	-	0,05	0,06	-	-	-	-	-	-	-	-	-	-	-	-	-	-	-	-	-	-
	III	-	-	-	-	-	-	-	-	-	-	-	-	-	-	-	-	-	-	-	-	-	-
	IV	3,26	-	0,26	0,29	-	0,14	0,16	-	0,05	0,05	-	-	-	-	-	-	-	-	-	-	-	-
	V	9,96	-	0,79	0,89																		
	VI	11,43	-	0,91	1,02																		
61,99	I	3,28	-	0,26	0,29	-	0,05	0,05	-	-	-	-	-	-	-	-	-	-	-	-	-	-	-
	II	0,75	-	0,06	0,06	-	-	-	-	-	-	-	-	-	-	-	-	-	-	-	-	-	-
	III	-	-	-	-	-	-	-	-	-	-	-	-	-	-	-	-	-	-	-	-	-	-
	IV	3,28	-	0,26	0,29	-	0,14	0,16	-	0,05	0,05	-	-	-	-	-	-	-	-	-	-	-	-
	V	9,99	-	0,79	0,89																		
	VI	11,47	-	0,91	1,03																		
62,09	I	3,30	-	0,26	0,29	-	0,05	0,05	-	-	-	-	-	-	-	-	-	-	-	-	-	-	-
	II	0,76	-	0,06	0,06	-	-	-	-	-	-	-	-	-	-	-	-	-	-	-	-	-	-
	III	-	-	-	-	-	-	-	-	-	-	-	-	-	-	-	-	-	-	-	-	-	-
	IV	3,30	-	0,26	0,29	-	0,14	0,16	-	0,05	0,05	-	-	-	-	-	-	-	-	-	-	-	-
	V	10,03	-	0,80	0,90																		
	VI	11,50	-	0,92	1,03																		
62,19	I	3,32	-	0,26	0,29	-	0,05	0,06	-	-	-	-	-	-	-	-	-	-	-	-	-	-	-
	II	0,78	-	0,06	0,07	-	-	-	-	-	-	-	-	-	-	-	-	-	-	-	-	-	-
	III	-	-	-	-	-	-	-	-	-	-	-	-	-	-	-	-	-	-	-	-	-	-
	IV	3,32	-	0,26	0,29	-	0,14	0,16	-	0,05	0,06	-	-	-	-	-	-	-	-	-	-	-	-
	V	10,06	-	0,80	0,90																		
	VI	11,54	-	0,92	1,03																		
62,29	I	3,34	-	0,26	0,30	-	0,05	0,06	-	-	-	-	-	-	-	-	-	-	-	-	-	-	-
	II	0,79	-	0,06	0,07	-	-	-	-	-	-	-	-	-	-	-	-	-	-	-	-	-	-
	III	-	-	-	-	-	-	-	-	-	-	-	-	-	-	-	-	-	-	-	-	-	-
	IV	3,34	-	0,26	0,30	-	0,15	0,17	-	0,05	0,06	-	-	-	-	-	-	-	-	-	-	-	-
	V	10,10	-	0,80	0,90																		
	VI	11,57	-	0,92	1,04																		
62,39	I	3,36	-	0,26	0,30	-	0,05	0,06	-	-	-	-	-	-	-	-	-	-	-	-	-	-	-
	II	0,80	-	0,06	0,07	-	-	-	-	-	-	-	-	-	-	-	-	-	-	-	-	-	-
	III	-	-	-	-	-	-	-	-	-	-	-	-	-	-	-	-	-	-	-	-	-	-
	IV	3,36	-	0,26	0,30	-	0,15	0,17	-	0,05	0,06	-	-	-	-	-	-	-	-	-	-	-	-
	V	10,13	-	0,81	0,91																		
	VI	11,61	-	0,92	1,04																		
62,49	I	3,38	-	0,27	0,30	-	0,05	0,06	-	-	-	-	-	-	-	-	-	-	-	-	-	-	-
	II	0,82	-	0,06	0,07	-	-	-	-	-	-	-	-	-	-	-	-	-	-	-	-	-	-
	III	-	-	-	-	-	-	-	-	-	-	-	-	-	-	-	-	-	-	-	-	-	-
	IV	3,38	-	0,27	0,30	-	0,15	0,17	-	0,05	0,06	-	-	-	-	-	-	-	-	-	-	-	-
	V	10,16	-	0,81	0,91																		
	VI	11,64	-	0,93	1,04																		
62,59	I	3,40	-	0,27	0,30	-	0,05	0,06	-	-	-	-	-	-	-	-	-	-	-	-	-	-	-
	II	0,83	-	0,06	0,07	-	-	-	-	-	-	-	-	-	-	-	-	-	-	-	-	-	-
	III	-	-	-	-	-	-	-	-	-	-	-	-	-	-	-	-	-	-	-	-	-	-
	IV	3,40	-	0,27	0,30	-	0,15	0,17	-	0,05	0,06	-	-	-	-	-	-	-	-	-	-	-	-
	V	10,20	-	0,81	0,91																		
	VI	11,67	-	0,93	1,05																		
62,69	I	3,42	-	0,27	0,30	-	0,05	0,06	-	-	-	-	-	-	-	-	-	-	-	-	-	-	-
	II	0,85	-	0,06	0,07	-	-	-	-	-	-	-	-	-	-	-	-	-	-	-	-	-	-
	III	-	-	-	-	-	-	-	-	-	-	-	-	-	-	-	-	-	-	-	-	-	-
	IV	3,42	-	0,27	0,30	-	0,15	0,17	-	0,05	0,06	-	-	-	-	-	-	-	-	-	-	-	-
	V	10,23	-	0,81	0,92																		
	VI	11,71	-	0,93	1,05																		
62,79	I	3,44	-	0,27	0,30	-	0,06	0,06	-	-	-	-	-	-	-	-	-	-	-	-	-	-	-
	II	0,86	-	0,06	0,07	-	-	-	-	-	-	-	-	-	-	-	-	-	-	-	-	-	-
	III	-	-	-	-	-	-	-	-	-	-	-	-	-	-	-	-	-	-	-	-	-	-
	IV	3,44	-	0,27	0,30	-	0,15	0,17	-	0,06	0,06	-	-	-	-	-	-	-	-	-	-	-	-
	V	10,26	-	0,82	0,92																		
	VI	11,74	-	0,93	1,05																		
62,89	I	3,46	-	0,27	0,31	-	0,06	0,06	-	-	-	-	-	-	-	-	-	-	-	-	-	-	-
	II	0,88	-	0,07	0,07	-	-	-	-	-	-	-	-	-	-	-	-	-	-	-	-	-	-
	III	-	-	-	-	-	-	-	-	-	-	-	-	-	-	-	-	-	-	-	-	-	-
	IV	3,46	-	0,27	0,31	-	0,15	0,17	-	0,06	0,06	-	-	-	-	-	-	-	-	-	-	-	-
	V	10,30	-	0,82	0,92																		
	VI	11,78	-	0,94	1,06																		
62,99	I	3,48	-	0,27	0,31	-	0,06	0,07	-	-	-	-	-	-	-	-	-	-	-	-	-	-	-
	II	0,89	-	0,07	0,08	-	-	-	-	-	-	-	-	-	-	-	-	-	-	-	-	-	-
	III	-	-	-	-	-	-	-	-	-	-	-	-	-	-	-	-	-	-	-	-	-	-
	IV	3,48	-	0,27	0,31	-	0,16	0,18	-	0,06	0,07	-	-	-	-	-	-	-	-	-	-	-	-
	V	10,33	-	0,82	0,92																		
	VI	11,81	-	0,94	1,06																		

Anzahl Kinderfreibeträge (nur Steuerklassen I–IV)

Lohn/ Gehalt bis	Steuerklasse	Lohn-steuer	ohne Kinderfreibetrag			Anzahl Kinderfreibeträge (nur Steuerklassen I–IV)																
						0,5			1,0			1,5			2,0			2,5			3,0	
			SolZ 5,5%	Kirchensteuer 8%	9%	SolZ 5,5%	Kirchensteuer 8%	9%	SolZ 5,5%	Kirchensteuer 8%	9%	SolZ 5,5%	Kirchensteuer 8%	9%	SolZ 5,5%	Kirchensteuer 8%	9%	SolZ 5,5%	Kirchensteuer 8%	9%	SolZ 5,5%	Kirchensteu 8%
63,09	I	3,50	-	0,28	0,31	-	0,06	0,07	-	-	-	-	-	-	-	-	-	-	-	-	-	-
	II	0,91	-	0,07	0,08	-	-	-	-	-	-	-	-	-	-	-	-	-	-	-	-	-
	III	-	-	-	-	-	-	-	-	-	-	-	-	-	-	-	-	-	-	-	-	-
	IV	3,50	-	0,28	0,31	-	0,16	0,18	-	0,06	0,07	-	-	-	-	-	-	-	-	-	-	-
	V	10,37	-	0,82	0,93																	
	VI	11,85	-	0,94	1,06																	
63,19	I	3,52	-	0,28	0,31	-	0,06	0,07	-	-	-	-	-	-	-	-	-	-	-	-	-	-
	II	0,92	-	0,07	0,08	-	-	-	-	-	-	-	-	-	-	-	-	-	-	-	-	-
	III	-	-	-	-	-	-	-	-	-	-	-	-	-	-	-	-	-	-	-	-	-
	IV	3,52	-	0,28	0,31	-	0,16	0,18	-	0,06	0,07	-	-	-	-	-	-	-	-	-	-	-
	V	10,40	-	0,83	0,93																	
	VI	11,88	-	0,95	1,06																	
63,29	I	3,54	-	0,28	0,31	-	0,06	0,07	-	-	-	-	-	-	-	-	-	-	-	-	-	-
	II	0,93	-	0,07	0,08	-	-	-	-	-	-	-	-	-	-	-	-	-	-	-	-	-
	III	-	-	-	-	-	-	-	-	-	-	-	-	-	-	-	-	-	-	-	-	-
	IV	3,54	-	0,28	0,31	-	0,16	0,18	-	0,06	0,07	-	-	-	-	-	-	-	-	-	-	-
	V	10,44	-	0,83	0,93																	
	VI	11,91	-	0,95	1,07																	
63,39	I	3,56	-	0,28	0,32	-	0,06	0,07	-	-	-	-	-	-	-	-	-	-	-	-	-	-
	II	0,95	-	0,07	0,08	-	-	-	-	-	-	-	-	-	-	-	-	-	-	-	-	-
	III	-	-	-	-	-	-	-	-	-	-	-	-	-	-	-	-	-	-	-	-	-
	IV	3,56	-	0,28	0,32	-	0,16	0,18	-	0,06	0,07	-	-	-	-	-	-	-	-	-	-	-
	V	10,47	-	0,83	0,94																	
	VI	11,95	-	0,95	1,07																	
63,49	I	3,58	-	0,28	0,32	-	0,06	0,07	-	-	-	-	-	-	-	-	-	-	-	-	-	-
	II	0,96	-	0,07	0,08	-	-	-	-	-	-	-	-	-	-	-	-	-	-	-	-	-
	III	-	-	-	-	-	-	-	-	-	-	-	-	-	-	-	-	-	-	-	-	-
	IV	3,58	-	0,28	0,32	-	0,16	0,18	-	0,06	0,07	-	-	-	-	-	-	-	-	-	-	-
	V	10,51	-	0,84	0,94																	
	VI	11,98	-	0,95	1,07																	
63,59	I	3,60	-	0,28	0,32	-	0,06	0,07	-	-	-	-	-	-	-	-	-	-	-	-	-	-
	II	0,98	-	0,07	0,08	-	-	-	-	-	-	-	-	-	-	-	-	-	-	-	-	-
	III	-	-	-	-	-	-	-	-	-	-	-	-	-	-	-	-	-	-	-	-	-
	IV	3,60	-	0,28	0,32	-	0,16	0,19	-	0,06	0,07	-	-	-	-	-	-	-	-	-	-	-
	V	10,54	-	0,84	0,94																	
	VI	12,01	-	0,96	1,08																	
63,69	I	3,62	-	0,28	0,32	-	0,07	0,07	-	-	-	-	-	-	-	-	-	-	-	-	-	-
	II	0,99	-	0,07	0,08	-	-	-	-	-	-	-	-	-	-	-	-	-	-	-	-	-
	III	-	-	-	-	-	-	-	-	-	-	-	-	-	-	-	-	-	-	-	-	-
	IV	3,62	-	0,28	0,32	-	0,17	0,19	-	0,07	0,07	-	-	-	-	-	-	-	-	-	-	-
	V	10,57	-	0,84	0,95																	
	VI	12,05	-	0,96	1,08																	
63,79	I	3,64	-	0,29	0,32	-	0,07	0,08	-	-	-	-	-	-	-	-	-	-	-	-	-	-
	II	1,01	-	0,08	0,09	-	-	-	-	-	-	-	-	-	-	-	-	-	-	-	-	-
	III	-	-	-	-	-	-	-	-	-	-	-	-	-	-	-	-	-	-	-	-	-
	IV	3,64	-	0,29	0,32	-	0,17	0,19	-	0,07	0,08	-	-	-	-	-	-	-	-	-	-	-
	V	10,61	-	0,84	0,95																	
	VI	12,08	-	0,96	1,08																	
63,89	I	3,66	-	0,29	0,32	-	0,07	0,08	-	-	-	-	-	-	-	-	-	-	-	-	-	-
	II	1,02	-	0,08	0,09	-	-	-	-	-	-	-	-	-	-	-	-	-	-	-	-	-
	III	-	-	-	-	-	-	-	-	-	-	-	-	-	-	-	-	-	-	-	-	-
	IV	3,66	-	0,29	0,32	-	0,17	0,19	-	0,07	0,08	-	-	-	-	-	-	-	-	-	-	-
	V	10,64	-	0,85	0,95																	
	VI	12,12	-	0,96	1,09																	
63,99	I	3,68	-	0,29	0,33	-	0,07	0,08	-	-	-	-	-	-	-	-	-	-	-	-	-	-
	II	1,04	-	0,08	0,09	-	-	-	-	-	-	-	-	-	-	-	-	-	-	-	-	-
	III	-	-	-	-	-	-	-	-	-	-	-	-	-	-	-	-	-	-	-	-	-
	IV	3,68	-	0,29	0,33	-	0,17	0,19	-	0,07	0,08	-	-	-	-	-	-	-	-	-	-	-
	V	10,68	-	0,85	0,96																	
	VI	12,15	-	0,97	1,09																	
64,09	I	3,70	-	0,29	0,33	-	0,07	0,08	-	-	-	-	-	-	-	-	-	-	-	-	-	-
	II	1,05	-	0,08	0,09	-	-	-	-	-	-	-	-	-	-	-	-	-	-	-	-	-
	III	-	-	-	-	-	-	-	-	-	-	-	-	-	-	-	-	-	-	-	-	-
	IV	3,70	-	0,29	0,33	-	0,17	0,19	-	0,07	0,08	-	-	-	-	-	-	-	-	-	-	-
	V	10,71	-	0,85	0,96																	
	VI	12,19	-	0,97	1,09																	
64,19	I	3,72	-	0,29	0,33	-	0,07	0,08	-	-	-	-	-	-	-	-	-	-	-	-	-	-
	II	1,07	-	0,08	0,09	-	-	-	-	-	-	-	-	-	-	-	-	-	-	-	-	-
	III	-	-	-	-	-	-	-	-	-	-	-	-	-	-	-	-	-	-	-	-	-
	IV	3,72	-	0,29	0,33	-	0,17	0,20	-	0,07	0,08	-	-	-	-	-	-	-	-	-	-	-
	V	10,75	-	0,86	0,96																	
	VI	12,22	-	0,97	1,09																	
64,29	I	3,74	-	0,29	0,33	-	0,07	0,08	-	-	-	-	-	-	-	-	-	-	-	-	-	-
	II	1,08	-	0,08	0,09	-	-	-	-	-	-	-	-	-	-	-	-	-	-	-	-	-
	III	-	-	-	-	-	-	-	-	-	-	-	-	-	-	-	-	-	-	-	-	-
	IV	3,74	-	0,29	0,33	-	0,18	0,20	-	0,07	0,08	-	-	-	-	-	-	-	-	-	-	-
	V	10,78	-	0,86	0,97																	
	VI	12,26	-	0,98	1,10																	
64,39	I	3,76	-	0,30	0,33	-	0,07	0,08	-	-	-	-	-	-	-	-	-	-	-	-	-	-
	II	1,10	-	0,08	0,09	-	-	-	-	-	-	-	-	-	-	-	-	-	-	-	-	-
	III	-	-	-	-	-	-	-	-	-	-	-	-	-	-	-	-	-	-	-	-	-
	IV	3,76	-	0,30	0,33	-	0,18	0,20	-	0,07	0,08	-	-	-	-	-	-	-	-	-	-	-
	V	10,81	-	0,86	0,97																	
	VI	12,29	-	0,98	1,10																	
64,49	I	3,78	-	0,30	0,34	-	0,08	0,09	-	-	-	-	-	-	-	-	-	-	-	-	-	-
	II	1,11	-	0,08	0,09	-	-	-	-	-	-	-	-	-	-	-	-	-	-	-	-	-
	III	-	-	-	-	-	-	-	-	-	-	-	-	-	-	-	-	-	-	-	-	-
	IV	3,78	-	0,30	0,34	-	0,18	0,20	-	0,08	0,09	-	-	-	-	-	-	-	-	-	-	-
	V	10,85	-	0,86	0,97																	
	VI	12,32	-	0,98	1,10																	

Lohn/ Gehalt bis	Steuerklasse	Lohn-steuer	ohne Kinderfreibetrag			Anzahl Kinderfreibeträge (nur Steuerklassen I–IV)																	
						0,5			1,0			1,5			2,0			2,5			3,0		
			SolZ 5,5%	Kirchensteuer 8%	9%	SolZ 5,5%	Kirchensteuer 8%	9%	SolZ 5,5%	Kirchensteuer 8%	9%	SolZ 5,5%	Kirchensteuer 8%	9%	SolZ 5,5%	Kirchensteuer 8%	9%	SolZ 5,5%	Kirchensteuer 8%	9%	SolZ 5,5%	Kirchensteuer 8%	9%
64,59	I	3,80	-	0,30	0,34	-	0,08	0,09	-	-	-	-	-	-	-	-	-	-	-	-	-	-	-
	II	1,13	-	0,09	0,10	-	-	-	-	-	-	-	-	-	-	-	-	-	-	-	-	-	-
	III	-	-	-	-	-	-	-	-	-	-	-	-	-	-	-	-	-	-	-	-	-	-
	IV	3,80	-	0,30	0,34	-	0,18	0,20	-	0,08	0,09	-	-	-	-	-	-	-	-	-	-	-	-
	V	10,88	-	0,87	0,97																		
	VI	12,36	-	0,98	1,11																		
64,69	I	3,82	-	0,30	0,34	-	0,08	0,09	-	-	-	-	-	-	-	-	-	-	-	-	-	-	-
	II	1,15	-	0,09	0,10	-	-	-	-	-	-	-	-	-	-	-	-	-	-	-	-	-	-
	III	-	-	-	-	-	-	-	-	-	-	-	-	-	-	-	-	-	-	-	-	-	-
	IV	3,82	-	0,30	0,34	-	0,18	0,20	-	0,08	0,09	-	-	-	-	-	-	-	-	-	-	-	-
	V	10,91	-	0,87	0,98																		
	VI	12,39	-	0,99	1,11																		
64,79	I	3,84	-	0,30	0,34	-	0,08	0,09	-	-	-	-	-	-	-	-	-	-	-	-	-	-	-
	II	1,16	-	0,09	0,10	-	-	-	-	-	-	-	-	-	-	-	-	-	-	-	-	-	-
	III	-	-	-	-	-	-	-	-	-	-	-	-	-	-	-	-	-	-	-	-	-	-
	IV	3,84	-	0,30	0,34	-	0,18	0,21	-	0,08	0,09	-	-	-	-	-	-	-	-	-	-	-	-
	V	10,95	-	0,87	0,98																		
	VI	12,43	-	0,99	1,11																		
64,89	I	3,86	-	0,30	0,34	-	0,08	0,09	-	-	-	-	-	-	-	-	-	-	-	-	-	-	-
	II	1,18	-	0,09	0,10	-	-	-	-	-	-	-	-	-	-	-	-	-	-	-	-	-	-
	III	-	-	-	-	-	-	-	-	-	-	-	-	-	-	-	-	-	-	-	-	-	-
	IV	3,86	-	0,30	0,34	-	0,18	0,21	-	0,08	0,09	-	-	-	-	-	-	-	-	-	-	-	-
	V	10,98	-	0,87	0,98																		
	VI	12,46	-	0,99	1,12																		
64,99	I	3,88	-	0,31	0,34	-	0,08	0,09	-	-	-	-	-	-	-	-	-	-	-	-	-	-	-
	II	1,19	-	0,09	0,10	-	-	-	-	-	-	-	-	-	-	-	-	-	-	-	-	-	-
	III	-	-	-	-	-	-	-	-	-	-	-	-	-	-	-	-	-	-	-	-	-	-
	IV	3,88	-	0,31	0,34	-	0,19	0,21	-	0,08	0,09	-	-	-	-	-	-	-	-	-	-	-	-
	V	11,02	-	0,88	0,99																		
	VI	12,50	-	1,00	1,12																		
65,09	I	3,90	-	0,31	0,35	-	0,08	0,09	-	-	-	-	-	-	-	-	-	-	-	-	-	-	-
	II	1,21	-	0,09	0,10	-	-	-	-	-	-	-	-	-	-	-	-	-	-	-	-	-	-
	III	-	-	-	-	-	-	-	-	-	-	-	-	-	-	-	-	-	-	-	-	-	-
	IV	3,90	-	0,31	0,35	-	0,19	0,21	-	0,08	0,09	-	-	-	-	-	-	-	-	-	-	-	-
	V	11,05	-	0,88	0,99																		
	VI	12,53	-	1,00	1,12																		
65,19	I	3,92	-	0,31	0,35	-	0,08	0,09	-	-	-	-	-	-	-	-	-	-	-	-	-	-	-
	II	1,22	-	0,09	0,10	-	-	-	-	-	-	-	-	-	-	-	-	-	-	-	-	-	-
	III	-	-	-	-	-	-	-	-	-	-	-	-	-	-	-	-	-	-	-	-	-	-
	IV	3,92	-	0,31	0,35	-	0,19	0,21	-	0,08	0,09	-	-	-	-	-	-	-	-	-	-	-	-
	V	11,09	-	0,88	0,99																		
	VI	12,56	-	1,00	1,13																		
65,29	I	3,94	-	0,31	0,35	-	0,09	0,10	-	-	-	-	-	-	-	-	-	-	-	-	-	-	-
	II	1,24	-	0,09	0,11	-	-	-	-	-	-	-	-	-	-	-	-	-	-	-	-	-	-
	III	-	-	-	-	-	-	-	-	-	-	-	-	-	-	-	-	-	-	-	-	-	-
	IV	3,94	-	0,31	0,35	-	0,19	0,21	-	0,09	0,10	-	-	-	-	-	-	-	-	-	-	-	-
	V	11,12	-	0,88	1,00																		
	VI	12,60	-	1,00	1,13																		
65,39	I	3,96	-	0,31	0,35	-	0,09	0,10	-	-	-	-	-	-	-	-	-	-	-	-	-	-	-
	II	1,25	-	0,10	0,11	-	-	-	-	-	-	-	-	-	-	-	-	-	-	-	-	-	-
	III	-	-	-	-	-	-	-	-	-	-	-	-	-	-	-	-	-	-	-	-	-	-
	IV	3,96	-	0,31	0,35	-	0,19	0,22	-	0,09	0,10	-	-	-	-	-	-	-	-	-	-	-	-
	V	11,15	-	0,89	1,00																		
	VI	12,63	-	1,01	1,13																		
65,49	I	3,98	-	0,31	0,35	-	0,09	0,10	-	-	-	-	-	-	-	-	-	-	-	-	-	-	-
	II	1,27	-	0,10	0,11	-	-	-	-	-	-	-	-	-	-	-	-	-	-	-	-	-	-
	III	-	-	-	-	-	-	-	-	-	-	-	-	-	-	-	-	-	-	-	-	-	-
	IV	3,98	-	0,31	0,35	-	0,19	0,22	-	0,09	0,10	-	-	-	-	-	-	-	-	-	-	-	-
	V	11,19	-	0,89	1,00																		
	VI	12,66	-	1,01	1,13																		
65,59	I	4,00	-	0,32	0,36	-	0,09	0,10	-	-	-	-	-	-	-	-	-	-	-	-	-	-	-
	II	1,29	-	0,10	0,11	-	-	-	-	-	-	-	-	-	-	-	-	-	-	-	-	-	-
	III	-	-	-	-	-	-	-	-	-	-	-	-	-	-	-	-	-	-	-	-	-	-
	IV	4,00	-	0,32	0,36	-	0,19	0,22	-	0,09	0,10	-	-	0,01	-	-	-	-	-	-	-	-	-
	V	11,22	-	0,89	1,00																		
	VI	12,70	-	1,01	1,14																		
65,69	I	4,02	-	0,32	0,36	-	0,09	0,10	-	-	-	-	-	-	-	-	-	-	-	-	-	-	-
	II	1,30	-	0,10	0,11	-	-	-	-	-	-	-	-	-	-	-	-	-	-	-	-	-	-
	III	-	-	-	-	-	-	-	-	-	-	-	-	-	-	-	-	-	-	-	-	-	-
	IV	4,02	-	0,32	0,36	-	0,20	0,22	-	0,09	0,10	-	0,01	0,01	-	-	-	-	-	-	-	-	-
	V	11,26	-	0,90	1,01																		
	VI	12,73	-	1,01	1,14																		
65,79	I	4,04	-	0,32	0,36	-	0,09	0,10	-	-	-	-	-	-	-	-	-	-	-	-	-	-	-
	II	1,32	-	0,10	0,11	-	-	-	-	-	-	-	-	-	-	-	-	-	-	-	-	-	-
	III	-	-	-	-	-	-	-	-	-	-	-	-	-	-	-	-	-	-	-	-	-	-
	IV	4,04	-	0,32	0,36	-	0,20	0,22	-	0,09	0,10	-	0,01	0,01	-	-	-	-	-	-	-	-	-
	V	11,29	-	0,90	1,01																		
	VI	12,77	-	1,02	1,14																		
65,89	I	4,06	-	0,32	0,36	-	0,09	0,10	-	-	-	-	-	-	-	-	-	-	-	-	-	-	-
	II	1,33	-	0,10	0,11	-	-	-	-	-	-	-	-	-	-	-	-	-	-	-	-	-	-
	III	-	-	-	-	-	-	-	-	-	-	-	-	-	-	-	-	-	-	-	-	-	-
	IV	4,06	-	0,32	0,36	-	0,20	0,22	-	0,09	0,10	-	0,01	0,01	-	-	-	-	-	-	-	-	-
	V	11,33	-	0,90	1,01																		
	VI	12,80	-	1,02	1,15																		
65,99	I	4,08	-	0,32	0,36	-	0,09	0,11	-	-	-	-	-	-	-	-	-	-	-	-	-	-	-
	II	1,35	-	0,10	0,12	-	-	-	-	-	-	-	-	-	-	-	-	-	-	-	-	-	-
	III	-	-	-	-	-	-	-	-	-	-	-	-	-	-	-	-	-	-	-	-	-	-
	IV	4,08	-	0,32	0,36	-	0,20	0,23	-	0,09	0,11	-	0,01	0,01	-	-	-	-	-	-	-	-	-
	V	11,36	-	0,90	1,02																		
	VI	12,84	-	1,02	1,15																		

Lohn/ Gehalt bis	Steuerklasse	Lohn- steuer	ohne Kinderfreibetrag			Anzahl Kinderfreibeträge (nur Steuerklassen I–IV)																	
						0,5			1,0			1,5			2,0			2,5			3,0		
			SolZ 5,5%	Kirchensteuer 8%	9%	SolZ 5,5%	Kirchensteuer 8%	9%	SolZ 5,5%	Kirchensteuer 8%	9%	SolZ 5,5%	Kirchensteuer 8%	9%	SolZ 5,5%	Kirchensteuer 8%	9%	SolZ 5,5%	Kirchensteuer 8%	9%	SolZ 5,5%	Kirchensteuer 8%	9%
66,09	I	4,10	-	0,32	0,36	-	0,10	0,11	-	-	-	-	-	-	-	-	-	-	-	-	-	-	
	II	1,37	-	0,10	0,12	-	-	-	-	-	-	-	-	-	-	-	-	-	-	-	-	-	
	III	-	-	-	-	-	-	-	-	-	-	-	-	-	-	-	-	-	-	-	-	-	
	IV	4,10	-	0,32	0,36	-	0,20	0,23	-	0,10	0,11	-	0,01	0,01	-	-	-	-	-	-	-	-	
	V	11,40	-	0,91	1,02																		
	VI	12,87	-	1,02	1,15																		
66,19	I	4,12	-	0,32	0,37	-	0,10	0,11	-	-	-	-	-	-	-	-	-	-	-	-	-	-	
	II	1,38	-	0,11	0,12	-	-	-	-	-	-	-	-	-	-	-	-	-	-	-	-	-	
	III	-	-	-	-	-	-	-	-	-	-	-	-	-	-	-	-	-	-	-	-	-	
	IV	4,12	-	0,32	0,37	-	0,20	0,23	-	0,10	0,11	-	0,01	0,01	-	-	-	-	-	-	-	-	
	V	11,43	-	0,91	1,02																		
	VI	12,90	-	1,03	1,16																		
66,29	I	4,14	-	0,33	0,37	-	0,10	0,11	-	-	-	-	-	-	-	-	-	-	-	-	-	-	
	II	1,40	-	0,11	0,12	-	-	-	-	-	-	-	-	-	-	-	-	-	-	-	-	-	
	III	-	-	-	-	-	-	-	-	-	-	-	-	-	-	-	-	-	-	-	-	-	
	IV	4,14	-	0,33	0,37	-	0,20	0,23	-	0,10	0,11	-	0,01	0,01	-	-	-	-	-	-	-	-	
	V	11,46	-	0,91	1,03																		
	VI	12,94	-	1,03	1,16																		
66,39	I	4,16	-	0,33	0,37	-	0,10	0,11	-	-	-	-	-	-	-	-	-	-	-	-	-	-	
	II	1,41	-	0,11	0,12	-	-	-	-	-	-	-	-	-	-	-	-	-	-	-	-	-	
	III	-	-	-	-	-	-	-	-	-	-	-	-	-	-	-	-	-	-	-	-	-	
	IV	4,16	-	0,33	0,37	-	0,21	0,23	-	0,10	0,11	-	0,01	0,01	-	-	-	-	-	-	-	-	
	V	11,50	-	0,92	1,03																		
	VI	12,97	-	1,03	1,16																		
66,49	I	4,18	-	0,33	0,37	-	0,10	0,11	-	-	-	-	-	-	-	-	-	-	-	-	-	-	
	II	1,43	-	0,11	0,12	-	-	-	-	-	-	-	-	-	-	-	-	-	-	-	-	-	
	III	-	-	-	-	-	-	-	-	-	-	-	-	-	-	-	-	-	-	-	-	-	
	IV	4,18	-	0,33	0,37	-	0,21	0,23	-	0,10	0,11	-	0,01	0,02	-	-	-	-	-	-	-	-	
	V	11,53	-	0,92	1,03																		
	VI	13,01	-	1,04	1,17																		
66,59	I	4,20	-	0,33	0,37	-	0,10	0,11	-	-	-	-	-	-	-	-	-	-	-	-	-	-	
	II	1,45	-	0,11	0,13	-	-	-	-	-	-	-	-	-	-	-	-	-	-	-	-	-	
	III	-	-	-	-	-	-	-	-	-	-	-	-	-	-	-	-	-	-	-	-	-	
	IV	4,20	-	0,33	0,37	-	0,21	0,24	-	0,10	0,11	-	0,02	0,02	-	-	-	-	-	-	-	-	
	V	11,56	-	0,92	1,04																		
	VI	13,04	-	1,04	1,17																		
66,69	I	4,22	-	0,33	0,37	-	0,10	0,12	-	-	-	-	-	-	-	-	-	-	-	-	-	-	
	II	1,46	-	0,11	0,13	-	-	-	-	-	-	-	-	-	-	-	-	-	-	-	-	-	
	III	-	-	-	-	-	-	-	-	-	-	-	-	-	-	-	-	-	-	-	-	-	
	IV	4,22	-	0,33	0,37	-	0,21	0,24	-	0,10	0,12	-	0,02	0,02	-	-	-	-	-	-	-	-	
	V	11,60	-	0,92	1,04																		
	VI	13,08	-	1,04	1,17																		
66,79	I	4,24	-	0,33	0,38	-	0,10	0,12	-	-	-	-	-	-	-	-	-	-	-	-	-	-	
	II	1,48	-	0,11	0,13	-	-	-	-	-	-	-	-	-	-	-	-	-	-	-	-	-	
	III	-	-	-	-	-	-	-	-	-	-	-	-	-	-	-	-	-	-	-	-	-	
	IV	4,24	-	0,33	0,38	-	0,21	0,24	-	0,10	0,12	-	0,02	0,02	-	-	-	-	-	-	-	-	
	V	11,63	-	0,93	1,04																		
	VI	13,11	-	1,04	1,17																		
66,89	I	4,26	-	0,34	0,38	-	0,11	0,12	-	-	-	-	-	-	-	-	-	-	-	-	-	-	
	II	1,50	-	0,12	0,13	-	-	-	-	-	-	-	-	-	-	-	-	-	-	-	-	-	
	III	-	-	-	-	-	-	-	-	-	-	-	-	-	-	-	-	-	-	-	-	-	
	IV	4,26	-	0,34	0,38	-	0,21	0,24	-	0,11	0,12	-	0,02	0,02	-	-	-	-	-	-	-	-	
	V	11,67	-	0,93	1,05																		
	VI	13,15	-	1,05	1,18																		
66,99	I	4,28	-	0,34	0,38	-	0,11	0,12	-	-	-	-	-	-	-	-	-	-	-	-	-	-	
	II	1,51	-	0,12	0,13	-	-	-	-	-	-	-	-	-	-	-	-	-	-	-	-	-	
	III	-	-	-	-	-	-	-	-	-	-	-	-	-	-	-	-	-	-	-	-	-	
	IV	4,28	-	0,34	0,38	-	0,22	0,24	-	0,11	0,12	-	0,02	0,02	-	-	-	-	-	-	-	-	
	V	11,70	-	0,93	1,05																		
	VI	13,18	-	1,05	1,18																		
67,09	I	4,30	-	0,34	0,38	-	0,11	0,12	-	-	-	-	-	-	-	-	-	-	-	-	-	-	
	II	1,53	-	0,12	0,13	-	-	-	-	-	-	-	-	-	-	-	-	-	-	-	-	-	
	III	-	-	-	-	-	-	-	-	-	-	-	-	-	-	-	-	-	-	-	-	-	
	IV	4,30	-	0,34	0,38	-	0,22	0,25	-	0,11	0,12	-	0,02	0,02	-	-	-	-	-	-	-	-	
	V	11,73	-	0,93	1,05																		
	VI	13,21	-	1,05	1,18																		
67,19	I	4,32	-	0,34	0,38	-	0,11	0,12	-	-	-	-	-	-	-	-	-	-	-	-	-	-	
	II	1,55	-	0,12	0,13	-	-	-	-	-	-	-	-	-	-	-	-	-	-	-	-	-	
	III	-	-	-	-	-	-	-	-	-	-	-	-	-	-	-	-	-	-	-	-	-	
	IV	4,32	-	0,34	0,38	-	0,22	0,25	-	0,11	0,12	-	0,02	0,02	-	-	-	-	-	-	-	-	
	V	11,77	-	0,94	1,05																		
	VI	13,25	-	1,06	1,19																		
67,29	I	4,34	-	0,34	0,39	-	0,11	0,12	-	-	-	-	-	-	-	-	-	-	-	-	-	-	
	II	1,56	-	0,12	0,14	-	-	-	-	-	-	-	-	-	-	-	-	-	-	-	-	-	
	III	-	-	-	-	-	-	-	-	-	-	-	-	-	-	-	-	-	-	-	-	-	
	IV	4,34	-	0,34	0,39	-	0,22	0,25	-	0,11	0,12	-	0,02	0,02	-	-	-	-	-	-	-	-	
	V	11,80	-	0,94	1,06																		
	VI	13,28	-	1,06	1,19																		
67,39	I	4,36	-	0,34	0,39	-	0,11	0,13	-	-	-	-	-	-	-	-	-	-	-	-	-	-	
	II	1,58	-	0,12	0,14	-	-	-	-	-	-	-	-	-	-	-	-	-	-	-	-	-	
	III	-	-	-	-	-	-	-	-	-	-	-	-	-	-	-	-	-	-	-	-	-	
	IV	4,36	-	0,34	0,39	-	0,22	0,25	-	0,11	0,13	-	0,02	0,03	-	-	-	-	-	-	-	-	
	V	11,84	-	0,94	1,06																		
	VI	13,31	-	1,06	1,19																		
67,49	I	4,38	-	0,35	0,39	-	0,11	0,13	-	-	-	-	-	-	-	-	-	-	-	-	-	-	
	II	1,60	-	0,12	0,14	-	-	-	-	-	-	-	-	-	-	-	-	-	-	-	-	-	
	III	-	-	-	-	-	-	-	-	-	-	-	-	-	-	-	-	-	-	-	-	-	
	IV	4,38	-	0,35	0,39	-	0,22	0,25	-	0,11	0,13	-	0,02	0,03	-	-	-	-	-	-	-	-	
	V	11,87	-	0,94	1,06																		
	VI	13,35	-	1,06	1,20																		

Lohn/Gehalt bis	Steuerklasse	Lohnsteuer	ohne Kinderfreibetrag			Anzahl Kinderfreibeträge (nur Steuerklassen I–IV)																	
						0,5			1,0			1,5			2,0			2,5			3,0		
			SolZ 5,5%	Kirchensteuer 8%	Kirchensteuer 9%	SolZ 5,5%	Kirchensteuer 8%	Kirchensteuer 9%	SolZ 5,5%	Kirchensteuer 8%	Kirchensteuer 9%	SolZ 5,5%	Kirchensteuer 8%	Kirchensteuer 9%	SolZ 5,5%	Kirchensteuer 8%	Kirchensteuer 9%	SolZ 5,5%	Kirchensteuer 8%	Kirchensteuer 9%	SolZ 5,5%	Kirchensteuer 8%	Kirchensteuer 9%
67,59	I	4,40	-	0,35	0,39	-	0,11	0,13	-	-	-	-	-	-	-	-	-	-	-	-	-	-	-
	II	1,61	-	0,12	0,14	-	-	-	-	-	-	-	-	-	-	-	-	-	-	-	-	-	-
	III	-	-	-	-	-	-	-	-	-	-	-	-	-	-	-	-	-	-	-	-	-	-
	IV	4,40	-	0,35	0,39	-	0,23	0,25	-	0,11	0,13	-	0,02	0,03	-	-	-	-	-	-	-	-	-
	V	11,91	-	0,95	1,07																		
	VI	13,38	-	1,07	1,20																		
67,69	I	4,42	-	0,35	0,39	-	0,12	0,13	-	-	-	-	-	-	-	-	-	-	-	-	-	-	-
	II	1,63	-	0,13	0,14	-	-	-	-	-	-	-	-	-	-	-	-	-	-	-	-	-	-
	III	-	-	-	-	-	-	-	-	-	-	-	-	-	-	-	-	-	-	-	-	-	-
	IV	4,42	-	0,35	0,39	-	0,23	0,26	-	0,12	0,13	-	0,03	0,03	-	-	-	-	-	-	-	-	-
	V	11,94	-	0,95	1,07																		
	VI	13,42	-	1,07	1,20																		
67,79	I	4,44	-	0,35	0,39	-	0,12	0,13	-	-	-	-	-	-	-	-	-	-	-	-	-	-	-
	II	1,65	-	0,13	0,14	-	-	-	-	-	-	-	-	-	-	-	-	-	-	-	-	-	-
	III	-	-	-	-	-	-	-	-	-	-	-	-	-	-	-	-	-	-	-	-	-	-
	IV	4,44	-	0,35	0,39	-	0,23	0,26	-	0,12	0,13	-	0,03	0,03	-	-	-	-	-	-	-	-	-
	V	11,98	-	0,95	1,07																		
	VI	13,45	-	1,07	1,21																		
67,89	I	4,46	-	0,35	0,40	-	0,12	0,13	-	-	-	-	-	-	-	-	-	-	-	-	-	-	-
	II	1,66	-	0,13	0,14	-	-	-	-	-	-	-	-	-	-	-	-	-	-	-	-	-	-
	III	-	-	-	-	-	-	-	-	-	-	-	-	-	-	-	-	-	-	-	-	-	-
	IV	4,46	-	0,35	0,40	-	0,23	0,26	-	0,12	0,13	-	0,03	0,03	-	-	-	-	-	-	-	-	-
	V	12,01	-	0,96	1,08																		
	VI	13,49	-	1,07	1,21																		
67,99	I	4,48	-	0,35	0,40	-	0,12	0,14	-	-	-	-	-	-	-	-	-	-	-	-	-	-	-
	II	1,68	-	0,13	0,15	-	-	-	-	-	-	-	-	-	-	-	-	-	-	-	-	-	-
	III	-	-	-	-	-	-	-	-	-	-	-	-	-	-	-	-	-	-	-	-	-	-
	IV	4,48	-	0,35	0,40	-	0,23	0,26	-	0,12	0,14	-	0,03	0,03	-	-	-	-	-	-	-	-	-
	V	12,04	-	0,96	1,08																		
	VI	13,52	-	1,08	1,21																		
68,09	I	4,50	-	0,36	0,40	-	0,12	0,14	-	-	-	-	-	-	-	-	-	-	-	-	-	-	-
	II	1,70	-	0,13	0,15	-	-	-	-	-	-	-	-	-	-	-	-	-	-	-	-	-	-
	III	-	-	-	-	-	-	-	-	-	-	-	-	-	-	-	-	-	-	-	-	-	-
	IV	4,50	-	0,36	0,40	-	0,23	0,26	-	0,12	0,14	-	0,03	0,03	-	-	-	-	-	-	-	-	-
	V	12,08	-	0,96	1,08																		
	VI	13,55	-	1,08	1,21																		
68,19	I	4,53	-	0,36	0,40	-	0,12	0,14	-	-	-	-	-	-	-	-	-	-	-	-	-	-	-
	II	1,71	-	0,13	0,15	-	-	-	-	-	-	-	-	-	-	-	-	-	-	-	-	-	-
	III	-	-	-	-	-	-	-	-	-	-	-	-	-	-	-	-	-	-	-	-	-	-
	IV	4,53	-	0,36	0,40	-	0,24	0,27	-	0,12	0,14	-	0,03	0,04	-	-	-	-	-	-	-	-	-
	V	12,11	-	0,96	1,08																		
	VI	13,59	-	1,08	1,22																		
68,29	I	4,55	-	0,36	0,40	-	0,12	0,14	-	-	-	-	-	-	-	-	-	-	-	-	-	-	-
	II	1,73	-	0,13	0,15	-	-	-	-	-	-	-	-	-	-	-	-	-	-	-	-	-	-
	III	-	-	-	-	-	-	-	-	-	-	-	-	-	-	-	-	-	-	-	-	-	-
	IV	4,55	-	0,36	0,40	-	0,24	0,27	-	0,12	0,14	-	0,03	0,04	-	-	-	-	-	-	-	-	-
	V	12,15	-	0,97	1,09																		
	VI	13,62	-	1,08	1,22																		
68,39	I	4,56	-	0,36	0,41	-	0,12	0,14	-	-	-	-	-	-	-	-	-	-	-	-	-	-	-
	II	1,75	-	0,14	0,15	-	-	-	-	-	-	-	-	-	-	-	-	-	-	-	-	-	-
	III	-	-	-	-	-	-	-	-	-	-	-	-	-	-	-	-	-	-	-	-	-	-
	IV	4,56	-	0,36	0,41	-	0,24	0,27	-	0,12	0,14	-	0,03	0,04	-	-	-	-	-	-	-	-	-
	V	12,18	-	0,97	1,09																		
	VI	13,66	-	1,09	1,22																		
68,49	I	4,59	-	0,36	0,41	-	0,13	0,14	-	-	-	-	-	-	-	-	-	-	-	-	-	-	-
	II	1,76	-	0,14	0,15	-	-	-	-	-	-	-	-	-	-	-	-	-	-	-	-	-	-
	III	-	-	-	-	-	-	-	-	-	-	-	-	-	-	-	-	-	-	-	-	-	-
	IV	4,59	-	0,36	0,41	-	0,24	0,27	-	0,13	0,14	-	0,03	0,04	-	-	-	-	-	-	-	-	-
	V	12,21	-	0,97	1,09																		
	VI	13,69	-	1,09	1,23																		
68,59	I	4,61	-	0,36	0,41	-	0,13	0,14	-	-	-	-	-	-	-	-	-	-	-	-	-	-	-
	II	1,78	-	0,14	0,16	-	-	-	-	-	-	-	-	-	-	-	-	-	-	-	-	-	-
	III	-	-	-	-	-	-	-	-	-	-	-	-	-	-	-	-	-	-	-	-	-	-
	IV	4,61	-	0,36	0,41	-	0,24	0,27	-	0,13	0,14	-	0,04	0,04	-	-	-	-	-	-	-	-	-
	V	12,25	-	0,98	1,10																		
	VI	13,73	-	1,09	1,23																		
68,69	I	4,63	-	0,37	0,41	-	0,13	0,15	-	-	-	-	-	-	-	-	-	-	-	-	-	-	-
	II	1,80	-	0,14	0,16	-	-	-	-	-	-	-	-	-	-	-	-	-	-	-	-	-	-
	III	-	-	-	-	-	-	-	-	-	-	-	-	-	-	-	-	-	-	-	-	-	-
	IV	4,63	-	0,37	0,41	-	0,24	0,27	-	0,13	0,15	-	0,04	0,04	-	-	-	-	-	-	-	-	-
	V	12,28	-	0,98	1,10																		
	VI	13,76	-	1,10	1,23																		
68,79	I	4,65	-	0,37	0,41	-	0,13	0,15	-	-	-	-	-	-	-	-	-	-	-	-	-	-	-
	II	1,82	-	0,14	0,16	-	-	-	-	-	-	-	-	-	-	-	-	-	-	-	-	-	-
	III	-	-	-	-	-	-	-	-	-	-	-	-	-	-	-	-	-	-	-	-	-	-
	IV	4,65	-	0,37	0,41	-	0,24	0,27	-	0,13	0,15	-	0,04	0,04	-	-	-	-	-	-	-	-	-
	V	12,31	-	0,98	1,10																		
	VI	13,79	-	1,10	1,24																		
68,89	I	4,67	-	0,37	0,42	-	0,13	0,15	-	-	-	-	-	-	-	-	-	-	-	-	-	-	-
	II	1,83	-	0,14	0,16	-	-	-	-	-	-	-	-	-	-	-	-	-	-	-	-	-	-
	III	-	-	-	-	-	-	-	-	-	-	-	-	-	-	-	-	-	-	-	-	-	-
	IV	4,67	-	0,37	0,42	-	0,25	0,28	-	0,13	0,15	-	0,04	0,04	-	-	-	-	-	-	-	-	-
	V	12,35	-	0,98	1,11																		
	VI	13,83	-	1,10	1,24																		
68,99	I	4,69	-	0,37	0,42	-	0,13	0,15	-	-	-	-	-	-	-	-	-	-	-	-	-	-	-
	II	1,85	-	0,14	0,16	-	-	-	-	-	-	-	-	-	-	-	-	-	-	-	-	-	-
	III	-	-	-	-	-	-	-	-	-	-	-	-	-	-	-	-	-	-	-	-	-	-
	IV	4,69	-	0,37	0,42	-	0,25	0,28	-	0,13	0,15	-	0,04	0,05	-	-	-	-	-	-	-	-	-
	V	12,38	-	0,99	1,11																		
	VI	13,86	-	1,10	1,24																		

Lohn/ Gehalt bis	Steuerklasse	Lohn-steuer	ohne Kinderfreibetrag			Anzahl Kinderfreibeträge (nur Steuerklassen I–IV) 0,5			1,0			1,5			2,0			2,5			3,0	
			SolZ 5,5%	Kirchensteuer 8%	9%	SolZ 5,5%	Kirchensteuer 8%	9%	SolZ 5,5%	Kirchensteuer 8%	9%	SolZ 5,5%	Kirchensteuer 8%	9%	SolZ 5,5%	Kirchensteuer 8%	9%	SolZ 5,5%	Kirchensteuer 8%	9%	SolZ 5,5%	Kirchensteuer 8%
69,09	I	4,71	-	0,37	0,42	-	0,13	0,15	-	-	-	-	-	-	-	-	-	-	-	-	-	-
	II	1,87	-	0,14	0,16	-	-	-	-	-	-	-	-	-	-	-	-	-	-	-	-	-
	III	-	-	-	-	-	-	-	-	-	-	-	-	-	-	-	-	-	-	-	-	-
	IV	4,71	-	0,37	0,42	-	0,25	0,28	-	0,13	0,15	-	0,04	0,05	-	-	-	-	-	-	-	-
	V	12,42	-	0,99	1,11																	
	VI	13,90	-	1,11	1,25																	
69,19	I	4,73	-	0,37	0,42	-	0,14	0,15	-	-	-	-	-	-	-	-	-	-	-	-	-	-
	II	1,89	-	0,15	0,17	-	-	-	-	-	-	-	-	-	-	-	-	-	-	-	-	-
	III	-	-	-	-	-	-	-	-	-	-	-	-	-	-	-	-	-	-	-	-	-
	IV	4,73	-	0,37	0,42	-	0,25	0,28	-	0,14	0,15	-	0,04	0,05	-	-	-	-	-	-	-	-
	V	12,45	-	0,99	1,12																	
	VI	13,93	-	1,11	1,25																	
69,29	I	4,75	-	0,38	0,42	-	0,14	0,16	-	-	-	-	-	-	-	-	-	-	-	-	-	-
	II	1,90	-	0,15	0,17	-	-	-	-	-	-	-	-	-	-	-	-	-	-	-	-	-
	III	-	-	-	-	-	-	-	-	-	-	-	-	-	-	-	-	-	-	-	-	-
	IV	4,75	-	0,38	0,42	-	0,25	0,28	-	0,14	0,16	-	0,04	0,05	-	-	-	-	-	-	-	-
	V	12,49	-	0,99	1,12																	
	VI	13,96	-	1,11	1,25																	
69,39	I	4,77	-	0,38	0,42	-	0,14	0,16	-	-	-	-	-	-	-	-	-	-	-	-	-	-
	II	1,92	-	0,15	0,17	-	-	-	-	-	-	-	-	-	-	-	-	-	-	-	-	-
	III	-	-	-	-	-	-	-	-	-	-	-	-	-	-	-	-	-	-	-	-	-
	IV	4,77	-	0,38	0,42	-	0,25	0,29	-	0,14	0,16	-	0,04	0,05	-	-	-	-	-	-	-	-
	V	12,52	-	1,00	1,12																	
	VI	14,00	-	1,12	1,26																	
69,49	I	4,79	-	0,38	0,43	-	0,14	0,16	-	-	-	-	-	-	-	-	-	-	-	-	-	-
	II	1,94	-	0,15	0,17	-	-	-	-	-	-	-	-	-	-	-	-	-	-	-	-	-
	III	-	-	-	-	-	-	-	-	-	-	-	-	-	-	-	-	-	-	-	-	-
	IV	4,79	-	0,38	0,43	-	0,26	0,29	-	0,14	0,16	-	0,05	0,05	-	-	-	-	-	-	-	-
	V	12,56	-	1,00	1,13																	
	VI	14,03	-	1,12	1,26																	
69,59	I	4,81	-	0,38	0,43	-	0,14	0,16	-	-	-	-	-	-	-	-	-	-	-	-	-	-
	II	1,96	-	0,15	0,17	-	-	-	-	-	-	-	-	-	-	-	-	-	-	-	-	-
	III	-	-	-	-	-	-	-	-	-	-	-	-	-	-	-	-	-	-	-	-	-
	IV	4,81	-	0,38	0,43	-	0,26	0,29	-	0,14	0,16	-	0,05	0,05	-	-	-	-	-	-	-	-
	V	12,59	-	1,00	1,13																	
	VI	14,07	-	1,12	1,26																	
69,69	I	4,83	-	0,38	0,43	-	0,14	0,16	-	-	-	-	-	-	-	-	-	-	-	-	-	-
	II	1,97	-	0,15	0,17	-	-	-	-	-	-	-	-	-	-	-	-	-	-	-	-	-
	III	-	-	-	-	-	-	-	-	-	-	-	-	-	-	-	-	-	-	-	-	-
	IV	4,83	-	0,38	0,43	-	0,26	0,29	-	0,14	0,16	-	0,05	0,05	-	-	-	-	-	-	-	-
	V	12,62	-	1,00	1,13																	
	VI	14,10	-	1,12	1,26																	
69,79	I	4,85	-	0,38	0,43	-	0,14	0,16	-	-	-	-	-	-	-	-	-	-	-	-	-	-
	II	1,99	-	0,15	0,17	-	-	-	-	-	-	-	-	-	-	-	-	-	-	-	-	-
	III	-	-	-	-	-	-	-	-	-	-	-	-	-	-	-	-	-	-	-	-	-
	IV	4,85	-	0,38	0,43	-	0,26	0,29	-	0,14	0,16	-	0,05	0,05	-	-	-	-	-	-	-	-
	V	12,66	-	1,01	1,13																	
	VI	14,13	-	1,13	1,27																	
69,89	I	4,87	-	0,38	0,43	-	0,15	0,16	-	-	-	-	-	-	-	-	-	-	-	-	-	-
	II	2,01	-	0,16	0,18	-	-	-	-	-	-	-	-	-	-	-	-	-	-	-	-	-
	III	-	-	-	-	-	-	-	-	-	-	-	-	-	-	-	-	-	-	-	-	-
	IV	4,87	-	0,38	0,43	-	0,26	0,29	-	0,15	0,16	-	0,05	0,06	-	-	-	-	-	-	-	-
	V	12,69	-	1,01	1,14																	
	VI	14,17	-	1,13	1,27																	
69,99	I	4,89	-	0,39	0,44	-	0,15	0,17	-	-	-	-	-	-	-	-	-	-	-	-	-	-
	II	2,03	-	0,16	0,18	-	-	-	-	-	-	-	-	-	-	-	-	-	-	-	-	-
	III	-	-	-	-	-	-	-	-	-	-	-	-	-	-	-	-	-	-	-	-	-
	IV	4,89	-	0,39	0,44	-	0,26	0,30	-	0,15	0,17	-	0,05	0,06	-	-	-	-	-	-	-	-
	V	12,73	-	1,01	1,14																	
	VI	14,20	-	1,13	1,27																	
70,09	I	4,91	-	0,39	0,44	-	0,15	0,17	-	-	-	-	-	-	-	-	-	-	-	-	-	-
	II	2,05	-	0,16	0,18	-	-	-	-	-	-	-	-	-	-	-	-	-	-	-	-	-
	III	-	-	-	-	-	-	-	-	-	-	-	-	-	-	-	-	-	-	-	-	-
	IV	4,91	-	0,39	0,44	-	0,26	0,30	-	0,15	0,17	-	0,05	0,06	-	-	-	-	-	-	-	-
	V	12,76	-	1,02	1,14																	
	VI	14,24	-	1,13	1,28																	
70,19	I	4,93	-	0,39	0,44	-	0,15	0,17	-	-	-	-	-	-	-	-	-	-	-	-	-	-
	II	2,06	-	0,16	0,18	-	-	-	-	-	-	-	-	-	-	-	-	-	-	-	-	-
	III	-	-	-	-	-	-	-	-	-	-	-	-	-	-	-	-	-	-	-	-	-
	IV	4,93	-	0,39	0,44	-	0,27	0,30	-	0,15	0,17	-	0,05	0,06	-	-	-	-	-	-	-	-
	V	12,80	-	1,02	1,15																	
	VI	14,27	-	1,14	1,28																	
70,29	I	4,95	-	0,39	0,44	-	0,15	0,17	-	-	-	-	-	-	-	-	-	-	-	-	-	-
	II	2,08	-	0,16	0,18	-	-	-	-	-	-	-	-	-	-	-	-	-	-	-	-	-
	III	-	-	-	-	-	-	-	-	-	-	-	-	-	-	-	-	-	-	-	-	-
	IV	4,95	-	0,39	0,44	-	0,27	0,30	-	0,15	0,17	-	0,05	0,06	-	-	-	-	-	-	-	-
	V	12,83	-	1,02	1,15																	
	VI	14,31	-	1,14	1,28																	
70,39	I	4,97	-	0,39	0,44	-	0,15	0,17	-	-	-	-	-	-	-	-	-	-	-	-	-	-
	II	2,10	-	0,16	0,18	-	-	-	-	-	-	-	-	-	-	-	-	-	-	-	-	-
	III	-	-	-	-	-	-	-	-	-	-	-	-	-	-	-	-	-	-	-	-	-
	IV	4,97	-	0,39	0,44	-	0,27	0,30	-	0,15	0,17	-	0,06	0,06	-	-	-	-	-	-	-	-
	V	12,86	-	1,02	1,15																	
	VI	14,34	-	1,14	1,29																	
70,49	I	5,00	-	0,40	0,45	-	0,15	0,17	-	-	-	-	-	-	-	-	-	-	-	-	-	-
	II	2,12	-	0,16	0,19	-	-	-	-	-	-	-	-	-	-	-	-	-	-	-	-	-
	III	-	-	-	-	-	-	-	-	-	-	-	-	-	-	-	-	-	-	-	-	-
	IV	5,00	-	0,40	0,45	-	0,27	0,31	-	0,15	0,17	-	0,06	0,06	-	-	-	-	-	-	-	-
	V	12,90	-	1,03	1,16																	
	VI	14,37	-	1,14	1,29																	

Lohn/ Gehalt bis	Steuerklasse	Lohn-steuer	ohne Kinderfreibetrag SolZ 5,5%	ohne Kinderfreibetrag Kirchensteuer 8%	ohne Kinderfreibetrag Kirchensteuer 9%	0,5 SolZ 5,5%	0,5 Kirchensteuer 8%	0,5 Kirchensteuer 9%	1,0 SolZ 5,5%	1,0 Kirchensteuer 8%	1,0 Kirchensteuer 9%	1,5 SolZ 5,5%	1,5 Kirchensteuer 8%	1,5 Kirchensteuer 9%	2,0 SolZ 5,5%	2,0 Kirchensteuer 8%	2,0 Kirchensteuer 9%	2,5 SolZ 5,5%	2,5 Kirchensteuer 8%	2,5 Kirchensteuer 9%	3,0 SolZ 5,5%	3,0 Kirchensteuer 8%	3,0 Kirchensteuer 9%
						Anzahl Kinderfreibeträge (nur Steuerklassen I–IV)																	
70,59	I	5,01	-	0,40	0,45	-	0,16	0,18	-	-	-	-	-	-	-	-	-	-	-	-	-	-	-
	II	2,14	-	0,17	0,19	-	-	-	-	-	-	-	-	-	-	-	-	-	-	-	-	-	-
	III	-	-	-	-	-	-	-	-	-	-	-	-	-	-	-	-	-	-	-	-	-	-
	IV	5,01	-	0,40	0,45	-	0,27	0,31	-	0,16	0,18	-	0,06	0,07	-	-	-	-	-	-	-	-	-
	V	12,93	-	1,03	1,16																		
	VI	14,41	-	1,15	1,29																		
70,69	I	5,04	-	0,40	0,45	-	0,16	0,18	-	-	-	-	-	-	-	-	-	-	-	-	-	-	-
	II	2,15	-	0,17	0,19	-	-	-	-	-	-	-	-	-	-	-	-	-	-	-	-	-	-
	III	-	-	-	-	-	-	-	-	-	-	-	-	-	-	-	-	-	-	-	-	-	-
	IV	5,04	-	0,40	0,45	-	0,27	0,31	-	0,16	0,18	-	0,06	0,07	-	-	-	-	-	-	-	-	-
	V	12,96	-	1,03	1,16																		
	VI	14,44	-	1,15	1,29																		
70,79	I	5,06	-	0,40	0,45	-	0,16	0,18	-	-	-	-	-	-	-	-	-	-	-	-	-	-	-
	II	2,17	-	0,17	0,19	-	-	-	-	-	-	-	-	-	-	-	-	-	-	-	-	-	-
	III	-	-	-	-	-	-	-	-	-	-	-	-	-	-	-	-	-	-	-	-	-	-
	IV	5,06	-	0,40	0,45	-	0,28	0,31	-	0,16	0,18	-	0,06	0,07	-	-	-	-	-	-	-	-	-
	V	13,00	-	1,04	1,17																		
	VI	14,48	-	1,15	1,30																		
70,89	I	5,08	-	0,40	0,45	-	0,16	0,18	-	-	-	-	-	-	-	-	-	-	-	-	-	-	-
	II	2,19	-	0,17	0,19	-	-	-	-	-	-	-	-	-	-	-	-	-	-	-	-	-	-
	III	-	-	-	-	-	-	-	-	-	-	-	-	-	-	-	-	-	-	-	-	-	-
	IV	5,08	-	0,40	0,45	-	0,28	0,31	-	0,16	0,18	-	0,06	0,07	-	-	-	-	-	-	-	-	-
	V	13,03	-	1,04	1,17																		
	VI	14,51	-	1,16	1,30																		
70,99	I	5,10	-	0,40	0,45	-	0,16	0,18	-	-	-	-	-	-	-	-	-	-	-	-	-	-	-
	II	2,21	-	0,17	0,19	-	-	-	-	-	-	-	-	-	-	-	-	-	-	-	-	-	-
	III	-	-	-	-	-	-	-	-	-	-	-	-	-	-	-	-	-	-	-	-	-	-
	IV	5,10	-	0,40	0,45	-	0,28	0,31	-	0,16	0,18	-	0,06	0,07	-	-	-	-	-	-	-	-	-
	V	13,07	-	1,04	1,17																		
	VI	14,55	-	1,16	1,30																		
71,09	I	5,12	-	0,40	0,46	-	0,16	0,18	-	-	-	-	-	-	-	-	-	-	-	-	-	-	-
	II	2,23	-	0,17	0,20	-	-	-	-	-	-	-	-	-	-	-	-	-	-	-	-	-	-
	III	-	-	-	-	-	-	-	-	-	-	-	-	-	-	-	-	-	-	-	-	-	-
	IV	5,12	-	0,40	0,46	-	0,28	0,32	-	0,16	0,18	-	0,06	0,07	-	-	-	-	-	-	-	-	-
	V	13,10	-	1,04	1,17																		
	VI	14,58	-	1,16	1,31																		
71,19	I	5,14	-	0,41	0,46	-	0,16	0,18	-	-	-	-	-	-	-	-	-	-	-	-	-	-	-
	II	2,25	-	0,18	0,20	-	-	-	-	-	-	-	-	-	-	-	-	-	-	-	-	-	-
	III	-	-	-	-	-	-	-	-	-	-	-	-	-	-	-	-	-	-	-	-	-	-
	IV	5,14	-	0,41	0,46	-	0,28	0,32	-	0,16	0,18	-	0,06	0,07	-	-	-	-	-	-	-	-	-
	V	13,14	-	1,05	1,18																		
	VI	14,61	-	1,16	1,31																		
71,29	I	5,16	-	0,41	0,46	-	0,17	0,19	-	-	-	-	-	-	-	-	-	-	-	-	-	-	-
	II	2,26	-	0,18	0,20	-	-	-	-	-	-	-	-	-	-	-	-	-	-	-	-	-	-
	III	-	-	-	-	-	-	-	-	-	-	-	-	-	-	-	-	-	-	-	-	-	-
	IV	5,16	-	0,41	0,46	-	0,28	0,32	-	0,17	0,19	-	0,07	0,07	-	-	-	-	-	-	-	-	-
	V	13,17	-	1,05	1,18																		
	VI	14,65	-	1,17	1,31																		
71,39	I	5,18	-	0,41	0,46	-	0,17	0,19	-	-	-	-	-	-	-	-	-	-	-	-	-	-	-
	II	2,28	-	0,18	0,20	-	-	-	-	-	-	-	-	-	-	-	-	-	-	-	-	-	-
	III	-	-	-	-	-	-	-	-	-	-	-	-	-	-	-	-	-	-	-	-	-	-
	IV	5,18	-	0,41	0,46	-	0,29	0,32	-	0,17	0,19	-	0,07	0,08	-	-	-	-	-	-	-	-	-
	V	13,20	-	1,05	1,18																		
	VI	14,68	-	1,17	1,32																		
71,49	I	5,20	-	0,41	0,46	-	0,17	0,19	-	-	-	-	-	-	-	-	-	-	-	-	-	-	-
	II	2,30	-	0,18	0,20	-	-	-	-	-	-	-	-	-	-	-	-	-	-	-	-	-	-
	III	-	-	-	-	-	-	-	-	-	-	-	-	-	-	-	-	-	-	-	-	-	-
	IV	5,20	-	0,41	0,46	-	0,29	0,32	-	0,17	0,19	-	0,07	0,08	-	-	-	-	-	-	-	-	-
	V	13,24	-	1,05	1,19																		
	VI	14,71	-	1,17	1,32																		
71,59	I	5,22	-	0,41	0,46	-	0,17	0,19	-	-	-	-	-	-	-	-	-	-	-	-	-	-	-
	II	2,32	-	0,18	0,20	-	-	-	-	-	-	-	-	-	-	-	-	-	-	-	-	-	-
	III	-	-	-	-	-	-	-	-	-	-	-	-	-	-	-	-	-	-	-	-	-	-
	IV	5,22	-	0,41	0,46	-	0,29	0,33	-	0,17	0,19	-	0,07	0,08	-	-	-	-	-	-	-	-	-
	V	13,27	-	1,06	1,19																		
	VI	14,75	-	1,18	1,32																		
71,69	I	5,24	-	0,41	0,47	-	0,17	0,19	-	-	-	-	-	-	-	-	-	-	-	-	-	-	-
	II	2,34	-	0,18	0,21	-	-	-	-	-	-	-	-	-	-	-	-	-	-	-	-	-	-
	III	-	-	-	-	-	-	-	-	-	-	-	-	-	-	-	-	-	-	-	-	-	-
	IV	5,24	-	0,41	0,47	-	0,29	0,33	-	0,17	0,19	-	0,07	0,08	-	-	-	-	-	-	-	-	-
	V	13,31	-	1,06	1,19																		
	VI	14,78	-	1,18	1,33																		
71,79	I	5,26	-	0,42	0,47	-	0,17	0,19	-	-	-	-	-	-	-	-	-	-	-	-	-	-	-
	II	2,36	-	0,18	0,21	-	-	-	-	-	-	-	-	-	-	-	-	-	-	-	-	-	-
	III	-	-	-	-	-	-	-	-	-	-	-	-	-	-	-	-	-	-	-	-	-	-
	IV	5,26	-	0,42	0,47	-	0,29	0,33	-	0,17	0,19	-	0,07	0,08	-	-	-	-	-	-	-	-	-
	V	13,34	-	1,06	1,20																		
	VI	14,82	-	1,18	1,33																		
71,89	I	5,28	-	0,42	0,47	-	0,17	0,20	-	-	-	-	-	-	-	-	-	-	-	-	-	-	-
	II	2,38	-	0,19	0,21	-	-	-	-	-	-	-	-	-	-	-	-	-	-	-	-	-	-
	III	-	-	-	-	-	-	-	-	-	-	-	-	-	-	-	-	-	-	-	-	-	-
	IV	5,28	-	0,42	0,47	-	0,29	0,33	-	0,17	0,20	-	0,07	0,08	-	-	-	-	-	-	-	-	-
	V	13,38	-	1,07	1,20																		
	VI	14,85	-	1,18	1,33																		
71,99	I	5,30	-	0,42	0,47	-	0,18	0,20	-	-	-	-	-	-	-	-	-	-	-	-	-	-	-
	II	2,40	-	0,19	0,21	-	-	-	-	-	-	-	-	-	-	-	-	-	-	-	-	-	-
	III	-	-	-	-	-	-	-	-	-	-	-	-	-	-	-	-	-	-	-	-	-	-
	IV	5,30	-	0,42	0,47	-	0,30	0,33	-	0,18	0,20	-	0,07	0,08	-	-	-	-	-	-	-	-	-
	V	13,41	-	1,07	1,20																		
	VI	14,89	-	1,19	1,34																		

Lohn/ Gehalt bis	Steuerklasse	Lohn-steuer	ohne Kinderfreibetrag			Anzahl Kinderfreibeträge (nur Steuerklassen I–IV) 0,5			1,0			1,5			2,0			2,5			3,0	
			SolZ 5,5%	Kirchensteuer 8%	9%	SolZ 5,5%	Kirchensteuer 8%	9%	SolZ 5,5%	Kirchensteuer 8%	9%	SolZ 5,5%	Kirchensteuer 8%	9%	SolZ 5,5%	Kirchensteuer 8%	9%	SolZ 5,5%	Kirchensteuer 8%	9%	SolZ 5,5%	Kirchensteuer 8%
72,09	I	5,33	-	0,42	0,47	-	0,18	0,20	-	-	-	-	-	-	-	-	-	-	-	-	-	-
	II	2,41	-	0,19	0,21	-	-	-	-	-	-	-	-	-	-	-	-	-	-	-	-	-
	III	-	-	-	-	-	-	-	-	-	-	-	-	-	-	-	-	-	-	-	-	-
	IV	5,33	-	0,42	0,47	-	0,30	0,33	-	0,18	0,20	-	0,08	0,09	-	-	-	-	-	-	-	-
	V	13,44	-	1,07	1,20																	
	VI	14,92	-	1,19	1,34																	
72,19	I	5,35	-	0,42	0,48	-	0,18	0,20	-	-	-	-	-	-	-	-	-	-	-	-	-	-
	II	2,43	-	0,19	0,21	-	-	-	-	-	-	-	-	-	-	-	-	-	-	-	-	-
	III	-	-	-	-	-	-	-	-	-	-	-	-	-	-	-	-	-	-	-	-	-
	IV	5,35	-	0,42	0,48	-	0,30	0,34	-	0,18	0,20	-	0,08	0,09	-	-	-	-	-	-	-	-
	V	13,48	-	1,07	1,21																	
	VI	14,96	-	1,19	1,34																	
72,29	I	5,37	-	0,42	0,48	-	0,18	0,20	-	-	-	-	-	-	-	-	-	-	-	-	-	-
	II	2,45	-	0,19	0,22	-	-	-	-	-	-	-	-	-	-	-	-	-	-	-	-	-
	III	-	-	-	-	-	-	-	-	-	-	-	-	-	-	-	-	-	-	-	-	-
	IV	5,37	-	0,42	0,48	-	0,30	0,34	-	0,18	0,20	-	0,08	0,09	-	-	-	-	-	-	-	-
	V	13,51	-	1,08	1,21																	
	VI	14,99	-	1,19	1,34																	
72,39	I	5,39	-	0,43	0,48	-	0,18	0,20	-	-	-	-	-	-	-	-	-	-	-	-	-	-
	II	2,47	-	0,19	0,22	-	-	-	-	-	-	-	-	-	-	-	-	-	-	-	-	-
	III	-	-	-	-	-	-	-	-	-	-	-	-	-	-	-	-	-	-	-	-	-
	IV	5,39	-	0,43	0,48	-	0,30	0,34	-	0,18	0,20	-	0,08	0,09	-	-	-	-	-	-	-	-
	V	13,55	-	1,08	1,21																	
	VI	15,02	-	1,20	1,35																	
72,49	I	5,41	-	0,43	0,48	-	0,18	0,21	-	-	-	-	-	-	-	-	-	-	-	-	-	-
	II	2,49	-	0,19	0,22	-	-	0,01	-	-	-	-	-	-	-	-	-	-	-	-	-	-
	III	-	-	-	-	-	-	-	-	-	-	-	-	-	-	-	-	-	-	-	-	-
	IV	5,41	-	0,43	0,48	-	0,30	0,34	-	0,18	0,21	-	0,08	0,09	-	-	-	-	-	-	-	-
	V	13,58	-	1,08	1,22																	
	VI	15,06	-	1,20	1,35																	
72,59	I	5,43	-	0,43	0,48	-	0,18	0,21	-	-	-	-	-	-	-	-	-	-	-	-	-	-
	II	2,51	-	0,20	0,22	-	0,01	0,01	-	-	-	-	-	-	-	-	-	-	-	-	-	-
	III	-	-	-	-	-	-	-	-	-	-	-	-	-	-	-	-	-	-	-	-	-
	IV	5,43	-	0,43	0,48	-	0,30	0,34	-	0,18	0,21	-	0,08	0,09	-	-	-	-	-	-	-	-
	V	13,61	-	1,08	1,22																	
	VI	15,09	-	1,20	1,35																	
72,69	I	5,45	-	0,43	0,49	-	0,19	0,21	-	-	-	-	-	-	-	-	-	-	-	-	-	-
	II	2,53	-	0,20	0,22	-	0,01	0,01	-	-	-	-	-	-	-	-	-	-	-	-	-	-
	III	-	-	-	-	-	-	-	-	-	-	-	-	-	-	-	-	-	-	-	-	-
	IV	5,45	-	0,43	0,49	-	0,31	0,35	-	0,19	0,21	-	0,08	0,09	-	-	-	-	-	-	-	-
	V	13,65	-	1,09	1,22																	
	VI	15,13	-	1,21	1,36																	
72,79	I	5,47	-	0,43	0,49	-	0,19	0,21	-	-	-	-	-	-	-	-	-	-	-	-	-	-
	II	2,55	-	0,20	0,22	-	0,01	0,01	-	-	-	-	-	-	-	-	-	-	-	-	-	-
	III	-	-	-	-	-	-	-	-	-	-	-	-	-	-	-	-	-	-	-	-	-
	IV	5,47	-	0,43	0,49	-	0,31	0,35	-	0,19	0,21	-	0,08	0,09	-	-	-	-	-	-	-	-
	V	13,68	-	1,09	1,23																	
	VI	15,16	-	1,21	1,36																	
72,89	I	5,49	-	0,43	0,49	-	0,19	0,21	-	-	-	-	-	-	-	-	-	-	-	-	-	-
	II	2,57	-	0,20	0,23	-	0,01	0,01	-	-	-	-	-	-	-	-	-	-	-	-	-	-
	III	-	-	-	-	-	-	-	-	-	-	-	-	-	-	-	-	-	-	-	-	-
	IV	5,49	-	0,43	0,49	-	0,31	0,35	-	0,19	0,21	-	0,08	0,10	-	-	-	-	-	-	-	-
	V	13,72	-	1,09	1,23																	
	VI	15,20	-	1,21	1,36																	
72,99	I	5,51	-	0,44	0,49	-	0,19	0,22	-	-	-	-	-	-	-	-	-	-	-	-	-	-
	II	2,58	-	0,20	0,23	-	0,01	0,01	-	-	-	-	-	-	-	-	-	-	-	-	-	-
	III	-	-	-	-	-	-	-	-	-	-	-	-	-	-	-	-	-	-	-	-	-
	IV	5,51	-	0,44	0,49	-	0,31	0,35	-	0,19	0,22	-	0,09	0,10	-	-	-	-	-	-	-	-
	V	13,75	-	1,10	1,23																	
	VI	15,23	-	1,21	1,37																	
73,09	I	5,53	-	0,44	0,49	-	0,19	0,22	-	-	-	-	-	-	-	-	-	-	-	-	-	-
	II	2,60	-	0,20	0,23	-	0,01	0,01	-	-	-	-	-	-	-	-	-	-	-	-	-	-
	III	-	-	-	-	-	-	-	-	-	-	-	-	-	-	-	-	-	-	-	-	-
	IV	5,53	-	0,44	0,49	-	0,31	0,35	-	0,19	0,22	-	0,09	0,10	-	-	-	-	-	-	-	-
	V	13,79	-	1,10	1,24																	
	VI	15,26	-	1,22	1,37																	
73,19	I	5,55	-	0,44	0,49	-	0,19	0,22	-	-	0,01	-	-	-	-	-	-	-	-	-	-	-
	II	2,62	-	0,20	0,23	-	0,01	0,01	-	-	-	-	-	-	-	-	-	-	-	-	-	-
	III	-	-	-	-	-	-	-	-	-	-	-	-	-	-	-	-	-	-	-	-	-
	IV	5,55	-	0,44	0,49	-	0,31	0,35	-	0,19	0,22	-	0,09	0,10	-	-	0,01	-	-	-	-	-
	V	13,82	-	1,10	1,24																	
	VI	15,30	-	1,22	1,37																	
73,29	I	5,58	-	0,44	0,50	-	0,20	0,22	-	0,01	0,01	-	-	-	-	-	-	-	-	-	-	-
	II	2,64	-	0,21	0,23	-	0,01	0,01	-	-	-	-	-	-	-	-	-	-	-	-	-	-
	III	-	-	-	-	-	-	-	-	-	-	-	-	-	-	-	-	-	-	-	-	-
	IV	5,58	-	0,44	0,50	-	0,32	0,36	-	0,20	0,22	-	0,09	0,10	-	0,01	0,01	-	-	-	-	-
	V	13,85	-	1,10	1,24																	
	VI	15,33	-	1,22	1,37																	
73,39	I	5,60	-	0,44	0,50	-	0,20	0,22	-	0,01	0,01	-	-	-	-	-	-	-	-	-	-	-
	II	2,66	-	0,21	0,23	-	0,01	0,02	-	-	-	-	-	-	-	-	-	-	-	-	-	-
	III	-	-	-	-	-	-	-	-	-	-	-	-	-	-	-	-	-	-	-	-	-
	IV	5,60	-	0,44	0,50	-	0,32	0,36	-	0,20	0,22	-	0,09	0,10	-	0,01	0,01	-	-	-	-	-
	V	13,89	-	1,11	1,25																	
	VI	15,36	-	1,22	1,38																	
73,49	I	5,61	-	0,44	0,50	-	0,20	0,22	-	0,01	0,01	-	-	-	-	-	-	-	-	-	-	-
	II	2,68	-	0,21	0,24	-	0,02	0,02	-	-	-	-	-	-	-	-	-	-	-	-	-	-
	III	-	-	-	-	-	-	-	-	-	-	-	-	-	-	-	-	-	-	-	-	-
	IV	5,61	-	0,44	0,50	-	0,32	0,36	-	0,20	0,22	-	0,09	0,10	-	0,01	0,01	-	-	-	-	-
	V	13,92	-	1,11	1,25																	
	VI	15,40	-	1,23	1,38																	

Lohn/ Gehalt bis	Steuerklasse	Lohn- steuer	ohne Kinderfreibetrag			Anzahl Kinderfreibeträge (nur Steuerklassen I–IV) 0,5			1,0			1,5			2,0			2,5			3,0		
			SolZ 5,5%	Kirchensteuer 8%	Kirchensteuer 9%	SolZ 5,5%	Kirchensteuer 8%	Kirchensteuer 9%	SolZ 5,5%	Kirchensteuer 8%	Kirchensteuer 9%	SolZ 5,5%	Kirchensteuer 8%	Kirchensteuer 9%	SolZ 5,5%	Kirchensteuer 8%	Kirchensteuer 9%	SolZ 5,5%	Kirchensteuer 8%	Kirchensteuer 9%	SolZ 5,5%	Kirchensteuer 8%	Kirchensteuer 9%
73,59	I	5,64	-	0,45	0,50	-	0,20	0,23	-	0,01	0,01	-	-	-	-	-	-	-	-	-	-	-	-
	II	2,70	-	0,21	0,24	-	0,02	0,02	-	-	-	-	-	-	-	-	-	-	-	-	-	-	-
	III	-	-	-	-	-	-	-	-	-	-	-	-	-	-	-	-	-	-	-	-	-	-
	IV	5,64	-	0,45	0,50	-	0,32	0,36	-	0,20	0,23	-	0,09	0,11	-	0,01	0,01	-	-	-	-	-	-
	V	13,96	-	1,11	1,25																		
	VI	15,43	-	1,23	1,38																		
73,69	I	5,66	-	0,45	0,50	-	0,20	0,23	-	0,01	0,01	-	-	-	-	-	-	-	-	-	-	-	-
	II	2,72	-	0,21	0,24	-	0,02	0,02	-	-	-	-	-	-	-	-	-	-	-	-	-	-	-
	III	-	-	-	-	-	-	-	-	-	-	-	-	-	-	-	-	-	-	-	-	-	-
	IV	5,66	-	0,45	0,50	-	0,32	0,36	-	0,20	0,23	-	0,09	0,11	-	0,01	0,01	-	-	-	-	-	-
	V	13,99	-	1,11	1,25																		
	VI	15,47	-	1,23	1,39																		
73,79	I	5,68	-	0,45	0,51	-	0,20	0,23	-	0,01	0,01	-	-	-	-	-	-	-	-	-	-	-	-
	II	2,74	-	0,21	0,24	-	0,02	0,02	-	-	-	-	-	-	-	-	-	-	-	-	-	-	-
	III	-	-	-	-	-	-	-	-	-	-	-	-	-	-	-	-	-	-	-	-	-	-
	IV	5,68	-	0,45	0,51	-	0,32	0,36	-	0,20	0,23	-	0,10	0,11	-	0,01	0,01	-	-	-	-	-	-
	V	14,03	-	1,12	1,26																		
	VI	15,50	-	1,24	1,39																		
73,89	I	5,70	-	0,45	0,51	-	0,20	0,23	-	0,01	0,01	-	-	-	-	-	-	-	-	-	-	-	-
	II	2,76	-	0,22	0,24	-	0,02	0,02	-	-	-	-	-	-	-	-	-	-	-	-	-	-	-
	III	-	-	-	-	-	-	-	-	-	-	-	-	-	-	-	-	-	-	-	-	-	-
	IV	5,70	-	0,45	0,51	-	0,33	0,37	-	0,20	0,23	-	0,10	0,11	-	0,01	0,01	-	-	-	-	-	-
	V	14,06	-	1,12	1,26																		
	VI	15,54	-	1,24	1,39																		
73,99	I	5,72	-	0,45	0,51	-	0,21	0,23	-	0,01	0,01	-	-	-	-	-	-	-	-	-	-	-	-
	II	2,78	-	0,22	0,25	-	0,02	0,02	-	-	-	-	-	-	-	-	-	-	-	-	-	-	-
	III	-	-	-	-	-	-	-	-	-	-	-	-	-	-	-	-	-	-	-	-	-	-
	IV	5,72	-	0,45	0,51	-	0,33	0,37	-	0,21	0,23	-	0,10	0,11	-	0,01	0,01	-	-	-	-	-	-
	V	14,09	-	1,12	1,26																		
	VI	15,57	-	1,24	1,40																		
74,09	I	5,74	-	0,45	0,51	-	0,21	0,23	-	0,01	0,02	-	-	-	-	-	-	-	-	-	-	-	-
	II	2,80	-	0,22	0,25	-	0,02	0,02	-	-	-	-	-	-	-	-	-	-	-	-	-	-	-
	III	-	-	-	-	-	-	-	-	-	-	-	-	-	-	-	-	-	-	-	-	-	-
	IV	5,74	-	0,45	0,51	-	0,33	0,37	-	0,21	0,23	-	0,10	0,11	-	0,01	0,02	-	-	-	-	-	-
	V	14,13	-	1,13	1,27																		
	VI	15,60	-	1,24	1,40																		
74,19	I	5,76	-	0,46	0,51	-	0,21	0,24	-	0,01	0,02	-	-	-	-	-	-	-	-	-	-	-	-
	II	2,82	-	0,22	0,25	-	0,02	0,02	-	-	-	-	-	-	-	-	-	-	-	-	-	-	-
	III	-	-	-	-	-	-	-	-	-	-	-	-	-	-	-	-	-	-	-	-	-	-
	IV	5,76	-	0,46	0,51	-	0,33	0,37	-	0,21	0,24	-	0,10	0,11	-	0,01	0,02	-	-	-	-	-	-
	V	14,16	-	1,13	1,27																		
	VI	15,64	-	1,25	1,40																		
74,29	I	5,78	-	0,46	0,52	-	0,21	0,24	-	0,02	0,02	-	-	-	-	-	-	-	-	-	-	-	-
	II	2,84	-	0,22	0,25	-	0,02	0,03	-	-	-	-	-	-	-	-	-	-	-	-	-	-	-
	III	-	-	-	-	-	-	-	-	-	-	-	-	-	-	-	-	-	-	-	-	-	-
	IV	5,78	-	0,46	0,52	-	0,33	0,37	-	0,21	0,24	-	0,10	0,12	-	0,02	0,02	-	-	-	-	-	-
	V	14,20	-	1,13	1,27																		
	VI	15,67	-	1,25	1,41																		
74,39	I	5,80	-	0,46	0,52	-	0,21	0,24	-	0,02	0,02	-	-	-	-	-	-	-	-	-	-	-	-
	II	2,86	-	0,22	0,25	-	0,02	0,03	-	-	-	-	-	-	-	-	-	-	-	-	-	-	-
	III	-	-	-	-	-	-	-	-	-	-	-	-	-	-	-	-	-	-	-	-	-	-
	IV	5,80	-	0,46	0,52	-	0,33	0,38	-	0,21	0,24	-	0,10	0,12	-	0,02	0,02	-	-	-	-	-	-
	V	14,23	-	1,13	1,28																		
	VI	15,71	-	1,25	1,41																		
74,49	I	5,83	-	0,46	0,52	-	0,21	0,24	-	0,02	0,02	-	-	-	-	-	-	-	-	-	-	-	-
	II	2,88	-	0,23	0,25	-	0,02	0,03	-	-	-	-	-	-	-	-	-	-	-	-	-	-	-
	III	-	-	-	-	-	-	-	-	-	-	-	-	-	-	-	-	-	-	-	-	-	-
	IV	5,83	-	0,46	0,52	-	0,34	0,38	-	0,21	0,24	-	0,10	0,12	-	0,02	0,02	-	-	-	-	-	-
	V	14,26	-	1,14	1,28																		
	VI	15,74	-	1,25	1,41																		
74,59	I	5,85	-	0,46	0,52	-	0,22	0,24	-	0,02	0,02	-	-	-	-	-	-	-	-	-	-	-	-
	II	2,90	-	0,23	0,26	-	0,03	0,03	-	-	-	-	-	-	-	-	-	-	-	-	-	-	-
	III	-	-	-	-	-	-	-	-	-	-	-	-	-	-	-	-	-	-	-	-	-	-
	IV	5,85	-	0,46	0,52	-	0,34	0,38	-	0,22	0,24	-	0,11	0,12	-	0,02	0,02	-	-	-	-	-	-
	V	14,30	-	1,14	1,28																		
	VI	15,78	-	1,26	1,42																		
74,69	I	5,87	-	0,46	0,52	-	0,22	0,24	-	0,02	0,02	-	-	-	-	-	-	-	-	-	-	-	-
	II	2,92	-	0,23	0,26	-	0,03	0,03	-	-	-	-	-	-	-	-	-	-	-	-	-	-	-
	III	-	-	-	-	-	-	-	-	-	-	-	-	-	-	-	-	-	-	-	-	-	-
	IV	5,87	-	0,46	0,52	-	0,34	0,38	-	0,22	0,24	-	0,11	0,12	-	0,02	0,02	-	-	-	-	-	-
	V	14,33	-	1,14	1,28																		
	VI	15,81	-	1,26	1,42																		
74,79	I	5,89	-	0,47	0,53	-	0,22	0,25	-	0,02	0,02	-	-	-	-	-	-	-	-	-	-	-	-
	II	2,94	-	0,23	0,26	-	0,03	0,03	-	-	-	-	-	-	-	-	-	-	-	-	-	-	-
	III	-	-	-	-	-	-	-	-	-	-	-	-	-	-	-	-	-	-	-	-	-	-
	IV	5,89	-	0,47	0,53	-	0,34	0,38	-	0,22	0,25	-	0,11	0,12	-	0,02	0,02	-	-	-	-	-	-
	V	14,37	-	1,14	1,29																		
	VI	15,84	-	1,26	1,42																		
74,89	I	5,91	-	0,47	0,53	-	0,22	0,25	-	0,02	0,02	-	-	-	-	-	-	-	-	-	-	-	-
	II	2,96	-	0,23	0,26	-	0,03	0,03	-	-	-	-	-	-	-	-	-	-	-	-	-	-	-
	III	-	-	-	-	-	-	-	-	-	-	-	-	-	-	-	-	-	-	-	-	-	-
	IV	5,91	-	0,47	0,53	-	0,34	0,38	-	0,22	0,25	-	0,11	0,12	-	0,02	0,02	-	-	-	-	-	-
	V	14,40	-	1,15	1,29																		
	VI	15,88	-	1,27	1,42																		
74,99	I	5,93	-	0,47	0,53	-	0,22	0,25	-	0,02	0,03	-	-	-	-	-	-	-	-	-	-	-	-
	II	2,98	-	0,23	0,26	-	0,03	0,03	-	-	-	-	-	-	-	-	-	-	-	-	-	-	-
	III	-	-	-	-	-	-	-	-	-	-	-	-	-	-	-	-	-	-	-	-	-	-
	IV	5,93	-	0,47	0,53	-	0,34	0,39	-	0,22	0,25	-	0,11	0,13	-	0,02	0,03	-	-	-	-	-	-
	V	14,43	-	1,15	1,29																		
	VI	15,91	-	1,27	1,43																		

Lohn/ Gehalt bis	Steuerklasse	Lohnsteuer	ohne Kinderfreibetrag SolZ 5,5%	ohne Kinderfreibetrag Kirchensteuer 8%	ohne Kinderfreibetrag Kirchensteuer 9%	0,5 SolZ 5,5%	0,5 Kirchensteuer 8%	0,5 Kirchensteuer 9%	1,0 SolZ 5,5%	1,0 Kirchensteuer 8%	1,0 Kirchensteuer 9%	1,5 SolZ 5,5%	1,5 Kirchensteuer 8%	1,5 Kirchensteuer 9%	2,0 SolZ 5,5%	2,0 Kirchensteuer 8%	2,0 Kirchensteuer 9%	2,5 SolZ 5,5%	2,5 Kirchensteuer 8%	2,5 Kirchensteuer 9%	3,0 SolZ 5,5%	3,0 Kirchensteuer 8%
75,09	I	5,95	-	0,47	0,53	-	0,22	0,25	-	0,02	0,03	-	-	-	-	-	-	-	-	-	-	-
	II	3,00	-	0,24	0,27	-	0,03	0,04	-	-	-	-	-	-	-	-	-	-	-	-	-	-
	III	-	-	-	-	-	-	-	-	-	-	-	-	-	-	-	-	-	-	-	-	-
	IV	5,95	-	0,47	0,53	-	0,34	0,39	-	0,22	0,25	-	0,11	0,13	-	0,02	0,03	-	-	-	-	-
	V	14,47	-	1,15	1,30																	
	VI	15,95	-	1,27	1,43																	
75,19	I	5,97	-	0,47	0,53	-	0,22	0,25	-	0,02	0,03	-	-	-	-	-	-	-	-	-	-	-
	II	3,01	-	0,24	0,27	-	0,03	0,04	-	-	-	-	-	-	-	-	-	-	-	-	-	-
	III	-	-	-	-	-	-	-	-	-	-	-	-	-	-	-	-	-	-	-	-	-
	IV	5,97	-	0,47	0,53	-	0,35	0,39	-	0,22	0,25	-	0,11	0,13	-	0,02	0,03	-	-	-	-	-
	V	14,50	-	1,16	1,30																	
	VI	15,98	-	1,27	1,43																	
75,29	I	5,99	-	0,47	0,53	-	0,23	0,26	-	0,03	0,03	-	-	-	-	-	-	-	-	-	-	-
	II	3,03	-	0,24	0,27	-	0,03	0,04	-	-	-	-	-	-	-	-	-	-	-	-	-	-
	III	-	-	-	-	-	-	-	-	-	-	-	-	-	-	-	-	-	-	-	-	-
	IV	5,99	-	0,47	0,53	-	0,35	0,39	-	0,23	0,26	-	0,12	0,13	-	0,03	0,03	-	-	-	-	-
	V	14,54	-	1,16	1,30																	
	VI	16,01	-	1,28	1,44																	
75,39	I	6,01	-	0,48	0,54	-	0,23	0,26	-	0,03	0,03	-	-	-	-	-	-	-	-	-	-	-
	II	3,05	-	0,24	0,27	-	0,03	0,04	-	-	-	-	-	-	-	-	-	-	-	-	-	-
	III	-	-	-	-	-	-	-	-	-	-	-	-	-	-	-	-	-	-	-	-	-
	IV	6,01	-	0,48	0,54	-	0,35	0,39	-	0,23	0,26	-	0,12	0,13	-	0,03	0,03	-	-	-	-	-
	V	14,57	-	1,16	1,31																	
	VI	16,05	-	1,28	1,44																	
75,49	I	6,03	-	0,48	0,54	-	0,23	0,26	-	0,03	0,03	-	-	-	-	-	-	-	-	-	-	-
	II	3,07	-	0,24	0,27	-	0,04	0,04	-	-	-	-	-	-	-	-	-	-	-	-	-	-
	III	-	-	-	-	-	-	-	-	-	-	-	-	-	-	-	-	-	-	-	-	-
	IV	6,03	-	0,48	0,54	-	0,35	0,40	-	0,23	0,26	-	0,12	0,13	-	0,03	0,03	-	-	-	-	-
	V	14,61	-	1,16	1,31																	
	VI	16,08	-	1,28	1,44																	
75,59	I	6,06	-	0,48	0,54	-	0,23	0,26	-	0,03	0,03	-	-	-	-	-	-	-	-	-	-	-
	II	3,10	-	0,24	0,27	-	0,04	0,04	-	-	-	-	-	-	-	-	-	-	-	-	-	-
	III	-	-	-	-	-	-	-	-	-	-	-	-	-	-	-	-	-	-	-	-	-
	IV	6,06	-	0,48	0,54	-	0,35	0,40	-	0,23	0,26	-	0,12	0,13	-	0,03	0,03	-	-	-	-	-
	V	14,64	-	1,17	1,31																	
	VI	16,12	-	1,28	1,45																	
75,69	I	6,08	-	0,48	0,54	-	0,23	0,26	-	0,03	0,03	-	-	-	-	-	-	-	-	-	-	-
	II	3,11	-	0,24	0,27	-	0,04	0,04	-	-	-	-	-	-	-	-	-	-	-	-	-	-
	III	-	-	-	-	-	-	-	-	-	-	-	-	-	-	-	-	-	-	-	-	-
	IV	6,08	-	0,48	0,54	-	0,36	0,40	-	0,23	0,26	-	0,12	0,14	-	0,03	0,03	-	-	-	-	-
	V	14,68	-	1,17	1,32																	
	VI	16,15	-	1,29	1,45																	
75,79	I	6,10	-	0,48	0,54	-	0,23	0,26	-	0,03	0,04	-	-	-	-	-	-	-	-	-	-	-
	II	3,13	-	0,25	0,28	-	0,04	0,04	-	-	-	-	-	-	-	-	-	-	-	-	-	-
	III	-	-	-	-	-	-	-	-	-	-	-	-	-	-	-	-	-	-	-	-	-
	IV	6,10	-	0,48	0,54	-	0,36	0,40	-	0,23	0,26	-	0,12	0,14	-	0,03	0,04	-	-	-	-	-
	V	14,71	-	1,17	1,32																	
	VI	16,18	-	1,29	1,45																	
75,89	I	6,12	-	0,48	0,55	-	0,24	0,27	-	0,03	0,04	-	-	-	-	-	-	-	-	-	-	-
	II	3,15	-	0,25	0,28	-	0,04	0,05	-	-	-	-	-	-	-	-	-	-	-	-	-	-
	III	-	-	-	-	-	-	-	-	-	-	-	-	-	-	-	-	-	-	-	-	-
	IV	6,12	-	0,48	0,55	-	0,36	0,40	-	0,24	0,27	-	0,12	0,14	-	0,03	0,04	-	-	-	-	-
	V	14,74	-	1,17	1,32																	
	VI	16,22	-	1,29	1,45																	
75,99	I	6,14	-	0,49	0,55	-	0,24	0,27	-	0,03	0,04	-	-	-	-	-	-	-	-	-	-	-
	II	3,17	-	0,25	0,28	-	0,04	0,05	-	-	-	-	-	-	-	-	-	-	-	-	-	-
	III	-	-	-	-	-	-	-	-	-	-	-	-	-	-	-	-	-	-	-	-	-
	IV	6,14	-	0,49	0,55	-	0,36	0,41	-	0,24	0,27	-	0,12	0,14	-	0,03	0,04	-	-	-	-	-
	V	14,78	-	1,18	1,33																	
	VI	16,25	-	1,30	1,46																	
76,09	I	6,16	-	0,49	0,55	-	0,24	0,27	-	0,03	0,04	-	-	-	-	-	-	-	-	-	-	-
	II	3,19	-	0,25	0,28	-	0,04	0,05	-	-	-	-	-	-	-	-	-	-	-	-	-	-
	III	-	-	-	-	-	-	-	-	-	-	-	-	-	-	-	-	-	-	-	-	-
	IV	6,16	-	0,49	0,55	-	0,36	0,41	-	0,24	0,27	-	0,13	0,14	-	0,03	0,04	-	-	-	-	-
	V	14,81	-	1,18	1,33																	
	VI	16,29	-	1,30	1,46																	
76,19	I	6,18	-	0,49	0,55	-	0,24	0,27	-	0,04	0,04	-	-	-	-	-	-	-	-	-	-	-
	II	3,21	-	0,25	0,28	-	0,04	0,05	-	-	-	-	-	-	-	-	-	-	-	-	-	-
	III	-	-	-	-	-	-	-	-	-	-	-	-	-	-	-	-	-	-	-	-	-
	IV	6,18	-	0,49	0,55	-	0,36	0,41	-	0,24	0,27	-	0,13	0,14	-	0,04	0,04	-	-	-	-	-
	V	14,85	-	1,18	1,33																	
	VI	16,32	-	1,30	1,46																	
76,29	I	6,20	-	0,49	0,55	-	0,24	0,27	-	0,04	0,04	-	-	-	-	-	-	-	-	-	-	-
	II	3,23	-	0,25	0,29	-	0,04	0,05	-	-	-	-	-	-	-	-	-	-	-	-	-	-
	III	-	-	-	-	-	-	-	-	-	-	-	-	-	-	-	-	-	-	-	-	-
	IV	6,20	-	0,49	0,55	-	0,36	0,41	-	0,24	0,27	-	0,13	0,15	-	0,04	0,04	-	-	-	-	-
	V	14,88	-	1,19	1,33																	
	VI	16,36	-	1,30	1,47																	
76,39	I	6,22	-	0,49	0,55	-	0,24	0,27	-	0,04	0,04	-	-	-	-	-	-	-	-	-	-	-
	II	3,25	-	0,26	0,29	-	0,04	0,05	-	-	-	-	-	-	-	-	-	-	-	-	-	-
	III	-	-	-	-	-	-	-	-	-	-	-	-	-	-	-	-	-	-	-	-	-
	IV	6,22	-	0,49	0,55	-	0,37	0,41	-	0,24	0,27	-	0,13	0,15	-	0,04	0,04	-	-	-	-	-
	V	14,91	-	1,19	1,34																	
	VI	16,39	-	1,31	1,47																	
76,49	I	6,25	-	0,50	0,56	-	0,25	0,28	-	0,04	0,04	-	-	-	-	-	-	-	-	-	-	-
	II	3,27	-	0,26	0,29	-	0,05	0,05	-	-	-	-	-	-	-	-	-	-	-	-	-	-
	III	-	-	-	-	-	-	-	-	-	-	-	-	-	-	-	-	-	-	-	-	-
	IV	6,25	-	0,50	0,56	-	0,37	0,41	-	0,25	0,28	-	0,13	0,15	-	0,04	0,04	-	-	-	-	-
	V	14,95	-	1,19	1,34																	
	VI	16,43	-	1,31	1,47																	

Lohn/ Gehalt bis	Steuerklasse	Lohn-steuer	ohne Kinderfreibetrag			Anzahl Kinderfreibeträge (nur Steuerklassen I–IV)																	
						0,5			1,0			1,5			2,0			2,5			3,0		
			SolZ 5,5%	Kirchensteuer 8%	9%	SolZ 5,5%	Kirchensteuer 8%	9%	SolZ 5,5%	Kirchensteuer 8%	9%	SolZ 5,5%	Kirchensteuer 8%	9%	SolZ 5,5%	Kirchensteuer 8%	9%	SolZ 5,5%	Kirchensteuer 8%	9%	SolZ 5,5%	Kirchensteuer 8%	9%
76,59	I	6,27	-	0,50	0,56	-	0,25	0,28	-	0,04	0,04	-	-	-	-	-	-	-	-	-	-	-	-
	II	3,29	-	0,26	0,29	-	0,05	0,05	-	-	-	-	-	-	-	-	-	-	-	-	-	-	-
	III	-	-	-	-	-	-	-	-	-	-	-	-	-	-	-	-	-	-	-	-	-
	IV	6,27	-	0,50	0,56	-	0,37	0,42	-	0,25	0,28	-	0,13	0,15	-	0,04	0,04	-	-	-	-	-	-
	V	14,98	-	1,19	1,34																		
	VI	16,46	-	1,31	1,48																		
76,69	I	6,29	-	0,50	0,56	-	0,25	0,28	-	0,04	0,05	-	-	-	-	-	-	-	-	-	-	-	-
	II	3,31	-	0,26	0,29	-	0,05	0,05	-	-	-	-	-	-	-	-	-	-	-	-	-	-	-
	III	-	-	-	-	-	-	-	-	-	-	-	-	-	-	-	-	-	-	-	-	-	-
	IV	6,29	-	0,50	0,56	-	0,37	0,42	-	0,25	0,28	-	0,13	0,15	-	0,04	0,05	-	-	-	-	-	-
	V	15,02	-	1,20	1,35																		
	VI	16,49	-	1,31	1,48																		
76,79	I	6,31	-	0,50	0,56	-	0,25	0,28	-	0,04	0,05	-	-	-	-	-	-	-	-	-	-	-	-
	II	3,33	-	0,26	0,29	-	0,05	0,06	-	-	-	-	-	-	-	-	-	-	-	-	-	-	-
	III	-	-	-	-	-	-	-	-	-	-	-	-	-	-	-	-	-	-	-	-	-	-
	IV	6,31	-	0,50	0,56	-	0,37	0,42	-	0,25	0,28	-	0,14	0,15	-	0,04	0,05	-	-	-	-	-	-
	V	15,05	-	1,20	1,35																		
	VI	16,53	-	1,32	1,48																		
76,89	I	6,33	-	0,50	0,56	-	0,25	0,28	-	0,04	0,05	-	-	-	-	-	-	-	-	-	-	-	-
	II	3,35	-	0,26	0,30	-	0,05	0,06	-	-	-	-	-	-	-	-	-	-	-	-	-	-	-
	III	-	-	-	-	-	-	-	-	-	-	-	-	-	-	-	-	-	-	-	-	-	-
	IV	6,33	-	0,50	0,56	-	0,37	0,42	-	0,25	0,28	-	0,14	0,15	-	0,04	0,05	-	-	-	-	-	-
	V	15,08	-	1,20	1,35																		
	VI	16,56	-	1,32	1,49																		
76,99	I	6,35	-	0,50	0,57	-	0,25	0,29	-	0,04	0,05	-	-	-	-	-	-	-	-	-	-	-	-
	II	3,37	-	0,26	0,30	-	0,05	0,06	-	-	-	-	-	-	-	-	-	-	-	-	-	-	-
	III	-	-	-	-	-	-	-	-	-	-	-	-	-	-	-	-	-	-	-	-	-	-
	IV	6,35	-	0,50	0,57	-	0,38	0,42	-	0,25	0,29	-	0,14	0,16	-	0,04	0,05	-	-	-	-	-	-
	V	15,12	-	1,20	1,36																		
	VI	16,60	-	1,32	1,49																		
77,09	I	6,37	-	0,50	0,57	-	0,26	0,29	-	0,04	0,05	-	-	-	-	-	-	-	-	-	-	-	-
	II	3,39	-	0,27	0,30	-	0,05	0,06	-	-	-	-	-	-	-	-	-	-	-	-	-	-	-
	III	-	-	-	-	-	-	-	-	-	-	-	-	-	-	-	-	-	-	-	-	-	-
	IV	6,37	-	0,50	0,57	-	0,38	0,43	-	0,26	0,29	-	0,14	0,16	-	0,04	0,05	-	-	-	-	-	-
	V	15,15	-	1,21	1,36																		
	VI	16,62	-	1,32	1,49																		
77,19	I	6,39	-	0,51	0,57	-	0,26	0,29	-	0,05	0,05	-	-	-	-	-	-	-	-	-	-	-	-
	II	3,41	-	0,27	0,30	-	0,05	0,06	-	-	-	-	-	-	-	-	-	-	-	-	-	-	-
	III	-	-	-	-	-	-	-	-	-	-	-	-	-	-	-	-	-	-	-	-	-	-
	IV	6,39	-	0,51	0,57	-	0,38	0,43	-	0,26	0,29	-	0,14	0,16	-	0,05	0,05	-	-	-	-	-	-
	V	15,19	-	1,21	1,36																		
	VI	16,66	-	1,33	1,49																		
77,29	I	6,41	-	0,51	0,57	-	0,26	0,29	-	0,05	0,05	-	-	-	-	-	-	-	-	-	-	-	-
	II	3,43	-	0,27	0,30	-	0,06	0,06	-	-	-	-	-	-	-	-	-	-	-	-	-	-	-
	III	-	-	-	-	-	-	-	-	-	-	-	-	-	-	-	-	-	-	-	-	-	-
	IV	6,41	-	0,51	0,57	-	0,38	0,43	-	0,26	0,29	-	0,14	0,16	-	0,05	0,05	-	-	-	-	-	-
	V	15,22	-	1,21	1,36																		
	VI	16,68	-	1,33	1,50																		
77,39	I	6,44	-	0,51	0,57	-	0,26	0,29	-	0,05	0,05	-	-	-	-	-	-	-	-	-	-	-	-
	II	3,45	-	0,27	0,31	-	0,06	0,06	-	-	-	-	-	-	-	-	-	-	-	-	-	-	-
	III	-	-	-	-	-	-	-	-	-	-	-	-	-	-	-	-	-	-	-	-	-	-
	IV	6,44	-	0,51	0,57	-	0,38	0,43	-	0,26	0,29	-	0,14	0,16	-	0,05	0,05	-	-	-	-	-	-
	V	15,26	-	1,22	1,37																		
	VI	16,71	-	1,33	1,50																		
77,49	I	6,46	-	0,51	0,58	-	0,26	0,29	-	0,05	0,06	-	-	-	-	-	-	-	-	-	-	-	-
	II	3,47	-	0,27	0,31	-	0,06	0,07	-	-	-	-	-	-	-	-	-	-	-	-	-	-	-
	III	-	-	-	-	-	-	-	-	-	-	-	-	-	-	-	-	-	-	-	-	-	-
	IV	6,46	-	0,51	0,58	-	0,38	0,43	-	0,26	0,29	-	0,14	0,16	-	0,05	0,06	-	-	-	-	-	-
	V	15,29	-	1,22	1,37																		
	VI	16,74	-	1,33	1,50																		
77,59	I	6,48	-	0,51	0,58	-	0,26	0,30	-	0,05	0,06	-	-	-	-	-	-	-	-	-	-	-	-
	II	3,49	-	0,27	0,31	-	0,06	0,07	-	-	-	-	-	-	-	-	-	-	-	-	-	-	-
	III	-	-	-	-	-	-	-	-	-	-	-	-	-	-	-	-	-	-	-	-	-	-
	IV	6,48	-	0,51	0,58	-	0,39	0,43	-	0,26	0,30	-	0,15	0,17	-	0,05	0,06	-	-	-	-	-	-
	V	15,32	-	1,22	1,37																		
	VI	16,77	-	1,34	1,50																		
77,69	I	6,50	-	0,52	0,58	-	0,26	0,30	-	0,05	0,06	-	-	-	-	-	-	-	-	-	-	-	-
	II	3,51	-	0,28	0,31	-	0,06	0,07	-	-	-	-	-	-	-	-	-	-	-	-	-	-	-
	III	-	-	-	-	-	-	-	-	-	-	-	-	-	-	-	-	-	-	-	-	-	-
	IV	6,50	-	0,52	0,58	-	0,39	0,44	-	0,26	0,30	-	0,15	0,17	-	0,05	0,06	-	-	-	-	-	-
	V	15,36	-	1,22	1,38																		
	VI	16,80	-	1,34	1,51																		
77,79	I	6,52	-	0,52	0,58	-	0,27	0,30	-	0,05	0,06	-	-	-	-	-	-	-	-	-	-	-	-
	II	3,53	-	0,28	0,31	-	0,06	0,07	-	-	-	-	-	-	-	-	-	-	-	-	-	-	-
	III	-	-	-	-	-	-	-	-	-	-	-	-	-	-	-	-	-	-	-	-	-	-
	IV	6,52	-	0,52	0,58	-	0,39	0,44	-	0,27	0,30	-	0,15	0,17	-	0,05	0,06	-	-	-	-	-	-
	V	15,39	-	1,23	1,38																		
	VI	16,83	-	1,34	1,51																		
77,89	I	6,54	-	0,52	0,58	-	0,27	0,30	-	0,05	0,06	-	-	-	-	-	-	-	-	-	-	-	-
	II	3,55	-	0,28	0,31	-	0,06	0,07	-	-	-	-	-	-	-	-	-	-	-	-	-	-	-
	III	-	-	-	-	-	-	-	-	-	-	-	-	-	-	-	-	-	-	-	-	-	-
	IV	6,54	-	0,52	0,58	-	0,39	0,44	-	0,27	0,30	-	0,15	0,17	-	0,05	0,06	-	-	-	-	-	-
	V	15,43	-	1,23	1,38																		
	VI	16,85	-	1,34	1,51																		
77,99	I	6,56	-	0,52	0,59	-	0,27	0,30	-	0,06	0,06	-	-	-	-	-	-	-	-	-	-	-	-
	II	3,57	-	0,28	0,32	-	0,06	0,07	-	-	-	-	-	-	-	-	-	-	-	-	-	-	-
	III	-	-	-	-	-	-	-	-	-	-	-	-	-	-	-	-	-	-	-	-	-	-
	IV	6,56	-	0,52	0,59	-	0,39	0,44	-	0,27	0,30	-	0,15	0,17	-	0,06	0,06	-	-	-	-	-	-
	V	15,46	-	1,23	1,39																		
	VI	16,88	-	1,35	1,51																		

Lohn/Gehalt bis	Steuerklasse	Lohnsteuer	ohne Kinderfreibetrag SolZ 5,5%	ohne Kinderfreibetrag Kirchensteuer 8%	ohne Kinderfreibetrag Kirchensteuer 9%	0,5 SolZ 5,5%	0,5 Kirchensteuer 8%	0,5 Kirchensteuer 9%	1,0 SolZ 5,5%	1,0 Kirchensteuer 8%	1,0 Kirchensteuer 9%	1,5 SolZ 5,5%	1,5 Kirchensteuer 8%	1,5 Kirchensteuer 9%	2,0 SolZ 5,5%	2,0 Kirchensteuer 8%	2,0 Kirchensteuer 9%	2,5 SolZ 5,5%	2,5 Kirchensteuer 8%	2,5 Kirchensteuer 9%	3,0 SolZ 5,5%	3,0 Kirchensteuer 8%	3,0 Kirchensteuer 9%
						Anzahl Kinderfreibeträge (nur Steuerklassen I–IV)																	
78,09	I	6,58	-	0,52	0,59	-	0,27	0,30	-	0,06	0,06	-	-	-	-	-	-	-	-	-	-	-	
	II	3,59	-	0,28	0,32	-	0,06	0,07	-	-	-	-	-	-	-	-	-	-	-	-	-	-	
	III	-	-	-	-	-	-	-	-	-	-	-	-	-	-	-	-	-	-	-	-	-	
	IV	6,58	-	0,52	0,59	-	0,39	0,44	-	0,27	0,30	-	0,15	0,17	-	0,06	0,06	-	-	-	-	-	
	V	15,50	-	1,24	1,39																		
	VI	16,91	-	1,35	1,52																		
78,19	I	6,61	-	0,52	0,59	-	0,27	0,31	-	0,06	0,06	-	-	-	-	-	-	-	-	-	-	-	
	II	3,61	-	0,28	0,32	-	0,07	0,07	-	-	-	-	-	-	-	-	-	-	-	-	-	-	
	III	-	-	-	-	-	-	-	-	-	-	-	-	-	-	-	-	-	-	-	-	-	
	IV	6,61	-	0,52	0,59	-	0,40	0,45	-	0,27	0,31	-	0,16	0,18	-	0,06	0,06	-	-	-	-	-	
	V	15,53	-	1,24	1,39																		
	VI	16,94	-	1,35	1,52																		
78,29	I	6,63	-	0,53	0,59	-	0,27	0,31	-	0,06	0,07	-	-	-	-	-	-	-	-	-	-	-	
	II	3,63	-	0,29	0,32	-	0,07	0,08	-	-	-	-	-	-	-	-	-	-	-	-	-	-	
	III	-	-	-	-	-	-	-	-	-	-	-	-	-	-	-	-	-	-	-	-	-	
	IV	6,63	-	0,53	0,59	-	0,40	0,45	-	0,27	0,31	-	0,16	0,18	-	0,06	0,07	-	-	-	-	-	
	V	15,56	-	1,24	1,40																		
	VI	16,97	-	1,35	1,52																		
78,39	I	6,65	-	0,53	0,59	-	0,28	0,31	-	0,06	0,07	-	-	-	-	-	-	-	-	-	-	-	
	II	3,65	-	0,29	0,32	-	0,07	0,08	-	-	-	-	-	-	-	-	-	-	-	-	-	-	
	III	-	-	-	-	-	-	-	-	-	-	-	-	-	-	-	-	-	-	-	-	-	
	IV	6,65	-	0,53	0,59	-	0,40	0,45	-	0,28	0,31	-	0,16	0,18	-	0,06	0,07	-	-	-	-	-	
	V	15,60	-	1,24	1,40																		
	VI	17,00	-	1,36	1,53																		
78,49	I	6,67	-	0,53	0,60	-	0,28	0,31	-	0,06	0,07	-	-	-	-	-	-	-	-	-	-	-	
	II	3,67	-	0,29	0,33	-	0,07	0,08	-	-	-	-	-	-	-	-	-	-	-	-	-	-	
	III	-	-	-	-	-	-	-	-	-	-	-	-	-	-	-	-	-	-	-	-	-	
	IV	6,67	-	0,53	0,60	-	0,40	0,45	-	0,28	0,31	-	0,16	0,18	-	0,06	0,07	-	-	-	-	-	
	V	15,63	-	1,25	1,40																		
	VI	17,03	-	1,36	1,53																		
78,59	I	6,69	-	0,53	0,60	-	0,28	0,31	-	0,06	0,07	-	-	-	-	-	-	-	-	-	-	-	
	II	3,69	-	0,29	0,33	-	0,07	0,08	-	-	-	-	-	-	-	-	-	-	-	-	-	-	
	III	-	-	-	-	-	-	-	-	-	-	-	-	-	-	-	-	-	-	-	-	-	
	IV	6,69	-	0,53	0,60	-	0,40	0,45	-	0,28	0,31	-	0,16	0,18	-	0,06	0,07	-	-	-	-	-	
	V	15,66	-	1,25	1,40																		
	VI	17,06	-	1,36	1,53																		
78,69	I	6,71	-	0,53	0,60	-	0,28	0,32	-	0,06	0,07	-	-	-	-	-	-	-	-	-	-	-	
	II	3,71	-	0,29	0,33	-	0,07	0,08	-	-	-	-	-	-	-	-	-	-	-	-	-	-	
	III	-	-	-	-	-	-	-	-	-	-	-	-	-	-	-	-	-	-	-	-	-	
	IV	6,71	-	0,53	0,60	-	0,40	0,45	-	0,28	0,32	-	0,16	0,18	-	0,06	0,07	-	-	-	-	-	
	V	15,70	-	1,25	1,41																		
	VI	17,08	-	1,36	1,53																		
78,79	I	6,73	-	0,53	0,60	-	0,28	0,32	-	0,06	0,07	-	-	-	-	-	-	-	-	-	-	-	
	II	3,73	-	0,29	0,33	-	0,07	0,08	-	-	-	-	-	-	-	-	-	-	-	-	-	-	
	III	-	-	-	-	-	-	-	-	-	-	-	-	-	-	-	-	-	-	-	-	-	
	IV	6,73	-	0,53	0,60	-	0,41	0,46	-	0,28	0,32	-	0,16	0,18	-	0,06	0,07	-	-	-	-	-	
	V	15,73	-	1,25	1,41																		
	VI	17,12	-	1,36	1,54																		
78,89	I	6,75	-	0,54	0,60	-	0,28	0,32	-	0,06	0,07	-	-	-	-	-	-	-	-	-	-	-	
	II	3,75	-	0,30	0,33	-	0,07	0,08	-	-	-	-	-	-	-	-	-	-	-	-	-	-	
	III	-	-	-	-	-	-	-	-	-	-	-	-	-	-	-	-	-	-	-	-	-	
	IV	6,75	-	0,54	0,60	-	0,41	0,46	-	0,28	0,32	-	0,16	0,19	-	0,06	0,07	-	-	-	-	-	
	V	15,77	-	1,26	1,41																		
	VI	17,15	-	1,37	1,54																		
78,99	I	6,78	-	0,54	0,61	-	0,28	0,32	-	0,07	0,08	-	-	-	-	-	-	-	-	-	-	-	
	II	3,77	-	0,30	0,33	-	0,08	0,09	-	-	-	-	-	-	-	-	-	-	-	-	-	-	
	III	-	-	-	-	-	-	-	-	-	-	-	-	-	-	-	-	-	-	-	-	-	
	IV	6,78	-	0,54	0,61	-	0,41	0,46	-	0,28	0,32	-	0,17	0,19	-	0,07	0,08	-	-	-	-	-	
	V	15,80	-	1,26	1,42																		
	VI	17,17	-	1,37	1,54																		
79,09	I	6,80	-	0,54	0,61	-	0,29	0,32	-	0,07	0,08	-	-	-	-	-	-	-	-	-	-	-	
	II	3,79	-	0,30	0,34	-	0,08	0,09	-	-	-	-	-	-	-	-	-	-	-	-	-	-	
	III	-	-	-	-	-	-	-	-	-	-	-	-	-	-	-	-	-	-	-	-	-	
	IV	6,80	-	0,54	0,61	-	0,41	0,46	-	0,29	0,32	-	0,17	0,19	-	0,07	0,08	-	-	-	-	-	
	V	15,84	-	1,26	1,42																		
	VI	17,20	-	1,37	1,54																		
79,19	I	6,82	-	0,54	0,61	-	0,29	0,32	-	0,07	0,08	-	-	-	-	-	-	-	-	-	-	-	
	II	3,81	-	0,30	0,34	-	0,08	0,09	-	-	-	-	-	-	-	-	-	-	-	-	-	-	
	III	-	-	-	-	-	-	-	-	-	-	-	-	-	-	-	-	-	-	-	-	-	
	IV	6,82	-	0,54	0,61	-	0,41	0,46	-	0,29	0,32	-	0,17	0,19	-	0,07	0,08	-	-	-	-	-	
	V	15,87	-	1,26	1,42																		
	VI	17,23	-	1,37	1,55																		
79,29	I	6,84	-	0,54	0,61	-	0,29	0,33	-	0,07	0,08	-	-	-	-	-	-	-	-	-	-	-	
	II	3,83	-	0,30	0,34	-	0,08	0,09	-	-	-	-	-	-	-	-	-	-	-	-	-	-	
	III	-	-	-	-	-	-	-	-	-	-	-	-	-	-	-	-	-	-	-	-	-	
	IV	6,84	-	0,54	0,61	-	0,41	0,47	-	0,29	0,33	-	0,17	0,19	-	0,07	0,08	-	-	-	-	-	
	V	15,90	-	1,27	1,43																		
	VI	17,26	-	1,38	1,55																		
79,39	I	6,86	-	0,54	0,61	-	0,29	0,33	-	0,07	0,08	-	-	-	-	-	-	-	-	-	-	-	
	II	3,85	-	0,30	0,34	-	0,08	0,09	-	-	-	-	-	-	-	-	-	-	-	-	-	-	
	III	-	-	-	-	-	-	-	-	-	-	-	-	-	-	-	-	-	-	-	-	-	
	IV	6,86	-	0,54	0,61	-	0,42	0,47	-	0,29	0,33	-	0,17	0,19	-	0,07	0,08	-	-	-	-	-	
	V	15,94	-	1,27	1,43																		
	VI	17,29	-	1,38	1,55																		
79,49	I	6,88	-	0,55	0,61	-	0,29	0,33	-	0,07	0,08	-	-	-	-	-	-	-	-	-	-	-	
	II	3,87	-	0,30	0,34	-	0,08	0,09	-	-	-	-	-	-	-	-	-	-	-	-	-	-	
	III	-	-	-	-	-	-	-	-	-	-	-	-	-	-	-	-	-	-	-	-	-	
	IV	6,88	-	0,55	0,61	-	0,42	0,47	-	0,29	0,33	-	0,17	0,20	-	0,07	0,08	-	-	-	-	-	
	V	15,97	-	1,27	1,43																		
	VI	17,32	-	1,38	1,55																		

Allgemeine Tabelle

TAG bis 80,99 €

Lohn/ Gehalt bis	Steuerklasse	Lohn- steuer	ohne Kinderfreibetrag			Anzahl Kinderfreibeträge (nur Steuerklassen I–IV)																	
						0,5			1,0			1,5			2,0			2,5			3,0		
			SolZ 5,5%	Kirchensteuer 8%	9%	SolZ 5,5%	Kirchensteuer 8%	9%	SolZ 5,5%	Kirchensteuer 8%	9%	SolZ 5,5%	Kirchensteuer 8%	9%	SolZ 5,5%	Kirchensteuer 8%	9%	SolZ 5,5%	Kirchensteuer 8%	9%	SolZ 5,5%	Kirchensteuer 8%	9%
79,59	I	6,90	-	0,55	0,62	-	0,29	0,33	-	0,07	0,08	-	-	-	-	-	-	-	-	-	-	-	-
	II	3,89	-	0,31	0,35	-	0,08	0,09	-	-	-	-	-	-	-	-	-	-	-	-	-	-	-
	III	-	-	-	-	-	-	-	-	-	-	-	-	-	-	-	-	-	-	-	-	-	-
	IV	6,90	-	0,55	0,62	-	0,42	0,47	-	0,29	0,33	-	0,18	0,20	-	0,07	0,08	-	-	-	-	-	-
	V	16,01	-	1,28	1,44																		
	VI	17,35	-	1,38	1,56																		
79,69	I	6,93	-	0,55	0,62	-	0,30	0,33	-	0,07	0,08	-	-	-	-	-	-	-	-	-	-	-	-
	II	3,91	-	0,31	0,35	-	0,08	0,09	-	-	-	-	-	-	-	-	-	-	-	-	-	-	-
	III	-	-	-	-	-	-	-	-	-	-	-	-	-	-	-	-	-	-	-	-	-	-
	IV	6,93	-	0,55	0,62	-	0,42	0,47	-	0,30	0,33	-	0,18	0,20	-	0,07	0,08	-	-	-	-	-	-
	V	16,04	-	1,28	1,44																		
	VI	17,37	-	1,38	1,56																		
79,79	I	6,95	-	0,55	0,62	-	0,30	0,34	-	0,08	0,09	-	-	-	-	-	-	-	-	-	-	-	-
	II	3,93	-	0,31	0,35	-	0,08	0,10	-	-	-	-	-	-	-	-	-	-	-	-	-	-	-
	III	-	-	-	-	-	-	-	-	-	-	-	-	-	-	-	-	-	-	-	-	-	-
	IV	6,95	-	0,55	0,62	-	0,42	0,48	-	0,30	0,34	-	0,18	0,20	-	0,08	0,09	-	-	-	-	-	-
	V	16,08	-	1,28	1,44																		
	VI	17,41	-	1,39	1,56																		
79,89	I	6,97	-	0,55	0,62	-	0,30	0,34	-	0,08	0,09	-	-	-	-	-	-	-	-	-	-	-	-
	II	3,95	-	0,31	0,35	-	0,09	0,10	-	-	-	-	-	-	-	-	-	-	-	-	-	-	-
	III	-	-	-	-	-	-	-	-	-	-	-	-	-	-	-	-	-	-	-	-	-	-
	IV	6,97	-	0,55	0,62	-	0,42	0,48	-	0,30	0,34	-	0,18	0,20	-	0,08	0,09	-	-	-	-	-	-
	V	16,11	-	1,28	1,44																		
	VI	17,43	-	1,39	1,56																		
79,99	I	6,99	-	0,55	0,62	-	0,30	0,34	-	0,08	0,09	-	-	-	-	-	-	-	-	-	-	-	-
	II	3,97	-	0,31	0,35	-	0,09	0,10	-	-	-	-	-	-	-	-	-	-	-	-	-	-	-
	III	0,01	-	-	-	-	-	-	-	-	-	-	-	-	-	-	-	-	-	-	-	-	-
	IV	6,99	-	0,55	0,62	-	0,43	0,48	-	0,30	0,34	-	0,18	0,20	-	0,08	0,09	-	-	-	-	-	-
	V	16,15	-	1,29	1,45																		
	VI	17,46	-	1,39	1,57																		
80,09	I	7,01	-	0,56	0,63	-	0,30	0,34	-	0,08	0,09	-	-	-	-	-	-	-	-	-	-	-	-
	II	3,99	-	0,31	0,35	-	0,09	0,10	-	-	-	-	-	-	-	-	-	-	-	-	-	-	-
	III	0,02	-	-	-	-	-	-	-	-	-	-	-	-	-	-	-	-	-	-	-	-	-
	IV	7,01	-	0,56	0,63	-	0,43	0,48	-	0,30	0,34	-	0,18	0,21	-	0,08	0,09	-	-	-	-	-	-
	V	16,18	-	1,29	1,45																		
	VI	17,50	-	1,40	1,57																		
80,19	I	7,03	-	0,56	0,63	-	0,30	0,34	-	0,08	0,09	-	-	-	-	-	-	-	-	-	-	-	-
	II	4,01	-	0,32	0,36	-	0,09	0,10	-	-	-	-	-	-	-	-	-	-	-	-	-	-	-
	III	0,03	-	-	-	-	-	-	-	-	-	-	-	-	-	-	-	-	-	-	-	-	-
	IV	7,03	-	0,56	0,63	-	0,43	0,48	-	0,30	0,34	-	0,18	0,21	-	0,08	0,09	-	-	-	-	-	-
	V	16,21	-	1,29	1,45																		
	VI	17,52	-	1,40	1,57																		
80,29	I	7,05	-	0,56	0,63	-	0,31	0,34	-	0,08	0,09	-	-	-	-	-	-	-	-	-	-	-	-
	II	4,03	-	0,32	0,36	-	0,09	0,10	-	-	-	-	-	-	-	-	-	-	-	-	-	-	-
	III	0,05	-	-	-	-	-	-	-	-	-	-	-	-	-	-	-	-	-	-	-	-	-
	IV	7,05	-	0,56	0,63	-	0,43	0,48	-	0,31	0,34	-	0,19	0,21	-	0,08	0,09	-	-	-	-	-	-
	V	16,25	-	1,30	1,46																		
	VI	17,55	-	1,40	1,57																		
80,39	I	7,08	-	0,56	0,63	-	0,31	0,35	-	0,08	0,09	-	-	-	-	-	-	-	-	-	-	-	-
	II	4,05	-	0,32	0,36	-	0,09	0,10	-	-	-	-	-	-	-	-	-	-	-	-	-	-	-
	III	0,06	-	-	-	-	-	-	-	-	-	-	-	-	-	-	-	-	-	-	-	-	-
	IV	7,08	-	0,56	0,63	-	0,43	0,49	-	0,31	0,35	-	0,19	0,21	-	0,08	0,09	-	-	-	-	-	-
	V	16,28	-	1,30	1,46																		
	VI	17,58	-	1,40	1,58																		
80,49	I	7,10	-	0,56	0,63	-	0,31	0,35	-	0,08	0,09	-	-	-	-	-	-	-	-	-	-	-	-
	II	4,07	-	0,32	0,36	-	0,09	0,11	-	-	-	-	-	-	-	-	-	-	-	-	-	-	-
	III	0,07	-	-	-	-	-	-	-	-	-	-	-	-	-	-	-	-	-	-	-	-	-
	IV	7,10	-	0,56	0,63	-	0,43	0,49	-	0,31	0,35	-	0,19	0,21	-	0,08	0,09	-	-	-	-	-	-
	V	16,31	-	1,30	1,46																		
	VI	17,61	-	1,40	1,58																		
80,59	I	7,12	-	0,56	0,64	-	0,31	0,35	-	0,09	0,10	-	-	-	-	-	-	-	-	-	-	-	-
	II	4,09	-	0,32	0,36	-	0,09	0,11	-	-	-	-	-	-	-	-	-	-	-	-	-	-	-
	III	0,08	-	-	-	-	-	-	-	-	-	-	-	-	-	-	-	-	-	-	-	-	-
	IV	7,12	-	0,56	0,64	-	0,44	0,49	-	0,31	0,35	-	0,19	0,21	-	0,09	0,10	-	-	-	-	-	-
	V	16,35	-	1,30	1,47																		
	VI	17,64	-	1,41	1,58																		
80,69	I	7,14	-	0,57	0,64	-	0,31	0,35	-	0,09	0,10	-	-	-	-	-	-	-	-	-	-	-	-
	II	4,11	-	0,32	0,36	-	0,10	0,11	-	-	-	-	-	-	-	-	-	-	-	-	-	-	-
	III	0,10	-	-	-	-	-	-	-	-	-	-	-	-	-	-	-	-	-	-	-	-	-
	IV	7,14	-	0,57	0,64	-	0,44	0,49	-	0,31	0,35	-	0,19	0,22	-	0,09	0,10	-	-	-	-	-	-
	V	16,38	-	1,31	1,47																		
	VI	17,67	-	1,41	1,59																		
80,79	I	7,16	-	0,57	0,64	-	0,31	0,35	-	0,09	0,10	-	-	-	-	-	-	-	-	-	-	-	-
	II	4,13	-	0,33	0,37	-	0,10	0,11	-	-	-	-	-	-	-	-	-	-	-	-	-	-	-
	III	0,11	-	-	-	-	-	-	-	-	-	-	-	-	-	-	-	-	-	-	-	-	-
	IV	7,16	-	0,57	0,64	-	0,44	0,49	-	0,31	0,35	-	0,19	0,22	-	0,09	0,10	-	-	-	-	-	-
	V	16,42	-	1,31	1,47																		
	VI	17,70	-	1,41	1,59																		
80,89	I	7,18	-	0,57	0,64	-	0,32	0,36	-	0,09	0,10	-	-	-	-	-	-	-	-	-	-	-	-
	II	4,15	-	0,33	0,37	-	0,10	0,11	-	-	-	-	-	-	-	-	-	-	-	-	-	-	-
	III	0,12	-	-	0,01	-	-	-	-	-	-	-	-	-	-	-	-	-	-	-	-	-	-
	IV	7,18	-	0,57	0,64	-	0,44	0,50	-	0,32	0,36	-	0,19	0,22	-	0,09	0,10	-	0,01	0,01	-	-	-
	V	16,45	-	1,31	1,48																		
	VI	17,73	-	1,41	1,59																		
80,99	I	7,20	-	0,57	0,64	-	0,32	0,36	-	0,09	0,10	-	-	-	-	-	-	-	-	-	-	-	-
	II	4,17	-	0,33	0,37	-	0,10	0,11	-	-	-	-	-	-	-	-	-	-	-	-	-	-	-
	III	0,13	-	0,01	0,01	-	-	-	-	-	-	-	-	-	-	-	-	-	-	-	-	-	-
	IV	7,20	-	0,57	0,64	-	0,44	0,50	-	0,32	0,36	-	0,20	0,22	-	0,09	0,10	-	0,01	0,01	-	-	-
	V	16,48	-	1,31	1,48																		
	VI	17,76	-	1,42	1,59																		

Lohn/ Gehalt bis	Steuerklasse	Lohnsteuer	ohne Kinderfreibetrag			Anzahl Kinderfreibeträge (nur Steuerklassen I–IV) 0,5			1,0			1,5			2,0			2,5			3,0		
			SolZ 5,5%	Kirchensteuer 8%	9%	SolZ 5,5%	Kirchensteuer 8%	9%	SolZ 5,5%	Kirchensteuer 8%	9%	SolZ 5,5%	Kirchensteuer 8%	9%	SolZ 5,5%	Kirchensteuer 8%	9%	SolZ 5,5%	Kirchensteuer 8%	9%	SolZ 5,5%	Kirchensteuer 8%	9%
81,09	I	7,23	-	0,57	0,65	-	0,32	0,36	-	0,09	0,10	-	-	-	-	-	-	-	-	-	-	-	
	II	4,19	-	0,33	0,37	-	0,10	0,11	-	-	-	-	-	-	-	-	-	-	-	-	-	-	
	III	0,15	-	0,01	0,01	-	-	-	-	-	-	-	-	-	-	-	-	-	-	-	-	-	
	IV	7,23	-	0,57	0,65	-	0,44	0,50	-	0,32	0,36	-	0,20	0,22	-	0,09	0,10	-	0,01	0,01	-	-	
	V	16,52	-	1,32	1,48																		
	VI	17,79	-	1,42	1,60																		
81,19	I	7,25	-	0,58	0,65	-	0,32	0,36	-	0,09	0,10	-	-	-	-	-	-	-	-	-	-	-	
	II	4,21	-	0,33	0,37	-	0,10	0,12	-	-	-	-	-	-	-	-	-	-	-	-	-	-	
	III	0,16	-	0,01	0,01	-	-	-	-	-	-	-	-	-	-	-	-	-	-	-	-	-	
	IV	7,25	-	0,58	0,65	-	0,45	0,50	-	0,32	0,36	-	0,20	0,22	-	0,09	0,10	-	0,01	0,01	-	-	
	V	16,55	-	1,32	1,48																		
	VI	17,81	-	1,42	1,60																		
81,29	I	7,27	-	0,58	0,65	-	0,32	0,36	-	0,09	0,11	-	-	-	-	-	-	-	-	-	-	-	
	II	4,23	-	0,33	0,38	-	0,10	0,12	-	-	-	-	-	-	-	-	-	-	-	-	-	-	
	III	0,17	-	0,01	0,01	-	-	-	-	-	-	-	-	-	-	-	-	-	-	-	-	-	
	IV	7,27	-	0,58	0,65	-	0,45	0,50	-	0,32	0,36	-	0,20	0,23	-	0,09	0,11	-	0,01	0,01	-	-	
	V	16,59	-	1,32	1,49																		
	VI	17,85	-	1,42	1,60																		
81,39	I	7,29	-	0,58	0,65	-	0,32	0,36	-	0,10	0,11	-	-	-	-	-	-	-	-	-	-	-	
	II	4,25	-	0,34	0,38	-	0,10	0,12	-	-	-	-	-	-	-	-	-	-	-	-	-	-	
	III	0,19	-	0,01	0,01	-	-	-	-	-	-	-	-	-	-	-	-	-	-	-	-	-	
	IV	7,29	-	0,58	0,65	-	0,45	0,51	-	0,32	0,36	-	0,20	0,23	-	0,10	0,11	-	0,01	0,01	-	-	
	V	16,62	-	1,32	1,49																		
	VI	17,87	-	1,42	1,60																		
81,49	I	7,31	-	0,58	0,65	-	0,32	0,37	-	0,10	0,11	-	-	-	-	-	-	-	-	-	-	-	
	II	4,27	-	0,34	0,38	-	0,11	0,12	-	-	-	-	-	-	-	-	-	-	-	-	-	-	
	III	0,20	-	0,01	0,01	-	-	-	-	-	-	-	-	-	-	-	-	-	-	-	-	-	
	IV	7,31	-	0,58	0,65	-	0,45	0,51	-	0,32	0,37	-	0,20	0,23	-	0,10	0,11	-	0,01	0,01	-	-	
	V	16,65	-	1,33	1,49																		
	VI	17,90	-	1,43	1,61																		
81,59	I	7,33	-	0,58	0,65	-	0,33	0,37	-	0,10	0,11	-	-	-	-	-	-	-	-	-	-	-	
	II	4,29	-	0,34	0,38	-	0,11	0,12	-	-	-	-	-	-	-	-	-	-	-	-	-	-	
	III	0,21	-	0,01	0,01	-	-	-	-	-	-	-	-	-	-	-	-	-	-	-	-	-	
	IV	7,33	-	0,58	0,65	-	0,45	0,51	-	0,33	0,37	-	0,21	0,23	-	0,10	0,11	-	0,01	0,01	-	-	
	V	16,68	-	1,33	1,50																		
	VI	17,93	-	1,43	1,61																		
81,69	I	7,36	-	0,58	0,66	-	0,33	0,37	-	0,10	0,11	-	-	-	-	-	-	-	-	-	-	-	
	II	4,31	-	0,34	0,38	-	0,11	0,12	-	-	-	-	-	-	-	-	-	-	-	-	-	-	
	III	0,23	-	0,01	0,02	-	-	-	-	-	-	-	-	-	-	-	-	-	-	-	-	-	
	IV	7,36	-	0,58	0,66	-	0,45	0,51	-	0,33	0,37	-	0,21	0,23	-	0,10	0,11	-	0,01	0,01	-	-	
	V	16,71	-	1,33	1,50																		
	VI	17,96	-	1,43	1,61																		
81,79	I	7,38	-	0,59	0,66	-	0,33	0,37	-	0,10	0,11	-	-	-	-	-	-	-	-	-	-	-	
	II	4,33	-	0,34	0,38	-	0,11	0,12	-	-	-	-	-	-	-	-	-	-	-	-	-	-	
	III	0,24	-	0,01	0,02	-	-	-	-	-	-	-	-	-	-	-	-	-	-	-	-	-	
	IV	7,38	-	0,59	0,66	-	0,46	0,51	-	0,33	0,37	-	0,21	0,24	-	0,10	0,11	-	0,01	0,02	-	-	
	V	16,73	-	1,33	1,50																		
	VI	18,00	-	1,44	1,62																		
81,89	I	7,40	-	0,59	0,66	-	0,33	0,37	-	0,10	0,11	-	-	-	-	-	-	-	-	-	-	-	
	II	4,35	-	0,34	0,39	-	0,11	0,13	-	-	-	-	-	-	-	-	-	-	-	-	-	-	
	III	0,26	-	0,02	0,02	-	-	-	-	-	-	-	-	-	-	-	-	-	-	-	-	-	
	IV	7,40	-	0,59	0,66	-	0,46	0,52	-	0,33	0,37	-	0,21	0,24	-	0,10	0,11	-	0,02	0,02	-	-	
	V	16,76	-	1,34	1,50																		
	VI	18,02	-	1,44	1,62																		
81,99	I	7,42	-	0,59	0,66	-	0,33	0,37	-	0,10	0,12	-	-	-	-	-	-	-	-	-	-	-	
	II	4,37	-	0,34	0,39	-	0,11	0,13	-	-	-	-	-	-	-	-	-	-	-	-	-	-	
	III	0,27	-	0,02	0,02	-	-	-	-	-	-	-	-	-	-	-	-	-	-	-	-	-	
	IV	7,42	-	0,59	0,66	-	0,46	0,52	-	0,33	0,37	-	0,21	0,24	-	0,10	0,12	-	0,02	0,02	-	-	
	V	16,79	-	1,34	1,51																		
	VI	18,05	-	1,44	1,62																		
82,09	I	7,44	-	0,59	0,66	-	0,34	0,38	-	0,10	0,12	-	-	-	-	-	-	-	-	-	-	-	
	II	4,40	-	0,35	0,39	-	0,11	0,13	-	-	-	-	-	-	-	-	-	-	-	-	-	-	
	III	0,28	-	0,02	0,02	-	-	-	-	-	-	-	-	-	-	-	-	-	-	-	-	-	
	IV	7,44	-	0,59	0,66	-	0,46	0,52	-	0,34	0,38	-	0,21	0,24	-	0,10	0,12	-	0,02	0,02	-	-	
	V	16,82	-	1,34	1,51																		
	VI	18,08	-	1,44	1,62																		
82,19	I	7,46	-	0,59	0,67	-	0,34	0,38	-	0,11	0,12	-	-	-	-	-	-	-	-	-	-	-	
	II	4,41	-	0,35	0,39	-	0,12	0,13	-	-	-	-	-	-	-	-	-	-	-	-	-	-	
	III	0,30	-	0,02	0,02	-	-	-	-	-	-	-	-	-	-	-	-	-	-	-	-	-	
	IV	7,46	-	0,59	0,67	-	0,46	0,52	-	0,34	0,38	-	0,22	0,24	-	0,11	0,12	-	0,02	0,02	-	-	
	V	16,85	-	1,34	1,51																		
	VI	18,11	-	1,44	1,62																		
82,29	I	7,48	-	0,59	0,67	-	0,34	0,38	-	0,11	0,12	-	-	-	-	-	-	-	-	-	-	-	
	II	4,43	-	0,35	0,39	-	0,12	0,13	-	-	-	-	-	-	-	-	-	-	-	-	-	-	
	III	0,31	-	0,02	0,02	-	-	-	-	-	-	-	-	-	-	-	-	-	-	-	-	-	
	IV	7,48	-	0,59	0,67	-	0,46	0,52	-	0,34	0,38	-	0,22	0,24	-	0,11	0,12	-	0,02	0,02	-	-	
	V	16,88	-	1,35	1,51																		
	VI	18,14	-	1,45	1,63																		
82,39	I	7,51	-	0,60	0,67	-	0,34	0,38	-	0,11	0,12	-	-	-	-	-	-	-	-	-	-	-	
	II	4,46	-	0,35	0,40	-	0,12	0,13	-	-	-	-	-	-	-	-	-	-	-	-	-	-	
	III	0,32	-	0,02	0,02	-	-	-	-	-	-	-	-	-	-	-	-	-	-	-	-	-	
	IV	7,51	-	0,60	0,67	-	0,47	0,52	-	0,34	0,38	-	0,22	0,25	-	0,11	0,12	-	0,02	0,02	-	-	
	V	16,91	-	1,35	1,52																		
	VI	18,17	-	1,45	1,63																		
82,49	I	7,53	-	0,60	0,67	-	0,34	0,38	-	0,11	0,12	-	-	-	-	-	-	-	-	-	-	-	
	II	4,48	-	0,35	0,40	-	0,12	0,13	-	-	-	-	-	-	-	-	-	-	-	-	-	-	
	III	0,33	-	0,02	0,02	-	-	-	-	-	-	-	-	-	-	-	-	-	-	-	-	-	
	IV	7,53	-	0,60	0,67	-	0,47	0,53	-	0,34	0,38	-	0,22	0,25	-	0,11	0,12	-	0,02	0,02	-	-	
	V	16,93	-	1,35	1,52																		
	VI	18,20	-	1,45	1,63																		

Allgemeine Tabelle

TAG bis 83,99 €

Lohn/Gehalt bis	Steuerklasse	Lohn-steuer	ohne Kinderfreibetrag			Anzahl Kinderfreibeträge (nur Steuerklassen I–IV) 0,5			1,0			1,5			2,0			2,5			3,0		
			SolZ 5,5%	Kirchensteuer 8%	Kirchensteuer 9%	SolZ 5,5%	Kirchensteuer 8%	Kirchensteuer 9%	SolZ 5,5%	Kirchensteuer 8%	Kirchensteuer 9%	SolZ 5,5%	Kirchensteuer 8%	Kirchensteuer 9%	SolZ 5,5%	Kirchensteuer 8%	Kirchensteuer 9%	SolZ 5,5%	Kirchensteuer 8%	Kirchensteuer 9%	SolZ 5,5%	Kirchensteuer 8%	Kirchensteuer 9%
82,59	I	7,55	-	0,60	0,67	-	0,34	0,39	-	0,11	0,13	-	-	-	-	-	-	-	-	-	-	-	-
	II	4,50	-	0,36	0,40	-	0,12	0,14	-	-	-	-	-	-	-	-	-	-	-	-	-	-	-
	III	0,35	-	0,02	0,03	-	-	-	-	-	-	-	-	-	-	-	-	-	-	-	-	-	-
	IV	7,55	-	0,60	0,67	-	0,47	0,53	-	0,34	0,39	-	0,22	0,25	-	0,11	0,13	-	0,02	0,03	-	-	-
	V	16,96	-	1,35	1,52																		
	VI	18,23	-	1,45	1,64																		
82,69	I	7,57	-	0,60	0,68	-	0,34	0,39	-	0,11	0,13	-	-	-	-	-	-	-	-	-	-	-	-
	II	4,51	-	0,36	0,40	-	0,12	0,14	-	-	-	-	-	-	-	-	-	-	-	-	-	-	-
	III	0,36	-	0,02	0,03	-	-	-	-	-	-	-	-	-	-	-	-	-	-	-	-	-	-
	IV	7,57	-	0,60	0,68	-	0,47	0,53	-	0,34	0,39	-	0,22	0,25	-	0,11	0,13	-	0,02	0,03	-	-	-
	V	17,00	-	1,36	1,53																		
	VI	18,26	-	1,46	1,64																		
82,79	I	7,60	-	0,60	0,68	-	0,35	0,39	-	0,11	0,13	-	-	-	-	-	-	-	-	-	-	-	-
	II	4,54	-	0,36	0,40	-	0,12	0,14	-	-	-	-	-	-	-	-	-	-	-	-	-	-	-
	III	0,37	-	0,02	0,03	-	-	-	-	-	-	-	-	-	-	-	-	-	-	-	-	-	-
	IV	7,60	-	0,60	0,68	-	0,47	0,53	-	0,35	0,39	-	0,22	0,25	-	0,11	0,13	-	0,02	0,03	-	-	-
	V	17,02	-	1,36	1,53																		
	VI	18,28	-	1,46	1,64																		
82,89	I	7,61	-	0,60	0,68	-	0,35	0,39	-	0,11	0,13	-	-	-	-	-	-	-	-	-	-	-	-
	II	4,56	-	0,36	0,41	-	0,12	0,14	-	-	-	-	-	-	-	-	-	-	-	-	-	-	-
	III	0,39	-	0,03	0,03	-	-	-	-	-	-	-	-	-	-	-	-	-	-	-	-	-	-
	IV	7,61	-	0,60	0,68	-	0,47	0,53	-	0,35	0,39	-	0,23	0,25	-	0,11	0,13	-	0,03	0,03	-	-	-
	V	17,05	-	1,36	1,53																		
	VI	18,32	-	1,46	1,64																		
82,99	I	7,64	-	0,61	0,68	-	0,35	0,39	-	0,12	0,13	-	-	-	-	-	-	-	-	-	-	-	-
	II	4,58	-	0,36	0,41	-	0,13	0,14	-	-	-	-	-	-	-	-	-	-	-	-	-	-	-
	III	0,40	-	0,03	0,03	-	-	-	-	-	-	-	-	-	-	-	-	-	-	-	-	-	-
	IV	7,64	-	0,61	0,68	-	0,48	0,54	-	0,35	0,39	-	0,23	0,26	-	0,12	0,13	-	0,03	0,03	-	-	-
	V	17,08	-	1,36	1,53																		
	VI	18,35	-	1,46	1,65																		
83,09	I	7,66	-	0,61	0,68	-	0,35	0,40	-	0,12	0,13	-	-	-	-	-	-	-	-	-	-	-	-
	II	4,60	-	0,36	0,41	-	0,13	0,14	-	-	-	-	-	-	-	-	-	-	-	-	-	-	-
	III	0,42	-	0,03	0,03	-	-	-	-	-	-	-	-	-	-	-	-	-	-	-	-	-	-
	IV	7,66	-	0,61	0,68	-	0,48	0,54	-	0,35	0,40	-	0,23	0,26	-	0,12	0,13	-	0,03	0,03	-	-	-
	V	17,11	-	1,36	1,53																		
	VI	18,38	-	1,47	1,65																		
83,19	I	7,68	-	0,61	0,69	-	0,35	0,40	-	0,12	0,13	-	-	-	-	-	-	-	-	-	-	-	-
	II	4,62	-	0,36	0,41	-	0,13	0,15	-	-	-	-	-	-	-	-	-	-	-	-	-	-	-
	III	0,43	-	0,03	0,03	-	-	-	-	-	-	-	-	-	-	-	-	-	-	-	-	-	-
	IV	7,68	-	0,61	0,69	-	0,48	0,54	-	0,35	0,40	-	0,23	0,26	-	0,12	0,13	-	0,03	0,03	-	-	-
	V	17,14	-	1,37	1,54																		
	VI	18,41	-	1,47	1,65																		
83,29	I	7,70	-	0,61	0,69	-	0,35	0,40	-	0,12	0,14	-	-	-	-	-	-	-	-	-	-	-	-
	II	4,64	-	0,37	0,41	-	0,13	0,15	-	-	-	-	-	-	-	-	-	-	-	-	-	-	-
	III	0,45	-	0,03	0,04	-	-	-	-	-	-	-	-	-	-	-	-	-	-	-	-	-	-
	IV	7,70	-	0,61	0,69	-	0,48	0,54	-	0,35	0,40	-	0,23	0,26	-	0,12	0,14	-	0,03	0,03	-	-	-
	V	17,16	-	1,37	1,54																		
	VI	18,43	-	1,47	1,65																		
83,39	I	7,73	-	0,61	0,69	-	0,36	0,40	-	0,12	0,14	-	-	-	-	-	-	-	-	-	-	-	-
	II	4,66	-	0,37	0,41	-	0,13	0,15	-	-	-	-	-	-	-	-	-	-	-	-	-	-	-
	III	0,46	-	0,03	0,04	-	-	-	-	-	-	-	-	-	-	-	-	-	-	-	-	-	-
	IV	7,73	-	0,61	0,69	-	0,48	0,54	-	0,36	0,40	-	0,23	0,26	-	0,12	0,14	-	0,03	0,03	-	-	-
	V	17,20	-	1,37	1,54																		
	VI	18,46	-	1,47	1,66																		
83,49	I	7,75	-	0,62	0,69	-	0,36	0,40	-	0,12	0,14	-	-	-	-	-	-	-	-	-	-	-	-
	II	4,68	-	0,37	0,42	-	0,13	0,15	-	-	-	-	-	-	-	-	-	-	-	-	-	-	-
	III	0,47	-	0,03	0,04	-	-	-	-	-	-	-	-	-	-	-	-	-	-	-	-	-	-
	IV	7,75	-	0,62	0,69	-	0,48	0,54	-	0,36	0,40	-	0,24	0,27	-	0,12	0,14	-	0,03	0,04	-	-	-
	V	17,22	-	1,37	1,54																		
	VI	18,50	-	1,48	1,66																		
83,59	I	7,77	-	0,62	0,69	-	0,36	0,40	-	0,12	0,14	-	-	-	-	-	-	-	-	-	-	-	-
	II	4,70	-	0,37	0,42	-	0,13	0,15	-	-	-	-	-	-	-	-	-	-	-	-	-	-	-
	III	0,48	-	0,03	0,04	-	-	-	-	-	-	-	-	-	-	-	-	-	-	-	-	-	-
	IV	7,77	-	0,62	0,69	-	0,49	0,55	-	0,36	0,40	-	0,24	0,27	-	0,12	0,14	-	0,03	0,04	-	-	-
	V	17,25	-	1,38	1,55																		
	VI	18,53	-	1,48	1,66																		
83,69	I	7,79	-	0,62	0,70	-	0,36	0,41	-	0,13	0,14	-	-	-	-	-	-	-	-	-	-	-	-
	II	4,72	-	0,37	0,42	-	0,14	0,15	-	-	-	-	-	-	-	-	-	-	-	-	-	-	-
	III	0,50	-	0,04	0,04	-	-	-	-	-	-	-	-	-	-	-	-	-	-	-	-	-	-
	IV	7,79	-	0,62	0,70	-	0,49	0,55	-	0,36	0,41	-	0,24	0,27	-	0,13	0,14	-	0,03	0,04	-	-	-
	V	17,28	-	1,38	1,55																		
	VI	18,56	-	1,48	1,67																		
83,79	I	7,81	-	0,62	0,70	-	0,36	0,41	-	0,13	0,14	-	-	-	-	-	-	-	-	-	-	-	-
	II	4,74	-	0,37	0,42	-	0,14	0,15	-	-	-	-	-	-	-	-	-	-	-	-	-	-	-
	III	0,51	-	0,04	0,04	-	-	-	-	-	-	-	-	-	-	-	-	-	-	-	-	-	-
	IV	7,81	-	0,62	0,70	-	0,49	0,55	-	0,36	0,41	-	0,24	0,27	-	0,13	0,14	-	0,03	0,04	-	-	-
	V	17,31	-	1,38	1,55																		
	VI	18,59	-	1,48	1,67																		
83,89	I	7,83	-	0,62	0,70	-	0,36	0,41	-	0,13	0,14	-	-	-	-	-	-	-	-	-	-	-	-
	II	4,76	-	0,38	0,42	-	0,14	0,16	-	-	-	-	-	-	-	-	-	-	-	-	-	-	-
	III	0,53	-	0,04	0,04	-	-	-	-	-	-	-	-	-	-	-	-	-	-	-	-	-	-
	IV	7,83	-	0,62	0,70	-	0,49	0,55	-	0,36	0,41	-	0,24	0,27	-	0,13	0,14	-	0,04	0,04	-	-	-
	V	17,34	-	1,38	1,56																		
	VI	18,61	-	1,48	1,67																		
83,99	I	7,85	-	0,62	0,70	-	0,37	0,41	-	0,13	0,15	-	-	-	-	-	-	-	-	-	-	-	-
	II	4,78	-	0,38	0,43	-	0,14	0,16	-	-	-	-	-	-	-	-	-	-	-	-	-	-	-
	III	0,54	-	0,04	0,04	-	-	-	-	-	-	-	-	-	-	-	-	-	-	-	-	-	-
	IV	7,85	-	0,62	0,70	-	0,49	0,55	-	0,37	0,41	-	0,24	0,27	-	0,13	0,15	-	0,04	0,04	-	-	-
	V	17,37	-	1,38	1,56																		
	VI	18,65	-	1,49	1,67																		

Lohn/ Gehalt bis	Steuerklasse	Lohn-steuer	ohne Kinderfreibetrag			Anzahl Kinderfreibeträge (nur Steuerklassen I–IV) 0,5			1,0			1,5			2,0			2,5			3,0		
			SolZ 5,5%	Kirchensteuer 8%	9%	SolZ 5,5%	Kirchensteuer 8%	9%	SolZ 5,5%	Kirchensteuer 8%	9%	SolZ 5,5%	Kirchensteuer 8%	9%	SolZ 5,5%	Kirchensteuer 8%	9%	SolZ 5,5%	Kirchensteuer 8%	9%	SolZ 5,5%	Kirchensteuer 8%	9%
84,09	I	7,88	-	0,63	0,70	-	0,37	0,41	-	0,13	0,15	-	-	-	-	-	-	-	-	-	-	-	
	II	4,80	-	0,38	0,43	-	0,14	0,16	-	-	-	-	-	-	-	-	-	-	-	-	-	-	
	III	0,55	-	0,04	0,04	-	-	-	-	-	-	-	-	-	-	-	-	-	-	-	-	-	
	IV	7,88	-	0,63	0,70	-	0,49	0,56	-	0,37	0,41	-	0,24	0,28	-	0,13	0,15	-	0,04	0,04	-	-	
	V	17,40	-	1,39	1,56																		
	VI	18,67	-	1,49	1,68																		
84,19	I	7,90	-	0,63	0,71	-	0,37	0,42	-	0,13	0,15	-	-	-	-	-	-	-	-	-	-	-	
	II	4,82	-	0,38	0,43	-	0,14	0,16	-	-	-	-	-	-	-	-	-	-	-	-	-	-	
	III	0,57	-	0,04	0,05	-	-	-	-	-	-	-	-	-	-	-	-	-	-	-	-	-	
	IV	7,90	-	0,63	0,71	-	0,50	0,56	-	0,37	0,42	-	0,25	0,28	-	0,13	0,15	-	0,04	0,04	-	-	
	V	17,43	-	1,39	1,56																		
	VI	18,71	-	1,49	1,68																		
84,29	I	7,92	-	0,63	0,71	-	0,37	0,42	-	0,13	0,15	-	-	-	-	-	-	-	-	-	-	-	
	II	4,84	-	0,38	0,43	-	0,14	0,16	-	-	-	-	-	-	-	-	-	-	-	-	-	-	
	III	0,58	-	0,04	0,05	-	-	-	-	-	-	-	-	-	-	-	-	-	-	-	-	-	
	IV	7,92	-	0,63	0,71	-	0,50	0,56	-	0,37	0,42	-	0,25	0,28	-	0,13	0,15	-	0,04	0,05	-	-	
	V	17,46	-	1,39	1,57																		
	VI	18,73	-	1,49	1,68																		
84,39	I	7,94	-	0,63	0,71	-	0,37	0,42	-	0,14	0,15	-	-	-	-	-	-	-	-	-	-	-	
	II	4,86	-	0,38	0,43	-	0,14	0,16	-	-	-	-	-	-	-	-	-	-	-	-	-	-	
	III	0,60	-	0,04	0,05	-	-	-	-	-	-	-	-	-	-	-	-	-	-	-	-	-	
	IV	7,94	-	0,63	0,71	-	0,50	0,56	-	0,37	0,42	-	0,25	0,28	-	0,14	0,15	-	0,04	0,05	-	-	
	V	17,48	-	1,39	1,57																		
	VI	18,77	-	1,50	1,68																		
84,49	I	7,96	-	0,63	0,71	-	0,37	0,42	-	0,14	0,15	-	-	-	-	-	-	-	-	-	-	-	
	II	4,88	-	0,39	0,43	-	0,15	0,17	-	-	-	-	-	-	-	-	-	-	-	-	-	-	
	III	0,61	-	0,04	0,05	-	-	-	-	-	-	-	-	-	-	-	-	-	-	-	-	-	
	IV	7,96	-	0,63	0,71	-	0,50	0,56	-	0,37	0,42	-	0,25	0,28	-	0,14	0,15	-	0,04	0,05	-	-	
	V	17,52	-	1,40	1,57																		
	VI	18,80	-	1,50	1,69																		
84,59	I	7,99	-	0,63	0,71	-	0,38	0,42	-	0,14	0,16	-	-	-	-	-	-	-	-	-	-	-	
	II	4,90	-	0,39	0,44	-	0,15	0,17	-	-	-	-	-	-	-	-	-	-	-	-	-	-	
	III	0,62	-	0,04	0,05	-	-	-	-	-	-	-	-	-	-	-	-	-	-	-	-	-	
	IV	7,99	-	0,63	0,71	-	0,50	0,57	-	0,38	0,42	-	0,25	0,28	-	0,14	0,16	-	0,04	0,05	-	-	
	V	17,55	-	1,40	1,57																		
	VI	18,82	-	1,50	1,69																		
84,69	I	8,01	-	0,64	0,72	-	0,38	0,42	-	0,14	0,16	-	-	-	-	-	-	-	-	-	-	-	
	II	4,92	-	0,39	0,44	-	0,15	0,17	-	-	-	-	-	-	-	-	-	-	-	-	-	-	
	III	0,64	-	0,05	0,05	-	-	-	-	-	-	-	-	-	-	-	-	-	-	-	-	-	
	IV	8,01	-	0,64	0,72	-	0,50	0,57	-	0,38	0,42	-	0,25	0,29	-	0,14	0,16	-	0,04	0,05	-	-	
	V	17,57	-	1,40	1,58																		
	VI	18,85	-	1,50	1,69																		
84,79	I	8,03	-	0,64	0,72	-	0,38	0,43	-	0,14	0,16	-	-	-	-	-	-	-	-	-	-	-	
	II	4,95	-	0,39	0,44	-	0,15	0,17	-	-	-	-	-	-	-	-	-	-	-	-	-	-	
	III	0,65	-	0,05	0,05	-	-	-	-	-	-	-	-	-	-	-	-	-	-	-	-	-	
	IV	8,03	-	0,64	0,72	-	0,51	0,57	-	0,38	0,43	-	0,26	0,29	-	0,14	0,16	-	0,05	0,05	-	-	
	V	17,60	-	1,40	1,58																		
	VI	18,88	-	1,51	1,69																		
84,89	I	8,05	-	0,64	0,72	-	0,38	0,43	-	0,14	0,16	-	-	-	-	-	-	-	-	-	-	-	
	II	4,96	-	0,39	0,44	-	0,15	0,17	-	-	-	-	-	-	-	-	-	-	-	-	-	-	
	III	0,67	-	0,05	0,06	-	-	-	-	-	-	-	-	-	-	-	-	-	-	-	-	-	
	IV	8,05	-	0,64	0,72	-	0,51	0,57	-	0,38	0,43	-	0,26	0,29	-	0,14	0,16	-	0,05	0,05	-	-	
	V	17,63	-	1,41	1,58																		
	VI	18,91	-	1,51	1,70																		
84,99	I	8,07	-	0,64	0,72	-	0,38	0,43	-	0,14	0,16	-	-	-	-	-	-	-	-	-	-	-	
	II	4,99	-	0,39	0,44	-	0,15	0,17	-	-	-	-	-	-	-	-	-	-	-	-	-	-	
	III	0,68	-	0,05	0,06	-	-	-	-	-	-	-	-	-	-	-	-	-	-	-	-	-	
	IV	8,07	-	0,64	0,72	-	0,51	0,57	-	0,38	0,43	-	0,26	0,29	-	0,14	0,16	-	0,05	0,05	-	-	
	V	17,66	-	1,41	1,58																		
	VI	18,95	-	1,51	1,70																		
85,09	I	8,10	-	0,64	0,72	-	0,38	0,43	-	0,14	0,16	-	-	-	-	-	-	-	-	-	-	-	
	II	5,01	-	0,40	0,45	-	0,16	0,18	-	-	-	-	-	-	-	-	-	-	-	-	-	-	
	III	0,70	-	0,05	0,06	-	-	-	-	-	-	-	-	-	-	-	-	-	-	-	-	-	
	IV	8,10	-	0,64	0,72	-	0,51	0,58	-	0,38	0,43	-	0,26	0,29	-	0,14	0,16	-	0,05	0,06	-	-	
	V	17,69	-	1,41	1,59																		
	VI	18,97	-	1,51	1,70																		
85,19	I	8,12	-	0,64	0,73	-	0,39	0,43	-	0,15	0,16	-	-	-	-	-	-	-	-	-	-	-	
	II	5,03	-	0,40	0,45	-	0,16	0,18	-	-	-	-	-	-	-	-	-	-	-	-	-	-	
	III	0,71	-	0,05	0,06	-	-	-	-	-	-	-	-	-	-	-	-	-	-	-	-	-	
	IV	8,12	-	0,64	0,73	-	0,51	0,58	-	0,39	0,43	-	0,26	0,30	-	0,15	0,16	-	0,05	0,06	-	-	
	V	17,72	-	1,41	1,59																		
	VI	19,01	-	1,52	1,71																		
85,29	I	8,14	-	0,65	0,73	-	0,39	0,44	-	0,15	0,17	-	-	-	-	-	-	-	-	-	-	-	
	II	5,05	-	0,40	0,45	-	0,16	0,18	-	-	-	-	-	-	-	-	-	-	-	-	-	-	
	III	0,72	-	0,05	0,06	-	-	-	-	-	-	-	-	-	-	-	-	-	-	-	-	-	
	IV	8,14	-	0,65	0,73	-	0,51	0,58	-	0,39	0,44	-	0,26	0,30	-	0,15	0,17	-	0,05	0,06	-	-	
	V	17,75	-	1,42	1,59																		
	VI	19,03	-	1,52	1,71																		
85,39	I	8,16	-	0,65	0,73	-	0,39	0,44	-	0,15	0,17	-	-	-	-	-	-	-	-	-	-	-	
	II	5,07	-	0,40	0,45	-	0,16	0,18	-	-	-	-	-	-	-	-	-	-	-	-	-	-	
	III	0,73	-	0,05	0,06	-	-	-	-	-	-	-	-	-	-	-	-	-	-	-	-	-	
	IV	8,16	-	0,65	0,73	-	0,52	0,58	-	0,39	0,44	-	0,27	0,30	-	0,15	0,17	-	0,05	0,06	-	-	
	V	17,78	-	1,42	1,60																		
	VI	19,07	-	1,52	1,71																		
85,49	I	8,18	-	0,65	0,73	-	0,39	0,44	-	0,15	0,17	-	-	-	-	-	-	-	-	-	-	-	
	II	5,09	-	0,40	0,45	-	0,16	0,18	-	-	-	-	-	-	-	-	-	-	-	-	-	-	
	III	0,75	-	0,06	0,06	-	-	-	-	-	-	-	-	-	-	-	-	-	-	-	-	-	
	IV	8,18	-	0,65	0,73	-	0,52	0,58	-	0,39	0,44	-	0,27	0,30	-	0,15	0,17	-	0,05	0,06	-	-	
	V	17,81	-	1,42	1,60																		
	VI	19,10	-	1,52	1,71																		

Lohn/ Gehalt bis	Steuerklasse	Lohn- steuer	ohne Kinderfreibetrag SolZ 5,5%	ohne Kinderfreibetrag Kirchensteuer 8%	ohne Kinderfreibetrag Kirchensteuer 9%	0,5 SolZ 5,5%	0,5 Kirchensteuer 8%	0,5 Kirchensteuer 9%	1,0 SolZ 5,5%	1,0 Kirchensteuer 8%	1,0 Kirchensteuer 9%	1,5 SolZ 5,5%	1,5 Kirchensteuer 8%	1,5 Kirchensteuer 9%	2,0 SolZ 5,5%	2,0 Kirchensteuer 8%	2,0 Kirchensteuer 9%	2,5 SolZ 5,5%	2,5 Kirchensteuer 8%	2,5 Kirchensteuer 9%	3,0 SolZ 5,5%	3,0 Kirchensteuer 8%	3,0 Kirchensteuer 9%
						Anzahl Kinderfreibeträge (nur Steuerklassen I–IV)																	
85,59	I	8,21	-	0,65	0,73	-	0,39	0,44	-	0,15	0,17	-	-	-	-	-	-	-	-	-	-	-	-
	II	5,11	-	0,40	0,45	-	0,16	0,18	-	-	-	-	-	-	-	-	-	-	-	-	-	-	-
	III	0,77	-	0,06	0,06	-	-	-	-	-	-	-	-	-	-	-	-	-	-	-	-	-	-
	IV	8,21	-	0,65	0,73	-	0,52	0,58	-	0,39	0,44	-	0,27	0,30	-	0,15	0,17	-	0,05	0,06	-	-	-
	V	17,84	-	1,42	1,60																		
	VI	19,13	-	1,53	1,72																		
85,69	I	8,23	-	0,65	0,74	-	0,39	0,44	-	0,15	0,17	-	-	-	-	-	-	-	-	-	-	-	-
	II	5,13	-	0,41	0,46	-	0,16	0,18	-	-	-	-	-	-	-	-	-	-	-	-	-	-	-
	III	0,78	-	0,06	0,07	-	-	-	-	-	-	-	-	-	-	-	-	-	-	-	-	-	-
	IV	8,23	-	0,65	0,74	-	0,52	0,59	-	0,39	0,44	-	0,27	0,30	-	0,15	0,17	-	0,06	0,06	-	-	-
	V	17,87	-	1,42	1,60																		
	VI	19,15	-	1,53	1,72																		
85,79	I	8,25	-	0,66	0,74	-	0,40	0,45	-	0,15	0,17	-	-	-	-	-	-	-	-	-	-	-	-
	II	5,15	-	0,41	0,46	-	0,16	0,19	-	-	-	-	-	-	-	-	-	-	-	-	-	-	-
	III	0,80	-	0,06	0,07	-	-	-	-	-	-	-	-	-	-	-	-	-	-	-	-	-	-
	IV	8,25	-	0,66	0,74	-	0,52	0,59	-	0,40	0,45	-	0,27	0,31	-	0,15	0,17	-	0,06	0,06	-	-	-
	V	17,90	-	1,43	1,61																		
	VI	19,19	-	1,53	1,72																		
85,89	I	8,27	-	0,66	0,74	-	0,40	0,45	-	0,16	0,18	-	-	-	-	-	-	-	-	-	-	-	-
	II	5,17	-	0,41	0,46	-	0,17	0,19	-	-	-	-	-	-	-	-	-	-	-	-	-	-	-
	III	0,81	-	0,06	0,07	-	-	-	-	-	-	-	-	-	-	-	-	-	-	-	-	-	-
	IV	8,27	-	0,66	0,74	-	0,52	0,59	-	0,40	0,45	-	0,27	0,31	-	0,16	0,18	-	0,06	0,07	-	-	-
	V	17,93	-	1,43	1,61																		
	VI	19,22	-	1,53	1,72																		
85,99	I	8,29	-	0,66	0,74	-	0,40	0,45	-	0,16	0,18	-	-	-	-	-	-	-	-	-	-	-	-
	II	5,19	-	0,41	0,46	-	0,17	0,19	-	-	-	-	-	-	-	-	-	-	-	-	-	-	-
	III	0,82	-	0,06	0,07	-	-	-	-	-	-	-	-	-	-	-	-	-	-	-	-	-	-
	IV	8,29	-	0,66	0,74	-	0,53	0,59	-	0,40	0,45	-	0,28	0,31	-	0,16	0,18	-	0,06	0,07	-	-	-
	V	17,95	-	1,43	1,61																		
	VI	19,25	-	1,54	1,73																		
86,09	I	8,31	-	0,66	0,74	-	0,40	0,45	-	0,16	0,18	-	-	-	-	-	-	-	-	-	-	-	-
	II	5,21	-	0,41	0,46	-	0,17	0,19	-	-	-	-	-	-	-	-	-	-	-	-	-	-	-
	III	0,84	-	0,06	0,07	-	-	-	-	-	-	-	-	-	-	-	-	-	-	-	-	-	-
	IV	8,31	-	0,66	0,74	-	0,53	0,59	-	0,40	0,45	-	0,28	0,31	-	0,16	0,18	-	0,06	0,07	-	-	-
	V	17,98	-	1,43	1,61																		
	VI	19,28	-	1,54	1,73																		
86,19	I	8,34	-	0,66	0,75	-	0,40	0,45	-	0,16	0,18	-	-	-	-	-	-	-	-	-	-	-	-
	II	5,23	-	0,41	0,47	-	0,17	0,19	-	-	-	-	-	-	-	-	-	-	-	-	-	-	-
	III	0,85	-	0,06	0,07	-	-	-	-	-	-	-	-	-	-	-	-	-	-	-	-	-	-
	IV	8,34	-	0,66	0,75	-	0,53	0,60	-	0,40	0,45	-	0,28	0,31	-	0,16	0,18	-	0,06	0,07	-	-	-
	V	18,01	-	1,44	1,62																		
	VI	19,31	-	1,54	1,73																		
86,29	I	8,36	-	0,66	0,75	-	0,40	0,45	-	0,16	0,18	-	-	-	-	-	-	-	-	-	-	-	-
	II	5,25	-	0,42	0,47	-	0,17	0,19	-	-	-	-	-	-	-	-	-	-	-	-	-	-	-
	III	0,87	-	0,06	0,07	-	-	-	-	-	-	-	-	-	-	-	-	-	-	-	-	-	-
	IV	8,36	-	0,66	0,75	-	0,53	0,60	-	0,40	0,45	-	0,28	0,31	-	0,16	0,18	-	0,06	0,07	-	-	-
	V	18,05	-	1,44	1,62																		
	VI	19,33	-	1,54	1,73																		
86,39	I	8,38	-	0,67	0,75	-	0,40	0,46	-	0,16	0,18	-	-	-	-	-	-	-	-	-	-	-	-
	II	5,28	-	0,42	0,47	-	0,17	0,20	-	-	-	-	-	-	-	-	-	-	-	-	-	-	-
	III	0,88	-	0,07	0,07	-	-	-	-	-	-	-	-	-	-	-	-	-	-	-	-	-	-
	IV	8,38	-	0,67	0,75	-	0,53	0,60	-	0,40	0,46	-	0,28	0,32	-	0,16	0,18	-	0,06	0,07	-	-	-
	V	18,07	-	1,44	1,62																		
	VI	19,37	-	1,54	1,74																		
86,49	I	8,40	-	0,67	0,75	-	0,41	0,46	-	0,16	0,18	-	-	-	-	-	-	-	-	-	-	-	-
	II	5,30	-	0,42	0,47	-	0,18	0,20	-	-	-	-	-	-	-	-	-	-	-	-	-	-	-
	III	0,90	-	0,07	0,08	-	-	-	-	-	-	-	-	-	-	-	-	-	-	-	-	-	-
	IV	8,40	-	0,67	0,75	-	0,54	0,60	-	0,41	0,46	-	0,28	0,32	-	0,16	0,18	-	0,06	0,07	-	-	-
	V	18,10	-	1,44	1,62																		
	VI	19,40	-	1,55	1,74																		
86,59	I	8,43	-	0,67	0,75	-	0,41	0,46	-	0,17	0,19	-	-	-	-	-	-	-	-	-	-	-	-
	II	5,32	-	0,42	0,47	-	0,18	0,20	-	-	-	-	-	-	-	-	-	-	-	-	-	-	-
	III	0,91	-	0,07	0,08	-	-	-	-	-	-	-	-	-	-	-	-	-	-	-	-	-	-
	IV	8,43	-	0,67	0,75	-	0,54	0,60	-	0,41	0,46	-	0,28	0,32	-	0,17	0,19	-	0,07	0,07	-	-	-
	V	18,13	-	1,45	1,63																		
	VI	19,43	-	1,55	1,74																		
86,69	I	8,45	-	0,67	0,76	-	0,41	0,46	-	0,17	0,19	-	-	-	-	-	-	-	-	-	-	-	-
	II	5,34	-	0,42	0,48	-	0,18	0,20	-	-	-	-	-	-	-	-	-	-	-	-	-	-	-
	III	0,92	-	0,07	0,08	-	-	-	-	-	-	-	-	-	-	-	-	-	-	-	-	-	-
	IV	8,45	-	0,67	0,76	-	0,54	0,61	-	0,41	0,46	-	0,29	0,32	-	0,17	0,19	-	0,07	0,08	-	-	-
	V	18,16	-	1,45	1,63																		
	VI	19,46	-	1,55	1,75																		
86,79	I	8,47	-	0,67	0,76	-	0,41	0,46	-	0,17	0,19	-	-	-	-	-	-	-	-	-	-	-	-
	II	5,36	-	0,42	0,48	-	0,18	0,20	-	-	-	-	-	-	-	-	-	-	-	-	-	-	-
	III	0,94	-	0,07	0,08	-	-	-	-	-	-	-	-	-	-	-	-	-	-	-	-	-	-
	IV	8,47	-	0,67	0,76	-	0,54	0,61	-	0,41	0,46	-	0,29	0,32	-	0,17	0,19	-	0,07	0,08	-	-	-
	V	18,20	-	1,45	1,63																		
	VI	19,49	-	1,55	1,75																		
86,89	I	8,49	-	0,67	0,76	-	0,41	0,47	-	0,17	0,19	-	-	-	-	-	-	-	-	-	-	-	-
	II	5,38	-	0,43	0,48	-	0,18	0,20	-	-	-	-	-	-	-	-	-	-	-	-	-	-	-
	III	0,96	-	0,07	0,08	-	-	-	-	-	-	-	-	-	-	-	-	-	-	-	-	-	-
	IV	8,49	-	0,67	0,76	-	0,54	0,61	-	0,41	0,47	-	0,29	0,33	-	0,17	0,19	-	0,07	0,08	-	-	-
	V	18,22	-	1,45	1,63																		
	VI	19,52	-	1,56	1,75																		
86,99	I	8,51	-	0,68	0,76	-	0,42	0,47	-	0,17	0,19	-	-	-	-	-	-	-	-	-	-	-	-
	II	5,40	-	0,43	0,48	-	0,18	0,21	-	-	-	-	-	-	-	-	-	-	-	-	-	-	-
	III	0,97	-	0,07	0,08	-	-	-	-	-	-	-	-	-	-	-	-	-	-	-	-	-	-
	IV	8,51	-	0,68	0,76	-	0,54	0,61	-	0,42	0,47	-	0,29	0,33	-	0,17	0,19	-	0,07	0,08	-	-	-
	V	18,25	-	1,46	1,64																		
	VI	19,55	-	1,56	1,75																		

Lohn/ Gehalt bis	Steuerklasse	Lohn- steuer	ohne Kinderfreibetrag			Anzahl Kinderfreibeträge (nur Steuerklassen I–IV)																	
						0,5			1,0			1,5			2,0			2,5			3,0		
			SolZ 5,5%	Kirchensteuer 8%	Kirchensteuer 9%	SolZ 5,5%	Kirchensteuer 8%	Kirchensteuer 9%	SolZ 5,5%	Kirchensteuer 8%	Kirchensteuer 9%	SolZ 5,5%	Kirchensteuer 8%	Kirchensteuer 9%	SolZ 5,5%	Kirchensteuer 8%	Kirchensteuer 9%	SolZ 5,5%	Kirchensteuer 8%	Kirchensteuer 9%	SolZ 5,5%	Kirchensteuer 8%	Kirchensteuer 9%
87,09	I	8,53	-	0,68	0,76	-	0,42	0,47	-	0,17	0,19	-	-	-	-	-	-	-	-	-	-	-	
	II	5,42	-	0,43	0,48	-	0,18	0,21	-	-	-	-	-	-	-	-	-	-	-	-	-	-	
	III	0,98	-	0,07	0,08	-	-	-	-	-	-	-	-	-	-	-	-	-	-	-	-	-	
	IV	8,53	-	0,68	0,76	-	0,54	0,61	-	0,42	0,47	-	0,29	0,33	-	0,17	0,19	-	0,07	0,08	-	-	
	V	18,28	-	1,46	1,64																		
	VI	19,58	-	1,56	1,76																		
87,19	I	8,56	-	0,68	0,77	-	0,42	0,47	-	0,17	0,20	-	-	-	-	-	-	-	-	-	-	-	
	II	5,44	-	0,43	0,48	-	0,19	0,21	-	-	-	-	-	-	-	-	-	-	-	-	-	-	
	III	1,00	-	0,08	0,09	-	-	-	-	-	-	-	-	-	-	-	-	-	-	-	-	-	
	IV	8,56	-	0,68	0,77	-	0,55	0,62	-	0,42	0,47	-	0,29	0,33	-	0,17	0,20	-	0,07	0,08	-	-	
	V	18,31	-	1,46	1,64																		
	VI	19,61	-	1,56	1,76																		
87,29	I	8,58	-	0,68	0,77	-	0,42	0,47	-	0,18	0,20	-	-	-	-	-	-	-	-	-	-	-	
	II	5,46	-	0,43	0,49	-	0,19	0,21	-	-	-	-	-	-	-	-	-	-	-	-	-	-	
	III	1,01	-	0,08	0,09	-	-	-	-	-	-	-	-	-	-	-	-	-	-	-	-	-	
	IV	8,58	-	0,68	0,77	-	0,55	0,62	-	0,42	0,47	-	0,30	0,33	-	0,18	0,20	-	0,07	0,08	-	-	
	V	18,35	-	1,46	1,65																		
	VI	19,64	-	1,57	1,76																		
87,39	I	8,60	-	0,68	0,77	-	0,42	0,47	-	0,18	0,20	-	-	-	-	-	-	-	-	-	-	-	
	II	5,48	-	0,43	0,49	-	0,19	0,21	-	-	-	-	-	-	-	-	-	-	-	-	-	-	
	III	1,03	-	0,08	0,09	-	-	-	-	-	-	-	-	-	-	-	-	-	-	-	-	-	
	IV	8,60	-	0,68	0,77	-	0,55	0,62	-	0,42	0,47	-	0,30	0,33	-	0,18	0,20	-	0,08	0,09	-	-	
	V	18,37	-	1,46	1,65																		
	VI	19,67	-	1,57	1,77																		
87,49	I	8,62	-	0,68	0,77	-	0,42	0,48	-	0,18	0,20	-	-	-	-	-	-	-	-	-	-	-	
	II	5,50	-	0,44	0,49	-	0,19	0,21	-	-	-	-	-	-	-	-	-	-	-	-	-	-	
	III	1,05	-	0,08	0,09	-	-	-	-	-	-	-	-	-	-	-	-	-	-	-	-	-	
	IV	8,62	-	0,68	0,77	-	0,55	0,62	-	0,42	0,48	-	0,30	0,34	-	0,18	0,20	-	0,08	0,09	-	-	
	V	18,40	-	1,47	1,65																		
	VI	19,71	-	1,57	1,77																		
87,59	I	8,65	-	0,69	0,77	-	0,42	0,48	-	0,18	0,20	-	-	-	-	-	-	-	-	-	-	-	
	II	5,52	-	0,44	0,49	-	0,19	0,22	-	-	-	-	-	-	-	-	-	-	-	-	-	-	
	III	1,06	-	0,08	0,09	-	-	-	-	-	-	-	-	-	-	-	-	-	-	-	-	-	
	IV	8,65	-	0,69	0,77	-	0,55	0,62	-	0,42	0,48	-	0,30	0,34	-	0,18	0,20	-	0,08	0,09	-	-	
	V	18,43	-	1,47	1,65																		
	VI	19,73	-	1,57	1,77																		
87,69	I	8,67	-	0,69	0,78	-	0,43	0,48	-	0,18	0,20	-	-	-	-	-	-	-	-	-	-	-	
	II	5,55	-	0,44	0,49	-	0,19	0,22	-	-	-	-	-	-	-	-	-	-	-	-	-	-	
	III	1,07	-	0,08	0,09	-	-	-	-	-	-	-	-	-	-	-	-	-	-	-	-	-	
	IV	8,67	-	0,69	0,78	-	0,56	0,63	-	0,43	0,48	-	0,30	0,34	-	0,18	0,20	-	0,08	0,09	-	-	
	V	18,46	-	1,47	1,66																		
	VI	19,76	-	1,58	1,77																		
87,79	I	8,69	-	0,69	0,78	-	0,43	0,48	-	0,18	0,21	-	-	-	-	-	-	-	-	-	-	-	
	II	5,56	-	0,44	0,50	-	0,19	0,22	-	0,01	0,01	-	-	-	-	-	-	-	-	-	-	-	
	III	1,09	-	0,08	0,09	-	-	-	-	-	-	-	-	-	-	-	-	-	-	-	-	-	
	IV	8,69	-	0,69	0,78	-	0,56	0,63	-	0,43	0,48	-	0,30	0,34	-	0,18	0,21	-	0,08	0,09	-	-	
	V	18,49	-	1,47	1,66																		
	VI	19,80	-	1,58	1,78																		
87,89	I	8,71	-	0,69	0,78	-	0,43	0,48	-	0,18	0,21	-	-	-	-	-	-	-	-	-	-	-	
	II	5,59	-	0,44	0,50	-	0,20	0,22	-	0,01	0,01	-	-	-	-	-	-	-	-	-	-	-	
	III	1,11	-	0,08	0,09	-	-	-	-	-	-	-	-	-	-	-	-	-	-	-	-	-	
	IV	8,71	-	0,69	0,78	-	0,56	0,63	-	0,43	0,48	-	0,30	0,34	-	0,18	0,21	-	0,08	0,09	-	-	
	V	18,52	-	1,48	1,66																		
	VI	19,83	-	1,58	1,78																		
87,99	I	8,73	-	0,69	0,78	-	0,43	0,49	-	0,19	0,21	-	-	-	-	-	-	-	-	-	-	-	
	II	5,61	-	0,44	0,50	-	0,20	0,22	-	0,01	0,01	-	-	-	-	-	-	-	-	-	-	-	
	III	1,12	-	0,08	0,10	-	-	-	-	-	-	-	-	-	-	-	-	-	-	-	-	-	
	IV	8,73	-	0,69	0,78	-	0,56	0,63	-	0,43	0,49	-	0,31	0,35	-	0,19	0,21	-	0,08	0,09	-	-	
	V	18,55	-	1,48	1,66																		
	VI	19,86	-	1,58	1,78																		
88,09	I	8,76	-	0,70	0,78	-	0,43	0,49	-	0,19	0,21	-	-	-	-	-	-	-	-	-	-	-	
	II	5,63	-	0,45	0,50	-	0,20	0,22	-	0,01	0,01	-	-	-	-	-	-	-	-	-	-	-	
	III	1,13	-	0,09	0,10	-	-	-	-	-	-	-	-	-	-	-	-	-	-	-	-	-	
	IV	8,76	-	0,70	0,78	-	0,56	0,63	-	0,43	0,49	-	0,31	0,35	-	0,19	0,21	-	0,08	0,09	-	-	
	V	18,58	-	1,48	1,67																		
	VI	19,89	-	1,59	1,79																		
88,19	I	8,78	-	0,70	0,79	-	0,44	0,49	-	0,19	0,21	-	-	-	-	-	-	-	-	-	-	-	
	II	5,65	-	0,45	0,50	-	0,20	0,23	-	0,01	0,01	-	-	-	-	-	-	-	-	-	-	-	
	III	1,15	-	0,09	0,10	-	-	-	-	-	-	-	-	-	-	-	-	-	-	-	-	-	
	IV	8,78	-	0,70	0,79	-	0,56	0,63	-	0,44	0,49	-	0,31	0,35	-	0,19	0,21	-	0,08	0,10	-	-	
	V	18,61	-	1,48	1,67																		
	VI	19,92	-	1,59	1,79																		
88,29	I	8,80	-	0,70	0,79	-	0,44	0,49	-	0,19	0,22	-	-	-	-	-	-	-	-	-	-	-	
	II	5,67	-	0,45	0,51	-	0,20	0,23	-	0,01	0,01	-	-	-	-	-	-	-	-	-	-	-	
	III	1,16	-	0,09	0,10	-	-	-	-	-	-	-	-	-	-	-	-	-	-	-	-	-	
	IV	8,80	-	0,70	0,79	-	0,57	0,64	-	0,44	0,49	-	0,31	0,35	-	0,19	0,22	-	0,09	0,10	-	-	
	V	18,64	-	1,49	1,67																		
	VI	19,95	-	1,59	1,79																		
88,39	I	8,82	-	0,70	0,79	-	0,44	0,49	-	0,19	0,22	-	-	-	-	-	-	-	-	-	-	-	
	II	5,69	-	0,45	0,51	-	0,20	0,23	-	0,01	0,01	-	-	-	-	-	-	-	-	-	-	-	
	III	1,18	-	0,09	0,10	-	-	-	-	-	-	-	-	-	-	-	-	-	-	-	-	-	
	IV	8,82	-	0,70	0,79	-	0,57	0,64	-	0,44	0,49	-	0,31	0,35	-	0,19	0,22	-	0,09	0,10	-	-	
	V	18,67	-	1,49	1,68																		
	VI	19,98	-	1,59	1,79																		
88,49	I	8,85	-	0,70	0,79	-	0,44	0,50	-	0,19	0,22	-	-	0,01	-	-	-	-	-	-	-	-	
	II	5,71	-	0,45	0,51	-	0,21	0,23	-	0,01	0,01	-	-	-	-	-	-	-	-	-	-	-	
	III	1,20	-	0,09	0,10	-	-	-	-	-	-	-	-	-	-	-	-	-	-	-	-	-	
	IV	8,85	-	0,70	0,79	-	0,57	0,64	-	0,44	0,50	-	0,32	0,36	-	0,19	0,22	-	0,09	0,10	-	-	0,0
	V	18,70	-	1,49	1,68																		
	VI	20,01	-	1,60	1,80																		

Lohn/ Gehalt bis	Steuerklasse	Lohn-steuer	ohne Kinderfreibetrag			Anzahl Kinderfreibeträge (nur Steuerklassen I–IV) 0,5			1,0			1,5			2,0			2,5			3,0		
			SolZ 5,5%	Kirchensteuer 8%	Kirchensteuer 9%	SolZ 5,5%	Kirchensteuer 8%	Kirchensteuer 9%	SolZ 5,5%	Kirchensteuer 8%	Kirchensteuer 9%	SolZ 5,5%	Kirchensteuer 8%	Kirchensteuer 9%	SolZ 5,5%	Kirchensteuer 8%	Kirchensteuer 9%	SolZ 5,5%	Kirchensteuer 8%	Kirchensteuer 9%	SolZ 5,5%	Kirchensteuer 8%	Kirchensteuer 9%
88,59	I	8,87	-	0,70	0,79	-	0,44	0,50	-	0,20	0,22	-	0,01	0,01	-	-	-	-	-	-	-	-	-
	II	5,73	-	0,45	0,51	-	0,21	0,23	-	0,01	0,01	-	-	-	-	-	-	-	-	-	-	-	-
	III	1,21	-	0,09	0,10	-	-	-	-	-	-	-	-	-	-	-	-	-	-	-	-	-	-
	IV	8,87	-	0,70	0,79	-	0,57	0,64	-	0,44	0,50	-	0,32	0,36	-	0,20	0,22	-	0,09	0,10	-	0,01	0,01
	V	18,73	-	1,49	1,68																		
	VI	20,04	-	1,60	1,80																		
88,69	I	8,89	-	0,71	0,80	-	0,44	0,50	-	0,20	0,22	-	0,01	0,01	-	-	-	-	-	-	-	-	-
	II	5,75	-	0,46	0,51	-	0,21	0,24	-	0,01	0,02	-	-	-	-	-	-	-	-	-	-	-	-
	III	1,22	-	0,09	0,10	-	-	-	-	-	-	-	-	-	-	-	-	-	-	-	-	-	-
	IV	8,89	-	0,71	0,80	-	0,57	0,64	-	0,44	0,50	-	0,32	0,36	-	0,20	0,22	-	0,09	0,10	-	0,01	0,01
	V	18,76	-	1,50	1,68																		
	VI	20,07	-	1,60	1,80																		
88,79	I	8,91	-	0,71	0,80	-	0,44	0,50	-	0,20	0,22	-	0,01	0,01	-	-	-	-	-	-	-	-	-
	II	5,77	-	0,46	0,51	-	0,21	0,24	-	0,02	0,02	-	-	-	-	-	-	-	-	-	-	-	-
	III	1,24	-	0,09	0,11	-	-	-	-	-	-	-	-	-	-	-	-	-	-	-	-	-	-
	IV	8,91	-	0,71	0,80	-	0,57	0,65	-	0,44	0,50	-	0,32	0,36	-	0,20	0,22	-	0,09	0,10	-	0,01	0,01
	V	18,79	-	1,50	1,69																		
	VI	20,10	-	1,60	1,80																		
88,89	I	8,93	-	0,71	0,80	-	0,45	0,50	-	0,20	0,23	-	0,01	0,01	-	-	-	-	-	-	-	-	-
	II	5,80	-	0,46	0,52	-	0,21	0,24	-	0,02	0,02	-	-	-	-	-	-	-	-	-	-	-	-
	III	1,26	-	0,10	0,11	-	-	-	-	-	-	-	-	-	-	-	-	-	-	-	-	-	-
	IV	8,93	-	0,71	0,80	-	0,58	0,65	-	0,45	0,50	-	0,32	0,36	-	0,20	0,23	-	0,09	0,11	-	0,01	0,01
	V	18,82	-	1,50	1,69																		
	VI	20,13	-	1,61	1,81																		
88,99	I	8,96	-	0,71	0,80	-	0,45	0,50	-	0,20	0,23	-	0,01	0,01	-	-	-	-	-	-	-	-	-
	II	5,82	-	0,46	0,52	-	0,21	0,24	-	0,02	0,02	-	-	-	-	-	-	-	-	-	-	-	-
	III	1,27	-	0,10	0,11	-	-	-	-	-	-	-	-	-	-	-	-	-	-	-	-	-	-
	IV	8,96	-	0,71	0,80	-	0,58	0,65	-	0,45	0,50	-	0,32	0,36	-	0,20	0,23	-	0,10	0,11	-	0,01	0,01
	V	18,85	-	1,50	1,69																		
	VI	20,17	-	1,61	1,81																		
89,09	I	8,98	-	0,71	0,80	-	0,45	0,51	-	0,20	0,23	-	0,01	0,01	-	-	-	-	-	-	-	-	-
	II	5,84	-	0,46	0,52	-	0,22	0,24	-	0,02	0,02	-	-	-	-	-	-	-	-	-	-	-	-
	III	1,28	-	0,10	0,11	-	-	-	-	-	-	-	-	-	-	-	-	-	-	-	-	-	-
	IV	8,98	-	0,71	0,80	-	0,58	0,65	-	0,45	0,51	-	0,32	0,36	-	0,20	0,23	-	0,10	0,11	-	0,01	0,01
	V	18,88	-	1,51	1,69																		
	VI	20,20	-	1,61	1,81																		
89,19	I	9,00	-	0,72	0,81	-	0,45	0,51	-	0,20	0,23	-	0,01	0,01	-	-	-	-	-	-	-	-	-
	II	5,86	-	0,46	0,52	-	0,22	0,24	-	0,02	0,02	-	-	-	-	-	-	-	-	-	-	-	-
	III	1,30	-	0,10	0,11	-	-	-	-	-	-	-	-	-	-	-	-	-	-	-	-	-	-
	IV	9,00	-	0,72	0,81	-	0,58	0,65	-	0,45	0,51	-	0,33	0,37	-	0,20	0,23	-	0,10	0,11	-	0,01	0,01
	V	18,91	-	1,51	1,70																		
	VI	20,22	-	1,61	1,81																		
89,29	I	9,02	-	0,72	0,81	-	0,45	0,51	-	0,21	0,23	-	0,01	0,01	-	-	-	-	-	-	-	-	-
	II	5,88	-	0,47	0,52	-	0,22	0,25	-	0,02	0,02	-	-	-	-	-	-	-	-	-	-	-	-
	III	1,32	-	0,10	0,11	-	-	-	-	-	-	-	-	-	-	-	-	-	-	-	-	-	-
	IV	9,02	-	0,72	0,81	-	0,58	0,66	-	0,45	0,51	-	0,33	0,37	-	0,21	0,23	-	0,10	0,11	-	0,01	0,01
	V	18,94	-	1,51	1,70																		
	VI	20,26	-	1,62	1,82																		
89,39	I	9,05	-	0,72	0,81	-	0,46	0,51	-	0,21	0,23	-	0,01	0,02	-	-	-	-	-	-	-	-	-
	II	5,90	-	0,47	0,53	-	0,22	0,25	-	0,02	0,02	-	-	-	-	-	-	-	-	-	-	-	-
	III	1,33	-	0,10	0,11	-	-	-	-	-	-	-	-	-	-	-	-	-	-	-	-	-	-
	IV	9,05	-	0,72	0,81	-	0,58	0,66	-	0,46	0,51	-	0,33	0,37	-	0,21	0,23	-	0,10	0,11	-	0,01	0,02
	V	18,97	-	1,51	1,70																		
	VI	20,28	-	1,62	1,82																		
89,49	I	9,07	-	0,72	0,81	-	0,46	0,51	-	0,21	0,24	-	0,01	0,02	-	-	-	-	-	-	-	-	-
	II	5,92	-	0,47	0,53	-	0,22	0,25	-	0,02	0,03	-	-	-	-	-	-	-	-	-	-	-	-
	III	1,35	-	0,10	0,12	-	-	-	-	-	-	-	-	-	-	-	-	-	-	-	-	-	-
	IV	9,07	-	0,72	0,81	-	0,59	0,66	-	0,46	0,51	-	0,33	0,37	-	0,21	0,24	-	0,10	0,11	-	0,01	0,02
	V	19,00	-	1,52	1,71																		
	VI	20,32	-	1,62	1,82																		
89,59	I	9,09	-	0,72	0,81	-	0,46	0,52	-	0,21	0,24	-	0,02	0,02	-	-	-	-	-	-	-	-	-
	II	5,94	-	0,47	0,53	-	0,22	0,25	-	0,02	0,03	-	-	-	-	-	-	-	-	-	-	-	-
	III	1,36	-	0,10	0,12	-	-	-	-	-	-	-	-	-	-	-	-	-	-	-	-	-	-
	IV	9,09	-	0,72	0,81	-	0,59	0,66	-	0,46	0,52	-	0,33	0,37	-	0,21	0,24	-	0,10	0,12	-	0,02	0,02
	V	19,03	-	1,52	1,71																		
	VI	20,35	-	1,62	1,83																		
89,69	I	9,11	-	0,72	0,81	-	0,46	0,52	-	0,21	0,24	-	0,02	0,02	-	-	-	-	-	-	-	-	-
	II	5,96	-	0,47	0,53	-	0,22	0,25	-	0,02	0,03	-	-	-	-	-	-	-	-	-	-	-	-
	III	1,37	-	0,10	0,12	-	-	-	-	-	-	-	-	-	-	-	-	-	-	-	-	-	-
	IV	9,11	-	0,72	0,81	-	0,59	0,66	-	0,46	0,52	-	0,33	0,38	-	0,21	0,24	-	0,10	0,12	-	0,02	0,02
	V	19,06	-	1,52	1,71																		
	VI	20,38	-	1,63	1,83																		
89,79	I	9,13	-	0,73	0,82	-	0,46	0,52	-	0,21	0,24	-	0,02	0,02	-	-	-	-	-	-	-	-	-
	II	5,98	-	0,47	0,53	-	0,23	0,25	-	0,02	0,03	-	-	-	-	-	-	-	-	-	-	-	-
	III	1,38	-	0,11	0,12	-	-	-	-	-	-	-	-	-	-	-	-	-	-	-	-	-	-
	IV	9,13	-	0,73	0,82	-	0,59	0,67	-	0,46	0,52	-	0,34	0,38	-	0,21	0,24	-	0,10	0,12	-	0,02	0,02
	V	19,09	-	1,52	1,71																		
	VI	20,41	-	1,63	1,83																		
89,89	I	9,16	-	0,73	0,82	-	0,46	0,52	-	0,22	0,24	-	0,02	0,02	-	-	-	-	-	-	-	-	-
	II	6,01	-	0,48	0,54	-	0,23	0,26	-	0,03	0,03	-	-	-	-	-	-	-	-	-	-	-	-
	III	1,40	-	0,11	0,12	-	-	-	-	-	-	-	-	-	-	-	-	-	-	-	-	-	-
	IV	9,16	-	0,73	0,82	-	0,59	0,67	-	0,46	0,52	-	0,34	0,38	-	0,22	0,24	-	0,11	0,12	-	0,02	0,02
	V	19,12	-	1,52	1,72																		
	VI	20,44	-	1,63	1,83																		
89,99	I	9,18	-	0,73	0,82	-	0,46	0,52	-	0,22	0,25	-	0,02	0,02	-	-	-	-	-	-	-	-	-
	II	6,03	-	0,48	0,54	-	0,23	0,26	-	0,03	0,03	-	-	-	-	-	-	-	-	-	-	-	-
	III	1,42	-	0,11	0,12	-	-	-	-	-	-	-	-	-	-	-	-	-	-	-	-	-	-
	IV	9,18	-	0,73	0,82	-	0,60	0,67	-	0,46	0,52	-	0,34	0,38	-	0,22	0,25	-	0,11	0,12	-	0,02	0,02
	V	19,15	-	1,53	1,72																		
	VI	20,47	-	1,63	1,84																		

Lohn/ Gehalt bis	Steuerklasse	Lohn-steuer	ohne Kinderfreibetrag			Anzahl Kinderfreibeträge (nur Steuerklassen I–IV)																	
						0,5			1,0			1,5			2,0			2,5			3,0		
			SolZ 5,5%	Kirchensteuer 8%	9%	SolZ 5,5%	Kirchensteuer 8%	9%	SolZ 5,5%	Kirchensteuer 8%	9%	SolZ 5,5%	Kirchensteuer 8%	9%	SolZ 5,5%	Kirchensteuer 8%	9%	SolZ 5,5%	Kirchensteuer 8%	9%	SolZ 5,5%	Kirchensteuer 8%	9%
90,09	I	9,20	–	0,73	0,82	–	0,47	0,53	–	0,22	0,25	–	0,02	0,02	–	–	–	–	–	–	–	–	
	II	6,05	–	0,48	0,54	–	0,23	0,26	–	0,03	0,03	–	–	–	–	–	–	–	–	–	–	–	
	III	1,43	–	0,11	0,12	–	–	–	–	–	–	–	–	–	–	–	–	–	–	–	–	–	
	IV	9,20	–	0,73	0,82	–	0,60	0,67	–	0,47	0,53	–	0,34	0,38	–	0,22	0,25	–	0,11	0,12	–	0,02	0
	V	19,18	–	1,53	1,72																		
	VI	20,50	–	1,64	1,84																		
90,19	I	9,23	–	0,73	0,83	–	0,47	0,53	–	0,22	0,25	–	0,02	0,02	–	–	–	–	–	–	–	–	
	II	6,07	–	0,48	0,54	–	0,23	0,26	–	0,03	0,03	–	–	–	–	–	–	–	–	–	–	–	
	III	1,45	–	0,11	0,13	–	–	–	–	–	–	–	–	–	–	–	–	–	–	–	–	–	
	IV	9,23	–	0,73	0,83	–	0,60	0,67	–	0,47	0,53	–	0,34	0,39	–	0,22	0,25	–	0,11	0,12	–	0,02	0,
	V	19,21	–	1,53	1,72																		
	VI	20,54	–	1,64	1,84																		
90,29	I	9,25	–	0,74	0,83	–	0,47	0,53	–	0,22	0,25	–	0,02	0,03	–	–	–	–	–	–	–	–	
	II	6,09	–	0,48	0,54	–	0,23	0,26	–	0,03	0,03	–	–	–	–	–	–	–	–	–	–	–	
	III	1,46	–	0,11	0,13	–	–	–	–	–	–	–	–	–	–	–	–	–	–	–	–	–	
	IV	9,25	–	0,74	0,83	–	0,60	0,68	–	0,47	0,53	–	0,34	0,39	–	0,22	0,25	–	0,11	0,13	–	0,02	0,
	V	19,24	–	1,53	1,73																		
	VI	20,57	–	1,64	1,85																		
90,39	I	9,27	–	0,74	0,83	–	0,47	0,53	–	0,22	0,25	–	0,02	0,03	–	–	–	–	–	–	–	–	
	II	6,11	–	0,48	0,54	–	0,24	0,27	–	0,03	0,04	–	–	–	–	–	–	–	–	–	–	–	
	III	1,47	–	0,11	0,13	–	–	–	–	–	–	–	–	–	–	–	–	–	–	–	–	–	
	IV	9,27	–	0,74	0,83	–	0,60	0,68	–	0,47	0,53	–	0,35	0,39	–	0,22	0,25	–	0,11	0,13	–	0,02	0,
	V	19,27	–	1,54	1,73																		
	VI	20,60	–	1,64	1,85																		
90,49	I	9,29	–	0,74	0,83	–	0,47	0,53	–	0,22	0,25	–	0,02	0,03	–	–	–	–	–	–	–	–	
	II	6,13	–	0,49	0,55	–	0,24	0,27	–	0,03	0,04	–	–	–	–	–	–	–	–	–	–	–	
	III	1,48	–	0,11	0,13	–	–	–	–	–	–	–	–	–	–	–	–	–	–	–	–	–	
	IV	9,29	–	0,74	0,83	–	0,60	0,68	–	0,47	0,53	–	0,35	0,39	–	0,22	0,25	–	0,11	0,13	–	0,02	0,
	V	19,30	–	1,54	1,73																		
	VI	20,63	–	1,65	1,85																		
90,59	I	9,31	–	0,74	0,83	–	0,48	0,54	–	0,23	0,26	–	0,03	0,03	–	–	–	–	–	–	–	–	
	II	6,15	–	0,49	0,55	–	0,24	0,27	–	0,03	0,04	–	–	–	–	–	–	–	–	–	–	–	
	III	1,50	–	0,12	0,13	–	–	–	–	–	–	–	–	–	–	–	–	–	–	–	–	–	
	IV	9,31	–	0,74	0,83	–	0,61	0,68	–	0,48	0,54	–	0,35	0,39	–	0,23	0,26	–	0,12	0,13	–	0,03	0,
	V	19,33	–	1,54	1,73																		
	VI	20,66	–	1,65	1,85																		
90,69	I	9,34	–	0,74	0,84	–	0,48	0,54	–	0,23	0,26	–	0,03	0,03	–	–	–	–	–	–	–	–	
	II	6,17	–	0,49	0,55	–	0,24	0,27	–	0,03	0,04	–	–	–	–	–	–	–	–	–	–	–	
	III	1,51	–	0,12	0,13	–	–	–	–	–	–	–	–	–	–	–	–	–	–	–	–	–	
	IV	9,34	–	0,74	0,84	–	0,61	0,68	–	0,48	0,54	–	0,35	0,39	–	0,23	0,26	–	0,12	0,13	–	0,03	0,
	V	19,36	–	1,54	1,74																		
	VI	20,69	–	1,65	1,86																		
90,79	I	9,36	–	0,74	0,84	–	0,48	0,54	–	0,23	0,26	–	0,03	0,03	–	–	–	–	–	–	–	–	
	II	6,20	–	0,49	0,55	–	0,24	0,27	–	0,04	0,04	–	–	–	–	–	–	–	–	–	–	–	
	III	1,53	–	0,12	0,13	–	–	–	–	–	–	–	–	–	–	–	–	–	–	–	–	–	
	IV	9,36	–	0,74	0,84	–	0,61	0,69	–	0,48	0,54	–	0,35	0,40	–	0,23	0,26	–	0,12	0,13	–	0,03	0,
	V	19,40	–	1,55	1,74																		
	VI	20,72	–	1,65	1,86																		
90,89	I	9,38	–	0,75	0,84	–	0,48	0,54	–	0,23	0,26	–	0,03	0,03	–	–	–	–	–	–	–	–	
	II	6,21	–	0,49	0,55	–	0,24	0,27	–	0,04	0,04	–	–	–	–	–	–	–	–	–	–	–	
	III	1,55	–	0,12	0,13	–	–	–	–	–	–	–	–	–	–	–	–	–	–	–	–	–	
	IV	9,38	–	0,75	0,84	–	0,61	0,69	–	0,48	0,54	–	0,35	0,40	–	0,23	0,26	–	0,12	0,13	–	0,03	0,
	V	19,42	–	1,55	1,74																		
	VI	20,75	–	1,66	1,86																		
90,99	I	9,40	–	0,75	0,84	–	0,48	0,54	–	0,23	0,26	–	0,03	0,03	–	–	–	–	–	–	–	–	
	II	6,24	–	0,49	0,56	–	0,24	0,28	–	0,04	0,04	–	–	–	–	–	–	–	–	–	–	–	
	III	1,56	–	0,12	0,14	–	–	–	–	–	–	–	–	–	–	–	–	–	–	–	–	–	
	IV	9,40	–	0,75	0,84	–	0,61	0,69	–	0,48	0,54	–	0,36	0,40	–	0,23	0,26	–	0,12	0,14	–	0,03	0,0
	V	19,45	–	1,55	1,75																		
	VI	20,78	–	1,66	1,87																		
91,09	I	9,43	–	0,75	0,84	–	0,48	0,54	–	0,23	0,26	–	0,03	0,04	–	–	–	–	–	–	–	–	
	II	6,26	–	0,50	0,56	–	0,25	0,28	–	0,04	0,04	–	–	–	–	–	–	–	–	–	–	–	
	III	1,57	–	0,12	0,14	–	–	–	–	–	–	–	–	–	–	–	–	–	–	–	–	–	
	IV	9,43	–	0,75	0,84	–	0,61	0,69	–	0,48	0,54	–	0,36	0,40	–	0,23	0,26	–	0,12	0,14	–	0,03	0,0
	V	19,48	–	1,55	1,75																		
	VI	20,81	–	1,66	1,87																		
91,19	I	9,45	–	0,75	0,85	–	0,48	0,55	–	0,24	0,27	–	0,03	0,04	–	–	–	–	–	–	–	–	
	II	6,28	–	0,50	0,56	–	0,25	0,28	–	0,04	0,05	–	–	–	–	–	–	–	–	–	–	–	
	III	1,58	–	0,12	0,14	–	–	–	–	–	–	–	–	–	–	–	–	–	–	–	–	–	
	IV	9,45	–	0,75	0,85	–	0,62	0,69	–	0,48	0,55	–	0,36	0,40	–	0,24	0,27	–	0,12	0,14	–	0,03	0,0
	V	19,51	–	1,56	1,75																		
	VI	20,85	–	1,66	1,87																		
91,29	I	9,47	–	0,75	0,85	–	0,49	0,55	–	0,24	0,27	–	0,03	0,04	–	–	–	–	–	–	–	–	
	II	6,30	–	0,50	0,56	–	0,25	0,28	–	0,04	0,05	–	–	–	–	–	–	–	–	–	–	–	
	III	1,60	–	0,12	0,14	–	–	–	–	–	–	–	–	–	–	–	–	–	–	–	–	–	
	IV	9,47	–	0,75	0,85	–	0,62	0,70	–	0,49	0,55	–	0,36	0,41	–	0,24	0,27	–	0,12	0,14	–	0,03	0,0
	V	19,55	–	1,56	1,75																		
	VI	20,88	–	1,67	1,87																		
91,39	I	9,49	–	0,75	0,85	–	0,49	0,55	–	0,24	0,27	–	0,03	0,04	–	–	–	–	–	–	–	–	
	II	6,32	–	0,50	0,56	–	0,25	0,28	–	0,04	0,05	–	–	–	–	–	–	–	–	–	–	–	
	III	1,61	–	0,12	0,14	–	–	–	–	–	–	–	–	–	–	–	–	–	–	–	–	–	
	IV	9,49	–	0,75	0,85	–	0,62	0,70	–	0,49	0,55	–	0,36	0,41	–	0,24	0,27	–	0,13	0,14	–	0,03	0,0
	V	19,57	–	1,56	1,76																		
	VI	20,91	–	1,67	1,88																		
91,49	I	9,51	–	0,76	0,85	–	0,49	0,55	–	0,24	0,27	–	0,04	0,04	–	–	–	–	–	–	–	–	
	II	6,34	–	0,50	0,57	–	0,25	0,28	–	0,04	0,05	–	–	–	–	–	–	–	–	–	–	–	
	III	1,63	–	0,13	0,14	–	–	–	–	–	–	–	–	–	–	–	–	–	–	–	–	–	
	IV	9,51	–	0,76	0,85	–	0,62	0,70	–	0,49	0,55	–	0,36	0,41	–	0,24	0,27	–	0,13	0,14	–	0,04	0,0
	V	19,61	–	1,56	1,76																		
	VI	20,94	–	1,67	1,88																		

Lohn/ Gehalt bis	Steuerklasse	Lohn-steuer	ohne Kinderfreibetrag SolZ 5,5%	ohne Kinderfreibetrag Kirchensteuer 8%	ohne Kinderfreibetrag Kirchensteuer 9%	0,5 SolZ 5,5%	0,5 Kirchensteuer 8%	0,5 Kirchensteuer 9%	1,0 SolZ 5,5%	1,0 Kirchensteuer 8%	1,0 Kirchensteuer 9%	1,5 SolZ 5,5%	1,5 Kirchensteuer 8%	1,5 Kirchensteuer 9%	2,0 SolZ 5,5%	2,0 Kirchensteuer 8%	2,0 Kirchensteuer 9%	2,5 SolZ 5,5%	2,5 Kirchensteuer 8%	2,5 Kirchensteuer 9%	3,0 SolZ 5,5%	3,0 Kirchensteuer 8%	3,0 Kirchensteuer 9%
91,59	I	9,54	-	0,76	0,85	-	0,49	0,55	-	0,24	0,27	-	0,04	0,04	-	-	-	-	-	-	-	-	-
	II	6,36	-	0,50	0,57	-	0,25	0,29	-	0,04	0,05	-	-	-	-	-	-	-	-	-	-	-	-
	III	1,64	-	0,13	0,14	-	-	-	-	-	-	-	-	-	-	-	-	-	-	-	-	-	-
	IV	9,54	-	0,76	0,85	-	0,62	0,70	-	0,49	0,55	-	0,36	0,41	-	0,24	0,27	-	0,13	0,15	-	0,04	0,04
	V	19,63	-	1,57	1,76																		
	VI	20,97	-	1,67	1,88																		
91,69	I	9,56	-	0,76	0,86	-	0,49	0,56	-	0,24	0,27	-	0,04	0,04	-	-	-	-	-	-	-	-	-
	II	6,38	-	0,51	0,57	-	0,26	0,29	-	0,05	0,05	-	-	-	-	-	-	-	-	-	-	-	-
	III	1,66	-	0,13	0,14	-	-	-	-	-	-	-	-	-	-	-	-	-	-	-	-	-	-
	IV	9,56	-	0,76	0,86	-	0,62	0,70	-	0,49	0,56	-	0,37	0,41	-	0,24	0,27	-	0,13	0,15	-	0,04	0,04
	V	19,67	-	1,57	1,77																		
	VI	21,01	-	1,68	1,89																		
91,79	I	9,58	-	0,76	0,86	-	0,50	0,56	-	0,25	0,28	-	0,04	0,04	-	-	-	-	-	-	-	-	-
	II	6,41	-	0,51	0,57	-	0,26	0,29	-	0,05	0,05	-	-	-	-	-	-	-	-	-	-	-	-
	III	1,67	-	0,13	0,15	-	-	-	-	-	-	-	-	-	-	-	-	-	-	-	-	-	-
	IV	9,58	-	0,76	0,86	-	0,63	0,71	-	0,50	0,56	-	0,37	0,41	-	0,25	0,28	-	0,13	0,15	-	0,04	0,04
	V	19,70	-	1,57	1,77																		
	VI	21,03	-	1,68	1,89																		
91,89	I	9,61	-	0,76	0,86	-	0,50	0,56	-	0,25	0,28	-	0,04	0,04	-	-	-	-	-	-	-	-	-
	II	6,43	-	0,51	0,57	-	0,26	0,29	-	0,05	0,05	-	-	-	-	-	-	-	-	-	-	-	-
	III	1,68	-	0,13	0,15	-	-	-	-	-	-	-	-	-	-	-	-	-	-	-	-	-	-
	IV	9,61	-	0,76	0,86	-	0,63	0,71	-	0,50	0,56	-	0,37	0,42	-	0,25	0,28	-	0,13	0,15	-	0,04	0,04
	V	19,73	-	1,57	1,77																		
	VI	21,06	-	1,68	1,89																		
91,99	I	9,63	-	0,77	0,86	-	0,50	0,56	-	0,25	0,28	-	0,04	0,05	-	-	-	-	-	-	-	-	-
	II	6,45	-	0,51	0,58	-	0,26	0,29	-	0,05	0,06	-	-	-	-	-	-	-	-	-	-	-	-
	III	1,70	-	0,13	0,15	-	-	-	-	-	-	-	-	-	-	-	-	-	-	-	-	-	-
	IV	9,63	-	0,77	0,86	-	0,63	0,71	-	0,50	0,56	-	0,37	0,42	-	0,25	0,28	-	0,13	0,15	-	0,04	0,05
	V	19,76	-	1,58	1,77																		
	VI	21,10	-	1,68	1,89																		
92,09	I	9,65	-	0,77	0,86	-	0,50	0,56	-	0,25	0,28	-	0,04	0,05	-	-	-	-	-	-	-	-	-
	II	6,47	-	0,51	0,58	-	0,26	0,29	-	0,05	0,06	-	-	-	-	-	-	-	-	-	-	-	-
	III	1,71	-	0,13	0,15	-	-	-	-	-	-	-	-	-	-	-	-	-	-	-	-	-	-
	IV	9,65	-	0,77	0,86	-	0,63	0,71	-	0,50	0,56	-	0,37	0,42	-	0,25	0,28	-	0,14	0,15	-	0,04	0,05
	V	19,79	-	1,58	1,78																		
	VI	21,13	-	1,69	1,90																		
92,19	I	9,68	-	0,77	0,87	-	0,50	0,56	-	0,25	0,28	-	0,04	0,05	-	-	-	-	-	-	-	-	-
	II	6,49	-	0,51	0,58	-	0,26	0,30	-	0,05	0,06	-	-	-	-	-	-	-	-	-	-	-	-
	III	1,73	-	0,13	0,15	-	-	-	-	-	-	-	-	-	-	-	-	-	-	-	-	-	-
	IV	9,68	-	0,77	0,87	-	0,63	0,71	-	0,50	0,56	-	0,38	0,42	-	0,25	0,28	-	0,14	0,15	-	0,04	0,05
	V	19,82	-	1,58	1,78																		
	VI	21,16	-	1,69	1,90																		
92,29	I	9,70	-	0,77	0,87	-	0,50	0,57	-	0,25	0,29	-	0,04	0,05	-	-	-	-	-	-	-	-	-
	II	6,51	-	0,52	0,58	-	0,27	0,30	-	0,05	0,06	-	-	-	-	-	-	-	-	-	-	-	-
	III	1,75	-	0,14	0,15	-	-	-	-	-	-	-	-	-	-	-	-	-	-	-	-	-	-
	IV	9,70	-	0,77	0,87	-	0,64	0,72	-	0,50	0,57	-	0,38	0,42	-	0,25	0,29	-	0,14	0,16	-	0,04	0,05
	V	19,85	-	1,58	1,78																		
	VI	21,19	-	1,69	1,90																		
92,39	I	9,72	-	0,77	0,87	-	0,51	0,57	-	0,26	0,29	-	0,04	0,05	-	-	-	-	-	-	-	-	-
	II	6,53	-	0,52	0,58	-	0,27	0,30	-	0,05	0,06	-	-	-	-	-	-	-	-	-	-	-	-
	III	1,76	-	0,14	0,15	-	-	-	-	-	-	-	-	-	-	-	-	-	-	-	-	-	-
	IV	9,72	-	0,77	0,87	-	0,64	0,72	-	0,51	0,57	-	0,38	0,43	-	0,26	0,29	-	0,14	0,16	-	0,04	0,05
	V	19,88	-	1,59	1,78																		
	VI	21,22	-	1,69	1,90																		
92,49	I	9,74	-	0,77	0,87	-	0,51	0,57	-	0,26	0,29	-	0,05	0,05	-	-	-	-	-	-	-	-	-
	II	6,55	-	0,52	0,58	-	0,27	0,30	-	0,05	0,06	-	-	-	-	-	-	-	-	-	-	-	-
	III	1,77	-	0,14	0,15	-	-	-	-	-	-	-	-	-	-	-	-	-	-	-	-	-	-
	IV	9,74	-	0,77	0,87	-	0,64	0,72	-	0,51	0,57	-	0,38	0,43	-	0,26	0,29	-	0,14	0,16	-	0,05	0,05
	V	19,91	-	1,59	1,79																		
	VI	21,26	-	1,70	1,91																		
92,59	I	9,76	-	0,78	0,87	-	0,51	0,57	-	0,26	0,29	-	0,05	0,05	-	-	-	-	-	-	-	-	-
	II	6,58	-	0,52	0,59	-	0,27	0,30	-	0,06	0,06	-	-	-	-	-	-	-	-	-	-	-	-
	III	1,79	-	0,14	0,16	-	-	-	-	-	-	-	-	-	-	-	-	-	-	-	-	-	-
	IV	9,76	-	0,78	0,87	-	0,64	0,72	-	0,51	0,57	-	0,38	0,43	-	0,26	0,29	-	0,14	0,16	-	0,05	0,05
	V	19,95	-	1,59	1,79																		
	VI	21,28	-	1,70	1,91																		
92,69	I	9,79	-	0,78	0,88	-	0,51	0,57	-	0,26	0,29	-	0,05	0,05	-	-	-	-	-	-	-	-	-
	II	6,60	-	0,52	0,59	-	0,27	0,31	-	0,06	0,06	-	-	-	-	-	-	-	-	-	-	-	-
	III	1,80	-	0,14	0,16	-	-	-	-	-	-	-	-	-	-	-	-	-	-	-	-	-	-
	IV	9,79	-	0,78	0,88	-	0,64	0,72	-	0,51	0,57	-	0,38	0,43	-	0,26	0,29	-	0,14	0,16	-	0,05	0,05
	V	19,97	-	1,59	1,79																		
	VI	21,32	-	1,70	1,91																		
92,79	I	9,81	-	0,78	0,88	-	0,51	0,58	-	0,26	0,29	-	0,05	0,06	-	-	-	-	-	-	-	-	-
	II	6,62	-	0,52	0,59	-	0,27	0,31	-	0,06	0,07	-	-	-	-	-	-	-	-	-	-	-	-
	III	1,82	-	0,14	0,16	-	-	-	-	-	-	-	-	-	-	-	-	-	-	-	-	-	-
	IV	9,81	-	0,78	0,88	-	0,64	0,72	-	0,51	0,58	-	0,38	0,43	-	0,26	0,29	-	0,15	0,16	-	0,05	0,06
	V	20,01	-	1,60	1,80																		
	VI	21,35	-	1,70	1,92																		
92,89	I	9,83	-	0,78	0,88	-	0,51	0,58	-	0,26	0,30	-	0,05	0,06	-	-	-	-	-	-	-	-	-
	II	6,64	-	0,53	0,59	-	0,28	0,31	-	0,06	0,07	-	-	-	-	-	-	-	-	-	-	-	-
	III	1,83	-	0,14	0,16	-	-	-	-	-	-	-	-	-	-	-	-	-	-	-	-	-	-
	IV	9,83	-	0,78	0,88	-	0,65	0,73	-	0,51	0,58	-	0,39	0,44	-	0,26	0,30	-	0,15	0,17	-	0,05	0,06
	V	20,03	-	1,60	1,80																		
	VI	21,38	-	1,71	1,92																		
92,99	I	9,86	-	0,78	0,88	-	0,52	0,58	-	0,26	0,30	-	0,05	0,06	-	-	-	-	-	-	-	-	-
	II	6,66	-	0,53	0,59	-	0,28	0,31	-	0,06	0,07	-	-	-	-	-	-	-	-	-	-	-	-
	III	1,85	-	0,14	0,16	-	-	-	-	-	-	-	-	-	-	-	-	-	-	-	-	-	-
	IV	9,86	-	0,78	0,88	-	0,65	0,73	-	0,52	0,58	-	0,39	0,44	-	0,26	0,30	-	0,15	0,17	-	0,05	0,06
	V	20,07	-	1,60	1,80																		
	VI	21,41	-	1,71	1,92																		

Anzahl Kinderfreibeträge (nur Steuerklassen I–IV)

Lohn/ Gehalt bis	Steuerklasse	Lohn-steuer	ohne Kinderfreibetrag			Anzahl Kinderfreibeträge (nur Steuerklassen I–IV)																	
						0,5			1,0			1,5			2,0			2,5			3,0		
			SolZ 5,5%	Kirchensteuer 8%	9%	SolZ 5,5%	Kirchensteuer 8%	9%	SolZ 5,5%	Kirchensteuer 8%	9%	SolZ 5,5%	Kirchensteuer 8%	9%	SolZ 5,5%	Kirchensteuer 8%	9%	SolZ 5,5%	Kirchensteuer 8%	9%	SolZ 5,5%	Kirchensteuer 8%	9%
93,09	I	9,88	-	0,79	0,88	-	0,52	0,58	-	0,27	0,30	-	0,05	0,06	-	-	-	-	-	-	-	-	
	II	6,68	-	0,53	0,60	-	0,28	0,31	-	0,06	0,07	-	-	-	-	-	-	-	-	-	-	-	
	III	1,86	-	0,14	0,16	-	-	-	-	-	-	-	-	-	-	-	-	-	-	-	-	-	
	IV	9,88	-	0,79	0,88	-	0,65	0,73	-	0,52	0,58	-	0,39	0,44	-	0,27	0,30	-	0,15	0,17	-	0,05	0
	V	20,10	-	1,60	1,80																		
	VI	21,45	-	1,71	1,93																		
93,19	I	9,90	-	0,79	0,89	-	0,52	0,58	-	0,27	0,30	-	0,05	0,06	-	-	-	-	-	-	-	-	
	II	6,70	-	0,53	0,60	-	0,28	0,31	-	0,06	0,07	-	-	-	-	-	-	-	-	-	-	-	
	III	1,87	-	0,14	0,16	-	-	-	-	-	-	-	-	-	-	-	-	-	-	-	-	-	
	IV	9,90	-	0,79	0,89	-	0,65	0,73	-	0,52	0,58	-	0,39	0,44	-	0,27	0,30	-	0,15	0,17	-	0,05	0
	V	20,13	-	1,61	1,81																		
	VI	21,47	-	1,71	1,93																		
93,29	I	9,92	-	0,79	0,89	-	0,52	0,59	-	0,27	0,30	-	0,06	0,06	-	-	-	-	-	-	-	-	
	II	6,73	-	0,53	0,60	-	0,28	0,32	-	0,06	0,07	-	-	-	-	-	-	-	-	-	-	-	
	III	1,89	-	0,15	0,17	-	-	-	-	-	-	-	-	-	-	-	-	-	-	-	-	-	
	IV	9,92	-	0,79	0,89	-	0,65	0,73	-	0,52	0,59	-	0,39	0,44	-	0,27	0,30	-	0,15	0,17	-	0,06	0
	V	20,16	-	1,61	1,81																		
	VI	21,51	-	1,72	1,93																		
93,39	I	9,95	-	0,79	0,89	-	0,52	0,59	-	0,27	0,31	-	0,06	0,06	-	-	-	-	-	-	-	-	
	II	6,75	-	0,54	0,60	-	0,28	0,32	-	0,06	0,07	-	-	-	-	-	-	-	-	-	-	-	
	III	1,91	-	0,15	0,17	-	-	-	-	-	-	-	-	-	-	-	-	-	-	-	-	-	
	IV	9,95	-	0,79	0,89	-	0,65	0,74	-	0,52	0,59	-	0,39	0,44	-	0,27	0,31	-	0,15	0,17	-	0,06	0,
	V	20,18	-	1,61	1,81																		
	VI	21,54	-	1,72	1,93																		
93,49	I	9,97	-	0,79	0,89	-	0,52	0,59	-	0,27	0,31	-	0,06	0,07	-	-	-	-	-	-	-	-	
	II	6,77	-	0,54	0,60	-	0,28	0,32	-	0,07	0,07	-	-	-	-	-	-	-	-	-	-	-	
	III	1,92	-	0,15	0,17	-	-	-	-	-	-	-	-	-	-	-	-	-	-	-	-	-	
	IV	9,97	-	0,79	0,89	-	0,66	0,74	-	0,52	0,59	-	0,40	0,45	-	0,27	0,31	-	0,16	0,18	-	0,06	0
	V	20,22	-	1,61	1,81																		
	VI	21,57	-	1,72	1,94																		
93,59	I	9,99	-	0,79	0,89	-	0,53	0,59	-	0,27	0,31	-	0,06	0,07	-	-	-	-	-	-	-	-	
	II	6,79	-	0,54	0,61	-	0,29	0,32	-	0,07	0,08	-	-	-	-	-	-	-	-	-	-	-	
	III	1,93	-	0,15	0,17	-	-	-	-	-	-	-	-	-	-	-	-	-	-	-	-	-	
	IV	9,99	-	0,79	0,89	-	0,66	0,74	-	0,53	0,59	-	0,40	0,45	-	0,27	0,31	-	0,16	0,18	-	0,06	0,
	V	20,25	-	1,62	1,82																		
	VI	21,61	-	1,72	1,94																		
93,69	I	10,01	-	0,80	0,90	-	0,53	0,59	-	0,28	0,31	-	0,06	0,07	-	-	-	-	-	-	-	-	
	II	6,81	-	0,54	0,61	-	0,29	0,32	-	0,07	0,08	-	-	-	-	-	-	-	-	-	-	-	
	III	1,95	-	0,15	0,17	-	-	-	-	-	-	-	-	-	-	-	-	-	-	-	-	-	
	IV	10,01	-	0,80	0,90	-	0,66	0,74	-	0,53	0,59	-	0,40	0,45	-	0,28	0,31	-	0,16	0,18	-	0,06	0,
	V	20,28	-	1,62	1,82																		
	VI	21,63	-	1,73	1,94																		
93,79	I	10,04	-	0,80	0,90	-	0,53	0,60	-	0,28	0,31	-	0,06	0,07	-	-	-	-	-	-	-	-	
	II	6,83	-	0,54	0,61	-	0,29	0,33	-	0,07	0,08	-	-	-	-	-	-	-	-	-	-	-	
	III	1,96	-	0,15	0,17	-	-	-	-	-	-	-	-	-	-	-	-	-	-	-	-	-	
	IV	10,04	-	0,80	0,90	-	0,66	0,74	-	0,53	0,60	-	0,40	0,45	-	0,28	0,31	-	0,16	0,18	-	0,06	0,
	V	20,31	-	1,62	1,82																		
	VI	21,66	-	1,73	1,94																		
93,89	I	10,06	-	0,80	0,90	-	0,53	0,60	-	0,28	0,31	-	0,06	0,07	-	-	-	-	-	-	-	-	
	II	6,85	-	0,54	0,61	-	0,29	0,33	-	0,07	0,08	-	-	-	-	-	-	-	-	-	-	-	
	III	1,98	-	0,15	0,17	-	-	-	-	-	-	-	-	-	-	-	-	-	-	-	-	-	
	IV	10,06	-	0,80	0,90	-	0,66	0,75	-	0,53	0,60	-	0,40	0,45	-	0,28	0,31	-	0,16	0,18	-	0,06	0,
	V	20,34	-	1,62	1,83																		
	VI	21,70	-	1,73	1,95																		
93,99	I	10,08	-	0,80	0,90	-	0,53	0,60	-	0,28	0,32	-	0,06	0,07	-	-	-	-	-	-	-	-	
	II	6,87	-	0,54	0,61	-	0,29	0,33	-	0,07	0,08	-	-	-	-	-	-	-	-	-	-	-	
	III	2,00	-	0,16	0,18	-	-	-	-	-	-	-	-	-	-	-	-	-	-	-	-	-	
	IV	10,08	-	0,80	0,90	-	0,66	0,75	-	0,53	0,60	-	0,40	0,45	-	0,28	0,32	-	0,16	0,18	-	0,06	0,
	V	20,37	-	1,62	1,83																		
	VI	21,73	-	1,73	1,95																		
94,09	I	10,10	-	0,80	0,90	-	0,53	0,60	-	0,28	0,32	-	0,06	0,07	-	-	-	-	-	-	-	-	
	II	6,90	-	0,55	0,62	-	0,29	0,33	-	0,07	0,08	-	-	-	-	-	-	-	-	-	-	-	
	III	2,01	-	0,16	0,18	-	-	-	-	-	-	-	-	-	-	-	-	-	-	-	-	-	
	IV	10,10	-	0,80	0,90	-	0,67	0,75	-	0,53	0,60	-	0,41	0,46	-	0,28	0,32	-	0,16	0,18	-	0,06	0,
	V	20,40	-	1,63	1,83																		
	VI	21,76	-	1,74	1,95																		
94,19	I	10,13	-	0,81	0,91	-	0,54	0,60	-	0,28	0,32	-	0,07	0,07	-	-	-	-	-	-	-	-	
	II	6,92	-	0,55	0,62	-	0,30	0,33	-	0,07	0,08	-	-	-	-	-	-	-	-	-	-	-	
	III	2,02	-	0,16	0,18	-	-	-	-	-	-	-	-	-	-	-	-	-	-	-	-	-	
	IV	10,13	-	0,81	0,91	-	0,67	0,75	-	0,54	0,60	-	0,41	0,46	-	0,28	0,32	-	0,17	0,19	-	0,07	0,0
	V	20,43	-	1,63	1,83																		
	VI	21,80	-	1,74	1,96																		
94,29	I	10,15	-	0,81	0,91	-	0,54	0,61	-	0,29	0,32	-	0,07	0,08	-	-	-	-	-	-	-	-	
	II	6,94	-	0,55	0,62	-	0,30	0,33	-	0,08	0,09	-	-	-	-	-	-	-	-	-	-	-	
	III	2,04	-	0,16	0,18	-	-	-	-	-	-	-	-	-	-	-	-	-	-	-	-	-	
	IV	10,15	-	0,81	0,91	-	0,67	0,75	-	0,54	0,61	-	0,41	0,46	-	0,29	0,32	-	0,17	0,19	-	0,07	0,0
	V	20,47	-	1,63	1,84																		
	VI	21,82	-	1,74	1,96																		
94,39	I	10,17	-	0,81	0,91	-	0,54	0,61	-	0,29	0,32	-	0,07	0,08	-	-	-	-	-	-	-	-	
	II	6,96	-	0,55	0,62	-	0,30	0,34	-	0,08	0,09	-	-	-	-	-	-	-	-	-	-	-	
	III	2,06	-	0,16	0,18	-	-	-	-	-	-	-	-	-	-	-	-	-	-	-	-	-	
	IV	10,17	-	0,81	0,91	-	0,67	0,76	-	0,54	0,61	-	0,41	0,46	-	0,29	0,32	-	0,17	0,19	-	0,07	0,0
	V	20,50	-	1,64	1,84																		
	VI	21,86	-	1,74	1,96																		
94,49	I	10,20	-	0,81	0,91	-	0,54	0,61	-	0,29	0,32	-	0,07	0,08	-	-	-	-	-	-	-	-	
	II	6,98	-	0,55	0,62	-	0,30	0,34	-	0,08	0,09	-	-	-	-	-	-	-	-	-	-	-	
	III	2,07	-	0,16	0,18	-	-	-	-	-	-	-	-	-	-	-	-	-	-	-	-	-	
	IV	10,20	-	0,81	0,91	-	0,67	0,76	-	0,54	0,61	-	0,41	0,46	-	0,29	0,32	-	0,17	0,19	-	0,07	0,0
	V	20,53	-	1,64	1,84																		
	VI	21,89	-	1,75	1,97																		

Lohn/ Gehalt bis	Steuerklasse	Lohn-steuer	ohne Kinderfreibetrag SolZ 5,5%	ohne Kinderfreibetrag Kirchensteuer 8%	ohne Kinderfreibetrag Kirchensteuer 9%	0,5 SolZ 5,5%	0,5 Kirchensteuer 8%	0,5 Kirchensteuer 9%	1,0 SolZ 5,5%	1,0 Kirchensteuer 8%	1,0 Kirchensteuer 9%	1,5 SolZ 5,5%	1,5 Kirchensteuer 8%	1,5 Kirchensteuer 9%	2,0 SolZ 5,5%	2,0 Kirchensteuer 8%	2,0 Kirchensteuer 9%	2,5 SolZ 5,5%	2,5 Kirchensteuer 8%	2,5 Kirchensteuer 9%	3,0 SolZ 5,5%	3,0 Kirchensteuer 8%	3,0 Kirchensteuer 9%
						Anzahl Kinderfreibeträge (nur Steuerklassen I–IV)																	
94,59	I	10,22	-	0,81	0,91	-	0,54	0,61	-	0,29	0,33	-	0,07	0,08	-	-	-	-	-	-	-	-	-
	II	7,00	-	0,56	0,63	-	0,30	0,34	-	0,08	0,09	-	-	-	-	-	-	-	-	-	-	-	-
	III	2,08	-	0,16	0,18	-	-	-	-	-	-	-	-	-	-	-	-	-	-	-	-	-	-
	IV	10,22	-	0,81	0,91	-	0,68	0,76	-	0,54	0,61	-	0,41	0,47	-	0,29	0,33	-	0,17	0,19	-	0,07	0,08
	V	20,56	-	1,64	1,85																		
	VI	21,92	-	1,75	1,97																		
94,69	I	10,24	-	0,81	0,92	-	0,54	0,61	-	0,29	0,33	-	0,07	0,08	-	-	-	-	-	-	-	-	-
	II	7,02	-	0,56	0,63	-	0,30	0,34	-	0,08	0,09	-	-	-	-	-	-	-	-	-	-	-	-
	III	2,10	-	0,16	0,18	-	-	-	-	-	-	-	-	-	-	-	-	-	-	-	-	-	-
	IV	10,24	-	0,81	0,92	-	0,68	0,76	-	0,54	0,61	-	0,42	0,47	-	0,29	0,33	-	0,17	0,19	-	0,07	0,08
	V	20,59	-	1,64	1,85																		
	VI	21,95	-	1,75	1,97																		
94,79	I	10,26	-	0,82	0,92	-	0,55	0,62	-	0,29	0,33	-	0,07	0,08	-	-	-	-	-	-	-	-	-
	II	7,05	-	0,56	0,63	-	0,30	0,34	-	0,08	0,09	-	-	-	-	-	-	-	-	-	-	-	-
	III	2,11	-	0,16	0,18	-	-	-	-	-	-	-	-	-	-	-	-	-	-	-	-	-	-
	IV	10,26	-	0,82	0,92	-	0,68	0,76	-	0,55	0,62	-	0,42	0,47	-	0,29	0,33	-	0,17	0,20	-	0,07	0,08
	V	20,62	-	1,64	1,85																		
	VI	21,98	-	1,75	1,97																		
94,89	I	10,29	-	0,82	0,92	-	0,55	0,62	-	0,30	0,33	-	0,07	0,08	-	-	-	-	-	-	-	-	-
	II	7,07	-	0,56	0,63	-	0,31	0,35	-	0,08	0,09	-	-	-	-	-	-	-	-	-	-	-	-
	III	2,13	-	0,17	0,19	-	-	-	-	-	-	-	-	-	-	-	-	-	-	-	-	-	-
	IV	10,29	-	0,82	0,92	-	0,68	0,77	-	0,55	0,62	-	0,42	0,47	-	0,30	0,33	-	0,18	0,20	-	0,07	0,08
	V	20,66	-	1,65	1,85																		
	VI	22,01	-	1,76	1,98																		
94,99	I	10,31	-	0,82	0,92	-	0,55	0,62	-	0,30	0,33	-	0,08	0,09	-	-	-	-	-	-	-	-	-
	II	7,09	-	0,56	0,63	-	0,31	0,35	-	0,08	0,09	-	-	-	-	-	-	-	-	-	-	-	-
	III	2,15	-	0,17	0,19	-	-	-	-	-	-	-	-	-	-	-	-	-	-	-	-	-	-
	IV	10,31	-	0,82	0,92	-	0,68	0,77	-	0,55	0,62	-	0,42	0,47	-	0,30	0,33	-	0,18	0,20	-	0,08	0,09
	V	20,68	-	1,65	1,86																		
	VI	22,05	-	1,76	1,98																		
95,09	I	10,33	-	0,82	0,92	-	0,55	0,62	-	0,30	0,34	-	0,08	0,09	-	-	-	-	-	-	-	-	-
	II	7,11	-	0,56	0,63	-	0,31	0,35	-	0,08	0,10	-	-	-	-	-	-	-	-	-	-	-	-
	III	2,16	-	0,17	0,19	-	-	-	-	-	-	-	-	-	-	-	-	-	-	-	-	-	-
	IV	10,33	-	0,82	0,92	-	0,68	0,77	-	0,55	0,62	-	0,42	0,48	-	0,30	0,34	-	0,18	0,20	-	0,08	0,09
	V	20,71	-	1,65	1,86																		
	VI	22,08	-	1,76	1,98																		
95,19	I	10,35	-	0,82	0,93	-	0,55	0,62	-	0,30	0,34	-	0,08	0,09	-	-	-	-	-	-	-	-	-
	II	7,13	-	0,57	0,64	-	0,31	0,35	-	0,09	0,10	-	-	-	-	-	-	-	-	-	-	-	-
	III	2,17	-	0,17	0,19	-	-	0,01	-	-	-	-	-	-	-	-	-	-	-	-	-	-	-
	IV	10,35	-	0,82	0,93	-	0,69	0,77	-	0,55	0,62	-	0,42	0,48	-	0,30	0,34	-	0,18	0,20	-	0,08	0,09
	V	20,75	-	1,66	1,86																		
	VI	22,11	-	1,76	1,98																		
95,29	I	10,38	-	0,83	0,93	-	0,56	0,63	-	0,30	0,34	-	0,08	0,09	-	-	-	-	-	-	-	-	-
	II	7,15	-	0,57	0,64	-	0,31	0,35	-	0,09	0,10	-	-	-	-	-	-	-	-	-	-	-	-
	III	2,19	-	0,17	0,19	-	0,01	0,01	-	-	-	-	-	-	-	-	-	-	-	-	-	-	-
	IV	10,38	-	0,83	0,93	-	0,69	0,77	-	0,56	0,63	-	0,43	0,48	-	0,30	0,34	-	0,18	0,20	-	0,08	0,09
	V	20,78	-	1,66	1,87																		
	VI	22,14	-	1,77	1,99																		
95,39	I	10,40	-	0,83	0,93	-	0,56	0,63	-	0,30	0,34	-	0,08	0,09	-	-	-	-	-	-	-	-	-
	II	7,18	-	0,57	0,64	-	0,32	0,36	-	0,09	0,10	-	-	-	-	-	-	-	-	-	-	-	-
	III	2,21	-	0,17	0,19	-	0,01	0,01	-	-	-	-	-	-	-	-	-	-	-	-	-	-	-
	IV	10,40	-	0,83	0,93	-	0,69	0,78	-	0,56	0,63	-	0,43	0,48	-	0,30	0,34	-	0,18	0,21	-	0,08	0,09
	V	20,81	-	1,66	1,87																		
	VI	22,18	-	1,77	1,99																		
95,49	I	10,42	-	0,83	0,93	-	0,56	0,63	-	0,30	0,34	-	0,08	0,09	-	-	-	-	-	-	-	-	-
	II	7,20	-	0,57	0,64	-	0,32	0,36	-	0,09	0,10	-	-	-	-	-	-	-	-	-	-	-	-
	III	2,22	-	0,17	0,19	-	0,01	0,01	-	-	-	-	-	-	-	-	-	-	-	-	-	-	-
	IV	10,42	-	0,83	0,93	-	0,69	0,78	-	0,56	0,63	-	0,43	0,48	-	0,30	0,34	-	0,18	0,21	-	0,08	0,09
	V	20,84	-	1,66	1,87																		
	VI	22,21	-	1,77	1,99																		
95,59	I	10,45	-	0,83	0,94	-	0,56	0,63	-	0,31	0,35	-	0,08	0,09	-	-	-	-	-	-	-	-	-
	II	7,22	-	0,57	0,64	-	0,32	0,36	-	0,09	0,10	-	-	-	-	-	-	-	-	-	-	-	-
	III	2,23	-	0,17	0,20	-	0,01	0,01	-	-	-	-	-	-	-	-	-	-	-	-	-	-	-
	IV	10,45	-	0,83	0,94	-	0,69	0,78	-	0,56	0,63	-	0,43	0,49	-	0,31	0,35	-	0,19	0,21	-	0,08	0,09
	V	20,87	-	1,66	1,87																		
	VI	22,24	-	1,77	2,00																		
95,69	I	10,47	-	0,83	0,94	-	0,56	0,63	-	0,31	0,35	-	0,08	0,09	-	-	-	-	-	-	-	-	-
	II	7,24	-	0,57	0,65	-	0,32	0,36	-	0,09	0,10	-	-	-	-	-	-	-	-	-	-	-	-
	III	2,25	-	0,18	0,20	-	0,01	0,01	-	-	-	-	-	-	-	-	-	-	-	-	-	-	-
	IV	10,47	-	0,83	0,94	-	0,70	0,78	-	0,56	0,63	-	0,43	0,49	-	0,31	0,35	-	0,19	0,21	-	0,08	0,09
	V	20,91	-	1,67	1,88																		
	VI	22,27	-	1,78	2,00																		
95,79	I	10,49	-	0,83	0,94	-	0,56	0,63	-	0,31	0,35	-	0,08	0,09	-	-	-	-	-	-	-	-	-
	II	7,26	-	0,58	0,65	-	0,32	0,36	-	0,09	0,11	-	-	-	-	-	-	-	-	-	-	-	-
	III	2,27	-	0,18	0,20	-	0,01	0,01	-	-	-	-	-	-	-	-	-	-	-	-	-	-	-
	IV	10,49	-	0,83	0,94	-	0,70	0,78	-	0,56	0,63	-	0,43	0,49	-	0,31	0,35	-	0,19	0,21	-	0,08	0,09
	V	20,93	-	1,67	1,88																		
	VI	22,31	-	1,78	2,00																		
95,89	I	10,51	-	0,84	0,94	-	0,56	0,64	-	0,31	0,35	-	0,09	0,10	-	-	-	-	-	-	-	-	-
	II	7,28	-	0,58	0,65	-	0,32	0,36	-	0,10	0,11	-	-	-	-	-	-	-	-	-	-	-	-
	III	2,28	-	0,18	0,20	-	0,01	0,01	-	-	-	-	-	-	-	-	-	-	-	-	-	-	-
	IV	10,51	-	0,84	0,94	-	0,70	0,79	-	0,56	0,64	-	0,44	0,49	-	0,31	0,35	-	0,19	0,21	-	0,09	0,10
	V	20,97	-	1,67	1,88																		
	VI	22,33	-	1,78	2,00																		
95,99	I	10,54	-	0,84	0,94	-	0,57	0,64	-	0,31	0,35	-	0,09	0,10	-	-	-	-	-	-	-	-	-
	II	7,30	-	0,58	0,65	-	0,32	0,36	-	0,10	0,11	-	-	-	-	-	-	-	-	-	-	-	-
	III	2,30	-	0,18	0,20	-	0,01	0,01	-	-	-	-	-	-	-	-	-	-	-	-	-	-	-
	IV	10,54	-	0,84	0,94	-	0,70	0,79	-	0,57	0,64	-	0,44	0,49	-	0,31	0,35	-	0,19	0,22	-	0,09	0,10
	V	21,00	-	1,68	1,89																		
	VI	22,37	-	1,78	2,01																		

Lohn/ Gehalt bis	Steuerklasse	Lohn-steuer	ohne Kinderfreibetrag			Anzahl Kinderfreibeträge (nur Steuerklassen I–IV): 0,5			1,0			1,5			2,0			2,5			3,0		
			SolZ 5,5%	Kirchensteuer 8%	9%	SolZ 5,5%	Kirchensteuer 8%	9%	SolZ 5,5%	Kirchensteuer 8%	9%	SolZ 5,5%	Kirchensteuer 8%	9%	SolZ 5,5%	Kirchensteuer 8%	9%	SolZ 5,5%	Kirchensteuer 8%	9%	SolZ 5,5%	Kirchensteuer 8%	9%
96,09	I	10,56	-	0,84	0,95	-	0,57	0,64	-	0,31	0,35	-	0,09	0,10	-	-	-	-	-	-	-	-	
	II	7,33	-	0,58	0,65	-	0,33	0,37	-	0,10	0,11	-	-	-	-	-	-	-	-	-	-	-	
	III	2,31	-	0,18	0,20	-	0,01	0,02	-	-	-	-	-	-	-	-	-	-	-	-	-	-	
	IV	10,56	-	0,84	0,95	-	0,70	0,79	-	0,57	0,64	-	0,44	0,49	-	0,31	0,35	-	0,19	0,22	-	0,09	0
	V	21,03	-	1,68	1,89																		
	VI	22,40	-	1,79	2,01																		
96,19	I	10,58	-	0,84	0,95	-	0,57	0,64	-	0,32	0,36	-	0,09	0,10	-	-	-	-	-	-	-	-	
	II	7,35	-	0,58	0,66	-	0,33	0,37	-	0,10	0,11	-	-	-	-	-	-	-	-	-	-	-	
	III	2,33	-	0,18	0,20	-	0,01	0,02	-	-	-	-	-	-	-	-	-	-	-	-	-	-	
	IV	10,58	-	0,84	0,95	-	0,70	0,79	-	0,57	0,64	-	0,44	0,50	-	0,32	0,36	-	0,20	0,22	-	0,09	0,
	V	21,06	-	1,68	1,89																		
	VI	22,43	-	1,79	2,01																		
96,29	I	10,61	-	0,84	0,95	-	0,57	0,64	-	0,32	0,36	-	0,09	0,10	-	-	-	-	-	-	-	-	
	II	7,37	-	0,58	0,66	-	0,33	0,37	-	0,10	0,11	-	-	-	-	-	-	-	-	-	-	-	
	III	2,35	-	0,18	0,21	-	0,02	0,02	-	-	-	-	-	-	-	-	-	-	-	-	-	-	
	IV	10,61	-	0,84	0,95	-	0,71	0,79	-	0,57	0,64	-	0,44	0,50	-	0,32	0,36	-	0,20	0,22	-	0,09	0,
	V	21,09	-	1,68	1,89																		
	VI	22,46	-	1,79	2,02																		
96,39	I	10,63	-	0,85	0,95	-	0,57	0,65	-	0,32	0,36	-	0,09	0,10	-	-	-	-	-	-	-	-	
	II	7,39	-	0,59	0,66	-	0,33	0,37	-	0,10	0,11	-	-	-	-	-	-	-	-	-	-	-	
	III	2,36	-	0,18	0,21	-	0,02	0,02	-	-	-	-	-	-	-	-	-	-	-	-	-	-	
	IV	10,63	-	0,85	0,95	-	0,71	0,80	-	0,57	0,65	-	0,44	0,50	-	0,32	0,36	-	0,20	0,22	-	0,09	0,
	V	21,12	-	1,68	1,90																		
	VI	22,50	-	1,80	2,02																		
96,49	I	10,65	-	0,85	0,95	-	0,58	0,65	-	0,32	0,36	-	0,09	0,10	-	-	-	-	-	-	-	-	
	II	7,41	-	0,59	0,66	-	0,33	0,37	-	0,10	0,12	-	-	-	-	-	-	-	-	-	-	-	
	III	2,37	-	0,18	0,21	-	0,02	0,02	-	-	-	-	-	-	-	-	-	-	-	-	-	-	
	IV	10,65	-	0,85	0,95	-	0,71	0,80	-	0,58	0,65	-	0,45	0,50	-	0,32	0,36	-	0,20	0,23	-	0,09	0,
	V	21,16	-	1,69	1,90																		
	VI	22,53	-	1,80	2,02																		
96,59	I	10,68	-	0,85	0,96	-	0,58	0,65	-	0,32	0,36	-	0,09	0,11	-	-	-	-	-	-	-	-	
	II	7,43	-	0,59	0,66	-	0,33	0,38	-	0,10	0,12	-	-	-	-	-	-	-	-	-	-	-	
	III	2,39	-	0,19	0,21	-	0,02	0,02	-	-	-	-	-	-	-	-	-	-	-	-	-	-	
	IV	10,68	-	0,85	0,96	-	0,71	0,80	-	0,58	0,65	-	0,45	0,50	-	0,32	0,36	-	0,20	0,23	-	0,09	0,
	V	21,18	-	1,69	1,90																		
	VI	22,56	-	1,80	2,03																		
96,69	I	10,70	-	0,85	0,96	-	0,58	0,65	-	0,32	0,36	-	0,10	0,11	-	-	-	-	-	-	-	-	
	II	7,46	-	0,59	0,67	-	0,34	0,38	-	0,10	0,12	-	-	-	-	-	-	-	-	-	-	-	
	III	2,41	-	0,19	0,21	-	0,02	0,02	-	-	-	-	-	-	-	-	-	-	-	-	-	-	
	IV	10,70	-	0,85	0,96	-	0,71	0,80	-	0,58	0,65	-	0,45	0,51	-	0,32	0,36	-	0,20	0,23	-	0,10	0,
	V	21,21	-	1,69	1,90																		
	VI	22,59	-	1,80	2,03																		
96,79	I	10,72	-	0,85	0,96	-	0,58	0,65	-	0,33	0,37	-	0,10	0,11	-	-	-	-	-	-	-	-	
	II	7,48	-	0,59	0,67	-	0,34	0,38	-	0,11	0,12	-	-	-	-	-	-	-	-	-	-	-	
	III	2,42	-	0,19	0,21	-	0,02	0,02	-	-	-	-	-	-	-	-	-	-	-	-	-	-	
	IV	10,72	-	0,85	0,96	-	0,71	0,80	-	0,58	0,65	-	0,45	0,51	-	0,33	0,37	-	0,20	0,23	-	0,10	0,
	V	21,25	-	1,70	1,91																		
	VI	22,63	-	1,81	2,03																		
96,89	I	10,75	-	0,86	0,96	-	0,58	0,66	-	0,33	0,37	-	0,10	0,11	-	-	-	-	-	-	-	-	
	II	7,50	-	0,60	0,67	-	0,34	0,38	-	0,11	0,12	-	-	-	-	-	-	-	-	-	-	-	
	III	2,43	-	0,19	0,21	-	0,02	0,02	-	-	-	-	-	-	-	-	-	-	-	-	-	-	
	IV	10,75	-	0,86	0,96	-	0,72	0,81	-	0,58	0,66	-	0,45	0,51	-	0,33	0,37	-	0,21	0,23	-	0,10	0,
	V	21,28	-	1,70	1,91																		
	VI	22,66	-	1,81	2,03																		
96,99	I	10,77	-	0,86	0,96	-	0,58	0,66	-	0,33	0,37	-	0,10	0,11	-	-	-	-	-	-	-	-	
	II	7,52	-	0,60	0,67	-	0,34	0,38	-	0,11	0,12	-	-	-	-	-	-	-	-	-	-	-	
	III	2,45	-	0,19	0,22	-	0,02	0,02	-	-	-	-	-	-	-	-	-	-	-	-	-	-	
	IV	10,77	-	0,86	0,96	-	0,72	0,81	-	0,58	0,66	-	0,45	0,51	-	0,33	0,37	-	0,21	0,23	-	0,10	0,1
	V	21,31	-	1,70	1,91																		
	VI	22,69	-	1,81	2,04																		
97,09	I	10,79	-	0,86	0,97	-	0,59	0,66	-	0,33	0,37	-	0,10	0,11	-	-	-	-	-	-	-	-	
	II	7,54	-	0,60	0,67	-	0,34	0,39	-	0,11	0,12	-	-	-	-	-	-	-	-	-	-	-	
	III	2,47	-	0,19	0,22	-	0,02	0,03	-	-	-	-	-	-	-	-	-	-	-	-	-	-	
	IV	10,79	-	0,86	0,97	-	0,72	0,81	-	0,59	0,66	-	0,46	0,51	-	0,33	0,37	-	0,21	0,24	-	0,10	0,1
	V	21,34	-	1,70	1,92																		
	VI	22,72	-	1,81	2,04																		
97,19	I	10,81	-	0,86	0,97	-	0,59	0,66	-	0,33	0,37	-	0,10	0,11	-	-	-	-	-	-	-	-	
	II	7,56	-	0,60	0,68	-	0,34	0,39	-	0,11	0,13	-	-	-	-	-	-	-	-	-	-	-	
	III	2,48	-	0,19	0,22	-	0,02	0,03	-	-	-	-	-	-	-	-	-	-	-	-	-	-	
	IV	10,81	-	0,86	0,97	-	0,72	0,81	-	0,59	0,66	-	0,46	0,52	-	0,33	0,37	-	0,21	0,24	-	0,10	0,1
	V	21,37	-	1,70	1,92																		
	VI	22,76	-	1,82	2,04																		
97,29	I	10,84	-	0,86	0,97	-	0,59	0,66	-	0,33	0,38	-	0,10	0,12	-	-	-	-	-	-	-	-	
	II	7,58	-	0,60	0,68	-	0,35	0,39	-	0,11	0,13	-	-	-	-	-	-	-	-	-	-	-	
	III	2,50	-	0,20	0,22	-	0,02	0,03	-	-	-	-	-	-	-	-	-	-	-	-	-	-	
	IV	10,84	-	0,86	0,97	-	0,72	0,81	-	0,59	0,66	-	0,46	0,52	-	0,33	0,38	-	0,21	0,24	-	0,10	0,1
	V	21,41	-	1,71	1,92																		
	VI	22,78	-	1,82	2,05																		
97,39	I	10,86	-	0,86	0,97	-	0,59	0,67	-	0,34	0,38	-	0,10	0,12	-	-	-	-	-	-	-	-	
	II	7,61	-	0,60	0,68	-	0,35	0,39	-	0,11	0,13	-	-	-	-	-	-	-	-	-	-	-	
	III	2,52	-	0,20	0,22	-	0,03	0,03	-	-	-	-	-	-	-	-	-	-	-	-	-	-	
	IV	10,86	-	0,86	0,97	-	0,73	0,82	-	0,59	0,67	-	0,46	0,52	-	0,34	0,38	-	0,21	0,24	-	0,10	0,1
	V	21,43	-	1,71	1,92																		
	VI	22,82	-	1,82	2,05																		
97,49	I	10,88	-	0,87	0,97	-	0,59	0,67	-	0,34	0,38	-	0,11	0,12	-	-	-	-	-	-	-	-	
	II	7,63	-	0,61	0,68	-	0,35	0,39	-	0,12	0,13	-	-	-	-	-	-	-	-	-	-	-	
	III	2,53	-	0,20	0,22	-	0,03	0,03	-	-	-	-	-	-	-	-	-	-	-	-	-	-	
	IV	10,88	-	0,87	0,97	-	0,73	0,82	-	0,59	0,67	-	0,46	0,52	-	0,34	0,38	-	0,22	0,24	-	0,11	0,1
	V	21,47	-	1,71	1,93																		
	VI	22,85	-	1,82	2,05																		

Allgemeine Tabelle

Lohn/ Gehalt bis	Steuerklasse	Lohnsteuer	ohne Kinderfreibetrag			Anzahl Kinderfreibeträge (nur Steuerklassen I–IV) 0,5			1,0			1,5			2,0			2,5			3,0		
			SolZ 5,5%	Kirchensteuer 8%	9%	SolZ 5,5%	Kirchensteuer 8%	9%	SolZ 5,5%	Kirchensteuer 8%	9%	SolZ 5,5%	Kirchensteuer 8%	9%	SolZ 5,5%	Kirchensteuer 8%	9%	SolZ 5,5%	Kirchensteuer 8%	9%	SolZ 5,5%	Kirchensteuer 8%	9%
97,59	I	10,91	-	0,87	0,98	-	0,59	0,67	-	0,34	0,38	-	0,11	0,12	-	-	-	-	-	-	-	-	-
	II	7,65	-	0,61	0,68	-	0,35	0,39	-	0,12	0,13	-	-	-	-	-	-	-	-	-	-	-	-
	III	2,55	-	0,20	0,22	-	0,03	0,03	-	-	-	-	-	-	-	-	-	-	-	-	-	-	-
	IV	10,91	-	0,87	0,98	-	0,73	0,82	-	0,59	0,67	-	0,46	0,52	-	0,34	0,38	-	0,22	0,24	-	0,11	0,12
	V	21,50	-	1,72	1,93																		
	VI	22,88	-	1,83	2,05																		
97,69	I	10,93	-	0,87	0,98	-	0,60	0,67	-	0,34	0,38	-	0,11	0,12	-	-	-	-	-	-	-	-	-
	II	7,67	-	0,61	0,69	-	0,35	0,40	-	0,12	0,13	-	-	-	-	-	-	-	-	-	-	-	-
	III	2,56	-	0,20	0,23	-	0,03	0,03	-	-	-	-	-	-	-	-	-	-	-	-	-	-	-
	IV	10,93	-	0,87	0,98	-	0,73	0,82	-	0,60	0,67	-	0,47	0,52	-	0,34	0,38	-	0,22	0,25	-	0,11	0,12
	V	21,53	-	1,72	1,93																		
	VI	22,92	-	1,83	2,06																		
97,79	I	10,95	-	0,87	0,98	-	0,60	0,67	-	0,34	0,38	-	0,11	0,12	-	-	-	-	-	-	-	-	-
	II	7,69	-	0,61	0,69	-	0,35	0,40	-	0,12	0,13	-	-	-	-	-	-	-	-	-	-	-	-
	III	2,58	-	0,20	0,23	-	0,03	0,03	-	-	-	-	-	-	-	-	-	-	-	-	-	-	-
	IV	10,95	-	0,87	0,98	-	0,73	0,82	-	0,60	0,67	-	0,47	0,53	-	0,34	0,38	-	0,22	0,25	-	0,11	0,12
	V	21,56	-	1,72	1,94																		
	VI	22,95	-	1,83	2,06																		
97,89	I	10,98	-	0,87	0,98	-	0,60	0,68	-	0,34	0,39	-	0,11	0,13	-	-	-	-	-	-	-	-	-
	II	7,71	-	0,61	0,69	-	0,36	0,40	-	0,12	0,14	-	-	-	-	-	-	-	-	-	-	-	-
	III	2,60	-	0,20	0,23	-	0,03	0,04	-	-	-	-	-	-	-	-	-	-	-	-	-	-	-
	IV	10,98	-	0,87	0,98	-	0,73	0,83	-	0,60	0,68	-	0,47	0,53	-	0,34	0,39	-	0,22	0,25	-	0,11	0,13
	V	21,60	-	1,72	1,94																		
	VI	22,98	-	1,83	2,06																		
97,99	I	11,00	-	0,88	0,99	-	0,60	0,68	-	0,34	0,39	-	0,11	0,13	-	-	-	-	-	-	-	-	-
	II	7,74	-	0,61	0,69	-	0,36	0,40	-	0,12	0,14	-	-	-	-	-	-	-	-	-	-	-	-
	III	2,61	-	0,20	0,23	-	0,03	0,04	-	-	-	-	-	-	-	-	-	-	-	-	-	-	-
	IV	11,00	-	0,88	0,99	-	0,74	0,83	-	0,60	0,68	-	0,47	0,53	-	0,34	0,39	-	0,22	0,25	-	0,11	0,13
	V	21,63	-	1,73	1,94																		
	VI	23,01	-	1,84	2,07																		
98,09	I	11,02	-	0,88	0,99	-	0,60	0,68	-	0,35	0,39	-	0,11	0,13	-	-	-	-	-	-	-	-	-
	II	7,76	-	0,62	0,69	-	0,36	0,40	-	0,12	0,14	-	-	-	-	-	-	-	-	-	-	-	-
	III	2,63	-	0,21	0,23	-	0,03	0,04	-	-	-	-	-	-	-	-	-	-	-	-	-	-	-
	IV	11,02	-	0,88	0,99	-	0,74	0,83	-	0,60	0,68	-	0,47	0,53	-	0,35	0,39	-	0,22	0,25	-	0,11	0,13
	V	21,66	-	1,73	1,94																		
	VI	23,05	-	1,84	2,07																		
98,19	I	11,05	-	0,88	0,99	-	0,60	0,68	-	0,35	0,39	-	0,12	0,13	-	-	-	-	-	-	-	-	-
	II	7,78	-	0,62	0,70	-	0,36	0,41	-	0,12	0,14	-	-	-	-	-	-	-	-	-	-	-	-
	III	2,64	-	0,21	0,23	-	0,03	0,04	-	-	-	-	-	-	-	-	-	-	-	-	-	-	-
	IV	11,05	-	0,88	0,99	-	0,74	0,83	-	0,60	0,68	-	0,47	0,53	-	0,35	0,39	-	0,23	0,26	-	0,12	0,13
	V	21,69	-	1,73	1,95																		
	VI	23,08	-	1,84	2,07																		
98,29	I	11,07	-	0,88	0,99	-	0,61	0,68	-	0,35	0,39	-	0,12	0,13	-	-	-	-	-	-	-	-	-
	II	7,80	-	0,62	0,70	-	0,36	0,41	-	0,13	0,14	-	-	-	-	-	-	-	-	-	-	-	-
	III	2,66	-	0,21	0,23	-	0,04	0,04	-	-	-	-	-	-	-	-	-	-	-	-	-	-	-
	IV	11,07	-	0,88	0,99	-	0,74	0,83	-	0,61	0,68	-	0,48	0,54	-	0,35	0,39	-	0,23	0,26	-	0,12	0,13
	V	21,72	-	1,73	1,95																		
	VI	23,11	-	1,84	2,07																		
98,39	I	11,09	-	0,88	0,99	-	0,61	0,68	-	0,35	0,40	-	0,12	0,13	-	-	-	-	-	-	-	-	-
	II	7,82	-	0,62	0,70	-	0,36	0,41	-	0,13	0,14	-	-	-	-	-	-	-	-	-	-	-	-
	III	2,67	-	0,21	0,24	-	0,04	0,04	-	-	-	-	-	-	-	-	-	-	-	-	-	-	-
	IV	11,09	-	0,88	0,99	-	0,74	0,84	-	0,61	0,68	-	0,48	0,54	-	0,35	0,40	-	0,23	0,26	-	0,12	0,13
	V	21,76	-	1,74	1,95																		
	VI	23,15	-	1,85	2,08																		
98,49	I	11,11	-	0,88	0,99	-	0,61	0,69	-	0,35	0,40	-	0,12	0,13	-	-	-	-	-	-	-	-	-
	II	7,85	-	0,62	0,70	-	0,36	0,41	-	0,13	0,15	-	-	-	-	-	-	-	-	-	-	-	-
	III	2,69	-	0,21	0,24	-	0,04	0,04	-	-	-	-	-	-	-	-	-	-	-	-	-	-	-
	IV	11,11	-	0,88	0,99	-	0,74	0,84	-	0,61	0,69	-	0,48	0,54	-	0,35	0,40	-	0,23	0,26	-	0,12	0,13
	V	21,78	-	1,74	1,96																		
	VI	23,17	-	1,85	2,08																		
98,59	I	11,14	-	0,89	1,00	-	0,61	0,69	-	0,35	0,40	-	0,12	0,14	-	-	-	-	-	-	-	-	-
	II	7,87	-	0,62	0,70	-	0,37	0,41	-	0,13	0,15	-	-	-	-	-	-	-	-	-	-	-	-
	III	2,71	-	0,21	0,24	-	0,04	0,04	-	-	-	-	-	-	-	-	-	-	-	-	-	-	-
	IV	11,14	-	0,89	1,00	-	0,75	0,84	-	0,61	0,69	-	0,48	0,54	-	0,35	0,40	-	0,23	0,26	-	0,12	0,14
	V	21,82	-	1,74	1,96																		
	VI	23,21	-	1,85	2,08																		
98,69	I	11,16	-	0,89	1,00	-	0,61	0,69	-	0,36	0,40	-	0,12	0,14	-	-	-	-	-	-	-	-	-
	II	7,89	-	0,63	0,71	-	0,37	0,41	-	0,13	0,15	-	-	-	-	-	-	-	-	-	-	-	-
	III	2,72	-	0,21	0,24	-	0,04	0,04	-	-	-	-	-	-	-	-	-	-	-	-	-	-	-
	IV	11,16	-	0,89	1,00	-	0,75	0,84	-	0,61	0,69	-	0,48	0,54	-	0,36	0,40	-	0,23	0,26	-	0,12	0,14
	V	21,85	-	1,74	1,96																		
	VI	23,24	-	1,85	2,09																		
98,79	I	11,18	-	0,89	1,00	-	0,62	0,69	-	0,36	0,40	-	0,12	0,14	-	-	-	-	-	-	-	-	-
	II	7,91	-	0,63	0,71	-	0,37	0,42	-	0,13	0,15	-	-	-	-	-	-	-	-	-	-	-	-
	III	2,74	-	0,21	0,24	-	0,04	0,05	-	-	-	-	-	-	-	-	-	-	-	-	-	-	-
	IV	11,18	-	0,89	1,00	-	0,75	0,84	-	0,62	0,69	-	0,48	0,54	-	0,36	0,40	-	0,24	0,27	-	0,12	0,14
	V	21,88	-	1,75	1,96																		
	VI	23,27	-	1,86	2,09																		
98,89	I	11,21	-	0,89	1,00	-	0,62	0,69	-	0,36	0,40	-	0,12	0,14	-	-	-	-	-	-	-	-	-
	II	7,93	-	0,63	0,71	-	0,37	0,42	-	0,13	0,15	-	-	-	-	-	-	-	-	-	-	-	-
	III	2,76	-	0,22	0,24	-	0,04	0,05	-	-	-	-	-	-	-	-	-	-	-	-	-	-	-
	IV	11,21	-	0,89	1,00	-	0,75	0,85	-	0,62	0,69	-	0,49	0,55	-	0,36	0,40	-	0,24	0,27	-	0,12	0,14
	V	21,91	-	1,75	1,97																		
	VI	23,30	-	1,86	2,09																		
98,99	I	11,23	-	0,89	1,01	-	0,62	0,70	-	0,36	0,41	-	0,13	0,14	-	-	-	-	-	-	-	-	-
	II	7,96	-	0,63	0,71	-	0,37	0,42	-	0,14	0,15	-	-	-	-	-	-	-	-	-	-	-	-
	III	2,77	-	0,22	0,24	-	0,04	0,05	-	-	-	-	-	-	-	-	-	-	-	-	-	-	-
	IV	11,23	-	0,89	1,01	-	0,75	0,85	-	0,62	0,70	-	0,49	0,55	-	0,36	0,41	-	0,24	0,27	-	0,13	0,14
	V	21,94	-	1,75	1,97																		
	VI	23,34	-	1,86	2,10																		

Lohn/ Gehalt bis	Steuerklasse	Lohn-steuer	ohne Kinderfreibetrag			Anzahl Kinderfreibeträge (nur Steuerklassen I–IV) 0,5			1,0			1,5			2,0			2,5			3,0		
			SolZ 5,5%	Kirchensteuer 8%	9%	SolZ 5,5%	Kirchensteuer 8%	9%	SolZ 5,5%	Kirchensteuer 8%	9%	SolZ 5,5%	Kirchensteuer 8%	9%	SolZ 5,5%	Kirchensteuer 8%	9%	SolZ 5,5%	Kirchensteuer 8%	9%	SolZ 5,5%	Kirchensteuer 8%	9%
99,09	I	11,25	-	0,90	1,01	-	0,62	0,70	-	0,36	0,41	-	0,13	0,14	-	-	-	-	-	-	-	-	
	II	7,98	-	0,63	0,71	-	0,38	0,42	-	0,14	0,15	-	-	-	-	-	-	-	-	-	-	-	
	III	2,78	-	0,22	0,25	-	0,04	0,05	-	-	-	-	-	-	-	-	-	-	-	-	-	-	
	IV	11,25	-	0,90	1,01	-	0,76	0,85	-	0,62	0,70	-	0,49	0,55	-	0,36	0,41	-	0,24	0,27	-	0,13	0
	V	21,98	-	1,75	1,97																		
	VI	23,37	-	1,86	2,10																		
99,19	I	11,28	-	0,90	1,01	-	0,62	0,70	-	0,36	0,41	-	0,13	0,14	-	-	-	-	-	-	-	-	
	II	8,00	-	0,64	0,72	-	0,38	0,42	-	0,14	0,16	-	-	-	-	-	-	-	-	-	-	-	
	III	2,80	-	0,22	0,25	-	0,04	0,05	-	-	-	-	-	-	-	-	-	-	-	-	-	-	
	IV	11,28	-	0,90	1,01	-	0,76	0,85	-	0,62	0,70	-	0,49	0,55	-	0,36	0,41	-	0,24	0,27	-	0,13	0
	V	22,01	-	1,76	1,98																		
	VI	23,40	-	1,87	2,10																		
99,29	I	11,30	-	0,90	1,01	-	0,62	0,70	-	0,37	0,41	-	0,13	0,15	-	-	-	-	-	-	-	-	
	II	8,02	-	0,64	0,72	-	0,38	0,43	-	0,14	0,16	-	-	-	-	-	-	-	-	-	-	-	
	III	2,82	-	0,22	0,25	-	0,04	0,05	-	-	-	-	-	-	-	-	-	-	-	-	-	-	
	IV	11,30	-	0,90	1,01	-	0,76	0,85	-	0,62	0,70	-	0,49	0,55	-	0,37	0,41	-	0,24	0,27	-	0,13	0
	V	22,04	-	1,76	1,98																		
	VI	23,43	-	1,87	2,10																		
99,39	I	11,32	-	0,90	1,01	-	0,63	0,70	-	0,37	0,41	-	0,13	0,15	-	-	-	-	-	-	-	-	
	II	8,04	-	0,64	0,72	-	0,38	0,43	-	0,14	0,16	-	-	-	-	-	-	-	-	-	-	-	
	III	2,83	-	0,22	0,25	-	0,05	0,05	-	-	-	-	-	-	-	-	-	-	-	-	-	-	
	IV	11,32	-	0,90	1,01	-	0,76	0,86	-	0,63	0,70	-	0,49	0,56	-	0,37	0,41	-	0,24	0,28	-	0,13	0,
	V	22,07	-	1,76	1,98																		
	VI	23,47	-	1,87	2,11																		
99,49	I	11,35	-	0,90	1,02	-	0,63	0,71	-	0,37	0,42	-	0,13	0,15	-	-	-	-	-	-	-	-	
	II	8,06	-	0,64	0,72	-	0,38	0,43	-	0,14	0,16	-	-	-	-	-	-	-	-	-	-	-	
	III	2,85	-	0,22	0,25	-	0,05	0,05	-	-	-	-	-	-	-	-	-	-	-	-	-	-	
	IV	11,35	-	0,90	1,02	-	0,76	0,86	-	0,63	0,71	-	0,50	0,56	-	0,37	0,42	-	0,25	0,28	-	0,13	0,
	V	22,10	-	1,76	1,98																		
	VI	23,50	-	1,88	2,11																		
99,59	I	11,37	-	0,90	1,02	-	0,63	0,71	-	0,37	0,42	-	0,13	0,15	-	-	-	-	-	-	-	-	
	II	8,09	-	0,64	0,72	-	0,38	0,43	-	0,14	0,16	-	-	-	-	-	-	-	-	-	-	-	
	III	2,87	-	0,22	0,25	-	0,05	0,05	-	-	-	-	-	-	-	-	-	-	-	-	-	-	
	IV	11,37	-	0,90	1,02	-	0,76	0,86	-	0,63	0,71	-	0,50	0,56	-	0,37	0,42	-	0,25	0,28	-	0,13	0,
	V	22,14	-	1,77	1,99																		
	VI	23,53	-	1,88	2,11																		
99,69	I	11,39	-	0,91	1,02	-	0,63	0,71	-	0,37	0,42	-	0,14	0,15	-	-	-	-	-	-	-	-	
	II	8,11	-	0,64	0,72	-	0,38	0,43	-	0,15	0,16	-	-	-	-	-	-	-	-	-	-	-	
	III	2,88	-	0,23	0,25	-	0,05	0,06	-	-	-	-	-	-	-	-	-	-	-	-	-	-	
	IV	11,39	-	0,91	1,02	-	0,77	0,86	-	0,63	0,71	-	0,50	0,56	-	0,37	0,42	-	0,25	0,28	-	0,14	0,
	V	22,17	-	1,77	1,99																		
	VI	23,57	-	1,88	2,12																		
99,79	I	11,41	-	0,91	1,02	-	0,63	0,71	-	0,37	0,42	-	0,14	0,15	-	-	-	-	-	-	-	-	
	II	8,13	-	0,65	0,73	-	0,39	0,44	-	0,15	0,17	-	-	-	-	-	-	-	-	-	-	-	
	III	2,90	-	0,23	0,26	-	0,05	0,06	-	-	-	-	-	-	-	-	-	-	-	-	-	-	
	IV	11,41	-	0,91	1,02	-	0,77	0,86	-	0,63	0,71	-	0,50	0,56	-	0,37	0,42	-	0,25	0,28	-	0,14	0,
	V	22,20	-	1,77	1,99																		
	VI	23,61	-	1,88	2,12																		
99,89	I	11,44	-	0,91	1,02	-	0,63	0,71	-	0,38	0,42	-	0,14	0,16	-	-	-	-	-	-	-	-	
	II	8,15	-	0,65	0,73	-	0,39	0,44	-	0,15	0,17	-	-	-	-	-	-	-	-	-	-	-	
	III	2,92	-	0,23	0,26	-	0,05	0,06	-	-	-	-	-	-	-	-	-	-	-	-	-	-	
	IV	11,44	-	0,91	1,02	-	0,77	0,87	-	0,63	0,71	-	0,50	0,57	-	0,38	0,42	-	0,25	0,28	-	0,14	0,
	V	22,23	-	1,77	2,00																		
	VI	23,63	-	1,89	2,12																		
99,99	I	11,46	-	0,91	1,03	-	0,64	0,72	-	0,38	0,43	-	0,14	0,16	-	-	-	-	-	-	-	-	
	II	8,18	-	0,65	0,73	-	0,39	0,44	-	0,15	0,17	-	-	-	-	-	-	-	-	-	-	-	
	III	2,93	-	0,23	0,26	-	0,05	0,06	-	-	-	-	-	-	-	-	-	-	-	-	-	-	
	IV	11,46	-	0,91	1,03	-	0,77	0,87	-	0,64	0,72	-	0,50	0,57	-	0,38	0,43	-	0,25	0,29	-	0,14	0,
	V	22,27	-	1,78	2,00																		
	VI	23,67	-	1,89	2,13																		
100,09	I	11,48	-	0,91	1,03	-	0,64	0,72	-	0,38	0,43	-	0,14	0,16	-	-	-	-	-	-	-	-	
	II	8,20	-	0,65	0,73	-	0,39	0,44	-	0,15	0,17	-	-	-	-	-	-	-	-	-	-	-	
	III	2,95	-	0,23	0,26	-	0,05	0,06	-	-	-	-	-	-	-	-	-	-	-	-	-	-	
	IV	11,48	-	0,91	1,03	-	0,77	0,87	-	0,64	0,72	-	0,51	0,57	-	0,38	0,43	-	0,26	0,29	-	0,14	0,1
	V	22,30	-	1,78	2,00																		
	VI	23,70	-	1,89	2,13																		
100,19	I	11,51	-	0,92	1,03	-	0,64	0,72	-	0,38	0,43	-	0,14	0,16	-	-	-	-	-	-	-	-	
	II	8,22	-	0,65	0,73	-	0,39	0,44	-	0,15	0,17	-	-	-	-	-	-	-	-	-	-	-	
	III	2,97	-	0,23	0,26	-	0,05	0,06	-	-	-	-	-	-	-	-	-	-	-	-	-	-	
	IV	11,51	-	0,92	1,03	-	0,78	0,87	-	0,64	0,72	-	0,51	0,57	-	0,38	0,43	-	0,26	0,29	-	0,14	0,1
	V	22,33	-	1,78	2,00																		
	VI	23,73	-	1,89	2,13																		
100,29	I	11,53	-	0,92	1,03	-	0,64	0,72	-	0,38	0,43	-	0,14	0,16	-	-	-	-	-	-	-	-	
	II	8,24	-	0,65	0,74	-	0,39	0,44	-	0,15	0,17	-	-	-	-	-	-	-	-	-	-	-	
	III	2,98	-	0,23	0,26	-	0,06	0,06	-	-	-	-	-	-	-	-	-	-	-	-	-	-	
	IV	11,53	-	0,92	1,03	-	0,78	0,88	-	0,64	0,72	-	0,51	0,57	-	0,38	0,43	-	0,26	0,29	-	0,14	0,1
	V	22,36	-	1,78	2,01																		
	VI	23,77	-	1,90	2,13																		
100,39	I	11,56	-	0,92	1,04	-	0,64	0,72	-	0,38	0,43	-	0,14	0,16	-	-	-	-	-	-	-	-	
	II	8,26	-	0,66	0,74	-	0,40	0,45	-	0,16	0,18	-	-	-	-	-	-	-	-	-	-	-	
	III	3,00	-	0,24	0,27	-	0,06	0,06	-	-	-	-	-	-	-	-	-	-	-	-	-	-	
	IV	11,56	-	0,92	1,04	-	0,78	0,88	-	0,64	0,72	-	0,51	0,58	-	0,38	0,43	-	0,26	0,29	-	0,14	0,1
	V	22,40	-	1,79	2,01																		
	VI	23,80	-	1,90	2,14																		
100,49	I	11,58	-	0,92	1,04	-	0,64	0,73	-	0,39	0,43	-	0,15	0,17	-	-	-	-	-	-	-	-	
	II	8,28	-	0,66	0,74	-	0,40	0,45	-	0,16	0,18	-	-	-	-	-	-	-	-	-	-	-	
	III	3,02	-	0,24	0,27	-	0,06	0,06	-	-	-	-	-	-	-	-	-	-	-	-	-	-	
	IV	11,58	-	0,92	1,04	-	0,78	0,88	-	0,64	0,73	-	0,51	0,58	-	0,39	0,43	-	0,26	0,30	-	0,15	0,1
	V	22,42	-	1,79	2,01																		
	VI	23,83	-	1,90	2,14																		

Allgemeine Tabelle

Lohn/ Gehalt bis	Steuerklasse	Lohnsteuer	ohne Kinderfreibetrag			Anzahl Kinderfreibeträge (nur Steuerklassen I–IV)																				
						0,5			1,0			1,5			2,0			2,5			3,0					
			SolZ 5,5%	Kirchensteuer 8%	9%	SolZ 5,5%	Kirchensteuer 8%	9%	SolZ 5,5%	Kirchensteuer 8%	9%	SolZ 5,5%	Kirchensteuer 8%	9%	SolZ 5,5%	Kirchensteuer 8%	9%	SolZ 5,5%	Kirchensteuer 8%	9%	SolZ 5,5%	Kirchensteuer 8%	9%			
100,59	I	11,60	-	0,92	1,04	-	0,65	0,73	-	0,39	0,44	-	0,15	0,17	-	-	-	-	-	-	-	-	-			
	II	8,31	-	0,66	0,74	-	0,40	0,45	-	0,16	0,18	-	-	-	-	-	-	-	-	-	-	-	-			
	III	3,03	-	0,24	0,27	-	0,06	0,07	-	-	-	-	-	-	-	-	-	-	-	-	-	-	-			
	IV	11,60	-	0,92	1,04	-	0,78	0,88	-	0,65	0,73	-	0,52	0,58	-	0,39	0,44	-	0,26	0,30	-	0,15	0,17			
	V	22,46	-	1,79	2,02																					
	VI	23,86	-	1,90	2,14																					
100,69	I	11,63	-	0,93	1,04	-	0,65	0,73	-	0,39	0,44	-	0,15	0,17	-	-	-	-	-	-	-	-	-			
	II	8,33	-	0,66	0,74	-	0,40	0,45	-	0,16	0,18	-	-	-	-	-	-	-	-	-	-	-	-			
	III	3,05	-	0,24	0,27	-	0,06	0,07	-	-	-	-	-	-	-	-	-	-	-	-	-	-	-			
	IV	11,63	-	0,93	1,04	-	0,78	0,88	-	0,65	0,73	-	0,52	0,58	-	0,39	0,44	-	0,27	0,30	-	0,15	0,17			
	V	22,49	-	1,79	2,02																					
	VI	23,90	-	1,91	2,15																					
100,79	I	11,65	-	0,93	1,04	-	0,65	0,73	-	0,39	0,44	-	0,15	0,17	-	-	-	-	-	-	-	-	-			
	II	8,35	-	0,66	0,75	-	0,40	0,45	-	0,16	0,18	-	-	-	-	-	-	-	-	-	-	-	-			
	III	3,06	-	0,24	0,27	-	0,06	0,07	-	-	-	-	-	-	-	-	-	-	-	-	-	-	-			
	IV	11,65	-	0,93	1,04	-	0,79	0,89	-	0,65	0,73	-	0,52	0,58	-	0,39	0,44	-	0,27	0,30	-	0,15	0,17			
	V	22,52	-	1,80	2,02																					
	VI	23,93	-	1,91	2,15																					
100,89	I	11,67	-	0,93	1,05	-	0,65	0,73	-	0,39	0,44	-	0,15	0,17	-	-	-	-	-	-	-	-	-			
	II	8,37	-	0,66	0,75	-	0,40	0,45	-	0,16	0,18	-	-	-	-	-	-	-	-	-	-	-	-			
	III	3,08	-	0,24	0,27	-	0,06	0,07	-	-	-	-	-	-	-	-	-	-	-	-	-	-	-			
	IV	11,67	-	0,93	1,05	-	0,79	0,89	-	0,65	0,73	-	0,52	0,59	-	0,39	0,44	-	0,27	0,30	-	0,15	0,17			
	V	22,55	-	1,80	2,02																					
	VI	23,96	-	1,91	2,15																					
100,99	I	11,70	-	0,93	1,05	-	0,65	0,74	-	0,39	0,44	-	0,15	0,17	-	-	-	-	-	-	-	-	-			
	II	8,39	-	0,67	0,75	-	0,41	0,46	-	0,16	0,18	-	-	-	-	-	-	-	-	-	-	-	-			
	III	3,10	-	0,24	0,27	-	0,06	0,07	-	-	-	-	-	-	-	-	-	-	-	-	-	-	-			
	IV	11,70	-	0,93	1,05	-	0,79	0,89	-	0,65	0,74	-	0,52	0,59	-	0,39	0,44	-	0,27	0,30	-	0,15	0,17			
	V	22,58	-	1,80	2,03																					
	VI	24,00	-	1,92	2,16																					
101,09	I	11,72	-	0,93	1,05	-	0,66	0,74	-	0,40	0,45	-	0,15	0,17	-	-	-	-	-	-	-	-	-			
	II	8,42	-	0,67	0,75	-	0,41	0,46	-	0,17	0,19	-	-	-	-	-	-	-	-	-	-	-	-			
	III	3,11	-	0,24	0,27	-	0,06	0,07	-	-	-	-	-	-	-	-	-	-	-	-	-	-	-			
	IV	11,72	-	0,93	1,05	-	0,79	0,89	-	0,66	0,74	-	0,52	0,59	-	0,40	0,45	-	0,27	0,31	-	0,15	0,17			
	V	22,62	-	1,80	2,03																					
	VI	24,03	-	1,92	2,16																					
101,19	I	11,74	-	0,93	1,05	-	0,66	0,74	-	0,40	0,45	-	0,16	0,18	-	-	-	-	-	-	-	-	-			
	II	8,44	-	0,67	0,75	-	0,41	0,46	-	0,17	0,19	-	-	-	-	-	-	-	-	-	-	-	-			
	III	3,13	-	0,25	0,28	-	0,06	0,07	-	-	-	-	-	-	-	-	-	-	-	-	-	-	-			
	IV	11,74	-	0,93	1,05	-	0,79	0,89	-	0,66	0,74	-	0,52	0,59	-	0,40	0,45	-	0,27	0,31	-	0,16	0,18			
	V	22,65	-	1,81	2,03																					
	VI	24,06	-	1,92	2,16																					
101,29	I	11,76	-	0,94	1,05	-	0,66	0,74	-	0,40	0,45	-	0,16	0,18	-	-	-	-	-	-	-	-	-			
	II	8,46	-	0,67	0,76	-	0,41	0,46	-	0,17	0,19	-	-	-	-	-	-	-	-	-	-	-	-			
	III	3,15	-	0,25	0,28	-	0,07	0,07	-	-	-	-	-	-	-	-	-	-	-	-	-	-	-			
	IV	11,76	-	0,94	1,05	-	0,80	0,90	-	0,66	0,74	-	0,53	0,59	-	0,40	0,45	-	0,28	0,31	-	0,16	0,18			
	V	22,68	-	1,81	2,04																					
	VI	24,10	-	1,92	2,16																					
101,39	I	11,79	-	0,94	1,06	-	0,66	0,74	-	0,40	0,45	-	0,16	0,18	-	-	-	-	-	-	-	-	-			
	II	8,48	-	0,67	0,76	-	0,41	0,46	-	0,17	0,19	-	-	-	-	-	-	-	-	-	-	-	-			
	III	3,16	-	0,25	0,28	-	0,07	0,08	-	-	-	-	-	-	-	-	-	-	-	-	-	-	-			
	IV	11,79	-	0,94	1,06	-	0,80	0,90	-	0,66	0,74	-	0,53	0,59	-	0,40	0,45	-	0,28	0,31	-	0,16	0,18			
	V	22,72	-	1,81	2,04																					
	VI	24,13	-	1,93	2,17																					
101,49	I	11,81	-	0,94	1,06	-	0,66	0,75	-	0,40	0,45	-	0,16	0,18	-	-	-	-	-	-	-	-	-			
	II	8,50	-	0,68	0,76	-	0,41	0,47	-	0,17	0,19	-	-	-	-	-	-	-	-	-	-	-	-			
	III	3,18	-	0,25	0,28	-	0,07	0,08	-	-	-	-	-	-	-	-	-	-	-	-	-	-	-			
	IV	11,81	-	0,94	1,06	-	0,80	0,90	-	0,66	0,75	-	0,53	0,60	-	0,40	0,45	-	0,28	0,31	-	0,16	0,18			
	V	22,75	-	1,82	2,04																					
	VI	24,16	-	1,93	2,17																					
101,59	I	11,83	-	0,94	1,06	-	0,66	0,75	-	0,40	0,45	-	0,16	0,18	-	-	-	-	-	-	-	-	-			
	II	8,53	-	0,68	0,76	-	0,42	0,47	-	0,17	0,19	-	-	-	-	-	-	-	-	-	-	-	-			
	III	3,20	-	0,25	0,28	-	0,07	0,08	-	-	-	-	-	-	-	-	-	-	-	-	-	-	-			
	IV	11,83	-	0,94	1,06	-	0,80	0,90	-	0,66	0,75	-	0,53	0,60	-	0,40	0,45	-	0,28	0,32	-	0,16	0,18			
	V	22,78	-	1,82	2,05																					
	VI	24,19	-	1,93	2,17																					
101,69	I	11,86	-	0,94	1,06	-	0,67	0,75	-	0,41	0,46	-	0,16	0,18	-	-	-	-	-	-	-	-	-			
	II	8,55	-	0,68	0,76	-	0,42	0,47	-	0,17	0,20	-	-	-	-	-	-	-	-	-	-	-	-			
	III	3,21	-	0,25	0,28	-	0,07	0,08	-	-	-	-	-	-	-	-	-	-	-	-	-	-	-			
	IV	11,86	-	0,94	1,06	-	0,80	0,90	-	0,67	0,75	-	0,53	0,60	-	0,41	0,46	-	0,28	0,32	-	0,16	0,18			
	V	22,81	-	1,82	2,05																					
	VI	24,23	-	1,93	2,18																					
101,79	I	11,88	-	0,95	1,06	-	0,67	0,75	-	0,41	0,46	-	0,16	0,19	-	-	-	-	-	-	-	-	-			
	II	8,57	-	0,68	0,77	-	0,42	0,47	-	0,18	0,20	-	-	-	-	-	-	-	-	-	-	-	-			
	III	3,23	-	0,25	0,29	-	0,07	0,08	-	-	-	-	-	-	-	-	-	-	-	-	-	-	-			
	IV	11,88	-	0,95	1,06	-	0,80	0,91	-	0,67	0,75	-	0,54	0,60	-	0,41	0,46	-	0,28	0,32	-	0,16	0,19			
	V	22,85	-	1,82	2,05																					
	VI	24,26	-	1,94	2,18																					
101,89	I	11,91	-	0,95	1,07	-	0,67	0,75	-	0,41	0,46	-	0,17	0,19	-	-	-	-	-	-	-	-	-			
	II	8,59	-	0,68	0,77	-	0,42	0,47	-	0,18	0,20	-	-	-	-	-	-	-	-	-	-	-	-			
	III	3,25	-	0,26	0,29	-	0,07	0,08	-	-	-	-	-	-	-	-	-	-	-	-	-	-	-			
	IV	11,91	-	0,95	1,07	-	0,81	0,91	-	0,67	0,75	-	0,54	0,60	-	0,41	0,46	-	0,28	0,32	-	0,17	0,19			
	V	22,87	-	1,82	2,05																					
	VI	24,30	-	1,94	2,18																					
101,99	I	11,93	-	0,95	1,07	-	0,67	0,76	-	0,41	0,46	-	0,17	0,19	-	-	-	-	-	-	-	-	-			
	II	8,61	-	0,68	0,77	-	0,42	0,48	-	0,18	0,20	-	-	-	-	-	-	-	-	-	-	-	-			
	III	3,26	-	0,26	0,29	-	0,07	0,08	-	-	-	-	-	-	-	-	-	-	-	-	-	-	-			
	IV	11,93	-	0,95	1,07	-	0,81	0,91	-	0,67	0,76	-	0,54	0,61	-	0,41	0,46	-	0,29	0,32	-	0,17	0,19			
	V	22,91	-	1,83	2,06																					
	VI	24,32	-	1,94	2,18																					

Lohn/ Gehalt bis	Steuerklasse	Lohn-steuer	ohne Kinderfreibetrag SolZ 5,5%	Kirchensteuer 8%	Kirchensteuer 9%	0,5 SolZ 5,5%	0,5 Kirchensteuer 8%	0,5 Kirchensteuer 9%	1,0 SolZ 5,5%	1,0 Kirchensteuer 8%	1,0 Kirchensteuer 9%	1,5 SolZ 5,5%	1,5 Kirchensteuer 8%	1,5 Kirchensteuer 9%	2,0 SolZ 5,5%	2,0 Kirchensteuer 8%	2,0 Kirchensteuer 9%	2,5 SolZ 5,5%	2,5 Kirchensteuer 8%	2,5 Kirchensteuer 9%	3,0 SolZ 5,5%	3,0 Kirchensteuer 8%	3,0 Kirchensteuer 9%
						Anzahl Kinderfreibeträge (nur Steuerklassen I–IV)																	
102,09	I	11,95	–	0,95	1,07	–	0,67	0,76	–	0,41	0,46	–	0,17	0,19	–	–	–	–	–	–	–	–	
	II	8,64	–	0,69	0,77	–	0,42	0,48	–	0,18	0,20	–	–	–	–	–	–	–	–	–	–	–	
	III	3,28	–	0,26	0,29	–	0,07	0,08	–	–	–	–	–	–	–	–	–	–	–	–	–	–	
	IV	11,95	–	0,95	1,07	–	0,81	0,91	–	0,67	0,76	–	0,54	0,61	–	0,41	0,46	–	0,29	0,32	–	0,17	0,
	V	22,95	–	1,83	2,06																		
	VI	24,36	–	1,94	2,19																		
102,19	I	11,98	–	0,95	1,07	–	0,68	0,76	–	0,41	0,47	–	0,17	0,19	–	–	–	–	–	–	–	–	
	II	8,66	–	0,69	0,77	–	0,43	0,48	–	0,18	0,20	–	–	–	–	–	–	–	–	–	–	–	
	III	3,30	–	0,26	0,29	–	0,08	0,09	–	–	–	–	–	–	–	–	–	–	–	–	–	–	
	IV	11,98	–	0,95	1,07	–	0,81	0,91	–	0,68	0,76	–	0,54	0,61	–	0,41	0,47	–	0,29	0,33	–	0,17	0,
	V	22,97	–	1,83	2,06																		
	VI	24,40	–	1,95	2,19																		
102,29	I	12,00	–	0,96	1,08	–	0,68	0,76	–	0,42	0,47	–	0,17	0,19	–	–	–	–	–	–	–	–	
	II	8,68	–	0,69	0,78	–	0,43	0,48	–	0,18	0,21	–	–	–	–	–	–	–	–	–	–	–	
	III	3,31	–	0,26	0,29	–	0,08	0,09	–	–	–	–	–	–	–	–	–	–	–	–	–	–	
	IV	12,00	–	0,96	1,08	–	0,81	0,92	–	0,68	0,76	–	0,54	0,61	–	0,42	0,47	–	0,29	0,33	–	0,17	0,
	V	23,01	–	1,84	2,07																		
	VI	24,43	–	1,95	2,19																		
102,39	I	12,02	–	0,96	1,08	–	0,68	0,76	–	0,42	0,47	–	0,17	0,20	–	–	–	–	–	–	–	–	
	II	8,70	–	0,69	0,78	–	0,43	0,48	–	0,18	0,21	–	–	–	–	–	–	–	–	–	–	–	
	III	3,33	–	0,26	0,29	–	0,08	0,09	–	–	–	–	–	–	–	–	–	–	–	–	–	–	
	IV	12,02	–	0,96	1,08	–	0,82	0,92	–	0,68	0,76	–	0,55	0,61	–	0,42	0,47	–	0,29	0,33	–	0,17	0,
	V	23,04	–	1,84	2,07																		
	VI	24,46	–	1,95	2,20																		
102,49	I	12,05	–	0,96	1,08	–	0,68	0,77	–	0,42	0,47	–	0,18	0,20	–	–	–	–	–	–	–	–	
	II	8,73	–	0,69	0,78	–	0,43	0,49	–	0,19	0,21	–	–	–	–	–	–	–	–	–	–	–	
	III	3,35	–	0,26	0,30	–	0,08	0,09	–	–	–	–	–	–	–	–	–	–	–	–	–	–	
	IV	12,05	–	0,96	1,08	–	0,82	0,92	–	0,68	0,77	–	0,55	0,62	–	0,42	0,47	–	0,29	0,33	–	0,18	0,
	V	23,07	–	1,84	2,07																		
	VI	24,50	–	1,96	2,20																		
102,59	I	12,07	–	0,96	1,08	–	0,68	0,77	–	0,42	0,47	–	0,18	0,20	–	–	–	–	–	–	–	–	
	II	8,75	–	0,70	0,78	–	0,43	0,49	–	0,19	0,21	–	–	–	–	–	–	–	–	–	–	–	
	III	3,37	–	0,26	0,30	–	0,08	0,09	–	–	–	–	–	–	–	–	–	–	–	–	–	–	
	IV	12,07	–	0,96	1,08	–	0,82	0,92	–	0,68	0,77	–	0,55	0,62	–	0,42	0,47	–	0,30	0,33	–	0,18	0,
	V	23,10	–	1,84	2,07																		
	VI	24,52	–	1,96	2,20																		
102,69	I	12,09	–	0,96	1,08	–	0,68	0,77	–	0,42	0,47	–	0,18	0,20	–	–	–	–	–	–	–	–	
	II	8,77	–	0,70	0,78	–	0,43	0,49	–	0,19	0,21	–	–	–	–	–	–	–	–	–	–	–	
	III	3,38	–	0,27	0,30	–	0,08	0,09	–	–	–	–	–	–	–	–	–	–	–	–	–	–	
	IV	12,09	–	0,96	1,08	–	0,82	0,92	–	0,68	0,77	–	0,55	0,62	–	0,42	0,47	–	0,30	0,34	–	0,18	0,
	V	23,13	–	1,85	2,08																		
	VI	24,56	–	1,96	2,21																		
102,79	I	12,12	–	0,96	1,09	–	0,69	0,77	–	0,42	0,48	–	0,18	0,20	–	–	–	–	–	–	–	–	
	II	8,79	–	0,70	0,79	–	0,44	0,49	–	0,19	0,21	–	–	–	–	–	–	–	–	–	–	–	
	III	3,40	–	0,27	0,30	–	0,08	0,09	–	–	–	–	–	–	–	–	–	–	–	–	–	–	
	IV	12,12	–	0,96	1,09	–	0,82	0,93	–	0,69	0,77	–	0,55	0,62	–	0,42	0,48	–	0,30	0,34	–	0,18	0,
	V	23,17	–	1,85	2,08																		
	VI	24,60	–	1,96	2,21																		
102,89	I	12,14	–	0,97	1,09	–	0,69	0,77	–	0,43	0,48	–	0,18	0,20	–	–	–	–	–	–	–	–	
	II	8,81	–	0,70	0,79	–	0,44	0,49	–	0,19	0,22	–	–	–	–	–	–	–	–	–	–	–	
	III	3,42	–	0,27	0,30	–	0,08	0,09	–	–	–	–	–	–	–	–	–	–	–	–	–	–	
	IV	12,14	–	0,97	1,09	–	0,82	0,93	–	0,69	0,77	–	0,55	0,62	–	0,43	0,48	–	0,30	0,34	–	0,18	0,
	V	23,20	–	1,85	2,08																		
	VI	24,63	–	1,97	2,21																		
102,99	I	12,16	–	0,97	1,09	–	0,69	0,78	–	0,43	0,48	–	0,18	0,21	–	–	–	–	–	–	–	–	
	II	8,84	–	0,70	0,79	–	0,44	0,49	–	0,19	0,22	–	–	0,01	–	–	–	–	–	–	–	–	
	III	3,43	–	0,27	0,30	–	0,08	0,09	–	–	–	–	–	–	–	–	–	–	–	–	–	–	
	IV	12,16	–	0,97	1,09	–	0,83	0,93	–	0,69	0,78	–	0,56	0,63	–	0,43	0,48	–	0,30	0,34	–	0,18	0,2
	V	23,23	–	1,85	2,09																		
	VI	24,66	–	1,97	2,21																		
103,09	I	12,19	–	0,97	1,09	–	0,69	0,78	–	0,43	0,48	–	0,18	0,21	–	–	–	–	–	–	–	–	
	II	8,86	–	0,70	0,79	–	0,44	0,50	–	0,20	0,22	–	0,01	0,01	–	–	–	–	–	–	–	–	
	III	3,45	–	0,27	0,31	–	0,08	0,10	–	–	–	–	–	–	–	–	–	–	–	–	–	–	
	IV	12,19	–	0,97	1,09	–	0,83	0,93	–	0,69	0,78	–	0,56	0,63	–	0,43	0,48	–	0,30	0,34	–	0,18	0,2
	V	23,27	–	1,86	2,09																		
	VI	24,70	–	1,97	2,22																		
103,19	I	12,21	–	0,97	1,09	–	0,69	0,78	–	0,43	0,48	–	0,19	0,21	–	–	–	–	–	–	–	–	
	II	8,88	–	0,71	0,79	–	0,44	0,50	–	0,20	0,22	–	0,01	0,01	–	–	–	–	–	–	–	–	
	III	3,47	–	0,27	0,31	–	0,09	0,10	–	–	–	–	–	–	–	–	–	–	–	–	–	–	
	IV	12,21	–	0,97	1,09	–	0,83	0,93	–	0,69	0,78	–	0,56	0,63	–	0,43	0,48	–	0,31	0,34	–	0,19	0,2
	V	23,30	–	1,86	2,09																		
	VI	24,72	–	1,97	2,22																		
103,29	I	12,23	–	0,97	1,10	–	0,69	0,78	–	0,43	0,49	–	0,19	0,21	–	–	–	–	–	–	–	–	
	II	8,90	–	0,71	0,80	–	0,44	0,50	–	0,20	0,22	–	0,01	0,01	–	–	–	–	–	–	–	–	
	III	3,48	–	0,27	0,31	–	0,09	0,10	–	–	–	–	–	–	–	–	–	–	–	–	–	–	
	IV	12,23	–	0,97	1,10	–	0,83	0,94	–	0,69	0,78	–	0,56	0,63	–	0,43	0,49	–	0,31	0,35	–	0,19	0,2
	V	23,33	–	1,86	2,09																		
	VI	24,76	–	1,98	2,22																		
103,39	I	12,26	–	0,98	1,10	–	0,70	0,78	–	0,43	0,49	–	0,19	0,21	–	–	–	–	–	–	–	–	
	II	8,93	–	0,71	0,80	–	0,45	0,50	–	0,20	0,23	–	0,01	0,01	–	–	–	–	–	–	–	–	
	III	3,50	–	0,28	0,31	–	0,09	0,10	–	–	–	–	–	–	–	–	–	–	–	–	–	–	
	IV	12,26	–	0,98	1,10	–	0,83	0,94	–	0,70	0,78	–	0,56	0,63	–	0,43	0,49	–	0,31	0,35	–	0,19	0,2
	V	23,37	–	1,86	2,10																		
	VI	24,80	–	1,98	2,23																		
103,49	I	12,28	–	0,98	1,10	–	0,70	0,79	–	0,44	0,49	–	0,19	0,21	–	–	–	–	–	–	–	–	
	II	8,95	–	0,71	0,80	–	0,45	0,50	–	0,20	0,23	–	0,01	0,01	–	–	–	–	–	–	–	–	
	III	3,52	–	0,28	0,31	–	0,09	0,10	–	–	–	–	–	–	–	–	–	–	–	–	–	–	
	IV	12,28	–	0,98	1,10	–	0,84	0,94	–	0,70	0,79	–	0,56	0,63	–	0,44	0,49	–	0,31	0,35	–	0,19	0,2
	V	23,40	–	1,87	2,10																		
	VI	24,83	–	1,98	2,23																		

Lohn/ Gehalt bis	Steuerklasse	Lohn-steuer	ohne Kinderfreibetrag			Anzahl Kinderfreibeträge (nur Steuerklassen I–IV)																	
						0,5			1,0			1,5			2,0			2,5			3,0		
			SolZ 5,5%	Kirchensteuer 8%	9%	SolZ 5,5%	Kirchensteuer 8%	9%	SolZ 5,5%	Kirchensteuer 8%	9%	SolZ 5,5%	Kirchensteuer 8%	9%	SolZ 5,5%	Kirchensteuer 8%	9%	SolZ 5,5%	Kirchensteuer 8%	9%	SolZ 5,5%	Kirchensteuer 8%	9%
103,59	I	12,31	-	0,98	1,10	-	0,70	0,79	-	0,44	0,49	-	0,19	0,22	-	-	-	-	-	-	-	-	-
	II	8,97	-	0,71	0,80	-	0,45	0,51	-	0,20	0,23	-	0,01	0,01	-	-	-	-	-	-	-	-	-
	III	3,53	-	0,28	0,31	-	0,09	0,10	-	-	-	-	-	-	-	-	-	-	-	-	-	-	-
	IV	12,31	-	0,98	1,10	-	0,84	0,94	-	0,70	0,79	-	0,57	0,64	-	0,44	0,49	-	0,31	0,35	-	0,19	0,22
	V	23,43	-	1,87	2,10																		
	VI	24,86	-	1,98	2,23																		
103,69	I	12,33	-	0,98	1,10	-	0,70	0,79	-	0,44	0,49	-	0,19	0,22	-	-	-	-	-	-	-	-	-
	II	8,99	-	0,71	0,80	-	0,45	0,51	-	0,20	0,23	-	0,01	0,01	-	-	-	-	-	-	-	-	-
	III	3,55	-	0,28	0,31	-	0,09	0,10	-	-	-	-	-	-	-	-	-	-	-	-	-	-	-
	IV	12,33	-	0,98	1,10	-	0,84	0,94	-	0,70	0,79	-	0,57	0,64	-	0,44	0,49	-	0,31	0,35	-	0,19	0,22
	V	23,46	-	1,87	2,11																		
	VI	24,90	-	1,99	2,24																		
103,79	I	12,35	-	0,98	1,11	-	0,70	0,79	-	0,44	0,50	-	0,19	0,22	-	0,01	0,01	-	-	-	-	-	-
	II	9,01	-	0,72	0,81	-	0,45	0,51	-	0,21	0,23	-	0,01	0,01	-	-	-	-	-	-	-	-	-
	III	3,57	-	0,28	0,32	-	0,09	0,10	-	-	-	-	-	-	-	-	-	-	-	-	-	-	-
	IV	12,35	-	0,98	1,11	-	0,84	0,95	-	0,70	0,79	-	0,57	0,64	-	0,44	0,50	-	0,32	0,36	-	0,19	0,22
	V	23,50	-	1,88	2,11																		
	VI	24,93	-	1,99	2,24																		
103,89	I	12,38	-	0,99	1,11	-	0,70	0,79	-	0,44	0,50	-	0,20	0,22	-	0,01	0,01	-	-	-	-	-	-
	II	9,04	-	0,72	0,81	-	0,45	0,51	-	0,21	0,23	-	0,01	0,02	-	-	-	-	-	-	-	-	-
	III	3,59	-	0,28	0,32	-	0,09	0,10	-	-	-	-	-	-	-	-	-	-	-	-	-	-	-
	IV	12,38	-	0,99	1,11	-	0,84	0,95	-	0,70	0,79	-	0,57	0,64	-	0,44	0,50	-	0,32	0,36	-	0,20	0,22
	V	23,53	-	1,88	2,11																		
	VI	24,96	-	1,99	2,24																		
103,99	I	12,40	-	0,99	1,11	-	0,71	0,80	-	0,44	0,50	-	0,20	0,22	-	0,01	0,01	-	-	-	-	-	-
	II	9,06	-	0,72	0,81	-	0,46	0,51	-	0,21	0,24	-	0,01	0,02	-	-	-	-	-	-	-	-	-
	III	3,61	-	0,28	0,32	-	0,09	0,11	-	-	-	-	-	-	-	-	-	-	-	-	-	-	-
	IV	12,40	-	0,99	1,11	-	0,84	0,95	-	0,71	0,80	-	0,57	0,64	-	0,44	0,50	-	0,32	0,36	-	0,20	0,22
	V	23,56	-	1,88	2,12																		
	VI	25,00	-	2,00	2,25																		
104,09	I	12,42	-	0,99	1,11	-	0,71	0,80	-	0,45	0,50	-	0,20	0,22	-	0,01	0,01	-	-	-	-	-	-
	II	9,08	-	0,72	0,81	-	0,46	0,52	-	0,21	0,24	-	0,02	0,02	-	-	-	-	-	-	-	-	-
	III	3,62	-	0,28	0,32	-	0,10	0,11	-	-	-	-	-	-	-	-	-	-	-	-	-	-	-
	IV	12,42	-	0,99	1,11	-	0,85	0,95	-	0,71	0,80	-	0,58	0,65	-	0,45	0,50	-	0,32	0,36	-	0,20	0,22
	V	23,60	-	1,88	2,12																		
	VI	25,03	-	2,00	2,25																		
104,19	I	12,45	-	0,99	1,12	-	0,71	0,80	-	0,45	0,50	-	0,20	0,23	-	0,01	0,01	-	-	-	-	-	-
	II	9,10	-	0,72	0,81	-	0,46	0,52	-	0,21	0,24	-	0,02	0,02	-	-	-	-	-	-	-	-	-
	III	3,64	-	0,29	0,32	-	0,10	0,11	-	-	-	-	-	-	-	-	-	-	-	-	-	-	-
	IV	12,45	-	0,99	1,12	-	0,85	0,96	-	0,71	0,80	-	0,58	0,65	-	0,45	0,50	-	0,32	0,36	-	0,20	0,23
	V	23,63	-	1,89	2,12																		
	VI	25,06	-	2,00	2,25																		
104,29	I	12,47	-	0,99	1,12	-	0,71	0,80	-	0,45	0,51	-	0,20	0,23	-	0,01	0,01	-	-	-	-	-	-
	II	9,13	-	0,73	0,82	-	0,46	0,52	-	0,21	0,24	-	0,02	0,02	-	-	-	-	-	-	-	-	-
	III	3,66	-	0,29	0,32	-	0,10	0,11	-	-	-	-	-	-	-	-	-	-	-	-	-	-	-
	IV	12,47	-	0,99	1,12	-	0,85	0,96	-	0,71	0,80	-	0,58	0,65	-	0,45	0,51	-	0,32	0,36	-	0,20	0,23
	V	23,66	-	1,89	2,12																		
	VI	25,10	-	2,00	2,25																		
104,39	I	12,50	-	1,00	1,12	-	0,71	0,80	-	0,45	0,51	-	0,20	0,23	-	0,01	0,01	-	-	-	-	-	-
	II	9,15	-	0,73	0,82	-	0,46	0,52	-	0,22	0,24	-	0,02	0,02	-	-	-	-	-	-	-	-	-
	III	3,67	-	0,29	0,33	-	0,10	0,11	-	-	-	-	-	-	-	-	-	-	-	-	-	-	-
	IV	12,50	-	1,00	1,12	-	0,85	0,96	-	0,71	0,80	-	0,58	0,65	-	0,45	0,51	-	0,32	0,37	-	0,20	0,23
	V	23,70	-	1,89	2,13																		
	VI	25,13	-	2,01	2,26																		
104,49	I	12,52	-	1,00	1,12	-	0,72	0,81	-	0,45	0,51	-	0,21	0,23	-	0,01	0,01	-	-	-	-	-	-
	II	9,17	-	0,73	0,82	-	0,46	0,52	-	0,22	0,24	-	0,02	0,02	-	-	-	-	-	-	-	-	-
	III	3,69	-	0,29	0,33	-	0,10	0,11	-	-	-	-	-	-	-	-	-	-	-	-	-	-	-
	IV	12,52	-	1,00	1,12	-	0,85	0,96	-	0,72	0,81	-	0,58	0,65	-	0,45	0,51	-	0,33	0,37	-	0,21	0,23
	V	23,73	-	1,89	2,13																		
	VI	25,16	-	2,01	2,26																		
104,59	I	12,54	-	1,00	1,12	-	0,72	0,81	-	0,45	0,51	-	0,21	0,23	-	0,01	0,01	-	-	-	-	-	-
	II	9,19	-	0,73	0,82	-	0,47	0,52	-	0,22	0,25	-	0,02	0,02	-	-	-	-	-	-	-	-	-
	III	3,71	-	0,29	0,33	-	0,10	0,11	-	-	-	-	-	-	-	-	-	-	-	-	-	-	-
	IV	12,54	-	1,00	1,12	-	0,86	0,96	-	0,72	0,81	-	0,58	0,66	-	0,45	0,51	-	0,33	0,37	-	0,21	0,23
	V	23,76	-	1,90	2,13																		
	VI	25,20	-	2,01	2,26																		
104,69	I	12,56	-	1,00	1,13	-	0,72	0,81	-	0,46	0,51	-	0,21	0,23	-	0,01	0,02	-	-	-	-	-	-
	II	9,21	-	0,73	0,82	-	0,47	0,53	-	0,22	0,25	-	0,02	0,02	-	-	-	-	-	-	-	-	-
	III	3,73	-	0,29	0,33	-	0,10	0,11	-	-	-	-	-	-	-	-	-	-	-	-	-	-	-
	IV	12,56	-	1,00	1,13	-	0,86	0,97	-	0,72	0,81	-	0,58	0,66	-	0,46	0,51	-	0,33	0,37	-	0,21	0,23
	V	23,79	-	1,90	2,14																		
	VI	25,23	-	2,01	2,27																		
104,79	I	12,59	-	1,00	1,13	-	0,72	0,81	-	0,46	0,51	-	0,21	0,24	-	0,02	0,02	-	-	-	-	-	-
	II	9,24	-	0,73	0,83	-	0,47	0,53	-	0,22	0,25	-	0,02	0,03	-	-	-	-	-	-	-	-	-
	III	3,75	-	0,30	0,33	-	0,10	0,12	-	-	-	-	-	-	-	-	-	-	-	-	-	-	-
	IV	12,59	-	1,00	1,13	-	0,86	0,97	-	0,72	0,81	-	0,59	0,66	-	0,46	0,51	-	0,33	0,37	-	0,21	0,24
	V	23,82	-	1,90	2,14																		
	VI	25,27	-	2,02	2,27																		
104,89	I	12,61	-	1,00	1,13	-	0,72	0,81	-	0,46	0,52	-	0,21	0,24	-	0,02	0,02	-	-	-	-	-	-
	II	9,26	-	0,74	0,83	-	0,47	0,53	-	0,22	0,25	-	0,02	0,03	-	-	-	-	-	-	-	-	-
	III	3,76	-	0,30	0,33	-	0,10	0,12	-	-	-	-	-	-	-	-	-	-	-	-	-	-	-
	IV	12,61	-	1,00	1,13	-	0,86	0,97	-	0,72	0,81	-	0,59	0,66	-	0,46	0,52	-	0,33	0,37	-	0,21	0,24
	V	23,86	-	1,90	2,14																		
	VI	25,30	-	2,02	2,27																		
104,99	I	12,64	-	1,01	1,13	-	0,72	0,82	-	0,46	0,52	-	0,21	0,24	-	0,02	0,02	-	-	-	-	-	-
	II	9,28	-	0,74	0,83	-	0,47	0,53	-	0,22	0,25	-	0,02	0,03	-	-	-	-	-	-	-	-	-
	III	3,78	-	0,30	0,34	-	0,11	0,12	-	-	-	-	-	-	-	-	-	-	-	-	-	-	-
	IV	12,64	-	1,01	1,13	-	0,86	0,97	-	0,72	0,82	-	0,59	0,66	-	0,46	0,52	-	0,33	0,38	-	0,21	0,24
	V	23,89	-	1,91	2,15																		
	VI	25,33	-	2,02	2,27																		

Lohn/ Gehalt bis	Steuerklasse	Lohn-steuer	ohne Kinderfreibetrag			Anzahl Kinderfreibeträge (nur Steuerklassen I–IV) 0,5			1,0			1,5			2,0			2,5			3,0		
			SolZ 5,5%	Kirchensteuer 8%	9%	SolZ 5,5%	Kirchensteuer 8%	9%	SolZ 5,5%	Kirchensteuer 8%	9%	SolZ 5,5%	Kirchensteuer 8%	9%	SolZ 5,5%	Kirchensteuer 8%	9%	SolZ 5,5%	Kirchensteuer 8%	9%	SolZ 5,5%	Kirchensteuer 8%	9%
105,09	I	12,66	-	1,01	1,13	-	0,73	0,82	-	0,46	0,52	-	0,21	0,24	-	0,02	0,02	-	-	-	-	-	
	II	9,31	-	0,74	0,83	-	0,47	0,53	-	0,23	0,26	-	0,03	0,03	-	-	-	-	-	-	-	-	
	III	3,80	-	0,30	0,34	-	0,11	0,12	-	-	-	-	-	-	-	-	-	-	-	-	-	-	
	IV	12,66	-	1,01	1,13	-	0,86	0,97	-	0,73	0,82	-	0,59	0,67	-	0,46	0,52	-	0,34	0,38	-	0,21	0,
	V	23,92	-	1,91	2,15																		
	VI	25,37	-	2,02	2,28																		
105,19	I	12,68	-	1,01	1,14	-	0,73	0,82	-	0,46	0,52	-	0,22	0,24	-	0,02	0,02	-	-	-	-	-	
	II	9,33	-	0,74	0,83	-	0,48	0,54	-	0,23	0,26	-	0,03	0,03	-	-	-	-	-	-	-	-	
	III	3,81	-	0,30	0,34	-	0,11	0,12	-	-	-	-	-	-	-	-	-	-	-	-	-	-	
	IV	12,68	-	1,01	1,14	-	0,87	0,98	-	0,73	0,82	-	0,59	0,67	-	0,46	0,52	-	0,34	0,38	-	0,22	0,
	V	23,96	-	1,91	2,15																		
	VI	25,40	-	2,03	2,28																		
105,29	I	12,71	-	1,01	1,14	-	0,73	0,82	-	0,47	0,52	-	0,22	0,25	-	0,02	0,02	-	-	-	-	-	
	II	9,35	-	0,74	0,84	-	0,48	0,54	-	0,23	0,26	-	0,03	0,03	-	-	-	-	-	-	-	-	
	III	3,83	-	0,30	0,34	-	0,11	0,12	-	-	-	-	-	-	-	-	-	-	-	-	-	-	
	IV	12,71	-	1,01	1,14	-	0,87	0,98	-	0,73	0,82	-	0,60	0,67	-	0,47	0,52	-	0,34	0,38	-	0,22	0,
	V	23,98	-	1,91	2,15																		
	VI	25,43	-	2,03	2,28																		
105,39	I	12,73	-	1,01	1,14	-	0,73	0,82	-	0,47	0,53	-	0,22	0,25	-	0,02	0,02	-	-	-	-	-	
	II	9,37	-	0,74	0,84	-	0,48	0,54	-	0,23	0,26	-	0,03	0,03	-	-	-	-	-	-	-	-	
	III	3,85	-	0,30	0,34	-	0,11	0,12	-	-	-	-	-	-	-	-	-	-	-	-	-	-	
	IV	12,73	-	1,01	1,14	-	0,87	0,98	-	0,73	0,82	-	0,60	0,67	-	0,47	0,53	-	0,34	0,38	-	0,22	0,
	V	24,02	-	1,92	2,16																		
	VI	25,47	-	2,03	2,29																		
105,49	I	12,76	-	1,02	1,14	-	0,73	0,83	-	0,47	0,53	-	0,22	0,25	-	0,02	0,02	-	-	-	-	-	
	II	9,40	-	0,75	0,84	-	0,48	0,54	-	0,23	0,26	-	0,03	0,03	-	-	-	-	-	-	-	-	
	III	3,87	-	0,30	0,34	-	0,11	0,13	-	-	-	-	-	-	-	-	-	-	-	-	-	-	
	IV	12,76	-	1,02	1,14	-	0,87	0,98	-	0,73	0,83	-	0,60	0,67	-	0,47	0,53	-	0,34	0,39	-	0,22	0,
	V	24,06	-	1,92	2,16																		
	VI	25,50	-	2,04	2,29																		
105,59	I	12,78	-	1,02	1,15	-	0,74	0,83	-	0,47	0,53	-	0,22	0,25	-	0,02	0,03	-	-	-	-	-	
	II	9,42	-	0,75	0,84	-	0,48	0,54	-	0,23	0,26	-	0,03	0,03	-	-	-	-	-	-	-	-	
	III	3,88	-	0,31	0,34	-	0,11	0,13	-	-	-	-	-	-	-	-	-	-	-	-	-	-	
	IV	12,78	-	1,02	1,15	-	0,87	0,98	-	0,74	0,83	-	0,60	0,68	-	0,47	0,53	-	0,34	0,39	-	0,22	0,
	V	24,09	-	1,92	2,16																		
	VI	25,53	-	2,04	2,29																		
105,69	I	12,80	-	1,02	1,15	-	0,74	0,83	-	0,47	0,53	-	0,22	0,25	-	0,02	0,03	-	-	-	-	-	
	II	9,44	-	0,75	0,84	-	0,48	0,54	-	0,24	0,27	-	0,03	0,04	-	-	-	-	-	-	-	-	
	III	3,90	-	0,31	0,35	-	0,11	0,13	-	-	-	-	-	-	-	-	-	-	-	-	-	-	
	IV	12,80	-	1,02	1,15	-	0,88	0,99	-	0,74	0,83	-	0,60	0,68	-	0,47	0,53	-	0,35	0,39	-	0,22	0,
	V	24,12	-	1,92	2,17																		
	VI	25,57	-	2,04	2,30																		
105,79	I	12,83	-	1,02	1,15	-	0,74	0,83	-	0,47	0,53	-	0,23	0,25	-	0,02	0,03	-	-	-	-	-	
	II	9,46	-	0,75	0,85	-	0,49	0,55	-	0,24	0,27	-	0,03	0,04	-	-	-	-	-	-	-	-	
	III	3,92	-	0,31	0,35	-	0,11	0,13	-	-	-	-	-	-	-	-	-	-	-	-	-	-	
	IV	12,83	-	1,02	1,15	-	0,88	0,99	-	0,74	0,83	-	0,60	0,68	-	0,47	0,53	-	0,35	0,39	-	0,23	0,2
	V	24,15	-	1,93	2,17																		
	VI	25,60	-	2,04	2,30																		
105,89	I	12,85	-	1,02	1,15	-	0,74	0,83	-	0,48	0,54	-	0,23	0,26	-	0,03	0,03	-	-	-	-	-	
	II	9,48	-	0,75	0,85	-	0,49	0,55	-	0,24	0,27	-	0,03	0,04	-	-	-	-	-	-	-	-	
	III	3,94	-	0,31	0,35	-	0,12	0,13	-	-	-	-	-	-	-	-	-	-	-	-	-	-	
	IV	12,85	-	1,02	1,15	-	0,88	0,99	-	0,74	0,83	-	0,61	0,68	-	0,48	0,54	-	0,35	0,39	-	0,23	0,2
	V	24,19	-	1,93	2,17																		
	VI	25,63	-	2,05	2,30																		
105,99	I	12,88	-	1,03	1,15	-	0,74	0,84	-	0,48	0,54	-	0,23	0,26	-	0,03	0,03	-	-	-	-	-	
	II	9,51	-	0,76	0,85	-	0,49	0,55	-	0,24	0,27	-	0,04	0,04	-	-	-	-	-	-	-	-	
	III	3,96	-	0,31	0,35	-	0,12	0,13	-	-	-	-	-	-	-	-	-	-	-	-	-	-	
	IV	12,88	-	1,03	1,15	-	0,88	0,99	-	0,74	0,84	-	0,61	0,68	-	0,48	0,54	-	0,35	0,39	-	0,23	0,2
	V	24,22	-	1,93	2,17																		
	VI	25,67	-	2,05	2,31																		
106,09	I	12,90	-	1,03	1,16	-	0,74	0,84	-	0,48	0,54	-	0,23	0,26	-	0,03	0,03	-	-	-	-	-	
	II	9,53	-	0,76	0,85	-	0,49	0,55	-	0,24	0,27	-	0,04	0,04	-	-	-	-	-	-	-	-	
	III	3,97	-	0,31	0,35	-	0,12	0,13	-	-	-	-	-	-	-	-	-	-	-	-	-	-	
	IV	12,90	-	1,03	1,16	-	0,88	0,99	-	0,74	0,84	-	0,61	0,69	-	0,48	0,54	-	0,35	0,40	-	0,23	0,2
	V	24,26	-	1,94	2,18																		
	VI	25,70	-	2,05	2,31																		
106,19	I	12,92	-	1,03	1,16	-	0,75	0,84	-	0,48	0,54	-	0,23	0,26	-	0,03	0,03	-	-	-	-	-	
	II	9,55	-	0,76	0,85	-	0,49	0,55	-	0,24	0,27	-	0,04	0,04	-	-	-	-	-	-	-	-	
	III	3,99	-	0,31	0,35	-	0,12	0,13	-	-	-	-	-	-	-	-	-	-	-	-	-	-	
	IV	12,92	-	1,03	1,16	-	0,89	1,00	-	0,75	0,84	-	0,61	0,69	-	0,48	0,54	-	0,35	0,40	-	0,23	0,2
	V	24,28	-	1,94	2,18																		
	VI	25,74	-	2,05	2,31																		
106,29	I	12,95	-	1,03	1,16	-	0,75	0,84	-	0,48	0,54	-	0,23	0,26	-	0,03	0,03	-	-	-	-	-	
	II	9,58	-	0,76	0,86	-	0,49	0,56	-	0,24	0,28	-	0,04	0,04	-	-	-	-	-	-	-	-	
	III	4,01	-	0,32	0,36	-	0,12	0,14	-	-	-	-	-	-	-	-	-	-	-	-	-	-	
	IV	12,95	-	1,03	1,16	-	0,89	1,00	-	0,75	0,84	-	0,61	0,69	-	0,48	0,54	-	0,36	0,40	-	0,23	0,2
	V	24,32	-	1,94	2,18																		
	VI	25,77	-	2,06	2,31																		
106,39	I	12,97	-	1,03	1,16	-	0,75	0,84	-	0,48	0,54	-	0,24	0,27	-	0,03	0,04	-	-	-	-	-	
	II	9,60	-	0,76	0,86	-	0,50	0,56	-	0,25	0,28	-	0,04	0,04	-	-	-	-	-	-	-	-	
	III	4,03	-	0,32	0,36	-	0,12	0,14	-	-	-	-	-	-	-	-	-	-	-	-	-	-	
	IV	12,97	-	1,03	1,16	-	0,89	1,00	-	0,75	0,84	-	0,61	0,69	-	0,48	0,54	-	0,36	0,40	-	0,24	0,2
	V	24,36	-	1,94	2,19																		
	VI	25,81	-	2,06	2,32																		
106,49	I	13,00	-	1,04	1,17	-	0,75	0,85	-	0,49	0,55	-	0,24	0,27	-	0,03	0,04	-	-	-	-	-	
	II	9,62	-	0,76	0,86	-	0,50	0,56	-	0,25	0,28	-	0,04	0,05	-	-	-	-	-	-	-	-	
	III	4,05	-	0,32	0,36	-	0,12	0,14	-	-	-	-	-	-	-	-	-	-	-	-	-	-	
	IV	13,00	-	1,04	1,17	-	0,89	1,00	-	0,75	0,85	-	0,62	0,69	-	0,49	0,55	-	0,36	0,40	-	0,24	0,2
	V	24,39	-	1,95	2,19																		
	VI	25,84	-	2,06	2,32																		

Lohn/ Gehalt bis	Steuerklasse	Lohn- steuer	ohne Kinderfreibetrag			Anzahl Kinderfreibeträge (nur Steuerklassen I–IV)																	
						0,5			1,0			1,5			2,0			2,5			3,0		
			SolZ 5,5%	Kirchensteuer 8%	9%	SolZ 5,5%	Kirchensteuer 8%	9%	SolZ 5,5%	Kirchensteuer 8%	9%	SolZ 5,5%	Kirchensteuer 8%	9%	SolZ 5,5%	Kirchensteuer 8%	9%	SolZ 5,5%	Kirchensteuer 8%	9%	SolZ 5,5%	Kirchensteuer 8%	9%
106,59	I	13,02	-	1,04	1,17	-	0,75	0,85	-	0,49	0,55	-	0,24	0,27	-	0,03	0,04	-	-	-	-	-	-
	II	9,64	-	0,77	0,86	-	0,50	0,56	-	0,25	0,28	-	0,04	0,05	-	-	-	-	-	-	-	-	-
	III	4,06	-	0,32	0,36	-	0,12	0,14	-	-	-	-	-	-	-	-	-	-	-	-	-	-	-
	IV	13,02	-	1,04	1,17	-	0,89	1,00	-	0,75	0,85	-	0,62	0,70	-	0,49	0,55	-	0,36	0,41	-	0,24	0,27
	V	24,42	-	1,95	2,19																		
	VI	25,87	-	2,06	2,32																		
106,69	I	13,04	-	1,04	1,17	-	0,76	0,85	-	0,49	0,55	-	0,24	0,27	-	0,03	0,04	-	-	-	-	-	-
	II	9,66	-	0,77	0,86	-	0,50	0,56	-	0,25	0,28	-	0,04	0,05	-	-	-	-	-	-	-	-	-
	III	4,08	-	0,32	0,36	-	0,12	0,14	-	-	-	-	-	-	-	-	-	-	-	-	-	-	-
	IV	13,04	-	1,04	1,17	-	0,89	1,01	-	0,76	0,85	-	0,62	0,70	-	0,49	0,55	-	0,36	0,41	-	0,24	0,27
	V	24,45	-	1,95	2,20																		
	VI	25,91	-	2,07	2,33																		
106,79	I	13,06	-	1,04	1,17	-	0,76	0,85	-	0,49	0,55	-	0,24	0,27	-	0,04	0,04	-	-	-	-	-	-
	II	9,69	-	0,77	0,87	-	0,50	0,57	-	0,25	0,28	-	0,04	0,05	-	-	-	-	-	-	-	-	-
	III	4,10	-	0,32	0,36	-	0,13	0,14	-	-	-	-	-	-	-	-	-	-	-	-	-	-	-
	IV	13,06	-	1,04	1,17	-	0,90	1,01	-	0,76	0,85	-	0,62	0,70	-	0,49	0,55	-	0,36	0,41	-	0,24	0,27
	V	24,48	-	1,95	2,20																		
	VI	25,95	-	2,07	2,33																		
106,89	I	13,09	-	1,04	1,17	-	0,76	0,85	-	0,49	0,55	-	0,24	0,27	-	0,04	0,04	-	-	-	-	-	-
	II	9,71	-	0,77	0,87	-	0,50	0,57	-	0,25	0,29	-	0,04	0,05	-	-	-	-	-	-	-	-	-
	III	4,12	-	0,32	0,37	-	0,13	0,14	-	-	-	-	-	-	-	-	-	-	-	-	-	-	-
	IV	13,09	-	1,04	1,17	-	0,90	1,01	-	0,76	0,85	-	0,62	0,70	-	0,49	0,55	-	0,37	0,41	-	0,24	0,27
	V	24,52	-	1,96	2,20																		
	VI	25,97	-	2,07	2,33																		
106,99	I	13,11	-	1,04	1,17	-	0,76	0,86	-	0,49	0,56	-	0,24	0,27	-	0,04	0,04	-	-	-	-	-	-
	II	9,73	-	0,77	0,87	-	0,51	0,57	-	0,26	0,29	-	0,05	0,05	-	-	-	-	-	-	-	-	-
	III	4,13	-	0,33	0,37	-	0,13	0,14	-	-	-	-	-	-	-	-	-	-	-	-	-	-	-
	IV	13,11	-	1,04	1,17	-	0,90	1,01	-	0,76	0,86	-	0,62	0,70	-	0,49	0,56	-	0,37	0,41	-	0,24	0,27
	V	24,56	-	1,96	2,21																		
	VI	26,01	-	2,08	2,34																		
107,09	I	13,14	-	1,05	1,18	-	0,76	0,86	-	0,50	0,56	-	0,25	0,28	-	0,04	0,04	-	-	-	-	-	-
	II	9,75	-	0,78	0,87	-	0,51	0,57	-	0,26	0,29	-	0,05	0,05	-	-	-	-	-	-	-	-	-
	III	4,15	-	0,33	0,37	-	0,13	0,15	-	-	-	-	-	-	-	-	-	-	-	-	-	-	-
	IV	13,14	-	1,05	1,18	-	0,90	1,02	-	0,76	0,86	-	0,63	0,71	-	0,50	0,56	-	0,37	0,42	-	0,25	0,28
	V	24,58	-	1,96	2,21																		
	VI	26,05	-	2,08	2,34																		
107,19	I	13,16	-	1,05	1,18	-	0,76	0,86	-	0,50	0,56	-	0,25	0,28	-	0,04	0,05	-	-	-	-	-	-
	II	9,78	-	0,78	0,88	-	0,51	0,57	-	0,26	0,29	-	0,05	0,05	-	-	-	-	-	-	-	-	-
	III	4,17	-	0,33	0,37	-	0,13	0,15	-	-	-	-	-	-	-	-	-	-	-	-	-	-	-
	IV	13,16	-	1,05	1,18	-	0,90	1,02	-	0,76	0,86	-	0,63	0,71	-	0,50	0,56	-	0,37	0,42	-	0,25	0,28
	V	24,62	-	1,96	2,21																		
	VI	26,08	-	2,08	2,34																		
107,29	I	13,18	-	1,05	1,18	-	0,77	0,86	-	0,50	0,56	-	0,25	0,28	-	0,04	0,05	-	-	-	-	-	-
	II	9,80	-	0,78	0,88	-	0,51	0,58	-	0,26	0,29	-	0,05	0,06	-	-	-	-	-	-	-	-	-
	III	4,19	-	0,33	0,37	-	0,13	0,15	-	-	-	-	-	-	-	-	-	-	-	-	-	-	-
	IV	13,18	-	1,05	1,18	-	0,91	1,02	-	0,77	0,86	-	0,63	0,71	-	0,50	0,56	-	0,37	0,42	-	0,25	0,28
	V	24,65	-	1,97	2,21																		
	VI	26,11	-	2,08	2,34																		
107,39	I	13,21	-	1,05	1,18	-	0,77	0,86	-	0,50	0,56	-	0,25	0,28	-	0,04	0,05	-	-	-	-	-	-
	II	9,82	-	0,78	0,88	-	0,51	0,58	-	0,26	0,30	-	0,05	0,06	-	-	-	-	-	-	-	-	-
	III	4,21	-	0,33	0,37	-	0,13	0,15	-	-	-	-	-	-	-	-	-	-	-	-	-	-	-
	IV	13,21	-	1,05	1,18	-	0,91	1,02	-	0,77	0,86	-	0,63	0,71	-	0,50	0,56	-	0,37	0,42	-	0,25	0,28
	V	24,69	-	1,97	2,22																		
	VI	26,14	-	2,09	2,35																		
107,49	I	13,23	-	1,05	1,19	-	0,77	0,87	-	0,50	0,57	-	0,25	0,28	-	0,04	0,05	-	-	-	-	-	-
	II	9,85	-	0,78	0,88	-	0,52	0,58	-	0,26	0,30	-	0,05	0,06	-	-	-	-	-	-	-	-	-
	III	4,22	-	0,33	0,37	-	0,13	0,15	-	-	-	-	-	-	-	-	-	-	-	-	-	-	-
	IV	13,23	-	1,05	1,19	-	0,91	1,02	-	0,77	0,87	-	0,63	0,71	-	0,50	0,57	-	0,38	0,42	-	0,25	0,28
	V	24,72	-	1,97	2,22																		
	VI	26,18	-	2,09	2,35																		
107,59	I	13,26	-	1,06	1,19	-	0,77	0,87	-	0,50	0,57	-	0,25	0,29	-	0,04	0,05	-	-	-	-	-	-
	II	9,87	-	0,78	0,88	-	0,52	0,58	-	0,27	0,30	-	0,05	0,06	-	-	-	-	-	-	-	-	-
	III	4,24	-	0,33	0,38	-	0,14	0,15	-	-	-	-	-	-	-	-	-	-	-	-	-	-	-
	IV	13,26	-	1,06	1,19	-	0,91	1,03	-	0,77	0,87	-	0,64	0,72	-	0,50	0,57	-	0,38	0,42	-	0,25	0,29
	V	24,76	-	1,98	2,22																		
	VI	26,21	-	2,09	2,35																		
107,69	I	13,28	-	1,06	1,19	-	0,77	0,87	-	0,51	0,57	-	0,26	0,29	-	0,05	0,05	-	-	-	-	-	-
	II	9,89	-	0,79	0,89	-	0,52	0,58	-	0,27	0,30	-	0,05	0,06	-	-	-	-	-	-	-	-	-
	III	4,26	-	0,34	0,38	-	0,14	0,15	-	-	-	-	-	-	-	-	-	-	-	-	-	-	-
	IV	13,28	-	1,06	1,19	-	0,91	1,03	-	0,77	0,87	-	0,64	0,72	-	0,51	0,57	-	0,38	0,43	-	0,26	0,29
	V	24,78	-	1,98	2,23																		
	VI	26,25	-	2,10	2,36																		
107,79	I	13,31	-	1,06	1,19	-	0,78	0,87	-	0,51	0,57	-	0,26	0,29	-	0,05	0,05	-	-	-	-	-	-
	II	9,91	-	0,79	0,89	-	0,52	0,59	-	0,27	0,30	-	0,05	0,06	-	-	-	-	-	-	-	-	-
	III	4,28	-	0,34	0,38	-	0,14	0,15	-	-	-	-	-	-	-	-	-	-	-	-	-	-	-
	IV	13,31	-	1,06	1,19	-	0,92	1,03	-	0,78	0,87	-	0,64	0,72	-	0,51	0,57	-	0,38	0,43	-	0,26	0,29
	V	24,82	-	1,98	2,23																		
	VI	26,28	-	2,10	2,36																		
107,89	I	13,33	-	1,06	1,19	-	0,78	0,87	-	0,51	0,57	-	0,26	0,29	-	0,05	0,05	-	-	-	-	-	-
	II	9,94	-	0,79	0,89	-	0,52	0,59	-	0,27	0,30	-	0,06	0,06	-	-	-	-	-	-	-	-	-
	III	4,30	-	0,34	0,38	-	0,14	0,16	-	-	-	-	-	-	-	-	-	-	-	-	-	-	-
	IV	13,33	-	1,06	1,19	-	0,92	1,03	-	0,78	0,87	-	0,64	0,72	-	0,51	0,57	-	0,38	0,43	-	0,26	0,29
	V	24,85	-	1,98	2,23																		
	VI	26,31	-	2,10	2,36																		
107,99	I	13,35	-	1,06	1,20	-	0,78	0,88	-	0,51	0,58	-	0,26	0,29	-	0,05	0,06	-	-	-	-	-	-
	II	9,96	-	0,79	0,89	-	0,52	0,59	-	0,27	0,31	-	0,06	0,06	-	-	-	-	-	-	-	-	-
	III	4,31	-	0,34	0,38	-	0,14	0,16	-	-	-	-	-	-	-	-	-	-	-	-	-	-	-
	IV	13,35	-	1,06	1,20	-	0,92	1,03	-	0,78	0,88	-	0,64	0,72	-	0,51	0,58	-	0,38	0,43	-	0,26	0,29
	V	24,88	-	1,99	2,23																		
	VI	26,35	-	2,10	2,37																		

TAG bis 109,49 €

Allgemeine Tabelle

Lohn/ Gehalt bis	Steuerklasse	Lohnsteuer	ohne Kinderfreibetrag SolZ 5,5%	Kirchensteuer 8%	9%	0,5 SolZ 5,5%	Kirchensteuer 8%	9%	1,0 SolZ 5,5%	Kirchensteuer 8%	9%	1,5 SolZ 5,5%	Kirchensteuer 8%	9%	2,0 SolZ 5,5%	Kirchensteuer 8%	9%	2,5 SolZ 5,5%	Kirchensteuer 8%	9%	3,0 SolZ 5,5%	Kirchensteuer 8%	9%
						Anzahl Kinderfreibeträge (nur Steuerklassen I–IV)																	
108,09	I	13,38	-	1,07	1,20	-	0,78	0,88	-	0,51	0,58	-	0,26	0,29	-	0,05	0,06	-	-	-	-	-	
	II	9,98	-	0,79	0,89	-	0,52	0,59	-	0,27	0,31	-	0,06	0,07	-	-	-	-	-	-	-	-	
	III	4,33	-	0,34	0,38	-	0,14	0,16	-	-	-	-	-	-	-	-	-	-	-	-	-	-	
	IV	13,38	-	1,07	1,20	-	0,92	1,04	-	0,78	0,88	-	0,64	0,72	-	0,51	0,58	-	0,38	0,43	-	0,26	0,
	V	24,92	-	1,99	2,24																		
	VI	26,38	-	2,11	2,37																		
108,19	I	13,40	-	1,07	1,20	-	0,78	0,88	-	0,51	0,58	-	0,26	0,30	-	0,05	0,06	-	-	-	-	-	
	II	10,00	-	0,80	0,90	-	0,53	0,59	-	0,28	0,31	-	0,06	0,07	-	-	-	-	-	-	-	-	
	III	4,35	-	0,34	0,39	-	0,14	0,16	-	-	-	-	-	-	-	-	-	-	-	-	-	-	
	IV	13,40	-	1,07	1,20	-	0,92	1,04	-	0,78	0,88	-	0,65	0,73	-	0,51	0,58	-	0,39	0,44	-	0,26	0,
	V	24,96	-	1,99	2,24																		
	VI	26,42	-	2,11	2,37																		
108,29	I	13,43	-	1,07	1,20	-	0,78	0,88	-	0,52	0,58	-	0,26	0,30	-	0,05	0,06	-	-	-	-	-	
	II	10,03	-	0,80	0,90	-	0,53	0,59	-	0,28	0,31	-	0,06	0,07	-	-	-	-	-	-	-	-	
	III	4,37	-	0,34	0,39	-	0,14	0,16	-	-	-	-	-	-	-	-	-	-	-	-	-	-	
	IV	13,43	-	1,07	1,20	-	0,92	1,04	-	0,78	0,88	-	0,65	0,73	-	0,52	0,58	-	0,39	0,44	-	0,26	0,
	V	24,99	-	1,99	2,24																		
	VI	26,45	-	2,11	2,38																		
108,39	I	13,45	-	1,07	1,21	-	0,79	0,88	-	0,52	0,58	-	0,27	0,30	-	0,05	0,06	-	-	-	-	-	
	II	10,05	-	0,80	0,90	-	0,53	0,60	-	0,28	0,31	-	0,06	0,07	-	-	-	-	-	-	-	-	
	III	4,39	-	0,35	0,39	-	0,14	0,16	-	-	-	-	-	-	-	-	-	-	-	-	-	-	
	IV	13,45	-	1,07	1,21	-	0,93	1,04	-	0,79	0,88	-	0,65	0,73	-	0,52	0,58	-	0,39	0,44	-	0,27	0,
	V	25,02	-	2,00	2,25																		
	VI	26,49	-	2,11	2,38																		
108,49	I	13,47	-	1,07	1,21	-	0,79	0,89	-	0,52	0,58	-	0,27	0,30	-	0,05	0,06	-	-	-	-	-	
	II	10,07	-	0,80	0,90	-	0,53	0,60	-	0,28	0,32	-	0,06	0,07	-	-	-	-	-	-	-	-	
	III	4,41	-	0,35	0,39	-	0,15	0,16	-	-	-	-	-	-	-	-	-	-	-	-	-	-	
	IV	13,47	-	1,07	1,21	-	0,93	1,04	-	0,79	0,89	-	0,65	0,73	-	0,52	0,58	-	0,39	0,44	-	0,27	0,
	V	25,06	-	2,00	2,25																		
	VI	26,52	-	2,12	2,38																		
108,59	I	13,50	-	1,08	1,21	-	0,79	0,89	-	0,52	0,59	-	0,27	0,30	-	0,06	0,06	-	-	-	-	-	
	II	10,10	-	0,80	0,90	-	0,53	0,60	-	0,28	0,32	-	0,06	0,07	-	-	-	-	-	-	-	-	
	III	4,42	-	0,35	0,39	-	0,15	0,17	-	-	-	-	-	-	-	-	-	-	-	-	-	-	
	IV	13,50	-	1,08	1,21	-	0,93	1,05	-	0,79	0,89	-	0,65	0,73	-	0,52	0,59	-	0,39	0,44	-	0,27	0,
	V	25,09	-	2,00	2,25																		
	VI	26,55	-	2,12	2,38																		
108,69	I	13,52	-	1,08	1,21	-	0,79	0,89	-	0,52	0,59	-	0,27	0,31	-	0,06	0,06	-	-	-	-	-	
	II	10,12	-	0,80	0,91	-	0,54	0,60	-	0,28	0,32	-	0,06	0,07	-	-	-	-	-	-	-	-	
	III	4,45	-	0,35	0,40	-	0,15	0,17	-	-	-	-	-	-	-	-	-	-	-	-	-	-	
	IV	13,52	-	1,08	1,21	-	0,93	1,05	-	0,79	0,89	-	0,66	0,74	-	0,52	0,59	-	0,40	0,45	-	0,27	0,
	V	25,12	-	2,00	2,26																		
	VI	26,59	-	2,12	2,39																		
108,79	I	13,55	-	1,08	1,21	-	0,79	0,89	-	0,52	0,59	-	0,27	0,31	-	0,06	0,07	-	-	-	-	-	
	II	10,14	-	0,81	0,91	-	0,54	0,60	-	0,28	0,32	-	0,07	0,07	-	-	-	-	-	-	-	-	
	III	4,46	-	0,35	0,40	-	0,15	0,17	-	-	-	-	-	-	-	-	-	-	-	-	-	-	
	IV	13,55	-	1,08	1,21	-	0,93	1,05	-	0,79	0,89	-	0,66	0,74	-	0,52	0,59	-	0,40	0,45	-	0,27	0,
	V	25,16	-	2,01	2,26																		
	VI	26,62	-	2,12	2,39																		
108,89	I	13,57	-	1,08	1,22	-	0,80	0,90	-	0,53	0,59	-	0,27	0,31	-	0,06	0,07	-	-	-	-	-	
	II	10,16	-	0,81	0,91	-	0,54	0,61	-	0,29	0,32	-	0,07	0,08	-	-	-	-	-	-	-	-	
	III	4,48	-	0,35	0,40	-	0,15	0,17	-	-	-	-	-	-	-	-	-	-	-	-	-	-	
	IV	13,57	-	1,08	1,22	-	0,94	1,05	-	0,80	0,90	-	0,66	0,74	-	0,53	0,59	-	0,40	0,45	-	0,27	0,
	V	25,19	-	2,01	2,26																		
	VI	26,66	-	2,13	2,39																		
108,99	I	13,59	-	1,08	1,22	-	0,80	0,90	-	0,53	0,59	-	0,28	0,31	-	0,06	0,07	-	-	-	-	-	
	II	10,19	-	0,81	0,91	-	0,54	0,61	-	0,29	0,32	-	0,07	0,08	-	-	-	-	-	-	-	-	
	III	4,50	-	0,36	0,40	-	0,15	0,17	-	-	-	-	-	-	-	-	-	-	-	-	-	-	
	IV	13,59	-	1,08	1,22	-	0,94	1,06	-	0,80	0,90	-	0,66	0,74	-	0,53	0,59	-	0,40	0,45	-	0,28	0,
	V	25,22	-	2,01	2,26																		
	VI	26,69	-	2,13	2,40																		
109,09	I	13,62	-	1,08	1,22	-	0,80	0,90	-	0,53	0,60	-	0,28	0,31	-	0,06	0,07	-	-	-	-	-	
	II	10,21	-	0,81	0,91	-	0,54	0,61	-	0,29	0,33	-	0,07	0,08	-	-	-	-	-	-	-	-	
	III	4,52	-	0,36	0,40	-	0,15	0,17	-	-	-	-	-	-	-	-	-	-	-	-	-	-	
	IV	13,62	-	1,08	1,22	-	0,94	1,06	-	0,80	0,90	-	0,66	0,74	-	0,53	0,60	-	0,40	0,45	-	0,28	0,
	V	25,26	-	2,02	2,27																		
	VI	26,73	-	2,13	2,40																		
109,19	I	13,64	-	1,09	1,22	-	0,80	0,90	-	0,53	0,60	-	0,28	0,31	-	0,06	0,07	-	-	-	-	-	
	II	10,23	-	0,81	0,92	-	0,54	0,61	-	0,29	0,33	-	0,07	0,08	-	-	-	-	-	-	-	-	
	III	4,53	-	0,36	0,40	-	0,15	0,17	-	-	-	-	-	-	-	-	-	-	-	-	-	-	
	IV	13,64	-	1,09	1,22	-	0,94	1,06	-	0,80	0,90	-	0,66	0,75	-	0,53	0,60	-	0,40	0,45	-	0,28	0,3
	V	25,29	-	2,02	2,27																		
	VI	26,76	-	2,14	2,40																		
109,29	I	13,66	-	1,09	1,22	-	0,80	0,90	-	0,53	0,60	-	0,28	0,32	-	0,06	0,07	-	-	-	-	-	
	II	10,25	-	0,82	0,92	-	0,55	0,61	-	0,29	0,33	-	0,07	0,08	-	-	-	-	-	-	-	-	
	III	4,55	-	0,36	0,40	-	0,16	0,18	-	-	-	-	-	-	-	-	-	-	-	-	-	-	
	IV	13,66	-	1,09	1,22	-	0,94	1,06	-	0,80	0,90	-	0,67	0,75	-	0,53	0,60	-	0,40	0,46	-	0,28	0,3
	V	25,32	-	2,02	2,27																		
	VI	26,79	-	2,14	2,41																		
109,39	I	13,69	-	1,09	1,23	-	0,80	0,90	-	0,53	0,60	-	0,28	0,32	-	0,06	0,07	-	-	-	-	-	
	II	10,28	-	0,82	0,92	-	0,55	0,62	-	0,29	0,33	-	0,07	0,08	-	-	-	-	-	-	-	-	
	III	4,57	-	0,36	0,41	-	0,16	0,18	-	-	-	-	-	-	-	-	-	-	-	-	-	-	
	IV	13,69	-	1,09	1,23	-	0,94	1,06	-	0,80	0,90	-	0,67	0,75	-	0,53	0,60	-	0,41	0,46	-	0,28	0,3
	V	25,36	-	2,02	2,28																		
	VI	26,83	-	2,14	2,41																		
109,49	I	13,71	-	1,09	1,23	-	0,81	0,91	-	0,54	0,60	-	0,28	0,32	-	0,07	0,07	-	-	-	-	-	
	II	10,30	-	0,82	0,92	-	0,55	0,62	-	0,30	0,33	-	0,07	0,08	-	-	-	-	-	-	-	-	
	III	4,59	-	0,36	0,41	-	0,16	0,18	-	-	-	-	-	-	-	-	-	-	-	-	-	-	
	IV	13,71	-	1,09	1,23	-	0,95	1,07	-	0,81	0,91	-	0,67	0,75	-	0,54	0,60	-	0,41	0,46	-	0,28	0,3
	V	25,40	-	2,03	2,28																		
	VI	26,86	-	2,14	2,41																		

Lohn/ Gehalt bis	Steuerklasse	Lohn-steuer	ohne Kinderfreibetrag SolZ 5,5%	Kirchensteuer 8%	Kirchensteuer 9%	0,5 SolZ 5,5%	0,5 Kirchensteuer 8%	0,5 Kirchensteuer 9%	1,0 SolZ 5,5%	1,0 Kirchensteuer 8%	1,0 Kirchensteuer 9%	1,5 SolZ 5,5%	1,5 Kirchensteuer 8%	1,5 Kirchensteuer 9%	2,0 SolZ 5,5%	2,0 Kirchensteuer 8%	2,0 Kirchensteuer 9%	2,5 SolZ 5,5%	2,5 Kirchensteuer 8%	2,5 Kirchensteuer 9%	3,0 SolZ 5,5%	3,0 Kirchensteuer 8%	3,0 Kirchensteuer 9%
109,59	I	13,74	-	1,09	1,23	-	0,81	0,91	-	0,54	0,61	-	0,29	0,32	-	0,07	0,08	-	-	-	-	-	-
	II	10,32	-	0,82	0,92	-	0,55	0,62	-	0,30	0,34	-	0,08	0,09	-	-	-	-	-	-	-	-	-
	III	4,61	-	0,36	0,41	-	0,16	0,18	-	-	-	-	-	-	-	-	-	-	-	-	-	-	-
	IV	13,74	-	1,09	1,23	-	0,95	1,07	-	0,81	0,91	-	0,67	0,75	-	0,54	0,61	-	0,41	0,46	-	0,29	0,32
	V	25,43	-	2,03	2,28																		
	VI	26,90	-	2,15	2,42																		
109,69	I	13,76	-	1,10	1,23	-	0,81	0,91	-	0,54	0,61	-	0,29	0,32	-	0,07	0,08	-	-	-	-	-	-
	II	10,35	-	0,82	0,93	-	0,55	0,62	-	0,30	0,34	-	0,08	0,09	-	-	-	-	-	-	-	-	-
	III	4,63	-	0,37	0,41	-	0,16	0,18	-	-	-	-	-	-	-	-	-	-	-	-	-	-	-
	IV	13,76	-	1,10	1,23	-	0,95	1,07	-	0,81	0,91	-	0,67	0,76	-	0,54	0,61	-	0,41	0,46	-	0,29	0,32
	V	25,46	-	2,03	2,29																		
	VI	26,93	-	2,15	2,42																		
109,79	I	13,79	-	1,10	1,24	-	0,81	0,91	-	0,54	0,61	-	0,29	0,33	-	0,07	0,08	-	-	-	-	-	-
	II	10,37	-	0,82	0,93	-	0,55	0,62	-	0,30	0,34	-	0,08	0,09	-	-	-	-	-	-	-	-	-
	III	4,65	-	0,37	0,41	-	0,16	0,18	-	-	-	-	-	-	-	-	-	-	-	-	-	-	-
	IV	13,79	-	1,10	1,24	-	0,95	1,07	-	0,81	0,91	-	0,67	0,76	-	0,54	0,61	-	0,41	0,46	-	0,29	0,33
	V	25,50	-	2,04	2,29																		
	VI	26,96	-	2,15	2,42																		
109,89	I	13,81	-	1,10	1,24	-	0,81	0,91	-	0,54	0,61	-	0,29	0,33	-	0,07	0,08	-	-	-	-	-	-
	II	10,39	-	0,83	0,93	-	0,56	0,63	-	0,30	0,34	-	0,08	0,09	-	-	-	-	-	-	-	-	-
	III	4,67	-	0,37	0,42	-	0,16	0,18	-	-	-	-	-	-	-	-	-	-	-	-	-	-	-
	IV	13,81	-	1,10	1,24	-	0,95	1,07	-	0,81	0,91	-	0,68	0,76	-	0,54	0,61	-	0,41	0,47	-	0,29	0,33
	V	25,53	-	2,04	2,29																		
	VI	27,00	-	2,16	2,43																		
109,99	I	13,83	-	1,10	1,24	-	0,82	0,92	-	0,54	0,61	-	0,29	0,33	-	0,07	0,08	-	-	-	-	-	-
	II	10,41	-	0,83	0,93	-	0,56	0,63	-	0,30	0,34	-	0,08	0,09	-	-	-	-	-	-	-	-	-
	III	4,68	-	0,37	0,42	-	0,16	0,18	-	-	-	-	-	-	-	-	-	-	-	-	-	-	-
	IV	13,83	-	1,10	1,24	-	0,96	1,08	-	0,82	0,92	-	0,68	0,76	-	0,54	0,61	-	0,42	0,47	-	0,29	0,33
	V	25,56	-	2,04	2,30																		
	VI	27,03	-	2,16	2,43																		
110,09	I	13,86	-	1,10	1,24	-	0,82	0,92	-	0,55	0,62	-	0,29	0,33	-	0,07	0,08	-	-	-	-	-	-
	II	10,44	-	0,83	0,93	-	0,56	0,63	-	0,31	0,34	-	0,08	0,09	-	-	-	-	-	-	-	-	-
	III	4,70	-	0,37	0,42	-	0,16	0,19	-	-	-	-	-	-	-	-	-	-	-	-	-	-	-
	IV	13,86	-	1,10	1,24	-	0,96	1,08	-	0,82	0,92	-	0,68	0,76	-	0,55	0,62	-	0,42	0,47	-	0,29	0,33
	V	25,60	-	2,04	2,30																		
	VI	27,07	-	2,16	2,43																		
110,19	I	13,88	-	1,11	1,24	-	0,82	0,92	-	0,55	0,62	-	0,30	0,33	-	0,07	0,08	-	-	-	-	-	-
	II	10,46	-	0,83	0,94	-	0,56	0,63	-	0,31	0,35	-	0,08	0,09	-	-	-	-	-	-	-	-	-
	III	4,72	-	0,37	0,42	-	0,17	0,19	-	-	-	-	-	-	-	-	-	-	-	-	-	-	-
	IV	13,88	-	1,11	1,24	-	0,96	1,08	-	0,82	0,92	-	0,68	0,77	-	0,55	0,62	-	0,42	0,47	-	0,30	0,33
	V	25,63	-	2,05	2,30																		
	VI	27,10	-	2,16	2,43																		
110,29	I	13,91	-	1,11	1,25	-	0,82	0,92	-	0,55	0,62	-	0,30	0,33	-	0,08	0,09	-	-	-	-	-	-
	II	10,48	-	0,83	0,94	-	0,56	0,63	-	0,31	0,35	-	0,08	0,09	-	-	-	-	-	-	-	-	-
	III	4,74	-	0,37	0,42	-	0,17	0,19	-	-	-	-	-	-	-	-	-	-	-	-	-	-	-
	IV	13,91	-	1,11	1,25	-	0,96	1,08	-	0,82	0,92	-	0,68	0,77	-	0,55	0,62	-	0,42	0,47	-	0,30	0,33
	V	25,67	-	2,05	2,31																		
	VI	27,13	-	2,17	2,44																		
110,39	I	13,93	-	1,11	1,25	-	0,82	0,93	-	0,55	0,62	-	0,30	0,34	-	0,08	0,09	-	-	-	-	-	-
	II	10,51	-	0,84	0,94	-	0,56	0,63	-	0,31	0,35	-	0,09	0,10	-	-	-	-	-	-	-	-	-
	III	4,76	-	0,38	0,42	-	0,17	0,19	-	-	-	-	-	-	-	-	-	-	-	-	-	-	-
	IV	13,93	-	1,11	1,25	-	0,96	1,08	-	0,82	0,93	-	0,68	0,77	-	0,55	0,62	-	0,42	0,48	-	0,30	0,34
	V	25,70	-	2,05	2,31																		
	VI	27,17	-	2,17	2,44																		
110,49	I	13,96	-	1,11	1,25	-	0,82	0,93	-	0,55	0,62	-	0,30	0,34	-	0,08	0,09	-	-	-	-	-	-
	II	10,53	-	0,84	0,94	-	0,57	0,64	-	0,31	0,35	-	0,09	0,10	-	-	-	-	-	-	-	-	-
	III	4,78	-	0,38	0,43	-	0,17	0,19	-	-	0,01	-	-	-	-	-	-	-	-	-	-	-	-
	IV	13,96	-	1,11	1,25	-	0,97	1,09	-	0,82	0,93	-	0,69	0,77	-	0,55	0,62	-	0,42	0,48	-	0,30	0,34
	V	25,73	-	2,05	2,31																		
	VI	27,20	-	2,17	2,44																		
110,59	I	13,98	-	1,11	1,25	-	0,83	0,93	-	0,56	0,63	-	0,30	0,34	-	0,08	0,09	-	-	-	-	-	-
	II	10,55	-	0,84	0,94	-	0,57	0,64	-	0,31	0,35	-	0,09	0,10	-	-	-	-	-	-	-	-	-
	III	4,80	-	0,38	0,43	-	0,17	0,19	-	0,01	0,01	-	-	-	-	-	-	-	-	-	-	-	-
	IV	13,98	-	1,11	1,25	-	0,97	1,09	-	0,83	0,93	-	0,69	0,77	-	0,56	0,63	-	0,43	0,48	-	0,30	0,34
	V	25,77	-	2,06	2,31																		
	VI	27,24	-	2,17	2,45																		
110,69	I	14,00	-	1,12	1,26	-	0,83	0,93	-	0,56	0,63	-	0,30	0,34	-	0,08	0,09	-	-	-	-	-	-
	II	10,57	-	0,84	0,95	-	0,57	0,64	-	0,32	0,36	-	0,09	0,10	-	-	-	-	-	-	-	-	-
	III	4,82	-	0,38	0,43	-	0,17	0,19	-	0,01	0,01	-	-	-	-	-	-	-	-	-	-	-	-
	IV	14,00	-	1,12	1,26	-	0,97	1,09	-	0,83	0,93	-	0,69	0,78	-	0,56	0,63	-	0,43	0,48	-	0,30	0,34
	V	25,80	-	2,06	2,32																		
	VI	27,27	-	2,18	2,45																		
110,79	I	14,03	-	1,12	1,26	-	0,83	0,93	-	0,56	0,63	-	0,30	0,34	-	0,08	0,09	-	-	-	-	-	-
	II	10,60	-	0,84	0,95	-	0,57	0,64	-	0,32	0,36	-	0,09	0,10	-	-	-	-	-	-	-	-	-
	III	4,83	-	0,38	0,43	-	0,17	0,19	-	0,01	0,01	-	-	-	-	-	-	-	-	-	-	-	-
	IV	14,03	-	1,12	1,26	-	0,97	1,09	-	0,83	0,93	-	0,69	0,78	-	0,56	0,63	-	0,43	0,48	-	0,30	0,34
	V	25,83	-	2,06	2,32																		
	VI	27,31	-	2,18	2,45																		
110,89	I	14,05	-	1,12	1,26	-	0,83	0,94	-	0,56	0,63	-	0,31	0,35	-	0,08	0,09	-	-	-	-	-	-
	II	10,62	-	0,84	0,95	-	0,57	0,64	-	0,32	0,36	-	0,09	0,10	-	-	-	-	-	-	-	-	-
	III	4,85	-	0,38	0,43	-	0,17	0,20	-	0,01	0,01	-	-	-	-	-	-	-	-	-	-	-	-
	IV	14,05	-	1,12	1,26	-	0,97	1,10	-	0,83	0,94	-	0,69	0,78	-	0,56	0,63	-	0,43	0,49	-	0,31	0,35
	V	25,87	-	2,06	2,32																		
	VI	27,34	-	2,18	2,46																		
110,99	I	14,08	-	1,12	1,26	-	0,83	0,94	-	0,56	0,63	-	0,31	0,35	-	0,08	0,09	-	-	-	-	-	-
	II	10,64	-	0,85	0,95	-	0,57	0,65	-	0,32	0,36	-	0,09	0,10	-	-	-	-	-	-	-	-	-
	III	4,87	-	0,38	0,43	-	0,18	0,20	-	0,01	0,01	-	-	-	-	-	-	-	-	-	-	-	-
	IV	14,08	-	1,12	1,26	-	0,98	1,10	-	0,83	0,94	-	0,70	0,78	-	0,56	0,63	-	0,43	0,49	-	0,31	0,35
	V	25,90	-	2,07	2,33																		
	VI	27,38	-	2,19	2,46																		

Anzahl Kinderfreibeträge (nur Steuerklassen I–IV)

Lohn/ Gehalt bis	Steuerklasse	Lohn-steuer	ohne Kinderfreibetrag			Anzahl Kinderfreibeträge (nur Steuerklassen I–IV)																	
						0,5			1,0			1,5			2,0			2,5			3,0		
			SolZ 5,5%	Kirchensteuer 8%	9%	SolZ 5,5%	Kirchensteuer 8%	9%	SolZ 5,5%	Kirchensteuer 8%	9%	SolZ 5,5%	Kirchensteuer 8%	9%	SolZ 5,5%	Kirchensteuer 8%	9%	SolZ 5,5%	Kirchensteuer 8%	9%	SolZ 5,5%	Kirchensteuer 8%	9%
111,09	I	14,10	-	1,12	1,26	-	0,84	0,94	-	0,56	0,63	-	0,31	0,35	-	0,08	0,10	-	-	-	-	-	
	II	10,66	-	0,85	0,95	-	0,58	0,65	-	0,32	0,36	-	0,09	0,11	-	-	-	-	-	-	-	-	
	III	4,89	-	0,39	0,44	-	0,18	0,20	-	0,01	0,01	-	-	-	-	-	-	-	-	-	-	-	
	IV	14,10	-	1,12	1,26	-	0,98	1,10	-	0,84	0,94	-	0,70	0,79	-	0,56	0,63	-	0,43	0,49	-	0,31	0
	V	25,94	-	2,07	2,33																		
	VI	27,41	-	2,19	2,46																		
111,19	I	14,13	-	1,13	1,27	-	0,84	0,94	-	0,57	0,64	-	0,31	0,35	-	0,09	0,10	-	-	-	-	-	
	II	10,69	-	0,85	0,96	-	0,58	0,65	-	0,32	0,36	-	0,10	0,11	-	-	-	-	-	-	-	-	
	III	4,91	-	0,39	0,44	-	0,18	0,20	-	0,01	0,01	-	-	-	-	-	-	-	-	-	-	-	
	IV	14,13	-	1,13	1,27	-	0,98	1,10	-	0,84	0,94	-	0,70	0,79	-	0,57	0,64	-	0,44	0,49	-	0,31	0
	V	25,97	-	2,07	2,33																		
	VI	27,44	-	2,19	2,46																		
111,29	I	14,15	-	1,13	1,27	-	0,84	0,94	-	0,57	0,64	-	0,31	0,35	-	0,09	0,10	-	-	-	-	-	
	II	10,71	-	0,85	0,96	-	0,58	0,65	-	0,32	0,37	-	0,10	0,11	-	-	-	-	-	-	-	-	
	III	4,93	-	0,39	0,44	-	0,18	0,20	-	0,01	0,01	-	-	-	-	-	-	-	-	-	-	-	
	IV	14,15	-	1,13	1,27	-	0,98	1,10	-	0,84	0,94	-	0,70	0,79	-	0,57	0,64	-	0,44	0,49	-	0,31	0,
	V	26,01	-	2,08	2,34																		
	VI	27,48	-	2,19	2,47																		
111,39	I	14,18	-	1,13	1,27	-	0,84	0,95	-	0,57	0,64	-	0,31	0,35	-	0,09	0,10	-	-	-	-	-	
	II	10,73	-	0,85	0,96	-	0,58	0,65	-	0,33	0,37	-	0,10	0,11	-	-	-	-	-	-	-	-	
	III	4,95	-	0,39	0,44	-	0,18	0,20	-	0,01	0,02	-	-	-	-	-	-	-	-	-	-	-	
	IV	14,18	-	1,13	1,27	-	0,98	1,11	-	0,84	0,95	-	0,70	0,79	-	0,57	0,64	-	0,44	0,49	-	0,31	0,
	V	26,04	-	2,08	2,34																		
	VI	27,51	-	2,20	2,47																		
111,49	I	14,20	-	1,13	1,27	-	0,84	0,95	-	0,57	0,64	-	0,32	0,36	-	0,09	0,10	-	-	-	-	-	
	II	10,76	-	0,86	0,96	-	0,58	0,66	-	0,33	0,37	-	0,10	0,11	-	-	-	-	-	-	-	-	
	III	4,97	-	0,39	0,44	-	0,18	0,20	-	0,01	0,02	-	-	-	-	-	-	-	-	-	-	-	
	IV	14,20	-	1,13	1,27	-	0,98	1,11	-	0,84	0,95	-	0,70	0,79	-	0,57	0,64	-	0,44	0,50	-	0,32	0,
	V	26,07	-	2,08	2,34																		
	VI	27,55	-	2,20	2,47																		
111,59	I	14,22	-	1,13	1,27	-	0,84	0,95	-	0,57	0,64	-	0,32	0,36	-	0,09	0,10	-	-	-	-	-	
	II	10,78	-	0,86	0,97	-	0,58	0,66	-	0,33	0,37	-	0,10	0,11	-	-	-	-	-	-	-	-	
	III	4,98	-	0,39	0,44	-	0,18	0,21	-	0,02	0,02	-	-	-	-	-	-	-	-	-	-	-	
	IV	14,22	-	1,13	1,27	-	0,99	1,11	-	0,84	0,95	-	0,71	0,80	-	0,57	0,64	-	0,44	0,50	-	0,32	0,
	V	26,10	-	2,08	2,34																		
	VI	27,58	-	2,20	2,48																		
111,69	I	14,25	-	1,14	1,28	-	0,85	0,95	-	0,57	0,65	-	0,32	0,36	-	0,09	0,10	-	-	-	-	-	
	II	10,80	-	0,86	0,97	-	0,59	0,66	-	0,33	0,37	-	0,10	0,11	-	-	-	-	-	-	-	-	
	III	5,01	-	0,40	0,45	-	0,18	0,21	-	0,02	0,02	-	-	-	-	-	-	-	-	-	-	-	
	IV	14,25	-	1,14	1,28	-	0,99	1,11	-	0,85	0,95	-	0,71	0,80	-	0,57	0,65	-	0,44	0,50	-	0,32	0,
	V	26,14	-	2,09	2,35																		
	VI	27,61	-	2,20	2,48																		
111,79	I	14,27	-	1,14	1,28	-	0,85	0,95	-	0,58	0,65	-	0,32	0,36	-	0,09	0,11	-	-	-	-	-	
	II	10,83	-	0,86	0,97	-	0,59	0,66	-	0,33	0,37	-	0,10	0,12	-	-	-	-	-	-	-	-	
	III	5,02	-	0,40	0,45	-	0,19	0,21	-	0,02	0,02	-	-	-	-	-	-	-	-	-	-	-	
	IV	14,27	-	1,14	1,28	-	0,99	1,11	-	0,85	0,95	-	0,71	0,80	-	0,58	0,65	-	0,45	0,50	-	0,32	0,
	V	26,17	-	2,09	2,35																		
	VI	27,65	-	2,21	2,48																		
111,89	I	14,30	-	1,14	1,28	-	0,85	0,96	-	0,58	0,65	-	0,32	0,36	-	0,09	0,11	-	-	-	-	-	
	II	10,85	-	0,86	0,97	-	0,59	0,66	-	0,33	0,38	-	0,10	0,12	-	-	-	-	-	-	-	-	
	III	5,05	-	0,40	0,45	-	0,19	0,21	-	0,02	0,02	-	-	-	-	-	-	-	-	-	-	-	
	IV	14,30	-	1,14	1,28	-	0,99	1,12	-	0,85	0,96	-	0,71	0,80	-	0,58	0,65	-	0,45	0,50	-	0,32	0,
	V	26,21	-	2,09	2,35																		
	VI	27,68	-	2,21	2,49																		
111,99	I	14,32	-	1,14	1,28	-	0,85	0,96	-	0,58	0,65	-	0,32	0,36	-	0,10	0,11	-	-	-	-	-	
	II	10,87	-	0,86	0,97	-	0,59	0,67	-	0,34	0,38	-	0,11	0,12	-	-	-	-	-	-	-	-	
	III	5,06	-	0,40	0,45	-	0,19	0,21	-	0,02	0,02	-	-	-	-	-	-	-	-	-	-	-	
	IV	14,32	-	1,14	1,28	-	0,99	1,12	-	0,85	0,96	-	0,71	0,80	-	0,58	0,65	-	0,45	0,51	-	0,32	0,
	V	26,24	-	2,09	2,36																		
	VI	27,72	-	2,21	2,49																		
112,09	I	14,35	-	1,14	1,29	-	0,85	0,96	-	0,58	0,65	-	0,33	0,37	-	0,10	0,11	-	-	-	-	-	
	II	10,90	-	0,87	0,98	-	0,59	0,67	-	0,34	0,38	-	0,11	0,12	-	-	-	-	-	-	-	-	
	III	5,08	-	0,40	0,45	-	0,19	0,21	-	0,02	0,02	-	-	-	-	-	-	-	-	-	-	-	
	IV	14,35	-	1,14	1,29	-	1,00	1,12	-	0,85	0,96	-	0,72	0,81	-	0,58	0,65	-	0,45	0,51	-	0,33	0,
	V	26,27	-	2,10	2,36																		
	VI	27,75	-	2,22	2,49																		
112,19	I	14,37	-	1,14	1,29	-	0,86	0,96	-	0,58	0,66	-	0,33	0,37	-	0,10	0,11	-	-	-	-	-	
	II	10,92	-	0,87	0,98	-	0,60	0,67	-	0,34	0,38	-	0,11	0,12	-	-	-	-	-	-	-	-	
	III	5,10	-	0,40	0,45	-	0,19	0,21	-	0,02	0,02	-	-	-	-	-	-	-	-	-	-	-	
	IV	14,37	-	1,14	1,29	-	1,00	1,12	-	0,86	0,96	-	0,72	0,81	-	0,58	0,66	-	0,45	0,51	-	0,33	0,3
	V	26,31	-	2,10	2,36																		
	VI	27,78	-	2,22	2,50																		
112,29	I	14,40	-	1,15	1,29	-	0,86	0,96	-	0,58	0,66	-	0,33	0,37	-	0,10	0,11	-	-	-	-	-	
	II	10,94	-	0,87	0,98	-	0,60	0,67	-	0,34	0,38	-	0,11	0,12	-	-	-	-	-	-	-	-	
	III	5,12	-	0,40	0,46	-	0,19	0,22	-	0,02	0,03	-	-	-	-	-	-	-	-	-	-	-	
	IV	14,40	-	1,15	1,29	-	1,00	1,13	-	0,86	0,96	-	0,72	0,81	-	0,58	0,66	-	0,45	0,51	-	0,33	0,3
	V	26,34	-	2,10	2,37																		
	VI	27,82	-	2,22	2,50																		
112,39	I	14,42	-	1,15	1,29	-	0,86	0,97	-	0,59	0,66	-	0,33	0,37	-	0,10	0,11	-	-	-	-	-	
	II	10,96	-	0,87	0,98	-	0,60	0,67	-	0,34	0,39	-	0,11	0,12	-	-	-	-	-	-	-	-	
	III	5,14	-	0,41	0,46	-	0,19	0,22	-	0,02	0,03	-	-	-	-	-	-	-	-	-	-	-	
	IV	14,42	-	1,15	1,29	-	1,00	1,13	-	0,86	0,97	-	0,72	0,81	-	0,59	0,66	-	0,46	0,51	-	0,33	0,3
	V	26,38	-	2,11	2,37																		
	VI	27,85	-	2,22	2,50																		
112,49	I	14,44	-	1,15	1,29	-	0,86	0,97	-	0,59	0,66	-	0,33	0,37	-	0,10	0,12	-	-	-	-	-	
	II	10,99	-	0,87	0,98	-	0,60	0,68	-	0,34	0,39	-	0,11	0,13	-	-	-	-	-	-	-	-	
	III	5,16	-	0,41	0,46	-	0,19	0,22	-	0,02	0,03	-	-	-	-	-	-	-	-	-	-	-	
	IV	14,44	-	1,15	1,29	-	1,00	1,13	-	0,86	0,97	-	0,72	0,81	-	0,59	0,66	-	0,46	0,52	-	0,33	0,3
	V	26,41	-	2,11	2,37																		
	VI	27,89	-	2,23	2,51																		

Lohn/ Gehalt bis	Steuerklasse	Lohn-steuer	ohne Kinderfreibetrag			Anzahl Kinderfreibeträge (nur Steuerklassen I–IV)																	
						0,5			1,0			1,5			2,0			2,5			3,0		
			SolZ 5,5%	Kirchensteuer 8%	9%	SolZ 5,5%	Kirchensteuer 8%	9%	SolZ 5,5%	Kirchensteuer 8%	9%	SolZ 5,5%	Kirchensteuer 8%	9%	SolZ 5,5%	Kirchensteuer 8%	9%	SolZ 5,5%	Kirchensteuer 8%	9%	SolZ 5,5%	Kirchensteuer 8%	9%
112,59	I	14,47	-	1,15	1,30	-	0,86	0,97	-	0,59	0,66	-	0,33	0,38	-	0,10	0,12	-	-	-	-	-	-
	II	11,01	-	0,88	0,99	-	0,60	0,68	-	0,35	0,39	-	0,11	0,13	-	-	-	-	-	-	-	-	-
	III	5,18	-	0,41	0,46	-	0,20	0,22	-	0,02	0,03	-	-	-	-	-	-	-	-	-	-	-	-
	IV	14,47	-	1,15	1,30	-	1,01	1,13	-	0,86	0,97	-	0,72	0,81	-	0,59	0,66	-	0,46	0,52	-	0,33	0,38
	V	26,45	-	2,11	2,38																		
	VI	27,92	-	2,23	2,51																		
112,69	I	14,49	-	1,15	1,30	-	0,86	0,97	-	0,59	0,67	-	0,34	0,38	-	0,10	0,12	-	-	-	-	-	-
	II	11,03	-	0,88	0,99	-	0,60	0,68	-	0,35	0,39	-	0,11	0,13	-	-	-	-	-	-	-	-	-
	III	5,20	-	0,41	0,46	-	0,20	0,22	-	0,03	0,03	-	-	-	-	-	-	-	-	-	-	-	-
	IV	14,49	-	1,15	1,30	-	1,01	1,13	-	0,86	0,97	-	0,73	0,82	-	0,59	0,67	-	0,46	0,52	-	0,34	0,38
	V	26,48	-	2,11	2,38																		
	VI	27,96	-	2,23	2,51																		
112,79	I	14,51	-	1,16	1,30	-	0,87	0,98	-	0,59	0,67	-	0,34	0,38	-	0,11	0,12	-	-	-	-	-	-
	II	11,06	-	0,88	0,99	-	0,61	0,68	-	0,35	0,39	-	0,12	0,13	-	-	-	-	-	-	-	-	-
	III	5,22	-	0,41	0,46	-	0,20	0,22	-	0,03	0,03	-	-	-	-	-	-	-	-	-	-	-	-
	IV	14,51	-	1,16	1,30	-	1,01	1,14	-	0,87	0,98	-	0,73	0,82	-	0,59	0,67	-	0,46	0,52	-	0,34	0,38
	V	26,51	-	2,12	2,38																		
	VI	27,99	-	2,23	2,51																		
112,89	I	14,54	-	1,16	1,30	-	0,87	0,98	-	0,60	0,67	-	0,34	0,38	-	0,11	0,12	-	-	-	-	-	-
	II	11,08	-	0,88	0,99	-	0,61	0,68	-	0,35	0,39	-	0,12	0,13	-	-	-	-	-	-	-	-	-
	III	5,23	-	0,41	0,47	-	0,20	0,22	-	0,03	0,03	-	-	-	-	-	-	-	-	-	-	-	-
	IV	14,54	-	1,16	1,30	-	1,01	1,14	-	0,87	0,98	-	0,73	0,82	-	0,60	0,67	-	0,46	0,52	-	0,34	0,38
	V	26,55	-	2,12	2,38																		
	VI	28,02	-	2,24	2,52																		
112,99	I	14,56	-	1,16	1,31	-	0,87	0,98	-	0,60	0,67	-	0,34	0,38	-	0,11	0,12	-	-	-	-	-	-
	II	11,10	-	0,88	0,99	-	0,61	0,69	-	0,35	0,40	-	0,12	0,13	-	-	-	-	-	-	-	-	-
	III	5,26	-	0,42	0,47	-	0,20	0,23	-	0,03	0,03	-	-	-	-	-	-	-	-	-	-	-	-
	IV	14,56	-	1,16	1,31	-	1,01	1,14	-	0,87	0,98	-	0,73	0,82	-	0,60	0,67	-	0,47	0,53	-	0,34	0,38
	V	26,58	-	2,12	2,39																		
	VI	28,06	-	2,24	2,52																		
113,09	I	14,59	-	1,16	1,31	-	0,87	0,98	-	0,60	0,67	-	0,34	0,38	-	0,11	0,12	-	-	-	-	-	-
	II	11,13	-	0,89	1,00	-	0,61	0,69	-	0,35	0,40	-	0,12	0,14	-	-	-	-	-	-	-	-	-
	III	5,27	-	0,42	0,47	-	0,20	0,23	-	0,03	0,03	-	-	-	-	-	-	-	-	-	-	-	-
	IV	14,59	-	1,16	1,31	-	1,02	1,14	-	0,87	0,98	-	0,73	0,82	-	0,60	0,67	-	0,47	0,53	-	0,34	0,38
	V	26,61	-	2,12	2,39																		
	VI	28,09	-	2,24	2,52																		
113,19	I	14,61	-	1,16	1,31	-	0,87	0,98	-	0,60	0,68	-	0,34	0,39	-	0,11	0,13	-	-	-	-	-	-
	II	11,15	-	0,89	1,00	-	0,61	0,69	-	0,36	0,40	-	0,12	0,14	-	-	-	-	-	-	-	-	-
	III	5,30	-	0,42	0,47	-	0,20	0,23	-	0,03	0,04	-	-	-	-	-	-	-	-	-	-	-	-
	IV	14,61	-	1,16	1,31	-	1,02	1,14	-	0,87	0,98	-	0,73	0,83	-	0,60	0,68	-	0,47	0,53	-	0,34	0,39
	V	26,65	-	2,13	2,39																		
	VI	28,13	-	2,25	2,53																		
113,29	I	14,64	-	1,17	1,31	-	0,88	0,99	-	0,60	0,68	-	0,35	0,39	-	0,11	0,13	-	-	-	-	-	-
	II	11,17	-	0,89	1,00	-	0,61	0,69	-	0,36	0,40	-	0,12	0,14	-	-	-	-	-	-	-	-	-
	III	5,31	-	0,42	0,47	-	0,20	0,23	-	0,03	0,04	-	-	-	-	-	-	-	-	-	-	-	-
	IV	14,64	-	1,17	1,31	-	1,02	1,15	-	0,88	0,99	-	0,74	0,83	-	0,60	0,68	-	0,47	0,53	-	0,35	0,39
	V	26,68	-	2,13	2,40																		
	VI	28,16	-	2,25	2,53																		
113,39	I	14,66	-	1,17	1,31	-	0,88	0,99	-	0,60	0,68	-	0,35	0,39	-	0,11	0,13	-	-	-	-	-	-
	II	11,20	-	0,89	1,00	-	0,62	0,69	-	0,36	0,40	-	0,12	0,14	-	-	-	-	-	-	-	-	-
	III	5,33	-	0,42	0,47	-	0,21	0,23	-	0,03	0,04	-	-	-	-	-	-	-	-	-	-	-	-
	IV	14,66	-	1,17	1,31	-	1,02	1,15	-	0,88	0,99	-	0,74	0,83	-	0,60	0,68	-	0,47	0,53	-	0,35	0,39
	V	26,72	-	2,13	2,40																		
	VI	28,20	-	2,25	2,53																		
113,49	I	14,69	-	1,17	1,32	-	0,88	0,99	-	0,61	0,68	-	0,35	0,39	-	0,12	0,13	-	-	-	-	-	-
	II	11,22	-	0,89	1,00	-	0,62	0,70	-	0,36	0,41	-	0,12	0,14	-	-	-	-	-	-	-	-	-
	III	5,35	-	0,42	0,48	-	0,21	0,23	-	0,03	0,04	-	-	-	-	-	-	-	-	-	-	-	-
	IV	14,69	-	1,17	1,32	-	1,02	1,15	-	0,88	0,99	-	0,74	0,83	-	0,61	0,68	-	0,47	0,53	-	0,35	0,39
	V	26,75	-	2,14	2,40																		
	VI	28,23	-	2,25	2,54																		
113,59	I	14,71	-	1,17	1,32	-	0,88	0,99	-	0,61	0,68	-	0,35	0,39	-	0,12	0,13	-	-	-	-	-	-
	II	11,24	-	0,89	1,01	-	0,62	0,70	-	0,36	0,41	-	0,13	0,14	-	-	-	-	-	-	-	-	-
	III	5,37	-	0,42	0,48	-	0,21	0,23	-	0,04	0,04	-	-	-	-	-	-	-	-	-	-	-	-
	IV	14,71	-	1,17	1,32	-	1,02	1,15	-	0,88	0,99	-	0,74	0,83	-	0,61	0,68	-	0,48	0,54	-	0,35	0,39
	V	26,79	-	2,14	2,41																		
	VI	28,26	-	2,26	2,54																		
113,69	I	14,74	-	1,17	1,32	-	0,88	0,99	-	0,61	0,69	-	0,35	0,40	-	0,12	0,13	-	-	-	-	-	-
	II	11,27	-	0,90	1,01	-	0,62	0,70	-	0,36	0,41	-	0,13	0,14	-	-	-	-	-	-	-	-	-
	III	5,39	-	0,43	0,48	-	0,21	0,24	-	0,04	0,04	-	-	-	-	-	-	-	-	-	-	-	-
	IV	14,74	-	1,17	1,32	-	1,03	1,16	-	0,88	0,99	-	0,74	0,84	-	0,61	0,69	-	0,48	0,54	-	0,35	0,40
	V	26,82	-	2,14	2,41																		
	VI	28,30	-	2,26	2,54																		
113,79	I	14,76	-	1,18	1,32	-	0,88	1,00	-	0,61	0,69	-	0,35	0,40	-	0,12	0,13	-	-	-	-	-	-
	II	11,29	-	0,90	1,01	-	0,62	0,70	-	0,37	0,41	-	0,13	0,15	-	-	-	-	-	-	-	-	-
	III	5,41	-	0,43	0,48	-	0,21	0,24	-	0,04	0,04	-	-	-	-	-	-	-	-	-	-	-	-
	IV	14,76	-	1,18	1,32	-	1,03	1,16	-	0,88	1,00	-	0,75	0,84	-	0,61	0,69	-	0,48	0,54	-	0,35	0,40
	V	26,85	-	2,14	2,41																		
	VI	28,33	-	2,26	2,54																		
113,89	I	14,79	-	1,18	1,33	-	0,89	1,00	-	0,61	0,69	-	0,36	0,40	-	0,12	0,14	-	-	-	-	-	-
	II	11,31	-	0,90	1,01	-	0,62	0,70	-	0,37	0,41	-	0,13	0,15	-	-	-	-	-	-	-	-	-
	III	5,43	-	0,43	0,48	-	0,21	0,24	-	0,04	0,04	-	-	-	-	-	-	-	-	-	-	-	-
	IV	14,79	-	1,18	1,33	-	1,03	1,16	-	0,89	1,00	-	0,75	0,84	-	0,61	0,69	-	0,48	0,54	-	0,36	0,40
	V	26,89	-	2,15	2,42																		
	VI	28,37	-	2,26	2,55																		
113,99	I	14,81	-	1,18	1,33	-	0,89	1,00	-	0,61	0,69	-	0,36	0,40	-	0,12	0,14	-	-	-	-	-	-
	II	11,34	-	0,90	1,02	-	0,63	0,71	-	0,37	0,42	-	0,13	0,15	-	-	-	-	-	-	-	-	-
	III	5,45	-	0,43	0,49	-	0,21	0,24	-	0,04	0,04	-	-	-	-	-	-	-	-	-	-	-	-
	IV	14,81	-	1,18	1,33	-	1,03	1,16	-	0,89	1,00	-	0,75	0,84	-	0,61	0,69	-	0,48	0,54	-	0,36	0,40
	V	26,92	-	2,15	2,42																		
	VI	28,40	-	2,27	2,55																		

Lohn/ Gehalt bis	Steuerklasse	Lohnsteuer	ohne Kinderfreibetrag			Anzahl Kinderfreibeträge (nur Steuerklassen I–IV)																	
						0,5			1,0			1,5			2,0			2,5			3,0		
			SolZ 5,5%	Kirchensteuer 8%	9%	SolZ 5,5%	Kirchensteuer 8%	9%	SolZ 5,5%	Kirchensteuer 8%	9%	SolZ 5,5%	Kirchensteuer 8%	9%	SolZ 5,5%	Kirchensteuer 8%	9%	SolZ 5,5%	Kirchensteuer 8%	9%	SolZ 5,5%	Kirchensteuer 8%	9%
114,09	I	14,83	-	1,18	1,33	-	0,89	1,00	-	0,62	0,69	-	0,36	0,40	-	0,12	0,14	-	-	-	-	-	
	II	11,36	-	0,90	1,02	-	0,63	0,71	-	0,37	0,42	-	0,13	0,15	-	-	-	-	-	-	-	-	
	III	5,47	-	0,43	0,49	-	0,21	0,24	-	0,04	0,05	-	-	-	-	-	-	-	-	-	-	-	
	IV	14,83	-	1,18	1,33	-	1,03	1,16	-	0,89	1,00	-	0,75	0,85	-	0,62	0,69	-	0,48	0,55	-	0,36	[illegible]
	V	26,96	-	2,15	2,42																		
	VI	28,43	-	2,27	2,55																		
114,19	I	14,86	-	1,18	1,33	-	0,89	1,00	-	0,62	0,70	-	0,36	0,41	-	0,12	0,14	-	-	-	-	-	
	II	11,38	-	0,91	1,02	-	0,63	0,71	-	0,37	0,42	-	0,13	0,15	-	-	-	-	-	-	-	-	
	III	5,49	-	0,43	0,49	-	0,22	0,24	-	0,04	0,05	-	-	-	-	-	-	-	-	-	-	-	
	IV	14,86	-	1,18	1,33	-	1,04	1,17	-	0,89	1,00	-	0,75	0,85	-	0,62	0,70	-	0,49	0,55	-	0,36	[illegible]
	V	26,99	-	2,15	2,42																		
	VI	28,47	-	2,27	2,56																		
114,29	I	14,88	-	1,19	1,33	-	0,89	1,01	-	0,62	0,70	-	0,36	0,41	-	0,13	0,14	-	-	-	-	-	
	II	11,41	-	0,91	1,02	-	0,63	0,71	-	0,37	0,42	-	0,14	0,15	-	-	-	-	-	-	-	-	
	III	5,51	-	0,44	0,49	-	0,22	0,24	-	0,04	0,05	-	-	-	-	-	-	-	-	-	-	-	
	IV	14,88	-	1,19	1,33	-	1,04	1,17	-	0,89	1,01	-	0,75	0,85	-	0,62	0,70	-	0,49	0,55	-	0,36	[illegible]
	V	27,03	-	2,16	2,43																		
	VI	28,50	-	2,28	2,56																		
114,39	I	14,91	-	1,19	1,34	-	0,90	1,01	-	0,62	0,70	-	0,36	0,41	-	0,13	0,14	-	-	-	-	-	
	II	11,43	-	0,91	1,02	-	0,63	0,71	-	0,38	0,42	-	0,14	0,16	-	-	-	-	-	-	-	-	
	III	5,53	-	0,44	0,49	-	0,22	0,25	-	0,04	0,05	-	-	-	-	-	-	-	-	-	-	-	
	IV	14,91	-	1,19	1,34	-	1,04	1,17	-	0,90	1,01	-	0,76	0,85	-	0,62	0,70	-	0,49	0,55	-	0,36	[illegible]
	V	27,06	-	2,16	2,43																		
	VI	28,54	-	2,28	2,56																		
114,49	I	14,93	-	1,19	1,34	-	0,90	1,01	-	0,62	0,70	-	0,36	0,41	-	0,13	0,15	-	-	-	-	-	
	II	11,45	-	0,91	1,03	-	0,64	0,72	-	0,38	0,42	-	0,14	0,16	-	-	-	-	-	-	-	-	
	III	5,55	-	0,44	0,49	-	0,22	0,25	-	0,04	0,05	-	-	-	-	-	-	-	-	-	-	-	
	IV	14,93	-	1,19	1,34	-	1,04	1,17	-	0,90	1,01	-	0,76	0,85	-	0,62	0,70	-	0,49	0,55	-	0,36	[illegible]
	V	27,09	-	2,16	2,43																		
	VI	28,57	-	2,28	2,57																		
114,59	I	14,96	-	1,19	1,34	-	0,90	1,01	-	0,62	0,70	-	0,37	0,41	-	0,13	0,15	-	-	-	-	-	
	II	11,48	-	0,91	1,03	-	0,64	0,72	-	0,38	0,43	-	0,14	0,16	-	-	-	-	-	-	-	-	
	III	5,57	-	0,44	0,50	-	0,22	0,25	-	0,04	0,05	-	-	-	-	-	-	-	-	-	-	-	
	IV	14,96	-	1,19	1,34	-	1,04	1,17	-	0,90	1,01	-	0,76	0,86	-	0,62	0,70	-	0,49	0,56	-	0,37	[illegible]
	V	27,13	-	2,17	2,44																		
	VI	28,61	-	2,28	2,57																		
114,69	I	14,98	-	1,19	1,34	-	0,90	1,01	-	0,63	0,71	-	0,37	0,41	-	0,13	0,15	-	-	-	-	-	
	II	11,50	-	0,92	1,03	-	0,64	0,72	-	0,38	0,43	-	0,14	0,16	-	-	-	-	-	-	-	-	
	III	5,58	-	0,44	0,50	-	0,22	0,25	-	0,05	0,05	-	-	-	-	-	-	-	-	-	-	-	
	IV	14,98	-	1,19	1,34	-	1,05	1,18	-	0,90	1,01	-	0,76	0,86	-	0,63	0,71	-	0,50	0,56	-	0,37	[illegible]
	V	27,16	-	2,17	2,44																		
	VI	28,64	-	2,29	2,57																		
114,79	I	15,01	-	1,20	1,35	-	0,90	1,02	-	0,63	0,71	-	0,37	0,42	-	0,13	0,15	-	-	-	-	-	
	II	11,52	-	0,92	1,03	-	0,64	0,72	-	0,38	0,43	-	0,14	0,16	-	-	-	-	-	-	-	-	
	III	5,61	-	0,44	0,50	-	0,22	0,25	-	0,05	0,05	-	-	-	-	-	-	-	-	-	-	-	
	IV	15,01	-	1,20	1,35	-	1,05	1,18	-	0,90	1,02	-	0,76	0,86	-	0,63	0,71	-	0,50	0,56	-	0,37	[illegible]
	V	27,20	-	2,17	2,44																		
	VI	28,67	-	2,29	2,58																		
114,89	I	15,03	-	1,20	1,35	-	0,90	1,02	-	0,63	0,71	-	0,37	0,42	-	0,13	0,15	-	-	-	-	-	
	II	11,55	-	0,92	1,03	-	0,64	0,72	-	0,38	0,43	-	0,14	0,16	-	-	-	-	-	-	-	-	
	III	5,62	-	0,44	0,50	-	0,22	0,25	-	0,05	0,05	-	-	-	-	-	-	-	-	-	-	-	
	IV	15,03	-	1,20	1,35	-	1,05	1,18	-	0,90	1,02	-	0,77	0,86	-	0,63	0,71	-	0,50	0,56	-	0,37	[illegible]
	V	27,23	-	2,17	2,45																		
	VI	28,71	-	2,29	2,58																		
114,99	I	15,06	-	1,20	1,35	-	0,91	1,02	-	0,63	0,71	-	0,37	0,42	-	0,14	0,15	-	-	-	-	-	
	II	11,57	-	0,92	1,04	-	0,64	0,72	-	0,38	0,43	-	0,15	0,16	-	-	-	-	-	-	-	-	
	III	5,65	-	0,45	0,50	-	0,23	0,26	-	0,05	0,06	-	-	-	-	-	-	-	-	-	-	-	
	IV	15,06	-	1,20	1,35	-	1,05	1,18	-	0,91	1,02	-	0,77	0,86	-	0,63	0,71	-	0,50	0,56	-	0,37	[illegible]
	V	27,26	-	2,18	2,45																		
	VI	28,74	-	2,29	2,58																		
115,09	I	15,08	-	1,20	1,35	-	0,91	1,02	-	0,63	0,71	-	0,37	0,42	-	0,14	0,15	-	-	-	-	-	
	II	11,59	-	0,92	1,04	-	0,65	0,73	-	0,39	0,44	-	0,15	0,17	-	-	-	-	-	-	-	-	
	III	5,66	-	0,45	0,50	-	0,23	0,26	-	0,05	0,06	-	-	-	-	-	-	-	-	-	-	-	
	IV	15,08	-	1,20	1,35	-	1,05	1,18	-	0,91	1,02	-	0,77	0,87	-	0,63	0,71	-	0,50	0,56	-	0,37	[illegible]
	V	27,30	-	2,18	2,45																		
	VI	28,78	-	2,30	2,59																		
115,19	I	15,11	-	1,20	1,35	-	0,91	1,02	-	0,64	0,72	-	0,38	0,42	-	0,14	0,16	-	-	-	-	-	
	II	11,61	-	0,92	1,04	-	0,65	0,73	-	0,39	0,44	-	0,15	0,17	-	-	-	-	-	-	-	-	
	III	5,68	-	0,45	0,51	-	0,23	0,26	-	0,05	0,06	-	-	-	-	-	-	-	-	-	-	-	
	IV	15,11	-	1,20	1,35	-	1,06	1,19	-	0,91	1,02	-	0,77	0,87	-	0,64	0,72	-	0,50	0,57	-	0,38	[illegible]
	V	27,33	-	2,18	2,45																		
	VI	28,81	-	2,30	2,59																		
115,29	I	15,13	-	1,21	1,36	-	0,91	1,03	-	0,64	0,72	-	0,38	0,43	-	0,14	0,16	-	-	-	-	-	
	II	11,64	-	0,93	1,04	-	0,65	0,73	-	0,39	0,44	-	0,15	0,17	-	-	-	-	-	-	-	-	
	III	5,71	-	0,45	0,51	-	0,23	0,26	-	0,05	0,06	-	-	-	-	-	-	-	-	-	-	-	
	IV	15,13	-	1,21	1,36	-	1,06	1,19	-	0,91	1,03	-	0,77	0,87	-	0,64	0,72	-	0,50	0,57	-	0,38	[illegible]
	V	27,37	-	2,18	2,46																		
	VI	28,85	-	2,30	2,59																		
115,39	I	15,16	-	1,21	1,36	-	0,91	1,03	-	0,64	0,72	-	0,38	0,43	-	0,14	0,16	-	-	-	-	-	
	II	11,66	-	0,93	1,04	-	0,65	0,73	-	0,39	0,44	-	0,15	0,17	-	-	-	-	-	-	-	-	
	III	5,72	-	0,45	0,51	-	0,23	0,26	-	0,05	0,06	-	-	-	-	-	-	-	-	-	-	-	
	IV	15,16	-	1,21	1,36	-	1,06	1,19	-	0,91	1,03	-	0,77	0,87	-	0,64	0,72	-	0,51	0,57	-	0,38	[illegible]
	V	27,40	-	2,19	2,46																		
	VI	28,88	-	2,31	2,59																		
115,49	I	15,18	-	1,21	1,36	-	0,92	1,03	-	0,64	0,72	-	0,38	0,43	-	0,14	0,16	-	-	-	-	-	
	II	11,68	-	0,93	1,05	-	0,65	0,73	-	0,39	0,44	-	0,15	0,17	-	-	-	-	-	-	-	-	
	III	5,75	-	0,46	0,51	-	0,23	0,26	-	0,05	0,06	-	-	-	-	-	-	-	-	-	-	-	
	IV	15,18	-	1,21	1,36	-	1,06	1,19	-	0,92	1,03	-	0,78	0,87	-	0,64	0,72	-	0,51	0,57	-	0,38	[illegible]
	V	27,43	-	2,19	2,46																		
	VI	28,91	-	2,31	2,60																		

Lohn/ Gehalt bis	Steuerklasse	Lohnsteuer	ohne Kinderfreibetrag			Anzahl Kinderfreibeträge (nur Steuerklassen I–IV)																	
						0,5			1,0			1,5			2,0			2,5			3,0		
			SolZ 5,5%	Kirchensteuer 8%	9%	SolZ 5,5%	Kirchensteuer 8%	9%	SolZ 5,5%	Kirchensteuer 8%	9%	SolZ 5,5%	Kirchensteuer 8%	9%	SolZ 5,5%	Kirchensteuer 8%	9%	SolZ 5,5%	Kirchensteuer 8%	9%	SolZ 5,5%	Kirchensteuer 8%	9%
115,59	I	15,20	–	1,21	1,36	–	0,92	1,03	–	0,64	0,72	–	0,38	0,43	–	0,14	0,16	–	–	–	–	–	–
	II	11,71	–	0,93	1,05	–	0,66	0,74	–	0,40	0,45	–	0,15	0,17	–	–	–	–	–	–	–	–	–
	III	5,76	–	0,46	0,51	–	0,23	0,26	–	0,06	0,06	–	–	–	–	–	–	–	–	–	–	–	–
	IV	15,20	–	1,21	1,36	–	1,06	1,20	–	0,92	1,03	–	0,78	0,88	–	0,64	0,72	–	0,51	0,57	–	0,38	0,43
	V	27,47	–	2,19	2,47																		
	VI	28,95	–	2,31	2,60																		
115,69	I	15,23	–	1,21	1,37	–	0,92	1,04	–	0,64	0,72	–	0,38	0,43	–	0,14	0,16	–	–	–	–	–	–
	II	11,73	–	0,93	1,05	–	0,66	0,74	–	0,40	0,45	–	0,16	0,18	–	–	–	–	–	–	–	–	–
	III	5,78	–	0,46	0,52	–	0,24	0,27	–	0,06	0,06	–	–	–	–	–	–	–	–	–	–	–	–
	IV	15,23	–	1,21	1,37	–	1,06	1,20	–	0,92	1,04	–	0,78	0,88	–	0,64	0,72	–	0,51	0,58	–	0,38	0,43
	V	27,50	–	2,20	2,47																		
	VI	28,98	–	2,31	2,60																		
115,79	I	15,25	–	1,22	1,37	–	0,92	1,04	–	0,65	0,73	–	0,39	0,43	–	0,15	0,17	–	–	–	–	–	–
	II	11,76	–	0,94	1,05	–	0,66	0,74	–	0,40	0,45	–	0,16	0,18	–	–	–	–	–	–	–	–	–
	III	5,80	–	0,46	0,52	–	0,24	0,27	–	0,06	0,06	–	–	–	–	–	–	–	–	–	–	–	–
	IV	15,25	–	1,22	1,37	–	1,07	1,20	–	0,92	1,04	–	0,78	0,88	–	0,65	0,73	–	0,51	0,58	–	0,39	0,43
	V	27,54	–	2,20	2,47																		
	VI	29,01	–	2,32	2,61																		
115,89	I	15,28	–	1,22	1,37	–	0,92	1,04	–	0,65	0,73	–	0,39	0,44	–	0,15	0,17	–	–	–	–	–	–
	II	11,78	–	0,94	1,06	–	0,66	0,74	–	0,40	0,45	–	0,16	0,18	–	–	–	–	–	–	–	–	–
	III	5,82	–	0,46	0,52	–	0,24	0,27	–	0,06	0,07	–	–	–	–	–	–	–	–	–	–	–	–
	IV	15,28	–	1,22	1,37	–	1,07	1,20	–	0,92	1,04	–	0,78	0,88	–	0,65	0,73	–	0,52	0,58	–	0,39	0,44
	V	27,57	–	2,20	2,48																		
	VI	29,05	–	2,32	2,61																		
115,99	I	15,30	–	1,22	1,37	–	0,93	1,04	–	0,65	0,73	–	0,39	0,44	–	0,15	0,17	–	–	–	–	–	–
	II	11,80	–	0,94	1,06	–	0,66	0,74	–	0,40	0,45	–	0,16	0,18	–	–	–	–	–	–	–	–	–
	III	5,84	–	0,46	0,52	–	0,24	0,27	–	0,06	0,07	–	–	–	–	–	–	–	–	–	–	–	–
	IV	15,30	–	1,22	1,37	–	1,07	1,20	–	0,93	1,04	–	0,78	0,88	–	0,65	0,73	–	0,52	0,58	–	0,39	0,44
	V	27,61	–	2,20	2,48																		
	VI	29,08	–	2,32	2,61																		
116,09	I	15,33	–	1,22	1,37	–	0,93	1,04	–	0,65	0,73	–	0,39	0,44	–	0,15	0,17	–	–	–	–	–	–
	II	11,83	–	0,94	1,06	–	0,66	0,75	–	0,40	0,45	–	0,16	0,18	–	–	–	–	–	–	–	–	–
	III	5,86	–	0,46	0,52	–	0,24	0,27	–	0,06	0,07	–	–	–	–	–	–	–	–	–	–	–	–
	IV	15,33	–	1,22	1,37	–	1,07	1,21	–	0,93	1,04	–	0,79	0,89	–	0,65	0,73	–	0,52	0,58	–	0,39	0,44
	V	27,64	–	2,21	2,48																		
	VI	29,12	–	2,32	2,62																		
116,19	I	15,35	–	1,22	1,38	–	0,93	1,05	–	0,65	0,73	–	0,39	0,44	–	0,15	0,17	–	–	–	–	–	–
	II	11,85	–	0,94	1,06	–	0,67	0,75	–	0,40	0,46	–	0,16	0,18	–	–	–	–	–	–	–	–	–
	III	5,88	–	0,47	0,52	–	0,24	0,27	–	0,06	0,07	–	–	–	–	–	–	–	–	–	–	–	–
	IV	15,35	–	1,22	1,38	–	1,07	1,21	–	0,93	1,05	–	0,79	0,89	–	0,65	0,73	–	0,52	0,59	–	0,39	0,44
	V	27,67	–	2,21	2,49																		
	VI	29,15	–	2,33	2,62																		
116,29	I	15,38	–	1,23	1,38	–	0,93	1,05	–	0,65	0,74	–	0,39	0,44	–	0,15	0,17	–	–	–	–	–	–
	II	11,87	–	0,94	1,06	–	0,67	0,75	–	0,41	0,46	–	0,16	0,18	–	–	–	–	–	–	–	–	–
	III	5,90	–	0,47	0,53	–	0,24	0,27	–	0,06	0,07	–	–	–	–	–	–	–	–	–	–	–	–
	IV	15,38	–	1,23	1,38	–	1,08	1,21	–	0,93	1,05	–	0,79	0,89	–	0,65	0,74	–	0,52	0,59	–	0,39	0,44
	V	27,71	–	2,21	2,49																		
	VI	29,19	–	2,33	2,62																		
116,39	I	15,40	–	1,23	1,38	–	0,93	1,05	–	0,66	0,74	–	0,40	0,45	–	0,16	0,18	–	–	–	–	–	–
	II	11,90	–	0,95	1,07	–	0,67	0,75	–	0,41	0,46	–	0,17	0,19	–	–	–	–	–	–	–	–	–
	III	5,92	–	0,47	0,53	–	0,24	0,28	–	0,06	0,07	–	–	–	–	–	–	–	–	–	–	–	–
	IV	15,40	–	1,23	1,38	–	1,08	1,21	–	0,93	1,05	–	0,79	0,89	–	0,66	0,74	–	0,52	0,59	–	0,40	0,45
	V	27,74	–	2,21	2,49																		
	VI	29,22	–	2,33	2,62																		
116,49	I	15,43	–	1,23	1,38	–	0,94	1,05	–	0,66	0,74	–	0,40	0,45	–	0,16	0,18	–	–	–	–	–	–
	II	11,92	–	0,95	1,07	–	0,67	0,75	–	0,41	0,46	–	0,17	0,19	–	–	–	–	–	–	–	–	–
	III	5,94	–	0,47	0,53	–	0,25	0,28	–	0,06	0,07	–	–	–	–	–	–	–	–	–	–	–	–
	IV	15,43	–	1,23	1,38	–	1,08	1,22	–	0,94	1,05	–	0,79	0,89	–	0,66	0,74	–	0,53	0,59	–	0,40	0,45
	V	27,78	–	2,22	2,50																		
	VI	29,25	–	2,34	2,63																		
116,59	I	15,45	–	1,23	1,39	–	0,94	1,05	–	0,66	0,74	–	0,40	0,45	–	0,16	0,18	–	–	–	–	–	–
	II	11,94	–	0,95	1,07	–	0,67	0,76	–	0,41	0,46	–	0,17	0,19	–	–	–	–	–	–	–	–	–
	III	5,96	–	0,47	0,53	–	0,25	0,28	–	0,07	0,07	–	–	–	–	–	–	–	–	–	–	–	–
	IV	15,45	–	1,23	1,39	–	1,08	1,22	–	0,94	1,05	–	0,80	0,90	–	0,66	0,74	–	0,53	0,59	–	0,40	0,45
	V	27,81	–	2,22	2,50																		
	VI	29,29	–	2,34	2,63																		
116,69	I	15,48	–	1,23	1,39	–	0,94	1,06	–	0,66	0,74	–	0,40	0,45	–	0,16	0,18	–	–	–	–	–	–
	II	11,97	–	0,95	1,07	–	0,67	0,76	–	0,41	0,46	–	0,17	0,19	–	–	–	–	–	–	–	–	–
	III	5,98	–	0,47	0,53	–	0,25	0,28	–	0,07	0,08	–	–	–	–	–	–	–	–	–	–	–	–
	IV	15,48	–	1,23	1,39	–	1,08	1,22	–	0,94	1,06	–	0,80	0,90	–	0,66	0,74	–	0,53	0,60	–	0,40	0,45
	V	27,85	–	2,22	2,50																		
	VI	29,32	–	2,34	2,63																		
116,79	I	15,50	–	1,24	1,39	–	0,94	1,06	–	0,66	0,75	–	0,40	0,45	–	0,16	0,18	–	–	–	–	–	–
	II	11,99	–	0,95	1,07	–	0,68	0,76	–	0,41	0,47	–	0,17	0,19	–	–	–	–	–	–	–	–	–
	III	6,00	–	0,48	0,54	–	0,25	0,28	–	0,07	0,08	–	–	–	–	–	–	–	–	–	–	–	–
	IV	15,50	–	1,24	1,39	–	1,09	1,22	–	0,94	1,06	–	0,80	0,90	–	0,66	0,75	–	0,53	0,60	–	0,40	0,45
	V	27,88	–	2,23	2,50																		
	VI	29,36	–	2,34	2,64																		
116,89	I	15,53	–	1,24	1,39	–	0,94	1,06	–	0,66	0,75	–	0,40	0,45	–	0,16	0,18	–	–	–	–	–	–
	II	12,01	–	0,96	1,08	–	0,68	0,76	–	0,42	0,47	–	0,17	0,19	–	–	–	–	–	–	–	–	–
	III	6,02	–	0,48	0,54	–	0,25	0,28	–	0,07	0,08	–	–	–	–	–	–	–	–	–	–	–	–
	IV	15,53	–	1,24	1,39	–	1,09	1,22	–	0,94	1,06	–	0,80	0,90	–	0,66	0,75	–	0,53	0,60	–	0,40	0,45
	V	27,91	–	2,23	2,51																		
	VI	29,39	–	2,35	2,64																		
116,99	I	15,55	–	1,24	1,39	–	0,94	1,06	–	0,67	0,75	–	0,41	0,46	–	0,16	0,18	–	–	–	–	–	–
	II	12,04	–	0,96	1,08	–	0,68	0,76	–	0,42	0,47	–	0,17	0,20	–	–	–	–	–	–	–	–	–
	III	6,04	–	0,48	0,54	–	0,25	0,28	–	0,07	0,08	–	–	–	–	–	–	–	–	–	–	–	–
	IV	15,55	–	1,24	1,39	–	1,09	1,23	–	0,94	1,06	–	0,80	0,90	–	0,67	0,75	–	0,53	0,60	–	0,41	0,46
	V	27,95	–	2,23	2,51																		
	VI	29,43	–	2,35	2,64																		

Lohn/ Gehalt bis	Steuerklasse	Lohn-steuer	ohne Kinderfreibetrag SolZ 5,5%	Kirchensteuer 8%	Kirchensteuer 9%	0,5 SolZ 5,5%	0,5 Kirchensteuer 8%	0,5 Kirchensteuer 9%	1,0 SolZ 5,5%	1,0 Kirchensteuer 8%	1,0 Kirchensteuer 9%	1,5 SolZ 5,5%	1,5 Kirchensteuer 8%	1,5 Kirchensteuer 9%	2,0 SolZ 5,5%	2,0 Kirchensteuer 8%	2,0 Kirchensteuer 9%	2,5 SolZ 5,5%	2,5 Kirchensteuer 8%	2,5 Kirchensteuer 9%	3,0 SolZ 5,5%	3,0 Kirchensteuer 8%	3,0 Kirchensteuer 9%
117,09	I	15,58	-	1,24	1,40	-	0,95	1,07	-	0,67	0,75	-	0,41	0,46	-	0,16	0,19	-	-	-	-	-	
	II	12,06	-	0,96	1,08	-	0,68	0,77	-	0,42	0,47	-	0,18	0,20	-	-	-	-	-	-	-	-	
	III	6,06	-	0,48	0,54	-	0,25	0,29	-	0,07	0,08	-	-	-	-	-	-	-	-	-	-	-	
	IV	15,58	-	1,24	1,40	-	1,09	1,23	-	0,95	1,07	-	0,80	0,91	-	0,67	0,75	-	0,54	0,60	-	0,41	0,
	V	27,98	-	2,23	2,51																		
	VI	29,46	-	2,35	2,65																		
117,19	I	15,60	-	1,24	1,40	-	0,95	1,07	-	0,67	0,75	-	0,41	0,46	-	0,17	0,19	-	-	-	-	-	
	II	12,08	-	0,96	1,08	-	0,68	0,77	-	0,42	0,47	-	0,18	0,20	-	-	-	-	-	-	-	-	
	III	6,08	-	0,48	0,54	-	0,26	0,29	-	0,07	0,08	-	-	-	-	-	-	-	-	-	-	-	
	IV	15,60	-	1,24	1,40	-	1,09	1,23	-	0,95	1,07	-	0,81	0,91	-	0,67	0,75	-	0,54	0,61	-	0,41	0,
	V	28,02	-	2,24	2,52																		
	VI	29,49	-	2,35	2,65																		
117,29	I	15,63	-	1,25	1,40	-	0,95	1,07	-	0,67	0,76	-	0,41	0,46	-	0,17	0,19	-	-	-	-	-	
	II	12,11	-	0,96	1,08	-	0,68	0,77	-	0,42	0,48	-	0,18	0,20	-	-	-	-	-	-	-	-	
	III	6,10	-	0,48	0,54	-	0,26	0,29	-	0,07	0,08	-	-	-	-	-	-	-	-	-	-	-	
	IV	15,63	-	1,25	1,40	-	1,10	1,23	-	0,95	1,07	-	0,81	0,91	-	0,67	0,76	-	0,54	0,61	-	0,41	0,
	V	28,05	-	2,24	2,52																		
	VI	29,53	-	2,36	2,65																		
117,39	I	15,65	-	1,25	1,40	-	0,95	1,07	-	0,67	0,76	-	0,41	0,46	-	0,17	0,19	-	-	-	-	-	
	II	12,13	-	0,97	1,09	-	0,69	0,77	-	0,42	0,48	-	0,18	0,20	-	-	-	-	-	-	-	-	
	III	6,12	-	0,48	0,55	-	0,26	0,29	-	0,07	0,08	-	-	-	-	-	-	-	-	-	-	-	
	IV	15,65	-	1,25	1,40	-	1,10	1,24	-	0,95	1,07	-	0,81	0,91	-	0,67	0,76	-	0,54	0,61	-	0,41	0,
	V	28,08	-	2,24	2,52																		
	VI	29,56	-	2,36	2,66																		
117,49	I	15,68	-	1,25	1,41	-	0,95	1,07	-	0,68	0,76	-	0,41	0,47	-	0,17	0,19	-	-	-	-	-	
	II	12,15	-	0,97	1,09	-	0,69	0,77	-	0,43	0,48	-	0,18	0,20	-	-	-	-	-	-	-	-	
	III	6,13	-	0,49	0,55	-	0,26	0,29	-	0,08	0,09	-	-	-	-	-	-	-	-	-	-	-	
	IV	15,68	-	1,25	1,41	-	1,10	1,24	-	0,95	1,07	-	0,81	0,91	-	0,68	0,76	-	0,54	0,61	-	0,41	0,
	V	28,12	-	2,24	2,53																		
	VI	29,60	-	2,36	2,66																		
117,59	I	15,70	-	1,25	1,41	-	0,96	1,08	-	0,68	0,76	-	0,42	0,47	-	0,17	0,19	-	-	-	-	-	
	II	12,18	-	0,97	1,09	-	0,69	0,78	-	0,43	0,48	-	0,18	0,21	-	-	-	-	-	-	-	-	
	III	6,16	-	0,49	0,55	-	0,26	0,29	-	0,08	0,09	-	-	-	-	-	-	-	-	-	-	-	
	IV	15,70	-	1,25	1,41	-	1,10	1,24	-	0,96	1,08	-	0,81	0,92	-	0,68	0,76	-	0,54	0,61	-	0,42	0,
	V	28,15	-	2,25	2,53																		
	VI	29,63	-	2,37	2,66																		
117,69	I	15,73	-	1,25	1,41	-	0,96	1,08	-	0,68	0,76	-	0,42	0,47	-	0,17	0,20	-	-	-	-	-	
	II	12,20	-	0,97	1,09	-	0,69	0,78	-	0,43	0,48	-	0,18	0,21	-	-	-	-	-	-	-	-	
	III	6,17	-	0,49	0,55	-	0,26	0,29	-	0,08	0,09	-	-	-	-	-	-	-	-	-	-	-	
	IV	15,73	-	1,25	1,41	-	1,10	1,24	-	0,96	1,08	-	0,82	0,92	-	0,68	0,76	-	0,55	0,61	-	0,42	0,
	V	28,19	-	2,25	2,53																		
	VI	29,66	-	2,37	2,66																		
117,79	I	15,75	-	1,26	1,41	-	0,96	1,08	-	0,68	0,77	-	0,42	0,47	-	0,18	0,20	-	-	-	-	-	
	II	12,23	-	0,97	1,10	-	0,69	0,78	-	0,43	0,49	-	0,19	0,21	-	-	-	-	-	-	-	-	
	III	6,20	-	0,49	0,55	-	0,26	0,30	-	0,08	0,09	-	-	-	-	-	-	-	-	-	-	-	
	IV	15,75	-	1,26	1,41	-	1,10	1,24	-	0,96	1,08	-	0,82	0,92	-	0,68	0,77	-	0,55	0,62	-	0,42	0,
	V	28,22	-	2,25	2,53																		
	VI	29,70	-	2,37	2,67																		
117,89	I	15,78	-	1,26	1,42	-	0,96	1,08	-	0,68	0,77	-	0,42	0,47	-	0,18	0,20	-	-	-	-	-	
	II	12,25	-	0,98	1,10	-	0,70	0,78	-	0,43	0,49	-	0,19	0,21	-	-	-	-	-	-	-	-	
	III	6,21	-	0,49	0,55	-	0,26	0,30	-	0,08	0,09	-	-	-	-	-	-	-	-	-	-	-	
	IV	15,78	-	1,26	1,42	-	1,11	1,25	-	0,96	1,08	-	0,82	0,92	-	0,68	0,77	-	0,55	0,62	-	0,42	0,
	V	28,26	-	2,26	2,54																		
	VI	29,73	-	2,37	2,67																		
117,99	I	15,80	-	1,26	1,42	-	0,96	1,08	-	0,68	0,77	-	0,42	0,48	-	0,18	0,20	-	-	-	-	-	
	II	12,27	-	0,98	1,10	-	0,70	0,79	-	0,43	0,49	-	0,19	0,21	-	-	-	-	-	-	-	-	
	III	6,23	-	0,49	0,56	-	0,27	0,30	-	0,08	0,09	-	-	-	-	-	-	-	-	-	-	-	
	IV	15,80	-	1,26	1,42	-	1,11	1,25	-	0,96	1,08	-	0,82	0,92	-	0,68	0,77	-	0,55	0,62	-	0,42	0,
	V	28,29	-	2,26	2,54																		
	VI	29,77	-	2,38	2,67																		
118,09	I	15,83	-	1,26	1,42	-	0,96	1,09	-	0,69	0,77	-	0,42	0,48	-	0,18	0,20	-	-	-	-	-	
	II	12,30	-	0,98	1,10	-	0,70	0,79	-	0,44	0,49	-	0,19	0,22	-	-	-	-	-	-	-	-	
	III	6,26	-	0,50	0,56	-	0,27	0,30	-	0,08	0,09	-	-	-	-	-	-	-	-	-	-	-	
	IV	15,83	-	1,26	1,42	-	1,11	1,25	-	0,96	1,09	-	0,82	0,93	-	0,69	0,77	-	0,55	0,62	-	0,42	0,
	V	28,32	-	2,26	2,54																		
	VI	29,80	-	2,38	2,68																		
118,19	I	15,85	-	1,26	1,42	-	0,97	1,09	-	0,69	0,77	-	0,43	0,48	-	0,18	0,20	-	-	-	-	-	
	II	12,32	-	0,98	1,10	-	0,70	0,79	-	0,44	0,49	-	0,19	0,22	-	-	-	-	-	-	-	-	
	III	6,27	-	0,50	0,56	-	0,27	0,30	-	0,08	0,09	-	-	-	-	-	-	-	-	-	-	-	
	IV	15,85	-	1,26	1,42	-	1,11	1,25	-	0,97	1,09	-	0,82	0,93	-	0,69	0,77	-	0,55	0,62	-	0,43	0,
	V	28,36	-	2,26	2,55																		
	VI	29,83	-	2,38	2,68																		
118,29	I	15,88	-	1,27	1,42	-	0,97	1,09	-	0,69	0,78	-	0,43	0,48	-	0,18	0,21	-	-	-	-	-	
	II	12,34	-	0,98	1,11	-	0,70	0,79	-	0,44	0,49	-	0,19	0,22	-	-	0,01	-	-	-	-	-	
	III	6,30	-	0,50	0,56	-	0,27	0,30	-	0,08	0,09	-	-	-	-	-	-	-	-	-	-	-	
	IV	15,88	-	1,27	1,42	-	1,12	1,26	-	0,97	1,09	-	0,83	0,93	-	0,69	0,78	-	0,56	0,63	-	0,43	0,
	V	28,39	-	2,27	2,55																		
	VI	29,87	-	2,38	2,68																		
118,39	I	15,90	-	1,27	1,43	-	0,97	1,09	-	0,69	0,78	-	0,43	0,48	-	0,18	0,21	-	-	-	-	-	
	II	12,37	-	0,98	1,11	-	0,70	0,79	-	0,44	0,50	-	0,20	0,22	-	0,01	0,01	-	-	-	-	-	
	III	6,31	-	0,50	0,56	-	0,27	0,31	-	0,08	0,10	-	-	-	-	-	-	-	-	-	-	-	
	IV	15,90	-	1,27	1,43	-	1,12	1,26	-	0,97	1,09	-	0,83	0,93	-	0,69	0,78	-	0,56	0,63	-	0,43	0,4
	V	28,43	-	2,27	2,55																		
	VI	29,90	-	2,39	2,69																		
118,49	I	15,93	-	1,27	1,43	-	0,97	1,09	-	0,69	0,78	-	0,43	0,48	-	0,19	0,21	-	-	-	-	-	
	II	12,39	-	0,99	1,11	-	0,71	0,79	-	0,44	0,50	-	0,20	0,22	-	0,01	0,01	-	-	-	-	-	
	III	6,33	-	0,50	0,56	-	0,27	0,31	-	0,09	0,10	-	-	-	-	-	-	-	-	-	-	-	
	IV	15,93	-	1,27	1,43	-	1,12	1,26	-	0,97	1,09	-	0,83	0,93	-	0,69	0,78	-	0,56	0,63	-	0,43	0,4
	V	28,46	-	2,27	2,56																		
	VI	29,94	-	2,39	2,69																		

Lohn/ Gehalt bis	Steuerklasse	Lohn-steuer	ohne Kinderfreibetrag			Anzahl Kinderfreibeträge (nur Steuerklassen I–IV)																	
						0,5			1,0			1,5			2,0			2,5			3,0		
			SolZ 5,5%	Kirchensteuer 8%	Kirchensteuer 9%	SolZ 5,5%	Kirchensteuer 8%	Kirchensteuer 9%	SolZ 5,5%	Kirchensteuer 8%	Kirchensteuer 9%	SolZ 5,5%	Kirchensteuer 8%	Kirchensteuer 9%	SolZ 5,5%	Kirchensteuer 8%	Kirchensteuer 9%	SolZ 5,5%	Kirchensteuer 8%	Kirchensteuer 9%	SolZ 5,5%	Kirchensteuer 8%	Kirchensteuer 9%
118,59	I	15,95	-	1,27	1,43	-	0,97	1,10	-	0,69	0,78	-	0,43	0,49	-	0,19	0,21	-	-	-	-	-	-
	II	12,41	-	0,99	1,11	-	0,71	0,80	-	0,44	0,50	-	0,20	0,22	-	0,01	0,01	-	-	-	-	-	-
	III	6,35	-	0,50	0,57	-	0,27	0,31	-	0,09	0,10	-	-	-	-	-	-	-	-	-	-	-	-
	IV	15,95	-	1,27	1,43	-	1,12	1,26	-	0,97	1,10	-	0,83	0,94	-	0,69	0,78	-	0,56	0,63	-	0,43	0,49
	V	28,50	-	2,28	2,56																		
	VI	29,97	-	2,39	2,69																		
118,69	I	15,98	-	1,27	1,43	-	0,98	1,10	-	0,70	0,78	-	0,43	0,49	-	0,19	0,21	-	-	-	-	-	-
	II	12,44	-	0,99	1,11	-	0,71	0,80	-	0,45	0,50	-	0,20	0,23	-	0,01	0,01	-	-	-	-	-	-
	III	6,37	-	0,50	0,57	-	0,28	0,31	-	0,09	0,10	-	-	-	-	-	-	-	-	-	-	-	-
	IV	15,98	-	1,27	1,43	-	1,12	1,26	-	0,98	1,10	-	0,83	0,94	-	0,70	0,78	-	0,56	0,63	-	0,43	0,49
	V	28,53	-	2,28	2,56																		
	VI	30,01	-	2,40	2,70																		
118,79	I	16,00	-	1,28	1,44	-	0,98	1,10	-	0,70	0,79	-	0,44	0,49	-	0,19	0,21	-	-	-	-	-	-
	II	12,46	-	0,99	1,12	-	0,71	0,80	-	0,45	0,50	-	0,20	0,23	-	0,01	0,01	-	-	-	-	-	-
	III	6,39	-	0,51	0,57	-	0,28	0,31	-	0,09	0,10	-	-	-	-	-	-	-	-	-	-	-	-
	IV	16,00	-	1,28	1,44	-	1,12	1,27	-	0,98	1,10	-	0,84	0,94	-	0,70	0,79	-	0,56	0,64	-	0,44	0,49
	V	28,56	-	2,28	2,57																		
	VI	30,04	-	2,40	2,70																		
118,89	I	16,03	-	1,28	1,44	-	0,98	1,10	-	0,70	0,79	-	0,44	0,49	-	0,19	0,22	-	-	-	-	-	-
	II	12,48	-	0,99	1,12	-	0,71	0,80	-	0,45	0,51	-	0,20	0,23	-	0,01	0,01	-	-	-	-	-	-
	III	6,41	-	0,51	0,57	-	0,28	0,31	-	0,09	0,10	-	-	-	-	-	-	-	-	-	-	-	-
	IV	16,03	-	1,28	1,44	-	1,13	1,27	-	0,98	1,10	-	0,84	0,94	-	0,70	0,79	-	0,57	0,64	-	0,44	0,49
	V	28,60	-	2,28	2,57																		
	VI	30,07	-	2,40	2,70																		
118,99	I	16,05	-	1,28	1,44	-	0,98	1,10	-	0,70	0,79	-	0,44	0,49	-	0,19	0,22	-	-	-	-	-	-
	II	12,51	-	1,00	1,12	-	0,72	0,81	-	0,45	0,51	-	0,20	0,23	-	0,01	0,01	-	-	-	-	-	-
	III	6,43	-	0,51	0,57	-	0,28	0,32	-	0,09	0,10	-	-	-	-	-	-	-	-	-	-	-	-
	IV	16,05	-	1,28	1,44	-	1,13	1,27	-	0,98	1,10	-	0,84	0,95	-	0,70	0,79	-	0,57	0,64	-	0,44	0,49
	V	28,63	-	2,29	2,57																		
	VI	30,11	-	2,40	2,70																		
119,09	I	16,08	-	1,28	1,44	-	0,98	1,11	-	0,70	0,79	-	0,44	0,50	-	0,20	0,22	-	0,01	0,01	-	-	-
	II	12,53	-	1,00	1,12	-	0,72	0,81	-	0,45	0,51	-	0,21	0,23	-	0,01	0,01	-	-	-	-	-	-
	III	6,45	-	0,51	0,58	-	0,28	0,32	-	0,09	0,10	-	-	-	-	-	-	-	-	-	-	-	-
	IV	16,08	-	1,28	1,44	-	1,13	1,27	-	0,98	1,11	-	0,84	0,95	-	0,70	0,79	-	0,57	0,64	-	0,44	0,50
	V	28,66	-	2,29	2,57																		
	VI	30,14	-	2,41	2,71																		
119,19	I	16,10	-	1,28	1,44	-	0,99	1,11	-	0,71	0,79	-	0,44	0,50	-	0,20	0,22	-	0,01	0,01	-	-	-
	II	12,56	-	1,00	1,13	-	0,72	0,81	-	0,45	0,51	-	0,21	0,23	-	0,01	0,02	-	-	-	-	-	-
	III	6,47	-	0,51	0,58	-	0,28	0,32	-	0,09	0,11	-	-	-	-	-	-	-	-	-	-	-	-
	IV	16,10	-	1,28	1,44	-	1,13	1,27	-	0,99	1,11	-	0,84	0,95	-	0,71	0,79	-	0,57	0,64	-	0,44	0,50
	V	28,70	-	2,29	2,58																		
	VI	30,18	-	2,41	2,71																		
119,29	I	16,13	-	1,29	1,45	-	0,99	1,11	-	0,71	0,80	-	0,44	0,50	-	0,20	0,22	-	0,01	0,01	-	-	-
	II	12,58	-	1,00	1,13	-	0,72	0,81	-	0,46	0,51	-	0,21	0,24	-	0,01	0,02	-	-	-	-	-	-
	III	6,49	-	0,51	0,58	-	0,28	0,32	-	0,09	0,11	-	-	-	-	-	-	-	-	-	-	-	-
	IV	16,13	-	1,29	1,45	-	1,13	1,28	-	0,99	1,11	-	0,85	0,95	-	0,71	0,80	-	0,57	0,65	-	0,44	0,50
	V	28,73	-	2,29	2,58																		
	VI	30,21	-	2,41	2,71																		
119,39	I	16,15	-	1,29	1,45	-	0,99	1,11	-	0,71	0,80	-	0,45	0,50	-	0,20	0,22	-	0,01	0,01	-	-	-
	II	12,60	-	1,00	1,13	-	0,72	0,81	-	0,46	0,52	-	0,21	0,24	-	0,02	0,02	-	-	-	-	-	-
	III	6,51	-	0,52	0,58	-	0,28	0,32	-	0,10	0,11	-	-	-	-	-	-	-	-	-	-	-	-
	IV	16,15	-	1,29	1,45	-	1,14	1,28	-	0,99	1,11	-	0,85	0,95	-	0,71	0,80	-	0,58	0,65	-	0,45	0,50
	V	28,77	-	2,30	2,58																		
	VI	30,25	-	2,42	2,72																		
119,49	I	16,18	-	1,29	1,45	-	0,99	1,12	-	0,71	0,80	-	0,45	0,50	-	0,20	0,23	-	0,01	0,01	-	-	-
	II	12,63	-	1,01	1,13	-	0,72	0,81	-	0,46	0,52	-	0,21	0,24	-	0,02	0,02	-	-	-	-	-	-
	III	6,53	-	0,52	0,58	-	0,29	0,32	-	0,10	0,11	-	-	-	-	-	-	-	-	-	-	-	-
	IV	16,18	-	1,29	1,45	-	1,14	1,28	-	0,99	1,12	-	0,85	0,96	-	0,71	0,80	-	0,58	0,65	-	0,45	0,50
	V	28,80	-	2,30	2,59																		
	VI	30,28	-	2,42	2,72																		
119,59	I	16,20	-	1,29	1,45	-	0,99	1,12	-	0,71	0,80	-	0,45	0,51	-	0,20	0,23	-	0,01	0,01	-	-	-
	II	12,65	-	1,01	1,13	-	0,73	0,82	-	0,46	0,52	-	0,21	0,24	-	0,02	0,02	-	-	-	-	-	-
	III	6,55	-	0,52	0,58	-	0,29	0,32	-	0,10	0,11	-	-	-	-	-	-	-	-	-	-	-	-
	IV	16,20	-	1,29	1,45	-	1,14	1,28	-	0,99	1,12	-	0,85	0,96	-	0,71	0,80	-	0,58	0,65	-	0,45	0,51
	V	28,84	-	2,30	2,59																		
	VI	30,31	-	2,42	2,72																		
119,69	I	16,23	-	1,29	1,46	-	1,00	1,12	-	0,71	0,80	-	0,45	0,51	-	0,20	0,23	-	0,01	0,01	-	-	-
	II	12,68	-	1,01	1,14	-	0,73	0,82	-	0,46	0,52	-	0,22	0,24	-	0,02	0,02	-	-	-	-	-	-
	III	6,57	-	0,52	0,59	-	0,29	0,33	-	0,10	0,11	-	-	-	-	-	-	-	-	-	-	-	-
	IV	16,23	-	1,29	1,46	-	1,14	1,29	-	1,00	1,12	-	0,85	0,96	-	0,71	0,80	-	0,58	0,65	-	0,45	0,51
	V	28,87	-	2,30	2,59																		
	VI	30,35	-	2,42	2,73																		
119,79	I	16,25	-	1,30	1,46	-	1,00	1,12	-	0,72	0,81	-	0,45	0,51	-	0,21	0,23	-	0,01	0,01	-	-	-
	II	12,70	-	1,01	1,14	-	0,73	0,82	-	0,46	0,52	-	0,22	0,24	-	0,02	0,02	-	-	-	-	-	-
	III	6,59	-	0,52	0,59	-	0,29	0,33	-	0,10	0,11	-	-	-	-	-	-	-	-	-	-	-	-
	IV	16,25	-	1,30	1,46	-	1,14	1,29	-	1,00	1,12	-	0,85	0,96	-	0,72	0,81	-	0,58	0,65	-	0,45	0,51
	V	28,91	-	2,31	2,60																		
	VI	30,38	-	2,43	2,73																		
119,89	I	16,28	-	1,30	1,46	-	1,00	1,12	-	0,72	0,81	-	0,45	0,51	-	0,21	0,23	-	0,01	0,01	-	-	-
	II	12,72	-	1,01	1,14	-	0,73	0,82	-	0,47	0,53	-	0,22	0,25	-	0,02	0,02	-	-	-	-	-	-
	III	6,61	-	0,52	0,59	-	0,29	0,33	-	0,10	0,11	-	-	-	-	-	-	-	-	-	-	-	-
	IV	16,28	-	1,30	1,46	-	1,15	1,29	-	1,00	1,12	-	0,86	0,96	-	0,72	0,81	-	0,58	0,66	-	0,45	0,51
	V	28,94	-	2,31	2,60																		
	VI	30,41	-	2,43	2,73																		
119,99	I	16,30	-	1,30	1,46	-	1,00	1,13	-	0,72	0,81	-	0,46	0,51	-	0,21	0,24	-	0,01	0,02	-	-	-
	II	12,75	-	1,02	1,14	-	0,73	0,82	-	0,47	0,53	-	0,22	0,25	-	0,02	0,02	-	-	-	-	-	-
	III	6,63	-	0,53	0,59	-	0,29	0,33	-	0,10	0,12	-	-	-	-	-	-	-	-	-	-	-	-
	IV	16,30	-	1,30	1,46	-	1,15	1,29	-	1,00	1,13	-	0,86	0,97	-	0,72	0,81	-	0,59	0,66	-	0,46	0,51
	V	28,97	-	2,31	2,60																		
	VI	30,45	-	2,43	2,74																		

Lohn/ Gehalt bis	Steuerklasse	Lohn-steuer	ohne Kinderfreibetrag			Anzahl Kinderfreibeträge (nur Steuerklassen I–IV) 0,5			1,0			1,5			2,0			2,5			3,0		
			SolZ 5,5%	Kirchensteuer 8%	9%	SolZ 5,5%	Kirchensteuer 8%	9%	SolZ 5,5%	Kirchensteuer 8%	9%	SolZ 5,5%	Kirchensteuer 8%	9%	SolZ 5,5%	Kirchensteuer 8%	9%	SolZ 5,5%	Kirchensteuer 8%	9%	SolZ 5,5%	Kirchensteuer 8%	9%
120,09	I	16,33	-	1,30	1,46	-	1,00	1,13	-	0,72	0,81	-	0,46	0,52	-	0,21	0,24	-	0,02	0,02	-	-	
	II	12,77	-	1,02	1,14	-	0,73	0,83	-	0,47	0,53	-	0,22	0,25	-	0,02	0,03	-	-	-	-	-	
	III	6,65	-	0,53	0,59	-	0,30	0,33	-	0,10	0,12	-	-	-	-	-	-	-	-	-	-	-	
	IV	16,33	-	1,30	1,46	-	1,15	1,29	-	1,00	1,13	-	0,86	0,97	-	0,72	0,81	-	0,59	0,66	-	0,46	0
	V	29,01	-	2,32	2,61																		
	VI	30,48	-	2,43	2,74																		
120,19	I	16,35	-	1,30	1,47	-	1,00	1,13	-	0,72	0,81	-	0,46	0,52	-	0,21	0,24	-	0,02	0,02	-	-	
	II	12,79	-	1,02	1,15	-	0,74	0,83	-	0,47	0,53	-	0,22	0,25	-	0,02	0,03	-	-	-	-	-	
	III	6,67	-	0,53	0,60	-	0,30	0,33	-	0,10	0,12	-	-	-	-	-	-	-	-	-	-	-	
	IV	16,35	-	1,30	1,47	-	1,15	1,30	-	1,00	1,13	-	0,86	0,97	-	0,72	0,81	-	0,59	0,66	-	0,46	0
	V	29,04	-	2,32	2,61																		
	VI	30,52	-	2,44	2,74																		
120,29	I	16,38	-	1,31	1,47	-	1,01	1,13	-	0,72	0,82	-	0,46	0,52	-	0,21	0,24	-	0,02	0,02	-	-	
	II	12,82	-	1,02	1,15	-	0,74	0,83	-	0,47	0,53	-	0,22	0,25	-	0,02	0,03	-	-	-	-	-	
	III	6,69	-	0,53	0,60	-	0,30	0,34	-	0,11	0,12	-	-	-	-	-	-	-	-	-	-	-	
	IV	16,38	-	1,31	1,47	-	1,15	1,30	-	1,01	1,13	-	0,86	0,97	-	0,72	0,82	-	0,59	0,66	-	0,46	0
	V	29,08	-	2,32	2,61																		
	VI	30,55	-	2,44	2,74																		
120,39	I	16,40	-	1,31	1,47	-	1,01	1,13	-	0,73	0,82	-	0,46	0,52	-	0,22	0,24	-	0,02	0,02	-	-	
	II	12,84	-	1,02	1,15	-	0,74	0,83	-	0,47	0,53	-	0,23	0,26	-	0,03	0,03	-	-	-	-	-	
	III	6,71	-	0,53	0,60	-	0,30	0,34	-	0,11	0,12	-	-	-	-	-	-	-	-	-	-	-	
	IV	16,40	-	1,31	1,47	-	1,16	1,30	-	1,01	1,13	-	0,87	0,97	-	0,73	0,82	-	0,59	0,67	-	0,46	0
	V	29,11	-	2,32	2,61																		
	VI	30,59	-	2,44	2,75																		
120,49	I	16,43	-	1,31	1,47	-	1,01	1,14	-	0,73	0,82	-	0,46	0,52	-	0,22	0,24	-	0,02	0,02	-	-	
	II	12,86	-	1,02	1,15	-	0,74	0,83	-	0,48	0,54	-	0,23	0,26	-	0,03	0,03	-	-	-	-	-	
	III	6,73	-	0,53	0,60	-	0,30	0,34	-	0,11	0,12	-	-	-	-	-	-	-	-	-	-	-	
	IV	16,43	-	1,31	1,47	-	1,16	1,30	-	1,01	1,14	-	0,87	0,98	-	0,73	0,82	-	0,59	0,67	-	0,46	0,
	V	29,15	-	2,33	2,62																		
	VI	30,62	-	2,44	2,75																		
120,59	I	16,45	-	1,31	1,48	-	1,01	1,14	-	0,73	0,82	-	0,47	0,52	-	0,22	0,25	-	0,02	0,02	-	-	
	II	12,89	-	1,03	1,16	-	0,74	0,84	-	0,48	0,54	-	0,23	0,26	-	0,03	0,03	-	-	-	-	-	
	III	6,75	-	0,54	0,60	-	0,30	0,34	-	0,11	0,12	-	-	-	-	-	-	-	-	-	-	-	
	IV	16,45	-	1,31	1,48	-	1,16	1,31	-	1,01	1,14	-	0,87	0,98	-	0,73	0,82	-	0,60	0,67	-	0,47	0,
	V	29,18	-	2,33	2,62																		
	VI	30,66	-	2,45	2,75																		
120,69	I	16,48	-	1,31	1,48	-	1,01	1,14	-	0,73	0,82	-	0,47	0,53	-	0,22	0,25	-	0,02	0,02	-	-	
	II	12,91	-	1,03	1,16	-	0,75	0,84	-	0,48	0,54	-	0,23	0,26	-	0,03	0,03	-	-	-	-	-	
	III	6,77	-	0,54	0,60	-	0,30	0,34	-	0,11	0,12	-	-	-	-	-	-	-	-	-	-	-	
	IV	16,48	-	1,31	1,48	-	1,16	1,31	-	1,01	1,14	-	0,87	0,98	-	0,73	0,82	-	0,60	0,67	-	0,47	0,
	V	29,21	-	2,33	2,62																		
	VI	30,69	-	2,45	2,76																		
120,79	I	16,50	-	1,32	1,48	-	1,02	1,14	-	0,73	0,83	-	0,47	0,53	-	0,22	0,25	-	0,02	0,03	-	-	
	II	12,94	-	1,03	1,16	-	0,75	0,84	-	0,48	0,54	-	0,23	0,26	-	0,03	0,03	-	-	-	-	-	
	III	6,79	-	0,54	0,61	-	0,30	0,34	-	0,11	0,13	-	-	-	-	-	-	-	-	-	-	-	
	IV	16,50	-	1,32	1,48	-	1,16	1,31	-	1,02	1,14	-	0,87	0,98	-	0,73	0,83	-	0,60	0,67	-	0,47	0,
	V	29,25	-	2,34	2,63																		
	VI	30,72	-	2,45	2,76																		
120,89	I	16,53	-	1,32	1,48	-	1,02	1,15	-	0,74	0,83	-	0,47	0,53	-	0,22	0,25	-	0,02	0,03	-	-	
	II	12,96	-	1,03	1,16	-	0,75	0,84	-	0,48	0,54	-	0,23	0,26	-	0,03	0,04	-	-	-	-	-	
	III	6,81	-	0,54	0,61	-	0,31	0,35	-	0,11	0,13	-	-	-	-	-	-	-	-	-	-	-	
	IV	16,53	-	1,32	1,48	-	1,17	1,31	-	1,02	1,15	-	0,87	0,98	-	0,74	0,83	-	0,60	0,68	-	0,47	0,
	V	29,28	-	2,34	2,63																		
	VI	30,76	-	2,46	2,76																		
120,99	I	16,55	-	1,32	1,48	-	1,02	1,15	-	0,74	0,83	-	0,47	0,53	-	0,22	0,25	-	0,02	0,03	-	-	
	II	12,98	-	1,03	1,16	-	0,75	0,85	-	0,48	0,55	-	0,24	0,27	-	0,03	0,04	-	-	-	-	-	
	III	6,83	-	0,54	0,61	-	0,31	0,35	-	0,11	0,13	-	-	-	-	-	-	-	-	-	-	-	
	IV	16,55	-	1,32	1,48	-	1,17	1,31	-	1,02	1,15	-	0,88	0,99	-	0,74	0,83	-	0,60	0,68	-	0,47	0,
	V	29,31	-	2,34	2,63																		
	VI	30,79	-	2,46	2,77																		
121,09	I	16,58	-	1,32	1,49	-	1,02	1,15	-	0,74	0,83	-	0,47	0,53	-	0,23	0,25	-	0,03	0,03	-	-	
	II	13,01	-	1,04	1,17	-	0,75	0,85	-	0,49	0,55	-	0,24	0,27	-	0,03	0,04	-	-	-	-	-	
	III	6,85	-	0,54	0,61	-	0,31	0,35	-	0,11	0,13	-	-	-	-	-	-	-	-	-	-	-	
	IV	16,58	-	1,32	1,49	-	1,17	1,32	-	1,02	1,15	-	0,88	0,99	-	0,74	0,83	-	0,60	0,68	-	0,47	0,
	V	29,35	-	2,34	2,64																		
	VI	30,83	-	2,46	2,77																		
121,19	I	16,60	-	1,32	1,49	-	1,02	1,15	-	0,74	0,83	-	0,48	0,54	-	0,23	0,26	-	0,03	0,03	-	-	
	II	13,03	-	1,04	1,17	-	0,75	0,85	-	0,49	0,55	-	0,24	0,27	-	0,03	0,04	-	-	-	-	-	
	III	6,87	-	0,54	0,61	-	0,31	0,35	-	0,12	0,13	-	-	-	-	-	-	-	-	-	-	-	
	IV	16,60	-	1,32	1,49	-	1,17	1,32	-	1,02	1,15	-	0,88	0,99	-	0,74	0,83	-	0,61	0,68	-	0,48	0,
	V	29,38	-	2,35	2,64																		
	VI	30,86	-	2,46	2,77																		
121,29	I	16,63	-	1,33	1,49	-	1,03	1,15	-	0,74	0,84	-	0,48	0,54	-	0,23	0,26	-	0,03	0,03	-	-	
	II	13,06	-	1,04	1,17	-	0,76	0,85	-	0,49	0,55	-	0,24	0,27	-	0,04	0,04	-	-	-	-	-	
	III	6,88	-	0,55	0,61	-	0,31	0,35	-	0,12	0,13	-	-	-	-	-	-	-	-	-	-	-	
	IV	16,63	-	1,33	1,49	-	1,17	1,32	-	1,03	1,15	-	0,88	0,99	-	0,74	0,84	-	0,61	0,68	-	0,48	0,
	V	29,42	-	2,35	2,64																		
	VI	30,90	-	2,47	2,78																		
121,39	I	16,65	-	1,33	1,49	-	1,03	1,16	-	0,74	0,84	-	0,48	0,54	-	0,23	0,26	-	0,03	0,03	-	-	
	II	13,08	-	1,04	1,17	-	0,76	0,85	-	0,49	0,55	-	0,24	0,27	-	0,04	0,04	-	-	-	-	-	
	III	6,91	-	0,55	0,62	-	0,31	0,35	-	0,12	0,13	-	-	-	-	-	-	-	-	-	-	-	
	IV	16,65	-	1,33	1,49	-	1,18	1,32	-	1,03	1,16	-	0,88	0,99	-	0,74	0,84	-	0,61	0,69	-	0,48	0,
	V	29,45	-	2,35	2,65																		
	VI	30,93	-	2,47	2,78																		
121,49	I	16,68	-	1,33	1,50	-	1,03	1,16	-	0,75	0,84	-	0,48	0,54	-	0,23	0,26	-	0,03	0,03	-	-	
	II	13,10	-	1,04	1,17	-	0,76	0,86	-	0,49	0,55	-	0,24	0,27	-	0,04	0,04	-	-	-	-	-	
	III	6,93	-	0,55	0,62	-	0,32	0,36	-	0,12	0,13	-	-	-	-	-	-	-	-	-	-	-	
	IV	16,68	-	1,33	1,50	-	1,18	1,33	-	1,03	1,16	-	0,89	1,00	-	0,75	0,84	-	0,61	0,69	-	0,48	0,5
	V	29,49	-	2,35	2,65																		
	VI	30,96	-	2,47	2,78																		

Lohn/ Gehalt bis	Steuerklasse	Lohnsteuer	ohne Kinderfreibetrag SolZ 5,5%	Kirchensteuer 8%	9%	0,5 SolZ 5,5%	Kirchensteuer 8%	9%	1,0 SolZ 5,5%	Kirchensteuer 8%	9%	1,5 SolZ 5,5%	Kirchensteuer 8%	9%	2,0 SolZ 5,5%	Kirchensteuer 8%	9%	2,5 SolZ 5,5%	Kirchensteuer 8%	9%	3,0 SolZ 5,5%	Kirchensteuer 8%	9%
121,59	I	16,70	-	1,33	1,50	-	1,03	1,16	-	0,75	0,84	-	0,48	0,54	-	0,23	0,26	-	0,03	0,03	-	-	-
	II	13,13	-	1,05	1,18	-	0,76	0,86	-	0,50	0,56	-	0,25	0,28	-	0,04	0,04	-	-	-	-	-	-
	III	6,95	-	0,55	0,62	-	0,32	0,36	-	0,12	0,14	-	-	-	-	-	-	-	-	-	-	-	-
	IV	16,70	-	1,33	1,50	-	1,18	1,33	-	1,03	1,16	-	0,89	1,00	-	0,75	0,84	-	0,61	0,69	-	0,48	0,54
	V	29,52	-	2,36	2,65																		
	VI	31,00	-	2,48	2,79																		
121,69	I	16,73	-	1,33	1,50	-	1,03	1,16	-	0,75	0,84	-	0,48	0,54	-	0,24	0,27	-	0,03	0,04	-	-	-
	II	13,15	-	1,05	1,18	-	0,76	0,86	-	0,50	0,56	-	0,25	0,28	-	0,04	0,04	-	-	-	-	-	-
	III	6,97	-	0,55	0,62	-	0,32	0,36	-	0,12	0,14	-	-	-	-	-	-	-	-	-	-	-	-
	IV	16,73	-	1,33	1,50	-	1,18	1,33	-	1,03	1,16	-	0,89	1,00	-	0,75	0,84	-	0,62	0,69	-	0,48	0,54
	V	29,56	-	2,36	2,66																		
	VI	31,03	-	2,48	2,79																		
121,79	I	16,75	-	1,34	1,50	-	1,04	1,17	-	0,75	0,85	-	0,49	0,55	-	0,24	0,27	-	0,03	0,04	-	-	-
	II	13,18	-	1,05	1,18	-	0,77	0,86	-	0,50	0,56	-	0,25	0,28	-	0,04	0,05	-	-	-	-	-	-
	III	6,98	-	0,55	0,62	-	0,32	0,36	-	0,12	0,14	-	-	-	-	-	-	-	-	-	-	-	-
	IV	16,75	-	1,34	1,50	-	1,18	1,33	-	1,04	1,17	-	0,89	1,00	-	0,75	0,85	-	0,62	0,69	-	0,49	0,55
	V	29,59	-	2,36	2,66																		
	VI	31,06	-	2,48	2,79																		
121,89	I	16,78	-	1,34	1,51	-	1,04	1,17	-	0,75	0,85	-	0,49	0,55	-	0,24	0,27	-	0,03	0,04	-	-	-
	II	13,20	-	1,05	1,18	-	0,77	0,86	-	0,50	0,56	-	0,25	0,28	-	0,04	0,05	-	-	-	-	-	-
	III	7,01	-	0,56	0,63	-	0,32	0,36	-	0,12	0,14	-	-	-	-	-	-	-	-	-	-	-	-
	IV	16,78	-	1,34	1,51	-	1,18	1,33	-	1,04	1,17	-	0,89	1,01	-	0,75	0,85	-	0,62	0,70	-	0,49	0,55
	V	29,62	-	2,36	2,66																		
	VI	31,10	-	2,48	2,79																		
121,99	I	16,80	-	1,34	1,51	-	1,04	1,17	-	0,76	0,85	-	0,49	0,55	-	0,24	0,27	-	0,03	0,04	-	-	-
	II	13,22	-	1,05	1,18	-	0,77	0,87	-	0,50	0,56	-	0,25	0,28	-	0,04	0,05	-	-	-	-	-	-
	III	7,02	-	0,56	0,63	-	0,32	0,36	-	0,12	0,14	-	-	-	-	-	-	-	-	-	-	-	-
	IV	16,80	-	1,34	1,51	-	1,19	1,34	-	1,04	1,17	-	0,90	1,01	-	0,76	0,85	-	0,62	0,70	-	0,49	0,55
	V	29,66	-	2,37	2,66																		
	VI	31,13	-	2,49	2,80																		
122,09	I	16,83	-	1,34	1,51	-	1,04	1,17	-	0,76	0,85	-	0,49	0,55	-	0,24	0,27	-	0,04	0,04	-	-	-
	II	13,25	-	1,06	1,19	-	0,77	0,87	-	0,50	0,57	-	0,25	0,29	-	0,04	0,05	-	-	-	-	-	-
	III	7,05	-	0,56	0,63	-	0,32	0,36	-	0,13	0,14	-	-	-	-	-	-	-	-	-	-	-	-
	IV	16,83	-	1,34	1,51	-	1,19	1,34	-	1,04	1,17	-	0,90	1,01	-	0,76	0,85	-	0,62	0,70	-	0,49	0,55
	V	29,69	-	2,37	2,67																		
	VI	31,17	-	2,49	2,80																		
122,19	I	16,86	-	1,34	1,51	-	1,04	1,17	-	0,76	0,85	-	0,49	0,55	-	0,24	0,27	-	0,04	0,04	-	-	-
	II	13,27	-	1,06	1,19	-	0,77	0,87	-	0,50	0,57	-	0,26	0,29	-	0,04	0,05	-	-	-	-	-	-
	III	7,07	-	0,56	0,63	-	0,32	0,37	-	0,13	0,14	-	-	-	-	-	-	-	-	-	-	-	-
	IV	16,86	-	1,34	1,51	-	1,19	1,34	-	1,04	1,17	-	0,90	1,01	-	0,76	0,85	-	0,62	0,70	-	0,49	0,55
	V	29,73	-	2,37	2,67																		
	VI	31,20	-	2,49	2,80																		
122,29	I	16,88	-	1,35	1,51	-	1,04	1,18	-	0,76	0,86	-	0,49	0,56	-	0,24	0,28	-	0,04	0,04	-	-	-
	II	13,30	-	1,06	1,19	-	0,77	0,87	-	0,51	0,57	-	0,26	0,29	-	0,05	0,05	-	-	-	-	-	-
	III	7,08	-	0,56	0,63	-	0,33	0,37	-	0,13	0,14	-	-	-	-	-	-	-	-	-	-	-	-
	IV	16,88	-	1,35	1,51	-	1,19	1,34	-	1,04	1,18	-	0,90	1,01	-	0,76	0,86	-	0,63	0,70	-	0,49	0,56
	V	29,76	-	2,38	2,67																		
	VI	31,24	-	2,49	2,81																		
122,39	I	16,91	-	1,35	1,52	-	1,05	1,18	-	0,76	0,86	-	0,50	0,56	-	0,25	0,28	-	0,04	0,04	-	-	-
	II	13,32	-	1,06	1,19	-	0,78	0,87	-	0,51	0,57	-	0,26	0,29	-	0,05	0,05	-	-	-	-	-	-
	III	7,11	-	0,56	0,63	-	0,33	0,37	-	0,13	0,15	-	-	-	-	-	-	-	-	-	-	-	-
	IV	16,91	-	1,35	1,52	-	1,20	1,35	-	1,05	1,18	-	0,90	1,02	-	0,76	0,86	-	0,63	0,71	-	0,50	0,56
	V	29,80	-	2,38	2,68																		
	VI	31,27	-	2,50	2,81																		
122,49	I	16,93	-	1,35	1,52	-	1,05	1,18	-	0,76	0,86	-	0,50	0,56	-	0,25	0,28	-	0,04	0,05	-	-	-
	II	13,34	-	1,06	1,20	-	0,78	0,88	-	0,51	0,57	-	0,26	0,29	-	0,05	0,05	-	-	-	-	-	-
	III	7,12	-	0,56	0,64	-	0,33	0,37	-	0,13	0,15	-	-	-	-	-	-	-	-	-	-	-	-
	IV	16,93	-	1,35	1,52	-	1,20	1,35	-	1,05	1,18	-	0,90	1,02	-	0,76	0,86	-	0,63	0,71	-	0,50	0,56
	V	29,83	-	2,38	2,68																		
	VI	31,31	-	2,50	2,81																		
122,59	I	16,96	-	1,35	1,52	-	1,05	1,18	-	0,77	0,86	-	0,50	0,56	-	0,25	0,28	-	0,04	0,05	-	-	-
	II	13,37	-	1,06	1,20	-	0,78	0,88	-	0,51	0,58	-	0,26	0,29	-	0,05	0,06	-	-	-	-	-	-
	III	7,15	-	0,57	0,64	-	0,33	0,37	-	0,13	0,15	-	-	-	-	-	-	-	-	-	-	-	-
	IV	16,96	-	1,35	1,52	-	1,20	1,35	-	1,05	1,18	-	0,91	1,02	-	0,77	0,86	-	0,63	0,71	-	0,50	0,56
	V	29,86	-	2,38	2,68																		
	VI	31,34	-	2,50	2,82																		
122,69	I	16,98	-	1,35	1,52	-	1,05	1,18	-	0,77	0,86	-	0,50	0,56	-	0,25	0,28	-	0,04	0,05	-	-	-
	II	13,39	-	1,07	1,20	-	0,78	0,88	-	0,51	0,58	-	0,26	0,30	-	0,05	0,06	-	-	-	-	-	-
	III	7,16	-	0,57	0,64	-	0,33	0,37	-	0,13	0,15	-	-	-	-	-	-	-	-	-	-	-	-
	IV	16,98	-	1,35	1,52	-	1,20	1,35	-	1,05	1,18	-	0,91	1,02	-	0,77	0,86	-	0,63	0,71	-	0,50	0,56
	V	29,90	-	2,39	2,69																		
	VI	31,37	-	2,50	2,82																		
122,79	I	17,01	-	1,36	1,53	-	1,05	1,19	-	0,77	0,87	-	0,50	0,57	-	0,25	0,28	-	0,04	0,05	-	-	-
	II	13,41	-	1,07	1,20	-	0,78	0,88	-	0,52	0,58	-	0,26	0,30	-	0,05	0,06	-	-	-	-	-	-
	III	7,18	-	0,57	0,64	-	0,33	0,38	-	0,13	0,15	-	-	-	-	-	-	-	-	-	-	-	-
	IV	17,01	-	1,36	1,53	-	1,20	1,35	-	1,05	1,19	-	0,91	1,02	-	0,77	0,87	-	0,63	0,71	-	0,50	0,57
	V	29,93	-	2,39	2,69																		
	VI	31,41	-	2,51	2,82																		
122,89	I	17,03	-	1,36	1,53	-	1,06	1,19	-	0,77	0,87	-	0,50	0,57	-	0,25	0,29	-	0,04	0,05	-	-	-
	II	13,44	-	1,07	1,20	-	0,78	0,88	-	0,52	0,58	-	0,27	0,30	-	0,05	0,06	-	-	-	-	-	-
	III	7,21	-	0,57	0,64	-	0,34	0,38	-	0,14	0,15	-	-	-	-	-	-	-	-	-	-	-	-
	IV	17,03	-	1,36	1,53	-	1,20	1,36	-	1,06	1,19	-	0,91	1,03	-	0,77	0,87	-	0,64	0,72	-	0,50	0,57
	V	29,96	-	2,39	2,69																		
	VI	31,44	-	2,51	2,82																		
122,99	I	17,06	-	1,36	1,53	-	1,06	1,19	-	0,77	0,87	-	0,51	0,57	-	0,26	0,29	-	0,05	0,05	-	-	-
	II	13,46	-	1,07	1,21	-	0,79	0,89	-	0,52	0,58	-	0,27	0,30	-	0,05	0,06	-	-	-	-	-	-
	III	7,22	-	0,57	0,64	-	0,34	0,38	-	0,14	0,15	-	-	-	-	-	-	-	-	-	-	-	-
	IV	17,06	-	1,36	1,53	-	1,21	1,36	-	1,06	1,19	-	0,91	1,03	-	0,77	0,87	-	0,64	0,72	-	0,51	0,57
	V	30,00	-	2,40	2,70																		
	VI	31,48	-	2,51	2,83																		

Anzahl Kinderfreibeträge (nur Steuerklassen I–IV)

Lohn/ Gehalt bis	Steuerklasse	Lohn-steuer	ohne Kinderfreibetrag			Anzahl Kinderfreibeträge (nur Steuerklassen I–IV)																	
						0,5			1,0			1,5			2,0			2,5			3,0		
			SolZ 5,5%	Kirchensteuer 8%	9%	SolZ 5,5%	Kirchensteuer 8%	9%	SolZ 5,5%	Kirchensteuer 8%	9%	SolZ 5,5%	Kirchensteuer 8%	9%	SolZ 5,5%	Kirchensteuer 8%	9%	SolZ 5,5%	Kirchensteuer 8%	9%	SolZ 5,5%	Kirchensteuer 8%	9%
123,09	I	17,08	-	1,36	1,53	-	1,06	1,19	-	0,78	0,87	-	0,51	0,57	-	0,26	0,29	-	0,05	0,05	-	-	
	II	13,49	-	1,07	1,21	-	0,79	0,89	-	0,52	0,59	-	0,27	0,30	-	0,06	0,06	-	-	-	-	-	
	III	7,25	-	0,58	0,65	-	0,34	0,38	-	0,14	0,16	-	-	-	-	-	-	-	-	-	-	-	
	IV	17,08	-	1,36	1,53	-	1,21	1,36	-	1,06	1,19	-	0,92	1,03	-	0,78	0,87	-	0,64	0,72	-	0,51	0
	V	30,03	-	2,40	2,70																		
	VI	31,51	-	2,52	2,83																		
123,19	I	17,11	-	1,36	1,53	-	1,06	1,19	-	0,78	0,87	-	0,51	0,57	-	0,26	0,29	-	0,05	0,05	-	-	
	II	13,51	-	1,08	1,21	-	0,79	0,89	-	0,52	0,59	-	0,27	0,30	-	0,06	0,06	-	-	-	-	-	
	III	7,27	-	0,58	0,65	-	0,34	0,38	-	0,14	0,16	-	-	-	-	-	-	-	-	-	-	-	
	IV	17,11	-	1,36	1,53	-	1,21	1,36	-	1,06	1,19	-	0,92	1,03	-	0,78	0,87	-	0,64	0,72	-	0,51	0
	V	30,07	-	2,40	2,70																		
	VI	31,55	-	2,52	2,83																		
123,29	I	17,13	-	1,37	1,54	-	1,06	1,20	-	0,78	0,88	-	0,51	0,58	-	0,26	0,29	-	0,05	0,06	-	-	
	II	13,53	-	1,08	1,21	-	0,79	0,89	-	0,52	0,59	-	0,27	0,31	-	0,06	0,06	-	-	-	-	-	
	III	7,28	-	0,58	0,65	-	0,34	0,38	-	0,14	0,16	-	-	-	-	-	-	-	-	-	-	-	
	IV	17,13	-	1,37	1,54	-	1,21	1,36	-	1,06	1,20	-	0,92	1,03	-	0,78	0,88	-	0,64	0,72	-	0,51	0
	V	30,10	-	2,40	2,70																		
	VI	31,58	-	2,52	2,84																		
123,39	I	17,16	-	1,37	1,54	-	1,07	1,20	-	0,78	0,88	-	0,51	0,58	-	0,26	0,30	-	0,05	0,06	-	-	
	II	13,56	-	1,08	1,22	-	0,79	0,89	-	0,53	0,59	-	0,27	0,31	-	0,06	0,07	-	-	-	-	-	
	III	7,31	-	0,58	0,65	-	0,34	0,38	-	0,14	0,16	-	-	-	-	-	-	-	-	-	-	-	
	IV	17,16	-	1,37	1,54	-	1,22	1,37	-	1,07	1,20	-	0,92	1,04	-	0,78	0,88	-	0,64	0,73	-	0,51	0
	V	30,14	-	2,41	2,71																		
	VI	31,61	-	2,52	2,84																		
123,49	I	17,18	-	1,37	1,54	-	1,07	1,20	-	0,78	0,88	-	0,51	0,58	-	0,26	0,30	-	0,05	0,06	-	-	
	II	13,58	-	1,08	1,22	-	0,80	0,90	-	0,53	0,59	-	0,28	0,31	-	0,06	0,07	-	-	-	-	-	
	III	7,32	-	0,58	0,65	-	0,34	0,39	-	0,14	0,16	-	-	-	-	-	-	-	-	-	-	-	
	IV	17,18	-	1,37	1,54	-	1,22	1,37	-	1,07	1,20	-	0,92	1,04	-	0,78	0,88	-	0,65	0,73	-	0,51	0
	V	30,17	-	2,41	2,71																		
	VI	31,65	-	2,53	2,84																		
123,59	I	17,21	-	1,37	1,54	-	1,07	1,20	-	0,78	0,88	-	0,52	0,58	-	0,27	0,30	-	0,05	0,06	-	-	
	II	13,61	-	1,08	1,22	-	0,80	0,90	-	0,53	0,60	-	0,28	0,31	-	0,06	0,07	-	-	-	-	-	
	III	7,35	-	0,58	0,66	-	0,34	0,39	-	0,14	0,16	-	-	-	-	-	-	-	-	-	-	-	
	IV	17,21	-	1,37	1,54	-	1,22	1,37	-	1,07	1,20	-	0,92	1,04	-	0,78	0,88	-	0,65	0,73	-	0,52	0
	V	30,20	-	2,41	2,71																		
	VI	31,68	-	2,53	2,85																		
123,69	I	17,24	-	1,37	1,55	-	1,07	1,21	-	0,79	0,89	-	0,52	0,58	-	0,27	0,30	-	0,05	0,06	-	-	
	II	13,63	-	1,09	1,22	-	0,80	0,90	-	0,53	0,60	-	0,28	0,31	-	0,06	0,07	-	-	-	-	-	
	III	7,36	-	0,58	0,66	-	0,35	0,39	-	0,14	0,16	-	-	-	-	-	-	-	-	-	-	-	
	IV	17,24	-	1,37	1,55	-	1,22	1,37	-	1,07	1,21	-	0,93	1,04	-	0,79	0,89	-	0,65	0,73	-	0,52	0
	V	30,24	-	2,41	2,72																		
	VI	31,71	-	2,53	2,85																		
123,79	I	17,26	-	1,38	1,55	-	1,07	1,21	-	0,79	0,89	-	0,52	0,59	-	0,27	0,30	-	0,05	0,06	-	-	
	II	13,66	-	1,09	1,22	-	0,80	0,90	-	0,53	0,60	-	0,28	0,32	-	0,06	0,07	-	-	-	-	-	
	III	7,38	-	0,59	0,66	-	0,35	0,39	-	0,15	0,16	-	-	-	-	-	-	-	-	-	-	-	
	IV	17,26	-	1,38	1,55	-	1,22	1,38	-	1,07	1,21	-	0,93	1,05	-	0,79	0,89	-	0,65	0,73	-	0,52	0
	V	30,27	-	2,42	2,72																		
	VI	31,75	-	2,54	2,85																		
123,89	I	17,29	-	1,38	1,55	-	1,08	1,21	-	0,79	0,89	-	0,52	0,59	-	0,27	0,30	-	0,06	0,06	-	-	
	II	13,68	-	1,09	1,23	-	0,80	0,90	-	0,53	0,60	-	0,28	0,32	-	0,06	0,07	-	-	-	-	-	
	III	7,41	-	0,59	0,66	-	0,35	0,39	-	0,15	0,17	-	-	-	-	-	-	-	-	-	-	-	
	IV	17,29	-	1,38	1,55	-	1,22	1,38	-	1,08	1,21	-	0,93	1,05	-	0,79	0,89	-	0,65	0,74	-	0,52	0,
	V	30,31	-	2,42	2,72																		
	VI	31,78	-	2,54	2,86																		
123,99	I	17,31	-	1,38	1,55	-	1,08	1,21	-	0,79	0,89	-	0,52	0,59	-	0,27	0,31	-	0,06	0,06	-	-	
	II	13,70	-	1,09	1,23	-	0,80	0,91	-	0,54	0,60	-	0,28	0,32	-	0,06	0,07	-	-	-	-	-	
	III	7,42	-	0,59	0,66	-	0,35	0,40	-	0,15	0,17	-	-	-	-	-	-	-	-	-	-	-	
	IV	17,31	-	1,38	1,55	-	1,23	1,38	-	1,08	1,21	-	0,93	1,05	-	0,79	0,89	-	0,66	0,74	-	0,52	0,
	V	30,34	-	2,42	2,73																		
	VI	31,82	-	2,54	2,86																		
124,09	I	17,34	-	1,38	1,56	-	1,08	1,21	-	0,79	0,89	-	0,52	0,59	-	0,27	0,31	-	0,06	0,07	-	-	
	II	13,73	-	1,09	1,23	-	0,81	0,91	-	0,54	0,61	-	0,28	0,32	-	0,07	0,08	-	-	-	-	-	
	III	7,45	-	0,59	0,67	-	0,35	0,40	-	0,15	0,17	-	-	-	-	-	-	-	-	-	-	-	
	IV	17,34	-	1,38	1,56	-	1,23	1,38	-	1,08	1,21	-	0,93	1,05	-	0,79	0,89	-	0,66	0,74	-	0,52	0,
	V	30,38	-	2,43	2,73																		
	VI	31,85	-	2,54	2,86																		
124,19	I	17,36	-	1,38	1,56	-	1,08	1,22	-	0,80	0,90	-	0,53	0,59	-	0,28	0,31	-	0,06	0,07	-	-	
	II	13,75	-	1,10	1,23	-	0,81	0,91	-	0,54	0,61	-	0,29	0,32	-	0,07	0,08	-	-	-	-	-	
	III	7,46	-	0,59	0,67	-	0,35	0,40	-	0,15	0,17	-	-	-	-	-	-	-	-	-	-	-	
	IV	17,36	-	1,38	1,56	-	1,23	1,38	-	1,08	1,22	-	0,94	1,05	-	0,80	0,90	-	0,66	0,74	-	0,53	0,
	V	30,41	-	2,43	2,73																		
	VI	31,89	-	2,55	2,87																		
124,29	I	17,39	-	1,39	1,56	-	1,08	1,22	-	0,80	0,90	-	0,53	0,59	-	0,28	0,31	-	0,06	0,07	-	-	
	II	13,78	-	1,10	1,24	-	0,81	0,91	-	0,54	0,61	-	0,29	0,32	-	0,07	0,08	-	-	-	-	-	
	III	7,48	-	0,59	0,67	-	0,36	0,40	-	0,15	0,17	-	-	-	-	-	-	-	-	-	-	-	
	IV	17,39	-	1,39	1,56	-	1,23	1,39	-	1,08	1,22	-	0,94	1,06	-	0,80	0,90	-	0,66	0,74	-	0,53	0,
	V	30,44	-	2,43	2,73																		
	VI	31,92	-	2,55	2,87																		
124,39	I	17,41	-	1,39	1,56	-	1,08	1,22	-	0,80	0,90	-	0,53	0,60	-	0,28	0,31	-	0,06	0,07	-	-	
	II	13,80	-	1,10	1,24	-	0,81	0,91	-	0,54	0,61	-	0,29	0,33	-	0,07	0,08	-	-	-	-	-	
	III	7,51	-	0,60	0,67	-	0,36	0,40	-	0,15	0,17	-	-	-	-	-	-	-	-	-	-	-	
	IV	17,41	-	1,39	1,56	-	1,23	1,39	-	1,08	1,22	-	0,94	1,06	-	0,80	0,90	-	0,66	0,75	-	0,53	0,
	V	30,48	-	2,43	2,74																		
	VI	31,95	-	2,55	2,87																		
124,49	I	17,44	-	1,39	1,56	-	1,09	1,22	-	0,80	0,90	-	0,53	0,60	-	0,28	0,31	-	0,06	0,07	-	-	
	II	13,83	-	1,10	1,24	-	0,81	0,92	-	0,54	0,61	-	0,29	0,33	-	0,07	0,08	-	-	-	-	-	
	III	7,52	-	0,60	0,67	-	0,36	0,40	-	0,15	0,17	-	-	-	-	-	-	-	-	-	-	-	
	IV	17,44	-	1,39	1,56	-	1,24	1,39	-	1,09	1,22	-	0,94	1,06	-	0,80	0,90	-	0,66	0,75	-	0,53	0,
	V	30,51	-	2,44	2,74																		
	VI	31,99	-	2,55	2,87																		

Lohn/ Gehalt bis	Steuerklasse	Lohn-steuer	ohne Kinderfreibetrag			Anzahl Kinderfreibeträge (nur Steuerklassen I–IV) 0,5			1,0			1,5			2,0			2,5			3,0		
			SolZ 5,5%	Kirchensteuer 8%	Kirchensteuer 9%	SolZ 5,5%	Kirchensteuer 8%	Kirchensteuer 9%	SolZ 5,5%	Kirchensteuer 8%	Kirchensteuer 9%	SolZ 5,5%	Kirchensteuer 8%	Kirchensteuer 9%	SolZ 5,5%	Kirchensteuer 8%	Kirchensteuer 9%	SolZ 5,5%	Kirchensteuer 8%	Kirchensteuer 9%	SolZ 5,5%	Kirchensteuer 8%	Kirchensteuer 9%
124,59	I	17,46	-	1,39	1,57	-	1,09	1,23	-	0,80	0,90	-	0,53	0,60	-	0,28	0,32	-	0,06	0,07	-	-	-
	II	13,85	-	1,10	1,24	-	0,82	0,92	-	0,55	0,61	-	0,29	0,33	-	0,07	0,08	-	-	-	-	-	-
	III	7,55	-	0,60	0,67	-	0,36	0,41	-	0,16	0,18	-	-	-	-	-	-	-	-	-	-	-	-
	IV	17,46	-	1,39	1,57	-	1,24	1,39	-	1,09	1,23	-	0,94	1,06	-	0,80	0,90	-	0,67	0,75	-	0,53	0,60
	V	30,55	-	2,44	2,74																		
	VI	32,02	-	2,56	2,88																		
124,69	I	17,49	-	1,39	1,57	-	1,09	1,23	-	0,80	0,90	-	0,54	0,60	-	0,28	0,32	-	0,06	0,07	-	-	-
	II	13,87	-	1,10	1,24	-	0,82	0,92	-	0,55	0,62	-	0,29	0,33	-	0,07	0,08	-	-	-	-	-	-
	III	7,56	-	0,60	0,68	-	0,36	0,41	-	0,16	0,18	-	-	-	-	-	-	-	-	-	-	-	-
	IV	17,49	-	1,39	1,57	-	1,24	1,40	-	1,09	1,23	-	0,95	1,06	-	0,80	0,90	-	0,67	0,75	-	0,54	0,60
	V	30,58	-	2,44	2,75																		
	VI	32,06	-	2,56	2,88																		
124,79	I	17,52	-	1,40	1,57	-	1,09	1,23	-	0,81	0,91	-	0,54	0,60	-	0,28	0,32	-	0,07	0,07	-	-	-
	II	13,90	-	1,11	1,25	-	0,82	0,92	-	0,55	0,62	-	0,30	0,33	-	0,07	0,08	-	-	-	-	-	-
	III	7,58	-	0,60	0,68	-	0,36	0,41	-	0,16	0,18	-	-	-	-	-	-	-	-	-	-	-	-
	IV	17,52	-	1,40	1,57	-	1,24	1,40	-	1,09	1,23	-	0,95	1,07	-	0,81	0,91	-	0,67	0,75	-	0,54	0,60
	V	30,61	-	2,44	2,75																		
	VI	32,09	-	2,56	2,88																		
124,89	I	17,54	-	1,40	1,57	-	1,09	1,23	-	0,81	0,91	-	0,54	0,61	-	0,29	0,32	-	0,07	0,08	-	-	-
	II	13,92	-	1,11	1,25	-	0,82	0,92	-	0,55	0,62	-	0,30	0,34	-	0,08	0,09	-	-	-	-	-	-
	III	7,61	-	0,60	0,68	-	0,36	0,41	-	0,16	0,18	-	-	-	-	-	-	-	-	-	-	-	-
	IV	17,54	-	1,40	1,57	-	1,24	1,40	-	1,09	1,23	-	0,95	1,07	-	0,81	0,91	-	0,67	0,76	-	0,54	0,61
	V	30,65	-	2,45	2,75																		
	VI	32,13	-	2,57	2,89																		
124,99	I	17,57	-	1,40	1,58	-	1,10	1,23	-	0,81	0,91	-	0,54	0,61	-	0,29	0,32	-	0,07	0,08	-	-	-
	II	13,95	-	1,11	1,25	-	0,82	0,93	-	0,55	0,62	-	0,30	0,34	-	0,08	0,09	-	-	-	-	-	-
	III	7,62	-	0,60	0,68	-	0,37	0,41	-	0,16	0,18	-	-	-	-	-	-	-	-	-	-	-	-
	IV	17,57	-	1,40	1,58	-	1,25	1,40	-	1,10	1,23	-	0,95	1,07	-	0,81	0,91	-	0,67	0,76	-	0,54	0,61
	V	30,68	-	2,45	2,76																		
	VI	32,16	-	2,57	2,89																		
125,09	I	17,59	-	1,40	1,58	-	1,10	1,24	-	0,81	0,91	-	0,54	0,61	-	0,29	0,33	-	0,07	0,08	-	-	-
	II	13,97	-	1,11	1,25	-	0,82	0,93	-	0,55	0,62	-	0,30	0,34	-	0,08	0,09	-	-	-	-	-	-
	III	7,65	-	0,61	0,68	-	0,37	0,41	-	0,16	0,18	-	-	-	-	-	-	-	-	-	-	-	-
	IV	17,59	-	1,40	1,58	-	1,25	1,41	-	1,10	1,24	-	0,95	1,07	-	0,81	0,91	-	0,67	0,76	-	0,54	0,61
	V	30,72	-	2,45	2,76																		
	VI	32,20	-	2,57	2,89																		
125,19	I	17,62	-	1,40	1,58	-	1,10	1,24	-	0,81	0,92	-	0,54	0,61	-	0,29	0,33	-	0,07	0,08	-	-	-
	II	14,00	-	1,12	1,26	-	0,83	0,93	-	0,56	0,63	-	0,30	0,34	-	0,08	0,09	-	-	-	-	-	-
	III	7,67	-	0,61	0,69	-	0,37	0,42	-	0,16	0,18	-	-	-	-	-	-	-	-	-	-	-	-
	IV	17,62	-	1,40	1,58	-	1,25	1,41	-	1,10	1,24	-	0,96	1,08	-	0,81	0,92	-	0,68	0,76	-	0,54	0,61
	V	30,75	-	2,46	2,76																		
	VI	32,23	-	2,57	2,90																		
125,29	I	17,65	-	1,41	1,58	-	1,10	1,24	-	0,82	0,92	-	0,55	0,61	-	0,29	0,33	-	0,07	0,08	-	-	-
	II	14,02	-	1,12	1,26	-	0,83	0,93	-	0,56	0,63	-	0,30	0,34	-	0,08	0,09	-	-	-	-	-	-
	III	7,68	-	0,61	0,69	-	0,37	0,42	-	0,16	0,18	-	-	-	-	-	-	-	-	-	-	-	-
	IV	17,65	-	1,41	1,58	-	1,25	1,41	-	1,10	1,24	-	0,96	1,08	-	0,82	0,92	-	0,68	0,76	-	0,55	0,61
	V	30,78	-	2,46	2,77																		
	VI	32,26	-	2,58	2,90																		
125,39	I	17,67	-	1,41	1,59	-	1,10	1,24	-	0,82	0,92	-	0,55	0,62	-	0,29	0,33	-	0,07	0,08	-	-	-
	II	14,04	-	1,12	1,26	-	0,83	0,93	-	0,56	0,63	-	0,31	0,34	-	0,08	0,09	-	-	-	-	-	-
	III	7,71	-	0,61	0,69	-	0,37	0,42	-	0,16	0,19	-	-	-	-	-	-	-	-	-	-	-	-
	IV	17,67	-	1,41	1,59	-	1,25	1,41	-	1,10	1,24	-	0,96	1,08	-	0,82	0,92	-	0,68	0,77	-	0,55	0,62
	V	30,82	-	2,46	2,77																		
	VI	32,30	-	2,58	2,90																		
125,49	I	17,70	-	1,41	1,59	-	1,11	1,25	-	0,82	0,92	-	0,55	0,62	-	0,30	0,33	-	0,07	0,08	-	-	-
	II	14,07	-	1,12	1,26	-	0,83	0,94	-	0,56	0,63	-	0,31	0,35	-	0,08	0,09	-	-	-	-	-	-
	III	7,72	-	0,61	0,69	-	0,37	0,42	-	0,17	0,19	-	-	-	-	-	-	-	-	-	-	-	-
	IV	17,70	-	1,41	1,59	-	1,26	1,41	-	1,11	1,25	-	0,96	1,08	-	0,82	0,92	-	0,68	0,77	-	0,55	0,62
	V	30,85	-	2,46	2,77																		
	VI	32,33	-	2,58	2,90																		
125,59	I	17,72	-	1,41	1,59	-	1,11	1,25	-	0,82	0,92	-	0,55	0,62	-	0,30	0,33	-	0,08	0,09	-	-	-
	II	14,09	-	1,12	1,26	-	0,83	0,94	-	0,56	0,63	-	0,31	0,35	-	0,08	0,09	-	-	-	-	-	-
	III	7,75	-	0,62	0,69	-	0,38	0,42	-	0,17	0,19	-	-	-	-	-	-	-	-	-	-	-	-
	IV	17,72	-	1,41	1,59	-	1,26	1,42	-	1,11	1,25	-	0,96	1,08	-	0,82	0,92	-	0,68	0,77	-	0,55	0,62
	V	30,89	-	2,47	2,78																		
	VI	32,36	-	2,58	2,91																		
125,69	I	17,75	-	1,42	1,59	-	1,11	1,25	-	0,82	0,93	-	0,55	0,62	-	0,30	0,34	-	0,08	0,09	-	-	-
	II	14,11	-	1,12	1,26	-	0,84	0,94	-	0,56	0,64	-	0,31	0,35	-	0,09	0,10	-	-	-	-	-	-
	III	7,77	-	0,62	0,69	-	0,38	0,42	-	0,17	0,19	-	-	0,01	-	-	-	-	-	-	-	-	-
	IV	17,75	-	1,42	1,59	-	1,26	1,42	-	1,11	1,25	-	0,96	1,08	-	0,82	0,93	-	0,68	0,77	-	0,55	0,62
	V	30,92	-	2,47	2,78																		
	VI	32,40	-	2,59	2,91																		
125,79	I	17,77	-	1,42	1,59	-	1,11	1,25	-	0,82	0,93	-	0,55	0,62	-	0,30	0,34	-	0,08	0,09	-	-	-
	II	14,14	-	1,13	1,27	-	0,84	0,94	-	0,57	0,64	-	0,31	0,35	-	0,09	0,10	-	-	-	-	-	-
	III	7,78	-	0,62	0,70	-	0,38	0,43	-	0,17	0,19	-	0,01	0,01	-	-	-	-	-	-	-	-	-
	IV	17,77	-	1,42	1,59	-	1,26	1,42	-	1,11	1,25	-	0,97	1,09	-	0,82	0,93	-	0,69	0,77	-	0,55	0,62
	V	30,96	-	2,47	2,78																		
	VI	32,43	-	2,59	2,91																		
125,89	I	17,80	-	1,42	1,60	-	1,11	1,25	-	0,83	0,93	-	0,56	0,63	-	0,30	0,34	-	0,08	0,09	-	-	-
	II	14,16	-	1,13	1,27	-	0,84	0,95	-	0,57	0,64	-	0,31	0,35	-	0,09	0,10	-	-	-	-	-	-
	III	7,81	-	0,62	0,70	-	0,38	0,43	-	0,17	0,19	-	0,01	0,01	-	-	-	-	-	-	-	-	-
	IV	17,80	-	1,42	1,60	-	1,26	1,42	-	1,11	1,25	-	0,97	1,09	-	0,83	0,93	-	0,69	0,78	-	0,56	0,63
	V	30,99	-	2,47	2,78																		
	VI	32,47	-	2,59	2,92																		
125,99	I	17,82	-	1,42	1,60	-	1,12	1,26	-	0,83	0,93	-	0,56	0,63	-	0,30	0,34	-	0,08	0,09	-	-	-
	II	14,19	-	1,13	1,27	-	0,84	0,95	-	0,57	0,64	-	0,32	0,36	-	0,09	0,10	-	-	-	-	-	-
	III	7,82	-	0,62	0,70	-	0,38	0,43	-	0,17	0,19	-	0,01	0,01	-	-	-	-	-	-	-	-	-
	IV	17,82	-	1,42	1,60	-	1,27	1,43	-	1,12	1,26	-	0,97	1,09	-	0,83	0,93	-	0,69	0,78	-	0,56	0,63
	V	31,02	-	2,48	2,79																		
	VI	32,50	-	2,60	2,92																		

Lohn/ Gehalt bis	Steuerklasse	Lohnsteuer	ohne Kinderfreibetrag SolZ 5,5%	ohne Kinderfreibetrag Kirchensteuer 8%	ohne Kinderfreibetrag Kirchensteuer 9%	0,5 SolZ 5,5%	0,5 Kirchensteuer 8%	0,5 Kirchensteuer 9%	1,0 SolZ 5,5%	1,0 Kirchensteuer 8%	1,0 Kirchensteuer 9%	1,5 SolZ 5,5%	1,5 Kirchensteuer 8%	1,5 Kirchensteuer 9%	2,0 SolZ 5,5%	2,0 Kirchensteuer 8%	2,0 Kirchensteuer 9%	2,5 SolZ 5,5%	2,5 Kirchensteuer 8%	2,5 Kirchensteuer 9%	3,0 SolZ 5,5%	3,0 Kirchensteuer 8%	3,0 Kirchensteuer 9%
126,09	I	17,85	-	1,42	1,60	-	1,12	1,26	-	0,83	0,93	-	0,56	0,63	-	0,31	0,34	-	0,08	0,09	-	-	
	II	14,21	-	1,13	1,27	-	0,84	0,95	-	0,57	0,64	-	0,32	0,36	-	0,09	0,10	-	-	-	-	-	
	III	7,85	-	0,62	0,70	-	0,38	0,43	-	0,17	0,20	-	0,01	0,01	-	-	-	-	-	-	-	-	
	IV	17,85	-	1,42	1,60	-	1,27	1,43	-	1,12	1,26	-	0,97	1,09	-	0,83	0,93	-	0,69	0,78	-	0,56	[illegible]
	V	31,06	-	2,48	2,79																		
	VI	32,54	-	2,60	2,92																		
126,19	I	17,88	-	1,43	1,60	-	1,12	1,26	-	0,83	0,94	-	0,56	0,63	-	0,31	0,35	-	0,08	0,09	-	-	
	II	14,24	-	1,13	1,28	-	0,85	0,95	-	0,57	0,65	-	0,32	0,36	-	0,09	0,10	-	-	-	-	-	
	III	7,87	-	0,62	0,70	-	0,38	0,43	-	0,17	0,20	-	0,01	0,01	-	-	-	-	-	-	-	-	
	IV	17,88	-	1,43	1,60	-	1,27	1,43	-	1,12	1,26	-	0,97	1,10	-	0,83	0,94	-	0,69	0,78	-	0,56	[illegible]
	V	31,09	-	2,48	2,79																		
	VI	32,57	-	2,60	2,93																		
126,29	I	17,90	-	1,43	1,61	-	1,12	1,26	-	0,83	0,94	-	0,56	0,63	-	0,31	0,35	-	0,08	0,09	-	-	
	II	14,26	-	1,14	1,28	-	0,85	0,95	-	0,58	0,65	-	0,32	0,36	-	0,09	0,10	-	-	-	-	-	
	III	7,88	-	0,63	0,70	-	0,38	0,43	-	0,18	0,20	-	0,01	0,01	-	-	-	-	-	-	-	-	
	IV	17,90	-	1,43	1,61	-	1,27	1,43	-	1,12	1,26	-	0,98	1,10	-	0,83	0,94	-	0,70	0,78	-	0,56	[illegible]
	V	31,13	-	2,49	2,80																		
	VI	32,60	-	2,60	2,93																		
126,39	I	17,93	-	1,43	1,61	-	1,12	1,26	-	0,84	0,94	-	0,56	0,63	-	0,31	0,35	-	0,08	0,10	-	-	
	II	14,29	-	1,14	1,28	-	0,85	0,96	-	0,58	0,65	-	0,32	0,36	-	0,09	0,11	-	-	-	-	-	
	III	7,91	-	0,63	0,71	-	0,39	0,44	-	0,18	0,20	-	0,01	0,01	-	-	-	-	-	-	-	-	
	IV	17,93	-	1,43	1,61	-	1,27	1,43	-	1,12	1,26	-	0,98	1,10	-	0,84	0,94	-	0,70	0,79	-	0,56	[illegible]
	V	31,16	-	2,49	2,80																		
	VI	32,64	-	2,61	2,93																		
126,49	I	17,95	-	1,43	1,61	-	1,13	1,27	-	0,84	0,94	-	0,57	0,64	-	0,31	0,35	-	0,09	0,10	-	-	
	II	14,31	-	1,14	1,28	-	0,85	0,96	-	0,58	0,65	-	0,32	0,36	-	0,10	0,11	-	-	-	-	-	
	III	7,92	-	0,63	0,71	-	0,39	0,44	-	0,18	0,20	-	0,01	0,01	-	-	-	-	-	-	-	-	
	IV	17,95	-	1,43	1,61	-	1,28	1,44	-	1,13	1,27	-	0,98	1,10	-	0,84	0,94	-	0,70	0,79	-	0,57	[illegible]
	V	31,20	-	2,49	2,80																		
	VI	32,67	-	2,61	2,94																		
126,59	I	17,98	-	1,43	1,61	-	1,13	1,27	-	0,84	0,94	-	0,57	0,64	-	0,31	0,35	-	0,09	0,10	-	-	
	II	14,33	-	1,14	1,28	-	0,85	0,96	-	0,58	0,65	-	0,32	0,37	-	0,10	0,11	-	-	-	-	-	
	III	7,95	-	0,63	0,71	-	0,39	0,44	-	0,18	0,20	-	0,01	0,01	-	-	-	-	-	-	-	-	
	IV	17,98	-	1,43	1,61	-	1,28	1,44	-	1,13	1,27	-	0,98	1,10	-	0,84	0,94	-	0,70	0,79	-	0,57	[illegible]
	V	31,23	-	2,49	2,81																		
	VI	32,71	-	2,61	2,94																		
126,69	I	18,00	-	1,44	1,62	-	1,13	1,27	-	0,84	0,95	-	0,57	0,64	-	0,32	0,36	-	0,09	0,10	-	-	
	II	14,36	-	1,14	1,29	-	0,85	0,96	-	0,58	0,65	-	0,33	0,37	-	0,10	0,11	-	-	-	-	-	
	III	7,97	-	0,63	0,71	-	0,39	0,44	-	0,18	0,20	-	0,01	0,02	-	-	-	-	-	-	-	-	
	IV	18,00	-	1,44	1,62	-	1,28	1,44	-	1,13	1,27	-	0,98	1,11	-	0,84	0,95	-	0,70	0,79	-	0,57	[illegible]
	V	31,26	-	2,50	2,81																		
	VI	32,74	-	2,61	2,94																		
126,79	I	18,03	-	1,44	1,62	-	1,13	1,27	-	0,84	0,95	-	0,57	0,64	-	0,32	0,36	-	0,09	0,10	-	-	
	II	14,38	-	1,15	1,29	-	0,86	0,96	-	0,58	0,66	-	0,33	0,37	-	0,10	0,11	-	-	-	-	-	
	III	7,98	-	0,63	0,71	-	0,39	0,44	-	0,18	0,20	-	0,02	0,02	-	-	-	-	-	-	-	-	
	IV	18,03	-	1,44	1,62	-	1,28	1,44	-	1,13	1,27	-	0,98	1,11	-	0,84	0,95	-	0,70	0,79	-	0,57	[illegible]
	V	31,30	-	2,50	2,81																		
	VI	32,78	-	2,62	2,95																		
126,89	I	18,06	-	1,44	1,62	-	1,13	1,28	-	0,84	0,95	-	0,57	0,64	-	0,32	0,36	-	0,09	0,10	-	-	
	II	14,41	-	1,15	1,29	-	0,86	0,97	-	0,59	0,66	-	0,33	0,37	-	0,10	0,11	-	-	-	-	-	
	III	8,01	-	0,64	0,72	-	0,39	0,44	-	0,18	0,21	-	0,02	0,02	-	-	-	-	-	-	-	-	
	IV	18,06	-	1,44	1,62	-	1,28	1,44	-	1,13	1,28	-	0,99	1,11	-	0,84	0,95	-	0,71	0,80	-	0,57	[illegible]
	V	31,33	-	2,50	2,81																		
	VI	32,81	-	2,62	2,95																		
126,99	I	18,08	-	1,44	1,62	-	1,14	1,28	-	0,85	0,95	-	0,57	0,65	-	0,32	0,36	-	0,09	0,10	-	-	
	II	14,43	-	1,15	1,29	-	0,86	0,97	-	0,59	0,66	-	0,33	0,37	-	0,10	0,11	-	-	-	-	-	
	III	8,02	-	0,64	0,72	-	0,40	0,45	-	0,18	0,21	-	0,02	0,02	-	-	-	-	-	-	-	-	
	IV	18,08	-	1,44	1,62	-	1,29	1,45	-	1,14	1,28	-	0,99	1,11	-	0,85	0,95	-	0,71	0,80	-	0,57	[illegible]
	V	31,36	-	2,50	2,82																		
	VI	32,84	-	2,62	2,95																		
127,09	I	18,11	-	1,44	1,62	-	1,14	1,28	-	0,85	0,95	-	0,58	0,65	-	0,32	0,36	-	0,09	0,11	-	-	
	II	14,46	-	1,15	1,30	-	0,86	0,97	-	0,59	0,66	-	0,33	0,37	-	0,10	0,12	-	-	-	-	-	
	III	8,05	-	0,64	0,72	-	0,40	0,45	-	0,19	0,21	-	0,02	0,02	-	-	-	-	-	-	-	-	
	IV	18,11	-	1,44	1,62	-	1,29	1,45	-	1,14	1,28	-	0,99	1,11	-	0,85	0,95	-	0,71	0,80	-	0,58	[illegible]
	V	31,40	-	2,51	2,82																		
	VI	32,88	-	2,63	2,95																		
127,19	I	18,13	-	1,45	1,63	-	1,14	1,28	-	0,85	0,96	-	0,58	0,65	-	0,32	0,36	-	0,10	0,11	-	-	
	II	14,48	-	1,15	1,30	-	0,86	0,97	-	0,59	0,66	-	0,34	0,38	-	0,10	0,12	-	-	-	-	-	
	III	8,07	-	0,64	0,72	-	0,40	0,45	-	0,19	0,21	-	0,02	0,02	-	-	-	-	-	-	-	-	
	IV	18,13	-	1,45	1,63	-	1,29	1,45	-	1,14	1,28	-	0,99	1,12	-	0,85	0,96	-	0,71	0,80	-	0,58	[illegible]
	V	31,43	-	2,51	2,82																		
	VI	32,91	-	2,63	2,96																		
127,29	I	18,16	-	1,45	1,63	-	1,14	1,28	-	0,85	0,96	-	0,58	0,65	-	0,32	0,36	-	0,10	0,11	-	-	
	II	14,51	-	1,16	1,30	-	0,87	0,97	-	0,59	0,67	-	0,34	0,38	-	0,11	0,12	-	-	-	-	-	
	III	8,08	-	0,64	0,72	-	0,40	0,45	-	0,19	0,21	-	0,02	0,02	-	-	-	-	-	-	-	-	
	IV	18,16	-	1,45	1,63	-	1,29	1,45	-	1,14	1,28	-	0,99	1,12	-	0,85	0,96	-	0,71	0,80	-	0,58	[illegible]
	V	31,47	-	2,51	2,83																		
	VI	32,95	-	2,63	2,96																		
127,39	I	18,18	-	1,45	1,63	-	1,14	1,29	-	0,85	0,96	-	0,58	0,65	-	0,33	0,37	-	0,10	0,11	-	-	
	II	14,53	-	1,16	1,30	-	0,87	0,98	-	0,59	0,67	-	0,34	0,38	-	0,11	0,12	-	-	-	-	-	
	III	8,11	-	0,64	0,72	-	0,40	0,45	-	0,19	0,21	-	0,02	0,02	-	-	-	-	-	-	-	-	
	IV	18,18	-	1,45	1,63	-	1,29	1,46	-	1,14	1,29	-	1,00	1,12	-	0,85	0,96	-	0,72	0,81	-	0,58	[illegible]
	V	31,50	-	2,52	2,83																		
	VI	32,98	-	2,63	2,96																		
127,49	I	18,21	-	1,45	1,63	-	1,15	1,29	-	0,86	0,96	-	0,58	0,66	-	0,33	0,37	-	0,10	0,11	-	-	
	II	14,56	-	1,16	1,31	-	0,87	0,98	-	0,60	0,67	-	0,34	0,38	-	0,11	0,12	-	-	-	-	-	
	III	8,13	-	0,65	0,73	-	0,40	0,45	-	0,19	0,22	-	0,02	0,02	-	-	-	-	-	-	-	-	
	IV	18,21	-	1,45	1,63	-	1,30	1,46	-	1,15	1,29	-	1,00	1,12	-	0,86	0,96	-	0,72	0,81	-	0,58	[illegible]
	V	31,54	-	2,52	2,83																		
	VI	33,01	-	2,64	2,97																		

Lohn/ Gehalt bis	Steuerklasse	Lohn-steuer	ohne Kinderfreibetrag SolZ 5,5%	Kirchensteuer 8%	9%	0,5 SolZ 5,5%	Kirchensteuer 8%	9%	1,0 SolZ 5,5%	Kirchensteuer 8%	9%	1,5 SolZ 5,5%	Kirchensteuer 8%	9%	2,0 SolZ 5,5%	Kirchensteuer 8%	9%	2,5 SolZ 5,5%	Kirchensteuer 8%	9%	3,0 SolZ 5,5%	Kirchensteuer 8%	9%
						Anzahl Kinderfreibeträge (nur Steuerklassen I–IV)																	
127,59	I	18,24	-	1,45	1,64	-	1,15	1,29	-	0,86	0,97	-	0,58	0,66	-	0,33	0,37	-	0,10	0,11	-	-	-
	II	14,58	-	1,16	1,31	-	0,87	0,98	-	0,60	0,67	-	0,34	0,38	-	0,11	0,12	-	-	-	-	-	-
	III	8,15	-	0,65	0,73	-	0,40	0,46	-	0,19	0,22	-	0,02	0,03	-	-	-	-	-	-	-	-	-
	IV	18,24	-	1,45	1,64	-	1,30	1,46	-	1,15	1,29	-	1,00	1,13	-	0,86	0,97	-	0,72	0,81	-	0,58	0,66
	V	31,57	-	2,52	2,84																		
	VI	33,05	-	2,64	2,97																		
127,69	I	18,26	-	1,46	1,64	-	1,15	1,29	-	0,86	0,97	-	0,59	0,66	-	0,33	0,37	-	0,10	0,11	-	-	-
	II	14,60	-	1,16	1,31	-	0,87	0,98	-	0,60	0,67	-	0,34	0,39	-	0,11	0,13	-	-	-	-	-	-
	III	8,17	-	0,65	0,73	-	0,41	0,46	-	0,19	0,22	-	0,02	0,03	-	-	-	-	-	-	-	-	-
	IV	18,26	-	1,46	1,64	-	1,30	1,46	-	1,15	1,29	-	1,00	1,13	-	0,86	0,97	-	0,72	0,81	-	0,59	0,66
	V	31,60	-	2,52	2,84																		
	VI	33,08	-	2,64	2,97																		
127,79	I	18,29	-	1,46	1,64	-	1,15	1,30	-	0,86	0,97	-	0,59	0,66	-	0,33	0,37	-	0,10	0,12	-	-	-
	II	14,63	-	1,17	1,31	-	0,87	0,98	-	0,60	0,68	-	0,34	0,39	-	0,11	0,13	-	-	-	-	-	-
	III	8,19	-	0,65	0,73	-	0,41	0,46	-	0,19	0,22	-	0,02	0,03	-	-	-	-	-	-	-	-	-
	IV	18,29	-	1,46	1,64	-	1,30	1,47	-	1,15	1,30	-	1,00	1,13	-	0,86	0,97	-	0,72	0,81	-	0,59	0,66
	V	31,64	-	2,53	2,84																		
	VI	33,12	-	2,64	2,98																		
127,89	I	18,31	-	1,46	1,64	-	1,15	1,30	-	0,86	0,97	-	0,59	0,66	-	0,33	0,38	-	0,10	0,12	-	-	-
	II	14,65	-	1,17	1,31	-	0,88	0,99	-	0,60	0,68	-	0,35	0,39	-	0,11	0,13	-	-	-	-	-	-
	III	8,21	-	0,65	0,73	-	0,41	0,46	-	0,20	0,22	-	0,03	0,03	-	-	-	-	-	-	-	-	-
	IV	18,31	-	1,46	1,64	-	1,30	1,47	-	1,15	1,30	-	1,01	1,13	-	0,86	0,97	-	0,72	0,81	-	0,59	0,66
	V	31,67	-	2,53	2,85																		
	VI	33,15	-	2,65	2,98																		
127,99	I	18,34	-	1,46	1,65	-	1,16	1,30	-	0,86	0,97	-	0,59	0,67	-	0,34	0,38	-	0,10	0,12	-	-	-
	II	14,68	-	1,17	1,32	-	0,88	0,99	-	0,60	0,68	-	0,35	0,39	-	0,11	0,13	-	-	-	-	-	-
	III	8,23	-	0,65	0,74	-	0,41	0,46	-	0,20	0,22	-	0,03	0,03	-	-	-	-	-	-	-	-	-
	IV	18,34	-	1,46	1,65	-	1,31	1,47	-	1,16	1,30	-	1,01	1,13	-	0,86	0,97	-	0,73	0,82	-	0,59	0,67
	V	31,71	-	2,53	2,85																		
	VI	33,18	-	2,65	2,98																		
128,09	I	18,36	-	1,46	1,65	-	1,16	1,30	-	0,87	0,98	-	0,59	0,67	-	0,34	0,38	-	0,11	0,12	-	-	-
	II	14,70	-	1,17	1,32	-	0,88	0,99	-	0,61	0,68	-	0,35	0,39	-	0,12	0,13	-	-	-	-	-	-
	III	8,25	-	0,66	0,74	-	0,41	0,46	-	0,20	0,22	-	0,03	0,03	-	-	-	-	-	-	-	-	-
	IV	18,36	-	1,46	1,65	-	1,31	1,47	-	1,16	1,30	-	1,01	1,14	-	0,87	0,98	-	0,73	0,82	-	0,59	0,67
	V	31,74	-	2,53	2,85																		
	VI	33,22	-	2,65	2,98																		
128,19	I	18,39	-	1,47	1,65	-	1,16	1,30	-	0,87	0,98	-	0,60	0,67	-	0,34	0,38	-	0,11	0,12	-	-	-
	II	14,73	-	1,17	1,32	-	0,88	0,99	-	0,61	0,68	-	0,35	0,40	-	0,12	0,13	-	-	-	-	-	-
	III	8,27	-	0,66	0,74	-	0,41	0,47	-	0,20	0,22	-	0,03	0,03	-	-	-	-	-	-	-	-	-
	IV	18,39	-	1,47	1,65	-	1,31	1,47	-	1,16	1,30	-	1,01	1,14	-	0,87	0,98	-	0,73	0,82	-	0,60	0,67
	V	31,78	-	2,54	2,86																		
	VI	33,25	-	2,66	2,99																		
128,29	I	18,42	-	1,47	1,65	-	1,16	1,31	-	0,87	0,98	-	0,60	0,67	-	0,34	0,38	-	0,11	0,12	-	-	-
	II	14,75	-	1,18	1,32	-	0,88	0,99	-	0,61	0,69	-	0,35	0,40	-	0,12	0,13	-	-	-	-	-	-
	III	8,29	-	0,66	0,74	-	0,42	0,47	-	0,20	0,23	-	0,03	0,03	-	-	-	-	-	-	-	-	-
	IV	18,42	-	1,47	1,65	-	1,31	1,48	-	1,16	1,31	-	1,01	1,14	-	0,87	0,98	-	0,73	0,82	-	0,60	0,67
	V	31,81	-	2,54	2,86																		
	VI	33,29	-	2,66	2,99																		
128,39	I	18,44	-	1,47	1,65	-	1,16	1,31	-	0,87	0,98	-	0,60	0,67	-	0,34	0,39	-	0,11	0,12	-	-	-
	II	14,78	-	1,18	1,33	-	0,89	1,00	-	0,61	0,69	-	0,35	0,40	-	0,12	0,14	-	-	-	-	-	-
	III	8,31	-	0,66	0,74	-	0,42	0,47	-	0,20	0,23	-	0,03	0,03	-	-	-	-	-	-	-	-	-
	IV	18,44	-	1,47	1,65	-	1,31	1,48	-	1,16	1,31	-	1,02	1,14	-	0,87	0,98	-	0,73	0,83	-	0,60	0,67
	V	31,85	-	2,54	2,86																		
	VI	33,32	-	2,66	2,99																		
128,49	I	18,47	-	1,47	1,66	-	1,16	1,31	-	0,87	0,98	-	0,60	0,68	-	0,34	0,39	-	0,11	0,13	-	-	-
	II	14,80	-	1,18	1,33	-	0,89	1,00	-	0,61	0,69	-	0,36	0,40	-	0,12	0,14	-	-	-	-	-	-
	III	8,33	-	0,66	0,74	-	0,42	0,47	-	0,20	0,23	-	0,03	0,04	-	-	-	-	-	-	-	-	-
	IV	18,47	-	1,47	1,66	-	1,32	1,48	-	1,16	1,31	-	1,02	1,15	-	0,87	0,98	-	0,74	0,83	-	0,60	0,68
	V	31,88	-	2,55	2,86																		
	VI	33,36	-	2,66	3,00																		
128,59	I	18,50	-	1,48	1,66	-	1,17	1,31	-	0,88	0,99	-	0,60	0,68	-	0,35	0,39	-	0,11	0,13	-	-	-
	II	14,83	-	1,18	1,33	-	0,89	1,00	-	0,62	0,69	-	0,36	0,40	-	0,12	0,14	-	-	-	-	-	-
	III	8,35	-	0,66	0,75	-	0,42	0,47	-	0,20	0,23	-	0,03	0,04	-	-	-	-	-	-	-	-	-
	IV	18,50	-	1,48	1,66	-	1,32	1,48	-	1,17	1,31	-	1,02	1,15	-	0,88	0,99	-	0,74	0,83	-	0,60	0,68
	V	31,91	-	2,55	2,87																		
	VI	33,39	-	2,67	3,00																		
128,69	I	18,52	-	1,48	1,66	-	1,17	1,32	-	0,88	0,99	-	0,60	0,68	-	0,35	0,39	-	0,11	0,13	-	-	-
	II	14,85	-	1,18	1,33	-	0,89	1,00	-	0,62	0,69	-	0,36	0,40	-	0,12	0,14	-	-	-	-	-	-
	III	8,37	-	0,66	0,75	-	0,42	0,47	-	0,21	0,23	-	0,03	0,04	-	-	-	-	-	-	-	-	-
	IV	18,52	-	1,48	1,66	-	1,32	1,49	-	1,17	1,32	-	1,02	1,15	-	0,88	0,99	-	0,74	0,83	-	0,60	0,68
	V	31,95	-	2,55	2,87																		
	VI	33,42	-	2,67	3,00																		
128,79	I	18,55	-	1,48	1,66	-	1,17	1,32	-	0,88	0,99	-	0,61	0,68	-	0,35	0,39	-	0,12	0,13	-	-	-
	II	14,87	-	1,18	1,33	-	0,89	1,00	-	0,62	0,70	-	0,36	0,41	-	0,13	0,14	-	-	-	-	-	-
	III	8,39	-	0,67	0,75	-	0,42	0,48	-	0,21	0,23	-	0,03	0,04	-	-	-	-	-	-	-	-	-
	IV	18,55	-	1,48	1,66	-	1,32	1,49	-	1,17	1,32	-	1,02	1,15	-	0,88	0,99	-	0,74	0,83	-	0,61	0,68
	V	31,98	-	2,55	2,87																		
	VI	33,46	-	2,67	3,01																		
128,89	I	18,57	-	1,48	1,67	-	1,17	1,32	-	0,88	0,99	-	0,61	0,68	-	0,35	0,39	-	0,12	0,13	-	-	-
	II	14,90	-	1,19	1,34	-	0,90	1,01	-	0,62	0,70	-	0,36	0,41	-	0,13	0,14	-	-	-	-	-	-
	III	8,41	-	0,67	0,75	-	0,42	0,48	-	0,21	0,24	-	0,04	0,04	-	-	-	-	-	-	-	-	-
	IV	18,57	-	1,48	1,67	-	1,32	1,49	-	1,17	1,32	-	1,02	1,15	-	0,88	0,99	-	0,74	0,84	-	0,61	0,68
	V	32,01	-	2,56	2,88																		
	VI	33,49	-	2,67	3,01																		
128,99	I	18,60	-	1,48	1,67	-	1,17	1,32	-	0,88	0,99	-	0,61	0,69	-	0,35	0,40	-	0,12	0,13	-	-	-
	II	14,92	-	1,19	1,34	-	0,90	1,01	-	0,62	0,70	-	0,36	0,41	-	0,13	0,14	-	-	-	-	-	-
	III	8,43	-	0,67	0,75	-	0,43	0,48	-	0,21	0,24	-	0,04	0,04	-	-	-	-	-	-	-	-	-
	IV	18,60	-	1,48	1,67	-	1,33	1,49	-	1,17	1,32	-	1,03	1,16	-	0,88	0,99	-	0,74	0,84	-	0,61	0,69
	V	32,05	-	2,56	2,88																		
	VI	33,53	-	2,68	3,01																		

Lohn/ Gehalt bis	Steuerklasse	Lohnsteuer	ohne Kinderfreibetrag			Anzahl Kinderfreibeträge (nur Steuerklassen I–IV)																
						0,5			1,0			1,5			2,0			2,5			3,0	
			SolZ 5,5%	Kirchensteuer 8%	Kirchensteuer 9%	SolZ 5,5%	Kirchensteuer 8%	9%	SolZ 5,5%	Kirchensteuer 8%	9%	SolZ 5,5%	Kirchensteuer 8%	9%	SolZ 5,5%	Kirchensteuer 8%	9%	SolZ 5,5%	Kirchensteuer 8%	9%	SolZ 5,5%	Kirchensteuer 8%
129,09	I	18,62	-	1,48	1,67	-	1,18	1,32	-	0,88	1,00	-	0,61	0,69	-	0,35	0,40	-	0,12	0,13	-	-
	II	14,95	-	1,19	1,34	-	0,90	1,01	-	0,62	0,70	-	0,37	0,41	-	0,13	0,15	-	-	-	-	-
	III	8,45	-	0,67	0,76	-	0,43	0,48	-	0,21	0,24	-	0,04	0,04	-	-	-	-	-	-	-	-
	IV	18,62	-	1,48	1,67	-	1,33	1,50	-	1,18	1,32	-	1,03	1,16	-	0,88	1,00	-	0,75	0,84	-	0,61
	V	32,08	-	2,56	2,88																	
	VI	33,56	-	2,68	3,02																	
129,19	I	18,65	-	1,49	1,67	-	1,18	1,33	-	0,89	1,00	-	0,61	0,69	-	0,36	0,40	-	0,12	0,14	-	-
	II	14,97	-	1,19	1,34	-	0,90	1,01	-	0,63	0,70	-	0,37	0,41	-	0,13	0,15	-	-	-	-	-
	III	8,47	-	0,67	0,76	-	0,43	0,48	-	0,21	0,24	-	0,04	0,04	-	-	-	-	-	-	-	-
	IV	18,65	-	1,49	1,67	-	1,33	1,50	-	1,18	1,33	-	1,03	1,16	-	0,89	1,00	-	0,75	0,84	-	0,61
	V	32,12	-	2,56	2,89																	
	VI	33,60	-	2,68	3,02																	
129,29	I	18,68	-	1,49	1,68	-	1,18	1,33	-	0,89	1,00	-	0,61	0,69	-	0,36	0,40	-	0,12	0,14	-	-
	II	15,00	-	1,20	1,35	-	0,90	1,02	-	0,63	0,71	-	0,37	0,42	-	0,13	0,15	-	-	-	-	-
	III	8,49	-	0,67	0,76	-	0,43	0,49	-	0,21	0,24	-	0,04	0,04	-	-	-	-	-	-	-	-
	IV	18,68	-	1,49	1,68	-	1,33	1,50	-	1,18	1,33	-	1,03	1,16	-	0,89	1,00	-	0,75	0,84	-	0,61
	V	32,15	-	2,57	2,89																	
	VI	33,63	-	2,69	3,02																	
129,39	I	18,70	-	1,49	1,68	-	1,18	1,33	-	0,89	1,00	-	0,62	0,69	-	0,36	0,40	-	0,12	0,14	-	-
	II	15,02	-	1,20	1,35	-	0,90	1,02	-	0,63	0,71	-	0,37	0,42	-	0,13	0,15	-	-	-	-	-
	III	8,51	-	0,68	0,76	-	0,43	0,49	-	0,22	0,24	-	0,04	0,05	-	-	-	-	-	-	-	-
	IV	18,70	-	1,49	1,68	-	1,33	1,50	-	1,18	1,33	-	1,03	1,16	-	0,89	1,00	-	0,75	0,85	-	0,62
	V	32,19	-	2,57	2,89																	
	VI	33,66	-	2,69	3,02																	
129,49	I	18,73	-	1,49	1,68	-	1,18	1,33	-	0,89	1,00	-	0,62	0,70	-	0,36	0,41	-	0,12	0,14	-	-
	II	15,05	-	1,20	1,35	-	0,91	1,02	-	0,63	0,71	-	0,37	0,42	-	0,14	0,15	-	-	-	-	-
	III	8,53	-	0,68	0,76	-	0,44	0,49	-	0,22	0,24	-	0,04	0,05	-	-	-	-	-	-	-	-
	IV	18,73	-	1,49	1,68	-	1,34	1,50	-	1,18	1,33	-	1,04	1,17	-	0,89	1,00	-	0,75	0,85	-	0,62
	V	32,22	-	2,57	2,89																	
	VI	33,70	-	2,69	3,03																	
129,59	I	18,75	-	1,50	1,68	-	1,19	1,34	-	0,89	1,01	-	0,62	0,70	-	0,36	0,41	-	0,13	0,14	-	-
	II	15,07	-	1,20	1,35	-	0,91	1,02	-	0,63	0,71	-	0,37	0,42	-	0,14	0,15	-	-	-	-	-
	III	8,55	-	0,68	0,76	-	0,44	0,49	-	0,22	0,25	-	0,04	0,05	-	-	-	-	-	-	-	-
	IV	18,75	-	1,50	1,68	-	1,34	1,51	-	1,19	1,34	-	1,04	1,17	-	0,89	1,01	-	0,76	0,85	-	0,62
	V	32,25	-	2,58	2,90																	
	VI	33,73	-	2,69	3,03																	
129,69	I	18,78	-	1,50	1,69	-	1,19	1,34	-	0,90	1,01	-	0,62	0,70	-	0,36	0,41	-	0,13	0,14	-	-
	II	15,10	-	1,20	1,35	-	0,91	1,02	-	0,63	0,71	-	0,38	0,42	-	0,14	0,16	-	-	-	-	-
	III	8,57	-	0,68	0,77	-	0,44	0,49	-	0,22	0,25	-	0,04	0,05	-	-	-	-	-	-	-	-
	IV	18,78	-	1,50	1,69	-	1,34	1,51	-	1,19	1,34	-	1,04	1,17	-	0,90	1,01	-	0,76	0,85	-	0,62
	V	32,29	-	2,58	2,90																	
	VI	33,76	-	2,70	3,03																	
129,79	I	18,81	-	1,50	1,69	-	1,19	1,34	-	0,90	1,01	-	0,62	0,70	-	0,36	0,41	-	0,13	0,15	-	-
	II	15,12	-	1,20	1,36	-	0,91	1,03	-	0,64	0,72	-	0,38	0,42	-	0,14	0,16	-	-	-	-	-
	III	8,59	-	0,68	0,77	-	0,44	0,49	-	0,22	0,25	-	0,04	0,05	-	-	-	-	-	-	-	-
	IV	18,81	-	1,50	1,69	-	1,34	1,51	-	1,19	1,34	-	1,04	1,17	-	0,90	1,01	-	0,76	0,85	-	0,62
	V	32,32	-	2,58	2,90																	
	VI	33,80	-	2,70	3,04																	
129,89	I	18,83	-	1,50	1,69	-	1,19	1,34	-	0,90	1,01	-	0,62	0,70	-	0,37	0,41	-	0,13	0,15	-	-
	II	15,15	-	1,21	1,36	-	0,91	1,03	-	0,64	0,72	-	0,38	0,43	-	0,14	0,16	-	-	-	-	-
	III	8,61	-	0,68	0,77	-	0,44	0,50	-	0,22	0,25	-	0,04	0,05	-	-	-	-	-	-	-	-
	IV	18,83	-	1,50	1,69	-	1,34	1,51	-	1,19	1,34	-	1,04	1,17	-	0,90	1,01	-	0,76	0,86	-	0,62
	V	32,36	-	2,58	2,91																	
	VI	33,83	-	2,70	3,04																	
129,99	I	18,86	-	1,50	1,69	-	1,19	1,34	-	0,90	1,01	-	0,63	0,71	-	0,37	0,41	-	0,13	0,15	-	-
	II	15,17	-	1,21	1,36	-	0,92	1,03	-	0,64	0,72	-	0,38	0,43	-	0,14	0,16	-	-	-	-	-
	III	8,63	-	0,69	0,77	-	0,44	0,50	-	0,22	0,25	-	0,05	0,05	-	-	-	-	-	-	-	-
	IV	18,86	-	1,50	1,69	-	1,35	1,52	-	1,19	1,34	-	1,05	1,18	-	0,90	1,01	-	0,76	0,86	-	0,63
	V	32,39	-	2,59	2,91																	
	VI	33,87	-	2,70	3,04																	
130,09	I	18,88	-	1,51	1,69	-	1,20	1,35	-	0,90	1,02	-	0,63	0,71	-	0,37	0,42	-	0,13	0,15	-	-
	II	15,20	-	1,21	1,36	-	0,92	1,03	-	0,64	0,72	-	0,38	0,43	-	0,14	0,16	-	-	-	-	-
	III	8,65	-	0,69	0,77	-	0,44	0,50	-	0,22	0,25	-	0,05	0,05	-	-	-	-	-	-	-	-
	IV	18,88	-	1,51	1,69	-	1,35	1,52	-	1,20	1,35	-	1,05	1,18	-	0,90	1,02	-	0,76	0,86	-	0,63
	V	32,43	-	2,59	2,91																	
	VI	33,90	-	2,71	3,05																	
130,19	I	18,91	-	1,51	1,70	-	1,20	1,35	-	0,91	1,02	-	0,63	0,71	-	0,37	0,42	-	0,13	0,15	-	-
	II	15,22	-	1,21	1,36	-	0,92	1,03	-	0,64	0,72	-	0,38	0,43	-	0,14	0,16	-	-	-	-	-
	III	8,67	-	0,69	0,78	-	0,45	0,50	-	0,22	0,25	-	0,05	0,05	-	-	-	-	-	-	-	-
	IV	18,91	-	1,51	1,70	-	1,35	1,52	-	1,20	1,35	-	1,05	1,18	-	0,91	1,02	-	0,77	0,86	-	0,63
	V	32,46	-	2,59	2,92																	
	VI	33,94	-	2,71	3,05																	
130,29	I	18,94	-	1,51	1,70	-	1,20	1,35	-	0,91	1,02	-	0,63	0,71	-	0,37	0,42	-	0,14	0,15	-	-
	II	15,24	-	1,21	1,37	-	0,92	1,04	-	0,64	0,73	-	0,39	0,43	-	0,15	0,16	-	-	-	-	-
	III	8,70	-	0,69	0,78	-	0,45	0,50	-	0,23	0,26	-	0,05	0,06	-	-	-	-	-	-	-	-
	IV	18,94	-	1,51	1,70	-	1,35	1,52	-	1,20	1,35	-	1,05	1,18	-	0,91	1,02	-	0,77	0,86	-	0,63
	V	32,50	-	2,60	2,92																	
	VI	33,97	-	2,71	3,05																	
130,39	I	18,96	-	1,51	1,70	-	1,20	1,35	-	0,91	1,02	-	0,63	0,71	-	0,38	0,42	-	0,14	0,15	-	-
	II	15,27	-	1,22	1,37	-	0,92	1,04	-	0,65	0,73	-	0,39	0,44	-	0,15	0,17	-	-	-	-	-
	III	8,71	-	0,69	0,78	-	0,45	0,51	-	0,23	0,26	-	0,05	0,06	-	-	-	-	-	-	-	-
	IV	18,96	-	1,51	1,70	-	1,36	1,53	-	1,20	1,35	-	1,05	1,19	-	0,91	1,02	-	0,77	0,87	-	0,63
	V	32,53	-	2,60	2,92																	
	VI	34,00	-	2,72	3,06																	
130,49	I	18,99	-	1,51	1,70	-	1,20	1,35	-	0,91	1,03	-	0,64	0,72	-	0,38	0,42	-	0,14	0,16	-	-
	II	15,29	-	1,22	1,37	-	0,92	1,04	-	0,65	0,73	-	0,39	0,44	-	0,15	0,17	-	-	-	-	-
	III	8,73	-	0,69	0,78	-	0,45	0,51	-	0,23	0,26	-	0,05	0,06	-	-	-	-	-	-	-	-
	IV	18,99	-	1,51	1,70	-	1,36	1,53	-	1,20	1,35	-	1,06	1,19	-	0,91	1,03	-	0,77	0,87	-	0,64
	V	32,56	-	2,60	2,93																	
	VI	34,04	-	2,72	3,06																	

Lohn/ Gehalt bis	Steuerklasse	Lohnsteuer	ohne Kinderfreibetrag SolZ 5,5%	ohne Kinderfreibetrag Kirchensteuer 8%	ohne Kinderfreibetrag Kirchensteuer 9%	0,5 SolZ 5,5%	0,5 Kirchensteuer 8%	0,5 Kirchensteuer 9%	1,0 SolZ 5,5%	1,0 Kirchensteuer 8%	1,0 Kirchensteuer 9%	1,5 SolZ 5,5%	1,5 Kirchensteuer 8%	1,5 Kirchensteuer 9%	2,0 SolZ 5,5%	2,0 Kirchensteuer 8%	2,0 Kirchensteuer 9%	2,5 SolZ 5,5%	2,5 Kirchensteuer 8%	2,5 Kirchensteuer 9%	3,0 SolZ 5,5%	3,0 Kirchensteuer 8%	3,0 Kirchensteuer 9%
						Anzahl Kinderfreibeträge (nur Steuerklassen I–IV)																	
130,59	I	19,01	–	1,52	1,71	–	1,21	1,36	–	0,91	1,03	–	0,64	0,72	–	0,38	0,43	–	0,14	0,16	–	–	–
	II	15,32	–	1,22	1,37	–	0,93	1,04	–	0,65	0,73	–	0,39	0,44	–	0,15	0,17	–	–	–	–	–	–
	III	8,76	–	0,70	0,78	–	0,45	0,51	–	0,23	0,26	–	0,05	0,06	–	–	–	–	–	–	–	–	–
	IV	19,01	–	1,52	1,71	–	1,36	1,53	–	1,21	1,36	–	1,06	1,19	–	0,91	1,03	–	0,77	0,87	–	0,64	0,72
	V	32,60	–	2,60	2,93																		
	VI	34,07	–	2,72	3,06																		
130,69	I	19,04	–	1,52	1,71	–	1,21	1,36	–	0,92	1,03	–	0,64	0,72	–	0,38	0,43	–	0,14	0,16	–	–	–
	II	15,34	–	1,22	1,38	–	0,93	1,05	–	0,65	0,73	–	0,39	0,44	–	0,15	0,17	–	–	–	–	–	–
	III	8,77	–	0,70	0,78	–	0,45	0,51	–	0,23	0,26	–	0,05	0,06	–	–	–	–	–	–	–	–	–
	IV	19,04	–	1,52	1,71	–	1,36	1,53	–	1,21	1,36	–	1,06	1,19	–	0,92	1,03	–	0,77	0,87	–	0,64	0,72
	V	32,63	–	2,61	2,93																		
	VI	34,11	–	2,72	3,06																		
130,79	I	19,06	–	1,52	1,71	–	1,21	1,36	–	0,92	1,03	–	0,64	0,72	–	0,38	0,43	–	0,14	0,16	–	–	–
	II	15,37	–	1,22	1,38	–	0,93	1,05	–	0,65	0,74	–	0,39	0,44	–	0,15	0,17	–	–	–	–	–	–
	III	8,80	–	0,70	0,79	–	0,46	0,51	–	0,23	0,26	–	0,05	0,06	–	–	–	–	–	–	–	–	–
	IV	19,06	–	1,52	1,71	–	1,36	1,53	–	1,21	1,36	–	1,06	1,19	–	0,92	1,03	–	0,78	0,87	–	0,64	0,72
	V	32,66	–	2,61	2,93																		
	VI	34,14	–	2,73	3,07																		
130,89	I	19,09	–	1,52	1,71	–	1,21	1,36	–	0,92	1,03	–	0,64	0,72	–	0,38	0,43	–	0,14	0,16	–	–	–
	II	15,39	–	1,23	1,38	–	0,93	1,05	–	0,66	0,74	–	0,40	0,45	–	0,15	0,17	–	–	–	–	–	–
	III	8,82	–	0,70	0,79	–	0,46	0,51	–	0,23	0,26	–	0,06	0,06	–	–	–	–	–	–	–	–	–
	IV	19,09	–	1,52	1,71	–	1,37	1,54	–	1,21	1,36	–	1,06	1,20	–	0,92	1,03	–	0,78	0,88	–	0,64	0,72
	V	32,70	–	2,61	2,94																		
	VI	34,18	–	2,73	3,07																		
130,99	I	19,12	–	1,52	1,72	–	1,21	1,37	–	0,92	1,04	–	0,64	0,72	–	0,38	0,43	–	0,15	0,16	–	–	–
	II	15,42	–	1,23	1,38	–	0,93	1,05	–	0,66	0,74	–	0,40	0,45	–	0,16	0,18	–	–	–	–	–	–
	III	8,83	–	0,70	0,79	–	0,46	0,52	–	0,24	0,27	–	0,06	0,06	–	–	–	–	–	–	–	–	–
	IV	19,12	–	1,52	1,72	–	1,37	1,54	–	1,21	1,37	–	1,06	1,20	–	0,92	1,04	–	0,78	0,88	–	0,64	0,72
	V	32,73	–	2,61	2,94																		
	VI	34,21	–	2,73	3,07																		
131,09	I	19,15	–	1,53	1,72	–	1,22	1,37	–	0,92	1,04	–	0,65	0,73	–	0,39	0,44	–	0,15	0,17	–	–	–
	II	15,44	–	1,23	1,38	–	0,94	1,05	–	0,66	0,74	–	0,40	0,45	–	0,16	0,18	–	–	–	–	–	–
	III	8,86	–	0,70	0,79	–	0,46	0,52	–	0,24	0,27	–	0,06	0,07	–	–	–	–	–	–	–	–	–
	IV	19,15	–	1,53	1,72	–	1,37	1,54	–	1,22	1,37	–	1,07	1,20	–	0,92	1,04	–	0,78	0,88	–	0,65	0,73
	V	32,77	–	2,62	2,94																		
	VI	34,25	–	2,74	3,08																		
131,19	I	19,17	–	1,53	1,72	–	1,22	1,37	–	0,92	1,04	–	0,65	0,73	–	0,39	0,44	–	0,15	0,17	–	–	–
	II	15,47	–	1,23	1,39	–	0,94	1,06	–	0,66	0,74	–	0,40	0,45	–	0,16	0,18	–	–	–	–	–	–
	III	8,88	–	0,71	0,79	–	0,46	0,52	–	0,24	0,27	–	0,06	0,07	–	–	–	–	–	–	–	–	–
	IV	19,17	–	1,53	1,72	–	1,37	1,54	–	1,22	1,37	–	1,07	1,20	–	0,92	1,04	–	0,78	0,88	–	0,65	0,73
	V	32,80	–	2,62	2,95																		
	VI	34,28	–	2,74	3,08																		
131,29	I	19,20	–	1,53	1,72	–	1,22	1,37	–	0,93	1,04	–	0,65	0,73	–	0,39	0,44	–	0,15	0,17	–	–	–
	II	15,49	–	1,23	1,39	–	0,94	1,06	–	0,66	0,75	–	0,40	0,45	–	0,16	0,18	–	–	–	–	–	–
	III	8,90	–	0,71	0,80	–	0,46	0,52	–	0,24	0,27	–	0,06	0,07	–	–	–	–	–	–	–	–	–
	IV	19,20	–	1,53	1,72	–	1,37	1,55	–	1,22	1,37	–	1,07	1,21	–	0,93	1,04	–	0,79	0,88	–	0,65	0,73
	V	32,84	–	2,62	2,95																		
	VI	34,31	–	2,74	3,08																		
131,39	I	19,22	–	1,53	1,72	–	1,22	1,37	–	0,93	1,04	–	0,65	0,73	–	0,39	0,44	–	0,15	0,17	–	–	–
	II	15,51	–	1,24	1,39	–	0,94	1,06	–	0,66	0,75	–	0,40	0,45	–	0,16	0,18	–	–	–	–	–	–
	III	8,92	–	0,71	0,80	–	0,46	0,52	–	0,24	0,27	–	0,06	0,07	–	–	–	–	–	–	–	–	–
	IV	19,22	–	1,53	1,72	–	1,38	1,55	–	1,22	1,37	–	1,07	1,21	–	0,93	1,04	–	0,79	0,89	–	0,65	0,73
	V	32,87	–	2,62	2,95																		
	VI	34,35	–	2,74	3,09																		
131,49	I	19,25	–	1,54	1,73	–	1,22	1,38	–	0,93	1,05	–	0,65	0,73	–	0,39	0,44	–	0,15	0,17	–	–	–
	II	15,54	–	1,24	1,39	–	0,94	1,06	–	0,67	0,75	–	0,40	0,46	–	0,16	0,18	–	–	–	–	–	–
	III	8,93	–	0,71	0,80	–	0,47	0,52	–	0,24	0,27	–	0,06	0,07	–	–	–	–	–	–	–	–	–
	IV	19,25	–	1,54	1,73	–	1,38	1,55	–	1,22	1,38	–	1,07	1,21	–	0,93	1,05	–	0,79	0,89	–	0,65	0,73
	V	32,90	–	2,63	2,96																		
	VI	34,38	–	2,75	3,09																		
131,59	I	19,28	–	1,54	1,73	–	1,23	1,38	–	0,93	1,05	–	0,65	0,74	–	0,39	0,44	–	0,15	0,17	–	–	–
	II	15,56	–	1,24	1,40	–	0,95	1,06	–	0,67	0,75	–	0,41	0,46	–	0,16	0,18	–	–	–	–	–	–
	III	8,96	–	0,71	0,80	–	0,47	0,53	–	0,24	0,27	–	0,06	0,07	–	–	–	–	–	–	–	–	–
	IV	19,28	–	1,54	1,73	–	1,38	1,55	–	1,23	1,38	–	1,08	1,21	–	0,93	1,05	–	0,79	0,89	–	0,65	0,74
	V	32,94	–	2,63	2,96																		
	VI	34,41	–	2,75	3,09																		
131,69	I	19,30	–	1,54	1,73	–	1,23	1,38	–	0,93	1,05	–	0,66	0,74	–	0,40	0,45	–	0,16	0,18	–	–	–
	II	15,59	–	1,24	1,40	–	0,95	1,07	–	0,67	0,75	–	0,41	0,46	–	0,17	0,19	–	–	–	–	–	–
	III	8,98	–	0,71	0,80	–	0,47	0,53	–	0,24	0,28	–	0,06	0,07	–	–	–	–	–	–	–	–	–
	IV	19,30	–	1,54	1,73	–	1,38	1,55	–	1,23	1,38	–	1,08	1,21	–	0,93	1,05	–	0,79	0,89	–	0,66	0,74
	V	32,97	–	2,63	2,96																		
	VI	34,45	–	2,75	3,10																		
131,79	I	19,33	–	1,54	1,73	–	1,23	1,38	–	0,94	1,05	–	0,66	0,74	–	0,40	0,45	–	0,16	0,18	–	–	–
	II	15,61	–	1,24	1,40	–	0,95	1,07	–	0,67	0,76	–	0,41	0,46	–	0,17	0,19	–	–	–	–	–	–
	III	9,00	–	0,72	0,81	–	0,47	0,53	–	0,25	0,28	–	0,06	0,07	–	–	–	–	–	–	–	–	–
	IV	19,33	–	1,54	1,73	–	1,38	1,56	–	1,23	1,38	–	1,08	1,22	–	0,94	1,05	–	0,79	0,89	–	0,66	0,74
	V	33,01	–	2,64	2,97																		
	VI	34,48	–	2,75	3,10																		
131,89	I	19,35	–	1,54	1,74	–	1,23	1,39	–	0,94	1,06	–	0,66	0,74	–	0,40	0,45	–	0,16	0,18	–	–	–
	II	15,64	–	1,25	1,40	–	0,95	1,07	–	0,67	0,76	–	0,41	0,46	–	0,17	0,19	–	–	–	–	–	–
	III	9,02	–	0,72	0,81	–	0,47	0,53	–	0,25	0,28	–	0,07	0,07	–	–	–	–	–	–	–	–	–
	IV	19,35	–	1,54	1,74	–	1,39	1,56	–	1,23	1,39	–	1,08	1,22	–	0,94	1,06	–	0,80	0,90	–	0,66	0,74
	V	33,04	–	2,64	2,97																		
	VI	34,52	–	2,76	3,10																		
131,99	I	19,38	–	1,55	1,74	–	1,23	1,39	–	0,94	1,06	–	0,66	0,74	–	0,40	0,45	–	0,16	0,18	–	–	–
	II	15,66	–	1,25	1,40	–	0,95	1,07	–	0,67	0,76	–	0,41	0,47	–	0,17	0,19	–	–	–	–	–	–
	III	9,04	–	0,72	0,81	–	0,47	0,53	–	0,25	0,28	–	0,07	0,08	–	–	–	–	–	–	–	–	–
	IV	19,38	–	1,55	1,74	–	1,39	1,56	–	1,23	1,39	–	1,08	1,22	–	0,94	1,06	–	0,80	0,90	–	0,66	0,74
	V	33,08	–	2,64	2,97																		
	VI	34,55	–	2,76	3,10																		

Lohn/ Gehalt bis	Steuerklasse	Lohn- steuer	ohne Kinderfreibetrag			Anzahl Kinderfreibeträge (nur Steuerklassen I–IV)																	
						0,5			1,0			1,5			2,0			2,5			3,0		
			SolZ 5,5%	Kirchensteuer 8%	9%	SolZ 5,5%	Kirchensteuer 8%	9%	SolZ 5,5%	Kirchensteuer 8%	9%	SolZ 5,5%	Kirchensteuer 8%	9%	SolZ 5,5%	Kirchensteuer 8%	9%	SolZ 5,5%	Kirchensteuer 8%	9%	SolZ 5,5%	Kirchensteuer 8%	9%
132,09	I	19,41	-	1,55	1,74	-	1,24	1,39	-	0,94	1,06	-	0,66	0,75	-	0,40	0,45	-	0,16	0,18	-	-	
	II	15,69	-	1,25	1,41	-	0,96	1,08	-	0,68	0,76	-	0,42	0,47	-	0,17	0,19	-	-	-	-	-	
	III	9,06	-	0,72	0,81	-	0,48	0,54	-	0,25	0,28	-	0,07	0,08	-	-	-	-	-	-	-	-	
	IV	19,41	-	1,55	1,74	-	1,39	1,56	-	1,24	1,39	-	1,09	1,22	-	0,94	1,06	-	0,80	0,90	-	0,66	
	V	33,11	-	2,64	2,97																		
	VI	34,59	-	2,76	3,11																		
132,19	I	19,43	-	1,55	1,74	-	1,24	1,39	-	0,94	1,06	-	0,66	0,75	-	0,40	0,45	-	0,16	0,18	-	-	
	II	15,71	-	1,25	1,41	-	0,96	1,08	-	0,68	0,76	-	0,42	0,47	-	0,17	0,20	-	-	-	-	-	
	III	9,08	-	0,72	0,81	-	0,48	0,54	-	0,25	0,28	-	0,07	0,08	-	-	-	-	-	-	-	-	
	IV	19,43	-	1,55	1,74	-	1,39	1,57	-	1,24	1,39	-	1,09	1,22	-	0,94	1,06	-	0,80	0,90	-	0,66	
	V	33,14	-	2,65	2,98																		
	VI	34,62	-	2,76	3,11																		
132,29	I	19,46	-	1,55	1,75	-	1,24	1,40	-	0,94	1,06	-	0,67	0,75	-	0,41	0,46	-	0,16	0,18	-	-	
	II	15,74	-	1,25	1,41	-	0,96	1,08	-	0,68	0,77	-	0,42	0,47	-	0,17	0,20	-	-	-	-	-	
	III	9,10	-	0,72	0,81	-	0,48	0,54	-	0,25	0,28	-	0,07	0,08	-	-	-	-	-	-	-	-	
	IV	19,46	-	1,55	1,75	-	1,39	1,57	-	1,24	1,40	-	1,09	1,23	-	0,94	1,06	-	0,80	0,90	-	0,67	
	V	33,18	-	2,65	2,98																		
	VI	34,65	-	2,77	3,11																		
132,39	I	19,48	-	1,55	1,75	-	1,24	1,40	-	0,95	1,07	-	0,67	0,75	-	0,41	0,46	-	0,17	0,19	-	-	
	II	15,76	-	1,26	1,41	-	0,96	1,08	-	0,68	0,77	-	0,42	0,47	-	0,18	0,20	-	-	-	-	-	
	III	9,12	-	0,72	0,82	-	0,48	0,54	-	0,25	0,29	-	0,07	0,08	-	-	-	-	-	-	-	-	
	IV	19,48	-	1,55	1,75	-	1,40	1,57	-	1,24	1,40	-	1,09	1,23	-	0,95	1,07	-	0,81	0,91	-	0,67	
	V	33,21	-	2,65	2,98																		
	VI	34,69	-	2,77	3,12																		
132,49	I	19,51	-	1,56	1,75	-	1,24	1,40	-	0,95	1,07	-	0,67	0,75	-	0,41	0,46	-	0,17	0,19	-	-	
	II	15,79	-	1,26	1,42	-	0,96	1,08	-	0,68	0,77	-	0,42	0,47	-	0,18	0,20	-	-	-	-	-	
	III	9,14	-	0,73	0,82	-	0,48	0,54	-	0,26	0,29	-	0,07	0,08	-	-	-	-	-	-	-	-	
	IV	19,51	-	1,56	1,75	-	1,40	1,57	-	1,24	1,40	-	1,09	1,23	-	0,95	1,07	-	0,81	0,91	-	0,67	
	V	33,25	-	2,66	2,99																		
	VI	34,72	-	2,77	3,12																		
132,59	I	19,54	-	1,56	1,75	-	1,25	1,40	-	0,95	1,07	-	0,67	0,76	-	0,41	0,46	-	0,17	0,19	-	-	
	II	15,81	-	1,26	1,42	-	0,96	1,08	-	0,68	0,77	-	0,42	0,48	-	0,18	0,20	-	-	-	-	-	
	III	9,16	-	0,73	0,82	-	0,48	0,54	-	0,26	0,29	-	0,07	0,08	-	-	-	-	-	-	-	-	
	IV	19,54	-	1,56	1,75	-	1,40	1,58	-	1,25	1,40	-	1,10	1,23	-	0,95	1,07	-	0,81	0,91	-	0,67	
	V	33,28	-	2,66	2,99																		
	VI	34,76	-	2,78	3,12																		
132,69	I	19,56	-	1,56	1,76	-	1,25	1,40	-	0,95	1,07	-	0,67	0,76	-	0,41	0,46	-	0,17	0,19	-	-	
	II	15,84	-	1,26	1,42	-	0,97	1,09	-	0,69	0,77	-	0,42	0,48	-	0,18	0,20	-	-	-	-	-	
	III	9,18	-	0,73	0,82	-	0,48	0,55	-	0,26	0,29	-	0,07	0,08	-	-	-	-	-	-	-	-	
	IV	19,56	-	1,56	1,76	-	1,40	1,58	-	1,25	1,40	-	1,10	1,24	-	0,95	1,07	-	0,81	0,91	-	0,67	
	V	33,31	-	2,66	2,99																		
	VI	34,79	-	2,78	3,13																		
132,79	I	19,59	-	1,56	1,76	-	1,25	1,41	-	0,95	1,07	-	0,68	0,76	-	0,41	0,47	-	0,17	0,19	-	-	
	II	15,86	-	1,26	1,42	-	0,97	1,09	-	0,69	0,78	-	0,43	0,48	-	0,18	0,20	-	-	-	-	-	
	III	9,20	-	0,73	0,82	-	0,49	0,55	-	0,26	0,29	-	0,08	0,09	-	-	-	-	-	-	-	-	
	IV	19,59	-	1,56	1,76	-	1,40	1,58	-	1,25	1,41	-	1,10	1,24	-	0,95	1,07	-	0,81	0,91	-	0,68	
	V	33,35	-	2,66	3,00																		
	VI	34,83	-	2,78	3,13																		
132,89	I	19,62	-	1,56	1,76	-	1,25	1,41	-	0,96	1,08	-	0,68	0,76	-	0,42	0,47	-	0,17	0,19	-	-	
	II	15,89	-	1,27	1,43	-	0,97	1,09	-	0,69	0,78	-	0,43	0,48	-	0,18	0,21	-	-	-	-	-	
	III	9,22	-	0,73	0,82	-	0,49	0,55	-	0,26	0,29	-	0,08	0,09	-	-	-	-	-	-	-	-	
	IV	19,62	-	1,56	1,76	-	1,41	1,58	-	1,25	1,41	-	1,10	1,24	-	0,96	1,08	-	0,81	0,92	-	0,68	
	V	33,38	-	2,67	3,00																		
	VI	34,86	-	2,78	3,13																		
132,99	I	19,64	-	1,57	1,76	-	1,25	1,41	-	0,96	1,08	-	0,68	0,76	-	0,42	0,47	-	0,17	0,20	-	-	
	II	15,91	-	1,27	1,43	-	0,97	1,09	-	0,69	0,78	-	0,43	0,48	-	0,18	0,21	-	-	-	-	-	
	III	9,24	-	0,73	0,83	-	0,49	0,55	-	0,26	0,30	-	0,08	0,09	-	-	-	-	-	-	-	-	
	IV	19,64	-	1,57	1,76	-	1,41	1,58	-	1,25	1,41	-	1,10	1,24	-	0,96	1,08	-	0,82	0,92	-	0,68	
	V	33,42	-	2,67	3,00																		
	VI	34,89	-	2,79	3,14																		
133,09	I	19,67	-	1,57	1,77	-	1,26	1,41	-	0,96	1,08	-	0,68	0,77	-	0,42	0,47	-	0,18	0,20	-	-	
	II	15,94	-	1,27	1,43	-	0,97	1,10	-	0,69	0,78	-	0,43	0,49	-	0,19	0,21	-	-	-	-	-	
	III	9,26	-	0,74	0,83	-	0,49	0,55	-	0,26	0,30	-	0,08	0,09	-	-	-	-	-	-	-	-	
	IV	19,67	-	1,57	1,77	-	1,41	1,59	-	1,26	1,41	-	1,11	1,24	-	0,96	1,08	-	0,82	0,92	-	0,68	
	V	33,45	-	2,67	3,01																		
	VI	34,93	-	2,79	3,14																		
133,19	I	19,70	-	1,57	1,77	-	1,26	1,42	-	0,96	1,08	-	0,68	0,77	-	0,42	0,47	-	0,18	0,20	-	-	
	II	15,96	-	1,27	1,43	-	0,98	1,10	-	0,70	0,78	-	0,43	0,49	-	0,19	0,21	-	-	-	-	-	
	III	9,28	-	0,74	0,83	-	0,49	0,55	-	0,26	0,30	-	0,08	0,09	-	-	-	-	-	-	-	-	
	IV	19,70	-	1,57	1,77	-	1,41	1,59	-	1,26	1,42	-	1,11	1,25	-	0,96	1,08	-	0,82	0,92	-	0,68	
	V	33,48	-	2,67	3,01																		
	VI	34,96	-	2,79	3,14																		
133,29	I	19,72	-	1,57	1,77	-	1,26	1,42	-	0,96	1,08	-	0,68	0,77	-	0,42	0,48	-	0,18	0,20	-	-	
	II	15,99	-	1,27	1,43	-	0,98	1,10	-	0,70	0,79	-	0,44	0,49	-	0,19	0,21	-	-	-	-	-	
	III	9,30	-	0,74	0,83	-	0,49	0,56	-	0,27	0,30	-	0,08	0,09	-	-	-	-	-	-	-	-	
	IV	19,72	-	1,57	1,77	-	1,41	1,59	-	1,26	1,42	-	1,11	1,25	-	0,96	1,08	-	0,82	0,92	-	0,68	
	V	33,52	-	2,68	3,01																		
	VI	35,00	-	2,80	3,15																		
133,39	I	19,75	-	1,58	1,77	-	1,26	1,42	-	0,97	1,09	-	0,69	0,77	-	0,42	0,48	-	0,18	0,20	-	-	
	II	16,01	-	1,28	1,44	-	0,98	1,10	-	0,70	0,79	-	0,44	0,49	-	0,19	0,22	-	-	-	-	-	
	III	9,32	-	0,74	0,83	-	0,50	0,56	-	0,27	0,30	-	0,08	0,09	-	-	-	-	-	-	-	-	
	IV	19,75	-	1,58	1,77	-	1,42	1,59	-	1,26	1,42	-	1,11	1,25	-	0,97	1,09	-	0,82	0,93	-	0,69	
	V	33,55	-	2,68	3,01																		
	VI	35,03	-	2,80	3,15																		
133,49	I	19,77	-	1,58	1,77	-	1,26	1,42	-	0,97	1,09	-	0,69	0,77	-	0,43	0,48	-	0,18	0,20	-	-	
	II	16,04	-	1,28	1,44	-	0,98	1,10	-	0,70	0,79	-	0,44	0,49	-	0,19	0,22	-	-	-	-	-	
	III	9,35	-	0,74	0,84	-	0,50	0,56	-	0,27	0,30	-	0,08	0,09	-	-	-	-	-	-	-	-	
	IV	19,77	-	1,58	1,77	-	1,42	1,60	-	1,26	1,42	-	1,11	1,25	-	0,97	1,09	-	0,83	0,93	-	0,69	
	V	33,59	-	2,68	3,02																		
	VI	35,06	-	2,80	3,15																		

Allgemeine Tabelle

TAG bis 134,99 €

Lohn/ Gehalt bis	Steuerklasse	Lohn-steuer	ohne Kinderfreibetrag			Anzahl Kinderfreibeträge (nur Steuerklassen I–IV)																	
						0,5			1,0			1,5			2,0			2,5			3,0		
			SolZ 5,5%	Kirchensteuer 8%	Kirchensteuer 9%	SolZ 5,5%	Kirchensteuer 8%	Kirchensteuer 9%	SolZ 5,5%	Kirchensteuer 8%	Kirchensteuer 9%	SolZ 5,5%	Kirchensteuer 8%	Kirchensteuer 9%	SolZ 5,5%	Kirchensteuer 8%	Kirchensteuer 9%	SolZ 5,5%	Kirchensteuer 8%	Kirchensteuer 9%	SolZ 5,5%	Kirchensteuer 8%	Kirchensteuer 9%
133,59	I	19,80	–	1,58	1,78	–	1,27	1,42	–	0,97	1,09	–	0,69	0,78	–	0,43	0,48	–	0,18	0,21	–	–	–
	II	16,06	–	1,28	1,44	–	0,98	1,11	–	0,70	0,79	–	0,44	0,50	–	0,19	0,22	–	–	0,01	–	–	–
	III	9,36	–	0,74	0,84	–	0,50	0,56	–	0,27	0,30	–	0,08	0,09	–	–	–	–	–	–	–	–	–
	IV	19,80	–	1,58	1,78	–	1,42	1,60	–	1,27	1,42	–	1,12	1,26	–	0,97	1,09	–	0,83	0,93	–	0,69	0,78
	V	33,62	–	2,68	3,02																		
	VI	35,10	–	2,80	3,15																		
133,69	I	19,83	–	1,58	1,78	–	1,27	1,43	–	0,97	1,09	–	0,69	0,78	–	0,43	0,48	–	0,18	0,21	–	–	–
	II	16,09	–	1,28	1,44	–	0,98	1,11	–	0,70	0,79	–	0,44	0,50	–	0,20	0,22	–	0,01	0,01	–	–	–
	III	9,38	–	0,75	0,84	–	0,50	0,56	–	0,27	0,31	–	0,08	0,10	–	–	–	–	–	–	–	–	–
	IV	19,83	–	1,58	1,78	–	1,42	1,60	–	1,27	1,43	–	1,12	1,26	–	0,97	1,09	–	0,83	0,93	–	0,69	0,78
	V	33,66	–	2,69	3,02																		
	VI	35,13	–	2,81	3,16																		
133,79	I	19,85	–	1,58	1,78	–	1,27	1,43	–	0,97	1,09	–	0,69	0,78	–	0,43	0,49	–	0,19	0,21	–	–	–
	II	16,11	–	1,28	1,44	–	0,99	1,11	–	0,71	0,80	–	0,44	0,50	–	0,20	0,22	–	0,01	0,01	–	–	–
	III	9,41	–	0,75	0,84	–	0,50	0,56	–	0,27	0,31	–	0,09	0,10	–	–	–	–	–	–	–	–	–
	IV	19,85	–	1,58	1,78	–	1,42	1,60	–	1,27	1,43	–	1,12	1,26	–	0,97	1,09	–	0,83	0,94	–	0,69	0,78
	V	33,69	–	2,69	3,03																		
	VI	35,17	–	2,81	3,16																		
133,89	I	19,88	–	1,59	1,78	–	1,27	1,43	–	0,98	1,10	–	0,70	0,78	–	0,43	0,49	–	0,19	0,21	–	–	–
	II	16,14	–	1,29	1,45	–	0,99	1,11	–	0,71	0,80	–	0,44	0,50	–	0,20	0,22	–	0,01	0,01	–	–	–
	III	9,42	–	0,75	0,84	–	0,50	0,57	–	0,27	0,31	–	0,09	0,10	–	–	–	–	–	–	–	–	–
	IV	19,88	–	1,59	1,78	–	1,43	1,61	–	1,27	1,43	–	1,12	1,26	–	0,98	1,10	–	0,83	0,94	–	0,70	0,78
	V	33,73	–	2,69	3,03																		
	VI	35,20	–	2,81	3,16																		
133,99	I	19,91	–	1,59	1,79	–	1,27	1,43	–	0,98	1,10	–	0,70	0,78	–	0,43	0,49	–	0,19	0,21	–	–	–
	II	16,16	–	1,29	1,45	–	0,99	1,11	–	0,71	0,80	–	0,45	0,50	–	0,20	0,23	–	0,01	0,01	–	–	–
	III	9,45	–	0,75	0,85	–	0,51	0,57	–	0,28	0,31	–	0,09	0,10	–	–	–	–	–	–	–	–	–
	IV	19,91	–	1,59	1,79	–	1,43	1,61	–	1,27	1,43	–	1,12	1,26	–	0,98	1,10	–	0,83	0,94	–	0,70	0,78
	V	33,76	–	2,70	3,03																		
	VI	35,24	–	2,81	3,17																		
134,09	I	19,93	–	1,59	1,79	–	1,28	1,44	–	0,98	1,10	–	0,70	0,79	–	0,44	0,49	–	0,19	0,21	–	–	–
	II	16,19	–	1,29	1,45	–	0,99	1,12	–	0,71	0,80	–	0,45	0,50	–	0,20	0,23	–	0,01	0,01	–	–	–
	III	9,47	–	0,75	0,85	–	0,51	0,57	–	0,28	0,31	–	0,09	0,10	–	–	–	–	–	–	–	–	–
	IV	19,93	–	1,59	1,79	–	1,43	1,61	–	1,28	1,44	–	1,12	1,27	–	0,98	1,10	–	0,84	0,94	–	0,70	0,79
	V	33,79	–	2,70	3,04																		
	VI	35,27	–	2,82	3,17																		
134,19	I	19,96	–	1,59	1,79	–	1,28	1,44	–	0,98	1,10	–	0,70	0,79	–	0,44	0,49	–	0,19	0,22	–	–	–
	II	16,21	–	1,29	1,45	–	0,99	1,12	–	0,71	0,80	–	0,45	0,51	–	0,20	0,23	–	0,01	0,01	–	–	–
	III	9,48	–	0,75	0,85	–	0,51	0,57	–	0,28	0,31	–	0,09	0,10	–	–	–	–	–	–	–	–	–
	IV	19,96	–	1,59	1,79	–	1,43	1,61	–	1,28	1,44	–	1,13	1,27	–	0,98	1,10	–	0,84	0,94	–	0,70	0,79
	V	33,83	–	2,70	3,04																		
	VI	35,30	–	2,82	3,17																		
134,29	I	19,99	–	1,59	1,79	–	1,28	1,44	–	0,98	1,11	–	0,70	0,79	–	0,44	0,49	–	0,19	0,22	–	–	0,01
	II	16,24	–	1,29	1,46	–	1,00	1,12	–	0,72	0,81	–	0,45	0,51	–	0,20	0,23	–	0,01	0,01	–	–	–
	III	9,51	–	0,76	0,85	–	0,51	0,57	–	0,28	0,32	–	0,09	0,10	–	–	–	–	–	–	–	–	–
	IV	19,99	–	1,59	1,79	–	1,43	1,61	–	1,28	1,44	–	1,13	1,27	–	0,98	1,11	–	0,84	0,95	–	0,70	0,79
	V	33,86	–	2,70	3,04																		
	VI	35,34	–	2,82	3,18																		
134,39	I	20,01	–	1,60	1,80	–	1,28	1,44	–	0,98	1,11	–	0,70	0,79	–	0,44	0,50	–	0,20	0,22	–	0,01	0,01
	II	16,26	–	1,30	1,46	–	1,00	1,12	–	0,72	0,81	–	0,45	0,51	–	0,21	0,23	–	0,01	0,01	–	–	–
	III	9,53	–	0,76	0,85	–	0,51	0,58	–	0,28	0,32	–	0,09	0,10	–	–	–	–	–	–	–	–	–
	IV	20,01	–	1,60	1,80	–	1,44	1,62	–	1,28	1,44	–	1,13	1,27	–	0,98	1,11	–	0,84	0,95	–	0,70	0,79
	V	33,90	–	2,71	3,05																		
	VI	35,37	–	2,82	3,18																		
134,49	I	20,04	–	1,60	1,80	–	1,28	1,44	–	0,99	1,11	–	0,71	0,79	–	0,44	0,50	–	0,20	0,22	–	0,01	0,01
	II	16,29	–	1,30	1,46	–	1,00	1,13	–	0,72	0,81	–	0,46	0,51	–	0,21	0,23	–	0,01	0,02	–	–	–
	III	9,55	–	0,76	0,85	–	0,51	0,58	–	0,28	0,32	–	0,09	0,11	–	–	–	–	–	–	–	–	–
	IV	20,04	–	1,60	1,80	–	1,44	1,62	–	1,28	1,44	–	1,13	1,27	–	0,99	1,11	–	0,84	0,95	–	0,71	0,79
	V	33,93	–	2,71	3,05																		
	VI	35,41	–	2,83	3,18																		
134,59	I	20,06	–	1,60	1,80	–	1,29	1,45	–	0,99	1,11	–	0,71	0,80	–	0,44	0,50	–	0,20	0,22	–	0,01	0,01
	II	16,31	–	1,30	1,46	–	1,00	1,13	–	0,72	0,81	–	0,46	0,51	–	0,21	0,24	–	0,01	0,02	–	–	–
	III	9,57	–	0,76	0,86	–	0,52	0,58	–	0,28	0,32	–	0,10	0,11	–	–	–	–	–	–	–	–	–
	IV	20,06	–	1,60	1,80	–	1,44	1,62	–	1,29	1,45	–	1,13	1,28	–	0,99	1,11	–	0,85	0,95	–	0,71	0,80
	V	33,96	–	2,71	3,05																		
	VI	35,44	–	2,83	3,18																		
134,69	I	20,09	–	1,60	1,80	–	1,29	1,45	–	0,99	1,11	–	0,71	0,80	–	0,45	0,50	–	0,20	0,23	–	0,01	0,01
	II	16,34	–	1,30	1,47	–	1,00	1,13	–	0,72	0,81	–	0,46	0,52	–	0,21	0,24	–	0,02	0,02	–	–	–
	III	9,59	–	0,76	0,86	–	0,52	0,58	–	0,29	0,32	–	0,10	0,11	–	–	–	–	–	–	–	–	–
	IV	20,09	–	1,60	1,80	–	1,44	1,62	–	1,29	1,45	–	1,14	1,28	–	0,99	1,11	–	0,85	0,95	–	0,71	0,80
	V	34,00	–	2,72	3,06																		
	VI	35,48	–	2,83	3,19																		
134,79	I	20,12	–	1,60	1,81	–	1,29	1,45	–	0,99	1,12	–	0,71	0,80	–	0,45	0,50	–	0,20	0,23	–	0,01	0,01
	II	16,36	–	1,30	1,47	–	1,01	1,13	–	0,72	0,81	–	0,46	0,52	–	0,21	0,24	–	0,02	0,02	–	–	–
	III	9,61	–	0,76	0,86	–	0,52	0,58	–	0,29	0,32	–	0,10	0,11	–	–	–	–	–	–	–	–	–
	IV	20,12	–	1,60	1,81	–	1,44	1,63	–	1,29	1,45	–	1,14	1,28	–	0,99	1,12	–	0,85	0,96	–	0,71	0,80
	V	34,03	–	2,72	3,06																		
	VI	35,51	–	2,84	3,19																		
134,89	I	20,14	–	1,61	1,81	–	1,29	1,45	–	0,99	1,12	–	0,71	0,80	–	0,45	0,51	–	0,20	0,23	–	0,01	0,01
	II	16,39	–	1,31	1,47	–	1,01	1,13	–	0,73	0,82	–	0,46	0,52	–	0,21	0,24	–	0,02	0,02	–	–	–
	III	9,63	–	0,77	0,86	–	0,52	0,58	–	0,29	0,32	–	0,10	0,11	–	–	–	–	–	–	–	–	–
	IV	20,14	–	1,61	1,81	–	1,45	1,63	–	1,29	1,45	–	1,14	1,28	–	0,99	1,12	–	0,85	0,96	–	0,71	0,80
	V	34,06	–	2,72	3,06																		
	VI	35,54	–	2,84	3,19																		
134,99	I	20,17	–	1,61	1,81	–	1,29	1,46	–	1,00	1,12	–	0,71	0,80	–	0,45	0,51	–	0,20	0,23	–	0,01	0,01
	II	16,41	–	1,31	1,47	–	1,01	1,14	–	0,73	0,82	–	0,46	0,52	–	0,22	0,24	–	0,02	0,02	–	–	–
	III	9,65	–	0,77	0,86	–	0,52	0,59	–	0,29	0,33	–	0,10	0,11	–	–	–	–	–	–	–	–	–
	IV	20,17	–	1,61	1,81	–	1,45	1,63	–	1,29	1,46	–	1,14	1,29	–	1,00	1,12	–	0,85	0,96	–	0,71	0,80
	V	34,10	–	2,72	3,06																		
	VI	35,58	–	2,84	3,20																		

Lohn/Gehalt bis	Steuerklasse	Lohnsteuer	ohne Kinderfreibetrag SolZ 5,5%	ohne Kinderfreibetrag Kirchensteuer 8%	ohne Kinderfreibetrag Kirchensteuer 9%	0,5 SolZ 5,5%	0,5 Kirchensteuer 8%	0,5 Kirchensteuer 9%	1,0 SolZ 5,5%	1,0 Kirchensteuer 8%	1,0 Kirchensteuer 9%	1,5 SolZ 5,5%	1,5 Kirchensteuer 8%	1,5 Kirchensteuer 9%	2,0 SolZ 5,5%	2,0 Kirchensteuer 8%	2,0 Kirchensteuer 9%	2,5 SolZ 5,5%	2,5 Kirchensteuer 8%	2,5 Kirchensteuer 9%	3,0 SolZ 5,5%	3,0 Kirchensteuer 8%
						Anzahl Kinderfreibeträge (nur Steuerklassen I–IV)																
135,09	I	20,20	-	1,61	1,81	-	1,30	1,46	-	1,00	1,12	-	0,72	0,81	-	0,45	0,51	-	0,21	0,23	-	0,01
	II	16,44	-	1,31	1,47	-	1,01	1,14	-	0,73	0,82	-	0,46	0,52	-	0,22	0,25	-	0,02	0,02	-	-
	III	9,67	-	0,77	0,87	-	0,52	0,59	-	0,29	0,33	-	0,10	0,11	-	-	-	-	-	-	-	-
	IV	20,20	-	1,61	1,81	-	1,45	1,63	-	1,30	1,46	-	1,14	1,29	-	1,00	1,12	-	0,86	0,96	-	0,72
	V	34,13	-	2,73	3,07																	
	VI	35,61	-	2,84	3,20																	
135,19	I	20,22	-	1,61	1,81	-	1,30	1,46	-	1,00	1,12	-	0,72	0,81	-	0,45	0,51	-	0,21	0,23	-	0,01
	II	16,46	-	1,31	1,48	-	1,01	1,14	-	0,73	0,82	-	0,47	0,53	-	0,22	0,25	-	0,02	0,02	-	-
	III	9,69	-	0,77	0,87	-	0,52	0,59	-	0,29	0,33	-	0,10	0,11	-	-	-	-	-	-	-	-
	IV	20,22	-	1,61	1,81	-	1,45	1,64	-	1,30	1,46	-	1,15	1,29	-	1,00	1,12	-	0,86	0,96	-	0,72
	V	34,17	-	2,73	3,07																	
	VI	35,65	-	2,85	3,20																	
135,29	I	20,25	-	1,62	1,82	-	1,30	1,46	-	1,00	1,13	-	0,72	0,81	-	0,46	0,51	-	0,21	0,24	-	0,01
	II	16,49	-	1,31	1,48	-	1,02	1,14	-	0,73	0,83	-	0,47	0,53	-	0,22	0,25	-	0,02	0,02	-	-
	III	9,71	-	0,77	0,87	-	0,53	0,59	-	0,29	0,33	-	0,10	0,12	-	-	-	-	-	-	-	-
	IV	20,25	-	1,62	1,82	-	1,46	1,64	-	1,30	1,46	-	1,15	1,29	-	1,00	1,13	-	0,86	0,97	-	0,72
	V	34,20	-	2,73	3,07																	
	VI	35,68	-	2,85	3,21																	
135,39	I	20,28	-	1,62	1,82	-	1,30	1,46	-	1,00	1,13	-	0,72	0,81	-	0,46	0,52	-	0,21	0,24	-	0,02
	II	16,52	-	1,32	1,48	-	1,02	1,15	-	0,74	0,83	-	0,47	0,53	-	0,22	0,25	-	0,02	0,03	-	-
	III	9,73	-	0,77	0,87	-	0,53	0,59	-	0,30	0,33	-	0,10	0,12	-	-	-	-	-	-	-	-
	IV	20,28	-	1,62	1,82	-	1,46	1,64	-	1,30	1,46	-	1,15	1,29	-	1,00	1,13	-	0,86	0,97	-	0,72
	V	34,24	-	2,73	3,08																	
	VI	35,71	-	2,85	3,21																	
135,49	I	20,30	-	1,62	1,82	-	1,30	1,47	-	1,00	1,13	-	0,72	0,81	-	0,46	0,52	-	0,21	0,24	-	0,02
	II	16,54	-	1,32	1,48	-	1,02	1,15	-	0,74	0,83	-	0,47	0,53	-	0,22	0,25	-	0,02	0,03	-	-
	III	9,75	-	0,78	0,87	-	0,53	0,60	-	0,30	0,33	-	0,10	0,12	-	-	-	-	-	-	-	-
	IV	20,30	-	1,62	1,82	-	1,46	1,64	-	1,30	1,47	-	1,15	1,30	-	1,00	1,13	-	0,86	0,97	-	0,72
	V	34,27	-	2,74	3,08																	
	VI	35,75	-	2,86	3,21																	
135,59	I	20,33	-	1,62	1,82	-	1,31	1,47	-	1,01	1,13	-	0,73	0,82	-	0,46	0,52	-	0,21	0,24	-	0,02
	II	16,57	-	1,32	1,49	-	1,02	1,15	-	0,74	0,83	-	0,47	0,53	-	0,23	0,25	-	0,02	0,03	-	-
	III	9,77	-	0,78	0,87	-	0,53	0,60	-	0,30	0,34	-	0,11	0,12	-	-	-	-	-	-	-	-
	IV	20,33	-	1,62	1,82	-	1,46	1,64	-	1,31	1,47	-	1,15	1,30	-	1,01	1,13	-	0,86	0,97	-	0,73
	V	34,31	-	2,74	3,08																	
	VI	35,78	-	2,86	3,22																	
135,69	I	20,36	-	1,62	1,83	-	1,31	1,47	-	1,01	1,14	-	0,73	0,82	-	0,46	0,52	-	0,22	0,24	-	0,02
	II	16,59	-	1,32	1,49	-	1,02	1,15	-	0,74	0,83	-	0,48	0,54	-	0,23	0,26	-	0,03	0,03	-	-
	III	9,80	-	0,78	0,88	-	0,53	0,60	-	0,30	0,34	-	0,11	0,12	-	-	-	-	-	-	-	-
	IV	20,36	-	1,62	1,83	-	1,46	1,65	-	1,31	1,47	-	1,16	1,30	-	1,01	1,14	-	0,87	0,97	-	0,73
	V	34,34	-	2,74	3,09																	
	VI	35,82	-	2,86	3,22																	
135,79	I	20,38	-	1,63	1,83	-	1,31	1,47	-	1,01	1,14	-	0,73	0,82	-	0,46	0,52	-	0,22	0,24	-	0,02
	II	16,62	-	1,32	1,49	-	1,02	1,15	-	0,74	0,84	-	0,48	0,54	-	0,23	0,26	-	0,03	0,03	-	-
	III	9,81	-	0,78	0,88	-	0,53	0,60	-	0,30	0,34	-	0,11	0,12	-	-	-	-	-	-	-	-
	IV	20,38	-	1,63	1,83	-	1,47	1,65	-	1,31	1,47	-	1,16	1,30	-	1,01	1,14	-	0,87	0,98	-	0,73
	V	34,37	-	2,74	3,09																	
	VI	35,85	-	2,86	3,22																	
135,89	I	20,41	-	1,63	1,83	-	1,31	1,48	-	1,01	1,14	-	0,73	0,82	-	0,47	0,52	-	0,22	0,25	-	0,02
	II	16,64	-	1,33	1,49	-	1,03	1,16	-	0,74	0,84	-	0,48	0,54	-	0,23	0,26	-	0,03	0,03	-	-
	III	9,83	-	0,78	0,88	-	0,54	0,60	-	0,30	0,34	-	0,11	0,12	-	-	-	-	-	-	-	-
	IV	20,41	-	1,63	1,83	-	1,47	1,65	-	1,31	1,48	-	1,16	1,31	-	1,01	1,14	-	0,87	0,98	-	0,73
	V	34,41	-	2,75	3,09																	
	VI	35,88	-	2,87	3,22																	
135,99	I	20,44	-	1,63	1,83	-	1,31	1,48	-	1,01	1,14	-	0,73	0,82	-	0,47	0,53	-	0,22	0,25	-	0,02
	II	16,67	-	1,33	1,50	-	1,03	1,16	-	0,75	0,84	-	0,48	0,54	-	0,23	0,26	-	0,03	0,03	-	-
	III	9,86	-	0,78	0,88	-	0,54	0,60	-	0,30	0,34	-	0,11	0,12	-	-	-	-	-	-	-	-
	IV	20,44	-	1,63	1,83	-	1,47	1,65	-	1,31	1,48	-	1,16	1,31	-	1,01	1,14	-	0,87	0,98	-	0,73
	V	34,44	-	2,75	3,09																	
	VI	35,92	-	2,87	3,23																	
136,09	I	20,46	-	1,63	1,84	-	1,32	1,48	-	1,02	1,14	-	0,73	0,83	-	0,47	0,53	-	0,22	0,25	-	0,02
	II	16,69	-	1,33	1,50	-	1,03	1,16	-	0,75	0,84	-	0,48	0,54	-	0,23	0,26	-	0,03	0,03	-	-
	III	9,88	-	0,79	0,88	-	0,54	0,61	-	0,30	0,34	-	0,11	0,13	-	-	-	-	-	-	-	-
	IV	20,46	-	1,63	1,84	-	1,47	1,66	-	1,32	1,48	-	1,16	1,31	-	1,02	1,14	-	0,87	0,98	-	0,73
	V	34,48	-	2,75	3,10																	
	VI	35,95	-	2,87	3,23																	
136,19	I	20,49	-	1,63	1,84	-	1,32	1,48	-	1,02	1,15	-	0,74	0,83	-	0,47	0,53	-	0,22	0,25	-	0,02
	II	16,72	-	1,33	1,50	-	1,03	1,16	-	0,75	0,84	-	0,48	0,54	-	0,23	0,26	-	0,03	0,04	-	-
	III	9,90	-	0,79	0,89	-	0,54	0,61	-	0,31	0,35	-	0,11	0,13	-	-	-	-	-	-	-	-
	IV	20,49	-	1,63	1,84	-	1,47	1,66	-	1,32	1,48	-	1,17	1,31	-	1,02	1,15	-	0,88	0,99	-	0,74
	V	34,51	-	2,76	3,10																	
	VI	35,99	-	2,87	3,23																	
136,29	I	20,52	-	1,64	1,84	-	1,32	1,49	-	1,02	1,15	-	0,74	0,83	-	0,47	0,53	-	0,22	0,25	-	0,02
	II	16,74	-	1,33	1,50	-	1,03	1,16	-	0,75	0,85	-	0,48	0,55	-	0,24	0,27	-	0,03	0,04	-	-
	III	9,92	-	0,79	0,89	-	0,54	0,61	-	0,31	0,35	-	0,11	0,13	-	-	-	-	-	-	-	-
	IV	20,52	-	1,64	1,84	-	1,48	1,66	-	1,32	1,49	-	1,17	1,31	-	1,02	1,15	-	0,88	0,99	-	0,74
	V	34,55	-	2,76	3,10																	
	VI	36,02	-	2,88	3,24																	
136,39	I	20,54	-	1,64	1,84	-	1,32	1,49	-	1,02	1,15	-	0,74	0,83	-	0,47	0,53	-	0,23	0,26	-	0,03
	II	16,77	-	1,34	1,50	-	1,04	1,17	-	0,75	0,85	-	0,49	0,55	-	0,24	0,27	-	0,03	0,04	-	-
	III	9,94	-	0,79	0,89	-	0,54	0,61	-	0,31	0,35	-	0,12	0,13	-	-	-	-	-	-	-	-
	IV	20,54	-	1,64	1,84	-	1,48	1,66	-	1,32	1,49	-	1,17	1,32	-	1,02	1,15	-	0,88	0,99	-	0,74
	V	34,58	-	2,76	3,11																	
	VI	36,06	-	2,88	3,24																	
136,49	I	20,57	-	1,64	1,85	-	1,32	1,49	-	1,02	1,15	-	0,74	0,83	-	0,48	0,54	-	0,23	0,26	-	0,03
	II	16,79	-	1,34	1,51	-	1,04	1,17	-	0,75	0,85	-	0,49	0,55	-	0,24	0,27	-	0,03	0,04	-	-
	III	9,96	-	0,79	0,89	-	0,54	0,61	-	0,31	0,35	-	0,12	0,13	-	-	-	-	-	-	-	-
	IV	20,57	-	1,64	1,85	-	1,48	1,67	-	1,32	1,49	-	1,17	1,32	-	1,02	1,15	-	0,88	0,99	-	0,74
	V	34,61	-	2,76	3,11																	
	VI	36,09	-	2,88	3,24																	

Allgemeine Tabelle

TAG bis 137,99 €

Anzahl Kinderfreibeträge (nur Steuerklassen I–IV)

Lohn/ Gehalt bis	Steuerklasse	Lohnsteuer	ohne Kinderfreibetrag SolZ 5,5%	ohne Kinderfreibetrag Kirchensteuer 8%	ohne Kinderfreibetrag Kirchensteuer 9%	0,5 SolZ 5,5%	0,5 Kirchensteuer 8%	0,5 Kirchensteuer 9%	1,0 SolZ 5,5%	1,0 Kirchensteuer 8%	1,0 Kirchensteuer 9%	1,5 SolZ 5,5%	1,5 Kirchensteuer 8%	1,5 Kirchensteuer 9%	2,0 SolZ 5,5%	2,0 Kirchensteuer 8%	2,0 Kirchensteuer 9%	2,5 SolZ 5,5%	2,5 Kirchensteuer 8%	2,5 Kirchensteuer 9%	3,0 SolZ 5,5%	3,0 Kirchensteuer 8%	3,0 Kirchensteuer 9%
136,59	I	20,60	-	1,64	1,85	-	1,33	1,49	-	1,03	1,15	-	0,74	0,84	-	0,48	0,54	-	0,23	0,26	-	0,03	0,03
	II	16,82	-	1,34	1,51	-	1,04	1,17	-	0,76	0,85	-	0,49	0,55	-	0,24	0,27	-	0,04	0,04	-	-	-
	III	9,98	-	0,79	0,89	-	0,55	0,62	-	0,31	0,35	-	0,12	0,13	-	-	-	-	-	-	-	-	-
	IV	20,60	-	1,64	1,85	-	1,48	1,67	-	1,33	1,49	-	1,17	1,32	-	1,03	1,15	-	0,88	0,99	-	0,74	0,84
	V	34,65	-	2,77	3,11																		
	VI	36,12	-	2,88	3,25																		
136,69	I	20,62	-	1,64	1,85	-	1,33	1,49	-	1,03	1,16	-	0,74	0,84	-	0,48	0,54	-	0,23	0,26	-	0,03	0,03
	II	16,85	-	1,34	1,51	-	1,04	1,17	-	0,76	0,85	-	0,49	0,55	-	0,24	0,27	-	0,04	0,04	-	-	-
	III	10,00	-	0,80	0,90	-	0,55	0,62	-	0,31	0,35	-	0,12	0,13	-	-	-	-	-	-	-	-	-
	IV	20,62	-	1,64	1,85	-	1,48	1,67	-	1,33	1,49	-	1,18	1,32	-	1,03	1,16	-	0,88	0,99	-	0,74	0,84
	V	34,68	-	2,77	3,12																		
	VI	36,16	-	2,89	3,25																		
136,79	I	20,65	-	1,65	1,85	-	1,33	1,50	-	1,03	1,16	-	0,75	0,84	-	0,48	0,54	-	0,23	0,26	-	0,03	0,03
	II	16,87	-	1,34	1,51	-	1,04	1,17	-	0,76	0,86	-	0,49	0,56	-	0,24	0,27	-	0,04	0,04	-	-	-
	III	10,02	-	0,80	0,90	-	0,55	0,62	-	0,32	0,36	-	0,12	0,13	-	-	-	-	-	-	-	-	-
	IV	20,65	-	1,65	1,85	-	1,49	1,67	-	1,33	1,50	-	1,18	1,33	-	1,03	1,16	-	0,89	1,00	-	0,75	0,84
	V	34,71	-	2,77	3,12																		
	VI	36,19	-	2,89	3,25																		
136,89	I	20,68	-	1,65	1,86	-	1,33	1,50	-	1,03	1,16	-	0,75	0,84	-	0,48	0,54	-	0,23	0,26	-	0,03	0,03
	II	16,90	-	1,35	1,52	-	1,05	1,18	-	0,76	0,86	-	0,50	0,56	-	0,25	0,28	-	0,04	0,04	-	-	-
	III	10,04	-	0,80	0,90	-	0,55	0,62	-	0,32	0,36	-	0,12	0,14	-	-	-	-	-	-	-	-	-
	IV	20,68	-	1,65	1,86	-	1,49	1,67	-	1,33	1,50	-	1,18	1,33	-	1,03	1,16	-	0,89	1,00	-	0,75	0,84
	V	34,75	-	2,78	3,12																		
	VI	36,23	-	2,89	3,26																		
136,99	I	20,70	-	1,65	1,86	-	1,33	1,50	-	1,03	1,16	-	0,75	0,84	-	0,48	0,54	-	0,24	0,27	-	0,03	0,04
	II	16,92	-	1,35	1,52	-	1,05	1,18	-	0,76	0,86	-	0,50	0,56	-	0,25	0,28	-	0,04	0,04	-	-	-
	III	10,06	-	0,80	0,90	-	0,55	0,62	-	0,32	0,36	-	0,12	0,14	-	-	-	-	-	-	-	-	-
	IV	20,70	-	1,65	1,86	-	1,49	1,68	-	1,33	1,50	-	1,18	1,33	-	1,03	1,16	-	0,89	1,00	-	0,75	0,84
	V	34,78	-	2,78	3,13																		
	VI	36,26	-	2,90	3,26																		
137,09	I	20,73	-	1,65	1,86	-	1,34	1,50	-	1,04	1,17	-	0,75	0,85	-	0,49	0,55	-	0,24	0,27	-	0,03	0,04
	II	16,95	-	1,35	1,52	-	1,05	1,18	-	0,77	0,86	-	0,50	0,56	-	0,25	0,28	-	0,04	0,05	-	-	-
	III	10,08	-	0,80	0,90	-	0,55	0,62	-	0,32	0,36	-	0,12	0,14	-	-	-	-	-	-	-	-	-
	IV	20,73	-	1,65	1,86	-	1,49	1,68	-	1,34	1,50	-	1,18	1,33	-	1,04	1,17	-	0,89	1,00	-	0,75	0,85
	V	34,82	-	2,78	3,13																		
	VI	36,30	-	2,90	3,26																		
137,19	I	20,76	-	1,66	1,86	-	1,34	1,51	-	1,04	1,17	-	0,75	0,85	-	0,49	0,55	-	0,24	0,27	-	0,03	0,04
	II	16,97	-	1,35	1,52	-	1,05	1,18	-	0,77	0,86	-	0,50	0,56	-	0,25	0,28	-	0,04	0,05	-	-	-
	III	10,10	-	0,80	0,90	-	0,56	0,63	-	0,32	0,36	-	0,12	0,14	-	-	-	-	-	-	-	-	-
	IV	20,76	-	1,66	1,86	-	1,49	1,68	-	1,34	1,51	-	1,19	1,33	-	1,04	1,17	-	0,89	1,01	-	0,75	0,85
	V	34,85	-	2,78	3,13																		
	VI	36,33	-	2,90	3,26																		
137,29	I	20,78	-	1,66	1,87	-	1,34	1,51	-	1,04	1,17	-	0,76	0,85	-	0,49	0,55	-	0,24	0,27	-	0,04	0,04
	II	17,00	-	1,36	1,53	-	1,05	1,19	-	0,77	0,87	-	0,50	0,56	-	0,25	0,28	-	0,04	0,05	-	-	-
	III	10,12	-	0,80	0,91	-	0,56	0,63	-	0,32	0,36	-	0,12	0,14	-	-	-	-	-	-	-	-	-
	IV	20,78	-	1,66	1,87	-	1,50	1,68	-	1,34	1,51	-	1,19	1,34	-	1,04	1,17	-	0,90	1,01	-	0,76	0,85
	V	34,89	-	2,79	3,14																		
	VI	36,36	-	2,90	3,27																		
137,39	I	20,81	-	1,66	1,87	-	1,34	1,51	-	1,04	1,17	-	0,76	0,85	-	0,49	0,55	-	0,24	0,27	-	0,04	0,04
	II	17,02	-	1,36	1,53	-	1,06	1,19	-	0,77	0,87	-	0,50	0,57	-	0,25	0,29	-	0,04	0,05	-	-	-
	III	10,15	-	0,81	0,91	-	0,56	0,63	-	0,32	0,36	-	0,13	0,14	-	-	-	-	-	-	-	-	-
	IV	20,81	-	1,66	1,87	-	1,50	1,69	-	1,34	1,51	-	1,19	1,34	-	1,04	1,17	-	0,90	1,01	-	0,76	0,85
	V	34,92	-	2,79	3,14																		
	VI	36,40	-	2,91	3,27																		
137,49	I	20,84	-	1,66	1,87	-	1,34	1,51	-	1,04	1,17	-	0,76	0,85	-	0,49	0,55	-	0,24	0,27	-	0,04	0,04
	II	17,05	-	1,36	1,53	-	1,06	1,19	-	0,77	0,87	-	0,51	0,57	-	0,26	0,29	-	0,04	0,05	-	-	-
	III	10,16	-	0,81	0,91	-	0,56	0,63	-	0,32	0,37	-	0,13	0,14	-	-	-	-	-	-	-	-	-
	IV	20,84	-	1,66	1,87	-	1,50	1,69	-	1,34	1,51	-	1,19	1,34	-	1,04	1,17	-	0,90	1,01	-	0,76	0,85
	V	34,95	-	2,79	3,14																		
	VI	36,43	-	2,91	3,27																		
137,59	I	20,86	-	1,66	1,87	-	1,35	1,51	-	1,04	1,18	-	0,76	0,86	-	0,49	0,56	-	0,24	0,28	-	0,04	0,04
	II	17,07	-	1,36	1,53	-	1,06	1,19	-	0,77	0,87	-	0,51	0,57	-	0,26	0,29	-	0,05	0,05	-	-	-
	III	10,18	-	0,81	0,91	-	0,56	0,63	-	0,33	0,37	-	0,13	0,15	-	-	-	-	-	-	-	-	-
	IV	20,86	-	1,66	1,87	-	1,50	1,69	-	1,35	1,51	-	1,19	1,34	-	1,04	1,18	-	0,90	1,01	-	0,76	0,86
	V	34,99	-	2,79	3,14																		
	VI	36,46	-	2,91	3,28																		
137,69	I	20,89	-	1,67	1,88	-	1,35	1,52	-	1,05	1,18	-	0,76	0,86	-	0,50	0,56	-	0,25	0,28	-	0,04	0,04
	II	17,10	-	1,36	1,53	-	1,06	1,19	-	0,78	0,87	-	0,51	0,57	-	0,26	0,29	-	0,05	0,05	-	-	-
	III	10,21	-	0,81	0,91	-	0,56	0,63	-	0,33	0,37	-	0,13	0,15	-	-	-	-	-	-	-	-	-
	IV	20,89	-	1,67	1,88	-	1,50	1,69	-	1,35	1,52	-	1,20	1,35	-	1,05	1,18	-	0,90	1,02	-	0,76	0,86
	V	35,02	-	2,80	3,15																		
	VI	36,50	-	2,92	3,28																		
137,79	I	20,91	-	1,67	1,88	-	1,35	1,52	-	1,05	1,18	-	0,76	0,86	-	0,50	0,56	-	0,25	0,28	-	0,04	0,05
	II	17,12	-	1,36	1,54	-	1,06	1,20	-	0,78	0,88	-	0,51	0,57	-	0,26	0,29	-	0,05	0,05	-	-	-
	III	10,22	-	0,81	0,91	-	0,57	0,64	-	0,33	0,37	-	0,13	0,15	-	-	-	-	-	-	-	-	-
	IV	20,91	-	1,67	1,88	-	1,51	1,70	-	1,35	1,52	-	1,20	1,35	-	1,05	1,18	-	0,90	1,02	-	0,76	0,86
	V	35,06	-	2,80	3,15																		
	VI	36,53	-	2,92	3,28																		
137,89	I	20,94	-	1,67	1,88	-	1,35	1,52	-	1,05	1,18	-	0,77	0,86	-	0,50	0,56	-	0,25	0,28	-	0,04	0,05
	II	17,15	-	1,37	1,54	-	1,06	1,20	-	0,78	0,88	-	0,51	0,58	-	0,26	0,29	-	0,05	0,06	-	-	-
	III	10,25	-	0,82	0,92	-	0,57	0,64	-	0,33	0,37	-	0,13	0,15	-	-	-	-	-	-	-	-	-
	IV	20,94	-	1,67	1,88	-	1,51	1,70	-	1,35	1,52	-	1,20	1,35	-	1,05	1,18	-	0,91	1,02	-	0,77	0,86
	V	35,09	-	2,80	3,15																		
	VI	36,57	-	2,92	3,29																		
137,99	I	20,97	-	1,67	1,88	-	1,35	1,52	-	1,05	1,18	-	0,77	0,86	-	0,50	0,56	-	0,25	0,28	-	0,04	0,05
	II	17,18	-	1,37	1,54	-	1,07	1,20	-	0,78	0,88	-	0,51	0,58	-	0,26	0,30	-	0,05	0,06	-	-	-
	III	10,27	-	0,82	0,92	-	0,57	0,64	-	0,33	0,37	-	0,13	0,15	-	-	-	-	-	-	-	-	-
	IV	20,97	-	1,67	1,88	-	1,51	1,70	-	1,35	1,52	-	1,20	1,35	-	1,05	1,18	-	0,91	1,02	-	0,77	0,86
	V	35,13	-	2,81	3,16																		
	VI	36,60	-	2,92	3,29																		

Lohn/ Gehalt bis	Steuerklasse	Lohnsteuer	ohne Kinderfreibetrag			Anzahl Kinderfreibeträge (nur Steuerklassen I–IV)																	
						0,5			1,0			1,5			2,0			2,5			3,0	
			SolZ 5,5%	Kirchensteuer 8%	9%	SolZ 5,5%	Kirchensteuer 8%	9%	SolZ 5,5%	Kirchensteuer 8%	9%	SolZ 5,5%	Kirchensteuer 8%	9%	SolZ 5,5%	Kirchensteuer 8%	9%	SolZ 5,5%	Kirchensteuer 8%	9%	SolZ 5,5%	Kirchensteuer 8%
138,09	I	21,00	-	1,68	1,89	-	1,36	1,53	-	1,05	1,19	-	0,77	0,87	-	0,50	0,57	-	0,25	0,28	-	0,04
	II	17,20	-	1,37	1,54	-	1,07	1,20	-	0,78	0,88	-	0,52	0,58	-	0,26	0,30	-	0,05	0,06	-	-
	III	10,29	-	0,82	0,92	-	0,57	0,64	-	0,33	0,38	-	0,13	0,15	-	-	-	-	-	-	-	-
	IV	21,00	-	1,68	1,89	-	1,51	1,70	-	1,36	1,53	-	1,20	1,35	-	1,05	1,19	-	0,91	1,02	-	0,77
	V	35,16	-	2,81	3,16																	
	VI	36,64	-	2,93	3,29																	
138,19	I	21,02	-	1,68	1,89	-	1,36	1,53	-	1,06	1,19	-	0,77	0,87	-	0,50	0,57	-	0,25	0,29	-	0,04
	II	17,23	-	1,37	1,55	-	1,07	1,21	-	0,79	0,88	-	0,52	0,58	-	0,27	0,30	-	0,05	0,06	-	-
	III	10,31	-	0,82	0,92	-	0,57	0,64	-	0,34	0,38	-	0,14	0,15	-	-	-	-	-	-	-	-
	IV	21,02	-	1,68	1,89	-	1,52	1,71	-	1,36	1,53	-	1,21	1,36	-	1,06	1,19	-	0,91	1,03	-	0,77
	V	35,19	-	2,81	3,16																	
	VI	36,67	-	2,93	3,30																	
138,29	I	21,05	-	1,68	1,89	-	1,36	1,53	-	1,06	1,19	-	0,77	0,87	-	0,51	0,57	-	0,26	0,29	-	0,05
	II	17,25	-	1,38	1,55	-	1,07	1,21	-	0,79	0,89	-	0,52	0,58	-	0,27	0,30	-	0,05	0,06	-	-
	III	10,33	-	0,82	0,92	-	0,57	0,65	-	0,34	0,38	-	0,14	0,15	-	-	-	-	-	-	-	-
	IV	21,05	-	1,68	1,89	-	1,52	1,71	-	1,36	1,53	-	1,21	1,36	-	1,06	1,19	-	0,91	1,03	-	0,77
	V	35,23	-	2,81	3,17																	
	VI	36,70	-	2,93	3,30																	
138,39	I	21,08	-	1,68	1,89	-	1,36	1,53	-	1,06	1,19	-	0,78	0,87	-	0,51	0,57	-	0,26	0,29	-	0,05
	II	17,28	-	1,38	1,55	-	1,07	1,21	-	0,79	0,89	-	0,52	0,59	-	0,27	0,30	-	0,06	0,06	-	-
	III	10,35	-	0,82	0,93	-	0,58	0,65	-	0,34	0,38	-	0,14	0,16	-	-	-	-	-	-	-	-
	IV	21,08	-	1,68	1,89	-	1,52	1,71	-	1,36	1,53	-	1,21	1,36	-	1,06	1,19	-	0,92	1,03	-	0,78
	V	35,26	-	2,82	3,17																	
	VI	36,74	-	2,93	3,30																	
138,49	I	21,10	-	1,68	1,89	-	1,36	1,53	-	1,06	1,20	-	0,78	0,88	-	0,51	0,57	-	0,26	0,29	-	0,05
	II	17,30	-	1,38	1,55	-	1,08	1,21	-	0,79	0,89	-	0,52	0,59	-	0,27	0,31	-	0,06	0,06	-	-
	III	10,37	-	0,82	0,93	-	0,58	0,65	-	0,34	0,38	-	0,14	0,16	-	-	-	-	-	-	-	-
	IV	21,10	-	1,68	1,89	-	1,52	1,71	-	1,36	1,53	-	1,21	1,36	-	1,06	1,20	-	0,92	1,03	-	0,78
	V	35,30	-	2,82	3,17																	
	VI	36,77	-	2,94	3,30																	
138,59	I	21,13	-	1,69	1,90	-	1,37	1,54	-	1,06	1,20	-	0,78	0,88	-	0,51	0,58	-	0,26	0,29	-	0,05
	II	17,33	-	1,38	1,55	-	1,08	1,21	-	0,79	0,89	-	0,52	0,59	-	0,27	0,31	-	0,06	0,07	-	-
	III	10,39	-	0,83	0,93	-	0,58	0,65	-	0,34	0,38	-	0,14	0,16	-	-	-	-	-	-	-	-
	IV	21,13	-	1,69	1,90	-	1,52	1,71	-	1,37	1,54	-	1,21	1,36	-	1,06	1,20	-	0,92	1,04	-	0,78
	V	35,33	-	2,82	3,17																	
	VI	36,81	-	2,94	3,31																	
138,69	I	21,16	-	1,69	1,90	-	1,37	1,54	-	1,07	1,20	-	0,78	0,88	-	0,51	0,58	-	0,26	0,30	-	0,05
	II	17,35	-	1,38	1,56	-	1,08	1,22	-	0,79	0,89	-	0,53	0,59	-	0,27	0,31	-	0,06	0,07	-	-
	III	10,41	-	0,83	0,93	-	0,58	0,65	-	0,34	0,39	-	0,14	0,16	-	-	-	-	-	-	-	-
	IV	21,16	-	1,69	1,90	-	1,53	1,72	-	1,37	1,54	-	1,22	1,37	-	1,07	1,20	-	0,92	1,04	-	0,78
	V	35,36	-	2,82	3,18																	
	VI	36,84	-	2,94	3,31																	
138,79	I	21,18	-	1,69	1,90	-	1,37	1,54	-	1,07	1,20	-	0,78	0,88	-	0,52	0,58	-	0,26	0,30	-	0,05
	II	17,38	-	1,39	1,56	-	1,08	1,22	-	0,80	0,90	-	0,53	0,59	-	0,28	0,31	-	0,06	0,07	-	-
	III	10,43	-	0,83	0,93	-	0,58	0,65	-	0,34	0,39	-	0,14	0,16	-	-	-	-	-	-	-	-
	IV	21,18	-	1,69	1,90	-	1,53	1,72	-	1,37	1,54	-	1,22	1,37	-	1,07	1,20	-	0,92	1,04	-	0,78
	V	35,40	-	2,83	3,18																	
	VI	36,88	-	2,95	3,31																	
138,89	I	21,21	-	1,69	1,90	-	1,37	1,54	-	1,07	1,20	-	0,78	0,88	-	0,52	0,58	-	0,27	0,30	-	0,05
	II	17,40	-	1,39	1,56	-	1,08	1,22	-	0,80	0,90	-	0,53	0,60	-	0,28	0,31	-	0,06	0,07	-	-
	III	10,45	-	0,83	0,94	-	0,58	0,66	-	0,35	0,39	-	0,14	0,16	-	-	-	-	-	-	-	-
	IV	21,21	-	1,69	1,90	-	1,53	1,72	-	1,37	1,54	-	1,22	1,37	-	1,07	1,20	-	0,93	1,04	-	0,78
	V	35,43	-	2,83	3,18																	
	VI	36,91	-	2,95	3,32																	
138,99	I	21,24	-	1,69	1,91	-	1,37	1,55	-	1,07	1,21	-	0,79	0,89	-	0,52	0,58	-	0,27	0,30	-	0,05
	II	17,43	-	1,39	1,56	-	1,09	1,22	-	0,80	0,90	-	0,53	0,60	-	0,28	0,31	-	0,06	0,07	-	-
	III	10,47	-	0,83	0,94	-	0,58	0,66	-	0,35	0,39	-	0,14	0,16	-	-	-	-	-	-	-	-
	IV	21,24	-	1,69	1,91	-	1,53	1,72	-	1,37	1,55	-	1,22	1,37	-	1,07	1,21	-	0,93	1,04	-	0,79
	V	35,47	-	2,83	3,19																	
	VI	36,95	-	2,95	3,32																	
139,09	I	21,26	-	1,70	1,91	-	1,38	1,55	-	1,07	1,21	-	0,79	0,89	-	0,52	0,59	-	0,27	0,30	-	0,05
	II	17,45	-	1,39	1,57	-	1,09	1,22	-	0,80	0,90	-	0,53	0,60	-	0,28	0,32	-	0,06	0,07	-	-
	III	10,50	-	0,84	0,94	-	0,59	0,66	-	0,35	0,39	-	0,15	0,16	-	-	-	-	-	-	-	-
	IV	21,26	-	1,70	1,91	-	1,53	1,73	-	1,38	1,55	-	1,22	1,38	-	1,07	1,21	-	0,93	1,05	-	0,79
	V	35,50	-	2,84	3,19																	
	VI	36,98	-	2,95	3,32																	
139,19	I	21,29	-	1,70	1,91	-	1,38	1,55	-	1,08	1,21	-	0,79	0,89	-	0,52	0,59	-	0,27	0,30	-	0,06
	II	17,48	-	1,39	1,57	-	1,09	1,23	-	0,80	0,90	-	0,53	0,60	-	0,28	0,32	-	0,06	0,07	-	-
	III	10,52	-	0,84	0,94	-	0,59	0,66	-	0,35	0,39	-	0,15	0,17	-	-	-	-	-	-	-	-
	IV	21,29	-	1,70	1,91	-	1,54	1,73	-	1,38	1,55	-	1,22	1,38	-	1,08	1,21	-	0,93	1,05	-	0,79
	V	35,53	-	2,84	3,19																	
	VI	37,01	-	2,96	3,33																	
139,29	I	21,32	-	1,70	1,91	-	1,38	1,55	-	1,08	1,21	-	0,79	0,89	-	0,52	0,59	-	0,27	0,31	-	0,06
	II	17,51	-	1,40	1,57	-	1,09	1,23	-	0,81	0,91	-	0,54	0,60	-	0,28	0,32	-	0,07	0,07	-	-
	III	10,53	-	0,84	0,94	-	0,59	0,66	-	0,35	0,40	-	0,15	0,17	-	-	-	-	-	-	-	-
	IV	21,32	-	1,70	1,91	-	1,54	1,73	-	1,38	1,55	-	1,23	1,38	-	1,08	1,21	-	0,93	1,05	-	0,79
	V	35,57	-	2,84	3,20																	
	VI	37,05	-	2,96	3,33																	
139,39	I	21,35	-	1,70	1,92	-	1,38	1,56	-	1,08	1,22	-	0,79	0,89	-	0,52	0,59	-	0,27	0,31	-	0,06
	II	17,53	-	1,40	1,57	-	1,09	1,23	-	0,81	0,91	-	0,54	0,61	-	0,29	0,32	-	0,07	0,08	-	-
	III	10,56	-	0,84	0,95	-	0,59	0,67	-	0,35	0,40	-	0,15	0,17	-	-	-	-	-	-	-	-
	IV	21,35	-	1,70	1,92	-	1,54	1,73	-	1,38	1,56	-	1,23	1,38	-	1,08	1,22	-	0,93	1,05	-	0,79
	V	35,60	-	2,84	3,20																	
	VI	37,08	-	2,96	3,33																	
139,49	I	21,37	-	1,70	1,92	-	1,38	1,56	-	1,08	1,22	-	0,80	0,90	-	0,53	0,59	-	0,28	0,31	-	0,06
	II	17,56	-	1,40	1,58	-	1,10	1,23	-	0,81	0,91	-	0,54	0,61	-	0,29	0,32	-	0,07	0,08	-	-
	III	10,58	-	0,84	0,95	-	0,59	0,67	-	0,35	0,40	-	0,15	0,17	-	-	-	-	-	-	-	-
	IV	21,37	-	1,70	1,92	-	1,54	1,74	-	1,38	1,56	-	1,23	1,39	-	1,08	1,22	-	0,94	1,05	-	0,80
	V	35,64	-	2,85	3,20																	
	VI	37,11	-	2,96	3,33																	

Allgemeine Tabelle

TAG bis 140,99 €

Lohn/ Gehalt bis	Steuerklasse	Lohn-steuer	ohne Kinderfreibetrag			Anzahl Kinderfreibeträge (nur Steuerklassen I–IV)																	
						0,5			1,0			1,5			2,0			2,5			3,0		
			SolZ 5,5%	Kirchensteuer 8%	9%	SolZ 5,5%	Kirchensteuer 8%	9%	SolZ 5,5%	Kirchensteuer 8%	9%	SolZ 5,5%	Kirchensteuer 8%	9%	SolZ 5,5%	Kirchensteuer 8%	9%	SolZ 5,5%	Kirchensteuer 8%	9%	SolZ 5,5%	Kirchensteuer 8%	9%
139,59	I	21,40	-	1,71	1,92	-	1,39	1,56	-	1,08	1,22	-	0,80	0,90	-	0,53	0,59	-	0,28	0,31	-	0,06	0,07
	II	17,58	-	1,40	1,58	-	1,10	1,24	-	0,81	0,91	-	0,54	0,61	-	0,29	0,32	-	0,07	0,08	-	-	-
	III	10,60	-	0,84	0,95	-	0,59	0,67	-	0,36	0,40	-	0,15	0,17	-	-	-	-	-	-	-	-	-
	IV	21,40	-	1,71	1,92	-	1,54	1,74	-	1,39	1,56	-	1,23	1,39	-	1,08	1,22	-	0,94	1,06	-	0,80	0,90
	V	35,67	-	2,85	3,21																		
	VI	37,15	-	2,97	3,34																		
139,69	I	21,43	-	1,71	1,92	-	1,39	1,56	-	1,09	1,22	-	0,80	0,90	-	0,53	0,60	-	0,28	0,31	-	0,06	0,07
	II	17,61	-	1,40	1,58	-	1,10	1,24	-	0,81	0,91	-	0,54	0,61	-	0,29	0,33	-	0,07	0,08	-	-	-
	III	10,62	-	0,84	0,95	-	0,60	0,67	-	0,36	0,40	-	0,15	0,17	-	-	-	-	-	-	-	-	-
	IV	21,43	-	1,71	1,92	-	1,55	1,74	-	1,39	1,56	-	1,24	1,39	-	1,09	1,22	-	0,94	1,06	-	0,80	0,90
	V	35,71	-	2,85	3,21																		
	VI	37,18	-	2,97	3,34																		
139,79	I	21,45	-	1,71	1,93	-	1,39	1,57	-	1,09	1,22	-	0,80	0,90	-	0,53	0,60	-	0,28	0,32	-	0,06	0,07
	II	17,63	-	1,41	1,58	-	1,10	1,24	-	0,81	0,92	-	0,54	0,61	-	0,29	0,33	-	0,07	0,08	-	-	-
	III	10,64	-	0,85	0,95	-	0,60	0,67	-	0,36	0,40	-	0,15	0,17	-	-	-	-	-	-	-	-	-
	IV	21,45	-	1,71	1,93	-	1,55	1,74	-	1,39	1,57	-	1,24	1,39	-	1,09	1,22	-	0,94	1,06	-	0,80	0,90
	V	35,74	-	2,85	3,21																		
	VI	37,22	-	2,97	3,34																		
139,89	I	21,48	-	1,71	1,93	-	1,39	1,57	-	1,09	1,23	-	0,80	0,90	-	0,53	0,60	-	0,28	0,32	-	0,06	0,07
	II	17,66	-	1,41	1,58	-	1,10	1,24	-	0,82	0,92	-	0,55	0,62	-	0,29	0,33	-	0,07	0,08	-	-	-
	III	10,66	-	0,85	0,95	-	0,60	0,67	-	0,36	0,41	-	0,16	0,18	-	-	-	-	-	-	-	-	-
	IV	21,48	-	1,71	1,93	-	1,55	1,75	-	1,39	1,57	-	1,24	1,39	-	1,09	1,23	-	0,94	1,06	-	0,80	0,90
	V	35,78	-	2,86	3,22																		
	VI	37,25	-	2,98	3,35																		
139,99	I	21,51	-	1,72	1,93	-	1,40	1,57	-	1,09	1,23	-	0,80	0,91	-	0,54	0,60	-	0,28	0,32	-	0,06	0,07
	II	17,68	-	1,41	1,59	-	1,11	1,24	-	0,82	0,92	-	0,55	0,62	-	0,30	0,33	-	0,07	0,08	-	-	-
	III	10,68	-	0,85	0,96	-	0,60	0,68	-	0,36	0,41	-	0,16	0,18	-	-	-	-	-	-	-	-	-
	IV	21,51	-	1,72	1,93	-	1,55	1,75	-	1,40	1,57	-	1,24	1,40	-	1,09	1,23	-	0,95	1,06	-	0,80	0,91
	V	35,81	-	2,86	3,22																		
	VI	37,29	-	2,98	3,35																		
140,09	I	21,53	-	1,72	1,93	-	1,40	1,57	-	1,09	1,23	-	0,81	0,91	-	0,54	0,60	-	0,28	0,32	-	0,07	0,08
	II	17,71	-	1,41	1,59	-	1,11	1,25	-	0,82	0,92	-	0,55	0,62	-	0,30	0,33	-	0,08	0,09	-	-	-
	III	10,70	-	0,85	0,96	-	0,60	0,68	-	0,36	0,41	-	0,16	0,18	-	-	-	-	-	-	-	-	-
	IV	21,53	-	1,72	1,93	-	1,56	1,75	-	1,40	1,57	-	1,24	1,40	-	1,09	1,23	-	0,95	1,07	-	0,81	0,91
	V	35,84	-	2,86	3,22																		
	VI	37,32	-	2,98	3,35																		
140,19	I	21,56	-	1,72	1,94	-	1,40	1,57	-	1,10	1,23	-	0,81	0,91	-	0,54	0,61	-	0,29	0,32	-	0,07	0,08
	II	17,74	-	1,41	1,59	-	1,11	1,25	-	0,82	0,92	-	0,55	0,62	-	0,30	0,34	-	0,08	0,09	-	-	-
	III	10,72	-	0,85	0,96	-	0,60	0,68	-	0,36	0,41	-	0,16	0,18	-	-	-	-	-	-	-	-	-
	IV	21,56	-	1,72	1,94	-	1,56	1,75	-	1,40	1,57	-	1,24	1,40	-	1,10	1,23	-	0,95	1,07	-	0,81	0,91
	V	35,88	-	2,87	3,22																		
	VI	37,35	-	2,98	3,36																		
140,29	I	21,59	-	1,72	1,94	-	1,40	1,58	-	1,10	1,23	-	0,81	0,91	-	0,54	0,61	-	0,29	0,32	-	0,07	0,08
	II	17,76	-	1,42	1,59	-	1,11	1,25	-	0,82	0,93	-	0,55	0,62	-	0,30	0,34	-	0,08	0,09	-	-	-
	III	10,74	-	0,85	0,96	-	0,61	0,68	-	0,37	0,41	-	0,16	0,18	-	-	-	-	-	-	-	-	-
	IV	21,59	-	1,72	1,94	-	1,56	1,75	-	1,40	1,58	-	1,25	1,40	-	1,10	1,23	-	0,95	1,07	-	0,81	0,91
	V	35,91	-	2,87	3,23																		
	VI	37,39	-	2,99	3,36																		
140,39	I	21,61	-	1,72	1,94	-	1,40	1,58	-	1,10	1,24	-	0,81	0,91	-	0,54	0,61	-	0,29	0,33	-	0,07	0,08
	II	17,79	-	1,42	1,60	-	1,11	1,25	-	0,83	0,93	-	0,56	0,63	-	0,30	0,34	-	0,08	0,09	-	-	-
	III	10,76	-	0,86	0,96	-	0,61	0,68	-	0,37	0,41	-	0,16	0,18	-	-	-	-	-	-	-	-	-
	IV	21,61	-	1,72	1,94	-	1,56	1,76	-	1,40	1,58	-	1,25	1,41	-	1,10	1,24	-	0,95	1,07	-	0,81	0,91
	V	35,95	-	2,87	3,23																		
	VI	37,42	-	2,99	3,36																		
140,49	I	21,64	-	1,73	1,94	-	1,40	1,58	-	1,10	1,24	-	0,81	0,92	-	0,54	0,61	-	0,29	0,33	-	0,07	0,08
	II	17,81	-	1,42	1,60	-	1,12	1,26	-	0,83	0,93	-	0,56	0,63	-	0,30	0,34	-	0,08	0,09	-	-	-
	III	10,78	-	0,86	0,97	-	0,61	0,69	-	0,37	0,42	-	0,16	0,18	-	-	-	-	-	-	-	-	-
	IV	21,64	-	1,73	1,94	-	1,56	1,76	-	1,40	1,58	-	1,25	1,41	-	1,10	1,24	-	0,96	1,08	-	0,81	0,92
	V	35,98	-	2,87	3,23																		
	VI	37,46	-	2,99	3,37																		
140,59	I	21,67	-	1,73	1,95	-	1,41	1,58	-	1,10	1,24	-	0,82	0,92	-	0,55	0,61	-	0,29	0,33	-	0,07	0,08
	II	17,84	-	1,42	1,60	-	1,12	1,26	-	0,83	0,93	-	0,56	0,63	-	0,30	0,34	-	0,08	0,09	-	-	-
	III	10,81	-	0,86	0,97	-	0,61	0,69	-	0,37	0,42	-	0,16	0,18	-	-	-	-	-	-	-	-	-
	IV	21,67	-	1,73	1,95	-	1,57	1,76	-	1,41	1,58	-	1,25	1,41	-	1,10	1,24	-	0,96	1,08	-	0,82	0,92
	V	36,01	-	2,88	3,24																		
	VI	37,49	-	2,99	3,37																		
140,69	I	21,70	-	1,73	1,95	-	1,41	1,59	-	1,10	1,24	-	0,82	0,92	-	0,55	0,62	-	0,29	0,33	-	0,07	0,08
	II	17,86	-	1,42	1,60	-	1,12	1,26	-	0,83	0,94	-	0,56	0,63	-	0,31	0,35	-	0,08	0,09	-	-	-
	III	10,83	-	0,86	0,97	-	0,61	0,69	-	0,37	0,42	-	0,16	0,19	-	-	-	-	-	-	-	-	-
	IV	21,70	-	1,73	1,95	-	1,57	1,76	-	1,41	1,59	-	1,26	1,41	-	1,10	1,24	-	0,96	1,08	-	0,82	0,92
	V	36,05	-	2,88	3,24																		
	VI	37,53	-	3,00	3,37																		
140,79	I	21,72	-	1,73	1,95	-	1,41	1,59	-	1,11	1,25	-	0,82	0,92	-	0,55	0,62	-	0,30	0,33	-	0,07	0,08
	II	17,89	-	1,43	1,61	-	1,12	1,26	-	0,83	0,94	-	0,56	0,63	-	0,31	0,35	-	0,08	0,09	-	-	-
	III	10,85	-	0,86	0,97	-	0,61	0,69	-	0,37	0,42	-	0,17	0,19	-	-	-	-	-	-	-	-	-
	IV	21,72	-	1,73	1,95	-	1,57	1,77	-	1,41	1,59	-	1,26	1,41	-	1,11	1,25	-	0,96	1,08	-	0,82	0,92
	V	36,08	-	2,88	3,24																		
	VI	37,56	-	3,00	3,38																		
140,89	I	21,75	-	1,74	1,95	-	1,41	1,59	-	1,11	1,25	-	0,82	0,92	-	0,55	0,62	-	0,30	0,34	-	0,08	0,09
	II	17,91	-	1,43	1,61	-	1,12	1,26	-	0,83	0,94	-	0,56	0,63	-	0,31	0,35	-	0,08	0,09	-	-	-
	III	10,87	-	0,86	0,97	-	0,62	0,69	-	0,38	0,42	-	0,17	0,19	-	-	-	-	-	-	-	-	-
	IV	21,75	-	1,74	1,95	-	1,57	1,77	-	1,41	1,59	-	1,26	1,42	-	1,11	1,25	-	0,96	1,08	-	0,82	0,92
	V	36,12	-	2,88	3,25																		
	VI	37,59	-	3,00	3,38																		
140,99	I	21,78	-	1,74	1,96	-	1,42	1,59	-	1,11	1,25	-	0,82	0,93	-	0,55	0,62	-	0,30	0,34	-	0,08	0,09
	II	17,94	-	1,43	1,61	-	1,12	1,27	-	0,84	0,94	-	0,56	0,64	-	0,31	0,35	-	0,09	0,10	-	-	-
	III	10,89	-	0,87	0,98	-	0,62	0,69	-	0,38	0,42	-	0,17	0,19	-	-	0,01	-	-	-	-	-	-
	IV	21,78	-	1,74	1,96	-	1,57	1,77	-	1,42	1,59	-	1,26	1,42	-	1,11	1,25	-	0,96	1,09	-	0,82	0,93
	V	36,15	-	2,89	3,25																		
	VI	37,63	-	3,01	3,38																		

Lohn/ Gehalt bis	Steuerklasse	Lohn- steuer	ohne Kinderfreibetrag SolZ 5,5%	Kirchensteuer 8%	Kirchensteuer 9%	0,5 SolZ 5,5%	0,5 Kirchensteuer 8%	0,5 Kirchensteuer 9%	1,0 SolZ 5,5%	1,0 Kirchensteuer 8%	1,0 Kirchensteuer 9%	1,5 SolZ 5,5%	1,5 Kirchensteuer 8%	1,5 Kirchensteuer 9%	2,0 SolZ 5,5%	2,0 Kirchensteuer 8%	2,0 Kirchensteuer 9%	2,5 SolZ 5,5%	2,5 Kirchensteuer 8%	2,5 Kirchensteuer 9%	3,0 SolZ 5,5%	3,0 Kirchensteuer 8%	3,0 Kirchensteuer 9%
						Anzahl Kinderfreibeträge (nur Steuerklassen I–IV)																	
141,09	I	21,80	–	1,74	1,96	–	1,42	1,60	–	1,11	1,25	–	0,82	0,93	–	0,55	0,62	–	0,30	0,34	–	0,08	[illegible]
	II	17,97	–	1,43	1,61	–	1,13	1,27	–	0,84	0,94	–	0,57	0,64	–	0,31	0,35	–	0,09	0,10	–	–	
	III	10,91	–	0,87	0,98	–	0,62	0,70	–	0,38	0,43	–	0,17	0,19	–	0,01	0,01	–	–	–	–	–	
	IV	21,80	–	1,74	1,96	–	1,58	1,77	–	1,42	1,60	–	1,26	1,42	–	1,11	1,25	–	0,97	1,09	–	0,82	[illegible]
	V	36,18	–	2,89	3,25																		
	VI	37,66	–	3,01	3,38																		
141,19	I	21,83	–	1,74	1,96	–	1,42	1,60	–	1,11	1,25	–	0,83	0,93	–	0,56	0,63	–	0,30	0,34	–	0,08	[illegible]
	II	17,99	–	1,43	1,61	–	1,13	1,27	–	0,84	0,95	–	0,57	0,64	–	0,31	0,35	–	0,09	0,10	–	–	
	III	10,93	–	0,87	0,98	–	0,62	0,70	–	0,38	0,43	–	0,17	0,19	–	0,01	0,01	–	–	–	–	–	
	IV	21,83	–	1,74	1,96	–	1,58	1,78	–	1,42	1,60	–	1,26	1,42	–	1,11	1,25	–	0,97	1,09	–	0,83	[illegible]
	V	36,22	–	2,89	3,25																		
	VI	37,70	–	3,01	3,39																		
141,29	I	21,86	–	1,74	1,96	–	1,42	1,60	–	1,12	1,26	–	0,83	0,93	–	0,56	0,63	–	0,30	0,34	–	0,08	[illegible]
	II	18,02	–	1,44	1,62	–	1,13	1,27	–	0,84	0,95	–	0,57	0,64	–	0,32	0,36	–	0,09	0,10	–	–	
	III	10,95	–	0,87	0,98	–	0,62	0,70	–	0,38	0,43	–	0,17	0,19	–	0,01	0,01	–	–	–	–	–	
	IV	21,86	–	1,74	1,96	–	1,58	1,78	–	1,42	1,60	–	1,27	1,43	–	1,12	1,26	–	0,97	1,09	–	0,83	[illegible]
	V	36,25	–	2,90	3,26																		
	VI	37,73	–	3,01	3,39																		
141,39	I	21,88	–	1,75	1,96	–	1,42	1,60	–	1,12	1,26	–	0,83	0,93	–	0,56	0,63	–	0,31	0,34	–	0,08	[illegible]
	II	18,05	–	1,44	1,62	–	1,13	1,27	–	0,84	0,95	–	0,57	0,64	–	0,32	0,36	–	0,09	0,10	–	–	
	III	10,97	–	0,87	0,98	–	0,62	0,70	–	0,38	0,43	–	0,17	0,20	–	0,01	0,01	–	–	–	–	–	
	IV	21,88	–	1,75	1,96	–	1,58	1,78	–	1,42	1,60	–	1,27	1,43	–	1,12	1,26	–	0,97	1,09	–	0,83	[illegible]
	V	36,29	–	2,90	3,26																		
	VI	37,76	–	3,02	3,39																		
141,49	I	21,91	–	1,75	1,97	–	1,43	1,60	–	1,12	1,26	–	0,83	0,94	–	0,56	0,63	–	0,31	0,35	–	0,08	[illegible]
	II	18,07	–	1,44	1,62	–	1,13	1,28	–	0,85	0,95	–	0,57	0,65	–	0,32	0,36	–	0,09	0,10	–	–	
	III	10,99	–	0,87	0,98	–	0,62	0,70	–	0,38	0,43	–	0,18	0,20	–	0,01	0,01	–	–	–	–	–	
	IV	21,91	–	1,75	1,97	–	1,58	1,78	–	1,43	1,60	–	1,27	1,43	–	1,12	1,26	–	0,97	1,10	–	0,83	[illegible]
	V	36,32	–	2,90	3,26																		
	VI	37,80	–	3,02	3,40																		
141,59	I	21,94	–	1,75	1,97	–	1,43	1,61	–	1,12	1,26	–	0,83	0,94	–	0,56	0,63	–	0,31	0,35	–	0,08	[illegible]
	II	18,10	–	1,44	1,62	–	1,14	1,28	–	0,85	0,95	–	0,58	0,65	–	0,32	0,36	–	0,09	0,10	–	–	
	III	11,01	–	0,88	0,99	–	0,63	0,71	–	0,39	0,43	–	0,18	0,20	–	0,01	0,01	–	–	–	–	–	
	IV	21,94	–	1,75	1,97	–	1,59	1,79	–	1,43	1,61	–	1,27	1,43	–	1,12	1,26	–	0,98	1,10	–	0,83	[illegible]
	V	36,36	–	2,90	3,27																		
	VI	37,83	–	3,02	3,40																		
141,69	I	21,97	–	1,75	1,97	–	1,43	1,61	–	1,12	1,26	–	0,84	0,94	–	0,56	0,63	–	0,31	0,35	–	0,09	[illegible]
	II	18,12	–	1,44	1,63	–	1,14	1,28	–	0,85	0,96	–	0,58	0,65	–	0,32	0,36	–	0,09	0,11	–	–	
	III	11,03	–	0,88	0,99	–	0,63	0,71	–	0,39	0,44	–	0,18	0,20	–	0,01	0,01	–	–	–	–	–	
	IV	21,97	–	1,75	1,97	–	1,59	1,79	–	1,43	1,61	–	1,28	1,44	–	1,12	1,26	–	0,98	1,10	–	0,84	[illegible]
	V	36,39	–	2,91	3,27																		
	VI	37,87	–	3,02	3,40																		
141,79	I	21,99	–	1,75	1,97	–	1,43	1,61	–	1,13	1,27	–	0,84	0,94	–	0,57	0,64	–	0,31	0,35	–	0,09	[illegible]
	II	18,15	–	1,45	1,63	–	1,14	1,28	–	0,85	0,96	–	0,58	0,65	–	0,32	0,36	–	0,10	0,11	–	–	
	III	11,06	–	0,88	0,99	–	0,63	0,71	–	0,39	0,44	–	0,18	0,20	–	0,01	0,01	–	–	–	–	–	
	IV	21,99	–	1,75	1,97	–	1,59	1,79	–	1,43	1,61	–	1,28	1,44	–	1,13	1,27	–	0,98	1,10	–	0,84	[illegible]
	V	36,42	–	2,91	3,27																		
	VI	37,90	–	3,03	3,41																		
141,89	I	22,02	–	1,76	1,98	–	1,43	1,61	–	1,13	1,27	–	0,84	0,94	–	0,57	0,64	–	0,31	0,35	–	0,09	[illegible]
	II	18,17	–	1,45	1,63	–	1,14	1,29	–	0,85	0,96	–	0,58	0,65	–	0,33	0,37	–	0,10	0,11	–	–	
	III	11,07	–	0,88	0,99	–	0,63	0,71	–	0,39	0,44	–	0,18	0,20	–	0,01	0,01	–	–	–	–	–	
	IV	22,02	–	1,76	1,98	–	1,59	1,79	–	1,43	1,61	–	1,28	1,44	–	1,13	1,27	–	0,98	1,10	–	0,84	[illegible]
	V	36,46	–	2,91	3,28																		
	VI	37,93	–	3,03	3,41																		
141,99	I	22,05	–	1,76	1,98	–	1,44	1,62	–	1,13	1,27	–	0,84	0,95	–	0,57	0,64	–	0,32	0,36	–	0,09	[illegible]
	II	18,20	–	1,45	1,63	–	1,14	1,29	–	0,86	0,96	–	0,58	0,66	–	0,33	0,37	–	0,10	0,11	–	–	
	III	11,10	–	0,88	0,99	–	0,63	0,71	–	0,39	0,44	–	0,18	0,20	–	0,01	0,02	–	–	–	–	–	
	IV	22,05	–	1,76	1,98	–	1,60	1,80	–	1,44	1,62	–	1,28	1,44	–	1,13	1,27	–	0,98	1,11	–	0,84	[illegible]
	V	36,49	–	2,91	3,28																		
	VI	37,97	–	3,03	3,41																		
142,09	I	22,08	–	1,76	1,98	–	1,44	1,62	–	1,13	1,27	–	0,84	0,95	–	0,57	0,64	–	0,32	0,36	–	0,09	[illegible]
	II	18,23	–	1,45	1,64	–	1,15	1,29	–	0,86	0,96	–	0,58	0,66	–	0,33	0,37	–	0,10	0,11	–	–	
	III	11,12	–	0,88	1,00	–	0,63	0,71	–	0,39	0,44	–	0,18	0,21	–	0,02	0,02	–	–	–	–	–	
	IV	22,08	–	1,76	1,98	–	1,60	1,80	–	1,44	1,62	–	1,28	1,44	–	1,13	1,27	–	0,99	1,11	–	0,84	[illegible]
	V	36,53	–	2,92	3,28																		
	VI	38,00	–	3,04	3,42																		
142,19	I	22,10	–	1,76	1,98	–	1,44	1,62	–	1,13	1,28	–	0,84	0,95	–	0,57	0,64	–	0,32	0,36	–	0,09	[illegible]
	II	18,25	–	1,46	1,64	–	1,15	1,29	–	0,86	0,97	–	0,59	0,66	–	0,33	0,37	–	0,10	0,11	–	–	
	III	11,14	–	0,89	1,00	–	0,64	0,72	–	0,40	0,45	–	0,18	0,21	–	0,02	0,02	–	–	–	–	–	
	IV	22,10	–	1,76	1,98	–	1,60	1,80	–	1,44	1,62	–	1,28	1,45	–	1,13	1,28	–	0,99	1,11	–	0,84	[illegible]
	V	36,56	–	2,92	3,29																		
	VI	38,04	–	3,04	3,42																		
142,29	I	22,13	–	1,77	1,99	–	1,44	1,62	–	1,14	1,28	–	0,85	0,95	–	0,58	0,65	–	0,32	0,36	–	0,09	[illegible]
	II	18,28	–	1,46	1,64	–	1,15	1,29	–	0,86	0,97	–	0,59	0,66	–	0,33	0,37	–	0,10	0,11	–	–	
	III	11,16	–	0,89	1,00	–	0,64	0,72	–	0,40	0,45	–	0,18	0,21	–	0,02	0,02	–	–	–	–	–	
	IV	22,13	–	1,77	1,99	–	1,60	1,80	–	1,44	1,62	–	1,29	1,45	–	1,14	1,28	–	0,99	1,11	–	0,85	[illegible]
	V	36,60	–	2,92	3,29																		
	VI	38,07	–	3,04	3,42																		
142,39	I	22,16	–	1,77	1,99	–	1,44	1,62	–	1,14	1,28	–	0,85	0,96	–	0,58	0,65	–	0,32	0,36	–	0,09	[illegible]
	II	18,30	–	1,46	1,64	–	1,15	1,30	–	0,86	0,97	–	0,59	0,66	–	0,33	0,38	–	0,10	0,12	–	–	
	III	11,18	–	0,89	1,00	–	0,64	0,72	–	0,40	0,45	–	0,19	0,21	–	0,02	0,02	–	–	–	–	–	
	IV	22,16	–	1,77	1,99	–	1,60	1,80	–	1,44	1,62	–	1,29	1,45	–	1,14	1,28	–	0,99	1,12	–	0,85	[illegible]
	V	36,63	–	2,93	3,29																		
	VI	38,11	–	3,04	3,42																		
142,49	I	22,18	–	1,77	1,99	–	1,45	1,63	–	1,14	1,28	–	0,85	0,96	–	0,58	0,65	–	0,32	0,36	–	0,10	[illegible]
	II	18,33	–	1,46	1,64	–	1,15	1,30	–	0,86	0,97	–	0,59	0,67	–	0,34	0,38	–	0,10	0,12	–	–	
	III	11,20	–	0,89	1,00	–	0,64	0,72	–	0,40	0,45	–	0,19	0,21	–	0,02	0,02	–	–	–	–	–	
	IV	22,18	–	1,77	1,99	–	1,61	1,81	–	1,45	1,63	–	1,29	1,45	–	1,14	1,28	–	0,99	1,12	–	0,85	[illegible]
	V	36,66	–	2,93	3,29																		
	VI	38,14	–	3,05	3,43																		

Lohn/ Gehalt bis	Steuerklasse	Lohn-steuer	ohne Kinderfreibetrag			Anzahl Kinderfreibeträge (nur Steuerklassen I–IV) 0,5			1,0			1,5			2,0			2,5			3,0		
			SolZ 5,5%	Kirchensteuer 8%	Kirchensteuer 9%	SolZ 5,5%	Kirchensteuer 8%	Kirchensteuer 9%	SolZ 5,5%	Kirchensteuer 8%	Kirchensteuer 9%	SolZ 5,5%	Kirchensteuer 8%	Kirchensteuer 9%	SolZ 5,5%	Kirchensteuer 8%	Kirchensteuer 9%	SolZ 5,5%	Kirchensteuer 8%	Kirchensteuer 9%	SolZ 5,5%	Kirchensteuer 8%	Kirchensteuer 9%
142,59	I	22,21	-	1,77	1,99	-	1,45	1,63	-	1,14	1,28	-	0,85	0,96	-	0,58	0,65	-	0,32	0,37	-	0,10	0,11
	II	18,35	-	1,46	1,65	-	1,16	1,30	-	0,87	0,97	-	0,59	0,67	-	0,34	0,38	-	0,11	0,12	-	-	-
	III	11,22	-	0,89	1,00	-	0,64	0,72	-	0,40	0,45	-	0,19	0,21	-	0,02	0,02	-	-	-	-	-	-
	IV	22,21	-	1,77	1,99	-	1,61	1,81	-	1,45	1,63	-	1,29	1,45	-	1,14	1,28	-	1,00	1,12	-	0,85	0,96
	V	36,70	-	2,93	3,30																		
	VI	38,17	-	3,05	3,43																		
142,69	I	22,24	-	1,77	2,00	-	1,45	1,63	-	1,14	1,29	-	0,85	0,96	-	0,58	0,65	-	0,33	0,37	-	0,10	0,11
	II	18,38	-	1,47	1,65	-	1,16	1,30	-	0,87	0,98	-	0,59	0,67	-	0,34	0,38	-	0,11	0,12	-	-	-
	III	11,24	-	0,89	1,01	-	0,64	0,72	-	0,40	0,45	-	0,19	0,21	-	0,02	0,02	-	-	-	-	-	-
	IV	22,24	-	1,77	2,00	-	1,61	1,81	-	1,45	1,63	-	1,30	1,46	-	1,14	1,29	-	1,00	1,12	-	0,85	0,96
	V	36,73	-	2,93	3,30																		
	VI	38,21	-	3,05	3,43																		
142,79	I	22,26	-	1,78	2,00	-	1,45	1,63	-	1,15	1,29	-	0,86	0,96	-	0,58	0,66	-	0,33	0,37	-	0,10	0,11
	II	18,41	-	1,47	1,65	-	1,16	1,31	-	0,87	0,98	-	0,60	0,67	-	0,34	0,38	-	0,11	0,12	-	-	-
	III	11,26	-	0,90	1,01	-	0,65	0,73	-	0,40	0,45	-	0,19	0,22	-	0,02	0,02	-	-	-	-	-	-
	IV	22,26	-	1,78	2,00	-	1,61	1,81	-	1,45	1,63	-	1,30	1,46	-	1,15	1,29	-	1,00	1,12	-	0,86	0,96
	V	36,77	-	2,94	3,30																		
	VI	38,24	-	3,05	3,44																		
142,89	I	22,29	-	1,78	2,00	-	1,45	1,64	-	1,15	1,29	-	0,86	0,97	-	0,58	0,66	-	0,33	0,37	-	0,10	0,11
	II	18,43	-	1,47	1,65	-	1,16	1,31	-	0,87	0,98	-	0,60	0,67	-	0,34	0,38	-	0,11	0,12	-	-	-
	III	11,28	-	0,90	1,01	-	0,65	0,73	-	0,41	0,46	-	0,19	0,22	-	0,02	0,03	-	-	-	-	-	-
	IV	22,29	-	1,78	2,00	-	1,61	1,82	-	1,45	1,64	-	1,30	1,46	-	1,15	1,29	-	1,00	1,13	-	0,86	0,97
	V	36,80	-	2,94	3,31																		
	VI	38,28	-	3,06	3,44																		
142,99	I	22,32	-	1,78	2,00	-	1,46	1,64	-	1,15	1,29	-	0,86	0,97	-	0,59	0,66	-	0,33	0,37	-	0,10	0,11
	II	18,46	-	1,47	1,66	-	1,16	1,31	-	0,87	0,98	-	0,60	0,68	-	0,34	0,39	-	0,11	0,13	-	-	-
	III	11,31	-	0,90	1,01	-	0,65	0,73	-	0,41	0,46	-	0,19	0,22	-	0,02	0,03	-	-	-	-	-	-
	IV	22,32	-	1,78	2,00	-	1,62	1,82	-	1,46	1,64	-	1,30	1,46	-	1,15	1,29	-	1,00	1,13	-	0,86	0,97
	V	36,83	-	2,94	3,31																		
	VI	38,31	-	3,06	3,44																		
143,09	I	22,35	-	1,78	2,01	-	1,46	1,64	-	1,15	1,30	-	0,86	0,97	-	0,59	0,66	-	0,33	0,37	-	0,10	0,12
	II	18,48	-	1,47	1,66	-	1,17	1,31	-	0,88	0,99	-	0,60	0,68	-	0,34	0,39	-	0,11	0,13	-	-	-
	III	11,33	-	0,90	1,01	-	0,65	0,73	-	0,41	0,46	-	0,20	0,22	-	0,02	0,03	-	-	-	-	-	-
	IV	22,35	-	1,78	2,01	-	1,62	1,82	-	1,46	1,64	-	1,30	1,47	-	1,15	1,30	-	1,00	1,13	-	0,86	0,97
	V	36,87	-	2,94	3,31																		
	VI	38,35	-	3,06	3,45																		
143,19	I	22,37	-	1,78	2,01	-	1,46	1,64	-	1,15	1,30	-	0,86	0,97	-	0,59	0,66	-	0,33	0,38	-	0,10	0,12
	II	18,51	-	1,48	1,66	-	1,17	1,31	-	0,88	0,99	-	0,60	0,68	-	0,35	0,39	-	0,11	0,13	-	-	-
	III	11,35	-	0,90	1,02	-	0,65	0,73	-	0,41	0,46	-	0,20	0,22	-	0,03	0,03	-	-	-	-	-	-
	IV	22,37	-	1,78	2,01	-	1,62	1,82	-	1,46	1,64	-	1,30	1,47	-	1,15	1,30	-	1,01	1,13	-	0,86	0,97
	V	36,90	-	2,95	3,32																		
	VI	38,38	-	3,07	3,45																		
143,29	I	22,40	-	1,79	2,01	-	1,46	1,65	-	1,16	1,30	-	0,86	0,97	-	0,59	0,67	-	0,34	0,38	-	0,11	0,12
	II	18,53	-	1,48	1,66	-	1,17	1,32	-	0,88	0,99	-	0,60	0,68	-	0,35	0,39	-	0,12	0,13	-	-	-
	III	11,37	-	0,90	1,02	-	0,65	0,74	-	0,41	0,46	-	0,20	0,22	-	0,03	0,03	-	-	-	-	-	-
	IV	22,40	-	1,79	2,01	-	1,62	1,83	-	1,46	1,65	-	1,31	1,47	-	1,16	1,30	-	1,01	1,13	-	0,86	0,97
	V	36,94	-	2,95	3,32																		
	VI	38,41	-	3,07	3,45																		
143,39	I	22,43	-	1,79	2,01	-	1,46	1,65	-	1,16	1,30	-	0,87	0,98	-	0,59	0,67	-	0,34	0,38	-	0,11	0,12
	II	18,56	-	1,48	1,67	-	1,17	1,32	-	0,88	0,99	-	0,61	0,68	-	0,35	0,39	-	0,12	0,13	-	-	-
	III	11,39	-	0,91	1,02	-	0,66	0,74	-	0,41	0,46	-	0,20	0,22	-	0,03	0,03	-	-	-	-	-	-
	IV	22,43	-	1,79	2,01	-	1,62	1,83	-	1,46	1,65	-	1,31	1,47	-	1,16	1,30	-	1,01	1,14	-	0,87	0,98
	V	36,97	-	2,95	3,32																		
	VI	38,45	-	3,07	3,46																		
143,49	I	22,46	-	1,79	2,02	-	1,47	1,65	-	1,16	1,30	-	0,87	0,98	-	0,60	0,67	-	0,34	0,38	-	0,11	0,12
	II	18,59	-	1,48	1,67	-	1,17	1,32	-	0,88	0,99	-	0,61	0,68	-	0,35	0,40	-	0,12	0,13	-	-	-
	III	11,41	-	0,91	1,02	-	0,66	0,74	-	0,42	0,47	-	0,20	0,23	-	0,03	0,03	-	-	-	-	-	-
	IV	22,46	-	1,79	2,02	-	1,63	1,83	-	1,47	1,65	-	1,31	1,48	-	1,16	1,30	-	1,01	1,14	-	0,87	0,98
	V	37,01	-	2,96	3,33																		
	VI	38,48	-	3,07	3,46																		
143,59	I	22,48	-	1,79	2,02	-	1,47	1,65	-	1,16	1,31	-	0,87	0,98	-	0,60	0,67	-	0,34	0,38	-	0,11	0,12
	II	18,61	-	1,48	1,67	-	1,18	1,32	-	0,88	0,99	-	0,61	0,69	-	0,35	0,40	-	0,12	0,13	-	-	-
	III	11,43	-	0,91	1,02	-	0,66	0,74	-	0,42	0,47	-	0,20	0,23	-	0,03	0,03	-	-	-	-	-	-
	IV	22,48	-	1,79	2,02	-	1,63	1,83	-	1,47	1,65	-	1,31	1,48	-	1,16	1,31	-	1,01	1,14	-	0,87	0,98
	V	37,04	-	2,96	3,33																		
	VI	38,52	-	3,08	3,46																		
143,69	I	22,51	-	1,80	2,02	-	1,47	1,66	-	1,16	1,31	-	0,87	0,98	-	0,60	0,67	-	0,34	0,39	-	0,11	0,12
	II	18,64	-	1,49	1,67	-	1,18	1,33	-	0,89	1,00	-	0,61	0,69	-	0,35	0,40	-	0,12	0,14	-	-	-
	III	11,45	-	0,91	1,03	-	0,66	0,74	-	0,42	0,47	-	0,20	0,23	-	0,03	0,03	-	-	-	-	-	-
	IV	22,51	-	1,80	2,02	-	1,63	1,84	-	1,47	1,66	-	1,32	1,48	-	1,16	1,31	-	1,02	1,14	-	0,87	0,98
	V	37,07	-	2,96	3,33																		
	VI	38,55	-	3,08	3,46																		
143,79	I	22,54	-	1,80	2,02	-	1,47	1,66	-	1,17	1,31	-	0,87	0,98	-	0,60	0,68	-	0,34	0,39	-	0,11	0,13
	II	18,66	-	1,49	1,67	-	1,18	1,33	-	0,89	1,00	-	0,61	0,69	-	0,36	0,40	-	0,12	0,14	-	-	-
	III	11,47	-	0,91	1,03	-	0,66	0,74	-	0,42	0,47	-	0,20	0,23	-	0,03	0,04	-	-	-	-	-	-
	IV	22,54	-	1,80	2,02	-	1,63	1,84	-	1,47	1,66	-	1,32	1,48	-	1,17	1,31	-	1,02	1,15	-	0,87	0,98
	V	37,11	-	2,96	3,33																		
	VI	38,58	-	3,08	3,47																		
143,89	I	22,56	-	1,80	2,03	-	1,48	1,66	-	1,17	1,31	-	0,88	0,99	-	0,60	0,68	-	0,35	0,39	-	0,11	0,13
	II	18,69	-	1,49	1,68	-	1,18	1,33	-	0,89	1,00	-	0,62	0,69	-	0,36	0,40	-	0,12	0,14	-	-	-
	III	11,50	-	0,92	1,03	-	0,66	0,75	-	0,42	0,47	-	0,20	0,23	-	0,03	0,04	-	-	-	-	-	-
	IV	22,56	-	1,80	2,03	-	1,64	1,84	-	1,48	1,66	-	1,32	1,48	-	1,17	1,31	-	1,02	1,15	-	0,88	0,99
	V	37,14	-	2,97	3,34																		
	VI	38,62	-	3,08	3,47																		
143,99	I	22,59	-	1,80	2,03	-	1,48	1,66	-	1,17	1,32	-	0,88	0,99	-	0,60	0,68	-	0,35	0,39	-	0,11	0,13
	II	18,72	-	1,49	1,68	-	1,18	1,33	-	0,89	1,00	-	0,62	0,69	-	0,36	0,40	-	0,12	0,14	-	-	-
	III	11,51	-	0,92	1,03	-	0,66	0,75	-	0,42	0,48	-	0,21	0,23	-	0,03	0,04	-	-	-	-	-	-
	IV	22,59	-	1,80	2,03	-	1,64	1,84	-	1,48	1,66	-	1,32	1,49	-	1,17	1,32	-	1,02	1,15	-	0,88	0,99
	V	37,18	-	2,97	3,34																		
	VI	38,65	-	3,09	3,47																		

Lohn/ Gehalt bis	Steuerklasse	Lohn-steuer	ohne Kinderfreibetrag			Anzahl Kinderfreibeträge (nur Steuerklassen I–IV)																	
						0,5			1,0			1,5			2,0			2,5			3,0		
			SolZ 5,5%	Kirchensteuer 8%	9%	SolZ 5,5%	Kirchensteuer 8%	9%	SolZ 5,5%	Kirchensteuer 8%	9%	SolZ 5,5%	Kirchensteuer 8%	9%	SolZ 5,5%	Kirchensteuer 8%	9%	SolZ 5,5%	Kirchensteuer 8%	9%	SolZ 5,5%	Kirchensteuer 8%	9%
144,09	I	22,62	–	1,80	2,03	–	1,48	1,66	–	1,17	1,32	–	0,88	0,99	–	0,61	0,68	–	0,35	0,39	–	0,12	[illegible]
	II	18,74	–	1,49	1,68	–	1,19	1,33	–	0,89	1,01	–	0,62	0,70	–	0,36	0,41	–	0,13	0,14	–	–	
	III	11,53	–	0,92	1,03	–	0,67	0,75	–	0,42	0,48	–	0,21	0,23	–	0,03	0,04	–	–	–	–	–	
	IV	22,62	–	1,80	2,03	–	1,64	1,85	–	1,48	1,66	–	1,32	1,49	–	1,17	1,32	–	1,02	1,15	–	0,88	[illegible]
	V	37,21	–	2,97	3,34																		
	VI	38,69	–	3,09	3,48																		
144,19	I	22,65	–	1,81	2,03	–	1,48	1,67	–	1,17	1,32	–	0,88	0,99	–	0,61	0,68	–	0,35	0,40	–	0,12	[illegible]
	II	18,77	–	1,50	1,68	–	1,19	1,34	–	0,90	1,01	–	0,62	0,70	–	0,36	0,41	–	0,13	0,14	–	–	
	III	11,56	–	0,92	1,04	–	0,67	0,75	–	0,43	0,48	–	0,21	0,24	–	0,04	0,04	–	–	–	–	–	
	IV	22,65	–	1,81	2,03	–	1,64	1,85	–	1,48	1,67	–	1,32	1,49	–	1,17	1,32	–	1,03	1,15	–	0,88	[illegible]
	V	37,25	–	2,98	3,35																		
	VI	38,72	–	3,09	3,48																		
144,29	I	22,67	–	1,81	2,04	–	1,48	1,67	–	1,18	1,32	–	0,88	0,99	–	0,61	0,69	–	0,35	0,40	–	0,12	[illegible]
	II	18,80	–	1,50	1,69	–	1,19	1,34	–	0,90	1,01	–	0,62	0,70	–	0,36	0,41	–	0,13	0,14	–	–	
	III	11,57	–	0,92	1,04	–	0,67	0,75	–	0,43	0,48	–	0,21	0,24	–	0,04	0,04	–	–	–	–	–	
	IV	22,67	–	1,81	2,04	–	1,64	1,85	–	1,48	1,67	–	1,33	1,49	–	1,18	1,32	–	1,03	1,16	–	0,88	[illegible]
	V	37,28	–	2,98	3,35																		
	VI	38,76	–	3,10	3,48																		
144,39	I	22,70	–	1,81	2,04	–	1,49	1,67	–	1,18	1,32	–	0,89	1,00	–	0,61	0,69	–	0,35	0,40	–	0,12	[illegible]
	II	18,82	–	1,50	1,69	–	1,19	1,34	–	0,90	1,01	–	0,62	0,70	–	0,37	0,41	–	0,13	0,15	–	–	
	III	11,60	–	0,92	1,04	–	0,67	0,76	–	0,43	0,48	–	0,21	0,24	–	0,04	0,04	–	–	–	–	–	
	IV	22,70	–	1,81	2,04	–	1,65	1,85	–	1,49	1,67	–	1,33	1,50	–	1,18	1,32	–	1,03	1,16	–	0,89	[illegible]
	V	37,31	–	2,98	3,35																		
	VI	38,79	–	3,10	3,49																		
144,49	I	22,73	–	1,81	2,04	–	1,49	1,67	–	1,18	1,33	–	0,89	1,00	–	0,61	0,69	–	0,36	0,40	–	0,12	[illegible]
	II	18,85	–	1,50	1,69	–	1,19	1,34	–	0,90	1,01	–	0,63	0,70	–	0,37	0,41	–	0,13	0,15	–	–	
	III	11,62	–	0,92	1,04	–	0,67	0,76	–	0,43	0,48	–	0,21	0,24	–	0,04	0,04	–	–	–	–	–	
	IV	22,73	–	1,81	2,04	–	1,65	1,85	–	1,49	1,67	–	1,33	1,50	–	1,18	1,33	–	1,03	1,16	–	0,89	[illegible]
	V	37,35	–	2,98	3,36																		
	VI	38,82	–	3,10	3,49																		
144,59	I	22,76	–	1,82	2,04	–	1,49	1,68	–	1,18	1,33	–	0,89	1,00	–	0,61	0,69	–	0,36	0,40	–	0,12	[illegible]
	II	18,87	–	1,50	1,69	–	1,20	1,35	–	0,90	1,02	–	0,63	0,71	–	0,37	0,42	–	0,13	0,15	–	–	
	III	11,64	–	0,93	1,04	–	0,68	0,76	–	0,43	0,49	–	0,21	0,24	–	0,04	0,04	–	–	–	–	–	
	IV	22,76	–	1,82	2,04	–	1,65	1,86	–	1,49	1,68	–	1,33	1,50	–	1,18	1,33	–	1,03	1,16	–	0,89	[illegible]
	V	37,38	–	2,99	3,36																		
	VI	38,86	–	3,10	3,49																		
144,69	I	22,78	–	1,82	2,05	–	1,49	1,68	–	1,18	1,33	–	0,89	1,00	–	0,62	0,69	–	0,36	0,40	–	0,12	[illegible]
	II	18,90	–	1,51	1,70	–	1,20	1,35	–	0,90	1,02	–	0,63	0,71	–	0,37	0,42	–	0,13	0,15	–	–	
	III	11,66	–	0,93	1,04	–	0,68	0,76	–	0,43	0,49	–	0,22	0,24	–	0,04	0,05	–	–	–	–	–	
	IV	22,78	–	1,82	2,05	–	1,65	1,86	–	1,49	1,68	–	1,34	1,50	–	1,18	1,33	–	1,04	1,17	–	0,89	[illegible]
	V	37,41	–	2,99	3,36																		
	VI	38,89	–	3,11	3,50																		
144,79	I	22,81	–	1,82	2,05	–	1,49	1,68	–	1,18	1,33	–	0,89	1,00	–	0,62	0,70	–	0,36	0,41	–	0,12	[illegible]
	II	18,93	–	1,51	1,70	–	1,20	1,35	–	0,91	1,02	–	0,63	0,71	–	0,37	0,42	–	0,14	0,15	–	–	
	III	11,68	–	0,93	1,05	–	0,68	0,76	–	0,44	0,49	–	0,22	0,24	–	0,04	0,05	–	–	–	–	–	
	IV	22,81	–	1,82	2,05	–	1,66	1,86	–	1,49	1,68	–	1,34	1,51	–	1,18	1,33	–	1,04	1,17	–	0,89	[illegible]
	V	37,45	–	2,99	3,37																		
	VI	38,93	–	3,11	3,50																		
144,89	I	22,84	–	1,82	2,05	–	1,50	1,68	–	1,19	1,34	–	0,90	1,01	–	0,62	0,70	–	0,36	0,41	–	0,13	[illegible]
	II	18,95	–	1,51	1,70	–	1,20	1,35	–	0,91	1,02	–	0,63	0,71	–	0,37	0,42	–	0,14	0,15	–	–	
	III	11,70	–	0,93	1,05	–	0,68	0,77	–	0,44	0,49	–	0,22	0,25	–	0,04	0,05	–	–	–	–	–	
	IV	22,84	–	1,82	2,05	–	1,66	1,86	–	1,50	1,68	–	1,34	1,51	–	1,19	1,34	–	1,04	1,17	–	0,90	[illegible]
	V	37,48	–	2,99	3,37																		
	VI	38,96	–	3,11	3,50																		
144,99	I	22,86	–	1,82	2,05	–	1,50	1,69	–	1,19	1,34	–	0,90	1,01	–	0,62	0,70	–	0,36	0,41	–	0,13	[illegible]
	II	18,98	–	1,51	1,70	–	1,20	1,35	–	0,91	1,02	–	0,63	0,71	–	0,38	0,42	–	0,14	0,16	–	–	
	III	11,72	–	0,93	1,05	–	0,68	0,77	–	0,44	0,49	–	0,22	0,25	–	0,04	0,05	–	–	–	–	–	
	IV	22,86	–	1,82	2,05	–	1,66	1,87	–	1,50	1,69	–	1,34	1,51	–	1,19	1,34	–	1,04	1,17	–	0,90	[illegible]
	V	37,52	–	3,00	3,37																		
	VI	39,00	–	3,12	3,51																		
145,09	I	22,89	–	1,83	2,06	–	1,50	1,69	–	1,19	1,34	–	0,90	1,01	–	0,62	0,70	–	0,37	0,41	–	0,13	[illegible]
	II	19,00	–	1,52	1,71	–	1,21	1,36	–	0,91	1,03	–	0,64	0,72	–	0,38	0,43	–	0,14	0,16	–	–	
	III	11,75	–	0,94	1,05	–	0,68	0,77	–	0,44	0,50	–	0,22	0,25	–	0,04	0,05	–	–	–	–	–	
	IV	22,89	–	1,83	2,06	–	1,66	1,87	–	1,50	1,69	–	1,34	1,51	–	1,19	1,34	–	1,04	1,17	–	0,90	[illegible]
	V	37,55	–	3,00	3,37																		
	VI	39,03	–	3,12	3,51																		
145,19	I	22,92	–	1,83	2,06	–	1,50	1,69	–	1,19	1,34	–	0,90	1,01	–	0,62	0,70	–	0,37	0,41	–	0,13	[illegible]
	II	19,03	–	1,52	1,71	–	1,21	1,36	–	0,91	1,03	–	0,64	0,72	–	0,38	0,43	–	0,14	0,16	–	–	
	III	11,76	–	0,94	1,05	–	0,68	0,77	–	0,44	0,50	–	0,22	0,25	–	0,05	0,05	–	–	–	–	–	
	IV	22,92	–	1,83	2,06	–	1,66	1,87	–	1,50	1,69	–	1,35	1,51	–	1,19	1,34	–	1,04	1,17	–	0,90	[illegible]
	V	37,59	–	3,00	3,38																		
	VI	39,06	–	3,12	3,51																		
145,29	I	22,95	–	1,83	2,06	–	1,50	1,69	–	1,19	1,34	–	0,90	1,02	–	0,63	0,71	–	0,37	0,42	–	0,13	[illegible]
	II	19,06	–	1,52	1,71	–	1,21	1,36	–	0,92	1,03	–	0,64	0,72	–	0,38	0,43	–	0,14	0,16	–	–	
	III	11,78	–	0,94	1,06	–	0,69	0,77	–	0,44	0,50	–	0,22	0,25	–	0,05	0,05	–	–	–	–	–	
	IV	22,95	–	1,83	2,06	–	1,67	1,87	–	1,50	1,69	–	1,35	1,52	–	1,19	1,34	–	1,05	1,18	–	0,90	[illegible]
	V	37,62	–	3,00	3,38																		
	VI	39,10	–	3,12	3,51																		
145,39	I	22,98	–	1,83	2,06	–	1,51	1,70	–	1,20	1,35	–	0,90	1,02	–	0,63	0,71	–	0,37	0,42	–	0,13	[illegible]
	II	19,08	–	1,52	1,71	–	1,21	1,36	–	0,92	1,03	–	0,64	0,72	–	0,38	0,43	–	0,14	0,16	–	–	
	III	11,81	–	0,94	1,06	–	0,69	0,77	–	0,44	0,50	–	0,22	0,25	–	0,05	0,05	–	–	–	–	–	
	IV	22,98	–	1,83	2,06	–	1,67	1,88	–	1,51	1,70	–	1,35	1,52	–	1,20	1,35	–	1,05	1,18	–	0,90	[illegible]
	V	37,65	–	3,01	3,38																		
	VI	39,13	–	3,13	3,52																		
145,49	I	23,00	–	1,84	2,07	–	1,51	1,70	–	1,20	1,35	–	0,91	1,02	–	0,63	0,71	–	0,37	0,42	–	0,13	[illegible]
	II	19,11	–	1,52	1,71	–	1,21	1,36	–	0,92	1,04	–	0,64	0,72	–	0,38	0,43	–	0,14	0,16	–	–	
	III	11,83	–	0,94	1,06	–	0,69	0,78	–	0,45	0,50	–	0,23	0,25	–	0,05	0,06	–	–	–	–	–	
	IV	23,00	–	1,84	2,07	–	1,67	1,88	–	1,51	1,70	–	1,35	1,52	–	1,20	1,35	–	1,05	1,18	–	0,91	[illegible]
	V	37,69	–	3,01	3,39																		
	VI	39,16	–	3,13	3,52																		

Allgemeine Tabelle

TAG bis 146,99 €

Lohn/ Gehalt bis	Steuerklasse	Lohn-steuer	ohne Kinderfreibetrag SolZ 5,5%	ohne Kinderfreibetrag Kirchensteuer 8%	ohne Kinderfreibetrag Kirchensteuer 9%	0,5 SolZ 5,5%	0,5 Kirchensteuer 8%	0,5 Kirchensteuer 9%	1,0 SolZ 5,5%	1,0 Kirchensteuer 8%	1,0 Kirchensteuer 9%	1,5 SolZ 5,5%	1,5 Kirchensteuer 8%	1,5 Kirchensteuer 9%	2,0 SolZ 5,5%	2,0 Kirchensteuer 8%	2,0 Kirchensteuer 9%	2,5 SolZ 5,5%	2,5 Kirchensteuer 8%	2,5 Kirchensteuer 9%	3,0 SolZ 5,5%	3,0 Kirchensteuer 8%	3,0 Kirchensteuer 9%
						Anzahl Kinderfreibeträge (nur Steuerklassen I–IV)																	
145,59	I	23,03	-	1,84	2,07	-	1,51	1,70	-	1,20	1,35	-	0,91	1,02	-	0,63	0,71	-	0,37	0,42	-	0,14	0,15
	II	19,13	-	1,53	1,72	-	1,22	1,37	-	0,92	1,04	-	0,64	0,73	-	0,39	0,43	-	0,15	0,17	-	-	-
	III	11,85	-	0,94	1,06	-	0,69	0,78	-	0,45	0,50	-	0,23	0,26	-	0,05	0,06	-	-	-	-	-	-
	IV	23,03	-	1,84	2,07	-	1,67	1,88	-	1,51	1,70	-	1,35	1,52	-	1,20	1,35	-	1,05	1,18	-	0,91	1,02
	V	37,72	-	3,01	3,39																		
	VI	39,20	-	3,13	3,52																		
145,69	I	23,06	-	1,84	2,07	-	1,51	1,70	-	1,20	1,35	-	0,91	1,02	-	0,63	0,71	-	0,38	0,42	-	0,14	0,16
	II	19,16	-	1,53	1,72	-	1,22	1,37	-	0,92	1,04	-	0,65	0,73	-	0,39	0,44	-	0,15	0,17	-	-	-
	III	11,87	-	0,94	1,06	-	0,69	0,78	-	0,45	0,51	-	0,23	0,26	-	0,05	0,06	-	-	-	-	-	-
	IV	23,06	-	1,84	2,07	-	1,67	1,88	-	1,51	1,70	-	1,36	1,53	-	1,20	1,35	-	1,05	1,19	-	0,91	1,02
	V	37,76	-	3,02	3,39																		
	VI	39,23	-	3,13	3,53																		
145,79	I	23,08	-	1,84	2,07	-	1,51	1,70	-	1,20	1,36	-	0,91	1,03	-	0,64	0,72	-	0,38	0,42	-	0,14	0,16
	II	19,19	-	1,53	1,72	-	1,22	1,37	-	0,93	1,04	-	0,65	0,73	-	0,39	0,44	-	0,15	0,17	-	-	-
	III	11,89	-	0,95	1,07	-	0,69	0,78	-	0,45	0,51	-	0,23	0,26	-	0,05	0,06	-	-	-	-	-	-
	IV	23,08	-	1,84	2,07	-	1,68	1,89	-	1,51	1,70	-	1,36	1,53	-	1,20	1,36	-	1,06	1,19	-	0,91	1,03
	V	37,79	-	3,02	3,40																		
	VI	39,27	-	3,14	3,53																		
145,89	I	23,11	-	1,84	2,07	-	1,52	1,71	-	1,21	1,36	-	0,91	1,03	-	0,64	0,72	-	0,38	0,43	-	0,14	0,16
	II	19,21	-	1,53	1,72	-	1,22	1,37	-	0,93	1,04	-	0,65	0,73	-	0,39	0,44	-	0,15	0,17	-	-	-
	III	11,91	-	0,95	1,07	-	0,70	0,78	-	0,45	0,51	-	0,23	0,26	-	0,05	0,06	-	-	-	-	-	-
	IV	23,11	-	1,84	2,07	-	1,68	1,89	-	1,52	1,71	-	1,36	1,53	-	1,21	1,36	-	1,06	1,19	-	0,91	1,03
	V	37,83	-	3,02	3,40																		
	VI	39,30	-	3,14	3,53																		
145,99	I	23,14	-	1,85	2,08	-	1,52	1,71	-	1,21	1,36	-	0,92	1,03	-	0,64	0,72	-	0,38	0,43	-	0,14	0,16
	II	19,24	-	1,53	1,73	-	1,22	1,38	-	0,93	1,05	-	0,65	0,73	-	0,39	0,44	-	0,15	0,17	-	-	-
	III	11,93	-	0,95	1,07	-	0,70	0,79	-	0,45	0,51	-	0,23	0,26	-	0,05	0,06	-	-	-	-	-	-
	IV	23,14	-	1,85	2,08	-	1,68	1,89	-	1,52	1,71	-	1,36	1,53	-	1,21	1,36	-	1,06	1,19	-	0,92	1,03
	V	37,86	-	3,02	3,40																		
	VI	39,34	-	3,14	3,54																		
146,09	I	23,17	-	1,85	2,08	-	1,52	1,71	-	1,21	1,36	-	0,92	1,03	-	0,64	0,72	-	0,38	0,43	-	0,14	0,16
	II	19,26	-	1,54	1,73	-	1,22	1,38	-	0,93	1,05	-	0,65	0,74	-	0,39	0,44	-	0,15	0,17	-	-	-
	III	11,95	-	0,95	1,07	-	0,70	0,79	-	0,46	0,51	-	0,23	0,26	-	0,05	0,06	-	-	-	-	-	-
	IV	23,17	-	1,85	2,08	-	1,68	1,89	-	1,52	1,71	-	1,36	1,53	-	1,21	1,36	-	1,06	1,19	-	0,92	1,03
	V	37,90	-	3,03	3,41																		
	VI	39,37	-	3,14	3,54																		
146,19	I	23,20	-	1,85	2,08	-	1,52	1,71	-	1,21	1,36	-	0,92	1,03	-	0,64	0,72	-	0,38	0,43	-	0,14	0,16
	II	19,29	-	1,54	1,73	-	1,23	1,38	-	0,93	1,05	-	0,66	0,74	-	0,40	0,45	-	0,15	0,17	-	-	-
	III	11,97	-	0,95	1,07	-	0,70	0,79	-	0,46	0,51	-	0,23	0,26	-	0,06	0,06	-	-	-	-	-	-
	IV	23,20	-	1,85	2,08	-	1,68	1,90	-	1,52	1,71	-	1,37	1,54	-	1,21	1,36	-	1,06	1,20	-	0,92	1,03
	V	37,93	-	3,03	3,41																		
	VI	39,41	-	3,15	3,54																		
146,29	I	23,22	-	1,85	2,08	-	1,52	1,72	-	1,21	1,37	-	0,92	1,04	-	0,64	0,72	-	0,38	0,43	-	0,15	0,16
	II	19,32	-	1,54	1,73	-	1,23	1,38	-	0,93	1,05	-	0,66	0,74	-	0,40	0,45	-	0,16	0,18	-	-	-
	III	12,00	-	0,96	1,08	-	0,70	0,79	-	0,46	0,52	-	0,24	0,27	-	0,06	0,06	-	-	-	-	-	-
	IV	23,22	-	1,85	2,08	-	1,69	1,90	-	1,52	1,72	-	1,37	1,54	-	1,21	1,37	-	1,07	1,20	-	0,92	1,04
	V	37,96	-	3,03	3,41																		
	VI	39,44	-	3,15	3,54																		
146,39	I	23,25	-	1,86	2,09	-	1,53	1,72	-	1,22	1,37	-	0,92	1,04	-	0,65	0,73	-	0,39	0,44	-	0,15	0,17
	II	19,34	-	1,54	1,74	-	1,23	1,39	-	0,94	1,05	-	0,66	0,74	-	0,40	0,45	-	0,16	0,18	-	-	-
	III	12,02	-	0,96	1,08	-	0,70	0,79	-	0,46	0,52	-	0,24	0,27	-	0,06	0,07	-	-	-	-	-	-
	IV	23,25	-	1,86	2,09	-	1,69	1,90	-	1,53	1,72	-	1,37	1,54	-	1,22	1,37	-	1,07	1,20	-	0,92	1,04
	V	38,00	-	3,04	3,42																		
	VI	39,47	-	3,15	3,55																		
146,49	I	23,28	-	1,86	2,09	-	1,53	1,72	-	1,22	1,37	-	0,92	1,04	-	0,65	0,73	-	0,39	0,44	-	0,15	0,17
	II	19,37	-	1,54	1,74	-	1,23	1,39	-	0,94	1,06	-	0,66	0,74	-	0,40	0,45	-	0,16	0,18	-	-	-
	III	12,04	-	0,96	1,08	-	0,71	0,79	-	0,46	0,52	-	0,24	0,27	-	0,06	0,07	-	-	-	-	-	-
	IV	23,28	-	1,86	2,09	-	1,69	1,90	-	1,53	1,72	-	1,37	1,54	-	1,22	1,37	-	1,07	1,20	-	0,92	1,04
	V	38,03	-	3,04	3,42																		
	VI	39,51	-	3,16	3,55																		
146,59	I	23,31	-	1,86	2,09	-	1,53	1,72	-	1,22	1,37	-	0,93	1,04	-	0,65	0,73	-	0,39	0,44	-	0,15	0,17
	II	19,40	-	1,55	1,74	-	1,24	1,39	-	0,94	1,06	-	0,66	0,75	-	0,40	0,45	-	0,16	0,18	-	-	-
	III	12,06	-	0,96	1,08	-	0,71	0,80	-	0,46	0,52	-	0,24	0,27	-	0,06	0,07	-	-	-	-	-	-
	IV	23,31	-	1,86	2,09	-	1,69	1,91	-	1,53	1,72	-	1,37	1,55	-	1,22	1,37	-	1,07	1,21	-	0,93	1,04
	V	38,06	-	3,04	3,42																		
	VI	39,54	-	3,16	3,55																		
146,69	I	23,33	-	1,86	2,09	-	1,53	1,73	-	1,22	1,38	-	0,93	1,04	-	0,65	0,73	-	0,39	0,44	-	0,15	0,17
	II	19,42	-	1,55	1,74	-	1,24	1,39	-	0,94	1,06	-	0,66	0,75	-	0,40	0,45	-	0,16	0,18	-	-	-
	III	12,08	-	0,96	1,08	-	0,71	0,80	-	0,46	0,52	-	0,24	0,27	-	0,06	0,07	-	-	-	-	-	-
	IV	23,33	-	1,86	2,09	-	1,70	1,91	-	1,53	1,73	-	1,38	1,55	-	1,22	1,38	-	1,07	1,21	-	0,93	1,04
	V	38,10	-	3,04	3,42																		
	VI	39,58	-	3,16	3,56																		
146,79	I	23,36	-	1,86	2,10	-	1,54	1,73	-	1,22	1,38	-	0,93	1,05	-	0,65	0,73	-	0,39	0,44	-	0,15	0,17
	II	19,45	-	1,55	1,75	-	1,24	1,39	-	0,94	1,06	-	0,67	0,75	-	0,41	0,46	-	0,16	0,18	-	-	-
	III	12,10	-	0,96	1,08	-	0,71	0,80	-	0,47	0,53	-	0,24	0,27	-	0,06	0,07	-	-	-	-	-	-
	IV	23,36	-	1,86	2,10	-	1,70	1,91	-	1,54	1,73	-	1,38	1,55	-	1,22	1,38	-	1,08	1,21	-	0,93	1,05
	V	38,13	-	3,05	3,43																		
	VI	39,61	-	3,16	3,56																		
146,89	I	23,39	-	1,87	2,10	-	1,54	1,73	-	1,23	1,38	-	0,93	1,05	-	0,66	0,74	-	0,40	0,45	-	0,15	0,17
	II	19,47	-	1,55	1,75	-	1,24	1,40	-	0,95	1,06	-	0,67	0,75	-	0,41	0,46	-	0,16	0,19	-	-	-
	III	12,12	-	0,96	1,09	-	0,71	0,80	-	0,47	0,53	-	0,24	0,27	-	0,06	0,07	-	-	-	-	-	-
	IV	23,39	-	1,87	2,10	-	1,70	1,91	-	1,54	1,73	-	1,38	1,55	-	1,23	1,38	-	1,08	1,21	-	0,93	1,05
	V	38,17	-	3,05	3,43																		
	VI	39,65	-	3,17	3,56																		
146,99	I	23,41	-	1,87	2,10	-	1,54	1,73	-	1,23	1,38	-	0,93	1,05	-	0,66	0,74	-	0,40	0,45	-	0,16	0,18
	II	19,50	-	1,56	1,75	-	1,24	1,40	-	0,95	1,07	-	0,67	0,75	-	0,41	0,46	-	0,17	0,19	-	-	-
	III	12,15	-	0,97	1,09	-	0,71	0,80	-	0,47	0,53	-	0,24	0,28	-	0,06	0,07	-	-	-	-	-	-
	IV	23,41	-	1,87	2,10	-	1,70	1,91	-	1,54	1,73	-	1,38	1,55	-	1,23	1,38	-	1,08	1,21	-	0,93	1,05
	V	38,20	-	3,05	3,43																		
	VI	39,68	-	3,17	3,57																		

Lohn/Gehalt bis	Steuerklasse	Lohnsteuer	ohne Kinderfreibetrag SolZ 5,5%	Kirchensteuer 8%	Kirchensteuer 9%	0,5 SolZ 5,5%	Kirchensteuer 8%	Kirchensteuer 9%	1,0 SolZ 5,5%	Kirchensteuer 8%	Kirchensteuer 9%	1,5 SolZ 5,5%	Kirchensteuer 8%	Kirchensteuer 9%	2,0 SolZ 5,5%	Kirchensteuer 8%	Kirchensteuer 9%	2,5 SolZ 5,5%	Kirchensteuer 8%	Kirchensteuer 9%	3,0 SolZ 5,5%	Kirchenste… 8%
						Anzahl Kinderfreibeträge (nur Steuerklassen I–IV)																
147,09	I	23,44	–	1,87	2,10	–	1,54	1,73	–	1,23	1,38	–	0,94	1,05	–	0,66	0,74	–	0,40	0,45	–	0,16
	II	19,53	–	1,56	1,75	–	1,24	1,40	–	0,95	1,07	–	0,67	0,76	–	0,41	0,46	–	0,17	0,19	–	–
	III	12,16	–	0,97	1,09	–	0,72	0,81	–	0,47	0,53	–	0,25	0,28	–	0,06	0,07	–	–	–	–	–
	IV	23,44	–	1,87	2,10	–	1,70	1,92	–	1,54	1,73	–	1,38	1,56	–	1,23	1,38	–	1,08	1,22	–	0,94
	V	38,23	–	3,05	3,44																	
	VI	39,71	–	3,17	3,57																	
147,19	I	23,47	–	1,87	2,11	–	1,54	1,74	–	1,23	1,39	–	0,94	1,06	–	0,66	0,74	–	0,40	0,45	–	0,16
	II	19,55	–	1,56	1,75	–	1,25	1,40	–	0,95	1,07	–	0,67	0,76	–	0,41	0,46	–	0,17	0,19	–	–
	III	12,18	–	0,97	1,09	–	0,72	0,81	–	0,47	0,53	–	0,25	0,28	–	0,07	0,07	–	–	–	–	–
	IV	23,47	–	1,87	2,11	–	1,71	1,92	–	1,54	1,74	–	1,39	1,56	–	1,23	1,39	–	1,08	1,22	–	0,94
	V	38,27	–	3,06	3,44																	
	VI	39,75	–	3,18	3,57																	
147,29	I	23,50	–	1,88	2,11	–	1,55	1,74	–	1,23	1,39	–	0,94	1,06	–	0,66	0,74	–	0,40	0,45	–	0,16
	II	19,58	–	1,56	1,76	–	1,25	1,41	–	0,95	1,07	–	0,68	0,76	–	0,41	0,47	–	0,17	0,19	–	–
	III	12,21	–	0,97	1,09	–	0,72	0,81	–	0,47	0,53	–	0,25	0,28	–	0,07	0,08	–	–	–	–	–
	IV	23,50	–	1,88	2,11	–	1,71	1,92	–	1,55	1,74	–	1,39	1,56	–	1,23	1,39	–	1,08	1,22	–	0,94
	V	38,30	–	3,06	3,44																	
	VI	39,78	–	3,18	3,58																	
147,39	I	23,53	–	1,88	2,11	–	1,55	1,74	–	1,24	1,39	–	0,94	1,06	–	0,66	0,75	–	0,40	0,45	–	0,16
	II	19,61	–	1,56	1,76	–	1,25	1,41	–	0,96	1,08	–	0,68	0,76	–	0,42	0,47	–	0,17	0,19	–	–
	III	12,23	–	0,97	1,10	–	0,72	0,81	–	0,48	0,54	–	0,25	0,28	–	0,07	0,08	–	–	–	–	–
	IV	23,53	–	1,88	2,11	–	1,71	1,92	–	1,55	1,74	–	1,39	1,56	–	1,24	1,39	–	1,09	1,22	–	0,94
	V	38,34	–	3,06	3,45																	
	VI	39,81	–	3,18	3,58																	
147,49	I	23,55	–	1,88	2,11	–	1,55	1,74	–	1,24	1,39	–	0,94	1,06	–	0,67	0,75	–	0,40	0,46	–	0,16
	II	19,63	–	1,57	1,76	–	1,25	1,41	–	0,96	1,08	–	0,68	0,76	–	0,42	0,47	–	0,17	0,20	–	–
	III	12,25	–	0,98	1,10	–	0,72	0,81	–	0,48	0,54	–	0,25	0,28	–	0,07	0,08	–	–	–	–	–
	IV	23,55	–	1,88	2,11	–	1,71	1,93	–	1,55	1,74	–	1,39	1,57	–	1,24	1,39	–	1,09	1,23	–	0,94
	V	38,37	–	3,06	3,45																	
	VI	39,85	–	3,18	3,58																	
147,59	I	23,58	–	1,88	2,12	–	1,55	1,75	–	1,24	1,40	–	0,94	1,06	–	0,67	0,75	–	0,41	0,46	–	0,16
	II	19,66	–	1,57	1,76	–	1,26	1,41	–	0,96	1,08	–	0,68	0,77	–	0,42	0,47	–	0,18	0,20	–	–
	III	12,27	–	0,98	1,10	–	0,72	0,81	–	0,48	0,54	–	0,25	0,28	–	0,07	0,08	–	–	–	–	–
	IV	23,58	–	1,88	2,12	–	1,72	1,93	–	1,55	1,75	–	1,39	1,57	–	1,24	1,40	–	1,09	1,23	–	0,94
	V	38,41	–	3,07	3,45																	
	VI	39,88	–	3,19	3,58																	
147,69	I	23,61	–	1,88	2,12	–	1,55	1,75	–	1,24	1,40	–	0,95	1,07	–	0,67	0,75	–	0,41	0,46	–	0,17
	II	19,68	–	1,57	1,77	–	1,26	1,41	–	0,96	1,08	–	0,68	0,77	–	0,42	0,47	–	0,18	0,20	–	–
	III	12,29	–	0,98	1,10	–	0,72	0,82	–	0,48	0,54	–	0,25	0,29	–	0,07	0,08	–	–	–	–	–
	IV	23,61	–	1,88	2,12	–	1,72	1,93	–	1,55	1,75	–	1,40	1,57	–	1,24	1,40	–	1,09	1,23	–	0,95
	V	38,44	–	3,07	3,45																	
	VI	39,92	–	3,19	3,59																	
147,79	I	23,64	–	1,89	2,12	–	1,56	1,75	–	1,24	1,40	–	0,95	1,07	–	0,67	0,76	–	0,41	0,46	–	0,17
	II	19,71	–	1,57	1,77	–	1,26	1,42	–	0,96	1,08	–	0,68	0,77	–	0,42	0,47	–	0,18	0,20	–	–
	III	12,31	–	0,98	1,10	–	0,73	0,82	–	0,48	0,54	–	0,26	0,29	–	0,07	0,08	–	–	–	–	–
	IV	23,64	–	1,89	2,12	–	1,72	1,93	–	1,56	1,75	–	1,40	1,57	–	1,24	1,40	–	1,09	1,23	–	0,95
	V	38,48	–	3,07	3,46																	
	VI	39,95	–	3,19	3,59																	
147,89	I	23,66	–	1,89	2,12	–	1,56	1,75	–	1,25	1,40	–	0,95	1,07	–	0,67	0,76	–	0,41	0,46	–	0,17
	II	19,74	–	1,57	1,77	–	1,26	1,42	–	0,96	1,09	–	0,69	0,77	–	0,42	0,48	–	0,18	0,20	–	–
	III	12,33	–	0,98	1,10	–	0,73	0,82	–	0,48	0,54	–	0,26	0,29	–	0,07	0,08	–	–	–	–	–
	IV	23,66	–	1,89	2,12	–	1,72	1,94	–	1,56	1,75	–	1,40	1,58	–	1,25	1,40	–	1,10	1,23	–	0,95
	V	38,51	–	3,08	3,46																	
	VI	39,99	–	3,19	3,59																	
147,99	I	23,69	–	1,89	2,13	–	1,56	1,76	–	1,25	1,40	–	0,95	1,07	–	0,67	0,76	–	0,41	0,46	–	0,17
	II	19,76	–	1,58	1,77	–	1,26	1,42	–	0,97	1,09	–	0,69	0,77	–	0,43	0,48	–	0,18	0,20	–	–
	III	12,35	–	0,98	1,11	–	0,73	0,82	–	0,48	0,55	–	0,26	0,29	–	0,07	0,08	–	–	–	–	–
	IV	23,69	–	1,89	2,13	–	1,72	1,94	–	1,56	1,76	–	1,40	1,58	–	1,25	1,40	–	1,10	1,24	–	0,95
	V	38,54	–	3,08	3,46																	
	VI	40,02	–	3,20	3,60																	
148,09	I	23,72	–	1,89	2,13	–	1,56	1,76	–	1,25	1,41	–	0,95	1,07	–	0,68	0,76	–	0,41	0,47	–	0,17
	II	19,79	–	1,58	1,78	–	1,26	1,42	–	0,97	1,09	–	0,69	0,78	–	0,43	0,48	–	0,18	0,21	–	–
	III	12,37	–	0,98	1,11	–	0,73	0,82	–	0,49	0,55	–	0,26	0,29	–	0,08	0,09	–	–	–	–	–
	IV	23,72	–	1,89	2,13	–	1,73	1,94	–	1,56	1,76	–	1,40	1,58	–	1,25	1,41	–	1,10	1,24	–	0,95
	V	38,58	–	3,08	3,47																	
	VI	40,05	–	3,20	3,60																	
148,19	I	23,75	–	1,90	2,13	–	1,56	1,76	–	1,25	1,41	–	0,96	1,08	–	0,68	0,76	–	0,42	0,47	–	0,17
	II	19,82	–	1,58	1,78	–	1,27	1,43	–	0,97	1,09	–	0,69	0,78	–	0,43	0,48	–	0,18	0,21	–	–
	III	12,40	–	0,99	1,11	–	0,73	0,83	–	0,49	0,55	–	0,26	0,29	–	0,08	0,09	–	–	–	–	–
	IV	23,75	–	1,90	2,13	–	1,73	1,94	–	1,56	1,76	–	1,41	1,58	–	1,25	1,41	–	1,10	1,24	–	0,96
	V	38,61	–	3,08	3,47																	
	VI	40,09	–	3,20	3,60																	
148,29	I	23,78	–	1,90	2,14	–	1,57	1,76	–	1,25	1,41	–	0,96	1,08	–	0,68	0,76	–	0,42	0,47	–	0,17
	II	19,84	–	1,58	1,78	–	1,27	1,43	–	0,97	1,09	–	0,69	0,78	–	0,43	0,48	–	0,19	0,21	–	–
	III	12,42	–	0,99	1,11	–	0,74	0,83	–	0,49	0,55	–	0,26	0,30	–	0,08	0,09	–	–	–	–	–
	IV	23,78	–	1,90	2,14	–	1,73	1,95	–	1,57	1,76	–	1,41	1,58	–	1,25	1,41	–	1,10	1,24	–	0,96
	V	38,65	–	3,09	3,47																	
	VI	40,12	–	3,20	3,61																	
148,39	I	23,80	–	1,90	2,14	–	1,57	1,77	–	1,26	1,41	–	0,96	1,08	–	0,68	0,77	–	0,42	0,47	–	0,18
	II	19,87	–	1,58	1,78	–	1,27	1,43	–	0,97	1,10	–	0,69	0,78	–	0,43	0,49	–	0,19	0,21	–	–
	III	12,44	–	0,99	1,11	–	0,74	0,83	–	0,49	0,55	–	0,26	0,30	–	0,08	0,09	–	–	–	–	–
	IV	23,80	–	1,90	2,14	–	1,73	1,95	–	1,57	1,77	–	1,41	1,59	–	1,26	1,41	–	1,11	1,24	–	0,96
	V	38,68	–	3,09	3,48																	
	VI	40,16	–	3,21	3,61																	
148,49	I	23,83	–	1,90	2,14	–	1,57	1,77	–	1,26	1,42	–	0,96	1,08	–	0,68	0,77	–	0,42	0,47	–	0,18
	II	19,90	–	1,59	1,79	–	1,27	1,43	–	0,98	1,10	–	0,70	0,78	–	0,43	0,49	–	0,19	0,21	–	–
	III	12,46	–	0,99	1,12	–	0,74	0,83	–	0,49	0,55	–	0,27	0,30	–	0,08	0,09	–	–	–	–	–
	IV	23,83	–	1,90	2,14	–	1,73	1,95	–	1,57	1,77	–	1,41	1,59	–	1,26	1,42	–	1,11	1,25	–	0,96
	V	38,71	–	3,09	3,48																	
	VI	40,19	–	3,21	3,61																	

Lohn/ Gehalt bis	Steuerklasse	Lohnsteuer	ohne Kinderfreibetrag SolZ 5,5%	ohne Kinderfreibetrag Kirchensteuer 8%	ohne Kinderfreibetrag Kirchensteuer 9%	0,5 SolZ 5,5%	0,5 Kirchensteuer 8%	0,5 Kirchensteuer 9%	1,0 SolZ 5,5%	1,0 Kirchensteuer 8%	1,0 Kirchensteuer 9%	1,5 SolZ 5,5%	1,5 Kirchensteuer 8%	1,5 Kirchensteuer 9%	2,0 SolZ 5,5%	2,0 Kirchensteuer 8%	2,0 Kirchensteuer 9%	2,5 SolZ 5,5%	2,5 Kirchensteuer 8%	2,5 Kirchensteuer 9%	3,0 SolZ 5,5%	3,0 Kirchensteuer 8%	3,0 Kirchensteuer 9%
148,59	I	23,86	-	1,90	2,14	-	1,57	1,77	-	1,26	1,42	-	0,96	1,08	-	0,68	0,77	-	0,42	0,48	-	0,18	0,20
	II	19,92	-	1,59	1,79	-	1,28	1,44	-	0,98	1,10	-	0,70	0,79	-	0,44	0,49	-	0,19	0,21	-	-	-
	III	12,48	-	0,99	1,12	-	0,74	0,83	-	0,49	0,56	-	0,27	0,30	-	0,08	0,09	-	-	-	-	-	-
	IV	23,86	-	1,90	2,14	-	1,74	1,95	-	1,57	1,77	-	1,41	1,59	-	1,26	1,42	-	1,11	1,25	-	0,96	1,08
	V	38,75	-	3,10	3,48																		
	VI	40,23	-	3,21	3,62																		
148,69	I	23,89	-	1,91	2,15	-	1,58	1,77	-	1,26	1,42	-	0,97	1,09	-	0,69	0,77	-	0,42	0,48	-	0,18	0,20
	II	19,95	-	1,59	1,79	-	1,28	1,44	-	0,98	1,10	-	0,70	0,79	-	0,44	0,49	-	0,19	0,22	-	-	-
	III	12,50	-	1,00	1,12	-	0,74	0,83	-	0,50	0,56	-	0,27	0,30	-	0,08	0,09	-	-	-	-	-	-
	IV	23,89	-	1,91	2,15	-	1,74	1,96	-	1,58	1,77	-	1,42	1,59	-	1,26	1,42	-	1,11	1,25	-	0,97	1,09
	V	38,78	-	3,10	3,49																		
	VI	40,26	-	3,22	3,62																		
148,79	I	23,91	-	1,91	2,15	-	1,58	1,78	-	1,26	1,42	-	0,97	1,09	-	0,69	0,77	-	0,43	0,48	-	0,18	0,20
	II	19,97	-	1,59	1,79	-	1,28	1,44	-	0,98	1,10	-	0,70	0,79	-	0,44	0,49	-	0,19	0,22	-	-	-
	III	12,52	-	1,00	1,12	-	0,74	0,84	-	0,50	0,56	-	0,27	0,30	-	0,08	0,09	-	-	-	-	-	-
	IV	23,91	-	1,91	2,15	-	1,74	1,96	-	1,58	1,78	-	1,42	1,60	-	1,26	1,42	-	1,11	1,25	-	0,97	1,09
	V	38,81	-	3,10	3,49																		
	VI	40,29	-	3,22	3,62																		
148,89	I	23,94	-	1,91	2,15	-	1,58	1,78	-	1,27	1,43	-	0,97	1,09	-	0,69	0,78	-	0,43	0,48	-	0,18	0,21
	II	20,00	-	1,60	1,80	-	1,28	1,44	-	0,98	1,11	-	0,70	0,79	-	0,44	0,50	-	0,19	0,22	-	0,01	0,01
	III	12,55	-	1,00	1,12	-	0,74	0,84	-	0,50	0,56	-	0,27	0,31	-	0,08	0,09	-	-	-	-	-	-
	IV	23,94	-	1,91	2,15	-	1,74	1,96	-	1,58	1,78	-	1,42	1,60	-	1,27	1,43	-	1,12	1,26	-	0,97	1,09
	V	38,85	-	3,10	3,49																		
	VI	40,33	-	3,22	3,62																		
148,99	I	23,97	-	1,91	2,15	-	1,58	1,78	-	1,27	1,43	-	0,97	1,09	-	0,69	0,78	-	0,43	0,48	-	0,18	0,21
	II	20,03	-	1,60	1,80	-	1,28	1,44	-	0,99	1,11	-	0,70	0,79	-	0,44	0,50	-	0,20	0,22	-	0,01	0,01
	III	12,56	-	1,00	1,13	-	0,75	0,84	-	0,50	0,56	-	0,27	0,31	-	0,08	0,10	-	-	-	-	-	-
	IV	23,97	-	1,91	2,15	-	1,74	1,96	-	1,58	1,78	-	1,42	1,60	-	1,27	1,43	-	1,12	1,26	-	0,97	1,09
	V	38,88	-	3,11	3,49																		
	VI	40,36	-	3,22	3,63																		
149,09	I	24,00	-	1,92	2,16	-	1,58	1,78	-	1,27	1,43	-	0,97	1,10	-	0,69	0,78	-	0,43	0,49	-	0,19	0,21
	II	20,05	-	1,60	1,80	-	1,28	1,45	-	0,99	1,11	-	0,71	0,80	-	0,44	0,50	-	0,20	0,22	-	0,01	0,01
	III	12,58	-	1,00	1,13	-	0,75	0,84	-	0,50	0,57	-	0,27	0,31	-	0,09	0,10	-	-	-	-	-	-
	IV	24,00	-	1,92	2,16	-	1,75	1,97	-	1,58	1,78	-	1,42	1,60	-	1,27	1,43	-	1,12	1,26	-	0,97	1,10
	V	38,92	-	3,11	3,50																		
	VI	40,40	-	3,23	3,63																		
149,19	I	24,03	-	1,92	2,16	-	1,59	1,79	-	1,27	1,43	-	0,98	1,10	-	0,70	0,78	-	0,43	0,49	-	0,19	0,21
	II	20,08	-	1,60	1,80	-	1,29	1,45	-	0,99	1,11	-	0,71	0,80	-	0,45	0,50	-	0,20	0,22	-	0,01	0,01
	III	12,61	-	1,00	1,13	-	0,75	0,84	-	0,50	0,57	-	0,28	0,31	-	0,09	0,10	-	-	-	-	-	-
	IV	24,03	-	1,92	2,16	-	1,75	1,97	-	1,59	1,79	-	1,43	1,61	-	1,27	1,43	-	1,12	1,26	-	0,98	1,10
	V	38,95	-	3,11	3,50																		
	VI	40,43	-	3,23	3,63																		
149,29	I	24,05	-	1,92	2,16	-	1,59	1,79	-	1,27	1,43	-	0,98	1,10	-	0,70	0,79	-	0,43	0,49	-	0,19	0,21
	II	20,11	-	1,60	1,80	-	1,29	1,45	-	0,99	1,12	-	0,71	0,80	-	0,45	0,50	-	0,20	0,23	-	0,01	0,01
	III	12,63	-	1,01	1,13	-	0,75	0,85	-	0,51	0,57	-	0,28	0,31	-	0,09	0,10	-	-	-	-	-	-
	IV	24,05	-	1,92	2,16	-	1,75	1,97	-	1,59	1,79	-	1,43	1,61	-	1,27	1,43	-	1,12	1,26	-	0,98	1,10
	V	38,99	-	3,11	3,50																		
	VI	40,46	-	3,23	3,64																		
149,39	I	24,08	-	1,92	2,16	-	1,59	1,79	-	1,28	1,44	-	0,98	1,10	-	0,70	0,79	-	0,44	0,49	-	0,19	0,22
	II	20,13	-	1,61	1,81	-	1,29	1,45	-	0,99	1,12	-	0,71	0,80	-	0,45	0,51	-	0,20	0,23	-	0,01	0,01
	III	12,65	-	1,01	1,13	-	0,75	0,85	-	0,51	0,57	-	0,28	0,31	-	0,09	0,10	-	-	-	-	-	-
	IV	24,08	-	1,92	2,16	-	1,75	1,97	-	1,59	1,79	-	1,43	1,61	-	1,28	1,44	-	1,13	1,27	-	0,98	1,10
	V	39,02	-	3,12	3,51																		
	VI	40,50	-	3,24	3,64																		
149,49	I	24,11	-	1,92	2,16	-	1,59	1,79	-	1,28	1,44	-	0,98	1,10	-	0,70	0,79	-	0,44	0,49	-	0,19	0,22
	II	20,16	-	1,61	1,81	-	1,29	1,45	-	1,00	1,12	-	0,71	0,80	-	0,45	0,51	-	0,20	0,23	-	0,01	0,01
	III	12,67	-	1,01	1,14	-	0,75	0,85	-	0,51	0,57	-	0,28	0,31	-	0,09	0,10	-	-	-	-	-	-
	IV	24,11	-	1,92	2,16	-	1,76	1,98	-	1,59	1,79	-	1,43	1,61	-	1,28	1,44	-	1,13	1,27	-	0,98	1,10
	V	39,06	-	3,12	3,51																		
	VI	40,53	-	3,24	3,64																		
149,59	I	24,14	-	1,93	2,17	-	1,59	1,79	-	1,28	1,44	-	0,98	1,11	-	0,70	0,79	-	0,44	0,49	-	0,19	0,22
	II	20,19	-	1,61	1,81	-	1,30	1,46	-	1,00	1,12	-	0,72	0,81	-	0,45	0,51	-	0,21	0,23	-	0,01	0,01
	III	12,69	-	1,01	1,14	-	0,76	0,85	-	0,51	0,57	-	0,28	0,32	-	0,09	0,10	-	-	-	-	-	-
	IV	24,14	-	1,93	2,17	-	1,76	1,98	-	1,59	1,79	-	1,44	1,62	-	1,28	1,44	-	1,13	1,27	-	0,98	1,11
	V	39,09	-	3,12	3,51																		
	VI	40,57	-	3,24	3,65																		
149,69	I	24,16	-	1,93	2,17	-	1,60	1,80	-	1,28	1,44	-	0,98	1,11	-	0,70	0,79	-	0,44	0,50	-	0,20	0,22
	II	20,21	-	1,61	1,81	-	1,30	1,46	-	1,00	1,12	-	0,72	0,81	-	0,45	0,51	-	0,21	0,23	-	0,01	0,01
	III	12,71	-	1,01	1,14	-	0,76	0,85	-	0,51	0,58	-	0,28	0,32	-	0,09	0,10	-	-	-	-	-	-
	IV	24,16	-	1,93	2,17	-	1,76	1,98	-	1,60	1,80	-	1,44	1,62	-	1,28	1,44	-	1,13	1,27	-	0,98	1,11
	V	39,12	-	3,12	3,52																		
	VI	40,60	-	3,24	3,65																		
149,79	I	24,19	-	1,93	2,17	-	1,60	1,80	-	1,28	1,44	-	0,99	1,11	-	0,71	0,80	-	0,44	0,50	-	0,20	0,22
	II	20,24	-	1,61	1,82	-	1,30	1,46	-	1,00	1,13	-	0,72	0,81	-	0,46	0,51	-	0,21	0,23	-	0,01	0,02
	III	12,73	-	1,01	1,14	-	0,76	0,85	-	0,51	0,58	-	0,28	0,32	-	0,09	0,11	-	-	-	-	-	-
	IV	24,19	-	1,93	2,17	-	1,76	1,98	-	1,60	1,80	-	1,44	1,62	-	1,28	1,44	-	1,13	1,27	-	0,99	1,11
	V	39,16	-	3,13	3,52																		
	VI	40,63	-	3,25	3,65																		
149,89	I	24,22	-	1,93	2,17	-	1,60	1,80	-	1,29	1,45	-	0,99	1,11	-	0,71	0,80	-	0,44	0,50	-	0,20	0,22
	II	20,26	-	1,62	1,82	-	1,30	1,46	-	1,00	1,13	-	0,72	0,81	-	0,46	0,51	-	0,21	0,24	-	0,02	0,02
	III	12,76	-	1,02	1,14	-	0,76	0,86	-	0,52	0,58	-	0,28	0,32	-	0,10	0,11	-	-	-	-	-	-
	IV	24,22	-	1,93	2,17	-	1,76	1,99	-	1,60	1,80	-	1,44	1,62	-	1,29	1,45	-	1,14	1,28	-	0,99	1,11
	V	39,19	-	3,13	3,52																		
	VI	40,67	-	3,25	3,66																		
149,99	I	24,25	-	1,94	2,18	-	1,60	1,80	-	1,29	1,45	-	0,99	1,11	-	0,71	0,80	-	0,45	0,50	-	0,20	0,23
	II	20,29	-	1,62	1,82	-	1,30	1,47	-	1,00	1,13	-	0,72	0,81	-	0,46	0,52	-	0,21	0,24	-	0,02	0,02
	III	12,77	-	1,02	1,14	-	0,76	0,86	-	0,52	0,58	-	0,29	0,32	-	0,10	0,11	-	-	-	-	-	-
	IV	24,25	-	1,94	2,18	-	1,77	1,99	-	1,60	1,80	-	1,44	1,62	-	1,29	1,45	-	1,14	1,28	-	0,99	1,11
	V	39,23	-	3,13	3,53																		
	VI	40,70	-	3,25	3,66																		

Anzahl Kinderfreibeträge (nur Steuerklassen I–IV)

TAG bis 151,49 €

Allgemeine Tabelle

Lohn/ Gehalt bis	Steuerklasse	Lohn- steuer	ohne Kinderfreibetrag			Anzahl Kinderfreibeträge (nur Steuerklassen I–IV) 0,5			1,0			1,5			2,0			2,5			3,0		
			SolZ 5,5%	Kirchensteuer 8%	9%	SolZ 5,5%	Kirchensteuer 8%	9%	SolZ 5,5%	Kirchensteuer 8%	9%	SolZ 5,5%	Kirchensteuer 8%	9%	SolZ 5,5%	Kirchensteuer 8%	9%	SolZ 5,5%	Kirchensteuer 8%	9%	SolZ 5,5%	Kirchensteuer 8%	9%
150,09	I	24,28	–	1,94	2,18	–	1,60	1,81	–	1,29	1,45	–	0,99	1,12	–	0,71	0,80	–	0,45	0,50	–	0,20	
	II	20,32	–	1,62	1,82	–	1,30	1,47	–	1,01	1,13	–	0,72	0,82	–	0,46	0,52	–	0,21	0,24	–	0,02	
	III	12,80	–	1,02	1,15	–	0,76	0,86	–	0,52	0,58	–	0,29	0,32	–	0,10	0,11	–	–	–	–	–	
	IV	24,28	–	1,94	2,18	–	1,77	1,99	–	1,60	1,81	–	1,45	1,63	–	1,29	1,45	–	1,14	1,28	–	0,99	
	V	39,26	–	3,14	3,53																		
	VI	40,74	–	3,25	3,66																		
150,19	I	24,30	–	1,94	2,18	–	1,61	1,81	–	1,29	1,45	–	0,99	1,12	–	0,71	0,80	–	0,45	0,51	–	0,20	
	II	20,35	–	1,62	1,83	–	1,31	1,47	–	1,01	1,13	–	0,73	0,82	–	0,46	0,52	–	0,21	0,24	–	0,02	
	III	12,82	–	1,02	1,15	–	0,77	0,86	–	0,52	0,59	–	0,29	0,33	–	0,10	0,11	–	–	–	–	–	
	IV	24,30	–	1,94	2,18	–	1,77	1,99	–	1,61	1,81	–	1,45	1,63	–	1,29	1,45	–	1,14	1,28	–	0,99	
	V	39,30	–	3,14	3,53																		
	VI	40,77	–	3,26	3,66																		
150,29	I	24,33	–	1,94	2,18	–	1,61	1,81	–	1,29	1,46	–	1,00	1,12	–	0,72	0,81	–	0,45	0,51	–	0,20	
	II	20,37	–	1,62	1,83	–	1,31	1,47	–	1,01	1,14	–	0,73	0,82	–	0,46	0,52	–	0,22	0,24	–	0,02	
	III	12,84	–	1,02	1,15	–	0,77	0,86	–	0,52	0,59	–	0,29	0,33	–	0,10	0,11	–	–	–	–	–	
	IV	24,33	–	1,94	2,18	–	1,77	2,00	–	1,61	1,81	–	1,45	1,63	–	1,29	1,46	–	1,14	1,29	–	1,00	
	V	39,33	–	3,14	3,53																		
	VI	40,81	–	3,26	3,67																		
150,39	I	24,36	–	1,94	2,19	–	1,61	1,81	–	1,30	1,46	–	1,00	1,12	–	0,72	0,81	–	0,45	0,51	–	0,21	
	II	20,40	–	1,63	1,83	–	1,31	1,48	–	1,01	1,14	–	0,73	0,82	–	0,47	0,52	–	0,22	0,25	–	0,02	
	III	12,86	–	1,02	1,15	–	0,77	0,87	–	0,52	0,59	–	0,29	0,33	–	0,10	0,11	–	–	–	–	–	
	IV	24,36	–	1,94	2,19	–	1,78	2,00	–	1,61	1,81	–	1,45	1,63	–	1,30	1,46	–	1,14	1,29	–	1,00	
	V	39,36	–	3,14	3,54																		
	VI	40,84	–	3,26	3,67																		
150,49	I	24,39	–	1,95	2,19	–	1,61	1,82	–	1,30	1,46	–	1,00	1,13	–	0,72	0,81	–	0,45	0,51	–	0,21	
	II	20,43	–	1,63	1,83	–	1,31	1,48	–	1,01	1,14	–	0,73	0,82	–	0,47	0,53	–	0,22	0,25	–	0,02	
	III	12,88	–	1,03	1,15	–	0,77	0,87	–	0,52	0,59	–	0,29	0,33	–	0,10	0,11	–	–	–	–	–	
	IV	24,39	–	1,95	2,19	–	1,78	2,00	–	1,61	1,82	–	1,45	1,64	–	1,30	1,46	–	1,15	1,29	–	1,00	
	V	39,40	–	3,15	3,54																		
	VI	40,87	–	3,26	3,67																		
150,59	I	24,41	–	1,95	2,19	–	1,62	1,82	–	1,30	1,46	–	1,00	1,13	–	0,72	0,81	–	0,46	0,51	–	0,21	
	II	20,45	–	1,63	1,84	–	1,32	1,48	–	1,02	1,14	–	0,73	0,83	–	0,47	0,53	–	0,22	0,25	–	0,02	
	III	12,90	–	1,03	1,16	–	0,77	0,87	–	0,53	0,59	–	0,29	0,33	–	0,10	0,12	–	–	–	–	–	
	IV	24,41	–	1,95	2,19	–	1,78	2,00	–	1,62	1,82	–	1,46	1,64	–	1,30	1,46	–	1,15	1,29	–	1,00	
	V	39,43	–	3,15	3,54																		
	VI	40,91	–	3,27	3,68																		
150,69	I	24,44	–	1,95	2,19	–	1,62	1,82	–	1,30	1,47	–	1,00	1,13	–	0,72	0,81	–	0,46	0,52	–	0,21	
	II	20,48	–	1,63	1,84	–	1,32	1,48	–	1,02	1,15	–	0,74	0,83	–	0,47	0,53	–	0,22	0,25	–	0,02	
	III	12,92	–	1,03	1,16	–	0,77	0,87	–	0,53	0,59	–	0,30	0,33	–	0,10	0,12	–	–	–	–	–	
	IV	24,44	–	1,95	2,19	–	1,78	2,01	–	1,62	1,82	–	1,46	1,64	–	1,30	1,47	–	1,15	1,29	–	1,00	
	V	39,46	–	3,15	3,55																		
	VI	40,94	–	3,27	3,68																		
150,79	I	24,47	–	1,95	2,20	–	1,62	1,82	–	1,30	1,47	–	1,01	1,13	–	0,72	0,81	–	0,46	0,52	–	0,21	
	II	20,50	–	1,64	1,84	–	1,32	1,48	–	1,02	1,15	–	0,74	0,83	–	0,47	0,53	–	0,22	0,25	–	0,02	
	III	12,95	–	1,03	1,16	–	0,78	0,87	–	0,53	0,60	–	0,30	0,33	–	0,10	0,12	–	–	–	–	–	
	IV	24,47	–	1,95	2,20	–	1,78	2,01	–	1,62	1,82	–	1,46	1,64	–	1,30	1,47	–	1,15	1,30	–	1,01	
	V	39,50	–	3,16	3,55																		
	VI	40,98	–	3,27	3,68																		
150,89	I	24,50	–	1,96	2,20	–	1,62	1,83	–	1,31	1,47	–	1,01	1,13	–	0,73	0,82	–	0,46	0,52	–	0,21	
	II	20,53	–	1,64	1,84	–	1,32	1,49	–	1,02	1,15	–	0,74	0,83	–	0,47	0,53	–	0,23	0,25	–	0,02	
	III	12,97	–	1,03	1,16	–	0,78	0,88	–	0,53	0,60	–	0,30	0,34	–	0,11	0,12	–	–	–	–	–	
	IV	24,50	–	1,96	2,20	–	1,79	2,01	–	1,62	1,83	–	1,46	1,64	–	1,31	1,47	–	1,15	1,30	–	1,01	
	V	39,53	–	3,16	3,55																		
	VI	41,01	–	3,28	3,69																		
150,99	I	24,53	–	1,96	2,20	–	1,62	1,83	–	1,31	1,47	–	1,01	1,14	–	0,73	0,82	–	0,46	0,52	–	0,22	
	II	20,56	–	1,64	1,85	–	1,32	1,49	–	1,02	1,15	–	0,74	0,83	–	0,48	0,54	–	0,23	0,26	–	0,03	
	III	12,99	–	1,03	1,16	–	0,78	0,88	–	0,53	0,60	–	0,30	0,34	–	0,11	0,12	–	–	–	–	–	
	IV	24,53	–	1,96	2,20	–	1,79	2,01	–	1,62	1,83	–	1,46	1,65	–	1,31	1,47	–	1,16	1,30	–	1,01	
	V	39,57	–	3,16	3,56																		
	VI	41,05	–	3,28	3,69																		
151,09	I	24,55	–	1,96	2,20	–	1,63	1,83	–	1,31	1,47	–	1,01	1,14	–	0,73	0,82	–	0,46	0,52	–	0,22	
	II	20,58	–	1,64	1,85	–	1,32	1,49	–	1,03	1,15	–	0,74	0,84	–	0,48	0,54	–	0,23	0,26	–	0,03	
	III	13,01	–	1,04	1,17	–	0,78	0,88	–	0,53	0,60	–	0,30	0,34	–	0,11	0,12	–	–	–	–	–	
	IV	24,55	–	1,96	2,20	–	1,79	2,02	–	1,63	1,83	–	1,47	1,65	–	1,31	1,47	–	1,16	1,30	–	1,01	
	V	39,60	–	3,16	3,56																		
	VI	41,08	–	3,28	3,69																		
151,19	I	24,58	–	1,96	2,21	–	1,63	1,83	–	1,31	1,48	–	1,01	1,14	–	0,73	0,82	–	0,47	0,53	–	0,22	
	II	20,61	–	1,64	1,85	–	1,33	1,49	–	1,03	1,16	–	0,74	0,84	–	0,48	0,54	–	0,23	0,26	–	0,03	
	III	13,03	–	1,04	1,17	–	0,78	0,88	–	0,54	0,60	–	0,30	0,34	–	0,11	0,12	–	–	–	–	–	
	IV	24,58	–	1,96	2,21	–	1,79	2,02	–	1,63	1,83	–	1,47	1,65	–	1,31	1,48	–	1,16	1,31	–	1,01	
	V	39,64	–	3,17	3,56																		
	VI	41,11	–	3,28	3,69																		
151,29	I	24,61	–	1,96	2,21	–	1,63	1,83	–	1,31	1,48	–	1,02	1,14	–	0,73	0,82	–	0,47	0,53	–	0,22	
	II	20,64	–	1,65	1,85	–	1,33	1,50	–	1,03	1,16	–	0,75	0,84	–	0,48	0,54	–	0,23	0,26	–	0,03	
	III	13,05	–	1,04	1,17	–	0,78	0,88	–	0,54	0,61	–	0,30	0,34	–	0,11	0,12	–	–	–	–	–	
	IV	24,61	–	1,96	2,21	–	1,80	2,02	–	1,63	1,83	–	1,47	1,65	–	1,31	1,48	–	1,16	1,31	–	1,02	
	V	39,67	–	3,17	3,57																		
	VI	41,15	–	3,29	3,70																		
151,39	I	24,64	–	1,97	2,21	–	1,63	1,84	–	1,32	1,48	–	1,02	1,14	–	0,73	0,83	–	0,47	0,53	–	0,22	
	II	20,66	–	1,65	1,85	–	1,33	1,50	–	1,03	1,16	–	0,75	0,84	–	0,48	0,54	–	0,23	0,26	–	0,03	
	III	13,07	–	1,04	1,17	–	0,79	0,88	–	0,54	0,61	–	0,31	0,34	–	0,11	0,13	–	–	–	–	–	
	IV	24,64	–	1,97	2,21	–	1,80	2,02	–	1,63	1,84	–	1,47	1,66	–	1,32	1,48	–	1,16	1,31	–	1,02	
	V	39,71	–	3,17	3,57																		
	VI	41,18	–	3,29	3,70																		
151,49	I	24,66	–	1,97	2,21	–	1,64	1,84	–	1,32	1,48	–	1,02	1,15	–	0,74	0,83	–	0,47	0,53	–	0,22	
	II	20,69	–	1,65	1,86	–	1,33	1,50	–	1,03	1,16	–	0,75	0,84	–	0,48	0,54	–	0,24	0,27	–	0,03	
	III	13,10	–	1,04	1,17	–	0,79	0,89	–	0,54	0,61	–	0,31	0,35	–	0,11	0,13	–	–	–	–	–	
	IV	24,66	–	1,97	2,21	–	1,80	2,02	–	1,64	1,84	–	1,47	1,66	–	1,32	1,48	–	1,17	1,31	–	1,02	
	V	39,74	–	3,17	3,57																		
	VI	41,21	–	3,29	3,70																		

Lohn/ Gehalt bis	Steuerklasse	Lohn-steuer	ohne Kinderfreibetrag SolZ 5,5%	Kirchensteuer 8%	Kirchensteuer 9%	0,5 SolZ 5,5%	Kirchensteuer 8%	Kirchensteuer 9%	1,0 SolZ 5,5%	Kirchensteuer 8%	Kirchensteuer 9%	1,5 SolZ 5,5%	Kirchensteuer 8%	Kirchensteuer 9%	2,0 SolZ 5,5%	Kirchensteuer 8%	Kirchensteuer 9%	2,5 SolZ 5,5%	Kirchensteuer 8%	Kirchensteuer 9%	3,0 SolZ 5,5%	Kirchensteuer 8%	Kirchensteuer 9%
						Anzahl Kinderfreibeträge (nur Steuerklassen I–IV)																	
151,59	I	24,70	-	1,97	2,22	-	1,64	1,84	-	1,32	1,49	-	1,02	1,15	-	0,74	0,83	-	0,47	0,53	-	0,22	0,25
	II	20,72	-	1,65	1,86	-	1,34	1,50	-	1,04	1,17	-	0,75	0,85	-	0,49	0,55	-	0,24	0,27	-	0,03	0,04
	III	13,12	-	1,04	1,18	-	0,79	0,89	-	0,54	0,61	-	0,31	0,35	-	0,11	0,13	-	-	-	-	-	-
	IV	24,70	-	1,97	2,22	-	1,80	2,03	-	1,64	1,84	-	1,48	1,66	-	1,32	1,49	-	1,17	1,31	-	1,02	1,15
	V	39,77	-	3,18	3,57																		
	VI	41,25	-	3,30	3,71																		
151,69	I	24,72	-	1,97	2,22	-	1,64	1,84	-	1,32	1,49	-	1,02	1,15	-	0,74	0,83	-	0,47	0,53	-	0,23	0,26
	II	20,75	-	1,66	1,86	-	1,34	1,50	-	1,04	1,17	-	0,75	0,85	-	0,49	0,55	-	0,24	0,27	-	0,03	0,04
	III	13,13	-	1,05	1,18	-	0,79	0,89	-	0,54	0,61	-	0,31	0,35	-	0,12	0,13	-	-	-	-	-	-
	IV	24,72	-	1,97	2,22	-	1,80	2,03	-	1,64	1,84	-	1,48	1,66	-	1,32	1,49	-	1,17	1,32	-	1,02	1,15
	V	39,81	-	3,18	3,58																		
	VI	41,28	-	3,30	3,71																		
151,79	I	24,75	-	1,98	2,22	-	1,64	1,85	-	1,32	1,49	-	1,02	1,15	-	0,74	0,83	-	0,48	0,54	-	0,23	0,26
	II	20,77	-	1,66	1,86	-	1,34	1,51	-	1,04	1,17	-	0,76	0,85	-	0,49	0,55	-	0,24	0,27	-	0,03	0,04
	III	13,16	-	1,05	1,18	-	0,79	0,89	-	0,54	0,61	-	0,31	0,35	-	0,12	0,13	-	-	-	-	-	-
	IV	24,75	-	1,98	2,22	-	1,81	2,03	-	1,64	1,85	-	1,48	1,67	-	1,32	1,49	-	1,17	1,32	-	1,02	1,15
	V	39,84	-	3,18	3,58																		
	VI	41,32	-	3,30	3,71																		
151,89	I	24,78	-	1,98	2,23	-	1,64	1,85	-	1,33	1,49	-	1,03	1,16	-	0,74	0,84	-	0,48	0,54	-	0,23	0,26
	II	20,80	-	1,66	1,87	-	1,34	1,51	-	1,04	1,17	-	0,76	0,85	-	0,49	0,55	-	0,24	0,27	-	0,04	0,04
	III	13,18	-	1,05	1,18	-	0,79	0,89	-	0,55	0,62	-	0,31	0,35	-	0,12	0,13	-	-	-	-	-	-
	IV	24,78	-	1,98	2,23	-	1,81	2,03	-	1,64	1,85	-	1,48	1,67	-	1,33	1,49	-	1,17	1,32	-	1,03	1,16
	V	39,88	-	3,19	3,58																		
	VI	41,35	-	3,30	3,72																		
151,99	I	24,81	-	1,98	2,23	-	1,65	1,85	-	1,33	1,49	-	1,03	1,16	-	0,75	0,84	-	0,48	0,54	-	0,23	0,26
	II	20,83	-	1,66	1,87	-	1,34	1,51	-	1,04	1,17	-	0,76	0,85	-	0,49	0,55	-	0,24	0,27	-	0,04	0,04
	III	13,20	-	1,05	1,18	-	0,80	0,90	-	0,55	0,62	-	0,31	0,35	-	0,12	0,13	-	-	-	-	-	-
	IV	24,81	-	1,98	2,23	-	1,81	2,04	-	1,65	1,85	-	1,48	1,67	-	1,33	1,49	-	1,18	1,32	-	1,03	1,16
	V	39,91	-	3,19	3,59																		
	VI	41,39	-	3,31	3,72																		
152,09	I	24,83	-	1,98	2,23	-	1,65	1,85	-	1,33	1,50	-	1,03	1,16	-	0,75	0,84	-	0,48	0,54	-	0,23	0,26
	II	20,85	-	1,66	1,87	-	1,35	1,51	-	1,04	1,17	-	0,76	0,86	-	0,49	0,56	-	0,24	0,27	-	0,04	0,04
	III	13,22	-	1,05	1,18	-	0,80	0,90	-	0,55	0,62	-	0,32	0,36	-	0,12	0,14	-	-	-	-	-	-
	IV	24,83	-	1,98	2,23	-	1,81	2,04	-	1,65	1,85	-	1,49	1,67	-	1,33	1,50	-	1,18	1,33	-	1,03	1,16
	V	39,95	-	3,19	3,59																		
	VI	41,42	-	3,31	3,72																		
152,19	I	24,86	-	1,98	2,23	-	1,65	1,86	-	1,33	1,50	-	1,03	1,16	-	0,75	0,84	-	0,48	0,54	-	0,23	0,26
	II	20,88	-	1,67	1,87	-	1,35	1,52	-	1,05	1,18	-	0,76	0,86	-	0,50	0,56	-	0,25	0,28	-	0,04	0,04
	III	13,25	-	1,06	1,19	-	0,80	0,90	-	0,55	0,62	-	0,32	0,36	-	0,12	0,14	-	-	-	-	-	-
	IV	24,86	-	1,98	2,23	-	1,82	2,04	-	1,65	1,86	-	1,49	1,68	-	1,33	1,50	-	1,18	1,33	-	1,03	1,16
	V	39,98	-	3,19	3,59																		
	VI	41,46	-	3,31	3,73																		
152,29	I	24,89	-	1,99	2,24	-	1,65	1,86	-	1,33	1,50	-	1,03	1,16	-	0,75	0,85	-	0,48	0,55	-	0,24	0,27
	II	20,90	-	1,67	1,88	-	1,35	1,52	-	1,05	1,18	-	0,76	0,86	-	0,50	0,56	-	0,25	0,28	-	0,04	0,05
	III	13,26	-	1,06	1,19	-	0,80	0,90	-	0,55	0,62	-	0,32	0,36	-	0,12	0,14	-	-	-	-	-	-
	IV	24,89	-	1,99	2,24	-	1,82	2,04	-	1,65	1,86	-	1,49	1,68	-	1,33	1,50	-	1,18	1,33	-	1,03	1,16
	V	40,01	-	3,20	3,60																		
	VI	41,49	-	3,31	3,73																		
152,39	I	24,92	-	1,99	2,24	-	1,65	1,86	-	1,34	1,50	-	1,04	1,17	-	0,75	0,85	-	0,49	0,55	-	0,24	0,27
	II	20,93	-	1,67	1,88	-	1,35	1,52	-	1,05	1,18	-	0,77	0,86	-	0,50	0,56	-	0,25	0,28	-	0,04	0,05
	III	13,28	-	1,06	1,19	-	0,80	0,90	-	0,56	0,63	-	0,32	0,36	-	0,12	0,14	-	-	-	-	-	-
	IV	24,92	-	1,99	2,24	-	1,82	2,05	-	1,65	1,86	-	1,49	1,68	-	1,34	1,50	-	1,18	1,33	-	1,04	1,17
	V	40,05	-	3,20	3,60																		
	VI	41,52	-	3,32	3,73																		
152,49	I	24,95	-	1,99	2,24	-	1,66	1,86	-	1,34	1,51	-	1,04	1,17	-	0,75	0,85	-	0,49	0,55	-	0,24	0,27
	II	20,96	-	1,67	1,88	-	1,35	1,52	-	1,05	1,18	-	0,77	0,86	-	0,50	0,56	-	0,25	0,28	-	0,04	0,05
	III	13,31	-	1,06	1,19	-	0,80	0,90	-	0,56	0,63	-	0,32	0,36	-	0,12	0,14	-	-	-	-	-	-
	IV	24,95	-	1,99	2,24	-	1,82	2,05	-	1,66	1,86	-	1,50	1,68	-	1,34	1,51	-	1,19	1,33	-	1,04	1,17
	V	40,08	-	3,20	3,60																		
	VI	41,56	-	3,32	3,74																		
152,59	I	24,98	-	1,99	2,24	-	1,66	1,87	-	1,34	1,51	-	1,04	1,17	-	0,76	0,85	-	0,49	0,55	-	0,24	0,27
	II	20,98	-	1,67	1,88	-	1,36	1,53	-	1,05	1,19	-	0,77	0,87	-	0,50	0,57	-	0,25	0,28	-	0,04	0,05
	III	13,33	-	1,06	1,19	-	0,81	0,91	-	0,56	0,63	-	0,32	0,36	-	0,12	0,14	-	-	-	-	-	-
	IV	24,98	-	1,99	2,24	-	1,82	2,05	-	1,66	1,87	-	1,50	1,69	-	1,34	1,51	-	1,19	1,34	-	1,04	1,17
	V	40,11	-	3,20	3,60																		
	VI	41,59	-	3,32	3,74																		
152,69	I	25,00	-	2,00	2,25	-	1,66	1,87	-	1,34	1,51	-	1,04	1,17	-	0,76	0,85	-	0,49	0,55	-	0,24	0,27
	II	21,01	-	1,68	1,89	-	1,36	1,53	-	1,06	1,19	-	0,77	0,87	-	0,50	0,57	-	0,25	0,29	-	0,04	0,05
	III	13,35	-	1,06	1,20	-	0,81	0,91	-	0,56	0,63	-	0,32	0,36	-	0,13	0,14	-	-	-	-	-	-
	IV	25,00	-	2,00	2,25	-	1,83	2,05	-	1,66	1,87	-	1,50	1,69	-	1,34	1,51	-	1,19	1,34	-	1,04	1,17
	V	40,15	-	3,21	3,61																		
	VI	41,63	-	3,33	3,74																		
152,79	I	25,03	-	2,00	2,25	-	1,66	1,87	-	1,34	1,51	-	1,04	1,17	-	0,76	0,86	-	0,49	0,56	-	0,24	0,27
	II	21,04	-	1,68	1,89	-	1,36	1,53	-	1,06	1,19	-	0,77	0,87	-	0,51	0,57	-	0,26	0,29	-	0,05	0,05
	III	13,37	-	1,06	1,20	-	0,81	0,91	-	0,56	0,63	-	0,33	0,37	-	0,13	0,14	-	-	-	-	-	-
	IV	25,03	-	2,00	2,25	-	1,83	2,06	-	1,66	1,87	-	1,50	1,69	-	1,34	1,51	-	1,19	1,34	-	1,04	1,17
	V	40,18	-	3,21	3,61																		
	VI	41,66	-	3,33	3,74																		
152,89	I	25,06	-	2,00	2,25	-	1,66	1,87	-	1,35	1,52	-	1,05	1,18	-	0,76	0,86	-	0,50	0,56	-	0,25	0,28
	II	21,06	-	1,68	1,89	-	1,36	1,53	-	1,06	1,19	-	0,78	0,87	-	0,51	0,57	-	0,26	0,29	-	0,05	0,05
	III	13,39	-	1,07	1,20	-	0,81	0,91	-	0,56	0,63	-	0,33	0,37	-	0,13	0,15	-	-	-	-	-	-
	IV	25,06	-	2,00	2,25	-	1,83	2,06	-	1,66	1,87	-	1,50	1,69	-	1,35	1,52	-	1,19	1,34	-	1,05	1,18
	V	40,22	-	3,21	3,61																		
	VI	41,70	-	3,33	3,75																		
152,99	I	25,09	-	2,00	2,25	-	1,67	1,88	-	1,35	1,52	-	1,05	1,18	-	0,76	0,86	-	0,50	0,56	-	0,25	0,28
	II	21,09	-	1,68	1,89	-	1,36	1,53	-	1,06	1,19	-	0,78	0,87	-	0,51	0,57	-	0,26	0,29	-	0,05	0,05
	III	13,41	-	1,07	1,20	-	0,81	0,91	-	0,56	0,63	-	0,33	0,37	-	0,13	0,15	-	-	-	-	-	-
	IV	25,09	-	2,00	2,25	-	1,83	2,06	-	1,67	1,88	-	1,51	1,69	-	1,35	1,52	-	1,20	1,35	-	1,05	1,18
	V	40,25	-	3,22	3,62																		
	VI	41,73	-	3,33	3,75																		

Lohn/Gehalt bis	Steuerklasse	Lohnsteuer	ohne Kinderfreibetrag			Anzahl Kinderfreibeträge (nur Steuerklassen I–IV): 0,5			1,0			1,5			2,0			2,5			3,0	
			SolZ 5,5%	Kirchensteuer 8%	Kirchensteuer 9%	SolZ 5,5%	Kirchensteuer 8%	Kirchensteuer 9%	SolZ 5,5%	Kirchensteuer 8%	Kirchensteuer 9%	SolZ 5,5%	Kirchensteuer 8%	Kirchensteuer 9%	SolZ 5,5%	Kirchensteuer 8%	Kirchensteuer 9%	SolZ 5,5%	Kirchensteuer 8%	Kirchensteuer 9%	SolZ 5,5%	Kirchensteuer 8%
153,09	I	25,11	–	2,00	2,25	–	1,67	1,88	–	1,35	1,52	–	1,05	1,18	–	0,77	0,86	–	0,50	0,56	–	0,25
	II	21,12	–	1,68	1,90	–	1,37	1,54	–	1,06	1,20	–	0,78	0,88	–	0,51	0,58	–	0,26	0,29	–	0,05
	III	13,43	–	1,07	1,20	–	0,81	0,92	–	0,57	0,64	–	0,33	0,37	–	0,13	0,15	–	–	–	–	–
	IV	25,11	–	2,00	2,25	–	1,83	2,06	–	1,67	1,88	–	1,51	1,70	–	1,35	1,52	–	1,20	1,35	–	1,05
	V	40,29	–	3,22	3,62																	
	VI	41,76	–	3,34	3,75																	
153,19	I	25,14	–	2,01	2,26	–	1,67	1,88	–	1,35	1,52	–	1,05	1,18	–	0,77	0,86	–	0,50	0,56	–	0,25
	II	21,15	–	1,69	1,90	–	1,37	1,54	–	1,07	1,20	–	0,78	0,88	–	0,51	0,58	–	0,26	0,29	–	0,05
	III	13,46	–	1,07	1,21	–	0,82	0,92	–	0,57	0,64	–	0,33	0,37	–	0,13	0,15	–	–	–	–	–
	IV	25,14	–	2,01	2,26	–	1,84	2,07	–	1,67	1,88	–	1,51	1,70	–	1,35	1,52	–	1,20	1,35	–	1,05
	V	40,32	–	3,22	3,62																	
	VI	41,80	–	3,34	3,76																	
153,29	I	25,17	–	2,01	2,26	–	1,67	1,88	–	1,35	1,52	–	1,05	1,19	–	0,77	0,87	–	0,50	0,56	–	0,25
	II	21,17	–	1,69	1,90	–	1,37	1,54	–	1,07	1,20	–	0,78	0,88	–	0,51	0,58	–	0,26	0,30	–	0,05
	III	13,48	–	1,07	1,21	–	0,82	0,92	–	0,57	0,64	–	0,33	0,37	–	0,13	0,15	–	–	–	–	–
	IV	25,17	–	2,01	2,26	–	1,84	2,07	–	1,67	1,88	–	1,51	1,70	–	1,35	1,52	–	1,20	1,35	–	1,05
	V	40,35	–	3,22	3,63																	
	VI	41,83	–	3,34	3,76																	
153,39	I	25,20	–	2,01	2,26	–	1,68	1,89	–	1,36	1,53	–	1,06	1,19	–	0,77	0,87	–	0,50	0,57	–	0,25
	II	21,20	–	1,69	1,90	–	1,37	1,54	–	1,07	1,20	–	0,78	0,88	–	0,52	0,58	–	0,26	0,30	–	0,05
	III	13,50	–	1,08	1,21	–	0,82	0,92	–	0,57	0,64	–	0,33	0,38	–	0,13	0,15	–	–	–	–	–
	IV	25,20	–	2,01	2,26	–	1,84	2,07	–	1,68	1,89	–	1,51	1,70	–	1,36	1,53	–	1,20	1,35	–	1,06
	V	40,39	–	3,23	3,63																	
	VI	41,86	–	3,34	3,76																	
153,49	I	25,23	–	2,01	2,27	–	1,68	1,89	–	1,36	1,53	–	1,06	1,19	–	0,77	0,87	–	0,50	0,57	–	0,26
	II	21,23	–	1,69	1,91	–	1,37	1,55	–	1,07	1,21	–	0,79	0,88	–	0,52	0,58	–	0,27	0,30	–	0,05
	III	13,52	–	1,08	1,21	–	0,82	0,92	–	0,57	0,64	–	0,34	0,38	–	0,14	0,15	–	–	–	–	–
	IV	25,23	–	2,01	2,27	–	1,84	2,07	–	1,68	1,89	–	1,52	1,71	–	1,36	1,53	–	1,21	1,36	–	1,06
	V	40,42	–	3,23	3,63																	
	VI	41,90	–	3,35	3,77																	
153,59	I	25,26	–	2,02	2,27	–	1,68	1,89	–	1,36	1,53	–	1,06	1,19	–	0,77	0,87	–	0,51	0,57	–	0,26
	II	21,25	–	1,70	1,91	–	1,38	1,55	–	1,07	1,21	–	0,79	0,89	–	0,52	0,58	–	0,27	0,30	–	0,05
	III	13,54	–	1,08	1,21	–	0,82	0,92	–	0,57	0,65	–	0,34	0,38	–	0,14	0,15	–	–	–	–	–
	IV	25,26	–	2,02	2,27	–	1,85	2,08	–	1,68	1,89	–	1,52	1,71	–	1,36	1,53	–	1,21	1,36	–	1,06
	V	40,46	–	3,23	3,64																	
	VI	41,93	–	3,35	3,77																	
153,69	I	25,28	–	2,02	2,27	–	1,68	1,89	–	1,36	1,53	–	1,06	1,19	–	0,78	0,87	–	0,51	0,57	–	0,26
	II	21,28	–	1,70	1,91	–	1,38	1,55	–	1,08	1,21	–	0,79	0,89	–	0,52	0,59	–	0,27	0,30	–	0,06
	III	13,56	–	1,08	1,22	–	0,82	0,93	–	0,58	0,65	–	0,34	0,38	–	0,14	0,16	–	–	–	–	–
	IV	25,28	–	2,02	2,27	–	1,85	2,08	–	1,68	1,89	–	1,52	1,71	–	1,36	1,53	–	1,21	1,36	–	1,06
	V	40,49	–	3,23	3,64																	
	VI	41,97	–	3,35	3,77																	
153,79	I	25,31	–	2,02	2,27	–	1,68	1,89	–	1,36	1,54	–	1,06	1,20	–	0,78	0,88	–	0,51	0,57	–	0,26
	II	21,31	–	1,70	1,91	–	1,38	1,55	–	1,08	1,21	–	0,79	0,89	–	0,52	0,59	–	0,27	0,31	–	0,06
	III	13,58	–	1,08	1,22	–	0,82	0,93	–	0,58	0,65	–	0,34	0,38	–	0,14	0,16	–	–	–	–	–
	IV	25,31	–	2,02	2,27	–	1,85	2,08	–	1,68	1,89	–	1,52	1,71	–	1,36	1,54	–	1,21	1,36	–	1,06
	V	40,53	–	3,24	3,64																	
	VI	42,00	–	3,36	3,78																	
153,89	I	25,34	–	2,02	2,28	–	1,69	1,90	–	1,37	1,54	–	1,06	1,20	–	0,78	0,88	–	0,51	0,58	–	0,26
	II	21,33	–	1,70	1,91	–	1,38	1,55	–	1,08	1,21	–	0,79	0,89	–	0,52	0,59	–	0,27	0,31	–	0,06
	III	13,61	–	1,08	1,22	–	0,83	0,93	–	0,58	0,65	–	0,34	0,38	–	0,14	0,16	–	–	–	–	–
	IV	25,34	–	2,02	2,28	–	1,85	2,08	–	1,69	1,90	–	1,52	1,71	–	1,37	1,54	–	1,21	1,37	–	1,06
	V	40,56	–	3,24	3,65																	
	VI	42,04	–	3,36	3,78																	
153,99	I	25,37	–	2,02	2,28	–	1,69	1,90	–	1,37	1,54	–	1,07	1,20	–	0,78	0,88	–	0,51	0,58	–	0,26
	II	21,36	–	1,70	1,92	–	1,38	1,56	–	1,08	1,22	–	0,80	0,90	–	0,53	0,59	–	0,27	0,31	–	0,06
	III	13,63	–	1,09	1,22	–	0,83	0,93	–	0,58	0,65	–	0,34	0,39	–	0,14	0,16	–	–	–	–	–
	IV	25,37	–	2,02	2,28	–	1,85	2,09	–	1,69	1,90	–	1,53	1,72	–	1,37	1,54	–	1,22	1,37	–	1,07
	V	40,60	–	3,24	3,65																	
	VI	42,07	–	3,36	3,78																	
154,09	I	25,40	–	2,03	2,28	–	1,69	1,90	–	1,37	1,54	–	1,07	1,20	–	0,78	0,88	–	0,52	0,58	–	0,26
	II	21,39	–	1,71	1,92	–	1,39	1,56	–	1,08	1,22	–	0,80	0,90	–	0,53	0,59	–	0,28	0,31	–	0,06
	III	13,65	–	1,09	1,22	–	0,83	0,93	–	0,58	0,65	–	0,34	0,39	–	0,14	0,16	–	–	–	–	–
	IV	25,40	–	2,03	2,28	–	1,86	2,09	–	1,69	1,90	–	1,53	1,72	–	1,37	1,54	–	1,22	1,37	–	1,07
	V	40,63	–	3,25	3,65																	
	VI	42,10	–	3,36	3,78																	
154,19	I	25,43	–	2,03	2,28	–	1,69	1,90	–	1,37	1,54	–	1,07	1,20	–	0,78	0,88	–	0,52	0,58	–	0,27
	II	21,41	–	1,71	1,92	–	1,39	1,56	–	1,08	1,22	–	0,80	0,90	–	0,53	0,60	–	0,28	0,31	–	0,06
	III	13,67	–	1,09	1,23	–	0,83	0,94	–	0,58	0,66	–	0,35	0,39	–	0,14	0,16	–	–	–	–	–
	IV	25,43	–	2,03	2,28	–	1,86	2,09	–	1,69	1,90	–	1,53	1,72	–	1,37	1,54	–	1,22	1,37	–	1,07
	V	40,66	–	3,25	3,65																	
	VI	42,14	–	3,37	3,79																	
154,29	I	25,45	–	2,03	2,29	–	1,69	1,91	–	1,38	1,55	–	1,07	1,21	–	0,79	0,89	–	0,52	0,58	–	0,27
	II	21,44	–	1,71	1,92	–	1,39	1,56	–	1,09	1,22	–	0,80	0,90	–	0,53	0,60	–	0,28	0,31	–	0,06
	III	13,69	–	1,09	1,23	–	0,83	0,94	–	0,58	0,66	–	0,35	0,39	–	0,14	0,16	–	–	–	–	–
	IV	25,45	–	2,03	2,29	–	1,86	2,09	–	1,69	1,91	–	1,53	1,72	–	1,38	1,55	–	1,22	1,37	–	1,07
	V	40,70	–	3,25	3,66																	
	VI	42,17	–	3,37	3,79																	
154,39	I	25,48	–	2,03	2,29	–	1,70	1,91	–	1,38	1,55	–	1,07	1,21	–	0,79	0,89	–	0,52	0,59	–	0,27
	II	21,47	–	1,71	1,93	–	1,39	1,57	–	1,09	1,22	–	0,80	0,90	–	0,53	0,60	–	0,28	0,32	–	0,06
	III	13,71	–	1,09	1,23	–	0,84	0,94	–	0,59	0,66	–	0,35	0,39	–	0,15	0,17	–	–	–	–	–
	IV	25,48	–	2,03	2,29	–	1,86	2,10	–	1,70	1,91	–	1,54	1,73	–	1,38	1,55	–	1,22	1,38	–	1,07
	V	40,73	–	3,25	3,66																	
	VI	42,21	–	3,37	3,79																	
154,49	I	25,51	–	2,04	2,29	–	1,70	1,91	–	1,38	1,55	–	1,08	1,21	–	0,79	0,89	–	0,52	0,59	–	0,27
	II	21,50	–	1,72	1,93	–	1,39	1,57	–	1,09	1,23	–	0,80	0,90	–	0,53	0,60	–	0,28	0,32	–	0,06
	III	13,73	–	1,09	1,23	–	0,84	0,94	–	0,59	0,66	–	0,35	0,39	–	0,15	0,17	–	–	–	–	–
	IV	25,51	–	2,04	2,29	–	1,87	2,10	–	1,70	1,91	–	1,54	1,73	–	1,38	1,55	–	1,23	1,38	–	1,08
	V	40,76	–	3,26	3,66																	
	VI	42,24	–	3,37	3,80																	

Allgemeine Tabelle

TAG bis 155,99 €

Lohn/ Gehalt bis	Steuerklasse	Lohn-steuer	ohne Kinderfreibetrag			Anzahl Kinderfreibeträge (nur Steuerklassen I–IV) 0,5			1,0			1,5			2,0			2,5			3,0		
			SolZ 5,5%	Kirchensteuer 8%	9%	SolZ 5,5%	Kirchensteuer 8%	9%	SolZ 5,5%	Kirchensteuer 8%	9%	SolZ 5,5%	Kirchensteuer 8%	9%	SolZ 5,5%	Kirchensteuer 8%	9%	SolZ 5,5%	Kirchensteuer 8%	9%	SolZ 5,5%	Kirchensteuer 8%	9%
154,59	I	25,54	-	2,04	2,29	-	1,70	1,91	-	1,38	1,55	-	1,08	1,21	-	0,79	0,89	-	0,52	0,59	-	0,27	0,31
	II	21,52	-	1,72	1,93	-	1,40	1,57	-	1,09	1,23	-	0,81	0,91	-	0,54	0,60	-	0,28	0,32	-	0,07	0,07
	III	13,76	-	1,10	1,23	-	0,84	0,94	-	0,59	0,66	-	0,35	0,40	-	0,15	0,17	-	-	-	-	-	-
	IV	25,54	-	2,04	2,29	-	1,87	2,10	-	1,70	1,91	-	1,54	1,73	-	1,38	1,55	-	1,23	1,38	-	1,08	1,21
	V	40,80	-	3,26	3,67																		
	VI	42,28	-	3,38	3,80																		
154,69	I	25,57	-	2,04	2,30	-	1,70	1,92	-	1,38	1,56	-	1,08	1,22	-	0,79	0,89	-	0,53	0,59	-	0,27	0,31
	II	21,55	-	1,72	1,93	-	1,40	1,57	-	1,09	1,23	-	0,81	0,91	-	0,54	0,61	-	0,29	0,32	-	0,07	0,08
	III	13,78	-	1,10	1,24	-	0,84	0,95	-	0,59	0,67	-	0,35	0,40	-	0,15	0,17	-	-	-	-	-	-
	IV	25,57	-	2,04	2,30	-	1,87	2,10	-	1,70	1,92	-	1,54	1,73	-	1,38	1,56	-	1,23	1,38	-	1,08	1,22
	V	40,83	-	3,26	3,67																		
	VI	42,31	-	3,38	3,80																		
154,79	I	25,60	-	2,04	2,30	-	1,71	1,92	-	1,38	1,56	-	1,08	1,22	-	0,80	0,90	-	0,53	0,59	-	0,28	0,31
	II	21,58	-	1,72	1,94	-	1,40	1,58	-	1,10	1,23	-	0,81	0,91	-	0,54	0,61	-	0,29	0,32	-	0,07	0,08
	III	13,80	-	1,10	1,24	-	0,84	0,95	-	0,59	0,67	-	0,35	0,40	-	0,15	0,17	-	-	-	-	-	-
	IV	25,60	-	2,04	2,30	-	1,87	2,11	-	1,71	1,92	-	1,54	1,74	-	1,38	1,56	-	1,23	1,39	-	1,08	1,22
	V	40,87	-	3,26	3,67																		
	VI	42,35	-	3,38	3,81																		
154,89	I	25,62	-	2,04	2,30	-	1,71	1,92	-	1,39	1,56	-	1,08	1,22	-	0,80	0,90	-	0,53	0,60	-	0,28	0,31
	II	21,60	-	1,72	1,94	-	1,40	1,58	-	1,10	1,24	-	0,81	0,91	-	0,54	0,61	-	0,29	0,33	-	0,07	0,08
	III	13,82	-	1,10	1,24	-	0,84	0,95	-	0,60	0,67	-	0,36	0,40	-	0,15	0,17	-	-	-	-	-	-
	IV	25,62	-	2,04	2,30	-	1,87	2,11	-	1,71	1,92	-	1,55	1,74	-	1,39	1,56	-	1,23	1,39	-	1,08	1,22
	V	40,90	-	3,27	3,68																		
	VI	42,38	-	3,39	3,81																		
154,99	I	25,65	-	2,05	2,30	-	1,71	1,92	-	1,39	1,56	-	1,09	1,22	-	0,80	0,90	-	0,53	0,60	-	0,28	0,31
	II	21,63	-	1,73	1,94	-	1,40	1,58	-	1,10	1,24	-	0,81	0,91	-	0,54	0,61	-	0,29	0,33	-	0,07	0,08
	III	13,84	-	1,10	1,24	-	0,84	0,95	-	0,60	0,67	-	0,36	0,40	-	0,15	0,17	-	-	-	-	-	-
	IV	25,65	-	2,05	2,30	-	1,88	2,11	-	1,71	1,92	-	1,55	1,74	-	1,39	1,56	-	1,24	1,39	-	1,09	1,22
	V	40,94	-	3,27	3,68																		
	VI	42,41	-	3,39	3,81																		
155,09	I	25,68	-	2,05	2,31	-	1,71	1,93	-	1,39	1,57	-	1,09	1,22	-	0,80	0,90	-	0,53	0,60	-	0,28	0,32
	II	21,66	-	1,73	1,94	-	1,41	1,58	-	1,10	1,24	-	0,82	0,92	-	0,54	0,61	-	0,29	0,33	-	0,07	0,08
	III	13,86	-	1,10	1,24	-	0,85	0,95	-	0,60	0,67	-	0,36	0,40	-	0,15	0,17	-	-	-	-	-	-
	IV	25,68	-	2,05	2,31	-	1,88	2,11	-	1,71	1,93	-	1,55	1,74	-	1,39	1,57	-	1,24	1,39	-	1,09	1,22
	V	40,97	-	3,27	3,68																		
	VI	42,45	-	3,39	3,82																		
155,19	I	25,71	-	2,05	2,31	-	1,71	1,93	-	1,39	1,57	-	1,09	1,23	-	0,80	0,90	-	0,53	0,60	-	0,28	0,32
	II	21,68	-	1,73	1,95	-	1,41	1,58	-	1,10	1,24	-	0,82	0,92	-	0,55	0,62	-	0,29	0,33	-	0,07	0,08
	III	13,88	-	1,11	1,24	-	0,85	0,95	-	0,60	0,67	-	0,36	0,41	-	0,16	0,18	-	-	-	-	-	-
	IV	25,71	-	2,05	2,31	-	1,88	2,12	-	1,71	1,93	-	1,55	1,75	-	1,39	1,57	-	1,24	1,39	-	1,09	1,23
	V	41,00	-	3,28	3,69																		
	VI	42,48	-	3,39	3,82																		
155,29	I	25,74	-	2,05	2,31	-	1,72	1,93	-	1,40	1,57	-	1,09	1,23	-	0,80	0,91	-	0,54	0,60	-	0,28	0,32
	II	21,71	-	1,73	1,95	-	1,41	1,59	-	1,11	1,24	-	0,82	0,92	-	0,55	0,62	-	0,30	0,33	-	0,07	0,08
	III	13,91	-	1,11	1,25	-	0,85	0,96	-	0,60	0,68	-	0,36	0,41	-	0,16	0,18	-	-	-	-	-	-
	IV	25,74	-	2,05	2,31	-	1,88	2,12	-	1,72	1,93	-	1,55	1,75	-	1,40	1,57	-	1,24	1,40	-	1,09	1,23
	V	41,04	-	3,28	3,69																		
	VI	42,51	-	3,40	3,82																		
155,39	I	25,76	-	2,06	2,31	-	1,72	1,93	-	1,40	1,57	-	1,09	1,23	-	0,81	0,91	-	0,54	0,61	-	0,28	0,32
	II	21,74	-	1,73	1,95	-	1,41	1,59	-	1,11	1,25	-	0,82	0,92	-	0,55	0,62	-	0,30	0,33	-	0,08	0,09
	III	13,92	-	1,11	1,25	-	0,85	0,96	-	0,60	0,68	-	0,36	0,41	-	0,16	0,18	-	-	-	-	-	-
	IV	25,76	-	2,06	2,31	-	1,89	2,12	-	1,72	1,93	-	1,56	1,75	-	1,40	1,57	-	1,24	1,40	-	1,09	1,23
	V	41,07	-	3,28	3,69																		
	VI	42,55	-	3,40	3,82																		
155,49	I	25,79	-	2,06	2,32	-	1,72	1,94	-	1,40	1,57	-	1,10	1,23	-	0,81	0,91	-	0,54	0,61	-	0,29	0,32
	II	21,76	-	1,74	1,95	-	1,41	1,59	-	1,11	1,25	-	0,82	0,93	-	0,55	0,62	-	0,30	0,34	-	0,08	0,09
	III	13,95	-	1,11	1,25	-	0,85	0,96	-	0,60	0,68	-	0,36	0,41	-	0,16	0,18	-	-	-	-	-	-
	IV	25,79	-	2,06	2,32	-	1,89	2,12	-	1,72	1,94	-	1,56	1,75	-	1,40	1,57	-	1,25	1,40	-	1,10	1,23
	V	41,11	-	3,28	3,69																		
	VI	42,58	-	3,40	3,83																		
155,59	I	25,82	-	2,06	2,32	-	1,72	1,94	-	1,40	1,58	-	1,10	1,24	-	0,81	0,91	-	0,54	0,61	-	0,29	0,32
	II	21,79	-	1,74	1,96	-	1,42	1,59	-	1,11	1,25	-	0,82	0,93	-	0,55	0,62	-	0,30	0,34	-	0,08	0,09
	III	13,97	-	1,11	1,25	-	0,86	0,96	-	0,61	0,68	-	0,37	0,41	-	0,16	0,18	-	-	-	-	-	-
	IV	25,82	-	2,06	2,32	-	1,89	2,13	-	1,72	1,94	-	1,56	1,76	-	1,40	1,58	-	1,25	1,40	-	1,10	1,24
	V	41,14	-	3,29	3,70																		
	VI	42,62	-	3,40	3,83																		
155,69	I	25,85	-	2,06	2,32	-	1,72	1,94	-	1,40	1,58	-	1,10	1,24	-	0,81	0,91	-	0,54	0,61	-	0,29	0,33
	II	21,82	-	1,74	1,96	-	1,42	1,60	-	1,11	1,25	-	0,83	0,93	-	0,56	0,63	-	0,30	0,34	-	0,08	0,09
	III	13,99	-	1,11	1,25	-	0,86	0,96	-	0,61	0,68	-	0,37	0,41	-	0,16	0,18	-	-	-	-	-	-
	IV	25,85	-	2,06	2,32	-	1,89	2,13	-	1,72	1,94	-	1,56	1,76	-	1,40	1,58	-	1,25	1,41	-	1,10	1,24
	V	41,18	-	3,29	3,70																		
	VI	42,65	-	3,41	3,83																		
155,79	I	25,88	-	2,07	2,32	-	1,73	1,94	-	1,41	1,58	-	1,10	1,24	-	0,81	0,92	-	0,54	0,61	-	0,29	0,33
	II	21,85	-	1,74	1,96	-	1,42	1,60	-	1,12	1,26	-	0,83	0,93	-	0,56	0,63	-	0,30	0,34	-	0,08	0,09
	III	14,01	-	1,12	1,26	-	0,86	0,97	-	0,61	0,69	-	0,37	0,42	-	0,16	0,18	-	-	-	-	-	-
	IV	25,88	-	2,07	2,32	-	1,89	2,13	-	1,73	1,94	-	1,56	1,76	-	1,41	1,58	-	1,25	1,41	-	1,10	1,24
	V	41,21	-	3,29	3,70																		
	VI	42,69	-	3,41	3,84																		
155,89	I	25,91	-	2,07	2,33	-	1,73	1,95	-	1,41	1,58	-	1,10	1,24	-	0,82	0,92	-	0,55	0,61	-	0,29	0,33
	II	21,87	-	1,74	1,96	-	1,42	1,60	-	1,12	1,26	-	0,83	0,93	-	0,56	0,63	-	0,30	0,34	-	0,08	0,09
	III	14,03	-	1,12	1,26	-	0,86	0,97	-	0,61	0,69	-	0,37	0,42	-	0,16	0,18	-	-	-	-	-	-
	IV	25,91	-	2,07	2,33	-	1,90	2,13	-	1,73	1,95	-	1,57	1,76	-	1,41	1,58	-	1,25	1,41	-	1,10	1,24
	V	41,24	-	3,29	3,71																		
	VI	42,72	-	3,41	3,84																		
155,99	I	25,94	-	2,07	2,33	-	1,73	1,95	-	1,41	1,59	-	1,11	1,24	-	0,82	0,92	-	0,55	0,62	-	0,29	0,33
	II	21,90	-	1,75	1,97	-	1,42	1,60	-	1,12	1,26	-	0,83	0,94	-	0,56	0,63	-	0,31	0,35	-	0,08	0,09
	III	14,06	-	1,12	1,26	-	0,86	0,97	-	0,61	0,69	-	0,37	0,42	-	0,17	0,19	-	-	-	-	-	-
	IV	25,94	-	2,07	2,33	-	1,90	2,14	-	1,73	1,95	-	1,57	1,76	-	1,41	1,59	-	1,26	1,41	-	1,11	1,24
	V	41,28	-	3,30	3,71																		
	VI	42,75	-	3,42	3,84																		

Lohn/ Gehalt bis	Steuerklasse	Lohn-steuer	ohne Kinderfreibetrag			Anzahl Kinderfreibeträge (nur Steuerklassen I–IV): 0,5			1,0			1,5			2,0			2,5			3,0	
			SolZ 5,5%	Kirchensteuer 8%	Kirchensteuer 9%	SolZ 5,5%	Kirchensteuer 8%	Kirchensteuer 9%	SolZ 5,5%	Kirchensteuer 8%	Kirchensteuer 9%	SolZ 5,5%	Kirchensteuer 8%	Kirchensteuer 9%	SolZ 5,5%	Kirchensteuer 8%	Kirchensteuer 9%	SolZ 5,5%	Kirchensteuer 8%	Kirchensteuer 9%	SolZ 5,5%	Kirchensteuer 8%
156,09	I	25,96	-	2,07	2,33	-	1,73	1,95	-	1,41	1,59	-	1,11	1,25	-	0,82	0,92	-	0,55	0,62	-	0,30
	II	21,93	-	1,75	1,97	-	1,43	1,61	-	1,12	1,26	-	0,83	0,94	-	0,56	0,63	-	0,31	0,35	-	0,08
	III	14,08	-	1,12	1,26	-	0,86	0,97	-	0,61	0,69	-	0,37	0,42	-	0,17	0,19	-	-	-	-	-
	IV	25,96	-	2,07	2,33	-	1,90	2,14	-	1,73	1,95	-	1,57	1,77	-	1,41	1,59	-	1,26	1,42	-	1,11
	V	41,31	-	3,30	3,71																	
	VI	42,79	-	3,42	3,85																	
156,19	I	25,99	-	2,07	2,33	-	1,74	1,95	-	1,41	1,59	-	1,11	1,25	-	0,82	0,92	-	0,55	0,62	-	0,30
	II	21,95	-	1,75	1,97	-	1,43	1,61	-	1,12	1,26	-	0,84	0,94	-	0,56	0,63	-	0,31	0,35	-	0,08
	III	14,10	-	1,12	1,26	-	0,86	0,97	-	0,62	0,69	-	0,38	0,42	-	0,17	0,19	-	-	-	-	-
	IV	25,99	-	2,07	2,33	-	1,90	2,14	-	1,74	1,95	-	1,57	1,77	-	1,41	1,59	-	1,26	1,42	-	1,11
	V	41,35	-	3,30	3,72																	
	VI	42,82	-	3,42	3,85																	
156,29	I	26,02	-	2,08	2,34	-	1,74	1,96	-	1,42	1,59	-	1,11	1,25	-	0,82	0,93	-	0,55	0,62	-	0,30
	II	21,98	-	1,75	1,97	-	1,43	1,61	-	1,13	1,27	-	0,84	0,94	-	0,57	0,64	-	0,31	0,35	-	0,09
	III	14,12	-	1,12	1,27	-	0,87	0,98	-	0,62	0,69	-	0,38	0,42	-	0,17	0,19	-	-	0,01	-	-
	IV	26,02	-	2,08	2,34	-	1,91	2,14	-	1,74	1,96	-	1,57	1,77	-	1,42	1,59	-	1,26	1,42	-	1,11
	V	41,38	-	3,31	3,72																	
	VI	42,86	-	3,42	3,85																	
156,39	I	26,05	-	2,08	2,34	-	1,74	1,96	-	1,42	1,60	-	1,11	1,25	-	0,82	0,93	-	0,55	0,62	-	0,30
	II	22,01	-	1,76	1,98	-	1,43	1,61	-	1,13	1,27	-	0,84	0,94	-	0,57	0,64	-	0,31	0,35	-	0,09
	III	14,14	-	1,13	1,27	-	0,87	0,98	-	0,62	0,70	-	0,38	0,43	-	0,17	0,19	-	0,01	0,01	-	-
	IV	26,05	-	2,08	2,34	-	1,91	2,15	-	1,74	1,96	-	1,58	1,77	-	1,42	1,60	-	1,26	1,42	-	1,11
	V	41,41	-	3,31	3,72																	
	VI	42,89	-	3,43	3,86																	
156,49	I	26,08	-	2,08	2,34	-	1,74	1,96	-	1,42	1,60	-	1,12	1,26	-	0,83	0,93	-	0,56	0,63	-	0,30
	II	22,04	-	1,76	1,98	-	1,44	1,62	-	1,13	1,27	-	0,84	0,95	-	0,57	0,64	-	0,31	0,35	-	0,09
	III	14,16	-	1,13	1,27	-	0,87	0,98	-	0,62	0,70	-	0,38	0,43	-	0,17	0,19	-	0,01	0,01	-	-
	IV	26,08	-	2,08	2,34	-	1,91	2,15	-	1,74	1,96	-	1,58	1,78	-	1,42	1,60	-	1,27	1,42	-	1,12
	V	41,45	-	3,31	3,73																	
	VI	42,93	-	3,43	3,86																	
156,59	I	26,11	-	2,08	2,34	-	1,74	1,96	-	1,42	1,60	-	1,12	1,26	-	0,83	0,93	-	0,56	0,63	-	0,30
	II	22,06	-	1,76	1,98	-	1,44	1,62	-	1,13	1,27	-	0,84	0,95	-	0,57	0,64	-	0,32	0,36	-	0,09
	III	14,18	-	1,13	1,27	-	0,87	0,98	-	0,62	0,70	-	0,38	0,43	-	0,17	0,19	-	0,01	0,01	-	-
	IV	26,11	-	2,08	2,34	-	1,91	2,15	-	1,74	1,96	-	1,58	1,78	-	1,42	1,60	-	1,27	1,43	-	1,12
	V	41,48	-	3,31	3,73																	
	VI	42,96	-	3,43	3,86																	
156,69	I	26,13	-	2,09	2,35	-	1,75	1,97	-	1,42	1,60	-	1,12	1,26	-	0,83	0,93	-	0,56	0,63	-	0,31
	II	22,09	-	1,76	1,98	-	1,44	1,62	-	1,13	1,27	-	0,84	0,95	-	0,57	0,64	-	0,32	0,36	-	0,09
	III	14,21	-	1,13	1,27	-	0,87	0,98	-	0,62	0,70	-	0,38	0,43	-	0,17	0,20	-	0,01	0,01	-	-
	IV	26,13	-	2,09	2,35	-	1,91	2,15	-	1,75	1,97	-	1,58	1,78	-	1,42	1,60	-	1,27	1,43	-	1,12
	V	41,52	-	3,32	3,73																	
	VI	43,00	-	3,44	3,87																	
156,79	I	26,16	-	2,09	2,35	-	1,75	1,97	-	1,43	1,61	-	1,12	1,26	-	0,83	0,94	-	0,56	0,63	-	0,31
	II	22,12	-	1,76	1,99	-	1,44	1,62	-	1,14	1,28	-	0,85	0,95	-	0,57	0,65	-	0,32	0,36	-	0,09
	III	14,23	-	1,13	1,28	-	0,88	0,99	-	0,62	0,70	-	0,38	0,43	-	0,18	0,20	-	0,01	0,01	-	-
	IV	26,16	-	2,09	2,35	-	1,92	2,16	-	1,75	1,97	-	1,59	1,78	-	1,43	1,61	-	1,27	1,43	-	1,12
	V	41,55	-	3,32	3,73																	
	VI	43,03	-	3,44	3,87																	
156,89	I	26,19	-	2,09	2,35	-	1,75	1,97	-	1,43	1,61	-	1,12	1,26	-	0,83	0,94	-	0,56	0,63	-	0,31
	II	22,15	-	1,77	1,99	-	1,44	1,62	-	1,14	1,28	-	0,85	0,95	-	0,58	0,65	-	0,32	0,36	-	0,09
	III	14,25	-	1,14	1,28	-	0,88	0,99	-	0,63	0,71	-	0,39	0,43	-	0,18	0,20	-	0,01	0,01	-	-
	IV	26,19	-	2,09	2,35	-	1,92	2,16	-	1,75	1,97	-	1,59	1,79	-	1,43	1,61	-	1,27	1,43	-	1,12
	V	41,58	-	3,32	3,74																	
	VI	43,06	-	3,44	3,87																	
156,99	I	26,22	-	2,09	2,35	-	1,75	1,97	-	1,43	1,61	-	1,12	1,27	-	0,84	0,94	-	0,56	0,64	-	0,31
	II	22,17	-	1,77	1,99	-	1,45	1,63	-	1,14	1,28	-	0,85	0,96	-	0,58	0,65	-	0,32	0,36	-	0,09
	III	14,27	-	1,14	1,28	-	0,88	0,99	-	0,63	0,71	-	0,39	0,44	-	0,18	0,20	-	0,01	0,01	-	-
	IV	26,22	-	2,09	2,35	-	1,92	2,16	-	1,75	1,97	-	1,59	1,79	-	1,43	1,61	-	1,28	1,44	-	1,12
	V	41,62	-	3,32	3,74																	
	VI	43,10	-	3,44	3,87																	
157,09	I	26,25	-	2,10	2,36	-	1,76	1,98	-	1,43	1,61	-	1,13	1,27	-	0,84	0,94	-	0,57	0,64	-	0,31
	II	22,20	-	1,77	1,99	-	1,45	1,63	-	1,14	1,28	-	0,85	0,96	-	0,58	0,65	-	0,32	0,36	-	0,10
	III	14,29	-	1,14	1,28	-	0,88	0,99	-	0,63	0,71	-	0,39	0,44	-	0,18	0,20	-	0,01	0,01	-	-
	IV	26,25	-	2,10	2,36	-	1,92	2,16	-	1,76	1,98	-	1,59	1,79	-	1,43	1,61	-	1,28	1,44	-	1,13
	V	41,65	-	3,33	3,74																	
	VI	43,13	-	3,45	3,88																	
157,19	I	26,28	-	2,10	2,36	-	1,76	1,98	-	1,43	1,61	-	1,13	1,27	-	0,84	0,95	-	0,57	0,64	-	0,31
	II	22,23	-	1,77	2,00	-	1,45	1,63	-	1,14	1,29	-	0,85	0,96	-	0,58	0,65	-	0,33	0,37	-	0,10
	III	14,31	-	1,14	1,28	-	0,88	0,99	-	0,63	0,71	-	0,39	0,44	-	0,18	0,20	-	0,01	0,02	-	-
	IV	26,28	-	2,10	2,36	-	1,93	2,17	-	1,76	1,98	-	1,59	1,79	-	1,43	1,61	-	1,28	1,44	-	1,13
	V	41,69	-	3,33	3,75																	
	VI	43,16	-	3,45	3,88																	
157,29	I	26,31	-	2,10	2,36	-	1,76	1,98	-	1,44	1,62	-	1,13	1,27	-	0,84	0,95	-	0,57	0,64	-	0,32
	II	22,25	-	1,78	2,00	-	1,45	1,63	-	1,14	1,29	-	0,86	0,96	-	0,58	0,66	-	0,33	0,37	-	0,10
	III	14,33	-	1,14	1,28	-	0,88	0,99	-	0,63	0,71	-	0,39	0,44	-	0,18	0,20	-	0,01	0,02	-	-
	IV	26,31	-	2,10	2,36	-	1,93	2,17	-	1,76	1,98	-	1,60	1,80	-	1,44	1,62	-	1,28	1,44	-	1,13
	V	41,72	-	3,33	3,75																	
	VI	43,20	-	3,45	3,88																	
157,39	I	26,33	-	2,10	2,36	-	1,76	1,98	-	1,44	1,62	-	1,13	1,27	-	0,84	0,95	-	0,57	0,64	-	0,32
	II	22,28	-	1,78	2,00	-	1,45	1,64	-	1,15	1,29	-	0,86	0,96	-	0,58	0,66	-	0,33	0,37	-	0,10
	III	14,36	-	1,14	1,29	-	0,88	1,00	-	0,64	0,72	-	0,39	0,44	-	0,18	0,21	-	0,02	0,02	-	-
	IV	26,33	-	2,10	2,36	-	1,93	2,17	-	1,76	1,98	-	1,60	1,80	-	1,44	1,62	-	1,28	1,44	-	1,13
	V	41,76	-	3,34	3,75																	
	VI	43,23	-	3,45	3,89																	
157,49	I	26,36	-	2,10	2,37	-	1,76	1,98	-	1,44	1,62	-	1,13	1,28	-	0,85	0,95	-	0,57	0,65	-	0,32
	II	22,31	-	1,78	2,00	-	1,46	1,64	-	1,15	1,29	-	0,86	0,97	-	0,59	0,66	-	0,33	0,37	-	0,10
	III	14,38	-	1,15	1,29	-	0,89	1,00	-	0,64	0,72	-	0,40	0,45	-	0,18	0,21	-	0,02	0,02	-	-
	IV	26,36	-	2,10	2,37	-	1,93	2,17	-	1,76	1,98	-	1,60	1,80	-	1,44	1,62	-	1,29	1,45	-	1,13
	V	41,79	-	3,34	3,76																	
	VI	43,27	-	3,46	3,89																	

Allgemeine Tabelle

TAG bis 158,99 €

Lohn/ Gehalt bis	Steuerklasse	Lohn-steuer	ohne Kinderfreibetrag			Anzahl Kinderfreibeträge (nur Steuerklassen I–IV) 0,5			1,0			1,5			2,0			2,5			3,0		
			SolZ 5,5%	Kirchensteuer 8%	9%	SolZ 5,5%	Kirchensteuer 8%	9%	SolZ 5,5%	Kirchensteuer 8%	9%	SolZ 5,5%	Kirchensteuer 8%	9%	SolZ 5,5%	Kirchensteuer 8%	9%	SolZ 5,5%	Kirchensteuer 8%	9%	SolZ 5,5%	Kirchensteuer 8%	9%
157,59	I	26,39	-	2,11	2,37	-	1,77	1,99	-	1,44	1,62	-	1,14	1,28	-	0,85	0,95	-	0,58	0,65	-	0,32	0,36
	II	22,33	-	1,78	2,00	-	1,46	1,64	-	1,15	1,29	-	0,86	0,97	-	0,59	0,66	-	0,33	0,37	-	0,10	0,12
	III	14,40	-	1,15	1,29	-	0,89	1,00	-	0,64	0,72	-	0,40	0,45	-	0,18	0,21	-	0,02	0,02	-	-	-
	IV	26,39	-	2,11	2,37	-	1,93	2,18	-	1,77	1,99	-	1,60	1,80	-	1,44	1,62	-	1,29	1,45	-	1,14	1,28
	V	41,82	-	3,34	3,76																		
	VI	43,30	-	3,46	3,89																		
157,69	I	26,42	-	2,11	2,37	-	1,77	1,99	-	1,44	1,63	-	1,14	1,28	-	0,85	0,96	-	0,58	0,65	-	0,32	0,36
	II	22,36	-	1,78	2,01	-	1,46	1,64	-	1,15	1,30	-	0,86	0,97	-	0,59	0,66	-	0,33	0,38	-	0,10	0,12
	III	14,42	-	1,15	1,29	-	0,89	1,00	-	0,64	0,72	-	0,40	0,45	-	0,19	0,21	-	0,02	0,02	-	-	-
	IV	26,42	-	2,11	2,37	-	1,94	2,18	-	1,77	1,99	-	1,60	1,80	-	1,44	1,63	-	1,29	1,45	-	1,14	1,28
	V	41,86	-	3,34	3,76																		
	VI	43,34	-	3,46	3,90																		
157,79	I	26,45	-	2,11	2,38	-	1,77	1,99	-	1,45	1,63	-	1,14	1,28	-	0,85	0,96	-	0,58	0,65	-	0,32	0,36
	II	22,39	-	1,79	2,01	-	1,46	1,64	-	1,15	1,30	-	0,86	0,97	-	0,59	0,67	-	0,34	0,38	-	0,10	0,12
	III	14,44	-	1,15	1,29	-	0,89	1,00	-	0,64	0,72	-	0,40	0,45	-	0,19	0,21	-	0,02	0,02	-	-	-
	IV	26,45	-	2,11	2,38	-	1,94	2,18	-	1,77	1,99	-	1,61	1,81	-	1,45	1,63	-	1,29	1,45	-	1,14	1,28
	V	41,89	-	3,35	3,77																		
	VI	43,37	-	3,46	3,90																		
157,89	I	26,48	-	2,11	2,38	-	1,77	1,99	-	1,45	1,63	-	1,14	1,29	-	0,85	0,96	-	0,58	0,65	-	0,32	0,37
	II	22,42	-	1,79	2,01	-	1,46	1,65	-	1,16	1,30	-	0,87	0,98	-	0,59	0,67	-	0,34	0,38	-	0,11	0,12
	III	14,46	-	1,15	1,30	-	0,89	1,00	-	0,64	0,72	-	0,40	0,45	-	0,19	0,21	-	0,02	0,02	-	-	-
	IV	26,48	-	2,11	2,38	-	1,94	2,18	-	1,77	1,99	-	1,61	1,81	-	1,45	1,63	-	1,29	1,46	-	1,14	1,29
	V	41,93	-	3,35	3,77																		
	VI	43,40	-	3,47	3,90																		
157,99	I	26,51	-	2,12	2,38	-	1,77	2,00	-	1,45	1,63	-	1,14	1,29	-	0,85	0,96	-	0,58	0,66	-	0,33	0,37
	II	22,45	-	1,79	2,02	-	1,47	1,65	-	1,16	1,30	-	0,87	0,98	-	0,60	0,67	-	0,34	0,38	-	0,11	0,12
	III	14,48	-	1,15	1,30	-	0,90	1,01	-	0,64	0,73	-	0,40	0,45	-	0,19	0,21	-	0,02	0,02	-	-	-
	IV	26,51	-	2,12	2,38	-	1,94	2,19	-	1,77	2,00	-	1,61	1,81	-	1,45	1,63	-	1,30	1,46	-	1,14	1,29
	V	41,96	-	3,35	3,77																		
	VI	43,44	-	3,47	3,90																		
158,09	I	26,53	-	2,12	2,38	-	1,78	2,00	-	1,45	1,63	-	1,15	1,29	-	0,86	0,96	-	0,58	0,66	-	0,33	0,37
	II	22,47	-	1,79	2,02	-	1,47	1,65	-	1,16	1,31	-	0,87	0,98	-	0,60	0,67	-	0,34	0,38	-	0,11	0,12
	III	14,51	-	1,16	1,30	-	0,90	1,01	-	0,65	0,73	-	0,40	0,45	-	0,19	0,22	-	0,02	0,02	-	-	-
	IV	26,53	-	2,12	2,38	-	1,95	2,19	-	1,78	2,00	-	1,61	1,81	-	1,45	1,63	-	1,30	1,46	-	1,15	1,29
	V	42,00	-	3,36	3,78																		
	VI	43,47	-	3,47	3,91																		
158,19	I	26,56	-	2,12	2,39	-	1,78	2,00	-	1,46	1,64	-	1,15	1,29	-	0,86	0,97	-	0,59	0,66	-	0,33	0,37
	II	22,50	-	1,80	2,02	-	1,47	1,65	-	1,16	1,31	-	0,87	0,98	-	0,60	0,67	-	0,34	0,38	-	0,11	0,12
	III	14,53	-	1,16	1,30	-	0,90	1,01	-	0,65	0,73	-	0,41	0,46	-	0,19	0,22	-	0,02	0,03	-	-	-
	IV	26,56	-	2,12	2,39	-	1,95	2,19	-	1,78	2,00	-	1,62	1,82	-	1,46	1,64	-	1,30	1,46	-	1,15	1,29
	V	42,03	-	3,36	3,78																		
	VI	43,51	-	3,48	3,91																		
158,29	I	26,59	-	2,12	2,39	-	1,78	2,00	-	1,46	1,64	-	1,15	1,29	-	0,86	0,97	-	0,59	0,66	-	0,33	0,37
	II	22,53	-	1,80	2,02	-	1,47	1,66	-	1,16	1,31	-	0,87	0,98	-	0,60	0,68	-	0,34	0,39	-	0,11	0,13
	III	14,55	-	1,16	1,30	-	0,90	1,01	-	0,65	0,73	-	0,41	0,46	-	0,19	0,22	-	0,02	0,03	-	-	-
	IV	26,59	-	2,12	2,39	-	1,95	2,19	-	1,78	2,00	-	1,62	1,82	-	1,46	1,64	-	1,30	1,46	-	1,15	1,29
	V	42,06	-	3,36	3,78																		
	VI	43,54	-	3,48	3,91																		
158,39	I	26,62	-	2,12	2,39	-	1,78	2,01	-	1,46	1,64	-	1,15	1,30	-	0,86	0,97	-	0,59	0,66	-	0,33	0,38
	II	22,55	-	1,80	2,02	-	1,47	1,66	-	1,17	1,31	-	0,88	0,99	-	0,60	0,68	-	0,35	0,39	-	0,11	0,13
	III	14,57	-	1,16	1,31	-	0,90	1,01	-	0,65	0,73	-	0,41	0,46	-	0,20	0,22	-	0,02	0,03	-	-	-
	IV	26,62	-	2,12	2,39	-	1,95	2,20	-	1,78	2,01	-	1,62	1,82	-	1,46	1,64	-	1,30	1,47	-	1,15	1,30
	V	42,10	-	3,36	3,78																		
	VI	43,58	-	3,48	3,92																		
158,49	I	26,65	-	2,13	2,39	-	1,79	2,01	-	1,46	1,64	-	1,15	1,30	-	0,86	0,97	-	0,59	0,66	-	0,34	0,38
	II	22,58	-	1,80	2,03	-	1,48	1,66	-	1,17	1,31	-	0,88	0,99	-	0,60	0,68	-	0,35	0,39	-	0,11	0,13
	III	14,59	-	1,16	1,31	-	0,90	1,02	-	0,65	0,73	-	0,41	0,46	-	0,20	0,22	-	0,03	0,03	-	-	-
	IV	26,65	-	2,13	2,39	-	1,95	2,20	-	1,79	2,01	-	1,62	1,82	-	1,46	1,64	-	1,31	1,47	-	1,15	1,30
	V	42,13	-	3,37	3,79																		
	VI	43,61	-	3,48	3,92																		
158,59	I	26,68	-	2,13	2,40	-	1,79	2,01	-	1,46	1,65	-	1,16	1,30	-	0,87	0,97	-	0,59	0,67	-	0,34	0,38
	II	22,61	-	1,80	2,03	-	1,48	1,66	-	1,17	1,32	-	0,88	0,99	-	0,61	0,68	-	0,35	0,39	-	0,12	0,13
	III	14,61	-	1,16	1,31	-	0,90	1,02	-	0,65	0,74	-	0,41	0,46	-	0,20	0,22	-	0,03	0,03	-	-	-
	IV	26,68	-	2,13	2,40	-	1,96	2,20	-	1,79	2,01	-	1,62	1,83	-	1,46	1,65	-	1,31	1,47	-	1,16	1,30
	V	42,16	-	3,37	3,79																		
	VI	43,64	-	3,49	3,92																		
158,69	I	26,71	-	2,13	2,40	-	1,79	2,01	-	1,47	1,65	-	1,16	1,30	-	0,87	0,98	-	0,59	0,67	-	0,34	0,38
	II	22,63	-	1,81	2,03	-	1,48	1,67	-	1,17	1,32	-	0,88	0,99	-	0,61	0,68	-	0,35	0,39	-	0,12	0,13
	III	14,63	-	1,17	1,31	-	0,91	1,02	-	0,66	0,74	-	0,41	0,47	-	0,20	0,22	-	0,03	0,03	-	-	-
	IV	26,71	-	2,13	2,40	-	1,96	2,20	-	1,79	2,01	-	1,63	1,83	-	1,47	1,65	-	1,31	1,47	-	1,16	1,30
	V	42,20	-	3,37	3,79																		
	VI	43,68	-	3,49	3,93																		
158,79	I	26,73	-	2,13	2,40	-	1,79	2,02	-	1,47	1,65	-	1,16	1,31	-	0,87	0,98	-	0,60	0,67	-	0,34	0,38
	II	22,66	-	1,81	2,03	-	1,48	1,67	-	1,17	1,32	-	0,88	0,99	-	0,61	0,69	-	0,35	0,40	-	0,12	0,13
	III	14,66	-	1,17	1,31	-	0,91	1,02	-	0,66	0,74	-	0,42	0,47	-	0,20	0,23	-	0,03	0,03	-	-	-
	IV	26,73	-	2,13	2,40	-	1,96	2,21	-	1,79	2,02	-	1,63	1,83	-	1,47	1,65	-	1,31	1,48	-	1,16	1,31
	V	42,23	-	3,37	3,80																		
	VI	43,71	-	3,49	3,93																		
158,89	I	26,76	-	2,14	2,40	-	1,79	2,02	-	1,47	1,65	-	1,16	1,31	-	0,87	0,98	-	0,60	0,67	-	0,34	0,38
	II	22,69	-	1,81	2,04	-	1,48	1,67	-	1,18	1,32	-	0,88	1,00	-	0,61	0,69	-	0,35	0,40	-	0,12	0,13
	III	14,68	-	1,17	1,32	-	0,91	1,02	-	0,66	0,74	-	0,42	0,47	-	0,20	0,23	-	0,03	0,03	-	-	-
	IV	26,76	-	2,14	2,40	-	1,96	2,21	-	1,79	2,02	-	1,63	1,83	-	1,47	1,65	-	1,31	1,48	-	1,16	1,31
	V	42,27	-	3,38	3,80																		
	VI	43,75	-	3,50	3,93																		
158,99	I	26,79	-	2,14	2,41	-	1,80	2,02	-	1,47	1,66	-	1,16	1,31	-	0,87	0,98	-	0,60	0,67	-	0,34	0,39
	II	22,72	-	1,81	2,04	-	1,49	1,67	-	1,18	1,33	-	0,89	1,00	-	0,61	0,69	-	0,36	0,40	-	0,12	0,14
	III	14,70	-	1,17	1,32	-	0,91	1,03	-	0,66	0,74	-	0,42	0,47	-	0,20	0,23	-	0,03	0,04	-	-	-
	IV	26,79	-	2,14	2,41	-	1,97	2,21	-	1,80	2,02	-	1,63	1,84	-	1,47	1,66	-	1,32	1,48	-	1,16	1,31
	V	42,30	-	3,38	3,80																		
	VI	43,78	-	3,50	3,94																		

Lohn/ Gehalt bis	Steuerklasse	Lohn-steuer	ohne Kinderfreibetrag SolZ 5,5%	ohne Kinderfreibetrag Kirchensteuer 8%	ohne Kinderfreibetrag Kirchensteuer 9%	0,5 SolZ 5,5%	0,5 Kirchensteuer 8%	0,5 Kirchensteuer 9%	1,0 SolZ 5,5%	1,0 Kirchensteuer 8%	1,0 Kirchensteuer 9%	1,5 SolZ 5,5%	1,5 Kirchensteuer 8%	1,5 Kirchensteuer 9%	2,0 SolZ 5,5%	2,0 Kirchensteuer 8%	2,0 Kirchensteuer 9%	2,5 SolZ 5,5%	2,5 Kirchensteuer 8%	2,5 Kirchensteuer 9%	3,0 SolZ 5,5%	3,0 Kirchensteuer 8%	3,0 Kirchensteuer 9%
						Anzahl Kinderfreibeträge (nur Steuerklassen I–IV)																	
159,09	I	26,82	-	2,14	2,41	-	1,80	2,02	-	1,47	1,66	-	1,17	1,31	-	0,88	0,99	-	0,60	0,68	-	0,34	[illegible]
	II	22,75	-	1,82	2,04	-	1,49	1,68	-	1,18	1,33	-	0,89	1,00	-	0,61	0,69	-	0,36	0,40	-	0,12	[illegible]
	III	14,72	-	1,17	1,32	-	0,91	1,03	-	0,66	0,74	-	0,42	0,47	-	0,20	0,23	-	0,03	0,04	-	-	
	IV	26,82	-	2,14	2,41	-	1,97	2,21	-	1,80	2,02	-	1,63	1,84	-	1,47	1,66	-	1,32	1,48	-	1,17	[illegible]
	V	42,34	-	3,38	3,81																		
	VI	43,81	-	3,50	3,94																		
159,19	I	26,85	-	2,14	2,41	-	1,80	2,03	-	1,48	1,66	-	1,17	1,31	-	0,88	0,99	-	0,60	0,68	-	0,35	[illegible]
	II	22,77	-	1,82	2,04	-	1,49	1,68	-	1,18	1,33	-	0,89	1,00	-	0,62	0,69	-	0,36	0,40	-	0,12	[illegible]
	III	14,75	-	1,18	1,32	-	0,92	1,03	-	0,66	0,75	-	0,42	0,47	-	0,20	0,23	-	0,03	0,04	-	-	
	IV	26,85	-	2,14	2,41	-	1,97	2,22	-	1,80	2,03	-	1,64	1,84	-	1,48	1,66	-	1,32	1,48	-	1,17	[illegible]
	V	42,37	-	3,38	3,81																		
	VI	43,85	-	3,50	3,94																		
159,29	I	26,88	-	2,15	2,41	-	1,80	2,03	-	1,48	1,66	-	1,17	1,32	-	0,88	0,99	-	0,60	0,68	-	0,35	[illegible]
	II	22,80	-	1,82	2,05	-	1,49	1,68	-	1,18	1,33	-	0,89	1,00	-	0,62	0,70	-	0,36	0,41	-	0,12	[illegible]
	III	14,76	-	1,18	1,32	-	0,92	1,03	-	0,67	0,75	-	0,42	0,48	-	0,21	0,23	-	0,03	0,04	-	-	
	IV	26,88	-	2,15	2,41	-	1,97	2,22	-	1,80	2,03	-	1,64	1,84	-	1,48	1,66	-	1,32	1,49	-	1,17	[illegible]
	V	42,40	-	3,39	3,81																		
	VI	43,88	-	3,51	3,94																		
159,39	I	26,91	-	2,15	2,42	-	1,81	2,03	-	1,48	1,67	-	1,17	1,32	-	0,88	0,99	-	0,61	0,68	-	0,35	[illegible]
	II	22,83	-	1,82	2,05	-	1,50	1,68	-	1,19	1,33	-	0,89	1,01	-	0,62	0,70	-	0,36	0,41	-	0,13	[illegible]
	III	14,78	-	1,18	1,33	-	0,92	1,03	-	0,67	0,75	-	0,42	0,48	-	0,21	0,23	-	0,03	0,04	-	-	
	IV	26,91	-	2,15	2,42	-	1,97	2,22	-	1,81	2,03	-	1,64	1,85	-	1,48	1,67	-	1,32	1,49	-	1,17	[illegible]
	V	42,44	-	3,39	3,81																		
	VI	43,92	-	3,51	3,95																		
159,49	I	26,94	-	2,15	2,42	-	1,81	2,03	-	1,48	1,67	-	1,17	1,32	-	0,88	0,99	-	0,61	0,68	-	0,35	[illegible]
	II	22,85	-	1,82	2,05	-	1,50	1,68	-	1,19	1,34	-	0,90	1,01	-	0,62	0,70	-	0,36	0,41	-	0,13	[illegible]
	III	14,81	-	1,18	1,33	-	0,92	1,04	-	0,67	0,75	-	0,43	0,48	-	0,21	0,24	-	0,04	0,04	-	-	
	IV	26,94	-	2,15	2,42	-	1,98	2,22	-	1,81	2,03	-	1,64	1,85	-	1,48	1,67	-	1,33	1,49	-	1,17	[illegible]
	V	42,47	-	3,39	3,82																		
	VI	43,95	-	3,51	3,95																		
159,59	I	26,96	-	2,15	2,42	-	1,81	2,04	-	1,48	1,67	-	1,18	1,32	-	0,88	0,99	-	0,61	0,69	-	0,35	[illegible]
	II	22,88	-	1,83	2,05	-	1,50	1,69	-	1,19	1,34	-	0,90	1,01	-	0,62	0,70	-	0,36	0,41	-	0,13	[illegible]
	III	14,83	-	1,18	1,33	-	0,92	1,04	-	0,67	0,75	-	0,43	0,48	-	0,21	0,24	-	0,04	0,04	-	-	
	IV	26,96	-	2,15	2,42	-	1,98	2,23	-	1,81	2,04	-	1,64	1,85	-	1,48	1,67	-	1,33	1,49	-	1,18	[illegible]
	V	42,51	-	3,40	3,82																		
	VI	43,98	-	3,51	3,95																		
159,69	I	27,00	-	2,16	2,43	-	1,81	2,04	-	1,49	1,67	-	1,18	1,33	-	0,89	1,00	-	0,61	0,69	-	0,35	[illegible]
	II	22,91	-	1,83	2,06	-	1,50	1,69	-	1,19	1,34	-	0,90	1,01	-	0,62	0,70	-	0,37	0,41	-	0,13	[illegible]
	III	14,85	-	1,18	1,33	-	0,92	1,04	-	0,67	0,76	-	0,43	0,48	-	0,21	0,24	-	0,04	0,04	-	-	
	IV	27,00	-	2,16	2,43	-	1,98	2,23	-	1,81	2,04	-	1,65	1,85	-	1,49	1,67	-	1,33	1,50	-	1,18	[illegible]
	V	42,54	-	3,40	3,82																		
	VI	44,02	-	3,52	3,96																		
159,79	I	27,02	-	2,16	2,43	-	1,81	2,04	-	1,49	1,67	-	1,18	1,33	-	0,89	1,00	-	0,61	0,69	-	0,36	[illegible]
	II	22,94	-	1,83	2,06	-	1,50	1,69	-	1,19	1,34	-	0,90	1,01	-	0,63	0,71	-	0,37	0,41	-	0,13	[illegible]
	III	14,87	-	1,18	1,33	-	0,92	1,04	-	0,67	0,76	-	0,43	0,48	-	0,21	0,24	-	0,04	0,04	-	-	
	IV	27,02	-	2,16	2,43	-	1,98	2,23	-	1,81	2,04	-	1,65	1,86	-	1,49	1,67	-	1,33	1,50	-	1,18	[illegible]
	V	42,58	-	3,40	3,83																		
	VI	44,05	-	3,52	3,96																		
159,89	I	27,05	-	2,16	2,43	-	1,82	2,04	-	1,49	1,68	-	1,18	1,33	-	0,89	1,00	-	0,62	0,69	-	0,36	[illegible]
	II	22,96	-	1,83	2,06	-	1,51	1,69	-	1,20	1,35	-	0,90	1,02	-	0,63	0,71	-	0,37	0,42	-	0,13	[illegible]
	III	14,90	-	1,19	1,34	-	0,93	1,04	-	0,68	0,76	-	0,43	0,49	-	0,21	0,24	-	0,04	0,05	-	-	
	IV	27,05	-	2,16	2,43	-	1,99	2,23	-	1,82	2,04	-	1,65	1,86	-	1,49	1,68	-	1,33	1,50	-	1,18	[illegible]
	V	42,61	-	3,40	3,83																		
	VI	44,09	-	3,52	3,96																		
159,99	I	27,08	-	2,16	2,43	-	1,82	2,05	-	1,49	1,68	-	1,18	1,33	-	0,89	1,00	-	0,62	0,69	-	0,36	[illegible]
	II	22,99	-	1,83	2,06	-	1,51	1,70	-	1,20	1,35	-	0,90	1,02	-	0,63	0,71	-	0,37	0,42	-	0,13	[illegible]
	III	14,92	-	1,19	1,34	-	0,93	1,04	-	0,68	0,76	-	0,43	0,49	-	0,22	0,24	-	0,04	0,05	-	-	
	IV	27,08	-	2,16	2,43	-	1,99	2,24	-	1,82	2,05	-	1,65	1,86	-	1,49	1,68	-	1,34	1,50	-	1,18	[illegible]
	V	42,65	-	3,41	3,83																		
	VI	44,12	-	3,52	3,97																		
160,09	I	27,11	-	2,16	2,43	-	1,82	2,05	-	1,49	1,68	-	1,19	1,33	-	0,89	1,01	-	0,62	0,70	-	0,36	[illegible]
	II	23,02	-	1,84	2,07	-	1,51	1,70	-	1,20	1,35	-	0,91	1,02	-	0,63	0,71	-	0,37	0,42	-	0,14	[illegible]
	III	14,94	-	1,19	1,34	-	0,93	1,05	-	0,68	0,76	-	0,44	0,49	-	0,22	0,24	-	0,04	0,05	-	-	
	IV	27,11	-	2,16	2,43	-	1,99	2,24	-	1,82	2,05	-	1,66	1,86	-	1,49	1,68	-	1,34	1,51	-	1,19	[illegible]
	V	42,68	-	3,41	3,84																		
	VI	44,16	-	3,53	3,97																		
160,19	I	27,14	-	2,17	2,44	-	1,82	2,05	-	1,50	1,68	-	1,19	1,34	-	0,90	1,01	-	0,62	0,70	-	0,36	[illegible]
	II	23,05	-	1,84	2,07	-	1,51	1,70	-	1,20	1,35	-	0,91	1,02	-	0,63	0,71	-	0,37	0,42	-	0,14	[illegible]
	III	14,96	-	1,19	1,34	-	0,93	1,05	-	0,68	0,77	-	0,44	0,49	-	0,22	0,25	-	0,04	0,05	-	-	
	IV	27,14	-	2,17	2,44	-	1,99	2,24	-	1,82	2,05	-	1,66	1,87	-	1,50	1,68	-	1,34	1,51	-	1,19	[illegible]
	V	42,71	-	3,41	3,84																		
	VI	44,19	-	3,53	3,97																		
160,29	I	27,16	-	2,17	2,44	-	1,82	2,05	-	1,50	1,69	-	1,19	1,34	-	0,90	1,01	-	0,62	0,70	-	0,36	[illegible]
	II	23,07	-	1,84	2,07	-	1,51	1,70	-	1,20	1,35	-	0,91	1,02	-	0,64	0,72	-	0,38	0,42	-	0,14	[illegible]
	III	14,98	-	1,19	1,34	-	0,93	1,05	-	0,68	0,77	-	0,44	0,49	-	0,22	0,25	-	0,04	0,05	-	-	
	IV	27,16	-	2,17	2,44	-	1,99	2,24	-	1,82	2,05	-	1,66	1,87	-	1,50	1,69	-	1,34	1,51	-	1,19	[illegible]
	V	42,75	-	3,42	3,84																		
	VI	44,22	-	3,53	3,97																		
160,39	I	27,20	-	2,17	2,44	-	1,83	2,06	-	1,50	1,69	-	1,19	1,34	-	0,90	1,01	-	0,62	0,70	-	0,37	[illegible]
	II	23,10	-	1,84	2,07	-	1,52	1,71	-	1,21	1,36	-	0,91	1,03	-	0,64	0,72	-	0,38	0,43	-	0,14	[illegible]
	III	15,01	-	1,20	1,35	-	0,94	1,05	-	0,68	0,77	-	0,44	0,50	-	0,22	0,25	-	0,04	0,05	-	-	
	IV	27,20	-	2,17	2,44	-	2,00	2,25	-	1,83	2,06	-	1,66	1,87	-	1,50	1,69	-	1,34	1,51	-	1,19	[illegible]
	V	42,78	-	3,42	3,85																		
	VI	44,26	-	3,54	3,98																		
160,49	I	27,22	-	2,17	2,44	-	1,83	2,06	-	1,50	1,69	-	1,19	1,34	-	0,90	1,01	-	0,63	0,70	-	0,37	[illegible]
	II	23,13	-	1,85	2,08	-	1,52	1,71	-	1,21	1,36	-	0,91	1,03	-	0,64	0,72	-	0,38	0,43	-	0,14	[illegible]
	III	15,02	-	1,20	1,35	-	0,94	1,05	-	0,68	0,77	-	0,44	0,50	-	0,22	0,25	-	0,05	0,05	-	-	
	IV	27,22	-	2,17	2,44	-	2,00	2,25	-	1,83	2,06	-	1,66	1,87	-	1,50	1,69	-	1,35	1,51	-	1,19	[illegible]
	V	42,81	-	3,42	3,85																		
	VI	44,29	-	3,54	3,98																		

Allgemeine Tabelle

Lohn/ Gehalt bis	Steuerklasse	Lohn-steuer	ohne Kinderfreibetrag			Anzahl Kinderfreibeträge (nur Steuerklassen I–IV)																	
						0,5			1,0			1,5			2,0			2,5			3,0		
			SolZ 5,5%	Kirchensteuer 8%	9%	SolZ 5,5%	Kirchensteuer 8%	9%	SolZ 5,5%	Kirchensteuer 8%	9%	SolZ 5,5%	Kirchensteuer 8%	9%	SolZ 5,5%	Kirchensteuer 8%	9%	SolZ 5,5%	Kirchensteuer 8%	9%	SolZ 5,5%	Kirchensteuer 8%	9%
160,59	I	27,25	-	2,18	2,45	-	1,83	2,06	-	1,50	1,69	-	1,20	1,35	-	0,90	1,02	-	0,63	0,71	-	0,37	0,42
	II	23,16	-	1,85	2,08	-	1,52	1,71	-	1,21	1,36	-	0,92	1,03	-	0,64	0,72	-	0,38	0,43	-	0,14	0,16
	III	15,05	-	1,20	1,35	-	0,94	1,06	-	0,69	0,77	-	0,44	0,50	-	0,22	0,25	-	0,05	0,05	-	-	-
	IV	27,25	-	2,18	2,45	-	2,00	2,25	-	1,83	2,06	-	1,67	1,87	-	1,50	1,69	-	1,35	1,52	-	1,20	1,35
	V	42,85	-	3,42	3,85																		
	VI	44,33	-	3,54	3,98																		
160,69	I	27,28	-	2,18	2,45	-	1,83	2,06	-	1,51	1,70	-	1,20	1,35	-	0,90	1,02	-	0,63	0,71	-	0,37	0,42
	II	23,18	-	1,85	2,08	-	1,52	1,71	-	1,21	1,36	-	0,92	1,03	-	0,64	0,72	-	0,38	0,43	-	0,14	0,16
	III	15,07	-	1,20	1,35	-	0,94	1,06	-	0,69	0,77	-	0,44	0,50	-	0,22	0,25	-	0,05	0,05	-	-	-
	IV	27,28	-	2,18	2,45	-	2,00	2,25	-	1,83	2,06	-	1,67	1,88	-	1,51	1,70	-	1,35	1,52	-	1,20	1,35
	V	42,88	-	3,43	3,85																		
	VI	44,36	-	3,54	3,99																		
160,79	I	27,31	-	2,18	2,45	-	1,84	2,07	-	1,51	1,70	-	1,20	1,35	-	0,91	1,02	-	0,63	0,71	-	0,37	0,42
	II	23,21	-	1,85	2,08	-	1,52	1,71	-	1,21	1,37	-	0,92	1,04	-	0,64	0,72	-	0,38	0,43	-	0,14	0,16
	III	15,09	-	1,20	1,35	-	0,94	1,06	-	0,69	0,78	-	0,45	0,50	-	0,23	0,25	-	0,05	0,06	-	-	-
	IV	27,31	-	2,18	2,45	-	2,01	2,26	-	1,84	2,07	-	1,67	1,88	-	1,51	1,70	-	1,35	1,52	-	1,20	1,35
	V	42,92	-	3,43	3,86																		
	VI	44,40	-	3,55	3,99																		
160,89	I	27,34	-	2,18	2,46	-	1,84	2,07	-	1,51	1,70	-	1,20	1,35	-	0,91	1,02	-	0,63	0,71	-	0,37	0,42
	II	23,24	-	1,85	2,09	-	1,53	1,72	-	1,22	1,37	-	0,92	1,04	-	0,65	0,73	-	0,39	0,43	-	0,15	0,17
	III	15,11	-	1,20	1,35	-	0,94	1,06	-	0,69	0,78	-	0,45	0,50	-	0,23	0,26	-	0,05	0,06	-	-	-
	IV	27,34	-	2,18	2,46	-	2,01	2,26	-	1,84	2,07	-	1,67	1,88	-	1,51	1,70	-	1,35	1,52	-	1,20	1,35
	V	42,95	-	3,43	3,86																		
	VI	44,43	-	3,55	3,99																		
160,99	I	27,37	-	2,18	2,46	-	1,84	2,07	-	1,51	1,70	-	1,20	1,35	-	0,91	1,02	-	0,63	0,71	-	0,38	0,42
	II	23,26	-	1,86	2,09	-	1,53	1,72	-	1,22	1,37	-	0,92	1,04	-	0,65	0,73	-	0,39	0,44	-	0,15	0,17
	III	15,13	-	1,21	1,36	-	0,94	1,06	-	0,69	0,78	-	0,45	0,51	-	0,23	0,26	-	0,05	0,06	-	-	-
	IV	27,37	-	2,18	2,46	-	2,01	2,26	-	1,84	2,07	-	1,67	1,88	-	1,51	1,70	-	1,36	1,53	-	1,20	1,35
	V	42,99	-	3,43	3,86																		
	VI	44,46	-	3,55	4,00																		
161,09	I	27,40	-	2,19	2,46	-	1,84	2,07	-	1,52	1,71	-	1,20	1,36	-	0,91	1,03	-	0,64	0,72	-	0,38	0,43
	II	23,30	-	1,86	2,09	-	1,53	1,72	-	1,22	1,37	-	0,93	1,04	-	0,65	0,73	-	0,39	0,44	-	0,15	0,17
	III	15,16	-	1,21	1,36	-	0,95	1,07	-	0,69	0,78	-	0,45	0,51	-	0,23	0,26	-	0,05	0,06	-	-	-
	IV	27,40	-	2,19	2,46	-	2,01	2,26	-	1,84	2,07	-	1,68	1,89	-	1,52	1,71	-	1,36	1,53	-	1,20	1,36
	V	43,02	-	3,44	3,87																		
	VI	44,50	-	3,56	4,00																		
161,19	I	27,43	-	2,19	2,46	-	1,84	2,08	-	1,52	1,71	-	1,21	1,36	-	0,91	1,03	-	0,64	0,72	-	0,38	0,43
	II	23,32	-	1,86	2,09	-	1,53	1,72	-	1,22	1,37	-	0,93	1,04	-	0,65	0,73	-	0,39	0,44	-	0,15	0,17
	III	15,18	-	1,21	1,36	-	0,95	1,07	-	0,70	0,78	-	0,45	0,51	-	0,23	0,26	-	0,05	0,06	-	-	-
	IV	27,43	-	2,19	2,46	-	2,02	2,27	-	1,84	2,08	-	1,68	1,89	-	1,52	1,71	-	1,36	1,53	-	1,21	1,36
	V	43,05	-	3,44	3,87																		
	VI	44,53	-	3,56	4,00																		
161,29	I	27,45	-	2,19	2,47	-	1,85	2,08	-	1,52	1,71	-	1,21	1,36	-	0,92	1,03	-	0,64	0,72	-	0,38	0,43
	II	23,35	-	1,86	2,10	-	1,53	1,73	-	1,22	1,38	-	0,93	1,05	-	0,65	0,73	-	0,39	0,44	-	0,15	0,17
	III	15,20	-	1,21	1,36	-	0,95	1,07	-	0,70	0,79	-	0,45	0,51	-	0,23	0,26	-	0,05	0,06	-	-	-
	IV	27,45	-	2,19	2,47	-	2,02	2,27	-	1,85	2,08	-	1,68	1,89	-	1,52	1,71	-	1,36	1,53	-	1,21	1,36
	V	43,09	-	3,44	3,87																		
	VI	44,56	-	3,56	4,01																		
161,39	I	27,48	-	2,19	2,47	-	1,85	2,08	-	1,52	1,71	-	1,21	1,36	-	0,92	1,03	-	0,64	0,72	-	0,38	0,43
	II	23,38	-	1,87	2,10	-	1,54	1,73	-	1,23	1,38	-	0,93	1,05	-	0,65	0,74	-	0,39	0,44	-	0,15	0,17
	III	15,22	-	1,21	1,36	-	0,95	1,07	-	0,70	0,79	-	0,46	0,51	-	0,23	0,26	-	0,06	0,06	-	-	-
	IV	27,48	-	2,19	2,47	-	2,02	2,27	-	1,85	2,08	-	1,68	1,89	-	1,52	1,71	-	1,36	1,53	-	1,21	1,36
	V	43,12	-	3,44	3,88																		
	VI	44,60	-	3,56	4,01																		
161,49	I	27,51	-	2,20	2,47	-	1,85	2,08	-	1,52	1,71	-	1,21	1,36	-	0,92	1,03	-	0,64	0,72	-	0,38	0,43
	II	23,40	-	1,87	2,10	-	1,54	1,73	-	1,23	1,38	-	0,93	1,05	-	0,66	0,74	-	0,40	0,45	-	0,16	0,18
	III	15,24	-	1,21	1,37	-	0,95	1,07	-	0,70	0,79	-	0,46	0,51	-	0,24	0,27	-	0,06	0,06	-	-	-
	IV	27,51	-	2,20	2,47	-	2,02	2,27	-	1,85	2,08	-	1,69	1,90	-	1,52	1,71	-	1,37	1,54	-	1,21	1,36
	V	43,16	-	3,45	3,88																		
	VI	44,63	-	3,57	4,01																		
161,59	I	27,54	-	2,20	2,47	-	1,85	2,09	-	1,53	1,72	-	1,22	1,37	-	0,92	1,04	-	0,64	0,73	-	0,39	0,43
	II	23,43	-	1,87	2,10	-	1,54	1,73	-	1,23	1,38	-	0,94	1,05	-	0,66	0,74	-	0,40	0,45	-	0,16	0,18
	III	15,26	-	1,22	1,37	-	0,96	1,08	-	0,70	0,79	-	0,46	0,52	-	0,24	0,27	-	0,06	0,06	-	-	-
	IV	27,54	-	2,20	2,47	-	2,02	2,28	-	1,85	2,09	-	1,69	1,90	-	1,53	1,72	-	1,37	1,54	-	1,22	1,37
	V	43,19	-	3,45	3,88																		
	VI	44,67	-	3,57	4,02																		
161,69	I	27,57	-	2,20	2,48	-	1,86	2,09	-	1,53	1,72	-	1,22	1,37	-	0,92	1,04	-	0,65	0,73	-	0,39	0,44
	II	23,46	-	1,87	2,11	-	1,54	1,74	-	1,23	1,39	-	0,94	1,05	-	0,66	0,74	-	0,40	0,45	-	0,16	0,18
	III	15,28	-	1,22	1,37	-	0,96	1,08	-	0,70	0,79	-	0,46	0,52	-	0,24	0,27	-	0,06	0,07	-	-	-
	IV	27,57	-	2,20	2,48	-	2,03	2,28	-	1,86	2,09	-	1,69	1,90	-	1,53	1,72	-	1,37	1,54	-	1,22	1,37
	V	43,23	-	3,45	3,89																		
	VI	44,70	-	3,57	4,02																		
161,79	I	27,60	-	2,20	2,48	-	1,86	2,09	-	1,53	1,72	-	1,22	1,37	-	0,92	1,04	-	0,65	0,73	-	0,39	0,44
	II	23,49	-	1,87	2,11	-	1,55	1,74	-	1,23	1,39	-	0,94	1,06	-	0,66	0,74	-	0,40	0,45	-	0,16	0,18
	III	15,31	-	1,22	1,37	-	0,96	1,08	-	0,71	0,79	-	0,46	0,52	-	0,24	0,27	-	0,06	0,07	-	-	-
	IV	27,60	-	2,20	2,48	-	2,03	2,28	-	1,86	2,09	-	1,69	1,90	-	1,53	1,72	-	1,37	1,54	-	1,22	1,37
	V	43,26	-	3,46	3,89																		
	VI	44,74	-	3,57	4,02																		
161,89	I	27,63	-	2,21	2,48	-	1,86	2,09	-	1,53	1,72	-	1,22	1,37	-	0,93	1,04	-	0,65	0,73	-	0,39	0,44
	II	23,51	-	1,88	2,11	-	1,55	1,74	-	1,24	1,39	-	0,94	1,06	-	0,66	0,75	-	0,40	0,45	-	0,16	0,18
	III	15,33	-	1,22	1,37	-	0,96	1,08	-	0,71	0,80	-	0,46	0,52	-	0,24	0,27	-	0,06	0,07	-	-	-
	IV	27,63	-	2,21	2,48	-	2,03	2,28	-	1,86	2,09	-	1,69	1,91	-	1,53	1,72	-	1,37	1,55	-	1,22	1,37
	V	43,29	-	3,46	3,89																		
	VI	44,77	-	3,58	4,02																		
161,99	I	27,66	-	2,21	2,48	-	1,86	2,10	-	1,53	1,73	-	1,22	1,38	-	0,93	1,05	-	0,65	0,73	-	0,39	0,44
	II	23,54	-	1,88	2,11	-	1,55	1,74	-	1,24	1,39	-	0,94	1,06	-	0,66	0,75	-	0,40	0,45	-	0,16	0,18
	III	15,35	-	1,22	1,38	-	0,96	1,08	-	0,71	0,80	-	0,46	0,52	-	0,24	0,27	-	0,06	0,07	-	-	-
	IV	27,66	-	2,21	2,48	-	2,03	2,29	-	1,86	2,10	-	1,70	1,91	-	1,53	1,73	-	1,38	1,55	-	1,22	1,38
	V	43,33	-	3,46	3,89																		
	VI	44,80	-	3,58	4,03																		

Lohn/ Gehalt bis	Steuerklasse	Lohn- steuer	ohne Kinderfreibetrag			Anzahl Kinderfreibeträge (nur Steuerklassen I–IV) 0,5			1,0			1,5			2,0			2,5			3,0		
			SolZ 5,5%	Kirchensteuer 8%	9%	SolZ 5,5%	Kirchensteuer 8%	9%	SolZ 5,5%	Kirchensteuer 8%	9%	SolZ 5,5%	Kirchensteuer 8%	9%	SolZ 5,5%	Kirchensteuer 8%	9%	SolZ 5,5%	Kirchensteuer 8%	9%	SolZ 5,5%	Kirchensteuer 8%	9%
162,09	I	27,69	–	2,21	2,49	–	1,86	2,10	–	1,54	1,73	–	1,22	1,38	–	0,93	1,05	–	0,65	0,74	–	0,39	0
	II	23,57	–	1,88	2,12	–	1,55	1,75	–	1,24	1,39	–	0,94	1,06	–	0,67	0,75	–	0,41	0,46	–	0,16	0
	III	15,37	–	1,22	1,38	–	0,96	1,08	–	0,71	0,80	–	0,47	0,53	–	0,24	0,27	–	0,06	0,07	–	–	
	IV	27,69	–	2,21	2,49	–	2,04	2,29	–	1,86	2,10	–	1,70	1,91	–	1,54	1,73	–	1,38	1,55	–	1,22	1
	V	43,36	–	3,46	3,90																		
	VI	44,84	–	3,58	4,03																		
162,19	I	27,71	–	2,21	2,49	–	1,87	2,10	–	1,54	1,73	–	1,23	1,38	–	0,93	1,05	–	0,66	0,74	–	0,40	0
	II	23,60	–	1,88	2,12	–	1,55	1,75	–	1,24	1,40	–	0,95	1,07	–	0,67	0,75	–	0,41	0,46	–	0,16	0
	III	15,40	–	1,23	1,38	–	0,96	1,09	–	0,71	0,80	–	0,47	0,53	–	0,24	0,27	–	0,06	0,07	–	–	
	IV	27,71	–	2,21	2,49	–	2,04	2,29	–	1,87	2,10	–	1,70	1,91	–	1,54	1,73	–	1,38	1,55	–	1,23	1
	V	43,40	–	3,47	3,90																		
	VI	44,87	–	3,58	4,03																		
162,29	I	27,75	–	2,22	2,49	–	1,87	2,10	–	1,54	1,73	–	1,23	1,38	–	0,93	1,05	–	0,66	0,74	–	0,40	0
	II	23,63	–	1,89	2,12	–	1,56	1,75	–	1,24	1,40	–	0,95	1,07	–	0,67	0,75	–	0,41	0,46	–	0,17	0
	III	15,42	–	1,23	1,38	–	0,97	1,09	–	0,71	0,80	–	0,47	0,53	–	0,25	0,28	–	0,06	0,07	–	–	
	IV	27,75	–	2,22	2,49	–	2,04	2,30	–	1,87	2,10	–	1,70	1,92	–	1,54	1,73	–	1,38	1,56	–	1,23	1
	V	43,43	–	3,47	3,90																		
	VI	44,91	–	3,59	4,04																		
162,39	I	27,77	–	2,22	2,49	–	1,87	2,11	–	1,54	1,74	–	1,23	1,38	–	0,94	1,05	–	0,66	0,74	–	0,40	0
	II	23,65	–	1,89	2,12	–	1,56	1,75	–	1,25	1,40	–	0,95	1,07	–	0,67	0,76	–	0,41	0,46	–	0,17	0
	III	15,44	–	1,23	1,38	–	0,97	1,09	–	0,72	0,81	–	0,47	0,53	–	0,25	0,28	–	0,06	0,07	–	–	
	IV	27,77	–	2,22	2,49	–	2,04	2,30	–	1,87	2,11	–	1,70	1,92	–	1,54	1,74	–	1,38	1,56	–	1,23	1
	V	43,46	–	3,47	3,91																		
	VI	44,94	–	3,59	4,04																		
162,49	I	27,80	–	2,22	2,50	–	1,87	2,11	–	1,54	1,74	–	1,23	1,39	–	0,94	1,06	–	0,66	0,74	–	0,40	0
	II	23,68	–	1,89	2,13	–	1,56	1,76	–	1,25	1,40	–	0,95	1,07	–	0,67	0,76	–	0,41	0,46	–	0,17	0
	III	15,46	–	1,23	1,39	–	0,97	1,09	–	0,72	0,81	–	0,47	0,53	–	0,25	0,28	–	0,07	0,08	–	–	
	IV	27,80	–	2,22	2,50	–	2,04	2,30	–	1,87	2,11	–	1,71	1,92	–	1,54	1,74	–	1,39	1,56	–	1,23	1
	V	43,50	–	3,48	3,91																		
	VI	44,98	–	3,59	4,04																		
162,59	I	27,83	–	2,22	2,50	–	1,88	2,11	–	1,55	1,74	–	1,23	1,39	–	0,94	1,06	–	0,66	0,75	–	0,40	0
	II	23,71	–	1,89	2,13	–	1,56	1,76	–	1,25	1,41	–	0,95	1,07	–	0,68	0,76	–	0,41	0,47	–	0,17	0
	III	15,48	–	1,23	1,39	–	0,97	1,09	–	0,72	0,81	–	0,47	0,53	–	0,25	0,28	–	0,07	0,08	–	–	
	IV	27,83	–	2,22	2,50	–	2,05	2,30	–	1,88	2,11	–	1,71	1,92	–	1,55	1,74	–	1,39	1,56	–	1,23	1
	V	43,53	–	3,48	3,91																		
	VI	45,01	–	3,60	4,05																		
162,69	I	27,86	–	2,22	2,50	–	1,88	2,11	–	1,55	1,74	–	1,24	1,39	–	0,94	1,06	–	0,66	0,75	–	0,40	0
	II	23,73	–	1,89	2,13	–	1,56	1,76	–	1,25	1,41	–	0,96	1,08	–	0,68	0,76	–	0,42	0,47	–	0,17	0
	III	15,50	–	1,24	1,39	–	0,97	1,10	–	0,72	0,81	–	0,48	0,54	–	0,25	0,28	–	0,07	0,08	–	–	
	IV	27,86	–	2,22	2,50	–	2,05	2,31	–	1,88	2,11	–	1,71	1,93	–	1,55	1,74	–	1,39	1,56	–	1,24	1,
	V	43,57	–	3,48	3,92																		
	VI	45,04	–	3,60	4,05																		
162,79	I	27,89	–	2,23	2,51	–	1,88	2,12	–	1,55	1,74	–	1,24	1,39	–	0,94	1,06	–	0,67	0,75	–	0,40	0,
	II	23,76	–	1,90	2,13	–	1,57	1,76	–	1,25	1,41	–	0,96	1,08	–	0,68	0,76	–	0,42	0,47	–	0,17	0,
	III	15,52	–	1,24	1,39	–	0,98	1,10	–	0,72	0,81	–	0,48	0,54	–	0,25	0,28	–	0,07	0,08	–	–	
	IV	27,89	–	2,23	2,51	–	2,05	2,31	–	1,88	2,12	–	1,71	1,93	–	1,55	1,74	–	1,39	1,57	–	1,24	1,
	V	43,60	–	3,48	3,92																		
	VI	45,08	–	3,60	4,05																		
162,89	I	27,92	–	2,23	2,51	–	1,88	2,12	–	1,55	1,75	–	1,24	1,40	–	0,95	1,06	–	0,67	0,75	–	0,41	0,
	II	23,79	–	1,90	2,14	–	1,57	1,76	–	1,26	1,41	–	0,96	1,08	–	0,68	0,77	–	0,42	0,47	–	0,18	0,
	III	15,55	–	1,24	1,39	–	0,98	1,10	–	0,72	0,81	–	0,48	0,54	–	0,25	0,29	–	0,07	0,08	–	–	
	IV	27,92	–	2,23	2,51	–	2,05	2,31	–	1,88	2,12	–	1,72	1,93	–	1,55	1,75	–	1,39	1,57	–	1,24	1,
	V	43,64	–	3,49	3,92																		
	VI	45,11	–	3,60	4,05																		
162,99	I	27,95	–	2,23	2,51	–	1,88	2,12	–	1,56	1,75	–	1,24	1,40	–	0,95	1,07	–	0,67	0,75	–	0,41	0,
	II	23,82	–	1,90	2,14	–	1,57	1,77	–	1,26	1,42	–	0,96	1,08	–	0,68	0,77	–	0,42	0,47	–	0,18	0,
	III	15,57	–	1,24	1,40	–	0,98	1,10	–	0,73	0,82	–	0,48	0,54	–	0,26	0,29	–	0,07	0,08	–	–	
	IV	27,95	–	2,23	2,51	–	2,06	2,31	–	1,88	2,12	–	1,72	1,93	–	1,56	1,75	–	1,40	1,57	–	1,24	1,
	V	43,67	–	3,49	3,93																		
	VI	45,15	–	3,61	4,06																		
163,09	I	27,98	–	2,23	2,51	–	1,89	2,12	–	1,56	1,75	–	1,24	1,40	–	0,95	1,07	–	0,67	0,76	–	0,41	0,
	II	23,85	–	1,90	2,14	–	1,57	1,77	–	1,26	1,42	–	0,96	1,08	–	0,68	0,77	–	0,42	0,48	–	0,18	0,
	III	15,59	–	1,24	1,40	–	0,98	1,10	–	0,73	0,82	–	0,48	0,54	–	0,26	0,29	–	0,07	0,08	–	–	
	IV	27,98	–	2,23	2,51	–	2,06	2,32	–	1,89	2,12	–	1,72	1,94	–	1,56	1,75	–	1,40	1,57	–	1,24	1,
	V	43,70	–	3,49	3,93																		
	VI	45,18	–	3,61	4,06																		
163,19	I	28,01	–	2,24	2,52	–	1,89	2,13	–	1,56	1,75	–	1,25	1,40	–	0,95	1,07	–	0,67	0,76	–	0,41	0,
	II	23,87	–	1,90	2,14	–	1,57	1,77	–	1,26	1,42	–	0,96	1,09	–	0,69	0,77	–	0,42	0,48	–	0,18	0,
	III	15,61	–	1,24	1,40	–	0,98	1,10	–	0,73	0,82	–	0,48	0,54	–	0,26	0,29	–	0,07	0,08	–	–	
	IV	28,01	–	2,24	2,52	–	2,06	2,32	–	1,89	2,13	–	1,72	1,94	–	1,56	1,75	–	1,40	1,58	–	1,25	1,
	V	43,74	–	3,49	3,93																		
	VI	45,21	–	3,61	4,06																		
163,29	I	28,03	–	2,24	2,52	–	1,89	2,13	–	1,56	1,76	–	1,25	1,41	–	0,95	1,07	–	0,67	0,76	–	0,41	0,
	II	23,90	–	1,91	2,15	–	1,58	1,77	–	1,26	1,42	–	0,97	1,09	–	0,69	0,77	–	0,43	0,48	–	0,18	0,2
	III	15,63	–	1,25	1,40	–	0,98	1,11	–	0,73	0,82	–	0,49	0,55	–	0,26	0,29	–	0,07	0,08	–	–	
	IV	28,03	–	2,24	2,52	–	2,06	2,32	–	1,89	2,13	–	1,72	1,94	–	1,56	1,76	–	1,40	1,58	–	1,25	1,4
	V	43,77	–	3,50	3,93																		
	VI	45,25	–	3,62	4,07																		
163,39	I	28,06	–	2,24	2,52	–	1,89	2,13	–	1,56	1,76	–	1,25	1,41	–	0,96	1,08	–	0,68	0,76	–	0,42	0,4
	II	23,93	–	1,91	2,15	–	1,58	1,78	–	1,27	1,42	–	0,97	1,09	–	0,69	0,78	–	0,43	0,48	–	0,18	0,2
	III	15,66	–	1,25	1,40	–	0,99	1,11	–	0,73	0,82	–	0,49	0,55	–	0,26	0,29	–	0,08	0,09	–	–	
	IV	28,06	–	2,24	2,52	–	2,06	2,32	–	1,89	2,13	–	1,73	1,94	–	1,56	1,76	–	1,40	1,58	–	1,25	1,4
	V	43,81	–	3,50	3,94																		
	VI	45,28	–	3,62	4,07																		
163,49	I	28,09	–	2,24	2,52	–	1,90	2,13	–	1,57	1,76	–	1,25	1,41	–	0,96	1,08	–	0,68	0,76	–	0,42	0,4
	II	23,96	–	1,91	2,15	–	1,58	1,78	–	1,27	1,43	–	0,97	1,09	–	0,69	0,78	–	0,43	0,48	–	0,18	0,2
	III	15,68	–	1,25	1,41	–	0,99	1,11	–	0,73	0,83	–	0,49	0,55	–	0,26	0,29	–	0,08	0,09	–	–	
	IV	28,09	–	2,24	2,52	–	2,07	2,33	–	1,90	2,13	–	1,73	1,94	–	1,57	1,76	–	1,41	1,58	–	1,25	1,4
	V	43,84	–	3,50	3,94																		
	VI	45,32	–	3,62	4,07																		

Allgemeine Tabelle

Lohn/ Gehalt bis	Steuerklasse	Lohnsteuer	ohne Kinderfreibetrag SolZ 5,5%	Kirchensteuer 8%	Kirchensteuer 9%	0,5 SolZ 5,5%	0,5 Kirchensteuer 8%	0,5 Kirchensteuer 9%	1,0 SolZ 5,5%	1,0 Kirchensteuer 8%	1,0 Kirchensteuer 9%	1,5 SolZ 5,5%	1,5 Kirchensteuer 8%	1,5 Kirchensteuer 9%	2,0 SolZ 5,5%	2,0 Kirchensteuer 8%	2,0 Kirchensteuer 9%	2,5 SolZ 5,5%	2,5 Kirchensteuer 8%	2,5 Kirchensteuer 9%	3,0 SolZ 5,5%	3,0 Kirchensteuer 8%	3,0 Kirchensteuer 9%
						Anzahl Kinderfreibeträge (nur Steuerklassen I–IV)																	
163,59	I	28,12	-	2,24	2,53	-	1,90	2,14	-	1,57	1,76	-	1,25	1,41	-	0,96	1,08	-	0,68	0,77	-	0,42	0,47
	II	23,98	-	1,91	2,15	-	1,58	1,78	-	1,27	1,43	-	0,97	1,09	-	0,69	0,78	-	0,43	0,48	-	0,19	0,21
	III	15,70	-	1,25	1,41	-	0,99	1,11	-	0,74	0,83	-	0,49	0,55	-	0,26	0,30	-	0,08	0,09	-	-	-
	IV	28,12	-	2,24	2,53	-	2,07	2,33	-	1,90	2,14	-	1,73	1,95	-	1,57	1,76	-	1,41	1,59	-	1,25	1,41
	V	43,88	-	3,51	3,94																		
	VI	45,35	-	3,62	4,08																		
163,69	I	28,15	-	2,25	2,53	-	1,90	2,14	-	1,57	1,77	-	1,26	1,41	-	0,96	1,08	-	0,68	0,77	-	0,42	0,47
	II	24,01	-	1,92	2,16	-	1,58	1,78	-	1,27	1,43	-	0,97	1,10	-	0,69	0,78	-	0,43	0,49	-	0,19	0,21
	III	15,72	-	1,25	1,41	-	0,99	1,11	-	0,74	0,83	-	0,49	0,55	-	0,26	0,30	-	0,08	0,09	-	-	-
	IV	28,15	-	2,25	2,53	-	2,07	2,33	-	1,90	2,14	-	1,73	1,95	-	1,57	1,77	-	1,41	1,59	-	1,26	1,41
	V	43,91	-	3,51	3,95																		
	VI	45,39	-	3,63	4,08																		
163,79	I	28,18	-	2,25	2,53	-	1,90	2,14	-	1,57	1,77	-	1,26	1,42	-	0,96	1,08	-	0,68	0,77	-	0,42	0,47
	II	24,04	-	1,92	2,16	-	1,59	1,79	-	1,27	1,43	-	0,98	1,10	-	0,70	0,78	-	0,43	0,49	-	0,19	0,21
	III	15,75	-	1,26	1,41	-	0,99	1,12	-	0,74	0,83	-	0,49	0,56	-	0,27	0,30	-	0,08	0,09	-	-	-
	IV	28,18	-	2,25	2,53	-	2,07	2,33	-	1,90	2,14	-	1,74	1,95	-	1,57	1,77	-	1,41	1,59	-	1,26	1,42
	V	43,94	-	3,51	3,95																		
	VI	45,42	-	3,63	4,08																		
163,89	I	28,21	-	2,25	2,53	-	1,90	2,14	-	1,57	1,77	-	1,26	1,42	-	0,96	1,08	-	0,69	0,77	-	0,42	0,48
	II	24,07	-	1,92	2,16	-	1,59	1,79	-	1,28	1,44	-	0,98	1,10	-	0,70	0,79	-	0,44	0,49	-	0,19	0,21
	III	15,76	-	1,26	1,41	-	0,99	1,12	-	0,74	0,83	-	0,50	0,56	-	0,27	0,30	-	0,08	0,09	-	-	-
	IV	28,21	-	2,25	2,53	-	2,08	2,34	-	1,90	2,14	-	1,74	1,95	-	1,57	1,77	-	1,42	1,59	-	1,26	1,42
	V	43,98	-	3,51	3,95																		
	VI	45,45	-	3,63	4,09																		
163,99	I	28,24	-	2,25	2,54	-	1,91	2,15	-	1,58	1,77	-	1,26	1,42	-	0,97	1,09	-	0,69	0,77	-	0,42	0,48
	II	24,10	-	1,92	2,16	-	1,59	1,79	-	1,28	1,44	-	0,98	1,10	-	0,70	0,79	-	0,44	0,49	-	0,19	0,22
	III	15,78	-	1,26	1,42	-	1,00	1,12	-	0,74	0,83	-	0,50	0,56	-	0,27	0,30	-	0,08	0,09	-	-	-
	IV	28,24	-	2,25	2,54	-	2,08	2,34	-	1,91	2,15	-	1,74	1,96	-	1,58	1,77	-	1,42	1,59	-	1,26	1,42
	V	44,01	-	3,52	3,96																		
	VI	45,49	-	3,63	4,09																		
164,09	I	28,27	-	2,26	2,54	-	1,91	2,15	-	1,58	1,78	-	1,26	1,42	-	0,97	1,09	-	0,69	0,78	-	0,43	0,48
	II	24,13	-	1,93	2,17	-	1,59	1,79	-	1,28	1,44	-	0,98	1,10	-	0,70	0,79	-	0,44	0,49	-	0,19	0,22
	III	15,81	-	1,26	1,42	-	1,00	1,12	-	0,74	0,84	-	0,50	0,56	-	0,27	0,30	-	0,08	0,09	-	-	-
	IV	28,27	-	2,26	2,54	-	2,08	2,34	-	1,91	2,15	-	1,74	1,96	-	1,58	1,78	-	1,42	1,60	-	1,26	1,42
	V	44,05	-	3,52	3,96																		
	VI	45,52	-	3,64	4,09																		
164,19	I	28,30	-	2,26	2,54	-	1,91	2,15	-	1,58	1,78	-	1,27	1,43	-	0,97	1,09	-	0,69	0,78	-	0,43	0,48
	II	24,15	-	1,93	2,17	-	1,60	1,80	-	1,28	1,44	-	0,98	1,11	-	0,70	0,79	-	0,44	0,50	-	0,20	0,22
	III	15,83	-	1,26	1,42	-	1,00	1,12	-	0,74	0,84	-	0,50	0,56	-	0,27	0,31	-	0,08	0,09	-	-	-
	IV	28,30	-	2,26	2,54	-	2,08	2,34	-	1,91	2,15	-	1,74	1,96	-	1,58	1,78	-	1,42	1,60	-	1,27	1,43
	V	44,08	-	3,52	3,96																		
	VI	45,56	-	3,64	4,10																		
164,29	I	28,33	-	2,26	2,54	-	1,91	2,15	-	1,58	1,78	-	1,27	1,43	-	0,97	1,09	-	0,69	0,78	-	0,43	0,48
	II	24,18	-	1,93	2,17	-	1,60	1,80	-	1,28	1,44	-	0,99	1,11	-	0,71	0,79	-	0,44	0,50	-	0,20	0,22
	III	15,85	-	1,26	1,42	-	1,00	1,13	-	0,75	0,84	-	0,50	0,56	-	0,27	0,31	-	0,09	0,10	-	-	-
	IV	28,33	-	2,26	2,54	-	2,08	2,35	-	1,91	2,15	-	1,75	1,96	-	1,58	1,78	-	1,42	1,60	-	1,27	1,43
	V	44,11	-	3,52	3,96																		
	VI	45,59	-	3,64	4,10																		
164,39	I	28,35	-	2,26	2,55	-	1,92	2,16	-	1,58	1,78	-	1,27	1,43	-	0,97	1,10	-	0,69	0,78	-	0,43	0,49
	II	24,21	-	1,93	2,17	-	1,60	1,80	-	1,29	1,45	-	0,99	1,11	-	0,71	0,80	-	0,44	0,50	-	0,20	0,22
	III	15,87	-	1,26	1,42	-	1,00	1,13	-	0,75	0,84	-	0,50	0,57	-	0,27	0,31	-	0,09	0,10	-	-	-
	IV	28,35	-	2,26	2,55	-	2,09	2,35	-	1,92	2,16	-	1,75	1,97	-	1,58	1,78	-	1,43	1,60	-	1,27	1,43
	V	44,15	-	3,53	3,97																		
	VI	45,63	-	3,65	4,10																		
164,49	I	28,38	-	2,27	2,55	-	1,92	2,16	-	1,59	1,79	-	1,27	1,43	-	0,98	1,10	-	0,70	0,78	-	0,43	0,49
	II	24,24	-	1,93	2,18	-	1,60	1,80	-	1,29	1,45	-	0,99	1,11	-	0,71	0,80	-	0,45	0,50	-	0,20	0,22
	III	15,90	-	1,27	1,43	-	1,00	1,13	-	0,75	0,84	-	0,50	0,57	-	0,28	0,31	-	0,09	0,10	-	-	-
	IV	28,38	-	2,27	2,55	-	2,09	2,35	-	1,92	2,16	-	1,75	1,97	-	1,59	1,79	-	1,43	1,61	-	1,27	1,43
	V	44,18	-	3,53	3,97																		
	VI	45,66	-	3,65	4,10																		
164,59	I	28,41	-	2,27	2,55	-	1,92	2,16	-	1,59	1,79	-	1,27	1,43	-	0,98	1,10	-	0,70	0,79	-	0,44	0,49
	II	24,26	-	1,94	2,18	-	1,60	1,80	-	1,29	1,45	-	0,99	1,12	-	0,71	0,80	-	0,45	0,50	-	0,20	0,23
	III	15,92	-	1,27	1,43	-	1,01	1,13	-	0,75	0,85	-	0,51	0,57	-	0,28	0,31	-	0,09	0,10	-	-	-
	IV	28,41	-	2,27	2,55	-	2,09	2,35	-	1,92	2,16	-	1,75	1,97	-	1,59	1,79	-	1,43	1,61	-	1,27	1,43
	V	44,22	-	3,53	3,97																		
	VI	45,69	-	3,65	4,11																		
164,69	I	28,44	-	2,27	2,55	-	1,92	2,16	-	1,59	1,79	-	1,28	1,44	-	0,98	1,10	-	0,70	0,79	-	0,44	0,49
	II	24,29	-	1,94	2,18	-	1,61	1,81	-	1,29	1,45	-	0,99	1,12	-	0,71	0,80	-	0,45	0,51	-	0,20	0,23
	III	15,94	-	1,27	1,43	-	1,01	1,13	-	0,75	0,85	-	0,51	0,57	-	0,28	0,31	-	0,09	0,10	-	-	-
	IV	28,44	-	2,27	2,55	-	2,09	2,36	-	1,92	2,16	-	1,75	1,97	-	1,59	1,79	-	1,43	1,61	-	1,28	1,44
	V	44,25	-	3,54	3,98																		
	VI	45,73	-	3,65	4,11																		
164,79	I	28,47	-	2,27	2,56	-	1,92	2,16	-	1,59	1,79	-	1,28	1,44	-	0,98	1,10	-	0,70	0,79	-	0,44	0,49
	II	24,32	-	1,94	2,18	-	1,61	1,81	-	1,29	1,46	-	1,00	1,12	-	0,71	0,80	-	0,45	0,51	-	0,20	0,23
	III	15,96	-	1,27	1,43	-	1,01	1,14	-	0,76	0,85	-	0,51	0,57	-	0,28	0,31	-	0,09	0,10	-	-	-
	IV	28,47	-	2,27	2,56	-	2,10	2,36	-	1,92	2,16	-	1,76	1,98	-	1,59	1,79	-	1,43	1,61	-	1,28	1,44
	V	44,28	-	3,54	3,98																		
	VI	45,76	-	3,66	4,11																		
164,89	I	28,50	-	2,28	2,56	-	1,93	2,17	-	1,60	1,80	-	1,28	1,44	-	0,98	1,11	-	0,70	0,79	-	0,44	0,50
	II	24,35	-	1,94	2,19	-	1,61	1,81	-	1,30	1,46	-	1,00	1,12	-	0,72	0,81	-	0,45	0,51	-	0,21	0,23
	III	15,98	-	1,27	1,43	-	1,01	1,14	-	0,76	0,85	-	0,51	0,58	-	0,28	0,32	-	0,09	0,10	-	-	-
	IV	28,50	-	2,28	2,56	-	2,10	2,36	-	1,93	2,17	-	1,76	1,98	-	1,60	1,80	-	1,44	1,62	-	1,28	1,44
	V	44,32	-	3,54	3,98																		
	VI	45,80	-	3,66	4,12																		
164,99	I	28,53	-	2,28	2,56	-	1,93	2,17	-	1,60	1,80	-	1,28	1,44	-	0,98	1,11	-	0,70	0,79	-	0,44	0,50
	II	24,38	-	1,95	2,19	-	1,61	1,81	-	1,30	1,46	-	1,00	1,12	-	0,72	0,81	-	0,45	0,51	-	0,21	0,23
	III	16,01	-	1,28	1,44	-	1,01	1,14	-	0,76	0,85	-	0,51	0,58	-	0,28	0,32	-	0,09	0,10	-	-	-
	IV	28,53	-	2,28	2,56	-	2,10	2,36	-	1,93	2,17	-	1,76	1,98	-	1,60	1,80	-	1,44	1,62	-	1,28	1,44
	V	44,35	-	3,54	3,99																		
	VI	45,83	-	3,66	4,12																		

TAG bis 166,49 €

Allgemeine Tabelle

Lohn/ Gehalt bis	Steuerklasse	Lohn-steuer	ohne Kinderfreibetrag			Anzahl Kinderfreibeträge (nur Steuerklassen I–IV)																	
						0,5			1,0			1,5			2,0			2,5			3,0		
			SolZ 5,5%	Kirchensteuer 8%	Kirchensteuer 9%	SolZ 5,5%	Kirchensteuer 8%	Kirchensteuer 9%	SolZ 5,5%	Kirchensteuer 8%	Kirchensteuer 9%	SolZ 5,5%	Kirchensteuer 8%	Kirchensteuer 9%	SolZ 5,5%	Kirchensteuer 8%	Kirchensteuer 9%	SolZ 5,5%	Kirchensteuer 8%	Kirchensteuer 9%	SolZ 5,5%	Kirchensteuer 8%	
165,09	I	28,56	-	2,28	2,57	-	1,93	2,17	-	1,60	1,80	-	1,28	1,44	-	0,99	1,11	-	0,71	0,80	-	0,44	
	II	24,40	-	1,95	2,19	-	1,62	1,82	-	1,30	1,46	-	1,00	1,13	-	0,72	0,81	-	0,46	0,51	-	0,21	
	III	16,03	-	1,28	1,44	-	1,01	1,14	-	0,76	0,86	-	0,51	0,58	-	0,28	0,32	-	0,09	0,11	-	-	
	IV	28,56	-	2,28	2,57	-	2,10	2,37	-	1,93	2,17	-	1,76	1,98	-	1,60	1,80	-	1,44	1,62	-	1,28	
	V	44,39	-	3,55	3,99																		
	VI	45,86	-	3,66	4,12																		
165,19	I	28,59	-	2,28	2,57	-	1,93	2,18	-	1,60	1,80	-	1,29	1,45	-	0,99	1,11	-	0,71	0,80	-	0,44	
	II	24,43	-	1,95	2,19	-	1,62	1,82	-	1,30	1,46	-	1,00	1,13	-	0,72	0,81	-	0,46	0,52	-	0,21	
	III	16,05	-	1,28	1,44	-	1,02	1,14	-	0,76	0,86	-	0,52	0,58	-	0,28	0,32	-	0,10	0,11	-	-	
	IV	28,59	-	2,28	2,57	-	2,11	2,37	-	1,93	2,18	-	1,76	1,99	-	1,60	1,80	-	1,44	1,62	-	1,29	
	V	44,42	-	3,55	3,99																		
	VI	45,90	-	3,67	4,13																		
165,29	I	28,62	-	2,28	2,57	-	1,94	2,18	-	1,60	1,80	-	1,29	1,45	-	0,99	1,11	-	0,71	0,80	-	0,45	
	II	24,46	-	1,95	2,20	-	1,62	1,82	-	1,30	1,47	-	1,00	1,13	-	0,72	0,81	-	0,46	0,52	-	0,21	
	III	16,07	-	1,28	1,44	-	1,02	1,15	-	0,76	0,86	-	0,52	0,58	-	0,29	0,32	-	0,10	0,11	-	-	
	IV	28,62	-	2,28	2,57	-	2,11	2,37	-	1,94	2,18	-	1,77	1,99	-	1,60	1,80	-	1,44	1,62	-	1,29	
	V	44,46	-	3,55	4,00																		
	VI	45,93	-	3,67	4,13																		
165,39	I	28,65	-	2,29	2,57	-	1,94	2,18	-	1,61	1,81	-	1,29	1,45	-	0,99	1,12	-	0,71	0,80	-	0,45	
	II	24,49	-	1,95	2,20	-	1,62	1,82	-	1,31	1,47	-	1,01	1,13	-	0,72	0,82	-	0,46	0,52	-	0,21	
	III	16,09	-	1,28	1,44	-	1,02	1,15	-	0,76	0,86	-	0,52	0,58	-	0,29	0,32	-	0,10	0,11	-	-	
	IV	28,65	-	2,29	2,57	-	2,11	2,37	-	1,94	2,18	-	1,77	1,99	-	1,61	1,81	-	1,45	1,63	-	1,29	
	V	44,49	-	3,55	4,00																		
	VI	45,97	-	3,67	4,13																		
165,49	I	28,68	-	2,29	2,58	-	1,94	2,18	-	1,61	1,81	-	1,29	1,45	-	0,99	1,12	-	0,71	0,80	-	0,45	
	II	24,51	-	1,96	2,20	-	1,62	1,83	-	1,31	1,47	-	1,01	1,13	-	0,73	0,82	-	0,46	0,52	-	0,22	
	III	16,11	-	1,28	1,44	-	1,02	1,15	-	0,77	0,86	-	0,52	0,59	-	0,29	0,33	-	0,10	0,11	-	-	
	IV	28,68	-	2,29	2,58	-	2,11	2,38	-	1,94	2,18	-	1,77	1,99	-	1,61	1,81	-	1,45	1,63	-	1,29	
	V	44,53	-	3,56	4,00																		
	VI	46,00	-	3,68	4,14																		
165,59	I	28,71	-	2,29	2,58	-	1,94	2,19	-	1,61	1,81	-	1,29	1,46	-	1,00	1,12	-	0,72	0,81	-	0,45	
	II	24,54	-	1,96	2,20	-	1,63	1,83	-	1,31	1,47	-	1,01	1,14	-	0,73	0,82	-	0,46	0,52	-	0,22	
	III	16,13	-	1,29	1,45	-	1,02	1,15	-	0,77	0,86	-	0,52	0,59	-	0,29	0,33	-	0,10	0,11	-	-	
	IV	28,71	-	2,29	2,58	-	2,12	2,38	-	1,94	2,19	-	1,77	2,00	-	1,61	1,81	-	1,45	1,63	-	1,29	
	V	44,56	-	3,56	4,01																		
	VI	46,03	-	3,68	4,14																		
165,69	I	28,73	-	2,29	2,58	-	1,94	2,19	-	1,61	1,81	-	1,30	1,46	-	1,00	1,12	-	0,72	0,81	-	0,45	
	II	24,57	-	1,96	2,21	-	1,63	1,83	-	1,31	1,48	-	1,01	1,14	-	0,73	0,82	-	0,47	0,52	-	0,22	
	III	16,16	-	1,29	1,45	-	1,02	1,15	-	0,77	0,87	-	0,52	0,59	-	0,29	0,33	-	0,10	0,11	-	-	
	IV	28,73	-	2,29	2,58	-	2,12	2,38	-	1,94	2,19	-	1,78	2,00	-	1,61	1,81	-	1,45	1,63	-	1,30	
	V	44,59	-	3,56	4,01																		
	VI	46,07	-	3,68	4,14																		
165,79	I	28,76	-	2,30	2,58	-	1,95	2,19	-	1,61	1,82	-	1,30	1,46	-	1,00	1,13	-	0,72	0,81	-	0,46	
	II	24,60	-	1,96	2,21	-	1,63	1,83	-	1,31	1,48	-	1,01	1,14	-	0,73	0,82	-	0,47	0,53	-	0,22	
	III	16,18	-	1,29	1,45	-	1,03	1,15	-	0,77	0,87	-	0,52	0,59	-	0,29	0,33	-	0,10	0,11	-	-	
	IV	28,76	-	2,30	2,58	-	2,12	2,38	-	1,95	2,19	-	1,78	2,00	-	1,61	1,82	-	1,45	1,64	-	1,30	
	V	44,63	-	3,57	4,01																		
	VI	46,10	-	3,68	4,14																		
165,89	I	28,80	-	2,30	2,59	-	1,95	2,19	-	1,62	1,82	-	1,30	1,46	-	1,00	1,13	-	0,72	0,81	-	0,46	
	II	24,63	-	1,97	2,21	-	1,63	1,84	-	1,32	1,48	-	1,02	1,14	-	0,73	0,83	-	0,47	0,53	-	0,22	
	III	16,20	-	1,29	1,45	-	1,03	1,16	-	0,77	0,87	-	0,53	0,59	-	0,29	0,33	-	0,10	0,12	-	-	
	IV	28,80	-	2,30	2,59	-	2,12	2,39	-	1,95	2,19	-	1,78	2,00	-	1,62	1,82	-	1,46	1,64	-	1,30	
	V	44,66	-	3,57	4,01																		
	VI	46,14	-	3,69	4,15																		
165,99	I	28,82	-	2,30	2,59	-	1,95	2,20	-	1,62	1,82	-	1,30	1,47	-	1,00	1,13	-	0,72	0,81	-	0,46	
	II	24,65	-	1,97	2,21	-	1,63	1,84	-	1,32	1,48	-	1,02	1,15	-	0,74	0,83	-	0,47	0,53	-	0,22	
	III	16,22	-	1,29	1,45	-	1,03	1,16	-	0,77	0,87	-	0,53	0,59	-	0,30	0,33	-	0,10	0,12	-	-	
	IV	28,82	-	2,30	2,59	-	2,12	2,39	-	1,95	2,20	-	1,78	2,01	-	1,62	1,82	-	1,46	1,64	-	1,30	
	V	44,70	-	3,57	4,02																		
	VI	46,17	-	3,69	4,15																		
166,09	I	28,85	-	2,30	2,59	-	1,95	2,20	-	1,62	1,82	-	1,30	1,47	-	1,01	1,13	-	0,72	0,81	-	0,46	
	II	24,68	-	1,97	2,22	-	1,64	1,84	-	1,32	1,48	-	1,02	1,15	-	0,74	0,83	-	0,47	0,53	-	0,22	
	III	16,25	-	1,30	1,46	-	1,03	1,16	-	0,78	0,87	-	0,53	0,60	-	0,30	0,34	-	0,10	0,12	-	-	
	IV	28,85	-	2,30	2,59	-	2,13	2,39	-	1,95	2,20	-	1,78	2,01	-	1,62	1,82	-	1,46	1,64	-	1,30	
	V	44,73	-	3,57	4,02																		
	VI	46,21	-	3,69	4,15																		
166,19	I	28,88	-	2,31	2,59	-	1,96	2,20	-	1,62	1,83	-	1,31	1,47	-	1,01	1,13	-	0,73	0,82	-	0,46	
	II	24,71	-	1,97	2,22	-	1,64	1,84	-	1,32	1,49	-	1,02	1,15	-	0,74	0,83	-	0,47	0,53	-	0,23	
	III	16,27	-	1,30	1,46	-	1,03	1,16	-	0,78	0,88	-	0,53	0,60	-	0,30	0,34	-	0,11	0,12	-	-	
	IV	28,88	-	2,31	2,59	-	2,13	2,40	-	1,96	2,20	-	1,79	2,01	-	1,62	1,83	-	1,46	1,65	-	1,31	
	V	44,76	-	3,58	4,02																		
	VI	46,24	-	3,69	4,16																		
166,29	I	28,91	-	2,31	2,60	-	1,96	2,20	-	1,62	1,83	-	1,31	1,47	-	1,01	1,14	-	0,73	0,82	-	0,46	
	II	24,74	-	1,97	2,22	-	1,64	1,85	-	1,32	1,49	-	1,02	1,15	-	0,74	0,83	-	0,48	0,54	-	0,23	
	III	16,29	-	1,30	1,46	-	1,04	1,17	-	0,78	0,88	-	0,53	0,60	-	0,30	0,34	-	0,11	0,12	-	-	
	IV	28,91	-	2,31	2,60	-	2,13	2,40	-	1,96	2,20	-	1,79	2,01	-	1,62	1,83	-	1,46	1,65	-	1,31	
	V	44,80	-	3,58	4,03																		
	VI	46,28	-	3,70	4,16																		
166,39	I	28,95	-	2,31	2,60	-	1,96	2,21	-	1,63	1,83	-	1,31	1,48	-	1,01	1,14	-	0,73	0,82	-	0,47	
	II	24,77	-	1,98	2,22	-	1,64	1,85	-	1,33	1,49	-	1,03	1,15	-	0,74	0,84	-	0,48	0,54	-	0,23	
	III	16,31	-	1,30	1,46	-	1,04	1,17	-	0,78	0,88	-	0,54	0,60	-	0,30	0,34	-	0,11	0,12	-	-	
	IV	28,95	-	2,31	2,60	-	2,13	2,40	-	1,96	2,21	-	1,79	2,02	-	1,63	1,83	-	1,47	1,65	-	1,31	
	V	44,84	-	3,58	4,03																		
	VI	46,31	-	3,70	4,16																		
166,49	I	28,98	-	2,31	2,60	-	1,96	2,21	-	1,63	1,83	-	1,31	1,48	-	1,01	1,14	-	0,73	0,82	-	0,47	
	II	24,80	-	1,98	2,23	-	1,64	1,85	-	1,33	1,49	-	1,03	1,16	-	0,75	0,84	-	0,48	0,54	-	0,23	
	III	16,34	-	1,30	1,47	-	1,04	1,17	-	0,78	0,88	-	0,54	0,60	-	0,30	0,34	-	0,11	0,12	-	-	
	IV	28,98	-	2,31	2,60	-	2,14	2,40	-	1,96	2,21	-	1,79	2,02	-	1,63	1,83	-	1,47	1,65	-	1,31	
	V	44,88	-	3,59	4,03																		
	VI	46,35	-	3,70	4,17																		

Lohn/ Gehalt bis	Steuerklasse	Lohn-steuer	ohne Kinderfreibetrag			Anzahl Kinderfreibeträge (nur Steuerklassen I–IV)																	
						0,5			1,0			1,5			2,0			2,5			3,0		
			SolZ 5,5%	Kirchensteuer 8%	9%	SolZ 5,5%	Kirchensteuer 8%	9%	SolZ 5,5%	Kirchensteuer 8%	9%	SolZ 5,5%	Kirchensteuer 8%	9%	SolZ 5,5%	Kirchensteuer 8%	9%	SolZ 5,5%	Kirchensteuer 8%	9%	SolZ 5,5%	Kirchensteuer 8%	9%
166,59	I	29,01	–	2,32	2,61	–	1,97	2,21	–	1,63	1,84	–	1,32	1,48	–	1,02	1,14	–	0,73	0,83	–	0,47	0,53
	II	24,83	–	1,98	2,23	–	1,65	1,85	–	1,33	1,50	–	1,03	1,16	–	0,75	0,84	–	0,48	0,54	–	0,23	0,26
	III	16,36	–	1,30	1,47	–	1,04	1,17	–	0,78	0,88	–	0,54	0,61	–	0,30	0,34	–	0,11	0,13	–	–	–
	IV	29,01	–	2,32	2,61	–	2,14	2,41	–	1,97	2,21	–	1,80	2,02	–	1,63	1,84	–	1,47	1,66	–	1,32	1,48
	V	44,91	–	3,59	4,04																		
	VI	46,39	–	3,71	4,17																		
166,69	I	29,05	–	2,32	2,61	–	1,97	2,21	–	1,63	1,84	–	1,32	1,48	–	1,02	1,15	–	0,74	0,83	–	0,47	0,53
	II	24,86	–	1,98	2,23	–	1,65	1,86	–	1,33	1,50	–	1,03	1,16	–	0,75	0,84	–	0,48	0,54	–	0,23	0,26
	III	16,39	–	1,31	1,47	–	1,04	1,17	–	0,79	0,89	–	0,54	0,61	–	0,31	0,35	–	0,11	0,13	–	–	–
	IV	29,05	–	2,32	2,61	–	2,14	2,41	–	1,97	2,21	–	1,80	2,02	–	1,63	1,84	–	1,47	1,66	–	1,32	1,48
	V	44,95	–	3,59	4,04																		
	VI	46,43	–	3,71	4,17																		
166,79	I	29,08	–	2,32	2,61	–	1,97	2,22	–	1,64	1,84	–	1,32	1,49	–	1,02	1,15	–	0,74	0,83	–	0,47	0,53
	II	24,90	–	1,99	2,24	–	1,65	1,86	–	1,34	1,50	–	1,03	1,16	–	0,75	0,85	–	0,48	0,55	–	0,24	0,27
	III	16,41	–	1,31	1,47	–	1,04	1,17	–	0,79	0,89	–	0,54	0,61	–	0,31	0,35	–	0,11	0,13	–	–	–
	IV	29,08	–	2,32	2,61	–	2,14	2,41	–	1,97	2,22	–	1,80	2,03	–	1,64	1,84	–	1,48	1,66	–	1,32	1,49
	V	44,99	–	3,59	4,04																		
	VI	46,47	–	3,71	4,18																		
166,89	I	29,11	–	2,32	2,61	–	1,97	2,22	–	1,64	1,84	–	1,32	1,49	–	1,02	1,15	–	0,74	0,83	–	0,47	0,53
	II	24,93	–	1,99	2,24	–	1,65	1,86	–	1,34	1,50	–	1,04	1,17	–	0,75	0,85	–	0,49	0,55	–	0,24	0,27
	III	16,44	–	1,31	1,47	–	1,05	1,18	–	0,79	0,89	–	0,54	0,61	–	0,31	0,35	–	0,12	0,13	–	–	–
	IV	29,11	–	2,32	2,61	–	2,15	2,42	–	1,97	2,22	–	1,80	2,03	–	1,64	1,84	–	1,48	1,66	–	1,32	1,49
	V	45,03	–	3,60	4,05																		
	VI	46,51	–	3,72	4,18																		
166,99	I	29,14	–	2,33	2,62	–	1,98	2,22	–	1,64	1,85	–	1,32	1,49	–	1,02	1,15	–	0,74	0,83	–	0,48	0,54
	II	24,96	–	1,99	2,24	–	1,66	1,86	–	1,34	1,51	–	1,04	1,17	–	0,76	0,85	–	0,49	0,55	–	0,24	0,27
	III	16,46	–	1,31	1,48	–	1,05	1,18	–	0,79	0,89	–	0,55	0,61	–	0,31	0,35	–	0,12	0,13	–	–	–
	IV	29,14	–	2,33	2,62	–	2,15	2,42	–	1,98	2,22	–	1,81	2,03	–	1,64	1,85	–	1,48	1,67	–	1,32	1,49
	V	45,06	–	3,60	4,05																		
	VI	46,54	–	3,72	4,18																		
167,09	I	29,18	–	2,33	2,62	–	1,98	2,23	–	1,64	1,85	–	1,33	1,49	–	1,03	1,16	–	0,74	0,84	–	0,48	0,54
	II	24,99	–	1,99	2,24	–	1,66	1,87	–	1,34	1,51	–	1,04	1,17	–	0,76	0,85	–	0,49	0,55	–	0,24	0,27
	III	16,48	–	1,31	1,48	–	1,05	1,18	–	0,79	0,89	–	0,55	0,62	–	0,31	0,35	–	0,12	0,13	–	–	–
	IV	29,18	–	2,33	2,62	–	2,15	2,42	–	1,98	2,23	–	1,81	2,04	–	1,64	1,85	–	1,48	1,67	–	1,33	1,49
	V	45,10	–	3,60	4,05																		
	VI	46,58	–	3,72	4,19																		
167,19	I	29,21	–	2,33	2,62	–	1,98	2,23	–	1,65	1,85	–	1,33	1,50	–	1,03	1,16	–	0,75	0,84	–	0,48	0,54
	II	25,02	–	2,00	2,25	–	1,66	1,87	–	1,34	1,51	–	1,04	1,17	–	0,76	0,85	–	0,49	0,55	–	0,24	0,27
	III	16,51	–	1,32	1,48	–	1,05	1,18	–	0,80	0,90	–	0,55	0,62	–	0,31	0,35	–	0,12	0,13	–	–	–
	IV	29,21	–	2,33	2,62	–	2,15	2,42	–	1,98	2,23	–	1,81	2,04	–	1,65	1,85	–	1,49	1,67	–	1,33	1,50
	V	45,14	–	3,61	4,06																		
	VI	46,62	–	3,72	4,19																		
167,29	I	29,24	–	2,33	2,63	–	1,98	2,23	–	1,65	1,85	–	1,33	1,50	–	1,03	1,16	–	0,75	0,84	–	0,48	0,54
	II	25,05	–	2,00	2,25	–	1,66	1,87	–	1,35	1,51	–	1,04	1,18	–	0,76	0,86	–	0,49	0,56	–	0,24	0,28
	III	16,53	–	1,32	1,48	–	1,05	1,19	–	0,80	0,90	–	0,55	0,62	–	0,32	0,36	–	0,12	0,14	–	–	–
	IV	29,24	–	2,33	2,63	–	2,16	2,43	–	1,98	2,23	–	1,81	2,04	–	1,65	1,85	–	1,49	1,67	–	1,33	1,50
	V	45,18	–	3,61	4,06																		
	VI	46,66	–	3,73	4,19																		
167,39	I	29,27	–	2,34	2,63	–	1,99	2,23	–	1,65	1,86	–	1,33	1,50	–	1,03	1,16	–	0,75	0,84	–	0,48	0,54
	II	25,08	–	2,00	2,25	–	1,67	1,88	–	1,35	1,52	–	1,05	1,18	–	0,76	0,86	–	0,50	0,56	–	0,25	0,28
	III	16,56	–	1,32	1,49	–	1,06	1,19	–	0,80	0,90	–	0,55	0,62	–	0,32	0,36	–	0,12	0,14	–	–	–
	IV	29,27	–	2,34	2,63	–	2,16	2,43	–	1,99	2,23	–	1,82	2,04	–	1,65	1,86	–	1,49	1,68	–	1,33	1,50
	V	45,22	–	3,61	4,06																		
	VI	46,70	–	3,73	4,20																		
167,49	I	29,31	–	2,34	2,63	–	1,99	2,24	–	1,65	1,86	–	1,34	1,50	–	1,04	1,17	–	0,75	0,85	–	0,49	0,55
	II	25,12	–	2,00	2,26	–	1,67	1,88	–	1,35	1,52	–	1,05	1,18	–	0,77	0,86	–	0,50	0,56	–	0,25	0,28
	III	16,58	–	1,32	1,49	–	1,06	1,19	–	0,80	0,90	–	0,55	0,62	–	0,32	0,36	–	0,12	0,14	–	–	–
	IV	29,31	–	2,34	2,63	–	2,16	2,43	–	1,99	2,24	–	1,82	2,05	–	1,65	1,86	–	1,49	1,68	–	1,34	1,50
	V	45,26	–	3,62	4,07																		
	VI	46,73	–	3,73	4,20																		
167,59	I	29,34	–	2,34	2,64	–	1,99	2,24	–	1,66	1,86	–	1,34	1,51	–	1,04	1,17	–	0,75	0,85	–	0,49	0,55
	II	25,15	–	2,01	2,26	–	1,67	1,88	–	1,35	1,52	–	1,05	1,18	–	0,77	0,86	–	0,50	0,56	–	0,25	0,28
	III	16,61	–	1,32	1,49	–	1,06	1,19	–	0,80	0,90	–	0,56	0,63	–	0,32	0,36	–	0,12	0,14	–	–	–
	IV	29,34	–	2,34	2,64	–	2,16	2,43	–	1,99	2,24	–	1,82	2,05	–	1,66	1,86	–	1,49	1,68	–	1,34	1,51
	V	45,30	–	3,62	4,07																		
	VI	46,77	–	3,74	4,20																		
167,69	I	29,37	–	2,34	2,64	–	1,99	2,24	–	1,66	1,87	–	1,34	1,51	–	1,04	1,17	–	0,76	0,85	–	0,49	0,55
	II	25,18	–	2,01	2,26	–	1,67	1,88	–	1,36	1,53	–	1,05	1,19	–	0,77	0,87	–	0,50	0,57	–	0,25	0,28
	III	16,63	–	1,33	1,49	–	1,06	1,19	–	0,80	0,91	–	0,56	0,63	–	0,32	0,36	–	0,12	0,14	–	–	–
	IV	29,37	–	2,34	2,64	–	2,17	2,44	–	1,99	2,24	–	1,82	2,05	–	1,66	1,87	–	1,50	1,68	–	1,34	1,51
	V	45,33	–	3,62	4,07																		
	VI	46,81	–	3,74	4,21																		
167,79	I	29,41	–	2,35	2,64	–	2,00	2,25	–	1,66	1,87	–	1,34	1,51	–	1,04	1,17	–	0,76	0,85	–	0,49	0,55
	II	25,21	–	2,01	2,26	–	1,68	1,89	–	1,36	1,53	–	1,06	1,19	–	0,77	0,87	–	0,50	0,57	–	0,25	0,29
	III	16,66	–	1,33	1,49	–	1,06	1,20	–	0,81	0,91	–	0,56	0,63	–	0,32	0,36	–	0,13	0,14	–	–	–
	IV	29,41	–	2,35	2,64	–	2,17	2,44	–	2,00	2,25	–	1,83	2,05	–	1,66	1,87	–	1,50	1,69	–	1,34	1,51
	V	45,37	–	3,62	4,08																		
	VI	46,85	–	3,74	4,21																		
167,89	I	29,44	–	2,35	2,64	–	2,00	2,25	–	1,66	1,87	–	1,34	1,51	–	1,04	1,17	–	0,76	0,86	–	0,49	0,56
	II	25,24	–	2,01	2,27	–	1,68	1,89	–	1,36	1,53	–	1,06	1,19	–	0,77	0,87	–	0,51	0,57	–	0,26	0,29
	III	16,68	–	1,33	1,50	–	1,06	1,20	–	0,81	0,91	–	0,56	0,63	–	0,33	0,37	–	0,13	0,14	–	–	–
	IV	29,44	–	2,35	2,64	–	2,17	2,44	–	2,00	2,25	–	1,83	2,06	–	1,66	1,87	–	1,50	1,69	–	1,34	1,51
	V	45,41	–	3,63	4,08																		
	VI	46,89	–	3,75	4,22																		
167,99	I	29,47	–	2,35	2,65	–	2,00	2,25	–	1,66	1,87	–	1,35	1,52	–	1,05	1,18	–	0,76	0,86	–	0,50	0,56
	II	25,27	–	2,02	2,27	–	1,68	1,89	–	1,36	1,53	–	1,06	1,19	–	0,78	0,87	–	0,51	0,57	–	0,26	0,29
	III	16,71	–	1,33	1,50	–	1,07	1,20	–	0,81	0,91	–	0,56	0,63	–	0,33	0,37	–	0,13	0,15	–	–	–
	IV	29,47	–	2,35	2,65	–	2,17	2,45	–	2,00	2,25	–	1,83	2,06	–	1,66	1,87	–	1,50	1,69	–	1,35	1,52
	V	45,45	–	3,63	4,09																		
	VI	46,92	–	3,75	4,22																		

Lohn/ Gehalt bis	Steuerklasse	Lohnsteuer	ohne Kinderfreibetrag			Anzahl Kinderfreibeträge (nur Steuerklassen I–IV)																
						0,5			1,0			1,5			2,0			2,5			3,0	
			SolZ 5,5%	Kirchensteuer 8%	Kirchensteuer 9%	SolZ 5,5%	Kirchensteuer 8%	Kirchensteuer 9%	SolZ 5,5%	Kirchensteuer 8%	Kirchensteuer 9%	SolZ 5,5%	Kirchensteuer 8%	Kirchensteuer 9%	SolZ 5,5%	Kirchensteuer 8%	Kirchensteuer 9%	SolZ 5,5%	Kirchensteuer 8%	Kirchensteuer 9%	SolZ 5,5%	Kirchensteuer 8%
168,09	I	29,50	–	2,36	2,65	–	2,00	2,25	–	1,67	1,88	–	1,35	1,52	–	1,05	1,18	–	0,76	0,86	–	0,50
	II	25,31	–	2,02	2,27	–	1,68	1,89	–	1,36	1,53	–	1,06	1,20	–	0,78	0,88	–	0,51	0,57	–	0,26
	III	16,73	–	1,33	1,50	–	1,07	1,20	–	0,81	0,91	–	0,56	0,64	–	0,33	0,37	–	0,13	0,15	–	–
	IV	29,50	–	2,36	2,65	–	2,18	2,45	–	2,00	2,25	–	1,83	2,06	–	1,67	1,88	–	1,51	1,70	–	1,35
	V	45,49	–	3,63	4,09																	
	VI	46,96	–	3,75	4,22																	
168,19	I	29,54	–	2,36	2,65	–	2,01	2,26	–	1,67	1,88	–	1,35	1,52	–	1,05	1,18	–	0,77	0,86	–	0,50
	II	25,34	–	2,02	2,28	–	1,69	1,90	–	1,37	1,54	–	1,06	1,20	–	0,78	0,88	–	0,51	0,58	–	0,26
	III	16,76	–	1,34	1,50	–	1,07	1,21	–	0,81	0,92	–	0,57	0,64	–	0,33	0,37	–	0,13	0,15	–	–
	IV	29,54	–	2,36	2,65	–	2,18	2,45	–	2,01	2,26	–	1,84	2,07	–	1,67	1,88	–	1,51	1,70	–	1,35
	V	45,52	–	3,64	4,09																	
	VI	47,00	–	3,76	4,23																	
168,29	I	29,57	–	2,36	2,66	–	2,01	2,26	–	1,67	1,88	–	1,35	1,52	–	1,05	1,18	–	0,77	0,86	–	0,50
	II	25,37	–	2,02	2,28	–	1,69	1,90	–	1,37	1,54	–	1,07	1,20	–	0,78	0,88	–	0,51	0,58	–	0,26
	III	16,78	–	1,34	1,51	–	1,07	1,21	–	0,82	0,92	–	0,57	0,64	–	0,33	0,37	–	0,13	0,15	–	–
	IV	29,57	–	2,36	2,66	–	2,18	2,46	–	2,01	2,26	–	1,84	2,07	–	1,67	1,88	–	1,51	1,70	–	1,35
	V	45,56	–	3,64	4,10																	
	VI	47,04	–	3,76	4,23																	
168,39	I	29,60	–	2,36	2,66	–	2,01	2,26	–	1,67	1,88	–	1,36	1,53	–	1,05	1,19	–	0,77	0,87	–	0,50
	II	25,40	–	2,03	2,28	–	1,69	1,90	–	1,37	1,54	–	1,07	1,20	–	0,78	0,88	–	0,52	0,58	–	0,26
	III	16,81	–	1,34	1,51	–	1,07	1,21	–	0,82	0,92	–	0,57	0,64	–	0,33	0,38	–	0,13	0,15	–	–
	IV	29,60	–	2,36	2,66	–	2,18	2,46	–	2,01	2,26	–	1,84	2,07	–	1,67	1,88	–	1,51	1,70	–	1,36
	V	45,60	–	3,64	4,10																	
	VI	47,08	–	3,76	4,23																	
168,49	I	29,64	–	2,37	2,66	–	2,01	2,26	–	1,68	1,89	–	1,36	1,53	–	1,06	1,19	–	0,77	0,87	–	0,50
	II	25,43	–	2,03	2,28	–	1,69	1,90	–	1,37	1,55	–	1,07	1,21	–	0,79	0,88	–	0,52	0,58	–	0,27
	III	16,83	–	1,34	1,51	–	1,08	1,21	–	0,82	0,92	–	0,57	0,64	–	0,34	0,38	–	0,14	0,15	–	–
	IV	29,64	–	2,37	2,66	–	2,19	2,46	–	2,01	2,26	–	1,84	2,07	–	1,68	1,89	–	1,52	1,71	–	1,36
	V	45,64	–	3,65	4,10																	
	VI	47,11	–	3,76	4,23																	
168,59	I	29,67	–	2,37	2,67	–	2,02	2,27	–	1,68	1,89	–	1,36	1,53	–	1,06	1,19	–	0,77	0,87	–	0,51
	II	25,46	–	2,03	2,29	–	1,70	1,91	–	1,38	1,55	–	1,07	1,21	–	0,79	0,89	–	0,52	0,58	–	0,27
	III	16,86	–	1,34	1,51	–	1,08	1,21	–	0,82	0,92	–	0,57	0,65	–	0,34	0,38	–	0,14	0,15	–	–
	IV	29,67	–	2,37	2,67	–	2,19	2,46	–	2,02	2,27	–	1,85	2,08	–	1,68	1,89	–	1,52	1,71	–	1,36
	V	45,68	–	3,65	4,11																	
	VI	47,15	–	3,77	4,24																	
168,69	I	29,70	–	2,37	2,67	–	2,02	2,27	–	1,68	1,89	–	1,36	1,53	–	1,06	1,19	–	0,78	0,87	–	0,51
	II	25,49	–	2,03	2,29	–	1,70	1,91	–	1,38	1,55	–	1,08	1,21	–	0,79	0,89	–	0,52	0,59	–	0,27
	III	16,88	–	1,35	1,51	–	1,08	1,22	–	0,82	0,93	–	0,58	0,65	–	0,34	0,38	–	0,14	0,16	–	–
	IV	29,70	–	2,37	2,67	–	2,19	2,47	–	2,02	2,27	–	1,85	2,08	–	1,68	1,89	–	1,52	1,71	–	1,36
	V	45,71	–	3,65	4,11																	
	VI	47,19	–	3,77	4,24																	
168,79	I	29,73	–	2,37	2,67	–	2,02	2,27	–	1,68	1,89	–	1,36	1,54	–	1,06	1,20	–	0,78	0,88	–	0,51
	II	25,53	–	2,04	2,29	–	1,70	1,91	–	1,38	1,55	–	1,08	1,21	–	0,79	0,89	–	0,52	0,59	–	0,27
	III	16,90	–	1,35	1,52	–	1,08	1,22	–	0,83	0,93	–	0,58	0,65	–	0,34	0,38	–	0,14	0,16	–	–
	IV	29,73	–	2,37	2,67	–	2,20	2,47	–	2,02	2,27	–	1,85	2,08	–	1,68	1,89	–	1,52	1,71	–	1,36
	V	45,75	–	3,66	4,11																	
	VI	47,23	–	3,77	4,25																	
168,89	I	29,77	–	2,38	2,67	–	2,02	2,28	–	1,69	1,90	–	1,37	1,54	–	1,06	1,20	–	0,78	0,88	–	0,51
	II	25,56	–	2,04	2,30	–	1,70	1,92	–	1,38	1,56	–	1,08	1,21	–	0,79	0,89	–	0,52	0,59	–	0,27
	III	16,93	–	1,35	1,52	–	1,08	1,22	–	0,83	0,93	–	0,58	0,65	–	0,34	0,38	–	0,14	0,16	–	–
	IV	29,77	–	2,38	2,67	–	2,20	2,47	–	2,02	2,28	–	1,85	2,08	–	1,69	1,90	–	1,52	1,72	–	1,37
	V	45,79	–	3,66	4,12																	
	VI	47,27	–	3,78	4,25																	
168,99	I	29,80	–	2,38	2,68	–	2,03	2,28	–	1,69	1,90	–	1,37	1,54	–	1,07	1,20	–	0,78	0,88	–	0,51
	II	25,59	–	2,04	2,30	–	1,70	1,92	–	1,38	1,56	–	1,08	1,22	–	0,80	0,90	–	0,53	0,59	–	0,28
	III	16,95	–	1,35	1,52	–	1,09	1,22	–	0,83	0,93	–	0,58	0,65	–	0,34	0,39	–	0,14	0,16	–	–
	IV	29,80	–	2,38	2,68	–	2,20	2,48	–	2,03	2,28	–	1,86	2,09	–	1,69	1,90	–	1,53	1,72	–	1,37
	V	45,83	–	3,66	4,12																	
	VI	47,30	–	3,78	4,25																	
169,09	I	29,83	–	2,38	2,68	–	2,03	2,28	–	1,69	1,90	–	1,37	1,54	–	1,07	1,20	–	0,78	0,88	–	0,52
	II	25,62	–	2,04	2,30	–	1,71	1,92	–	1,39	1,56	–	1,08	1,22	–	0,80	0,90	–	0,53	0,60	–	0,28
	III	16,98	–	1,35	1,52	–	1,09	1,22	–	0,83	0,94	–	0,58	0,66	–	0,34	0,39	–	0,14	0,16	–	–
	IV	29,83	–	2,38	2,68	–	2,20	2,48	–	2,03	2,28	–	1,86	2,09	–	1,69	1,90	–	1,53	1,72	–	1,37
	V	45,87	–	3,66	4,12																	
	VI	47,34	–	3,78	4,26																	
169,19	I	29,87	–	2,38	2,68	–	2,03	2,28	–	1,69	1,91	–	1,37	1,55	–	1,07	1,21	–	0,79	0,89	–	0,52
	II	25,65	–	2,05	2,30	–	1,71	1,92	–	1,39	1,56	–	1,09	1,22	–	0,80	0,90	–	0,53	0,60	–	0,28
	III	17,00	–	1,36	1,53	–	1,09	1,23	–	0,83	0,94	–	0,58	0,66	–	0,35	0,39	–	0,14	0,16	–	–
	IV	29,87	–	2,38	2,68	–	2,21	2,48	–	2,03	2,28	–	1,86	2,09	–	1,69	1,91	–	1,53	1,72	–	1,37
	V	45,90	–	3,67	4,13																	
	VI	47,38	–	3,79	4,26																	
169,29	I	29,90	–	2,39	2,69	–	2,03	2,29	–	1,70	1,91	–	1,38	1,55	–	1,07	1,21	–	0,79	0,89	–	0,52
	II	25,68	–	2,05	2,31	–	1,71	1,93	–	1,39	1,57	–	1,09	1,22	–	0,80	0,90	–	0,53	0,60	–	0,28
	III	17,02	–	1,36	1,53	–	1,09	1,23	–	0,83	0,94	–	0,59	0,66	–	0,35	0,39	–	0,15	0,16	–	–
	IV	29,90	–	2,39	2,69	–	2,21	2,48	–	2,03	2,29	–	1,86	2,10	–	1,70	1,91	–	1,53	1,73	–	1,38
	V	45,94	–	3,67	4,13																	
	VI	47,42	–	3,79	4,26																	
169,39	I	29,93	–	2,39	2,69	–	2,04	2,29	–	1,70	1,91	–	1,38	1,55	–	1,08	1,21	–	0,79	0,89	–	0,52
	II	25,71	–	2,05	2,31	–	1,71	1,93	–	1,39	1,57	–	1,09	1,23	–	0,80	0,90	–	0,53	0,60	–	0,28
	III	17,05	–	1,36	1,53	–	1,09	1,23	–	0,84	0,94	–	0,59	0,66	–	0,35	0,39	–	0,15	0,17	–	–
	IV	29,93	–	2,39	2,69	–	2,21	2,49	–	2,04	2,29	–	1,86	2,10	–	1,70	1,91	–	1,54	1,73	–	1,38
	V	45,98	–	3,67	4,13																	
	VI	47,46	–	3,79	4,27																	
169,49	I	29,97	–	2,39	2,69	–	2,04	2,29	–	1,70	1,91	–	1,38	1,55	–	1,08	1,21	–	0,79	0,89	–	0,52
	II	25,75	–	2,06	2,31	–	1,72	1,93	–	1,40	1,57	–	1,09	1,23	–	0,81	0,91	–	0,54	0,60	–	0,28
	III	17,07	–	1,36	1,53	–	1,10	1,23	–	0,84	0,94	–	0,59	0,66	–	0,35	0,40	–	0,15	0,17	–	–
	IV	29,97	–	2,39	2,69	–	2,21	2,49	–	2,04	2,29	–	1,87	2,10	–	1,70	1,91	–	1,54	1,73	–	1,38
	V	46,02	–	3,68	4,14																	
	VI	47,50	–	3,80	4,27																	

Lohn/ Gehalt bis	Steuerklasse	Lohn-steuer	ohne Kinderfreibetrag			Anzahl Kinderfreibeträge (nur Steuerklassen I–IV)																	
						0,5			1,0			1,5			2,0			2,5			3,0		
			SolZ 5,5%	Kirchensteuer 8%	9%	SolZ 5,5%	Kirchensteuer 8%	9%	SolZ 5,5%	Kirchensteuer 8%	9%	SolZ 5,5%	Kirchensteuer 8%	9%	SolZ 5,5%	Kirchensteuer 8%	9%	SolZ 5,5%	Kirchensteuer 8%	9%	SolZ 5,5%	Kirchensteuer 8%	9%
169,59	I	30,00	-	2,40	2,70	-	2,04	2,30	-	1,70	1,92	-	1,38	1,56	-	1,08	1,22	-	0,79	0,89	-	0,53	0,59
	II	25,78	-	2,06	2,32	-	1,72	1,93	-	1,40	1,57	-	1,09	1,23	-	0,81	0,91	-	0,54	0,61	-	0,29	0,32
	III	17,10	-	1,36	1,53	-	1,10	1,24	-	0,84	0,95	-	0,59	0,67	-	0,35	0,40	-	0,15	0,17	-	-	-
	IV	30,00	-	2,40	2,70	-	2,22	2,49	-	2,04	2,30	-	1,87	2,10	-	1,70	1,92	-	1,54	1,73	-	1,38	1,56
	V	46,06	-	3,68	4,14																		
	VI	47,53	-	3,80	4,27																		
169,69	I	30,03	-	2,40	2,70	-	2,04	2,30	-	1,71	1,92	-	1,39	1,56	-	1,08	1,22	-	0,80	0,90	-	0,53	0,59
	II	25,81	-	2,06	2,32	-	1,72	1,94	-	1,40	1,58	-	1,10	1,23	-	0,81	0,91	-	0,54	0,61	-	0,29	0,32
	III	17,12	-	1,36	1,54	-	1,10	1,24	-	0,84	0,95	-	0,59	0,67	-	0,36	0,40	-	0,15	0,17	-	-	-
	IV	30,03	-	2,40	2,70	-	2,22	2,50	-	2,04	2,30	-	1,87	2,11	-	1,71	1,92	-	1,54	1,74	-	1,39	1,56
	V	46,10	-	3,68	4,14																		
	VI	47,57	-	3,80	4,28																		
169,79	I	30,07	-	2,40	2,70	-	2,05	2,30	-	1,71	1,92	-	1,39	1,56	-	1,08	1,22	-	0,80	0,90	-	0,53	0,60
	II	25,84	-	2,06	2,32	-	1,72	1,94	-	1,40	1,58	-	1,10	1,24	-	0,81	0,91	-	0,54	0,61	-	0,29	0,33
	III	17,15	-	1,37	1,54	-	1,10	1,24	-	0,84	0,95	-	0,60	0,67	-	0,36	0,40	-	0,15	0,17	-	-	-
	IV	30,07	-	2,40	2,70	-	2,22	2,50	-	2,05	2,30	-	1,88	2,11	-	1,71	1,92	-	1,55	1,74	-	1,39	1,56
	V	46,13	-	3,69	4,15																		
	VI	47,61	-	3,80	4,28																		
169,89	I	30,10	-	2,40	2,70	-	2,05	2,30	-	1,71	1,92	-	1,39	1,56	-	1,09	1,22	-	0,80	0,90	-	0,53	0,60
	II	25,87	-	2,06	2,32	-	1,73	1,94	-	1,40	1,58	-	1,10	1,24	-	0,81	0,92	-	0,54	0,61	-	0,29	0,33
	III	17,17	-	1,37	1,54	-	1,10	1,24	-	0,85	0,95	-	0,60	0,67	-	0,36	0,40	-	0,15	0,17	-	-	-
	IV	30,10	-	2,40	2,70	-	2,22	2,50	-	2,05	2,30	-	1,88	2,11	-	1,71	1,92	-	1,55	1,74	-	1,39	1,56
	V	46,17	-	3,69	4,15																		
	VI	47,65	-	3,81	4,28																		
169,99	I	30,13	-	2,41	2,71	-	2,05	2,31	-	1,71	1,93	-	1,39	1,57	-	1,09	1,23	-	0,80	0,90	-	0,53	0,60
	II	25,90	-	2,07	2,33	-	1,73	1,95	-	1,41	1,58	-	1,10	1,24	-	0,82	0,92	-	0,55	0,61	-	0,29	0,33
	III	17,20	-	1,37	1,54	-	1,10	1,24	-	0,85	0,95	-	0,60	0,67	-	0,36	0,41	-	0,16	0,18	-	-	-
	IV	30,13	-	2,41	2,71	-	2,23	2,51	-	2,05	2,31	-	1,88	2,12	-	1,71	1,93	-	1,55	1,74	-	1,39	1,57
	V	46,21	-	3,69	4,15																		
	VI	47,69	-	3,81	4,29																		
170,09	I	30,16	-	2,41	2,71	-	2,05	2,31	-	1,72	1,93	-	1,39	1,57	-	1,09	1,23	-	0,80	0,90	-	0,54	0,60
	II	25,94	-	2,07	2,33	-	1,73	1,95	-	1,41	1,59	-	1,11	1,24	-	0,82	0,92	-	0,55	0,62	-	0,29	0,33
	III	17,22	-	1,37	1,54	-	1,11	1,25	-	0,85	0,96	-	0,60	0,68	-	0,36	0,41	-	0,16	0,18	-	-	-
	IV	30,16	-	2,41	2,71	-	2,23	2,51	-	2,05	2,31	-	1,88	2,12	-	1,72	1,93	-	1,55	1,75	-	1,39	1,57
	V	46,25	-	3,70	4,16																		
	VI	47,73	-	3,81	4,29																		
170,19	I	30,20	-	2,41	2,71	-	2,06	2,31	-	1,72	1,93	-	1,40	1,57	-	1,09	1,23	-	0,81	0,91	-	0,54	0,60
	II	25,97	-	2,07	2,33	-	1,73	1,95	-	1,41	1,59	-	1,11	1,25	-	0,82	0,92	-	0,55	0,62	-	0,30	0,33
	III	17,25	-	1,38	1,55	-	1,11	1,25	-	0,85	0,96	-	0,60	0,68	-	0,36	0,41	-	0,16	0,18	-	-	-
	IV	30,20	-	2,41	2,71	-	2,23	2,51	-	2,06	2,31	-	1,88	2,12	-	1,72	1,93	-	1,56	1,75	-	1,40	1,57
	V	46,28	-	3,70	4,16																		
	VI	47,76	-	3,82	4,29																		
170,29	I	30,23	-	2,41	2,72	-	2,06	2,32	-	1,72	1,94	-	1,40	1,57	-	1,10	1,23	-	0,81	0,91	-	0,54	0,61
	II	26,00	-	2,08	2,34	-	1,74	1,95	-	1,41	1,59	-	1,11	1,25	-	0,82	0,92	-	0,55	0,62	-	0,30	0,34
	III	17,27	-	1,38	1,55	-	1,11	1,25	-	0,85	0,96	-	0,60	0,68	-	0,36	0,41	-	0,16	0,18	-	-	-
	IV	30,23	-	2,41	2,72	-	2,23	2,51	-	2,06	2,32	-	1,89	2,12	-	1,72	1,94	-	1,56	1,75	-	1,40	1,57
	V	46,32	-	3,70	4,16																		
	VI	47,80	-	3,82	4,30																		
170,39	I	30,26	-	2,42	2,72	-	2,06	2,32	-	1,72	1,94	-	1,40	1,58	-	1,10	1,24	-	0,81	0,91	-	0,54	0,61
	II	26,03	-	2,08	2,34	-	1,74	1,96	-	1,42	1,59	-	1,11	1,25	-	0,82	0,93	-	0,55	0,62	-	0,30	0,34
	III	17,30	-	1,38	1,55	-	1,11	1,25	-	0,86	0,96	-	0,61	0,68	-	0,37	0,41	-	0,16	0,18	-	-	-
	IV	30,26	-	2,42	2,72	-	2,24	2,52	-	2,06	2,32	-	1,89	2,13	-	1,72	1,94	-	1,56	1,76	-	1,40	1,58
	V	46,36	-	3,70	4,17																		
	VI	47,84	-	3,82	4,30																		
170,49	I	30,30	-	2,42	2,72	-	2,06	2,32	-	1,72	1,94	-	1,40	1,58	-	1,10	1,24	-	0,81	0,91	-	0,54	0,61
	II	26,06	-	2,08	2,34	-	1,74	1,96	-	1,42	1,60	-	1,11	1,25	-	0,83	0,93	-	0,56	0,63	-	0,30	0,34
	III	17,32	-	1,38	1,55	-	1,11	1,25	-	0,86	0,96	-	0,61	0,68	-	0,37	0,41	-	0,16	0,18	-	-	-
	IV	30,30	-	2,42	2,72	-	2,24	2,52	-	2,06	2,32	-	1,89	2,13	-	1,72	1,94	-	1,56	1,76	-	1,40	1,58
	V	46,40	-	3,71	4,17																		
	VI	47,88	-	3,83	4,30																		
170,59	I	30,33	-	2,42	2,72	-	2,07	2,32	-	1,73	1,94	-	1,41	1,58	-	1,10	1,24	-	0,81	0,92	-	0,54	0,61
	II	26,10	-	2,08	2,34	-	1,74	1,96	-	1,42	1,60	-	1,12	1,26	-	0,83	0,93	-	0,56	0,63	-	0,30	0,34
	III	17,35	-	1,38	1,56	-	1,12	1,26	-	0,86	0,97	-	0,61	0,69	-	0,37	0,42	-	0,16	0,18	-	-	-
	IV	30,33	-	2,42	2,72	-	2,24	2,52	-	2,07	2,32	-	1,89	2,13	-	1,73	1,94	-	1,56	1,76	-	1,41	1,58
	V	46,44	-	3,71	4,17																		
	VI	47,91	-	3,83	4,31																		
170,69	I	30,36	-	2,42	2,73	-	2,07	2,33	-	1,73	1,95	-	1,41	1,58	-	1,10	1,24	-	0,82	0,92	-	0,55	0,62
	II	26,13	-	2,09	2,35	-	1,75	1,96	-	1,42	1,60	-	1,12	1,26	-	0,83	0,93	-	0,56	0,63	-	0,31	0,34
	III	17,37	-	1,38	1,56	-	1,12	1,26	-	0,86	0,97	-	0,61	0,69	-	0,37	0,42	-	0,16	0,19	-	-	-
	IV	30,36	-	2,42	2,73	-	2,24	2,52	-	2,07	2,33	-	1,90	2,13	-	1,73	1,95	-	1,57	1,76	-	1,41	1,58
	V	46,48	-	3,71	4,18																		
	VI	47,95	-	3,83	4,31																		
170,79	I	30,40	-	2,43	2,73	-	2,07	2,33	-	1,73	1,95	-	1,41	1,59	-	1,11	1,24	-	0,82	0,92	-	0,55	0,62
	II	26,16	-	2,09	2,35	-	1,75	1,97	-	1,43	1,60	-	1,12	1,26	-	0,83	0,94	-	0,56	0,63	-	0,31	0,35
	III	17,40	-	1,39	1,56	-	1,12	1,26	-	0,86	0,97	-	0,61	0,69	-	0,37	0,42	-	0,17	0,19	-	-	-
	IV	30,40	-	2,43	2,73	-	2,25	2,53	-	2,07	2,33	-	1,90	2,14	-	1,73	1,95	-	1,57	1,77	-	1,41	1,59
	V	46,51	-	3,72	4,18																		
	VI	47,99	-	3,83	4,31																		
170,89	I	30,43	-	2,43	2,73	-	2,07	2,33	-	1,73	1,95	-	1,41	1,59	-	1,11	1,25	-	0,82	0,92	-	0,55	0,62
	II	26,19	-	2,09	2,35	-	1,75	1,97	-	1,43	1,61	-	1,12	1,26	-	0,83	0,94	-	0,56	0,63	-	0,31	0,35
	III	17,42	-	1,39	1,56	-	1,12	1,26	-	0,86	0,97	-	0,62	0,69	-	0,38	0,42	-	0,17	0,19	-	-	-
	IV	30,43	-	2,43	2,73	-	2,25	2,53	-	2,07	2,33	-	1,90	2,14	-	1,73	1,95	-	1,57	1,77	-	1,41	1,59
	V	46,55	-	3,72	4,18																		
	VI	48,03	-	3,84	4,32																		
170,99	I	30,46	-	2,43	2,74	-	2,08	2,34	-	1,74	1,95	-	1,42	1,59	-	1,11	1,25	-	0,82	0,93	-	0,55	0,62
	II	26,22	-	2,09	2,35	-	1,75	1,97	-	1,43	1,61	-	1,12	1,27	-	0,84	0,94	-	0,56	0,64	-	0,31	0,35
	III	17,45	-	1,39	1,57	-	1,12	1,26	-	0,87	0,97	-	0,62	0,69	-	0,38	0,42	-	0,17	0,19	-	-	0,01
	IV	30,46	-	2,43	2,74	-	2,25	2,53	-	2,08	2,34	-	1,90	2,14	-	1,74	1,95	-	1,57	1,77	-	1,42	1,59
	V	46,59	-	3,72	4,19																		
	VI	48,07	-	3,84	4,32																		

Lohn/ Gehalt bis	Steuerklasse	Lohn-steuer	ohne Kinderfreibetrag			Anzahl Kinderfreibeträge (nur Steuerklassen I–IV) 0,5			1,0			1,5			2,0			2,5			3,0		
			SolZ 5,5%	Kirchensteuer 8%	9%	SolZ 5,5%	Kirchensteuer 8%	9%	SolZ 5,5%	Kirchensteuer 8%	9%	SolZ 5,5%	Kirchensteuer 8%	9%	SolZ 5,5%	Kirchensteuer 8%	9%	SolZ 5,5%	Kirchensteuer 8%	9%	SolZ 5,5%	Kirchensteuer 8%	9%
171,09	I	30,50	-	2,44	2,74	-	2,08	2,34	-	1,74	1,96	-	1,42	1,60	-	1,11	1,25	-	0,82	0,93	-	0,55	0
	II	26,25	-	2,10	2,36	-	1,76	1,98	-	1,43	1,61	-	1,13	1,27	-	0,84	0,94	-	0,57	0,64	-	0,31	0
	III	17,47	-	1,39	1,57	-	1,13	1,27	-	0,87	0,98	-	0,62	0,70	-	0,38	0,43	-	0,17	0,19	-	0,01	0
	IV	30,50	-	2,44	2,74	-	2,25	2,54	-	2,08	2,34	-	1,91	2,15	-	1,74	1,96	-	1,58	1,77	-	1,42	1
	V	46,63	-	3,73	4,19																		
	VI	48,11	-	3,84	4,32																		
171,19	I	30,53	-	2,44	2,74	-	2,08	2,34	-	1,74	1,96	-	1,42	1,60	-	1,11	1,25	-	0,83	0,93	-	0,56	0
	II	26,28	-	2,10	2,36	-	1,76	1,98	-	1,44	1,62	-	1,13	1,27	-	0,84	0,95	-	0,57	0,64	-	0,31	0
	III	17,50	-	1,40	1,57	-	1,13	1,27	-	0,87	0,98	-	0,62	0,70	-	0,38	0,43	-	0,17	0,19	-	0,01	0
	IV	30,53	-	2,44	2,74	-	2,26	2,54	-	2,08	2,34	-	1,91	2,15	-	1,74	1,96	-	1,58	1,78	-	1,42	1
	V	46,67	-	3,73	4,20																		
	VI	48,14	-	3,85	4,33																		
171,29	I	30,56	-	2,44	2,75	-	2,08	2,34	-	1,74	1,96	-	1,42	1,60	-	1,12	1,26	-	0,83	0,93	-	0,56	0,
	II	26,32	-	2,10	2,36	-	1,76	1,98	-	1,44	1,62	-	1,13	1,27	-	0,84	0,95	-	0,57	0,64	-	0,32	0
	III	17,52	-	1,40	1,57	-	1,13	1,27	-	0,87	0,98	-	0,62	0,70	-	0,38	0,43	-	0,17	0,19	-	0,01	0
	IV	30,56	-	2,44	2,75	-	2,26	2,54	-	2,08	2,34	-	1,91	2,15	-	1,74	1,96	-	1,58	1,78	-	1,42	1,
	V	46,70	-	3,73	4,20																		
	VI	48,18	-	3,85	4,33																		
171,39	I	30,60	-	2,44	2,75	-	2,09	2,35	-	1,75	1,97	-	1,42	1,60	-	1,12	1,26	-	0,83	0,94	-	0,56	0
	II	26,35	-	2,10	2,37	-	1,76	1,98	-	1,44	1,62	-	1,13	1,28	-	0,84	0,95	-	0,57	0,64	-	0,32	0
	III	17,55	-	1,40	1,57	-	1,13	1,27	-	0,87	0,98	-	0,62	0,70	-	0,38	0,43	-	0,17	0,20	-	0,01	0
	IV	30,60	-	2,44	2,75	-	2,26	2,55	-	2,09	2,35	-	1,91	2,15	-	1,75	1,97	-	1,58	1,78	-	1,42	1
	V	46,74	-	3,73	4,20																		
	VI	48,22	-	3,85	4,33																		
171,49	I	30,63	-	2,45	2,75	-	2,09	2,35	-	1,75	1,97	-	1,43	1,61	-	1,12	1,26	-	0,83	0,94	-	0,56	0
	II	26,38	-	2,11	2,37	-	1,76	1,99	-	1,44	1,62	-	1,14	1,28	-	0,85	0,95	-	0,57	0,65	-	0,32	0
	III	17,57	-	1,40	1,58	-	1,13	1,28	-	0,88	0,99	-	0,63	0,70	-	0,38	0,43	-	0,18	0,20	-	0,01	0,
	IV	30,63	-	2,45	2,75	-	2,26	2,55	-	2,09	2,35	-	1,92	2,16	-	1,75	1,97	-	1,59	1,78	-	1,43	1,
	V	46,78	-	3,74	4,21																		
	VI	48,26	-	3,86	4,34																		
171,59	I	30,66	-	2,45	2,75	-	2,09	2,35	-	1,75	1,97	-	1,43	1,61	-	1,12	1,26	-	0,84	0,94	-	0,56	0
	II	26,41	-	2,11	2,37	-	1,77	1,99	-	1,44	1,62	-	1,14	1,28	-	0,85	0,95	-	0,58	0,65	-	0,32	0,
	III	17,60	-	1,40	1,58	-	1,14	1,28	-	0,88	0,99	-	0,63	0,71	-	0,39	0,44	-	0,18	0,20	-	0,01	0,
	IV	30,66	-	2,45	2,75	-	2,27	2,55	-	2,09	2,35	-	1,92	2,16	-	1,75	1,97	-	1,59	1,79	-	1,43	1,
	V	46,82	-	3,74	4,21																		
	VI	48,30	-	3,86	4,34																		
171,69	I	30,70	-	2,45	2,76	-	2,09	2,36	-	1,75	1,97	-	1,43	1,61	-	1,13	1,27	-	0,84	0,94	-	0,57	0,
	II	26,45	-	2,11	2,38	-	1,77	1,99	-	1,45	1,63	-	1,14	1,28	-	0,85	0,96	-	0,58	0,65	-	0,32	0,
	III	17,62	-	1,40	1,58	-	1,14	1,28	-	0,88	0,99	-	0,63	0,71	-	0,39	0,44	-	0,18	0,20	-	0,01	0,
	IV	30,70	-	2,45	2,76	-	2,27	2,55	-	2,09	2,36	-	1,92	2,16	-	1,75	1,97	-	1,59	1,79	-	1,43	1,
	V	46,86	-	3,74	4,21																		
	VI	48,33	-	3,86	4,34																		
171,79	I	30,73	-	2,45	2,76	-	2,10	2,36	-	1,76	1,98	-	1,43	1,61	-	1,13	1,27	-	0,84	0,94	-	0,57	0,
	II	26,48	-	2,11	2,38	-	1,77	1,99	-	1,45	1,63	-	1,14	1,28	-	0,85	0,96	-	0,58	0,65	-	0,32	0,
	III	17,65	-	1,41	1,58	-	1,14	1,28	-	0,88	0,99	-	0,63	0,71	-	0,39	0,44	-	0,18	0,20	-	0,01	0,
	IV	30,73	-	2,45	2,76	-	2,27	2,56	-	2,10	2,36	-	1,92	2,16	-	1,76	1,98	-	1,59	1,79	-	1,43	1,
	V	46,90	-	3,75	4,22																		
	VI	48,37	-	3,86	4,35																		
171,89	I	30,76	-	2,46	2,76	-	2,10	2,36	-	1,76	1,98	-	1,44	1,62	-	1,13	1,27	-	0,84	0,95	-	0,57	0,
	II	26,51	-	2,12	2,38	-	1,78	2,00	-	1,45	1,63	-	1,14	1,29	-	0,85	0,96	-	0,58	0,66	-	0,33	0,
	III	17,67	-	1,41	1,59	-	1,14	1,28	-	0,88	0,99	-	0,63	0,71	-	0,39	0,44	-	0,18	0,20	-	0,01	0,0
	IV	30,76	-	2,46	2,76	-	2,28	2,56	-	2,10	2,36	-	1,93	2,17	-	1,76	1,98	-	1,60	1,80	-	1,44	1,
	V	46,93	-	3,75	4,22																		
	VI	48,41	-	3,87	4,35																		
171,99	I	30,80	-	2,46	2,77	-	2,10	2,36	-	1,76	1,98	-	1,44	1,62	-	1,13	1,27	-	0,84	0,95	-	0,57	0,
	II	26,54	-	2,12	2,38	-	1,78	2,00	-	1,45	1,64	-	1,15	1,29	-	0,86	0,96	-	0,58	0,66	-	0,33	0,3
	III	17,69	-	1,41	1,59	-	1,14	1,29	-	0,88	1,00	-	0,63	0,71	-	0,39	0,44	-	0,18	0,21	-	0,02	0,0
	IV	30,80	-	2,46	2,77	-	2,28	2,56	-	2,10	2,36	-	1,93	2,17	-	1,76	1,98	-	1,60	1,80	-	1,44	1,6
	V	46,97	-	3,75	4,22																		
	VI	48,45	-	3,87	4,36																		
172,09	I	30,83	-	2,46	2,77	-	2,10	2,37	-	1,76	1,98	-	1,44	1,62	-	1,13	1,28	-	0,84	0,95	-	0,57	0,6
	II	26,57	-	2,12	2,39	-	1,78	2,00	-	1,46	1,64	-	1,15	1,29	-	0,86	0,97	-	0,59	0,66	-	0,33	0,3
	III	17,72	-	1,41	1,59	-	1,15	1,29	-	0,89	1,00	-	0,64	0,72	-	0,40	0,45	-	0,18	0,21	-	0,02	0,0
	IV	30,83	-	2,46	2,77	-	2,28	2,57	-	2,10	2,37	-	1,93	2,17	-	1,76	1,98	-	1,60	1,80	-	1,44	1,6
	V	47,01	-	3,76	4,23																		
	VI	48,49	-	3,87	4,36																		
172,19	I	30,86	-	2,46	2,77	-	2,11	2,37	-	1,77	1,99	-	1,44	1,62	-	1,14	1,28	-	0,85	0,95	-	0,58	0,6
	II	26,60	-	2,12	2,39	-	1,78	2,01	-	1,46	1,64	-	1,15	1,29	-	0,86	0,97	-	0,59	0,66	-	0,33	0,3
	III	17,74	-	1,41	1,59	-	1,15	1,29	-	0,89	1,00	-	0,64	0,72	-	0,40	0,45	-	0,18	0,21	-	0,02	0,0
	IV	30,86	-	2,46	2,77	-	2,28	2,57	-	2,11	2,37	-	1,93	2,18	-	1,77	1,99	-	1,60	1,80	-	1,44	1,6
	V	47,05	-	3,76	4,23																		
	VI	48,52	-	3,88	4,36																		
172,29	I	30,90	-	2,47	2,78	-	2,11	2,37	-	1,77	1,99	-	1,44	1,63	-	1,14	1,28	-	0,85	0,96	-	0,58	0,6
	II	26,63	-	2,13	2,39	-	1,78	2,01	-	1,46	1,64	-	1,15	1,30	-	0,86	0,97	-	0,59	0,66	-	0,33	0,3
	III	17,77	-	1,42	1,59	-	1,15	1,29	-	0,89	1,00	-	0,64	0,72	-	0,40	0,45	-	0,19	0,21	-	0,02	0,0
	IV	30,90	-	2,47	2,78	-	2,29	2,57	-	2,11	2,37	-	1,94	2,18	-	1,77	1,99	-	1,60	1,81	-	1,44	1,6
	V	47,08	-	3,76	4,23																		
	VI	48,56	-	3,88	4,37																		
172,39	I	30,93	-	2,47	2,78	-	2,11	2,38	-	1,77	1,99	-	1,45	1,63	-	1,14	1,28	-	0,85	0,96	-	0,58	0,6
	II	26,67	-	2,13	2,40	-	1,79	2,01	-	1,46	1,65	-	1,16	1,30	-	0,86	0,97	-	0,59	0,67	-	0,34	0,3
	III	17,79	-	1,42	1,60	-	1,15	1,30	-	0,89	1,00	-	0,64	0,72	-	0,40	0,45	-	0,19	0,21	-	0,02	0,0
	IV	30,93	-	2,47	2,78	-	2,29	2,58	-	2,11	2,38	-	1,94	2,18	-	1,77	1,99	-	1,61	1,81	-	1,45	1,6
	V	47,12	-	3,76	4,24																		
	VI	48,60	-	3,88	4,37																		
172,49	I	30,96	-	2,47	2,78	-	2,11	2,38	-	1,77	2,00	-	1,45	1,63	-	1,14	1,29	-	0,85	0,96	-	0,58	0,6
	II	26,70	-	2,13	2,40	-	1,79	2,01	-	1,46	1,65	-	1,16	1,30	-	0,87	0,98	-	0,59	0,67	-	0,34	0,3
	III	17,82	-	1,42	1,60	-	1,15	1,30	-	0,89	1,01	-	0,64	0,72	-	0,40	0,45	-	0,19	0,21	-	0,02	0,0
	IV	30,96	-	2,47	2,78	-	2,29	2,58	-	2,11	2,38	-	1,94	2,18	-	1,77	2,00	-	1,61	1,81	-	1,45	1,6
	V	47,16	-	3,77	4,24																		
	VI	48,64	-	3,89	4,37																		

Lohn/ Gehalt bis	Steuerklasse	Lohn-steuer	ohne Kinderfreibetrag SolZ 5,5%	Kirchensteuer 8%	9%	Anzahl Kinderfreibeträge (nur Steuerklassen I–IV) 0,5 SolZ 5,5%	Kirchensteuer 8%	9%	1,0 SolZ 5,5%	Kirchensteuer 8%	9%	1,5 SolZ 5,5%	Kirchensteuer 8%	9%	2,0 SolZ 5,5%	Kirchensteuer 8%	9%	2,5 SolZ 5,5%	Kirchensteuer 8%	9%	3,0 SolZ 5,5%	Kirchensteuer 8%	9%
172,59	I	31,00	-	2,48	2,79	-	2,12	2,38	-	1,78	2,00	-	1,45	1,63	-	1,14	1,29	-	0,86	0,96	-	0,58	0,66
	II	26,73	-	2,13	2,40	-	1,79	2,02	-	1,47	1,65	-	1,16	1,30	-	0,87	0,98	-	0,60	0,67	-	0,34	0,38
	III	17,84	-	1,42	1,60	-	1,16	1,30	-	0,90	1,01	-	0,64	0,73	-	0,40	0,45	-	0,19	0,21	-	0,02	0,02
	IV	31,00	-	2,48	2,79	-	2,29	2,58	-	2,12	2,38	-	1,94	2,19	-	1,78	2,00	-	1,61	1,81	-	1,45	1,63
	V	47,20	-	3,77	4,24																		
	VI	48,68	-	3,89	4,38																		
172,69	I	31,03	-	2,48	2,79	-	2,12	2,38	-	1,78	2,00	-	1,45	1,64	-	1,15	1,29	-	0,86	0,97	-	0,58	0,66
	II	26,76	-	2,14	2,40	-	1,79	2,02	-	1,47	1,65	-	1,16	1,31	-	0,87	0,98	-	0,60	0,67	-	0,34	0,38
	III	17,87	-	1,42	1,60	-	1,16	1,30	-	0,90	1,01	-	0,65	0,73	-	0,40	0,46	-	0,19	0,22	-	0,02	0,03
	IV	31,03	-	2,48	2,79	-	2,30	2,58	-	2,12	2,38	-	1,95	2,19	-	1,78	2,00	-	1,61	1,82	-	1,45	1,64
	V	47,24	-	3,77	4,25																		
	VI	48,71	-	3,89	4,38																		
172,79	I	31,06	-	2,48	2,79	-	2,12	2,39	-	1,78	2,00	-	1,46	1,64	-	1,15	1,29	-	0,86	0,97	-	0,59	0,66
	II	26,80	-	2,14	2,41	-	1,80	2,02	-	1,47	1,66	-	1,16	1,31	-	0,87	0,98	-	0,60	0,67	-	0,34	0,39
	III	17,89	-	1,43	1,61	-	1,16	1,30	-	0,90	1,01	-	0,65	0,73	-	0,41	0,46	-	0,19	0,22	-	0,02	0,03
	IV	31,06	-	2,48	2,79	-	2,30	2,59	-	2,12	2,39	-	1,95	2,19	-	1,78	2,00	-	1,62	1,82	-	1,46	1,64
	V	47,28	-	3,78	4,25																		
	VI	48,75	-	3,90	4,38																		
172,89	I	31,10	-	2,48	2,79	-	2,12	2,39	-	1,78	2,01	-	1,46	1,64	-	1,15	1,30	-	0,86	0,97	-	0,59	0,66
	II	26,83	-	2,14	2,41	-	1,80	2,02	-	1,47	1,66	-	1,17	1,31	-	0,88	0,99	-	0,60	0,68	-	0,34	0,39
	III	17,92	-	1,43	1,61	-	1,16	1,31	-	0,90	1,01	-	0,65	0,73	-	0,41	0,46	-	0,20	0,22	-	0,02	0,03
	IV	31,10	-	2,48	2,79	-	2,30	2,59	-	2,12	2,39	-	1,95	2,20	-	1,78	2,01	-	1,62	1,82	-	1,46	1,64
	V	47,31	-	3,78	4,25																		
	VI	48,79	-	3,90	4,39																		
172,99	I	31,13	-	2,49	2,80	-	2,13	2,39	-	1,79	2,01	-	1,46	1,64	-	1,15	1,30	-	0,86	0,97	-	0,59	0,66
	II	26,86	-	2,14	2,41	-	1,80	2,03	-	1,48	1,66	-	1,17	1,31	-	0,88	0,99	-	0,60	0,68	-	0,35	0,39
	III	17,94	-	1,43	1,61	-	1,16	1,31	-	0,90	1,02	-	0,65	0,73	-	0,41	0,46	-	0,20	0,22	-	0,03	0,03
	IV	31,13	-	2,49	2,80	-	2,30	2,59	-	2,13	2,39	-	1,95	2,20	-	1,79	2,01	-	1,62	1,82	-	1,46	1,64
	V	47,35	-	3,78	4,26																		
	VI	48,83	0,01	3,90	4,39																		
173,09	I	31,16	-	2,49	2,80	-	2,13	2,40	-	1,79	2,01	-	1,46	1,65	-	1,16	1,30	-	0,87	0,97	-	0,59	0,67
	II	26,89	-	2,15	2,42	-	1,80	2,03	-	1,48	1,66	-	1,17	1,32	-	0,88	0,99	-	0,61	0,68	-	0,35	0,39
	III	17,97	-	1,43	1,61	-	1,16	1,31	-	0,90	1,02	-	0,65	0,74	-	0,41	0,46	-	0,20	0,22	-	0,03	0,03
	IV	31,16	-	2,49	2,80	-	2,31	2,60	-	2,13	2,40	-	1,96	2,20	-	1,79	2,01	-	1,62	1,83	-	1,46	1,65
	V	47,39	-	3,79	4,26																		
	VI	48,87	0,01	3,90	4,39																		
173,19	I	31,20	-	2,49	2,80	-	2,13	2,40	-	1,79	2,01	-	1,47	1,65	-	1,16	1,30	-	0,87	0,98	-	0,59	0,67
	II	26,92	-	2,15	2,42	-	1,81	2,03	-	1,48	1,67	-	1,17	1,32	-	0,88	0,99	-	0,61	0,68	-	0,35	0,39
	III	17,99	-	1,43	1,61	-	1,17	1,31	-	0,91	1,02	-	0,66	0,74	-	0,41	0,47	-	0,20	0,22	-	0,03	0,03
	IV	31,20	-	2,49	2,80	-	2,31	2,60	-	2,13	2,40	-	1,96	2,20	-	1,79	2,01	-	1,63	1,83	-	1,47	1,65
	V	47,43	-	3,79	4,26																		
	VI	48,91	0,02	3,91	4,40																		
173,29	I	31,23	-	2,49	2,81	-	2,13	2,40	-	1,79	2,02	-	1,47	1,65	-	1,16	1,31	-	0,87	0,98	-	0,60	0,67
	II	26,95	-	2,15	2,42	-	1,81	2,04	-	1,48	1,67	-	1,17	1,32	-	0,88	0,99	-	0,61	0,69	-	0,35	0,40
	III	18,01	-	1,44	1,62	-	1,17	1,31	-	0,91	1,02	-	0,66	0,74	-	0,42	0,47	-	0,20	0,23	-	0,03	0,03
	IV	31,23	-	2,49	2,81	-	2,31	2,60	-	2,13	2,40	-	1,96	2,21	-	1,79	2,02	-	1,63	1,83	-	1,47	1,65
	V	47,46	-	3,79	4,27																		
	VI	48,94	0,02	3,91	4,40																		
173,39	I	31,26	-	2,50	2,81	-	2,14	2,41	-	1,80	2,02	-	1,47	1,65	-	1,16	1,31	-	0,87	0,98	-	0,60	0,67
	II	26,99	-	2,15	2,42	-	1,81	2,04	-	1,49	1,67	-	1,18	1,32	-	0,89	1,00	-	0,61	0,69	-	0,35	0,40
	III	18,04	-	1,44	1,62	-	1,17	1,32	-	0,91	1,03	-	0,66	0,74	-	0,42	0,47	-	0,20	0,23	-	0,03	0,03
	IV	31,26	-	2,50	2,81	-	2,31	2,60	-	2,14	2,41	-	1,96	2,21	-	1,80	2,02	-	1,63	1,83	-	1,47	1,65
	V	47,50	-	3,80	4,27																		
	VI	48,98	0,03	3,91	4,40																		
173,49	I	31,30	-	2,50	2,81	-	2,14	2,41	-	1,80	2,02	-	1,47	1,66	-	1,16	1,31	-	0,87	0,98	-	0,60	0,68
	II	27,02	-	2,16	2,43	-	1,81	2,04	-	1,49	1,67	-	1,18	1,33	-	0,89	1,00	-	0,61	0,69	-	0,36	0,40
	III	18,06	-	1,44	1,62	-	1,17	1,32	-	0,91	1,03	-	0,66	0,74	-	0,42	0,47	-	0,20	0,23	-	0,03	0,04
	IV	31,30	-	2,50	2,81	-	2,32	2,61	-	2,14	2,41	-	1,97	2,21	-	1,80	2,02	-	1,63	1,84	-	1,47	1,66
	V	47,54	-	3,80	4,27																		
	VI	49,02	0,03	3,92	4,41																		
173,59	I	31,33	-	2,50	2,81	-	2,14	2,41	-	1,80	2,03	-	1,48	1,66	-	1,17	1,31	-	0,88	0,99	-	0,60	0,68
	II	27,05	-	2,16	2,43	-	1,82	2,04	-	1,49	1,68	-	1,18	1,33	-	0,89	1,00	-	0,62	0,69	-	0,36	0,40
	III	18,09	-	1,44	1,62	-	1,17	1,32	-	0,91	1,03	-	0,66	0,75	-	0,42	0,47	-	0,20	0,23	-	0,03	0,04
	IV	31,33	-	2,50	2,81	-	2,32	2,61	-	2,14	2,41	-	1,97	2,22	-	1,80	2,03	-	1,64	1,84	-	1,48	1,66
	V	47,58	-	3,80	4,28																		
	VI	49,06	0,03	3,92	4,41																		
173,69	I	31,37	-	2,50	2,82	-	2,14	2,41	-	1,80	2,03	-	1,48	1,66	-	1,17	1,32	-	0,88	0,99	-	0,60	0,68
	II	27,08	-	2,16	2,43	-	1,82	2,05	-	1,49	1,68	-	1,18	1,33	-	0,89	1,00	-	0,62	0,69	-	0,36	0,40
	III	18,12	-	1,44	1,63	-	1,18	1,32	-	0,92	1,03	-	0,66	0,75	-	0,42	0,48	-	0,21	0,23	-	0,03	0,04
	IV	31,37	-	2,50	2,82	-	2,32	2,61	-	2,14	2,41	-	1,97	2,22	-	1,80	2,03	-	1,64	1,84	-	1,48	1,66
	V	47,62	-	3,80	4,28																		
	VI	49,10	0,04	3,92	4,41																		
173,79	I	31,40	-	2,51	2,82	-	2,15	2,42	-	1,80	2,03	-	1,48	1,66	-	1,17	1,32	-	0,88	0,99	-	0,61	0,68
	II	27,11	-	2,16	2,43	-	1,82	2,05	-	1,50	1,68	-	1,19	1,33	-	0,89	1,01	-	0,62	0,70	-	0,36	0,41
	III	18,14	-	1,45	1,63	-	1,18	1,33	-	0,92	1,03	-	0,67	0,75	-	0,42	0,48	-	0,21	0,23	-	0,03	0,04
	IV	31,40	-	2,51	2,82	-	2,33	2,62	-	2,15	2,42	-	1,97	2,22	-	1,80	2,03	-	1,64	1,85	-	1,48	1,66
	V	47,66	-	3,81	4,28																		
	VI	49,13	0,04	3,93	4,42																		
173,89	I	31,43	-	2,51	2,82	-	2,15	2,42	-	1,81	2,03	-	1,48	1,67	-	1,17	1,32	-	0,88	0,99	-	0,61	0,68
	II	27,15	-	2,17	2,44	-	1,82	2,05	-	1,50	1,68	-	1,19	1,34	-	0,90	1,01	-	0,62	0,70	-	0,36	0,41
	III	18,16	-	1,45	1,63	-	1,18	1,33	-	0,92	1,04	-	0,67	0,75	-	0,43	0,48	-	0,21	0,24	-	0,04	0,04
	IV	31,43	-	2,51	2,82	-	2,33	2,62	-	2,15	2,42	-	1,98	2,22	-	1,81	2,03	-	1,64	1,85	-	1,48	1,67
	V	47,70	-	3,81	4,29																		
	VI	49,17	0,05	3,93	4,42																		
173,99	I	31,47	-	2,51	2,83	-	2,15	2,42	-	1,81	2,04	-	1,48	1,67	-	1,18	1,32	-	0,88	0,99	-	0,61	0,69
	II	27,18	-	2,17	2,44	-	1,83	2,05	-	1,50	1,69	-	1,19	1,34	-	0,90	1,01	-	0,62	0,70	-	0,36	0,41
	III	18,19	-	1,45	1,63	-	1,18	1,33	-	0,92	1,04	-	0,67	0,75	-	0,43	0,48	-	0,21	0,24	-	0,04	0,04
	IV	31,47	-	2,51	2,83	-	2,33	2,62	-	2,15	2,42	-	1,98	2,23	-	1,81	2,04	-	1,64	1,85	-	1,48	1,67
	V	47,73	-	3,81	4,29																		
	VI	49,21	0,05	3,93	4,42																		

Lohn/ Gehalt bis	Steuerklasse	Lohn-steuer	ohne Kinderfreibetrag			Anzahl Kinderfreibeträge (nur Steuerklassen I–IV)																	
						0,5			1,0			1,5			2,0			2,5			3,0		
			SolZ 5,5%	Kirchensteuer 8%	9%	SolZ 5,5%	Kirchensteuer 8%	9%	SolZ 5,5%	Kirchensteuer 8%	9%	SolZ 5,5%	Kirchensteuer 8%	9%	SolZ 5,5%	Kirchensteuer 8%	9%	SolZ 5,5%	Kirchensteuer 8%	9%	SolZ 5,5%	Kirchensteuer 8%	9%
174,09	I	31,50	-	2,52	2,83	-	2,16	2,43	-	1,81	2,04	-	1,49	1,67	-	1,18	1,33	-	0,89	1,00	-	0,61	0
	II	27,21	-	2,17	2,44	-	1,83	2,06	-	1,50	1,69	-	1,19	1,34	-	0,90	1,01	-	0,62	0,70	-	0,37	0
	III	18,21	-	1,45	1,63	-	1,18	1,33	-	0,92	1,04	-	0,67	0,76	-	0,43	0,48	-	0,21	0,24	-	0,04	0
	IV	31,50	-	2,52	2,83	-	2,33	2,62	-	2,16	2,43	-	1,98	2,23	-	1,81	2,04	-	1,65	1,85	-	1,49	1
	V	47,77	-	3,82	4,29																		
	VI	49,25	0,06	3,94	4,43																		
174,19	I	31,53	-	2,52	2,83	-	2,16	2,43	-	1,81	2,04	-	1,49	1,68	-	1,18	1,33	-	0,89	1,00	-	0,61	0
	II	27,24	-	2,17	2,45	-	1,83	2,06	-	1,50	1,69	-	1,19	1,34	-	0,90	1,01	-	0,63	0,71	-	0,37	0
	III	18,24	-	1,45	1,64	-	1,19	1,33	-	0,93	1,04	-	0,67	0,76	-	0,43	0,49	-	0,21	0,24	-	0,04	0
	IV	31,53	-	2,52	2,83	-	2,34	2,63	-	2,16	2,43	-	1,98	2,23	-	1,81	2,04	-	1,65	1,86	-	1,49	1
	V	47,81	-	3,82	4,30																		
	VI	49,29	0,06	3,94	4,43																		
174,29	I	31,57	-	2,52	2,84	-	2,16	2,43	-	1,82	2,04	-	1,49	1,68	-	1,18	1,33	-	0,89	1,00	-	0,62	0
	II	27,28	-	2,18	2,45	-	1,83	2,06	-	1,51	1,70	-	1,20	1,35	-	0,90	1,02	-	0,63	0,71	-	0,37	0
	III	18,26	-	1,46	1,64	-	1,19	1,34	-	0,93	1,04	-	0,68	0,76	-	0,43	0,49	-	0,22	0,24	-	0,04	0
	IV	31,57	-	2,52	2,84	-	2,34	2,63	-	2,16	2,43	-	1,99	2,24	-	1,82	2,04	-	1,65	1,86	-	1,49	1
	V	47,85	-	3,82	4,30																		
	VI	49,32	0,07	3,94	4,43																		
174,39	I	31,60	-	2,52	2,84	-	2,16	2,43	-	1,82	2,05	-	1,49	1,68	-	1,18	1,33	-	0,89	1,00	-	0,62	0
	II	27,31	-	2,18	2,45	-	1,84	2,07	-	1,51	1,70	-	1,20	1,35	-	0,91	1,02	-	0,63	0,71	-	0,37	0
	III	18,29	-	1,46	1,64	-	1,19	1,34	-	0,93	1,05	-	0,68	0,76	-	0,43	0,49	-	0,22	0,24	-	0,04	0
	IV	31,60	-	2,52	2,84	-	2,34	2,63	-	2,16	2,43	-	1,99	2,24	-	1,82	2,05	-	1,65	1,86	-	1,49	1
	V	47,89	-	3,83	4,31																		
	VI	49,36	0,07	3,94	4,44																		
174,49	I	31,63	-	2,53	2,84	-	2,17	2,44	-	1,82	2,05	-	1,50	1,68	-	1,19	1,34	-	0,89	1,01	-	0,62	0,
	II	27,34	-	2,18	2,46	-	1,84	2,07	-	1,51	1,70	-	1,20	1,35	-	0,91	1,02	-	0,63	0,71	-	0,37	0,
	III	18,31	-	1,46	1,64	-	1,19	1,34	-	0,93	1,05	-	0,68	0,76	-	0,44	0,49	-	0,22	0,25	-	0,04	0,
	IV	31,63	-	2,53	2,84	-	2,34	2,64	-	2,17	2,44	-	1,99	2,24	-	1,82	2,05	-	1,66	1,86	-	1,50	1,
	V	47,92	-	3,83	4,31																		
	VI	49,40	0,08	3,95	4,44																		
174,59	I	31,67	-	2,53	2,85	-	2,17	2,44	-	1,82	2,05	-	1,50	1,69	-	1,19	1,34	-	0,90	1,01	-	0,62	0,
	II	27,37	-	2,18	2,46	-	1,84	2,07	-	1,51	1,70	-	1,20	1,35	-	0,91	1,02	-	0,63	0,71	-	0,38	0,
	III	18,34	-	1,46	1,65	-	1,19	1,34	-	0,93	1,05	-	0,68	0,77	-	0,44	0,49	-	0,22	0,25	-	0,04	0,
	IV	31,67	-	2,53	2,85	-	2,35	2,64	-	2,17	2,44	-	1,99	2,24	-	1,82	2,05	-	1,66	1,87	-	1,50	1,
	V	47,96	-	3,83	4,31																		
	VI	49,44	0,08	3,95	4,44																		
174,69	I	31,70	-	2,53	2,85	-	2,17	2,44	-	1,83	2,06	-	1,50	1,69	-	1,19	1,34	-	0,90	1,01	-	0,62	0,
	II	27,41	-	2,19	2,46	-	1,84	2,07	-	1,52	1,71	-	1,21	1,36	-	0,91	1,03	-	0,64	0,72	-	0,38	0,
	III	18,36	-	1,46	1,65	-	1,20	1,35	-	0,94	1,05	-	0,68	0,77	-	0,44	0,50	-	0,22	0,25	-	0,04	0,
	IV	31,70	-	2,53	2,85	-	2,35	2,64	-	2,17	2,44	-	2,00	2,25	-	1,83	2,06	-	1,66	1,87	-	1,50	1,
	V	48,00	-	3,84	4,32																		
	VI	49,48	0,08	3,95	4,45																		
174,79	I	31,74	-	2,53	2,85	-	2,17	2,44	-	1,83	2,06	-	1,50	1,69	-	1,19	1,34	-	0,90	1,01	-	0,63	0,
	II	27,44	-	2,19	2,46	-	1,85	2,08	-	1,52	1,71	-	1,21	1,36	-	0,91	1,03	-	0,64	0,72	-	0,38	0,
	III	18,39	-	1,47	1,65	-	1,20	1,35	-	0,94	1,05	-	0,68	0,77	-	0,44	0,50	-	0,22	0,25	-	0,05	0,
	IV	31,74	-	2,53	2,85	-	2,35	2,65	-	2,17	2,44	-	2,00	2,25	-	1,83	2,06	-	1,66	1,87	-	1,50	1,
	V	48,04	-	3,84	4,32																		
	VI	49,51	0,09	3,96	4,45																		
174,89	I	31,77	-	2,54	2,85	-	2,18	2,45	-	1,83	2,06	-	1,50	1,69	-	1,20	1,35	-	0,90	1,02	-	0,63	0,
	II	27,47	-	2,19	2,47	-	1,85	2,08	-	1,52	1,71	-	1,21	1,36	-	0,92	1,03	-	0,64	0,72	-	0,38	0,
	III	18,41	-	1,47	1,65	-	1,20	1,35	-	0,94	1,06	-	0,69	0,77	-	0,44	0,50	-	0,22	0,25	-	0,05	0,
	IV	31,77	-	2,54	2,85	-	2,35	2,65	-	2,18	2,45	-	2,00	2,25	-	1,83	2,06	-	1,67	1,88	-	1,50	1,
	V	48,08	-	3,84	4,32																		
	VI	49,55	0,09	3,96	4,45																		
174,99	I	31,80	-	2,54	2,86	-	2,18	2,45	-	1,83	2,06	-	1,51	1,70	-	1,20	1,35	-	0,90	1,02	-	0,63	0,
	II	27,50	-	2,20	2,47	-	1,85	2,08	-	1,52	1,71	-	1,21	1,36	-	0,92	1,03	-	0,64	0,72	-	0,38	0,4
	III	18,44	-	1,47	1,65	-	1,20	1,35	-	0,94	1,06	-	0,69	0,78	-	0,44	0,50	-	0,22	0,25	-	0,05	0,0
	IV	31,80	-	2,54	2,86	-	2,36	2,65	-	2,18	2,45	-	2,00	2,25	-	1,83	2,06	-	1,67	1,88	-	1,51	1,7
	V	48,11	-	3,84	4,32																		
	VI	49,59	0,10	3,96	4,46																		
175,09	I	31,84	-	2,54	2,86	-	2,18	2,45	-	1,84	2,07	-	1,51	1,70	-	1,20	1,35	-	0,91	1,02	-	0,63	0,7
	II	27,53	-	2,20	2,47	-	1,85	2,08	-	1,52	1,72	-	1,21	1,37	-	0,92	1,04	-	0,64	0,72	-	0,38	0,4
	III	18,46	-	1,47	1,66	-	1,20	1,35	-	0,94	1,06	-	0,69	0,78	-	0,45	0,50	-	0,23	0,25	-	0,05	0,0
	IV	31,84	-	2,54	2,86	-	2,36	2,65	-	2,18	2,45	-	2,01	2,26	-	1,84	2,07	-	1,67	1,88	-	1,51	1,7
	V	48,15	-	3,85	4,33																		
	VI	49,63	0,10	3,97	4,46																		
175,19	I	31,87	-	2,54	2,86	-	2,18	2,46	-	1,84	2,07	-	1,51	1,70	-	1,20	1,35	-	0,91	1,02	-	0,63	0,7
	II	27,57	-	2,20	2,48	-	1,86	2,09	-	1,53	1,72	-	1,22	1,37	-	0,92	1,04	-	0,65	0,73	-	0,39	0,4
	III	18,49	-	1,47	1,66	-	1,20	1,36	-	0,94	1,06	-	0,69	0,78	-	0,45	0,51	-	0,23	0,26	-	0,05	0,0
	IV	31,87	-	2,54	2,86	-	2,36	2,66	-	2,18	2,46	-	2,01	2,26	-	1,84	2,07	-	1,67	1,88	-	1,51	1,7
	V	48,19	-	3,85	4,33																		
	VI	49,67	0,11	3,97	4,47																		
175,29	I	31,90	-	2,55	2,87	-	2,19	2,46	-	1,84	2,07	-	1,51	1,70	-	1,20	1,35	-	0,91	1,03	-	0,64	0,7
	II	27,60	-	2,20	2,48	-	1,86	2,09	-	1,53	1,72	-	1,22	1,37	-	0,92	1,04	-	0,65	0,73	-	0,39	0,4
	III	18,51	-	1,48	1,66	-	1,21	1,36	-	0,95	1,06	-	0,69	0,78	-	0,45	0,51	-	0,23	0,26	-	0,05	0,0
	IV	31,90	-	2,55	2,87	-	2,36	2,66	-	2,19	2,46	-	2,01	2,26	-	1,84	2,07	-	1,68	1,89	-	1,51	1,7
	V	48,23	-	3,85	4,34																		
	VI	49,70	0,11	3,97	4,47																		
175,39	I	31,94	-	2,55	2,87	-	2,19	2,46	-	1,84	2,07	-	1,52	1,71	-	1,21	1,36	-	0,91	1,03	-	0,64	0,7
	II	27,63	-	2,21	2,48	-	1,86	2,09	-	1,53	1,72	-	1,22	1,37	-	0,93	1,04	-	0,65	0,73	-	0,39	0,4
	III	18,54	-	1,48	1,66	-	1,21	1,36	-	0,95	1,07	-	0,70	0,78	-	0,45	0,51	-	0,23	0,26	-	0,05	0,0
	IV	31,94	-	2,55	2,87	-	2,37	2,66	-	2,19	2,46	-	2,01	2,27	-	1,84	2,07	-	1,68	1,89	-	1,52	1,7
	V	48,26	-	3,86	4,34																		
	VI	49,74	0,12	3,97	4,47																		
175,49	I	31,97	-	2,55	2,87	-	2,19	2,47	-	1,85	2,08	-	1,52	1,71	-	1,21	1,36	-	0,92	1,03	-	0,64	0,7
	II	27,66	-	2,21	2,48	-	1,86	2,10	-	1,53	1,73	-	1,22	1,38	-	0,93	1,05	-	0,65	0,73	-	0,39	0,4
	III	18,56	-	1,48	1,67	-	1,21	1,36	-	0,95	1,07	-	0,70	0,79	-	0,45	0,51	-	0,23	0,26	-	0,05	0,0
	IV	31,97	-	2,55	2,87	-	2,37	2,67	-	2,19	2,47	-	2,02	2,27	-	1,85	2,08	-	1,68	1,89	-	1,52	1,7
	V	48,30	-	3,86	4,34																		
	VI	49,78	0,12	3,98	4,48																		

Lohn/Gehalt bis	Steuerklasse	Lohnsteuer	ohne Kinderfreibetrag SolZ 5,5%	ohne Kinderfreibetrag Kirchensteuer 8%	ohne Kinderfreibetrag Kirchensteuer 9%	0,5 SolZ 5,5%	0,5 Kirchensteuer 8%	0,5 Kirchensteuer 9%	1,0 SolZ 5,5%	1,0 Kirchensteuer 8%	1,0 Kirchensteuer 9%	1,5 SolZ 5,5%	1,5 Kirchensteuer 8%	1,5 Kirchensteuer 9%	2,0 SolZ 5,5%	2,0 Kirchensteuer 8%	2,0 Kirchensteuer 9%	2,5 SolZ 5,5%	2,5 Kirchensteuer 8%	2,5 Kirchensteuer 9%	3,0 SolZ 5,5%	3,0 Kirchensteuer 8%	3,0 Kirchensteuer 9%
						Anzahl Kinderfreibeträge (nur Steuerklassen I–IV)																	
175,59	I	32,01	-	2,56	2,88	-	2,19	2,47	-	1,85	2,08	-	1,52	1,71	-	1,21	1,36	-	0,92	1,03	-	0,64	0,72
	II	27,70	-	2,21	2,49	-	1,86	2,10	-	1,54	1,73	-	1,23	1,38	-	0,93	1,05	-	0,65	0,74	-	0,39	0,44
	III	18,59	-	1,48	1,67	-	1,21	1,36	-	0,95	1,07	-	0,70	0,79	-	0,46	0,51	-	0,23	0,26	-	0,06	0,06
	IV	32,01	-	2,56	2,88	-	2,37	2,67	-	2,19	2,47	-	2,02	2,27	-	1,85	2,08	-	1,68	1,89	-	1,52	1,71
	V	48,34	-	3,86	4,35																		
	VI	49,82	0,13	3,98	4,48																		
175,69	I	32,04	-	2,56	2,88	-	2,20	2,47	-	1,85	2,08	-	1,52	1,71	-	1,21	1,36	-	0,92	1,03	-	0,64	0,72
	II	27,73	-	2,21	2,49	-	1,87	2,10	-	1,54	1,73	-	1,23	1,38	-	0,93	1,05	-	0,66	0,74	-	0,40	0,45
	III	18,61	-	1,48	1,67	-	1,21	1,37	-	0,95	1,07	-	0,70	0,79	-	0,46	0,51	-	0,24	0,27	-	0,06	0,06
	IV	32,04	-	2,56	2,88	-	2,38	2,67	-	2,20	2,47	-	2,02	2,27	-	1,85	2,08	-	1,69	1,90	-	1,52	1,71
	V	48,38	-	3,87	4,35																		
	VI	49,86	0,13	3,98	4,48																		
175,79	I	32,07	-	2,56	2,88	-	2,20	2,47	-	1,85	2,09	-	1,53	1,72	-	1,22	1,37	-	0,92	1,04	-	0,64	0,73
	II	27,76	-	2,22	2,49	-	1,87	2,10	-	1,54	1,73	-	1,23	1,38	-	0,94	1,05	-	0,66	0,74	-	0,40	0,45
	III	18,64	-	1,49	1,67	-	1,22	1,37	-	0,96	1,08	-	0,70	0,79	-	0,46	0,52	-	0,24	0,27	-	0,06	0,06
	IV	32,07	-	2,56	2,88	-	2,38	2,68	-	2,20	2,47	-	2,02	2,28	-	1,85	2,09	-	1,69	1,90	-	1,53	1,72
	V	48,42	-	3,87	4,35																		
	VI	49,90	0,13	3,99	4,49																		
175,89	I	32,11	-	2,56	2,88	-	2,20	2,48	-	1,86	2,09	-	1,53	1,72	-	1,22	1,37	-	0,92	1,04	-	0,65	0,73
	II	27,79	-	2,22	2,50	-	1,87	2,11	-	1,54	1,74	-	1,23	1,39	-	0,94	1,06	-	0,66	0,74	-	0,40	0,45
	III	18,66	-	1,49	1,67	-	1,22	1,37	-	0,96	1,08	-	0,70	0,79	-	0,46	0,52	-	0,24	0,27	-	0,06	0,07
	IV	32,11	-	2,56	2,88	-	2,38	2,68	-	2,20	2,48	-	2,03	2,28	-	1,86	2,09	-	1,69	1,90	-	1,53	1,72
	V	48,46	-	3,87	4,36																		
	VI	49,93	0,14	3,99	4,49																		
175,99	I	32,14	-	2,57	2,89	-	2,20	2,48	-	1,86	2,09	-	1,53	1,72	-	1,22	1,37	-	0,93	1,04	-	0,65	0,73
	II	27,82	-	2,22	2,50	-	1,88	2,11	-	1,55	1,74	-	1,23	1,39	-	0,94	1,06	-	0,66	0,74	-	0,40	0,45
	III	18,69	-	1,49	1,68	-	1,22	1,37	-	0,96	1,08	-	0,71	0,80	-	0,46	0,52	-	0,24	0,27	-	0,06	0,07
	IV	32,14	-	2,57	2,89	-	2,38	2,68	-	2,20	2,48	-	2,03	2,28	-	1,86	2,09	-	1,69	1,90	-	1,53	1,72
	V	48,50	-	3,88	4,36																		
	VI	49,97	0,14	3,99	4,49																		
176,09	I	32,18	-	2,57	2,89	-	2,21	2,48	-	1,86	2,09	-	1,53	1,72	-	1,22	1,37	-	0,93	1,04	-	0,65	0,73
	II	27,86	-	2,22	2,50	-	1,88	2,11	-	1,55	1,74	-	1,24	1,39	-	0,94	1,06	-	0,66	0,75	-	0,40	0,45
	III	18,71	-	1,49	1,68	-	1,22	1,38	-	0,96	1,08	-	0,71	0,80	-	0,46	0,52	-	0,24	0,27	-	0,06	0,07
	IV	32,18	-	2,57	2,89	-	2,39	2,68	-	2,21	2,48	-	2,03	2,29	-	1,86	2,09	-	1,70	1,91	-	1,53	1,72
	V	48,53	-	3,88	4,36																		
	VI	50,01	0,15	4,00	4,50																		
176,19	I	32,21	-	2,57	2,89	-	2,21	2,49	-	1,86	2,10	-	1,54	1,73	-	1,22	1,38	-	0,93	1,05	-	0,65	0,73
	II	27,89	-	2,23	2,51	-	1,88	2,12	-	1,55	1,74	-	1,24	1,39	-	0,94	1,06	-	0,67	0,75	-	0,40	0,46
	III	18,74	-	1,49	1,68	-	1,22	1,38	-	0,96	1,08	-	0,71	0,80	-	0,47	0,52	-	0,24	0,27	-	0,06	0,07
	IV	32,21	-	2,57	2,89	-	2,39	2,69	-	2,21	2,49	-	2,03	2,29	-	1,86	2,10	-	1,70	1,91	-	1,54	1,73
	V	48,57	-	3,88	4,37																		
	VI	50,05	0,15	4,00	4,50																		
176,29	I	32,24	-	2,57	2,90	-	2,21	2,49	-	1,87	2,10	-	1,54	1,73	-	1,23	1,38	-	0,93	1,05	-	0,66	0,74
	II	27,92	-	2,23	2,51	-	1,88	2,12	-	1,55	1,75	-	1,24	1,40	-	0,95	1,06	-	0,67	0,75	-	0,41	0,46
	III	18,76	-	1,50	1,68	-	1,23	1,38	-	0,96	1,09	-	0,71	0,80	-	0,47	0,53	-	0,24	0,27	-	0,06	0,07
	IV	32,24	-	2,57	2,90	-	2,39	2,69	-	2,21	2,49	-	2,04	2,29	-	1,87	2,10	-	1,70	1,91	-	1,54	1,73
	V	48,61	-	3,88	4,37																		
	VI	50,09	0,16	4,00	4,50																		
176,39	I	32,28	-	2,58	2,90	-	2,21	2,49	-	1,87	2,10	-	1,54	1,73	-	1,23	1,38	-	0,93	1,05	-	0,66	0,74
	II	27,95	-	2,23	2,51	-	1,88	2,12	-	1,56	1,75	-	1,24	1,40	-	0,95	1,07	-	0,67	0,75	-	0,41	0,46
	III	18,79	-	1,50	1,69	-	1,23	1,38	-	0,97	1,09	-	0,71	0,80	-	0,47	0,53	-	0,24	0,28	-	0,06	0,07
	IV	32,28	-	2,58	2,90	-	2,39	2,69	-	2,21	2,49	-	2,04	2,29	-	1,87	2,10	-	1,70	1,92	-	1,54	1,73
	V	48,65	-	3,89	4,37																		
	VI	50,13	0,16	4,01	4,51																		
176,49	I	32,31	-	2,58	2,90	-	2,22	2,49	-	1,87	2,11	-	1,54	1,74	-	1,23	1,38	-	0,94	1,05	-	0,66	0,74
	II	27,99	-	2,23	2,51	-	1,89	2,12	-	1,56	1,75	-	1,25	1,40	-	0,95	1,07	-	0,67	0,76	-	0,41	0,46
	III	18,81	-	1,50	1,69	-	1,23	1,38	-	0,97	1,09	-	0,72	0,81	-	0,47	0,53	-	0,25	0,28	-	0,06	0,07
	IV	32,31	-	2,58	2,90	-	2,40	2,70	-	2,22	2,49	-	2,04	2,30	-	1,87	2,11	-	1,70	1,92	-	1,54	1,74
	V	48,68	-	3,89	4,38																		
	VI	50,16	0,17	4,01	4,51																		
176,59	I	32,35	-	2,58	2,91	-	2,22	2,50	-	1,87	2,11	-	1,54	1,74	-	1,23	1,39	-	0,94	1,06	-	0,66	0,74
	II	28,02	-	2,24	2,52	-	1,89	2,13	-	1,56	1,76	-	1,25	1,40	-	0,95	1,07	-	0,67	0,76	-	0,41	0,46
	III	18,84	-	1,50	1,69	-	1,23	1,39	-	0,97	1,09	-	0,72	0,81	-	0,47	0,53	-	0,25	0,28	-	0,07	0,08
	IV	32,35	-	2,58	2,91	-	2,40	2,70	-	2,22	2,50	-	2,04	2,30	-	1,87	2,11	-	1,71	1,92	-	1,54	1,74
	V	48,72	-	3,89	4,38																		
	VI	50,20	0,17	4,01	4,51																		
176,69	I	32,38	-	2,59	2,91	-	2,22	2,50	-	1,88	2,11	-	1,55	1,74	-	1,24	1,39	-	0,94	1,06	-	0,66	0,75
	II	28,05	-	2,24	2,52	-	1,89	2,13	-	1,56	1,76	-	1,25	1,41	-	0,95	1,07	-	0,68	0,76	-	0,41	0,47
	III	18,86	-	1,50	1,69	-	1,23	1,39	-	0,97	1,09	-	0,72	0,81	-	0,48	0,54	-	0,25	0,28	-	0,07	0,08
	IV	32,38	-	2,59	2,91	-	2,40	2,70	-	2,22	2,50	-	2,05	2,30	-	1,88	2,11	-	1,71	1,92	-	1,55	1,74
	V	48,76	-	3,90	4,38																		
	VI	50,24	0,18	4,01	4,52																		
176,79	I	32,41	-	2,59	2,91	-	2,22	2,50	-	1,88	2,11	-	1,55	1,74	-	1,24	1,39	-	0,94	1,06	-	0,66	0,75
	II	28,08	-	2,24	2,52	-	1,89	2,13	-	1,56	1,76	-	1,25	1,41	-	0,96	1,08	-	0,68	0,76	-	0,42	0,47
	III	18,89	-	1,51	1,70	-	1,24	1,39	-	0,97	1,10	-	0,72	0,81	-	0,48	0,54	-	0,25	0,28	-	0,07	0,08
	IV	32,41	-	2,59	2,91	-	2,40	2,70	-	2,22	2,50	-	2,05	2,31	-	1,88	2,11	-	1,71	1,93	-	1,55	1,74
	V	48,80	-	3,90	4,39																		
	VI	50,28	0,18	4,02	4,52																		
176,89	I	32,45	-	2,59	2,92	-	2,23	2,51	-	1,88	2,12	-	1,55	1,75	-	1,24	1,39	-	0,94	1,06	-	0,67	0,75
	II	28,11	-	2,24	2,52	-	1,90	2,14	-	1,57	1,76	-	1,25	1,41	-	0,96	1,08	-	0,68	0,76	-	0,42	0,47
	III	18,91	-	1,51	1,70	-	1,24	1,39	-	0,98	1,10	-	0,72	0,81	-	0,48	0,54	-	0,25	0,28	-	0,07	0,08
	IV	32,45	-	2,59	2,92	-	2,41	2,71	-	2,23	2,51	-	2,05	2,31	-	1,88	2,12	-	1,71	1,93	-	1,55	1,75
	V	48,84	0,01	3,90	4,39																		
	VI	50,31	0,18	4,02	4,52																		
176,99	I	32,48	-	2,59	2,92	-	2,23	2,51	-	1,88	2,12	-	1,55	1,75	-	1,24	1,40	-	0,95	1,07	-	0,67	0,75
	II	28,15	-	2,25	2,53	-	1,90	2,14	-	1,57	1,77	-	1,26	1,41	-	0,96	1,08	-	0,68	0,77	-	0,42	0,47
	III	18,94	-	1,51	1,70	-	1,24	1,40	-	0,98	1,10	-	0,72	0,82	-	0,48	0,54	-	0,25	0,29	-	0,07	0,08
	IV	32,48	-	2,59	2,92	-	2,41	2,71	-	2,23	2,51	-	2,05	2,31	-	1,88	2,12	-	1,72	1,93	-	1,55	1,75
	V	48,88	0,01	3,91	4,39																		
	VI	50,35	0,19	4,02	4,53																		

Allgemeine Tabelle

Lohn/ Gehalt bis	Steuerklasse	Lohn- steuer	ohne Kinderfreibetrag SolZ 5,5%	Kirchensteuer 8%	9%	Anzahl Kinderfreibeträge (nur Steuerklassen I–IV) 0,5 SolZ 5,5%	Kirchensteuer 8%	9%	1,0 SolZ 5,5%	Kirchensteuer 8%	9%	1,5 SolZ 5,5%	Kirchensteuer 8%	9%	2,0 SolZ 5,5%	Kirchensteuer 8%	9%	2,5 SolZ 5,5%	Kirchensteuer 8%	9%	3,0 SolZ 5,5%	Kirchensteu 8%	9%
177,09	I	32,51	-	2,60	2,92	-	2,23	2,51	-	1,89	2,12	-	1,56	1,75	-	1,24	1,40	-	0,95	1,07	-	0,67	0
	II	28,18	-	2,25	2,53	-	1,90	2,14	-	1,57	1,77	-	1,26	1,42	-	0,96	1,08	-	0,68	0,77	-	0,42	0,
	III	18,96	-	1,51	1,70	-	1,24	1,40	-	0,98	1,10	-	0,73	0,82	-	0,48	0,54	-	0,26	0,29	-	0,07	0,
	IV	32,51	-	2,60	2,92	-	2,41	2,71	-	2,23	2,51	-	2,06	2,31	-	1,89	2,12	-	1,72	1,93	-	1,56	1,
	V	48,91	0,02	3,91	4,40																		
	VI	50,39	0,19	4,03	4,53																		
177,19	I	32,55	-	2,60	2,92	-	2,24	2,52	-	1,89	2,12	-	1,56	1,75	-	1,25	1,40	-	0,95	1,07	-	0,67	0,
	II	28,21	-	2,25	2,53	-	1,90	2,14	-	1,57	1,77	-	1,26	1,42	-	0,96	1,09	-	0,69	0,77	-	0,42	0,
	III	18,99	-	1,51	1,70	-	1,24	1,40	-	0,98	1,10	-	0,73	0,82	-	0,48	0,54	-	0,26	0,29	-	0,07	0,
	IV	32,55	-	2,60	2,92	-	2,42	2,72	-	2,24	2,52	-	2,06	2,32	-	1,89	2,12	-	1,72	1,94	-	1,56	1,
	V	48,95	0,02	3,91	4,40																		
	VI	50,43	0,20	4,03	4,53																		
177,29	I	32,58	-	2,60	2,93	-	2,24	2,52	-	1,89	2,13	-	1,56	1,76	-	1,25	1,40	-	0,95	1,07	-	0,67	0,
	II	28,25	-	2,26	2,54	-	1,91	2,15	-	1,58	1,77	-	1,26	1,42	-	0,97	1,09	-	0,69	0,77	-	0,43	0,
	III	19,01	-	1,52	1,71	-	1,25	1,40	-	0,98	1,11	-	0,73	0,82	-	0,48	0,55	-	0,26	0,29	-	0,07	0,
	IV	32,58	-	2,60	2,93	-	2,42	2,72	-	2,24	2,52	-	2,06	2,32	-	1,89	2,13	-	1,72	1,94	-	1,56	1,
	V	48,99	0,03	3,91	4,40																		
	VI	50,47	0,20	4,03	4,54																		
177,39	I	32,62	-	2,60	2,93	-	2,24	2,52	-	1,89	2,13	-	1,56	1,76	-	1,25	1,41	-	0,96	1,08	-	0,68	0,
	II	28,28	-	2,26	2,54	-	1,91	2,15	-	1,58	1,78	-	1,27	1,42	-	0,97	1,09	-	0,69	0,78	-	0,43	0,
	III	19,04	-	1,52	1,71	-	1,25	1,40	-	0,99	1,11	-	0,73	0,82	-	0,49	0,55	-	0,26	0,29	-	0,08	0,
	IV	32,62	-	2,60	2,93	-	2,42	2,72	-	2,24	2,52	-	2,06	2,32	-	1,89	2,13	-	1,73	1,94	-	1,56	1,
	V	49,03	0,03	3,92	4,41																		
	VI	50,50	0,21	4,04	4,54																		
177,49	I	32,65	-	2,61	2,93	-	2,24	2,52	-	1,90	2,13	-	1,57	1,76	-	1,25	1,41	-	0,96	1,08	-	0,68	0,
	II	28,31	-	2,26	2,54	-	1,91	2,15	-	1,58	1,78	-	1,27	1,43	-	0,97	1,09	-	0,69	0,78	-	0,43	0,
	III	19,06	-	1,52	1,71	-	1,25	1,41	-	0,99	1,11	-	0,73	0,83	-	0,49	0,55	-	0,26	0,29	-	0,08	0,
	IV	32,65	-	2,61	2,93	-	2,42	2,73	-	2,24	2,52	-	2,07	2,33	-	1,90	2,13	-	1,73	1,95	-	1,57	1,
	V	49,07	0,04	3,92	4,41																		
	VI	50,54	0,21	4,04	4,54																		
177,59	I	32,68	-	2,61	2,94	-	2,25	2,53	-	1,90	2,14	-	1,57	1,76	-	1,26	1,41	-	0,96	1,08	-	0,68	0,
	II	28,34	-	2,26	2,55	-	1,91	2,15	-	1,58	1,78	-	1,27	1,43	-	0,97	1,09	-	0,69	0,78	-	0,43	0,
	III	19,09	-	1,52	1,71	-	1,25	1,41	-	0,99	1,11	-	0,74	0,83	-	0,49	0,55	-	0,26	0,30	-	0,08	0,
	IV	32,68	-	2,61	2,94	-	2,43	2,73	-	2,25	2,53	-	2,07	2,33	-	1,90	2,14	-	1,73	1,95	-	1,57	1,
	V	49,10	0,04	3,92	4,41																		
	VI	50,58	0,22	4,04	4,55																		
177,69	I	32,72	-	2,61	2,94	-	2,25	2,53	-	1,90	2,14	-	1,57	1,77	-	1,26	1,41	-	0,96	1,08	-	0,68	0,
	II	28,38	-	2,27	2,55	-	1,92	2,16	-	1,59	1,78	-	1,27	1,43	-	0,98	1,10	-	0,70	0,78	-	0,43	0,
	III	19,11	-	1,52	1,71	-	1,25	1,41	-	0,99	1,12	-	0,74	0,83	-	0,49	0,55	-	0,26	0,30	-	0,08	0,
	IV	32,72	-	2,61	2,94	-	2,43	2,73	-	2,25	2,53	-	2,07	2,33	-	1,90	2,14	-	1,73	1,95	-	1,57	1,
	V	49,14	0,04	3,93	4,42																		
	VI	50,62	0,22	4,04	4,55																		
177,79	I	32,75	-	2,62	2,94	-	2,25	2,53	-	1,90	2,14	-	1,57	1,77	-	1,26	1,42	-	0,96	1,08	-	0,68	0,
	II	28,41	-	2,27	2,55	-	1,92	2,16	-	1,59	1,79	-	1,27	1,43	-	0,98	1,10	-	0,70	0,79	-	0,43	0,
	III	19,14	-	1,53	1,72	-	1,26	1,41	-	0,99	1,12	-	0,74	0,83	-	0,49	0,56	-	0,27	0,30	-	0,08	0,
	IV	32,75	-	2,62	2,94	-	2,43	2,74	-	2,25	2,53	-	2,08	2,34	-	1,90	2,14	-	1,74	1,95	-	1,57	1,
	V	49,18	0,05	3,93	4,42																		
	VI	50,66	0,22	4,05	4,55																		
177,89	I	32,79	-	2,62	2,95	-	2,25	2,54	-	1,91	2,14	-	1,58	1,77	-	1,26	1,42	-	0,97	1,09	-	0,69	0,
	II	28,44	-	2,27	2,55	-	1,92	2,16	-	1,59	1,79	-	1,28	1,44	-	0,98	1,10	-	0,70	0,79	-	0,44	0,
	III	19,16	-	1,53	1,72	-	1,26	1,41	-	1,00	1,12	-	0,74	0,83	-	0,50	0,56	-	0,27	0,30	-	0,08	0,
	IV	32,79	-	2,62	2,95	-	2,43	2,74	-	2,25	2,54	-	2,08	2,34	-	1,91	2,14	-	1,74	1,96	-	1,58	1,
	V	49,22	0,05	3,93	4,42																		
	VI	50,70	0,23	4,05	4,56																		
177,99	I	32,82	-	2,62	2,95	-	2,26	2,54	-	1,91	2,15	-	1,58	1,78	-	1,26	1,42	-	0,97	1,09	-	0,69	0,
	II	28,47	-	2,27	2,56	-	1,92	2,16	-	1,59	1,79	-	1,28	1,44	-	0,98	1,10	-	0,70	0,79	-	0,44	0,
	III	19,19	-	1,53	1,72	-	1,26	1,42	-	1,00	1,12	-	0,74	0,84	-	0,50	0,56	-	0,27	0,30	-	0,08	0,
	IV	32,82	-	2,62	2,95	-	2,44	2,74	-	2,26	2,54	-	2,08	2,34	-	1,91	2,15	-	1,74	1,96	-	1,58	1,
	V	49,26	0,06	3,94	4,43																		
	VI	50,73	0,23	4,05	4,56																		
178,09	I	32,86	-	2,62	2,95	-	2,26	2,54	-	1,91	2,15	-	1,58	1,78	-	1,27	1,43	-	0,97	1,09	-	0,69	0,7
	II	28,51	-	2,28	2,56	-	1,93	2,17	-	1,60	1,80	-	1,28	1,44	-	0,98	1,11	-	0,70	0,79	-	0,44	0,5
	III	19,21	-	1,53	1,72	-	1,26	1,42	-	1,00	1,12	-	0,74	0,84	-	0,50	0,56	-	0,27	0,31	-	0,08	0,0
	IV	32,86	-	2,62	2,95	-	2,44	2,74	-	2,26	2,54	-	2,08	2,34	-	1,91	2,15	-	1,74	1,96	-	1,58	1,7
	V	49,30	0,06	3,94	4,43																		
	VI	50,77	0,24	4,06	4,56																		
178,19	I	32,89	-	2,63	2,96	-	2,26	2,54	-	1,91	2,15	-	1,58	1,78	-	1,27	1,43	-	0,97	1,09	-	0,69	0,7
	II	28,54	-	2,28	2,56	-	1,93	2,17	-	1,60	1,80	-	1,28	1,44	-	0,99	1,11	-	0,71	0,79	-	0,44	0,5
	III	19,24	-	1,53	1,73	-	1,26	1,42	-	1,00	1,13	-	0,75	0,84	-	0,50	0,56	-	0,27	0,31	-	0,08	0,1
	IV	32,89	-	2,63	2,96	-	2,44	2,75	-	2,26	2,54	-	2,08	2,35	-	1,91	2,15	-	1,75	1,96	-	1,58	1,7
	V	49,33	0,07	3,94	4,43																		
	VI	50,81	0,24	4,06	4,57																		
178,29	I	32,92	-	2,63	2,96	-	2,26	2,55	-	1,92	2,16	-	1,58	1,78	-	1,27	1,43	-	0,97	1,10	-	0,69	0,7
	II	28,57	-	2,28	2,57	-	1,93	2,17	-	1,60	1,80	-	1,29	1,45	-	0,99	1,11	-	0,71	0,80	-	0,44	0,5
	III	19,26	-	1,54	1,73	-	1,26	1,42	-	1,00	1,13	-	0,75	0,84	-	0,50	0,57	-	0,27	0,31	-	0,09	0,1
	IV	32,92	-	2,63	2,96	-	2,44	2,75	-	2,26	2,55	-	2,09	2,35	-	1,92	2,16	-	1,75	1,97	-	1,58	1,7
	V	49,37	0,07	3,94	4,44																		
	VI	50,85	0,25	4,06	4,57																		
178,39	I	32,96	-	2,63	2,96	-	2,27	2,55	-	1,92	2,16	-	1,59	1,79	-	1,27	1,43	-	0,98	1,10	-	0,70	0,7
	II	28,60	-	2,28	2,57	-	1,93	2,18	-	1,60	1,80	-	1,29	1,45	-	0,99	1,11	-	0,71	0,80	-	0,45	0,5
	III	19,29	-	1,54	1,73	-	1,27	1,43	-	1,00	1,13	-	0,75	0,84	-	0,50	0,57	-	0,28	0,31	-	0,09	0,1
	IV	32,96	-	2,63	2,96	-	2,45	2,75	-	2,27	2,55	-	2,09	2,35	-	1,92	2,16	-	1,75	1,97	-	1,59	1,7
	V	49,41	0,08	3,95	4,44																		
	VI	50,89	0,25	4,07	4,58																		
178,49	I	32,99	-	2,63	2,96	-	2,27	2,55	-	1,92	2,16	-	1,59	1,79	-	1,28	1,44	-	0,98	1,10	-	0,70	0,7
	II	28,64	-	2,29	2,57	-	1,94	2,18	-	1,60	1,81	-	1,29	1,45	-	0,99	1,12	-	0,71	0,80	-	0,45	0,5
	III	19,31	-	1,54	1,73	-	1,27	1,43	-	1,01	1,13	-	0,75	0,85	-	0,51	0,57	-	0,28	0,31	-	0,09	0,1
	IV	32,99	-	2,63	2,96	-	2,45	2,76	-	2,27	2,55	-	2,09	2,35	-	1,92	2,16	-	1,75	1,97	-	1,59	1,7
	V	49,45	0,08	3,95	4,45																		
	VI	50,92	0,26	4,07	4,58																		

Lohn/ Gehalt bis	Steuerklasse	Lohn-steuer	ohne Kinderfreibetrag SolZ 5,5%	ohne Kinderfreibetrag Kirchensteuer 8%	ohne Kinderfreibetrag Kirchensteuer 9%	0,5 SolZ 5,5%	0,5 Kirchensteuer 8%	0,5 Kirchensteuer 9%	1,0 SolZ 5,5%	1,0 Kirchensteuer 8%	1,0 Kirchensteuer 9%	1,5 SolZ 5,5%	1,5 Kirchensteuer 8%	1,5 Kirchensteuer 9%	2,0 SolZ 5,5%	2,0 Kirchensteuer 8%	2,0 Kirchensteuer 9%	2,5 SolZ 5,5%	2,5 Kirchensteuer 8%	2,5 Kirchensteuer 9%	3,0 SolZ 5,5%	3,0 Kirchensteuer 8%	3,0 Kirchensteuer 9%
						Anzahl Kinderfreibeträge (nur Steuerklassen I–IV)																	
178,59	I	33,03	-	2,64	2,97	-	2,27	2,56	-	1,92	2,16	-	1,59	1,79	-	1,28	1,44	-	0,98	1,10	-	0,70	0,79
	II	28,67	-	2,29	2,58	-	1,94	2,18	-	1,61	1,81	-	1,29	1,45	-	0,99	1,12	-	0,71	0,80	-	0,45	0,51
	III	19,34	-	1,54	1,74	-	1,27	1,43	-	1,01	1,13	-	0,75	0,85	-	0,51	0,57	-	0,28	0,31	-	0,09	0,10
	IV	33,03	-	2,64	2,97	-	2,45	2,76	-	2,27	2,56	-	2,10	2,36	-	1,92	2,16	-	1,76	1,98	-	1,59	1,79
	V	49,48	0,09	3,95	4,45																		
	VI	50,96	0,26	4,07	4,58																		
178,69	I	33,06	-	2,64	2,97	-	2,27	2,56	-	1,93	2,17	-	1,59	1,79	-	1,28	1,44	-	0,98	1,11	-	0,70	0,79
	II	28,70	-	2,29	2,58	-	1,94	2,18	-	1,61	1,81	-	1,29	1,46	-	1,00	1,12	-	0,72	0,81	-	0,45	0,51
	III	19,36	-	1,54	1,74	-	1,27	1,43	-	1,01	1,14	-	0,76	0,85	-	0,51	0,57	-	0,28	0,32	-	0,09	0,10
	IV	33,06	-	2,64	2,97	-	2,46	2,76	-	2,27	2,56	-	2,10	2,36	-	1,93	2,17	-	1,76	1,98	-	1,59	1,79
	V	49,52	0,09	3,96	4,45																		
	VI	51,00	0,27	4,08	4,59																		
178,79	I	33,09	-	2,64	2,97	-	2,28	2,56	-	1,93	2,17	-	1,60	1,80	-	1,28	1,44	-	0,98	1,11	-	0,70	0,79
	II	28,73	-	2,29	2,58	-	1,94	2,19	-	1,61	1,81	-	1,30	1,46	-	1,00	1,12	-	0,72	0,81	-	0,45	0,51
	III	19,39	-	1,55	1,74	-	1,28	1,44	-	1,01	1,14	-	0,76	0,85	-	0,51	0,58	-	0,28	0,32	-	0,09	0,10
	IV	33,09	-	2,64	2,97	-	2,46	2,77	-	2,28	2,56	-	2,10	2,36	-	1,93	2,17	-	1,76	1,98	-	1,60	1,80
	V	49,56	0,09	3,96	4,46																		
	VI	51,04	0,27	4,08	4,59																		
178,89	I	33,13	-	2,65	2,98	-	2,28	2,56	-	1,93	2,17	-	1,60	1,80	-	1,28	1,44	-	0,99	1,11	-	0,71	0,79
	II	28,77	-	2,30	2,58	-	1,95	2,19	-	1,61	1,82	-	1,30	1,46	-	1,00	1,13	-	0,72	0,81	-	0,46	0,51
	III	19,42	-	1,55	1,74	-	1,28	1,44	-	1,01	1,14	-	0,76	0,85	-	0,51	0,58	-	0,28	0,32	-	0,09	0,11
	IV	33,13	-	2,65	2,98	-	2,46	2,77	-	2,28	2,56	-	2,10	2,37	-	1,93	2,17	-	1,76	1,98	-	1,60	1,80
	V	49,60	0,10	3,96	4,46																		
	VI	51,08	0,27	4,08	4,59																		
178,99	I	33,16	-	2,65	2,98	-	2,28	2,57	-	1,93	2,17	-	1,60	1,80	-	1,29	1,45	-	0,99	1,11	-	0,71	0,80
	II	28,80	-	2,30	2,59	-	1,95	2,19	-	1,62	1,82	-	1,30	1,46	-	1,00	1,13	-	0,72	0,81	-	0,46	0,51
	III	19,44	-	1,55	1,74	-	1,28	1,44	-	1,02	1,14	-	0,76	0,86	-	0,52	0,58	-	0,28	0,32	-	0,10	0,11
	IV	33,16	-	2,65	2,98	-	2,46	2,77	-	2,28	2,57	-	2,11	2,37	-	1,93	2,17	-	1,76	1,99	-	1,60	1,80
	V	49,64	0,10	3,97	4,46																		
	VI	51,11	0,28	4,08	4,59																		
179,09	I	33,20	-	2,65	2,98	-	2,28	2,57	-	1,94	2,18	-	1,60	1,80	-	1,29	1,45	-	0,99	1,11	-	0,71	0,80
	II	28,83	-	2,30	2,59	-	1,95	2,20	-	1,62	1,82	-	1,30	1,47	-	1,00	1,13	-	0,72	0,81	-	0,46	0,52
	III	19,46	-	1,55	1,75	-	1,28	1,44	-	1,02	1,15	-	0,76	0,86	-	0,52	0,58	-	0,29	0,32	-	0,10	0,11
	IV	33,20	-	2,65	2,98	-	2,47	2,77	-	2,28	2,57	-	2,11	2,37	-	1,94	2,18	-	1,77	1,99	-	1,60	1,80
	V	49,68	0,11	3,97	4,47																		
	VI	51,15	0,28	4,09	4,60																		
179,19	I	33,23	-	2,65	2,99	-	2,29	2,57	-	1,94	2,18	-	1,61	1,81	-	1,29	1,45	-	0,99	1,12	-	0,71	0,80
	II	28,86	-	2,30	2,59	-	1,95	2,20	-	1,62	1,82	-	1,31	1,47	-	1,01	1,13	-	0,72	0,82	-	0,46	0,52
	III	19,49	-	1,55	1,75	-	1,28	1,44	-	1,02	1,15	-	0,76	0,86	-	0,52	0,58	-	0,29	0,32	-	0,10	0,11
	IV	33,23	-	2,65	2,99	-	2,47	2,78	-	2,29	2,57	-	2,11	2,37	-	1,94	2,18	-	1,77	1,99	-	1,61	1,81
	V	49,71	0,11	3,97	4,47																		
	VI	51,19	0,29	4,09	4,60																		
179,29	I	33,26	-	2,66	2,99	-	2,29	2,58	-	1,94	2,18	-	1,61	1,81	-	1,29	1,45	-	1,00	1,12	-	0,71	0,80
	II	28,90	-	2,31	2,60	-	1,96	2,20	-	1,62	1,83	-	1,31	1,47	-	1,01	1,14	-	0,73	0,82	-	0,46	0,52
	III	19,52	-	1,56	1,75	-	1,28	1,45	-	1,02	1,15	-	0,77	0,86	-	0,52	0,59	-	0,29	0,33	-	0,10	0,11
	IV	33,26	-	2,66	2,99	-	2,47	2,78	-	2,29	2,58	-	2,11	2,38	-	1,94	2,18	-	1,77	1,99	-	1,61	1,81
	V	49,75	0,12	3,98	4,47																		
	VI	51,23	0,29	4,09	4,61																		
179,39	I	33,30	-	2,66	2,99	-	2,29	2,58	-	1,94	2,19	-	1,61	1,81	-	1,30	1,46	-	1,00	1,12	-	0,72	0,81
	II	28,93	-	2,31	2,60	-	1,96	2,20	-	1,63	1,83	-	1,31	1,47	-	1,01	1,14	-	0,73	0,82	-	0,46	0,52
	III	19,54	-	1,56	1,75	-	1,29	1,45	-	1,02	1,15	-	0,77	0,86	-	0,52	0,59	-	0,29	0,33	-	0,10	0,11
	IV	33,30	-	2,66	2,99	-	2,47	2,78	-	2,29	2,58	-	2,12	2,38	-	1,94	2,19	-	1,77	2,00	-	1,61	1,81
	V	49,79	0,12	3,98	4,48																		
	VI	51,27	0,30	4,10	4,61																		
179,49	I	33,33	-	2,66	2,99	-	2,30	2,58	-	1,95	2,19	-	1,61	1,81	-	1,30	1,46	-	1,00	1,12	-	0,72	0,81
	II	28,96	-	2,31	2,60	-	1,96	2,21	-	1,63	1,83	-	1,31	1,48	-	1,01	1,14	-	0,73	0,82	-	0,47	0,53
	III	19,57	-	1,56	1,76	-	1,29	1,45	-	1,02	1,15	-	0,77	0,87	-	0,52	0,59	-	0,29	0,33	-	0,10	0,11
	IV	33,33	-	2,66	2,99	-	2,48	2,79	-	2,30	2,58	-	2,12	2,38	-	1,95	2,19	-	1,78	2,00	-	1,61	1,81
	V	49,83	0,13	3,98	4,48																		
	VI	51,31	0,30	4,10	4,61																		
179,59	I	33,37	-	2,66	3,00	-	2,30	2,59	-	1,95	2,19	-	1,62	1,82	-	1,30	1,46	-	1,00	1,13	-	0,72	0,81
	II	29,00	-	2,32	2,61	-	1,96	2,21	-	1,63	1,83	-	1,31	1,48	-	1,02	1,14	-	0,73	0,82	-	0,47	0,53
	III	19,59	-	1,56	1,76	-	1,29	1,45	-	1,03	1,16	-	0,77	0,87	-	0,53	0,59	-	0,29	0,33	-	0,10	0,12
	IV	33,37	-	2,66	3,00	-	2,48	2,79	-	2,30	2,59	-	2,12	2,39	-	1,95	2,19	-	1,78	2,00	-	1,62	1,82
	V	49,86	0,13	3,98	4,48																		
	VI	51,34	0,31	4,10	4,62																		
179,69	I	33,40	-	2,67	3,00	-	2,30	2,59	-	1,95	2,19	-	1,62	1,82	-	1,30	1,46	-	1,00	1,13	-	0,72	0,81
	II	29,03	-	2,32	2,61	-	1,97	2,21	-	1,63	1,84	-	1,32	1,48	-	1,02	1,15	-	0,74	0,83	-	0,47	0,53
	III	19,62	-	1,56	1,76	-	1,29	1,45	-	1,03	1,16	-	0,77	0,87	-	0,53	0,59	-	0,30	0,33	-	0,10	0,12
	IV	33,40	-	2,67	3,00	-	2,48	2,79	-	2,30	2,59	-	2,12	2,39	-	1,95	2,19	-	1,78	2,00	-	1,62	1,82
	V	49,90	0,14	3,99	4,49																		
	VI	51,38	0,31	4,11	4,62																		
179,79	I	33,44	-	2,67	3,00	-	2,30	2,59	-	1,95	2,20	-	1,62	1,82	-	1,30	1,47	-	1,01	1,13	-	0,72	0,81
	II	29,06	-	2,32	2,61	-	1,97	2,22	-	1,64	1,84	-	1,32	1,48	-	1,02	1,15	-	0,74	0,83	-	0,47	0,53
	III	19,64	-	1,57	1,76	-	1,29	1,46	-	1,03	1,16	-	0,78	0,87	-	0,53	0,60	-	0,30	0,33	-	0,10	0,12
	IV	33,44	-	2,67	3,00	-	2,48	2,79	-	2,30	2,59	-	2,13	2,39	-	1,95	2,20	-	1,78	2,01	-	1,62	1,82
	V	49,94	0,14	3,99	4,49																		
	VI	51,42	0,32	4,11	4,62																		
179,89	I	33,47	-	2,67	3,01	-	2,31	2,59	-	1,96	2,20	-	1,62	1,83	-	1,31	1,47	-	1,01	1,13	-	0,73	0,82
	II	29,10	-	2,32	2,61	-	1,97	2,22	-	1,64	1,84	-	1,32	1,49	-	1,02	1,15	-	0,74	0,83	-	0,47	0,53
	III	19,67	-	1,57	1,77	-	1,30	1,46	-	1,03	1,16	-	0,78	0,88	-	0,53	0,60	-	0,30	0,34	-	0,11	0,12
	IV	33,47	-	2,67	3,01	-	2,49	2,80	-	2,31	2,59	-	2,13	2,39	-	1,96	2,20	-	1,79	2,01	-	1,62	1,83
	V	49,98	0,14	3,99	4,49																		
	VI	51,46	0,32	4,11	4,63																		
179,99	I	33,50	-	2,68	3,01	-	2,31	2,60	-	1,96	2,20	-	1,62	1,83	-	1,31	1,47	-	1,01	1,14	-	0,73	0,82
	II	29,13	-	2,33	2,62	-	1,97	2,22	-	1,64	1,85	-	1,32	1,49	-	1,02	1,15	-	0,74	0,83	-	0,48	0,54
	III	19,69	-	1,57	1,77	-	1,30	1,46	-	1,03	1,16	-	0,78	0,88	-	0,53	0,60	-	0,30	0,34	-	0,11	0,12
	IV	33,50	-	2,68	3,01	-	2,49	2,80	-	2,31	2,60	-	2,13	2,40	-	1,96	2,20	-	1,79	2,01	-	1,62	1,83
	V	50,02	0,15	4,00	4,50																		
	VI	51,50	0,32	4,12	4,63																		

Lohn/ Gehalt bis	Steuerklasse	Lohnsteuer	ohne Kinderfreibetrag SolZ 5,5%	ohne Kinderfreibetrag Kirchensteuer 8%	ohne Kinderfreibetrag Kirchensteuer 9%	0,5 SolZ 5,5%	0,5 Kirchensteuer 8%	0,5 Kirchensteuer 9%	1,0 SolZ 5,5%	1,0 Kirchensteuer 8%	1,0 Kirchensteuer 9%	1,5 SolZ 5,5%	1,5 Kirchensteuer 8%	1,5 Kirchensteuer 9%	2,0 SolZ 5,5%	2,0 Kirchensteuer 8%	2,0 Kirchensteuer 9%	2,5 SolZ 5,5%	2,5 Kirchensteuer 8%	2,5 Kirchensteuer 9%	3,0 SolZ 5,5%	3,0 Kirchensteuer 8%	3,0 Kirchensteuer 9%
180,09	I	33,54	-	2,68	3,01	-	2,31	2,60	-	1,96	2,21	-	1,63	1,83	-	1,31	1,48	-	1,01	1,14	-	0,73	0
	II	29,16	-	2,33	2,62	-	1,98	2,22	-	1,64	1,85	-	1,33	1,49	-	1,03	1,15	-	0,74	0,84	-	0,48	0,
	III	19,72	-	1,57	1,77	-	1,30	1,46	-	1,04	1,17	-	0,78	0,88	-	0,53	0,60	-	0,30	0,34	-	0,11	0,
	IV	33,54	-	2,68	3,01	-	2,49	2,80	-	2,31	2,60	-	2,13	2,40	-	1,96	2,21	-	1,79	2,02	-	1,63	1,
	V	50,06	0,15	4,00	4,50																		
	VI	51,53	0,33	4,12	4,63																		
180,19	I	33,57	-	2,68	3,02	-	2,31	2,60	-	1,96	2,21	-	1,63	1,83	-	1,31	1,48	-	1,01	1,14	-	0,73	0,
	II	29,19	-	2,33	2,62	-	1,98	2,23	-	1,64	1,85	-	1,33	1,49	-	1,03	1,16	-	0,74	0,84	-	0,48	0,
	III	19,75	-	1,58	1,77	-	1,30	1,47	-	1,04	1,17	-	0,78	0,88	-	0,54	0,60	-	0,30	0,34	-	0,11	0,
	IV	33,57	-	2,68	3,02	-	2,50	2,81	-	2,31	2,60	-	2,14	2,40	-	1,96	2,21	-	1,79	2,02	-	1,63	1,
	V	50,10	0,16	4,00	4,50																		
	VI	51,57	0,33	4,12	4,64																		
180,29	I	33,61	-	2,68	3,02	-	2,32	2,61	-	1,97	2,21	-	1,63	1,84	-	1,32	1,48	-	1,02	1,14	-	0,73	0,
	II	29,23	-	2,33	2,63	-	1,98	2,23	-	1,65	1,85	-	1,33	1,50	-	1,03	1,16	-	0,75	0,84	-	0,48	0,
	III	19,77	-	1,58	1,77	-	1,30	1,47	-	1,04	1,17	-	0,78	0,88	-	0,54	0,61	-	0,30	0,34	-	0,11	0,
	IV	33,61	-	2,68	3,02	-	2,50	2,81	-	2,32	2,61	-	2,14	2,41	-	1,97	2,21	-	1,80	2,02	-	1,63	1,
	V	50,13	0,16	4,01	4,51																		
	VI	51,61	0,34	4,12	4,64																		
180,39	I	33,64	-	2,69	3,02	-	2,32	2,61	-	1,97	2,21	-	1,63	1,84	-	1,32	1,48	-	1,02	1,15	-	0,74	0,
	II	29,26	-	2,34	2,63	-	1,98	2,23	-	1,65	1,86	-	1,33	1,50	-	1,03	1,16	-	0,75	0,84	-	0,48	0,
	III	19,80	-	1,58	1,78	-	1,31	1,47	-	1,04	1,17	-	0,79	0,89	-	0,54	0,61	-	0,31	0,35	-	0,11	0,
	IV	33,64	-	2,69	3,02	-	2,50	2,81	-	2,32	2,61	-	2,14	2,41	-	1,97	2,21	-	1,80	2,02	-	1,63	1,
	V	50,17	0,17	4,01	4,51																		
	VI	51,65	0,34	4,13	4,64																		
180,49	I	33,68	-	2,69	3,03	-	2,32	2,61	-	1,97	2,22	-	1,64	1,84	-	1,32	1,49	-	1,02	1,15	-	0,74	0,
	II	29,29	-	2,34	2,63	-	1,99	2,24	-	1,65	1,86	-	1,33	1,50	-	1,03	1,16	-	0,75	0,85	-	0,48	0,
	III	19,82	-	1,58	1,78	-	1,31	1,47	-	1,04	1,17	-	0,79	0,89	-	0,54	0,61	-	0,31	0,35	-	0,11	0,
	IV	33,68	-	2,69	3,03	-	2,50	2,82	-	2,32	2,61	-	2,14	2,41	-	1,97	2,22	-	1,80	2,03	-	1,64	1,
	V	50,21	0,17	4,01	4,51																		
	VI	51,69	0,35	4,13	4,65																		
180,59	I	33,71	-	2,69	3,03	-	2,32	2,61	-	1,97	2,22	-	1,64	1,84	-	1,32	1,49	-	1,02	1,15	-	0,74	0,
	II	29,33	-	2,34	2,63	-	1,99	2,24	-	1,65	1,86	-	1,34	1,50	-	1,04	1,17	-	0,75	0,85	-	0,49	0,
	III	19,85	-	1,58	1,78	-	1,31	1,47	-	1,05	1,18	-	0,79	0,89	-	0,54	0,61	-	0,31	0,35	-	0,12	0,
	IV	33,71	-	2,69	3,03	-	2,51	2,82	-	2,32	2,61	-	2,15	2,42	-	1,97	2,22	-	1,80	2,03	-	1,64	1,
	V	50,25	0,18	4,02	4,52																		
	VI	51,72	0,35	4,13	4,65																		
180,69	I	33,75	-	2,70	3,03	-	2,33	2,62	-	1,98	2,22	-	1,64	1,85	-	1,32	1,49	-	1,02	1,15	-	0,74	0,
	II	29,36	-	2,34	2,64	-	1,99	2,24	-	1,66	1,86	-	1,34	1,51	-	1,04	1,17	-	0,76	0,85	-	0,49	0,
	III	19,87	-	1,58	1,78	-	1,31	1,48	-	1,05	1,18	-	0,79	0,89	-	0,54	0,61	-	0,31	0,35	-	0,12	0,
	IV	33,75	-	2,70	3,03	-	2,51	2,82	-	2,33	2,62	-	2,15	2,42	-	1,98	2,22	-	1,81	2,03	-	1,64	1,
	V	50,29	0,18	4,02	4,52																		
	VI	51,76	0,36	4,14	4,65																		
180,79	I	33,78	-	2,70	3,04	-	2,33	2,62	-	1,98	2,23	-	1,64	1,85	-	1,33	1,49	-	1,03	1,16	-	0,74	0,
	II	29,39	-	2,35	2,64	-	1,99	2,24	-	1,66	1,87	-	1,34	1,51	-	1,04	1,17	-	0,76	0,85	-	0,49	0,5
	III	19,90	-	1,59	1,79	-	1,31	1,48	-	1,05	1,18	-	0,79	0,89	-	0,55	0,62	-	0,31	0,35	-	0,12	0,
	IV	33,78	-	2,70	3,04	-	2,51	2,83	-	2,33	2,62	-	2,15	2,42	-	1,98	2,23	-	1,81	2,03	-	1,64	1,8
	V	50,32	0,19	4,02	4,52																		
	VI	51,80	0,36	4,14	4,66																		
180,89	I	33,81	-	2,70	3,04	-	2,33	2,62	-	1,98	2,23	-	1,65	1,85	-	1,33	1,50	-	1,03	1,16	-	0,75	0,8
	II	29,42	-	2,35	2,64	-	2,00	2,25	-	1,66	1,87	-	1,34	1,51	-	1,04	1,17	-	0,76	0,85	-	0,49	0,5
	III	19,92	-	1,59	1,79	-	1,32	1,48	-	1,05	1,18	-	0,80	0,90	-	0,55	0,62	-	0,31	0,35	-	0,12	0,1
	IV	33,81	-	2,70	3,04	-	2,51	2,83	-	2,33	2,62	-	2,15	2,42	-	1,98	2,23	-	1,81	2,04	-	1,65	1,8
	V	50,36	0,19	4,02	4,53																		
	VI	51,84	0,37	4,14	4,66																		
180,99	I	33,85	-	2,70	3,04	-	2,33	2,63	-	1,98	2,23	-	1,65	1,85	-	1,33	1,50	-	1,03	1,16	-	0,75	0,8
	II	29,46	-	2,35	2,65	-	2,00	2,25	-	1,66	1,87	-	1,35	1,51	-	1,04	1,18	-	0,76	0,86	-	0,49	0,5
	III	19,95	-	1,59	1,79	-	1,32	1,48	-	1,05	1,19	-	0,80	0,90	-	0,55	0,62	-	0,32	0,36	-	0,12	0,1
	IV	33,85	-	2,70	3,04	-	2,52	2,83	-	2,33	2,63	-	2,16	2,43	-	1,98	2,23	-	1,81	2,04	-	1,65	1,8
	V	50,40	0,19	4,03	4,53																		
	VI	51,88	0,37	4,15	4,66																		
181,09	I	33,88	-	2,71	3,04	-	2,34	2,63	-	1,99	2,23	-	1,65	1,86	-	1,33	1,50	-	1,03	1,16	-	0,75	0,8
	II	29,49	-	2,35	2,65	-	2,00	2,25	-	1,67	1,88	-	1,35	1,52	-	1,05	1,18	-	0,76	0,86	-	0,50	0,5
	III	19,97	-	1,59	1,79	-	1,32	1,49	-	1,06	1,19	-	0,80	0,90	-	0,55	0,62	-	0,32	0,36	-	0,12	0,1
	IV	33,88	-	2,71	3,04	-	2,52	2,83	-	2,34	2,63	-	2,16	2,43	-	1,99	2,23	-	1,82	2,04	-	1,65	1,8
	V	50,44	0,20	4,03	4,53																		
	VI	51,91	0,37	4,15	4,67																		
181,19	I	33,92	-	2,71	3,05	-	2,34	2,63	-	1,99	2,24	-	1,65	1,86	-	1,34	1,50	-	1,04	1,17	-	0,75	0,8
	II	29,52	-	2,36	2,65	-	2,00	2,25	-	1,67	1,88	-	1,35	1,52	-	1,05	1,18	-	0,76	0,86	-	0,50	0,5
	III	20,00	-	1,60	1,80	-	1,32	1,49	-	1,06	1,19	-	0,80	0,90	-	0,55	0,62	-	0,32	0,36	-	0,12	0,1
	IV	33,92	-	2,71	3,05	-	2,52	2,84	-	2,34	2,63	-	2,16	2,43	-	1,99	2,24	-	1,82	2,05	-	1,65	1,8
	V	50,48	0,20	4,03	4,54																		
	VI	51,95	0,38	4,15	4,67																		
181,29	I	33,95	-	2,71	3,05	-	2,34	2,64	-	1,99	2,24	-	1,66	1,86	-	1,34	1,51	-	1,04	1,17	-	0,75	0,8
	II	29,56	-	2,36	2,66	-	2,01	2,26	-	1,67	1,88	-	1,35	1,52	-	1,05	1,18	-	0,77	0,86	-	0,50	0,5
	III	20,02	-	1,60	1,80	-	1,32	1,49	-	1,06	1,19	-	0,80	0,90	-	0,56	0,63	-	0,32	0,36	-	0,12	0,1
	IV	33,95	-	2,71	3,05	-	2,52	2,84	-	2,34	2,64	-	2,16	2,43	-	1,99	2,24	-	1,82	2,05	-	1,66	1,8
	V	50,51	0,21	4,04	4,54																		
	VI	51,99	0,38	4,15	4,67																		
181,39	I	33,98	-	2,71	3,05	-	2,34	2,64	-	1,99	2,24	-	1,66	1,87	-	1,34	1,51	-	1,04	1,17	-	0,76	0,8
	II	29,59	-	2,36	2,66	-	2,01	2,26	-	1,67	1,88	-	1,36	1,53	-	1,05	1,19	-	0,77	0,87	-	0,50	0,5
	III	20,05	-	1,60	1,80	-	1,33	1,49	-	1,06	1,19	-	0,80	0,91	-	0,56	0,63	-	0,32	0,36	-	0,12	0,1
	IV	33,98	-	2,71	3,05	-	2,53	2,84	-	2,34	2,64	-	2,17	2,44	-	1,99	2,24	-	1,82	2,05	-	1,66	1,8
	V	50,55	0,21	4,04	4,54																		
	VI	52,03	0,39	4,16	4,68																		
181,49	I	34,02	-	2,72	3,06	-	2,35	2,64	-	2,00	2,25	-	1,66	1,87	-	1,34	1,51	-	1,04	1,17	-	0,76	0,8
	II	29,62	-	2,36	2,66	-	2,01	2,26	-	1,68	1,89	-	1,36	1,53	-	1,06	1,19	-	0,77	0,87	-	0,50	0,5
	III	20,07	-	1,60	1,80	-	1,33	1,49	-	1,06	1,20	-	0,81	0,91	-	0,56	0,63	-	0,32	0,36	-	0,13	0,1
	IV	34,02	-	2,72	3,06	-	2,53	2,85	-	2,35	2,64	-	2,17	2,44	-	2,00	2,25	-	1,83	2,05	-	1,66	1,8
	V	50,59	0,22	4,04	4,55																		
	VI	52,07	0,39	4,16	4,68																		

Allgemeine Tabelle

TAG bis 182,99 €

Lohn/ Gehalt bis	Steuerklasse	Lohn-steuer	ohne Kinderfreibetrag SolZ 5,5%	Kirchensteuer 8%	Kirchensteuer 9%	0,5 SolZ 5,5%	0,5 Kirchensteuer 8%	0,5 Kirchensteuer 9%	1,0 SolZ 5,5%	1,0 Kirchensteuer 8%	1,0 Kirchensteuer 9%	1,5 SolZ 5,5%	1,5 Kirchensteuer 8%	1,5 Kirchensteuer 9%	2,0 SolZ 5,5%	2,0 Kirchensteuer 8%	2,0 Kirchensteuer 9%	2,5 SolZ 5,5%	2,5 Kirchensteuer 8%	2,5 Kirchensteuer 9%	3,0 SolZ 5,5%	3,0 Kirchensteuer 8%	3,0 Kirchensteuer 9%
181,59	I	34,05	-	2,72	3,06	-	2,35	2,64	-	2,00	2,25	-	1,66	1,87	-	1,34	1,51	-	1,04	1,17	-	0,76	0,86
	II	29,65	-	2,37	2,66	-	2,01	2,27	-	1,68	1,89	-	1,36	1,53	-	1,06	1,19	-	0,77	0,87	-	0,51	0,57
	III	20,10	-	1,60	1,80	-	1,33	1,50	-	1,06	1,20	-	0,81	0,91	-	0,56	0,63	-	0,33	0,37	-	0,13	0,14
	IV	34,05	-	2,72	3,06	-	2,53	2,85	-	2,35	2,64	-	2,17	2,44	-	2,00	2,25	-	1,83	2,06	-	1,66	1,87
	V	50,63	0,22	4,05	4,55																		
	VI	52,11	0,40	4,16	4,68																		
181,69	I	34,09	-	2,72	3,06	-	2,35	2,65	-	2,00	2,25	-	1,66	1,87	-	1,35	1,52	-	1,05	1,18	-	0,76	0,86
	II	29,69	-	2,37	2,67	-	2,02	2,27	-	1,68	1,89	-	1,36	1,53	-	1,06	1,19	-	0,78	0,87	-	0,51	0,57
	III	20,12	-	1,60	1,81	-	1,33	1,50	-	1,07	1,20	-	0,81	0,91	-	0,56	0,63	-	0,33	0,37	-	0,13	0,15
	IV	34,09	-	2,72	3,06	-	2,54	2,85	-	2,35	2,65	-	2,17	2,45	-	2,00	2,25	-	1,83	2,06	-	1,66	1,87
	V	50,66	0,23	4,05	4,55																		
	VI	52,14	0,40	4,17	4,69																		
181,79	I	34,12	-	2,72	3,07	-	2,36	2,65	-	2,00	2,25	-	1,67	1,88	-	1,35	1,52	-	1,05	1,18	-	0,76	0,86
	II	29,72	-	2,37	2,67	-	2,02	2,27	-	1,68	1,89	-	1,36	1,53	-	1,06	1,19	-	0,78	0,88	-	0,51	0,57
	III	20,15	-	1,61	1,81	-	1,33	1,50	-	1,07	1,20	-	0,81	0,91	-	0,56	0,64	-	0,33	0,37	-	0,13	0,15
	IV	34,12	-	2,72	3,07	-	2,54	2,86	-	2,36	2,65	-	2,18	2,45	-	2,00	2,25	-	1,83	2,06	-	1,67	1,88
	V	50,70	0,23	4,05	4,56																		
	VI	52,18	0,41	4,17	4,69																		
181,89	I	34,16	-	2,73	3,07	-	2,36	2,65	-	2,01	2,26	-	1,67	1,88	-	1,35	1,52	-	1,05	1,18	-	0,77	0,86
	II	29,75	-	2,38	2,67	-	2,02	2,27	-	1,69	1,90	-	1,37	1,54	-	1,06	1,20	-	0,78	0,88	-	0,51	0,58
	III	20,17	-	1,61	1,81	-	1,34	1,50	-	1,07	1,20	-	0,81	0,92	-	0,57	0,64	-	0,33	0,37	-	0,13	0,15
	IV	34,16	-	2,73	3,07	-	2,54	2,86	-	2,36	2,65	-	2,18	2,45	-	2,01	2,26	-	1,84	2,07	-	1,67	1,88
	V	50,74	0,23	4,05	4,56																		
	VI	52,22	0,41	4,17	4,69																		
181,99	I	34,19	-	2,73	3,07	-	2,36	2,66	-	2,01	2,26	-	1,67	1,88	-	1,35	1,52	-	1,05	1,18	-	0,77	0,86
	II	29,79	-	2,38	2,68	-	2,02	2,28	-	1,69	1,90	-	1,37	1,54	-	1,07	1,20	-	0,78	0,88	-	0,51	0,58
	III	20,20	-	1,61	1,81	-	1,34	1,51	-	1,07	1,21	-	0,82	0,92	-	0,57	0,64	-	0,33	0,37	-	0,13	0,15
	IV	34,19	-	2,73	3,07	-	2,54	2,86	-	2,36	2,66	-	2,18	2,45	-	2,01	2,26	-	1,84	2,07	-	1,67	1,88
	V	50,78	0,24	4,06	4,57																		
	VI	52,26	0,42	4,18	4,70																		
182,09	I	34,23	-	2,73	3,08	-	2,36	2,66	-	2,01	2,26	-	1,67	1,88	-	1,36	1,53	-	1,05	1,19	-	0,77	0,87
	II	29,82	-	2,38	2,68	-	2,03	2,28	-	1,69	1,90	-	1,37	1,54	-	1,07	1,20	-	0,78	0,88	-	0,52	0,58
	III	20,22	-	1,61	1,81	-	1,34	1,51	-	1,07	1,21	-	0,82	0,92	-	0,57	0,64	-	0,33	0,38	-	0,13	0,15
	IV	34,23	-	2,73	3,08	-	2,55	2,87	-	2,36	2,66	-	2,18	2,46	-	2,01	2,26	-	1,84	2,07	-	1,67	1,88
	V	50,82	0,24	4,06	4,57																		
	VI	52,30	0,42	4,18	4,70																		
182,19	I	34,26	-	2,74	3,08	-	2,37	2,66	-	2,01	2,26	-	1,68	1,89	-	1,36	1,53	-	1,06	1,19	-	0,77	0,87
	II	29,85	-	2,38	2,68	-	2,03	2,28	-	1,69	1,90	-	1,37	1,54	-	1,07	1,20	-	0,79	0,88	-	0,52	0,58
	III	20,25	-	1,62	1,82	-	1,34	1,51	-	1,08	1,21	-	0,82	0,92	-	0,57	0,64	-	0,34	0,38	-	0,14	0,15
	IV	34,26	-	2,74	3,08	-	2,55	2,87	-	2,37	2,66	-	2,19	2,46	-	2,01	2,26	-	1,84	2,07	-	1,68	1,89
	V	50,86	0,25	4,06	4,57																		
	VI	52,33	0,42	4,18	4,70																		
182,29	I	34,30	-	2,74	3,08	-	2,37	2,67	-	2,02	2,27	-	1,68	1,89	-	1,36	1,53	-	1,06	1,19	-	0,77	0,87
	II	29,88	-	2,39	2,68	-	2,03	2,29	-	1,70	1,91	-	1,38	1,55	-	1,07	1,21	-	0,79	0,89	-	0,52	0,58
	III	20,27	-	1,62	1,82	-	1,34	1,51	-	1,08	1,21	-	0,82	0,92	-	0,57	0,65	-	0,34	0,38	-	0,14	0,15
	IV	34,30	-	2,74	3,08	-	2,55	2,87	-	2,37	2,67	-	2,19	2,46	-	2,02	2,27	-	1,84	2,08	-	1,68	1,89
	V	50,90	0,25	4,07	4,58																		
	VI	52,37	0,43	4,18	4,71																		
182,39	I	34,33	-	2,74	3,08	-	2,37	2,67	-	2,02	2,27	-	1,68	1,89	-	1,36	1,53	-	1,06	1,19	-	0,78	0,87
	II	29,92	-	2,39	2,69	-	2,03	2,29	-	1,70	1,91	-	1,38	1,55	-	1,08	1,21	-	0,79	0,89	-	0,52	0,59
	III	20,30	-	1,62	1,82	-	1,35	1,51	-	1,08	1,22	-	0,82	0,93	-	0,58	0,65	-	0,34	0,38	-	0,14	0,16
	IV	34,33	-	2,74	3,08	-	2,55	2,87	-	2,37	2,67	-	2,19	2,47	-	2,02	2,27	-	1,85	2,08	-	1,68	1,89
	V	50,93	0,26	4,07	4,58																		
	VI	52,41	0,43	4,19	4,71																		
182,49	I	34,36	-	2,74	3,09	-	2,37	2,67	-	2,02	2,27	-	1,68	1,89	-	1,36	1,54	-	1,06	1,20	-	0,78	0,88
	II	29,95	-	2,39	2,69	-	2,04	2,29	-	1,70	1,91	-	1,38	1,55	-	1,08	1,21	-	0,79	0,89	-	0,52	0,59
	III	20,32	-	1,62	1,82	-	1,35	1,52	-	1,08	1,22	-	0,82	0,93	-	0,58	0,65	-	0,34	0,38	-	0,14	0,16
	IV	34,36	-	2,74	3,09	-	2,56	2,88	-	2,37	2,67	-	2,20	2,47	-	2,02	2,27	-	1,85	2,08	-	1,68	1,89
	V	50,97	0,26	4,07	4,58																		
	VI	52,45	0,44	4,19	4,72																		
182,59	I	34,40	-	2,75	3,09	-	2,38	2,67	-	2,02	2,28	-	1,69	1,90	-	1,37	1,54	-	1,06	1,20	-	0,78	0,88
	II	29,98	-	2,39	2,69	-	2,04	2,29	-	1,70	1,92	-	1,38	1,56	-	1,08	1,21	-	0,79	0,89	-	0,52	0,59
	III	20,35	-	1,62	1,83	-	1,35	1,52	-	1,08	1,22	-	0,83	0,93	-	0,58	0,65	-	0,34	0,38	-	0,14	0,16
	IV	34,40	-	2,75	3,09	-	2,56	2,88	-	2,38	2,67	-	2,20	2,47	-	2,02	2,28	-	1,85	2,08	-	1,69	1,90
	V	51,01	0,27	4,08	4,59																		
	VI	52,49	0,44	4,19	4,72																		
182,69	I	34,43	-	2,75	3,09	-	2,38	2,68	-	2,03	2,28	-	1,69	1,90	-	1,37	1,54	-	1,07	1,20	-	0,78	0,88
	II	30,02	-	2,40	2,70	-	2,04	2,30	-	1,70	1,92	-	1,38	1,56	-	1,08	1,22	-	0,80	0,90	-	0,53	0,59
	III	20,37	-	1,62	1,83	-	1,35	1,52	-	1,09	1,22	-	0,83	0,93	-	0,58	0,65	-	0,34	0,39	-	0,14	0,16
	IV	34,43	-	2,75	3,09	-	2,56	2,88	-	2,38	2,68	-	2,20	2,48	-	2,03	2,28	-	1,86	2,09	-	1,69	1,90
	V	51,05	0,27	4,08	4,59																		
	VI	52,52	0,45	4,20	4,72																		
182,79	I	34,47	-	2,75	3,10	-	2,38	2,68	-	2,03	2,28	-	1,69	1,90	-	1,37	1,54	-	1,07	1,20	-	0,78	0,88
	II	30,05	-	2,40	2,70	-	2,04	2,30	-	1,71	1,92	-	1,39	1,56	-	1,08	1,22	-	0,80	0,90	-	0,53	0,59
	III	20,40	-	1,63	1,83	-	1,35	1,52	-	1,09	1,22	-	0,83	0,94	-	0,58	0,66	-	0,34	0,39	-	0,14	0,16
	IV	34,47	-	2,75	3,10	-	2,56	2,89	-	2,38	2,68	-	2,20	2,48	-	2,03	2,28	-	1,86	2,09	-	1,69	1,90
	V	51,08	0,28	4,08	4,59																		
	VI	52,56	0,45	4,20	4,73																		
182,89	I	34,50	-	2,76	3,10	-	2,38	2,68	-	2,03	2,28	-	1,69	1,91	-	1,37	1,55	-	1,07	1,21	-	0,79	0,88
	II	30,08	-	2,40	2,70	-	2,05	2,30	-	1,71	1,92	-	1,39	1,56	-	1,09	1,22	-	0,80	0,90	-	0,53	0,60
	III	20,43	-	1,63	1,83	-	1,36	1,53	-	1,09	1,23	-	0,83	0,94	-	0,58	0,66	-	0,35	0,39	-	0,14	0,16
	IV	34,50	-	2,76	3,10	-	2,57	2,89	-	2,38	2,68	-	2,21	2,48	-	2,03	2,28	-	1,86	2,09	-	1,69	1,91
	V	51,12	0,28	4,08	4,60																		
	VI	52,60	0,46	4,20	4,73																		
182,99	I	34,54	-	2,76	3,10	-	2,39	2,69	-	2,03	2,29	-	1,70	1,91	-	1,38	1,55	-	1,07	1,21	-	0,79	0,89
	II	30,12	-	2,40	2,71	-	2,05	2,31	-	1,71	1,93	-	1,39	1,57	-	1,09	1,22	-	0,80	0,90	-	0,53	0,60
	III	20,45	-	1,63	1,84	-	1,36	1,53	-	1,09	1,23	-	0,83	0,94	-	0,59	0,66	-	0,35	0,39	-	0,15	0,16
	IV	34,54	-	2,76	3,10	-	2,57	2,89	-	2,39	2,69	-	2,21	2,48	-	2,03	2,29	-	1,86	2,10	-	1,70	1,91
	V	51,16	0,28	4,09	4,60																		
	VI	52,64	0,46	4,21	4,73																		

Anzahl Kinderfreibeträge (nur Steuerklassen I–IV)

TAG bis 184,49 €

Allgemeine Tabelle

Lohn/ Gehalt bis	Steuerklasse	Lohn-steuer	ohne Kinderfreibetrag			Anzahl Kinderfreibeträge (nur Steuerklassen I–IV)																	
						0,5			1,0			1,5			2,0			2,5			3,0		
			SolZ 5,5%	Kirchensteuer 8%	9%	SolZ 5,5%	Kirchensteuer 8%	9%	SolZ 5,5%	Kirchensteuer 8%	9%	SolZ 5,5%	Kirchensteuer 8%	9%	SolZ 5,5%	Kirchensteuer 8%	9%	SolZ 5,5%	Kirchensteuer 8%	9%	SolZ 5,5%	Kirchensteuer 8%	9%
183,09	I	34,57	-	2,76	3,11	-	2,39	2,69	-	2,04	2,29	-	1,70	1,91	-	1,38	1,55	-	1,08	1,21	-	0,79	0,8
	II	30,15	-	2,41	2,71	-	2,05	2,31	-	1,71	1,93	-	1,39	1,57	-	1,09	1,23	-	0,80	0,90	-	0,53	0,6
	III	20,48	-	1,63	1,84	-	1,36	1,53	-	1,09	1,23	-	0,84	0,94	-	0,59	0,66	-	0,35	0,39	-	0,15	0,1
	IV	34,57	-	2,76	3,11	-	2,57	2,90	-	2,39	2,69	-	2,21	2,49	-	2,04	2,29	-	1,86	2,10	-	1,70	1,9
	V	51,20	0,29	4,09	4,60																		
	VI	52,68	0,47	4,21	4,74																		
183,19	I	34,61	-	2,76	3,11	-	2,39	2,69	-	2,04	2,29	-	1,70	1,91	-	1,38	1,55	-	1,08	1,21	-	0,79	0,8
	II	30,18	-	2,41	2,71	-	2,05	2,31	-	1,72	1,93	-	1,40	1,57	-	1,09	1,23	-	0,81	0,91	-	0,54	0,6
	III	20,50	-	1,64	1,84	-	1,36	1,53	-	1,10	1,23	-	0,84	0,94	-	0,59	0,66	-	0,35	0,40	-	0,15	0,1
	IV	34,61	-	2,76	3,11	-	2,58	2,90	-	2,39	2,69	-	2,21	2,49	-	2,04	2,29	-	1,87	2,10	-	1,70	1,9
	V	51,24	0,29	4,09	4,61																		
	VI	52,71	0,47	4,21	4,74																		
183,29	I	34,64	-	2,77	3,11	-	2,40	2,70	-	2,04	2,30	-	1,70	1,92	-	1,38	1,56	-	1,08	1,22	-	0,79	0,8
	II	30,22	-	2,41	2,71	-	2,06	2,32	-	1,72	1,93	-	1,40	1,57	-	1,09	1,23	-	0,81	0,91	-	0,54	0,6
	III	20,53	-	1,64	1,84	-	1,36	1,53	-	1,10	1,23	-	0,84	0,95	-	0,59	0,67	-	0,35	0,40	-	0,15	0,1
	IV	34,64	-	2,77	3,11	-	2,58	2,90	-	2,40	2,70	-	2,22	2,49	-	2,04	2,30	-	1,87	2,10	-	1,70	1,9
	V	51,28	0,30	4,10	4,61																		
	VI	52,75	0,47	4,22	4,74																		
183,39	I	34,68	-	2,77	3,12	-	2,40	2,70	-	2,04	2,30	-	1,71	1,92	-	1,39	1,56	-	1,08	1,22	-	0,80	0,9
	II	30,25	-	2,42	2,72	-	2,06	2,32	-	1,72	1,94	-	1,40	1,58	-	1,10	1,23	-	0,81	0,91	-	0,54	0,6
	III	20,55	-	1,64	1,84	-	1,36	1,54	-	1,10	1,24	-	0,84	0,95	-	0,59	0,67	-	0,35	0,40	-	0,15	0,1
	IV	34,68	-	2,77	3,12	-	2,58	2,90	-	2,40	2,70	-	2,22	2,50	-	2,04	2,30	-	1,87	2,11	-	1,71	1,9
	V	51,31	0,30	4,10	4,61																		
	VI	52,79	0,48	4,22	4,75																		
183,49	I	34,71	-	2,77	3,12	-	2,40	2,70	-	2,05	2,30	-	1,71	1,92	-	1,39	1,56	-	1,08	1,22	-	0,80	0,9
	II	30,28	-	2,42	2,72	-	2,06	2,32	-	1,72	1,94	-	1,40	1,58	-	1,10	1,24	-	0,81	0,91	-	0,54	0,6
	III	20,58	-	1,64	1,85	-	1,37	1,54	-	1,10	1,24	-	0,84	0,95	-	0,60	0,67	-	0,36	0,40	-	0,15	0,1
	IV	34,71	-	2,77	3,12	-	2,58	2,91	-	2,40	2,70	-	2,22	2,50	-	2,05	2,30	-	1,87	2,11	-	1,71	1,9
	V	51,35	0,31	4,10	4,62																		
	VI	52,83	0,48	4,22	4,75																		
183,59	I	34,75	-	2,78	3,12	-	2,40	2,70	-	2,05	2,30	-	1,71	1,92	-	1,39	1,56	-	1,09	1,22	-	0,80	0,9
	II	30,32	-	2,42	2,72	-	2,06	2,32	-	1,73	1,94	-	1,40	1,58	-	1,10	1,24	-	0,81	0,92	-	0,54	0,6
	III	20,61	-	1,64	1,85	-	1,37	1,54	-	1,10	1,24	-	0,85	0,95	-	0,60	0,67	-	0,36	0,40	-	0,15	0,1
	IV	34,75	-	2,78	3,12	-	2,59	2,91	-	2,40	2,70	-	2,22	2,50	-	2,05	2,30	-	1,88	2,11	-	1,71	1,9
	V	51,39	0,31	4,11	4,62																		
	VI	52,87	0,49	4,22	4,75																		
183,69	I	34,78	-	2,78	3,13	-	2,41	2,71	-	2,05	2,31	-	1,71	1,93	-	1,39	1,57	-	1,09	1,23	-	0,80	0,9
	II	30,35	-	2,42	2,73	-	2,07	2,33	-	1,73	1,95	-	1,41	1,58	-	1,10	1,24	-	0,82	0,92	-	0,55	0,6
	III	20,63	-	1,65	1,85	-	1,37	1,54	-	1,10	1,24	-	0,85	0,95	-	0,60	0,67	-	0,36	0,40	-	0,16	0,1
	IV	34,78	-	2,78	3,13	-	2,59	2,91	-	2,41	2,71	-	2,23	2,50	-	2,05	2,31	-	1,88	2,11	-	1,71	1,9
	V	51,43	0,32	4,11	4,62																		
	VI	52,90	0,49	4,23	4,76																		
183,79	I	34,81	-	2,78	3,13	-	2,41	2,71	-	2,05	2,31	-	1,72	1,93	-	1,39	1,57	-	1,09	1,23	-	0,80	0,9
	II	30,38	-	2,43	2,73	-	2,07	2,33	-	1,73	1,95	-	1,41	1,59	-	1,10	1,24	-	0,82	0,92	-	0,55	0,6
	III	20,66	-	1,65	1,85	-	1,37	1,54	-	1,11	1,25	-	0,85	0,96	-	0,60	0,68	-	0,36	0,41	-	0,16	0,1
	IV	34,81	-	2,78	3,13	-	2,59	2,92	-	2,41	2,71	-	2,23	2,51	-	2,05	2,31	-	1,88	2,12	-	1,72	1,9
	V	51,47	0,32	4,11	4,63																		
	VI	52,94	0,50	4,23	4,76																		
183,89	I	34,85	-	2,78	3,13	-	2,41	2,71	-	2,06	2,31	-	1,72	1,93	-	1,40	1,57	-	1,09	1,23	-	0,81	0,9
	II	30,41	-	2,43	2,73	-	2,07	2,33	-	1,73	1,95	-	1,41	1,59	-	1,11	1,25	-	0,82	0,92	-	0,55	0,6
	III	20,68	-	1,65	1,86	-	1,38	1,55	-	1,11	1,25	-	0,85	0,96	-	0,60	0,68	-	0,36	0,41	-	0,16	0,1
	IV	34,85	-	2,78	3,13	-	2,60	2,92	-	2,41	2,71	-	2,23	2,51	-	2,06	2,31	-	1,88	2,12	-	1,72	1,9
	V	51,50	0,33	4,12	4,63																		
	VI	52,98	0,50	4,23	4,76																		
183,99	I	34,88	-	2,79	3,13	-	2,41	2,72	-	2,06	2,32	-	1,72	1,94	-	1,40	1,57	-	1,10	1,23	-	0,81	0,9
	II	30,45	-	2,43	2,74	-	2,08	2,34	-	1,74	1,95	-	1,41	1,59	-	1,11	1,25	-	0,82	0,92	-	0,55	0,6
	III	20,71	-	1,65	1,86	-	1,38	1,55	-	1,11	1,25	-	0,85	0,96	-	0,60	0,68	-	0,36	0,41	-	0,16	0,1
	IV	34,88	-	2,79	3,13	-	2,60	2,92	-	2,41	2,72	-	2,23	2,51	-	2,06	2,32	-	1,89	2,12	-	1,72	1,9
	V	51,54	0,33	4,12	4,63																		
	VI	53,02	0,51	4,24	4,77																		
184,09	I	34,92	-	2,79	3,14	-	2,42	2,72	-	2,06	2,32	-	1,72	1,94	-	1,40	1,58	-	1,10	1,24	-	0,81	0,9
	II	30,48	-	2,43	2,74	-	2,08	2,34	-	1,74	1,96	-	1,42	1,59	-	1,11	1,25	-	0,82	0,93	-	0,55	0,6
	III	20,73	-	1,65	1,86	-	1,38	1,55	-	1,11	1,25	-	0,86	0,96	-	0,61	0,68	-	0,37	0,41	-	0,16	0,1
	IV	34,92	-	2,79	3,14	-	2,60	2,93	-	2,42	2,72	-	2,24	2,52	-	2,06	2,32	-	1,89	2,13	-	1,72	1,9
	V	51,58	0,33	4,12	4,64																		
	VI	53,06	0,51	4,24	4,77																		
184,19	I	34,95	-	2,79	3,14	-	2,42	2,72	-	2,06	2,32	-	1,72	1,94	-	1,40	1,58	-	1,10	1,24	-	0,81	0,9
	II	30,51	-	2,44	2,74	-	2,08	2,34	-	1,74	1,96	-	1,42	1,60	-	1,11	1,25	-	0,83	0,93	-	0,56	0,6
	III	20,76	-	1,66	1,86	-	1,38	1,55	-	1,11	1,25	-	0,86	0,96	-	0,61	0,68	-	0,37	0,41	-	0,16	0,1
	IV	34,95	-	2,79	3,14	-	2,60	2,93	-	2,42	2,72	-	2,24	2,52	-	2,06	2,32	-	1,89	2,13	-	1,72	1,9
	V	51,62	0,34	4,12	4,64																		
	VI	53,10	0,51	4,24	4,77																		
184,29	I	34,99	-	2,79	3,14	-	2,42	2,72	-	2,07	2,32	-	1,73	1,94	-	1,41	1,58	-	1,10	1,24	-	0,81	0,9
	II	30,55	-	2,44	2,74	-	2,08	2,34	-	1,74	1,96	-	1,42	1,60	-	1,12	1,26	-	0,83	0,93	-	0,56	0,6
	III	20,78	-	1,66	1,87	-	1,38	1,56	-	1,12	1,26	-	0,86	0,97	-	0,61	0,69	-	0,37	0,42	-	0,16	0,1
	IV	34,99	-	2,79	3,14	-	2,61	2,93	-	2,42	2,72	-	2,24	2,52	-	2,07	2,32	-	1,89	2,13	-	1,73	1,94
	V	51,66	0,34	4,13	4,64																		
	VI	53,13	0,52	4,25	4,78																		
184,39	I	35,02	-	2,80	3,15	-	2,42	2,73	-	2,07	2,33	-	1,73	1,95	-	1,41	1,58	-	1,10	1,24	-	0,82	0,92
	II	30,58	-	2,44	2,75	-	2,08	2,35	-	1,75	1,96	-	1,42	1,60	-	1,12	1,26	-	0,83	0,93	-	0,56	0,63
	III	20,81	-	1,66	1,87	-	1,38	1,56	-	1,12	1,26	-	0,86	0,97	-	0,61	0,69	-	0,37	0,42	-	0,16	0,19
	IV	35,02	-	2,80	3,15	-	2,61	2,94	-	2,42	2,73	-	2,24	2,52	-	2,07	2,33	-	1,90	2,13	-	1,73	1,95
	V	51,70	0,35	4,13	4,65																		
	VI	53,17	0,52	4,25	4,78																		
184,49	I	35,06	-	2,80	3,15	-	2,43	2,73	-	2,07	2,33	-	1,73	1,95	-	1,41	1,59	-	1,11	1,24	-	0,82	0,92
	II	30,61	-	2,44	2,75	-	2,09	2,35	-	1,75	1,97	-	1,43	1,60	-	1,12	1,26	-	0,83	0,94	-	0,56	0,63
	III	20,83	-	1,66	1,87	-	1,39	1,56	-	1,12	1,26	-	0,86	0,97	-	0,61	0,69	-	0,37	0,42	-	0,17	0,19
	IV	35,06	-	2,80	3,15	-	2,61	2,94	-	2,43	2,73	-	2,25	2,53	-	2,07	2,33	-	1,90	2,14	-	1,73	1,95
	V	51,73	0,35	4,13	4,65																		
	VI	53,21	0,53	4,25	4,78																		

Lohn/ Gehalt bis	Steuerklasse	Lohn-steuer	ohne Kinderfreibetrag SolZ 5,5%	ohne Kinderfreibetrag Kirchensteuer 8%	ohne Kinderfreibetrag Kirchensteuer 9%	0,5 SolZ 5,5%	0,5 Kirchensteuer 8%	0,5 Kirchensteuer 9%	1,0 SolZ 5,5%	1,0 Kirchensteuer 8%	1,0 Kirchensteuer 9%	1,5 SolZ 5,5%	1,5 Kirchensteuer 8%	1,5 Kirchensteuer 9%	2,0 SolZ 5,5%	2,0 Kirchensteuer 8%	2,0 Kirchensteuer 9%	2,5 SolZ 5,5%	2,5 Kirchensteuer 8%	2,5 Kirchensteuer 9%	3,0 SolZ 5,5%	3,0 Kirchensteuer 8%	3,0 Kirchensteuer 9%
184,59	I	35,09	-	2,80	3,15	-	2,43	2,73	-	2,07	2,33	-	1,73	1,95	-	1,41	1,59	-	1,11	1,25	-	0,82	0,92
	II	30,65	-	2,45	2,75	-	2,09	2,35	-	1,75	1,97	-	1,43	1,61	-	1,12	1,26	-	0,83	0,94	-	0,56	0,63
	III	20,86	-	1,66	1,87	-	1,39	1,56	-	1,12	1,26	-	0,86	0,97	-	0,61	0,69	-	0,37	0,42	-	0,17	0,19
	IV	35,09	-	2,80	3,15	-	2,61	2,94	-	2,43	2,73	-	2,25	2,53	-	2,07	2,33	-	1,90	2,14	-	1,73	1,95
	V	51,77	0,36	4,14	4,65																		
	VI	53,25	0,53	4,26	4,79																		
184,69	I	35,13	-	2,81	3,16	-	2,43	2,74	-	2,08	2,34	-	1,74	1,95	-	1,42	1,59	-	1,11	1,25	-	0,82	0,93
	II	30,68	-	2,45	2,76	-	2,09	2,35	-	1,75	1,97	-	1,43	1,61	-	1,12	1,26	-	0,84	0,94	-	0,56	0,64
	III	20,88	-	1,67	1,87	-	1,39	1,57	-	1,12	1,26	-	0,87	0,97	-	0,62	0,69	-	0,38	0,42	-	0,17	0,19
	IV	35,13	-	2,81	3,16	-	2,62	2,94	-	2,43	2,74	-	2,25	2,53	-	2,08	2,34	-	1,90	2,14	-	1,74	1,95
	V	51,81	0,36	4,14	4,66																		
	VI	53,29	0,54	4,26	4,79																		
184,79	I	35,16	-	2,81	3,16	-	2,44	2,74	-	2,08	2,34	-	1,74	1,96	-	1,42	1,60	-	1,11	1,25	-	0,82	0,93
	II	30,71	-	2,45	2,76	-	2,10	2,36	-	1,76	1,98	-	1,43	1,61	-	1,13	1,27	-	0,84	0,94	-	0,57	0,64
	III	20,91	-	1,67	1,88	-	1,39	1,57	-	1,13	1,27	-	0,87	0,98	-	0,62	0,70	-	0,38	0,43	-	0,17	0,19
	IV	35,16	-	2,81	3,16	-	2,62	2,95	-	2,44	2,74	-	2,25	2,54	-	2,08	2,34	-	1,91	2,15	-	1,74	1,96
	V	51,85	0,37	4,14	4,66																		
	VI	53,32	0,54	4,26	4,79																		
184,89	I	35,20	-	2,81	3,16	-	2,44	2,74	-	2,08	2,34	-	1,74	1,96	-	1,42	1,60	-	1,11	1,25	-	0,83	0,93
	II	30,75	-	2,46	2,76	-	2,10	2,36	-	1,76	1,98	-	1,43	1,61	-	1,13	1,27	-	0,84	0,95	-	0,57	0,64
	III	20,93	-	1,67	1,88	-	1,39	1,57	-	1,13	1,27	-	0,87	0,98	-	0,62	0,70	-	0,38	0,43	-	0,17	0,19
	IV	35,20	-	2,81	3,16	-	2,62	2,95	-	2,44	2,74	-	2,26	2,54	-	2,08	2,34	-	1,91	2,15	-	1,74	1,96
	V	51,88	0,37	4,15	4,66																		
	VI	53,36	0,55	4,26	4,80																		
184,99	I	35,23	-	2,81	3,17	-	2,44	2,75	-	2,08	2,34	-	1,74	1,96	-	1,42	1,60	-	1,12	1,26	-	0,83	0,93
	II	30,78	-	2,46	2,77	-	2,10	2,36	-	1,76	1,98	-	1,44	1,62	-	1,13	1,27	-	0,84	0,95	-	0,57	0,64
	III	20,96	-	1,67	1,88	-	1,40	1,57	-	1,13	1,27	-	0,87	0,98	-	0,62	0,70	-	0,38	0,43	-	0,17	0,19
	IV	35,23	-	2,81	3,17	-	2,62	2,95	-	2,44	2,75	-	2,26	2,54	-	2,08	2,34	-	1,91	2,15	-	1,74	1,96
	V	51,92	0,38	4,15	4,67																		
	VI	53,40	0,55	4,27	4,80																		
185,09	I	35,27	-	2,82	3,17	-	2,44	2,75	-	2,09	2,35	-	1,75	1,97	-	1,42	1,60	-	1,12	1,26	-	0,83	0,93
	II	30,81	-	2,46	2,77	-	2,10	2,37	-	1,76	1,98	-	1,44	1,62	-	1,13	1,27	-	0,84	0,95	-	0,57	0,64
	III	20,98	-	1,67	1,88	-	1,40	1,57	-	1,13	1,27	-	0,87	0,98	-	0,62	0,70	-	0,38	0,43	-	0,17	0,20
	IV	35,27	-	2,82	3,17	-	2,63	2,96	-	2,44	2,75	-	2,26	2,55	-	2,09	2,35	-	1,91	2,15	-	1,75	1,97
	V	51,96	0,38	4,15	4,67																		
	VI	53,44	0,56	4,27	4,80																		
185,19	I	35,30	-	2,82	3,17	-	2,45	2,75	-	2,09	2,35	-	1,75	1,97	-	1,43	1,61	-	1,12	1,26	-	0,83	0,94
	II	30,85	-	2,46	2,77	-	2,11	2,37	-	1,76	1,99	-	1,44	1,62	-	1,14	1,28	-	0,85	0,95	-	0,57	0,65
	III	21,01	-	1,68	1,89	-	1,40	1,58	-	1,13	1,28	-	0,88	0,99	-	0,63	0,70	-	0,38	0,43	-	0,18	0,20
	IV	35,30	-	2,82	3,17	-	2,63	2,96	-	2,45	2,75	-	2,26	2,55	-	2,09	2,35	-	1,92	2,16	-	1,75	1,97
	V	52,00	0,38	4,16	4,68																		
	VI	53,48	0,56	4,27	4,81																		
185,29	I	35,34	-	2,82	3,18	-	2,45	2,75	-	2,09	2,35	-	1,75	1,97	-	1,43	1,61	-	1,12	1,26	-	0,84	0,94
	II	30,88	-	2,47	2,77	-	2,11	2,37	-	1,77	1,99	-	1,44	1,62	-	1,14	1,28	-	0,85	0,95	-	0,58	0,65
	III	21,04	-	1,68	1,89	-	1,40	1,58	-	1,14	1,28	-	0,88	0,99	-	0,63	0,71	-	0,39	0,44	-	0,18	0,20
	IV	35,34	-	2,82	3,18	-	2,63	2,96	-	2,45	2,75	-	2,27	2,55	-	2,09	2,35	-	1,92	2,16	-	1,75	1,97
	V	52,04	0,39	4,16	4,68																		
	VI	53,51	0,56	4,28	4,81																		
185,39	I	35,37	-	2,82	3,18	-	2,45	2,76	-	2,09	2,36	-	1,75	1,97	-	1,43	1,61	-	1,13	1,27	-	0,84	0,94
	II	30,91	-	2,47	2,78	-	2,11	2,37	-	1,77	1,99	-	1,45	1,63	-	1,14	1,28	-	0,85	0,96	-	0,58	0,65
	III	21,06	-	1,68	1,89	-	1,40	1,58	-	1,14	1,28	-	0,88	0,99	-	0,63	0,71	-	0,39	0,44	-	0,18	0,20
	IV	35,37	-	2,82	3,18	-	2,64	2,97	-	2,45	2,76	-	2,27	2,55	-	2,09	2,36	-	1,92	2,16	-	1,75	1,97
	V	52,08	0,39	4,16	4,68																		
	VI	53,55	0,57	4,28	4,81																		
185,49	I	35,41	-	2,83	3,18	-	2,45	2,76	-	2,10	2,36	-	1,76	1,98	-	1,43	1,61	-	1,13	1,27	-	0,84	0,94
	II	30,95	-	2,47	2,78	-	2,11	2,38	-	1,77	1,99	-	1,45	1,63	-	1,14	1,28	-	0,85	0,96	-	0,58	0,65
	III	21,09	-	1,68	1,89	-	1,41	1,58	-	1,14	1,28	-	0,88	0,99	-	0,63	0,71	-	0,39	0,44	-	0,18	0,20
	IV	35,41	-	2,83	3,18	-	2,64	2,97	-	2,45	2,76	-	2,27	2,56	-	2,10	2,36	-	1,92	2,16	-	1,76	1,98
	V	52,11	0,40	4,16	4,68																		
	VI	53,59	0,57	4,28	4,82																		
185,59	I	35,44	-	2,83	3,18	-	2,46	2,76	-	2,10	2,36	-	1,76	1,98	-	1,44	1,62	-	1,13	1,27	-	0,84	0,95
	II	30,98	-	2,47	2,78	-	2,12	2,38	-	1,77	2,00	-	1,45	1,63	-	1,14	1,29	-	0,85	0,96	-	0,58	0,65
	III	21,11	-	1,68	1,89	-	1,41	1,59	-	1,14	1,28	-	0,88	0,99	-	0,63	0,71	-	0,39	0,44	-	0,18	0,20
	IV	35,44	-	2,83	3,18	-	2,64	2,97	-	2,46	2,76	-	2,28	2,56	-	2,10	2,36	-	1,93	2,17	-	1,76	1,98
	V	52,15	0,40	4,17	4,69																		
	VI	53,63	0,58	4,29	4,82																		
185,69	I	35,48	-	2,83	3,19	-	2,46	2,77	-	2,10	2,36	-	1,76	1,98	-	1,44	1,62	-	1,13	1,27	-	0,84	0,95
	II	31,01	-	2,48	2,79	-	2,12	2,38	-	1,78	2,00	-	1,45	1,63	-	1,15	1,29	-	0,86	0,96	-	0,58	0,66
	III	21,14	-	1,69	1,90	-	1,41	1,59	-	1,14	1,29	-	0,88	1,00	-	0,63	0,71	-	0,39	0,44	-	0,18	0,21
	IV	35,48	-	2,83	3,19	-	2,64	2,97	-	2,46	2,77	-	2,28	2,56	-	2,10	2,36	-	1,93	2,17	-	1,76	1,98
	V	52,19	0,41	4,17	4,69																		
	VI	53,67	0,58	4,29	4,83																		
185,79	I	35,51	-	2,84	3,19	-	2,46	2,77	-	2,10	2,37	-	1,76	1,98	-	1,44	1,62	-	1,13	1,28	-	0,84	0,95
	II	31,05	-	2,48	2,79	-	2,12	2,39	-	1,78	2,00	-	1,46	1,64	-	1,15	1,29	-	0,86	0,97	-	0,59	0,66
	III	21,16	-	1,69	1,90	-	1,41	1,59	-	1,14	1,29	-	0,89	1,00	-	0,64	0,72	-	0,40	0,45	-	0,18	0,21
	IV	35,51	-	2,84	3,19	-	2,65	2,98	-	2,46	2,77	-	2,28	2,57	-	2,10	2,37	-	1,93	2,17	-	1,76	1,98
	V	52,23	0,41	4,17	4,70																		
	VI	53,71	0,59	4,29	4,83																		
185,89	I	35,55	-	2,84	3,19	-	2,46	2,77	-	2,11	2,37	-	1,77	1,99	-	1,44	1,62	-	1,14	1,28	-	0,85	0,95
	II	31,08	-	2,48	2,79	-	2,12	2,39	-	1,78	2,00	-	1,46	1,64	-	1,15	1,29	-	0,86	0,97	-	0,59	0,66
	III	21,19	-	1,69	1,90	-	1,41	1,59	-	1,15	1,29	-	0,89	1,00	-	0,64	0,72	-	0,40	0,45	-	0,18	0,21
	IV	35,55	-	2,84	3,19	-	2,65	2,98	-	2,46	2,77	-	2,28	2,57	-	2,11	2,37	-	1,93	2,18	-	1,77	1,99
	V	52,27	0,42	4,18	4,70																		
	VI	53,74	0,59	4,29	4,83																		
185,99	I	35,58	-	2,84	3,20	-	2,47	2,78	-	2,11	2,37	-	1,77	1,99	-	1,44	1,63	-	1,14	1,28	-	0,85	0,96
	II	31,11	-	2,48	2,79	-	2,13	2,39	-	1,78	2,01	-	1,46	1,64	-	1,15	1,30	-	0,86	0,97	-	0,59	0,66
	III	21,22	-	1,69	1,90	-	1,42	1,59	-	1,15	1,29	-	0,89	1,00	-	0,64	0,72	-	0,40	0,45	-	0,19	0,21
	IV	35,58	-	2,84	3,20	-	2,65	2,98	-	2,47	2,78	-	2,29	2,57	-	2,11	2,37	-	1,94	2,18	-	1,77	1,99
	V	52,30	0,42	4,18	4,70																		
	VI	53,78	0,60	4,30	4,84																		

Lohn/ Gehalt bis	Steuerklasse	Lohn-steuer	ohne Kinderfreibetrag			Anzahl Kinderfreibeträge (nur Steuerklassen I–IV)																	
						0,5			1,0			1,5			2,0			2,5			3,0		
			SolZ 5,5%	Kirchensteuer 8%	9%	SolZ 5,5%	Kirchensteuer 8%	9%	SolZ 5,5%	Kirchensteuer 8%	9%	SolZ 5,5%	Kirchensteuer 8%	9%	SolZ 5,5%	Kirchensteuer 8%	9%	SolZ 5,5%	Kirchensteuer 8%	9%	SolZ 5,5%	Kirchensteuer 8%	9%
186,09	I	35,62	-	2,84	3,20	-	2,47	2,78	-	2,11	2,38	-	1,77	1,99	-	1,45	1,63	-	1,14	1,28	-	0,85	0,
	II	31,15	-	2,49	2,80	-	2,13	2,39	-	1,79	2,01	-	1,46	1,65	-	1,16	1,30	-	0,86	0,97	-	0,59	0,
	III	21,24	-	1,69	1,91	-	1,42	1,60	-	1,15	1,30	-	0,89	1,00	-	0,64	0,72	-	0,40	0,45	-	0,19	0,
	IV	35,62	-	2,84	3,20	-	2,66	2,99	-	2,47	2,78	-	2,29	2,57	-	2,11	2,38	-	1,94	2,18	-	1,77	1,
	V	52,34	0,43	4,18	4,71																		
	VI	53,82	0,60	4,30	4,84																		
186,19	I	35,65	-	2,85	3,20	-	2,47	2,78	-	2,11	2,38	-	1,77	1,99	-	1,45	1,63	-	1,14	1,29	-	0,85	0,
	II	31,18	-	2,49	2,80	-	2,13	2,40	-	1,79	2,01	-	1,46	1,65	-	1,16	1,30	-	0,87	0,98	-	0,59	0,
	III	21,27	-	1,70	1,91	-	1,42	1,60	-	1,15	1,30	-	0,89	1,01	-	0,64	0,72	-	0,40	0,45	-	0,19	0,
	IV	35,65	-	2,85	3,20	-	2,66	2,99	-	2,47	2,78	-	2,29	2,58	-	2,11	2,38	-	1,94	2,18	-	1,77	1,
	V	52,38	0,43	4,19	4,71																		
	VI	53,86	0,61	4,30	4,84																		
186,29	I	35,69	-	2,85	3,21	-	2,48	2,79	-	2,12	2,38	-	1,78	2,00	-	1,45	1,63	-	1,14	1,29	-	0,86	0,
	II	31,22	-	2,49	2,80	-	2,13	2,40	-	1,79	2,02	-	1,47	1,65	-	1,16	1,30	-	0,87	0,98	-	0,60	0,
	III	21,30	-	1,70	1,91	-	1,42	1,60	-	1,16	1,30	-	0,90	1,01	-	0,64	0,73	-	0,40	0,45	-	0,19	0,
	IV	35,69	-	2,85	3,21	-	2,66	2,99	-	2,48	2,79	-	2,29	2,58	-	2,12	2,38	-	1,94	2,19	-	1,78	2,
	V	52,42	0,43	4,19	4,71																		
	VI	53,90	0,61	4,31	4,85																		
186,39	I	35,72	-	2,85	3,21	-	2,48	2,79	-	2,12	2,38	-	1,78	2,00	-	1,45	1,64	-	1,15	1,29	-	0,86	0,
	II	31,25	-	2,50	2,81	-	2,14	2,40	-	1,79	2,02	-	1,47	1,65	-	1,16	1,31	-	0,87	0,98	-	0,60	0,
	III	21,32	-	1,70	1,91	-	1,42	1,60	-	1,16	1,30	-	0,90	1,01	-	0,65	0,73	-	0,40	0,46	-	0,19	0,
	IV	35,72	-	2,85	3,21	-	2,66	3,00	-	2,48	2,79	-	2,30	2,58	-	2,12	2,38	-	1,95	2,19	-	1,78	2,
	V	52,46	0,44	4,19	4,72																		
	VI	53,93	0,61	4,31	4,85																		
186,49	I	35,76	-	2,86	3,21	-	2,48	2,79	-	2,12	2,39	-	1,78	2,00	-	1,46	1,64	-	1,15	1,29	-	0,86	0,
	II	31,28	-	2,50	2,81	-	2,14	2,41	-	1,80	2,02	-	1,47	1,66	-	1,16	1,31	-	0,87	0,98	-	0,60	0,
	III	21,35	-	1,70	1,92	-	1,43	1,61	-	1,16	1,30	-	0,90	1,01	-	0,65	0,73	-	0,41	0,46	-	0,19	0,
	IV	35,76	-	2,86	3,21	-	2,67	3,00	-	2,48	2,79	-	2,30	2,59	-	2,12	2,39	-	1,95	2,19	-	1,78	2,
	V	52,50	0,44	4,20	4,72																		
	VI	53,97	0,62	4,31	4,85																		
186,59	I	35,79	-	2,86	3,22	-	2,48	2,79	-	2,12	2,39	-	1,78	2,01	-	1,46	1,64	-	1,15	1,30	-	0,86	0,
	II	31,32	-	2,50	2,81	-	2,14	2,41	-	1,80	2,02	-	1,47	1,66	-	1,17	1,31	-	0,88	0,99	-	0,60	0,
	III	21,37	-	1,70	1,92	-	1,43	1,61	-	1,16	1,31	-	0,90	1,01	-	0,65	0,73	-	0,41	0,46	-	0,20	0,
	IV	35,79	-	2,86	3,22	-	2,67	3,00	-	2,48	2,79	-	2,30	2,59	-	2,12	2,39	-	1,95	2,20	-	1,78	2,
	V	52,53	0,45	4,20	4,72																		
	VI	54,01	0,62	4,32	4,86																		
186,69	I	35,83	-	2,86	3,22	-	2,49	2,80	-	2,13	2,39	-	1,79	2,01	-	1,46	1,64	-	1,15	1,30	-	0,86	0,9
	II	31,35	-	2,50	2,82	-	2,14	2,41	-	1,80	2,03	-	1,48	1,66	-	1,17	1,31	-	0,88	0,99	-	0,60	0,6
	III	21,40	-	1,71	1,92	-	1,43	1,61	-	1,16	1,31	-	0,90	1,02	-	0,65	0,73	-	0,41	0,46	-	0,20	0,2
	IV	35,83	-	2,86	3,22	-	2,67	3,01	-	2,49	2,80	-	2,30	2,59	-	2,13	2,39	-	1,95	2,20	-	1,79	2,0
	V	52,57	0,45	4,20	4,73																		
	VI	54,05	0,63	4,32	4,86																		
186,79	I	35,86	-	2,86	3,22	-	2,49	2,80	-	2,13	2,40	-	1,79	2,01	-	1,46	1,65	-	1,16	1,30	-	0,87	0,9
	II	31,38	-	2,51	2,82	-	2,15	2,42	-	1,80	2,03	-	1,48	1,66	-	1,17	1,32	-	0,88	0,99	-	0,60	0,6
	III	21,42	-	1,71	1,92	-	1,43	1,61	-	1,16	1,31	-	0,90	1,02	-	0,65	0,74	-	0,41	0,46	-	0,20	0,2
	IV	35,86	-	2,86	3,22	-	2,67	3,01	-	2,49	2,80	-	2,31	2,60	-	2,13	2,40	-	1,96	2,20	-	1,79	2,0
	V	52,61	0,46	4,20	4,73																		
	VI	54,08	0,63	4,32	4,86																		
186,89	I	35,90	-	2,87	3,23	-	2,49	2,80	-	2,13	2,40	-	1,79	2,01	-	1,47	1,65	-	1,16	1,30	-	0,87	0,9
	II	31,42	-	2,51	2,82	-	2,15	2,42	-	1,81	2,03	-	1,48	1,67	-	1,17	1,32	-	0,88	0,99	-	0,61	0,6
	III	21,45	-	1,71	1,93	-	1,43	1,61	-	1,17	1,31	-	0,91	1,02	-	0,66	0,74	-	0,41	0,47	-	0,20	0,2
	IV	35,90	-	2,87	3,23	-	2,68	3,01	-	2,49	2,80	-	2,31	2,60	-	2,13	2,40	-	1,96	2,20	-	1,79	2,0
	V	52,65	0,46	4,21	4,73																		
	VI	54,12	0,64	4,32	4,87																		
186,99	I	35,93	-	2,87	3,23	-	2,49	2,81	-	2,13	2,40	-	1,79	2,02	-	1,47	1,65	-	1,16	1,31	-	0,87	0,9
	II	31,45	-	2,51	2,83	-	2,15	2,42	-	1,81	2,04	-	1,48	1,67	-	1,17	1,32	-	0,88	0,99	-	0,61	0,6
	III	21,47	-	1,71	1,93	-	1,44	1,62	-	1,17	1,31	-	0,91	1,02	-	0,66	0,74	-	0,42	0,47	-	0,20	0,2
	IV	35,93	-	2,87	3,23	-	2,68	3,01	-	2,49	2,81	-	2,31	2,60	-	2,13	2,40	-	1,96	2,21	-	1,79	2,0
	V	52,68	0,47	4,21	4,74																		
	VI	54,16	0,64	4,33	4,87																		
187,09	I	35,97	-	2,87	3,23	-	2,50	2,81	-	2,14	2,40	-	1,80	2,02	-	1,47	1,65	-	1,16	1,31	-	0,87	0,9
	II	31,48	-	2,51	2,83	-	2,15	2,42	-	1,81	2,04	-	1,49	1,67	-	1,18	1,32	-	0,89	1,00	-	0,61	0,6
	III	21,50	-	1,72	1,93	-	1,44	1,62	-	1,17	1,32	-	0,91	1,02	-	0,66	0,74	-	0,42	0,47	-	0,20	0,2
	IV	35,97	-	2,87	3,23	-	2,68	3,02	-	2,50	2,81	-	2,31	2,60	-	2,14	2,40	-	1,96	2,21	-	1,80	2,0
	V	52,72	0,47	4,21	4,74																		
	VI	54,20	0,65	4,33	4,87																		
187,19	I	36,00	-	2,88	3,24	-	2,50	2,81	-	2,14	2,41	-	1,80	2,02	-	1,47	1,66	-	1,16	1,31	-	0,87	0,9
	II	31,52	-	2,52	2,83	-	2,16	2,43	-	1,81	2,04	-	1,49	1,67	-	1,18	1,33	-	0,89	1,00	-	0,61	0,6
	III	21,52	-	1,72	1,93	-	1,44	1,62	-	1,17	1,32	-	0,91	1,03	-	0,66	0,74	-	0,42	0,47	-	0,20	0,2
	IV	36,00	-	2,88	3,24	-	2,68	3,02	-	2,50	2,81	-	2,32	2,61	-	2,14	2,41	-	1,97	2,21	-	1,80	2,0
	V	52,76	0,48	4,22	4,74																		
	VI	54,24	0,65	4,33	4,88																		
187,29	I	36,04	-	2,88	3,24	-	2,50	2,81	-	2,14	2,41	-	1,80	2,03	-	1,47	1,66	-	1,17	1,31	-	0,88	0,9
	II	31,55	-	2,52	2,83	-	2,16	2,43	-	1,82	2,04	-	1,49	1,68	-	1,18	1,33	-	0,89	1,00	-	0,62	0,6
	III	21,55	-	1,72	1,93	-	1,44	1,62	-	1,17	1,32	-	0,91	1,03	-	0,66	0,75	-	0,42	0,47	-	0,20	0,2
	IV	36,04	-	2,88	3,24	-	2,69	3,02	-	2,50	2,81	-	2,32	2,61	-	2,14	2,41	-	1,97	2,22	-	1,80	2,0
	V	52,80	0,48	4,22	4,75																		
	VI	54,28	0,66	4,34	4,88																		
187,39	I	36,07	-	2,88	3,24	-	2,50	2,82	-	2,14	2,41	-	1,80	2,03	-	1,48	1,66	-	1,17	1,32	-	0,88	0,9
	II	31,59	-	2,52	2,84	-	2,16	2,43	-	1,82	2,05	-	1,49	1,68	-	1,18	1,33	-	0,89	1,00	-	0,62	0,6
	III	21,57	-	1,72	1,94	-	1,44	1,62	-	1,18	1,32	-	0,92	1,03	-	0,66	0,75	-	0,42	0,47	-	0,21	0,2
	IV	36,07	-	2,88	3,24	-	2,69	3,03	-	2,50	2,82	-	2,32	2,61	-	2,14	2,41	-	1,97	2,22	-	1,80	2,0
	V	52,84	0,48	4,22	4,75																		
	VI	54,31	0,66	4,34	4,88																		
187,49	I	36,11	-	2,88	3,24	-	2,51	2,82	-	2,15	2,42	-	1,80	2,03	-	1,48	1,66	-	1,17	1,32	-	0,88	0,9
	II	31,62	-	2,52	2,84	-	2,16	2,43	-	1,82	2,05	-	1,49	1,68	-	1,19	1,33	-	0,89	1,01	-	0,62	0,7
	III	21,60	-	1,72	1,94	-	1,45	1,63	-	1,18	1,33	-	0,92	1,03	-	0,67	0,75	-	0,42	0,48	-	0,21	0,2
	IV	36,11	-	2,88	3,24	-	2,69	3,03	-	2,51	2,82	-	2,32	2,62	-	2,15	2,42	-	1,97	2,22	-	1,80	2,0
	V	52,88	0,49	4,23	4,75																		
	VI	54,35	0,66	4,34	4,89																		

Lohn/ Gehalt bis	Steuerklasse	Lohnsteuer	ohne Kinderfreibetrag SolZ 5,5%	Kirchensteuer 8%	Kirchensteuer 9%	0,5 SolZ 5,5%	0,5 Kirchensteuer 8%	0,5 Kirchensteuer 9%	1,0 SolZ 5,5%	1,0 Kirchensteuer 8%	1,0 Kirchensteuer 9%	1,5 SolZ 5,5%	1,5 Kirchensteuer 8%	1,5 Kirchensteuer 9%	2,0 SolZ 5,5%	2,0 Kirchensteuer 8%	2,0 Kirchensteuer 9%	2,5 SolZ 5,5%	2,5 Kirchensteuer 8%	2,5 Kirchensteuer 9%	3,0 SolZ 5,5%	3,0 Kirchensteuer 8%	3,0 Kirchensteuer 9%
						Anzahl Kinderfreibeträge (nur Steuerklassen I–IV)																	
187,59	I	36,14	-	2,89	3,25	-	2,51	2,82	-	2,15	2,42	-	1,81	2,03	-	1,48	1,67	-	1,17	1,32	-	0,88	0,99
	II	31,65	-	2,53	2,84	-	2,17	2,44	-	1,82	2,05	-	1,50	1,68	-	1,19	1,34	-	0,90	1,01	-	0,62	0,70
	III	21,62	-	1,72	1,94	-	1,45	1,63	-	1,18	1,33	-	0,92	1,04	-	0,67	0,75	-	0,43	0,48	-	0,21	0,24
	IV	36,14	-	2,89	3,25	-	2,70	3,03	-	2,51	2,82	-	2,33	2,62	-	2,15	2,42	-	1,98	2,22	-	1,81	2,03
	V	52,91	0,49	4,23	4,76																		
	VI	54,39	0,67	4,35	4,89																		
187,69	I	36,18	-	2,89	3,25	-	2,51	2,83	-	2,15	2,42	-	1,81	2,04	-	1,48	1,67	-	1,18	1,32	-	0,88	0,99
	II	31,69	-	2,53	2,85	-	2,17	2,44	-	1,83	2,05	-	1,50	1,69	-	1,19	1,34	-	0,90	1,01	-	0,62	0,70
	III	21,65	-	1,73	1,94	-	1,45	1,63	-	1,18	1,33	-	0,92	1,04	-	0,67	0,75	-	0,43	0,48	-	0,21	0,24
	IV	36,18	-	2,89	3,25	-	2,70	3,04	-	2,51	2,83	-	2,33	2,62	-	2,15	2,42	-	1,98	2,23	-	1,81	2,04
	V	52,95	0,50	4,23	4,76																		
	VI	54,43	0,67	4,35	4,89																		
187,79	I	36,21	-	2,89	3,25	-	2,52	2,83	-	2,16	2,43	-	1,81	2,04	-	1,49	1,67	-	1,18	1,33	-	0,89	1,00
	II	31,72	-	2,53	2,85	-	2,17	2,44	-	1,83	2,06	-	1,50	1,69	-	1,19	1,34	-	0,90	1,01	-	0,62	0,70
	III	21,68	-	1,73	1,95	-	1,45	1,63	-	1,18	1,33	-	0,92	1,04	-	0,67	0,76	-	0,43	0,48	-	0,21	0,24
	IV	36,21	-	2,89	3,25	-	2,70	3,04	-	2,52	2,83	-	2,33	2,62	-	2,16	2,43	-	1,98	2,23	-	1,81	2,04
	V	52,99	0,50	4,23	4,76																		
	VI	54,47	0,68	4,35	4,90																		
187,89	I	36,25	-	2,90	3,26	-	2,52	2,83	-	2,16	2,43	-	1,81	2,04	-	1,49	1,68	-	1,18	1,33	-	0,89	1,00
	II	31,75	-	2,54	2,85	-	2,17	2,45	-	1,83	2,06	-	1,50	1,69	-	1,19	1,34	-	0,90	1,01	-	0,63	0,71
	III	21,70	-	1,73	1,95	-	1,45	1,64	-	1,19	1,33	-	0,93	1,04	-	0,67	0,76	-	0,43	0,49	-	0,21	0,24
	IV	36,25	-	2,90	3,26	-	2,70	3,04	-	2,52	2,83	-	2,34	2,63	-	2,16	2,43	-	1,98	2,23	-	1,81	2,04
	V	53,03	0,51	4,24	4,77																		
	VI	54,51	0,68	4,36	4,90																		
187,99	I	36,28	-	2,90	3,26	-	2,52	2,84	-	2,16	2,43	-	1,82	2,04	-	1,49	1,68	-	1,18	1,33	-	0,89	1,00
	II	31,79	-	2,54	2,86	-	2,18	2,45	-	1,83	2,06	-	1,51	1,70	-	1,20	1,35	-	0,90	1,02	-	0,63	0,71
	III	21,73	-	1,73	1,95	-	1,46	1,64	-	1,19	1,34	-	0,93	1,04	-	0,68	0,76	-	0,43	0,49	-	0,21	0,24
	IV	36,28	-	2,90	3,26	-	2,71	3,05	-	2,52	2,84	-	2,34	2,63	-	2,16	2,43	-	1,99	2,24	-	1,82	2,04
	V	53,06	0,51	4,24	4,77																		
	VI	54,54	0,69	4,36	4,90																		
188,09	I	36,32	-	2,90	3,26	-	2,52	2,84	-	2,16	2,43	-	1,82	2,05	-	1,49	1,68	-	1,18	1,33	-	0,89	1,00
	II	31,82	-	2,54	2,86	-	2,18	2,45	-	1,84	2,07	-	1,51	1,70	-	1,20	1,35	-	0,91	1,02	-	0,63	0,71
	III	21,76	-	1,74	1,95	-	1,46	1,64	-	1,19	1,34	-	0,93	1,05	-	0,68	0,76	-	0,43	0,49	-	0,22	0,24
	IV	36,32	-	2,90	3,26	-	2,71	3,05	-	2,52	2,84	-	2,34	2,63	-	2,16	2,43	-	1,99	2,24	-	1,82	2,05
	V	53,10	0,52	4,24	4,77																		
	VI	54,58	0,69	4,36	4,91																		
188,19	I	36,36	-	2,90	3,27	-	2,53	2,84	-	2,17	2,44	-	1,82	2,05	-	1,50	1,68	-	1,19	1,34	-	0,89	1,01
	II	31,86	-	2,54	2,86	-	2,18	2,46	-	1,84	2,07	-	1,51	1,70	-	1,20	1,35	-	0,91	1,02	-	0,63	0,71
	III	21,78	-	1,74	1,96	-	1,46	1,64	-	1,19	1,34	-	0,93	1,05	-	0,68	0,76	-	0,44	0,49	-	0,22	0,25
	IV	36,36	-	2,90	3,27	-	2,71	3,05	-	2,53	2,84	-	2,34	2,64	-	2,17	2,44	-	1,99	2,24	-	1,82	2,05
	V	53,14	0,52	4,25	4,78																		
	VI	54,62	0,70	4,36	4,91																		
188,29	I	36,39	-	2,91	3,27	-	2,53	2,85	-	2,17	2,44	-	1,82	2,05	-	1,50	1,69	-	1,19	1,34	-	0,90	1,01
	II	31,89	-	2,55	2,87	-	2,18	2,46	-	1,84	2,07	-	1,51	1,70	-	1,20	1,35	-	0,91	1,02	-	0,63	0,71
	III	21,81	-	1,74	1,96	-	1,46	1,64	-	1,19	1,34	-	0,93	1,05	-	0,68	0,77	-	0,44	0,49	-	0,22	0,25
	IV	36,39	-	2,91	3,27	-	2,72	3,06	-	2,53	2,85	-	2,35	2,64	-	2,17	2,44	-	1,99	2,24	-	1,82	2,05
	V	53,18	0,53	4,25	4,78																		
	VI	54,66	0,70	4,37	4,91																		
188,39	I	36,43	-	2,91	3,27	-	2,53	2,85	-	2,17	2,44	-	1,83	2,06	-	1,50	1,69	-	1,19	1,34	-	0,90	1,01
	II	31,92	-	2,55	2,87	-	2,19	2,46	-	1,84	2,07	-	1,52	1,71	-	1,21	1,36	-	0,91	1,03	-	0,64	0,72
	III	21,83	-	1,74	1,96	-	1,46	1,65	-	1,20	1,35	-	0,94	1,05	-	0,68	0,77	-	0,44	0,50	-	0,22	0,25
	IV	36,43	-	2,91	3,27	-	2,72	3,06	-	2,53	2,85	-	2,35	2,64	-	2,17	2,44	-	2,00	2,25	-	1,83	2,06
	V	53,22	0,53	4,25	4,78																		
	VI	54,70	0,71	4,37	4,92																		
188,49	I	36,46	-	2,91	3,28	-	2,53	2,85	-	2,17	2,44	-	1,83	2,06	-	1,50	1,69	-	1,19	1,34	-	0,90	1,01
	II	31,96	-	2,55	2,87	-	2,19	2,46	-	1,85	2,08	-	1,52	1,71	-	1,21	1,36	-	0,91	1,03	-	0,64	0,72
	III	21,86	-	1,74	1,96	-	1,47	1,65	-	1,20	1,35	-	0,94	1,05	-	0,68	0,77	-	0,44	0,50	-	0,22	0,25
	IV	36,46	-	2,91	3,28	-	2,72	3,06	-	2,53	2,85	-	2,35	2,65	-	2,17	2,44	-	2,00	2,25	-	1,83	2,06
	V	53,26	0,53	4,26	4,79																		
	VI	54,73	0,71	4,37	4,92																		
188,59	I	36,50	-	2,92	3,28	-	2,54	2,85	-	2,18	2,45	-	1,83	2,06	-	1,50	1,69	-	1,20	1,35	-	0,90	1,02
	II	31,99	-	2,55	2,87	-	2,19	2,47	-	1,85	2,08	-	1,52	1,71	-	1,21	1,36	-	0,92	1,03	-	0,64	0,72
	III	21,88	-	1,75	1,96	-	1,47	1,65	-	1,20	1,35	-	0,94	1,06	-	0,69	0,77	-	0,44	0,50	-	0,22	0,25
	IV	36,50	-	2,92	3,28	-	2,72	3,06	-	2,54	2,85	-	2,35	2,65	-	2,18	2,45	-	2,00	2,25	-	1,83	2,06
	V	53,30	0,54	4,26	4,79																		
	VI	54,77	0,71	4,38	4,92																		
188,69	I	36,53	-	2,92	3,28	-	2,54	2,86	-	2,18	2,45	-	1,83	2,06	-	1,51	1,70	-	1,20	1,35	-	0,90	1,02
	II	32,03	-	2,56	2,88	-	2,20	2,47	-	1,85	2,08	-	1,52	1,71	-	1,21	1,36	-	0,92	1,03	-	0,64	0,72
	III	21,91	-	1,75	1,97	-	1,47	1,65	-	1,20	1,35	-	0,94	1,06	-	0,69	0,77	-	0,44	0,50	-	0,22	0,25
	IV	36,53	-	2,92	3,28	-	2,73	3,07	-	2,54	2,86	-	2,36	2,65	-	2,18	2,45	-	2,00	2,25	-	1,83	2,06
	V	53,33	0,54	4,26	4,79																		
	VI	54,81	0,72	4,38	4,93																		
188,79	I	36,56	-	2,92	3,29	-	2,54	2,86	-	2,18	2,45	-	1,84	2,07	-	1,51	1,70	-	1,20	1,35	-	0,91	1,02
	II	32,06	-	2,56	2,88	-	2,20	2,47	-	1,85	2,08	-	1,52	1,72	-	1,21	1,37	-	0,92	1,04	-	0,64	0,72
	III	21,93	-	1,75	1,97	-	1,47	1,66	-	1,20	1,35	-	0,94	1,06	-	0,69	0,78	-	0,45	0,50	-	0,23	0,25
	IV	36,56	-	2,92	3,29	-	2,73	3,07	-	2,54	2,86	-	2,36	2,65	-	2,18	2,45	-	2,01	2,26	-	1,84	2,07
	V	53,37	0,55	4,26	4,80																		
	VI	54,85	0,72	4,38	4,93																		
188,89	I	36,60	-	2,92	3,29	-	2,54	2,86	-	2,18	2,46	-	1,84	2,07	-	1,51	1,70	-	1,20	1,35	-	0,91	1,02
	II	32,09	-	2,56	2,88	-	2,20	2,48	-	1,86	2,09	-	1,53	1,72	-	1,22	1,37	-	0,92	1,04	-	0,65	0,73
	III	21,96	-	1,75	1,97	-	1,47	1,66	-	1,20	1,36	-	0,94	1,06	-	0,69	0,78	-	0,45	0,50	-	0,23	0,26
	IV	36,60	-	2,92	3,29	-	2,73	3,07	-	2,54	2,86	-	2,36	2,66	-	2,18	2,46	-	2,01	2,26	-	1,84	2,07
	V	53,41	0,55	4,27	4,80																		
	VI	54,89	0,73	4,39	4,94																		
188,99	I	36,64	-	2,93	3,29	-	2,55	2,87	-	2,19	2,46	-	1,84	2,07	-	1,51	1,70	-	1,20	1,35	-	0,91	1,03
	II	32,13	-	2,57	2,89	-	2,20	2,48	-	1,86	2,09	-	1,53	1,72	-	1,22	1,37	-	0,92	1,04	-	0,65	0,73
	III	21,98	-	1,75	1,97	-	1,48	1,66	-	1,21	1,36	-	0,95	1,06	-	0,69	0,78	-	0,45	0,51	-	0,23	0,26
	IV	36,64	-	2,93	3,29	-	2,73	3,08	-	2,55	2,87	-	2,36	2,66	-	2,19	2,46	-	2,01	2,26	-	1,84	2,07
	V	53,45	0,56	4,27	4,81																		
	VI	54,92	0,73	4,39	4,94																		

Lohn/ Gehalt bis	Steuerklasse	Lohn-steuer	ohne Kinderfreibetrag			Anzahl Kinderfreibeträge (nur Steuerklassen I–IV) 0,5			1,0			1,5			2,0			2,5			3,0		
			SolZ 5,5%	Kirchensteuer 8%	9%	SolZ 5,5%	Kirchensteuer 8%	9%	SolZ 5,5%	Kirchensteuer 8%	9%	SolZ 5,5%	Kirchensteuer 8%	9%	SolZ 5,5%	Kirchensteuer 8%	9%	SolZ 5,5%	Kirchensteuer 8%	9%	SolZ 5,5%	Kirchensteuer 8%	9%
189,09	I	36,67	-	2,93	3,30	-	2,55	2,87	-	2,19	2,46	-	1,84	2,07	-	1,52	1,71	-	1,21	1,36	-	0,91	1
	II	32,16	-	2,57	2,89	-	2,21	2,48	-	1,86	2,09	-	1,53	1,72	-	1,22	1,37	-	0,93	1,04	-	0,65	0
	III	22,01	-	1,76	1,98	-	1,48	1,66	-	1,21	1,36	-	0,95	1,07	-	0,70	0,78	-	0,45	0,51	-	0,23	0,
	IV	36,67	-	2,93	3,30	-	2,74	3,08	-	2,55	2,87	-	2,37	2,66	-	2,19	2,46	-	2,01	2,27	-	1,84	2,
	V	53,48	*0,56*	4,27	4,81																		
	VI	54,96	*0,74*	4,39	4,94																		
189,19	I	36,71	-	2,93	3,30	-	2,55	2,87	-	2,19	2,47	-	1,85	2,08	-	1,52	1,71	-	1,21	1,36	-	0,92	1,
	II	32,19	-	2,57	2,89	-	2,21	2,48	-	1,86	2,10	-	1,53	1,73	-	1,22	1,38	-	0,93	1,05	-	0,65	0,
	III	22,03	-	1,76	1,98	-	1,48	1,67	-	1,21	1,36	-	0,95	1,07	-	0,70	0,79	-	0,45	0,51	-	0,23	0,
	IV	36,71	-	2,93	3,30	-	2,74	3,08	-	2,55	2,87	-	2,37	2,67	-	2,19	2,47	-	2,02	2,27	-	1,85	2,
	V	53,52	*0,57*	4,28	4,81																		
	VI	55,00	*0,74*	4,40	4,95																		
189,29	I	36,74	-	2,93	3,30	-	2,56	2,88	-	2,19	2,47	-	1,85	2,08	-	1,52	1,71	-	1,21	1,36	-	0,92	1,
	II	32,23	-	2,57	2,90	-	2,21	2,49	-	1,86	2,10	-	1,54	1,73	-	1,22	1,38	-	0,93	1,05	-	0,65	0,
	III	22,06	-	1,76	1,98	-	1,48	1,67	-	1,21	1,36	-	0,95	1,07	-	0,70	0,79	-	0,46	0,51	-	0,23	0,
	IV	36,74	-	2,93	3,30	-	2,74	3,09	-	2,56	2,88	-	2,37	2,67	-	2,19	2,47	-	2,02	2,27	-	1,85	2,
	V	53,56	*0,57*	4,28	4,82																		
	VI	55,04	*0,75*	4,40	4,95																		
189,39	I	36,78	-	2,94	3,31	-	2,56	2,88	-	2,20	2,47	-	1,85	2,08	-	1,52	1,71	-	1,21	1,36	-	0,92	1,
	II	32,26	-	2,58	2,90	-	2,21	2,49	-	1,87	2,10	-	1,54	1,73	-	1,23	1,38	-	0,93	1,05	-	0,66	0,
	III	22,09	-	1,76	1,98	-	1,48	1,67	-	1,21	1,37	-	0,95	1,07	-	0,70	0,79	-	0,46	0,51	-	0,24	0,
	IV	36,78	-	2,94	3,31	-	2,75	3,09	-	2,56	2,88	-	2,38	2,67	-	2,20	2,47	-	2,02	2,27	-	1,85	2,
	V	53,60	*0,57*	4,28	4,82																		
	VI	55,08	*0,75*	4,40	4,95																		
189,49	I	36,81	-	2,94	3,31	-	2,56	2,88	-	2,20	2,47	-	1,85	2,09	-	1,53	1,72	-	1,22	1,37	-	0,92	1,
	II	32,30	-	2,58	2,90	-	2,22	2,49	-	1,87	2,10	-	1,54	1,73	-	1,23	1,38	-	0,94	1,05	-	0,66	0,
	III	22,11	-	1,76	1,98	-	1,49	1,67	-	1,22	1,37	-	0,96	1,08	-	0,70	0,79	-	0,46	0,52	-	0,24	0,
	IV	36,81	-	2,94	3,31	-	2,75	3,09	-	2,56	2,88	-	2,38	2,68	-	2,20	2,47	-	2,02	2,28	-	1,85	2,
	V	53,64	*0,58*	4,29	4,82																		
	VI	55,11	*0,76*	4,40	4,95																		
189,59	I	36,85	-	2,94	3,31	-	2,56	2,88	-	2,20	2,48	-	1,86	2,09	-	1,53	1,72	-	1,22	1,37	-	0,92	1,
	II	32,33	-	2,58	2,90	-	2,22	2,50	-	1,87	2,11	-	1,54	1,74	-	1,23	1,39	-	0,94	1,05	-	0,66	0,
	III	22,14	-	1,77	1,99	-	1,49	1,67	-	1,22	1,37	-	0,96	1,08	-	0,70	0,79	-	0,46	0,52	-	0,24	0,
	IV	36,85	-	2,94	3,31	-	2,75	3,10	-	2,56	2,88	-	2,38	2,68	-	2,20	2,48	-	2,03	2,28	-	1,86	2,
	V	53,68	*0,58*	4,29	4,83																		
	VI	55,15	*0,76*	4,41	4,96																		
189,69	I	36,88	-	2,95	3,31	-	2,57	2,89	-	2,20	2,48	-	1,86	2,09	-	1,53	1,72	-	1,22	1,37	-	0,93	1,
	II	32,36	-	2,58	2,91	-	2,22	2,50	-	1,88	2,11	-	1,55	1,74	-	1,23	1,39	-	0,94	1,06	-	0,66	0,
	III	22,17	-	1,77	1,99	-	1,49	1,68	-	1,22	1,37	-	0,96	1,08	-	0,71	0,80	-	0,46	0,52	-	0,24	0,
	IV	36,88	-	2,95	3,31	-	2,75	3,10	-	2,57	2,89	-	2,38	2,68	-	2,20	2,48	-	2,03	2,28	-	1,86	2,
	V	53,71	*0,59*	4,29	4,83																		
	VI	55,19	*0,76*	4,41	4,96																		
189,79	I	36,92	-	2,95	3,32	-	2,57	2,89	-	2,21	2,48	-	1,86	2,09	-	1,53	1,72	-	1,22	1,37	-	0,93	1,
	II	32,40	-	2,59	2,91	-	2,22	2,50	-	1,88	2,11	-	1,55	1,74	-	1,24	1,39	-	0,94	1,06	-	0,66	0,
	III	22,19	-	1,77	1,99	-	1,49	1,68	-	1,22	1,38	-	0,96	1,08	-	0,71	0,80	-	0,46	0,52	-	0,24	0,
	IV	36,92	-	2,95	3,32	-	2,76	3,10	-	2,57	2,89	-	2,39	2,68	-	2,21	2,48	-	2,03	2,29	-	1,86	2,
	V	53,75	*0,59*	4,30	4,83																		
	VI	55,23	*0,77*	4,41	4,97																		
189,89	I	36,96	-	2,95	3,32	-	2,57	2,89	-	2,21	2,49	-	1,86	2,10	-	1,54	1,73	-	1,22	1,38	-	0,93	1,
	II	32,43	-	2,59	2,91	-	2,23	2,51	-	1,88	2,12	-	1,55	1,74	-	1,24	1,39	-	0,94	1,06	-	0,67	0,
	III	22,22	-	1,77	1,99	-	1,49	1,68	-	1,22	1,38	-	0,96	1,08	-	0,71	0,80	-	0,47	0,52	-	0,24	0,
	IV	36,96	-	2,95	3,32	-	2,76	3,10	-	2,57	2,89	-	2,39	2,69	-	2,21	2,49	-	2,03	2,29	-	1,86	2,
	V	53,79	*0,60*	4,30	4,84																		
	VI	55,27	*0,77*	4,42	4,97																		
189,99	I	36,99	-	2,95	3,32	-	2,57	2,90	-	2,21	2,49	-	1,87	2,10	-	1,54	1,73	-	1,23	1,38	-	0,93	1,
	II	32,46	-	2,59	2,92	-	2,23	2,51	-	1,88	2,12	-	1,55	1,75	-	1,24	1,40	-	0,95	1,06	-	0,67	0,
	III	22,25	-	1,78	2,00	-	1,50	1,68	-	1,23	1,38	-	0,96	1,09	-	0,71	0,80	-	0,47	0,53	-	0,24	0,
	IV	36,99	-	2,95	3,32	-	2,76	3,11	-	2,57	2,90	-	2,39	2,69	-	2,21	2,49	-	2,04	2,29	-	1,87	2,1
	V	53,83	*0,60*	4,30	4,84																		
	VI	55,30	*0,78*	4,42	4,97																		
190,09	I	37,03	-	2,96	3,33	-	2,58	2,90	-	2,21	2,49	-	1,87	2,10	-	1,54	1,73	-	1,23	1,38	-	0,93	1,0
	II	32,50	-	2,60	2,92	-	2,23	2,51	-	1,88	2,12	-	1,56	1,75	-	1,24	1,40	-	0,95	1,07	-	0,67	0,7
	III	22,27	-	1,78	2,00	-	1,50	1,69	-	1,23	1,38	-	0,97	1,09	-	0,71	0,80	-	0,47	0,53	-	0,24	0,2
	IV	37,03	-	2,96	3,33	-	2,76	3,11	-	2,58	2,90	-	2,39	2,69	-	2,21	2,49	-	2,04	2,29	-	1,87	2,1
	V	53,86	*0,61*	4,30	4,84																		
	VI	55,34	*0,78*	4,42	4,98																		
190,19	I	37,06	-	2,96	3,33	-	2,58	2,90	-	2,22	2,49	-	1,87	2,11	-	1,54	1,73	-	1,23	1,38	-	0,94	1,0
	II	32,53	-	2,60	2,92	-	2,23	2,51	-	1,89	2,12	-	1,56	1,75	-	1,24	1,40	-	0,95	1,07	-	0,67	0,7
	III	22,30	-	1,78	2,00	-	1,50	1,69	-	1,23	1,38	-	0,97	1,09	-	0,72	0,81	-	0,47	0,53	-	0,25	0,2
	IV	37,06	-	2,96	3,33	-	2,77	3,11	-	2,58	2,90	-	2,40	2,70	-	2,22	2,49	-	2,04	2,30	-	1,87	2,1
	V	53,90	*0,61*	4,31	4,85																		
	VI	55,38	*0,79*	4,43	4,98																		
190,29	I	37,10	-	2,96	3,33	-	2,58	2,91	-	2,22	2,50	-	1,87	2,11	-	1,54	1,74	-	1,23	1,39	-	0,94	1,0
	II	32,57	-	2,60	2,93	-	2,24	2,52	-	1,89	2,13	-	1,56	1,76	-	1,25	1,40	-	0,95	1,07	-	0,67	0,7
	III	22,32	-	1,78	2,00	-	1,50	1,69	-	1,23	1,39	-	0,97	1,09	-	0,72	0,81	-	0,47	0,53	-	0,25	0,2
	IV	37,10	-	2,96	3,33	-	2,77	3,12	-	2,58	2,91	-	2,40	2,70	-	2,22	2,50	-	2,04	2,30	-	1,87	2,1
	V	53,94	*0,62*	4,31	4,85																		
	VI	55,42	*0,79*	4,43	4,98																		
190,39	I	37,13	-	2,97	3,34	-	2,59	2,91	-	2,22	2,50	-	1,88	2,11	-	1,55	1,74	-	1,24	1,39	-	0,94	1,0
	II	32,60	-	2,60	2,93	-	2,24	2,52	-	1,89	2,13	-	1,56	1,76	-	1,25	1,41	-	0,95	1,07	-	0,68	0,7
	III	22,35	-	1,78	2,01	-	1,50	1,69	-	1,23	1,39	-	0,97	1,09	-	0,72	0,81	-	0,47	0,53	-	0,25	0,2
	IV	37,13	-	2,97	3,34	-	2,77	3,12	-	2,59	2,91	-	2,40	2,70	-	2,22	2,50	-	2,05	2,30	-	1,88	2,1
	V	53,98	*0,62*	4,31	4,85																		
	VI	55,46	*0,80*	4,43	4,99																		
190,49	I	37,17	-	2,97	3,34	-	2,59	2,91	-	2,22	2,50	-	1,88	2,11	-	1,55	1,74	-	1,24	1,39	-	0,94	1,0
	II	32,63	-	2,61	2,93	-	2,24	2,52	-	1,89	2,13	-	1,56	1,76	-	1,25	1,41	-	0,96	1,08	-	0,68	0,7
	III	22,37	-	1,78	2,01	-	1,51	1,69	-	1,24	1,39	-	0,97	1,10	-	0,72	0,81	-	0,48	0,54	-	0,25	0,2
	IV	37,17	-	2,97	3,34	-	2,78	3,12	-	2,59	2,91	-	2,40	2,70	-	2,22	2,50	-	2,05	2,31	-	1,88	2,1
	V	54,02	*0,63*	4,32	4,86																		
	VI	55,50	*0,80*	4,44	4,99																		

Lohn/ Gehalt bis	Steuerklasse	Lohn- steuer	ohne Kinderfreibetrag SolZ 5,5%	Kirchensteuer 8%	Kirchensteuer 9%	0,5 SolZ 5,5%	Kirchensteuer 8%	Kirchensteuer 9%	1,0 SolZ 5,5%	Kirchensteuer 8%	Kirchensteuer 9%	1,5 SolZ 5,5%	Kirchensteuer 8%	Kirchensteuer 9%	2,0 SolZ 5,5%	Kirchensteuer 8%	Kirchensteuer 9%	2,5 SolZ 5,5%	Kirchensteuer 8%	Kirchensteuer 9%	3,0 SolZ 5,5%	Kirchensteuer 8%	Kirchensteuer 9%
						Anzahl Kinderfreibeträge (nur Steuerklassen I–IV)																	
190,59	I	37,20	-	2,97	3,34	-	2,59	2,91	-	2,23	2,51	-	1,88	2,12	-	1,55	1,75	-	1,24	1,39	-	0,94	1,06
	II	32,67	-	2,61	2,94	-	2,24	2,52	-	1,90	2,13	-	1,57	1,76	-	1,25	1,41	-	0,96	1,08	-	0,68	0,76
	III	22,40	-	1,79	2,01	-	1,51	1,70	-	1,24	1,39	-	0,98	1,10	-	0,72	0,81	-	0,48	0,54	-	0,25	0,28
	IV	37,20	-	2,97	3,34	-	2,78	3,13	-	2,59	2,91	-	2,41	2,71	-	2,23	2,51	-	2,05	2,31	-	1,88	2,12
	V	54,06	0,63	4,32	4,86																		
	VI	55,53	0,81	4,44	4,99																		
190,69	I	37,24	-	2,97	3,35	-	2,59	2,92	-	2,23	2,51	-	1,88	2,12	-	1,55	1,75	-	1,24	1,40	-	0,95	1,07
	II	32,70	-	2,61	2,94	-	2,25	2,53	-	1,90	2,14	-	1,57	1,77	-	1,26	1,41	-	0,96	1,08	-	0,68	0,77
	III	22,42	-	1,79	2,01	-	1,51	1,70	-	1,24	1,40	-	0,98	1,10	-	0,72	0,82	-	0,48	0,54	-	0,25	0,29
	IV	37,24	-	2,97	3,35	-	2,78	3,13	-	2,59	2,92	-	2,41	2,71	-	2,23	2,51	-	2,05	2,31	-	1,88	2,12
	V	54,10	0,63	4,32	4,86																		
	VI	55,57	0,81	4,44	5,00																		
190,79	I	37,28	-	2,98	3,35	-	2,60	2,92	-	2,23	2,51	-	1,89	2,12	-	1,56	1,75	-	1,24	1,40	-	0,95	1,07
	II	32,74	-	2,61	2,94	-	2,25	2,53	-	1,90	2,14	-	1,57	1,77	-	1,26	1,42	-	0,96	1,08	-	0,68	0,77
	III	22,45	-	1,79	2,02	-	1,51	1,70	-	1,24	1,40	-	0,98	1,10	-	0,73	0,82	-	0,48	0,54	-	0,26	0,29
	IV	37,28	-	2,98	3,35	-	2,78	3,13	-	2,60	2,92	-	2,41	2,71	-	2,23	2,51	-	2,06	2,31	-	1,89	2,12
	V	54,13	0,64	4,33	4,87																		
	VI	55,61	0,81	4,44	5,00																		
190,89	I	37,31	-	2,98	3,35	-	2,60	2,92	-	2,24	2,52	-	1,89	2,12	-	1,56	1,75	-	1,25	1,40	-	0,95	1,07
	II	32,77	-	2,62	2,94	-	2,25	2,53	-	1,90	2,14	-	1,57	1,77	-	1,26	1,42	-	0,96	1,08	-	0,69	0,77
	III	22,47	-	1,79	2,02	-	1,51	1,70	-	1,24	1,40	-	0,98	1,10	-	0,73	0,82	-	0,48	0,54	-	0,26	0,29
	IV	37,31	-	2,98	3,35	-	2,79	3,14	-	2,60	2,92	-	2,42	2,72	-	2,24	2,52	-	2,06	2,32	-	1,89	2,12
	V	54,17	0,64	4,33	4,87																		
	VI	55,65	0,82	4,45	5,00																		
190,99	I	37,35	-	2,98	3,36	-	2,60	2,93	-	2,24	2,52	-	1,89	2,13	-	1,56	1,76	-	1,25	1,40	-	0,95	1,07
	II	32,81	-	2,62	2,95	-	2,25	2,54	-	1,91	2,15	-	1,58	1,77	-	1,26	1,42	-	0,97	1,09	-	0,69	0,77
	III	22,50	-	1,80	2,02	-	1,52	1,71	-	1,25	1,40	-	0,98	1,11	-	0,73	0,82	-	0,48	0,55	-	0,26	0,29
	IV	37,35	-	2,98	3,36	-	2,79	3,14	-	2,60	2,93	-	2,42	2,72	-	2,24	2,52	-	2,06	2,32	-	1,89	2,13
	V	54,21	0,65	4,33	4,87																		
	VI	55,69	0,82	4,45	5,01																		
191,09	I	37,38	-	2,99	3,36	-	2,60	2,93	-	2,24	2,52	-	1,89	2,13	-	1,56	1,76	-	1,25	1,41	-	0,95	1,07
	II	32,84	-	2,62	2,95	-	2,26	2,54	-	1,91	2,15	-	1,58	1,78	-	1,26	1,42	-	0,97	1,09	-	0,69	0,78
	III	22,53	-	1,80	2,02	-	1,52	1,71	-	1,25	1,40	-	0,98	1,11	-	0,73	0,82	-	0,49	0,55	-	0,26	0,29
	IV	37,38	-	2,99	3,36	-	2,79	3,14	-	2,60	2,93	-	2,42	2,72	-	2,24	2,52	-	2,06	2,32	-	1,89	2,13
	V	54,25	0,65	4,34	4,88																		
	VI	55,72	0,83	4,45	5,01																		
191,19	I	37,42	-	2,99	3,36	-	2,61	2,93	-	2,24	2,52	-	1,90	2,13	-	1,57	1,76	-	1,25	1,41	-	0,96	1,08
	II	32,87	-	2,62	2,95	-	2,26	2,54	-	1,91	2,15	-	1,58	1,78	-	1,27	1,43	-	0,97	1,09	-	0,69	0,78
	III	22,55	-	1,80	2,02	-	1,52	1,71	-	1,25	1,41	-	0,99	1,11	-	0,73	0,83	-	0,49	0,55	-	0,26	0,29
	IV	37,42	-	2,99	3,36	-	2,80	3,15	-	2,61	2,93	-	2,42	2,73	-	2,24	2,52	-	2,07	2,33	-	1,90	2,13
	V	54,28	0,66	4,34	4,88																		
	VI	55,76	0,83	4,46	5,01																		
191,29	I	37,45	-	2,99	3,37	-	2,61	2,94	-	2,25	2,53	-	1,90	2,14	-	1,57	1,76	-	1,26	1,41	-	0,96	1,08
	II	32,91	-	2,63	2,96	-	2,26	2,55	-	1,91	2,15	-	1,58	1,78	-	1,27	1,43	-	0,97	1,09	-	0,69	0,78
	III	22,58	-	1,80	2,03	-	1,52	1,71	-	1,25	1,41	-	0,99	1,11	-	0,74	0,83	-	0,49	0,55	-	0,26	0,30
	IV	37,45	-	2,99	3,37	-	2,80	3,15	-	2,61	2,94	-	2,43	2,73	-	2,25	2,53	-	2,07	2,33	-	1,90	2,14
	V	54,32	0,66	4,34	4,88																		
	VI	55,80	0,84	4,46	5,02																		
191,39	I	37,49	-	2,99	3,37	-	2,61	2,94	-	2,25	2,53	-	1,90	2,14	-	1,57	1,77	-	1,26	1,41	-	0,96	1,08
	II	32,94	-	2,63	2,96	-	2,26	2,55	-	1,92	2,16	-	1,59	1,78	-	1,27	1,43	-	0,98	1,10	-	0,70	0,78
	III	22,60	-	1,80	2,03	-	1,52	1,71	-	1,25	1,41	-	0,99	1,12	-	0,74	0,83	-	0,49	0,55	-	0,26	0,30
	IV	37,49	-	2,99	3,37	-	2,80	3,15	-	2,61	2,94	-	2,43	2,73	-	2,25	2,53	-	2,07	2,33	-	1,90	2,14
	V	54,36	0,67	4,34	4,89																		
	VI	55,84	0,84	4,46	5,02																		
191,49	I	37,52	-	3,00	3,37	-	2,62	2,94	-	2,25	2,53	-	1,90	2,14	-	1,57	1,77	-	1,26	1,42	-	0,96	1,08
	II	32,98	-	2,63	2,96	-	2,27	2,55	-	1,92	2,16	-	1,59	1,79	-	1,27	1,43	-	0,98	1,10	-	0,70	0,78
	III	22,63	-	1,81	2,03	-	1,53	1,72	-	1,26	1,41	-	0,99	1,12	-	0,74	0,83	-	0,49	0,56	-	0,27	0,30
	IV	37,52	-	3,00	3,37	-	2,80	3,15	-	2,62	2,94	-	2,43	2,73	-	2,25	2,53	-	2,07	2,33	-	1,90	2,14
	V	54,40	0,67	4,35	4,89																		
	VI	55,88	0,85	4,47	5,02																		
191,59	I	37,56	-	3,00	3,38	-	2,62	2,95	-	2,25	2,53	-	1,91	2,14	-	1,58	1,77	-	1,26	1,42	-	0,96	1,09
	II	33,01	-	2,64	2,97	-	2,27	2,55	-	1,92	2,16	-	1,59	1,79	-	1,28	1,44	-	0,98	1,10	-	0,70	0,79
	III	22,66	-	1,81	2,03	-	1,53	1,72	-	1,26	1,41	-	1,00	1,12	-	0,74	0,83	-	0,50	0,56	-	0,27	0,30
	IV	37,56	-	3,00	3,38	-	2,81	3,16	-	2,62	2,95	-	2,43	2,74	-	2,25	2,53	-	2,08	2,34	-	1,91	2,14
	V	54,44	0,67	4,35	4,89																		
	VI	55,91	0,85	4,47	5,03																		
191,69	I	37,60	-	3,00	3,38	-	2,62	2,95	-	2,26	2,54	-	1,91	2,15	-	1,58	1,77	-	1,26	1,42	-	0,97	1,09
	II	33,04	-	2,64	2,97	-	2,27	2,56	-	1,92	2,16	-	1,59	1,79	-	1,28	1,44	-	0,98	1,10	-	0,70	0,79
	III	22,68	-	1,81	2,04	-	1,53	1,72	-	1,26	1,42	-	1,00	1,12	-	0,74	0,84	-	0,50	0,56	-	0,27	0,30
	IV	37,60	-	3,00	3,38	-	2,81	3,16	-	2,62	2,95	-	2,44	2,74	-	2,26	2,54	-	2,08	2,34	-	1,91	2,15
	V	54,48	0,68	4,35	4,90																		
	VI	55,95	0,85	4,47	5,03																		
191,79	I	37,63	-	3,01	3,38	-	2,62	2,95	-	2,26	2,54	-	1,91	2,15	-	1,58	1,78	-	1,27	1,42	-	0,97	1,09
	II	33,08	-	2,64	2,97	-	2,28	2,56	-	1,93	2,17	-	1,60	1,80	-	1,28	1,44	-	0,98	1,11	-	0,70	0,79
	III	22,71	-	1,81	2,04	-	1,53	1,72	-	1,26	1,42	-	1,00	1,12	-	0,74	0,84	-	0,50	0,56	-	0,27	0,31
	IV	37,63	-	3,01	3,38	-	2,81	3,16	-	2,62	2,95	-	2,44	2,74	-	2,26	2,54	-	2,08	2,34	-	1,91	2,15
	V	54,51	0,68	4,36	4,90																		
	VI	55,99	0,86	4,47	5,03																		
191,89	I	37,67	-	3,01	3,39	-	2,63	2,96	-	2,26	2,54	-	1,91	2,15	-	1,58	1,78	-	1,27	1,43	-	0,97	1,09
	II	33,11	-	2,64	2,97	-	2,28	2,56	-	1,93	2,17	-	1,60	1,80	-	1,28	1,44	-	0,99	1,11	-	0,70	0,79
	III	22,73	-	1,81	2,04	-	1,53	1,73	-	1,26	1,42	-	1,00	1,13	-	0,75	0,84	-	0,50	0,56	-	0,27	0,31
	IV	37,67	-	3,01	3,39	-	2,82	3,17	-	2,63	2,96	-	2,44	2,75	-	2,26	2,54	-	2,08	2,35	-	1,91	2,15
	V	54,55	0,69	4,36	4,90																		
	VI	56,03	0,86	4,48	5,04																		
191,99	I	37,70	-	3,01	3,39	-	2,63	2,96	-	2,26	2,55	-	1,92	2,16	-	1,58	1,78	-	1,27	1,43	-	0,97	1,10
	II	33,15	-	2,65	2,98	-	2,28	2,57	-	1,93	2,17	-	1,60	1,80	-	1,28	1,45	-	0,99	1,11	-	0,71	0,80
	III	22,76	-	1,82	2,04	-	1,54	1,73	-	1,26	1,42	-	1,00	1,13	-	0,75	0,84	-	0,50	0,57	-	0,27	0,31
	IV	37,70	-	3,01	3,39	-	2,82	3,17	-	2,63	2,96	-	2,44	2,75	-	2,26	2,55	-	2,09	2,35	-	1,92	2,16
	V	54,59	0,69	4,36	4,91																		
	VI	56,07	0,87	4,48	5,04																		

Lohn/ Gehalt bis	Steuerklasse	Lohn-steuer	ohne Kinderfreibetrag SolZ 5,5%	ohne Kinderfreibetrag Kirchensteuer 8%	ohne Kinderfreibetrag Kirchensteuer 9%	0,5 SolZ 5,5%	0,5 Kirchensteuer 8%	0,5 Kirchensteuer 9%	1,0 SolZ 5,5%	1,0 Kirchensteuer 8%	1,0 Kirchensteuer 9%	1,5 SolZ 5,5%	1,5 Kirchensteuer 8%	1,5 Kirchensteuer 9%	2,0 SolZ 5,5%	2,0 Kirchensteuer 8%	2,0 Kirchensteuer 9%	2,5 SolZ 5,5%	2,5 Kirchensteuer 8%	2,5 Kirchensteuer 9%	3,0 SolZ 5,5%	3,0 Kirchensteuer 8%	3,0 Kirchensteuer 9%
192,09	I	37,74	-	3,01	3,39	-	2,63	2,96	-	2,27	2,55	-	1,92	2,16	-	1,59	1,79	-	1,27	1,43	-	0,98	1
	II	33,18	-	2,65	2,98	-	2,28	2,57	-	1,93	2,18	-	1,60	1,80	-	1,29	1,45	-	0,99	1,11	-	0,71	0
	III	22,78	-	1,82	2,05	-	1,54	1,73	-	1,27	1,43	-	1,00	1,13	-	0,75	0,84	-	0,50	0,57	-	0,28	0
	IV	37,74	-	3,01	3,39	-	2,82	3,17	-	2,63	2,96	-	2,45	2,75	-	2,27	2,55	-	2,09	2,35	-	1,92	2,
	V	54,63	*0,70*	4,37	4,91																		
	VI	56,10	*0,87*	4,48	5,04																		
192,19	I	37,77	-	3,02	3,39	-	2,63	2,96	-	2,27	2,55	-	1,92	2,16	-	1,59	1,79	-	1,28	1,44	-	0,98	1,
	II	33,21	-	2,65	2,98	-	2,29	2,57	-	1,94	2,18	-	1,60	1,81	-	1,29	1,45	-	0,99	1,12	-	0,71	0,
	III	22,81	-	1,82	2,05	-	1,54	1,73	-	1,27	1,43	-	1,01	1,13	-	0,75	0,85	-	0,51	0,57	-	0,28	0,
	IV	37,77	-	3,02	3,39	-	2,82	3,18	-	2,63	2,96	-	2,45	2,76	-	2,27	2,55	-	2,09	2,35	-	1,92	2,
	V	54,67	*0,70*	4,37	4,92																		
	VI	56,14	*0,88*	4,49	5,05																		
192,29	I	37,81	-	3,02	3,40	-	2,64	2,97	-	2,27	2,56	-	1,92	2,16	-	1,59	1,79	-	1,28	1,44	-	0,98	1,
	II	33,25	-	2,66	2,99	-	2,29	2,58	-	1,94	2,18	-	1,61	1,81	-	1,29	1,45	-	0,99	1,12	-	0,71	0,
	III	22,83	-	1,82	2,05	-	1,54	1,73	-	1,27	1,43	-	1,01	1,13	-	0,75	0,85	-	0,51	0,57	-	0,28	0,
	IV	37,81	-	3,02	3,40	-	2,83	3,18	-	2,64	2,97	-	2,45	2,76	-	2,27	2,56	-	2,10	2,36	-	1,92	2,
	V	54,70	*0,71*	4,37	4,92																		
	VI	56,18	*0,88*	4,49	5,05																		
192,39	I	37,85	-	3,02	3,40	-	2,64	2,97	-	2,27	2,56	-	1,93	2,17	-	1,59	1,79	-	1,28	1,44	-	0,98	1,
	II	33,28	-	2,66	2,99	-	2,29	2,58	-	1,94	2,18	-	1,61	1,81	-	1,29	1,46	-	1,00	1,12	-	0,72	0,
	III	22,86	-	1,82	2,05	-	1,54	1,74	-	1,27	1,43	-	1,01	1,14	-	0,76	0,85	-	0,51	0,57	-	0,28	0,
	IV	37,85	-	3,02	3,40	-	2,83	3,18	-	2,64	2,97	-	2,45	2,76	-	2,27	2,56	-	2,10	2,36	-	1,93	2,
	V	54,74	*0,71*	4,37	4,92																		
	VI	56,22	*0,89*	4,49	5,05																		
192,49	I	37,88	-	3,03	3,40	-	2,64	2,97	-	2,28	2,56	-	1,93	2,17	-	1,60	1,80	-	1,28	1,44	-	0,98	1,
	II	33,32	-	2,66	2,99	-	2,29	2,58	-	1,94	2,19	-	1,61	1,81	-	1,30	1,46	-	1,00	1,12	-	0,72	0,
	III	22,89	-	1,83	2,06	-	1,55	1,74	-	1,28	1,44	-	1,01	1,14	-	0,76	0,85	-	0,51	0,58	-	0,28	0,
	IV	37,88	-	3,03	3,40	-	2,83	3,19	-	2,64	2,97	-	2,46	2,77	-	2,28	2,56	-	2,10	2,36	-	1,93	2,
	V	54,78	*0,72*	4,38	4,93																		
	VI	56,26	*0,89*	4,50	5,06																		
192,59	I	37,91	-	3,03	3,41	-	2,65	2,98	-	2,28	2,56	-	1,93	2,17	-	1,60	1,80	-	1,28	1,44	-	0,99	1,
	II	33,35	-	2,66	3,00	-	2,30	2,58	-	1,95	2,19	-	1,61	1,82	-	1,30	1,46	-	1,00	1,13	-	0,72	0,
	III	22,91	-	1,83	2,06	-	1,55	1,74	-	1,28	1,44	-	1,01	1,14	-	0,76	0,85	-	0,51	0,58	-	0,28	0,
	IV	37,91	-	3,03	3,41	-	2,83	3,19	-	2,65	2,98	-	2,46	2,77	-	2,28	2,56	-	2,10	2,37	-	1,93	2,
	V	54,82	*0,72*	4,38	4,93																		
	VI	56,30	*0,90*	4,50	5,06																		
192,69	I	37,95	-	3,03	3,41	-	2,65	2,98	-	2,28	2,57	-	1,93	2,17	-	1,60	1,80	-	1,29	1,45	-	0,99	1,
	II	33,39	-	2,67	3,00	-	2,30	2,59	-	1,95	2,19	-	1,62	1,82	-	1,30	1,46	-	1,00	1,13	-	0,72	0,
	III	22,94	-	1,83	2,06	-	1,55	1,74	-	1,28	1,44	-	1,02	1,14	-	0,76	0,86	-	0,52	0,58	-	0,28	0,
	IV	37,95	-	3,03	3,41	-	2,84	3,19	-	2,65	2,98	-	2,46	2,77	-	2,28	2,57	-	2,10	2,37	-	1,93	2,
	V	54,86	*0,72*	4,38	4,93																		
	VI	56,33	*0,90*	4,50	5,06																		
192,79	I	37,99	-	3,03	3,41	-	2,65	2,98	-	2,28	2,57	-	1,94	2,18	-	1,60	1,80	-	1,29	1,45	-	0,99	1,
	II	33,42	-	2,67	3,00	-	2,30	2,59	-	1,95	2,20	-	1,62	1,82	-	1,30	1,47	-	1,00	1,13	-	0,72	0,
	III	22,97	-	1,83	2,06	-	1,55	1,75	-	1,28	1,44	-	1,02	1,15	-	0,76	0,86	-	0,52	0,58	-	0,29	0,
	IV	37,99	-	3,03	3,41	-	2,84	3,20	-	2,65	2,98	-	2,47	2,77	-	2,28	2,57	-	2,11	2,37	-	1,94	2,
	V	54,90	*0,73*	4,39	4,94																		
	VI	56,37	*0,91*	4,50	5,07																		
192,89	I	38,02	-	3,04	3,42	-	2,65	2,99	-	2,29	2,57	-	1,94	2,18	-	1,61	1,81	-	1,29	1,45	-	0,99	1,
	II	33,45	-	2,67	3,01	-	2,30	2,59	-	1,95	2,20	-	1,62	1,82	-	1,31	1,47	-	1,01	1,13	-	0,72	0,
	III	22,99	-	1,83	2,06	-	1,55	1,75	-	1,28	1,44	-	1,02	1,15	-	0,76	0,86	-	0,52	0,58	-	0,29	0,
	IV	38,02	-	3,04	3,42	-	2,84	3,20	-	2,65	2,99	-	2,47	2,78	-	2,29	2,57	-	2,11	2,37	-	1,94	2,
	V	54,93	*0,73*	4,39	4,94																		
	VI	56,41	*0,91*	4,51	5,07																		
192,99	I	38,06	-	3,04	3,42	-	2,66	2,99	-	2,29	2,58	-	1,94	2,18	-	1,61	1,81	-	1,29	1,45	-	0,99	1,
	II	33,49	-	2,67	3,01	-	2,31	2,60	-	1,96	2,20	-	1,62	1,83	-	1,31	1,47	-	1,01	1,14	-	0,73	0,
	III	23,02	-	1,84	2,07	-	1,56	1,75	-	1,28	1,45	-	1,02	1,15	-	0,77	0,86	-	0,52	0,59	-	0,29	0,
	IV	38,06	-	3,04	3,42	-	2,85	3,20	-	2,66	2,99	-	2,47	2,78	-	2,29	2,58	-	2,11	2,38	-	1,94	2,
	V	54,97	*0,74*	4,39	4,94																		
	VI	56,45	*0,91*	4,51	5,08																		
193,09	I	38,10	-	3,04	3,42	-	2,66	2,99	-	2,29	2,58	-	1,94	2,19	-	1,61	1,81	-	1,30	1,46	-	1,00	1,
	II	33,52	-	2,68	3,01	-	2,31	2,60	-	1,96	2,20	-	1,63	1,83	-	1,31	1,47	-	1,01	1,14	-	0,73	0,8
	III	23,05	-	1,84	2,07	-	1,56	1,75	-	1,29	1,45	-	1,02	1,15	-	0,77	0,86	-	0,52	0,59	-	0,29	0,
	IV	38,10	-	3,04	3,42	-	2,85	3,21	-	2,66	2,99	-	2,47	2,78	-	2,29	2,58	-	2,12	2,38	-	1,94	2,
	V	55,01	*0,74*	4,40	4,95																		
	VI	56,49	*0,92*	4,51	5,08																		
193,19	I	38,13	-	3,05	3,43	-	2,66	2,99	-	2,30	2,58	-	1,94	2,19	-	1,61	1,81	-	1,30	1,46	-	1,00	1,1
	II	33,56	-	2,68	3,02	-	2,31	2,60	-	1,96	2,21	-	1,63	1,83	-	1,31	1,48	-	1,01	1,14	-	0,73	0,8
	III	23,07	-	1,84	2,07	-	1,56	1,76	-	1,29	1,45	-	1,02	1,15	-	0,77	0,87	-	0,52	0,59	-	0,29	0,3
	IV	38,13	-	3,05	3,43	-	2,85	3,21	-	2,66	2,99	-	2,48	2,79	-	2,30	2,58	-	2,12	2,38	-	1,94	2,1
	V	55,05	*0,75*	4,40	4,95																		
	VI	56,52	*0,92*	4,52	5,08																		
193,29	I	38,17	-	3,05	3,43	-	2,66	3,00	-	2,30	2,59	-	1,95	2,19	-	1,62	1,82	-	1,30	1,46	-	1,00	1,1
	II	33,59	-	2,68	3,02	-	2,31	2,60	-	1,96	2,21	-	1,63	1,83	-	1,31	1,48	-	1,02	1,14	-	0,73	0,8
	III	23,10	-	1,84	2,07	-	1,56	1,76	-	1,29	1,45	-	1,03	1,16	-	0,77	0,87	-	0,53	0,59	-	0,29	0,3
	IV	38,17	-	3,05	3,43	-	2,85	3,21	-	2,66	3,00	-	2,48	2,79	-	2,30	2,59	-	2,12	2,39	-	1,95	2,1
	V	55,08	*0,75*	4,40	4,95																		
	VI	56,56	*0,93*	4,52	5,09																		
193,39	I	38,20	-	3,05	3,43	-	2,67	3,00	-	2,30	2,59	-	1,95	2,19	-	1,62	1,82	-	1,30	1,46	-	1,00	1,1
	II	33,63	-	2,69	3,02	-	2,32	2,61	-	1,97	2,21	-	1,63	1,84	-	1,32	1,48	-	1,02	1,14	-	0,74	0,8
	III	23,12	-	1,84	2,08	-	1,56	1,76	-	1,29	1,45	-	1,03	1,16	-	0,77	0,87	-	0,53	0,59	-	0,30	0,3
	IV	38,20	-	3,05	3,43	-	2,86	3,21	-	2,67	3,00	-	2,48	2,79	-	2,30	2,59	-	2,12	2,39	-	1,95	2,1
	V	55,12	*0,76*	4,40	4,96																		
	VI	56,60	*0,93*	4,52	5,09																		
193,49	I	38,24	-	3,05	3,44	-	2,67	3,00	-	2,30	2,59	-	1,95	2,20	-	1,62	1,82	-	1,30	1,47	-	1,01	1,1
	II	33,66	-	2,69	3,02	-	2,32	2,61	-	1,97	2,22	-	1,64	1,84	-	1,32	1,48	-	1,02	1,15	-	0,74	0,8
	III	23,15	-	1,85	2,08	-	1,57	1,76	-	1,29	1,46	-	1,03	1,16	-	0,78	0,87	-	0,53	0,60	-	0,30	0,3
	IV	38,24	-	3,05	3,44	-	2,86	3,22	-	2,67	3,00	-	2,48	2,79	-	2,30	2,59	-	2,13	2,39	-	1,95	2,2
	V	55,16	*0,76*	4,41	4,96																		
	VI	56,64	*0,94*	4,53	5,09																		

Lohn/Gehalt bis	Steuerklasse	Lohnsteuer	ohne Kinderfreibetrag SolZ 5,5%	Kirchensteuer 8%	Kirchensteuer 9%	0,5 SolZ 5,5%	0,5 Kirchensteuer 8%	0,5 Kirchensteuer 9%	1,0 SolZ 5,5%	1,0 Kirchensteuer 8%	1,0 Kirchensteuer 9%	1,5 SolZ 5,5%	1,5 Kirchensteuer 8%	1,5 Kirchensteuer 9%	2,0 SolZ 5,5%	2,0 Kirchensteuer 8%	2,0 Kirchensteuer 9%	2,5 SolZ 5,5%	2,5 Kirchensteuer 8%	2,5 Kirchensteuer 9%	3,0 SolZ 5,5%	3,0 Kirchensteuer 8%	3,0 Kirchensteuer 9%
193,59	I	38,27	-	3,06	3,44	-	2,67	3,01	-	2,31	2,59	-	1,96	2,20	-	1,62	1,82	-	1,31	1,47	-	1,01	1,13
	II	33,70	-	2,69	3,03	-	2,32	2,61	-	1,97	2,22	-	1,64	1,84	-	1,32	1,49	-	1,02	1,15	-	0,74	0,83
	III	23,17	-	1,85	2,08	-	1,57	1,77	-	1,30	1,46	-	1,03	1,16	-	0,78	0,88	-	0,53	0,60	-	0,30	0,34
	IV	38,27	-	3,06	3,44	-	2,86	3,22	-	2,67	3,01	-	2,49	2,80	-	2,31	2,59	-	2,13	2,39	-	1,96	2,20
	V	55,20	0,77	4,41	4,96																		
	VI	56,68	0,94	4,53	5,10																		
193,69	I	38,31	-	3,06	3,44	-	2,68	3,01	-	2,31	2,60	-	1,96	2,20	-	1,62	1,83	-	1,31	1,47	-	1,01	1,14
	II	33,73	-	2,69	3,03	-	2,32	2,62	-	1,97	2,22	-	1,64	1,85	-	1,32	1,49	-	1,02	1,15	-	0,74	0,83
	III	23,20	-	1,85	2,08	-	1,57	1,77	-	1,30	1,46	-	1,03	1,16	-	0,78	0,88	-	0,53	0,60	-	0,30	0,34
	IV	38,31	-	3,06	3,44	-	2,87	3,22	-	2,68	3,01	-	2,49	2,80	-	2,31	2,60	-	2,13	2,40	-	1,96	2,20
	V	55,24	0,77	4,41	4,97																		
	VI	56,71	0,95	4,53	5,10																		
193,79	I	38,35	-	3,06	3,45	-	2,68	3,01	-	2,31	2,60	-	1,96	2,21	-	1,63	1,83	-	1,31	1,47	-	1,01	1,14
	II	33,76	-	2,70	3,03	-	2,33	2,62	-	1,98	2,22	-	1,64	1,85	-	1,33	1,49	-	1,03	1,15	-	0,74	0,84
	III	23,23	-	1,85	2,09	-	1,57	1,77	-	1,30	1,46	-	1,04	1,17	-	0,78	0,88	-	0,53	0,60	-	0,30	0,34
	IV	38,35	-	3,06	3,45	-	2,87	3,23	-	2,68	3,01	-	2,49	2,80	-	2,31	2,60	-	2,13	2,40	-	1,96	2,21
	V	55,28	0,77	4,42	4,97																		
	VI	56,75	0,95	4,54	5,10																		
193,89	I	38,38	-	3,07	3,45	-	2,68	3,02	-	2,31	2,60	-	1,96	2,21	-	1,63	1,83	-	1,31	1,48	-	1,01	1,14
	II	33,80	-	2,70	3,04	-	2,33	2,62	-	1,98	2,23	-	1,64	1,85	-	1,33	1,49	-	1,03	1,16	-	0,74	0,84
	III	23,25	-	1,86	2,09	-	1,57	1,77	-	1,30	1,46	-	1,04	1,17	-	0,78	0,88	-	0,54	0,60	-	0,30	0,34
	IV	38,38	-	3,07	3,45	-	2,87	3,23	-	2,68	3,02	-	2,50	2,81	-	2,31	2,60	-	2,14	2,40	-	1,96	2,21
	V	55,31	0,78	4,42	4,97																		
	VI	56,79	0,95	4,54	5,11																		
193,99	I	38,42	-	3,07	3,45	-	2,68	3,02	-	2,32	2,61	-	1,96	2,21	-	1,63	1,84	-	1,32	1,48	-	1,02	1,14
	II	33,83	-	2,70	3,04	-	2,33	2,62	-	1,98	2,23	-	1,65	1,85	-	1,33	1,50	-	1,03	1,16	-	0,75	0,84
	III	23,28	-	1,86	2,09	-	1,58	1,77	-	1,30	1,47	-	1,04	1,17	-	0,78	0,88	-	0,54	0,61	-	0,30	0,34
	IV	38,42	-	3,07	3,45	-	2,87	3,23	-	2,68	3,02	-	2,50	2,81	-	2,32	2,61	-	2,14	2,41	-	1,96	2,21
	V	55,35	0,78	4,42	4,98																		
	VI	56,83	0,96	4,54	5,11																		
194,09	I	38,45	-	3,07	3,46	-	2,69	3,02	-	2,32	2,61	-	1,97	2,21	-	1,63	1,84	-	1,32	1,48	-	1,02	1,15
	II	33,86	-	2,70	3,04	-	2,34	2,63	-	1,98	2,23	-	1,65	1,86	-	1,33	1,50	-	1,03	1,16	-	0,75	0,84
	III	23,31	-	1,86	2,09	-	1,58	1,78	-	1,31	1,47	-	1,04	1,17	-	0,79	0,89	-	0,54	0,61	-	0,31	0,34
	IV	38,45	-	3,07	3,46	-	2,88	3,24	-	2,69	3,02	-	2,50	2,81	-	2,32	2,61	-	2,14	2,41	-	1,97	2,21
	V	55,39	0,79	4,43	4,98																		
	VI	56,87	0,96	4,54	5,11																		
194,19	I	38,49	-	3,07	3,46	-	2,69	3,03	-	2,32	2,61	-	1,97	2,22	-	1,64	1,84	-	1,32	1,48	-	1,02	1,15
	II	33,90	-	2,71	3,05	-	2,34	2,63	-	1,99	2,24	-	1,65	1,86	-	1,33	1,50	-	1,03	1,16	-	0,75	0,85
	III	23,33	-	1,86	2,09	-	1,58	1,78	-	1,31	1,47	-	1,04	1,17	-	0,79	0,89	-	0,54	0,61	-	0,31	0,35
	IV	38,49	-	3,07	3,46	-	2,88	3,24	-	2,69	3,03	-	2,50	2,82	-	2,32	2,61	-	2,14	2,41	-	1,97	2,22
	V	55,43	0,79	4,43	4,98																		
	VI	56,91	0,97	4,55	5,12																		
194,29	I	38,52	-	3,08	3,46	-	2,69	3,03	-	2,32	2,61	-	1,97	2,22	-	1,64	1,84	-	1,32	1,49	-	1,02	1,15
	II	33,93	-	2,71	3,05	-	2,34	2,63	-	1,99	2,24	-	1,65	1,86	-	1,34	1,50	-	1,04	1,17	-	0,75	0,85
	III	23,36	-	1,86	2,10	-	1,58	1,78	-	1,31	1,47	-	1,05	1,18	-	0,79	0,89	-	0,54	0,61	-	0,31	0,35
	IV	38,52	-	3,08	3,46	-	2,88	3,24	-	2,69	3,03	-	2,51	2,82	-	2,32	2,61	-	2,15	2,41	-	1,97	2,22
	V	55,46	0,80	4,43	4,99																		
	VI	56,94	0,97	4,55	5,12																		
194,39	I	38,56	-	3,08	3,47	-	2,69	3,03	-	2,33	2,62	-	1,98	2,22	-	1,64	1,85	-	1,32	1,49	-	1,02	1,15
	II	33,97	-	2,71	3,05	-	2,34	2,64	-	1,99	2,24	-	1,66	1,86	-	1,34	1,51	-	1,04	1,17	-	0,76	0,85
	III	23,38	-	1,87	2,10	-	1,58	1,78	-	1,31	1,48	-	1,05	1,18	-	0,79	0,89	-	0,54	0,61	-	0,31	0,35
	IV	38,56	-	3,08	3,47	-	2,88	3,25	-	2,69	3,03	-	2,51	2,82	-	2,33	2,62	-	2,15	2,42	-	1,98	2,22
	V	55,50	0,80	4,44	4,99																		
	VI	56,98	0,98	4,55	5,12																		
194,49	I	38,60	-	3,08	3,47	-	2,70	3,04	-	2,33	2,62	-	1,98	2,23	-	1,64	1,85	-	1,33	1,49	-	1,03	1,16
	II	34,00	-	2,72	3,06	-	2,35	2,64	-	1,99	2,24	-	1,66	1,87	-	1,34	1,51	-	1,04	1,17	-	0,76	0,85
	III	23,41	-	1,87	2,10	-	1,59	1,79	-	1,31	1,48	-	1,05	1,18	-	0,79	0,89	-	0,55	0,62	-	0,31	0,35
	IV	38,60	-	3,08	3,47	-	2,89	3,25	-	2,70	3,04	-	2,51	2,83	-	2,33	2,62	-	2,15	2,42	-	1,98	2,23
	V	55,54	0,81	4,44	4,99																		
	VI	57,02	0,98	4,56	5,13																		
194,59	I	38,63	-	3,09	3,47	-	2,70	3,04	-	2,33	2,62	-	1,98	2,23	-	1,65	1,85	-	1,33	1,50	-	1,03	1,16
	II	34,04	-	2,72	3,06	-	2,35	2,64	-	2,00	2,25	-	1,66	1,87	-	1,34	1,51	-	1,04	1,17	-	0,76	0,85
	III	23,43	-	1,87	2,10	-	1,59	1,79	-	1,32	1,48	-	1,05	1,18	-	0,80	0,90	-	0,55	0,62	-	0,31	0,35
	IV	38,63	-	3,09	3,47	-	2,89	3,25	-	2,70	3,04	-	2,51	2,83	-	2,33	2,62	-	2,15	2,42	-	1,98	2,23
	V	55,58	0,81	4,44	5,00																		
	VI	57,06	0,99	4,56	5,13																		
194,69	I	38,67	-	3,09	3,48	-	2,70	3,04	-	2,33	2,63	-	1,98	2,23	-	1,65	1,85	-	1,33	1,50	-	1,03	1,16
	II	34,07	-	2,72	3,06	-	2,35	2,65	-	2,00	2,25	-	1,66	1,87	-	1,35	1,51	-	1,04	1,18	-	0,76	0,86
	III	23,46	-	1,87	2,11	-	1,59	1,79	-	1,32	1,48	-	1,05	1,19	-	0,80	0,90	-	0,55	0,62	-	0,32	0,36
	IV	38,67	-	3,09	3,48	-	2,89	3,26	-	2,70	3,04	-	2,52	2,83	-	2,33	2,63	-	2,16	2,43	-	1,98	2,23
	V	55,62	0,82	4,44	5,00																		
	VI	57,10	0,99	4,56	5,13																		
194,79	I	38,70	-	3,09	3,48	-	2,71	3,04	-	2,34	2,63	-	1,98	2,23	-	1,65	1,86	-	1,33	1,50	-	1,03	1,16
	II	34,11	-	2,72	3,06	-	2,35	2,65	-	2,00	2,25	-	1,67	1,88	-	1,35	1,52	-	1,05	1,18	-	0,76	0,86
	III	23,49	-	1,87	2,11	-	1,59	1,79	-	1,32	1,49	-	1,06	1,19	-	0,80	0,90	-	0,55	0,62	-	0,32	0,36
	IV	38,70	-	3,09	3,48	-	2,90	3,26	-	2,71	3,04	-	2,52	2,83	-	2,34	2,63	-	2,16	2,43	-	1,98	2,23
	V	55,66	0,82	4,45	5,00																		
	VI	57,13	1,00	4,57	5,14																		
194,89	I	38,74	-	3,09	3,48	-	2,71	3,05	-	2,34	2,63	-	1,99	2,24	-	1,65	1,86	-	1,34	1,50	-	1,04	1,17
	II	34,14	-	2,73	3,07	-	2,36	2,65	-	2,00	2,25	-	1,67	1,88	-	1,35	1,52	-	1,05	1,18	-	0,76	0,86
	III	23,51	-	1,88	2,11	-	1,60	1,80	-	1,32	1,49	-	1,06	1,19	-	0,80	0,90	-	0,55	0,62	-	0,32	0,36
	IV	38,74	-	3,09	3,48	-	2,90	3,26	-	2,71	3,05	-	2,52	2,84	-	2,34	2,63	-	2,16	2,43	-	1,99	2,24
	V	55,70	0,82	4,45	5,01																		
	VI	57,17	1,00	4,57	5,14																		
194,99	I	38,78	-	3,10	3,49	-	2,71	3,05	-	2,34	2,63	-	1,99	2,24	-	1,66	1,86	-	1,34	1,51	-	1,04	1,17
	II	34,18	-	2,73	3,07	-	2,36	2,65	-	2,01	2,26	-	1,67	1,88	-	1,35	1,52	-	1,05	1,18	-	0,77	0,86
	III	23,54	-	1,88	2,11	-	1,60	1,80	-	1,32	1,49	-	1,06	1,19	-	0,80	0,90	-	0,56	0,63	-	0,32	0,36
	IV	38,78	-	3,10	3,49	-	2,90	3,27	-	2,71	3,05	-	2,52	2,84	-	2,34	2,63	-	2,16	2,43	-	1,99	2,24
	V	55,73	0,83	4,45	5,01																		
	VI	57,21	1,00	4,57	5,14																		

Anzahl Kinderfreibeträge (nur Steuerklassen I–IV)

TAG bis 196,49 €

Lohn/ Gehalt bis	Steuerklasse	Lohn- steuer	ohne Kinderfreibetrag			Anzahl Kinderfreibeträge (nur Steuerklassen I–IV)																	
						0,5			1,0			1,5			2,0			2,5			3,0		
			SolZ 5,5%	Kirchensteuer 8%	9%	SolZ 5,5%	Kirchensteuer 8%	9%	SolZ 5,5%	Kirchensteuer 8%	9%	SolZ 5,5%	Kirchensteuer 8%	9%	SolZ 5,5%	Kirchensteuer 8%	9%	SolZ 5,5%	Kirchensteuer 8%	9%	SolZ 5,5%	Kirchensteuer 8%	9%
195,09	I	38,81	-	3,10	3,49	-	2,71	3,05	-	2,34	2,64	-	1,99	2,24	-	1,66	1,87	-	1,34	1,51	-	1,04	1,
	II	34,21	-	2,73	3,07	-	2,36	2,66	-	2,01	2,26	-	1,67	1,88	-	1,36	1,53	-	1,05	1,19	-	0,77	0,
	III	23,57	-	1,88	2,12	-	1,60	1,80	-	1,33	1,49	-	1,06	1,19	-	0,80	0,91	-	0,56	0,63	-	0,32	0,
	IV	38,81	-	3,10	3,49	-	2,90	3,27	-	2,71	3,05	-	2,53	2,84	-	2,34	2,64	-	2,17	2,44	-	1,99	2,
	V	55,77	0,83	4,46	5,01																		
	VI	57,25	1,01	4,58	5,15																		
195,19	I	38,85	-	3,10	3,49	-	2,72	3,06	-	2,35	2,64	-	2,00	2,25	-	1,66	1,87	-	1,34	1,51	-	1,04	1,
	II	34,25	-	2,74	3,08	-	2,36	2,66	-	2,01	2,26	-	1,68	1,89	-	1,36	1,53	-	1,06	1,19	-	0,77	0,8
	III	23,59	-	1,88	2,12	-	1,60	1,80	-	1,33	1,49	-	1,06	1,20	-	0,81	0,91	-	0,56	0,63	-	0,32	0,3
	IV	38,85	-	3,10	3,49	-	2,91	3,27	-	2,72	3,06	-	2,53	2,85	-	2,35	2,64	-	2,17	2,44	-	2,00	2,2
	V	55,81	0,84	4,46	5,02																		
	VI	57,29	1,01	4,58	5,15																		
195,29	I	38,88	-	3,11	3,49	-	2,72	3,06	-	2,35	2,64	-	2,00	2,25	-	1,66	1,87	-	1,34	1,51	-	1,04	1,
	II	34,28	-	2,74	3,08	-	2,37	2,66	-	2,01	2,27	-	1,68	1,89	-	1,36	1,53	-	1,06	1,19	-	0,77	0,8
	III	23,62	-	1,88	2,12	-	1,60	1,80	-	1,33	1,50	-	1,06	1,20	-	0,81	0,91	-	0,56	0,63	-	0,32	0,3
	IV	38,88	-	3,11	3,49	-	2,91	3,27	-	2,72	3,06	-	2,53	2,85	-	2,35	2,64	-	2,17	2,44	-	2,00	2,2
	V	55,85	0,84	4,46	5,02																		
	VI	57,32	1,02	4,58	5,15																		
195,39	I	38,92	-	3,11	3,50	-	2,72	3,06	-	2,35	2,65	-	2,00	2,25	-	1,66	1,87	-	1,35	1,52	-	1,05	1,
	II	34,31	-	2,74	3,08	-	2,37	2,67	-	2,02	2,27	-	1,68	1,89	-	1,36	1,53	-	1,06	1,19	-	0,78	0,8
	III	23,65	-	1,89	2,12	-	1,60	1,81	-	1,33	1,50	-	1,07	1,20	-	0,81	0,91	-	0,56	0,63	-	0,33	0,3
	IV	38,92	-	3,11	3,50	-	2,91	3,28	-	2,72	3,06	-	2,54	2,85	-	2,35	2,65	-	2,17	2,45	-	2,00	2,2
	V	55,89	0,85	4,47	5,03																		
	VI	57,36	1,02	4,58	5,16																		
195,49	I	38,96	-	3,11	3,50	-	2,72	3,07	-	2,36	2,65	-	2,00	2,25	-	1,67	1,88	-	1,35	1,52	-	1,05	1,
	II	34,35	-	2,74	3,09	-	2,37	2,67	-	2,02	2,27	-	1,68	1,89	-	1,36	1,53	-	1,06	1,19	-	0,78	0,8
	III	23,67	-	1,89	2,13	-	1,61	1,81	-	1,33	1,50	-	1,07	1,20	-	0,81	0,91	-	0,56	0,64	-	0,33	0,3
	IV	38,96	-	3,11	3,50	-	2,92	3,28	-	2,72	3,07	-	2,54	2,86	-	2,36	2,65	-	2,18	2,45	-	2,00	2,2
	V	55,92	0,85	4,47	5,03																		
	VI	57,40	1,03	4,59	5,16																		
195,59	I	38,99	-	3,11	3,50	-	2,73	3,07	-	2,36	2,65	-	2,00	2,26	-	1,67	1,88	-	1,35	1,52	-	1,05	1,1
	II	34,38	-	2,75	3,09	-	2,38	2,67	-	2,02	2,27	-	1,69	1,90	-	1,37	1,54	-	1,06	1,20	-	0,78	0,8
	III	23,70	-	1,89	2,13	-	1,61	1,81	-	1,34	1,50	-	1,07	1,20	-	0,81	0,92	-	0,57	0,64	-	0,33	0,3
	IV	38,99	-	3,11	3,50	-	2,92	3,28	-	2,73	3,07	-	2,54	2,86	-	2,36	2,65	-	2,18	2,45	-	2,00	2,2
	V	55,96	0,86	4,47	5,03																		
	VI	57,44	1,03	4,59	5,16																		
195,69	I	39,03	-	3,12	3,51	-	2,73	3,07	-	2,36	2,66	-	2,01	2,26	-	1,67	1,88	-	1,35	1,52	-	1,05	1,1
	II	34,42	-	2,75	3,09	-	2,38	2,68	-	2,02	2,28	-	1,69	1,90	-	1,37	1,54	-	1,07	1,20	-	0,78	0,8
	III	23,72	-	1,89	2,13	-	1,61	1,81	-	1,34	1,50	-	1,07	1,21	-	0,82	0,92	-	0,57	0,64	-	0,33	0,3
	IV	39,03	-	3,12	3,51	-	2,92	3,29	-	2,73	3,07	-	2,54	2,86	-	2,36	2,66	-	2,18	2,45	-	2,01	2,2
	V	56,00	0,86	4,48	5,04																		
	VI	57,48	1,04	4,59	5,17																		
195,79	I	39,06	-	3,12	3,51	-	2,73	3,07	-	2,36	2,66	-	2,01	2,26	-	1,67	1,88	-	1,36	1,53	-	1,05	1,1
	II	34,45	-	2,75	3,10	-	2,38	2,68	-	2,03	2,28	-	1,69	1,90	-	1,37	1,54	-	1,07	1,20	-	0,78	0,8
	III	23,75	-	1,90	2,13	-	1,61	1,81	-	1,34	1,51	-	1,07	1,21	-	0,82	0,92	-	0,57	0,64	-	0,33	0,3
	IV	39,06	-	3,12	3,51	-	2,92	3,29	-	2,73	3,07	-	2,55	2,86	-	2,36	2,66	-	2,18	2,46	-	2,01	2,2
	V	56,04	0,87	4,48	5,04																		
	VI	57,51	1,04	4,60	5,17																		
195,89	I	39,10	-	3,12	3,51	-	2,74	3,08	-	2,37	2,66	-	2,01	2,26	-	1,68	1,89	-	1,36	1,53	-	1,06	1,1
	II	34,49	-	2,75	3,10	-	2,38	2,68	-	2,03	2,28	-	1,69	1,90	-	1,37	1,54	-	1,07	1,20	-	0,78	0,8
	III	23,77	-	1,90	2,13	-	1,62	1,82	-	1,34	1,51	-	1,08	1,21	-	0,82	0,92	-	0,57	0,64	-	0,34	0,3
	IV	39,10	-	3,12	3,51	-	2,93	3,29	-	2,74	3,08	-	2,55	2,87	-	2,37	2,66	-	2,19	2,46	-	2,01	2,2
	V	56,08	0,87	4,48	5,04																		
	VI	57,55	1,05	4,60	5,17																		
195,99	I	39,14	-	3,13	3,52	-	2,74	3,08	-	2,37	2,66	-	2,02	2,27	-	1,68	1,89	-	1,36	1,53	-	1,06	1,1
	II	34,52	-	2,76	3,10	-	2,39	2,68	-	2,03	2,29	-	1,70	1,91	-	1,38	1,55	-	1,07	1,21	-	0,79	0,8
	III	23,80	-	1,90	2,14	-	1,62	1,82	-	1,34	1,51	-	1,08	1,21	-	0,82	0,92	-	0,57	0,65	-	0,34	0,3
	IV	39,14	-	3,13	3,52	-	2,93	3,30	-	2,74	3,08	-	2,55	2,87	-	2,37	2,66	-	2,19	2,46	-	2,02	2,2
	V	56,11	0,87	4,48	5,04																		
	VI	57,59	1,05	4,60	5,18																		
196,09	I	39,17	-	3,13	3,52	-	2,74	3,08	-	2,37	2,67	-	2,02	2,27	-	1,68	1,89	-	1,36	1,53	-	1,06	1,1
	II	34,56	-	2,76	3,11	-	2,39	2,69	-	2,03	2,29	-	1,70	1,91	-	1,38	1,55	-	1,07	1,21	-	0,79	0,8
	III	23,83	-	1,90	2,14	-	1,62	1,82	-	1,34	1,51	-	1,08	1,22	-	0,82	0,93	-	0,58	0,65	-	0,34	0,3
	IV	39,17	-	3,13	3,52	-	2,93	3,30	-	2,74	3,08	-	2,55	2,87	-	2,37	2,67	-	2,19	2,47	-	2,02	2,2
	V	56,15	0,88	4,49	5,05																		
	VI	57,63	1,05	4,61	5,18																		
196,19	I	39,21	-	3,13	3,52	-	2,74	3,09	-	2,37	2,67	-	2,02	2,27	-	1,68	1,89	-	1,36	1,54	-	1,06	1,2
	II	34,59	-	2,76	3,11	-	2,39	2,69	-	2,04	2,29	-	1,70	1,91	-	1,38	1,55	-	1,08	1,21	-	0,79	0,8
	III	23,85	-	1,90	2,14	-	1,62	1,82	-	1,35	1,52	-	1,08	1,22	-	0,82	0,93	-	0,58	0,65	-	0,34	0,3
	IV	39,21	-	3,13	3,52	-	2,94	3,30	-	2,74	3,09	-	2,56	2,88	-	2,37	2,67	-	2,20	2,47	-	2,02	2,2
	V	56,19	0,88	4,49	5,05																		
	VI	57,67	1,06	4,61	5,19																		
196,29	I	39,25	-	3,14	3,53	-	2,75	3,09	-	2,38	2,67	-	2,02	2,28	-	1,69	1,90	-	1,37	1,54	-	1,06	1,2
	II	34,63	-	2,77	3,11	-	2,39	2,69	-	2,04	2,29	-	1,70	1,91	-	1,38	1,55	-	1,08	1,21	-	0,79	0,8
	III	23,88	-	1,91	2,14	-	1,62	1,83	-	1,35	1,52	-	1,08	1,22	-	0,83	0,93	-	0,58	0,65	-	0,34	0,3
	IV	39,25	-	3,14	3,53	-	2,94	3,31	-	2,75	3,09	-	2,56	2,88	-	2,38	2,67	-	2,20	2,47	-	2,02	2,2
	V	56,23	0,89	4,49	5,06																		
	VI	57,70	1,06	4,61	5,19																		
196,39	I	39,28	-	3,14	3,53	-	2,75	3,09	-	2,38	2,68	-	2,02	2,28	-	1,69	1,90	-	1,37	1,54	-	1,07	1,2
	II	34,66	-	2,77	3,11	-	2,40	2,70	-	2,04	2,30	-	1,70	1,92	-	1,38	1,56	-	1,08	1,22	-	0,80	0,9
	III	23,91	-	1,91	2,15	-	1,62	1,83	-	1,35	1,52	-	1,09	1,22	-	0,83	0,93	-	0,58	0,65	-	0,34	0,3
	IV	39,28	-	3,14	3,53	-	2,94	3,31	-	2,75	3,09	-	2,56	2,88	-	2,38	2,68	-	2,20	2,48	-	2,02	2,2
	V	56,26	0,89	4,50	5,06																		
	VI	57,74	1,07	4,61	5,19																		
196,49	I	39,32	-	3,14	3,53	-	2,75	3,10	-	2,38	2,68	-	2,03	2,28	-	1,69	1,90	-	1,37	1,54	-	1,07	1,2
	II	34,70	-	2,77	3,12	-	2,40	2,70	-	2,04	2,30	-	1,71	1,92	-	1,39	1,56	-	1,08	1,22	-	0,80	0,9
	III	23,93	-	1,91	2,15	-	1,63	1,83	-	1,35	1,52	-	1,09	1,22	-	0,83	0,94	-	0,58	0,66	-	0,34	0,3
	IV	39,32	-	3,14	3,53	-	2,94	3,31	-	2,75	3,10	-	2,56	2,89	-	2,38	2,68	-	2,20	2,48	-	2,03	2,2
	V	56,30	0,90	4,50	5,06																		
	VI	57,78	1,07	4,62	5,20																		

Lohn/ Gehalt bis	Steuerklasse	Lohn-steuer	ohne Kinderfreibetrag			Anzahl Kinderfreibeträge (nur Steuerklassen I–IV) 0,5			1,0			1,5			2,0			2,5			3,0		
			SolZ 5,5%	Kirchensteuer 8%	9%	SolZ 5,5%	Kirchensteuer 8%	9%	SolZ 5,5%	Kirchensteuer 8%	9%	SolZ 5,5%	Kirchensteuer 8%	9%	SolZ 5,5%	Kirchensteuer 8%	9%	SolZ 5,5%	Kirchensteuer 8%	9%	SolZ 5,5%	Kirchensteuer 8%	9%
196,59	I	39,35	-	3,14	3,54	-	2,76	3,10	-	2,38	2,68	-	2,03	2,28	-	1,69	1,91	-	1,37	1,55	-	1,07	1,21
	II	34,73	-	2,77	3,12	-	2,40	2,70	-	2,05	2,30	-	1,71	1,92	-	1,39	1,56	-	1,09	1,22	-	0,80	0,90
	III	23,96	-	1,91	2,15	-	1,63	1,83	-	1,36	1,53	-	1,09	1,23	-	0,83	0,94	-	0,58	0,66	-	0,35	0,39
	IV	39,35	-	3,14	3,54	-	2,95	3,32	-	2,76	3,10	-	2,57	2,89	-	2,38	2,68	-	2,20	2,48	-	2,03	2,28
	V	56,34	0,90	4,50	5,07																		
	VI	57,82	1,08	4,62	5,20																		
196,69	I	39,39	-	3,15	3,54	-	2,76	3,10	-	2,39	2,69	-	2,03	2,29	-	1,70	1,91	-	1,38	1,55	-	1,07	1,21
	II	34,76	-	2,78	3,12	-	2,40	2,70	-	2,05	2,31	-	1,71	1,93	-	1,39	1,57	-	1,09	1,22	-	0,80	0,90
	III	23,98	-	1,91	2,15	-	1,63	1,84	-	1,36	1,53	-	1,09	1,23	-	0,83	0,94	-	0,59	0,66	-	0,35	0,39
	IV	39,39	-	3,15	3,54	-	2,95	3,32	-	2,76	3,10	-	2,57	2,89	-	2,39	2,69	-	2,21	2,48	-	2,03	2,29
	V	56,38	0,91	4,51	5,07																		
	VI	57,86	1,08	4,62	5,20																		
196,79	I	39,43	-	3,15	3,54	-	2,76	3,11	-	2,39	2,69	-	2,04	2,29	-	1,70	1,91	-	1,38	1,55	-	1,08	1,21
	II	34,80	-	2,78	3,13	-	2,41	2,71	-	2,05	2,31	-	1,71	1,93	-	1,39	1,57	-	1,09	1,23	-	0,80	0,90
	III	24,01	-	1,92	2,16	-	1,63	1,84	-	1,36	1,53	-	1,09	1,23	-	0,84	0,94	-	0,59	0,66	-	0,35	0,39
	IV	39,43	-	3,15	3,54	-	2,95	3,32	-	2,76	3,11	-	2,57	2,89	-	2,39	2,69	-	2,21	2,49	-	2,04	2,29
	V	56,42	0,91	4,51	5,07																		
	VI	57,90	1,09	4,63	5,21																		
196,89	I	39,46	-	3,15	3,55	-	2,76	3,11	-	2,39	2,69	-	2,04	2,29	-	1,70	1,91	-	1,38	1,55	-	1,08	1,21
	II	34,83	-	2,78	3,13	-	2,41	2,71	-	2,05	2,31	-	1,72	1,93	-	1,40	1,57	-	1,09	1,23	-	0,81	0,91
	III	24,03	-	1,92	2,16	-	1,64	1,84	-	1,36	1,53	-	1,10	1,23	-	0,84	0,94	-	0,59	0,66	-	0,35	0,40
	IV	39,46	-	3,15	3,55	-	2,96	3,33	-	2,76	3,11	-	2,58	2,90	-	2,39	2,69	-	2,21	2,49	-	2,04	2,29
	V	56,46	0,91	4,51	5,08																		
	VI	57,93	1,09	4,63	5,21																		
196,99	I	39,50	-	3,16	3,55	-	2,77	3,11	-	2,40	2,70	-	2,04	2,30	-	1,70	1,92	-	1,38	1,56	-	1,08	1,22
	II	34,87	-	2,78	3,13	-	2,41	2,71	-	2,06	2,31	-	1,72	1,93	-	1,40	1,57	-	1,09	1,23	-	0,81	0,91
	III	24,06	-	1,92	2,16	-	1,64	1,84	-	1,36	1,53	-	1,10	1,23	-	0,84	0,95	-	0,59	0,67	-	0,35	0,40
	IV	39,50	-	3,16	3,55	-	2,96	3,33	-	2,77	3,11	-	2,58	2,90	-	2,40	2,70	-	2,22	2,49	-	2,04	2,30
	V	56,50	0,92	4,52	5,08																		
	VI	57,97	1,10	4,63	5,21																		
197,09	I	39,53	-	3,16	3,55	-	2,77	3,12	-	2,40	2,70	-	2,04	2,30	-	1,71	1,92	-	1,38	1,56	-	1,08	1,22
	II	34,90	-	2,79	3,14	-	2,42	2,72	-	2,06	2,32	-	1,72	1,94	-	1,40	1,58	-	1,10	1,23	-	0,81	0,91
	III	24,09	-	1,92	2,16	-	1,64	1,84	-	1,36	1,54	-	1,10	1,24	-	0,84	0,95	-	0,59	0,67	-	0,35	0,40
	IV	39,53	-	3,16	3,55	-	2,96	3,33	-	2,77	3,12	-	2,58	2,90	-	2,40	2,70	-	2,22	2,50	-	2,04	2,30
	V	56,53	0,92	4,52	5,08																		
	VI	58,01	1,10	4,64	5,22																		
197,19	I	39,57	-	3,16	3,56	-	2,77	3,12	-	2,40	2,70	-	2,05	2,30	-	1,71	1,92	-	1,39	1,56	-	1,08	1,22
	II	34,94	-	2,79	3,14	-	2,42	2,72	-	2,06	2,32	-	1,72	1,94	-	1,40	1,58	-	1,10	1,24	-	0,81	0,91
	III	24,11	-	1,92	2,16	-	1,64	1,85	-	1,37	1,54	-	1,10	1,24	-	0,84	0,95	-	0,60	0,67	-	0,36	0,40
	IV	39,57	-	3,16	3,56	-	2,96	3,33	-	2,77	3,12	-	2,58	2,91	-	2,40	2,70	-	2,22	2,50	-	2,05	2,30
	V	56,57	0,93	4,52	5,09																		
	VI	58,05	1,10	4,64	5,22																		
197,29	I	39,61	-	3,16	3,56	-	2,77	3,12	-	2,40	2,70	-	2,05	2,30	-	1,71	1,92	-	1,39	1,56	-	1,09	1,22
	II	34,97	-	2,79	3,14	-	2,42	2,72	-	2,06	2,32	-	1,73	1,94	-	1,40	1,58	-	1,10	1,24	-	0,81	0,92
	III	24,14	-	1,93	2,17	-	1,64	1,85	-	1,37	1,54	-	1,10	1,24	-	0,85	0,95	-	0,60	0,67	-	0,36	0,40
	IV	39,61	-	3,16	3,56	-	2,97	3,34	-	2,77	3,12	-	2,59	2,91	-	2,40	2,70	-	2,22	2,50	-	2,05	2,30
	V	56,61	0,93	4,52	5,09																		
	VI	58,09	1,11	4,64	5,22																		
197,39	I	39,65	-	3,17	3,56	-	2,78	3,13	-	2,41	2,71	-	2,05	2,31	-	1,71	1,93	-	1,39	1,57	-	1,09	1,22
	II	35,01	-	2,80	3,15	-	2,42	2,73	-	2,07	2,33	-	1,73	1,95	-	1,41	1,58	-	1,10	1,24	-	0,82	0,92
	III	24,17	-	1,93	2,17	-	1,65	1,85	-	1,37	1,54	-	1,10	1,24	-	0,85	0,95	-	0,60	0,67	-	0,36	0,40
	IV	39,65	-	3,17	3,56	-	2,97	3,34	-	2,78	3,13	-	2,59	2,91	-	2,41	2,71	-	2,23	2,50	-	2,05	2,31
	V	56,65	0,94	4,53	5,09																		
	VI	58,12	1,11	4,64	5,23																		
197,49	I	39,68	-	3,17	3,57	-	2,78	3,13	-	2,41	2,71	-	2,05	2,31	-	1,72	1,93	-	1,39	1,57	-	1,09	1,23
	II	35,04	-	2,80	3,15	-	2,43	2,73	-	2,07	2,33	-	1,73	1,95	-	1,41	1,59	-	1,10	1,24	-	0,82	0,92
	III	24,20	-	1,93	2,17	-	1,65	1,85	-	1,37	1,54	-	1,11	1,25	-	0,85	0,96	-	0,60	0,68	-	0,36	0,41
	IV	39,68	-	3,17	3,57	-	2,97	3,34	-	2,78	3,13	-	2,59	2,92	-	2,41	2,71	-	2,23	2,51	-	2,05	2,31
	V	56,68	0,94	4,53	5,10																		
	VI	58,16	1,12	4,65	5,23																		
197,59	I	39,72	-	3,17	3,57	-	2,78	3,13	-	2,41	2,71	-	2,06	2,31	-	1,72	1,93	-	1,40	1,57	-	1,09	1,23
	II	35,08	-	2,80	3,15	-	2,43	2,73	-	2,07	2,33	-	1,73	1,95	-	1,41	1,59	-	1,11	1,25	-	0,82	0,92
	III	24,22	-	1,93	2,17	-	1,65	1,86	-	1,38	1,55	-	1,11	1,25	-	0,85	0,96	-	0,60	0,68	-	0,36	0,41
	IV	39,72	-	3,17	3,57	-	2,98	3,35	-	2,78	3,13	-	2,59	2,92	-	2,41	2,71	-	2,23	2,51	-	2,06	2,31
	V	56,72	0,95	4,53	5,10																		
	VI	58,20	1,12	4,65	5,23																		
197,69	I	39,75	-	3,18	3,57	-	2,79	3,13	-	2,41	2,72	-	2,06	2,32	-	1,72	1,94	-	1,40	1,57	-	1,10	1,23
	II	35,11	-	2,80	3,15	-	2,43	2,74	-	2,08	2,34	-	1,74	1,95	-	1,41	1,59	-	1,11	1,25	-	0,82	0,92
	III	24,25	-	1,94	2,18	-	1,65	1,86	-	1,38	1,55	-	1,11	1,25	-	0,85	0,96	-	0,60	0,68	-	0,36	0,41
	IV	39,75	-	3,18	3,57	-	2,98	3,35	-	2,79	3,13	-	2,60	2,92	-	2,41	2,72	-	2,23	2,51	-	2,06	2,32
	V	56,76	0,95	4,54	5,10																		
	VI	58,24	1,13	4,65	5,24																		
197,79	I	39,79	-	3,18	3,58	-	2,79	3,14	-	2,42	2,72	-	2,06	2,32	-	1,72	1,94	-	1,40	1,58	-	1,10	1,23
	II	35,15	-	2,81	3,16	-	2,43	2,74	-	2,08	2,34	-	1,74	1,96	-	1,42	1,59	-	1,11	1,25	-	0,82	0,93
	III	24,27	-	1,94	2,18	-	1,65	1,86	-	1,38	1,55	-	1,11	1,25	-	0,85	0,96	-	0,61	0,68	-	0,37	0,41
	IV	39,79	-	3,18	3,58	-	2,98	3,35	-	2,79	3,14	-	2,60	2,93	-	2,42	2,72	-	2,24	2,52	-	2,06	2,32
	V	56,80	0,96	4,54	5,11																		
	VI	58,28	1,13	4,66	5,24																		
197,89	I	39,83	-	3,18	3,58	-	2,79	3,14	-	2,42	2,72	-	2,06	2,32	-	1,72	1,94	-	1,40	1,58	-	1,10	1,24
	II	35,18	-	2,81	3,16	-	2,44	2,74	-	2,08	2,34	-	1,74	1,96	-	1,42	1,60	-	1,11	1,25	-	0,83	0,93
	III	24,30	-	1,94	2,18	-	1,66	1,86	-	1,38	1,55	-	1,11	1,25	-	0,86	0,96	-	0,61	0,68	-	0,37	0,41
	IV	39,83	-	3,18	3,58	-	2,98	3,36	-	2,79	3,14	-	2,60	2,93	-	2,42	2,72	-	2,24	2,52	-	2,06	2,32
	V	56,84	0,96	4,54	5,11																		
	VI	58,31	1,14	4,66	5,24																		
197,99	I	39,86	-	3,18	3,58	-	2,79	3,14	-	2,42	2,72	-	2,07	2,32	-	1,73	1,94	-	1,41	1,58	-	1,10	1,24
	II	35,22	-	2,81	3,16	-	2,44	2,74	-	2,08	2,34	-	1,74	1,96	-	1,42	1,60	-	1,12	1,26	-	0,83	0,93
	III	24,32	-	1,94	2,18	-	1,66	1,87	-	1,38	1,56	-	1,12	1,26	-	0,86	0,97	-	0,61	0,69	-	0,37	0,42
	IV	39,86	-	3,18	3,58	-	2,99	3,36	-	2,79	3,14	-	2,61	2,93	-	2,42	2,72	-	2,24	2,52	-	2,07	2,32
	V	56,88	0,96	4,55	5,11																		
	VI	58,35	1,14	4,66	5,25																		

Lohn/ Gehalt bis	Steuerklasse	Lohn-steuer	ohne Kinderfreibetrag			Anzahl Kinderfreibeträge (nur Steuerklassen I–IV)																	
						0,5			1,0			1,5			2,0			2,5			3,0		
			SolZ 5,5%	Kirchensteuer 8%	Kirchensteuer 9%	SolZ 5,5%	Kirchensteuer 8%	Kirchensteuer 9%	SolZ 5,5%	Kirchensteuer 8%	Kirchensteuer 9%	SolZ 5,5%	Kirchensteuer 8%	Kirchensteuer 9%	SolZ 5,5%	Kirchensteuer 8%	Kirchensteuer 9%	SolZ 5,5%	Kirchensteuer 8%	Kirchensteuer 9%	SolZ 5,5%	Kirchensteuer 8%	Kirchensteuer 9%
198,09	I	39,90	-	3,19	3,59	-	2,80	3,15	-	2,42	2,73	-	2,07	2,33	-	1,73	1,95	-	1,41	1,58	-	1,10	1,
	II	35,25	-	2,82	3,17	-	2,44	2,75	-	2,08	2,35	-	1,75	1,96	-	1,42	1,60	-	1,12	1,26	-	0,83	0,
	III	24,35	-	1,94	2,19	-	1,66	1,87	-	1,38	1,56	-	1,12	1,26	-	0,86	0,97	-	0,61	0,69	-	0,37	0,
	IV	39,90	-	3,19	3,59	-	2,99	3,36	-	2,80	3,15	-	2,61	2,93	-	2,42	2,73	-	2,24	2,52	-	2,07	2,
	V	56,91	0,97	4,55	5,12																		
	VI	58,39	1,15	4,67	5,25																		
198,19	I	39,93	-	3,19	3,59	-	2,80	3,15	-	2,43	2,73	-	2,07	2,33	-	1,73	1,95	-	1,41	1,59	-	1,11	1,
	II	35,29	-	2,82	3,17	-	2,44	2,75	-	2,09	2,35	-	1,75	1,97	-	1,43	1,60	-	1,12	1,26	-	0,83	0,
	III	24,38	-	1,95	2,19	-	1,66	1,87	-	1,39	1,56	-	1,12	1,26	-	0,86	0,97	-	0,61	0,69	-	0,37	0,
	IV	39,93	-	3,19	3,59	-	2,99	3,37	-	2,80	3,15	-	2,61	2,94	-	2,43	2,73	-	2,25	2,53	-	2,07	2,
	V	56,95	0,97	4,55	5,12																		
	VI	58,43	1,15	4,67	5,25																		
198,29	I	39,97	-	3,19	3,59	-	2,80	3,15	-	2,43	2,73	-	2,07	2,33	-	1,73	1,95	-	1,41	1,59	-	1,11	1,
	II	35,32	-	2,82	3,17	-	2,45	2,75	-	2,09	2,35	-	1,75	1,97	-	1,43	1,61	-	1,12	1,26	-	0,83	0,
	III	24,40	-	1,95	2,19	-	1,66	1,87	-	1,39	1,56	-	1,12	1,26	-	0,86	0,97	-	0,61	0,69	-	0,37	0,
	IV	39,97	-	3,19	3,59	-	3,00	3,37	-	2,80	3,15	-	2,61	2,94	-	2,43	2,73	-	2,25	2,53	-	2,07	2,
	V	56,99	0,98	4,55	5,12																		
	VI	58,47	1,15	4,67	5,26																		
198,39	I	40,01	-	3,20	3,60	-	2,81	3,16	-	2,43	2,74	-	2,08	2,34	-	1,74	1,95	-	1,42	1,59	-	1,11	1,
	II	35,36	-	2,82	3,18	-	2,45	2,76	-	2,09	2,35	-	1,75	1,97	-	1,43	1,61	-	1,12	1,26	-	0,84	0,
	III	24,43	-	1,95	2,19	-	1,67	1,87	-	1,39	1,56	-	1,12	1,26	-	0,87	0,97	-	0,62	0,69	-	0,38	0,
	IV	40,01	-	3,20	3,60	-	3,00	3,37	-	2,81	3,16	-	2,62	2,94	-	2,43	2,74	-	2,25	2,53	-	2,08	2,
	V	57,03	0,98	4,56	5,13																		
	VI	58,50	1,16	4,68	5,26																		
198,49	I	40,04	-	3,20	3,60	-	2,81	3,16	-	2,43	2,74	-	2,08	2,34	-	1,74	1,96	-	1,42	1,59	-	1,11	1,
	II	35,39	-	2,83	3,18	-	2,45	2,76	-	2,10	2,36	-	1,76	1,98	-	1,43	1,61	-	1,13	1,27	-	0,84	0,
	III	24,46	-	1,95	2,20	-	1,67	1,88	-	1,39	1,57	-	1,13	1,27	-	0,87	0,98	-	0,62	0,70	-	0,38	0,
	IV	40,04	-	3,20	3,60	-	3,00	3,38	-	2,81	3,16	-	2,62	2,95	-	2,43	2,74	-	2,25	2,54	-	2,08	2,
	V	57,07	0,99	4,56	5,13																		
	VI	58,54	1,16	4,68	5,26																		
198,59	I	40,08	-	3,20	3,60	-	2,81	3,16	-	2,44	2,74	-	2,08	2,34	-	1,74	1,96	-	1,42	1,60	-	1,11	1,
	II	35,43	-	2,83	3,18	-	2,46	2,76	-	2,10	2,36	-	1,76	1,98	-	1,43	1,61	-	1,13	1,27	-	0,84	0,
	III	24,48	-	1,95	2,20	-	1,67	1,88	-	1,39	1,57	-	1,13	1,27	-	0,87	0,98	-	0,62	0,70	-	0,38	0,
	IV	40,08	-	3,20	3,60	-	3,00	3,38	-	2,81	3,16	-	2,62	2,95	-	2,44	2,74	-	2,26	2,54	-	2,08	2,
	V	57,10	0,99	4,56	5,13																		
	VI	58,58	1,17	4,68	5,27																		
198,69	I	40,12	-	3,20	3,61	-	2,81	3,17	-	2,44	2,75	-	2,08	2,34	-	1,74	1,96	-	1,42	1,60	-	1,12	1,
	II	35,46	-	2,83	3,19	-	2,46	2,77	-	2,10	2,36	-	1,76	1,98	-	1,44	1,62	-	1,13	1,27	-	0,84	0,
	III	24,51	-	1,96	2,20	-	1,67	1,88	-	1,40	1,57	-	1,13	1,27	-	0,87	0,98	-	0,62	0,70	-	0,38	0,
	IV	40,12	-	3,20	3,61	-	3,01	3,38	-	2,81	3,17	-	2,62	2,95	-	2,44	2,75	-	2,26	2,54	-	2,08	2,
	V	57,14	1,00	4,57	5,14																		
	VI	58,62	1,17	4,68	5,27																		
198,79	I	40,15	-	3,21	3,61	-	2,82	3,17	-	2,44	2,75	-	2,09	2,35	-	1,75	1,97	-	1,42	1,60	-	1,12	1,
	II	35,50	-	2,84	3,19	-	2,46	2,77	-	2,10	2,37	-	1,76	1,98	-	1,44	1,62	-	1,13	1,27	-	0,84	0,
	III	24,53	-	1,96	2,20	-	1,67	1,88	-	1,40	1,57	-	1,13	1,27	-	0,87	0,98	-	0,62	0,70	-	0,38	0,
	IV	40,15	-	3,21	3,61	-	3,01	3,39	-	2,82	3,17	-	2,63	2,96	-	2,44	2,75	-	2,26	2,55	-	2,09	2,
	V	57,18	1,00	4,57	5,14																		
	VI	58,66	1,18	4,69	5,27																		
198,89	I	40,19	-	3,21	3,61	-	2,82	3,17	-	2,45	2,75	-	2,09	2,35	-	1,75	1,97	-	1,43	1,61	-	1,12	1,
	II	35,53	-	2,84	3,19	-	2,46	2,77	-	2,11	2,37	-	1,76	1,99	-	1,44	1,62	-	1,14	1,28	-	0,85	0,
	III	24,56	-	1,96	2,21	-	1,68	1,89	-	1,40	1,58	-	1,13	1,28	-	0,88	0,99	-	0,62	0,70	-	0,38	0,
	IV	40,19	-	3,21	3,61	-	3,01	3,39	-	2,82	3,17	-	2,63	2,96	-	2,45	2,75	-	2,26	2,55	-	2,09	2,
	V	57,22	1,01	4,57	5,14																		
	VI	58,70	1,18	4,69	5,28																		
198,99	I	40,23	-	3,21	3,62	-	2,82	3,17	-	2,45	2,75	-	2,09	2,35	-	1,75	1,97	-	1,43	1,61	-	1,12	1,
	II	35,56	-	2,84	3,20	-	2,47	2,77	-	2,11	2,37	-	1,77	1,99	-	1,44	1,62	-	1,14	1,28	-	0,85	0,
	III	24,58	-	1,96	2,21	-	1,68	1,89	-	1,40	1,58	-	1,14	1,28	-	0,88	0,99	-	0,63	0,71	-	0,39	0,
	IV	40,23	-	3,21	3,62	-	3,02	3,39	-	2,82	3,17	-	2,63	2,96	-	2,45	2,75	-	2,27	2,55	-	2,09	2,
	V	57,26	1,01	4,58	5,15																		
	VI	58,73	1,19	4,69	5,28																		
199,09	I	40,26	-	3,22	3,62	-	2,82	3,18	-	2,45	2,76	-	2,09	2,36	-	1,75	1,97	-	1,43	1,61	-	1,12	1,
	II	35,60	-	2,84	3,20	-	2,47	2,78	-	2,11	2,37	-	1,77	1,99	-	1,45	1,63	-	1,14	1,28	-	0,85	0,
	III	24,61	-	1,96	2,21	-	1,68	1,89	-	1,40	1,58	-	1,14	1,28	-	0,88	0,99	-	0,63	0,71	-	0,39	0,
	IV	40,26	-	3,22	3,62	-	3,02	3,40	-	2,82	3,18	-	2,64	2,97	-	2,45	2,76	-	2,27	2,55	-	2,09	2,
	V	57,30	1,01	4,58	5,15																		
	VI	58,77	1,19	4,70	5,28																		
199,19	I	40,30	-	3,22	3,62	-	2,83	3,18	-	2,45	2,76	-	2,10	2,36	-	1,76	1,98	-	1,43	1,61	-	1,13	1,
	II	35,64	-	2,85	3,20	-	2,47	2,78	-	2,11	2,38	-	1,77	1,99	-	1,45	1,63	-	1,14	1,28	-	0,85	0,
	III	24,64	-	1,97	2,21	-	1,68	1,89	-	1,41	1,58	-	1,14	1,28	-	0,88	0,99	-	0,63	0,71	-	0,39	0,
	IV	40,30	-	3,22	3,62	-	3,02	3,40	-	2,83	3,18	-	2,64	2,97	-	2,45	2,76	-	2,27	2,56	-	2,10	2,
	V	57,33	1,02	4,58	5,15																		
	VI	58,81	1,19	4,70	5,29																		
199,29	I	40,33	-	3,22	3,62	-	2,83	3,18	-	2,46	2,76	-	2,10	2,36	-	1,76	1,98	-	1,44	1,62	-	1,13	1,
	II	35,67	-	2,85	3,21	-	2,47	2,78	-	2,12	2,38	-	1,77	2,00	-	1,45	1,63	-	1,14	1,29	-	0,85	0,
	III	24,67	-	1,97	2,22	-	1,68	1,89	-	1,41	1,58	-	1,14	1,28	-	0,88	0,99	-	0,63	0,71	-	0,39	0,
	IV	40,33	-	3,22	3,62	-	3,02	3,40	-	2,83	3,18	-	2,64	2,97	-	2,46	2,76	-	2,28	2,56	-	2,10	2,
	V	57,37	1,02	4,58	5,16																		
	VI	58,85	1,20	4,70	5,29																		
199,39	I	40,37	-	3,22	3,63	-	2,83	3,19	-	2,46	2,77	-	2,10	2,36	-	1,76	1,98	-	1,44	1,62	-	1,13	1,
	II	35,71	-	2,85	3,21	-	2,48	2,79	-	2,12	2,38	-	1,78	2,00	-	1,45	1,63	-	1,15	1,29	-	0,86	0,
	III	24,70	-	1,97	2,22	-	1,69	1,90	-	1,41	1,59	-	1,14	1,29	-	0,88	0,99	-	0,63	0,71	-	0,39	0,
	IV	40,37	-	3,22	3,63	-	3,03	3,41	-	2,83	3,19	-	2,64	2,97	-	2,46	2,77	-	2,28	2,56	-	2,10	2,
	V	57,41	1,03	4,59	5,16																		
	VI	58,89	1,20	4,71	5,30																		
199,49	I	40,41	-	3,23	3,63	-	2,84	3,19	-	2,46	2,77	-	2,10	2,37	-	1,76	1,98	-	1,44	1,62	-	1,13	1,
	II	35,74	-	2,85	3,21	-	2,48	2,79	-	2,12	2,39	-	1,78	2,00	-	1,46	1,64	-	1,15	1,29	-	0,86	0,
	III	24,72	-	1,97	2,22	-	1,69	1,90	-	1,41	1,59	-	1,14	1,29	-	0,89	1,00	-	0,64	0,72	-	0,39	0,
	IV	40,41	-	3,23	3,63	-	3,03	3,41	-	2,84	3,19	-	2,65	2,98	-	2,46	2,77	-	2,28	2,57	-	2,10	2,
	V	57,45	1,03	4,59	5,17																		
	VI	58,92	1,21	4,71	5,30																		

Allgemeine Tabelle

Lohn/ Gehalt bis	Steuerklasse	Lohn-steuer	ohne Kinderfreibetrag SolZ 5,5%	Kirchensteuer 8%	Kirchensteuer 9%	0,5 SolZ 5,5%	Kirchensteuer 8%	Kirchensteuer 9%	1,0 SolZ 5,5%	Kirchensteuer 8%	Kirchensteuer 9%	1,5 SolZ 5,5%	Kirchensteuer 8%	Kirchensteuer 9%	2,0 SolZ 5,5%	Kirchensteuer 8%	Kirchensteuer 9%	2,5 SolZ 5,5%	Kirchensteuer 8%	Kirchensteuer 9%	3,0 SolZ 5,5%	Kirchensteuer 8%	Kirchensteuer 9%
						Anzahl Kinderfreibeträge (nur Steuerklassen I–IV)																	
199,59	I	40,45	-	3,23	3,64	-	2,84	3,19	-	2,46	2,77	-	2,11	2,37	-	1,77	1,99	-	1,44	1,62	-	1,14	1,28
	II	35,78	-	2,86	3,22	-	2,48	2,79	-	2,12	2,39	-	1,78	2,00	-	1,46	1,64	-	1,15	1,29	-	0,86	0,97
	III	24,75	-	1,98	2,22	-	1,69	1,90	-	1,41	1,59	-	1,15	1,29	-	0,89	1,00	-	0,64	0,72	-	0,40	0,45
	IV	40,45	-	3,23	3,64	-	3,03	3,41	-	2,84	3,19	-	2,65	2,98	-	2,46	2,77	-	2,28	2,57	-	2,11	2,37
	V	57,48	1,04	4,59	5,17																		
	VI	58,96	1,21	4,71	5,30																		
199,69	I	40,48	-	3,23	3,64	-	2,84	3,20	-	2,47	2,78	-	2,11	2,37	-	1,77	1,99	-	1,44	1,63	-	1,14	1,28
	II	35,81	-	2,86	3,22	-	2,48	2,79	-	2,13	2,39	-	1,78	2,01	-	1,46	1,64	-	1,15	1,30	-	0,86	0,97
	III	24,77	-	1,98	2,22	-	1,69	1,90	-	1,42	1,59	-	1,15	1,29	-	0,89	1,00	-	0,64	0,72	-	0,40	0,45
	IV	40,48	-	3,23	3,64	-	3,04	3,42	-	2,84	3,20	-	2,65	2,98	-	2,47	2,78	-	2,29	2,57	-	2,11	2,37
	V	57,52	1,04	4,60	5,17																		
	VI	59,00	1,22	4,72	5,31																		
199,79	I	40,52	-	3,24	3,64	-	2,84	3,20	-	2,47	2,78	-	2,11	2,38	-	1,77	1,99	-	1,45	1,63	-	1,14	1,28
	II	35,85	-	2,86	3,22	-	2,49	2,80	-	2,13	2,39	-	1,79	2,01	-	1,46	1,64	-	1,15	1,30	-	0,86	0,97
	III	24,80	-	1,98	2,23	-	1,69	1,91	-	1,42	1,60	-	1,15	1,30	-	0,89	1,00	-	0,64	0,72	-	0,40	0,45
	IV	40,52	-	3,24	3,64	-	3,04	3,42	-	2,84	3,20	-	2,65	2,99	-	2,47	2,78	-	2,29	2,57	-	2,11	2,38
	V	57,56	1,05	4,60	5,18																		
	VI	59,04	1,22	4,72	5,31																		
199,89	I	40,55	-	3,24	3,64	-	2,85	3,20	-	2,47	2,78	-	2,11	2,38	-	1,77	1,99	-	1,45	1,63	-	1,14	1,29
	II	35,88	-	2,87	3,22	-	2,49	2,80	-	2,13	2,40	-	1,79	2,01	-	1,46	1,65	-	1,16	1,30	-	0,87	0,98
	III	24,82	-	1,98	2,23	-	1,70	1,91	-	1,42	1,60	-	1,15	1,30	-	0,89	1,01	-	0,64	0,72	-	0,40	0,45
	IV	40,55	-	3,24	3,64	-	3,04	3,42	-	2,85	3,20	-	2,66	2,99	-	2,47	2,78	-	2,29	2,58	-	2,11	2,38
	V	57,60	1,05	4,60	5,18																		
	VI	59,08	1,23	4,72	5,31																		
199,99	I	40,59	-	3,24	3,65	-	2,85	3,21	-	2,47	2,78	-	2,12	2,38	-	1,78	2,00	-	1,45	1,63	-	1,14	1,29
	II	35,92	-	2,87	3,23	-	2,49	2,80	-	2,13	2,40	-	1,79	2,02	-	1,47	1,65	-	1,16	1,30	-	0,87	0,98
	III	24,85	-	1,98	2,23	-	1,70	1,91	-	1,42	1,60	-	1,15	1,30	-	0,90	1,01	-	0,64	0,73	-	0,40	0,45
	IV	40,59	-	3,24	3,65	-	3,04	3,42	-	2,85	3,21	-	2,66	2,99	-	2,47	2,78	-	2,29	2,58	-	2,12	2,38
	V	57,64	1,06	4,61	5,18																		
	VI	59,11	1,23	4,72	5,31																		
200,09	I	40,63	-	3,25	3,65	-	2,85	3,21	-	2,48	2,79	-	2,12	2,38	-	1,78	2,00	-	1,45	1,64	-	1,15	1,29
	II	35,95	-	2,87	3,23	-	2,50	2,81	-	2,14	2,40	-	1,79	2,02	-	1,47	1,65	-	1,16	1,31	-	0,87	0,98
	III	24,88	-	1,99	2,23	-	1,70	1,91	-	1,42	1,60	-	1,16	1,30	-	0,90	1,01	-	0,65	0,73	-	0,40	0,46
	IV	40,63	-	3,25	3,65	-	3,05	3,43	-	2,85	3,21	-	2,66	3,00	-	2,48	2,79	-	2,30	2,58	-	2,12	2,38
	V	57,68	1,06	4,61	5,19																		
	VI	59,15	1,24	4,73	5,32																		
200,19	I	40,66	-	3,25	3,65	-	2,86	3,21	-	2,48	2,79	-	2,12	2,39	-	1,78	2,00	-	1,46	1,64	-	1,15	1,29
	II	35,99	-	2,87	3,23	-	2,50	2,81	-	2,14	2,41	-	1,80	2,02	-	1,47	1,66	-	1,16	1,31	-	0,87	0,98
	III	24,90	-	1,99	2,24	-	1,70	1,92	-	1,43	1,60	-	1,16	1,30	-	0,90	1,01	-	0,65	0,73	-	0,41	0,46
	IV	40,66	-	3,25	3,65	-	3,05	3,43	-	2,86	3,21	-	2,67	3,00	-	2,48	2,79	-	2,30	2,59	-	2,12	2,39
	V	57,71	1,06	4,61	5,19																		
	VI	59,19	1,24	4,73	5,32																		
200,29	I	40,70	-	3,25	3,66	-	2,86	3,22	-	2,48	2,79	-	2,12	2,39	-	1,78	2,01	-	1,46	1,64	-	1,15	1,30
	II	36,02	-	2,88	3,24	-	2,50	2,81	-	2,14	2,41	-	1,80	2,02	-	1,47	1,66	-	1,17	1,31	-	0,88	0,99
	III	24,93	-	1,99	2,24	-	1,70	1,92	-	1,43	1,61	-	1,16	1,31	-	0,90	1,01	-	0,65	0,73	-	0,41	0,46
	IV	40,70	-	3,25	3,66	-	3,05	3,43	-	2,86	3,22	-	2,67	3,00	-	2,48	2,79	-	2,30	2,59	-	2,12	2,39
	V	57,75	1,07	4,62	5,19																		
	VI	59,23	1,24	4,73	5,33																		
200,39	I	40,74	-	3,25	3,66	-	2,86	3,22	-	2,49	2,80	-	2,13	2,39	-	1,78	2,01	-	1,46	1,64	-	1,15	1,30
	II	36,06	-	2,88	3,24	-	2,50	2,82	-	2,14	2,41	-	1,80	2,03	-	1,48	1,66	-	1,17	1,31	-	0,88	0,99
	III	24,96	-	1,99	2,24	-	1,71	1,92	-	1,43	1,61	-	1,16	1,31	-	0,90	1,02	-	0,65	0,73	-	0,41	0,46
	IV	40,74	-	3,25	3,66	-	3,06	3,44	-	2,86	3,22	-	2,67	3,01	-	2,49	2,80	-	2,30	2,59	-	2,13	2,39
	V	57,79	1,07	4,62	5,20																		
	VI	59,27	1,25	4,74	5,33																		
200,49	I	40,77	-	3,26	3,66	-	2,86	3,22	-	2,49	2,80	-	2,13	2,40	-	1,79	2,01	-	1,46	1,65	-	1,16	1,30
	II	36,09	-	2,88	3,24	-	2,51	2,82	-	2,15	2,42	-	1,80	2,03	-	1,48	1,66	-	1,17	1,32	-	0,88	0,99
	III	24,98	-	1,99	2,24	-	1,71	1,92	-	1,43	1,61	-	1,16	1,31	-	0,90	1,02	-	0,65	0,74	-	0,41	0,46
	IV	40,77	-	3,26	3,66	-	3,06	3,44	-	2,86	3,22	-	2,67	3,01	-	2,49	2,80	-	2,31	2,60	-	2,13	2,40
	V	57,83	1,08	4,62	5,20																		
	VI	59,31	1,25	4,74	5,33																		
200,59	I	40,81	-	3,26	3,67	-	2,87	3,23	-	2,49	2,80	-	2,13	2,40	-	1,79	2,01	-	1,47	1,65	-	1,16	1,30
	II	36,13	-	2,89	3,25	-	2,51	2,82	-	2,15	2,42	-	1,81	2,03	-	1,48	1,67	-	1,17	1,32	-	0,88	0,99
	III	25,01	-	2,00	2,25	-	1,71	1,93	-	1,43	1,61	-	1,17	1,31	-	0,91	1,02	-	0,66	0,74	-	0,41	0,47
	IV	40,81	-	3,26	3,67	-	3,06	3,44	-	2,87	3,23	-	2,68	3,01	-	2,49	2,80	-	2,31	2,60	-	2,13	2,40
	V	57,86	1,08	4,62	5,20																		
	VI	59,34	1,26	4,74	5,34																		
200,69	I	40,85	-	3,26	3,67	-	2,87	3,23	-	2,49	2,81	-	2,13	2,40	-	1,79	2,02	-	1,47	1,65	-	1,16	1,31
	II	36,16	-	2,89	3,25	-	2,51	2,83	-	2,15	2,42	-	1,81	2,03	-	1,48	1,67	-	1,17	1,32	-	0,88	0,99
	III	25,03	-	2,00	2,25	-	1,71	1,93	-	1,44	1,62	-	1,17	1,31	-	0,91	1,02	-	0,66	0,74	-	0,42	0,47
	IV	40,85	-	3,26	3,67	-	3,06	3,45	-	2,87	3,23	-	2,68	3,01	-	2,49	2,81	-	2,31	2,60	-	2,13	2,40
	V	57,90	1,09	4,63	5,21																		
	VI	59,38	1,26	4,75	5,34																		
200,79	I	40,88	-	3,27	3,67	-	2,87	3,23	-	2,50	2,81	-	2,14	2,40	-	1,80	2,02	-	1,47	1,65	-	1,16	1,31
	II	36,20	-	2,89	3,25	-	2,51	2,83	-	2,15	2,42	-	1,81	2,04	-	1,48	1,67	-	1,18	1,32	-	0,88	1,00
	III	25,06	-	2,00	2,25	-	1,72	1,93	-	1,44	1,62	-	1,17	1,32	-	0,91	1,02	-	0,66	0,74	-	0,42	0,47
	IV	40,88	-	3,27	3,67	-	3,07	3,45	-	2,87	3,23	-	2,68	3,02	-	2,50	2,81	-	2,31	2,60	-	2,14	2,40
	V	57,94	1,09	4,63	5,21																		
	VI	59,42	1,27	4,75	5,34																		
200,89	I	40,92	-	3,27	3,68	-	2,88	3,24	-	2,50	2,81	-	2,14	2,41	-	1,80	2,02	-	1,47	1,66	-	1,16	1,31
	II	36,23	-	2,89	3,26	-	2,52	2,83	-	2,16	2,43	-	1,81	2,04	-	1,49	1,67	-	1,18	1,33	-	0,89	1,00
	III	25,09	-	2,00	2,25	-	1,72	1,93	-	1,44	1,62	-	1,17	1,32	-	0,91	1,03	-	0,66	0,74	-	0,42	0,47
	IV	40,92	-	3,27	3,68	-	3,07	3,45	-	2,88	3,24	-	2,68	3,02	-	2,50	2,81	-	2,32	2,61	-	2,14	2,41
	V	57,98	1,10	4,63	5,21																		
	VI	59,46	1,27	4,75	5,35																		
200,99	I	40,96	-	3,27	3,68	-	2,88	3,24	-	2,50	2,81	-	2,14	2,41	-	1,80	2,03	-	1,47	1,66	-	1,17	1,31
	II	36,27	-	2,90	3,26	-	2,52	2,83	-	2,16	2,43	-	1,82	2,04	-	1,49	1,68	-	1,18	1,33	-	0,89	1,00
	III	25,11	-	2,00	2,25	-	1,72	1,93	-	1,44	1,62	-	1,17	1,32	-	0,91	1,03	-	0,66	0,75	-	0,42	0,47
	IV	40,96	-	3,27	3,68	-	3,07	3,46	-	2,88	3,24	-	2,69	3,02	-	2,50	2,81	-	2,32	2,61	-	2,14	2,41
	V	58,02	1,10	4,64	5,22																		
	VI	59,50	1,28	4,76	5,35																		

Lohn/ Gehalt bis	Steuerklasse	Lohn-steuer	ohne Kinderfreibetrag SolZ 5,5%	Kirchensteuer 8%	Kirchensteuer 9%	0,5 SolZ 5,5%	0,5 Kirchensteuer 8%	0,5 Kirchensteuer 9%	1,0 SolZ 5,5%	1,0 Kirchensteuer 8%	1,0 Kirchensteuer 9%	1,5 SolZ 5,5%	1,5 Kirchensteuer 8%	1,5 Kirchensteuer 9%	2,0 SolZ 5,5%	2,0 Kirchensteuer 8%	2,0 Kirchensteuer 9%	2,5 SolZ 5,5%	2,5 Kirchensteuer 8%	2,5 Kirchensteuer 9%	3,0 SolZ 5,5%	3,0 Kirchensteuer 8%	3,0 Kirchensteuer 9%
201,09	I	41,00	-	3,28	3,69	-	2,88	3,24	-	2,50	2,82	-	2,14	2,41	-	1,80	2,03	-	1,48	1,66	-	1,17	1,
	II	36,30	-	2,90	3,26	-	2,52	2,84	-	2,16	2,43	-	1,82	2,05	-	1,49	1,68	-	1,18	1,33	-	0,89	1,
	III	25,14	-	2,01	2,26	-	1,72	1,94	-	1,44	1,62	-	1,18	1,32	-	0,92	1,03	-	0,66	0,75	-	0,42	0,
	IV	41,00	-	3,28	3,69	-	3,08	3,46	-	2,88	3,24	-	2,69	3,03	-	2,50	2,82	-	2,32	2,61	-	2,14	2,
	V	58,06	1,11	4,64	5,22																		
	VI	59,53	1,28	4,76	5,35																		
201,19	I	41,03	-	3,28	3,69	-	2,88	3,24	-	2,51	2,82	-	2,15	2,42	-	1,80	2,03	-	1,48	1,66	-	1,17	1,
	II	36,34	-	2,90	3,27	-	2,52	2,84	-	2,16	2,43	-	1,82	2,05	-	1,49	1,68	-	1,19	1,33	-	0,89	1,
	III	25,17	-	2,01	2,26	-	1,72	1,94	-	1,45	1,63	-	1,18	1,33	-	0,92	1,03	-	0,67	0,75	-	0,42	0,
	IV	41,03	-	3,28	3,69	-	3,08	3,46	-	2,88	3,24	-	2,69	3,03	-	2,51	2,82	-	2,32	2,62	-	2,15	2,
	V	58,10	1,11	4,64	5,22																		
	VI	59,57	1,29	4,76	5,36																		
201,29	I	41,07	-	3,28	3,69	-	2,89	3,25	-	2,51	2,82	-	2,15	2,42	-	1,81	2,03	-	1,48	1,67	-	1,17	1,
	II	36,37	-	2,90	3,27	-	2,53	2,84	-	2,17	2,44	-	1,82	2,05	-	1,50	1,68	-	1,19	1,34	-	0,90	1,
	III	25,20	-	2,01	2,26	-	1,72	1,94	-	1,45	1,63	-	1,18	1,33	-	0,92	1,04	-	0,67	0,75	-	0,43	0,
	IV	41,07	-	3,28	3,69	-	3,08	3,47	-	2,89	3,25	-	2,70	3,03	-	2,51	2,82	-	2,33	2,62	-	2,15	2,
	V	58,13	1,11	4,65	5,23																		
	VI	59,61	1,29	4,76	5,36																		
201,39	I	41,10	-	3,28	3,69	-	2,89	3,25	-	2,51	2,83	-	2,15	2,42	-	1,81	2,04	-	1,48	1,67	-	1,18	1,
	II	36,41	-	2,91	3,27	-	2,53	2,85	-	2,17	2,44	-	1,83	2,05	-	1,50	1,69	-	1,19	1,34	-	0,90	1,
	III	25,22	-	2,01	2,26	-	1,73	1,94	-	1,45	1,63	-	1,18	1,33	-	0,92	1,04	-	0,67	0,75	-	0,43	0,
	IV	41,10	-	3,28	3,69	-	3,08	3,47	-	2,89	3,25	-	2,70	3,04	-	2,51	2,83	-	2,33	2,62	-	2,15	2,
	V	58,17	1,12	4,65	5,23																		
	VI	59,65	1,29	4,77	5,36																		
201,49	I	41,14	-	3,29	3,70	-	2,89	3,25	-	2,52	2,83	-	2,16	2,43	-	1,81	2,04	-	1,49	1,67	-	1,18	1,
	II	36,44	-	2,91	3,27	-	2,53	2,85	-	2,17	2,44	-	1,83	2,06	-	1,50	1,69	-	1,19	1,34	-	0,90	1,
	III	25,25	-	2,02	2,27	-	1,73	1,95	-	1,45	1,63	-	1,18	1,33	-	0,92	1,04	-	0,67	0,76	-	0,43	0,
	IV	41,14	-	3,29	3,70	-	3,09	3,47	-	2,89	3,25	-	2,70	3,04	-	2,52	2,83	-	2,33	2,62	-	2,16	2,
	V	58,21	1,12	4,65	5,23																		
	VI	59,68	1,30	4,77	5,37																		
201,59	I	41,18	-	3,29	3,70	-	2,90	3,26	-	2,52	2,83	-	2,16	2,43	-	1,81	2,04	-	1,49	1,67	-	1,18	1,
	II	36,48	-	2,91	3,28	-	2,54	2,85	-	2,17	2,45	-	1,83	2,06	-	1,50	1,69	-	1,19	1,34	-	0,90	1,
	III	25,27	-	2,02	2,27	-	1,73	1,95	-	1,45	1,64	-	1,19	1,33	-	0,92	1,04	-	0,67	0,76	-	0,43	0,
	IV	41,18	-	3,29	3,70	-	3,09	3,48	-	2,90	3,26	-	2,70	3,04	-	2,52	2,83	-	2,34	2,63	-	2,16	2,
	V	58,25	1,13	4,66	5,24																		
	VI	59,72	1,30	4,77	5,37																		
201,69	I	41,21	-	3,29	3,70	-	2,90	3,26	-	2,52	2,84	-	2,16	2,43	-	1,82	2,04	-	1,49	1,68	-	1,18	1,
	II	36,51	-	2,92	3,28	-	2,54	2,86	-	2,18	2,45	-	1,83	2,06	-	1,51	1,69	-	1,20	1,35	-	0,90	1,
	III	25,30	-	2,02	2,27	-	1,73	1,95	-	1,46	1,64	-	1,19	1,34	-	0,93	1,04	-	0,68	0,76	-	0,43	0,
	IV	41,21	-	3,29	3,70	-	3,09	3,48	-	2,90	3,26	-	2,71	3,05	-	2,52	2,84	-	2,34	2,63	-	2,16	2,
	V	58,28	1,13	4,66	5,24																		
	VI	59,76	1,31	4,78	5,37																		
201,79	I	41,25	-	3,30	3,71	-	2,90	3,26	-	2,52	2,84	-	2,16	2,43	-	1,82	2,05	-	1,49	1,68	-	1,18	1,
	II	36,55	-	2,92	3,28	-	2,54	2,86	-	2,18	2,45	-	1,84	2,07	-	1,51	1,70	-	1,20	1,35	-	0,91	1,
	III	25,32	-	2,02	2,27	-	1,74	1,95	-	1,46	1,64	-	1,19	1,34	-	0,93	1,05	-	0,68	0,76	-	0,43	0,
	IV	41,25	-	3,30	3,71	-	3,10	3,48	-	2,90	3,26	-	2,71	3,05	-	2,52	2,84	-	2,34	2,63	-	2,16	2,
	V	58,32	1,14	4,66	5,24																		
	VI	59,80	1,31	4,78	5,38																		
201,89	I	41,29	-	3,30	3,71	-	2,90	3,27	-	2,53	2,84	-	2,16	2,44	-	1,82	2,05	-	1,50	1,68	-	1,19	1,
	II	36,58	-	2,92	3,29	-	2,54	2,86	-	2,18	2,45	-	1,84	2,07	-	1,51	1,70	-	1,20	1,35	-	0,91	1,
	III	25,35	-	2,02	2,28	-	1,74	1,96	-	1,46	1,64	-	1,19	1,34	-	0,93	1,05	-	0,68	0,76	-	0,44	0,
	IV	41,29	-	3,30	3,71	-	3,10	3,49	-	2,90	3,27	-	2,71	3,05	-	2,53	2,84	-	2,34	2,64	-	2,16	2,
	V	58,36	1,14	4,66	5,25																		
	VI	59,84	1,32	4,78	5,38																		
201,99	I	41,33	-	3,30	3,71	-	2,91	3,27	-	2,53	2,84	-	2,17	2,44	-	1,82	2,05	-	1,50	1,69	-	1,19	1,
	II	36,62	-	2,92	3,29	-	2,55	2,87	-	2,18	2,46	-	1,84	2,07	-	1,51	1,70	-	1,20	1,35	-	0,91	1,
	III	25,38	-	2,03	2,28	-	1,74	1,96	-	1,46	1,64	-	1,19	1,34	-	0,93	1,05	-	0,68	0,77	-	0,44	0,
	IV	41,33	-	3,30	3,71	-	3,10	3,49	-	2,91	3,27	-	2,72	3,06	-	2,53	2,84	-	2,35	2,64	-	2,17	2,
	V	58,40	1,15	4,67	5,25																		
	VI	59,88	1,32	4,79	5,38																		
202,09	I	41,36	-	3,30	3,72	-	2,91	3,27	-	2,53	2,85	-	2,17	2,44	-	1,83	2,06	-	1,50	1,69	-	1,19	1,
	II	36,66	-	2,93	3,29	-	2,55	2,87	-	2,19	2,46	-	1,84	2,07	-	1,52	1,71	-	1,20	1,36	-	0,91	1,
	III	25,41	-	2,03	2,28	-	1,74	1,96	-	1,46	1,65	-	1,20	1,35	-	0,93	1,05	-	0,68	0,77	-	0,44	0,
	IV	41,36	-	3,30	3,72	-	3,10	3,49	-	2,91	3,27	-	2,72	3,06	-	2,53	2,85	-	2,35	2,64	-	2,17	2,
	V	58,44	1,15	4,67	5,25																		
	VI	59,91	1,33	4,79	5,39																		
202,19	I	41,40	-	3,31	3,72	-	2,91	3,28	-	2,53	2,85	-	2,17	2,44	-	1,83	2,06	-	1,50	1,69	-	1,19	1,
	II	36,69	-	2,93	3,30	-	2,55	2,87	-	2,19	2,46	-	1,84	2,08	-	1,52	1,71	-	1,21	1,36	-	0,91	1,
	III	25,43	-	2,03	2,28	-	1,74	1,96	-	1,47	1,65	-	1,20	1,35	-	0,94	1,05	-	0,68	0,77	-	0,44	0,
	IV	41,40	-	3,31	3,72	-	3,11	3,50	-	2,91	3,28	-	2,72	3,06	-	2,53	2,85	-	2,35	2,65	-	2,17	2,
	V	58,48	1,16	4,67	5,26																		
	VI	59,95	1,33	4,79	5,39																		
202,29	I	41,43	-	3,31	3,72	-	2,91	3,28	-	2,54	2,85	-	2,18	2,45	-	1,83	2,06	-	1,50	1,69	-	1,20	1,
	II	36,73	-	2,93	3,30	-	2,55	2,87	-	2,19	2,47	-	1,85	2,08	-	1,52	1,71	-	1,21	1,36	-	0,92	1,
	III	25,46	-	2,03	2,29	-	1,75	1,96	-	1,47	1,65	-	1,20	1,35	-	0,94	1,06	-	0,69	0,77	-	0,44	0,
	IV	41,43	-	3,31	3,72	-	3,11	3,50	-	2,91	3,28	-	2,72	3,06	-	2,54	2,85	-	2,35	2,65	-	2,18	2,
	V	58,51	1,16	4,68	5,26																		
	VI	59,99	1,34	4,79	5,39																		
202,39	I	41,47	-	3,31	3,73	-	2,92	3,28	-	2,54	2,86	-	2,18	2,45	-	1,83	2,06	-	1,51	1,70	-	1,20	1,
	II	36,76	-	2,94	3,30	-	2,56	2,88	-	2,20	2,47	-	1,85	2,08	-	1,52	1,71	-	1,21	1,36	-	0,92	1,
	III	25,48	-	2,03	2,29	-	1,75	1,97	-	1,47	1,65	-	1,20	1,35	-	0,94	1,06	-	0,69	0,77	-	0,44	0,
	IV	41,47	-	3,31	3,73	-	3,11	3,50	-	2,92	3,28	-	2,73	3,07	-	2,54	2,86	-	2,36	2,65	-	2,18	2,
	V	58,55	1,16	4,68	5,26																		
	VI	60,03	1,34	4,80	5,40																		
202,49	I	41,51	-	3,32	3,73	-	2,92	3,29	-	2,54	2,86	-	2,18	2,45	-	1,84	2,07	-	1,51	1,70	-	1,20	1,
	II	36,80	-	2,94	3,31	-	2,56	2,88	-	2,20	2,47	-	1,85	2,08	-	1,52	1,72	-	1,21	1,37	-	0,92	1,
	III	25,51	-	2,04	2,29	-	1,75	1,97	-	1,47	1,66	-	1,20	1,35	-	0,94	1,06	-	0,69	0,78	-	0,45	0,
	IV	41,51	-	3,32	3,73	-	3,12	3,51	-	2,92	3,29	-	2,73	3,07	-	2,54	2,86	-	2,36	2,65	-	2,18	2,
	V	58,59	1,17	4,68	5,27																		
	VI	60,07	1,34	4,80	5,40																		

Lohn/ Gehalt bis	Steuerklasse	Lohn- steuer	ohne Kinderfreibetrag			Anzahl Kinderfreibeträge (nur Steuerklassen I–IV) 0,5			1,0			1,5			2,0			2,5			3,0		
			SolZ 5,5%	Kirchensteuer 8%	9%	SolZ 5,5%	Kirchensteuer 8%	9%	SolZ 5,5%	Kirchensteuer 8%	9%	SolZ 5,5%	Kirchensteuer 8%	9%	SolZ 5,5%	Kirchensteuer 8%	9%	SolZ 5,5%	Kirchensteuer 8%	9%	SolZ 5,5%	Kirchensteuer 8%	9%
202,59	I	41,55	-	3,32	3,73	-	2,92	3,29	-	2,54	2,86	-	2,18	2,46	-	1,84	2,07	-	1,51	1,70	-	1,20	1,35
	II	36,83	-	2,94	3,31	-	2,56	2,88	-	2,20	2,48	-	1,86	2,09	-	1,53	1,72	-	1,22	1,37	-	0,92	1,04
	III	25,54	-	2,04	2,29	-	1,75	1,97	-	1,47	1,66	-	1,20	1,36	-	0,94	1,06	-	0,69	0,78	-	0,45	0,50
	IV	41,55	-	3,32	3,73	-	3,12	3,51	-	2,92	3,29	-	2,73	3,07	-	2,54	2,86	-	2,36	2,66	-	2,18	2,46
	V	58,63	1,17	4,69	5,27																		
	VI	60,10	1,35	4,80	5,40																		
202,69	I	41,58	-	3,32	3,74	-	2,93	3,29	-	2,55	2,87	-	2,19	2,46	-	1,84	2,07	-	1,51	1,70	-	1,20	1,35
	II	36,87	-	2,94	3,31	-	2,56	2,89	-	2,20	2,48	-	1,86	2,09	-	1,53	1,72	-	1,22	1,37	-	0,92	1,04
	III	25,56	-	2,04	2,30	-	1,75	1,97	-	1,48	1,66	-	1,21	1,36	-	0,95	1,06	-	0,69	0,78	-	0,45	0,51
	IV	41,58	-	3,32	3,74	-	3,12	3,51	-	2,93	3,29	-	2,73	3,08	-	2,55	2,87	-	2,36	2,66	-	2,19	2,46
	V	58,66	1,18	4,69	5,27																		
	VI	60,14	1,35	4,81	5,41																		
202,79	I	41,62	-	3,32	3,74	-	2,93	3,30	-	2,55	2,87	-	2,19	2,46	-	1,84	2,07	-	1,52	1,71	-	1,21	1,36
	II	36,90	-	2,95	3,32	-	2,57	2,89	-	2,21	2,48	-	1,86	2,09	-	1,53	1,72	-	1,22	1,37	-	0,93	1,04
	III	25,59	-	2,04	2,30	-	1,76	1,98	-	1,48	1,66	-	1,21	1,36	-	0,95	1,07	-	0,70	0,78	-	0,45	0,51
	IV	41,62	-	3,32	3,74	-	3,12	3,52	-	2,93	3,30	-	2,74	3,08	-	2,55	2,87	-	2,37	2,66	-	2,19	2,46
	V	58,70	1,18	4,69	5,28																		
	VI	60,18	1,36	4,81	5,41																		
202,89	I	41,66	-	3,33	3,74	-	2,93	3,30	-	2,55	2,87	-	2,19	2,46	-	1,85	2,08	-	1,52	1,71	-	1,21	1,36
	II	36,94	-	2,95	3,32	-	2,57	2,89	-	2,21	2,48	-	1,86	2,10	-	1,53	1,73	-	1,22	1,38	-	0,93	1,05
	III	25,62	-	2,04	2,30	-	1,76	1,98	-	1,48	1,67	-	1,21	1,36	-	0,95	1,07	-	0,70	0,78	-	0,45	0,51
	IV	41,66	-	3,33	3,74	-	3,13	3,52	-	2,93	3,30	-	2,74	3,08	-	2,55	2,87	-	2,37	2,67	-	2,19	2,46
	V	58,74	1,19	4,69	5,28																		
	VI	60,22	1,36	4,81	5,41																		
202,99	I	41,69	-	3,33	3,75	-	2,93	3,30	-	2,56	2,88	-	2,19	2,47	-	1,85	2,08	-	1,52	1,71	-	1,21	1,36
	II	36,97	-	2,95	3,32	-	2,57	2,90	-	2,21	2,49	-	1,86	2,10	-	1,54	1,73	-	1,22	1,38	-	0,93	1,05
	III	25,65	-	2,05	2,30	-	1,76	1,98	-	1,48	1,67	-	1,21	1,36	-	0,95	1,07	-	0,70	0,79	-	0,46	0,51
	IV	41,69	-	3,33	3,75	-	3,13	3,52	-	2,93	3,30	-	2,74	3,09	-	2,56	2,88	-	2,37	2,67	-	2,19	2,47
	V	58,78	1,19	4,70	5,29																		
	VI	60,26	1,37	4,82	5,42																		
203,09	I	41,73	-	3,33	3,75	-	2,94	3,31	-	2,56	2,88	-	2,20	2,47	-	1,85	2,08	-	1,52	1,71	-	1,21	1,36
	II	37,01	-	2,96	3,33	-	2,58	2,90	-	2,21	2,49	-	1,87	2,10	-	1,54	1,73	-	1,23	1,38	-	0,93	1,05
	III	25,67	-	2,05	2,31	-	1,76	1,98	-	1,48	1,67	-	1,21	1,37	-	0,95	1,07	-	0,70	0,79	-	0,46	0,51
	IV	41,73	-	3,33	3,75	-	3,13	3,53	-	2,94	3,31	-	2,75	3,09	-	2,56	2,88	-	2,38	2,67	-	2,20	2,47
	V	58,82	1,20	4,70	5,29																		
	VI	60,30	1,37	4,82	5,42																		
203,19	I	41,77	-	3,34	3,75	-	2,94	3,31	-	2,56	2,88	-	2,20	2,47	-	1,85	2,09	-	1,53	1,72	-	1,21	1,37
	II	37,05	-	2,96	3,33	-	2,58	2,90	-	2,22	2,49	-	1,87	2,10	-	1,54	1,73	-	1,23	1,38	-	0,94	1,05
	III	25,70	-	2,05	2,31	-	1,76	1,98	-	1,49	1,67	-	1,22	1,37	-	0,96	1,08	-	0,70	0,79	-	0,46	0,52
	IV	41,77	-	3,34	3,75	-	3,14	3,53	-	2,94	3,31	-	2,75	3,09	-	2,56	2,88	-	2,38	2,68	-	2,20	2,47
	V	58,86	1,20	4,70	5,29																		
	VI	60,33	1,38	4,82	5,42																		
203,29	I	41,80	-	3,34	3,76	-	2,94	3,31	-	2,56	2,88	-	2,20	2,48	-	1,86	2,09	-	1,53	1,72	-	1,22	1,37
	II	37,08	-	2,96	3,33	-	2,58	2,90	-	2,22	2,50	-	1,87	2,11	-	1,54	1,74	-	1,23	1,39	-	0,94	1,05
	III	25,72	-	2,05	2,31	-	1,77	1,99	-	1,49	1,67	-	1,22	1,37	-	0,96	1,08	-	0,70	0,79	-	0,46	0,52
	IV	41,80	-	3,34	3,76	-	3,14	3,53	-	2,94	3,31	-	2,75	3,10	-	2,56	2,88	-	2,38	2,68	-	2,20	2,48
	V	58,90	1,21	4,71	5,30																		
	VI	60,37	1,38	4,82	5,43																		
203,39	I	41,84	-	3,34	3,76	-	2,95	3,31	-	2,57	2,89	-	2,20	2,48	-	1,86	2,09	-	1,53	1,72	-	1,22	1,37
	II	37,12	-	2,96	3,34	-	2,58	2,91	-	2,22	2,50	-	1,87	2,11	-	1,55	1,74	-	1,23	1,39	-	0,94	1,06
	III	25,75	-	2,06	2,31	-	1,77	1,99	-	1,49	1,68	-	1,22	1,37	-	0,96	1,08	-	0,71	0,80	-	0,46	0,52
	IV	41,84	-	3,34	3,76	-	3,14	3,53	-	2,95	3,31	-	2,75	3,10	-	2,57	2,89	-	2,38	2,68	-	2,20	2,48
	V	58,93	1,21	4,71	5,30																		
	VI	60,41	1,39	4,83	5,43																		
203,49	I	41,88	-	3,35	3,76	-	2,95	3,32	-	2,57	2,89	-	2,21	2,48	-	1,86	2,09	-	1,53	1,72	-	1,22	1,37
	II	37,15	-	2,97	3,34	-	2,59	2,91	-	2,22	2,50	-	1,88	2,11	-	1,55	1,74	-	1,24	1,39	-	0,94	1,06
	III	25,78	-	2,06	2,32	-	1,77	1,99	-	1,49	1,68	-	1,22	1,37	-	0,96	1,08	-	0,71	0,80	-	0,46	0,52
	IV	41,88	-	3,35	3,76	-	3,14	3,54	-	2,95	3,32	-	2,76	3,10	-	2,57	2,89	-	2,39	2,68	-	2,21	2,48
	V	58,97	1,21	4,71	5,30																		
	VI	60,45	1,39	4,83	5,44																		
203,59	I	41,91	-	3,35	3,77	-	2,95	3,32	-	2,57	2,89	-	2,21	2,49	-	1,86	2,10	-	1,54	1,73	-	1,22	1,38
	II	37,19	-	2,97	3,34	-	2,59	2,91	-	2,23	2,50	-	1,88	2,11	-	1,55	1,74	-	1,24	1,39	-	0,94	1,06
	III	25,80	-	2,06	2,32	-	1,77	1,99	-	1,49	1,68	-	1,22	1,38	-	0,96	1,08	-	0,71	0,80	-	0,47	0,52
	IV	41,91	-	3,35	3,77	-	3,15	3,54	-	2,95	3,32	-	2,76	3,10	-	2,57	2,89	-	2,39	2,69	-	2,21	2,49
	V	59,01	1,22	4,72	5,31																		
	VI	60,49	1,39	4,83	5,44																		
203,69	I	41,95	-	3,35	3,77	-	2,95	3,32	-	2,57	2,90	-	2,21	2,49	-	1,87	2,10	-	1,54	1,73	-	1,23	1,38
	II	37,22	-	2,97	3,34	-	2,59	2,92	-	2,23	2,51	-	1,88	2,12	-	1,55	1,75	-	1,24	1,40	-	0,95	1,06
	III	25,83	-	2,06	2,32	-	1,77	2,00	-	1,50	1,68	-	1,23	1,38	-	0,96	1,09	-	0,71	0,80	-	0,47	0,53
	IV	41,95	-	3,35	3,77	-	3,15	3,54	-	2,95	3,32	-	2,76	3,11	-	2,57	2,90	-	2,39	2,69	-	2,21	2,49
	V	59,05	1,22	4,72	5,31																		
	VI	60,52	1,40	4,84	5,44																		
203,79	I	41,99	-	3,35	3,77	-	2,96	3,33	-	2,58	2,90	-	2,21	2,49	-	1,87	2,10	-	1,54	1,73	-	1,23	1,38
	II	37,26	-	2,98	3,35	-	2,60	2,92	-	2,23	2,51	-	1,88	2,12	-	1,56	1,75	-	1,24	1,40	-	0,95	1,07
	III	25,86	-	2,06	2,32	-	1,78	2,00	-	1,50	1,69	-	1,23	1,38	-	0,97	1,09	-	0,71	0,80	-	0,47	0,53
	IV	41,99	-	3,35	3,77	-	3,15	3,55	-	2,96	3,33	-	2,76	3,11	-	2,58	2,90	-	2,39	2,69	-	2,21	2,49
	V	59,08	1,23	4,72	5,31																		
	VI	60,56	1,40	4,84	5,45																		
203,89	I	42,03	-	3,36	3,78	-	2,96	3,33	-	2,58	2,90	-	2,22	2,49	-	1,87	2,10	-	1,54	1,73	-	1,23	1,38
	II	37,29	-	2,98	3,35	-	2,60	2,92	-	2,23	2,51	-	1,89	2,12	-	1,56	1,75	-	1,24	1,40	-	0,95	1,07
	III	25,88	-	2,07	2,32	-	1,78	2,00	-	1,50	1,69	-	1,23	1,38	-	0,97	1,09	-	0,72	0,81	-	0,47	0,53
	IV	42,03	-	3,36	3,78	-	3,16	3,55	-	2,96	3,33	-	2,77	3,11	-	2,58	2,90	-	2,40	2,70	-	2,22	2,49
	V	59,12	1,23	4,72	5,32																		
	VI	60,60	1,41	4,84	5,45																		
203,99	I	42,06	-	3,36	3,78	-	2,96	3,33	-	2,58	2,91	-	2,22	2,50	-	1,87	2,11	-	1,54	1,74	-	1,23	1,39
	II	37,33	-	2,98	3,35	-	2,60	2,93	-	2,24	2,52	-	1,89	2,13	-	1,56	1,76	-	1,25	1,40	-	0,95	1,07
	III	25,91	-	2,07	2,33	-	1,78	2,00	-	1,50	1,69	-	1,23	1,39	-	0,97	1,09	-	0,72	0,81	-	0,47	0,53
	IV	42,06	-	3,36	3,78	-	3,16	3,55	-	2,96	3,33	-	2,77	3,12	-	2,58	2,91	-	2,40	2,70	-	2,22	2,50
	V	59,16	1,24	4,73	5,32																		
	VI	60,64	1,41	4,85	5,45																		

TAG bis 205,49 €

Allgemeine Tabelle

Lohn/ Gehalt bis	Steuerklasse	Lohn-steuer	ohne Kinderfreibetrag			Anzahl Kinderfreibeträge (nur Steuerklassen I–IV) 0,5			1,0			1,5			2,0			2,5			3,0		
			SolZ 5,5%	Kirchensteuer 8%	9%	SolZ 5,5%	Kirchensteuer 8%	9%	SolZ 5,5%	Kirchensteuer 8%	9%	SolZ 5,5%	Kirchensteuer 8%	9%	SolZ 5,5%	Kirchensteuer 8%	9%	SolZ 5,5%	Kirchensteuer 8%	9%	SolZ 5,5%	Kirchensteuer 8%	9%
204,09	I	42,10	-	3,36	3,78	-	2,97	3,34	-	2,58	2,91	-	2,22	2,50	-	1,88	2,11	-	1,55	1,74	-	1,23	1,
	II	37,36	-	2,98	3,36	-	2,60	2,93	-	2,24	2,52	-	1,89	2,13	-	1,56	1,76	-	1,25	1,41	-	0,95	1,
	III	25,93	-	2,07	2,33	-	1,78	2,01	-	1,50	1,69	-	1,23	1,39	-	0,97	1,09	-	0,72	0,81	-	0,47	0,
	IV	42,10	-	3,36	3,78	-	3,16	3,56	-	2,97	3,34	-	2,77	3,12	-	2,58	2,91	-	2,40	2,70	-	2,22	2,
	V	59,20	*1,24*	4,73	5,32																		
	VI	60,68	*1,42*	4,85	5,46																		
204,19	I	42,14	-	3,37	3,79	-	2,97	3,34	-	2,59	2,91	-	2,22	2,50	-	1,88	2,11	-	1,55	1,74	-	1,24	1,
	II	37,40	-	2,99	3,36	-	2,61	2,93	-	2,24	2,52	-	1,89	2,13	-	1,56	1,76	-	1,25	1,41	-	0,96	1,
	III	25,96	-	2,07	2,33	-	1,78	2,01	-	1,51	1,69	-	1,24	1,39	-	0,97	1,10	-	0,72	0,81	-	0,48	0,
	IV	42,14	-	3,37	3,79	-	3,16	3,56	-	2,97	3,34	-	2,78	3,12	-	2,59	2,91	-	2,40	2,70	-	2,22	2,
	V	59,24	*1,25*	4,73	5,33																		
	VI	60,71	*1,42*	4,85	5,46																		
204,29	I	42,18	-	3,37	3,79	-	2,97	3,34	-	2,59	2,91	-	2,23	2,51	-	1,88	2,12	-	1,55	1,75	-	1,24	1,
	II	37,44	-	2,99	3,36	-	2,61	2,94	-	2,24	2,52	-	1,90	2,13	-	1,57	1,76	-	1,25	1,41	-	0,96	1,
	III	25,99	-	2,07	2,33	-	1,79	2,01	-	1,51	1,70	-	1,24	1,39	-	0,98	1,10	-	0,72	0,81	-	0,48	0,
	IV	42,18	-	3,37	3,79	-	3,17	3,56	-	2,97	3,34	-	2,78	3,13	-	2,59	2,91	-	2,41	2,71	-	2,23	2,
	V	59,28	*1,25*	4,74	5,33																		
	VI	60,75	*1,43*	4,86	5,46																		
204,39	I	42,21	-	3,37	3,79	-	2,97	3,35	-	2,59	2,92	-	2,23	2,51	-	1,88	2,12	-	1,55	1,75	-	1,24	1,
	II	37,47	-	2,99	3,37	-	2,61	2,94	-	2,25	2,53	-	1,90	2,14	-	1,57	1,77	-	1,26	1,41	-	0,96	1,
	III	26,02	-	2,08	2,34	-	1,79	2,01	-	1,51	1,70	-	1,24	1,40	-	0,98	1,10	-	0,72	0,82	-	0,48	0,
	IV	42,21	-	3,37	3,79	-	3,17	3,57	-	2,97	3,35	-	2,78	3,13	-	2,59	2,92	-	2,41	2,71	-	2,23	2,
	V	59,31	*1,25*	4,74	5,33																		
	VI	60,79	*1,43*	4,86	5,47																		
204,49	I	42,25	-	3,38	3,80	-	2,98	3,35	-	2,60	2,92	-	2,23	2,51	-	1,89	2,12	-	1,56	1,75	-	1,24	1,
	II	37,51	-	3,00	3,37	-	2,61	2,94	-	2,25	2,53	-	1,90	2,14	-	1,57	1,77	-	1,26	1,42	-	0,96	1,
	III	26,04	-	2,08	2,34	-	1,79	2,02	-	1,51	1,70	-	1,24	1,40	-	0,98	1,10	-	0,73	0,82	-	0,48	0,
	IV	42,25	-	3,38	3,80	-	3,17	3,57	-	2,98	3,35	-	2,78	3,13	-	2,60	2,92	-	2,41	2,71	-	2,23	2,
	V	59,35	*1,26*	4,74	5,34																		
	VI	60,83	*1,44*	4,86	5,47																		
204,59	I	42,28	-	3,38	3,80	-	2,98	3,35	-	2,60	2,92	-	2,23	2,51	-	1,89	2,12	-	1,56	1,75	-	1,25	1,
	II	37,54	-	3,00	3,37	-	2,62	2,94	-	2,25	2,53	-	1,90	2,14	-	1,57	1,77	-	1,26	1,42	-	0,96	1,
	III	26,07	-	2,08	2,34	-	1,79	2,02	-	1,51	1,70	-	1,24	1,40	-	0,98	1,10	-	0,73	0,82	-	0,48	0,
	IV	42,28	-	3,38	3,80	-	3,18	3,57	-	2,98	3,35	-	2,79	3,14	-	2,60	2,92	-	2,41	2,72	-	2,23	2,
	V	59,39	*1,26*	4,75	5,34																		
	VI	60,86	*1,44*	4,86	5,47																		
204,69	I	42,32	-	3,38	3,80	-	2,98	3,36	-	2,60	2,93	-	2,24	2,52	-	1,89	2,13	-	1,56	1,76	-	1,25	1,
	II	37,58	-	3,00	3,38	-	2,62	2,95	-	2,25	2,54	-	1,91	2,15	-	1,58	1,77	-	1,26	1,42	-	0,97	1,
	III	26,10	-	2,08	2,34	-	1,80	2,02	-	1,52	1,71	-	1,25	1,40	-	0,98	1,11	-	0,73	0,82	-	0,48	0,
	IV	42,32	-	3,38	3,80	-	3,18	3,58	-	2,98	3,36	-	2,79	3,14	-	2,60	2,93	-	2,42	2,72	-	2,24	2,
	V	59,43	*1,27*	4,75	5,34																		
	VI	60,90	*1,44*	4,87	5,48																		
204,79	I	42,36	-	3,38	3,81	-	2,99	3,36	-	2,60	2,93	-	2,24	2,52	-	1,89	2,13	-	1,56	1,76	-	1,25	1,
	II	37,61	-	3,00	3,38	-	2,62	2,95	-	2,26	2,54	-	1,91	2,15	-	1,58	1,78	-	1,26	1,42	-	0,97	1,
	III	26,12	-	2,08	2,35	-	1,80	2,02	-	1,52	1,71	-	1,25	1,40	-	0,98	1,11	-	0,73	0,82	-	0,49	0,
	IV	42,36	-	3,38	3,81	-	3,18	3,58	-	2,99	3,36	-	2,79	3,14	-	2,60	2,93	-	2,42	2,72	-	2,24	2,
	V	59,46	*1,27*	4,75	5,35																		
	VI	60,94	*1,45*	4,87	5,48																		
204,89	I	42,40	-	3,39	3,81	-	2,99	3,36	-	2,61	2,93	-	2,24	2,52	-	1,90	2,13	-	1,57	1,76	-	1,25	1,
	II	37,65	-	3,01	3,38	-	2,62	2,95	-	2,26	2,54	-	1,91	2,15	-	1,58	1,78	-	1,27	1,43	-	0,97	1,
	III	26,15	-	2,09	2,35	-	1,80	2,02	-	1,52	1,71	-	1,25	1,41	-	0,99	1,11	-	0,73	0,83	-	0,49	0,
	IV	42,40	-	3,39	3,81	-	3,19	3,58	-	2,99	3,36	-	2,80	3,15	-	2,61	2,93	-	2,42	2,73	-	2,24	2,
	V	59,50	*1,28*	4,76	5,35																		
	VI	60,98	*1,45*	4,87	5,48																		
204,99	I	42,43	-	3,39	3,81	-	2,99	3,37	-	2,61	2,94	-	2,24	2,53	-	1,90	2,14	-	1,57	1,76	-	1,25	1,
	II	37,68	-	3,01	3,39	-	2,63	2,96	-	2,26	2,55	-	1,91	2,15	-	1,58	1,78	-	1,27	1,43	-	0,97	1,
	III	26,18	-	2,09	2,35	-	1,80	2,03	-	1,52	1,71	-	1,25	1,41	-	0,99	1,11	-	0,74	0,83	-	0,49	0,
	IV	42,43	-	3,39	3,81	-	3,19	3,59	-	2,99	3,37	-	2,80	3,15	-	2,61	2,94	-	2,42	2,73	-	2,24	2,
	V	59,54	*1,28*	4,76	5,35																		
	VI	61,02	*1,46*	4,88	5,49																		
205,09	I	42,47	-	3,39	3,82	-	2,99	3,37	-	2,61	2,94	-	2,25	2,53	-	1,90	2,14	-	1,57	1,77	-	1,26	1,
	II	37,72	-	3,01	3,39	-	2,63	2,96	-	2,26	2,55	-	1,92	2,16	-	1,59	1,78	-	1,27	1,43	-	0,97	1,
	III	26,20	-	2,09	2,35	-	1,80	2,03	-	1,52	1,71	-	1,25	1,41	-	0,99	1,12	-	0,74	0,83	-	0,49	0,
	IV	42,47	-	3,39	3,82	-	3,19	3,59	-	2,99	3,37	-	2,80	3,15	-	2,61	2,94	-	2,43	2,73	-	2,25	2,
	V	59,58	*1,29*	4,76	5,36																		
	VI	61,06	*1,46*	4,88	5,49																		
205,19	I	42,51	-	3,40	3,82	-	3,00	3,37	-	2,62	2,94	-	2,25	2,53	-	1,90	2,14	-	1,57	1,77	-	1,26	1,
	II	37,76	-	3,02	3,39	-	2,63	2,96	-	2,27	2,55	-	1,92	2,16	-	1,59	1,79	-	1,27	1,43	-	0,98	1,
	III	26,23	-	2,09	2,36	-	1,81	2,03	-	1,53	1,72	-	1,26	1,41	-	0,99	1,12	-	0,74	0,83	-	0,49	0,
	IV	42,51	-	3,40	3,82	-	3,19	3,59	-	3,00	3,37	-	2,80	3,15	-	2,62	2,94	-	2,43	2,73	-	2,25	2,
	V	59,62	*1,29*	4,76	5,36																		
	VI	61,10	*1,47*	4,88	5,49																		
205,29	I	42,55	-	3,40	3,82	-	3,00	3,38	-	2,62	2,95	-	2,25	2,53	-	1,90	2,14	-	1,57	1,77	-	1,26	1,
	II	37,79	-	3,02	3,40	-	2,64	2,97	-	2,27	2,55	-	1,92	2,16	-	1,59	1,79	-	1,28	1,44	-	0,98	1,
	III	26,26	-	2,10	2,36	-	1,81	2,03	-	1,53	1,72	-	1,26	1,41	-	0,99	1,12	-	0,74	0,83	-	0,50	0,
	IV	42,55	-	3,40	3,82	-	3,20	3,60	-	3,00	3,38	-	2,81	3,16	-	2,62	2,95	-	2,43	2,74	-	2,25	2,
	V	59,66	*1,30*	4,77	5,36																		
	VI	61,13	*1,47*	4,89	5,50																		
205,39	I	42,58	-	3,40	3,83	-	3,00	3,38	-	2,62	2,95	-	2,26	2,54	-	1,91	2,15	-	1,58	1,77	-	1,26	1,4
	II	37,83	-	3,02	3,40	-	2,64	2,97	-	2,27	2,56	-	1,92	2,16	-	1,59	1,79	-	1,28	1,44	-	0,98	1,1
	III	26,28	-	2,10	2,36	-	1,81	2,04	-	1,53	1,72	-	1,26	1,42	-	1,00	1,12	-	0,74	0,84	-	0,50	0,5
	IV	42,58	-	3,40	3,83	-	3,20	3,60	-	3,00	3,38	-	2,81	3,16	-	2,62	2,95	-	2,44	2,74	-	2,26	2,5
	V	59,70	*1,30*	4,77	5,37																		
	VI	61,17	*1,48*	4,89	5,50																		
205,49	I	42,62	-	3,40	3,83	-	3,01	3,38	-	2,62	2,95	-	2,26	2,54	-	1,91	2,15	-	1,58	1,78	-	1,27	1,4
	II	37,86	-	3,02	3,40	-	2,64	2,97	-	2,28	2,56	-	1,93	2,17	-	1,60	1,80	-	1,28	1,44	-	0,98	1,1
	III	26,31	-	2,10	2,36	-	1,81	2,04	-	1,53	1,72	-	1,26	1,42	-	1,00	1,12	-	0,74	0,84	-	0,50	0,5
	IV	42,62	-	3,40	3,83	-	3,20	3,60	-	3,01	3,38	-	2,81	3,16	-	2,62	2,95	-	2,44	2,74	-	2,26	2,5
	V	59,73	*1,30*	4,77	5,37																		
	VI	61,21	*1,48*	4,89	5,50																		

Lohn/ Gehalt bis	Steuerklasse	Lohn- steuer	ohne Kinderfreibetrag SolZ 5,5%	Kirchensteuer 8%	Kirchensteuer 9%	0,5 SolZ 5,5%	Kirchensteuer 8%	Kirchensteuer 9%	1,0 SolZ 5,5%	Kirchensteuer 8%	Kirchensteuer 9%	1,5 SolZ 5,5%	Kirchensteuer 8%	Kirchensteuer 9%	2,0 SolZ 5,5%	Kirchensteuer 8%	Kirchensteuer 9%	2,5 SolZ 5,5%	Kirchensteuer 8%	Kirchensteuer 9%	3,0 SolZ 5,5%	Kirchensteuer 8%	Kirchensteuer 9%
						Anzahl Kinderfreibeträge (nur Steuerklassen I–IV)																	
205,59	I	42,66	-	3,41	3,83	-	3,01	3,38	-	2,63	2,95	-	2,26	2,54	-	1,91	2,15	-	1,58	1,78	-	1,27	1,43
	II	37,90	-	3,03	3,41	-	2,64	2,97	-	2,28	2,56	-	1,93	2,17	-	1,60	1,80	-	1,28	1,44	-	0,99	1,11
	III	26,33	-	2,10	2,36	-	1,81	2,04	-	1,53	1,73	-	1,26	1,42	-	1,00	1,13	-	0,75	0,84	-	0,50	0,56
	IV	42,66	-	3,41	3,83	-	3,21	3,61	-	3,01	3,38	-	2,82	3,17	-	2,63	2,95	-	2,44	2,75	-	2,26	2,54
	V	59,77	1,31	4,78	5,37																		
	VI	61,25	1,49	4,90	5,51																		
205,69	I	42,70	-	3,41	3,84	-	3,01	3,39	-	2,63	2,96	-	2,26	2,55	-	1,92	2,16	-	1,58	1,78	-	1,27	1,43
	II	37,93	-	3,03	3,41	-	2,65	2,98	-	2,28	2,57	-	1,93	2,17	-	1,60	1,80	-	1,28	1,45	-	0,99	1,11
	III	26,36	-	2,10	2,37	-	1,82	2,04	-	1,54	1,73	-	1,26	1,42	-	1,00	1,13	-	0,75	0,84	-	0,50	0,57
	IV	42,70	-	3,41	3,84	-	3,21	3,61	-	3,01	3,39	-	2,82	3,17	-	2,63	2,96	-	2,44	2,75	-	2,26	2,55
	V	59,81	1,31	4,78	5,38																		
	VI	61,29	1,49	4,90	5,51																		
205,79	I	42,73	-	3,41	3,84	-	3,01	3,39	-	2,63	2,96	-	2,27	2,55	-	1,92	2,16	-	1,59	1,79	-	1,27	1,43
	II	37,97	-	3,03	3,41	-	2,65	2,98	-	2,28	2,57	-	1,93	2,18	-	1,60	1,80	-	1,29	1,45	-	0,99	1,11
	III	26,39	-	2,11	2,37	-	1,82	2,05	-	1,54	1,73	-	1,27	1,43	-	1,00	1,13	-	0,75	0,84	-	0,50	0,57
	IV	42,73	-	3,41	3,84	-	3,21	3,61	-	3,01	3,39	-	2,82	3,17	-	2,63	2,96	-	2,45	2,75	-	2,27	2,55
	V	59,85	1,32	4,78	5,38																		
	VI	61,32	1,49	4,90	5,51																		
205,89	I	42,77	-	3,42	3,84	-	3,02	3,39	-	2,63	2,96	-	2,27	2,55	-	1,92	2,16	-	1,59	1,79	-	1,27	1,43
	II	38,01	-	3,04	3,42	-	2,65	2,98	-	2,29	2,57	-	1,94	2,18	-	1,60	1,80	-	1,29	1,45	-	0,99	1,12
	III	26,42	-	2,11	2,37	-	1,82	2,05	-	1,54	1,73	-	1,27	1,43	-	1,01	1,13	-	0,75	0,85	-	0,51	0,57
	IV	42,77	-	3,42	3,84	-	3,21	3,62	-	3,02	3,39	-	2,82	3,18	-	2,63	2,96	-	2,45	2,76	-	2,27	2,55
	V	59,88	1,32	4,79	5,38																		
	VI	61,36	1,50	4,90	5,52																		
205,99	I	42,81	-	3,42	3,85	-	3,02	3,40	-	2,64	2,97	-	2,27	2,56	-	1,92	2,16	-	1,59	1,79	-	1,28	1,44
	II	38,04	-	3,04	3,42	-	2,66	2,99	-	2,29	2,57	-	1,94	2,18	-	1,61	1,81	-	1,29	1,45	-	0,99	1,12
	III	26,44	-	2,11	2,37	-	1,82	2,05	-	1,54	1,73	-	1,27	1,43	-	1,01	1,13	-	0,75	0,85	-	0,51	0,57
	IV	42,81	-	3,42	3,85	-	3,22	3,62	-	3,02	3,40	-	2,83	3,18	-	2,64	2,97	-	2,45	2,76	-	2,27	2,56
	V	59,92	1,33	4,79	5,39																		
	VI	61,40	1,50	4,91	5,52																		
206,09	I	42,84	-	3,42	3,85	-	3,02	3,40	-	2,64	2,97	-	2,27	2,56	-	1,92	2,17	-	1,59	1,79	-	1,28	1,44
	II	38,08	-	3,04	3,42	-	2,66	2,99	-	2,29	2,58	-	1,94	2,18	-	1,61	1,81	-	1,29	1,46	-	1,00	1,12
	III	26,47	-	2,11	2,38	-	1,82	2,05	-	1,54	1,74	-	1,27	1,43	-	1,01	1,14	-	0,76	0,85	-	0,51	0,57
	IV	42,84	-	3,42	3,85	-	3,22	3,62	-	3,02	3,40	-	2,83	3,18	-	2,64	2,97	-	2,45	2,76	-	2,27	2,56
	V	59,96	1,33	4,79	5,39																		
	VI	61,44	1,51	4,91	5,52																		
206,19	I	42,88	-	3,43	3,85	-	3,03	3,40	-	2,64	2,97	-	2,28	2,56	-	1,93	2,17	-	1,60	1,80	-	1,28	1,44
	II	38,11	-	3,04	3,42	-	2,66	2,99	-	2,29	2,58	-	1,94	2,19	-	1,61	1,81	-	1,30	1,46	-	1,00	1,12
	III	26,50	-	2,12	2,38	-	1,83	2,06	-	1,55	1,74	-	1,27	1,43	-	1,01	1,14	-	0,76	0,85	-	0,51	0,58
	IV	42,88	-	3,43	3,85	-	3,22	3,63	-	3,03	3,40	-	2,83	3,19	-	2,64	2,97	-	2,46	2,76	-	2,28	2,56
	V	60,00	1,34	4,80	5,40																		
	VI	61,48	1,51	4,91	5,53																		
206,29	I	42,92	-	3,43	3,86	-	3,03	3,41	-	2,64	2,98	-	2,28	2,56	-	1,93	2,17	-	1,60	1,80	-	1,28	1,44
	II	38,15	-	3,05	3,43	-	2,66	3,00	-	2,30	2,58	-	1,95	2,19	-	1,61	1,82	-	1,30	1,46	-	1,00	1,13
	III	26,52	-	2,12	2,38	-	1,83	2,06	-	1,55	1,74	-	1,28	1,44	-	1,01	1,14	-	0,76	0,85	-	0,51	0,58
	IV	42,92	-	3,43	3,86	-	3,23	3,63	-	3,03	3,41	-	2,83	3,19	-	2,64	2,98	-	2,46	2,77	-	2,28	2,56
	V	60,04	1,34	4,80	5,40																		
	VI	61,51	1,52	4,92	5,53																		
206,39	I	42,95	-	3,43	3,86	-	3,03	3,41	-	2,65	2,98	-	2,28	2,57	-	1,93	2,17	-	1,60	1,80	-	1,29	1,45
	II	38,18	-	3,05	3,43	-	2,67	3,00	-	2,30	2,59	-	1,95	2,19	-	1,62	1,82	-	1,30	1,46	-	1,00	1,13
	III	26,55	-	2,12	2,38	-	1,83	2,06	-	1,55	1,74	-	1,28	1,44	-	1,02	1,14	-	0,76	0,86	-	0,52	0,58
	IV	42,95	-	3,43	3,86	-	3,23	3,63	-	3,03	3,41	-	2,84	3,19	-	2,65	2,98	-	2,46	2,77	-	2,28	2,57
	V	60,08	1,35	4,80	5,40																		
	VI	61,55	1,52	4,92	5,53																		
206,49	I	42,99	-	3,43	3,86	-	3,03	3,41	-	2,65	2,98	-	2,28	2,57	-	1,94	2,18	-	1,60	1,80	-	1,29	1,45
	II	38,22	-	3,05	3,43	-	2,67	3,00	-	2,30	2,59	-	1,95	2,20	-	1,62	1,82	-	1,30	1,47	-	1,00	1,13
	III	26,58	-	2,12	2,39	-	1,83	2,06	-	1,55	1,75	-	1,28	1,44	-	1,02	1,14	-	0,76	0,86	-	0,52	0,58
	IV	42,99	-	3,43	3,86	-	3,23	3,64	-	3,03	3,41	-	2,84	3,20	-	2,65	2,98	-	2,46	2,77	-	2,28	2,57
	V	60,11	1,35	4,80	5,40																		
	VI	61,59	1,53	4,92	5,54																		
206,59	I	43,03	-	3,44	3,87	-	3,04	3,42	-	2,65	2,99	-	2,29	2,57	-	1,94	2,18	-	1,61	1,81	-	1,29	1,45
	II	38,26	-	3,06	3,44	-	2,67	3,01	-	2,30	2,59	-	1,95	2,20	-	1,62	1,82	-	1,30	1,47	-	1,01	1,13
	III	26,60	-	2,12	2,39	-	1,83	2,06	-	1,55	1,75	-	1,28	1,44	-	1,02	1,15	-	0,76	0,86	-	0,52	0,58
	IV	43,03	-	3,44	3,87	-	3,24	3,64	-	3,04	3,42	-	2,84	3,20	-	2,65	2,99	-	2,47	2,78	-	2,29	2,57
	V	60,15	1,35	4,81	5,41																		
	VI	61,63	1,53	4,93	5,54																		
206,69	I	43,07	-	3,44	3,87	-	3,04	3,42	-	2,66	2,99	-	2,29	2,58	-	1,94	2,18	-	1,61	1,81	-	1,29	1,45
	II	38,29	-	3,06	3,44	-	2,67	3,01	-	2,31	2,60	-	1,96	2,20	-	1,62	1,83	-	1,31	1,47	-	1,01	1,13
	III	26,63	-	2,13	2,39	-	1,84	2,07	-	1,56	1,75	-	1,28	1,44	-	1,02	1,15	-	0,77	0,86	-	0,52	0,59
	IV	43,07	-	3,44	3,87	-	3,24	3,64	-	3,04	3,42	-	2,85	3,20	-	2,66	2,99	-	2,47	2,78	-	2,29	2,58
	V	60,19	1,36	4,81	5,41																		
	VI	61,67	1,54	4,93	5,55																		
206,79	I	43,10	-	3,44	3,87	-	3,04	3,42	-	2,66	2,99	-	2,29	2,58	-	1,94	2,19	-	1,61	1,81	-	1,29	1,46
	II	38,33	-	3,06	3,44	-	2,68	3,01	-	2,31	2,60	-	1,96	2,20	-	1,63	1,83	-	1,31	1,47	-	1,01	1,14
	III	26,66	-	2,13	2,39	-	1,84	2,07	-	1,56	1,75	-	1,29	1,45	-	1,02	1,15	-	0,77	0,86	-	0,52	0,59
	IV	43,10	-	3,44	3,87	-	3,24	3,65	-	3,04	3,42	-	2,85	3,20	-	2,66	2,99	-	2,47	2,78	-	2,29	2,58
	V	60,23	1,36	4,81	5,42																		
	VI	61,70	1,54	4,93	5,55																		
206,89	I	43,14	-	3,45	3,88	-	3,05	3,43	-	2,66	2,99	-	2,29	2,58	-	1,94	2,19	-	1,61	1,81	-	1,30	1,46
	II	38,36	-	3,06	3,45	-	2,68	3,01	-	2,31	2,60	-	1,96	2,21	-	1,63	1,83	-	1,31	1,48	-	1,01	1,14
	III	26,68	-	2,13	2,40	-	1,84	2,07	-	1,56	1,76	-	1,29	1,45	-	1,02	1,15	-	0,77	0,87	-	0,52	0,59
	IV	43,14	-	3,45	3,88	-	3,24	3,65	-	3,05	3,43	-	2,85	3,21	-	2,66	2,99	-	2,48	2,79	-	2,29	2,58
	V	60,26	1,37	4,82	5,42																		
	VI	61,74	1,54	4,93	5,55																		
206,99	I	43,18	-	3,45	3,88	-	3,05	3,43	-	2,66	3,00	-	2,30	2,58	-	1,95	2,19	-	1,61	1,82	-	1,30	1,46
	II	38,40	-	3,07	3,45	-	2,68	3,02	-	2,31	2,60	-	1,96	2,21	-	1,63	1,83	-	1,31	1,48	-	1,02	1,14
	III	26,71	-	2,13	2,40	-	1,84	2,07	-	1,56	1,76	-	1,29	1,45	-	1,03	1,16	-	0,77	0,87	-	0,53	0,59
	IV	43,18	-	3,45	3,88	-	3,25	3,65	-	3,05	3,43	-	2,85	3,21	-	2,66	3,00	-	2,48	2,79	-	2,30	2,58
	V	60,30	1,37	4,82	5,42																		
	VI	61,78	1,55	4,94	5,56																		

Lohn/ Gehalt bis	Steuerklasse	Lohn-steuer	ohne Kinderfreibetrag SolZ 5,5%	Kirchensteuer 8%	Kirchensteuer 9%	0,5 SolZ 5,5%	0,5 Kirchensteuer 8%	0,5 Kirchensteuer 9%	1,0 SolZ 5,5%	1,0 Kirchensteuer 8%	1,0 Kirchensteuer 9%	1,5 SolZ 5,5%	1,5 Kirchensteuer 8%	1,5 Kirchensteuer 9%	2,0 SolZ 5,5%	2,0 Kirchensteuer 8%	2,0 Kirchensteuer 9%	2,5 SolZ 5,5%	2,5 Kirchensteuer 8%	2,5 Kirchensteuer 9%	3,0 SolZ 5,5%	3,0 Kirchensteuer 8%	3,0 Kirchensteuer 9%
						Anzahl Kinderfreibeträge (nur Steuerklassen I–IV)																	
207,09	I	43,22	-	3,45	3,88	-	3,05	3,43	-	2,67	3,00	-	2,30	2,59	-	1,95	2,19	-	1,62	1,82	-	1,30	1
	II	38,44	-	3,07	3,45	-	2,68	3,02	-	2,32	2,61	-	1,97	2,21	-	1,63	1,84	-	1,32	1,48	-	1,02	1
	III	26,74	-	2,13	2,40	-	1,84	2,08	-	1,56	1,76	-	1,29	1,45	-	1,03	1,16	-	0,77	0,87	-	0,53	0
	IV	43,22	-	3,45	3,88	-	3,25	3,66	-	3,05	3,43	-	2,86	3,21	-	2,67	3,00	-	2,48	2,79	-	2,30	2
	V	60,34	1,38	4,82	5,43																		
	VI	61,82	1,55	4,94	5,56																		
207,19	I	43,25	-	3,46	3,89	-	3,05	3,44	-	2,67	3,00	-	2,30	2,59	-	1,95	2,20	-	1,62	1,82	-	1,30	1
	II	38,47	-	3,07	3,46	-	2,69	3,02	-	2,32	2,61	-	1,97	2,22	-	1,64	1,84	-	1,32	1,48	-	1,02	1
	III	26,76	-	2,14	2,40	-	1,85	2,08	-	1,57	1,76	-	1,29	1,46	-	1,03	1,16	-	0,78	0,87	-	0,53	0
	IV	43,25	-	3,46	3,89	-	3,25	3,66	-	3,05	3,44	-	2,86	3,22	-	2,67	3,00	-	2,48	2,79	-	2,30	2
	V	60,38	1,38	4,83	5,43																		
	VI	61,86	1,56	4,94	5,56																		
207,29	I	43,29	-	3,46	3,89	-	3,06	3,44	-	2,67	3,01	-	2,30	2,59	-	1,96	2,20	-	1,62	1,82	-	1,31	1
	II	38,51	-	3,08	3,46	-	2,69	3,03	-	2,32	2,61	-	1,97	2,22	-	1,64	1,84	-	1,32	1,49	-	1,02	1
	III	26,79	-	2,14	2,41	-	1,85	2,08	-	1,57	1,76	-	1,30	1,46	-	1,03	1,16	-	0,78	0,87	-	0,53	0
	IV	43,29	-	3,46	3,89	-	3,26	3,66	-	3,06	3,44	-	2,86	3,22	-	2,67	3,01	-	2,49	2,80	-	2,30	2
	V	60,42	1,39	4,83	5,43																		
	VI	61,90	1,56	4,95	5,57																		
207,39	I	43,33	-	3,46	3,89	-	3,06	3,44	-	2,68	3,01	-	2,31	2,60	-	1,96	2,20	-	1,62	1,83	-	1,31	1
	II	38,55	-	3,08	3,46	-	2,69	3,03	-	2,32	2,62	-	1,97	2,22	-	1,64	1,85	-	1,32	1,49	-	1,02	1
	III	26,82	-	2,14	2,41	-	1,85	2,08	-	1,57	1,77	-	1,30	1,46	-	1,03	1,16	-	0,78	0,88	-	0,53	0
	IV	43,33	-	3,46	3,89	-	3,26	3,67	-	3,06	3,44	-	2,87	3,22	-	2,68	3,01	-	2,49	2,80	-	2,31	2
	V	60,46	1,39	4,83	5,44																		
	VI	61,93	1,57	4,95	5,57																		
207,49	I	43,36	-	3,46	3,90	-	3,06	3,45	-	2,68	3,01	-	2,31	2,60	-	1,96	2,21	-	1,63	1,83	-	1,31	1
	II	38,58	-	3,08	3,47	-	2,70	3,03	-	2,33	2,62	-	1,98	2,22	-	1,64	1,85	-	1,33	1,49	-	1,03	1
	III	26,85	-	2,14	2,41	-	1,85	2,08	-	1,57	1,77	-	1,30	1,46	-	1,04	1,17	-	0,78	0,88	-	0,53	0
	IV	43,36	-	3,46	3,90	-	3,26	3,67	-	3,06	3,45	-	2,87	3,23	-	2,68	3,01	-	2,49	2,80	-	2,31	2
	V	60,50	1,40	4,84	5,44																		
	VI	61,97	1,57	4,95	5,57																		
207,59	I	43,40	-	3,47	3,90	-	3,07	3,45	-	2,68	3,02	-	2,31	2,60	-	1,96	2,21	-	1,63	1,83	-	1,31	1
	II	38,61	-	3,08	3,47	-	2,70	3,04	-	2,33	2,62	-	1,98	2,23	-	1,64	1,85	-	1,33	1,49	-	1,03	1
	III	26,87	-	2,14	2,41	-	1,86	2,09	-	1,57	1,77	-	1,30	1,46	-	1,04	1,17	-	0,78	0,88	-	0,54	0
	IV	43,40	-	3,47	3,90	-	3,26	3,67	-	3,07	3,45	-	2,87	3,23	-	2,68	3,02	-	2,49	2,81	-	2,31	2
	V	60,53	1,40	4,84	5,44																		
	VI	62,01	1,58	4,96	5,58																		
207,69	I	43,44	-	3,47	3,90	-	3,07	3,45	-	2,68	3,02	-	2,32	2,61	-	1,96	2,21	-	1,63	1,84	-	1,32	1
	II	38,65	-	3,09	3,47	-	2,70	3,04	-	2,33	2,62	-	1,98	2,23	-	1,65	1,85	-	1,33	1,50	-	1,03	1
	III	26,90	-	2,15	2,42	-	1,86	2,09	-	1,58	1,77	-	1,30	1,47	-	1,04	1,17	-	0,78	0,88	-	0,54	0
	IV	43,44	-	3,47	3,90	-	3,27	3,68	-	3,07	3,45	-	2,87	3,23	-	2,68	3,02	-	2,50	2,81	-	2,32	2
	V	60,57	1,40	4,84	5,45																		
	VI	62,05	1,58	4,96	5,58																		
207,79	I	43,48	-	3,47	3,91	-	3,07	3,46	-	2,69	3,02	-	2,32	2,61	-	1,97	2,21	-	1,63	1,84	-	1,32	1
	II	38,69	-	3,09	3,48	-	2,70	3,04	-	2,34	2,63	-	1,98	2,23	-	1,65	1,86	-	1,33	1,50	-	1,03	1
	III	26,92	-	2,15	2,42	-	1,86	2,09	-	1,58	1,78	-	1,31	1,47	-	1,04	1,17	-	0,79	0,89	-	0,54	0
	IV	43,48	-	3,47	3,91	-	3,27	3,68	-	3,07	3,46	-	2,88	3,24	-	2,69	3,02	-	2,50	2,81	-	2,32	2
	V	60,61	1,41	4,84	5,45																		
	VI	62,08	1,58	4,96	5,58																		
207,89	I	43,51	-	3,48	3,91	-	3,07	3,46	-	2,69	3,03	-	2,32	2,61	-	1,97	2,22	-	1,64	1,84	-	1,32	1
	II	38,72	-	3,09	3,48	-	2,71	3,05	-	2,34	2,63	-	1,99	2,24	-	1,65	1,86	-	1,33	1,50	-	1,03	1
	III	26,95	-	2,15	2,42	-	1,86	2,09	-	1,58	1,78	-	1,31	1,47	-	1,04	1,17	-	0,79	0,89	-	0,54	0
	IV	43,51	-	3,48	3,91	-	3,27	3,68	-	3,07	3,46	-	2,88	3,24	-	2,69	3,03	-	2,50	2,82	-	2,32	2,
	V	60,65	1,41	4,85	5,45																		
	VI	62,12	1,59	4,96	5,59																		
207,99	I	43,55	-	3,48	3,91	-	3,08	3,46	-	2,69	3,03	-	2,32	2,61	-	1,97	2,22	-	1,64	1,84	-	1,32	1
	II	38,76	-	3,10	3,48	-	2,71	3,05	-	2,34	2,63	-	1,99	2,24	-	1,65	1,86	-	1,34	1,50	-	1,04	1,
	III	26,98	-	2,15	2,42	-	1,86	2,10	-	1,58	1,78	-	1,31	1,47	-	1,05	1,18	-	0,79	0,89	-	0,54	0
	IV	43,55	-	3,48	3,91	-	3,28	3,69	-	3,08	3,46	-	2,88	3,24	-	2,69	3,03	-	2,51	2,82	-	2,32	2
	V	60,68	1,42	4,85	5,46																		
	VI	62,16	1,59	4,97	5,59																		
208,09	I	43,59	-	3,48	3,92	-	3,08	3,47	-	2,69	3,03	-	2,33	2,62	-	1,98	2,22	-	1,64	1,85	-	1,32	1
	II	38,80	-	3,10	3,49	-	2,71	3,05	-	2,34	2,64	-	1,99	2,24	-	1,66	1,86	-	1,34	1,51	-	1,04	1,
	III	27,01	-	2,16	2,43	-	1,87	2,10	-	1,58	1,78	-	1,31	1,48	-	1,05	1,18	-	0,79	0,89	-	0,54	0,
	IV	43,59	-	3,48	3,92	-	3,28	3,69	-	3,08	3,47	-	2,88	3,25	-	2,69	3,03	-	2,51	2,82	-	2,33	2,
	V	60,72	1,42	4,85	5,46																		
	VI	62,20	1,60	4,97	5,59																		
208,19	I	43,63	-	3,49	3,92	-	3,08	3,47	-	2,70	3,03	-	2,33	2,62	-	1,98	2,23	-	1,64	1,85	-	1,33	1,
	II	38,83	-	3,10	3,49	-	2,72	3,06	-	2,35	2,64	-	1,99	2,24	-	1,66	1,87	-	1,34	1,51	-	1,04	1,
	III	27,03	-	2,16	2,43	-	1,87	2,10	-	1,59	1,79	-	1,31	1,48	-	1,05	1,18	-	0,79	0,89	-	0,55	0,
	IV	43,63	-	3,49	3,92	-	3,28	3,69	-	3,08	3,47	-	2,89	3,25	-	2,70	3,03	-	2,51	2,82	-	2,33	2,
	V	60,76	1,43	4,86	5,46																		
	VI	62,24	1,60	4,97	5,60																		
208,29	I	43,67	-	3,49	3,93	-	3,09	3,47	-	2,70	3,04	-	2,33	2,62	-	1,98	2,23	-	1,65	1,85	-	1,33	1,
	II	38,87	-	3,10	3,49	-	2,72	3,06	-	2,35	2,64	-	2,00	2,25	-	1,66	1,87	-	1,34	1,51	-	1,04	1,
	III	27,06	-	2,16	2,43	-	1,87	2,10	-	1,59	1,79	-	1,32	1,48	-	1,05	1,18	-	0,80	0,90	-	0,55	0,
	IV	43,67	-	3,49	3,93	-	3,28	3,70	-	3,09	3,47	-	2,89	3,25	-	2,70	3,04	-	2,51	2,83	-	2,33	2,
	V	60,80	1,43	4,86	5,47																		
	VI	62,28	1,61	4,98	5,60																		
208,39	I	43,70	-	3,49	3,93	-	3,09	3,47	-	2,70	3,04	-	2,33	2,63	-	1,98	2,23	-	1,65	1,85	-	1,33	1,
	II	38,90	-	3,11	3,50	-	2,72	3,06	-	2,35	2,65	-	2,00	2,25	-	1,66	1,87	-	1,35	1,51	-	1,04	1,
	III	27,08	-	2,16	2,43	-	1,87	2,11	-	1,59	1,79	-	1,32	1,48	-	1,05	1,18	-	0,80	0,90	-	0,55	0,
	IV	43,70	-	3,49	3,93	-	3,29	3,70	-	3,09	3,47	-	2,89	3,26	-	2,70	3,04	-	2,52	2,83	-	2,33	2,
	V	60,84	1,44	4,86	5,47																		
	VI	62,31	1,61	4,98	5,60																		
208,49	I	43,74	-	3,49	3,93	-	3,09	3,48	-	2,71	3,04	-	2,34	2,63	-	1,98	2,23	-	1,65	1,86	-	1,33	1,
	II	38,94	-	3,11	3,50	-	2,72	3,06	-	2,35	2,65	-	2,00	2,25	-	1,67	1,87	-	1,35	1,52	-	1,05	1,
	III	27,11	-	2,16	2,43	-	1,87	2,11	-	1,59	1,79	-	1,32	1,48	-	1,06	1,19	-	0,80	0,90	-	0,55	0,
	IV	43,74	-	3,49	3,93	-	3,29	3,70	-	3,09	3,48	-	2,90	3,26	-	2,71	3,04	-	2,52	2,83	-	2,34	2,
	V	60,88	1,44	4,87	5,47																		
	VI	62,35	1,62	4,98	5,61																		

Lohn/ Gehalt bis	Steuerklasse	Lohn-steuer	ohne Kinderfreibetrag SolZ 5,5%	ohne Kinderfreibetrag Kirchensteuer 8%	ohne Kinderfreibetrag Kirchensteuer 9%	0,5 SolZ 5,5%	0,5 Kirchensteuer 8%	0,5 Kirchensteuer 9%	1,0 SolZ 5,5%	1,0 Kirchensteuer 8%	1,0 Kirchensteuer 9%	1,5 SolZ 5,5%	1,5 Kirchensteuer 8%	1,5 Kirchensteuer 9%	2,0 SolZ 5,5%	2,0 Kirchensteuer 8%	2,0 Kirchensteuer 9%	2,5 SolZ 5,5%	2,5 Kirchensteuer 8%	2,5 Kirchensteuer 9%	3,0 SolZ 5,5%	3,0 Kirchensteuer 8%	3,0 Kirchensteuer 9%
						Anzahl Kinderfreibeträge (nur Steuerklassen I–IV)																	
208,59	I	43,78	-	3,50	3,94	-	3,09	3,48	-	2,71	3,05	-	2,34	2,63	-	1,99	2,24	-	1,65	1,86	-	1,34	1,50
	II	38,98	-	3,11	3,50	-	2,73	3,07	-	2,36	2,65	-	2,00	2,25	-	1,67	1,88	-	1,35	1,52	-	1,05	1,18
	III	27,14	-	2,17	2,44	-	1,88	2,11	-	1,59	1,79	-	1,32	1,49	-	1,06	1,19	-	0,80	0,90	-	0,55	0,62
	IV	43,78	-	3,50	3,94	-	3,29	3,71	-	3,09	3,48	-	2,90	3,26	-	2,71	3,05	-	2,52	2,84	-	2,34	2,63
	V	60,91	1,45	4,87	5,48																		
	VI	62,39	1,62	4,99	5,61																		
208,69	I	43,81	-	3,50	3,94	-	3,10	3,48	-	2,71	3,05	-	2,34	2,63	-	1,99	2,24	-	1,66	1,86	-	1,34	1,51
	II	39,01	-	3,12	3,51	-	2,73	3,07	-	2,36	2,65	-	2,01	2,26	-	1,67	1,88	-	1,35	1,52	-	1,05	1,18
	III	27,17	-	2,17	2,44	-	1,88	2,11	-	1,60	1,80	-	1,32	1,49	-	1,06	1,19	-	0,80	0,90	-	0,56	0,63
	IV	43,81	-	3,50	3,94	-	3,30	3,71	-	3,10	3,48	-	2,90	3,26	-	2,71	3,05	-	2,52	2,84	-	2,34	2,63
	V	60,95	1,45	4,87	5,48																		
	VI	62,43	1,63	4,99	5,61																		
208,79	I	43,85	-	3,50	3,94	-	3,10	3,49	-	2,71	3,05	-	2,34	2,64	-	1,99	2,24	-	1,66	1,87	-	1,34	1,51
	II	39,05	-	3,12	3,51	-	2,73	3,07	-	2,36	2,66	-	2,01	2,26	-	1,67	1,88	-	1,35	1,52	-	1,05	1,18
	III	27,19	-	2,17	2,44	-	1,88	2,12	-	1,60	1,80	-	1,33	1,49	-	1,06	1,19	-	0,80	0,91	-	0,56	0,63
	IV	43,85	-	3,50	3,94	-	3,30	3,71	-	3,10	3,49	-	2,90	3,27	-	2,71	3,05	-	2,53	2,84	-	2,34	2,64
	V	60,99	1,45	4,87	5,48																		
	VI	62,47	1,63	4,99	5,62																		
208,89	I	43,89	-	3,51	3,95	-	3,10	3,49	-	2,72	3,06	-	2,35	2,64	-	2,00	2,25	-	1,66	1,87	-	1,34	1,51
	II	39,08	-	3,12	3,51	-	2,73	3,08	-	2,36	2,66	-	2,01	2,26	-	1,68	1,89	-	1,36	1,53	-	1,06	1,19
	III	27,22	-	2,17	2,44	-	1,88	2,12	-	1,60	1,80	-	1,33	1,49	-	1,06	1,20	-	0,81	0,91	-	0,56	0,63
	IV	43,89	-	3,51	3,95	-	3,30	3,72	-	3,10	3,49	-	2,91	3,27	-	2,72	3,06	-	2,53	2,85	-	2,35	2,64
	V	61,03	1,46	4,88	5,49																		
	VI	62,51	1,63	5,00	5,62																		
208,99	I	43,93	-	3,51	3,95	-	3,11	3,49	-	2,72	3,06	-	2,35	2,64	-	2,00	2,25	-	1,66	1,87	-	1,34	1,51
	II	39,12	-	3,12	3,52	-	2,74	3,08	-	2,37	2,66	-	2,01	2,27	-	1,68	1,89	-	1,36	1,53	-	1,06	1,19
	III	27,25	-	2,18	2,45	-	1,88	2,12	-	1,60	1,80	-	1,33	1,50	-	1,06	1,20	-	0,81	0,91	-	0,56	0,63
	IV	43,93	-	3,51	3,95	-	3,31	3,72	-	3,11	3,49	-	2,91	3,27	-	2,72	3,06	-	2,53	2,85	-	2,35	2,64
	V	61,06	1,46	4,88	5,49																		
	VI	62,54	1,64	5,00	5,62																		
209,09	I	43,97	-	3,51	3,95	-	3,11	3,50	-	2,72	3,06	-	2,35	2,65	-	2,00	2,25	-	1,66	1,87	-	1,35	1,52
	II	39,16	-	3,13	3,52	-	2,74	3,08	-	2,37	2,67	-	2,02	2,27	-	1,68	1,89	-	1,36	1,53	-	1,06	1,19
	III	27,27	-	2,18	2,45	-	1,89	2,12	-	1,60	1,81	-	1,33	1,50	-	1,07	1,20	-	0,81	0,91	-	0,56	0,63
	IV	43,97	-	3,51	3,95	-	3,31	3,72	-	3,11	3,50	-	2,91	3,28	-	2,72	3,06	-	2,54	2,85	-	2,35	2,65
	V	61,10	1,47	4,88	5,49																		
	VI	62,58	1,64	5,00	5,63																		
209,19	I	44,00	-	3,52	3,96	-	3,11	3,50	-	2,72	3,07	-	2,36	2,65	-	2,00	2,25	-	1,67	1,88	-	1,35	1,52
	II	39,19	-	3,13	3,52	-	2,74	3,09	-	2,37	2,67	-	2,02	2,27	-	1,68	1,89	-	1,36	1,53	-	1,06	1,19
	III	27,30	-	2,18	2,45	-	1,89	2,13	-	1,61	1,81	-	1,33	1,50	-	1,07	1,20	-	0,81	0,91	-	0,56	0,63
	IV	44,00	-	3,52	3,96	-	3,31	3,73	-	3,11	3,50	-	2,92	3,28	-	2,72	3,07	-	2,54	2,86	-	2,36	2,65
	V	61,14	1,47	4,89	5,50																		
	VI	62,62	1,65	5,00	5,63																		
209,29	I	44,04	-	3,52	3,96	-	3,11	3,50	-	2,73	3,07	-	2,36	2,65	-	2,00	2,26	-	1,67	1,88	-	1,35	1,52
	II	39,23	-	3,13	3,53	-	2,75	3,09	-	2,38	2,67	-	2,02	2,27	-	1,68	1,90	-	1,37	1,54	-	1,06	1,20
	III	27,33	-	2,18	2,45	-	1,89	2,13	-	1,61	1,81	-	1,34	1,50	-	1,07	1,20	-	0,81	0,92	-	0,57	0,64
	IV	44,04	-	3,52	3,96	-	3,31	3,73	-	3,11	3,50	-	2,92	3,28	-	2,73	3,07	-	2,54	2,86	-	2,36	2,65
	V	61,18	1,48	4,89	5,50																		
	VI	62,66	1,65	5,01	5,63																		
209,39	I	44,08	-	3,52	3,96	-	3,12	3,51	-	2,73	3,07	-	2,36	2,66	-	2,01	2,26	-	1,67	1,88	-	1,35	1,52
	II	39,26	-	3,14	3,53	-	2,75	3,09	-	2,38	2,68	-	2,02	2,28	-	1,69	1,90	-	1,37	1,54	-	1,07	1,20
	III	27,35	-	2,18	2,46	-	1,89	2,13	-	1,61	1,81	-	1,34	1,50	-	1,07	1,21	-	0,82	0,92	-	0,57	0,64
	IV	44,08	-	3,52	3,96	-	3,32	3,73	-	3,12	3,51	-	2,92	3,29	-	2,73	3,07	-	2,54	2,86	-	2,36	2,66
	V	61,22	1,48	4,89	5,50																		
	VI	62,70	1,66	5,01	5,64																		
209,49	I	44,12	-	3,52	3,97	-	3,12	3,51	-	2,73	3,07	-	2,36	2,66	-	2,01	2,26	-	1,67	1,88	-	1,36	1,53
	II	39,30	-	3,14	3,53	-	2,75	3,10	-	2,38	2,68	-	2,03	2,28	-	1,69	1,90	-	1,37	1,54	-	1,07	1,20
	III	27,38	-	2,19	2,46	-	1,90	2,13	-	1,61	1,81	-	1,34	1,51	-	1,07	1,21	-	0,82	0,92	-	0,57	0,64
	IV	44,12	-	3,52	3,97	-	3,32	3,74	-	3,12	3,51	-	2,92	3,29	-	2,73	3,07	-	2,55	2,86	-	2,36	2,66
	V	61,26	1,49	4,90	5,51																		
	VI	62,73	1,66	5,01	5,64																		
209,59	I	44,15	-	3,53	3,97	-	3,12	3,51	-	2,74	3,08	-	2,37	2,66	-	2,01	2,26	-	1,68	1,89	-	1,36	1,53
	II	39,34	-	3,14	3,54	-	2,75	3,10	-	2,38	2,68	-	2,03	2,28	-	1,69	1,90	-	1,37	1,54	-	1,07	1,20
	III	27,41	-	2,19	2,46	-	1,90	2,13	-	1,62	1,82	-	1,34	1,51	-	1,08	1,21	-	0,82	0,92	-	0,57	0,64
	IV	44,15	-	3,53	3,97	-	3,32	3,74	-	3,12	3,51	-	2,93	3,29	-	2,74	3,08	-	2,55	2,87	-	2,37	2,66
	V	61,30	1,49	4,90	5,51																		
	VI	62,77	1,67	5,02	5,64																		
209,69	I	44,19	-	3,53	3,97	-	3,13	3,52	-	2,74	3,08	-	2,37	2,66	-	2,02	2,27	-	1,68	1,89	-	1,36	1,53
	II	39,37	-	3,14	3,54	-	2,76	3,10	-	2,39	2,68	-	2,03	2,29	-	1,69	1,91	-	1,38	1,55	-	1,07	1,21
	III	27,43	-	2,19	2,46	-	1,90	2,14	-	1,62	1,82	-	1,34	1,51	-	1,08	1,21	-	0,82	0,92	-	0,57	0,64
	IV	44,19	-	3,53	3,97	-	3,33	3,74	-	3,13	3,52	-	2,93	3,30	-	2,74	3,08	-	2,55	2,87	-	2,37	2,66
	V	61,33	1,50	4,90	5,51																		
	VI	62,81	1,67	5,02	5,65																		
209,79	I	44,23	-	3,53	3,98	-	3,13	3,52	-	2,74	3,08	-	2,37	2,67	-	2,02	2,27	-	1,68	1,89	-	1,36	1,53
	II	39,41	-	3,15	3,54	-	2,76	3,10	-	2,39	2,69	-	2,03	2,29	-	1,70	1,91	-	1,38	1,55	-	1,07	1,21
	III	27,46	-	2,19	2,47	-	1,90	2,14	-	1,62	1,82	-	1,34	1,51	-	1,08	1,22	-	0,82	0,93	-	0,58	0,65
	IV	44,23	-	3,53	3,98	-	3,33	3,75	-	3,13	3,52	-	2,93	3,30	-	2,74	3,08	-	2,55	2,87	-	2,37	2,67
	V	61,37	1,50	4,90	5,52																		
	VI	62,85	1,68	5,02	5,65																		
209,89	I	44,27	-	3,54	3,98	-	3,13	3,52	-	2,74	3,09	-	2,37	2,67	-	2,02	2,27	-	1,68	1,89	-	1,36	1,53
	II	39,45	-	3,15	3,55	-	2,76	3,11	-	2,39	2,69	-	2,04	2,29	-	1,70	1,91	-	1,38	1,55	-	1,08	1,21
	III	27,49	-	2,19	2,47	-	1,90	2,14	-	1,62	1,82	-	1,35	1,52	-	1,08	1,22	-	0,82	0,93	-	0,58	0,65
	IV	44,27	-	3,54	3,98	-	3,33	3,75	-	3,13	3,52	-	2,94	3,30	-	2,74	3,09	-	2,56	2,88	-	2,37	2,67
	V	61,41	1,50	4,91	5,52																		
	VI	62,89	1,68	5,03	5,66																		
209,99	I	44,31	-	3,54	3,98	-	3,13	3,53	-	2,75	3,09	-	2,38	2,67	-	2,02	2,28	-	1,69	1,90	-	1,37	1,54
	II	39,48	-	3,15	3,55	-	2,76	3,11	-	2,39	2,69	-	2,04	2,29	-	1,70	1,91	-	1,38	1,55	-	1,08	1,21
	III	27,52	-	2,20	2,47	-	1,91	2,14	-	1,62	1,83	-	1,35	1,52	-	1,08	1,22	-	0,83	0,93	-	0,58	0,65
	IV	44,31	-	3,54	3,98	-	3,34	3,75	-	3,13	3,53	-	2,94	3,31	-	2,75	3,09	-	2,56	2,88	-	2,38	2,67
	V	61,45	1,51	4,91	5,53																		
	VI	62,92	1,68	5,03	5,66																		

Lohn/ Gehalt bis	Steuerklasse	Lohn-steuer	ohne Kinderfreibetrag SolZ 5,5%	Kirchensteuer 8%	9%	0,5 SolZ 5,5%	Kirchensteuer 8%	9%	1,0 SolZ 5,5%	Kirchensteuer 8%	9%	1,5 SolZ 5,5%	Kirchensteuer 8%	9%	2,0 SolZ 5,5%	Kirchensteuer 8%	9%	2,5 SolZ 5,5%	Kirchensteuer 8%	9%	3,0 SolZ 5,5%	Kirchensteu 8%	9%
210,09	I	44,34	-	3,54	3,99	-	3,14	3,53	-	2,75	3,09	-	2,38	2,68	-	2,02	2,28	-	1,69	1,90	-	1,37	1
	II	39,52	-	3,16	3,55	-	2,77	3,11	-	2,40	2,70	-	2,04	2,30	-	1,70	1,92	-	1,38	1,56	-	1,08	
	III	27,54	-	2,20	2,47	-	1,91	2,15	-	1,62	1,83	-	1,35	1,52	-	1,09	1,22	-	0,83	0,93	-	0,58	0
	IV	44,34	-	3,54	3,99	-	3,34	3,76	-	3,14	3,53	-	2,94	3,31	-	2,75	3,09	-	2,56	2,88	-	2,38	2
	V	61,48	1,51	4,91	5,53																		
	VI	62,96	1,69	5,03	5,66																		
210,19	I	44,38	-	3,55	3,99	-	3,14	3,53	-	2,75	3,10	-	2,38	2,68	-	2,03	2,28	-	1,69	1,90	-	1,37	1
	II	39,55	-	3,16	3,55	-	2,77	3,12	-	2,40	2,70	-	2,04	2,30	-	1,71	1,92	-	1,39	1,56	-	1,08	1
	III	27,57	-	2,20	2,48	-	1,91	2,15	-	1,63	1,83	-	1,35	1,52	-	1,09	1,22	-	0,83	0,93	-	0,58	0
	IV	44,38	-	3,55	3,99	-	3,34	3,76	-	3,14	3,53	-	2,94	3,31	-	2,75	3,10	-	2,56	2,89	-	2,38	2
	V	61,52	1,52	4,92	5,53																		
	VI	63,00	1,69	5,04	5,67																		
210,29	I	44,42	-	3,55	3,99	-	3,14	3,54	-	2,76	3,10	-	2,38	2,68	-	2,03	2,28	-	1,69	1,91	-	1,37	1
	II	39,59	-	3,16	3,56	-	2,77	3,12	-	2,40	2,70	-	2,05	2,30	-	1,71	1,92	-	1,39	1,56	-	1,09	1
	III	27,60	-	2,20	2,48	-	1,91	2,15	-	1,63	1,83	-	1,36	1,53	-	1,09	1,23	-	0,83	0,94	-	0,58	0
	IV	44,42	-	3,55	3,99	-	3,34	3,76	-	3,14	3,54	-	2,95	3,32	-	2,76	3,10	-	2,57	2,89	-	2,38	2
	V	61,56	1,52	4,92	5,54																		
	VI	63,04	1,70	5,04	5,67																		
210,39	I	44,46	-	3,55	4,00	-	3,15	3,54	-	2,76	3,10	-	2,39	2,69	-	2,03	2,29	-	1,70	1,91	-	1,38	1
	II	39,63	-	3,17	3,56	-	2,78	3,12	-	2,40	2,70	-	2,05	2,31	-	1,71	1,93	-	1,39	1,57	-	1,09	1
	III	27,62	-	2,20	2,48	-	1,91	2,15	-	1,63	1,84	-	1,36	1,53	-	1,09	1,23	-	0,83	0,94	-	0,59	0
	IV	44,46	-	3,55	4,00	-	3,35	3,77	-	3,15	3,54	-	2,95	3,32	-	2,76	3,10	-	2,57	2,89	-	2,39	2
	V	61,60	1,53	4,92	5,54																		
	VI	63,08	1,70	5,04	5,67																		
210,49	I	44,50	-	3,56	4,00	-	3,15	3,54	-	2,76	3,11	-	2,39	2,69	-	2,04	2,29	-	1,70	1,91	-	1,38	1
	II	39,66	-	3,17	3,56	-	2,78	3,13	-	2,41	2,71	-	2,05	2,31	-	1,71	1,93	-	1,39	1,57	-	1,09	1
	III	27,65	-	2,21	2,48	-	1,92	2,16	-	1,63	1,84	-	1,36	1,53	-	1,09	1,23	-	0,84	0,94	-	0,59	0
	IV	44,50	-	3,56	4,00	-	3,35	3,77	-	3,15	3,54	-	2,95	3,32	-	2,76	3,11	-	2,57	2,89	-	2,39	2
	V	61,64	1,53	4,93	5,54																		
	VI	63,11	1,71	5,04	5,67																		
210,59	I	44,53	-	3,56	4,00	-	3,15	3,55	-	2,76	3,11	-	2,39	2,69	-	2,04	2,29	-	1,70	1,91	-	1,38	1
	II	39,70	-	3,17	3,57	-	2,78	3,13	-	2,41	2,71	-	2,05	2,31	-	1,72	1,93	-	1,40	1,57	-	1,09	1
	III	27,68	-	2,21	2,49	-	1,92	2,16	-	1,64	1,84	-	1,36	1,53	-	1,10	1,23	-	0,84	0,94	-	0,59	0
	IV	44,53	-	3,56	4,00	-	3,35	3,77	-	3,15	3,55	-	2,96	3,33	-	2,76	3,11	-	2,58	2,90	-	2,39	2
	V	61,68	1,54	4,93	5,55																		
	VI	63,15	1,71	5,05	5,68																		
210,69	I	44,57	-	3,56	4,01	-	3,16	3,55	-	2,77	3,11	-	2,39	2,69	-	2,04	2,30	-	1,70	1,92	-	1,38	1
	II	39,73	-	3,17	3,57	-	2,78	3,13	-	2,41	2,71	-	2,06	2,31	-	1,72	1,93	-	1,40	1,57	-	1,09	1
	III	27,70	-	2,21	2,49	-	1,92	2,16	-	1,64	1,84	-	1,36	1,53	-	1,10	1,23	-	0,84	0,95	-	0,59	0
	IV	44,57	-	3,56	4,01	-	3,36	3,78	-	3,16	3,55	-	2,96	3,33	-	2,77	3,11	-	2,58	2,90	-	2,39	2
	V	61,71	1,54	4,93	5,55																		
	VI	63,19	1,72	5,05	5,68																		
210,79	I	44,61	-	3,56	4,01	-	3,16	3,55	-	2,77	3,12	-	2,40	2,70	-	2,04	2,30	-	1,71	1,92	-	1,38	1
	II	39,77	-	3,18	3,57	-	2,79	3,14	-	2,42	2,72	-	2,06	2,32	-	1,72	1,94	-	1,40	1,58	-	1,10	1
	III	27,73	-	2,21	2,49	-	1,92	2,16	-	1,64	1,84	-	1,36	1,54	-	1,10	1,24	-	0,84	0,95	-	0,59	0
	IV	44,61	-	3,56	4,01	-	3,36	3,78	-	3,16	3,55	-	2,96	3,33	-	2,77	3,12	-	2,58	2,90	-	2,40	2
	V	61,75	1,54	4,94	5,55																		
	VI	63,23	1,72	5,05	5,69																		
210,89	I	44,65	-	3,57	4,01	-	3,16	3,56	-	2,77	3,12	-	2,40	2,70	-	2,04	2,30	-	1,71	1,92	-	1,39	1
	II	39,81	-	3,18	3,58	-	2,79	3,14	-	2,42	2,72	-	2,06	2,32	-	1,72	1,94	-	1,40	1,58	-	1,10	1
	III	27,76	-	2,22	2,49	-	1,92	2,16	-	1,64	1,85	-	1,37	1,54	-	1,10	1,24	-	0,84	0,95	-	0,60	0
	IV	44,65	-	3,57	4,01	-	3,36	3,78	-	3,16	3,56	-	2,96	3,33	-	2,77	3,12	-	2,58	2,91	-	2,40	2
	V	61,79	1,55	4,94	5,56																		
	VI	63,27	1,73	5,06	5,69																		
210,99	I	44,68	-	3,57	4,02	-	3,16	3,56	-	2,77	3,12	-	2,40	2,70	-	2,05	2,30	-	1,71	1,92	-	1,39	1
	II	39,85	-	3,18	3,58	-	2,79	3,14	-	2,42	2,72	-	2,06	2,32	-	1,73	1,94	-	1,40	1,58	-	1,10	1
	III	27,78	-	2,22	2,50	-	1,93	2,17	-	1,64	1,85	-	1,37	1,54	-	1,10	1,24	-	0,84	0,95	-	0,60	0
	IV	44,68	-	3,57	4,02	-	3,36	3,79	-	3,16	3,56	-	2,97	3,34	-	2,77	3,12	-	2,59	2,91	-	2,40	2
	V	61,83	1,55	4,94	5,56																		
	VI	63,30	1,73	5,06	5,69																		
211,09	I	44,72	-	3,57	4,02	-	3,17	3,56	-	2,78	3,13	-	2,40	2,71	-	2,05	2,31	-	1,71	1,93	-	1,39	1,
	II	39,88	-	3,19	3,58	-	2,80	3,15	-	2,42	2,73	-	2,07	2,33	-	1,73	1,94	-	1,41	1,58	-	1,10	1
	III	27,81	-	2,22	2,50	-	1,93	2,17	-	1,64	1,85	-	1,37	1,54	-	1,10	1,24	-	0,85	0,95	-	0,60	0,
	IV	44,72	-	3,57	4,02	-	3,37	3,79	-	3,17	3,56	-	2,97	3,34	-	2,78	3,13	-	2,59	2,91	-	2,40	2,
	V	61,86	1,56	4,94	5,56																		
	VI	63,34	1,73	5,06	5,70																		
211,19	I	44,76	-	3,58	4,02	-	3,17	3,57	-	2,78	3,13	-	2,41	2,71	-	2,05	2,31	-	1,72	1,93	-	1,39	1
	II	39,92	-	3,19	3,59	-	2,80	3,15	-	2,43	2,73	-	2,07	2,33	-	1,73	1,95	-	1,41	1,59	-	1,10	1,
	III	27,84	-	2,22	2,50	-	1,93	2,17	-	1,65	1,85	-	1,37	1,54	-	1,11	1,25	-	0,85	0,96	-	0,60	0,
	IV	44,76	-	3,58	4,02	-	3,37	3,79	-	3,17	3,57	-	2,97	3,34	-	2,78	3,13	-	2,59	2,92	-	2,41	2,
	V	61,90	1,56	4,95	5,57																		
	VI	63,38	1,74	5,07	5,70																		
211,29	I	44,80	-	3,58	4,03	-	3,17	3,57	-	2,78	3,13	-	2,41	2,71	-	2,06	2,31	-	1,72	1,93	-	1,40	1,
	II	39,95	-	3,19	3,59	-	2,80	3,15	-	2,43	2,73	-	2,07	2,33	-	1,73	1,95	-	1,41	1,59	-	1,11	1
	III	27,87	-	2,22	2,50	-	1,93	2,17	-	1,65	1,86	-	1,37	1,55	-	1,11	1,25	-	0,85	0,96	-	0,60	0,
	IV	44,80	-	3,58	4,03	-	3,37	3,80	-	3,17	3,57	-	2,98	3,35	-	2,78	3,13	-	2,59	2,92	-	2,41	2,
	V	61,94	1,57	4,95	5,57																		
	VI	63,42	1,74	5,07	5,70																		
211,39	I	44,83	-	3,58	4,03	-	3,18	3,57	-	2,79	3,13	-	2,41	2,71	-	2,06	2,32	-	1,72	1,93	-	1,40	1,
	II	39,99	-	3,19	3,59	-	2,80	3,15	-	2,43	2,73	-	2,07	2,33	-	1,74	1,95	-	1,41	1,59	-	1,11	1,
	III	27,90	-	2,23	2,51	-	1,94	2,18	-	1,65	1,86	-	1,38	1,55	-	1,11	1,25	-	0,85	0,96	-	0,60	0,
	IV	44,83	-	3,58	4,03	-	3,38	3,80	-	3,18	3,57	-	2,98	3,35	-	2,79	3,13	-	2,60	2,92	-	2,41	2,
	V	61,98	1,57	4,95	5,57																		
	VI	63,46	1,75	5,07	5,71																		
211,49	I	44,87	-	3,58	4,03	-	3,18	3,58	-	2,79	3,14	-	2,42	2,72	-	2,06	2,32	-	1,72	1,94	-	1,40	1,
	II	40,03	-	3,20	3,60	-	2,81	3,16	-	2,43	2,74	-	2,08	2,34	-	1,74	1,96	-	1,42	1,59	-	1,11	1,
	III	27,92	-	2,23	2,51	-	1,94	2,18	-	1,65	1,86	-	1,38	1,55	-	1,11	1,25	-	0,85	0,96	-	0,61	0,
	IV	44,87	-	3,58	4,03	-	3,38	3,80	-	3,18	3,58	-	2,98	3,35	-	2,79	3,14	-	2,60	2,93	-	2,42	2,
	V	62,02	1,58	4,96	5,58																		
	VI	63,50	1,75	5,08	5,71																		

Anzahl Kinderfreibeträge (nur Steuerklassen I–IV)

Lohn/ Gehalt bis	Steuerklasse	Lohn- steuer	ohne Kinderfreibetrag SolZ 5,5%	Kirchensteuer 8%	Kirchensteuer 9%	0,5 SolZ 5,5%	0,5 Kirchensteuer 8%	0,5 Kirchensteuer 9%	1,0 SolZ 5,5%	1,0 Kirchensteuer 8%	1,0 Kirchensteuer 9%	1,5 SolZ 5,5%	1,5 Kirchensteuer 8%	1,5 Kirchensteuer 9%	2,0 SolZ 5,5%	2,0 Kirchensteuer 8%	2,0 Kirchensteuer 9%	2,5 SolZ 5,5%	2,5 Kirchensteuer 8%	2,5 Kirchensteuer 9%	3,0 SolZ 5,5%	3,0 Kirchensteuer 8%	3,0 Kirchensteuer 9%
						Anzahl Kinderfreibeträge (nur Steuerklassen I–IV)																	
211,59	I	44,91	-	3,59	4,04	-	3,18	3,58	-	2,79	3,14	-	2,42	2,72	-	2,06	2,32	-	1,72	1,94	-	1,40	1,58
	II	40,06	-	3,20	3,60	-	2,81	3,16	-	2,44	2,74	-	2,08	2,34	-	1,74	1,96	-	1,42	1,60	-	1,11	1,25
	III	27,95	-	2,23	2,51	-	1,94	2,18	-	1,66	1,86	-	1,38	1,55	-	1,11	1,25	-	0,86	0,96	-	0,61	0,68
	IV	44,91	-	3,59	4,04	-	3,38	3,81	-	3,18	3,58	-	2,98	3,36	-	2,79	3,14	-	2,60	2,93	-	2,42	2,72
	V	62,06	1,58	4,96	5,58																		
	VI	63,53	1,76	5,08	5,71																		
211,69	I	44,95	-	3,59	4,04	-	3,18	3,58	-	2,79	3,14	-	2,42	2,72	-	2,07	2,32	-	1,73	1,94	-	1,41	1,58
	II	40,10	-	3,20	3,60	-	2,81	3,16	-	2,44	2,74	-	2,08	2,34	-	1,74	1,96	-	1,42	1,60	-	1,12	1,26
	III	27,97	-	2,23	2,51	-	1,94	2,18	-	1,66	1,87	-	1,38	1,56	-	1,12	1,26	-	0,86	0,97	-	0,61	0,69
	IV	44,95	-	3,59	4,04	-	3,39	3,81	-	3,18	3,58	-	2,99	3,36	-	2,79	3,14	-	2,61	2,93	-	2,42	2,72
	V	62,10	1,59	4,96	5,58																		
	VI	63,57	1,76	5,08	5,72																		
211,79	I	44,98	-	3,59	4,04	-	3,19	3,59	-	2,80	3,15	-	2,42	2,73	-	2,07	2,33	-	1,73	1,95	-	1,41	1,58
	II	40,13	-	3,21	3,61	-	2,82	3,17	-	2,44	2,75	-	2,08	2,35	-	1,74	1,96	-	1,42	1,60	-	1,12	1,26
	III	28,00	-	2,24	2,52	-	1,94	2,19	-	1,66	1,87	-	1,38	1,56	-	1,12	1,26	-	0,86	0,97	-	0,61	0,69
	IV	44,98	-	3,59	4,04	-	3,39	3,81	-	3,19	3,59	-	2,99	3,36	-	2,80	3,15	-	2,61	2,93	-	2,42	2,73
	V	62,13	1,59	4,97	5,59																		
	VI	63,61	1,77	5,08	5,72																		
211,89	I	45,02	-	3,60	4,05	-	3,19	3,59	-	2,80	3,15	-	2,43	2,73	-	2,07	2,33	-	1,73	1,95	-	1,41	1,59
	II	40,17	-	3,21	3,61	-	2,82	3,17	-	2,44	2,75	-	2,09	2,35	-	1,75	1,97	-	1,42	1,60	-	1,12	1,26
	III	28,03	-	2,24	2,52	-	1,94	2,19	-	1,66	1,87	-	1,39	1,56	-	1,12	1,26	-	0,86	0,97	-	0,61	0,69
	IV	45,02	-	3,60	4,05	-	3,39	3,82	-	3,19	3,59	-	2,99	3,37	-	2,80	3,15	-	2,61	2,94	-	2,43	2,73
	V	62,17	1,59	4,97	5,59																		
	VI	63,65	1,77	5,09	5,72																		
211,99	I	45,06	-	3,60	4,05	-	3,19	3,59	-	2,80	3,15	-	2,43	2,73	-	2,07	2,33	-	1,73	1,95	-	1,41	1,59
	II	40,21	-	3,21	3,61	-	2,82	3,17	-	2,45	2,75	-	2,09	2,35	-	1,75	1,97	-	1,43	1,61	-	1,12	1,26
	III	28,06	-	2,24	2,52	-	1,95	2,19	-	1,66	1,87	-	1,39	1,56	-	1,12	1,26	-	0,86	0,97	-	0,61	0,69
	IV	45,06	-	3,60	4,05	-	3,39	3,82	-	3,19	3,59	-	3,00	3,37	-	2,80	3,15	-	2,61	2,94	-	2,43	2,73
	V	62,21	1,60	4,97	5,59																		
	VI	63,69	1,78	5,09	5,73																		
212,09	I	45,10	-	3,60	4,05	-	3,20	3,60	-	2,80	3,16	-	2,43	2,74	-	2,08	2,34	-	1,74	1,95	-	1,41	1,59
	II	40,25	-	3,22	3,62	-	2,82	3,18	-	2,45	2,76	-	2,09	2,35	-	1,75	1,97	-	1,43	1,61	-	1,12	1,26
	III	28,08	-	2,24	2,52	-	1,95	2,19	-	1,67	1,87	-	1,39	1,56	-	1,12	1,26	-	0,87	0,97	-	0,62	0,69
	IV	45,10	-	3,60	4,05	-	3,40	3,82	-	3,20	3,60	-	3,00	3,37	-	2,80	3,16	-	2,62	2,94	-	2,43	2,74
	V	62,25	1,60	4,98	5,60																		
	VI	63,72	1,78	5,09	5,73																		
212,19	I	45,14	-	3,61	4,06	-	3,20	3,60	-	2,81	3,16	-	2,43	2,74	-	2,08	2,34	-	1,74	1,96	-	1,42	1,59
	II	40,28	-	3,22	3,62	-	2,83	3,18	-	2,45	2,76	-	2,10	2,36	-	1,76	1,98	-	1,43	1,61	-	1,13	1,27
	III	28,11	-	2,24	2,52	-	1,95	2,20	-	1,67	1,88	-	1,39	1,57	-	1,13	1,27	-	0,87	0,98	-	0,62	0,70
	IV	45,14	-	3,61	4,06	-	3,40	3,83	-	3,20	3,60	-	3,00	3,38	-	2,81	3,16	-	2,62	2,95	-	2,43	2,74
	V	62,28	1,61	4,98	5,60																		
	VI	63,76	1,78	5,10	5,73																		
212,29	I	45,18	-	3,61	4,06	-	3,20	3,60	-	2,81	3,16	-	2,44	2,74	-	2,08	2,34	-	1,74	1,96	-	1,42	1,60
	II	40,32	-	3,22	3,62	-	2,83	3,18	-	2,45	2,76	-	2,10	2,36	-	1,76	1,98	-	1,43	1,61	-	1,13	1,27
	III	28,13	-	2,25	2,53	-	1,95	2,20	-	1,67	1,88	-	1,39	1,57	-	1,13	1,27	-	0,87	0,98	-	0,62	0,70
	IV	45,18	-	3,61	4,06	-	3,40	3,83	-	3,20	3,60	-	3,00	3,38	-	2,81	3,16	-	2,62	2,95	-	2,44	2,74
	V	62,32	1,61	4,98	5,60																		
	VI	63,80	1,79	5,10	5,74																		
212,39	I	45,21	-	3,61	4,06	-	3,20	3,60	-	2,81	3,17	-	2,44	2,75	-	2,08	2,34	-	1,74	1,96	-	1,42	1,60
	II	40,35	-	3,22	3,63	-	2,83	3,19	-	2,46	2,77	-	2,10	2,36	-	1,76	1,98	-	1,44	1,62	-	1,13	1,27
	III	28,16	-	2,25	2,53	-	1,96	2,20	-	1,67	1,88	-	1,40	1,57	-	1,13	1,27	-	0,87	0,98	-	0,62	0,70
	IV	45,21	-	3,61	4,06	-	3,41	3,83	-	3,20	3,60	-	3,01	3,38	-	2,81	3,17	-	2,62	2,95	-	2,44	2,75
	V	62,36	1,62	4,98	5,61																		
	VI	63,84	1,79	5,10	5,74																		
212,49	I	45,25	-	3,62	4,07	-	3,21	3,61	-	2,82	3,17	-	2,44	2,75	-	2,09	2,35	-	1,75	1,97	-	1,42	1,60
	II	40,39	-	3,23	3,63	-	2,83	3,19	-	2,46	2,77	-	2,10	2,37	-	1,76	1,98	-	1,44	1,62	-	1,13	1,27
	III	28,19	-	2,25	2,53	-	1,96	2,20	-	1,67	1,88	-	1,40	1,57	-	1,13	1,27	-	0,87	0,98	-	0,62	0,70
	IV	45,25	-	3,62	4,07	-	3,41	3,84	-	3,21	3,61	-	3,01	3,39	-	2,82	3,17	-	2,63	2,96	-	2,44	2,75
	V	62,40	1,62	4,99	5,61																		
	VI	63,88	1,80	5,11	5,74																		
212,59	I	45,29	-	3,62	4,07	-	3,21	3,61	-	2,82	3,17	-	2,44	2,75	-	2,09	2,35	-	1,75	1,97	-	1,43	1,60
	II	40,43	-	3,23	3,63	-	2,84	3,19	-	2,46	2,77	-	2,10	2,37	-	1,76	1,99	-	1,44	1,62	-	1,14	1,28
	III	28,22	-	2,25	2,53	-	1,96	2,21	-	1,68	1,89	-	1,40	1,58	-	1,13	1,28	-	0,88	0,99	-	0,62	0,70
	IV	45,29	-	3,62	4,07	-	3,41	3,84	-	3,21	3,61	-	3,01	3,39	-	2,82	3,17	-	2,63	2,96	-	2,44	2,75
	V	62,44	1,63	4,99	5,61																		
	VI	63,91	1,80	5,11	5,75																		
212,69	I	45,33	-	3,62	4,07	-	3,21	3,61	-	2,82	3,17	-	2,45	2,75	-	2,09	2,35	-	1,75	1,97	-	1,43	1,61
	II	40,46	-	3,23	3,64	-	2,84	3,20	-	2,47	2,77	-	2,11	2,37	-	1,77	1,99	-	1,44	1,62	-	1,14	1,28
	III	28,25	-	2,26	2,54	-	1,96	2,21	-	1,68	1,89	-	1,40	1,58	-	1,14	1,28	-	0,88	0,99	-	0,63	0,71
	IV	45,33	-	3,62	4,07	-	3,42	3,84	-	3,21	3,61	-	3,02	3,39	-	2,82	3,17	-	2,63	2,96	-	2,45	2,75
	V	62,48	1,63	4,99	5,62																		
	VI	63,95	1,81	5,11	5,75																		
212,79	I	45,36	-	3,62	4,08	-	3,22	3,62	-	2,82	3,18	-	2,45	2,76	-	2,09	2,36	-	1,75	1,97	-	1,43	1,61
	II	40,50	-	3,24	3,64	-	2,84	3,20	-	2,47	2,78	-	2,11	2,37	-	1,77	1,99	-	1,45	1,63	-	1,14	1,28
	III	28,27	-	2,26	2,54	-	1,96	2,21	-	1,68	1,89	-	1,40	1,58	-	1,14	1,28	-	0,88	0,99	-	0,63	0,71
	IV	45,36	-	3,62	4,08	-	3,42	3,85	-	3,22	3,62	-	3,02	3,40	-	2,82	3,18	-	2,64	2,97	-	2,45	2,76
	V	62,51	1,64	5,00	5,62																		
	VI	63,99	1,81	5,11	5,75																		
212,89	I	45,40	-	3,63	4,08	-	3,22	3,62	-	2,83	3,18	-	2,45	2,76	-	2,10	2,36	-	1,76	1,98	-	1,43	1,61
	II	40,54	-	3,24	3,64	-	2,85	3,20	-	2,47	2,78	-	2,11	2,38	-	1,77	1,99	-	1,45	1,63	-	1,14	1,28
	III	28,30	-	2,26	2,54	-	1,97	2,21	-	1,68	1,89	-	1,41	1,58	-	1,14	1,28	-	0,88	0,99	-	0,63	0,71
	IV	45,40	-	3,63	4,08	-	3,42	3,85	-	3,22	3,62	-	3,02	3,40	-	2,83	3,18	-	2,64	2,97	-	2,45	2,76
	V	62,55	1,64	5,00	5,62																		
	VI	64,03	1,82	5,12	5,76																		
212,99	I	45,44	-	3,63	4,08	-	3,22	3,62	-	2,83	3,18	-	2,46	2,76	-	2,10	2,36	-	1,76	1,98	-	1,44	1,62
	II	40,57	-	3,24	3,65	-	2,85	3,21	-	2,47	2,78	-	2,12	2,38	-	1,77	2,00	-	1,45	1,63	-	1,14	1,29
	III	28,33	-	2,26	2,54	-	1,97	2,21	-	1,68	1,89	-	1,41	1,58	-	1,14	1,28	-	0,88	0,99	-	0,63	0,71
	IV	45,44	-	3,63	4,08	-	3,42	3,85	-	3,22	3,62	-	3,02	3,40	-	2,83	3,18	-	2,64	2,97	-	2,46	2,76
	V	62,59	1,64	5,00	5,63																		
	VI	64,07	1,82	5,12	5,76																		

TAG bis 214,49 €

Lohn/ Gehalt bis	Steuerklasse	Lohnsteuer	ohne Kinderfreibetrag			Anzahl Kinderfreibeträge (nur Steuerklassen I–IV) 0,5			1,0			1,5			2,0			2,5			3,0		
			SolZ 5,5%	Kirchensteuer 8%	Kirchensteuer 9%	SolZ 5,5%	Kirchensteuer 8%	Kirchensteuer 9%	SolZ 5,5%	Kirchensteuer 8%	Kirchensteuer 9%	SolZ 5,5%	Kirchensteuer 8%	Kirchensteuer 9%	SolZ 5,5%	Kirchensteuer 8%	Kirchensteuer 9%	SolZ 5,5%	Kirchensteuer 8%	Kirchensteuer 9%	SolZ 5,5%	Kirchensteuer 8%	Kirchensteuer 9%
213,09	I	45,48	–	3,63	4,09	–	3,22	3,63	–	2,83	3,19	–	2,46	2,77	–	2,10	2,36	–	1,76	1,98	–	1,44	1,
	II	40,61	–	3,24	3,65	–	2,85	3,21	–	2,48	2,79	–	2,12	2,38	–	1,78	2,00	–	1,45	1,63	–	1,15	1
	III	28,35	–	2,26	2,55	–	1,97	2,22	–	1,69	1,90	–	1,41	1,59	–	1,14	1,29	–	0,88	0,99	–	0,63	0,
	IV	45,48	–	3,63	4,09	–	3,43	3,86	–	3,22	3,63	–	3,03	3,41	–	2,83	3,19	–	2,64	2,97	–	2,46	2,
	V	62,63	1,65	5,01	5,63																		
	VI	64,10	1,82	5,12	5,76																		
213,19	I	45,52	–	3,64	4,09	–	3,23	3,63	–	2,84	3,19	–	2,46	2,77	–	2,10	2,37	–	1,76	1,98	–	1,44	1,
	II	40,65	–	3,25	3,65	–	2,85	3,21	–	2,48	2,79	–	2,12	2,39	–	1,78	2,00	–	1,46	1,64	–	1,15	1,
	III	28,38	–	2,27	2,55	–	1,97	2,22	–	1,69	1,90	–	1,41	1,59	–	1,14	1,29	–	0,89	1,00	–	0,64	0,
	IV	45,52	–	3,64	4,09	–	3,43	3,86	–	3,23	3,63	–	3,03	3,41	–	2,84	3,19	–	2,65	2,98	–	2,46	2,
	V	62,67	1,65	5,01	5,64																		
	VI	64,14	1,83	5,13	5,77																		
213,29	I	45,56	–	3,64	4,10	–	3,23	3,63	–	2,84	3,19	–	2,46	2,77	–	2,11	2,37	–	1,77	1,99	–	1,44	1,
	II	40,68	–	3,25	3,66	–	2,86	3,21	–	2,48	2,79	–	2,12	2,39	–	1,78	2,00	–	1,46	1,64	–	1,15	1,
	III	28,41	–	2,27	2,55	–	1,98	2,22	–	1,69	1,90	–	1,41	1,59	–	1,15	1,29	–	0,89	1,00	–	0,64	0,
	IV	45,56	–	3,64	4,10	–	3,43	3,86	–	3,23	3,63	–	3,03	3,41	–	2,84	3,19	–	2,65	2,98	–	2,46	2,
	V	62,70	1,66	5,01	5,64																		
	VI	64,18	1,83	5,13	5,77																		
213,39	I	45,60	–	3,64	4,10	–	3,23	3,64	–	2,84	3,20	–	2,47	2,78	–	2,11	2,37	–	1,77	1,99	–	1,44	1,
	II	40,72	–	3,25	3,66	–	2,86	3,22	–	2,48	2,79	–	2,13	2,39	–	1,78	2,01	–	1,46	1,64	–	1,15	1,
	III	28,43	–	2,27	2,55	–	1,98	2,22	–	1,69	1,90	–	1,42	1,59	–	1,15	1,29	–	0,89	1,00	–	0,64	0,
	IV	45,60	–	3,64	4,10	–	3,44	3,87	–	3,23	3,64	–	3,04	3,42	–	2,84	3,20	–	2,65	2,98	–	2,47	2,
	V	62,74	1,66	5,01	5,64																		
	VI	64,22	1,84	5,13	5,77																		
213,49	I	45,63	–	3,65	4,10	–	3,24	3,64	–	2,84	3,20	–	2,47	2,78	–	2,11	2,38	–	1,77	1,99	–	1,45	1,
	II	40,76	–	3,26	3,66	–	2,86	3,22	–	2,49	2,80	–	2,13	2,39	–	1,79	2,01	–	1,46	1,64	–	1,15	1,
	III	28,46	–	2,27	2,56	–	1,98	2,23	–	1,69	1,91	–	1,42	1,60	–	1,15	1,29	–	0,89	1,00	–	0,64	0,
	IV	45,63	–	3,65	4,10	–	3,44	3,87	–	3,24	3,64	–	3,04	3,42	–	2,84	3,20	–	2,65	2,99	–	2,47	2,
	V	62,78	1,67	5,02	5,65																		
	VI	64,26	1,84	5,14	5,78																		
213,59	I	45,67	–	3,65	4,11	–	3,24	3,64	–	2,85	3,20	–	2,47	2,78	–	2,11	2,38	–	1,77	1,99	–	1,45	1,
	II	40,79	–	3,26	3,67	–	2,87	3,22	–	2,49	2,80	–	2,13	2,40	–	1,79	2,01	–	1,46	1,65	–	1,16	1,
	III	28,49	–	2,27	2,56	–	1,98	2,23	–	1,70	1,91	–	1,42	1,60	–	1,15	1,30	–	0,89	1,01	–	0,64	0,
	IV	45,67	–	3,65	4,11	–	3,44	3,87	–	3,24	3,64	–	3,04	3,42	–	2,85	3,20	–	2,66	2,99	–	2,47	2,
	V	62,82	1,67	5,02	5,65																		
	VI	64,30	1,85	5,14	5,78																		
213,69	I	45,71	–	3,65	4,11	–	3,24	3,65	–	2,85	3,21	–	2,47	2,78	–	2,12	2,38	–	1,78	2,00	–	1,45	1,
	II	40,83	–	3,26	3,67	–	2,87	3,23	–	2,49	2,80	–	2,13	2,40	–	1,79	2,02	–	1,47	1,65	–	1,16	1,
	III	28,52	–	2,28	2,56	–	1,98	2,23	–	1,70	1,91	–	1,42	1,60	–	1,15	1,30	–	0,90	1,01	–	0,64	0,
	IV	45,71	–	3,65	4,11	–	3,44	3,88	–	3,24	3,65	–	3,04	3,42	–	2,85	3,21	–	2,66	2,99	–	2,47	2,
	V	62,86	1,68	5,02	5,65																		
	VI	64,33	1,85	5,14	5,78																		
213,79	I	45,75	–	3,66	4,11	–	3,24	3,65	–	2,85	3,21	–	2,48	2,79	–	2,12	2,38	–	1,78	2,00	–	1,45	1,
	II	40,87	–	3,26	3,67	–	2,87	3,23	–	2,50	2,81	–	2,14	2,40	–	1,79	2,02	–	1,47	1,65	–	1,16	1,
	III	28,54	–	2,28	2,56	–	1,98	2,23	–	1,70	1,91	–	1,42	1,60	–	1,16	1,30	–	0,90	1,01	–	0,65	0,
	IV	45,75	–	3,66	4,11	–	3,45	3,88	–	3,24	3,65	–	3,05	3,43	–	2,85	3,21	–	2,66	3,00	–	2,48	2,
	V	62,89	1,68	5,03	5,66																		
	VI	64,37	1,86	5,14	5,79																		
213,89	I	45,78	–	3,66	4,12	–	3,25	3,65	–	2,86	3,21	–	2,48	2,79	–	2,12	2,39	–	1,78	2,00	–	1,46	1,
	II	40,90	–	3,27	3,68	–	2,87	3,23	–	2,50	2,81	–	2,14	2,41	–	1,80	2,02	–	1,47	1,66	–	1,16	1,
	III	28,57	–	2,28	2,57	–	1,99	2,24	–	1,70	1,92	–	1,43	1,60	–	1,16	1,30	–	0,90	1,01	–	0,65	0,
	IV	45,78	–	3,66	4,12	–	3,45	3,88	–	3,25	3,65	–	3,05	3,43	–	2,86	3,21	–	2,67	3,00	–	2,48	2,
	V	62,93	1,69	5,03	5,66																		
	VI	64,41	1,86	5,15	5,79																		
213,99	I	45,82	–	3,66	4,12	–	3,25	3,66	–	2,86	3,22	–	2,48	2,79	–	2,12	2,39	–	1,78	2,01	–	1,46	1,
	II	40,94	–	3,27	3,68	–	2,88	3,24	–	2,50	2,81	–	2,14	2,41	–	1,80	2,02	–	1,47	1,66	–	1,17	1,
	III	28,60	–	2,28	2,57	–	1,99	2,24	–	1,70	1,92	–	1,43	1,61	–	1,16	1,31	–	0,90	1,01	–	0,65	0,
	IV	45,82	–	3,66	4,12	–	3,45	3,89	–	3,25	3,66	–	3,05	3,43	–	2,86	3,22	–	2,67	3,00	–	2,48	2,
	V	62,97	1,69	5,03	5,66																		
	VI	64,45	1,87	5,15	5,80																		
214,09	I	45,86	–	3,66	4,12	–	3,25	3,66	–	2,86	3,22	–	2,48	2,80	–	2,13	2,39	–	1,78	2,01	–	1,46	1,
	II	40,98	–	3,27	3,68	–	2,88	3,24	–	2,50	2,82	–	2,14	2,41	–	1,80	2,03	–	1,48	1,66	–	1,17	1,
	III	28,62	–	2,28	2,57	–	1,99	2,24	–	1,71	1,92	–	1,43	1,61	–	1,16	1,31	–	0,90	1,02	–	0,65	0,
	IV	45,86	–	3,66	4,12	–	3,46	3,89	–	3,25	3,66	–	3,06	3,44	–	2,86	3,22	–	2,67	3,01	–	2,48	2,
	V	63,01	1,69	5,04	5,67																		
	VI	64,48	1,87	5,15	5,80																		
214,19	I	45,90	–	3,67	4,13	–	3,26	3,66	–	2,86	3,22	–	2,49	2,80	–	2,13	2,40	–	1,79	2,01	–	1,46	1,
	II	41,01	–	3,28	3,69	–	2,88	3,24	–	2,51	2,82	–	2,15	2,41	–	1,80	2,03	–	1,48	1,66	–	1,17	1,
	III	28,65	–	2,29	2,57	–	1,99	2,24	–	1,71	1,92	–	1,43	1,61	–	1,16	1,31	–	0,90	1,02	–	0,65	0,
	IV	45,90	–	3,67	4,13	–	3,46	3,89	–	3,26	3,66	–	3,06	3,44	–	2,86	3,22	–	2,67	3,01	–	2,49	2,
	V	63,05	1,70	5,04	5,67																		
	VI	64,52	1,87	5,16	5,80																		
214,29	I	45,94	–	3,67	4,13	–	3,26	3,67	–	2,87	3,23	–	2,49	2,80	–	2,13	2,40	–	1,79	2,01	–	1,46	1,
	II	41,05	–	3,28	3,69	–	2,88	3,25	–	2,51	2,82	–	2,15	2,42	–	1,81	2,03	–	1,48	1,67	–	1,17	1,
	III	28,68	–	2,29	2,58	–	2,00	2,25	–	1,71	1,92	–	1,43	1,61	–	1,17	1,31	–	0,91	1,02	–	0,66	0,
	IV	45,94	–	3,67	4,13	–	3,46	3,90	–	3,26	3,67	–	3,06	3,44	–	2,87	3,23	–	2,68	3,01	–	2,49	2,
	V	63,08	1,70	5,04	5,67																		
	VI	64,56	1,88	5,16	5,81																		
214,39	I	45,97	–	3,67	4,13	–	3,26	3,67	–	2,87	3,23	–	2,49	2,80	–	2,13	2,40	–	1,79	2,02	–	1,47	1,
	II	41,09	–	3,28	3,69	–	2,89	3,25	–	2,51	2,83	–	2,15	2,42	–	1,81	2,03	–	1,48	1,67	–	1,17	1,
	III	28,71	–	2,29	2,58	–	2,00	2,25	–	1,71	1,93	–	1,44	1,62	–	1,17	1,31	–	0,91	1,02	–	0,66	0,
	IV	45,97	–	3,67	4,13	–	3,47	3,90	–	3,26	3,67	–	3,06	3,45	–	2,87	3,23	–	2,68	3,01	–	2,49	2,
	V	63,12	1,71	5,04	5,68																		
	VI	64,60	1,88	5,16	5,81																		
214,49	I	46,01	–	3,68	4,14	–	3,27	3,67	–	2,87	3,23	–	2,50	2,81	–	2,14	2,40	–	1,79	2,02	–	1,47	1,
	II	41,12	–	3,28	3,70	–	2,89	3,25	–	2,51	2,83	–	2,15	2,42	–	1,81	2,04	–	1,48	1,67	–	1,18	1,
	III	28,73	–	2,29	2,58	–	2,00	2,25	–	1,72	1,93	–	1,44	1,62	–	1,17	1,32	–	0,91	1,02	–	0,66	0,
	IV	46,01	–	3,68	4,14	–	3,47	3,90	–	3,27	3,67	–	3,07	3,45	–	2,87	3,23	–	2,68	3,02	–	2,50	2,
	V	63,16	1,71	5,05	5,68																		
	VI	64,64	1,89	5,17	5,81																		

Allgemeine Tabelle

Lohn/ Gehalt bis	Steuerklasse	Lohn-steuer	ohne Kinderfreibetrag SolZ 5,5%	Kirchensteuer 8%	Kirchensteuer 9%	0,5 SolZ 5,5%	0,5 Kirchensteuer 8%	0,5 Kirchensteuer 9%	1,0 SolZ 5,5%	1,0 Kirchensteuer 8%	1,0 Kirchensteuer 9%	1,5 SolZ 5,5%	1,5 Kirchensteuer 8%	1,5 Kirchensteuer 9%	2,0 SolZ 5,5%	2,0 Kirchensteuer 8%	2,0 Kirchensteuer 9%	2,5 SolZ 5,5%	2,5 Kirchensteuer 8%	2,5 Kirchensteuer 9%	3,0 SolZ 5,5%	3,0 Kirchensteuer 8%	3,0 Kirchensteuer 9%
214,59	I	46,05	-	3,68	4,14	-	3,27	3,68	-	2,88	3,24	-	2,50	2,81	-	2,14	2,41	-	1,80	2,02	-	1,47	1,66
	II	41,16	-	3,29	3,70	-	2,89	3,26	-	2,52	2,83	-	2,16	2,43	-	1,81	2,04	-	1,49	1,67	-	1,18	1,33
	III	28,76	-	2,30	2,58	-	2,00	2,25	-	1,72	1,93	-	1,44	1,62	-	1,17	1,32	-	0,91	1,03	-	0,66	0,74
	IV	46,05	-	3,68	4,14	-	3,47	3,91	-	3,27	3,68	-	3,07	3,45	-	2,88	3,24	-	2,68	3,02	-	2,50	2,81
	V	63,20	1,72	5,05	5,68																		
	VI	64,68	1,89	5,17	5,82																		
214,69	I	46,09	-	3,68	4,14	-	3,27	3,68	-	2,88	3,24	-	2,50	2,81	-	2,14	2,41	-	1,80	2,02	-	1,47	1,66
	II	41,20	-	3,29	3,70	-	2,90	3,26	-	2,52	2,83	-	2,16	2,43	-	1,82	2,04	-	1,49	1,68	-	1,18	1,33
	III	28,78	-	2,30	2,59	-	2,00	2,25	-	1,72	1,93	-	1,44	1,62	-	1,17	1,32	-	0,91	1,03	-	0,66	0,75
	IV	46,09	-	3,68	4,14	-	3,48	3,91	-	3,27	3,68	-	3,07	3,46	-	2,88	3,24	-	2,69	3,02	-	2,50	2,81
	V	63,24	1,72	5,05	5,69																		
	VI	64,71	1,90	5,17	5,82																		
214,79	I	46,13	-	3,69	4,15	-	3,27	3,68	-	2,88	3,24	-	2,50	2,82	-	2,14	2,41	-	1,80	2,03	-	1,48	1,66
	II	41,23	-	3,29	3,71	-	2,90	3,26	-	2,52	2,84	-	2,16	2,43	-	1,82	2,05	-	1,49	1,68	-	1,18	1,33
	III	28,82	-	2,30	2,59	-	2,01	2,26	-	1,72	1,94	-	1,44	1,62	-	1,18	1,32	-	0,92	1,03	-	0,66	0,75
	IV	46,13	-	3,69	4,15	-	3,48	3,91	-	3,27	3,68	-	3,08	3,46	-	2,88	3,24	-	2,69	3,03	-	2,50	2,82
	V	63,28	1,73	5,06	5,69																		
	VI	64,75	1,90	5,18	5,82																		
214,89	I	46,16	-	3,69	4,15	-	3,28	3,69	-	2,88	3,24	-	2,51	2,82	-	2,15	2,42	-	1,80	2,03	-	1,48	1,66
	II	41,27	-	3,30	3,71	-	2,90	3,27	-	2,52	2,84	-	2,16	2,43	-	1,82	2,05	-	1,49	1,68	-	1,18	1,33
	III	28,84	-	2,30	2,59	-	2,01	2,26	-	1,72	1,94	-	1,45	1,63	-	1,18	1,33	-	0,92	1,03	-	0,67	0,75
	IV	46,16	-	3,69	4,15	-	3,48	3,92	-	3,28	3,69	-	3,08	3,46	-	2,88	3,24	-	2,69	3,03	-	2,51	2,82
	V	63,31	1,73	5,06	5,69																		
	VI	64,79	1,91	5,18	5,83																		
214,99	I	46,20	-	3,69	4,15	-	3,28	3,69	-	2,89	3,25	-	2,51	2,82	-	2,15	2,42	-	1,81	2,03	-	1,48	1,67
	II	41,31	-	3,30	3,71	-	2,90	3,27	-	2,53	2,84	-	2,17	2,44	-	1,82	2,05	-	1,50	1,68	-	1,19	1,34
	III	28,87	-	2,30	2,59	-	2,01	2,26	-	1,72	1,94	-	1,45	1,63	-	1,18	1,33	-	0,92	1,03	-	0,67	0,75
	IV	46,20	-	3,69	4,15	-	3,48	3,92	-	3,28	3,69	-	3,08	3,47	-	2,89	3,25	-	2,70	3,03	-	2,51	2,82
	V	63,35	1,74	5,06	5,70																		
	VI	64,83	1,91	5,18	5,83																		
215,09	I	46,24	-	3,69	4,16	-	3,28	3,69	-	2,89	3,25	-	2,51	2,83	-	2,15	2,42	-	1,81	2,04	-	1,48	1,67
	II	41,35	-	3,30	3,72	-	2,91	3,27	-	2,53	2,85	-	2,17	2,44	-	1,83	2,05	-	1,50	1,69	-	1,19	1,34
	III	28,90	-	2,31	2,60	-	2,01	2,26	-	1,73	1,94	-	1,45	1,63	-	1,18	1,33	-	0,92	1,04	-	0,67	0,75
	IV	46,24	-	3,69	4,16	-	3,49	3,92	-	3,28	3,69	-	3,08	3,47	-	2,89	3,25	-	2,70	3,04	-	2,51	2,83
	V	63,39	1,74	5,07	5,70																		
	VI	64,87	1,92	5,18	5,83																		
215,19	I	46,28	-	3,70	4,16	-	3,29	3,70	-	2,89	3,25	-	2,51	2,83	-	2,15	2,42	-	1,81	2,04	-	1,49	1,67
	II	41,38	-	3,31	3,72	-	2,91	3,27	-	2,53	2,85	-	2,17	2,44	-	1,83	2,06	-	1,50	1,69	-	1,19	1,34
	III	28,92	-	2,31	2,60	-	2,02	2,27	-	1,73	1,95	-	1,45	1,63	-	1,18	1,33	-	0,92	1,04	-	0,67	0,76
	IV	46,28	-	3,70	4,16	-	3,49	3,93	-	3,29	3,70	-	3,09	3,47	-	2,89	3,25	-	2,70	3,04	-	2,51	2,83
	V	63,43	1,74	5,07	5,70																		
	VI	64,91	1,92	5,19	5,84																		
215,29	I	46,32	-	3,70	4,16	-	3,29	3,70	-	2,89	3,26	-	2,52	2,83	-	2,16	2,43	-	1,81	2,04	-	1,49	1,67
	II	41,42	-	3,31	3,72	-	2,91	3,28	-	2,54	2,85	-	2,17	2,45	-	1,83	2,06	-	1,50	1,69	-	1,19	1,34
	III	28,95	-	2,31	2,60	-	2,02	2,27	-	1,73	1,95	-	1,45	1,64	-	1,18	1,33	-	0,92	1,04	-	0,67	0,76
	IV	46,32	-	3,70	4,16	-	3,49	3,93	-	3,29	3,70	-	3,09	3,48	-	2,89	3,26	-	2,70	3,04	-	2,52	2,83
	V	63,46	1,75	5,07	5,71																		
	VI	64,94	1,92	5,19	5,84																		
215,39	I	46,36	-	3,70	4,17	-	3,29	3,70	-	2,90	3,26	-	2,52	2,84	-	2,16	2,43	-	1,82	2,04	-	1,49	1,68
	II	41,45	-	3,31	3,73	-	2,92	3,28	-	2,54	2,86	-	2,18	2,45	-	1,83	2,06	-	1,51	1,69	-	1,20	1,35
	III	28,98	-	2,31	2,60	-	2,02	2,27	-	1,73	1,95	-	1,46	1,64	-	1,19	1,34	-	0,93	1,04	-	0,68	0,76
	IV	46,36	-	3,70	4,17	-	3,50	3,93	-	3,29	3,70	-	3,09	3,48	-	2,90	3,26	-	2,71	3,05	-	2,52	2,84
	V	63,50	1,75	5,08	5,71																		
	VI	64,98	1,93	5,19	5,84																		
215,49	I	46,40	-	3,71	4,17	-	3,30	3,71	-	2,90	3,26	-	2,52	2,84	-	2,16	2,43	-	1,82	2,05	-	1,49	1,68
	II	41,49	-	3,31	3,73	-	2,92	3,28	-	2,54	2,86	-	2,18	2,45	-	1,84	2,07	-	1,51	1,70	-	1,20	1,35
	III	29,01	-	2,32	2,61	-	2,02	2,27	-	1,74	1,95	-	1,46	1,64	-	1,19	1,34	-	0,93	1,05	-	0,68	0,76
	IV	46,40	-	3,71	4,17	-	3,50	3,94	-	3,30	3,71	-	3,10	3,48	-	2,90	3,26	-	2,71	3,05	-	2,52	2,84
	V	63,54	1,76	5,08	5,71																		
	VI	65,02	1,93	5,20	5,85																		
215,59	I	46,43	-	3,71	4,17	-	3,30	3,71	-	2,90	3,27	-	2,53	2,84	-	2,16	2,44	-	1,82	2,05	-	1,50	1,68
	II	41,53	-	3,32	3,73	-	2,92	3,29	-	2,54	2,86	-	2,18	2,45	-	1,84	2,07	-	1,51	1,70	-	1,20	1,35
	III	29,03	-	2,32	2,61	-	2,02	2,28	-	1,74	1,95	-	1,46	1,64	-	1,19	1,34	-	0,93	1,05	-	0,68	0,76
	IV	46,43	-	3,71	4,17	-	3,50	3,94	-	3,30	3,71	-	3,10	3,49	-	2,90	3,27	-	2,71	3,05	-	2,53	2,84
	V	63,58	1,76	5,08	5,72																		
	VI	65,06	1,94	5,20	5,85																		
215,69	I	46,47	-	3,71	4,18	-	3,30	3,71	-	2,91	3,27	-	2,53	2,84	-	2,17	2,44	-	1,82	2,05	-	1,50	1,69
	II	41,56	-	3,32	3,74	-	2,92	3,29	-	2,55	2,86	-	2,18	2,46	-	1,84	2,07	-	1,51	1,70	-	1,20	1,35
	III	29,06	-	2,32	2,61	-	2,03	2,28	-	1,74	1,96	-	1,46	1,64	-	1,19	1,34	-	0,93	1,05	-	0,68	0,77
	IV	46,47	-	3,71	4,18	-	3,50	3,94	-	3,30	3,71	-	3,10	3,49	-	2,91	3,27	-	2,72	3,06	-	2,53	2,84
	V	63,62	1,77	5,08	5,72																		
	VI	65,10	1,94	5,20	5,85																		
215,79	I	46,51	-	3,72	4,18	-	3,30	3,72	-	2,91	3,27	-	2,53	2,85	-	2,17	2,44	-	1,83	2,06	-	1,50	1,69
	II	41,60	-	3,32	3,74	-	2,93	3,29	-	2,55	2,87	-	2,19	2,46	-	1,84	2,07	-	1,52	1,71	-	1,20	1,36
	III	29,08	-	2,32	2,61	-	2,03	2,28	-	1,74	1,96	-	1,46	1,65	-	1,20	1,35	-	0,93	1,05	-	0,68	0,77
	IV	46,51	-	3,72	4,18	-	3,51	3,95	-	3,30	3,72	-	3,10	3,49	-	2,91	3,27	-	2,72	3,06	-	2,53	2,85
	V	63,66	1,77	5,09	5,72																		
	VI	65,13	1,95	5,21	5,86																		
215,89	I	46,55	-	3,72	4,18	-	3,31	3,72	-	2,91	3,28	-	2,53	2,85	-	2,17	2,44	-	1,83	2,06	-	1,50	1,69
	II	41,64	-	3,33	3,74	-	2,93	3,30	-	2,55	2,87	-	2,19	2,46	-	1,84	2,08	-	1,52	1,71	-	1,21	1,36
	III	29,11	-	2,32	2,61	-	2,03	2,28	-	1,74	1,96	-	1,47	1,65	-	1,20	1,35	-	0,94	1,05	-	0,68	0,77
	IV	46,55	-	3,72	4,18	-	3,51	3,95	-	3,31	3,72	-	3,11	3,50	-	2,91	3,28	-	2,72	3,06	-	2,53	2,85
	V	63,70	1,78	5,09	5,73																		
	VI	65,17	1,95	5,21	5,86																		
215,99	I	46,58	-	3,72	4,19	-	3,31	3,72	-	2,91	3,28	-	2,54	2,85	-	2,18	2,45	-	1,83	2,06	-	1,50	1,69
	II	41,68	-	3,33	3,75	-	2,93	3,30	-	2,55	2,87	-	2,19	2,47	-	1,85	2,08	-	1,52	1,71	-	1,21	1,36
	III	29,14	-	2,33	2,62	-	2,03	2,29	-	1,75	1,96	-	1,47	1,65	-	1,20	1,35	-	0,94	1,06	-	0,69	0,77
	IV	46,58	-	3,72	4,19	-	3,51	3,95	-	3,31	3,72	-	3,11	3,50	-	2,91	3,28	-	2,72	3,06	-	2,54	2,85
	V	63,73	1,78	5,09	5,73																		
	VI	65,21	1,96	5,21	5,86																		

Anzahl Kinderfreibeträge (nur Steuerklassen I–IV)

Lohn/ Gehalt bis	Steuerklasse	Lohn-steuer	ohne Kinderfreibetrag SolZ 5,5%	Kirchensteuer 8%	9%	0,5 SolZ 5,5%	Kirchensteuer 8%	9%	1,0 SolZ 5,5%	Kirchensteuer 8%	9%	1,5 SolZ 5,5%	Kirchensteuer 8%	9%	2,0 SolZ 5,5%	Kirchensteuer 8%	9%	2,5 SolZ 5,5%	Kirchensteuer 8%	9%	3,0 SolZ 5,5%	Kirchensteuer 8%	9%
216,09	I	46,62	-	3,72	4,19	-	3,31	3,73	-	2,92	3,28	-	2,54	2,86	-	2,18	2,45	-	1,83	2,06	-	1,51	1,
	II	41,71	-	3,33	3,75	-	2,94	3,30	-	2,56	2,88	-	2,19	2,47	-	1,85	2,08	-	1,52	1,71	-	1,21	1,
	III	29,17	-	2,33	2,62	-	2,03	2,29	-	1,75	1,97	-	1,47	1,65	-	1,20	1,35	-	0,94	1,06	-	0,69	0,
	IV	46,62	-	3,72	4,19	-	3,52	3,96	-	3,31	3,73	-	3,11	3,50	-	2,92	3,28	-	2,73	3,07	-	2,54	2,
	V	63,77	1,79	5,10	5,73																		
	VI	65,25	1,96	5,22	5,87																		
216,19	I	46,66	-	3,73	4,19	-	3,32	3,73	-	2,92	3,29	-	2,54	2,86	-	2,18	2,45	-	1,84	2,07	-	1,51	1,
	II	41,75	-	3,34	3,75	-	2,94	3,31	-	2,56	2,88	-	2,20	2,47	-	1,85	2,08	-	1,52	1,71	-	1,21	1,
	III	29,20	-	2,33	2,62	-	2,04	2,29	-	1,75	1,97	-	1,47	1,66	-	1,20	1,35	-	0,94	1,06	-	0,69	0,
	IV	46,66	-	3,73	4,19	-	3,52	3,96	-	3,32	3,73	-	3,12	3,51	-	2,92	3,29	-	2,73	3,07	-	2,54	2,
	V	63,81	1,79	5,10	5,74																		
	VI	65,28	1,97	5,22	5,87																		
216,29	I	46,70	-	3,73	4,20	-	3,32	3,73	-	2,92	3,29	-	2,54	2,86	-	2,18	2,46	-	1,84	2,07	-	1,51	1,
	II	41,79	-	3,34	3,76	-	2,94	3,31	-	2,56	2,88	-	2,20	2,48	-	1,86	2,09	-	1,53	1,72	-	1,22	1,
	III	29,22	-	2,33	2,62	-	2,04	2,29	-	1,75	1,97	-	1,47	1,66	-	1,20	1,36	-	0,94	1,06	-	0,69	0,
	IV	46,70	-	3,73	4,20	-	3,52	3,96	-	3,32	3,73	-	3,12	3,51	-	2,92	3,29	-	2,73	3,07	-	2,54	2,
	V	63,85	1,79	5,10	5,74																		
	VI	65,32	1,97	5,22	5,87																		
216,39	I	46,74	-	3,73	4,20	-	3,32	3,74	-	2,93	3,29	-	2,55	2,87	-	2,19	2,46	-	1,84	2,07	-	1,51	1,
	II	41,82	-	3,34	3,76	-	2,94	3,31	-	2,56	2,89	-	2,20	2,48	-	1,86	2,09	-	1,53	1,72	-	1,22	1,
	III	29,25	-	2,34	2,63	-	2,04	2,30	-	1,75	1,97	-	1,48	1,66	-	1,21	1,36	-	0,95	1,06	-	0,69	0,
	IV	46,74	-	3,73	4,20	-	3,53	3,97	-	3,32	3,74	-	3,12	3,51	-	2,93	3,29	-	2,73	3,08	-	2,55	2,
	V	63,88	1,80	5,11	5,74																		
	VI	65,36	1,97	5,22	5,88																		
216,49	I	46,78	-	3,74	4,21	-	3,32	3,74	-	2,93	3,30	-	2,55	2,87	-	2,19	2,46	-	1,84	2,07	-	1,52	1,
	II	41,86	-	3,34	3,76	-	2,95	3,32	-	2,57	2,89	-	2,20	2,48	-	1,86	2,09	-	1,53	1,72	-	1,22	1,
	III	29,28	-	2,34	2,63	-	2,04	2,30	-	1,76	1,98	-	1,48	1,66	-	1,21	1,36	-	0,95	1,07	-	0,70	0,
	IV	46,78	-	3,74	4,21	-	3,53	3,97	-	3,32	3,74	-	3,12	3,51	-	2,93	3,30	-	2,74	3,08	-	2,55	2,
	V	63,92	1,80	5,11	5,75																		
	VI	65,40	1,98	5,23	5,88																		
216,59	I	46,81	-	3,74	4,21	-	3,33	3,74	-	2,93	3,30	-	2,55	2,87	-	2,19	2,46	-	1,85	2,08	-	1,52	1,
	II	41,90	-	3,35	3,77	-	2,95	3,32	-	2,57	2,89	-	2,21	2,48	-	1,86	2,10	-	1,53	1,73	-	1,22	1,
	III	29,31	-	2,34	2,63	-	2,04	2,30	-	1,76	1,98	-	1,48	1,67	-	1,21	1,36	-	0,95	1,07	-	0,70	0,
	IV	46,81	-	3,74	4,21	-	3,53	3,97	-	3,33	3,74	-	3,13	3,52	-	2,93	3,30	-	2,74	3,08	-	2,55	2,
	V	63,96	1,81	5,11	5,75																		
	VI	65,44	1,98	5,23	5,88																		
216,69	I	46,85	-	3,74	4,21	-	3,33	3,75	-	2,93	3,30	-	2,56	2,88	-	2,19	2,47	-	1,85	2,08	-	1,52	1,
	II	41,93	-	3,35	3,77	-	2,95	3,32	-	2,57	2,89	-	2,21	2,49	-	1,86	2,10	-	1,54	1,73	-	1,22	1,
	III	29,33	-	2,34	2,63	-	2,05	2,30	-	1,76	1,98	-	1,48	1,67	-	1,21	1,36	-	0,95	1,07	-	0,70	0,
	IV	46,85	-	3,74	4,21	-	3,54	3,98	-	3,33	3,75	-	3,13	3,52	-	2,93	3,30	-	2,74	3,09	-	2,56	2,
	V	64,00	1,81	5,12	5,76																		
	VI	65,48	1,99	5,23	5,89																		
216,79	I	46,89	-	3,75	4,22	-	3,33	3,75	-	2,94	3,30	-	2,56	2,88	-	2,20	2,47	-	1,85	2,08	-	1,52	1,
	II	41,97	-	3,35	3,77	-	2,96	3,33	-	2,58	2,90	-	2,21	2,49	-	1,87	2,10	-	1,54	1,73	-	1,23	1,
	III	29,36	-	2,34	2,64	-	2,05	2,31	-	1,76	1,98	-	1,48	1,67	-	1,21	1,37	-	0,95	1,07	-	0,70	0,
	IV	46,89	-	3,75	4,22	-	3,54	3,98	-	3,33	3,75	-	3,13	3,52	-	2,94	3,30	-	2,75	3,09	-	2,56	2,
	V	64,04	1,82	5,12	5,76																		
	VI	65,51	1,99	5,24	5,89																		
216,89	I	46,93	-	3,75	4,22	-	3,34	3,75	-	2,94	3,31	-	2,56	2,88	-	2,20	2,47	-	1,85	2,09	-	1,53	1,
	II	42,01	-	3,36	3,78	-	2,96	3,33	-	2,58	2,90	-	2,22	2,49	-	1,87	2,10	-	1,54	1,73	-	1,23	1,
	III	29,39	-	2,35	2,64	-	2,05	2,31	-	1,76	1,98	-	1,49	1,67	-	1,22	1,37	-	0,96	1,08	-	0,70	0,
	IV	46,93	-	3,75	4,22	-	3,54	3,98	-	3,34	3,75	-	3,14	3,53	-	2,94	3,31	-	2,75	3,09	-	2,56	2,8
	V	64,08	1,82	5,12	5,76																		
	VI	65,55	2,00	5,24	5,89																		
216,99	I	46,96	-	3,75	4,22	-	3,34	3,76	-	2,94	3,31	-	2,56	2,88	-	2,20	2,48	-	1,86	2,09	-	1,53	1,
	II	42,05	-	3,36	3,78	-	2,96	3,33	-	2,58	2,90	-	2,22	2,50	-	1,87	2,11	-	1,54	1,74	-	1,23	1,
	III	29,41	-	2,35	2,64	-	2,05	2,31	-	1,77	1,99	-	1,49	1,67	-	1,22	1,37	-	0,96	1,08	-	0,70	0,
	IV	46,96	-	3,75	4,22	-	3,54	3,99	-	3,34	3,76	-	3,14	3,53	-	2,94	3,31	-	2,75	3,10	-	2,56	2,8
	V	64,11	1,83	5,12	5,76																		
	VI	65,59	2,00	5,24	5,90																		
217,09	I	47,00	-	3,76	4,23	-	3,34	3,76	-	2,95	3,31	-	2,57	2,89	-	2,20	2,48	-	1,86	2,09	-	1,53	1,
	II	42,08	-	3,36	3,78	-	2,96	3,33	-	2,58	2,91	-	2,22	2,50	-	1,87	2,11	-	1,55	1,74	-	1,23	1,
	III	29,44	-	2,35	2,64	-	2,06	2,31	-	1,77	1,99	-	1,49	1,68	-	1,22	1,37	-	0,96	1,08	-	0,71	0,
	IV	47,00	-	3,76	4,23	-	3,55	3,99	-	3,34	3,76	-	3,14	3,53	-	2,95	3,31	-	2,75	3,10	-	2,57	2,8
	V	64,15	1,83	5,13	5,77																		
	VI	65,63	2,01	5,25	5,90																		
217,19	I	47,04	-	3,76	4,23	-	3,35	3,76	-	2,95	3,32	-	2,57	2,89	-	2,21	2,48	-	1,86	2,09	-	1,53	1,
	II	42,12	-	3,36	3,79	-	2,97	3,34	-	2,59	2,91	-	2,22	2,50	-	1,88	2,11	-	1,55	1,74	-	1,24	1,
	III	29,47	-	2,35	2,65	-	2,06	2,31	-	1,77	1,99	-	1,49	1,68	-	1,22	1,37	-	0,96	1,08	-	0,71	0,8
	IV	47,04	-	3,76	4,23	-	3,55	3,99	-	3,35	3,76	-	3,14	3,54	-	2,95	3,32	-	2,76	3,10	-	2,57	2,8
	V	64,19	1,84	5,13	5,77																		
	VI	65,67	2,01	5,25	5,91																		
217,29	I	47,08	-	3,76	4,23	-	3,35	3,77	-	2,95	3,32	-	2,57	2,89	-	2,21	2,49	-	1,86	2,10	-	1,53	1,
	II	42,16	-	3,37	3,79	-	2,97	3,34	-	2,59	2,91	-	2,23	2,50	-	1,88	2,11	-	1,55	1,74	-	1,24	1,
	III	29,50	-	2,36	2,65	-	2,06	2,32	-	1,77	1,99	-	1,49	1,68	-	1,22	1,38	-	0,96	1,08	-	0,71	0,8
	IV	47,08	-	3,76	4,23	-	3,55	4,00	-	3,35	3,77	-	3,15	3,54	-	2,95	3,32	-	2,76	3,10	-	2,57	2,8
	V	64,23	1,84	5,13	5,78																		
	VI	65,70	2,02	5,25	5,91																		
217,39	I	47,12	-	3,76	4,24	-	3,35	3,77	-	2,95	3,32	-	2,57	2,90	-	2,21	2,49	-	1,87	2,10	-	1,54	1,7
	II	42,19	-	3,37	3,79	-	2,97	3,34	-	2,59	2,92	-	2,23	2,51	-	1,88	2,12	-	1,55	1,75	-	1,24	1,4
	III	29,52	-	2,36	2,65	-	2,06	2,32	-	1,77	2,00	-	1,50	1,68	-	1,23	1,38	-	0,96	1,08	-	0,71	0,8
	IV	47,12	-	3,76	4,24	-	3,56	4,00	-	3,35	3,77	-	3,15	3,54	-	2,95	3,32	-	2,76	3,11	-	2,57	2,9
	V	64,26	1,84	5,14	5,78																		
	VI	65,74	2,02	5,25	5,91																		
217,49	I	47,16	-	3,77	4,24	-	3,35	3,77	-	2,96	3,33	-	2,58	2,90	-	2,21	2,49	-	1,87	2,10	-	1,54	1,7
	II	42,23	-	3,37	3,80	-	2,98	3,35	-	2,59	2,92	-	2,23	2,51	-	1,88	2,12	-	1,56	1,75	-	1,24	1,4
	III	29,55	-	2,36	2,65	-	2,06	2,32	-	1,78	2,00	-	1,50	1,69	-	1,23	1,38	-	0,97	1,09	-	0,71	0,8
	IV	47,16	-	3,77	4,24	-	3,56	4,00	-	3,35	3,77	-	3,15	3,55	-	2,96	3,33	-	2,76	3,11	-	2,58	2,9
	V	64,30	1,85	5,14	5,78																		
	VI	65,78	2,02	5,26	5,92																		

Lohn/ Gehalt bis	Steuerklasse	Lohn-steuer	ohne Kinderfreibetrag SolZ 5,5%	Kirchensteuer 8%	Kirchensteuer 9%	0,5 SolZ 5,5%	0,5 Kirchensteuer 8%	0,5 Kirchensteuer 9%	1,0 SolZ 5,5%	1,0 Kirchensteuer 8%	1,0 Kirchensteuer 9%	1,5 SolZ 5,5%	1,5 Kirchensteuer 8%	1,5 Kirchensteuer 9%	2,0 SolZ 5,5%	2,0 Kirchensteuer 8%	2,0 Kirchensteuer 9%	2,5 SolZ 5,5%	2,5 Kirchensteuer 8%	2,5 Kirchensteuer 9%	3,0 SolZ 5,5%	3,0 Kirchensteuer 8%	3,0 Kirchensteuer 9%
217,59	I	47,19	-	3,77	4,24	-	3,36	3,78	-	2,96	3,33	-	2,58	2,90	-	2,22	2,49	-	1,87	2,10	-	1,54	1,73
	II	42,27	-	3,38	3,80	-	2,98	3,35	-	2,60	2,92	-	2,23	2,51	-	1,89	2,12	-	1,56	1,75	-	1,24	1,40
	III	29,58	-	2,36	2,66	-	2,07	2,32	-	1,78	2,00	-	1,50	1,69	-	1,23	1,38	-	0,97	1,09	-	0,72	0,81
	IV	47,19	-	3,77	4,24	-	3,56	4,01	-	3,36	3,78	-	3,16	3,55	-	2,96	3,33	-	2,77	3,11	-	2,58	2,90
	V	64,34	1,85	5,14	5,79																		
	VI	65,82	2,03	5,26	5,92																		
217,69	I	47,23	-	3,77	4,25	-	3,36	3,78	-	2,96	3,33	-	2,58	2,91	-	2,22	2,50	-	1,87	2,11	-	1,54	1,74
	II	42,31	-	3,38	3,80	-	2,98	3,35	-	2,60	2,93	-	2,24	2,52	-	1,89	2,13	-	1,56	1,75	-	1,25	1,40
	III	29,61	-	2,36	2,66	-	2,07	2,33	-	1,78	2,00	-	1,50	1,69	-	1,23	1,39	-	0,97	1,09	-	0,72	0,81
	IV	47,23	-	3,77	4,25	-	3,57	4,01	-	3,36	3,78	-	3,16	3,55	-	2,96	3,33	-	2,77	3,12	-	2,58	2,91
	V	64,38	1,86	5,15	5,79																		
	VI	65,86	2,03	5,26	5,92																		
217,79	I	47,27	-	3,78	4,25	-	3,36	3,78	-	2,97	3,34	-	2,58	2,91	-	2,22	2,50	-	1,88	2,11	-	1,55	1,74
	II	42,34	-	3,38	3,81	-	2,98	3,36	-	2,60	2,93	-	2,24	2,52	-	1,89	2,13	-	1,56	1,76	-	1,25	1,41
	III	29,63	-	2,37	2,66	-	2,07	2,33	-	1,78	2,01	-	1,50	1,69	-	1,23	1,39	-	0,97	1,09	-	0,72	0,81
	IV	47,27	-	3,78	4,25	-	3,57	4,01	-	3,36	3,78	-	3,16	3,56	-	2,97	3,34	-	2,77	3,12	-	2,58	2,91
	V	64,42	1,86	5,15	5,79																		
	VI	65,90	2,04	5,27	5,93																		
217,89	I	47,31	-	3,78	4,25	-	3,37	3,79	-	2,97	3,34	-	2,59	2,91	-	2,22	2,50	-	1,88	2,11	-	1,55	1,74
	II	42,38	-	3,39	3,81	-	2,99	3,36	-	2,61	2,93	-	2,24	2,52	-	1,89	2,13	-	1,56	1,76	-	1,25	1,41
	III	29,66	-	2,37	2,66	-	2,07	2,33	-	1,78	2,01	-	1,51	1,69	-	1,24	1,39	-	0,97	1,10	-	0,72	0,81
	IV	47,31	-	3,78	4,25	-	3,57	4,02	-	3,37	3,79	-	3,16	3,56	-	2,97	3,34	-	2,78	3,12	-	2,59	2,91
	V	64,46	1,87	5,15	5,80																		
	VI	65,93	2,04	5,27	5,93																		
217,99	I	47,35	-	3,78	4,26	-	3,37	3,79	-	2,97	3,34	-	2,59	2,91	-	2,23	2,51	-	1,88	2,12	-	1,55	1,75
	II	42,42	-	3,39	3,81	-	2,99	3,36	-	2,61	2,93	-	2,24	2,52	-	1,90	2,13	-	1,57	1,76	-	1,25	1,41
	III	29,69	-	2,37	2,67	-	2,07	2,33	-	1,79	2,01	-	1,51	1,70	-	1,24	1,39	-	0,98	1,10	-	0,72	0,81
	IV	47,35	-	3,78	4,26	-	3,57	4,02	-	3,37	3,79	-	3,17	3,56	-	2,97	3,34	-	2,78	3,13	-	2,59	2,91
	V	64,50	1,87	5,16	5,80																		
	VI	65,97	2,05	5,27	5,93																		
218,09	I	47,38	-	3,79	4,26	-	3,37	3,79	-	2,97	3,35	-	2,59	2,92	-	2,23	2,51	-	1,88	2,12	-	1,55	1,75
	II	42,45	-	3,39	3,82	-	2,99	3,37	-	2,61	2,94	-	2,25	2,53	-	1,90	2,14	-	1,57	1,77	-	1,26	1,41
	III	29,72	-	2,37	2,67	-	2,08	2,34	-	1,79	2,01	-	1,51	1,70	-	1,24	1,39	-	0,98	1,10	-	0,72	0,81
	IV	47,38	-	3,79	4,26	-	3,58	4,03	-	3,37	3,79	-	3,17	3,57	-	2,97	3,35	-	2,78	3,13	-	2,59	2,92
	V	64,53	1,88	5,16	5,80																		
	VI	66,01	2,05	5,28	5,94																		
218,19	I	47,42	-	3,79	4,26	-	3,38	3,80	-	2,98	3,35	-	2,60	2,92	-	2,23	2,51	-	1,89	2,12	-	1,56	1,75
	II	42,49	-	3,39	3,82	-	3,00	3,37	-	2,61	2,94	-	2,25	2,53	-	1,90	2,14	-	1,57	1,77	-	1,26	1,42
	III	29,75	-	2,38	2,67	-	2,08	2,34	-	1,79	2,02	-	1,51	1,70	-	1,24	1,40	-	0,98	1,10	-	0,73	0,82
	IV	47,42	-	3,79	4,26	-	3,58	4,03	-	3,38	3,80	-	3,17	3,57	-	2,98	3,35	-	2,78	3,13	-	2,60	2,92
	V	64,57	1,88	5,16	5,81																		
	VI	66,05	2,06	5,28	5,94																		
218,29	I	47,46	-	3,79	4,27	-	3,38	3,80	-	2,98	3,35	-	2,60	2,92	-	2,23	2,51	-	1,89	2,12	-	1,56	1,75
	II	42,53	-	3,40	3,82	-	3,00	3,37	-	2,62	2,94	-	2,25	2,53	-	1,90	2,14	-	1,57	1,77	-	1,26	1,42
	III	29,77	-	2,38	2,67	-	2,08	2,34	-	1,79	2,02	-	1,51	1,70	-	1,24	1,40	-	0,98	1,10	-	0,73	0,82
	IV	47,46	-	3,79	4,27	-	3,58	4,03	-	3,38	3,80	-	3,18	3,57	-	2,98	3,35	-	2,79	3,14	-	2,60	2,92
	V	64,61	1,89	5,16	5,81																		
	VI	66,09	2,06	5,28	5,94																		
218,39	I	47,50	-	3,80	4,27	-	3,38	3,80	-	2,98	3,36	-	2,60	2,93	-	2,24	2,52	-	1,89	2,13	-	1,56	1,76
	II	42,56	-	3,40	3,83	-	3,00	3,38	-	2,62	2,95	-	2,25	2,54	-	1,91	2,15	-	1,58	1,77	-	1,26	1,42
	III	29,80	-	2,38	2,68	-	2,08	2,34	-	1,80	2,02	-	1,52	1,71	-	1,24	1,40	-	0,98	1,11	-	0,73	0,82
	IV	47,50	-	3,80	4,27	-	3,59	4,04	-	3,38	3,80	-	3,18	3,58	-	2,98	3,36	-	2,79	3,14	-	2,60	2,93
	V	64,65	1,89	5,17	5,81																		
	VI	66,12	2,07	5,28	5,95																		
218,49	I	47,54	-	3,80	4,27	-	3,38	3,81	-	2,99	3,36	-	2,60	2,93	-	2,24	2,52	-	1,89	2,13	-	1,56	1,76
	II	42,60	-	3,40	3,83	-	3,00	3,38	-	2,62	2,95	-	2,26	2,54	-	1,91	2,15	-	1,58	1,78	-	1,26	1,42
	III	29,82	-	2,38	2,68	-	2,08	2,35	-	1,80	2,02	-	1,52	1,71	-	1,25	1,40	-	0,98	1,11	-	0,73	0,82
	IV	47,54	-	3,80	4,27	-	3,59	4,04	-	3,38	3,81	-	3,18	3,58	-	2,99	3,36	-	2,79	3,14	-	2,60	2,93
	V	64,68	1,89	5,17	5,82																		
	VI	66,16	2,07	5,29	5,95																		
218,59	I	47,58	-	3,80	4,28	-	3,39	3,81	-	2,99	3,36	-	2,61	2,93	-	2,24	2,52	-	1,90	2,13	-	1,56	1,76
	II	42,64	-	3,41	3,83	-	3,01	3,38	-	2,62	2,95	-	2,26	2,54	-	1,91	2,15	-	1,58	1,78	-	1,27	1,43
	III	29,85	-	2,38	2,68	-	2,09	2,35	-	1,80	2,02	-	1,52	1,71	-	1,25	1,41	-	0,99	1,11	-	0,73	0,83
	IV	47,58	-	3,80	4,28	-	3,59	4,04	-	3,39	3,81	-	3,19	3,58	-	2,99	3,36	-	2,80	3,15	-	2,61	2,93
	V	64,72	1,90	5,17	5,82																		
	VI	66,20	2,07	5,29	5,95																		
218,69	I	47,61	-	3,80	4,28	-	3,39	3,81	-	2,99	3,37	-	2,61	2,94	-	2,24	2,53	-	1,90	2,14	-	1,57	1,76
	II	42,68	-	3,41	3,84	-	3,01	3,39	-	2,63	2,96	-	2,26	2,54	-	1,91	2,15	-	1,58	1,78	-	1,27	1,43
	III	29,88	-	2,39	2,68	-	2,09	2,35	-	1,80	2,03	-	1,52	1,71	-	1,25	1,41	-	0,99	1,11	-	0,74	0,83
	IV	47,61	-	3,80	4,28	-	3,60	4,05	-	3,39	3,81	-	3,19	3,59	-	2,99	3,37	-	2,80	3,15	-	2,61	2,94
	V	64,76	1,90	5,18	5,82																		
	VI	66,24	2,08	5,29	5,96																		
218,79	I	47,65	-	3,81	4,28	-	3,39	3,82	-	2,99	3,37	-	2,61	2,94	-	2,25	2,53	-	1,90	2,14	-	1,57	1,77
	II	42,71	-	3,41	3,84	-	3,01	3,39	-	2,63	2,96	-	2,26	2,55	-	1,92	2,16	-	1,59	1,78	-	1,27	1,43
	III	29,91	-	2,39	2,69	-	2,09	2,35	-	1,80	2,03	-	1,52	1,71	-	1,25	1,41	-	0,99	1,12	-	0,74	0,83
	IV	47,65	-	3,81	4,28	-	3,60	4,05	-	3,39	3,82	-	3,19	3,59	-	2,99	3,37	-	2,80	3,15	-	2,61	2,94
	V	64,80	1,91	5,18	5,83																		
	VI	66,28	2,08	5,30	5,96																		
218,89	I	47,69	-	3,81	4,29	-	3,40	3,82	-	3,00	3,37	-	2,62	2,94	-	2,25	2,53	-	1,90	2,14	-	1,57	1,77
	II	42,75	-	3,42	3,84	-	3,02	3,39	-	2,63	2,96	-	2,27	2,55	-	1,92	2,16	-	1,59	1,79	-	1,27	1,43
	III	29,93	-	2,39	2,69	-	2,09	2,36	-	1,80	2,03	-	1,53	1,72	-	1,26	1,41	-	0,99	1,12	-	0,74	0,83
	IV	47,69	-	3,81	4,29	-	3,60	4,05	-	3,40	3,82	-	3,19	3,59	-	3,00	3,37	-	2,80	3,15	-	2,62	2,94
	V	64,84	1,91	5,18	5,83																		
	VI	66,31	2,09	5,30	5,96																		
218,99	I	47,73	-	3,81	4,29	-	3,40	3,82	-	3,00	3,37	-	2,62	2,95	-	2,25	2,53	-	1,90	2,14	-	1,57	1,77
	II	42,79	-	3,42	3,85	-	3,02	3,40	-	2,64	2,97	-	2,27	2,55	-	1,92	2,16	-	1,59	1,79	-	1,28	1,44
	III	29,96	-	2,39	2,69	-	2,10	2,36	-	1,81	2,03	-	1,53	1,72	-	1,26	1,41	-	0,99	1,12	-	0,74	0,83
	IV	47,73	-	3,81	4,29	-	3,60	4,06	-	3,40	3,82	-	3,20	3,60	-	3,00	3,37	-	2,81	3,16	-	2,62	2,95
	V	64,88	1,92	5,19	5,83																		
	VI	66,35	2,09	5,30	5,97																		

Lohn/ Gehalt bis	Steuerklasse	Lohn-steuer	ohne Kinderfreibetrag SolZ 5,5%	Kirchensteuer 8%	9%	0,5 SolZ 5,5%	Kirchensteuer 8%	9%	1,0 SolZ 5,5%	Kirchensteuer 8%	9%	1,5 SolZ 5,5%	Kirchensteuer 8%	9%	2,0 SolZ 5,5%	Kirchensteuer 8%	9%	2,5 SolZ 5,5%	Kirchensteuer 8%	9%	3,0 SolZ 5,5%	Kirchensteu 8%	9%
219,09	I	47,76	-	3,82	4,29	-	3,40	3,83	-	3,00	3,38	-	2,62	2,95	-	2,26	2,54	-	1,91	2,15	-	1,58	1
	II	42,83	-	3,42	3,85	-	3,02	3,40	-	2,64	2,97	-	2,27	2,56	-	1,92	2,16	-	1,59	1,79	-	1,28	1
	III	29,99	-	2,39	2,69	-	2,10	2,36	-	1,81	2,04	-	1,53	1,72	-	1,26	1,42	-	1,00	1,12	-	0,74	0
	IV	47,76	-	3,82	4,29	-	3,61	4,06	-	3,40	3,83	-	3,20	3,60	-	3,00	3,38	-	2,81	3,16	-	2,62	2
	V	64,91	*1,92*	5,19	5,84																		
	VI	66,39	*2,10*	5,31	5,97																		
219,19	I	47,80	-	3,82	4,30	-	3,40	3,83	-	3,01	3,38	-	2,62	2,95	-	2,26	2,54	-	1,91	2,15	-	1,58	1
	II	42,86	-	3,42	3,85	-	3,02	3,40	-	2,64	2,97	-	2,28	2,56	-	1,93	2,17	-	1,59	1,79	-	1,28	1
	III	30,02	-	2,40	2,70	-	2,10	2,36	-	1,81	2,04	-	1,53	1,72	-	1,26	1,42	-	1,00	1,12	-	0,74	0
	IV	47,80	-	3,82	4,30	-	3,61	4,06	-	3,40	3,83	-	3,20	3,60	-	3,01	3,38	-	2,81	3,16	-	2,62	2
	V	64,95	*1,93*	5,19	5,84																		
	VI	66,43	*2,10*	5,31	5,97																		
219,29	I	47,84	-	3,82	4,30	-	3,41	3,83	-	3,01	3,38	-	2,63	2,95	-	2,26	2,54	-	1,91	2,15	-	1,58	1
	II	42,90	-	3,43	3,86	-	3,03	3,41	-	2,64	2,97	-	2,28	2,56	-	1,93	2,17	-	1,60	1,80	-	1,28	1
	III	30,05	-	2,40	2,70	-	2,10	2,36	-	1,81	2,04	-	1,53	1,73	-	1,26	1,42	-	1,00	1,13	-	0,75	0
	IV	47,84	-	3,82	4,30	-	3,61	4,07	-	3,41	3,83	-	3,21	3,61	-	3,01	3,38	-	2,81	3,17	-	2,63	2
	V	64,99	*1,93*	5,19	5,84																		
	VI	66,46	*2,11*	5,31	5,98																		
219,39	I	47,88	-	3,83	4,30	-	3,41	3,84	-	3,01	3,39	-	2,63	2,96	-	2,26	2,55	-	1,92	2,16	-	1,58	1
	II	42,94	-	3,43	3,86	-	3,03	3,41	-	2,65	2,98	-	2,28	2,57	-	1,93	2,17	-	1,60	1,80	-	1,28	1
	III	30,07	-	2,40	2,70	-	2,10	2,37	-	1,82	2,04	-	1,54	1,73	-	1,26	1,42	-	1,00	1,13	-	0,75	0
	IV	47,88	-	3,83	4,30	-	3,62	4,07	-	3,41	3,84	-	3,21	3,61	-	3,01	3,39	-	2,82	3,17	-	2,63	2
	V	65,03	*1,94*	5,20	5,85																		
	VI	66,50	*2,11*	5,32	5,98																		
219,49	I	47,92	-	3,83	4,31	-	3,41	3,84	-	3,01	3,39	-	2,63	2,96	-	2,27	2,55	-	1,92	2,16	-	1,59	1
	II	42,98	-	3,43	3,86	-	3,03	3,41	-	2,65	2,98	-	2,28	2,57	-	1,93	2,18	-	1,60	1,80	-	1,29	1
	III	30,10	-	2,40	2,70	-	2,11	2,37	-	1,82	2,05	-	1,54	1,73	-	1,27	1,43	-	1,00	1,13	-	0,75	0
	IV	47,92	-	3,83	4,31	-	3,62	4,07	-	3,41	3,84	-	3,21	3,61	-	3,01	3,39	-	2,82	3,17	-	2,63	2
	V	65,06	*1,94*	5,20	5,85																		
	VI	66,54	*2,12*	5,32	5,98																		
219,59	I	47,96	-	3,83	4,31	-	3,42	3,84	-	3,02	3,39	-	2,63	2,96	-	2,27	2,55	-	1,92	2,16	-	1,59	1
	II	43,01	-	3,44	3,87	-	3,04	3,42	-	2,65	2,98	-	2,29	2,57	-	1,94	2,18	-	1,60	1,80	-	1,29	1
	III	30,13	-	2,41	2,71	-	2,11	2,37	-	1,82	2,05	-	1,54	1,73	-	1,27	1,43	-	1,01	1,13	-	0,75	0
	IV	47,96	-	3,83	4,31	-	3,62	4,08	-	3,42	3,84	-	3,21	3,62	-	3,02	3,39	-	2,82	3,18	-	2,63	2
	V	65,10	*1,94*	5,20	5,85																		
	VI	66,58	*2,12*	5,32	5,99																		
219,69	I	47,99	-	3,83	4,31	-	3,42	3,85	-	3,02	3,40	-	2,64	2,97	-	2,27	2,56	-	1,92	2,16	-	1,59	1
	II	43,05	-	3,44	3,87	-	3,04	3,42	-	2,65	2,99	-	2,29	2,57	-	1,94	2,18	-	1,61	1,81	-	1,29	1
	III	30,16	-	2,41	2,71	-	2,11	2,37	-	1,82	2,05	-	1,54	1,73	-	1,27	1,43	-	1,01	1,13	-	0,75	0
	IV	47,99	-	3,83	4,31	-	3,63	4,08	-	3,42	3,85	-	3,22	3,62	-	3,02	3,40	-	2,83	3,18	-	2,64	2
	V	65,14	*1,95*	5,21	5,86																		
	VI	66,62	*2,12*	5,32	5,99																		
219,79	I	48,03	-	3,84	4,32	-	3,42	3,85	-	3,02	3,40	-	2,64	2,97	-	2,27	2,56	-	1,92	2,17	-	1,59	1
	II	43,09	-	3,44	3,87	-	3,04	3,42	-	2,66	2,99	-	2,29	2,58	-	1,94	2,18	-	1,61	1,81	-	1,29	1
	III	30,18	-	2,41	2,71	-	2,11	2,38	-	1,82	2,05	-	1,54	1,74	-	1,27	1,43	-	1,01	1,14	-	0,76	0
	IV	48,03	-	3,84	4,32	-	3,63	4,08	-	3,42	3,85	-	3,22	3,62	-	3,02	3,40	-	2,83	3,18	-	2,64	2
	V	65,18	*1,95*	5,21	5,86																		
	VI	66,66	*2,13*	5,33	5,99																		
219,89	I	48,07	-	3,84	4,32	-	3,43	3,85	-	3,02	3,40	-	2,64	2,97	-	2,28	2,56	-	1,93	2,17	-	1,60	1
	II	43,12	-	3,44	3,88	-	3,04	3,42	-	2,66	2,99	-	2,29	2,58	-	1,94	2,19	-	1,61	1,81	-	1,30	1
	III	30,21	-	2,41	2,71	-	2,12	2,38	-	1,83	2,05	-	1,55	1,74	-	1,27	1,43	-	1,01	1,14	-	0,76	0
	IV	48,07	-	3,84	4,32	-	3,63	4,09	-	3,43	3,85	-	3,22	3,63	-	3,02	3,40	-	2,83	3,19	-	2,64	2
	V	65,22	*1,96*	5,21	5,86																		
	VI	66,70	*2,13*	5,33	6,00																		
219,99	I	48,11	-	3,84	4,32	-	3,43	3,86	-	3,03	3,41	-	2,64	2,98	-	2,28	2,56	-	1,93	2,17	-	1,60	1
	II	43,16	-	3,45	3,88	-	3,05	3,43	-	2,66	3,00	-	2,30	2,58	-	1,95	2,19	-	1,61	1,82	-	1,30	1
	III	30,24	-	2,41	2,72	-	2,12	2,38	-	1,83	2,06	-	1,55	1,74	-	1,28	1,44	-	1,01	1,14	-	0,76	0
	IV	48,11	-	3,84	4,32	-	3,64	4,09	-	3,43	3,86	-	3,23	3,63	-	3,03	3,41	-	2,83	3,19	-	2,64	2
	V	65,26	*1,96*	5,22	5,87																		
	VI	66,73	*2,14*	5,33	6,00																		
220,09	I	48,15	-	3,85	4,33	-	3,43	3,86	-	3,03	3,41	-	2,65	2,98	-	2,28	2,57	-	1,93	2,17	-	1,60	1
	II	43,20	-	3,45	3,88	-	3,05	3,43	-	2,67	3,00	-	2,30	2,59	-	1,95	2,19	-	1,62	1,82	-	1,30	1
	III	30,26	-	2,42	2,72	-	2,12	2,38	-	1,83	2,06	-	1,55	1,74	-	1,28	1,44	-	1,02	1,14	-	0,76	0
	IV	48,15	-	3,85	4,33	-	3,64	4,09	-	3,43	3,86	-	3,23	3,63	-	3,03	3,41	-	2,84	3,19	-	2,65	2
	V	65,30	*1,97*	5,22	5,87																		
	VI	66,77	*2,14*	5,34	6,00																		
220,19	I	48,18	-	3,85	4,33	-	3,43	3,86	-	3,03	3,41	-	2,65	2,98	-	2,28	2,57	-	1,93	2,18	-	1,60	1
	II	43,24	-	3,45	3,89	-	3,05	3,43	-	2,67	3,00	-	2,30	2,59	-	1,95	2,20	-	1,62	1,82	-	1,30	1
	III	30,29	-	2,42	2,72	-	2,12	2,39	-	1,83	2,06	-	1,55	1,75	-	1,28	1,44	-	1,02	1,14	-	0,76	0
	IV	48,18	-	3,85	4,33	-	3,64	4,10	-	3,43	3,86	-	3,23	3,64	-	3,03	3,41	-	2,84	3,20	-	2,65	2
	V	65,33	*1,97*	5,22	5,87																		
	VI	66,81	*2,15*	5,34	6,01																		
220,29	I	48,22	-	3,85	4,33	-	3,44	3,87	-	3,04	3,42	-	2,65	2,98	-	2,29	2,57	-	1,94	2,18	-	1,60	1
	II	43,27	-	3,46	3,89	-	3,06	3,44	-	2,67	3,01	-	2,30	2,59	-	1,95	2,20	-	1,62	1,82	-	1,30	1,
	III	30,32	-	2,42	2,72	-	2,12	2,39	-	1,83	2,06	-	1,55	1,75	-	1,28	1,44	-	1,02	1,15	-	0,76	0,
	IV	48,22	-	3,85	4,33	-	3,64	4,10	-	3,44	3,87	-	3,24	3,64	-	3,04	3,42	-	2,84	3,20	-	2,65	2
	V	65,37	*1,98*	5,22	5,88																		
	VI	66,85	*2,15*	5,34	6,01																		
220,39	I	48,26	-	3,86	4,34	-	3,44	3,87	-	3,04	3,42	-	2,66	2,99	-	2,29	2,58	-	1,94	2,18	-	1,61	1,
	II	43,31	-	3,46	3,89	-	3,06	3,44	-	2,67	3,01	-	2,31	2,60	-	1,96	2,20	-	1,62	1,83	-	1,31	1,
	III	30,35	-	2,42	2,73	-	2,13	2,39	-	1,84	2,07	-	1,56	1,75	-	1,28	1,44	-	1,02	1,15	-	0,77	0
	IV	48,26	-	3,86	4,34	-	3,65	4,10	-	3,44	3,87	-	3,24	3,64	-	3,04	3,42	-	2,85	3,20	-	2,66	2,
	V	65,41	*1,98*	5,23	5,88																		
	VI	66,89	*2,16*	5,35	6,02																		
220,49	I	48,30	-	3,86	4,34	-	3,44	3,87	-	3,04	3,42	-	2,66	2,99	-	2,29	2,58	-	1,94	2,19	-	1,61	1,
	II	43,35	-	3,46	3,90	-	3,06	3,44	-	2,68	3,01	-	2,31	2,60	-	1,96	2,20	-	1,63	1,83	-	1,31	1,
	III	30,37	-	2,42	2,73	-	2,13	2,39	-	1,84	2,07	-	1,56	1,75	-	1,29	1,45	-	1,02	1,15	-	0,77	0,
	IV	48,30	-	3,86	4,34	-	3,65	4,11	-	3,44	3,87	-	3,24	3,65	-	3,04	3,42	-	2,85	3,20	-	2,66	2,
	V	65,45	*1,98*	5,23	5,89																		
	VI	66,92	*2,16*	5,35	6,02																		

Allgemeine Tabelle

TAG bis 221,99 €

Lohn/ Gehalt bis	Steuerklasse	Lohn-steuer	ohne Kinderfreibetrag SolZ 5,5%	ohne Kinderfreibetrag Kirchensteuer 8%	ohne Kinderfreibetrag Kirchensteuer 9%	0,5 SolZ 5,5%	0,5 Kirchensteuer 8%	0,5 Kirchensteuer 9%	1,0 SolZ 5,5%	1,0 Kirchensteuer 8%	1,0 Kirchensteuer 9%	1,5 SolZ 5,5%	1,5 Kirchensteuer 8%	1,5 Kirchensteuer 9%	2,0 SolZ 5,5%	2,0 Kirchensteuer 8%	2,0 Kirchensteuer 9%	2,5 SolZ 5,5%	2,5 Kirchensteuer 8%	2,5 Kirchensteuer 9%	3,0 SolZ 5,5%	3,0 Kirchensteuer 8%	3,0 Kirchensteuer 9%
						Anzahl Kinderfreibeträge (nur Steuerklassen I–IV)																	
220,59	I	48,34	-	3,86	4,35	-	3,45	3,88	-	3,05	3,43	-	2,66	2,99	-	2,29	2,58	-	1,94	2,19	-	1,61	1,81
	II	43,39	-	3,47	3,90	-	3,06	3,45	-	2,68	3,01	-	2,31	2,60	-	1,96	2,21	-	1,63	1,83	-	1,31	1,48
	III	30,40	-	2,43	2,73	-	2,13	2,40	-	1,84	2,07	-	1,56	1,76	-	1,29	1,45	-	1,02	1,15	-	0,77	0,87
	IV	48,34	-	3,86	4,35	-	3,65	4,11	-	3,45	3,88	-	3,24	3,65	-	3,05	3,43	-	2,85	3,21	-	2,66	2,99
	V	65,48	1,99	5,23	5,89																		
	VI	66,96	2,17	5,35	6,02																		
220,69	I	48,37	-	3,86	4,35	-	3,45	3,88	-	3,05	3,43	-	2,66	3,00	-	2,30	2,58	-	1,95	2,19	-	1,61	1,82
	II	43,42	-	3,47	3,90	-	3,07	3,45	-	2,68	3,02	-	2,31	2,60	-	1,96	2,21	-	1,63	1,83	-	1,31	1,48
	III	30,43	-	2,43	2,73	-	2,13	2,40	-	1,84	2,07	-	1,56	1,76	-	1,29	1,45	-	1,03	1,16	-	0,77	0,87
	IV	48,37	-	3,86	4,35	-	3,66	4,11	-	3,45	3,88	-	3,25	3,65	-	3,05	3,43	-	2,85	3,21	-	2,66	3,00
	V	65,52	1,99	5,24	5,89																		
	VI	67,00	2,17	5,36	6,03																		
220,79	I	48,41	-	3,87	4,35	-	3,45	3,88	-	3,05	3,43	-	2,67	3,00	-	2,30	2,59	-	1,95	2,19	-	1,62	1,82
	II	43,46	-	3,47	3,91	-	3,07	3,45	-	2,68	3,02	-	2,32	2,61	-	1,97	2,21	-	1,63	1,84	-	1,32	1,48
	III	30,46	-	2,43	2,74	-	2,13	2,40	-	1,84	2,08	-	1,56	1,76	-	1,29	1,45	-	1,03	1,16	-	0,77	0,87
	IV	48,41	-	3,87	4,35	-	3,66	4,12	-	3,45	3,88	-	3,25	3,66	-	3,05	3,43	-	2,86	3,21	-	2,67	3,00
	V	65,56	2,00	5,24	5,90																		
	VI	67,04	2,17	5,36	6,03																		
220,89	I	48,45	-	3,87	4,36	-	3,46	3,89	-	3,05	3,44	-	2,67	3,00	-	2,30	2,59	-	1,95	2,20	-	1,62	1,82
	II	43,50	-	3,48	3,91	-	3,07	3,46	-	2,69	3,02	-	2,32	2,61	-	1,97	2,22	-	1,64	1,84	-	1,32	1,48
	III	30,48	-	2,43	2,74	-	2,14	2,40	-	1,85	2,08	-	1,57	1,76	-	1,29	1,46	-	1,03	1,16	-	0,78	0,87
	IV	48,45	-	3,87	4,36	-	3,66	4,12	-	3,46	3,89	-	3,25	3,66	-	3,05	3,44	-	2,86	3,22	-	2,67	3,00
	V	65,60	2,00	5,24	5,90																		
	VI	67,08	2,18	5,36	6,03																		
220,99	I	48,49	-	3,87	4,36	-	3,46	3,89	-	3,06	3,44	-	2,67	3,01	-	2,30	2,59	-	1,95	2,20	-	1,62	1,82
	II	43,53	-	3,48	3,91	-	3,08	3,46	-	2,69	3,03	-	2,32	2,61	-	1,97	2,22	-	1,64	1,84	-	1,32	1,49
	III	30,51	-	2,44	2,74	-	2,14	2,41	-	1,85	2,08	-	1,57	1,76	-	1,30	1,46	-	1,03	1,16	-	0,78	0,87
	IV	48,49	-	3,87	4,36	-	3,67	4,12	-	3,46	3,89	-	3,26	3,66	-	3,06	3,44	-	2,86	3,22	-	2,67	3,01
	V	65,64	2,01	5,25	5,90																		
	VI	67,11	2,18	5,36	6,03																		
221,09	I	48,53	-	3,88	4,36	-	3,46	3,89	-	3,06	3,44	-	2,68	3,01	-	2,31	2,60	-	1,96	2,20	-	1,62	1,83
	II	43,57	-	3,48	3,92	-	3,08	3,46	-	2,69	3,03	-	2,32	2,62	-	1,97	2,22	-	1,64	1,85	-	1,32	1,49
	III	30,54	-	2,44	2,74	-	2,14	2,41	-	1,85	2,08	-	1,57	1,77	-	1,30	1,46	-	1,03	1,16	-	0,78	0,88
	IV	48,53	-	3,88	4,36	-	3,67	4,13	-	3,46	3,89	-	3,26	3,67	-	3,06	3,44	-	2,86	3,22	-	2,68	3,01
	V	65,68	2,01	5,25	5,91																		
	VI	67,15	2,19	5,37	6,04																		
221,19	I	48,56	-	3,88	4,37	-	3,46	3,90	-	3,06	3,45	-	2,68	3,01	-	2,31	2,60	-	1,96	2,21	-	1,63	1,83
	II	43,61	-	3,48	3,92	-	3,08	3,47	-	2,70	3,03	-	2,33	2,62	-	1,98	2,22	-	1,64	1,85	-	1,32	1,49
	III	30,57	-	2,44	2,75	-	2,14	2,41	-	1,85	2,08	-	1,57	1,77	-	1,30	1,46	-	1,04	1,17	-	0,78	0,88
	IV	48,56	-	3,88	4,37	-	3,67	4,13	-	3,46	3,90	-	3,26	3,67	-	3,06	3,45	-	2,87	3,23	-	2,68	3,01
	V	65,71	2,02	5,25	5,91																		
	VI	67,19	2,19	5,37	6,04																		
221,29	I	48,60	-	3,88	4,37	-	3,47	3,90	-	3,07	3,45	-	2,68	3,02	-	2,31	2,60	-	1,96	2,21	-	1,63	1,83
	II	43,65	-	3,49	3,92	-	3,08	3,47	-	2,70	3,04	-	2,33	2,62	-	1,98	2,23	-	1,64	1,85	-	1,33	1,49
	III	30,60	-	2,44	2,75	-	2,14	2,41	-	1,86	2,09	-	1,57	1,77	-	1,30	1,46	-	1,04	1,17	-	0,78	0,88
	IV	48,60	-	3,88	4,37	-	3,67	4,13	-	3,47	3,90	-	3,26	3,67	-	3,07	3,45	-	2,87	3,23	-	2,68	3,02
	V	65,75	2,02	5,26	5,91																		
	VI	67,23	2,20	5,37	6,05																		
221,39	I	48,64	-	3,89	4,37	-	3,47	3,90	-	3,07	3,45	-	2,68	3,02	-	2,32	2,61	-	1,96	2,21	-	1,63	1,84
	II	43,69	-	3,49	3,93	-	3,09	3,47	-	2,70	3,04	-	2,33	2,62	-	1,98	2,23	-	1,65	1,85	-	1,33	1,50
	III	30,62	-	2,44	2,75	-	2,15	2,42	-	1,86	2,09	-	1,58	1,77	-	1,30	1,47	-	1,04	1,17	-	0,78	0,88
	IV	48,64	-	3,89	4,37	-	3,68	4,14	-	3,47	3,90	-	3,27	3,68	-	3,07	3,45	-	2,87	3,23	-	2,68	3,02
	V	65,79	2,03	5,26	5,92																		
	VI	67,27	2,20	5,38	6,05																		
221,49	I	48,68	-	3,89	4,38	-	3,47	3,91	-	3,07	3,46	-	2,69	3,02	-	2,32	2,61	-	1,97	2,21	-	1,63	1,84
	II	43,72	-	3,49	3,93	-	3,09	3,48	-	2,70	3,04	-	2,34	2,63	-	1,98	2,23	-	1,65	1,86	-	1,33	1,50
	III	30,65	-	2,45	2,75	-	2,15	2,42	-	1,86	2,09	-	1,58	1,78	-	1,31	1,47	-	1,04	1,17	-	0,79	0,89
	IV	48,68	-	3,89	4,38	-	3,68	4,14	-	3,47	3,91	-	3,27	3,68	-	3,07	3,46	-	2,88	3,24	-	2,69	3,02
	V	65,83	2,03	5,26	5,92																		
	VI	67,30	2,21	5,38	6,05																		
221,59	I	48,72	-	3,89	4,38	-	3,48	3,91	-	3,07	3,46	-	2,69	3,03	-	2,32	2,61	-	1,97	2,22	-	1,64	1,84
	II	43,76	-	3,50	3,93	-	3,09	3,48	-	2,71	3,05	-	2,34	2,63	-	1,99	2,24	-	1,65	1,86	-	1,33	1,50
	III	30,68	-	2,45	2,76	-	2,15	2,42	-	1,86	2,09	-	1,58	1,78	-	1,31	1,47	-	1,04	1,17	-	0,79	0,89
	IV	48,72	-	3,89	4,38	-	3,68	4,14	-	3,48	3,91	-	3,27	3,68	-	3,07	3,46	-	2,88	3,24	-	2,69	3,03
	V	65,86	2,03	5,26	5,92																		
	VI	67,34	2,21	5,38	6,06																		
221,69	I	48,76	-	3,90	4,38	-	3,48	3,91	-	3,08	3,46	-	2,69	3,03	-	2,32	2,61	-	1,97	2,22	-	1,64	1,84
	II	43,80	-	3,50	3,94	-	3,10	3,48	-	2,71	3,05	-	2,34	2,63	-	1,99	2,24	-	1,65	1,86	-	1,34	1,50
	III	30,71	-	2,45	2,76	-	2,15	2,42	-	1,86	2,10	-	1,58	1,78	-	1,31	1,47	-	1,05	1,18	-	0,79	0,89
	IV	48,76	-	3,90	4,38	-	3,69	4,15	-	3,48	3,91	-	3,28	3,69	-	3,08	3,46	-	2,88	3,24	-	2,69	3,03
	V	65,90	2,04	5,27	5,93																		
	VI	67,38	2,22	5,39	6,06																		
221,79	I	48,80	-	3,90	4,39	-	3,48	3,92	-	3,08	3,47	-	2,69	3,03	-	2,33	2,62	-	1,97	2,22	-	1,64	1,85
	II	43,84	-	3,50	3,94	-	3,10	3,49	-	2,71	3,05	-	2,34	2,64	-	1,99	2,24	-	1,66	1,86	-	1,34	1,51
	III	30,73	-	2,45	2,76	-	2,16	2,43	-	1,87	2,10	-	1,58	1,78	-	1,31	1,48	-	1,05	1,18	-	0,79	0,89
	IV	48,80	-	3,90	4,39	-	3,69	4,15	-	3,48	3,92	-	3,28	3,69	-	3,08	3,47	-	2,88	3,25	-	2,69	3,03
	V	65,94	2,04	5,27	5,93																		
	VI	67,42	2,22	5,39	6,06																		
221,89	I	48,83	0,01	3,90	4,39	-	3,49	3,92	-	3,08	3,47	-	2,70	3,03	-	2,33	2,62	-	1,98	2,22	-	1,64	1,85
	II	43,87	-	3,50	3,94	-	3,10	3,49	-	2,72	3,06	-	2,35	2,64	-	1,99	2,24	-	1,66	1,87	-	1,34	1,51
	III	30,76	-	2,46	2,76	-	2,16	2,43	-	1,87	2,10	-	1,59	1,79	-	1,31	1,48	-	1,05	1,18	-	0,79	0,89
	IV	48,83	0,01	3,90	4,39	-	3,69	4,15	-	3,49	3,92	-	3,28	3,69	-	3,08	3,47	-	2,89	3,25	-	2,70	3,03
	V	65,98	2,05	5,27	5,93																		
	VI	67,46	2,22	5,39	6,07																		
221,99	I	48,87	0,01	3,90	4,39	-	3,49	3,92	-	3,09	3,47	-	2,70	3,04	-	2,33	2,62	-	1,98	2,23	-	1,65	1,85
	II	43,91	-	3,51	3,95	-	3,10	3,49	-	2,72	3,06	-	2,35	2,64	-	2,00	2,25	-	1,66	1,87	-	1,34	1,51
	III	30,79	-	2,46	2,77	-	2,16	2,43	-	1,87	2,10	-	1,59	1,79	-	1,32	1,48	-	1,05	1,18	-	0,80	0,90
	IV	48,87	0,01	3,90	4,39	-	3,70	4,16	-	3,49	3,92	-	3,28	3,70	-	3,09	3,47	-	2,89	3,25	-	2,70	3,04
	V	66,02	2,05	5,28	5,94																		
	VI	67,50	2,23	5,40	6,07																		

Lohn/ Gehalt bis	Steuerklasse	Lohn-steuer	ohne Kinderfreibetrag SolZ 5,5%	ohne Kinderfreibetrag Kirchensteuer 8%	ohne Kinderfreibetrag Kirchensteuer 9%	0,5 SolZ 5,5%	0,5 Kirchensteuer 8%	0,5 Kirchensteuer 9%	1,0 SolZ 5,5%	1,0 Kirchensteuer 8%	1,0 Kirchensteuer 9%	1,5 SolZ 5,5%	1,5 Kirchensteuer 8%	1,5 Kirchensteuer 9%	2,0 SolZ 5,5%	2,0 Kirchensteuer 8%	2,0 Kirchensteuer 9%	2,5 SolZ 5,5%	2,5 Kirchensteuer 8%	2,5 Kirchensteuer 9%	3,0 SolZ 5,5%	3,0 Kirchensteuer 8%	3,0 Kirchensteuer 9%
222,09	I	48,91	0,02	3,91	4,40	-	3,49	3,93	-	3,09	3,47	-	2,70	3,04	-	2,33	2,63	-	1,98	2,23	-	1,65	1
	II	43,95	-	3,51	3,95	-	3,11	3,50	-	2,72	3,06	-	2,35	2,65	-	2,00	2,25	-	1,66	1,87	-	1,35	1
	III	30,82	-	2,46	2,77	-	2,16	2,43	-	1,87	2,11	-	1,59	1,79	-	1,32	1,48	-	1,05	1,18	-	0,80	0
	IV	48,91	0,02	3,91	4,40	-	3,70	4,16	-	3,49	3,93	-	3,29	3,70	-	3,09	3,47	-	2,89	3,26	-	2,70	3
	V	66,06	2,06	5,28	5,94																		
	VI	67,53	2,23	5,40	6,07																		
222,19	I	48,95	0,02	3,91	4,40	-	3,49	3,93	-	3,09	3,48	-	2,70	3,04	-	2,34	2,63	-	1,98	2,23	-	1,65	1
	II	43,99	-	3,51	3,95	-	3,11	3,50	-	2,72	3,06	-	2,35	2,65	-	2,00	2,25	-	1,67	1,87	-	1,35	1
	III	30,85	-	2,46	2,77	-	2,16	2,43	-	1,87	2,11	-	1,59	1,79	-	1,32	1,48	-	1,06	1,19	-	0,80	0
	IV	48,95	0,02	3,91	4,40	-	3,70	4,16	-	3,49	3,93	-	3,29	3,70	-	3,09	3,48	-	2,90	3,26	-	2,70	3
	V	66,10	2,06	5,28	5,94																		
	VI	67,57	2,24	5,40	6,08																		
222,29	I	48,98	0,03	3,91	4,40	-	3,50	3,94	-	3,09	3,48	-	2,71	3,05	-	2,34	2,63	-	1,99	2,24	-	1,65	1
	II	44,02	-	3,52	3,96	-	3,11	3,50	-	2,73	3,07	-	2,36	2,65	-	2,00	2,25	-	1,67	1,88	-	1,35	1
	III	30,87	-	2,46	2,77	-	2,17	2,44	-	1,88	2,11	-	1,59	1,79	-	1,32	1,49	-	1,06	1,19	-	0,80	0
	IV	48,98	0,03	3,91	4,40	-	3,70	4,17	-	3,50	3,94	-	3,29	3,71	-	3,09	3,48	-	2,90	3,26	-	2,71	3
	V	66,13	2,07	5,29	5,95																		
	VI	67,61	2,24	5,40	6,08																		
222,39	I	49,02	0,03	3,92	4,41	-	3,50	3,94	-	3,10	3,48	-	2,71	3,05	-	2,34	2,63	-	1,99	2,24	-	1,66	1
	II	44,06	-	3,52	3,96	-	3,12	3,51	-	2,73	3,07	-	2,36	2,65	-	2,01	2,26	-	1,67	1,88	-	1,35	1
	III	30,90	-	2,47	2,78	-	2,17	2,44	-	1,88	2,11	-	1,60	1,80	-	1,32	1,49	-	1,06	1,19	-	0,80	0
	IV	49,02	0,03	3,92	4,41	-	3,71	4,17	-	3,50	3,94	-	3,30	3,71	-	3,10	3,48	-	2,90	3,26	-	2,71	3
	V	66,17	2,07	5,29	5,95																		
	VI	67,65	2,25	5,41	6,08																		
222,49	I	49,06	0,03	3,92	4,41	-	3,50	3,94	-	3,10	3,49	-	2,71	3,05	-	2,34	2,64	-	1,99	2,24	-	1,66	1
	II	44,10	-	3,52	3,96	-	3,12	3,51	-	2,73	3,07	-	2,36	2,66	-	2,01	2,26	-	1,67	1,88	-	1,35	1
	III	30,93	-	2,47	2,78	-	2,17	2,44	-	1,88	2,12	-	1,60	1,80	-	1,32	1,49	-	1,06	1,19	-	0,80	0
	IV	49,06	0,03	3,92	4,41	-	3,71	4,18	-	3,50	3,94	-	3,30	3,71	-	3,10	3,49	-	2,90	3,27	-	2,71	3
	V	66,21	2,08	5,29	5,95																		
	VI	67,68	2,25	5,41	6,09																		
222,59	I	49,10	0,04	3,92	4,41	-	3,51	3,95	-	3,10	3,49	-	2,72	3,06	-	2,35	2,64	-	1,99	2,24	-	1,66	1
	II	44,14	-	3,53	3,97	-	3,12	3,51	-	2,73	3,08	-	2,36	2,66	-	2,01	2,26	-	1,68	1,89	-	1,36	1
	III	30,96	-	2,47	2,78	-	2,17	2,44	-	1,88	2,12	-	1,60	1,80	-	1,33	1,49	-	1,06	1,20	-	0,81	0
	IV	49,10	0,04	3,92	4,41	-	3,71	4,18	-	3,51	3,95	-	3,30	3,72	-	3,10	3,49	-	2,91	3,27	-	2,72	3
	V	66,25	2,08	5,30	5,96																		
	VI	67,72	2,26	5,41	6,09																		
222,69	I	49,14	0,04	3,93	4,42	-	3,51	3,95	-	3,11	3,49	-	2,72	3,06	-	2,35	2,64	-	2,00	2,25	-	1,66	1
	II	44,18	-	3,53	3,97	-	3,12	3,52	-	2,74	3,08	-	2,37	2,66	-	2,01	2,27	-	1,68	1,89	-	1,36	1
	III	30,98	-	2,47	2,78	-	2,18	2,45	-	1,88	2,12	-	1,60	1,80	-	1,33	1,50	-	1,06	1,20	-	0,81	0
	IV	49,14	0,04	3,93	4,42	-	3,72	4,18	-	3,51	3,95	-	3,31	3,72	-	3,11	3,49	-	2,91	3,27	-	2,72	3
	V	66,28	2,08	5,30	5,96																		
	VI	67,76	2,26	5,42	6,09																		
222,79	I	49,18	0,05	3,93	4,42	-	3,51	3,95	-	3,11	3,50	-	2,72	3,06	-	2,35	2,65	-	2,00	2,25	-	1,66	1
	II	44,21	-	3,53	3,97	-	3,13	3,52	-	2,74	3,08	-	2,37	2,67	-	2,02	2,27	-	1,68	1,89	-	1,36	1
	III	31,01	-	2,48	2,79	-	2,18	2,45	-	1,89	2,12	-	1,60	1,81	-	1,33	1,50	-	1,07	1,20	-	0,81	0
	IV	49,18	0,05	3,93	4,42	-	3,72	4,19	-	3,51	3,95	-	3,31	3,72	-	3,11	3,50	-	2,91	3,28	-	2,72	3
	V	66,32	2,09	5,30	5,96																		
	VI	67,80	2,26	5,42	6,10																		
222,89	I	49,21	0,05	3,93	4,42	-	3,52	3,96	-	3,11	3,50	-	2,72	3,06	-	2,35	2,65	-	2,00	2,25	-	1,67	1
	II	44,25	-	3,54	3,98	-	3,13	3,52	-	2,74	3,09	-	2,37	2,67	-	2,02	2,27	-	1,68	1,89	-	1,36	1
	III	31,03	-	2,48	2,79	-	2,18	2,45	-	1,89	2,13	-	1,61	1,81	-	1,33	1,50	-	1,07	1,20	-	0,81	0
	IV	49,21	0,05	3,93	4,42	-	3,72	4,19	-	3,52	3,96	-	3,31	3,73	-	3,11	3,50	-	2,92	3,28	-	2,72	3
	V	66,36	2,09	5,30	5,97																		
	VI	67,84	2,27	5,42	6,10																		
222,99	I	49,25	0,06	3,94	4,43	-	3,52	3,96	-	3,11	3,50	-	2,73	3,07	-	2,36	2,65	-	2,00	2,26	-	1,67	1
	II	44,29	-	3,54	3,98	-	3,13	3,53	-	2,75	3,09	-	2,38	2,67	-	2,02	2,27	-	1,68	1,90	-	1,37	1
	III	31,06	-	2,48	2,79	-	2,18	2,45	-	1,89	2,13	-	1,61	1,81	-	1,34	1,50	-	1,07	1,20	-	0,81	0
	IV	49,25	0,06	3,94	4,43	-	3,73	4,19	-	3,52	3,96	-	3,31	3,73	-	3,11	3,50	-	2,92	3,28	-	2,73	3
	V	66,40	2,10	5,31	5,97																		
	VI	67,88	2,27	5,43	6,10																		
223,09	I	49,29	0,06	3,94	4,43	-	3,52	3,96	-	3,12	3,51	-	2,73	3,07	-	2,36	2,66	-	2,01	2,26	-	1,67	1
	II	44,33	-	3,54	3,98	-	3,14	3,53	-	2,75	3,09	-	2,38	2,68	-	2,02	2,28	-	1,69	1,90	-	1,37	1
	III	31,10	-	2,48	2,79	-	2,18	2,46	-	1,89	2,13	-	1,61	1,81	-	1,34	1,50	-	1,07	1,21	-	0,82	0
	IV	49,29	0,06	3,94	4,43	-	3,73	4,20	-	3,52	3,96	-	3,32	3,73	-	3,12	3,51	-	2,92	3,29	-	2,73	3,
	V	66,44	2,10	5,31	5,97																		
	VI	67,91	2,28	5,43	6,11																		
223,19	I	49,33	0,07	3,94	4,43	-	3,52	3,96	-	3,12	3,51	-	2,73	3,07	-	2,36	2,66	-	2,01	2,26	-	1,67	1
	II	44,36	-	3,54	3,99	-	3,14	3,53	-	2,75	3,10	-	2,38	2,68	-	2,03	2,28	-	1,69	1,90	-	1,37	1
	III	31,12	-	2,48	2,80	-	2,19	2,46	-	1,90	2,13	-	1,61	1,81	-	1,34	1,51	-	1,07	1,21	-	0,82	0,
	IV	49,33	0,07	3,94	4,43	-	3,73	4,20	-	3,52	3,96	-	3,32	3,74	-	3,12	3,51	-	2,92	3,29	-	2,73	3,
	V	66,48	2,11	5,31	5,98																		
	VI	67,95	2,28	5,43	6,11																		
223,29	I	49,36	0,07	3,94	4,44	-	3,53	3,97	-	3,12	3,51	-	2,74	3,08	-	2,37	2,66	-	2,01	2,26	-	1,68	1
	II	44,40	-	3,55	3,99	-	3,14	3,53	-	2,75	3,10	-	2,38	2,68	-	2,03	2,28	-	1,69	1,90	-	1,37	1,
	III	31,15	-	2,49	2,80	-	2,19	2,46	-	1,90	2,13	-	1,61	1,82	-	1,34	1,51	-	1,08	1,21	-	0,82	0,
	IV	49,36	0,07	3,94	4,44	-	3,74	4,20	-	3,53	3,97	-	3,32	3,74	-	3,12	3,51	-	2,93	3,29	-	2,74	3,
	V	66,51	2,11	5,32	5,98																		
	VI	67,99	2,29	5,43	6,11																		
223,39	I	49,40	0,08	3,95	4,44	-	3,53	3,97	-	3,13	3,52	-	2,74	3,08	-	2,37	2,66	-	2,01	2,27	-	1,68	1,
	II	44,44	-	3,55	3,99	-	3,14	3,54	-	2,76	3,10	-	2,39	2,68	-	2,03	2,29	-	1,69	1,91	-	1,38	1,
	III	31,17	-	2,49	2,80	-	2,19	2,46	-	1,90	2,14	-	1,62	1,82	-	1,34	1,51	-	1,08	1,21	-	0,82	0,
	IV	49,40	0,08	3,95	4,44	-	3,74	4,21	-	3,53	3,97	-	3,33	3,74	-	3,13	3,52	-	2,93	3,30	-	2,74	3,
	V	66,55	2,12	5,32	5,98																		
	VI	68,03	2,29	5,44	6,12																		
223,49	I	49,44	0,08	3,95	4,44	-	3,53	3,98	-	3,13	3,52	-	2,74	3,08	-	2,37	2,67	-	2,02	2,27	-	1,68	1,
	II	44,48	-	3,55	4,00	-	3,15	3,54	-	2,76	3,10	-	2,39	2,69	-	2,03	2,29	-	1,70	1,91	-	1,38	1,
	III	31,20	-	2,49	2,80	-	2,19	2,47	-	1,90	2,14	-	1,62	1,82	-	1,34	1,51	-	1,08	1,22	-	0,82	0,
	IV	49,44	0,08	3,95	4,44	-	3,74	4,21	-	3,53	3,98	-	3,33	3,75	-	3,13	3,52	-	2,93	3,30	-	2,74	3,
	V	66,59	2,12	5,32	5,99																		
	VI	68,07	2,30	5,44	6,12																		

Anzahl Kinderfreibeträge (nur Steuerklassen I–IV)

Lohn/ Gehalt bis	Steuerklasse	Lohn-steuer	ohne Kinderfreibetrag			Anzahl Kinderfreibeträge (nur Steuerklassen I–IV)																	
						0,5			1,0			1,5			2,0			2,5			3,0		
			SolZ 5,5%	Kirchensteuer 8%	Kirchensteuer 9%	SolZ 5,5%	Kirchensteuer 8%	Kirchensteuer 9%	SolZ 5,5%	Kirchensteuer 8%	Kirchensteuer 9%	SolZ 5,5%	Kirchensteuer 8%	Kirchensteuer 9%	SolZ 5,5%	Kirchensteuer 8%	Kirchensteuer 9%	SolZ 5,5%	Kirchensteuer 8%	Kirchensteuer 9%	SolZ 5,5%	Kirchensteuer 8%	Kirchensteuer 9%
223,59	I	49,48	0,08	3,95	4,45	-	3,54	3,98	-	3,13	3,52	-	2,74	3,09	-	2,37	2,67	-	2,02	2,27	-	1,68	1,89
	II	44,51	-	3,56	4,00	-	3,15	3,54	-	2,76	3,11	-	2,39	2,69	-	2,04	2,29	-	1,70	1,91	-	1,38	1,55
	III	31,23	-	2,49	2,81	-	2,19	2,47	-	1,90	2,14	-	1,62	1,82	-	1,35	1,52	-	1,08	1,22	-	0,82	0,93
	IV	49,48	0,08	3,95	4,45	-	3,74	4,21	-	3,54	3,98	-	3,33	3,75	-	3,13	3,52	-	2,94	3,30	-	2,74	3,09
	V	66,63	2,13	5,33	5,99																		
	VI	68,10	2,30	5,44	6,12																		
223,69	I	49,52	0,09	3,96	4,45	-	3,54	3,98	-	3,13	3,53	-	2,75	3,09	-	2,38	2,67	-	2,02	2,28	-	1,69	1,90
	II	44,55	-	3,56	4,00	-	3,15	3,55	-	2,76	3,11	-	2,39	2,69	-	2,04	2,29	-	1,70	1,91	-	1,38	1,55
	III	31,26	-	2,50	2,81	-	2,20	2,47	-	1,90	2,14	-	1,62	1,83	-	1,35	1,52	-	1,08	1,22	-	0,83	0,93
	IV	49,52	0,09	3,96	4,45	-	3,75	4,22	-	3,54	3,98	-	3,34	3,75	-	3,13	3,53	-	2,94	3,31	-	2,75	3,09
	V	66,66	2,13	5,33	5,99																		
	VI	68,14	2,31	5,45	6,13																		
223,79	I	49,56	0,09	3,96	4,46	-	3,54	3,99	-	3,14	3,53	-	2,75	3,09	-	2,38	2,68	-	2,02	2,28	-	1,69	1,90
	II	44,59	-	3,56	4,01	-	3,16	3,55	-	2,77	3,11	-	2,40	2,70	-	2,04	2,30	-	1,70	1,92	-	1,38	1,56
	III	31,28	-	2,50	2,81	-	2,20	2,47	-	1,91	2,15	-	1,62	1,83	-	1,35	1,52	-	1,09	1,22	-	0,83	0,93
	IV	49,56	0,09	3,96	4,46	-	3,75	4,22	-	3,54	3,99	-	3,34	3,76	-	3,14	3,53	-	2,94	3,31	-	2,75	3,09
	V	66,70	2,13	5,33	6,00																		
	VI	68,18	2,31	5,45	6,13																		
223,89	I	49,59	0,10	3,96	4,46	-	3,55	3,99	-	3,14	3,53	-	2,75	3,10	-	2,38	2,68	-	2,03	2,28	-	1,69	1,90
	II	44,63	-	3,57	4,01	-	3,16	3,55	-	2,77	3,12	-	2,40	2,70	-	2,04	2,30	-	1,71	1,92	-	1,39	1,56
	III	31,31	-	2,50	2,81	-	2,20	2,48	-	1,91	2,15	-	1,63	1,83	-	1,35	1,52	-	1,09	1,22	-	0,83	0,93
	IV	49,59	0,10	3,96	4,46	-	3,75	4,22	-	3,55	3,99	-	3,34	3,76	-	3,14	3,53	-	2,94	3,31	-	2,75	3,10
	V	66,74	2,14	5,33	6,00																		
	VI	68,22	2,31	5,45	6,13																		
223,99	I	49,63	0,10	3,97	4,46	-	3,55	3,99	-	3,14	3,54	-	2,76	3,10	-	2,38	2,68	-	2,03	2,28	-	1,69	1,90
	II	44,66	-	3,57	4,01	-	3,16	3,56	-	2,77	3,12	-	2,40	2,70	-	2,05	2,30	-	1,71	1,92	-	1,39	1,56
	III	31,34	-	2,50	2,82	-	2,20	2,48	-	1,91	2,15	-	1,63	1,83	-	1,36	1,53	-	1,09	1,23	-	0,83	0,94
	IV	49,63	0,10	3,97	4,46	-	3,76	4,23	-	3,55	3,99	-	3,34	3,76	-	3,14	3,54	-	2,95	3,32	-	2,76	3,10
	V	66,78	2,14	5,34	6,01																		
	VI	68,26	2,32	5,46	6,14																		
224,09	I	49,67	0,11	3,97	4,47	-	3,55	4,00	-	3,15	3,54	-	2,76	3,10	-	2,39	2,69	-	2,03	2,29	-	1,70	1,91
	II	44,70	-	3,57	4,02	-	3,16	3,56	-	2,78	3,12	-	2,40	2,70	-	2,05	2,31	-	1,71	1,93	-	1,39	1,56
	III	31,37	-	2,50	2,82	-	2,20	2,48	-	1,91	2,15	-	1,63	1,84	-	1,36	1,53	-	1,09	1,23	-	0,83	0,94
	IV	49,67	0,11	3,97	4,47	-	3,76	4,23	-	3,55	4,00	-	3,35	3,77	-	3,15	3,54	-	2,95	3,32	-	2,76	3,10
	V	66,82	2,15	5,34	6,01																		
	VI	68,30	2,32	5,46	6,14																		
224,19	I	49,71	0,11	3,97	4,47	-	3,55	4,00	-	3,15	3,54	-	2,76	3,11	-	2,39	2,69	-	2,04	2,29	-	1,70	1,91
	II	44,74	-	3,57	4,02	-	3,17	3,56	-	2,78	3,13	-	2,41	2,71	-	2,05	2,31	-	1,71	1,93	-	1,39	1,57
	III	31,40	-	2,51	2,82	-	2,21	2,48	-	1,92	2,16	-	1,63	1,84	-	1,36	1,53	-	1,09	1,23	-	0,84	0,94
	IV	49,71	0,11	3,97	4,47	-	3,76	4,23	-	3,55	4,00	-	3,35	3,77	-	3,15	3,54	-	2,95	3,32	-	2,76	3,11
	V	66,86	2,15	5,34	6,01																		
	VI	68,33	2,33	5,46	6,14																		
224,29	I	49,75	0,12	3,98	4,47	-	3,56	4,00	-	3,15	3,55	-	2,76	3,11	-	2,39	2,69	-	2,04	2,29	-	1,70	1,91
	II	44,78	-	3,58	4,03	-	3,17	3,57	-	2,78	3,13	-	2,41	2,71	-	2,05	2,31	-	1,72	1,93	-	1,40	1,57
	III	31,42	-	2,51	2,82	-	2,21	2,49	-	1,92	2,16	-	1,64	1,84	-	1,36	1,53	-	1,10	1,23	-	0,84	0,94
	IV	49,75	0,12	3,98	4,47	-	3,77	4,24	-	3,56	4,00	-	3,35	3,77	-	3,15	3,55	-	2,96	3,33	-	2,76	3,11
	V	66,90	2,16	5,35	6,02																		
	VI	68,37	2,33	5,46	6,15																		
224,39	I	49,78	0,12	3,98	4,48	-	3,56	4,01	-	3,15	3,55	-	2,77	3,11	-	2,39	2,69	-	2,04	2,30	-	1,70	1,92
	II	44,82	-	3,58	4,03	-	3,17	3,57	-	2,78	3,13	-	2,41	2,71	-	2,06	2,31	-	1,72	1,93	-	1,40	1,57
	III	31,45	-	2,51	2,83	-	2,21	2,49	-	1,92	2,16	-	1,64	1,84	-	1,36	1,53	-	1,10	1,23	-	0,84	0,95
	IV	49,78	0,12	3,98	4,48	-	3,77	4,24	-	3,56	4,01	-	3,36	3,78	-	3,15	3,55	-	2,96	3,33	-	2,77	3,11
	V	66,93	2,16	5,35	6,02																		
	VI	68,41	2,34	5,47	6,15																		
224,49	I	49,82	0,13	3,98	4,48	-	3,56	4,01	-	3,16	3,55	-	2,77	3,12	-	2,40	2,70	-	2,04	2,30	-	1,70	1,92
	II	44,85	-	3,58	4,03	-	3,18	3,57	-	2,79	3,14	-	2,41	2,72	-	2,06	2,32	-	1,72	1,94	-	1,40	1,58
	III	31,48	-	2,51	2,83	-	2,21	2,49	-	1,92	2,16	-	1,64	1,84	-	1,36	1,54	-	1,10	1,24	-	0,84	0,95
	IV	49,82	0,13	3,98	4,48	-	3,77	4,24	-	3,56	4,01	-	3,36	3,78	-	3,16	3,55	-	2,96	3,33	-	2,77	3,12
	V	66,97	2,17	5,35	6,02																		
	VI	68,45	2,34	5,47	6,16																		
224,59	I	49,86	0,13	3,98	4,48	-	3,57	4,01	-	3,16	3,56	-	2,77	3,12	-	2,40	2,70	-	2,04	2,30	-	1,71	1,92
	II	44,89	-	3,59	4,04	-	3,18	3,58	-	2,79	3,14	-	2,42	2,72	-	2,06	2,32	-	1,72	1,94	-	1,40	1,58
	III	31,51	-	2,52	2,83	-	2,22	2,49	-	1,92	2,16	-	1,64	1,85	-	1,37	1,54	-	1,10	1,24	-	0,84	0,95
	IV	49,86	0,13	3,98	4,48	-	3,78	4,25	-	3,57	4,01	-	3,36	3,78	-	3,16	3,56	-	2,96	3,33	-	2,77	3,12
	V	67,01	2,17	5,36	6,03																		
	VI	68,49	2,35	5,47	6,16																		
224,69	I	49,90	0,13	3,99	4,49	-	3,57	4,02	-	3,16	3,56	-	2,77	3,12	-	2,40	2,70	-	2,05	2,30	-	1,71	1,92
	II	44,93	-	3,59	4,04	-	3,18	3,58	-	2,79	3,14	-	2,42	2,72	-	2,06	2,32	-	1,73	1,94	-	1,40	1,58
	III	31,53	-	2,52	2,83	-	2,22	2,50	-	1,93	2,17	-	1,64	1,85	-	1,37	1,54	-	1,10	1,24	-	0,84	0,95
	IV	49,90	0,13	3,99	4,49	-	3,78	4,25	-	3,57	4,02	-	3,36	3,78	-	3,16	3,56	-	2,97	3,34	-	2,77	3,12
	V	67,05	2,18	5,36	6,03																		
	VI	68,52	2,35	5,48	6,16																		
224,79	I	49,94	0,14	3,99	4,49	-	3,57	4,02	-	3,17	3,56	-	2,78	3,12	-	2,40	2,71	-	2,05	2,31	-	1,71	1,93
	II	44,97	-	3,59	4,04	-	3,19	3,58	-	2,80	3,15	-	2,42	2,73	-	2,07	2,33	-	1,73	1,94	-	1,41	1,58
	III	31,56	-	2,52	2,84	-	2,22	2,50	-	1,93	2,17	-	1,64	1,85	-	1,37	1,54	-	1,10	1,24	-	0,85	0,95
	IV	49,94	0,14	3,99	4,49	-	3,78	4,25	-	3,57	4,02	-	3,37	3,79	-	3,17	3,56	-	2,97	3,34	-	2,78	3,12
	V	67,08	2,18	5,36	6,03																		
	VI	68,56	2,36	5,48	6,17																		
224,89	I	49,98	0,14	3,99	4,49	-	3,58	4,02	-	3,17	3,57	-	2,78	3,13	-	2,41	2,71	-	2,05	2,31	-	1,71	1,93
	II	45,01	-	3,60	4,05	-	3,19	3,59	-	2,80	3,15	-	2,42	2,73	-	2,07	2,33	-	1,73	1,95	-	1,41	1,59
	III	31,59	-	2,52	2,84	-	2,22	2,50	-	1,93	2,17	-	1,65	1,85	-	1,37	1,54	-	1,11	1,25	-	0,85	0,96
	IV	49,98	0,14	3,99	4,49	-	3,78	4,26	-	3,58	4,02	-	3,37	3,79	-	3,17	3,57	-	2,97	3,34	-	2,78	3,13
	V	67,12	2,18	5,36	6,04																		
	VI	68,60	2,36	5,48	6,17																		
224,99	I	50,01	0,15	4,00	4,50	-	3,58	4,03	-	3,17	3,57	-	2,78	3,13	-	2,41	2,71	-	2,06	2,31	-	1,72	1,93
	II	45,05	-	3,60	4,05	-	3,19	3,59	-	2,80	3,15	-	2,43	2,73	-	2,07	2,33	-	1,73	1,95	-	1,41	1,59
	III	31,62	-	2,52	2,84	-	2,22	2,50	-	1,93	2,17	-	1,65	1,86	-	1,37	1,55	-	1,11	1,25	-	0,85	0,96
	IV	50,01	0,15	4,00	4,50	-	3,79	4,26	-	3,58	4,03	-	3,37	3,80	-	3,17	3,57	-	2,98	3,35	-	2,78	3,13
	V	67,16	2,19	5,37	6,04																		
	VI	68,64	2,36	5,49	6,17																		

Lohn/ Gehalt bis	Steuerklasse	Lohn-steuer	ohne Kinderfreibetrag SolZ 5,5%	Kirchensteuer 8%	9%	0,5 SolZ 5,5%	Kirchensteuer 8%	9%	1,0 SolZ 5,5%	Kirchensteuer 8%	9%	1,5 SolZ 5,5%	Kirchensteuer 8%	9%	2,0 SolZ 5,5%	Kirchensteuer 8%	9%	2,5 SolZ 5,5%	Kirchensteuer 8%	9%	3,0 SolZ 5,5%	Kirchensteuer 8%	9%
225,09	I	50,05	0,15	4,00	4,50	-	3,58	4,03	-	3,18	3,57	-	2,79	3,13	-	2,41	2,71	-	2,06	2,32	-	1,72	1
	II	45,08	-	3,60	4,05	-	3,19	3,59	-	2,80	3,15	-	2,43	2,73	-	2,07	2,33	-	1,74	1,95	-	1,41	1,
	III	31,65	-	2,53	2,84	-	2,23	2,51	-	1,93	2,18	-	1,65	1,86	-	1,38	1,55	-	1,11	1,25	-	0,85	0
	IV	50,05	0,15	4,00	4,50	-	3,79	4,26	-	3,58	4,03	-	3,38	3,80	-	3,18	3,57	-	2,98	3,35	-	2,79	3
	V	67,20	2,19	5,37	6,04																		
	VI	68,68	2,37	5,49	6,18																		
225,19	I	50,09	0,16	4,00	4,50	-	3,58	4,03	-	3,18	3,58	-	2,79	3,14	-	2,42	2,72	-	2,06	2,32	-	1,72	1
	II	45,12	-	3,60	4,06	-	3,20	3,60	-	2,81	3,16	-	2,43	2,74	-	2,08	2,34	-	1,74	1,96	-	1,42	1
	III	31,67	-	2,53	2,85	-	2,23	2,51	-	1,94	2,18	-	1,65	1,86	-	1,38	1,55	-	1,11	1,25	-	0,85	0
	IV	50,09	0,16	4,00	4,50	-	3,79	4,27	-	3,58	4,03	-	3,38	3,80	-	3,18	3,58	-	2,98	3,35	-	2,79	3,
	V	67,24	2,20	5,37	6,05																		
	VI	68,71	2,37	5,49	6,18																		
225,29	I	50,13	0,16	4,01	4,51	-	3,59	4,04	-	3,18	3,58	-	2,79	3,14	-	2,42	2,72	-	2,06	2,32	-	1,72	1
	II	45,16	-	3,61	4,06	-	3,20	3,60	-	2,81	3,16	-	2,44	2,74	-	2,08	2,34	-	1,74	1,96	-	1,42	1
	III	31,70	-	2,53	2,85	-	2,23	2,51	-	1,94	2,18	-	1,66	1,86	-	1,38	1,55	-	1,11	1,25	-	0,86	0,
	IV	50,13	0,16	4,01	4,51	-	3,80	4,27	-	3,59	4,04	-	3,38	3,81	-	3,18	3,58	-	2,98	3,36	-	2,79	3,
	V	67,28	2,20	5,38	6,05																		
	VI	68,75	2,38	5,50	6,18																		
225,39	I	50,16	0,17	4,01	4,51	-	3,59	4,04	-	3,18	3,58	-	2,79	3,14	-	2,42	2,72	-	2,06	2,32	-	1,73	1
	II	45,20	-	3,61	4,06	-	3,20	3,60	-	2,81	3,16	-	2,44	2,74	-	2,08	2,34	-	1,74	1,96	-	1,42	1
	III	31,73	-	2,53	2,85	-	2,23	2,51	-	1,94	2,18	-	1,66	1,86	-	1,38	1,56	-	1,12	1,26	-	0,86	0,
	IV	50,16	0,17	4,01	4,51	-	3,80	4,27	-	3,59	4,04	-	3,38	3,81	-	3,18	3,58	-	2,99	3,36	-	2,79	3,
	V	67,31	2,21	5,38	6,05																		
	VI	68,79	2,38	5,50	6,19																		
225,49	I	50,20	0,17	4,01	4,51	-	3,59	4,04	-	3,19	3,59	-	2,80	3,15	-	2,42	2,73	-	2,07	2,33	-	1,73	1
	II	45,23	-	3,61	4,07	-	3,21	3,61	-	2,82	3,17	-	2,44	2,75	-	2,08	2,34	-	1,74	1,96	-	1,42	1
	III	31,76	-	2,54	2,85	-	2,24	2,52	-	1,94	2,19	-	1,66	1,87	-	1,38	1,56	-	1,12	1,26	-	0,86	0,
	IV	50,20	0,17	4,01	4,51	-	3,80	4,28	-	3,59	4,04	-	3,39	3,81	-	3,19	3,59	-	2,99	3,36	-	2,80	3,
	V	67,35	2,21	5,38	6,06																		
	VI	68,83	2,39	5,50	6,19																		
225,59	I	50,24	0,18	4,01	4,52	-	3,60	4,05	-	3,19	3,59	-	2,80	3,15	-	2,43	2,73	-	2,07	2,33	-	1,73	1,
	II	45,27	-	3,62	4,07	-	3,21	3,61	-	2,82	3,17	-	2,44	2,75	-	2,09	2,35	-	1,75	1,97	-	1,42	1
	III	31,78	-	2,54	2,86	-	2,24	2,52	-	1,94	2,19	-	1,66	1,87	-	1,39	1,56	-	1,12	1,26	-	0,86	0,
	IV	50,24	0,18	4,01	4,52	-	3,81	4,28	-	3,60	4,05	-	3,39	3,82	-	3,19	3,59	-	2,99	3,37	-	2,80	3,
	V	67,39	2,22	5,39	6,06																		
	VI	68,86	2,39	5,50	6,19																		
225,69	I	50,28	0,18	4,02	4,52	-	3,60	4,05	-	3,19	3,59	-	2,80	3,15	-	2,43	2,73	-	2,07	2,33	-	1,73	1
	II	45,31	-	3,62	4,07	-	3,21	3,61	-	2,82	3,17	-	2,45	2,75	-	2,09	2,35	-	1,75	1,97	-	1,43	1
	III	31,81	-	2,54	2,86	-	2,24	2,52	-	1,95	2,19	-	1,66	1,87	-	1,39	1,56	-	1,12	1,26	-	0,86	0
	IV	50,28	0,18	4,02	4,52	-	3,81	4,29	-	3,60	4,05	-	3,39	3,82	-	3,19	3,59	-	3,00	3,37	-	2,80	3
	V	67,43	2,22	5,39	6,06																		
	VI	68,90	2,40	5,51	6,20																		
225,79	I	50,32	0,18	4,02	4,52	-	3,60	4,05	-	3,20	3,60	-	2,80	3,16	-	2,43	2,74	-	2,08	2,34	-	1,74	1
	II	45,35	-	3,62	4,08	-	3,21	3,62	-	2,82	3,18	-	2,45	2,76	-	2,09	2,35	-	1,75	1,97	-	1,43	1,
	III	31,84	-	2,54	2,86	-	2,24	2,52	-	1,95	2,19	-	1,67	1,87	-	1,39	1,56	-	1,12	1,26	-	0,87	0,
	IV	50,32	0,18	4,02	4,52	-	3,81	4,29	-	3,60	4,05	-	3,40	3,82	-	3,20	3,60	-	3,00	3,37	-	2,80	3
	V	67,46	2,22	5,39	6,07																		
	VI	68,94	2,40	5,51	6,20																		
225,89	I	50,36	0,19	4,02	4,53	-	3,61	4,06	-	3,20	3,60	-	2,81	3,16	-	2,43	2,74	-	2,08	2,34	-	1,74	1
	II	45,38	-	3,63	4,08	-	3,22	3,62	-	2,83	3,18	-	2,45	2,76	-	2,09	2,36	-	1,75	1,97	-	1,43	1,
	III	31,87	-	2,54	2,86	-	2,24	2,52	-	1,95	2,20	-	1,67	1,88	-	1,39	1,57	-	1,13	1,27	-	0,87	0,
	IV	50,36	0,19	4,02	4,53	-	3,82	4,29	-	3,61	4,06	-	3,40	3,83	-	3,20	3,60	-	3,00	3,38	-	2,81	3,
	V	67,50	2,23	5,40	6,07																		
	VI	68,98	2,41	5,51	6,20																		
225,99	I	50,39	0,19	4,03	4,53	-	3,61	4,06	-	3,20	3,60	-	2,81	3,16	-	2,44	2,74	-	2,08	2,34	-	1,74	1,
	II	45,42	-	3,63	4,08	-	3,22	3,62	-	2,83	3,18	-	2,45	2,76	-	2,10	2,36	-	1,76	1,98	-	1,43	1,
	III	31,90	-	2,55	2,87	-	2,25	2,53	-	1,95	2,20	-	1,67	1,88	-	1,39	1,57	-	1,13	1,27	-	0,87	0
	IV	50,39	0,19	4,03	4,53	-	3,82	4,30	-	3,61	4,06	-	3,40	3,83	-	3,20	3,60	-	3,00	3,38	-	2,81	3,
	V	67,54	2,23	5,40	6,07																		
	VI	69,02	2,41	5,52	6,21																		
226,09	I	50,43	0,20	4,03	4,53	-	3,61	4,06	-	3,20	3,60	-	2,81	3,17	-	2,44	2,74	-	2,08	2,34	-	1,74	1,
	II	45,46	-	3,63	4,09	-	3,22	3,63	-	2,83	3,19	-	2,46	2,76	-	2,10	2,36	-	1,76	1,98	-	1,44	1,
	III	31,93	-	2,55	2,87	-	2,25	2,53	-	1,96	2,20	-	1,67	1,88	-	1,40	1,57	-	1,13	1,27	-	0,87	0,
	IV	50,43	0,20	4,03	4,53	-	3,82	4,30	-	3,61	4,06	-	3,41	3,83	-	3,20	3,60	-	3,01	3,38	-	2,81	3,
	V	67,58	2,24	5,40	6,08																		
	VI	69,06	2,41	5,52	6,21																		
226,19	I	50,47	0,20	4,03	4,54	-	3,62	4,07	-	3,21	3,61	-	2,82	3,17	-	2,44	2,75	-	2,09	2,35	-	1,75	1,
	II	45,50	-	3,64	4,09	-	3,23	3,63	-	2,83	3,19	-	2,46	2,77	-	2,10	2,37	-	1,76	1,98	-	1,44	1,
	III	31,95	-	2,55	2,87	-	2,25	2,53	-	1,96	2,20	-	1,67	1,88	-	1,40	1,57	-	1,13	1,27	-	0,87	0,
	IV	50,47	0,20	4,03	4,54	-	3,82	4,30	-	3,62	4,07	-	3,41	3,84	-	3,21	3,61	-	3,01	3,39	-	2,82	3,
	V	67,62	2,24	5,40	6,08																		
	VI	69,10	2,42	5,52	6,21																		
226,29	I	50,51	0,21	4,04	4,54	-	3,62	4,07	-	3,21	3,61	-	2,82	3,17	-	2,44	2,75	-	2,09	2,35	-	1,75	1,
	II	45,54	-	3,64	4,09	-	3,23	3,63	-	2,84	3,19	-	2,46	2,77	-	2,10	2,37	-	1,76	1,98	-	1,44	1,
	III	31,98	-	2,55	2,87	-	2,25	2,53	-	1,96	2,21	-	1,68	1,89	-	1,40	1,58	-	1,13	1,27	-	0,88	0,
	IV	50,51	0,21	4,04	4,54	-	3,83	4,31	-	3,62	4,07	-	3,41	3,84	-	3,21	3,61	-	3,01	3,39	-	2,82	3,
	V	67,66	2,25	5,41	6,08																		
	VI	69,13	2,42	5,53	6,22																		
226,39	I	50,55	0,21	4,04	4,54	-	3,62	4,07	-	3,21	3,61	-	2,82	3,17	-	2,45	2,75	-	2,09	2,35	-	1,75	1,
	II	45,58	-	3,64	4,10	-	3,23	3,64	-	2,84	3,20	-	2,46	2,77	-	2,11	2,37	-	1,77	1,99	-	1,44	1,
	III	32,01	-	2,56	2,88	-	2,26	2,54	-	1,96	2,21	-	1,68	1,89	-	1,40	1,58	-	1,14	1,28	-	0,88	0,
	IV	50,55	0,21	4,04	4,54	-	3,83	4,31	-	3,62	4,07	-	3,42	3,84	-	3,21	3,61	-	3,02	3,39	-	2,82	3,
	V	67,70	2,25	5,41	6,09																		
	VI	69,17	2,43	5,53	6,22																		
226,49	I	50,58	0,22	4,04	4,55	-	3,62	4,08	-	3,22	3,62	-	2,82	3,18	-	2,45	2,76	-	2,09	2,35	-	1,75	1,
	II	45,61	-	3,64	4,10	-	3,24	3,64	-	2,84	3,20	-	2,47	2,78	-	2,11	2,37	-	1,77	1,99	-	1,45	1,
	III	32,03	-	2,56	2,88	-	2,26	2,54	-	1,96	2,21	-	1,68	1,89	-	1,40	1,58	-	1,14	1,28	-	0,88	0,
	IV	50,58	0,22	4,04	4,55	-	3,83	4,31	-	3,62	4,08	-	3,42	3,85	-	3,22	3,62	-	3,02	3,40	-	2,82	3,
	V	67,73	2,26	5,41	6,09																		
	VI	69,21	2,43	5,53	6,22																		

Allgemeine Tabelle

TAG bis 227,99 €

Lohn/ Gehalt bis	Steuerklasse	Lohn-steuer	ohne Kinderfreibetrag SolZ 5,5%	Kirchensteuer 8%	Kirchensteuer 9%	0,5 SolZ 5,5%	0,5 Kirchensteuer 8%	0,5 Kirchensteuer 9%	1,0 SolZ 5,5%	1,0 Kirchensteuer 8%	1,0 Kirchensteuer 9%	1,5 SolZ 5,5%	1,5 Kirchensteuer 8%	1,5 Kirchensteuer 9%	2,0 SolZ 5,5%	2,0 Kirchensteuer 8%	2,0 Kirchensteuer 9%	2,5 SolZ 5,5%	2,5 Kirchensteuer 8%	2,5 Kirchensteuer 9%	3,0 SolZ 5,5%	3,0 Kirchensteuer 8%	3,0 Kirchensteuer 9%
						Anzahl Kinderfreibeträge (nur Steuerklassen I–IV)																	
226,59	I	50,62	0,22	4,04	4,55	-	3,63	4,08	-	3,22	3,62	-	2,83	3,18	-	2,45	2,76	-	2,10	2,36	-	1,76	1,98
	II	45,65	-	3,65	4,10	-	3,24	3,64	-	2,85	3,20	-	2,47	2,78	-	2,11	2,38	-	1,77	1,99	-	1,45	1,63
	III	32,06	-	2,56	2,88	-	2,26	2,54	-	1,97	2,21	-	1,68	1,89	-	1,41	1,58	-	1,14	1,28	-	0,88	0,99
	IV	50,62	0,22	4,04	4,55	-	3,84	4,32	-	3,63	4,08	-	3,42	3,85	-	3,22	3,62	-	3,02	3,40	-	2,83	3,18
	V	67,77	2,26	5,42	6,09																		
	VI	69,25	2,44	5,54	6,23																		
226,69	I	50,66	0,23	4,05	4,55	-	3,63	4,08	-	3,22	3,62	-	2,83	3,18	-	2,46	2,76	-	2,10	2,36	-	1,76	1,98
	II	45,69	-	3,65	4,11	-	3,24	3,65	-	2,85	3,20	-	2,47	2,78	-	2,12	2,38	-	1,77	2,00	-	1,45	1,63
	III	32,10	-	2,56	2,88	-	2,26	2,54	-	1,97	2,21	-	1,68	1,89	-	1,41	1,58	-	1,14	1,28	-	0,88	0,99
	IV	50,66	0,23	4,05	4,55	-	3,84	4,32	-	3,63	4,08	-	3,42	3,85	-	3,22	3,62	-	3,02	3,40	-	2,83	3,18
	V	67,81	2,27	5,42	6,10																		
	VI	69,29	2,44	5,54	6,23																		
226,79	I	50,70	0,23	4,05	4,56	-	3,63	4,09	-	3,22	3,63	-	2,83	3,19	-	2,46	2,77	-	2,10	2,36	-	1,76	1,98
	II	45,73	-	3,65	4,11	-	3,24	3,65	-	2,85	3,21	-	2,48	2,79	-	2,12	2,38	-	1,78	2,00	-	1,45	1,63
	III	32,12	-	2,56	2,89	-	2,26	2,55	-	1,97	2,22	-	1,69	1,90	-	1,41	1,59	-	1,14	1,29	-	0,88	0,99
	IV	50,70	0,23	4,05	4,56	-	3,84	4,32	-	3,63	4,09	-	3,43	3,86	-	3,22	3,63	-	3,03	3,41	-	2,83	3,19
	V	67,85	2,27	5,42	6,10																		
	VI	69,32	2,45	5,54	6,23																		
226,89	I	50,74	0,23	4,05	4,56	-	3,64	4,09	-	3,23	3,63	-	2,84	3,19	-	2,46	2,77	-	2,10	2,37	-	1,76	1,98
	II	45,77	-	3,66	4,11	-	3,25	3,65	-	2,85	3,21	-	2,48	2,79	-	2,12	2,39	-	1,78	2,00	-	1,46	1,64
	III	32,15	-	2,57	2,89	-	2,27	2,55	-	1,97	2,22	-	1,69	1,90	-	1,41	1,59	-	1,14	1,29	-	0,89	1,00
	IV	50,74	0,23	4,05	4,56	-	3,85	4,33	-	3,64	4,09	-	3,43	3,86	-	3,23	3,63	-	3,03	3,41	-	2,84	3,19
	V	67,88	2,27	5,43	6,10																		
	VI	69,36	2,45	5,54	6,24																		
226,99	I	50,78	0,24	4,06	4,57	-	3,64	4,09	-	3,23	3,63	-	2,84	3,19	-	2,46	2,77	-	2,11	2,37	-	1,77	1,99
	II	45,81	-	3,66	4,12	-	3,25	3,66	-	2,86	3,21	-	2,48	2,79	-	2,12	2,39	-	1,78	2,00	-	1,46	1,64
	III	32,18	-	2,57	2,89	-	2,27	2,55	-	1,97	2,22	-	1,69	1,90	-	1,41	1,59	-	1,15	1,29	-	0,89	1,00
	IV	50,78	0,24	4,06	4,57	-	3,85	4,33	-	3,64	4,09	-	3,43	3,86	-	3,23	3,63	-	3,03	3,41	-	2,84	3,19
	V	67,92	2,28	5,43	6,11																		
	VI	69,40	2,46	5,55	6,24																		
227,09	I	50,81	0,24	4,06	4,57	-	3,64	4,10	-	3,23	3,64	-	2,84	3,20	-	2,47	2,78	-	2,11	2,37	-	1,77	1,99
	II	45,84	-	3,66	4,12	-	3,25	3,66	-	2,86	3,22	-	2,48	2,79	-	2,13	2,39	-	1,78	2,01	-	1,46	1,64
	III	32,21	-	2,57	2,89	-	2,27	2,55	-	1,98	2,22	-	1,69	1,90	-	1,42	1,59	-	1,15	1,29	-	0,89	1,00
	IV	50,81	0,24	4,06	4,57	-	3,85	4,33	-	3,64	4,10	-	3,44	3,87	-	3,23	3,64	-	3,04	3,42	-	2,84	3,20
	V	67,96	2,28	5,43	6,11																		
	VI	69,44	2,46	5,55	6,24																		
227,19	I	50,85	0,25	4,06	4,57	-	3,65	4,10	-	3,24	3,64	-	2,84	3,20	-	2,47	2,78	-	2,11	2,38	-	1,77	1,99
	II	45,88	-	3,67	4,12	-	3,26	3,66	-	2,86	3,22	-	2,49	2,80	-	2,13	2,39	-	1,79	2,01	-	1,46	1,64
	III	32,23	-	2,57	2,90	-	2,27	2,56	-	1,98	2,23	-	1,69	1,91	-	1,42	1,60	-	1,15	1,29	-	0,89	1,00
	IV	50,85	0,25	4,06	4,57	-	3,85	4,34	-	3,65	4,10	-	3,44	3,87	-	3,24	3,64	-	3,04	3,42	-	2,84	3,20
	V	68,00	2,29	5,44	6,12																		
	VI	69,48	2,46	5,55	6,25																		
227,29	I	50,89	0,25	4,07	4,58	-	3,65	4,11	-	3,24	3,64	-	2,85	3,20	-	2,47	2,78	-	2,11	2,38	-	1,77	1,99
	II	45,92	-	3,67	4,13	-	3,26	3,67	-	2,87	3,22	-	2,49	2,80	-	2,13	2,40	-	1,79	2,01	-	1,46	1,65
	III	32,26	-	2,58	2,90	-	2,27	2,56	-	1,98	2,23	-	1,70	1,91	-	1,42	1,60	-	1,15	1,30	-	0,89	1,00
	IV	50,89	0,25	4,07	4,58	-	3,86	4,34	-	3,65	4,11	-	3,44	3,87	-	3,24	3,64	-	3,04	3,42	-	2,85	3,20
	V	68,04	2,29	5,44	6,12																		
	VI	69,51	2,47	5,56	6,25																		
227,39	I	50,93	0,26	4,07	4,58	-	3,65	4,11	-	3,24	3,65	-	2,85	3,21	-	2,47	2,78	-	2,12	2,38	-	1,78	2,00
	II	45,96	-	3,67	4,13	-	3,26	3,67	-	2,87	3,23	-	2,49	2,80	-	2,13	2,40	-	1,79	2,02	-	1,47	1,65
	III	32,29	-	2,58	2,90	-	2,28	2,56	-	1,98	2,23	-	1,70	1,91	-	1,42	1,60	-	1,15	1,30	-	0,90	1,01
	IV	50,93	0,26	4,07	4,58	-	3,86	4,34	-	3,65	4,11	-	3,44	3,88	-	3,24	3,65	-	3,04	3,42	-	2,85	3,21
	V	68,08	2,30	5,44	6,12																		
	VI	69,55	2,47	5,56	6,25																		
227,49	I	50,96	0,26	4,07	4,58	-	3,65	4,11	-	3,24	3,65	-	2,85	3,21	-	2,48	2,79	-	2,12	2,38	-	1,78	2,00
	II	46,00	-	3,68	4,14	-	3,26	3,67	-	2,87	3,23	-	2,49	2,81	-	2,14	2,40	-	1,79	2,02	-	1,47	1,65
	III	32,32	-	2,58	2,90	-	2,28	2,56	-	1,98	2,23	-	1,70	1,91	-	1,42	1,60	-	1,16	1,30	-	0,90	1,01
	IV	50,96	0,26	4,07	4,58	-	3,86	4,35	-	3,65	4,11	-	3,45	3,88	-	3,24	3,65	-	3,05	3,43	-	2,85	3,21
	V	68,11	2,30	5,44	6,12																		
	VI	69,59	2,48	5,56	6,26																		
227,59	I	51,00	0,27	4,08	4,59	-	3,66	4,12	-	3,25	3,65	-	2,86	3,21	-	2,48	2,79	-	2,12	2,39	-	1,78	2,00
	II	46,03	-	3,68	4,14	-	3,27	3,68	-	2,87	3,23	-	2,50	2,81	-	2,14	2,41	-	1,80	2,02	-	1,47	1,66
	III	32,35	-	2,58	2,91	-	2,28	2,57	-	1,99	2,24	-	1,70	1,91	-	1,43	1,60	-	1,16	1,30	-	0,90	1,01
	IV	51,00	0,27	4,08	4,59	-	3,87	4,35	-	3,66	4,12	-	3,45	3,88	-	3,25	3,65	-	3,05	3,43	-	2,86	3,21
	V	68,15	2,31	5,45	6,13																		
	VI	69,63	2,48	5,57	6,26																		
227,69	I	51,04	0,27	4,08	4,59	-	3,66	4,12	-	3,25	3,66	-	2,86	3,22	-	2,48	2,79	-	2,12	2,39	-	1,78	2,01
	II	46,07	-	3,68	4,14	-	3,27	3,68	-	2,88	3,24	-	2,50	2,81	-	2,14	2,41	-	1,80	2,02	-	1,47	1,66
	III	32,37	-	2,58	2,91	-	2,28	2,57	-	1,99	2,24	-	1,70	1,92	-	1,43	1,61	-	1,16	1,31	-	0,90	1,01
	IV	51,04	0,27	4,08	4,59	-	3,87	4,35	-	3,66	4,12	-	3,45	3,89	-	3,25	3,66	-	3,05	3,43	-	2,86	3,22
	V	68,19	2,31	5,45	6,13																		
	VI	69,67	2,49	5,57	6,27																		
227,79	I	51,08	0,27	4,08	4,59	-	3,66	4,12	-	3,25	3,66	-	2,86	3,22	-	2,48	2,80	-	2,13	2,39	-	1,78	2,01
	II	46,11	-	3,68	4,14	-	3,27	3,68	-	2,88	3,24	-	2,50	2,82	-	2,14	2,41	-	1,80	2,03	-	1,48	1,66
	III	32,40	-	2,59	2,91	-	2,28	2,57	-	1,99	2,24	-	1,71	1,92	-	1,43	1,61	-	1,16	1,31	-	0,90	1,02
	IV	51,08	0,27	4,08	4,59	-	3,87	4,36	-	3,66	4,12	-	3,46	3,89	-	3,25	3,66	-	3,06	3,44	-	2,86	3,22
	V	68,23	2,32	5,45	6,14																		
	VI	69,70	2,49	5,57	6,27																		
227,89	I	51,12	0,28	4,08	4,60	-	3,67	4,13	-	3,26	3,66	-	2,86	3,22	-	2,49	2,80	-	2,13	2,40	-	1,79	2,01
	II	46,15	-	3,69	4,15	-	3,28	3,69	-	2,88	3,24	-	2,51	2,82	-	2,15	2,41	-	1,80	2,03	-	1,48	1,66
	III	32,43	-	2,59	2,91	-	2,29	2,57	-	1,99	2,24	-	1,71	1,92	-	1,43	1,61	-	1,16	1,31	-	0,90	1,02
	IV	51,12	0,28	4,08	4,60	-	3,88	4,36	-	3,67	4,13	-	3,46	3,89	-	3,26	3,66	-	3,06	3,44	-	2,86	3,22
	V	68,26	2,32	5,46	6,14																		
	VI	69,74	2,50	5,57	6,27																		
227,99	I	51,16	0,28	4,09	4,60	-	3,67	4,13	-	3,26	3,67	-	2,87	3,23	-	2,49	2,80	-	2,13	2,40	-	1,79	2,01
	II	46,18	-	3,69	4,15	-	3,28	3,69	-	2,88	3,25	-	2,51	2,82	-	2,15	2,42	-	1,81	2,03	-	1,48	1,67
	III	32,46	-	2,59	2,92	-	2,29	2,58	-	2,00	2,25	-	1,71	1,92	-	1,43	1,61	-	1,17	1,31	-	0,91	1,02
	IV	51,16	0,28	4,09	4,60	-	3,88	4,36	-	3,67	4,13	-	3,46	3,90	-	3,26	3,67	-	3,06	3,44	-	2,87	3,23
	V	68,30	2,32	5,46	6,14																		
	VI	69,78	2,50	5,58	6,28																		

Lohn/ Gehalt bis	Steuerklasse	Lohn-steuer	ohne Kinderfreibetrag			Anzahl Kinderfreibeträge (nur Steuerklassen I–IV)																	
						0,5			1,0			1,5			2,0			2,5			3,0		
			SolZ 5,5%	Kirchensteuer 8%	Kirchensteuer 9%	SolZ 5,5%	Kirchensteuer 8%	Kirchensteuer 9%	SolZ 5,5%	Kirchensteuer 8%	Kirchensteuer 9%	SolZ 5,5%	Kirchensteuer 8%	Kirchensteuer 9%	SolZ 5,5%	Kirchensteuer 8%	Kirchensteuer 9%	SolZ 5,5%	Kirchensteuer 8%	Kirchensteuer 9%	SolZ 5,5%	Kirchensteuer 8%	Kirchensteuer 9%
228,09	I	51,20	0,29	4,09	4,60	–	3,67	4,13	–	3,26	3,67	–	2,87	3,23	–	2,49	2,80	–	2,13	2,40	–	1,79	2
	II	46,22	–	3,69	4,15	–	3,28	3,69	–	2,89	3,25	–	2,51	2,82	–	2,15	2,42	–	1,81	2,03	–	1,48	1
	III	32,48	–	2,59	2,92	–	2,29	2,58	–	2,00	2,25	–	1,71	1,93	–	1,44	1,62	–	1,17	1,31	–	0,91	1
	IV	51,20	0,29	4,09	4,60	–	3,88	4,37	–	3,67	4,13	–	3,47	3,90	–	3,26	3,67	–	3,06	3,45	–	2,87	3
	V	68,34	2,33	5,46	6,15																		
	VI	69,82	2,51	5,58	6,28																		
228,19	I	51,23	0,29	4,09	4,61	–	3,68	4,14	–	3,27	3,67	–	2,87	3,23	–	2,50	2,81	–	2,14	2,40	–	1,79	2
	II	46,26	–	3,70	4,16	–	3,28	3,70	–	2,89	3,25	–	2,51	2,83	–	2,15	2,42	–	1,81	2,04	–	1,48	1
	III	32,51	–	2,60	2,92	–	2,29	2,58	–	2,00	2,25	–	1,71	1,93	–	1,44	1,62	–	1,17	1,32	–	0,91	1
	IV	51,23	0,29	4,09	4,61	–	3,88	4,37	–	3,68	4,14	–	3,47	3,90	–	3,27	3,67	–	3,07	3,45	–	2,87	3
	V	68,38	2,33	5,47	6,15																		
	VI	69,86	2,51	5,58	6,28																		
228,29	I	51,27	0,30	4,10	4,61	–	3,68	4,14	–	3,27	3,68	–	2,88	3,24	–	2,50	2,81	–	2,14	2,41	–	1,80	2,
	II	46,30	–	3,70	4,16	–	3,29	3,70	–	2,89	3,26	–	2,52	2,83	–	2,16	2,43	–	1,81	2,04	–	1,49	1
	III	32,54	–	2,60	2,92	–	2,30	2,58	–	2,00	2,25	–	1,72	1,93	–	1,44	1,62	–	1,17	1,32	–	0,91	1
	IV	51,27	0,30	4,10	4,61	–	3,89	4,37	–	3,68	4,14	–	3,47	3,91	–	3,27	3,68	–	3,07	3,45	–	2,88	3
	V	68,42	2,34	5,47	6,15																		
	VI	69,90	2,51	5,59	6,29																		
228,39	I	51,31	0,30	4,10	4,61	–	3,68	4,14	–	3,27	3,68	–	2,88	3,24	–	2,50	2,81	–	2,14	2,41	–	1,80	2
	II	46,34	–	3,70	4,17	–	3,29	3,70	–	2,90	3,26	–	2,52	2,83	–	2,16	2,43	–	1,82	2,04	–	1,49	1
	III	32,57	–	2,60	2,93	–	2,30	2,59	–	2,00	2,25	–	1,72	1,93	–	1,44	1,62	–	1,17	1,32	–	0,91	1
	IV	51,31	0,30	4,10	4,61	–	3,89	4,38	–	3,68	4,14	–	3,47	3,91	–	3,27	3,68	–	3,07	3,46	–	2,88	3
	V	68,46	2,34	5,47	6,16																		
	VI	69,93	2,52	5,59	6,29																		
228,49	I	51,35	0,31	4,10	4,62	–	3,68	4,15	–	3,27	3,68	–	2,88	3,24	–	2,50	2,82	–	2,14	2,41	–	1,80	2
	II	46,38	–	3,71	4,17	–	3,29	3,71	–	2,90	3,26	–	2,52	2,84	–	2,16	2,43	–	1,82	2,05	–	1,49	1
	III	32,60	–	2,60	2,93	–	2,30	2,59	–	2,01	2,26	–	1,72	1,94	–	1,44	1,62	–	1,18	1,32	–	0,92	1
	IV	51,35	0,31	4,10	4,62	–	3,89	4,38	–	3,68	4,15	–	3,48	3,91	–	3,27	3,68	–	3,08	3,46	–	2,88	3
	V	68,49	2,35	5,47	6,16																		
	VI	69,97	2,52	5,59	6,29																		
228,59	I	51,38	0,31	4,11	4,62	–	3,69	4,15	–	3,28	3,69	–	2,88	3,24	–	2,51	2,82	–	2,15	2,42	–	1,80	2,
	II	46,41	–	3,71	4,17	–	3,30	3,71	–	2,90	3,26	–	2,52	2,84	–	2,16	2,43	–	1,82	2,05	–	1,49	1,
	III	32,62	–	2,60	2,93	–	2,30	2,59	–	2,01	2,26	–	1,72	1,94	–	1,45	1,63	–	1,18	1,33	–	0,92	1
	IV	51,38	0,31	4,11	4,62	–	3,90	4,38	–	3,69	4,15	–	3,48	3,92	–	3,28	3,69	–	3,08	3,46	–	2,88	3
	V	68,53	2,35	5,48	6,16																		
	VI	70,01	2,53	5,60	6,30																		
228,69	I	51,42	0,32	4,11	4,62	–	3,69	4,15	–	3,28	3,69	–	2,89	3,25	–	2,51	2,82	–	2,15	2,42	–	1,81	2,
	II	46,45	–	3,71	4,18	–	3,30	3,71	–	2,90	3,27	–	2,53	2,84	–	2,17	2,44	–	1,82	2,05	–	1,50	1
	III	32,65	–	2,61	2,93	–	2,30	2,59	–	2,01	2,26	–	1,72	1,94	–	1,45	1,63	–	1,18	1,33	–	0,92	1,
	IV	51,42	0,32	4,11	4,62	0,01	3,90	4,39	–	3,69	4,15	–	3,48	3,92	–	3,28	3,69	–	3,08	3,47	–	2,89	3,
	V	68,57	2,36	5,48	6,17																		
	VI	70,05	2,53	5,60	6,30																		
228,79	I	51,46	0,32	4,11	4,63	–	3,69	4,16	–	3,28	3,69	–	2,89	3,25	–	2,51	2,83	–	2,15	2,42	–	1,81	2,
	II	46,49	–	3,71	4,18	–	3,30	3,72	–	2,91	3,27	–	2,53	2,85	–	2,17	2,44	–	1,82	2,05	–	1,50	1,
	III	32,68	–	2,61	2,94	–	2,31	2,60	–	2,01	2,26	–	1,73	1,94	–	1,45	1,63	–	1,18	1,33	–	0,92	1,
	IV	51,46	0,32	4,11	4,63	0,01	3,90	4,39	–	3,69	4,16	–	3,49	3,92	–	3,28	3,69	–	3,08	3,47	–	2,89	3
	V	68,61	2,36	5,48	6,17																		
	VI	70,08	2,54	5,60	6,30																		
228,89	I	51,50	0,32	4,12	4,63	–	3,70	4,16	–	3,29	3,70	–	2,89	3,25	–	2,51	2,83	–	2,15	2,42	–	1,81	2,
	II	46,53	–	3,72	4,18	–	3,31	3,72	–	2,91	3,27	–	2,53	2,85	–	2,17	2,44	–	1,83	2,06	–	1,50	1,
	III	32,71	–	2,61	2,94	–	2,31	2,60	–	2,02	2,27	–	1,73	1,95	–	1,45	1,63	–	1,18	1,33	–	0,92	1,
	IV	51,50	0,32	4,12	4,63	0,01	3,91	4,40	–	3,70	4,16	–	3,49	3,93	–	3,29	3,70	–	3,09	3,47	–	2,89	3,
	V	68,65	2,37	5,49	6,17																		
	VI	70,12	2,54	5,60	6,31																		
228,99	I	51,54	0,33	4,12	4,63	–	3,70	4,16	–	3,29	3,70	–	2,89	3,26	–	2,52	2,83	–	2,16	2,43	–	1,81	2,
	II	46,57	–	3,72	4,19	–	3,31	3,72	–	2,91	3,28	–	2,54	2,85	–	2,17	2,45	–	1,83	2,06	–	1,50	1,
	III	32,73	–	2,61	2,94	–	2,31	2,60	–	2,02	2,27	–	1,73	1,95	–	1,45	1,64	–	1,18	1,33	–	0,92	1,
	IV	51,54	0,33	4,12	4,63	0,02	3,91	4,40	–	3,70	4,16	–	3,49	3,93	–	3,29	3,70	–	3,09	3,48	–	2,89	3,
	V	68,68	2,37	5,49	6,18																		
	VI	70,16	2,55	5,61	6,31																		
229,09	I	51,57	0,33	4,12	4,64	–	3,70	4,17	–	3,29	3,70	–	2,90	3,26	–	2,52	2,84	–	2,16	2,43	–	1,82	2,
	II	46,60	–	3,72	4,19	–	3,31	3,73	–	2,92	3,28	–	2,54	2,86	–	2,18	2,45	–	1,83	2,06	–	1,51	1,
	III	32,76	–	2,62	2,94	–	2,31	2,60	–	2,02	2,27	–	1,73	1,95	–	1,46	1,64	–	1,19	1,34	–	0,93	1,
	IV	51,57	0,33	4,12	4,64	0,02	3,91	4,40	–	3,70	4,17	–	3,50	3,93	–	3,29	3,70	–	3,09	3,48	–	2,90	3,
	V	68,72	2,37	5,49	6,18																		
	VI	70,20	2,55	5,61	6,31																		
229,19	I	51,61	0,34	4,12	4,64	–	3,71	4,17	–	3,30	3,71	–	2,90	3,26	–	2,52	2,84	–	2,16	2,43	–	1,82	2,
	II	46,64	–	3,73	4,19	–	3,31	3,73	–	2,92	3,28	–	2,54	2,86	–	2,18	2,45	–	1,84	2,07	–	1,51	1,
	III	32,79	–	2,62	2,95	–	2,32	2,61	–	2,02	2,27	–	1,74	1,95	–	1,46	1,64	–	1,19	1,34	–	0,93	1,
	IV	51,61	0,34	4,12	4,64	0,03	3,92	4,41	–	3,71	4,17	–	3,50	3,94	–	3,30	3,71	–	3,10	3,48	–	2,90	3,
	V	68,76	2,38	5,50	6,18																		
	VI	70,24	2,55	5,61	6,32																		
229,29	I	51,65	0,34	4,13	4,64	–	3,71	4,17	–	3,30	3,71	–	2,90	3,27	–	2,53	2,84	–	2,16	2,44	–	1,82	2,
	II	46,68	–	3,73	4,20	–	3,32	3,73	–	2,92	3,29	–	2,54	2,86	–	2,18	2,45	–	1,84	2,07	–	1,51	1,
	III	32,82	–	2,62	2,95	–	2,32	2,61	–	2,02	2,28	–	1,74	1,95	–	1,46	1,64	–	1,19	1,34	–	0,93	1,
	IV	51,65	0,34	4,13	4,64	0,03	3,92	4,41	–	3,71	4,17	–	3,50	3,94	–	3,30	3,71	–	3,10	3,49	–	2,90	3,
	V	68,80	2,38	5,50	6,19																		
	VI	70,28	2,56	5,62	6,32																		
229,39	I	51,69	0,35	4,13	4,65	–	3,71	4,18	–	3,30	3,71	–	2,91	3,27	–	2,53	2,84	–	2,17	2,44	–	1,82	2,
	II	46,72	–	3,73	4,20	–	3,32	3,74	–	2,92	3,29	–	2,55	2,86	–	2,18	2,46	–	1,84	2,07	–	1,51	1,
	III	32,85	–	2,62	2,95	–	2,32	2,61	–	2,02	2,28	–	1,74	1,96	–	1,46	1,64	–	1,19	1,34	–	0,93	1,
	IV	51,69	0,35	4,13	4,65	0,04	3,92	4,41	–	3,71	4,18	–	3,50	3,94	–	3,30	3,71	–	3,10	3,49	–	2,91	3,
	V	68,84	2,39	5,50	6,19																		
	VI	70,31	2,56	5,62	6,32																		
229,49	I	51,73	0,35	4,13	4,65	–	3,72	4,18	–	3,30	3,72	–	2,91	3,27	–	2,53	2,85	–	2,17	2,44	–	1,83	2,
	II	46,76	–	3,74	4,20	–	3,32	3,74	–	2,93	3,29	–	2,55	2,87	–	2,19	2,46	–	1,84	2,07	–	1,52	1,
	III	32,88	–	2,63	2,95	–	2,32	2,61	–	2,03	2,28	–	1,74	1,96	–	1,46	1,65	–	1,20	1,35	–	0,93	1,
	IV	51,73	0,35	4,13	4,65	0,04	3,92	4,42	–	3,72	4,18	–	3,51	3,95	–	3,30	3,72	–	3,10	3,49	–	2,91	3,
	V	68,88	2,39	5,51	6,19																		
	VI	70,35	2,57	5,62	6,33																		

Allgemeine Tabelle

TAG bis 230,99 €

Lohn/ Gehalt bis	Steuerklasse	Lohn-steuer	ohne Kinderfreibetrag SolZ 5,5%	ohne Kinderfreibetrag Kirchensteuer 8%	ohne Kinderfreibetrag Kirchensteuer 9%	0,5 SolZ 5,5%	0,5 Kirchensteuer 8%	0,5 Kirchensteuer 9%	1,0 SolZ 5,5%	1,0 Kirchensteuer 8%	1,0 Kirchensteuer 9%	1,5 SolZ 5,5%	1,5 Kirchensteuer 8%	1,5 Kirchensteuer 9%	2,0 SolZ 5,5%	2,0 Kirchensteuer 8%	2,0 Kirchensteuer 9%	2,5 SolZ 5,5%	2,5 Kirchensteuer 8%	2,5 Kirchensteuer 9%	3,0 SolZ 5,5%	3,0 Kirchensteuer 8%	3,0 Kirchensteuer 9%
						Anzahl Kinderfreibeträge (nur Steuerklassen I–IV)																	
229,59	I	51,76	0,36	4,14	4,65	-	3,72	4,18	-	3,31	3,72	-	2,91	3,28	-	2,53	2,85	-	2,17	2,44	-	1,83	2,06
	II	46,80	-	3,74	4,21	-	3,33	3,74	-	2,93	3,30	-	2,55	2,87	-	2,19	2,46	-	1,84	2,08	-	1,52	1,71
	III	32,90	-	2,63	2,96	-	2,32	2,61	-	2,03	2,28	-	1,74	1,96	-	1,47	1,65	-	1,20	1,35	-	0,94	1,05
	IV	51,76	0,36	4,14	4,65	0,05	3,93	4,42	-	3,72	4,18	-	3,51	3,95	-	3,31	3,72	-	3,11	3,50	-	2,91	3,28
	V	68,91	2,40	5,51	6,20																		
	VI	70,39	2,57	5,63	6,33																		
229,69	I	51,80	0,36	4,14	4,66	-	3,72	4,19	-	3,31	3,72	-	2,91	3,28	-	2,54	2,85	-	2,18	2,45	-	1,83	2,06
	II	46,83	-	3,74	4,21	-	3,33	3,75	-	2,93	3,30	-	2,55	2,87	-	2,19	2,47	-	1,85	2,08	-	1,52	1,71
	III	32,93	-	2,63	2,96	-	2,33	2,62	-	2,03	2,29	-	1,74	1,96	-	1,47	1,65	-	1,20	1,35	-	0,94	1,06
	IV	51,80	0,36	4,14	4,66	0,05	3,93	4,42	-	3,72	4,19	-	3,51	3,95	-	3,31	3,72	-	3,11	3,50	-	2,91	3,28
	V	68,95	2,40	5,51	6,20																		
	VI	70,43	2,58	5,63	6,33																		
229,79	I	51,84	0,37	4,14	4,66	-	3,72	4,19	-	3,31	3,73	-	2,92	3,28	-	2,54	2,86	-	2,18	2,45	-	1,83	2,06
	II	46,87	-	3,74	4,21	-	3,33	3,75	-	2,94	3,30	-	2,56	2,88	-	2,19	2,47	-	1,85	2,08	-	1,52	1,71
	III	32,96	-	2,63	2,96	-	2,33	2,62	-	2,03	2,29	-	1,75	1,97	-	1,47	1,65	-	1,20	1,35	-	0,94	1,06
	IV	51,84	0,37	4,14	4,66	0,06	3,93	4,43	-	3,72	4,19	-	3,52	3,96	-	3,31	3,73	-	3,11	3,50	-	2,92	3,28
	V	68,99	2,41	5,51	6,20																		
	VI	70,47	2,58	5,63	6,34																		
229,89	I	51,88	0,37	4,15	4,66	-	3,73	4,19	-	3,32	3,73	-	2,92	3,29	-	2,54	2,86	-	2,18	2,45	-	1,84	2,07
	II	46,91	-	3,75	4,22	-	3,34	3,75	-	2,94	3,31	-	2,56	2,88	-	2,20	2,47	-	1,85	2,08	-	1,52	1,71
	III	32,99	-	2,63	2,96	-	2,33	2,62	-	2,04	2,29	-	1,75	1,97	-	1,47	1,66	-	1,20	1,35	-	0,94	1,06
	IV	51,88	0,37	4,15	4,66	0,06	3,94	4,43	-	3,73	4,19	-	3,52	3,96	-	3,32	3,73	-	3,12	3,51	-	2,92	3,29
	V	69,03	2,41	5,52	6,21																		
	VI	70,50	2,59	5,64	6,34																		
229,99	I	51,92	0,37	4,15	4,67	-	3,73	4,20	-	3,32	3,73	-	2,92	3,29	-	2,54	2,86	-	2,18	2,46	-	1,84	2,07
	II	46,95	-	3,75	4,22	-	3,34	3,76	-	2,94	3,31	-	2,56	2,88	-	2,20	2,48	-	1,85	2,09	-	1,53	1,72
	III	33,02	-	2,64	2,97	-	2,33	2,62	-	2,04	2,29	-	1,75	1,97	-	1,47	1,66	-	1,20	1,35	-	0,94	1,06
	IV	51,92	0,37	4,15	4,67	0,06	3,94	4,43	-	3,73	4,20	-	3,52	3,96	-	3,32	3,73	-	3,12	3,51	-	2,92	3,29
	V	69,06	2,42	5,52	6,21																		
	VI	70,54	2,59	5,64	6,34																		
230,09	I	51,96	0,38	4,15	4,67	-	3,73	4,20	-	3,32	3,74	-	2,93	3,29	-	2,55	2,87	-	2,19	2,46	-	1,84	2,07
	II	46,99	-	3,75	4,22	-	3,34	3,76	-	2,94	3,31	-	2,56	2,89	-	2,20	2,48	-	1,86	2,09	-	1,53	1,72
	III	33,05	-	2,64	2,97	-	2,34	2,63	-	2,04	2,30	-	1,75	1,97	-	1,48	1,66	-	1,21	1,36	-	0,95	1,06
	IV	51,96	0,38	4,15	4,67	0,07	3,94	4,44	-	3,73	4,20	-	3,53	3,97	-	3,32	3,74	-	3,12	3,51	-	2,93	3,29
	V	69,10	2,42	5,52	6,21																		
	VI	70,58	2,60	5,64	6,35																		
230,19	I	51,99	0,38	4,15	4,67	-	3,74	4,20	-	3,32	3,74	-	2,93	3,29	-	2,55	2,87	-	2,19	2,46	-	1,84	2,07
	II	47,02	-	3,76	4,23	-	3,34	3,76	-	2,95	3,32	-	2,57	2,89	-	2,20	2,48	-	1,86	2,09	-	1,53	1,72
	III	33,07	-	2,64	2,97	-	2,34	2,63	-	2,04	2,30	-	1,76	1,98	-	1,48	1,66	-	1,21	1,36	-	0,95	1,07
	IV	51,99	0,38	4,15	4,67	0,07	3,95	4,44	-	3,74	4,20	-	3,53	3,97	-	3,32	3,74	-	3,12	3,51	-	2,93	3,29
	V	69,14	2,42	5,53	6,22																		
	VI	70,62	2,60	5,64	6,35																		
230,29	I	52,03	0,39	4,16	4,68	-	3,74	4,21	-	3,33	3,74	-	2,93	3,30	-	2,55	2,87	-	2,19	2,46	-	1,85	2,08
	II	47,06	-	3,76	4,23	-	3,35	3,77	-	2,95	3,32	-	2,57	2,89	-	2,21	2,48	-	1,86	2,09	-	1,53	1,73
	III	33,10	-	2,64	2,97	-	2,34	2,63	-	2,04	2,30	-	1,76	1,98	-	1,48	1,67	-	1,21	1,36	-	0,95	1,07
	IV	52,03	0,39	4,16	4,68	0,08	3,95	4,44	-	3,74	4,21	-	3,53	3,97	-	3,33	3,74	-	3,13	3,52	-	2,93	3,30
	V	69,18	2,43	5,53	6,22																		
	VI	70,66	2,60	5,65	6,35																		
230,39	I	52,07	0,39	4,16	4,68	-	3,74	4,21	-	3,33	3,75	-	2,93	3,30	-	2,56	2,88	-	2,19	2,47	-	1,85	2,08
	II	47,10	-	3,76	4,23	-	3,35	3,77	-	2,95	3,32	-	2,57	2,89	-	2,21	2,49	-	1,86	2,10	-	1,54	1,73
	III	33,13	-	2,65	2,98	-	2,34	2,63	-	2,05	2,30	-	1,76	1,98	-	1,48	1,67	-	1,21	1,36	-	0,95	1,07
	IV	52,07	0,39	4,16	4,68	0,08	3,95	4,45	-	3,74	4,21	-	3,54	3,98	-	3,33	3,75	-	3,13	3,52	-	2,93	3,30
	V	69,22	2,43	5,53	6,22																		
	VI	70,70	2,61	5,65	6,36																		
230,49	I	52,11	0,40	4,16	4,68	-	3,75	4,21	-	3,33	3,75	-	2,94	3,30	-	2,56	2,88	-	2,20	2,47	-	1,85	2,08
	II	47,14	-	3,77	4,24	-	3,35	3,77	-	2,96	3,33	-	2,58	2,90	-	2,21	2,49	-	1,87	2,10	-	1,54	1,73
	III	33,16	-	2,65	2,98	-	2,34	2,64	-	2,05	2,31	-	1,76	1,98	-	1,48	1,67	-	1,21	1,37	-	0,95	1,07
	IV	52,11	0,40	4,16	4,68	0,09	3,96	4,45	-	3,75	4,21	-	3,54	3,98	-	3,33	3,75	-	3,13	3,52	-	2,94	3,30
	V	69,26	2,44	5,54	6,23																		
	VI	70,73	2,61	5,65	6,36																		
230,59	I	52,15	0,40	4,17	4,69	-	3,75	4,22	-	3,34	3,75	-	2,94	3,31	-	2,56	2,88	-	2,20	2,47	-	1,85	2,08
	II	47,18	-	3,77	4,24	-	3,36	3,78	-	2,96	3,33	-	2,58	2,90	-	2,22	2,49	-	1,87	2,10	-	1,54	1,73
	III	33,18	-	2,65	2,98	-	2,35	2,64	-	2,05	2,31	-	1,76	1,98	-	1,49	1,67	-	1,22	1,37	-	0,96	1,08
	IV	52,15	0,40	4,17	4,69	0,09	3,96	4,45	-	3,75	4,22	-	3,54	3,98	-	3,34	3,75	-	3,14	3,53	-	2,94	3,31
	V	69,30	2,44	5,54	6,23																		
	VI	70,77	2,62	5,66	6,36																		
230,69	I	52,18	0,41	4,17	4,69	-	3,75	4,22	-	3,34	3,76	-	2,94	3,31	-	2,56	2,88	-	2,20	2,48	-	1,86	2,09
	II	47,21	-	3,77	4,24	-	3,36	3,78	-	2,96	3,33	-	2,58	2,90	-	2,22	2,50	-	1,87	2,11	-	1,54	1,74
	III	33,21	-	2,65	2,98	-	2,35	2,64	-	2,05	2,31	-	1,77	1,99	-	1,49	1,67	-	1,22	1,37	-	0,96	1,08
	IV	52,18	0,41	4,17	4,69	0,10	3,96	4,46	-	3,75	4,22	-	3,54	3,99	-	3,34	3,76	-	3,14	3,53	-	2,94	3,31
	V	69,33	2,45	5,54	6,23																		
	VI	70,81	2,62	5,66	6,37																		
230,79	I	52,22	0,41	4,17	4,69	-	3,76	4,23	-	3,34	3,76	-	2,95	3,31	-	2,57	2,89	-	2,20	2,48	-	1,86	2,09
	II	47,25	-	3,78	4,25	-	3,36	3,78	-	2,96	3,33	-	2,58	2,91	-	2,22	2,50	-	1,87	2,11	-	1,55	1,74
	III	33,24	-	2,65	2,99	-	2,35	2,64	-	2,06	2,31	-	1,77	1,99	-	1,49	1,68	-	1,22	1,37	-	0,96	1,08
	IV	52,22	0,41	4,17	4,69	0,10	3,96	4,46	-	3,76	4,23	-	3,55	3,99	-	3,34	3,76	-	3,14	3,53	-	2,95	3,31
	V	69,37	2,45	5,54	6,24																		
	VI	70,85	2,63	5,66	6,37																		
230,89	I	52,26	0,42	4,18	4,70	-	3,76	4,23	-	3,34	3,76	-	2,95	3,32	-	2,57	2,89	-	2,21	2,48	-	1,86	2,09
	II	47,29	-	3,78	4,25	-	3,36	3,79	-	2,97	3,34	-	2,59	2,91	-	2,22	2,50	-	1,88	2,11	-	1,55	1,74
	III	33,27	-	2,66	2,99	-	2,35	2,65	-	2,06	2,31	-	1,77	1,99	-	1,49	1,68	-	1,22	1,37	-	0,96	1,08
	IV	52,26	0,42	4,18	4,70	0,10	3,97	4,46	-	3,76	4,23	-	3,55	3,99	-	3,34	3,76	-	3,14	3,54	-	2,95	3,32
	V	69,41	2,46	5,55	6,24																		
	VI	70,88	2,63	5,67	6,37																		
230,99	I	52,30	0,42	4,18	4,70	-	3,76	4,23	-	3,35	3,77	-	2,95	3,32	-	2,57	2,89	-	2,21	2,48	-	1,86	2,10
	II	47,33	-	3,78	4,25	-	3,37	3,79	-	2,97	3,34	-	2,59	2,91	-	2,23	2,50	-	1,88	2,11	-	1,55	1,74
	III	33,30	-	2,66	2,99	-	2,36	2,65	-	2,06	2,32	-	1,77	1,99	-	1,49	1,68	-	1,22	1,38	-	0,96	1,08
	IV	52,30	0,42	4,18	4,70	0,11	3,97	4,47	-	3,76	4,23	-	3,55	4,00	-	3,35	3,77	-	3,15	3,54	-	2,95	3,32
	V	69,45	2,46	5,55	6,25																		
	VI	70,92	2,64	5,67	6,38																		

Lohn/ Gehalt bis	Steuerklasse	Lohn-steuer	ohne Kinderfreibetrag SolZ 5,5%	Kirchensteuer 8%	9%	0,5 SolZ 5,5%	Kirchensteuer 8%	9%	1,0 SolZ 5,5%	Kirchensteuer 8%	9%	1,5 SolZ 5,5%	Kirchensteuer 8%	9%	2,0 SolZ 5,5%	Kirchensteuer 8%	9%	2,5 SolZ 5,5%	Kirchensteuer 8%	9%	3,0 SolZ 5,5%	Kirchensteuer 8%
						Anzahl Kinderfreibeträge (nur Steuerklassen I–IV)																
231,09	I	52,34	0,42	4,18	4,71	-	3,76	4,23	-	3,35	3,77	-	2,95	3,32	-	2,57	2,90	-	2,21	2,49	-	1,87
	II	47,37	-	3,78	4,26	-	3,37	3,79	-	2,97	3,34	-	2,59	2,92	-	2,23	2,51	-	1,88	2,12	-	1,55
	III	33,32	-	2,66	2,99	-	2,36	2,65	-	2,06	2,32	-	1,77	2,00	-	1,50	1,68	-	1,23	1,38	-	0,96
	IV	52,34	0,42	4,18	4,71	0,11	3,97	4,47	-	3,76	4,23	-	3,56	4,00	-	3,35	3,77	-	3,15	3,54	-	2,95
	V	69,48	2,47	5,55	6,25																	
	VI	70,96	2,64	5,67	6,38																	
231,19	I	52,38	0,43	4,19	4,71	-	3,77	4,24	-	3,35	3,77	-	2,96	3,33	-	2,58	2,90	-	2,21	2,49	-	1,87
	II	47,40	-	3,79	4,26	-	3,37	3,80	-	2,98	3,35	-	2,59	2,92	-	2,23	2,51	-	1,88	2,12	-	1,55
	III	33,35	-	2,66	3,00	-	2,36	2,65	-	2,06	2,32	-	1,78	2,00	-	1,50	1,69	-	1,23	1,38	-	0,97
	IV	52,38	0,43	4,19	4,71	0,12	3,98	4,47	-	3,77	4,24	-	3,56	4,00	-	3,35	3,77	-	3,15	3,55	-	2,96
	V	69,52	2,47	5,56	6,25																	
	VI	71,00	2,65	5,68	6,39																	
231,29	I	52,41	0,43	4,19	4,71	-	3,77	4,24	-	3,36	3,78	-	2,96	3,33	-	2,58	2,90	-	2,22	2,49	-	1,87
	II	47,44	-	3,79	4,26	-	3,38	3,80	-	2,98	3,35	-	2,60	2,92	-	2,23	2,51	-	1,89	2,12	-	1,56
	III	33,38	-	2,67	3,00	-	2,36	2,66	-	2,07	2,32	-	1,78	2,00	-	1,50	1,69	-	1,23	1,38	-	0,97
	IV	52,41	0,43	4,19	4,71	0,12	3,98	4,48	-	3,77	4,24	-	3,56	4,01	-	3,36	3,78	-	3,16	3,55	-	2,96
	V	69,56	2,47	5,56	6,26																	
	VI	71,04	2,65	5,68	6,39																	
231,39	I	52,45	0,44	4,19	4,72	-	3,77	4,25	-	3,36	3,78	-	2,96	3,33	-	2,58	2,90	-	2,22	2,50	-	1,87
	II	47,48	-	3,79	4,27	-	3,38	3,80	-	2,98	3,35	-	2,60	2,93	-	2,24	2,52	-	1,89	2,13	-	1,56
	III	33,41	-	2,67	3,00	-	2,36	2,66	-	2,07	2,33	-	1,78	2,00	-	1,50	1,69	-	1,23	1,39	-	0,97
	IV	52,45	0,44	4,19	4,72	0,13	3,98	4,48	-	3,77	4,25	-	3,56	4,01	-	3,36	3,78	-	3,16	3,55	-	2,96
	V	69,60	2,48	5,56	6,26																	
	VI	71,08	2,65	5,68	6,39																	
231,49	I	52,49	0,44	4,19	4,72	-	3,78	4,25	-	3,36	3,78	-	2,96	3,34	-	2,58	2,91	-	2,22	2,50	-	1,88
	II	47,52	-	3,80	4,27	-	3,38	3,81	-	2,98	3,36	-	2,60	2,93	-	2,24	2,52	-	1,89	2,13	-	1,56
	III	33,44	-	2,67	3,00	-	2,37	2,66	-	2,07	2,33	-	1,78	2,01	-	1,50	1,69	-	1,23	1,39	-	0,97
	IV	52,49	0,44	4,19	4,72	0,13	3,99	4,48	-	3,78	4,25	-	3,57	4,01	-	3,36	3,78	-	3,16	3,56	-	2,96
	V	69,64	2,48	5,57	6,26																	
	VI	71,11	2,66	5,68	6,39																	
231,59	I	52,53	0,45	4,20	4,72	-	3,78	4,25	-	3,37	3,79	-	2,97	3,34	-	2,59	2,91	-	2,22	2,50	-	1,88
	II	47,56	-	3,80	4,28	-	3,39	3,81	-	2,99	3,36	-	2,61	2,93	-	2,24	2,52	-	1,89	2,13	-	1,56
	III	33,47	-	2,67	3,01	-	2,37	2,66	-	2,07	2,33	-	1,78	2,01	-	1,51	1,69	-	1,24	1,39	-	0,97
	IV	52,53	0,45	4,20	4,72	0,14	3,99	4,49	-	3,78	4,25	-	3,57	4,02	-	3,37	3,79	-	3,16	3,56	-	2,97
	V	69,68	2,49	5,57	6,27																	
	VI	71,15	2,66	5,69	6,40																	
231,69	I	52,56	0,45	4,20	4,73	-	3,78	4,26	-	3,37	3,79	-	2,97	3,34	-	2,59	2,91	-	2,23	2,51	-	1,88
	II	47,60	-	3,80	4,28	-	3,39	3,81	-	2,99	3,36	-	2,61	2,93	-	2,24	2,52	-	1,90	2,13	-	1,57
	III	33,50	-	2,68	3,01	-	2,37	2,67	-	2,07	2,33	-	1,79	2,01	-	1,51	1,70	-	1,24	1,39	-	0,98
	IV	52,56	0,45	4,20	4,73	0,14	3,99	4,49	-	3,78	4,26	-	3,57	4,02	-	3,37	3,79	-	3,17	3,56	-	2,97
	V	69,71	2,49	5,57	6,27																	
	VI	71,19	2,67	5,69	6,40																	
231,79	I	52,60	0,46	4,20	4,73	-	3,79	4,26	-	3,37	3,79	-	2,97	3,35	-	2,59	2,92	-	2,23	2,51	-	1,88
	II	47,63	-	3,81	4,28	-	3,39	3,82	-	2,99	3,37	-	2,61	2,94	-	2,25	2,53	-	1,90	2,14	-	1,57
	III	33,52	-	2,68	3,01	-	2,37	2,67	-	2,08	2,34	-	1,79	2,01	-	1,51	1,70	-	1,24	1,39	-	0,98
	IV	52,60	0,46	4,20	4,73	0,15	3,99	4,49	-	3,79	4,26	-	3,58	4,02	-	3,37	3,79	-	3,17	3,57	-	2,97
	V	69,75	2,50	5,58	6,27																	
	VI	71,23	2,67	5,69	6,41																	
231,89	I	52,64	0,46	4,21	4,73	-	3,79	4,26	-	3,37	3,80	-	2,98	3,35	-	2,60	2,92	-	2,23	2,51	-	1,88
	II	47,67	-	3,81	4,29	-	3,39	3,82	-	3,00	3,37	-	2,61	2,94	-	2,25	2,53	-	1,90	2,14	-	1,57
	III	33,55	-	2,68	3,01	-	2,37	2,67	-	2,08	2,34	-	1,79	2,01	-	1,51	1,70	-	1,24	1,40	-	0,98
	IV	52,64	0,46	4,21	4,73	0,15	4,00	4,50	-	3,79	4,26	-	3,58	4,03	-	3,37	3,80	-	3,17	3,57	-	2,98
	V	69,79	2,50	5,58	6,28																	
	VI	71,26	2,68	5,70	6,41																	
231,99	I	52,68	0,47	4,21	4,74	-	3,79	4,27	-	3,38	3,80	-	2,98	3,35	-	2,60	2,92	-	2,23	2,51	-	1,89
	II	47,71	-	3,81	4,29	-	3,40	3,82	-	3,00	3,37	-	2,62	2,94	-	2,25	2,53	-	1,90	2,14	-	1,57
	III	33,58	-	2,68	3,02	-	2,38	2,67	-	2,08	2,34	-	1,79	2,02	-	1,51	1,70	-	1,24	1,40	-	0,98
	IV	52,68	0,47	4,21	4,74	0,15	4,00	4,50	-	3,79	4,27	-	3,58	4,03	-	3,38	3,80	-	3,18	3,57	-	2,98
	V	69,83	2,51	5,58	6,28																	
	VI	71,30	2,68	5,70	6,41																	
232,09	I	52,72	0,47	4,21	4,74	-	3,80	4,27	-	3,38	3,80	-	2,98	3,36	-	2,60	2,93	-	2,24	2,52	-	1,89
	II	47,75	-	3,82	4,29	-	3,40	3,83	-	3,00	3,38	-	2,62	2,95	-	2,25	2,54	-	1,91	2,15	-	1,58
	III	33,61	-	2,68	3,02	-	2,38	2,68	-	2,08	2,34	-	1,80	2,02	-	1,52	1,71	-	1,24	1,40	-	0,98
	IV	52,72	0,47	4,21	4,74	0,16	4,00	4,50	-	3,80	4,27	-	3,59	4,04	-	3,38	3,80	-	3,18	3,58	-	2,98
	V	69,86	2,51	5,58	6,28																	
	VI	71,34	2,69	5,70	6,42																	
232,19	I	52,76	0,47	4,22	4,74	-	3,80	4,27	-	3,38	3,81	-	2,98	3,36	-	2,60	2,93	-	2,24	2,52	-	1,89
	II	47,78	-	3,82	4,30	-	3,40	3,83	-	3,00	3,38	-	2,62	2,95	-	2,26	2,54	-	1,91	2,15	-	1,58
	III	33,63	-	2,69	3,02	-	2,38	2,68	-	2,08	2,35	-	1,80	2,02	-	1,52	1,71	-	1,25	1,40	-	0,98
	IV	52,76	0,47	4,22	4,74	0,16	4,01	4,51	-	3,80	4,27	-	3,59	4,04	-	3,38	3,81	-	3,18	3,58	-	2,98
	V	69,90	2,52	5,59	6,29																	
	VI	71,38	2,69	5,71	6,42																	
232,29	I	52,79	0,48	4,22	4,75	-	3,80	4,28	-	3,39	3,81	-	2,99	3,36	-	2,61	2,93	-	2,24	2,52	-	1,90
	II	47,82	-	3,82	4,30	-	3,41	3,83	-	3,01	3,38	-	2,62	2,95	-	2,26	2,54	-	1,91	2,15	-	1,58
	III	33,66	-	2,69	3,02	-	2,38	2,68	-	2,09	2,35	-	1,80	2,02	-	1,52	1,71	-	1,25	1,41	-	0,99
	IV	52,79	0,48	4,22	4,75	0,17	4,01	4,51	-	3,80	4,28	-	3,59	4,04	-	3,39	3,81	-	3,18	3,58	-	2,99
	V	69,94	2,52	5,59	6,29																	
	VI	71,42	2,70	5,71	6,42																	
232,39	I	52,83	0,48	4,22	4,75	-	3,80	4,28	-	3,39	3,81	-	2,99	3,36	-	2,61	2,94	-	2,24	2,53	-	1,90
	II	47,86	-	3,82	4,30	-	3,41	3,84	-	3,01	3,39	-	2,63	2,96	-	2,26	2,54	-	1,91	2,15	-	1,58
	III	33,69	-	2,69	3,03	-	2,39	2,68	-	2,09	2,35	-	1,80	2,03	-	1,52	1,71	-	1,25	1,41	-	0,99
	IV	52,83	0,48	4,22	4,75	0,17	4,01	4,51	-	3,80	4,28	-	3,60	4,05	-	3,39	3,81	-	3,19	3,59	-	2,99
	V	69,98	2,52	5,59	6,29																	
	VI	71,46	2,70	5,71	6,43																	
232,49	I	52,87	0,49	4,22	4,75	-	3,81	4,28	-	3,39	3,82	-	2,99	3,37	-	2,61	2,94	-	2,25	2,53	-	1,90
	II	47,90	-	3,83	4,31	-	3,41	3,84	-	3,01	3,39	-	2,63	2,96	-	2,26	2,55	-	1,92	2,16	-	1,58
	III	33,72	-	2,69	3,03	-	2,39	2,69	-	2,09	2,35	-	1,80	2,03	-	1,52	1,71	-	1,25	1,41	-	0,99
	IV	52,87	0,49	4,22	4,75	0,18	4,02	4,52	-	3,81	4,28	-	3,60	4,05	-	3,39	3,82	-	3,19	3,59	-	2,99
	V	70,02	2,53	5,60	6,30																	
	VI	71,50	2,70	5,72	6,43																	

Allgemeine Tabelle

Lohn/ Gehalt bis	Steuerklasse	Lohn- steuer	ohne Kinderfreibetrag SolZ 5,5%	Kirchensteuer 8%	Kirchensteuer 9%	0,5 SolZ 5,5%	0,5 Kirchensteuer 8%	0,5 Kirchensteuer 9%	1,0 SolZ 5,5%	1,0 Kirchensteuer 8%	1,0 Kirchensteuer 9%	1,5 SolZ 5,5%	1,5 Kirchensteuer 8%	1,5 Kirchensteuer 9%	2,0 SolZ 5,5%	2,0 Kirchensteuer 8%	2,0 Kirchensteuer 9%	2,5 SolZ 5,5%	2,5 Kirchensteuer 8%	2,5 Kirchensteuer 9%	3,0 SolZ 5,5%	3,0 Kirchensteuer 8%	3,0 Kirchensteuer 9%
232,59	I	52,91	0,49	4,23	4,76	-	3,81	4,29	-	3,40	3,82	-	3,00	3,37	-	2,61	2,94	-	2,25	2,53	-	1,90	2,14
	II	47,94	-	3,83	4,31	-	3,42	3,84	-	3,02	3,39	-	2,63	2,96	-	2,27	2,55	-	1,92	2,16	-	1,59	1,79
	III	33,75	-	2,70	3,03	-	2,39	2,69	-	2,09	2,35	-	1,80	2,03	-	1,53	1,72	-	1,26	1,41	-	0,99	1,12
	IV	52,91	0,49	4,23	4,76	0,18	4,02	4,52	-	3,81	4,29	-	3,60	4,05	-	3,40	3,82	-	3,19	3,59	-	3,00	3,37
	V	70,06	2,53	5,60	6,30																		
	VI	71,53	2,71	5,72	6,43																		
232,69	I	52,95	0,50	4,23	4,76	-	3,81	4,29	-	3,40	3,82	-	3,00	3,37	-	2,62	2,95	-	2,25	2,53	-	1,90	2,14
	II	47,98	-	3,83	4,31	-	3,42	3,85	-	3,02	3,40	-	2,64	2,97	-	2,27	2,55	-	1,92	2,16	-	1,59	1,79
	III	33,77	-	2,70	3,03	-	2,39	2,69	-	2,10	2,36	-	1,81	2,03	-	1,53	1,72	-	1,26	1,41	-	0,99	1,12
	IV	52,95	0,50	4,23	4,76	0,19	4,02	4,52	-	3,81	4,29	-	3,60	4,05	-	3,40	3,82	-	3,20	3,60	-	3,00	3,37
	V	70,10	2,54	5,60	6,30																		
	VI	71,57	2,71	5,72	6,44																		
232,79	I	52,98	0,50	4,23	4,76	-	3,82	4,29	-	3,40	3,83	-	3,00	3,38	-	2,62	2,95	-	2,26	2,54	-	1,91	2,15
	II	48,01	-	3,84	4,32	-	3,42	3,85	-	3,02	3,40	-	2,64	2,97	-	2,27	2,56	-	1,92	2,16	-	1,59	1,79
	III	33,80	-	2,70	3,04	-	2,39	2,69	-	2,10	2,36	-	1,81	2,04	-	1,53	1,72	-	1,26	1,42	-	1,00	1,12
	IV	52,98	0,50	4,23	4,76	0,19	4,02	4,53	-	3,82	4,29	-	3,61	4,06	-	3,40	3,83	-	3,20	3,60	-	3,00	3,38
	V	70,13	2,54	5,61	6,31																		
	VI	71,61	2,72	5,72	6,44																		
232,89	I	53,02	0,51	4,24	4,77	-	3,82	4,30	-	3,40	3,83	-	3,00	3,38	-	2,62	2,95	-	2,26	2,54	-	1,91	2,15
	II	48,05	-	3,84	4,32	-	3,42	3,85	-	3,02	3,40	-	2,64	2,97	-	2,28	2,56	-	1,93	2,17	-	1,59	1,79
	III	33,83	-	2,70	3,04	-	2,40	2,70	-	2,10	2,36	-	1,81	2,04	-	1,53	1,72	-	1,26	1,42	-	1,00	1,12
	IV	53,02	0,51	4,24	4,77	0,20	4,03	4,53	-	3,82	4,30	-	3,61	4,06	-	3,40	3,83	-	3,20	3,60	-	3,00	3,38
	V	70,17	2,55	5,61	6,31																		
	VI	71,65	2,72	5,73	6,44																		
232,99	I	53,06	0,51	4,24	4,77	-	3,82	4,30	-	3,41	3,83	-	3,01	3,38	-	2,63	2,95	-	2,26	2,54	-	1,91	2,15
	II	48,09	-	3,84	4,32	-	3,43	3,86	-	3,03	3,41	-	2,64	2,97	-	2,28	2,56	-	1,93	2,17	-	1,60	1,80
	III	33,86	-	2,70	3,04	-	2,40	2,70	-	2,10	2,36	-	1,81	2,04	-	1,53	1,73	-	1,26	1,42	-	1,00	1,13
	IV	53,06	0,51	4,24	4,77	0,20	4,03	4,54	-	3,82	4,30	-	3,61	4,07	-	3,41	3,83	-	3,21	3,61	-	3,01	3,38
	V	70,21	2,55	5,61	6,31																		
	VI	71,69	2,73	5,73	6,45																		
233,09	I	53,10	0,52	4,24	4,77	-	3,83	4,30	-	3,41	3,84	-	3,01	3,39	-	2,63	2,96	-	2,26	2,55	-	1,91	2,15
	II	48,13	-	3,85	4,33	-	3,43	3,86	-	3,03	3,41	-	2,65	2,98	-	2,28	2,57	-	1,93	2,17	-	1,60	1,80
	III	33,89	-	2,71	3,05	-	2,40	2,70	-	2,10	2,37	-	1,82	2,04	-	1,54	1,73	-	1,26	1,42	-	1,00	1,13
	IV	53,10	0,52	4,24	4,77	0,20	4,03	4,54	-	3,83	4,30	-	3,62	4,07	-	3,41	3,84	-	3,21	3,61	-	3,01	3,39
	V	70,25	2,56	5,62	6,32																		
	VI	71,72	2,73	5,73	6,45																		
233,19	I	53,14	0,52	4,25	4,78	-	3,83	4,31	-	3,41	3,84	-	3,01	3,39	-	2,63	2,96	-	2,27	2,55	-	1,92	2,16
	II	48,17	-	3,85	4,33	-	3,43	3,86	-	3,03	3,41	-	2,65	2,98	-	2,28	2,57	-	1,93	2,18	-	1,60	1,80
	III	33,92	-	2,71	3,05	-	2,40	2,70	-	2,11	2,37	-	1,82	2,05	-	1,54	1,73	-	1,27	1,43	-	1,00	1,13
	IV	53,14	0,52	4,25	4,78	0,21	4,04	4,54	-	3,83	4,31	-	3,62	4,07	-	3,41	3,84	-	3,21	3,61	-	3,01	3,39
	V	70,28	2,56	5,62	6,32																		
	VI	71,76	2,74	5,74	6,45																		
233,29	I	53,18	0,52	4,25	4,78	-	3,83	4,31	-	3,42	3,84	-	3,02	3,39	-	2,63	2,96	-	2,27	2,55	-	1,92	2,16
	II	48,21	-	3,85	4,33	-	3,44	3,87	-	3,04	3,42	-	2,65	2,98	-	2,29	2,57	-	1,94	2,18	-	1,60	1,80
	III	33,95	-	2,71	3,05	-	2,40	2,71	-	2,11	2,37	-	1,82	2,05	-	1,54	1,73	-	1,27	1,43	-	1,01	1,13
	IV	53,18	0,52	4,25	4,78	0,21	4,04	4,55	-	3,83	4,31	-	3,62	4,08	-	3,42	3,84	-	3,21	3,62	-	3,02	3,39
	V	70,32	2,57	5,62	6,32																		
	VI	71,80	2,74	5,74	6,46																		
233,39	I	53,21	0,53	4,25	4,78	-	3,83	4,31	-	3,42	3,85	-	3,02	3,40	-	2,64	2,97	-	2,27	2,55	-	1,92	2,16
	II	48,24	-	3,85	4,34	-	3,44	3,87	-	3,04	3,42	-	2,65	2,99	-	2,29	2,57	-	1,94	2,18	-	1,61	1,81
	III	33,97	-	2,71	3,05	-	2,41	2,71	-	2,11	2,37	-	1,82	2,05	-	1,54	1,73	-	1,27	1,43	-	1,01	1,13
	IV	53,21	0,53	4,25	4,78	0,22	4,04	4,55	-	3,83	4,31	-	3,63	4,08	-	3,42	3,85	-	3,22	3,62	-	3,02	3,40
	V	70,36	2,57	5,62	6,33																		
	VI	71,84	2,75	5,74	6,46																		
233,49	I	53,25	0,53	4,26	4,79	-	3,84	4,32	-	3,42	3,85	-	3,02	3,40	-	2,64	2,97	-	2,27	2,56	-	1,92	2,17
	II	48,28	-	3,86	4,34	-	3,44	3,87	-	3,04	3,42	-	2,66	2,99	-	2,29	2,58	-	1,94	2,18	-	1,61	1,81
	III	34,00	-	2,72	3,06	-	2,41	2,71	-	2,11	2,38	-	1,82	2,05	-	1,54	1,74	-	1,27	1,43	-	1,01	1,14
	IV	53,25	0,53	4,26	4,79	0,22	4,05	4,55	-	3,84	4,32	-	3,63	4,08	-	3,42	3,85	-	3,22	3,62	-	3,02	3,40
	V	70,40	2,57	5,63	6,33																		
	VI	71,88	2,75	5,75	6,46																		
233,59	I	53,29	0,54	4,26	4,79	-	3,84	4,32	-	3,43	3,85	-	3,02	3,40	-	2,64	2,97	-	2,28	2,56	-	1,93	2,17
	II	48,32	-	3,86	4,34	-	3,44	3,88	-	3,04	3,42	-	2,66	2,99	-	2,29	2,58	-	1,94	2,19	-	1,61	1,81
	III	34,03	-	2,72	3,06	-	2,41	2,71	-	2,11	2,38	-	1,83	2,05	-	1,55	1,74	-	1,27	1,43	-	1,01	1,14
	IV	53,29	0,54	4,26	4,79	0,23	4,05	4,56	-	3,84	4,32	-	3,63	4,09	-	3,43	3,85	-	3,22	3,63	-	3,02	3,40
	V	70,44	2,58	5,63	6,33																		
	VI	71,91	2,75	5,75	6,47																		
233,69	I	53,33	0,54	4,26	4,79	-	3,84	4,32	-	3,43	3,86	-	3,03	3,41	-	2,64	2,98	-	2,28	2,56	-	1,93	2,17
	II	48,36	-	3,86	4,35	-	3,45	3,88	-	3,05	3,43	-	2,66	3,00	-	2,30	2,58	-	1,95	2,19	-	1,61	1,82
	III	34,06	-	2,72	3,06	-	2,41	2,72	-	2,12	2,38	-	1,83	2,06	-	1,55	1,74	-	1,28	1,44	-	1,01	1,14
	IV	53,33	0,54	4,26	4,79	0,23	4,05	4,56	-	3,84	4,32	-	3,64	4,09	-	3,43	3,86	-	3,23	3,63	-	3,03	3,41
	V	70,48	2,58	5,63	6,34																		
	VI	71,95	2,76	5,75	6,47																		
233,79	I	53,36	0,55	4,26	4,80	-	3,85	4,33	-	3,43	3,86	-	3,03	3,41	-	2,65	2,98	-	2,28	2,57	-	1,93	2,17
	II	48,40	-	3,87	4,35	-	3,45	3,88	-	3,05	3,43	-	2,67	3,00	-	2,30	2,59	-	1,95	2,19	-	1,62	1,82
	III	34,09	-	2,72	3,06	-	2,42	2,72	-	2,12	2,38	-	1,83	2,06	-	1,55	1,74	-	1,28	1,44	-	1,02	1,14
	IV	53,36	0,55	4,26	4,80	0,24	4,06	4,56	-	3,85	4,33	-	3,64	4,09	-	3,43	3,86	-	3,23	3,63	-	3,03	3,41
	V	70,51	2,59	5,64	6,34																		
	VI	71,99	2,76	5,75	6,47																		
233,89	I	53,40	0,55	4,27	4,80	-	3,85	4,33	-	3,43	3,86	-	3,03	3,41	-	2,65	2,98	-	2,28	2,57	-	1,93	2,18
	II	48,43	-	3,87	4,35	-	3,45	3,89	-	3,05	3,43	-	2,67	3,00	-	2,30	2,59	-	1,95	2,20	-	1,62	1,82
	III	34,12	-	2,72	3,07	-	2,42	2,72	-	2,12	2,39	-	1,83	2,06	-	1,55	1,75	-	1,28	1,44	-	1,02	1,14
	IV	53,40	0,55	4,27	4,80	0,24	4,06	4,57	-	3,85	4,33	-	3,64	4,10	-	3,43	3,86	-	3,23	3,64	-	3,03	3,41
	V	70,55	2,59	5,64	6,34																		
	VI	72,03	2,77	5,76	6,48																		
233,99	I	53,44	0,56	4,27	4,80	-	3,85	4,33	-	3,44	3,87	-	3,04	3,42	-	2,65	2,98	-	2,29	2,57	-	1,94	2,18
	II	48,47	-	3,87	4,36	-	3,46	3,89	-	3,06	3,44	-	2,67	3,01	-	2,30	2,59	-	1,95	2,20	-	1,62	1,82
	III	34,15	-	2,73	3,07	-	2,42	2,72	-	2,12	2,39	-	1,83	2,06	-	1,55	1,75	-	1,28	1,44	-	1,02	1,15
	IV	53,44	0,56	4,27	4,80	0,25	4,06	4,57	-	3,85	4,33	-	3,64	4,10	-	3,44	3,87	-	3,23	3,64	-	3,04	3,42
	V	70,59	2,60	5,64	6,35																		
	VI	72,06	2,77	5,76	6,48																		

Anzahl Kinderfreibeträge (nur Steuerklassen I–IV)

Lohn/ Gehalt bis	Steuerklasse	Lohn-steuer	ohne Kinderfreibetrag			Anzahl Kinderfreibeträge (nur Steuerklassen I–IV)																	
						0,5			1,0			1,5			2,0			2,5			3,0		
			SolZ 5,5%	Kirchensteuer 8%	9%	SolZ 5,5%	Kirchensteuer 8%	9%	SolZ 5,5%	Kirchensteuer 8%	9%	SolZ 5,5%	Kirchensteuer 8%	9%	SolZ 5,5%	Kirchensteuer 8%	9%	SolZ 5,5%	Kirchensteuer 8%	9%	SolZ 5,5%	Kirchensteuer 8%	9%
234,09	I	53,48	0,56	4,27	4,81	-	3,86	4,34	-	3,44	3,87	-	3,04	3,42	-	2,66	2,99	-	2,29	2,58	-	1,94	2,
	II	48,51	-	3,88	4,36	-	3,46	3,89	-	3,06	3,44	-	2,67	3,01	-	2,31	2,60	-	1,96	2,20	-	1,62	1
	III	34,17	-	2,73	3,07	-	2,42	2,73	-	2,12	2,39	-	1,84	2,07	-	1,56	1,75	-	1,28	1,44	-	1,02	1
	IV	53,48	0,56	4,27	4,81	0,25	4,06	4,57	-	3,86	4,34	-	3,65	4,10	-	3,44	3,87	-	3,24	3,64	-	3,04	3
	V	70,63	2,60	5,65	6,35																		
	VI	72,10	2,78	5,76	6,48																		
234,19	I	53,52	0,57	4,28	4,81	-	3,86	4,34	-	3,44	3,87	-	3,04	3,42	-	2,66	2,99	-	2,29	2,58	-	1,94	2
	II	48,55	-	3,88	4,36	-	3,46	3,90	-	3,06	3,44	-	2,68	3,01	-	2,31	2,60	-	1,96	2,20	-	1,63	1
	III	34,20	-	2,73	3,07	-	2,42	2,73	-	2,13	2,39	-	1,84	2,07	-	1,56	1,75	-	1,29	1,45	-	1,02	1,
	IV	53,52	0,57	4,28	4,81	0,25	4,07	4,58	-	3,86	4,34	-	3,65	4,11	-	3,44	3,87	-	3,24	3,65	-	3,04	3
	V	70,66	2,61	5,65	6,35																		
	VI	72,14	2,78	5,77	6,49																		
234,29	I	53,56	0,57	4,28	4,82	-	3,86	4,34	-	3,45	3,88	-	3,04	3,43	-	2,66	2,99	-	2,29	2,58	-	1,94	2,
	II	48,58	-	3,88	4,37	-	3,47	3,90	-	3,06	3,45	-	2,68	3,01	-	2,31	2,60	-	1,96	2,21	-	1,63	1
	III	34,23	-	2,73	3,08	-	2,43	2,73	-	2,13	2,40	-	1,84	2,07	-	1,56	1,76	-	1,29	1,45	-	1,02	1
	IV	53,56	0,57	4,28	4,82	0,26	4,07	4,58	-	3,86	4,34	-	3,65	4,11	-	3,45	3,88	-	3,24	3,65	-	3,04	3,
	V	70,70	2,61	5,65	6,36																		
	VI	72,18	2,79	5,77	6,49																		
234,39	I	53,59	0,57	4,28	4,82	-	3,86	4,35	-	3,45	3,88	-	3,05	3,43	-	2,66	3,00	-	2,30	2,58	-	1,95	2
	II	48,62	-	3,88	4,37	-	3,47	3,90	-	3,07	3,45	-	2,68	3,02	-	2,31	2,60	-	1,96	2,21	-	1,63	1,
	III	34,26	-	2,74	3,08	-	2,43	2,73	-	2,13	2,40	-	1,84	2,07	-	1,56	1,76	-	1,29	1,45	-	1,03	1,
	IV	53,59	0,57	4,28	4,82	0,26	4,07	4,58	-	3,86	4,35	-	3,66	4,11	-	3,45	3,88	-	3,25	3,65	-	3,05	3,
	V	70,74	2,61	5,65	6,36																		
	VI	72,22	2,79	5,77	6,49																		
234,49	I	53,63	0,58	4,29	4,82	-	3,87	4,35	-	3,45	3,88	-	3,05	3,43	-	2,67	3,00	-	2,30	2,59	-	1,95	2,
	II	48,66	-	3,89	4,37	-	3,47	3,91	-	3,07	3,45	-	2,68	3,02	-	2,32	2,61	-	1,97	2,21	-	1,63	1
	III	34,28	-	2,74	3,08	-	2,43	2,74	-	2,13	2,40	-	1,84	2,08	-	1,56	1,76	-	1,29	1,45	-	1,03	1,
	IV	53,63	0,58	4,29	4,82	0,27	4,08	4,59	-	3,87	4,35	-	3,66	4,12	-	3,45	3,88	-	3,25	3,66	-	3,05	3
	V	70,78	2,62	5,66	6,37																		
	VI	72,26	2,80	5,78	6,50																		
234,59	I	53,67	0,58	4,29	4,83	-	3,87	4,36	-	3,46	3,89	-	3,05	3,44	-	2,67	3,00	-	2,30	2,59	-	1,95	2
	II	48,70	-	3,89	4,38	-	3,48	3,91	-	3,07	3,46	-	2,69	3,02	-	2,32	2,61	-	1,97	2,21	-	1,63	1,
	III	34,31	-	2,74	3,08	-	2,43	2,74	-	2,14	2,40	-	1,85	2,08	-	1,57	1,76	-	1,29	1,46	-	1,03	1,
	IV	53,67	0,58	4,29	4,83	0,27	4,08	4,59	-	3,87	4,36	-	3,66	4,12	-	3,46	3,89	-	3,25	3,66	-	3,05	3,
	V	70,82	2,62	5,66	6,37																		
	VI	72,30	2,80	5,78	6,50																		
234,69	I	53,71	0,59	4,29	4,83	-	3,87	4,36	-	3,46	3,89	-	3,06	3,44	-	2,67	3,01	-	2,30	2,59	-	1,95	2,
	II	48,74	-	3,89	4,38	-	3,48	3,91	-	3,08	3,46	-	2,69	3,03	-	2,32	2,61	-	1,97	2,22	-	1,64	1,
	III	34,34	-	2,74	3,09	-	2,44	2,74	-	2,14	2,41	-	1,85	2,08	-	1,57	1,76	-	1,30	1,46	-	1,03	1,
	IV	53,71	0,59	4,29	4,83	0,28	4,08	4,59	-	3,87	4,36	-	3,67	4,12	-	3,46	3,89	-	3,26	3,66	-	3,06	3,
	V	70,86	2,63	5,66	6,37																		
	VI	72,33	2,80	5,78	6,50																		
234,79	I	53,75	0,59	4,30	4,83	-	3,88	4,36	-	3,46	3,89	-	3,06	3,44	-	2,67	3,01	-	2,31	2,60	-	1,96	2,
	II	48,78	-	3,90	4,39	-	3,48	3,92	-	3,08	3,46	-	2,69	3,03	-	2,32	2,62	-	1,97	2,22	-	1,64	1,
	III	34,37	-	2,74	3,09	-	2,44	2,74	-	2,14	2,41	-	1,85	2,08	-	1,57	1,77	-	1,30	1,46	-	1,03	1,
	IV	53,75	0,59	4,30	4,83	0,28	4,09	4,60	-	3,88	4,36	-	3,67	4,13	-	3,46	3,89	-	3,26	3,67	-	3,06	3,
	V	70,89	2,63	5,67	6,38																		
	VI	72,37	2,81	5,78	6,51																		
234,89	I	53,78	0,60	4,30	4,84	-	3,88	4,37	-	3,46	3,90	-	3,06	3,45	-	2,68	3,01	-	2,31	2,60	-	1,96	2,
	II	48,81	0,01	3,90	4,39	-	3,48	3,92	-	3,08	3,47	-	2,70	3,03	-	2,33	2,62	-	1,98	2,22	-	1,64	1,
	III	34,40	-	2,75	3,09	-	2,44	2,75	-	2,14	2,41	-	1,85	2,08	-	1,57	1,77	-	1,30	1,46	-	1,04	1,
	IV	53,78	0,60	4,30	4,84	0,29	4,09	4,60	-	3,88	4,37	-	3,67	4,13	-	3,46	3,90	-	3,26	3,67	-	3,06	3,
	V	70,93	2,64	5,67	6,38																		
	VI	72,41	2,81	5,79	6,51																		
234,99	I	53,82	0,60	4,30	4,84	-	3,88	4,37	-	3,47	3,90	-	3,06	3,45	-	2,68	3,02	-	2,31	2,60	-	1,96	2,
	II	48,85	0,01	3,90	4,39	-	3,49	3,92	-	3,08	3,47	-	2,70	3,04	-	2,33	2,62	-	1,98	2,23	-	1,64	1,
	III	34,43	-	2,75	3,09	-	2,44	2,75	-	2,14	2,41	-	1,86	2,09	-	1,57	1,77	-	1,30	1,46	-	1,04	1,
	IV	53,82	0,60	4,30	4,84	0,29	4,09	4,60	-	3,88	4,37	-	3,67	4,13	-	3,47	3,90	-	3,26	3,67	-	3,06	3,
	V	70,97	2,64	5,67	6,38																		
	VI	72,45	2,82	5,79	6,52																		
235,09	I	53,86	0,61	4,30	4,84	-	3,89	4,37	-	3,47	3,90	-	3,07	3,45	-	2,68	3,02	-	2,32	2,61	-	1,96	2,
	II	48,89	0,01	3,91	4,40	-	3,49	3,93	-	3,09	3,47	-	2,70	3,04	-	2,33	2,62	-	1,98	2,23	-	1,65	1,
	III	34,46	-	2,75	3,10	-	2,44	2,75	-	2,15	2,42	-	1,86	2,09	-	1,58	1,77	-	1,30	1,47	-	1,04	1,
	IV	53,86	0,61	4,30	4,84	0,30	4,10	4,61	-	3,89	4,37	-	3,68	4,14	-	3,47	3,90	-	3,27	3,68	-	3,07	3,
	V	71,01	2,65	5,68	6,39																		
	VI	72,48	2,82	5,79	6,52																		
235,19	I	53,90	0,61	4,31	4,85	-	3,89	4,38	-	3,47	3,91	-	3,07	3,46	-	2,69	3,02	-	2,32	2,61	-	1,97	2,2
	II	48,93	0,02	3,91	4,40	-	3,49	3,93	-	3,09	3,48	-	2,70	3,04	-	2,34	2,63	-	1,98	2,23	-	1,65	1,8
	III	34,48	-	2,75	3,10	-	2,45	2,75	-	2,15	2,42	-	1,86	2,09	-	1,58	1,78	-	1,31	1,47	-	1,04	1,
	IV	53,90	0,61	4,31	4,85	0,30	4,10	4,61	-	3,89	4,38	-	3,68	4,14	-	3,47	3,91	-	3,27	3,68	-	3,07	3,4
	V	71,05	2,65	5,68	6,39																		
	VI	72,52	2,83	5,80	6,52																		
235,29	I	53,94	0,62	4,31	4,85	-	3,89	4,38	-	3,48	3,91	-	3,07	3,46	-	2,69	3,02	-	2,32	2,61	-	1,97	2,2
	II	48,97	0,02	3,91	4,40	-	3,50	3,93	-	3,09	3,48	-	2,71	3,05	-	2,34	2,63	-	1,99	2,23	-	1,65	1,8
	III	34,51	-	2,76	3,10	-	2,45	2,76	-	2,15	2,42	-	1,86	2,09	-	1,58	1,78	-	1,31	1,47	-	1,04	1,1
	IV	53,94	0,62	4,31	4,85	0,30	4,10	4,61	-	3,89	4,38	-	3,68	4,14	-	3,48	3,91	-	3,27	3,68	-	3,07	3,4
	V	71,08	2,66	5,68	6,39																		
	VI	72,56	2,83	5,80	6,53																		
235,39	I	53,97	0,62	4,31	4,85	-	3,90	4,38	-	3,48	3,91	-	3,08	3,46	-	2,69	3,03	-	2,32	2,61	-	1,97	2,2
	II	49,00	0,03	3,92	4,41	-	3,50	3,94	-	3,10	3,48	-	2,71	3,05	-	2,34	2,63	-	1,99	2,24	-	1,65	1,8
	III	34,54	-	2,76	3,10	-	2,45	2,76	-	2,15	2,42	-	1,86	2,10	-	1,58	1,78	-	1,31	1,47	-	1,05	1,1
	IV	53,97	0,62	4,31	4,85	0,31	4,10	4,62	-	3,90	4,38	-	3,69	4,15	-	3,48	3,91	-	3,28	3,69	-	3,08	3,4
	V	71,12	2,66	5,68	6,40																		
	VI	72,60	2,84	5,80	6,53																		
235,49	I	54,01	0,62	4,32	4,86	-	3,90	4,39	-	3,48	3,92	-	3,08	3,46	-	2,69	3,03	-	2,33	2,62	-	1,97	2,2
	II	49,04	0,03	3,92	4,41	-	3,50	3,94	-	3,10	3,49	-	2,71	3,05	-	2,34	2,64	-	1,99	2,24	-	1,66	1,8
	III	34,57	-	2,76	3,11	-	2,45	2,76	-	2,16	2,43	-	1,87	2,10	-	1,58	1,78	-	1,31	1,48	-	1,05	1,1
	IV	54,01	0,62	4,32	4,86	0,31	4,11	4,62	-	3,90	4,39	-	3,69	4,15	-	3,48	3,92	-	3,28	3,69	-	3,08	3,4
	V	71,16	2,66	5,69	6,40																		
	VI	72,64	2,84	5,81	6,53																		

Lohn/ Gehalt bis	Steuerklasse	Lohn- steuer	ohne Kinderfreibetrag			Anzahl Kinderfreibeträge (nur Steuerklassen I–IV)																	
						0,5			1,0			1,5			2,0			2,5			3,0		
			SolZ 5,5%	Kirchensteuer 8%	Kirchensteuer 9%	SolZ 5,5%	Kirchensteuer 8%	Kirchensteuer 9%	SolZ 5,5%	Kirchensteuer 8%	Kirchensteuer 9%	SolZ 5,5%	Kirchensteuer 8%	Kirchensteuer 9%	SolZ 5,5%	Kirchensteuer 8%	Kirchensteuer 9%	SolZ 5,5%	Kirchensteuer 8%	Kirchensteuer 9%	SolZ 5,5%	Kirchensteuer 8%	Kirchensteuer 9%
235,59 (West)	I	54,05	0,63	4,32	4,86	0,01	3,90	4,39	–	3,48	3,92	–	3,08	3,47	–	2,70	3,03	–	2,33	2,62	–	1,98	2,22
	II	49,08	0,04	3,92	4,41	–	3,50	3,94	–	3,10	3,49	–	2,72	3,06	–	2,35	2,64	–	1,99	2,24	–	1,66	1,87
	III	34,60	–	2,76	3,11	–	2,46	2,76	–	2,16	2,43	–	1,87	2,10	–	1,59	1,78	–	1,31	1,48	–	1,05	1,18
	IV	54,05	0,63	4,32	4,86	0,32	4,11	4,62	0,01	3,90	4,39	–	3,69	4,15	–	3,48	3,92	–	3,28	3,69	–	3,08	3,47
	V	71,20	2,67	5,69	6,40																		
	VI	72,68	2,85	5,81	6,54																		
235,59 (Ost)	I	54,05	0,63	4,32	4,86	0,01	3,90	4,39	–	3,48	3,92	–	3,08	3,47	–	2,70	3,03	–	2,33	2,62	–	1,98	2,22
	II	49,08	0,04	3,92	4,41	–	3,50	3,94	–	3,10	3,49	–	2,72	3,06	–	2,35	2,64	–	1,99	2,24	–	1,66	1,87
	III	34,60	–	2,76	3,11	–	2,46	2,76	–	2,16	2,43	–	1,87	2,10	–	1,59	1,78	–	1,31	1,48	–	1,05	1,18
	IV	54,05	0,63	4,32	4,86	0,32	4,11	4,62	0,01	3,90	4,39	–	3,69	4,15	–	3,48	3,92	–	3,28	3,69	–	3,08	3,47
	V	71,20	2,67	5,69	6,40																		
	VI	72,68	2,85	5,81	6,54																		
235,69 (West)	I	54,09	0,63	4,32	4,86	0,01	3,90	4,39	–	3,49	3,92	–	3,08	3,47	–	2,70	3,04	–	2,33	2,62	–	1,98	2,23
	II	49,12	0,04	3,92	4,42	–	3,51	3,95	–	3,10	3,49	–	2,72	3,06	–	2,35	2,64	–	2,00	2,25	–	1,66	1,87
	III	34,62	–	2,76	3,11	–	2,46	2,77	–	2,16	2,43	–	1,87	2,10	–	1,59	1,79	–	1,32	1,48	–	1,05	1,18
	IV	54,09	0,63	4,32	4,86	0,32	4,11	4,63	0,01	3,90	4,39	–	3,70	4,16	–	3,49	3,92	–	3,28	3,69	–	3,08	3,47
	V	71,24	2,67	5,69	6,41																		
	VI	72,71	2,85	5,81	6,54																		
235,69 (Ost)	I	54,09	0,63	4,32	4,86	0,01	3,90	4,39	–	3,49	3,92	–	3,08	3,47	–	2,70	3,04	–	2,33	2,62	–	1,98	2,23
	II	49,12	0,04	3,92	4,42	–	3,51	3,95	–	3,10	3,49	–	2,72	3,06	–	2,35	2,64	–	2,00	2,25	–	1,66	1,87
	III	34,62	–	2,76	3,11	–	2,46	2,77	–	2,16	2,43	–	1,87	2,10	–	1,59	1,79	–	1,32	1,48	–	1,05	1,18
	IV	54,09	0,63	4,32	4,86	0,32	4,11	4,63	0,01	3,90	4,39	–	3,70	4,16	–	3,49	3,92	–	3,28	3,69	–	3,08	3,47
	V	71,24	2,67	5,69	6,41																		
	VI	72,71	2,85	5,81	6,54																		
235,79 (West)	I	54,13	0,64	4,33	4,87	0,02	3,91	4,40	–	3,49	3,93	–	3,09	3,47	–	2,70	3,04	–	2,33	2,63	–	1,98	2,23
	II	49,16	0,05	3,93	4,42	–	3,51	3,95	–	3,11	3,50	–	2,72	3,06	–	2,35	2,65	–	2,00	2,25	–	1,66	1,87
	III	34,65	–	2,77	3,11	–	2,46	2,77	–	2,16	2,43	–	1,87	2,11	–	1,59	1,79	–	1,32	1,48	–	1,05	1,18
	IV	54,13	0,64	4,33	4,87	0,33	4,12	4,63	0,02	3,91	4,40	–	3,70	4,16	–	3,49	3,93	–	3,29	3,70	–	3,09	3,47
	V	71,28	2,68	5,70	6,41																		
	VI	72,75	2,85	5,82	6,54																		
235,79 (Ost)	I	54,13	0,64	4,33	4,87	0,02	3,91	4,40	–	3,49	3,93	–	3,09	3,47	–	2,70	3,04	–	2,33	2,63	–	1,98	2,23
	II	49,16	0,05	3,93	4,42	–	3,51	3,95	–	3,11	3,50	–	2,72	3,06	–	2,35	2,65	–	2,00	2,25	–	1,66	1,87
	III	34,65	–	2,77	3,11	–	2,46	2,77	–	2,16	2,43	–	1,87	2,11	–	1,59	1,79	–	1,32	1,48	–	1,05	1,18
	IV	54,13	0,64	4,33	4,87	0,33	4,12	4,63	0,02	3,91	4,40	–	3,70	4,16	–	3,49	3,93	–	3,29	3,70	–	3,09	3,47
	V	71,28	2,68	5,70	6,41																		
	VI	72,75	2,85	5,82	6,54																		
235,89 (West)	I	54,16	0,64	4,33	4,87	0,02	3,91	4,40	–	3,49	3,93	–	3,09	3,48	–	2,70	3,04	–	2,34	2,63	–	1,98	2,23
	II	49,20	0,05	3,93	4,42	–	3,51	3,95	–	3,11	3,50	–	2,72	3,06	–	2,35	2,65	–	2,00	2,25	–	1,67	1,87
	III	34,68	–	2,77	3,12	–	2,46	2,77	–	2,16	2,43	–	1,87	2,11	–	1,59	1,79	–	1,32	1,48	–	1,06	1,19
	IV	54,16	0,64	4,33	4,87	0,33	4,12	4,63	0,02	3,91	4,40	–	3,70	4,16	–	3,49	3,93	–	3,29	3,70	–	3,09	3,48
	V	71,31	2,68	5,70	6,41																		
	VI	72,79	2,86	5,82	6,55																		
235,89 (Ost)	I	54,16	0,64	4,33	4,87	0,02	3,91	4,40	–	3,49	3,93	–	3,09	3,48	–	2,70	3,04	–	2,34	2,63	–	1,98	2,23
	II	49,20	0,05	3,93	4,42	–	3,51	3,95	–	3,11	3,50	–	2,72	3,06	–	2,35	2,65	–	2,00	2,25	–	1,67	1,87
	III	34,68	–	2,77	3,12	–	2,46	2,77	–	2,16	2,43	–	1,87	2,11	–	1,59	1,79	–	1,32	1,48	–	1,06	1,19
	IV	54,16	0,64	4,33	4,87	0,33	4,12	4,63	0,02	3,91	4,40	–	3,70	4,16	–	3,49	3,93	–	3,29	3,70	–	3,09	3,48
	V	71,31	2,68	5,70	6,41																		
	VI	72,79	2,86	5,82	6,55																		
235,99 (West)	I	54,20	0,65	4,33	4,87	0,03	3,91	4,40	–	3,50	3,93	–	3,09	3,48	–	2,71	3,05	–	2,34	2,63	–	1,99	2,24
	II	49,23	0,06	3,93	4,43	–	3,52	3,96	–	3,11	3,50	–	2,73	3,07	–	2,36	2,65	–	2,00	2,25	–	1,67	1,88
	III	34,71	–	2,77	3,12	–	2,46	2,77	–	2,17	2,44	–	1,88	2,11	–	1,59	1,79	–	1,32	1,49	–	1,06	1,19
	IV	54,20	0,65	4,33	4,87	0,34	4,12	4,64	0,03	3,91	4,40	–	3,70	4,17	–	3,50	3,93	–	3,29	3,71	–	3,09	3,48
	V	71,35	2,69	5,70	6,42																		
	VI	72,83	2,86	5,82	6,55																		
235,99 (Ost)	I	54,20	0,65	4,33	4,87	0,03	3,91	4,40	–	3,50	3,93	–	3,09	3,48	–	2,71	3,05	–	2,34	2,63	–	1,99	2,24
	II	49,23	0,06	3,93	4,43	–	3,52	3,96	–	3,11	3,50	–	2,73	3,07	–	2,36	2,65	–	2,00	2,25	–	1,67	1,88
	III	34,71	–	2,77	3,12	–	2,46	2,77	–	2,17	2,44	–	1,88	2,11	–	1,59	1,79	–	1,32	1,49	–	1,06	1,19
	IV	54,20	0,65	4,33	4,87	0,34	4,12	4,64	0,03	3,91	4,40	–	3,70	4,17	–	3,50	3,93	–	3,29	3,71	–	3,09	3,48
	V	71,35	2,69	5,70	6,42																		
	VI	72,83	2,86	5,82	6,55																		
236,09 (West)	I	54,24	0,65	4,33	4,88	0,03	3,92	4,41	–	3,50	3,94	–	3,10	3,48	–	2,71	3,05	–	2,34	2,63	–	1,99	2,24
	II	49,27	0,06	3,94	4,43	–	3,52	3,96	–	3,12	3,51	–	2,73	3,07	–	2,36	2,65	–	2,01	2,26	–	1,67	1,88
	III	34,74	–	2,77	3,12	–	2,47	2,78	–	2,17	2,44	–	1,88	2,11	–	1,60	1,80	–	1,32	1,49	–	1,06	1,19
	IV	54,24	0,65	4,33	4,88	0,34	4,13	4,64	0,03	3,92	4,41	–	3,71	4,17	–	3,50	3,94	–	3,30	3,71	–	3,10	3,48
	V	71,39	2,69	5,71	6,42																		
	VI	72,87	2,87	5,82	6,55																		
236,09 (Ost)	I	54,24	0,65	4,33	4,88	0,03	3,92	4,41	–	3,50	3,94	–	3,10	3,48	–	2,71	3,05	–	2,34	2,63	–	1,99	2,24
	II	49,27	0,06	3,94	4,43	–	3,52	3,96	–	3,12	3,51	–	2,73	3,07	–	2,36	2,65	–	2,01	2,26	–	1,67	1,88
	III	34,74	–	2,77	3,12	–	2,47	2,78	–	2,17	2,44	–	1,88	2,11	–	1,60	1,80	–	1,32	1,49	–	1,06	1,19
	IV	54,24	0,65	4,33	4,88	0,34	4,13	4,64	0,03	3,92	4,41	–	3,71	4,17	–	3,50	3,94	–	3,30	3,71	–	3,10	3,48
	V	71,39	2,69	5,71	6,42																		
	VI	72,87	2,87	5,82	6,55																		
236,19 (West)	I	54,28	0,66	4,34	4,88	0,03	3,92	4,41	–	3,50	3,94	–	3,10	3,49	–	2,71	3,05	–	2,34	2,64	–	1,99	2,24
	II	49,31	0,06	3,94	4,43	–	3,52	3,96	–	3,12	3,51	–	2,73	3,07	–	2,36	2,66	–	2,01	2,26	–	1,67	1,88
	III	34,77	–	2,78	3,12	–	2,47	2,78	–	2,17	2,44	–	1,88	2,12	–	1,60	1,80	–	1,32	1,49	–	1,06	1,19
	IV	54,28	0,66	4,34	4,88	0,35	4,13	4,65	0,03	3,92	4,41	–	3,71	4,18	–	3,50	3,94	–	3,30	3,71	–	3,10	3,49
	V	71,43	2,70	5,71	6,42																		
	VI	72,90	2,87	5,83	6,56																		
236,19 (Ost)	I	54,28	0,66	4,34	4,88	0,03	3,92	4,41	–	3,50	3,94	–	3,10	3,49	–	2,71	3,05	–	2,34	2,64	–	1,99	2,24
	II	49,31	0,06	3,94	4,43	–	3,52	3,96	–	3,12	3,51	–	2,73	3,07	–	2,36	2,66	–	2,01	2,26	–	1,67	1,88
	III	34,77	–	2,78	3,12	–	2,47	2,78	–	2,17	2,44	–	1,88	2,12	–	1,60	1,80	–	1,32	1,49	–	1,06	1,19
	IV	54,28	0,66	4,34	4,88	0,35	4,13	4,65	0,03	3,92	4,41	–	3,71	4,18	–	3,50	3,94	–	3,30	3,71	–	3,10	3,49
	V	71,43	2,70	5,71	6,42																		
	VI	72,90	2,87	5,83	6,56																		

Lohn/ Gehalt bis	Steuerklasse	Lohn-steuer	ohne Kinderfreibetrag SolZ 5,5%	Kirchensteuer 8%	9%	0,5 SolZ 5,5%	Kirchensteuer 8%	9%	1,0 SolZ 5,5%	Kirchensteuer 8%	9%	1,5 SolZ 5,5%	Kirchensteuer 8%	9%	2,0 SolZ 5,5%	Kirchensteuer 8%	9%	2,5 SolZ 5,5%	Kirchensteuer 8%	9%	3,0 SolZ 5,5%	Kirchensteuer 8%
236,29 *(West)*	I	54,32	0,66	4,34	4,88	0,04	3,92	4,41	-	3,51	3,94	-	3,10	3,49	-	2,72	3,06	-	2,35	2,64	-	1,99
	II	49,35	0,07	3,94	4,44	-	3,53	3,97	-	3,12	3,51	-	2,73	3,08	-	2,36	2,66	-	2,01	2,26	-	1,68
	III	34,80	-	2,78	3,13	-	2,47	2,78	-	2,17	2,44	-	1,88	2,12	-	1,60	1,80	-	1,33	1,49	-	1,06
	IV	54,32	0,66	4,34	4,88	0,35	4,13	4,65	0,04	3,92	4,41	-	3,71	4,18	-	3,51	3,94	-	3,30	3,71	-	3,10
	V	71,46	2,70	5,71	6,43																	
	VI	72,94	2,88	5,83	6,56																	
236,29 *(Ost)*	I	54,32	0,66	4,34	4,88	0,04	3,92	4,41	-	3,51	3,94	-	3,10	3,49	-	2,72	3,06	-	2,35	2,64	-	1,99
	II	49,35	0,07	3,94	4,44	-	3,53	3,97	-	3,12	3,51	-	2,73	3,08	-	2,36	2,66	-	2,01	2,26	-	1,68
	III	34,80	-	2,78	3,13	-	2,47	2,78	-	2,17	2,44	-	1,88	2,12	-	1,60	1,80	-	1,33	1,49	-	1,06
	IV	54,32	0,66	4,34	4,88	0,35	4,13	4,65	0,04	3,92	4,41	-	3,71	4,18	-	3,51	3,94	-	3,30	3,71	-	3,10
	V	71,46	2,70	5,71	6,43																	
	VI	72,94	2,88	5,83	6,56																	
236,39 *(West)*	I	54,36	0,67	4,34	4,89	0,04	3,93	4,42	-	3,51	3,95	-	3,11	3,49	-	2,72	3,06	-	2,35	2,64	-	2,00
	II	49,39	0,07	3,95	4,44	-	3,53	3,97	-	3,12	3,51	-	2,74	3,08	-	2,37	2,66	-	2,01	2,27	-	1,68
	III	34,82	-	2,78	3,13	-	2,47	2,78	-	2,17	2,45	-	1,88	2,12	-	1,60	1,80	-	1,33	1,50	-	1,06
	IV	54,36	0,67	4,34	4,89	0,35	4,14	4,65	0,04	3,93	4,42	-	3,72	4,18	-	3,51	3,95	-	3,30	3,72	-	3,11
	V	71,50	2,71	5,72	6,43																	
	VI	72,98	2,88	5,83	6,56																	
236,39 *(Ost)*	I	54,36	0,67	4,34	4,89	0,04	3,93	4,42	-	3,51	3,95	-	3,11	3,49	-	2,72	3,06	-	2,35	2,64	-	2,00
	II	49,39	0,07	3,95	4,44	-	3,53	3,97	-	3,12	3,51	-	2,74	3,08	-	2,37	2,66	-	2,01	2,27	-	1,68
	III	34,82	-	2,78	3,13	-	2,47	2,78	-	2,17	2,45	-	1,88	2,12	-	1,60	1,80	-	1,33	1,50	-	1,06
	IV	54,36	0,67	4,34	4,89	0,35	4,14	4,65	0,04	3,93	4,42	-	3,72	4,18	-	3,51	3,95	-	3,30	3,72	-	3,11
	V	71,50	2,71	5,72	6,43																	
	VI	72,98	2,88	5,83	6,56																	
236,49 *(West)*	I	54,39	0,67	4,35	4,89	0,05	3,93	4,42	-	3,51	3,95	-	3,11	3,50	-	2,72	3,06	-	2,35	2,65	-	2,00
	II	49,42	0,08	3,95	4,44	-	3,53	3,97	-	3,13	3,52	-	2,74	3,08	-	2,37	2,67	-	2,02	2,27	-	1,68
	III	34,85	-	2,78	3,13	-	2,48	2,79	-	2,18	2,45	-	1,89	2,12	-	1,60	1,80	-	1,33	1,50	-	1,07
	IV	54,39	0,67	4,35	4,89	0,36	4,14	4,66	0,05	3,93	4,42	-	3,72	4,19	-	3,51	3,95	-	3,31	3,72	-	3,11
	V	71,54	2,71	5,72	6,43																	
	VI	73,02	2,89	5,84	6,57																	
236,49 *(Ost)*	I	54,39	0,67	4,35	4,89	0,05	3,93	4,42	-	3,51	3,95	-	3,11	3,50	-	2,72	3,06	-	2,35	2,65	-	2,00
	II	49,42	0,08	3,95	4,44	-	3,53	3,97	-	3,13	3,52	-	2,74	3,08	-	2,37	2,67	-	2,02	2,27	-	1,68
	III	34,85	-	2,78	3,13	-	2,48	2,79	-	2,18	2,45	-	1,89	2,12	-	1,60	1,80	-	1,33	1,50	-	1,07
	IV	54,39	0,67	4,35	4,89	0,36	4,14	4,66	0,05	3,93	4,42	-	3,72	4,19	-	3,51	3,95	-	3,31	3,72	-	3,11
	V	71,54	2,71	5,72	6,43																	
	VI	73,02	2,89	5,84	6,57																	
236,59 *(West)*	I	54,43	0,67	4,35	4,89	0,05	3,93	4,42	-	3,52	3,96	-	3,11	3,50	-	2,72	3,06	-	2,35	2,65	-	2,00
	II	49,46	0,08	3,95	4,45	-	3,54	3,98	-	3,13	3,52	-	2,74	3,09	-	2,37	2,67	-	2,02	2,27	-	1,68
	III	34,88	-	2,79	3,13	-	2,48	2,79	-	2,18	2,45	-	1,89	2,12	-	1,61	1,81	-	1,33	1,50	-	1,07
	IV	54,43	0,67	4,35	4,89	0,36	4,14	4,66	0,05	3,93	4,42	-	3,72	4,19	-	3,52	3,96	-	3,31	3,73	-	3,11
	V	71,58	2,71	5,72	6,44																	
	VI	73,06	2,89	5,84	6,57																	
236,59 *(Ost)*	I	54,43	0,67	4,35	4,89	0,05	3,93	4,42	-	3,52	3,96	-	3,11	3,50	-	2,72	3,06	-	2,35	2,65	-	2,00
	II	49,46	0,08	3,95	4,45	-	3,54	3,98	-	3,13	3,52	-	2,74	3,09	-	2,37	2,67	-	2,02	2,27	-	1,68
	III	34,88	-	2,79	3,13	-	2,48	2,79	-	2,18	2,45	-	1,89	2,12	-	1,61	1,81	-	1,33	1,50	-	1,07
	IV	54,43	0,67	4,35	4,89	0,36	4,14	4,66	0,05	3,93	4,42	-	3,72	4,19	-	3,52	3,96	-	3,31	3,73	-	3,11
	V	71,58	2,71	5,72	6,44																	
	VI	73,06	2,89	5,84	6,57																	
236,69 *(West)*	I	54,47	0,68	4,35	4,90	0,06	3,94	4,43	-	3,52	3,96	-	3,11	3,50	-	2,73	3,07	-	2,36	2,65	-	2,00
	II	49,50	0,09	3,96	4,45	-	3,54	3,98	-	3,13	3,52	-	2,75	3,09	-	2,37	2,67	-	2,02	2,27	-	1,68
	III	34,91	-	2,79	3,14	-	2,48	2,79	-	2,18	2,45	-	1,89	2,13	-	1,61	1,81	-	1,34	1,50	-	1,07
	IV	54,47	0,68	4,35	4,90	0,37	4,14	4,66	0,06	3,94	4,43	-	3,73	4,19	-	3,52	3,96	-	3,31	3,73	-	3,11
	V	71,62	2,72	5,72	6,44																	
	VI	73,10	2,89	5,84	6,57																	
236,69 *(Ost)*	I	54,47	0,68	4,35	4,90	0,06	3,94	4,43	-	3,52	3,96	-	3,11	3,50	-	2,73	3,07	-	2,36	2,65	-	2,00
	II	49,50	0,09	3,96	4,45	-	3,54	3,98	-	3,13	3,52	-	2,75	3,09	-	2,37	2,67	-	2,02	2,27	-	1,68
	III	34,91	-	2,79	3,14	-	2,48	2,79	-	2,18	2,45	-	1,89	2,13	-	1,61	1,81	-	1,34	1,50	-	1,07
	IV	54,47	0,68	4,35	4,90	0,37	4,14	4,66	0,06	3,94	4,43	-	3,73	4,19	-	3,52	3,96	-	3,31	3,73	-	3,11
	V	71,62	2,72	5,72	6,44																	
	VI	73,10	2,89	5,84	6,57																	
236,79 *(West)*	I	54,51	0,68	4,36	4,90	0,06	3,94	4,43	-	3,52	3,96	-	3,12	3,51	-	2,73	3,07	-	2,36	2,66	-	2,01
	II	49,54	0,09	3,96	4,45	-	3,54	3,98	-	3,14	3,53	-	2,75	3,09	-	2,38	2,68	-	2,02	2,28	-	1,69
	III	34,94	-	2,79	3,14	-	2,48	2,79	-	2,18	2,46	-	1,89	2,13	-	1,61	1,81	-	1,34	1,50	-	1,07
	IV	54,51	0,68	4,36	4,90	0,37	4,15	4,67	0,06	3,94	4,43	-	3,73	4,20	-	3,52	3,96	-	3,32	3,73	-	3,12
	V	71,66	2,72	5,73	6,44																	
	VI	73,13	2,90	5,85	6,58																	
236,79 *(Ost)*	I	54,51	0,68	4,36	4,90	0,06	3,94	4,43	-	3,52	3,96	-	3,12	3,51	-	2,73	3,07	-	2,36	2,66	-	2,01
	II	49,54	0,09	3,96	4,45	-	3,54	3,98	-	3,14	3,53	-	2,75	3,09	-	2,38	2,68	-	2,02	2,28	-	1,69
	III	34,94	-	2,79	3,14	-	2,48	2,79	-	2,18	2,46	-	1,89	2,13	-	1,61	1,81	-	1,34	1,50	-	1,07
	IV	54,51	0,68	4,36	4,90	0,37	4,15	4,67	0,06	3,94	4,43	-	3,73	4,20	-	3,52	3,96	-	3,32	3,73	-	3,12
	V	71,66	2,72	5,73	6,44																	
	VI	73,14	2,90	5,85	6,58																	
236,89 *(West)*	I	54,55	0,69	4,36	4,90	0,07	3,94	4,43	-	3,52	3,96	-	3,12	3,51	-	2,73	3,07	-	2,36	2,66	-	2,01
	II	49,58	0,10	3,96	4,46	-	3,54	3,99	-	3,14	3,53	-	2,75	3,10	-	2,38	2,68	-	2,03	2,28	-	1,69
	III	34,97	-	2,79	3,14	-	2,48	2,80	-	2,19	2,46	-	1,89	2,13	-	1,61	1,81	-	1,34	1,51	-	1,07
	IV	54,55	0,69	4,36	4,90	0,38	4,15	4,67	0,07	3,94	4,43	-	3,73	4,20	-	3,52	3,96	-	3,32	3,74	-	3,12
	V	71,70	2,73	5,73	6,45																	
	VI	73,17	2,90	5,85	6,58																	
236,89 *(Ost)*	I	54,56	0,69	4,36	4,91	0,07	3,94	4,43	-	3,52	3,97	-	3,12	3,51	-	2,73	3,07	-	2,36	2,66	-	2,01
	II	49,58	0,10	3,96	4,46	-	3,54	3,99	-	3,14	3,53	-	2,75	3,10	-	2,38	2,68	-	2,03	2,28	-	1,69
	III	34,97	-	2,79	3,14	-	2,48	2,80	-	2,19	2,46	-	1,90	2,13	-	1,61	1,81	-	1,34	1,51	-	1,07
	IV	54,56	0,69	4,36	4,91	0,38	4,15	4,67	0,07	3,94	4,43	-	3,73	4,20	-	3,52	3,97	-	3,32	3,74	-	3,12
	V	71,70	2,73	5,73	6,45																	
	VI	73,18	2,91	5,85	6,58																	

Anzahl Kinderfreibeträge (nur Steuerklassen I–IV)

Lohn/ Gehalt bis	Steuerklasse	Lohn-steuer	ohne Kinderfreibetrag SolZ 5,5%	Kirchensteuer 8%	9%	Anzahl Kinderfreibeträge (nur Steuerklassen I–IV) 0,5 SolZ 5,5%	Kirchensteuer 8%	9%	1,0 SolZ 5,5%	Kirchensteuer 8%	9%	1,5 SolZ 5,5%	Kirchensteuer 8%	9%	2,0 SolZ 5,5%	Kirchensteuer 8%	9%	2,5 SolZ 5,5%	Kirchensteuer 8%	9%	3,0 SolZ 5,5%	Kirchensteuer 8%	9%
236,99 (West)	I	54,58	0,69	4,36	4,91	0,07	3,94	4,44	-	3,53	3,97	-	3,12	3,51	-	2,74	3,08	-	2,36	2,66	-	2,01	2,26
	II	49,61	0,10	3,96	4,46	-	3,55	3,99	-	3,14	3,53	-	2,75	3,10	-	2,38	2,68	-	2,03	2,28	-	1,69	1,90
	III	35,00	-	2,80	3,15	-	2,49	2,80	-	2,19	2,46	-	1,90	2,13	-	1,61	1,82	-	1,34	1,51	-	1,08	1,21
	IV	54,58	0,69	4,36	4,91	0,38	4,15	4,67	0,07	3,94	4,44	-	3,74	4,20	-	3,53	3,97	-	3,32	3,74	-	3,12	3,51
	V	71,73	2,73	5,73	6,45																		
	VI	73,21	2,91	5,85	6,58																		
236,99 (Ost)	I	54,60	0,69	4,36	4,91	0,07	3,95	4,44	-	3,53	3,97	-	3,12	3,51	-	2,74	3,08	-	2,37	2,66	-	2,01	2,26
	II	49,63	0,10	3,97	4,46	-	3,55	3,99	-	3,14	3,54	-	2,75	3,10	-	2,38	2,68	-	2,03	2,28	-	1,69	1,90
	III	35,01	-	2,80	3,15	-	2,49	2,80	-	2,19	2,46	-	1,90	2,14	-	1,62	1,82	-	1,34	1,51	-	1,08	1,21
	IV	54,60	0,69	4,36	4,91	0,38	4,15	4,67	0,07	3,95	4,44	-	3,74	4,20	-	3,53	3,97	-	3,32	3,74	-	3,12	3,51
	V	71,75	2,73	5,74	6,45																		
	VI	73,22	2,91	5,85	6,58																		
237,09 (West)	I	54,62	0,70	4,36	4,91	0,08	3,95	4,44	-	3,53	3,97	-	3,13	3,52	-	2,74	3,08	-	2,37	2,66	-	2,01	2,27
	II	49,65	0,11	3,97	4,46	-	3,55	3,99	-	3,14	3,54	-	2,76	3,10	-	2,38	2,68	-	2,03	2,29	-	1,69	1,91
	III	35,02	-	2,80	3,15	-	2,49	2,80	-	2,19	2,46	-	1,90	2,14	-	1,62	1,82	-	1,34	1,51	-	1,08	1,21
	IV	54,62	0,70	4,36	4,91	0,39	4,16	4,68	0,08	3,95	4,44	-	3,74	4,21	-	3,53	3,97	-	3,33	3,74	-	3,13	3,52
	V	71,77	2,74	5,74	6,45																		
	VI	73,25	2,91	5,86	6,59																		
237,09 (Ost)	I	54,64	0,70	4,37	4,91	0,08	3,95	4,44	-	3,53	3,97	-	3,13	3,52	-	2,74	3,08	-	2,37	2,67	-	2,02	2,27
	II	49,67	0,11	3,97	4,47	-	3,55	4,00	-	3,15	3,54	-	2,76	3,10	-	2,39	2,69	-	2,03	2,29	-	1,70	1,91
	III	35,03	-	2,80	3,15	-	2,49	2,80	-	2,19	2,46	-	1,90	2,14	-	1,62	1,82	-	1,34	1,51	-	1,08	1,21
	IV	54,64	0,70	4,37	4,91	0,39	4,16	4,68	0,08	3,95	4,44	-	3,74	4,21	-	3,53	3,97	-	3,33	3,74	-	3,13	3,52
	V	71,79	2,74	5,74	6,46																		
	VI	73,26	2,92	5,86	6,59																		
237,19 (West)	I	54,66	0,70	4,37	4,91	0,08	3,95	4,44	-	3,53	3,97	-	3,13	3,52	-	2,74	3,08	-	2,37	2,67	-	2,02	2,27
	II	49,69	0,11	3,97	4,47	-	3,55	4,00	-	3,15	3,54	-	2,76	3,10	-	2,39	2,69	-	2,03	2,29	-	1,70	1,91
	III	35,05	-	2,80	3,15	-	2,49	2,80	-	2,19	2,47	-	1,90	2,14	-	1,62	1,82	-	1,34	1,51	-	1,08	1,21
	IV	54,66	0,70	4,37	4,91	0,39	4,16	4,68	0,08	3,95	4,44	-	3,74	4,21	-	3,53	3,97	-	3,33	3,75	-	3,13	3,52
	V	71,81	2,74	5,74	6,46																		
	VI	73,28	2,92	5,86	6,59																		
237,19 (Ost)	I	54,68	0,70	4,37	4,92	0,08	3,95	4,45	-	3,54	3,98	-	3,13	3,52	-	2,74	3,09	-	2,37	2,67	-	2,02	2,27
	II	49,71	0,11	3,97	4,47	-	3,56	4,00	-	3,15	3,54	-	2,76	3,11	-	2,39	2,69	-	2,04	2,29	-	1,70	1,91
	III	35,07	-	2,80	3,15	-	2,49	2,80	-	2,19	2,47	-	1,90	2,14	-	1,62	1,82	-	1,35	1,51	-	1,08	1,22
	IV	54,68	0,70	4,37	4,92	0,39	4,16	4,68	0,08	3,95	4,45	-	3,74	4,21	-	3,54	3,98	-	3,33	3,75	-	3,13	3,52
	V	71,83	2,74	5,74	6,46																		
	VI	73,31	2,92	5,86	6,59																		
237,29 (West)	I	54,70	0,71	4,37	4,92	0,08	3,95	4,45	-	3,54	3,98	-	3,13	3,52	-	2,74	3,09	-	2,37	2,67	-	2,02	2,27
	II	49,73	0,11	3,97	4,47	-	3,56	4,00	-	3,15	3,54	-	2,76	3,11	-	2,39	2,69	-	2,04	2,29	-	1,70	1,91
	III	35,08	-	2,80	3,15	-	2,49	2,81	-	2,19	2,47	-	1,90	2,14	-	1,62	1,82	-	1,35	1,52	-	1,08	1,22
	IV	54,70	0,71	4,37	4,92	0,39	4,16	4,68	0,08	3,95	4,45	-	3,74	4,21	-	3,54	3,98	-	3,33	3,75	-	3,13	3,52
	V	71,85	2,75	5,74	6,46																		
	VI	73,32	2,92	5,86	6,59																		
237,29 (Ost)	I	54,72	0,71	4,37	4,92	0,09	3,96	4,45	-	3,54	3,98	-	3,13	3,52	-	2,75	3,09	-	2,37	2,67	-	2,02	2,27
	II	49,75	0,12	3,98	4,47	-	3,56	4,00	-	3,15	3,55	-	2,76	3,11	-	2,39	2,69	-	2,04	2,29	-	1,70	1,91
	III	35,10	-	2,80	3,15	-	2,50	2,81	-	2,20	2,47	-	1,90	2,14	-	1,62	1,82	-	1,35	1,52	-	1,08	1,22
	IV	54,72	0,71	4,37	4,92	0,40	4,16	4,68	0,09	3,96	4,45	-	3,75	4,22	-	3,54	3,98	-	3,33	3,75	-	3,13	3,52
	V	71,87	2,75	5,74	6,46																		
	VI	73,35	2,93	5,86	6,60																		
237,39 (West)	I	54,74	0,71	4,37	4,92	0,09	3,96	4,45	-	3,54	3,98	-	3,13	3,53	-	2,75	3,09	-	2,38	2,67	-	2,02	2,27
	II	49,76	0,12	3,98	4,47	-	3,56	4,00	-	3,15	3,55	-	2,76	3,11	-	2,39	2,69	-	2,04	2,29	-	1,70	1,91
	III	35,11	-	2,80	3,15	-	2,50	2,81	-	2,20	2,47	-	1,90	2,14	-	1,62	1,83	-	1,35	1,52	-	1,08	1,22
	IV	54,74	0,71	4,37	4,92	0,40	4,17	4,69	0,09	3,96	4,45	-	3,75	4,22	-	3,54	3,98	-	3,33	3,75	-	3,13	3,53
	V	71,88	2,75	5,75	6,46																		
	VI	73,36	2,93	5,86	6,60																		
237,39 (Ost)	I	54,76	0,71	4,38	4,92	0,09	3,96	4,45	-	3,54	3,98	-	3,14	3,53	-	2,75	3,09	-	2,38	2,68	-	2,02	2,28
	II	49,80	0,12	3,98	4,48	-	3,56	4,01	-	3,16	3,55	-	2,77	3,11	-	2,40	2,70	-	2,04	2,30	-	1,70	1,92
	III	35,13	-	2,81	3,16	-	2,50	2,81	-	2,20	2,47	-	1,91	2,15	-	1,62	1,83	-	1,35	1,52	-	1,08	1,22
	IV	54,76	0,71	4,38	4,92	0,40	4,17	4,69	0,09	3,96	4,45	-	3,75	4,22	-	3,54	3,98	-	3,34	3,75	-	3,14	3,53
	V	71,91	2,75	5,75	6,47																		
	VI	73,39	2,93	5,87	6,60																		
237,49 (West)	I	54,78	0,71	4,38	4,93	0,09	3,96	4,45	-	3,54	3,99	-	3,14	3,53	-	2,75	3,09	-	2,38	2,68	-	2,02	2,28
	II	49,80	0,12	3,98	4,48	-	3,56	4,01	-	3,16	3,55	-	2,77	3,11	-	2,40	2,70	-	2,04	2,30	-	1,70	1,92
	III	35,14	-	2,81	3,16	-	2,50	2,81	-	2,20	2,47	-	1,91	2,15	-	1,62	1,83	-	1,35	1,52	-	1,08	1,22
	IV	54,78	0,71	4,38	4,93	0,40	4,17	4,69	0,09	3,96	4,45	-	3,75	4,22	-	3,54	3,99	-	3,34	3,76	-	3,14	3,53
	V	71,92	2,76	5,75	6,47																		
	VI	73,40	2,93	5,87	6,60																		
237,49 (Ost)	I	54,81	0,72	4,38	4,93	0,10	3,96	4,46	-	3,54	3,99	-	3,14	3,53	-	2,75	3,10	-	2,38	2,68	-	2,03	2,28
	II	49,84	0,13	3,98	4,48	-	3,56	4,01	-	3,16	3,55	-	2,77	3,12	-	2,40	2,70	-	2,04	2,30	-	1,71	1,92
	III	35,16	-	2,81	3,16	-	2,50	2,81	-	2,20	2,48	-	1,91	2,15	-	1,63	1,83	-	1,35	1,52	-	1,09	1,22
	IV	54,81	0,72	4,38	4,93	0,41	4,17	4,69	0,10	3,96	4,46	-	3,75	4,22	-	3,54	3,99	-	3,34	3,76	-	3,14	3,53
	V	71,96	2,76	5,75	6,47																		
	VI	73,43	2,93	5,87	6,60																		
237,59 (West)	I	54,81	0,72	4,38	4,93	0,10	3,96	4,46	-	3,55	3,99	-	3,14	3,53	-	2,75	3,10	-	2,38	2,68	-	2,03	2,28
	II	49,84	0,13	3,98	4,48	-	3,57	4,01	-	3,16	3,55	-	2,77	3,12	-	2,40	2,70	-	2,04	2,30	-	1,71	1,92
	III	35,17	-	2,81	3,16	-	2,50	2,81	-	2,20	2,48	-	1,91	2,15	-	1,63	1,83	-	1,35	1,52	-	1,09	1,22
	IV	54,81	0,72	4,38	4,93	0,41	4,17	4,69	0,10	3,96	4,46	-	3,75	4,22	-	3,55	3,99	-	3,34	3,76	-	3,14	3,53
	V	71,96	2,76	5,75	6,47																		
	VI	73,44	2,94	5,87	6,60																		
237,59 (Ost)	I	54,85	0,72	4,38	4,93	0,10	3,97	4,46	-	3,55	3,99	-	3,14	3,54	-	2,75	3,10	-	2,38	2,68	-	2,03	2,28
	II	49,88	0,13	3,99	4,48	-	3,57	4,01	-	3,16	3,56	-	2,77	3,12	-	2,40	2,70	-	2,05	2,30	-	1,71	1,92
	III	35,20	-	2,81	3,16	-	2,50	2,82	-	2,20	2,48	-	1,91	2,15	-	1,63	1,83	-	1,35	1,52	-	1,09	1,23
	IV	54,85	0,72	4,38	4,93	0,41	4,17	4,70	0,10	3,97	4,46	-	3,76	4,23	-	3,55	3,99	-	3,34	3,76	-	3,14	3,54
	V	72,00	2,76	5,76	6,48																		
	VI	73,47	2,94	5,87	6,61																		

Lohn/ Gehalt bis	Steuerklasse	Lohnsteuer	ohne Kinderfreibetrag			Anzahl Kinderfreibeträge (nur Steuerklassen I–IV) 0,5			1,0			1,5			2,0			2,5			3,0	
			SolZ 5,5%	Kirchensteuer 8%	9%	SolZ 5,5%	Kirchensteuer 8%	9%	SolZ 5,5%	Kirchensteuer 8%	9%	SolZ 5,5%	Kirchensteuer 8%	9%	SolZ 5,5%	Kirchensteuer 8%	9%	SolZ 5,5%	Kirchensteuer 8%	9%	SolZ 5,5%	Kirchensteuer 8%
237,69 (West)	I	54,85	0,72	4,38	4,93	0,10	3,97	4,46	–	3,55	3,99	–	3,14	3,54	–	2,75	3,10	–	2,38	2,68	–	2,03
	II	49,88	0,13	3,99	4,48	–	3,57	4,01	–	3,16	3,56	–	2,77	3,12	–	2,40	2,70	–	2,05	2,30	–	1,71
	III	35,20	–	2,81	3,16	–	2,50	2,82	–	2,20	2,48	–	1,91	2,15	–	1,63	1,83	–	1,35	1,52	–	1,09
	IV	54,85	0,72	4,38	4,93	0,41	4,17	4,70	0,10	3,97	4,46	–	3,76	4,23	–	3,55	3,99	–	3,34	3,76	–	3,14
	V	72,00	2,76	5,76	6,48																	
	VI	73,48	2,94	5,87	6,61																	
237,69 (Ost)	I	54,89	0,73	4,39	4,94	0,11	3,97	4,47	–	3,55	4,00	–	3,15	3,54	–	2,76	3,10	–	2,39	2,69	–	2,03
	II	49,92	0,14	3,99	4,49	–	3,57	4,02	–	3,16	3,56	–	2,78	3,12	–	2,40	2,70	–	2,05	2,31	–	1,71
	III	35,22	–	2,81	3,16	–	2,50	2,82	–	2,20	2,48	–	1,91	2,15	–	1,63	1,84	–	1,36	1,53	–	1,09
	IV	54,89	0,73	4,39	4,94	0,42	4,18	4,70	0,11	3,97	4,47	–	3,76	4,23	–	3,55	4,00	–	3,35	3,77	–	3,15
	V	72,04	2,77	5,76	6,48																	
	VI	73,52	2,95	5,88	6,61																	
237,79 (West)	I	54,89	0,73	4,39	4,94	0,11	3,97	4,47	–	3,55	4,00	–	3,15	3,54	–	2,76	3,10	–	2,39	2,69	–	2,03
	II	49,92	0,14	3,99	4,49	–	3,57	4,02	–	3,16	3,56	–	2,78	3,12	–	2,40	2,70	–	2,05	2,31	–	1,71
	III	35,22	–	2,81	3,16	–	2,50	2,82	–	2,20	2,48	–	1,91	2,15	–	1,63	1,84	–	1,36	1,53	–	1,09
	IV	54,89	0,73	4,39	4,94	0,42	4,18	4,70	0,11	3,97	4,47	–	3,76	4,23	–	3,55	4,00	–	3,35	3,77	–	3,15
	V	72,04	2,77	5,76	6,48																	
	VI	73,51	2,94	5,88	6,61																	
237,79 (Ost)	I	54,93	0,73	4,39	4,94	0,11	3,97	4,47	–	3,56	4,00	–	3,15	3,54	–	2,76	3,11	–	2,39	2,69	–	2,04
	II	49,96	0,14	3,99	4,49	–	3,58	4,02	–	3,17	3,56	–	2,78	3,13	–	2,41	2,71	–	2,05	2,31	–	1,71
	III	35,26	–	2,82	3,17	–	2,51	2,82	–	2,21	2,48	–	1,92	2,16	–	1,63	1,84	–	1,36	1,53	–	1,09
	IV	54,93	0,73	4,39	4,94	0,42	4,18	4,70	0,11	3,97	4,47	–	3,76	4,23	–	3,56	4,00	–	3,35	3,77	–	3,15
	V	72,08	2,77	5,76	6,48																	
	VI	73,56	2,95	5,88	6,62																	
237,89 (West)	I	54,93	0,73	4,39	4,94	0,11	3,97	4,47	–	3,55	4,00	–	3,15	3,54	–	2,76	3,11	–	2,39	2,69	–	2,03
	II	49,96	0,14	3,99	4,49	–	3,57	4,02	–	3,17	3,56	–	2,78	3,13	–	2,41	2,71	–	2,05	2,31	–	1,71
	III	35,25	–	2,82	3,17	–	2,51	2,82	–	2,21	2,48	–	1,92	2,16	–	1,63	1,84	–	1,36	1,53	–	1,09
	IV	54,93	0,73	4,39	4,94	0,42	4,18	4,70	0,11	3,97	4,47	–	3,76	4,23	–	3,55	4,00	–	3,35	3,77	–	3,15
	V	72,08	2,77	5,76	6,48																	
	VI	73,55	2,95	5,88	6,61																	
237,89 (Ost)	I	54,98	0,74	4,39	4,94	0,12	3,98	4,47	–	3,56	4,00	–	3,15	3,55	–	2,76	3,11	–	2,39	2,69	–	2,04
	II	50,01	0,15	4,00	4,50	–	3,58	4,03	–	3,17	3,57	–	2,78	3,13	–	2,41	2,71	–	2,05	2,31	–	1,72
	III	35,29	–	2,82	3,17	–	2,51	2,82	–	2,21	2,49	–	1,92	2,16	–	1,64	1,84	–	1,36	1,53	–	1,10
	IV	54,98	0,74	4,39	4,94	0,43	4,18	4,71	0,12	3,98	4,47	–	3,77	4,24	–	3,56	4,00	–	3,35	3,77	–	3,15
	V	72,12	2,78	5,76	6,49																	
	VI	73,60	2,96	5,88	6,62																	
237,99 (West)	I	54,96	0,74	4,39	4,94	0,12	3,97	4,47	–	3,56	4,00	–	3,15	3,55	–	2,76	3,11	–	2,39	2,69	–	2,04
	II	50,00	0,15	4,00	4,50	–	3,58	4,03	–	3,17	3,57	–	2,78	3,13	–	2,41	2,71	–	2,05	2,31	–	1,72
	III	35,28	–	2,82	3,17	–	2,51	2,82	–	2,21	2,49	–	1,92	2,16	–	1,64	1,84	–	1,36	1,53	–	1,10
	IV	54,96	0,74	4,39	4,94	0,43	4,18	4,71	0,12	3,97	4,47	–	3,77	4,24	–	3,56	4,00	–	3,35	3,77	–	3,15
	V	72,11	2,78	5,76	6,48																	
	VI	73,59	2,95	5,88	6,62																	
237,99 (Ost)	I	55,02	0,74	4,40	4,95	0,12	3,98	4,48	–	3,56	4,01	–	3,16	3,55	–	2,77	3,11	–	2,40	2,70	–	2,04
	II	50,05	0,15	4,00	4,50	–	3,58	4,03	–	3,17	3,57	–	2,78	3,13	–	2,41	2,71	–	2,06	2,32	–	1,72
	III	35,32	–	2,82	3,17	–	2,51	2,83	–	2,21	2,49	–	1,92	2,16	–	1,64	1,84	–	1,36	1,53	–	1,10
	IV	55,02	0,74	4,40	4,95	0,43	4,19	4,71	0,12	3,98	4,48	–	3,77	4,24	–	3,56	4,01	–	3,36	3,78	–	3,16
	V	72,16	2,78	5,77	6,49																	
	VI	73,64	2,96	5,89	6,62																	
238,09 (West)	I	55,00	0,74	4,40	4,95	0,12	3,98	4,48	–	3,56	4,01	–	3,15	3,55	–	2,77	3,11	–	2,39	2,69	–	2,04
	II	50,03	0,15	4,00	4,50	–	3,58	4,03	–	3,17	3,57	–	2,78	3,13	–	2,41	2,71	–	2,06	2,31	–	1,72
	III	35,31	–	2,82	3,17	–	2,51	2,83	–	2,21	2,49	–	1,92	2,16	–	1,64	1,84	–	1,36	1,53	–	1,10
	IV	55,00	0,74	4,40	4,95	0,43	4,19	4,71	0,12	3,98	4,48	–	3,77	4,24	–	3,56	4,01	–	3,36	3,78	–	3,15
	V	72,15	2,78	5,77	6,49																	
	VI	73,63	2,96	5,89	6,62																	
238,09 (Ost)	I	55,06	0,75	4,40	4,95	0,13	3,98	4,48	–	3,56	4,01	–	3,16	3,55	–	2,77	3,12	–	2,40	2,70	–	2,04
	II	50,09	0,16	4,00	4,50	–	3,58	4,03	–	3,18	3,58	–	2,79	3,14	–	2,42	2,72	–	2,06	2,32	–	1,72
	III	35,35	–	2,82	3,18	–	2,51	2,83	–	2,21	2,49	–	1,92	2,16	–	1,64	1,85	–	1,37	1,54	–	1,10
	IV	55,06	0,75	4,40	4,95	0,44	4,19	4,72	0,13	3,98	4,48	–	3,77	4,25	–	3,56	4,01	–	3,36	3,78	–	3,16
	V	72,21	2,79	5,77	6,49																	
	VI	73,68	2,97	5,89	6,63																	
238,19 (West)	I	55,04	0,75	4,40	4,95	0,13	3,98	4,48	–	3,56	4,01	–	3,16	3,55	–	2,77	3,11	–	2,40	2,70	–	2,04
	II	50,07	0,16	4,00	4,50	–	3,58	4,03	–	3,18	3,57	–	2,79	3,14	–	2,41	2,72	–	2,06	2,32	–	1,72
	III	35,33	–	2,82	3,17	–	2,51	2,83	–	2,21	2,49	–	1,92	2,16	–	1,64	1,84	–	1,36	1,53	–	1,10
	IV	55,04	0,75	4,40	4,95	0,44	4,19	4,71	0,13	3,98	4,48	–	3,77	4,24	–	3,56	4,01	–	3,36	3,78	–	3,16
	V	72,19	2,79	5,77	6,49																	
	VI	73,67	2,96	5,89	6,63																	
238,19 (Ost)	I	55,10	0,75	4,40	4,95	0,13	3,99	4,48	–	3,57	4,01	–	3,16	3,56	–	2,77	3,12	–	2,40	2,70	–	2,05
	II	50,13	0,16	4,01	4,51	–	3,59	4,04	–	3,18	3,58	–	2,79	3,14	–	2,42	2,72	–	2,06	2,32	–	1,72
	III	35,38	–	2,83	3,18	–	2,52	2,83	–	2,22	2,49	–	1,92	2,17	–	1,64	1,85	–	1,37	1,54	–	1,10
	IV	55,10	0,75	4,40	4,95	0,44	4,19	4,72	0,13	3,99	4,48	–	3,78	4,25	–	3,57	4,01	–	3,36	3,78	–	3,16
	V	72,25	2,79	5,78	6,50																	
	VI	73,73	2,97	5,89	6,63																	
238,29 (West)	I	55,08	0,75	4,40	4,95	0,13	3,98	4,48	–	3,57	4,01	–	3,16	3,56	–	2,77	3,12	–	2,40	2,70	–	2,04
	II	50,11	0,16	4,00	4,50	–	3,59	4,04	–	3,18	3,58	–	2,79	3,14	–	2,42	2,72	–	2,06	2,32	–	1,72
	III	35,37	–	2,82	3,18	–	2,52	2,83	–	2,22	2,49	–	1,92	2,16	–	1,64	1,85	–	1,37	1,54	–	1,10
	IV	55,08	0,75	4,40	4,95	0,44	4,19	4,72	0,13	3,98	4,48	–	3,78	4,25	–	3,57	4,01	–	3,36	3,78	–	3,16
	V	72,23	2,79	5,77	6,50																	
	VI	73,70	2,97	5,89	6,63																	
238,29 (Ost)	I	55,14	0,76	4,41	4,96	0,14	3,99	4,49	–	3,57	4,02	–	3,16	3,56	–	2,78	3,12	–	2,40	2,70	–	2,05
	II	50,17	0,17	4,01	4,51	–	3,59	4,04	–	3,18	3,58	–	2,79	3,14	–	2,42	2,72	–	2,07	2,32	–	1,73
	III	35,41	–	2,83	3,18	–	2,52	2,83	–	2,22	2,50	–	1,93	2,17	–	1,64	1,85	–	1,37	1,54	–	1,10
	IV	55,14	0,76	4,41	4,96	0,45	4,20	4,72	0,14	3,99	4,49	–	3,78	4,25	–	3,57	4,02	–	3,37	3,79	–	3,16
	V	72,29	2,80	5,78	6,50																	
	VI	73,77	2,97	5,90	6,63																	

Lohn/Gehalt bis	Steuerklasse	Lohnsteuer	ohne Kinderfreibetrag			Anzahl Kinderfreibeträge (nur Steuerklassen I–IV) 0,5			1,0			1,5			2,0			2,5			3,0		
			SolZ 5,5%	Kirchensteuer 8%	9%	SolZ 5,5%	Kirchensteuer 8%	9%	SolZ 5,5%	Kirchensteuer 8%	9%	SolZ 5,5%	Kirchensteuer 8%	9%	SolZ 5,5%	Kirchensteuer 8%	9%	SolZ 5,5%	Kirchensteuer 8%	9%	SolZ 5,5%	Kirchensteuer 8%	9%
238,39	I	55,12	*0,76*	4,40	4,96	*0,13*	3,99	4,49	–	3,57	4,02	–	3,16	3,56	–	2,77	3,12	–	2,40	2,70	–	2,05	2,30
(West)	II	50,15	*0,16*	4,01	4,51	–	3,59	4,04	–	3,18	3,58	–	2,79	3,14	–	2,42	2,72	–	2,06	2,32	–	1,73	1,94
	III	35,40	–	2,83	3,18	–	2,52	2,83	–	2,22	2,50	–	1,93	2,17	–	1,64	1,85	–	1,37	1,54	–	1,10	1,24
	IV	55,12	*0,76*	4,40	4,96	*0,44*	4,20	4,72	*0,13*	3,99	4,49	–	3,78	4,25	–	3,57	4,02	–	3,36	3,78	–	3,16	3,56
	V	72,26	*2,80*	5,78	6,50																		
	VI	73,74	*2,97*	5,89	6,63																		
238,39	I	55,18	*0,76*	4,41	4,96	*0,14*	3,99	4,49	–	3,58	4,02	–	3,17	3,56	–	2,78	3,13	–	2,41	2,71	–	2,05	2,31
(Ost)	II	50,21	*0,17*	4,01	4,51	–	3,60	4,05	–	3,19	3,59	–	2,80	3,15	–	2,42	2,73	–	2,07	2,33	–	1,73	1,95
	III	35,45	–	2,83	3,19	–	2,52	2,84	–	2,22	2,50	–	1,93	2,17	–	1,65	1,85	–	1,37	1,54	–	1,11	1,24
	IV	55,18	*0,76*	4,41	4,96	*0,45*	4,20	4,73	*0,14*	3,99	4,49	–	3,78	4,26	–	3,58	4,02	–	3,37	3,79	–	3,17	3,56
	V	72,33	*2,80*	5,78	6,50																		
	VI	73,81	*2,98*	5,90	6,64																		
238,49	I	55,16	*0,76*	4,41	4,96	*0,14*	3,99	4,49	–	3,57	4,02	–	3,17	3,56	–	2,78	3,12	–	2,40	2,71	–	2,05	2,31
(West)	II	50,19	*0,17*	4,01	4,51	–	3,59	4,04	–	3,19	3,58	–	2,80	3,15	–	2,42	2,73	–	2,07	2,33	–	1,73	1,94
	III	35,42	–	2,83	3,18	–	2,52	2,84	–	2,22	2,50	–	1,93	2,17	–	1,64	1,85	–	1,37	1,54	–	1,10	1,24
	IV	55,16	*0,76*	4,41	4,96	*0,45*	4,20	4,72	*0,14*	3,99	4,49	–	3,78	4,25	–	3,57	4,02	–	3,37	3,79	–	3,17	3,56
	V	72,30	*2,80*	5,78	6,50																		
	VI	73,78	*2,98*	5,90	6,64																		
238,49	I	55,23	*0,77*	4,41	4,97	*0,15*	4,00	4,50	–	3,58	4,03	–	3,17	3,57	–	2,78	3,13	–	2,41	2,71	–	2,05	2,31
(Ost)	II	50,26	*0,18*	4,02	4,52	–	3,60	4,05	–	3,19	3,59	–	2,80	3,15	–	2,43	2,73	–	2,07	2,33	–	1,73	1,95
	III	35,48	–	2,83	3,19	–	2,52	2,84	–	2,22	2,50	–	1,93	2,17	–	1,65	1,86	–	1,37	1,55	–	1,11	1,25
	IV	55,23	*0,77*	4,41	4,97	*0,46*	4,20	4,73	*0,15*	4,00	4,50	–	3,79	4,26	–	3,58	4,03	–	3,37	3,79	–	3,17	3,57
	V	72,38	*2,81*	5,79	6,51																		
	VI	73,85	*2,99*	5,90	6,64																		
238,59	I	55,19	*0,76*	4,41	4,96	*0,14*	3,99	4,49	–	3,58	4,02	–	3,17	3,57	–	2,78	3,13	–	2,41	2,71	–	2,05	2,31
(West)	II	50,22	*0,17*	4,01	4,51	–	3,60	4,05	–	3,19	3,59	–	2,80	3,15	–	2,42	2,73	–	2,07	2,33	–	1,73	1,95
	III	35,45	–	2,83	3,19	–	2,52	2,84	–	2,22	2,50	–	1,93	2,17	–	1,65	1,85	–	1,37	1,54	–	1,11	1,24
	IV	55,19	*0,76*	4,41	4,96	*0,45*	4,20	4,73	*0,14*	3,99	4,49	–	3,78	4,26	–	3,58	4,02	–	3,37	3,79	–	3,17	3,57
	V	72,34	*2,81*	5,78	6,51																		
	VI	73,82	*2,98*	5,90	6,64																		
238,59	I	55,27	*0,77*	4,42	4,97	*0,15*	4,00	4,50	–	3,58	4,03	–	3,17	3,57	–	2,78	3,13	–	2,41	2,71	–	2,06	2,32
(Ost)	II	50,30	*0,18*	4,02	4,52	–	3,60	4,05	–	3,19	3,59	–	2,80	3,15	–	2,43	2,73	–	2,07	2,33	–	1,74	1,95
	III	35,51	–	2,84	3,19	–	2,53	2,84	–	2,23	2,51	–	1,93	2,18	–	1,65	1,86	–	1,38	1,55	–	1,11	1,25
	IV	55,27	*0,77*	4,42	4,97	*0,46*	4,21	4,73	*0,15*	4,00	4,50	–	3,79	4,26	–	3,58	4,03	–	3,38	3,80	–	3,17	3,57
	V	72,42	*2,81*	5,79	6,51																		
	VI	73,90	*2,99*	5,91	6,65																		
238,69	I	55,23	*0,77*	4,41	4,97	*0,15*	4,00	4,50	–	3,58	4,03	–	3,17	3,57	–	2,78	3,13	–	2,41	2,71	–	2,06	2,31
(West)	II	50,26	*0,18*	4,02	4,52	–	3,60	4,05	–	3,19	3,59	–	2,80	3,15	–	2,43	2,73	–	2,07	2,33	–	1,73	1,95
	III	35,48	–	2,83	3,19	–	2,52	2,84	–	2,22	2,50	–	1,93	2,17	–	1,65	1,86	–	1,37	1,55	–	1,11	1,25
	IV	55,23	*0,77*	4,41	4,97	*0,46*	4,20	4,73	*0,15*	4,00	4,50	–	3,79	4,26	–	3,58	4,03	–	3,37	3,79	–	3,17	3,57
	V	72,38	*2,81*	5,79	6,51																		
	VI	73,86	*2,99*	5,90	6,64																		
238,69	I	55,31	*0,78*	4,42	4,97	*0,16*	4,00	4,50	–	3,58	4,03	–	3,18	3,58	–	2,79	3,14	–	2,42	2,72	–	2,06	2,32
(Ost)	II	50,34	*0,19*	4,02	4,53	–	3,60	4,06	–	3,20	3,60	–	2,81	3,16	–	2,43	2,74	–	2,08	2,34	–	1,74	1,96
	III	35,54	–	2,84	3,19	–	2,53	2,85	–	2,23	2,51	–	1,94	2,18	–	1,65	1,86	–	1,38	1,55	–	1,11	1,25
	IV	55,31	*0,78*	4,42	4,97	*0,47*	4,21	4,74	*0,16*	4,00	4,50	–	3,79	4,27	–	3,58	4,03	–	3,38	3,80	–	3,18	3,58
	V	72,46	*2,82*	5,79	6,52																		
	VI	73,94	*3,00*	5,91	6,65																		
238,79	I	55,27	*0,77*	4,42	4,97	*0,15*	4,00	4,50	–	3,58	4,03	–	3,17	3,57	–	2,78	3,13	–	2,41	2,71	–	2,06	2,32
(West)	II	50,30	*0,18*	4,02	4,52	–	3,60	4,05	–	3,19	3,59	–	2,80	3,15	–	2,43	2,73	–	2,07	2,33	–	1,74	1,95
	III	35,51	–	2,84	3,19	–	2,53	2,84	–	2,23	2,51	–	1,93	2,18	–	1,65	1,86	–	1,38	1,55	–	1,11	1,25
	IV	55,27	*0,77*	4,42	4,97	*0,46*	4,21	4,73	*0,15*	4,00	4,50	–	3,79	4,26	–	3,58	4,03	–	3,38	3,80	–	3,17	3,57
	V	72,42	*2,81*	5,79	6,51																		
	VI	73,90	*2,99*	5,91	6,65																		
238,79	I	55,35	*0,78*	4,42	4,98	*0,16*	4,01	4,51	–	3,59	4,04	–	3,18	3,58	–	2,79	3,14	–	2,42	2,72	–	2,06	2,32
(Ost)	II	50,38	*0,19*	4,03	4,53	–	3,61	4,06	–	3,20	3,60	–	2,81	3,16	–	2,44	2,74	–	2,08	2,34	–	1,74	1,96
	III	35,57	–	2,84	3,20	–	2,53	2,85	–	2,23	2,51	–	1,94	2,18	–	1,66	1,86	–	1,38	1,55	–	1,11	1,25
	IV	55,35	*0,78*	4,42	4,98	*0,47*	4,21	4,74	*0,16*	4,01	4,51	–	3,80	4,27	–	3,59	4,04	–	3,38	3,81	–	3,18	3,58
	V	72,50	*2,82*	5,80	6,52																		
	VI	73,98	*3,00*	5,91	6,65																		
238,89	I	55,31	*0,78*	4,42	4,97	*0,16*	4,00	4,50	–	3,58	4,03	–	3,18	3,58	–	2,79	3,14	–	2,42	2,72	–	2,06	2,32
(West)	II	50,34	*0,19*	4,02	4,53	–	3,60	4,06	–	3,20	3,60	–	2,81	3,16	–	2,43	2,74	–	2,08	2,34	–	1,74	1,96
	III	35,53	–	2,84	3,19	–	2,53	2,85	–	2,23	2,51	–	1,94	2,18	–	1,65	1,86	–	1,38	1,55	–	1,11	1,25
	IV	55,31	*0,78*	4,42	4,97	*0,47*	4,21	4,74	*0,16*	4,00	4,50	–	3,79	4,27	–	3,58	4,03	–	3,38	3,80	–	3,18	3,58
	V	72,46	*2,82*	5,79	6,52																		
	VI	73,93	*2,99*	5,91	6,65																		
238,89	I	55,40	*0,79*	4,43	4,98	*0,17*	4,01	4,51	–	3,59	4,04	–	3,18	3,58	–	2,79	3,14	–	2,42	2,72	–	2,07	2,32
(Ost)	II	50,43	*0,20*	4,03	4,53	–	3,61	4,06	–	3,20	3,60	–	2,81	3,16	–	2,44	2,74	–	2,08	2,34	–	1,74	1,96
	III	35,60	–	2,84	3,20	–	2,53	2,85	–	2,23	2,51	–	1,94	2,18	–	1,66	1,87	–	1,38	1,56	–	1,12	1,26
	IV	55,40	*0,79*	4,43	4,98	*0,48*	4,22	4,75	*0,17*	4,01	4,51	–	3,80	4,28	–	3,59	4,04	–	3,39	3,81	–	3,18	3,58
	V	72,54	*2,83*	5,80	6,52																		
	VI	74,02	*3,01*	5,92	6,66																		
238,99	I	55,35	*0,78*	4,42	4,98	*0,16*	4,00	4,51	–	3,59	4,04	–	3,18	3,58	–	2,79	3,14	–	2,42	2,72	–	2,06	2,32
(West)	II	50,38	*0,19*	4,03	4,53	–	3,61	4,06	–	3,20	3,60	–	2,81	3,16	–	2,44	2,74	–	2,08	2,34	–	1,74	1,96
	III	35,57	–	2,84	3,20	–	2,53	2,85	–	2,23	2,51	–	1,94	2,18	–	1,66	1,86	–	1,38	1,55	–	1,11	1,25
	IV	55,35	*0,78*	4,42	4,98	*0,47*	4,21	4,74	*0,16*	4,00	4,51	–	3,80	4,27	–	3,59	4,04	–	3,38	3,80	–	3,18	3,58
	V	72,50	*2,82*	5,80	6,52																		
	VI	73,97	*3,00*	5,91	6,65																		
238,99	I	55,44	*0,79*	4,43	4,98	*0,17*	4,01	4,51	–	3,60	4,05	–	3,19	3,59	–	2,80	3,15	–	2,42	2,73	–	2,07	2,33
(Ost)	II	50,47	*0,20*	4,03	4,54	–	3,62	4,07	–	3,21	3,61	–	2,82	3,17	–	2,44	2,75	–	2,09	2,35	–	1,75	1,96
	III	35,63	–	2,85	3,20	–	2,54	2,85	–	2,24	2,52	–	1,94	2,19	–	1,66	1,87	–	1,38	1,56	–	1,12	1,26
	IV	55,44	*0,79*	4,43	4,98	*0,48*	4,22	4,75	*0,17*	4,01	4,51	–	3,80	4,28	–	3,60	4,05	–	3,39	3,81	–	3,19	3,59
	V	72,58	*2,83*	5,80	6,53																		
	VI	74,06	*3,01*	5,92	6,66																		

Lohn/Gehalt bis	Steuerklasse	Lohnsteuer	ohne Kinderfreibetrag SolZ 5,5%	ohne Kinderfreibetrag Kirchensteuer 8%	ohne Kinderfreibetrag Kirchensteuer 9%	0,5 SolZ 5,5%	0,5 Kirchensteuer 8%	0,5 Kirchensteuer 9%	1,0 SolZ 5,5%	1,0 Kirchensteuer 8%	1,0 Kirchensteuer 9%	1,5 SolZ 5,5%	1,5 Kirchensteuer 8%	1,5 Kirchensteuer 9%	2,0 SolZ 5,5%	2,0 Kirchensteuer 8%	2,0 Kirchensteuer 9%	2,5 SolZ 5,5%	2,5 Kirchensteuer 8%	2,5 Kirchensteuer 9%	3,0 SolZ 5,5%	3,0 Kirchensteuer 8%	3,0 Kirchensteuer 9%
						Anzahl Kinderfreibeträge (nur Steuerklassen I–IV)																	
239,09 (West)	I	55,38	0,79	4,43	4,98	0,17	4,01	4,51	-	3,59	4,04	-	3,18	3,58	-	2,79	3,14	-	2,42	2,72	-	2,06	[illegible]
	II	50,41	0,20	4,03	4,53	-	3,61	4,06	-	3,20	3,60	-	2,81	3,16	-	2,44	2,74	-	2,08	2,34	-	1,74	[illegible]
	III	35,60	-	2,84	3,20	-	2,53	2,85	-	2,23	2,51	-	1,94	2,18	-	1,66	1,86	-	1,38	1,55	-	1,12	[illegible]
	IV	55,38	0,79	4,43	4,98	0,48	4,22	4,74	0,17	4,01	4,51	-	3,80	4,27	-	3,59	4,04	-	3,38	3,81	-	3,18	[illegible]
	V	72,53	2,83	5,80	6,52																		
	VI	74,01	3,00	5,92	6,66																		
239,09 (Ost)	I	55,48	0,80	4,43	4,99	0,18	4,02	4,52	-	3,60	4,05	-	3,19	3,59	-	2,80	3,15	-	2,43	2,73	-	2,07	[illegible]
	II	50,51	0,21	4,04	4,54	-	3,62	4,07	-	3,21	3,61	-	2,82	3,17	-	2,44	2,75	-	2,09	2,35	-	1,75	[illegible]
	III	35,67	-	2,85	3,21	-	2,54	2,86	-	2,24	2,52	-	1,95	2,19	-	1,66	1,87	-	1,39	1,56	-	1,12	[illegible]
	IV	55,48	0,80	4,43	4,99	0,49	4,22	4,75	0,18	4,02	4,52	-	3,81	4,28	-	3,60	4,05	-	3,39	3,82	-	3,19	[illegible]
	V	72,63	2,84	5,81	6,53																		
	VI	74,10	3,01	5,92	6,66																		
239,19 (West)	I	55,42	0,79	4,43	4,98	0,17	4,01	4,51	-	3,59	4,04	-	3,19	3,59	-	2,80	3,15	-	2,42	2,73	-	2,07	[illegible]
	II	50,45	0,20	4,03	4,54	-	3,61	4,07	-	3,21	3,61	-	2,81	3,17	-	2,44	2,75	-	2,08	2,34	-	1,74	[illegible]
	III	35,62	-	2,84	3,20	-	2,54	2,85	-	2,24	2,52	-	1,94	2,19	-	1,66	1,87	-	1,38	1,56	-	1,12	[illegible]
	IV	55,42	0,79	4,43	4,98	0,48	4,22	4,75	0,17	4,01	4,51	-	3,80	4,28	-	3,59	4,04	-	3,39	3,81	-	3,19	[illegible]
	V	72,57	2,83	5,80	6,53																		
	VI	74,05	3,01	5,92	6,66																		
239,19 (Ost)	I	55,52	0,80	4,44	4,99	0,18	4,02	4,52	-	3,60	4,05	-	3,19	3,59	-	2,80	3,15	-	2,43	2,73	-	2,07	[illegible]
	II	50,55	0,21	4,04	4,54	-	3,62	4,07	-	3,21	3,62	-	2,82	3,17	-	2,45	2,75	-	2,09	2,35	-	1,75	[illegible]
	III	35,70	-	2,85	3,21	-	2,54	2,86	-	2,24	2,52	-	1,95	2,19	-	1,66	1,87	-	1,39	1,56	-	1,12	[illegible]
	IV	55,52	0,80	4,44	4,99	0,49	4,23	4,76	0,18	4,02	4,52	-	3,81	4,29	-	3,60	4,05	-	3,40	3,82	-	3,19	[illegible]
	V	72,67	2,84	5,81	6,54																		
	VI	74,15	3,02	5,93	6,67																		
239,29 (West)	I	55,46	0,80	4,43	4,99	0,18	4,01	4,52	-	3,60	4,05	-	3,19	3,59	-	2,80	3,15	-	2,43	2,73	-	2,07	[illegible]
	II	50,49	0,20	4,03	4,54	-	3,62	4,07	-	3,21	3,61	-	2,82	3,17	-	2,44	2,75	-	2,09	2,35	-	1,75	[illegible]
	III	35,65	-	2,85	3,20	-	2,54	2,86	-	2,24	2,52	-	1,94	2,19	-	1,66	1,87	-	1,39	1,56	-	1,12	[illegible]
	IV	55,46	0,80	4,43	4,99	0,49	4,22	4,75	0,18	4,01	4,52	-	3,81	4,28	-	3,60	4,05	-	3,39	3,82	-	3,19	[illegible]
	V	72,61	2,84	5,80	6,53																		
	VI	74,09	3,01	5,92	6,66																		
239,29 (Ost)	I	55,56	0,81	4,44	5,00	0,19	4,02	4,53	-	3,60	4,06	-	3,20	3,60	-	2,81	3,16	-	2,43	2,74	-	2,08	[illegible]
	II	50,59	0,22	4,04	4,55	-	3,62	4,08	-	3,22	3,62	-	2,82	3,18	-	2,45	2,76	-	2,09	2,36	-	1,75	[illegible]
	III	35,73	-	2,85	3,21	-	2,54	2,86	-	2,24	2,52	-	1,95	2,19	-	1,67	1,88	-	1,39	1,57	-	1,12	[illegible]
	IV	55,56	0,81	4,44	5,00	0,50	4,23	4,76	0,19	4,02	4,53	-	3,81	4,29	-	3,60	4,06	-	3,40	3,82	-	3,20	[illegible]
	V	72,71	2,85	5,81	6,54																		
	VI	74,19	3,02	5,93	6,67																		
239,39 (West)	I	55,50	0,80	4,44	4,99	0,18	4,02	4,52	-	3,60	4,05	-	3,19	3,59	-	2,80	3,15	-	2,43	2,73	-	2,07	[illegible]
	II	50,53	0,21	4,04	4,54	-	3,62	4,07	-	3,21	3,61	-	2,82	3,17	-	2,45	2,75	-	2,09	2,35	-	1,75	[illegible]
	III	35,68	-	2,85	3,21	-	2,54	2,86	-	2,24	2,52	-	1,95	2,19	-	1,66	1,87	-	1,39	1,56	-	1,12	[illegible]
	IV	55,50	0,80	4,44	4,99	0,49	4,23	4,76	0,18	4,02	4,52	-	3,81	4,28	-	3,60	4,05	-	3,39	3,82	-	3,19	[illegible]
	V	72,65	2,84	5,81	6,53																		
	VI	74,12	3,02	5,92	6,67																		
239,39 (Ost)	I	55,61	0,81	4,44	5,00	0,19	4,03	4,53	-	3,61	4,06	-	3,20	3,60	-	2,81	3,16	-	2,44	2,74	-	2,08	[illegible]
	II	50,63	0,22	4,05	4,55	-	3,63	4,08	-	3,22	3,62	-	2,83	3,18	-	2,45	2,76	-	2,10	2,36	-	1,76	[illegible]
	III	35,76	-	2,86	3,21	-	2,55	2,87	-	2,25	2,53	-	1,95	2,20	-	1,67	1,88	-	1,39	1,57	-	1,13	[illegible]
	IV	55,61	0,81	4,44	5,00	0,50	4,24	4,77	0,19	4,03	4,53	-	3,82	4,29	-	3,61	4,06	-	3,40	3,83	-	3,20	[illegible]
	V	72,75	2,85	5,82	6,54																		
	VI	74,23	3,03	5,93	6,68																		
239,49 (West)	I	55,54	0,81	4,44	4,99	0,18	4,02	4,52	-	3,60	4,05	-	3,20	3,60	-	2,80	3,16	-	2,43	2,74	-	2,08	[illegible]
	II	50,57	0,21	4,04	4,55	-	3,62	4,08	-	3,21	3,62	-	2,82	3,18	-	2,45	2,76	-	2,09	2,35	-	1,75	[illegible]
	III	35,71	-	2,85	3,21	-	2,54	2,86	-	2,24	2,52	-	1,95	2,19	-	1,66	1,87	-	1,39	1,56	-	1,12	[illegible]
	IV	55,54	0,81	4,44	4,99	0,49	4,23	4,76	0,18	4,02	4,52	-	3,81	4,29	-	3,60	4,05	-	3,40	3,82	-	3,20	[illegible]
	V	72,68	2,85	5,81	6,54																		
	VI	74,16	3,02	5,93	6,67																		
239,49 (Ost)	I	55,65	0,82	4,45	5,00	0,20	4,03	4,53	-	3,61	4,06	-	3,20	3,60	-	2,81	3,16	-	2,44	2,74	-	2,08	[illegible]
	II	50,68	0,23	4,05	4,56	-	3,63	4,09	-	3,22	3,63	-	2,83	3,19	-	2,46	2,76	-	2,10	2,36	-	1,76	[illegible]
	III	35,79	-	2,86	3,22	-	2,55	2,87	-	2,25	2,53	-	1,96	2,20	-	1,67	1,88	-	1,40	1,57	-	1,13	[illegible]
	IV	55,65	0,82	4,45	5,00	0,51	4,24	4,77	0,20	4,03	4,53	-	3,82	4,30	-	3,61	4,06	-	3,41	3,83	-	3,20	[illegible]
	V	72,80	2,86	5,82	6,55																		
	VI	74,27	3,04	5,94	6,68																		
239,59 (West)	I	55,58	0,81	4,44	5,00	0,19	4,02	4,53	-	3,61	4,06	-	3,20	3,60	-	2,81	3,16	-	2,43	2,74	-	2,08	[illegible]
	II	50,60	0,22	4,04	4,55	-	3,63	4,08	-	3,22	3,62	-	2,83	3,18	-	2,45	2,76	-	2,09	2,36	-	1,75	[illegible]
	III	35,74	-	2,85	3,21	-	2,54	2,86	-	2,24	2,52	-	1,95	2,20	-	1,67	1,88	-	1,39	1,57	-	1,13	[illegible]
	IV	55,58	0,81	4,44	5,00	0,50	4,23	4,76	0,19	4,02	4,53	-	3,81	4,29	-	3,61	4,06	-	3,40	3,83	-	3,20	[illegible]
	V	72,72	2,85	5,81	6,54																		
	VI	74,20	3,03	5,93	6,67																		
239,59 (Ost)	I	55,69	0,82	4,45	5,01	0,20	4,03	4,54	-	3,62	4,07	-	3,21	3,61	-	2,82	3,17	-	2,44	2,75	-	2,09	[illegible]
	II	50,72	0,23	4,05	4,56	-	3,64	4,09	-	3,23	3,63	-	2,83	3,19	-	2,46	2,77	-	2,10	2,37	-	1,76	[illegible]
	III	35,82	-	2,86	3,22	-	2,55	2,87	-	2,25	2,53	-	1,96	2,20	-	1,67	1,88	-	1,40	1,57	-	1,13	[illegible]
	IV	55,69	0,82	4,45	5,01	0,51	4,24	4,77	0,20	4,03	4,54	-	3,82	4,30	-	3,62	4,07	-	3,41	3,84	-	3,21	[illegible]
	V	72,84	2,86	5,82	6,55																		
	VI	74,31	3,04	5,94	6,68																		
239,69 (West)	I	55,61	0,81	4,44	5,00	0,19	4,03	4,53	-	3,61	4,06	-	3,20	3,60	-	2,81	3,16	-	2,44	2,74	-	2,08	[illegible]
	II	50,64	0,22	4,05	4,55	-	3,63	4,08	-	3,22	3,62	-	2,83	3,18	-	2,45	2,76	-	2,10	2,36	-	1,76	[illegible]
	III	35,77	-	2,86	3,21	-	2,55	2,87	-	2,25	2,53	-	1,95	2,20	-	1,67	1,88	-	1,39	1,57	-	1,13	[illegible]
	IV	55,61	0,81	4,44	5,00	0,50	4,24	4,77	0,19	4,03	4,53	-	3,82	4,30	-	3,61	4,06	-	3,40	3,83	-	3,20	[illegible]
	V	72,76	2,85	5,82	6,54																		
	VI	74,24	3,03	5,93	6,68																		
239,69 (Ost)	I	55,73	0,83	4,45	5,01	0,21	4,04	4,54	-	3,62	4,07	-	3,21	3,61	-	2,82	3,17	-	2,44	2,75	-	2,09	[illegible]
	II	50,76	0,24	4,06	4,56	-	3,64	4,09	-	3,23	3,63	-	2,84	3,19	-	2,46	2,77	-	2,10	2,37	-	1,76	[illegible]
	III	35,86	-	2,86	3,22	-	2,55	2,87	-	2,25	2,53	-	1,96	2,21	-	1,68	1,89	-	1,40	1,58	-	1,13	[illegible]
	IV	55,73	0,83	4,45	5,01	0,52	4,24	4,78	0,21	4,04	4,54	-	3,83	4,31	-	3,62	4,07	-	3,41	3,84	-	3,21	[illegible]
	V	72,88	2,87	5,83	6,55																		
	VI	74,36	3,05	5,94	6,69																		

Lohn/ Gehalt bis	Steuerklasse	Lohn-steuer	ohne Kinderfreibetrag SolZ 5,5%	Kirchensteuer 8%	9%	0,5 SolZ 5,5%	Kirchensteuer 8%	9%	1,0 SolZ 5,5%	Kirchensteuer 8%	9%	1,5 SolZ 5,5%	Kirchensteuer 8%	9%	2,0 SolZ 5,5%	Kirchensteuer 8%	9%	2,5 SolZ 5,5%	Kirchensteuer 8%	9%	3,0 SolZ 5,5%	Kirchensteuer 8%	9%
239,79 (West)	I	55,65	0,82	4,45	5,00	0,20	4,03	4,53	-	3,61	4,06	-	3,20	3,60	-	2,81	3,16	-	2,44	2,74	-	2,08	2,34
	II	50,68	0,23	4,05	4,56	-	3,63	4,09	-	3,22	3,63	-	2,83	3,19	-	2,46	2,76	-	2,10	2,36	-	1,76	1,98
	III	35,80	-	2,86	3,22	-	2,55	2,87	-	2,25	2,53	-	1,96	2,20	-	1,67	1,88	-	1,40	1,57	-	1,13	1,27
	IV	55,65	0,82	4,45	5,00	0,51	4,24	4,77	0,20	4,03	4,53	-	3,82	4,30	-	3,61	4,06	-	3,41	3,83	-	3,20	3,60
	V	72,80	2,86	5,82	6,55																		
	VI	74,28	3,04	5,94	6,68																		
239,79 (Ost)	I	55,77	0,83	4,46	5,01	0,21	4,04	4,54	-	3,62	4,07	-	3,21	3,62	-	2,82	3,17	-	2,45	2,75	-	2,09	2,35
	II	50,80	0,24	4,06	4,57	-	3,64	4,10	-	3,23	3,64	-	2,84	3,20	-	2,47	2,77	-	2,11	2,37	-	1,77	1,99
	III	35,88	-	2,87	3,22	-	2,56	2,88	-	2,26	2,54	-	1,96	2,21	-	1,68	1,89	-	1,40	1,58	-	1,14	1,28
	IV	55,77	0,83	4,46	5,01	0,52	4,25	4,78	0,21	4,04	4,54	-	3,83	4,31	-	3,62	4,07	-	3,42	3,84	-	3,21	3,62
	V	72,92	2,87	5,83	6,56																		
	VI	74,40	3,05	5,95	6,69																		
239,89 (West)	I	55,69	0,82	4,45	5,01	0,20	4,03	4,54	-	3,62	4,07	-	3,21	3,61	-	2,82	3,17	-	2,44	2,75	-	2,09	2,35
	II	50,72	0,23	4,05	4,56	-	3,64	4,09	-	3,23	3,63	-	2,83	3,19	-	2,46	2,77	-	2,10	2,37	-	1,76	1,98
	III	35,82	-	2,86	3,22	-	2,55	2,87	-	2,25	2,53	-	1,96	2,20	-	1,67	1,88	-	1,40	1,57	-	1,13	1,27
	IV	55,69	0,82	4,45	5,01	0,51	4,24	4,77	0,20	4,03	4,54	-	3,82	4,30	-	3,62	4,07	-	3,41	3,84	-	3,21	3,61
	V	72,84	2,86	5,82	6,55																		
	VI	74,31	3,04	5,94	6,68																		
239,89 (Ost)	I	55,81	0,84	4,46	5,02	0,22	4,04	4,55	-	3,62	4,08	-	3,22	3,62	-	2,82	3,18	-	2,45	2,76	-	2,09	2,36
	II	50,85	0,25	4,06	4,57	-	3,64	4,10	-	3,24	3,64	-	2,84	3,20	-	2,47	2,78	-	2,11	2,37	-	1,77	1,99
	III	35,92	-	2,87	3,23	-	2,56	2,88	-	2,26	2,54	-	1,96	2,21	-	1,68	1,89	-	1,40	1,58	-	1,14	1,28
	IV	55,81	0,84	4,46	5,02	0,53	4,25	4,78	0,22	4,04	4,55	-	3,83	4,31	-	3,62	4,08	-	3,42	3,85	-	3,22	3,62
	V	72,96	2,88	5,83	6,56																		
	VI	74,44	3,05	5,95	6,69																		
239,99 (West)	I	55,73	0,83	4,45	5,01	0,21	4,04	4,54	-	3,62	4,07	-	3,21	3,61	-	2,82	3,17	-	2,44	2,75	-	2,09	2,35
	II	50,76	0,24	4,06	4,56	-	3,64	4,09	-	3,23	3,63	-	2,84	3,19	-	2,46	2,77	-	2,10	2,37	-	1,76	1,98
	III	35,85	-	2,86	3,22	-	2,55	2,87	-	2,25	2,53	-	1,96	2,21	-	1,68	1,89	-	1,40	1,58	-	1,13	1,27
	IV	55,73	0,83	4,45	5,01	0,52	4,24	4,77	0,21	4,04	4,54	-	3,83	4,31	-	3,62	4,07	-	3,41	3,84	-	3,21	3,61
	V	72,88	2,87	5,83	6,55																		
	VI	74,35	3,04	5,94	6,69																		
239,99 (Ost)	I	55,86	0,84	4,46	5,02	0,22	4,05	4,55	-	3,63	4,08	-	3,22	3,62	-	2,83	3,18	-	2,45	2,76	-	2,10	2,36
	II	50,89	0,25	4,07	4,58	-	3,65	4,10	-	3,24	3,64	-	2,85	3,20	-	2,47	2,78	-	2,11	2,38	-	1,77	1,99
	III	35,95	-	2,87	3,23	-	2,56	2,88	-	2,26	2,54	-	1,97	2,21	-	1,68	1,89	-	1,41	1,58	-	1,14	1,28
	IV	55,86	0,84	4,46	5,02	0,53	4,26	4,79	0,22	4,05	4,55	-	3,84	4,32	-	3,63	4,08	-	3,42	3,85	-	3,22	3,62
	V	73,01	2,88	5,84	6,57																		
	VI	74,48	3,06	5,95	6,70																		
240,09 (West)	I	55,76	0,83	4,46	5,01	0,21	4,04	4,54	-	3,62	4,07	-	3,21	3,61	-	2,82	3,17	-	2,45	2,75	-	2,09	2,35
	II	50,80	0,24	4,06	4,57	-	3,64	4,10	-	3,23	3,64	-	2,84	3,20	-	2,46	2,77	-	2,11	2,37	-	1,77	1,99
	III	35,88	-	2,87	3,22	-	2,56	2,88	-	2,25	2,54	-	1,96	2,21	-	1,68	1,89	-	1,40	1,58	-	1,14	1,28
	IV	55,76	0,83	4,46	5,01	0,52	4,25	4,78	0,21	4,04	4,54	-	3,83	4,31	-	3,62	4,07	-	3,41	3,84	-	3,21	3,61
	V	72,91	2,87	5,83	6,56																		
	VI	74,39	3,05	5,95	6,69																		
240,09 (Ost)	I	55,90	0,85	4,47	5,03	0,23	4,05	4,56	-	3,63	4,09	-	3,22	3,63	-	2,83	3,19	-	2,46	2,76	-	2,10	2,36
	II	50,93	0,26	4,07	4,58	-	3,65	4,11	-	3,24	3,65	-	2,85	3,21	-	2,47	2,78	-	2,12	2,38	-	1,78	2,00
	III	35,98	-	2,87	3,23	-	2,56	2,88	-	2,26	2,54	-	1,97	2,22	-	1,68	1,90	-	1,41	1,59	-	1,14	1,28
	IV	55,90	0,85	4,47	5,03	0,54	4,26	4,79	0,23	4,05	4,56	-	3,84	4,32	-	3,63	4,09	-	3,42	3,85	-	3,22	3,63
	V	73,05	2,89	5,84	6,57																		
	VI	74,52	3,06	5,96	6,70																		
240,19 (West)	I	55,80	0,84	4,46	5,02	0,22	4,04	4,55	-	3,62	4,08	-	3,22	3,62	-	2,82	3,18	-	2,45	2,76	-	2,09	2,35
	II	50,83	0,25	4,06	4,57	-	3,64	4,10	-	3,24	3,64	-	2,84	3,20	-	2,47	2,78	-	2,11	2,37	-	1,77	1,99
	III	35,91	-	2,87	3,23	-	2,56	2,88	-	2,26	2,54	-	1,96	2,21	-	1,68	1,89	-	1,40	1,58	-	1,14	1,28
	IV	55,80	0,84	4,46	5,02	0,53	4,25	4,78	0,22	4,04	4,55	-	3,83	4,31	-	3,62	4,08	-	3,42	3,85	-	3,22	3,62
	V	72,95	2,88	5,83	6,56																		
	VI	74,43	3,05	5,95	6,69																		
240,19 (Ost)	I	55,94	0,85	4,47	5,03	0,23	4,05	4,56	-	3,64	4,09	-	3,23	3,63	-	2,83	3,19	-	2,46	2,77	-	2,10	2,37
	II	50,97	0,26	4,07	4,58	-	3,66	4,11	-	3,25	3,65	-	2,85	3,21	-	2,48	2,79	-	2,12	2,38	-	1,78	2,00
	III	36,01	-	2,88	3,24	-	2,57	2,89	-	2,26	2,55	-	1,97	2,22	-	1,69	1,90	-	1,41	1,59	-	1,14	1,29
	IV	55,94	0,85	4,47	5,03	0,54	4,26	4,79	0,23	4,05	4,56	-	3,84	4,32	-	3,64	4,09	-	3,43	3,86	-	3,23	3,63
	V	73,09	2,89	5,84	6,57																		
	VI	74,57	3,07	5,96	6,71																		
240,29 (West)	I	55,84	0,84	4,46	5,02	0,22	4,04	4,55	-	3,63	4,08	-	3,22	3,62	-	2,83	3,18	-	2,45	2,76	-	2,10	2,36
	II	50,87	0,25	4,06	4,57	-	3,65	4,10	-	3,24	3,64	-	2,85	3,20	-	2,47	2,78	-	2,11	2,38	-	1,77	1,99
	III	35,94	-	2,87	3,23	-	2,56	2,88	-	2,26	2,54	-	1,97	2,21	-	1,68	1,89	-	1,41	1,58	-	1,14	1,28
	IV	55,84	0,84	4,46	5,02	0,53	4,25	4,79	0,22	4,04	4,55	-	3,84	4,32	-	3,63	4,08	-	3,42	3,85	-	3,22	3,62
	V	72,99	2,88	5,83	6,56																		
	VI	74,46	3,06	5,95	6,70																		
240,29 (Ost)	I	55,98	0,86	4,47	5,03	0,24	4,06	4,56	-	3,64	4,09	-	3,23	3,63	-	2,84	3,19	-	2,46	2,77	-	2,10	2,37
	II	51,01	0,27	4,08	4,59	-	3,66	4,12	-	3,25	3,66	-	2,86	3,21	-	2,48	2,79	-	2,12	2,39	-	1,78	2,00
	III	36,05	-	2,88	3,24	-	2,57	2,89	-	2,27	2,55	-	1,97	2,22	-	1,69	1,90	-	1,41	1,59	-	1,15	1,29
	IV	55,98	0,86	4,47	5,03	0,55	4,26	4,80	0,24	4,06	4,56	-	3,85	4,33	-	3,64	4,09	-	3,43	3,86	-	3,23	3,63
	V	73,13	2,90	5,85	6,58																		
	VI	74,61	3,08	5,96	6,71																		
240,39 (West)	I	55,88	0,85	4,47	5,02	0,22	4,05	4,55	-	3,63	4,08	-	3,22	3,62	-	2,83	3,18	-	2,46	2,76	-	2,10	2,36
	II	50,91	0,25	4,07	4,58	-	3,65	4,11	-	3,24	3,65	-	2,85	3,20	-	2,47	2,78	-	2,12	2,38	-	1,77	2,00
	III	35,97	-	2,87	3,23	-	2,56	2,88	-	2,26	2,54	-	1,97	2,21	-	1,68	1,89	-	1,41	1,58	-	1,14	1,28
	IV	55,88	0,85	4,47	5,02	0,54	4,26	4,79	0,22	4,05	4,55	-	3,84	4,32	-	3,63	4,08	-	3,42	3,85	-	3,22	3,62
	V	73,03	2,89	5,84	6,57																		
	VI	74,50	3,06	5,96	6,70																		
240,39 (Ost)	I	56,03	0,86	4,48	5,04	0,24	4,06	4,57	-	3,64	4,10	-	3,23	3,64	-	2,84	3,20	-	2,47	2,77	-	2,11	2,37
	II	51,06	0,27	4,08	4,59	-	3,66	4,12	-	3,25	3,66	-	2,86	3,22	-	2,48	2,79	-	2,12	2,39	-	1,78	2,01
	III	36,08	-	2,88	3,24	-	2,57	2,89	-	2,27	2,55	-	1,98	2,22	-	1,69	1,90	-	1,42	1,59	-	1,15	1,29
	IV	56,03	0,86	4,48	5,04	0,55	4,27	4,80	0,24	4,06	4,57	-	3,85	4,33	-	3,64	4,10	-	3,44	3,87	-	3,23	3,64
	V	73,17	2,90	5,85	6,58																		
	VI	74,65	3,08	5,97	6,71																		

Anzahl Kinderfreibeträge (nur Steuerklassen I–IV)

Lohn/ Gehalt bis	Steuerklasse	Lohn-steuer	ohne Kinderfreibetrag			Anzahl Kinderfreibeträge (nur Steuerklassen I–IV)																	
						0,5			1,0			1,5			2,0			2,5			3,0		
			SolZ 5,5%	Kirchensteuer 8%	9%	SolZ 5,5%	Kirchensteuer 8%	9%	SolZ 5,5%	Kirchensteuer 8%	9%	SolZ 5,5%	Kirchensteuer 8%	9%	SolZ 5,5%	Kirchensteuer 8%	9%	SolZ 5,5%	Kirchensteuer 8%	9%	SolZ 5,5%	Kirchensteuer 8%	9%
240,49 (West)	I	55,92	0,85	4,47	5,03	0,23	4,05	4,56	-	3,63	4,09	-	3,22	3,63	-	2,83	3,19	-	2,46	2,77	-	2,10	[illegible]
	II	50,95	0,26	4,07	4,58	-	3,65	4,11	-	3,24	3,65	-	2,85	3,21	-	2,48	2,79	-	2,12	2,38	-	1,78	[illegible]
	III	36,00	-	2,88	3,24	-	2,56	2,89	-	2,26	2,55	-	1,97	2,22	-	1,69	1,90	-	1,41	1,59	-	1,14	[illegible]
	IV	55,92	0,85	4,47	5,03	0,54	4,26	4,79	0,23	4,05	4,56	-	3,84	4,32	-	3,63	4,09	-	3,43	3,86	-	3,22	[illegible]
	V	73,06	2,89	5,84	6,57																		
	VI	74,54	3,07	5,96	6,70																		
240,49 (Ost)	I	56,07	0,87	4,48	5,04	0,25	4,06	4,57	-	3,64	4,10	-	3,24	3,64	-	2,84	3,20	-	2,47	2,78	-	2,11	[illegible]
	II	51,10	0,28	4,08	4,59	-	3,67	4,12	-	3,26	3,66	-	2,86	3,22	-	2,49	2,80	-	2,13	2,39	-	1,79	[illegible]
	III	36,11	-	2,88	3,24	-	2,57	2,90	-	2,27	2,56	-	1,98	2,23	-	1,69	1,91	-	1,42	1,60	-	1,15	[illegible]
	IV	56,07	0,87	4,48	5,04	0,56	4,27	4,81	0,25	4,06	4,57	-	3,85	4,34	-	3,64	4,10	-	3,44	3,87	-	3,24	[illegible]
	V	73,21	2,91	5,85	6,58																		
	VI	74,69	3,09	5,97	6,72																		
240,59 (West)	I	55,96	0,86	4,47	5,03	0,23	4,05	4,56	-	3,64	4,09	-	3,23	3,63	-	2,84	3,19	-	2,46	2,77	-	2,10	[illegible]
	II	50,98	0,26	4,07	4,58	-	3,66	4,11	-	3,25	3,65	-	2,85	3,21	-	2,48	2,79	-	2,12	2,39	-	1,78	[illegible]
	III	36,02	-	2,88	3,24	-	2,57	2,89	-	2,26	2,55	-	1,97	2,22	-	1,69	1,90	-	1,41	1,59	-	1,14	[illegible]
	IV	55,96	0,86	4,47	5,03	0,54	4,26	4,80	0,23	4,05	4,56	-	3,84	4,33	-	3,64	4,09	-	3,43	3,86	-	3,23	[illegible]
	V	73,10	2,90	5,84	6,57																		
	VI	74,58	3,07	5,96	6,71																		
240,59 (Ost)	I	56,11	0,87	4,48	5,04	0,25	4,07	4,58	-	3,65	4,10	-	3,24	3,64	-	2,85	3,20	-	2,47	2,78	-	2,11	[illegible]
	II	51,14	0,28	4,09	4,60	-	3,67	4,13	-	3,26	3,67	-	2,86	3,22	-	2,49	2,80	-	2,13	2,40	-	1,79	[illegible]
	III	36,14	-	2,89	3,25	-	2,58	2,90	-	2,27	2,56	-	1,98	2,23	-	1,70	1,91	-	1,42	1,60	-	1,15	[illegible]
	IV	56,11	0,87	4,48	5,04	0,56	4,28	4,81	0,25	4,07	4,58	-	3,86	4,34	-	3,65	4,10	-	3,44	3,87	-	3,24	[illegible]
	V	73,26	2,91	5,86	6,59																		
	VI	74,73	3,09	5,97	6,72																		
240,69 (West)	I	55,99	0,86	4,47	5,03	0,24	4,06	4,56	-	3,64	4,09	-	3,23	3,63	-	2,84	3,19	-	2,46	2,77	-	2,11	[illegible]
	II	51,02	0,27	4,08	4,59	-	3,66	4,12	-	3,25	3,66	-	2,86	3,21	-	2,48	2,79	-	2,12	2,39	-	1,78	[illegible]
	III	36,05	-	2,88	3,24	-	2,57	2,89	-	2,27	2,55	-	1,97	2,22	-	1,69	1,90	-	1,41	1,59	-	1,15	[illegible]
	IV	55,99	0,86	4,47	5,03	0,55	4,27	4,80	0,24	4,06	4,56	-	3,85	4,33	-	3,64	4,09	-	3,43	3,86	-	3,23	[illegible]
	V	73,14	2,90	5,85	6,58																		
	VI	74,62	3,08	5,96	6,71																		
240,69 (Ost)	I	56,15	0,88	4,49	5,05	0,26	4,07	4,58	-	3,65	4,11	-	3,24	3,65	-	2,85	3,21	-	2,47	2,78	-	2,12	[illegible]
	II	51,18	0,29	4,09	4,60	-	3,67	4,13	-	3,26	3,67	-	2,87	3,23	-	2,49	2,80	-	2,13	2,40	-	1,79	[illegible]
	III	36,17	-	2,89	3,25	-	2,58	2,90	-	2,28	2,56	-	1,98	2,23	-	1,70	1,91	-	1,42	1,60	-	1,15	[illegible]
	IV	56,15	0,88	4,49	5,05	0,57	4,28	4,81	0,26	4,07	4,58	-	3,86	4,34	-	3,65	4,11	-	3,44	3,88	-	3,24	[illegible]
	V	73,30	2,92	5,86	6,59																		
	VI	74,78	3,09	5,98	6,73																		
240,79 (West)	I	56,03	0,86	4,48	5,04	0,24	4,06	4,57	-	3,64	4,10	-	3,23	3,64	-	2,84	3,20	-	2,47	2,77	-	2,11	[illegible]
	II	51,06	0,27	4,08	4,59	-	3,66	4,12	-	3,25	3,66	-	2,86	3,22	-	2,48	2,79	-	2,12	2,39	-	1,78	[illegible]
	III	36,08	-	2,88	3,24	-	2,57	2,89	-	2,27	2,55	-	1,98	2,22	-	1,69	1,90	-	1,42	1,59	-	1,15	[illegible]
	IV	56,03	0,86	4,48	5,04	0,55	4,27	4,80	0,24	4,06	4,57	-	3,85	4,33	-	3,64	4,10	-	3,44	3,87	-	3,23	[illegible]
	V	73,18	2,91	5,85	6,58																		
	VI	74,66	3,08	5,97	6,71																		
240,79 (Ost)	I	56,19	0,88	4,49	5,05	0,26	4,07	4,58	-	3,66	4,11	-	3,25	3,65	-	2,85	3,21	-	2,48	2,79	-	2,12	[illegible]
	II	51,22	0,29	4,09	4,60	-	3,68	4,14	-	3,26	3,67	-	2,87	3,23	-	2,50	2,81	-	2,14	2,40	-	1,79	[illegible]
	III	36,20	-	2,89	3,25	-	2,58	2,90	-	2,28	2,56	-	1,99	2,23	-	1,70	1,91	-	1,42	1,60	-	1,16	[illegible]
	IV	56,19	0,88	4,49	5,05	0,57	4,28	4,82	0,26	4,07	4,58	-	3,86	4,35	-	3,66	4,11	-	3,45	3,88	-	3,25	[illegible]
	V	73,34	2,92	5,86	6,60																		
	VI	74,82	3,10	5,98	6,73																		
240,89 (West)	I	56,07	0,87	4,48	5,04	0,25	4,06	4,57	-	3,65	4,10	-	3,24	3,64	-	2,84	3,20	-	2,47	2,78	-	2,11	[illegible]
	II	51,10	0,28	4,08	4,59	-	3,67	4,12	-	3,26	3,66	-	2,86	3,22	-	2,49	2,80	-	2,13	2,39	-	1,79	[illegible]
	III	36,11	-	2,88	3,24	-	2,57	2,90	-	2,27	2,56	-	1,98	2,23	-	1,69	1,91	-	1,42	1,60	-	1,15	[illegible]
	IV	56,07	0,87	4,48	5,04	0,56	4,27	4,81	0,25	4,06	4,57	-	3,85	4,34	-	3,65	4,10	-	3,44	3,87	-	3,24	[illegible]
	V	73,22	2,91	5,85	6,58																		
	VI	74,70	3,09	5,97	6,72																		
240,89 (Ost)	I	56,23	0,89	4,49	5,06	0,27	4,08	4,59	-	3,66	4,12	-	3,25	3,66	-	2,86	3,21	-	2,48	2,79	-	2,12	[illegible]
	II	51,26	0,30	4,10	4,61	-	3,68	4,14	-	3,27	3,68	-	2,87	3,23	-	2,50	2,81	-	2,14	2,41	-	1,80	[illegible]
	III	36,23	-	2,89	3,26	-	2,58	2,91	-	2,28	2,57	-	1,99	2,24	-	1,70	1,92	-	1,43	1,61	-	1,16	[illegible]
	IV	56,23	0,89	4,49	5,06	0,58	4,28	4,82	0,27	4,08	4,59	-	3,87	4,35	-	3,66	4,12	-	3,45	3,88	-	3,25	[illegible]
	V	73,38	2,93	5,87	6,60																		
	VI	74,86	3,10	5,98	6,73																		
240,99 (West)	I	56,11	0,87	4,48	5,04	0,25	4,07	4,58	-	3,65	4,10	-	3,24	3,64	-	2,85	3,20	-	2,47	2,78	-	2,11	[illegible]
	II	51,14	0,28	4,09	4,60	-	3,67	4,13	-	3,26	3,67	-	2,86	3,22	-	2,49	2,80	-	2,13	2,40	-	1,79	[illegible]
	III	36,14	-	2,89	3,25	-	2,58	2,90	-	2,27	2,56	-	1,98	2,23	-	1,70	1,91	-	1,42	1,60	-	1,15	[illegible]
	IV	56,11	0,87	4,48	5,04	0,56	4,28	4,81	0,25	4,07	4,58	-	3,86	4,34	-	3,65	4,10	-	3,44	3,87	-	3,24	[illegible]
	V	73,26	2,91	5,86	6,59																		
	VI	74,73	3,09	5,97	6,72																		
240,99 (Ost)	I	56,28	0,89	4,50	5,06	0,27	4,08	4,59	-	3,66	4,12	-	3,25	3,66	-	2,86	3,22	-	2,48	2,79	-	2,12	[illegible]
	II	51,31	0,30	4,10	4,61	-	3,68	4,14	-	3,27	3,68	-	2,88	3,24	-	2,50	2,81	-	2,14	2,41	-	1,80	[illegible]
	III	36,27	-	2,90	3,26	-	2,59	2,91	-	2,28	2,57	-	1,99	2,24	-	1,70	1,92	-	1,43	1,61	-	1,16	[illegible]
	IV	56,28	0,89	4,50	5,06	0,58	4,29	4,83	0,27	4,08	4,59	-	3,87	4,36	-	3,66	4,12	-	3,46	3,89	-	3,25	[illegible]
	V	73,43	2,93	5,87	6,60																		
	VI	74,90	3,11	5,99	6,74																		
241,09 (West)	I	56,15	0,88	4,49	5,05	0,26	4,07	4,58	-	3,65	4,11	-	3,24	3,65	-	2,85	3,21	-	2,47	2,78	-	2,12	[illegible]
	II	51,18	0,29	4,09	4,60	-	3,67	4,13	-	3,26	3,67	-	2,87	3,23	-	2,49	2,80	-	2,13	2,40	-	1,79	[illegible]
	III	36,17	-	2,89	3,25	-	2,58	2,90	-	2,28	2,56	-	1,98	2,23	-	1,70	1,91	-	1,42	1,60	-	1,15	[illegible]
	IV	56,15	0,88	4,49	5,05	0,57	4,28	4,81	0,26	4,07	4,58	-	3,86	4,34	-	3,65	4,11	-	3,44	3,87	-	3,24	[illegible]
	V	73,29	2,92	5,86	6,59																		
	VI	74,77	3,09	5,98	6,72																		
241,09 (Ost)	I	56,32	0,90	4,50	5,06	0,28	4,08	4,59	-	3,67	4,12	-	3,26	3,66	-	2,86	3,22	-	2,49	2,80	-	2,13	[illegible]
	II	51,35	0,31	4,10	4,62	-	3,69	4,15	-	3,27	3,68	-	2,88	3,24	-	2,50	2,82	-	2,14	2,41	-	1,80	[illegible]
	III	36,30	-	2,90	3,26	-	2,59	2,91	-	2,29	2,57	-	1,99	2,24	-	1,71	1,92	-	1,43	1,61	-	1,16	[illegible]
	IV	56,32	0,90	4,50	5,06	0,59	4,29	4,83	0,28	4,08	4,59	-	3,87	4,36	-	3,67	4,12	-	3,46	3,89	-	3,26	[illegible]
	V	73,47	2,94	5,87	6,61																		
	VI	74,95	3,12	5,99	6,74																		

Allgemeine Tabelle

TAG bis 241,79 €

Lohn/ Gehalt bis	Steuerklasse	Lohn-steuer	ohne Kinderfreibetrag SolZ 5,5%	ohne Kinderfreibetrag Kirchensteuer 8%	ohne Kinderfreibetrag Kirchensteuer 9%	0,5 SolZ 5,5%	0,5 Kirchensteuer 8%	0,5 Kirchensteuer 9%	1,0 SolZ 5,5%	1,0 Kirchensteuer 8%	1,0 Kirchensteuer 9%	1,5 SolZ 5,5%	1,5 Kirchensteuer 8%	1,5 Kirchensteuer 9%	2,0 SolZ 5,5%	2,0 Kirchensteuer 8%	2,0 Kirchensteuer 9%	2,5 SolZ 5,5%	2,5 Kirchensteuer 8%	2,5 Kirchensteuer 9%	3,0 SolZ 5,5%	3,0 Kirchensteuer 8%	3,0 Kirchensteuer 9%
						Anzahl Kinderfreibeträge (nur Steuerklassen I–IV)																	
241,19 (West)	I	56,18	0,88	4,49	5,05	0,26	4,07	4,58	-	3,65	4,11	-	3,24	3,65	-	2,85	3,21	-	2,48	2,79	-	2,12	2,38
	II	51,21	0,29	4,09	4,60	-	3,67	4,13	-	3,26	3,67	-	2,87	3,23	-	2,49	2,81	-	2,14	2,40	-	1,79	2,02
	III	36,20	-	2,89	3,25	-	2,58	2,90	-	2,28	2,56	-	1,98	2,23	-	1,70	1,91	-	1,42	1,60	-	1,16	1,30
	IV	56,18	0,88	4,49	5,05	0,57	4,28	4,82	0,26	4,07	4,58	-	3,86	4,35	-	3,65	4,11	-	3,45	3,88	-	3,24	3,65
	V	73,33	2,92	5,86	6,59																		
	VI	74,81	3,10	5,98	6,73																		
241,19 (Ost)	I	56,36	0,90	4,50	5,07	0,28	4,09	4,60	-	3,67	4,13	-	3,26	3,67	-	2,86	3,22	-	2,49	2,80	-	2,13	2,40
	II	51,39	0,31	4,11	4,62	-	3,69	4,15	-	3,28	3,69	-	2,88	3,24	-	2,51	2,82	-	2,15	2,42	-	1,80	2,03
	III	36,33	-	2,90	3,26	-	2,59	2,92	-	2,29	2,58	-	2,00	2,25	-	1,71	1,92	-	1,43	1,61	-	1,16	1,31
	IV	56,36	0,90	4,50	5,07	0,59	4,30	4,83	0,28	4,09	4,60	-	3,88	4,36	-	3,67	4,13	-	3,46	3,89	-	3,26	3,67
	V	73,51	2,94	5,88	6,61																		
	VI	74,99	3,12	5,99	6,74																		
241,29 (West)	I	56,22	0,89	4,49	5,05	0,27	4,08	4,59	-	3,66	4,12	-	3,25	3,65	-	2,86	3,21	-	2,48	2,79	-	2,12	2,39
	II	51,25	0,30	4,10	4,61	-	3,68	4,14	-	3,27	3,68	-	2,87	3,23	-	2,50	2,81	-	2,14	2,41	-	1,80	2,02
	III	36,22	-	2,89	3,25	-	2,58	2,91	-	2,28	2,57	-	1,99	2,24	-	1,70	1,91	-	1,43	1,60	-	1,16	1,30
	IV	56,22	0,89	4,49	5,05	0,58	4,28	4,82	0,27	4,08	4,59	-	3,87	4,35	-	3,66	4,12	-	3,45	3,88	-	3,25	3,65
	V	73,37	2,93	5,86	6,60																		
	VI	74,85	3,10	5,98	6,73																		
241,29 (Ost)	I	56,40	0,91	4,51	5,07	0,29	4,09	4,60	-	3,67	4,13	-	3,26	3,67	-	2,87	3,23	-	2,49	2,80	-	2,13	2,40
	II	51,43	0,32	4,11	4,62	-	3,69	4,15	-	3,28	3,69	-	2,89	3,25	-	2,51	2,82	-	2,15	2,42	-	1,81	2,03
	III	36,36	-	2,90	3,27	-	2,59	2,92	-	2,29	2,58	-	2,00	2,25	-	1,71	1,93	-	1,44	1,62	-	1,17	1,31
	IV	56,40	0,91	4,51	5,07	0,60	4,30	4,84	0,29	4,09	4,60	-	3,88	4,37	-	3,67	4,13	-	3,46	3,90	-	3,26	3,67
	V	73,55	2,95	5,88	6,61																		
	VI	75,03	3,13	6,00	6,75																		
241,39 (West)	I	56,26	0,89	4,50	5,06	0,27	4,08	4,59	-	3,66	4,12	-	3,25	3,66	-	2,86	3,22	-	2,48	2,79	-	2,12	2,39
	II	51,29	0,30	4,10	4,61	-	3,68	4,14	-	3,27	3,68	-	2,88	3,24	-	2,50	2,81	-	2,14	2,41	-	1,80	2,02
	III	36,25	-	2,90	3,26	-	2,58	2,91	-	2,28	2,57	-	1,99	2,24	-	1,70	1,92	-	1,43	1,61	-	1,16	1,31
	IV	56,26	0,89	4,50	5,06	0,58	4,29	4,82	0,27	4,08	4,59	-	3,87	4,35	-	3,66	4,12	-	3,45	3,89	-	3,25	3,66
	V	73,41	2,93	5,87	6,60																		
	VI	74,88	3,11	5,99	6,73																		
241,39 (Ost)	I	56,45	0,91	4,51	5,08	0,29	4,09	4,60	-	3,68	4,14	-	3,26	3,67	-	2,87	3,23	-	2,50	2,81	-	2,14	2,40
	II	51,48	0,32	4,11	4,63	-	3,70	4,16	-	3,28	3,69	-	2,89	3,25	-	2,51	2,83	-	2,15	2,42	-	1,81	2,04
	III	36,40	-	2,91	3,27	-	2,60	2,92	-	2,29	2,58	-	2,00	2,25	-	1,71	1,93	-	1,44	1,62	-	1,17	1,32
	IV	56,45	0,91	4,51	5,08	0,60	4,30	4,84	0,29	4,09	4,60	-	3,88	4,37	-	3,68	4,14	-	3,47	3,90	-	3,26	3,67
	V	73,59	2,95	5,88	6,62																		
	VI	75,07	3,13	6,00	6,75																		
241,49 (West)	I	56,30	0,90	4,50	5,06	0,27	4,08	4,59	-	3,66	4,12	-	3,25	3,66	-	2,86	3,22	-	2,48	2,80	-	2,13	2,39
	II	51,33	0,30	4,10	4,61	-	3,68	4,14	-	3,27	3,68	-	2,88	3,24	-	2,50	2,82	-	2,14	2,41	-	1,80	2,03
	III	36,28	-	2,90	3,26	-	2,59	2,91	-	2,28	2,57	-	1,99	2,24	-	1,71	1,92	-	1,43	1,61	-	1,16	1,31
	IV	56,30	0,90	4,50	5,06	0,59	4,29	4,83	0,27	4,08	4,59	-	3,87	4,36	-	3,66	4,12	-	3,46	3,89	-	3,25	3,66
	V	73,45	2,94	5,87	6,61																		
	VI	74,92	3,11	5,99	6,74																		
241,49 (Ost)	I	56,49	0,92	4,51	5,08	0,30	4,10	4,61	-	3,68	4,14	-	3,27	3,68	-	2,87	3,23	-	2,50	2,81	-	2,14	2,41
	II	51,52	0,33	4,12	4,63	-	3,70	4,16	-	3,29	3,70	-	2,89	3,25	-	2,52	2,83	-	2,16	2,43	-	1,81	2,04
	III	36,42	-	2,91	3,27	-	2,60	2,92	-	2,30	2,58	-	2,00	2,25	-	1,72	1,93	-	1,44	1,62	-	1,17	1,32
	IV	56,49	0,92	4,51	5,08	0,61	4,31	4,84	0,30	4,10	4,61	-	3,89	4,37	-	3,68	4,14	-	3,47	3,91	-	3,27	3,68
	V	73,63	2,96	5,89	6,62																		
	VI	75,11	3,13	6,00	6,75																		
241,59 (West)	I	56,34	0,90	4,50	5,07	0,28	4,08	4,59	-	3,67	4,13	-	3,26	3,66	-	2,86	3,22	-	2,49	2,80	-	2,13	2,40
	II	51,37	0,31	4,10	4,62	-	3,69	4,15	-	3,28	3,69	-	2,88	3,24	-	2,50	2,82	-	2,15	2,41	-	1,80	2,03
	III	36,31	-	2,90	3,26	-	2,59	2,91	-	2,29	2,57	-	1,99	2,24	-	1,71	1,92	-	1,43	1,61	-	1,16	1,31
	IV	56,34	0,90	4,50	5,07	0,59	4,29	4,83	0,28	4,08	4,59	-	3,88	4,36	-	3,67	4,13	-	3,46	3,89	-	3,26	3,66
	V	73,48	2,94	5,87	6,61																		
	VI	74,96	3,12	5,99	6,74																		
241,59 (Ost)	I	56,53	0,92	4,52	5,08	0,30	4,10	4,61	-	3,68	4,14	-	3,27	3,68	-	2,88	3,24	-	2,50	2,81	-	2,14	2,41
	II	51,56	0,33	4,12	4,64	-	3,70	4,17	-	3,29	3,70	-	2,90	3,26	-	2,52	2,83	-	2,16	2,43	-	1,82	2,04
	III	36,46	-	2,91	3,28	-	2,60	2,93	-	2,30	2,59	-	2,00	2,25	-	1,72	1,93	-	1,44	1,62	-	1,17	1,32
	IV	56,53	0,92	4,52	5,08	0,61	4,31	4,85	0,30	4,10	4,61	-	3,89	4,38	-	3,68	4,14	-	3,47	3,91	-	3,27	3,68
	V	73,68	2,96	5,89	6,63																		
	VI	75,15	3,14	6,01	6,76																		
241,69 (West)	I	56,37	0,91	4,50	5,07	0,28	4,09	4,60	-	3,67	4,13	-	3,26	3,67	-	2,87	3,23	-	2,49	2,80	-	2,13	2,40
	II	51,40	0,31	4,11	4,62	-	3,69	4,15	-	3,28	3,69	-	2,88	3,25	-	2,51	2,82	-	2,15	2,42	-	1,81	2,03
	III	36,34	-	2,90	3,27	-	2,59	2,92	-	2,29	2,58	-	2,00	2,25	-	1,71	1,92	-	1,43	1,61	-	1,17	1,31
	IV	56,37	0,91	4,50	5,07	0,59	4,30	4,83	0,28	4,09	4,60	-	3,88	4,36	-	3,67	4,13	-	3,46	3,90	-	3,26	3,67
	V	73,52	2,95	5,88	6,61																		
	VI	75,00	3,12	6,00	6,75																		
241,69 (Ost)	I	56,57	0,93	4,52	5,09	0,31	4,10	4,62	-	3,69	4,15	-	3,27	3,68	-	2,88	3,24	-	2,50	2,82	-	2,14	2,41
	II	51,60	0,34	4,12	4,64	-	3,71	4,17	-	3,29	3,71	-	2,90	3,26	-	2,52	2,84	-	2,16	2,43	-	1,82	2,05
	III	36,49	-	2,91	3,28	-	2,60	2,93	-	2,30	2,59	-	2,01	2,26	-	1,72	1,94	-	1,44	1,62	-	1,18	1,32
	IV	56,57	0,93	4,52	5,09	0,62	4,31	4,85	0,31	4,10	4,62	-	3,89	4,38	-	3,69	4,15	-	3,48	3,91	-	3,27	3,68
	V	73,72	2,97	5,89	6,63																		
	VI	75,20	3,14	6,01	6,76																		
241,79 (West)	I	56,41	0,91	4,51	5,07	0,29	4,09	4,60	-	3,67	4,13	-	3,26	3,67	-	2,87	3,23	-	2,49	2,80	-	2,13	2,40
	II	51,44	0,32	4,11	4,62	-	3,69	4,15	-	3,28	3,69	-	2,89	3,25	-	2,51	2,82	-	2,15	2,42	-	1,81	2,03
	III	36,37	-	2,90	3,27	-	2,59	2,92	-	2,29	2,58	-	2,00	2,25	-	1,71	1,93	-	1,44	1,62	-	1,17	1,31
	IV	56,41	0,91	4,51	5,07	0,60	4,30	4,84	0,29	4,09	4,60	-	3,88	4,37	-	3,67	4,13	-	3,47	3,90	-	3,26	3,67
	V	73,56	2,95	5,88	6,62																		
	VI	75,04	3,13	6,00	6,75																		
241,79 (Ost)	I	56,61	0,93	4,52	5,09	0,31	4,11	4,62	-	3,69	4,15	-	3,28	3,69	-	2,88	3,24	-	2,51	2,82	-	2,15	2,42
	II	51,64	0,34	4,13	4,64	-	3,71	4,17	-	3,30	3,71	-	2,90	3,27	-	2,52	2,84	-	2,16	2,43	-	1,82	2,05
	III	36,52	-	2,92	3,28	-	2,61	2,93	-	2,30	2,59	-	2,01	2,26	-	1,72	1,94	-	1,45	1,63	-	1,18	1,33
	IV	56,61	0,93	4,52	5,09	0,62	4,32	4,86	0,31	4,11	4,62	-	3,90	4,39	-	3,69	4,15	-	3,48	3,92	-	3,28	3,69
	V	73,76	2,97	5,90	6,63																		
	VI	75,24	3,15	6,01	6,77																		

Lohn/ Gehalt bis	Steuerklasse	Lohn-steuer	ohne Kinderfreibetrag SolZ 5,5%	ohne Kinderfreibetrag Kirchensteuer 8%	ohne Kinderfreibetrag Kirchensteuer 9%	0,5 SolZ 5,5%	0,5 Kirchensteuer 8%	0,5 Kirchensteuer 9%	1,0 SolZ 5,5%	1,0 Kirchensteuer 8%	1,0 Kirchensteuer 9%	1,5 SolZ 5,5%	1,5 Kirchensteuer 8%	1,5 Kirchensteuer 9%	2,0 SolZ 5,5%	2,0 Kirchensteuer 8%	2,0 Kirchensteuer 9%	2,5 SolZ 5,5%	2,5 Kirchensteuer 8%	2,5 Kirchensteuer 9%	3,0 SolZ 5,5%	3,0 Kirchensteuer 8%	3,0 Kirchensteuer 9%
241,89 (West)	I	56,45	0,91	4,51	5,08	0,29	4,09	4,61	-	3,68	4,14	-	3,27	3,67	-	2,87	3,23	-	2,50	2,81	-	2,14	2
	II	51,48	0,32	4,11	4,63	-	3,70	4,16	-	3,28	3,70	-	2,89	3,25	-	2,51	2,83	-	2,15	2,42	-	1,81	2
	III	36,40	-	2,91	3,27	-	2,60	2,92	-	2,29	2,58	-	2,00	2,25	-	1,71	1,93	-	1,44	1,62	-	1,17	1
	IV	56,45	0,91	4,51	5,08	0,60	4,30	4,84	0,29	4,09	4,61	-	3,88	4,37	-	3,68	4,14	-	3,47	3,90	-	3,27	3
	V	73,60	2,95	5,88	6,62																		
	VI	75,08	3,13	6,00	6,75																		
241,89 (Ost)	I	56,66	0,94	4,53	5,09	0,32	4,11	4,62	-	3,69	4,15	-	3,28	3,69	-	2,89	3,25	-	2,51	2,82	-	2,15	2
	II	51,68	0,35	4,13	4,65	-	3,71	4,18	-	3,30	3,71	-	2,91	3,27	-	2,53	2,84	-	2,17	2,44	-	1,82	2
	III	36,55	-	2,92	3,28	-	2,61	2,93	-	2,30	2,59	-	2,01	2,26	-	1,73	1,94	-	1,45	1,63	-	1,18	1
	IV	56,66	0,94	4,53	5,09	0,63	4,32	4,86	0,32	4,11	4,62	0,01	3,90	4,39	-	3,69	4,15	-	3,48	3,92	-	3,28	3
	V	73,80	2,98	5,90	6,64																		
	VI	75,28	3,16	6,02	6,77																		
241,99 (West)	I	56,49	0,92	4,51	5,08	0,30	4,10	4,61	-	3,68	4,14	-	3,27	3,68	-	2,87	3,23	-	2,50	2,81	-	2,14	2
	II	51,52	0,33	4,12	4,63	-	3,70	4,16	-	3,29	3,70	-	2,89	3,25	-	2,52	2,83	-	2,16	2,43	-	1,81	2
	III	36,42	-	2,91	3,27	-	2,60	2,92	-	2,30	2,58	-	2,00	2,25	-	1,72	1,93	-	1,44	1,62	-	1,17	1
	IV	56,49	0,92	4,51	5,08	0,61	4,31	4,84	0,30	4,10	4,61	-	3,89	4,37	-	3,68	4,14	-	3,47	3,91	-	3,27	3
	V	73,64	2,96	5,89	6,62																		
	VI	75,11	3,14	6,00	6,75																		
241,99 (Ost)	I	56,70	0,94	4,53	5,10	0,32	4,11	4,63	-	3,70	4,16	-	3,28	3,69	-	2,89	3,25	-	2,51	2,83	-	2,15	2
	II	51,73	0,35	4,13	4,65	-	3,72	4,18	-	3,30	3,72	-	2,91	3,27	-	2,53	2,85	-	2,17	2,44	-	1,83	2
	III	36,58	-	2,92	3,29	-	2,61	2,94	-	2,31	2,60	-	2,01	2,27	-	1,73	1,94	-	1,45	1,63	-	1,18	1
	IV	56,70	0,94	4,53	5,10	0,63	4,32	4,86	0,32	4,11	4,63	0,01	3,90	4,39	-	3,70	4,16	-	3,49	3,92	-	3,28	3
	V	73,85	2,98	5,90	6,64																		
	VI	75,32	3,16	6,02	6,77																		
242,09 (West)	I	56,53	0,92	4,52	5,08	0,30	4,10	4,61	-	3,68	4,14	-	3,27	3,68	-	2,88	3,24	-	2,50	2,81	-	2,14	2
	II	51,56	0,33	4,12	4,64	-	3,70	4,16	-	3,29	3,70	-	2,90	3,26	-	2,52	2,83	-	2,16	2,43	-	1,82	2
	III	36,46	-	2,91	3,28	-	2,60	2,93	-	2,30	2,59	-	2,00	2,25	-	1,72	1,93	-	1,44	1,62	-	1,17	1
	IV	56,53	0,92	4,52	5,08	0,61	4,31	4,85	0,30	4,10	4,61	-	3,89	4,38	-	3,68	4,14	-	3,47	3,91	-	3,27	3
	V	73,68	2,96	5,89	6,63																		
	VI	75,15	3,14	6,01	6,76																		
242,09 (Ost)	I	56,74	0,95	4,53	5,10	0,33	4,12	4,63	-	3,70	4,16	-	3,29	3,70	-	2,89	3,25	-	2,52	2,83	-	2,16	2,
	II	51,77	0,36	4,14	4,65	-	3,72	4,18	-	3,31	3,72	-	2,91	3,28	-	2,53	2,85	-	2,17	2,44	-	1,83	2
	III	36,62	-	2,92	3,29	-	2,61	2,94	-	2,31	2,60	-	2,02	2,27	-	1,73	1,95	-	1,45	1,63	-	1,18	1,
	IV	56,74	0,95	4,53	5,10	0,64	4,33	4,87	0,33	4,12	4,63	0,02	3,91	4,40	-	3,70	4,16	-	3,49	3,93	-	3,29	3
	V	73,89	2,99	5,91	6,65																		
	VI	75,36	3,17	6,02	6,78																		
242,19 (West)	I	56,56	0,93	4,52	5,09	0,31	4,10	4,62	-	3,68	4,15	-	3,27	3,68	-	2,88	3,24	-	2,50	2,82	-	2,14	2,
	II	51,60	0,34	4,12	4,64	-	3,70	4,17	-	3,29	3,71	-	2,90	3,26	-	2,52	2,84	-	2,16	2,43	-	1,82	2
	III	36,48	-	2,91	3,28	-	2,60	2,93	-	2,30	2,59	-	2,01	2,26	-	1,72	1,94	-	1,44	1,62	-	1,18	1
	IV	56,56	0,93	4,52	5,09	0,62	4,31	4,85	0,31	4,10	4,62	-	3,89	4,38	-	3,68	4,15	-	3,48	3,91	-	3,27	3
	V	73,71	2,97	5,89	6,63																		
	VI	75,19	3,14	6,01	6,76																		
242,19 (Ost)	I	56,78	0,95	4,54	5,11	0,33	4,12	4,64	-	3,70	4,17	-	3,29	3,70	-	2,90	3,26	-	2,52	2,83	-	2,16	2,
	II	51,81	0,36	4,14	4,66	-	3,72	4,19	-	3,31	3,72	-	2,92	3,28	-	2,54	2,85	-	2,18	2,45	-	1,83	2,
	III	36,65	-	2,93	3,29	-	2,62	2,94	-	2,31	2,60	-	2,02	2,27	-	1,73	1,95	-	1,46	1,64	-	1,19	1,
	IV	56,78	0,95	4,54	5,11	0,64	4,33	4,87	0,33	4,12	4,64	0,02	3,91	4,40	-	3,70	4,17	-	3,49	3,93	-	3,29	3,
	V	73,93	2,99	5,91	6,65																		
	VI	75,41	3,17	6,03	6,78																		
242,29 (West)	I	56,60	0,93	4,52	5,09	0,31	4,11	4,62	-	3,69	4,15	-	3,28	3,69	-	2,88	3,24	-	2,51	2,82	-	2,15	2
	II	51,63	0,34	4,13	4,64	-	3,71	4,17	-	3,30	3,71	-	2,90	3,26	-	2,52	2,84	-	2,16	2,43	-	1,82	2,
	III	36,51	-	2,92	3,28	-	2,60	2,93	-	2,30	2,59	-	2,01	2,26	-	1,72	1,94	-	1,45	1,63	-	1,18	1,
	IV	56,60	0,93	4,52	5,09	0,62	4,31	4,85	0,31	4,11	4,62	-	3,90	4,38	-	3,69	4,15	-	3,48	3,92	-	3,28	3,
	V	73,75	2,97	5,90	6,63																		
	VI	75,23	3,15	6,01	6,77																		
242,29 (Ost)	I	56,82	0,96	4,54	5,11	0,34	4,12	4,64	-	3,71	4,17	-	3,29	3,71	-	2,90	3,26	-	2,52	2,84	-	2,16	2,
	II	51,85	0,37	4,14	4,66	-	3,73	4,19	-	3,31	3,73	-	2,92	3,28	-	2,54	2,86	-	2,18	2,45	-	1,83	2,
	III	36,68	-	2,93	3,30	-	2,62	2,95	-	2,32	2,61	-	2,02	2,27	-	1,73	1,95	-	1,46	1,64	-	1,19	1,
	IV	56,82	0,96	4,54	5,11	0,65	4,33	4,87	0,34	4,12	4,64	0,03	3,91	4,40	-	3,71	4,17	-	3,50	3,94	-	3,29	3,
	V	73,97	3,00	5,91	6,65																		
	VI	75,45	3,17	6,03	6,79																		
242,39 (West)	I	56,64	0,94	4,53	5,09	0,32	4,11	4,62	-	3,69	4,15	-	3,28	3,69	-	2,89	3,25	-	2,51	2,82	-	2,15	2,
	II	51,67	0,35	4,13	4,65	-	3,71	4,18	-	3,30	3,71	-	2,90	3,27	-	2,53	2,84	-	2,17	2,44	-	1,82	2,
	III	36,54	-	2,92	3,28	-	2,61	2,93	-	2,30	2,59	-	2,01	2,26	-	1,72	1,94	-	1,45	1,63	-	1,18	1,
	IV	56,64	0,94	4,53	5,09	0,63	4,32	4,86	0,32	4,11	4,62	-	3,90	4,39	-	3,69	4,15	-	3,48	3,92	-	3,28	3,
	V	73,79	2,98	5,90	6,64																		
	VI	75,27	3,15	6,02	6,77																		
242,39 (Ost)	I	56,86	0,96	4,54	5,11	0,34	4,13	4,64	-	3,71	4,17	-	3,30	3,71	-	2,90	3,27	-	2,52	2,84	-	2,16	2,
	II	51,90	0,37	4,15	4,67	-	3,73	4,20	-	3,32	3,73	-	2,92	3,29	-	2,54	2,86	-	2,18	2,45	-	1,84	2,
	III	36,71	-	2,93	3,30	-	2,62	2,95	-	2,32	2,61	-	2,02	2,28	-	1,74	1,95	-	1,46	1,64	-	1,19	1,
	IV	56,86	0,96	4,54	5,11	0,65	4,34	4,88	0,34	4,13	4,64	0,03	3,92	4,41	-	3,71	4,17	-	3,50	3,94	-	3,30	3,
	V	74,01	3,00	5,92	6,66																		
	VI	75,49	3,18	6,03	6,79																		
242,49 (West)	I	56,68	0,94	4,53	5,10	0,32	4,11	4,63	-	3,69	4,16	-	3,28	3,69	-	2,89	3,25	-	2,51	2,83	-	2,15	2,
	II	51,71	0,35	4,13	4,65	-	3,71	4,18	-	3,30	3,72	-	2,91	3,27	-	2,53	2,85	-	2,17	2,44	-	1,82	2,
	III	36,57	-	2,92	3,29	-	2,61	2,94	-	2,31	2,60	-	2,01	2,26	-	1,73	1,94	-	1,45	1,63	-	1,18	1,
	IV	56,68	0,94	4,53	5,10	0,63	4,32	4,86	0,32	4,11	4,63	0,01	3,90	4,39	-	3,69	4,16	-	3,49	3,92	-	3,28	3,
	V	73,83	2,98	5,90	6,64																		
	VI	75,30	3,16	6,02	6,77																		
242,49 (Ost)	I	56,91	0,97	4,55	5,12	0,35	4,13	4,65	-	3,71	4,18	-	3,30	3,71	-	2,91	3,27	-	2,53	2,84	-	2,17	2,
	II	51,94	0,38	4,15	4,67	-	3,73	4,20	-	3,32	3,74	-	2,92	3,29	-	2,55	2,86	-	2,18	2,46	-	1,84	2,
	III	36,74	-	2,93	3,30	-	2,62	2,95	-	2,32	2,61	-	2,02	2,28	-	1,74	1,96	-	1,46	1,64	-	1,19	1,
	IV	56,91	0,97	4,55	5,12	0,66	4,34	4,88	0,35	4,13	4,65	0,04	3,92	4,41	-	3,71	4,18	-	3,50	3,94	-	3,30	3,
	V	74,06	3,01	5,92	6,66																		
	VI	75,53	3,18	6,04	6,79																		

Lohn/ Gehalt bis	Steuerklasse	Lohn-steuer	ohne Kinderfreibetrag SolZ 5,5%	Kirchensteuer 8%	9%	0,5 SolZ 5,5%	Kirchensteuer 8%	9%	1,0 SolZ 5,5%	Kirchensteuer 8%	9%	1,5 SolZ 5,5%	Kirchensteuer 8%	9%	2,0 SolZ 5,5%	Kirchensteuer 8%	9%	2,5 SolZ 5,5%	Kirchensteuer 8%	9%	3,0 SolZ 5,5%	Kirchensteuer 8%	9%
242,59 (West)	I	56,72	0,95	4,53	5,10	0,32	4,12	4,63	-	3,70	4,16	-	3,29	3,70	-	2,89	3,25	-	2,51	2,83	-	2,15	2,42
	II	51,75	0,35	4,14	4,65	-	3,72	4,18	-	3,31	3,72	-	2,91	3,27	-	2,53	2,85	-	2,17	2,44	-	1,83	2,06
	III	36,60	-	2,92	3,29	-	2,61	2,94	-	2,31	2,60	-	2,01	2,27	-	1,73	1,95	-	1,45	1,63	-	1,18	1,33
	IV	56,72	0,95	4,53	5,10	0,64	4,32	4,86	0,32	4,12	4,63	0,01	3,91	4,39	-	3,70	4,16	-	3,49	3,93	-	3,29	3,70
	V	73,86	2,99	5,90	6,64																		
	VI	75,34	3,16	6,02	6,78																		
242,59 (Ost)	I	56,95	0,97	4,55	5,12	0,35	4,13	4,65	-	3,72	4,18	-	3,30	3,72	-	2,91	3,27	-	2,53	2,85	-	2,17	2,44
	II	51,98	0,38	4,15	4,67	-	3,74	4,20	-	3,32	3,74	-	2,93	3,29	-	2,55	2,87	-	2,19	2,46	-	1,84	2,07
	III	36,77	-	2,94	3,30	-	2,63	2,95	-	2,32	2,61	-	2,03	2,28	-	1,74	1,96	-	1,46	1,65	-	1,20	1,35
	IV	56,95	0,97	4,55	5,12	0,66	4,34	4,89	0,35	4,13	4,65	0,04	3,92	4,42	-	3,72	4,18	-	3,51	3,95	-	3,30	3,72
	V	74,10	3,01	5,92	6,66																		
	VI	75,57	3,19	6,04	6,80																		
242,69 (West)	I	56,76	0,95	4,54	5,10	0,33	4,12	4,63	-	3,70	4,16	-	3,29	3,70	-	2,89	3,26	-	2,52	2,83	-	2,16	2,43
	II	51,78	0,36	4,14	4,66	-	3,72	4,19	-	3,31	3,72	-	2,91	3,28	-	2,53	2,85	-	2,17	2,45	-	1,83	2,06
	III	36,63	-	2,93	3,29	-	2,61	2,94	-	2,31	2,60	-	2,02	2,27	-	1,73	1,95	-	1,45	1,64	-	1,18	1,33
	IV	56,76	0,95	4,54	5,10	0,64	4,33	4,87	0,33	4,12	4,63	0,02	3,91	4,40	-	3,70	4,16	-	3,49	3,93	-	3,29	3,70
	V	73,90	2,99	5,91	6,65																		
	VI	75,38	3,17	6,03	6,78																		
242,69 (Ost)	I	56,99	0,98	4,55	5,12	0,36	4,14	4,65	-	3,72	4,18	-	3,31	3,72	-	2,91	3,28	-	2,53	2,85	-	2,17	2,44
	II	52,02	0,39	4,16	4,68	-	3,74	4,21	-	3,33	3,74	-	2,93	3,30	-	2,55	2,87	-	2,19	2,46	-	1,84	2,08
	III	36,81	-	2,94	3,31	-	2,63	2,96	-	2,32	2,62	-	2,03	2,28	-	1,74	1,96	-	1,47	1,65	-	1,20	1,35
	IV	56,99	0,98	4,55	5,12	0,67	4,35	4,89	0,36	4,14	4,65	0,05	3,93	4,42	-	3,72	4,18	-	3,51	3,95	-	3,31	3,72
	V	74,14	3,02	5,93	6,67																		
	VI	75,62	3,20	6,04	6,80																		
242,79 (West)	I	56,80	0,96	4,54	5,11	0,33	4,12	4,64	-	3,70	4,17	-	3,29	3,70	-	2,90	3,26	-	2,52	2,83	-	2,16	2,43
	II	51,82	0,36	4,14	4,66	-	3,72	4,19	-	3,31	3,73	-	2,92	3,28	-	2,54	2,86	-	2,18	2,45	-	1,83	2,06
	III	36,66	-	2,93	3,29	-	2,62	2,94	-	2,31	2,60	-	2,02	2,27	-	1,73	1,95	-	1,46	1,64	-	1,19	1,34
	IV	56,80	0,96	4,54	5,11	0,64	4,33	4,87	0,33	4,12	4,64	0,02	3,91	4,40	-	3,70	4,17	-	3,50	3,93	-	3,29	3,70
	V	73,94	3,00	5,91	6,65																		
	VI	75,42	3,17	6,03	6,78																		
242,79 (Ost)	I	57,03	0,98	4,56	5,13	0,36	4,14	4,66	-	3,72	4,19	-	3,31	3,72	-	2,92	3,28	-	2,54	2,85	-	2,18	2,45
	II	52,06	0,39	4,16	4,68	-	3,74	4,21	-	3,33	3,75	-	2,93	3,30	-	2,55	2,87	-	2,19	2,47	-	1,85	2,08
	III	36,84	-	2,94	3,31	-	2,63	2,96	-	2,33	2,62	-	2,03	2,29	-	1,75	1,96	-	1,47	1,65	-	1,20	1,35
	IV	57,03	0,98	4,56	5,13	0,67	4,35	4,89	0,36	4,14	4,66	0,05	3,93	4,42	-	3,72	4,19	-	3,51	3,95	-	3,31	3,72
	V	74,18	3,02	5,93	6,67																		
	VI	75,66	3,20	6,05	6,80																		
242,89 (West)	I	56,83	0,96	4,54	5,11	0,34	4,12	4,64	-	3,71	4,17	-	3,29	3,71	-	2,90	3,26	-	2,52	2,84	-	2,16	2,43
	II	51,86	0,37	4,14	4,66	-	3,73	4,19	-	3,31	3,73	-	2,92	3,28	-	2,54	2,86	-	2,18	2,45	-	1,83	2,06
	III	36,68	-	2,93	3,30	-	2,62	2,95	-	2,32	2,61	-	2,02	2,27	-	1,74	1,95	-	1,46	1,64	-	1,19	1,34
	IV	56,83	0,96	4,54	5,11	0,65	4,33	4,87	0,34	4,12	4,64	0,03	3,92	4,41	-	3,71	4,17	-	3,50	3,94	-	3,29	3,71
	V	73,98	3,00	5,91	6,65																		
	VI	75,46	3,18	6,03	6,79																		
242,89 (Ost)	I	57,08	0,99	4,56	5,13	0,37	4,14	4,66	-	3,73	4,19	-	3,31	3,73	-	2,92	3,28	-	2,54	2,86	-	2,18	2,45
	II	52,11	0,40	4,16	4,68	-	3,75	4,21	-	3,33	3,75	-	2,94	3,30	-	2,56	2,88	-	2,20	2,47	-	1,85	2,08
	III	36,87	-	2,94	3,31	-	2,63	2,96	-	2,33	2,62	-	2,03	2,29	-	1,75	1,97	-	1,47	1,65	-	1,20	1,35
	IV	57,08	0,99	4,56	5,13	0,68	4,35	4,90	0,37	4,14	4,66	0,06	3,93	4,43	-	3,73	4,19	-	3,52	3,96	-	3,31	3,73
	V	74,22	3,03	5,93	6,67																		
	VI	75,70	3,21	6,05	6,81																		
242,99 (West)	I	56,87	0,96	4,54	5,11	0,34	4,13	4,64	-	3,71	4,17	-	3,30	3,71	-	2,90	3,27	-	2,52	2,84	-	2,16	2,43
	II	51,90	0,37	4,15	4,67	-	3,73	4,20	-	3,32	3,73	-	2,92	3,29	-	2,54	2,86	-	2,18	2,45	-	1,84	2,07
	III	36,71	-	2,93	3,30	-	2,62	2,95	-	2,32	2,61	-	2,02	2,28	-	1,74	1,95	-	1,46	1,64	-	1,19	1,34
	IV	56,87	0,96	4,54	5,11	0,65	4,34	4,88	0,34	4,13	4,64	0,03	3,92	4,41	-	3,71	4,17	-	3,50	3,94	-	3,30	3,71
	V	74,02	3,00	5,92	6,66																		
	VI	75,50	3,18	6,04	6,79																		
242,99 (Ost)	I	57,12	0,99	4,56	5,14	0,37	4,15	4,67	-	3,73	4,20	-	3,32	3,73	-	2,92	3,29	-	2,54	2,86	-	2,18	2,45
	II	52,15	0,40	4,17	4,69	-	3,75	4,22	-	3,34	3,75	-	2,94	3,31	-	2,56	2,88	-	2,20	2,47	-	1,85	2,08
	III	36,90	-	2,95	3,32	-	2,64	2,97	-	2,33	2,62	-	2,04	2,29	-	1,75	1,97	-	1,47	1,66	-	1,20	1,35
	IV	57,12	0,99	4,56	5,14	0,68	4,36	4,90	0,37	4,15	4,67	0,06	3,94	4,43	-	3,73	4,20	-	3,52	3,96	-	3,32	3,73
	V	74,26	3,03	5,94	6,68																		
	VI	75,74	3,21	6,05	6,81																		
243,09 (West)	I	56,91	0,97	4,55	5,12	0,35	4,13	4,65	-	3,71	4,18	-	3,30	3,71	-	2,91	3,27	-	2,53	2,84	-	2,17	2,44
	II	51,94	0,38	4,15	4,67	-	3,73	4,20	-	3,32	3,74	-	2,92	3,29	-	2,55	2,86	-	2,18	2,46	-	1,84	2,07
	III	36,74	-	2,93	3,30	-	2,62	2,95	-	2,32	2,61	-	2,02	2,28	-	1,74	1,96	-	1,46	1,64	-	1,19	1,34
	IV	56,91	0,97	4,55	5,12	0,66	4,34	4,88	0,35	4,13	4,65	0,04	3,92	4,41	-	3,71	4,18	-	3,50	3,94	-	3,30	3,71
	V	74,06	3,01	5,92	6,66																		
	VI	75,53	3,19	6,04	6,79																		
243,09 (Ost)	I	57,16	1,00	4,57	5,14	0,38	4,15	4,67	-	3,73	4,20	-	3,32	3,74	-	2,92	3,29	-	2,55	2,86	-	2,18	2,46
	II	52,19	0,41	4,17	4,69	-	3,75	4,22	-	3,34	3,76	-	2,94	3,31	-	2,56	2,88	-	2,20	2,48	-	1,86	2,09
	III	36,93	-	2,95	3,32	-	2,64	2,97	-	2,33	2,63	-	2,04	2,29	-	1,75	1,97	-	1,48	1,66	-	1,21	1,36
	IV	57,16	1,00	4,57	5,14	0,69	4,36	4,90	0,38	4,15	4,67	0,07	3,94	4,43	-	3,73	4,20	-	3,52	3,96	-	3,32	3,74
	V	74,31	3,04	5,94	6,68																		
	VI	75,78	3,21	6,06	6,82																		
243,19 (West)	I	56,95	0,97	4,55	5,12	0,35	4,13	4,65	-	3,72	4,18	-	3,30	3,72	-	2,91	3,27	-	2,53	2,85	-	2,17	2,44
	II	51,98	0,38	4,15	4,67	-	3,74	4,20	-	3,32	3,74	-	2,93	3,29	-	2,55	2,87	-	2,19	2,46	-	1,84	2,07
	III	36,77	-	2,94	3,30	-	2,62	2,95	-	2,32	2,61	-	2,03	2,28	-	1,74	1,96	-	1,46	1,65	-	1,19	1,34
	IV	56,95	0,97	4,55	5,12	0,66	4,34	4,88	0,35	4,13	4,65	0,04	3,92	4,41	-	3,72	4,18	-	3,51	3,95	-	3,30	3,72
	V	74,09	3,01	5,92	6,66																		
	VI	75,57	3,19	6,04	6,80																		
243,19 (Ost)	I	57,20	1,00	4,57	5,14	0,38	4,15	4,67	-	3,74	4,20	-	3,32	3,74	-	2,93	3,29	-	2,55	2,87	-	2,19	2,46
	II	52,23	0,41	4,17	4,70	-	3,76	4,23	-	3,34	3,76	-	2,95	3,31	-	2,57	2,89	-	2,20	2,48	-	1,86	2,09
	III	36,97	-	2,95	3,32	-	2,64	2,97	-	2,34	2,63	-	2,04	2,30	-	1,76	1,98	-	1,48	1,66	-	1,21	1,36
	IV	57,20	1,00	4,57	5,14	0,69	4,36	4,91	0,38	4,15	4,67	0,07	3,94	4,44	-	3,74	4,20	-	3,53	3,97	-	3,32	3,74
	V	74,35	3,04	5,94	6,69																		
	VI	75,83	3,22	6,06	6,82																		

Anzahl Kinderfreibeträge (nur Steuerklassen I–IV): 0,5 / 1,0 / 1,5 / 2,0 / 2,5 / 3,0

Lohn/ Gehalt bis	Steuerklasse	Lohn-steuer	ohne Kinderfreibetrag SolZ 5,5%	ohne Kinderfreibetrag Kirchensteuer 8%	ohne Kinderfreibetrag Kirchensteuer 9%	0,5 SolZ 5,5%	0,5 Kirchensteuer 8%	0,5 Kirchensteuer 9%	1,0 SolZ 5,5%	1,0 Kirchensteuer 8%	1,0 Kirchensteuer 9%	1,5 SolZ 5,5%	1,5 Kirchensteuer 8%	1,5 Kirchensteuer 9%	2,0 SolZ 5,5%	2,0 Kirchensteuer 8%	2,0 Kirchensteuer 9%	2,5 SolZ 5,5%	2,5 Kirchensteuer 8%	2,5 Kirchensteuer 9%	3,0 SolZ 5,5%	3,0 Kirchensteuer 8%	3,0 Kirchensteuer 9%
243,29 (West)	I	56,98	0,98	4,55	5,12	0,36	4,14	4,65	-	3,72	4,18	-	3,31	3,72	-	2,91	3,28	-	2,53	2,85	-	2,17	2
	II	52,01	0,39	4,16	4,68	-	3,74	4,21	-	3,33	3,74	-	2,93	3,30	-	2,55	2,87	-	2,19	2,46	-	1,84	2
	III	36,80	-	2,94	3,31	-	2,63	2,96	-	2,32	2,61	-	2,03	2,28	-	1,74	1,96	-	1,47	1,65	-	1,20	1
	IV	56,98	0,98	4,55	5,12	0,67	4,34	4,89	0,36	4,14	4,65	0,05	3,93	4,42	-	3,72	4,18	-	3,51	3,95	-	3,31	3
	V	74,13	3,02	5,93	6,67																		
	VI	75,61	3,19	6,04	6,80																		
243,29 (Ost)	I	57,24	1,01	4,57	5,15	0,39	4,16	4,68	-	3,74	4,21	-	3,33	3,74	-	2,93	3,30	-	2,55	2,87	-	2,19	2
	II	52,27	0,42	4,18	4,70	-	3,76	4,23	-	3,35	3,76	-	2,95	3,32	-	2,57	2,89	-	2,21	2,48	-	1,86	2
	III	37,00	-	2,96	3,33	-	2,64	2,97	-	2,34	2,63	-	2,04	2,30	-	1,76	1,98	-	1,48	1,66	-	1,21	1,
	IV	57,24	1,01	4,57	5,15	0,70	4,37	4,91	0,39	4,16	4,68	0,08	3,95	4,44	-	3,74	4,21	-	3,53	3,97	-	3,33	3
	V	74,39	3,05	5,95	6,69																		
	VI	75,87	3,22	6,06	6,82																		
243,39 (West)	I	57,03	0,98	4,56	5,13	0,36	4,14	4,66	-	3,72	4,19	-	3,31	3,72	-	2,91	3,28	-	2,54	2,85	-	2,18	2
	II	52,06	0,39	4,16	4,68	-	3,74	4,21	-	3,33	3,75	-	2,93	3,30	-	2,55	2,87	-	2,19	2,47	-	1,85	2
	III	36,83	-	2,94	3,31	-	2,63	2,96	-	2,33	2,62	-	2,03	2,29	-	1,74	1,96	-	1,47	1,65	-	1,20	1
	IV	57,03	0,98	4,56	5,13	0,67	4,35	4,89	0,36	4,14	4,66	0,05	3,93	4,42	-	3,72	4,19	-	3,51	3,95	-	3,31	3
	V	74,17	3,02	5,93	6,67																		
	VI	75,65	3,20	6,05	6,80																		
243,39 (Ost)	I	57,28	1,01	4,58	5,15	0,39	4,16	4,68	-	3,74	4,21	-	3,33	3,75	-	2,93	3,30	-	2,55	2,87	-	2,19	2
	II	52,31	0,42	4,18	4,70	-	3,76	4,23	-	3,35	3,77	-	2,95	3,32	-	2,57	2,89	-	2,21	2,49	-	1,86	2
	III	37,03	-	2,96	3,33	-	2,64	2,98	-	2,34	2,63	-	2,05	2,30	-	1,76	1,98	-	1,48	1,67	-	1,21	1,
	IV	57,28	1,01	4,58	5,15	0,70	4,37	4,92	0,39	4,16	4,68	0,08	3,95	4,45	-	3,74	4,21	-	3,53	3,98	-	3,33	3,
	V	74,43	3,05	5,95	6,69																		
	VI	75,91	3,23	6,07	6,83																		
243,49 (West)	I	57,07	0,99	4,56	5,13	0,37	4,14	4,66	-	3,72	4,19	-	3,31	3,73	-	2,92	3,28	-	2,54	2,86	-	2,18	2
	II	52,10	0,40	4,16	4,68	-	3,75	4,21	-	3,33	3,75	-	2,94	3,30	-	2,56	2,88	-	2,20	2,47	-	1,85	2
	III	36,86	-	2,94	3,31	-	2,63	2,96	-	2,33	2,62	-	2,03	2,29	-	1,75	1,97	-	1,47	1,65	-	1,20	1
	IV	57,07	0,99	4,56	5,13	0,68	4,35	4,90	0,37	4,14	4,66	0,06	3,93	4,43	-	3,72	4,19	-	3,52	3,96	-	3,31	3
	V	74,21	3,03	5,93	6,67																		
	VI	75,69	3,20	6,05	6,81																		
243,49 (Ost)	I	57,33	1,02	4,58	5,15	0,40	4,16	4,68	-	3,75	4,21	-	3,33	3,75	-	2,94	3,30	-	2,56	2,88	-	2,20	2,
	II	52,36	0,43	4,18	4,71	-	3,77	4,24	-	3,35	3,77	-	2,96	3,33	-	2,58	2,90	-	2,21	2,49	-	1,87	2
	III	37,06	-	2,96	3,33	-	2,65	2,98	-	2,34	2,64	-	2,05	2,30	-	1,76	1,98	-	1,48	1,67	-	1,21	1,
	IV	57,33	1,02	4,58	5,15	0,71	4,37	4,92	0,40	4,16	4,68	0,09	3,96	4,45	-	3,75	4,21	-	3,54	3,98	-	3,33	3,
	V	74,48	3,06	5,95	6,70																		
	VI	75,95	3,24	6,07	6,83																		
243,59 (West)	I	57,11	0,99	4,56	5,13	0,37	4,15	4,67	-	3,73	4,19	-	3,32	3,73	-	2,92	3,29	-	2,54	2,86	-	2,18	2,
	II	52,14	0,40	4,17	4,69	-	3,75	4,22	-	3,34	3,75	-	2,94	3,31	-	2,56	2,88	-	2,20	2,47	-	1,85	2,
	III	36,90	-	2,95	3,32	-	2,64	2,97	-	2,33	2,62	-	2,04	2,29	-	1,75	1,97	-	1,47	1,66	-	1,20	1
	IV	57,11	0,99	4,56	5,13	0,68	4,36	4,90	0,37	4,15	4,67	0,06	3,94	4,43	-	3,73	4,19	-	3,52	3,96	-	3,32	3,
	V	74,26	3,03	5,94	6,68																		
	VI	75,73	3,21	6,05	6,81																		
243,59 (Ost)	I	57,37	1,02	4,58	5,16	0,40	4,17	4,69	-	3,75	4,22	-	3,34	3,75	-	2,94	3,31	-	2,56	2,88	-	2,20	2,
	II	52,40	0,43	4,19	4,71	-	3,77	4,24	-	3,36	3,78	-	2,96	3,33	-	2,58	2,90	-	2,22	2,49	-	1,87	2,
	III	37,09	-	2,96	3,33	-	2,65	2,98	-	2,35	2,64	-	2,05	2,31	-	1,76	1,98	-	1,49	1,67	-	1,22	1
	IV	57,37	1,02	4,58	5,16	0,71	4,38	4,92	0,40	4,17	4,69	0,09	3,96	4,45	-	3,75	4,22	-	3,54	3,98	-	3,34	3,
	V	74,52	3,06	5,96	6,70																		
	VI	76,00	3,24	6,08	6,84																		
243,69 (West)	I	57,15	1,00	4,57	5,14	0,38	4,15	4,67	-	3,73	4,20	-	3,32	3,73	-	2,92	3,29	-	2,54	2,86	-	2,18	2,
	II	52,18	0,41	4,17	4,69	-	3,75	4,22	-	3,34	3,76	-	2,94	3,31	-	2,56	2,88	-	2,20	2,48	-	1,86	2,
	III	36,93	-	2,95	3,32	-	2,64	2,97	-	2,33	2,63	-	2,04	2,29	-	1,75	1,97	-	1,47	1,66	-	1,20	1,
	IV	57,15	1,00	4,57	5,14	0,69	4,36	4,90	0,38	4,15	4,67	0,07	3,94	4,43	-	3,73	4,20	-	3,52	3,96	-	3,32	3,
	V	74,30	3,04	5,94	6,68																		
	VI	75,78	3,21	6,06	6,82																		
243,69 (Ost)	I	57,41	1,03	4,59	5,16	0,41	4,17	4,69	-	3,75	4,22	-	3,34	3,76	-	2,94	3,31	-	2,56	2,88	-	2,20	2,
	II	52,44	0,44	4,19	4,71	-	3,77	4,24	-	3,36	3,78	-	2,96	3,33	-	2,58	2,90	-	2,22	2,50	-	1,87	2,
	III	37,12	-	2,96	3,34	-	2,65	2,98	-	2,35	2,64	-	2,05	2,31	-	1,77	1,99	-	1,49	1,67	-	1,22	1,
	IV	57,41	1,03	4,59	5,16	0,72	4,38	4,93	0,41	4,17	4,69	0,10	3,96	4,46	-	3,75	4,22	-	3,54	3,99	-	3,34	3,
	V	74,56	3,07	5,96	6,71																		
	VI	76,04	3,25	6,08	6,84																		
243,79 (West)	I	57,19	1,00	4,57	5,14	0,38	4,15	4,67	-	3,74	4,20	-	3,32	3,74	-	2,93	3,29	-	2,55	2,87	-	2,19	2,
	II	52,22	0,41	4,17	4,69	-	3,76	4,23	-	3,34	3,76	-	2,95	3,31	-	2,57	2,89	-	2,20	2,48	-	1,86	2,
	III	36,96	-	2,95	3,32	-	2,64	2,97	-	2,34	2,63	-	2,04	2,30	-	1,75	1,97	-	1,48	1,66	-	1,21	1,
	IV	57,19	1,00	4,57	5,14	0,69	4,36	4,91	0,38	4,15	4,67	0,07	3,94	4,44	-	3,74	4,20	-	3,53	3,97	-	3,32	3,
	V	74,34	3,04	5,94	6,69																		
	VI	75,82	3,22	6,06	6,82																		
243,79 (Ost)	I	57,45	1,03	4,59	5,17	0,41	4,17	4,70	-	3,76	4,23	-	3,34	3,76	-	2,95	3,31	-	2,57	2,89	-	2,20	2,
	II	52,48	0,44	4,19	4,72	-	3,78	4,25	-	3,36	3,78	-	2,96	3,34	-	2,58	2,91	-	2,22	2,50	-	1,88	2,
	III	37,16	-	2,97	3,34	-	2,66	2,99	-	2,35	2,65	-	2,06	2,31	-	1,77	1,99	-	1,49	1,68	-	1,22	1,
	IV	57,45	1,03	4,59	5,17	0,72	4,38	4,93	0,41	4,17	4,70	0,10	3,96	4,46	-	3,76	4,23	-	3,55	3,99	-	3,34	3,
	V	74,60	3,07	5,96	6,71																		
	VI	76,08	3,25	6,08	6,84																		
243,89 (West)	I	57,23	1,01	4,57	5,15	0,39	4,16	4,68	-	3,74	4,21	-	3,33	3,74	-	2,93	3,30	-	2,55	2,87	-	2,19	2,
	II	52,26	0,42	4,18	4,70	-	3,76	4,23	-	3,35	3,76	-	2,95	3,32	-	2,57	2,89	-	2,21	2,48	-	1,86	2,
	III	36,99	-	2,95	3,32	-	2,64	2,97	-	2,34	2,63	-	2,04	2,30	-	1,76	1,98	-	1,48	1,66	-	1,21	1,
	IV	57,23	1,01	4,57	5,15	0,70	4,36	4,91	0,39	4,16	4,68	0,08	3,95	4,44	-	3,74	4,21	-	3,53	3,97	-	3,33	3,
	V	74,38	3,05	5,95	6,69																		
	VI	75,86	3,22	6,06	6,82																		
243,89 (Ost)	I	57,50	1,04	4,60	5,17	0,42	4,18	4,70	-	3,76	4,23	-	3,35	3,76	-	2,95	3,32	-	2,57	2,89	-	2,21	2,
	II	52,53	0,45	4,20	4,72	-	3,78	4,25	-	3,37	3,79	-	2,97	3,34	-	2,59	2,91	-	2,22	2,50	-	1,88	2,
	III	37,19	-	2,97	3,34	-	2,66	2,99	-	2,35	2,65	-	2,06	2,32	-	1,77	1,99	-	1,49	1,68	-	1,22	1,
	IV	57,50	1,04	4,60	5,17	0,73	4,39	4,93	0,42	4,18	4,70	0,11	3,97	4,46	-	3,76	4,23	-	3,55	4,00	-	3,35	3,
	V	74,64	3,08	5,97	6,71																		
	VI	76,12	3,25	6,08	6,85																		

Anzahl Kinderfreibeträge (nur Steuerklassen I–IV)

Lohn/ Gehalt bis	Steuerklasse	Lohn- steuer	ohne Kinderfreibetrag			Anzahl Kinderfreibeträge (nur Steuerklassen I–IV)																	
						0,5			1,0			1,5			2,0			2,5			3,0		
			SolZ 5,5%	Kirchensteuer 8%	Kirchensteuer 9%	SolZ 5,5%	Kirchensteuer 8%	Kirchensteuer 9%	SolZ 5,5%	Kirchensteuer 8%	Kirchensteuer 9%	SolZ 5,5%	Kirchensteuer 8%	Kirchensteuer 9%	SolZ 5,5%	Kirchensteuer 8%	Kirchensteuer 9%	SolZ 5,5%	Kirchensteuer 8%	Kirchensteuer 9%	SolZ 5,5%	Kirchensteuer 8%	Kirchensteuer 9%
243,99 *(West)*	I	57,28	1,01	4,58	5,15	0,39	4,16	4,68	–	3,74	4,21	–	3,33	3,75	–	2,93	3,30	–	2,55	2,87	–	2,19	2,47
	II	52,31	0,42	4,18	4,70	–	3,76	4,23	–	3,35	3,77	–	2,95	3,32	–	2,57	2,89	–	2,21	2,49	–	1,86	2,10
	III	37,02	–	2,96	3,33	–	2,64	2,98	–	2,34	2,63	–	2,05	2,30	–	1,76	1,98	–	1,48	1,67	–	1,21	1,36
	IV	57,28	1,01	4,58	5,15	0,70	4,37	4,91	0,39	4,16	4,68	0,08	3,95	4,45	–	3,74	4,21	–	3,53	3,98	–	3,33	3,75
	V	74,43	3,05	5,95	6,69																		
	VI	75,90	3,23	6,07	6,83																		
243,99 *(Ost)*	I	57,54	1,04	4,60	5,17	0,42	4,18	4,70	–	3,76	4,23	–	3,35	3,77	–	2,95	3,32	–	2,57	2,89	–	2,21	2,49
	II	52,57	0,45	4,20	4,73	–	3,78	4,26	–	3,37	3,79	–	2,97	3,34	–	2,59	2,91	–	2,23	2,51	–	1,88	2,12
	III	37,22	–	2,97	3,34	–	2,66	2,99	–	2,36	2,65	–	2,06	2,32	–	1,77	1,99	–	1,49	1,68	–	1,22	1,38
	IV	57,54	1,04	4,60	5,17	0,73	4,39	4,94	0,42	4,18	4,70	0,11	3,97	4,47	–	3,76	4,23	–	3,55	4,00	–	3,35	3,77
	V	74,68	3,08	5,97	6,72																		
	VI	76,16	3,26	6,09	6,85																		
244,09 *(West)*	I	57,32	1,02	4,58	5,15	0,40	4,16	4,68	–	3,75	4,21	–	3,33	3,75	–	2,94	3,30	–	2,56	2,88	–	2,20	2,47
	II	52,35	0,43	4,18	4,71	–	3,77	4,24	–	3,35	3,77	–	2,95	3,32	–	2,57	2,90	–	2,21	2,49	–	1,87	2,10
	III	37,05	–	2,96	3,33	–	2,65	2,98	–	2,34	2,64	–	2,05	2,30	–	1,76	1,98	–	1,48	1,67	–	1,21	1,37
	IV	57,32	1,02	4,58	5,15	0,71	4,37	4,92	0,40	4,16	4,68	0,09	3,95	4,45	–	3,75	4,21	–	3,54	3,98	–	3,33	3,75
	V	74,47	3,06	5,95	6,70																		
	VI	75,95	3,23	6,07	6,83																		
244,09 *(Ost)*	I	57,58	1,05	4,60	5,18	0,43	4,18	4,71	–	3,77	4,24	–	3,35	3,77	–	2,96	3,33	–	2,58	2,90	–	2,21	2,49
	II	52,61	0,46	4,20	4,73	–	3,79	4,26	–	3,37	3,79	–	2,97	3,35	–	2,59	2,92	–	2,23	2,51	–	1,88	2,12
	III	37,25	–	2,98	3,35	–	2,66	3,00	–	2,36	2,65	–	2,06	2,32	–	1,78	2,00	–	1,50	1,68	–	1,23	1,38
	IV	57,58	1,05	4,60	5,18	0,74	4,39	4,94	0,43	4,18	4,71	0,12	3,98	4,47	–	3,77	4,24	–	3,56	4,00	–	3,35	3,77
	V	74,73	3,09	5,97	6,72																		
	VI	76,20	3,26	6,09	6,85																		
244,19 *(West)*	I	57,36	1,02	4,58	5,16	0,40	4,17	4,69	–	3,75	4,22	–	3,34	3,75	–	2,94	3,31	–	2,56	2,88	–	2,20	2,47
	II	52,39	0,43	4,19	4,71	–	3,77	4,24	–	3,36	3,78	–	2,96	3,33	–	2,58	2,90	–	2,21	2,49	–	1,87	2,10
	III	37,08	–	2,96	3,33	–	2,65	2,98	–	2,35	2,64	–	2,05	2,31	–	1,76	1,98	–	1,48	1,67	–	1,22	1,37
	IV	57,36	1,02	4,58	5,16	0,71	4,38	4,92	0,40	4,17	4,69	0,09	3,96	4,45	–	3,75	4,22	–	3,54	3,98	–	3,34	3,75
	V	74,51	3,06	5,96	6,70																		
	VI	75,99	3,24	6,07	6,83																		
244,19 *(Ost)*	I	57,62	1,05	4,60	5,18	0,43	4,19	4,71	–	3,77	4,24	–	3,36	3,78	–	2,96	3,33	–	2,58	2,90	–	2,22	2,49
	II	52,65	0,46	4,21	4,73	–	3,79	4,26	–	3,38	3,80	–	2,98	3,35	–	2,60	2,92	–	2,23	2,51	–	1,89	2,12
	III	37,28	–	2,98	3,35	–	2,66	3,00	–	2,36	2,66	–	2,06	2,32	–	1,78	2,00	–	1,50	1,69	–	1,23	1,38
	IV	57,62	1,05	4,60	5,18	0,74	4,40	4,95	0,43	4,19	4,71	0,12	3,98	4,48	–	3,77	4,24	–	3,56	4,01	–	3,36	3,78
	V	74,77	3,09	5,98	6,72																		
	VI	76,25	3,27	6,10	6,86																		
244,29 *(West)*	I	57,40	1,03	4,59	5,16	0,41	4,17	4,69	–	3,75	4,22	–	3,34	3,76	–	2,94	3,31	–	2,56	2,88	–	2,20	2,48
	II	52,43	0,44	4,19	4,71	–	3,77	4,24	–	3,36	3,78	–	2,96	3,33	–	2,58	2,90	–	2,22	2,50	–	1,87	2,11
	III	37,12	–	2,96	3,34	–	2,65	2,98	–	2,35	2,64	–	2,05	2,31	–	1,77	1,99	–	1,49	1,67	–	1,22	1,37
	IV	57,40	1,03	4,59	5,16	0,72	4,38	4,93	0,41	4,17	4,69	0,10	3,96	4,46	–	3,75	4,22	–	3,54	3,99	–	3,34	3,76
	V	74,55	3,07	5,96	6,70																		
	VI	76,03	3,24	6,08	6,84																		
244,29 *(Ost)*	I	57,66	1,06	4,61	5,18	0,44	4,19	4,71	–	3,77	4,24	–	3,36	3,78	–	2,96	3,33	–	2,58	2,90	–	2,22	2,50
	II	52,69	0,47	4,21	4,74	–	3,79	4,27	–	3,38	3,80	–	2,98	3,35	–	2,60	2,92	–	2,24	2,52	–	1,89	2,12
	III	37,32	–	2,98	3,35	–	2,67	3,00	–	2,36	2,66	–	2,07	2,33	–	1,78	2,00	–	1,50	1,69	–	1,23	1,39
	IV	57,66	1,06	4,61	5,18	0,75	4,40	4,95	0,44	4,19	4,71	0,13	3,98	4,48	–	3,77	4,24	–	3,56	4,01	–	3,36	3,78
	V	74,81	3,10	5,98	6,73																		
	VI	76,29	3,27	6,10	6,86																		
244,39 *(West)*	I	57,45	1,03	4,59	5,17	0,41	4,17	4,69	–	3,76	4,23	–	3,34	3,76	–	2,95	3,31	–	2,57	2,89	–	2,20	2,48
	II	52,48	0,44	4,19	4,72	–	3,78	4,25	–	3,36	3,78	–	2,96	3,33	–	2,58	2,91	–	2,22	2,50	–	1,87	2,11
	III	37,15	–	2,97	3,34	–	2,65	2,99	–	2,35	2,64	–	2,06	2,31	–	1,77	1,99	–	1,49	1,68	–	1,22	1,37
	IV	57,45	1,03	4,59	5,17	0,72	4,38	4,93	0,41	4,17	4,69	0,10	3,96	4,46	–	3,76	4,23	–	3,55	3,99	–	3,34	3,76
	V	74,59	3,07	5,96	6,71																		
	VI	76,07	3,25	6,08	6,84																		
244,39 *(Ost)*	I	57,71	1,06	4,61	5,19	0,44	4,19	4,72	–	3,78	4,25	–	3,36	3,78	–	2,96	3,34	–	2,58	2,91	–	2,22	2,50
	II	52,73	0,47	4,21	4,74	–	3,80	4,27	–	3,38	3,80	–	2,98	3,36	–	2,60	2,93	–	2,24	2,52	–	1,89	2,13
	III	37,35	–	2,98	3,36	–	2,67	3,00	–	2,37	2,66	–	2,07	2,33	–	1,78	2,00	–	1,50	1,69	–	1,23	1,39
	IV	57,71	1,06	4,61	5,19	0,75	4,40	4,95	0,44	4,19	4,72	0,13	3,98	4,48	–	3,78	4,25	–	3,57	4,01	–	3,36	3,78
	V	74,85	3,10	5,98	6,73																		
	VI	76,33	3,28	6,10	6,86																		
244,49 *(West)*	I	57,49	1,04	4,59	5,17	0,42	4,18	4,70	–	3,76	4,23	–	3,35	3,76	–	2,95	3,32	–	2,57	2,89	–	2,21	2,48
	II	52,52	0,45	4,20	4,72	–	3,78	4,25	–	3,36	3,79	–	2,97	3,34	–	2,59	2,91	–	2,22	2,50	–	1,88	2,11
	III	37,18	–	2,97	3,34	–	2,66	2,99	–	2,35	2,65	–	2,06	2,31	–	1,77	1,99	–	1,49	1,68	–	1,22	1,37
	IV	57,49	1,04	4,59	5,17	0,73	4,39	4,93	0,42	4,18	4,70	0,11	3,97	4,46	–	3,76	4,23	–	3,55	3,99	–	3,35	3,76
	V	74,63	3,08	5,97	6,71																		
	VI	76,11	3,25	6,08	6,84																		
244,49 *(Ost)*	I	57,75	1,07	4,62	5,19	0,45	4,20	4,72	–	3,78	4,25	–	3,37	3,79	–	2,97	3,34	–	2,59	2,91	–	2,22	2,50
	II	52,78	0,48	4,22	4,75	–	3,80	4,28	–	3,39	3,81	–	2,99	3,36	–	2,61	2,93	–	2,24	2,52	–	1,89	2,13
	III	37,38	–	2,99	3,36	–	2,67	3,01	–	2,37	2,66	–	2,07	2,33	–	1,78	2,01	–	1,51	1,69	–	1,24	1,39
	IV	57,75	1,07	4,62	5,19	0,76	4,41	4,96	0,45	4,20	4,72	0,14	3,99	4,49	–	3,78	4,25	–	3,57	4,02	–	3,37	3,79
	V	74,90	3,11	5,99	6,74																		
	VI	76,37	3,29	6,10	6,87																		
244,59 *(West)*	I	57,53	1,04	4,60	5,17	0,42	4,18	4,70	–	3,76	4,23	–	3,35	3,77	–	2,95	3,32	–	2,57	2,89	–	2,21	2,49
	II	52,56	0,45	4,20	4,73	–	3,78	4,26	–	3,37	3,79	–	2,97	3,34	–	2,59	2,91	–	2,23	2,51	–	1,88	2,12
	III	37,21	–	2,97	3,34	–	2,66	2,99	–	2,36	2,65	–	2,06	2,32	–	1,77	1,99	–	1,49	1,68	–	1,22	1,38
	IV	57,53	1,04	4,60	5,17	0,73	4,39	4,94	0,42	4,18	4,70	0,11	3,97	4,47	–	3,76	4,23	–	3,55	4,00	–	3,35	3,77
	V	74,68	3,08	5,97	6,72																		
	VI	76,15	3,26	6,09	6,85																		
244,59 *(Ost)*	I	57,79	1,07	4,62	5,20	0,45	4,20	4,73	–	3,78	4,26	–	3,37	3,79	–	2,97	3,34	–	2,59	2,91	–	2,23	2,51
	II	52,82	0,48	4,22	4,75	–	3,80	4,28	–	3,39	3,81	–	2,99	3,36	–	2,61	2,93	–	2,24	2,52	–	1,90	2,13
	III	37,41	–	2,99	3,36	–	2,68	3,01	–	2,37	2,67	–	2,07	2,33	–	1,79	2,01	–	1,51	1,70	–	1,24	1,39
	IV	57,79	1,07	4,62	5,20	0,76	4,41	4,96	0,45	4,20	4,73	0,14	3,99	4,49	–	3,78	4,26	–	3,57	4,02	–	3,37	3,79
	V	74,94	3,11	5,99	6,74																		
	VI	76,41	3,29	6,11	6,87																		

Lohn/ Gehalt bis	Steuerklasse	Lohn- steuer	ohne Kinderfreibetrag SolZ 5,5%	Kirchensteuer 8%	9%	Anzahl Kinderfreibeträge (nur Steuerklassen I–IV) 0,5 SolZ 5,5%	Kirchensteuer 8%	9%	1,0 SolZ 5,5%	Kirchensteuer 8%	9%	1,5 SolZ 5,5%	Kirchensteuer 8%	9%	2,0 SolZ 5,5%	Kirchensteuer 8%	9%	2,5 SolZ 5,5%	Kirchensteuer 8%	9%	3,0 SolZ 5,5%	Kirchensteue 8%	9%
244,69 (West)	I	57,57	1,05	4,60	5,18	0,43	4,18	4,71	-	3,77	4,24	-	3,35	3,77	-	2,95	3,32	-	2,57	2,90	-	2,21	2,
	II	52,60	0,46	4,20	4,73	-	3,79	4,26	-	3,37	3,79	-	2,97	3,35	-	2,59	2,92	-	2,23	2,51	-	1,88	2,
	III	37,25	-	2,98	3,35	-	2,66	2,99	-	2,36	2,65	-	2,06	2,32	-	1,78	2,00	-	1,50	1,68	-	1,23	1,
	IV	57,57	1,05	4,60	5,18	0,74	4,39	4,94	0,43	4,18	4,71	0,12	3,97	4,47	-	3,77	4,24	-	3,56	4,00	-	3,35	3,
	V	74,72	3,09	5,97	6,72																		
	VI	76,20	3,26	6,09	6,85																		
244,69 (Ost)	I	57,83	1,08	4,62	5,20	0,46	4,20	4,73	-	3,79	4,26	-	3,37	3,79	-	2,97	3,35	-	2,59	2,92	-	2,23	2,
	II	52,86	0,49	4,22	4,75	-	3,81	4,28	-	3,39	3,82	-	2,99	3,37	-	2,61	2,94	-	2,25	2,53	-	1,90	2,
	III	37,45	-	2,99	3,37	-	2,68	3,01	-	2,37	2,67	-	2,08	2,34	-	1,79	2,01	-	1,51	1,70	-	1,24	1,
	IV	57,83	1,08	4,62	5,20	0,77	4,41	4,96	0,46	4,20	4,73	0,15	4,00	4,50	-	3,79	4,26	-	3,58	4,03	-	3,37	3,
	V	74,98	3,12	5,99	6,74																		
	VI	76,46	3,29	6,11	6,88																		
244,79 (West)	I	57,61	1,05	4,60	5,18	0,43	4,19	4,71	-	3,77	4,24	-	3,36	3,78	-	2,96	3,33	-	2,58	2,90	-	2,21	2,
	II	52,64	0,46	4,21	4,73	-	3,79	4,26	-	3,37	3,80	-	2,98	3,35	-	2,60	2,92	-	2,23	2,51	-	1,88	2,
	III	37,28	-	2,98	3,35	-	2,66	3,00	-	2,36	2,66	-	2,06	2,32	-	1,78	2,00	-	1,50	1,69	-	1,23	1,
	IV	57,61	1,05	4,60	5,18	0,74	4,40	4,95	0,43	4,19	4,71	0,12	3,98	4,48	-	3,77	4,24	-	3,56	4,01	-	3,36	3,
	V	74,76	3,09	5,98	6,72																		
	VI	76,24	3,27	6,09	6,86																		
244,79 (Ost)	I	57,87	1,08	4,62	5,20	0,46	4,21	4,73	-	3,79	4,26	-	3,38	3,80	-	2,98	3,35	-	2,60	2,92	-	2,23	2,
	II	52,90	0,49	4,23	4,76	-	3,81	4,29	-	3,40	3,82	-	3,00	3,37	-	2,61	2,94	-	2,25	2,53	-	1,90	2,
	III	37,47	-	2,99	3,37	-	2,68	3,02	-	2,38	2,67	-	2,08	2,34	-	1,79	2,02	-	1,51	1,70	-	1,24	1,
	IV	57,87	1,08	4,62	5,20	0,77	4,42	4,97	0,46	4,21	4,73	0,15	4,00	4,50	-	3,79	4,26	-	3,58	4,03	-	3,38	3,
	V	75,02	3,12	6,00	6,75																		
	VI	76,50	3,30	6,12	6,88																		
244,89 (West)	I	57,66	1,06	4,61	5,18	0,44	4,19	4,71	-	3,77	4,24	-	3,36	3,78	-	2,96	3,33	-	2,58	2,90	-	2,22	2,
	II	52,68	0,47	4,21	4,74	-	3,79	4,27	-	3,38	3,80	-	2,98	3,35	-	2,60	2,92	-	2,23	2,51	-	1,89	2,
	III	37,31	-	2,98	3,35	-	2,67	3,00	-	2,36	2,66	-	2,07	2,33	-	1,78	2,00	-	1,50	1,69	-	1,23	1,
	IV	57,66	1,06	4,61	5,18	0,75	4,40	4,95	0,44	4,19	4,71	0,13	3,98	4,48	-	3,77	4,24	-	3,56	4,01	-	3,36	3,
	V	74,80	3,10	5,98	6,73																		
	VI	76,28	3,27	6,10	6,86																		
244,89 (Ost)	I	57,91	1,09	4,63	5,21	0,47	4,21	4,74	-	3,79	4,27	-	3,38	3,80	-	2,98	3,35	-	2,60	2,92	-	2,24	2,
	II	52,95	0,50	4,23	4,76	-	3,81	4,29	-	3,40	3,82	-	3,00	3,37	-	2,62	2,95	-	2,25	2,53	-	1,90	2,
	III	37,51	-	3,00	3,37	-	2,68	3,02	-	2,38	2,68	-	2,08	2,34	-	1,79	2,02	-	1,51	1,70	-	1,24	1,
	IV	57,91	1,09	4,63	5,21	0,78	4,42	4,97	0,47	4,21	4,74	0,16	4,00	4,50	-	3,79	4,27	-	3,58	4,03	-	3,38	3,
	V	75,06	3,13	6,00	6,75																		
	VI	76,54	3,30	6,12	6,88																		
244,99 (West)	I	57,70	1,06	4,61	5,19	0,44	4,19	4,72	-	3,78	4,25	-	3,36	3,78	-	2,96	3,33	-	2,58	2,91	-	2,22	2,
	II	52,73	0,47	4,21	4,74	-	3,80	4,27	-	3,38	3,80	-	2,98	3,36	-	2,60	2,93	-	2,24	2,52	-	1,89	2,
	III	37,34	-	2,98	3,36	-	2,67	3,00	-	2,36	2,66	-	2,07	2,33	-	1,78	2,00	-	1,50	1,69	-	1,23	1,
	IV	57,70	1,06	4,61	5,19	0,75	4,40	4,95	0,44	4,19	4,72	0,13	3,98	4,48	-	3,78	4,25	-	3,57	4,01	-	3,36	3,
	V	74,85	3,10	5,98	6,73																		
	VI	76,32	3,28	6,10	6,86																		
244,99 (Ost)	I	57,96	1,09	4,63	5,21	0,47	4,21	4,74	-	3,80	4,27	-	3,38	3,80	-	2,98	3,36	-	2,60	2,93	-	2,24	2,
	II	52,99	0,50	4,23	4,76	-	3,82	4,29	-	3,40	3,83	-	3,00	3,38	-	2,62	2,95	-	2,26	2,54	-	1,91	2,
	III	37,54	-	3,00	3,37	-	2,68	3,02	-	2,38	2,68	-	2,08	2,34	-	1,80	2,02	-	1,52	1,71	-	1,25	1,
	IV	57,96	1,09	4,63	5,21	0,78	4,42	4,98	0,47	4,21	4,74	0,16	4,00	4,51	-	3,80	4,27	-	3,59	4,04	-	3,38	3,
	V	75,11	3,13	6,00	6,75																		
	VI	76,58	3,31	6,12	6,89																		
245,09 (West)	I	57,74	1,07	4,61	5,19	0,45	4,20	4,72	-	3,78	4,25	-	3,36	3,79	-	2,97	3,34	-	2,59	2,91	-	2,22	2,
	II	52,77	0,48	4,22	4,74	-	3,80	4,27	-	3,38	3,81	-	2,99	3,36	-	2,60	2,93	-	2,24	2,52	-	1,89	2,
	III	37,37	-	2,98	3,36	-	2,67	3,01	-	2,37	2,66	-	2,07	2,33	-	1,78	2,01	-	1,50	1,69	-	1,24	1,
	IV	57,74	1,07	4,61	5,19	0,76	4,41	4,96	0,45	4,20	4,72	0,14	3,99	4,49	-	3,78	4,25	-	3,57	4,02	-	3,36	3,
	V	74,89	3,11	5,99	6,74																		
	VI	76,36	3,28	6,10	6,87																		
245,09 (Ost)	I	58,00	1,10	4,64	5,22	0,48	4,22	4,75	-	3,80	4,28	-	3,39	3,81	-	2,99	3,36	-	2,61	2,93	-	2,24	2,
	II	53,03	0,51	4,24	4,77	-	3,82	4,30	-	3,40	3,83	-	3,01	3,38	-	2,62	2,95	-	2,26	2,54	-	1,91	2,
	III	37,57	-	3,00	3,38	-	2,69	3,02	-	2,38	2,68	-	2,09	2,35	-	1,80	2,02	-	1,52	1,71	-	1,25	1,
	IV	58,00	1,10	4,64	5,22	0,79	4,43	4,98	0,48	4,22	4,75	0,17	4,01	4,51	-	3,80	4,28	-	3,59	4,04	-	3,39	3,
	V	75,15	3,14	6,01	6,76																		
	VI	76,62	3,31	6,12	6,89																		
245,19 (West)	I	57,78	1,07	4,62	5,20	0,45	4,20	4,73	-	3,78	4,26	-	3,37	3,79	-	2,97	3,34	-	2,59	2,91	-	2,23	2,
	II	52,81	0,48	4,22	4,75	-	3,80	4,28	-	3,39	3,81	-	2,99	3,36	-	2,61	2,93	-	2,24	2,52	-	1,90	2,
	III	37,41	-	2,99	3,36	-	2,67	3,01	-	2,37	2,67	-	2,07	2,33	-	1,79	2,01	-	1,51	1,70	-	1,24	1,
	IV	57,78	1,07	4,62	5,20	0,76	4,41	4,96	0,45	4,20	4,73	0,14	3,99	4,49	-	3,78	4,26	-	3,57	4,02	-	3,37	3,
	V	74,93	3,11	5,99	6,74																		
	VI	76,41	3,29	6,11	6,87																		
245,19 (Ost)	I	58,04	1,10	4,64	5,22	0,48	4,22	4,75	-	3,80	4,28	-	3,39	3,81	-	2,99	3,36	-	2,61	2,93	-	2,24	2,
	II	53,07	0,51	4,24	4,77	-	3,82	4,30	-	3,41	3,83	-	3,01	3,39	-	2,63	2,96	-	2,26	2,54	-	1,91	2,
	III	37,60	-	3,00	3,38	-	2,69	3,03	-	2,38	2,68	-	2,09	2,35	-	1,80	2,03	-	1,52	1,71	-	1,25	1,
	IV	58,04	1,10	4,64	5,22	0,79	4,43	4,98	0,48	4,22	4,75	0,17	4,01	4,51	-	3,80	4,28	-	3,59	4,04	-	3,39	3,
	V	75,19	3,14	6,01	6,76																		
	VI	76,67	3,32	6,13	6,90																		
245,29 (West)	I	57,82	1,08	4,62	5,20	0,46	4,20	4,73	-	3,79	4,26	-	3,37	3,79	-	2,97	3,35	-	2,59	2,92	-	2,23	2,
	II	52,85	0,49	4,22	4,75	-	3,81	4,28	-	3,39	3,82	-	2,99	3,37	-	2,61	2,94	-	2,25	2,53	-	1,90	2,
	III	37,43	-	2,99	3,36	-	2,68	3,01	-	2,37	2,67	-	2,08	2,34	-	1,79	2,01	-	1,51	1,70	-	1,24	1,
	IV	57,82	1,08	4,62	5,20	0,77	4,41	4,96	0,46	4,20	4,73	0,15	3,99	4,49	-	3,79	4,26	-	3,58	4,02	-	3,37	3,
	V	74,97	3,12	5,99	6,74																		
	VI	76,45	3,29	6,11	6,88																		
245,29 (Ost)	I	58,08	1,11	4,64	5,22	0,49	4,22	4,75	-	3,81	4,28	-	3,39	3,82	-	2,99	3,37	-	2,61	2,94	-	2,25	2,
	II	53,11	0,52	4,24	4,77	-	3,83	4,31	-	3,41	3,84	-	3,01	3,39	-	2,63	2,96	-	2,26	2,55	-	1,92	2,
	III	37,63	-	3,01	3,38	-	2,69	3,03	-	2,39	2,69	-	2,09	2,35	-	1,80	2,03	-	1,52	1,71	-	1,25	1,
	IV	58,08	1,11	4,64	5,22	0,80	4,43	4,99	0,49	4,22	4,75	0,18	4,02	4,52	-	3,81	4,28	-	3,60	4,05	-	3,39	3,
	V	75,23	3,15	6,01	6,77																		
	VI	76,71	3,33	6,13	6,90																		

Allgemeine Tabelle

TAG bis 245,99 €

Lohn/ Gehalt bis	Steuerklasse	Lohn-steuer	ohne Kinderfreibetrag SolZ 5,5%	Kirchensteuer 8%	Kirchensteuer 9%	0,5 SolZ 5,5%	Kirchensteuer 8%	Kirchensteuer 9%	1,0 SolZ 5,5%	Kirchensteuer 8%	Kirchensteuer 9%	1,5 SolZ 5,5%	Kirchensteuer 8%	Kirchensteuer 9%	2,0 SolZ 5,5%	Kirchensteuer 8%	Kirchensteuer 9%	2,5 SolZ 5,5%	Kirchensteuer 8%	Kirchensteuer 9%	3,0 SolZ 5,5%	Kirchensteuer 8%	Kirchensteuer 9%
245,39 (West)	I	57,86	1,08	4,62	5,20	0,46	4,21	4,73	-	3,79	4,26	-	3,37	3,80	-	2,98	3,35	-	2,60	2,92	-	2,23	2,51
	II	52,90	0,49	4,23	4,76	-	3,81	4,29	-	3,39	3,82	-	3,00	3,37	-	2,61	2,94	-	2,25	2,53	-	1,90	2,14
	III	37,47	-	2,99	3,37	-	2,68	3,01	-	2,37	2,67	-	2,08	2,34	-	1,79	2,02	-	1,51	1,70	-	1,24	1,40
	IV	57,86	1,08	4,62	5,20	0,77	4,42	4,97	0,46	4,21	4,73	0,15	4,00	4,50	-	3,79	4,26	-	3,58	4,03	-	3,37	3,80
	V	75,01	3,12	6,00	6,75																		
	VI	76,49	3,30	6,11	6,88																		
245,39 (Ost)	I	58,13	1,11	4,65	5,23	0,49	4,23	4,76	-	3,81	4,29	-	3,40	3,82	-	3,00	3,37	-	2,61	2,94	-	2,25	2,53
	II	53,16	0,52	4,25	4,78	-	3,83	4,31	-	3,41	3,84	-	3,02	3,39	-	2,63	2,96	-	2,27	2,55	-	1,92	2,16
	III	37,67	-	3,01	3,39	-	2,70	3,03	-	2,39	2,69	-	2,09	2,35	-	1,80	2,03	-	1,53	1,72	-	1,25	1,41
	IV	58,13	1,11	4,65	5,23	0,80	4,44	4,99	0,49	4,23	4,76	0,18	4,02	4,52	-	3,81	4,29	-	3,60	4,05	-	3,40	3,82
	V	75,27	3,15	6,02	6,77																		
	VI	76,75	3,33	6,14	6,90																		
245,49 (West)	I	57,91	1,09	4,63	5,21	0,47	4,21	4,74	-	3,79	4,27	-	3,38	3,80	-	2,98	3,35	-	2,60	2,92	-	2,23	2,51
	II	52,94	0,50	4,23	4,76	-	3,81	4,29	-	3,40	3,82	-	3,00	3,37	-	2,62	2,94	-	2,25	2,53	-	1,90	2,14
	III	37,50	-	3,00	3,37	-	2,68	3,02	-	2,38	2,67	-	2,08	2,34	-	1,79	2,02	-	1,51	1,70	-	1,24	1,40
	IV	57,91	1,09	4,63	5,21	0,78	4,42	4,97	0,47	4,21	4,74	0,16	4,00	4,50	-	3,79	4,27	-	3,58	4,03	-	3,38	3,80
	V	75,06	3,13	6,00	6,75																		
	VI	76,53	3,30	6,12	6,88																		
245,49 (Ost)	I	58,17	1,12	4,65	5,23	0,50	4,23	4,76	-	3,81	4,29	-	3,40	3,82	-	3,00	3,37	-	2,62	2,95	-	2,25	2,53
	II	53,20	0,53	4,25	4,78	-	3,83	4,31	-	3,42	3,85	-	3,02	3,40	-	2,64	2,97	-	2,27	2,55	-	1,92	2,16
	III	37,70	-	3,01	3,39	-	2,70	3,03	-	2,39	2,69	-	2,10	2,36	-	1,81	2,03	-	1,53	1,72	-	1,26	1,41
	IV	58,17	1,12	4,65	5,23	0,81	4,44	5,00	0,50	4,23	4,76	0,19	4,02	4,52	-	3,81	4,29	-	3,60	4,05	-	3,40	3,82
	V	75,31	3,16	6,02	6,77																		
	VI	76,79	3,33	6,14	6,91																		
245,59 (West)	I	57,95	1,09	4,63	5,21	0,47	4,21	4,74	-	3,80	4,27	-	3,38	3,80	-	2,98	3,36	-	2,60	2,93	-	2,24	2,52
	II	52,98	0,50	4,23	4,76	-	3,82	4,29	-	3,40	3,83	-	3,00	3,38	-	2,62	2,95	-	2,25	2,54	-	1,91	2,15
	III	37,53	-	3,00	3,37	-	2,68	3,02	-	2,38	2,68	-	2,08	2,34	-	1,80	2,02	-	1,52	1,71	-	1,25	1,40
	IV	57,95	1,09	4,63	5,21	0,78	4,42	4,98	0,47	4,21	4,74	0,16	4,00	4,50	-	3,80	4,27	-	3,59	4,04	-	3,38	3,80
	V	75,10	3,13	6,00	6,75																		
	VI	76,57	3,31	6,12	6,89																		
245,59 (Ost)	I	58,21	1,12	4,65	5,23	0,50	4,23	4,76	-	3,82	4,29	-	3,40	3,83	-	3,00	3,38	-	2,62	2,95	-	2,26	2,54
	II	53,24	0,53	4,25	4,79	-	3,84	4,32	-	3,42	3,85	-	3,02	3,40	-	2,64	2,97	-	2,27	2,56	-	1,92	2,16
	III	37,73	-	3,01	3,39	-	2,70	3,04	-	2,39	2,69	-	2,10	2,36	-	1,81	2,04	-	1,53	1,72	-	1,26	1,42
	IV	58,21	1,12	4,65	5,23	0,81	4,44	5,00	0,50	4,23	4,76	0,19	4,03	4,53	-	3,82	4,29	-	3,61	4,06	-	3,40	3,83
	V	75,36	3,16	6,02	6,78																		
	VI	76,83	3,34	6,14	6,91																		
245,69 (West)	I	57,99	1,10	4,63	5,21	0,48	4,22	4,74	-	3,80	4,27	-	3,38	3,81	-	2,99	3,36	-	2,60	2,93	-	2,24	2,52
	II	53,02	0,51	4,24	4,77	-	3,82	4,30	-	3,40	3,83	-	3,00	3,38	-	2,62	2,95	-	2,26	2,54	-	1,91	2,15
	III	37,56	-	3,00	3,38	-	2,69	3,02	-	2,38	2,68	-	2,09	2,35	-	1,80	2,02	-	1,52	1,71	-	1,25	1,40
	IV	57,99	1,10	4,63	5,21	0,79	4,43	4,98	0,48	4,22	4,74	0,17	4,01	4,51	-	3,80	4,27	-	3,59	4,04	-	3,38	3,81
	V	75,14	3,14	6,01	6,76																		
	VI	76,61	3,31	6,12	6,89																		
245,69 (Ost)	I	58,25	1,13	4,66	5,24	0,51	4,24	4,77	-	3,82	4,30	-	3,40	3,83	-	3,01	3,38	-	2,62	2,95	-	2,26	2,54
	II	53,28	0,54	4,26	4,79	-	3,84	4,32	-	3,42	3,85	-	3,02	3,40	-	2,64	2,97	-	2,28	2,56	-	1,93	2,17
	III	37,76	-	3,02	3,39	-	2,70	3,04	-	2,40	2,70	-	2,10	2,36	-	1,81	2,04	-	1,53	1,72	-	1,26	1,42
	IV	58,25	1,13	4,66	5,24	0,82	4,45	5,00	0,51	4,24	4,77	0,20	4,03	4,53	-	3,82	4,30	-	3,61	4,06	-	3,40	3,83
	V	75,40	3,17	6,03	6,78																		
	VI	76,88	3,34	6,15	6,91																		
245,79 (West)	I	58,03	1,10	4,64	5,22	0,48	4,22	4,75	-	3,80	4,28	-	3,39	3,81	-	2,99	3,36	-	2,61	2,93	-	2,24	2,52
	II	53,06	0,51	4,24	4,77	-	3,82	4,30	-	3,41	3,83	-	3,01	3,38	-	2,63	2,95	-	2,26	2,54	-	1,91	2,15
	III	37,60	-	3,00	3,38	-	2,69	3,03	-	2,38	2,68	-	2,09	2,35	-	1,80	2,03	-	1,52	1,71	-	1,25	1,41
	IV	58,03	1,10	4,64	5,22	0,79	4,43	4,98	0,48	4,22	4,75	0,17	4,01	4,51	-	3,80	4,28	-	3,59	4,04	-	3,39	3,81
	V	75,18	3,14	6,01	6,76																		
	VI	76,66	3,32	6,13	6,89																		
245,79 (Ost)	I	58,29	1,13	4,66	5,24	0,51	4,24	4,77	-	3,82	4,30	-	3,41	3,83	-	3,01	3,39	-	2,63	2,96	-	2,26	2,54
	II	53,32	0,54	4,26	4,79	-	3,84	4,32	-	3,43	3,86	-	3,03	3,41	-	2,64	2,97	-	2,28	2,56	-	1,93	2,17
	III	37,80	-	3,02	3,40	-	2,70	3,04	-	2,40	2,70	-	2,10	2,37	-	1,81	2,04	-	1,53	1,73	-	1,26	1,42
	IV	58,29	1,13	4,66	5,24	0,82	4,45	5,01	0,51	4,24	4,77	0,20	4,03	4,54	-	3,82	4,30	-	3,61	4,07	-	3,41	3,83
	V	75,44	3,17	6,03	6,78																		
	VI	76,92	3,35	6,15	6,92																		
245,89 (West)	I	58,08	1,11	4,64	5,22	0,49	4,22	4,75	-	3,81	4,28	-	3,39	3,82	-	2,99	3,37	-	2,61	2,94	-	2,25	2,53
	II	53,11	0,52	4,24	4,77	-	3,83	4,30	-	3,41	3,84	-	3,01	3,39	-	2,63	2,96	-	2,26	2,55	-	1,92	2,16
	III	37,63	-	3,01	3,38	-	2,69	3,03	-	2,39	2,69	-	2,09	2,35	-	1,80	2,03	-	1,52	1,71	-	1,25	1,41
	IV	58,08	1,11	4,64	5,22	0,80	4,43	4,99	0,49	4,22	4,75	0,18	4,01	4,52	-	3,81	4,28	-	3,60	4,05	-	3,39	3,82
	V	75,22	3,15	6,01	6,76																		
	VI	76,70	3,32	6,13	6,90																		
245,89 (Ost)	I	58,33	1,14	4,66	5,24	0,52	4,24	4,77	-	3,83	4,31	-	3,41	3,84	-	3,01	3,39	-	2,63	2,96	-	2,26	2,55
	II	53,36	0,55	4,26	4,80	-	3,85	4,33	-	3,43	3,86	-	3,03	3,41	-	2,65	2,98	-	2,28	2,57	-	1,93	2,17
	III	37,83	-	3,02	3,40	-	2,71	3,05	-	2,40	2,70	-	2,10	2,37	-	1,82	2,04	-	1,54	1,73	-	1,26	1,42
	IV	58,33	1,14	4,66	5,24	0,83	4,45	5,01	0,52	4,24	4,77	0,21	4,04	4,54	-	3,83	4,31	-	3,62	4,07	-	3,41	3,84
	V	75,48	3,18	6,03	6,79																		
	VI	76,96	3,35	6,15	6,92																		
245,99 (West)	I	58,12	1,11	4,64	5,23	0,49	4,23	4,76	-	3,81	4,29	-	3,39	3,82	-	3,00	3,37	-	2,61	2,94	-	2,25	2,53
	II	53,15	0,52	4,25	4,78	-	3,83	4,31	-	3,41	3,84	-	3,01	3,39	-	2,63	2,96	-	2,27	2,55	-	1,92	2,16
	III	37,66	-	3,01	3,38	-	2,69	3,03	-	2,39	2,69	-	2,09	2,35	-	1,80	2,03	-	1,52	1,72	-	1,25	1,41
	IV	58,12	1,11	4,64	5,23	0,80	4,44	4,99	0,49	4,23	4,76	0,18	4,02	4,52	-	3,81	4,29	-	3,60	4,05	-	3,39	3,82
	V	75,26	3,15	6,02	6,77																		
	VI	76,74	3,33	6,13	6,90																		
245,99 (Ost)	I	58,38	1,14	4,67	5,25	0,52	4,25	4,78	-	3,83	4,31	-	3,41	3,84	-	3,02	3,39	-	2,63	2,96	-	2,27	2,55
	II	53,41	0,55	4,27	4,80	-	3,85	4,33	-	3,43	3,86	-	3,03	3,41	-	2,65	2,98	-	2,28	2,57	-	1,94	2,18
	III	37,86	-	3,02	3,40	-	2,71	3,05	-	2,40	2,70	-	2,11	2,37	-	1,82	2,05	-	1,54	1,73	-	1,27	1,43
	IV	58,38	1,14	4,67	5,25	0,83	4,46	5,01	0,52	4,25	4,78	0,21	4,04	4,54	-	3,83	4,31	-	3,62	4,07	-	3,41	3,84
	V	75,53	3,18	6,04	6,79																		
	VI	77,00	3,36	6,16	6,93																		

Anzahl Kinderfreibeträge (nur Steuerklassen I–IV): 0,5 / 1,0 / 1,5 / 2,0 / 2,5 / 3,0

Lohn/ Gehalt bis	Steuerklasse	Lohnsteuer	ohne Kinderfreibetrag SolZ 5,5%	Kirchensteuer 8%	9%	0,5 SolZ 5,5%	Kirchensteuer 8%	9%	1,0 SolZ 5,5%	Kirchensteuer 8%	9%	1,5 SolZ 5,5%	Kirchensteuer 8%	9%	2,0 SolZ 5,5%	Kirchensteuer 8%	9%	2,5 SolZ 5,5%	Kirchensteuer 8%	9%	3,0 SolZ 5,5%	Kirchensteuer 8%	9%
						Anzahl Kinderfreibeträge (nur Steuerklassen I–IV)																	
246,09 (West)	I	58,16	1,12	4,65	5,23	0,50	4,23	4,76	-	3,81	4,29	-	3,40	3,82	-	3,00	3,37	-	2,62	2,94	-	2,25	2
	II	53,19	0,53	4,25	4,78	-	3,83	4,31	-	3,42	3,85	-	3,02	3,40	-	2,63	2,96	-	2,27	2,55	-	1,92	2
	III	37,69	-	3,01	3,39	-	2,70	3,03	-	2,39	2,69	-	2,10	2,36	-	1,81	2,03	-	1,53	1,72	-	1,26	1
	IV	58,16	1,12	4,65	5,23	0,81	4,44	4,99	0,50	4,23	4,76	0,19	4,02	4,52	-	3,81	4,29	-	3,60	4,05	-	3,40	3
	V	75,31	3,16	6,02	6,77																		
	VI	76,78	3,33	6,14	6,91																		
246,09 (Ost)	I	58,42	1,15	4,67	5,25	0,53	4,25	4,78	-	3,83	4,31	-	3,42	3,85	-	3,02	3,40	-	2,64	2,97	-	2,27	2
	II	53,45	0,56	4,27	4,81	-	3,85	4,34	-	3,44	3,87	-	3,04	3,42	-	2,65	2,99	-	2,29	2,57	-	1,94	2
	III	37,89	-	3,03	3,41	-	2,71	3,05	-	2,41	2,71	-	2,11	2,37	-	1,82	2,05	-	1,54	1,73	-	1,27	1
	IV	58,42	1,15	4,67	5,25	0,84	4,46	5,02	0,53	4,25	4,78	0,22	4,04	4,55	-	3,83	4,31	-	3,62	4,08	-	3,42	3
	V	75,57	3,19	6,04	6,80																		
	VI	77,05	3,37	6,16	6,93																		
246,19 (West)	I	58,20	1,12	4,65	5,23	0,50	4,23	4,76	-	3,82	4,29	-	3,40	3,83	-	3,00	3,38	-	2,62	2,95	-	2,25	2
	II	53,23	0,53	4,25	4,79	-	3,84	4,32	-	3,42	3,85	-	3,02	3,40	-	2,64	2,97	-	2,27	2,56	-	1,92	2
	III	37,72	-	3,01	3,39	-	2,70	3,04	-	2,39	2,69	-	2,10	2,36	-	1,81	2,04	-	1,53	1,72	-	1,26	1
	IV	58,20	1,12	4,65	5,23	0,81	4,44	5,00	0,50	4,23	4,76	0,19	4,02	4,53	-	3,82	4,29	-	3,61	4,06	-	3,40	3
	V	75,35	3,16	6,02	6,78																		
	VI	76,83	3,34	6,14	6,91																		
246,19 (Ost)	I	58,46	1,15	4,67	5,26	0,53	4,25	4,79	-	3,84	4,32	-	3,42	3,85	-	3,02	3,40	-	2,64	2,97	-	2,27	2
	II	53,49	0,56	4,27	4,81	-	3,86	4,34	-	3,44	3,87	-	3,04	3,42	-	2,66	2,99	-	2,29	2,58	-	1,94	2
	III	37,92	-	3,03	3,41	-	2,72	3,06	-	2,41	2,71	-	2,11	2,38	-	1,82	2,05	-	1,54	1,74	-	1,27	1
	IV	58,46	1,15	4,67	5,26	0,84	4,46	5,02	0,53	4,25	4,79	0,22	4,05	4,55	-	3,84	4,32	-	3,63	4,08	-	3,42	3
	V	75,61	3,19	6,04	6,80																		
	VI	77,09	3,37	6,16	6,93																		
246,29 (West)	I	58,24	1,13	4,65	5,24	0,51	4,24	4,77	-	3,82	4,30	-	3,40	3,83	-	3,00	3,38	-	2,62	2,95	-	2,26	2
	II	53,27	0,54	4,26	4,79	-	3,84	4,32	-	3,42	3,85	-	3,02	3,40	-	2,64	2,97	-	2,28	2,56	-	1,93	2
	III	37,76	-	3,02	3,39	-	2,70	3,04	-	2,40	2,70	-	2,10	2,36	-	1,81	2,04	-	1,53	1,72	-	1,26	1
	IV	58,24	1,13	4,65	5,24	0,82	4,45	5,00	0,51	4,24	4,77	0,20	4,03	4,53	-	3,82	4,30	-	3,61	4,06	-	3,40	3
	V	75,39	3,17	6,03	6,78																		
	VI	76,87	3,34	6,14	6,91																		
246,29 (Ost)	I	58,50	1,16	4,68	5,26	0,54	4,26	4,79	-	3,84	4,32	-	3,42	3,85	-	3,02	3,40	-	2,64	2,97	-	2,28	2
	II	53,53	0,57	4,28	4,81	-	3,86	4,34	-	3,44	3,87	-	3,04	3,42	-	2,66	2,99	-	2,29	2,58	-	1,94	2
	III	37,96	-	3,03	3,41	-	2,72	3,06	-	2,41	2,71	-	2,11	2,38	-	1,83	2,05	-	1,55	1,74	-	1,27	1
	IV	58,50	1,16	4,68	5,26	0,85	4,47	5,03	0,54	4,26	4,79	0,23	4,05	4,56	-	3,84	4,32	-	3,63	4,09	-	3,42	3
	V	75,65	3,20	6,05	6,80																		
	VI	77,13	3,37	6,17	6,94																		
246,39 (West)	I	58,28	1,13	4,66	5,24	0,51	4,24	4,77	-	3,82	4,30	-	3,41	3,83	-	3,01	3,38	-	2,63	2,95	-	2,26	2
	II	53,31	0,54	4,26	4,79	-	3,84	4,32	-	3,43	3,86	-	3,03	3,41	-	2,64	2,97	-	2,28	2,56	-	1,93	2
	III	37,79	-	3,02	3,40	-	2,70	3,04	-	2,40	2,70	-	2,10	2,36	-	1,81	2,04	-	1,53	1,73	-	1,26	1
	IV	58,28	1,13	4,66	5,24	0,82	4,45	5,01	0,51	4,24	4,77	0,20	4,03	4,54	-	3,82	4,30	-	3,61	4,07	-	3,41	3
	V	75,43	3,17	6,03	6,78																		
	VI	76,91	3,35	6,15	6,92																		
246,39 (Ost)	I	58,55	1,16	4,68	5,26	0,54	4,26	4,79	-	3,84	4,32	-	3,43	3,86	-	3,03	3,41	-	2,64	2,97	-	2,28	2
	II	53,58	0,57	4,28	4,82	-	3,86	4,35	-	3,45	3,88	-	3,05	3,43	-	2,66	3,00	-	2,30	2,58	-	1,95	2
	III	37,98	-	3,03	3,41	-	2,72	3,06	-	2,41	2,72	-	2,12	2,38	-	1,83	2,06	-	1,55	1,74	-	1,28	1
	IV	58,55	1,16	4,68	5,26	0,85	4,47	5,03	0,54	4,26	4,79	0,23	4,05	4,56	-	3,84	4,32	-	3,63	4,09	-	3,43	3
	V	75,69	3,20	6,05	6,81																		
	VI	77,17	3,38	6,17	6,94																		
246,49 (West)	I	58,33	1,14	4,66	5,24	0,52	4,24	4,77	-	3,83	4,30	-	3,41	3,84	-	3,01	3,39	-	2,63	2,96	-	2,26	2
	II	53,36	0,55	4,26	4,80	-	3,85	4,33	-	3,43	3,86	-	3,03	3,41	-	2,65	2,98	-	2,28	2,57	-	1,93	2
	III	37,82	-	3,02	3,40	-	2,71	3,05	-	2,40	2,70	-	2,10	2,37	-	1,82	2,04	-	1,54	1,73	-	1,26	1
	IV	58,33	1,14	4,66	5,24	0,83	4,45	5,01	0,52	4,24	4,77	0,21	4,04	4,54	-	3,83	4,30	-	3,62	4,07	-	3,41	3
	V	75,48	3,18	6,03	6,79																		
	VI	76,95	3,35	6,15	6,92																		
246,49 (Ost)	I	58,59	1,17	4,68	5,27	0,55	4,26	4,80	-	3,85	4,33	-	3,43	3,86	-	3,03	3,41	-	2,65	2,98	-	2,28	2
	II	53,62	0,58	4,28	4,82	-	3,87	4,35	-	3,45	3,88	-	3,05	3,43	-	2,67	3,00	-	2,30	2,59	-	1,95	2
	III	38,02	-	3,04	3,42	-	2,72	3,06	-	2,42	2,72	-	2,12	2,38	-	1,83	2,06	-	1,55	1,74	-	1,28	1,
	IV	58,59	1,17	4,68	5,27	0,86	4,47	5,03	0,55	4,26	4,80	0,24	4,06	4,56	-	3,85	4,33	-	3,64	4,09	-	3,43	3
	V	75,73	3,21	6,05	6,81																		
	VI	77,21	3,38	6,17	6,94																		
246,59 (West)	I	58,37	1,14	4,66	5,25	0,52	4,25	4,78	-	3,83	4,31	-	3,41	3,84	-	3,01	3,39	-	2,63	2,96	-	2,27	2
	II	53,40	0,55	4,27	4,80	-	3,85	4,33	-	3,43	3,86	-	3,03	3,41	-	2,65	2,98	-	2,28	2,57	-	1,93	2,
	III	37,85	-	3,02	3,40	-	2,71	3,05	-	2,40	2,70	-	2,11	2,37	-	1,82	2,05	-	1,54	1,73	-	1,27	1,
	IV	58,37	1,14	4,66	5,25	0,83	4,46	5,01	0,52	4,25	4,78	0,21	4,04	4,54	-	3,83	4,31	-	3,62	4,07	-	3,41	3,
	V	75,52	3,18	6,04	6,79																		
	VI	77,00	3,36	6,16	6,93																		
246,59 (Ost)	I	58,63	1,17	4,69	5,27	0,55	4,27	4,80	-	3,85	4,33	-	3,43	3,86	-	3,03	3,41	-	2,65	2,98	-	2,28	2,
	II	53,66	0,58	4,29	4,82	-	3,87	4,35	-	3,45	3,89	-	3,05	3,43	-	2,67	3,00	-	2,30	2,59	-	1,95	2,
	III	38,05	-	3,04	3,42	-	2,72	3,07	-	2,42	2,72	-	2,12	2,39	-	1,83	2,06	-	1,55	1,75	-	1,28	1,
	IV	58,63	1,17	4,69	5,27	0,86	4,48	5,04	0,55	4,27	4,80	0,24	4,06	4,57	-	3,85	4,33	-	3,64	4,10	-	3,43	3,
	V	75,78	3,21	6,06	6,82																		
	VI	77,25	3,39	6,18	6,95																		
246,69 (West)	I	58,41	1,15	4,67	5,25	0,53	4,25	4,78	-	3,83	4,31	-	3,42	3,85	-	3,02	3,40	-	2,63	2,96	-	2,27	2,
	II	53,44	0,56	4,27	4,80	-	3,85	4,33	-	3,44	3,87	-	3,04	3,42	-	2,65	2,98	-	2,29	2,57	-	1,94	2,
	III	37,88	-	3,03	3,40	-	2,71	3,05	-	2,41	2,71	-	2,11	2,37	-	1,82	2,05	-	1,54	1,73	-	1,27	1,
	IV	58,41	1,15	4,67	5,25	0,84	4,46	5,02	0,53	4,25	4,78	0,22	4,04	4,55	-	3,83	4,31	-	3,62	4,08	-	3,42	3,
	V	75,56	3,19	6,04	6,80																		
	VI	77,04	3,36	6,16	6,93																		
246,69 (Ost)	I	58,67	1,18	4,69	5,28	0,56	4,27	4,81	-	3,85	4,34	-	3,44	3,87	-	3,04	3,42	-	2,65	2,99	-	2,29	2,
	II	53,70	0,59	4,29	4,83	-	3,87	4,36	-	3,46	3,89	-	3,06	3,44	-	2,67	3,01	-	2,30	2,59	-	1,95	2,
	III	38,08	-	3,04	3,42	-	2,73	3,07	-	2,42	2,72	-	2,12	2,39	-	1,83	2,06	-	1,55	1,75	-	1,28	1,
	IV	58,67	1,18	4,69	5,28	0,87	4,48	5,04	0,56	4,27	4,81	0,25	4,06	4,57	-	3,85	4,34	-	3,64	4,10	-	3,44	3,
	V	75,82	3,22	6,06	6,82																		
	VI	77,30	3,39	6,18	6,95																		

Lohn/ Gehalt bis	Steuerklasse	Lohnsteuer	ohne Kinderfreibetrag			Anzahl Kinderfreibeträge (nur Steuerklassen I–IV)																	
						0,5			1,0			1,5			2,0			2,5			3,0		
			SolZ 5,5%	Kirchensteuer 8%	Kirchensteuer 9%	SolZ 5,5%	Kirchensteuer 8%	Kirchensteuer 9%	SolZ 5,5%	Kirchensteuer 8%	Kirchensteuer 9%	SolZ 5,5%	Kirchensteuer 8%	Kirchensteuer 9%	SolZ 5,5%	Kirchensteuer 8%	Kirchensteuer 9%	SolZ 5,5%	Kirchensteuer 8%	Kirchensteuer 9%	SolZ 5,5%	Kirchensteuer 8%	Kirchensteuer 9%
246,79 (West)	I	58,45	1,15	4,67	5,26	0,53	4,25	4,79	-	3,84	4,32	-	3,42	3,85	-	3,02	3,40	-	2,64	2,97	-	2,27	2,56
	II	53,48	0,56	4,27	4,81	-	3,86	4,34	-	3,44	3,87	-	3,04	3,42	-	2,66	2,99	-	2,29	2,58	-	1,94	2,18
	III	37,92	-	3,03	3,41	-	2,71	3,05	-	2,41	2,71	-	2,11	2,38	-	1,82	2,05	-	1,54	1,74	-	1,27	1,43
	IV	58,45	1,15	4,67	5,26	0,84	4,46	5,02	0,53	4,25	4,79	0,22	4,04	4,55	-	3,84	4,32	-	3,63	4,08	-	3,42	3,85
	V	75,60	3,19	6,04	6,80																		
	VI	77,08	3,37	6,16	6,93																		
246,79 (Ost)	I	58,71	1,18	4,69	5,28	0,56	4,27	4,81	-	3,86	4,34	-	3,44	3,87	-	3,04	3,42	-	2,66	2,99	-	2,29	2,58
	II	53,74	0,59	4,29	4,83	-	3,88	4,36	-	3,46	3,89	-	3,06	3,44	-	2,67	3,01	-	2,31	2,60	-	1,96	2,20
	III	38,12	-	3,04	3,43	-	2,73	3,07	-	2,42	2,73	-	2,13	2,39	-	1,84	2,07	-	1,56	1,75	-	1,28	1,45
	IV	58,71	1,18	4,69	5,28	0,87	4,48	5,04	0,56	4,27	4,81	0,25	4,07	4,57	-	3,86	4,34	-	3,65	4,10	-	3,44	3,87
	V	75,86	3,22	6,06	6,82																		
	VI	77,34	3,40	6,18	6,96																		
246,89 (West)	I	58,50	1,16	4,68	5,26	0,54	4,26	4,79	-	3,84	4,32	-	3,42	3,85	-	3,02	3,40	-	2,64	2,97	-	2,28	2,56
	II	53,53	0,57	4,28	4,81	-	3,86	4,34	-	3,44	3,87	-	3,04	3,42	-	2,66	2,99	-	2,29	2,58	-	1,94	2,19
	III	37,95	-	3,03	3,41	-	2,72	3,06	-	2,41	2,71	-	2,11	2,38	-	1,82	2,05	-	1,54	1,74	-	1,27	1,43
	IV	58,50	1,16	4,68	5,26	0,85	4,47	5,02	0,54	4,26	4,79	0,23	4,05	4,55	-	3,84	4,32	-	3,63	4,08	-	3,42	3,85
	V	75,64	3,20	6,05	6,80																		
	VI	77,12	3,37	6,16	6,94																		
246,89 (Ost)	I	58,76	1,19	4,70	5,28	0,57	4,28	4,81	-	3,86	4,34	-	3,44	3,87	-	3,04	3,42	-	2,66	2,99	-	2,29	2,58
	II	53,78	0,60	4,30	4,84	-	3,88	4,37	-	3,46	3,90	-	3,06	3,45	-	2,68	3,01	-	2,31	2,60	-	1,96	2,20
	III	38,15	-	3,05	3,43	-	2,73	3,07	-	2,43	2,73	-	2,13	2,39	-	1,84	2,07	-	1,56	1,75	-	1,29	1,45
	IV	58,76	1,19	4,70	5,28	0,88	4,49	5,05	0,57	4,28	4,81	0,26	4,07	4,58	-	3,86	4,34	-	3,65	4,11	-	3,44	3,87
	V	75,90	3,23	6,07	6,83																		
	VI	77,38	3,41	6,19	6,96																		
246,99 (West)	I	58,54	1,16	4,68	5,26	0,54	4,26	4,79	-	3,84	4,32	-	3,43	3,86	-	3,03	3,41	-	2,64	2,97	-	2,28	2,56
	II	53,57	0,57	4,28	4,82	-	3,86	4,35	-	3,45	3,88	-	3,05	3,43	-	2,66	2,99	-	2,30	2,58	-	1,95	2,19
	III	37,98	-	3,03	3,41	-	2,72	3,06	-	2,41	2,71	-	2,12	2,38	-	1,83	2,06	-	1,55	1,74	-	1,28	1,44
	IV	58,54	1,16	4,68	5,26	0,85	4,47	5,03	0,54	4,26	4,79	0,23	4,05	4,56	-	3,84	4,32	-	3,63	4,09	-	3,43	3,86
	V	75,68	3,20	6,05	6,81																		
	VI	77,16	3,38	6,17	6,94																		
246,99 (Ost)	I	58,80	1,19	4,70	5,29	0,57	4,28	4,82	-	3,86	4,35	-	3,45	3,88	-	3,05	3,43	-	2,66	3,00	-	2,30	2,58
	II	53,83	0,60	4,30	4,84	-	3,88	4,37	-	3,47	3,90	-	3,07	3,45	-	2,68	3,02	-	2,31	2,60	-	1,96	2,21
	III	38,18	-	3,05	3,43	-	2,74	3,08	-	2,43	2,73	-	2,13	2,40	-	1,84	2,07	-	1,56	1,76	-	1,29	1,45
	IV	58,80	1,19	4,70	5,29	0,88	4,49	5,05	0,57	4,28	4,82	0,26	4,07	4,58	-	3,86	4,35	-	3,65	4,11	-	3,45	3,88
	V	75,95	3,23	6,07	6,83																		
	VI	77,42	3,41	6,19	6,96																		
247,09 (West)	I	58,58	1,17	4,68	5,27	0,55	4,26	4,80	-	3,85	4,33	-	3,43	3,86	-	3,03	3,41	-	2,65	2,98	-	2,28	2,57
	II	53,61	0,58	4,28	4,82	-	3,87	4,35	-	3,45	3,88	-	3,05	3,43	-	2,66	3,00	-	2,30	2,59	-	1,95	2,19
	III	38,01	-	3,04	3,42	-	2,72	3,06	-	2,42	2,72	-	2,12	2,38	-	1,83	2,06	-	1,55	1,74	-	1,28	1,44
	IV	58,58	1,17	4,68	5,27	0,86	4,47	5,03	0,55	4,26	4,80	0,24	4,06	4,56	-	3,85	4,33	-	3,64	4,09	-	3,43	3,86
	V	75,73	3,21	6,05	6,81																		
	VI	77,20	3,38	6,17	6,94																		
247,09 (Ost)	I	58,84	1,20	4,70	5,29	0,58	4,28	4,82	-	3,87	4,35	-	3,45	3,88	-	3,05	3,43	-	2,67	3,00	-	2,30	2,59
	II	53,87	0,61	4,30	4,84	-	3,89	4,37	-	3,47	3,90	-	3,07	3,45	-	2,68	3,02	-	2,32	2,61	-	1,96	2,21
	III	38,21	-	3,05	3,43	-	2,74	3,08	-	2,43	2,74	-	2,13	2,40	-	1,84	2,07	-	1,56	1,76	-	1,29	1,45
	IV	58,84	1,20	4,70	5,29	0,89	4,49	5,06	0,58	4,28	4,82	0,27	4,08	4,59	-	3,87	4,35	-	3,66	4,12	-	3,45	3,88
	V	75,99	3,24	6,07	6,83																		
	VI	77,46	3,41	6,19	6,97																		
247,19 (West)	I	58,62	1,17	4,68	5,27	0,55	4,27	4,80	-	3,85	4,33	-	3,43	3,86	-	3,03	3,41	-	2,65	2,98	-	2,28	2,57
	II	53,65	0,58	4,29	4,82	-	3,87	4,35	-	3,45	3,89	-	3,05	3,43	-	2,67	3,00	-	2,30	2,59	-	1,95	2,19
	III	38,05	-	3,04	3,42	-	2,72	3,06	-	2,42	2,72	-	2,12	2,39	-	1,83	2,06	-	1,55	1,75	-	1,28	1,44
	IV	58,62	1,17	4,68	5,27	0,86	4,48	5,04	0,55	4,27	4,80	0,24	4,06	4,57	-	3,85	4,33	-	3,64	4,10	-	3,43	3,86
	V	75,77	3,21	6,06	6,81																		
	VI	77,25	3,39	6,18	6,95																		
247,19 (Ost)	I	58,88	1,20	4,71	5,29	0,58	4,29	4,82	-	3,87	4,35	-	3,45	3,89	-	3,05	3,43	-	2,67	3,00	-	2,30	2,59
	II	53,91	0,61	4,31	4,85	-	3,89	4,38	-	3,47	3,91	-	3,07	3,46	-	2,69	3,02	-	2,32	2,61	-	1,97	2,21
	III	38,25	-	3,06	3,44	-	2,74	3,08	-	2,43	2,74	-	2,14	2,40	-	1,85	2,08	-	1,57	1,76	-	1,29	1,45
	IV	58,88	1,20	4,71	5,29	0,89	4,50	5,06	0,58	4,29	4,82	0,27	4,08	4,59	-	3,87	4,35	-	3,66	4,12	-	3,45	3,89
	V	76,03	3,24	6,08	6,84																		
	VI	77,51	3,42	6,20	6,97																		
247,29 (West)	I	58,66	1,18	4,69	5,27	0,56	4,27	4,80	-	3,85	4,33	-	3,44	3,87	-	3,04	3,42	-	2,65	2,98	-	2,29	2,57
	II	53,69	0,59	4,29	4,83	-	3,87	4,36	-	3,46	3,89	-	3,06	3,44	-	2,67	3,01	-	2,30	2,59	-	1,95	2,20
	III	38,08	-	3,04	3,42	-	2,73	3,07	-	2,42	2,72	-	2,12	2,39	-	1,83	2,06	-	1,55	1,75	-	1,28	1,44
	IV	58,66	1,18	4,69	5,27	0,87	4,48	5,04	0,56	4,27	4,80	0,25	4,06	4,57	-	3,85	4,33	-	3,64	4,10	-	3,44	3,87
	V	75,81	3,22	6,06	6,82																		
	VI	77,29	3,39	6,18	6,95																		
247,29 (Ost)	I	58,92	1,21	4,71	5,30	0,59	4,29	4,83	-	3,87	4,36	-	3,46	3,89	-	3,06	3,44	-	2,67	3,01	-	2,30	2,59
	II	53,95	0,62	4,31	4,85	-	3,89	4,38	-	3,48	3,91	-	3,08	3,46	-	2,69	3,03	-	2,32	2,61	-	1,97	2,22
	III	38,27	-	3,06	3,44	-	2,74	3,08	-	2,44	2,74	-	2,14	2,41	-	1,85	2,08	-	1,57	1,76	-	1,30	1,46
	IV	58,92	1,21	4,71	5,30	0,90	4,50	5,06	0,59	4,29	4,83	0,28	4,08	4,59	-	3,87	4,36	-	3,66	4,12	-	3,46	3,89
	V	76,07	3,25	6,08	6,84																		
	VI	77,55	3,42	6,20	6,97																		
247,39 (West)	I	58,71	1,18	4,69	5,28	0,56	4,27	4,81	-	3,86	4,34	-	3,44	3,87	-	3,04	3,42	-	2,66	2,99	-	2,29	2,58
	II	53,73	0,59	4,29	4,83	-	3,88	4,36	-	3,46	3,89	-	3,06	3,44	-	2,67	3,01	-	2,31	2,60	-	1,96	2,20
	III	38,11	-	3,04	3,42	-	2,73	3,07	-	2,42	2,73	-	2,13	2,39	-	1,84	2,07	-	1,56	1,75	-	1,28	1,44
	IV	58,71	1,18	4,69	5,28	0,87	4,48	5,04	0,56	4,27	4,81	0,25	4,06	4,57	-	3,86	4,34	-	3,65	4,10	-	3,44	3,87
	V	75,85	3,22	6,06	6,82																		
	VI	77,33	3,40	6,18	6,95																		
247,39 (Ost)	I	58,96	1,21	4,71	5,30	0,59	4,29	4,83	-	3,88	4,36	-	3,46	3,89	-	3,06	3,44	-	2,67	3,01	-	2,31	2,60
	II	54,00	0,62	4,32	4,86	-	3,90	4,38	-	3,48	3,92	-	3,08	3,46	-	2,69	3,03	-	2,32	2,61	-	1,97	2,22
	III	38,31	-	3,06	3,44	-	2,74	3,09	-	2,44	2,74	-	2,14	2,41	-	1,85	2,08	-	1,57	1,77	-	1,30	1,46
	IV	58,96	1,21	4,71	5,30	0,90	4,50	5,07	0,59	4,29	4,83	0,28	4,09	4,60	-	3,88	4,36	-	3,67	4,13	-	3,46	3,89
	V	76,11	3,25	6,08	6,84																		
	VI	77,59	3,43	6,20	6,98																		

Lohn/ Gehalt bis	Steuerklasse	Lohn-steuer	ohne Kinderfreibetrag SolZ 5,5%	Kirchensteuer 8%	9%	0,5 SolZ 5,5%	Kirchensteuer 8%	9%	1,0 SolZ 5,5%	Kirchensteuer 8%	9%	1,5 SolZ 5,5%	Kirchensteuer 8%	9%	2,0 SolZ 5,5%	Kirchensteuer 8%	9%	2,5 SolZ 5,5%	Kirchensteuer 8%	9%	3,0 SolZ 5,5%	Kirchensteuer 8%	9%
						Anzahl Kinderfreibeträge (nur Steuerklassen I–IV)																	
247,49 (West)	I	58,75	1,19	4,70	5,28	0,57	4,28	4,81	-	3,86	4,34	-	3,44	3,87	-	3,04	3,42	-	2,66	2,99	-	2,29	2,
	II	53,78	0,60	4,30	4,84	-	3,88	4,37	-	3,46	3,90	-	3,06	3,44	-	2,68	3,01	-	2,31	2,60	-	1,96	2,
	III	38,14	-	3,05	3,43	-	2,73	3,07	-	2,43	2,73	-	2,13	2,39	-	1,84	2,07	-	1,56	1,75	-	1,29	1,
	IV	58,75	1,19	4,70	5,28	0,88	4,49	5,05	0,57	4,28	4,81	0,26	4,07	4,58	-	3,86	4,34	-	3,65	4,11	-	3,44	3,
	V	75,90	3,23	6,07	6,83																		
	VI	77,37	3,40	6,18	6,96																		
247,49 (Ost)	I	59,01	1,22	4,72	5,31	0,60	4,30	4,84	-	3,88	4,37	-	3,46	3,90	-	3,06	3,45	-	2,68	3,01	-	2,31	2
	II	54,04	0,63	4,32	4,86	0,01	3,90	4,39	-	3,48	3,92	-	3,08	3,47	-	2,70	3,03	-	2,33	2,62	-	1,98	2
	III	38,34	-	3,06	3,45	-	2,75	3,09	-	2,44	2,75	-	2,14	2,41	-	1,85	2,08	-	1,57	1,77	-	1,30	1,
	IV	59,01	1,22	4,72	5,31	0,91	4,51	5,07	0,60	4,30	4,84	0,29	4,09	4,60	-	3,88	4,37	-	3,67	4,13	-	3,46	3,
	V	76,16	3,26	6,09	6,85																		
	VI	77,63	3,43	6,21	6,98																		
247,59 (West)	I	58,79	1,19	4,70	5,29	0,57	4,28	4,82	-	3,86	4,35	-	3,45	3,88	-	3,05	3,43	-	2,66	2,99	-	2,30	2,
	II	53,82	0,60	4,30	4,84	-	3,88	4,37	-	3,47	3,90	-	3,06	3,45	-	2,68	3,02	-	2,31	2,60	-	1,96	2,
	III	38,17	-	3,05	3,43	-	2,73	3,08	-	2,43	2,73	-	2,13	2,40	-	1,84	2,07	-	1,56	1,76	-	1,29	1,
	IV	58,79	1,19	4,70	5,29	0,88	4,49	5,05	0,57	4,28	4,82	0,26	4,07	4,58	-	3,86	4,35	-	3,65	4,11	-	3,45	3,
	V	75,94	3,23	6,07	6,83																		
	VI	77,41	3,41	6,19	6,96																		
247,59 (Ost)	I	59,05	1,22	4,72	5,31	0,60	4,30	4,84	-	3,88	4,37	-	3,47	3,90	-	3,07	3,45	-	2,68	3,02	-	2,31	2,
	II	54,08	0,63	4,32	4,86	0,01	3,90	4,39	-	3,49	3,92	-	3,08	3,47	-	2,70	3,04	-	2,33	2,62	-	1,98	2,
	III	38,37	-	3,06	3,45	-	2,75	3,09	-	2,44	2,75	-	2,14	2,41	-	1,86	2,09	-	1,57	1,77	-	1,30	1,
	IV	59,05	1,22	4,72	5,31	0,91	4,51	5,07	0,60	4,30	4,84	0,29	4,09	4,60	-	3,88	4,37	-	3,68	4,14	-	3,47	3,
	V	76,20	3,26	6,09	6,85																		
	VI	77,67	3,44	6,21	6,99																		
247,69 (West)	I	58,83	1,20	4,70	5,29	0,58	4,28	4,82	-	3,87	4,35	-	3,45	3,88	-	3,05	3,43	-	2,66	3,00	-	2,30	2,
	II	53,86	0,61	4,30	4,84	-	3,89	4,37	-	3,47	3,90	-	3,07	3,45	-	2,68	3,02	-	2,32	2,61	-	1,96	2,
	III	38,21	-	3,05	3,43	-	2,74	3,08	-	2,43	2,73	-	2,13	2,40	-	1,84	2,07	-	1,56	1,76	-	1,29	1,
	IV	58,83	1,20	4,70	5,29	0,89	4,49	5,05	0,58	4,28	4,82	0,27	4,08	4,59	-	3,87	4,35	-	3,66	4,12	-	3,45	3,
	V	75,98	3,24	6,07	6,83																		
	VI	77,46	3,41	6,19	6,97																		
247,69 (Ost)	I	59,09	1,23	4,72	5,31	0,61	4,30	4,84	-	3,89	4,37	-	3,47	3,90	-	3,07	3,45	-	2,68	3,02	-	2,32	2,
	II	54,12	0,64	4,32	4,87	0,02	3,91	4,40	-	3,49	3,93	-	3,09	3,47	-	2,70	3,04	-	2,33	2,62	-	1,98	2,
	III	38,41	-	3,07	3,45	-	2,75	3,10	-	2,45	2,75	-	2,15	2,42	-	1,86	2,09	-	1,58	1,77	-	1,30	1,
	IV	59,09	1,23	4,72	5,31	0,92	4,51	5,08	0,61	4,30	4,84	0,30	4,10	4,61	-	3,89	4,37	-	3,68	4,14	-	3,47	3,
	V	76,24	3,27	6,09	6,86																		
	VI	77,72	3,45	6,21	6,99																		
247,79 (West)	I	58,87	1,20	4,70	5,29	0,58	4,29	4,82	-	3,87	4,35	-	3,45	3,89	-	3,05	3,43	-	2,67	3,00	-	2,30	2,
	II	53,90	0,61	4,31	4,85	-	3,89	4,38	-	3,47	3,91	-	3,07	3,46	-	2,69	3,02	-	2,32	2,61	-	1,97	2,
	III	38,23	-	3,05	3,44	-	2,74	3,08	-	2,43	2,74	-	2,14	2,40	-	1,85	2,08	-	1,56	1,76	-	1,29	1,
	IV	58,87	1,20	4,70	5,29	0,89	4,50	5,06	0,58	4,29	4,82	0,27	4,08	4,59	-	3,87	4,35	-	3,66	4,12	-	3,45	3,
	V	76,02	3,24	6,08	6,84																		
	VI	77,50	3,42	6,20	6,97																		
247,79 (Ost)	I	59,13	1,23	4,73	5,32	0,61	4,31	4,85	-	3,89	4,38	-	3,47	3,91	-	3,07	3,46	-	2,69	3,02	-	2,32	2,
	II	54,16	0,64	4,33	4,87	0,02	3,91	4,40	-	3,49	3,93	-	3,09	3,48	-	2,70	3,04	-	2,34	2,63	-	1,98	2,
	III	38,43	-	3,07	3,45	-	2,76	3,10	-	2,45	2,75	-	2,15	2,42	-	1,86	2,09	-	1,58	1,78	-	1,31	1,
	IV	59,13	1,23	4,73	5,32	0,92	4,52	5,08	0,61	4,31	4,85	0,30	4,10	4,61	-	3,89	4,38	-	3,68	4,14	-	3,47	3,
	V	76,28	3,27	6,10	6,86																		
	VI	77,76	3,45	6,22	6,99																		
247,89 (West)	I	58,91	1,21	4,71	5,30	0,59	4,29	4,83	-	3,87	4,36	-	3,46	3,89	-	3,06	3,44	-	2,67	3,01	-	2,30	2,
	II	53,95	0,62	4,31	4,85	-	3,89	4,38	-	3,48	3,91	-	3,07	3,46	-	2,69	3,03	-	2,32	2,61	-	1,97	2,
	III	38,27	-	3,06	3,44	-	2,74	3,08	-	2,44	2,74	-	2,14	2,40	-	1,85	2,08	-	1,57	1,76	-	1,30	1,
	IV	58,91	1,21	4,71	5,30	0,90	4,50	5,06	0,59	4,29	4,83	0,28	4,08	4,59	-	3,87	4,36	-	3,66	4,12	-	3,46	3,
	V	76,06	3,25	6,08	6,84																		
	VI	77,54	3,42	6,20	6,97																		
247,89 (Ost)	I	59,18	1,24	4,73	5,32	0,62	4,31	4,85	-	3,89	4,38	-	3,48	3,91	-	3,08	3,46	-	2,69	3,03	-	2,32	2,
	II	54,21	0,65	4,33	4,87	0,03	3,91	4,40	-	3,50	3,93	-	3,09	3,48	-	2,71	3,05	-	2,34	2,63	-	1,99	2,
	III	38,47	-	3,07	3,46	-	2,76	3,10	-	2,45	2,76	-	2,15	2,42	-	1,86	2,09	-	1,58	1,78	-	1,31	1,
	IV	59,18	1,24	4,73	5,32	0,93	4,52	5,09	0,62	4,31	4,85	0,31	4,10	4,62	-	3,89	4,38	-	3,68	4,15	-	3,48	3,
	V	76,32	3,28	6,10	6,86																		
	VI	77,80	3,45	6,22	7,00																		
247,99 (West)	I	58,96	1,21	4,71	5,30	0,59	4,29	4,83	-	3,88	4,36	-	3,46	3,89	-	3,06	3,44	-	2,67	3,01	-	2,31	2,
	II	53,99	0,62	4,31	4,85	-	3,90	4,38	-	3,48	3,92	-	3,08	3,46	-	2,69	3,03	-	2,32	2,61	-	1,97	2,
	III	38,30	-	3,06	3,44	-	2,74	3,09	-	2,44	2,74	-	2,14	2,41	-	1,85	2,08	-	1,57	1,77	-	1,30	1,
	IV	58,96	1,21	4,71	5,30	0,90	4,50	5,07	0,59	4,29	4,83	0,28	4,08	4,60	-	3,88	4,36	-	3,67	4,13	-	3,46	3,
	V	76,11	3,25	6,08	6,84																		
	VI	77,58	3,43	6,20	6,98																		
247,99 (Ost)	I	59,22	1,24	4,73	5,32	0,62	4,32	4,86	-	3,90	4,38	-	3,48	3,92	-	3,08	3,46	-	2,69	3,03	-	2,32	2,
	II	54,25	0,65	4,34	4,88	0,03	3,92	4,41	-	3,50	3,94	-	3,10	3,48	-	2,71	3,05	-	2,34	2,63	-	1,99	2,
	III	38,50	-	3,08	3,46	-	2,76	3,11	-	2,45	2,76	-	2,15	2,42	-	1,86	2,10	-	1,58	1,78	-	1,31	1,
	IV	59,22	1,24	4,73	5,32	0,93	4,52	5,09	0,62	4,32	4,86	0,31	4,11	4,62	-	3,90	4,38	-	3,69	4,15	-	3,48	3,
	V	76,36	3,28	6,10	6,87																		
	VI	77,84	3,46	6,22	7,00																		
248,09 (West)	I	59,00	1,22	4,72	5,31	0,60	4,30	4,84	-	3,88	4,37	-	3,46	3,90	-	3,06	3,44	-	2,68	3,01	-	2,31	2,
	II	54,03	0,63	4,32	4,86	-	3,90	4,39	-	3,48	3,92	-	3,08	3,47	-	2,70	3,03	-	2,33	2,62	-	1,98	2,
	III	38,33	-	3,06	3,44	-	2,75	3,09	-	2,44	2,75	-	2,14	2,41	-	1,85	2,08	-	1,57	1,77	-	1,30	1,
	IV	59,00	1,22	4,72	5,31	0,91	4,51	5,07	0,60	4,30	4,84	0,29	4,09	4,60	-	3,88	4,37	-	3,67	4,13	-	3,46	3,
	V	76,15	3,26	6,09	6,85																		
	VI	77,62	3,43	6,20	6,98																		
248,09 (Ost)	I	59,26	1,25	4,74	5,33	0,63	4,32	4,86	0,01	3,90	4,39	-	3,48	3,92	-	3,08	3,47	-	2,70	3,03	-	2,33	2,
	II	54,29	0,66	4,34	4,88	0,04	3,92	4,41	-	3,50	3,94	-	3,10	3,49	-	2,71	3,05	-	2,34	2,64	-	1,99	2,
	III	38,53	-	3,08	3,46	-	2,76	3,11	-	2,46	2,76	-	2,16	2,43	-	1,87	2,10	-	1,59	1,78	-	1,31	1,
	IV	59,26	1,25	4,74	5,33	0,94	4,53	5,09	0,63	4,32	4,86	0,32	4,11	4,62	0,01	3,90	4,39	-	3,69	4,15	-	3,48	3,
	V	76,41	3,29	6,11	6,87																		
	VI	77,88	3,46	6,23	7,00																		

Lohn/ Gehalt bis	Steuerklasse	Lohn-steuer	ohne Kinderfreibetrag SolZ 5,5%	Kirchensteuer 8%	9%	0,5 SolZ 5,5%	Kirchensteuer 8%	9%	1,0 SolZ 5,5%	Kirchensteuer 8%	9%	1,5 SolZ 5,5%	Kirchensteuer 8%	9%	2,0 SolZ 5,5%	Kirchensteuer 8%	9%	2,5 SolZ 5,5%	Kirchensteuer 8%	9%	3,0 SolZ 5,5%	Kirchensteuer 8%	9%
248,19 (West)	I	59,04	1,22	4,72	5,31	0,60	4,30	4,84	-	3,88	4,37	-	3,47	3,90	-	3,06	3,45	-	2,68	3,02	-	2,31	2,60
	II	54,07	0,63	4,32	4,86	0,01	3,90	4,39	-	3,49	3,92	-	3,08	3,47	-	2,70	3,04	-	2,33	2,62	-	1,98	2,23
	III	38,36	-	3,06	3,45	-	2,75	3,09	-	2,44	2,75	-	2,14	2,41	-	1,86	2,09	-	1,57	1,77	-	1,30	1,46
	IV	59,04	1,22	4,72	5,31	0,91	4,51	5,07	0,60	4,30	4,84	0,29	4,09	4,60	-	3,88	4,37	-	3,67	4,13	-	3,47	3,90
	V	76,19	3,26	6,09	6,85																		
	VI	77,66	3,44	6,21	6,98																		
248,19 (Ost)	I	59,30	1,25	4,74	5,33	0,63	4,32	4,86	0,01	3,90	4,39	-	3,49	3,92	-	3,08	3,47	-	2,70	3,04	-	2,33	2,62
	II	54,33	0,66	4,34	4,88	0,04	3,92	4,41	-	3,51	3,95	-	3,10	3,49	-	2,72	3,06	-	2,35	2,64	-	2,00	2,25
	III	38,57	-	3,08	3,47	-	2,76	3,11	-	2,46	2,77	-	2,16	2,43	-	1,87	2,10	-	1,59	1,79	-	1,32	1,48
	IV	59,30	1,25	4,74	5,33	0,94	4,53	5,10	0,63	4,32	4,86	0,32	4,11	4,63	0,01	3,90	4,39	-	3,70	4,16	-	3,49	3,92
	V	76,45	3,29	6,11	6,88																		
	VI	77,93	3,47	6,23	7,01																		
248,29 (West)	I	59,08	1,23	4,72	5,31	0,61	4,30	4,84	-	3,89	4,37	-	3,47	3,90	-	3,07	3,45	-	2,68	3,02	-	2,32	2,61
	II	54,11	0,64	4,32	4,86	0,01	3,91	4,40	-	3,49	3,93	-	3,09	3,47	-	2,70	3,04	-	2,33	2,62	-	1,98	2,23
	III	38,40	-	3,07	3,45	-	2,75	3,10	-	2,44	2,75	-	2,15	2,42	-	1,86	2,09	-	1,58	1,77	-	1,30	1,47
	IV	59,08	1,23	4,72	5,31	0,92	4,51	5,08	0,61	4,30	4,84	0,30	4,10	4,61	-	3,89	4,37	-	3,68	4,14	-	3,47	3,90
	V	76,23	3,27	6,09	6,86																		
	VI	77,71	3,44	6,21	6,99																		
248,29 (Ost)	I	59,34	1,26	4,74	5,34	0,64	4,32	4,87	0,02	3,91	4,40	-	3,49	3,93	-	3,09	3,47	-	2,70	3,04	-	2,33	2,62
	II	54,37	0,67	4,34	4,89	0,05	3,93	4,42	-	3,51	3,95	-	3,11	3,50	-	2,72	3,06	-	2,35	2,64	-	2,00	2,25
	III	38,60	-	3,08	3,47	-	2,77	3,11	-	2,46	2,77	-	2,16	2,43	-	1,87	2,11	-	1,59	1,79	-	1,32	1,48
	IV	59,34	1,26	4,74	5,34	0,95	4,53	5,10	0,64	4,32	4,87	0,33	4,12	4,63	0,02	3,91	4,40	-	3,70	4,16	-	3,49	3,93
	V	76,49	3,30	6,11	6,88																		
	VI	77,97	3,47	6,23	7,01																		
248,39 (West)	I	59,13	1,23	4,73	5,32	0,61	4,31	4,85	-	3,89	4,38	-	3,47	3,91	-	3,07	3,46	-	2,69	3,02	-	2,32	2,61
	II	54,16	0,64	4,33	4,87	0,02	3,91	4,40	-	3,49	3,93	-	3,09	3,48	-	2,70	3,04	-	2,34	2,63	-	1,98	2,23
	III	38,43	-	3,07	3,45	-	2,75	3,10	-	2,45	2,75	-	2,15	2,42	-	1,86	2,09	-	1,58	1,78	-	1,31	1,47
	IV	59,13	1,23	4,73	5,32	0,92	4,52	5,08	0,61	4,31	4,85	0,30	4,10	4,61	-	3,89	4,38	-	3,68	4,14	-	3,47	3,91
	V	76,27	3,27	6,10	6,86																		
	VI	77,75	3,45	6,22	6,99																		
248,39 (Ost)	I	59,38	1,26	4,75	5,34	0,64	4,33	4,87	0,02	3,91	4,40	-	3,49	3,93	-	3,09	3,48	-	2,70	3,04	-	2,34	2,63
	II	54,41	0,67	4,35	4,89	0,05	3,93	4,42	-	3,51	3,95	-	3,11	3,50	-	2,72	3,06	-	2,35	2,65	-	2,00	2,25
	III	38,63	-	3,09	3,47	-	2,77	3,12	-	2,46	2,77	-	2,16	2,43	-	1,87	2,11	-	1,59	1,79	-	1,32	1,48
	IV	59,38	1,26	4,75	5,34	0,95	4,54	5,10	0,64	4,33	4,87	0,33	4,12	4,63	0,02	3,91	4,40	-	3,70	4,16	-	3,49	3,93
	V	76,53	3,30	6,12	6,88																		
	VI	78,01	3,48	6,24	7,02																		
248,49 (West)	I	59,17	1,24	4,73	5,32	0,62	4,31	4,85	-	3,89	4,38	-	3,48	3,91	-	3,07	3,46	-	2,69	3,03	-	2,32	2,61
	II	54,20	0,65	4,33	4,87	0,02	3,91	4,40	-	3,50	3,93	-	3,09	3,48	-	2,71	3,05	-	2,34	2,63	-	1,99	2,24
	III	38,46	-	3,07	3,46	-	2,76	3,10	-	2,45	2,76	-	2,15	2,42	-	1,86	2,09	-	1,58	1,78	-	1,31	1,47
	IV	59,17	1,24	4,73	5,32	0,93	4,52	5,09	0,62	4,31	4,85	0,31	4,10	4,61	-	3,89	4,38	-	3,68	4,14	-	3,48	3,91
	V	76,31	3,28	6,10	6,86																		
	VI	77,79	3,45	6,22	7,00																		
248,49 (Ost)	I	59,43	1,27	4,75	5,34	0,65	4,33	4,87	0,03	3,91	4,40	-	3,50	3,93	-	3,09	3,48	-	2,71	3,05	-	2,34	2,63
	II	54,46	0,68	4,35	4,90	0,06	3,93	4,43	-	3,52	3,96	-	3,11	3,50	-	2,73	3,07	-	2,36	2,65	-	2,00	2,25
	III	38,66	-	3,09	3,47	-	2,77	3,12	-	2,46	2,77	-	2,17	2,44	-	1,88	2,11	-	1,59	1,79	-	1,32	1,49
	IV	59,43	1,27	4,75	5,34	0,96	4,54	5,11	0,65	4,33	4,87	0,34	4,12	4,64	0,03	3,91	4,40	-	3,70	4,17	-	3,50	3,93
	V	76,58	3,31	6,12	6,89																		
	VI	78,05	3,49	6,24	7,02																		
248,59 (West)	I	59,21	1,24	4,73	5,32	0,62	4,31	4,85	-	3,90	4,38	-	3,48	3,92	-	3,08	3,46	-	2,69	3,03	-	2,32	2,61
	II	54,24	0,65	4,33	4,88	0,03	3,92	4,41	-	3,50	3,94	-	3,10	3,48	-	2,71	3,05	-	2,34	2,63	-	1,99	2,24
	III	38,50	-	3,08	3,46	-	2,76	3,10	-	2,45	2,76	-	2,15	2,42	-	1,86	2,10	-	1,58	1,78	-	1,31	1,47
	IV	59,21	1,24	4,73	5,32	0,93	4,52	5,09	0,62	4,31	4,85	0,31	4,11	4,62	-	3,90	4,38	-	3,69	4,15	-	3,48	3,92
	V	76,36	3,28	6,10	6,87																		
	VI	77,83	3,46	6,22	7,00																		
248,59 (Ost)	I	59,47	1,27	4,75	5,35	0,65	4,34	4,88	0,03	3,92	4,41	-	3,50	3,94	-	3,10	3,48	-	2,71	3,05	-	2,34	2,63
	II	54,50	0,68	4,36	4,90	0,06	3,94	4,43	-	3,52	3,96	-	3,12	3,51	-	2,73	3,07	-	2,36	2,65	-	2,01	2,26
	III	38,70	-	3,09	3,48	-	2,78	3,12	-	2,47	2,78	-	2,17	2,44	-	1,88	2,11	-	1,60	1,80	-	1,32	1,49
	IV	59,47	1,27	4,75	5,35	0,96	4,54	5,11	0,65	4,34	4,88	0,34	4,13	4,64	0,03	3,92	4,41	-	3,71	4,17	-	3,50	3,94
	V	76,62	3,31	6,12	6,89																		
	VI	78,10	3,49	6,24	7,02																		
248,69 (West)	I	59,25	1,25	4,74	5,33	0,63	4,32	4,86	-	3,90	4,39	-	3,48	3,92	-	3,08	3,47	-	2,70	3,03	-	2,33	2,62
	II	54,28	0,66	4,34	4,88	0,03	3,92	4,41	-	3,50	3,94	-	3,10	3,49	-	2,71	3,05	-	2,34	2,64	-	1,99	2,24
	III	38,52	-	3,08	3,46	-	2,76	3,11	-	2,45	2,76	-	2,16	2,43	-	1,87	2,10	-	1,58	1,78	-	1,31	1,48
	IV	59,25	1,25	4,74	5,33	0,94	4,53	5,09	0,63	4,32	4,86	0,32	4,11	4,62	-	3,90	4,39	-	3,69	4,15	-	3,48	3,92
	V	76,40	3,29	6,11	6,87																		
	VI	77,88	3,46	6,23	7,00																		
248,69 (Ost)	I	59,51	1,28	4,76	5,35	0,66	4,34	4,88	0,04	3,92	4,41	-	3,50	3,94	-	3,10	3,49	-	2,71	3,05	-	2,34	2,64
	II	54,54	0,69	4,36	4,90	0,07	3,94	4,43	-	3,52	3,96	-	3,12	3,51	-	2,73	3,07	-	2,36	2,66	-	2,01	2,26
	III	38,72	-	3,09	3,48	-	2,78	3,12	-	2,47	2,78	-	2,17	2,44	-	1,88	2,12	-	1,60	1,80	-	1,33	1,49
	IV	59,51	1,28	4,76	5,35	0,97	4,55	5,12	0,66	4,34	4,88	0,35	4,13	4,65	0,04	3,92	4,41	-	3,71	4,18	-	3,50	3,94
	V	76,66	3,32	6,13	6,89																		
	VI	78,14	3,49	6,25	7,03																		
248,79 (West)	I	59,29	1,25	4,74	5,33	0,63	4,32	4,86	0,01	3,90	4,39	-	3,49	3,92	-	3,08	3,47	-	2,70	3,04	-	2,33	2,62
	II	54,32	0,66	4,34	4,88	0,04	3,92	4,41	-	3,51	3,95	-	3,10	3,49	-	2,72	3,06	-	2,35	2,64	-	2,00	2,25
	III	38,56	-	3,08	3,47	-	2,76	3,11	-	2,46	2,76	-	2,16	2,43	-	1,87	2,10	-	1,59	1,79	-	1,31	1,48
	IV	59,29	1,25	4,74	5,33	0,94	4,53	5,10	0,63	4,32	4,86	0,32	4,11	4,63	0,01	3,90	4,39	-	3,69	4,16	-	3,49	3,92
	V	76,44	3,29	6,11	6,87																		
	VI	77,92	3,47	6,23	7,01																		
248,79 (Ost)	I	59,55	1,28	4,76	5,35	0,66	4,34	4,88	0,04	3,92	4,41	-	3,51	3,95	-	3,10	3,49	-	2,72	3,06	-	2,35	2,64
	II	54,58	0,69	4,36	4,91	0,07	3,94	4,44	-	3,53	3,97	-	3,12	3,51	-	2,74	3,08	-	2,36	2,66	-	2,01	2,26
	III	38,76	-	3,10	3,48	-	2,78	3,13	-	2,47	2,78	-	2,17	2,44	-	1,88	2,12	-	1,60	1,80	-	1,33	1,49
	IV	59,55	1,28	4,76	5,35	0,97	4,55	5,12	0,66	4,34	4,88	0,35	4,13	4,65	0,04	3,92	4,41	-	3,72	4,18	-	3,51	3,95
	V	76,70	3,32	6,13	6,90																		
	VI	78,18	3,50	6,25	7,03																		

Anzahl Kinderfreibeträge (nur Steuerklassen I–IV): 0,5 / 1,0 / 1,5 / 2,0 / 2,5 / 3,0

Lohn/ Gehalt bis	Steuerklasse	Lohn-steuer	ohne Kinderfreibetrag SolZ 5,5%	Kirchensteuer 8%	9%	Anzahl Kinderfreibeträge (nur Steuerklassen I–IV) 0,5 SolZ 5,5%	Kirchensteuer 8%	9%	1,0 SolZ 5,5%	Kirchensteuer 8%	9%	1,5 SolZ 5,5%	Kirchensteuer 8%	9%	2,0 SolZ 5,5%	Kirchensteuer 8%	9%	2,5 SolZ 5,5%	Kirchensteuer 8%	9%	3,0 SolZ 5,5%	Kirchensteuer 8%	9%
248,89	I	59,33	1,26	4,74	5,33	0,64	4,32	4,86	0,01	3,91	4,40	-	3,49	3,93	-	3,09	3,47	-	2,70	3,04	-	2,33	2,
(West)	II	54,36	0,67	4,34	4,89	0,04	3,93	4,42	-	3,51	3,95	-	3,11	3,49	-	2,72	3,06	-	2,35	2,64	-	2,00	2,
	III	38,59	-	3,08	3,47	-	2,77	3,11	-	2,46	2,77	-	2,16	2,43	-	1,87	2,11	-	1,59	1,79	-	1,32	1,
	IV	59,33	1,26	4,74	5,33	0,95	4,53	5,10	0,64	4,32	4,86	0,33	4,12	4,63	0,01	3,91	4,40	-	3,70	4,16	-	3,49	3,
	V	76,48	3,30	6,11	6,88																		
	VI	77,96	3,47	6,23	7,01																		
248,89	I	59,60	1,29	4,76	5,36	0,67	4,34	4,89	0,05	3,93	4,42	-	3,51	3,95	-	3,11	3,50	-	2,72	3,06	-	2,35	2,
(Ost)	II	54,63	0,70	4,37	4,91	0,08	3,95	4,44	-	3,53	3,97	-	3,13	3,52	-	2,74	3,08	-	2,37	2,66	-	2,01	2,
	III	38,79	-	3,10	3,49	-	2,78	3,13	-	2,48	2,79	-	2,18	2,45	-	1,88	2,12	-	1,60	1,80	-	1,33	1,
	IV	59,60	1,29	4,76	5,36	0,98	4,55	5,12	0,67	4,34	4,89	0,36	4,14	4,65	0,05	3,93	4,42	-	3,72	4,18	-	3,51	3,
	V	76,74	3,33	6,13	6,90																		
	VI	78,22	3,50	6,25	7,03																		
248,99	I	59,38	1,26	4,75	5,34	0,64	4,33	4,87	0,02	3,91	4,40	-	3,49	3,93	-	3,09	3,48	-	2,70	3,04	-	2,34	2,
(West)	II	54,41	0,67	4,35	4,89	0,05	3,93	4,42	-	3,51	3,95	-	3,11	3,50	-	2,72	3,06	-	2,35	2,65	-	2,00	2,
	III	38,62	-	3,08	3,47	-	2,77	3,12	-	2,46	2,77	-	2,16	2,43	-	1,87	2,11	-	1,59	1,79	-	1,32	1,
	IV	59,38	1,26	4,75	5,34	0,95	4,54	5,10	0,64	4,33	4,87	0,33	4,12	4,63	0,02	3,91	4,40	-	3,70	4,16	-	3,49	3,
	V	76,53	3,30	6,12	6,88																		
	VI	78,00	3,48	6,24	7,02																		
248,99	I	59,64	1,29	4,77	5,36	0,67	4,35	4,89	0,05	3,93	4,42	-	3,51	3,95	-	3,11	3,50	-	2,72	3,06	-	2,35	2,
(Ost)	II	54,67	0,70	4,37	4,92	0,08	3,95	4,45	-	3,53	3,98	-	3,13	3,52	-	2,74	3,08	-	2,37	2,67	-	2,02	2,
	III	38,82	-	3,10	3,49	-	2,78	3,13	-	2,48	2,79	-	2,18	2,45	-	1,89	2,12	-	1,61	1,81	-	1,33	1,
	IV	59,64	1,29	4,77	5,36	0,98	4,56	5,13	0,67	4,35	4,89	0,36	4,14	4,66	0,05	3,93	4,42	-	3,72	4,19	-	3,51	3,
	V	76,78	3,33	6,14	6,91																		
	VI	78,26	3,51	6,26	7,04																		
249,09	I	59,42	1,27	4,75	5,34	0,65	4,33	4,87	0,02	3,91	4,40	-	3,50	3,93	-	3,09	3,48	-	2,71	3,05	-	2,34	2,
(West)	II	54,45	0,68	4,35	4,90	0,05	3,93	4,43	-	3,52	3,96	-	3,11	3,50	-	2,73	3,07	-	2,36	2,65	-	2,00	2,
	III	38,66	-	3,09	3,47	-	2,77	3,12	-	2,46	2,77	-	2,17	2,44	-	1,88	2,11	-	1,59	1,79	-	1,32	1,
	IV	59,42	1,27	4,75	5,34	0,96	4,54	5,11	0,65	4,33	4,87	0,34	4,12	4,64	0,02	3,91	4,40	-	3,70	4,17	-	3,50	3,
	V	76,57	3,31	6,12	6,89																		
	VI	78,05	3,48	6,24	7,02																		
249,09	I	59,68	1,30	4,77	5,37	0,68	4,35	4,90	0,06	3,93	4,43	-	3,52	3,96	-	3,11	3,50	-	2,73	3,07	-	2,36	2,
(Ost)	II	54,71	0,71	4,37	4,92	0,09	3,95	4,45	-	3,54	3,98	-	3,13	3,52	-	2,74	3,09	-	2,37	2,67	-	2,02	2,
	III	38,86	-	3,10	3,49	-	2,79	3,14	-	2,48	2,79	-	2,18	2,45	-	1,89	2,13	-	1,61	1,81	-	1,33	1,
	IV	59,68	1,30	4,77	5,37	0,99	4,56	5,13	0,68	4,35	4,90	0,37	4,14	4,66	0,06	3,93	4,43	-	3,72	4,19	-	3,52	3,
	V	76,83	3,34	6,14	6,91																		
	VI	78,30	3,51	6,26	7,04																		
249,19	I	59,46	1,27	4,75	5,35	0,65	4,33	4,88	0,03	3,92	4,41	-	3,50	3,94	-	3,10	3,48	-	2,71	3,05	-	2,34	2,
(West)	II	54,49	0,68	4,35	4,90	0,06	3,94	4,43	-	3,52	3,96	-	3,12	3,51	-	2,73	3,07	-	2,36	2,65	-	2,01	2,
	III	38,68	-	3,09	3,48	-	2,77	3,12	-	2,47	2,78	-	2,17	2,44	-	1,88	2,11	-	1,60	1,80	-	1,32	1,
	IV	59,46	1,27	4,75	5,35	0,96	4,54	5,11	0,65	4,33	4,88	0,34	4,13	4,64	0,03	3,92	4,41	-	3,71	4,17	-	3,50	3,
	V	76,61	3,31	6,12	6,89																		
	VI	78,09	3,49	6,24	7,02																		
249,19	I	59,72	1,30	4,77	5,37	0,68	4,36	4,90	0,06	3,94	4,43	-	3,52	3,96	-	3,12	3,51	-	2,73	3,07	-	2,36	2,
(Ost)	II	54,75	0,71	4,38	4,92	0,09	3,96	4,45	-	3,54	3,98	-	3,14	3,53	-	2,75	3,09	-	2,38	2,67	-	2,02	2,
	III	38,88	-	3,11	3,49	-	2,79	3,14	-	2,48	2,79	-	2,18	2,46	-	1,89	2,13	-	1,61	1,81	-	1,34	1,
	IV	59,72	1,30	4,77	5,37	0,99	4,56	5,13	0,68	4,36	4,90	0,37	4,15	4,67	0,06	3,94	4,43	-	3,73	4,20	-	3,52	3,
	V	76,87	3,34	6,14	6,91																		
	VI	78,35	3,52	6,26	7,05																		
249,29	I	59,50	1,28	4,76	5,35	0,66	4,34	4,88	0,03	3,92	4,41	-	3,50	3,94	-	3,10	3,49	-	2,71	3,05	-	2,34	2,
(West)	II	54,53	0,69	4,36	4,90	0,06	3,94	4,43	-	3,52	3,96	-	3,12	3,51	-	2,73	3,07	-	2,36	2,66	-	2,01	2,
	III	38,72	-	3,09	3,48	-	2,78	3,12	-	2,47	2,78	-	2,17	2,44	-	1,88	2,12	-	1,60	1,80	-	1,32	1,
	IV	59,50	1,28	4,76	5,35	0,97	4,55	5,12	0,66	4,34	4,88	0,35	4,13	4,65	0,03	3,92	4,41	-	3,71	4,18	-	3,50	3,
	V	76,65	3,32	6,13	6,89																		
	VI	78,13	3,49	6,25	7,03																		
249,29	I	59,76	1,31	4,78	5,37	0,69	4,36	4,90	0,07	3,94	4,43	-	3,52	3,96	-	3,12	3,51	-	2,73	3,07	-	2,36	2,
(Ost)	II	54,79	0,72	4,38	4,93	0,10	3,96	4,46	-	3,54	3,99	-	3,14	3,53	-	2,75	3,09	-	2,38	2,68	-	2,03	2,
	III	38,92	-	3,11	3,50	-	2,79	3,14	-	2,48	2,79	-	2,18	2,46	-	1,89	2,13	-	1,61	1,81	-	1,34	1,
	IV	59,76	1,31	4,78	5,37	1,00	4,57	5,14	0,69	4,36	4,90	0,38	4,15	4,67	0,07	3,94	4,43	-	3,73	4,20	-	3,52	3,
	V	76,91	3,35	6,15	6,92																		
	VI	78,39	3,52	6,27	7,05																		
249,39	I	59,55	1,28	4,76	5,35	0,66	4,34	4,88	0,04	3,92	4,41	-	3,51	3,95	-	3,10	3,49	-	2,72	3,06	-	2,35	2,
(West)	II	54,58	0,69	4,36	4,91	0,07	3,94	4,44	-	3,53	3,97	-	3,12	3,51	-	2,73	3,08	-	2,36	2,66	-	2,01	2,
	III	38,75	-	3,10	3,48	-	2,78	3,13	-	2,47	2,78	-	2,17	2,44	-	1,88	2,12	-	1,60	1,80	-	1,33	1,
	IV	59,55	1,28	4,76	5,35	0,97	4,55	5,12	0,66	4,34	4,88	0,35	4,13	4,65	0,04	3,92	4,41	-	3,71	4,18	-	3,51	3,
	V	76,69	3,32	6,13	6,90																		
	VI	78,17	3,50	6,25	7,03																		
249,39	I	59,81	1,31	4,78	5,38	0,69	4,36	4,91	0,07	3,94	4,44	-	3,53	3,97	-	3,12	3,51	-	2,74	3,08	-	2,36	2,
(Ost)	II	54,83	0,72	4,38	4,93	0,10	3,96	4,46	-	3,55	3,99	-	3,14	3,53	-	2,75	3,10	-	2,38	2,68	-	2,03	2,
	III	38,95	-	3,11	3,50	-	2,80	3,15	-	2,49	2,80	-	2,19	2,46	-	1,90	2,13	-	1,61	1,82	-	1,34	1,
	IV	59,81	1,31	4,78	5,38	1,00	4,57	5,14	0,69	4,36	4,91	0,38	4,15	4,67	0,07	3,94	4,44	-	3,74	4,20	-	3,53	3,
	V	76,95	3,35	6,15	6,92																		
	VI	78,43	3,53	6,27	7,05																		
249,49	I	59,59	1,29	4,76	5,36	0,67	4,34	4,89	0,04	3,93	4,42	-	3,51	3,95	-	3,11	3,49	-	2,72	3,06	-	2,35	2,
(West)	II	54,62	0,70	4,36	4,91	0,07	3,95	4,44	-	3,53	3,97	-	3,12	3,52	-	2,74	3,08	-	2,37	2,66	-	2,01	2,
	III	38,78	-	3,10	3,49	-	2,78	3,13	-	2,47	2,78	-	2,18	2,45	-	1,88	2,12	-	1,60	1,80	-	1,33	1,
	IV	59,59	1,29	4,76	5,36	0,98	4,55	5,12	0,67	4,34	4,89	0,36	4,14	4,65	0,04	3,93	4,42	-	3,72	4,18	-	3,51	3,
	V	76,73	3,33	6,13	6,90																		
	VI	78,21	3,50	6,25	7,03																		
249,49	I	59,85	1,32	4,78	5,38	0,70	4,37	4,91	0,08	3,95	4,44	-	3,53	3,97	-	3,13	3,52	-	2,74	3,08	-	2,37	2,
(Ost)	II	54,88	0,73	4,39	4,93	0,11	3,97	4,46	-	3,55	3,99	-	3,14	3,54	-	2,76	3,10	-	2,39	2,68	-	2,03	2,
	III	38,98	-	3,11	3,50	-	2,80	3,15	-	2,49	2,80	-	2,19	2,46	-	1,90	2,14	-	1,62	1,82	-	1,34	1,
	IV	59,85	1,32	4,78	5,38	1,01	4,57	5,15	0,70	4,37	4,91	0,39	4,16	4,68	0,08	3,95	4,44	-	3,74	4,21	-	3,53	3,
	V	77,00	3,36	6,16	6,93																		
	VI	78,47	3,53	6,27	7,06																		

Lohn/ Gehalt bis	Steuerklasse	Lohn-steuer	ohne Kinderfreibetrag			Anzahl Kinderfreibeträge (nur Steuerklassen I–IV) 0,5			1,0			1,5			2,0			2,5			3,0		
			SolZ 5,5%	Kirchensteuer 8%	Kirchensteuer 9%	SolZ 5,5%	Kirchensteuer 8%	Kirchensteuer 9%	SolZ 5,5%	Kirchensteuer 8%	Kirchensteuer 9%	SolZ 5,5%	Kirchensteuer 8%	Kirchensteuer 9%	SolZ 5,5%	Kirchensteuer 8%	Kirchensteuer 9%	SolZ 5,5%	Kirchensteuer 8%	Kirchensteuer 9%	SolZ 5,5%	Kirchensteuer 8%	Kirchensteuer 9%
249,59 (West)	I	59,63	1,29	4,77	5,36	0,67	4,35	4,89	0,05	3,93	4,42	-	3,51	3,95	-	3,11	3,50	-	2,72	3,06	-	2,35	2,65
	II	54,66	0,70	4,37	4,91	0,08	3,95	4,44	-	3,53	3,97	-	3,13	3,52	-	2,74	3,08	-	2,37	2,67	-	2,02	2,27
	III	38,82	-	3,10	3,49	-	2,78	3,13	-	2,48	2,79	-	2,18	2,45	-	1,89	2,12	-	1,60	1,81	-	1,33	1,50
	IV	59,63	1,29	4,77	5,36	0,98	4,56	5,13	0,67	4,35	4,89	0,36	4,14	4,66	0,05	3,93	4,42	-	3,72	4,19	-	3,51	3,95
	V	76,78	3,33	6,14	6,91																		
	VI	78,25	3,51	6,26	7,04																		
249,59 (Ost)	I	59,89	1,32	4,79	5,39	0,70	4,37	4,92	0,08	3,95	4,45	-	3,53	3,98	-	3,13	3,52	-	2,74	3,08	-	2,37	2,67
	II	54,92	0,73	4,39	4,94	0,11	3,97	4,47	-	3,55	4,00	-	3,15	3,54	-	2,76	3,10	-	2,39	2,69	-	2,03	2,29
	III	39,02	-	3,12	3,51	-	2,80	3,15	-	2,49	2,80	-	2,19	2,47	-	1,90	2,14	-	1,62	1,82	-	1,34	1,51
	IV	59,89	1,32	4,79	5,39	1,01	4,58	5,15	0,70	4,37	4,92	0,39	4,16	4,68	0,08	3,95	4,45	-	3,74	4,21	-	3,53	3,98
	V	77,04	3,36	6,16	6,93																		
	VI	78,51	3,54	6,28	7,06																		
249,69 (West)	I	59,67	1,30	4,77	5,37	0,68	4,35	4,90	0,05	3,93	4,43	-	3,52	3,96	-	3,11	3,50	-	2,73	3,07	-	2,36	2,65
	II	54,70	0,71	4,37	4,92	0,08	3,95	4,45	-	3,54	3,98	-	3,13	3,52	-	2,74	3,09	-	2,37	2,67	-	2,02	2,27
	III	38,85	-	3,10	3,49	-	2,79	3,14	-	2,48	2,79	-	2,18	2,45	-	1,89	2,13	-	1,61	1,81	-	1,33	1,50
	IV	59,67	1,30	4,77	5,37	0,99	4,56	5,13	0,68	4,35	4,90	0,37	4,14	4,66	0,05	3,93	4,43	-	3,72	4,19	-	3,52	3,96
	V	76,82	3,34	6,14	6,91																		
	VI	78,30	3,51	6,26	7,04																		
249,69 (Ost)	I	59,93	1,33	4,79	5,39	0,71	4,37	4,92	0,09	3,95	4,45	-	3,54	3,98	-	3,13	3,52	-	2,74	3,09	-	2,37	2,67
	II	54,96	0,74	4,39	4,94	0,12	3,97	4,47	-	3,56	4,00	-	3,15	3,55	-	2,76	3,11	-	2,39	2,69	-	2,04	2,29
	III	39,05	-	3,12	3,51	-	2,80	3,15	-	2,49	2,81	-	2,19	2,47	-	1,90	2,14	-	1,62	1,82	-	1,35	1,52
	IV	59,93	1,33	4,79	5,39	1,02	4,58	5,15	0,71	4,37	4,92	0,40	4,16	4,68	0,09	3,95	4,45	-	3,75	4,21	-	3,54	3,98
	V	77,08	3,37	6,16	6,93																		
	VI	78,56	3,54	6,28	7,07																		
249,79 (West)	I	59,71	1,30	4,77	5,37	0,68	4,35	4,90	0,06	3,94	4,43	-	3,52	3,96	-	3,12	3,51	-	2,73	3,07	-	2,36	2,65
	II	54,74	0,71	4,37	4,92	0,09	3,96	4,45	-	3,54	3,98	-	3,13	3,53	-	2,75	3,09	-	2,38	2,67	-	2,02	2,28
	III	38,88	-	3,11	3,49	-	2,79	3,14	-	2,48	2,79	-	2,18	2,45	-	1,89	2,13	-	1,61	1,81	-	1,34	1,50
	IV	59,71	1,30	4,77	5,37	0,99	4,56	5,13	0,68	4,35	4,90	0,37	4,15	4,66	0,06	3,94	4,43	-	3,73	4,19	-	3,52	3,96
	V	76,86	3,34	6,14	6,91																		
	VI	78,34	3,52	6,26	7,05																		
249,79 (Ost)	I	59,97	1,33	4,79	5,39	0,71	4,38	4,92	0,09	3,96	4,45	-	3,54	3,98	-	3,14	3,53	-	2,75	3,09	-	2,38	2,67
	II	55,00	0,74	4,40	4,95	0,12	3,98	4,48	-	3,56	4,01	-	3,15	3,55	-	2,77	3,11	-	2,39	2,69	-	2,04	2,30
	III	39,08	-	3,12	3,51	-	2,80	3,16	-	2,50	2,81	-	2,20	2,47	-	1,91	2,14	-	1,62	1,83	-	1,35	1,52
	IV	59,97	1,33	4,79	5,39	1,02	4,58	5,16	0,71	4,38	4,92	0,40	4,17	4,69	0,09	3,96	4,45	-	3,75	4,22	-	3,54	3,98
	V	77,12	3,37	6,16	6,94																		
	VI	78,60	3,55	6,28	7,07																		
249,89 (West)	I	59,76	1,31	4,78	5,37	0,69	4,36	4,90	0,06	3,94	4,43	-	3,52	3,96	-	3,12	3,51	-	2,73	3,07	-	2,36	2,66
	II	54,78	0,72	4,38	4,93	0,09	3,96	4,46	-	3,54	3,99	-	3,14	3,53	-	2,75	3,09	-	2,38	2,68	-	2,03	2,28
	III	38,91	-	3,11	3,50	-	2,79	3,14	-	2,48	2,79	-	2,18	2,46	-	1,89	2,13	-	1,61	1,81	-	1,34	1,51
	IV	59,76	1,31	4,78	5,37	1,00	4,57	5,14	0,69	4,36	4,90	0,38	4,15	4,67	0,06	3,94	4,43	-	3,73	4,20	-	3,52	3,96
	V	76,90	3,35	6,15	6,92																		
	VI	78,38	3,52	6,27	7,05																		
249,89 (Ost)	I	60,01	1,34	4,80	5,40	0,72	4,38	4,93	0,10	3,96	4,46	-	3,54	3,99	-	3,14	3,53	-	2,75	3,09	-	2,38	2,68
	II	55,05	0,75	4,40	4,95	0,13	3,98	4,48	-	3,56	4,01	-	3,16	3,55	-	2,77	3,12	-	2,40	2,70	-	2,04	2,30
	III	39,11	-	3,12	3,51	-	2,81	3,16	-	2,50	2,81	-	2,20	2,47	-	1,91	2,15	-	1,63	1,83	-	1,35	1,52
	IV	60,01	1,34	4,80	5,40	1,03	4,59	5,16	0,72	4,38	4,93	0,41	4,17	4,69	0,10	3,96	4,46	-	3,75	4,22	-	3,54	3,99
	V	77,16	3,38	6,17	6,94																		
	VI	78,64	3,55	6,29	7,07																		
249,99 (West)	I	59,80	1,31	4,78	5,38	0,69	4,36	4,91	0,07	3,94	4,44	-	3,53	3,97	-	3,12	3,51	-	2,73	3,08	-	2,36	2,66
	II	54,83	0,72	4,38	4,93	0,10	3,96	4,46	-	3,55	3,99	-	3,14	3,53	-	2,75	3,10	-	2,38	2,68	-	2,03	2,28
	III	38,95	-	3,11	3,50	-	2,79	3,14	-	2,49	2,80	-	2,19	2,46	-	1,90	2,13	-	1,61	1,82	-	1,34	1,51
	IV	59,80	1,31	4,78	5,38	1,00	4,57	5,14	0,69	4,36	4,91	0,38	4,15	4,67	0,07	3,94	4,44	-	3,73	4,20	-	3,53	3,97
	V	76,95	3,35	6,15	6,92																		
	VI	78,42	3,53	6,27	7,05																		
249,99 (Ost)	I	60,06	1,34	4,80	5,40	0,72	4,38	4,93	0,10	3,96	4,46	-	3,55	3,99	-	3,14	3,53	-	2,75	3,10	-	2,38	2,68
	II	55,09	0,75	4,40	4,95	0,13	3,98	4,48	-	3,57	4,01	-	3,16	3,56	-	2,77	3,12	-	2,40	2,70	-	2,05	2,30
	III	39,15	-	3,13	3,52	-	2,81	3,16	-	2,50	2,81	-	2,20	2,48	-	1,91	2,15	-	1,63	1,83	-	1,35	1,52
	IV	60,06	1,34	4,80	5,40	1,03	4,59	5,17	0,72	4,38	4,93	0,41	4,17	4,69	0,10	3,96	4,46	-	3,76	4,23	-	3,55	3,99
	V	77,21	3,38	6,17	6,94																		
	VI	78,68	3,56	6,29	7,08																		
250,09 (West)	I	59,84	1,32	4,78	5,38	0,70	4,36	4,91	0,07	3,95	4,44	-	3,53	3,97	-	3,12	3,52	-	2,74	3,08	-	2,37	2,66
	II	54,87	0,73	4,38	4,93	0,10	3,97	4,46	-	3,55	3,99	-	3,14	3,54	-	2,76	3,10	-	2,38	2,68	-	2,03	2,29
	III	38,98	-	3,11	3,50	-	2,80	3,15	-	2,49	2,80	-	2,19	2,46	-	1,90	2,14	-	1,62	1,82	-	1,34	1,51
	IV	59,84	1,32	4,78	5,38	1,01	4,57	5,15	0,70	4,36	4,91	0,39	4,16	4,68	0,07	3,95	4,44	-	3,74	4,21	-	3,53	3,97
	V	76,99	3,36	6,15	6,92																		
	VI	78,46	3,53	6,27	7,06																		
250,09 (Ost)	I	60,10	1,35	4,80	5,40	0,73	4,39	4,93	0,11	3,97	4,46	-	3,55	3,99	-	3,14	3,54	-	2,76	3,10	-	2,39	2,68
	II	55,13	0,76	4,41	4,96	0,14	3,99	4,49	-	3,57	4,02	-	3,16	3,56	-	2,78	3,12	-	2,40	2,70	-	2,05	2,30
	III	39,18	-	3,13	3,52	-	2,81	3,16	-	2,50	2,82	-	2,20	2,48	-	1,91	2,15	-	1,63	1,83	-	1,36	1,53
	IV	60,10	1,35	4,80	5,40	1,04	4,59	5,17	0,73	4,39	4,93	0,42	4,18	4,70	0,11	3,97	4,46	-	3,76	4,23	-	3,55	3,99
	V	77,25	3,39	6,18	6,95																		
	VI	78,72	3,56	6,29	7,08																		
250,19 (West)	I	59,88	1,32	4,79	5,38	0,70	4,37	4,91	0,08	3,95	4,44	-	3,53	3,97	-	3,13	3,52	-	2,74	3,08	-	2,37	2,67
	II	54,91	0,73	4,39	4,94	0,11	3,97	4,47	-	3,55	4,00	-	3,15	3,54	-	2,76	3,10	-	2,39	2,69	-	2,03	2,29
	III	39,01	-	3,12	3,51	-	2,80	3,15	-	2,49	2,80	-	2,19	2,47	-	1,90	2,14	-	1,62	1,82	-	1,34	1,51
	IV	59,88	1,32	4,79	5,38	1,01	4,58	5,15	0,70	4,37	4,91	0,39	4,16	4,68	0,08	3,95	4,44	-	3,74	4,21	-	3,53	3,97
	V	77,03	3,36	6,16	6,93																		
	VI	78,51	3,54	6,28	7,06																		
250,19 (Ost)	I	60,14	1,35	4,81	5,41	0,73	4,39	4,94	0,11	3,97	4,47	-	3,55	4,00	-	3,15	3,54	-	2,76	3,10	-	2,39	2,69
	II	55,17	0,76	4,41	4,96	0,14	3,99	4,49	-	3,57	4,02	-	3,17	3,56	-	2,78	3,13	-	2,41	2,71	-	2,05	2,31
	III	39,21	-	3,13	3,52	-	2,82	3,17	-	2,51	2,82	-	2,21	2,48	-	1,92	2,16	-	1,63	1,84	-	1,36	1,53
	IV	60,14	1,35	4,81	5,41	1,04	4,60	5,17	0,73	4,39	4,94	0,42	4,18	4,70	0,11	3,97	4,47	-	3,76	4,23	-	3,55	4,00
	V	77,29	3,39	6,18	6,95																		
	VI	78,77	3,57	6,30	7,08																		

Lohn/ Gehalt bis	Steuerklasse	Lohn-steuer	ohne Kinderfreibetrag SolZ 5,5%	ohne Kinderfreibetrag Kirchensteuer 8%	ohne Kinderfreibetrag Kirchensteuer 9%	0,5 SolZ 5,5%	0,5 Kirchensteuer 8%	0,5 Kirchensteuer 9%	1,0 SolZ 5,5%	1,0 Kirchensteuer 8%	1,0 Kirchensteuer 9%	1,5 SolZ 5,5%	1,5 Kirchensteuer 8%	1,5 Kirchensteuer 9%	2,0 SolZ 5,5%	2,0 Kirchensteuer 8%	2,0 Kirchensteuer 9%	2,5 SolZ 5,5%	2,5 Kirchensteuer 8%	2,5 Kirchensteuer 9%	3,0 SolZ 5,5%	3,0 Kirchensteuer 8%	3,0 Kirchensteuer 9%
250,29 (West)	I	59,92	1,33	4,79	5,39	0,71	4,37	4,92	0,08	3,95	4,45	-	3,54	3,98	-	3,13	3,52	-	2,74	3,09	-	2,37	2
	II	54,95	0,74	4,39	4,94	0,11	3,97	4,47	-	3,56	4,00	-	3,15	3,54	-	2,76	3,11	-	2,39	2,69	-	2,04	2
	III	39,04	-	3,12	3,51	-	2,80	3,15	-	2,49	2,81	-	2,19	2,47	-	1,90	2,14	-	1,62	1,82	-	1,35	1
	IV	59,92	1,33	4,79	5,39	1,02	4,58	5,15	0,71	4,37	4,92	0,40	4,16	4,68	0,08	3,95	4,45	-	3,74	4,21	-	3,54	3
	V	77,07	3,37	6,16	6,93																		
	VI	78,55	3,54	6,28	7,06																		
250,29 (Ost)	I	60,18	1,36	4,81	5,41	0,74	4,39	4,94	0,12	3,97	4,47	-	3,56	4,00	-	3,15	3,55	-	2,76	3,11	-	2,39	2
	II	55,21	0,77	4,41	4,96	0,15	3,99	4,49	-	3,58	4,02	-	3,17	3,57	-	2,78	3,13	-	2,41	2,71	-	2,05	2
	III	39,24	-	3,13	3,53	-	2,82	3,17	-	2,51	2,82	-	2,21	2,49	-	1,92	2,16	-	1,63	1,84	-	1,36	1
	IV	60,18	1,36	4,81	5,41	1,05	4,60	5,18	0,74	4,39	4,94	0,43	4,18	4,71	0,12	3,97	4,47	-	3,77	4,24	-	3,56	4
	V	77,33	3,40	6,18	6,95																		
	VI	78,81	3,57	6,30	7,09																		
250,39 (West)	I	59,96	1,33	4,79	5,39	0,71	4,37	4,92	0,09	3,96	4,45	-	3,54	3,98	-	3,13	3,53	-	2,75	3,09	-	2,38	2
	II	55,00	0,74	4,40	4,95	0,12	3,98	4,47	-	3,56	4,01	-	3,15	3,55	-	2,76	3,11	-	2,39	2,69	-	2,04	2
	III	39,07	-	3,12	3,51	-	2,80	3,15	-	2,50	2,81	-	2,20	2,47	-	1,91	2,14	-	1,62	1,83	-	1,35	1
	IV	59,96	1,33	4,79	5,39	1,02	4,58	5,16	0,71	4,37	4,92	0,40	4,17	4,69	0,09	3,96	4,45	-	3,75	4,22	-	3,54	3
	V	77,11	3,37	6,16	6,93																		
	VI	78,59	3,55	6,28	7,07																		
250,39 (Ost)	I	60,23	1,36	4,81	5,42	0,74	4,40	4,95	0,12	3,98	4,48	-	3,56	4,01	-	3,15	3,55	-	2,77	3,11	-	2,39	2
	II	55,26	0,77	4,42	4,97	0,15	4,00	4,50	-	3,58	4,03	-	3,17	3,57	-	2,78	3,13	-	2,41	2,71	-	2,06	2
	III	39,27	-	3,14	3,53	-	2,82	3,17	-	2,51	2,83	-	2,21	2,49	-	1,92	2,16	-	1,64	1,84	-	1,36	1
	IV	60,23	1,36	4,81	5,42	1,05	4,60	5,18	0,74	4,40	4,95	0,43	4,19	4,71	0,12	3,98	4,48	-	3,77	4,24	-	3,56	4
	V	77,37	3,40	6,18	6,96																		
	VI	78,85	3,58	6,30	7,09																		
250,49 (West)	I	60,01	1,34	4,80	5,40	0,72	4,38	4,93	0,09	3,96	4,46	-	3,54	3,99	-	3,14	3,53	-	2,75	3,09	-	2,38	2
	II	55,04	0,75	4,40	4,95	0,12	3,98	4,48	-	3,56	4,01	-	3,16	3,55	-	2,77	3,11	-	2,40	2,70	-	2,04	2
	III	39,11	-	3,12	3,51	-	2,81	3,16	-	2,50	2,81	-	2,20	2,47	-	1,91	2,15	-	1,62	1,83	-	1,35	1
	IV	60,01	1,34	4,80	5,40	1,03	4,59	5,16	0,72	4,38	4,93	0,41	4,17	4,69	0,09	3,96	4,46	-	3,75	4,22	-	3,54	3
	V	77,16	3,38	6,17	6,94																		
	VI	78,63	3,55	6,29	7,07																		
250,49 (Ost)	I	60,27	1,37	4,82	5,42	0,75	4,40	4,95	0,13	3,98	4,48	-	3,56	4,01	-	3,16	3,55	-	2,77	3,12	-	2,40	2
	II	55,30	0,78	4,42	4,97	0,16	4,00	4,50	-	3,58	4,03	-	3,18	3,57	-	2,79	3,14	-	2,41	2,72	-	2,06	2
	III	39,31	-	3,14	3,53	-	2,82	3,18	-	2,51	2,83	-	2,21	2,49	-	1,92	2,16	-	1,64	1,84	-	1,36	1
	IV	60,27	1,37	4,82	5,42	1,06	4,61	5,18	0,75	4,40	4,95	0,44	4,19	4,71	0,13	3,98	4,48	-	3,77	4,24	-	3,56	4
	V	77,41	3,41	6,19	6,96																		
	VI	78,89	3,58	6,31	7,10																		
250,59 (West)	I	60,05	1,34	4,80	5,40	0,72	4,38	4,93	0,10	3,96	4,46	-	3,55	3,99	-	3,14	3,53	-	2,75	3,10	-	2,38	2
	II	55,08	0,75	4,40	4,95	0,13	3,98	4,48	-	3,57	4,01	-	3,16	3,56	-	2,77	3,12	-	2,40	2,70	-	2,04	2
	III	39,14	-	3,13	3,52	-	2,81	3,16	-	2,50	2,81	-	2,20	2,48	-	1,91	2,15	-	1,63	1,83	-	1,35	1
	IV	60,05	1,34	4,80	5,40	1,03	4,59	5,16	0,72	4,38	4,93	0,41	4,17	4,69	0,10	3,96	4,46	-	3,76	4,23	-	3,55	3
	V	77,20	3,38	6,17	6,94																		
	VI	78,67	3,56	6,29	7,08																		
250,59 (Ost)	I	60,31	1,37	4,82	5,42	0,75	4,40	4,95	0,13	3,98	4,48	-	3,57	4,01	-	3,16	3,56	-	2,77	3,12	-	2,40	2
	II	55,34	0,78	4,42	4,98	0,16	4,00	4,51	-	3,59	4,04	-	3,18	3,58	-	2,79	3,14	-	2,42	2,72	-	2,06	2
	III	39,34	-	3,14	3,54	-	2,82	3,18	-	2,52	2,83	-	2,22	2,49	-	1,92	2,16	-	1,64	1,85	-	1,37	1
	IV	60,31	1,37	4,82	5,42	1,06	4,61	5,19	0,75	4,40	4,95	0,44	4,19	4,72	0,13	3,98	4,48	-	3,78	4,25	-	3,57	4
	V	77,46	3,41	6,19	6,97																		
	VI	78,93	3,59	6,31	7,10																		
250,69 (West)	I	60,09	1,35	4,80	5,40	0,73	4,38	4,93	0,10	3,97	4,46	-	3,55	3,99	-	3,14	3,54	-	2,76	3,10	-	2,38	2
	II	55,12	0,76	4,40	4,96	0,13	3,99	4,49	-	3,57	4,02	-	3,16	3,56	-	2,77	3,12	-	2,40	2,70	-	2,05	2
	III	39,17	-	3,13	3,52	-	2,81	3,16	-	2,50	2,82	-	2,20	2,48	-	1,91	2,15	-	1,63	1,83	-	1,36	1
	IV	60,09	1,35	4,80	5,40	1,04	4,59	5,17	0,73	4,38	4,93	0,42	4,18	4,70	0,10	3,97	4,46	-	3,76	4,23	-	3,55	3
	V	77,24	3,39	6,17	6,95																		
	VI	78,71	3,56	6,29	7,08																		
250,69 (Ost)	I	60,35	1,38	4,82	5,43	0,76	4,41	4,96	0,14	3,99	4,49	-	3,57	4,02	-	3,16	3,56	-	2,78	3,12	-	2,40	2
	II	55,38	0,79	4,43	4,98	0,17	4,01	4,51	-	3,59	4,04	-	3,18	3,58	-	2,79	3,14	-	2,42	2,72	-	2,06	2
	III	39,37	-	3,14	3,54	-	2,83	3,18	-	2,52	2,83	-	2,22	2,50	-	1,93	2,17	-	1,64	1,85	-	1,37	1,
	IV	60,35	1,38	4,82	5,43	1,07	4,61	5,19	0,76	4,41	4,96	0,45	4,20	4,72	0,14	3,99	4,49	-	3,78	4,25	-	3,57	4,
	V	77,50	3,42	6,20	6,97																		
	VI	78,98	3,59	6,31	7,10																		
250,79 (West)	I	60,13	1,35	4,81	5,41	0,73	4,39	4,94	0,11	3,97	4,47	-	3,55	4,00	-	3,15	3,54	-	2,76	3,10	-	2,39	2,
	II	55,16	0,76	4,41	4,96	0,14	3,99	4,49	-	3,57	4,02	-	3,17	3,56	-	2,78	3,13	-	2,41	2,71	-	2,05	2,
	III	39,20	-	3,13	3,52	-	2,81	3,17	-	2,51	2,82	-	2,21	2,48	-	1,91	2,15	-	1,63	1,84	-	1,36	1,
	IV	60,13	1,35	4,81	5,41	1,04	4,60	5,17	0,73	4,39	4,94	0,42	4,18	4,70	0,11	3,97	4,47	-	3,76	4,23	-	3,55	4,
	V	77,28	3,39	6,18	6,95																		
	VI	78,76	3,57	6,30	7,08																		
250,79 (Ost)	I	60,39	1,38	4,83	5,43	0,76	4,41	4,96	0,14	3,99	4,49	-	3,57	4,02	-	3,17	3,56	-	2,78	3,13	-	2,41	2,
	II	55,42	0,79	4,43	4,98	0,17	4,01	4,51	-	3,59	4,04	-	3,19	3,59	-	2,80	3,15	-	2,42	2,73	-	2,07	2,
	III	39,40	-	3,15	3,54	-	2,83	3,18	-	2,52	2,84	-	2,22	2,50	-	1,93	2,17	-	1,65	1,85	-	1,37	1
	IV	60,39	1,38	4,83	5,43	1,07	4,62	5,20	0,76	4,41	4,96	0,45	4,20	4,73	0,14	3,99	4,49	-	3,78	4,26	-	3,57	4,
	V	77,54	3,42	6,20	6,97																		
	VI	79,02	3,60	6,32	7,11																		
250,89 (West)	I	60,18	1,36	4,81	5,41	0,74	4,39	4,94	0,11	3,97	4,47	-	3,56	4,00	-	3,15	3,54	-	2,76	3,11	-	2,39	2,
	II	55,21	0,77	4,41	4,96	0,14	3,99	4,49	-	3,58	4,02	-	3,17	3,57	-	2,78	3,13	-	2,41	2,71	-	2,05	2,
	III	39,23	-	3,13	3,53	-	2,82	3,17	-	2,51	2,82	-	2,21	2,48	-	1,92	2,16	-	1,63	1,84	-	1,36	1,
	IV	60,18	1,36	4,81	5,41	1,05	4,60	5,18	0,74	4,39	4,94	0,43	4,18	4,71	0,11	3,97	4,47	-	3,76	4,24	-	3,56	4,
	V	77,32	3,40	6,18	6,95																		
	VI	78,80	3,57	6,30	7,09																		
250,89 (Ost)	I	60,43	1,39	4,83	5,43	0,77	4,41	4,96	0,15	3,99	4,49	-	3,58	4,02	-	3,17	3,57	-	2,78	3,13	-	2,41	2,
	II	55,46	0,80	4,43	4,99	0,18	4,01	4,52	-	3,60	4,05	-	3,19	3,59	-	2,80	3,15	-	2,43	2,73	-	2,07	2,
	III	39,43	-	3,15	3,54	-	2,83	3,19	-	2,52	2,84	-	2,22	2,50	-	1,93	2,17	-	1,65	1,85	-	1,37	1,
	IV	60,43	1,39	4,83	5,43	1,08	4,62	5,20	0,77	4,41	4,96	0,46	4,20	4,73	0,15	3,99	4,49	-	3,79	4,26	-	3,58	4,
	V	77,58	3,43	6,20	6,98																		
	VI	79,06	3,60	6,32	7,11																		

Lohn/ Gehalt bis	Steuerklasse	Lohn-steuer	ohne Kinderfreibetrag			Anzahl Kinderfreibeträge (nur Steuerklassen I–IV)																	
						0,5			1,0			1,5			2,0			2,5			3,0		
			SolZ 5,5%	Kirchensteuer 8%	9%	SolZ 5,5%	Kirchensteuer 8%	9%	SolZ 5,5%	Kirchensteuer 8%	9%	SolZ 5,5%	Kirchensteuer 8%	9%	SolZ 5,5%	Kirchensteuer 8%	9%	SolZ 5,5%	Kirchensteuer 8%	9%	SolZ 5,5%	Kirchensteuer 8%	9%
250,99 (West)	I	60,22	1,36	4,81	5,41	0,74	4,40	4,95	0,12	3,98	4,47	-	3,56	4,01	-	3,15	3,55	-	2,76	3,11	-	2,39	2,69
	II	55,25	0,77	4,42	4,97	0,15	4,00	4,50	-	3,58	4,03	-	3,17	3,57	-	2,78	3,13	-	2,41	2,71	-	2,06	2,31
	III	39,27	-	3,14	3,53	-	2,82	3,17	-	2,51	2,83	-	2,21	2,49	-	1,92	2,16	-	1,64	1,84	-	1,36	1,53
	IV	60,22	1,36	4,81	5,41	1,05	4,60	5,18	0,74	4,40	4,95	0,43	4,19	4,71	0,12	3,98	4,47	-	3,77	4,24	-	3,56	4,01
	V	77,36	3,40	6,18	6,96																		
	VI	78,84	3,58	6,30	7,09																		
250,99 (Ost)	I	60,48	1,39	4,83	5,44	0,77	4,42	4,97	0,15	4,00	4,50	-	3,58	4,03	-	3,17	3,57	-	2,78	3,13	-	2,41	2,71
	II	55,51	0,80	4,44	4,99	0,18	4,02	4,52	-	3,60	4,05	-	3,19	3,59	-	2,80	3,15	-	2,43	2,73	-	2,07	2,33
	III	39,47	-	3,15	3,55	-	2,84	3,19	-	2,53	2,84	-	2,23	2,50	-	1,93	2,18	-	1,65	1,86	-	1,38	1,55
	IV	60,48	1,39	4,83	5,44	1,08	4,62	5,20	0,77	4,42	4,97	0,46	4,21	4,73	0,15	4,00	4,50	-	3,79	4,26	-	3,58	4,03
	V	77,63	3,43	6,21	6,98																		
	VI	79,10	3,61	6,32	7,11																		
251,09 (West)	I	60,26	1,37	4,82	5,42	0,75	4,40	4,95	0,12	3,98	4,48	-	3,56	4,01	-	3,16	3,55	-	2,77	3,11	-	2,40	2,70
	II	55,29	0,78	4,42	4,97	0,15	4,00	4,50	-	3,58	4,03	-	3,18	3,57	-	2,79	3,14	-	2,41	2,72	-	2,06	2,32
	III	39,30	-	3,14	3,53	-	2,82	3,17	-	2,51	2,83	-	2,21	2,49	-	1,92	2,16	-	1,64	1,84	-	1,36	1,53
	IV	60,26	1,37	4,82	5,42	1,06	4,61	5,18	0,75	4,40	4,95	0,44	4,19	4,71	0,12	3,98	4,48	-	3,77	4,24	-	3,56	4,01
	V	77,41	3,41	6,19	6,96																		
	VI	78,88	3,58	6,31	7,09																		
251,09 (Ost)	I	60,52	1,40	4,84	5,44	0,78	4,42	4,97	0,16	4,00	4,50	-	3,58	4,03	-	3,18	3,57	-	2,79	3,14	-	2,41	2,72
	II	55,55	0,81	4,44	4,99	0,19	4,02	4,52	-	3,60	4,05	-	3,20	3,60	-	2,81	3,16	-	2,43	2,74	-	2,08	2,34
	III	39,50	-	3,16	3,55	-	2,84	3,19	-	2,53	2,85	-	2,23	2,51	-	1,94	2,18	-	1,65	1,86	-	1,38	1,55
	IV	60,52	1,40	4,84	5,44	1,09	4,63	5,21	0,78	4,42	4,97	0,47	4,21	4,74	0,16	4,00	4,50	-	3,79	4,27	-	3,58	4,03
	V	77,67	3,44	6,21	6,99																		
	VI	79,15	3,61	6,33	7,12																		
251,19 (West)	I	60,30	1,37	4,82	5,42	0,75	4,40	4,95	0,13	3,98	4,48	-	3,57	4,01	-	3,16	3,56	-	2,77	3,12	-	2,40	2,70
	II	55,33	0,78	4,42	4,97	0,16	4,00	4,50	-	3,59	4,04	-	3,18	3,58	-	2,79	3,14	-	2,42	2,72	-	2,06	2,32
	III	39,33	-	3,14	3,53	-	2,82	3,18	-	2,52	2,83	-	2,22	2,49	-	1,92	2,16	-	1,64	1,85	-	1,37	1,54
	IV	60,30	1,37	4,82	5,42	1,06	4,61	5,19	0,75	4,40	4,95	0,44	4,19	4,72	0,13	3,98	4,48	-	3,78	4,25	-	3,57	4,01
	V	77,45	3,41	6,19	6,97																		
	VI	78,93	3,59	6,31	7,10																		
251,19 (Ost)	I	60,56	1,40	4,84	5,45	0,78	4,42	4,98	0,16	4,00	4,51	-	3,59	4,04	-	3,18	3,58	-	2,79	3,14	-	2,42	2,72
	II	55,59	0,81	4,44	5,00	0,19	4,02	4,53	-	3,61	4,06	-	3,20	3,60	-	2,81	3,16	-	2,44	2,74	-	2,08	2,34
	III	39,53	-	3,16	3,55	-	2,84	3,20	-	2,53	2,85	-	2,23	2,51	-	1,94	2,18	-	1,66	1,86	-	1,38	1,55
	IV	60,56	1,40	4,84	5,45	1,09	4,63	5,21	0,78	4,42	4,98	0,47	4,21	4,74	0,16	4,00	4,51	-	3,80	4,27	-	3,59	4,04
	V	77,71	3,44	6,21	6,99																		
	VI	79,19	3,62	6,33	7,12																		
251,29 (West)	I	60,34	1,38	4,82	5,43	0,76	4,40	4,96	0,13	3,99	4,49	-	3,57	4,02	-	3,16	3,56	-	2,77	3,12	-	2,40	2,70
	II	55,37	0,79	4,42	4,98	0,16	4,01	4,51	-	3,59	4,04	-	3,18	3,58	-	2,79	3,14	-	2,42	2,72	-	2,06	2,32
	III	39,36	-	3,14	3,54	-	2,83	3,18	-	2,52	2,83	-	2,22	2,50	-	1,93	2,17	-	1,64	1,85	-	1,37	1,54
	IV	60,34	1,38	4,82	5,43	1,07	4,61	5,19	0,76	4,40	4,96	0,45	4,20	4,72	0,13	3,99	4,49	-	3,78	4,25	-	3,57	4,02
	V	77,49	3,42	6,19	6,97																		
	VI	78,97	3,59	6,31	7,10																		
251,29 (Ost)	I	60,60	1,41	4,84	5,45	0,79	4,43	4,98	0,17	4,01	4,51	-	3,59	4,04	-	3,18	3,58	-	2,79	3,14	-	2,42	2,72
	II	55,63	0,82	4,45	5,00	0,20	4,03	4,53	-	3,61	4,06	-	3,20	3,60	-	2,81	3,16	-	2,44	2,74	-	2,08	2,34
	III	39,57	-	3,16	3,56	-	2,84	3,20	-	2,53	2,85	-	2,23	2,51	-	1,94	2,18	-	1,66	1,86	-	1,38	1,55
	IV	60,60	1,41	4,84	5,45	1,10	4,63	5,21	0,79	4,43	4,98	0,48	4,22	4,74	0,17	4,01	4,51	-	3,80	4,27	-	3,59	4,04
	V	77,75	3,45	6,22	6,99																		
	VI	79,23	3,62	6,33	7,13																		
251,39 (West)	I	60,38	1,38	4,83	5,43	0,76	4,41	4,96	0,14	3,99	4,49	-	3,57	4,02	-	3,17	3,56	-	2,78	3,13	-	2,41	2,71
	II	55,41	0,79	4,43	4,98	0,17	4,01	4,51	-	3,59	4,04	-	3,19	3,58	-	2,80	3,15	-	2,42	2,73	-	2,07	2,33
	III	39,40	-	3,15	3,54	-	2,83	3,18	-	2,52	2,84	-	2,22	2,50	-	1,93	2,17	-	1,64	1,85	-	1,37	1,54
	IV	60,38	1,38	4,83	5,43	1,07	4,62	5,19	0,76	4,41	4,96	0,45	4,20	4,72	0,14	3,99	4,49	-	3,78	4,25	-	3,57	4,02
	V	77,53	3,42	6,20	6,97																		
	VI	79,01	3,60	6,32	7,11																		
251,39 (Ost)	I	60,65	1,41	4,85	5,45	0,79	4,43	4,98	0,17	4,01	4,51	-	3,59	4,04	-	3,19	3,59	-	2,80	3,15	-	2,42	2,73
	II	55,68	0,82	4,45	5,01	0,20	4,03	4,54	-	3,61	4,07	-	3,21	3,61	-	2,82	3,17	-	2,44	2,75	-	2,08	2,34
	III	39,60	-	3,16	3,56	-	2,84	3,20	-	2,54	2,85	-	2,24	2,52	-	1,94	2,19	-	1,66	1,87	-	1,38	1,56
	IV	60,65	1,41	4,85	5,45	1,10	4,64	5,22	0,79	4,43	4,98	0,48	4,22	4,75	0,17	4,01	4,51	-	3,80	4,28	-	3,59	4,04
	V	77,79	3,45	6,22	7,00																		
	VI	79,27	3,63	6,34	7,13																		
251,49 (West)	I	60,43	1,39	4,83	5,43	0,77	4,41	4,96	0,14	3,99	4,49	-	3,58	4,02	-	3,17	3,57	-	2,78	3,13	-	2,41	2,71
	II	55,46	0,80	4,43	4,99	0,17	4,01	4,52	-	3,60	4,05	-	3,19	3,59	-	2,80	3,15	-	2,43	2,73	-	2,07	2,33
	III	39,43	-	3,15	3,54	-	2,83	3,19	-	2,52	2,84	-	2,22	2,50	-	1,93	2,17	-	1,65	1,85	-	1,37	1,54
	IV	60,43	1,39	4,83	5,43	1,08	4,62	5,20	0,77	4,41	4,96	0,46	4,20	4,73	0,14	3,99	4,49	-	3,78	4,26	-	3,58	4,02
	V	77,58	3,43	6,20	6,98																		
	VI	79,05	3,60	6,32	7,11																		
251,49 (Ost)	I	60,69	1,42	4,85	5,46	0,80	4,43	4,99	0,18	4,01	4,52	-	3,60	4,05	-	3,19	3,59	-	2,80	3,15	-	2,43	2,73
	II	55,72	0,83	4,45	5,01	0,21	4,04	4,54	-	3,62	4,07	-	3,21	3,61	-	2,82	3,17	-	2,44	2,75	-	2,09	2,35
	III	39,63	-	3,17	3,56	-	2,85	3,20	-	2,54	2,86	-	2,24	2,52	-	1,94	2,19	-	1,66	1,87	-	1,39	1,56
	IV	60,69	1,42	4,85	5,46	1,11	4,64	5,22	0,80	4,43	4,99	0,49	4,22	4,75	0,18	4,01	4,52	-	3,81	4,28	-	3,60	4,05
	V	77,83	3,46	6,22	7,00																		
	VI	79,31	3,63	6,34	7,13																		
251,59 (West)	I	60,47	1,39	4,83	5,44	0,77	4,42	4,97	0,15	4,00	4,50	-	3,58	4,03	-	3,17	3,57	-	2,78	3,13	-	2,41	2,71
	II	55,50	0,80	4,44	4,99	0,18	4,02	4,52	-	3,60	4,05	-	3,19	3,59	-	2,80	3,15	-	2,43	2,73	-	2,07	2,33
	III	39,46	-	3,15	3,55	-	2,83	3,19	-	2,53	2,84	-	2,22	2,50	-	1,93	2,17	-	1,65	1,86	-	1,38	1,55
	IV	60,47	1,39	4,83	5,44	1,08	4,62	5,20	0,77	4,42	4,97	0,46	4,21	4,73	0,15	4,00	4,50	-	3,79	4,26	-	3,58	4,03
	V	77,62	3,43	6,20	6,98																		
	VI	79,10	3,61	6,32	7,11																		
251,59 (Ost)	I	60,73	1,42	4,85	5,46	0,80	4,44	4,99	0,18	4,02	4,52	-	3,60	4,05	-	3,19	3,59	-	2,80	3,15	-	2,43	2,73
	II	55,76	0,83	4,46	5,01	0,21	4,04	4,54	-	3,62	4,07	-	3,21	3,61	-	2,82	3,17	-	2,45	2,75	-	2,09	2,35
	III	39,66	-	3,17	3,56	-	2,85	3,21	-	2,54	2,86	-	2,24	2,52	-	1,95	2,19	-	1,66	1,87	-	1,39	1,56
	IV	60,73	1,42	4,85	5,46	1,11	4,64	5,23	0,80	4,44	4,99	0,49	4,23	4,76	0,18	4,02	4,52	-	3,81	4,29	-	3,60	4,05
	V	77,88	3,46	6,23	7,00																		
	VI	79,35	3,64	6,34	7,14																		

Lohn/ Gehalt bis	Steuerklasse	Lohn-steuer	ohne Kinderfreibetrag SolZ 5,5%	ohne Kinderfreibetrag Kirchensteuer 8%	ohne Kinderfreibetrag Kirchensteuer 9%	0,5 SolZ 5,5%	0,5 Kirchensteuer 8%	0,5 Kirchensteuer 9%	1,0 SolZ 5,5%	1,0 Kirchensteuer 8%	1,0 Kirchensteuer 9%	1,5 SolZ 5,5%	1,5 Kirchensteuer 8%	1,5 Kirchensteuer 9%	2,0 SolZ 5,5%	2,0 Kirchensteuer 8%	2,0 Kirchensteuer 9%	2,5 SolZ 5,5%	2,5 Kirchensteuer 8%	2,5 Kirchensteuer 9%	3,0 SolZ 5,5%	3,0 Kirchensteuer 8%	3,0 Kirchensteuer 9%
251,69 *(West)*	I	60,51	*1,40*	4,84	5,44	*0,78*	4,42	4,97	*0,15*	4,00	4,50	-	3,58	4,03	-	3,18	3,57	-	2,79	3,14	-	2,41	2
	II	55,54	*0,81*	4,44	4,99	*0,18*	4,02	4,52	-	3,60	4,05	-	3,20	3,60	-	2,80	3,16	-	2,43	2,74	-	2,08	2
	III	39,50	-	3,16	3,55	-	2,84	3,19	-	2,53	2,84	-	2,23	2,51	-	1,94	2,18	-	1,65	1,86	-	1,38	1
	IV	60,51	*1,40*	4,84	5,44	*1,09*	4,63	5,21	*0,78*	4,42	4,97	*0,47*	4,21	4,74	*0,15*	4,00	4,50	-	3,79	4,27	-	3,58	4
	V	77,66	*3,44*	6,21	6,98																		
	VI	79,14	*3,61*	6,33	7,12																		
251,69 *(Ost)*	I	60,77	*1,43*	4,86	5,46	*0,81*	4,44	4,99	*0,19*	4,02	4,52	-	3,60	4,05	-	3,20	3,60	-	2,81	3,16	-	2,43	2
	II	55,80	*0,84*	4,46	5,02	*0,22*	4,04	4,55	-	3,62	4,08	-	3,22	3,62	-	2,82	3,18	-	2,45	2,76	-	2,09	2
	III	39,70	-	3,17	3,57	-	2,85	3,21	-	2,54	2,86	-	2,24	2,52	-	1,95	2,19	-	1,67	1,87	-	1,39	1
	IV	60,77	*1,43*	4,86	5,46	*1,12*	4,65	5,23	*0,81*	4,44	4,99	*0,50*	4,23	4,76	*0,19*	4,02	4,52	-	3,81	4,29	-	3,60	4
	V	77,92	*3,47*	6,23	7,01																		
	VI	79,40	*3,64*	6,35	7,14																		
251,79 *(West)*	I	60,55	*1,40*	4,84	5,44	*0,78*	4,42	4,97	*0,16*	4,00	4,50	-	3,59	4,04	-	3,18	3,58	-	2,79	3,14	-	2,42	2
	II	55,58	*0,81*	4,44	5,00	*0,19*	4,02	4,53	-	3,61	4,06	-	3,20	3,60	-	2,81	3,16	-	2,43	2,74	-	2,08	2
	III	39,52	-	3,16	3,55	-	2,84	3,20	-	2,53	2,85	-	2,23	2,51	-	1,94	2,18	-	1,65	1,86	-	1,38	1
	IV	60,55	*1,40*	4,84	5,44	*1,09*	4,63	5,21	*0,78*	4,42	4,97	*0,47*	4,21	4,74	*0,16*	4,00	4,50	-	3,80	4,27	-	3,59	4
	V	77,70	*3,44*	6,21	6,99																		
	VI	79,18	*3,62*	6,33	7,12																		
251,79 *(Ost)*	I	60,81	*1,43*	4,86	5,47	*0,81*	4,44	5,00	*0,19*	4,02	4,53	-	3,61	4,06	-	3,20	3,60	-	2,81	3,16	-	2,44	2
	II	55,84	*0,84*	4,46	5,02	*0,22*	4,04	4,55	-	3,63	4,08	-	3,22	3,62	-	2,83	3,18	-	2,45	2,76	-	2,10	2
	III	39,73	-	3,17	3,57	-	2,86	3,21	-	2,55	2,86	-	2,24	2,53	-	1,95	2,20	-	1,67	1,88	-	1,39	1
	IV	60,81	*1,43*	4,86	5,47	*1,12*	4,65	5,23	*0,81*	4,44	5,00	*0,50*	4,23	4,76	*0,19*	4,02	4,53	-	3,82	4,29	-	3,61	4
	V	77,96	*3,47*	6,23	7,01																		
	VI	79,44	*3,65*	6,35	7,14																		
251,89 *(West)*	I	60,60	*1,41*	4,84	5,45	*0,79*	4,42	4,98	*0,16*	4,01	4,51	-	3,59	4,04	-	3,18	3,58	-	2,79	3,14	-	2,42	2
	II	55,63	*0,82*	4,45	5,00	*0,19*	4,03	4,53	-	3,61	4,06	-	3,20	3,60	-	2,81	3,16	-	2,44	2,74	-	2,08	2
	III	39,56	-	3,16	3,56	-	2,84	3,20	-	2,53	2,85	-	2,23	2,51	-	1,94	2,18	-	1,66	1,86	-	1,38	1
	IV	60,60	*1,41*	4,84	5,45	*1,10*	4,63	5,21	*0,79*	4,42	4,98	*0,48*	4,22	4,74	*0,16*	4,01	4,51	-	3,80	4,27	-	3,59	4
	V	77,74	*3,45*	6,21	6,99																		
	VI	79,22	*3,62*	6,33	7,12																		
251,89 *(Ost)*	I	60,86	*1,44*	4,86	5,47	*0,82*	4,45	5,00	*0,20*	4,03	4,53	-	3,61	4,06	-	3,20	3,60	-	2,81	3,16	-	2,44	2
	II	55,88	*0,85*	4,47	5,02	*0,23*	4,05	4,55	-	3,63	4,08	-	3,22	3,62	-	2,83	3,18	-	2,46	2,76	-	2,10	2
	III	39,76	-	3,18	3,57	-	2,86	3,22	-	2,55	2,87	-	2,25	2,53	-	1,95	2,20	-	1,67	1,88	-	1,40	1
	IV	60,86	*1,44*	4,86	5,47	*1,13*	4,66	5,24	*0,82*	4,45	5,00	*0,51*	4,24	4,77	*0,20*	4,03	4,53	-	3,82	4,30	-	3,61	4
	V	78,00	*3,48*	6,24	7,02																		
	VI	79,48	*3,65*	6,35	7,15																		
251,99 *(West)*	I	60,64	*1,41*	4,85	5,45	*0,79*	4,43	4,98	*0,17*	4,01	4,51	-	3,59	4,04	-	3,19	3,58	-	2,80	3,15	-	2,42	2
	II	55,67	*0,82*	4,45	5,01	*0,20*	4,03	4,54	-	3,61	4,06	-	3,20	3,61	-	2,81	3,17	-	2,44	2,75	-	2,08	2
	III	39,59	-	3,16	3,56	-	2,84	3,20	-	2,54	2,85	-	2,23	2,51	-	1,94	2,19	-	1,66	1,87	-	1,38	1
	IV	60,64	*1,41*	4,85	5,45	*1,10*	4,64	5,22	*0,79*	4,43	4,98	*0,48*	4,22	4,75	*0,17*	4,01	4,51	-	3,80	4,28	-	3,59	4
	V	77,78	*3,45*	6,22	7,00																		
	VI	79,26	*3,63*	6,34	7,13																		
251,99 *(Ost)*	I	60,90	*1,44*	4,87	5,48	*0,82*	4,45	5,01	*0,20*	4,03	4,54	-	3,61	4,07	-	3,21	3,61	-	2,82	3,17	-	2,44	2
	II	55,93	*0,85*	4,47	5,03	*0,23*	4,05	4,56	-	3,63	4,09	-	3,22	3,63	-	2,83	3,19	-	2,46	2,77	-	2,10	2
	III	39,79	-	3,18	3,58	-	2,86	3,22	-	2,55	2,87	-	2,25	2,53	-	1,96	2,20	-	1,67	1,88	-	1,40	1
	IV	60,90	*1,44*	4,87	5,48	*1,13*	4,66	5,24	*0,82*	4,45	5,01	*0,51*	4,24	4,77	*0,20*	4,03	4,54	-	3,82	4,30	-	3,61	4
	V	78,05	*3,48*	6,24	7,02																		
	VI	79,52	*3,66*	6,36	7,15																		
252,09 *(West)*	I	60,68	*1,42*	4,85	5,46	*0,80*	4,43	4,99	*0,17*	4,01	4,52	-	3,60	4,05	-	3,19	3,59	-	2,80	3,15	-	2,43	2
	II	55,71	*0,83*	4,45	5,01	*0,20*	4,03	4,54	-	3,62	4,07	-	3,21	3,61	-	2,82	3,17	-	2,44	2,75	-	2,09	2
	III	39,62	-	3,16	3,56	-	2,85	3,20	-	2,54	2,86	-	2,24	2,52	-	1,94	2,19	-	1,66	1,87	-	1,39	1
	IV	60,68	*1,42*	4,85	5,46	*1,11*	4,64	5,22	*0,80*	4,43	4,99	*0,49*	4,22	4,75	*0,17*	4,01	4,52	-	3,80	4,28	-	3,60	4
	V	77,83	*3,46*	6,22	7,00																		
	VI	79,30	*3,63*	6,34	7,13																		
252,09 *(Ost)*	I	60,94	*1,45*	4,87	5,48	*0,83*	4,45	5,01	*0,21*	4,04	4,54	-	3,62	4,07	-	3,21	3,61	-	2,82	3,17	-	2,44	2
	II	55,97	*0,86*	4,47	5,03	*0,24*	4,06	4,56	-	3,64	4,09	-	3,23	3,63	-	2,84	3,19	-	2,46	2,77	-	2,10	2
	III	39,82	-	3,18	3,58	-	2,86	3,22	-	2,55	2,87	-	2,25	2,53	-	1,96	2,20	-	1,68	1,89	-	1,40	1
	IV	60,94	*1,45*	4,87	5,48	*1,14*	4,66	5,24	*0,83*	4,45	5,01	*0,52*	4,24	4,77	*0,21*	4,04	4,54	-	3,83	4,30	-	3,62	4
	V	78,09	*3,49*	6,24	7,02																		
	VI	79,56	*3,66*	6,36	7,16																		
252,19 *(West)*	I	60,72	*1,42*	4,85	5,46	*0,80*	4,44	4,99	*0,18*	4,02	4,52	-	3,60	4,05	-	3,19	3,59	-	2,80	3,15	-	2,43	2
	II	55,75	*0,83*	4,46	5,01	*0,21*	4,04	4,54	-	3,62	4,07	-	3,21	3,61	-	2,82	3,17	-	2,45	2,75	-	2,09	2
	III	39,66	-	3,17	3,56	-	2,85	3,21	-	2,54	2,86	-	2,24	2,52	-	1,95	2,19	-	1,66	1,87	-	1,39	1
	IV	60,72	*1,42*	4,85	5,46	*1,11*	4,64	5,22	*0,80*	4,44	4,99	*0,49*	4,23	4,76	*0,18*	4,02	4,52	-	3,81	4,28	-	3,60	4
	V	77,87	*3,46*	6,22	7,00																		
	VI	79,35	*3,64*	6,34	7,14																		
252,19 *(Ost)*	I	60,98	*1,45*	4,87	5,48	*0,83*	4,46	5,01	*0,21*	4,04	4,54	-	3,62	4,07	-	3,21	3,61	-	2,82	3,17	-	2,45	2
	II	56,01	*0,86*	4,48	5,04	*0,24*	4,06	4,57	-	3,64	4,10	-	3,23	3,64	-	2,84	3,19	-	2,46	2,77	-	2,11	2
	III	39,86	-	3,18	3,58	-	2,87	3,22	-	2,56	2,88	-	2,25	2,54	-	1,96	2,21	-	1,68	1,89	-	1,40	1
	IV	60,98	*1,45*	4,87	5,48	*1,14*	4,66	5,25	*0,83*	4,46	5,01	*0,52*	4,25	4,78	*0,21*	4,04	4,54	-	3,83	4,31	-	3,62	4
	V	78,13	*3,49*	6,25	7,03																		
	VI	79,61	*3,67*	6,36	7,16																		
252,29 *(West)*	I	60,76	*1,43*	4,86	5,46	*0,81*	4,44	4,99	*0,18*	4,02	4,52	-	3,60	4,05	-	3,20	3,60	-	2,80	3,16	-	2,43	2
	II	55,79	*0,84*	4,46	5,02	*0,21*	4,04	4,55	-	3,62	4,08	-	3,21	3,62	-	2,82	3,18	-	2,45	2,76	-	2,09	2
	III	39,69	-	3,17	3,57	-	2,85	3,21	-	2,54	2,86	-	2,24	2,52	-	1,95	2,19	-	1,67	1,87	-	1,39	1
	IV	60,76	*1,43*	4,86	5,46	*1,12*	4,65	5,23	*0,81*	4,44	4,99	*0,50*	4,23	4,76	*0,18*	4,02	4,52	-	3,81	4,29	-	3,60	4
	V	77,91	*3,47*	6,23	7,01																		
	VI	79,39	*3,64*	6,35	7,14																		
252,29 *(Ost)*	I	61,02	*1,46*	4,88	5,49	*0,84*	4,46	5,02	*0,22*	4,04	4,55	-	3,62	4,08	-	3,22	3,62	-	2,82	3,18	-	2,45	2,
	II	56,05	*0,87*	4,48	5,04	*0,25*	4,06	4,57	-	3,64	4,10	-	3,23	3,64	-	2,84	3,20	-	2,47	2,78	-	2,11	2,
	III	39,89	-	3,19	3,59	-	2,87	3,23	-	2,56	2,88	-	2,26	2,54	-	1,96	2,21	-	1,68	1,89	-	1,40	1,
	IV	61,02	*1,46*	4,88	5,49	*1,15*	4,67	5,25	*0,84*	4,46	5,02	*0,53*	4,25	4,78	*0,22*	4,04	4,55	-	3,83	4,31	-	3,62	4,
	V	78,17	*3,50*	6,25	7,03																		
	VI	79,65	*3,67*	6,37	7,16																		

Allgemeine Tabelle

JAHR bis 3.239,99 €

Lohn/ Gehalt bis	Steuerklasse	Lohnsteuer	ohne Kinderfreibetrag SolZ 5,5%	Kirchensteuer 8%	Kirchensteuer 9%
35,99	V	–	–	–	–
	VI	3	–	0,24	0,27
71,99	V	–	–	–	–
	VI	7	–	0,56	0,63
107,99	V	–	–	–	–
	VI	11	–	0,88	0,99
143,99	V	–	–	–	–
	VI	15	–	1,20	1,35
179,99	V	–	–	–	–
	VI	19	–	1,52	1,71
215,99	V	–	–	–	–
	VI	23	–	1,84	2,07
251,99	V	–	–	–	–
	VI	27	–	2,16	2,43
287,99	V	–	–	–	–
	VI	31	–	2,48	2,79
323,99	V	–	–	–	–
	VI	35	–	2,80	3,15
359,99	V	–	–	–	–
	VI	39	–	3,12	3,51
395,99	V	–	–	–	–
	VI	43	–	3,44	3,87
431,99	V	–	–	–	–
	VI	47	–	3,76	4,23
467,99	V	–	–	–	–
	VI	51	–	4,08	4,59
503,99	V	–	–	–	–
	VI	55	–	4,40	4,95
539,99	V	–	–	–	–
	VI	59	–	4,72	5,31
575,99	V	–	–	–	–
	VI	63	–	5,04	5,67
611,99	V	–	–	–	–
	VI	67	–	5,36	6,03
647,99	V	–	–	–	–
	VI	71	–	5,68	6,39
683,99	V	–	–	–	–
	VI	75	–	6,00	6,75
719,99	V	–	–	–	–
	VI	79	–	6,32	7,11
755,99	V	–	–	–	–
	VI	83	–	6,64	7,47
791,99	V	–	–	–	–
	VI	87	–	6,96	7,83
827,99	V	–	–	–	–
	VI	91	–	7,28	8,19
863,99	V	–	–	–	–
	VI	94	–	7,52	8,46
899,99	V	–	–	–	–
	VI	98	–	7,84	8,82
935,99	V	–	–	–	–
	VI	102	–	8,16	9,18
971,99	V	–	–	–	–
	VI	106	–	8,48	9,54
1.007,99	V	–	–	–	–
	VI	110	–	8,80	9,90
1.043,99	V	–	–	–	–
	VI	114	–	9,12	10,26
1.079,99	V	–	–	–	–
	VI	118	–	9,44	10,62
1.115,99	V	–	–	–	–
	VI	122	–	9,76	10,98
1.151,99	V	–	–	–	–
	VI	126	–	10,08	11,34
1.187,99	V	–	–	–	–
	VI	130	–	10,40	11,70
1.223,99	V	–	–	–	–
	VI	134	–	10,72	12,06
1.259,99	V	–	–	–	–
	VI	138	–	11,04	12,42
1.295,99	V	–	–	–	–
	VI	142	–	11,36	12,78
1.331,99	V	–	–	–	–
	VI	146	–	11,68	13,14
1.367,99	V	–	–	–	–
	VI	150	–	12,00	13,50
1.403,99	V	–	–	–	–
	VI	154	–	12,32	13,86
1.439,99	V	–	–	–	–
	VI	158	–	12,64	14,22
1.475,99	V	–	–	–	–
	VI	162	–	12,96	14,58
1.511,99	V	–	–	–	–
	VI	166	–	13,28	14,94
1.547,99	V	–	–	–	–
	VI	170	–	13,60	15,30
1.583,99	V	–	–	–	–
	VI	174	–	13,92	15,66
1.619,99	V	–	–	–	–
	VI	178	–	14,24	16,02
1.655,99	V	5	–	0,40	0,45
	VI	182	–	14,56	16,38
1.691,99	V	8	–	0,64	0,72
	VI	186	–	14,88	16,74
1.727,99	V	12	–	0,96	1,08
	VI	190	–	15,20	17,10
1.763,99	V	16	–	1,28	1,44
	VI	194	–	15,52	17,46
1.799,99	V	20	–	1,60	1,80
	VI	198	–	15,84	17,82
1.835,99	V	24	–	1,92	2,16
	VI	202	–	16,16	18,18
1.871,99	V	28	–	2,24	2,52
	VI	206	–	16,48	18,54
1.907,99	V	32	–	2,56	2,88
	VI	210	–	16,80	18,90
1.943,99	V	36	–	2,88	3,24
	VI	213	–	17,04	19,17
1.979,99	V	40	–	3,20	3,60
	VI	217	–	17,36	19,53
2.015,99	V	44	–	3,52	3,96
	VI	221	–	17,68	19,89
2.051,99	V	48	–	3,84	4,32
	VI	225	–	18,00	20,25
2.087,99	V	52	–	4,16	4,68
	VI	229	–	18,32	20,61
2.123,99	V	56	–	4,48	5,04
	VI	233	–	18,64	20,97
2.159,99	V	60	–	4,80	5,40
	VI	237	–	18,96	21,33
2.195,99	V	64	–	5,12	5,76
	VI	241	–	19,28	21,69
2.231,99	V	68	–	5,44	6,12
	VI	245	–	19,60	22,05
2.267,99	V	72	–	5,76	6,48
	VI	249	–	19,92	22,41
2.303,99	V	76	–	6,08	6,84
	VI	253	–	20,24	22,77
2.339,99	V	80	–	6,40	7,20
	VI	257	–	20,56	23,13
2.375,99	V	84	–	6,72	7,56
	VI	261	–	20,88	23,49
2.411,99	V	88	–	7,04	7,92
	VI	265	–	21,20	23,85
2.447,99	V	92	–	7,36	8,28
	VI	269	–	21,52	24,21
2.483,99	V	96	–	7,68	8,64
	VI	273	–	21,84	24,57
2.519,99	V	100	–	8,00	9,00
	VI	277	–	22,16	24,93
2.555,99	V	104	–	8,32	9,36
	VI	281	–	22,48	25,29
2.591,99	V	108	–	8,64	9,72
	VI	285	–	22,80	25,65
2.627,99	V	112	–	8,96	10,08
	VI	289	–	23,12	26,01
2.663,99	V	116	–	9,28	10,44
	VI	293	–	23,44	26,37
2.699,99	V	119	–	9,52	10,71
	VI	297	–	23,76	26,73
2.735,99	V	124	–	9,92	11,16
	VI	301	–	24,08	27,09
2.771,99	V	127	–	10,16	11,43
	VI	305	–	24,40	27,45
2.807,99	V	131	–	10,48	11,79
	VI	309	–	24,72	27,81
2.843,99	V	135	–	10,80	12,15
	VI	313	–	25,04	28,17
2.879,99	V	139	–	11,12	12,51
	VI	317	–	25,36	28,53
2.915,99	V	143	–	11,44	12,87
	VI	321	–	25,68	28,89
2.951,99	V	147	–	11,76	13,23
	VI	325	–	26,00	29,25
2.987,99	V	151	–	12,08	13,59
	VI	329	–	26,32	29,61
3.023,99	V	155	–	12,40	13,95
	VI	332	–	26,56	29,88
3.059,99	V	159	–	12,72	14,31
	VI	336	–	26,88	30,24
3.095,99	V	163	–	13,04	14,67
	VI	340	–	27,20	30,60
3.131,99	V	167	–	13,36	15,03
	VI	344	–	27,52	30,96
3.167,99	V	171	–	13,68	15,39
	VI	348	–	27,84	31,32
3.203,99	V	175	–	14,00	15,75
	VI	352	–	28,16	31,68
3.239,99	V	179	–	14,32	16,11
	VI	356	–	28,48	32,04

s jährlich 15.479,99 € entstehen für die Steuerklassen I bis IV keine Steuerabzüge.

SolZ/KiSt lt. Tabelle nicht für Sonstige Bezüge anwendbar.

Lohn/ Gehalt bis	Steuerklasse	Lohn-steuer	ohne Kinderfreibetrag		
			SolZ 5,5%	Kirchensteuer 8%	9%
3.275,99	V	183	–	14,64	16,47
	VI	360	–	28,80	32,40
3.311,99	V	187	–	14,96	16,83
	VI	364	–	29,12	32,76
3.347,99	V	191	–	15,28	17,19
	VI	368	–	29,44	33,12
3.383,99	V	195	–	15,60	17,55
	VI	372	–	29,76	33,48
3.419,99	V	199	–	15,92	17,91
	VI	376	–	30,08	33,84
3.455,99	V	203	–	16,24	18,27
	VI	380	–	30,40	34,20
3.491,99	V	207	–	16,56	18,63
	VI	384	–	30,72	34,56
3.527,99	V	211	–	16,88	18,99
	VI	388	–	31,04	34,92
3.563,99	V	215	–	17,20	19,35
	VI	392	–	31,36	35,28
3.599,99	V	219	–	17,52	19,71
	VI	396	–	31,68	35,64
3.635,99	V	223	–	17,84	20,07
	VI	400	–	32,00	36,00
3.671,99	V	227	–	18,16	20,43
	VI	404	–	32,32	36,36
3.707,99	V	231	–	18,48	20,79
	VI	408	–	32,64	36,72
3.743,99	V	235	–	18,80	21,15
	VI	412	–	32,96	37,08
3.779,99	V	238	–	19,04	21,42
	VI	416	–	33,28	37,44
3.815,99	V	243	–	19,44	21,87
	VI	420	–	33,60	37,80
3.851,99	V	246	–	19,68	22,14
	VI	424	–	33,92	38,16
3.887,99	V	250	–	20,00	22,50
	VI	428	–	34,24	38,52
3.923,99	V	254	–	20,32	22,86
	VI	432	–	34,56	38,88
3.959,99	V	258	–	20,64	23,22
	VI	436	–	34,88	39,24
3.995,99	V	262	–	20,96	23,58
	VI	440	–	35,20	39,60
4.031,99	V	266	–	21,28	23,94
	VI	444	–	35,52	39,96
4.067,99	V	270	–	21,60	24,30
	VI	448	–	35,84	40,32
4.103,99	V	274	–	21,92	24,66
	VI	451	–	36,08	40,59
4.139,99	V	278	–	22,24	25,02
	VI	455	–	36,40	40,95
4.175,99	V	282	–	22,56	25,38
	VI	459	–	36,72	41,31
4.211,99	V	286	–	22,88	25,74
	VI	463	–	37,04	41,67
4.247,99	V	290	–	23,20	26,10
	VI	467	–	37,36	42,03
4.283,99	V	294	–	23,52	26,46
	VI	471	–	37,68	42,39
4.319,99	V	298	–	23,84	26,82
	VI	475	–	38,00	42,75
4.355,99	V	302	–	24,16	27,18
	VI	479	–	38,32	43,11
4.391,99	V	306	–	24,48	27,54
	VI	483	–	38,64	43,47
4.427,99	V	310	–	24,80	27,90
	VI	487	–	38,96	43,83
4.463,99	V	314	–	25,12	28,26
	VI	491	–	39,28	44,19
4.499,99	V	318	–	25,44	28,62
	VI	495	–	39,60	44,55
4.535,99	V	322	–	25,76	28,98
	VI	499	–	39,92	44,91
4.571,99	V	326	–	26,08	29,34
	VI	503	–	40,24	45,27
4.607,99	V	330	–	26,40	29,70
	VI	507	–	40,56	45,63
4.643,99	V	334	–	26,72	30,06
	VI	511	–	40,88	45,99
4.679,99	V	338	–	27,04	30,42
	VI	515	–	41,20	46,35
4.715,99	V	342	–	27,36	30,78
	VI	519	–	41,52	46,71
4.751,99	V	346	–	27,68	31,14
	VI	523	–	41,84	47,07

Lohn/ Gehalt bis	Steuerklasse	Lohn-steuer	ohne Kinderfreibetrag		
			SolZ 5,5%	Kirchensteuer 8%	9%
4.787,99	V	350	–	28,00	31,50
	VI	527	–	42,16	47,43
4.823,99	V	354	–	28,32	31,86
	VI	531	–	42,48	47,79
4.859,99	V	357	–	28,56	32,13
	VI	535	–	42,80	48,15
4.895,99	V	362	–	28,96	32,58
	VI	539	–	43,12	48,51
4.931,99	V	365	–	29,20	32,85
	VI	543	–	43,44	48,87
4.967,99	V	369	–	29,52	33,21
	VI	547	–	43,76	49,23
5.003,99	V	373	–	29,84	33,57
	VI	551	–	44,08	49,59
5.039,99	V	377	–	30,16	33,93
	VI	555	–	44,40	49,95
5.075,99	V	381	–	30,48	34,29
	VI	559	–	44,72	50,31
5.111,99	V	385	–	30,80	34,65
	VI	563	–	45,04	50,67
5.147,99	V	389	–	31,12	35,01
	VI	567	–	45,36	51,03
5.183,99	V	393	–	31,44	35,37
	VI	570	–	45,60	51,30
5.219,99	V	397	–	31,76	35,73
	VI	574	–	45,92	51,66
5.255,99	V	401	–	32,08	36,09
	VI	578	–	46,24	52,02
5.291,99	V	405	–	32,40	36,45
	VI	582	–	46,56	52,38
5.327,99	V	409	–	32,72	36,81
	VI	586	–	46,88	52,74
5.363,99	V	413	–	33,04	37,17
	VI	590	–	47,20	53,10
5.399,99	V	417	–	33,36	37,53
	VI	594	–	47,52	53,46
5.435,99	V	421	–	33,68	37,89
	VI	598	–	47,84	53,82
5.471,99	V	425	–	34,00	38,25
	VI	602	–	48,16	54,18
5.507,99	V	429	–	34,32	38,61
	VI	606	–	48,48	54,54
5.543,99	V	433	–	34,64	38,97
	VI	610	–	48,80	54,90
5.579,99	V	437	–	34,96	39,33
	VI	614	–	49,12	55,26
5.615,99	V	441	–	35,28	39,69
	VI	618	–	49,44	55,62
5.651,99	V	445	–	35,60	40,05
	VI	622	–	49,76	55,98
5.687,99	V	449	–	35,92	40,41
	VI	626	–	50,08	56,34
5.723,99	V	453	–	36,24	40,77
	VI	630	–	50,40	56,70
5.759,99	V	457	–	36,56	41,13
	VI	634	–	50,72	57,06
5.795,99	V	461	–	36,88	41,49
	VI	638	–	51,04	57,42
5.831,99	V	465	–	37,20	41,85
	VI	642	–	51,36	57,78
5.867,99	V	469	–	37,52	42,21
	VI	646	–	51,68	58,14
5.903,99	V	473	–	37,84	42,57
	VI	650	–	52,00	58,50
5.939,99	V	476	–	38,08	42,84
	VI	654	–	52,32	58,86
5.975,99	V	481	–	38,48	43,29
	VI	658	–	52,64	59,22
6.011,99	V	484	–	38,72	43,56
	VI	662	–	52,96	59,58
6.047,99	V	488	–	39,04	43,92
	VI	666	–	53,28	59,94
6.083,99	V	492	–	39,36	44,28
	VI	670	–	53,60	60,30
6.119,99	V	496	–	39,68	44,64
	VI	674	–	53,92	60,66
6.155,99	V	500	–	40,00	45,00
	VI	678	–	54,24	61,02
6.191,99	V	504	–	40,32	45,36
	VI	682	–	54,56	61,38
6.227,99	V	508	–	40,64	45,72
	VI	686	–	54,88	61,74
6.263,99	V	512	–	40,96	46,08
	VI	689	–	55,12	62,01

Lohn/ Gehalt bis	Steuerklasse	Lohn-steuer	ohne Kinderfreibetrag		
			SolZ 5,5%	Kirchensteue 8%	9%
6.299,99	V	516	–	41,28	46,
	VI	693	–	55,44	62,
6.335,99	V	520	–	41,60	46,
	VI	697	–	55,76	62,
6.371,99	V	524	–	41,92	47,
	VI	701	–	56,08	63,
6.407,99	V	528	–	42,24	47,
	VI	705	–	56,40	63,
6.443,99	V	532	–	42,56	47,
	VI	709	–	56,72	63,
6.479,99	V	536	–	42,88	48,
	VI	713	–	57,04	64,
6.515,99	V	540	–	43,20	48,
	VI	717	–	57,36	64,
6.551,99	V	544	–	43,52	48,
	VI	721	–	57,68	64,
6.587,99	V	548	–	43,84	49,
	VI	725	–	58,00	65,
6.623,99	V	552	–	44,16	49,
	VI	729	–	58,32	65,
6.659,99	V	556	–	44,48	50,
	VI	733	–	58,64	65,
6.695,99	V	560	–	44,80	50,
	VI	737	–	58,96	66,
6.731,99	V	564	–	45,12	50,
	VI	741	–	59,28	66,
6.767,99	V	568	–	45,44	51
	VI	745	–	59,60	67,
6.803,99	V	572	–	45,76	51,
	VI	749	–	59,92	67,
6.839,99	V	576	–	46,08	51,
	VI	753	–	60,24	67,
6.875,99	V	580	–	46,40	52,
	VI	757	–	60,56	68,
6.911,99	V	584	–	46,72	52,
	VI	761	–	60,88	68,
6.947,99	V	588	–	47,04	52,
	VI	765	–	61,20	68,
6.983,99	V	592	–	47,36	53,
	VI	769	–	61,52	69,
7.019,99	V	595	–	47,60	53,
	VI	773	–	61,84	69,
7.055,99	V	600	–	48,00	54,
	VI	777	–	62,16	69,
7.091,99	V	603	–	48,24	54,
	VI	781	–	62,48	70,
7.127,99	V	607	–	48,56	54
	VI	785	–	62,80	70,
7.163,99	V	611	–	48,88	54,
	VI	789	–	63,12	71,
7.199,99	V	615	–	49,20	55,
	VI	793	–	63,44	71,
7.235,99	V	619	–	49,52	55,
	VI	797	–	63,76	71,
7.271,99	V	623	–	49,84	56,
	VI	801	–	64,08	72,
7.307,99	V	627	–	50,16	56,
	VI	805	–	64,40	72,
7.343,99	V	631	–	50,48	56,
	VI	808	–	64,64	72
7.379,99	V	635	–	50,80	57,
	VI	812	–	64,96	73,
7.415,99	V	639	–	51,12	57,
	VI	816	–	65,28	73,
7.451,99	V	643	–	51,44	57,
	VI	820	–	65,60	73,
7.487,99	V	647	–	51,76	58,
	VI	824	–	65,92	74,
7.523,99	V	651	–	52,08	58,
	VI	828	–	66,24	74,
7.559,99	V	655	–	52,40	58,
	VI	832	–	66,56	74,
7.595,99	V	659	–	52,72	59,
	VI	836	–	66,88	75,
7.631,99	V	663	–	53,04	59,
	VI	840	–	67,20	75,
7.667,99	V	667	–	53,36	60,
	VI	844	–	67,52	75,
7.703,99	V	671	–	53,68	60,
	VI	848	–	67,84	76,
7.739,99	V	675	–	54,00	60,
	VI	852	–	68,16	76,
7.775,99	V	679	–	54,32	61,
	VI	856	–	68,48	77,

SolZ/KiSt lt. Tabelle nicht für Sonstige Bezüge anwendbar.

Bis jährlich 15.479,99 € entstehen für die Steuerklassen I bis IV keine Steuerabzü

Allgemeine Tabelle

JAHR bis 11.339,99 €

Lohn/ Gehalt bis	Steuerklasse	Lohnsteuer	ohne Kinderfreibetrag SolZ 5,5%	Kirchensteuer 8%	Kirchensteuer 9%
7.811,99	V	683	-	54,64	61,47
	VI	860	-	68,80	77,40
7.847,99	V	687	-	54,96	61,83
	VI	864	-	69,12	77,76
7.883,99	V	691	-	55,28	62,19
	VI	868	-	69,44	78,12
7.919,99	V	695	-	55,60	62,55
	VI	872	-	69,76	78,48
7.955,99	V	699	-	55,92	62,91
	VI	876	-	70,08	78,84
7.991,99	V	703	-	56,24	63,27
	VI	880	-	70,40	79,20
8.027,99	V	707	-	56,56	63,63
	VI	884	-	70,72	79,56
8.063,99	V	711	-	56,88	63,99
	VI	888	-	71,04	79,92
8.099,99	V	714	-	57,12	64,26
	VI	892	-	71,36	80,28
8.135,99	V	719	-	57,52	64,71
	VI	896	-	71,68	80,64
8.171,99	V	722	-	57,76	64,98
	VI	900	-	72,00	81,00
8.207,99	V	726	-	58,08	65,34
	VI	904	-	72,32	81,36
8.243,99	V	730	-	58,40	65,70
	VI	908	-	72,64	81,72
8.279,99	V	734	-	58,72	66,06
	VI	912	-	72,96	82,08
8.315,99	V	738	-	59,04	66,42
	VI	916	-	73,28	82,44
8.351,99	V	742	-	59,36	66,78
	VI	920	-	73,60	82,80
8.387,99	V	746	-	59,68	67,14
	VI	924	-	73,92	83,16
8.423,99	V	750	-	60,00	67,50
	VI	927	-	74,16	83,43
8.459,99	V	754	-	60,32	67,86
	VI	931	-	74,48	83,79
8.495,99	V	758	-	60,64	68,22
	VI	935	-	74,80	84,15
8.531,99	V	762	-	60,96	68,58
	VI	939	-	75,12	84,51
8.567,99	V	766	-	61,28	68,94
	VI	943	-	75,44	84,87
8.603,99	V	770	-	61,60	69,30
	VI	947	-	75,76	85,23
8.639,99	V	774	-	61,92	69,66
	VI	951	-	76,08	85,59
8.675,99	V	778	-	62,24	70,02
	VI	955	-	76,40	85,95
8.711,99	V	782	-	62,56	70,38
	VI	959	-	76,72	86,31
8.747,99	V	786	-	62,88	70,74
	VI	963	-	77,04	86,67
8.783,99	V	790	-	63,20	71,10
	VI	967	-	77,36	87,03
8.819,99	V	794	-	63,52	71,46
	VI	971	-	77,68	87,39
8.855,99	V	798	-	63,84	71,82
	VI	975	-	78,00	87,75
8.891,99	V	802	-	64,16	72,18
	VI	979	-	78,32	88,11
8.927,99	V	806	-	64,48	72,54
	VI	983	-	78,64	88,47
8.963,99	V	810	-	64,80	72,90
	VI	987	-	78,96	88,83
8.999,99	V	814	-	65,12	73,26
	VI	991	-	79,28	89,19
9.035,99	V	818	-	65,44	73,62
	VI	995	-	79,60	89,55
9.071,99	V	822	-	65,76	73,98
	VI	999	-	79,92	89,91
9.107,99	V	826	-	66,08	74,34
	VI	1.003	-	80,24	90,27
9.143,99	V	830	-	66,40	74,70
	VI	1.007	-	80,56	90,63
9.179,99	V	833	-	66,64	74,97
	VI	1.011	-	80,88	90,99
9.215,99	V	838	-	67,04	75,42
	VI	1.015	-	81,20	91,35
9.251,99	V	841	-	67,28	75,69
	VI	1.019	-	81,52	91,71
9.287,99	V	845	-	67,60	76,05
	VI	1.023	-	81,84	92,07
9.323,99	V	849	-	67,92	76,41
	VI	1.027	-	82,16	92,43
9.359,99	V	853	-	68,24	76,77
	VI	1.031	-	82,48	92,79
9.395,99	V	857	-	68,56	77,13
	VI	1.035	-	82,80	93,15
9.431,99	V	861	-	68,88	77,49
	VI	1.039	-	83,12	93,51
9.467,99	V	865	-	69,20	77,85
	VI	1.043	-	83,44	93,87
9.503,99	V	869	-	69,52	78,21
	VI	1.046	-	83,68	94,14
9.539,99	V	873	-	69,84	78,57
	VI	1.050	-	84,00	94,50
9.575,99	V	877	-	70,16	78,93
	VI	1.054	-	84,32	94,86
9.611,99	V	881	-	70,48	79,29
	VI	1.058	-	84,64	95,22
9.647,99	V	885	-	70,80	79,65
	VI	1.062	-	84,96	95,58
9.683,99	V	889	-	71,12	80,01
	VI	1.066	-	85,28	95,94
9.719,99	V	893	-	71,44	80,37
	VI	1.070	-	85,60	96,30
9.755,99	V	897	-	71,76	80,73
	VI	1.074	-	85,92	96,66
9.791,99	V	901	-	72,08	81,09
	VI	1.078	-	86,24	97,02
9.827,99	V	905	-	72,40	81,45
	VI	1.082	-	86,56	97,38
9.863,99	V	909	-	72,72	81,81
	VI	1.086	-	86,88	97,74
9.899,99	V	913	-	73,04	82,17
	VI	1.090	-	87,20	98,10
9.935,99	V	917	-	73,36	82,53
	VI	1.094	-	87,52	98,46
9.971,99	V	921	-	73,68	82,89
	VI	1.098	-	87,84	98,82
10.007,99	V	925	-	74,00	83,25
	VI	1.102	-	88,16	99,18
10.043,99	V	929	-	74,32	83,61
	VI	1.106	-	88,48	99,54
10.079,99	V	933	-	74,64	83,97
	VI	1.110	-	88,80	99,90
10.115,99	V	937	-	74,96	84,33
	VI	1.114	-	89,12	100,26
10.151,99	V	941	-	75,28	84,69
	VI	1.118	-	89,44	100,62
10.187,99	V	945	-	75,60	85,05
	VI	1.122	-	89,76	100,98
10.223,99	V	949	-	75,92	85,41
	VI	1.126	-	90,08	101,34
10.259,99	V	952	-	76,16	85,68
	VI	1.130	-	90,40	101,70
10.295,99	V	956	-	76,48	86,04
	VI	1.134	-	90,72	102,06
10.331,99	V	960	-	76,80	86,40
	VI	1.138	-	91,04	102,42
10.367,99	V	964	-	77,12	86,76
	VI	1.142	-	91,36	102,78
10.403,99	V	968	-	77,44	87,12
	VI	1.146	-	91,68	103,14
10.439,99	V	972	-	77,76	87,48
	VI	1.150	-	92,00	103,50
10.475,99	V	976	-	78,08	87,84
	VI	1.154	-	92,32	103,86
10.511,99	V	980	-	78,40	88,20
	VI	1.157	-	92,56	104,13
10.547,99	V	984	-	78,72	88,56
	VI	1.162	-	92,96	104,58
10.583,99	V	988	-	79,04	88,92
	VI	1.165	-	93,20	104,85
10.619,99	V	992	-	79,36	89,28
	VI	1.169	-	93,52	105,21
10.655,99	V	996	-	79,68	89,64
	VI	1.173	-	93,84	105,57
10.691,99	V	1.000	-	80,00	90,00
	VI	1.177	-	94,16	105,93
10.727,99	V	1.004	-	80,32	90,36
	VI	1.181	-	94,48	106,29
10.763,99	V	1.008	-	80,64	90,72
	VI	1.185	-	94,80	106,65
10.799,99	V	1.012	-	80,96	91,08
	VI	1.189	-	95,12	107,01
10.835,99	I	-	-	-	-
	II	-	-	-	-
	III	-	-	-	-
	IV	-	-	-	-
	V	1.016	-	81,28	91,44
	VI	1.193	-	95,44	107,37
10.871,99	I	-	-	-	-
	II	-	-	-	-
	III	-	-	-	-
	IV	-	-	-	-
	V	1.020	-	81,60	91,80
	VI	1.197	-	95,76	107,73
10.907,99	I	-	-	-	-
	II	-	-	-	-
	III	-	-	-	-
	IV	-	-	-	-
	V	1.024	-	81,92	92,16
	VI	1.201	-	96,08	108,09
10.943,99	I	-	-	-	-
	II	-	-	-	-
	III	-	-	-	-
	IV	-	-	-	-
	V	1.028	-	82,24	92,52
	VI	1.205	-	96,40	108,45
10.979,99	I	-	-	-	-
	II	-	-	-	-
	III	-	-	-	-
	IV	-	-	-	-
	V	1.032	-	82,56	92,88
	VI	1.209	-	96,72	108,81
11.015,99	I	-	-	-	-
	II	-	-	-	-
	III	-	-	-	-
	IV	-	-	-	-
	V	1.036	-	82,88	93,24
	VI	1.213	-	97,04	109,17
11.051,99	I	-	-	-	-
	II	-	-	-	-
	III	-	-	-	-
	IV	-	-	-	-
	V	1.040	-	83,20	93,60
	VI	1.217	-	97,36	109,53
11.087,99	I	-	-	-	-
	II	-	-	-	-
	III	-	-	-	-
	IV	-	-	-	-
	V	1.044	-	83,52	93,96
	VI	1.221	-	97,68	109,89
11.123,99	I	-	-	-	-
	II	-	-	-	-
	III	-	-	-	-
	IV	-	-	-	-
	V	1.048	-	83,84	94,32
	VI	1.225	-	98,00	110,25
11.159,99	I	-	-	-	-
	II	-	-	-	-
	III	-	-	-	-
	IV	-	-	-	-
	V	1.052	-	84,16	94,68
	VI	1.229	-	98,32	110,61
11.195,99	I	-	-	-	-
	II	-	-	-	-
	III	-	-	-	-
	IV	-	-	-	-
	V	1.056	-	84,48	95,04
	VI	1.233	-	98,64	110,97
11.231,99	I	-	-	-	-
	II	-	-	-	-
	III	-	-	-	-
	IV	-	-	-	-
	V	1.060	-	84,80	95,40
	VI	1.237	-	98,96	111,33
11.267,99	I	-	-	-	-
	II	-	-	-	-
	III	-	-	-	-
	IV	-	-	-	-
	V	1.064	-	85,12	95,76
	VI	1.241	-	99,28	111,69
11.303,99	I	-	-	-	-
	II	-	-	-	-
	III	-	-	-	-
	IV	-	-	-	-
	V	1.068	-	85,44	96,12
	VI	1.245	-	99,60	112,05
11.339,99	I	-	-	-	-
	II	-	-	-	-
	III	-	-	-	-
	IV	-	-	-	-
	V	1.071	-	85,68	96,39
	VI	1.249	-	99,92	112,41

s jährlich 15.479,99 € entstehen für die Steuerklassen I bis IV keine Steuerabzüge.

SolZ/KiSt lt. Tabelle nicht für Sonstige Bezüge anwendbar.

Lohn/ Gehalt bis	Steuerklasse	Lohn-steuer	ohne Kinderfreibetrag SolZ 5,5%	Kirchensteuer 8%	9%
11.375,99	I	-	-	-	-
	II	-	-	-	-
	III	-	-	-	-
	IV	-	-	-	-
	V	1.075	-	86,00	96,75
	VI	1.253	-	100,24	112,77
11.411,99	I	-	-	-	-
	II	-	-	-	-
	III	-	-	-	-
	IV	-	-	-	-
	V	1.079	-	86,32	97,11
	VI	1.257	-	100,56	113,13
11.447,99	I	-	-	-	-
	II	-	-	-	-
	III	-	-	-	-
	IV	-	-	-	-
	V	1.083	-	86,64	97,47
	VI	1.261	-	100,88	113,49
11.483,99	I	-	-	-	-
	II	-	-	-	-
	III	-	-	-	-
	IV	-	-	-	-
	V	1.087	-	86,96	97,83
	VI	1.265	-	101,20	113,85
11.519,99	I	-	-	-	-
	II	-	-	-	-
	III	-	-	-	-
	IV	-	-	-	-
	V	1.091	-	87,28	98,19
	VI	1.269	-	101,52	114,21
11.555,99	I	-	-	-	-
	II	-	-	-	-
	III	-	-	-	-
	IV	-	-	-	-
	V	1.095	-	87,60	98,55
	VI	1.273	-	101,84	114,57
11.591,99	I	-	-	-	-
	II	-	-	-	-
	III	-	-	-	-
	IV	-	-	-	-
	V	1.099	-	87,92	98,91
	VI	1.276	-	102,08	114,84
11.627,99	I	-	-	-	-
	II	-	-	-	-
	III	-	-	-	-
	IV	-	-	-	-
	V	1.103	-	88,24	99,27
	VI	1.281	-	102,48	115,29
11.663,99	I	-	-	-	-
	II	-	-	-	-
	III	-	-	-	-
	IV	-	-	-	-
	V	1.107	-	88,56	99,63
	VI	1.284	-	102,72	115,56
11.699,99	I	-	-	-	-
	II	-	-	-	-
	III	-	-	-	-
	IV	-	-	-	-
	V	1.111	-	88,88	99,99
	VI	1.288	-	103,04	115,92
11.735,99	I	-	-	-	-
	II	-	-	-	-
	III	-	-	-	-
	IV	-	-	-	-
	V	1.115	-	89,20	100,35
	VI	1.292	-	103,36	116,28
11.771,99	I	-	-	-	-
	II	-	-	-	-
	III	-	-	-	-
	IV	-	-	-	-
	V	1.119	-	89,52	100,71
	VI	1.296	-	103,68	116,64
11.807,99	I	-	-	-	-
	II	-	-	-	-
	III	-	-	-	-
	IV	-	-	-	-
	V	1.123	-	89,84	101,07
	VI	1.300	-	104,00	117,00
11.843,99	I	-	-	-	-
	II	-	-	-	-
	III	-	-	-	-
	IV	-	-	-	-
	V	1.127	-	90,16	101,43
	VI	1.304	-	104,32	117,36
11.879,99	I	-	-	-	-
	II	-	-	-	-
	III	-	-	-	-
	IV	-	-	-	-
	V	1.131	-	90,48	101,79
	VI	1.308	-	104,64	117,72

Lohn/ Gehalt bis	Steuerklasse	Lohn-steuer	ohne Kinderfreibetrag SolZ 5,5%	Kirchensteuer 8%	9%
11.915,99	I	-	-	-	-
	II	-	-	-	-
	III	-	-	-	-
	IV	-	-	-	-
	V	1.135	-	90,80	102,15
	VI	1.312	-	104,96	118,08
11.951,99	I	-	-	-	-
	II	-	-	-	-
	III	-	-	-	-
	IV	-	-	-	-
	V	1.139	-	91,12	102,51
	VI	1.316	-	105,28	118,44
11.987,99	I	-	-	-	-
	II	-	-	-	-
	III	-	-	-	-
	IV	-	-	-	-
	V	1.143	-	91,44	102,87
	VI	1.320	-	105,60	118,80
12.023,99	I	-	-	-	-
	II	-	-	-	-
	III	-	-	-	-
	IV	-	-	-	-
	V	1.147	-	91,76	103,23
	VI	1.324	-	105,92	119,16
12.059,99	I	-	-	-	-
	II	-	-	-	-
	III	-	-	-	-
	IV	-	-	-	-
	V	1.151	-	92,08	103,59
	VI	1.328	-	106,24	119,52
12.095,99	I	-	-	-	-
	II	-	-	-	-
	III	-	-	-	-
	IV	-	-	-	-
	V	1.155	-	92,40	103,95
	VI	1.332	-	106,56	119,88
12.131,99	I	-	-	-	-
	II	-	-	-	-
	III	-	-	-	-
	IV	-	-	-	-
	V	1.159	-	92,72	104,31
	VI	1.336	-	106,88	120,24
12.167,99	I	-	-	-	-
	II	-	-	-	-
	III	-	-	-	-
	IV	-	-	-	-
	V	1.163	-	93,04	104,67
	VI	1.340	-	107,20	120,60
12.203,99	I	-	-	-	-
	II	-	-	-	-
	III	-	-	-	-
	IV	-	-	-	-
	V	1.167	-	93,36	105,03
	VI	1.344	-	107,52	120,96
12.239,99	I	-	-	-	-
	II	-	-	-	-
	III	-	-	-	-
	IV	-	-	-	-
	V	1.171	-	93,68	105,39
	VI	1.348	-	107,84	121,32
12.275,99	I	-	-	-	-
	II	-	-	-	-
	III	-	-	-	-
	IV	-	-	-	-
	V	1.175	-	94,00	105,75
	VI	1.352	-	108,16	121,68
12.311,99	I	-	-	-	-
	II	-	-	-	-
	III	-	-	-	-
	IV	-	-	-	-
	V	1.179	-	94,32	106,11
	VI	1.356	-	108,48	122,04
12.347,99	I	-	-	-	-
	II	-	-	-	-
	III	-	-	-	-
	IV	-	-	-	-
	V	1.183	-	94,64	106,47
	VI	1.360	-	108,80	122,40
12.383,99	I	-	-	-	-
	II	-	-	-	-
	III	-	-	-	-
	IV	-	-	-	-
	V	1.187	-	94,96	106,83
	VI	1.364	-	109,12	122,76
12.419,99	I	-	-	-	-
	II	-	-	-	-
	III	-	-	-	-
	IV	-	-	-	-
	V	1.190	-	95,20	107,10
	VI	1.368	-	109,44	123,12

Lohn/ Gehalt bis	Steuerklasse	Lohn-steuer	ohne Kinderfreibetrag SolZ 5,5%	Kirchensteuer 8%	9%	mit 0,5 Kinderfreibetrag SolZ 5,5%	Kirchensteuer 8%	9%
12.455,99	I	-	-	-	-	-	-	
	II	-	-	-	-	-	-	
	III	-	-	-	-	-	-	
	IV	-	-	-	-	-	-	
	V	1.194	-	95,52	107,46			
	VI	1.372	-	109,76	123,48			
12.491,99	I	-	-	-	-	-	-	
	II	-	-	-	-	-	-	
	III	-	-	-	-	-	-	
	IV	-	-	-	-	-	-	
	V	1.198	-	95,84	107,82			
	VI	1.376	-	110,08	123,84			
12.527,99	I	-	-	-	-	-	-	
	II	-	-	-	-	-	-	
	III	-	-	-	-	-	-	
	IV	-	-	-	-	-	-	
	V	1.202	-	96,16	108,18			
	VI	1.380	-	110,40	124,20			
12.563,99	I	-	-	-	-	-	-	
	II	-	-	-	-	-	-	
	III	-	-	-	-	-	-	
	IV	-	-	-	-	-	-	
	V	1.206	-	96,48	108,54			
	VI	1.384	-	110,72	124,56			
12.599,99	I	-	-	-	-	-	-	
	II	-	-	-	-	-	-	
	III	-	-	-	-	-	-	
	IV	-	-	-	-	-	-	
	V	1.210	-	96,80	108,90			
	VI	1.388	-	111,04	124,92			
12.635,99	I	-	-	-	-	-	-	
	II	-	-	-	-	-	-	
	III	-	-	-	-	-	-	
	IV	-	-	-	-	-	-	
	V	1.214	-	97,12	109,26			
	VI	1.392	-	111,36	125,28			
12.671,99	I	-	-	-	-	-	-	
	II	-	-	-	-	-	-	
	III	-	-	-	-	-	-	
	IV	-	-	-	-	-	-	
	V	1.218	-	97,44	109,62			
	VI	1.395	-	111,60	125,55			
12.707,99	I	-	-	-	-	-	-	
	II	-	-	-	-	-	-	
	III	-	-	-	-	-	-	
	IV	-	-	-	-	-	-	
	V	1.222	-	97,76	109,98			
	VI	1.400	-	112,00	126,00			
12.743,99	I	-	-	-	-	-	-	
	II	-	-	-	-	-	-	
	III	-	-	-	-	-	-	
	IV	-	-	-	-	-	-	
	V	1.226	-	98,08	110,34			
	VI	1.403	-	112,24	126,27			
12.779,99	I	-	-	-	-	-	-	
	II	-	-	-	-	-	-	
	III	-	-	-	-	-	-	
	IV	-	-	-	-	-	-	
	V	1.230	-	98,40	110,70			
	VI	1.407	-	112,56	126,63			
12.815,99	I	-	-	-	-	-	-	
	II	-	-	-	-	-	-	
	III	-	-	-	-	-	-	
	IV	-	-	-	-	-	-	
	V	1.234	-	98,72	111,06			
	VI	1.411	-	112,88	126,99			
12.851,99	I	-	-	-	-	-	-	
	II	-	-	-	-	-	-	
	III	-	-	-	-	-	-	
	IV	-	-	-	-	-	-	
	V	1.238	-	99,04	111,42			
	VI	1.415	-	113,20	127,35			
12.887,99	I	-	-	-	-	-	-	
	II	-	-	-	-	-	-	
	III	-	-	-	-	-	-	
	IV	-	-	-	-	-	-	
	V	1.242	-	99,36	111,78			
	VI	1.419	-	113,52	127,71			
12.923,99	I	-	-	-	-	-	-	
	II	-	-	-	-	-	-	
	III	-	-	-	-	-	-	
	IV	-	-	-	-	-	-	
	V	1.246	-	99,68	112,14			
	VI	1.423	-	113,84	128,07			
12.959,99	I	-	-	-	-	-	-	
	II	-	-	-	-	-	-	
	III	-	-	-	-	-	-	
	IV	-	-	-	-	-	-	
	V	1.250	-	100,00	112,50			
	VI	1.427	-	114,16	128,43			

SolZ/KiSt lt. Tabelle nicht für Sonstige Bezüge anwendbar.

Bis jährlich 15.479,99 € entstehen für die Steuerklassen I bis IV keine Steuerabzüg

Lohn/ Gehalt bis	Steuerklasse	Lohnsteuer	ohne Kinderfreibetrag SolZ 5,5%	ohne Kinderfreibetrag Kirchensteuer 8%	ohne Kinderfreibetrag Kirchensteuer 9%	mit 0,5 Kinderfreibetrag SolZ 5,5%	mit 0,5 Kinderfreibetrag Kirchensteuer 8%	mit 0,5 Kinderfreibetrag Kirchensteuer 9%
.995,99	I	-	-	-	-	-	-	-
	II	-	-	-	-	-	-	-
	III	-	-	-	-	-	-	-
	IV	-	-	-	-	-	-	-
	V	1.254	-	100,32	112,86			
	VI	1.431	-	114,48	128,79			
.031,99	I	-	-	-	-	-	-	-
	II	-	-	-	-	-	-	-
	III	-	-	-	-	-	-	-
	IV	-	-	-	-	-	-	-
	V	1.258	-	100,64	113,22			
	VI	1.435	-	114,80	129,15			
.067,99	I	-	-	-	-	-	-	-
	II	-	-	-	-	-	-	-
	III	-	-	-	-	-	-	-
	IV	-	-	-	-	-	-	-
	V	1.262	-	100,96	113,58			
	VI	1.439	-	115,12	129,51			
.103,99	I	-	-	-	-	-	-	-
	II	-	-	-	-	-	-	-
	III	-	-	-	-	-	-	-
	IV	-	-	-	-	-	-	-
	V	1.266	-	101,28	113,94			
	VI	1.443	-	115,44	129,87			
.139,99	I	-	-	-	-	-	-	-
	II	-	-	-	-	-	-	-
	III	-	-	-	-	-	-	-
	IV	-	-	-	-	-	-	-
	V	1.270	-	101,60	114,30			
	VI	1.447	-	115,76	130,23			
.175,99	I	-	-	-	-	-	-	-
	II	-	-	-	-	-	-	-
	III	-	-	-	-	-	-	-
	IV	-	-	-	-	-	-	-
	V	1.274	-	101,92	114,66			
	VI	1.451	-	116,08	130,59			
.211,99	I	-	-	-	-	-	-	-
	II	-	-	-	-	-	-	-
	III	-	-	-	-	-	-	-
	IV	-	-	-	-	-	-	-
	V	1.278	-	102,24	115,02			
	VI	1.455	-	116,40	130,95			
.247,99	I	-	-	-	-	-	-	-
	II	-	-	-	-	-	-	-
	III	-	-	-	-	-	-	-
	IV	-	-	-	-	-	-	-
	V	1.282	-	102,56	115,38			
	VI	1.459	-	116,72	131,31			
.283,99	I	-	-	-	-	-	-	-
	II	-	-	-	-	-	-	-
	III	-	-	-	-	-	-	-
	IV	-	-	-	-	-	-	-
	V	1.286	-	102,88	115,74			
	VI	1.463	-	117,04	131,67			
3.319,99	I	-	-	-	-	-	-	-
	II	-	-	-	-	-	-	-
	III	-	-	-	-	-	-	-
	IV	-	-	-	-	-	-	-
	V	1.290	-	103,20	116,10			
	VI	1.467	-	117,36	132,03			
3.355,99	I	-	-	-	-	-	-	-
	II	-	-	-	-	-	-	-
	III	-	-	-	-	-	-	-
	IV	-	-	-	-	-	-	-
	V	1.294	-	103,52	116,46			
	VI	1.471	-	117,68	132,39			
3.391,99	I	-	-	-	-	-	-	-
	II	-	-	-	-	-	-	-
	III	-	-	-	-	-	-	-
	IV	-	-	-	-	-	-	-
	V	1.298	-	103,84	116,82			
	VI	1.475	-	118,00	132,75			
3.427,99	I	-	-	-	-	-	-	-
	II	-	-	-	-	-	-	-
	III	-	-	-	-	-	-	-
	IV	-	-	-	-	-	-	-
	V	1.302	-	104,16	117,18			
	VI	1.479	-	118,32	133,11			
3.463,99	I	-	-	-	-	-	-	-
	II	-	-	-	-	-	-	-
	III	-	-	-	-	-	-	-
	IV	-	-	-	-	-	-	-
	V	1.306	-	104,48	117,54			
	VI	1.483	-	118,64	133,47			
3.499,99	I	-	-	-	-	-	-	-
	II	-	-	-	-	-	-	-
	III	-	-	-	-	-	-	-
	IV	-	-	-	-	-	-	-
	V	1.309	-	104,72	117,81			
	VI	1.487	-	118,96	133,83			
13.535,99	I	-	-	-	-	-	-	-
	II	-	-	-	-	-	-	-
	III	-	-	-	-	-	-	-
	IV	-	-	-	-	-	-	-
	V	1.313	-	105,04	118,17			
	VI	1.491	-	119,28	134,19			
13.571,99	I	-	-	-	-	-	-	-
	II	-	-	-	-	-	-	-
	III	-	-	-	-	-	-	-
	IV	-	-	-	-	-	-	-
	V	1.317	-	105,36	118,53			
	VI	1.495	-	119,60	134,55			
13.607,99	I	-	-	-	-	-	-	-
	II	-	-	-	-	-	-	-
	III	-	-	-	-	-	-	-
	IV	-	-	-	-	-	-	-
	V	1.321	-	105,68	118,89			
	VI	1.499	-	119,92	134,91			
13.643,99	I	-	-	-	-	-	-	-
	II	-	-	-	-	-	-	-
	III	-	-	-	-	-	-	-
	IV	-	-	-	-	-	-	-
	V	1.325	-	106,00	119,25			
	VI	1.503	-	120,24	135,27			
13.679,99	I	-	-	-	-	-	-	-
	II	-	-	-	-	-	-	-
	III	-	-	-	-	-	-	-
	IV	-	-	-	-	-	-	-
	V	1.329	-	106,32	119,61			
	VI	1.507	-	120,56	135,63			
13.715,99	I	-	-	-	-	-	-	-
	II	-	-	-	-	-	-	-
	III	-	-	-	-	-	-	-
	IV	-	-	-	-	-	-	-
	V	1.333	-	106,64	119,97			
	VI	1.511	-	120,88	135,99			
13.751,99	I	-	-	-	-	-	-	-
	II	-	-	-	-	-	-	-
	III	-	-	-	-	-	-	-
	IV	-	-	-	-	-	-	-
	V	1.337	-	106,96	120,33			
	VI	1.514	-	121,12	136,26			
13.787,99	I	-	-	-	-	-	-	-
	II	-	-	-	-	-	-	-
	III	-	-	-	-	-	-	-
	IV	-	-	-	-	-	-	-
	V	1.341	-	107,28	120,69			
	VI	1.519	-	121,52	136,71			
13.823,99	I	-	-	-	-	-	-	-
	II	-	-	-	-	-	-	-
	III	-	-	-	-	-	-	-
	IV	-	-	-	-	-	-	-
	V	1.345	-	107,60	121,05			
	VI	1.522	-	121,76	136,98			
13.859,99	I	-	-	-	-	-	-	-
	II	-	-	-	-	-	-	-
	III	-	-	-	-	-	-	-
	IV	-	-	-	-	-	-	-
	V	1.349	-	107,92	121,41			
	VI	1.526	-	122,08	137,34			
13.895,99	I	-	-	-	-	-	-	-
	II	-	-	-	-	-	-	-
	III	-	-	-	-	-	-	-
	IV	-	-	-	-	-	-	-
	V	1.353	-	108,24	121,77			
	VI	1.530	-	122,40	137,70			
13.931,99	I	-	-	-	-	-	-	-
	II	-	-	-	-	-	-	-
	III	-	-	-	-	-	-	-
	IV	-	-	-	-	-	-	-
	V	1.357	-	108,56	122,13			
	VI	1.534	-	122,72	138,06			
13.967,99	I	-	-	-	-	-	-	-
	II	-	-	-	-	-	-	-
	III	-	-	-	-	-	-	-
	IV	-	-	-	-	-	-	-
	V	1.361	-	108,88	122,49			
	VI	1.538	-	123,04	138,42			
14.003,99	I	-	-	-	-	-	-	-
	II	-	-	-	-	-	-	-
	III	-	-	-	-	-	-	-
	IV	-	-	-	-	-	-	-
	V	1.365	-	109,20	122,85			
	VI	1.542	-	123,36	138,78			
14.039,99	I	-	-	-	-	-	-	-
	II	-	-	-	-	-	-	-
	III	-	-	-	-	-	-	-
	IV	-	-	-	-	-	-	-
	V	1.369	-	109,52	123,21			
	VI	1.546	-	123,68	139,14			

jährlich 15.479,99 € entstehen für die Steuerklassen I bis IV keine Steuerabzüge.

Bis jährlich 15.479,99 € entstehen für die Steuerklassen I bis IV keine Steuerabzüge.

JAHR bis 14.579,99 €

Allgemeine Tabelle

Lohn/ Gehalt bis	Steuerklasse	Lohn-steuer	ohne Kinderfreibetrag			Anzahl Kinderfreibeträge (nur Steuerklassen I–IV)																	
						0,5			1,0			1,5			2,0			2,5			3,0		
			SolZ 5,5%	Kirchensteuer 8%	9%	SolZ 5,5%	Kirchensteuer 8%	9%	SolZ 5,5%	Kirchensteuer 8%	9%	SolZ 5,5%	Kirchensteuer 8%	9%	SolZ 5,5%	Kirchensteuer 8%	9%	SolZ 5,5%	Kirchensteuer 8%	9%	SolZ 5,5%	Kirchensteu 8%	9
14.075,99	I	-	-	-	-	-	-	-	-	-	-	-	-	-	-	-	-	-	-	-	-	-	-
	II	-	-	-	-	-	-	-	-	-	-	-	-	-	-	-	-	-	-	-	-	-	-
	III	-	-	-	-	-	-	-	-	-	-	-	-	-	-	-	-	-	-	-	-	-	-
	IV	-	-	-	-	-	-	-	-	-	-	-	-	-	-	-	-	-	-	-	-	-	-
	V	1.373	-	109,84	123,57																		
	VI	1.550	-	124,00	139,50																		
14.111,99	I	-	-	-	-	-	-	-	-	-	-	-	-	-	-	-	-	-	-	-	-	-	-
	II	-	-	-	-	-	-	-	-	-	-	-	-	-	-	-	-	-	-	-	-	-	-
	III	-	-	-	-	-	-	-	-	-	-	-	-	-	-	-	-	-	-	-	-	-	-
	IV	-	-	-	-	-	-	-	-	-	-	-	-	-	-	-	-	-	-	-	-	-	-
	V	1.377	-	110,16	123,93																		
	VI	1.554	-	124,32	139,86																		
14.147,99	I	-	-	-	-	-	-	-	-	-	-	-	-	-	-	-	-	-	-	-	-	-	-
	II	-	-	-	-	-	-	-	-	-	-	-	-	-	-	-	-	-	-	-	-	-	-
	III	-	-	-	-	-	-	-	-	-	-	-	-	-	-	-	-	-	-	-	-	-	-
	IV	-	-	-	-	-	-	-	-	-	-	-	-	-	-	-	-	-	-	-	-	-	-
	V	1.381	-	110,48	124,29																		
	VI	1.558	-	124,64	140,22																		
14.183,99	I	-	-	-	-	-	-	-	-	-	-	-	-	-	-	-	-	-	-	-	-	-	-
	II	-	-	-	-	-	-	-	-	-	-	-	-	-	-	-	-	-	-	-	-	-	-
	III	-	-	-	-	-	-	-	-	-	-	-	-	-	-	-	-	-	-	-	-	-	-
	IV	-	-	-	-	-	-	-	-	-	-	-	-	-	-	-	-	-	-	-	-	-	-
	V	1.385	-	110,80	124,65																		
	VI	1.562	-	124,96	140,58																		
14.219,99	I	-	-	-	-	-	-	-	-	-	-	-	-	-	-	-	-	-	-	-	-	-	-
	II	-	-	-	-	-	-	-	-	-	-	-	-	-	-	-	-	-	-	-	-	-	-
	III	-	-	-	-	-	-	-	-	-	-	-	-	-	-	-	-	-	-	-	-	-	-
	IV	-	-	-	-	-	-	-	-	-	-	-	-	-	-	-	-	-	-	-	-	-	-
	V	1.389	-	111,12	125,01																		
	VI	1.566	-	125,28	140,94																		
14.255,99	I	-	-	-	-	-	-	-	-	-	-	-	-	-	-	-	-	-	-	-	-	-	-
	II	-	-	-	-	-	-	-	-	-	-	-	-	-	-	-	-	-	-	-	-	-	-
	III	-	-	-	-	-	-	-	-	-	-	-	-	-	-	-	-	-	-	-	-	-	-
	IV	-	-	-	-	-	-	-	-	-	-	-	-	-	-	-	-	-	-	-	-	-	-
	V	1.393	-	111,44	125,37																		
	VI	1.570	-	125,60	141,30																		
14.291,99	I	-	-	-	-	-	-	-	-	-	-	-	-	-	-	-	-	-	-	-	-	-	-
	II	-	-	-	-	-	-	-	-	-	-	-	-	-	-	-	-	-	-	-	-	-	-
	III	-	-	-	-	-	-	-	-	-	-	-	-	-	-	-	-	-	-	-	-	-	-
	IV	-	-	-	-	-	-	-	-	-	-	-	-	-	-	-	-	-	-	-	-	-	-
	V	1.397	-	111,76	125,73																		
	VI	1.574	-	125,92	141,66																		
14.327,99	I	-	-	-	-	-	-	-	-	-	-	-	-	-	-	-	-	-	-	-	-	-	-
	II	-	-	-	-	-	-	-	-	-	-	-	-	-	-	-	-	-	-	-	-	-	-
	III	-	-	-	-	-	-	-	-	-	-	-	-	-	-	-	-	-	-	-	-	-	-
	IV	-	-	-	-	-	-	-	-	-	-	-	-	-	-	-	-	-	-	-	-	-	-
	V	1.401	-	112,08	126,09																		
	VI	1.578	-	126,24	142,02																		
14.363,99	I	-	-	-	-	-	-	-	-	-	-	-	-	-	-	-	-	-	-	-	-	-	-
	II	-	-	-	-	-	-	-	-	-	-	-	-	-	-	-	-	-	-	-	-	-	-
	III	-	-	-	-	-	-	-	-	-	-	-	-	-	-	-	-	-	-	-	-	-	-
	IV	-	-	-	-	-	-	-	-	-	-	-	-	-	-	-	-	-	-	-	-	-	-
	V	1.405	-	112,40	126,45																		
	VI	1.582	-	126,56	142,38																		
14.399,99	I	-	-	-	-	-	-	-	-	-	-	-	-	-	-	-	-	-	-	-	-	-	-
	II	-	-	-	-	-	-	-	-	-	-	-	-	-	-	-	-	-	-	-	-	-	-
	III	-	-	-	-	-	-	-	-	-	-	-	-	-	-	-	-	-	-	-	-	-	-
	IV	-	-	-	-	-	-	-	-	-	-	-	-	-	-	-	-	-	-	-	-	-	-
	V	1.409	-	112,72	126,81																		
	VI	1.586	-	126,88	142,74																		
14.435,99	I	-	-	-	-	-	-	-	-	-	-	-	-	-	-	-	-	-	-	-	-	-	-
	II	-	-	-	-	-	-	-	-	-	-	-	-	-	-	-	-	-	-	-	-	-	-
	III	-	-	-	-	-	-	-	-	-	-	-	-	-	-	-	-	-	-	-	-	-	-
	IV	-	-	-	-	-	-	-	-	-	-	-	-	-	-	-	-	-	-	-	-	-	-
	V	1.413	-	113,04	127,17																		
	VI	1.590	-	127,20	143,10																		
14.471,99	I	-	-	-	-	-	-	-	-	-	-	-	-	-	-	-	-	-	-	-	-	-	-
	II	-	-	-	-	-	-	-	-	-	-	-	-	-	-	-	-	-	-	-	-	-	-
	III	-	-	-	-	-	-	-	-	-	-	-	-	-	-	-	-	-	-	-	-	-	-
	IV	-	-	-	-	-	-	-	-	-	-	-	-	-	-	-	-	-	-	-	-	-	-
	V	1.417	-	113,36	127,53																		
	VI	1.594	-	127,52	143,46																		
14.507,99	I	-	-	-	-	-	-	-	-	-	-	-	-	-	-	-	-	-	-	-	-	-	-
	II	-	-	-	-	-	-	-	-	-	-	-	-	-	-	-	-	-	-	-	-	-	-
	III	-	-	-	-	-	-	-	-	-	-	-	-	-	-	-	-	-	-	-	-	-	-
	IV	-	-	-	-	-	-	-	-	-	-	-	-	-	-	-	-	-	-	-	-	-	-
	V	1.421	-	113,68	127,89																		
	VI	1.598	-	127,84	143,82																		
14.543,99	I	-	-	-	-	-	-	-	-	-	-	-	-	-	-	-	-	-	-	-	-	-	-
	II	-	-	-	-	-	-	-	-	-	-	-	-	-	-	-	-	-	-	-	-	-	-
	III	-	-	-	-	-	-	-	-	-	-	-	-	-	-	-	-	-	-	-	-	-	-
	IV	-	-	-	-	-	-	-	-	-	-	-	-	-	-	-	-	-	-	-	-	-	-
	V	1.425	-	114,00	128,25																		
	VI	1.602	-	128,16	144,18																		
14.579,99	I	-	-	-	-	-	-	-	-	-	-	-	-	-	-	-	-	-	-	-	-	-	-
	II	-	-	-	-	-	-	-	-	-	-	-	-	-	-	-	-	-	-	-	-	-	-
	III	-	-	-	-	-	-	-	-	-	-	-	-	-	-	-	-	-	-	-	-	-	-
	IV	-	-	-	-	-	-	-	-	-	-	-	-	-	-	-	-	-	-	-	-	-	-
	V	1.428	-	114,24	128,52																		
	VI	1.606	-	128,48	144,54																		

SolZ/KiSt lt. Tabelle nicht für Sonstige Bezüge anwendbar.

Bis jährlich 15.479,99 € entstehen für die Steuerklassen I bis IV keine Steuerabzüg

Lohn/Gehalt bis	Steuerklasse	Lohnsteuer	ohne Kinderfreibetrag SolZ 5,5%	ohne Kinderfreibetrag Kirchensteuer 8%	ohne Kinderfreibetrag Kirchensteuer 9%	0,5 SolZ 5,5%	0,5 Kirchensteuer 8%	0,5 Kirchensteuer 9%	1,0 SolZ 5,5%	1,0 Kirchensteuer 8%	1,0 Kirchensteuer 9%	1,5 SolZ 5,5%	1,5 Kirchensteuer 8%	1,5 Kirchensteuer 9%	2,0 SolZ 5,5%	2,0 Kirchensteuer 8%	2,0 Kirchensteuer 9%	2,5 SolZ 5,5%	2,5 Kirchensteuer 8%	2,5 Kirchensteuer 9%	3,0 SolZ 5,5%	3,0 Kirchensteuer 8%	3,0 Kirchensteuer 9%
4.615,99	I	-	-	-	-	-	-	-	-	-	-	-	-	-	-	-	-	-	-	-	-	-	-
	II	-	-	-	-	-	-	-	-	-	-	-	-	-	-	-	-	-	-	-	-	-	-
	III	-	-	-	-	-	-	-	-	-	-	-	-	-	-	-	-	-	-	-	-	-	-
	IV	-	-	-	-	-	-	-	-	-	-	-	-	-	-	-	-	-	-	-	-	-	-
	V	1.432	-	114,56	128,88																		
	VI	1.610	-	128,80	144,90																		
4.651,99	I	-	-	-	-	-	-	-	-	-	-	-	-	-	-	-	-	-	-	-	-	-	-
	II	-	-	-	-	-	-	-	-	-	-	-	-	-	-	-	-	-	-	-	-	-	-
	III	-	-	-	-	-	-	-	-	-	-	-	-	-	-	-	-	-	-	-	-	-	-
	IV	-	-	-	-	-	-	-	-	-	-	-	-	-	-	-	-	-	-	-	-	-	-
	V	1.436	-	114,88	129,24																		
	VI	1.614	-	129,12	145,26																		
4.687,99	I	-	-	-	-	-	-	-	-	-	-	-	-	-	-	-	-	-	-	-	-	-	-
	II	-	-	-	-	-	-	-	-	-	-	-	-	-	-	-	-	-	-	-	-	-	-
	III	-	-	-	-	-	-	-	-	-	-	-	-	-	-	-	-	-	-	-	-	-	-
	IV	-	-	-	-	-	-	-	-	-	-	-	-	-	-	-	-	-	-	-	-	-	-
	V	1.440	-	115,20	129,60																		
	VI	1.618	-	129,44	145,62																		
4.723,99	I	-	-	-	-	-	-	-	-	-	-	-	-	-	-	-	-	-	-	-	-	-	-
	II	-	-	-	-	-	-	-	-	-	-	-	-	-	-	-	-	-	-	-	-	-	-
	III	-	-	-	-	-	-	-	-	-	-	-	-	-	-	-	-	-	-	-	-	-	-
	IV	-	-	-	-	-	-	-	-	-	-	-	-	-	-	-	-	-	-	-	-	-	-
	V	1.444	-	115,52	129,96																		
	VI	1.622	-	129,76	145,98																		
4.759,99	I	-	-	-	-	-	-	-	-	-	-	-	-	-	-	-	-	-	-	-	-	-	-
	II	-	-	-	-	-	-	-	-	-	-	-	-	-	-	-	-	-	-	-	-	-	-
	III	-	-	-	-	-	-	-	-	-	-	-	-	-	-	-	-	-	-	-	-	-	-
	IV	-	-	-	-	-	-	-	-	-	-	-	-	-	-	-	-	-	-	-	-	-	-
	V	1.448	-	115,84	130,32																		
	VI	1.626	-	130,08	146,34																		
4.795,99	I	-	-	-	-	-	-	-	-	-	-	-	-	-	-	-	-	-	-	-	-	-	-
	II	-	-	-	-	-	-	-	-	-	-	-	-	-	-	-	-	-	-	-	-	-	-
	III	-	-	-	-	-	-	-	-	-	-	-	-	-	-	-	-	-	-	-	-	-	-
	IV	-	-	-	-	-	-	-	-	-	-	-	-	-	-	-	-	-	-	-	-	-	-
	V	1.452	-	116,16	130,68																		
	VI	1.630	-	130,40	146,70																		
4.831,99	I	-	-	-	-	-	-	-	-	-	-	-	-	-	-	-	-	-	-	-	-	-	-
	II	-	-	-	-	-	-	-	-	-	-	-	-	-	-	-	-	-	-	-	-	-	-
	III	-	-	-	-	-	-	-	-	-	-	-	-	-	-	-	-	-	-	-	-	-	-
	IV	-	-	-	-	-	-	-	-	-	-	-	-	-	-	-	-	-	-	-	-	-	-
	V	1.456	-	116,48	131,04																		
	VI	1.633	-	130,64	146,97																		
4.867,99	I	-	-	-	-	-	-	-	-	-	-	-	-	-	-	-	-	-	-	-	-	-	-
	II	-	-	-	-	-	-	-	-	-	-	-	-	-	-	-	-	-	-	-	-	-	-
	III	-	-	-	-	-	-	-	-	-	-	-	-	-	-	-	-	-	-	-	-	-	-
	IV	-	-	-	-	-	-	-	-	-	-	-	-	-	-	-	-	-	-	-	-	-	-
	V	1.460	-	116,80	131,40																		
	VI	1.638	-	131,04	147,42																		
4.903,99	I	-	-	-	-	-	-	-	-	-	-	-	-	-	-	-	-	-	-	-	-	-	-
	II	-	-	-	-	-	-	-	-	-	-	-	-	-	-	-	-	-	-	-	-	-	-
	III	-	-	-	-	-	-	-	-	-	-	-	-	-	-	-	-	-	-	-	-	-	-
	IV	-	-	-	-	-	-	-	-	-	-	-	-	-	-	-	-	-	-	-	-	-	-
	V	1.464	-	117,12	131,76																		
	VI	1.641	-	131,28	147,69																		
4.939,99	I	-	-	-	-	-	-	-	-	-	-	-	-	-	-	-	-	-	-	-	-	-	-
	II	-	-	-	-	-	-	-	-	-	-	-	-	-	-	-	-	-	-	-	-	-	-
	III	-	-	-	-	-	-	-	-	-	-	-	-	-	-	-	-	-	-	-	-	-	-
	IV	-	-	-	-	-	-	-	-	-	-	-	-	-	-	-	-	-	-	-	-	-	-
	V	1.468	-	117,44	132,12																		
	VI	1.645	-	131,60	148,05																		
4.975,99	I	-	-	-	-	-	-	-	-	-	-	-	-	-	-	-	-	-	-	-	-	-	-
	II	-	-	-	-	-	-	-	-	-	-	-	-	-	-	-	-	-	-	-	-	-	-
	III	-	-	-	-	-	-	-	-	-	-	-	-	-	-	-	-	-	-	-	-	-	-
	IV	-	-	-	-	-	-	-	-	-	-	-	-	-	-	-	-	-	-	-	-	-	-
	V	1.472	-	117,76	132,48																		
	VI	1.649	-	131,92	148,41																		
5.011,99	I	-	-	-	-	-	-	-	-	-	-	-	-	-	-	-	-	-	-	-	-	-	-
	II	-	-	-	-	-	-	-	-	-	-	-	-	-	-	-	-	-	-	-	-	-	-
	III	-	-	-	-	-	-	-	-	-	-	-	-	-	-	-	-	-	-	-	-	-	-
	IV	-	-	-	-	-	-	-	-	-	-	-	-	-	-	-	-	-	-	-	-	-	-
	V	1.476	-	118,08	132,84																		
	VI	1.653	-	132,24	148,77																		
5.047,99	I	-	-	-	-	-	-	-	-	-	-	-	-	-	-	-	-	-	-	-	-	-	-
	II	-	-	-	-	-	-	-	-	-	-	-	-	-	-	-	-	-	-	-	-	-	-
	III	-	-	-	-	-	-	-	-	-	-	-	-	-	-	-	-	-	-	-	-	-	-
	IV	-	-	-	-	-	-	-	-	-	-	-	-	-	-	-	-	-	-	-	-	-	-
	V	1.480	-	118,40	133,20																		
	VI	1.657	-	132,56	149,13																		
5.083,99	I	-	-	-	-	-	-	-	-	-	-	-	-	-	-	-	-	-	-	-	-	-	-
	II	-	-	-	-	-	-	-	-	-	-	-	-	-	-	-	-	-	-	-	-	-	-
	III	-	-	-	-	-	-	-	-	-	-	-	-	-	-	-	-	-	-	-	-	-	-
	IV	-	-	-	-	-	-	-	-	-	-	-	-	-	-	-	-	-	-	-	-	-	-
	V	1.484	-	118,72	133,56																		
	VI	1.661	-	132,88	149,49																		
5.119,99	I	-	-	-	-	-	-	-	-	-	-	-	-	-	-	-	-	-	-	-	-	-	-
	II	-	-	-	-	-	-	-	-	-	-	-	-	-	-	-	-	-	-	-	-	-	-
	III	-	-	-	-	-	-	-	-	-	-	-	-	-	-	-	-	-	-	-	-	-	-
	IV	-	-	-	-	-	-	-	-	-	-	-	-	-	-	-	-	-	-	-	-	-	-
	V	1.488	-	119,04	133,92																		
	VI	1.665	-	133,20	149,85																		

jährlich 15.479,99 € entstehen für die Steuerklassen I bis IV keine Steuerabzüge.

SolZ/KiSt lt. Tabelle nicht für Sonstige Bezüge anwendbar.

Lohn/ Gehalt bis	Steuerklasse	Lohn- steuer	ohne Kinderfreibetrag			Anzahl Kinderfreibeträge (nur Steuerklassen I–IV)																	
						0,5			1,0			1,5			2,0			2,5			3,0		
			SolZ 5,5%	Kirchensteuer 8%	9%	SolZ 5,5%	Kirchensteuer 8%	9%	SolZ 5,5%	Kirchensteuer 8%	9%	SolZ 5,5%	Kirchensteuer 8%	9%	SolZ 5,5%	Kirchensteuer 8%	9%	SolZ 5,5%	Kirchensteuer 8%	9%	SolZ 5,5%	Kirchensteuer 8%	9%
15.155,99	I	-	-	-	-	-	-	-	-	-	-	-	-	-	-	-	-	-	-	-	-	-	
	II	-	-	-	-	-	-	-	-	-	-	-	-	-	-	-	-	-	-	-	-	-	
	III	-	-	-	-	-	-	-	-	-	-	-	-	-	-	-	-	-	-	-	-	-	
	IV	-	-	-	-	-	-	-	-	-	-	-	-	-	-	-	-	-	-	-	-	-	
	V	1.492	-	119,36	134,28																		
	VI	1.669	-	133,52	150,21																		
15.191,99	I	-	-	-	-	-	-	-	-	-	-	-	-	-	-	-	-	-	-	-	-	-	
	II	-	-	-	-	-	-	-	-	-	-	-	-	-	-	-	-	-	-	-	-	-	
	III	-	-	-	-	-	-	-	-	-	-	-	-	-	-	-	-	-	-	-	-	-	
	IV	-	-	-	-	-	-	-	-	-	-	-	-	-	-	-	-	-	-	-	-	-	
	V	1.496	-	119,68	134,64																		
	VI	1.673	-	133,84	150,57																		
15.227,99	I	-	-	-	-	-	-	-	-	-	-	-	-	-	-	-	-	-	-	-	-	-	
	II	-	-	-	-	-	-	-	-	-	-	-	-	-	-	-	-	-	-	-	-	-	
	III	-	-	-	-	-	-	-	-	-	-	-	-	-	-	-	-	-	-	-	-	-	
	IV	-	-	-	-	-	-	-	-	-	-	-	-	-	-	-	-	-	-	-	-	-	
	V	1.500	-	120,00	135,00																		
	VI	1.677	-	134,16	150,93																		
15.263,99	I	-	-	-	-	-	-	-	-	-	-	-	-	-	-	-	-	-	-	-	-	-	
	II	-	-	-	-	-	-	-	-	-	-	-	-	-	-	-	-	-	-	-	-	-	
	III	-	-	-	-	-	-	-	-	-	-	-	-	-	-	-	-	-	-	-	-	-	
	IV	-	-	-	-	-	-	-	-	-	-	-	-	-	-	-	-	-	-	-	-	-	
	V	1.504	-	120,32	135,36																		
	VI	1.681	-	134,48	151,29																		
15.299,99	I	-	-	-	-	-	-	-	-	-	-	-	-	-	-	-	-	-	-	-	-	-	
	II	-	-	-	-	-	-	-	-	-	-	-	-	-	-	-	-	-	-	-	-	-	
	III	-	-	-	-	-	-	-	-	-	-	-	-	-	-	-	-	-	-	-	-	-	
	IV	-	-	-	-	-	-	-	-	-	-	-	-	-	-	-	-	-	-	-	-	-	
	V	1.508	-	120,64	135,72																		
	VI	1.685	-	134,80	151,65																		
15.335,99	I	-	-	-	-	-	-	-	-	-	-	-	-	-	-	-	-	-	-	-	-	-	
	II	-	-	-	-	-	-	-	-	-	-	-	-	-	-	-	-	-	-	-	-	-	
	III	-	-	-	-	-	-	-	-	-	-	-	-	-	-	-	-	-	-	-	-	-	
	IV	-	-	-	-	-	-	-	-	-	-	-	-	-	-	-	-	-	-	-	-	-	
	V	1.512	-	120,96	136,08																		
	VI	1.689	-	135,12	152,01																		
15.371,99	I	-	-	-	-	-	-	-	-	-	-	-	-	-	-	-	-	-	-	-	-	-	
	II	-	-	-	-	-	-	-	-	-	-	-	-	-	-	-	-	-	-	-	-	-	
	III	-	-	-	-	-	-	-	-	-	-	-	-	-	-	-	-	-	-	-	-	-	
	IV	-	-	-	-	-	-	-	-	-	-	-	-	-	-	-	-	-	-	-	-	-	
	V	1.516	-	121,28	136,44																		
	VI	1.693	-	135,44	152,37																		
15.407,99	I	-	-	-	-	-	-	-	-	-	-	-	-	-	-	-	-	-	-	-	-	-	
	II	-	-	-	-	-	-	-	-	-	-	-	-	-	-	-	-	-	-	-	-	-	
	III	-	-	-	-	-	-	-	-	-	-	-	-	-	-	-	-	-	-	-	-	-	
	IV	-	-	-	-	-	-	-	-	-	-	-	-	-	-	-	-	-	-	-	-	-	
	V	1.520	-	121,60	136,80																		
	VI	1.697	-	135,76	152,73																		
15.443,99	I	-	-	-	-	-	-	-	-	-	-	-	-	-	-	-	-	-	-	-	-	-	
	II	-	-	-	-	-	-	-	-	-	-	-	-	-	-	-	-	-	-	-	-	-	
	III	-	-	-	-	-	-	-	-	-	-	-	-	-	-	-	-	-	-	-	-	-	
	IV	-	-	-	-	-	-	-	-	-	-	-	-	-	-	-	-	-	-	-	-	-	
	V	1.524	-	121,92	137,16																		
	VI	1.701	-	136,08	153,09																		
15.479,99	I	-	-	-	-	-	-	-	-	-	-	-	-	-	-	-	-	-	-	-	-	-	
	II	-	-	-	-	-	-	-	-	-	-	-	-	-	-	-	-	-	-	-	-	-	
	III	-	-	-	-	-	-	-	-	-	-	-	-	-	-	-	-	-	-	-	-	-	
	IV	-	-	-	-	-	-	-	-	-	-	-	-	-	-	-	-	-	-	-	-	-	
	V	1.528	-	122,24	137,52																		
	VI	1.705	-	136,40	153,45																		
15.515,99	I	5	-	0,40	0,45	-	-	-	-	-	-	-	-	-	-	-	-	-	-	-	-	-	
	II	-	-	-	-	-	-	-	-	-	-	-	-	-	-	-	-	-	-	-	-	-	
	III	-	-	-	-	-	-	-	-	-	-	-	-	-	-	-	-	-	-	-	-	-	
	IV	5	-	0,40	0,45	-	-	-	-	-	-	-	-	-	-	-	-	-	-	-	-	-	
	V	1.532	-	122,56	137,88																		
	VI	1.709	-	136,72	153,81																		
15.551,99	I	9	-	0,72	0,81	-	-	-	-	-	-	-	-	-	-	-	-	-	-	-	-	-	
	II	-	-	-	-	-	-	-	-	-	-	-	-	-	-	-	-	-	-	-	-	-	
	III	-	-	-	-	-	-	-	-	-	-	-	-	-	-	-	-	-	-	-	-	-	
	IV	9	-	0,72	0,81	-	-	-	-	-	-	-	-	-	-	-	-	-	-	-	-	-	
	V	1.536	-	122,88	138,24																		
	VI	1.713	-	137,04	154,17																		
15.587,99	I	12	-	0,96	1,08	-	-	-	-	-	-	-	-	-	-	-	-	-	-	-	-	-	
	II	-	-	-	-	-	-	-	-	-	-	-	-	-	-	-	-	-	-	-	-	-	
	III	-	-	-	-	-	-	-	-	-	-	-	-	-	-	-	-	-	-	-	-	-	
	IV	12	-	0,96	1,08	-	-	-	-	-	-	-	-	-	-	-	-	-	-	-	-	-	
	V	1.540	-	123,20	138,60																		
	VI	1.717	-	137,36	154,53																		
15.623,99	I	17	-	1,36	1,53	-	-	-	-	-	-	-	-	-	-	-	-	-	-	-	-	-	
	II	-	-	-	-	-	-	-	-	-	-	-	-	-	-	-	-	-	-	-	-	-	
	III	-	-	-	-	-	-	-	-	-	-	-	-	-	-	-	-	-	-	-	-	-	
	IV	17	-	1,36	1,53	-	-	-	-	-	-	-	-	-	-	-	-	-	-	-	-	-	
	V	1.544	-	123,52	138,96																		
	VI	1.721	-	137,68	154,89																		
15.659,99	I	21	-	1,68	1,89	-	-	-	-	-	-	-	-	-	-	-	-	-	-	-	-	-	
	II	-	-	-	-	-	-	-	-	-	-	-	-	-	-	-	-	-	-	-	-	-	
	III	-	-	-	-	-	-	-	-	-	-	-	-	-	-	-	-	-	-	-	-	-	
	IV	21	-	1,68	1,89	-	-	-	-	-	-	-	-	-	-	-	-	-	-	-	-	-	
	V	1.547	-	123,76	139,23																		
	VI	1.725	-	138,00	155,25																		

SolZ/KiSt lt. Tabelle nicht für Sonstige Bezüge anwendbar.

Bis jährlich 15.479,99 € entstehen für die Steuerklassen I bis IV keine Steuerabzüg

Lohn/ Gehalt bis	Steuerklasse	Lohn-steuer	ohne Kinderfreibetrag			Anzahl Kinderfreibeträge (nur Steuerklassen I–IV)																	
						0,5			1,0			1,5			2,0			2,5			3,0		
			SolZ 5,5%	Kirchensteuer 8%	Kirchensteuer 9%	SolZ 5,5%	Kirchensteuer 8%	Kirchensteuer 9%	SolZ 5,5%	Kirchensteuer 8%	Kirchensteuer 9%	SolZ 5,5%	Kirchensteuer 8%	Kirchensteuer 9%	SolZ 5,5%	Kirchensteuer 8%	Kirchensteuer 9%	SolZ 5,5%	Kirchensteuer 8%	Kirchensteuer 9%	SolZ 5,5%	Kirchensteuer 8%	Kirchensteuer 9%
5.695,99	I	25	-	2,00	2,25	-	-	-	-	-	-	-	-	-	-	-	-	-	-	-	-	-	-
	II	-	-	-	-	-	-	-	-	-	-	-	-	-	-	-	-	-	-	-	-	-	-
	III	-	-	-	-	-	-	-	-	-	-	-	-	-	-	-	-	-	-	-	-	-	-
	IV	25	-	2,00	2,25	-	-	-	-	-	-	-	-	-	-	-	-	-	-	-	-	-	-
	V	1.551	-	124,08	139,59																		
	VI	1.729	-	138,32	155,61																		
5.731,99	I	29	-	2,32	2,61	-	-	-	-	-	-	-	-	-	-	-	-	-	-	-	-	-	-
	II	-	-	-	-	-	-	-	-	-	-	-	-	-	-	-	-	-	-	-	-	-	-
	III	-	-	-	-	-	-	-	-	-	-	-	-	-	-	-	-	-	-	-	-	-	-
	IV	29	-	2,32	2,61	-	-	-	-	-	-	-	-	-	-	-	-	-	-	-	-	-	-
	V	1.555	-	124,40	139,95																		
	VI	1.733	-	138,64	155,97																		
5.767,99	I	33	-	2,64	2,97	-	-	-	-	-	-	-	-	-	-	-	-	-	-	-	-	-	-
	II	-	-	-	-	-	-	-	-	-	-	-	-	-	-	-	-	-	-	-	-	-	-
	III	-	-	-	-	-	-	-	-	-	-	-	-	-	-	-	-	-	-	-	-	-	-
	IV	33	-	2,64	2,97	-	-	-	-	-	-	-	-	-	-	-	-	-	-	-	-	-	-
	V	1.559	-	124,72	140,31																		
	VI	1.737	-	138,96	156,33																		
5.803,99	I	37	-	2,96	3,33	-	-	-	-	-	-	-	-	-	-	-	-	-	-	-	-	-	-
	II	-	-	-	-	-	-	-	-	-	-	-	-	-	-	-	-	-	-	-	-	-	-
	III	-	-	-	-	-	-	-	-	-	-	-	-	-	-	-	-	-	-	-	-	-	-
	IV	37	-	2,96	3,33	-	-	-	-	-	-	-	-	-	-	-	-	-	-	-	-	-	-
	V	1.563	-	125,04	140,67																		
	VI	1.741	-	139,28	156,69																		
5.839,99	I	41	-	3,28	3,69	-	-	-	-	-	-	-	-	-	-	-	-	-	-	-	-	-	-
	II	-	-	-	-	-	-	-	-	-	-	-	-	-	-	-	-	-	-	-	-	-	-
	III	-	-	-	-	-	-	-	-	-	-	-	-	-	-	-	-	-	-	-	-	-	-
	IV	41	-	3,28	3,69	-	-	-	-	-	-	-	-	-	-	-	-	-	-	-	-	-	-
	V	1.567	-	125,36	141,03																		
	VI	1.745	-	139,60	157,05																		
5.875,99	I	46	-	3,68	4,14	-	-	-	-	-	-	-	-	-	-	-	-	-	-	-	-	-	-
	II	-	-	-	-	-	-	-	-	-	-	-	-	-	-	-	-	-	-	-	-	-	-
	III	-	-	-	-	-	-	-	-	-	-	-	-	-	-	-	-	-	-	-	-	-	-
	IV	46	-	3,68	4,14	-	-	-	-	-	-	-	-	-	-	-	-	-	-	-	-	-	-
	V	1.572	-	125,76	141,48																		
	VI	1.752	-	140,16	157,68																		
5.911,99	I	51	-	4,08	4,59	-	-	-	-	-	-	-	-	-	-	-	-	-	-	-	-	-	-
	II	-	-	-	-	-	-	-	-	-	-	-	-	-	-	-	-	-	-	-	-	-	-
	III	-	-	-	-	-	-	-	-	-	-	-	-	-	-	-	-	-	-	-	-	-	-
	IV	51	-	4,08	4,59	-	-	-	-	-	-	-	-	-	-	-	-	-	-	-	-	-	-
	V	1.577	-	126,16	141,93																		
	VI	1.766	-	141,28	158,94																		
5.947,99	I	55	-	4,40	4,95	-	-	-	-	-	-	-	-	-	-	-	-	-	-	-	-	-	-
	II	-	-	-	-	-	-	-	-	-	-	-	-	-	-	-	-	-	-	-	-	-	-
	III	-	-	-	-	-	-	-	-	-	-	-	-	-	-	-	-	-	-	-	-	-	-
	IV	55	-	4,40	4,95	-	-	-	-	-	-	-	-	-	-	-	-	-	-	-	-	-	-
	V	1.581	-	126,48	142,29																		
	VI	1.779	-	142,32	160,11																		
5.983,99	I	60	-	4,80	5,40	-	-	-	-	-	-	-	-	-	-	-	-	-	-	-	-	-	-
	II	-	-	-	-	-	-	-	-	-	-	-	-	-	-	-	-	-	-	-	-	-	-
	III	-	-	-	-	-	-	-	-	-	-	-	-	-	-	-	-	-	-	-	-	-	-
	IV	60	-	4,80	5,40	-	-	-	-	-	-	-	-	-	-	-	-	-	-	-	-	-	-
	V	1.586	-	126,88	142,74																		
	VI	1.793	-	143,44	161,37																		
6.019,99	I	65	-	5,20	5,85	-	-	-	-	-	-	-	-	-	-	-	-	-	-	-	-	-	-
	II	-	-	-	-	-	-	-	-	-	-	-	-	-	-	-	-	-	-	-	-	-	-
	III	-	-	-	-	-	-	-	-	-	-	-	-	-	-	-	-	-	-	-	-	-	-
	IV	65	-	5,20	5,85	-	-	-	-	-	-	-	-	-	-	-	-	-	-	-	-	-	-
	V	1.590	-	127,20	143,10																		
	VI	1.807	-	144,56	162,63																		
6.055,99	I	70	-	5,60	6,30	-	-	-	-	-	-	-	-	-	-	-	-	-	-	-	-	-	-
	II	-	-	-	-	-	-	-	-	-	-	-	-	-	-	-	-	-	-	-	-	-	-
	III	-	-	-	-	-	-	-	-	-	-	-	-	-	-	-	-	-	-	-	-	-	-
	IV	70	-	5,60	6,30	-	-	-	-	-	-	-	-	-	-	-	-	-	-	-	-	-	-
	V	1.595	-	127,60	143,55																		
	VI	1.820	-	145,60	163,80																		
6.091,99	I	75	-	6,00	6,75	-	-	-	-	-	-	-	-	-	-	-	-	-	-	-	-	-	-
	II	-	-	-	-	-	-	-	-	-	-	-	-	-	-	-	-	-	-	-	-	-	-
	III	-	-	-	-	-	-	-	-	-	-	-	-	-	-	-	-	-	-	-	-	-	-
	IV	75	-	6,00	6,75	-	-	-	-	-	-	-	-	-	-	-	-	-	-	-	-	-	-
	V	1.599	-	127,92	143,91																		
	VI	1.834	-	146,72	165,06																		
6.127,99	I	80	-	6,40	7,20	-	-	-	-	-	-	-	-	-	-	-	-	-	-	-	-	-	-
	II	-	-	-	-	-	-	-	-	-	-	-	-	-	-	-	-	-	-	-	-	-	-
	III	-	-	-	-	-	-	-	-	-	-	-	-	-	-	-	-	-	-	-	-	-	-
	IV	80	-	6,40	7,20	-	-	-	-	-	-	-	-	-	-	-	-	-	-	-	-	-	-
	V	1.604	-	128,32	144,36																		
	VI	1.848	-	147,84	166,32																		
16.163,99	I	85	-	6,80	7,65	-	-	-	-	-	-	-	-	-	-	-	-	-	-	-	-	-	-
	II	-	-	-	-	-	-	-	-	-	-	-	-	-	-	-	-	-	-	-	-	-	-
	III	-	-	-	-	-	-	-	-	-	-	-	-	-	-	-	-	-	-	-	-	-	-
	IV	85	-	6,80	7,65	-	-	-	-	-	-	-	-	-	-	-	-	-	-	-	-	-	-
	V	1.609	-	128,72	144,81																		
	VI	1.862	-	148,96	167,58																		
16.199,99	I	90	-	7,20	8,10	-	-	-	-	-	-	-	-	-	-	-	-	-	-	-	-	-	-
	II	-	-	-	-	-	-	-	-	-	-	-	-	-	-	-	-	-	-	-	-	-	-
	III	-	-	-	-	-	-	-	-	-	-	-	-	-	-	-	-	-	-	-	-	-	-
	IV	90	-	7,20	8,10	-	-	-	-	-	-	-	-	-	-	-	-	-	-	-	-	-	-
	V	1.613	-	129,04	145,17																		
	VI	1.875	-	150,00	168,75																		

SolZ/KiSt lt. Tabelle nicht für Sonstige Bezüge anwendbar.

JAHR bis 16.739,99 €

Allgemeine Tabelle

Lohn/ Gehalt bis	Steuerklasse	Lohn- steuer	ohne Kinderfreibetrag			Anzahl Kinderfreibeträge (nur Steuerklassen I–IV) 0,5			1,0			1,5			2,0			2,5			3,0		
			SolZ 5,5%	Kirchensteuer 8%	9%	SolZ 5,5%	Kirchensteuer 8%	9%	SolZ 5,5%	Kirchensteuer 8%	9%	SolZ 5,5%	Kirchensteuer 8%	9%	SolZ 5,5%	Kirchensteuer 8%	9%	SolZ 5,5%	Kirchensteuer 8%	9%	SolZ 5,5%	Kirchensteuer 8%	9%
16.235,99	I	95	-	7,60	8,55	-	-	-	-	-	-	-	-	-	-	-	-	-	-	-	-	-	
	II	-	-	-	-	-	-	-	-	-	-	-	-	-	-	-	-	-	-	-	-	-	
	III	-	-	-	-	-	-	-	-	-	-	-	-	-	-	-	-	-	-	-	-	-	
	IV	95	-	7,60	8,55	-	-	-	-	-	-	-	-	-	-	-	-	-	-	-	-	-	
	V	1.618	-	129,44	145,62																		
	VI	1.889	-	151,12	170,01																		
16.271,99	I	100	-	8,00	9,00	-	-	-	-	-	-	-	-	-	-	-	-	-	-	-	-	-	
	II	-	-	-	-	-	-	-	-	-	-	-	-	-	-	-	-	-	-	-	-	-	
	III	-	-	-	-	-	-	-	-	-	-	-	-	-	-	-	-	-	-	-	-	-	
	IV	100	-	8,00	9,00	-	-	-	-	-	-	-	-	-	-	-	-	-	-	-	-	-	
	V	1.622	-	129,76	145,98																		
	VI	1.903	-	152,24	171,27																		
16.307,99	I	105	-	8,40	9,45	-	-	-	-	-	-	-	-	-	-	-	-	-	-	-	-	-	
	II	-	-	-	-	-	-	-	-	-	-	-	-	-	-	-	-	-	-	-	-	-	
	III	-	-	-	-	-	-	-	-	-	-	-	-	-	-	-	-	-	-	-	-	-	
	IV	105	-	8,40	9,45	-	-	-	-	-	-	-	-	-	-	-	-	-	-	-	-	-	
	V	1.627	-	130,16	146,43																		
	VI	1.917	-	153,36	172,53																		
16.343,99	I	110	-	8,80	9,90	-	-	-	-	-	-	-	-	-	-	-	-	-	-	-	-	-	
	II	-	-	-	-	-	-	-	-	-	-	-	-	-	-	-	-	-	-	-	-	-	
	III	-	-	-	-	-	-	-	-	-	-	-	-	-	-	-	-	-	-	-	-	-	
	IV	110	-	8,80	9,90	-	-	-	-	-	-	-	-	-	-	-	-	-	-	-	-	-	
	V	1.631	-	130,48	146,79																		
	VI	1.930	-	154,40	173,70																		
16.379,99	I	115	-	9,20	10,35	-	-	-	-	-	-	-	-	-	-	-	-	-	-	-	-	-	
	II	-	-	-	-	-	-	-	-	-	-	-	-	-	-	-	-	-	-	-	-	-	
	III	-	-	-	-	-	-	-	-	-	-	-	-	-	-	-	-	-	-	-	-	-	
	IV	115	-	9,20	10,35	-	-	-	-	-	-	-	-	-	-	-	-	-	-	-	-	-	
	V	1.636	-	130,88	147,24																		
	VI	1.944	-	155,52	174,96																		
16.415,99	I	120	-	9,60	10,80	-	-	-	-	-	-	-	-	-	-	-	-	-	-	-	-	-	
	II	-	-	-	-	-	-	-	-	-	-	-	-	-	-	-	-	-	-	-	-	-	
	III	-	-	-	-	-	-	-	-	-	-	-	-	-	-	-	-	-	-	-	-	-	
	IV	120	-	9,60	10,80	-	-	-	-	-	-	-	-	-	-	-	-	-	-	-	-	-	
	V	1.641	-	131,28	147,69																		
	VI	1.958	-	156,64	176,22																		
16.451,99	I	125	-	10,00	11,25	-	-	-	-	-	-	-	-	-	-	-	-	-	-	-	-	-	
	II	-	-	-	-	-	-	-	-	-	-	-	-	-	-	-	-	-	-	-	-	-	
	III	-	-	-	-	-	-	-	-	-	-	-	-	-	-	-	-	-	-	-	-	-	
	IV	125	-	10,00	11,25	-	-	-	-	-	-	-	-	-	-	-	-	-	-	-	-	-	
	V	1.645	-	131,60	148,05																		
	VI	1.971	-	157,68	177,39																		
16.487,99	I	130	-	10,40	11,70	-	-	-	-	-	-	-	-	-	-	-	-	-	-	-	-	-	
	II	-	-	-	-	-	-	-	-	-	-	-	-	-	-	-	-	-	-	-	-	-	
	III	-	-	-	-	-	-	-	-	-	-	-	-	-	-	-	-	-	-	-	-	-	
	IV	130	-	10,40	11,70	-	-	-	-	-	-	-	-	-	-	-	-	-	-	-	-	-	
	V	1.650	-	132,00	148,50																		
	VI	1.985	-	158,80	178,65																		
16.523,99	I	135	-	10,80	12,15	-	-	-	-	-	-	-	-	-	-	-	-	-	-	-	-	-	
	II	-	-	-	-	-	-	-	-	-	-	-	-	-	-	-	-	-	-	-	-	-	
	III	-	-	-	-	-	-	-	-	-	-	-	-	-	-	-	-	-	-	-	-	-	
	IV	135	-	10,80	12,15	-	-	-	-	-	-	-	-	-	-	-	-	-	-	-	-	-	
	V	1.654	-	132,32	148,86																		
	VI	1.999	-	159,92	179,91																		
16.559,99	I	140	-	11,20	12,60	-	-	-	-	-	-	-	-	-	-	-	-	-	-	-	-	-	
	II	-	-	-	-	-	-	-	-	-	-	-	-	-	-	-	-	-	-	-	-	-	
	III	-	-	-	-	-	-	-	-	-	-	-	-	-	-	-	-	-	-	-	-	-	
	IV	140	-	11,20	12,60	-	-	-	-	-	-	-	-	-	-	-	-	-	-	-	-	-	
	V	1.659	-	132,72	149,31																		
	VI	2.012	-	160,96	181,08																		
16.595,99	I	146	-	11,68	13,14	-	-	-	-	-	-	-	-	-	-	-	-	-	-	-	-	-	
	II	-	-	-	-	-	-	-	-	-	-	-	-	-	-	-	-	-	-	-	-	-	
	III	-	-	-	-	-	-	-	-	-	-	-	-	-	-	-	-	-	-	-	-	-	
	IV	146	-	11,68	13,14	-	-	-	-	-	-	-	-	-	-	-	-	-	-	-	-	-	
	V	1.663	-	133,04	149,67																		
	VI	2.026	-	162,08	182,34																		
16.631,99	I	151	-	12,08	13,59	-	-	-	-	-	-	-	-	-	-	-	-	-	-	-	-	-	
	II	-	-	-	-	-	-	-	-	-	-	-	-	-	-	-	-	-	-	-	-	-	
	III	-	-	-	-	-	-	-	-	-	-	-	-	-	-	-	-	-	-	-	-	-	
	IV	151	-	12,08	13,59	-	-	-	-	-	-	-	-	-	-	-	-	-	-	-	-	-	
	V	1.668	-	133,44	150,12																		
	VI	2.040	-	163,20	183,60																		
16.667,99	I	156	-	12,48	14,04	-	-	-	-	-	-	-	-	-	-	-	-	-	-	-	-	-	
	II	-	-	-	-	-	-	-	-	-	-	-	-	-	-	-	-	-	-	-	-	-	
	III	-	-	-	-	-	-	-	-	-	-	-	-	-	-	-	-	-	-	-	-	-	
	IV	156	-	12,48	14,04	-	-	-	-	-	-	-	-	-	-	-	-	-	-	-	-	-	
	V	1.673	-	133,84	150,57																		
	VI	2.054	-	164,32	184,86																		
16.703,99	I	161	-	12,88	14,49	-	-	-	-	-	-	-	-	-	-	-	-	-	-	-	-	-	
	II	-	-	-	-	-	-	-	-	-	-	-	-	-	-	-	-	-	-	-	-	-	
	III	-	-	-	-	-	-	-	-	-	-	-	-	-	-	-	-	-	-	-	-	-	
	IV	161	-	12,88	14,49	-	-	-	-	-	-	-	-	-	-	-	-	-	-	-	-	-	
	V	1.677	-	134,16	150,93																		
	VI	2.067	-	165,36	186,03																		
16.739,99	I	167	-	13,36	15,03	-	-	-	-	-	-	-	-	-	-	-	-	-	-	-	-	-	
	II	-	-	-	-	-	-	-	-	-	-	-	-	-	-	-	-	-	-	-	-	-	
	III	-	-	-	-	-	-	-	-	-	-	-	-	-	-	-	-	-	-	-	-	-	
	IV	167	-	13,36	15,03	-	-	-	-	-	-	-	-	-	-	-	-	-	-	-	-	-	
	V	1.682	-	134,56	151,38																		
	VI	2.081	-	166,48	187,29																		

SolZ/KiSt lt. Tabelle nicht für Sonstige Bezüge anwendbar.

Allgemeine Tabelle

JAHR bis 17.279,99 €

Lohn/ Gehalt bis	Steuerklasse	Lohn-steuer	ohne Kinderfreibetrag			Anzahl Kinderfreibeträge (nur Steuerklassen I–IV)																	
						0,5			1,0			1,5			2,0			2,5			3,0		
			SolZ 5,5%	Kirchensteuer 8%	Kirchensteuer 9%	SolZ 5,5%	Kirchensteuer 8%	Kirchensteuer 9%	SolZ 5,5%	Kirchensteuer 8%	Kirchensteuer 9%	SolZ 5,5%	Kirchensteuer 8%	Kirchensteuer 9%	SolZ 5,5%	Kirchensteuer 8%	Kirchensteuer 9%	SolZ 5,5%	Kirchensteuer 8%	Kirchensteuer 9%	SolZ 5,5%	Kirchensteuer 8%	Kirchensteuer 9%
6.775,99	I	172	-	13,76	15,48	-	-	-	-	-	-	-	-	-	-	-	-	-	-	-	-	-	-
	II	-	-	-	-	-	-	-	-	-	-	-	-	-	-	-	-	-	-	-	-	-	-
	III	-	-	-	-	-	-	-	-	-	-	-	-	-	-	-	-	-	-	-	-	-	-
	IV	172	-	13,76	15,48	-	-	-	-	-	-	-	-	-	-	-	-	-	-	-	-	-	-
	V	1.686	-	134,88	151,74																		
	VI	2.095	-	167,60	188,55																		
6.811,99	I	177	-	14,16	15,93	-	-	-	-	-	-	-	-	-	-	-	-	-	-	-	-	-	-
	II	-	-	-	-	-	-	-	-	-	-	-	-	-	-	-	-	-	-	-	-	-	-
	III	-	-	-	-	-	-	-	-	-	-	-	-	-	-	-	-	-	-	-	-	-	-
	IV	177	-	14,16	15,93	-	-	-	-	-	-	-	-	-	-	-	-	-	-	-	-	-	-
	V	1.691	-	135,28	152,19																		
	VI	2.109	-	168,72	189,81																		
6.847,99	I	183	-	14,64	16,47	-	-	-	-	-	-	-	-	-	-	-	-	-	-	-	-	-	-
	II	-	-	-	-	-	-	-	-	-	-	-	-	-	-	-	-	-	-	-	-	-	-
	III	-	-	-	-	-	-	-	-	-	-	-	-	-	-	-	-	-	-	-	-	-	-
	IV	183	-	14,64	16,47	-	-	-	-	-	-	-	-	-	-	-	-	-	-	-	-	-	-
	V	1.695	-	135,60	152,55																		
	VI	2.122	-	169,76	190,98																		
6.883,99	I	188	-	15,04	16,92	-	-	-	-	-	-	-	-	-	-	-	-	-	-	-	-	-	-
	II	-	-	-	-	-	-	-	-	-	-	-	-	-	-	-	-	-	-	-	-	-	-
	III	-	-	-	-	-	-	-	-	-	-	-	-	-	-	-	-	-	-	-	-	-	-
	IV	188	-	15,04	16,92	-	-	-	-	-	-	-	-	-	-	-	-	-	-	-	-	-	-
	V	1.700	-	136,00	153,00																		
	VI	2.136	-	170,88	192,24																		
6.919,99	I	193	-	15,44	17,37	-	-	-	-	-	-	-	-	-	-	-	-	-	-	-	-	-	-
	II	-	-	-	-	-	-	-	-	-	-	-	-	-	-	-	-	-	-	-	-	-	-
	III	-	-	-	-	-	-	-	-	-	-	-	-	-	-	-	-	-	-	-	-	-	-
	IV	193	-	15,44	17,37	-	-	-	-	-	-	-	-	-	-	-	-	-	-	-	-	-	-
	V	1.705	-	136,40	153,45																		
	VI	2.150	-	172,00	193,50																		
6.955,99	I	199	-	15,92	17,91	-	-	-	-	-	-	-	-	-	-	-	-	-	-	-	-	-	-
	II	-	-	-	-	-	-	-	-	-	-	-	-	-	-	-	-	-	-	-	-	-	-
	III	-	-	-	-	-	-	-	-	-	-	-	-	-	-	-	-	-	-	-	-	-	-
	IV	199	-	15,92	17,91	-	-	-	-	-	-	-	-	-	-	-	-	-	-	-	-	-	-
	V	1.709	-	136,72	153,81																		
	VI	2.164	-	173,12	194,76																		
6.991,99	I	204	-	16,32	18,36	-	-	-	-	-	-	-	-	-	-	-	-	-	-	-	-	-	-
	II	-	-	-	-	-	-	-	-	-	-	-	-	-	-	-	-	-	-	-	-	-	-
	III	-	-	-	-	-	-	-	-	-	-	-	-	-	-	-	-	-	-	-	-	-	-
	IV	204	-	16,32	18,36	-	-	-	-	-	-	-	-	-	-	-	-	-	-	-	-	-	-
	V	1.714	-	137,12	154,26																		
	VI	2.177	-	174,16	195,93																		
7.027,99	I	210	-	16,80	18,90	-	-	-	-	-	-	-	-	-	-	-	-	-	-	-	-	-	-
	II	-	-	-	-	-	-	-	-	-	-	-	-	-	-	-	-	-	-	-	-	-	-
	III	-	-	-	-	-	-	-	-	-	-	-	-	-	-	-	-	-	-	-	-	-	-
	IV	210	-	16,80	18,90	-	-	-	-	-	-	-	-	-	-	-	-	-	-	-	-	-	-
	V	1.718	-	137,44	154,62																		
	VI	2.191	-	175,28	197,19																		
7.063,99	I	215	-	17,20	19,35	-	-	-	-	-	-	-	-	-	-	-	-	-	-	-	-	-	-
	II	-	-	-	-	-	-	-	-	-	-	-	-	-	-	-	-	-	-	-	-	-	-
	III	-	-	-	-	-	-	-	-	-	-	-	-	-	-	-	-	-	-	-	-	-	-
	IV	215	-	17,20	19,35	-	-	-	-	-	-	-	-	-	-	-	-	-	-	-	-	-	-
	V	1.723	-	137,84	155,07																		
	VI	2.205	-	176,40	198,45																		
7.099,99	I	220	-	17,60	19,80	-	-	-	-	-	-	-	-	-	-	-	-	-	-	-	-	-	-
	II	-	-	-	-	-	-	-	-	-	-	-	-	-	-	-	-	-	-	-	-	-	-
	III	-	-	-	-	-	-	-	-	-	-	-	-	-	-	-	-	-	-	-	-	-	-
	IV	220	-	17,60	19,80	-	-	-	-	-	-	-	-	-	-	-	-	-	-	-	-	-	-
	V	1.727	-	138,16	155,43																		
	VI	2.218	-	177,44	199,62																		
7.135,99	I	226	-	18,08	20,34	-	-	-	-	-	-	-	-	-	-	-	-	-	-	-	-	-	-
	II	-	-	-	-	-	-	-	-	-	-	-	-	-	-	-	-	-	-	-	-	-	-
	III	-	-	-	-	-	-	-	-	-	-	-	-	-	-	-	-	-	-	-	-	-	-
	IV	226	-	18,08	20,34	-	-	-	-	-	-	-	-	-	-	-	-	-	-	-	-	-	-
	V	1.732	-	138,56	155,88																		
	VI	2.232	-	178,56	200,88																		
7.171,99	I	232	-	18,56	20,88	-	-	-	-	-	-	-	-	-	-	-	-	-	-	-	-	-	-
	II	-	-	-	-	-	-	-	-	-	-	-	-	-	-	-	-	-	-	-	-	-	-
	III	-	-	-	-	-	-	-	-	-	-	-	-	-	-	-	-	-	-	-	-	-	-
	IV	232	-	18,56	20,88	-	-	-	-	-	-	-	-	-	-	-	-	-	-	-	-	-	-
	V	1.737	-	138,96	156,33																		
	VI	2.246	-	179,68	202,14																		
7.207,99	I	237	-	18,96	21,33	-	-	-	-	-	-	-	-	-	-	-	-	-	-	-	-	-	-
	II	-	-	-	-	-	-	-	-	-	-	-	-	-	-	-	-	-	-	-	-	-	-
	III	-	-	-	-	-	-	-	-	-	-	-	-	-	-	-	-	-	-	-	-	-	-
	IV	237	-	18,96	21,33	-	-	-	-	-	-	-	-	-	-	-	-	-	-	-	-	-	-
	V	1.741	-	139,28	156,69																		
	VI	2.259	-	180,72	203,31																		
7.243,99	I	243	-	19,44	21,87	-	-	-	-	-	-	-	-	-	-	-	-	-	-	-	-	-	-
	II	-	-	-	-	-	-	-	-	-	-	-	-	-	-	-	-	-	-	-	-	-	-
	III	-	-	-	-	-	-	-	-	-	-	-	-	-	-	-	-	-	-	-	-	-	-
	IV	243	-	19,44	21,87	-	-	-	-	-	-	-	-	-	-	-	-	-	-	-	-	-	-
	V	1.746	-	139,68	157,14																		
	VI	2.273	-	181,84	204,57																		
7.279,99	I	248	-	19,84	22,32	-	-	-	-	-	-	-	-	-	-	-	-	-	-	-	-	-	-
	II	-	-	-	-	-	-	-	-	-	-	-	-	-	-	-	-	-	-	-	-	-	-
	III	-	-	-	-	-	-	-	-	-	-	-	-	-	-	-	-	-	-	-	-	-	-
	IV	248	-	19,84	22,32	-	-	-	-	-	-	-	-	-	-	-	-	-	-	-	-	-	-
	V	1.755	-	140,40	157,95																		
	VI	2.287	-	182,96	205,83																		

SolZ/KiSt lt. Tabelle nicht für Sonstige Bezüge anwendbar.

Lohn/ Gehalt bis	Steuerklasse	Lohn-steuer	ohne Kinderfreibetrag			Anzahl Kinderfreibeträge (nur Steuerklassen I–IV)																	
						0,5			1,0			1,5			2,0			2,5			3,0		
			SolZ 5,5%	Kirchensteuer 8%	Kirchensteuer 9%	SolZ 5,5%	Kirchensteuer 8%	9%	SolZ 5,5%	Kirchensteuer 8%	9%	SolZ 5,5%	Kirchensteuer 8%	9%	SolZ 5,5%	Kirchensteuer 8%	9%	SolZ 5,5%	Kirchensteuer 8%	9%	SolZ 5,5%	Kirchensteuer 8%	9%
17.315,99	I	254	-	20,32	22,86	-	-	-	-	-	-	-	-	-	-	-	-	-	-	-	-	-	
	II	-	-	-	-	-	-	-	-	-	-	-	-	-	-	-	-	-	-	-	-	-	
	III	-	-	-	-	-	-	-	-	-	-	-	-	-	-	-	-	-	-	-	-	-	
	IV	254	-	20,32	22,86	-	-	-	-	-	-	-	-	-	-	-	-	-	-	-	-	-	
	V	1.769	-	141,52	159,21																		
	VI	2.300	-	184,00	207,00																		
17.351,99	I	259	-	20,72	23,31	-	-	-	-	-	-	-	-	-	-	-	-	-	-	-	-	-	
	II	-	-	-	-	-	-	-	-	-	-	-	-	-	-	-	-	-	-	-	-	-	
	III	-	-	-	-	-	-	-	-	-	-	-	-	-	-	-	-	-	-	-	-	-	
	IV	259	-	20,72	23,31	-	-	-	-	-	-	-	-	-	-	-	-	-	-	-	-	-	
	V	1.783	-	142,64	160,47																		
	VI	2.314	-	185,12	208,26																		
17.387,99	I	265	-	21,20	23,85	-	-	-	-	-	-	-	-	-	-	-	-	-	-	-	-	-	
	II	-	-	-	-	-	-	-	-	-	-	-	-	-	-	-	-	-	-	-	-	-	
	III	-	-	-	-	-	-	-	-	-	-	-	-	-	-	-	-	-	-	-	-	-	
	IV	265	-	21,20	23,85	-	-	-	-	-	-	-	-	-	-	-	-	-	-	-	-	-	
	V	1.796	-	143,68	161,64																		
	VI	2.328	-	186,24	209,52																		
17.423,99	I	271	-	21,68	24,39	-	-	-	-	-	-	-	-	-	-	-	-	-	-	-	-	-	
	II	-	-	-	-	-	-	-	-	-	-	-	-	-	-	-	-	-	-	-	-	-	
	III	-	-	-	-	-	-	-	-	-	-	-	-	-	-	-	-	-	-	-	-	-	
	IV	271	-	21,68	24,39	-	-	-	-	-	-	-	-	-	-	-	-	-	-	-	-	-	
	V	1.810	-	144,80	162,90																		
	VI	2.342	-	187,36	210,78																		
17.459,99	I	276	-	22,08	24,84	-	-	-	-	-	-	-	-	-	-	-	-	-	-	-	-	-	
	II	-	-	-	-	-	-	-	-	-	-	-	-	-	-	-	-	-	-	-	-	-	
	III	-	-	-	-	-	-	-	-	-	-	-	-	-	-	-	-	-	-	-	-	-	
	IV	276	-	22,08	24,84	-	-	-	-	-	-	-	-	-	-	-	-	-	-	-	-	-	
	V	1.824	-	145,92	164,16																		
	VI	2.356	-	188,48	212,04																		
17.495,99	I	282	-	22,56	25,38	-	-	-	-	-	-	-	-	-	-	-	-	-	-	-	-	-	
	II	-	-	-	-	-	-	-	-	-	-	-	-	-	-	-	-	-	-	-	-	-	
	III	-	-	-	-	-	-	-	-	-	-	-	-	-	-	-	-	-	-	-	-	-	
	IV	282	-	22,56	25,38	-	-	-	-	-	-	-	-	-	-	-	-	-	-	-	-	-	
	V	1.837	-	146,96	165,33																		
	VI	2.369	-	189,52	213,21																		
17.531,99	I	288	-	23,04	25,92	-	-	-	-	-	-	-	-	-	-	-	-	-	-	-	-	-	
	II	-	-	-	-	-	-	-	-	-	-	-	-	-	-	-	-	-	-	-	-	-	
	III	-	-	-	-	-	-	-	-	-	-	-	-	-	-	-	-	-	-	-	-	-	
	IV	288	-	23,04	25,92	-	-	-	-	-	-	-	-	-	-	-	-	-	-	-	-	-	
	V	1.851	-	148,08	166,59																		
	VI	2.383	-	190,64	214,47																		
17.567,99	I	294	-	23,52	26,46	-	-	-	-	-	-	-	-	-	-	-	-	-	-	-	-	-	
	II	-	-	-	-	-	-	-	-	-	-	-	-	-	-	-	-	-	-	-	-	-	
	III	-	-	-	-	-	-	-	-	-	-	-	-	-	-	-	-	-	-	-	-	-	
	IV	294	-	23,52	26,46	-	-	-	-	-	-	-	-	-	-	-	-	-	-	-	-	-	
	V	1.865	-	149,20	167,85																		
	VI	2.397	-	191,76	215,73																		
17.603,99	I	299	-	23,92	26,91	-	-	-	-	-	-	-	-	-	-	-	-	-	-	-	-	-	
	II	-	-	-	-	-	-	-	-	-	-	-	-	-	-	-	-	-	-	-	-	-	
	III	-	-	-	-	-	-	-	-	-	-	-	-	-	-	-	-	-	-	-	-	-	
	IV	299	-	23,92	26,91	-	-	-	-	-	-	-	-	-	-	-	-	-	-	-	-	-	
	V	1.878	-	150,24	169,02																		
	VI	2.410	-	192,80	216,90																		
17.639,99	I	305	-	24,40	27,45	-	-	-	-	-	-	-	-	-	-	-	-	-	-	-	-	-	
	II	-	-	-	-	-	-	-	-	-	-	-	-	-	-	-	-	-	-	-	-	-	
	III	-	-	-	-	-	-	-	-	-	-	-	-	-	-	-	-	-	-	-	-	-	
	IV	305	-	24,40	27,45	-	-	-	-	-	-	-	-	-	-	-	-	-	-	-	-	-	
	V	1.892	-	151,36	170,28																		
	VI	2.424	-	193,92	218,16																		
17.675,99	I	311	-	24,88	27,99	-	-	-	-	-	-	-	-	-	-	-	-	-	-	-	-	-	
	II	-	-	-	-	-	-	-	-	-	-	-	-	-	-	-	-	-	-	-	-	-	
	III	-	-	-	-	-	-	-	-	-	-	-	-	-	-	-	-	-	-	-	-	-	
	IV	311	-	24,88	27,99	-	-	-	-	-	-	-	-	-	-	-	-	-	-	-	-	-	
	V	1.906	-	152,48	171,54																		
	VI	2.438	-	195,04	219,42																		
17.711,99	I	317	-	25,36	28,53	-	-	-	-	-	-	-	-	-	-	-	-	-	-	-	-	-	
	II	-	-	-	-	-	-	-	-	-	-	-	-	-	-	-	-	-	-	-	-	-	
	III	-	-	-	-	-	-	-	-	-	-	-	-	-	-	-	-	-	-	-	-	-	
	IV	317	-	25,36	28,53	-	-	-	-	-	-	-	-	-	-	-	-	-	-	-	-	-	
	V	1.920	-	153,60	172,80																		
	VI	2.451	-	196,08	220,59																		
17.747,99	I	323	-	25,84	29,07	-	-	-	-	-	-	-	-	-	-	-	-	-	-	-	-	-	
	II	-	-	-	-	-	-	-	-	-	-	-	-	-	-	-	-	-	-	-	-	-	
	III	-	-	-	-	-	-	-	-	-	-	-	-	-	-	-	-	-	-	-	-	-	
	IV	323	-	25,84	29,07	-	-	-	-	-	-	-	-	-	-	-	-	-	-	-	-	-	
	V	1.933	-	154,64	173,97																		
	VI	2.465	-	197,20	221,85																		
17.783,99	I	329	-	26,32	29,61	-	-	-	-	-	-	-	-	-	-	-	-	-	-	-	-	-	
	II	-	-	-	-	-	-	-	-	-	-	-	-	-	-	-	-	-	-	-	-	-	
	III	-	-	-	-	-	-	-	-	-	-	-	-	-	-	-	-	-	-	-	-	-	
	IV	329	-	26,32	29,61	-	-	-	-	-	-	-	-	-	-	-	-	-	-	-	-	-	
	V	1.947	-	155,76	175,23																		
	VI	2.479	-	198,32	223,11																		
17.819,99	I	334	-	26,72	30,06	-	-	-	-	-	-	-	-	-	-	-	-	-	-	-	-	-	
	II	-	-	-	-	-	-	-	-	-	-	-	-	-	-	-	-	-	-	-	-	-	
	III	-	-	-	-	-	-	-	-	-	-	-	-	-	-	-	-	-	-	-	-	-	
	IV	334	-	26,72	30,06	-	-	-	-	-	-	-	-	-	-	-	-	-	-	-	-	-	
	V	1.961	-	156,88	176,49																		
	VI	2.492	-	199,36	224,28																		

SolZ/KiSt lt. Tabelle nicht für Sonstige Bezüge anwendbar.

Lohn/ Gehalt bis	Steuerklasse	Lohn-steuer	ohne Kinderfreibetrag			Anzahl Kinderfreibeträge (nur Steuerklassen I–IV)																	
						0,5			1,0			1,5			2,0			2,5			3,0		
			SolZ 5,5%	Kirchensteuer 8%	9%	SolZ 5,5%	Kirchensteuer 8%	9%	SolZ 5,5%	Kirchensteuer 8%	9%	SolZ 5,5%	Kirchensteuer 8%	9%	SolZ 5,5%	Kirchensteuer 8%	9%	SolZ 5,5%	Kirchensteuer 8%	9%	SolZ 5,5%	Kirchensteuer 8%	9%
7.855,99	I	340	-	27,20	30,60	-	-	-	-	-	-	-	-	-	-	-	-	-	-	-	-	-	-
	II	-	-	-	-	-	-	-	-	-	-	-	-	-	-	-	-	-	-	-	-	-	-
	III	-	-	-	-	-	-	-	-	-	-	-	-	-	-	-	-	-	-	-	-	-	-
	IV	340	-	27,20	30,60	-	-	-	-	-	-	-	-	-	-	-	-	-	-	-	-	-	-
	V	1.975	-	158,00	177,75																		
	VI	2.506	-	200,48	225,54																		
7.891,99	I	346	-	27,68	31,14	-	-	-	-	-	-	-	-	-	-	-	-	-	-	-	-	-	-
	II	-	-	-	-	-	-	-	-	-	-	-	-	-	-	-	-	-	-	-	-	-	-
	III	-	-	-	-	-	-	-	-	-	-	-	-	-	-	-	-	-	-	-	-	-	-
	IV	346	-	27,68	31,14	-	-	-	-	-	-	-	-	-	-	-	-	-	-	-	-	-	-
	V	1.988	-	159,04	178,92																		
	VI	2.520	-	201,60	226,80																		
7.927,99	I	352	-	28,16	31,68	-	-	-	-	-	-	-	-	-	-	-	-	-	-	-	-	-	-
	II	-	-	-	-	-	-	-	-	-	-	-	-	-	-	-	-	-	-	-	-	-	-
	III	-	-	-	-	-	-	-	-	-	-	-	-	-	-	-	-	-	-	-	-	-	-
	IV	352	-	28,16	31,68	-	-	-	-	-	-	-	-	-	-	-	-	-	-	-	-	-	-
	V	2.002	-	160,16	180,18																		
	VI	2.534	-	202,72	228,06																		
7.963,99	I	358	-	28,64	32,22	-	-	-	-	-	-	-	-	-	-	-	-	-	-	-	-	-	-
	II	-	-	-	-	-	-	-	-	-	-	-	-	-	-	-	-	-	-	-	-	-	-
	III	-	-	-	-	-	-	-	-	-	-	-	-	-	-	-	-	-	-	-	-	-	-
	IV	358	-	28,64	32,22	-	-	-	-	-	-	-	-	-	-	-	-	-	-	-	-	-	-
	V	2.016	-	161,28	181,44																		
	VI	2.547	-	203,76	229,23																		
7.999,99	I	364	-	29,12	32,76	-	-	-	-	-	-	-	-	-	-	-	-	-	-	-	-	-	-
	II	-	-	-	-	-	-	-	-	-	-	-	-	-	-	-	-	-	-	-	-	-	-
	III	-	-	-	-	-	-	-	-	-	-	-	-	-	-	-	-	-	-	-	-	-	-
	IV	364	-	29,12	32,76	-	0,08	0,09	-	-	-	-	-	-	-	-	-	-	-	-	-	-	-
	V	2.030	-	162,40	182,70																		
	VI	2.561	-	204,88	230,49																		
8.035,99	I	370	-	29,60	33,30	-	-	-	-	-	-	-	-	-	-	-	-	-	-	-	-	-	-
	II	-	-	-	-	-	-	-	-	-	-	-	-	-	-	-	-	-	-	-	-	-	-
	III	-	-	-	-	-	-	-	-	-	-	-	-	-	-	-	-	-	-	-	-	-	-
	IV	370	-	29,60	33,30	-	0,48	0,54	-	-	-	-	-	-	-	-	-	-	-	-	-	-	-
	V	2.043	-	163,44	183,87																		
	VI	2.575	-	206,00	231,75																		
8.071,99	I	376	-	30,08	33,84	-	-	-	-	-	-	-	-	-	-	-	-	-	-	-	-	-	-
	II	-	-	-	-	-	-	-	-	-	-	-	-	-	-	-	-	-	-	-	-	-	-
	III	-	-	-	-	-	-	-	-	-	-	-	-	-	-	-	-	-	-	-	-	-	-
	IV	376	-	30,08	33,84	-	0,80	0,90	-	-	-	-	-	-	-	-	-	-	-	-	-	-	-
	V	2.057	-	164,56	185,13																		
	VI	2.589	-	207,12	233,01																		
8.107,99	I	382	-	30,56	34,38	-	-	-	-	-	-	-	-	-	-	-	-	-	-	-	-	-	-
	II	-	-	-	-	-	-	-	-	-	-	-	-	-	-	-	-	-	-	-	-	-	-
	III	-	-	-	-	-	-	-	-	-	-	-	-	-	-	-	-	-	-	-	-	-	-
	IV	382	-	30,56	34,38	-	1,20	1,35	-	-	-	-	-	-	-	-	-	-	-	-	-	-	-
	V	2.070	-	165,60	186,30																		
	VI	2.602	-	208,16	234,18																		
8.143,99	I	388	-	31,04	34,92	-	-	-	-	-	-	-	-	-	-	-	-	-	-	-	-	-	-
	II	-	-	-	-	-	-	-	-	-	-	-	-	-	-	-	-	-	-	-	-	-	-
	III	-	-	-	-	-	-	-	-	-	-	-	-	-	-	-	-	-	-	-	-	-	-
	IV	388	-	31,04	34,92	-	1,60	1,80	-	-	-	-	-	-	-	-	-	-	-	-	-	-	-
	V	2.084	-	166,72	187,56																		
	VI	2.616	-	209,28	235,44																		
8.179,99	I	395	-	31,60	35,55	-	-	-	-	-	-	-	-	-	-	-	-	-	-	-	-	-	-
	II	-	-	-	-	-	-	-	-	-	-	-	-	-	-	-	-	-	-	-	-	-	-
	III	-	-	-	-	-	-	-	-	-	-	-	-	-	-	-	-	-	-	-	-	-	-
	IV	395	-	31,60	35,55	-	1,92	2,16	-	-	-	-	-	-	-	-	-	-	-	-	-	-	-
	V	2.098	-	167,84	188,82																		
	VI	2.630	-	210,40	236,70																		
8.215,99	I	401	-	32,08	36,09	-	-	-	-	-	-	-	-	-	-	-	-	-	-	-	-	-	-
	II	-	-	-	-	-	-	-	-	-	-	-	-	-	-	-	-	-	-	-	-	-	-
	III	-	-	-	-	-	-	-	-	-	-	-	-	-	-	-	-	-	-	-	-	-	-
	IV	401	-	32,08	36,09	-	2,32	2,61	-	-	-	-	-	-	-	-	-	-	-	-	-	-	-
	V	2.111	-	168,88	189,99																		
	VI	2.643	-	211,44	237,87																		
8.251,99	I	407	-	32,56	36,63	-	-	-	-	-	-	-	-	-	-	-	-	-	-	-	-	-	-
	II	-	-	-	-	-	-	-	-	-	-	-	-	-	-	-	-	-	-	-	-	-	-
	III	-	-	-	-	-	-	-	-	-	-	-	-	-	-	-	-	-	-	-	-	-	-
	IV	407	-	32,56	36,63	-	2,72	3,06	-	-	-	-	-	-	-	-	-	-	-	-	-	-	-
	V	2.125	-	170,00	191,25																		
	VI	2.657	-	212,56	239,13																		
8.287,99	I	413	-	33,04	37,17	-	-	-	-	-	-	-	-	-	-	-	-	-	-	-	-	-	-
	II	-	-	-	-	-	-	-	-	-	-	-	-	-	-	-	-	-	-	-	-	-	-
	III	-	-	-	-	-	-	-	-	-	-	-	-	-	-	-	-	-	-	-	-	-	-
	IV	413	-	33,04	37,17	-	3,12	3,51	-	-	-	-	-	-	-	-	-	-	-	-	-	-	-
	V	2.139	-	171,12	192,51																		
	VI	2.671	-	213,68	240,39																		
8.323,99	I	419	-	33,52	37,71	-	-	-	-	-	-	-	-	-	-	-	-	-	-	-	-	-	-
	II	-	-	-	-	-	-	-	-	-	-	-	-	-	-	-	-	-	-	-	-	-	-
	III	-	-	-	-	-	-	-	-	-	-	-	-	-	-	-	-	-	-	-	-	-	-
	IV	419	-	33,52	37,71	-	3,44	3,87	-	-	-	-	-	-	-	-	-	-	-	-	-	-	-
	V	2.153	-	172,24	193,77																		
	VI	2.684	-	214,72	241,56																		
8.359,99	I	425	-	34,00	38,25	-	-	-	-	-	-	-	-	-	-	-	-	-	-	-	-	-	-
	II	-	-	-	-	-	-	-	-	-	-	-	-	-	-	-	-	-	-	-	-	-	-
	III	-	-	-	-	-	-	-	-	-	-	-	-	-	-	-	-	-	-	-	-	-	-
	IV	425	-	34,00	38,25	-	3,84	4,32	-	-	-	-	-	-	-	-	-	-	-	-	-	-	-
	V	2.167	-	173,36	195,03																		
	VI	2.698	-	215,84	242,82																		

SolZ/KiSt lt. Tabelle nicht für Sonstige Bezüge anwendbar.

JAHR bis 18.899,99 € — Allgemeine Tabelle

Lohn/Gehalt bis	Steuerklasse	Lohnsteuer	ohne Kinderfreibetrag			Anzahl Kinderfreibeträge (nur Steuerklassen I–IV) 0,5			1,0			1,5			2,0			2,5			3,0		
			SolZ 5,5%	Kirchensteuer 8%	9%	SolZ 5,5%	Kirchensteuer 8%	9%	SolZ 5,5%	Kirchensteuer 8%	9%	SolZ 5,5%	Kirchensteuer 8%	9%	SolZ 5,5%	Kirchensteuer 8%	9%	SolZ 5,5%	Kirchensteuer 8%	9%	SolZ 5,5%	Kirchensteu 8%	9%
18.395,99	I	432	-	34,56	38,88	-	-	-	-	-	-	-	-	-	-	-	-	-	-	-	-	-	
	II	-	-	-	-	-	-	-	-	-	-	-	-	-	-	-	-	-	-	-	-	-	
	III	-	-	-	-	-	-	-	-	-	-	-	-	-	-	-	-	-	-	-	-	-	
	IV	432	-	34,56	38,88	-	4,24	4,77	-	-	-	-	-	-	-	-	-	-	-	-	-	-	
	V	2.180	-	174,40	196,20																		
	VI	2.712	-	216,96	244,08																		
18.431,99	I	438	-	35,04	39,42	-	-	-	-	-	-	-	-	-	-	-	-	-	-	-	-	-	
	II	-	-	-	-	-	-	-	-	-	-	-	-	-	-	-	-	-	-	-	-	-	
	III	-	-	-	-	-	-	-	-	-	-	-	-	-	-	-	-	-	-	-	-	-	
	IV	438	-	35,04	39,42	-	4,64	5,22	-	-	-	-	-	-	-	-	-	-	-	-	-	-	
	V	2.194	-	175,52	197,46																		
	VI	2.726	-	218,08	245,34																		
18.467,99	I	444	-	35,52	39,96	-	-	-	-	-	-	-	-	-	-	-	-	-	-	-	-	-	
	II	-	-	-	-	-	-	-	-	-	-	-	-	-	-	-	-	-	-	-	-	-	
	III	-	-	-	-	-	-	-	-	-	-	-	-	-	-	-	-	-	-	-	-	-	
	IV	444	-	35,52	39,96	-	5,04	5,67	-	-	-	-	-	-	-	-	-	-	-	-	-	-	
	V	2.208	-	176,64	198,72																		
	VI	2.739	-	219,12	246,51																		
18.503,99	I	450	-	36,00	40,50	-	-	-	-	-	-	-	-	-	-	-	-	-	-	-	-	-	
	II	-	-	-	-	-	-	-	-	-	-	-	-	-	-	-	-	-	-	-	-	-	
	III	-	-	-	-	-	-	-	-	-	-	-	-	-	-	-	-	-	-	-	-	-	
	IV	450	-	36,00	40,50	-	5,36	6,03	-	-	-	-	-	-	-	-	-	-	-	-	-	-	
	V	2.222	-	177,76	199,98																		
	VI	2.753	-	220,24	247,77																		
18.539,99	I	457	-	36,56	41,13	-	-	-	-	-	-	-	-	-	-	-	-	-	-	-	-	-	
	II	-	-	-	-	-	-	-	-	-	-	-	-	-	-	-	-	-	-	-	-	-	
	III	-	-	-	-	-	-	-	-	-	-	-	-	-	-	-	-	-	-	-	-	-	
	IV	457	-	36,56	41,13	-	5,76	6,48	-	-	-	-	-	-	-	-	-	-	-	-	-	-	
	V	2.235	-	178,80	201,15																		
	VI	2.767	-	221,36	249,03																		
18.575,99	I	463	-	37,04	41,67	-	-	-	-	-	-	-	-	-	-	-	-	-	-	-	-	-	
	II	-	-	-	-	-	-	-	-	-	-	-	-	-	-	-	-	-	-	-	-	-	
	III	-	-	-	-	-	-	-	-	-	-	-	-	-	-	-	-	-	-	-	-	-	
	IV	463	-	37,04	41,67	-	6,16	6,93	-	-	-	-	-	-	-	-	-	-	-	-	-	-	
	V	2.249	-	179,92	202,41																		
	VI	2.781	-	222,48	250,29																		
18.611,99	I	469	-	37,52	42,21	-	-	-	-	-	-	-	-	-	-	-	-	-	-	-	-	-	
	II	-	-	-	-	-	-	-	-	-	-	-	-	-	-	-	-	-	-	-	-	-	
	III	-	-	-	-	-	-	-	-	-	-	-	-	-	-	-	-	-	-	-	-	-	
	IV	469	-	37,52	42,21	-	6,56	7,38	-	-	-	-	-	-	-	-	-	-	-	-	-	-	
	V	2.263	-	181,04	203,67																		
	VI	2.794	-	223,52	251,46																		
18.647,99	I	476	-	38,08	42,84	-	-	-	-	-	-	-	-	-	-	-	-	-	-	-	-	-	
	II	-	-	-	-	-	-	-	-	-	-	-	-	-	-	-	-	-	-	-	-	-	
	III	-	-	-	-	-	-	-	-	-	-	-	-	-	-	-	-	-	-	-	-	-	
	IV	476	-	38,08	42,84	-	6,96	7,83	-	-	-	-	-	-	-	-	-	-	-	-	-	-	
	V	2.276	-	182,08	204,84																		
	VI	2.808	-	224,64	252,72																		
18.683,99	I	482	-	38,56	43,38	-	-	-	-	-	-	-	-	-	-	-	-	-	-	-	-	-	
	II	-	-	-	-	-	-	-	-	-	-	-	-	-	-	-	-	-	-	-	-	-	
	III	-	-	-	-	-	-	-	-	-	-	-	-	-	-	-	-	-	-	-	-	-	
	IV	482	-	38,56	43,38	-	7,36	8,28	-	-	-	-	-	-	-	-	-	-	-	-	-	-	
	V	2.290	-	183,20	206,10																		
	VI	2.822	-	225,76	253,98																		
18.719,99	I	489	-	39,12	44,01	-	-	-	-	-	-	-	-	-	-	-	-	-	-	-	-	-	
	II	-	-	-	-	-	-	-	-	-	-	-	-	-	-	-	-	-	-	-	-	-	
	III	-	-	-	-	-	-	-	-	-	-	-	-	-	-	-	-	-	-	-	-	-	
	IV	489	-	39,12	44,01	-	7,76	8,73	-	-	-	-	-	-	-	-	-	-	-	-	-	-	
	V	2.304	-	184,32	207,36																		
	VI	2.836	-	226,88	255,24																		
18.755,99	I	495	-	39,60	44,55	-	-	-	-	-	-	-	-	-	-	-	-	-	-	-	-	-	
	II	-	-	-	-	-	-	-	-	-	-	-	-	-	-	-	-	-	-	-	-	-	
	III	-	-	-	-	-	-	-	-	-	-	-	-	-	-	-	-	-	-	-	-	-	
	IV	495	-	39,60	44,55	-	8,16	9,18	-	-	-	-	-	-	-	-	-	-	-	-	-	-	
	V	2.317	-	185,36	208,53																		
	VI	2.849	-	227,92	256,41																		
18.791,99	I	501	-	40,08	45,09	-	-	-	-	-	-	-	-	-	-	-	-	-	-	-	-	-	
	II	-	-	-	-	-	-	-	-	-	-	-	-	-	-	-	-	-	-	-	-	-	
	III	-	-	-	-	-	-	-	-	-	-	-	-	-	-	-	-	-	-	-	-	-	
	IV	501	-	40,08	45,09	-	8,56	9,63	-	-	-	-	-	-	-	-	-	-	-	-	-	-	
	V	2.331	-	186,48	209,79																		
	VI	2.863	-	229,04	257,67																		
18.827,99	I	508	-	40,64	45,72	-	-	-	-	-	-	-	-	-	-	-	-	-	-	-	-	-	
	II	-	-	-	-	-	-	-	-	-	-	-	-	-	-	-	-	-	-	-	-	-	
	III	-	-	-	-	-	-	-	-	-	-	-	-	-	-	-	-	-	-	-	-	-	
	IV	508	-	40,64	45,72	-	8,96	10,08	-	-	-	-	-	-	-	-	-	-	-	-	-	-	
	V	2.345	-	187,60	211,05																		
	VI	2.877	-	230,16	258,93																		
18.863,99	I	514	-	41,12	46,26	-	-	-	-	-	-	-	-	-	-	-	-	-	-	-	-	-	
	II	-	-	-	-	-	-	-	-	-	-	-	-	-	-	-	-	-	-	-	-	-	
	III	-	-	-	-	-	-	-	-	-	-	-	-	-	-	-	-	-	-	-	-	-	
	IV	514	-	41,12	46,26	-	9,36	10,53	-	-	-	-	-	-	-	-	-	-	-	-	-	-	
	V	2.358	-	188,64	212,22																		
	VI	2.890	-	231,20	260,10																		
18.899,99	I	521	-	41,68	46,89	-	-	-	-	-	-	-	-	-	-	-	-	-	-	-	-	-	
	II	-	-	-	-	-	-	-	-	-	-	-	-	-	-	-	-	-	-	-	-	-	
	III	-	-	-	-	-	-	-	-	-	-	-	-	-	-	-	-	-	-	-	-	-	
	IV	521	-	41,68	46,89	-	9,76	10,98	-	-	-	-	-	-	-	-	-	-	-	-	-	-	
	V	2.372	-	189,76	213,48																		
	VI	2.904	-	232,32	261,36																		

SolZ/KiSt lt. Tabelle nicht für Sonstige Bezüge anwendbar.

Lohn/ Gehalt bis	Steuerklasse	Lohn- steuer	ohne Kinderfreibetrag			Anzahl Kinderfreibeträge (nur Steuerklassen I–IV) 0,5			1,0			1,5			2,0			2,5			3,0		
			SolZ 5,5%	Kirchensteuer 8%	9%	SolZ 5,5%	Kirchensteuer 8%	9%	SolZ 5,5%	Kirchensteuer 8%	9%	SolZ 5,5%	Kirchensteuer 8%	9%	SolZ 5,5%	Kirchensteuer 8%	9%	SolZ 5,5%	Kirchensteuer 8%	9%	SolZ 5,5%	Kirchensteuer 8%	9%
.935,99	I	527	-	42,16	47,43	-	-	-	-	-	-	-	-	-	-	-	-	-	-	-	-	-	-
	II	-	-	-	-	-	-	-	-	-	-	-	-	-	-	-	-	-	-	-	-	-	-
	III	-	-	-	-	-	-	-	-	-	-	-	-	-	-	-	-	-	-	-	-	-	-
	IV	527	-	42,16	47,43	-	10,16	11,43	-	-	-	-	-	-	-	-	-	-	-	-	-	-	-
	V	2.386	-	190,88	214,74																		
	VI	2.917	-	233,36	262,53																		
.971,99	I	534	-	42,72	48,06	-	-	-	-	-	-	-	-	-	-	-	-	-	-	-	-	-	-
	II	-	-	-	-	-	-	-	-	-	-	-	-	-	-	-	-	-	-	-	-	-	-
	III	-	-	-	-	-	-	-	-	-	-	-	-	-	-	-	-	-	-	-	-	-	-
	IV	534	-	42,72	48,06	-	10,56	11,88	-	-	-	-	-	-	-	-	-	-	-	-	-	-	-
	V	2.400	-	192,00	216,00																		
	VI	2.931	-	234,48	263,79																		
9.007,99	I	541	-	43,28	48,69	-	-	-	-	-	-	-	-	-	-	-	-	-	-	-	-	-	-
	II	-	-	-	-	-	-	-	-	-	-	-	-	-	-	-	-	-	-	-	-	-	-
	III	-	-	-	-	-	-	-	-	-	-	-	-	-	-	-	-	-	-	-	-	-	-
	IV	541	-	43,28	48,69	-	11,04	12,42	-	-	-	-	-	-	-	-	-	-	-	-	-	-	-
	V	2.413	-	193,04	217,17																		
	VI	2.945	-	235,60	265,05																		
9.043,99	I	547	-	43,76	49,23	-	-	-	-	-	-	-	-	-	-	-	-	-	-	-	-	-	-
	II	-	-	-	-	-	-	-	-	-	-	-	-	-	-	-	-	-	-	-	-	-	-
	III	-	-	-	-	-	-	-	-	-	-	-	-	-	-	-	-	-	-	-	-	-	-
	IV	547	-	43,76	49,23	-	11,44	12,87	-	-	-	-	-	-	-	-	-	-	-	-	-	-	-
	V	2.427	-	194,16	218,43																		
	VI	2.959	-	236,72	266,31																		
9.079,99	I	554	-	44,32	49,86	-	-	-	-	-	-	-	-	-	-	-	-	-	-	-	-	-	-
	II	-	-	-	-	-	-	-	-	-	-	-	-	-	-	-	-	-	-	-	-	-	-
	III	-	-	-	-	-	-	-	-	-	-	-	-	-	-	-	-	-	-	-	-	-	-
	IV	554	-	44,32	49,86	-	11,84	13,32	-	-	-	-	-	-	-	-	-	-	-	-	-	-	-
	V	2.441	-	195,28	219,69																		
	VI	2.972	-	237,76	267,48																		
9.115,99	I	561	-	44,88	50,49	-	-	-	-	-	-	-	-	-	-	-	-	-	-	-	-	-	-
	II	-	-	-	-	-	-	-	-	-	-	-	-	-	-	-	-	-	-	-	-	-	-
	III	-	-	-	-	-	-	-	-	-	-	-	-	-	-	-	-	-	-	-	-	-	-
	IV	561	-	44,88	50,49	-	12,24	13,77	-	-	-	-	-	-	-	-	-	-	-	-	-	-	-
	V	2.455	-	196,40	220,95																		
	VI	2.986	-	238,88	268,74																		
9.151,99	I	567	-	45,36	51,03	-	-	-	-	-	-	-	-	-	-	-	-	-	-	-	-	-	-
	II	-	-	-	-	-	-	-	-	-	-	-	-	-	-	-	-	-	-	-	-	-	-
	III	-	-	-	-	-	-	-	-	-	-	-	-	-	-	-	-	-	-	-	-	-	-
	IV	567	-	45,36	51,03	-	12,64	14,22	-	-	-	-	-	-	-	-	-	-	-	-	-	-	-
	V	2.468	-	197,44	222,12																		
	VI	3.000	-	240,00	270,00																		
9.187,99	I	574	-	45,92	51,66	-	-	-	-	-	-	-	-	-	-	-	-	-	-	-	-	-	-
	II	-	-	-	-	-	-	-	-	-	-	-	-	-	-	-	-	-	-	-	-	-	-
	III	-	-	-	-	-	-	-	-	-	-	-	-	-	-	-	-	-	-	-	-	-	-
	IV	574	-	45,92	51,66	-	13,12	14,76	-	-	-	-	-	-	-	-	-	-	-	-	-	-	-
	V	2.482	-	198,56	223,38																		
	VI	3.014	-	241,12	271,26																		
9.223,99	I	581	-	46,48	52,29	-	-	-	-	-	-	-	-	-	-	-	-	-	-	-	-	-	-
	II	-	-	-	-	-	-	-	-	-	-	-	-	-	-	-	-	-	-	-	-	-	-
	III	-	-	-	-	-	-	-	-	-	-	-	-	-	-	-	-	-	-	-	-	-	-
	IV	581	-	46,48	52,29	-	13,52	15,21	-	-	-	-	-	-	-	-	-	-	-	-	-	-	-
	V	2.496	-	199,68	224,64																		
	VI	3.028	-	242,24	272,52																		
9.259,99	I	587	-	46,96	52,83	-	-	-	-	-	-	-	-	-	-	-	-	-	-	-	-	-	-
	II	-	-	-	-	-	-	-	-	-	-	-	-	-	-	-	-	-	-	-	-	-	-
	III	-	-	-	-	-	-	-	-	-	-	-	-	-	-	-	-	-	-	-	-	-	-
	IV	587	-	46,96	52,83	-	13,92	15,66	-	-	-	-	-	-	-	-	-	-	-	-	-	-	-
	V	2.509	-	200,72	225,81																		
	VI	3.041	-	243,28	273,69																		
9.295,99	I	594	-	47,52	53,46	-	-	-	-	-	-	-	-	-	-	-	-	-	-	-	-	-	-
	II	-	-	-	-	-	-	-	-	-	-	-	-	-	-	-	-	-	-	-	-	-	-
	III	-	-	-	-	-	-	-	-	-	-	-	-	-	-	-	-	-	-	-	-	-	-
	IV	594	-	47,52	53,46	-	14,40	16,20	-	-	-	-	-	-	-	-	-	-	-	-	-	-	-
	V	2.523	-	201,84	227,07																		
	VI	3.055	-	244,40	274,95																		
9.331,99	I	601	-	48,08	54,09	-	-	-	-	-	-	-	-	-	-	-	-	-	-	-	-	-	-
	II	-	-	-	-	-	-	-	-	-	-	-	-	-	-	-	-	-	-	-	-	-	-
	III	-	-	-	-	-	-	-	-	-	-	-	-	-	-	-	-	-	-	-	-	-	-
	IV	601	-	48,08	54,09	-	14,80	16,65	-	-	-	-	-	-	-	-	-	-	-	-	-	-	-
	V	2.537	-	202,96	228,33																		
	VI	3.069	-	245,52	276,21																		
9.367,99	I	608	-	48,64	54,72	-	-	-	-	-	-	-	-	-	-	-	-	-	-	-	-	-	-
	II	-	-	-	-	-	-	-	-	-	-	-	-	-	-	-	-	-	-	-	-	-	-
	III	-	-	-	-	-	-	-	-	-	-	-	-	-	-	-	-	-	-	-	-	-	-
	IV	608	-	48,64	54,72	-	15,20	17,10	-	-	-	-	-	-	-	-	-	-	-	-	-	-	-
	V	2.550	-	204,00	229,50																		
	VI	3.082	-	246,56	277,38																		
9.403,99	I	614	-	49,12	55,26	-	-	-	-	-	-	-	-	-	-	-	-	-	-	-	-	-	-
	II	-	-	-	-	-	-	-	-	-	-	-	-	-	-	-	-	-	-	-	-	-	-
	III	-	-	-	-	-	-	-	-	-	-	-	-	-	-	-	-	-	-	-	-	-	-
	IV	614	-	49,12	55,26	-	15,68	17,64	-	-	-	-	-	-	-	-	-	-	-	-	-	-	-
	V	2.564	-	205,12	230,76																		
	VI	3.096	-	247,68	278,64																		
9.439,99	I	621	-	49,68	55,89	-	-	-	-	-	-	-	-	-	-	-	-	-	-	-	-	-	-
	II	-	-	-	-	-	-	-	-	-	-	-	-	-	-	-	-	-	-	-	-	-	-
	III	-	-	-	-	-	-	-	-	-	-	-	-	-	-	-	-	-	-	-	-	-	-
	IV	621	-	49,68	55,89	-	16,08	18,09	-	-	-	-	-	-	-	-	-	-	-	-	-	-	-
	V	2.578	-	206,24	232,02																		
	VI	3.110	-	248,80	279,90																		

Lohn/ Gehalt bis	Steuerklasse	Lohn-steuer	ohne Kinderfreibetrag			Anzahl Kinderfreibeträge (nur Steuerklassen I–IV)																	
						0,5			1,0			1,5			2,0			2,5			3,0		
			SolZ 5,5%	Kirchensteuer 8%	9%	SolZ 5,5%	Kirchensteuer 8%	9%	SolZ 5,5%	Kirchensteuer 8%	9%	SolZ 5,5%	Kirchensteuer 8%	9%	SolZ 5,5%	Kirchensteuer 8%	9%	SolZ 5,5%	Kirchensteuer 8%	9%	SolZ 5,5%	Kirchensteuer 8%	9%
19.475,99	I	628	-	50,24	56,52	-	-	-	-	-	-	-	-	-	-	-	-	-	-	-	-	-	
	II	-	-	-	-	-	-	-	-	-	-	-	-	-	-	-	-	-	-	-	-	-	
	III	-	-	-	-	-	-	-	-	-	-	-	-	-	-	-	-	-	-	-	-	-	
	IV	628	-	50,24	56,52	-	16,56	18,63	-	-	-	-	-	-	-	-	-	-	-	-	-	-	
	V	2.592	-	207,36	233,28																		
	VI	3.123	-	249,84	281,07																		
19.511,99	I	635	-	50,80	57,15	-	-	-	-	-	-	-	-	-	-	-	-	-	-	-	-	-	
	II	-	-	-	-	-	-	-	-	-	-	-	-	-	-	-	-	-	-	-	-	-	
	III	-	-	-	-	-	-	-	-	-	-	-	-	-	-	-	-	-	-	-	-	-	
	IV	635	-	50,80	57,15	-	16,96	19,08	-	-	-	-	-	-	-	-	-	-	-	-	-	-	
	V	2.605	-	208,40	234,45																		
	VI	3.137	-	250,96	282,33																		
19.547,99	I	642	-	51,36	57,78	-	-	-	-	-	-	-	-	-	-	-	-	-	-	-	-	-	
	II	-	-	-	-	-	-	-	-	-	-	-	-	-	-	-	-	-	-	-	-	-	
	III	-	-	-	-	-	-	-	-	-	-	-	-	-	-	-	-	-	-	-	-	-	
	IV	642	-	51,36	57,78	-	17,44	19,62	-	-	-	-	-	-	-	-	-	-	-	-	-	-	
	V	2.619	-	209,52	235,71																		
	VI	3.151	-	252,08	283,59																		
19.583,99	I	649	-	51,92	58,41	-	-	-	-	-	-	-	-	-	-	-	-	-	-	-	-	-	
	II	-	-	-	-	-	-	-	-	-	-	-	-	-	-	-	-	-	-	-	-	-	
	III	-	-	-	-	-	-	-	-	-	-	-	-	-	-	-	-	-	-	-	-	-	
	IV	649	-	51,92	58,41	-	17,84	20,07	-	-	-	-	-	-	-	-	-	-	-	-	-	-	
	V	2.633	-	210,64	236,97																		
	VI	3.164	-	253,12	284,76																		
19.619,99	I	656	-	52,48	59,04	-	-	-	-	-	-	-	-	-	-	-	-	-	-	-	-	-	
	II	-	-	-	-	-	-	-	-	-	-	-	-	-	-	-	-	-	-	-	-	-	
	III	-	-	-	-	-	-	-	-	-	-	-	-	-	-	-	-	-	-	-	-	-	
	IV	656	-	52,48	59,04	-	18,24	20,52	-	-	-	-	-	-	-	-	-	-	-	-	-	-	
	V	2.647	-	211,76	238,23																		
	VI	3.178	-	254,24	286,02																		
19.655,99	I	663	-	53,04	59,67	-	-	-	-	-	-	-	-	-	-	-	-	-	-	-	-	-	
	II	-	-	-	-	-	-	-	-	-	-	-	-	-	-	-	-	-	-	-	-	-	
	III	-	-	-	-	-	-	-	-	-	-	-	-	-	-	-	-	-	-	-	-	-	
	IV	663	-	53,04	59,67	-	18,72	21,06	-	-	-	-	-	-	-	-	-	-	-	-	-	-	
	V	2.660	-	212,80	239,40																		
	VI	3.192	-	255,36	287,28																		
19.691,99	I	670	-	53,60	60,30	-	-	-	-	-	-	-	-	-	-	-	-	-	-	-	-	-	
	II	-	-	-	-	-	-	-	-	-	-	-	-	-	-	-	-	-	-	-	-	-	
	III	-	-	-	-	-	-	-	-	-	-	-	-	-	-	-	-	-	-	-	-	-	
	IV	670	-	53,60	60,30	-	19,20	21,60	-	-	-	-	-	-	-	-	-	-	-	-	-	-	
	V	2.674	-	213,92	240,66																		
	VI	3.206	-	256,48	288,54																		
19.727,99	I	677	-	54,16	60,93	-	-	-	-	-	-	-	-	-	-	-	-	-	-	-	-	-	
	II	-	-	-	-	-	-	-	-	-	-	-	-	-	-	-	-	-	-	-	-	-	
	III	-	-	-	-	-	-	-	-	-	-	-	-	-	-	-	-	-	-	-	-	-	
	IV	677	-	54,16	60,93	-	19,60	22,05	-	-	-	-	-	-	-	-	-	-	-	-	-	-	
	V	2.688	-	215,04	241,92																		
	VI	3.219	-	257,52	289,71																		
19.763,99	I	684	-	54,72	61,56	-	-	-	-	-	-	-	-	-	-	-	-	-	-	-	-	-	
	II	-	-	-	-	-	-	-	-	-	-	-	-	-	-	-	-	-	-	-	-	-	
	III	-	-	-	-	-	-	-	-	-	-	-	-	-	-	-	-	-	-	-	-	-	
	IV	684	-	54,72	61,56	-	20,08	22,59	-	-	-	-	-	-	-	-	-	-	-	-	-	-	
	V	2.701	-	216,08	243,09																		
	VI	3.233	-	258,64	290,97																		
19.799,99	I	691	-	55,28	62,19	-	-	-	-	-	-	-	-	-	-	-	-	-	-	-	-	-	
	II	-	-	-	-	-	-	-	-	-	-	-	-	-	-	-	-	-	-	-	-	-	
	III	-	-	-	-	-	-	-	-	-	-	-	-	-	-	-	-	-	-	-	-	-	
	IV	691	-	55,28	62,19	-	20,48	23,04	-	-	-	-	-	-	-	-	-	-	-	-	-	-	
	V	2.715	-	217,20	244,35																		
	VI	3.247	-	259,76	292,23																		
19.835,99	I	698	-	55,84	62,82	-	-	-	-	-	-	-	-	-	-	-	-	-	-	-	-	-	
	II	-	-	-	-	-	-	-	-	-	-	-	-	-	-	-	-	-	-	-	-	-	
	III	-	-	-	-	-	-	-	-	-	-	-	-	-	-	-	-	-	-	-	-	-	
	IV	698	-	55,84	62,82	-	20,96	23,58	-	-	-	-	-	-	-	-	-	-	-	-	-	-	
	V	2.729	-	218,32	245,61																		
	VI	3.261	-	260,88	293,49																		
19.871,99	I	705	-	56,40	63,45	-	-	-	-	-	-	-	-	-	-	-	-	-	-	-	-	-	
	II	-	-	-	-	-	-	-	-	-	-	-	-	-	-	-	-	-	-	-	-	-	
	III	-	-	-	-	-	-	-	-	-	-	-	-	-	-	-	-	-	-	-	-	-	
	IV	705	-	56,40	63,45	-	21,44	24,12	-	-	-	-	-	-	-	-	-	-	-	-	-	-	
	V	2.742	-	219,36	246,78																		
	VI	3.274	-	261,92	294,66																		
19.907,99	I	712	-	56,96	64,08	-	-	-	-	-	-	-	-	-	-	-	-	-	-	-	-	-	
	II	-	-	-	-	-	-	-	-	-	-	-	-	-	-	-	-	-	-	-	-	-	
	III	-	-	-	-	-	-	-	-	-	-	-	-	-	-	-	-	-	-	-	-	-	
	IV	712	-	56,96	64,08	-	21,84	24,57	-	-	-	-	-	-	-	-	-	-	-	-	-	-	
	V	2.756	-	220,48	248,04																		
	VI	3.288	-	263,04	295,92																		
19.943,99	I	719	-	57,52	64,71	-	-	-	-	-	-	-	-	-	-	-	-	-	-	-	-	-	
	II	-	-	-	-	-	-	-	-	-	-	-	-	-	-	-	-	-	-	-	-	-	
	III	-	-	-	-	-	-	-	-	-	-	-	-	-	-	-	-	-	-	-	-	-	
	IV	719	-	57,52	64,71	-	22,32	25,11	-	-	-	-	-	-	-	-	-	-	-	-	-	-	
	V	2.770	-	221,60	249,30																		
	VI	3.302	-	264,16	297,18																		
19.979,99	I	726	-	58,08	65,34	-	-	-	-	-	-	-	-	-	-	-	-	-	-	-	-	-	
	II	-	-	-	-	-	-	-	-	-	-	-	-	-	-	-	-	-	-	-	-	-	
	III	-	-	-	-	-	-	-	-	-	-	-	-	-	-	-	-	-	-	-	-	-	
	IV	726	-	58,08	65,34	-	22,80	25,65	-	-	-	-	-	-	-	-	-	-	-	-	-	-	
	V	2.783	-	222,64	250,47																		
	VI	3.315	-	265,20	298,35																		

SolZ/KiSt lt. Tabelle nicht für Sonstige Bezüge anwendbar.

Allgemeine Tabelle

JAHR bis 20.519,99 €

Lohn/ Gehalt bis	Steuerklasse	Lohn-steuer	ohne Kinderfreibetrag SolZ 5,5%	Kirchensteuer 8%	9%	0,5 SolZ 5,5%	Kirchensteuer 8%	9%	1,0 SolZ 5,5%	Kirchensteuer 8%	9%	1,5 SolZ 5,5%	Kirchensteuer 8%	9%	2,0 SolZ 5,5%	Kirchensteuer 8%	9%	2,5 SolZ 5,5%	Kirchensteuer 8%	9%	3,0 SolZ 5,5%	Kirchensteuer 8%	9%
0.015,99	I	733	-	58,64	65,97	-	-	-	-	-	-	-	-	-	-	-	-	-	-	-	-	-	-
	II	-	-	-	-	-	-	-	-	-	-	-	-	-	-	-	-	-	-	-	-	-	-
	III	-	-	-	-	-	-	-	-	-	-	-	-	-	-	-	-	-	-	-	-	-	-
	IV	733	-	58,64	65,97	-	23,20	26,10	-	-	-	-	-	-	-	-	-	-	-	-	-	-	-
	V	2.797	-	223,76	251,73																		
	VI	3.329	-	266,32	299,61																		
0.051,99	I	741	-	59,28	66,69	-	-	-	-	-	-	-	-	-	-	-	-	-	-	-	-	-	-
	II	-	-	-	-	-	-	-	-	-	-	-	-	-	-	-	-	-	-	-	-	-	-
	III	-	-	-	-	-	-	-	-	-	-	-	-	-	-	-	-	-	-	-	-	-	-
	IV	741	-	59,28	66,69	-	23,68	26,64	-	-	-	-	-	-	-	-	-	-	-	-	-	-	-
	V	2.811	-	224,88	252,99																		
	VI	3.343	-	267,44	300,87																		
0.087,99	I	748	-	59,84	67,32	-	-	-	-	-	-	-	-	-	-	-	-	-	-	-	-	-	-
	II	-	-	-	-	-	-	-	-	-	-	-	-	-	-	-	-	-	-	-	-	-	-
	III	-	-	-	-	-	-	-	-	-	-	-	-	-	-	-	-	-	-	-	-	-	-
	IV	748	-	59,84	67,32	-	24,16	27,18	-	-	-	-	-	-	-	-	-	-	-	-	-	-	-
	V	2.825	-	226,00	254,25																		
	VI	3.356	-	268,48	302,04																		
0.123,99	I	755	-	60,40	67,95	-	-	-	-	-	-	-	-	-	-	-	-	-	-	-	-	-	-
	II	-	-	-	-	-	-	-	-	-	-	-	-	-	-	-	-	-	-	-	-	-	-
	III	-	-	-	-	-	-	-	-	-	-	-	-	-	-	-	-	-	-	-	-	-	-
	IV	755	-	60,40	67,95	-	24,64	27,72	-	-	-	-	-	-	-	-	-	-	-	-	-	-	-
	V	2.839	-	227,12	255,51																		
	VI	3.370	-	269,60	303,30																		
0.159,99	I	762	-	60,96	68,58	-	-	-	-	-	-	-	-	-	-	-	-	-	-	-	-	-	-
	II	-	-	-	-	-	-	-	-	-	-	-	-	-	-	-	-	-	-	-	-	-	-
	III	-	-	-	-	-	-	-	-	-	-	-	-	-	-	-	-	-	-	-	-	-	-
	IV	762	-	60,96	68,58	-	25,12	28,26	-	-	-	-	-	-	-	-	-	-	-	-	-	-	-
	V	2.852	-	228,16	256,68																		
	VI	3.384	-	270,72	304,56																		
0.195,99	I	770	-	61,60	69,30	-	-	-	-	-	-	-	-	-	-	-	-	-	-	-	-	-	-
	II	-	-	-	-	-	-	-	-	-	-	-	-	-	-	-	-	-	-	-	-	-	-
	III	-	-	-	-	-	-	-	-	-	-	-	-	-	-	-	-	-	-	-	-	-	-
	IV	770	-	61,60	69,30	-	25,52	28,71	-	-	-	-	-	-	-	-	-	-	-	-	-	-	-
	V	2.866	-	229,28	257,94																		
	VI	3.398	-	271,84	305,82																		
0.231,99	I	777	-	62,16	69,93	-	-	-	-	-	-	-	-	-	-	-	-	-	-	-	-	-	-
	II	2	-	0,16	0,18	-	-	-	-	-	-	-	-	-	-	-	-	-	-	-	-	-	-
	III	-	-	-	-	-	-	-	-	-	-	-	-	-	-	-	-	-	-	-	-	-	-
	IV	777	-	62,16	69,93	-	26,00	29,25	-	-	-	-	-	-	-	-	-	-	-	-	-	-	-
	V	2.880	-	230,40	259,20																		
	VI	3.411	-	272,88	306,99																		
0.267,99	I	784	-	62,72	70,56	-	-	-	-	-	-	-	-	-	-	-	-	-	-	-	-	-	-
	II	6	-	0,48	0,54	-	-	-	-	-	-	-	-	-	-	-	-	-	-	-	-	-	-
	III	-	-	-	-	-	-	-	-	-	-	-	-	-	-	-	-	-	-	-	-	-	-
	IV	784	-	62,72	70,56	-	26,48	29,79	-	-	-	-	-	-	-	-	-	-	-	-	-	-	-
	V	2.894	-	231,52	260,46																		
	VI	3.425	-	274,00	308,25																		
0.303,99	I	792	-	63,36	71,28	-	-	-	-	-	-	-	-	-	-	-	-	-	-	-	-	-	-
	II	11	-	0,88	0,99	-	-	-	-	-	-	-	-	-	-	-	-	-	-	-	-	-	-
	III	-	-	-	-	-	-	-	-	-	-	-	-	-	-	-	-	-	-	-	-	-	-
	IV	792	-	63,36	71,28	-	26,96	30,33	-	-	-	-	-	-	-	-	-	-	-	-	-	-	-
	V	2.907	-	232,56	261,63																		
	VI	3.439	-	275,12	309,51																		
0.339,99	I	799	-	63,92	71,91	-	-	-	-	-	-	-	-	-	-	-	-	-	-	-	-	-	-
	II	15	-	1,20	1,35	-	-	-	-	-	-	-	-	-	-	-	-	-	-	-	-	-	-
	III	-	-	-	-	-	-	-	-	-	-	-	-	-	-	-	-	-	-	-	-	-	-
	IV	799	-	63,92	71,91	-	27,44	30,87	-	-	-	-	-	-	-	-	-	-	-	-	-	-	-
	V	2.921	-	233,68	262,89																		
	VI	3.453	-	276,24	310,77																		
20.375,99	I	806	-	64,48	72,54	-	-	-	-	-	-	-	-	-	-	-	-	-	-	-	-	-	-
	II	20	-	1,60	1,80	-	-	-	-	-	-	-	-	-	-	-	-	-	-	-	-	-	-
	III	-	-	-	-	-	-	-	-	-	-	-	-	-	-	-	-	-	-	-	-	-	-
	IV	806	-	64,48	72,54	-	27,92	31,41	-	-	-	-	-	-	-	-	-	-	-	-	-	-	-
	V	2.934	-	234,72	264,06																		
	VI	3.466	-	277,28	311,94																		
20.411,99	I	813	-	65,04	73,17	-	-	-	-	-	-	-	-	-	-	-	-	-	-	-	-	-	-
	II	24	-	1,92	2,16	-	-	-	-	-	-	-	-	-	-	-	-	-	-	-	-	-	-
	III	-	-	-	-	-	-	-	-	-	-	-	-	-	-	-	-	-	-	-	-	-	-
	IV	813	-	65,04	73,17	-	28,32	31,86	-	-	-	-	-	-	-	-	-	-	-	-	-	-	-
	V	2.947	-	235,76	265,23																		
	VI	3.479	-	278,32	313,11																		
20.447,99	I	820	-	65,60	73,80	-	-	-	-	-	-	-	-	-	-	-	-	-	-	-	-	-	-
	II	28	-	2,24	2,52	-	-	-	-	-	-	-	-	-	-	-	-	-	-	-	-	-	-
	III	-	-	-	-	-	-	-	-	-	-	-	-	-	-	-	-	-	-	-	-	-	-
	IV	820	-	65,60	73,80	-	28,80	32,40	-	-	-	-	-	-	-	-	-	-	-	-	-	-	-
	V	2.959	-	236,72	266,31																		
	VI	3.491	-	279,28	314,19																		
20.483,99	I	826	-	66,08	74,34	-	0,16	0,18	-	-	-	-	-	-	-	-	-	-	-	-	-	-	-
	II	33	-	2,64	2,97	-	-	-	-	-	-	-	-	-	-	-	-	-	-	-	-	-	-
	III	-	-	-	-	-	-	-	-	-	-	-	-	-	-	-	-	-	-	-	-	-	-
	IV	826	-	66,08	74,34	-	29,20	32,85	-	0,16	0,18	-	-	-	-	-	-	-	-	-	-	-	-
	V	2.971	-	237,68	267,39																		
	VI	3.503	-	280,24	315,27																		
20.519,99	I	833	-	66,64	74,97	-	0,48	0,54	-	-	-	-	-	-	-	-	-	-	-	-	-	-	-
	II	37	-	2,96	3,33	-	-	-	-	-	-	-	-	-	-	-	-	-	-	-	-	-	-
	III	-	-	-	-	-	-	-	-	-	-	-	-	-	-	-	-	-	-	-	-	-	-
	IV	833	-	66,64	74,97	-	29,68	33,39	-	0,48	0,54	-	-	-	-	-	-	-	-	-	-	-	-
	V	2.984	-	238,72	268,56																		
	VI	3.516	-	281,28	316,44																		

Anzahl Kinderfreibeträge (nur Steuerklassen I–IV)

SolZ/KiSt lt. Tabelle nicht für Sonstige Bezüge anwendbar.

Lohn/ Gehalt bis	Steuerklasse	Lohn-steuer	ohne Kinderfreibetrag			Anzahl Kinderfreibeträge (nur Steuerklassen I–IV)																	
						0,5			1,0			1,5			2,0			2,5			3,0		
			SolZ 5,5%	Kirchensteuer 8%	9%	SolZ 5,5%	Kirchensteuer 8%	9%	SolZ 5,5%	Kirchensteuer 8%	9%	SolZ 5,5%	Kirchensteuer 8%	9%	SolZ 5,5%	Kirchensteuer 8%	9%	SolZ 5,5%	Kirchensteuer 8%	9%	SolZ 5,5%	Kirchensteuer 8%	9%
20.555,99	I	840	-	67,20	75,60	-	0,80	0,90	-	-	-	-	-	-	-	-	-	-	-	-	-	-	
	II	41	-	3,28	3,69	-	-	-	-	-	-	-	-	-	-	-	-	-	-	-	-	-	
	III	-	-	-	-	-	-	-	-	-	-	-	-	-	-	-	-	-	-	-	-	-	
	IV	840	-	67,20	75,60	-	30,08	33,84	-	0,80	0,90	-	-	-	-	-	-	-	-	-	-	-	
	V	2.996	-	239,68	269,64																		
	VI	3.528	-	282,24	317,52																		
20.591,99	I	846	-	67,68	76,14	-	1,12	1,26	-	-	-	-	-	-	-	-	-	-	-	-	-	-	
	II	45	-	3,60	4,05	-	-	-	-	-	-	-	-	-	-	-	-	-	-	-	-	-	
	III	-	-	-	-	-	-	-	-	-	-	-	-	-	-	-	-	-	-	-	-	-	
	IV	846	-	67,68	76,14	-	30,48	34,29	-	1,12	1,26	-	-	-	-	-	-	-	-	-	-	-	
	V	3.008	-	240,64	270,72																		
	VI	3.540	-	283,20	318,60																		
20.627,99	I	853	-	68,24	76,77	-	1,52	1,71	-	-	-	-	-	-	-	-	-	-	-	-	-	-	
	II	50	-	4,00	4,50	-	-	-	-	-	-	-	-	-	-	-	-	-	-	-	-	-	
	III	-	-	-	-	-	-	-	-	-	-	-	-	-	-	-	-	-	-	-	-	-	
	IV	853	-	68,24	76,77	-	30,96	34,83	-	1,52	1,71	-	-	-	-	-	-	-	-	-	-	-	
	V	3.021	-	241,68	271,89																		
	VI	3.553	-	284,24	319,77																		
20.663,99	I	860	-	68,80	77,40	-	1,84	2,07	-	-	-	-	-	-	-	-	-	-	-	-	-	-	
	II	54	-	4,32	4,86	-	-	-	-	-	-	-	-	-	-	-	-	-	-	-	-	-	
	III	-	-	-	-	-	-	-	-	-	-	-	-	-	-	-	-	-	-	-	-	-	
	IV	860	-	68,80	77,40	-	31,36	35,28	-	1,84	2,07	-	-	-	-	-	-	-	-	-	-	-	
	V	3.033	-	242,64	272,97																		
	VI	3.565	-	285,20	320,85																		
20.699,99	I	867	-	69,36	78,03	-	2,16	2,43	-	-	-	-	-	-	-	-	-	-	-	-	-	-	
	II	58	-	4,64	5,22	-	-	-	-	-	-	-	-	-	-	-	-	-	-	-	-	-	
	III	-	-	-	-	-	-	-	-	-	-	-	-	-	-	-	-	-	-	-	-	-	
	IV	867	-	69,36	78,03	-	31,84	35,82	-	2,16	2,43	-	-	-	-	-	-	-	-	-	-	-	
	V	3.045	-	243,60	274,05																		
	VI	3.577	-	286,16	321,93																		
20.735,99	I	873	-	69,84	78,57	-	2,48	2,79	-	-	-	-	-	-	-	-	-	-	-	-	-	-	
	II	63	-	5,04	5,67	-	-	-	-	-	-	-	-	-	-	-	-	-	-	-	-	-	
	III	-	-	-	-	-	-	-	-	-	-	-	-	-	-	-	-	-	-	-	-	-	
	IV	873	-	69,84	78,57	-	32,24	36,27	-	2,48	2,79	-	-	-	-	-	-	-	-	-	-	-	
	V	3.057	-	244,56	275,13																		
	VI	3.589	-	287,12	323,01																		
20.771,99	I	880	-	70,40	79,20	-	2,80	3,15	-	-	-	-	-	-	-	-	-	-	-	-	-	-	
	II	67	-	5,36	6,03	-	-	-	-	-	-	-	-	-	-	-	-	-	-	-	-	-	
	III	-	-	-	-	-	-	-	-	-	-	-	-	-	-	-	-	-	-	-	-	-	
	IV	880	-	70,40	79,20	-	32,72	36,81	-	2,80	3,15	-	-	-	-	-	-	-	-	-	-	-	
	V	3.070	-	245,60	276,30																		
	VI	3.602	-	288,16	324,18																		
20.807,99	I	887	-	70,96	79,83	-	3,20	3,60	-	-	-	-	-	-	-	-	-	-	-	-	-	-	
	II	71	-	5,68	6,39	-	-	-	-	-	-	-	-	-	-	-	-	-	-	-	-	-	
	III	-	-	-	-	-	-	-	-	-	-	-	-	-	-	-	-	-	-	-	-	-	
	IV	887	-	70,96	79,83	-	33,12	37,26	-	3,20	3,60	-	-	-	-	-	-	-	-	-	-	-	
	V	3.082	-	246,56	277,38																		
	VI	3.614	-	289,12	325,26																		
20.843,99	I	894	-	71,52	80,46	-	3,52	3,96	-	-	-	-	-	-	-	-	-	-	-	-	-	-	
	II	76	-	6,08	6,84	-	-	-	-	-	-	-	-	-	-	-	-	-	-	-	-	-	
	III	-	-	-	-	-	-	-	-	-	-	-	-	-	-	-	-	-	-	-	-	-	
	IV	894	-	71,52	80,46	-	33,60	37,80	-	3,52	3,96	-	-	-	-	-	-	-	-	-	-	-	
	V	3.094	-	247,52	278,46																		
	VI	3.626	-	290,08	326,34																		
20.879,99	I	901	-	72,08	81,09	-	3,84	4,32	-	-	-	-	-	-	-	-	-	-	-	-	-	-	
	II	80	-	6,40	7,20	-	-	-	-	-	-	-	-	-	-	-	-	-	-	-	-	-	
	III	-	-	-	-	-	-	-	-	-	-	-	-	-	-	-	-	-	-	-	-	-	
	IV	901	-	72,08	81,09	-	34,00	38,25	-	3,84	4,32	-	-	-	-	-	-	-	-	-	-	-	
	V	3.107	-	248,56	279,63																		
	VI	3.639	-	291,12	327,51																		
20.915,99	I	908	-	72,64	81,72	-	4,16	4,68	-	-	-	-	-	-	-	-	-	-	-	-	-	-	
	II	85	-	6,80	7,65	-	-	-	-	-	-	-	-	-	-	-	-	-	-	-	-	-	
	III	-	-	-	-	-	-	-	-	-	-	-	-	-	-	-	-	-	-	-	-	-	
	IV	908	-	72,64	81,72	-	34,48	38,79	-	4,16	4,68	-	-	-	-	-	-	-	-	-	-	-	
	V	3.119	-	249,52	280,71																		
	VI	3.651	-	292,08	328,59																		
20.951,99	I	914	-	73,12	82,26	-	4,56	5,13	-	-	-	-	-	-	-	-	-	-	-	-	-	-	
	II	89	-	7,12	8,01	-	-	-	-	-	-	-	-	-	-	-	-	-	-	-	-	-	
	III	-	-	-	-	-	-	-	-	-	-	-	-	-	-	-	-	-	-	-	-	-	
	IV	914	-	73,12	82,26	-	34,96	39,33	-	4,56	5,13	-	-	-	-	-	-	-	-	-	-	-	
	V	3.131	-	250,48	281,79																		
	VI	3.663	-	293,04	329,67																		
20.987,99	I	921	-	73,68	82,89	-	4,88	5,49	-	-	-	-	-	-	-	-	-	-	-	-	-	-	
	II	94	-	7,52	8,46	-	-	-	-	-	-	-	-	-	-	-	-	-	-	-	-	-	
	III	-	-	-	-	-	-	-	-	-	-	-	-	-	-	-	-	-	-	-	-	-	
	IV	921	-	73,68	82,89	-	35,36	39,78	-	4,88	5,49	-	-	-	-	-	-	-	-	-	-	-	
	V	3.143	-	251,44	282,87																		
	VI	3.675	-	294,00	330,75																		
21.023,99	I	928	-	74,24	83,52	-	5,28	5,94	-	-	-	-	-	-	-	-	-	-	-	-	-	-	
	II	98	-	7,84	8,82	-	-	-	-	-	-	-	-	-	-	-	-	-	-	-	-	-	
	III	-	-	-	-	-	-	-	-	-	-	-	-	-	-	-	-	-	-	-	-	-	
	IV	928	-	74,24	83,52	-	35,84	40,32	-	5,28	5,94	-	-	-	-	-	-	-	-	-	-	-	
	V	3.156	-	252,48	284,04																		
	VI	3.688	-	295,04	331,92																		
21.059,99	I	935	-	74,80	84,15	-	5,60	6,30	-	-	-	-	-	-	-	-	-	-	-	-	-	-	
	II	103	-	8,24	9,27	-	-	-	-	-	-	-	-	-	-	-	-	-	-	-	-	-	
	III	-	-	-	-	-	-	-	-	-	-	-	-	-	-	-	-	-	-	-	-	-	
	IV	935	-	74,80	84,15	-	36,32	40,86	-	5,60	6,30	-	-	-	-	-	-	-	-	-	-	-	
	V	3.168	-	253,44	285,12																		
	VI	3.700	-	296,00	333,00																		

SolZ/KiSt lt. Tabelle nicht für Sonstige Bezüge anwendbar.

Allgemeine Tabelle

Lohn/ Gehalt bis	Steuerklasse	Lohn-steuer	ohne Kinderfreibetrag			Anzahl Kinderfreibeträge (nur Steuerklassen I–IV)																	
						0,5			1,0			1,5			2,0			2,5			3,0		
			SolZ 5,5%	Kirchensteuer 8%	9%	SolZ 5,5%	Kirchensteuer 8%	9%	SolZ 5,5%	Kirchensteuer 8%	9%	SolZ 5,5%	Kirchensteuer 8%	9%	SolZ 5,5%	Kirchensteuer 8%	9%	SolZ 5,5%	Kirchensteuer 8%	9%	SolZ 5,5%	Kirchensteuer 8%	9%
1.095,99	I	942	-	75,36	84,78	-	5,92	6,66	-	-	-	-	-	-	-	-	-	-	-	-	-	-	-
	II	107	-	8,56	9,63	-	-	-	-	-	-	-	-	-	-	-	-	-	-	-	-	-	-
	III	-	-	-	-	-	-	-	-	-	-	-	-	-	-	-	-	-	-	-	-	-	-
	IV	942	-	75,36	84,78	-	36,72	41,31	-	5,92	6,66	-	-	-	-	-	-	-	-	-	-	-	-
	V	3.180	-	254,40	286,20																		
	VI	3.712	-	296,96	334,08																		
1.131,99	I	949	-	75,92	85,41	-	6,32	7,11	-	-	-	-	-	-	-	-	-	-	-	-	-	-	-
	II	112	-	8,96	10,08	-	-	-	-	-	-	-	-	-	-	-	-	-	-	-	-	-	-
	III	-	-	-	-	-	-	-	-	-	-	-	-	-	-	-	-	-	-	-	-	-	-
	IV	949	-	75,92	85,41	-	37,20	41,85	-	6,32	7,11	-	-	-	-	-	-	-	-	-	-	-	-
	V	3.193	-	255,44	287,37																		
	VI	3.725	-	298,00	335,25																		
1.167,99	I	956	-	76,48	86,04	-	6,64	7,47	-	-	-	-	-	-	-	-	-	-	-	-	-	-	-
	II	116	-	9,28	10,44	-	-	-	-	-	-	-	-	-	-	-	-	-	-	-	-	-	-
	III	-	-	-	-	-	-	-	-	-	-	-	-	-	-	-	-	-	-	-	-	-	-
	IV	956	-	76,48	86,04	-	37,68	42,39	-	6,64	7,47	-	-	-	-	-	-	-	-	-	-	-	-
	V	3.205	-	256,40	288,45																		
	VI	3.737	-	298,96	336,33																		
1.203,99	I	963	-	77,04	86,67	-	6,96	7,83	-	-	-	-	-	-	-	-	-	-	-	-	-	-	-
	II	121	-	9,68	10,89	-	-	-	-	-	-	-	-	-	-	-	-	-	-	-	-	-	-
	III	-	-	-	-	-	-	-	-	-	-	-	-	-	-	-	-	-	-	-	-	-	-
	IV	963	-	77,04	86,67	-	38,08	42,84	-	6,96	7,83	-	-	-	-	-	-	-	-	-	-	-	-
	V	3.217	-	257,36	289,53																		
	VI	3.749	-	299,92	337,41																		
1.239,99	I	970	-	77,60	87,30	-	7,36	8,28	-	-	-	-	-	-	-	-	-	-	-	-	-	-	-
	II	125	-	10,00	11,25	-	-	-	-	-	-	-	-	-	-	-	-	-	-	-	-	-	-
	III	-	-	-	-	-	-	-	-	-	-	-	-	-	-	-	-	-	-	-	-	-	-
	IV	970	-	77,60	87,30	-	38,56	43,38	-	7,36	8,28	-	-	-	-	-	-	-	-	-	-	-	-
	V	3.230	-	258,40	290,70																		
	VI	3.762	-	300,96	338,58																		
1.275,99	I	977	-	78,16	87,93	-	7,68	8,64	-	-	-	-	-	-	-	-	-	-	-	-	-	-	-
	II	130	-	10,40	11,70	-	-	-	-	-	-	-	-	-	-	-	-	-	-	-	-	-	-
	III	-	-	-	-	-	-	-	-	-	-	-	-	-	-	-	-	-	-	-	-	-	-
	IV	977	-	78,16	87,93	-	39,04	43,92	-	7,68	8,64	-	-	-	-	-	-	-	-	-	-	-	-
	V	3.242	-	259,36	291,78																		
	VI	3.774	-	301,92	339,66																		
1.311,99	I	984	-	78,72	88,56	-	8,08	9,09	-	-	-	-	-	-	-	-	-	-	-	-	-	-	-
	II	135	-	10,80	12,15	-	-	-	-	-	-	-	-	-	-	-	-	-	-	-	-	-	-
	III	-	-	-	-	-	-	-	-	-	-	-	-	-	-	-	-	-	-	-	-	-	-
	IV	984	-	78,72	88,56	-	39,52	44,46	-	8,08	9,09	-	-	-	-	-	-	-	-	-	-	-	-
	V	3.254	-	260,32	292,86																		
	VI	3.786	-	302,88	340,74																		
1.347,99	I	991	-	79,28	89,19	-	8,40	9,45	-	-	-	-	-	-	-	-	-	-	-	-	-	-	-
	II	139	-	11,12	12,51	-	-	-	-	-	-	-	-	-	-	-	-	-	-	-	-	-	-
	III	-	-	-	-	-	-	-	-	-	-	-	-	-	-	-	-	-	-	-	-	-	-
	IV	991	-	79,28	89,19	-	39,92	44,91	-	8,40	9,45	-	-	-	-	-	-	-	-	-	-	-	-
	V	3.266	-	261,28	293,94																		
	VI	3.798	-	303,84	341,82																		
1.383,99	I	998	-	79,84	89,82	-	8,80	9,90	-	-	-	-	-	-	-	-	-	-	-	-	-	-	-
	II	144	-	11,52	12,96	-	-	-	-	-	-	-	-	-	-	-	-	-	-	-	-	-	-
	III	-	-	-	-	-	-	-	-	-	-	-	-	-	-	-	-	-	-	-	-	-	-
	IV	998	-	79,84	89,82	-	40,40	45,45	-	8,80	9,90	-	-	-	-	-	-	-	-	-	-	-	-
	V	3.279	-	262,32	295,11																		
	VI	3.811	-	304,88	342,99																		
1.419,99	I	1.005	-	80,40	90,45	-	9,20	10,35	-	-	-	-	-	-	-	-	-	-	-	-	-	-	-
	II	148	-	11,84	13,32	-	-	-	-	-	-	-	-	-	-	-	-	-	-	-	-	-	-
	III	-	-	-	-	-	-	-	-	-	-	-	-	-	-	-	-	-	-	-	-	-	-
	IV	1.005	-	80,40	90,45	-	40,88	45,99	-	9,20	10,35	-	-	-	-	-	-	-	-	-	-	-	-
	V	3.291	-	263,28	296,19																		
	VI	3.823	-	305,84	344,07																		
1.455,99	I	1.012	-	80,96	91,08	-	9,52	10,71	-	-	-	-	-	-	-	-	-	-	-	-	-	-	-
	II	153	-	12,24	13,77	-	-	-	-	-	-	-	-	-	-	-	-	-	-	-	-	-	-
	III	-	-	-	-	-	-	-	-	-	-	-	-	-	-	-	-	-	-	-	-	-	-
	IV	1.012	-	80,96	91,08	-	41,36	46,53	-	9,52	10,71	-	-	-	-	-	-	-	-	-	-	-	-
	V	3.303	-	264,24	297,27																		
	VI	3.835	-	306,80	345,15																		
21.491,99	I	1.020	-	81,60	91,80	-	9,92	11,16	-	-	-	-	-	-	-	-	-	-	-	-	-	-	-
	II	158	-	12,64	14,22	-	-	-	-	-	-	-	-	-	-	-	-	-	-	-	-	-	-
	III	-	-	-	-	-	-	-	-	-	-	-	-	-	-	-	-	-	-	-	-	-	-
	IV	1.020	-	81,60	91,80	-	41,84	47,07	-	9,92	11,16	-	-	-	-	-	-	-	-	-	-	-	-
	V	3.316	-	265,28	298,44																		
	VI	3.848	-	307,84	346,32																		
21.527,99	I	1.027	-	82,16	92,43	-	10,24	11,52	-	-	-	-	-	-	-	-	-	-	-	-	-	-	-
	II	163	-	13,04	14,67	-	-	-	-	-	-	-	-	-	-	-	-	-	-	-	-	-	-
	III	-	-	-	-	-	-	-	-	-	-	-	-	-	-	-	-	-	-	-	-	-	-
	IV	1.027	-	82,16	92,43	-	42,32	47,61	-	10,24	11,52	-	-	-	-	-	-	-	-	-	-	-	-
	V	3.328	-	266,24	299,52																		
	VI	3.860	-	308,80	347,40																		
21.563,99	I	1.034	-	82,72	93,06	-	10,64	11,97	-	-	-	-	-	-	-	-	-	-	-	-	-	-	-
	II	167	-	13,36	15,03	-	-	-	-	-	-	-	-	-	-	-	-	-	-	-	-	-	-
	III	-	-	-	-	-	-	-	-	-	-	-	-	-	-	-	-	-	-	-	-	-	-
	IV	1.034	-	82,72	93,06	-	42,72	48,06	-	10,64	11,97	-	-	-	-	-	-	-	-	-	-	-	-
	V	3.340	-	267,20	300,60																		
	VI	3.872	-	309,76	348,48																		
21.599,99	I	1.041	-	83,28	93,69	-	11,04	12,42	-	-	-	-	-	-	-	-	-	-	-	-	-	-	-
	II	172	-	13,76	15,48	-	-	-	-	-	-	-	-	-	-	-	-	-	-	-	-	-	-
	III	-	-	-	-	-	-	-	-	-	-	-	-	-	-	-	-	-	-	-	-	-	-
	IV	1.041	-	83,28	93,69	-	43,20	48,60	-	11,04	12,42	-	-	-	-	-	-	-	-	-	-	-	-
	V	3.353	-	268,24	301,77																		
	VI	3.885	-	310,80	349,65																		

SolZ/KiSt lt. Tabelle nicht für Sonstige Bezüge anwendbar.

JAHR bis 22.139,99 €

Lohn/ Gehalt bis	Steuerklasse	Lohnsteuer	ohne Kinderfreibetrag			Anzahl Kinderfreibeträge (nur Steuerklassen I–IV)																
						0,5			1,0			1,5			2,0			2,5			3,0	
			SolZ 5,5%	Kirchensteuer 8%	Kirchensteuer 9%	SolZ 5,5%	Kirchensteuer 8%	Kirchensteuer 9%	SolZ 5,5%	Kirchensteuer 8%	Kirchensteuer 9%	SolZ 5,5%	Kirchensteuer 8%	Kirchensteuer 9%	SolZ 5,5%	Kirchensteuer 8%	Kirchensteuer 9%	SolZ 5,5%	Kirchensteuer 8%	Kirchensteuer 9%	SolZ 5,5%	Kirchensteuer 8%
21.635,99	I	1.048	-	83,84	94,32	-	11,36	12,78	-	-	-	-	-	-	-	-	-	-	-	-	-	-
	II	177	-	14,16	15,93	-	-	-	-	-	-	-	-	-	-	-	-	-	-	-	-	-
	III	-	-	-	-	-	-	-	-	-	-	-	-	-	-	-	-	-	-	-	-	-
	IV	1.048	-	83,84	94,32	-	43,68	49,14	-	11,36	12,78	-	-	-	-	-	-	-	-	-	-	-
	V	3.365	-	269,20	302,85																	
	VI	3.897	-	311,76	350,73																	
21.671,99	I	1.055	-	84,40	94,95	-	11,76	13,23	-	-	-	-	-	-	-	-	-	-	-	-	-	-
	II	182	-	14,56	16,38	-	-	-	-	-	-	-	-	-	-	-	-	-	-	-	-	-
	III	-	-	-	-	-	-	-	-	-	-	-	-	-	-	-	-	-	-	-	-	-
	IV	1.055	-	84,40	94,95	-	44,16	49,68	-	11,76	13,23	-	-	-	-	-	-	-	-	-	-	-
	V	3.377	-	270,16	303,93																	
	VI	3.909	-	312,72	351,81																	
21.707,99	I	1.062	-	84,96	95,58	-	12,08	13,59	-	-	-	-	-	-	-	-	-	-	-	-	-	-
	II	186	-	14,88	16,74	-	-	-	-	-	-	-	-	-	-	-	-	-	-	-	-	-
	III	-	-	-	-	-	-	-	-	-	-	-	-	-	-	-	-	-	-	-	-	-
	IV	1.062	-	84,96	95,58	-	44,64	50,22	-	12,08	13,59	-	-	-	-	-	-	-	-	-	-	-
	V	3.390	-	271,20	305,10																	
	VI	3.921	-	313,68	352,89																	
21.743,99	I	1.069	-	85,52	96,21	-	12,48	14,04	-	-	-	-	-	-	-	-	-	-	-	-	-	-
	II	191	-	15,28	17,19	-	-	-	-	-	-	-	-	-	-	-	-	-	-	-	-	-
	III	-	-	-	-	-	-	-	-	-	-	-	-	-	-	-	-	-	-	-	-	-
	IV	1.069	-	85,52	96,21	-	45,12	50,76	-	12,48	14,04	-	-	-	-	-	-	-	-	-	-	-
	V	3.402	-	272,16	306,18																	
	VI	3.934	-	314,72	354,06																	
21.779,99	I	1.076	-	86,08	96,84	-	12,88	14,49	-	-	-	-	-	-	-	-	-	-	-	-	-	-
	II	196	-	15,68	17,64	-	-	-	-	-	-	-	-	-	-	-	-	-	-	-	-	-
	III	-	-	-	-	-	-	-	-	-	-	-	-	-	-	-	-	-	-	-	-	-
	IV	1.076	-	86,08	96,84	-	45,60	51,30	-	12,88	14,49	-	-	-	-	-	-	-	-	-	-	-
	V	3.414	-	273,12	307,26																	
	VI	3.946	-	315,68	355,14																	
21.815,99	I	1.083	-	86,64	97,47	-	13,28	14,94	-	-	-	-	-	-	-	-	-	-	-	-	-	-
	II	201	-	16,08	18,09	-	-	-	-	-	-	-	-	-	-	-	-	-	-	-	-	-
	III	-	-	-	-	-	-	-	-	-	-	-	-	-	-	-	-	-	-	-	-	-
	IV	1.083	-	86,64	97,47	-	46,08	51,84	-	13,28	14,94	-	-	-	-	-	-	-	-	-	-	-
	V	3.427	-	274,16	308,43																	
	VI	3.958	-	316,64	356,22																	
21.851,99	I	1.090	-	87,20	98,10	-	13,60	15,30	-	-	-	-	-	-	-	-	-	-	-	-	-	-
	II	206	-	16,48	18,54	-	-	-	-	-	-	-	-	-	-	-	-	-	-	-	-	-
	III	-	-	-	-	-	-	-	-	-	-	-	-	-	-	-	-	-	-	-	-	-
	IV	1.090	-	87,20	98,10	-	46,56	52,38	-	13,60	15,30	-	-	-	-	-	-	-	-	-	-	-
	V	3.439	-	275,12	309,51																	
	VI	3.971	-	317,68	357,39																	
21.887,99	I	1.097	-	87,76	98,73	-	14,00	15,75	-	-	-	-	-	-	-	-	-	-	-	-	-	-
	II	211	-	16,88	18,99	-	-	-	-	-	-	-	-	-	-	-	-	-	-	-	-	-
	III	-	-	-	-	-	-	-	-	-	-	-	-	-	-	-	-	-	-	-	-	-
	IV	1.097	-	87,76	98,73	-	47,04	52,92	-	14,00	15,75	-	-	-	-	-	-	-	-	-	-	-
	V	3.451	-	276,08	310,59																	
	VI	3.983	-	318,64	358,47																	
21.923,99	I	1.104	-	88,32	99,36	-	14,40	16,20	-	-	-	-	-	-	-	-	-	-	-	-	-	-
	II	216	-	17,28	19,44	-	-	-	-	-	-	-	-	-	-	-	-	-	-	-	-	-
	III	-	-	-	-	-	-	-	-	-	-	-	-	-	-	-	-	-	-	-	-	-
	IV	1.104	-	88,32	99,36	-	47,52	53,46	-	14,40	16,20	-	-	-	-	-	-	-	-	-	-	-
	V	3.463	-	277,04	311,67																	
	VI	3.995	-	319,60	359,55																	
21.959,99	I	1.111	-	88,88	99,99	-	14,80	16,65	-	-	-	-	-	-	-	-	-	-	-	-	-	-
	II	220	-	17,60	19,80	-	-	-	-	-	-	-	-	-	-	-	-	-	-	-	-	-
	III	-	-	-	-	-	-	-	-	-	-	-	-	-	-	-	-	-	-	-	-	-
	IV	1.111	-	88,88	99,99	-	48,00	54,00	-	14,80	16,65	-	-	-	-	-	-	-	-	-	-	-
	V	3.476	-	278,08	312,84																	
	VI	4.007	-	320,56	360,63																	
21.995,99	I	1.119	-	89,52	100,71	-	15,12	17,01	-	-	-	-	-	-	-	-	-	-	-	-	-	-
	II	225	-	18,00	20,25	-	-	-	-	-	-	-	-	-	-	-	-	-	-	-	-	-
	III	-	-	-	-	-	-	-	-	-	-	-	-	-	-	-	-	-	-	-	-	-
	IV	1.119	-	89,52	100,71	-	48,56	54,63	-	15,12	17,01	-	-	-	-	-	-	-	-	-	-	-
	V	3.488	-	279,04	313,92																	
	VI	4.020	-	321,60	361,80																	
22.031,99	I	1.126	-	90,08	101,34	-	15,52	17,46	-	-	-	-	-	-	-	-	-	-	-	-	-	-
	II	230	-	18,40	20,70	-	-	-	-	-	-	-	-	-	-	-	-	-	-	-	-	-
	III	-	-	-	-	-	-	-	-	-	-	-	-	-	-	-	-	-	-	-	-	-
	IV	1.126	-	90,08	101,34	-	49,04	55,17	-	15,52	17,46	-	-	-	-	-	-	-	-	-	-	-
	V	3.500	-	280,00	315,00																	
	VI	4.032	-	322,56	362,88																	
22.067,99	I	1.133	-	90,64	101,97	-	15,92	17,91	-	-	-	-	-	-	-	-	-	-	-	-	-	-
	II	235	-	18,80	21,15	-	-	-	-	-	-	-	-	-	-	-	-	-	-	-	-	-
	III	-	-	-	-	-	-	-	-	-	-	-	-	-	-	-	-	-	-	-	-	-
	IV	1.133	-	90,64	101,97	-	49,52	55,71	-	15,92	17,91	-	-	-	-	-	-	-	-	-	-	-
	V	3.513	-	281,04	316,17																	
	VI	4.044	-	323,52	363,96																	
22.103,99	I	1.140	-	91,20	102,60	-	16,32	18,36	-	-	-	-	-	-	-	-	-	-	-	-	-	-
	II	240	-	19,20	21,60	-	-	-	-	-	-	-	-	-	-	-	-	-	-	-	-	-
	III	-	-	-	-	-	-	-	-	-	-	-	-	-	-	-	-	-	-	-	-	-
	IV	1.140	-	91,20	102,60	-	50,00	56,25	-	16,32	18,36	-	-	-	-	-	-	-	-	-	-	-
	V	3.525	-	282,00	317,25																	
	VI	4.057	-	324,56	365,13																	
22.139,99	I	1.147	-	91,76	103,23	-	16,72	18,81	-	-	-	-	-	-	-	-	-	-	-	-	-	-
	II	245	-	19,60	22,05	-	-	-	-	-	-	-	-	-	-	-	-	-	-	-	-	-
	III	-	-	-	-	-	-	-	-	-	-	-	-	-	-	-	-	-	-	-	-	-
	IV	1.147	-	91,76	103,23	-	50,48	56,79	-	16,72	18,81	-	-	-	-	-	-	-	-	-	-	-
	V	3.537	-	282,96	318,33																	
	VI	4.069	-	325,52	366,21																	

SolZ/KiSt lt. Tabelle nicht für Sonstige Bezüge anwendbar.

Allgemeine Tabelle

Lohn/ Gehalt bis	Steuerklasse	Lohn-steuer	ohne Kinderfreibetrag			Anzahl Kinderfreibeträge (nur Steuerklassen I–IV)																	
						0,5			1,0			1,5			2,0			2,5			3,0		
			SolZ 5,5%	Kirchensteuer 8%	9%	SolZ 5,5%	Kirchensteuer 8%	9%	SolZ 5,5%	Kirchensteuer 8%	9%	SolZ 5,5%	Kirchensteuer 8%	9%	SolZ 5,5%	Kirchensteuer 8%	9%	SolZ 5,5%	Kirchensteuer 8%	9%	SolZ 5,5%	Kirchensteuer 8%	9%
22.175,99	I	1.154	-	92,32	103,86	-	17,12	19,26	-	-	-	-	-	-	-	-	-	-	-	-	-	-	-
	II	250	-	20,00	22,50	-	-	-	-	-	-	-	-	-	-	-	-	-	-	-	-	-	-
	III	-	-	-	-	-	-	-	-	-	-	-	-	-	-	-	-	-	-	-	-	-	-
	IV	1.154	-	92,32	103,86	-	50,96	57,33	-	17,12	19,26	-	-	-	-	-	-	-	-	-	-	-	-
	V	3.550	-	284,00	319,50																		
	VI	4.081	-	326,48	367,29																		
22.211,99	I	1.161	-	92,88	104,49	-	17,52	19,71	-	-	-	-	-	-	-	-	-	-	-	-	-	-	-
	II	255	-	20,40	22,95	-	-	-	-	-	-	-	-	-	-	-	-	-	-	-	-	-	-
	III	-	-	-	-	-	-	-	-	-	-	-	-	-	-	-	-	-	-	-	-	-	-
	IV	1.161	-	92,88	104,49	-	51,44	57,87	-	17,52	19,71	-	-	-	-	-	-	-	-	-	-	-	-
	V	3.562	-	284,96	320,58																		
	VI	4.094	-	327,52	368,46																		
22.247,99	I	1.168	-	93,44	105,12	-	17,92	20,16	-	-	-	-	-	-	-	-	-	-	-	-	-	-	-
	II	260	-	20,80	23,40	-	-	-	-	-	-	-	-	-	-	-	-	-	-	-	-	-	-
	III	-	-	-	-	-	-	-	-	-	-	-	-	-	-	-	-	-	-	-	-	-	-
	IV	1.168	-	93,44	105,12	-	52,00	58,50	-	17,92	20,16	-	-	-	-	-	-	-	-	-	-	-	-
	V	3.574	-	285,92	321,66																		
	VI	4.106	-	328,48	369,54																		
22.283,99	I	1.175	-	94,00	105,75	-	18,24	20,52	-	-	-	-	-	-	-	-	-	-	-	-	-	-	-
	II	265	-	21,20	23,85	-	-	-	-	-	-	-	-	-	-	-	-	-	-	-	-	-	-
	III	-	-	-	-	-	-	-	-	-	-	-	-	-	-	-	-	-	-	-	-	-	-
	IV	1.175	-	94,00	105,75	-	52,48	59,04	-	18,24	20,52	-	-	-	-	-	-	-	-	-	-	-	-
	V	3.587	-	286,96	322,83																		
	VI	4.118	-	329,44	370,62																		
22.319,99	I	1.182	-	94,56	106,38	-	18,64	20,97	-	-	-	-	-	-	-	-	-	-	-	-	-	-	-
	II	270	-	21,60	24,30	-	-	-	-	-	-	-	-	-	-	-	-	-	-	-	-	-	-
	III	-	-	-	-	-	-	-	-	-	-	-	-	-	-	-	-	-	-	-	-	-	-
	IV	1.182	-	94,56	106,38	-	52,96	59,58	-	18,64	20,97	-	-	-	-	-	-	-	-	-	-	-	-
	V	3.599	-	287,92	323,91																		
	VI	4.130	-	330,40	371,70																		
22.355,99	I	1.190	-	95,20	107,10	-	19,04	21,42	-	-	-	-	-	-	-	-	-	-	-	-	-	-	-
	II	276	-	22,08	24,84	-	-	-	-	-	-	-	-	-	-	-	-	-	-	-	-	-	-
	III	-	-	-	-	-	-	-	-	-	-	-	-	-	-	-	-	-	-	-	-	-	-
	IV	1.190	-	95,20	107,10	-	53,44	60,12	-	19,04	21,42	-	-	-	-	-	-	-	-	-	-	-	-
	V	3.611	-	288,88	324,99																		
	VI	4.143	-	331,44	372,87																		
22.391,99	I	1.197	-	95,76	107,73	-	19,44	21,87	-	-	-	-	-	-	-	-	-	-	-	-	-	-	-
	II	281	-	22,48	25,29	-	-	-	-	-	-	-	-	-	-	-	-	-	-	-	-	-	-
	III	-	-	-	-	-	-	-	-	-	-	-	-	-	-	-	-	-	-	-	-	-	-
	IV	1.197	-	95,76	107,73	-	54,00	60,75	-	19,44	21,87	-	-	-	-	-	-	-	-	-	-	-	-
	V	3.623	-	289,84	326,07																		
	VI	4.155	-	332,40	373,95																		
22.427,99	I	1.204	-	96,32	108,36	-	19,84	22,32	-	-	-	-	-	-	-	-	-	-	-	-	-	-	-
	II	286	-	22,88	25,74	-	-	-	-	-	-	-	-	-	-	-	-	-	-	-	-	-	-
	III	-	-	-	-	-	-	-	-	-	-	-	-	-	-	-	-	-	-	-	-	-	-
	IV	1.204	-	96,32	108,36	-	54,48	61,29	-	19,84	22,32	-	-	-	-	-	-	-	-	-	-	-	-
	V	3.636	-	290,88	327,24																		
	VI	4.167	-	333,36	375,03																		
22.463,99	I	1.211	-	96,88	108,99	-	20,32	22,86	-	-	-	-	-	-	-	-	-	-	-	-	-	-	-
	II	291	-	23,28	26,19	-	-	-	-	-	-	-	-	-	-	-	-	-	-	-	-	-	-
	III	-	-	-	-	-	-	-	-	-	-	-	-	-	-	-	-	-	-	-	-	-	-
	IV	1.211	-	96,88	108,99	-	54,96	61,83	-	20,32	22,86	-	-	-	-	-	-	-	-	-	-	-	-
	V	3.648	-	291,84	328,32																		
	VI	4.180	-	334,40	376,20																		
22.499,99	I	1.218	-	97,44	109,62	-	20,72	23,31	-	-	-	-	-	-	-	-	-	-	-	-	-	-	-
	II	296	-	23,68	26,64	-	-	-	-	-	-	-	-	-	-	-	-	-	-	-	-	-	-
	III	-	-	-	-	-	-	-	-	-	-	-	-	-	-	-	-	-	-	-	-	-	-
	IV	1.218	-	97,44	109,62	-	55,52	62,46	-	20,72	23,31	-	-	-	-	-	-	-	-	-	-	-	-
	V	3.660	-	292,80	329,40																		
	VI	4.192	-	335,36	377,28																		
22.535,99	I	1.225	-	98,00	110,25	-	21,12	23,76	-	-	-	-	-	-	-	-	-	-	-	-	-	-	-
	II	301	-	24,08	27,09	-	-	-	-	-	-	-	-	-	-	-	-	-	-	-	-	-	-
	III	-	-	-	-	-	-	-	-	-	-	-	-	-	-	-	-	-	-	-	-	-	-
	IV	1.225	-	98,00	110,25	-	56,00	63,00	-	21,12	23,76	-	-	-	-	-	-	-	-	-	-	-	-
	V	3.673	-	293,84	330,57																		
	VI	4.204	-	336,32	378,36																		
22.571,99	I	1.232	-	98,56	110,88	-	21,52	24,21	-	-	-	-	-	-	-	-	-	-	-	-	-	-	-
	II	307	-	24,56	27,63	-	-	-	-	-	-	-	-	-	-	-	-	-	-	-	-	-	-
	III	-	-	-	-	-	-	-	-	-	-	-	-	-	-	-	-	-	-	-	-	-	-
	IV	1.232	-	98,56	110,88	-	56,48	63,54	-	21,52	24,21	-	-	-	-	-	-	-	-	-	-	-	-
	V	3.685	-	294,80	331,65																		
	VI	4.217	-	337,36	379,53																		
22.607,99	I	1.240	-	99,20	111,60	-	21,92	24,66	-	-	-	-	-	-	-	-	-	-	-	-	-	-	-
	II	312	-	24,96	28,08	-	-	-	-	-	-	-	-	-	-	-	-	-	-	-	-	-	-
	III	-	-	-	-	-	-	-	-	-	-	-	-	-	-	-	-	-	-	-	-	-	-
	IV	1.240	-	99,20	111,60	-	57,04	64,17	-	21,92	24,66	-	-	-	-	-	-	-	-	-	-	-	-
	V	3.697	-	295,76	332,73																		
	VI	4.229	-	338,32	380,61																		
22.643,99	I	1.247	-	99,76	112,23	-	22,32	25,11	-	-	-	-	-	-	-	-	-	-	-	-	-	-	-
	II	317	-	25,36	28,53	-	-	-	-	-	-	-	-	-	-	-	-	-	-	-	-	-	-
	III	-	-	-	-	-	-	-	-	-	-	-	-	-	-	-	-	-	-	-	-	-	-
	IV	1.247	-	99,76	112,23	-	57,52	64,71	-	22,32	25,11	-	-	-	-	-	-	-	-	-	-	-	-
	V	3.710	-	296,80	333,90																		
	VI	4.241	-	339,28	381,69																		
22.679,99	I	1.254	-	100,32	112,86	-	22,72	25,56	-	-	-	-	-	-	-	-	-	-	-	-	-	-	-
	II	322	-	25,76	28,98	-	-	-	-	-	-	-	-	-	-	-	-	-	-	-	-	-	-
	III	-	-	-	-	-	-	-	-	-	-	-	-	-	-	-	-	-	-	-	-	-	-
	IV	1.254	-	100,32	112,86	-	58,00	65,25	-	22,72	25,56	-	-	-	-	-	-	-	-	-	-	-	-
	V	3.722	-	297,76	334,98																		
	VI	4.253	-	340,24	382,77																		

SolZ/KiSt lt. Tabelle nicht für Sonstige Bezüge anwendbar.

JAHR bis 23.219,99 €

Allgemeine Tabelle

Lohn/ Gehalt bis	Steuerklasse	Lohnsteuer	ohne Kinderfreibetrag			Anzahl Kinderfreibeträge (nur Steuerklassen I–IV)																	
						0,5			1,0			1,5			2,0			2,5			3,0		
			SolZ 5,5%	Kirchensteuer 8%	9%	SolZ 5,5%	Kirchensteuer 8%	9%	SolZ 5,5%	Kirchensteuer 8%	9%	SolZ 5,5%	Kirchensteuer 8%	9%	SolZ 5,5%	Kirchensteuer 8%	9%	SolZ 5,5%	Kirchensteuer 8%	9%	SolZ 5,5%	Kirchensteuer 8%	9%
22.715,99	I	1.261	-	100,88	113,49	-	23,12	26,01	-	-	-	-	-	-	-	-	-	-	-	-	-	-	
	II	328	-	26,24	29,52	-	-	-	-	-	-	-	-	-	-	-	-	-	-	-	-	-	
	III	-	-	-	-	-	-	-	-	-	-	-	-	-	-	-	-	-	-	-	-	-	
	IV	1.261	-	100,88	113,49	-	58,56	65,88	-	23,12	26,01	-	-	-	-	-	-	-	-	-	-	-	
	V	3.734	-	298,72	336,06																		
	VI	4.266	-	341,28	383,94																		
22.751,99	I	1.268	-	101,44	114,12	-	23,52	26,46	-	-	-	-	-	-	-	-	-	-	-	-	-	-	
	II	333	-	26,64	29,97	-	-	-	-	-	-	-	-	-	-	-	-	-	-	-	-	-	
	III	-	-	-	-	-	-	-	-	-	-	-	-	-	-	-	-	-	-	-	-	-	
	IV	1.268	-	101,44	114,12	-	59,04	66,42	-	23,52	26,46	-	-	-	-	-	-	-	-	-	-	-	
	V	3.747	-	299,76	337,23																		
	VI	4.278	-	342,24	385,02																		
22.787,99	I	1.275	-	102,00	114,75	-	23,92	26,91	-	-	-	-	-	-	-	-	-	-	-	-	-	-	
	II	338	-	27,04	30,42	-	-	-	-	-	-	-	-	-	-	-	-	-	-	-	-	-	
	III	-	-	-	-	-	-	-	-	-	-	-	-	-	-	-	-	-	-	-	-	-	
	IV	1.275	-	102,00	114,75	-	59,60	67,05	-	23,92	26,91	-	-	-	-	-	-	-	-	-	-	-	
	V	3.759	-	300,72	338,31																		
	VI	4.290	-	343,20	386,10																		
22.823,99	I	1.283	-	102,64	115,47	-	24,40	27,45	-	-	-	-	-	-	-	-	-	-	-	-	-	-	
	II	344	-	27,52	30,96	-	-	-	-	-	-	-	-	-	-	-	-	-	-	-	-	-	
	III	-	-	-	-	-	-	-	-	-	-	-	-	-	-	-	-	-	-	-	-	-	
	IV	1.283	-	102,64	115,47	-	60,08	67,59	-	24,40	27,45	-	-	-	-	-	-	-	-	-	-	-	
	V	3.771	-	301,68	339,39																		
	VI	4.303	-	344,24	387,27																		
22.859,99	I	1.290	-	103,20	116,10	-	24,80	27,90	-	-	-	-	-	-	-	-	-	-	-	-	-	-	
	II	349	-	27,92	31,41	-	-	-	-	-	-	-	-	-	-	-	-	-	-	-	-	-	
	III	-	-	-	-	-	-	-	-	-	-	-	-	-	-	-	-	-	-	-	-	-	
	IV	1.290	-	103,20	116,10	-	60,64	68,22	-	24,80	27,90	-	-	-	-	-	-	-	-	-	-	-	
	V	3.784	-	302,72	340,56																		
	VI	4.315	-	345,20	388,35																		
22.895,99	I	1.297	-	103,76	116,73	-	25,20	28,35	-	-	-	-	-	-	-	-	-	-	-	-	-	-	
	II	354	-	28,32	31,86	-	-	-	-	-	-	-	-	-	-	-	-	-	-	-	-	-	
	III	-	-	-	-	-	-	-	-	-	-	-	-	-	-	-	-	-	-	-	-	-	
	IV	1.297	-	103,76	116,73	-	61,12	68,76	-	25,20	28,35	-	-	-	-	-	-	-	-	-	-	-	
	V	3.796	-	303,68	341,64																		
	VI	4.327	-	346,16	389,43																		
22.931,99	I	1.304	-	104,32	117,36	-	25,60	28,80	-	-	-	-	-	-	-	-	-	-	-	-	-	-	
	II	359	-	28,72	32,31	-	-	-	-	-	-	-	-	-	-	-	-	-	-	-	-	-	
	III	-	-	-	-	-	-	-	-	-	-	-	-	-	-	-	-	-	-	-	-	-	
	IV	1.304	-	104,32	117,36	-	61,68	69,39	-	25,60	28,80	-	-	-	-	-	-	-	-	-	-	-	
	V	3.808	-	304,64	342,72																		
	VI	4.340	-	347,20	390,60																		
22.967,99	I	1.311	-	104,88	117,99	-	26,08	29,34	-	-	-	-	-	-	-	-	-	-	-	-	-	-	
	II	365	-	29,20	32,85	-	-	-	-	-	-	-	-	-	-	-	-	-	-	-	-	-	
	III	-	-	-	-	-	-	-	-	-	-	-	-	-	-	-	-	-	-	-	-	-	
	IV	1.311	-	104,88	117,99	-	62,16	69,93	-	26,08	29,34	-	-	-	-	-	-	-	-	-	-	-	
	V	3.820	-	305,60	343,80																		
	VI	4.352	-	348,16	391,68																		
23.003,99	I	1.318	-	105,44	118,62	-	26,48	29,79	-	-	-	-	-	-	-	-	-	-	-	-	-	-	
	II	370	-	29,60	33,30	-	-	-	-	-	-	-	-	-	-	-	-	-	-	-	-	-	
	III	-	-	-	-	-	-	-	-	-	-	-	-	-	-	-	-	-	-	-	-	-	
	IV	1.318	-	105,44	118,62	-	62,72	70,56	-	26,48	29,79	-	-	-	-	-	-	-	-	-	-	-	
	V	3.833	-	306,64	344,97																		
	VI	4.364	-	349,12	392,76																		
23.039,99	I	1.325	-	106,00	119,25	-	26,88	30,24	-	-	-	-	-	-	-	-	-	-	-	-	-	-	
	II	376	-	30,08	33,84	-	-	-	-	-	-	-	-	-	-	-	-	-	-	-	-	-	
	III	-	-	-	-	-	-	-	-	-	-	-	-	-	-	-	-	-	-	-	-	-	
	IV	1.325	-	106,00	119,25	-	63,20	71,10	-	26,88	30,24	-	-	-	-	-	-	-	-	-	-	-	
	V	3.845	-	307,60	346,05																		
	VI	4.377	-	350,16	393,93																		
23.075,99	I	1.333	-	106,64	119,97	-	27,36	30,78	-	-	-	-	-	-	-	-	-	-	-	-	-	-	
	II	381	-	30,48	34,29	-	-	-	-	-	-	-	-	-	-	-	-	-	-	-	-	-	
	III	-	-	-	-	-	-	-	-	-	-	-	-	-	-	-	-	-	-	-	-	-	
	IV	1.333	-	106,64	119,97	-	63,76	71,73	-	27,36	30,78	-	-	-	-	-	-	-	-	-	-	-	
	V	3.857	-	308,56	347,13																		
	VI	4.389	-	351,12	395,01																		
23.111,99	I	1.340	-	107,20	120,60	-	27,76	31,23	-	-	-	-	-	-	-	-	-	-	-	-	-	-	
	II	387	-	30,96	34,83	-	-	-	-	-	-	-	-	-	-	-	-	-	-	-	-	-	
	III	-	-	-	-	-	-	-	-	-	-	-	-	-	-	-	-	-	-	-	-	-	
	IV	1.340	-	107,20	120,60	-	64,32	72,36	-	27,76	31,23	-	-	-	-	-	-	-	-	-	-	-	
	V	3.870	-	309,60	348,30																		
	VI	4.401	-	352,08	396,09																		
23.147,99	I	1.347	-	107,76	121,23	-	28,16	31,68	-	-	-	-	-	-	-	-	-	-	-	-	-	-	
	II	392	-	31,36	35,28	-	-	-	-	-	-	-	-	-	-	-	-	-	-	-	-	-	
	III	-	-	-	-	-	-	-	-	-	-	-	-	-	-	-	-	-	-	-	-	-	
	IV	1.347	-	107,76	121,23	-	64,80	72,90	-	28,16	31,68	-	-	-	-	-	-	-	-	-	-	-	
	V	3.882	-	310,56	349,38																		
	VI	4.414	-	353,12	397,26																		
23.183,99	I	1.354	-	108,32	121,86	-	28,56	32,13	-	-	-	-	-	-	-	-	-	-	-	-	-	-	
	II	398	-	31,84	35,82	-	-	-	-	-	-	-	-	-	-	-	-	-	-	-	-	-	
	III	-	-	-	-	-	-	-	-	-	-	-	-	-	-	-	-	-	-	-	-	-	
	IV	1.354	-	108,32	121,86	-	65,36	73,53	-	28,56	32,13	-	-	-	-	-	-	-	-	-	-	-	
	V	3.894	-	311,52	350,46																		
	VI	4.426	-	354,08	398,34																		
23.219,99	I	1.362	-	108,96	122,58	-	29,04	32,67	-	-	-	-	-	-	-	-	-	-	-	-	-	-	
	II	403	-	32,24	36,27	-	-	-	-	-	-	-	-	-	-	-	-	-	-	-	-	-	
	III	-	-	-	-	-	-	-	-	-	-	-	-	-	-	-	-	-	-	-	-	-	
	IV	1.362	-	108,96	122,58	-	65,92	74,16	-	29,04	32,67	-	-	-	-	-	-	-	-	-	-	-	
	V	3.907	-	312,56	351,63																		
	VI	4.438	-	355,04	399,42																		

SolZ/KiSt lt. Tabelle nicht für Sonstige Bezüge anwendbar.

Lohn/ Gehalt bis	Steuerklasse	Lohn- steuer	ohne Kinderfreibetrag			Anzahl Kinderfreibeträge (nur Steuerklassen I–IV)																	
						0,5			1,0			1,5			2,0			2,5			3,0		
			SolZ 5,5%	Kirchensteuer 8%	Kirchensteuer 9%	SolZ 5,5%	Kirchensteuer 8%	Kirchensteuer 9%	SolZ 5,5%	Kirchensteuer 8%	Kirchensteuer 9%	SolZ 5,5%	Kirchensteuer 8%	Kirchensteuer 9%	SolZ 5,5%	Kirchensteuer 8%	Kirchensteuer 9%	SolZ 5,5%	Kirchensteuer 8%	Kirchensteuer 9%	SolZ 5,5%	Kirchensteuer 8%	Kirchensteuer 9%
23.255,99	I	1.369	-	109,52	123,21	-	29,44	33,12	-	-	-	-	-	-	-	-	-	-	-	-	-	-	-
	II	409	-	32,72	36,81	-	-	-	-	-	-	-	-	-	-	-	-	-	-	-	-	-	-
	III	-	-	-	-	-	-	-	-	-	-	-	-	-	-	-	-	-	-	-	-	-	-
	IV	1.369	-	109,52	123,21	-	66,40	74,70	-	29,44	33,12	-	0,32	0,36	-	-	-	-	-	-	-	-	-
	V	3.919	-	313,52	352,71																		
	VI	4.450	-	356,00	400,50																		
23.291,99	I	1.376	-	110,08	123,84	-	29,92	33,66	-	-	-	-	-	-	-	-	-	-	-	-	-	-	-
	II	414	-	33,12	37,26	-	-	-	-	-	-	-	-	-	-	-	-	-	-	-	-	-	-
	III	-	-	-	-	-	-	-	-	-	-	-	-	-	-	-	-	-	-	-	-	-	-
	IV	1.376	-	110,08	123,84	-	66,96	75,33	-	29,92	33,66	-	0,72	0,81	-	-	-	-	-	-	-	-	-
	V	3.931	-	314,48	353,79																		
	VI	4.463	-	357,04	401,67																		
23.327,99	I	1.383	-	110,64	124,47	-	30,32	34,11	-	-	-	-	-	-	-	-	-	-	-	-	-	-	-
	II	420	-	33,60	37,80	-	-	-	-	-	-	-	-	-	-	-	-	-	-	-	-	-	-
	III	-	-	-	-	-	-	-	-	-	-	-	-	-	-	-	-	-	-	-	-	-	-
	IV	1.383	-	110,64	124,47	-	67,52	75,96	-	30,32	34,11	-	1,04	1,17	-	-	-	-	-	-	-	-	-
	V	3.944	-	315,52	354,96																		
	VI	4.475	-	358,00	402,75																		
23.363,99	I	1.390	-	111,20	125,10	-	30,80	34,65	-	-	-	-	-	-	-	-	-	-	-	-	-	-	-
	II	425	-	34,00	38,25	-	-	-	-	-	-	-	-	-	-	-	-	-	-	-	-	-	-
	III	-	-	-	-	-	-	-	-	-	-	-	-	-	-	-	-	-	-	-	-	-	-
	IV	1.390	-	111,20	125,10	-	68,00	76,50	-	30,80	34,65	-	1,36	1,53	-	-	-	-	-	-	-	-	-
	V	3.956	-	316,48	356,04																		
	VI	4.487	-	358,96	403,83																		
23.399,99	I	1.398	-	111,84	125,82	-	31,20	35,10	-	-	-	-	-	-	-	-	-	-	-	-	-	-	-
	II	431	-	34,48	38,79	-	-	-	-	-	-	-	-	-	-	-	-	-	-	-	-	-	-
	III	-	-	-	-	-	-	-	-	-	-	-	-	-	-	-	-	-	-	-	-	-	-
	IV	1.398	-	111,84	125,82	-	68,56	77,13	-	31,20	35,10	-	1,68	1,89	-	-	-	-	-	-	-	-	-
	V	3.968	-	317,44	357,12																		
	VI	4.500	-	360,00	405,00																		
23.435,99	I	1.405	-	112,40	126,45	-	31,68	35,64	-	-	-	-	-	-	-	-	-	-	-	-	-	-	-
	II	437	-	34,96	39,33	-	-	-	-	-	-	-	-	-	-	-	-	-	-	-	-	-	-
	III	-	-	-	-	-	-	-	-	-	-	-	-	-	-	-	-	-	-	-	-	-	-
	IV	1.405	-	112,40	126,45	-	69,12	77,76	-	31,68	35,64	-	2,00	2,25	-	-	-	-	-	-	-	-	-
	V	3.980	-	318,40	358,20																		
	VI	4.512	-	360,96	406,08																		
23.471,99	I	1.412	-	112,96	127,08	-	32,08	36,09	-	-	-	-	-	-	-	-	-	-	-	-	-	-	-
	II	442	-	35,36	39,78	-	-	-	-	-	-	-	-	-	-	-	-	-	-	-	-	-	-
	III	-	-	-	-	-	-	-	-	-	-	-	-	-	-	-	-	-	-	-	-	-	-
	IV	1.412	-	112,96	127,08	-	69,68	78,39	-	32,08	36,09	-	2,32	2,61	-	-	-	-	-	-	-	-	-
	V	3.993	-	319,44	359,37																		
	VI	4.524	-	361,92	407,16																		
23.507,99	I	1.419	-	113,52	127,71	-	32,56	36,63	-	-	-	-	-	-	-	-	-	-	-	-	-	-	-
	II	448	-	35,84	40,32	-	-	-	-	-	-	-	-	-	-	-	-	-	-	-	-	-	-
	III	-	-	-	-	-	-	-	-	-	-	-	-	-	-	-	-	-	-	-	-	-	-
	IV	1.419	-	113,52	127,71	-	70,24	79,02	-	32,56	36,63	-	2,72	3,06	-	-	-	-	-	-	-	-	-
	V	4.005	-	320,40	360,45																		
	VI	4.537	-	362,96	408,33																		
23.543,99	I	1.426	-	114,08	128,34	-	32,96	37,08	-	-	-	-	-	-	-	-	-	-	-	-	-	-	-
	II	453	-	36,24	40,77	-	-	-	-	-	-	-	-	-	-	-	-	-	-	-	-	-	-
	III	-	-	-	-	-	-	-	-	-	-	-	-	-	-	-	-	-	-	-	-	-	-
	IV	1.426	-	114,08	128,34	-	70,72	79,56	-	32,96	37,08	-	3,04	3,42	-	-	-	-	-	-	-	-	-
	V	4.017	-	321,36	361,53																		
	VI	4.549	-	363,92	409,41																		
23.579,99	I	1.434	-	114,72	129,06	-	33,44	37,62	-	-	-	-	-	-	-	-	-	-	-	-	-	-	-
	II	459	-	36,72	41,31	-	-	-	-	-	-	-	-	-	-	-	-	-	-	-	-	-	-
	III	-	-	-	-	-	-	-	-	-	-	-	-	-	-	-	-	-	-	-	-	-	-
	IV	1.434	-	114,72	129,06	-	71,28	80,19	-	33,44	37,62	-	3,36	3,78	-	-	-	-	-	-	-	-	-
	V	4.030	-	322,40	362,70																		
	VI	4.561	-	364,88	410,49																		
23.615,99	I	1.441	-	115,28	129,69	-	33,84	38,07	-	-	-	-	-	-	-	-	-	-	-	-	-	-	-
	II	465	-	37,20	41,85	-	-	-	-	-	-	-	-	-	-	-	-	-	-	-	-	-	-
	III	-	-	-	-	-	-	-	-	-	-	-	-	-	-	-	-	-	-	-	-	-	-
	IV	1.441	-	115,28	129,69	-	71,84	80,82	-	33,84	38,07	-	3,68	4,14	-	-	-	-	-	-	-	-	-
	V	4.042	-	323,36	363,78																		
	VI	4.574	-	365,92	411,66																		
23.651,99	I	1.448	-	115,84	130,32	-	34,32	38,61	-	-	-	-	-	-	-	-	-	-	-	-	-	-	-
	II	470	-	37,60	42,30	-	-	-	-	-	-	-	-	-	-	-	-	-	-	-	-	-	-
	III	-	-	-	-	-	-	-	-	-	-	-	-	-	-	-	-	-	-	-	-	-	-
	IV	1.448	-	115,84	130,32	-	72,40	81,45	-	34,32	38,61	-	4,08	4,59	-	-	-	-	-	-	-	-	-
	V	4.054	-	324,32	364,86																		
	VI	4.586	-	366,88	412,74																		
23.687,99	I	1.456	-	116,48	131,04	-	34,72	39,06	-	-	-	-	-	-	-	-	-	-	-	-	-	-	-
	II	476	-	38,08	42,84	-	-	-	-	-	-	-	-	-	-	-	-	-	-	-	-	-	-
	III	-	-	-	-	-	-	-	-	-	-	-	-	-	-	-	-	-	-	-	-	-	-
	IV	1.456	-	116,48	131,04	-	72,96	82,08	-	34,72	39,06	-	4,40	4,95	-	-	-	-	-	-	-	-	-
	V	4.067	-	325,36	366,03																		
	VI	4.598	-	367,84	413,82																		
23.723,99	I	1.463	-	117,04	131,67	-	35,20	39,60	-	-	-	-	-	-	-	-	-	-	-	-	-	-	-
	II	482	-	38,56	43,38	-	-	-	-	-	-	-	-	-	-	-	-	-	-	-	-	-	-
	III	-	-	-	-	-	-	-	-	-	-	-	-	-	-	-	-	-	-	-	-	-	-
	IV	1.463	-	117,04	131,67	-	73,52	82,71	-	35,20	39,60	-	4,72	5,31	-	-	-	-	-	-	-	-	-
	V	4.079	-	326,32	367,11																		
	VI	4.610	-	368,80	414,90																		
23.759,99	I	1.470	-	117,60	132,30	-	35,68	40,14	-	-	-	-	-	-	-	-	-	-	-	-	-	-	-
	II	488	-	39,04	43,92	-	-	-	-	-	-	-	-	-	-	-	-	-	-	-	-	-	-
	III	-	-	-	-	-	-	-	-	-	-	-	-	-	-	-	-	-	-	-	-	-	-
	IV	1.470	-	117,60	132,30	-	74,08	83,34	-	35,68	40,14	-	5,12	5,76	-	-	-	-	-	-	-	-	-
	V	4.091	-	327,28	368,19																		
	VI	4.623	-	369,84	416,07																		

SolZ/KiSt lt. Tabelle nicht für Sonstige Bezüge anwendbar.

Lohn/ Gehalt bis	Steuerklasse	Lohn-steuer	ohne Kinderfreibetrag			Anzahl Kinderfreibeträge (nur Steuerklassen I–IV): 0,5			1,0			1,5			2,0			2,5			3,0		
			SolZ 5,5%	Kirchensteuer 8%	9%	SolZ 5,5%	Kirchensteuer 8%	9%	SolZ 5,5%	Kirchensteuer 8%	9%	SolZ 5,5%	Kirchensteuer 8%	9%	SolZ 5,5%	Kirchensteuer 8%	9%	SolZ 5,5%	Kirchensteuer 8%	9%	SolZ 5,5%	Kirchensteuer 8%	9%
23.795,99	I	1.477	-	118,16	132,93	-	36,08	40,59	-	-	-	-	-	-	-	-	-	-	-	-	-	-	
	II	494	-	39,52	44,46	-	-	-	-	-	-	-	-	-	-	-	-	-	-	-	-	-	
	III	-	-	-	-	-	-	-	-	-	-	-	-	-	-	-	-	-	-	-	-	-	
	IV	1.477	-	118,16	132,93	-	74,64	83,97	-	36,08	40,59	-	5,44	6,12	-	-	-	-	-	-	-	-	
	V	4.104	-	328,32	369,36																		
	VI	4.635	-	370,80	417,15																		
23.831,99	I	1.485	-	118,80	133,65	-	36,56	41,13	-	-	-	-	-	-	-	-	-	-	-	-	-	-	
	II	499	-	39,92	44,91	-	-	-	-	-	-	-	-	-	-	-	-	-	-	-	-	-	
	III	-	-	-	-	-	-	-	-	-	-	-	-	-	-	-	-	-	-	-	-	-	
	IV	1.485	-	118,80	133,65	-	75,20	84,60	-	36,56	41,13	-	5,84	6,57	-	-	-	-	-	-	-	-	
	V	4.116	-	329,28	370,44																		
	VI	4.647	-	371,76	418,23																		
23.867,99	I	1.492	-	119,36	134,28	-	37,04	41,67	-	-	-	-	-	-	-	-	-	-	-	-	-	-	
	II	505	-	40,40	45,45	-	-	-	-	-	-	-	-	-	-	-	-	-	-	-	-	-	
	III	-	-	-	-	-	-	-	-	-	-	-	-	-	-	-	-	-	-	-	-	-	
	IV	1.492	-	119,36	134,28	-	75,68	85,14	-	37,04	41,67	-	6,16	6,93	-	-	-	-	-	-	-	-	
	V	4.128	-	330,24	371,52																		
	VI	4.660	-	372,80	419,40																		
23.903,99	I	1.499	-	119,92	134,91	-	37,44	42,12	-	-	-	-	-	-	-	-	-	-	-	-	-	-	
	II	511	-	40,88	45,99	-	-	-	-	-	-	-	-	-	-	-	-	-	-	-	-	-	
	III	-	-	-	-	-	-	-	-	-	-	-	-	-	-	-	-	-	-	-	-	-	
	IV	1.499	-	119,92	134,91	-	76,24	85,77	-	37,44	42,12	-	6,48	7,29	-	-	-	-	-	-	-	-	
	V	4.140	-	331,20	372,60																		
	VI	4.672	-	373,76	420,48																		
23.939,99	I	1.506	-	120,48	135,54	-	37,92	42,66	-	-	-	-	-	-	-	-	-	-	-	-	-	-	
	II	517	-	41,36	46,53	-	-	-	-	-	-	-	-	-	-	-	-	-	-	-	-	-	
	III	-	-	-	-	-	-	-	-	-	-	-	-	-	-	-	-	-	-	-	-	-	
	IV	1.506	-	120,48	135,54	-	76,88	86,49	-	37,92	42,66	-	6,88	7,74	-	-	-	-	-	-	-	-	
	V	4.153	-	332,24	373,77																		
	VI	4.684	-	374,72	421,56																		
23.975,99	I	1.514	-	121,12	136,26	-	38,40	43,20	-	-	-	-	-	-	-	-	-	-	-	-	-	-	
	II	523	-	41,84	47,07	-	-	-	-	-	-	-	-	-	-	-	-	-	-	-	-	-	
	III	-	-	-	-	-	-	-	-	-	-	-	-	-	-	-	-	-	-	-	-	-	
	IV	1.514	-	121,12	136,26	-	77,36	87,03	-	38,40	43,20	-	7,20	8,10	-	-	-	-	-	-	-	-	
	V	4.165	-	333,20	374,85																		
	VI	4.697	-	375,76	422,73																		
24.011,99	I	1.521	-	121,68	136,89	-	38,80	43,65	-	-	-	-	-	-	-	-	-	-	-	-	-	-	
	II	528	-	42,24	47,52	-	-	-	-	-	-	-	-	-	-	-	-	-	-	-	-	-	
	III	-	-	-	-	-	-	-	-	-	-	-	-	-	-	-	-	-	-	-	-	-	
	IV	1.521	-	121,68	136,89	-	77,92	87,66	-	38,80	43,65	-	7,60	8,55	-	-	-	-	-	-	-	-	
	V	4.177	-	334,16	375,93																		
	VI	4.709	-	376,72	423,81																		
24.047,99	I	1.528	-	122,24	137,52	-	39,28	44,19	-	-	-	-	-	-	-	-	-	-	-	-	-	-	
	II	534	-	42,72	48,06	-	-	-	-	-	-	-	-	-	-	-	-	-	-	-	-	-	
	III	-	-	-	-	-	-	-	-	-	-	-	-	-	-	-	-	-	-	-	-	-	
	IV	1.528	-	122,24	137,52	-	78,56	88,38	-	39,28	44,19	-	7,92	8,91	-	-	-	-	-	-	-	-	
	V	4.190	-	335,20	377,10																		
	VI	4.721	-	377,68	424,89																		
24.083,99	I	1.535	-	122,80	138,15	-	39,76	44,73	-	-	-	-	-	-	-	-	-	-	-	-	-	-	
	II	540	-	43,20	48,60	-	-	-	-	-	-	-	-	-	-	-	-	-	-	-	-	-	
	III	-	-	-	-	-	-	-	-	-	-	-	-	-	-	-	-	-	-	-	-	-	
	IV	1.535	-	122,80	138,15	-	79,12	89,01	-	39,76	44,73	-	8,32	9,36	-	-	-	-	-	-	-	-	
	V	4.202	-	336,16	378,18																		
	VI	4.734	-	378,72	426,06																		
24.119,99	I	1.543	-	123,44	138,87	-	40,24	45,27	-	-	-	-	-	-	-	-	-	-	-	-	-	-	
	II	546	-	43,68	49,14	-	-	-	-	-	-	-	-	-	-	-	-	-	-	-	-	-	
	III	-	-	-	-	-	-	-	-	-	-	-	-	-	-	-	-	-	-	-	-	-	
	IV	1.543	-	123,44	138,87	-	79,68	89,64	-	40,24	45,27	-	8,64	9,72	-	-	-	-	-	-	-	-	
	V	4.214	-	337,12	379,26																		
	VI	4.746	-	379,68	427,14																		
24.155,99	I	1.550	-	124,00	139,50	-	40,72	45,81	-	-	-	-	-	-	-	-	-	-	-	-	-	-	
	II	552	-	44,16	49,68	-	-	-	-	-	-	-	-	-	-	-	-	-	-	-	-	-	
	III	-	-	-	-	-	-	-	-	-	-	-	-	-	-	-	-	-	-	-	-	-	
	IV	1.550	-	124,00	139,50	-	80,24	90,27	-	40,72	45,81	-	9,04	10,17	-	-	-	-	-	-	-	-	
	V	4.226	-	338,08	380,34																		
	VI	4.758	-	380,64	428,22																		
24.191,99	I	1.557	-	124,56	140,13	-	41,20	46,35	-	-	-	-	-	-	-	-	-	-	-	-	-	-	
	II	558	-	44,64	50,22	-	-	-	-	-	-	-	-	-	-	-	-	-	-	-	-	-	
	III	-	-	-	-	-	-	-	-	-	-	-	-	-	-	-	-	-	-	-	-	-	
	IV	1.557	-	124,56	140,13	-	80,80	90,90	-	41,20	46,35	-	9,36	10,53	-	-	-	-	-	-	-	-	
	V	4.239	-	339,12	381,51																		
	VI	4.771	-	381,68	429,39																		
24.227,99	I	1.565	-	125,20	140,85	-	41,60	46,80	-	-	-	-	-	-	-	-	-	-	-	-	-	-	
	II	564	-	45,12	50,76	-	-	-	-	-	-	-	-	-	-	-	-	-	-	-	-	-	
	III	-	-	-	-	-	-	-	-	-	-	-	-	-	-	-	-	-	-	-	-	-	
	IV	1.565	-	125,20	140,85	-	81,36	91,53	-	41,60	46,80	-	9,76	10,98	-	-	-	-	-	-	-	-	
	V	4.251	-	340,08	382,59																		
	VI	4.783	-	382,64	430,47																		
24.263,99	I	1.572	-	125,76	141,48	-	42,08	47,34	-	-	-	-	-	-	-	-	-	-	-	-	-	-	
	II	570	-	45,60	51,30	-	-	-	-	-	-	-	-	-	-	-	-	-	-	-	-	-	
	III	-	-	-	-	-	-	-	-	-	-	-	-	-	-	-	-	-	-	-	-	-	
	IV	1.572	-	125,76	141,48	-	81,92	92,16	-	42,08	47,34	-	10,08	11,34	-	-	-	-	-	-	-	-	
	V	4.263	-	341,04	383,67																		
	VI	4.795	-	383,60	431,55																		
24.299,99	I	1.579	-	126,32	142,11	-	42,56	47,88	-	-	-	-	-	-	-	-	-	-	-	-	-	-	
	II	576	-	46,08	51,84	-	-	-	-	-	-	-	-	-	-	-	-	-	-	-	-	-	
	III	-	-	-	-	-	-	-	-	-	-	-	-	-	-	-	-	-	-	-	-	-	
	IV	1.579	-	126,32	142,11	-	82,48	92,79	-	42,56	47,88	-	10,48	11,79	-	-	-	-	-	-	-	-	
	V	4.276	-	342,08	384,84																		
	VI	4.807	-	384,56	432,63																		

SolZ/KiSt lt. Tabelle nicht für Sonstige Bezüge anwendbar.

Allgemeine Tabelle

Lohn/ Gehalt bis	Steuerklasse	Lohn-steuer	ohne Kinderfreibetrag			Anzahl Kinderfreibeträge (nur Steuerklassen I–IV): 0,5			1,0			1,5			2,0			2,5			3,0		
			SolZ 5,5%	Kirchensteuer 8%	Kirchensteuer 9%	SolZ 5,5%	Kirchensteuer 8%	Kirchensteuer 9%	SolZ 5,5%	Kirchensteuer 8%	Kirchensteuer 9%	SolZ 5,5%	Kirchensteuer 8%	Kirchensteuer 9%	SolZ 5,5%	Kirchensteuer 8%	Kirchensteuer 9%	SolZ 5,5%	Kirchensteuer 8%	Kirchensteuer 9%	SolZ 5,5%	Kirchensteuer 8%	Kirchensteuer 9%
4.335,99	I	1.587	-	126,96	142,83	-	43,04	48,42	-	-	-	-	-	-	-	-	-	-	-	-	-	-	-
	II	582	-	46,56	52,38	-	-	-	-	-	-	-	-	-	-	-	-	-	-	-	-	-	-
	III	-	-	-	-	-	-	-	-	-	-	-	-	-	-	-	-	-	-	-	-	-	-
	IV	1.587	-	126,96	142,83	-	83,04	93,42	-	43,04	48,42	-	10,88	12,24	-	-	-	-	-	-	-	-	-
	V	4.288	-	343,04	385,92																		
	VI	4.820	-	385,60	433,80																		
4.371,99	I	1.594	-	127,52	143,46	-	43,52	48,96	-	-	-	-	-	-	-	-	-	-	-	-	-	-	-
	II	588	-	47,04	52,92	-	-	-	-	-	-	-	-	-	-	-	-	-	-	-	-	-	-
	III	-	-	-	-	-	-	-	-	-	-	-	-	-	-	-	-	-	-	-	-	-	-
	IV	1.594	-	127,52	143,46	-	83,60	94,05	-	43,52	48,96	-	11,20	12,60	-	-	-	-	-	-	-	-	-
	V	4.300	-	344,00	387,00																		
	VI	4.832	-	386,56	434,88																		
4.407,99	I	1.601	-	128,08	144,09	-	44,00	49,50	-	-	-	-	-	-	-	-	-	-	-	-	-	-	-
	II	594	-	47,52	53,46	-	-	-	-	-	-	-	-	-	-	-	-	-	-	-	-	-	-
	III	-	-	-	-	-	-	-	-	-	-	-	-	-	-	-	-	-	-	-	-	-	-
	IV	1.601	-	128,08	144,09	-	84,16	94,68	-	44,00	49,50	-	11,60	13,05	-	-	-	-	-	-	-	-	-
	V	4.313	-	345,04	388,17																		
	VI	4.844	-	387,52	435,96																		
4.443,99	I	1.609	-	128,72	144,81	-	44,48	50,04	-	-	-	-	-	-	-	-	-	-	-	-	-	-	-
	II	600	-	48,00	54,00	-	-	-	-	-	-	-	-	-	-	-	-	-	-	-	-	-	-
	III	-	-	-	-	-	-	-	-	-	-	-	-	-	-	-	-	-	-	-	-	-	-
	IV	1.609	-	128,72	144,81	-	84,72	95,31	-	44,48	50,04	-	12,00	13,50	-	-	-	-	-	-	-	-	-
	V	4.325	-	346,00	389,25																		
	VI	4.857	-	388,56	437,13																		
4.479,99	I	1.616	-	129,28	145,44	-	44,96	50,58	-	-	-	-	-	-	-	-	-	-	-	-	-	-	-
	II	606	-	48,48	54,54	-	-	-	-	-	-	-	-	-	-	-	-	-	-	-	-	-	-
	III	-	-	-	-	-	-	-	-	-	-	-	-	-	-	-	-	-	-	-	-	-	-
	IV	1.616	-	129,28	145,44	-	85,28	95,94	-	44,96	50,58	-	12,32	13,86	-	-	-	-	-	-	-	-	-
	V	4.337	-	346,96	390,33																		
	VI	4.869	-	389,52	438,21																		
4.515,99	I	1.623	-	129,84	146,07	-	45,44	51,12	-	-	-	-	-	-	-	-	-	-	-	-	-	-	-
	II	612	-	48,96	55,08	-	-	-	-	-	-	-	-	-	-	-	-	-	-	-	-	-	-
	III	-	-	-	-	-	-	-	-	-	-	-	-	-	-	-	-	-	-	-	-	-	-
	IV	1.623	-	129,84	146,07	-	85,84	96,57	-	45,44	51,12	-	12,72	14,31	-	-	-	-	-	-	-	-	-
	V	4.349	-	347,92	391,41																		
	VI	4.881	-	390,48	439,29																		
4.551,99	I	1.631	-	130,48	146,79	-	45,92	51,66	-	-	-	-	-	-	-	-	-	-	-	-	-	-	-
	II	619	-	49,52	55,71	-	-	-	-	-	-	-	-	-	-	-	-	-	-	-	-	-	-
	III	-	-	-	-	-	-	-	-	-	-	-	-	-	-	-	-	-	-	-	-	-	-
	IV	1.631	-	130,48	146,79	-	86,40	97,20	-	45,92	51,66	-	13,12	14,76	-	-	-	-	-	-	-	-	-
	V	4.362	-	348,96	392,58																		
	VI	4.894	-	391,52	440,46																		
4.587,99	I	1.638	-	131,04	147,42	-	46,40	52,20	-	-	-	-	-	-	-	-	-	-	-	-	-	-	-
	II	625	-	50,00	56,25	-	-	-	-	-	-	-	-	-	-	-	-	-	-	-	-	-	-
	III	-	-	-	-	-	-	-	-	-	-	-	-	-	-	-	-	-	-	-	-	-	-
	IV	1.638	-	131,04	147,42	-	86,96	97,83	-	46,40	52,20	-	13,44	15,12	-	-	-	-	-	-	-	-	-
	V	4.374	-	349,92	393,66																		
	VI	4.906	-	392,48	441,54																		
24.623,99	I	1.645	-	131,60	148,05	-	46,88	52,74	-	-	-	-	-	-	-	-	-	-	-	-	-	-	-
	II	631	-	50,48	56,79	-	-	-	-	-	-	-	-	-	-	-	-	-	-	-	-	-	-
	III	-	-	-	-	-	-	-	-	-	-	-	-	-	-	-	-	-	-	-	-	-	-
	IV	1.645	-	131,60	148,05	-	87,52	98,46	-	46,88	52,74	-	13,84	15,57	-	-	-	-	-	-	-	-	-
	V	4.386	-	350,88	394,74																		
	VI	4.918	-	393,44	442,62																		
24.659,99	I	1.653	-	132,24	148,77	-	47,36	53,28	-	-	-	-	-	-	-	-	-	-	-	-	-	-	-
	II	637	-	50,96	57,33	-	-	-	-	-	-	-	-	-	-	-	-	-	-	-	-	-	-
	III	-	-	-	-	-	-	-	-	-	-	-	-	-	-	-	-	-	-	-	-	-	-
	IV	1.653	-	132,24	148,77	-	88,16	99,18	-	47,36	53,28	-	14,24	16,02	-	-	-	-	-	-	-	-	-
	V	4.399	-	351,92	395,91																		
	VI	4.931	-	394,48	443,79																		
24.695,99	I	1.660	-	132,80	149,40	-	47,84	53,82	-	-	-	-	-	-	-	-	-	-	-	-	-	-	-
	II	643	-	51,44	57,87	-	-	-	-	-	-	-	-	-	-	-	-	-	-	-	-	-	-
	III	-	-	-	-	-	-	-	-	-	-	-	-	-	-	-	-	-	-	-	-	-	-
	IV	1.660	-	132,80	149,40	-	88,72	99,81	-	47,84	53,82	-	14,64	16,47	-	-	-	-	-	-	-	-	-
	V	4.411	-	352,88	396,99																		
	VI	4.943	-	395,44	444,87																		
24.731,99	I	1.667	-	133,36	150,03	-	48,32	54,36	-	-	-	-	-	-	-	-	-	-	-	-	-	-	-
	II	649	-	51,92	58,41	-	-	-	-	-	-	-	-	-	-	-	-	-	-	-	-	-	-
	III	-	-	-	-	-	-	-	-	-	-	-	-	-	-	-	-	-	-	-	-	-	-
	IV	1.667	-	133,36	150,03	-	89,28	100,44	-	48,32	54,36	-	14,96	16,83	-	-	-	-	-	-	-	-	-
	V	4.423	-	353,84	398,07																		
	VI	4.955	-	396,40	445,95																		
24.767,99	I	1.674	-	133,92	150,66	-	48,80	54,90	-	-	-	-	-	-	-	-	-	-	-	-	-	-	-
	II	656	-	52,48	59,04	-	-	-	-	-	-	-	-	-	-	-	-	-	-	-	-	-	-
	III	-	-	-	-	-	-	-	-	-	-	-	-	-	-	-	-	-	-	-	-	-	-
	IV	1.674	-	133,92	150,66	-	89,84	101,07	-	48,80	54,90	-	15,36	17,28	-	-	-	-	-	-	-	-	-
	V	4.435	-	354,80	399,15																		
	VI	4.967	-	397,36	447,03																		
24.803,99	I	1.682	-	134,56	151,38	-	49,28	55,44	-	-	-	-	-	-	-	-	-	-	-	-	-	-	-
	II	662	-	52,96	59,58	-	-	-	-	-	-	-	-	-	-	-	-	-	-	-	-	-	-
	III	-	-	-	-	-	-	-	-	-	-	-	-	-	-	-	-	-	-	-	-	-	-
	IV	1.682	-	134,56	151,38	-	90,40	101,70	-	49,28	55,44	-	15,76	17,73	-	-	-	-	-	-	-	-	-
	V	4.448	-	355,84	400,32																		
	VI	4.980	-	398,40	448,20																		
24.839,99	I	1.689	-	135,12	152,01	-	49,76	55,98	-	-	-	-	-	-	-	-	-	-	-	-	-	-	-
	II	668	-	53,44	60,12	-	-	-	-	-	-	-	-	-	-	-	-	-	-	-	-	-	-
	III	-	-	-	-	-	-	-	-	-	-	-	-	-	-	-	-	-	-	-	-	-	-
	IV	1.689	-	135,12	152,01	-	90,96	102,33	-	49,76	55,98	-	16,16	18,18	-	-	-	-	-	-	-	-	-
	V	4.460	-	356,80	401,40																		
	VI	4.992	-	399,36	449,28																		

SolZ/KiSt lt. Tabelle nicht für Sonstige Bezüge anwendbar.

Lohn/Gehalt bis	Steuerklasse	Lohnsteuer	ohne Kinderfreibetrag			Anzahl Kinderfreibeträge (nur Steuerklassen I–IV)																
						0,5			1,0			1,5			2,0			2,5			3,0	
			SolZ 5,5%	Kirchensteuer 8%	Kirchensteuer 9%	SolZ 5,5%	Kirchensteuer 8%	Kirchensteuer 9%	SolZ 5,5%	Kirchensteuer 8%	Kirchensteuer 9%	SolZ 5,5%	Kirchensteuer 8%	Kirchensteuer 9%	SolZ 5,5%	Kirchensteuer 8%	Kirchensteuer 9%	SolZ 5,5%	Kirchensteuer 8%	Kirchensteuer 9%	SolZ 5,5%	Kirchensteuer 8%
24.875,99	I	1.696	-	135,68	152,64	-	50,32	56,61	-	-	-	-	-	-	-	-	-	-	-	-	-	-
	II	674	-	53,92	60,66	-	-	-	-	-	-	-	-	-	-	-	-	-	-	-	-	-
	III	-	-	-	-	-	-	-	-	-	-	-	-	-	-	-	-	-	-	-	-	-
	IV	1.696	-	135,68	152,64	-	91,52	102,96	-	50,32	56,61	-	16,56	18,63	-	-	-	-	-	-	-	-
	V	4.472	-	357,76	402,48																	
	VI	5.004	-	400,32	450,36																	
24.911,99	I	1.704	-	136,32	153,36	-	50,80	57,15	-	-	-	-	-	-	-	-	-	-	-	-	-	-
	II	681	-	54,48	61,29	-	-	-	-	-	-	-	-	-	-	-	-	-	-	-	-	-
	III	-	-	-	-	-	-	-	-	-	-	-	-	-	-	-	-	-	-	-	-	-
	IV	1.704	-	136,32	153,36	-	92,08	103,59	-	50,80	57,15	-	16,96	19,08	-	-	-	-	-	-	-	-
	V	4.485	-	358,80	403,65																	
	VI	5.017	-	401,36	451,53																	
24.947,99	I	1.711	-	136,88	153,99	-	51,28	57,69	-	-	-	-	-	-	-	-	-	-	-	-	-	-
	II	687	-	54,96	61,83	-	-	-	-	-	-	-	-	-	-	-	-	-	-	-	-	-
	III	-	-	-	-	-	-	-	-	-	-	-	-	-	-	-	-	-	-	-	-	-
	IV	1.711	-	136,88	153,99	-	92,64	104,22	-	51,28	57,69	-	17,36	19,53	-	-	-	-	-	-	-	-
	V	4.497	-	359,76	404,73																	
	VI	5.029	-	402,32	452,61																	
24.983,99	I	1.719	-	137,52	154,71	-	51,76	58,23	-	-	-	-	-	-	-	-	-	-	-	-	-	-
	II	693	-	55,44	62,37	-	-	-	-	-	-	-	-	-	-	-	-	-	-	-	-	-
	III	-	-	-	-	-	-	-	-	-	-	-	-	-	-	-	-	-	-	-	-	-
	IV	1.719	-	137,52	154,71	-	93,20	104,85	-	51,76	58,23	-	17,76	19,98	-	-	-	-	-	-	-	-
	V	4.509	-	360,72	405,81																	
	VI	5.041	-	403,28	453,69																	
25.019,99	I	1.726	-	138,08	155,34	-	52,24	58,77	-	-	-	-	-	-	-	-	-	-	-	-	-	-
	II	700	-	56,00	63,00	-	-	-	-	-	-	-	-	-	-	-	-	-	-	-	-	-
	III	-	-	-	-	-	-	-	-	-	-	-	-	-	-	-	-	-	-	-	-	-
	IV	1.726	-	138,08	155,34	-	93,84	105,57	-	52,24	58,77	-	18,16	20,43	-	-	-	-	-	-	-	-
	V	4.522	-	361,76	406,98																	
	VI	5.054	-	404,32	454,86																	
25.055,99	I	1.733	-	138,64	155,97	-	52,80	59,40	-	-	-	-	-	-	-	-	-	-	-	-	-	-
	II	706	-	56,48	63,54	-	-	-	-	-	-	-	-	-	-	-	-	-	-	-	-	-
	III	-	-	-	-	-	-	-	-	-	-	-	-	-	-	-	-	-	-	-	-	-
	IV	1.733	-	138,64	155,97	-	94,40	106,20	-	52,80	59,40	-	18,56	20,88	-	-	-	-	-	-	-	-
	V	4.534	-	362,72	408,06																	
	VI	5.066	-	405,28	455,94																	
25.091,99	I	1.741	-	139,28	156,69	-	53,28	59,94	-	-	-	-	-	-	-	-	-	-	-	-	-	-
	II	712	-	56,96	64,08	-	-	-	-	-	-	-	-	-	-	-	-	-	-	-	-	-
	III	-	-	-	-	-	-	-	-	-	-	-	-	-	-	-	-	-	-	-	-	-
	IV	1.741	-	139,28	156,69	-	94,96	106,83	-	53,28	59,94	-	18,88	21,24	-	-	-	-	-	-	-	-
	V	4.546	-	363,68	409,14																	
	VI	5.078	-	406,24	457,02																	
25.127,99	I	1.748	-	139,84	157,32	-	53,76	60,48	-	-	-	-	-	-	-	-	-	-	-	-	-	-
	II	719	-	57,52	64,71	-	-	-	-	-	-	-	-	-	-	-	-	-	-	-	-	-
	III	-	-	-	-	-	-	-	-	-	-	-	-	-	-	-	-	-	-	-	-	-
	IV	1.748	-	139,84	157,32	-	95,52	107,46	-	53,76	60,48	-	19,28	21,69	-	-	-	-	-	-	-	-
	V	4.558	-	364,64	410,22																	
	VI	5.090	-	407,20	458,10																	
25.163,99	I	1.756	-	140,48	158,04	-	54,24	61,02	-	-	-	-	-	-	-	-	-	-	-	-	-	-
	II	725	-	58,00	65,25	-	-	-	-	-	-	-	-	-	-	-	-	-	-	-	-	-
	III	-	-	-	-	-	-	-	-	-	-	-	-	-	-	-	-	-	-	-	-	-
	IV	1.756	-	140,48	158,04	-	96,08	108,09	-	54,24	61,02	-	19,76	22,23	-	-	-	-	-	-	-	-
	V	4.571	-	365,68	411,39																	
	VI	5.103	-	408,24	459,27																	
25.199,99	I	1.763	-	141,04	158,67	-	54,80	61,65	-	-	-	-	-	-	-	-	-	-	-	-	-	-
	II	732	-	58,56	65,88	-	-	-	-	-	-	-	-	-	-	-	-	-	-	-	-	-
	III	-	-	-	-	-	-	-	-	-	-	-	-	-	-	-	-	-	-	-	-	-
	IV	1.763	-	141,04	158,67	-	96,64	108,72	-	54,80	61,65	-	20,08	22,59	-	-	-	-	-	-	-	-
	V	4.583	-	366,64	412,47																	
	VI	5.115	-	409,20	460,35																	
25.235,99	I	1.770	-	141,60	159,30	-	55,28	62,19	-	-	-	-	-	-	-	-	-	-	-	-	-	-
	II	738	-	59,04	66,42	-	-	-	-	-	-	-	-	-	-	-	-	-	-	-	-	-
	III	-	-	-	-	-	-	-	-	-	-	-	-	-	-	-	-	-	-	-	-	-
	IV	1.770	-	141,60	159,30	-	97,20	109,35	-	55,28	62,19	-	20,48	23,04	-	-	-	-	-	-	-	-
	V	4.595	-	367,60	413,55																	
	VI	5.127	-	410,16	461,43																	
25.271,99	I	1.778	-	142,24	160,02	-	55,76	62,73	-	-	-	-	-	-	-	-	-	-	-	-	-	-
	II	745	-	59,60	67,05	-	-	-	-	-	-	-	-	-	-	-	-	-	-	-	-	-
	III	-	-	-	-	-	-	-	-	-	-	-	-	-	-	-	-	-	-	-	-	-
	IV	1.778	-	142,24	160,02	-	97,84	110,07	-	55,76	62,73	-	20,96	23,58	-	-	-	-	-	-	-	-
	V	4.608	-	368,64	414,72																	
	VI	5.140	-	411,20	462,60																	
25.307,99	I	1.785	-	142,80	160,65	-	56,32	63,36	-	-	-	-	-	-	-	-	-	-	-	-	-	-
	II	751	-	60,08	67,59	-	-	-	-	-	-	-	-	-	-	-	-	-	-	-	-	-
	III	-	-	-	-	-	-	-	-	-	-	-	-	-	-	-	-	-	-	-	-	-
	IV	1.785	-	142,80	160,65	-	98,40	110,70	-	56,32	63,36	-	21,36	24,03	-	-	-	-	-	-	-	-
	V	4.620	-	369,60	415,80																	
	VI	5.152	-	412,16	463,68																	
25.343,99	I	1.792	-	143,36	161,28	-	56,80	63,90	-	-	-	-	-	-	-	-	-	-	-	-	-	-
	II	758	-	60,64	68,22	-	-	-	-	-	-	-	-	-	-	-	-	-	-	-	-	-
	III	-	-	-	-	-	-	-	-	-	-	-	-	-	-	-	-	-	-	-	-	-
	IV	1.792	-	143,36	161,28	-	98,96	111,33	-	56,80	63,90	-	21,76	24,48	-	-	-	-	-	-	-	-
	V	4.632	-	370,56	416,88																	
	VI	5.164	-	413,12	464,76																	
25.379,99	I	1.800	-	144,00	162,00	-	57,28	64,44	-	-	-	-	-	-	-	-	-	-	-	-	-	-
	II	764	-	61,12	68,76	-	-	-	-	-	-	-	-	-	-	-	-	-	-	-	-	-
	III	-	-	-	-	-	-	-	-	-	-	-	-	-	-	-	-	-	-	-	-	-
	IV	1.800	-	144,00	162,00	-	99,52	111,96	-	57,28	64,44	-	22,16	24,93	-	-	-	-	-	-	-	-
	V	4.645	-	371,60	418,05																	
	VI	5.176	-	414,08	465,84																	

SolZ/KiSt lt. Tabelle nicht für Sonstige Bezüge anwendbar.

Lohn/ Gehalt bis	Steuerklasse	Lohn-steuer	ohne Kinderfreibetrag SolZ 5,5%	Kirchensteuer 8%	9%	0,5 SolZ 5,5%	Kirchensteuer 8%	9%	1,0 SolZ 5,5%	Kirchensteuer 8%	9%	1,5 SolZ 5,5%	Kirchensteuer 8%	9%	2,0 SolZ 5,5%	Kirchensteuer 8%	9%	2,5 SolZ 5,5%	Kirchensteuer 8%	9%	3,0 SolZ 5,5%	Kirchensteuer 8%	9%
5.415,99	I	1.807	-	144,56	162,63	-	57,84	65,07	-	-	-	-	-	-	-	-	-	-	-	-	-	-	-
	II	771	-	61,68	69,39	-	-	-	-	-	-	-	-	-	-	-	-	-	-	-	-	-	-
	III	-	-	-	-	-	-	-	-	-	-	-	-	-	-	-	-	-	-	-	-	-	-
	IV	1.807	-	144,56	162,63	-	100,08	112,59	-	57,84	65,07	-	22,56	25,38	-	-	-	-	-	-	-	-	-
	V	4.657	-	372,56	419,13																		
	VI	5.189	-	415,12	467,01																		
5.451,99	I	1.815	-	145,20	163,35	-	58,32	65,61	-	-	-	-	-	-	-	-	-	-	-	-	-	-	-
	II	777	-	62,16	69,93	-	-	-	-	-	-	-	-	-	-	-	-	-	-	-	-	-	-
	III	-	-	-	-	-	-	-	-	-	-	-	-	-	-	-	-	-	-	-	-	-	-
	IV	1.815	-	145,20	163,35	-	100,64	113,22	-	58,32	65,61	-	22,96	25,83	-	-	-	-	-	-	-	-	-
	V	4.669	-	373,52	420,21																		
	VI	5.201	-	416,08	468,09																		
5.487,99	I	1.822	-	145,76	163,98	-	58,88	66,24	-	-	-	-	-	-	-	-	-	-	-	-	-	-	-
	II	784	-	62,72	70,56	-	-	-	-	-	-	-	-	-	-	-	-	-	-	-	-	-	-
	III	-	-	-	-	-	-	-	-	-	-	-	-	-	-	-	-	-	-	-	-	-	-
	IV	1.822	-	145,76	163,98	-	101,20	113,85	-	58,88	66,24	-	23,36	26,28	-	-	-	-	-	-	-	-	-
	V	4.681	-	374,48	421,29																		
	VI	5.213	-	417,04	469,17																		
5.523,99	I	1.830	-	146,40	164,70	-	59,36	66,78	-	-	-	-	-	-	-	-	-	-	-	-	-	-	-
	II	790	-	63,20	71,10	-	-	-	-	-	-	-	-	-	-	-	-	-	-	-	-	-	-
	III	-	-	-	-	-	-	-	-	-	-	-	-	-	-	-	-	-	-	-	-	-	-
	IV	1.830	-	146,40	164,70	-	101,84	114,57	-	59,36	66,78	-	23,76	26,73	-	-	-	-	-	-	-	-	-
	V	4.694	-	375,52	422,46																		
	VI	5.226	-	418,08	470,34																		
5.559,99	I	1.837	-	146,96	165,33	-	59,92	67,41	-	-	-	-	-	-	-	-	-	-	-	-	-	-	-
	II	797	-	63,76	71,73	-	-	-	-	-	-	-	-	-	-	-	-	-	-	-	-	-	-
	III	-	-	-	-	-	-	-	-	-	-	-	-	-	-	-	-	-	-	-	-	-	-
	IV	1.837	-	146,96	165,33	-	102,40	115,20	-	59,92	67,41	-	24,24	27,27	-	-	-	-	-	-	-	-	-
	V	4.706	-	376,48	423,54																		
	VI	5.238	-	419,04	471,42																		
5.595,99	I	1.844	-	147,52	165,96	-	60,40	67,95	-	-	-	-	-	-	-	-	-	-	-	-	-	-	-
	II	803	-	64,24	72,27	-	-	-	-	-	-	-	-	-	-	-	-	-	-	-	-	-	-
	III	-	-	-	-	-	-	-	-	-	-	-	-	-	-	-	-	-	-	-	-	-	-
	IV	1.844	-	147,52	165,96	-	102,96	115,83	-	60,40	67,95	-	24,64	27,72	-	-	-	-	-	-	-	-	-
	V	4.718	-	377,44	424,62																		
	VI	5.250	-	420,00	472,50																		
5.631,99	I	1.852	-	148,16	166,68	-	60,96	68,58	-	-	-	-	-	-	-	-	-	-	-	-	-	-	-
	II	810	-	64,80	72,90	-	-	-	-	-	-	-	-	-	-	-	-	-	-	-	-	-	-
	III	-	-	-	-	-	-	-	-	-	-	-	-	-	-	-	-	-	-	-	-	-	-
	IV	1.852	-	148,16	166,68	-	103,52	116,46	-	60,96	68,58	-	25,04	28,17	-	-	-	-	-	-	-	-	-
	V	4.731	-	378,48	425,79																		
	VI	5.263	-	421,04	473,67																		
5.667,99	I	1.859	-	148,72	167,31	-	61,44	69,12	-	-	-	-	-	-	-	-	-	-	-	-	-	-	-
	II	817	-	65,36	73,53	-	-	-	-	-	-	-	-	-	-	-	-	-	-	-	-	-	-
	III	-	-	-	-	-	-	-	-	-	-	-	-	-	-	-	-	-	-	-	-	-	-
	IV	1.859	-	148,72	167,31	-	104,08	117,09	-	61,44	69,12	-	25,44	28,62	-	-	-	-	-	-	-	-	-
	V	4.743	-	379,44	426,87																		
	VI	5.275	-	422,00	474,75																		
5.703,99	I	1.867	-	149,36	168,03	-	62,00	69,75	-	-	-	-	-	-	-	-	-	-	-	-	-	-	-
	II	823	-	65,84	74,07	-	-	-	-	-	-	-	-	-	-	-	-	-	-	-	-	-	-
	III	-	-	-	-	-	-	-	-	-	-	-	-	-	-	-	-	-	-	-	-	-	-
	IV	1.867	-	149,36	168,03	-	104,64	117,72	-	62,00	69,75	-	25,92	29,16	-	-	-	-	-	-	-	-	-
	V	4.755	-	380,40	427,95																		
	VI	5.287	-	422,96	475,83																		
5.739,99	I	1.874	-	149,92	168,66	-	62,48	70,29	-	-	-	-	-	-	-	-	-	-	-	-	-	-	-
	II	830	-	66,40	74,70	-	0,32	0,36	-	-	-	-	-	-	-	-	-	-	-	-	-	-	-
	III	-	-	-	-	-	-	-	-	-	-	-	-	-	-	-	-	-	-	-	-	-	-
	IV	1.874	-	149,92	168,66	-	105,20	118,35	-	62,48	70,29	-	26,32	29,61	-	-	-	-	-	-	-	-	-
	V	4.768	-	381,44	429,12																		
	VI	5.299	-	423,92	476,91																		
5.775,99	I	1.882	-	150,56	169,38	-	63,04	70,92	-	-	-	-	-	-	-	-	-	-	-	-	-	-	-
	II	837	-	66,96	75,33	-	0,72	0,81	-	-	-	-	-	-	-	-	-	-	-	-	-	-	-
	III	-	-	-	-	-	-	-	-	-	-	-	-	-	-	-	-	-	-	-	-	-	-
	IV	1.882	-	150,56	169,38	-	105,84	119,07	-	63,04	70,92	-	26,72	30,06	-	-	-	-	-	-	-	-	-
	V	4.780	-	382,40	430,20																		
	VI	5.312	-	424,96	478,08																		
25.811,99	I	1.889	-	151,12	170,01	-	63,52	71,46	-	-	-	-	-	-	-	-	-	-	-	-	-	-	-
	II	844	-	67,52	75,96	-	1,04	1,17	-	-	-	-	-	-	-	-	-	-	-	-	-	-	-
	III	-	-	-	-	-	-	-	-	-	-	-	-	-	-	-	-	-	-	-	-	-	-
	IV	1.889	-	151,12	170,01	-	106,40	119,70	-	63,52	71,46	-	27,12	30,51	-	-	-	-	-	-	-	-	-
	V	4.792	-	383,36	431,28																		
	VI	5.324	-	425,92	479,16																		
25.847,99	I	1.896	-	151,68	170,64	-	64,08	72,09	-	-	-	-	-	-	-	-	-	-	-	-	-	-	-
	II	850	-	68,00	76,50	-	1,36	1,53	-	-	-	-	-	-	-	-	-	-	-	-	-	-	-
	III	-	-	-	-	-	-	-	-	-	-	-	-	-	-	-	-	-	-	-	-	-	-
	IV	1.896	-	151,68	170,64	-	106,96	120,33	-	64,08	72,09	-	27,60	31,05	-	-	-	-	-	-	-	-	-
	V	4.805	-	384,40	432,45																		
	VI	5.336	-	426,88	480,24																		
25.883,99	I	1.904	-	152,32	171,36	-	64,64	72,72	-	-	-	-	-	-	-	-	-	-	-	-	-	-	-
	II	857	-	68,56	77,13	-	1,68	1,89	-	-	-	-	-	-	-	-	-	-	-	-	-	-	-
	III	-	-	-	-	-	-	-	-	-	-	-	-	-	-	-	-	-	-	-	-	-	-
	IV	1.904	-	152,32	171,36	-	107,52	120,96	-	64,64	72,72	-	28,00	31,50	-	-	-	-	-	-	-	-	-
	V	4.817	-	385,36	433,53																		
	VI	5.349	-	427,92	481,41																		
25.919,99	I	1.911	-	152,88	171,99	-	65,12	73,26	-	-	-	-	-	-	-	-	-	-	-	-	-	-	-
	II	864	-	69,12	77,76	-	2,00	2,25	-	-	-	-	-	-	-	-	-	-	-	-	-	-	-
	III	-	-	-	-	-	-	-	-	-	-	-	-	-	-	-	-	-	-	-	-	-	-
	IV	1.911	-	152,88	171,99	-	108,16	121,68	-	65,12	73,26	-	28,40	31,95	-	-	-	-	-	-	-	-	-
	V	4.829	-	386,32	434,61																		
	VI	5.361	-	428,88	482,49																		

SolZ/KiSt lt. Tabelle nicht für Sonstige Bezüge anwendbar.

Lohn/ Gehalt bis	Steuerklasse	Lohn-steuer	ohne Kinderfreibetrag			Anzahl Kinderfreibeträge (nur Steuerklassen I–IV) 0,5			1,0			1,5			2,0			2,5			3,0		
			SolZ 5,5%	Kirchensteuer 8%	9%	SolZ 5,5%	Kirchensteuer 8%	9%	SolZ 5,5%	Kirchensteuer 8%	9%	SolZ 5,5%	Kirchensteuer 8%	9%	SolZ 5,5%	Kirchensteuer 8%	9%	SolZ 5,5%	Kirchensteuer 8%	9%	SolZ 5,5%	Kirchensteuer 8%	9
25.955,99	I	1.919	-	153,52	172,71	-	65,68	73,89	-	-	-	-	-	-	-	-	-	-	-	-	-	-	
	II	871	-	69,68	78,39	-	2,32	2,61	-	-	-	-	-	-	-	-	-	-	-	-	-	-	
	III	-	-	-	-	-	-	-	-	-	-	-	-	-	-	-	-	-	-	-	-	-	
	IV	1.919	-	153,52	172,71	-	108,72	122,31	-	65,68	73,89	-	28,88	32,49	-	-	-	-	-	-	-	-	
	V	4.841	-	387,28	435,69																		
	VI	5.373	-	429,84	483,57																		
25.991,99	I	1.926	-	154,08	173,34	-	66,24	74,52	-	0,24	0,27	-	-	-	-	-	-	-	-	-	-	-	
	II	878	-	70,24	79,02	-	2,72	3,06	-	-	-	-	-	-	-	-	-	-	-	-	-	-	
	III	-	-	-	-	-	-	-	-	-	-	-	-	-	-	-	-	-	-	-	-	-	
	IV	1.926	-	154,08	173,34	-	109,28	122,94	-	66,24	74,52	-	29,28	32,94	-	0,24	0,27	-	-	-	-	-	
	V	4.854	-	388,32	436,86																		
	VI	5.386	-	430,88	484,74																		
26.027,99	I	1.934	-	154,72	174,06	-	66,72	75,06	-	0,56	0,63	-	-	-	-	-	-	-	-	-	-	-	
	II	884	-	70,72	79,56	-	3,04	3,42	-	-	-	-	-	-	-	-	-	-	-	-	-	-	
	III	-	-	-	-	-	-	-	-	-	-	-	-	-	-	-	-	-	-	-	-	-	
	IV	1.934	-	154,72	174,06	-	109,84	123,57	-	66,72	75,06	-	29,76	33,48	-	0,56	0,63	-	-	-	-	-	
	V	4.866	-	389,28	437,94																		
	VI	5.398	-	431,84	485,82																		
26.063,99	I	1.941	-	155,28	174,69	-	67,28	75,69	-	0,88	0,99	-	-	-	-	-	-	-	-	-	-	-	
	II	891	-	71,28	80,19	-	3,36	3,78	-	-	-	-	-	-	-	-	-	-	-	-	-	-	
	III	-	-	-	-	-	-	-	-	-	-	-	-	-	-	-	-	-	-	-	-	-	
	IV	1.941	-	155,28	174,69	-	110,40	124,20	-	67,28	75,69	-	30,16	33,93	-	0,88	0,99	-	-	-	-	-	
	V	4.878	-	390,24	439,02																		
	VI	5.410	-	432,80	486,90																		
26.099,99	I	1.949	-	155,92	175,41	-	67,84	76,32	-	1,20	1,35	-	-	-	-	-	-	-	-	-	-	-	
	II	898	-	71,84	80,82	-	3,68	4,14	-	-	-	-	-	-	-	-	-	-	-	-	-	-	
	III	-	-	-	-	-	-	-	-	-	-	-	-	-	-	-	-	-	-	-	-	-	
	IV	1.949	-	155,92	175,41	-	110,96	124,83	-	67,84	76,32	-	30,56	34,38	-	1,20	1,35	-	-	-	-	-	
	V	4.891	-	391,28	440,19																		
	VI	5.422	-	433,76	487,98																		
26.135,99	I	1.956	-	156,48	176,04	-	68,40	76,95	-	1,52	1,71	-	-	-	-	-	-	-	-	-	-	-	
	II	905	-	72,40	81,45	-	4,08	4,59	-	-	-	-	-	-	-	-	-	-	-	-	-	-	
	III	-	-	-	-	-	-	-	-	-	-	-	-	-	-	-	-	-	-	-	-	-	
	IV	1.956	-	156,48	176,04	-	111,60	125,55	-	68,40	76,95	-	31,04	34,92	-	1,52	1,71	-	-	-	-	-	
	V	4.903	-	392,24	441,27																		
	VI	5.435	-	434,80	489,15																		
26.171,99	I	1.964	-	157,12	176,76	-	68,88	77,49	-	1,92	2,16	-	-	-	-	-	-	-	-	-	-	-	
	II	912	-	72,96	82,08	-	4,40	4,95	-	-	-	-	-	-	-	-	-	-	-	-	-	-	
	III	-	-	-	-	-	-	-	-	-	-	-	-	-	-	-	-	-	-	-	-	-	
	IV	1.964	-	157,12	176,76	-	112,16	126,18	-	68,88	77,49	-	31,44	35,37	-	1,92	2,16	-	-	-	-	-	
	V	4.915	-	393,20	442,35																		
	VI	5.447	-	435,76	490,23																		
26.207,99	I	1.971	-	157,68	177,39	-	69,44	78,12	-	2,24	2,52	-	-	-	-	-	-	-	-	-	-	-	
	II	918	-	73,44	82,62	-	4,72	5,31	-	-	-	-	-	-	-	-	-	-	-	-	-	-	
	III	-	-	-	-	-	-	-	-	-	-	-	-	-	-	-	-	-	-	-	-	-	
	IV	1.971	-	157,68	177,39	-	112,72	126,81	-	69,44	78,12	-	31,92	35,91	-	2,24	2,52	-	-	-	-	-	
	V	4.928	-	394,24	443,52																		
	VI	5.459	-	436,72	491,31																		
26.243,99	I	1.979	-	158,32	178,11	-	70,00	78,75	-	2,56	2,88	-	-	-	-	-	-	-	-	-	-	-	
	II	926	-	74,08	83,34	-	5,12	5,76	-	-	-	-	-	-	-	-	-	-	-	-	-	-	
	III	-	-	-	-	-	-	-	-	-	-	-	-	-	-	-	-	-	-	-	-	-	
	IV	1.979	-	158,32	178,11	-	113,36	127,53	-	70,00	78,75	-	32,32	36,36	-	2,56	2,88	-	-	-	-	-	
	V	4.940	-	395,20	444,60																		
	VI	5.472	-	437,76	492,48																		
26.279,99	I	1.986	-	158,88	178,74	-	70,56	79,38	-	2,88	3,24	-	-	-	-	-	-	-	-	-	-	-	
	II	932	-	74,56	83,88	-	5,44	6,12	-	-	-	-	-	-	-	-	-	-	-	-	-	-	
	III	-	-	-	-	-	-	-	-	-	-	-	-	-	-	-	-	-	-	-	-	-	
	IV	1.986	-	158,88	178,74	-	113,92	128,16	-	70,56	79,38	-	32,80	36,90	-	2,88	3,24	-	-	-	-	-	
	V	4.952	-	396,16	445,68																		
	VI	5.484	-	438,72	493,56																		
26.315,99	I	1.993	-	159,44	179,37	-	71,04	79,92	-	3,20	3,60	-	-	-	-	-	-	-	-	-	-	-	
	II	939	-	75,12	84,51	-	5,76	6,48	-	-	-	-	-	-	-	-	-	-	-	-	-	-	
	III	-	-	-	-	-	-	-	-	-	-	-	-	-	-	-	-	-	-	-	-	-	
	IV	1.993	-	159,44	179,37	-	114,48	128,79	-	71,04	79,92	-	33,20	37,35	-	3,20	3,60	-	-	-	-	-	
	V	4.965	-	397,20	446,85																		
	VI	5.496	-	439,68	494,64																		
26.351,99	I	2.001	-	160,08	180,09	-	71,60	80,55	-	3,60	4,05	-	-	-	-	-	-	-	-	-	-	-	
	II	946	-	75,68	85,14	-	6,16	6,93	-	-	-	-	-	-	-	-	-	-	-	-	-	-	
	III	-	-	-	-	-	-	-	-	-	-	-	-	-	-	-	-	-	-	-	-	-	
	IV	2.001	-	160,08	180,09	-	115,04	129,42	-	71,60	80,55	-	33,68	37,89	-	3,60	4,05	-	-	-	-	-	
	V	4.977	-	398,16	447,93																		
	VI	5.508	-	440,64	495,72																		
26.387,99	I	2.009	-	160,72	180,81	-	72,16	81,18	-	3,92	4,41	-	-	-	-	-	-	-	-	-	-	-	
	II	953	-	76,24	85,77	-	6,48	7,29	-	-	-	-	-	-	-	-	-	-	-	-	-	-	
	III	-	-	-	-	-	-	-	-	-	-	-	-	-	-	-	-	-	-	-	-	-	
	IV	2.009	-	160,72	180,81	-	115,60	130,05	-	72,16	81,18	-	34,16	38,43	-	3,92	4,41	-	-	-	-	-	
	V	4.989	-	399,12	449,01																		
	VI	5.521	-	441,68	496,89																		
26.423,99	I	2.016	-	161,28	181,44	-	72,72	81,81	-	4,24	4,77	-	-	-	-	-	-	-	-	-	-	-	
	II	960	-	76,80	86,40	-	6,88	7,74	-	-	-	-	-	-	-	-	-	-	-	-	-	-	
	III	-	-	-	-	-	-	-	-	-	-	-	-	-	-	-	-	-	-	-	-	-	
	IV	2.016	-	161,28	181,44	-	116,24	130,77	-	72,72	81,81	-	34,56	38,88	-	4,24	4,77	-	-	-	-	-	
	V	5.002	-	400,16	450,18																		
	VI	5.533	-	442,64	497,97																		
26.459,99	I	2.023	-	161,84	182,07	-	73,28	82,44	-	4,64	5,22	-	-	-	-	-	-	-	-	-	-	-	
	II	967	-	77,36	87,03	-	7,20	8,10	-	-	-	-	-	-	-	-	-	-	-	-	-	-	
	III	-	-	-	-	-	-	-	-	-	-	-	-	-	-	-	-	-	-	-	-	-	
	IV	2.023	-	161,84	182,07	-	116,80	131,40	-	73,28	82,44	-	35,04	39,42	-	4,64	5,22	-	-	-	-	-	
	V	5.014	-	401,12	451,26																		
	VI	5.545	-	443,60	499,05																		

SolZ/KiSt lt. Tabelle nicht für Sonstige Bezüge anwendbar.

Lohn/ Gehalt bis	Steuerklasse	Lohn-steuer	ohne Kinderfreibetrag			Anzahl Kinderfreibeträge (nur Steuerklassen I–IV)																	
						0,5			1,0			1,5			2,0			2,5			3,0		
			SolZ 5,5%	Kirchensteuer 8%	9%	SolZ 5,5%	Kirchensteuer 8%	9%	SolZ 5,5%	Kirchensteuer 8%	9%	SolZ 5,5%	Kirchensteuer 8%	9%	SolZ 5,5%	Kirchensteuer 8%	9%	SolZ 5,5%	Kirchensteuer 8%	9%	SolZ 5,5%	Kirchensteuer 8%	9%
26.495,99	I	2.031	-	162,48	182,79	-	73,84	83,07	-	4,96	5,58	-	-	-	-	-	-	-	-	-	-	-	-
	II	974	-	77,92	87,66	-	7,60	8,55	-	-	-	-	-	-	-	-	-	-	-	-	-	-	-
	III	-	-	-	-	-	-	-	-	-	-	-	-	-	-	-	-	-	-	-	-	-	-
	IV	2.031	-	162,48	182,79	-	117,36	132,03	-	73,84	83,07	-	35,44	39,87	-	4,96	5,58	-	-	-	-	-	-
	V	5.026	-	402,08	452,34																		
	VI	5.558	-	444,64	500,22																		
26.531,99	I	2.039	-	163,12	183,51	-	74,40	83,70	-	5,28	5,94	-	-	-	-	-	-	-	-	-	-	-	-
	II	981	-	78,48	88,29	-	7,92	8,91	-	-	-	-	-	-	-	-	-	-	-	-	-	-	-
	III	-	-	-	-	-	-	-	-	-	-	-	-	-	-	-	-	-	-	-	-	-	-
	IV	2.039	-	163,12	183,51	-	117,92	132,66	-	74,40	83,70	-	35,92	40,41	-	5,28	5,94	-	-	-	-	-	-
	V	5.038	-	403,04	453,42																		
	VI	5.570	-	445,60	501,30																		
26.567,99	I	2.046	-	163,68	184,14	-	74,96	84,33	-	5,68	6,39	-	-	-	-	-	-	-	-	-	-	-	-
	II	988	-	79,04	88,92	-	8,32	9,36	-	-	-	-	-	-	-	-	-	-	-	-	-	-	-
	III	-	-	-	-	-	-	-	-	-	-	-	-	-	-	-	-	-	-	-	-	-	-
	IV	2.046	-	163,68	184,14	-	118,56	133,38	-	74,96	84,33	-	36,40	40,95	-	5,68	6,39	-	-	-	-	-	-
	V	5.051	-	404,08	454,59																		
	VI	5.582	-	446,56	502,38																		
26.603,99	I	2.054	-	164,32	184,86	-	75,52	84,96	-	6,00	6,75	-	-	-	-	-	-	-	-	-	-	-	-
	II	996	-	79,68	89,64	-	8,64	9,72	-	-	-	-	-	-	-	-	-	-	-	-	-	-	-
	III	-	-	-	-	-	-	-	-	-	-	-	-	-	-	-	-	-	-	-	-	-	-
	IV	2.054	-	164,32	184,86	-	119,12	134,01	-	75,52	84,96	-	36,80	41,40	-	6,00	6,75	-	-	-	-	-	-
	V	5.063	-	405,04	455,67																		
	VI	5.595	-	447,60	503,55																		
26.639,99	I	2.061	-	164,88	185,49	-	76,08	85,59	-	6,40	7,20	-	-	-	-	-	-	-	-	-	-	-	-
	II	1.003	-	80,24	90,27	-	9,04	10,17	-	-	-	-	-	-	-	-	-	-	-	-	-	-	-
	III	-	-	-	-	-	-	-	-	-	-	-	-	-	-	-	-	-	-	-	-	-	-
	IV	2.061	-	164,88	185,49	-	119,68	134,64	-	76,08	85,59	-	37,28	41,94	-	6,40	7,20	-	-	-	-	-	-
	V	5.075	-	406,00	456,75																		
	VI	5.607	-	448,56	504,63																		
26.675,99	I	2.069	-	165,52	186,21	-	76,64	86,22	-	6,72	7,56	-	-	-	-	-	-	-	-	-	-	-	-
	II	1.009	-	80,72	90,81	-	9,36	10,53	-	-	-	-	-	-	-	-	-	-	-	-	-	-	-
	III	-	-	-	-	-	-	-	-	-	-	-	-	-	-	-	-	-	-	-	-	-	-
	IV	2.069	-	165,52	186,21	-	120,24	135,27	-	76,64	86,22	-	37,76	42,48	-	6,72	7,56	-	-	-	-	-	-
	V	5.088	-	407,04	457,92																		
	VI	5.619	-	449,52	505,71																		
26.711,99	I	2.076	-	166,08	186,84	-	77,20	86,85	-	7,04	7,92	-	-	-	-	-	-	-	-	-	-	-	-
	II	1.016	-	81,28	91,44	-	9,76	10,98	-	-	-	-	-	-	-	-	-	-	-	-	-	-	-
	III	-	-	-	-	-	-	-	-	-	-	-	-	-	-	-	-	-	-	-	-	-	-
	IV	2.076	-	166,08	186,84	-	120,88	135,99	-	77,20	86,85	-	38,16	42,93	-	7,04	7,92	-	-	-	-	-	-
	V	5.100	-	408,00	459,00																		
	VI	5.632	-	450,56	506,88																		
26.747,99	I	2.084	-	166,72	187,56	-	77,76	87,48	-	7,44	8,37	-	-	-	-	-	-	-	-	-	-	-	-
	II	1.024	-	81,92	92,16	-	10,08	11,34	-	-	-	-	-	-	-	-	-	-	-	-	-	-	-
	III	-	-	-	-	-	-	-	-	-	-	-	-	-	-	-	-	-	-	-	-	-	-
	IV	2.084	-	166,72	187,56	-	121,44	136,62	-	77,76	87,48	-	38,64	43,47	-	7,44	8,37	-	-	-	-	-	-
	V	5.112	-	408,96	460,08																		
	VI	5.644	-	451,52	507,96																		
26.783,99	I	2.091	-	167,28	188,19	-	78,32	88,11	-	7,76	8,73	-	-	-	-	-	-	-	-	-	-	-	-
	II	1.031	-	82,48	92,79	-	10,48	11,79	-	-	-	-	-	-	-	-	-	-	-	-	-	-	-
	III	-	-	-	-	-	-	-	-	-	-	-	-	-	-	-	-	-	-	-	-	-	-
	IV	2.091	-	167,28	188,19	-	122,00	137,25	-	78,32	88,11	-	39,12	44,01	-	7,76	8,73	-	-	-	-	-	-
	V	5.125	-	410,00	461,25																		
	VI	5.656	-	452,48	509,04																		
26.819,99	I	2.099	-	167,92	188,91	-	78,88	88,74	-	8,16	9,18	-	-	-	-	-	-	-	-	-	-	-	-
	II	1.038	-	83,04	93,42	-	10,80	12,15	-	-	-	-	-	-	-	-	-	-	-	-	-	-	-
	III	-	-	-	-	-	-	-	-	-	-	-	-	-	-	-	-	-	-	-	-	-	-
	IV	2.099	-	167,92	188,91	-	122,56	137,88	-	78,88	88,74	-	39,60	44,55	-	8,16	9,18	-	-	-	-	-	-
	V	5.137	-	410,96	462,33																		
	VI	5.668	-	453,44	510,12																		
26.855,99	I	2.106	-	168,48	189,54	-	79,44	89,37	-	8,48	9,54	-	-	-	-	-	-	-	-	-	-	-	-
	II	1.045	-	83,60	94,05	-	11,20	12,60	-	-	-	-	-	-	-	-	-	-	-	-	-	-	-
	III	-	-	-	-	-	-	-	-	-	-	-	-	-	-	-	-	-	-	-	-	-	-
	IV	2.106	-	168,48	189,54	-	123,20	138,60	-	79,44	89,37	-	40,08	45,09	-	8,48	9,54	-	-	-	-	-	-
	V	5.149	-	411,92	463,41																		
	VI	5.681	-	454,48	511,29																		
26.891,99	I	2.114	-	169,12	190,26	-	80,00	90,00	-	8,88	9,99	-	-	-	-	-	-	-	-	-	-	-	-
	II	1.052	-	84,16	94,68	-	11,60	13,05	-	-	-	-	-	-	-	-	-	-	-	-	-	-	-
	III	-	-	-	-	-	-	-	-	-	-	-	-	-	-	-	-	-	-	-	-	-	-
	IV	2.114	-	169,12	190,26	-	123,76	139,23	-	80,00	90,00	-	40,48	45,54	-	8,88	9,99	-	-	-	-	-	-
	V	5.162	-	412,96	464,58																		
	VI	5.693	-	455,44	512,37																		
26.927,99	I	2.121	-	169,68	190,89	-	80,56	90,63	-	9,20	10,35	-	-	-	-	-	-	-	-	-	-	-	-
	II	1.059	-	84,72	95,31	-	11,92	13,41	-	-	-	-	-	-	-	-	-	-	-	-	-	-	-
	III	-	-	-	-	-	-	-	-	-	-	-	-	-	-	-	-	-	-	-	-	-	-
	IV	2.121	-	169,68	190,89	-	124,32	139,86	-	80,56	90,63	-	40,96	46,08	-	9,20	10,35	-	-	-	-	-	-
	V	5.174	-	413,92	465,66																		
	VI	5.705	-	456,40	513,45																		
26.963,99	I	2.129	-	170,32	191,61	-	81,12	91,26	-	9,60	10,80	-	-	-	-	-	-	-	-	-	-	-	-
	II	1.066	-	85,28	95,94	-	12,32	13,86	-	-	-	-	-	-	-	-	-	-	-	-	-	-	-
	III	-	-	-	-	-	-	-	-	-	-	-	-	-	-	-	-	-	-	-	-	-	-
	IV	2.129	-	170,32	191,61	-	124,96	140,58	-	81,12	91,26	-	41,44	46,62	-	9,60	10,80	-	-	-	-	-	-
	V	5.186	-	414,88	466,74																		
	VI	5.718	-	457,44	514,62																		
26.999,99	I	2.136	-	170,88	192,24	-	81,68	91,89	-	10,00	11,25	-	-	-	-	-	-	-	-	-	-	-	-
	II	1.073	-	85,84	96,57	-	12,72	14,31	-	-	-	-	-	-	-	-	-	-	-	-	-	-	-
	III	-	-	-	-	-	-	-	-	-	-	-	-	-	-	-	-	-	-	-	-	-	-
	IV	2.136	-	170,88	192,24	-	125,52	141,21	-	81,68	91,89	-	41,92	47,16	-	10,00	11,25	-	-	-	-	-	-
	V	5.198	-	415,84	467,82																		
	VI	5.730	-	458,40	515,70																		

SolZ/KiSt lt. Tabelle nicht für Sonstige Bezüge anwendbar.

Lohn/ Gehalt bis	Steuerklasse	Lohn-steuer	ohne Kinderfreibetrag SolZ 5,5%	Kirchensteuer 8%	9%	0,5 SolZ 5,5%	Kirchensteuer 8%	9%	1,0 SolZ 5,5%	Kirchensteuer 8%	9%	1,5 SolZ 5,5%	Kirchensteuer 8%	9%	2,0 SolZ 5,5%	Kirchensteuer 8%	9%	2,5 SolZ 5,5%	Kirchensteuer 8%	9%	3,0 SolZ 5,5%	Kirchensteuer 8%	9%
						Anzahl Kinderfreibeträge (nur Steuerklassen I–IV)																	
27.035,99	I	2.144	-	171,52	192,96	-	82,24	92,52	-	10,32	11,61	-	-	-	-	-	-	-	-	-	-	-	
	II	1.080	-	86,40	97,20	-	13,12	14,76	-	-	-	-	-	-	-	-	-	-	-	-	-	-	
	III	-	-	-	-	-	-	-	-	-	-	-	-	-	-	-	-	-	-	-	-	-	
	IV	2.144	-	171,52	192,96	-	126,08	141,84	-	82,24	92,52	-	42,40	47,70	-	10,32	11,61	-	-	-	-	-	
	V	5.211	-	416,88	468,99																		
	VI	5.742	-	459,36	516,78																		
27.071,99	I	2.151	-	172,08	193,59	-	82,80	93,15	-	10,72	12,06	-	-	-	-	-	-	-	-	-	-	-	
	II	1.087	-	86,96	97,83	-	13,44	15,12	-	-	-	-	-	-	-	-	-	-	-	-	-	-	
	III	-	-	-	-	-	-	-	-	-	-	-	-	-	-	-	-	-	-	-	-	-	
	IV	2.151	-	172,08	193,59	-	126,72	142,56	-	82,80	93,15	-	42,88	48,24	-	10,72	12,06	-	-	-	-	-	
	V	5.223	-	417,84	470,07																		
	VI	5.755	-	460,40	517,95																		
27.107,99	I	2.159	-	172,72	194,31	-	83,36	93,78	-	11,04	12,42	-	-	-	-	-	-	-	-	-	-	-	
	II	1.094	-	87,52	98,46	-	13,84	15,57	-	-	-	-	-	-	-	-	-	-	-	-	-	-	
	III	-	-	-	-	-	-	-	-	-	-	-	-	-	-	-	-	-	-	-	-	-	
	IV	2.159	-	172,72	194,31	-	127,28	143,19	-	83,36	93,78	-	43,36	48,78	-	11,04	12,42	-	-	-	-	-	
	V	5.235	-	418,80	471,15																		
	VI	5.767	-	461,36	519,03																		
27.143,99	I	2.167	-	173,36	195,03	-	83,92	94,41	-	11,44	12,87	-	-	-	-	-	-	-	-	-	-	-	
	II	1.101	-	88,08	99,09	-	14,24	16,02	-	-	-	-	-	-	-	-	-	-	-	-	-	-	
	III	-	-	-	-	-	-	-	-	-	-	-	-	-	-	-	-	-	-	-	-	-	
	IV	2.167	-	173,36	195,03	-	127,84	143,82	-	83,92	94,41	-	43,84	49,32	-	11,44	12,87	-	-	-	-	-	
	V	5.248	-	419,84	472,32																		
	VI	5.779	-	462,32	520,11																		
27.179,99	I	2.174	-	173,92	195,66	-	84,48	95,04	-	11,84	13,32	-	-	-	-	-	-	-	-	-	-	-	
	II	1.108	-	88,64	99,72	-	14,64	16,47	-	-	-	-	-	-	-	-	-	-	-	-	-	-	
	III	-	-	-	-	-	-	-	-	-	-	-	-	-	-	-	-	-	-	-	-	-	
	IV	2.174	-	173,92	195,66	-	128,48	144,54	-	84,48	95,04	-	44,24	49,77	-	11,84	13,32	-	-	-	-	-	
	V	5.260	-	420,80	473,40																		
	VI	5.792	-	463,36	521,28																		
27.215,99	I	2.182	-	174,56	196,38	-	85,04	95,67	-	12,16	13,68	-	-	-	-	-	-	-	-	-	-	-	
	II	1.116	-	89,28	100,44	-	14,96	16,83	-	-	-	-	-	-	-	-	-	-	-	-	-	-	
	III	-	-	-	-	-	-	-	-	-	-	-	-	-	-	-	-	-	-	-	-	-	
	IV	2.182	-	174,56	196,38	-	129,04	145,17	-	85,04	95,67	-	44,80	50,40	-	12,16	13,68	-	-	-	-	-	
	V	5.272	-	421,76	474,48																		
	VI	5.804	-	464,32	522,36																		
27.251,99	I	2.189	-	175,12	197,01	-	85,60	96,30	-	12,56	14,13	-	-	-	-	-	-	-	-	-	-	-	
	II	1.123	-	89,84	101,07	-	15,36	17,28	-	-	-	-	-	-	-	-	-	-	-	-	-	-	
	III	-	-	-	-	-	-	-	-	-	-	-	-	-	-	-	-	-	-	-	-	-	
	IV	2.189	-	175,12	197,01	-	129,60	145,80	-	85,60	96,30	-	45,20	50,85	-	12,56	14,13	-	-	-	-	-	
	V	5.285	-	422,80	475,65																		
	VI	5.816	-	465,28	523,44																		
27.287,99	I	2.197	-	175,76	197,73	-	86,16	96,93	-	12,96	14,58	-	-	-	-	-	-	-	-	-	-	-	
	II	1.130	-	90,40	101,70	-	15,76	17,73	-	-	-	-	-	-	-	-	-	-	-	-	-	-	
	III	-	-	-	-	-	-	-	-	-	-	-	-	-	-	-	-	-	-	-	-	-	
	IV	2.197	-	175,76	197,73	-	130,24	146,52	-	86,16	96,93	-	45,68	51,39	-	12,96	14,58	-	-	-	-	-	
	V	5.297	-	423,76	476,73																		
	VI	5.828	-	466,24	524,52																		
27.323,99	I	2.204	-	176,32	198,36	-	86,72	97,56	-	13,28	14,94	-	-	-	-	-	-	-	-	-	-	-	
	II	1.137	-	90,96	102,33	-	16,16	18,18	-	-	-	-	-	-	-	-	-	-	-	-	-	-	
	III	-	-	-	-	-	-	-	-	-	-	-	-	-	-	-	-	-	-	-	-	-	
	IV	2.204	-	176,32	198,36	-	130,80	147,15	-	86,72	97,56	-	46,16	51,93	-	13,28	14,94	-	-	-	-	-	
	V	5.309	-	424,72	477,81																		
	VI	5.841	-	467,28	525,69																		
27.359,99	I	2.212	-	176,96	199,08	-	87,36	98,28	-	13,68	15,39	-	-	-	-	-	-	-	-	-	-	-	
	II	1.144	-	91,52	102,96	-	16,56	18,63	-	-	-	-	-	-	-	-	-	-	-	-	-	-	
	III	-	-	-	-	-	-	-	-	-	-	-	-	-	-	-	-	-	-	-	-	-	
	IV	2.212	-	176,96	199,08	-	131,36	147,78	-	87,36	98,28	-	46,72	52,56	-	13,68	15,39	-	-	-	-	-	
	V	5.322	-	425,76	478,98																		
	VI	5.853	-	468,24	526,77																		
27.395,99	I	2.220	-	177,60	199,80	-	87,92	98,91	-	14,08	15,84	-	-	-	-	-	-	-	-	-	-	-	
	II	1.151	-	92,08	103,59	-	16,96	19,08	-	-	-	-	-	-	-	-	-	-	-	-	-	-	
	III	-	-	-	-	-	-	-	-	-	-	-	-	-	-	-	-	-	-	-	-	-	
	IV	2.220	-	177,60	199,80	-	132,00	148,50	-	87,92	98,91	-	47,20	53,10	-	14,08	15,84	-	-	-	-	-	
	V	5.334	-	426,72	480,06																		
	VI	5.865	-	469,20	527,85																		
27.431,99	I	2.227	-	178,16	200,43	-	88,48	99,54	-	14,48	16,29	-	-	-	-	-	-	-	-	-	-	-	
	II	1.158	-	92,64	104,22	-	17,36	19,53	-	-	-	-	-	-	-	-	-	-	-	-	-	-	
	III	-	-	-	-	-	-	-	-	-	-	-	-	-	-	-	-	-	-	-	-	-	
	IV	2.227	-	178,16	200,43	-	132,56	149,13	-	88,48	99,54	-	47,68	53,64	-	14,48	16,29	-	-	-	-	-	
	V	5.346	-	427,68	481,14																		
	VI	5.878	-	470,24	529,02																		
27.467,99	I	2.235	-	178,80	201,15	-	89,04	100,17	-	14,88	16,74	-	-	-	-	-	-	-	-	-	-	-	
	II	1.165	-	93,20	104,85	-	17,76	19,98	-	-	-	-	-	-	-	-	-	-	-	-	-	-	
	III	-	-	-	-	-	-	-	-	-	-	-	-	-	-	-	-	-	-	-	-	-	
	IV	2.235	-	178,80	201,15	-	133,12	149,76	-	89,04	100,17	-	48,16	54,18	-	14,88	16,74	-	-	-	-	-	
	V	5.359	-	428,72	482,31																		
	VI	5.890	-	471,20	530,10																		
27.503,99	I	2.242	-	179,36	201,78	-	89,60	100,80	-	15,20	17,10	-	-	-	-	-	-	-	-	-	-	-	
	II	1.172	-	93,76	105,48	-	18,08	20,34	-	-	-	-	-	-	-	-	-	-	-	-	-	-	
	III	-	-	-	-	-	-	-	-	-	-	-	-	-	-	-	-	-	-	-	-	-	
	IV	2.242	-	179,36	201,78	-	133,76	150,48	-	89,60	100,80	-	48,64	54,72	-	15,20	17,10	-	-	-	-	-	
	V	5.371	-	429,68	483,39																		
	VI	5.902	-	472,16	531,18																		
27.539,99	I	2.250	-	180,00	202,50	-	90,16	101,43	-	15,60	17,55	-	-	-	-	-	-	-	-	-	-	-	
	II	1.179	-	94,32	106,11	-	18,48	20,79	-	-	-	-	-	-	-	-	-	-	-	-	-	-	
	III	-	-	-	-	-	-	-	-	-	-	-	-	-	-	-	-	-	-	-	-	-	
	IV	2.250	-	180,00	202,50	-	134,32	151,11	-	90,16	101,43	-	49,12	55,26	-	15,60	17,55	-	-	-	-	-	
	V	5.383	-	430,64	484,47																		
	VI	5.915	-	473,20	532,35																		

SolZ/KiSt lt. Tabelle nicht für Sonstige Bezüge anwendbar.

Lohn/ Gehalt bis	Steuerklasse	Lohn-steuer	ohne Kinderfreibetrag			Anzahl Kinderfreibeträge (nur Steuerklassen I–IV): 0,5			1,0			1,5			2,0			2,5			3,0		
			SolZ 5,5%	Kirchensteuer 8%	Kirchensteuer 9%	SolZ 5,5%	Kirchensteuer 8%	Kirchensteuer 9%	SolZ 5,5%	Kirchensteuer 8%	Kirchensteuer 9%	SolZ 5,5%	Kirchensteuer 8%	Kirchensteuer 9%	SolZ 5,5%	Kirchensteuer 8%	Kirchensteuer 9%	SolZ 5,5%	Kirchensteuer 8%	Kirchensteuer 9%	SolZ 5,5%	Kirchensteuer 8%	Kirchensteuer 9%
27.575,99	I	2.258	-	180,64	203,22	-	90,72	102,06	-	16,00	18,00	-	-	-	-	-	-	-	-	-	-	-	-
	II	1.186	-	94,88	106,74	-	18,88	21,24	-	-	-	-	-	-	-	-	-	-	-	-	-	-	-
	III	-	-	-	-	-	-	-	-	-	-	-	-	-	-	-	-	-	-	-	-	-	-
	IV	2.258	-	180,64	203,22	-	134,88	151,74	-	90,72	102,06	-	49,60	55,80	-	16,00	18,00	-	-	-	-	-	-
	V	5.395	-	431,60	485,55																		
	VI	5.927	-	474,16	533,43																		
27.611,99	I	2.265	-	181,20	203,85	-	91,28	102,69	-	16,40	18,45	-	-	-	-	-	-	-	-	-	-	-	-
	II	1.194	-	95,52	107,46	-	19,28	21,69	-	-	-	-	-	-	-	-	-	-	-	-	-	-	-
	III	-	-	-	-	-	-	-	-	-	-	-	-	-	-	-	-	-	-	-	-	-	-
	IV	2.265	-	181,20	203,85	-	135,52	152,46	-	91,28	102,69	-	50,08	56,34	-	16,40	18,45	-	-	-	-	-	-
	V	5.408	-	432,64	486,72																		
	VI	5.939	-	475,12	534,51																		
27.647,99	I	2.273	-	181,84	204,57	-	91,84	103,32	-	16,80	18,90	-	-	-	-	-	-	-	-	-	-	-	-
	II	1.201	-	96,08	108,09	-	19,68	22,14	-	-	-	-	-	-	-	-	-	-	-	-	-	-	-
	III	-	-	-	-	-	-	-	-	-	-	-	-	-	-	-	-	-	-	-	-	-	-
	IV	2.273	-	181,84	204,57	-	136,08	153,09	-	91,84	103,32	-	50,56	56,88	-	16,80	18,90	-	-	-	-	-	-
	V	5.420	-	433,60	487,80																		
	VI	5.952	-	476,16	535,68																		
27.683,99	I	2.280	-	182,40	205,20	-	92,40	103,95	-	17,20	19,35	-	-	-	-	-	-	-	-	-	-	-	-
	II	1.208	-	96,64	108,72	-	20,08	22,59	-	-	-	-	-	-	-	-	-	-	-	-	-	-	-
	III	-	-	-	-	-	-	-	-	-	-	-	-	-	-	-	-	-	-	-	-	-	-
	IV	2.280	-	182,40	205,20	-	136,64	153,72	-	92,40	103,95	-	51,04	57,42	-	17,20	19,35	-	-	-	-	-	-
	V	5.432	-	434,56	488,88																		
	VI	5.964	-	477,12	536,76																		
27.719,99	I	2.288	-	183,04	205,92	-	93,04	104,67	-	17,60	19,80	-	-	-	-	-	-	-	-	-	-	-	-
	II	1.215	-	97,20	109,35	-	20,48	23,04	-	-	-	-	-	-	-	-	-	-	-	-	-	-	-
	III	-	-	-	-	-	-	-	-	-	-	-	-	-	-	-	-	-	-	-	-	-	-
	IV	2.288	-	183,04	205,92	-	137,28	154,44	-	93,04	104,67	-	51,60	58,05	-	17,60	19,80	-	-	-	-	-	-
	V	5.445	-	435,60	490,05																		
	VI	5.976	-	478,08	537,84																		
27.755,99	I	2.296	-	183,68	206,64	-	93,60	105,30	-	18,00	20,25	-	-	-	-	-	-	-	-	-	-	-	-
	II	1.222	-	97,76	109,98	-	20,88	23,49	-	-	-	-	-	-	-	-	-	-	-	-	-	-	-
	III	-	-	-	-	-	-	-	-	-	-	-	-	-	-	-	-	-	-	-	-	-	-
	IV	2.296	-	183,68	206,64	-	137,84	155,07	-	93,60	105,30	-	52,08	58,59	-	18,00	20,25	-	-	-	-	-	-
	V	5.457	-	436,56	491,13																		
	VI	5.986	-	478,88	538,74																		
27.791,99	I	2.303	-	184,24	207,27	-	94,16	105,93	-	18,40	20,70	-	-	-	-	-	-	-	-	-	-	-	-
	II	1.229	-	98,32	110,61	-	21,28	23,94	-	-	-	-	-	-	-	-	-	-	-	-	-	-	-
	III	-	-	-	-	-	-	-	-	-	-	-	-	-	-	-	-	-	-	-	-	-	-
	IV	2.303	-	184,24	207,27	-	138,40	155,70	-	94,16	105,93	-	52,56	59,13	-	18,40	20,70	-	-	-	-	-	-
	V	5.469	-	437,52	492,21																		
	VI	5.998	-	479,84	539,82																		
27.827,99	I	2.311	-	184,88	207,99	-	94,72	106,56	-	18,80	21,15	-	-	-	-	-	-	-	-	-	-	-	-
	II	1.237	-	98,96	111,33	-	21,76	24,48	-	-	-	-	-	-	-	-	-	-	-	-	-	-	-
	III	-	-	-	-	-	-	-	-	-	-	-	-	-	-	-	-	-	-	-	-	-	-
	IV	2.311	-	184,88	207,99	-	139,04	156,42	-	94,72	106,56	-	53,04	59,67	-	18,80	21,15	-	-	-	-	-	-
	V	5.482	-	438,56	493,38																		
	VI	6.006	-	480,48	540,54																		
27.863,99	I	2.319	-	185,52	208,71	-	95,28	107,19	-	19,20	21,60	-	-	-	-	-	-	-	-	-	-	-	-
	II	1.244	-	99,52	111,96	-	22,16	24,93	-	-	-	-	-	-	-	-	-	-	-	-	-	-	-
	III	-	-	-	-	-	-	-	-	-	-	-	-	-	-	-	-	-	-	-	-	-	-
	IV	2.319	-	185,52	208,71	-	139,60	157,05	-	95,28	107,19	-	53,60	60,30	-	19,20	21,60	-	-	-	-	-	-
	V	5.494	-	439,52	494,46																		
	VI	6.018	-	481,44	541,62																		
27.899,99	I	2.326	-	186,08	209,34	-	95,84	107,82	-	19,52	21,96	-	-	-	-	-	-	-	-	-	-	-	-
	II	1.251	-	100,08	112,59	-	22,56	25,38	-	-	-	-	-	-	-	-	-	-	-	-	-	-	-
	III	-	-	-	-	-	-	-	-	-	-	-	-	-	-	-	-	-	-	-	-	-	-
	IV	2.326	-	186,08	209,34	-	140,24	157,77	-	95,84	107,82	-	54,08	60,84	-	19,52	21,96	-	-	-	-	-	-
	V	5.506	-	440,48	495,54																		
	VI	6.028	-	482,24	542,52																		
27.935,99	I	2.334	-	186,72	210,06	-	96,40	108,45	-	19,92	22,41	-	-	-	-	-	-	-	-	-	-	-	-
	II	1.258	-	100,64	113,22	-	22,96	25,83	-	-	-	-	-	-	-	-	-	-	-	-	-	-	-
	III	-	-	-	-	-	-	-	-	-	-	-	-	-	-	-	-	-	-	-	-	-	-
	IV	2.334	-	186,72	210,06	-	140,80	158,40	-	96,40	108,45	-	54,56	61,38	-	19,92	22,41	-	-	-	-	-	-
	V	5.518	-	441,44	496,62																		
	VI	6.038	-	483,04	543,42																		
27.971,99	I	2.342	-	187,36	210,78	-	97,04	109,17	-	20,40	22,95	-	-	-	-	-	-	-	-	-	-	-	-
	II	1.265	-	101,20	113,85	-	23,36	26,28	-	-	-	-	-	-	-	-	-	-	-	-	-	-	-
	III	-	-	-	-	-	-	-	-	-	-	-	-	-	-	-	-	-	-	-	-	-	-
	IV	2.342	-	187,36	210,78	-	141,36	159,03	-	97,04	109,17	-	55,12	62,01	-	20,40	22,95	-	-	-	-	-	-
	V	5.531	-	442,48	497,79																		
	VI	6.048	-	483,84	544,32																		
28.007,99	I	2.349	-	187,92	211,41	-	97,60	109,80	-	20,80	23,40	-	-	-	-	-	-	-	-	-	-	-	-
	II	1.272	-	101,76	114,48	-	23,76	26,73	-	-	-	-	-	-	-	-	-	-	-	-	-	-	-
	III	-	-	-	-	-	-	-	-	-	-	-	-	-	-	-	-	-	-	-	-	-	-
	IV	2.349	-	187,92	211,41	-	142,00	159,75	-	97,60	109,80	-	55,60	62,55	-	20,80	23,40	-	-	-	-	-	-
	V	5.543	-	443,44	498,87																		
	VI	6.060	-	484,80	545,40																		
28.043,99	I	2.357	-	188,56	212,13	-	98,16	110,43	-	21,20	23,85	-	-	-	-	-	-	-	-	-	-	-	-
	II	1.279	-	102,32	115,11	-	24,16	27,18	-	-	-	-	-	-	-	-	-	-	-	-	-	-	-
	III	-	-	-	-	-	-	-	-	-	-	-	-	-	-	-	-	-	-	-	-	-	-
	IV	2.357	-	188,56	212,13	-	142,56	160,38	-	98,16	110,43	-	56,08	63,09	-	21,20	23,85	-	-	-	-	-	-
	V	5.555	-	444,40	499,95																		
	VI	6.068	-	485,44	546,12																		
28.079,99	I	2.365	-	189,20	212,85	-	98,72	111,06	-	21,60	24,30	-	-	-	-	-	-	-	-	-	-	-	-
	II	1.287	-	102,96	115,83	-	24,64	27,72	-	-	-	-	-	-	-	-	-	-	-	-	-	-	-
	III	-	-	-	-	-	-	-	-	-	-	-	-	-	-	-	-	-	-	-	-	-	-
	IV	2.365	-	189,20	212,85	-	143,20	161,10	-	98,72	111,06	-	56,64	63,72	-	21,60	24,30	-	-	-	-	-	-
	V	5.568	-	445,44	501,12																		
	VI	6.080	-	486,40	547,20																		

SolZ/KiSt lt. Tabelle nicht für Sonstige Bezüge anwendbar.

Lohn/ Gehalt bis	Steuerklasse	Lohn-steuer	ohne Kinderfreibetrag			Anzahl Kinderfreibeträge (nur Steuerklassen I–IV)																	
						0,5			1,0			1,5			2,0			2,5			3,0		
			SolZ 5,5%	Kirchensteuer 8%	9%	SolZ 5,5%	Kirchensteuer 8%	9%	SolZ 5,5%	Kirchensteuer 8%	9%	SolZ 5,5%	Kirchensteuer 8%	9%	SolZ 5,5%	Kirchensteuer 8%	9%	SolZ 5,5%	Kirchensteuer 8%	9%	SolZ 5,5%	Kirchensteuer 8%	9%
28.115,99	I	2.372	-	189,76	213,48	-	99,28	111,69	-	22,00	24,75	-	-	-	-	-	-	-	-	-	-	-	
	II	1.294	-	103,52	116,46	-	25,04	28,17	-	-	-	-	-	-	-	-	-	-	-	-	-	-	
	III	-	-	-	-	-	-	-	-	-	-	-	-	-	-	-	-	-	-	-	-	-	
	IV	2.372	-	189,76	213,48	-	143,76	161,73	-	99,28	111,69	-	57,12	64,26	-	22,00	24,75	-	-	-	-	-	
	V	5.580	-	446,40	502,20																		
	VI	6.090	-	487,20	548,10																		
28.151,99	I	2.380	-	190,40	214,20	-	99,84	112,32	-	22,40	25,20	-	-	-	-	-	-	-	-	-	-	-	
	II	1.301	-	104,08	117,09	-	25,44	28,62	-	-	-	-	-	-	-	-	-	-	-	-	-	-	
	III	-	-	-	-	-	-	-	-	-	-	-	-	-	-	-	-	-	-	-	-	-	
	IV	2.380	-	190,40	214,20	-	144,32	162,36	-	99,84	112,32	-	57,60	64,80	-	22,40	25,20	-	-	-	-	-	
	V	5.592	-	447,36	503,28																		
	VI	6.100	-	488,00	549,00																		
28.187,99	I	2.387	-	190,96	214,83	-	100,40	112,95	-	22,80	25,65	-	-	-	-	-	-	-	-	-	-	-	
	II	1.308	-	104,64	117,72	-	25,84	29,07	-	-	-	-	-	-	-	-	-	-	-	-	-	-	
	III	-	-	-	-	-	-	-	-	-	-	-	-	-	-	-	-	-	-	-	-	-	
	IV	2.387	-	190,96	214,83	-	144,96	163,08	-	100,40	112,95	-	58,16	65,43	-	22,80	25,65	-	-	-	-	-	
	V	5.604	-	448,32	504,36																		
	VI	6.110	-	488,80	549,90																		
28.223,99	I	2.395	-	191,60	215,55	-	101,04	113,67	-	23,20	26,10	-	-	-	-	-	-	-	-	-	-	-	
	II	1.315	-	105,20	118,35	-	26,32	29,61	-	-	-	-	-	-	-	-	-	-	-	-	-	-	
	III	-	-	-	-	-	-	-	-	-	-	-	-	-	-	-	-	-	-	-	-	-	
	IV	2.395	-	191,60	215,55	-	145,52	163,71	-	101,04	113,67	-	58,64	65,97	-	23,20	26,10	-	-	-	-	-	
	V	5.617	-	449,36	505,53																		
	VI	6.120	-	489,60	550,80																		
28.259,99	I	2.403	-	192,24	216,27	-	101,60	114,30	-	23,60	26,55	-	-	-	-	-	-	-	-	-	-	-	
	II	1.323	-	105,84	119,07	-	26,72	30,06	-	-	-	-	-	-	-	-	-	-	-	-	-	-	
	III	-	-	-	-	-	-	-	-	-	-	-	-	-	-	-	-	-	-	-	-	-	
	IV	2.403	-	192,24	216,27	-	146,16	164,43	-	101,60	114,30	-	59,20	66,60	-	23,60	26,55	-	-	-	-	-	
	V	5.629	-	450,32	506,61																		
	VI	6.132	-	490,56	551,88																		
28.295,99	I	2.410	-	192,80	216,90	-	102,16	114,93	-	24,00	27,00	-	-	-	-	-	-	-	-	-	-	-	
	II	1.330	-	106,40	119,70	-	27,12	30,51	-	-	-	-	-	-	-	-	-	-	-	-	-	-	
	III	-	-	-	-	-	-	-	-	-	-	-	-	-	-	-	-	-	-	-	-	-	
	IV	2.410	-	192,80	216,90	-	146,72	165,06	-	102,16	114,93	-	59,68	67,14	-	24,00	27,00	-	-	-	-	-	
	V	5.641	-	451,28	507,69																		
	VI	6.142	-	491,36	552,78																		
28.331,99	I	2.418	-	193,44	217,62	-	102,72	115,56	-	24,48	27,54	-	-	-	-	-	-	-	-	-	-	-	
	II	1.337	-	106,96	120,33	-	27,60	31,05	-	-	-	-	-	-	-	-	-	-	-	-	-	-	
	III	-	-	-	-	-	-	-	-	-	-	-	-	-	-	-	-	-	-	-	-	-	
	IV	2.418	-	193,44	217,62	-	147,28	165,69	-	102,72	115,56	-	60,24	67,77	-	24,48	27,54	-	-	-	-	-	
	V	5.654	-	452,32	508,86																		
	VI	6.152	-	492,16	553,68																		
28.367,99	I	2.426	-	194,08	218,34	-	103,28	116,19	-	24,88	27,99	-	-	-	-	-	-	-	-	-	-	-	
	II	1.344	-	107,52	120,96	-	28,00	31,50	-	-	-	-	-	-	-	-	-	-	-	-	-	-	
	III	-	-	-	-	-	-	-	-	-	-	-	-	-	-	-	-	-	-	-	-	-	
	IV	2.426	-	194,08	218,34	-	147,92	166,41	-	103,28	116,19	-	60,72	68,31	-	24,88	27,99	-	-	-	-	-	
	V	5.666	-	453,28	509,94																		
	VI	6.164	-	493,12	554,76																		
28.403,99	I	2.433	-	194,64	218,97	-	103,84	116,82	-	25,28	28,44	-	-	-	-	-	-	-	-	-	-	-	
	II	1.351	-	108,08	121,59	-	28,40	31,95	-	-	-	-	-	-	-	-	-	-	-	-	-	-	
	III	-	-	-	-	-	-	-	-	-	-	-	-	-	-	-	-	-	-	-	-	-	
	IV	2.433	-	194,64	218,97	-	148,48	167,04	-	103,84	116,82	-	61,28	68,94	-	25,28	28,44	-	-	-	-	-	
	V	5.678	-	454,24	511,02																		
	VI	6.174	-	493,92	555,66																		
28.439,99	I	2.441	-	195,28	219,69	-	104,48	117,54	-	25,76	28,98	-	-	-	-	-	-	-	-	-	-	-	
	II	1.359	-	108,72	122,31	-	28,88	32,49	-	-	-	-	-	-	-	-	-	-	-	-	-	-	
	III	-	-	-	-	-	-	-	-	-	-	-	-	-	-	-	-	-	-	-	-	-	
	IV	2.441	-	195,28	219,69	-	149,12	167,76	-	104,48	117,54	-	61,76	69,48	-	25,76	28,98	-	-	-	-	-	
	V	5.691	-	455,28	512,19																		
	VI	6.184	-	494,72	556,56																		
28.475,99	I	2.449	-	195,92	220,41	-	105,04	118,17	-	26,16	29,43	-	-	-	-	-	-	-	-	-	-	-	
	II	1.366	-	109,28	122,94	-	29,28	32,94	-	-	-	-	-	-	-	-	-	-	-	-	-	-	
	III	-	-	-	-	-	-	-	-	-	-	-	-	-	-	-	-	-	-	-	-	-	
	IV	2.449	-	195,92	220,41	-	149,68	168,39	-	105,04	118,17	-	62,32	70,11	-	26,16	29,43	-	-	-	-	-	
	V	5.703	-	456,24	513,27																		
	VI	6.194	-	495,52	557,46																		
28.511,99	I	2.456	-	196,48	221,04	-	105,60	118,80	-	26,56	29,88	-	-	-	-	-	-	-	-	-	-	-	
	II	1.373	-	109,84	123,57	-	29,68	33,39	-	-	-	-	-	-	-	-	-	-	-	-	-	-	
	III	-	-	-	-	-	-	-	-	-	-	-	-	-	-	-	-	-	-	-	-	-	
	IV	2.456	-	196,48	221,04	-	150,32	169,11	-	105,60	118,80	-	62,80	70,65	-	26,56	29,88	-	-	-	-	-	
	V	5.715	-	457,20	514,35																		
	VI	6.204	-	496,32	558,36																		
28.547,99	I	2.464	-	197,12	221,76	-	106,16	119,43	-	26,96	30,33	-	-	-	-	-	-	-	-	-	-	-	
	II	1.380	-	110,40	124,20	-	30,16	33,93	-	-	-	-	-	-	-	-	-	-	-	-	-	-	
	III	-	-	-	-	-	-	-	-	-	-	-	-	-	-	-	-	-	-	-	-	-	
	IV	2.464	-	197,12	221,76	-	150,88	169,74	-	106,16	119,43	-	63,36	71,28	-	26,96	30,33	-	-	-	-	-	
	V	5.727	-	458,16	515,43																		
	VI	6.214	-	497,12	559,26																		
28.583,99	I	2.472	-	197,76	222,48	-	106,72	120,06	-	27,44	30,87	-	-	-	-	-	-	-	-	-	-	-	
	II	1.387	-	110,96	124,83	-	30,56	34,38	-	-	-	-	-	-	-	-	-	-	-	-	-	-	
	III	-	-	-	-	-	-	-	-	-	-	-	-	-	-	-	-	-	-	-	-	-	
	IV	2.472	-	197,76	222,48	-	151,52	170,46	-	106,72	120,06	-	63,92	71,91	-	27,44	30,87	-	-	-	-	-	
	V	5.740	-	459,20	516,60																		
	VI	6.226	-	498,08	560,34																		
28.619,99	I	2.480	-	198,40	223,20	-	107,28	120,69	-	27,84	31,32	-	-	-	-	-	-	-	-	-	-	-	
	II	1.395	-	111,60	125,55	-	31,04	34,92	-	-	-	-	-	-	-	-	-	-	-	-	-	-	
	III	-	-	-	-	-	-	-	-	-	-	-	-	-	-	-	-	-	-	-	-	-	
	IV	2.480	-	198,40	223,20	-	152,08	171,09	-	107,28	120,69	-	64,40	72,45	-	27,84	31,32	-	-	-	-	-	
	V	5.752	-	460,16	517,68																		
	VI	6.236	-	498,88	561,24																		

SolZ/KiSt lt. Tabelle nicht für Sonstige Bezüge anwendbar.

Lohn/ Gehalt bis	Steuerklasse	Lohn-steuer	ohne Kinderfreibetrag			Anzahl Kinderfreibeträge (nur Steuerklassen I–IV)																	
						0,5			1,0			1,5			2,0			2,5			3,0		
			SolZ 5,5%	Kirchensteuer 8%	9%	SolZ 5,5%	Kirchensteuer 8%	9%	SolZ 5,5%	Kirchensteuer 8%	9%	SolZ 5,5%	Kirchensteuer 8%	9%	SolZ 5,5%	Kirchensteuer 8%	9%	SolZ 5,5%	Kirchensteuer 8%	9%	SolZ 5,5%	Kirchensteuer 8%	9%
28.655,99	I	2.487	–	198,96	223,83	–	107,92	121,41	–	28,24	31,77	–	–	–	–	–	–	–	–	–	–	–	–
	II	1.402	–	112,16	126,18	–	31,44	35,37	–	–	–	–	–	–	–	–	–	–	–	–	–	–	–
	III	–	–	–	–	–	–	–	–	–	–	–	–	–	–	–	–	–	–	–	–	–
	IV	2.487	–	198,96	223,83	–	152,64	171,72	–	107,92	121,41	–	64,96	73,08	–	28,24	31,77	–	–	–	–	–	–
	V	5.764	–	461,12	518,76																		
	VI	6.246	–	499,68	562,14																		
28.691,99	I	2.495	–	199,60	224,55	–	108,48	122,04	–	28,72	32,31	–	–	–	–	–	–	–	–	–	–	–	–
	II	1.409	–	112,72	126,81	–	31,92	35,91	–	–	–	–	–	–	–	–	–	–	–	–	–	–	–
	III	–	–	–	–	–	–	–	–	–	–	–	–	–	–	–	–	–	–	–	–	–	–
	IV	2.495	–	199,60	224,55	–	153,28	172,44	–	108,48	122,04	–	65,44	73,62	–	28,72	32,31	–	–	–	–	–	–
	V	5.777	–	462,16	519,93																		
	VI	6.256	–	500,48	563,04																		
28.727,99	I	2.503	–	200,24	225,27	–	109,04	122,67	–	29,12	32,76	–	–	–	–	–	–	–	–	–	–	–	–
	II	1.416	–	113,28	127,44	–	32,32	36,36	–	–	–	–	–	–	–	–	–	–	–	–	–	–	–
	III	–	–	–	–	–	–	–	–	–	–	–	–	–	–	–	–	–	–	–	–	–	–
	IV	2.503	–	200,24	225,27	–	153,84	173,07	–	109,04	122,67	–	66,00	74,25	–	29,12	32,76	–	0,08	0,09	–	–	–
	V	5.789	–	463,12	521,01																		
	VI	6.268	–	501,44	564,12																		
28.763,99	I	2.510	–	200,80	225,90	–	109,60	123,30	–	29,52	33,21	–	–	–	–	–	–	–	–	–	–	–	–
	II	1.423	–	113,84	128,07	–	32,80	36,90	–	–	–	–	–	–	–	–	–	–	–	–	–	–	–
	III	–	–	–	–	–	–	–	–	–	–	–	–	–	–	–	–	–	–	–	–	–	–
	IV	2.510	–	200,80	225,90	–	154,48	173,79	–	109,60	123,30	–	66,56	74,88	–	29,52	33,21	–	0,40	0,45	–	–	–
	V	5.801	–	464,08	522,09																		
	VI	6.278	–	502,24	565,02																		
28.799,99	I	2.518	–	201,44	226,62	–	110,24	124,02	–	30,00	33,75	–	–	–	–	–	–	–	–	–	–	–	–
	II	1.431	–	114,48	128,79	–	33,20	37,35	–	–	–	–	–	–	–	–	–	–	–	–	–	–	–
	III	4	–	0,32	0,36	–	–	–	–	–	–	–	–	–	–	–	–	–	–	–	–	–	–
	IV	2.518	–	201,44	226,62	–	155,04	174,42	–	110,24	124,02	–	67,12	75,51	–	30,00	33,75	–	0,72	0,81	–	–	–
	V	5.814	–	465,12	523,26																		
	VI	6.288	–	503,04	565,92																		
28.835,99	I	2.526	–	202,08	227,34	–	110,80	124,65	–	30,40	34,20	–	–	–	–	–	–	–	–	–	–	–	–
	II	1.438	–	115,04	129,42	–	33,68	37,89	–	–	–	–	–	–	–	–	–	–	–	–	–	–	–
	III	8	–	0,64	0,72	–	–	–	–	–	–	–	–	–	–	–	–	–	–	–	–	–	–
	IV	2.526	–	202,08	227,34	–	155,68	175,14	–	110,80	124,65	–	67,60	76,05	–	30,40	34,20	–	1,12	1,26	–	–	–
	V	5.826	–	466,08	524,34																		
	VI	6.300	–	504,00	567,00																		
28.871,99	I	2.534	–	202,72	228,06	–	111,36	125,28	–	30,88	34,74	–	–	–	–	–	–	–	–	–	–	–	–
	II	1.445	–	115,60	130,05	–	34,08	38,34	–	–	–	–	–	–	–	–	–	–	–	–	–	–	–
	III	14	–	1,12	1,26	–	–	–	–	–	–	–	–	–	–	–	–	–	–	–	–	–	–
	IV	2.534	–	202,72	228,06	–	156,24	175,77	–	111,36	125,28	–	68,16	76,68	–	30,88	34,74	–	1,44	1,62	–	–	–
	V	5.838	–	467,04	525,42																		
	VI	6.308	–	504,64	567,72																		
28.907,99	I	2.541	–	203,28	228,69	–	111,92	125,91	–	31,28	35,19	–	–	–	–	–	–	–	–	–	–	–	–
	II	1.452	–	116,16	130,68	–	34,56	38,88	–	–	–	–	–	–	–	–	–	–	–	–	–	–	–
	III	18	–	1,44	1,62	–	–	–	–	–	–	–	–	–	–	–	–	–	–	–	–	–	–
	IV	2.541	–	203,28	228,69	–	156,80	176,40	–	111,92	125,91	–	68,72	77,31	–	31,28	35,19	–	1,76	1,98	–	–	–
	V	5.850	–	468,00	526,50																		
	VI	6.320	–	505,60	568,80																		
28.943,99	I	2.549	–	203,92	229,41	–	112,48	126,54	–	31,76	35,73	–	–	–	–	–	–	–	–	–	–	–	–
	II	1.460	–	116,80	131,40	–	35,04	39,42	–	–	–	–	–	–	–	–	–	–	–	–	–	–	–
	III	22	–	1,76	1,98	–	–	–	–	–	–	–	–	–	–	–	–	–	–	–	–	–	–
	IV	2.549	–	203,92	229,41	–	157,44	177,12	–	112,48	126,54	–	69,20	77,85	–	31,76	35,73	–	2,08	2,34	–	–	–
	V	5.863	–	469,04	527,67																		
	VI	6.332	–	506,56	569,88																		
28.979,99	I	2.557	–	204,56	230,13	–	113,12	127,26	–	32,16	36,18	–	–	–	–	–	–	–	–	–	–	–	–
	II	1.467	–	117,36	132,03	–	35,44	39,87	–	–	–	–	–	–	–	–	–	–	–	–	–	–	–
	III	28	–	2,24	2,52	–	–	–	–	–	–	–	–	–	–	–	–	–	–	–	–	–	–
	IV	2.557	–	204,56	230,13	–	158,08	177,84	–	113,12	127,26	–	69,76	78,48	–	32,16	36,18	–	2,40	2,70	–	–	–
	V	5.875	–	470,00	528,75																		
	VI	6.340	–	507,20	570,60																		
29.015,99	I	2.564	–	205,12	230,76	–	113,68	127,89	–	32,64	36,72	–	–	–	–	–	–	–	–	–	–	–	–
	II	1.474	–	117,92	132,66	–	35,92	40,41	–	–	–	–	–	–	–	–	–	–	–	–	–	–	–
	III	32	–	2,56	2,88	–	–	–	–	–	–	–	–	–	–	–	–	–	–	–	–	–	–
	IV	2.564	–	205,12	230,76	–	158,64	178,47	–	113,68	127,89	–	70,32	79,11	–	32,64	36,72	–	2,80	3,15	–	–	–
	V	5.887	–	470,96	529,83																		
	VI	6.352	–	508,16	571,68																		
29.051,99	I	2.572	–	205,76	231,48	–	114,24	128,52	–	33,04	37,17	–	–	–	–	–	–	–	–	–	–	–	–
	II	1.482	–	118,56	133,38	–	36,40	40,95	–	–	–	–	–	–	–	–	–	–	–	–	–	–	–
	III	36	–	2,88	3,24	–	–	–	–	–	–	–	–	–	–	–	–	–	–	–	–	–	–
	IV	2.572	–	205,76	231,48	–	159,28	179,19	–	114,24	128,52	–	70,88	79,74	–	33,04	37,17	–	3,12	3,51	–	–	–
	V	5.900	–	472,00	531,00																		
	VI	6.362	–	508,96	572,58																		
29.087,99	I	2.580	–	206,40	232,20	–	114,80	129,15	–	33,52	37,71	–	–	–	–	–	–	–	–	–	–	–	–
	II	1.489	–	119,12	134,01	–	36,80	41,40	–	–	–	–	–	–	–	–	–	–	–	–	–	–	–
	III	42	–	3,36	3,78	–	–	–	–	–	–	–	–	–	–	–	–	–	–	–	–	–	–
	IV	2.580	–	206,40	232,20	–	159,84	179,82	–	114,80	129,15	–	71,44	80,37	–	33,52	37,71	–	3,44	3,87	–	–	–
	V	5.912	–	472,96	532,08																		
	VI	6.372	–	509,76	573,48																		
29.123,99	I	2.588	–	207,04	232,92	–	115,36	129,78	–	33,92	38,16	–	–	–	–	–	–	–	–	–	–	–	–
	II	1.496	–	119,68	134,64	–	37,28	41,94	–	–	–	–	–	–	–	–	–	–	–	–	–	–	–
	III	46	–	3,68	4,14	–	–	–	–	–	–	–	–	–	–	–	–	–	–	–	–	–	–
	IV	2.588	–	207,04	232,92	–	160,40	180,45	–	115,36	129,78	–	71,92	80,91	–	33,92	38,16	–	3,76	4,23	–	–	–
	V	5.924	–	473,92	533,16																		
	VI	6.384	–	510,72	574,56																		
29.159,99	I	2.595	–	207,60	233,55	–	116,00	130,50	–	34,40	38,70	–	–	–	–	–	–	–	–	–	–	–	–
	II	1.503	–	120,24	135,27	–	37,76	42,48	–	–	–	–	–	–	–	–	–	–	–	–	–	–	–
	III	50	–	4,00	4,50	–	–	–	–	–	–	–	–	–	–	–	–	–	–	–	–	–	–
	IV	2.595	–	207,60	233,55	–	161,04	181,17	–	116,00	130,50	–	72,48	81,54	–	34,40	38,70	–	4,16	4,68	–	–	–
	V	5.936	–	474,88	534,24																		
	VI	6.394	–	511,52	575,46																		

SolZ/KiSt lt. Tabelle nicht für Sonstige Bezüge anwendbar.

Lohn/ Gehalt bis	Steuerklasse	Lohnsteuer	ohne Kinderfreibetrag			Anzahl Kinderfreibeträge (nur Steuerklassen I–IV)																	
						0,5			1,0			1,5			2,0			2,5			3,0		
			SolZ 5,5%	Kirchensteuer 8%	9%	SolZ 5,5%	Kirchensteuer 8%	9%	SolZ 5,5%	Kirchensteuer 8%	9%	SolZ 5,5%	Kirchensteuer 8%	9%	SolZ 5,5%	Kirchensteuer 8%	9%	SolZ 5,5%	Kirchensteuer 8%	9%	SolZ 5,5%	Kirchensteuer 8%	9%
29.195,99	I	2.603	-	208,24	234,27	-	116,56	131,13	-	34,88	39,24	-	-	-	-	-	-	-	-	-	-	-	
	II	1.511	-	120,88	135,99	-	38,16	42,93	-	-	-	-	-	-	-	-	-	-	-	-	-	-	
	III	56	-	4,48	5,04	-	-	-	-	-	-	-	-	-	-	-	-	-	-	-	-	-	
	IV	2.603	-	208,24	234,27	-	161,68	181,89	-	116,56	131,13	-	73,04	82,17	-	34,88	39,24	-	4,48	5,04	-	-	
	V	5.949	-	475,92	535,41																		
	VI	6.406	-	512,48	576,54																		
29.231,99	I	2.611	-	208,88	234,99	-	117,12	131,76	-	35,28	39,69	-	-	-	-	-	-	-	-	-	-	-	
	II	1.518	-	121,44	136,62	-	38,64	43,47	-	-	-	-	-	-	-	-	-	-	-	-	-	-	
	III	60	-	4,80	5,40	-	-	-	-	-	-	-	-	-	-	-	-	-	-	-	-	-	
	IV	2.611	-	208,88	234,99	-	162,24	182,52	-	117,12	131,76	-	73,60	82,80	-	35,28	39,69	-	4,80	5,40	-	-	
	V	5.961	-	476,88	536,49																		
	VI	6.414	-	513,12	577,26																		
29.267,99	I	2.619	-	209,52	235,71	-	117,68	132,39	-	35,76	40,23	-	-	-	-	-	-	-	-	-	-	-	
	II	1.525	-	122,00	137,25	-	39,12	44,01	-	-	-	-	-	-	-	-	-	-	-	-	-	-	
	III	64	-	5,12	5,76	-	-	-	-	-	-	-	-	-	-	-	-	-	-	-	-	-	
	IV	2.619	-	209,52	235,71	-	162,80	183,15	-	117,68	132,39	-	74,16	83,43	-	35,76	40,23	-	5,20	5,85	-	-	
	V	5.973	-	477,84	537,57																		
	VI	6.426	-	514,08	578,34																		
29.303,99	I	2.627	-	210,16	236,43	-	118,32	133,11	-	36,24	40,77	-	-	-	-	-	-	-	-	-	-	-	
	II	1.532	-	122,56	137,88	-	39,60	44,55	-	-	-	-	-	-	-	-	-	-	-	-	-	-	
	III	70	-	5,60	6,30	-	-	-	-	-	-	-	-	-	-	-	-	-	-	-	-	-	
	IV	2.627	-	210,16	236,43	-	163,44	183,87	-	118,32	133,11	-	74,72	84,06	-	36,24	40,77	-	5,52	6,21	-	-	
	V	5.984	-	478,72	538,56																		
	VI	6.436	-	514,88	579,24																		
29.339,99	I	2.634	-	210,72	237,06	-	118,88	133,74	-	36,64	41,22	-	-	-	-	-	-	-	-	-	-	-	
	II	1.540	-	123,20	138,60	-	40,00	45,00	-	-	-	-	-	-	-	-	-	-	-	-	-	-	
	III	74	-	5,92	6,66	-	-	-	-	-	-	-	-	-	-	-	-	-	-	-	-	-	
	IV	2.634	-	210,72	237,06	-	164,08	184,59	-	118,88	133,74	-	75,28	84,69	-	36,64	41,22	-	5,84	6,57	-	-	
	V	5.996	-	479,68	539,64																		
	VI	6.446	-	515,68	580,14																		
29.375,99	I	2.642	-	211,36	237,78	-	119,44	134,37	-	37,12	41,76	-	-	-	-	-	-	-	-	-	-	-	
	II	1.547	-	123,76	139,23	-	40,48	45,54	-	-	-	-	-	-	-	-	-	-	-	-	-	-	
	III	78	-	6,24	7,02	-	-	-	-	-	-	-	-	-	-	-	-	-	-	-	-	-	
	IV	2.642	-	211,36	237,78	-	164,64	185,22	-	119,44	134,37	-	75,84	85,32	-	37,12	41,76	-	6,24	7,02	-	-	
	V	6.006	-	480,48	540,54																		
	VI	6.458	-	516,64	581,22																		
29.411,99	I	2.650	-	212,00	238,50	-	120,08	135,09	-	37,60	42,30	-	-	-	-	-	-	-	-	-	-	-	
	II	1.554	-	124,32	139,86	-	40,96	46,08	-	-	-	-	-	-	-	-	-	-	-	-	-	-	
	III	84	-	6,72	7,56	-	-	-	-	-	-	-	-	-	-	-	-	-	-	-	-	-	
	IV	2.650	-	212,00	238,50	-	165,28	185,94	-	120,08	135,09	-	76,40	85,95	-	37,60	42,30	-	6,56	7,38	-	-	
	V	6.016	-	481,28	541,44																		
	VI	6.468	-	517,44	582,12																		
29.447,99	I	2.658	-	212,64	239,22	-	120,64	135,72	-	38,00	42,75	-	-	-	-	-	-	-	-	-	-	-	
	II	1.562	-	124,96	140,58	-	41,44	46,62	-	-	-	-	-	-	-	-	-	-	-	-	-	-	
	III	88	-	7,04	7,92	-	-	-	-	-	-	-	-	-	-	-	-	-	-	-	-	-	
	IV	2.658	-	212,64	239,22	-	165,84	186,57	-	120,64	135,72	-	76,96	86,58	-	38,00	42,75	-	6,96	7,83	-	-	
	V	6.026	-	482,08	542,34																		
	VI	6.480	-	518,40	583,20																		
29.483,99	I	2.665	-	213,20	239,85	-	121,20	136,35	-	38,48	43,29	-	-	-	-	-	-	-	-	-	-	-	
	II	1.569	-	125,52	141,21	-	41,92	47,16	-	-	-	-	-	-	-	-	-	-	-	-	-	-	
	III	94	-	7,52	8,46	-	-	-	-	-	-	-	-	-	-	-	-	-	-	-	-	-	
	IV	2.665	-	213,20	239,85	-	166,48	187,29	-	121,20	136,35	-	77,52	87,21	-	38,48	43,29	-	7,28	8,19	-	-	
	V	6.036	-	482,88	543,24																		
	VI	6.488	-	519,04	583,92																		
29.519,99	I	2.673	-	213,84	240,57	-	121,76	136,98	-	38,96	43,83	-	-	-	-	-	-	-	-	-	-	-	
	II	1.576	-	126,08	141,84	-	42,40	47,70	-	-	-	-	-	-	-	-	-	-	-	-	-	-	
	III	98	-	7,84	8,82	-	-	-	-	-	-	-	-	-	-	-	-	-	-	-	-	-	
	IV	2.673	-	213,84	240,57	-	167,04	187,92	-	121,76	136,98	-	78,08	87,84	-	38,96	43,83	-	7,68	8,64	-	-	
	V	6.046	-	483,68	544,14																		
	VI	6.500	-	520,00	585,00																		
29.555,99	I	2.681	-	214,48	241,29	-	122,40	137,70	-	39,44	44,37	-	-	-	-	-	-	-	-	-	-	-	
	II	1.584	-	126,72	142,56	-	42,88	48,24	-	-	-	-	-	-	-	-	-	-	-	-	-	-	
	III	102	-	8,16	9,18	-	-	-	-	-	-	-	-	-	-	-	-	-	-	-	-	-	
	IV	2.681	-	214,48	241,29	-	167,68	188,64	-	122,40	137,70	-	78,64	88,47	-	39,44	44,37	-	8,00	9,00	-	-	
	V	6.058	-	484,64	545,22																		
	VI	6.510	-	520,80	585,90																		
29.591,99	I	2.689	-	215,12	242,01	-	122,96	138,33	-	39,84	44,82	-	-	-	-	-	-	-	-	-	-	-	
	II	1.591	-	127,28	143,19	-	43,28	48,69	-	-	-	-	-	-	-	-	-	-	-	-	-	-	
	III	108	-	8,64	9,72	-	-	-	-	-	-	-	-	-	-	-	-	-	-	-	-	-	
	IV	2.689	-	215,12	242,01	-	168,24	189,27	-	122,96	138,33	-	79,20	89,10	-	39,84	44,82	-	8,40	9,45	-	-	
	V	6.066	-	485,28	545,94																		
	VI	6.522	-	521,76	586,98																		
29.627,99	I	2.696	-	215,68	242,64	-	123,52	138,96	-	40,32	45,36	-	-	-	-	-	-	-	-	-	-	-	
	II	1.598	-	127,84	143,82	-	43,76	49,23	-	-	-	-	-	-	-	-	-	-	-	-	-	-	
	III	112	-	8,96	10,08	-	-	-	-	-	-	-	-	-	-	-	-	-	-	-	-	-	
	IV	2.696	-	215,68	242,64	-	168,88	189,99	-	123,52	138,96	-	79,76	89,73	-	40,32	45,36	-	8,72	9,81	-	-	
	V	6.078	-	486,24	547,02																		
	VI	6.532	-	522,56	587,88																		
29.663,99	I	2.704	-	216,32	243,36	-	124,16	139,68	-	40,80	45,90	-	-	-	-	-	-	-	-	-	-	-	
	II	1.606	-	128,48	144,54	-	44,24	49,77	-	-	-	-	-	-	-	-	-	-	-	-	-	-	
	III	118	-	9,44	10,62	-	-	-	-	-	-	-	-	-	-	-	-	-	-	-	-	-	
	IV	2.704	-	216,32	243,36	-	169,44	190,62	-	124,16	139,68	-	80,32	90,36	-	40,80	45,90	-	9,12	10,26	-	-	
	V	6.088	-	487,04	547,92																		
	VI	6.542	-	523,36	588,78																		
29.699,99	I	2.712	-	216,96	244,08	-	124,72	140,31	-	41,28	46,44	-	-	-	-	-	-	-	-	-	-	-	
	II	1.613	-	129,04	145,17	-	44,72	50,31	-	-	-	-	-	-	-	-	-	-	-	-	-	-	
	III	122	-	9,76	10,98	-	-	-	-	-	-	-	-	-	-	-	-	-	-	-	-	-	
	IV	2.712	-	216,96	244,08	-	170,08	191,34	-	124,72	140,31	-	80,88	90,99	-	41,28	46,44	-	9,44	10,62	-	-	
	V	6.098	-	487,84	548,82																		
	VI	6.554	-	524,32	589,86																		

SolZ/KiSt lt. Tabelle nicht für Sonstige Bezüge anwendbar.

Allgemeine Tabelle

JAHR bis 30.239,99 €

Lohn/ Gehalt bis	Steuerklasse	Lohnsteuer	ohne Kinderfreibetrag			Anzahl Kinderfreibeträge (nur Steuerklassen I–IV): 0,5			1,0			1,5			2,0			2,5			3,0		
			SolZ 5,5%	Kirchensteuer 8%	Kirchensteuer 9%	SolZ 5,5%	Kirchensteuer 8%	Kirchensteuer 9%	SolZ 5,5%	Kirchensteuer 8%	Kirchensteuer 9%	SolZ 5,5%	Kirchensteuer 8%	Kirchensteuer 9%	SolZ 5,5%	Kirchensteuer 8%	Kirchensteuer 9%	SolZ 5,5%	Kirchensteuer 8%	Kirchensteuer 9%	SolZ 5,5%	Kirchensteuer 8%	Kirchensteuer 9%
29.735,99	I	2.720	-	217,60	244,80	-	125,28	140,94	-	41,76	46,98	-	-	-	-	-	-	-	-	-	-	-	-
	II	1.620	-	129,60	145,80	-	45,20	50,85	-	-	-	-	-	-	-	-	-	-	-	-	-	-	-
	III	126	-	10,08	11,34	-	-	-	-	-	-	-	-	-	-	-	-	-	-	-	-	-	-
	IV	2.720	-	217,60	244,80	-	170,64	191,97	-	125,28	140,94	-	81,44	91,62	-	41,76	46,98	-	9,84	11,07	-	-	-
	V	6.108	-	488,64	549,72																		
	VI	6.564	-	525,12	590,76																		
29.771,99	I	2.728	-	218,24	245,52	-	125,84	141,57	-	42,16	47,43	-	-	-	-	-	-	-	-	-	-	-	-
	II	1.627	-	130,16	146,43	-	45,68	51,39	-	-	-	-	-	-	-	-	-	-	-	-	-	-	-
	III	132	-	10,56	11,88	-	-	-	-	-	-	-	-	-	-	-	-	-	-	-	-	-	-
	IV	2.728	-	218,24	245,52	-	171,28	192,69	-	125,84	141,57	-	82,00	92,25	-	42,16	47,43	-	10,16	11,43	-	-	-
	V	6.120	-	489,60	550,80																		
	VI	6.574	-	525,92	591,66																		
29.807,99	I	2.736	-	218,88	246,24	-	126,48	142,29	-	42,64	47,97	-	-	-	-	-	-	-	-	-	-	-	-
	II	1.635	-	130,80	147,15	-	46,16	51,93	-	-	-	-	-	-	-	-	-	-	-	-	-	-	-
	III	136	-	10,88	12,24	-	-	-	-	-	-	-	-	-	-	-	-	-	-	-	-	-	-
	IV	2.736	-	218,88	246,24	-	171,92	193,41	-	126,48	142,29	-	82,56	92,88	-	42,64	47,97	-	10,56	11,88	-	-	-
	V	6.130	-	490,40	551,70																		
	VI	6.584	-	526,72	592,56																		
29.843,99	I	2.743	-	219,44	246,87	-	127,04	142,92	-	43,12	48,51	-	-	-	-	-	-	-	-	-	-	-	-
	II	1.642	-	131,36	147,78	-	46,64	52,47	-	-	-	-	-	-	-	-	-	-	-	-	-	-	-
	III	142	-	11,36	12,78	-	-	-	-	-	-	-	-	-	-	-	-	-	-	-	-	-	-
	IV	2.743	-	219,44	246,87	-	172,48	194,04	-	127,04	142,92	-	83,12	93,51	-	43,12	48,51	-	10,96	12,33	-	-	-
	V	6.140	-	491,20	552,60																		
	VI	6.596	-	527,68	593,64																		
29.879,99	I	2.751	-	220,08	247,59	-	127,60	143,55	-	43,60	49,05	-	-	-	-	-	-	-	-	-	-	-	-
	II	1.649	-	131,92	148,41	-	47,12	53,01	-	-	-	-	-	-	-	-	-	-	-	-	-	-	-
	III	146	-	11,68	13,14	-	-	-	-	-	-	-	-	-	-	-	-	-	-	-	-	-	-
	IV	2.751	-	220,08	247,59	-	173,12	194,76	-	127,60	143,55	-	83,68	94,14	-	43,60	49,05	-	11,28	12,69	-	-	-
	V	6.150	-	492,00	553,50																		
	VI	6.606	-	528,48	594,54																		
29.915,99	I	2.759	-	220,72	248,31	-	128,24	144,27	-	44,08	49,59	-	-	-	-	-	-	-	-	-	-	-	-
	II	1.657	-	132,56	149,13	-	47,68	53,64	-	-	-	-	-	-	-	-	-	-	-	-	-	-	-
	III	152	-	12,16	13,68	-	-	-	-	-	-	-	-	-	-	-	-	-	-	-	-	-	-
	IV	2.759	-	220,72	248,31	-	173,68	195,39	-	128,24	144,27	-	84,32	94,86	-	44,08	49,59	-	11,68	13,14	-	-	-
	V	6.160	-	492,80	554,40																		
	VI	6.618	-	529,44	595,62																		
29.951,99	I	2.767	-	221,36	249,03	-	128,80	144,90	-	44,56	50,13	-	-	-	-	-	-	-	-	-	-	-	-
	II	1.664	-	133,12	149,76	-	48,16	54,18	-	-	-	-	-	-	-	-	-	-	-	-	-	-	-
	III	156	-	12,48	14,04	-	-	-	-	-	-	-	-	-	-	-	-	-	-	-	-	-	-
	IV	2.767	-	221,36	249,03	-	174,32	196,11	-	128,80	144,90	-	84,88	95,49	-	44,56	50,13	-	12,08	13,59	-	-	-
	V	6.172	-	493,76	555,48																		
	VI	6.628	-	530,24	596,52																		
29.987,99	I	2.775	-	222,00	249,75	-	129,36	145,53	-	45,04	50,67	-	-	-	-	-	-	-	-	-	-	-	-
	II	1.671	-	133,68	150,39	-	48,64	54,72	-	-	-	-	-	-	-	-	-	-	-	-	-	-	-
	III	162	-	12,96	14,58	-	-	-	-	-	-	-	-	-	-	-	-	-	-	-	-	-	-
	IV	2.775	-	222,00	249,75	-	174,88	196,74	-	129,36	145,53	-	85,44	96,12	-	45,04	50,67	-	12,40	13,95	-	-	-
	V	6.180	-	494,40	556,20																		
	VI	6.638	-	531,04	597,42																		
30.023,99	I	2.783	-	222,64	250,47	-	130,00	146,25	-	45,52	51,21	-	-	-	-	-	-	-	-	-	-	-	-
	II	1.679	-	134,32	151,11	-	49,12	55,26	-	-	-	-	-	-	-	-	-	-	-	-	-	-	-
	III	166	-	13,28	14,94	-	-	-	-	-	-	-	-	-	-	-	-	-	-	-	-	-	-
	IV	2.783	-	222,64	250,47	-	175,52	197,46	-	130,00	146,25	-	86,00	96,75	-	45,52	51,21	-	12,80	14,40	-	-	-
	V	6.192	-	495,36	557,28																		
	VI	6.648	-	531,84	598,32																		
30.059,99	I	2.790	-	223,20	251,10	-	130,56	146,88	-	46,00	51,75	-	-	-	-	-	-	-	-	-	-	-	-
	II	1.686	-	134,88	151,74	-	49,60	55,80	-	-	-	-	-	-	-	-	-	-	-	-	-	-	-
	III	172	-	13,76	15,48	-	-	-	-	-	-	-	-	-	-	-	-	-	-	-	-	-	-
	IV	2.790	-	223,20	251,10	-	176,16	198,18	-	130,56	146,88	-	86,56	97,38	-	46,00	51,75	-	13,20	14,85	-	-	-
	V	6.202	-	496,16	558,18																		
	VI	6.660	-	532,80	599,40																		
30.095,99	I	2.798	-	223,84	251,82	-	131,12	147,51	-	46,48	52,29	-	-	-	-	-	-	-	-	-	-	-	-
	II	1.693	-	135,44	152,37	-	50,08	56,34	-	-	-	-	-	-	-	-	-	-	-	-	-	-	-
	III	176	-	14,08	15,84	-	-	-	-	-	-	-	-	-	-	-	-	-	-	-	-	-	-
	IV	2.798	-	223,84	251,82	-	176,72	198,81	-	131,12	147,51	-	87,12	98,01	-	46,48	52,29	-	13,52	15,21	-	-	-
	V	6.212	-	496,96	559,08																		
	VI	6.672	-	533,76	600,48																		
30.131,99	I	2.806	-	224,48	252,54	-	131,76	148,23	-	46,96	52,83	-	-	-	-	-	-	-	-	-	-	-	-
	II	1.701	-	136,08	153,09	-	50,56	56,88	-	-	-	-	-	-	-	-	-	-	-	-	-	-	-
	III	182	-	14,56	16,38	-	-	-	-	-	-	-	-	-	-	-	-	-	-	-	-	-	-
	IV	2.806	-	224,48	252,54	-	177,36	199,53	-	131,76	148,23	-	87,68	98,64	-	46,96	52,83	-	13,92	15,66	-	-	-
	V	6.224	-	497,92	560,16																		
	VI	6.682	-	534,56	601,38																		
30.167,99	I	2.814	-	225,12	253,26	-	132,32	148,86	-	47,44	53,37	-	-	-	-	-	-	-	-	-	-	-	-
	II	1.708	-	136,64	153,72	-	51,04	57,42	-	-	-	-	-	-	-	-	-	-	-	-	-	-	-
	III	186	-	14,88	16,74	-	-	-	-	-	-	-	-	-	-	-	-	-	-	-	-	-	-
	IV	2.814	-	225,12	253,26	-	177,92	200,16	-	132,32	148,86	-	88,24	99,27	-	47,44	53,37	-	14,32	16,11	-	-	-
	V	6.234	-	498,72	561,06																		
	VI	6.694	-	535,52	602,46																		
30.203,99	I	2.822	-	225,76	253,98	-	132,88	149,49	-	47,92	53,91	-	-	-	-	-	-	-	-	-	-	-	-
	II	1.716	-	137,28	154,44	-	51,60	58,05	-	-	-	-	-	-	-	-	-	-	-	-	-	-	-
	III	192	-	15,36	17,28	-	-	-	-	-	-	-	-	-	-	-	-	-	-	-	-	-	-
	IV	2.822	-	225,76	253,98	-	178,56	200,88	-	132,88	149,49	-	88,80	99,90	-	47,92	53,91	-	14,72	16,56	-	-	-
	V	6.244	-	499,52	561,96																		
	VI	6.702	-	536,16	603,18																		
30.239,99	I	2.829	-	226,32	254,61	-	133,52	150,21	-	48,40	54,45	-	-	-	-	-	-	-	-	-	-	-	-
	II	1.723	-	137,84	155,07	-	52,08	58,59	-	-	-	-	-	-	-	-	-	-	-	-	-	-	-
	III	196	-	15,68	17,64	-	-	-	-	-	-	-	-	-	-	-	-	-	-	-	-	-	-
	IV	2.829	-	226,32	254,61	-	179,12	201,51	-	133,52	150,21	-	89,36	100,53	-	48,40	54,45	-	15,04	16,92	-	-	-
	V	6.256	-	500,48	563,04																		
	VI	6.714	-	537,12	604,26																		

SolZ/KiSt lt. Tabelle nicht für Sonstige Bezüge anwendbar.

Lohn/ Gehalt bis	Steuerklasse	Lohn-steuer	ohne Kinderfreibetrag			Anzahl Kinderfreibeträge (nur Steuerklassen I–IV)																	
						0,5			1,0			1,5			2,0			2,5			3,0		
			SolZ 5,5%	Kirchensteuer 8%	9%	SolZ 5,5%	Kirchensteuer 8%	9%	SolZ 5,5%	Kirchensteuer 8%	9%	SolZ 5,5%	Kirchensteuer 8%	9%	SolZ 5,5%	Kirchensteuer 8%	9%	SolZ 5,5%	Kirchensteuer 8%	9%	SolZ 5,5%	Kirchensteuer 8%	9%
30.275,99	I	2.837	-	226,96	255,33	-	134,08	150,84	-	48,96	55,08	-	-	-	-	-	-	-	-	-	-	-	
	II	1.730	-	138,40	155,70	-	52,56	59,13	-	-	-	-	-	-	-	-	-	-	-	-	-	-	
	III	200	-	16,00	18,00	-	-	-	-	-	-	-	-	-	-	-	-	-	-	-	-	-	
	IV	2.837	-	226,96	255,33	-	179,76	202,23	-	134,08	150,84	-	89,92	101,16	-	48,96	55,08	-	15,44	17,37	-	-	
	V	6.266	-	501,28	563,94																		
	VI	6.724	-	537,92	605,16																		
30.311,99	I	2.845	-	227,60	256,05	-	134,64	151,47	-	49,44	55,62	-	-	-	-	-	-	-	-	-	-	-	
	II	1.738	-	139,04	156,42	-	53,04	59,67	-	-	-	-	-	-	-	-	-	-	-	-	-	-	
	III	206	-	16,48	18,54	-	-	-	-	-	-	-	-	-	-	-	-	-	-	-	-	-	
	IV	2.845	-	227,60	256,05	-	180,40	202,95	-	134,64	151,47	-	90,48	101,79	-	49,44	55,62	-	15,84	17,82	-	-	
	V	6.276	-	502,08	564,84																		
	VI	6.736	-	538,88	606,24																		
30.347,99	I	2.853	-	228,24	256,77	-	135,28	152,19	-	49,92	56,16	-	-	-	-	-	-	-	-	-	-	-	
	II	1.745	-	139,60	157,05	-	53,52	60,21	-	-	-	-	-	-	-	-	-	-	-	-	-	-	
	III	212	-	16,96	19,08	-	-	-	-	-	-	-	-	-	-	-	-	-	-	-	-	-	
	IV	2.853	-	228,24	256,77	-	180,96	203,58	-	135,28	152,19	-	91,04	102,42	-	49,92	56,16	-	16,24	18,27	-	-	
	V	6.286	-	502,88	565,74																		
	VI	6.746	-	539,68	607,14																		
30.383,99	I	2.861	-	228,88	257,49	-	135,84	152,82	-	50,40	56,70	-	-	-	-	-	-	-	-	-	-	-	
	II	1.752	-	140,16	157,68	-	54,08	60,84	-	-	-	-	-	-	-	-	-	-	-	-	-	-	
	III	216	-	17,28	19,44	-	-	-	-	-	-	-	-	-	-	-	-	-	-	-	-	-	
	IV	2.861	-	228,88	257,49	-	181,60	204,30	-	135,84	152,82	-	91,60	103,05	-	50,40	56,70	-	16,64	18,72	-	-	
	V	6.296	-	503,68	566,64																		
	VI	6.758	-	540,64	608,22																		
30.419,99	I	2.869	-	229,52	258,21	-	136,40	153,45	-	50,88	57,24	-	-	-	-	-	-	-	-	-	-	-	
	II	1.760	-	140,80	158,40	-	54,56	61,38	-	-	-	-	-	-	-	-	-	-	-	-	-	-	
	III	220	-	17,60	19,80	-	-	-	-	-	-	-	-	-	-	-	-	-	-	-	-	-	
	IV	2.869	-	229,52	258,21	-	182,24	205,02	-	136,40	153,45	-	92,24	103,77	-	50,88	57,24	-	17,04	19,17	-	-	
	V	6.308	-	504,64	567,72																		
	VI	6.768	-	541,44	609,12																		
30.455,99	I	2.877	-	230,16	258,93	-	137,04	154,17	-	51,36	57,78	-	-	-	-	-	-	-	-	-	-	-	
	II	1.767	-	141,36	159,03	-	55,04	61,92	-	-	-	-	-	-	-	-	-	-	-	-	-	-	
	III	226	-	18,08	20,34	-	-	-	-	-	-	-	-	-	-	-	-	-	-	-	-	-	
	IV	2.877	-	230,16	258,93	-	182,80	205,65	-	137,04	154,17	-	92,80	104,40	-	51,36	57,78	-	17,44	19,62	-	-	
	V	6.318	-	505,44	568,62																		
	VI	6.778	-	542,24	610,02																		
30.491,99	I	2.884	-	230,72	259,56	-	137,60	154,80	-	51,84	58,32	-	-	-	-	-	-	-	-	-	-	-	
	II	1.774	-	141,92	159,66	-	55,60	62,55	-	-	-	-	-	-	-	-	-	-	-	-	-	-	
	III	232	-	18,56	20,88	-	-	-	-	-	-	-	-	-	-	-	-	-	-	-	-	-	
	IV	2.884	-	230,72	259,56	-	183,44	206,37	-	137,60	154,80	-	93,36	105,03	-	51,84	58,32	-	17,84	20,07	-	-	
	V	6.328	-	506,24	569,52																		
	VI	6.788	-	543,04	610,92																		
30.527,99	I	2.893	-	231,44	260,37	-	138,24	155,52	-	52,40	58,95	-	-	-	-	-	-	-	-	-	-	-	
	II	1.782	-	142,56	160,38	-	56,08	63,09	-	-	-	-	-	-	-	-	-	-	-	-	-	-	
	III	236	-	18,88	21,24	-	-	-	-	-	-	-	-	-	-	-	-	-	-	-	-	-	
	IV	2.893	-	231,44	260,37	-	184,00	207,00	-	138,24	155,52	-	93,92	105,66	-	52,40	58,95	-	18,24	20,52	-	-	
	V	6.338	-	507,04	570,42																		
	VI	6.800	-	544,00	612,00																		
30.563,99	I	2.900	-	232,00	261,00	-	138,80	156,15	-	52,88	59,49	-	-	-	-	-	-	-	-	-	-	-	
	II	1.789	-	143,12	161,01	-	56,56	63,63	-	-	-	-	-	-	-	-	-	-	-	-	-	-	
	III	242	-	19,36	21,78	-	-	-	-	-	-	-	-	-	-	-	-	-	-	-	-	-	
	IV	2.900	-	232,00	261,00	-	184,64	207,72	-	138,80	156,15	-	94,48	106,29	-	52,88	59,49	-	18,64	20,97	-	-	
	V	6.350	-	508,00	571,50																		
	VI	6.810	-	544,80	612,90																		
30.599,99	I	2.908	-	232,64	261,72	-	139,36	156,78	-	53,36	60,03	-	-	-	-	-	-	-	-	-	-	-	
	II	1.797	-	143,76	161,73	-	57,12	64,26	-	-	-	-	-	-	-	-	-	-	-	-	-	-	
	III	246	-	19,68	22,14	-	-	-	-	-	-	-	-	-	-	-	-	-	-	-	-	-	
	IV	2.908	-	232,64	261,72	-	185,28	208,44	-	139,36	156,78	-	95,04	106,92	-	53,36	60,03	-	18,96	21,33	-	-	
	V	6.360	-	508,80	572,40																		
	VI	6.822	-	545,76	613,98																		
30.635,99	I	2.916	-	233,28	262,44	-	140,00	157,50	-	53,92	60,66	-	-	-	-	-	-	-	-	-	-	-	
	II	1.804	-	144,32	162,36	-	57,60	64,80	-	-	-	-	-	-	-	-	-	-	-	-	-	-	
	III	252	-	20,16	22,68	-	-	-	-	-	-	-	-	-	-	-	-	-	-	-	-	-	
	IV	2.916	-	233,28	262,44	-	185,84	209,07	-	140,00	157,50	-	95,60	107,55	-	53,92	60,66	-	19,44	21,87	-	-	
	V	6.370	-	509,60	573,30																		
	VI	6.832	-	546,56	614,88																		
30.671,99	I	2.924	-	233,92	263,16	-	140,56	158,13	-	54,40	61,20	-	-	-	-	-	-	-	-	-	-	-	
	II	1.812	-	144,96	163,08	-	58,16	65,43	-	-	-	-	-	-	-	-	-	-	-	-	-	-	
	III	256	-	20,48	23,04	-	-	-	-	-	-	-	-	-	-	-	-	-	-	-	-	-	
	IV	2.924	-	233,92	263,16	-	186,48	209,79	-	140,56	158,13	-	96,24	108,27	-	54,40	61,20	-	19,84	22,32	-	-	
	V	6.382	-	510,56	574,38																		
	VI	6.844	-	547,52	615,96																		
30.707,99	I	2.932	-	234,56	263,88	-	141,12	158,76	-	54,88	61,74	-	-	-	-	-	-	-	-	-	-	-	
	II	1.819	-	145,52	163,71	-	58,64	65,97	-	-	-	-	-	-	-	-	-	-	-	-	-	-	
	III	262	-	20,96	23,58	-	-	-	-	-	-	-	-	-	-	-	-	-	-	-	-	-	
	IV	2.932	-	234,56	263,88	-	187,04	210,42	-	141,12	158,76	-	96,80	108,90	-	54,88	61,74	-	20,24	22,77	-	-	
	V	6.390	-	511,20	575,10																		
	VI	6.854	-	548,32	616,86																		
30.743,99	I	2.940	-	235,20	264,60	-	141,76	159,48	-	55,36	62,28	-	-	-	-	-	-	-	-	-	-	-	
	II	1.826	-	146,08	164,34	-	59,12	66,51	-	-	-	-	-	-	-	-	-	-	-	-	-	-	
	III	266	-	21,28	23,94	-	-	-	-	-	-	-	-	-	-	-	-	-	-	-	-	-	
	IV	2.940	-	235,20	264,60	-	187,68	211,14	-	141,76	159,48	-	97,36	109,53	-	55,36	62,28	-	20,64	23,22	-	-	
	V	6.402	-	512,16	576,18																		
	VI	6.866	-	549,28	617,94																		
30.779,99	I	2.948	-	235,84	265,32	-	142,32	160,11	-	55,92	62,91	-	-	-	-	-	-	-	-	-	-	-	
	II	1.834	-	146,72	165,06	-	59,68	67,14	-	-	-	-	-	-	-	-	-	-	-	-	-	-	
	III	272	-	21,76	24,48	-	-	-	-	-	-	-	-	-	-	-	-	-	-	-	-	-	
	IV	2.948	-	235,84	265,32	-	188,32	211,86	-	142,32	160,11	-	97,92	110,16	-	55,92	62,91	-	21,04	23,67	-	-	
	V	6.412	-	512,96	577,08																		
	VI	6.876	-	550,08	618,84																		

SolZ/KiSt lt. Tabelle nicht für Sonstige Bezüge anwendbar.

Lohn/ Gehalt bis	Steuerklasse	Lohn-steuer	ohne Kinderfreibetrag			Anzahl Kinderfreibeträge (nur Steuerklassen I–IV) 0,5			1,0			1,5			2,0			2,5			3,0		
			SolZ 5,5%	Kirchensteuer 8%	9%	SolZ 5,5%	Kirchensteuer 8%	9%	SolZ 5,5%	Kirchensteuer 8%	9%	SolZ 5,5%	Kirchensteuer 8%	9%	SolZ 5,5%	Kirchensteuer 8%	9%	SolZ 5,5%	Kirchensteuer 8%	9%	SolZ 5,5%	Kirchensteuer 8%	9%
30.815,99	I	2.956	-	236,48	266,04	-	142,96	160,83	-	56,40	63,45	-	-	-	-	-	-	-	-	-	-	-	-
	II	1.841	-	147,28	165,69	-	60,16	67,68	-	-	-	-	-	-	-	-	-	-	-	-	-	-	-
	III	278	-	22,24	25,02	-	-	-	-	-	-	-	-	-	-	-	-	-	-	-	-	-	-
	IV	2.956	-	236,48	266,04	-	188,88	212,49	-	142,96	160,83	-	98,48	110,79	-	56,40	63,45	-	21,44	24,12	-	-	-
	V	6.424	-	513,92	578,16																		
	VI	6.888	-	551,04	619,92																		
30.851,99	I	2.963	-	237,04	266,67	-	143,52	161,46	-	56,88	63,99	-	-	-	-	-	-	-	-	-	-	-	-
	II	1.849	-	147,92	166,41	-	60,72	68,31	-	-	-	-	-	-	-	-	-	-	-	-	-	-	-
	III	282	-	22,56	25,38	-	-	-	-	-	-	-	-	-	-	-	-	-	-	-	-	-	-
	IV	2.963	-	237,04	266,67	-	189,52	213,21	-	143,52	161,46	-	99,04	111,42	-	56,88	63,99	-	21,84	24,57	-	-	-
	V	6.434	-	514,72	579,06																		
	VI	6.896	-	551,68	620,64																		
30.887,99	I	2.971	-	237,68	267,39	-	144,16	162,18	-	57,44	64,62	-	-	-	-	-	-	-	-	-	-	-	-
	II	1.856	-	148,48	167,04	-	61,28	68,94	-	-	-	-	-	-	-	-	-	-	-	-	-	-	-
	III	288	-	23,04	25,92	-	-	-	-	-	-	-	-	-	-	-	-	-	-	-	-	-	-
	IV	2.971	-	237,68	267,39	-	190,16	213,93	-	144,16	162,18	-	99,60	112,05	-	57,44	64,62	-	22,24	25,02	-	-	-
	V	6.444	-	515,52	579,96																		
	VI	6.910	-	552,80	621,90																		
30.923,99	I	2.979	-	238,32	268,11	-	144,72	162,81	-	57,92	65,16	-	-	-	-	-	-	-	-	-	-	-	-
	II	1.864	-	149,12	167,76	-	61,76	69,48	-	-	-	-	-	-	-	-	-	-	-	-	-	-	-
	III	292	-	23,36	26,28	-	-	-	-	-	-	-	-	-	-	-	-	-	-	-	-	-	-
	IV	2.979	-	238,32	268,11	-	190,72	214,56	-	144,72	162,81	-	100,24	112,77	-	57,92	65,16	-	22,64	25,47	-	-	-
	V	6.456	-	516,48	581,04																		
	VI	6.920	-	553,60	622,80																		
30.959,99	I	2.987	-	238,96	268,83	-	145,28	163,44	-	58,48	65,79	-	-	-	-	-	-	-	-	-	-	-	-
	II	1.871	-	149,68	168,39	-	62,32	70,11	-	-	-	-	-	-	-	-	-	-	-	-	-	-	-
	III	298	-	23,84	26,82	-	-	-	-	-	-	-	-	-	-	-	-	-	-	-	-	-	-
	IV	2.987	-	238,96	268,83	-	191,36	215,28	-	145,28	163,44	-	100,80	113,40	-	58,48	65,79	-	23,04	25,92	-	-	-
	V	6.464	-	517,12	581,76																		
	VI	6.930	-	554,40	623,70																		
30.995,99	I	2.995	-	239,60	269,55	-	145,92	164,16	-	58,96	66,33	-	-	-	-	-	-	-	-	-	-	-	-
	II	1.879	-	150,32	169,11	-	62,80	70,65	-	-	-	-	-	-	-	-	-	-	-	-	-	-	-
	III	304	-	24,32	27,36	-	-	-	-	-	-	-	-	-	-	-	-	-	-	-	-	-	-
	IV	2.995	-	239,60	269,55	-	192,00	216,00	-	145,92	164,16	-	101,36	114,03	-	58,96	66,33	-	23,44	26,37	-	-	-
	V	6.476	-	518,08	582,84																		
	VI	6.942	-	555,36	624,78																		
31.031,99	I	3.003	-	240,24	270,27	-	146,48	164,79	-	59,52	66,96	-	-	-	-	-	-	-	-	-	-	-	-
	II	1.886	-	150,88	169,74	-	63,36	71,28	-	-	-	-	-	-	-	-	-	-	-	-	-	-	-
	III	308	-	24,64	27,72	-	-	-	-	-	-	-	-	-	-	-	-	-	-	-	-	-	-
	IV	3.003	-	240,24	270,27	-	192,56	216,63	-	146,48	164,79	-	101,92	114,66	-	59,52	66,96	-	23,92	26,91	-	-	-
	V	6.486	-	518,88	583,74																		
	VI	6.952	-	556,16	625,68																		
31.067,99	I	3.011	-	240,88	270,99	-	147,04	165,42	-	60,00	67,50	-	-	-	-	-	-	-	-	-	-	-	-
	II	1.893	-	151,44	170,37	-	63,84	71,82	-	-	-	-	-	-	-	-	-	-	-	-	-	-	-
	III	314	-	25,12	28,26	-	-	-	-	-	-	-	-	-	-	-	-	-	-	-	-	-	-
	IV	3.011	-	240,88	270,99	-	193,20	217,35	-	147,04	165,42	-	102,48	115,29	-	60,00	67,50	-	24,32	27,36	-	-	-
	V	6.498	-	519,84	584,82																		
	VI	6.962	-	556,96	626,58																		
31.103,99	I	3.019	-	241,52	271,71	-	147,68	166,14	-	60,48	68,04	-	-	-	-	-	-	-	-	-	-	-	-
	II	1.901	-	152,08	171,09	-	64,40	72,45	-	-	-	-	-	-	-	-	-	-	-	-	-	-	-
	III	320	-	25,60	28,80	-	-	-	-	-	-	-	-	-	-	-	-	-	-	-	-	-	-
	IV	3.019	-	241,52	271,71	-	193,84	218,07	-	147,68	166,14	-	103,04	115,92	-	60,48	68,04	-	24,72	27,81	-	-	-
	V	6.508	-	520,64	585,72																		
	VI	6.974	-	557,92	627,66																		
31.139,99	I	3.027	-	242,16	272,43	-	148,24	166,77	-	61,04	68,67	-	-	-	-	-	-	-	-	-	-	-	-
	II	1.908	-	152,64	171,72	-	64,96	73,08	-	-	-	-	-	-	-	-	-	-	-	-	-	-	-
	III	324	-	25,92	29,16	-	-	-	-	-	-	-	-	-	-	-	-	-	-	-	-	-	-
	IV	3.027	-	242,16	272,43	-	194,48	218,79	-	148,24	166,77	-	103,68	116,64	-	61,04	68,67	-	25,12	28,26	-	-	-
	V	6.518	-	521,44	586,62																		
	VI	6.984	-	558,72	628,56																		
31.175,99	I	3.035	-	242,80	273,15	-	148,88	167,49	-	61,60	69,30	-	-	-	-	-	-	-	-	-	-	-	-
	II	1.916	-	153,28	172,44	-	65,44	73,62	-	-	-	-	-	-	-	-	-	-	-	-	-	-	-
	III	330	-	26,40	29,70	-	-	-	-	-	-	-	-	-	-	-	-	-	-	-	-	-	-
	IV	3.035	-	242,80	273,15	-	195,04	219,42	-	148,88	167,49	-	104,24	117,27	-	61,60	69,30	-	25,52	28,71	-	-	-
	V	6.530	-	522,40	587,70																		
	VI	6.996	-	559,68	629,64																		
31.211,99	I	3.043	-	243,44	273,87	-	149,44	168,12	-	62,08	69,84	-	-	-	-	-	-	-	-	-	-	-	-
	II	1.923	-	153,84	173,07	-	66,00	74,25	-	0,08	0,09	-	-	-	-	-	-	-	-	-	-	-	-
	III	334	-	26,72	30,06	-	-	-	-	-	-	-	-	-	-	-	-	-	-	-	-	-	-
	IV	3.043	-	243,44	273,87	-	195,68	220,14	-	149,44	168,12	-	104,80	117,90	-	62,08	69,84	-	26,00	29,25	-	-	-
	V	6.540	-	523,20	588,60																		
	VI	7.006	-	560,48	630,54																		
31.247,99	I	3.051	-	244,08	274,59	-	150,08	168,84	-	62,64	70,47	-	-	-	-	-	-	-	-	-	-	-	-
	II	1.931	-	154,48	173,79	-	66,56	74,88	-	0,40	0,45	-	-	-	-	-	-	-	-	-	-	-	-
	III	340	-	27,20	30,60	-	-	-	-	-	-	-	-	-	-	-	-	-	-	-	-	-	-
	IV	3.051	-	244,08	274,59	-	196,32	220,86	-	150,08	168,84	-	105,36	118,53	-	62,64	70,47	-	26,40	29,70	-	-	-
	V	6.552	-	524,16	589,68																		
	VI	7.018	-	561,44	631,62																		
31.283,99	I	3.059	-	244,72	275,31	-	150,64	169,47	-	63,12	71,01	-	-	-	-	-	-	-	-	-	-	-	-
	II	1.938	-	155,04	174,42	-	67,04	75,42	-	0,72	0,81	-	-	-	-	-	-	-	-	-	-	-	-
	III	346	-	27,68	31,14	-	-	-	-	-	-	-	-	-	-	-	-	-	-	-	-	-	-
	IV	3.059	-	244,72	275,31	-	196,88	221,49	-	150,64	169,47	-	105,92	119,16	-	63,12	71,01	-	26,80	30,15	-	-	-
	V	6.560	-	524,80	590,40																		
	VI	7.028	-	562,24	632,52																		
31.319,99	I	3.066	-	245,28	275,94	-	151,20	170,10	-	63,68	71,64	-	-	-	-	-	-	-	-	-	-	-	-
	II	1.945	-	155,60	175,05	-	67,60	76,05	-	1,04	1,17	-	-	-	-	-	-	-	-	-	-	-	-
	III	350	-	28,00	31,50	-	-	-	-	-	-	-	-	-	-	-	-	-	-	-	-	-	-
	IV	3.066	-	245,28	275,94	-	197,52	222,21	-	151,20	170,10	-	106,48	119,79	-	63,68	71,64	-	27,20	30,60	-	-	-
	V	6.572	-	525,76	591,48																		
	VI	7.040	-	563,20	633,60																		

SolZ/KiSt lt. Tabelle nicht für Sonstige Bezüge anwendbar.

JAHR bis 31.859,99 €

Allgemeine Tabelle

Lohn/ Gehalt bis	Steuerklasse	Lohn- steuer	ohne Kinderfreibetrag SolZ 5,5%	Kirchensteuer 8%	Kirchensteuer 9%	Anzahl Kinderfreibeträge (nur Steuerklassen I–IV) 0,5 SolZ 5,5%	0,5 Kirchensteuer 8%	0,5 Kirchensteuer 9%	1,0 SolZ 5,5%	1,0 Kirchensteuer 8%	1,0 Kirchensteuer 9%	1,5 SolZ 5,5%	1,5 Kirchensteuer 8%	1,5 Kirchensteuer 9%	2,0 SolZ 5,5%	2,0 Kirchensteuer 8%	2,0 Kirchensteuer 9%	2,5 SolZ 5,5%	2,5 Kirchensteuer 8%	2,5 Kirchensteuer 9%	3,0 SolZ 5,5%	3,0 Kirchensteuer 8%	3,0 Kirchensteuer 9%
31.355,99	I	3.074	-	245,92	276,66	-	151,84	170,82	-	64,16	72,18	-	-	-	-	-	-	-	-	-	-	-	
	II	1.953	-	156,24	175,77	-	68,16	76,68	-	1,44	1,62	-	-	-	-	-	-	-	-	-	-	-	
	III	356	-	28,48	32,04	-	-	-	-	-	-	-	-	-	-	-	-	-	-	-	-	-	
	IV	3.074	-	245,92	276,66	-	198,08	222,84	-	151,84	170,82	-	107,12	120,51	-	64,16	72,18	-	27,68	31,14	-	-	
	V	6.584	-	526,72	592,56																		
	VI	7.050	-	564,00	634,50																		
31.391,99	I	3.083	-	246,64	277,47	-	152,40	171,45	-	64,72	72,81	-	-	-	-	-	-	-	-	-	-	-	
	II	1.960	-	156,80	176,40	-	68,72	77,31	-	1,76	1,98	-	-	-	-	-	-	-	-	-	-	-	
	III	362	-	28,96	32,58	-	-	-	-	-	-	-	-	-	-	-	-	-	-	-	-	-	
	IV	3.083	-	246,64	277,47	-	198,72	223,56	-	152,40	171,45	-	107,68	121,14	-	64,72	72,81	-	28,08	31,59	-	-	
	V	6.594	-	527,52	593,46																		
	VI	7.062	-	564,96	635,58																		
31.427,99	I	3.090	-	247,20	278,10	-	153,04	172,17	-	65,28	73,44	-	-	-	-	-	-	-	-	-	-	-	
	II	1.968	-	157,44	177,12	-	69,20	77,85	-	2,08	2,34	-	-	-	-	-	-	-	-	-	-	-	
	III	366	-	29,28	32,94	-	-	-	-	-	-	-	-	-	-	-	-	-	-	-	-	-	
	IV	3.090	-	247,20	278,10	-	199,36	224,28	-	153,04	172,17	-	108,24	121,77	-	65,28	73,44	-	28,56	32,13	-	-	
	V	6.606	-	528,48	594,54																		
	VI	7.072	-	565,76	636,48																		
31.463,99	I	3.098	-	247,84	278,82	-	153,60	172,80	-	65,76	73,98	-	-	-	-	-	-	-	-	-	-	-	
	II	1.975	-	158,00	177,75	-	69,76	78,48	-	2,40	2,70	-	-	-	-	-	-	-	-	-	-	-	
	III	372	-	29,76	33,48	-	-	-	-	-	-	-	-	-	-	-	-	-	-	-	-	-	
	IV	3.098	-	247,84	278,82	-	200,00	225,00	-	153,60	172,80	-	108,80	122,40	-	65,76	73,98	-	28,96	32,58	-	-	
	V	6.614	-	529,12	595,26																		
	VI	7.084	-	566,72	637,56																		
31.499,99	I	3.106	-	248,48	279,54	-	154,24	173,52	-	66,32	74,61	-	0,32	0,36	-	-	-	-	-	-	-	-	
	II	1.983	-	158,64	178,47	-	70,32	79,11	-	2,80	3,15	-	-	-	-	-	-	-	-	-	-	-	
	III	378	-	30,24	34,02	-	-	-	-	-	-	-	-	-	-	-	-	-	-	-	-	-	
	IV	3.106	-	248,48	279,54	-	200,56	225,63	-	154,24	173,52	-	109,44	123,12	-	66,32	74,61	-	29,36	33,03	-	0,32	0,3
	V	6.626	-	530,08	596,34																		
	VI	7.096	-	567,68	638,64																		
31.535,99	I	3.114	-	249,12	280,26	-	154,80	174,15	-	66,88	75,24	-	0,64	0,72	-	-	-	-	-	-	-	-	
	II	1.990	-	159,20	179,10	-	70,88	79,74	-	3,12	3,51	-	-	-	-	-	-	-	-	-	-	-	
	III	382	-	30,56	34,38	-	-	-	-	-	-	-	-	-	-	-	-	-	-	-	-	-	
	IV	3.114	-	249,12	280,26	-	201,20	226,35	-	154,80	174,15	-	110,00	123,75	-	66,88	75,24	-	29,84	33,57	-	0,64	0,7
	V	6.636	-	530,88	597,24																		
	VI	7.106	-	568,48	639,54																		
31.571,99	I	3.122	-	249,76	280,98	-	155,44	174,87	-	67,36	75,78	-	0,96	1,08	-	-	-	-	-	-	-	-	
	II	1.998	-	159,84	179,82	-	71,36	80,28	-	3,44	3,87	-	-	-	-	-	-	-	-	-	-	-	
	III	388	-	31,04	34,92	-	-	-	-	-	-	-	-	-	-	-	-	-	-	-	-	-	
	IV	3.122	-	249,76	280,98	-	201,84	227,07	-	155,44	174,87	-	110,56	124,38	-	67,36	75,78	-	30,24	34,02	-	0,96	1,0
	V	6.648	-	531,84	598,32																		
	VI	7.116	-	569,28	640,44																		
31.607,99	I	3.130	-	250,40	281,70	-	156,00	175,50	-	67,92	76,41	-	1,28	1,44	-	-	-	-	-	-	-	-	
	II	2.005	-	160,40	180,45	-	71,92	80,91	-	3,76	4,23	-	-	-	-	-	-	-	-	-	-	-	
	III	394	-	31,52	35,46	-	-	-	-	-	-	-	-	-	-	-	-	-	-	-	-	-	
	IV	3.130	-	250,40	281,70	-	202,48	227,79	-	156,00	175,50	-	111,12	125,01	-	67,92	76,41	-	30,72	34,56	-	1,28	1,4
	V	6.658	-	532,64	599,22																		
	VI	7.128	-	570,24	641,52																		
31.643,99	I	3.138	-	251,04	282,42	-	156,64	176,22	-	68,48	77,04	-	1,60	1,80	-	-	-	-	-	-	-	-	
	II	2.013	-	161,04	181,17	-	72,48	81,54	-	4,16	4,68	-	-	-	-	-	-	-	-	-	-	-	
	III	400	-	32,00	36,00	-	-	-	-	-	-	-	-	-	-	-	-	-	-	-	-	-	
	IV	3.138	-	251,04	282,42	-	203,04	228,42	-	156,64	176,22	-	111,68	125,64	-	68,48	77,04	-	31,12	35,01	-	1,60	1,8
	V	6.670	-	533,60	600,30																		
	VI	7.140	-	571,20	642,60																		
31.679,99	I	3.146	-	251,68	283,14	-	157,20	176,85	-	69,04	77,67	-	1,92	2,16	-	-	-	-	-	-	-	-	
	II	2.020	-	161,60	181,80	-	73,04	82,17	-	4,48	5,04	-	-	-	-	-	-	-	-	-	-	-	
	III	404	-	32,32	36,36	-	-	-	-	-	-	-	-	-	-	-	-	-	-	-	-	-	
	IV	3.146	-	251,68	283,14	-	203,68	229,14	-	157,20	176,85	-	112,24	126,27	-	69,04	77,67	-	31,60	35,55	-	1,92	2,1
	V	6.678	-	534,24	601,02																		
	VI	7.150	-	572,00	643,50																		
31.715,99	I	3.154	-	252,32	283,86	-	157,76	177,48	-	69,52	78,21	-	2,32	2,61	-	-	-	-	-	-	-	-	
	II	2.028	-	162,24	182,52	-	73,60	82,80	-	4,80	5,40	-	-	-	-	-	-	-	-	-	-	-	
	III	410	-	32,80	36,90	-	-	-	-	-	-	-	-	-	-	-	-	-	-	-	-	-	
	IV	3.154	-	252,32	283,86	-	204,32	229,86	-	157,76	177,48	-	112,88	126,99	-	69,52	78,21	-	32,00	36,00	-	2,32	2,6
	V	6.690	-	535,20	602,10																		
	VI	7.162	-	572,96	644,58																		
31.751,99	I	3.162	-	252,96	284,58	-	158,40	178,20	-	70,08	78,84	-	2,64	2,97	-	-	-	-	-	-	-	-	
	II	2.035	-	162,80	183,15	-	74,16	83,43	-	5,20	5,85	-	-	-	-	-	-	-	-	-	-	-	
	III	416	-	33,28	37,44	-	-	-	-	-	-	-	-	-	-	-	-	-	-	-	-	-	
	IV	3.162	-	252,96	284,58	-	204,96	230,58	-	158,40	178,20	-	113,44	127,62	-	70,08	78,84	-	32,48	36,54	-	2,64	2,9
	V	6.700	-	536,00	603,00																		
	VI	7.172	-	573,76	645,48																		
31.787,99	I	3.170	-	253,60	285,30	-	159,04	178,92	-	70,64	79,47	-	2,96	3,33	-	-	-	-	-	-	-	-	
	II	2.043	-	163,44	183,87	-	74,72	84,06	-	5,52	6,21	-	-	-	-	-	-	-	-	-	-	-	
	III	420	-	33,60	37,80	-	-	-	-	-	-	-	-	-	-	-	-	-	-	-	-	-	
	IV	3.170	-	253,60	285,30	-	205,52	231,21	-	159,04	178,92	-	114,00	128,25	-	70,64	79,47	-	32,88	36,99	-	2,96	3,3
	V	6.712	-	536,96	604,08																		
	VI	7.184	-	574,72	646,56																		
31.823,99	I	3.178	-	254,24	286,02	-	159,60	179,55	-	71,20	80,10	-	3,28	3,69	-	-	-	-	-	-	-	-	
	II	2.050	-	164,00	184,50	-	75,28	84,69	-	5,84	6,57	-	-	-	-	-	-	-	-	-	-	-	
	III	426	-	34,08	38,34	-	-	-	-	-	-	-	-	-	-	-	-	-	-	-	-	-	
	IV	3.178	-	254,24	286,02	-	206,16	231,93	-	159,60	179,55	-	114,56	128,88	-	71,20	80,10	-	33,36	37,53	-	3,28	3,6
	V	6.722	-	537,76	604,98																		
	VI	7.194	-	575,52	647,46																		
31.859,99	I	3.186	-	254,88	286,74	-	160,24	180,27	-	71,76	80,73	-	3,68	4,14	-	-	-	-	-	-	-	-	
	II	2.058	-	164,64	185,22	-	75,84	85,32	-	6,24	7,02	-	-	-	-	-	-	-	-	-	-	-	
	III	432	-	34,56	38,88	-	-	-	-	-	-	-	-	-	-	-	-	-	-	-	-	-	
	IV	3.186	-	254,88	286,74	-	206,80	232,65	-	160,24	180,27	-	115,20	129,60	-	71,76	80,73	-	33,76	37,98	-	3,68	4,1
	V	6.734	-	538,72	606,06																		
	VI	7.204	-	576,32	648,36																		

SolZ/KiSt lt. Tabelle nicht für Sonstige Bezüge anwendbar.

Lohn/ Gehalt bis	Steuerklasse	Lohnsteuer	ohne Kinderfreibetrag SolZ 5,5%	ohne Kinderfreibetrag Kirchensteuer 8%	ohne Kinderfreibetrag Kirchensteuer 9%	0,5 SolZ 5,5%	0,5 Kirchensteuer 8%	0,5 Kirchensteuer 9%	1,0 SolZ 5,5%	1,0 Kirchensteuer 8%	1,0 Kirchensteuer 9%	1,5 SolZ 5,5%	1,5 Kirchensteuer 8%	1,5 Kirchensteuer 9%	2,0 SolZ 5,5%	2,0 Kirchensteuer 8%	2,0 Kirchensteuer 9%	2,5 SolZ 5,5%	2,5 Kirchensteuer 8%	2,5 Kirchensteuer 9%	3,0 SolZ 5,5%	3,0 Kirchensteuer 8%	3,0 Kirchensteuer 9%
						Anzahl Kinderfreibeträge (nur Steuerklassen I–IV)																	
31.895,99	I	3.194	-	255,52	287,46	-	160,80	180,90	-	72,32	81,36	-	4,00	4,50	-	-	-	-	-	-	-	-	-
	II	2.065	-	165,20	185,85	-	76,40	85,95	-	6,56	7,38	-	-	-	-	-	-	-	-	-	-	-	-
	III	438	-	35,04	39,42	-	-	-	-	-	-	-	-	-	-	-	-	-	-	-	-	-	-
	IV	3.194	-	255,52	287,46	-	207,36	233,28	-	160,80	180,90	-	115,76	130,23	-	72,32	81,36	-	34,24	38,52	-	4,00	4,50
	V	6.744	-	539,52	606,96																		
	VI	7.216	-	577,28	649,44																		
31.931,99	I	3.202	-	256,16	288,18	-	161,36	181,53	-	72,80	81,90	-	4,32	4,86	-	-	-	-	-	-	-	-	-
	II	2.073	-	165,84	186,57	-	76,96	86,58	-	6,96	7,83	-	-	-	-	-	-	-	-	-	-	-	-
	III	442	-	35,36	39,78	-	-	-	-	-	-	-	-	-	-	-	-	-	-	-	-	-	-
	IV	3.202	-	256,16	288,18	-	208,00	234,00	-	161,36	181,53	-	116,32	130,86	-	72,80	81,90	-	34,64	38,97	-	4,32	4,86
	V	6.754	-	540,32	607,86																		
	VI	7.226	-	578,08	650,34																		
31.967,99	I	3.210	-	256,80	288,90	-	162,00	182,25	-	73,36	82,53	-	4,72	5,31	-	-	-	-	-	-	-	-	-
	II	2.080	-	166,40	187,20	-	77,52	87,21	-	7,28	8,19	-	-	-	-	-	-	-	-	-	-	-	-
	III	448	-	35,84	40,32	-	-	-	-	-	-	-	-	-	-	-	-	-	-	-	-	-	-
	IV	3.210	-	256,80	288,90	-	208,64	234,72	-	162,00	182,25	-	116,88	131,49	-	73,36	82,53	-	35,12	39,51	-	4,72	5,31
	V	6.766	-	541,28	608,94																		
	VI	7.238	-	579,04	651,42																		
32.003,99	I	3.218	-	257,44	289,62	-	162,64	182,97	-	73,92	83,16	-	5,04	5,67	-	-	-	-	-	-	-	-	-
	II	2.088	-	167,04	187,92	-	78,08	87,84	-	7,68	8,64	-	-	-	-	-	-	-	-	-	-	-	-
	III	454	-	36,32	40,86	-	-	-	-	-	-	-	-	-	-	-	-	-	-	-	-	-	-
	IV	3.218	-	257,44	289,62	-	209,28	235,44	-	162,64	182,97	-	117,52	132,21	-	73,92	83,16	-	35,60	40,05	-	5,04	5,67
	V	6.776	-	542,08	609,84																		
	VI	7.250	-	580,00	652,50																		
32.039,99	I	3.226	-	258,08	290,34	-	163,20	183,60	-	74,48	83,79	-	5,36	6,03	-	-	-	-	-	-	-	-	-
	II	2.096	-	167,68	188,64	-	78,64	88,47	-	8,00	9,00	-	-	-	-	-	-	-	-	-	-	-	-
	III	460	-	36,80	41,40	-	-	-	-	-	-	-	-	-	-	-	-	-	-	-	-	-	-
	IV	3.226	-	258,08	290,34	-	209,84	236,07	-	163,20	183,60	-	118,08	132,84	-	74,48	83,79	-	36,00	40,50	-	5,36	6,03
	V	6.788	-	543,04	610,92																		
	VI	7.262	-	580,96	653,58																		
32.075,99	I	3.234	-	258,72	291,06	-	163,76	184,23	-	75,04	84,42	-	5,76	6,48	-	-	-	-	-	-	-	-	-
	II	2.103	-	168,24	189,27	-	79,20	89,10	-	8,32	9,36	-	-	-	-	-	-	-	-	-	-	-	-
	III	464	-	37,12	41,76	-	-	-	-	-	-	-	-	-	-	-	-	-	-	-	-	-	-
	IV	3.234	-	258,72	291,06	-	210,48	236,79	-	163,76	184,23	-	118,64	133,47	-	75,04	84,42	-	36,48	41,04	-	5,76	6,48
	V	6.798	-	543,84	611,82																		
	VI	7.272	-	581,76	654,48																		
32.111,99	I	3.242	-	259,36	291,78	-	164,40	184,95	-	75,60	85,05	-	6,08	6,84	-	-	-	-	-	-	-	-	-
	II	2.111	-	168,88	189,99	-	79,76	89,73	-	8,72	9,81	-	-	-	-	-	-	-	-	-	-	-	-
	III	470	-	37,60	42,30	-	-	-	-	-	-	-	-	-	-	-	-	-	-	-	-	-	-
	IV	3.242	-	259,36	291,78	-	211,12	237,51	-	164,40	184,95	-	119,28	134,19	-	75,60	85,05	-	36,96	41,58	-	6,08	6,84
	V	6.808	-	544,64	612,72																		
	VI	7.282	-	582,56	655,38																		
32.147,99	I	3.250	-	260,00	292,50	-	165,04	185,67	-	76,16	85,68	-	6,48	7,29	-	-	-	-	-	-	-	-	-
	II	2.118	-	169,44	190,62	-	80,32	90,36	-	9,12	10,26	-	-	-	-	-	-	-	-	-	-	-	-
	III	476	-	38,08	42,84	-	-	-	-	-	-	-	-	-	-	-	-	-	-	-	-	-	-
	IV	3.250	-	260,00	292,50	-	211,76	238,23	-	165,04	185,67	-	119,84	134,82	-	76,16	85,68	-	37,36	42,03	-	6,48	7,29
	V	6.820	-	545,60	613,80																		
	VI	7.294	-	583,52	656,46																		
32.183,99	I	3.258	-	260,64	293,22	-	165,60	186,30	-	76,72	86,31	-	6,80	7,65	-	-	-	-	-	-	-	-	-
	II	2.126	-	170,08	191,34	-	80,88	90,99	-	9,44	10,62	-	-	-	-	-	-	-	-	-	-	-	-
	III	482	-	38,56	43,38	-	-	-	-	-	-	-	-	-	-	-	-	-	-	-	-	-	-
	IV	3.258	-	260,64	293,22	-	212,32	238,86	-	165,60	186,30	-	120,40	135,45	-	76,72	86,31	-	37,84	42,57	-	6,80	7,65
	V	6.832	-	546,56	614,88																		
	VI	7.304	-	584,32	657,36																		
32.219,99	I	3.266	-	261,28	293,94	-	166,24	187,02	-	77,28	86,94	-	7,12	8,01	-	-	-	-	-	-	-	-	-
	II	2.133	-	170,64	191,97	-	81,44	91,62	-	9,84	11,07	-	-	-	-	-	-	-	-	-	-	-	-
	III	486	-	38,88	43,74	-	-	-	-	-	-	-	-	-	-	-	-	-	-	-	-	-	-
	IV	3.266	-	261,28	293,94	-	212,96	239,58	-	166,24	187,02	-	120,96	136,08	-	77,28	86,94	-	38,32	43,11	-	7,12	8,01
	V	6.842	-	547,36	615,78																		
	VI	7.316	-	585,28	658,44																		
32.255,99	I	3.274	-	261,92	294,66	-	166,80	187,65	-	77,84	87,57	-	7,52	8,46	-	-	-	-	-	-	-	-	-
	II	2.141	-	171,28	192,69	-	82,00	92,25	-	10,16	11,43	-	-	-	-	-	-	-	-	-	-	-	-
	III	490	-	39,20	44,10	-	-	-	-	-	-	-	-	-	-	-	-	-	-	-	-	-	-
	IV	3.274	-	261,92	294,66	-	213,60	240,30	-	166,80	187,65	-	121,60	136,80	-	77,84	87,57	-	38,80	43,65	-	7,52	8,46
	V	6.854	-	548,32	616,86																		
	VI	7.328	-	586,24	659,52																		
32.291,99	I	3.282	-	262,56	295,38	-	167,44	188,37	-	78,40	88,20	-	7,84	8,82	-	-	-	-	-	-	-	-	-
	II	2.148	-	171,84	193,32	-	82,56	92,88	-	10,56	11,88	-	-	-	-	-	-	-	-	-	-	-	-
	III	496	-	39,68	44,64	-	-	-	-	-	-	-	-	-	-	-	-	-	-	-	-	-	-
	IV	3.282	-	262,56	295,38	-	214,24	241,02	-	167,44	188,37	-	122,16	137,43	-	78,40	88,20	-	39,20	44,10	-	7,84	8,82
	V	6.862	-	548,96	617,58																		
	VI	7.340	-	587,20	660,60																		
32.327,99	I	3.290	-	263,20	296,10	-	168,00	189,00	-	78,96	88,83	-	8,24	9,27	-	-	-	-	-	-	-	-	-
	II	2.156	-	172,48	194,04	-	83,12	93,51	-	10,88	12,24	-	-	-	-	-	-	-	-	-	-	-	-
	III	500	-	40,00	45,00	-	-	-	-	-	-	-	-	-	-	-	-	-	-	-	-	-	-
	IV	3.290	-	263,20	296,10	-	214,88	241,74	-	168,00	189,00	-	122,72	138,06	-	78,96	88,83	-	39,68	44,64	-	8,24	9,27
	V	6.874	-	549,92	618,66																		
	VI	7.350	-	588,00	661,50																		
32.363,99	I	3.299	-	263,92	296,91	-	168,64	189,72	-	79,52	89,46	-	8,56	9,63	-	-	-	-	-	-	-	-	-
	II	2.164	-	173,12	194,76	-	83,68	94,14	-	11,28	12,69	-	-	-	-	-	-	-	-	-	-	-	-
	III	506	-	40,48	45,54	-	-	-	-	-	-	-	-	-	-	-	-	-	-	-	-	-	-
	IV	3.299	-	263,92	296,91	-	215,52	242,46	-	168,64	189,72	-	123,28	138,69	-	79,52	89,46	-	40,16	45,18	-	8,56	9,63
	V	6.884	-	550,72	619,56																		
	VI	7.360	-	588,80	662,40																		
32.399,99	I	3.307	-	264,56	297,63	-	169,20	190,35	-	80,08	90,09	-	8,96	10,08	-	-	-	-	-	-	-	-	-
	II	2.171	-	173,68	195,39	-	84,24	94,77	-	11,68	13,14	-	-	-	-	-	-	-	-	-	-	-	-
	III	512	-	40,96	46,08	-	-	-	-	-	-	-	-	-	-	-	-	-	-	-	-	-	-
	IV	3.307	-	264,56	297,63	-	216,08	243,09	-	169,20	190,35	-	123,92	139,41	-	80,08	90,09	-	40,64	45,72	-	8,96	10,08
	V	6.896	-	551,68	620,64																		
	VI	7.372	-	589,76	663,48																		

SolZ/KiSt lt. Tabelle nicht für Sonstige Bezüge anwendbar.

Lohn/ Gehalt bis	Steuerklasse	Lohn- steuer	ohne Kinderfreibetrag			Anzahl Kinderfreibeträge (nur Steuerklassen I–IV) 0,5			1,0			1,5			2,0			2,5			3,0		
			SolZ 5,5%	Kirchensteuer 8%	9%	SolZ 5,5%	Kirchensteuer 8%	9%	SolZ 5,5%	Kirchensteuer 8%	9%	SolZ 5,5%	Kirchensteuer 8%	9%	SolZ 5,5%	Kirchensteuer 8%	9%	SolZ 5,5%	Kirchensteuer 8%	9%	SolZ 5,5%	Kirchensteuer 8%	9%
32.435,99	I	3.314	-	265,12	298,26	-	169,84	191,07	-	80,64	90,72	-	9,28	10,44	-	-	-	-	-	-	-	-	
	II	2.179	-	174,32	196,11	-	84,80	95,40	-	12,00	13,50	-	-	-	-	-	-	-	-	-	-	-	
	III	516	-	41,28	46,44	-	-	-	-	-	-	-	-	-	-	-	-	-	-	-	-	-	
	IV	3.314	-	265,12	298,26	-	216,72	243,81	-	169,84	191,07	-	124,48	140,04	-	80,64	90,72	-	41,04	46,17	-	9,28	10,
	V	6.906	-	552,48	621,54																		
	VI	7.382	-	590,56	664,38																		
32.471,99	I	3.323	-	265,84	299,07	-	170,48	191,79	-	81,20	91,35	-	9,68	10,89	-	-	-	-	-	-	-	-	
	II	2.186	-	174,88	196,74	-	85,44	96,12	-	12,40	13,95	-	-	-	-	-	-	-	-	-	-	-	
	III	522	-	41,76	46,98	-	-	-	-	-	-	-	-	-	-	-	-	-	-	-	-	-	
	IV	3.323	-	265,84	299,07	-	217,36	244,53	-	170,48	191,79	-	125,04	140,67	-	81,20	91,35	-	41,52	46,71	-	9,68	10,
	V	6.916	-	553,28	622,44																		
	VI	7.396	-	591,68	665,64																		
32.507,99	I	3.331	-	266,48	299,79	-	171,04	192,42	-	81,76	91,98	-	10,08	11,34	-	-	-	-	-	-	-	-	
	II	2.194	-	175,52	197,46	-	86,00	96,75	-	12,80	14,40	-	-	-	-	-	-	-	-	-	-	-	
	III	526	-	42,08	47,34	-	-	-	-	-	-	-	-	-	-	-	-	-	-	-	-	-	
	IV	3.331	-	266,48	299,79	-	218,00	245,25	-	171,04	192,42	-	125,68	141,39	-	81,76	91,98	-	42,00	47,25	-	10,08	11,
	V	6.928	-	554,24	623,52																		
	VI	7.406	-	592,48	666,54																		
32.543,99	I	3.339	-	267,12	300,51	-	171,60	193,05	-	82,32	92,61	-	10,40	11,70	-	-	-	-	-	-	-	-	
	II	2.201	-	176,08	198,09	-	86,56	97,38	-	13,20	14,85	-	-	-	-	-	-	-	-	-	-	-	
	III	532	-	42,56	47,88	-	-	-	-	-	-	-	-	-	-	-	-	-	-	-	-	-	
	IV	3.339	-	267,12	300,51	-	218,56	245,88	-	171,60	193,05	-	126,24	142,02	-	82,32	92,61	-	42,48	47,79	-	10,40	11,
	V	6.940	-	555,20	624,60																		
	VI	7.418	-	593,44	667,62																		
32.579,99	I	3.347	-	267,76	301,23	-	172,24	193,77	-	82,88	93,24	-	10,80	12,15	-	-	-	-	-	-	-	-	
	II	2.209	-	176,72	198,81	-	87,12	98,01	-	13,52	15,21	-	-	-	-	-	-	-	-	-	-	-	
	III	536	-	42,88	48,24	-	-	-	-	-	-	-	-	-	-	-	-	-	-	-	-	-	
	IV	3.347	-	267,76	301,23	-	219,20	246,60	-	172,24	193,77	-	126,80	142,65	-	82,88	93,24	-	42,96	48,33	-	10,80	12,
	V	6.950	-	556,00	625,50																		
	VI	7.428	-	594,24	668,52																		
32.615,99	I	3.355	-	268,40	301,95	-	172,88	194,49	-	83,52	93,96	-	11,12	12,51	-	-	-	-	-	-	-	-	
	II	2.217	-	177,36	199,53	-	87,68	98,64	-	13,92	15,66	-	-	-	-	-	-	-	-	-	-	-	
	III	542	-	43,36	48,78	-	-	-	-	-	-	-	-	-	-	-	-	-	-	-	-	-	
	IV	3.355	-	268,40	301,95	-	219,84	247,32	-	172,88	194,49	-	127,44	143,37	-	83,52	93,96	-	43,44	48,87	-	11,12	12,
	V	6.960	-	556,80	626,40																		
	VI	7.438	-	595,04	669,42																		
32.651,99	I	3.363	-	269,04	302,67	-	173,44	195,12	-	84,08	94,59	-	11,52	12,96	-	-	-	-	-	-	-	-	
	II	2.224	-	177,92	200,16	-	88,24	99,27	-	14,32	16,11	-	-	-	-	-	-	-	-	-	-	-	
	III	546	-	43,68	49,14	-	-	-	-	-	-	-	-	-	-	-	-	-	-	-	-	-	
	IV	3.363	-	269,04	302,67	-	220,48	248,04	-	173,44	195,12	-	128,00	144,00	-	84,08	94,59	-	43,92	49,41	-	11,52	12,
	V	6.972	-	557,76	627,48																		
	VI	7.450	-	596,00	670,50																		
32.687,99	I	3.371	-	269,68	303,39	-	174,08	195,84	-	84,64	95,22	-	11,92	13,41	-	-	-	-	-	-	-	-	
	II	2.232	-	178,56	200,88	-	88,80	99,90	-	14,72	16,56	-	-	-	-	-	-	-	-	-	-	-	
	III	552	-	44,16	49,68	-	-	-	-	-	-	-	-	-	-	-	-	-	-	-	-	-	
	IV	3.371	-	269,68	303,39	-	221,12	248,76	-	174,08	195,84	-	128,56	144,63	-	84,64	95,22	-	44,40	49,95	-	11,92	13,
	V	6.984	-	558,72	628,56																		
	VI	7.460	-	596,80	671,40																		
32.723,99	I	3.379	-	270,32	304,11	-	174,64	196,47	-	85,20	95,85	-	12,24	13,77	-	-	-	-	-	-	-	-	
	II	2.239	-	179,12	201,51	-	89,36	100,53	-	15,04	16,92	-	-	-	-	-	-	-	-	-	-	-	
	III	558	-	44,64	50,22	-	-	-	-	-	-	-	-	-	-	-	-	-	-	-	-	-	
	IV	3.379	-	270,32	304,11	-	221,76	249,48	-	174,64	196,47	-	129,20	145,35	-	85,20	95,85	-	44,88	50,49	-	12,24	13,
	V	6.994	-	559,52	629,46																		
	VI	7.472	-	597,76	672,48																		
32.759,99	I	3.387	-	270,96	304,83	-	175,28	197,19	-	85,76	96,48	-	12,64	14,22	-	-	-	-	-	-	-	-	
	II	2.247	-	179,76	202,23	-	89,92	101,16	-	15,44	17,37	-	-	-	-	-	-	-	-	-	-	-	
	III	562	-	44,96	50,58	-	-	-	-	-	-	-	-	-	-	-	-	-	-	-	-	-	
	IV	3.387	-	270,96	304,83	-	222,32	250,11	-	175,28	197,19	-	129,76	145,98	-	85,76	96,48	-	45,36	51,03	-	12,64	14,2
	V	7.004	-	560,32	630,36																		
	VI	7.484	-	598,72	673,56																		
32.795,99	I	3.395	-	271,60	305,55	-	175,84	197,82	-	86,32	97,11	-	13,04	14,67	-	-	-	-	-	-	-	-	
	II	2.254	-	180,32	202,86	-	90,48	101,79	-	15,84	17,82	-	-	-	-	-	-	-	-	-	-	-	
	III	568	-	45,44	51,12	-	-	-	-	-	-	-	-	-	-	-	-	-	-	-	-	-	
	IV	3.395	-	271,60	305,55	-	222,96	250,83	-	175,84	197,82	-	130,32	146,61	-	86,32	97,11	-	45,84	51,57	-	13,04	14,6
	V	7.016	-	561,28	631,44																		
	VI	7.494	-	599,52	674,46																		
32.831,99	I	3.403	-	272,24	306,27	-	176,48	198,54	-	86,88	97,74	-	13,44	15,12	-	-	-	-	-	-	-	-	
	II	2.262	-	180,96	203,58	-	91,04	102,42	-	16,24	18,27	-	-	-	-	-	-	-	-	-	-	-	
	III	572	-	45,76	51,48	-	-	-	-	-	-	-	-	-	-	-	-	-	-	-	-	-	
	IV	3.403	-	272,24	306,27	-	223,60	251,55	-	176,48	198,54	-	130,96	147,33	-	86,88	97,74	-	46,32	52,11	-	13,44	15,1
	V	7.026	-	562,08	632,34																		
	VI	7.508	-	600,64	675,72																		
32.867,99	I	3.411	-	272,88	306,99	-	177,12	199,26	-	87,44	98,37	-	13,76	15,48	-	-	-	-	-	-	-	-	
	II	2.270	-	181,60	204,30	-	91,60	103,05	-	16,64	18,72	-	-	-	-	-	-	-	-	-	-	-	
	III	578	-	46,24	52,02	-	-	-	-	-	-	-	-	-	-	-	-	-	-	-	-	-	
	IV	3.411	-	272,88	306,99	-	224,24	252,27	-	177,12	199,26	-	131,52	147,96	-	87,44	98,37	-	46,80	52,65	-	13,76	15,4
	V	7.038	-	563,04	633,42																		
	VI	7.518	-	601,44	676,62																		
32.903,99	I	3.419	-	273,52	307,71	-	177,68	199,89	-	88,00	99,00	-	14,16	15,93	-	-	-	-	-	-	-	-	
	II	2.277	-	182,16	204,93	-	92,16	103,68	-	17,04	19,17	-	-	-	-	-	-	-	-	-	-	-	
	III	582	-	46,56	52,38	-	-	-	-	-	-	-	-	-	-	-	-	-	-	-	-	-	
	IV	3.419	-	273,52	307,71	-	224,88	252,99	-	177,68	199,89	-	132,08	148,59	-	88,00	99,00	-	47,28	53,19	-	14,16	15,9
	V	7.048	-	563,84	634,32																		
	VI	7.530	-	602,40	677,70																		
32.939,99	I	3.427	-	274,16	308,43	-	178,32	200,61	-	88,56	99,63	-	14,56	16,38	-	-	-	-	-	-	-	-	
	II	2.285	-	182,80	205,65	-	92,80	104,40	-	17,44	19,62	-	-	-	-	-	-	-	-	-	-	-	
	III	588	-	47,04	52,92	-	-	-	-	-	-	-	-	-	-	-	-	-	-	-	-	-	
	IV	3.427	-	274,16	308,43	-	225,44	253,62	-	178,32	200,61	-	132,64	149,22	-	88,56	99,63	-	47,76	53,73	-	14,56	16,3
	V	7.060	-	564,80	635,40																		
	VI	7.540	-	603,20	678,60																		

SolZ/KiSt lt. Tabelle nicht für Sonstige Bezüge anwendbar.

Allgemeine Tabelle

JAHR bis 33.479,99 €

Lohn/ Gehalt bis	Steuerklasse	Lohn-steuer	ohne Kinderfreibetrag SolZ 5,5%	ohne Kinderfreibetrag Kirchensteuer 8%	ohne Kinderfreibetrag Kirchensteuer 9%	0,5 SolZ 5,5%	0,5 Kirchensteuer 8%	0,5 Kirchensteuer 9%	1,0 SolZ 5,5%	1,0 Kirchensteuer 8%	1,0 Kirchensteuer 9%	1,5 SolZ 5,5%	1,5 Kirchensteuer 8%	1,5 Kirchensteuer 9%	2,0 SolZ 5,5%	2,0 Kirchensteuer 8%	2,0 Kirchensteuer 9%	2,5 SolZ 5,5%	2,5 Kirchensteuer 8%	2,5 Kirchensteuer 9%	3,0 SolZ 5,5%	3,0 Kirchensteuer 8%	3,0 Kirchensteuer 9%
32.975,99	I	3.436	-	274,88	309,24	-	178,96	201,33	-	89,12	100,26	-	14,96	16,83	-	-	-	-	-	-	-	-	-
	II	2.293	-	183,44	206,37	-	93,36	105,03	-	17,84	20,07	-	-	-	-	-	-	-	-	-	-	-	-
	III	592	-	47,36	53,28	-	-	-	-	-	-	-	-	-	-	-	-	-	-	-	-	-	-
	IV	3.436	-	274,88	309,24	-	226,16	254,43	-	178,96	201,33	-	133,28	149,94	-	89,12	100,26	-	48,24	54,27	-	14,96	16,83
	V	7.070	-	565,60	636,30																		
	VI	7.552	-	604,16	679,68																		
33.011,99	I	3.444	-	275,52	309,96	-	179,52	201,96	-	89,68	100,89	-	15,28	17,19	-	-	-	-	-	-	-	-	-
	II	2.300	-	184,00	207,00	-	93,92	105,66	-	18,16	20,43	-	-	-	-	-	-	-	-	-	-	-	-
	III	598	-	47,84	53,82	-	-	-	-	-	-	-	-	-	-	-	-	-	-	-	-	-	-
	IV	3.444	-	275,52	309,96	-	226,72	255,06	-	179,52	201,96	-	133,84	150,57	-	89,68	100,89	-	48,72	54,81	-	15,28	17,19
	V	7.082	-	566,56	637,38																		
	VI	7.564	-	605,12	680,76																		
33.047,99	I	3.452	-	276,16	310,68	-	180,16	202,68	-	90,24	101,52	-	15,68	17,64	-	-	-	-	-	-	-	-	-
	II	2.308	-	184,64	207,72	-	94,48	106,29	-	18,56	20,88	-	-	-	-	-	-	-	-	-	-	-	-
	III	604	-	48,32	54,36	-	-	-	-	-	-	-	-	-	-	-	-	-	-	-	-	-	-
	IV	3.452	-	276,16	310,68	-	227,36	255,78	-	180,16	202,68	-	134,40	151,20	-	90,24	101,52	-	49,20	55,35	-	15,68	17,64
	V	7.092	-	567,36	638,28																		
	VI	7.574	-	605,92	681,66																		
33.083,99	I	3.460	-	276,80	311,40	-	180,72	203,31	-	90,88	102,24	-	16,08	18,09	-	-	-	-	-	-	-	-	-
	II	2.316	-	185,28	208,44	-	95,04	106,92	-	18,96	21,33	-	-	-	-	-	-	-	-	-	-	-	-
	III	608	-	48,64	54,72	-	-	-	-	-	-	-	-	-	-	-	-	-	-	-	-	-	-
	IV	3.460	-	276,80	311,40	-	228,00	256,50	-	180,72	203,31	-	135,04	151,92	-	90,88	102,24	-	49,68	55,89	-	16,08	18,09
	V	7.104	-	568,32	639,36																		
	VI	7.584	-	606,72	682,56																		
33.119,99	I	3.468	-	277,44	312,12	-	181,36	204,03	-	91,44	102,87	-	16,48	18,54	-	-	-	-	-	-	-	-	-
	II	2.323	-	185,84	209,07	-	95,60	107,55	-	19,36	21,78	-	-	-	-	-	-	-	-	-	-	-	-
	III	614	-	49,12	55,26	-	-	-	-	-	-	-	-	-	-	-	-	-	-	-	-	-	-
	IV	3.468	-	277,44	312,12	-	228,64	257,22	-	181,36	204,03	-	135,60	152,55	-	91,44	102,87	-	50,16	56,43	-	16,48	18,54
	V	7.114	-	569,12	640,26																		
	VI	7.598	-	607,84	683,82																		
33.155,99	I	3.476	-	278,08	312,84	-	181,92	204,66	-	92,00	103,50	-	16,88	18,99	-	-	-	-	-	-	-	-	-
	II	2.331	-	186,48	209,79	-	96,16	108,18	-	19,76	22,23	-	-	-	-	-	-	-	-	-	-	-	-
	III	618	-	49,44	55,62	-	-	-	-	-	-	-	-	-	-	-	-	-	-	-	-	-	-
	IV	3.476	-	278,08	312,84	-	229,28	257,94	-	181,92	204,66	-	136,16	153,18	-	92,00	103,50	-	50,72	57,06	-	16,88	18,99
	V	7.126	-	570,08	641,34																		
	VI	7.608	-	608,64	684,72																		
33.191,99	I	3.485	-	278,80	313,65	-	182,56	205,38	-	92,56	104,13	-	17,28	19,44	-	-	-	-	-	-	-	-	-
	II	2.338	-	187,04	210,42	-	96,80	108,90	-	20,24	22,77	-	-	-	-	-	-	-	-	-	-	-	-
	III	624	-	49,92	56,16	-	-	-	-	-	-	-	-	-	-	-	-	-	-	-	-	-	-
	IV	3.485	-	278,80	313,65	-	229,92	258,66	-	182,56	205,38	-	136,80	153,90	-	92,56	104,13	-	51,20	57,60	-	17,28	19,44
	V	7.136	-	570,88	642,24																		
	VI	7.618	-	609,44	685,62																		
33.227,99	I	3.493	-	279,44	314,37	-	183,20	206,10	-	93,12	104,76	-	17,68	19,89	-	-	-	-	-	-	-	-	-
	II	2.346	-	187,68	211,14	-	97,36	109,53	-	20,64	23,22	-	-	-	-	-	-	-	-	-	-	-	-
	III	630	-	50,40	56,70	-	-	-	-	-	-	-	-	-	-	-	-	-	-	-	-	-	-
	IV	3.493	-	279,44	314,37	-	230,56	259,38	-	183,20	206,10	-	137,36	154,53	-	93,12	104,76	-	51,68	58,14	-	17,68	19,89
	V	7.146	-	571,68	643,14																		
	VI	7.630	-	610,40	686,70																		
33.263,99	I	3.501	-	280,08	315,09	-	183,76	206,73	-	93,68	105,39	-	18,08	20,34	-	-	-	-	-	-	-	-	-
	II	2.354	-	188,32	211,86	-	97,92	110,16	-	21,04	23,67	-	-	-	-	-	-	-	-	-	-	-	-
	III	634	-	50,72	57,06	-	-	-	-	-	-	-	-	-	-	-	-	-	-	-	-	-	-
	IV	3.501	-	280,08	315,09	-	231,12	260,01	-	183,76	206,73	-	138,00	155,25	-	93,68	105,39	-	52,16	58,68	-	18,08	20,34
	V	7.158	-	572,64	644,22																		
	VI	7.642	-	611,36	687,78																		
33.299,99	I	3.509	-	280,72	315,81	-	184,40	207,45	-	94,24	106,02	-	18,48	20,79	-	-	-	-	-	-	-	-	-
	II	2.361	-	188,88	212,49	-	98,48	110,79	-	21,44	24,12	-	-	-	-	-	-	-	-	-	-	-	-
	III	640	-	51,20	57,60	-	-	-	-	-	-	-	-	-	-	-	-	-	-	-	-	-	-
	IV	3.509	-	280,72	315,81	-	231,76	260,73	-	184,40	207,45	-	138,56	155,88	-	94,24	106,02	-	52,64	59,22	-	18,48	20,79
	V	7.168	-	573,44	645,12																		
	VI	7.654	-	612,32	688,86																		
33.335,99	I	3.517	-	281,36	316,53	-	185,04	208,17	-	94,88	106,74	-	18,88	21,24	-	-	-	-	-	-	-	-	-
	II	2.369	-	189,52	213,21	-	99,04	111,42	-	21,84	24,57	-	-	-	-	-	-	-	-	-	-	-	-
	III	646	-	51,68	58,14	-	-	-	-	-	-	-	-	-	-	-	-	-	-	-	-	-	-
	IV	3.517	-	281,36	316,53	-	232,40	261,45	-	185,04	208,17	-	139,12	156,51	-	94,88	106,74	-	53,20	59,85	-	18,88	21,24
	V	7.182	-	574,56	646,38																		
	VI	7.664	-	613,12	689,76																		
33.371,99	I	3.525	-	282,00	317,25	-	185,60	208,80	-	95,44	107,37	-	19,28	21,69	-	-	-	-	-	-	-	-	-
	II	2.377	-	190,16	213,93	-	99,60	112,05	-	22,24	25,02	-	-	-	-	-	-	-	-	-	-	-	-
	III	650	-	52,00	58,50	-	-	-	-	-	-	-	-	-	-	-	-	-	-	-	-	-	-
	IV	3.525	-	282,00	317,25	-	233,04	262,17	-	185,60	208,80	-	139,76	157,23	-	95,44	107,37	-	53,68	60,39	-	19,28	21,69
	V	7.192	-	575,36	647,28																		
	VI	7.676	-	614,08	690,84																		
33.407,99	I	3.533	-	282,64	317,97	-	186,24	209,52	-	96,00	108,00	-	19,60	22,05	-	-	-	-	-	-	-	-	-
	II	2.384	-	190,72	214,56	-	100,16	112,68	-	22,64	25,47	-	-	-	-	-	-	-	-	-	-	-	-
	III	656	-	52,48	59,04	-	-	-	-	-	-	-	-	-	-	-	-	-	-	-	-	-	-
	IV	3.533	-	282,64	317,97	-	233,68	262,89	-	186,24	209,52	-	140,32	157,86	-	96,00	108,00	-	54,16	60,93	-	19,60	22,05
	V	7.204	-	576,32	648,36																		
	VI	7.688	-	615,04	691,92																		
33.443,99	I	3.541	-	283,28	318,69	-	186,88	210,24	-	96,56	108,63	-	20,08	22,59	-	-	-	-	-	-	-	-	-
	II	2.392	-	191,36	215,28	-	100,80	113,40	-	23,04	25,92	-	-	-	-	-	-	-	-	-	-	-	-
	III	662	-	52,96	59,58	-	-	-	-	-	-	-	-	-	-	-	-	-	-	-	-	-	-
	IV	3.541	-	283,28	318,69	-	234,32	263,61	-	186,88	210,24	-	140,96	158,58	-	96,56	108,63	-	54,72	61,56	-	20,08	22,59
	V	7.214	-	577,12	649,26																		
	VI	7.698	-	615,84	692,82																		
33.479,99	I	3.550	-	284,00	319,50	-	187,44	210,87	-	97,12	109,26	-	20,48	23,04	-	-	-	-	-	-	-	-	-
	II	2.400	-	192,00	216,00	-	101,36	114,03	-	23,44	26,37	-	-	-	-	-	-	-	-	-	-	-	-
	III	666	-	53,28	59,94	-	-	-	-	-	-	-	-	-	-	-	-	-	-	-	-	-	-
	IV	3.550	-	284,00	319,50	-	234,96	264,33	-	187,44	210,87	-	141,52	159,21	-	97,12	109,26	-	55,20	62,10	-	20,48	23,04
	V	7.226	-	578,08	650,34																		
	VI	7.710	-	616,80	693,90																		

Anzahl Kinderfreibeträge (nur Steuerklassen I–IV)

SolZ/KiSt lt. Tabelle nicht für Sonstige Bezüge anwendbar.

Lohn/ Gehalt bis	Steuerklasse	Lohnsteuer	ohne Kinderfreibetrag			Anzahl Kinderfreibeträge (nur Steuerklassen I–IV)																	
						0,5			1,0			1,5			2,0			2,5			3,0		
			SolZ 5,5%	Kirchensteuer 8%	9%	SolZ 5,5%	Kirchensteuer 8%	9%	SolZ 5,5%	Kirchensteuer 8%	9%	SolZ 5,5%	Kirchensteuer 8%	9%	SolZ 5,5%	Kirchensteuer 8%	9%	SolZ 5,5%	Kirchensteuer 8%	9%	SolZ 5,5%	Kirchensteuer 8%	9%
33.515,99	I	3.558	-	284,64	320,22	-	188,08	211,59	-	97,68	109,89	-	20,88	23,49	-	-	-	-	-	-	-	-	
	II	2.407	-	192,56	216,63	-	101,92	114,66	-	23,84	26,82	-	-	-	-	-	-	-	-	-	-	-	
	III	672	-	53,76	60,48	-	-	-	-	-	-	-	-	-	-	-	-	-	-	-	-	-	
	IV	3.558	-	284,64	320,22	-	235,60	265,05	-	188,08	211,59	-	142,08	159,84	-	97,68	109,89	-	55,68	62,64	-	20,88	2
	V	7.236	-	578,88	651,24																		
	VI	7.722	-	617,76	694,98																		
33.551,99	I	3.566	-	285,28	320,94	-	188,64	212,22	-	98,24	110,52	-	21,28	23,94	-	-	-	-	-	-	-	-	
	II	2.415	-	193,20	217,35	-	102,48	115,29	-	24,32	27,36	-	-	-	-	-	-	-	-	-	-	-	
	III	676	-	54,08	60,84	-	-	-	-	-	-	-	-	-	-	-	-	-	-	-	-	-	
	IV	3.566	-	285,28	320,94	-	236,16	265,68	-	188,64	212,22	-	142,72	160,56	-	98,24	110,52	-	56,16	63,18	-	21,28	23
	V	7.248	-	579,84	652,32																		
	VI	7.732	-	618,56	695,88																		
33.587,99	I	3.574	-	285,92	321,66	-	189,28	212,94	-	98,80	111,15	-	21,68	24,39	-	-	-	-	-	-	-	-	
	II	2.423	-	193,84	218,07	-	103,04	115,92	-	24,72	27,81	-	-	-	-	-	-	-	-	-	-	-	
	III	682	-	54,56	61,38	-	-	-	-	-	-	-	-	-	-	-	-	-	-	-	-	-	
	IV	3.574	-	285,92	321,66	-	236,80	266,40	-	189,28	212,94	-	143,28	161,19	-	98,80	111,15	-	56,72	63,81	-	21,68	24
	V	7.258	-	580,64	653,22																		
	VI	7.746	-	619,68	697,14																		
33.623,99	I	3.582	-	286,56	322,38	-	189,92	213,66	-	99,44	111,87	-	22,08	24,84	-	-	-	-	-	-	-	-	
	II	2.430	-	194,40	218,70	-	103,60	116,55	-	25,12	28,26	-	-	-	-	-	-	-	-	-	-	-	
	III	688	-	55,04	61,92	-	-	-	-	-	-	-	-	-	-	-	-	-	-	-	-	-	
	IV	3.582	-	286,56	322,38	-	237,44	267,12	-	189,92	213,66	-	143,84	161,82	-	99,44	111,87	-	57,20	64,35	-	22,08	24
	V	7.268	-	581,44	654,12																		
	VI	7.756	-	620,48	698,04																		
33.659,99	I	3.590	-	287,20	323,10	-	190,48	214,29	-	100,00	112,50	-	22,48	25,29	-	-	-	-	-	-	-	-	
	II	2.438	-	195,04	219,42	-	104,16	117,18	-	25,52	28,71	-	-	-	-	-	-	-	-	-	-	-	
	III	692	-	55,36	62,28	-	-	-	-	-	-	-	-	-	-	-	-	-	-	-	-	-	
	IV	3.590	-	287,20	323,10	-	238,08	267,84	-	190,48	214,29	-	144,48	162,54	-	100,00	112,50	-	57,76	64,98	-	22,48	25
	V	7.280	-	582,40	655,20																		
	VI	7.766	-	621,28	698,94																		
33.695,99	I	3.599	-	287,92	323,91	-	191,12	215,01	-	100,56	113,13	-	22,88	25,74	-	-	-	-	-	-	-	-	
	II	2.446	-	195,68	220,14	-	104,80	117,90	-	26,00	29,25	-	-	-	-	-	-	-	-	-	-	-	
	III	698	-	55,84	62,82	-	-	-	-	-	-	-	-	-	-	-	-	-	-	-	-	-	
	IV	3.599	-	287,92	323,91	-	238,72	268,56	-	191,12	215,01	-	145,04	163,17	-	100,56	113,13	-	58,24	65,52	-	22,88	25
	V	7.292	-	583,36	656,28																		
	VI	7.780	-	622,40	700,20																		
33.731,99	I	3.607	-	288,56	324,63	-	191,76	215,73	-	101,12	113,76	-	23,28	26,19	-	-	-	-	-	-	-	-	
	II	2.453	-	196,24	220,77	-	105,36	118,53	-	26,40	29,70	-	-	-	-	-	-	-	-	-	-	-	
	III	704	-	56,32	63,36	-	-	-	-	-	-	-	-	-	-	-	-	-	-	-	-	-	
	IV	3.607	-	288,56	324,63	-	239,36	269,28	-	191,76	215,73	-	145,68	163,89	-	101,12	113,76	-	58,80	66,15	-	23,28	26
	V	7.304	-	584,32	657,36																		
	VI	7.790	-	623,20	701,10																		
33.767,99	I	3.615	-	289,20	325,35	-	192,32	216,36	-	101,68	114,39	-	23,68	26,64	-	-	-	-	-	-	-	-	
	II	2.461	-	196,88	221,49	-	105,92	119,16	-	26,80	30,15	-	-	-	-	-	-	-	-	-	-	-	
	III	708	-	56,64	63,72	-	-	-	-	-	-	-	-	-	-	-	-	-	-	-	-	-	
	IV	3.615	-	289,20	325,35	-	240,00	270,00	-	192,32	216,36	-	146,24	164,52	-	101,68	114,39	-	59,28	66,69	-	23,68	26
	V	7.314	-	585,12	658,26																		
	VI	7.800	-	624,00	702,00																		
33.803,99	I	3.623	-	289,84	326,07	-	192,96	217,08	-	102,24	115,02	-	24,16	27,18	-	-	-	-	-	-	-	-	
	II	2.469	-	197,52	222,21	-	106,48	119,79	-	27,20	30,60	-	-	-	-	-	-	-	-	-	-	-	
	III	714	-	57,12	64,26	-	-	-	-	-	-	-	-	-	-	-	-	-	-	-	-	-	
	IV	3.623	-	289,84	326,07	-	240,64	270,72	-	192,96	217,08	-	146,88	165,24	-	102,24	115,02	-	59,84	67,32	-	24,16	27
	V	7.324	-	585,92	659,16																		
	VI	7.814	-	625,12	703,26																		
33.839,99	I	3.631	-	290,48	326,79	-	193,60	217,80	-	102,88	115,74	-	24,56	27,63	-	-	-	-	-	-	-	-	
	II	2.476	-	198,08	222,84	-	107,12	120,51	-	27,68	31,14	-	-	-	-	-	-	-	-	-	-	-	
	III	720	-	57,60	64,80	-	-	-	-	-	-	-	-	-	-	-	-	-	-	-	-	-	
	IV	3.631	-	290,48	326,79	-	241,28	271,44	-	193,60	217,80	-	147,44	165,87	-	102,88	115,74	-	60,32	67,86	-	24,56	27
	V	7.336	-	586,88	660,24																		
	VI	7.824	-	625,92	704,16																		
33.875,99	I	3.639	-	291,12	327,51	-	194,16	218,43	-	103,44	116,37	-	24,96	28,08	-	-	-	-	-	-	-	-	
	II	2.484	-	198,72	223,56	-	107,68	121,14	-	28,08	31,59	-	-	-	-	-	-	-	-	-	-	-	
	III	724	-	57,92	65,16	-	-	-	-	-	-	-	-	-	-	-	-	-	-	-	-	-	
	IV	3.639	-	291,12	327,51	-	241,92	272,16	-	194,16	218,43	-	148,00	166,50	-	103,44	116,37	-	60,80	68,40	-	24,96	28
	V	7.346	-	587,68	661,14																		
	VI	7.834	-	626,72	705,06																		
33.911,99	I	3.647	-	291,76	328,23	-	194,80	219,15	-	104,00	117,00	-	25,36	28,53	-	-	-	-	-	-	-	-	
	II	2.492	-	199,36	224,28	-	108,24	121,77	-	28,48	32,04	-	-	-	-	-	-	-	-	-	-	-	
	III	730	-	58,40	65,70	-	0,32	0,36	-	-	-	-	-	-	-	-	-	-	-	-	-	-	
	IV	3.647	-	291,76	328,23	-	242,56	272,88	-	194,80	219,15	-	148,64	167,22	-	104,00	117,00	-	61,36	69,03	-	25,36	28
	V	7.358	-	588,64	662,22																		
	VI	7.848	-	627,84	706,32																		
33.947,99	I	3.656	-	292,48	329,04	-	195,44	219,87	-	104,56	117,63	-	25,84	29,07	-	-	-	-	-	-	-	-	
	II	2.500	-	200,00	225,00	-	108,80	122,40	-	28,96	32,58	-	-	-	-	-	-	-	-	-	-	-	
	III	736	-	58,88	66,24	-	0,64	0,72	-	-	-	-	-	-	-	-	-	-	-	-	-	-	
	IV	3.656	-	292,48	329,04	-	243,20	273,60	-	195,44	219,87	-	149,20	167,85	-	104,56	117,63	-	61,92	69,66	-	25,84	29
	V	7.370	-	589,60	663,30																		
	VI	7.858	-	628,64	707,22																		
33.983,99	I	3.664	-	293,12	329,76	-	196,00	220,50	-	105,12	118,26	-	26,24	29,52	-	-	-	-	-	-	-	-	
	II	2.507	-	200,56	225,63	-	109,36	123,03	-	29,36	33,03	-	-	-	-	-	-	-	-	-	-	-	
	III	742	-	59,36	66,78	-	0,96	1,08	-	-	-	-	-	-	-	-	-	-	-	-	-	-	
	IV	3.664	-	293,12	329,76	-	243,84	274,32	-	196,00	220,50	-	149,84	168,57	-	105,12	118,26	-	62,40	70,20	-	26,24	29,
	V	7.382	-	590,56	664,38																		
	VI	7.870	-	629,60	708,30																		
34.019,99	I	3.672	-	293,76	330,48	-	196,64	221,22	-	105,68	118,89	-	26,64	29,97	-	-	-	-	-	-	-	-	
	II	2.515	-	201,20	226,35	-	109,92	123,66	-	29,84	33,57	-	-	-	-	-	-	-	-	-	-	-	
	III	746	-	59,68	67,14	-	1,28	1,44	-	-	-	-	-	-	-	-	-	-	-	-	-	-	
	IV	3.672	-	293,76	330,48	-	244,40	274,95	-	196,64	221,22	-	150,40	169,20	-	105,68	118,89	-	62,96	70,83	-	26,64	29,
	V	7.392	-	591,36	665,28																		
	VI	7.882	-	630,56	709,38																		

SolZ/KiSt lt. Tabelle nicht für Sonstige Bezüge anwendbar.

Lohn/ Gehalt bis	Steuerklasse	Lohn-steuer	ohne Kinderfreibetrag			Anzahl Kinderfreibeträge (nur Steuerklassen I–IV)																	
						0,5			1,0			1,5			2,0			2,5			3,0		
			SolZ 5,5%	Kirchensteuer 8%	9%	SolZ 5,5%	Kirchensteuer 8%	9%	SolZ 5,5%	Kirchensteuer 8%	9%	SolZ 5,5%	Kirchensteuer 8%	9%	SolZ 5,5%	Kirchensteuer 8%	9%	SolZ 5,5%	Kirchensteuer 8%	9%	SolZ 5,5%	Kirchensteuer 8%	9%
34.055,99	I	3.680	-	294,40	331,20	-	197,28	221,94	-	106,32	119,61	-	27,04	30,42	-	-	-	-	-	-	-	-	-
	II	2.523	-	201,84	227,07	-	110,56	124,38	-	30,24	34,02	-	-	-	-	-	-	-	-	-	-	-	-
	III	752	-	60,16	67,68	-	1,60	1,80	-	-	-	-	-	-	-	-	-	-	-	-	-	-	-
	IV	3.680	-	294,40	331,20	-	245,12	275,76	-	197,28	221,94	-	151,04	169,92	-	106,32	119,61	-	63,44	71,37	-	27,04	30,42
	V	7.402	-	592,16	666,18																		
	VI	7.894	-	631,52	710,46																		
34.091,99	I	3.688	-	295,04	331,92	-	197,92	222,66	-	106,88	120,24	-	27,52	30,96	-	-	-	-	-	-	-	-	-
	II	2.530	-	202,40	227,70	-	111,12	125,01	-	30,72	34,56	-	-	-	-	-	-	-	-	-	-	-	-
	III	758	-	60,64	68,22	-	1,92	2,16	-	-	-	-	-	-	-	-	-	-	-	-	-	-	-
	IV	3.688	-	295,04	331,92	-	245,68	276,39	-	197,92	222,66	-	151,60	170,55	-	106,88	120,24	-	64,00	72,00	-	27,52	30,96
	V	7.414	-	593,12	667,26																		
	VI	7.904	-	632,32	711,36																		
34.127,99	I	3.697	-	295,76	332,73	-	198,48	223,29	-	107,44	120,87	-	27,92	31,41	-	-	-	-	-	-	-	-	-
	II	2.538	-	203,04	228,42	-	111,68	125,64	-	31,12	35,01	-	-	-	-	-	-	-	-	-	-	-	-
	III	762	-	60,96	68,58	-	2,24	2,52	-	-	-	-	-	-	-	-	-	-	-	-	-	-	-
	IV	3.697	-	295,76	332,73	-	246,32	277,11	-	198,48	223,29	-	152,16	171,18	-	107,44	120,87	-	64,48	72,54	-	27,92	31,41
	V	7.426	-	594,08	668,34																		
	VI	7.916	-	633,28	712,44																		
34.163,99	I	3.705	-	296,40	333,45	-	199,12	224,01	-	108,00	121,50	-	28,32	31,86	-	-	-	-	-	-	-	-	-
	II	2.546	-	203,68	229,14	-	112,24	126,27	-	31,52	35,46	-	-	-	-	-	-	-	-	-	-	-	-
	III	768	-	61,44	69,12	-	2,56	2,88	-	-	-	-	-	-	-	-	-	-	-	-	-	-	-
	IV	3.705	-	296,40	333,45	-	246,96	277,83	-	199,12	224,01	-	152,80	171,90	-	108,00	121,50	-	65,04	73,17	-	28,32	31,86
	V	7.438	-	595,04	669,42																		
	VI	7.926	-	634,08	713,34																		
34.199,99	I	3.713	-	297,04	334,17	-	199,76	224,73	-	108,56	122,13	-	28,80	32,40	-	-	-	-	-	-	-	-	-
	II	2.554	-	204,32	229,86	-	112,88	126,99	-	32,00	36,00	-	-	-	-	-	-	-	-	-	-	-	-
	III	774	-	61,92	69,66	-	3,04	3,42	-	-	-	-	-	-	-	-	-	-	-	-	-	-	-
	IV	3.713	-	297,04	334,17	-	247,60	278,55	-	199,76	224,73	-	153,36	172,53	-	108,56	122,13	-	65,60	73,80	-	28,80	32,40
	V	7.448	-	595,84	670,32																		
	VI	7.938	-	635,04	714,42																		
34.235,99	I	3.721	-	297,68	334,89	-	200,32	225,36	-	109,20	122,85	-	29,20	32,85	-	-	-	-	-	-	-	-	-
	II	2.561	-	204,88	230,49	-	113,44	127,62	-	32,40	36,45	-	-	-	-	-	-	-	-	-	-	-	-
	III	780	-	62,40	70,20	-	3,36	3,78	-	-	-	-	-	-	-	-	-	-	-	-	-	-	-
	IV	3.721	-	297,68	334,89	-	248,24	279,27	-	200,32	225,36	-	154,00	173,25	-	109,20	122,85	-	66,08	74,34	-	29,20	32,85
	V	7.458	-	596,64	671,22																		
	VI	7.950	-	636,00	715,50																		
34.271,99	I	3.729	-	298,32	335,61	-	200,96	226,08	-	109,76	123,48	-	29,68	33,39	-	-	-	-	-	-	-	-	-
	II	2.569	-	205,52	231,21	-	114,00	128,25	-	32,88	36,99	-	-	-	-	-	-	-	-	-	-	-	-
	III	784	-	62,72	70,56	-	3,68	4,14	-	-	-	-	-	-	-	-	-	-	-	-	-	-	-
	IV	3.729	-	298,32	335,61	-	248,88	279,99	-	200,96	226,08	-	154,56	173,88	-	109,76	123,48	-	66,64	74,97	-	29,68	33,39
	V	7.470	-	597,60	672,30																		
	VI	7.962	-	636,96	716,58																		
34.307,99	I	3.738	-	299,04	336,42	-	201,60	226,80	-	110,32	124,11	-	30,08	33,84	-	-	-	-	-	-	-	-	-
	II	2.577	-	206,16	231,93	-	114,56	128,88	-	33,36	37,53	-	-	-	-	-	-	-	-	-	-	-	-
	III	790	-	63,20	71,10	-	4,00	4,50	-	-	-	-	-	-	-	-	-	-	-	-	-	-	-
	IV	3.738	-	299,04	336,42	-	249,52	280,71	-	201,60	226,80	-	155,20	174,60	-	110,32	124,11	-	67,20	75,60	-	30,08	33,84
	V	7.482	-	598,56	673,38																		
	VI	7.972	-	637,76	717,48																		
34.343,99	I	3.746	-	299,68	337,14	-	202,24	227,52	-	110,88	124,74	-	30,48	34,29	-	-	-	-	-	-	-	-	-
	II	2.585	-	206,80	232,65	-	115,20	129,60	-	33,76	37,98	-	-	-	-	-	-	-	-	-	-	-	-
	III	796	-	63,68	71,64	-	4,32	4,86	-	-	-	-	-	-	-	-	-	-	-	-	-	-	-
	IV	3.746	-	299,68	337,14	-	250,16	281,43	-	202,24	227,52	-	155,76	175,23	-	110,88	124,74	-	67,76	76,23	-	30,48	34,29
	V	7.494	-	599,52	674,46																		
	VI	7.986	-	638,88	718,74																		
34.379,99	I	3.754	-	300,32	337,86	-	202,80	228,15	-	111,44	125,37	-	30,96	34,83	-	-	-	-	-	-	-	-	-
	II	2.592	-	207,36	233,28	-	115,76	130,23	-	34,24	38,52	-	-	-	-	-	-	-	-	-	-	-	-
	III	802	-	64,16	72,18	-	4,64	5,22	-	-	-	-	-	-	-	-	-	-	-	-	-	-	-
	IV	3.754	-	300,32	337,86	-	250,80	282,15	-	202,80	228,15	-	156,40	175,95	-	111,44	125,37	-	68,24	76,77	-	30,96	34,83
	V	7.504	-	600,32	675,36																		
	VI	7.996	-	639,68	719,64																		
34.415,99	I	3.763	-	301,04	338,67	-	203,44	228,87	-	112,08	126,09	-	31,36	35,28	-	-	-	-	-	-	-	-	-
	II	2.600	-	208,00	234,00	-	116,32	130,86	-	34,64	38,97	-	-	-	-	-	-	-	-	-	-	-	-
	III	806	-	64,48	72,54	-	4,96	5,58	-	-	-	-	-	-	-	-	-	-	-	-	-	-	-
	IV	3.763	-	301,04	338,67	-	251,44	282,87	-	203,44	228,87	-	156,96	176,58	-	112,08	126,09	-	68,80	77,40	-	31,36	35,28
	V	7.514	-	601,12	676,26																		
	VI	8.008	-	640,64	720,72																		
34.451,99	I	3.771	-	301,68	339,39	-	204,08	229,59	-	112,64	126,72	-	31,84	35,82	-	-	-	-	-	-	-	-	-
	II	2.608	-	208,64	234,72	-	116,88	131,49	-	35,12	39,51	-	-	-	-	-	-	-	-	-	-	-	-
	III	812	-	64,96	73,08	-	5,28	5,94	-	-	-	-	-	-	-	-	-	-	-	-	-	-	-
	IV	3.771	-	301,68	339,39	-	252,08	283,59	-	204,08	229,59	-	157,60	177,30	-	112,64	126,72	-	69,36	78,03	-	31,84	35,82
	V	7.528	-	602,24	677,52																		
	VI	8.018	-	641,44	721,62																		
34.487,99	I	3.779	-	302,32	340,11	-	204,64	230,22	-	113,20	127,35	-	32,24	36,27	-	-	-	-	-	-	-	-	-
	II	2.616	-	209,28	235,44	-	117,44	132,12	-	35,52	39,96	-	-	-	-	-	-	-	-	-	-	-	-
	III	818	-	65,44	73,62	-	5,60	6,30	-	-	-	-	-	-	-	-	-	-	-	-	-	-	-
	IV	3.779	-	302,32	340,11	-	252,72	284,31	-	204,64	230,22	-	158,16	177,93	-	113,20	127,35	-	69,92	78,66	-	32,24	36,27
	V	7.538	-	603,04	678,42																		
	VI	8.032	-	642,56	722,88																		
34.523,99	I	3.787	-	302,96	340,83	-	205,28	230,94	-	113,76	127,98	-	32,72	36,81	-	-	-	-	-	-	-	-	-
	II	2.623	-	209,84	236,07	-	118,08	132,84	-	36,00	40,50	-	-	-	-	-	-	-	-	-	-	-	-
	III	824	-	65,92	74,16	-	6,08	6,84	-	-	-	-	-	-	-	-	-	-	-	-	-	-	-
	IV	3.787	-	302,96	340,83	-	253,36	285,03	-	205,28	230,94	-	158,72	178,56	-	113,76	127,98	-	70,40	79,20	-	32,72	36,81
	V	7.550	-	604,00	679,50																		
	VI	8.042	-	643,36	723,78																		
34.559,99	I	3.795	-	303,60	341,55	-	205,92	231,66	-	114,40	128,70	-	33,12	37,26	-	-	-	-	-	-	-	-	-
	II	2.631	-	210,48	236,79	-	118,64	133,47	-	36,48	41,04	-	-	-	-	-	-	-	-	-	-	-	-
	III	828	-	66,24	74,52	-	6,40	7,20	-	-	-	-	-	-	-	-	-	-	-	-	-	-	-
	IV	3.795	-	303,60	341,55	-	254,00	285,75	-	205,92	231,66	-	159,36	179,28	-	114,40	128,70	-	70,96	79,83	-	33,12	37,26
	V	7.560	-	604,80	680,40																		
	VI	8.054	-	644,32	724,86																		

SolZ/KiSt lt. Tabelle nicht für Sonstige Bezüge anwendbar.

Lohn/ Gehalt bis	Steuerklasse	Lohn- steuer	ohne Kinderfreibetrag			Anzahl Kinderfreibeträge (nur Steuerklassen I–IV) 0,5			1,0			1,5			2,0			2,5			3,0		
			SolZ 5,5%	Kirchensteuer 8%	9%	SolZ 5,5%	Kirchensteuer 8%	9%	SolZ 5,5%	Kirchensteuer 8%	9%	SolZ 5,5%	Kirchensteuer 8%	9%	SolZ 5,5%	Kirchensteuer 8%	9%	SolZ 5,5%	Kirchensteuer 8%	9%	SolZ 5,5%	Kirchensteu 8%	9%
34.595,99	I	3.804	-	304,32	342,36	-	206,56	232,38	-	114,96	129,33	-	33,60	37,80	-	-	-	-	-	-	-	-	
	II	2.639	-	211,12	237,51	-	119,20	134,10	-	36,88	41,49	-	-	-	-	-	-	-	-	-	-	-	
	III	834	-	66,72	75,06	-	6,72	7,56	-	-	-	-	-	-	-	-	-	-	-	-	-	-	
	IV	3.804	-	304,32	342,36	-	254,64	286,47	-	206,56	232,38	-	160,00	180,00	-	114,96	129,33	-	71,52	80,46	-	33,60	37
	V	7.572	-	605,76	681,48																		
	VI	8.066	-	645,28	725,94																		
34.631,99	I	3.812	-	304,96	343,08	-	207,12	233,01	-	115,52	129,96	-	34,00	38,25	-	-	-	-	-	-	-	-	
	II	2.647	-	211,76	238,23	-	119,76	134,73	-	37,36	42,03	-	-	-	-	-	-	-	-	-	-	-	
	III	840	-	67,20	75,60	-	7,04	7,92	-	-	-	-	-	-	-	-	-	-	-	-	-	-	
	IV	3.812	-	304,96	343,08	-	255,28	287,19	-	207,12	233,01	-	160,56	180,63	-	115,52	129,96	-	72,08	81,09	-	34,00	38
	V	7.584	-	606,72	682,56																		
	VI	8.076	-	646,08	726,84																		
34.667,99	I	3.820	-	305,60	343,80	-	207,76	233,73	-	116,08	130,59	-	34,48	38,79	-	-	-	-	-	-	-	-	
	II	2.654	-	212,32	238,86	-	120,40	135,45	-	37,84	42,57	-	-	-	-	-	-	-	-	-	-	-	
	III	846	-	67,68	76,14	-	7,36	8,28	-	-	-	-	-	-	-	-	-	-	-	-	-	-	
	IV	3.820	-	305,60	343,80	-	255,92	287,91	-	207,76	233,73	-	161,20	181,35	-	116,08	130,59	-	72,64	81,72	-	34,48	38
	V	7.594	-	607,52	683,46																		
	VI	8.088	-	647,04	727,92																		
34.703,99	I	3.828	-	306,24	344,52	-	208,40	234,45	-	116,72	131,31	-	34,96	39,33	-	-	-	-	-	-	-	-	
	II	2.662	-	212,96	239,58	-	120,96	136,08	-	38,32	43,11	-	-	-	-	-	-	-	-	-	-	-	
	III	850	-	68,00	76,50	-	7,68	8,64	-	-	-	-	-	-	-	-	-	-	-	-	-	-	
	IV	3.828	-	306,24	344,52	-	256,56	288,63	-	208,40	234,45	-	161,76	181,98	-	116,72	131,31	-	73,20	82,35	-	34,96	39
	V	7.604	-	608,32	684,36																		
	VI	8.102	-	648,16	729,18																		
34.739,99	I	3.837	-	306,96	345,33	-	209,04	235,17	-	117,28	131,94	-	35,36	39,78	-	-	-	-	-	-	-	-	
	II	2.670	-	213,60	240,30	-	121,52	136,71	-	38,72	43,56	-	-	-	-	-	-	-	-	-	-	-	
	III	856	-	68,48	77,04	-	8,00	9,00	-	-	-	-	-	-	-	-	-	-	-	-	-	-	
	IV	3.837	-	306,96	345,33	-	257,20	289,35	-	209,04	235,17	-	162,40	182,70	-	117,28	131,94	-	73,76	82,98	-	35,36	39
	V	7.618	-	609,44	685,62																		
	VI	8.112	-	648,96	730,08																		
34.775,99	I	3.845	-	307,60	346,05	-	209,60	235,80	-	117,84	132,57	-	35,84	40,32	-	-	-	-	-	-	-	-	
	II	2.678	-	214,24	241,02	-	122,16	137,43	-	39,20	44,10	-	-	-	-	-	-	-	-	-	-	-	
	III	862	-	68,96	77,58	-	8,32	9,36	-	-	-	-	-	-	-	-	-	-	-	-	-	-	
	IV	3.845	-	307,60	346,05	-	257,84	290,07	-	209,60	235,80	-	162,96	183,33	-	117,84	132,57	-	74,24	83,52	-	35,84	40
	V	7.628	-	610,24	686,52																		
	VI	8.122	-	649,76	730,98																		
34.811,99	I	3.853	-	308,24	346,77	-	210,24	236,52	-	118,40	133,20	-	36,32	40,86	-	-	-	-	-	-	-	-	
	II	2.686	-	214,88	241,74	-	122,72	138,06	-	39,68	44,64	-	-	-	-	-	-	-	-	-	-	-	
	III	868	-	69,44	78,12	-	8,80	9,90	-	-	-	-	-	-	-	-	-	-	-	-	-	-	
	IV	3.853	-	308,24	346,77	-	258,48	290,79	-	210,24	236,52	-	163,60	184,05	-	118,40	133,20	-	74,88	84,24	-	36,32	40
	V	7.638	-	611,04	687,42																		
	VI	8.134	-	650,72	732,06																		
34.847,99	I	3.861	-	308,88	347,49	-	210,88	237,24	-	119,04	133,92	-	36,72	41,31	-	-	-	-	-	-	-	-	
	II	2.693	-	215,44	242,37	-	123,28	138,69	-	40,16	45,18	-	-	-	-	-	-	-	-	-	-	-	
	III	874	-	69,92	78,66	-	9,12	10,26	-	-	-	-	-	-	-	-	-	-	-	-	-	-	
	IV	3.861	-	308,88	347,49	-	259,12	291,51	-	210,88	237,24	-	164,16	184,68	-	119,04	133,92	-	75,36	84,78	-	36,72	41,
	V	7.650	-	612,00	688,50																		
	VI	8.148	-	651,84	733,32																		
34.883,99	I	3.870	-	309,60	348,30	-	211,52	237,96	-	119,60	134,55	-	37,20	41,85	-	-	-	-	-	-	-	-	
	II	2.701	-	216,08	243,09	-	123,84	139,32	-	40,56	45,63	-	-	-	-	-	-	-	-	-	-	-	
	III	878	-	70,24	79,02	-	9,44	10,62	-	-	-	-	-	-	-	-	-	-	-	-	-	-	
	IV	3.870	-	309,60	348,30	-	259,76	292,23	-	211,52	237,96	-	164,80	185,40	-	119,60	134,55	-	75,92	85,41	-	37,20	41
	V	7.662	-	612,96	689,58																		
	VI	8.158	-	652,64	734,22																		
34.919,99	I	3.878	-	310,24	349,02	-	212,16	238,68	-	120,16	135,18	-	37,68	42,39	-	-	-	-	-	-	-	-	
	II	2.709	-	216,72	243,81	-	124,48	140,04	-	41,04	46,17	-	-	-	-	-	-	-	-	-	-	-	
	III	884	-	70,72	79,56	-	9,76	10,98	-	-	-	-	-	-	-	-	-	-	-	-	-	-	
	IV	3.878	-	310,24	349,02	-	260,40	292,95	-	212,16	238,68	-	165,36	186,03	-	120,16	135,18	-	76,48	86,04	-	37,68	42,
	V	7.674	-	613,92	690,66																		
	VI	8.170	-	653,60	735,30																		
34.955,99	I	3.886	-	310,88	349,74	-	212,72	239,31	-	120,72	135,81	-	38,08	42,84	-	-	-	-	-	-	-	-	
	II	2.717	-	217,36	244,53	-	125,04	140,67	-	41,52	46,71	-	-	-	-	-	-	-	-	-	-	-	
	III	890	-	71,20	80,10	-	10,08	11,34	-	-	-	-	-	-	-	-	-	-	-	-	-	-	
	IV	3.886	-	310,88	349,74	-	261,04	293,67	-	212,72	239,31	-	166,00	186,75	-	120,72	135,81	-	77,04	86,67	-	38,08	42,
	V	7.684	-	614,72	691,56																		
	VI	8.182	-	654,56	736,38																		
34.991,99	I	3.895	-	311,60	350,55	-	213,36	240,03	-	121,36	136,53	-	38,56	43,38	-	-	-	-	-	-	-	-	
	II	2.724	-	217,92	245,16	-	125,60	141,30	-	42,00	47,25	-	-	-	-	-	-	-	-	-	-	-	
	III	896	-	71,68	80,64	-	10,56	11,88	-	-	-	-	-	-	-	-	-	-	-	-	-	-	
	IV	3.895	-	311,60	350,55	-	261,68	294,39	-	213,36	240,03	-	166,56	187,38	-	121,36	136,53	-	77,60	87,30	-	38,56	43,
	V	7.696	-	615,68	692,64																		
	VI	8.194	-	655,52	737,46																		
35.027,99	I	3.903	-	312,24	351,27	-	214,00	240,75	-	121,92	137,16	-	39,04	43,92	-	-	-	-	-	-	-	-	
	II	2.732	-	218,56	245,88	-	126,24	142,02	-	42,48	47,79	-	-	-	-	-	-	-	-	-	-	-	
	III	902	-	72,16	81,18	-	10,88	12,24	-	-	-	-	-	-	-	-	-	-	-	-	-	-	
	IV	3.903	-	312,24	351,27	-	262,32	295,11	-	214,00	240,75	-	167,20	188,10	-	121,92	137,16	-	78,24	88,02	-	39,04	43,
	V	7.708	-	616,64	693,72																		
	VI	8.204	-	656,32	738,36																		
35.063,99	I	3.911	-	312,88	351,99	-	214,64	241,47	-	122,48	137,79	-	39,52	44,46	-	-	-	-	-	-	-	-	
	II	2.740	-	219,20	246,60	-	126,80	142,65	-	42,96	48,33	-	-	-	-	-	-	-	-	-	-	-	
	III	908	-	72,64	81,72	-	11,20	12,60	-	-	-	-	-	-	-	-	-	-	-	-	-	-	
	IV	3.911	-	312,88	351,99	-	262,96	295,83	-	214,64	241,47	-	167,76	188,73	-	122,48	137,79	-	78,72	88,56	-	39,52	44,
	V	7.718	-	617,44	694,62																		
	VI	8.216	-	657,28	739,44																		
35.099,99	I	3.919	-	313,52	352,71	-	215,20	242,10	-	123,04	138,42	-	39,92	44,91	-	-	-	-	-	-	-	-	
	II	2.748	-	219,84	247,32	-	127,36	143,28	-	43,44	48,87	-	-	-	-	-	-	-	-	-	-	-	
	III	912	-	72,96	82,08	-	11,52	12,96	-	-	-	-	-	-	-	-	-	-	-	-	-	-	
	IV	3.919	-	313,52	352,71	-	263,60	296,55	-	215,20	242,10	-	168,40	189,45	-	123,04	138,42	-	79,28	89,19	-	39,92	44,
	V	7.730	-	618,40	695,70																		
	VI	8.228	-	658,24	740,52																		

SolZ/KiSt lt. Tabelle nicht für Sonstige Bezüge anwendbar.

Lohn/ Gehalt bis	Steuerklasse	Lohnsteuer	ohne Kinderfreibetrag			Anzahl Kinderfreibeträge (nur Steuerklassen I–IV)																	
						0,5			1,0			1,5			2,0			2,5			3,0		
			SolZ 5,5%	Kirchensteuer 8%	9%	SolZ 5,5%	Kirchensteuer 8%	9%	SolZ 5,5%	Kirchensteuer 8%	9%	SolZ 5,5%	Kirchensteuer 8%	9%	SolZ 5,5%	Kirchensteuer 8%	9%	SolZ 5,5%	Kirchensteuer 8%	9%	SolZ 5,5%	Kirchensteuer 8%	9%
35.135,99	I	3.928	-	314,24	353,52	-	215,84	242,82	-	123,68	139,14	-	40,40	45,45	-	-	-	-	-	-	-	-	-
	II	2.756	-	220,48	248,04	-	128,00	144,00	-	43,92	49,41	-	-	-	-	-	-	-	-	-	-	-	-
	III	918	-	73,44	82,62	-	11,84	13,32	-	-	-	-	-	-	-	-	-	-	-	-	-	-	-
	IV	3.928	-	314,24	353,52	-	264,24	297,27	-	215,84	242,82	-	168,96	190,08	-	123,68	139,14	-	79,84	89,82	-	40,40	45,45
	V	7.742	-	619,36	696,78																		
	VI	8.240	-	659,20	741,60																		
35.171,99	I	3.936	-	314,88	354,24	-	216,48	243,54	-	124,24	139,77	-	40,88	45,99	-	-	-	-	-	-	-	-	-
	II	2.764	-	221,12	248,76	-	128,56	144,63	-	44,40	49,95	-	-	-	-	-	-	-	-	-	-	-	-
	III	924	-	73,92	83,16	-	12,32	13,86	-	-	-	-	-	-	-	-	-	-	-	-	-	-	-
	IV	3.936	-	314,88	354,24	-	264,88	297,99	-	216,48	243,54	-	169,60	190,80	-	124,24	139,77	-	80,48	90,54	-	40,88	45,99
	V	7.752	-	620,16	697,68																		
	VI	8.252	-	660,16	742,68																		
35.207,99	I	3.944	-	315,52	354,96	-	217,12	244,26	-	124,80	140,40	-	41,36	46,53	-	-	-	-	-	-	-	-	-
	II	2.771	-	221,68	249,39	-	129,12	145,26	-	44,88	50,49	-	-	-	-	-	-	-	-	-	-	-	-
	III	930	-	74,40	83,70	-	12,64	14,22	-	-	-	-	-	-	-	-	-	-	-	-	-	-	-
	IV	3.944	-	315,52	354,96	-	265,52	298,71	-	217,12	244,26	-	170,16	191,43	-	124,80	140,40	-	81,04	91,17	-	41,36	46,53
	V	7.764	-	621,12	698,76																		
	VI	8.264	-	661,12	743,76																		
35.243,99	I	3.953	-	316,24	355,77	-	217,76	244,98	-	125,44	141,12	-	41,84	47,07	-	-	-	-	-	-	-	-	-
	II	2.779	-	222,32	250,11	-	129,76	145,98	-	45,28	50,94	-	-	-	-	-	-	-	-	-	-	-	-
	III	936	-	74,88	84,24	-	12,96	14,58	-	-	-	-	-	-	-	-	-	-	-	-	-	-	-
	IV	3.953	-	316,24	355,77	-	266,16	299,43	-	217,76	244,98	-	170,80	192,15	-	125,44	141,12	-	81,60	91,80	-	41,84	47,07
	V	7.776	-	622,08	699,84																		
	VI	8.274	-	661,92	744,66																		
35.279,99	I	3.961	-	316,88	356,49	-	218,40	245,70	-	126,00	141,75	-	42,32	47,61	-	-	-	-	-	-	-	-	-
	II	2.787	-	222,96	250,83	-	130,32	146,61	-	45,84	51,57	-	-	-	-	-	-	-	-	-	-	-	-
	III	942	-	75,36	84,78	-	13,28	14,94	-	-	-	-	-	-	-	-	-	-	-	-	-	-	-
	IV	3.961	-	316,88	356,49	-	266,88	300,24	-	218,40	245,70	-	171,44	192,87	-	126,00	141,75	-	82,16	92,43	-	42,32	47,61
	V	7.788	-	623,04	700,92																		
	VI	8.286	-	662,88	745,74																		
35.315,99	I	3.969	-	317,52	357,21	-	218,96	246,33	-	126,56	142,38	-	42,80	48,15	-	-	-	-	-	-	-	-	-
	II	2.795	-	223,60	251,55	-	130,88	147,24	-	46,32	52,11	-	-	-	-	-	-	-	-	-	-	-	-
	III	948	-	75,84	85,32	-	13,60	15,30	-	-	-	-	-	-	-	-	-	-	-	-	-	-	-
	IV	3.969	-	317,52	357,21	-	267,52	300,96	-	218,96	246,33	-	172,00	193,50	-	126,56	142,38	-	82,72	93,06	-	42,80	48,15
	V	7.800	-	624,00	702,00																		
	VI	8.298	-	663,84	746,82																		
35.351,99	I	3.978	-	318,24	358,02	-	219,60	247,05	-	127,20	143,10	-	43,20	48,60	-	-	-	-	-	-	-	-	-
	II	2.803	-	224,24	252,27	-	131,52	147,96	-	46,80	52,65	-	-	-	-	-	-	-	-	-	-	-	-
	III	952	-	76,16	85,68	-	14,08	15,84	-	-	-	-	-	-	-	-	-	-	-	-	-	-	-
	IV	3.978	-	318,24	358,02	-	268,16	301,68	-	219,60	247,05	-	172,64	194,22	-	127,20	143,10	-	83,28	93,69	-	43,20	48,60
	V	7.810	-	624,80	702,90																		
	VI	8.310	-	664,80	747,90																		
35.387,99	I	3.986	-	318,88	358,74	-	220,24	247,77	-	127,76	143,73	-	43,68	49,14	-	-	-	-	-	-	-	-	-
	II	2.810	-	224,80	252,90	-	132,08	148,59	-	47,28	53,19	-	-	-	-	-	-	-	-	-	-	-	-
	III	958	-	76,64	86,22	-	14,40	16,20	-	-	-	-	-	-	-	-	-	-	-	-	-	-	-
	IV	3.986	-	318,88	358,74	-	268,80	302,40	-	220,24	247,77	-	173,20	194,85	-	127,76	143,73	-	83,84	94,32	-	43,68	49,14
	V	7.820	-	625,60	703,80																		
	VI	8.322	-	665,76	748,98																		
35.423,99	I	3.994	-	319,52	359,46	-	220,88	248,49	-	128,32	144,36	-	44,16	49,68	-	-	-	-	-	-	-	-	-
	II	2.818	-	225,44	253,62	-	132,64	149,22	-	47,76	53,73	-	-	-	-	-	-	-	-	-	-	-	-
	III	964	-	77,12	86,76	-	14,72	16,56	-	-	-	-	-	-	-	-	-	-	-	-	-	-	-
	IV	3.994	-	319,52	359,46	-	269,44	303,12	-	220,88	248,49	-	173,84	195,57	-	128,32	144,36	-	84,40	94,95	-	44,16	49,68
	V	7.834	-	626,72	705,06																		
	VI	8.334	-	666,72	750,06																		
35.459,99	I	4.003	-	320,24	360,27	-	221,44	249,12	-	128,96	145,08	-	44,64	50,22	-	-	-	-	-	-	-	-	-
	II	2.826	-	226,08	254,34	-	133,28	149,94	-	48,24	54,27	-	-	-	-	-	-	-	-	-	-	-	-
	III	970	-	77,60	87,30	-	15,04	16,92	-	-	-	-	-	-	-	-	-	-	-	-	-	-	-
	IV	4.003	-	320,24	360,27	-	270,08	303,84	-	221,44	249,12	-	174,40	196,20	-	128,96	145,08	-	84,96	95,58	-	44,64	50,22
	V	7.844	-	627,52	705,96																		
	VI	8.344	-	667,52	750,96																		
35.495,99	I	4.011	-	320,88	360,99	-	222,08	249,84	-	129,52	145,71	-	45,12	50,76	-	-	-	-	-	-	-	-	-
	II	2.834	-	226,72	255,06	-	133,84	150,57	-	48,72	54,81	-	-	-	-	-	-	-	-	-	-	-	-
	III	976	-	78,08	87,84	-	15,36	17,28	-	-	-	-	-	-	-	-	-	-	-	-	-	-	-
	IV	4.011	-	320,88	360,99	-	270,72	304,56	-	222,08	249,84	-	175,04	196,92	-	129,52	145,71	-	85,52	96,21	-	45,12	50,76
	V	7.856	-	628,48	707,04																		
	VI	8.358	-	668,64	752,22																		
35.531,99	I	4.019	-	321,52	361,71	-	222,72	250,56	-	130,08	146,34	-	45,60	51,30	-	-	-	-	-	-	-	-	-
	II	2.842	-	227,36	255,78	-	134,40	151,20	-	49,20	55,35	-	-	-	-	-	-	-	-	-	-	-	-
	III	982	-	78,56	88,38	-	15,84	17,82	-	-	-	-	-	-	-	-	-	-	-	-	-	-	-
	IV	4.019	-	321,52	361,71	-	271,36	305,28	-	222,72	250,56	-	175,68	197,64	-	130,08	146,34	-	86,08	96,84	-	45,60	51,30
	V	7.866	-	629,28	707,94																		
	VI	8.368	-	669,44	753,12																		
35.567,99	I	4.028	-	322,24	362,52	-	223,36	251,28	-	130,72	147,06	-	46,08	51,84	-	-	-	-	-	-	-	-	-
	II	2.850	-	228,00	256,50	-	135,04	151,92	-	49,68	55,89	-	-	-	-	-	-	-	-	-	-	-	-
	III	988	-	79,04	88,92	-	16,16	18,18	-	-	-	-	-	-	-	-	-	-	-	-	-	-	-
	IV	4.028	-	322,24	362,52	-	272,00	306,00	-	223,36	251,28	-	176,24	198,27	-	130,72	147,06	-	86,64	97,47	-	46,08	51,84
	V	7.878	-	630,24	709,02																		
	VI	8.380	-	670,40	754,20																		
35.603,99	I	4.036	-	322,88	363,24	-	224,00	252,00	-	131,28	147,69	-	46,56	52,38	-	-	-	-	-	-	-	-	-
	II	2.858	-	228,64	257,22	-	135,60	152,55	-	50,16	56,43	-	-	-	-	-	-	-	-	-	-	-	-
	III	994	-	79,52	89,46	-	16,48	18,54	-	-	-	-	-	-	-	-	-	-	-	-	-	-	-
	IV	4.036	-	322,88	363,24	-	272,64	306,72	-	224,00	252,00	-	176,88	198,99	-	131,28	147,69	-	87,20	98,10	-	46,56	52,38
	V	7.890	-	631,20	710,10																		
	VI	8.390	-	671,20	755,10																		
35.639,99	I	4.044	-	323,52	363,96	-	224,64	252,72	-	131,84	148,32	-	47,04	52,92	-	-	-	-	-	-	-	-	-
	II	2.866	-	229,28	257,94	-	136,16	153,18	-	50,72	57,06	-	-	-	-	-	-	-	-	-	-	-	-
	III	998	-	79,84	89,82	-	16,96	19,08	-	-	-	-	-	-	-	-	-	-	-	-	-	-	-
	IV	4.044	-	323,52	363,96	-	273,28	307,44	-	224,64	252,72	-	177,44	199,62	-	131,84	148,32	-	87,76	98,73	-	47,04	52,92
	V	7.900	-	632,00	711,00																		
	VI	8.404	-	672,32	756,36																		

SolZ/KiSt lt. Tabelle nicht für Sonstige Bezüge anwendbar.

Lohn/ Gehalt bis	Steuerklasse	Lohn-steuer	ohne Kinderfreibetrag SolZ 5,5%	Kirchensteuer 8%	9%	Anzahl Kinderfreibeträge (nur Steuerklassen I–IV) 0,5 SolZ 5,5%	Kirchensteuer 8%	9%	1,0 SolZ 5,5%	Kirchensteuer 8%	9%	1,5 SolZ 5,5%	Kirchensteuer 8%	9%	2,0 SolZ 5,5%	Kirchensteuer 8%	9%	2,5 SolZ 5,5%	Kirchensteuer 8%	9%	3,0 SolZ 5,5%	Kirchensteuer 8%	9%
35.675,99	I	4.053	-	324,24	364,77	-	225,28	253,44	-	132,48	149,04	-	47,52	53,46	-	-	-	-	-	-	-	-	
	II	2.873	-	229,84	258,57	-	136,80	153,90	-	51,20	57,60	-	-	-	-	-	-	-	-	-	-	-	
	III	1.004	-	80,32	90,36	-	17,28	19,44	-	-	-	-	-	-	-	-	-	-	-	-	-	-	
	IV	4.053	-	324,24	364,77	-	273,92	308,16	-	225,28	253,44	-	178,08	200,34	-	132,48	149,04	-	88,32	99,36	-	47,52	53,4
	V	7.914	-	633,12	712,26																		
	VI	8.416	-	673,28	757,44																		
35.711,99	I	4.061	-	324,88	365,49	-	225,84	254,07	-	133,04	149,67	-	48,08	54,09	-	-	-	-	-	-	-	-	
	II	2.881	-	230,48	259,29	-	137,36	154,53	-	51,68	58,14	-	-	-	-	-	-	-	-	-	-	-	
	III	1.010	-	80,80	90,90	-	17,60	19,80	-	-	-	-	-	-	-	-	-	-	-	-	-	-	
	IV	4.061	-	324,88	365,49	-	274,56	308,88	-	225,84	254,07	-	178,64	200,97	-	133,04	149,67	-	88,96	100,08	-	48,08	54,
	V	7.924	-	633,92	713,16																		
	VI	8.426	-	674,08	758,34																		
35.747,99	I	4.069	-	325,52	366,21	-	226,48	254,79	-	133,60	150,30	-	48,56	54,63	-	-	-	-	-	-	-	-	
	II	2.889	-	231,12	260,01	-	137,92	155,16	-	52,16	58,68	-	-	-	-	-	-	-	-	-	-	-	
	III	1.016	-	81,28	91,44	-	17,92	20,16	-	-	-	-	-	-	-	-	-	-	-	-	-	-	
	IV	4.069	-	325,52	366,21	-	275,20	309,60	-	226,48	254,79	-	179,28	201,69	-	133,60	150,30	-	89,52	100,71	-	48,56	54,
	V	7.936	-	634,88	714,24																		
	VI	8.438	-	675,04	759,42																		
35.783,99	I	4.078	-	326,24	367,02	-	227,12	255,51	-	134,24	151,02	-	49,04	55,17	-	-	-	-	-	-	-	-	
	II	2.897	-	231,76	260,73	-	138,56	155,88	-	52,64	59,22	-	-	-	-	-	-	-	-	-	-	-	
	III	1.022	-	81,76	91,98	-	18,40	20,70	-	-	-	-	-	-	-	-	-	-	-	-	-	-	
	IV	4.078	-	326,24	367,02	-	275,92	310,41	-	227,12	255,51	-	179,92	202,41	-	134,24	151,02	-	90,08	101,34	-	49,04	55,
	V	7.948	-	635,84	715,32																		
	VI	8.452	-	676,16	760,68																		
35.819,99	I	4.086	-	326,88	367,74	-	227,76	256,23	-	134,80	151,65	-	49,52	55,71	-	-	-	-	-	-	-	-	
	II	2.905	-	232,40	261,45	-	139,12	156,51	-	53,20	59,85	-	-	-	-	-	-	-	-	-	-	-	
	III	1.028	-	82,24	92,52	-	18,72	21,06	-	-	-	-	-	-	-	-	-	-	-	-	-	-	
	IV	4.086	-	326,88	367,74	-	276,56	311,13	-	227,76	256,23	-	180,48	203,04	-	134,80	151,65	-	90,64	101,97	-	49,52	55,
	V	7.958	-	636,64	716,22																		
	VI	8.462	-	676,96	761,58																		
35.855,99	I	4.094	-	327,52	368,46	-	228,40	256,95	-	135,36	152,28	-	50,00	56,25	-	-	-	-	-	-	-	-	
	II	2.913	-	233,04	262,17	-	139,68	157,14	-	53,68	60,39	-	-	-	-	-	-	-	-	-	-	-	
	III	1.034	-	82,72	93,06	-	19,04	21,42	-	-	-	-	-	-	-	-	-	-	-	-	-	-	
	IV	4.094	-	327,52	368,46	-	277,20	311,85	-	228,40	256,95	-	181,12	203,76	-	135,36	152,28	-	91,20	102,60	-	50,00	56,
	V	7.972	-	637,76	717,48																		
	VI	8.474	-	677,92	762,66																		
35.891,99	I	4.103	-	328,24	369,27	-	229,04	257,67	-	136,00	153,00	-	50,48	56,79	-	-	-	-	-	-	-	-	
	II	2.921	-	233,68	262,89	-	140,32	157,86	-	54,16	60,93	-	-	-	-	-	-	-	-	-	-	-	
	III	1.040	-	83,20	93,60	-	19,52	21,96	-	-	-	-	-	-	-	-	-	-	-	-	-	-	
	IV	4.103	-	328,24	369,27	-	277,84	312,57	-	229,04	257,67	-	181,76	204,48	-	136,00	153,00	-	91,76	103,23	-	50,48	56,
	V	7.982	-	638,56	718,38																		
	VI	8.486	-	678,88	763,74																		
35.927,99	I	4.111	-	328,88	369,99	-	229,68	258,39	-	136,56	153,63	-	50,96	57,33	-	-	-	-	-	-	-	-	
	II	2.929	-	234,32	263,61	-	140,88	158,49	-	54,64	61,47	-	-	-	-	-	-	-	-	-	-	-	
	III	1.046	-	83,68	94,14	-	19,84	22,32	-	-	-	-	-	-	-	-	-	-	-	-	-	-	
	IV	4.111	-	328,88	369,99	-	278,48	313,29	-	229,68	258,39	-	182,32	205,11	-	136,56	153,63	-	92,32	103,86	-	50,96	57,
	V	7.994	-	639,52	719,46																		
	VI	8.500	-	680,00	765,00																		
35.963,99	I	4.119	-	329,52	370,71	-	230,24	259,02	-	137,12	154,26	-	51,44	57,87	-	-	-	-	-	-	-	-	
	II	2.936	-	234,88	264,24	-	141,52	159,21	-	55,20	62,10	-	-	-	-	-	-	-	-	-	-	-	
	III	1.052	-	84,16	94,68	-	20,16	22,68	-	-	-	-	-	-	-	-	-	-	-	-	-	-	
	IV	4.119	-	329,52	370,71	-	279,12	314,01	-	230,24	259,02	-	182,96	205,83	-	137,12	154,26	-	92,88	104,49	-	51,44	57,
	V	8.004	-	640,32	720,36																		
	VI	8.510	-	680,80	765,90																		
35.999,99	I	4.128	-	330,24	371,52	-	230,88	259,74	-	137,76	154,98	-	52,00	58,50	-	-	-	-	-	-	-	-	
	II	2.945	-	235,60	265,05	-	142,08	159,84	-	55,68	62,64	-	-	-	-	-	-	-	-	-	-	-	
	III	1.058	-	84,64	95,22	-	20,48	23,04	-	-	-	-	-	-	-	-	-	-	-	-	-	-	
	IV	4.128	-	330,24	371,52	-	279,84	314,82	-	230,88	259,74	-	183,52	206,46	-	137,76	154,98	-	93,44	105,12	-	52,00	58,
	V	8.018	-	641,44	721,62																		
	VI	8.522	-	681,76	766,98																		
36.035,99	I	4.136	-	330,88	372,24	-	231,52	260,46	-	138,32	155,61	-	52,48	59,04	-	-	-	-	-	-	-	-	
	II	2.952	-	236,16	265,68	-	142,72	160,56	-	56,16	63,18	-	-	-	-	-	-	-	-	-	-	-	
	III	1.064	-	85,12	95,76	-	20,96	23,58	-	-	-	-	-	-	-	-	-	-	-	-	-	-	
	IV	4.136	-	330,88	372,24	-	280,48	315,54	-	231,52	260,46	-	184,16	207,18	-	138,32	155,61	-	94,08	105,84	-	52,48	59,0
	V	8.028	-	642,24	722,52																		
	VI	8.534	-	682,72	768,06																		
36.071,99	I	4.145	-	331,60	373,05	-	232,16	261,18	-	138,88	156,24	-	52,96	59,58	-	-	-	-	-	-	-	-	
	II	2.960	-	236,80	266,40	-	143,28	161,19	-	56,72	63,81	-	-	-	-	-	-	-	-	-	-	-	
	III	1.070	-	85,60	96,30	-	21,28	23,94	-	-	-	-	-	-	-	-	-	-	-	-	-	-	
	IV	4.145	-	331,60	373,05	-	281,12	316,26	-	232,16	261,18	-	184,80	207,90	-	138,88	156,24	-	94,64	106,47	-	52,96	59,5
	V	8.040	-	643,20	723,60																		
	VI	8.544	-	683,52	768,96																		
36.107,99	I	4.153	-	332,24	373,77	-	232,80	261,90	-	139,52	156,96	-	53,44	60,12	-	-	-	-	-	-	-	-	
	II	2.968	-	237,44	267,12	-	143,84	161,82	-	57,20	64,35	-	-	-	-	-	-	-	-	-	-	-	
	III	1.074	-	85,92	96,66	-	21,60	24,30	-	-	-	-	-	-	-	-	-	-	-	-	-	-	
	IV	4.153	-	332,24	373,77	-	281,76	316,98	-	232,80	261,90	-	185,36	208,53	-	139,52	156,96	-	95,20	107,10	-	53,44	60,1
	V	8.052	-	644,16	724,68																		
	VI	8.558	-	684,64	770,22																		
36.143,99	I	4.162	-	332,96	374,58	-	233,44	262,62	-	140,08	157,59	-	54,00	60,75	-	-	-	-	-	-	-	-	
	II	2.976	-	238,08	267,84	-	144,48	162,54	-	57,76	64,98	-	-	-	-	-	-	-	-	-	-	-	
	III	1.080	-	86,40	97,20	-	22,08	24,84	-	-	-	-	-	-	-	-	-	-	-	-	-	-	
	IV	4.162	-	332,96	374,58	-	282,40	317,70	-	233,44	262,62	-	186,00	209,25	-	140,08	157,59	-	95,76	107,73	-	54,00	60,7
	V	8.064	-	645,12	725,76																		
	VI	8.570	-	685,60	771,30																		
36.179,99	I	4.170	-	333,60	375,30	-	234,08	263,34	-	140,72	158,31	-	54,48	61,29	-	-	-	-	-	-	-	-	
	II	2.984	-	238,72	268,56	-	145,04	163,17	-	58,24	65,52	-	-	-	-	-	-	-	-	-	-	-	
	III	1.088	-	87,04	97,92	-	22,40	25,20	-	-	-	-	-	-	-	-	-	-	-	-	-	-	
	IV	4.170	-	333,60	375,30	-	283,04	318,42	-	234,08	263,34	-	186,56	209,88	-	140,72	158,31	-	96,32	108,36	-	54,48	61,2
	V	8.074	-	645,92	726,66																		
	VI	8.580	-	686,40	772,20																		

SolZ/KiSt lt. Tabelle nicht für Sonstige Bezüge anwendbar.

Lohn/ Gehalt bis	Steuerklasse	Lohnsteuer	ohne Kinderfreibetrag			Anzahl Kinderfreibeträge (nur Steuerklassen I–IV): 0,5			1,0			1,5			2,0			2,5			3,0		
			SolZ 5,5%	Kirchensteuer 8%	Kirchensteuer 9%	SolZ 5,5%	Kirchensteuer 8%	Kirchensteuer 9%	SolZ 5,5%	Kirchensteuer 8%	Kirchensteuer 9%	SolZ 5,5%	Kirchensteuer 8%	Kirchensteuer 9%	SolZ 5,5%	Kirchensteuer 8%	Kirchensteuer 9%	SolZ 5,5%	Kirchensteuer 8%	Kirchensteuer 9%	SolZ 5,5%	Kirchensteuer 8%	Kirchensteuer 9%
36.215,99	I	4.178	-	334,24	376,02	-	234,64	263,97	-	141,28	158,94	-	54,96	61,83	-	-	-	-	-	-	-	-	-
	II	2.992	-	239,36	269,28	-	145,60	163,80	-	58,72	66,06	-	-	-	-	-	-	-	-	-	-	-	-
	III	1.092	-	87,36	98,28	-	22,72	25,56	-	-	-	-	-	-	-	-	-	-	-	-	-	-	-
	IV	4.178	-	334,24	376,02	-	283,68	319,14	-	234,64	263,97	-	187,20	210,60	-	141,28	158,94	-	96,88	108,99	-	54,96	61,83
	V	8.086	-	646,88	727,74																		
	VI	8.592	-	687,36	773,28																		
36.251,99	I	4.187	-	334,96	376,83	-	235,36	264,78	-	141,84	159,57	-	55,52	62,46	-	-	-	-	-	-	-	-	-
	II	3.000	-	240,00	270,00	-	146,24	164,52	-	59,28	66,69	-	-	-	-	-	-	-	-	-	-	-	-
	III	1.098	-	87,84	98,82	-	23,20	26,10	-	-	-	-	-	-	-	-	-	-	-	-	-	-	-
	IV	4.187	-	334,96	376,83	-	284,40	319,95	-	235,36	264,78	-	187,84	211,32	-	141,84	159,57	-	97,44	109,62	-	55,52	62,46
	V	8.098	-	647,84	728,82																		
	VI	8.604	-	688,32	774,36																		
36.287,99	I	4.195	-	335,60	377,55	-	235,92	265,41	-	142,48	160,29	-	56,00	63,00	-	-	-	-	-	-	-	-	-
	II	3.008	-	240,64	270,72	-	146,80	165,15	-	59,76	67,23	-	-	-	-	-	-	-	-	-	-	-	-
	III	1.104	-	88,32	99,36	-	23,52	26,46	-	-	-	-	-	-	-	-	-	-	-	-	-	-	-
	IV	4.195	-	335,60	377,55	-	285,04	320,67	-	235,92	265,41	-	188,40	211,95	-	142,48	160,29	-	98,00	110,25	-	56,00	63,00
	V	8.110	-	648,80	729,90																		
	VI	8.618	-	689,44	775,62																		
36.323,99	I	4.203	-	336,24	378,27	-	236,56	266,13	-	143,04	160,92	-	56,48	63,54	-	-	-	-	-	-	-	-	-
	II	3.016	-	241,28	271,44	-	147,44	165,87	-	60,32	67,86	-	-	-	-	-	-	-	-	-	-	-	-
	III	1.110	-	88,80	99,90	-	23,84	26,82	-	-	-	-	-	-	-	-	-	-	-	-	-	-	-
	IV	4.203	-	336,24	378,27	-	285,68	321,39	-	236,56	266,13	-	189,04	212,67	-	143,04	160,92	-	98,64	110,97	-	56,48	63,54
	V	8.120	-	649,60	730,80																		
	VI	8.628	-	690,24	776,52																		
36.359,99	I	4.212	-	336,96	379,08	-	237,20	266,85	-	143,60	161,55	-	57,04	64,17	-	-	-	-	-	-	-	-	-
	II	3.023	-	241,84	272,07	-	148,00	166,50	-	60,80	68,40	-	-	-	-	-	-	-	-	-	-	-	-
	III	1.116	-	89,28	100,44	-	24,32	27,36	-	-	-	-	-	-	-	-	-	-	-	-	-	-	-
	IV	4.212	-	336,96	379,08	-	286,32	322,11	-	237,20	266,85	-	189,68	213,39	-	143,60	161,55	-	99,20	111,60	-	57,04	64,17
	V	8.132	-	650,56	731,88																		
	VI	8.640	-	691,20	777,60																		
36.395,99	I	4.220	-	337,60	379,80	-	237,84	267,57	-	144,24	162,27	-	57,52	64,71	-	-	-	-	-	-	-	-	-
	II	3.032	-	242,56	272,88	-	148,64	167,22	-	61,36	69,03	-	-	-	-	-	-	-	-	-	-	-	-
	III	1.122	-	89,76	100,98	-	24,64	27,72	-	-	-	-	-	-	-	-	-	-	-	-	-	-	-
	IV	4.220	-	337,60	379,80	-	286,96	322,83	-	237,84	267,57	-	190,24	214,02	-	144,24	162,27	-	99,76	112,23	-	57,52	64,71
	V	8.144	-	651,52	732,96																		
	VI	8.652	-	692,16	778,68																		
36.431,99	I	4.229	-	338,32	380,61	-	238,48	268,29	-	144,80	162,90	-	58,08	65,34	-	-	-	-	-	-	-	-	-
	II	3.039	-	243,12	273,51	-	149,20	167,85	-	61,84	69,57	-	-	-	-	-	-	-	-	-	-	-	-
	III	1.128	-	90,24	101,52	-	24,96	28,08	-	-	-	-	-	-	-	-	-	-	-	-	-	-	-
	IV	4.229	-	338,32	380,61	-	287,60	323,55	-	238,48	268,29	-	190,88	214,74	-	144,80	162,90	-	100,32	112,86	-	58,08	65,34
	V	8.156	-	652,48	734,04																		
	VI	8.664	-	693,12	779,76																		
36.467,99	I	4.237	-	338,96	381,33	-	239,12	269,01	-	145,44	163,62	-	58,56	65,88	-	-	-	-	-	-	-	-	-
	II	3.047	-	243,76	274,23	-	149,76	168,48	-	62,40	70,20	-	-	-	-	-	-	-	-	-	-	-	-
	III	1.134	-	90,72	102,06	-	25,44	28,62	-	-	-	-	-	-	-	-	-	-	-	-	-	-	-
	IV	4.237	-	338,96	381,33	-	288,24	324,27	-	239,12	269,01	-	191,52	215,46	-	145,44	163,62	-	100,88	113,49	-	58,56	65,88
	V	8.168	-	653,44	735,12																		
	VI	8.676	-	694,08	780,84																		
36.503,99	I	4.246	-	339,68	382,14	-	239,76	269,73	-	146,00	164,25	-	59,12	66,51	-	-	-	-	-	-	-	-	-
	II	3.055	-	244,40	274,95	-	150,40	169,20	-	62,96	70,83	-	-	-	-	-	-	-	-	-	-	-	-
	III	1.140	-	91,20	102,60	-	25,76	28,98	-	-	-	-	-	-	-	-	-	-	-	-	-	-	-
	IV	4.246	-	339,68	382,14	-	288,96	325,08	-	239,76	269,73	-	192,08	216,09	-	146,00	164,25	-	101,44	114,12	-	59,12	66,51
	V	8.180	-	654,40	736,20																		
	VI	8.688	-	695,04	781,92																		
36.539,99	I	4.254	-	340,32	382,86	-	240,40	270,45	-	146,64	164,97	-	59,60	67,05	-	-	-	-	-	-	-	-	-
	II	3.063	-	245,04	275,67	-	150,96	169,83	-	63,44	71,37	-	-	-	-	-	-	-	-	-	-	-	-
	III	1.146	-	91,68	103,14	-	26,08	29,34	-	-	-	-	-	-	-	-	-	-	-	-	-	-	-
	IV	4.254	-	340,32	382,86	-	289,60	325,80	-	240,40	270,45	-	192,72	216,81	-	146,64	164,97	-	102,08	114,84	-	59,60	67,05
	V	8.190	-	655,20	737,10																		
	VI	8.700	-	696,00	783,00																		
36.575,99	I	4.262	-	340,96	383,58	-	241,04	271,17	-	147,20	165,60	-	60,08	67,59	-	-	-	-	-	-	-	-	-
	II	3.071	-	245,68	276,39	-	151,60	170,55	-	64,00	72,00	-	-	-	-	-	-	-	-	-	-	-	-
	III	1.152	-	92,16	103,68	-	26,56	29,88	-	-	-	-	-	-	-	-	-	-	-	-	-	-	-
	IV	4.262	-	340,96	383,58	-	290,24	326,52	-	241,04	271,17	-	193,36	217,53	-	147,20	165,60	-	102,64	115,47	-	60,08	67,59
	V	8.202	-	656,16	738,18																		
	VI	8.710	-	696,80	783,90																		
36.611,99	I	4.271	-	341,68	384,39	-	241,68	271,89	-	147,84	166,32	-	60,64	68,22	-	-	-	-	-	-	-	-	-
	II	3.079	-	246,32	277,11	-	152,16	171,18	-	64,48	72,54	-	-	-	-	-	-	-	-	-	-	-	-
	III	1.158	-	92,64	104,22	-	26,88	30,24	-	-	-	-	-	-	-	-	-	-	-	-	-	-	-
	IV	4.271	-	341,68	384,39	-	290,88	327,24	-	241,68	271,89	-	193,92	218,16	-	147,84	166,32	-	103,20	116,10	-	60,64	68,22
	V	8.214	-	657,12	739,26																		
	VI	8.724	-	697,92	785,16																		
36.647,99	I	4.279	-	342,32	385,11	-	242,32	272,61	-	148,40	166,95	-	61,12	68,76	-	-	-	-	-	-	-	-	-
	II	3.087	-	246,96	277,83	-	152,80	171,90	-	65,04	73,17	-	-	-	-	-	-	-	-	-	-	-	-
	III	1.164	-	93,12	104,76	-	27,20	30,60	-	-	-	-	-	-	-	-	-	-	-	-	-	-	-
	IV	4.279	-	342,32	385,11	-	291,52	327,96	-	242,32	272,61	-	194,56	218,88	-	148,40	166,95	-	103,76	116,73	-	61,12	68,76
	V	8.226	-	658,08	740,34																		
	VI	8.736	-	698,88	786,24																		
36.683,99	I	4.288	-	343,04	385,92	-	242,88	273,24	-	148,96	167,58	-	61,68	69,39	-	-	-	-	-	-	-	-	-
	II	3.095	-	247,60	278,55	-	153,36	172,53	-	65,60	73,80	-	-	-	-	-	-	-	-	-	-	-	-
	III	1.170	-	93,60	105,30	-	27,68	31,14	-	-	-	-	-	-	-	-	-	-	-	-	-	-	-
	IV	4.288	-	343,04	385,92	-	292,16	328,68	-	242,88	273,24	-	195,20	219,60	-	148,96	167,58	-	104,32	117,36	-	61,68	69,39
	V	8.236	-	658,88	741,24																		
	VI	8.748	-	699,84	787,32																		
36.719,99	I	4.296	-	343,68	386,64	-	243,52	273,96	-	149,60	168,30	-	62,16	69,93	-	-	-	-	-	-	-	-	-
	II	3.103	-	248,24	279,27	-	154,00	173,25	-	66,08	74,34	-	0,16	0,18	-	-	-	-	-	-	-	-	-
	III	1.176	-	94,08	105,84	-	28,00	31,50	-	-	-	-	-	-	-	-	-	-	-	-	-	-	-
	IV	4.296	-	343,68	386,64	-	292,88	329,49	-	243,52	273,96	-	195,76	220,23	-	149,60	168,30	-	104,88	117,99	-	62,16	69,93
	V	8.250	-	660,00	742,50																		
	VI	8.758	-	700,64	788,22																		

SolZ/KiSt lt. Tabelle nicht für Sonstige Bezüge anwendbar.

Lohn/ Gehalt bis	Steuerklasse	Lohn-steuer	ohne Kinderfreibetrag			Anzahl Kinderfreibeträge (nur Steuerklassen I–IV)																	
						0,5			1,0			1,5			2,0			2,5			3,0		
			SolZ 5,5%	Kirchensteuer 8%	Kirchensteuer 9%	SolZ 5,5%	Kirchensteuer 8%	Kirchensteuer 9%	SolZ 5,5%	Kirchensteuer 8%	Kirchensteuer 9%	SolZ 5,5%	Kirchensteuer 8%	Kirchensteuer 9%	SolZ 5,5%	Kirchensteuer 8%	Kirchensteuer 9%	SolZ 5,5%	Kirchensteuer 8%	Kirchensteuer 9%	SolZ 5,5%	Kirchensteuer 8%	Kirchensteuer 9%
36.755,99	I	4.305	-	344,40	387,45	-	244,16	274,68	-	150,16	168,93	-	62,72	70,56	-	-	-	-	-	-	-	-	
	II	3.111	-	248,88	279,99	-	154,56	173,88	-	66,64	74,97	-	0,48	0,54	-	-	-	-	-	-	-	-	
	III	1.182	-	94,56	106,38	-	28,48	32,04	-	-	-	-	-	-	-	-	-	-	-	-	-	-	
	IV	4.305	-	344,40	387,45	-	293,52	330,21	-	244,16	274,68	-	196,40	220,95	-	150,16	168,93	-	105,52	118,71	-	62,72	70,
	V	8.262	-	660,96	743,58																		
	VI	8.770	-	701,60	789,30																		
36.791,99	I	4.313	-	345,04	388,17	-	244,80	275,40	-	150,80	169,65	-	63,28	71,19	-	-	-	-	-	-	-	-	
	II	3.119	-	249,52	280,71	-	155,20	174,60	-	67,20	75,60	-	0,80	0,90	-	-	-	-	-	-	-	-	
	III	1.188	-	95,04	106,92	-	28,80	32,40	-	-	-	-	-	-	-	-	-	-	-	-	-	-	
	IV	4.313	-	345,04	388,17	-	294,16	330,93	-	244,80	275,40	-	197,04	221,67	-	150,80	169,65	-	106,08	119,34	-	63,28	71,
	V	8.272	-	661,76	744,48																		
	VI	8.784	-	702,72	790,56																		
36.827,99	I	4.321	-	345,68	388,89	-	245,44	276,12	-	151,36	170,28	-	63,76	71,73	-	-	-	-	-	-	-	-	
	II	3.127	-	250,16	281,43	-	155,76	175,23	-	67,68	76,14	-	1,12	1,26	-	-	-	-	-	-	-	-	
	III	1.194	-	95,52	107,46	-	29,12	32,76	-	-	-	-	-	-	-	-	-	-	-	-	-	-	
	IV	4.321	-	345,68	388,89	-	294,80	331,65	-	245,44	276,12	-	197,60	222,30	-	151,36	170,28	-	106,64	119,97	-	63,76	71,
	V	8.284	-	662,72	745,56																		
	VI	8.796	-	703,68	791,64																		
36.863,99	I	4.330	-	346,40	389,70	-	246,08	276,84	-	152,00	171,00	-	64,32	72,36	-	-	-	-	-	-	-	-	
	II	3.135	-	250,80	282,15	-	156,40	175,95	-	68,24	76,77	-	1,52	1,71	-	-	-	-	-	-	-	-	
	III	1.202	-	96,16	108,18	-	29,60	33,30	-	-	-	-	-	-	-	-	-	-	-	-	-	-	
	IV	4.330	-	346,40	389,70	-	295,52	332,46	-	246,08	276,84	-	198,24	223,02	-	152,00	171,00	-	107,20	120,60	-	64,32	72,
	V	8.296	-	663,68	746,64																		
	VI	8.808	-	704,64	792,72																		
36.899,99	I	4.338	-	347,04	390,42	-	246,72	277,56	-	152,56	171,63	-	64,88	72,99	-	-	-	-	-	-	-	-	
	II	3.143	-	251,44	282,87	-	156,96	176,58	-	68,80	77,40	-	1,84	2,07	-	-	-	-	-	-	-	-	
	III	1.208	-	96,64	108,72	-	29,92	33,66	-	-	-	-	-	-	-	-	-	-	-	-	-	-	
	IV	4.338	-	347,04	390,42	-	296,16	333,18	-	246,72	277,56	-	198,88	223,74	-	152,56	171,63	-	107,76	121,23	-	64,88	72,
	V	8.308	-	664,64	747,72																		
	VI	8.820	-	705,60	793,80																		
36.935,99	I	4.347	-	347,76	391,23	-	247,36	278,28	-	153,12	172,26	-	65,36	73,53	-	-	-	-	-	-	-	-	
	II	3.151	-	252,08	283,59	-	157,52	177,21	-	69,36	78,03	-	2,16	2,43	-	-	-	-	-	-	-	-	
	III	1.214	-	97,12	109,26	-	30,24	34,02	-	-	-	-	-	-	-	-	-	-	-	-	-	-	
	IV	4.347	-	347,76	391,23	-	296,80	333,90	-	247,36	278,28	-	199,52	224,46	-	153,12	172,26	-	108,32	121,86	-	65,36	73,
	V	8.318	-	665,44	748,62																		
	VI	8.830	-	706,40	794,70																		
36.971,99	I	4.355	-	348,40	391,95	-	248,00	279,00	-	153,76	172,98	-	65,92	74,16	-	-	-	-	-	-	-	-	
	II	3.159	-	252,72	284,31	-	158,16	177,93	-	69,84	78,57	-	2,48	2,79	-	-	-	-	-	-	-	-	
	III	1.220	-	97,60	109,80	-	30,72	34,56	-	-	-	-	-	-	-	-	-	-	-	-	-	-	
	IV	4.355	-	348,40	391,95	-	297,44	334,62	-	248,00	279,00	-	200,08	225,09	-	153,76	172,98	-	108,96	122,58	-	65,92	74,
	V	8.330	-	666,40	749,70																		
	VI	8.844	-	707,52	795,96																		
37.007,99	I	4.364	-	349,12	392,76	-	248,64	279,72	-	154,32	173,61	-	66,48	74,79	-	0,40	0,45	-	-	-	-	-	
	II	3.167	-	253,36	285,03	-	158,72	178,56	-	70,40	79,20	-	2,80	3,15	-	-	-	-	-	-	-	-	
	III	1.226	-	98,08	110,34	-	31,04	34,92	-	-	-	-	-	-	-	-	-	-	-	-	-	-	
	IV	4.364	-	349,12	392,76	-	298,08	335,34	-	248,64	279,72	-	200,72	225,81	-	154,32	173,61	-	109,52	123,21	-	66,48	74,
	V	8.344	-	667,52	750,96																		
	VI	8.856	-	708,48	797,04																		
37.043,99	I	4.372	-	349,76	393,48	-	249,28	280,44	-	154,96	174,33	-	66,96	75,33	-	0,72	0,81	-	-	-	-	-	
	II	3.175	-	254,00	285,75	-	159,36	179,28	-	70,96	79,83	-	3,20	3,60	-	-	-	-	-	-	-	-	
	III	1.232	-	98,56	110,88	-	31,52	35,46	-	-	-	-	-	-	-	-	-	-	-	-	-	-	
	IV	4.372	-	349,76	393,48	-	298,72	336,06	-	249,28	280,44	-	201,36	226,53	-	154,96	174,33	-	110,08	123,84	-	66,96	75,
	V	8.354	-	668,32	751,86																		
	VI	8.868	-	709,44	798,12																		
37.079,99	I	4.381	-	350,48	394,29	-	249,92	281,16	-	155,52	174,96	-	67,52	75,96	-	1,04	1,17	-	-	-	-	-	
	II	3.183	-	254,64	286,47	-	159,92	179,91	-	71,52	80,46	-	3,52	3,96	-	-	-	-	-	-	-	-	
	III	1.238	-	99,04	111,42	-	31,84	35,82	-	-	-	-	-	-	-	-	-	-	-	-	-	-	
	IV	4.381	-	350,48	394,29	-	299,44	336,87	-	249,92	281,16	-	201,92	227,16	-	155,52	174,96	-	110,64	124,47	-	67,52	75,
	V	8.366	-	669,28	752,94																		
	VI	8.880	-	710,40	799,20																		
37.115,99	I	4.389	-	351,12	395,01	-	250,56	281,88	-	156,16	175,68	-	68,08	76,59	-	1,36	1,53	-	-	-	-	-	
	II	3.191	-	255,28	287,19	-	160,56	180,63	-	72,08	81,09	-	3,84	4,32	-	-	-	-	-	-	-	-	
	III	1.244	-	99,52	111,96	-	32,32	36,36	-	-	-	-	-	-	-	-	-	-	-	-	-	-	
	IV	4.389	-	351,12	395,01	-	300,08	337,59	-	250,56	281,88	-	202,56	227,88	-	156,16	175,68	-	111,28	125,19	-	68,08	76,
	V	8.378	-	670,24	754,02																		
	VI	8.892	-	711,36	800,28																		
37.151,99	I	4.398	-	351,84	395,82	-	251,20	282,60	-	156,72	176,31	-	68,56	77,13	-	1,68	1,89	-	-	-	-	-	
	II	3.199	-	255,92	287,91	-	161,12	181,26	-	72,64	81,72	-	4,16	4,68	-	-	-	-	-	-	-	-	
	III	1.250	-	100,00	112,50	-	32,64	36,72	-	-	-	-	-	-	-	-	-	-	-	-	-	-	
	IV	4.398	-	351,84	395,82	-	300,72	338,31	-	251,20	282,60	-	203,20	228,60	-	156,72	176,31	-	111,84	125,82	-	68,56	77,
	V	8.390	-	671,20	755,10																		
	VI	8.902	-	712,16	801,18																		
37.187,99	I	4.406	-	352,48	396,54	-	251,84	283,32	-	157,36	177,03	-	69,12	77,76	-	2,00	2,25	-	-	-	-	-	
	II	3.207	-	256,56	288,63	-	161,76	181,98	-	73,12	82,26	-	4,56	5,13	-	-	-	-	-	-	-	-	
	III	1.256	-	100,48	113,04	-	33,12	37,26	-	-	-	-	-	-	-	-	-	-	-	-	-	-	
	IV	4.406	-	352,48	396,54	-	301,36	339,03	-	251,84	283,32	-	203,84	229,32	-	157,36	177,03	-	112,40	126,45	-	69,12	77,
	V	8.402	-	672,16	756,18																		
	VI	8.916	-	713,28	802,44																		
37.223,99	I	4.415	-	353,20	397,35	-	252,48	284,04	-	157,92	177,66	-	69,68	78,39	-	2,40	2,70	-	-	-	-	-	
	II	3.215	-	257,20	289,35	-	162,40	182,70	-	73,76	82,98	-	4,88	5,49	-	-	-	-	-	-	-	-	
	III	1.262	-	100,96	113,58	-	33,44	37,62	-	-	-	-	-	-	-	-	-	-	-	-	-	-	
	IV	4.415	-	353,20	397,35	-	302,08	339,84	-	252,48	284,04	-	204,40	229,95	-	157,92	177,66	-	112,96	127,08	-	69,68	78,3
	V	8.414	-	673,12	757,26																		
	VI	8.928	-	714,24	803,52																		
37.259,99	I	4.423	-	353,84	398,07	-	253,12	284,76	-	158,56	178,38	-	70,24	79,02	-	2,72	3,06	-	-	-	-	-	
	II	3.223	-	257,84	290,07	-	162,96	183,33	-	74,24	83,52	-	5,28	5,94	-	-	-	-	-	-	-	-	
	III	1.268	-	101,44	114,12	-	33,76	37,98	-	-	-	-	-	-	-	-	-	-	-	-	-	-	
	IV	4.423	-	353,84	398,07	-	302,72	340,56	-	253,12	284,76	-	205,04	230,67	-	158,56	178,38	-	113,60	127,80	-	70,24	79,0
	V	8.424	-	673,92	758,16																		
	VI	8.940	-	715,20	804,60																		

SolZ/KiSt lt. Tabelle nicht für Sonstige Bezüge anwendbar.

Lohn/ Gehalt bis	Steuerklasse	Lohnsteuer	ohne Kinderfreibetrag			Anzahl Kinderfreibeträge (nur Steuerklassen I–IV): 0,5			1,0			1,5			2,0			2,5			3,0		
			SolZ 5,5%	Kirchensteuer 8%	9%	SolZ 5,5%	Kirchensteuer 8%	9%	SolZ 5,5%	Kirchensteuer 8%	9%	SolZ 5,5%	Kirchensteuer 8%	9%	SolZ 5,5%	Kirchensteuer 8%	9%	SolZ 5,5%	Kirchensteuer 8%	9%	SolZ 5,5%	Kirchensteuer 8%	9%
37.295,99	I	4.432	-	354,56	398,88	-	253,76	285,48	-	159,12	179,01	-	70,72	79,56	-	3,04	3,42	-	-	-	-	-	-
	II	3.231	-	258,48	290,79	-	163,52	183,96	-	74,80	84,15	-	5,60	6,30	-	-	-	-	-	-	-	-	-
	III	1.274	-	101,92	114,66	-	34,24	38,52	-	-	-	-	-	-	-	-	-	-	-	-	-	-	-
	IV	4.432	-	354,56	398,88	-	303,36	341,28	-	253,76	285,48	-	205,68	231,39	-	159,12	179,01	-	114,16	128,43	-	70,72	79,56
	V	8.438	-	675,04	759,42																		
	VI	8.952	-	716,16	805,68																		
37.331,99	I	4.440	-	355,20	399,60	-	254,40	286,20	-	159,76	179,73	-	71,28	80,19	-	3,36	3,78	-	-	-	-	-	-
	II	3.239	-	259,12	291,51	-	164,16	184,68	-	75,36	84,78	-	5,92	6,66	-	-	-	-	-	-	-	-	-
	III	1.280	-	102,40	115,20	-	34,56	38,88	-	-	-	-	-	-	-	-	-	-	-	-	-	-	-
	IV	4.440	-	355,20	399,60	-	304,00	342,00	-	254,40	286,20	-	206,24	232,02	-	159,76	179,73	-	114,72	129,06	-	71,28	80,19
	V	8.448	-	675,84	760,32																		
	VI	8.964	-	717,12	806,76																		
37.367,99	I	4.449	-	355,92	400,41	-	255,04	286,92	-	160,32	180,36	-	71,84	80,82	-	3,76	4,23	-	-	-	-	-	-
	II	3.247	-	259,76	292,23	-	164,80	185,40	-	75,92	85,41	-	6,32	7,11	-	-	-	-	-	-	-	-	-
	III	1.286	-	102,88	115,74	-	35,04	39,42	-	-	-	-	-	-	-	-	-	-	-	-	-	-	-
	IV	4.449	-	355,92	400,41	-	304,72	342,81	-	255,04	286,92	-	206,88	232,74	-	160,32	180,36	-	115,28	129,69	-	71,84	80,82
	V	8.460	-	676,80	761,40																		
	VI	8.976	-	718,08	807,84																		
37.403,99	I	4.457	-	356,56	401,13	-	255,68	287,64	-	160,96	181,08	-	72,40	81,45	-	4,08	4,59	-	-	-	-	-	-
	II	3.255	-	260,40	292,95	-	165,36	186,03	-	76,48	86,04	-	6,64	7,47	-	-	-	-	-	-	-	-	-
	III	1.294	-	103,52	116,46	-	35,36	39,78	-	-	-	-	-	-	-	-	-	-	-	-	-	-	-
	IV	4.457	-	356,56	401,13	-	305,36	343,53	-	255,68	287,64	-	207,52	233,46	-	160,96	181,08	-	115,84	130,32	-	72,40	81,45
	V	8.472	-	677,76	762,48																		
	VI	8.988	-	719,04	808,92																		
37.439,99	I	4.466	-	357,28	401,94	-	256,32	288,36	-	161,52	181,71	-	72,96	82,08	-	4,40	4,95	-	-	-	-	-	-
	II	3.263	-	261,04	293,67	-	165,92	186,66	-	77,04	86,67	-	6,96	7,83	-	-	-	-	-	-	-	-	-
	III	1.300	-	104,00	117,00	-	35,84	40,32	-	-	-	-	-	-	-	-	-	-	-	-	-	-	-
	IV	4.466	-	357,28	401,94	-	306,00	344,25	-	256,32	288,36	-	208,16	234,18	-	161,52	181,71	-	116,48	131,04	-	72,96	82,08
	V	8.484	-	678,72	763,56																		
	VI	9.000	-	720,00	810,00																		
37.475,99	I	4.474	-	357,92	402,66	-	256,96	289,08	-	162,16	182,43	-	73,52	82,71	-	4,80	5,40	-	-	-	-	-	-
	II	3.271	-	261,68	294,39	-	166,56	187,38	-	77,60	87,30	-	7,36	8,28	-	-	-	-	-	-	-	-	-
	III	1.306	-	104,48	117,54	-	36,16	40,68	-	-	-	-	-	-	-	-	-	-	-	-	-	-	-
	IV	4.474	-	357,92	402,66	-	306,72	345,06	-	256,96	289,08	-	208,80	234,90	-	162,16	182,43	-	117,04	131,67	-	73,52	82,71
	V	8.496	-	679,68	764,64																		
	VI	9.012	-	720,96	811,08																		
37.511,99	I	4.483	-	358,64	403,47	-	257,60	289,80	-	162,72	183,06	-	74,08	83,34	-	5,12	5,76	-	-	-	-	-	-
	II	3.279	-	262,32	295,11	-	167,20	188,10	-	78,16	87,93	-	7,68	8,64	-	-	-	-	-	-	-	-	-
	III	1.312	-	104,96	118,08	-	36,64	41,22	-	-	-	-	-	-	-	-	-	-	-	-	-	-	-
	IV	4.483	-	358,64	403,47	-	307,36	345,78	-	257,60	289,80	-	209,36	235,53	-	162,72	183,06	-	117,60	132,30	-	74,08	83,34
	V	8.508	-	680,64	765,72																		
	VI	9.024	-	721,92	812,16																		
37.547,99	I	4.491	-	359,28	404,19	-	258,24	290,52	-	163,36	183,78	-	74,64	83,97	-	5,44	6,12	-	-	-	-	-	-
	II	3.287	-	262,96	295,83	-	167,76	188,73	-	78,72	88,56	-	8,08	9,09	-	-	-	-	-	-	-	-	-
	III	1.318	-	105,44	118,62	-	36,96	41,58	-	-	-	-	-	-	-	-	-	-	-	-	-	-	-
	IV	4.491	-	359,28	404,19	-	308,00	346,50	-	258,24	290,52	-	210,00	236,25	-	163,36	183,78	-	118,16	132,93	-	74,64	83,97
	V	8.518	-	681,44	766,62																		
	VI	9.036	-	722,88	813,24																		
37.583,99	I	4.500	-	360,00	405,00	-	258,88	291,24	-	163,92	184,41	-	75,20	84,60	-	5,84	6,57	-	-	-	-	-	-
	II	3.295	-	263,60	296,55	-	168,40	189,45	-	79,28	89,19	-	8,40	9,45	-	-	-	-	-	-	-	-	-
	III	1.324	-	105,92	119,16	-	37,44	42,12	-	-	-	-	-	-	-	-	-	-	-	-	-	-	-
	IV	4.500	-	360,00	405,00	-	308,64	347,22	-	258,88	291,24	-	210,64	236,97	-	163,92	184,41	-	118,80	133,65	-	75,20	84,60
	V	8.532	-	682,56	767,88																		
	VI	9.048	-	723,84	814,32																		
37.619,99	I	4.508	-	360,64	405,72	-	259,52	291,96	-	164,56	185,13	-	75,76	85,23	-	6,16	6,93	-	-	-	-	-	-
	II	3.303	-	264,24	297,27	-	168,96	190,08	-	79,84	89,82	-	8,80	9,90	-	-	-	-	-	-	-	-	-
	III	1.330	-	106,40	119,70	-	37,76	42,48	-	-	-	-	-	-	-	-	-	-	-	-	-	-	-
	IV	4.508	-	360,64	405,72	-	309,36	348,03	-	259,52	291,96	-	211,28	237,69	-	164,56	185,13	-	119,36	134,28	-	75,76	85,23
	V	8.544	-	683,52	768,96																		
	VI	9.060	-	724,80	815,40																		
37.655,99	I	4.517	-	361,36	406,53	-	260,16	292,68	-	165,12	185,76	-	76,32	85,86	-	6,48	7,29	-	-	-	-	-	-
	II	3.311	-	264,88	297,99	-	169,60	190,80	-	80,40	90,45	-	9,20	10,35	-	-	-	-	-	-	-	-	-
	III	1.336	-	106,88	120,24	-	38,08	42,84	-	-	-	-	-	-	-	-	-	-	-	-	-	-	-
	IV	4.517	-	361,36	406,53	-	310,00	348,75	-	260,16	292,68	-	211,84	238,32	-	165,12	185,76	-	119,92	134,91	-	76,32	85,86
	V	8.554	-	684,32	769,86																		
	VI	9.074	-	725,92	816,66																		
37.691,99	I	4.525	-	362,00	407,25	-	260,80	293,40	-	165,76	186,48	-	76,88	86,49	-	6,88	7,74	-	-	-	-	-	-
	II	3.319	-	265,52	298,71	-	170,16	191,43	-	80,96	91,08	-	9,52	10,71	-	-	-	-	-	-	-	-	-
	III	1.344	-	107,52	120,96	-	38,56	43,38	-	-	-	-	-	-	-	-	-	-	-	-	-	-	-
	IV	4.525	-	362,00	407,25	-	310,64	349,47	-	260,80	293,40	-	212,48	239,04	-	165,76	186,48	-	120,48	135,54	-	76,88	86,49
	V	8.566	-	685,28	770,94																		
	VI	9.086	-	726,88	817,74																		
37.727,99	I	4.534	-	362,72	408,06	-	261,44	294,12	-	166,32	187,11	-	77,44	87,12	-	7,20	8,10	-	-	-	-	-	-
	II	3.327	-	266,16	299,43	-	170,80	192,15	-	81,60	91,80	-	9,92	11,16	-	-	-	-	-	-	-	-	-
	III	1.350	-	108,00	121,50	-	39,04	43,92	-	-	-	-	-	-	-	-	-	-	-	-	-	-	-
	IV	4.534	-	362,72	408,06	-	311,28	350,19	-	261,44	294,12	-	213,12	239,76	-	166,32	187,11	-	121,12	136,26	-	77,44	87,12
	V	8.578	-	686,24	772,02																		
	VI	9.098	-	727,84	818,82																		
37.763,99	I	4.542	-	363,36	408,78	-	262,08	294,84	-	166,96	187,83	-	78,00	87,75	-	7,60	8,55	-	-	-	-	-	-
	II	3.335	-	266,80	300,15	-	171,36	192,78	-	82,16	92,43	-	10,24	11,52	-	-	-	-	-	-	-	-	-
	III	1.356	-	108,48	122,04	-	39,36	44,28	-	-	-	-	-	-	-	-	-	-	-	-	-	-	-
	IV	4.542	-	363,36	408,78	-	312,00	351,00	-	262,08	294,84	-	213,76	240,48	-	166,96	187,83	-	121,68	136,89	-	78,00	87,75
	V	8.592	-	687,36	773,28																		
	VI	9.110	-	728,80	819,90																		
37.799,99	I	4.551	-	364,08	409,59	-	262,72	295,56	-	167,52	188,46	-	78,56	88,38	-	7,92	8,91	-	-	-	-	-	-
	II	3.343	-	267,44	300,87	-	172,00	193,50	-	82,72	93,06	-	10,64	11,97	-	-	-	-	-	-	-	-	-
	III	1.362	-	108,96	122,58	-	39,84	44,82	-	-	-	-	-	-	-	-	-	-	-	-	-	-	-
	IV	4.551	-	364,08	409,59	-	312,64	351,72	-	262,72	295,56	-	214,32	241,11	-	167,52	188,46	-	122,24	137,52	-	78,56	88,38
	V	8.602	-	688,16	774,18																		
	VI	9.120	-	729,60	820,80																		

SolZ/KiSt lt. Tabelle nicht für Sonstige Bezüge anwendbar.

Lohn/ Gehalt bis	Steuerklasse	Lohnsteuer	ohne Kinderfreibetrag SolZ 5,5%	Kirchensteuer 8%	Kirchensteuer 9%	0,5 SolZ 5,5%	Kirchensteuer 8%	Kirchensteuer 9%	1,0 SolZ 5,5%	Kirchensteuer 8%	Kirchensteuer 9%	1,5 SolZ 5,5%	Kirchensteuer 8%	Kirchensteuer 9%	2,0 SolZ 5,5%	Kirchensteuer 8%	Kirchensteuer 9%	2,5 SolZ 5,5%	Kirchensteuer 8%	Kirchensteuer 9%	3,0 SolZ 5,5%	Kirchensteuer 8%	Kirchensteuer 9%
						Anzahl Kinderfreibeträge (nur Steuerklassen I–IV)																	
37.835,99	I	4.560	-	364,80	410,40	-	263,36	296,28	-	168,16	189,18	-	79,12	89,01	-	8,32	9,36	-	-	-	-	-	-
	II	3.352	-	268,16	301,68	-	172,64	194,22	-	83,28	93,69	-	11,04	12,42	-	-	-	-	-	-	-	-	-
	III	1.368	-	109,44	123,12	-	40,16	45,18	-	-	-	-	-	-	-	-	-	-	-	-	-	-	-
	IV	4.560	-	364,80	410,40	-	313,28	352,44	-	263,36	296,28	-	214,96	241,83	-	168,16	189,18	-	122,88	138,24	-	79,12	89,0
	V	8.614	-	689,12	775,26																		
	VI	9.134	-	730,72	822,06																		
37.871,99	I	4.568	-	365,44	411,12	-	264,00	297,00	-	168,72	189,81	-	79,68	89,64	-	8,64	9,72	-	-	-	-	-	-
	II	3.360	-	268,80	302,40	-	173,20	194,85	-	83,84	94,32	-	11,36	12,78	-	-	-	-	-	-	-	-	-
	III	1.374	-	109,92	123,66	-	40,64	45,72	-	-	-	-	-	-	-	-	-	-	-	-	-	-	-
	IV	4.568	-	365,44	411,12	-	314,00	353,25	-	264,00	297,00	-	215,60	242,55	-	168,72	189,81	-	123,44	138,87	-	79,68	89,6
	V	8.626	-	690,08	776,34																		
	VI	9.146	-	731,68	823,14																		
37.907,99	I	4.577	-	366,16	411,93	-	264,64	297,72	-	169,36	190,53	-	80,24	90,27	-	9,04	10,17	-	-	-	-	-	-
	II	3.368	-	269,44	303,12	-	173,84	195,57	-	84,40	94,95	-	11,76	13,23	-	-	-	-	-	-	-	-	-
	III	1.382	-	110,56	124,38	-	40,96	46,08	-	-	-	-	-	-	-	-	-	-	-	-	-	-	-
	IV	4.577	-	366,16	411,93	-	314,64	353,97	-	264,64	297,72	-	216,24	243,27	-	169,36	190,53	-	124,00	139,50	-	80,24	90,2
	V	8.636	-	690,88	777,24																		
	VI	9.158	-	732,64	824,22																		
37.943,99	I	4.585	-	366,80	412,65	-	265,28	298,44	-	169,92	191,16	-	80,80	90,90	-	9,36	10,53	-	-	-	-	-	-
	II	3.376	-	270,08	303,84	-	174,40	196,20	-	84,96	95,58	-	12,08	13,59	-	-	-	-	-	-	-	-	-
	III	1.388	-	111,04	124,92	-	41,44	46,62	-	-	-	-	-	-	-	-	-	-	-	-	-	-	-
	IV	4.585	-	366,80	412,65	-	315,28	354,69	-	265,28	298,44	-	216,88	243,99	-	169,92	191,16	-	124,56	140,13	-	80,80	90,9
	V	8.650	-	692,00	778,50																		
	VI	9.170	-	733,60	825,30																		
37.979,99	I	4.594	-	367,52	413,46	-	265,92	299,16	-	170,56	191,88	-	81,36	91,53	-	9,76	10,98	-	-	-	-	-	-
	II	3.384	-	270,72	304,56	-	175,04	196,92	-	85,52	96,21	-	12,48	14,04	-	-	-	-	-	-	-	-	-
	III	1.394	-	111,52	125,46	-	41,76	46,98	-	-	-	-	-	-	-	-	-	-	-	-	-	-	-
	IV	4.594	-	367,52	413,46	-	315,92	355,41	-	265,92	299,16	-	217,52	244,71	-	170,56	191,88	-	125,20	140,85	-	81,36	91,5
	V	8.662	-	692,96	779,58																		
	VI	9.182	-	734,56	826,38																		
38.015,99	I	4.602	-	368,16	414,18	-	266,56	299,88	-	171,20	192,60	-	81,92	92,16	-	10,16	11,43	-	-	-	-	-	-
	II	3.392	-	271,36	305,28	-	175,60	197,55	-	86,08	96,84	-	12,88	14,49	-	-	-	-	-	-	-	-	-
	III	1.400	-	112,00	126,00	-	42,24	47,52	-	-	-	-	-	-	-	-	-	-	-	-	-	-	-
	IV	4.602	-	368,16	414,18	-	316,64	356,22	-	266,56	299,88	-	218,08	245,34	-	171,20	192,60	-	125,76	141,48	-	81,92	92,1
	V	8.674	-	693,92	780,66																		
	VI	9.194	-	735,52	827,46																		
38.051,99	I	4.611	-	368,88	414,99	-	267,20	300,60	-	171,76	193,23	-	82,48	92,79	-	10,48	11,79	-	-	-	-	-	-
	II	3.400	-	272,00	306,00	-	176,24	198,27	-	86,64	97,47	-	13,28	14,94	-	-	-	-	-	-	-	-	-
	III	1.406	-	112,48	126,54	-	42,56	47,88	-	-	-	-	-	-	-	-	-	-	-	-	-	-	-
	IV	4.611	-	368,88	414,99	-	317,28	356,94	-	267,20	300,60	-	218,72	246,06	-	171,76	193,23	-	126,32	142,11	-	82,48	92,7
	V	8.684	-	694,72	781,56																		
	VI	9.206	-	736,48	828,54																		
38.087,99	I	4.620	-	369,60	415,80	-	267,92	301,41	-	172,40	193,95	-	83,04	93,42	-	10,88	12,24	-	-	-	-	-	-
	II	3.408	-	272,64	306,72	-	176,88	198,99	-	87,20	98,10	-	13,60	15,30	-	-	-	-	-	-	-	-	-
	III	1.412	-	112,96	127,08	-	43,04	48,42	-	-	-	-	-	-	-	-	-	-	-	-	-	-	-
	IV	4.620	-	369,60	415,80	-	317,92	357,66	-	267,92	301,41	-	219,36	246,78	-	172,40	193,95	-	126,96	142,83	-	83,04	93,4
	V	8.696	-	695,68	782,64																		
	VI	9.218	-	737,44	829,62																		
38.123,99	I	4.628	-	370,24	416,52	-	268,56	302,13	-	172,96	194,58	-	83,60	94,05	-	11,20	12,60	-	-	-	-	-	-
	II	3.416	-	273,28	307,44	-	177,44	199,62	-	87,76	98,73	-	14,00	15,75	-	-	-	-	-	-	-	-	-
	III	1.420	-	113,60	127,80	-	43,36	48,78	-	-	-	-	-	-	-	-	-	-	-	-	-	-	-
	IV	4.628	-	370,24	416,52	-	318,64	358,47	-	268,56	302,13	-	220,00	247,50	-	172,96	194,58	-	127,52	143,46	-	83,60	94,0
	V	8.710	-	696,80	783,90																		
	VI	9.230	-	738,40	830,70																		
38.159,99	I	4.637	-	370,96	417,33	-	269,20	302,85	-	173,60	195,30	-	84,16	94,68	-	11,60	13,05	-	-	-	-	-	-
	II	3.424	-	273,92	308,16	-	178,08	200,34	-	88,32	99,36	-	14,40	16,20	-	-	-	-	-	-	-	-	-
	III	1.426	-	114,08	128,34	-	43,84	49,32	-	-	-	-	-	-	-	-	-	-	-	-	-	-	-
	IV	4.637	-	370,96	417,33	-	319,28	359,19	-	269,20	302,85	-	220,64	248,22	-	173,60	195,30	-	128,08	144,09	-	84,16	94,6
	V	8.722	-	697,76	784,98																		
	VI	9.242	-	739,36	831,78																		
38.195,99	I	4.645	-	371,60	418,05	-	269,84	303,57	-	174,16	195,93	-	84,72	95,31	-	12,00	13,50	-	-	-	-	-	-
	II	3.432	-	274,56	308,88	-	178,64	200,97	-	88,96	100,08	-	14,80	16,65	-	-	-	-	-	-	-	-	-
	III	1.432	-	114,56	128,88	-	44,16	49,68	-	-	-	-	-	-	-	-	-	-	-	-	-	-	-
	IV	4.645	-	371,60	418,05	-	319,92	359,91	-	269,84	303,57	-	221,28	248,94	-	174,16	195,93	-	128,72	144,81	-	84,72	95,3
	V	8.734	-	698,72	786,06																		
	VI	9.254	-	740,32	832,86																		
38.231,99	I	4.654	-	372,32	418,86	-	270,48	304,29	-	174,80	196,65	-	85,28	95,94	-	12,32	13,86	-	-	-	-	-	-
	II	3.440	-	275,20	309,60	-	179,28	201,69	-	89,52	100,71	-	15,12	17,01	-	-	-	-	-	-	-	-	-
	III	1.438	-	115,04	129,42	-	44,64	50,22	-	-	-	-	-	-	-	-	-	-	-	-	-	-	-
	IV	4.654	-	372,32	418,86	-	320,64	360,72	-	270,48	304,29	-	221,84	249,57	-	174,80	196,65	-	129,28	145,44	-	85,28	95,94
	V	8.744	-	699,52	786,96																		
	VI	9.268	-	741,44	834,12																		
38.267,99	I	4.662	-	372,96	419,58	-	271,12	305,01	-	175,36	197,28	-	85,84	96,57	-	12,72	14,31	-	-	-	-	-	-
	II	3.449	-	275,92	310,41	-	179,84	202,32	-	90,08	101,34	-	15,52	17,46	-	-	-	-	-	-	-	-	-
	III	1.444	-	115,52	129,96	-	44,96	50,58	-	-	-	-	-	-	-	-	-	-	-	-	-	-	-
	IV	4.662	-	372,96	419,58	-	321,28	361,44	-	271,12	305,01	-	222,48	250,29	-	175,36	197,28	-	129,84	146,07	-	85,84	96,5
	V	8.756	-	700,48	788,04																		
	VI	9.280	-	742,40	835,20																		
38.303,99	I	4.671	-	373,68	420,39	-	271,76	305,73	-	176,00	198,00	-	86,40	97,20	-	13,12	14,76	-	-	-	-	-	-
	II	3.457	-	276,56	311,13	-	180,48	203,04	-	90,64	101,97	-	15,92	17,91	-	-	-	-	-	-	-	-	-
	III	1.452	-	116,16	130,68	-	45,44	51,12	-	-	-	-	-	-	-	-	-	-	-	-	-	-	-
	IV	4.671	-	373,68	420,39	-	321,92	362,16	-	271,76	305,73	-	223,12	251,01	-	176,00	198,00	-	130,48	146,79	-	86,40	97,20
	V	8.770	-	701,60	789,30																		
	VI	9.292	-	743,36	836,28																		
38.339,99	I	4.680	-	374,40	421,20	-	272,40	306,45	-	176,64	198,72	-	87,04	97,92	-	13,52	15,21	-	-	-	-	-	-
	II	3.465	-	277,20	311,85	-	181,12	203,76	-	91,20	102,60	-	16,32	18,36	-	-	-	-	-	-	-	-	-
	III	1.458	-	116,64	131,22	-	45,92	51,66	-	-	-	-	-	-	-	-	-	-	-	-	-	-	-
	IV	4.680	-	374,40	421,20	-	322,64	362,97	-	272,40	306,45	-	223,76	251,73	-	176,64	198,72	-	131,04	147,42	-	87,04	97,92
	V	8.782	-	702,56	790,38																		
	VI	9.304	-	744,32	837,36																		

SolZ/KiSt lt. Tabelle nicht für Sonstige Bezüge anwendbar.

Allgemeine Tabelle

JAHR bis 38.879,99 €

Lohn/ Gehalt bis	Steuerklasse	Lohnsteuer	ohne Kinderfreibetrag			Anzahl Kinderfreibeträge (nur Steuerklassen I–IV) 0,5			1,0			1,5			2,0			2,5			3,0		
			SolZ 5,5%	Kirchensteuer 8%	9%	SolZ 5,5%	Kirchensteuer 8%	9%	SolZ 5,5%	Kirchensteuer 8%	9%	SolZ 5,5%	Kirchensteuer 8%	9%	SolZ 5,5%	Kirchensteuer 8%	9%	SolZ 5,5%	Kirchensteuer 8%	9%	SolZ 5,5%	Kirchensteuer 8%	9%
38.375,99	I	4.688	-	375,04	421,92	-	273,04	307,17	-	177,20	199,35	-	87,60	98,55	-	13,84	15,57	-	-	-	-	-	-
	II	3.473	-	277,84	312,57	-	181,68	204,39	-	91,76	103,23	-	16,72	18,81	-	-	-	-	-	-	-	-	-
	III	1.464	-	117,12	131,76	-	46,24	52,02	-	-	-	-	-	-	-	-	-	-	-	-	-	-	-
	IV	4.688	-	375,04	421,92	-	323,28	363,69	-	273,04	307,17	-	224,40	252,45	-	177,20	199,35	-	131,60	148,05	-	87,60	98,55
	V	8.792	-	703,36	791,28																		
	VI	9.316	-	745,28	838,44																		
38.411,99	I	4.697	-	375,76	422,73	-	273,68	307,89	-	177,84	200,07	-	88,16	99,18	-	14,24	16,02	-	-	-	-	-	-
	II	3.481	-	278,48	313,29	-	182,32	205,11	-	92,32	103,86	-	17,12	19,26	-	-	-	-	-	-	-	-	-
	III	1.470	-	117,60	132,30	-	46,72	52,56	-	-	-	-	-	-	-	-	-	-	-	-	-	-	-
	IV	4.697	-	375,76	422,73	-	323,92	364,41	-	273,68	307,89	-	224,96	253,08	-	177,84	200,07	-	132,24	148,77	-	88,16	99,18
	V	8.804	-	704,32	792,36																		
	VI	9.328	-	746,24	839,52																		
38.447,99	I	4.705	-	376,40	423,45	-	274,32	308,61	-	178,48	200,79	-	88,72	99,81	-	14,64	16,47	-	-	-	-	-	-
	II	3.489	-	279,12	314,01	-	182,96	205,83	-	92,88	104,49	-	17,52	19,71	-	-	-	-	-	-	-	-	-
	III	1.478	-	118,24	133,02	-	47,04	52,92	-	-	-	-	-	-	-	-	-	-	-	-	-	-	-
	IV	4.705	-	376,40	423,45	-	324,64	365,22	-	274,32	308,61	-	225,60	253,80	-	178,48	200,79	-	132,80	149,40	-	88,72	99,81
	V	8.816	-	705,28	793,44																		
	VI	9.342	-	747,36	840,78																		
38.483,99	I	4.714	-	377,12	424,26	-	274,96	309,33	-	179,04	201,42	-	89,28	100,44	-	15,04	16,92	-	-	-	-	-	-
	II	3.497	-	279,76	314,73	-	183,52	206,46	-	93,44	105,12	-	17,92	20,16	-	-	-	-	-	-	-	-	-
	III	1.484	-	118,72	133,56	-	47,52	53,46	-	-	-	-	-	-	-	-	-	-	-	-	-	-	-
	IV	4.714	-	377,12	424,26	-	325,28	365,94	-	274,96	309,33	-	226,24	254,52	-	179,04	201,42	-	133,36	150,03	-	89,28	100,44
	V	8.830	-	706,40	794,70																		
	VI	9.352	-	748,16	841,68																		
38.519,99	I	4.723	-	377,84	425,07	-	275,60	310,05	-	179,68	202,14	-	89,84	101,07	-	15,36	17,28	-	-	-	-	-	-
	II	3.505	-	280,40	315,45	-	184,16	207,18	-	94,00	105,75	-	18,24	20,52	-	-	-	-	-	-	-	-	-
	III	1.490	-	119,20	134,10	-	48,00	54,00	-	-	-	-	-	-	-	-	-	-	-	-	-	-	-
	IV	4.723	-	377,84	425,07	-	325,92	366,66	-	275,60	310,05	-	226,88	255,24	-	179,68	202,14	-	134,00	150,75	-	89,84	101,07
	V	8.842	-	707,36	795,78																		
	VI	9.364	-	749,12	842,76																		
38.555,99	I	4.731	-	378,48	425,79	-	276,24	310,77	-	180,24	202,77	-	90,40	101,70	-	15,76	17,73	-	-	-	-	-	-
	II	3.513	-	281,04	316,17	-	184,72	207,81	-	94,56	106,38	-	18,64	20,97	-	-	-	-	-	-	-	-	-
	III	1.496	-	119,68	134,64	-	48,32	54,36	-	-	-	-	-	-	-	-	-	-	-	-	-	-	-
	IV	4.731	-	378,48	425,79	-	326,64	367,47	-	276,24	310,77	-	227,52	255,96	-	180,24	202,77	-	134,56	151,38	-	90,40	101,70
	V	8.852	-	708,16	796,68																		
	VI	9.378	-	750,24	844,02																		
38.591,99	I	4.740	-	379,20	426,60	-	276,96	311,58	-	180,88	203,49	-	90,96	102,33	-	16,16	18,18	-	-	-	-	-	-
	II	3.522	-	281,76	316,98	-	185,36	208,53	-	95,20	107,10	-	19,04	21,42	-	-	-	-	-	-	-	-	-
	III	1.502	-	120,16	135,18	-	48,80	54,90	-	-	-	-	-	-	-	-	-	-	-	-	-	-	-
	IV	4.740	-	379,20	426,60	-	327,28	368,19	-	276,96	311,58	-	228,16	256,68	-	180,88	203,49	-	135,12	152,01	-	90,96	102,33
	V	8.864	-	709,12	797,76																		
	VI	9.392	-	751,36	845,28																		
38.627,99	I	4.748	-	379,84	427,32	-	277,60	312,30	-	181,44	204,12	-	91,52	102,96	-	16,56	18,63	-	-	-	-	-	-
	II	3.530	-	282,40	317,70	-	186,00	209,25	-	95,76	107,73	-	19,44	21,87	-	-	-	-	-	-	-	-	-
	III	1.510	-	120,80	135,90	-	49,12	55,26	-	-	-	-	-	-	-	-	-	-	-	-	-	-	-
	IV	4.748	-	379,84	427,32	-	327,92	368,91	-	277,60	312,30	-	228,72	257,31	-	181,44	204,12	-	135,76	152,73	-	91,52	102,96
	V	8.876	-	710,08	798,84																		
	VI	9.401	-	752,08	846,09																		
38.663,99	I	4.757	-	380,56	428,13	-	278,24	313,02	-	182,08	204,84	-	92,08	103,59	-	16,96	19,08	-	-	-	-	-	-
	II	3.538	-	283,04	318,42	-	186,56	209,88	-	96,32	108,36	-	19,84	22,32	-	-	-	-	-	-	-	-	-
	III	1.516	-	121,28	136,44	-	49,60	55,80	-	-	-	-	-	-	-	-	-	-	-	-	-	-	-
	IV	4.757	-	380,56	428,13	-	328,64	369,72	-	278,24	313,02	-	229,36	258,03	-	182,08	204,84	-	136,32	153,36	-	92,08	103,59
	V	8.890	-	711,20	800,10																		
	VI	9.413	-	753,04	847,17																		
38.699,99	I	4.766	-	381,28	428,94	-	278,88	313,74	-	182,72	205,56	-	92,72	104,31	-	17,36	19,53	-	-	-	-	-	-
	II	3.546	-	283,68	319,14	-	187,20	210,60	-	96,88	108,99	-	20,32	22,86	-	-	-	-	-	-	-	-	-
	III	1.522	-	121,76	136,98	-	50,08	56,34	-	-	-	-	-	-	-	-	-	-	-	-	-	-	-
	IV	4.766	-	381,28	428,94	-	329,28	370,44	-	278,88	313,74	-	230,00	258,75	-	182,72	205,56	-	136,96	154,08	-	92,72	104,31
	V	8.902	-	712,16	801,18																		
	VI	9.426	-	754,08	848,34																		
38.735,99	I	4.774	-	381,92	429,66	-	279,52	314,46	-	183,28	206,19	-	93,28	104,94	-	17,76	19,98	-	-	-	-	-	-
	II	3.554	-	284,32	319,86	-	187,84	211,32	-	97,44	109,62	-	20,72	23,31	-	-	-	-	-	-	-	-	-
	III	1.528	-	122,24	137,52	-	50,40	56,70	-	-	-	-	-	-	-	-	-	-	-	-	-	-	-
	IV	4.774	-	381,92	429,66	-	330,00	371,25	-	279,52	314,46	-	230,64	259,47	-	183,28	206,19	-	137,52	154,71	-	93,28	104,94
	V	8.914	-	713,12	802,26																		
	VI	9.438	-	755,04	849,42																		
38.771,99	I	4.783	-	382,64	430,47	-	280,16	315,18	-	183,92	206,91	-	93,84	105,57	-	18,16	20,43	-	-	-	-	-	-
	II	3.562	-	284,96	320,58	-	188,40	211,95	-	98,00	110,25	-	21,12	23,76	-	-	-	-	-	-	-	-	-
	III	1.536	-	122,88	138,24	-	50,88	57,24	-	-	-	-	-	-	-	-	-	-	-	-	-	-	-
	IV	4.783	-	382,64	430,47	-	330,64	371,97	-	280,16	315,18	-	231,28	260,19	-	183,92	206,91	-	138,08	155,34	-	93,84	105,57
	V	8.924	-	713,92	803,16																		
	VI	9.450	-	756,00	850,50																		
38.807,99	I	4.792	-	383,36	431,28	-	280,88	315,99	-	184,56	207,63	-	94,40	106,20	-	18,56	20,88	-	-	-	-	-	-
	II	3.571	-	285,68	321,39	-	189,04	212,67	-	98,64	110,97	-	21,52	24,21	-	-	-	-	-	-	-	-	-
	III	1.542	-	123,36	138,78	-	51,20	57,60	-	-	-	-	-	-	-	-	-	-	-	-	-	-	-
	IV	4.792	-	383,36	431,28	-	331,36	372,78	-	280,88	315,99	-	231,92	260,91	-	184,56	207,63	-	138,72	156,06	-	94,40	106,20
	V	8.938	-	715,04	804,42																		
	VI	9.463	-	757,04	851,67																		
38.843,99	I	4.800	-	384,00	432,00	-	281,52	316,71	-	185,12	208,26	-	94,96	106,83	-	18,96	21,33	-	-	-	-	-	-
	II	3.579	-	286,32	322,11	-	189,68	213,39	-	99,20	111,60	-	21,92	24,66	-	-	-	-	-	-	-	-	-
	III	1.548	-	123,84	139,32	-	51,68	58,14	-	-	-	-	-	-	-	-	-	-	-	-	-	-	-
	IV	4.800	-	384,00	432,00	-	332,00	373,50	-	281,52	316,71	-	232,56	261,63	-	185,12	208,26	-	139,28	156,69	-	94,96	106,83
	V	8.948	-	715,84	805,32																		
	VI	9.475	-	758,00	852,75																		
38.879,99	I	4.809	-	384,72	432,81	-	282,16	317,43	-	185,76	208,98	-	95,52	107,46	-	19,36	21,78	-	-	-	-	-	-
	II	3.587	-	286,96	322,83	-	190,24	214,02	-	99,76	112,23	-	22,32	25,11	-	-	-	-	-	-	-	-	-
	III	1.554	-	124,32	139,86	-	52,16	58,68	-	-	-	-	-	-	-	-	-	-	-	-	-	-	-
	IV	4.809	-	384,72	432,81	-	332,64	374,22	-	282,16	317,43	-	233,20	262,35	-	185,76	208,98	-	139,84	157,32	-	95,52	107,46
	V	8.960	-	716,80	806,40																		
	VI	9.487	-	758,96	853,83																		

SolZ/KiSt lt. Tabelle nicht für Sonstige Bezüge anwendbar.

Lohn/ Gehalt bis	Steuerklasse	Lohn- steuer	ohne Kinderfreibetrag SolZ 5,5%	Kirchensteuer 8%	Kirchensteuer 9%	0,5 SolZ 5,5%	0,5 Kirchensteuer 8%	0,5 Kirchensteuer 9%	1,0 SolZ 5,5%	1,0 Kirchensteuer 8%	1,0 Kirchensteuer 9%	1,5 SolZ 5,5%	1,5 Kirchensteuer 8%	1,5 Kirchensteuer 9%	2,0 SolZ 5,5%	2,0 Kirchensteuer 8%	2,0 Kirchensteuer 9%	2,5 SolZ 5,5%	2,5 Kirchensteuer 8%	2,5 Kirchensteuer 9%	3,0 SolZ 5,5%	3,0 Kirchensteuer 8%	3,0 Kirchensteuer 9%
						Anzahl Kinderfreibeträge (nur Steuerklassen I–IV)																	
38.915,99	I	4.817	–	385,36	433,53	–	282,80	318,15	–	186,32	209,61	–	96,08	108,09	–	19,76	22,23	–	–	–	–	–	
	II	3.595	–	287,60	323,55	–	190,88	214,74	–	100,32	112,86	–	22,72	25,56	–	–	–	–	–	–	–	–	
	III	1.562	–	124,96	140,58	–	52,48	59,04	–	–	–	–	–	–	–	–	–	–	–	–	–	–	
	IV	4.817	–	385,36	433,53	–	333,28	374,94	–	282,80	318,15	–	233,76	262,98	–	186,32	209,61	–	140,48	158,04	–	96,08	108,0
	V	8.974	–	717,92	807,66																		
	VI	9.500	–	760,00	855,00																		
38.951,99	I	4.826	–	386,08	434,34	–	283,44	318,87	–	186,96	210,33	–	96,64	108,72	–	20,16	22,68	–	–	–	–	–	
	II	3.603	–	288,24	324,27	–	191,52	215,46	–	100,88	113,49	–	23,12	26,01	–	–	–	–	–	–	–	–	
	III	1.568	–	125,44	141,12	–	52,96	59,58	–	–	–	–	–	–	–	–	–	–	–	–	–	–	
	IV	4.826	–	386,08	434,34	–	334,00	375,75	–	283,44	318,87	–	234,40	263,70	–	186,96	210,33	–	141,04	158,67	–	96,64	108,7
	V	8.986	–	718,88	808,74																		
	VI	9.512	–	760,96	856,08																		
38.987,99	I	4.835	–	386,80	435,15	–	284,08	319,59	–	187,60	211,05	–	97,20	109,35	–	20,56	23,13	–	–	–	–	–	
	II	3.611	–	288,88	324,99	–	192,08	216,09	–	101,44	114,12	–	23,52	26,46	–	–	–	–	–	–	–	–	
	III	1.574	–	125,92	141,66	–	53,44	60,12	–	–	–	–	–	–	–	–	–	–	–	–	–	–	
	IV	4.835	–	386,80	435,15	–	334,64	376,47	–	284,08	319,59	–	235,04	264,42	–	187,60	211,05	–	141,60	159,30	–	97,20	109,3
	V	8.998	–	719,84	809,82																		
	VI	9.524	–	761,92	857,16																		
39.023,99	I	4.843	–	387,44	435,87	–	284,72	320,31	–	188,16	211,68	–	97,84	110,07	–	20,96	23,58	–	–	–	–	–	
	II	3.619	–	289,52	325,71	–	192,72	216,81	–	102,00	114,75	–	23,92	26,91	–	–	–	–	–	–	–	–	
	III	1.582	–	126,56	142,38	–	53,76	60,48	–	–	–	–	–	–	–	–	–	–	–	–	–	–	
	IV	4.843	–	387,44	435,87	–	335,36	377,28	–	284,72	320,31	–	235,68	265,14	–	188,16	211,68	–	142,24	160,02	–	97,84	110,0
	V	9.010	–	720,80	810,90																		
	VI	9.537	–	762,96	858,33																		
39.059,99	I	4.852	–	388,16	436,68	–	285,44	321,12	–	188,80	212,40	–	98,40	110,70	–	21,36	24,03	–	–	–	–	–	
	II	3.628	–	290,24	326,52	–	193,36	217,53	–	102,64	115,47	–	24,40	27,45	–	–	–	–	–	–	–	–	
	III	1.588	–	127,04	142,92	–	54,24	61,02	–	–	–	–	–	–	–	–	–	–	–	–	–	–	
	IV	4.852	–	388,16	436,68	–	336,00	378,00	–	285,44	321,12	–	236,32	265,86	–	188,80	212,40	–	142,80	160,65	–	98,40	110,7
	V	9.022	–	721,76	811,98																		
	VI	9.549	–	763,92	859,41																		
39.095,99	I	4.861	–	388,88	437,49	–	286,08	321,84	–	189,44	213,12	–	98,96	111,33	–	21,76	24,48	–	–	–	–	–	
	II	3.636	–	290,88	327,24	–	193,92	218,16	–	103,20	116,10	–	24,80	27,90	–	–	–	–	–	–	–	–	
	III	1.594	–	127,52	143,46	–	54,72	61,56	–	–	–	–	–	–	–	–	–	–	–	–	–	–	
	IV	4.861	–	388,88	437,49	–	336,72	378,81	–	286,08	321,84	–	236,96	266,58	–	189,44	213,12	–	143,44	161,37	–	98,96	111,3
	V	9.034	–	722,72	813,06																		
	VI	9.561	–	764,88	860,49																		
39.131,99	I	4.869	–	389,52	438,21	–	286,72	322,56	–	190,00	213,75	–	99,52	111,96	–	22,16	24,93	–	–	–	–	–	
	II	3.644	–	291,52	327,96	–	194,56	218,88	–	103,76	116,73	–	25,20	28,35	–	–	–	–	–	–	–	–	
	III	1.602	–	128,16	144,18	–	55,04	61,92	–	–	–	–	–	–	–	–	–	–	–	–	–	–	
	IV	4.869	–	389,52	438,21	–	337,36	379,53	–	286,72	322,56	–	237,60	267,30	–	190,00	213,75	–	144,00	162,00	–	99,52	111,9
	V	9.046	–	723,68	814,14																		
	VI	9.573	–	765,84	861,57																		
39.167,99	I	4.878	–	390,24	439,02	–	287,36	323,28	–	190,64	214,47	–	100,08	112,59	–	22,56	25,38	–	–	–	–	–	
	II	3.652	–	292,16	328,68	–	195,12	219,51	–	104,32	117,36	–	25,60	28,80	–	–	–	–	–	–	–	–	
	III	1.608	–	128,64	144,72	–	55,52	62,46	–	–	–	–	–	–	–	–	–	–	–	–	–	–	
	IV	4.878	–	390,24	439,02	–	338,00	380,25	–	287,36	323,28	–	238,24	268,02	–	190,64	214,47	–	144,56	162,63	–	100,08	112,5
	V	9.058	–	724,64	815,22																		
	VI	9.586	–	766,88	862,74																		
39.203,99	I	4.887	–	390,96	439,83	–	288,00	324,00	–	191,28	215,19	–	100,64	113,22	–	22,96	25,83	–	–	–	–	–	
	II	3.661	–	292,88	329,49	–	195,76	220,23	–	104,88	117,99	–	26,08	29,34	–	–	–	–	–	–	–	–	
	III	1.614	–	129,12	145,26	–	56,00	63,00	–	–	–	–	–	–	–	–	–	–	–	–	–	–	
	IV	4.887	–	390,96	439,83	–	338,72	381,06	–	288,00	324,00	–	238,88	268,74	–	191,28	215,19	–	145,20	163,35	–	100,64	113,2
	V	9.070	–	725,60	816,30																		
	VI	9.598	–	767,84	863,82																		
39.239,99	I	4.895	–	391,60	440,55	–	288,64	324,72	–	191,84	215,82	–	101,20	113,85	–	23,36	26,28	–	–	–	–	–	
	II	3.669	–	293,52	330,21	–	196,40	220,95	–	105,44	118,62	–	26,48	29,79	–	–	–	–	–	–	–	–	
	III	1.622	–	129,76	145,98	–	56,32	63,36	–	–	–	–	–	–	–	–	–	–	–	–	–	–	
	IV	4.895	–	391,60	440,55	–	339,36	381,78	–	288,64	324,72	–	239,52	269,46	–	191,84	215,82	–	145,76	163,98	–	101,20	113,8
	V	9.082	–	726,56	817,38																		
	VI	9.610	–	768,80	864,90																		
39.275,99	I	4.904	–	392,32	441,36	–	289,28	325,44	–	192,48	216,54	–	101,84	114,57	–	23,76	26,73	–	–	–	–	–	
	II	3.677	–	294,16	330,93	–	197,04	221,67	–	106,00	119,25	–	26,88	30,24	–	–	–	–	–	–	–	–	
	III	1.628	–	130,24	146,52	–	56,80	63,90	–	–	–	–	–	–	–	–	–	–	–	–	–	–	
	IV	4.904	–	392,32	441,36	–	340,08	382,59	–	289,28	325,44	–	240,08	270,09	–	192,48	216,54	–	146,40	164,70	–	101,84	114,5
	V	9.094	–	727,52	818,46																		
	VI	9.623	–	769,84	866,07																		
39.311,99	I	4.913	–	393,04	442,17	–	290,00	326,25	–	193,12	217,26	–	102,40	115,20	–	24,24	27,27	–	–	–	–	–	
	II	3.685	–	294,80	331,65	–	197,60	222,30	–	106,64	119,97	–	27,36	30,78	–	–	–	–	–	–	–	–	
	III	1.634	–	130,72	147,06	–	57,28	64,44	–	–	–	–	–	–	–	–	–	–	–	–	–	–	
	IV	4.913	–	393,04	442,17	–	340,72	383,31	–	290,00	326,25	–	240,80	270,90	–	193,12	217,26	–	146,96	165,33	–	102,40	115,2
	V	9.106	–	728,48	819,54																		
	VI	9.635	–	770,80	867,15																		
39.347,99	I	4.921	–	393,68	442,89	–	290,64	326,97	–	193,68	217,89	–	102,96	115,83	–	24,64	27,72	–	–	–	–	–	
	II	3.693	–	295,44	332,37	–	198,24	223,02	–	107,20	120,60	–	27,76	31,23	–	–	–	–	–	–	–	–	
	III	1.640	–	131,20	147,60	–	57,60	64,80	–	–	–	–	–	–	–	–	–	–	–	–	–	–	
	IV	4.921	–	393,68	442,89	–	341,44	384,12	–	290,64	326,97	–	241,36	271,53	–	193,68	217,89	–	147,60	166,05	–	102,96	115,8
	V	9.118	–	729,44	820,62																		
	VI	9.647	–	771,76	868,23																		
39.383,99	I	4.930	–	394,40	443,70	–	291,28	327,69	–	194,32	218,61	–	103,52	116,46	–	25,04	28,17	–	–	–	–	–	
	II	3.701	–	296,08	333,09	–	198,88	223,74	–	107,76	121,23	–	28,16	31,68	–	–	–	–	–	–	–	–	
	III	1.648	–	131,84	148,32	–	58,08	65,34	–	–	–	–	–	–	–	–	–	–	–	–	–	–	
	IV	4.930	–	394,40	443,70	–	342,08	384,84	–	291,28	327,69	–	242,00	272,25	–	194,32	218,61	–	148,16	166,68	–	103,52	116,4
	V	9.132	–	730,56	821,88																		
	VI	9.660	–	772,80	869,40																		
39.419,99	I	4.939	–	395,12	444,51	–	291,92	328,41	–	194,96	219,33	–	104,08	117,09	–	25,44	28,62	–	–	–	–	–	
	II	3.710	–	296,80	333,90	–	199,52	224,46	–	108,32	121,86	–	28,64	32,22	–	–	–	–	–	–	–	–	
	III	1.654	–	132,32	148,86	–	58,56	65,88	–	0,32	0,36	–	–	–	–	–	–	–	–	–	–	–	
	IV	4.939	–	395,12	444,51	–	342,80	385,65	–	291,92	328,41	–	242,64	272,97	–	194,96	219,33	–	148,72	167,31	–	104,08	117,0
	V	9.144	–	731,52	822,96																		
	VI	9.672	–	773,76	870,48																		

SolZ/KiSt lt. Tabelle nicht für Sonstige Bezüge anwendbar.

Lohn/ Gehalt bis	Steuerklasse	Lohnsteuer	ohne Kinderfreibetrag			Anzahl Kinderfreibeträge (nur Steuerklassen I–IV) 0,5			1,0			1,5			2,0			2,5			3,0		
			SolZ 5,5%	Kirchensteuer 8%	9%	SolZ 5,5%	Kirchensteuer 8%	9%	SolZ 5,5%	Kirchensteuer 8%	9%	SolZ 5,5%	Kirchensteuer 8%	9%	SolZ 5,5%	Kirchensteuer 8%	9%	SolZ 5,5%	Kirchensteuer 8%	9%	SolZ 5,5%	Kirchensteuer 8%	9%
9.455,99	I	4.948	-	395,84	445,32	-	292,56	329,13	-	195,52	219,96	-	104,72	117,81	-	25,92	29,16	-	-	-	-	-	-
	II	3.718	-	297,44	334,62	-	200,08	225,09	-	108,96	122,58	-	29,04	32,67	-	-	-	-	-	-	-	-	-
	III	1.662	-	132,96	149,58	-	58,88	66,24	-	0,80	0,90	-	-	-	-	-	-	-	-	-	-	-	-
	IV	4.948	-	395,84	445,32	-	343,44	386,37	-	292,56	329,13	-	243,28	273,69	-	195,52	219,96	-	149,36	168,03	-	104,72	117,81
	V	9.156	-	732,48	824,04																		
	VI	9.684	-	774,72	871,56																		
9.491,99	I	4.956	-	396,48	446,04	-	293,28	329,94	-	196,16	220,68	-	105,28	118,44	-	26,32	29,61	-	-	-	-	-	-
	II	3.726	-	298,08	335,34	-	200,72	225,81	-	109,52	123,21	-	29,44	33,12	-	-	-	-	-	-	-	-	-
	III	1.668	-	133,44	150,12	-	59,36	66,78	-	1,12	1,26	-	-	-	-	-	-	-	-	-	-	-	-
	IV	4.956	-	396,48	446,04	-	344,08	387,09	-	293,28	329,94	-	243,92	274,41	-	196,16	220,68	-	149,92	168,66	-	105,28	118,44
	V	9.168	-	733,44	825,12																		
	VI	9.697	-	775,76	872,73																		
9.527,99	I	4.965	-	397,20	446,85	-	293,92	330,66	-	196,80	221,40	-	105,84	119,07	-	26,72	30,06	-	-	-	-	-	-
	II	3.734	-	298,72	336,06	-	201,28	226,44	-	110,08	123,84	-	29,92	33,66	-	-	-	-	-	-	-	-	-
	III	1.674	-	133,92	150,66	-	59,84	67,32	-	1,44	1,62	-	-	-	-	-	-	-	-	-	-	-	-
	IV	4.965	-	397,20	446,85	-	344,80	387,90	-	293,92	330,66	-	244,56	275,13	-	196,80	221,40	-	150,56	169,38	-	105,84	119,07
	V	9.180	-	734,40	826,20																		
	VI	9.709	-	776,72	873,81																		
9.563,99	I	4.974	-	397,92	447,66	-	294,56	331,38	-	197,44	222,12	-	106,40	119,70	-	27,20	30,60	-	-	-	-	-	-
	II	3.743	-	299,44	336,87	-	201,92	227,16	-	110,64	124,47	-	30,32	34,11	-	-	-	-	-	-	-	-	-
	III	1.682	-	134,56	151,38	-	60,32	67,86	-	1,76	1,98	-	-	-	-	-	-	-	-	-	-	-	-
	IV	4.974	-	397,92	447,66	-	345,44	388,62	-	294,56	331,38	-	245,20	275,85	-	197,44	222,12	-	151,12	170,01	-	106,40	119,70
	V	9.192	-	735,36	827,28																		
	VI	9.721	-	777,68	874,89																		
9.599,99	I	4.982	-	398,56	448,38	-	295,20	332,10	-	198,00	222,75	-	106,96	120,33	-	27,60	31,05	-	-	-	-	-	-
	II	3.751	-	300,08	337,59	-	202,56	227,88	-	111,20	125,10	-	30,80	34,65	-	-	-	-	-	-	-	-	-
	III	1.688	-	135,04	151,92	-	60,64	68,22	-	2,08	2,34	-	-	-	-	-	-	-	-	-	-	-	-
	IV	4.982	-	398,56	448,38	-	346,16	389,43	-	295,20	332,10	-	245,84	276,57	-	198,00	222,75	-	151,76	170,73	-	106,96	120,33
	V	9.204	-	736,32	828,36																		
	VI	9.733	-	778,64	875,97																		
9.635,99	I	4.991	-	399,28	449,19	-	295,84	332,82	-	198,64	223,47	-	107,52	120,96	-	28,00	31,50	-	-	-	-	-	-
	II	3.759	-	300,72	338,31	-	203,20	228,60	-	111,84	125,82	-	31,20	35,10	-	-	-	-	-	-	-	-	-
	III	1.694	-	135,52	152,46	-	61,12	68,76	-	2,40	2,70	-	-	-	-	-	-	-	-	-	-	-	-
	IV	4.991	-	399,28	449,19	-	346,80	390,15	-	295,84	332,82	-	246,48	277,29	-	198,64	223,47	-	152,32	171,36	-	107,52	120,96
	V	9.216	-	737,28	829,44																		
	VI	9.746	-	779,68	877,14																		
9.671,99	I	5.000	-	400,00	450,00	-	296,56	333,63	-	199,28	224,19	-	108,16	121,68	-	28,48	32,04	-	-	-	-	-	-
	II	3.767	-	301,36	339,03	-	203,84	229,32	-	112,40	126,45	-	31,68	35,64	-	-	-	-	-	-	-	-	-
	III	1.702	-	136,16	153,18	-	61,60	69,30	-	2,72	3,06	-	-	-	-	-	-	-	-	-	-	-	-
	IV	5.000	-	400,00	450,00	-	347,52	390,96	-	296,56	333,63	-	247,12	278,01	-	199,28	224,19	-	152,96	172,08	-	108,16	121,68
	V	9.228	-	738,24	830,52																		
	VI	9.758	-	780,64	878,22																		
9.707,99	I	5.009	-	400,72	450,81	-	297,20	334,35	-	199,84	224,82	-	108,72	122,31	-	28,88	32,49	-	-	-	-	-	-
	II	3.775	-	302,00	339,75	-	204,40	229,95	-	112,96	127,08	-	32,08	36,09	-	-	-	-	-	-	-	-	-
	III	1.708	-	136,64	153,72	-	61,92	69,66	-	3,04	3,42	-	-	-	-	-	-	-	-	-	-	-	-
	IV	5.009	-	400,72	450,81	-	348,16	391,68	-	297,20	334,35	-	247,76	278,73	-	199,84	224,82	-	153,52	172,71	-	108,72	122,31
	V	9.242	-	739,36	831,78																		
	VI	9.770	-	781,60	879,30																		
9.743,99	I	5.017	-	401,36	451,53	-	297,84	335,07	-	200,48	225,54	-	109,28	122,94	-	29,28	32,94	-	-	-	-	-	-
	II	3.784	-	302,72	340,56	-	205,04	230,67	-	113,52	127,71	-	32,56	36,63	-	-	-	-	-	-	-	-	-
	III	1.714	-	137,12	154,26	-	62,40	70,20	-	3,36	3,78	-	-	-	-	-	-	-	-	-	-	-	-
	IV	5.017	-	401,36	451,53	-	348,80	392,40	-	297,84	335,07	-	248,40	279,45	-	200,48	225,54	-	154,08	173,34	-	109,28	122,94
	V	9.254	-	740,32	832,86																		
	VI	9.783	-	782,64	880,47																		
9.779,99	I	5.026	-	402,08	452,34	-	298,48	335,79	-	201,12	226,26	-	109,84	123,57	-	29,76	33,48	-	-	-	-	-	-
	II	3.792	-	303,36	341,28	-	205,68	231,39	-	114,08	128,34	-	32,96	37,08	-	-	-	-	-	-	-	-	-
	III	1.722	-	137,76	154,98	-	62,88	70,74	-	3,68	4,14	-	-	-	-	-	-	-	-	-	-	-	-
	IV	5.026	-	402,08	452,34	-	349,52	393,21	-	298,48	335,79	-	249,04	280,17	-	201,12	226,26	-	154,72	174,06	-	109,84	123,57
	V	9.264	-	741,12	833,76																		
	VI	9.795	-	783,60	881,55																		
9.815,99	I	5.035	-	402,80	453,15	-	299,20	336,60	-	201,68	226,89	-	110,48	124,29	-	30,16	33,93	-	-	-	-	-	-
	II	3.800	-	304,00	342,00	-	206,24	232,02	-	114,72	129,06	-	33,44	37,62	-	-	-	-	-	-	-	-	-
	III	1.728	-	138,24	155,52	-	63,36	71,28	-	4,00	4,50	-	-	-	-	-	-	-	-	-	-	-	-
	IV	5.035	-	402,80	453,15	-	350,16	393,93	-	299,20	336,60	-	249,68	280,89	-	201,68	226,89	-	155,28	174,69	-	110,48	124,29
	V	9.278	-	742,24	835,02																		
	VI	9.807	-	784,56	882,63																		
9.851,99	I	5.043	-	403,44	453,87	-	299,84	337,32	-	202,32	227,61	-	111,04	124,92	-	30,64	34,47	-	-	-	-	-	-
	II	3.808	-	304,64	342,72	-	206,88	232,74	-	115,28	129,69	-	33,84	38,07	-	-	-	-	-	-	-	-	-
	III	1.736	-	138,88	156,24	-	63,68	71,64	-	4,32	4,86	-	-	-	-	-	-	-	-	-	-	-	-
	IV	5.043	-	403,44	453,87	-	350,88	394,74	-	299,84	337,32	-	250,32	281,61	-	202,32	227,61	-	155,92	175,41	-	111,04	124,92
	V	9.290	-	743,20	836,10																		
	VI	9.820	-	785,60	883,80																		
9.887,99	I	5.052	-	404,16	454,68	-	300,48	338,04	-	202,96	228,33	-	111,60	125,55	-	31,04	34,92	-	-	-	-	-	-
	II	3.817	-	305,36	343,53	-	207,52	233,46	-	115,84	130,32	-	34,32	38,61	-	-	-	-	-	-	-	-	-
	III	1.742	-	139,36	156,78	-	64,16	72,18	-	4,64	5,22	-	-	-	-	-	-	-	-	-	-	-	-
	IV	5.052	-	404,16	454,68	-	351,52	395,46	-	300,48	338,04	-	250,96	282,33	-	202,96	228,33	-	156,48	176,04	-	111,60	125,55
	V	9.302	-	744,16	837,18																		
	VI	9.832	-	786,56	884,88																		
9.923,99	I	5.061	-	404,88	455,49	-	301,12	338,76	-	203,60	229,05	-	112,16	126,18	-	31,52	35,46	-	-	-	-	-	-
	II	3.825	-	306,00	344,25	-	208,16	234,18	-	116,48	131,04	-	34,72	39,06	-	-	-	-	-	-	-	-	-
	III	1.748	-	139,84	157,32	-	64,64	72,72	-	5,12	5,76	-	-	-	-	-	-	-	-	-	-	-	-
	IV	5.061	-	404,88	455,49	-	352,24	396,27	-	301,12	338,76	-	251,60	283,05	-	203,60	229,05	-	157,12	176,76	-	112,16	126,18
	V	9.314	-	745,12	838,26																		
	VI	9.844	-	787,52	885,96																		
9.959,99	I	5.070	-	405,60	456,30	-	301,76	339,48	-	204,16	229,68	-	112,72	126,81	-	31,92	35,91	-	-	-	-	-	-
	II	3.833	-	306,64	344,97	-	208,72	234,81	-	117,04	131,67	-	35,20	39,60	-	-	-	-	-	-	-	-	-
	III	1.756	-	140,48	158,04	-	65,12	73,26	-	5,44	6,12	-	-	-	-	-	-	-	-	-	-	-	-
	IV	5.070	-	405,60	456,30	-	352,88	396,99	-	301,76	339,48	-	252,24	283,77	-	204,16	229,68	-	157,68	177,39	-	112,72	126,81
	V	9.326	-	746,08	839,34																		
	VI	9.857	-	788,56	887,13																		

SolZ/KiSt lt. Tabelle nicht für Sonstige Bezüge anwendbar.

Lohn/ Gehalt bis	Steuerklasse	Lohn-steuer	ohne Kinderfreibetrag			Anzahl Kinderfreibeträge (nur Steuerklassen I–IV)																	
						0,5			1,0			1,5			2,0			2,5			3,0		
			SolZ 5,5%	Kirchensteuer 8%	9%	SolZ 5,5%	Kirchensteuer 8%	9%	SolZ 5,5%	Kirchensteuer 8%	9%	SolZ 5,5%	Kirchensteuer 8%	9%	SolZ 5,5%	Kirchensteuer 8%	9%	SolZ 5,5%	Kirchensteuer 8%	9%	SolZ 5,5%	Kirchensteue 8%	9%
39.995,99	I	5.078	-	406,24	457,02	-	302,48	340,29	-	204,80	230,40	-	113,36	127,53	-	32,32	36,36	-	-	-	-	-	
	II	3.841	-	307,28	345,69	-	209,36	235,53	-	117,60	132,30	-	35,68	40,14	-	-	-	-	-	-	-	-	
	III	1.762	-	140,96	158,58	-	65,44	73,62	-	5,76	6,48	-	-	-	-	-	-	-	-	-	-	-	
	IV	5.078	-	406,24	457,02	-	353,60	397,80	-	302,48	340,29	-	252,88	284,49	-	204,80	230,40	-	158,32	178,11	-	113,36	127,
	V	9.340	-	747,20	840,60																		
	VI	9.869	-	789,52	888,21																		
40.031,99	I	5.087	-	406,96	457,83	-	303,12	341,01	-	205,44	231,12	-	113,92	128,16	-	32,80	36,90	-	-	-	-	-	
	II	3.850	-	308,00	346,50	-	210,00	236,25	-	118,16	132,93	-	36,08	40,59	-	-	-	-	-	-	-	-	
	III	1.768	-	141,44	159,12	-	65,92	74,16	-	6,08	6,84	-	-	-	-	-	-	-	-	-	-	-	
	IV	5.087	-	406,96	457,83	-	354,24	398,52	-	303,12	341,01	-	253,52	285,21	-	205,44	231,12	-	158,88	178,74	-	113,92	128,
	V	9.352	-	748,16	841,68																		
	VI	9.881	-	790,48	889,29																		
40.067,99	I	5.096	-	407,68	458,64	-	303,76	341,73	-	206,08	231,84	-	114,48	128,79	-	33,28	37,44	-	-	-	-	-	
	II	3.858	-	308,64	347,22	-	210,64	236,97	-	118,80	133,65	-	36,56	41,13	-	-	-	-	-	-	-	-	
	III	1.776	-	142,08	159,84	-	66,40	74,70	-	6,40	7,20	-	-	-	-	-	-	-	-	-	-	-	
	IV	5.096	-	407,68	458,64	-	354,96	399,33	-	303,76	341,73	-	254,16	285,93	-	206,08	231,84	-	159,52	179,46	-	114,48	128,
	V	9.364	-	749,12	842,76																		
	VI	9.894	-	791,52	890,46																		
40.103,99	I	5.105	-	408,40	459,45	-	304,40	342,45	-	206,64	232,47	-	115,04	129,42	-	33,68	37,89	-	-	-	-	-	
	II	3.866	-	309,28	347,94	-	211,20	237,60	-	119,36	134,28	-	37,04	41,67	-	-	-	-	-	-	-	-	
	III	1.782	-	142,56	160,38	-	66,88	75,24	-	6,72	7,56	-	-	-	-	-	-	-	-	-	-	-	
	IV	5.105	-	408,40	459,45	-	355,60	400,05	-	304,40	342,45	-	254,80	286,65	-	206,64	232,47	-	160,08	180,09	-	115,04	129,
	V	9.376	-	750,08	843,84																		
	VI	9.906	-	792,48	891,54																		
40.139,99	I	5.113	-	409,04	460,17	-	305,04	343,17	-	207,28	233,19	-	115,60	130,05	-	34,16	38,43	-	-	-	-	-	
	II	3.874	-	309,92	348,66	-	211,84	238,32	-	119,92	134,91	-	37,44	42,12	-	-	-	-	-	-	-	-	
	III	1.790	-	143,20	161,10	-	67,36	75,78	-	7,04	7,92	-	-	-	-	-	-	-	-	-	-	-	
	IV	5.113	-	409,04	460,17	-	356,32	400,86	-	305,04	343,17	-	255,44	287,37	-	207,28	233,19	-	160,72	180,81	-	115,60	130,
	V	9.388	-	751,04	844,92																		
	VI	9.918	-	793,44	892,62																		
40.175,99	I	5.122	-	409,76	460,98	-	305,76	343,98	-	207,92	233,91	-	116,24	130,77	-	34,56	38,88	-	-	-	-	-	
	II	3.883	-	310,64	349,47	-	212,48	239,04	-	120,48	135,54	-	37,92	42,66	-	-	-	-	-	-	-	-	
	III	1.796	-	143,68	161,64	-	67,68	76,14	-	7,52	8,46	-	-	-	-	-	-	-	-	-	-	-	
	IV	5.122	-	409,76	460,98	-	356,96	401,58	-	305,76	343,98	-	256,08	288,09	-	207,92	233,91	-	161,28	181,44	-	116,24	130,
	V	9.399	-	751,92	845,91																		
	VI	9.930	-	794,40	893,70																		
40.211,99	I	5.131	-	410,48	461,79	-	306,40	344,70	-	208,56	234,63	-	116,80	131,40	-	35,04	39,42	-	-	-	-	-	
	II	3.891	-	311,28	350,19	-	213,12	239,76	-	121,12	136,26	-	38,40	43,20	-	-	-	-	-	-	-	-	
	III	1.804	-	144,32	162,36	-	68,16	76,68	-	7,84	8,82	-	-	-	-	-	-	-	-	-	-	-	
	IV	5.131	-	410,48	461,79	-	357,68	402,39	-	306,40	344,70	-	256,72	288,81	-	208,56	234,63	-	161,92	182,16	-	116,80	131,
	V	9.411	-	752,88	846,99																		
	VI	9.943	-	795,44	894,87																		
40.247,99	I	5.140	-	411,20	462,60	-	307,04	345,42	-	209,12	235,26	-	117,36	132,03	-	35,44	39,87	-	-	-	-	-	
	II	3.899	-	311,92	350,91	-	213,68	240,39	-	121,68	136,89	-	38,80	43,65	-	-	-	-	-	-	-	-	
	III	1.810	-	144,80	162,90	-	68,64	77,22	-	8,16	9,18	-	-	-	-	-	-	-	-	-	-	-	
	IV	5.140	-	411,20	462,60	-	358,32	403,11	-	307,04	345,42	-	257,36	289,53	-	209,12	235,26	-	162,48	182,79	-	117,36	132,
	V	9.423	-	753,84	848,07																		
	VI	9.955	-	796,40	895,95																		
40.283,99	I	5.149	-	411,92	463,41	-	307,76	346,23	-	209,76	235,98	-	118,00	132,75	-	35,92	40,41	-	-	-	-	-	
	II	3.908	-	312,64	351,72	-	214,32	241,11	-	122,24	137,52	-	39,28	44,19	-	-	-	-	-	-	-	-	
	III	1.818	-	145,44	163,62	-	69,12	77,76	-	8,48	9,54	-	-	-	-	-	-	-	-	-	-	-	
	IV	5.149	-	411,92	463,41	-	359,04	403,92	-	307,76	346,23	-	258,00	290,25	-	209,76	235,98	-	163,12	183,51	-	118,00	132,
	V	9.436	-	754,88	849,24																		
	VI	9.967	-	797,36	897,03																		
40.319,99	I	5.157	-	412,56	464,13	-	308,40	346,95	-	210,40	236,70	-	118,56	133,38	-	36,40	40,95	-	-	-	-	-	
	II	3.916	-	313,28	352,44	-	214,96	241,83	-	122,80	138,15	-	39,76	44,73	-	-	-	-	-	-	-	-	
	III	1.824	-	145,92	164,16	-	69,44	78,12	-	8,80	9,90	-	-	-	-	-	-	-	-	-	-	-	
	IV	5.157	-	412,56	464,13	-	359,68	404,64	-	308,40	346,95	-	258,64	290,97	-	210,40	236,70	-	163,68	184,14	-	118,56	133,
	V	9.448	-	755,84	850,32																		
	VI	9.980	-	798,40	898,20																		
40.355,99	I	5.166	-	413,28	464,94	-	309,04	347,67	-	211,04	237,42	-	119,12	134,01	-	36,80	41,40	-	-	-	-	-	
	II	3.924	-	313,92	353,16	-	215,60	242,55	-	123,44	138,87	-	40,24	45,27	-	-	-	-	-	-	-	-	
	III	1.830	-	146,40	164,70	-	69,92	78,66	-	9,12	10,26	-	-	-	-	-	-	-	-	-	-	-	
	IV	5.166	-	413,28	464,94	-	360,40	405,45	-	309,04	347,67	-	259,28	291,69	-	211,04	237,42	-	164,32	184,86	-	119,12	134,
	V	9.460	-	756,80	851,40																		
	VI	9.992	-	799,36	899,28																		
40.391,99	I	5.175	-	414,00	465,75	-	309,76	348,48	-	211,60	238,05	-	119,68	134,64	-	37,28	41,94	-	-	-	-	-	
	II	3.933	-	314,64	353,97	-	216,24	243,27	-	124,00	139,50	-	40,72	45,81	-	-	-	-	-	-	-	-	
	III	1.838	-	147,04	165,42	-	70,40	79,20	-	9,60	10,80	-	-	-	-	-	-	-	-	-	-	-	
	IV	5.175	-	414,00	465,75	-	361,12	406,26	-	309,76	348,48	-	259,92	292,41	-	211,60	238,05	-	164,88	185,49	-	119,68	134,
	V	9.473	-	757,84	852,57																		
	VI	10.004	-	800,32	900,36																		
40.427,99	I	5.184	-	414,72	466,56	-	310,40	349,20	-	212,24	238,77	-	120,32	135,36	-	37,76	42,48	-	-	-	-	-	
	II	3.941	-	315,28	354,69	-	216,88	243,99	-	124,56	140,13	-	41,20	46,35	-	-	-	-	-	-	-	-	
	III	1.844	-	147,52	165,96	-	70,88	79,74	-	9,92	11,16	-	-	-	-	-	-	-	-	-	-	-	
	IV	5.184	-	414,72	466,56	-	361,76	406,98	-	310,40	349,20	-	260,56	293,13	-	212,24	238,77	-	165,52	186,21	-	120,32	135,
	V	9.485	-	758,80	853,65																		
	VI	10.017	-	801,36	901,53																		
40.463,99	I	5.192	-	415,36	467,28	-	311,04	349,92	-	212,88	239,49	-	120,88	135,99	-	38,24	43,02	-	-	-	-	-	
	II	3.949	-	315,92	355,41	-	217,44	244,62	-	125,20	140,85	-	41,60	46,80	-	-	-	-	-	-	-	-	
	III	1.852	-	148,16	166,68	-	71,36	80,28	-	10,24	11,52	-	-	-	-	-	-	-	-	-	-	-	
	IV	5.192	-	415,36	467,28	-	362,48	407,79	-	311,04	349,92	-	261,20	293,85	-	212,88	239,49	-	166,08	186,84	-	120,88	135,
	V	9.497	-	759,76	854,73																		
	VI	10.029	-	802,32	902,61																		
40.499,99	I	5.201	-	416,08	468,09	-	311,68	350,64	-	213,52	240,21	-	121,44	136,62	-	38,64	43,47	-	-	-	-	-	
	II	3.957	-	316,56	356,13	-	218,08	245,34	-	125,76	141,48	-	42,08	47,34	-	-	-	-	-	-	-	-	
	III	1.858	-	148,64	167,22	-	71,68	80,64	-	10,56	11,88	-	-	-	-	-	-	-	-	-	-	-	
	IV	5.201	-	416,08	468,09	-	363,12	408,51	-	311,68	350,64	-	261,84	294,57	-	213,52	240,21	-	166,72	187,56	-	121,44	136,
	V	9.509	-	760,72	855,81																		
	VI	10.041	-	803,28	903,69																		

SolZ/KiSt lt. Tabelle nicht für Sonstige Bezüge anwendbar.

Allgemeine Tabelle

Lohn/ Gehalt bis	Steuerklasse	Lohn- steuer	ohne Kinderfreibetrag			Anzahl Kinderfreibeträge (nur Steuerklassen I–IV) 0,5			1,0			1,5			2,0			2,5			3,0		
			SolZ 5,5%	Kirchensteuer 8%	9%	SolZ 5,5%	Kirchensteuer 8%	9%	SolZ 5,5%	Kirchensteuer 8%	9%	SolZ 5,5%	Kirchensteuer 8%	9%	SolZ 5,5%	Kirchensteuer 8%	9%	SolZ 5,5%	Kirchensteuer 8%	9%	SolZ 5,5%	Kirchensteuer 8%	9%
0.535,99	I	5.210	-	416,80	468,90	-	312,40	351,45	-	214,16	240,93	-	122,08	137,34	-	39,12	44,01	-	-	-	-	-	-
	II	3.966	-	317,28	356,94	-	218,72	246,06	-	126,32	142,11	-	42,56	47,88	-	-	-	-	-	-	-	-	-
	III	1.866	-	149,28	167,94	-	72,16	81,18	-	10,88	12,24	-	-	-	-	-	-	-	-	-	-	-	-
	IV	5.210	-	416,80	468,90	-	363,84	409,32	-	312,40	351,45	-	262,48	295,29	-	214,16	240,93	-	167,28	188,19	-	122,08	137,34
	V	9.522	-	761,76	856,98																		
	VI	10.054	-	804,32	904,86																		
0.571,99	I	5.219	-	417,52	469,71	-	313,04	352,17	-	214,72	241,56	-	122,64	137,97	-	39,60	44,55	-	-	-	-	-	-
	II	3.974	-	317,92	357,66	-	219,36	246,78	-	126,96	142,83	-	43,04	48,42	-	-	-	-	-	-	-	-	-
	III	1.872	-	149,76	168,48	-	72,64	81,72	-	11,20	12,60	-	-	-	-	-	-	-	-	-	-	-	-
	IV	5.219	-	417,52	469,71	-	364,48	410,04	-	313,04	352,17	-	263,12	296,01	-	214,72	241,56	-	167,92	188,91	-	122,64	137,97
	V	9.534	-	762,72	858,06																		
	VI	10.066	-	805,28	905,94																		
0.607,99	I	5.227	-	418,16	470,43	-	313,68	352,89	-	215,36	242,28	-	123,20	138,60	-	40,08	45,09	-	-	-	-	-	-
	II	3.982	-	318,56	358,38	-	220,00	247,50	-	127,52	143,46	-	43,52	48,96	-	-	-	-	-	-	-	-	-
	III	1.880	-	150,40	169,20	-	73,12	82,26	-	11,68	13,14	-	-	-	-	-	-	-	-	-	-	-	-
	IV	5.227	-	418,16	470,43	-	365,20	410,85	-	313,68	352,89	-	263,76	296,73	-	215,36	242,28	-	168,48	189,54	-	123,20	138,60
	V	9.546	-	763,68	859,14																		
	VI	10.078	-	806,24	907,02																		
0.643,99	I	5.236	-	418,88	471,24	-	314,40	353,70	-	216,00	243,00	-	123,76	139,23	-	40,56	45,63	-	-	-	-	-	-
	II	3.991	-	319,28	359,19	-	220,64	248,22	-	128,08	144,09	-	44,00	49,50	-	-	-	-	-	-	-	-	-
	III	1.886	-	150,88	169,74	-	73,60	82,80	-	12,00	13,50	-	-	-	-	-	-	-	-	-	-	-	-
	IV	5.236	-	418,88	471,24	-	365,84	411,57	-	314,40	353,70	-	264,40	297,45	-	216,00	243,00	-	169,12	190,26	-	123,76	139,23
	V	9.559	-	764,72	860,31																		
	VI	10.090	-	807,20	908,10																		
0.679,99	I	5.245	-	419,60	472,05	-	315,04	354,42	-	216,64	243,72	-	124,40	139,95	-	40,96	46,08	-	-	-	-	-	-
	II	3.999	-	319,92	359,91	-	221,20	248,85	-	128,72	144,81	-	44,48	50,04	-	-	-	-	-	-	-	-	-
	III	1.894	-	151,52	170,46	-	74,08	83,34	-	12,32	13,86	-	-	-	-	-	-	-	-	-	-	-	-
	IV	5.245	-	419,60	472,05	-	366,56	412,38	-	315,04	354,42	-	265,04	298,17	-	216,64	243,72	-	169,76	190,98	-	124,40	139,95
	V	9.571	-	765,68	861,39																		
	VI	10.103	-	808,24	909,27																		
0.715,99	I	5.254	-	420,32	472,86	-	315,68	355,14	-	217,20	244,35	-	124,96	140,58	-	41,44	46,62	-	-	-	-	-	-
	II	4.007	-	320,56	360,63	-	221,84	249,57	-	129,28	145,44	-	44,96	50,58	-	-	-	-	-	-	-	-	-
	III	1.900	-	152,00	171,00	-	74,56	83,88	-	12,64	14,22	-	-	-	-	-	-	-	-	-	-	-	-
	IV	5.254	-	420,32	472,86	-	367,20	413,10	-	315,68	355,14	-	265,68	298,89	-	217,20	244,35	-	170,32	191,61	-	124,96	140,58
	V	9.583	-	766,64	862,47																		
	VI	10.115	-	809,20	910,35																		
0.751,99	I	5.263	-	421,04	473,67	-	316,32	355,86	-	217,84	245,07	-	125,52	141,21	-	41,92	47,16	-	-	-	-	-	-
	II	4.016	-	321,28	361,44	-	222,48	250,29	-	129,84	146,07	-	45,44	51,12	-	-	-	-	-	-	-	-	-
	III	1.908	-	152,64	171,72	-	74,88	84,24	-	12,96	14,58	-	-	-	-	-	-	-	-	-	-	-	-
	IV	5.263	-	421,04	473,67	-	367,92	413,91	-	316,32	355,86	-	266,32	299,61	-	217,84	245,07	-	170,88	192,24	-	125,52	141,21
	V	9.595	-	767,60	863,55																		
	VI	10.127	-	810,16	911,43																		
0.787,99	I	5.272	-	421,76	474,48	-	317,04	356,67	-	218,48	245,79	-	126,16	141,93	-	42,40	47,70	-	-	-	-	-	-
	II	4.024	-	321,92	362,16	-	223,12	251,01	-	130,48	146,79	-	45,92	51,66	-	-	-	-	-	-	-	-	-
	III	1.914	-	153,12	172,26	-	75,36	84,78	-	13,44	15,12	-	-	-	-	-	-	-	-	-	-	-	-
	IV	5.272	-	421,76	474,48	-	368,64	414,72	-	317,04	356,67	-	266,96	300,33	-	218,48	245,79	-	171,52	192,96	-	126,16	141,93
	V	9.608	-	768,64	864,72																		
	VI	10.140	-	811,20	912,60																		
0.823,99	I	5.280	-	422,40	475,20	-	317,68	357,39	-	219,12	246,51	-	126,72	142,56	-	42,88	48,24	-	-	-	-	-	-
	II	4.032	-	322,56	362,88	-	223,76	251,73	-	131,04	147,42	-	46,40	52,20	-	-	-	-	-	-	-	-	-
	III	1.922	-	153,76	172,98	-	75,84	85,32	-	13,76	15,48	-	-	-	-	-	-	-	-	-	-	-	-
	IV	5.280	-	422,40	475,20	-	369,28	415,44	-	317,68	357,39	-	267,60	301,05	-	219,12	246,51	-	172,16	193,68	-	126,72	142,56
	V	9.620	-	769,60	865,80																		
	VI	10.152	-	812,16	913,68																		
0.859,99	I	5.289	-	423,12	476,01	-	318,32	358,11	-	219,76	247,23	-	127,28	143,19	-	43,36	48,78	-	-	-	-	-	-
	II	4.041	-	323,28	363,69	-	224,32	252,36	-	131,60	148,05	-	46,88	52,74	-	-	-	-	-	-	-	-	-
	III	1.928	-	154,24	173,52	-	76,32	85,86	-	14,08	15,84	-	-	-	-	-	-	-	-	-	-	-	-
	IV	5.289	-	423,12	476,01	-	370,00	416,25	-	318,32	358,11	-	268,24	301,77	-	219,76	247,23	-	172,72	194,31	-	127,28	143,19
	V	9.632	-	770,56	866,88																		
	VI	10.164	-	813,12	914,76																		
0.895,99	I	5.298	-	423,84	476,82	-	319,04	358,92	-	220,40	247,95	-	127,92	143,91	-	43,84	49,32	-	-	-	-	-	-
	II	4.049	-	323,92	364,41	-	224,96	253,08	-	132,24	148,77	-	47,36	53,28	-	-	-	-	-	-	-	-	-
	III	1.936	-	154,88	174,24	-	76,80	86,40	-	14,40	16,20	-	-	-	-	-	-	-	-	-	-	-	-
	IV	5.298	-	423,84	476,82	-	370,64	416,97	-	319,04	358,92	-	268,96	302,58	-	220,40	247,95	-	173,36	195,03	-	127,92	143,91
	V	9.645	-	771,60	868,05																		
	VI	10.177	-	814,16	915,93																		
0.931,99	I	5.307	-	424,56	477,63	-	319,68	359,64	-	220,96	248,58	-	128,48	144,54	-	44,32	49,86	-	-	-	-	-	-
	II	4.058	-	324,64	365,22	-	225,60	253,80	-	132,80	149,40	-	47,84	53,82	-	-	-	-	-	-	-	-	-
	III	1.942	-	155,36	174,78	-	77,28	86,94	-	14,88	16,74	-	-	-	-	-	-	-	-	-	-	-	-
	IV	5.307	-	424,56	477,63	-	371,36	417,78	-	319,68	359,64	-	269,60	303,30	-	220,96	248,58	-	173,92	195,66	-	128,48	144,54
	V	9.657	-	772,56	869,13																		
	VI	10.189	-	815,12	917,01																		
0.967,99	I	5.316	-	425,28	478,44	-	320,32	360,36	-	221,60	249,30	-	129,04	145,17	-	44,80	50,40	-	-	-	-	-	-
	II	4.066	-	325,28	365,94	-	226,24	254,52	-	133,36	150,03	-	48,32	54,36	-	-	-	-	-	-	-	-	-
	III	1.950	-	156,00	175,50	-	77,76	87,48	-	15,20	17,10	-	-	-	-	-	-	-	-	-	-	-	-
	IV	5.316	-	425,28	478,44	-	372,00	418,50	-	320,32	360,36	-	270,24	304,02	-	221,60	249,30	-	174,56	196,38	-	129,04	145,17
	V	9.669	-	773,52	870,21																		
	VI	10.201	-	816,08	918,09																		
1.003,99	I	5.325	-	426,00	479,25	-	321,04	361,17	-	222,24	250,02	-	129,68	145,89	-	45,28	50,94	-	-	-	-	-	-
	II	4.074	-	325,92	366,66	-	226,88	255,24	-	134,00	150,75	-	48,80	54,90	-	-	-	-	-	-	-	-	-
	III	1.956	-	156,48	176,04	-	78,24	88,02	-	15,52	17,46	-	-	-	-	-	-	-	-	-	-	-	-
	IV	5.325	-	426,00	479,25	-	372,72	419,31	-	321,04	361,17	-	270,88	304,74	-	222,24	250,02	-	175,20	197,10	-	129,68	145,89
	V	9.682	-	774,56	871,38																		
	VI	10.214	-	817,12	919,26																		
1.039,99	I	5.333	-	426,64	479,97	-	321,68	361,89	-	222,88	250,74	-	130,24	146,52	-	45,76	51,48	-	-	-	-	-	-
	II	4.083	-	326,64	367,47	-	227,52	255,96	-	134,56	151,38	-	49,28	55,44	-	-	-	-	-	-	-	-	-
	III	1.964	-	157,12	176,76	-	78,56	88,38	-	15,84	17,82	-	-	-	-	-	-	-	-	-	-	-	-
	IV	5.333	-	426,64	479,97	-	373,44	420,12	-	321,68	361,89	-	271,52	305,46	-	222,88	250,74	-	175,76	197,73	-	130,24	146,52
	V	9.694	-	775,52	872,46																		
	VI	10.226	-	818,08	920,34																		

SolZ/KiSt lt. Tabelle nicht für Sonstige Bezüge anwendbar.

Lohn/Gehalt bis	Steuerklasse	Lohnsteuer	ohne Kinderfreibetrag SolZ 5,5%	Kirchensteuer 8%	Kirchensteuer 9%	0,5 SolZ 5,5%	0,5 Kirchensteuer 8%	0,5 Kirchensteuer 9%	1,0 SolZ 5,5%	1,0 Kirchensteuer 8%	1,0 Kirchensteuer 9%	1,5 SolZ 5,5%	1,5 Kirchensteuer 8%	1,5 Kirchensteuer 9%	2,0 SolZ 5,5%	2,0 Kirchensteuer 8%	2,0 Kirchensteuer 9%	2,5 SolZ 5,5%	2,5 Kirchensteuer 8%	2,5 Kirchensteuer 9%	3,0 SolZ 5,5%	3,0 Kirchensteuer 8%	3,0 Kirchensteuer 9%
41.075,99	I	5.342	-	427,36	480,78	-	322,32	362,61	-	223,52	251,46	-	130,80	147,15	-	46,24	52,02	-	-	-	-	-	
	II	4.091	-	327,28	368,19	-	228,08	256,59	-	135,12	152,01	-	49,76	55,98	-	-	-	-	-	-	-	-	
	III	1.970	-	157,60	177,30	-	79,04	88,92	-	16,32	18,36	-	-	-	-	-	-	-	-	-	-	-	
	IV	5.342	-	427,36	480,78	-	374,08	420,84	-	322,32	362,61	-	272,16	306,18	-	223,52	251,46	-	176,40	198,45	-	130,80	147
	V	9.706	-	776,48	873,54																		
	VI	10.238	-	819,04	921,42																		
41.111,99	I	5.351	-	428,08	481,59	-	323,04	363,42	-	224,08	252,09	-	131,36	147,78	-	46,72	52,56	-	-	-	-	-	
	II	4.099	-	327,92	368,91	-	228,72	257,31	-	135,68	152,64	-	50,32	56,61	-	-	-	-	-	-	-	-	
	III	1.978	-	158,24	178,02	-	79,52	89,46	-	16,64	18,72	-	-	-	-	-	-	-	-	-	-	-	
	IV	5.351	-	428,08	481,59	-	374,80	421,65	-	323,04	363,42	-	272,80	306,90	-	224,08	252,09	-	176,96	199,08	-	131,36	147
	V	9.718	-	777,44	874,62																		
	VI	10.250	-	820,00	922,50																		
41.147,99	I	5.360	-	428,80	482,40	-	323,68	364,14	-	224,72	252,81	-	132,00	148,50	-	47,20	53,10	-	-	-	-	-	
	II	4.108	-	328,64	369,72	-	229,36	258,03	-	136,32	153,36	-	50,80	57,15	-	-	-	-	-	-	-	-	
	III	1.984	-	158,72	178,56	-	80,00	90,00	-	16,96	19,08	-	-	-	-	-	-	-	-	-	-	-	
	IV	5.360	-	428,80	482,40	-	375,44	422,37	-	323,68	364,14	-	273,44	307,62	-	224,72	252,81	-	177,60	199,80	-	132,00	148
	V	9.731	-	778,48	875,79																		
	VI	10.263	-	821,04	923,67																		
41.183,99	I	5.369	-	429,52	483,21	-	324,32	364,86	-	225,36	253,53	-	132,56	149,13	-	47,68	53,64	-	-	-	-	-	
	II	4.116	-	329,28	370,44	-	230,00	258,75	-	136,88	153,99	-	51,28	57,69	-	-	-	-	-	-	-	-	
	III	1.992	-	159,36	179,28	-	80,48	90,54	-	17,28	19,44	-	-	-	-	-	-	-	-	-	-	-	
	IV	5.369	-	429,52	483,21	-	376,16	423,18	-	324,32	364,86	-	274,08	308,34	-	225,36	253,53	-	178,16	200,43	-	132,56	149
	V	9.743	-	779,44	876,87																		
	VI	10.275	-	822,00	924,75																		
41.219,99	I	5.378	-	430,24	484,02	-	325,04	365,67	-	226,00	254,25	-	133,12	149,76	-	48,16	54,18	-	-	-	-	-	
	II	4.124	-	329,92	371,16	-	230,64	259,47	-	137,52	154,71	-	51,76	58,23	-	-	-	-	-	-	-	-	
	III	1.998	-	159,84	179,82	-	80,96	91,08	-	17,60	19,80	-	-	-	-	-	-	-	-	-	-	-	
	IV	5.378	-	430,24	484,02	-	376,80	423,90	-	325,04	365,67	-	274,72	309,06	-	226,00	254,25	-	178,80	201,15	-	133,12	149
	V	9.755	-	780,40	877,95																		
	VI	10.287	-	822,96	925,83																		
41.255,99	I	5.387	-	430,96	484,83	-	325,68	366,39	-	226,64	254,97	-	133,76	150,48	-	48,64	54,72	-	-	-	-	-	
	II	4.133	-	330,64	371,97	-	231,28	260,19	-	138,08	155,34	-	52,24	58,77	-	-	-	-	-	-	-	-	
	III	2.006	-	160,48	180,54	-	81,44	91,62	-	18,08	20,34	-	-	-	-	-	-	-	-	-	-	-	
	IV	5.387	-	430,96	484,83	-	377,52	424,71	-	325,68	366,39	-	275,36	309,78	-	226,64	254,97	-	179,44	201,87	-	133,76	150
	V	9.768	-	781,44	879,12																		
	VI	10.300	-	824,00	927,00																		
41.291,99	I	5.395	-	431,60	485,55	-	326,32	367,11	-	227,28	255,69	-	134,32	151,11	-	49,12	55,26	-	-	-	-	-	
	II	4.141	-	331,28	372,69	-	231,92	260,91	-	138,64	155,97	-	52,80	59,40	-	-	-	-	-	-	-	-	
	III	2.012	-	160,96	181,08	-	81,92	92,16	-	18,40	20,70	-	-	-	-	-	-	-	-	-	-	-	
	IV	5.395	-	431,60	485,55	-	378,24	425,52	-	326,32	367,11	-	276,00	310,50	-	227,28	255,69	-	180,00	202,50	-	134,32	151
	V	9.780	-	782,40	880,20																		
	VI	10.312	-	824,96	928,08																		
41.327,99	I	5.404	-	432,32	486,36	-	327,04	367,92	-	227,84	256,32	-	134,88	151,74	-	49,60	55,80	-	-	-	-	-	
	II	4.150	-	332,00	373,50	-	232,56	261,63	-	139,28	156,69	-	53,28	59,94	-	-	-	-	-	-	-	-	
	III	2.020	-	161,60	181,80	-	82,40	92,70	-	18,72	21,06	-	-	-	-	-	-	-	-	-	-	-	
	IV	5.404	-	432,32	486,36	-	378,88	426,24	-	327,04	367,92	-	276,64	311,22	-	227,84	256,32	-	180,64	203,22	-	134,88	151
	V	9.792	-	783,36	881,28																		
	VI	10.324	-	825,92	929,16																		
41.363,99	I	5.413	-	433,04	487,17	-	327,68	368,64	-	228,48	257,04	-	135,52	152,46	-	50,08	56,34	-	-	-	-	-	
	II	4.158	-	332,64	374,22	-	233,12	262,26	-	139,84	157,32	-	53,76	60,48	-	-	-	-	-	-	-	-	
	III	2.026	-	162,08	182,34	-	82,88	93,24	-	19,20	21,60	-	-	-	-	-	-	-	-	-	-	-	
	IV	5.413	-	433,04	487,17	-	379,60	427,05	-	327,68	368,64	-	277,36	312,03	-	228,48	257,04	-	181,20	203,85	-	135,52	152
	V	9.804	-	784,32	882,36																		
	VI	10.336	-	826,88	930,24																		
41.399,99	I	5.422	-	433,76	487,98	-	328,40	369,45	-	229,12	257,76	-	136,08	153,09	-	50,64	56,97	-	-	-	-	-	
	II	4.166	-	333,28	374,94	-	233,76	262,98	-	140,48	158,04	-	54,24	61,02	-	-	-	-	-	-	-	-	
	III	2.034	-	162,72	183,06	-	83,36	93,78	-	19,52	21,96	-	-	-	-	-	-	-	-	-	-	-	
	IV	5.422	-	433,76	487,98	-	380,32	427,86	-	328,40	369,45	-	278,00	312,75	-	229,12	257,76	-	181,84	204,57	-	136,08	153
	V	9.817	-	785,36	883,53																		
	VI	10.349	-	827,92	931,41																		
41.435,99	I	5.431	-	434,48	488,79	-	329,04	370,17	-	229,76	258,48	-	136,64	153,72	-	51,12	57,51	-	-	-	-	-	
	II	4.175	-	334,00	375,75	-	234,40	263,70	-	141,04	158,67	-	54,80	61,65	-	-	-	-	-	-	-	-	
	III	2.040	-	163,20	183,60	-	83,68	94,14	-	19,84	22,32	-	-	-	-	-	-	-	-	-	-	-	
	IV	5.431	-	434,48	488,79	-	380,96	428,58	-	329,04	370,17	-	278,64	313,47	-	229,76	258,48	-	182,48	205,29	-	136,64	153
	V	9.829	-	786,32	884,61																		
	VI	10.361	-	828,88	932,49																		
41.471,99	I	5.440	-	435,20	489,60	-	329,68	370,89	-	230,40	259,20	-	137,28	154,44	-	51,60	58,05	-	-	-	-	-	
	II	4.183	-	334,64	376,47	-	235,04	264,42	-	141,60	159,30	-	55,28	62,19	-	-	-	-	-	-	-	-	
	III	2.048	-	163,84	184,32	-	84,16	94,68	-	20,32	22,86	-	-	-	-	-	-	-	-	-	-	-	
	IV	5.440	-	435,20	489,60	-	381,68	429,39	-	329,68	370,89	-	279,28	314,19	-	230,40	259,20	-	183,04	205,92	-	137,28	154
	V	9.841	-	787,28	885,69																		
	VI	10.373	-	829,84	933,57																		
41.507,99	I	5.449	-	435,92	490,41	-	330,40	371,70	-	231,04	259,92	-	137,84	155,07	-	52,08	58,59	-	-	-	-	-	
	II	4.192	-	335,36	377,28	-	235,68	265,14	-	142,24	160,02	-	55,76	62,73	-	-	-	-	-	-	-	-	
	III	2.056	-	164,48	185,04	-	84,64	95,22	-	20,64	23,22	-	-	-	-	-	-	-	-	-	-	-	
	IV	5.449	-	435,92	490,41	-	382,40	430,20	-	330,40	371,70	-	279,92	314,91	-	231,04	259,92	-	183,68	206,64	-	137,84	155
	V	9.854	-	788,32	886,86																		
	VI	10.386	-	830,88	934,74																		
41.543,99	I	5.458	-	436,64	491,22	-	331,04	372,42	-	231,68	260,64	-	138,48	155,79	-	52,56	59,13	-	-	-	-	-	
	II	4.200	-	336,00	378,00	-	236,32	265,86	-	142,80	160,65	-	56,32	63,36	-	-	-	-	-	-	-	-	
	III	2.062	-	164,96	185,58	-	85,12	95,76	-	20,96	23,58	-	-	-	-	-	-	-	-	-	-	-	
	IV	5.458	-	436,64	491,22	-	383,04	430,92	-	331,04	372,42	-	280,56	315,63	-	231,68	260,64	-	184,32	207,36	-	138,48	155
	V	9.866	-	789,28	887,94																		
	VI	10.398	-	831,84	935,82																		
41.579,99	I	5.466	-	437,28	491,94	-	331,68	373,14	-	232,32	261,36	-	139,04	156,42	-	53,04	59,67	-	-	-	-	-	
	II	4.208	-	336,64	378,72	-	236,96	266,58	-	143,36	161,28	-	56,80	63,90	-	-	-	-	-	-	-	-	
	III	2.070	-	165,60	186,30	-	85,60	96,30	-	21,28	23,94	-	-	-	-	-	-	-	-	-	-	-	
	IV	5.466	-	437,28	491,94	-	383,76	431,73	-	331,68	373,14	-	281,20	316,35	-	232,32	261,36	-	184,88	207,99	-	139,04	156
	V	9.878	-	790,24	889,02																		
	VI	10.410	-	832,80	936,90																		

SolZ/KiSt lt. Tabelle nicht für Sonstige Bezüge anwendbar.

Allgemeine Tabelle

JAHR bis 42.119,99 €

Lohn/ Gehalt bis	Steuerklasse	Lohnsteuer	ohne Kinderfreibetrag SolZ 5,5%	ohne Kinderfreibetrag Kirchensteuer 8%	ohne Kinderfreibetrag Kirchensteuer 9%	0,5 SolZ 5,5%	0,5 Kirchensteuer 8%	0,5 Kirchensteuer 9%	1,0 SolZ 5,5%	1,0 Kirchensteuer 8%	1,0 Kirchensteuer 9%	1,5 SolZ 5,5%	1,5 Kirchensteuer 8%	1,5 Kirchensteuer 9%	2,0 SolZ 5,5%	2,0 Kirchensteuer 8%	2,0 Kirchensteuer 9%	2,5 SolZ 5,5%	2,5 Kirchensteuer 8%	2,5 Kirchensteuer 9%	3,0 SolZ 5,5%	3,0 Kirchensteuer 8%	3,0 Kirchensteuer 9%
						Anzahl Kinderfreibeträge (nur Steuerklassen I–IV)																	
41.615,99	I	5.475	-	438,00	492,75	-	332,40	373,95	-	232,96	262,08	-	139,60	157,05	-	53,60	60,30	-	-	-	-	-	-
	II	4.217	-	337,36	379,53	-	237,60	267,30	-	144,00	162,00	-	57,36	64,53	-	-	-	-	-	-	-	-	-
	III	2.076	-	166,08	186,84	-	86,08	96,84	-	21,76	24,48	-	-	-	-	-	-	-	-	-	-	-	-
	IV	5.475	-	438,00	492,75	-	384,48	432,54	-	332,40	373,95	-	281,92	317,16	-	232,96	262,08	-	185,52	208,71	-	139,60	157,05
	V	9.891	-	791,28	890,19																		
	VI	10.423	-	833,84	938,07																		
41.651,99	I	5.484	-	438,72	493,56	-	333,04	374,67	-	233,52	262,71	-	140,24	157,77	-	54,08	60,84	-	-	-	-	-	-
	II	4.225	-	338,00	380,25	-	238,24	268,02	-	144,56	162,63	-	57,84	65,07	-	-	-	-	-	-	-	-	-
	III	2.082	-	166,56	187,38	-	86,56	97,38	-	22,08	24,84	-	-	-	-	-	-	-	-	-	-	-	-
	IV	5.484	-	438,72	493,56	-	385,12	433,26	-	333,04	374,67	-	282,56	317,88	-	233,52	262,71	-	186,08	209,34	-	140,24	157,77
	V	9.903	-	792,24	891,27																		
	VI	10.435	-	834,80	939,15																		
41.687,99	I	5.493	-	439,44	494,37	-	333,76	375,48	-	234,16	263,43	-	140,80	158,40	-	54,56	61,38	-	-	-	-	-	-
	II	4.234	-	338,72	381,06	-	238,88	268,74	-	145,20	163,35	-	58,32	65,61	-	-	-	-	-	-	-	-	-
	III	2.090	-	167,20	188,10	-	87,04	97,92	-	22,40	25,20	-	-	-	-	-	-	-	-	-	-	-	-
	IV	5.493	-	439,44	494,37	-	385,84	434,07	-	333,76	375,48	-	283,20	318,60	-	234,16	263,43	-	186,72	210,06	-	140,80	158,40
	V	9.915	-	793,20	892,35																		
	VI	10.447	-	835,76	940,23																		
41.723,99	I	5.502	-	440,16	495,18	-	334,40	376,20	-	234,80	264,15	-	141,36	159,03	-	55,12	62,01	-	-	-	-	-	-
	II	4.242	-	339,36	381,78	-	239,44	269,37	-	145,76	163,98	-	58,88	66,24	-	-	-	-	-	-	-	-	-
	III	2.096	-	167,68	188,64	-	87,52	98,46	-	22,88	25,74	-	-	-	-	-	-	-	-	-	-	-	-
	IV	5.502	-	440,16	495,18	-	386,48	434,79	-	334,40	376,20	-	283,84	319,32	-	234,80	264,15	-	187,36	210,78	-	141,36	159,03
	V	9.928	-	794,24	893,52																		
	VI	10.459	-	836,72	941,31																		
41.759,99	I	5.511	-	440,88	495,99	-	335,04	376,92	-	235,44	264,87	-	142,00	159,75	-	55,60	62,55	-	-	-	-	-	-
	II	4.251	-	340,08	382,59	-	240,08	270,09	-	146,40	164,70	-	59,36	66,78	-	-	-	-	-	-	-	-	-
	III	2.104	-	168,32	189,36	-	88,00	99,00	-	23,20	26,10	-	-	-	-	-	-	-	-	-	-	-	-
	IV	5.511	-	440,88	495,99	-	387,20	435,60	-	335,04	376,92	-	284,48	320,04	-	235,44	264,87	-	187,92	211,41	-	142,00	159,75
	V	9.940	-	795,20	894,60																		
	VI	10.472	-	837,76	942,48																		
41.795,99	I	5.520	-	441,60	496,80	-	335,76	377,73	-	236,08	265,59	-	142,56	160,38	-	56,08	63,09	-	-	-	-	-	-
	II	4.259	-	340,72	383,31	-	240,72	270,81	-	146,96	165,33	-	59,92	67,41	-	-	-	-	-	-	-	-	-
	III	2.112	-	168,96	190,08	-	88,48	99,54	-	23,52	26,46	-	-	-	-	-	-	-	-	-	-	-	-
	IV	5.520	-	441,60	496,80	-	387,92	436,41	-	335,76	377,73	-	285,12	320,76	-	236,08	265,59	-	188,56	212,13	-	142,56	160,38
	V	9.952	-	796,16	895,68																		
	VI	10.484	-	838,72	943,56																		
41.831,99	I	5.529	-	442,32	497,61	-	336,40	378,45	-	236,72	266,31	-	143,20	161,10	-	56,64	63,72	-	-	-	-	-	-
	II	4.267	-	341,36	384,03	-	241,36	271,53	-	147,52	165,96	-	60,40	67,95	-	-	-	-	-	-	-	-	-
	III	2.118	-	169,44	190,62	-	88,96	100,08	-	24,00	27,00	-	-	-	-	-	-	-	-	-	-	-	-
	IV	5.529	-	442,32	497,61	-	388,56	437,13	-	336,40	378,45	-	285,76	321,48	-	236,72	266,31	-	189,20	212,85	-	143,20	161,10
	V	9.964	-	797,12	896,76																		
	VI	10.496	-	839,68	944,64																		
41.867,99	I	5.538	-	443,04	498,42	-	337,12	379,26	-	237,36	267,03	-	143,76	161,73	-	57,12	64,26	-	-	-	-	-	-
	II	4.276	-	342,08	384,84	-	242,00	272,25	-	148,16	166,68	-	60,96	68,58	-	-	-	-	-	-	-	-	-
	III	2.126	-	170,08	191,34	-	89,44	100,62	-	24,32	27,36	-	-	-	-	-	-	-	-	-	-	-	-
	IV	5.538	-	443,04	498,42	-	389,28	437,94	-	337,12	379,26	-	286,48	322,29	-	237,36	267,03	-	189,76	213,48	-	143,76	161,73
	V	9.977	-	798,16	897,93																		
	VI	10.509	-	840,72	945,81																		
41.903,99	I	5.547	-	443,76	499,23	-	337,76	379,98	-	238,00	267,75	-	144,40	162,45	-	57,68	64,89	-	-	-	-	-	-
	II	4.284	-	342,72	385,56	-	242,64	272,97	-	148,72	167,31	-	61,44	69,12	-	-	-	-	-	-	-	-	-
	III	2.132	-	170,56	191,88	-	89,92	101,16	-	24,64	27,72	-	-	-	-	-	-	-	-	-	-	-	-
	IV	5.547	-	443,76	499,23	-	390,00	438,75	-	337,76	379,98	-	287,12	323,01	-	238,00	267,75	-	190,40	214,20	-	144,40	162,45
	V	9.989	-	799,12	899,01																		
	VI	10.521	-	841,68	946,89																		
41.939,99	I	5.555	-	444,40	499,95	-	338,40	380,70	-	238,64	268,47	-	144,96	163,08	-	58,16	65,43	-	-	-	-	-	-
	II	4.293	-	343,44	386,37	-	243,28	273,69	-	149,36	168,03	-	62,00	69,75	-	-	-	-	-	-	-	-	-
	III	2.140	-	171,20	192,60	-	90,40	101,70	-	25,12	28,26	-	-	-	-	-	-	-	-	-	-	-	-
	IV	5.555	-	444,40	499,95	-	390,64	439,47	-	338,40	380,70	-	287,76	323,73	-	238,64	268,47	-	191,04	214,92	-	144,96	163,08
	V	10.001	-	800,08	900,09																		
	VI	10.533	-	842,64	947,97																		
41.975,99	I	5.564	-	445,12	500,76	-	339,12	381,51	-	239,20	269,10	-	145,52	163,71	-	58,64	65,97	-	-	-	-	-	-
	II	4.301	-	344,08	387,09	-	243,92	274,41	-	149,92	168,66	-	62,48	70,29	-	-	-	-	-	-	-	-	-
	III	2.146	-	171,68	193,14	-	90,88	102,24	-	25,44	28,62	-	-	-	-	-	-	-	-	-	-	-	-
	IV	5.564	-	445,12	500,76	-	391,36	440,28	-	339,12	381,51	-	288,40	324,45	-	239,20	269,10	-	191,60	215,55	-	145,52	163,71
	V	10.014	-	801,12	901,26																		
	VI	10.545	-	843,60	949,05																		
42.011,99	I	5.573	-	445,84	501,57	-	339,76	382,23	-	239,92	269,91	-	146,16	164,43	-	59,20	66,60	-	-	-	-	-	-
	II	4.310	-	344,80	387,90	-	244,56	275,13	-	150,56	169,38	-	63,04	70,92	-	-	-	-	-	-	-	-	-
	III	2.154	-	172,32	193,86	-	91,36	102,78	-	25,76	28,98	-	-	-	-	-	-	-	-	-	-	-	-
	IV	5.573	-	445,84	501,57	-	392,08	441,09	-	339,76	382,23	-	289,04	325,17	-	239,92	269,91	-	192,24	216,27	-	146,16	164,43
	V	10.026	-	802,08	902,34																		
	VI	10.558	-	844,64	950,22																		
42.047,99	I	5.582	-	446,56	502,38	-	340,48	383,04	-	240,48	270,54	-	146,72	165,06	-	59,68	67,14	-	-	-	-	-	-
	II	4.318	-	345,44	388,62	-	245,20	275,85	-	151,12	170,01	-	63,52	71,46	-	-	-	-	-	-	-	-	-
	III	2.160	-	172,80	194,40	-	91,84	103,32	-	26,24	29,52	-	-	-	-	-	-	-	-	-	-	-	-
	IV	5.582	-	446,56	502,38	-	392,72	441,81	-	340,48	383,04	-	289,68	325,89	-	240,48	270,54	-	192,88	216,99	-	146,72	165,06
	V	10.038	-	803,04	903,42																		
	VI	10.570	-	845,60	951,30																		
42.083,99	I	5.591	-	447,28	503,19	-	341,12	383,76	-	241,12	271,26	-	147,28	165,69	-	60,24	67,77	-	-	-	-	-	-
	II	4.326	-	346,08	389,34	-	245,84	276,57	-	151,68	170,64	-	64,08	72,09	-	-	-	-	-	-	-	-	-
	III	2.168	-	173,44	195,12	-	92,32	103,86	-	26,56	29,88	-	-	-	-	-	-	-	-	-	-	-	-
	IV	5.591	-	447,28	503,19	-	393,44	442,62	-	341,12	383,76	-	290,32	326,61	-	241,12	271,26	-	193,44	217,62	-	147,28	165,69
	V	10.051	-	804,08	904,59																		
	VI	10.582	-	846,56	952,38																		
42.119,99	I	5.600	-	448,00	504,00	-	341,84	384,57	-	241,76	271,98	-	147,92	166,41	-	60,72	68,31	-	-	-	-	-	-
	II	4.335	-	346,80	390,15	-	246,48	277,29	-	152,32	171,36	-	64,64	72,72	-	-	-	-	-	-	-	-	-
	III	2.176	-	174,08	195,84	-	92,80	104,40	-	27,04	30,42	-	-	-	-	-	-	-	-	-	-	-	-
	IV	5.600	-	448,00	504,00	-	394,16	443,43	-	341,84	384,57	-	291,04	327,42	-	241,76	271,98	-	194,08	218,34	-	147,92	166,41
	V	10.063	-	805,04	905,67																		
	VI	10.595	-	847,60	953,55																		

SolZ/KiSt lt. Tabelle nicht für Sonstige Bezüge anwendbar.

Lohn/ Gehalt bis	Steuerklasse	Lohn-steuer	ohne Kinderfreibetrag			Anzahl Kinderfreibeträge (nur Steuerklassen I–IV)																	
						0,5			1,0			1,5			2,0			2,5			3,0		
			SolZ 5,5%	Kirchensteuer 8%	Kirchensteuer 9%	SolZ 5,5%	Kirchensteuer 8%	Kirchensteuer 9%	SolZ 5,5%	Kirchensteuer 8%	Kirchensteuer 9%	SolZ 5,5%	Kirchensteuer 8%	Kirchensteuer 9%	SolZ 5,5%	Kirchensteuer 8%	Kirchensteuer 9%	SolZ 5,5%	Kirchensteuer 8%	Kirchensteuer 9%	SolZ 5,5%	Kirchensteuer 8%	Kirchensteuer 9%
42.155,99	I	5.609	-	448,72	504,81	-	342,48	385,29	-	242,40	272,70	-	148,48	167,04	-	61,28	68,94	-	-	-	-	-	
	II	4.343	-	347,44	390,87	-	247,12	278,01	-	152,88	171,99	-	65,12	73,26	-	-	-	-	-	-	-	-	
	III	2.182	-	174,56	196,38	-	93,28	104,94	-	27,36	30,78	-	-	-	-	-	-	-	-	-	-	-	
	IV	5.609	-	448,72	504,81	-	394,80	444,15	-	342,48	385,29	-	291,68	328,14	-	242,40	272,70	-	194,72	219,06	-	148,48	167,0
	V	10.075	-	806,00	906,75																		
	VI	10.607	-	848,56	954,63																		
42.191,99	I	5.618	-	449,44	505,62	-	343,12	386,01	-	243,04	273,42	-	149,12	167,76	-	61,76	69,48	-	-	-	-	-	
	II	4.352	-	348,16	391,68	-	247,76	278,73	-	153,52	172,71	-	65,68	73,89	-	-	-	-	-	-	-	-	
	III	2.190	-	175,20	197,10	-	93,76	105,48	-	27,68	31,14	-	-	-	-	-	-	-	-	-	-	-	
	IV	5.618	-	449,44	505,62	-	395,52	444,96	-	343,12	386,01	-	292,32	328,86	-	243,04	273,42	-	195,28	219,69	-	149,12	167,7
	V	10.088	-	807,04	907,92																		
	VI	10.619	-	849,52	955,71																		
42.227,99	I	5.627	-	450,16	506,43	-	343,84	386,82	-	243,68	274,14	-	149,68	168,39	-	62,32	70,11	-	-	-	-	-	
	II	4.360	-	348,80	392,40	-	248,40	279,45	-	154,08	173,34	-	66,24	74,52	-	0,24	0,27	-	-	-	-	-	
	III	2.196	-	175,68	197,64	-	94,24	106,02	-	28,16	31,68	-	-	-	-	-	-	-	-	-	-	-	
	IV	5.627	-	450,16	506,43	-	396,24	445,77	-	343,84	386,82	-	292,96	329,58	-	243,68	274,14	-	195,92	220,41	-	149,68	168,3
	V	10.100	-	808,00	909,00																		
	VI	10.632	-	850,56	956,88																		
42.263,99	I	5.636	-	450,88	507,24	-	344,48	387,54	-	244,32	274,86	-	150,32	169,11	-	62,80	70,65	-	-	-	-	-	
	II	4.369	-	349,52	393,21	-	249,04	280,17	-	154,72	174,06	-	66,72	75,06	-	0,56	0,63	-	-	-	-	-	
	III	2.204	-	176,32	198,36	-	94,72	106,56	-	28,48	32,04	-	-	-	-	-	-	-	-	-	-	-	
	IV	5.636	-	450,88	507,24	-	396,96	446,58	-	344,48	387,54	-	293,68	330,39	-	244,32	274,86	-	196,56	221,13	-	150,32	169,1
	V	10.112	-	808,96	910,08																		
	VI	10.644	-	851,52	957,96																		
42.299,99	I	5.645	-	451,60	508,05	-	345,20	388,35	-	244,96	275,58	-	150,88	169,74	-	63,36	71,28	-	-	-	-	-	
	II	4.377	-	350,16	393,93	-	249,68	280,89	-	155,28	174,69	-	67,28	75,69	-	0,88	0,99	-	-	-	-	-	
	III	2.210	-	176,80	198,90	-	95,20	107,10	-	28,80	32,40	-	-	-	-	-	-	-	-	-	-	-	
	IV	5.645	-	451,60	508,05	-	397,60	447,30	-	345,20	388,35	-	294,32	331,11	-	244,96	275,58	-	197,12	221,76	-	150,88	169,7
	V	10.125	-	810,00	911,25																		
	VI	10.656	-	852,48	959,04																		
42.335,99	I	5.654	-	452,32	508,86	-	345,84	389,07	-	245,60	276,30	-	151,52	170,46	-	63,92	71,91	-	-	-	-	-	
	II	4.386	-	350,88	394,74	-	250,24	281,52	-	155,92	175,41	-	67,84	76,32	-	1,20	1,35	-	-	-	-	-	
	III	2.218	-	177,44	199,62	-	95,68	107,64	-	29,28	32,94	-	-	-	-	-	-	-	-	-	-	-	
	IV	5.654	-	452,32	508,86	-	398,32	448,11	-	345,84	389,07	-	294,96	331,83	-	245,60	276,30	-	197,76	222,48	-	151,52	170,4
	V	10.137	-	810,96	912,33																		
	VI	10.668	-	853,44	960,12																		
42.371,99	I	5.663	-	453,04	509,67	-	346,56	389,88	-	246,24	277,02	-	152,08	171,09	-	64,40	72,45	-	-	-	-	-	
	II	4.394	-	351,52	395,46	-	250,96	282,33	-	156,48	176,04	-	68,40	76,95	-	1,52	1,71	-	-	-	-	-	
	III	2.224	-	177,92	200,16	-	96,16	108,18	-	29,60	33,30	-	-	-	-	-	-	-	-	-	-	-	
	IV	5.663	-	453,04	509,67	-	399,04	448,92	-	346,56	389,88	-	295,60	332,55	-	246,24	277,02	-	198,40	223,20	-	152,08	171,0
	V	10.149	-	811,92	913,41																		
	VI	10.681	-	854,48	961,29																		
42.407,99	I	5.672	-	453,76	510,48	-	347,20	390,60	-	246,88	277,74	-	152,72	171,81	-	64,96	73,08	-	-	-	-	-	
	II	4.403	-	352,24	396,27	-	251,60	283,05	-	157,12	176,76	-	68,88	77,49	-	1,92	2,16	-	-	-	-	-	
	III	2.232	-	178,56	200,88	-	96,64	108,72	-	30,08	33,84	-	-	-	-	-	-	-	-	-	-	-	
	IV	5.672	-	453,76	510,48	-	399,68	449,64	-	347,20	390,60	-	296,24	333,27	-	246,88	277,74	-	198,96	223,83	-	152,72	171,8
	V	10.161	-	812,88	914,49																		
	VI	10.693	-	855,44	962,37																		
42.443,99	I	5.681	-	454,48	511,29	-	347,92	391,41	-	247,52	278,46	-	153,28	172,44	-	65,44	73,62	-	-	-	-	-	
	II	4.411	-	352,88	396,99	-	252,16	283,68	-	157,68	177,39	-	69,44	78,12	-	2,24	2,52	-	-	-	-	-	
	III	2.238	-	179,04	201,42	-	97,12	109,26	-	30,40	34,20	-	-	-	-	-	-	-	-	-	-	-	
	IV	5.681	-	454,48	511,29	-	400,40	450,45	-	347,92	391,41	-	296,88	333,99	-	247,52	278,46	-	199,60	224,55	-	153,28	172,4
	V	10.174	-	813,92	915,66																		
	VI	10.705	-	856,40	963,45																		
42.479,99	I	5.690	-	455,20	512,10	-	348,56	392,13	-	248,16	279,18	-	153,92	173,16	-	66,00	74,25	-	0,08	0,09	-	-	
	II	4.420	-	353,60	397,80	-	252,88	284,49	-	158,32	178,11	-	70,00	78,75	-	2,56	2,88	-	-	-	-	-	
	III	2.246	-	179,68	202,14	-	97,60	109,80	-	30,72	34,56	-	-	-	-	-	-	-	-	-	-	-	
	IV	5.690	-	455,20	512,10	-	401,12	451,26	-	348,56	392,13	-	297,60	334,80	-	248,16	279,18	-	200,24	225,27	-	153,92	173,1
	V	10.186	-	814,88	916,74																		
	VI	10.718	-	857,44	964,62																		
42.515,99	I	5.699	-	455,92	512,91	-	349,28	392,94	-	248,80	279,90	-	154,48	173,79	-	66,56	74,88	-	0,40	0,45	-	-	
	II	4.428	-	354,24	398,52	-	253,52	285,21	-	158,88	178,74	-	70,56	79,38	-	2,88	3,24	-	-	-	-	-	
	III	2.254	-	180,32	202,86	-	98,08	110,34	-	31,20	35,10	-	-	-	-	-	-	-	-	-	-	-	
	IV	5.699	-	455,92	512,91	-	401,84	452,07	-	349,28	392,94	-	298,24	335,52	-	248,80	279,90	-	200,88	225,99	-	154,48	173,7
	V	10.198	-	815,84	917,82																		
	VI	10.730	-	858,40	965,70																		
42.551,99	I	5.708	-	456,64	513,72	-	349,92	393,66	-	249,44	280,62	-	155,04	174,42	-	67,12	75,51	-	0,72	0,81	-	-	
	II	4.437	-	354,96	399,33	-	254,08	285,84	-	159,44	179,37	-	71,04	79,92	-	3,20	3,60	-	-	-	-	-	
	III	2.260	-	180,80	203,40	-	98,56	110,88	-	31,52	35,46	-	-	-	-	-	-	-	-	-	-	-	
	IV	5.708	-	456,64	513,72	-	402,48	452,79	-	349,92	393,66	-	298,88	336,24	-	249,44	280,62	-	201,44	226,62	-	155,04	174,4
	V	10.211	-	816,88	918,99																		
	VI	10.742	-	859,36	966,78																		
42.587,99	I	5.717	-	457,36	514,53	-	350,56	394,38	-	250,00	281,25	-	155,68	175,14	-	67,60	76,05	-	1,12	1,26	-	-	
	II	4.445	-	355,60	400,05	-	254,72	286,56	-	160,08	180,09	-	71,60	80,55	-	3,60	4,05	-	-	-	-	-	
	III	2.268	-	181,44	204,12	-	99,04	111,42	-	32,00	36,00	-	-	-	-	-	-	-	-	-	-	-	
	IV	5.717	-	457,36	514,53	-	403,20	453,60	-	350,56	394,38	-	299,52	336,96	-	250,00	281,25	-	202,08	227,34	-	155,68	175,1
	V	10.223	-	817,84	920,07																		
	VI	10.755	-	860,40	967,95																		
42.623,99	I	5.726	-	458,08	515,34	-	351,28	395,19	-	250,72	282,06	-	156,24	175,77	-	68,16	76,68	-	1,44	1,62	-	-	
	II	4.454	-	356,32	400,86	-	255,44	287,37	-	160,72	180,81	-	72,16	81,18	-	3,92	4,41	-	-	-	-	-	
	III	2.274	-	181,92	204,66	-	99,68	112,14	-	32,32	36,36	-	-	-	-	-	-	-	-	-	-	-	
	IV	5.726	-	458,08	515,34	-	403,92	454,41	-	351,28	395,19	-	300,24	337,77	-	250,72	282,06	-	202,72	228,06	-	156,24	175,7
	V	10.235	-	818,80	921,15																		
	VI	10.767	-	861,36	969,03																		
42.659,99	I	5.735	-	458,80	516,15	-	351,92	395,91	-	251,36	282,78	-	156,88	176,49	-	68,72	77,31	-	1,76	1,98	-	-	
	II	4.462	-	356,96	401,58	-	256,00	288,00	-	161,28	181,44	-	72,72	81,81	-	4,24	4,77	-	-	-	-	-	
	III	2.282	-	182,56	205,38	-	100,16	112,68	-	32,80	36,90	-	-	-	-	-	-	-	-	-	-	-	
	IV	5.735	-	458,80	516,15	-	404,56	455,13	-	351,92	395,91	-	300,88	338,49	-	251,36	282,78	-	203,28	228,69	-	156,88	176,4
	V	10.248	-	819,84	922,32																		
	VI	10.779	-	862,32	970,11																		

SolZ/KiSt lt. Tabelle nicht für Sonstige Bezüge anwendbar.

Allgemeine Tabelle

JAHR bis 43.199,99 €

Lohn/ Gehalt bis	Steuerklasse	Lohn-steuer	ohne Kinderfreibetrag			Anzahl Kinderfreibeträge (nur Steuerklassen I–IV)																	
						0,5			1,0			1,5			2,0			2,5			3,0		
			SolZ 5,5%	Kirchensteuer 8%	9%	SolZ 5,5%	Kirchensteuer 8%	9%	SolZ 5,5%	Kirchensteuer 8%	9%	SolZ 5,5%	Kirchensteuer 8%	9%	SolZ 5,5%	Kirchensteuer 8%	9%	SolZ 5,5%	Kirchensteuer 8%	9%	SolZ 5,5%	Kirchensteuer 8%	9%
42.695,99	I	5.744	-	459,52	516,96	-	352,64	396,72	-	251,92	283,41	-	157,44	177,12	-	69,20	77,85	-	2,08	2,34	-	-	-
	II	4.471	-	357,68	402,39	-	256,64	288,72	-	161,84	182,07	-	73,28	82,44	-	4,64	5,22	-	-	-	-	-	-
	III	2.288	-	183,04	205,92	-	100,64	113,22	-	33,12	37,26	-	-	-	-	-	-	-	-	-	-	-	-
	IV	5.744	-	459,52	516,96	-	405,28	455,94	-	352,64	396,72	-	301,52	339,21	-	251,92	283,41	-	203,92	229,41	-	157,44	177,12
	V	10.260	-	820,80	923,40																		
	VI	10.791	-	863,28	971,19																		
42.731,99	I	5.753	-	460,24	517,77	-	353,36	397,53	-	252,64	284,22	-	158,08	177,84	-	69,76	78,48	-	2,40	2,70	-	-	-
	II	4.479	-	358,32	403,11	-	257,36	289,53	-	162,48	182,79	-	73,84	83,07	-	4,96	5,58	-	-	-	-	-	-
	III	2.296	-	183,68	206,64	-	101,12	113,76	-	33,60	37,80	-	-	-	-	-	-	-	-	-	-	-	-
	IV	5.753	-	460,24	517,77	-	406,00	456,75	-	353,36	397,53	-	302,16	339,93	-	252,64	284,22	-	204,56	230,13	-	158,08	177,84
	V	10.272	-	821,76	924,48																		
	VI	10.804	-	864,32	972,36																		
42.767,99	I	5.762	-	460,96	518,58	-	354,00	398,25	-	253,28	284,94	-	158,64	178,47	-	70,32	79,11	-	2,80	3,15	-	-	-
	II	4.488	-	359,04	403,92	-	258,00	290,25	-	163,12	183,51	-	74,40	83,70	-	5,28	5,94	-	-	-	-	-	-
	III	2.302	-	184,16	207,18	-	101,60	114,30	-	33,92	38,16	-	-	-	-	-	-	-	-	-	-	-	-
	IV	5.762	-	460,96	518,58	-	406,72	457,56	-	354,00	398,25	-	302,88	340,74	-	253,28	284,94	-	205,20	230,85	-	158,64	178,47
	V	10.285	-	822,80	925,65																		
	VI	10.816	-	865,28	973,44																		
42.803,99	I	5.771	-	461,68	519,39	-	354,64	398,97	-	253,84	285,57	-	159,28	179,19	-	70,88	79,74	-	3,12	3,51	-	-	-
	II	4.496	-	359,68	404,64	-	258,56	290,88	-	163,68	184,14	-	74,96	84,33	-	5,68	6,39	-	-	-	-	-	-
	III	2.310	-	184,80	207,90	-	102,08	114,84	-	34,24	38,52	-	-	-	-	-	-	-	-	-	-	-	-
	IV	5.771	-	461,68	519,39	-	407,36	458,28	-	354,64	398,97	-	303,52	341,46	-	253,84	285,57	-	205,76	231,48	-	159,28	179,19
	V	10.297	-	823,76	926,73																		
	VI	10.828	-	866,24	974,52																		
42.839,99	I	5.780	-	462,40	520,20	-	355,36	399,78	-	254,56	286,38	-	159,84	179,82	-	71,44	80,37	-	3,44	3,87	-	-	-
	II	4.505	-	360,40	405,45	-	259,28	291,69	-	164,32	184,86	-	75,52	84,96	-	6,00	6,75	-	-	-	-	-	-
	III	2.318	-	185,44	208,62	-	102,56	115,38	-	34,72	39,06	-	-	-	-	-	-	-	-	-	-	-	-
	IV	5.780	-	462,40	520,20	-	408,08	459,09	-	355,36	399,78	-	304,16	342,18	-	254,56	286,38	-	206,40	232,20	-	159,84	179,82
	V	10.309	-	824,72	927,81																		
	VI	10.841	-	867,28	975,69																		
42.875,99	I	5.789	-	463,12	521,01	-	356,08	400,59	-	255,20	287,10	-	160,48	180,54	-	72,00	81,00	-	3,76	4,23	-	-	-
	II	4.513	-	361,04	406,17	-	259,92	292,41	-	164,88	185,49	-	76,08	85,59	-	6,40	7,20	-	-	-	-	-	-
	III	2.324	-	185,92	209,16	-	103,04	115,92	-	35,04	39,42	-	-	-	-	-	-	-	-	-	-	-	-
	IV	5.789	-	463,12	521,01	-	408,80	459,90	-	356,08	400,59	-	304,80	342,90	-	255,20	287,10	-	207,04	232,92	-	160,48	180,54
	V	10.321	-	825,68	928,89																		
	VI	10.853	-	868,24	976,77																		
42.911,99	I	5.798	-	463,84	521,82	-	356,72	401,31	-	255,76	287,73	-	161,04	181,17	-	72,48	81,54	-	4,16	4,68	-	-	-
	II	4.522	-	361,76	406,98	-	260,56	293,13	-	165,52	186,21	-	76,64	86,22	-	6,72	7,56	-	-	-	-	-	-
	III	2.332	-	186,56	209,88	-	103,52	116,46	-	35,52	39,96	-	-	-	-	-	-	-	-	-	-	-	-
	IV	5.798	-	463,84	521,82	-	409,52	460,71	-	356,72	401,31	-	305,52	343,71	-	255,76	287,73	-	207,68	233,64	-	161,04	181,17
	V	10.334	-	826,72	930,06																		
	VI	10.865	-	869,20	977,85																		
42.947,99	I	5.807	-	464,56	522,63	-	357,36	402,03	-	256,40	288,45	-	161,68	181,89	-	73,04	82,17	-	4,48	5,04	-	-	-
	II	4.530	-	362,40	407,70	-	261,20	293,85	-	166,08	186,84	-	77,20	86,85	-	7,04	7,92	-	-	-	-	-	-
	III	2.338	-	187,04	210,42	-	104,00	117,00	-	35,84	40,32	-	-	-	-	-	-	-	-	-	-	-	-
	IV	5.807	-	464,56	522,63	-	410,16	461,43	-	357,36	402,03	-	306,16	344,43	-	256,40	288,45	-	208,24	234,27	-	161,68	181,89
	V	10.346	-	827,68	931,14																		
	VI	10.878	-	870,24	979,02																		
42.983,99	I	5.816	-	465,28	523,44	-	358,08	402,84	-	257,12	289,26	-	162,24	182,52	-	73,60	82,80	-	4,80	5,40	-	-	-
	II	4.539	-	363,12	408,51	-	261,84	294,57	-	166,72	187,56	-	77,76	87,48	-	7,44	8,37	-	-	-	-	-	-
	III	2.346	-	187,68	211,14	-	104,48	117,54	-	36,32	40,86	-	-	-	-	-	-	-	-	-	-	-	-
	IV	5.816	-	465,28	523,44	-	410,88	462,24	-	358,08	402,84	-	306,80	345,15	-	257,12	289,26	-	208,88	234,99	-	162,24	182,52
	V	10.358	-	828,64	932,22																		
	VI	10.890	-	871,20	980,10																		
43.019,99	I	5.825	-	466,00	524,25	-	358,80	403,65	-	257,76	289,98	-	162,88	183,24	-	74,16	83,43	-	5,20	5,85	-	-	-
	II	4.547	-	363,76	409,23	-	262,48	295,29	-	167,28	188,19	-	78,32	88,11	-	7,76	8,73	-	-	-	-	-	-
	III	2.352	-	188,16	211,68	-	105,12	118,26	-	36,64	41,22	-	-	-	-	-	-	-	-	-	-	-	-
	IV	5.825	-	466,00	524,25	-	411,60	463,05	-	358,80	403,65	-	307,44	345,87	-	257,76	289,98	-	209,52	235,71	-	162,88	183,24
	V	10.371	-	829,68	933,39																		
	VI	10.902	-	872,16	981,18																		
43.055,99	I	5.834	-	466,72	525,06	-	359,44	404,37	-	258,32	290,61	-	163,44	183,87	-	74,72	84,06	-	5,52	6,21	-	-	-
	II	4.556	-	364,48	410,04	-	263,12	296,01	-	167,92	188,91	-	78,88	88,74	-	8,16	9,18	-	-	-	-	-	-
	III	2.360	-	188,80	212,40	-	105,60	118,80	-	37,12	41,76	-	-	-	-	-	-	-	-	-	-	-	-
	IV	5.834	-	466,72	525,06	-	412,32	463,86	-	359,44	404,37	-	308,16	346,68	-	258,32	290,61	-	210,16	236,43	-	163,44	183,87
	V	10.383	-	830,64	934,47																		
	VI	10.915	-	873,20	982,35																		
43.091,99	I	5.843	-	467,44	525,87	-	360,16	405,18	-	259,04	291,42	-	164,08	184,59	-	75,28	84,69	-	5,92	6,66	-	-	-
	II	4.565	-	365,20	410,85	-	263,76	296,73	-	168,48	189,54	-	79,44	89,37	-	8,48	9,54	-	-	-	-	-	-
	III	2.366	-	189,28	212,94	-	106,08	119,34	-	37,44	42,12	-	-	-	-	-	-	-	-	-	-	-	-
	IV	5.843	-	467,44	525,87	-	413,04	464,67	-	360,16	405,18	-	308,80	347,40	-	259,04	291,42	-	210,80	237,15	-	164,08	184,59
	V	10.395	-	831,60	935,55																		
	VI	10.927	-	874,16	983,43																		
43.127,99	I	5.852	-	468,16	526,68	-	360,80	405,90	-	259,68	292,14	-	164,64	185,22	-	75,84	85,32	-	6,24	7,02	-	-	-
	II	4.573	-	365,84	411,57	-	264,40	297,45	-	169,12	190,26	-	80,00	90,00	-	8,88	9,99	-	-	-	-	-	-
	III	2.374	-	189,92	213,66	-	106,56	119,88	-	37,92	42,66	-	-	-	-	-	-	-	-	-	-	-	-
	IV	5.852	-	468,16	526,68	-	413,68	465,39	-	360,80	405,90	-	309,44	348,12	-	259,68	292,14	-	211,36	237,78	-	164,64	185,22
	V	10.408	-	832,64	936,72																		
	VI	10.939	-	875,12	984,51																		
43.163,99	I	5.861	-	468,88	527,49	-	361,52	406,71	-	260,32	292,86	-	165,28	185,94	-	76,40	85,95	-	6,56	7,38	-	-	-
	II	4.582	-	366,56	412,38	-	265,04	298,17	-	169,68	190,89	-	80,56	90,63	-	9,20	10,35	-	-	-	-	-	-
	III	2.380	-	190,40	214,20	-	107,04	120,42	-	38,24	43,02	-	-	-	-	-	-	-	-	-	-	-	-
	IV	5.861	-	468,88	527,49	-	414,40	466,20	-	361,52	406,71	-	310,08	348,84	-	260,32	292,86	-	212,00	238,50	-	165,28	185,94
	V	10.420	-	833,60	937,80																		
	VI	10.951	-	876,08	985,59																		
43.199,99	I	5.870	-	469,60	528,30	-	362,16	407,43	-	260,96	293,58	-	165,84	186,57	-	76,96	86,58	-	6,96	7,83	-	-	-
	II	4.590	-	367,20	413,10	-	265,68	298,89	-	170,32	191,61	-	81,12	91,26	-	9,60	10,80	-	-	-	-	-	-
	III	2.388	-	191,04	214,92	-	107,52	120,96	-	38,72	43,56	-	-	-	-	-	-	-	-	-	-	-	-
	IV	5.870	-	469,60	528,30	-	415,12	467,01	-	362,16	407,43	-	310,80	349,65	-	260,96	293,58	-	212,64	239,22	-	165,84	186,57
	V	10.432	-	834,56	938,88																		
	VI	10.964	-	877,12	986,76																		

SolZ/KiSt lt. Tabelle nicht für Sonstige Bezüge anwendbar.

Lohn/ Gehalt bis	Steuerklasse	Lohn- steuer	ohne Kinderfreibetrag			Anzahl Kinderfreibeträge (nur Steuerklassen I–IV)																	
						0,5			1,0			1,5			2,0			2,5			3,0		
			SolZ 5,5%	Kirchensteuer 8%	9%	SolZ 5,5%	Kirchensteuer 8%	9%	SolZ 5,5%	Kirchensteuer 8%	9%	SolZ 5,5%	Kirchensteuer 8%	9%	SolZ 5,5%	Kirchensteuer 8%	9%	SolZ 5,5%	Kirchensteuer 8%	9%	SolZ 5,5%	Kirchensteuer 8%	9%
43.235,99	I	5.879	-	470,32	529,11	-	362,88	408,24	-	261,60	294,30	-	166,48	187,29	-	77,52	87,21	-	7,28	8,19	-	-	
	II	4.599	-	367,92	413,91	-	266,32	299,61	-	170,88	192,24	-	81,68	91,89	-	10,00	11,25	-	-	-	-	-	
	III	2.396	-	191,68	215,64	-	108,00	121,50	-	39,04	43,92	-	-	-	-	-	-	-	-	-	-	-	
	IV	5.879	-	470,32	529,11	-	415,84	467,82	-	362,88	408,24	-	311,44	350,37	-	261,60	294,30	-	213,28	239,94	-	166,48	187,2
	V	10.445	-	835,60	940,05																		
	VI	10.976	-	878,08	987,84																		
43.271,99	I	5.888	-	471,04	529,92	-	363,52	408,96	-	262,24	295,02	-	167,04	187,92	-	78,08	87,84	-	7,68	8,64	-	-	
	II	4.607	-	368,56	414,63	-	266,96	300,33	-	171,52	192,96	-	82,24	92,52	-	10,32	11,61	-	-	-	-	-	
	III	2.402	-	192,16	216,18	-	108,48	122,04	-	39,52	44,46	-	-	-	-	-	-	-	-	-	-	-	
	IV	5.888	-	471,04	529,92	-	416,48	468,54	-	363,52	408,96	-	312,08	351,09	-	262,24	295,02	-	213,84	240,57	-	167,04	187,9
	V	10.457	-	836,56	941,13																		
	VI	10.988	-	879,04	988,92																		
43.307,99	I	5.897	-	471,76	530,73	-	364,24	409,77	-	262,88	295,74	-	167,68	188,64	-	78,64	88,47	-	8,00	9,00	-	-	
	II	4.616	-	369,28	415,44	-	267,60	301,05	-	172,08	193,59	-	82,80	93,15	-	10,72	12,06	-	-	-	-	-	
	III	2.410	-	192,80	216,90	-	109,12	122,76	-	39,84	44,82	-	-	-	-	-	-	-	-	-	-	-	
	IV	5.897	-	471,76	530,73	-	417,20	469,35	-	364,24	409,77	-	312,80	351,90	-	262,88	295,74	-	214,48	241,29	-	167,68	188,6
	V	10.469	-	837,52	942,21																		
	VI	11.001	-	880,08	990,09																		
43.343,99	I	5.906	-	472,48	531,54	-	364,88	410,49	-	263,52	296,46	-	168,24	189,27	-	79,20	89,10	-	8,40	9,45	-	-	
	II	4.625	-	370,00	416,25	-	268,24	301,77	-	172,72	194,31	-	83,36	93,78	-	11,04	12,42	-	-	-	-	-	
	III	2.416	-	193,28	217,44	-	109,60	123,30	-	40,32	45,36	-	-	-	-	-	-	-	-	-	-	-	
	IV	5.906	-	472,48	531,54	-	417,92	470,16	-	364,88	410,49	-	313,44	352,62	-	263,52	296,46	-	215,12	242,01	-	168,24	189,2
	V	10.482	-	838,56	943,38																		
	VI	11.013	-	881,04	991,17																		
43.379,99	I	5.915	-	473,20	532,35	-	365,60	411,30	-	264,16	297,18	-	168,88	189,99	-	79,76	89,73	-	8,72	9,81	-	-	
	II	4.633	-	370,64	416,97	-	268,88	302,49	-	173,36	195,03	-	83,92	94,41	-	11,44	12,87	-	-	-	-	-	
	III	2.424	-	193,92	218,16	-	110,08	123,84	-	40,64	45,72	-	-	-	-	-	-	-	-	-	-	-	
	IV	5.915	-	473,20	532,35	-	418,64	470,97	-	365,60	411,30	-	314,08	353,34	-	264,16	297,18	-	215,76	242,73	-	168,88	189,9
	V	10.494	-	839,52	944,46																		
	VI	11.025	-	882,00	992,25																		
43.415,99	I	5.924	-	473,92	533,16	-	366,24	412,02	-	264,80	297,90	-	169,44	190,62	-	80,32	90,36	-	9,12	10,26	-	-	
	II	4.642	-	371,36	417,78	-	269,52	303,21	-	173,92	195,66	-	84,48	95,04	-	11,84	13,32	-	-	-	-	-	
	III	2.430	-	194,40	218,70	-	110,56	124,38	-	41,12	46,26	-	-	-	-	-	-	-	-	-	-	-	
	IV	5.924	-	473,92	533,16	-	419,36	471,78	-	366,24	412,02	-	314,72	354,06	-	264,80	297,90	-	216,32	243,36	-	169,44	190,6
	V	10.506	-	840,48	945,54																		
	VI	11.038	-	883,04	993,42																		
43.451,99	I	5.933	-	474,64	533,97	-	366,96	412,83	-	265,44	298,62	-	170,08	191,34	-	80,88	90,99	-	9,44	10,62	-	-	
	II	4.650	-	372,00	418,50	-	270,24	304,02	-	174,56	196,38	-	85,04	95,67	-	12,16	13,68	-	-	-	-	-	
	III	2.438	-	195,04	219,42	-	111,04	124,92	-	41,44	46,62	-	-	-	-	-	-	-	-	-	-	-	
	IV	5.933	-	474,64	533,97	-	420,08	472,59	-	366,96	412,83	-	315,44	354,87	-	265,44	298,62	-	216,96	244,08	-	170,08	191,3
	V	10.518	-	841,44	946,62																		
	VI	11.050	-	884,00	994,50																		
43.487,99	I	5.942	-	475,36	534,78	-	367,68	413,64	-	266,08	299,34	-	170,72	192,06	-	81,44	91,62	-	9,84	11,07	-	-	
	II	4.659	-	372,72	419,31	-	270,88	304,74	-	175,12	197,01	-	85,60	96,30	-	12,56	14,13	-	-	-	-	-	
	III	2.446	-	195,68	220,14	-	111,52	125,46	-	41,92	47,16	-	-	-	-	-	-	-	-	-	-	-	
	IV	5.942	-	475,36	534,78	-	420,72	473,31	-	367,68	413,64	-	316,08	355,59	-	266,08	299,34	-	217,60	244,80	-	170,72	192,0
	V	10.531	-	842,48	947,79																		
	VI	11.062	-	884,96	995,58																		
43.523,99	I	5.951	-	476,08	535,59	-	368,32	414,36	-	266,72	300,06	-	171,28	192,69	-	82,00	92,25	-	10,16	11,43	-	-	
	II	4.667	-	373,36	420,03	-	271,52	305,46	-	175,76	197,73	-	86,16	96,93	-	12,96	14,58	-	-	-	-	-	
	III	2.452	-	196,16	220,68	-	112,16	126,18	-	42,24	47,52	-	-	-	-	-	-	-	-	-	-	-	
	IV	5.951	-	476,08	535,59	-	421,44	474,12	-	368,32	414,36	-	316,72	356,31	-	266,72	300,06	-	218,24	245,52	-	171,28	192,6
	V	10.543	-	843,44	948,87																		
	VI	11.075	-	886,00	996,75																		
43.559,99	I	5.960	-	476,80	536,40	-	369,04	415,17	-	267,36	300,78	-	171,92	193,41	-	82,56	92,88	-	10,56	11,88	-	-	
	II	4.676	-	374,08	420,84	-	272,16	306,18	-	176,32	198,36	-	86,72	97,56	-	13,28	14,94	-	-	-	-	-	
	III	2.460	-	196,80	221,40	-	112,64	126,72	-	42,72	48,06	-	-	-	-	-	-	-	-	-	-	-	
	IV	5.960	-	476,80	536,40	-	422,16	474,93	-	369,04	415,17	-	317,44	357,12	-	267,36	300,78	-	218,88	246,24	-	171,92	193,4
	V	10.555	-	844,40	949,95																		
	VI	11.087	-	886,96	997,83																		
43.595,99	I	5.970	-	477,60	537,30	-	369,68	415,89	-	268,00	301,50	-	172,48	194,04	-	83,20	93,60	-	10,96	12,33	-	-	
	II	4.685	-	374,80	421,65	-	272,80	306,90	-	176,96	199,08	-	87,36	98,28	-	13,68	15,39	-	-	-	-	-	
	III	2.466	-	197,28	221,94	-	113,12	127,26	-	43,04	48,42	-	-	-	-	-	-	-	-	-	-	-	
	IV	5.970	-	477,60	537,30	-	422,88	475,74	-	369,68	415,89	-	318,08	357,84	-	268,00	301,50	-	219,52	246,96	-	172,48	194,0
	V	10.568	-	845,44	951,12																		
	VI	11.099	-	887,92	998,91																		
43.631,99	I	5.979	-	478,32	538,11	-	370,40	416,70	-	268,64	302,22	-	173,12	194,76	-	83,76	94,23	-	11,28	12,69	-	-	
	II	4.693	-	375,44	422,37	-	273,44	307,62	-	177,60	199,80	-	87,92	98,91	-	14,08	15,84	-	-	-	-	-	
	III	2.474	-	197,92	222,66	-	113,60	127,80	-	43,52	48,96	-	-	-	-	-	-	-	-	-	-	-	
	IV	5.979	-	478,32	538,11	-	423,60	476,55	-	370,40	416,70	-	318,72	358,56	-	268,64	302,22	-	220,08	247,59	-	173,12	194,7
	V	10.580	-	846,40	952,20																		
	VI	11.112	-	888,96	1.000,08																		
43.667,99	I	5.988	-	479,04	538,92	-	371,04	417,42	-	269,28	302,94	-	173,68	195,39	-	84,32	94,86	-	11,68	13,14	-	-	
	II	4.702	-	376,16	423,18	-	274,08	308,34	-	178,16	200,43	-	88,48	99,54	-	14,48	16,29	-	-	-	-	-	
	III	2.480	-	198,40	223,20	-	114,08	128,34	-	43,84	49,32	-	-	-	-	-	-	-	-	-	-	-	
	IV	5.988	-	479,04	538,92	-	424,24	477,27	-	371,04	417,42	-	319,44	359,37	-	269,28	302,94	-	220,72	248,31	-	173,68	195,3
	V	10.592	-	847,36	953,28																		
	VI	11.124	-	889,92	1.001,16																		
43.703,99	I	5.997	-	479,76	539,73	-	371,76	418,23	-	269,92	303,66	-	174,32	196,11	-	84,88	95,49	-	12,08	13,59	-	-	
	II	4.710	-	376,80	423,90	-	274,72	309,06	-	178,80	201,15	-	89,04	100,17	-	14,88	16,74	-	-	-	-	-	
	III	2.488	-	199,04	223,92	-	114,72	129,06	-	44,32	49,86	-	-	-	-	-	-	-	-	-	-	-	
	IV	5.997	-	479,76	539,73	-	424,96	478,08	-	371,76	418,23	-	320,08	360,09	-	269,92	303,66	-	221,36	249,03	-	174,32	196,1
	V	10.605	-	848,40	954,45																		
	VI	11.136	-	890,88	1.002,24																		
43.739,99	I	6.006	-	480,48	540,54	-	372,48	419,04	-	270,56	304,38	-	174,96	196,83	-	85,44	96,12	-	12,40	13,95	-	-	
	II	4.719	-	377,52	424,71	-	275,36	309,78	-	179,36	201,78	-	89,60	100,80	-	15,20	17,10	-	-	-	-	-	
	III	2.496	-	199,68	224,64	-	115,20	129,60	-	44,80	50,40	-	-	-	-	-	-	-	-	-	-	-	
	IV	6.006	-	480,48	540,54	-	425,68	478,89	-	372,48	419,04	-	320,72	360,81	-	270,56	304,38	-	222,00	249,75	-	174,96	196,8
	V	10.617	-	849,36	955,53																		
	VI	11.148	-	891,84	1.003,32																		

SolZ/KiSt lt. Tabelle nicht für Sonstige Bezüge anwendbar.

Allgemeine Tabelle

Lohn/ Gehalt bis	Steuerklasse	Lohn-steuer	ohne Kinderfreibetrag SolZ 5,5%	Kirchensteuer 8%	Kirchensteuer 9%	0,5 SolZ 5,5%	0,5 Kirchensteuer 8%	0,5 Kirchensteuer 9%	1,0 SolZ 5,5%	1,0 Kirchensteuer 8%	1,0 Kirchensteuer 9%	1,5 SolZ 5,5%	1,5 Kirchensteuer 8%	1,5 Kirchensteuer 9%	2,0 SolZ 5,5%	2,0 Kirchensteuer 8%	2,0 Kirchensteuer 9%	2,5 SolZ 5,5%	2,5 Kirchensteuer 8%	2,5 Kirchensteuer 9%	3,0 SolZ 5,5%	3,0 Kirchensteuer 8%	3,0 Kirchensteuer 9%
						Anzahl Kinderfreibeträge (nur Steuerklassen I–IV)																	
3.775,99	I	6.015	-	481,20	541,35	-	373,12	419,76	-	271,20	305,10	-	175,52	197,46	-	86,00	96,75	-	12,80	14,40	-	-	-
	II	4.728	-	378,24	425,52	-	276,00	310,50	-	180,00	202,50	-	90,16	101,43	-	15,60	17,55	-	-	-	-	-	-
	III	2.502	-	200,16	225,18	-	115,68	130,14	-	45,12	50,76	-	-	-	-	-	-	-	-	-	-	-	-
	IV	6.015	-	481,20	541,35	-	426,40	479,70	-	373,12	419,76	-	321,44	361,62	-	271,20	305,10	-	222,64	250,47	-	175,52	197,46
	V	10.629	-	850,32	956,61																		
	VI	11.161	-	892,88	1.004,49																		
3.811,99	I	6.024	-	481,92	542,16	-	373,84	420,57	-	271,92	305,91	-	176,16	198,18	-	86,56	97,38	-	13,20	14,85	-	-	-
	II	4.736	-	378,88	426,24	-	276,64	311,22	-	180,64	203,22	-	90,72	102,06	-	16,00	18,00	-	-	-	-	-	-
	III	2.510	-	200,80	225,90	-	116,16	130,68	-	45,60	51,30	-	-	-	-	-	-	-	-	-	-	-	-
	IV	6.024	-	481,92	542,16	-	427,12	480,51	-	373,84	420,57	-	322,08	362,34	-	271,92	305,91	-	223,28	251,19	-	176,16	198,18
	V	10.642	-	851,36	957,78																		
	VI	11.173	-	893,84	1.005,57																		
3.847,99	I	6.033	-	482,64	542,97	-	374,48	421,29	-	272,56	306,63	-	176,72	198,81	-	87,12	98,01	-	13,60	15,30	-	-	-
	II	4.745	-	379,60	427,05	-	277,36	312,03	-	181,20	203,85	-	91,28	102,69	-	16,40	18,45	-	-	-	-	-	-
	III	2.516	-	201,28	226,44	-	116,80	131,40	-	45,92	51,66	-	-	-	-	-	-	-	-	-	-	-	-
	IV	6.033	-	482,64	542,97	-	427,84	481,32	-	374,48	421,29	-	322,72	363,06	-	272,56	306,63	-	223,84	251,82	-	176,72	198,81
	V	10.654	-	852,32	958,86																		
	VI	11.185	-	894,80	1.006,65																		
3.883,99	I	6.042	-	483,36	543,78	-	375,20	422,10	-	273,20	307,35	-	177,36	199,53	-	87,68	98,64	-	13,92	15,66	-	-	-
	II	4.753	-	380,24	427,77	-	278,00	312,75	-	181,84	204,57	-	91,84	103,32	-	16,80	18,90	-	-	-	-	-	-
	III	2.524	-	201,92	227,16	-	117,28	131,94	-	46,40	52,20	-	-	-	-	-	-	-	-	-	-	-	-
	IV	6.042	-	483,36	543,78	-	428,48	482,04	-	375,20	422,10	-	323,44	363,87	-	273,20	307,35	-	224,48	252,54	-	177,36	199,53
	V	10.666	-	853,28	959,94																		
	VI	11.198	-	895,84	1.007,82																		
3.919,99	I	6.051	-	484,08	544,59	-	375,84	422,82	-	273,84	308,07	-	177,92	200,16	-	88,24	99,27	-	14,32	16,11	-	-	-
	II	4.762	-	380,96	428,58	-	278,64	313,47	-	182,40	205,20	-	92,40	103,95	-	17,20	19,35	-	-	-	-	-	-
	III	2.530	-	202,40	227,70	-	117,76	132,48	-	46,72	52,56	-	-	-	-	-	-	-	-	-	-	-	-
	IV	6.051	-	484,08	544,59	-	429,20	482,85	-	375,84	422,82	-	324,08	364,59	-	273,84	308,07	-	225,12	253,26	-	177,92	200,16
	V	10.678	-	854,24	961,02																		
	VI	11.210	-	896,80	1.008,90																		
3.955,99	I	6.061	-	484,88	545,49	-	376,56	423,63	-	274,48	308,79	-	178,56	200,88	-	88,80	99,90	-	14,72	16,56	-	-	-
	II	4.771	-	381,68	429,39	-	279,28	314,19	-	183,04	205,92	-	93,04	104,67	-	17,60	19,80	-	-	-	-	-	-
	III	2.538	-	203,04	228,42	-	118,24	133,02	-	47,20	53,10	-	-	-	-	-	-	-	-	-	-	-	-
	IV	6.061	-	484,88	545,49	-	429,92	483,66	-	376,56	423,63	-	324,80	365,40	-	274,48	308,79	-	225,76	253,98	-	178,56	200,88
	V	10.691	-	855,28	962,19																		
	VI	11.222	-	897,76	1.009,98																		
3.991,99	I	6.070	-	485,60	546,30	-	377,28	424,44	-	275,12	309,51	-	179,20	201,60	-	89,36	100,53	-	15,12	17,01	-	-	-
	II	4.779	-	382,32	430,11	-	279,92	314,91	-	183,68	206,64	-	93,60	105,30	-	18,00	20,25	-	-	-	-	-	-
	III	2.546	-	203,68	229,14	-	118,72	133,56	-	47,52	53,46	-	-	-	-	-	-	-	-	-	-	-	-
	IV	6.070	-	485,60	546,30	-	430,64	484,47	-	377,28	424,44	-	325,44	366,12	-	275,12	309,51	-	226,40	254,70	-	179,20	201,60
	V	10.703	-	856,24	963,27																		
	VI	11.235	-	898,80	1.011,15																		
4.027,99	I	6.079	-	486,32	547,11	-	377,92	425,16	-	275,76	310,23	-	179,76	202,23	-	89,92	101,16	-	15,44	17,37	-	-	-
	II	4.788	-	383,04	430,92	-	280,56	315,63	-	184,24	207,27	-	94,16	105,93	-	18,40	20,70	-	-	-	-	-	-
	III	2.552	-	204,16	229,68	-	119,36	134,28	-	48,00	54,00	-	-	-	-	-	-	-	-	-	-	-	-
	IV	6.079	-	486,32	547,11	-	431,36	485,28	-	377,92	425,16	-	326,08	366,84	-	275,76	310,23	-	226,96	255,33	-	179,76	202,23
	V	10.715	-	857,20	964,35																		
	VI	11.247	-	899,76	1.012,23																		
4.063,99	I	6.088	-	487,04	547,92	-	378,64	425,97	-	276,40	310,95	-	180,40	202,95	-	90,56	101,88	-	15,84	17,82	-	-	-
	II	4.797	-	383,76	431,73	-	281,20	316,35	-	184,88	207,99	-	94,72	106,56	-	18,80	21,15	-	-	-	-	-	-
	III	2.560	-	204,80	230,40	-	119,84	134,82	-	48,48	54,54	-	-	-	-	-	-	-	-	-	-	-	-
	IV	6.088	-	487,04	547,92	-	432,08	486,09	-	378,64	425,97	-	326,80	367,65	-	276,40	310,95	-	227,68	256,14	-	180,40	202,95
	V	10.728	-	858,24	965,52																		
	VI	11.259	-	900,72	1.013,31																		
4.099,99	I	6.097	-	487,76	548,73	-	379,36	426,78	-	277,04	311,67	-	180,96	203,58	-	91,12	102,51	-	16,24	18,27	-	-	-
	II	4.805	-	384,40	432,45	-	281,84	317,07	-	185,52	208,71	-	95,28	107,19	-	19,20	21,60	-	-	-	-	-	-
	III	2.566	-	205,28	230,94	-	120,32	135,36	-	48,80	54,90	-	-	-	-	-	-	-	-	-	-	-	-
	IV	6.097	-	487,76	548,73	-	432,80	486,90	-	379,36	426,78	-	327,44	368,37	-	277,04	311,67	-	228,24	256,77	-	180,96	203,58
	V	10.740	-	859,20	966,60																		
	VI	11.272	-	901,76	1.014,48																		
4.135,99	I	6.106	-	488,48	549,54	-	380,00	427,50	-	277,68	312,39	-	181,60	204,30	-	91,68	103,14	-	16,64	18,72	-	-	-
	II	4.814	-	385,12	433,26	-	282,48	317,79	-	186,08	209,34	-	95,84	107,82	-	19,52	21,96	-	-	-	-	-	-
	III	2.574	-	205,92	231,66	-	120,80	135,90	-	49,28	55,44	-	-	-	-	-	-	-	-	-	-	-	-
	IV	6.106	-	488,48	549,54	-	433,44	487,62	-	380,00	427,50	-	328,08	369,09	-	277,68	312,39	-	228,88	257,49	-	181,60	204,30
	V	10.752	-	860,16	967,68																		
	VI	11.284	-	902,72	1.015,56																		
4.171,99	I	6.115	-	489,20	550,35	-	380,72	428,31	-	278,40	313,20	-	182,24	205,02	-	92,24	103,77	-	17,04	19,17	-	-	-
	II	4.822	-	385,76	433,98	-	283,12	318,51	-	186,72	210,06	-	96,40	108,45	-	19,92	22,41	-	-	-	-	-	-
	III	2.580	-	206,40	232,20	-	121,28	136,44	-	49,60	55,80	-	-	-	-	-	-	-	-	-	-	-	-
	IV	6.115	-	489,20	550,35	-	434,16	488,43	-	380,72	428,31	-	328,72	369,81	-	278,40	313,20	-	229,52	258,21	-	182,24	205,02
	V	10.764	-	861,12	968,76																		
	VI	11.296	-	903,68	1.016,64																		
4.207,99	I	6.124	-	489,92	551,16	-	381,44	429,12	-	279,04	313,92	-	182,80	205,65	-	92,80	104,40	-	17,44	19,62	-	-	-
	II	4.831	-	386,48	434,79	-	283,84	319,32	-	187,36	210,78	-	97,04	109,17	-	20,40	22,95	-	-	-	-	-	-
	III	2.588	-	207,04	232,92	-	121,92	137,16	-	50,08	56,34	-	-	-	-	-	-	-	-	-	-	-	-
	IV	6.124	-	489,92	551,16	-	434,88	489,24	-	381,44	429,12	-	329,44	370,62	-	279,04	313,92	-	230,16	258,93	-	182,80	205,65
	V	10.777	-	862,16	969,93																		
	VI	11.308	-	904,64	1.017,72																		
4.243,99	I	6.133	-	490,64	551,97	-	382,08	429,84	-	279,68	314,64	-	183,44	206,37	-	93,36	105,03	-	17,84	20,07	-	-	-
	II	4.840	-	387,20	435,60	-	284,48	320,04	-	187,92	211,41	-	97,60	109,80	-	20,80	23,40	-	-	-	-	-	-
	III	2.596	-	207,68	233,64	-	122,40	137,70	-	50,56	56,88	-	-	-	-	-	-	-	-	-	-	-	-
	IV	6.133	-	490,64	551,97	-	435,60	490,05	-	382,08	429,84	-	330,08	371,34	-	279,68	314,64	-	230,80	259,65	-	183,44	206,37
	V	10.789	-	863,12	971,01																		
	VI	11.321	-	905,68	1.018,89																		
4.279,99	I	6.142	-	491,36	552,78	-	382,80	430,65	-	280,32	315,36	-	184,00	207,00	-	93,92	105,66	-	18,24	20,52	-	-	-
	II	4.848	-	387,84	436,32	-	285,12	320,76	-	188,56	212,13	-	98,16	110,43	-	21,20	23,85	-	-	-	-	-	-
	III	2.602	-	208,16	234,18	-	122,88	138,24	-	50,88	57,24	-	-	-	-	-	-	-	-	-	-	-	-
	IV	6.142	-	491,36	552,78	-	436,32	490,86	-	382,80	430,65	-	330,80	372,15	-	280,32	315,36	-	231,44	260,37	-	184,00	207,00
	V	10.801	-	864,08	972,09																		
	VI	11.333	-	906,64	1.019,97																		

SolZ/KiSt lt. Tabelle nicht für Sonstige Bezüge anwendbar.

Lohn/ Gehalt bis	Steuerklasse	Lohn-steuer	ohne Kinderfreibetrag			Anzahl Kinderfreibeträge (nur Steuerklassen I–IV) 0,5			1,0			1,5			2,0			2,5			3,0		
			SolZ 5,5%	Kirchensteuer 8%	9%	SolZ 5,5%	Kirchensteuer 8%	9%	SolZ 5,5%	Kirchensteuer 8%	9%	SolZ 5,5%	Kirchensteuer 8%	9%	SolZ 5,5%	Kirchensteuer 8%	9%	SolZ 5,5%	Kirchensteuer 8%	9%	SolZ 5,5%	Kirchensteuer 8%	9%
44.315,99	I	6.152	-	492,16	553,68	-	383,44	431,37	-	280,96	316,08	-	184,64	207,72	-	94,48	106,29	-	18,64	20,97	-	-	
	II	4.857	-	388,56	437,13	-	285,76	321,48	-	189,20	212,85	-	98,72	111,06	-	21,60	24,30	-	-	-	-	-	
	III	2.610	-	208,80	234,90	-	123,52	138,96	-	51,36	57,78	-	-	-	-	-	-	-	-	-	-	-	
	IV	6.152	-	492,16	553,68	-	437,04	491,67	-	383,44	431,37	-	331,44	372,87	-	280,96	316,08	-	232,08	261,09	-	184,64	207,
	V	10.814	-	865,12	973,26																		
	VI	11.345	-	907,60	1.021,05																		
44.351,99	I	6.161	-	492,88	554,49	-	384,16	432,18	-	281,60	316,80	-	185,28	208,44	-	95,04	106,92	-	19,04	21,42	-	-	
	II	4.866	-	389,28	437,94	-	286,40	322,20	-	189,76	213,48	-	99,28	111,69	-	22,00	24,75	-	-	-	-	-	
	III	2.618	-	209,44	235,62	-	124,00	139,50	-	51,84	58,32	-	-	-	-	-	-	-	-	-	-	-	
	IV	6.161	-	492,88	554,49	-	437,76	492,48	-	384,16	432,18	-	332,16	373,68	-	281,60	316,80	-	232,64	261,72	-	185,28	208,
	V	10.826	-	866,08	974,34																		
	VI	11.358	-	908,64	1.022,22																		
44.387,99	I	6.170	-	493,60	555,30	-	384,88	432,99	-	282,24	317,52	-	185,84	209,07	-	95,60	107,55	-	19,44	21,87	-	-	
	II	4.874	-	389,92	438,66	-	287,04	322,92	-	190,40	214,20	-	99,84	112,32	-	22,40	25,20	-	-	-	-	-	
	III	2.624	-	209,92	236,16	-	124,48	140,04	-	52,16	58,68	-	-	-	-	-	-	-	-	-	-	-	
	IV	6.170	-	493,60	555,30	-	438,48	493,29	-	384,88	432,99	-	332,80	374,40	-	282,24	317,52	-	233,28	262,44	-	185,84	209,
	V	10.838	-	867,04	975,42																		
	VI	11.370	-	909,60	1.023,30																		
44.423,99	I	6.179	-	494,32	556,11	-	385,52	433,71	-	282,96	318,33	-	186,48	209,79	-	96,24	108,27	-	19,84	22,32	-	-	
	II	4.883	-	390,64	439,47	-	287,76	323,73	-	191,04	214,92	-	100,40	112,95	-	22,80	25,65	-	-	-	-	-	
	III	2.632	-	210,56	236,88	-	124,96	140,58	-	52,64	59,22	-	-	-	-	-	-	-	-	-	-	-	
	IV	6.179	-	494,32	556,11	-	439,20	494,10	-	385,52	433,71	-	333,44	375,12	-	282,96	318,33	-	233,92	263,16	-	186,48	209,
	V	10.851	-	868,08	976,59																		
	VI	11.382	-	910,56	1.024,38																		
44.459,99	I	6.188	-	495,04	556,92	-	386,24	434,52	-	283,60	319,05	-	187,12	210,51	-	96,80	108,90	-	20,24	22,77	-	-	
	II	4.892	-	391,36	440,28	-	288,40	324,45	-	191,60	215,55	-	101,04	113,67	-	23,20	26,10	-	-	-	-	-	
	III	2.638	-	211,04	237,42	-	125,60	141,30	-	53,12	59,76	-	-	-	-	-	-	-	-	-	-	-	
	IV	6.188	-	495,04	556,92	-	439,92	494,91	-	386,24	434,52	-	334,16	375,93	-	283,60	319,05	-	234,56	263,88	-	187,12	210,
	V	10.863	-	869,04	977,67																		
	VI	11.395	-	911,60	1.025,55																		
44.495,99	I	6.197	-	495,76	557,73	-	386,96	435,33	-	284,24	319,77	-	187,68	211,14	-	97,36	109,53	-	20,64	23,22	-	-	
	II	4.900	-	392,00	441,00	-	289,04	325,17	-	192,24	216,27	-	101,60	114,30	-	23,60	26,55	-	-	-	-	-	
	III	2.646	-	211,68	238,14	-	126,08	141,84	-	53,44	60,12	-	-	-	-	-	-	-	-	-	-	-	
	IV	6.197	-	495,76	557,73	-	440,56	495,63	-	386,96	435,33	-	334,80	376,65	-	284,24	319,77	-	235,20	264,60	-	187,68	211,
	V	10.875	-	870,00	978,75																		
	VI	11.407	-	912,56	1.026,63																		
44.531,99	I	6.207	-	496,56	558,63	-	387,60	436,05	-	284,88	320,49	-	188,32	211,86	-	97,92	110,16	-	21,04	23,67	-	-	
	II	4.909	-	392,72	441,81	-	289,68	325,89	-	192,80	216,90	-	102,16	114,93	-	24,00	27,00	-	-	-	-	-	
	III	2.652	-	212,16	238,68	-	126,56	142,38	-	53,92	60,66	-	-	-	-	-	-	-	-	-	-	-	
	IV	6.207	-	496,56	558,63	-	441,28	496,44	-	387,60	436,05	-	335,44	377,37	-	284,88	320,49	-	235,84	265,32	-	188,32	211,
	V	10.887	-	870,96	979,83																		
	VI	11.419	-	913,52	1.027,71																		
44.567,99	I	6.216	-	497,28	559,44	-	388,32	436,86	-	285,52	321,21	-	188,96	212,58	-	98,48	110,79	-	21,44	24,12	-	-	
	II	4.918	-	393,44	442,62	-	290,32	326,61	-	193,44	217,62	-	102,72	115,56	-	24,48	27,54	-	-	-	-	-	
	III	2.660	-	212,80	239,40	-	127,20	143,10	-	54,40	61,20	-	-	-	-	-	-	-	-	-	-	-	
	IV	6.216	-	497,28	559,44	-	442,00	497,25	-	388,32	436,86	-	336,16	378,18	-	285,52	321,21	-	236,48	266,04	-	188,96	212
	V	10.900	-	872,00	981,00																		
	VI	11.432	-	914,56	1.028,88																		
44.603,99	I	6.225	-	498,00	560,25	-	389,04	437,67	-	286,16	321,93	-	189,52	213,21	-	99,04	111,42	-	21,84	24,57	-	-	
	II	4.927	-	394,16	443,43	-	291,04	327,42	-	194,08	218,34	-	103,28	116,19	-	24,88	27,99	-	-	-	-	-	
	III	2.668	-	213,44	240,12	-	127,68	143,64	-	54,72	61,56	-	-	-	-	-	-	-	-	-	-	-	
	IV	6.225	-	498,00	560,25	-	442,72	498,06	-	389,04	437,67	-	336,80	378,90	-	286,16	321,93	-	237,12	266,76	-	189,52	213
	V	10.912	-	872,96	982,08																		
	VI	11.444	-	915,52	1.029,96																		
44.639,99	I	6.234	-	498,72	561,06	-	389,68	438,39	-	286,80	322,65	-	190,16	213,93	-	99,60	112,05	-	22,24	25,02	-	-	
	II	4.935	-	394,80	444,15	-	291,68	328,14	-	194,64	218,97	-	103,84	116,82	-	25,28	28,44	-	-	-	-	-	
	III	2.674	-	213,92	240,66	-	128,16	144,18	-	55,20	62,10	-	-	-	-	-	-	-	-	-	-	-	
	IV	6.234	-	498,72	561,06	-	443,44	498,87	-	389,68	438,39	-	337,52	379,71	-	286,80	322,65	-	237,68	267,39	-	190,16	213,
	V	10.924	-	873,92	983,16																		
	VI	11.456	-	916,48	1.031,04																		
44.675,99	I	6.243	-	499,44	561,87	-	390,40	439,20	-	287,52	323,46	-	190,80	214,65	-	100,24	112,77	-	22,64	25,47	-	-	
	II	4.944	-	395,52	444,96	-	292,32	328,86	-	195,28	219,69	-	104,48	117,54	-	25,76	28,98	-	-	-	-	-	
	III	2.682	-	214,56	241,38	-	128,80	144,90	-	55,68	62,64	-	-	-	-	-	-	-	-	-	-	-	
	IV	6.243	-	499,44	561,87	-	444,16	499,68	-	390,40	439,20	-	338,16	380,43	-	287,52	323,46	-	238,40	268,20	-	190,80	214,
	V	10.937	-	874,96	984,33																		
	VI	11.469	-	917,52	1.032,21																		
44.711,99	I	6.253	-	500,24	562,77	-	391,12	440,01	-	288,16	324,18	-	191,36	215,28	-	100,80	113,40	-	23,04	25,92	-	-	
	II	4.953	-	396,24	445,77	-	292,96	329,58	-	195,92	220,41	-	105,04	118,17	-	26,16	29,43	-	-	-	-	-	
	III	2.688	-	215,04	241,92	-	129,28	145,44	-	56,00	63,00	-	-	-	-	-	-	-	-	-	-	-	
	IV	6.253	-	500,24	562,77	-	444,88	500,49	-	391,12	440,01	-	338,88	381,24	-	288,16	324,18	-	238,96	268,83	-	191,36	215,
	V	10.949	-	875,92	985,41																		
	VI	11.481	-	918,48	1.033,29																		
44.747,99	I	6.262	-	500,96	563,58	-	391,76	440,73	-	288,80	324,90	-	192,00	216,00	-	101,36	114,03	-	23,44	26,37	-	-	
	II	4.961	-	396,88	446,49	-	293,60	330,30	-	196,48	221,04	-	105,60	118,80	-	26,56	29,88	-	-	-	-	-	
	III	2.696	-	215,68	242,64	-	129,76	145,98	-	56,48	63,54	-	-	-	-	-	-	-	-	-	-	-	
	IV	6.262	-	500,96	563,58	-	445,60	501,30	-	391,76	440,73	-	339,52	381,96	-	288,80	324,90	-	239,60	269,55	-	192,00	216,
	V	10.961	-	876,88	986,49																		
	VI	11.493	-	919,44	1.034,37																		
44.783,99	I	6.271	-	501,68	564,39	-	392,48	441,54	-	289,44	325,62	-	192,56	216,63	-	101,92	114,66	-	23,92	26,91	-	-	
	II	4.970	-	397,60	447,30	-	294,24	331,02	-	197,12	221,76	-	106,16	119,43	-	26,96	30,33	-	-	-	-	-	
	III	2.704	-	216,32	243,36	-	130,24	146,52	-	56,80	63,90	-	-	-	-	-	-	-	-	-	-	-	
	IV	6.271	-	501,68	564,39	-	446,32	502,11	-	392,48	441,54	-	340,16	382,68	-	289,44	325,62	-	240,24	270,27	-	192,56	216,
	V	10.973	-	877,84	987,57																		
	VI	11.505	-	920,40	1.035,45																		
44.819,99	I	6.280	-	502,40	565,20	-	393,20	442,35	-	290,08	326,34	-	193,20	217,35	-	102,48	115,29	-	24,32	27,36	-	-	
	II	4.979	-	398,32	448,11	-	294,96	331,83	-	197,76	222,48	-	106,72	120,06	-	27,44	30,87	-	-	-	-	-	
	III	2.710	-	216,80	243,90	-	130,88	147,24	-	57,28	64,44	-	-	-	-	-	-	-	-	-	-	-	
	IV	6.280	-	502,40	565,20	-	447,04	502,92	-	393,20	442,35	-	340,88	383,49	-	290,08	326,34	-	240,88	270,99	-	193,20	217,
	V	10.986	-	878,88	988,74																		
	VI	11.518	-	921,44	1.036,62																		

SolZ/KiSt lt. Tabelle nicht für Sonstige Bezüge anwendbar.

Lohn/ Gehalt bis	Steuerklasse	Lohn-steuer	ohne Kinderfreibetrag			Anzahl Kinderfreibeträge (nur Steuerklassen I–IV)																	
						0,5			1,0			1,5			2,0			2,5			3,0		
			SolZ 5,5%	Kirchensteuer 8%	9%	SolZ 5,5%	Kirchensteuer 8%	9%	SolZ 5,5%	Kirchensteuer 8%	9%	SolZ 5,5%	Kirchensteuer 8%	9%	SolZ 5,5%	Kirchensteuer 8%	9%	SolZ 5,5%	Kirchensteuer 8%	9%	SolZ 5,5%	Kirchensteuer 8%	9%
4.855,99	I	6.289	-	503,12	566,01	-	393,84	443,07	-	290,80	327,15	-	193,84	218,07	-	103,04	115,92	-	24,72	27,81	-	-	-
	II	4.987	-	398,96	448,83	-	295,60	332,55	-	198,40	223,20	-	107,28	120,69	-	27,84	31,32	-	-	-	-	-	-
	III	2.718	-	217,44	244,62	-	131,36	147,78	-	57,76	64,98	-	-	-	-	-	-	-	-	-	-	-	-
	IV	6.289	-	503,12	566,01	-	447,76	503,73	-	393,84	443,07	-	341,52	384,21	-	290,80	327,15	-	241,52	271,71	-	193,84	218,07
	V	10.998	-	879,84	989,82																		
	VI	11.530	-	922,40	1.037,70																		
4.891,99	I	6.298	-	503,84	566,82	-	394,56	443,88	-	291,44	327,87	-	194,48	218,79	-	103,68	116,64	-	25,12	28,26	-	-	-
	II	4.996	-	399,68	449,64	-	296,24	333,27	-	198,96	223,83	-	107,92	121,41	-	28,24	31,77	-	-	-	-	-	-
	III	2.724	-	217,92	245,16	-	131,84	148,32	-	58,24	65,52	-	0,16	0,18	-	-	-	-	-	-	-	-	-
	IV	6.298	-	503,84	566,82	-	448,40	504,45	-	394,56	443,88	-	342,24	385,02	-	291,44	327,87	-	242,16	272,43	-	194,48	218,79
	V	11.010	-	880,80	990,90																		
	VI	11.542	-	923,36	1.038,78																		
4.927,99	I	6.308	-	504,64	567,72	-	395,28	444,69	-	292,08	328,59	-	195,04	219,42	-	104,24	117,27	-	25,60	28,80	-	-	-
	II	5.005	-	400,40	450,45	-	296,88	333,99	-	199,60	224,55	-	108,48	122,04	-	28,72	32,31	-	-	-	-	-	-
	III	2.732	-	218,56	245,88	-	132,48	149,04	-	58,56	65,88	-	0,48	0,54	-	-	-	-	-	-	-	-	-
	IV	6.308	-	504,64	567,72	-	449,20	505,35	-	395,28	444,69	-	342,88	385,74	-	292,08	328,59	-	242,80	273,15	-	195,04	219,42
	V	11.023	-	881,84	992,07																		
	VI	11.555	-	924,40	1.039,95																		
4.963,99	I	6.317	-	505,36	568,53	-	395,92	445,41	-	292,72	329,31	-	195,68	220,14	-	104,80	117,90	-	26,00	29,25	-	-	-
	II	5.014	-	401,12	451,26	-	297,60	334,80	-	200,24	225,27	-	109,04	122,67	-	29,12	32,76	-	-	-	-	-	-
	III	2.740	-	219,20	246,60	-	132,96	149,58	-	59,04	66,42	-	0,80	0,90	-	-	-	-	-	-	-	-	-
	IV	6.317	-	505,36	568,53	-	449,84	506,07	-	395,92	445,41	-	343,60	386,55	-	292,72	329,31	-	243,44	273,87	-	195,68	220,14
	V	11.035	-	882,80	993,15																		
	VI	11.567	-	925,36	1.041,03																		
4.999,99	I	6.326	-	506,08	569,34	-	396,64	446,22	-	293,36	330,03	-	196,32	220,86	-	105,36	118,53	-	26,40	29,70	-	-	-
	II	5.022	-	401,76	451,98	-	298,24	335,52	-	200,80	225,90	-	109,60	123,30	-	29,52	33,21	-	-	-	-	-	-
	III	2.746	-	219,68	247,14	-	133,44	150,12	-	59,52	66,96	-	1,12	1,26	-	-	-	-	-	-	-	-	-
	IV	6.326	-	506,08	569,34	-	450,56	506,88	-	396,64	446,22	-	344,24	387,27	-	293,36	330,03	-	244,08	274,59	-	196,32	220,86
	V	11.047	-	883,76	994,23																		
	VI	11.579	-	926,32	1.042,11																		
5.035,99	I	6.335	-	506,80	570,15	-	397,36	447,03	-	294,08	330,84	-	196,88	221,49	-	106,00	119,25	-	26,80	30,15	-	-	-
	II	5.031	-	402,48	452,79	-	298,88	336,24	-	201,44	226,62	-	110,24	124,02	-	30,00	33,75	-	-	-	-	-	-
	III	2.754	-	220,32	247,86	-	134,08	150,84	-	59,84	67,32	-	1,44	1,62	-	-	-	-	-	-	-	-	-
	IV	6.335	-	506,80	570,15	-	451,36	507,78	-	397,36	447,03	-	344,96	388,08	-	294,08	330,84	-	244,72	275,31	-	196,88	221,49
	V	11.060	-	884,80	995,40																		
	VI	11.592	-	927,36	1.043,28																		
5.071,99	I	6.345	-	507,60	571,05	-	398,08	447,84	-	294,72	331,56	-	197,52	222,21	-	106,56	119,88	-	27,28	30,69	-	-	-
	II	5.040	-	403,20	453,60	-	299,52	336,96	-	202,08	227,34	-	110,80	124,65	-	30,40	34,20	-	-	-	-	-	-
	III	2.762	-	220,96	248,58	-	134,56	151,38	-	60,32	67,86	-	1,76	1,98	-	-	-	-	-	-	-	-	-
	IV	6.345	-	507,60	571,05	-	452,00	508,50	-	398,08	447,84	-	345,60	388,80	-	294,72	331,56	-	245,36	276,03	-	197,52	222,21
	V	11.072	-	885,76	996,48																		
	VI	11.604	-	928,32	1.044,36																		
5.107,99	I	6.354	-	508,32	571,86	-	398,72	448,56	-	295,36	332,28	-	198,16	222,93	-	107,12	120,51	-	27,68	31,14	-	-	-
	II	5.048	-	403,84	454,32	-	300,16	337,68	-	202,72	228,06	-	111,36	125,28	-	30,88	34,74	-	-	-	-	-	-
	III	2.768	-	221,44	249,12	-	135,04	151,92	-	60,80	68,40	-	2,08	2,34	-	-	-	-	-	-	-	-	-
	IV	6.354	-	508,32	571,86	-	452,72	509,31	-	398,72	448,56	-	346,24	389,52	-	295,36	332,28	-	246,00	276,75	-	198,16	222,93
	V	11.084	-	886,72	997,56																		
	VI	11.616	-	929,28	1.045,44																		
5.143,99	I	6.363	-	509,04	572,67	-	399,44	449,37	-	296,00	333,00	-	198,72	223,56	-	107,68	121,14	-	28,08	31,59	-	-	-
	II	5.057	-	404,56	455,13	-	300,88	338,49	-	203,28	228,69	-	111,92	125,91	-	31,28	35,19	-	-	-	-	-	-
	III	2.776	-	222,08	249,84	-	135,68	152,64	-	61,28	68,94	-	2,40	2,70	-	-	-	-	-	-	-	-	-
	IV	6.363	-	509,04	572,67	-	453,44	510,12	-	399,44	449,37	-	346,96	390,33	-	296,00	333,00	-	246,64	277,47	-	198,72	223,56
	V	11.096	-	887,68	998,64																		
	VI	11.628	-	930,24	1.046,52																		
5.179,99	I	6.372	-	509,76	573,48	-	400,16	450,18	-	296,64	333,72	-	199,36	224,28	-	108,24	121,77	-	28,56	32,13	-	-	-
	II	5.066	-	405,28	455,94	-	301,52	339,21	-	203,92	229,41	-	112,48	126,54	-	31,76	35,73	-	-	-	-	-	-
	III	2.782	-	222,56	250,38	-	136,16	153,18	-	61,60	69,30	-	2,72	3,06	-	-	-	-	-	-	-	-	-
	IV	6.372	-	509,76	573,48	-	454,16	510,93	-	400,16	450,18	-	347,60	391,05	-	296,64	333,72	-	247,28	278,19	-	199,36	224,28
	V	11.109	-	888,72	999,81																		
	VI	11.641	-	931,28	1.047,69																		
5.215,99	I	6.381	-	510,48	574,29	-	400,80	450,90	-	297,36	334,53	-	200,00	225,00	-	108,80	122,40	-	28,96	32,58	-	-	-
	II	5.075	-	406,00	456,75	-	302,16	339,93	-	204,56	230,13	-	113,12	127,26	-	32,16	36,18	-	-	-	-	-	-
	III	2.790	-	223,20	251,10	-	136,80	153,90	-	62,08	69,84	-	3,04	3,42	-	-	-	-	-	-	-	-	-
	IV	6.381	-	510,48	574,29	-	454,88	511,74	-	400,80	450,90	-	348,32	391,86	-	297,36	334,53	-	247,92	278,91	-	200,00	225,00
	V	11.121	-	889,68	1.000,89																		
	VI	11.653	-	932,24	1.048,77																		
5.251,99	I	6.390	-	511,20	575,10	-	401,52	451,71	-	298,00	335,25	-	200,56	225,63	-	109,44	123,12	-	29,36	33,03	-	-	-
	II	5.083	-	406,64	457,47	-	302,80	340,65	-	205,12	230,76	-	113,68	127,89	-	32,64	36,72	-	-	-	-	-	-
	III	2.798	-	223,84	251,82	-	137,28	154,44	-	62,56	70,38	-	3,52	3,96	-	-	-	-	-	-	-	-	-
	IV	6.390	-	511,20	575,10	-	455,60	512,55	-	401,52	451,71	-	348,96	392,58	-	298,00	335,25	-	248,48	279,54	-	200,56	225,63
	V	11.133	-	890,64	1.001,97																		
	VI	11.665	-	933,20	1.049,85																		
5.287,99	I	6.400	-	512,00	576,00	-	402,24	452,52	-	298,64	335,97	-	201,20	226,35	-	110,00	123,75	-	29,84	33,57	-	-	-
	II	5.092	-	407,36	458,28	-	303,52	341,46	-	205,76	231,48	-	114,24	128,52	-	33,04	37,17	-	-	-	-	-	-
	III	2.804	-	224,32	252,36	-	137,92	155,16	-	63,04	70,92	-	3,84	4,32	-	-	-	-	-	-	-	-	-
	IV	6.400	-	512,00	576,00	-	456,32	513,36	-	402,24	452,52	-	349,68	393,39	-	298,64	335,97	-	249,20	280,35	-	201,20	226,35
	V	11.146	-	891,68	1.003,14																		
	VI	11.678	-	934,24	1.051,02																		
5.323,99	I	6.409	-	512,72	576,81	-	402,96	453,33	-	299,28	336,69	-	201,84	227,07	-	110,56	124,38	-	30,24	34,02	-	-	-
	II	5.101	-	408,08	459,09	-	304,16	342,18	-	206,40	232,20	-	114,80	129,15	-	33,52	37,71	-	-	-	-	-	-
	III	2.812	-	224,96	253,08	-	138,40	155,70	-	63,36	71,28	-	4,16	4,68	-	-	-	-	-	-	-	-	-
	IV	6.409	-	512,72	576,81	-	457,04	514,17	-	402,96	453,33	-	350,32	394,11	-	299,28	336,69	-	249,76	280,98	-	201,84	227,07
	V	11.158	-	892,64	1.004,22																		
	VI	11.690	-	935,20	1.052,10																		
5.359,99	I	6.418	-	513,44	577,62	-	403,60	454,05	-	299,92	337,41	-	202,48	227,79	-	111,12	125,01	-	30,72	34,56	-	-	-
	II	5.110	-	408,80	459,90	-	304,80	342,90	-	207,04	232,92	-	115,36	129,78	-	33,92	38,16	-	-	-	-	-	-
	III	2.818	-	225,44	253,62	-	138,88	156,24	-	63,84	71,82	-	4,48	5,04	-	-	-	-	-	-	-	-	-
	IV	6.418	-	513,44	577,62	-	457,76	514,98	-	403,60	454,05	-	351,04	394,92	-	299,92	337,41	-	250,40	281,70	-	202,48	227,79
	V	11.170	-	893,60	1.005,30																		
	VI	11.702	-	936,16	1.053,18																		

SolZ/KiSt lt. Tabelle nicht für Sonstige Bezüge anwendbar.

Lohn/ Gehalt bis	Steuerklasse	Lohn-steuer	ohne Kinderfreibetrag			Anzahl Kinderfreibeträge (nur Steuerklassen I–IV) 0,5			1,0			1,5			2,0			2,5			3,0		
			SolZ 5,5%	Kirchensteuer 8%	9%	SolZ 5,5%	Kirchensteuer 8%	9%	SolZ 5,5%	Kirchensteuer 8%	9%	SolZ 5,5%	Kirchensteuer 8%	9%	SolZ 5,5%	Kirchensteuer 8%	9%	SolZ 5,5%	Kirchensteuer 8%	9%	SolZ 5,5%	Kirchensteuer 8%	9%
45.395,99	I	6.428	-	514,24	578,52	-	404,32	454,86	-	300,64	338,22	-	203,12	228,51	-	111,76	125,73	-	31,12	35,01	-	-	
	II	5.119	-	409,52	460,71	-	305,52	343,71	-	207,68	233,64	-	116,00	130,50	-	34,40	38,70	-	-	-	-	-	
	III	2.826	-	226,08	254,34	-	139,52	156,96	-	64,32	72,36	-	4,80	5,40	-	-	-	-	-	-	-	-	
	IV	6.428	-	514,24	578,52	-	458,48	515,79	-	404,32	454,86	-	351,68	395,64	-	300,64	338,22	-	251,12	282,51	-	203,12	228
	V	11.183	-	894,64	1.006,47																		
	VI	11.715	-	937,20	1.054,35																		
45.431,99	I	6.437	-	514,96	579,33	-	405,04	455,67	-	301,28	338,94	-	203,68	229,14	-	112,32	126,36	-	31,60	35,55	-	-	
	II	5.127	-	410,16	461,43	-	306,16	344,43	-	208,24	234,27	-	116,56	131,13	-	34,88	39,24	-	-	-	-	-	
	III	2.834	-	226,72	255,06	-	140,00	157,50	-	64,64	72,72	-	5,12	5,76	-	-	-	-	-	-	-	-	
	IV	6.437	-	514,96	579,33	-	459,20	516,60	-	405,04	455,67	-	352,40	396,45	-	301,28	338,94	-	251,68	283,14	-	203,68	229
	V	11.195	-	895,60	1.007,55																		
	VI	11.727	-	938,16	1.055,43																		
45.467,99	I	6.446	-	515,68	580,14	-	405,68	456,39	-	301,92	339,66	-	204,32	229,86	-	112,88	126,99	-	32,00	36,00	-	-	
	II	5.136	-	410,88	462,24	-	306,80	345,15	-	208,88	234,99	-	117,12	131,76	-	35,28	39,69	-	-	-	-	-	
	III	2.840	-	227,20	255,60	-	140,48	158,04	-	65,12	73,26	-	5,44	6,12	-	-	-	-	-	-	-	-	
	IV	6.446	-	515,68	580,14	-	459,92	517,41	-	405,68	456,39	-	353,04	397,17	-	301,92	339,66	-	252,32	283,86	-	204,32	229
	V	11.207	-	896,56	1.008,63																		
	VI	11.739	-	939,12	1.056,51																		
45.503,99	I	6.455	-	516,40	580,95	-	406,40	457,20	-	302,56	340,38	-	204,96	230,58	-	113,44	127,62	-	32,48	36,54	-	-	
	II	5.145	-	411,60	463,05	-	307,44	345,87	-	209,52	235,71	-	117,68	132,39	-	35,76	40,23	-	-	-	-	-	
	III	2.848	-	227,84	256,32	-	141,12	158,76	-	65,60	73,80	-	5,76	6,48	-	-	-	-	-	-	-	-	
	IV	6.455	-	516,40	580,95	-	460,64	518,22	-	406,40	457,20	-	353,76	397,98	-	302,56	340,38	-	252,96	284,58	-	204,96	230
	V	11.219	-	897,52	1.009,71																		
	VI	11.751	-	940,08	1.057,59																		
45.539,99	I	6.465	-	517,20	581,85	-	407,12	458,01	-	303,28	341,19	-	205,52	231,21	-	114,00	128,25	-	32,88	36,99	-	-	
	II	5.154	-	412,32	463,86	-	308,16	346,68	-	210,16	236,43	-	118,32	133,11	-	36,24	40,77	-	-	-	-	-	
	III	2.854	-	228,32	256,86	-	141,60	159,30	-	66,08	74,34	-	6,08	6,84	-	-	-	-	-	-	-	-	
	IV	6.465	-	517,20	581,85	-	461,36	519,03	-	407,12	458,01	-	354,40	398,70	-	303,28	341,19	-	253,60	285,30	-	205,52	231
	V	11.232	-	898,56	1.010,88																		
	VI	11.764	-	941,12	1.058,76																		
45.575,99	I	6.474	-	517,92	582,66	-	407,84	458,82	-	303,92	341,91	-	206,16	231,93	-	114,64	128,97	-	33,36	37,53	-	-	
	II	5.162	-	412,96	464,58	-	308,80	347,40	-	210,72	237,06	-	118,88	133,74	-	36,64	41,22	-	-	-	-	-	
	III	2.862	-	228,96	257,58	-	142,24	160,02	-	66,56	74,88	-	6,56	7,38	-	-	-	-	-	-	-	-	
	IV	6.474	-	517,92	582,66	-	462,08	519,84	-	407,84	458,82	-	355,12	399,51	-	303,92	341,91	-	254,24	286,02	-	206,16	231
	V	11.244	-	899,52	1.011,96																		
	VI	11.776	-	942,08	1.059,84																		
45.611,99	I	6.483	-	518,64	583,47	-	408,48	459,54	-	304,56	342,63	-	206,80	232,65	-	115,20	129,60	-	33,76	37,98	-	-	
	II	5.171	-	413,68	465,39	-	309,44	348,12	-	211,36	237,78	-	119,44	134,37	-	37,12	41,76	-	-	-	-	-	
	III	2.870	-	229,60	258,30	-	142,72	160,56	-	66,88	75,24	-	6,88	7,74	-	-	-	-	-	-	-	-	
	IV	6.483	-	518,64	583,47	-	462,80	520,65	-	408,48	459,54	-	355,76	400,23	-	304,56	342,63	-	254,88	286,74	-	206,80	232
	V	11.256	-	900,48	1.013,04																		
	VI	11.788	-	943,04	1.060,92																		
45.647,99	I	6.492	-	519,36	584,28	-	409,20	460,35	-	305,20	343,35	-	207,44	233,37	-	115,76	130,23	-	34,24	38,52	-	-	
	II	5.180	-	414,40	466,20	-	310,08	348,84	-	212,00	238,50	-	120,08	135,09	-	37,60	42,30	-	-	-	-	-	
	III	2.876	-	230,08	258,84	-	143,20	161,10	-	67,36	75,78	-	7,20	8,10	-	-	-	-	-	-	-	-	
	IV	6.492	-	519,36	584,28	-	463,52	521,46	-	409,20	460,35	-	356,48	401,04	-	305,20	343,35	-	255,52	287,46	-	207,44	233
	V	11.269	-	901,52	1.014,21																		
	VI	11.801	-	944,08	1.062,09																		
45.683,99	I	6.502	-	520,16	585,18	-	409,92	461,16	-	305,92	344,16	-	208,00	234,00	-	116,32	130,86	-	34,72	39,06	-	-	
	II	5.189	-	415,12	467,01	-	310,80	349,65	-	212,64	239,22	-	120,64	135,72	-	38,00	42,75	-	-	-	-	-	
	III	2.884	-	230,72	259,56	-	143,84	161,82	-	67,84	76,32	-	7,52	8,46	-	-	-	-	-	-	-	-	
	IV	6.502	-	520,16	585,18	-	464,24	522,27	-	409,92	461,16	-	357,12	401,76	-	305,92	344,16	-	256,16	288,18	-	208,00	234
	V	11.281	-	902,48	1.015,29																		
	VI	11.813	-	945,04	1.063,17																		
45.719,99	I	6.511	-	520,88	585,99	-	410,64	461,97	-	306,56	344,88	-	208,64	234,72	-	116,96	131,58	-	35,12	39,51	-	-	
	II	5.197	-	415,76	467,73	-	311,44	350,37	-	213,20	239,85	-	121,20	136,35	-	38,48	43,29	-	-	-	-	-	
	III	2.890	-	231,20	260,10	-	144,32	162,36	-	68,32	76,86	-	7,84	8,82	-	-	-	-	-	-	-	-	
	IV	6.511	-	520,88	585,99	-	464,96	523,08	-	410,64	461,97	-	357,84	402,57	-	306,56	344,88	-	256,80	288,90	-	208,64	234
	V	11.293	-	903,44	1.016,37																		
	VI	11.825	-	946,00	1.064,25																		
45.755,99	I	6.520	-	521,60	586,80	-	411,28	462,69	-	307,20	345,60	-	209,28	235,44	-	117,52	132,21	-	35,60	40,05	-	-	
	II	5.206	-	416,48	468,54	-	312,08	351,09	-	213,84	240,57	-	121,76	136,98	-	38,96	43,83	-	-	-	-	-	
	III	2.898	-	231,84	260,82	-	144,96	163,08	-	68,80	77,40	-	8,16	9,18	-	-	-	-	-	-	-	-	
	IV	6.520	-	521,60	586,80	-	465,68	523,89	-	411,28	462,69	-	358,48	403,29	-	307,20	345,60	-	257,44	289,62	-	209,28	235
	V	11.306	-	904,48	1.017,54																		
	VI	11.837	-	946,96	1.065,33																		
45.791,99	I	6.529	-	522,32	587,61	-	412,00	463,50	-	307,84	346,32	-	209,92	236,16	-	118,08	132,84	-	36,00	40,50	-	-	
	II	5.215	-	417,20	469,35	-	312,80	351,90	-	214,48	241,29	-	122,40	137,70	-	39,44	44,37	-	-	-	-	-	
	III	2.906	-	232,48	261,54	-	145,44	163,62	-	69,12	77,76	-	8,64	9,72	-	-	-	-	-	-	-	-	
	IV	6.529	-	522,32	587,61	-	466,40	524,70	-	412,00	463,50	-	359,20	404,10	-	307,84	346,32	-	258,08	290,34	-	209,92	236
	V	11.318	-	905,44	1.018,62																		
	VI	11.850	-	948,00	1.066,50																		
45.827,99	I	6.539	-	523,12	588,51	-	412,72	464,31	-	308,56	347,13	-	210,48	236,79	-	118,64	133,47	-	36,48	41,04	-	-	
	II	5.224	-	417,92	470,16	-	313,44	352,62	-	215,12	242,01	-	122,96	138,33	-	39,84	44,82	-	-	-	-	-	
	III	2.912	-	232,96	262,08	-	146,08	164,34	-	69,60	78,30	-	8,96	10,08	-	-	-	-	-	-	-	-	
	IV	6.539	-	523,12	588,51	-	467,12	525,51	-	412,72	464,31	-	359,84	404,82	-	308,56	347,13	-	258,72	291,06	-	210,48	236
	V	11.330	-	906,40	1.019,70																		
	VI	11.862	-	948,96	1.067,58																		
45.863,99	I	6.548	-	523,84	589,32	-	413,44	465,12	-	309,20	347,85	-	211,12	237,51	-	119,28	134,19	-	36,96	41,58	-	-	
	II	5.233	-	418,64	470,97	-	314,08	353,34	-	215,68	242,64	-	123,52	138,96	-	40,32	45,36	-	-	-	-	-	
	III	2.920	-	233,60	262,80	-	146,56	164,88	-	70,08	78,84	-	9,28	10,44	-	-	-	-	-	-	-	-	
	IV	6.548	-	523,84	589,32	-	467,84	526,32	-	413,44	465,12	-	360,56	405,63	-	309,20	347,85	-	259,36	291,78	-	211,12	237
	V	11.343	-	907,44	1.020,87																		
	VI	11.874	-	949,92	1.068,66																		
45.899,99	I	6.557	-	524,56	590,13	-	414,16	465,93	-	309,84	348,57	-	211,76	238,23	-	119,84	134,82	-	37,36	42,03	-	-	
	II	5.242	-	419,36	471,78	-	314,72	354,06	-	216,32	243,36	-	124,16	139,68	-	40,80	45,90	-	-	-	-	-	
	III	2.928	-	234,24	263,52	-	147,20	165,60	-	70,56	79,38	-	9,60	10,80	-	-	-	-	-	-	-	-	
	IV	6.557	-	524,56	590,13	-	468,56	527,13	-	414,16	465,93	-	361,20	406,35	-	309,84	348,57	-	260,08	292,59	-	211,76	238
	V	11.355	-	908,40	1.021,95																		
	VI	11.887	-	950,96	1.069,83																		

SolZ/KiSt lt. Tabelle nicht für Sonstige Bezüge anwendbar.

Allgemeine Tabelle

JAHR bis 46.439,99 €

Lohn/ Gehalt bis	Steuerklasse	Lohn- steuer	ohne Kinderfreibetrag			Anzahl Kinderfreibeträge (nur Steuerklassen I–IV) 0,5			1,0			1,5			2,0			2,5			3,0		
			SolZ 5,5%	Kirchensteuer 8%	9%	SolZ 5,5%	Kirchensteuer 8%	9%	SolZ 5,5%	Kirchensteuer 8%	9%	SolZ 5,5%	Kirchensteuer 8%	9%	SolZ 5,5%	Kirchensteuer 8%	9%	SolZ 5,5%	Kirchensteuer 8%	9%	SolZ 5,5%	Kirchensteuer 8%	9%
5.935,99	I	6.567	-	525,36	591,03	-	414,80	466,65	-	310,56	349,38	-	212,40	238,95	-	120,40	135,45	-	37,84	42,57	-	-	-
	II	5.250	-	420,00	472,50	-	315,44	354,87	-	216,96	244,08	-	124,72	140,31	-	41,28	46,44	-	-	-	-	-	-
	III	2.934	-	234,72	264,06	-	147,68	166,14	-	70,88	79,74	-	9,92	11,16	-	-	-	-	-	-	-	-	-
	IV	6.567	-	525,36	591,03	-	469,28	527,94	-	414,80	466,65	-	361,92	407,16	-	310,56	349,38	-	260,64	293,22	-	212,40	238,95
	V	11.367	-	909,36	1.023,03																		
	VI	11.899	-	951,92	1.070,91																		
5.971,99	I	6.576	-	526,08	591,84	-	415,52	467,46	-	311,20	350,10	-	212,96	239,58	-	120,96	136,08	-	38,32	43,11	-	-	-
	II	5.259	-	420,72	473,31	-	316,08	355,59	-	217,60	244,80	-	125,28	140,94	-	41,76	46,98	-	-	-	-	-	-
	III	2.942	-	235,36	264,78	-	148,32	166,86	-	71,36	80,28	-	10,24	11,52	-	-	-	-	-	-	-	-	-
	IV	6.576	-	526,08	591,84	-	470,00	528,75	-	415,52	467,46	-	362,56	407,88	-	311,20	350,10	-	261,28	293,94	-	212,96	239,58
	V	11.379	-	910,32	1.024,11																		
	VI	11.911	-	952,88	1.071,99																		
6.007,99	I	6.585	-	526,80	592,65	-	416,24	468,27	-	311,84	350,82	-	213,60	240,30	-	121,60	136,80	-	38,80	43,65	-	-	-
	II	5.268	-	421,44	474,12	-	316,72	356,31	-	218,24	245,52	-	125,92	141,66	-	42,24	47,52	-	-	-	-	-	-
	III	2.950	-	236,00	265,50	-	148,80	167,40	-	71,84	80,82	-	10,72	12,06	-	-	-	-	-	-	-	-	-
	IV	6.585	-	526,80	592,65	-	470,80	529,65	-	416,24	468,27	-	363,28	408,69	-	311,84	350,82	-	262,00	294,75	-	213,60	240,30
	V	11.392	-	911,36	1.025,28																		
	VI	11.924	-	953,92	1.073,16																		
6.043,99	I	6.594	-	527,52	593,46	-	416,96	469,08	-	312,48	351,54	-	214,24	241,02	-	122,16	137,43	-	39,20	44,10	-	-	-
	II	5.277	-	422,16	474,93	-	317,44	357,12	-	218,88	246,24	-	126,48	142,29	-	42,64	47,97	-	-	-	-	-	-
	III	2.956	-	236,48	266,04	-	149,28	167,94	-	72,32	81,36	-	11,04	12,42	-	-	-	-	-	-	-	-	-
	IV	6.594	-	527,52	593,46	-	471,44	530,37	-	416,96	469,08	-	363,92	409,41	-	312,48	351,54	-	262,64	295,47	-	214,24	241,02
	V	11.404	-	912,32	1.026,36																		
	VI	11.936	-	954,88	1.074,24																		
6.079,99	I	6.604	-	528,32	594,36	-	417,68	469,89	-	313,20	352,35	-	214,88	241,74	-	122,72	138,06	-	39,68	44,64	-	-	-
	II	5.286	-	422,88	475,74	-	318,08	357,84	-	219,44	246,87	-	127,04	142,92	-	43,12	48,51	-	-	-	-	-	-
	III	2.964	-	237,12	266,76	-	149,92	168,66	-	72,80	81,90	-	11,36	12,78	-	-	-	-	-	-	-	-	-
	IV	6.604	-	528,32	594,36	-	472,16	531,18	-	417,68	469,89	-	364,64	410,22	-	313,20	352,35	-	263,28	296,19	-	214,88	241,74
	V	11.416	-	913,28	1.027,44																		
	VI	11.948	-	955,84	1.075,32																		
6.115,99	I	6.613	-	529,04	595,17	-	418,32	470,61	-	313,84	353,07	-	215,52	242,46	-	123,28	138,69	-	40,16	45,18	-	-	-
	II	5.294	-	423,52	476,46	-	318,72	358,56	-	220,08	247,59	-	127,60	143,55	-	43,60	49,05	-	-	-	-	-	-
	III	2.970	-	237,60	267,30	-	150,40	169,20	-	73,28	82,44	-	11,68	13,14	-	-	-	-	-	-	-	-	-
	IV	6.613	-	529,04	595,17	-	472,88	531,99	-	418,32	470,61	-	365,28	410,94	-	313,84	353,07	-	263,92	296,91	-	215,52	242,46
	V	11.429	-	914,32	1.028,61																		
	VI	11.960	-	956,80	1.076,40																		
6.151,99	I	6.622	-	529,76	595,98	-	419,04	471,42	-	314,48	353,79	-	216,16	243,18	-	123,92	139,41	-	40,64	45,72	-	-	-
	II	5.303	-	424,24	477,27	-	319,44	359,37	-	220,72	248,31	-	128,24	144,27	-	44,08	49,59	-	-	-	-	-	-
	III	2.978	-	238,24	268,02	-	151,04	169,92	-	73,60	82,80	-	12,00	13,50	-	-	-	-	-	-	-	-	-
	IV	6.622	-	529,76	595,98	-	473,68	532,89	-	419,04	471,42	-	366,00	411,75	-	314,48	353,79	-	264,56	297,63	-	216,16	243,18
	V	11.441	-	915,28	1.029,69																		
	VI	11.973	-	957,84	1.077,57																		
6.187,99	I	6.632	-	530,56	596,88	-	419,76	472,23	-	315,20	354,60	-	216,72	243,81	-	124,48	140,04	-	41,12	46,26	-	-	-
	II	5.312	-	424,96	478,08	-	320,08	360,09	-	221,36	249,03	-	128,80	144,90	-	44,56	50,13	-	-	-	-	-	-
	III	2.986	-	238,88	268,74	-	151,52	170,46	-	74,08	83,34	-	12,48	14,04	-	-	-	-	-	-	-	-	-
	IV	6.632	-	530,56	596,88	-	474,40	533,70	-	419,76	472,23	-	366,72	412,56	-	315,20	354,60	-	265,20	298,35	-	216,72	243,81
	V	11.453	-	916,24	1.030,77																		
	VI	11.985	-	958,80	1.078,65																		
6.223,99	I	6.641	-	531,28	597,69	-	420,48	473,04	-	315,84	355,32	-	217,36	244,53	-	125,04	140,67	-	41,52	46,71	-	-	-
	II	5.321	-	425,68	478,89	-	320,72	360,81	-	222,00	249,75	-	129,36	145,53	-	45,04	50,67	-	-	-	-	-	-
	III	2.992	-	239,36	269,28	-	152,16	171,18	-	74,56	83,88	-	12,80	14,40	-	-	-	-	-	-	-	-	-
	IV	6.641	-	531,28	597,69	-	475,12	534,51	-	420,48	473,04	-	367,36	413,28	-	315,84	355,32	-	265,84	299,07	-	217,36	244,53
	V	11.466	-	917,28	1.031,94																		
	VI	11.997	-	959,76	1.079,73																		
6.259,99	I	6.650	-	532,00	598,50	-	421,20	473,85	-	316,48	356,04	-	218,00	245,25	-	125,68	141,39	-	42,00	47,25	-	-	-
	II	5.330	-	426,40	479,70	-	321,44	361,62	-	222,64	250,47	-	130,00	146,25	-	45,52	51,21	-	-	-	-	-	-
	III	3.000	-	240,00	270,00	-	152,64	171,72	-	75,04	84,42	-	13,12	14,76	-	-	-	-	-	-	-	-	-
	IV	6.650	-	532,00	598,50	-	475,84	535,32	-	421,20	473,85	-	368,08	414,09	-	316,48	356,04	-	266,48	299,79	-	218,00	245,25
	V	11.478	-	918,24	1.033,02																		
	VI	12.010	-	960,80	1.080,90																		
6.295,99	I	6.660	-	532,80	599,40	-	421,84	474,57	-	317,20	356,85	-	218,64	245,97	-	126,24	142,02	-	42,48	47,79	-	-	-
	II	5.339	-	427,12	480,51	-	322,08	362,34	-	223,20	251,10	-	130,56	146,88	-	46,00	51,75	-	-	-	-	-	-
	III	3.008	-	240,64	270,72	-	153,28	172,44	-	75,52	84,96	-	13,44	15,12	-	-	-	-	-	-	-	-	-
	IV	6.660	-	532,80	599,40	-	476,56	536,13	-	421,84	474,57	-	368,72	414,81	-	317,20	356,85	-	267,12	300,51	-	218,64	245,97
	V	11.490	-	919,20	1.034,10																		
	VI	12.022	-	961,76	1.081,98																		
6.331,99	I	6.669	-	533,52	600,21	-	422,56	475,38	-	317,84	357,57	-	219,20	246,60	-	126,80	142,65	-	42,96	48,33	-	-	-
	II	5.347	-	427,76	481,23	-	322,72	363,06	-	223,84	251,82	-	131,12	147,51	-	46,48	52,29	-	-	-	-	-	-
	III	3.014	-	241,12	271,26	-	153,76	172,98	-	76,00	85,50	-	13,76	15,48	-	-	-	-	-	-	-	-	-
	IV	6.669	-	533,52	600,21	-	477,28	536,94	-	422,56	475,38	-	369,44	415,62	-	317,84	357,57	-	267,76	301,23	-	219,20	246,60
	V	11.503	-	920,24	1.035,27																		
	VI	12.034	-	962,72	1.083,06																		
6.367,99	I	6.678	-	534,24	601,02	-	423,28	476,19	-	318,48	358,29	-	219,84	247,32	-	127,44	143,37	-	43,44	48,87	-	-	-
	II	5.356	-	428,48	482,04	-	323,36	363,78	-	224,48	252,54	-	131,76	148,23	-	46,96	52,83	-	-	-	-	-	-
	III	3.022	-	241,76	271,98	-	154,40	173,70	-	76,48	86,04	-	14,24	16,02	-	-	-	-	-	-	-	-	-
	IV	6.678	-	534,24	601,02	-	478,00	537,75	-	423,28	476,19	-	370,08	416,34	-	318,48	358,29	-	268,40	301,95	-	219,84	247,32
	V	11.515	-	921,20	1.036,35																		
	VI	12.046	-	963,68	1.084,14																		
6.403,99	I	6.688	-	535,04	601,92	-	424,00	477,00	-	319,12	359,01	-	220,48	248,04	-	128,00	144,00	-	43,92	49,41	-	-	-
	II	5.365	-	429,20	482,85	-	324,08	364,59	-	225,12	253,26	-	132,32	148,86	-	47,44	53,37	-	-	-	-	-	-
	III	3.030	-	242,40	272,70	-	154,88	174,24	-	76,96	86,58	-	14,56	16,38	-	-	-	-	-	-	-	-	-
	IV	6.688	-	535,04	601,92	-	478,72	538,56	-	424,00	477,00	-	370,80	417,15	-	319,12	359,01	-	269,04	302,67	-	220,48	248,04
	V	11.527	-	922,16	1.037,43																		
	VI	12.059	-	964,72	1.085,31																		
6.439,99	I	6.697	-	535,76	602,73	-	424,72	477,81	-	319,84	359,82	-	221,12	248,76	-	128,56	144,63	-	44,40	49,95	-	-	-
	II	5.374	-	429,92	483,66	-	324,72	365,31	-	225,76	253,98	-	132,88	149,49	-	47,92	53,91	-	-	-	-	-	-
	III	3.036	-	242,88	273,24	-	155,52	174,96	-	77,28	86,94	-	14,88	16,74	-	-	-	-	-	-	-	-	-
	IV	6.697	-	535,76	602,73	-	479,44	539,37	-	424,72	477,81	-	371,52	417,96	-	319,84	359,82	-	269,68	303,39	-	221,12	248,76
	V	11.539	-	923,12	1.038,51																		
	VI	12.071	-	965,68	1.086,39																		

SolZ/KiSt lt. Tabelle nicht für Sonstige Bezüge anwendbar.

Lohn/ Gehalt bis	Steuerklasse	Lohn- steuer	ohne Kinderfreibetrag			Anzahl Kinderfreibeträge (nur Steuerklassen I–IV)																	
						0,5			1,0			1,5			2,0			2,5			3,0		
			SolZ 5,5%	Kirchensteuer 8%	9%	SolZ 5,5%	Kirchensteuer 8%	9%	SolZ 5,5%	Kirchensteuer 8%	9%	SolZ 5,5%	Kirchensteuer 8%	9%	SolZ 5,5%	Kirchensteuer 8%	9%	SolZ 5,5%	Kirchensteuer 8%	9%	SolZ 5,5%	Kirchensteuer 8%	9%
46.475,99	I	6.706	-	536,48	603,54	-	425,36	478,53	-	320,48	360,54	-	221,76	249,48	-	129,20	145,35	-	44,88	50,49	-	-	
	II	5.383	-	430,64	484,47	-	325,44	366,12	-	226,32	254,61	-	133,52	150,21	-	48,40	54,45	-	-	-	-	-	
	III	3.044	-	243,52	273,96	-	156,00	175,50	-	77,76	87,48	-	15,20	17,10	-	-	-	-	-	-	-	-	
	IV	6.706	-	536,48	603,54	-	480,16	540,18	-	425,36	478,53	-	372,16	418,68	-	320,48	360,54	-	270,32	304,11	-	221,76	[illegible]
	V	11.552	-	924,16	1.039,68																		
	VI	12.083	-	966,64	1.087,47																		
46.511,99	I	6.716	-	537,28	604,44	-	426,16	479,43	-	321,20	361,35	-	222,40	250,20	-	129,76	145,98	-	45,36	51,03	-	-	
	II	5.392	-	431,36	485,28	-	326,08	366,84	-	226,96	255,33	-	134,08	150,84	-	48,96	55,08	-	-	-	-	-	
	III	3.052	-	244,16	274,68	-	156,64	176,22	-	78,24	88,02	-	15,68	17,64	-	-	-	-	-	-	-	-	
	IV	6.716	-	537,28	604,44	-	480,88	540,99	-	426,16	479,43	-	372,88	419,49	-	321,20	361,35	-	270,96	304,83	-	222,40	[illegible]
	V	11.564	-	925,12	1.040,76																		
	VI	12.096	-	967,68	1.088,64																		
46.547,99	I	6.725	-	538,00	605,25	-	426,80	480,15	-	321,84	362,07	-	222,96	250,83	-	130,32	146,61	-	45,84	51,57	-	-	
	II	5.401	-	432,08	486,09	-	326,72	367,56	-	227,60	256,05	-	134,64	151,47	-	49,44	55,62	-	-	-	-	-	
	III	3.058	-	244,64	275,22	-	157,12	176,76	-	78,72	88,56	-	16,00	18,00	-	-	-	-	-	-	-	-	
	IV	6.725	-	538,00	605,25	-	481,60	541,80	-	426,80	480,15	-	373,52	420,21	-	321,84	362,07	-	271,60	305,55	-	222,96	[illegible]
	V	11.576	-	926,08	1.041,84																		
	VI	12.108	-	968,64	1.089,72																		
46.583,99	I	6.734	-	538,72	606,06	-	427,52	480,96	-	322,48	362,79	-	223,60	251,55	-	130,96	147,33	-	46,32	52,11	-	-	
	II	5.409	-	432,72	486,81	-	327,44	368,37	-	228,24	256,77	-	135,28	152,19	-	49,92	56,16	-	-	-	-	-	
	III	3.066	-	245,28	275,94	-	157,76	177,48	-	79,20	89,10	-	16,32	18,36	-	-	-	-	-	-	-	-	
	IV	6.734	-	538,72	606,06	-	482,32	542,61	-	427,52	480,96	-	374,24	421,02	-	322,48	362,79	-	272,24	306,27	-	223,60	[illegible]
	V	11.589	-	927,12	1.043,01																		
	VI	12.120	-	969,60	1.090,80																		
46.619,99	I	6.744	-	539,52	606,96	-	428,24	481,77	-	323,20	363,60	-	224,24	252,27	-	131,52	147,96	-	46,80	52,65	-	-	
	II	5.418	-	433,44	487,62	-	328,08	369,09	-	228,88	257,49	-	135,84	152,82	-	50,40	56,70	-	-	-	-	-	
	III	3.072	-	245,76	276,48	-	158,40	178,20	-	79,68	89,64	-	16,64	18,72	-	-	-	-	-	-	-	-	
	IV	6.744	-	539,52	606,96	-	483,12	543,51	-	428,24	481,77	-	374,96	421,83	-	323,20	363,60	-	272,96	307,08	-	224,24	[illegible]
	V	11.601	-	928,08	1.044,09																		
	VI	12.133	-	970,64	1.091,97																		
46.655,99	I	6.753	-	540,24	607,77	-	428,96	482,58	-	323,84	364,32	-	224,88	252,99	-	132,08	148,59	-	47,28	53,19	-	-	
	II	5.427	-	434,16	488,43	-	328,72	369,81	-	229,52	258,21	-	136,40	153,45	-	50,88	57,24	-	-	-	-	-	
	III	3.080	-	246,40	277,20	-	158,88	178,74	-	80,16	90,18	-	16,96	19,08	-	-	-	-	-	-	-	-	
	IV	6.753	-	540,24	607,77	-	483,84	544,32	-	428,96	482,58	-	375,60	422,55	-	323,84	364,32	-	273,60	307,80	-	224,88	[illegible]
	V	11.613	-	929,04	1.045,17																		
	VI	12.145	-	971,60	1.093,05																		
46.691,99	I	6.762	-	540,96	608,58	-	429,68	483,39	-	324,48	365,04	-	225,52	253,71	-	132,72	149,31	-	47,76	53,73	-	-	
	II	5.436	-	434,88	489,24	-	329,44	370,62	-	230,16	258,93	-	137,04	154,17	-	51,36	57,78	-	-	-	-	-	
	III	3.088	-	247,04	277,92	-	159,52	179,46	-	80,64	90,72	-	17,44	19,62	-	-	-	-	-	-	-	-	
	IV	6.762	-	540,96	608,58	-	484,56	545,13	-	429,68	483,39	-	376,32	423,36	-	324,48	365,04	-	274,24	308,52	-	225,52	[illegible]
	V	11.626	-	930,08	1.046,34																		
	VI	12.157	-	972,56	1.094,13																		
46.727,99	I	6.772	-	541,76	609,48	-	430,32	484,11	-	325,12	365,76	-	226,16	254,43	-	133,28	149,94	-	48,24	54,27	-	-	
	II	5.445	-	435,60	490,05	-	330,08	371,34	-	230,72	259,56	-	137,60	154,80	-	51,84	58,32	-	-	-	-	-	
	III	3.094	-	247,52	278,46	-	160,00	180,00	-	80,96	91,08	-	17,76	19,98	-	-	-	-	-	-	-	-	
	IV	6.772	-	541,76	609,48	-	485,28	545,94	-	430,32	484,11	-	376,96	424,08	-	325,12	365,76	-	274,88	309,24	-	226,16	[illegible]
	V	11.638	-	931,04	1.047,42																		
	VI	12.169	-	973,52	1.095,21																		
46.763,99	I	6.781	-	542,48	610,29	-	431,04	484,92	-	325,84	366,57	-	226,80	255,15	-	133,84	150,57	-	48,72	54,81	-	-	
	II	5.454	-	436,32	490,86	-	330,80	372,15	-	231,44	260,37	-	138,24	155,52	-	52,40	58,95	-	-	-	-	-	
	III	3.102	-	248,16	279,18	-	160,48	180,54	-	81,44	91,62	-	18,08	20,34	-	-	-	-	-	-	-	-	
	IV	6.781	-	542,48	610,29	-	486,00	546,75	-	431,04	484,92	-	377,68	424,89	-	325,84	366,57	-	275,52	309,96	-	226,80	[illegible]
	V	11.650	-	932,00	1.048,50																		
	VI	12.182	-	974,56	1.096,38																		
46.799,99	I	6.790	-	543,20	611,10	-	431,76	485,73	-	326,48	367,29	-	227,36	255,78	-	134,48	151,29	-	49,20	55,35	-	-	
	II	5.463	-	437,04	491,67	-	331,44	372,87	-	232,00	261,00	-	138,80	156,15	-	52,88	59,49	-	-	-	-	-	
	III	3.110	-	248,80	279,90	-	161,12	181,26	-	81,92	92,16	-	18,56	20,88	-	-	-	-	-	-	-	-	
	IV	6.790	-	543,20	611,10	-	486,72	547,56	-	431,76	485,73	-	378,40	425,70	-	326,48	367,29	-	276,16	310,68	-	227,36	[illegible]
	V	11.663	-	933,04	1.049,67																		
	VI	12.194	-	975,52	1.097,46																		
46.835,99	I	6.800	-	544,00	612,00	-	432,48	486,54	-	327,12	368,01	-	228,00	256,50	-	135,04	151,92	-	49,68	55,89	-	-	
	II	5.472	-	437,76	492,48	-	332,08	373,59	-	232,64	261,72	-	139,36	156,78	-	53,36	60,03	-	-	-	-	-	
	III	3.116	-	249,28	280,44	-	161,60	181,80	-	82,40	92,70	-	18,88	21,24	-	-	-	-	-	-	-	-	
	IV	6.800	-	544,00	612,00	-	487,44	548,37	-	432,48	486,54	-	379,04	426,42	-	327,12	368,01	-	276,80	311,40	-	228,00	[illegible]
	V	11.675	-	934,00	1.050,75																		
	VI	12.206	-	976,48	1.098,54																		
46.871,99	I	6.809	-	544,72	612,81	-	433,20	487,35	-	327,84	368,82	-	228,64	257,22	-	135,60	152,55	-	50,24	56,52	-	-	
	II	5.481	-	438,48	493,29	-	332,80	374,40	-	233,28	262,44	-	140,00	157,50	-	53,92	60,66	-	-	-	-	-	
	III	3.124	-	249,92	281,16	-	162,24	182,52	-	82,88	93,24	-	19,20	21,60	-	-	-	-	-	-	-	-	
	IV	6.809	-	544,72	612,81	-	488,24	549,27	-	433,20	487,35	-	379,76	427,23	-	327,84	368,82	-	277,44	312,12	-	228,64	[illegible]
	V	11.687	-	934,96	1.051,83																		
	VI	12.219	-	977,52	1.099,71																		
46.907,99	I	6.819	-	545,52	613,71	-	433,92	488,16	-	328,48	369,54	-	229,28	257,94	-	136,24	153,27	-	50,72	57,06	-	-	
	II	5.489	-	439,12	494,01	-	333,44	375,12	-	233,92	263,16	-	140,56	158,13	-	54,40	61,20	-	-	-	-	-	
	III	3.132	-	250,56	281,88	-	162,88	183,24	-	83,36	93,78	-	19,52	21,96	-	-	-	-	-	-	-	-	
	IV	6.819	-	545,52	613,71	-	488,96	550,08	-	433,92	488,16	-	380,40	427,95	-	328,48	369,54	-	278,08	312,84	-	229,28	[illegible]
	V	11.700	-	936,00	1.053,00																		
	VI	12.231	-	978,48	1.100,79																		
46.943,99	I	6.828	-	546,24	614,52	-	434,64	488,97	-	329,20	370,35	-	229,92	258,66	-	136,80	153,90	-	51,20	57,60	-	-	
	II	5.498	-	439,84	494,82	-	334,08	375,84	-	234,56	263,88	-	141,12	158,76	-	54,88	61,74	-	-	-	-	-	
	III	3.138	-	251,04	282,42	-	163,36	183,78	-	83,84	94,32	-	20,00	22,50	-	-	-	-	-	-	-	-	
	IV	6.828	-	546,24	614,52	-	489,68	550,89	-	434,64	488,97	-	381,12	428,76	-	329,20	370,35	-	278,80	313,65	-	229,92	[illegible]
	V	11.712	-	936,96	1.054,08																		
	VI	12.243	-	979,44	1.101,87																		
46.979,99	I	6.837	-	546,96	615,33	-	435,28	489,69	-	329,84	371,07	-	230,56	259,38	-	137,36	154,53	-	51,68	58,14	-	-	
	II	5.507	-	440,56	495,63	-	334,80	376,65	-	235,20	264,60	-	141,76	159,48	-	55,36	62,28	-	-	-	-	-	
	III	3.146	-	251,68	283,14	-	164,00	184,50	-	84,32	94,86	-	20,32	22,86	-	-	-	-	-	-	-	-	
	IV	6.837	-	546,96	615,33	-	490,40	551,70	-	435,28	489,69	-	381,84	429,57	-	329,84	371,07	-	279,44	314,37	-	230,56	[illegible]
	V	11.724	-	937,92	1.055,16																		
	VI	12.256	-	980,48	1.103,04																		

SolZ/KiSt lt. Tabelle nicht für Sonstige Bezüge anwendbar.

Lohn/ Gehalt bis	Steuerklasse	Lohn- steuer	ohne Kinderfreibetrag			Anzahl Kinderfreibeträge (nur Steuerklassen I–IV): 0,5			1,0			1,5			2,0			2,5			3,0		
			SolZ 5,5%	Kirchensteuer 8%	Kirchensteuer 9%	SolZ 5,5%	Kirchensteuer 8%	Kirchensteuer 9%	SolZ 5,5%	Kirchensteuer 8%	Kirchensteuer 9%	SolZ 5,5%	Kirchensteuer 8%	Kirchensteuer 9%	SolZ 5,5%	Kirchensteuer 8%	Kirchensteuer 9%	SolZ 5,5%	Kirchensteuer 8%	Kirchensteuer 9%	SolZ 5,5%	Kirchensteuer 8%	Kirchensteuer 9%
7.015,99	I	6.847	-	547,76	616,23	-	436,08	490,59	-	330,48	371,79	-	231,20	260,10	-	138,00	155,25	-	52,16	58,68	-	-	-
	II	5.516	-	441,28	496,44	-	335,44	377,37	-	235,84	265,32	-	142,32	160,11	-	55,92	62,91	-	-	-	-	-	-
	III	3.154	-	252,32	283,86	-	164,48	185,04	-	84,80	95,40	-	20,64	23,22	-	-	-	-	-	-	-	-	-
	IV	6.847	-	547,76	616,23	-	491,12	552,51	-	436,08	490,59	-	382,48	430,29	-	330,48	371,79	-	280,08	315,09	-	231,20	260,10
	V	11.736	-	938,88	1.056,24																		
	VI	12.268	-	981,44	1.104,12																		
7.051,99	I	6.856	-	548,48	617,04	-	436,72	491,31	-	331,20	372,60	-	231,76	260,73	-	138,56	155,88	-	52,72	59,31	-	-	-
	II	5.525	-	442,00	497,25	-	336,16	378,18	-	236,48	266,04	-	142,96	160,83	-	56,40	63,45	-	-	-	-	-	-
	III	3.160	-	252,80	284,40	-	165,12	185,76	-	85,28	95,94	-	21,12	23,76	-	-	-	-	-	-	-	-	-
	IV	6.856	-	548,48	617,04	-	491,84	553,32	-	436,72	491,31	-	383,20	431,10	-	331,20	372,60	-	280,72	315,81	-	231,76	260,73
	V	11.749	-	939,92	1.057,41																		
	VI	12.280	-	982,40	1.105,20																		
7.087,99	I	6.865	-	549,20	617,85	-	437,44	492,12	-	331,84	373,32	-	232,40	261,45	-	139,12	156,51	-	53,20	59,85	-	-	-
	II	5.534	-	442,72	498,06	-	336,80	378,90	-	237,04	266,67	-	143,52	161,46	-	56,88	63,99	-	-	-	-	-	-
	III	3.168	-	253,44	285,12	-	165,60	186,30	-	85,76	96,48	-	21,44	24,12	-	-	-	-	-	-	-	-	-
	IV	6.865	-	549,20	617,85	-	492,56	554,13	-	437,44	492,12	-	383,84	431,82	-	331,84	373,32	-	281,36	316,53	-	232,40	261,45
	V	11.761	-	940,88	1.058,49																		
	VI	12.293	-	983,44	1.106,37																		
7.123,99	I	6.875	-	550,00	618,75	-	438,16	492,93	-	332,56	374,13	-	233,04	262,17	-	139,76	157,23	-	53,68	60,39	-	-	-
	II	5.543	-	443,44	498,87	-	337,52	379,71	-	237,68	267,39	-	144,16	162,18	-	57,44	64,62	-	-	-	-	-	-
	III	3.176	-	254,08	285,84	-	166,24	187,02	-	86,24	97,02	-	21,76	24,48	-	-	-	-	-	-	-	-	-
	IV	6.875	-	550,00	618,75	-	493,36	555,03	-	438,16	492,93	-	384,56	432,63	-	332,56	374,13	-	282,00	317,25	-	233,04	262,17
	V	11.773	-	941,84	1.059,57																		
	VI	12.305	-	984,40	1.107,45																		
7.159,99	I	6.884	-	550,72	619,56	-	438,88	493,74	-	333,20	374,85	-	233,68	262,89	-	140,32	157,86	-	54,16	60,93	-	-	-
	II	5.552	-	444,16	499,68	-	338,16	380,43	-	238,32	268,11	-	144,72	162,81	-	57,92	65,16	-	-	-	-	-	-
	III	3.182	-	254,56	286,38	-	166,72	187,56	-	86,72	97,56	-	22,08	24,84	-	-	-	-	-	-	-	-	-
	IV	6.884	-	550,72	619,56	-	494,08	555,84	-	438,88	493,74	-	385,28	433,44	-	333,20	374,85	-	282,64	317,97	-	233,68	262,89
	V	11.786	-	942,88	1.060,74																		
	VI	12.317	-	985,36	1.108,53																		
7.195,99	I	6.894	-	551,52	620,46	-	439,60	494,55	-	333,84	375,57	-	234,32	263,61	-	140,96	158,58	-	54,72	61,56	-	-	-
	II	5.561	-	444,88	500,49	-	338,80	381,15	-	238,96	268,83	-	145,28	163,44	-	58,48	65,79	-	-	-	-	-	-
	III	3.190	-	255,20	287,10	-	167,36	188,28	-	87,20	98,10	-	22,56	25,38	-	-	-	-	-	-	-	-	-
	IV	6.894	-	551,52	620,46	-	494,80	556,65	-	439,60	494,55	-	385,92	434,16	-	333,84	375,57	-	283,28	318,69	-	234,32	263,61
	V	11.798	-	943,84	1.061,82																		
	VI	12.330	-	986,40	1.109,70																		
7.231,99	I	6.903	-	552,24	621,27	-	440,32	495,36	-	334,56	376,38	-	234,96	264,33	-	141,52	159,21	-	55,20	62,10	-	-	-
	II	5.570	-	445,60	501,30	-	339,52	381,96	-	239,60	269,55	-	145,92	164,16	-	58,96	66,33	-	-	-	-	-	-
	III	3.198	-	255,84	287,82	-	167,84	188,82	-	87,68	98,64	-	22,88	25,74	-	-	-	-	-	-	-	-	-
	IV	6.903	-	552,24	621,27	-	495,52	557,46	-	440,32	495,36	-	386,64	434,97	-	334,56	376,38	-	284,00	319,50	-	234,96	264,33
	V	11.810	-	944,80	1.062,90																		
	VI	12.342	-	987,36	1.110,78																		
7.267,99	I	6.913	-	553,04	622,17	-	441,04	496,17	-	335,20	377,10	-	235,60	265,05	-	142,08	159,84	-	55,68	62,64	-	-	-
	II	5.579	-	446,32	502,11	-	340,16	382,68	-	240,24	270,27	-	146,48	164,79	-	59,52	66,96	-	-	-	-	-	-
	III	3.204	-	256,32	288,36	-	168,48	189,54	-	88,16	99,18	-	23,20	26,10	-	-	-	-	-	-	-	-	-
	IV	6.913	-	553,04	622,17	-	496,24	558,27	-	441,04	496,17	-	387,36	435,78	-	335,20	377,10	-	284,64	320,22	-	235,60	265,05
	V	11.823	-	945,84	1.064,07																		
	VI	12.354	-	988,32	1.111,86																		
7.303,99	I	6.922	-	553,76	622,98	-	441,76	496,98	-	335,92	377,91	-	236,24	265,77	-	142,72	160,56	-	56,24	63,27	-	-	-
	II	5.587	-	446,96	502,83	-	340,88	383,49	-	240,88	270,99	-	147,04	165,42	-	60,00	67,50	-	-	-	-	-	-
	III	3.212	-	256,96	289,08	-	168,96	190,08	-	88,64	99,72	-	23,68	26,64	-	-	-	-	-	-	-	-	-
	IV	6.922	-	553,76	622,98	-	496,96	559,08	-	441,76	496,98	-	388,00	436,50	-	335,92	377,91	-	285,28	320,94	-	236,24	265,77
	V	11.835	-	946,80	1.065,15																		
	VI	12.366	-	989,28	1.112,94																		
7.339,99	I	6.931	-	554,48	623,79	-	442,40	497,70	-	336,56	378,63	-	236,80	266,40	-	143,28	161,19	-	56,72	63,81	-	-	-
	II	5.596	-	447,68	503,64	-	341,52	384,21	-	241,52	271,71	-	147,68	166,14	-	60,48	68,04	-	-	-	-	-	-
	III	3.218	-	257,44	289,62	-	169,60	190,80	-	89,12	100,26	-	24,00	27,00	-	-	-	-	-	-	-	-	-
	IV	6.931	-	554,48	623,79	-	497,68	559,89	-	442,40	497,70	-	388,72	437,31	-	336,56	378,63	-	285,92	321,66	-	236,80	266,40
	V	11.847	-	947,76	1.066,23																		
	VI	12.379	-	990,32	1.114,11																		
7.375,99	I	6.941	-	555,28	624,69	-	443,20	498,60	-	337,20	379,35	-	237,52	267,21	-	143,92	161,91	-	57,28	64,44	-	-	-
	II	5.605	-	448,40	504,45	-	342,24	385,02	-	242,16	272,43	-	148,24	166,77	-	61,04	68,67	-	-	-	-	-	-
	III	3.226	-	258,08	290,34	-	170,08	191,34	-	89,60	100,80	-	24,32	27,36	-	-	-	-	-	-	-	-	-
	IV	6.941	-	555,28	624,69	-	498,48	560,79	-	443,20	498,60	-	389,44	438,12	-	337,20	379,35	-	286,56	322,38	-	237,52	267,21
	V	11.860	-	948,80	1.067,40																		
	VI	12.391	-	991,28	1.115,19																		
7.411,99	I	6.950	-	556,00	625,50	-	443,84	499,32	-	337,92	380,16	-	238,08	267,84	-	144,48	162,54	-	57,76	64,98	-	-	-
	II	5.614	-	449,12	505,26	-	342,88	385,74	-	242,80	273,15	-	148,88	167,49	-	61,60	69,30	-	-	-	-	-	-
	III	3.234	-	258,72	291,06	-	170,72	192,06	-	90,08	101,34	-	24,80	27,90	-	-	-	-	-	-	-	-	-
	IV	6.950	-	556,00	625,50	-	499,20	561,60	-	443,84	499,32	-	390,08	438,84	-	337,92	380,16	-	287,20	323,10	-	238,08	267,84
	V	11.872	-	949,76	1.068,48																		
	VI	12.403	-	992,24	1.116,27																		
7.447,99	I	6.960	-	556,80	626,40	-	444,56	500,13	-	338,56	380,88	-	238,72	268,56	-	145,04	163,17	-	58,24	65,52	-	-	-
	II	5.623	-	449,84	506,07	-	343,52	386,46	-	243,44	273,87	-	149,44	168,12	-	62,08	69,84	-	-	-	-	-	-
	III	3.240	-	259,20	291,60	-	171,20	192,60	-	90,40	101,70	-	25,12	28,26	-	-	-	-	-	-	-	-	-
	IV	6.960	-	556,80	626,40	-	499,92	562,41	-	444,56	500,13	-	390,80	439,65	-	338,56	380,88	-	287,92	323,91	-	238,72	268,56
	V	11.884	-	950,72	1.069,56																		
	VI	12.416	-	993,28	1.117,44																		
7.483,99	I	6.969	-	557,52	627,21	-	445,28	500,94	-	339,28	381,69	-	239,36	269,28	-	145,68	163,89	-	58,80	66,15	-	-	-
	II	5.632	-	450,56	506,88	-	344,24	387,27	-	244,08	274,59	-	150,08	168,84	-	62,64	70,47	-	-	-	-	-	-
	III	3.248	-	259,84	292,32	-	171,84	193,32	-	91,04	102,42	-	25,60	28,80	-	-	-	-	-	-	-	-	-
	IV	6.969	-	557,52	627,21	-	500,64	563,22	-	445,28	500,94	-	391,52	440,46	-	339,28	381,69	-	288,56	324,63	-	239,36	269,28
	V	11.896	-	951,68	1.070,64																		
	VI	12.428	-	994,24	1.118,52																		
7.519,99	I	6.979	-	558,32	628,11	-	446,00	501,75	-	339,92	382,41	-	240,00	270,00	-	146,24	164,52	-	59,28	66,69	-	-	-
	II	5.641	-	451,28	507,69	-	344,88	387,99	-	244,72	275,31	-	150,64	169,47	-	63,12	71,01	-	-	-	-	-	-
	III	3.256	-	260,48	293,04	-	172,48	194,04	-	91,52	102,96	-	25,92	29,16	-	-	-	-	-	-	-	-	-
	IV	6.979	-	558,32	628,11	-	501,36	564,03	-	446,00	501,75	-	392,24	441,27	-	339,92	382,41	-	289,20	325,35	-	240,00	270,00
	V	11.909	-	952,72	1.071,81																		
	VI	12.440	-	995,20	1.119,60																		

SolZ/KiSt lt. Tabelle nicht für Sonstige Bezüge anwendbar.

JAHR bis 48.059,99 €

Allgemeine Tabelle

Lohn/ Gehalt bis	Steuerklasse	Lohnsteuer	ohne Kinderfreibetrag			Anzahl Kinderfreibeträge (nur Steuerklassen I–IV)																	
						0,5			1,0			1,5			2,0			2,5			3,0		
			SolZ 5,5%	Kirchensteuer 8%	Kirchensteuer 9%	SolZ 5,5%	Kirchensteuer 8%	Kirchensteuer 9%	SolZ 5,5%	Kirchensteuer 8%	Kirchensteuer 9%	SolZ 5,5%	Kirchensteuer 8%	Kirchensteuer 9%	SolZ 5,5%	Kirchensteuer 8%	Kirchensteuer 9%	SolZ 5,5%	Kirchensteuer 8%	Kirchensteuer 9%	SolZ 5,5%	Kirchensteuer 8%	Kirchensteuer 9%
47.555,99	I	6.988	-	559,04	628,92	-	446,72	502,56	-	340,56	383,13	-	240,64	270,72	-	146,88	165,24	-	59,84	67,32	-	-	
	II	5.650	-	452,00	508,50	-	345,60	388,80	-	245,28	275,94	-	151,20	170,10	-	63,68	71,64	-	-	-	-	-	
	III	3.262	-	260,96	293,58	-	172,96	194,58	-	91,84	103,32	-	26,24	29,52	-	-	-	-	-	-	-	-	
	IV	6.988	-	559,04	628,92	-	502,08	564,84	-	446,72	502,56	-	392,88	441,99	-	340,56	383,13	-	289,84	326,07	-	240,64	27
	V	11.921	-	953,68	1.072,89																		
	VI	12.453	-	996,24	1.120,77																		
47.591,99	I	6.998	-	559,84	629,82	-	447,44	503,37	-	341,28	383,94	-	241,28	271,44	-	147,44	165,87	-	60,32	67,86	-	-	
	II	5.659	-	452,72	509,31	-	346,24	389,52	-	246,00	276,75	-	151,84	170,82	-	64,24	72,27	-	-	-	-	-	
	III	3.270	-	261,60	294,30	-	173,60	195,30	-	92,48	104,04	-	26,72	30,06	-	-	-	-	-	-	-	-	
	IV	6.998	-	559,84	629,82	-	502,88	565,74	-	447,44	503,37	-	393,60	442,80	-	341,28	383,94	-	290,48	326,79	-	241,28	27
	V	11.933	-	954,64	1.073,97																		
	VI	12.465	-	997,20	1.121,85																		
47.627,99	I	7.007	-	560,56	630,63	-	448,16	504,18	-	341,92	384,66	-	241,92	272,16	-	148,08	166,59	-	60,88	68,49	-	-	
	II	5.668	-	453,44	510,12	-	346,96	390,33	-	246,64	277,47	-	152,40	171,45	-	64,72	72,81	-	-	-	-	-	
	III	3.278	-	262,24	295,02	-	174,08	195,84	-	92,96	104,58	-	27,04	30,42	-	-	-	-	-	-	-	-	
	IV	7.007	-	560,56	630,63	-	503,60	566,55	-	448,16	504,18	-	394,32	443,61	-	341,92	384,66	-	291,20	327,60	-	241,92	27
	V	11.946	-	955,68	1.075,14																		
	VI	12.477	-	998,16	1.122,93																		
47.663,99	I	7.016	-	561,28	631,44	-	448,88	504,99	-	342,64	385,47	-	242,56	272,88	-	148,64	167,22	-	61,36	69,03	-	-	
	II	5.677	-	454,16	510,93	-	347,60	391,05	-	247,20	278,10	-	153,04	172,17	-	65,28	73,44	-	-	-	-	-	
	III	3.284	-	262,72	295,56	-	174,72	196,56	-	93,44	105,12	-	27,36	30,78	-	-	-	-	-	-	-	-	
	IV	7.016	-	561,28	631,44	-	504,32	567,36	-	448,88	504,99	-	394,96	444,33	-	342,64	385,47	-	291,84	328,32	-	242,56	27
	V	11.958	-	956,64	1.076,22																		
	VI	12.490	-	999,20	1.124,10																		
47.699,99	I	7.026	-	562,08	632,34	-	449,60	505,80	-	343,28	386,19	-	243,20	273,60	-	149,20	167,85	-	61,92	69,66	-	-	
	II	5.686	-	454,88	511,74	-	348,24	391,77	-	247,84	278,82	-	153,60	172,80	-	65,76	73,98	-	-	-	-	-	
	III	3.292	-	263,36	296,28	-	175,20	197,10	-	93,92	105,66	-	27,84	31,32	-	-	-	-	-	-	-	-	
	IV	7.026	-	562,08	632,34	-	505,04	568,17	-	449,60	505,80	-	395,68	445,14	-	343,28	386,19	-	292,48	329,04	-	243,20	27
	V	11.970	-	957,60	1.077,30																		
	VI	12.502	-	1.000,16	1.125,18																		
47.735,99	I	7.035	-	562,80	633,15	-	450,32	506,61	-	344,00	387,00	-	243,84	274,32	-	149,84	168,57	-	62,40	70,20	-	-	
	II	5.695	-	455,60	512,55	-	348,96	392,58	-	248,48	279,54	-	154,24	173,52	-	66,32	74,61	-	0,32	0,36	-	-	
	III	3.300	-	264,00	297,00	-	175,84	197,82	-	94,40	106,20	-	28,16	31,68	-	-	-	-	-	-	-	-	
	IV	7.035	-	562,80	633,15	-	505,76	568,98	-	450,32	506,61	-	396,40	445,95	-	344,00	387,00	-	293,12	329,76	-	243,84	27
	V	11.983	-	958,64	1.078,47																		
	VI	12.514	-	1.001,12	1.126,26																		
47.771,99	I	7.045	-	563,60	634,05	-	451,04	507,42	-	344,64	387,72	-	244,48	275,04	-	150,40	169,20	-	62,96	70,83	-	-	
	II	5.704	-	456,32	513,36	-	349,68	393,39	-	249,12	280,26	-	154,80	174,15	-	66,88	75,24	-	0,64	0,72	-	-	
	III	3.306	-	264,48	297,54	-	176,32	198,36	-	94,88	106,74	-	28,48	32,04	-	-	-	-	-	-	-	-	
	IV	7.045	-	563,60	634,05	-	506,56	569,88	-	451,04	507,42	-	397,04	446,67	-	344,64	387,72	-	293,76	330,48	-	244,48	27
	V	11.995	-	959,60	1.079,55																		
	VI	12.526	-	1.002,08	1.127,34																		
47.807,99	I	7.054	-	564,32	634,86	-	451,76	508,23	-	345,36	388,53	-	245,12	275,76	-	151,04	169,92	-	63,44	71,37	-	-	
	II	5.713	-	457,04	514,17	-	350,32	394,11	-	249,76	280,98	-	155,44	174,87	-	67,36	75,78	-	0,96	1,08	-	-	
	III	3.314	-	265,12	298,26	-	176,96	199,08	-	95,36	107,28	-	28,96	32,58	-	-	-	-	-	-	-	-	
	IV	7.054	-	564,32	634,86	-	507,28	570,69	-	451,76	508,23	-	397,76	447,48	-	345,36	388,53	-	294,40	331,20	-	245,12	27
	V	12.007	-	960,56	1.080,63																		
	VI	12.539	-	1.003,12	1.128,51																		
47.843,99	I	7.064	-	565,12	635,76	-	452,48	509,04	-	346,00	389,25	-	245,76	276,48	-	151,60	170,55	-	64,00	72,00	-	-	
	II	5.722	-	457,76	514,98	-	351,04	394,92	-	250,40	281,70	-	156,00	175,50	-	67,92	76,41	-	1,28	1,44	-	-	
	III	3.322	-	265,76	298,98	-	177,60	199,80	-	95,84	107,82	-	29,28	32,94	-	-	-	-	-	-	-	-	
	IV	7.064	-	565,12	635,76	-	508,00	571,50	-	452,48	509,04	-	398,48	448,29	-	346,00	389,25	-	295,12	332,01	-	245,76	27
	V	12.020	-	961,60	1.081,80																		
	VI	12.551	-	1.004,08	1.129,59																		
47.879,99	I	7.073	-	565,84	636,57	-	453,20	509,85	-	346,72	390,06	-	246,40	277,20	-	152,24	171,27	-	64,56	72,63	-	-	
	II	5.731	-	458,48	515,79	-	351,68	395,64	-	251,04	282,42	-	156,64	176,22	-	68,48	77,04	-	1,60	1,80	-	-	
	III	3.328	-	266,24	299,52	-	178,08	200,34	-	96,32	108,36	-	29,76	33,48	-	-	-	-	-	-	-	-	
	IV	7.073	-	565,84	636,57	-	508,72	572,31	-	453,20	509,85	-	399,20	449,10	-	346,72	390,06	-	295,76	332,73	-	246,40	27
	V	12.032	-	962,56	1.082,88																		
	VI	12.563	-	1.005,04	1.130,67																		
47.915,99	I	7.082	-	566,56	637,38	-	453,92	510,66	-	347,36	390,78	-	246,96	277,83	-	152,80	171,90	-	65,04	73,17	-	-	
	II	5.740	-	459,20	516,60	-	352,32	396,36	-	251,68	283,14	-	157,20	176,85	-	69,04	77,67	-	1,92	2,16	-	-	
	III	3.336	-	266,88	300,24	-	178,72	201,06	-	96,80	108,90	-	30,08	33,84	-	-	-	-	-	-	-	-	
	IV	7.082	-	566,56	637,38	-	509,44	573,12	-	453,92	510,66	-	399,84	449,82	-	347,36	390,78	-	296,40	333,45	-	246,96	27
	V	12.044	-	963,52	1.083,96																		
	VI	12.576	-	1.006,08	1.131,84																		
47.951,99	I	7.092	-	567,36	638,28	-	454,64	511,47	-	348,00	391,50	-	247,60	278,55	-	153,36	172,53	-	65,60	73,80	-	-	
	II	5.749	-	459,92	517,41	-	353,04	397,17	-	252,32	283,86	-	157,76	177,48	-	69,52	78,21	-	2,32	2,61	-	-	
	III	3.344	-	267,52	300,96	-	179,20	201,60	-	97,28	109,44	-	30,40	34,20	-	-	-	-	-	-	-	-	
	IV	7.092	-	567,36	638,28	-	510,24	574,02	-	454,64	511,47	-	400,56	450,63	-	348,00	391,50	-	297,04	334,17	-	247,60	27
	V	12.056	-	964,48	1.085,04																		
	VI	12.588	-	1.007,04	1.132,92																		
47.987,99	I	7.102	-	568,16	639,18	-	455,36	512,28	-	348,72	392,31	-	248,24	279,27	-	154,00	173,25	-	66,16	74,43	-	0,16	
	II	5.758	-	460,64	518,22	-	353,76	397,98	-	252,96	284,58	-	158,40	178,20	-	70,08	78,84	-	2,64	2,97	-	-	
	III	3.350	-	268,00	301,50	-	179,84	202,32	-	97,76	109,98	-	30,88	34,74	-	-	-	-	-	-	-	-	
	IV	7.102	-	568,16	639,18	-	510,96	574,83	-	455,36	512,28	-	401,28	451,44	-	348,72	392,31	-	297,76	334,98	-	248,24	27
	V	12.069	-	965,52	1.086,21																		
	VI	12.600	-	1.008,00	1.134,00																		
48.023,99	I	7.111	-	568,88	639,99	-	456,08	513,09	-	349,36	393,03	-	248,88	279,99	-	154,56	173,88	-	66,64	74,97	-	0,48	
	II	5.767	-	461,36	519,03	-	354,40	398,70	-	253,60	285,30	-	159,04	178,92	-	70,64	79,47	-	2,96	3,33	-	-	
	III	3.358	-	268,64	302,22	-	180,32	202,86	-	98,24	110,52	-	31,20	35,10	-	-	-	-	-	-	-	-	
	IV	7.111	-	568,88	639,99	-	511,68	575,64	-	456,08	513,09	-	401,92	452,16	-	349,36	393,03	-	298,40	335,70	-	248,88	27
	V	12.081	-	966,48	1.087,29																		
	VI	12.613	-	1.009,04	1.135,17																		
48.059,99	I	7.120	-	569,60	640,80	-	456,72	513,81	-	350,08	393,84	-	249,52	280,71	-	155,20	174,60	-	67,20	75,60	-	0,80	
	II	5.776	-	462,08	519,84	-	355,04	399,42	-	254,24	286,02	-	159,60	179,55	-	71,20	80,10	-	3,28	3,69	-	-	
	III	3.366	-	269,28	302,94	-	180,96	203,58	-	98,72	111,06	-	31,68	35,64	-	-	-	-	-	-	-	-	
	IV	7.120	-	569,60	640,80	-	512,40	576,45	-	456,72	513,81	-	402,64	452,97	-	350,08	393,84	-	299,04	336,42	-	249,52	28
	V	12.093	-	967,44	1.088,37																		
	VI	12.625	-	1.010,00	1.136,25																		

SolZ/KiSt lt. Tabelle nicht für Sonstige Bezüge anwendbar.

Lohn/ Gehalt bis	Steuerklasse	Lohn-steuer	ohne Kinderfreibetrag SolZ 5,5%	Kirchensteuer 8%	9%	0,5 SolZ 5,5%	Kirchensteuer 8%	9%	1,0 SolZ 5,5%	Kirchensteuer 8%	9%	1,5 SolZ 5,5%	Kirchensteuer 8%	9%	2,0 SolZ 5,5%	Kirchensteuer 8%	9%	2,5 SolZ 5,5%	Kirchensteuer 8%	9%	3,0 SolZ 5,5%	Kirchensteuer 8%	9%
						Anzahl Kinderfreibeträge (nur Steuerklassen I–IV)																	
48.095,99	I	7.130	-	570,40	641,70	-	457,52	514,71	-	350,72	394,56	-	250,16	281,43	-	155,76	175,23	-	67,76	76,23	-	1,20	1,35
	II	5.785	-	462,80	520,65	-	355,76	400,23	-	254,88	286,74	-	160,24	180,27	-	71,76	80,73	-	3,68	4,14	-	-	-
	III	3.372	-	269,76	303,48	-	181,44	204,12	-	99,20	111,60	-	32,00	36,00	-	-	-	-	-	-	-	-	-
	IV	7.130	-	570,40	641,70	-	513,20	577,35	-	457,52	514,71	-	403,36	453,78	-	350,72	394,56	-	299,68	337,14	-	250,16	281,43
	V	12.106	-	968,48	1.089,54																		
	VI	12.637	-	1.010,96	1.137,33																		
48.131,99	I	7.139	-	571,12	642,51	-	458,24	515,52	-	351,44	395,37	-	250,80	282,15	-	156,40	175,95	-	68,24	76,77	-	1,52	1,71
	II	5.794	-	463,52	521,46	-	356,40	400,95	-	255,52	287,46	-	160,80	180,90	-	72,32	81,36	-	4,00	4,50	-	-	-
	III	3.380	-	270,40	304,20	-	182,08	204,84	-	99,68	112,14	-	32,48	36,54	-	-	-	-	-	-	-	-	-
	IV	7.139	-	571,12	642,51	-	513,92	578,16	-	458,24	515,52	-	404,08	454,59	-	351,44	395,37	-	300,32	337,86	-	250,80	282,15
	V	12.118	-	969,44	1.090,62																		
	VI	12.650	-	1.012,00	1.138,50																		
48.167,99	I	7.149	-	571,92	643,41	-	458,88	516,24	-	352,08	396,09	-	251,44	282,87	-	156,96	176,58	-	68,80	77,40	-	1,84	2,07
	II	5.803	-	464,24	522,27	-	357,12	401,76	-	256,16	288,18	-	161,36	181,53	-	72,80	81,90	-	4,32	4,86	-	-	-
	III	3.388	-	271,04	304,92	-	182,56	205,38	-	100,16	112,68	-	32,80	36,90	-	-	-	-	-	-	-	-	-
	IV	7.149	-	571,92	643,41	-	514,64	578,97	-	458,88	516,24	-	404,72	455,31	-	352,08	396,09	-	301,04	338,67	-	251,44	282,87
	V	12.130	-	970,40	1.091,70																		
	VI	12.662	-	1.012,96	1.139,58																		
48.203,99	I	7.159	-	572,72	644,31	-	459,68	517,14	-	352,80	396,90	-	252,08	283,59	-	157,60	177,30	-	69,36	78,03	-	2,16	2,43
	II	5.812	-	464,96	523,08	-	357,84	402,57	-	256,80	288,90	-	162,00	182,25	-	73,44	82,62	-	4,72	5,31	-	-	-
	III	3.394	-	271,52	305,46	-	183,20	206,10	-	100,64	113,22	-	33,28	37,44	-	-	-	-	-	-	-	-	-
	IV	7.159	-	572,72	644,31	-	515,36	579,78	-	459,68	517,14	-	405,44	456,12	-	352,80	396,90	-	301,68	339,39	-	252,08	283,59
	V	12.143	-	971,44	1.092,87																		
	VI	12.674	-	1.013,92	1.140,66																		
48.239,99	I	7.168	-	573,44	645,12	-	460,40	517,95	-	353,44	397,62	-	252,72	284,31	-	158,16	177,93	-	69,92	78,66	-	2,48	2,79
	II	5.821	-	465,68	523,89	-	358,48	403,29	-	257,44	289,62	-	162,64	182,97	-	73,92	83,16	-	5,04	5,67	-	-	-
	III	3.402	-	272,16	306,18	-	183,84	206,82	-	101,28	113,94	-	33,60	37,80	-	-	-	-	-	-	-	-	-
	IV	7.168	-	573,44	645,12	-	516,16	580,68	-	460,40	517,95	-	406,16	456,93	-	353,44	397,62	-	302,32	340,11	-	252,72	284,31
	V	12.155	-	972,40	1.093,95																		
	VI	12.687	-	1.014,96	1.141,83																		
48.275,99	I	7.177	-	574,16	645,93	-	461,04	518,67	-	354,16	398,43	-	253,36	285,03	-	158,80	178,65	-	70,48	79,29	-	2,88	3,24
	II	5.830	-	466,40	524,70	-	359,12	404,01	-	258,08	290,34	-	163,20	183,60	-	74,48	83,79	-	5,36	6,03	-	-	-
	III	3.410	-	272,80	306,90	-	184,32	207,36	-	101,60	114,30	-	33,92	38,16	-	-	-	-	-	-	-	-	-
	IV	7.177	-	574,16	645,93	-	516,88	581,49	-	461,04	518,67	-	406,80	457,65	-	354,16	398,43	-	302,96	340,83	-	253,36	285,03
	V	12.167	-	973,36	1.095,03																		
	VI	12.699	-	1.015,92	1.142,91																		
48.311,99	I	7.187	-	574,96	646,83	-	461,76	519,48	-	354,80	399,15	-	254,00	285,75	-	159,36	179,28	-	70,96	79,83	-	3,20	3,60
	II	5.839	-	467,12	525,51	-	359,84	404,82	-	258,72	291,06	-	163,76	184,23	-	75,04	84,42	-	5,76	6,48	-	-	-
	III	3.416	-	273,28	307,44	-	184,96	208,08	-	102,24	115,02	-	34,40	38,70	-	-	-	-	-	-	-	-	-
	IV	7.187	-	574,96	646,83	-	517,60	582,30	-	461,76	519,48	-	407,52	458,46	-	354,80	399,15	-	303,60	341,55	-	254,00	285,75
	V	12.179	-	974,32	1.096,11																		
	VI	12.711	-	1.016,88	1.143,99																		
48.347,99	I	7.197	-	575,76	647,73	-	462,56	520,38	-	355,52	399,96	-	254,64	286,47	-	160,00	180,00	-	71,52	80,46	-	3,52	3,96
	II	5.848	-	467,84	526,32	-	360,56	405,63	-	259,36	291,78	-	164,40	184,95	-	75,60	85,05	-	6,08	6,84	-	-	-
	III	3.424	-	273,92	308,16	-	185,44	208,62	-	102,72	115,56	-	34,72	39,06	-	-	-	-	-	-	-	-	-
	IV	7.197	-	575,76	647,73	-	518,32	583,11	-	462,56	520,38	-	408,24	459,27	-	355,52	399,96	-	304,32	342,36	-	254,64	286,47
	V	12.192	-	975,36	1.097,28																		
	VI	12.723	-	1.017,84	1.145,07																		
48.383,99	I	7.206	-	576,48	648,54	-	463,28	521,19	-	356,16	400,68	-	255,28	287,19	-	160,56	180,63	-	72,08	81,09	-	3,84	4,32
	II	5.857	-	468,56	527,13	-	361,20	406,35	-	260,00	292,50	-	165,04	185,67	-	76,16	85,68	-	6,48	7,29	-	-	-
	III	3.432	-	274,56	308,88	-	186,08	209,34	-	103,20	116,10	-	35,20	39,60	-	-	-	-	-	-	-	-	-
	IV	7.206	-	576,48	648,54	-	519,12	584,01	-	463,28	521,19	-	408,96	460,08	-	356,16	400,68	-	304,96	343,08	-	255,28	287,19
	V	12.204	-	976,32	1.098,36																		
	VI	12.736	-	1.018,88	1.146,24																		
48.419,99	I	7.215	-	577,20	649,35	-	463,92	521,91	-	356,88	401,49	-	255,92	287,91	-	161,20	181,35	-	72,64	81,72	-	4,24	4,77
	II	5.866	-	469,28	527,94	-	361,92	407,16	-	260,64	293,22	-	165,60	186,30	-	76,72	86,31	-	6,80	7,65	-	-	-
	III	3.440	-	275,20	309,60	-	186,56	209,88	-	103,68	116,64	-	35,52	39,96	-	-	-	-	-	-	-	-	-
	IV	7.215	-	577,20	649,35	-	519,84	584,82	-	463,92	521,91	-	409,60	460,80	-	356,88	401,49	-	305,60	343,80	-	255,92	287,91
	V	12.216	-	977,28	1.099,44																		
	VI	12.748	-	1.019,84	1.147,32																		
48.455,99	I	7.225	-	578,00	650,25	-	464,72	522,81	-	357,52	402,21	-	256,56	288,63	-	161,76	181,98	-	73,20	82,35	-	4,56	5,13
	II	5.875	-	470,00	528,75	-	362,56	407,88	-	261,28	293,94	-	166,24	187,02	-	77,28	86,94	-	7,12	8,01	-	-	-
	III	3.446	-	275,68	310,14	-	187,20	210,60	-	104,16	117,18	-	36,00	40,50	-	-	-	-	-	-	-	-	-
	IV	7.225	-	578,00	650,25	-	520,56	585,63	-	464,72	522,81	-	410,32	461,61	-	357,52	402,21	-	306,32	344,61	-	256,56	288,63
	V	12.229	-	978,32	1.100,61																		
	VI	12.760	-	1.020,80	1.148,40																		
48.491,99	I	7.235	-	578,80	651,15	-	465,44	523,62	-	358,24	403,02	-	257,20	289,35	-	162,40	182,70	-	73,76	82,98	-	4,88	5,49
	II	5.884	-	470,72	529,56	-	363,28	408,69	-	261,92	294,66	-	166,80	187,65	-	77,84	87,57	-	7,52	8,46	-	-	-
	III	3.454	-	276,32	310,86	-	187,68	211,14	-	104,64	117,72	-	36,32	40,86	-	-	-	-	-	-	-	-	-
	IV	7.235	-	578,80	651,15	-	521,28	586,44	-	465,44	523,62	-	411,04	462,42	-	358,24	403,02	-	306,96	345,33	-	257,20	289,35
	V	12.241	-	979,28	1.101,69																		
	VI	12.773	-	1.021,84	1.149,57																		
48.527,99	I	7.244	-	579,52	651,96	-	466,16	524,43	-	358,88	403,74	-	257,84	290,07	-	162,96	183,33	-	74,32	83,61	-	5,28	5,94
	II	5.893	-	471,44	530,37	-	363,92	409,41	-	262,56	295,38	-	167,44	188,37	-	78,40	88,20	-	7,84	8,82	-	-	-
	III	3.462	-	276,96	311,58	-	188,32	211,86	-	105,12	118,26	-	36,80	41,40	-	-	-	-	-	-	-	-	-
	IV	7.244	-	579,52	651,96	-	522,08	587,34	-	466,16	524,43	-	411,76	463,23	-	358,88	403,74	-	307,60	346,05	-	257,84	290,07
	V	12.253	-	980,24	1.102,77																		
	VI	12.785	-	1.022,80	1.150,65																		
48.563,99	I	7.253	-	580,24	652,77	-	466,80	525,15	-	359,60	404,55	-	258,48	290,79	-	163,60	184,05	-	74,88	84,24	-	5,60	6,30
	II	5.902	-	472,16	531,18	-	364,64	410,22	-	263,20	296,10	-	168,00	189,00	-	78,96	88,83	-	8,24	9,27	-	-	-
	III	3.468	-	277,44	312,12	-	188,80	212,40	-	105,60	118,80	-	37,12	41,76	-	-	-	-	-	-	-	-	-
	IV	7.253	-	580,24	652,77	-	522,80	588,15	-	466,80	525,15	-	412,40	463,95	-	359,60	404,55	-	308,24	346,77	-	258,48	290,79
	V	12.265	-	981,20	1.103,85																		
	VI	12.797	-	1.023,76	1.151,73																		
48.599,99	I	7.263	-	581,04	653,67	-	467,60	526,05	-	360,24	405,27	-	259,12	291,51	-	164,16	184,68	-	75,44	84,87	-	5,92	6,66
	II	5.911	-	472,88	531,99	-	365,28	410,94	-	263,92	296,91	-	168,64	189,72	-	79,52	89,46	-	8,56	9,63	-	-	-
	III	3.476	-	278,08	312,84	-	189,44	213,12	-	106,08	119,34	-	37,60	42,30	-	-	-	-	-	-	-	-	-
	IV	7.263	-	581,04	653,67	-	523,52	588,96	-	467,60	526,05	-	413,12	464,76	-	360,24	405,27	-	308,96	347,58	-	259,12	291,51
	V	12.278	-	982,24	1.105,02																		
	VI	12.810	-	1.024,80	1.152,90																		

SolZ/KiSt lt. Tabelle nicht für Sonstige Bezüge anwendbar.

Lohn/ Gehalt bis	Steuerklasse	Lohn-steuer	ohne Kinderfreibetrag SolZ 5,5%	Kirchensteuer 8%	9%	Anzahl Kinderfreibeträge (nur Steuerklassen I–IV) 0,5 SolZ 5,5%	Kirchensteuer 8%	9%	1,0 SolZ 5,5%	Kirchensteuer 8%	9%	1,5 SolZ 5,5%	Kirchensteuer 8%	9%	2,0 SolZ 5,5%	Kirchensteuer 8%	9%	2,5 SolZ 5,5%	Kirchensteuer 8%	9%	3,0 SolZ 5,5%	Kirchensteuer 8%	9%
48.635,99	I	7.273	-	581,84	654,57	-	468,32	526,86	-	360,96	406,08	-	259,76	292,23	-	164,80	185,40	-	76,00	85,50	-	6,32	7
	II	5.920	-	473,60	532,80	-	366,00	411,75	-	264,56	297,63	-	169,20	190,35	-	80,08	90,09	-	8,96	10,08	-	-	
	III	3.484	-	278,72	313,56	-	190,08	213,84	-	106,72	120,06	-	37,92	42,66	-	-	-	-	-	-	-	-	
	IV	7.273	-	581,84	654,57	-	524,32	589,86	-	468,32	526,86	-	413,84	465,57	-	360,96	406,08	-	309,60	348,30	-	259,76	292
	V	12.290	-	983,20	1.106,10																		
	VI	12.822	-	1.025,76	1.153,98																		
48.671,99	I	7.282	-	582,56	655,38	-	469,04	527,67	-	361,60	406,80	-	260,40	292,95	-	165,36	186,03	-	76,48	86,04	-	6,64	7
	II	5.929	-	474,32	533,61	-	366,64	412,47	-	265,12	298,26	-	169,84	191,07	-	80,64	90,72	-	9,28	10,44	-	-	
	III	3.490	-	279,20	314,10	-	190,56	214,38	-	107,20	120,60	-	38,40	43,20	-	-	-	-	-	-	-	-	
	IV	7.282	-	582,56	655,38	-	525,04	590,67	-	469,04	527,67	-	414,56	466,38	-	361,60	406,80	-	310,24	349,02	-	260,40	292
	V	12.302	-	984,16	1.107,18																		
	VI	12.834	-	1.026,72	1.155,06																		
48.707,99	I	7.292	-	583,36	656,28	-	469,76	528,48	-	362,32	407,61	-	261,04	293,67	-	166,00	186,75	-	77,12	86,76	-	7,04	7
	II	5.939	-	475,12	534,51	-	367,36	413,28	-	265,84	299,07	-	170,48	191,79	-	81,20	91,35	-	9,68	10,89	-	-	
	III	3.498	-	279,84	314,82	-	191,20	215,10	-	107,68	121,14	-	38,72	43,56	-	-	-	-	-	-	-	-	
	IV	7.292	-	583,36	656,28	-	525,76	591,48	-	469,76	528,48	-	415,28	467,19	-	362,32	407,61	-	310,96	349,83	-	261,04	293
	V	12.315	-	985,20	1.108,35																		
	VI	12.847	-	1.027,76	1.156,23																		
48.743,99	I	7.301	-	584,08	657,09	-	470,48	529,29	-	363,04	408,42	-	261,68	294,39	-	166,56	187,38	-	77,68	87,39	-	7,36	8
	II	5.948	-	475,84	535,32	-	368,08	414,09	-	266,48	299,79	-	171,04	192,42	-	81,76	91,98	-	10,08	11,34	-	-	
	III	3.506	-	280,48	315,54	-	191,68	215,64	-	108,16	121,68	-	39,20	44,10	-	-	-	-	-	-	-	-	
	IV	7.301	-	584,08	657,09	-	526,48	592,29	-	470,48	529,29	-	416,00	468,00	-	363,04	408,42	-	311,60	350,55	-	261,68	294
	V	12.327	-	986,16	1.109,43																		
	VI	12.859	-	1.028,72	1.157,31																		
48.779,99	I	7.311	-	584,88	657,99	-	471,20	530,10	-	363,68	409,14	-	262,32	295,11	-	167,20	188,10	-	78,24	88,02	-	7,76	8
	II	5.957	-	476,56	536,13	-	368,72	414,81	-	267,12	300,51	-	171,60	193,05	-	82,32	92,61	-	10,40	11,70	-	-	
	III	3.512	-	280,96	316,08	-	192,32	216,36	-	108,64	122,22	-	39,52	44,46	-	-	-	-	-	-	-	-	
	IV	7.311	-	584,88	657,99	-	527,28	593,19	-	471,20	530,10	-	416,64	468,72	-	363,68	409,14	-	312,24	351,27	-	262,32	295
	V	12.339	-	987,12	1.110,51																		
	VI	12.871	-	1.029,68	1.158,39																		
48.815,99	I	7.321	-	585,68	658,89	-	471,92	530,91	-	364,40	409,95	-	263,04	295,92	-	167,84	188,82	-	78,80	88,65	-	8,08	9
	II	5.966	-	477,28	536,94	-	369,44	415,62	-	267,76	301,23	-	172,24	193,77	-	82,96	93,33	-	10,80	12,15	-	-	
	III	3.520	-	281,60	316,80	-	192,80	216,90	-	109,12	122,76	-	40,00	45,00	-	-	-	-	-	-	-	-	
	IV	7.321	-	585,68	658,89	-	528,00	594,00	-	471,92	530,91	-	417,36	469,53	-	364,40	409,95	-	312,88	351,99	-	263,04	295
	V	12.352	-	988,16	1.111,68																		
	VI	12.883	-	1.030,64	1.159,47																		
48.851,99	I	7.330	-	586,40	659,70	-	472,64	531,72	-	365,04	410,67	-	263,68	296,64	-	168,40	189,45	-	79,36	89,28	-	8,48	9
	II	5.975	-	478,00	537,75	-	370,08	416,34	-	268,40	301,95	-	172,88	194,49	-	83,52	93,96	-	11,12	12,51	-	-	
	III	3.528	-	282,24	317,52	-	193,44	217,62	-	109,76	123,48	-	40,32	45,36	-	-	-	-	-	-	-	-	
	IV	7.330	-	586,40	659,70	-	528,72	594,81	-	472,64	531,72	-	418,08	470,34	-	365,04	410,67	-	313,60	352,80	-	263,68	296
	V	12.364	-	989,12	1.112,76																		
	VI	12.896	-	1.031,68	1.160,64																		
48.887,99	I	7.339	-	587,12	660,51	-	473,36	532,53	-	365,76	411,48	-	264,24	297,27	-	168,96	190,08	-	79,92	89,91	-	8,80	9
	II	5.984	-	478,72	538,56	-	370,80	417,15	-	269,04	302,67	-	173,44	195,12	-	84,08	94,59	-	11,52	12,96	-	-	
	III	3.534	-	282,72	318,06	-	194,08	218,34	-	110,24	124,02	-	40,80	45,90	-	-	-	-	-	-	-	-	
	IV	7.339	-	587,12	660,51	-	529,52	595,71	-	473,36	532,53	-	418,80	471,15	-	365,76	411,48	-	314,24	353,52	-	264,24	297
	V	12.376	-	990,08	1.113,84																		
	VI	12.908	-	1.032,64	1.161,72																		
48.923,99	I	7.349	-	587,92	661,41	-	474,08	533,34	-	366,40	412,20	-	264,88	297,99	-	169,60	190,80	-	80,48	90,54	-	9,20	10
	II	5.993	-	479,44	539,37	-	371,44	417,87	-	269,68	303,39	-	174,08	195,84	-	84,64	95,22	-	11,92	13,41	-	-	
	III	3.542	-	283,36	318,78	-	194,56	218,88	-	110,72	124,56	-	41,12	46,26	-	-	-	-	-	-	-	-	
	IV	7.349	-	587,92	661,41	-	530,24	596,52	-	474,08	533,34	-	419,44	471,87	-	366,40	412,20	-	314,88	354,24	-	264,88	297
	V	12.388	-	991,04	1.114,92																		
	VI	12.920	-	1.033,60	1.162,80																		
48.959,99	I	7.359	-	588,72	662,31	-	474,80	534,15	-	367,12	413,01	-	265,60	298,80	-	170,24	191,52	-	81,04	91,17	-	9,52	10
	II	6.002	-	480,16	540,18	-	372,16	418,68	-	270,32	304,11	-	174,64	196,47	-	85,20	95,85	-	12,24	13,77	-	-	
	III	3.550	-	284,00	319,50	-	195,20	219,60	-	111,20	125,10	-	41,60	46,80	-	-	-	-	-	-	-	-	
	IV	7.359	-	588,72	662,31	-	530,96	597,33	-	474,80	534,15	-	420,16	472,68	-	367,12	413,01	-	315,60	355,05	-	265,60	298
	V	12.401	-	992,08	1.116,09																		
	VI	12.933	-	1.034,64	1.163,97																		
48.995,99	I	7.368	-	589,44	663,12	-	475,52	534,96	-	367,76	413,73	-	266,24	299,52	-	170,80	192,15	-	81,60	91,80	-	9,92	11
	II	6.011	-	480,88	540,99	-	372,88	419,49	-	270,96	304,83	-	175,28	197,19	-	85,76	96,48	-	12,64	14,22	-	-	
	III	3.558	-	284,64	320,22	-	195,68	220,14	-	111,68	125,64	-	41,92	47,16	-	-	-	-	-	-	-	-	
	IV	7.368	-	589,44	663,12	-	531,76	598,23	-	475,52	534,96	-	420,88	473,49	-	367,76	413,73	-	316,24	355,77	-	266,24	299
	V	12.413	-	993,04	1.117,17																		
	VI	12.945	-	1.035,60	1.165,05																		
49.031,99	I	7.378	-	590,24	664,02	-	476,24	535,77	-	368,48	414,54	-	266,88	300,24	-	171,44	192,87	-	82,16	92,43	-	10,24	11
	II	6.020	-	481,60	541,80	-	373,52	420,21	-	271,60	305,55	-	175,84	197,82	-	86,32	97,11	-	13,04	14,67	-	-	
	III	3.564	-	285,12	320,76	-	196,32	220,86	-	112,16	126,18	-	42,40	47,70	-	-	-	-	-	-	-	-	
	IV	7.378	-	590,24	664,02	-	532,48	599,04	-	476,24	535,77	-	421,60	474,30	-	368,48	414,54	-	316,88	356,49	-	266,88	300
	V	12.425	-	994,00	1.118,25																		
	VI	12.957	-	1.036,56	1.166,13																		
49.067,99	I	7.388	-	591,04	664,92	-	476,96	536,58	-	369,20	415,35	-	267,52	300,96	-	172,00	193,50	-	82,72	93,06	-	10,64	11,
	II	6.029	-	482,32	542,61	-	374,24	421,02	-	272,24	306,27	-	176,48	198,54	-	86,88	97,74	-	13,44	15,12	-	-	
	III	3.572	-	285,76	321,48	-	196,96	221,58	-	112,80	126,90	-	42,72	48,06	-	-	-	-	-	-	-	-	
	IV	7.388	-	591,04	664,92	-	533,20	599,85	-	476,96	536,58	-	422,32	475,11	-	369,20	415,35	-	317,60	357,30	-	267,52	300,
	V	12.438	-	995,04	1.119,42																		
	VI	12.970	-	1.037,60	1.167,30																		
49.103,99	I	7.397	-	591,76	665,73	-	477,68	537,39	-	369,84	416,07	-	268,16	301,68	-	172,64	194,22	-	83,28	93,69	-	11,04	12,
	II	6.038	-	483,04	543,42	-	374,88	421,74	-	272,88	306,99	-	177,12	199,26	-	87,44	98,37	-	13,76	15,48	-	-	
	III	3.580	-	286,40	322,20	-	197,44	222,12	-	113,28	127,44	-	43,20	48,60	-	-	-	-	-	-	-	-	
	IV	7.397	-	591,76	665,73	-	534,00	600,75	-	477,68	537,39	-	423,04	475,92	-	369,84	416,07	-	318,24	358,02	-	268,16	301,
	V	12.450	-	996,00	1.120,50																		
	VI	12.982	-	1.038,56	1.168,38																		
49.139,99	I	7.406	-	592,48	666,54	-	478,40	538,20	-	370,56	416,88	-	268,80	302,40	-	173,20	194,85	-	83,84	94,32	-	11,36	12,
	II	6.047	-	483,76	544,23	-	375,60	422,55	-	273,52	307,71	-	177,68	199,89	-	88,00	99,00	-	14,16	15,93	-	-	
	III	3.586	-	286,88	322,74	-	198,08	222,84	-	113,76	127,98	-	43,52	48,96	-	-	-	-	-	-	-	-	
	IV	7.406	-	592,48	666,54	-	534,72	601,56	-	478,40	538,20	-	423,68	476,64	-	370,56	416,88	-	318,88	358,74	-	268,80	302,
	V	12.462	-	996,96	1.121,58																		
	VI	12.994	-	1.039,52	1.169,46																		

SolZ/KiSt lt. Tabelle nicht für Sonstige Bezüge anwendbar.

Allgemeine Tabelle

JAHR bis 49.679,99 €

Lohn/ Gehalt bis	Steuerklasse	Lohnsteuer	ohne Kinderfreibetrag SolZ 5,5%	Kirchensteuer 8%	Kirchensteuer 9%	0,5 SolZ 5,5%	0,5 Kirchensteuer 8%	0,5 Kirchensteuer 9%	1,0 SolZ 5,5%	1,0 Kirchensteuer 8%	1,0 Kirchensteuer 9%	1,5 SolZ 5,5%	1,5 Kirchensteuer 8%	1,5 Kirchensteuer 9%	2,0 SolZ 5,5%	2,0 Kirchensteuer 8%	2,0 Kirchensteuer 9%	2,5 SolZ 5,5%	2,5 Kirchensteuer 8%	2,5 Kirchensteuer 9%	3,0 SolZ 5,5%	3,0 Kirchensteuer 8%	3,0 Kirchensteuer 9%
						Anzahl Kinderfreibeträge (nur Steuerklassen I–IV)																	
49.175,99	I	7.416	-	593,28	667,44	-	479,12	539,01	-	371,20	417,60	-	269,44	303,12	-	173,84	195,57	-	84,40	94,95	-	11,76	13,23
	II	6.057	-	484,56	545,13	-	376,24	423,27	-	274,16	308,43	-	178,32	200,61	-	88,56	99,63	-	14,56	16,38	-	-	-
	III	3.594	-	287,52	323,46	-	198,56	223,38	-	114,24	128,52	-	44,00	49,50	-	-	-	-	-	-	-	-	-
	IV	7.416	-	593,28	667,44	-	535,44	602,37	-	479,12	539,01	-	424,40	477,45	-	371,20	417,60	-	319,52	359,46	-	269,44	303,12
	V	12.474	-	997,92	1.122,66																		
	VI	13.006	-	1.040,48	1.170,54																		
49.211,99	I	7.426	-	594,08	668,34	-	479,92	539,91	-	371,92	418,41	-	270,08	303,84	-	174,48	196,29	-	84,96	95,58	-	12,16	13,68
	II	6.066	-	485,28	545,94	-	376,96	424,08	-	274,88	309,24	-	178,96	201,33	-	89,12	100,26	-	14,96	16,83	-	-	-
	III	3.602	-	288,16	324,18	-	199,20	224,10	-	114,72	129,06	-	44,32	49,86	-	-	-	-	-	-	-	-	-
	IV	7.426	-	594,08	668,34	-	536,24	603,27	-	479,92	539,91	-	425,12	478,26	-	371,92	418,41	-	320,24	360,27	-	270,08	303,84
	V	12.487	-	998,96	1.123,83																		
	VI	13.019	-	1.041,52	1.171,71																		
49.247,99	I	7.435	-	594,80	669,15	-	480,64	540,72	-	372,56	419,13	-	270,72	304,56	-	175,04	196,92	-	85,52	96,21	-	12,48	14,04
	II	6.075	-	486,00	546,75	-	377,68	424,89	-	275,52	309,96	-	179,52	201,96	-	89,68	100,89	-	15,28	17,19	-	-	-
	III	3.610	-	288,80	324,90	-	199,68	224,64	-	115,36	129,78	-	44,80	50,40	-	-	-	-	-	-	-	-	-
	IV	7.435	-	594,80	669,15	-	536,96	604,08	-	480,64	540,72	-	425,84	479,07	-	372,56	419,13	-	320,88	360,99	-	270,72	304,56
	V	12.499	-	999,92	1.124,91																		
	VI	13.031	-	1.042,48	1.172,79																		
49.283,99	I	7.445	-	595,60	670,05	-	481,36	541,53	-	373,28	419,94	-	271,36	305,28	-	175,68	197,64	-	86,08	96,84	-	12,88	14,49
	II	6.084	-	486,72	547,56	-	378,32	425,61	-	276,16	310,68	-	180,16	202,68	-	90,24	101,52	-	15,68	17,64	-	-	-
	III	3.616	-	289,28	325,44	-	200,32	225,36	-	115,84	130,32	-	45,28	50,94	-	-	-	-	-	-	-	-	-
	IV	7.445	-	595,60	670,05	-	537,68	604,89	-	481,36	541,53	-	426,56	479,88	-	373,28	419,94	-	321,52	361,71	-	271,36	305,28
	V	12.511	-	1.000,88	1.125,99																		
	VI	13.043	-	1.043,44	1.173,87																		
49.319,99	I	7.455	-	596,40	670,95	-	482,08	542,34	-	374,00	420,75	-	272,00	306,00	-	176,24	198,27	-	86,64	97,47	-	13,28	14,94
	II	6.093	-	487,44	548,37	-	379,04	426,42	-	276,80	311,40	-	180,72	203,31	-	90,88	102,24	-	16,08	18,09	-	-	-
	III	3.624	-	289,92	326,16	-	200,80	225,90	-	116,32	130,86	-	45,60	51,30	-	-	-	-	-	-	-	-	-
	IV	7.455	-	596,40	670,95	-	538,48	605,79	-	482,08	542,34	-	427,28	480,69	-	374,00	420,75	-	322,24	362,52	-	272,00	306,00
	V	12.524	-	1.001,92	1.127,16																		
	VI	13.056	-	1.044,48	1.175,04																		
49.355,99	I	7.464	-	597,12	671,76	-	482,80	543,15	-	374,64	421,47	-	272,64	306,72	-	176,88	198,99	-	87,20	98,10	-	13,68	15,39
	II	6.102	-	488,16	549,18	-	379,76	427,23	-	277,44	312,12	-	181,36	204,03	-	91,44	102,87	-	16,48	18,54	-	-	-
	III	3.632	-	290,56	326,88	-	201,44	226,62	-	116,80	131,40	-	46,08	51,84	-	-	-	-	-	-	-	-	-
	IV	7.464	-	597,12	671,76	-	539,20	606,60	-	482,80	543,15	-	427,92	481,41	-	374,64	421,47	-	322,88	363,24	-	272,64	306,72
	V	12.536	-	1.002,88	1.128,24																		
	VI	13.068	-	1.045,44	1.176,12																		
49.391,99	I	7.474	-	597,92	672,66	-	483,52	543,96	-	375,36	422,28	-	273,28	307,44	-	177,44	199,62	-	87,76	98,73	-	14,00	15,75
	II	6.111	-	488,88	549,99	-	380,40	427,95	-	278,08	312,84	-	181,92	204,66	-	92,00	103,50	-	16,88	18,99	-	-	-
	III	3.638	-	291,04	327,42	-	202,08	227,34	-	117,28	131,94	-	46,40	52,20	-	-	-	-	-	-	-	-	-
	IV	7.474	-	597,92	672,66	-	539,92	607,41	-	483,52	543,96	-	428,64	482,22	-	375,36	422,28	-	323,52	363,96	-	273,28	307,44
	V	12.548	-	1.003,84	1.129,32																		
	VI	13.080	-	1.046,40	1.177,20																		
49.427,99	I	7.483	-	598,64	673,47	-	484,24	544,77	-	376,00	423,00	-	274,00	308,25	-	178,08	200,34	-	88,40	99,45	-	14,40	16,20
	II	6.121	-	489,68	550,89	-	381,12	428,76	-	278,80	313,65	-	182,56	205,38	-	92,56	104,13	-	17,28	19,44	-	-	-
	III	3.646	-	291,68	328,14	-	202,56	227,88	-	117,92	132,66	-	46,88	52,74	-	-	-	-	-	-	-	-	-
	IV	7.483	-	598,64	673,47	-	540,72	608,31	-	484,24	544,77	-	429,36	483,03	-	376,00	423,00	-	324,24	364,77	-	274,00	308,25
	V	12.561	-	1.004,88	1.130,49																		
	VI	13.093	-	1.047,44	1.178,37																		
49.463,99	I	7.493	-	599,44	674,37	-	484,96	545,58	-	376,72	423,81	-	274,64	308,97	-	178,72	201,06	-	88,96	100,08	-	14,80	16,65
	II	6.130	-	490,40	551,70	-	381,84	429,57	-	279,44	314,37	-	183,20	206,10	-	93,12	104,76	-	17,68	19,89	-	-	-
	III	3.654	-	292,32	328,86	-	203,20	228,60	-	118,40	133,20	-	47,36	53,28	-	-	-	-	-	-	-	-	-
	IV	7.493	-	599,44	674,37	-	541,44	609,12	-	484,96	545,58	-	430,08	483,84	-	376,72	423,81	-	324,88	365,49	-	274,64	308,97
	V	12.573	-	1.005,84	1.131,57																		
	VI	13.105	-	1.048,40	1.179,45																		
49.499,99	I	7.503	-	600,24	675,27	-	485,68	546,39	-	377,44	424,62	-	275,28	309,69	-	179,28	201,69	-	89,52	100,71	-	15,20	17,10
	II	6.139	-	491,12	552,51	-	382,48	430,29	-	280,08	315,09	-	183,76	206,73	-	93,68	105,39	-	18,08	20,34	-	-	-
	III	3.660	-	292,80	329,40	-	203,68	229,14	-	118,88	133,74	-	47,68	53,64	-	-	-	-	-	-	-	-	-
	IV	7.503	-	600,24	675,27	-	542,16	609,93	-	485,68	546,39	-	430,80	484,65	-	377,44	424,62	-	325,52	366,21	-	275,28	309,69
	V	12.585	-	1.006,80	1.132,65																		
	VI	13.117	-	1.049,36	1.180,53																		
49.535,99	I	7.512	-	600,96	676,08	-	486,40	547,20	-	378,08	425,34	-	275,92	310,41	-	179,92	202,41	-	90,08	101,34	-	15,52	17,46
	II	6.148	-	491,84	553,32	-	383,20	431,10	-	280,72	315,81	-	184,40	207,45	-	94,24	106,02	-	18,48	20,79	-	-	-
	III	3.668	-	293,44	330,12	-	204,32	229,86	-	119,36	134,28	-	48,16	54,18	-	-	-	-	-	-	-	-	-
	IV	7.512	-	600,96	676,08	-	542,96	610,83	-	486,40	547,20	-	431,52	485,46	-	378,08	425,34	-	326,24	367,02	-	275,92	310,41
	V	12.597	-	1.007,76	1.133,73																		
	VI	13.129	-	1.050,32	1.181,61																		
49.571,99	I	7.522	-	601,76	676,98	-	487,20	548,10	-	378,80	426,15	-	276,56	311,13	-	180,48	203,04	-	90,64	101,97	-	15,92	17,91
	II	6.157	-	492,56	554,13	-	383,84	431,82	-	281,36	316,53	-	185,04	208,17	-	94,88	106,74	-	18,88	21,24	-	-	-
	III	3.676	-	294,08	330,84	-	204,96	230,58	-	120,00	135,00	-	48,48	54,54	-	-	-	-	-	-	-	-	-
	IV	7.522	-	601,76	676,98	-	543,68	611,64	-	487,20	548,10	-	432,24	486,27	-	378,80	426,15	-	326,88	367,74	-	276,56	311,13
	V	12.610	-	1.008,80	1.134,90																		
	VI	13.142	-	1.051,36	1.182,78																		
49.607,99	I	7.531	-	602,48	677,79	-	487,92	548,91	-	379,44	426,87	-	277,20	311,85	-	181,12	203,76	-	91,20	102,60	-	16,32	18,36
	II	6.166	-	493,28	554,94	-	384,56	432,63	-	282,00	317,25	-	185,60	208,80	-	95,44	107,37	-	19,28	21,69	-	-	-
	III	3.682	-	294,56	331,38	-	205,44	231,12	-	120,48	135,54	-	48,96	55,08	-	-	-	-	-	-	-	-	-
	IV	7.531	-	602,48	677,79	-	544,40	612,45	-	487,92	548,91	-	432,88	486,99	-	379,44	426,87	-	327,60	368,55	-	277,20	311,85
	V	12.622	-	1.009,76	1.135,98																		
	VI	13.154	-	1.052,32	1.183,86																		
49.643,99	I	7.541	-	603,28	678,69	-	488,64	549,72	-	380,16	427,68	-	277,84	312,57	-	181,76	204,48	-	91,76	103,23	-	16,72	18,81
	II	6.175	-	494,00	555,75	-	385,28	433,44	-	282,64	317,97	-	186,24	209,52	-	96,00	108,00	-	19,60	22,05	-	-	-
	III	3.690	-	295,20	332,10	-	206,08	231,84	-	120,96	136,08	-	49,28	55,44	-	-	-	-	-	-	-	-	-
	IV	7.541	-	603,28	678,69	-	545,20	613,35	-	488,64	549,72	-	433,60	487,80	-	380,16	427,68	-	328,24	369,27	-	277,84	312,57
	V	12.634	-	1.010,72	1.137,06																		
	VI	13.166	-	1.053,28	1.184,94																		
49.679,99	I	7.551	-	604,08	679,59	-	489,36	550,53	-	380,88	428,49	-	278,48	313,29	-	182,32	205,11	-	92,32	103,86	-	17,12	19,26
	II	6.185	-	494,80	556,65	-	385,92	434,16	-	283,28	318,69	-	186,88	210,24	-	96,56	108,63	-	20,08	22,59	-	-	-
	III	3.698	-	295,84	332,82	-	206,56	232,38	-	121,44	136,62	-	49,76	55,98	-	-	-	-	-	-	-	-	-
	IV	7.551	-	604,08	679,59	-	545,92	614,16	-	489,36	550,53	-	434,32	488,61	-	380,88	428,49	-	328,88	369,99	-	278,48	313,29
	V	12.647	-	1.011,76	1.138,23																		
	VI	13.179	-	1.054,32	1.186,11																		

SolZ/KiSt lt. Tabelle nicht für Sonstige Bezüge anwendbar.

JAHR bis 50.219,99 €

Allgemeine Tabelle

Lohn/ Gehalt bis	Steuerklasse	Lohn-steuer	ohne Kinderfreibetrag SolZ 5,5%	Kirchensteuer 8%	Kirchensteuer 9%	0,5 SolZ 5,5%	0,5 Kirchensteuer 8%	0,5 Kirchensteuer 9%	1,0 SolZ 5,5%	1,0 Kirchensteuer 8%	1,0 Kirchensteuer 9%	1,5 SolZ 5,5%	1,5 Kirchensteuer 8%	1,5 Kirchensteuer 9%	2,0 SolZ 5,5%	2,0 Kirchensteuer 8%	2,0 Kirchensteuer 9%	2,5 SolZ 5,5%	2,5 Kirchensteuer 8%	2,5 Kirchensteuer 9%	3,0 SolZ 5,5%	3,0 Kirchensteuer 8%	3,0 Kirchensteuer 9%
49.715,99	I	7.560	-	604,80	680,40	-	490,08	551,34	-	381,52	429,21	-	279,20	314,10	-	182,96	205,83	-	92,88	104,49	-	17,52	19
	II	6.194	-	495,52	557,46	-	386,64	434,97	-	284,00	319,50	-	187,44	210,87	-	97,12	109,26	-	20,48	23,04	-	-	
	III	3.706	-	296,48	333,54	-	207,20	233,10	-	121,92	137,16	-	50,24	56,52	-	-	-	-	-	-	-	-	
	IV	7.560	-	604,80	680,40	-	546,72	615,06	-	490,08	551,34	-	435,04	489,42	-	381,52	429,21	-	329,60	370,80	-	279,20	314
	V	12.659	-	1.012,72	1.139,31																		
	VI	13.191	-	1.055,28	1.187,19																		
49.751,99	I	7.570	-	605,60	681,30	-	490,80	552,15	-	382,24	430,02	-	279,84	314,82	-	183,52	206,46	-	93,44	105,12	-	17,92	20
	II	6.203	-	496,24	558,27	-	387,36	435,78	-	284,64	320,22	-	188,08	211,59	-	97,68	109,89	-	20,88	23,49	-	-	
	III	3.712	-	296,96	334,08	-	207,84	233,82	-	122,56	137,88	-	50,56	56,88	-	-	-	-	-	-	-	-	
	IV	7.570	-	605,60	681,30	-	547,44	615,87	-	490,80	552,15	-	435,76	490,23	-	382,24	430,02	-	330,24	371,52	-	279,84	314
	V	12.671	-	1.013,68	1.140,39																		
	VI	13.203	-	1.056,24	1.188,27																		
49.787,99	I	7.579	-	606,32	682,11	-	491,52	552,96	-	382,88	430,74	-	280,48	315,54	-	184,16	207,18	-	94,08	105,84	-	18,32	20
	II	6.212	-	496,96	559,08	-	388,00	436,50	-	285,28	320,94	-	188,64	212,22	-	98,24	110,52	-	21,28	23,94	-	-	
	III	3.720	-	297,60	334,80	-	208,32	234,36	-	123,04	138,42	-	51,04	57,42	-	-	-	-	-	-	-	-	
	IV	7.579	-	606,32	682,11	-	548,16	616,68	-	491,52	552,96	-	436,48	491,04	-	382,88	430,74	-	330,88	372,24	-	280,48	315
	V	12.684	-	1.014,72	1.141,56																		
	VI	13.215	-	1.057,20	1.189,35																		
49.823,99	I	7.589	-	607,12	683,01	-	492,32	553,86	-	383,60	431,55	-	281,12	316,26	-	184,80	207,90	-	94,64	106,47	-	18,72	21
	II	6.221	-	497,68	559,89	-	388,72	437,31	-	285,92	321,66	-	189,28	212,94	-	98,80	111,15	-	21,68	24,39	-	-	
	III	3.728	-	298,24	335,52	-	208,96	235,08	-	123,52	138,96	-	51,52	57,96	-	-	-	-	-	-	-	-	
	IV	7.589	-	607,12	683,01	-	548,96	617,58	-	492,32	553,86	-	437,20	491,85	-	383,60	431,55	-	331,60	373,05	-	281,12	316
	V	12.696	-	1.015,68	1.142,64																		
	VI	13.228	-	1.058,24	1.190,52																		
49.859,99	I	7.599	-	607,92	683,91	-	493,04	554,67	-	384,32	432,36	-	281,76	316,98	-	185,36	208,53	-	95,20	107,10	-	19,12	21
	II	6.230	-	498,40	560,70	-	389,44	438,12	-	286,56	322,38	-	189,92	213,66	-	99,44	111,87	-	22,08	24,84	-	-	
	III	3.736	-	298,88	336,24	-	209,44	235,62	-	124,16	139,68	-	51,84	58,32	-	-	-	-	-	-	-	-	
	IV	7.599	-	607,92	683,91	-	549,68	618,39	-	493,04	554,67	-	437,92	492,66	-	384,32	432,36	-	332,24	373,77	-	281,76	316
	V	12.708	-	1.016,64	1.143,72																		
	VI	13.240	-	1.059,20	1.191,60																		
49.895,99	I	7.608	-	608,64	684,72	-	493,76	555,48	-	384,96	433,08	-	282,40	317,70	-	186,00	209,25	-	95,76	107,73	-	19,52	21
	II	6.239	-	499,12	561,51	-	390,08	438,84	-	287,20	323,10	-	190,48	214,29	-	100,00	112,50	-	22,48	25,29	-	-	
	III	3.742	-	299,36	336,78	-	210,08	236,34	-	124,64	140,22	-	52,32	58,86	-	-	-	-	-	-	-	-	
	IV	7.608	-	608,64	684,72	-	550,40	619,20	-	493,76	555,48	-	438,56	493,38	-	384,96	433,08	-	332,96	374,58	-	282,40	317
	V	12.721	-	1.017,68	1.144,89																		
	VI	13.252	-	1.060,16	1.192,68																		
49.931,99	I	7.618	-	609,44	685,62	-	494,48	556,29	-	385,68	433,89	-	283,04	318,42	-	186,64	209,97	-	96,32	108,36	-	19,92	22
	II	6.249	-	499,92	562,41	-	390,80	439,65	-	287,92	323,91	-	191,12	215,01	-	100,56	113,13	-	22,88	25,74	-	-	
	III	3.750	-	300,00	337,50	-	210,56	236,88	-	125,12	140,76	-	52,64	59,22	-	-	-	-	-	-	-	-	
	IV	7.618	-	609,44	685,62	-	551,20	620,10	-	494,48	556,29	-	439,36	494,28	-	385,68	433,89	-	333,60	375,30	-	283,04	318
	V	12.733	-	1.018,64	1.145,97																		
	VI	13.265	-	1.061,20	1.193,85																		
49.967,99	I	7.628	-	610,24	686,52	-	495,20	557,10	-	386,40	434,70	-	283,68	319,14	-	187,20	210,60	-	96,88	108,99	-	20,32	22
	II	6.258	-	500,64	563,22	-	391,52	440,46	-	288,56	324,63	-	191,76	215,73	-	101,12	113,76	-	23,28	26,19	-	-	
	III	3.758	-	300,64	338,22	-	211,20	237,60	-	125,60	141,30	-	53,12	59,76	-	-	-	-	-	-	-	-	
	IV	7.628	-	610,24	686,52	-	551,92	620,91	-	495,20	557,10	-	440,00	495,00	-	386,40	434,70	-	334,24	376,02	-	283,68	319
	V	12.745	-	1.019,60	1.147,05																		
	VI	13.277	-	1.062,16	1.194,93																		
50.003,99	I	7.637	-	610,96	687,33	-	495,92	557,91	-	387,04	435,42	-	284,40	319,95	-	187,84	211,32	-	97,44	109,62	-	20,72	23
	II	6.267	-	501,36	564,03	-	392,16	441,18	-	289,20	325,35	-	192,32	216,36	-	101,68	114,39	-	23,68	26,64	-	-	
	III	3.764	-	301,12	338,76	-	211,84	238,32	-	126,24	142,02	-	53,60	60,30	-	-	-	-	-	-	-	-	
	IV	7.637	-	610,96	687,33	-	552,72	621,81	-	495,92	557,91	-	440,72	495,81	-	387,04	435,42	-	334,96	376,83	-	284,40	319
	V	12.757	-	1.020,56	1.148,13																		
	VI	13.289	-	1.063,12	1.196,01																		
50.039,99	I	7.647	-	611,76	688,23	-	496,72	558,81	-	387,76	436,23	-	285,04	320,67	-	188,48	212,04	-	98,08	110,34	-	21,12	23
	II	6.276	-	502,08	564,84	-	392,88	441,99	-	289,84	326,07	-	192,96	217,08	-	102,24	115,02	-	24,16	27,18	-	-	
	III	3.772	-	301,76	339,48	-	212,32	238,86	-	126,72	142,56	-	53,92	60,66	-	-	-	-	-	-	-	-	
	IV	7.647	-	611,76	688,23	-	553,44	622,62	-	496,72	558,81	-	441,44	496,62	-	387,76	436,23	-	335,60	377,55	-	285,04	320
	V	12.770	-	1.021,60	1.149,30																		
	VI	13.302	-	1.064,16	1.197,18																		
50.075,99	I	7.657	-	612,56	689,13	-	497,44	559,62	-	388,48	437,04	-	285,68	321,39	-	189,04	212,67	-	98,64	110,97	-	21,52	24
	II	6.285	-	502,80	565,65	-	393,60	442,80	-	290,48	326,79	-	193,60	217,80	-	102,88	115,74	-	24,56	27,63	-	-	
	III	3.780	-	302,40	340,20	-	212,96	239,58	-	127,20	143,10	-	54,40	61,20	-	-	-	-	-	-	-	-	
	IV	7.657	-	612,56	689,13	-	554,24	623,52	-	497,44	559,62	-	442,16	497,43	-	388,48	437,04	-	336,32	378,36	-	285,68	321
	V	12.782	-	1.022,56	1.150,38																		
	VI	13.314	-	1.065,12	1.198,26																		
50.111,99	I	7.667	-	613,36	690,03	-	498,16	560,43	-	389,12	437,76	-	286,32	322,11	-	189,68	213,39	-	99,20	111,60	-	21,92	24
	II	6.295	-	503,60	566,55	-	394,24	443,52	-	291,12	327,51	-	194,16	218,43	-	103,44	116,37	-	24,96	28,08	-	-	
	III	3.788	-	303,04	340,92	-	213,44	240,12	-	127,84	143,82	-	54,88	61,74	-	-	-	-	-	-	-	-	
	IV	7.667	-	613,36	690,03	-	554,96	624,33	-	498,16	560,43	-	442,88	498,24	-	389,12	437,76	-	336,96	379,08	-	286,32	322,
	V	12.794	-	1.023,52	1.151,46																		
	VI	13.326	-	1.066,08	1.199,34																		
50.147,99	I	7.676	-	614,08	690,84	-	498,88	561,24	-	389,84	438,57	-	286,96	322,83	-	190,24	214,02	-	99,76	112,23	-	22,32	25,
	II	6.304	-	504,32	567,36	-	394,96	444,33	-	291,76	328,23	-	194,80	219,15	-	104,00	117,00	-	25,36	28,53	-	-	
	III	3.794	-	303,52	341,46	-	214,08	240,84	-	128,32	144,36	-	55,20	62,10	-	-	-	-	-	-	-	-	
	IV	7.676	-	614,08	690,84	-	555,68	625,14	-	498,88	561,24	-	443,60	499,05	-	389,84	438,57	-	337,60	379,80	-	286,96	322,
	V	12.807	-	1.024,56	1.152,63																		
	VI	13.338	-	1.067,04	1.200,42																		
50.183,99	I	7.686	-	614,88	691,74	-	499,60	562,05	-	390,56	439,38	-	287,60	323,55	-	190,88	214,74	-	100,32	112,86	-	22,72	25,
	II	6.313	-	505,04	568,17	-	395,68	445,14	-	292,48	329,04	-	195,44	219,87	-	104,56	117,63	-	25,84	29,07	-	-	
	III	3.802	-	304,16	342,18	-	214,72	241,56	-	128,80	144,90	-	55,68	62,64	-	-	-	-	-	-	-	-	
	IV	7.686	-	614,88	691,74	-	556,48	626,04	-	499,60	562,05	-	444,32	499,86	-	390,56	439,38	-	338,32	380,61	-	287,60	323,
	V	12.819	-	1.025,52	1.153,71																		
	VI	13.351	-	1.068,08	1.201,59																		
50.219,99	I	7.696	-	615,68	692,64	-	500,32	562,86	-	391,20	440,10	-	288,32	324,36	-	191,52	215,46	-	100,88	113,49	-	23,12	26,
	II	6.322	-	505,76	568,98	-	396,32	445,86	-	293,12	329,76	-	196,00	220,50	-	105,12	118,26	-	26,24	29,52	-	-	
	III	3.810	-	304,80	342,90	-	215,20	242,10	-	129,28	145,44	-	56,16	63,18	-	-	-	-	-	-	-	-	
	IV	7.696	-	615,68	692,64	-	557,20	626,85	-	500,32	562,86	-	445,04	500,67	-	391,20	440,10	-	338,96	381,33	-	288,32	324,
	V	12.831	-	1.026,48	1.154,79																		
	VI	13.363	-	1.069,04	1.202,67																		

SolZ/KiSt lt. Tabelle nicht für Sonstige Bezüge anwendbar.

Lohn/ Gehalt bis	Steuerklasse	Lohn-steuer	ohne Kinderfreibetrag			Anzahl Kinderfreibeträge (nur Steuerklassen I–IV)																	
						0,5			1,0			1,5			2,0			2,5			3,0		
			SolZ 5,5%	Kirchensteuer 8%	9%	SolZ 5,5%	Kirchensteuer 8%	9%	SolZ 5,5%	Kirchensteuer 8%	9%	SolZ 5,5%	Kirchensteuer 8%	9%	SolZ 5,5%	Kirchensteuer 8%	9%	SolZ 5,5%	Kirchensteuer 8%	9%	SolZ 5,5%	Kirchensteuer 8%	9%
0.255,99	I	7.705	-	616,40	693,45	-	501,04	563,67	-	391,92	440,91	-	288,96	325,08	-	192,08	216,09	-	101,44	114,12	-	23,52	26,46
	II	6.331	-	506,48	569,79	-	397,04	446,67	-	293,76	330,48	-	196,64	221,22	-	105,68	118,89	-	26,64	29,97	-	-	-
	III	3.818	-	305,44	343,62	-	215,84	242,82	-	129,92	146,16	-	56,48	63,54	-	-	-	-	-	-	-	-	-
	IV	7.705	-	616,40	693,45	-	558,00	627,75	-	501,04	563,67	-	445,76	501,48	-	391,92	440,91	-	339,68	382,14	-	288,96	325,08
	V	12.844	-	1.027,52	1.155,96																		
	VI	13.375	-	1.070,00	1.203,75																		
0.291,99	I	7.715	-	617,20	694,35	-	501,84	564,57	-	392,64	441,72	-	289,60	325,80	-	192,72	216,81	-	102,08	114,84	-	24,00	27,00
	II	6.341	-	507,28	570,69	-	397,76	447,48	-	294,40	331,20	-	197,28	221,94	-	106,32	119,61	-	27,04	30,42	-	-	-
	III	3.824	-	305,92	344,16	-	216,48	243,54	-	130,40	146,70	-	56,96	64,08	-	-	-	-	-	-	-	-	-
	IV	7.715	-	617,20	694,35	-	558,72	628,56	-	501,84	564,57	-	446,48	502,29	-	392,64	441,72	-	340,32	382,86	-	289,60	325,80
	V	12.856	-	1.028,48	1.157,04																		
	VI	13.388	-	1.071,04	1.204,92																		
0.327,99	I	7.725	-	618,00	695,25	-	502,56	565,38	-	393,28	442,44	-	290,24	326,52	-	193,36	217,53	-	102,64	115,47	-	24,40	27,45
	II	6.350	-	508,00	571,50	-	398,48	448,29	-	295,04	331,92	-	197,92	222,66	-	106,88	120,24	-	27,52	30,96	-	-	-
	III	3.832	-	306,56	344,88	-	216,96	244,08	-	130,88	147,24	-	57,44	64,62	-	-	-	-	-	-	-	-	-
	IV	7.725	-	618,00	695,25	-	559,52	629,46	-	502,56	565,38	-	447,20	503,10	-	393,28	442,44	-	341,04	383,67	-	290,24	326,52
	V	12.868	-	1.029,44	1.158,12																		
	VI	13.400	-	1.072,00	1.206,00																		
0.363,99	I	7.734	-	618,72	696,06	-	503,28	566,19	-	394,00	443,25	-	290,88	327,24	-	193,92	218,16	-	103,20	116,10	-	24,80	27,90
	II	6.359	-	508,72	572,31	-	399,12	449,01	-	295,76	332,73	-	198,48	223,29	-	107,44	120,87	-	27,92	31,41	-	-	-
	III	3.840	-	307,20	345,60	-	217,60	244,80	-	131,52	147,96	-	57,76	64,98	-	-	-	-	-	-	-	-	-
	IV	7.734	-	618,72	696,06	-	560,24	630,27	-	503,28	566,19	-	447,84	503,82	-	394,00	443,25	-	341,68	384,39	-	290,88	327,24
	V	12.881	-	1.030,48	1.159,29																		
	VI	13.412	-	1.072,96	1.207,08																		
0.399,99	I	7.744	-	619,52	696,96	-	504,08	567,09	-	394,72	444,06	-	291,60	328,05	-	194,56	218,88	-	103,76	116,73	-	25,20	28,35
	II	6.368	-	509,44	573,12	-	399,84	449,82	-	296,40	333,45	-	199,12	224,01	-	108,00	121,50	-	28,40	31,95	-	-	-
	III	3.848	-	307,84	346,32	-	218,08	245,34	-	132,00	148,50	-	58,24	65,52	-	0,16	0,18	-	-	-	-	-	-
	IV	7.744	-	619,52	696,96	-	561,04	631,17	-	504,08	567,09	-	448,64	504,72	-	394,72	444,06	-	342,40	385,20	-	291,60	328,05
	V	12.893	-	1.031,44	1.160,37																		
	VI	13.425	-	1.074,00	1.208,25																		
0.435,99	I	7.754	-	620,32	697,86	-	504,80	567,90	-	395,44	444,87	-	292,24	328,77	-	195,20	219,60	-	104,32	117,36	-	25,68	28,89
	II	6.378	-	510,24	574,02	-	400,56	450,63	-	297,04	334,17	-	199,76	224,73	-	108,56	122,13	-	28,80	32,40	-	-	-
	III	3.854	-	308,32	346,86	-	218,72	246,06	-	132,48	149,04	-	58,72	66,06	-	0,48	0,54	-	-	-	-	-	-
	IV	7.754	-	620,32	697,86	-	561,76	631,98	-	504,80	567,90	-	449,28	505,44	-	395,44	444,87	-	343,04	385,92	-	292,24	328,77
	V	12.905	-	1.032,40	1.161,45																		
	VI	13.437	-	1.074,96	1.209,33																		
0.471,99	I	7.763	-	621,04	698,67	-	505,52	568,71	-	396,08	445,59	-	292,88	329,49	-	195,84	220,32	-	104,96	118,08	-	26,08	29,34
	II	6.387	-	510,96	574,83	-	401,20	451,35	-	297,68	334,89	-	200,32	225,36	-	109,20	122,85	-	29,20	32,85	-	-	-
	III	3.862	-	308,96	347,58	-	219,20	246,60	-	133,12	149,76	-	59,20	66,60	-	0,80	0,90	-	-	-	-	-	-
	IV	7.763	-	621,04	698,67	-	562,48	632,79	-	505,52	568,71	-	450,00	506,25	-	396,08	445,59	-	343,68	386,64	-	292,88	329,49
	V	12.918	-	1.033,44	1.162,62																		
	VI	13.449	-	1.075,92	1.210,41																		
0.507,99	I	7.773	-	621,84	699,57	-	506,24	569,52	-	396,80	446,40	-	293,52	330,21	-	196,40	220,95	-	105,52	118,71	-	26,48	29,79
	II	6.396	-	511,68	575,64	-	401,92	452,16	-	298,32	335,61	-	200,96	226,08	-	109,76	123,48	-	29,68	33,39	-	-	-
	III	3.868	-	309,44	348,12	-	219,84	247,32	-	133,60	150,30	-	59,52	66,96	-	1,12	1,26	-	-	-	-	-	-
	IV	7.773	-	621,84	699,57	-	563,28	633,69	-	506,24	569,52	-	450,72	507,06	-	396,80	446,40	-	344,40	387,45	-	293,52	330,21
	V	12.930	-	1.034,40	1.163,70																		
	VI	13.461	-	1.076,88	1.211,49																		
0.543,99	I	7.783	-	622,64	700,47	-	506,96	570,33	-	397,52	447,21	-	294,16	330,93	-	197,04	221,67	-	106,08	119,34	-	26,96	30,33
	II	6.405	-	512,40	576,45	-	402,64	452,97	-	299,04	336,42	-	201,60	226,80	-	110,32	124,11	-	30,08	33,84	-	-	-
	III	3.876	-	310,08	348,84	-	220,48	248,04	-	134,24	151,02	-	60,00	67,50	-	1,44	1,62	-	-	-	-	-	-
	IV	7.783	-	622,64	700,47	-	564,00	634,50	-	506,96	570,33	-	451,44	507,87	-	397,52	447,21	-	345,04	388,17	-	294,16	330,93
	V	12.942	-	1.035,36	1.164,78																		
	VI	13.474	-	1.077,92	1.212,66																		
0.579,99	I	7.793	-	623,44	701,37	-	507,68	571,14	-	398,16	447,93	-	294,80	331,65	-	197,68	222,39	-	106,64	119,97	-	27,36	30,78
	II	6.414	-	513,12	577,26	-	403,36	453,78	-	299,68	337,14	-	202,24	227,52	-	110,88	124,74	-	30,48	34,29	-	-	-
	III	3.884	-	310,72	349,56	-	220,96	248,58	-	134,72	151,56	-	60,48	68,04	-	1,92	2,16	-	-	-	-	-	-
	IV	7.793	-	623,44	701,37	-	564,80	635,40	-	507,68	571,14	-	452,16	508,68	-	398,16	447,93	-	345,76	388,98	-	294,80	331,65
	V	12.954	-	1.036,32	1.165,86																		
	VI	13.486	-	1.078,88	1.213,74																		
0.615,99	I	7.802	-	624,16	702,18	-	508,48	572,04	-	398,88	448,74	-	295,52	332,46	-	198,24	223,02	-	107,20	120,60	-	27,76	31,23
	II	6.424	-	513,92	578,16	-	404,00	454,50	-	300,32	337,86	-	202,80	228,15	-	111,44	125,37	-	30,96	34,83	-	-	-
	III	3.892	-	311,36	350,28	-	221,60	249,30	-	135,20	152,10	-	60,80	68,40	-	2,24	2,52	-	-	-	-	-	-
	IV	7.802	-	624,16	702,18	-	565,52	636,21	-	508,48	572,04	-	452,88	509,49	-	398,88	448,74	-	346,40	389,70	-	295,52	332,46
	V	12.967	-	1.037,36	1.167,03																		
	VI	13.498	-	1.079,84	1.214,82																		
0.651,99	I	7.812	-	624,96	703,08	-	509,20	572,85	-	399,60	449,55	-	296,16	333,18	-	198,88	223,74	-	107,84	121,32	-	28,24	31,77
	II	6.433	-	514,64	578,97	-	404,72	455,31	-	301,04	338,67	-	203,44	228,87	-	112,08	126,09	-	31,36	35,28	-	-	-
	III	3.900	-	312,00	351,00	-	222,08	249,84	-	135,84	152,82	-	61,28	68,94	-	2,56	2,88	-	-	-	-	-	-
	IV	7.812	-	624,96	703,08	-	566,32	637,11	-	509,20	572,85	-	453,60	510,30	-	399,60	449,55	-	347,12	390,51	-	296,16	333,18
	V	12.979	-	1.038,32	1.168,11																		
	VI	13.511	-	1.080,88	1.215,99																		
0.687,99	I	7.822	-	625,76	703,98	-	509,92	573,66	-	400,24	450,27	-	296,80	333,90	-	199,52	224,46	-	108,40	121,95	-	28,64	32,22
	II	6.442	-	515,36	579,78	-	405,44	456,12	-	301,68	339,39	-	204,08	229,59	-	112,64	126,72	-	31,84	35,82	-	-	-
	III	3.906	-	312,48	351,54	-	222,72	250,56	-	136,32	153,36	-	61,76	69,48	-	2,88	3,24	-	-	-	-	-	-
	IV	7.822	-	625,76	703,98	-	567,04	637,92	-	509,92	573,66	-	454,32	511,11	-	400,24	450,27	-	347,76	391,23	-	296,80	333,90
	V	12.991	-	1.039,28	1.169,19																		
	VI	13.523	-	1.081,84	1.217,07																		
0.723,99	I	7.831	-	626,48	704,79	-	510,64	574,47	-	400,96	451,08	-	297,44	334,62	-	200,08	225,09	-	108,96	122,58	-	29,04	32,67
	II	6.451	-	516,08	580,59	-	406,16	456,93	-	302,32	340,11	-	204,64	230,22	-	113,20	127,35	-	32,24	36,27	-	-	-
	III	3.914	-	313,12	352,26	-	223,36	251,28	-	136,80	153,90	-	62,24	70,02	-	3,20	3,60	-	-	-	-	-	-
	IV	7.831	-	626,48	704,79	-	567,84	638,82	-	510,64	574,47	-	455,04	511,92	-	400,96	451,08	-	348,48	392,04	-	297,44	334,62
	V	13.004	-	1.040,32	1.170,36																		
	VI	13.535	-	1.082,80	1.218,15																		
0.759,99	I	7.841	-	627,28	705,69	-	511,36	575,28	-	401,68	451,89	-	298,08	335,34	-	200,72	225,81	-	109,52	123,21	-	29,44	33,12
	II	6.460	-	516,80	581,40	-	406,80	457,65	-	302,96	340,83	-	205,28	230,94	-	113,76	127,98	-	32,72	36,81	-	-	-
	III	3.922	-	313,76	352,98	-	223,84	251,82	-	137,44	154,62	-	62,56	70,38	-	3,52	3,96	-	-	-	-	-	-
	IV	7.841	-	627,28	705,69	-	568,56	639,63	-	511,36	575,28	-	455,76	512,73	-	401,68	451,89	-	349,12	392,76	-	298,08	335,34
	V	13.016	-	1.041,28	1.171,44																		
	VI	13.548	-	1.083,84	1.219,32																		

SolZ/KiSt lt. Tabelle nicht für Sonstige Bezüge anwendbar.

Lohn/ Gehalt bis	Steuerklasse	Lohn-steuer	ohne Kinderfreibetrag			Anzahl Kinderfreibeträge (nur Steuerklassen I–IV)																	
						0,5			1,0			1,5			2,0			2,5			3,0		
			SolZ 5,5%	Kirchensteuer 8%	9%	SolZ 5,5%	Kirchensteuer 8%	9%	SolZ 5,5%	Kirchensteuer 8%	9%	SolZ 5,5%	Kirchensteuer 8%	9%	SolZ 5,5%	Kirchensteuer 8%	9%	SolZ 5,5%	Kirchensteuer 8%	9%	SolZ 5,5%	Kirchensteu 8%	9%
50.795,99	I	7.851	-	628,08	706,59	-	512,16	576,18	-	402,40	452,70	-	298,80	336,15	-	201,36	226,53	-	110,08	123,84	-	29,92	33
	II	6.470	-	517,60	582,30	-	407,52	458,46	-	303,60	341,55	-	205,92	231,66	-	114,40	128,70	-	33,12	37,26	-	-	
	III	3.930	-	314,40	353,70	-	224,48	252,54	-	137,92	155,16	-	63,04	70,92	-	3,84	4,32	-	-	-	-	-	
	IV	7.851	-	628,08	706,59	-	569,36	640,53	-	512,16	576,18	-	456,48	513,54	-	402,40	452,70	-	349,84	393,57	-	298,80	336
	V	13.028	-	1.042,24	1.172,52																		
	VI	13.560	-	1.084,80	1.220,40																		
50.831,99	I	7.861	-	628,88	707,49	-	512,88	576,99	-	403,04	453,42	-	299,44	336,87	-	202,00	227,25	-	110,72	124,56	-	30,32	34
	II	6.479	-	518,32	583,11	-	408,24	459,27	-	304,32	342,36	-	206,56	232,38	-	114,96	129,33	-	33,60	37,80	-	-	
	III	3.936	-	314,88	354,24	-	224,96	253,08	-	138,40	155,70	-	63,52	71,46	-	4,16	4,68	-	-	-	-	-	
	IV	7.861	-	628,88	707,49	-	570,08	641,34	-	512,88	576,99	-	457,20	514,35	-	403,04	453,42	-	350,48	394,29	-	299,44	336
	V	13.041	-	1.043,28	1.173,69																		
	VI	13.572	-	1.085,76	1.221,48																		
50.867,99	I	7.870	-	629,60	708,30	-	513,60	577,80	-	403,76	454,23	-	300,08	337,59	-	202,56	227,88	-	111,28	125,19	-	30,80	34
	II	6.488	-	519,04	583,92	-	408,88	459,99	-	304,96	343,08	-	207,12	233,01	-	115,52	129,96	-	34,00	38,25	-	-	
	III	3.944	-	315,52	354,96	-	225,60	253,80	-	139,04	156,42	-	64,00	72,00	-	4,48	5,04	-	-	-	-	-	
	IV	7.870	-	629,60	708,30	-	570,88	642,24	-	513,60	577,80	-	457,92	515,16	-	403,76	454,23	-	351,12	395,01	-	300,08	337
	V	13.053	-	1.044,24	1.174,77																		
	VI	13.584	-	1.086,72	1.222,56																		
50.903,99	I	7.880	-	630,40	709,20	-	514,40	578,70	-	404,48	455,04	-	300,72	338,31	-	203,20	228,60	-	111,84	125,82	-	31,20	35
	II	6.498	-	519,84	584,82	-	409,60	460,80	-	305,60	343,80	-	207,76	233,73	-	116,08	130,59	-	34,48	38,79	-	-	
	III	3.952	-	316,16	355,68	-	226,24	254,52	-	139,52	156,96	-	64,32	72,36	-	4,80	5,40	-	-	-	-	-	
	IV	7.880	-	630,40	709,20	-	571,60	643,05	-	514,40	578,70	-	458,64	515,97	-	404,48	455,04	-	351,84	395,82	-	300,72	338
	V	13.065	-	1.045,20	1.175,85																		
	VI	13.597	-	1.087,76	1.223,73																		
50.939,99	I	7.890	-	631,20	710,10	-	515,12	579,51	-	405,20	455,85	-	301,44	339,12	-	203,84	229,32	-	112,40	126,45	-	31,68	35
	II	6.507	-	520,56	585,63	-	410,32	461,61	-	306,24	344,52	-	208,40	234,45	-	116,72	131,31	-	34,96	39,33	-	-	
	III	3.958	-	316,64	356,22	-	226,72	255,06	-	140,16	157,68	-	64,80	72,90	-	5,28	5,94	-	-	-	-	-	
	IV	7.890	-	631,20	710,10	-	572,40	643,95	-	515,12	579,51	-	459,36	516,78	-	405,20	455,85	-	352,48	396,54	-	301,44	339
	V	13.078	-	1.046,24	1.177,02																		
	VI	13.609	-	1.088,72	1.224,81																		
50.975,99	I	7.900	-	632,00	711,00	-	515,84	580,32	-	405,84	456,57	-	302,08	339,84	-	204,40	229,95	-	112,96	127,08	-	32,08	36
	II	6.516	-	521,28	586,44	-	411,04	462,42	-	306,96	345,33	-	209,04	235,17	-	117,28	131,94	-	35,36	39,78	-	-	
	III	3.966	-	317,28	356,94	-	227,36	255,78	-	140,64	158,22	-	65,28	73,44	-	5,60	6,30	-	-	-	-	-	
	IV	7.900	-	632,00	711,00	-	573,12	644,76	-	515,84	580,32	-	460,08	517,59	-	405,84	456,57	-	353,20	397,35	-	302,08	339
	V	13.090	-	1.047,20	1.178,10																		
	VI	13.621	-	1.089,68	1.225,89																		
51.011,99	I	7.910	-	632,80	711,90	-	516,56	581,13	-	406,56	457,38	-	302,72	340,56	-	205,04	230,67	-	113,60	127,80	-	32,56	36
	II	6.526	-	522,08	587,34	-	411,76	463,23	-	307,60	346,05	-	209,68	235,89	-	117,84	132,57	-	35,84	40,32	-	-	
	III	3.974	-	317,92	357,66	-	228,00	256,50	-	141,28	158,94	-	65,76	73,98	-	5,92	6,66	-	-	-	-	-	
	IV	7.910	-	632,80	711,90	-	573,92	645,66	-	516,56	581,13	-	460,80	518,40	-	406,56	457,38	-	353,92	398,16	-	302,72	340
	V	13.102	-	1.048,16	1.179,18																		
	VI	13.634	-	1.090,72	1.227,06																		
51.047,99	I	7.919	-	633,52	712,71	-	517,28	581,94	-	407,28	458,19	-	303,36	341,28	-	205,68	231,39	-	114,16	128,43	-	32,96	37
	II	6.535	-	522,80	588,15	-	412,40	463,95	-	308,24	346,77	-	210,24	236,52	-	118,40	133,20	-	36,32	40,86	-	-	
	III	3.982	-	318,56	358,38	-	228,48	257,04	-	141,76	159,48	-	66,08	74,34	-	6,24	7,02	-	-	-	-	-	
	IV	7.919	-	633,52	712,71	-	574,64	646,47	-	517,28	581,94	-	461,52	519,21	-	407,28	458,19	-	354,56	398,88	-	303,36	341
	V	13.114	-	1.049,12	1.180,26																		
	VI	13.646	-	1.091,68	1.228,14																		
51.083,99	I	7.929	-	634,32	713,61	-	518,08	582,84	-	408,00	459,00	-	304,08	342,09	-	206,32	232,11	-	114,72	129,06	-	33,44	37
	II	6.544	-	523,52	588,96	-	413,12	464,76	-	308,88	347,49	-	210,88	237,24	-	119,04	133,92	-	36,72	41,31	-	-	
	III	3.988	-	319,04	358,92	-	229,12	257,76	-	142,24	160,02	-	66,56	74,88	-	6,56	7,38	-	-	-	-	-	
	IV	7.929	-	634,32	713,61	-	575,44	647,37	-	518,08	582,84	-	462,24	520,02	-	408,00	459,00	-	355,20	399,60	-	304,08	342
	V	13.127	-	1.050,16	1.181,43																		
	VI	13.658	-	1.092,64	1.229,22																		
51.119,99	I	7.939	-	635,12	714,51	-	518,80	583,65	-	408,64	459,72	-	304,72	342,81	-	206,88	232,74	-	115,28	129,69	-	33,84	38
	II	6.553	-	524,24	589,77	-	413,84	465,57	-	309,60	348,30	-	211,52	237,96	-	119,60	134,55	-	37,20	41,85	-	-	
	III	3.996	-	319,68	359,64	-	229,60	258,30	-	142,88	160,74	-	67,04	75,42	-	6,88	7,74	-	-	-	-	-	
	IV	7.939	-	635,12	714,51	-	576,16	648,18	-	518,80	583,65	-	462,96	520,83	-	408,64	459,72	-	355,92	400,41	-	304,72	342
	V	13.139	-	1.051,12	1.182,51																		
	VI	13.671	-	1.093,68	1.230,39																		
51.155,99	I	7.949	-	635,92	715,41	-	519,52	584,46	-	409,36	460,53	-	305,36	343,53	-	207,52	233,46	-	115,92	130,41	-	34,32	38
	II	6.563	-	525,04	590,67	-	414,56	466,38	-	310,24	349,02	-	212,16	238,68	-	120,16	135,18	-	37,68	42,39	-	-	
	III	4.004	-	320,32	360,36	-	230,24	259,02	-	143,36	161,28	-	67,52	75,96	-	7,20	8,10	-	-	-	-	-	
	IV	7.949	-	635,92	715,41	-	576,96	649,08	-	519,52	584,46	-	463,68	521,64	-	409,36	460,53	-	356,64	401,22	-	305,36	343
	V	13.151	-	1.052,08	1.183,59																		
	VI	13.683	-	1.094,64	1.231,47																		
51.191,99	I	7.958	-	636,64	716,22	-	520,24	585,27	-	410,08	461,34	-	306,00	344,25	-	208,16	234,18	-	116,48	131,04	-	34,80	39
	II	6.572	-	525,76	591,48	-	415,28	467,19	-	310,88	349,74	-	212,72	239,31	-	120,72	135,81	-	38,08	42,84	-	-	
	III	4.012	-	320,96	361,08	-	230,88	259,74	-	144,00	162,00	-	68,00	76,50	-	7,52	8,46	-	-	-	-	-	
	IV	7.958	-	636,64	716,22	-	577,68	649,89	-	520,24	585,27	-	464,40	522,45	-	410,08	461,34	-	357,28	401,94	-	306,00	344
	V	13.164	-	1.053,12	1.184,76																		
	VI	13.695	-	1.095,60	1.232,55																		
51.227,99	I	7.968	-	637,44	717,12	-	521,04	586,17	-	410,72	462,06	-	306,72	345,06	-	208,80	234,90	-	117,04	131,67	-	35,20	39,
	II	6.581	-	526,48	592,29	-	415,92	467,91	-	311,60	350,55	-	213,36	240,03	-	121,36	136,53	-	38,56	43,38	-	-	
	III	4.018	-	321,44	361,62	-	231,36	260,28	-	144,48	162,54	-	68,32	76,86	-	8,00	9,00	-	-	-	-	-	
	IV	7.968	-	637,44	717,12	-	578,48	650,79	-	521,04	586,17	-	465,12	523,26	-	410,72	462,06	-	357,92	402,66	-	306,72	345,
	V	13.176	-	1.054,08	1.185,84																		
	VI	13.708	-	1.096,64	1.233,72																		
51.263,99	I	7.978	-	638,24	718,02	-	521,76	586,98	-	411,44	462,87	-	307,36	345,78	-	209,44	235,62	-	117,60	132,30	-	35,68	40,
	II	6.591	-	527,28	593,19	-	416,64	468,72	-	312,24	351,27	-	214,00	240,75	-	121,92	137,16	-	39,04	43,92	-	-	
	III	4.026	-	322,08	362,34	-	232,00	261,00	-	144,96	163,08	-	68,80	77,40	-	8,32	9,36	-	-	-	-	-	
	IV	7.978	-	638,24	718,02	-	579,20	651,60	-	521,76	586,98	-	465,84	524,07	-	411,44	462,87	-	358,64	403,47	-	307,36	345,
	V	13.188	-	1.055,04	1.186,92																		
	VI	13.720	-	1.097,60	1.234,80																		
51.299,99	I	7.988	-	639,04	718,92	-	522,48	587,79	-	412,16	463,68	-	308,00	346,50	-	210,00	236,25	-	118,24	133,02	-	36,16	40,
	II	6.600	-	528,00	594,00	-	417,36	469,53	-	312,88	351,99	-	214,64	241,47	-	122,48	137,79	-	39,52	44,46	-	-	
	III	4.034	-	322,72	363,06	-	232,64	261,72	-	145,60	163,80	-	69,28	77,94	-	8,64	9,72	-	-	-	-	-	
	IV	7.988	-	639,04	718,92	-	580,00	652,50	-	522,48	587,79	-	466,56	524,88	-	412,16	463,68	-	359,36	404,28	-	308,00	346,
	V	13.201	-	1.056,08	1.188,09																		
	VI	13.732	-	1.098,56	1.235,88																		

SolZ/KiSt lt. Tabelle nicht für Sonstige Bezüge anwendbar.

Allgemeine Tabelle

JAHR bis 51.839,99 €

Lohn/ Gehalt bis	Steuerklasse	Lohn- steuer	ohne Kinderfreibetrag			Anzahl Kinderfreibeträge (nur Steuerklassen I–IV) 0,5			1,0			1,5			2,0			2,5			3,0		
			SolZ 5,5%	Kirchensteuer 8%	Kirchensteuer 9%	SolZ 5,5%	Kirchensteuer 8%	Kirchensteuer 9%	SolZ 5,5%	Kirchensteuer 8%	Kirchensteuer 9%	SolZ 5,5%	Kirchensteuer 8%	Kirchensteuer 9%	SolZ 5,5%	Kirchensteuer 8%	Kirchensteuer 9%	SolZ 5,5%	Kirchensteuer 8%	Kirchensteuer 9%	SolZ 5,5%	Kirchensteuer 8%	Kirchensteuer 9%
1.335,99	I	7.997	-	639,76	719,73	-	523,28	588,69	-	412,88	464,49	-	308,64	347,22	-	210,64	236,97	-	118,80	133,65	-	36,56	41,13
	II	6.609	-	528,72	594,81	-	418,08	470,34	-	313,52	352,71	-	215,20	242,10	-	123,04	138,42	-	39,92	44,91	-	-	-
	III	4.042	-	323,36	363,78	-	233,12	262,26	-	146,08	164,34	-	69,76	78,48	-	8,96	10,08	-	-	-	-	-	-
	IV	7.997	-	639,76	719,73	-	580,72	653,31	-	523,28	588,69	-	467,28	525,69	-	412,88	464,49	-	360,00	405,00	-	308,64	347,22
	V	13.213	-	1.057,04	1.189,17																		
	VI	13.744	-	1.099,52	1.236,96																		
1.371,99	I	8.007	-	640,56	720,63	-	524,00	589,50	-	413,60	465,30	-	309,36	348,03	-	211,28	237,69	-	119,36	134,28	-	37,04	41,67
	II	6.618	-	529,44	595,62	-	418,72	471,06	-	314,24	353,52	-	215,84	242,82	-	123,68	139,14	-	40,40	45,45	-	-	-
	III	4.048	-	323,84	364,32	-	233,76	262,98	-	146,72	165,06	-	70,08	78,84	-	9,28	10,44	-	-	-	-	-	-
	IV	8.007	-	640,56	720,63	-	581,52	654,21	-	524,00	589,50	-	468,00	526,50	-	413,60	465,30	-	360,64	405,72	-	309,36	348,03
	V	13.225	-	1.058,00	1.190,25																		
	VI	13.757	-	1.100,56	1.238,13																		
1.407,99	I	8.017	-	641,36	721,53	-	524,72	590,31	-	414,32	466,11	-	310,00	348,75	-	211,92	238,41	-	119,92	134,91	-	37,52	42,21
	II	6.628	-	530,24	596,52	-	419,44	471,87	-	314,88	354,24	-	216,48	243,54	-	124,24	139,77	-	40,88	45,99	-	-	-
	III	4.056	-	324,48	365,04	-	234,40	263,70	-	147,20	165,60	-	70,56	79,38	-	9,60	10,80	-	-	-	-	-	-
	IV	8.017	-	641,36	721,53	-	582,32	655,11	-	524,72	590,31	-	468,72	527,31	-	414,32	466,11	-	361,36	406,53	-	310,00	348,75
	V	13.238	-	1.059,04	1.191,42																		
	VI	13.769	-	1.101,52	1.239,21																		
1.443,99	I	8.027	-	642,16	722,43	-	525,44	591,12	-	414,96	466,83	-	310,64	349,47	-	212,48	239,04	-	120,56	135,63	-	37,92	42,66
	II	6.637	-	530,96	597,33	-	420,16	472,68	-	315,52	354,96	-	217,12	244,26	-	124,80	140,40	-	41,36	46,53	-	-	-
	III	4.064	-	325,12	365,76	-	234,88	264,24	-	147,84	166,32	-	71,04	79,92	-	10,08	11,34	-	-	-	-	-	-
	IV	8.027	-	642,16	722,43	-	583,04	655,92	-	525,44	591,12	-	469,44	528,12	-	414,96	466,83	-	362,08	407,34	-	310,64	349,47
	V	13.250	-	1.060,00	1.192,50																		
	VI	13.781	-	1.102,48	1.240,29																		
1.479,99	I	8.036	-	642,88	723,24	-	526,24	592,02	-	415,68	467,64	-	311,28	350,19	-	213,12	239,76	-	121,12	136,26	-	38,40	43,20
	II	6.646	-	531,68	598,14	-	420,88	473,49	-	316,24	355,77	-	217,76	244,98	-	125,44	141,12	-	41,84	47,07	-	-	-
	III	4.072	-	325,76	366,48	-	235,52	264,96	-	148,32	166,86	-	71,52	80,46	-	10,40	11,70	-	-	-	-	-	-
	IV	8.036	-	642,88	723,24	-	583,76	656,73	-	526,24	592,02	-	470,16	528,93	-	415,68	467,64	-	362,72	408,06	-	311,28	350,19
	V	13.262	-	1.060,96	1.193,58																		
	VI	13.794	-	1.103,52	1.241,46																		
1.515,99	I	8.047	-	643,76	724,23	-	526,96	592,83	-	416,40	468,45	-	312,00	351,00	-	213,76	240,48	-	121,68	136,89	-	38,88	43,74
	II	6.656	-	532,48	599,04	-	421,60	474,30	-	316,88	356,49	-	218,40	245,70	-	126,00	141,75	-	42,32	47,61	-	-	-
	III	4.080	-	326,40	367,20	-	236,00	265,50	-	148,96	167,58	-	72,00	81,00	-	10,72	12,06	-	-	-	-	-	-
	IV	8.047	-	643,76	724,23	-	584,56	657,63	-	526,96	592,83	-	470,88	529,74	-	416,40	468,45	-	363,44	408,87	-	312,00	351,00
	V	13.275	-	1.062,00	1.194,75																		
	VI	13.806	-	1.104,48	1.242,54																		
1.551,99	I	8.056	-	644,48	725,04	-	527,68	593,64	-	417,12	469,26	-	312,64	351,72	-	214,40	241,20	-	122,32	137,61	-	39,36	44,28
	II	6.665	-	533,20	599,85	-	422,32	475,11	-	317,52	357,21	-	218,96	246,33	-	126,56	142,38	-	42,80	48,15	-	-	-
	III	4.086	-	326,88	367,74	-	236,64	266,22	-	149,44	168,12	-	72,48	81,54	-	11,04	12,42	-	-	-	-	-	-
	IV	8.056	-	644,48	725,04	-	585,36	658,53	-	527,68	593,64	-	471,60	530,55	-	417,12	469,26	-	364,08	409,59	-	312,64	351,72
	V	13.287	-	1.062,96	1.195,83																		
	VI	13.818	-	1.105,44	1.243,62																		
1.587,99	I	8.066	-	645,28	725,94	-	528,48	594,54	-	417,76	469,98	-	313,28	352,44	-	214,96	241,83	-	122,88	138,24	-	39,76	44,73
	II	6.674	-	533,92	600,66	-	422,96	475,83	-	318,24	358,02	-	219,60	247,05	-	127,20	143,10	-	43,20	48,60	-	-	-
	III	4.094	-	327,52	368,46	-	237,28	266,94	-	150,08	168,84	-	72,80	81,90	-	11,36	12,78	-	-	-	-	-	-
	IV	8.066	-	645,28	725,94	-	586,08	659,34	-	528,48	594,54	-	472,32	531,36	-	417,76	469,98	-	364,80	410,40	-	313,28	352,44
	V	13.299	-	1.063,92	1.196,91																		
	VI	13.831	-	1.106,48	1.244,79																		
1.623,99	I	8.076	-	646,08	726,84	-	529,20	595,35	-	418,48	470,79	-	314,00	353,25	-	215,60	242,55	-	123,44	138,87	-	40,24	45,27
	II	6.684	-	534,72	601,56	-	423,68	476,64	-	318,88	358,74	-	220,24	247,77	-	127,76	143,73	-	43,76	49,23	-	-	-
	III	4.102	-	328,16	369,18	-	237,76	267,48	-	150,56	169,38	-	73,28	82,44	-	11,84	13,32	-	-	-	-	-	-
	IV	8.076	-	646,08	726,84	-	586,88	660,24	-	529,20	595,35	-	473,12	532,26	-	418,48	470,79	-	365,44	411,12	-	314,00	353,25
	V	13.311	-	1.064,88	1.197,99																		
	VI	13.843	-	1.107,44	1.245,87																		
1.659,99	I	8.086	-	646,88	727,74	-	529,92	596,16	-	419,20	471,60	-	314,64	353,97	-	216,24	243,27	-	124,00	139,50	-	40,72	45,81
	II	6.693	-	535,44	602,37	-	424,40	477,45	-	319,52	359,46	-	220,88	248,49	-	128,32	144,36	-	44,16	49,68	-	-	-
	III	4.108	-	328,64	369,72	-	238,40	268,20	-	151,20	170,10	-	73,76	82,98	-	12,16	13,68	-	-	-	-	-	-
	IV	8.086	-	646,88	727,74	-	587,60	661,05	-	529,92	596,16	-	473,84	533,07	-	419,20	471,60	-	366,16	411,93	-	314,64	353,97
	V	13.324	-	1.065,92	1.199,16																		
	VI	13.855	-	1.108,40	1.246,95																		
1.695,99	I	8.095	-	647,60	728,55	-	530,72	597,06	-	419,92	472,41	-	315,28	354,69	-	216,88	243,99	-	124,64	140,22	-	41,20	46,35
	II	6.702	-	536,16	603,18	-	425,12	478,26	-	320,24	360,27	-	221,44	249,12	-	128,96	145,08	-	44,64	50,22	-	-	-
	III	4.116	-	329,28	370,44	-	239,04	268,92	-	151,68	170,64	-	74,24	83,52	-	12,48	14,04	-	-	-	-	-	-
	IV	8.095	-	647,60	728,55	-	588,40	661,95	-	530,72	597,06	-	474,56	533,88	-	419,92	472,41	-	366,80	412,65	-	315,28	354,69
	V	13.336	-	1.066,88	1.200,24																		
	VI	13.868	-	1.109,44	1.248,12																		
1.731,99	I	8.105	-	648,40	729,45	-	531,44	597,87	-	420,64	473,22	-	315,92	355,41	-	217,52	244,71	-	125,20	140,85	-	41,68	46,89
	II	6.712	-	536,96	604,08	-	425,84	479,07	-	320,88	360,99	-	222,08	249,84	-	129,52	145,71	-	45,12	50,76	-	-	-
	III	4.124	-	329,92	371,16	-	239,52	269,46	-	152,16	171,18	-	74,72	84,06	-	12,80	14,40	-	-	-	-	-	-
	IV	8.105	-	648,40	729,45	-	589,12	662,76	-	531,44	597,87	-	475,20	534,60	-	420,64	473,22	-	367,52	413,46	-	315,92	355,41
	V	13.348	-	1.067,84	1.201,32																		
	VI	13.880	-	1.110,40	1.249,20																		
1.767,99	I	8.115	-	649,20	730,35	-	532,16	598,68	-	421,36	474,03	-	316,64	356,22	-	218,16	245,43	-	125,76	141,48	-	42,16	47,43
	II	6.721	-	537,68	604,89	-	426,56	479,88	-	321,52	361,71	-	222,72	250,56	-	130,08	146,34	-	45,60	51,30	-	-	-
	III	4.132	-	330,56	371,88	-	240,16	270,18	-	152,80	171,90	-	75,20	84,60	-	13,12	14,76	-	-	-	-	-	-
	IV	8.115	-	649,20	730,35	-	589,92	663,66	-	532,16	598,68	-	476,00	535,50	-	421,36	474,03	-	368,24	414,27	-	316,64	356,22
	V	13.361	-	1.068,88	1.202,49																		
	VI	13.892	-	1.111,36	1.250,28																		
1.803,99	I	8.125	-	650,00	731,25	-	532,96	599,58	-	422,00	474,75	-	317,28	356,94	-	218,72	246,06	-	126,40	142,20	-	42,56	47,88
	II	6.730	-	538,40	605,70	-	427,20	480,60	-	322,24	362,52	-	223,36	251,28	-	130,72	147,06	-	46,08	51,84	-	-	-
	III	4.140	-	331,20	372,60	-	240,64	270,72	-	153,44	172,62	-	75,68	85,14	-	13,60	15,30	-	-	-	-	-	-
	IV	8.125	-	650,00	731,25	-	590,72	664,56	-	532,96	599,58	-	476,72	536,31	-	422,00	474,75	-	368,88	414,99	-	317,28	356,94
	V	13.373	-	1.069,84	1.203,57																		
	VI	13.905	-	1.112,40	1.251,45																		
1.839,99	I	8.135	-	650,80	732,15	-	533,68	600,39	-	422,72	475,56	-	317,92	357,66	-	219,36	246,78	-	126,96	142,83	-	43,04	48,42
	II	6.740	-	539,20	606,60	-	427,92	481,41	-	322,88	363,24	-	224,00	252,00	-	131,28	147,69	-	46,56	52,38	-	-	-
	III	4.146	-	331,68	373,14	-	241,28	271,44	-	153,92	173,16	-	76,00	85,50	-	13,92	15,66	-	-	-	-	-	-
	IV	8.135	-	650,80	732,15	-	591,44	665,37	-	533,68	600,39	-	477,44	537,12	-	422,72	475,56	-	369,60	415,80	-	317,92	357,66
	V	13.385	-	1.070,80	1.204,65																		
	VI	13.917	-	1.113,36	1.252,53																		

SolZ/KiSt lt. Tabelle nicht für Sonstige Bezüge anwendbar.

Lohn/ Gehalt bis	Steuerklasse	Lohnsteuer	ohne Kinderfreibetrag			Anzahl Kinderfreibeträge (nur Steuerklassen I–IV)																	
						0,5			1,0			1,5			2,0			2,5			3,0		
			SolZ 5,5%	Kirchensteuer 8%	Kirchensteuer 9%	SolZ 5,5%	Kirchensteuer 8%	Kirchensteuer 9%	SolZ 5,5%	Kirchensteuer 8%	Kirchensteuer 9%	SolZ 5,5%	Kirchensteuer 8%	Kirchensteuer 9%	SolZ 5,5%	Kirchensteuer 8%	Kirchensteuer 9%	SolZ 5,5%	Kirchensteuer 8%	Kirchensteuer 9%	SolZ 5,5%	Kirchensteuer 8%	Kirchensteuer 9%
51.875,99	I	8.145	–	651,60	733,05	–	534,40	601,20	–	423,44	476,37	–	318,64	358,47	–	220,00	247,50	–	127,52	143,46	–	43,52	4
	II	6.749	–	539,92	607,41	–	428,64	482,22	–	323,52	363,96	–	224,64	252,72	–	131,84	148,32	–	47,04	52,92	–	–	
	III	4.154	–	332,32	373,86	–	241,92	272,16	–	154,56	173,88	–	76,48	86,04	–	14,24	16,02	–	–	–	–	–	
	IV	8.145	–	651,60	733,05	–	592,24	666,27	–	534,40	601,20	–	478,16	537,93	–	423,44	476,37	–	370,24	416,52	–	318,64	35
	V	13.398	–	1.071,84	1.205,82																		
	VI	13.929	–	1.114,32	1.253,61																		
51.911,99	I	8.154	–	652,32	733,86	–	535,20	602,10	–	424,16	477,18	–	319,28	359,19	–	220,64	248,22	–	128,16	144,18	–	44,00	4
	II	6.758	–	540,64	608,22	–	429,36	483,03	–	324,24	364,77	–	225,28	253,44	–	132,48	149,04	–	47,52	53,46	–	–	
	III	4.162	–	332,96	374,58	–	242,40	272,70	–	155,04	174,42	–	76,96	86,58	–	14,56	16,38	–	–	–	–	–	
	IV	8.154	–	652,32	733,86	–	592,96	667,08	–	535,20	602,10	–	478,88	538,74	–	424,16	477,18	–	370,96	417,33	–	319,28	35
	V	13.410	–	1.072,80	1.206,90																		
	VI	13.941	–	1.115,28	1.254,69																		
51.947,99	I	8.164	–	653,12	734,76	–	535,92	602,91	–	424,88	477,99	–	319,92	359,91	–	221,28	248,94	–	128,72	144,81	–	44,48	5
	II	6.768	–	541,44	609,12	–	430,08	483,84	–	324,88	365,49	–	225,84	254,07	–	133,04	149,67	–	48,08	54,09	–	–	
	III	4.168	–	333,44	375,12	–	243,04	273,42	–	155,68	175,14	–	77,44	87,12	–	14,88	16,74	–	–	–	–	–	
	IV	8.164	–	653,12	734,76	–	593,76	667,98	–	535,92	602,91	–	479,60	539,55	–	424,88	477,99	–	371,60	418,05	–	319,92	35
	V	13.422	–	1.073,76	1.207,98																		
	VI	13.954	–	1.116,32	1.255,86																		
51.983,99	I	8.174	–	653,92	735,66	–	536,64	603,72	–	425,52	478,71	–	320,64	360,72	–	221,84	249,57	–	129,28	145,44	–	44,96	5
	II	6.777	–	542,16	609,93	–	430,80	484,65	–	325,52	366,21	–	226,48	254,79	–	133,60	150,30	–	48,56	54,63	–	–	
	III	4.176	–	334,08	375,84	–	243,68	274,14	–	156,16	175,68	–	77,92	87,66	–	15,36	17,28	–	–	–	–	–	
	IV	8.174	–	653,92	735,66	–	594,48	668,79	–	536,64	603,72	–	480,32	540,36	–	425,52	478,71	–	372,32	418,86	–	320,64	36
	V	13.434	–	1.074,72	1.209,06																		
	VI	13.966	–	1.117,28	1.256,94																		
52.019,99	I	8.184	–	654,72	736,56	–	537,44	604,62	–	426,24	479,52	–	321,28	361,44	–	222,48	250,29	–	129,92	146,16	–	45,44	5
	II	6.787	–	542,96	610,83	–	431,52	485,46	–	326,24	367,02	–	227,12	255,51	–	134,24	151,02	–	49,04	55,17	–	–	
	III	4.184	–	334,72	376,56	–	244,16	274,68	–	156,80	176,40	–	78,40	88,20	–	15,68	17,64	–	–	–	–	–	
	IV	8.184	–	654,72	736,56	–	595,28	669,69	–	537,44	604,62	–	481,04	541,17	–	426,24	479,52	–	373,04	419,67	–	321,28	36
	V	13.447	–	1.075,76	1.210,23																		
	VI	13.978	–	1.118,24	1.258,02																		
52.055,99	I	8.194	–	655,52	737,46	–	538,16	605,43	–	426,96	480,33	–	321,92	362,16	–	223,12	251,01	–	130,48	146,79	–	45,92	5
	II	6.796	–	543,68	611,64	–	432,16	486,18	–	326,88	367,74	–	227,76	256,23	–	134,80	151,65	–	49,52	55,71	–	–	
	III	4.192	–	335,36	377,28	–	244,80	275,40	–	157,28	176,94	–	78,88	88,74	–	16,00	18,00	–	–	–	–	–	
	IV	8.194	–	655,52	737,46	–	596,08	670,59	–	538,16	605,43	–	481,76	541,98	–	426,96	480,33	–	373,68	420,39	–	321,92	36
	V	13.459	–	1.076,72	1.211,31																		
	VI	13.991	–	1.119,28	1.259,19																		
52.091,99	I	8.204	–	656,32	738,36	–	538,88	606,24	–	427,68	481,14	–	322,64	362,97	–	223,76	251,73	–	131,04	147,42	–	46,40	52
	II	6.805	–	544,40	612,45	–	432,88	486,99	–	327,52	368,46	–	228,40	256,95	–	135,36	152,28	–	50,00	56,25	–	–	
	III	4.200	–	336,00	378,00	–	245,28	275,94	–	157,92	177,66	–	79,36	89,28	–	16,32	18,36	–	–	–	–	–	
	IV	8.204	–	656,32	738,36	–	596,80	671,40	–	538,88	606,24	–	482,48	542,79	–	427,68	481,14	–	374,40	421,20	–	322,64	36
	V	13.471	–	1.077,68	1.212,39																		
	VI	14.003	–	1.120,24	1.260,27																		
52.127,99	I	8.214	–	657,12	739,26	–	539,68	607,14	–	428,40	481,95	–	323,28	363,69	–	224,40	252,45	–	131,68	148,14	–	46,88	52
	II	6.815	–	545,20	613,35	–	433,60	487,80	–	328,24	369,27	–	229,04	257,67	–	136,00	153,00	–	50,48	56,79	–	–	
	III	4.206	–	336,48	378,54	–	245,92	276,66	–	158,40	178,20	–	79,84	89,82	–	16,80	18,90	–	–	–	–	–	
	IV	8.214	–	657,12	739,26	–	597,60	672,30	–	539,68	607,14	–	483,28	543,69	–	428,40	481,95	–	375,04	421,92	–	323,28	36
	V	13.484	–	1.078,72	1.213,56																		
	VI	14.015	–	1.121,20	1.261,35																		
52.163,99	I	8.223	–	657,84	740,07	–	540,40	607,95	–	429,12	482,76	–	324,00	364,50	–	225,04	253,17	–	132,24	148,77	–	47,36	53
	II	6.824	–	545,92	614,16	–	434,32	488,61	–	328,88	369,99	–	229,68	258,39	–	136,56	153,63	–	50,96	57,33	–	–	
	III	4.214	–	337,12	379,26	–	246,56	277,38	–	159,04	178,92	–	80,16	90,18	–	17,12	19,26	–	–	–	–	–	
	IV	8.223	–	657,84	740,07	–	598,40	673,20	–	540,40	607,95	–	484,00	544,50	–	429,12	482,76	–	375,76	422,73	–	324,00	364
	V	13.496	–	1.079,68	1.214,64																		
	VI	14.028	–	1.122,24	1.262,52																		
52.199,99	I	8.233	–	658,64	740,97	–	541,12	608,76	–	429,76	483,48	–	324,64	365,22	–	225,60	253,80	–	132,80	149,40	–	47,84	53
	II	6.833	–	546,64	614,97	–	435,04	489,42	–	329,52	370,71	–	230,24	259,02	–	137,12	154,26	–	51,44	57,87	–	–	
	III	4.222	–	337,76	379,98	–	247,04	277,92	–	159,52	179,46	–	80,64	90,72	–	17,44	19,62	–	–	–	–	–	
	IV	8.233	–	658,64	740,97	–	599,12	674,01	–	541,12	608,76	–	484,72	545,31	–	429,76	483,48	–	376,40	423,45	–	324,64	365
	V	13.508	–	1.080,64	1.215,72																		
	VI	14.040	–	1.123,20	1.263,60																		
52.235,99	I	8.243	–	659,44	741,87	–	541,92	609,66	–	430,56	484,38	–	325,28	365,94	–	226,24	254,52	–	133,44	150,12	–	48,32	54
	II	6.843	–	547,44	615,87	–	435,76	490,23	–	330,24	371,52	–	230,88	259,74	–	137,76	154,98	–	52,00	58,50	–	–	
	III	4.230	–	338,40	380,70	–	247,68	278,64	–	160,16	180,18	–	81,12	91,26	–	17,92	20,16	–	–	–	–	–	
	IV	8.243	–	659,44	741,87	–	599,92	674,91	–	541,92	609,66	–	485,44	546,12	–	430,56	484,38	–	377,12	424,26	–	325,28	365
	V	13.521	–	1.081,68	1.216,89																		
	VI	14.052	–	1.124,16	1.264,68																		
52.271,99	I	8.253	–	660,24	742,77	–	542,64	610,47	–	431,20	485,10	–	326,00	366,75	–	226,88	255,24	–	134,00	150,75	–	48,80	54
	II	6.852	–	548,16	616,68	–	436,48	491,04	–	330,88	372,24	–	231,52	260,46	–	138,32	155,61	–	52,48	59,04	–	–	
	III	4.236	–	338,88	381,24	–	248,32	279,36	–	160,64	180,72	–	81,60	91,80	–	18,24	20,52	–	–	–	–	–	
	IV	8.253	–	660,24	742,77	–	600,64	675,72	–	542,64	610,47	–	486,16	546,93	–	431,20	485,10	–	377,84	425,07	–	326,00	366
	V	13.533	–	1.082,64	1.217,97																		
	VI	14.065	–	1.125,20	1.265,85																		
52.307,99	I	8.263	–	661,04	743,67	–	543,36	611,28	–	431,92	485,91	–	326,64	367,47	–	227,52	255,96	–	134,56	151,38	–	49,36	55
	II	6.862	–	548,96	617,58	–	437,20	491,85	–	331,60	373,05	–	232,16	261,18	–	138,88	156,24	–	52,96	59,58	–	–	
	III	4.244	–	339,52	381,96	–	248,80	279,90	–	161,28	181,44	–	82,08	92,34	–	18,56	20,88	–	–	–	–	–	
	IV	8.263	–	661,04	743,67	–	601,44	676,62	–	543,36	611,28	–	486,88	547,74	–	431,92	485,91	–	378,48	425,79	–	326,64	367
	V	13.545	–	1.083,60	1.219,05																		
	VI	14.077	–	1.126,16	1.266,93																		
52.343,99	I	8.273	–	661,84	744,57	–	544,16	612,18	–	432,64	486,72	–	327,28	368,19	–	228,16	256,68	–	135,12	152,01	–	49,84	56
	II	6.871	–	549,68	618,39	–	437,84	492,57	–	332,24	373,77	–	232,80	261,90	–	139,52	156,96	–	53,44	60,12	–	–	
	III	4.252	–	340,16	382,68	–	249,44	280,62	–	161,76	181,98	–	82,56	92,88	–	18,88	21,24	–	–	–	–	–	
	IV	8.273	–	661,84	744,57	–	602,16	677,43	–	544,16	612,18	–	487,60	548,55	–	432,64	486,72	–	379,20	426,60	–	327,28	368
	V	13.557	–	1.084,56	1.220,13																		
	VI	14.089	–	1.127,12	1.268,01																		
52.379,99	I	8.283	–	662,64	745,47	–	544,88	612,99	–	433,36	487,53	–	328,00	369,00	–	228,80	257,40	–	135,76	152,73	–	50,32	56
	II	6.880	–	550,40	619,20	–	438,56	493,38	–	332,96	374,58	–	233,44	262,62	–	140,08	157,59	–	54,00	60,75	–	–	
	III	4.260	–	340,80	383,40	–	250,08	281,34	–	162,40	182,70	–	83,04	93,42	–	19,36	21,78	–	–	–	–	–	
	IV	8.283	–	662,64	745,47	–	602,96	678,33	–	544,88	612,99	–	488,32	549,36	–	433,36	487,53	–	379,92	427,41	–	328,00	369
	V	13.570	–	1.085,60	1.221,30																		
	VI	14.101	–	1.128,08	1.269,09																		

SolZ/KiSt lt. Tabelle nicht für Sonstige Bezüge anwendbar.

Lohn/ Gehalt bis	Steuerklasse	Lohn-steuer	ohne Kinderfreibetrag SolZ 5,5%	ohne Kinderfreibetrag Kirchensteuer 8%	ohne Kinderfreibetrag Kirchensteuer 9%	0,5 SolZ 5,5%	0,5 Kirchensteuer 8%	0,5 Kirchensteuer 9%	1,0 SolZ 5,5%	1,0 Kirchensteuer 8%	1,0 Kirchensteuer 9%	1,5 SolZ 5,5%	1,5 Kirchensteuer 8%	1,5 Kirchensteuer 9%	2,0 SolZ 5,5%	2,0 Kirchensteuer 8%	2,0 Kirchensteuer 9%	2,5 SolZ 5,5%	2,5 Kirchensteuer 8%	2,5 Kirchensteuer 9%	3,0 SolZ 5,5%	3,0 Kirchensteuer 8%	3,0 Kirchensteuer 9%
52.415,99	I	8.293	-	663,44	746,37	-	545,68	613,89	-	434,08	488,34	-	328,64	369,72	-	229,44	258,12	-	136,32	153,36	-	50,80	57,15
	II	6.890	-	551,20	620,10	-	439,28	494,19	-	333,60	375,30	-	234,08	263,34	-	140,72	158,31	-	54,48	61,29	-	-	-
	III	4.268	-	341,44	384,12	-	250,56	281,88	-	162,88	183,24	-	83,52	93,96	-	19,68	22,14	-	-	-	-	-	-
	IV	8.293	-	663,44	746,37	-	603,76	679,23	-	545,68	613,89	-	489,04	550,17	-	434,08	488,34	-	380,56	428,13	-	328,64	369,72
	V	13.582	-	1.086,56	1.222,38																		
	VI	14.114	-	1.129,12	1.270,26																		
52.451,99	I	8.302	-	664,16	747,18	-	546,40	614,70	-	434,72	489,06	-	329,28	370,44	-	230,00	258,75	-	136,96	154,08	-	51,28	57,69
	II	6.899	-	551,92	620,91	-	440,00	495,00	-	334,24	376,02	-	234,64	263,97	-	141,28	158,94	-	54,96	61,83	-	-	-
	III	4.274	-	341,92	384,66	-	251,20	282,60	-	163,52	183,96	-	84,00	94,50	-	20,00	22,50	-	-	-	-	-	-
	IV	8.302	-	664,16	747,18	-	604,48	680,04	-	546,40	614,70	-	489,84	551,07	-	434,72	489,06	-	381,28	428,94	-	329,28	370,44
	V	13.594	-	1.087,52	1.223,46																		
	VI	14.126	-	1.130,08	1.271,34																		
52.487,99	I	8.312	-	664,96	748,08	-	547,12	615,51	-	435,52	489,96	-	330,00	371,25	-	230,64	259,47	-	137,52	154,71	-	51,84	58,32
	II	6.909	-	552,72	621,81	-	440,72	495,81	-	334,96	376,83	-	235,36	264,78	-	141,84	159,57	-	55,52	62,46	-	-	-
	III	4.282	-	342,56	385,38	-	251,84	283,32	-	164,00	184,50	-	84,48	95,04	-	20,32	22,86	-	-	-	-	-	-
	IV	8.312	-	664,96	748,08	-	605,28	680,94	-	547,12	615,51	-	490,56	551,88	-	435,52	489,96	-	382,00	429,75	-	330,00	371,25
	V	13.607	-	1.088,56	1.224,63																		
	VI	14.138	-	1.131,04	1.272,42																		
52.523,99	I	8.322	-	665,76	748,98	-	547,92	616,41	-	436,16	490,68	-	330,64	371,97	-	231,28	260,19	-	138,08	155,34	-	52,32	58,86
	II	6.918	-	553,44	622,62	-	441,44	496,62	-	335,60	377,55	-	235,92	265,41	-	142,48	160,29	-	56,00	63,00	-	-	-
	III	4.290	-	343,20	386,10	-	252,32	283,86	-	164,64	185,22	-	84,96	95,58	-	20,80	23,40	-	-	-	-	-	-
	IV	8.322	-	665,76	748,98	-	606,08	681,84	-	547,92	616,41	-	491,28	552,69	-	436,16	490,68	-	382,64	430,47	-	330,64	371,97
	V	13.619	-	1.089,52	1.225,71																		
	VI	14.151	-	1.132,08	1.273,59																		
52.559,99	I	8.332	-	666,56	749,88	-	548,64	617,22	-	436,88	491,49	-	331,36	372,78	-	231,92	260,91	-	138,72	156,06	-	52,80	59,40
	II	6.927	-	554,16	623,43	-	442,16	497,43	-	336,24	378,27	-	236,56	266,13	-	143,04	160,92	-	56,48	63,54	-	-	-
	III	4.298	-	343,84	386,82	-	252,96	284,58	-	165,12	185,76	-	85,28	95,94	-	21,12	23,76	-	-	-	-	-	-
	IV	8.332	-	666,56	749,88	-	606,80	682,65	-	548,64	617,22	-	492,00	553,50	-	436,88	491,49	-	383,36	431,28	-	331,36	372,78
	V	13.631	-	1.090,48	1.226,79																		
	VI	14.163	-	1.133,04	1.274,67																		
52.595,99	I	8.342	-	667,36	750,78	-	549,44	618,12	-	437,60	492,30	-	332,00	373,50	-	232,56	261,63	-	139,28	156,69	-	53,28	59,94
	II	6.937	-	554,96	624,33	-	442,88	498,24	-	336,96	379,08	-	237,20	266,85	-	143,68	161,64	-	57,04	64,17	-	-	-
	III	4.304	-	344,32	387,36	-	253,60	285,30	-	165,76	186,48	-	85,76	96,48	-	21,44	24,12	-	-	-	-	-	-
	IV	8.342	-	667,36	750,78	-	607,60	683,55	-	549,44	618,12	-	492,72	554,31	-	437,60	492,30	-	384,08	432,09	-	332,00	373,50
	V	13.644	-	1.091,52	1.227,96																		
	VI	14.175	-	1.134,00	1.275,75																		
52.631,99	I	8.352	-	668,16	751,68	-	550,16	618,93	-	438,32	493,11	-	332,64	374,22	-	233,20	262,35	-	139,92	157,41	-	53,76	60,48
	II	6.946	-	555,68	625,14	-	443,60	499,05	-	337,60	379,80	-	237,84	267,57	-	144,24	162,27	-	57,52	64,71	-	-	-
	III	4.312	-	344,96	388,08	-	254,08	285,84	-	166,40	187,20	-	86,24	97,02	-	21,92	24,66	-	-	-	-	-	-
	IV	8.352	-	668,16	751,68	-	608,40	684,45	-	550,16	618,93	-	493,44	555,12	-	438,32	493,11	-	384,72	432,81	-	332,64	374,22
	V	13.656	-	1.092,48	1.229,04																		
	VI	14.188	-	1.135,04	1.276,92																		
52.667,99	I	8.362	-	668,96	752,58	-	550,88	619,74	-	439,04	493,92	-	333,36	375,03	-	233,84	263,07	-	140,48	158,04	-	54,32	61,11
	II	6.956	-	556,48	626,04	-	444,32	499,86	-	338,32	380,61	-	238,48	268,29	-	144,80	162,90	-	58,08	65,34	-	-	-
	III	4.320	-	345,60	388,80	-	254,72	286,56	-	166,88	187,74	-	86,72	97,56	-	22,24	25,02	-	-	-	-	-	-
	IV	8.362	-	668,96	752,58	-	609,12	685,26	-	550,88	619,74	-	494,16	555,93	-	439,04	493,92	-	385,44	433,62	-	333,36	375,03
	V	13.668	-	1.093,44	1.230,12																		
	VI	14.200	-	1.136,00	1.278,00																		
52.703,99	I	8.372	-	669,76	753,48	-	551,68	620,64	-	439,76	494,73	-	334,00	375,75	-	234,40	263,70	-	141,04	158,67	-	54,80	61,65
	II	6.965	-	557,20	626,85	-	444,96	500,58	-	338,96	381,33	-	239,12	269,01	-	145,44	163,62	-	58,56	65,88	-	-	-
	III	4.328	-	346,24	389,52	-	255,36	287,28	-	167,52	188,46	-	87,20	98,10	-	22,56	25,38	-	-	-	-	-	-
	IV	8.372	-	669,76	753,48	-	609,92	686,16	-	551,68	620,64	-	494,88	556,74	-	439,76	494,73	-	386,08	434,34	-	334,00	375,75
	V	13.680	-	1.094,40	1.231,20																		
	VI	14.212	-	1.136,96	1.279,08																		
52.739,99	I	8.382	-	670,56	754,38	-	552,40	621,45	-	440,48	495,54	-	334,72	376,56	-	235,12	264,51	-	141,68	159,39	-	55,28	62,19
	II	6.975	-	558,00	627,75	-	445,76	501,48	-	339,68	382,14	-	239,76	269,73	-	146,00	164,25	-	59,12	66,51	-	-	-
	III	4.336	-	346,88	390,24	-	255,84	287,82	-	168,00	189,00	-	87,68	98,64	-	23,04	25,92	-	-	-	-	-	-
	IV	8.382	-	670,56	754,38	-	610,72	687,06	-	552,40	621,45	-	495,68	557,64	-	440,48	495,54	-	386,80	435,15	-	334,72	376,56
	V	13.693	-	1.095,44	1.232,37																		
	VI	14.225	-	1.138,00	1.280,25																		
52.775,99	I	8.392	-	671,36	755,28	-	553,20	622,35	-	441,20	496,35	-	335,36	377,28	-	235,68	265,14	-	142,24	160,02	-	55,84	62,82
	II	6.984	-	558,72	628,56	-	446,40	502,20	-	340,32	382,86	-	240,40	270,45	-	146,64	164,97	-	59,60	67,05	-	-	-
	III	4.342	-	347,36	390,78	-	256,48	288,54	-	168,64	189,72	-	88,16	99,18	-	23,36	26,28	-	-	-	-	-	-
	IV	8.392	-	671,36	755,28	-	611,44	687,87	-	553,20	622,35	-	496,40	558,45	-	441,20	496,35	-	387,52	435,96	-	335,36	377,28
	V	13.705	-	1.096,40	1.233,45																		
	VI	14.237	-	1.138,96	1.281,33																		
52.811,99	I	8.401	-	672,08	756,09	-	553,92	623,16	-	441,84	497,07	-	336,00	378,00	-	236,32	265,86	-	142,80	160,65	-	56,32	63,36
	II	6.993	-	559,44	629,37	-	447,12	503,01	-	340,96	383,58	-	241,04	271,17	-	147,20	165,60	-	60,08	67,59	-	-	-
	III	4.350	-	348,00	391,50	-	257,12	289,26	-	169,12	190,26	-	88,64	99,72	-	23,68	26,64	-	-	-	-	-	-
	IV	8.401	-	672,08	756,09	-	612,24	688,77	-	553,92	623,16	-	497,12	559,26	-	441,84	497,07	-	388,16	436,68	-	336,00	378,00
	V	13.717	-	1.097,36	1.234,53																		
	VI	14.249	-	1.139,92	1.282,41																		
52.847,99	I	8.412	-	672,96	757,08	-	554,64	623,97	-	442,64	497,97	-	336,72	378,81	-	236,96	266,58	-	143,44	161,37	-	56,80	63,90
	II	7.003	-	560,24	630,27	-	447,84	503,82	-	341,68	384,39	-	241,68	271,89	-	147,84	166,32	-	60,64	68,22	-	-	-
	III	4.358	-	348,64	392,22	-	257,60	289,80	-	169,76	190,98	-	89,12	100,26	-	24,16	27,18	-	-	-	-	-	-
	IV	8.412	-	672,96	757,08	-	613,04	689,67	-	554,64	623,97	-	497,84	560,07	-	442,64	497,97	-	388,88	437,49	-	336,72	378,81
	V	13.730	-	1.098,40	1.235,70																		
	VI	14.262	-	1.140,96	1.283,58																		
52.883,99	I	8.421	-	673,68	757,89	-	555,44	624,87	-	443,28	498,69	-	337,36	379,53	-	237,60	267,30	-	144,00	162,00	-	57,36	64,53
	II	7.012	-	560,96	631,08	-	448,56	504,63	-	342,32	385,11	-	242,32	272,61	-	148,40	166,95	-	61,12	68,76	-	-	-
	III	4.366	-	349,28	392,94	-	258,24	290,52	-	170,24	191,52	-	89,60	100,80	-	24,48	27,54	-	-	-	-	-	-
	IV	8.421	-	673,68	757,89	-	613,76	690,48	-	555,44	624,87	-	498,56	560,88	-	443,28	498,69	-	389,60	438,30	-	337,36	379,53
	V	13.742	-	1.099,36	1.236,78																		
	VI	14.274	-	1.141,92	1.284,66																		
52.919,99	I	8.431	-	674,48	758,79	-	556,16	625,68	-	444,00	499,50	-	338,08	380,34	-	238,24	268,02	-	144,64	162,72	-	57,84	65,07
	II	7.022	-	561,76	631,98	-	449,28	505,44	-	343,04	385,92	-	242,88	273,24	-	148,96	167,58	-	61,68	69,39	-	-	-
	III	4.374	-	349,92	393,66	-	258,88	291,24	-	170,88	192,24	-	90,08	101,34	-	24,80	27,90	-	-	-	-	-	-
	IV	8.431	-	674,48	758,79	-	614,56	691,38	-	556,16	625,68	-	499,36	561,78	-	444,00	499,50	-	390,24	439,02	-	338,08	380,34
	V	13.754	-	1.100,32	1.237,86																		
	VI	14.286	-	1.142,88	1.285,74																		

Anzahl Kinderfreibeträge (nur Steuerklassen I–IV)

SolZ/KiSt lt. Tabelle nicht für Sonstige Bezüge anwendbar.

Lohn/ Gehalt bis	Steuerklasse	Lohn-steuer	ohne Kinderfreibetrag			Anzahl Kinderfreibeträge (nur Steuerklassen I–IV)																	
						0,5			1,0			1,5			2,0			2,5			3,0		
			SolZ 5,5%	Kirchensteuer 8%	9%	SolZ 5,5%	Kirchensteuer 8%	9%	SolZ 5,5%	Kirchensteuer 8%	9%	SolZ 5,5%	Kirchensteuer 8%	9%	SolZ 5,5%	Kirchensteuer 8%	9%	SolZ 5,5%	Kirchensteuer 8%	9%	SolZ 5,5%	Kirchensteuer 8%	9%
52.955,99	I	8.441	–	675,28	759,69	–	556,88	626,49	–	444,72	500,31	–	338,72	381,06	–	238,88	268,74	–	145,20	163,35	–	58,40	65
	II	7.031	–	562,48	632,79	–	450,00	506,25	–	343,68	386,64	–	243,52	273,96	–	149,60	168,30	–	62,16	69,93	–	–	
	III	4.380	–	350,40	394,20	–	259,36	291,78	–	171,36	192,78	–	90,56	101,88	–	25,28	28,44	–	–	–	–	–	
	IV	8.441	–	675,28	759,69	–	615,36	692,28	–	556,88	626,49	–	500,08	562,59	–	444,72	500,31	–	390,96	439,83	–	338,72	381
	V	13.766	–	1.101,28	1.238,94																		
	VI	14.298	–	1.143,84	1.286,82																		
52.991,99	I	8.451	–	676,08	760,59	–	557,68	627,39	–	445,44	501,12	–	339,36	381,78	–	239,52	269,46	–	145,76	163,98	–	58,88	66
	II	7.041	–	563,28	633,69	–	450,72	507,06	–	344,40	387,45	–	244,16	274,68	–	150,16	168,93	–	62,72	70,56	–	–	
	III	4.388	–	351,04	394,92	–	260,00	292,50	–	172,00	193,50	–	91,04	102,42	–	25,60	28,80	–	–	–	–	–	
	IV	8.451	–	676,08	760,59	–	616,16	693,18	–	557,68	627,39	–	500,80	563,40	–	445,44	501,12	–	391,68	440,64	–	339,36	381
	V	13.779	–	1.102,32	1.240,11																		
	VI	14.311	–	1.144,88	1.287,99																		
53.027,99	I	8.461	–	676,88	761,49	–	558,40	628,20	–	446,16	501,93	–	340,08	382,59	–	240,16	270,18	–	146,40	164,70	–	59,44	66
	II	7.050	–	564,00	634,50	–	451,44	507,87	–	345,04	388,17	–	244,80	275,40	–	150,80	169,65	–	63,28	71,19	–	–	
	III	4.396	–	351,68	395,64	–	260,64	293,22	–	172,48	194,04	–	91,52	102,96	–	25,92	29,16	–	–	–	–	–	
	IV	8.461	–	676,88	761,49	–	616,88	693,99	–	558,40	628,20	–	501,52	564,21	–	446,16	501,93	–	392,32	441,36	–	340,08	382
	V	13.791	–	1.103,28	1.241,19																		
	VI	14.323	–	1.145,84	1.289,07																		
53.063,99	I	8.471	–	677,68	762,39	–	559,20	629,10	–	446,88	502,74	–	340,72	383,31	–	240,80	270,90	–	146,96	165,33	–	59,92	67
	II	7.060	–	564,80	635,40	–	452,16	508,68	–	345,68	388,89	–	245,44	276,12	–	151,36	170,28	–	63,76	71,73	–	–	
	III	4.404	–	352,32	396,36	–	261,12	293,76	–	173,12	194,76	–	92,00	103,50	–	26,40	29,70	–	–	–	–	–	
	IV	8.471	–	677,68	762,39	–	617,68	694,89	–	559,20	629,10	–	502,24	565,02	–	446,88	502,74	–	393,04	442,17	–	340,72	383
	V	13.803	–	1.104,24	1.242,27																		
	VI	14.335	–	1.146,80	1.290,15																		
53.099,99	I	8.481	–	678,48	763,29	–	560,00	630,00	–	447,60	503,55	–	341,44	384,12	–	241,44	271,62	–	147,60	166,05	–	60,48	68
	II	7.069	–	565,52	636,21	–	452,88	509,49	–	346,40	389,70	–	246,08	276,84	–	152,00	171,00	–	64,32	72,36	–	–	
	III	4.410	–	352,80	396,90	–	261,76	294,48	–	173,60	195,30	–	92,48	104,04	–	26,72	30,06	–	–	–	–	–	
	IV	8.481	–	678,48	763,29	–	618,48	695,79	–	560,00	630,00	–	503,04	565,92	–	447,60	503,55	–	393,76	442,98	–	341,44	384,
	V	13.816	–	1.105,28	1.243,44																		
	VI	14.348	–	1.147,84	1.291,32																		
53.135,99	I	8.491	–	679,28	764,19	–	560,72	630,81	–	448,32	504,36	–	342,08	384,84	–	242,08	272,34	–	148,16	166,68	–	60,96	68,
	II	7.079	–	566,32	637,11	–	453,60	510,30	–	347,04	390,42	–	246,72	277,56	–	152,56	171,63	–	64,88	72,99	–	–	
	III	4.418	–	353,44	397,62	–	262,40	295,20	–	174,24	196,02	–	92,96	104,58	–	27,20	30,60	–	–	–	–	–	
	IV	8.491	–	679,28	764,19	–	619,20	696,60	–	560,72	630,81	–	503,76	566,73	–	448,32	504,36	–	394,40	443,70	–	342,08	384
	V	13.828	–	1.106,24	1.244,52																		
	VI	14.360	–	1.148,80	1.292,40																		
53.171,99	I	8.501	–	680,08	765,09	–	561,44	631,62	–	449,04	505,17	–	342,80	385,65	–	242,64	272,97	–	148,72	167,31	–	61,44	69,
	II	7.088	–	567,04	637,92	–	454,32	511,11	–	347,76	391,23	–	247,36	278,28	–	153,12	172,26	–	65,36	73,53	–	–	
	III	4.426	–	354,08	398,34	–	262,88	295,74	–	174,72	196,56	–	93,44	105,12	–	27,52	30,96	–	–	–	–	–	
	IV	8.501	–	680,08	765,09	–	620,00	697,50	–	561,44	631,62	–	504,48	567,54	–	449,04	505,17	–	395,12	444,51	–	342,80	385
	V	13.840	–	1.107,20	1.245,60																		
	VI	14.372	–	1.149,76	1.293,48																		
53.207,99	I	8.511	–	680,88	765,99	–	562,24	632,52	–	449,76	505,98	–	343,44	386,37	–	243,36	273,78	–	149,36	168,03	–	62,00	69,
	II	7.098	–	567,84	638,82	–	455,04	511,92	–	348,48	392,04	–	248,00	279,00	–	153,76	172,98	–	65,92	74,16	–	–	
	III	4.434	–	354,72	399,06	–	263,52	296,46	–	175,36	197,28	–	93,92	105,66	–	27,84	31,32	–	–	–	–	–	
	IV	8.511	–	680,88	765,99	–	620,80	698,40	–	562,24	632,52	–	505,20	568,35	–	449,76	505,98	–	395,84	445,32	–	343,44	386,
	V	13.853	–	1.108,24	1.246,77																		
	VI	14.385	–	1.150,80	1.294,65																		
53.243,99	I	8.521	–	681,68	766,89	–	562,96	633,33	–	450,48	506,79	–	344,16	387,18	–	243,92	274,41	–	149,92	168,66	–	62,56	70,
	II	7.107	–	568,56	639,63	–	455,76	512,73	–	349,12	392,76	–	248,64	279,72	–	154,32	173,61	–	66,48	74,79	–	0,40	0,
	III	4.442	–	355,36	399,78	–	264,16	297,18	–	176,00	198,00	–	94,40	106,20	–	28,32	31,86	–	–	–	–	–	
	IV	8.521	–	681,68	766,89	–	621,52	699,21	–	562,96	633,33	–	505,92	569,16	–	450,48	506,79	–	396,56	446,13	–	344,16	387,
	V	13.865	–	1.109,20	1.247,85																		
	VI	14.397	–	1.151,76	1.295,73																		
53.279,99	I	8.531	–	682,48	767,79	–	563,76	634,23	–	451,20	507,60	–	344,80	387,90	–	244,56	275,13	–	150,56	169,38	–	63,04	70,
	II	7.116	–	569,28	640,44	–	456,48	513,54	–	349,76	393,48	–	249,28	280,44	–	154,96	174,33	–	66,96	75,33	–	0,72	0,
	III	4.448	–	355,84	400,32	–	264,64	297,72	–	176,48	198,54	–	94,88	106,74	–	28,64	32,22	–	–	–	–	–	
	IV	8.531	–	682,48	767,79	–	622,32	700,11	–	563,76	634,23	–	506,64	569,97	–	451,20	507,60	–	397,20	446,85	–	344,80	387,
	V	13.877	–	1.110,16	1.248,93																		
	VI	14.409	–	1.152,72	1.296,81																		
53.315,99	I	8.541	–	683,28	768,69	–	564,48	635,04	–	451,92	508,41	–	345,44	388,62	–	245,20	275,85	–	151,12	170,01	–	63,60	71,
	II	7.126	–	570,08	641,34	–	457,20	514,35	–	350,48	394,29	–	249,92	281,16	–	155,52	174,96	–	67,52	75,96	–	1,04	1,
	III	4.456	–	356,48	401,04	–	265,28	298,44	–	177,12	199,26	–	95,36	107,28	–	28,96	32,58	–	–	–	–	–	
	IV	8.541	–	683,28	768,69	–	623,12	701,01	–	564,48	635,04	–	507,44	570,87	–	451,92	508,41	–	397,92	447,66	–	345,44	388,
	V	13.889	–	1.111,12	1.250,01																		
	VI	14.421	–	1.153,68	1.297,89																		
53.351,99	I	8.551	–	684,08	769,59	–	565,28	635,94	–	452,64	509,22	–	346,16	389,43	–	245,84	276,57	–	151,76	170,73	–	64,08	72,
	II	7.136	–	570,88	642,24	–	457,92	515,16	–	351,12	395,01	–	250,56	281,88	–	156,16	175,68	–	68,08	76,59	–	1,36	1,
	III	4.464	–	357,12	401,76	–	265,92	299,16	–	177,60	199,80	–	95,84	107,82	–	29,44	33,12	–	–	–	–	–	
	IV	8.551	–	684,08	769,59	–	623,92	701,91	–	565,28	635,94	–	508,16	571,68	–	452,64	509,22	–	398,64	448,47	–	346,16	389,
	V	13.902	–	1.112,16	1.251,18																		
	VI	14.434	–	1.154,72	1.299,06																		
53.387,99	I	8.561	–	684,88	770,49	–	566,00	636,75	–	453,36	510,03	–	346,80	390,15	–	246,48	277,29	–	152,32	171,36	–	64,64	72,
	II	7.145	–	571,60	643,05	–	458,64	515,97	–	351,84	395,82	–	251,20	282,60	–	156,72	176,31	–	68,56	77,13	–	1,68	1,
	III	4.472	–	357,76	402,48	–	266,40	299,70	–	178,24	200,52	–	96,32	108,36	–	29,76	33,48	–	–	–	–	–	
	IV	8.561	–	684,88	770,49	–	624,64	702,72	–	566,00	636,75	–	508,88	572,49	–	453,36	510,03	–	399,28	449,19	–	346,80	390,
	V	13.914	–	1.113,12	1.252,26																		
	VI	14.446	–	1.155,68	1.300,14																		
53.423,99	I	8.571	–	685,68	771,39	–	566,72	637,56	–	454,00	510,75	–	347,52	390,96	–	247,12	278,01	–	152,96	172,08	–	65,20	73,
	II	7.154	–	572,32	643,86	–	459,36	516,78	–	352,48	396,54	–	251,84	283,32	–	157,36	177,03	–	69,12	77,76	–	2,00	2,
	III	4.480	–	358,40	403,20	–	267,04	300,42	–	178,72	201,06	–	96,80	108,90	–	30,24	34,02	–	–	–	–	–	
	IV	8.571	–	685,68	771,39	–	625,44	703,62	–	566,72	637,56	–	509,60	573,30	–	454,00	510,75	–	400,00	450,00	–	347,52	390,
	V	13.926	–	1.114,08	1.253,34																		
	VI	14.458	–	1.156,64	1.301,22																		
53.459,99	I	8.581	–	686,48	772,29	–	567,52	638,46	–	454,80	511,65	–	348,16	391,68	–	247,76	278,73	–	153,52	172,71	–	65,68	73,
	II	7.164	–	573,12	644,76	–	460,08	517,59	–	353,20	397,35	–	252,48	284,04	–	157,92	177,66	–	69,68	78,39	–	2,40	2,
	III	4.488	–	359,04	403,92	–	267,68	301,14	–	179,36	201,78	–	97,44	109,62	–	30,56	34,38	–	–	–	–	–	
	IV	8.581	–	686,48	772,29	–	626,24	704,52	–	567,52	638,46	–	510,40	574,20	–	454,80	511,65	–	400,72	450,81	–	348,16	391,
	V	13.939	–	1.115,12	1.254,51																		
	VI	14.471	–	1.157,68	1.302,39																		

SolZ/KiSt lt. Tabelle nicht für Sonstige Bezüge anwendbar.

Lohn/ Gehalt bis	Steuerklasse	Lohn-steuer	ohne Kinderfreibetrag			Anzahl Kinderfreibeträge (nur Steuerklassen I–IV) 0,5			1,0			1,5			2,0			2,5			3,0		
			SolZ 5,5%	Kirchensteuer 8%	9%	SolZ 5,5%	Kirchensteuer 8%	9%	SolZ 5,5%	Kirchensteuer 8%	9%	SolZ 5,5%	Kirchensteuer 8%	9%	SolZ 5,5%	Kirchensteuer 8%	9%	SolZ 5,5%	Kirchensteuer 8%	9%	SolZ 5,5%	Kirchensteuer 8%	9%
3.495,99	I	8.591	-	687,28	773,19	-	568,32	639,36	-	455,52	512,46	-	348,88	392,49	-	248,40	279,45	-	154,16	173,43	-	66,24	74,52
	II	7.174	-	573,92	645,66	-	460,80	518,40	-	353,84	398,07	-	253,12	284,76	-	158,56	178,38	-	70,24	79,02	-	2,72	3,06
	III	4.494	-	359,52	404,46	-	268,16	301,68	-	179,84	202,32	-	97,92	110,16	-	30,88	34,74	-	-	-	-	-	-
	IV	8.591	-	687,28	773,19	-	626,96	705,33	-	568,32	639,36	-	511,12	575,01	-	455,52	512,46	-	401,36	451,53	-	348,88	392,49
	V	13.951	-	1.116,08	1.255,59																		
	VI	14.483	-	1.158,64	1.303,47																		
3.531,99	I	8.601	-	688,08	774,09	-	569,04	640,17	-	456,16	513,18	-	349,52	393,21	-	249,04	280,17	-	154,72	174,06	-	66,80	75,15
	II	7.183	-	574,64	646,47	-	461,52	519,21	-	354,56	398,88	-	253,76	285,48	-	159,12	179,01	-	70,72	79,56	-	3,04	3,42
	III	4.502	-	360,16	405,18	-	268,80	302,40	-	180,48	203,04	-	98,40	110,70	-	31,36	35,28	-	-	-	-	-	-
	IV	8.601	-	688,08	774,09	-	627,76	706,23	-	569,04	640,17	-	511,84	575,82	-	456,16	513,18	-	402,08	452,34	-	349,52	393,21
	V	13.963	-	1.117,04	1.256,67																		
	VI	14.495	-	1.159,60	1.304,55																		
3.567,99	I	8.610	-	688,80	774,90	-	569,76	640,98	-	456,88	513,99	-	350,16	393,93	-	249,68	280,89	-	155,28	174,69	-	67,28	75,69
	II	7.192	-	575,36	647,28	-	462,24	520,02	-	355,20	399,60	-	254,40	286,20	-	159,76	179,73	-	71,28	80,19	-	3,36	3,78
	III	4.510	-	360,80	405,90	-	269,28	302,94	-	180,96	203,58	-	98,88	111,24	-	31,68	35,64	-	-	-	-	-	-
	IV	8.610	-	688,80	774,90	-	628,56	707,13	-	569,76	640,98	-	512,56	576,63	-	456,88	513,99	-	402,80	453,15	-	350,16	393,93
	V	13.975	-	1.118,00	1.257,75																		
	VI	14.507	-	1.160,56	1.305,63																		
3.603,99	I	8.621	-	689,68	775,89	-	570,56	641,88	-	457,68	514,89	-	350,88	394,74	-	250,32	281,61	-	155,92	175,41	-	67,84	76,32
	II	7.202	-	576,16	648,18	-	462,96	520,83	-	355,92	400,41	-	255,04	286,92	-	160,32	180,36	-	71,84	80,82	-	3,76	4,23
	III	4.518	-	361,44	406,62	-	269,92	303,66	-	181,60	204,30	-	99,36	111,78	-	32,16	36,18	-	-	-	-	-	-
	IV	8.621	-	689,68	775,89	-	629,36	708,03	-	570,56	641,88	-	513,36	577,53	-	457,68	514,89	-	403,52	453,96	-	350,88	394,74
	V	13.988	-	1.119,04	1.258,92																		
	VI	14.520	-	1.161,60	1.306,80																		
3.639,99	I	8.631	-	690,48	776,79	-	571,28	642,69	-	458,32	515,61	-	351,60	395,55	-	250,96	282,33	-	156,48	176,04	-	68,40	76,95
	II	7.212	-	576,96	649,08	-	463,68	521,64	-	356,56	401,13	-	255,68	287,64	-	160,96	181,08	-	72,40	81,45	-	4,08	4,59
	III	4.524	-	361,92	407,16	-	270,56	304,38	-	182,24	205,02	-	99,84	112,32	-	32,48	36,54	-	-	-	-	-	-
	IV	8.631	-	690,48	776,79	-	630,08	708,84	-	571,28	642,69	-	514,08	578,34	-	458,32	515,61	-	404,16	454,68	-	351,60	395,55
	V	14.000	-	1.120,00	1.260,00																		
	VI	14.532	-	1.162,56	1.307,88																		
3.675,99	I	8.640	-	691,20	777,60	-	572,08	643,59	-	459,04	516,42	-	352,24	396,27	-	251,60	283,05	-	157,12	176,76	-	68,96	77,58
	II	7.221	-	577,68	649,89	-	464,40	522,45	-	357,28	401,94	-	256,32	288,36	-	161,52	181,71	-	72,96	82,08	-	4,40	4,95
	III	4.532	-	362,56	407,88	-	271,04	304,92	-	182,72	205,56	-	100,32	112,86	-	32,96	37,08	-	-	-	-	-	-
	IV	8.640	-	691,20	777,60	-	630,88	709,74	-	572,08	643,59	-	514,80	579,15	-	459,04	516,42	-	404,88	455,49	-	352,24	396,27
	V	14.012	-	1.120,96	1.261,08																		
	VI	14.544	-	1.163,52	1.308,96																		
3.711,99	I	8.651	-	692,08	778,59	-	572,88	644,49	-	459,84	517,32	-	352,96	397,08	-	252,24	283,77	-	157,68	177,39	-	69,44	78,12
	II	7.231	-	578,48	650,79	-	465,12	523,26	-	357,92	402,66	-	256,96	289,08	-	162,16	182,43	-	73,52	82,71	-	4,80	5,40
	III	4.540	-	363,20	408,60	-	271,68	305,64	-	183,36	206,28	-	100,80	113,40	-	33,28	37,44	-	-	-	-	-	-
	IV	8.651	-	692,08	778,59	-	631,68	710,64	-	572,88	644,49	-	515,52	579,96	-	459,84	517,32	-	405,60	456,30	-	352,96	397,08
	V	14.025	-	1.122,00	1.262,25																		
	VI	14.557	-	1.164,56	1.310,13																		
3.747,99	I	8.661	-	692,88	779,49	-	573,60	645,30	-	460,48	518,04	-	353,60	397,80	-	252,88	284,49	-	158,32	178,11	-	70,00	78,75
	II	7.240	-	579,20	651,60	-	465,84	524,07	-	358,64	403,47	-	257,60	289,80	-	162,72	183,06	-	74,08	83,34	-	5,12	5,76
	III	4.548	-	363,84	409,32	-	272,32	306,36	-	183,84	206,82	-	101,28	113,94	-	33,76	37,98	-	-	-	-	-	-
	IV	8.661	-	692,88	779,49	-	632,48	711,54	-	573,60	645,30	-	516,32	580,86	-	460,48	518,04	-	406,32	457,11	-	353,60	397,80
	V	14.037	-	1.122,96	1.263,33																		
	VI	14.569	-	1.165,52	1.311,21																		
3.783,99	I	8.671	-	693,68	780,39	-	574,32	646,11	-	461,20	518,85	-	354,24	398,52	-	253,52	285,21	-	158,88	178,74	-	70,56	79,38
	II	7.250	-	580,00	652,50	-	466,56	524,88	-	359,28	404,19	-	258,24	290,52	-	163,36	183,78	-	74,64	83,97	-	5,44	6,12
	III	4.556	-	364,48	410,04	-	272,80	306,90	-	184,48	207,54	-	101,76	114,48	-	34,08	38,34	-	-	-	-	-	-
	IV	8.671	-	693,68	780,39	-	633,20	712,35	-	574,32	646,11	-	517,04	581,67	-	461,20	518,85	-	406,96	457,83	-	354,24	398,52
	V	14.049	-	1.123,92	1.264,41																		
	VI	14.581	-	1.166,48	1.312,29																		
3.819,99	I	8.681	-	694,48	781,29	-	575,12	647,01	-	462,00	519,75	-	354,96	399,33	-	254,16	285,93	-	159,52	179,46	-	71,12	80,01
	II	7.259	-	580,72	653,31	-	467,28	525,69	-	360,00	405,00	-	258,88	291,24	-	163,92	184,41	-	75,20	84,60	-	5,84	6,57
	III	4.562	-	364,96	410,58	-	273,44	307,62	-	184,96	208,08	-	102,24	115,02	-	34,40	38,70	-	-	-	-	-	-
	IV	8.681	-	694,48	781,29	-	634,00	713,25	-	575,12	647,01	-	517,76	582,48	-	462,00	519,75	-	407,68	458,64	-	354,96	399,33
	V	14.062	-	1.124,96	1.265,58																		
	VI	14.594	-	1.167,52	1.313,46																		
53.855,99	I	8.691	-	695,28	782,19	-	575,92	647,91	-	462,64	520,47	-	355,68	400,14	-	254,80	286,65	-	160,08	180,09	-	71,68	80,64
	II	7.269	-	581,52	654,21	-	468,00	526,50	-	360,64	405,72	-	259,52	291,96	-	164,56	185,13	-	75,76	85,23	-	6,16	6,93
	III	4.570	-	365,60	411,30	-	274,08	308,34	-	185,60	208,80	-	102,72	115,56	-	34,88	39,24	-	-	-	-	-	-
	IV	8.691	-	695,28	782,19	-	634,80	714,15	-	575,92	647,91	-	518,48	583,29	-	462,64	520,47	-	408,40	459,45	-	355,68	400,14
	V	14.074	-	1.125,92	1.266,66																		
	VI	14.606	-	1.168,48	1.314,54																		
53.891,99	I	8.701	-	696,08	783,09	-	576,64	648,72	-	463,36	521,28	-	356,32	400,86	-	255,44	287,37	-	160,72	180,81	-	72,16	81,18
	II	7.278	-	582,24	655,02	-	468,72	527,31	-	361,36	406,53	-	260,16	292,68	-	165,12	185,76	-	76,32	85,86	-	6,48	7,29
	III	4.578	-	366,24	412,02	-	274,72	309,06	-	186,08	209,34	-	103,20	116,10	-	35,20	39,60	-	-	-	-	-	-
	IV	8.701	-	696,08	783,09	-	635,60	715,05	-	576,64	648,72	-	519,28	584,19	-	463,36	521,28	-	409,12	460,26	-	356,32	400,86
	V	14.086	-	1.126,88	1.267,74																		
	VI	14.618	-	1.169,44	1.315,62																		
53.927,99	I	8.711	-	696,88	783,99	-	577,36	649,53	-	464,08	522,09	-	356,96	401,58	-	256,08	288,09	-	161,28	181,44	-	72,72	81,81
	II	7.288	-	583,04	655,92	-	469,44	528,12	-	362,00	407,25	-	260,80	293,40	-	165,76	186,48	-	76,88	86,49	-	6,88	7,74
	III	4.586	-	366,88	412,74	-	275,20	309,60	-	186,72	210,06	-	103,84	116,82	-	35,68	40,14	-	-	-	-	-	-
	IV	8.711	-	696,88	783,99	-	636,32	715,86	-	577,36	649,53	-	520,00	585,00	-	464,08	522,09	-	409,76	460,98	-	356,96	401,58
	V	14.099	-	1.127,92	1.268,91																		
	VI	14.630	-	1.170,40	1.316,70																		
53.963,99	I	8.721	-	697,68	784,89	-	578,16	650,43	-	464,88	522,99	-	357,68	402,39	-	256,72	288,81	-	161,92	182,16	-	73,28	82,44
	II	7.297	-	583,76	656,73	-	470,16	528,93	-	362,72	408,06	-	261,44	294,12	-	166,32	187,11	-	77,44	87,12	-	7,20	8,10
	III	4.594	-	367,52	413,46	-	275,84	310,32	-	187,36	210,78	-	104,32	117,36	-	36,00	40,50	-	-	-	-	-	-
	IV	8.721	-	697,68	784,89	-	637,12	716,76	-	578,16	650,43	-	520,72	585,81	-	464,88	522,99	-	410,48	461,79	-	357,68	402,39
	V	14.111	-	1.128,88	1.269,99																		
	VI	14.643	-	1.171,44	1.317,87																		
53.999,99	I	8.731	-	698,48	785,79	-	578,96	651,33	-	465,52	523,71	-	358,40	403,20	-	257,36	289,53	-	162,48	182,79	-	73,84	83,07
	II	7.307	-	584,56	657,63	-	470,88	529,74	-	363,36	408,78	-	262,08	294,84	-	166,96	187,83	-	78,00	87,75	-	7,60	8,55
	III	4.600	-	368,00	414,00	-	276,48	311,04	-	187,84	211,32	-	104,80	117,90	-	36,48	41,04	-	-	-	-	-	-
	IV	8.731	-	698,48	785,79	-	637,92	717,66	-	578,96	651,33	-	521,44	586,62	-	465,52	523,71	-	411,20	462,60	-	358,40	403,20
	V	14.123	-	1.129,84	1.271,07																		
	VI	14.655	-	1.172,40	1.318,95																		

SolZ/KiSt lt. Tabelle nicht für Sonstige Bezüge anwendbar.

Lohn/ Gehalt bis	Steuerklasse	Lohn-steuer	ohne Kinderfreibetrag			Anzahl Kinderfreibeträge (nur Steuerklassen I–IV) 0,5			1,0			1,5			2,0			2,5			3,0		
			SolZ 5,5%	Kirchensteuer 8%	9%	SolZ 5,5%	Kirchensteuer 8%	9%	SolZ 5,5%	Kirchensteuer 8%	9%	SolZ 5,5%	Kirchensteuer 8%	9%	SolZ 5,5%	Kirchensteuer 8%	9%	SolZ 5,5%	Kirchensteuer 8%	9%	SolZ 5,5%	Kirchensteu 8%	9%
54.035,99	I	8.741	-	699,28	786,69	-	579,68	652,14	-	466,24	524,52	-	359,04	403,92	-	258,00	290,25	-	163,12	183,51	-	74,40	83
	II	7.316	-	585,28	658,44	-	471,60	530,55	-	364,08	409,59	-	262,72	295,56	-	167,52	188,46	-	78,56	88,38	-	7,92	8
	III	4.608	-	368,64	414,72	-	276,96	311,58	-	188,48	212,04	-	105,28	118,44	-	36,80	41,40	-	-	-	-	-	
	IV	8.741	-	699,28	786,69	-	638,72	718,56	-	579,68	652,14	-	522,24	587,52	-	466,24	524,52	-	411,92	463,41	-	359,04	403
	V	14.136	-	1.130,88	1.272,24																		
	VI	14.667	-	1.173,36	1.320,03																		
54.071,99	I	8.751	-	700,08	787,59	-	580,48	653,04	-	467,04	525,42	-	359,76	404,73	-	258,64	290,97	-	163,68	184,14	-	74,96	84
	II	7.326	-	586,08	659,34	-	472,32	531,36	-	364,80	410,40	-	263,36	296,28	-	168,16	189,18	-	79,12	89,01	-	8,32	9
	III	4.616	-	369,28	415,44	-	277,60	312,30	-	188,96	212,58	-	105,76	118,98	-	37,28	41,94	-	-	-	-	-	
	IV	8.751	-	700,08	787,59	-	639,52	719,46	-	580,48	653,04	-	522,96	588,33	-	467,04	525,42	-	412,64	464,22	-	359,76	404
	V	14.148	-	1.131,84	1.273,32																		
	VI	14.680	-	1.174,40	1.321,20																		
54.107,99	I	8.761	-	700,88	788,49	-	581,20	653,85	-	467,76	526,23	-	360,40	405,45	-	259,28	291,69	-	164,32	184,86	-	75,52	84
	II	7.336	-	586,88	660,24	-	473,04	532,17	-	365,44	411,12	-	264,00	297,00	-	168,72	189,81	-	79,68	89,64	-	8,64	9
	III	4.624	-	369,92	416,16	-	278,24	313,02	-	189,60	213,30	-	106,24	119,52	-	37,60	42,30	-	-	-	-	-	
	IV	8.761	-	700,88	788,49	-	640,24	720,27	-	581,20	653,85	-	523,68	589,14	-	467,76	526,23	-	413,28	464,94	-	360,40	405
	V	14.160	-	1.132,80	1.274,40																		
	VI	14.692	-	1.175,36	1.322,28																		
54.143,99	I	8.771	-	701,68	789,39	-	582,00	654,75	-	468,48	527,04	-	361,12	406,26	-	259,92	292,41	-	164,88	185,49	-	76,08	85
	II	7.345	-	587,60	661,05	-	473,76	532,98	-	366,16	411,93	-	264,64	297,72	-	169,36	190,53	-	80,24	90,27	-	9,04	10
	III	4.632	-	370,56	416,88	-	278,72	313,56	-	190,08	213,84	-	106,72	120,06	-	38,08	42,84	-	-	-	-	-	
	IV	8.771	-	701,68	789,39	-	641,04	721,17	-	582,00	654,75	-	524,40	589,95	-	468,48	527,04	-	414,00	465,75	-	361,12	406
	V	14.172	-	1.133,76	1.275,48																		
	VI	14.704	-	1.176,32	1.323,36																		
54.179,99	I	8.781	-	702,48	790,29	-	582,72	655,56	-	469,12	527,76	-	361,76	406,98	-	260,56	293,13	-	165,52	186,21	-	76,64	86
	II	7.355	-	588,40	661,95	-	474,48	533,79	-	366,80	412,65	-	265,28	298,44	-	169,92	191,16	-	80,80	90,90	-	9,36	10
	III	4.638	-	371,04	417,42	-	279,36	314,28	-	190,72	214,56	-	107,20	120,60	-	38,40	43,20	-	-	-	-	-	
	IV	8.781	-	702,48	790,29	-	641,84	722,07	-	582,72	655,56	-	525,20	590,85	-	469,12	527,76	-	414,72	466,56	-	361,76	406
	V	14.185	-	1.134,80	1.276,65																		
	VI	14.716	-	1.177,28	1.324,44																		
54.215,99	I	8.791	-	703,28	791,19	-	583,52	656,46	-	469,92	528,66	-	362,48	407,79	-	261,20	293,85	-	166,08	186,84	-	77,20	86
	II	7.364	-	589,12	662,76	-	475,20	534,60	-	367,52	413,46	-	265,92	299,16	-	170,56	191,88	-	81,36	91,53	-	9,76	10
	III	4.646	-	371,68	418,14	-	280,00	315,00	-	191,20	215,10	-	107,84	121,32	-	38,88	43,74	-	-	-	-	-	
	IV	8.791	-	703,28	791,19	-	642,64	722,97	-	583,52	656,46	-	525,92	591,66	-	469,92	528,66	-	415,44	467,37	-	362,48	407,
	V	14.197	-	1.135,76	1.277,73																		
	VI	14.729	-	1.178,32	1.325,61																		
54.251,99	I	8.801	-	704,08	792,09	-	584,24	657,27	-	470,64	529,47	-	363,12	408,51	-	261,84	294,57	-	166,72	187,56	-	77,76	87,
	II	7.374	-	589,92	663,66	-	475,92	535,41	-	368,16	414,18	-	266,56	299,88	-	171,20	192,60	-	81,92	92,16	-	10,16	11,
	III	4.654	-	372,32	418,86	-	280,64	315,72	-	191,84	215,82	-	108,32	121,86	-	39,20	44,10	-	-	-	-	-	
	IV	8.801	-	704,08	792,09	-	643,44	723,87	-	584,24	657,27	-	526,64	592,47	-	470,64	529,47	-	416,08	468,09	-	363,12	408,
	V	14.209	-	1.136,72	1.278,81																		
	VI	14.741	-	1.179,28	1.326,69																		
54.287,99	I	8.811	-	704,88	792,99	-	585,04	658,17	-	471,36	530,28	-	363,84	409,32	-	262,48	295,29	-	167,28	188,19	-	78,32	88,
	II	7.383	-	590,64	664,47	-	476,64	536,22	-	368,88	414,99	-	267,20	300,60	-	171,76	193,23	-	82,48	92,79	-	10,48	11,
	III	4.662	-	372,96	419,58	-	281,12	316,26	-	192,48	216,54	-	108,80	122,40	-	39,68	44,64	-	-	-	-	-	
	IV	8.811	-	704,88	792,99	-	644,16	724,68	-	585,04	658,17	-	527,44	593,37	-	471,36	530,28	-	416,80	468,90	-	363,84	409,
	V	14.222	-	1.137,76	1.279,98																		
	VI	14.753	-	1.180,24	1.327,77																		
54.323,99	I	8.821	-	705,68	793,89	-	585,84	659,07	-	472,08	531,09	-	364,48	410,04	-	263,12	296,01	-	167,92	188,91	-	78,88	88,
	II	7.393	-	591,44	665,37	-	477,44	537,12	-	369,60	415,80	-	267,92	301,41	-	172,40	193,95	-	83,04	93,42	-	10,88	12,
	III	4.670	-	373,60	420,30	-	281,76	316,98	-	192,96	217,08	-	109,28	122,94	-	40,00	45,00	-	-	-	-	-	
	IV	8.821	-	705,68	793,89	-	644,96	725,58	-	585,84	659,07	-	528,16	594,18	-	472,08	531,09	-	417,52	469,71	-	364,48	410,
	V	14.234	-	1.138,72	1.281,06																		
	VI	14.766	-	1.181,28	1.328,94																		
54.359,99	I	8.831	-	706,48	794,79	-	586,56	659,88	-	472,80	531,90	-	365,20	410,85	-	263,76	296,73	-	168,56	189,63	-	79,44	89,
	II	7.403	-	592,24	666,27	-	478,16	537,93	-	370,24	416,52	-	268,56	302,13	-	172,96	194,58	-	83,60	94,05	-	11,20	12,
	III	4.678	-	374,24	421,02	-	282,40	317,70	-	193,60	217,80	-	109,76	123,48	-	40,48	45,54	-	-	-	-	-	
	IV	8.831	-	706,48	794,79	-	645,76	726,48	-	586,56	659,88	-	528,88	594,99	-	472,80	531,90	-	418,24	470,52	-	365,20	410,
	V	14.246	-	1.139,68	1.282,14																		
	VI	14.778	-	1.182,24	1.330,02																		
54.395,99	I	8.841	-	707,28	795,69	-	587,28	660,69	-	473,52	532,71	-	365,84	411,57	-	264,40	297,45	-	169,12	190,26	-	80,00	90,
	II	7.412	-	592,96	667,08	-	478,88	538,74	-	370,96	417,33	-	269,20	302,85	-	173,60	195,30	-	84,16	94,68	-	11,60	13,
	III	4.684	-	374,72	421,56	-	282,88	318,24	-	194,08	218,34	-	110,24	124,02	-	40,80	45,90	-	-	-	-	-	
	IV	8.841	-	707,28	795,69	-	646,56	727,38	-	587,28	660,69	-	529,60	595,80	-	473,52	532,71	-	418,88	471,24	-	365,84	411,
	V	14.259	-	1.140,72	1.283,31																		
	VI	14.790	-	1.183,20	1.331,10																		
54.431,99	I	8.852	-	708,16	796,68	-	588,08	661,59	-	474,24	533,52	-	366,56	412,38	-	265,04	298,17	-	169,76	190,98	-	80,56	90,
	II	7.422	-	593,76	667,98	-	479,60	539,55	-	371,60	418,05	-	269,84	303,57	-	174,16	195,93	-	84,72	95,31	-	12,00	13,
	III	4.692	-	375,36	422,28	-	283,52	318,96	-	194,72	219,06	-	110,72	124,56	-	41,28	46,44	-	-	-	-	-	
	IV	8.852	-	708,16	796,68	-	647,36	728,28	-	588,08	661,59	-	530,40	596,70	-	474,24	533,52	-	419,60	472,05	-	366,56	412,
	V	14.271	-	1.141,68	1.284,39																		
	VI	14.803	-	1.184,24	1.332,27																		
54.467,99	I	8.862	-	708,96	797,58	-	588,88	662,49	-	474,96	534,33	-	367,28	413,19	-	265,68	298,89	-	170,32	191,61	-	81,12	91,
	II	7.431	-	594,48	668,79	-	480,32	540,36	-	372,32	418,86	-	270,48	304,29	-	174,80	196,65	-	85,28	95,94	-	12,32	13,
	III	4.700	-	376,00	423,00	-	284,16	319,68	-	195,36	219,78	-	111,36	125,28	-	41,60	46,80	-	-	-	-	-	
	IV	8.862	-	708,96	797,58	-	648,08	729,09	-	588,88	662,49	-	531,12	597,51	-	474,96	534,33	-	420,32	472,86	-	367,28	413,
	V	14.283	-	1.142,64	1.285,47																		
	VI	14.815	-	1.185,20	1.333,35																		
54.503,99	I	8.871	-	709,68	798,39	-	589,60	663,30	-	475,68	535,14	-	367,92	413,91	-	266,32	299,61	-	170,96	192,33	-	81,68	91,
	II	7.441	-	595,28	669,69	-	481,04	541,17	-	372,96	419,58	-	271,12	305,01	-	175,36	197,28	-	85,84	96,57	-	12,72	14,
	III	4.708	-	376,64	423,72	-	284,64	320,22	-	195,84	220,32	-	111,84	125,82	-	42,08	47,34	-	-	-	-	-	
	IV	8.871	-	709,68	798,39	-	648,88	729,99	-	589,60	663,30	-	531,84	598,32	-	475,68	535,14	-	421,04	473,67	-	367,92	413,
	V	14.296	-	1.143,68	1.286,64																		
	VI	14.827	-	1.186,16	1.334,43																		
54.539,99	I	8.881	-	710,48	799,29	-	590,40	664,20	-	476,40	535,95	-	368,64	414,72	-	266,96	300,33	-	171,52	192,96	-	82,24	92,5
	II	7.450	-	596,00	670,50	-	481,76	541,98	-	373,68	420,39	-	271,76	305,73	-	176,00	198,00	-	86,40	97,20	-	13,12	14,7
	III	4.716	-	377,28	424,44	-	285,28	320,94	-	196,48	221,04	-	112,32	126,36	-	42,40	47,70	-	-	-	-	-	
	IV	8.881	-	710,48	799,29	-	649,68	730,89	-	590,40	664,20	-	532,64	599,22	-	476,40	535,95	-	421,76	474,48	-	368,64	414,7
	V	14.308	-	1.144,64	1.287,72																		
	VI	14.839	-	1.187,12	1.335,51																		

SolZ/KiSt lt. Tabelle nicht für Sonstige Bezüge anwendbar.

Allgemeine Tabelle

Lohn/ Gehalt bis	Steuerklasse	Lohn-steuer	ohne Kinderfreibetrag SolZ 5,5%	Kirchensteuer 8%	Kirchensteuer 9%	0,5 SolZ 5,5%	0,5 Kirchensteuer 8%	0,5 Kirchensteuer 9%	1,0 SolZ 5,5%	1,0 Kirchensteuer 8%	1,0 Kirchensteuer 9%	1,5 SolZ 5,5%	1,5 Kirchensteuer 8%	1,5 Kirchensteuer 9%	2,0 SolZ 5,5%	2,0 Kirchensteuer 8%	2,0 Kirchensteuer 9%	2,5 SolZ 5,5%	2,5 Kirchensteuer 8%	2,5 Kirchensteuer 9%	3,0 SolZ 5,5%	3,0 Kirchensteuer 8%	3,0 Kirchensteuer 9%
4.575,99	I	8.892	-	711,36	800,28	-	591,12	665,01	-	477,12	536,76	-	369,28	415,44	-	267,68	301,14	-	172,16	193,68	-	82,80	93,15
	II	7.460	-	596,80	671,40	-	482,48	542,79	-	374,40	421,20	-	272,40	306,45	-	176,64	198,72	-	87,04	97,92	-	13,52	15,21
	III	4.724	-	377,92	425,16	-	285,92	321,66	-	196,96	221,58	-	112,80	126,90	-	42,88	48,24	-	-	-	-	-	-
	IV	8.892	-	711,36	800,28	-	650,48	731,79	-	591,12	665,01	-	533,36	600,03	-	477,12	536,76	-	422,48	475,29	-	369,28	415,44
	V	14.320	-	1.145,60	1.288,80																		
	VI	14.852	-	1.188,16	1.336,68																		
4.611,99	I	8.902	-	712,16	801,18	-	591,92	665,91	-	477,84	537,57	-	370,00	416,25	-	268,32	301,86	-	172,72	194,31	-	83,36	93,78
	II	7.470	-	597,60	672,30	-	483,20	543,60	-	375,04	421,92	-	273,04	307,17	-	177,20	199,35	-	87,60	98,55	-	13,84	15,57
	III	4.730	-	378,40	425,70	-	286,40	322,20	-	197,60	222,30	-	113,28	127,44	-	43,20	48,60	-	-	-	-	-	-
	IV	8.902	-	712,16	801,18	-	651,28	732,69	-	591,92	665,91	-	534,08	600,84	-	477,84	537,57	-	423,12	476,01	-	370,00	416,25
	V	14.332	-	1.146,56	1.289,88																		
	VI	14.864	-	1.189,12	1.337,76																		
4.647,99	I	8.912	-	712,96	802,08	-	592,64	666,72	-	478,56	538,38	-	370,64	416,97	-	268,96	302,58	-	173,36	195,03	-	83,92	94,41
	II	7.479	-	598,32	673,11	-	483,92	544,41	-	375,76	422,73	-	273,68	307,89	-	177,84	200,07	-	88,16	99,18	-	14,24	16,02
	III	4.738	-	379,04	426,42	-	287,04	322,92	-	198,08	222,84	-	113,92	128,16	-	43,68	49,14	-	-	-	-	-	-
	IV	8.912	-	712,96	802,08	-	652,00	733,50	-	592,64	666,72	-	534,88	601,74	-	478,56	538,38	-	423,84	476,82	-	370,64	416,97
	V	14.345	-	1.147,60	1.291,05																		
	VI	14.876	-	1.190,08	1.338,84																		
4.683,99	I	8.922	-	713,76	802,98	-	593,44	667,62	-	479,36	539,28	-	371,36	417,78	-	269,60	303,30	-	174,00	195,75	-	84,56	95,13
	II	7.489	-	599,12	674,01	-	484,72	545,31	-	376,40	423,45	-	274,32	308,61	-	178,48	200,79	-	88,72	99,81	-	14,64	16,47
	III	4.746	-	379,68	427,14	-	287,68	323,64	-	198,72	223,56	-	114,40	128,70	-	44,16	49,68	-	-	-	-	-	-
	IV	8.922	-	713,76	802,98	-	652,88	734,49	-	593,44	667,62	-	535,60	602,55	-	479,36	539,28	-	424,56	477,63	-	371,36	417,78
	V	14.357	-	1.148,56	1.292,13																		
	VI	14.889	-	1.191,12	1.340,01																		
4.719,99	I	8.932	-	714,56	803,88	-	594,24	668,52	-	480,08	540,09	-	372,08	418,59	-	270,24	304,02	-	174,56	196,38	-	85,12	95,76
	II	7.499	-	599,92	674,91	-	485,44	546,12	-	377,12	424,26	-	274,96	309,33	-	179,04	201,42	-	89,28	100,44	-	15,04	16,92
	III	4.754	-	380,32	427,86	-	288,32	324,36	-	199,20	224,10	-	114,88	129,24	-	44,48	50,04	-	-	-	-	-	-
	IV	8.932	-	714,56	803,88	-	653,60	735,30	-	594,24	668,52	-	536,40	603,45	-	480,08	540,09	-	425,28	478,44	-	372,08	418,59
	V	14.369	-	1.149,52	1.293,21																		
	VI	14.901	-	1.192,08	1.341,09																		
4.755,99	I	8.942	-	715,36	804,78	-	594,96	669,33	-	480,80	540,90	-	372,72	419,31	-	270,88	304,74	-	175,20	197,10	-	85,68	96,39
	II	7.508	-	600,64	675,72	-	486,16	546,93	-	377,84	425,07	-	275,60	310,05	-	179,68	202,14	-	89,84	101,07	-	15,36	17,28
	III	4.762	-	380,96	428,58	-	288,80	324,90	-	199,84	224,82	-	115,36	129,78	-	44,96	50,58	-	-	-	-	-	-
	IV	8.942	-	715,36	804,78	-	654,40	736,20	-	594,96	669,33	-	537,12	604,26	-	480,80	540,90	-	426,00	479,25	-	372,72	419,31
	V	14.382	-	1.150,56	1.294,38																		
	VI	14.913	-	1.193,04	1.342,17																		
4.791,99	I	8.952	-	716,16	805,68	-	595,76	670,23	-	481,52	541,71	-	373,44	420,12	-	271,52	305,46	-	175,76	197,73	-	86,24	97,02
	II	7.518	-	601,44	676,62	-	486,88	547,74	-	378,48	425,79	-	276,32	310,86	-	180,24	202,77	-	90,40	101,70	-	15,76	17,73
	III	4.770	-	381,60	429,30	-	289,44	325,62	-	200,48	225,54	-	115,84	130,32	-	45,28	50,94	-	-	-	-	-	-
	IV	8.952	-	716,16	805,68	-	655,20	737,10	-	595,76	670,23	-	537,84	605,07	-	481,52	541,71	-	426,72	480,06	-	373,44	420,12
	V	14.394	-	1.151,52	1.295,46																		
	VI	14.926	-	1.194,08	1.343,34																		
4.827,99	I	8.962	-	716,96	806,58	-	596,56	671,13	-	482,24	542,52	-	374,08	420,84	-	272,16	306,18	-	176,40	198,45	-	86,80	97,65
	II	7.527	-	602,16	677,43	-	487,60	548,55	-	379,20	426,60	-	276,96	311,58	-	180,88	203,49	-	90,96	102,33	-	16,16	18,18
	III	4.776	-	382,08	429,84	-	290,08	326,34	-	200,96	226,08	-	116,48	131,04	-	45,76	51,48	-	-	-	-	-	-
	IV	8.962	-	716,96	806,58	-	656,00	738,00	-	596,56	671,13	-	538,64	605,97	-	482,24	542,52	-	427,44	480,87	-	374,08	420,84
	V	14.406	-	1.152,48	1.296,54																		
	VI	14.938	-	1.195,04	1.344,42																		
4.863,99	I	8.972	-	717,76	807,48	-	597,28	671,94	-	482,96	543,33	-	374,80	421,65	-	272,80	306,90	-	176,96	199,08	-	87,36	98,28
	II	7.537	-	602,96	678,33	-	488,32	549,36	-	379,84	427,32	-	277,60	312,30	-	181,44	204,12	-	91,52	102,96	-	16,56	18,63
	III	4.784	-	382,72	430,56	-	290,56	326,88	-	201,60	226,80	-	116,96	131,58	-	46,08	51,84	-	-	-	-	-	-
	IV	8.972	-	717,76	807,48	-	656,80	738,90	-	597,28	671,94	-	539,36	606,78	-	482,96	543,33	-	428,08	481,59	-	374,80	421,65
	V	14.419	-	1.153,52	1.297,71																		
	VI	14.950	-	1.196,00	1.345,50																		
4.899,99	I	8.982	-	718,56	808,38	-	598,08	672,84	-	483,68	544,14	-	375,44	422,37	-	273,44	307,62	-	177,60	199,80	-	87,92	98,91
	II	7.547	-	603,76	679,23	-	489,04	550,17	-	380,56	428,13	-	278,24	313,02	-	182,08	204,84	-	92,08	103,59	-	16,96	19,08
	III	4.792	-	383,36	431,28	-	291,20	327,60	-	202,08	227,34	-	117,44	132,12	-	46,56	52,38	-	-	-	-	-	-
	IV	8.982	-	718,56	808,38	-	657,52	739,71	-	598,08	672,84	-	540,08	607,59	-	483,68	544,14	-	428,80	482,40	-	375,44	422,37
	V	14.431	-	1.154,48	1.298,79																		
	VI	14.962	-	1.196,96	1.346,58																		
54.935,99	I	8.993	-	719,44	809,37	-	598,80	673,65	-	484,40	544,95	-	376,16	423,18	-	274,08	308,34	-	178,24	200,52	-	88,48	99,54
	II	7.556	-	604,48	680,04	-	489,84	551,07	-	381,28	428,94	-	278,88	313,74	-	182,72	205,56	-	92,72	104,31	-	17,36	19,53
	III	4.800	-	384,00	432,00	-	291,84	328,32	-	202,72	228,06	-	117,92	132,66	-	46,88	52,74	-	-	-	-	-	-
	IV	8.993	-	719,44	809,37	-	658,32	740,61	-	598,80	673,65	-	540,88	608,49	-	484,40	544,95	-	429,52	483,21	-	376,16	423,18
	V	14.443	-	1.155,44	1.299,87																		
	VI	14.975	-	1.198,00	1.347,75																		
54.971,99	I	9.003	-	720,24	810,27	-	599,60	674,55	-	485,12	545,76	-	376,88	423,99	-	274,72	309,06	-	178,80	201,15	-	89,04	100,17
	II	7.566	-	605,28	680,94	-	490,56	551,88	-	381,92	429,66	-	279,52	314,46	-	183,28	206,19	-	93,28	104,94	-	17,76	19,98
	III	4.808	-	384,64	432,72	-	292,48	329,04	-	203,36	228,78	-	118,56	133,38	-	47,36	53,28	-	-	-	-	-	-
	IV	9.003	-	720,24	810,27	-	659,12	741,51	-	599,60	674,55	-	541,60	609,30	-	485,12	545,76	-	430,24	484,02	-	376,88	423,99
	V	14.456	-	1.156,48	1.301,04																		
	VI	14.987	-	1.198,96	1.348,83																		
55.007,99	I	9.013	-	721,04	811,17	-	600,32	675,36	-	485,84	546,57	-	377,52	424,71	-	275,36	309,78	-	179,44	201,87	-	89,60	100,80
	II	7.576	-	606,08	681,84	-	491,28	552,69	-	382,64	430,47	-	280,16	315,18	-	183,92	206,91	-	93,84	105,57	-	18,16	20,43
	III	4.814	-	385,12	433,26	-	292,96	329,58	-	203,84	229,32	-	119,04	133,92	-	47,84	53,82	-	-	-	-	-	-
	IV	9.013	-	721,04	811,17	-	659,92	742,41	-	600,32	675,36	-	542,32	610,11	-	485,84	546,57	-	430,96	484,83	-	377,52	424,71
	V	14.468	-	1.157,44	1.302,12																		
	VI	14.999	-	1.199,92	1.349,91																		
55.043,99	I	9.023	-	721,84	812,07	-	601,12	676,26	-	486,64	547,47	-	378,24	425,52	-	276,08	310,59	-	180,08	202,59	-	90,16	101,43
	II	7.585	-	606,80	682,65	-	492,00	553,50	-	383,36	431,28	-	280,88	315,99	-	184,56	207,63	-	94,40	106,20	-	18,56	20,88
	III	4.822	-	385,76	433,98	-	293,60	330,30	-	204,48	230,04	-	119,52	134,46	-	48,16	54,18	-	-	-	-	-	-
	IV	9.023	-	721,84	812,07	-	660,72	743,31	-	601,12	676,26	-	543,12	611,01	-	486,64	547,47	-	431,68	485,64	-	378,24	425,52
	V	14.480	-	1.158,40	1.303,20																		
	VI	15.012	-	1.200,96	1.351,08																		
55.079,99	I	9.033	-	722,64	812,97	-	601,92	677,16	-	487,36	548,28	-	378,96	426,33	-	276,72	311,31	-	180,64	203,22	-	90,80	102,15
	II	7.595	-	607,60	683,55	-	492,72	554,31	-	384,00	432,00	-	281,52	316,71	-	185,12	208,26	-	94,96	106,83	-	18,96	21,33
	III	4.830	-	386,40	434,70	-	294,24	331,02	-	204,96	230,58	-	120,00	135,00	-	48,64	54,72	-	-	-	-	-	-
	IV	9.033	-	722,64	812,97	-	661,52	744,21	-	601,92	677,16	-	543,84	611,82	-	487,36	548,28	-	432,40	486,45	-	378,96	426,33
	V	14.493	-	1.159,44	1.304,37																		
	VI	15.024	-	1.201,92	1.352,16																		

Anzahl Kinderfreibeträge (nur Steuerklassen I–IV)

SolZ/KiSt lt. Tabelle nicht für Sonstige Bezüge anwendbar.

JAHR bis 55.619,99 €

Allgemeine Tabelle

Lohn/ Gehalt bis	Steuerklasse	Lohn-steuer	ohne Kinderfreibetrag SolZ 5,5%	Kirchensteuer 8%	Kirchensteuer 9%	Anzahl Kinderfreibeträge (nur Steuerklassen I–IV): 0,5 SolZ 5,5%	0,5 Kirchensteuer 8%	0,5 Kirchensteuer 9%	1,0 SolZ 5,5%	1,0 Kirchensteuer 8%	1,0 Kirchensteuer 9%	1,5 SolZ 5,5%	1,5 Kirchensteuer 8%	1,5 Kirchensteuer 9%	2,0 SolZ 5,5%	2,0 Kirchensteuer 8%	2,0 Kirchensteuer 9%	2,5 SolZ 5,5%	2,5 Kirchensteuer 8%	2,5 Kirchensteuer 9%	3,0 SolZ 5,5%	3,0 Kirchensteuer 8%	3,0 Kirchensteuer 9%
55.115,99	I	9.043	–	723,44	813,87	–	602,64	677,97	–	488,08	549,09	–	379,60	427,05	–	277,36	312,03	–	181,28	203,94	–	91,36	102
	II	7.604	–	608,32	684,36	–	493,44	555,12	–	384,72	432,81	–	282,16	317,43	–	185,76	208,98	–	95,52	107,46	–	19,36	21
	III	4.838	–	387,04	435,42	–	294,72	331,56	–	205,60	231,30	–	120,48	135,54	–	48,96	55,08	–	–	–	–	–	
	IV	9.043	–	723,44	813,87	–	662,32	745,11	–	602,64	677,97	–	544,56	612,63	–	488,08	549,09	–	433,04	487,17	–	379,60	427
	V	14.505	–	1.160,40	1.305,45																		
	VI	15.036	–	1.202,88	1.353,24																		
55.151,99	I	9.053	–	724,24	814,77	–	603,44	678,87	–	488,80	549,90	–	380,32	427,86	–	278,00	312,75	–	181,84	204,57	–	91,92	103
	II	7.614	–	609,12	685,26	–	494,16	555,93	–	385,36	433,53	–	282,80	318,15	–	186,32	209,61	–	96,08	108,09	–	19,76	22
	III	4.846	–	387,68	436,14	–	295,36	332,28	–	206,08	231,84	–	121,12	136,26	–	49,44	55,62	–	–	–	–	–	
	IV	9.053	–	724,24	814,77	–	663,04	745,92	–	603,44	678,87	–	545,36	613,53	–	488,80	549,90	–	433,76	487,98	–	380,32	427
	V	14.517	–	1.161,36	1.306,53																		
	VI	15.049	–	1.203,92	1.354,41																		
55.187,99	I	9.064	–	725,12	815,76	–	604,24	679,77	–	489,52	550,71	–	381,04	428,67	–	278,64	313,47	–	182,48	205,29	–	92,48	104
	II	7.624	–	609,92	686,16	–	494,88	556,74	–	386,08	434,34	–	283,44	318,87	–	186,96	210,33	–	96,64	108,72	–	20,16	22
	III	4.854	–	388,32	436,86	–	296,00	333,00	–	206,72	232,56	–	121,60	136,80	–	49,92	56,16	–	–	–	–	–	
	IV	9.064	–	725,12	815,76	–	663,92	746,91	–	604,24	679,77	–	546,08	614,34	–	489,52	550,71	–	434,48	488,79	–	381,04	428
	V	14.529	–	1.162,32	1.307,61																		
	VI	15.061	–	1.204,88	1.355,49																		
55.223,99	I	9.074	–	725,92	816,66	–	604,96	680,58	–	490,24	551,52	–	381,68	429,39	–	279,28	314,19	–	183,04	205,92	–	93,04	104
	II	7.634	–	610,72	687,06	–	495,68	557,64	–	386,80	435,15	–	284,08	319,59	–	187,60	211,05	–	97,20	109,35	–	20,56	23
	III	4.862	–	388,96	437,58	–	296,48	333,54	–	207,36	233,28	–	122,08	137,34	–	50,24	56,52	–	–	–	–	–	
	IV	9.074	–	725,92	816,66	–	664,64	747,72	–	604,96	680,58	–	546,88	615,24	–	490,24	551,52	–	435,20	489,60	–	381,68	429
	V	14.542	–	1.163,36	1.308,78																		
	VI	15.073	–	1.205,84	1.356,57																		
55.259,99	I	9.084	–	726,72	817,56	–	605,76	681,48	–	490,96	552,33	–	382,40	430,20	–	279,92	314,91	–	183,68	206,64	–	93,60	105
	II	7.643	–	611,44	687,87	–	496,40	558,45	–	387,44	435,87	–	284,72	320,31	–	188,16	211,68	–	97,84	110,07	–	20,96	23
	III	4.868	–	389,44	438,12	–	297,12	334,26	–	207,84	233,82	–	122,56	137,88	–	50,72	57,06	–	–	–	–	–	
	IV	9.084	–	726,72	817,56	–	665,44	748,62	–	605,76	681,48	–	547,60	616,05	–	490,96	552,33	–	435,92	490,41	–	382,40	430
	V	14.554	–	1.164,32	1.309,86																		
	VI	15.086	–	1.206,88	1.357,74																		
55.295,99	I	9.094	–	727,52	818,46	–	606,56	682,38	–	491,76	553,23	–	383,04	430,92	–	280,64	315,72	–	184,32	207,36	–	94,16	105
	II	7.653	–	612,24	688,77	–	497,12	559,26	–	388,16	436,68	–	285,44	321,12	–	188,80	212,40	–	98,40	110,70	–	21,36	24
	III	4.876	–	390,08	438,84	–	297,76	334,98	–	208,48	234,54	–	123,20	138,60	–	51,20	57,60	–	–	–	–	–	
	IV	9.094	–	727,52	818,46	–	666,24	749,52	–	606,56	682,38	–	548,40	616,95	–	491,76	553,23	–	436,64	491,22	–	383,04	430
	V	14.566	–	1.165,28	1.310,94																		
	VI	15.098	–	1.207,84	1.358,82																		
55.331,99	I	9.104	–	728,32	819,36	–	607,28	683,19	–	492,48	554,04	–	383,76	431,73	–	281,28	316,44	–	184,88	207,99	–	94,72	106
	II	7.663	–	613,04	689,67	–	497,84	560,07	–	388,88	437,49	–	286,08	321,84	–	189,44	213,12	–	98,96	111,33	–	21,76	24
	III	4.884	–	390,72	439,56	–	298,40	335,70	–	208,96	235,08	–	123,68	139,14	–	51,52	57,96	–	–	–	–	–	
	IV	9.104	–	728,32	819,36	–	667,04	750,42	–	607,28	683,19	–	549,12	617,76	–	492,48	554,04	–	437,36	492,03	–	383,76	431
	V	14.579	–	1.166,32	1.312,11																		
	VI	15.110	–	1.208,80	1.359,90																		
55.367,99	I	9.114	–	729,12	820,26	–	608,08	684,09	–	493,20	554,85	–	384,48	432,54	–	281,92	317,16	–	185,52	208,71	–	95,28	107
	II	7.672	–	613,76	690,48	–	498,56	560,88	–	389,52	438,21	–	286,72	322,56	–	190,00	213,75	–	99,52	111,96	–	22,16	24
	III	4.892	–	391,36	440,28	–	298,88	336,24	–	209,60	235,80	–	124,16	139,68	–	52,00	58,50	–	–	–	–	–	
	IV	9.114	–	729,12	820,26	–	667,84	751,32	–	608,08	684,09	–	549,84	618,57	–	493,20	554,85	–	438,00	492,75	–	384,48	432
	V	14.591	–	1.167,28	1.313,19																		
	VI	15.123	–	1.209,84	1.361,07																		
55.403,99	I	9.125	–	730,00	821,25	–	608,88	684,99	–	493,92	555,66	–	385,12	433,26	–	282,56	317,88	–	186,16	209,43	–	95,92	107
	II	7.682	–	614,56	691,38	–	499,36	561,78	–	390,24	439,02	–	287,36	323,28	–	190,64	214,47	–	100,08	112,59	–	22,56	25
	III	4.900	–	392,00	441,00	–	299,52	336,96	–	210,24	236,52	–	124,80	140,40	–	52,32	58,86	–	–	–	–	–	
	IV	9.125	–	730,00	821,25	–	668,64	752,22	–	608,88	684,99	–	550,64	619,47	–	493,92	555,66	–	438,80	493,65	–	385,12	433
	V	14.603	–	1.168,24	1.314,27																		
	VI	15.135	–	1.210,80	1.362,15																		
55.439,99	I	9.135	–	730,80	822,15	–	609,60	685,80	–	494,64	556,47	–	385,84	434,07	–	283,20	318,60	–	186,72	210,06	–	96,48	108
	II	7.692	–	615,36	692,28	–	500,08	562,59	–	390,96	439,83	–	288,00	324,00	–	191,28	215,19	–	100,64	113,22	–	22,96	25
	III	4.908	–	392,64	441,72	–	300,16	337,68	–	210,72	237,06	–	125,28	140,94	–	52,80	59,40	–	–	–	–	–	
	IV	9.135	–	730,80	822,15	–	669,44	753,12	–	609,60	685,80	–	551,36	620,28	–	494,64	556,47	–	439,44	494,37	–	385,84	434,
	V	14.616	–	1.169,28	1.315,44																		
	VI	15.147	–	1.211,76	1.363,23																		
55.475,99	I	9.145	–	731,60	823,05	–	610,40	686,70	–	495,36	557,28	–	386,56	434,88	–	283,84	319,32	–	187,36	210,78	–	97,04	109,
	II	7.701	–	616,08	693,09	–	500,80	563,40	–	391,60	440,55	–	288,64	324,72	–	191,84	215,82	–	101,20	113,85	–	23,36	26,
	III	4.916	–	393,28	442,44	–	300,80	338,40	–	211,36	237,78	–	125,76	141,48	–	53,28	59,94	–	–	–	–	–	
	IV	9.145	–	731,60	823,05	–	670,24	754,02	–	610,40	686,70	–	552,08	621,09	–	495,36	557,28	–	440,16	495,18	–	386,56	434,
	V	14.628	–	1.170,24	1.316,52																		
	VI	15.159	–	1.212,72	1.364,31																		
55.511,99	I	9.155	–	732,40	823,95	–	611,12	687,51	–	496,08	558,09	–	387,20	435,60	–	284,48	320,04	–	187,92	211,41	–	97,60	109,
	II	7.711	–	616,88	693,99	–	501,52	564,21	–	392,32	441,36	–	289,28	325,44	–	192,48	216,54	–	101,84	114,57	–	23,76	26,
	III	4.922	–	393,76	442,98	–	301,28	338,94	–	211,84	238,32	–	126,24	142,02	–	53,60	60,30	–	–	–	–	–	
	IV	9.155	–	732,40	823,95	–	671,04	754,92	–	611,12	687,51	–	552,88	621,99	–	496,08	558,09	–	440,88	495,99	–	387,20	435,
	V	14.640	–	1.171,20	1.317,60																		
	VI	15.172	–	1.213,76	1.365,48																		
55.547,99	I	9.165	–	733,20	824,85	–	611,92	688,41	–	496,88	558,99	–	387,92	436,41	–	285,20	320,85	–	188,56	212,13	–	98,16	110,
	II	7.721	–	617,68	694,89	–	502,24	565,02	–	393,04	442,17	–	290,00	326,25	–	193,12	217,26	–	102,40	115,20	–	24,24	27,
	III	4.930	–	394,40	443,70	–	301,92	339,66	–	212,48	239,04	–	126,88	142,74	–	54,08	60,84	–	–	–	–	–	
	IV	9.165	–	733,20	824,85	–	671,84	755,82	–	611,92	688,41	–	553,60	622,80	–	496,88	558,99	–	441,60	496,80	–	387,92	436,
	V	14.653	–	1.172,24	1.318,77																		
	VI	15.184	–	1.214,72	1.366,56																		
55.583,99	I	9.175	–	734,00	825,75	–	612,72	689,31	–	497,60	559,80	–	388,64	437,22	–	285,84	321,57	–	189,20	212,85	–	98,72	111,
	II	7.730	–	618,40	695,70	–	502,96	565,83	–	393,68	442,89	–	290,64	326,97	–	193,68	217,89	–	102,96	115,83	–	24,64	27,
	III	4.938	–	395,04	444,42	–	302,56	340,38	–	213,12	239,76	–	127,36	143,28	–	54,56	61,38	–	–	–	–	–	
	IV	9.175	–	734,00	825,75	–	672,64	756,72	–	612,72	689,31	–	554,40	623,70	–	497,60	559,80	–	442,32	497,61	–	388,64	437,
	V	14.665	–	1.173,20	1.319,85																		
	VI	15.196	–	1.215,68	1.367,64																		
55.619,99	I	9.185	–	734,80	826,65	–	613,52	690,21	–	498,32	560,61	–	389,28	437,94	–	286,48	322,29	–	189,76	213,48	–	99,28	111,
	II	7.740	–	619,20	696,60	–	503,68	566,64	–	394,40	443,70	–	291,28	327,69	–	194,32	218,61	–	103,52	116,46	–	25,04	28,
	III	4.946	–	395,68	445,14	–	303,04	340,92	–	213,60	240,30	–	127,84	143,82	–	54,88	61,74	–	–	–	–	–	
	IV	9.185	–	734,80	826,65	–	673,36	757,53	–	613,52	690,21	–	555,12	624,51	–	498,32	560,61	–	443,04	498,42	–	389,28	437,
	V	14.677	–	1.174,16	1.320,93																		
	VI	15.209	–	1.216,72	1.368,81																		

SolZ/KiSt lt. Tabelle nicht für Sonstige Bezüge anwendbar.

Allgemeine Tabelle

Lohn/ Gehalt bis	Steuerklasse	Lohn-steuer	ohne Kinderfreibetrag			Anzahl Kinderfreibeträge (nur Steuerklassen I–IV) 0,5			1,0			1,5			2,0			2,5			3,0		
			SolZ 5,5%	Kirchensteuer 8%	9%	SolZ 5,5%	Kirchensteuer 8%	9%	SolZ 5,5%	Kirchensteuer 8%	9%	SolZ 5,5%	Kirchensteuer 8%	9%	SolZ 5,5%	Kirchensteuer 8%	9%	SolZ 5,5%	Kirchensteuer 8%	9%	SolZ 5,5%	Kirchensteuer 8%	9%
5.655,99	I	9.196	-	735,68	827,64	-	614,24	691,02	-	499,04	561,42	-	390,00	438,75	-	287,12	323,01	-	190,40	214,20	-	99,92	112,41
	II	7.750	-	620,00	697,50	-	504,48	567,54	-	395,12	444,51	-	291,92	328,41	-	194,96	219,33	-	104,08	117,09	-	25,44	28,62
	III	4.954	-	396,32	445,86	-	303,68	341,64	-	214,24	241,02	-	128,48	144,54	-	55,36	62,28	-	-	-	-	-	-
	IV	9.196	-	735,68	827,64	-	674,16	758,43	-	614,24	691,02	-	555,92	625,41	-	499,04	561,42	-	443,76	499,23	-	390,00	438,75
	V	14.689	-	1.175,12	1.322,01																		
	VI	15.221	-	1.217,68	1.369,89																		
5.691,99	I	9.206	-	736,48	828,54	-	615,04	691,92	-	499,76	562,23	-	390,72	439,56	-	287,76	323,73	-	191,04	214,92	-	100,48	113,04
	II	7.759	-	620,72	698,31	-	505,20	568,35	-	395,84	445,32	-	292,56	329,13	-	195,52	219,96	-	104,72	117,81	-	25,92	29,16
	III	4.962	-	396,96	446,58	-	304,32	342,36	-	214,72	241,56	-	128,96	145,08	-	55,84	62,82	-	-	-	-	-	-
	IV	9.206	-	736,48	828,54	-	674,96	759,33	-	615,04	691,92	-	556,64	626,22	-	499,76	562,23	-	444,48	500,04	-	390,72	439,56
	V	14.702	-	1.176,16	1.323,18																		
	VI	15.233	-	1.218,64	1.370,97																		
5.727,99	I	9.216	-	737,28	829,44	-	615,84	692,82	-	500,48	563,04	-	391,36	440,28	-	288,40	324,45	-	191,60	215,55	-	101,04	113,67
	II	7.769	-	621,52	699,21	-	505,92	569,16	-	396,48	446,04	-	293,28	329,94	-	196,16	220,68	-	105,28	118,44	-	26,32	29,61
	III	4.968	-	397,44	447,12	-	304,80	342,90	-	215,36	242,28	-	129,44	145,62	-	56,16	63,18	-	-	-	-	-	-
	IV	9.216	-	737,28	829,44	-	675,76	760,23	-	615,84	692,82	-	557,36	627,03	-	500,48	563,04	-	445,20	500,85	-	391,36	440,28
	V	14.714	-	1.177,12	1.324,26																		
	VI	15.246	-	1.219,68	1.372,14																		
5.763,99	I	9.226	-	738,08	830,34	-	616,56	693,63	-	501,20	563,85	-	392,08	441,09	-	289,04	325,17	-	192,24	216,27	-	101,60	114,30
	II	7.779	-	622,32	700,11	-	506,64	569,97	-	397,20	446,85	-	293,92	330,66	-	196,80	221,40	-	105,84	119,07	-	26,72	30,06
	III	4.976	-	398,08	447,84	-	305,44	343,62	-	216,00	243,00	-	130,08	146,34	-	56,64	63,72	-	-	-	-	-	-
	IV	9.226	-	738,08	830,34	-	676,56	761,13	-	616,56	693,63	-	558,16	627,93	-	501,20	563,85	-	445,84	501,57	-	392,08	441,09
	V	14.726	-	1.178,08	1.325,34																		
	VI	15.258	-	1.220,64	1.373,22																		
5.799,99	I	9.237	-	738,96	831,33	-	617,36	694,53	-	502,00	564,75	-	392,80	441,90	-	289,76	325,98	-	192,88	216,99	-	102,16	114,93
	II	7.789	-	623,12	701,01	-	507,44	570,87	-	397,92	447,66	-	294,56	331,38	-	197,44	222,12	-	106,40	119,70	-	27,20	30,60
	III	4.984	-	398,72	448,56	-	306,08	344,34	-	216,48	243,54	-	130,56	146,88	-	57,12	64,26	-	-	-	-	-	-
	IV	9.237	-	738,96	831,33	-	677,36	762,03	-	617,36	694,53	-	558,88	628,74	-	502,00	564,75	-	446,64	502,47	-	392,80	441,90
	V	14.739	-	1.179,12	1.326,51																		
	VI	15.270	-	1.221,60	1.374,30																		
5.835,99	I	9.247	-	739,76	832,23	-	618,16	695,43	-	502,72	565,56	-	393,44	442,62	-	290,40	326,70	-	193,44	217,62	-	102,72	115,56
	II	7.798	-	623,84	701,82	-	508,16	571,68	-	398,56	448,38	-	295,20	332,10	-	198,00	222,75	-	106,96	120,33	-	27,60	31,05
	III	4.992	-	399,36	449,28	-	306,72	345,06	-	217,12	244,26	-	131,04	147,42	-	57,44	64,62	-	-	-	-	-	-
	IV	9.247	-	739,76	832,23	-	678,16	762,93	-	618,16	695,43	-	559,68	629,64	-	502,72	565,56	-	447,28	503,19	-	393,44	442,62
	V	14.751	-	1.180,08	1.327,59																		
	VI	15.283	-	1.222,64	1.375,47																		
5.871,99	I	9.257	-	740,56	833,13	-	618,88	696,24	-	503,44	566,37	-	394,16	443,43	-	291,04	327,42	-	194,08	218,34	-	103,28	116,19
	II	7.808	-	624,64	702,72	-	508,88	572,49	-	399,28	449,19	-	295,84	332,82	-	198,64	223,47	-	107,52	120,96	-	28,00	31,50
	III	5.000	-	400,00	450,00	-	307,20	345,60	-	217,60	244,80	-	131,68	148,14	-	57,92	65,16	-	-	-	-	-	-
	IV	9.257	-	740,56	833,13	-	678,96	763,83	-	618,88	696,24	-	560,40	630,45	-	503,44	566,37	-	448,00	504,00	-	394,16	443,43
	V	14.763	-	1.181,04	1.328,67																		
	VI	15.295	-	1.223,60	1.376,55																		
5.907,99	I	9.267	-	741,36	834,03	-	619,68	697,14	-	504,16	567,18	-	394,88	444,24	-	291,68	328,14	-	194,72	219,06	-	103,92	116,91
	II	7.818	-	625,44	703,62	-	509,60	573,30	-	400,00	450,00	-	296,56	333,63	-	199,28	224,19	-	108,16	121,68	-	28,48	32,04
	III	5.008	-	400,64	450,72	-	307,84	346,32	-	218,24	245,52	-	132,16	148,68	-	58,40	65,70	-	0,32	0,36	-	-	-
	IV	9.267	-	741,36	834,03	-	679,76	764,73	-	619,68	697,14	-	561,20	631,35	-	504,16	567,18	-	448,72	504,81	-	394,88	444,24
	V	14.776	-	1.182,08	1.329,84																		
	VI	15.307	-	1.224,56	1.377,63																		
5.943,99	I	9.277	-	742,16	834,93	-	620,48	698,04	-	504,96	568,08	-	395,52	444,96	-	292,32	328,86	-	195,36	219,78	-	104,48	117,54
	II	7.827	-	626,16	704,43	-	510,32	574,11	-	400,72	450,81	-	297,20	334,35	-	199,84	224,82	-	108,72	122,31	-	28,88	32,49
	III	5.014	-	401,12	451,26	-	308,48	347,04	-	218,88	246,24	-	132,64	149,22	-	58,72	66,06	-	0,64	0,72	-	-	-
	IV	9.277	-	742,16	834,93	-	680,56	765,63	-	620,48	698,04	-	561,92	632,16	-	504,96	568,08	-	449,44	505,62	-	395,52	444,96
	V	14.788	-	1.183,04	1.330,92																		
	VI	15.319	-	1.225,52	1.378,71																		
5.979,99	I	9.287	-	742,96	835,83	-	621,20	698,85	-	505,68	568,89	-	396,24	445,77	-	292,96	329,58	-	195,92	220,41	-	105,04	118,17
	II	7.837	-	626,96	705,33	-	511,12	575,01	-	401,36	451,53	-	297,84	335,07	-	200,48	225,54	-	109,28	122,94	-	29,28	32,94
	III	5.022	-	401,76	451,98	-	309,12	347,76	-	219,36	246,78	-	133,28	149,94	-	59,20	66,60	-	0,96	1,08	-	-	-
	IV	9.287	-	742,96	835,83	-	681,36	766,53	-	621,20	698,85	-	562,64	632,97	-	505,68	568,89	-	450,16	506,43	-	396,24	445,77
	V	14.800	-	1.184,00	1.332,00																		
	VI	15.332	-	1.226,56	1.379,88																		
56.015,99	I	9.298	-	743,84	836,82	-	622,00	699,75	-	506,40	569,70	-	396,96	446,58	-	293,68	330,39	-	196,56	221,13	-	105,60	118,80
	II	7.847	-	627,76	706,23	-	511,84	575,82	-	402,08	452,34	-	298,48	335,79	-	201,12	226,26	-	109,84	123,57	-	29,76	33,48
	III	5.030	-	402,40	452,70	-	309,76	348,48	-	220,00	247,50	-	133,76	150,48	-	59,68	67,14	-	1,28	1,44	-	-	-
	IV	9.298	-	743,84	836,82	-	682,16	767,43	-	622,00	699,75	-	563,44	633,87	-	506,40	569,70	-	450,88	507,24	-	396,96	446,58
	V	14.813	-	1.185,04	1.333,17																		
	VI	15.344	-	1.227,52	1.380,96																		
56.051,99	I	9.308	-	744,64	837,72	-	622,80	700,65	-	507,12	570,51	-	397,60	447,30	-	294,32	331,11	-	197,20	221,85	-	106,16	119,43
	II	7.857	-	628,56	707,13	-	512,56	576,63	-	402,80	453,15	-	299,20	336,60	-	201,68	226,89	-	110,48	124,29	-	30,16	33,93
	III	5.038	-	403,04	453,42	-	310,24	349,02	-	220,48	248,04	-	134,24	151,02	-	60,16	67,68	-	1,60	1,80	-	-	-
	IV	9.308	-	744,64	837,72	-	682,96	768,33	-	622,80	700,65	-	564,16	634,68	-	507,12	570,51	-	451,60	508,05	-	397,60	447,30
	V	14.825	-	1.186,00	1.334,25																		
	VI	15.356	-	1.228,48	1.382,04																		
56.087,99	I	9.318	-	745,44	838,62	-	623,60	701,55	-	507,84	571,32	-	398,32	448,11	-	294,96	331,83	-	197,76	222,48	-	106,80	120,15
	II	7.866	-	629,28	707,94	-	513,28	577,44	-	403,44	453,87	-	299,84	337,32	-	202,32	227,61	-	111,04	124,92	-	30,64	34,47
	III	5.046	-	403,68	454,14	-	310,88	349,74	-	221,12	248,76	-	134,88	151,74	-	60,48	68,04	-	1,92	2,16	-	-	-
	IV	9.318	-	745,44	838,62	-	683,76	769,23	-	623,60	701,55	-	564,96	635,58	-	507,84	571,32	-	452,32	508,86	-	398,32	448,11
	V	14.837	-	1.186,96	1.335,33																		
	VI	15.369	-	1.229,52	1.383,21																		
56.123,99	I	9.328	-	746,24	839,52	-	624,32	702,36	-	508,56	572,13	-	399,04	448,92	-	295,60	332,55	-	198,40	223,20	-	107,36	120,78
	II	7.876	-	630,08	708,84	-	514,00	578,25	-	404,16	454,68	-	300,48	338,04	-	202,96	228,33	-	111,60	125,55	-	31,04	34,92
	III	5.054	-	404,32	454,86	-	311,36	350,28	-	221,60	249,30	-	135,36	152,28	-	60,96	68,58	-	2,24	2,52	-	-	-
	IV	9.328	-	746,24	839,52	-	684,56	770,13	-	624,32	702,36	-	565,68	636,39	-	508,56	572,13	-	453,04	509,67	-	399,04	448,92
	V	14.849	-	1.187,92	1.336,41																		
	VI	15.381	-	1.230,48	1.384,29																		
56.159,99	I	9.339	-	747,12	840,51	-	625,12	703,26	-	509,36	573,03	-	399,76	449,73	-	296,32	333,36	-	199,04	223,92	-	107,92	121,41
	II	7.886	-	630,88	709,74	-	514,80	579,15	-	404,88	455,49	-	301,12	338,76	-	203,60	229,05	-	112,16	126,18	-	31,52	35,46
	III	5.062	-	404,96	455,58	-	312,00	351,00	-	222,24	250,02	-	135,84	152,82	-	61,44	69,12	-	2,56	2,88	-	-	-
	IV	9.339	-	747,12	840,51	-	685,36	771,03	-	625,12	703,26	-	566,48	637,29	-	509,36	573,03	-	453,76	510,48	-	399,76	449,73
	V	14.862	-	1.188,96	1.337,58																		
	VI	15.393	-	1.231,44	1.385,37																		

SolZ/KiSt lt. Tabelle nicht für Sonstige Bezüge anwendbar.

JAHR bis 56.699,99 €

Allgemeine Tabelle

Lohn/ Gehalt bis	Steuerklasse	Lohn- steuer	ohne Kinderfreibetrag			Anzahl Kinderfreibeträge (nur Steuerklassen I–IV) 0,5			1,0			1,5			2,0			2,5			3,0		
			SolZ 5,5%	Kirchensteuer 8%	9%	SolZ 5,5%	Kirchensteuer 8%	9%	SolZ 5,5%	Kirchensteuer 8%	9%	SolZ 5,5%	Kirchensteuer 8%	9%	SolZ 5,5%	Kirchensteuer 8%	9%	SolZ 5,5%	Kirchensteuer 8%	9%	SolZ 5,5%	Kirchensteu 8%	9%
56.195,99	I	9.349	-	747,92	841,41	-	625,92	704,16	-	510,08	573,84	-	400,40	450,45	-	296,96	334,08	-	199,60	224,55	-	108,48	122
	II	7.896	-	631,68	710,64	-	515,52	579,96	-	405,60	456,30	-	301,76	339,48	-	204,16	229,68	-	112,72	126,81	-	31,92	35
	III	5.070	-	405,60	456,30	-	312,64	351,72	-	222,88	250,74	-	136,48	153,54	-	61,76	69,48	-	2,88	3,24	-	-	
	IV	9.349	-	747,92	841,41	-	686,16	771,93	-	625,92	704,16	-	567,20	638,10	-	510,08	573,84	-	454,48	511,29	-	400,40	450
	V	14.874	-	1.189,92	1.338,66																		
	VI	15.406	-	1.232,48	1.386,54																		
56.231,99	I	9.359	-	748,72	842,31	-	626,64	704,97	-	510,80	574,65	-	401,12	451,26	-	297,60	334,80	-	200,24	225,27	-	109,04	122
	II	7.905	-	632,40	711,45	-	516,24	580,77	-	406,24	457,02	-	302,48	340,29	-	204,80	230,40	-	113,36	127,53	-	32,32	36
	III	5.076	-	406,08	456,84	-	313,28	352,44	-	223,36	251,28	-	136,96	154,08	-	62,24	70,02	-	3,20	3,60	-	-	
	IV	9.359	-	748,72	842,31	-	686,96	772,83	-	626,64	704,97	-	568,00	639,00	-	510,80	574,65	-	455,20	512,10	-	401,12	451
	V	14.886	-	1.190,88	1.339,74																		
	VI	15.418	-	1.233,44	1.387,62																		
56.267,99	I	9.369	-	749,52	843,21	-	627,44	705,87	-	511,60	575,55	-	401,84	452,07	-	298,24	335,52	-	200,88	225,99	-	109,68	123
	II	7.915	-	633,20	712,35	-	517,04	581,67	-	406,96	457,83	-	303,12	341,01	-	205,44	231,12	-	113,92	128,16	-	32,80	36
	III	5.084	-	406,72	457,56	-	313,92	353,16	-	224,00	252,00	-	137,44	154,62	-	62,72	70,56	-	3,52	3,96	-	-	
	IV	9.369	-	749,52	843,21	-	687,76	773,73	-	627,44	705,87	-	568,72	639,81	-	511,60	575,55	-	455,92	512,91	-	401,84	452
	V	14.899	-	1.191,92	1.340,91																		
	VI	15.430	-	1.234,40	1.388,70																		
56.303,99	I	9.380	-	750,40	844,20	-	628,24	706,77	-	512,32	576,36	-	402,48	452,79	-	298,88	336,24	-	201,52	226,71	-	110,24	124
	II	7.925	-	634,00	713,25	-	517,76	582,48	-	407,68	458,64	-	303,76	341,73	-	206,08	231,84	-	114,48	128,79	-	33,28	37
	III	5.092	-	407,36	458,28	-	314,40	353,70	-	224,64	252,72	-	138,08	155,34	-	63,20	71,10	-	4,00	4,50	-	-	
	IV	9.380	-	750,40	844,20	-	688,56	774,63	-	628,24	706,77	-	569,52	640,71	-	512,32	576,36	-	456,64	513,72	-	402,48	452
	V	14.911	-	1.192,88	1.341,99																		
	VI	15.443	-	1.235,44	1.389,87																		
56.339,99	I	9.390	-	751,20	845,10	-	629,04	707,67	-	513,04	577,17	-	403,20	453,60	-	299,60	337,05	-	202,08	227,34	-	110,80	124
	II	7.935	-	634,80	714,15	-	518,48	583,29	-	408,40	459,45	-	304,40	342,45	-	206,64	232,47	-	115,04	129,42	-	33,68	37
	III	5.100	-	408,00	459,00	-	315,04	354,42	-	225,12	253,26	-	138,56	155,88	-	63,52	71,46	-	4,32	4,86	-	-	
	IV	9.390	-	751,20	845,10	-	689,36	775,53	-	629,04	707,67	-	570,24	641,52	-	513,04	577,17	-	457,36	514,53	-	403,20	453
	V	14.923	-	1.193,84	1.343,07																		
	VI	15.455	-	1.236,40	1.390,95																		
56.375,99	I	9.400	-	752,00	846,00	-	629,76	708,48	-	513,76	577,98	-	403,92	454,41	-	300,24	337,77	-	202,72	228,06	-	111,36	125
	II	7.944	-	635,52	714,96	-	519,20	584,10	-	409,04	460,17	-	305,04	343,17	-	207,28	233,19	-	115,60	130,05	-	34,16	38
	III	5.108	-	408,64	459,72	-	315,68	355,14	-	225,76	253,98	-	139,20	156,60	-	64,00	72,00	-	4,64	5,22	-	-	
	IV	9.400	-	752,00	846,00	-	690,08	776,34	-	629,76	708,48	-	571,04	642,42	-	513,76	577,98	-	458,08	515,34	-	403,92	454
	V	14.935	-	1.194,80	1.344,15																		
	VI	15.467	-	1.237,36	1.392,03																		
56.411,99	I	9.410	-	752,80	846,90	-	630,56	709,38	-	514,48	578,79	-	404,64	455,22	-	300,88	338,49	-	203,36	228,78	-	112,00	126
	II	7.954	-	636,32	715,86	-	520,00	585,00	-	409,76	460,98	-	305,76	343,98	-	207,92	233,91	-	116,24	130,77	-	34,56	38
	III	5.116	-	409,28	460,44	-	316,32	355,86	-	226,40	254,70	-	139,68	157,14	-	64,48	72,54	-	4,96	5,58	-	-	
	IV	9.410	-	752,80	846,90	-	690,96	777,33	-	630,56	709,38	-	571,76	643,23	-	514,48	578,79	-	458,80	516,15	-	404,64	455
	V	14.948	-	1.195,84	1.345,32																		
	VI	15.480	-	1.238,40	1.393,20																		
56.447,99	I	9.421	-	753,68	847,89	-	631,36	710,28	-	515,28	579,69	-	405,28	455,94	-	301,52	339,21	-	203,92	229,41	-	112,56	126,
	II	7.964	-	637,12	716,76	-	520,72	585,81	-	410,48	461,79	-	306,40	344,70	-	208,56	234,63	-	116,80	131,40	-	35,04	39,
	III	5.124	-	409,92	461,16	-	316,80	356,40	-	226,88	255,24	-	140,16	157,68	-	64,96	73,08	-	5,28	5,94	-	-	
	IV	9.421	-	753,68	847,89	-	691,76	778,23	-	631,36	710,28	-	572,56	644,13	-	515,28	579,69	-	459,52	516,96	-	405,28	455
	V	14.960	-	1.196,80	1.346,40																		
	VI	15.492	-	1.239,36	1.394,28																		
56.483,99	I	9.431	-	754,48	848,79	-	632,16	711,18	-	516,00	580,50	-	406,00	456,75	-	302,16	339,93	-	204,56	230,13	-	113,12	127,
	II	7.974	-	637,92	717,66	-	521,44	586,62	-	411,20	462,60	-	307,04	345,42	-	209,12	235,26	-	117,36	132,03	-	35,44	39,
	III	5.132	-	410,56	461,88	-	317,44	357,12	-	227,52	255,96	-	140,80	158,40	-	65,28	73,44	-	5,60	6,30	-	-	
	IV	9.431	-	754,48	848,79	-	692,56	779,13	-	632,16	711,18	-	573,28	644,94	-	516,00	580,50	-	460,24	517,77	-	406,00	456,
	V	14.972	-	1.197,76	1.347,48																		
	VI	15.504	-	1.240,32	1.395,36																		
56.519,99	I	9.441	-	755,28	849,69	-	632,96	712,08	-	516,72	581,31	-	406,72	457,56	-	302,88	340,74	-	205,20	230,85	-	113,68	127,
	II	7.984	-	638,72	718,56	-	522,24	587,52	-	411,92	463,41	-	307,76	346,23	-	209,76	235,98	-	118,00	132,75	-	35,92	40,
	III	5.138	-	411,04	462,42	-	318,08	357,84	-	228,00	256,50	-	141,28	158,94	-	65,76	73,98	-	5,92	6,66	-	-	
	IV	9.441	-	755,28	849,69	-	693,36	780,03	-	632,96	712,08	-	574,08	645,84	-	516,72	581,31	-	460,96	518,58	-	406,72	457,
	V	14.985	-	1.198,80	1.348,65																		
	VI	15.516	-	1.241,28	1.396,44																		
56.555,99	I	9.451	-	756,08	850,59	-	633,68	712,89	-	517,44	582,12	-	407,44	458,37	-	303,52	341,46	-	205,84	231,57	-	114,24	128,
	II	7.993	-	639,44	719,37	-	522,96	588,33	-	412,56	464,13	-	308,40	346,95	-	210,40	236,70	-	118,56	133,38	-	36,40	40,
	III	5.146	-	411,68	463,14	-	318,56	358,38	-	228,64	257,22	-	141,92	159,66	-	66,24	74,52	-	6,24	7,02	-	-	
	IV	9.451	-	756,08	850,59	-	694,16	780,93	-	633,68	712,89	-	574,80	646,65	-	517,44	582,12	-	461,68	519,39	-	407,44	458,
	V	14.997	-	1.199,76	1.349,73																		
	VI	15.529	-	1.242,32	1.397,61																		
56.591,99	I	9.462	-	756,96	851,58	-	634,48	713,79	-	518,24	583,02	-	408,08	459,09	-	304,16	342,18	-	206,40	232,20	-	114,88	129,
	II	8.003	-	640,24	720,27	-	523,68	589,14	-	413,28	464,94	-	309,04	347,67	-	211,04	237,42	-	119,12	134,01	-	36,80	41,
	III	5.154	-	412,32	463,86	-	319,20	359,10	-	229,28	257,94	-	142,40	160,20	-	66,72	75,06	-	6,72	7,56	-	-	
	IV	9.462	-	756,96	851,58	-	694,96	781,83	-	634,48	713,79	-	575,60	647,55	-	518,24	583,02	-	462,40	520,20	-	408,08	459,
	V	15.009	-	1.200,72	1.350,81																		
	VI	15.541	-	1.243,28	1.398,69																		
56.627,99	I	9.472	-	757,76	852,48	-	635,28	714,69	-	518,96	583,83	-	408,80	459,90	-	304,88	342,99	-	207,04	232,92	-	115,44	129,
	II	8.013	-	641,04	721,17	-	524,40	589,95	-	414,00	465,75	-	309,76	348,48	-	211,60	238,05	-	119,68	134,64	-	37,28	41,
	III	5.162	-	412,96	464,58	-	319,84	359,82	-	229,76	258,48	-	143,04	160,92	-	67,20	75,60	-	7,04	7,92	-	-	
	IV	9.472	-	757,76	852,48	-	695,76	782,73	-	635,28	714,69	-	576,32	648,36	-	518,96	583,83	-	463,12	521,01	-	408,80	459,
	V	15.022	-	1.201,76	1.351,98																		
	VI	15.553	-	1.244,24	1.399,77																		
56.663,99	I	9.482	-	758,56	853,38	-	636,08	715,59	-	519,68	584,64	-	409,52	460,71	-	305,52	343,71	-	207,68	233,64	-	116,00	130,
	II	8.023	-	641,84	722,07	-	525,20	590,85	-	414,72	466,56	-	310,40	349,20	-	212,24	238,77	-	120,32	135,36	-	37,76	42,
	III	5.170	-	413,60	465,30	-	320,48	360,54	-	230,40	259,20	-	143,52	161,46	-	67,52	75,96	-	7,36	8,28	-	-	
	IV	9.482	-	758,56	853,38	-	696,56	783,63	-	636,08	715,59	-	577,12	649,26	-	519,68	584,64	-	463,84	521,82	-	409,52	460,
	V	15.034	-	1.202,72	1.353,06																		
	VI	15.566	-	1.245,28	1.400,94																		
56.699,99	I	9.492	-	759,36	854,28	-	636,80	716,40	-	520,40	585,45	-	410,24	461,52	-	306,16	344,43	-	208,32	234,36	-	116,56	131,
	II	8.032	-	642,56	722,88	-	525,92	591,66	-	415,36	467,28	-	311,04	349,92	-	212,88	239,49	-	120,88	135,99	-	38,24	43,0
	III	5.178	-	414,24	466,02	-	320,96	361,08	-	230,88	259,74	-	144,00	162,00	-	68,00	76,50	-	7,68	8,64	-	-	
	IV	9.492	-	759,36	854,28	-	697,36	784,53	-	636,80	716,40	-	577,84	650,07	-	520,40	585,45	-	464,56	522,63	-	410,24	461,5
	V	15.046	-	1.203,68	1.354,14																		
	VI	15.578	-	1.246,24	1.402,02																		

SolZ/KiSt lt. Tabelle nicht für Sonstige Bezüge anwendbar.

Lohn/ Gehalt bis	Steuerklasse	Lohn-steuer	ohne Kinderfreibetrag			Anzahl Kinderfreibeträge (nur Steuerklassen I–IV)																	
						0,5			1,0			1,5			2,0			2,5			3,0		
			SolZ 5,5%	Kirchensteuer 8%	9%	SolZ 5,5%	Kirchensteuer 8%	9%	SolZ 5,5%	Kirchensteuer 8%	9%	SolZ 5,5%	Kirchensteuer 8%	9%	SolZ 5,5%	Kirchensteuer 8%	9%	SolZ 5,5%	Kirchensteuer 8%	9%	SolZ 5,5%	Kirchensteuer 8%	9%
6.735,99	I	9.503	-	760,24	855,27	-	637,60	717,30	-	521,20	586,35	-	410,88	462,24	-	306,80	345,15	-	208,88	234,99	-	117,20	131,85
	II	8.042	-	643,36	723,78	-	526,64	592,47	-	416,08	468,09	-	311,68	350,64	-	213,52	240,21	-	121,44	136,62	-	38,64	43,47
	III	5.184	-	414,72	466,56	-	321,60	361,80	-	231,52	260,46	-	144,64	162,72	-	68,48	77,04	-	8,00	9,00	-	-	-
	IV	9.503	-	760,24	855,27	-	698,16	785,43	-	637,60	717,30	-	578,64	650,97	-	521,20	586,35	-	465,28	523,44	-	410,88	462,24
	V	15.058	-	1.204,64	1.355,22																		
	VI	15.590	-	1.247,20	1.403,10																		
6.771,99	I	9.513	-	761,04	856,17	-	638,40	718,20	-	521,92	587,16	-	411,60	463,05	-	307,52	345,96	-	209,52	235,71	-	117,76	132,48
	II	8.052	-	644,16	724,68	-	527,44	593,37	-	416,80	468,90	-	312,40	351,45	-	214,16	240,93	-	122,08	137,34	-	39,12	44,01
	III	5.192	-	415,36	467,28	-	322,24	362,52	-	232,16	261,18	-	145,12	163,26	-	68,96	77,58	-	8,32	9,36	-	-	-
	IV	9.513	-	761,04	856,17	-	698,96	786,33	-	638,40	718,20	-	579,36	651,78	-	521,92	587,16	-	466,00	524,25	-	411,60	463,05
	V	15.071	-	1.205,68	1.356,39																		
	VI	15.603	-	1.248,24	1.404,27																		
6.807,99	I	9.523	-	761,84	857,07	-	639,20	719,10	-	522,64	587,97	-	412,32	463,86	-	308,16	346,68	-	210,16	236,43	-	118,32	133,11
	II	8.062	-	644,96	725,58	-	528,16	594,18	-	417,52	469,71	-	313,04	352,17	-	214,72	241,56	-	122,64	137,97	-	39,60	44,55
	III	5.200	-	416,00	468,00	-	322,88	363,24	-	232,64	261,72	-	145,76	163,98	-	69,44	78,12	-	8,64	9,72	-	-	-
	IV	9.523	-	761,84	857,07	-	699,76	787,23	-	639,20	719,10	-	580,16	652,68	-	522,64	587,97	-	466,72	525,06	-	412,32	463,86
	V	15.083	-	1.206,64	1.357,47																		
	VI	15.615	-	1.249,20	1.405,35																		
6.843,99	I	9.533	-	762,64	857,97	-	639,92	719,91	-	523,36	588,78	-	413,04	464,67	-	308,80	347,40	-	210,80	237,15	-	118,88	133,74
	II	8.072	-	645,76	726,48	-	528,88	594,99	-	418,16	470,43	-	313,68	352,89	-	215,36	242,28	-	123,20	138,60	-	40,08	45,09
	III	5.208	-	416,64	468,72	-	323,36	363,78	-	233,28	262,44	-	146,24	164,52	-	69,76	78,48	-	8,96	10,08	-	-	-
	IV	9.533	-	762,64	857,97	-	700,56	788,13	-	639,92	719,91	-	580,88	653,49	-	523,36	588,78	-	467,44	525,87	-	413,04	464,67
	V	15.095	-	1.207,60	1.358,55																		
	VI	15.627	-	1.250,16	1.406,43																		
6.879,99	I	9.544	-	763,52	858,96	-	640,72	720,81	-	524,16	589,68	-	413,76	465,48	-	309,52	348,21	-	211,44	237,87	-	119,52	134,46
	II	8.082	-	646,56	727,38	-	529,60	595,80	-	418,88	471,24	-	314,40	353,70	-	216,00	243,00	-	123,76	139,23	-	40,56	45,63
	III	5.216	-	417,28	469,44	-	324,00	364,50	-	233,92	263,16	-	146,88	165,24	-	70,24	79,02	-	9,44	10,62	-	-	-
	IV	9.544	-	763,52	858,96	-	701,36	789,03	-	640,72	720,81	-	581,68	654,39	-	524,16	589,68	-	468,16	526,68	-	413,76	465,48
	V	15.108	-	1.208,64	1.359,72																		
	VI	15.640	-	1.251,20	1.407,60																		
6.915,99	I	9.554	-	764,32	859,86	-	641,52	721,71	-	524,88	590,49	-	414,40	466,20	-	310,16	348,93	-	212,00	238,50	-	120,08	135,09
	II	8.091	-	647,28	728,19	-	530,40	596,70	-	419,60	472,05	-	315,04	354,42	-	216,64	243,72	-	124,40	139,95	-	40,96	46,08
	III	5.224	-	417,92	470,16	-	324,64	365,22	-	234,40	263,70	-	147,36	165,78	-	70,72	79,56	-	9,76	10,98	-	-	-
	IV	9.554	-	764,32	859,86	-	702,16	789,93	-	641,52	721,71	-	582,40	655,20	-	524,88	590,49	-	468,88	527,49	-	414,40	466,20
	V	15.120	-	1.209,60	1.360,80																		
	VI	15.652	-	1.252,16	1.408,68																		
6.951,99	I	9.564	-	765,12	860,76	-	642,32	722,61	-	525,60	591,30	-	415,12	467,01	-	310,80	349,65	-	212,64	239,22	-	120,64	135,72
	II	8.101	-	648,08	729,09	-	531,12	597,51	-	420,32	472,86	-	315,68	355,14	-	217,20	244,35	-	124,96	140,58	-	41,44	46,62
	III	5.232	-	418,56	470,88	-	325,28	365,94	-	235,04	264,42	-	147,84	166,32	-	71,20	80,10	-	10,08	11,34	-	-	-
	IV	9.564	-	765,12	860,76	-	702,96	790,83	-	642,32	722,61	-	583,20	656,10	-	525,60	591,30	-	469,60	528,30	-	415,12	467,01
	V	15.132	-	1.210,56	1.361,88																		
	VI	15.664	-	1.253,12	1.409,76																		
6.987,99	I	9.575	-	766,00	861,75	-	643,04	723,42	-	526,40	592,20	-	415,84	467,82	-	311,44	350,37	-	213,28	239,94	-	121,20	136,35
	II	8.111	-	648,88	729,99	-	531,84	598,32	-	421,04	473,67	-	316,32	355,86	-	217,84	245,07	-	125,52	141,21	-	41,92	47,16
	III	5.240	-	419,20	471,60	-	325,76	366,48	-	235,52	264,96	-	148,48	167,04	-	71,68	80,64	-	10,40	11,70	-	-	-
	IV	9.575	-	766,00	861,75	-	703,76	791,73	-	643,04	723,42	-	583,92	656,91	-	526,40	592,20	-	470,32	529,11	-	415,84	467,82
	V	15.144	-	1.211,52	1.362,96																		
	VI	15.676	-	1.254,08	1.410,84																		
7.023,99	I	9.585	-	766,80	862,65	-	643,92	724,41	-	527,12	593,01	-	416,56	468,63	-	312,16	351,18	-	213,92	240,66	-	121,84	137,07
	II	8.121	-	649,68	730,89	-	532,64	599,22	-	421,76	474,48	-	317,04	356,67	-	218,48	245,79	-	126,16	141,93	-	42,40	47,70
	III	5.248	-	419,84	472,32	-	326,40	367,20	-	236,16	265,68	-	148,96	167,58	-	72,00	81,00	-	10,72	12,06	-	-	-
	IV	9.585	-	766,80	862,65	-	704,56	792,63	-	643,92	724,41	-	584,72	657,81	-	527,12	593,01	-	471,04	529,92	-	416,56	468,63
	V	15.157	-	1.212,56	1.364,13																		
	VI	15.689	-	1.255,12	1.412,01																		
7.059,99	I	9.595	-	767,60	863,55	-	644,64	725,22	-	527,84	593,82	-	417,20	469,35	-	312,80	351,90	-	214,48	241,29	-	122,40	137,70
	II	8.131	-	650,48	731,79	-	533,36	600,03	-	422,40	475,20	-	317,68	357,39	-	219,12	246,51	-	126,72	142,56	-	42,88	48,24
	III	5.254	-	420,32	472,86	-	327,04	367,92	-	236,80	266,40	-	149,60	168,30	-	72,48	81,54	-	11,20	12,60	-	-	-
	IV	9.595	-	767,60	863,55	-	705,36	793,53	-	644,64	725,22	-	585,52	658,71	-	527,84	593,82	-	471,76	530,73	-	417,20	469,35
	V	15.169	-	1.213,52	1.365,21																		
	VI	15.701	-	1.256,08	1.413,09																		
7.095,99	I	9.606	-	768,48	864,54	-	645,44	726,12	-	528,56	594,63	-	417,92	470,16	-	313,44	352,62	-	215,12	242,01	-	122,96	138,33
	II	8.140	-	651,20	732,60	-	534,08	600,84	-	423,12	476,01	-	318,32	358,11	-	219,76	247,23	-	127,28	143,19	-	43,36	48,78
	III	5.262	-	420,96	473,58	-	327,68	368,64	-	237,28	266,94	-	150,08	168,84	-	72,96	82,08	-	11,52	12,96	-	-	-
	IV	9.606	-	768,48	864,54	-	706,16	794,43	-	645,44	726,12	-	586,24	659,52	-	528,56	594,63	-	472,48	531,54	-	417,92	470,16
	V	15.181	-	1.214,48	1.366,29																		
	VI	15.713	-	1.257,04	1.414,17																		
7.131,99	I	9.616	-	769,28	865,44	-	646,24	727,02	-	529,36	595,53	-	418,64	470,97	-	314,16	353,43	-	215,76	242,73	-	123,60	139,05
	II	8.150	-	652,00	733,50	-	534,88	601,74	-	423,84	476,82	-	319,04	358,92	-	220,40	247,95	-	127,92	143,91	-	43,84	49,32
	III	5.270	-	421,60	474,30	-	328,32	369,36	-	237,92	267,66	-	150,72	169,56	-	73,44	82,62	-	11,84	13,32	-	-	-
	IV	9.616	-	769,28	865,44	-	706,96	795,33	-	646,24	727,02	-	587,04	660,42	-	529,36	595,53	-	473,20	532,35	-	418,64	470,97
	V	15.194	-	1.215,52	1.367,46																		
	VI	15.726	-	1.258,08	1.415,34																		
7.167,99	I	9.626	-	770,08	866,34	-	647,04	727,92	-	530,08	596,34	-	419,36	471,78	-	314,80	354,15	-	216,40	243,45	-	124,16	139,68
	II	8.160	-	652,80	734,40	-	535,60	602,55	-	424,56	477,63	-	319,68	359,64	-	220,96	248,58	-	128,48	144,54	-	44,32	49,86
	III	5.278	-	422,24	475,02	-	328,80	369,90	-	238,56	268,38	-	151,20	170,10	-	73,92	83,16	-	12,16	13,68	-	-	-
	IV	9.626	-	770,08	866,34	-	707,76	796,23	-	647,04	727,92	-	587,76	661,23	-	530,08	596,34	-	473,92	533,16	-	419,36	471,78
	V	15.206	-	1.216,48	1.368,54																		
	VI	15.738	-	1.259,04	1.416,42																		
7.203,99	I	9.637	-	770,96	867,33	-	647,76	728,73	-	530,80	597,15	-	420,08	472,59	-	315,44	354,87	-	216,96	244,08	-	124,72	140,31
	II	8.170	-	653,60	735,30	-	536,32	603,36	-	425,28	478,44	-	320,32	360,36	-	221,60	249,30	-	129,04	145,17	-	44,80	50,40
	III	5.286	-	422,88	475,74	-	329,44	370,62	-	239,04	268,92	-	151,84	170,82	-	74,40	83,70	-	12,48	14,04	-	-	-
	IV	9.637	-	770,96	867,33	-	708,56	797,13	-	647,76	728,73	-	588,56	662,13	-	530,80	597,15	-	474,64	533,97	-	420,08	472,59
	V	15.218	-	1.217,44	1.369,62																		
	VI	15.750	-	1.260,00	1.417,50																		
57.239,99	I	9.647	-	771,76	868,23	-	648,64	729,72	-	531,60	598,05	-	420,80	473,40	-	316,08	355,59	-	217,60	244,80	-	125,36	141,03
	II	8.180	-	654,40	736,20	-	537,12	604,26	-	426,00	479,25	-	321,04	361,17	-	222,24	250,02	-	129,68	145,89	-	45,28	50,94
	III	5.294	-	423,52	476,46	-	330,08	371,34	-	239,68	269,64	-	152,32	171,36	-	74,72	84,06	-	12,96	14,58	-	-	-
	IV	9.647	-	771,76	868,23	-	709,44	798,12	-	648,64	729,72	-	589,36	663,03	-	531,60	598,05	-	475,44	534,87	-	420,80	473,40
	V	15.231	-	1.218,48	1.370,79																		
	VI	15.763	-	1.261,04	1.418,67																		

SolZ/KiSt lt. Tabelle nicht für Sonstige Bezüge anwendbar.

Lohn/ Gehalt bis	Steuerklasse	Lohn-steuer	ohne Kinderfreibetrag SolZ 5,5%	Kirchensteuer 8%	9%	0,5 SolZ 5,5%	Kirchensteuer 8%	9%	1,0 SolZ 5,5%	Kirchensteuer 8%	9%	1,5 SolZ 5,5%	Kirchensteuer 8%	9%	2,0 SolZ 5,5%	Kirchensteuer 8%	9%	2,5 SolZ 5,5%	Kirchensteuer 8%	9%	3,0 SolZ 5,5%	Kirchensteuer 8%	9%
57.275,99	I	9.657	–	772,56	869,13	–	649,36	730,53	–	532,32	598,86	–	421,44	474,12	–	316,80	356,40	–	218,24	245,52	–	125,92	14
	II	8.190	–	655,20	737,10	–	537,84	605,07	–	426,64	479,97	–	321,68	361,89	–	222,88	250,74	–	130,24	146,52	–	45,76	5
	III	5.302	–	424,16	477,18	–	330,56	371,88	–	240,16	270,18	–	152,96	172,08	–	75,20	84,60	–	13,28	14,94	–	–	
	IV	9.657	–	772,56	869,13	–	710,24	799,02	–	649,36	730,53	–	590,08	663,84	–	532,32	598,86	–	476,16	535,68	–	421,44	47
	V	15.243	–	1.219,44	1.371,87																		
	VI	15.775	–	1.262,00	1.419,75																		
57.311,99	I	9.668	–	773,44	870,12	–	650,16	731,43	–	533,04	599,67	–	422,16	474,93	–	317,44	357,12	–	218,88	246,24	–	126,48	14
	II	8.200	–	656,00	738,00	–	538,56	605,88	–	427,36	480,78	–	322,32	362,61	–	223,52	251,46	–	130,80	147,15	–	46,24	5
	III	5.310	–	424,80	477,90	–	331,20	372,60	–	240,80	270,90	–	153,44	172,62	–	75,68	85,14	–	13,60	15,30	–	–	
	IV	9.668	–	773,44	870,12	–	711,04	799,92	–	650,16	731,43	–	590,88	664,74	–	533,04	599,67	–	476,88	536,49	–	422,16	47
	V	15.255	–	1.220,40	1.372,95																		
	VI	15.787	–	1.262,96	1.420,83																		
57.347,99	I	9.678	–	774,24	871,02	–	650,96	732,33	–	533,84	600,57	–	422,88	475,74	–	318,08	357,84	–	219,52	246,96	–	127,04	14
	II	8.209	–	656,72	738,81	–	539,36	606,78	–	428,08	481,59	–	323,04	363,42	–	224,08	252,09	–	131,36	147,78	–	46,72	5
	III	5.316	–	425,28	478,44	–	331,84	373,32	–	241,44	271,62	–	154,08	173,34	–	76,16	85,68	–	13,92	15,66	–	–	
	IV	9.678	–	774,24	871,02	–	711,84	800,82	–	650,96	732,33	–	591,60	665,55	–	533,84	600,57	–	477,60	537,30	–	422,88	47
	V	15.267	–	1.221,36	1.374,03																		
	VI	15.799	–	1.263,92	1.421,91																		
57.383,99	I	9.688	–	775,04	871,92	–	651,76	733,23	–	534,56	601,38	–	423,60	476,55	–	318,80	358,65	–	220,16	247,68	–	127,68	14
	II	8.219	–	657,52	739,71	–	540,08	607,59	–	428,80	482,40	–	323,68	364,14	–	224,72	252,81	–	132,00	148,50	–	47,20	5
	III	5.324	–	425,92	479,16	–	332,48	374,04	–	241,92	272,16	–	154,56	173,88	–	76,64	86,22	–	14,24	16,02	–	–	
	IV	9.688	–	775,04	871,92	–	712,64	801,72	–	651,76	733,23	–	592,40	666,45	–	534,56	601,38	–	478,32	538,11	–	423,60	47
	V	15.280	–	1.222,40	1.375,20																		
	VI	15.812	–	1.264,96	1.423,08																		
57.419,99	I	9.699	–	775,92	872,91	–	652,56	734,13	–	535,28	602,19	–	424,32	477,36	–	319,44	359,37	–	220,72	248,31	–	128,24	14
	II	8.229	–	658,32	740,61	–	540,80	608,40	–	429,52	483,21	–	324,32	364,86	–	225,36	253,53	–	132,56	149,13	–	47,68	5
	III	5.332	–	426,56	479,88	–	333,12	374,76	–	242,56	272,88	–	155,20	174,60	–	77,12	86,76	–	14,72	16,56	–	–	
	IV	9.699	–	775,92	872,91	–	713,44	802,62	–	652,56	734,13	–	593,12	667,26	–	535,28	602,19	–	479,04	538,92	–	424,32	47
	V	15.292	–	1.223,36	1.376,28																		
	VI	15.824	–	1.265,92	1.424,16																		
57.455,99	I	9.709	–	776,72	873,81	–	653,28	734,94	–	536,08	603,09	–	424,96	478,08	–	320,08	360,09	–	221,36	249,03	–	128,80	14
	II	8.239	–	659,12	741,51	–	541,60	609,30	–	430,24	484,02	–	325,04	365,67	–	226,00	254,25	–	133,12	149,76	–	48,16	5
	III	5.340	–	427,20	480,60	–	333,60	375,30	–	243,20	273,60	–	155,68	175,14	–	77,60	87,30	–	15,04	16,92	–	–	
	IV	9.709	–	776,72	873,81	–	714,24	803,52	–	653,28	734,94	–	593,92	668,16	–	536,08	603,09	–	479,76	539,73	–	424,96	47
	V	15.304	–	1.224,32	1.377,36																		
	VI	15.836	–	1.266,88	1.425,24																		
57.491,99	I	9.720	–	777,60	874,80	–	654,08	735,84	–	536,80	603,90	–	425,68	478,89	–	320,80	360,90	–	222,00	249,75	–	129,44	14
	II	8.249	–	659,92	742,41	–	542,32	610,11	–	430,96	484,83	–	325,68	366,39	–	226,64	254,97	–	133,76	150,48	–	48,64	5
	III	5.348	–	427,84	481,32	–	334,24	376,02	–	243,68	274,14	–	156,32	175,86	–	77,92	87,66	–	15,36	17,28	–	–	
	IV	9.720	–	777,60	874,80	–	715,04	804,42	–	654,08	735,84	–	594,72	669,06	–	536,80	603,90	–	480,48	540,54	–	425,68	47
	V	15.317	–	1.225,36	1.378,53																		
	VI	15.849	–	1.267,92	1.426,41																		
57.527,99	I	9.730	–	778,40	875,70	–	654,88	736,74	–	537,60	604,80	–	426,40	479,70	–	321,44	361,62	–	222,64	250,47	–	130,00	14
	II	8.259	–	660,72	743,31	–	543,12	611,01	–	431,60	485,55	–	326,32	367,11	–	227,28	255,69	–	134,32	151,11	–	49,12	5
	III	5.356	–	428,48	482,04	–	334,88	376,74	–	244,32	274,86	–	156,80	176,40	–	78,40	88,20	–	15,68	17,64	–	–	
	IV	9.730	–	778,40	875,70	–	715,84	805,32	–	654,88	736,74	–	595,44	669,87	–	537,60	604,80	–	481,20	541,35	–	426,40	47
	V	15.329	–	1.226,32	1.379,61																		
	VI	15.861	–	1.268,88	1.427,49																		
57.563,99	I	9.740	–	779,20	876,60	–	655,68	737,64	–	538,32	605,61	–	427,12	480,51	–	322,08	362,34	–	223,28	251,19	–	130,56	146
	II	8.269	–	661,52	744,21	–	543,84	611,82	–	432,32	486,36	–	327,04	367,92	–	227,84	256,32	–	134,88	151,74	–	49,60	55
	III	5.364	–	429,12	482,76	–	335,52	377,46	–	244,96	275,58	–	157,44	177,12	–	78,88	88,74	–	16,16	18,18	–	–	
	IV	9.740	–	779,20	876,60	–	716,64	806,22	–	655,68	737,64	–	596,24	670,77	–	538,32	605,61	–	481,92	542,16	–	427,12	480
	V	15.341	–	1.227,28	1.380,69																		
	VI	15.873	–	1.269,84	1.428,57																		
57.599,99	I	9.751	–	780,08	877,59	–	656,48	738,54	–	539,04	606,42	–	427,84	481,32	–	322,80	363,15	–	223,92	251,91	–	131,20	147
	II	8.279	–	662,32	745,11	–	544,56	612,63	–	433,04	487,17	–	327,68	368,64	–	228,56	257,13	–	135,52	152,46	–	50,08	56
	III	5.372	–	429,76	483,48	–	336,00	378,00	–	245,44	276,12	–	157,92	177,66	–	79,36	89,28	–	16,48	18,54	–	–	
	IV	9.751	–	780,08	877,59	–	717,52	807,21	–	656,48	738,54	–	596,96	671,58	–	539,04	606,42	–	482,72	543,06	–	427,84	481
	V	15.354	–	1.228,32	1.381,86																		
	VI	15.886	–	1.270,88	1.429,74																		
57.635,99	I	9.761	–	780,88	878,49	–	657,28	739,44	–	539,84	607,32	–	428,56	482,13	–	323,44	363,87	–	224,48	252,54	–	131,76	148
	II	8.288	–	663,04	745,92	–	545,36	613,53	–	433,76	487,98	–	328,40	369,45	–	229,12	257,76	–	136,08	153,09	–	50,64	56
	III	5.380	–	430,40	484,20	–	336,64	378,72	–	246,08	276,84	–	158,56	178,38	–	79,84	89,82	–	16,80	18,90	–	–	
	IV	9.761	–	780,88	878,49	–	718,32	808,11	–	657,28	739,44	–	597,76	672,48	–	539,84	607,32	–	483,44	543,87	–	428,56	482
	V	15.366	–	1.229,28	1.382,94																		
	VI	15.898	–	1.271,84	1.430,82																		
57.671,99	I	9.771	–	781,68	879,39	–	658,00	740,25	–	540,56	608,13	–	429,20	482,85	–	324,08	364,59	–	225,12	253,26	–	132,32	148
	II	8.298	–	663,84	746,82	–	546,08	614,34	–	434,48	488,79	–	329,04	370,17	–	229,76	258,48	–	136,64	153,72	–	51,12	57
	III	5.388	–	431,04	484,92	–	337,28	379,44	–	246,56	277,38	–	159,04	178,92	–	80,32	90,36	–	17,12	19,26	–	–	
	IV	9.771	–	781,68	879,39	–	719,12	809,01	–	658,00	740,25	–	598,56	673,38	–	540,56	608,13	–	484,16	544,68	–	429,20	482
	V	15.378	–	1.230,24	1.384,02																		
	VI	15.910	–	1.272,80	1.431,90																		
57.707,99	I	9.781	–	782,48	880,29	–	658,80	741,15	–	541,28	608,94	–	429,92	483,66	–	324,80	365,40	–	225,76	253,98	–	132,96	149
	II	8.308	–	664,64	747,72	–	546,80	615,15	–	435,20	489,60	–	329,68	370,89	–	230,40	259,20	–	137,28	154,44	–	51,60	58
	III	5.396	–	431,68	485,64	–	337,92	380,16	–	247,20	278,10	–	159,68	179,64	–	80,80	90,90	–	17,60	19,80	–	–	
	IV	9.781	–	782,48	880,29	–	719,92	809,91	–	658,80	741,15	–	599,28	674,19	–	541,28	608,94	–	484,88	545,49	–	429,92	483
	V	15.390	–	1.231,20	1.385,10																		
	VI	15.922	–	1.273,76	1.432,98																		
57.743,99	I	9.792	–	783,36	881,28	–	659,60	742,05	–	542,08	609,84	–	430,64	484,47	–	325,44	366,12	–	226,40	254,70	–	133,52	150
	II	8.318	–	665,44	748,62	–	547,60	616,05	–	435,92	490,41	–	330,40	371,70	–	231,04	259,92	–	137,84	155,07	–	52,08	58,
	III	5.404	–	432,32	486,36	–	338,56	380,88	–	247,84	278,82	–	160,32	180,36	–	81,28	91,44	–	17,92	20,16	–	–	
	IV	9.792	–	783,36	881,28	–	720,72	810,81	–	659,60	742,05	–	600,08	675,09	–	542,08	609,84	–	485,60	546,30	–	430,64	484,
	V	15.403	–	1.232,24	1.386,27																		
	VI	15.935	–	1.274,80	1.434,15																		
57.779,99	I	9.802	–	784,16	882,18	–	660,40	742,95	–	542,80	610,65	–	431,36	485,28	–	326,08	366,84	–	227,04	255,42	–	134,08	150,
	II	8.328	–	666,24	749,52	–	548,32	616,86	–	436,64	491,22	–	331,04	372,42	–	231,68	260,64	–	138,48	155,79	–	52,56	59,
	III	5.410	–	432,80	486,90	–	339,04	381,42	–	248,32	279,36	–	160,80	180,90	–	81,76	91,98	–	18,24	20,52	–	–	
	IV	9.802	–	784,16	882,18	–	721,52	811,71	–	660,40	742,95	–	600,80	675,90	–	542,80	610,65	–	486,32	547,11	–	431,36	485,
	V	15.415	–	1.233,20	1.387,35																		
	VI	15.947	–	1.275,76	1.435,23																		

Anzahl Kinderfreibeträge (nur Steuerklassen I–IV)

SolZ/KiSt lt. Tabelle nicht für Sonstige Bezüge anwendbar.

Allgemeine Tabelle

JAHR bis 58.319,99 €

Lohn/ Gehalt bis	Steuerklasse	Lohn-steuer	ohne Kinderfreibetrag			Anzahl Kinderfreibeträge (nur Steuerklassen I–IV)																	
						0,5			1,0			1,5			2,0			2,5			3,0		
			SolZ 5,5%	Kirchensteuer 8%	9%	SolZ 5,5%	Kirchensteuer 8%	9%	SolZ 5,5%	Kirchensteuer 8%	9%	SolZ 5,5%	Kirchensteuer 8%	9%	SolZ 5,5%	Kirchensteuer 8%	9%	SolZ 5,5%	Kirchensteuer 8%	9%	SolZ 5,5%	Kirchensteuer 8%	9%
7.815,99	I	9.813	-	785,04	883,17	-	661,20	743,85	-	543,52	611,46	-	432,08	486,09	-	326,80	367,65	-	227,68	256,14	-	134,72	151,56
	II	8.338	-	667,04	750,42	-	549,04	617,67	-	437,28	491,94	-	331,68	373,14	-	232,32	261,36	-	139,04	156,42	-	53,04	59,67
	III	5.418	-	433,44	487,62	-	339,68	382,14	-	248,96	280,08	-	161,44	181,62	-	82,24	92,52	-	18,72	21,06	-	-	-
	IV	9.813	-	785,04	883,17	-	722,32	812,61	-	661,20	743,85	-	601,60	676,80	-	543,52	611,46	-	487,04	547,92	-	432,08	486,09
	V	15.427	-	1.234,16	1.388,43																		
	VI	15.959	-	1.276,72	1.436,31																		
7.851,99	I	9.823	-	785,84	884,07	-	662,00	744,75	-	544,32	612,36	-	432,80	486,90	-	327,44	368,37	-	228,32	256,86	-	135,28	152,19
	II	8.348	-	667,84	751,32	-	549,84	618,57	-	438,00	492,75	-	332,40	373,95	-	232,96	262,08	-	139,60	157,05	-	53,60	60,30
	III	5.426	-	434,08	488,34	-	340,32	382,86	-	249,60	280,80	-	161,92	182,16	-	82,72	93,06	-	19,04	21,42	-	-	-
	IV	9.823	-	785,84	884,07	-	723,12	813,51	-	662,00	744,75	-	602,40	677,70	-	544,32	612,36	-	487,76	548,73	-	432,80	486,90
	V	15.440	-	1.235,20	1.389,60																		
	VI	15.972	-	1.277,76	1.437,48																		
7.887,99	I	9.834	-	786,72	885,06	-	662,80	745,65	-	545,04	613,17	-	433,52	487,71	-	328,08	369,09	-	228,88	257,49	-	135,84	152,82
	II	8.358	-	668,64	752,22	-	550,56	619,38	-	438,72	493,56	-	333,04	374,67	-	233,52	262,71	-	140,24	157,77	-	54,08	60,84
	III	5.434	-	434,72	489,06	-	340,96	383,58	-	250,08	281,34	-	162,40	182,70	-	83,04	93,42	-	19,36	21,78	-	-	-
	IV	9.834	-	786,72	885,06	-	724,00	814,50	-	662,80	745,65	-	603,12	678,51	-	545,04	613,17	-	488,48	549,54	-	433,52	487,71
	V	15.452	-	1.236,16	1.390,68																		
	VI	15.984	-	1.278,72	1.438,56																		
7.923,99	I	9.844	-	787,52	885,96	-	663,60	746,55	-	545,76	613,98	-	434,24	488,52	-	328,80	369,90	-	229,52	258,21	-	136,48	153,54
	II	8.368	-	669,44	753,12	-	551,36	620,28	-	439,44	494,37	-	333,76	375,48	-	234,16	263,43	-	140,80	158,40	-	54,56	61,38
	III	5.442	-	435,36	489,78	-	341,44	384,12	-	250,72	282,06	-	163,04	183,42	-	83,52	93,96	-	19,68	22,14	-	-	-
	IV	9.844	-	787,52	885,96	-	724,80	815,40	-	663,60	746,55	-	603,92	679,41	-	545,76	613,98	-	489,20	550,35	-	434,24	488,52
	V	15.464	-	1.237,12	1.391,76																		
	VI	15.996	-	1.279,68	1.439,64																		
7.959,99	I	9.854	-	788,32	886,86	-	664,32	747,36	-	546,56	614,88	-	434,88	489,24	-	329,44	370,62	-	230,16	258,93	-	137,04	154,17
	II	8.377	-	670,16	753,93	-	552,08	621,09	-	440,16	495,18	-	334,40	376,20	-	234,80	264,15	-	141,36	159,03	-	55,12	62,01
	III	5.450	-	436,00	490,50	-	342,08	384,84	-	251,36	282,78	-	163,52	183,96	-	84,00	94,50	-	20,16	22,68	-	-	-
	IV	9.854	-	788,32	886,86	-	725,60	816,30	-	664,32	747,36	-	604,64	680,22	-	546,56	614,88	-	489,92	551,16	-	434,88	489,24
	V	15.477	-	1.238,16	1.392,93																		
	VI	16.008	-	1.280,64	1.440,72																		
7.995,99	I	9.865	-	789,20	887,85	-	665,12	748,26	-	547,28	615,69	-	435,60	490,05	-	330,16	371,43	-	230,80	259,65	-	137,68	154,89
	II	8.388	-	671,04	754,92	-	552,88	621,99	-	440,88	495,99	-	335,04	376,92	-	235,44	264,87	-	142,00	159,75	-	55,60	62,55
	III	5.458	-	436,64	491,22	-	342,72	385,56	-	251,84	283,32	-	164,16	184,68	-	84,48	95,04	-	20,48	23,04	-	-	-
	IV	9.865	-	789,20	887,85	-	726,40	817,20	-	665,12	748,26	-	605,44	681,12	-	547,28	615,69	-	490,72	552,06	-	435,60	490,05
	V	15.489	-	1.239,12	1.394,01																		
	VI	16.021	-	1.281,68	1.441,89																		
8.031,99	I	9.875	-	790,00	888,75	-	665,92	749,16	-	548,08	616,59	-	436,32	490,86	-	330,80	372,15	-	231,44	260,37	-	138,24	155,52
	II	8.397	-	671,76	755,73	-	553,60	622,80	-	441,60	496,80	-	335,76	377,73	-	236,08	265,59	-	142,56	160,38	-	56,08	63,09
	III	5.466	-	437,28	491,94	-	343,36	386,28	-	252,48	284,04	-	164,80	185,40	-	84,96	95,58	-	20,80	23,40	-	-	-
	IV	9.875	-	790,00	888,75	-	727,20	818,10	-	665,92	749,16	-	606,24	682,02	-	548,08	616,59	-	491,44	552,87	-	436,32	490,86
	V	15.501	-	1.240,08	1.395,09																		
	VI	16.033	-	1.282,64	1.442,97																		
8.067,99	I	9.885	-	790,80	889,65	-	666,72	750,06	-	548,80	617,40	-	437,04	491,67	-	331,44	372,87	-	232,08	261,09	-	138,80	156,15
	II	8.407	-	672,56	756,63	-	554,32	623,61	-	442,32	497,61	-	336,40	378,45	-	236,72	266,31	-	143,20	161,10	-	56,64	63,72
	III	5.472	-	437,76	492,48	-	343,84	386,82	-	253,12	284,76	-	165,28	185,94	-	85,44	96,12	-	21,12	23,76	-	-	-
	IV	9.885	-	790,80	889,65	-	728,00	819,00	-	666,72	750,06	-	606,96	682,83	-	548,80	617,40	-	492,16	553,68	-	437,04	491,67
	V	15.514	-	1.241,12	1.396,26																		
	VI	16.045	-	1.283,60	1.444,05																		
8.103,99	I	9.896	-	791,68	890,64	-	667,52	750,96	-	549,60	618,30	-	437,76	492,48	-	332,16	373,68	-	232,72	261,81	-	139,44	156,87
	II	8.417	-	673,36	757,53	-	555,12	624,51	-	443,04	498,42	-	337,12	379,26	-	237,36	267,03	-	143,76	161,73	-	57,12	64,26
	III	5.480	-	438,40	493,20	-	344,48	387,54	-	253,60	285,30	-	165,92	186,66	-	85,92	96,66	-	21,60	24,30	-	-	-
	IV	9.896	-	791,68	890,64	-	728,80	819,90	-	667,52	750,96	-	607,76	683,73	-	549,60	618,30	-	492,88	554,49	-	437,76	492,48
	V	15.526	-	1.242,08	1.397,34																		
	VI	16.058	-	1.284,64	1.445,22																		
58.139,99	I	9.906	-	792,48	891,54	-	668,32	751,86	-	550,32	619,11	-	438,48	493,29	-	332,80	374,40	-	233,28	262,44	-	140,00	157,50
	II	8.427	-	674,16	758,43	-	555,84	625,32	-	443,76	499,23	-	337,76	379,98	-	238,00	267,75	-	144,40	162,45	-	57,68	64,89
	III	5.488	-	439,04	493,92	-	345,12	388,26	-	254,24	286,02	-	166,40	187,20	-	86,40	97,20	-	21,92	24,66	-	-	-
	IV	9.906	-	792,48	891,54	-	729,68	820,89	-	668,32	751,86	-	608,56	684,63	-	550,32	619,11	-	493,60	555,30	-	438,48	493,29
	V	15.538	-	1.243,04	1.398,42																		
	VI	16.070	-	1.285,60	1.446,30																		
58.175,99	I	9.917	-	793,36	892,53	-	669,12	752,76	-	551,04	619,92	-	439,20	494,10	-	333,44	375,12	-	233,92	263,16	-	140,56	158,13
	II	8.437	-	674,96	759,33	-	556,64	626,22	-	444,40	499,95	-	338,40	380,70	-	238,64	268,47	-	144,96	163,08	-	58,16	65,43
	III	5.496	-	439,68	494,64	-	345,76	388,98	-	254,88	286,74	-	167,04	187,92	-	86,88	97,74	-	22,24	25,02	-	-	-
	IV	9.917	-	793,36	892,53	-	730,48	821,79	-	669,12	752,76	-	609,28	685,44	-	551,04	619,92	-	494,32	556,11	-	439,20	494,10
	V	15.550	-	1.244,00	1.399,50																		
	VI	16.082	-	1.286,56	1.447,38																		
58.211,99	I	9.927	-	794,16	893,43	-	669,92	753,66	-	551,84	620,82	-	439,92	494,91	-	334,16	375,93	-	234,56	263,88	-	141,20	158,85
	II	8.447	-	675,76	760,23	-	557,36	627,03	-	445,20	500,85	-	339,12	381,51	-	239,28	269,19	-	145,52	163,71	-	58,64	65,97
	III	5.504	-	440,32	495,36	-	346,40	389,70	-	255,36	287,28	-	167,52	188,46	-	87,36	98,28	-	22,72	25,56	-	-	-
	IV	9.927	-	794,16	893,43	-	731,28	822,69	-	669,92	753,66	-	610,08	686,34	-	551,84	620,82	-	495,12	557,01	-	439,92	494,91
	V	15.563	-	1.245,04	1.400,67																		
	VI	16.095	-	1.287,60	1.448,55																		
58.247,99	I	9.938	-	795,04	894,42	-	670,72	754,56	-	552,56	621,63	-	440,64	495,72	-	334,80	376,65	-	235,20	264,60	-	141,76	159,48
	II	8.457	-	676,56	761,13	-	558,16	627,93	-	445,84	501,57	-	339,76	382,23	-	239,92	269,91	-	146,16	164,43	-	59,20	66,60
	III	5.512	-	440,96	496,08	-	346,88	390,24	-	256,00	288,00	-	168,16	189,18	-	87,84	98,82	-	23,04	25,92	-	-	-
	IV	9.938	-	795,04	894,42	-	732,08	823,59	-	670,72	754,56	-	610,88	687,24	-	552,56	621,63	-	495,84	557,82	-	440,64	495,72
	V	15.575	-	1.246,00	1.401,75																		
	VI	16.107	-	1.288,56	1.449,63																		
58.283,99	I	9.948	-	795,84	895,32	-	671,52	755,46	-	553,28	622,44	-	441,28	496,44	-	335,52	377,46	-	235,84	265,32	-	142,40	160,20
	II	8.467	-	677,36	762,03	-	558,88	628,74	-	446,56	502,38	-	340,48	383,04	-	240,48	270,54	-	146,72	165,06	-	59,68	67,14
	III	5.520	-	441,60	496,80	-	347,52	390,96	-	256,64	288,72	-	168,64	189,72	-	88,32	99,36	-	23,36	26,28	-	-	-
	IV	9.948	-	795,84	895,32	-	732,88	824,49	-	671,52	755,46	-	611,60	688,05	-	553,28	622,44	-	496,56	558,63	-	441,28	496,44
	V	15.587	-	1.246,96	1.402,83																		
	VI	16.119	-	1.289,52	1.450,71																		
58.319,99	I	9.958	-	796,64	896,22	-	672,24	756,27	-	554,08	623,34	-	442,00	497,25	-	336,16	378,18	-	236,48	266,04	-	142,96	160,83
	II	8.477	-	678,16	762,93	-	559,60	629,55	-	447,28	503,19	-	341,12	383,76	-	241,12	271,26	-	147,28	165,69	-	60,24	67,77
	III	5.528	-	442,24	497,52	-	348,16	391,68	-	257,12	289,26	-	169,28	190,44	-	88,80	99,90	-	23,84	26,82	-	-	-
	IV	9.958	-	796,64	896,22	-	733,68	825,39	-	672,24	756,27	-	612,40	688,95	-	554,08	623,34	-	497,28	559,44	-	442,00	497,25
	V	15.600	-	1.248,00	1.404,00																		
	VI	16.131	-	1.290,48	1.451,79																		

SolZ/KiSt lt. Tabelle nicht für Sonstige Bezüge anwendbar.

JAHR bis 58.859,99 €

Allgemeine Tabelle

Lohn/ Gehalt bis	Steuerklasse	Lohn- steuer	ohne Kinderfreibetrag SolZ 5,5%	Kirchensteuer 8%	Kirchensteuer 9%	0,5 SolZ 5,5%	0,5 Kirchensteuer 8%	0,5 Kirchensteuer 9%	1,0 SolZ 5,5%	1,0 Kirchensteuer 8%	1,0 Kirchensteuer 9%	1,5 SolZ 5,5%	1,5 Kirchensteuer 8%	1,5 Kirchensteuer 9%	2,0 SolZ 5,5%	2,0 Kirchensteuer 8%	2,0 Kirchensteuer 9%	2,5 SolZ 5,5%	2,5 Kirchensteuer 8%	2,5 Kirchensteuer 9%	3,0 SolZ 5,5%	3,0 Kirchensteuer 8%	3,0 Kirchensteuer 9%
						Anzahl Kinderfreibeträge (nur Steuerklassen I–IV)																	
58.355,99	I	9.969	-	797,52	897,21	-	673,12	757,26	-	554,80	624,15	-	442,72	498,06	-	336,88	378,99	-	237,12	266,76	-	143,52	161
	II	8.487	-	678,96	763,83	-	560,40	630,45	-	448,00	504,00	-	341,84	384,57	-	241,76	271,98	-	147,92	166,41	-	60,72	68
	III	5.536	-	442,88	498,24	-	348,80	392,40	-	257,76	289,98	-	169,76	190,98	-	89,28	100,44	-	24,16	27,18	-	-	
	IV	9.969	-	797,52	897,21	-	734,56	826,38	-	673,12	757,26	-	613,20	689,85	-	554,80	624,15	-	498,00	560,25	-	442,72	498
	V	15.612	-	1.248,96	1.405,08																		
	VI	16.144	-	1.291,52	1.452,96																		
58.391,99	I	9.979	-	798,32	898,11	-	673,84	758,07	-	555,60	625,05	-	443,44	498,87	-	337,52	379,71	-	237,76	267,48	-	144,16	162
	II	8.497	-	679,76	764,73	-	561,12	631,26	-	448,72	504,81	-	342,48	385,29	-	242,40	272,70	-	148,48	167,04	-	61,28	68
	III	5.544	-	443,52	498,96	-	349,28	392,94	-	258,40	290,70	-	170,40	191,70	-	89,76	100,98	-	24,48	27,54	-	-	
	IV	9.979	-	798,32	898,11	-	735,36	827,28	-	673,84	758,07	-	613,92	690,66	-	555,60	625,05	-	498,72	561,06	-	443,44	498
	V	15.624	-	1.249,92	1.406,16																		
	VI	16.156	-	1.292,48	1.454,04																		
58.427,99	I	9.990	-	799,20	899,10	-	674,64	758,97	-	556,32	625,86	-	444,16	499,68	-	338,16	380,43	-	238,40	268,20	-	144,72	162
	II	8.507	-	680,56	765,63	-	561,92	632,16	-	449,44	505,62	-	343,12	386,01	-	243,04	273,42	-	149,12	167,76	-	61,76	69
	III	5.552	-	444,16	499,68	-	349,92	393,66	-	258,88	291,24	-	170,88	192,24	-	90,24	101,52	-	24,96	28,08	-	-	
	IV	9.990	-	799,20	899,10	-	736,16	828,18	-	674,64	758,97	-	614,72	691,56	-	556,32	625,86	-	499,44	561,87	-	444,16	499
	V	15.637	-	1.250,96	1.407,33																		
	VI	16.168	-	1.293,44	1.455,12																		
58.463,99	I	10.000	-	800,00	900,00	-	675,44	759,87	-	557,12	626,76	-	444,88	500,49	-	338,88	381,24	-	239,04	268,92	-	145,36	163
	II	8.517	-	681,36	766,53	-	562,64	632,97	-	450,16	506,43	-	343,84	386,82	-	243,68	274,14	-	149,68	168,39	-	62,32	70
	III	5.560	-	444,80	500,40	-	350,56	394,38	-	259,52	291,96	-	171,52	192,96	-	90,72	102,06	-	25,28	28,44	-	-	
	IV	10.000	-	800,00	900,00	-	736,96	829,08	-	675,44	759,87	-	615,52	692,46	-	557,12	626,76	-	500,24	562,77	-	444,88	500
	V	15.649	-	1.251,92	1.408,41																		
	VI	16.181	-	1.294,48	1.456,29																		
58.499,99	I	10.011	-	800,88	900,99	-	676,24	760,77	-	557,84	627,57	-	445,60	501,30	-	339,52	381,96	-	239,68	269,64	-	145,92	164
	II	8.527	-	682,16	767,43	-	563,44	633,87	-	450,88	507,24	-	344,48	387,54	-	244,32	274,86	-	150,32	169,11	-	62,80	70
	III	5.566	-	445,28	500,94	-	351,20	395,10	-	260,16	292,68	-	172,00	193,50	-	91,20	102,60	-	25,76	28,98	-	-	
	IV	10.011	-	800,88	900,99	-	737,76	829,98	-	676,24	760,77	-	616,32	693,36	-	557,84	627,57	-	500,96	563,58	-	445,60	501
	V	15.661	-	1.252,88	1.409,49																		
	VI	16.193	-	1.295,44	1.457,37																		
58.535,99	I	10.021	-	801,68	901,89	-	677,04	761,67	-	558,56	628,38	-	446,32	502,11	-	340,24	382,77	-	240,24	270,27	-	146,48	164
	II	8.537	-	682,96	768,33	-	564,16	634,68	-	451,60	508,05	-	345,20	388,35	-	244,96	275,58	-	150,88	169,74	-	63,36	71
	III	5.574	-	445,92	501,66	-	351,84	395,82	-	260,64	293,22	-	172,64	194,22	-	91,68	103,14	-	26,08	29,34	-	-	
	IV	10.021	-	801,68	901,89	-	738,56	830,88	-	677,04	761,67	-	617,04	694,17	-	558,56	628,38	-	501,68	564,39	-	446,32	502
	V	15.674	-	1.253,92	1.410,66																		
	VI	16.205	-	1.296,40	1.458,45																		
58.571,99	I	10.031	-	802,48	902,79	-	677,84	762,57	-	559,36	629,28	-	447,04	502,92	-	340,88	383,49	-	240,88	270,99	-	147,12	165
	II	8.546	-	683,68	769,14	-	564,88	635,49	-	452,32	508,86	-	345,84	389,07	-	245,60	276,30	-	151,52	170,46	-	63,92	71
	III	5.582	-	446,56	502,38	-	352,32	396,36	-	261,28	293,94	-	173,12	194,76	-	92,16	103,68	-	26,40	29,70	-	-	
	IV	10.031	-	802,48	902,79	-	739,36	831,78	-	677,84	762,57	-	617,84	695,07	-	559,36	629,28	-	502,40	565,20	-	447,04	502
	V	15.686	-	1.254,88	1.411,74																		
	VI	16.217	-	1.297,36	1.459,53																		
58.607,99	I	10.042	-	803,36	903,78	-	678,64	763,47	-	560,08	630,09	-	447,76	503,73	-	341,60	384,30	-	241,52	271,71	-	147,68	166
	II	8.557	-	684,56	770,13	-	565,68	636,39	-	453,04	509,67	-	346,56	389,88	-	246,24	277,02	-	152,08	171,09	-	64,40	72
	III	5.590	-	447,20	503,10	-	352,96	397,08	-	261,92	294,66	-	173,76	195,48	-	92,64	104,22	-	26,88	30,24	-	-	
	IV	10.042	-	803,36	903,78	-	740,24	832,77	-	678,64	763,47	-	618,64	695,97	-	560,08	630,09	-	503,20	566,10	-	447,76	503,
	V	15.698	-	1.255,84	1.412,82																		
	VI	16.230	-	1.298,40	1.460,70																		
58.643,99	I	10.052	-	804,16	904,68	-	679,44	764,37	-	560,88	630,99	-	448,48	504,54	-	342,24	385,02	-	242,16	272,43	-	148,32	166
	II	8.566	-	685,28	770,94	-	566,48	637,29	-	453,76	510,48	-	347,20	390,60	-	246,88	277,74	-	152,72	171,81	-	64,96	73
	III	5.598	-	447,84	503,82	-	353,60	397,80	-	262,40	295,20	-	174,40	196,20	-	93,12	104,76	-	27,20	30,60	-	-	
	IV	10.052	-	804,16	904,68	-	741,04	833,67	-	679,44	764,37	-	619,36	696,78	-	560,88	630,99	-	503,92	566,91	-	448,48	504
	V	15.711	-	1.256,88	1.413,99																		
	VI	16.242	-	1.299,36	1.461,78																		
58.679,99	I	10.063	-	805,04	905,67	-	680,24	765,27	-	561,60	631,80	-	449,20	505,35	-	342,88	385,74	-	242,80	273,15	-	148,88	167
	II	8.576	-	686,08	771,84	-	567,20	638,10	-	454,48	511,29	-	347,92	391,41	-	247,52	278,46	-	153,28	172,44	-	65,44	73,
	III	5.606	-	448,48	504,54	-	354,24	398,52	-	263,04	295,92	-	174,88	196,74	-	93,60	105,30	-	27,52	30,96	-	-	
	IV	10.063	-	805,04	905,67	-	741,84	834,57	-	680,24	765,27	-	620,16	697,68	-	561,60	631,80	-	504,64	567,72	-	449,20	505,
	V	15.723	-	1.257,84	1.415,07																		
	VI	16.254	-	1.300,32	1.462,86																		
58.715,99	I	10.073	-	805,84	906,57	-	681,04	766,17	-	562,40	632,70	-	449,92	506,16	-	343,60	386,55	-	243,44	273,87	-	149,52	168,
	II	8.587	-	686,96	772,83	-	568,00	639,00	-	455,20	512,10	-	348,56	392,13	-	248,16	279,18	-	153,92	173,16	-	66,00	74,
	III	5.614	-	449,12	505,26	-	354,88	399,24	-	263,68	296,64	-	175,52	197,46	-	94,08	105,84	-	28,00	31,50	-	-	
	IV	10.073	-	805,84	906,57	-	742,72	835,56	-	681,04	766,17	-	620,96	698,58	-	562,40	632,70	-	505,36	568,53	-	449,92	506,
	V	15.735	-	1.258,80	1.416,15																		
	VI	16.267	-	1.301,36	1.464,03																		
58.751,99	I	10.084	-	806,72	907,56	-	681,84	767,07	-	563,12	633,51	-	450,64	506,97	-	344,24	387,27	-	244,08	274,59	-	150,08	168,
	II	8.596	-	687,68	773,64	-	568,72	639,81	-	455,92	512,91	-	349,28	392,94	-	248,80	279,90	-	154,48	173,79	-	66,56	74,
	III	5.622	-	449,76	505,98	-	355,36	399,78	-	264,16	297,18	-	176,00	198,00	-	94,56	106,38	-	28,32	31,86	-	-	
	IV	10.084	-	806,72	907,56	-	743,52	836,46	-	681,84	767,07	-	621,68	699,39	-	563,12	633,51	-	506,08	569,34	-	450,64	506,
	V	15.747	-	1.259,76	1.417,23																		
	VI	16.279	-	1.302,32	1.465,11																		
58.787,99	I	10.094	-	807,52	908,46	-	682,64	767,97	-	563,92	634,41	-	451,36	507,78	-	344,96	388,08	-	244,72	275,31	-	150,64	169,
	II	8.606	-	688,48	774,54	-	569,44	640,62	-	456,64	513,72	-	349,92	393,66	-	249,44	280,62	-	155,04	174,42	-	67,12	75,
	III	5.630	-	450,40	506,70	-	356,00	400,50	-	264,80	297,90	-	176,64	198,72	-	95,04	106,92	-	28,64	32,22	-	-	
	IV	10.094	-	807,52	908,46	-	744,32	837,36	-	682,64	767,97	-	622,48	700,29	-	563,92	634,41	-	506,80	570,15	-	451,36	507,
	V	15.760	-	1.260,80	1.418,40																		
	VI	16.291	-	1.303,28	1.466,19																		
58.823,99	I	10.105	-	808,40	909,45	-	683,44	768,87	-	564,64	635,22	-	452,08	508,59	-	345,60	388,80	-	245,36	276,03	-	151,28	170,
	II	8.617	-	689,36	775,53	-	570,24	641,52	-	457,36	514,53	-	350,64	394,47	-	250,08	281,34	-	155,68	175,14	-	67,60	76,
	III	5.638	-	451,04	507,42	-	356,64	401,22	-	265,44	298,62	-	177,12	199,26	-	95,52	107,46	-	29,12	32,76	-	-	
	IV	10.105	-	808,40	909,45	-	745,12	838,26	-	683,44	768,87	-	623,28	701,19	-	564,64	635,22	-	507,60	571,05	-	452,08	508,
	V	15.772	-	1.261,76	1.419,48																		
	VI	16.304	-	1.304,32	1.467,36																		
58.859,99	I	10.115	-	809,20	910,35	-	684,24	769,77	-	565,44	636,12	-	452,80	509,40	-	346,32	389,61	-	246,00	276,75	-	151,84	170,
	II	8.626	-	690,08	776,34	-	571,04	642,42	-	458,08	515,34	-	351,28	395,19	-	250,72	282,06	-	156,24	175,77	-	68,16	76,
	III	5.646	-	451,68	508,14	-	357,28	401,94	-	265,92	299,16	-	177,76	199,98	-	96,00	108,00	-	29,44	33,12	-	-	
	IV	10.115	-	809,20	910,35	-	745,92	839,16	-	684,24	769,77	-	624,08	702,09	-	565,44	636,12	-	508,32	571,86	-	452,80	509,
	V	15.784	-	1.262,72	1.420,56																		
	VI	16.316	-	1.305,28	1.468,44																		

SolZ/KiSt lt. Tabelle nicht für Sonstige Bezüge anwendbar.

Allgemeine Tabelle

Lohn/ Gehalt bis	Steuerklasse	Lohn-steuer	ohne Kinderfreibetrag SolZ 5,5%	Kirchensteuer 8%	9%	0,5 SolZ 5,5%	Kirchensteuer 8%	9%	1,0 SolZ 5,5%	Kirchensteuer 8%	9%	1,5 SolZ 5,5%	Kirchensteuer 8%	9%	2,0 SolZ 5,5%	Kirchensteuer 8%	9%	2,5 SolZ 5,5%	Kirchensteuer 8%	9%	3,0 SolZ 5,5%	Kirchensteuer 8%	9%
8.895,99	I	10.126	-	810,08	911,34	-	685,04	770,67	-	566,16	636,93	-	453,44	510,12	-	346,96	390,33	-	246,64	277,47	-	152,48	171,54
	II	8.636	-	690,88	777,24	-	571,76	643,23	-	458,80	516,15	-	351,92	395,91	-	251,36	282,78	-	156,88	176,49	-	68,72	77,31
	III	5.654	-	452,32	508,86	-	357,92	402,66	-	266,56	299,88	-	178,24	200,52	-	96,48	108,54	-	29,92	33,66	-	-	-
	IV	10.126	-	810,08	911,34	-	746,80	840,15	-	685,04	770,67	-	624,80	702,90	-	566,16	636,93	-	509,04	572,67	-	453,44	510,12
	V	15.797	-	1.263,76	1.421,73																		
	VI	16.328	-	1.306,24	1.469,52																		
8.931,99	I	10.136	-	810,88	912,24	-	685,84	771,57	-	566,88	637,74	-	454,16	510,93	-	347,60	391,05	-	247,28	278,19	-	153,04	172,17
	II	8.646	-	691,68	778,14	-	572,48	644,04	-	459,52	516,96	-	352,64	396,72	-	251,92	283,41	-	157,44	177,12	-	69,20	77,85
	III	5.662	-	452,96	509,58	-	358,40	403,20	-	267,20	300,60	-	178,88	201,24	-	96,96	109,08	-	30,24	34,02	-	-	-
	IV	10.136	-	810,88	912,24	-	747,60	841,05	-	685,84	771,57	-	625,60	703,80	-	566,88	637,74	-	509,76	573,48	-	454,16	510,93
	V	15.809	-	1.264,72	1.422,81																		
	VI	16.341	-	1.307,28	1.470,69																		
8.967,99	I	10.147	-	811,76	913,23	-	686,64	772,47	-	567,68	638,64	-	454,88	511,74	-	348,32	391,86	-	247,92	278,91	-	153,68	172,89
	II	8.657	-	692,56	779,13	-	573,28	644,94	-	460,24	517,77	-	353,36	397,53	-	252,64	284,22	-	158,08	177,84	-	69,76	78,48
	III	5.670	-	453,60	510,30	-	359,04	403,92	-	267,68	301,14	-	179,52	201,96	-	97,44	109,62	-	30,72	34,56	-	-	-
	IV	10.147	-	811,76	913,23	-	748,40	841,95	-	686,64	772,47	-	626,40	704,70	-	567,68	638,64	-	510,56	574,38	-	454,88	511,74
	V	15.821	-	1.265,68	1.423,89																		
	VI	16.353	-	1.308,24	1.471,77																		
9.003,99	I	10.157	-	812,56	914,13	-	687,44	773,37	-	568,40	639,45	-	455,60	512,55	-	348,96	392,58	-	248,56	279,63	-	154,24	173,52
	II	8.666	-	693,28	779,94	-	574,00	645,75	-	460,96	518,58	-	354,00	398,25	-	253,28	284,94	-	158,64	178,47	-	70,32	79,11
	III	5.676	-	454,08	510,84	-	359,68	404,64	-	268,32	301,86	-	180,00	202,50	-	97,92	110,16	-	31,04	34,92	-	-	-
	IV	10.157	-	812,56	914,13	-	749,20	842,85	-	687,44	773,37	-	627,12	705,51	-	568,40	639,45	-	511,28	575,19	-	455,60	512,55
	V	15.834	-	1.266,72	1.425,06																		
	VI	16.365	-	1.309,20	1.472,85																		
9.039,99	I	10.168	-	813,44	915,12	-	688,24	774,27	-	569,20	640,35	-	456,32	513,36	-	349,68	393,39	-	249,20	280,35	-	154,88	174,24
	II	8.676	-	694,08	780,84	-	574,80	646,65	-	461,68	519,39	-	354,64	398,97	-	253,84	285,57	-	159,28	179,19	-	70,88	79,74
	III	5.684	-	454,72	511,56	-	360,32	405,36	-	268,96	302,58	-	180,64	203,22	-	98,40	110,70	-	31,36	35,28	-	-	-
	IV	10.168	-	813,44	915,12	-	750,00	843,75	-	688,24	774,27	-	627,92	706,41	-	569,20	640,35	-	512,00	576,00	-	456,32	513,36
	V	15.846	-	1.267,68	1.426,14																		
	VI	16.377	-	1.310,16	1.473,93																		
9.075,99	I	10.178	-	814,24	916,02	-	689,04	775,17	-	570,00	641,25	-	457,04	514,17	-	350,40	394,20	-	249,84	281,07	-	155,44	174,87
	II	8.687	-	694,96	781,83	-	575,60	647,55	-	462,40	520,20	-	355,36	399,78	-	254,56	286,38	-	159,84	179,82	-	71,44	80,37
	III	5.692	-	455,36	512,28	-	360,96	406,08	-	269,44	303,12	-	181,12	203,76	-	98,88	111,24	-	31,84	35,82	-	-	-
	IV	10.178	-	814,24	916,02	-	750,88	844,74	-	689,04	775,17	-	628,72	707,31	-	570,00	641,25	-	512,72	576,81	-	457,04	514,17
	V	15.858	-	1.268,64	1.427,22																		
	VI	16.390	-	1.311,20	1.475,10																		
9.111,99	I	10.189	-	815,12	917,01	-	689,84	776,07	-	570,72	642,06	-	457,76	514,98	-	351,04	394,92	-	250,48	281,79	-	156,08	175,59
	II	8.697	-	695,76	782,73	-	576,32	648,36	-	463,12	521,01	-	356,08	400,59	-	255,20	287,10	-	160,48	180,54	-	72,00	81,00
	III	5.700	-	456,00	513,00	-	361,44	406,62	-	270,08	303,84	-	181,76	204,48	-	99,36	111,78	-	32,16	36,18	-	-	-
	IV	10.189	-	815,12	917,01	-	751,68	845,64	-	689,84	776,07	-	629,52	708,21	-	570,72	642,06	-	513,52	577,71	-	457,76	514,98
	V	15.871	-	1.269,68	1.428,39																		
	VI	16.402	-	1.312,16	1.476,18																		
9.147,99	I	10.199	-	815,92	917,91	-	690,64	776,97	-	571,44	642,87	-	458,48	515,79	-	351,68	395,64	-	251,12	282,51	-	156,64	176,22
	II	8.706	-	696,48	783,54	-	577,04	649,17	-	463,84	521,82	-	356,72	401,31	-	255,76	287,73	-	161,04	181,17	-	72,48	81,54
	III	5.708	-	456,64	513,72	-	362,08	407,34	-	270,72	304,56	-	182,24	205,02	-	100,00	112,50	-	32,64	36,72	-	-	-
	IV	10.199	-	815,92	917,91	-	752,48	846,54	-	690,64	776,97	-	630,24	709,02	-	571,44	642,87	-	514,24	578,52	-	458,48	515,79
	V	15.883	-	1.270,64	1.429,47																		
	VI	16.414	-	1.313,12	1.477,26																		
9.183,99	I	10.209	-	816,72	918,81	-	691,44	777,87	-	572,24	643,77	-	459,20	516,60	-	352,40	396,45	-	251,68	283,14	-	157,20	176,85
	II	8.716	-	697,28	784,44	-	577,84	650,07	-	464,56	522,63	-	357,36	402,03	-	256,40	288,45	-	161,68	181,89	-	73,04	82,17
	III	5.716	-	457,28	514,44	-	362,72	408,06	-	271,20	305,10	-	182,88	205,74	-	100,32	112,86	-	32,96	37,08	-	-	-
	IV	10.209	-	816,72	918,81	-	753,28	847,44	-	691,44	777,87	-	631,04	709,92	-	572,24	643,77	-	514,96	579,33	-	459,20	516,60
	V	15.895	-	1.271,60	1.430,55																		
	VI	16.427	-	1.314,16	1.478,43																		
9.219,99	I	10.220	-	817,60	919,80	-	692,24	778,77	-	572,96	644,58	-	459,92	517,41	-	353,04	397,17	-	252,40	283,95	-	157,84	177,57
	II	8.727	-	698,16	785,43	-	578,64	650,97	-	465,28	523,44	-	358,08	402,84	-	257,12	289,26	-	162,24	182,52	-	73,60	82,80
	III	5.724	-	457,92	515,16	-	363,36	408,78	-	271,84	305,82	-	183,36	206,28	-	100,96	113,58	-	33,44	37,62	-	-	-
	IV	10.220	-	817,60	919,80	-	754,16	848,43	-	692,24	778,77	-	631,84	710,82	-	572,96	644,58	-	515,68	580,14	-	459,92	517,41
	V	15.907	-	1.272,56	1.431,63																		
	VI	16.439	-	1.315,12	1.479,51																		
9.255,99	I	10.231	-	818,48	920,79	-	693,04	779,67	-	573,76	645,48	-	460,64	518,22	-	353,76	397,98	-	253,04	284,67	-	158,40	178,20
	II	8.737	-	698,96	786,33	-	579,36	651,78	-	466,00	524,25	-	358,80	403,65	-	257,76	289,98	-	162,88	183,24	-	74,16	83,43
	III	5.732	-	458,56	515,88	-	364,00	409,50	-	272,48	306,54	-	184,00	207,00	-	101,44	114,12	-	33,76	37,98	-	-	-
	IV	10.231	-	818,48	920,79	-	754,96	849,33	-	693,04	779,67	-	632,64	711,72	-	573,76	645,48	-	516,40	580,95	-	460,64	518,22
	V	15.920	-	1.273,60	1.432,80																		
	VI	16.451	-	1.316,08	1.480,59																		
59.291,99	I	10.241	-	819,28	921,69	-	693,84	780,57	-	574,48	646,29	-	461,36	519,03	-	354,40	398,70	-	253,60	285,30	-	159,04	178,92
	II	8.747	-	699,76	787,23	-	580,08	652,59	-	466,72	525,06	-	359,44	404,37	-	258,32	290,61	-	163,44	183,87	-	74,72	84,06
	III	5.740	-	459,20	516,60	-	364,48	410,04	-	272,96	307,08	-	184,48	207,54	-	101,92	114,66	-	34,08	38,34	-	-	-
	IV	10.241	-	819,28	921,69	-	755,76	850,23	-	693,84	780,57	-	633,36	712,53	-	574,48	646,29	-	517,20	581,85	-	461,36	519,03
	V	15.932	-	1.274,56	1.433,88																		
	VI	16.464	-	1.317,12	1.481,76																		
59.327,99	I	10.252	-	820,16	922,68	-	694,64	781,47	-	575,28	647,19	-	462,08	519,84	-	355,12	399,51	-	254,32	286,11	-	159,60	179,55
	II	8.757	-	700,56	788,13	-	580,88	653,49	-	467,44	525,87	-	360,16	405,18	-	259,04	291,42	-	164,08	184,59	-	75,28	84,69
	III	5.748	-	459,84	517,32	-	365,12	410,76	-	273,60	307,80	-	185,12	208,26	-	102,40	115,20	-	34,56	38,88	-	-	-
	IV	10.252	-	820,16	922,68	-	756,64	851,22	-	694,64	781,47	-	634,16	713,43	-	575,28	647,19	-	517,92	582,66	-	462,08	519,84
	V	15.944	-	1.275,52	1.434,96																		
	VI	16.476	-	1.318,08	1.482,84																		
59.363,99	I	10.262	-	820,96	923,58	-	695,44	782,37	-	576,00	648,00	-	462,80	520,65	-	355,76	400,23	-	254,96	286,83	-	160,24	180,27
	II	8.767	-	701,36	789,03	-	581,68	654,39	-	468,16	526,68	-	360,80	405,90	-	259,68	292,14	-	164,64	185,22	-	75,84	85,32
	III	5.756	-	460,48	518,04	-	365,76	411,48	-	274,24	308,52	-	185,76	208,98	-	102,88	115,74	-	34,88	39,24	-	-	-
	IV	10.262	-	820,96	923,58	-	757,44	852,12	-	695,44	782,37	-	634,96	714,33	-	576,00	648,00	-	518,64	583,47	-	462,80	520,65
	V	15.957	-	1.276,56	1.436,13																		
	VI	16.488	-	1.319,04	1.483,92																		
59.399,99	I	10.273	-	821,84	924,57	-	696,24	783,27	-	576,80	648,90	-	463,52	521,46	-	356,48	401,04	-	255,52	287,46	-	160,80	180,90
	II	8.777	-	702,16	789,93	-	582,40	655,20	-	468,88	527,49	-	361,52	406,71	-	260,32	292,86	-	165,28	185,94	-	76,40	85,95
	III	5.764	-	461,12	518,76	-	366,40	412,20	-	274,72	309,06	-	186,24	209,52	-	103,36	116,28	-	35,36	39,78	-	-	-
	IV	10.273	-	821,84	924,57	-	758,24	853,02	-	696,24	783,27	-	635,76	715,23	-	576,80	648,90	-	519,36	584,28	-	463,52	521,46
	V	15.969	-	1.277,52	1.437,21																		
	VI	16.501	-	1.320,08	1.485,09																		

Anzahl Kinderfreibeträge (nur Steuerklassen I–IV)

SolZ/KiSt lt. Tabelle nicht für Sonstige Bezüge anwendbar.

Lohn/ Gehalt bis	Steuerklasse	Lohn-steuer	ohne Kinderfreibetrag			Anzahl Kinderfreibeträge (nur Steuerklassen I–IV)																	
						0,5			1,0			1,5			2,0			2,5			3,0		
			SolZ 5,5%	Kirchensteuer 8%	9%	SolZ 5,5%	Kirchensteuer 8%	9%	SolZ 5,5%	Kirchensteuer 8%	9%	SolZ 5,5%	Kirchensteuer 8%	9%	SolZ 5,5%	Kirchensteuer 8%	9%	SolZ 5,5%	Kirchensteuer 8%	9%	SolZ 5,5%	Kirchensteu 8%	9%
59.435,99	I	10.283	-	822,64	925,47	-	697,04	784,17	-	577,60	649,80	-	464,24	522,27	-	357,12	401,76	-	256,24	288,27	-	161,44	181
	II	8.787	-	702,96	790,83	-	583,20	656,10	-	469,60	528,30	-	362,16	407,43	-	260,96	293,58	-	165,84	186,57	-	76,96	86
	III	5.772	-	461,76	519,48	-	367,04	412,92	-	275,36	309,78	-	186,88	210,24	-	103,84	116,82	-	35,68	40,14	-	-	
	IV	10.283	-	822,64	925,47	-	759,12	854,01	-	697,04	784,17	-	636,56	716,13	-	577,60	649,80	-	520,16	585,18	-	464,24	522
	V	15.981	-	1.278,48	1.438,29																		
	VI	16.513	-	1.321,04	1.486,17																		
59.471,99	I	10.294	-	823,52	926,46	-	697,84	785,07	-	578,32	650,61	-	464,96	523,08	-	357,84	402,57	-	256,88	288,99	-	162,00	182
	II	8.797	-	703,76	791,73	-	583,92	656,91	-	470,32	529,11	-	362,88	408,24	-	261,60	294,30	-	166,48	187,29	-	77,52	87
	III	5.780	-	462,40	520,20	-	367,68	413,64	-	276,00	310,50	-	187,36	210,78	-	104,32	117,36	-	36,16	40,68	-	-	
	IV	10.294	-	823,52	926,46	-	759,92	854,91	-	697,84	785,07	-	637,28	716,94	-	578,32	650,61	-	520,88	585,99	-	464,96	523
	V	15.994	-	1.279,52	1.439,46																		
	VI	16.525	-	1.322,00	1.487,25																		
59.507,99	I	10.304	-	824,32	927,36	-	698,64	785,97	-	579,04	651,42	-	465,68	523,89	-	358,48	403,29	-	257,52	289,71	-	162,64	182
	II	8.807	-	704,56	792,63	-	584,72	657,81	-	471,04	529,92	-	363,52	408,96	-	262,24	295,02	-	167,04	187,92	-	78,08	87
	III	5.786	-	462,88	520,74	-	368,16	414,18	-	276,48	311,04	-	188,00	211,50	-	104,80	117,90	-	36,48	41,04	-	-	
	IV	10.304	-	824,32	927,36	-	760,72	855,81	-	698,64	785,97	-	638,08	717,84	-	579,04	651,42	-	521,60	586,80	-	465,68	523
	V	16.006	-	1.280,48	1.440,54																		
	VI	16.537	-	1.322,96	1.488,33																		
59.543,99	I	10.315	-	825,20	928,35	-	699,44	786,87	-	579,84	652,32	-	466,40	524,70	-	359,20	404,10	-	258,08	290,34	-	163,20	183
	II	8.817	-	705,36	793,53	-	585,44	658,62	-	471,76	530,73	-	364,24	409,77	-	262,88	295,74	-	167,68	188,64	-	78,64	88
	III	5.794	-	463,52	521,46	-	368,80	414,90	-	277,12	311,76	-	188,48	212,04	-	105,44	118,62	-	36,96	41,58	-	-	
	IV	10.315	-	825,20	928,35	-	761,52	856,71	-	699,44	786,87	-	638,88	718,74	-	579,84	652,32	-	522,32	587,61	-	466,40	524
	V	16.018	-	1.281,44	1.441,62																		
	VI	16.550	-	1.324,00	1.489,50																		
59.579,99	I	10.326	-	826,08	929,34	-	700,24	787,77	-	580,64	653,22	-	467,20	525,60	-	359,84	404,82	-	258,80	291,15	-	163,84	184
	II	8.827	-	706,16	794,43	-	586,24	659,52	-	472,48	531,54	-	364,88	410,49	-	263,52	296,46	-	168,24	189,27	-	79,20	89
	III	5.802	-	464,16	522,18	-	369,44	415,62	-	277,76	312,48	-	189,12	212,76	-	105,92	119,16	-	37,28	41,94	-	-	
	IV	10.326	-	826,08	929,34	-	762,40	857,70	-	700,24	787,77	-	639,68	719,64	-	580,64	653,22	-	523,12	588,51	-	467,20	525
	V	16.031	-	1.282,48	1.442,79																		
	VI	16.562	-	1.324,96	1.490,58																		
59.615,99	I	10.336	-	826,88	930,24	-	701,04	788,67	-	581,36	654,03	-	467,84	526,32	-	360,56	405,63	-	259,44	291,87	-	164,40	184
	II	8.837	-	706,96	795,33	-	587,04	660,42	-	473,20	532,35	-	365,60	411,30	-	264,16	297,18	-	168,88	189,99	-	79,76	89
	III	5.810	-	464,80	522,90	-	370,08	416,34	-	278,24	313,02	-	189,76	213,48	-	106,40	119,70	-	37,76	42,48	-	-	
	IV	10.336	-	826,88	930,24	-	763,20	858,60	-	701,04	788,67	-	640,40	720,45	-	581,36	654,03	-	523,84	589,32	-	467,84	526
	V	16.043	-	1.283,44	1.443,87																		
	VI	16.574	-	1.325,92	1.491,66																		
59.651,99	I	10.346	-	827,68	931,14	-	701,84	789,57	-	582,16	654,93	-	468,56	527,13	-	361,20	406,35	-	260,08	292,59	-	165,04	185
	II	8.847	-	707,76	796,23	-	587,76	661,23	-	473,92	533,16	-	366,24	412,02	-	264,80	297,90	-	169,44	190,62	-	80,32	90
	III	5.818	-	465,44	523,62	-	370,72	417,06	-	278,88	313,74	-	190,24	214,02	-	106,88	120,24	-	38,08	42,84	-	-	
	IV	10.346	-	827,68	931,14	-	764,00	859,50	-	701,84	789,57	-	641,20	721,35	-	582,16	654,93	-	524,56	590,13	-	468,56	527
	V	16.055	-	1.284,40	1.444,95																		
	VI	16.587	-	1.326,96	1.492,83																		
59.687,99	I	10.357	-	828,56	932,13	-	702,64	790,47	-	582,88	655,74	-	469,36	528,03	-	361,92	407,16	-	260,72	293,31	-	165,68	186
	II	8.857	-	708,56	797,13	-	588,56	662,13	-	474,64	533,97	-	366,96	412,83	-	265,44	298,62	-	170,08	191,34	-	80,88	90
	III	5.826	-	466,08	524,34	-	371,20	417,60	-	279,52	314,46	-	190,88	214,74	-	107,36	120,78	-	38,56	43,38	-	-	
	IV	10.357	-	828,56	932,13	-	764,88	860,49	-	702,64	790,47	-	642,00	722,25	-	582,88	655,74	-	525,36	591,03	-	469,36	528
	V	16.068	-	1.285,44	1.446,12																		
	VI	16.599	-	1.327,92	1.493,91																		
59.723,99	I	10.368	-	829,44	933,12	-	703,44	791,37	-	583,68	656,64	-	470,08	528,84	-	362,64	407,97	-	261,36	294,03	-	166,24	187,
	II	8.867	-	709,36	798,03	-	589,28	662,94	-	475,36	534,78	-	367,68	413,64	-	266,08	299,34	-	170,72	192,06	-	81,44	91,
	III	5.834	-	466,72	525,06	-	371,84	418,32	-	280,16	315,18	-	191,36	215,28	-	107,84	121,32	-	38,88	43,74	-	-	
	IV	10.368	-	829,44	933,12	-	765,68	861,39	-	703,44	791,37	-	642,80	723,15	-	583,68	656,64	-	526,08	591,84	-	470,08	528,
	V	16.080	-	1.286,40	1.447,20																		
	VI	16.611	-	1.328,88	1.494,99																		
59.759,99	I	10.378	-	830,24	934,02	-	704,24	792,27	-	584,40	657,45	-	470,80	529,65	-	363,28	408,69	-	262,00	294,75	-	166,80	187
	II	8.877	-	710,16	798,93	-	590,08	663,84	-	476,08	535,59	-	368,32	414,36	-	266,72	300,06	-	171,28	192,69	-	82,00	92,
	III	5.842	-	467,36	525,78	-	372,48	419,04	-	280,64	315,72	-	192,00	216,00	-	108,32	121,86	-	39,36	44,28	-	-	
	IV	10.378	-	830,24	934,02	-	766,48	862,29	-	704,24	792,27	-	643,60	724,05	-	584,40	657,45	-	526,80	592,65	-	470,80	529,
	V	16.092	-	1.287,36	1.448,28																		
	VI	16.624	-	1.329,92	1.496,16																		
59.795,99	I	10.389	-	831,12	935,01	-	705,04	793,17	-	585,20	658,35	-	471,52	530,46	-	364,00	409,50	-	262,64	295,47	-	167,44	188,
	II	8.888	-	711,04	799,92	-	590,88	664,74	-	476,88	536,49	-	369,04	415,17	-	267,36	300,78	-	171,92	193,41	-	82,64	92,
	III	5.850	-	468,00	526,50	-	373,12	419,76	-	281,28	316,44	-	192,64	216,72	-	108,96	122,58	-	39,68	44,64	-	-	
	IV	10.389	-	831,12	935,01	-	767,36	863,28	-	705,04	793,17	-	644,40	724,95	-	585,20	658,35	-	527,60	593,55	-	471,52	530,
	V	16.104	-	1.288,32	1.449,36																		
	VI	16.636	-	1.330,88	1.497,24																		
59.831,99	I	10.399	-	831,92	935,91	-	705,84	794,07	-	585,92	659,16	-	472,24	531,27	-	364,64	410,22	-	263,28	296,19	-	168,08	189,
	II	8.898	-	711,84	800,82	-	591,60	665,55	-	477,60	537,30	-	369,68	415,89	-	268,00	301,50	-	172,48	194,04	-	83,20	93,
	III	5.858	-	468,64	527,22	-	373,76	420,48	-	281,92	317,16	-	193,12	217,26	-	109,44	123,12	-	40,16	45,18	-	-	
	IV	10.399	-	831,92	935,91	-	768,16	864,18	-	705,84	794,07	-	645,12	725,76	-	585,92	659,16	-	528,32	594,36	-	472,24	531,
	V	16.117	-	1.289,36	1.450,53																		
	VI	16.648	-	1.331,84	1.498,32																		
59.867,99	I	10.411	-	832,88	936,99	-	706,72	795,06	-	586,80	660,15	-	472,96	532,08	-	365,36	411,03	-	263,92	296,91	-	168,72	189,
	II	8.908	-	712,64	801,72	-	592,40	666,45	-	478,32	538,11	-	370,40	416,70	-	268,72	302,31	-	173,12	194,76	-	83,76	94,
	III	5.866	-	469,28	527,94	-	374,40	421,20	-	282,56	317,88	-	193,76	217,98	-	109,92	123,66	-	40,48	45,54	-	-	
	IV	10.411	-	832,88	936,99	-	769,04	865,17	-	706,72	795,06	-	646,00	726,75	-	586,80	660,15	-	529,12	595,26	-	472,96	532,
	V	16.130	-	1.290,40	1.451,70																		
	VI	16.661	-	1.332,88	1.499,49																		
59.903,99	I	10.422	-	833,76	937,98	-	707,60	796,05	-	587,60	661,05	-	473,76	532,98	-	366,16	411,93	-	264,64	297,72	-	169,36	190,
	II	8.919	-	713,52	802,71	-	593,28	667,44	-	479,12	539,01	-	371,20	417,60	-	269,44	303,12	-	173,84	195,57	-	84,40	94,
	III	5.874	-	469,92	528,66	-	375,04	421,92	-	283,20	318,60	-	194,40	218,70	-	110,56	124,38	-	40,96	46,08	-	-	
	IV	10.422	-	833,76	937,98	-	769,92	866,16	-	707,60	796,05	-	646,80	727,65	-	587,60	661,05	-	529,92	596,16	-	473,76	532,
	V	16.143	-	1.291,44	1.452,87																		
	VI	16.675	-	1.334,00	1.500,75																		
59.939,99	I	10.434	-	834,72	939,06	-	708,48	797,04	-	588,48	662,04	-	474,56	533,88	-	366,88	412,74	-	265,36	298,53	-	170,00	191,
	II	8.931	-	714,48	803,79	-	594,08	668,34	-	479,92	539,91	-	371,92	418,41	-	270,16	303,93	-	174,48	196,29	-	85,04	95,
	III	5.884	-	470,72	529,56	-	375,68	422,64	-	283,84	319,32	-	195,04	219,42	-	111,04	124,92	-	41,44	46,62	-	-	
	IV	10.434	-	834,72	939,06	-	770,88	867,24	-	708,48	797,04	-	647,68	728,64	-	588,48	662,04	-	530,72	597,06	-	474,56	533,
	V	16.157	-	1.292,56	1.454,13																		
	VI	16.689	-	1.335,12	1.502,01																		

SolZ/KiSt lt. Tabelle nicht für Sonstige Bezüge anwendbar.

Allgemeine Tabelle

JAHR bis 60.479,99 €

Lohn/ Gehalt bis	Steuerklasse	Lohn- steuer	ohne Kinderfreibetrag SolZ 5,5%	ohne Kinderfreibetrag Kirchensteuer 8%	ohne Kinderfreibetrag Kirchensteuer 9%	0,5 SolZ 5,5%	0,5 Kirchensteuer 8%	0,5 Kirchensteuer 9%	1,0 SolZ 5,5%	1,0 Kirchensteuer 8%	1,0 Kirchensteuer 9%	1,5 SolZ 5,5%	1,5 Kirchensteuer 8%	1,5 Kirchensteuer 9%	2,0 SolZ 5,5%	2,0 Kirchensteuer 8%	2,0 Kirchensteuer 9%	2,5 SolZ 5,5%	2,5 Kirchensteuer 8%	2,5 Kirchensteuer 9%	3,0 SolZ 5,5%	3,0 Kirchensteuer 8%	3,0 Kirchensteuer 9%
						Anzahl Kinderfreibeträge (nur Steuerklassen I–IV)																	
9.975,99	I	10.446	-	835,68	940,14	-	709,44	798,12	-	589,36	663,03	-	475,44	534,87	-	367,68	413,64	-	266,08	299,34	-	170,72	192,06
	II	8.942	-	715,36	804,78	-	594,96	669,33	-	480,80	540,90	-	372,72	419,31	-	270,88	304,74	-	175,20	197,10	-	85,68	96,39
	III	5.892	-	471,36	530,28	-	376,48	423,54	-	284,48	320,04	-	195,68	220,14	-	111,68	125,64	-	41,92	47,16	-	-	-
	IV	10.446	-	835,68	940,14	-	771,76	868,23	-	709,44	798,12	-	648,64	729,72	-	589,36	663,03	-	531,60	598,05	-	475,44	534,87
	V	16.171	-	1.293,68	1.455,39																		
	VI	16.703	-	1.336,24	1.503,27																		
0.011,99	I	10.458	-	836,64	941,22	-	710,32	799,11	-	590,16	663,93	-	476,24	535,77	-	368,40	414,45	-	266,80	300,15	-	171,36	192,78
	II	8.953	-	716,24	805,77	-	595,84	670,32	-	481,60	541,80	-	373,44	420,12	-	271,60	305,55	-	175,84	197,82	-	86,24	97,02
	III	5.902	-	472,16	531,18	-	377,12	424,26	-	285,12	320,76	-	196,32	220,86	-	112,16	126,18	-	42,40	47,70	-	-	-
	IV	10.458	-	836,64	941,22	-	772,64	869,22	-	710,32	799,11	-	649,44	730,62	-	590,16	663,93	-	532,40	598,95	-	476,24	535,77
	V	16.184	-	1.294,72	1.456,56																		
	VI	16.716	-	1.337,28	1.504,44																		
0.047,99	I	10.469	-	837,52	942,21	-	711,20	800,10	-	591,04	664,92	-	477,04	536,67	-	369,20	415,35	-	267,52	300,96	-	172,08	193,59
	II	8.965	-	717,20	806,85	-	596,72	671,31	-	482,40	542,70	-	374,24	421,02	-	272,32	306,36	-	176,48	198,54	-	86,88	97,74
	III	5.910	-	472,80	531,90	-	377,76	424,98	-	285,76	321,48	-	196,96	221,58	-	112,80	126,90	-	42,72	48,06	-	-	-
	IV	10.469	-	837,52	942,21	-	773,60	870,30	-	711,20	800,10	-	650,32	731,61	-	591,04	664,92	-	533,28	599,94	-	477,04	536,67
	V	16.198	-	1.295,84	1.457,82																		
	VI	16.730	-	1.338,40	1.505,70																		
0.083,99	I	10.481	-	838,48	943,29	-	712,08	801,09	-	591,92	665,91	-	477,84	537,57	-	370,00	416,25	-	268,24	301,77	-	172,72	194,31
	II	8.976	-	718,08	807,84	-	597,52	672,21	-	483,20	543,60	-	375,04	421,92	-	273,04	307,17	-	177,20	199,35	-	87,52	98,46
	III	5.920	-	473,60	532,80	-	378,40	425,70	-	286,40	322,20	-	197,60	222,30	-	113,28	127,44	-	43,20	48,60	-	-	-
	IV	10.481	-	838,48	943,29	-	774,56	871,38	-	712,08	801,09	-	651,20	732,60	-	591,92	665,91	-	534,08	600,84	-	477,84	537,57
	V	16.212	-	1.296,96	1.459,08																		
	VI	16.744	-	1.339,52	1.506,96																		
0.119,99	I	10.493	-	839,44	944,37	-	712,96	802,08	-	592,72	666,81	-	478,64	538,47	-	370,72	417,06	-	268,96	302,58	-	173,36	195,03
	II	8.987	-	718,96	808,83	-	598,40	673,20	-	484,00	544,50	-	375,76	422,73	-	273,76	307,98	-	177,84	200,07	-	88,16	99,18
	III	5.928	-	474,24	533,52	-	379,20	426,60	-	287,04	322,92	-	198,24	223,02	-	113,92	128,16	-	43,68	49,14	-	-	-
	IV	10.493	-	839,44	944,37	-	775,44	872,37	-	712,96	802,08	-	652,08	733,59	-	592,72	666,81	-	534,88	601,74	-	478,64	538,47
	V	16.225	-	1.298,00	1.460,25																		
	VI	16.757	-	1.340,56	1.508,13																		
0.155,99	I	10.505	-	840,40	945,45	-	713,92	803,16	-	593,60	667,80	-	479,44	539,37	-	371,52	417,96	-	269,68	303,39	-	174,08	195,84
	II	8.998	-	719,84	809,82	-	599,28	674,19	-	484,80	545,40	-	376,56	423,63	-	274,48	308,79	-	178,56	200,88	-	88,80	99,90
	III	5.936	-	474,88	534,24	-	379,84	427,32	-	287,68	323,64	-	198,88	223,74	-	114,40	128,70	-	44,16	49,68	-	-	-
	IV	10.505	-	840,40	945,45	-	776,40	873,45	-	713,92	803,16	-	652,96	734,58	-	593,60	667,80	-	535,76	602,73	-	479,44	539,37
	V	16.239	-	1.299,12	1.461,51																		
	VI	16.771	-	1.341,68	1.509,39																		
0.191,99	I	10.517	-	841,36	946,53	-	714,80	804,15	-	594,48	668,79	-	480,24	540,27	-	372,24	418,77	-	270,40	304,20	-	174,72	196,56
	II	9.010	-	720,80	810,90	-	600,16	675,18	-	485,68	546,39	-	377,36	424,53	-	275,20	309,60	-	179,20	201,60	-	89,44	100,62
	III	5.946	-	475,68	535,14	-	380,48	428,04	-	288,48	324,54	-	199,52	224,46	-	115,04	129,42	-	44,64	50,22	-	-	-
	IV	10.517	-	841,36	946,53	-	777,28	874,44	-	714,80	804,15	-	653,84	735,57	-	594,48	668,79	-	536,56	603,63	-	480,24	540,27
	V	16.253	-	1.300,24	1.462,77																		
	VI	16.785	-	1.342,80	1.510,65																		
0.227,99	I	10.528	-	842,24	947,52	-	715,68	805,14	-	595,28	669,69	-	481,04	541,17	-	373,04	419,67	-	271,12	305,01	-	175,44	197,37
	II	9.021	-	721,68	811,89	-	600,96	676,08	-	486,40	547,20	-	378,08	425,34	-	275,92	310,41	-	179,92	202,41	-	90,08	101,34
	III	5.954	-	476,32	535,86	-	381,12	428,76	-	289,12	325,26	-	200,16	225,18	-	115,68	130,14	-	45,12	50,76	-	-	-
	IV	10.528	-	842,24	947,52	-	778,24	875,52	-	715,68	805,14	-	654,72	736,56	-	595,28	669,69	-	537,44	604,62	-	481,04	541,17
	V	16.267	-	1.301,36	1.464,03																		
	VI	16.798	-	1.343,84	1.511,82																		
0.263,99	I	10.540	-	843,20	948,60	-	716,64	806,22	-	596,16	670,68	-	481,92	542,16	-	373,76	420,48	-	271,84	305,82	-	176,08	198,09
	II	9.032	-	722,56	812,88	-	601,84	677,07	-	487,28	548,19	-	378,88	426,24	-	276,64	311,22	-	180,56	203,13	-	90,72	102,06
	III	5.962	-	476,96	536,58	-	381,92	429,66	-	289,76	325,98	-	200,64	225,72	-	116,16	130,68	-	45,44	51,12	-	-	-
	IV	10.540	-	843,20	948,60	-	779,12	876,51	-	716,64	806,22	-	655,60	737,55	-	596,16	670,68	-	538,24	605,52	-	481,92	542,16
	V	16.280	-	1.302,40	1.465,20																		
	VI	16.812	-	1.344,96	1.513,08																		
0.299,99	I	10.552	-	844,16	949,68	-	717,52	807,21	-	597,04	671,67	-	482,72	543,06	-	374,56	421,38	-	272,56	306,63	-	176,80	198,90
	II	9.044	-	723,52	813,96	-	602,72	678,06	-	488,08	549,09	-	379,60	427,05	-	277,36	312,03	-	181,28	203,94	-	91,36	102,78
	III	5.972	-	477,76	537,48	-	382,56	430,38	-	290,40	326,70	-	201,44	226,62	-	116,80	131,40	-	45,92	51,66	-	-	-
	IV	10.552	-	844,16	949,68	-	780,08	877,59	-	717,52	807,21	-	656,48	738,54	-	597,04	671,67	-	539,12	606,51	-	482,72	543,06
	V	16.294	-	1.303,52	1.466,46																		
	VI	16.826	-	1.346,08	1.514,34																		
0.335,99	I	10.564	-	845,12	950,76	-	718,40	808,20	-	597,84	672,57	-	483,52	543,96	-	375,28	422,19	-	273,28	307,44	-	177,44	199,62
	II	9.055	-	724,40	814,95	-	603,52	678,96	-	488,88	549,99	-	380,40	427,95	-	278,08	312,84	-	181,92	204,66	-	92,00	103,50
	III	5.980	-	478,40	538,20	-	383,20	431,10	-	291,04	327,42	-	202,08	227,34	-	117,28	131,94	-	46,40	52,20	-	-	-
	IV	10.564	-	845,12	950,76	-	780,96	878,58	-	718,40	808,20	-	657,36	739,53	-	597,84	672,57	-	539,92	607,41	-	483,52	543,96
	V	16.308	-	1.304,64	1.467,72																		
	VI	16.839	-	1.347,12	1.515,51																		
0.371,99	I	10.576	-	846,08	951,84	-	719,28	809,19	-	598,72	673,56	-	484,32	544,86	-	376,08	423,09	-	274,00	308,25	-	178,16	200,43
	II	9.066	-	725,28	815,94	-	604,40	679,95	-	489,68	550,89	-	381,20	428,85	-	278,80	313,65	-	182,64	205,47	-	92,64	104,22
	III	5.990	-	479,20	539,10	-	383,84	431,82	-	291,68	328,14	-	202,56	227,88	-	117,92	132,66	-	46,88	52,74	-	-	-
	IV	10.576	-	846,08	951,84	-	781,92	879,66	-	719,28	809,19	-	658,24	740,52	-	598,72	673,56	-	540,72	608,31	-	484,32	544,86
	V	16.322	-	1.305,76	1.468,98																		
	VI	16.853	-	1.348,24	1.516,77																		
0.407,99	I	10.588	-	847,04	952,92	-	720,24	810,27	-	599,60	674,55	-	485,12	545,76	-	376,88	423,99	-	274,72	309,06	-	178,80	201,15
	II	9.078	-	726,24	817,02	-	605,28	680,94	-	490,56	551,88	-	381,92	429,66	-	279,52	314,46	-	183,28	206,19	-	93,28	104,94
	III	5.998	-	479,84	539,82	-	384,64	432,72	-	292,48	329,04	-	203,36	228,78	-	118,56	133,38	-	47,36	53,28	-	-	-
	IV	10.588	-	847,04	952,92	-	782,88	880,74	-	720,24	810,27	-	659,12	741,51	-	599,60	674,55	-	541,60	609,30	-	485,12	545,76
	V	16.335	-	1.306,80	1.470,15																		
	VI	16.867	-	1.349,36	1.518,03																		
60.443,99	I	10.599	-	847,92	953,91	-	721,12	811,26	-	600,40	675,45	-	485,92	546,66	-	377,60	424,80	-	275,44	309,87	-	179,52	201,96
	II	9.089	-	727,12	818,01	-	606,16	681,93	-	491,36	552,78	-	382,72	430,56	-	280,24	315,27	-	184,00	207,00	-	93,84	105,57
	III	6.008	-	480,64	540,72	-	385,28	433,44	-	293,12	329,76	-	204,00	229,50	-	119,04	133,92	-	47,84	53,82	-	-	-
	IV	10.599	-	847,92	953,91	-	783,76	881,73	-	721,12	811,26	-	660,00	742,50	-	600,40	675,45	-	542,40	610,20	-	485,92	546,66
	V	16.349	-	1.307,92	1.471,41																		
	VI	16.881	-	1.350,48	1.519,29																		
60.479,99	I	10.611	-	848,88	954,99	-	722,00	812,25	-	601,28	676,44	-	486,80	547,65	-	378,40	425,70	-	276,16	310,68	-	180,16	202,68
	II	9.100	-	728,00	819,00	-	606,96	682,83	-	492,16	553,68	-	383,44	431,37	-	280,96	316,08	-	184,64	207,72	-	94,48	106,29
	III	6.016	-	481,28	541,44	-	385,92	434,16	-	293,76	330,48	-	204,48	230,04	-	119,68	134,64	-	48,32	54,36	-	-	-
	IV	10.611	-	848,88	954,99	-	784,72	882,81	-	722,00	812,25	-	660,88	743,49	-	601,28	676,44	-	543,28	611,19	-	486,80	547,65
	V	16.363	-	1.309,04	1.472,67																		
	VI	16.894	-	1.351,52	1.520,46																		

SolZ/KiSt lt. Tabelle nicht für Sonstige Bezüge anwendbar.

JAHR bis 61.019,99 € Allgemeine Tabelle

Lohn/ Gehalt bis	Steuerklasse	Lohn-steuer	ohne Kinderfreibetrag SolZ 5,5%	Kirchensteuer 8%	Kirchensteuer 9%	0,5 SolZ 5,5%	0,5 Kirchensteuer 8%	0,5 Kirchensteuer 9%	1,0 SolZ 5,5%	1,0 Kirchensteuer 8%	1,0 Kirchensteuer 9%	1,5 SolZ 5,5%	1,5 Kirchensteuer 8%	1,5 Kirchensteuer 9%	2,0 SolZ 5,5%	2,0 Kirchensteuer 8%	2,0 Kirchensteuer 9%	2,5 SolZ 5,5%	2,5 Kirchensteuer 8%	2,5 Kirchensteuer 9%	3,0 SolZ 5,5%	3,0 Kirchensteuer 8%	3,0 Kirchensteuer 9%
60.515,99	I	10.623	-	849,84	956,07	-	722,96	813,33	-	602,16	677,43	-	487,60	548,55	-	379,20	426,60	-	276,96	311,58	-	180,88	203
	II	9.112	-	728,96	820,08	-	607,84	683,82	-	492,96	554,58	-	384,24	432,27	-	281,68	316,89	-	185,36	208,53	-	95,12	107
	III	6.026	-	482,08	542,34	-	386,72	435,06	-	294,40	331,20	-	205,28	230,94	-	120,16	135,18	-	48,80	54,90	-	-	
	IV	10.623	-	849,84	956,07	-	785,60	883,80	-	722,96	813,33	-	661,76	744,48	-	602,16	677,43	-	544,08	612,09	-	487,60	548
	V	16.377	-	1.310,16	1.473,93																		
	VI	16.908	-	1.352,64	1.521,72																		
60.551,99	I	10.635	-	850,80	957,15	-	723,84	814,32	-	603,04	678,42	-	488,40	549,45	-	379,92	427,41	-	277,60	312,30	-	181,52	204
	II	9.123	-	729,84	821,07	-	608,72	684,81	-	493,76	555,48	-	385,04	433,17	-	282,40	317,70	-	186,00	209,25	-	95,76	107
	III	6.034	-	482,72	543,06	-	387,36	435,78	-	295,04	331,92	-	205,92	231,66	-	120,80	135,90	-	49,28	55,44	-	-	
	IV	10.635	-	850,80	957,15	-	786,56	884,88	-	723,84	814,32	-	662,64	745,47	-	603,04	678,42	-	544,96	613,08	-	488,40	549
	V	16.390	-	1.311,20	1.475,10																		
	VI	16.922	-	1.353,76	1.522,98																		
60.587,99	I	10.647	-	851,76	958,23	-	724,72	815,31	-	603,92	679,41	-	489,20	550,35	-	380,72	428,31	-	278,40	313,20	-	182,24	205
	II	9.134	-	730,72	822,06	-	609,60	685,80	-	494,56	556,38	-	385,76	433,98	-	283,12	318,51	-	186,72	210,06	-	96,40	108
	III	6.042	-	483,36	543,78	-	388,00	436,50	-	295,68	332,64	-	206,40	232,20	-	121,28	136,44	-	49,60	55,80	-	-	
	IV	10.647	-	851,76	958,23	-	787,44	885,87	-	724,72	815,31	-	663,52	746,46	-	603,92	679,41	-	545,76	613,98	-	489,20	550
	V	16.404	-	1.312,32	1.476,36																		
	VI	16.936	-	1.354,88	1.524,24																		
60.623,99	I	10.659	-	852,72	959,31	-	725,60	816,30	-	604,72	680,31	-	490,00	551,25	-	381,44	429,12	-	279,04	313,92	-	182,88	205
	II	9.145	-	731,60	823,05	-	610,40	686,70	-	495,36	557,28	-	386,56	434,88	-	283,84	319,32	-	187,36	210,78	-	97,04	109
	III	6.052	-	484,16	544,68	-	388,64	437,22	-	296,32	333,36	-	207,04	232,92	-	121,92	137,16	-	50,08	56,34	-	-	
	IV	10.659	-	852,72	959,31	-	788,40	886,95	-	725,60	816,30	-	664,40	747,45	-	604,72	680,31	-	546,56	614,88	-	490,00	551
	V	16.417	-	1.313,36	1.477,53																		
	VI	16.949	-	1.355,92	1.525,41																		
60.659,99	I	10.671	-	853,68	960,39	-	726,56	817,38	-	605,60	681,30	-	490,80	552,15	-	382,24	430,02	-	279,84	314,82	-	183,52	206
	II	9.157	-	732,56	824,13	-	611,28	687,69	-	496,24	558,27	-	387,36	435,78	-	284,64	320,22	-	188,08	211,59	-	97,68	109
	III	6.060	-	484,80	545,40	-	389,44	438,12	-	296,96	334,08	-	207,84	233,82	-	122,56	137,88	-	50,56	56,88	-	-	
	IV	10.671	-	853,68	960,39	-	789,36	888,03	-	726,56	817,38	-	665,28	748,44	-	605,60	681,30	-	547,44	615,87	-	490,80	552
	V	16.431	-	1.314,48	1.478,79																		
	VI	16.963	-	1.357,04	1.526,67																		
60.695,99	I	10.683	-	854,64	961,47	-	727,44	818,37	-	606,48	682,29	-	491,68	553,14	-	383,04	430,92	-	280,56	315,63	-	184,24	207
	II	9.168	-	733,44	825,12	-	612,16	688,68	-	497,04	559,17	-	388,08	436,59	-	285,36	321,03	-	188,72	212,31	-	98,32	110
	III	6.070	-	485,60	546,30	-	390,08	438,84	-	297,76	334,98	-	208,32	234,36	-	123,04	138,42	-	51,04	57,42	-	-	
	IV	10.683	-	854,64	961,47	-	790,24	889,02	-	727,44	818,37	-	666,16	749,43	-	606,48	682,29	-	548,32	616,86	-	491,68	553
	V	16.445	-	1.315,60	1.480,05																		
	VI	16.977	-	1.358,16	1.527,93																		
60.731,99	I	10.694	-	855,52	962,46	-	728,32	819,36	-	607,28	683,19	-	492,48	554,04	-	383,76	431,73	-	281,28	316,44	-	184,88	207
	II	9.179	-	734,32	826,11	-	613,04	689,67	-	497,84	560,07	-	388,88	437,49	-	286,08	321,84	-	189,44	213,12	-	98,96	111
	III	6.078	-	486,24	547,02	-	390,72	439,56	-	298,40	335,70	-	208,96	235,08	-	123,68	139,14	-	51,52	57,96	-	-	
	IV	10.694	-	855,52	962,46	-	791,20	890,10	-	728,32	819,36	-	667,04	750,42	-	607,28	683,19	-	549,12	617,76	-	492,48	554
	V	16.459	-	1.316,72	1.481,31																		
	VI	16.990	-	1.359,20	1.529,10																		
60.767,99	I	10.706	-	856,48	963,54	-	729,28	820,44	-	608,16	684,18	-	493,28	554,94	-	384,56	432,63	-	282,00	317,25	-	185,60	208
	II	9.191	-	735,28	827,19	-	613,84	690,57	-	498,64	560,97	-	389,68	438,39	-	286,80	322,65	-	190,08	213,84	-	99,60	112
	III	6.086	-	486,88	547,74	-	391,52	440,46	-	299,04	336,42	-	209,76	235,98	-	124,32	139,86	-	52,00	58,50	-	-	
	IV	10.706	-	856,48	963,54	-	792,08	891,09	-	729,28	820,44	-	667,92	751,41	-	608,16	684,18	-	549,92	618,66	-	493,28	554
	V	16.472	-	1.317,76	1.482,48																		
	VI	17.004	-	1.360,32	1.530,36																		
60.803,99	I	10.718	-	857,44	964,62	-	730,16	821,43	-	609,04	685,17	-	494,08	555,84	-	385,28	433,44	-	282,72	318,06	-	186,32	209,
	II	9.202	-	736,16	828,18	-	614,72	691,56	-	499,52	561,96	-	390,40	439,20	-	287,52	323,46	-	190,80	214,65	-	100,24	112,
	III	6.096	-	487,68	548,64	-	392,16	441,18	-	299,68	337,14	-	210,24	236,52	-	124,80	140,40	-	52,48	59,04	-	-	
	IV	10.718	-	857,44	964,62	-	793,04	892,17	-	730,16	821,43	-	668,80	752,40	-	609,04	685,17	-	550,80	619,65	-	494,08	555,
	V	16.486	-	1.318,88	1.483,74																		
	VI	17.018	-	1.361,44	1.531,62																		
60.839,99	I	10.730	-	858,40	965,70	-	731,04	822,42	-	609,92	686,16	-	494,88	556,74	-	386,08	434,34	-	283,44	318,87	-	186,96	210,
	II	9.213	-	737,04	829,17	-	615,60	692,55	-	500,32	562,86	-	391,20	440,10	-	288,24	324,27	-	191,44	215,37	-	100,88	113,
	III	6.104	-	488,32	549,36	-	392,80	441,90	-	300,32	337,86	-	210,88	237,24	-	125,44	141,12	-	52,96	59,58	-	-	
	IV	10.730	-	858,40	965,70	-	793,92	893,16	-	731,04	822,42	-	669,68	753,39	-	609,92	686,16	-	551,60	620,55	-	494,88	556,
	V	16.500	-	1.320,00	1.485,00																		
	VI	17.031	-	1.362,48	1.532,79																		
60.875,99	I	10.742	-	859,36	966,78	-	732,00	823,50	-	610,80	687,15	-	495,76	557,73	-	386,88	435,24	-	284,16	319,68	-	187,68	211,
	II	9.225	-	738,00	830,25	-	616,48	693,54	-	501,12	563,76	-	392,00	441,00	-	288,96	325,08	-	192,16	216,18	-	101,52	114,
	III	6.114	-	489,12	550,26	-	393,44	442,62	-	300,96	338,58	-	211,68	238,14	-	126,08	141,84	-	53,44	60,12	-	-	
	IV	10.742	-	859,36	966,78	-	794,88	894,24	-	732,00	823,50	-	670,56	754,38	-	610,80	687,15	-	552,48	621,54	-	495,76	557,
	V	16.514	-	1.321,12	1.486,26																		
	VI	17.045	-	1.363,60	1.534,05																		
60.911,99	I	10.754	-	860,32	967,86	-	732,88	824,49	-	611,60	688,05	-	496,56	558,63	-	387,60	436,05	-	284,88	320,49	-	188,32	211,
	II	9.236	-	738,88	831,24	-	617,36	694,53	-	501,92	564,66	-	392,72	441,81	-	289,68	325,89	-	192,88	216,99	-	102,16	114,
	III	6.122	-	489,76	550,98	-	394,24	443,52	-	301,60	339,30	-	212,16	238,68	-	126,56	142,38	-	53,92	60,66	-	-	
	IV	10.754	-	860,32	967,86	-	795,84	895,32	-	732,88	824,49	-	671,52	755,46	-	611,60	688,05	-	553,28	622,44	-	496,56	558,
	V	16.527	-	1.322,16	1.487,43																		
	VI	17.059	-	1.364,72	1.535,31																		
60.947,99	I	10.766	-	861,28	968,94	-	733,76	825,48	-	612,48	689,04	-	497,36	559,53	-	388,40	436,95	-	285,60	321,30	-	188,96	212,
	II	9.247	-	739,76	832,23	-	618,16	695,43	-	502,80	565,65	-	393,52	442,71	-	290,40	326,70	-	193,52	217,71	-	102,80	115,
	III	6.130	-	490,40	551,70	-	394,88	444,24	-	302,24	340,02	-	212,80	239,40	-	127,20	143,10	-	54,40	61,20	-	-	
	IV	10.766	-	861,28	968,94	-	796,72	896,31	-	733,76	825,48	-	672,32	756,36	-	612,48	689,04	-	554,16	623,43	-	497,36	559,
	V	16.541	-	1.323,28	1.488,69																		
	VI	17.073	-	1.365,84	1.536,57																		
60.983,99	I	10.778	-	862,24	970,02	-	734,72	826,56	-	613,36	690,03	-	498,16	560,43	-	389,20	437,85	-	286,32	322,11	-	189,68	213,
	II	9.259	-	740,72	833,31	-	619,04	696,42	-	503,60	566,55	-	394,32	443,61	-	291,20	327,60	-	194,24	218,52	-	103,44	116,
	III	6.140	-	491,20	552,60	-	395,52	444,96	-	303,04	340,92	-	213,60	240,30	-	127,84	143,82	-	54,88	61,74	-	-	
	IV	10.778	-	862,24	970,02	-	797,68	897,39	-	734,72	826,56	-	673,28	757,44	-	613,36	690,03	-	554,96	624,33	-	498,16	560,
	V	16.555	-	1.324,40	1.489,95																		
	VI	17.086	-	1.366,88	1.537,74																		
61.019,99	I	10.790	-	863,20	971,10	-	735,60	827,55	-	614,24	691,02	-	498,96	561,33	-	389,92	438,66	-	287,04	322,92	-	190,40	214,
	II	9.270	-	741,60	834,30	-	619,92	697,41	-	504,40	567,45	-	395,04	444,42	-	291,92	328,41	-	194,88	219,24	-	104,08	117,
	III	6.148	-	491,84	553,32	-	396,16	445,68	-	303,68	341,64	-	214,24	241,02	-	128,32	144,36	-	55,36	62,28	-	-	
	IV	10.790	-	863,20	971,10	-	798,64	898,47	-	735,60	827,55	-	674,16	758,43	-	614,24	691,02	-	555,84	625,32	-	498,96	561,
	V	16.569	-	1.325,52	1.491,21																		
	VI	17.100	-	1.368,00	1.539,00																		

Anzahl Kinderfreibeträge (nur Steuerklassen I–IV)

SolZ/KiSt lt. Tabelle nicht für Sonstige Bezüge anwendbar.

Allgemeine Tabelle

JAHR bis 61.559,99 €

Lohn/ Gehalt bis	Steuerklasse	Lohnsteuer	ohne Kinderfreibetrag SolZ 5,5%	ohne Kinderfreibetrag Kirchensteuer 8%	ohne Kinderfreibetrag Kirchensteuer 9%	0,5 SolZ 5,5%	0,5 Kirchensteuer 8%	0,5 Kirchensteuer 9%	1,0 SolZ 5,5%	1,0 Kirchensteuer 8%	1,0 Kirchensteuer 9%	1,5 SolZ 5,5%	1,5 Kirchensteuer 8%	1,5 Kirchensteuer 9%	2,0 SolZ 5,5%	2,0 Kirchensteuer 8%	2,0 Kirchensteuer 9%	2,5 SolZ 5,5%	2,5 Kirchensteuer 8%	2,5 Kirchensteuer 9%	3,0 SolZ 5,5%	3,0 Kirchensteuer 8%	3,0 Kirchensteuer 9%
						Anzahl Kinderfreibeträge (nur Steuerklassen I–IV)																	
1.055,99	I	10.801	-	864,08	972,09	-	736,48	828,54	-	615,04	691,92	-	499,84	562,32	-	390,72	439,56	-	287,76	323,73	-	191,04	214,92
	II	9.282	-	742,56	835,38	-	620,80	698,40	-	505,20	568,35	-	395,84	445,32	-	292,64	329,22	-	195,60	220,05	-	104,72	117,81
	III	6.158	-	492,64	554,22	-	396,96	446,58	-	304,32	342,36	-	214,72	241,56	-	128,96	145,08	-	55,84	62,82	-	-	-
	IV	10.801	-	864,08	972,09	-	799,52	899,46	-	736,48	828,54	-	675,04	759,42	-	615,04	691,92	-	556,64	626,22	-	499,84	562,32
	V	16.582	-	1.326,56	1.492,38																		
	VI	17.114	-	1.369,12	1.540,26																		
1.091,99	I	10.814	-	865,12	973,26	-	737,44	829,62	-	615,92	692,91	-	500,64	563,22	-	391,52	440,46	-	288,56	324,63	-	191,76	215,73
	II	9.293	-	743,44	836,37	-	621,68	699,39	-	506,08	569,34	-	396,64	446,22	-	293,36	330,03	-	196,24	220,77	-	105,36	118,53
	III	6.166	-	493,28	554,94	-	397,60	447,30	-	304,96	343,08	-	215,52	242,46	-	129,60	145,80	-	56,32	63,36	-	-	-
	IV	10.814	-	865,12	973,26	-	800,48	900,54	-	737,44	829,62	-	675,92	760,41	-	615,92	692,91	-	557,52	627,21	-	500,64	563,22
	V	16.596	-	1.327,68	1.493,64																		
	VI	17.128	-	1.370,24	1.541,52																		
1.127,99	I	10.826	-	866,08	974,34	-	738,32	830,61	-	616,80	693,90	-	501,44	564,12	-	392,24	441,27	-	289,28	325,44	-	192,40	216,45
	II	9.305	-	744,40	837,45	-	622,56	700,38	-	506,88	570,24	-	397,44	447,12	-	294,08	330,84	-	196,96	221,58	-	106,00	119,25
	III	6.176	-	494,08	555,84	-	398,24	448,02	-	305,60	343,80	-	216,16	243,18	-	130,08	146,34	-	56,80	63,90	-	-	-
	IV	10.826	-	866,08	974,34	-	801,44	901,62	-	738,32	830,61	-	676,80	761,40	-	616,80	693,90	-	558,40	628,20	-	501,44	564,12
	V	16.610	-	1.328,80	1.494,90																		
	VI	17.141	-	1.371,28	1.542,69																		
1.163,99	I	10.837	-	866,96	975,33	-	739,20	831,60	-	617,68	694,89	-	502,24	565,02	-	393,04	442,17	-	290,00	326,25	-	193,12	217,26
	II	9.316	-	745,28	838,44	-	623,36	701,28	-	507,68	571,14	-	398,16	447,93	-	294,80	331,65	-	197,60	222,30	-	106,64	119,97
	III	6.184	-	494,72	556,56	-	399,04	448,92	-	306,24	344,52	-	216,64	243,72	-	130,72	147,06	-	57,28	64,44	-	-	-
	IV	10.837	-	866,96	975,33	-	802,32	902,61	-	739,20	831,60	-	677,68	762,39	-	617,68	694,89	-	559,20	629,10	-	502,24	565,02
	V	16.623	-	1.329,84	1.496,07																		
	VI	17.155	-	1.372,40	1.543,95																		
1.199,99	I	10.849	-	867,92	976,41	-	740,16	832,68	-	618,56	695,88	-	503,12	566,01	-	393,84	443,07	-	290,72	327,06	-	193,76	217,98
	II	9.327	-	746,16	839,43	-	624,24	702,27	-	508,48	572,04	-	398,96	448,83	-	295,52	332,46	-	198,32	223,11	-	107,28	120,69
	III	6.194	-	495,52	557,46	-	399,68	449,64	-	307,04	345,42	-	217,44	244,62	-	131,36	147,78	-	57,76	64,98	-	-	-
	IV	10.849	-	867,92	976,41	-	803,28	903,69	-	740,16	832,68	-	678,56	763,38	-	618,56	695,88	-	560,00	630,00	-	503,12	566,01
	V	16.637	-	1.330,96	1.497,33																		
	VI	17.169	-	1.373,52	1.545,21																		
1.235,99	I	10.861	-	868,88	977,49	-	741,04	833,67	-	619,44	696,87	-	503,92	566,91	-	394,56	443,88	-	291,44	327,87	-	194,48	218,79
	II	9.339	-	747,12	840,51	-	625,12	703,26	-	509,36	573,03	-	399,76	449,73	-	296,32	333,36	-	199,04	223,92	-	107,92	121,41
	III	6.202	-	496,16	558,18	-	400,32	450,36	-	307,68	346,14	-	218,08	245,34	-	132,00	148,50	-	58,24	65,52	-	0,16	0,18
	IV	10.861	-	868,88	977,49	-	804,24	904,77	-	741,04	833,67	-	679,44	764,37	-	619,44	696,87	-	560,88	630,99	-	503,92	566,91
	V	16.651	-	1.332,08	1.498,59																		
	VI	17.183	-	1.374,64	1.546,47																		
1.271,99	I	10.873	-	869,84	978,57	-	742,00	834,75	-	620,24	697,77	-	504,72	567,81	-	395,36	444,78	-	292,16	328,68	-	195,12	219,51
	II	9.350	-	748,00	841,50	-	626,00	704,25	-	510,16	573,93	-	400,48	450,54	-	297,04	334,17	-	199,68	224,64	-	108,56	122,13
	III	6.210	-	496,80	558,90	-	400,96	451,08	-	308,32	346,86	-	218,72	246,06	-	132,48	149,04	-	58,72	66,06	-	0,48	0,54
	IV	10.873	-	869,84	978,57	-	805,12	905,76	-	742,00	834,75	-	680,32	765,36	-	620,24	697,77	-	561,68	631,89	-	504,72	567,81
	V	16.664	-	1.333,12	1.499,76																		
	VI	17.196	-	1.375,68	1.547,64																		
1.307,99	I	10.885	-	870,80	979,65	-	742,88	835,74	-	621,12	698,76	-	505,52	568,71	-	396,16	445,68	-	292,88	329,49	-	195,84	220,32
	II	9.361	-	748,88	842,49	-	626,88	705,24	-	510,96	574,83	-	401,28	451,44	-	297,76	334,98	-	200,40	225,45	-	109,20	122,85
	III	6.220	-	497,60	559,80	-	401,76	451,98	-	308,96	347,58	-	219,36	246,78	-	133,12	149,76	-	59,20	66,60	-	0,96	1,08
	IV	10.885	-	870,80	979,65	-	806,08	906,84	-	742,88	835,74	-	681,20	766,35	-	621,12	698,76	-	562,56	632,88	-	505,52	568,71
	V	16.678	-	1.334,24	1.501,02																		
	VI	17.210	-	1.376,80	1.548,90																		
1.343,99	I	10.897	-	871,76	980,73	-	743,84	836,82	-	622,00	699,75	-	506,40	569,70	-	396,96	446,58	-	293,68	330,39	-	196,56	221,13
	II	9.373	-	749,84	843,57	-	627,76	706,23	-	511,84	575,82	-	402,08	452,34	-	298,48	335,79	-	201,12	226,26	-	109,84	123,57
	III	6.228	-	498,24	560,52	-	402,40	452,70	-	309,60	348,30	-	220,00	247,50	-	133,76	150,48	-	59,68	67,14	-	1,28	1,44
	IV	10.897	-	871,76	980,73	-	807,04	907,92	-	743,84	836,82	-	682,16	767,43	-	622,00	699,75	-	563,44	633,87	-	506,40	569,70
	V	16.692	-	1.335,36	1.502,28																		
	VI	17.224	-	1.377,92	1.550,16																		
1.379,99	I	10.909	-	872,72	981,81	-	744,72	837,81	-	622,88	700,74	-	507,20	570,60	-	397,68	447,39	-	294,40	331,20	-	197,20	221,85
	II	9.384	-	750,72	844,56	-	628,56	707,13	-	512,64	576,72	-	402,80	453,15	-	299,20	336,60	-	201,76	226,98	-	110,48	124,29
	III	6.238	-	499,04	561,42	-	403,04	453,42	-	310,24	349,02	-	220,64	248,22	-	134,24	151,02	-	60,16	67,68	-	1,60	1,80
	IV	10.909	-	872,72	981,81	-	807,92	908,91	-	744,72	837,81	-	683,04	768,42	-	622,88	700,74	-	564,24	634,77	-	507,20	570,60
	V	16.705	-	1.336,40	1.503,45																		
	VI	17.237	-	1.378,96	1.551,33																		
1.415,99	I	10.921	-	873,68	982,89	-	745,60	838,80	-	623,76	701,73	-	508,00	571,50	-	398,48	448,29	-	295,12	332,01	-	197,92	222,66
	II	9.396	-	751,68	845,64	-	629,44	708,12	-	513,44	577,62	-	403,60	454,05	-	299,92	337,41	-	202,48	227,79	-	111,12	125,01
	III	6.246	-	499,68	562,14	-	403,84	454,32	-	311,04	349,92	-	221,28	248,94	-	134,88	151,74	-	60,64	68,22	-	1,92	2,16
	IV	10.921	-	873,68	982,89	-	808,88	909,99	-	745,60	838,80	-	683,92	769,41	-	623,76	701,73	-	565,12	635,76	-	508,00	571,50
	V	16.719	-	1.337,52	1.504,71																		
	VI	17.251	-	1.380,08	1.552,59																		
1.451,99	I	10.933	-	874,64	983,97	-	746,48	839,79	-	624,56	702,63	-	508,80	572,40	-	399,20	449,10	-	295,84	332,82	-	198,56	223,38
	II	9.407	-	752,56	846,63	-	630,32	709,11	-	514,24	578,52	-	404,40	454,95	-	300,64	338,22	-	203,12	228,51	-	111,76	125,73
	III	6.256	-	500,48	563,04	-	404,48	455,04	-	311,68	350,64	-	221,92	249,66	-	135,52	152,46	-	61,12	68,76	-	2,40	2,70
	IV	10.933	-	874,64	983,97	-	809,76	910,98	-	746,48	839,79	-	684,80	770,40	-	624,56	702,63	-	565,92	636,66	-	508,80	572,40
	V	16.733	-	1.338,64	1.505,97																		
	VI	17.265	-	1.381,20	1.553,85																		
1.487,99	I	10.945	-	875,60	985,05	-	747,44	840,87	-	625,44	703,62	-	509,68	573,39	-	400,00	450,00	-	296,56	333,63	-	199,28	224,19
	II	9.418	-	753,44	847,62	-	631,20	710,10	-	515,12	579,51	-	405,20	455,85	-	301,44	339,12	-	203,84	229,32	-	112,40	126,45
	III	6.264	-	501,12	563,76	-	405,12	455,76	-	312,32	351,36	-	222,56	250,38	-	136,16	153,18	-	61,60	69,30	-	2,72	3,06
	IV	10.945	-	875,60	985,05	-	810,72	912,06	-	747,44	840,87	-	685,68	771,39	-	625,44	703,62	-	566,80	637,65	-	509,68	573,39
	V	16.747	-	1.339,76	1.507,23																		
	VI	17.278	-	1.382,24	1.555,02																		
1.523,99	I	10.957	-	876,56	986,13	-	748,32	841,86	-	626,32	704,61	-	510,48	574,29	-	400,80	450,90	-	297,28	334,44	-	200,00	225,00
	II	9.430	-	754,40	848,70	-	632,08	711,09	-	515,92	580,41	-	405,92	456,66	-	302,16	339,93	-	204,56	230,13	-	113,04	127,17
	III	6.274	-	501,92	564,66	-	405,92	456,66	-	312,96	352,08	-	223,20	251,10	-	136,80	153,90	-	62,08	69,84	-	3,04	3,42
	IV	10.957	-	876,56	986,13	-	811,68	913,14	-	748,32	841,86	-	686,56	772,38	-	626,32	704,61	-	567,60	638,55	-	510,48	574,29
	V	16.761	-	1.340,88	1.508,49																		
	VI	17.292	-	1.383,36	1.556,28																		
1.559,99	I	10.969	-	877,52	987,21	-	749,28	842,94	-	627,20	705,60	-	511,28	575,19	-	401,60	451,80	-	298,00	335,25	-	200,64	225,72
	II	9.441	-	755,28	849,69	-	632,96	712,08	-	516,72	581,31	-	406,72	457,56	-	302,88	340,74	-	205,20	230,85	-	113,68	127,89
	III	6.282	-	502,56	565,38	-	406,56	457,38	-	313,60	352,80	-	223,84	251,82	-	137,28	154,44	-	62,56	70,38	-	3,52	3,96
	IV	10.969	-	877,52	987,21	-	812,64	914,22	-	749,28	842,94	-	687,44	773,37	-	627,20	705,60	-	568,48	639,54	-	511,28	575,19
	V	16.774	-	1.341,92	1.509,66																		
	VI	17.306	-	1.384,48	1.557,54																		

SolZ/KiSt lt. Tabelle nicht für Sonstige Bezüge anwendbar.

Lohn/ Gehalt bis	Steuerklasse	Lohn-steuer	ohne Kinderfreibetrag			Anzahl Kinderfreibeträge (nur Steuerklassen I–IV)																	
						0,5			1,0			1,5			2,0			2,5			3,0		
			SolZ 5,5%	Kirchensteuer 8%	9%	SolZ 5,5%	Kirchensteuer 8%	9%	SolZ 5,5%	Kirchensteuer 8%	9%	SolZ 5,5%	Kirchensteuer 8%	9%	SolZ 5,5%	Kirchensteuer 8%	9%	SolZ 5,5%	Kirchensteuer 8%	9%	SolZ 5,5%	Kirchensteu 8%	9%
61.595,99	I	10.981	–	878,48	988,29	–	750,16	843,93	–	628,08	706,59	–	512,08	576,09	–	402,32	452,61	–	298,72	336,06	–	201,36	22
	II	9.453	–	756,24	850,77	–	633,84	713,07	–	517,60	582,30	–	407,52	458,46	–	303,60	341,55	–	205,92	231,66	–	114,32	12
	III	6.290	–	503,20	566,10	–	407,20	458,10	–	314,24	353,52	–	224,48	252,54	–	137,92	155,16	–	63,04	70,92	–	3,84	4
	IV	10.981	–	878,48	988,29	–	813,52	915,21	–	750,16	843,93	–	688,32	774,36	–	628,08	706,59	–	569,28	640,44	–	512,08	57
	V	16.788	–	1.343,04	1.510,92																		
	VI	17.320	–	1.385,60	1.558,80																		
61.631,99	I	10.993	–	879,44	989,37	–	751,12	845,01	–	628,96	707,58	–	512,96	577,08	–	403,12	453,51	–	299,52	336,96	–	202,00	22
	II	9.464	–	757,12	851,76	–	634,72	714,06	–	518,40	583,20	–	408,32	459,36	–	304,32	342,36	–	206,56	232,38	–	115,04	12
	III	6.300	–	504,00	567,00	–	408,00	459,00	–	315,04	354,42	–	225,12	253,26	–	138,56	155,88	–	63,52	71,46	–	4,16	4
	IV	10.993	–	879,44	989,37	–	814,48	916,29	–	751,12	845,01	–	689,28	775,44	–	628,96	707,58	–	570,16	641,43	–	512,96	57
	V	16.802	–	1.344,16	1.512,18																		
	VI	17.333	–	1.386,64	1.559,97																		
61.667,99	I	11.005	–	880,40	990,45	–	752,00	846,00	–	629,76	708,48	–	513,76	577,98	–	403,92	454,41	–	300,24	337,77	–	202,72	22
	II	9.476	–	758,08	852,84	–	635,52	714,96	–	519,20	584,10	–	409,04	460,17	–	305,04	343,17	–	207,28	233,19	–	115,60	13
	III	6.308	–	504,64	567,72	–	408,64	459,72	–	315,68	355,14	–	225,76	253,98	–	139,20	156,60	–	64,00	72,00	–	4,64	5
	IV	11.005	–	880,40	990,45	–	815,44	917,37	–	752,00	846,00	–	690,08	776,34	–	629,76	708,48	–	571,04	642,42	–	513,76	57
	V	16.815	–	1.345,20	1.513,35																		
	VI	17.347	–	1.387,76	1.561,23																		
61.703,99	I	11.017	–	881,36	991,53	–	752,88	846,99	–	630,64	709,47	–	514,56	578,88	–	404,72	455,31	–	300,96	338,58	–	203,44	22
	II	9.487	–	758,96	853,83	–	636,40	715,95	–	520,08	585,09	–	409,84	461,07	–	305,84	344,07	–	208,00	234,00	–	116,32	13
	III	6.318	–	505,44	568,62	–	409,28	460,44	–	316,32	355,86	–	226,40	254,70	–	139,68	157,14	–	64,48	72,54	–	4,96	5
	IV	11.017	–	881,36	991,53	–	816,32	918,36	–	752,88	846,99	–	691,04	777,42	–	630,64	709,47	–	571,84	643,32	–	514,56	57
	V	16.829	–	1.346,32	1.514,61																		
	VI	17.361	–	1.388,88	1.562,49																		
61.739,99	I	11.029	–	882,32	992,61	–	753,84	848,07	–	631,52	710,46	–	515,44	579,87	–	405,44	456,12	–	301,68	339,39	–	204,08	22
	II	9.499	–	759,92	854,91	–	637,28	716,94	–	520,88	585,99	–	410,64	461,97	–	306,56	344,88	–	208,64	234,72	–	116,96	13
	III	6.326	–	506,08	569,34	–	410,08	461,34	–	316,96	356,58	–	227,04	255,42	–	140,32	157,86	–	64,96	73,08	–	5,44	6
	IV	11.029	–	882,32	992,61	–	817,28	919,44	–	753,84	848,07	–	691,92	778,41	–	631,52	710,46	–	572,72	644,31	–	515,44	57
	V	16.843	–	1.347,44	1.515,87																		
	VI	17.375	–	1.390,00	1.563,75																		
61.775,99	I	11.041	–	883,28	993,69	–	754,72	849,06	–	632,40	711,45	–	516,24	580,77	–	406,24	457,02	–	302,40	340,20	–	204,80	23
	II	9.510	–	760,80	855,90	–	638,16	717,93	–	521,68	586,89	–	411,44	462,87	–	307,28	345,69	–	209,36	235,53	–	117,60	13
	III	6.336	–	506,88	570,24	–	410,72	462,06	–	317,60	357,30	–	227,68	256,14	–	140,96	158,58	–	65,44	73,62	–	5,76	6
	IV	11.041	–	883,28	993,69	–	818,24	920,52	–	754,72	849,06	–	692,80	779,40	–	632,40	711,45	–	573,52	645,21	–	516,24	58
	V	16.856	–	1.348,48	1.517,04																		
	VI	17.388	–	1.391,04	1.564,92																		
61.811,99	I	11.053	–	884,24	994,77	–	755,68	850,14	–	633,28	712,44	–	517,04	581,67	–	407,04	457,92	–	303,20	341,10	–	205,44	23
	II	9.522	–	761,76	856,98	–	639,04	718,92	–	522,56	587,88	–	412,16	463,68	–	308,00	346,50	–	210,08	236,34	–	118,24	13
	III	6.344	–	507,52	570,96	–	411,36	462,78	–	318,24	358,02	–	228,32	256,86	–	141,60	159,30	–	65,92	74,16	–	6,08	6
	IV	11.053	–	884,24	994,77	–	819,20	921,60	–	755,68	850,14	–	693,68	780,39	–	633,28	712,44	–	574,40	646,20	–	517,04	58
	V	16.870	–	1.349,60	1.518,30																		
	VI	17.402	–	1.392,16	1.566,18																		
61.847,99	I	11.065	–	885,20	995,85	–	756,56	851,13	–	634,16	713,43	–	517,92	582,66	–	407,84	458,82	–	303,92	341,91	–	206,16	23
	II	9.533	–	762,64	857,97	–	639,92	719,91	–	523,36	588,78	–	412,96	464,58	–	308,80	347,40	–	210,72	237,06	–	118,88	13
	III	6.354	–	508,32	571,86	–	412,16	463,68	–	319,04	358,92	–	228,96	257,58	–	142,24	160,02	–	66,56	74,88	–	6,56	7
	IV	11.065	–	885,20	995,85	–	820,08	922,59	–	756,56	851,13	–	694,64	781,47	–	634,16	713,43	–	575,28	647,19	–	517,92	582
	V	16.884	–	1.350,72	1.519,56																		
	VI	17.416	–	1.393,28	1.567,44																		
61.883,99	I	11.077	–	886,16	996,93	–	757,52	852,21	–	635,04	714,42	–	518,72	583,56	–	408,56	459,63	–	304,64	342,72	–	206,88	232
	II	9.544	–	763,52	858,96	–	640,80	720,90	–	524,16	589,68	–	413,76	465,48	–	309,52	348,21	–	211,44	237,87	–	119,52	134
	III	6.362	–	508,96	572,58	–	412,80	464,40	–	319,68	359,64	–	229,60	258,30	–	142,72	160,56	–	67,04	75,42	–	6,88	7
	IV	11.077	–	886,16	996,93	–	821,04	923,67	–	757,52	852,21	–	695,44	782,37	–	635,04	714,42	–	576,08	648,09	–	518,72	583
	V	16.897	–	1.351,76	1.520,73																		
	VI	17.429	–	1.394,32	1.568,61																		
61.919,99	I	11.089	–	887,12	998,01	–	758,40	853,20	–	635,92	715,41	–	519,52	584,46	–	409,36	460,53	–	305,36	343,53	–	207,52	233
	II	9.556	–	764,48	860,04	–	641,68	721,89	–	525,04	590,67	–	414,56	466,38	–	310,24	349,02	–	212,16	238,68	–	120,16	135
	III	6.370	–	509,60	573,30	–	413,44	465,12	–	320,32	360,36	–	230,24	259,02	–	143,36	161,28	–	67,52	75,96	–	7,20	8
	IV	11.089	–	887,12	998,01	–	822,00	924,75	–	758,40	853,20	–	696,40	783,45	–	635,92	715,41	–	576,96	649,08	–	519,52	584
	V	16.911	–	1.352,88	1.521,99																		
	VI	17.443	–	1.395,44	1.569,87																		
61.955,99	I	11.101	–	888,08	999,09	–	759,36	854,28	–	636,80	716,40	–	520,40	585,45	–	410,16	461,43	–	306,08	344,34	–	208,24	234
	II	9.568	–	765,44	861,12	–	642,56	722,88	–	525,84	591,57	–	415,36	467,28	–	310,96	349,83	–	212,80	239,40	–	120,80	135
	III	6.380	–	510,40	574,20	–	414,24	466,02	–	320,96	361,08	–	230,88	259,74	–	144,00	162,00	–	68,00	76,50	–	7,68	8
	IV	11.101	–	888,08	999,09	–	822,96	925,83	–	759,36	854,28	–	697,28	784,44	–	636,80	716,40	–	577,84	650,07	–	520,40	585
	V	16.925	–	1.354,00	1.523,25																		
	VI	17.457	–	1.396,56	1.571,13																		
61.991,99	I	11.113	–	889,04	1.000,17	–	760,24	855,27	–	637,60	717,30	–	521,20	586,35	–	410,96	462,33	–	306,80	345,15	–	208,96	235
	II	9.579	–	766,32	862,11	–	643,44	723,87	–	526,64	592,47	–	416,08	468,09	–	311,68	350,64	–	213,52	240,21	–	121,44	136
	III	6.388	–	511,04	574,92	–	414,88	466,74	–	321,60	361,80	–	231,52	260,46	–	144,64	162,72	–	68,48	77,04	–	8,00	9
	IV	11.113	–	889,04	1.000,17	–	823,84	926,82	–	760,24	855,27	–	698,16	785,43	–	637,60	717,30	–	578,64	650,97	–	521,20	586,
	V	16.939	–	1.355,12	1.524,51																		
	VI	17.470	–	1.397,60	1.572,30																		
62.027,99	I	11.125	–	890,00	1.001,25	–	761,20	856,35	–	638,48	718,29	–	522,00	587,25	–	411,68	463,14	–	307,60	346,05	–	209,60	235,
	II	9.590	–	767,20	863,10	–	644,32	724,86	–	527,52	593,46	–	416,88	468,99	–	312,48	351,54	–	214,24	241,02	–	122,16	137,
	III	6.398	–	511,84	575,82	–	415,52	467,46	–	322,24	362,52	–	232,16	261,18	–	145,28	163,44	–	68,96	77,58	–	8,32	9,
	IV	11.125	–	890,00	1.001,25	–	824,80	927,90	–	761,20	856,35	–	699,04	786,42	–	638,48	718,29	–	579,52	651,96	–	522,00	587,
	V	16.952	–	1.356,16	1.525,68																		
	VI	17.484	–	1.398,72	1.573,56																		
62.063,99	I	11.137	–	890,96	1.002,33	–	762,08	857,34	–	639,36	719,28	–	522,88	588,24	–	412,48	464,04	–	308,32	346,86	–	210,32	236,
	II	9.602	–	768,16	864,18	–	645,20	725,85	–	528,32	594,36	–	417,68	469,89	–	313,20	352,35	–	214,88	241,74	–	122,80	138,
	III	6.406	–	512,48	576,54	–	416,16	468,18	–	323,04	363,42	–	232,80	261,90	–	145,92	164,16	–	69,44	78,12	–	8,80	9,
	IV	11.137	–	890,96	1.002,33	–	825,76	928,98	–	762,08	857,34	–	700,00	787,50	–	639,36	719,28	–	580,32	652,86	–	522,88	588,
	V	16.966	–	1.357,28	1.526,94																		
	VI	17.498	–	1.399,84	1.574,82																		
62.099,99	I	11.149	–	891,92	1.003,41	–	762,96	858,33	–	640,24	720,27	–	523,68	589,14	–	413,28	464,94	–	309,04	347,67	–	211,04	237,
	II	9.613	–	769,04	865,17	–	646,00	726,75	–	529,12	595,26	–	418,48	470,79	–	313,92	353,16	–	215,60	242,55	–	123,44	138,
	III	6.416	–	513,28	577,44	–	416,96	469,08	–	323,68	364,14	–	233,44	262,62	–	146,40	164,70	–	69,92	78,66	–	9,12	10,
	IV	11.149	–	891,92	1.003,41	–	826,64	929,97	–	762,96	858,33	–	700,88	788,49	–	640,24	720,27	–	581,20	653,85	–	523,68	589,
	V	16.980	–	1.358,40	1.528,20																		
	VI	17.511	–	1.400,88	1.575,99																		

SolZ/KiSt lt. Tabelle nicht für Sonstige Bezüge anwendbar.

Lohn/ Gehalt bis	Steuerklasse	Lohn- steuer	ohne Kinderfreibetrag			Anzahl Kinderfreibeträge (nur Steuerklassen I–IV) 0,5			1,0			1,5			2,0			2,5			3,0		
			SolZ 5,5%	Kirchensteuer 8%	9%	SolZ 5,5%	Kirchensteuer 8%	9%	SolZ 5,5%	Kirchensteuer 8%	9%	SolZ 5,5%	Kirchensteuer 8%	9%	SolZ 5,5%	Kirchensteuer 8%	9%	SolZ 5,5%	Kirchensteuer 8%	9%	SolZ 5,5%	Kirchensteuer 8%	9%
2.135,99	I	11.161	-	892,88	1.004,49	-	763,92	859,41	-	641,12	721,26	-	524,48	590,04	-	414,08	465,84	-	309,76	348,48	-	211,68	238,14
	II	9.625	-	770,00	866,25	-	646,88	727,74	-	530,00	596,25	-	419,28	471,69	-	314,72	354,06	-	216,32	243,36	-	124,08	139,59
	III	6.424	-	513,92	578,16	-	417,60	469,80	-	324,32	364,86	-	234,08	263,34	-	147,04	165,42	-	70,40	79,20	-	9,60	10,80
	IV	11.161	-	892,88	1.004,49	-	827,60	931,05	-	763,92	859,41	-	701,76	789,48	-	641,12	721,26	-	582,08	654,84	-	524,48	590,04
	V	16.994	-	1.359,52	1.529,46																		
	VI	17.525	-	1.402,00	1.577,25																		
2.171,99	I	11.173	-	893,84	1.005,57	-	764,88	860,49	-	642,00	722,25	-	525,36	591,03	-	414,88	466,74	-	310,56	349,38	-	212,40	238,95
	II	9.637	-	770,96	867,33	-	647,76	728,73	-	530,80	597,15	-	420,08	472,59	-	315,44	354,87	-	216,96	244,08	-	124,72	140,31
	III	6.434	-	514,72	579,06	-	418,24	470,52	-	324,96	365,58	-	234,72	264,06	-	147,68	166,14	-	71,04	79,92	-	9,92	11,16
	IV	11.173	-	893,84	1.005,57	-	828,56	932,13	-	764,88	860,49	-	702,64	790,47	-	642,00	722,25	-	582,88	655,74	-	525,36	591,03
	V	17.007	-	1.360,56	1.530,63																		
	VI	17.539	-	1.403,12	1.578,51																		
2.207,99	I	11.185	-	894,80	1.006,65	-	765,76	861,48	-	642,88	723,24	-	526,16	591,93	-	415,60	467,55	-	311,28	350,19	-	213,12	239,76
	II	9.648	-	771,84	868,32	-	648,64	729,72	-	531,68	598,14	-	420,80	473,40	-	316,16	355,68	-	217,68	244,89	-	125,36	141,03
	III	6.442	-	515,36	579,78	-	419,04	471,42	-	325,60	366,30	-	235,36	264,78	-	148,32	166,86	-	71,52	80,46	-	10,40	11,70
	IV	11.185	-	894,80	1.006,65	-	829,52	933,21	-	765,76	861,48	-	703,52	791,46	-	642,88	723,24	-	583,76	656,73	-	526,16	591,93
	V	17.021	-	1.361,68	1.531,89																		
	VI	17.553	1,19	1.404,24	1.579,77																		
2.243,99	I	11.197	-	895,76	1.007,73	-	766,64	862,47	-	643,76	724,23	-	526,96	592,83	-	416,40	468,45	-	312,00	351,00	-	213,76	240,48
	II	9.660	-	772,80	869,40	-	649,52	730,71	-	532,48	599,04	-	421,60	474,30	-	316,88	356,49	-	218,40	245,70	-	126,00	141,75
	III	6.452	-	516,16	580,68	-	419,68	472,14	-	326,40	367,20	-	236,00	265,50	-	148,96	167,58	-	72,00	81,00	-	10,72	12,06
	IV	11.197	-	895,76	1.007,73	-	830,48	934,29	-	766,64	862,47	-	704,48	792,54	-	643,76	724,23	-	584,64	657,72	-	526,96	592,83
	V	17.035	-	1.362,80	1.533,15																		
	VI	17.566	2,73	1.405,28	1.580,94																		
2.279,99	I	11.209	-	896,72	1.008,81	-	767,60	863,55	-	644,64	725,22	-	527,84	593,82	-	417,20	469,35	-	312,72	351,81	-	214,48	241,29
	II	9.671	-	773,68	870,39	-	650,40	731,70	-	533,28	599,94	-	422,40	475,20	-	317,60	357,30	-	219,04	246,42	-	126,64	142,47
	III	6.460	-	516,80	581,40	-	420,32	472,86	-	327,04	367,92	-	236,64	266,22	-	149,60	168,30	-	72,48	81,54	-	11,04	12,42
	IV	11.209	-	896,72	1.008,81	-	831,36	935,28	-	767,60	863,55	-	705,28	793,44	-	644,64	725,22	-	585,44	658,62	-	527,84	593,82
	V	17.048	-	1.363,84	1.534,32																		
	VI	17.580	4,40	1.406,40	1.582,20																		
2.315,99	I	11.221	-	897,68	1.009,89	-	768,48	864,54	-	645,52	726,21	-	528,64	594,72	-	418,00	470,25	-	313,52	352,71	-	215,20	242,10
	II	9.682	-	774,56	871,38	-	651,28	732,69	-	534,16	600,93	-	423,20	476,10	-	318,40	358,20	-	219,76	247,23	-	127,36	143,28
	III	6.470	-	517,60	582,30	-	421,12	473,76	-	327,68	368,64	-	237,44	267,12	-	150,24	169,02	-	72,96	82,08	-	11,52	12,96
	IV	11.221	-	897,68	1.009,89	-	832,32	936,36	-	768,48	864,54	-	706,24	794,52	-	645,52	726,21	-	586,32	659,61	-	528,64	594,72
	V	17.062	-	1.364,96	1.535,58																		
	VI	17.594	6,06	1.407,52	1.583,46																		
2.351,99	I	11.233	-	898,64	1.010,97	-	769,44	865,62	-	646,40	727,20	-	529,52	595,71	-	418,80	471,15	-	314,24	353,52	-	215,84	242,82
	II	9.694	-	775,52	872,46	-	652,16	733,68	-	534,96	601,83	-	424,00	477,00	-	319,12	359,01	-	220,48	248,04	-	128,00	144,00
	III	6.478	-	518,24	583,02	-	421,76	474,48	-	328,32	369,36	-	238,08	267,84	-	150,72	169,56	-	73,44	82,62	-	11,84	13,32
	IV	11.233	-	898,64	1.010,97	-	833,28	937,44	-	769,44	865,62	-	707,12	795,51	-	646,40	727,20	-	587,12	660,51	-	529,52	595,71
	V	17.076	-	1.366,08	1.536,84																		
	VI	17.608	7,73	1.408,64	1.584,72																		
2.387,99	I	11.245	-	899,60	1.012,05	-	770,32	866,61	-	647,20	728,10	-	530,32	596,61	-	419,52	471,96	-	314,96	354,33	-	216,56	243,63
	II	9.705	-	776,40	873,45	-	653,04	734,67	-	535,84	602,82	-	424,72	477,81	-	319,84	359,82	-	221,12	248,76	-	128,64	144,72
	III	6.486	-	518,88	583,74	-	422,40	475,20	-	328,96	370,08	-	238,72	268,56	-	151,36	170,28	-	73,92	83,16	-	12,32	13,86
	IV	11.245	-	899,60	1.012,05	-	834,24	938,52	-	770,32	866,61	-	708,00	796,50	-	647,20	728,10	-	588,00	661,50	-	530,32	596,61
	V	17.089	-	1.367,12	1.538,01																		
	VI	17.621	9,28	1.409,68	1.585,89																		
2.423,99	I	11.257	-	900,56	1.013,13	-	771,28	867,69	-	648,08	729,09	-	531,12	597,51	-	420,32	472,86	-	315,68	355,14	-	217,28	244,44
	II	9.717	-	777,36	874,53	-	653,92	735,66	-	536,64	603,72	-	425,52	478,71	-	320,64	360,72	-	221,84	249,57	-	129,28	145,44
	III	6.496	-	519,68	584,64	-	423,20	476,10	-	329,76	370,98	-	239,36	269,28	-	152,00	171,00	-	74,56	83,88	-	12,64	14,22
	IV	11.257	-	900,56	1.013,13	-	835,12	939,51	-	771,28	867,69	-	708,96	797,58	-	648,08	729,09	-	588,88	662,49	-	531,12	597,51
	V	17.103	-	1.368,24	1.539,27																		
	VI	17.635	10,94	1.410,80	1.587,15																		
2.459,99	I	11.270	-	901,60	1.014,30	-	772,16	868,68	-	649,04	730,17	-	532,00	598,50	-	421,12	473,76	-	316,48	356,04	-	217,92	245,16
	II	9.729	-	778,32	875,61	-	654,80	736,65	-	537,52	604,71	-	426,32	479,61	-	321,36	361,53	-	222,56	250,38	-	129,92	146,16
	III	6.504	-	520,32	585,36	-	423,84	476,82	-	330,40	371,70	-	240,00	270,00	-	152,64	171,72	-	75,04	84,42	-	13,12	14,76
	IV	11.270	-	901,60	1.014,30	-	836,08	940,59	-	772,16	868,68	-	709,84	798,57	-	649,04	730,17	-	589,68	663,39	-	532,00	598,50
	V	17.117	-	1.369,36	1.540,53																		
	VI	17.649	12,61	1.411,92	1.588,41																		
2.495,99	I	11.281	-	902,48	1.015,29	-	773,12	869,76	-	649,84	731,07	-	532,80	599,40	-	421,92	474,66	-	317,20	356,85	-	218,64	245,97
	II	9.740	-	779,20	876,60	-	655,68	737,64	-	538,32	605,61	-	427,12	480,51	-	322,08	362,34	-	223,28	251,19	-	130,56	146,88
	III	6.514	-	521,12	586,26	-	424,48	477,54	-	331,04	372,42	-	240,64	270,72	-	153,28	172,44	-	75,52	84,96	-	13,44	15,12
	IV	11.281	-	902,48	1.015,29	-	837,04	941,67	-	773,12	869,76	-	710,72	799,56	-	649,84	731,07	-	590,56	664,38	-	532,80	599,40
	V	17.131	-	1.370,48	1.541,79																		
	VI	17.662	14,16	1.412,96	1.589,58																		
2.531,99	I	11.294	-	903,52	1.016,46	-	774,00	870,75	-	650,72	732,06	-	533,60	600,30	-	422,72	475,56	-	317,92	357,66	-	219,36	246,78
	II	9.752	-	780,16	877,68	-	656,56	738,63	-	539,12	606,51	-	427,92	481,41	-	322,88	363,24	-	223,92	251,91	-	131,28	147,69
	III	6.524	-	521,92	587,16	-	425,28	478,44	-	331,68	373,14	-	241,28	271,44	-	153,92	173,16	-	76,00	85,50	-	13,92	15,66
	IV	11.294	-	903,52	1.016,46	-	838,00	942,75	-	774,00	870,75	-	711,60	800,55	-	650,72	732,06	-	591,44	665,37	-	533,60	600,30
	V	17.144	-	1.371,52	1.542,96																		
	VI	17.676	15,82	1.414,08	1.590,84																		
2.567,99	I	11.306	-	904,48	1.017,54	-	774,96	871,83	-	651,60	733,05	-	534,48	601,29	-	423,52	476,46	-	318,72	358,56	-	220,08	247,59
	II	9.763	-	781,04	878,67	-	657,44	739,62	-	540,00	607,50	-	428,72	482,31	-	323,60	364,05	-	224,64	252,72	-	131,92	148,41
	III	6.532	-	522,56	587,88	-	425,92	479,16	-	332,32	373,86	-	241,92	272,16	-	154,56	173,88	-	76,48	86,04	-	14,24	16,02
	IV	11.306	-	904,48	1.017,54	-	838,96	943,83	-	774,96	871,83	-	712,56	801,63	-	651,60	733,05	-	592,32	666,36	-	534,48	601,29
	V	17.158	-	1.372,64	1.544,22																		
	VI	17.690	17,49	1.415,20	1.592,10																		
62.603,99	I	11.318	-	905,44	1.018,62	-	775,84	872,82	-	652,48	734,04	-	535,28	602,19	-	424,24	477,27	-	319,44	359,37	-	220,72	248,31
	II	9.775	-	782,00	879,75	-	658,32	740,61	-	540,80	608,40	-	429,52	483,21	-	324,32	364,86	-	225,36	253,53	-	132,56	149,13
	III	6.540	-	523,20	588,60	-	426,56	479,88	-	332,96	374,58	-	242,56	272,88	-	155,20	174,60	-	77,12	86,76	-	14,72	16,56
	IV	11.318	-	905,44	1.018,62	-	839,84	944,82	-	775,84	872,82	-	713,44	802,62	-	652,48	734,04	-	593,12	667,26	-	535,28	602,19
	V	17.172	-	1.373,76	1.545,48																		
	VI	17.703	19,04	1.416,24	1.593,27																		
62.639,99	I	11.330	-	906,40	1.019,70	-	776,80	873,90	-	653,36	735,03	-	536,16	603,18	-	425,04	478,17	-	320,16	360,18	-	221,44	249,12
	II	9.786	-	782,88	880,74	-	659,20	741,60	-	541,68	609,39	-	430,24	484,02	-	325,12	365,76	-	226,08	254,34	-	133,20	149,85
	III	6.550	-	524,00	589,50	-	427,36	480,78	-	333,76	375,48	-	243,20	273,60	-	155,84	175,32	-	77,60	87,30	-	15,04	16,92
	IV	11.330	-	906,40	1.019,70	-	840,80	945,90	-	776,80	873,90	-	714,32	803,61	-	653,36	735,03	-	594,00	668,25	-	536,16	603,18
	V	17.186	-	1.374,88	1.546,74																		
	VI	17.717	20,70	1.417,36	1.594,53																		

SolZ/KiSt lt. Tabelle nicht für Sonstige Bezüge anwendbar.

Lohn/ Gehalt bis	Steuerklasse	Lohn-steuer	ohne Kinderfreibetrag SolZ 5,5%	Kirchensteuer 8%	9%	0,5 SolZ 5,5%	Kirchensteuer 8%	9%	1,0 SolZ 5,5%	Kirchensteuer 8%	9%	1,5 SolZ 5,5%	Kirchensteuer 8%	9%	2,0 SolZ 5,5%	Kirchensteuer 8%	9%	2,5 SolZ 5,5%	Kirchensteuer 8%	9%	3,0 SolZ 5,5%	Kirchensteu 8%	9%
62.675,99	I	11.342	-	907,36	1.020,78	-	777,76	874,98	-	654,24	736,02	-	536,96	604,08	-	425,84	479,07	-	320,88	360,99	-	222,16	249
	II	9.798	-	783,84	881,82	-	660,08	742,59	-	542,48	610,29	-	431,04	484,92	-	325,84	366,57	-	226,80	255,15	-	133,84	150
	III	6.558	-	524,64	590,22	-	428,00	481,50	-	334,40	376,20	-	243,84	274,32	-	156,48	176,04	-	78,08	87,84	-	15,52	17
	IV	11.342	-	907,36	1.020,78	-	841,76	946,98	-	777,76	874,98	-	715,20	804,60	-	654,24	736,02	-	594,88	669,24	-	536,96	604
	V	17.199	-	1.375,92	1.547,91																		
	VI	17.731	22,37	1.418,48	1.595,79																		
62.711,99	I	11.354	-	908,32	1.021,86	-	778,64	875,97	-	655,12	737,01	-	537,76	604,98	-	426,64	479,97	-	321,60	361,80	-	222,80	250
	II	9.809	-	784,72	882,81	-	660,96	743,58	-	543,28	611,19	-	431,84	485,82	-	326,56	367,38	-	227,44	255,87	-	134,48	151
	III	6.568	-	525,44	591,12	-	428,64	482,22	-	335,04	376,92	-	244,48	275,04	-	156,96	176,58	-	78,56	88,38	-	15,84	17
	IV	11.354	-	908,32	1.021,86	-	842,72	948,06	-	778,64	875,97	-	716,08	805,59	-	655,12	737,01	-	595,68	670,14	-	537,76	604
	V	17.213	-	1.377,04	1.549,17																		
	VI	17.745	24,03	1.419,60	1.597,05																		
62.747,99	I	11.366	-	909,28	1.022,94	-	779,60	877,05	-	656,00	738,00	-	538,64	605,97	-	427,44	480,87	-	322,40	362,70	-	223,52	251
	II	9.821	-	785,68	883,89	-	661,84	744,57	-	544,16	612,18	-	432,64	486,72	-	327,28	368,19	-	228,16	256,68	-	135,20	152
	III	6.576	-	526,08	591,84	-	429,44	483,12	-	335,68	377,64	-	245,12	275,76	-	157,60	177,30	-	79,20	89,10	-	16,32	18
	IV	11.366	-	909,28	1.022,94	-	843,68	949,14	-	779,60	877,05	-	717,04	806,67	-	656,00	738,00	-	596,56	671,13	-	538,64	605
	V	17.227	-	1.378,16	1.550,43																		
	VI	17.758	25,58	1.420,64	1.598,22																		
62.783,99	I	11.379	-	910,32	1.024,11	-	780,48	878,04	-	656,88	738,99	-	539,44	606,87	-	428,24	481,77	-	323,12	363,51	-	224,24	252
	II	9.833	-	786,64	884,97	-	662,72	745,56	-	545,04	613,17	-	433,44	487,62	-	328,08	369,09	-	228,88	257,49	-	135,84	152
	III	6.586	-	526,88	592,74	-	430,08	483,84	-	336,32	378,36	-	245,76	276,48	-	158,24	178,02	-	79,68	89,64	-	16,64	18
	IV	11.379	-	910,32	1.024,11	-	844,64	950,22	-	780,48	878,04	-	717,92	807,66	-	656,88	738,99	-	597,44	672,12	-	539,44	606
	V	17.241	-	1.379,28	1.551,69																		
	VI	17.772	27,25	1.421,76	1.599,48																		
62.819,99	I	11.390	-	911,20	1.025,10	-	781,44	879,12	-	657,76	739,98	-	540,32	607,86	-	428,96	482,58	-	323,84	364,32	-	224,96	253
	II	9.844	-	787,52	885,96	-	663,60	746,55	-	545,84	614,07	-	434,24	488,52	-	328,80	369,90	-	229,52	258,21	-	136,48	153
	III	6.594	-	527,52	593,46	-	430,72	484,56	-	337,12	379,26	-	246,40	277,20	-	158,88	178,74	-	80,16	90,18	-	17,12	19
	IV	11.390	-	911,20	1.025,10	-	845,52	951,21	-	781,44	879,12	-	718,80	808,65	-	657,76	739,98	-	598,24	673,02	-	540,32	607
	V	17.254	-	1.380,32	1.552,86																		
	VI	17.786	28,91	1.422,88	1.600,74																		
62.855,99	I	11.403	-	912,24	1.026,27	-	782,32	880,11	-	658,64	740,97	-	541,12	608,76	-	429,76	483,48	-	324,64	365,22	-	225,60	253
	II	9.856	-	788,48	887,04	-	664,48	747,54	-	546,64	614,97	-	435,04	489,42	-	329,52	370,71	-	230,24	259,02	-	137,12	154
	III	6.604	-	528,32	594,36	-	431,52	485,46	-	337,76	379,98	-	247,04	277,92	-	159,52	179,46	-	80,64	90,72	-	17,44	19
	IV	11.403	-	912,24	1.026,27	-	846,48	952,29	-	782,32	880,11	-	719,76	809,73	-	658,64	740,97	-	599,12	674,01	-	541,12	608
	V	17.268	-	1.381,44	1.554,12																		
	VI	17.800	30,58	1.424,00	1.602,00																		
62.891,99	I	11.415	-	913,20	1.027,35	-	783,28	881,19	-	659,52	741,96	-	542,00	609,75	-	430,56	484,38	-	325,36	366,03	-	226,32	254
	II	9.868	-	789,44	888,12	-	665,36	748,53	-	547,52	615,96	-	435,84	490,32	-	330,32	371,61	-	230,96	259,83	-	137,84	155
	III	6.612	-	528,96	595,08	-	432,16	486,18	-	338,40	380,70	-	247,68	278,64	-	160,16	180,18	-	81,12	91,26	-	17,92	20
	IV	11.415	-	913,20	1.027,35	-	847,44	953,37	-	783,28	881,19	-	720,64	810,72	-	659,52	741,96	-	600,00	675,00	-	542,00	609
	V	17.282	-	1.382,56	1.555,38																		
	VI	17.813	32,13	1.425,04	1.603,17																		
62.927,99	I	11.427	-	914,16	1.028,43	-	784,16	882,18	-	660,40	742,95	-	542,80	610,65	-	431,36	485,28	-	326,08	366,84	-	227,04	255
	II	9.879	-	790,32	889,11	-	666,24	749,52	-	548,32	616,86	-	436,64	491,22	-	331,04	372,42	-	231,68	260,64	-	138,48	155,
	III	6.622	-	529,76	595,98	-	432,80	486,90	-	339,04	381,42	-	248,32	279,36	-	160,80	180,90	-	81,76	91,98	-	18,24	20,
	IV	11.427	-	914,16	1.028,43	-	848,40	954,45	-	784,16	882,18	-	721,52	811,71	-	660,40	742,95	-	600,80	675,90	-	542,80	610
	V	17.295	-	1.383,60	1.556,55																		
	VI	17.827	33,79	1.426,16	1.604,43																		
62.963,99	I	11.439	-	915,12	1.029,51	-	785,12	883,26	-	661,28	743,94	-	543,68	611,64	-	432,16	486,18	-	326,88	367,74	-	227,76	256
	II	9.891	-	791,28	890,19	-	667,12	750,51	-	549,20	617,85	-	437,44	492,12	-	331,84	373,32	-	232,40	261,45	-	139,12	156,
	III	6.630	-	530,40	596,70	-	433,60	487,80	-	339,84	382,32	-	249,12	280,26	-	161,44	181,62	-	82,24	92,52	-	18,72	21,
	IV	11.439	-	915,12	1.029,51	-	849,36	955,53	-	785,12	883,26	-	722,40	812,70	-	661,28	743,94	-	601,68	676,89	-	543,68	611,
	V	17.309	-	1.384,72	1.557,81																		
	VI	17.841	35,46	1.427,28	1.605,69																		
62.999,99	I	11.451	-	916,08	1.030,59	-	786,08	884,34	-	662,16	744,93	-	544,48	612,54	-	432,96	487,08	-	327,60	368,55	-	228,40	256,
	II	9.902	-	792,16	891,18	-	668,00	751,50	-	550,00	618,75	-	438,24	493,02	-	332,56	374,13	-	233,12	262,26	-	139,76	157,
	III	6.640	-	531,20	597,60	-	434,24	488,52	-	340,48	383,04	-	249,76	280,98	-	162,08	182,34	-	82,72	93,06	-	19,04	21,
	IV	11.451	-	916,08	1.030,59	-	850,32	956,61	-	786,08	884,34	-	723,36	813,78	-	662,16	744,93	-	602,56	677,88	-	544,48	612,
	V	17.323	-	1.385,84	1.559,07																		
	VI	17.855	37,12	1.428,40	1.606,95																		
63.035,99	I	11.463	-	917,04	1.031,67	-	786,96	885,33	-	663,04	745,92	-	545,28	613,44	-	433,76	487,98	-	328,32	369,36	-	229,12	257,
	II	9.914	-	793,12	892,26	-	668,88	752,49	-	550,88	619,74	-	438,96	493,83	-	333,28	374,94	-	233,76	262,98	-	140,40	157,
	III	6.648	-	531,84	598,32	-	434,88	489,24	-	341,12	383,76	-	250,40	281,70	-	162,72	183,06	-	83,20	93,60	-	19,52	21,
	IV	11.463	-	917,04	1.031,67	-	851,28	957,69	-	786,96	885,33	-	724,24	814,77	-	663,04	745,92	-	603,44	678,87	-	545,28	613,
	V	17.336	-	1.386,88	1.560,24																		
	VI	17.868	38,67	1.429,44	1.608,12																		
63.071,99	I	11.475	-	918,00	1.032,75	-	787,92	886,41	-	663,92	746,91	-	546,16	614,43	-	434,56	488,88	-	329,12	370,26	-	229,84	258,
	II	9.926	-	794,08	893,34	-	669,76	753,48	-	551,68	620,64	-	439,76	494,73	-	334,08	375,84	-	234,48	263,79	-	141,12	158,
	III	6.658	-	532,64	599,22	-	435,68	490,14	-	341,76	384,48	-	251,04	282,42	-	163,36	183,78	-	83,84	94,32	-	19,84	22,
	IV	11.475	-	918,00	1.032,75	-	852,16	958,68	-	787,92	886,41	-	725,12	815,76	-	663,92	746,91	-	604,24	679,77	-	546,16	614,
	V	17.350	-	1.388,00	1.561,50																		
	VI	17.882	40,34	1.430,56	1.609,38																		
63.107,99	I	11.487	-	918,96	1.033,83	-	788,80	887,40	-	664,80	747,90	-	546,96	615,33	-	435,28	489,69	-	329,84	371,07	-	230,56	259,
	II	9.937	-	794,96	894,33	-	670,64	754,47	-	552,48	621,54	-	440,56	495,63	-	334,80	376,65	-	235,20	264,60	-	141,76	159,
	III	6.666	-	533,28	599,94	-	436,32	490,86	-	342,40	385,20	-	251,68	283,14	-	164,00	184,50	-	84,32	94,86	-	20,32	22,
	IV	11.487	-	918,96	1.033,83	-	853,12	959,76	-	788,80	887,40	-	726,00	816,75	-	664,80	747,90	-	605,12	680,76	-	546,96	615,
	V	17.364	-	1.389,12	1.562,76																		
	VI	17.895	41,88	1.431,60	1.610,55																		
63.143,99	I	11.500	-	920,00	1.035,00	-	789,76	888,48	-	665,68	748,89	-	547,84	616,32	-	436,08	490,59	-	330,56	371,88	-	231,20	260,
	II	9.949	-	795,92	895,41	-	671,52	755,46	-	553,36	622,53	-	441,36	496,53	-	335,52	377,46	-	235,92	265,41	-	142,40	160,
	III	6.676	-	534,08	600,84	-	436,96	491,58	-	343,04	385,92	-	252,32	283,86	-	164,48	185,04	-	84,80	95,40	-	20,64	23,
	IV	11.500	-	920,00	1.035,00	-	854,08	960,84	-	789,76	888,48	-	726,96	817,83	-	665,68	748,89	-	606,00	681,75	-	547,84	616,
	V	17.377	-	1.390,16	1.563,93																		
	VI	17.909	43,55	1.432,72	1.611,81																		
63.179,99	I	11.512	-	920,96	1.036,08	-	790,72	889,56	-	666,56	749,88	-	548,64	617,22	-	436,88	491,49	-	331,36	372,78	-	231,92	260,
	II	9.960	-	796,80	896,40	-	672,40	756,45	-	554,24	623,52	-	442,16	497,43	-	336,32	378,36	-	236,56	266,13	-	143,04	160,
	III	6.684	-	534,72	601,56	-	437,76	492,48	-	343,84	386,82	-	252,96	284,58	-	165,28	185,94	-	85,44	96,12	-	21,12	23,
	IV	11.512	-	920,96	1.036,08	-	855,04	961,92	-	790,72	889,56	-	727,84	818,82	-	666,56	749,88	-	606,88	682,74	-	548,64	617,
	V	17.391	-	1.391,28	1.565,19																		
	VI	17.923	45,22	1.433,84	1.613,07																		

Anzahl Kinderfreibeträge (nur Steuerklassen I–IV)

SolZ/KiSt lt. Tabelle nicht für Sonstige Bezüge anwendbar.

Lohn/Gehalt bis	Steuerklasse	Lohnsteuer	ohne Kinderfreibetrag SolZ 5,5%	ohne Kinderfreibetrag Kirchensteuer 8%	ohne Kinderfreibetrag Kirchensteuer 9%	0,5 SolZ 5,5%	0,5 Kirchensteuer 8%	0,5 Kirchensteuer 9%	1,0 SolZ 5,5%	1,0 Kirchensteuer 8%	1,0 Kirchensteuer 9%	1,5 SolZ 5,5%	1,5 Kirchensteuer 8%	1,5 Kirchensteuer 9%	2,0 SolZ 5,5%	2,0 Kirchensteuer 8%	2,0 Kirchensteuer 9%	2,5 SolZ 5,5%	2,5 Kirchensteuer 8%	2,5 Kirchensteuer 9%	3,0 SolZ 5,5%	3,0 Kirchensteuer 8%	3,0 Kirchensteuer 9%
63.215,99	I	11.524	-	921,92	1.037,16	-	791,60	890,55	-	667,44	750,87	-	549,52	618,21	-	437,68	492,39	-	332,08	373,59	-	232,64	261,72
	II	9.972	-	797,76	897,48	-	673,28	757,44	-	555,04	624,42	-	442,96	498,33	-	337,04	379,17	-	237,28	266,94	-	143,68	161,64
	III	6.694	-	535,52	602,46	-	438,40	493,20	-	344,48	387,54	-	253,60	285,30	-	165,76	186,48	-	85,92	96,66	-	21,60	24,30
	IV	11.524	-	921,92	1.037,16	-	856,00	963,00	-	791,60	890,55	-	728,72	819,81	-	667,44	750,87	-	607,68	683,64	-	549,52	618,21
	V	17.405	-	1.392,40	1.566,45																		
	VI	17.937	46,88	1.434,96	1.614,33																		
63.251,99	I	11.536	-	922,88	1.038,24	-	792,56	891,63	-	668,32	751,86	-	550,32	619,11	-	438,48	493,29	-	332,80	374,40	-	233,36	262,53
	II	9.984	-	798,72	898,56	-	674,16	758,43	-	555,92	625,41	-	443,76	499,23	-	337,76	379,98	-	238,00	267,75	-	144,40	162,45
	III	6.702	-	536,16	603,18	-	439,04	493,92	-	345,12	388,26	-	254,24	286,02	-	166,40	187,20	-	86,40	97,20	-	21,92	24,66
	IV	11.536	-	922,88	1.038,24	-	856,96	964,08	-	792,56	891,63	-	729,68	820,89	-	668,32	751,86	-	608,56	684,63	-	550,32	619,11
	V	17.419	-	1.393,52	1.567,71																		
	VI	17.950	48,43	1.436,00	1.615,50																		
63.287,99	I	11.548	-	923,84	1.039,32	-	793,44	892,62	-	669,28	752,94	-	551,20	620,10	-	439,28	494,19	-	333,60	375,30	-	234,08	263,34
	II	9.995	-	799,60	899,55	-	675,12	759,51	-	556,72	626,31	-	444,56	500,13	-	338,56	380,88	-	238,72	268,56	-	145,04	163,17
	III	6.712	-	536,96	604,08	-	439,84	494,82	-	345,76	388,98	-	254,88	286,74	-	167,04	187,92	-	87,04	97,92	-	22,40	25,20
	IV	11.548	-	923,84	1.039,32	-	857,92	965,16	-	793,44	892,62	-	730,56	821,88	-	669,28	752,94	-	609,44	685,62	-	551,20	620,10
	V	17.433	-	1.394,64	1.568,97																		
	VI	17.964	50,09	1.437,12	1.616,76																		
63.323,99	I	11.560	-	924,80	1.040,40	-	794,40	893,70	-	670,08	753,84	-	552,00	621,00	-	440,08	495,09	-	334,32	376,11	-	234,72	264,06
	II	10.007	-	800,56	900,63	-	676,00	760,50	-	557,60	627,30	-	445,36	501,03	-	339,28	381,69	-	239,44	269,37	-	145,68	163,89
	III	6.720	-	537,60	604,80	-	440,48	495,54	-	346,56	389,88	-	255,52	287,46	-	167,68	188,64	-	87,52	98,46	-	22,72	25,56
	IV	11.560	-	924,80	1.040,40	-	858,80	966,15	-	794,40	893,70	-	731,44	822,87	-	670,08	753,84	-	610,32	686,61	-	552,00	621,00
	V	17.446	-	1.395,68	1.570,14																		
	VI	17.978	51,76	1.438,24	1.618,02																		
63.359,99	I	11.573	-	925,84	1.041,57	-	795,36	894,78	-	671,04	754,92	-	552,88	621,99	-	440,88	495,99	-	335,04	376,92	-	235,44	264,87
	II	10.018	-	801,44	901,62	-	676,88	761,49	-	558,40	628,20	-	446,16	501,93	-	340,08	382,59	-	240,08	270,09	-	146,40	164,70
	III	6.730	-	538,40	605,70	-	441,28	496,44	-	347,20	390,60	-	256,16	288,18	-	168,32	189,36	-	88,00	99,00	-	23,20	26,10
	IV	11.573	-	925,84	1.041,57	-	859,76	967,23	-	795,36	894,78	-	732,40	823,95	-	671,04	754,92	-	611,12	687,51	-	552,88	621,99
	V	17.460	-	1.396,80	1.571,40																		
	VI	17.992	53,43	1.439,36	1.619,28																		
63.395,99	I	11.585	-	926,80	1.042,65	-	796,24	895,77	-	671,92	755,91	-	553,68	622,89	-	441,68	496,89	-	335,84	377,82	-	236,16	265,68
	II	10.030	-	802,40	902,70	-	677,76	762,48	-	559,28	629,19	-	446,96	502,83	-	340,80	383,40	-	240,80	270,90	-	147,04	165,42
	III	6.738	-	539,04	606,42	-	441,92	497,16	-	347,84	391,32	-	256,96	289,08	-	168,96	190,08	-	88,48	99,54	-	23,68	26,64
	IV	11.585	-	926,80	1.042,65	-	860,80	968,40	-	796,24	895,77	-	733,28	824,94	-	671,92	755,91	-	612,00	688,50	-	553,68	622,89
	V	17.474	-	1.397,92	1.572,66																		
	VI	18.005	54,97	1.440,40	1.620,45																		
63.431,99	I	11.597	-	927,76	1.043,73	-	797,20	896,85	-	672,80	756,90	-	554,56	623,88	-	442,48	497,79	-	336,56	378,63	-	236,88	266,49
	II	10.042	-	803,36	903,78	-	678,64	763,47	-	560,08	630,09	-	447,76	503,73	-	341,52	384,21	-	241,52	271,71	-	147,68	166,14
	III	6.748	-	539,84	607,32	-	442,56	497,88	-	348,48	392,04	-	257,60	289,80	-	169,60	190,80	-	89,12	100,26	-	24,00	27,00
	IV	11.597	-	927,76	1.043,73	-	861,68	969,39	-	797,20	896,85	-	734,16	825,93	-	672,80	756,90	-	612,88	689,49	-	554,56	623,88
	V	17.487	-	1.398,96	1.573,83																		
	VI	18.019	56,64	1.441,52	1.621,71																		
63.467,99	I	11.609	-	928,72	1.044,81	-	798,08	897,84	-	673,68	757,89	-	555,36	624,78	-	443,28	498,69	-	337,36	379,53	-	237,60	267,30
	II	10.053	-	804,24	904,77	-	679,52	764,46	-	560,96	631,08	-	448,56	504,63	-	342,32	385,11	-	242,24	272,52	-	148,32	166,86
	III	6.756	-	540,48	608,04	-	443,36	498,78	-	349,12	392,76	-	258,24	290,52	-	170,24	191,52	-	89,60	100,80	-	24,48	27,54
	IV	11.609	-	928,72	1.044,81	-	862,64	970,47	-	798,08	897,84	-	735,12	827,01	-	673,68	757,89	-	613,76	690,48	-	555,36	624,78
	V	17.501	-	1.400,08	1.575,09																		
	VI	18.033	58,31	1.442,64	1.622,97																		
63.503,99	I	11.622	-	929,76	1.045,98	-	799,04	898,92	-	674,56	758,88	-	556,24	625,77	-	444,08	499,59	-	338,08	380,34	-	238,32	268,11
	II	10.065	-	805,20	905,85	-	680,40	765,45	-	561,76	631,98	-	449,36	505,53	-	343,04	385,92	-	242,96	273,33	-	149,04	167,67
	III	6.766	-	541,28	608,94	-	444,00	499,50	-	349,92	393,66	-	258,88	291,24	-	170,88	192,24	-	90,08	101,34	-	24,96	28,08
	IV	11.622	-	929,76	1.045,98	-	863,60	971,55	-	799,04	898,92	-	736,00	828,00	-	674,56	758,88	-	614,64	691,47	-	556,24	625,77
	V	17.515	-	1.401,20	1.576,35																		
	VI	18.047	59,97	1.443,76	1.624,23																		
63.539,99	I	11.634	-	930,72	1.047,06	-	800,00	900,00	-	675,44	759,87	-	557,04	626,67	-	444,88	500,49	-	338,80	381,15	-	238,96	268,83
	II	10.077	-	806,16	906,93	-	681,28	766,44	-	562,64	632,97	-	450,16	506,43	-	343,76	386,73	-	243,68	274,14	-	149,68	168,39
	III	6.774	-	541,92	609,66	-	444,64	500,22	-	350,56	394,38	-	259,52	291,96	-	171,52	192,96	-	90,72	102,06	-	25,28	28,44
	IV	11.634	-	930,72	1.047,06	-	864,56	972,63	-	800,00	900,00	-	736,96	829,08	-	675,44	759,87	-	615,44	692,37	-	557,04	626,67
	V	17.528	-	1.402,24	1.577,52																		
	VI	18.060	61,52	1.444,80	1.625,40																		
63.575,99	I	11.646	-	931,68	1.048,14	-	800,88	900,99	-	676,32	760,86	-	557,92	627,66	-	445,68	501,39	-	339,60	382,05	-	239,68	269,64
	II	10.088	-	807,04	907,92	-	682,16	767,43	-	563,44	633,87	-	450,96	507,33	-	344,56	387,63	-	244,40	274,95	-	150,32	169,11
	III	6.784	-	542,72	610,56	-	445,44	501,12	-	351,20	395,10	-	260,16	292,68	-	172,16	193,68	-	91,20	102,60	-	25,76	28,98
	IV	11.646	-	931,68	1.048,14	-	865,52	973,71	-	800,88	900,99	-	737,84	830,07	-	676,32	760,86	-	616,32	693,36	-	557,92	627,66
	V	17.542	-	1.403,36	1.578,78																		
	VI	18.074	63,18	1.445,92	1.626,66																		
63.611,99	I	11.658	-	932,64	1.049,22	-	801,84	902,07	-	677,20	761,85	-	558,72	628,56	-	446,48	502,29	-	340,32	382,86	-	240,40	270,45
	II	10.100	-	808,00	909,00	-	683,12	768,51	-	564,32	634,86	-	451,76	508,23	-	345,36	388,53	-	245,12	275,76	-	151,04	169,92
	III	6.792	-	543,36	611,28	-	446,08	501,84	-	351,84	395,82	-	260,80	293,40	-	172,80	194,40	-	91,68	103,14	-	26,08	29,34
	IV	11.658	-	932,64	1.049,22	-	866,48	974,79	-	801,84	902,07	-	738,72	831,06	-	677,20	761,85	-	617,20	694,35	-	558,72	628,56
	V	17.556	1,54	1.404,48	1.580,04																		
	VI	18.088	64,85	1.447,04	1.627,92																		
63.647,99	I	11.670	-	933,60	1.050,30	-	802,80	903,15	-	678,08	762,84	-	559,60	629,55	-	447,20	503,10	-	341,04	383,67	-	241,12	271,26
	II	10.112	-	808,96	910,08	-	683,92	769,41	-	565,12	635,76	-	452,48	509,04	-	346,08	389,34	-	245,76	276,48	-	151,68	170,64
	III	6.802	-	544,16	612,18	-	446,88	502,74	-	352,64	396,72	-	261,44	294,12	-	173,44	195,12	-	92,32	103,86	-	26,56	29,88
	IV	11.670	-	933,60	1.050,30	-	867,44	975,87	-	802,80	903,15	-	739,68	832,14	-	678,08	762,84	-	618,08	695,34	-	559,60	629,55
	V	17.569	3,09	1.405,52	1.581,21																		
	VI	18.101	66,40	1.448,08	1.629,09																		
63.683,99	I	11.683	-	934,64	1.051,47	-	803,68	904,14	-	678,96	763,83	-	560,40	630,45	-	448,08	504,09	-	341,84	384,57	-	241,84	272,07
	II	10.123	-	809,84	911,07	-	684,88	770,49	-	566,00	636,75	-	453,36	510,03	-	346,80	390,15	-	246,48	277,29	-	152,32	171,36
	III	6.810	-	544,80	612,90	-	447,52	503,46	-	353,28	397,44	-	262,08	294,84	-	174,08	195,84	-	92,80	104,40	-	27,04	30,42
	IV	11.683	-	934,64	1.051,47	-	868,40	976,95	-	803,68	904,14	-	740,56	833,13	-	678,96	763,83	-	618,96	696,33	-	560,40	630,45
	V	17.583	4,76	1.406,64	1.582,47																		
	VI	18.115	68,06	1.449,20	1.630,35																		
63.719,99	I	11.695	-	935,60	1.052,55	-	804,64	905,22	-	679,84	764,82	-	561,28	631,44	-	448,88	504,99	-	342,56	385,38	-	242,56	272,88
	II	10.135	-	810,80	912,15	-	685,76	771,48	-	566,88	637,74	-	454,16	510,93	-	347,60	391,05	-	247,20	278,10	-	153,04	172,17
	III	6.820	-	545,60	613,80	-	448,16	504,18	-	353,92	398,16	-	262,72	295,56	-	174,72	196,56	-	93,44	105,12	-	27,36	30,78
	IV	11.695	-	935,60	1.052,55	-	869,36	978,03	-	804,64	905,22	-	741,52	834,21	-	679,84	764,82	-	619,84	697,32	-	561,28	631,44
	V	17.597	6,42	1.407,76	1.583,73																		
	VI	18.129	69,73	1.450,32	1.631,61																		

Anzahl Kinderfreibeträge (nur Steuerklassen I–IV)

SolZ/KiSt lt. Tabelle nicht für Sonstige Bezüge anwendbar.

Lohn/ Gehalt bis	Steuerklasse	Lohn-steuer	ohne Kinderfreibetrag			Anzahl Kinderfreibeträge (nur Steuerklassen I–IV) 0,5			1,0			1,5			2,0			2,5			3,0		
			SolZ 5,5%	Kirchensteuer 8%	Kirchensteuer 9%	SolZ 5,5%	Kirchensteuer 8%	Kirchensteuer 9%	SolZ 5,5%	Kirchensteuer 8%	Kirchensteuer 9%	SolZ 5,5%	Kirchensteuer 8%	Kirchensteuer 9%	SolZ 5,5%	Kirchensteuer 8%	Kirchensteuer 9%	SolZ 5,5%	Kirchensteuer 8%	Kirchensteuer 9%	SolZ 5,5%	Kirchensteuer 8%	Kirchensteue 9%
63.755,99	I	11.707	-	936,56	1.053,63	-	805,60	906,30	-	680,72	765,81	-	562,08	632,34	-	449,60	505,80	-	343,36	386,28	-	243,20	273,
	II	10.147	-	811,76	913,23	-	686,64	772,47	-	567,68	638,64	-	454,88	511,74	-	348,32	391,86	-	247,92	278,91	-	153,68	172,
	III	6.828	-	546,24	614,52	-	448,96	505,08	-	354,56	398,88	-	263,36	296,28	-	175,36	197,28	-	93,92	105,66	-	27,84	31,
	IV	11.707	-	936,56	1.053,63	-	870,32	979,11	-	805,60	906,30	-	742,40	835,20	-	680,72	765,81	-	620,64	698,22	-	562,08	632,
	V	17.611	*8,09*	1.408,88	1.584,99																		
	VI	18.142	*71,28*	1.451,36	1.632,78																		
63.791,99	I	11.719	-	937,52	1.054,71	-	806,48	907,29	-	681,68	766,89	-	562,96	633,33	-	450,40	506,70	-	344,08	387,09	-	243,92	274,
	II	10.159	-	812,72	914,31	-	687,52	773,46	-	568,56	639,63	-	455,76	512,73	-	349,12	392,76	-	248,64	279,72	-	154,32	173,
	III	6.838	-	547,04	615,42	-	449,60	505,80	-	355,20	399,60	-	264,00	297,00	-	175,84	197,82	-	94,40	106,20	-	28,32	31,
	IV	11.719	-	937,52	1.054,71	-	871,28	980,19	-	806,48	907,29	-	743,28	836,19	-	681,68	766,89	-	621,52	699,21	-	562,96	633,
	V	17.624	*9,63*	1.409,92	1.586,16																		
	VI	18.156	*72,94*	1.452,48	1.634,04																		
63.827,99	I	11.731	-	938,48	1.055,79	-	807,44	908,37	-	682,48	767,79	-	563,76	634,23	-	451,20	507,60	-	344,80	387,90	-	244,64	275,
	II	10.170	-	813,60	915,30	-	688,40	774,45	-	569,36	640,53	-	456,48	513,54	-	349,84	393,57	-	249,28	280,44	-	154,96	174,
	III	6.846	-	547,68	616,14	-	450,24	506,52	-	356,00	400,50	-	264,64	297,72	-	176,48	198,54	-	94,88	106,74	-	28,64	32,
	IV	11.731	-	938,48	1.055,79	-	872,16	981,18	-	807,44	908,37	-	744,16	837,18	-	682,48	767,79	-	622,40	700,20	-	563,76	634,
	V	17.638	*11,30*	1.411,04	1.587,42																		
	VI	18.170	*74,61*	1.453,60	1.635,30																		
63.863,99	I	11.744	-	939,52	1.056,96	-	808,40	909,45	-	683,44	768,87	-	564,64	635,22	-	452,00	508,50	-	345,60	388,80	-	245,36	276,
	II	10.182	-	814,56	916,38	-	689,28	775,44	-	570,24	641,52	-	457,36	514,53	-	350,56	394,38	-	250,00	281,25	-	155,68	175,
	III	6.856	-	548,48	617,04	-	451,04	507,42	-	356,64	401,22	-	265,44	298,62	-	177,12	199,26	-	95,52	107,46	-	29,12	32,
	IV	11.744	-	939,52	1.056,96	-	873,12	982,26	-	808,40	909,45	-	745,12	838,26	-	683,44	768,87	-	623,28	701,19	-	564,64	635,
	V	17.652	*12,97*	1.412,16	1.588,68																		
	VI	18.183	*76,16*	1.454,64	1.636,47																		
63.899,99	I	11.756	-	940,48	1.058,04	-	809,28	910,44	-	684,32	769,86	-	565,52	636,21	-	452,80	509,40	-	346,40	389,70	-	246,08	276,
	II	10.194	-	815,52	917,46	-	690,24	776,52	-	571,04	642,42	-	458,16	515,43	-	351,36	395,28	-	250,72	282,06	-	156,32	175,
	III	6.864	-	549,12	617,76	-	451,68	508,14	-	357,28	401,94	-	266,08	299,34	-	177,76	199,98	-	96,00	108,00	-	29,60	33,
	IV	11.756	-	940,48	1.058,04	-	874,16	983,43	-	809,28	910,44	-	746,00	839,25	-	684,32	769,86	-	624,16	702,18	-	565,52	636,
	V	17.666	*14,63*	1.413,28	1.589,94																		
	VI	18.197	*77,82*	1.455,76	1.637,73																		
63.935,99	I	11.768	-	941,44	1.059,12	-	810,24	911,52	-	685,20	770,85	-	566,32	637,11	-	453,60	510,30	-	347,12	390,51	-	246,72	277,
	II	10.205	-	816,40	918,45	-	691,04	777,42	-	571,92	643,41	-	458,88	516,24	-	352,08	396,09	-	251,44	282,87	-	156,96	176,
	III	6.874	-	549,92	618,66	-	452,32	508,86	-	357,92	402,66	-	266,72	300,06	-	178,40	200,70	-	96,64	108,72	-	29,92	33,
	IV	11.768	-	941,44	1.059,12	-	875,04	984,42	-	810,24	911,52	-	746,96	840,33	-	685,20	770,85	-	624,96	703,08	-	566,32	637,
	V	17.679	*16,18*	1.414,32	1.591,11																		
	VI	18.211	*79,49*	1.456,88	1.638,99																		
63.971,99	I	11.780	-	942,40	1.060,20	-	811,20	912,60	-	686,08	771,84	-	567,20	638,10	-	454,40	511,20	-	347,84	391,32	-	247,44	278,
	II	10.217	-	817,36	919,53	-	692,00	778,50	-	572,80	644,40	-	459,76	517,23	-	352,88	396,99	-	252,16	283,68	-	157,68	177,
	III	6.882	-	550,56	619,38	-	453,12	509,76	-	358,72	403,56	-	267,36	300,78	-	179,04	201,42	-	97,12	109,26	-	30,40	34,
	IV	11.780	-	942,40	1.060,20	-	876,00	985,50	-	811,20	912,60	-	747,84	841,32	-	686,08	771,84	-	625,84	704,07	-	567,20	638,
	V	17.693	*17,85*	1.415,44	1.592,37																		
	VI	18.225	*81,15*	1.458,00	1.640,25																		
64.007,99	I	11.793	-	943,44	1.061,37	-	812,08	913,59	-	686,96	772,83	-	568,00	639,00	-	455,20	512,10	-	348,64	392,22	-	248,16	279,
	II	10.229	-	818,32	920,61	-	692,88	779,49	-	573,60	645,30	-	460,56	518,13	-	353,60	397,80	-	252,88	284,49	-	158,32	178,
	III	6.892	-	551,36	620,28	-	453,76	510,48	-	359,36	404,28	-	268,00	301,50	-	179,68	202,14	-	97,60	109,80	-	30,88	34,
	IV	11.793	-	943,44	1.061,37	-	876,96	986,58	-	812,08	913,59	-	748,80	842,40	-	686,96	772,83	-	626,72	705,06	-	568,00	639,
	V	17.707	*19,51*	1.416,56	1.593,63																		
	VI	18.238	*82,70*	1.459,04	1.641,42																		
64.043,99	I	11.805	-	944,40	1.062,45	-	813,04	914,67	-	687,84	773,82	-	568,88	639,99	-	456,00	513,00	-	349,36	393,03	-	248,88	279,
	II	10.240	-	819,20	921,60	-	693,76	780,48	-	574,48	646,29	-	461,36	519,03	-	354,40	398,70	-	253,60	285,30	-	158,96	178,
	III	6.900	-	552,00	621,00	-	454,40	511,20	-	360,00	405,00	-	268,64	302,22	-	180,32	202,86	-	98,24	110,52	-	31,20	35,1
	IV	11.805	-	944,40	1.062,45	-	877,92	987,66	-	813,04	914,67	-	749,68	843,39	-	687,84	773,82	-	627,60	706,05	-	568,88	639,
	V	17.720	*21,06*	1.417,60	1.594,80																		
	VI	18.252	*84,37*	1.460,16	1.642,68																		
64.079,99	I	11.817	-	945,36	1.063,53	-	814,00	915,75	-	688,72	774,81	-	569,68	640,89	-	456,80	513,90	-	350,16	393,93	-	249,60	280,8
	II	10.252	-	820,16	922,68	-	694,64	781,47	-	575,28	647,19	-	462,16	519,93	-	355,12	399,51	-	254,32	286,11	-	159,68	179,6
	III	6.910	-	552,80	621,90	-	455,20	512,10	-	360,64	405,72	-	269,28	302,94	-	180,96	203,58	-	98,72	111,06	-	31,68	35,6
	IV	11.817	-	945,36	1.063,53	-	878,88	988,74	-	814,00	915,75	-	750,56	844,38	-	688,72	774,81	-	628,48	707,04	-	569,68	640,8
	V	17.734	*22,72*	1.418,72	1.596,06																		
	VI	18.266	*86,03*	1.461,28	1.643,94																		
64.115,99	I	11.830	-	946,40	1.064,70	-	814,96	916,83	-	689,68	775,89	-	570,56	641,88	-	457,68	514,89	-	350,88	394,74	-	250,32	281,6
	II	10.264	-	821,12	923,76	-	695,52	782,46	-	576,16	648,18	-	462,96	520,83	-	355,92	400,41	-	255,04	286,92	-	160,32	180,3
	III	6.918	-	553,44	622,62	-	455,84	512,82	-	361,44	406,62	-	269,92	303,66	-	181,60	204,30	-	99,36	111,78	-	32,16	36,1
	IV	11.830	-	946,40	1.064,70	-	879,84	989,82	-	814,96	916,83	-	751,52	845,46	-	689,68	775,89	-	629,36	708,03	-	570,56	641,8
	V	17.748	*24,39*	1.419,84	1.597,32																		
	VI	18.280	*87,70*	1.462,40	1.645,20																		
64.151,99	I	11.842	-	947,36	1.065,78	-	815,84	917,82	-	690,56	776,88	-	571,36	642,78	-	458,40	515,70	-	351,60	395,55	-	251,04	282,4
	II	10.276	-	822,08	924,84	-	696,40	783,45	-	576,96	649,08	-	463,76	521,73	-	356,64	401,22	-	255,76	287,73	-	160,96	181,0
	III	6.928	-	554,24	623,52	-	456,64	513,72	-	362,08	407,34	-	270,56	304,38	-	182,24	205,02	-	99,84	112,32	-	32,48	36,5
	IV	11.842	-	947,36	1.065,78	-	880,80	990,90	-	815,84	917,82	-	752,40	846,45	-	690,56	776,88	-	630,16	708,93	-	571,36	642,7
	V	17.761	*25,94*	1.420,88	1.598,49																		
	VI	18.293	*89,25*	1.463,44	1.646,37																		
64.187,99	I	11.854	-	948,32	1.066,86	-	816,80	918,90	-	691,44	777,87	-	572,24	643,77	-	459,20	516,60	-	352,40	396,45	-	251,76	283,2
	II	10.287	-	822,96	925,83	-	697,36	784,53	-	577,84	650,07	-	464,56	522,63	-	357,44	402,12	-	256,48	288,54	-	161,68	181,8
	III	6.936	-	554,88	624,24	-	457,28	514,44	-	362,72	408,06	-	271,20	305,10	-	182,88	205,74	-	100,48	113,04	-	32,96	37,0
	IV	11.854	-	948,32	1.066,86	-	881,76	991,98	-	816,80	918,90	-	753,36	847,53	-	691,44	777,87	-	631,04	709,92	-	572,24	643,7
	V	17.775	*27,60*	1.422,00	1.599,75																		
	VI	18.307	*90,91*	1.464,56	1.647,63																		
64.223,99	I	11.866	-	949,28	1.067,94	-	817,76	919,98	-	692,32	778,86	-	573,12	644,76	-	460,08	517,59	-	353,20	397,35	-	252,48	284,0
	II	10.299	-	823,92	926,91	-	698,24	785,52	-	578,72	651,06	-	465,36	523,53	-	358,16	402,93	-	257,20	289,35	-	162,32	182,6
	III	6.946	-	555,68	625,14	-	457,92	515,16	-	363,36	408,78	-	271,84	305,82	-	183,52	206,46	-	100,96	113,58	-	33,44	37,6
	IV	11.866	-	949,28	1.067,94	-	882,72	993,06	-	817,76	919,98	-	754,24	848,52	-	692,32	778,86	-	631,92	710,91	-	573,12	644,7
	V	17.789	*29,27*	1.423,12	1.601,01																		
	VI	18.321	*92,58*	1.465,68	1.648,89																		
64.259,99	I	11.878	-	950,24	1.069,02	-	818,64	920,97	-	693,20	779,85	-	573,92	645,66	-	460,80	518,40	-	353,92	398,16	-	253,12	284,7
	II	10.311	-	824,88	927,99	-	699,12	786,51	-	579,52	651,96	-	466,16	524,43	-	358,96	403,83	-	257,84	290,07	-	162,96	183,3
	III	6.954	-	556,32	625,86	-	458,72	516,06	-	364,00	409,50	-	272,48	306,54	-	184,16	207,18	-	101,44	114,12	-	33,92	38,1
	IV	11.878	-	950,24	1.069,02	-	883,68	994,14	-	818,64	920,97	-	755,12	849,51	-	693,20	779,85	-	632,80	711,90	-	573,92	645,6
	V	17.803	*30,94*	1.424,24	1.602,27																		
	VI	18.334	*94,12*	1.466,72	1.650,06																		

SolZ/KiSt lt. Tabelle nicht für Sonstige Bezüge anwendbar.

Lohn/ Gehalt bis	Steuerklasse	Lohn-steuer	ohne Kinderfreibetrag SolZ 5,5%	Kirchensteuer 8%	Kirchensteuer 9%	0,5 SolZ 5,5%	0,5 Kirchensteuer 8%	0,5 Kirchensteuer 9%	1,0 SolZ 5,5%	1,0 Kirchensteuer 8%	1,0 Kirchensteuer 9%	1,5 SolZ 5,5%	1,5 Kirchensteuer 8%	1,5 Kirchensteuer 9%	2,0 SolZ 5,5%	2,0 Kirchensteuer 8%	2,0 Kirchensteuer 9%	2,5 SolZ 5,5%	2,5 Kirchensteuer 8%	2,5 Kirchensteuer 9%	3,0 SolZ 5,5%	3,0 Kirchensteuer 8%	3,0 Kirchensteuer 9%
						Anzahl Kinderfreibeträge (nur Steuerklassen I–IV)																	
64.295,99	I	11.891	-	951,28	1.070,19	-	819,60	922,05	-	694,08	780,84	-	574,80	646,65	-	461,68	519,39	-	354,64	398,97	-	253,84	285,57
	II	10.323	-	825,84	929,07	-	700,00	787,50	-	580,40	652,95	-	466,96	525,33	-	359,68	404,64	-	258,56	290,88	-	163,68	184,14
	III	6.964	-	557,12	626,76	-	459,36	516,78	-	364,80	410,40	-	273,28	307,44	-	184,80	207,90	-	102,08	114,84	-	34,24	38,52
	IV	11.891	-	951,28	1.070,19	-	884,64	995,22	-	819,60	922,05	-	756,08	850,59	-	694,08	780,84	-	633,68	712,89	-	574,80	646,65
	V	17.816	32,48	1.425,28	1.603,44																		
	VI	18.348	95,79	1.467,84	1.651,32																		
64.331,99	I	11.903	-	952,24	1.071,27	-	820,56	923,13	-	695,04	781,92	-	575,68	647,64	-	462,48	520,29	-	355,44	399,87	-	254,56	286,38
	II	10.335	-	826,80	930,15	-	700,96	788,58	-	581,28	653,94	-	467,76	526,23	-	360,48	405,54	-	259,36	291,78	-	164,32	184,86
	III	6.972	-	557,76	627,48	-	460,16	517,68	-	365,44	411,12	-	273,92	308,16	-	185,44	208,62	-	102,56	115,38	-	34,72	39,06
	IV	11.903	-	952,24	1.071,27	-	885,60	996,30	-	820,56	923,13	-	757,04	851,67	-	695,04	781,92	-	634,56	713,88	-	575,68	647,64
	V	17.830	34,15	1.426,40	1.604,70																		
	VI	18.362	97,46	1.468,96	1.652,58																		
64.367,99	I	11.915	-	953,20	1.072,35	-	821,44	924,12	-	695,92	782,91	-	576,48	648,54	-	463,28	521,19	-	356,16	400,68	-	255,28	287,19
	II	10.346	-	827,68	931,14	-	701,84	789,57	-	582,08	654,84	-	468,56	527,13	-	361,20	406,35	-	260,00	292,50	-	165,04	185,67
	III	6.982	-	558,56	628,38	-	460,80	518,40	-	366,08	411,84	-	274,56	308,88	-	186,08	209,34	-	103,20	116,10	-	35,20	39,60
	IV	11.915	-	953,20	1.072,35	-	886,56	997,38	-	821,44	924,12	-	757,92	852,66	-	695,92	782,91	-	635,44	714,87	-	576,48	648,54
	V	17.844	35,81	1.427,52	1.605,96																		
	VI	18.375	99,00	1.470,00	1.653,75																		
64.403,99	I	11.928	-	954,24	1.073,52	-	822,40	925,20	-	696,80	783,90	-	577,36	649,53	-	464,08	522,09	-	356,96	401,58	-	256,00	288,00
	II	10.358	-	828,64	932,22	-	702,72	790,56	-	582,96	655,83	-	469,36	528,03	-	362,00	407,25	-	260,72	293,31	-	165,68	186,39
	III	6.992	-	559,36	629,28	-	461,44	519,12	-	366,88	412,74	-	275,20	309,60	-	186,72	210,06	-	103,68	116,64	-	35,68	40,14
	IV	11.928	-	954,24	1.073,52	-	887,52	998,46	-	822,40	925,20	-	758,80	853,65	-	696,80	783,90	-	636,32	715,86	-	577,36	649,53
	V	17.858	37,48	1.428,64	1.607,22																		
	VI	18.389	100,67	1.471,12	1.655,01																		
64.439,99	I	11.940	-	955,20	1.074,60	-	823,36	926,28	-	697,68	784,89	-	578,16	650,43	-	464,88	522,99	-	357,68	402,39	-	256,72	288,81
	II	10.370	-	829,60	933,30	-	703,60	791,55	-	583,84	656,82	-	470,16	528,93	-	362,72	408,06	-	261,44	294,12	-	166,40	187,20
	III	7.000	-	560,00	630,00	-	462,24	520,02	-	367,52	413,46	-	275,84	310,32	-	187,36	210,78	-	104,32	117,36	-	36,00	40,50
	IV	11.940	-	955,20	1.074,60	-	888,48	999,54	-	823,36	926,28	-	759,76	854,73	-	697,68	784,89	-	637,20	716,85	-	578,16	650,43
	V	17.871	39,03	1.429,68	1.608,39																		
	VI	18.403	102,34	1.472,24	1.656,27																		
64.475,99	I	11.952	-	956,16	1.075,68	-	824,32	927,36	-	698,56	785,88	-	579,04	651,42	-	465,68	523,89	-	358,48	403,29	-	257,44	289,62
	II	10.381	-	830,48	934,29	-	704,48	792,54	-	584,64	657,72	-	470,96	529,83	-	363,52	408,96	-	262,16	294,93	-	167,04	187,92
	III	7.008	-	560,64	630,72	-	462,88	520,74	-	368,16	414,18	-	276,48	311,04	-	188,00	211,50	-	104,80	117,90	-	36,48	41,04
	IV	11.952	-	956,16	1.075,68	-	889,44	1.000,62	-	824,32	927,36	-	760,64	855,72	-	698,56	785,88	-	638,00	717,75	-	579,04	651,42
	V	17.885	40,69	1.430,80	1.609,65																		
	VI	18.417	104,00	1.473,36	1.657,53																		
64.511,99	I	11.965	-	957,20	1.076,85	-	825,20	928,35	-	699,44	786,87	-	579,92	652,41	-	466,48	524,79	-	359,20	404,10	-	258,16	290,43
	II	10.393	-	831,44	935,37	-	705,44	793,62	-	585,52	658,71	-	471,84	530,82	-	364,24	409,77	-	262,88	295,74	-	167,68	188,64
	III	7.018	-	561,44	631,62	-	463,68	521,64	-	368,80	414,90	-	277,12	311,76	-	188,64	212,22	-	105,44	118,62	-	36,96	41,58
	IV	11.965	-	957,20	1.076,85	-	890,40	1.001,70	-	825,20	928,35	-	761,60	856,80	-	699,44	786,87	-	638,88	718,74	-	579,92	652,41
	V	17.899	42,36	1.431,92	1.610,91																		
	VI	18.430	105,55	1.474,40	1.658,70																		
64.547,99	I	11.977	-	958,16	1.077,93	-	826,16	929,43	-	700,40	787,95	-	580,72	653,31	-	467,28	525,69	-	360,00	405,00	-	258,88	291,24
	II	10.405	-	832,40	936,45	-	706,32	794,61	-	586,40	659,70	-	472,64	531,72	-	365,04	410,67	-	263,60	296,55	-	168,40	189,45
	III	7.028	-	562,24	632,52	-	464,32	522,36	-	369,60	415,80	-	277,76	312,48	-	189,28	212,94	-	105,92	119,16	-	37,44	42,12
	IV	11.977	-	958,16	1.077,93	-	891,44	1.002,87	-	826,16	929,43	-	762,48	857,79	-	700,40	787,95	-	639,76	719,73	-	580,72	653,31
	V	17.913	44,03	1.433,04	1.612,17																		
	VI	18.444	107,21	1.475,52	1.659,96																		
64.583,99	I	11.989	-	959,12	1.079,01	-	827,12	930,51	-	701,28	788,94	-	581,60	654,30	-	468,08	526,59	-	360,72	405,81	-	259,60	292,05
	II	10.417	-	833,36	937,53	-	707,20	795,60	-	587,20	660,60	-	473,44	532,62	-	365,76	411,48	-	264,32	297,36	-	169,04	190,17
	III	7.036	-	562,88	633,24	-	464,96	523,08	-	370,24	416,52	-	278,40	313,20	-	189,76	213,48	-	106,56	119,88	-	37,76	42,48
	IV	11.989	-	959,12	1.079,01	-	892,32	1.003,86	-	827,12	930,51	-	763,44	858,87	-	701,28	788,94	-	640,64	720,72	-	581,60	654,30
	V	17.926	45,57	1.434,08	1.613,34																		
	VI	18.458	108,88	1.476,64	1.661,22																		
64.619,99	I	12.002	-	960,16	1.080,18	-	828,08	931,59	-	702,16	789,93	-	582,40	655,20	-	468,88	527,49	-	361,52	406,71	-	260,32	292,86
	II	10.429	-	834,32	938,61	-	708,08	796,59	-	588,08	661,59	-	474,24	533,52	-	366,56	412,38	-	265,04	298,17	-	169,76	190,98
	III	7.046	-	563,68	634,14	-	465,76	523,98	-	370,88	417,24	-	279,20	314,10	-	190,56	214,38	-	107,04	120,42	-	38,24	43,02
	IV	12.002	-	960,16	1.080,18	-	893,36	1.005,03	-	828,08	931,59	-	764,32	859,86	-	702,16	789,93	-	641,52	721,71	-	582,40	655,20
	V	17.940	47,24	1.435,20	1.614,60																		
	VI	18.472	110,55	1.477,76	1.662,48																		
64.655,99	I	12.014	-	961,12	1.081,26	-	828,96	932,58	-	703,04	790,92	-	583,28	656,19	-	469,68	528,39	-	362,24	407,52	-	261,04	293,67
	II	10.440	-	835,20	939,60	-	708,96	797,58	-	588,88	662,49	-	475,04	534,42	-	367,28	413,19	-	265,76	298,98	-	170,40	191,70
	III	7.054	-	564,32	634,86	-	466,40	524,70	-	371,52	417,96	-	279,84	314,82	-	191,20	215,10	-	107,68	121,14	-	38,72	43,56
	IV	12.014	-	961,12	1.081,26	-	894,24	1.006,02	-	828,96	932,58	-	765,20	860,85	-	703,04	790,92	-	642,40	722,70	-	583,28	656,19
	V	17.953	48,79	1.436,24	1.615,77																		
	VI	18.485	112,09	1.478,80	1.663,65																		
64.691,99	I	12.026	-	962,08	1.082,34	-	829,92	933,66	-	703,92	791,91	-	584,16	657,18	-	470,48	529,29	-	363,04	408,42	-	261,76	294,48
	II	10.452	-	836,16	940,68	-	709,92	798,66	-	589,76	663,48	-	475,84	535,32	-	368,08	414,09	-	266,48	299,79	-	171,04	192,42
	III	7.064	-	565,12	635,76	-	467,04	525,42	-	372,16	418,68	-	280,48	315,54	-	191,68	215,64	-	108,16	121,68	-	39,20	44,10
	IV	12.026	-	962,08	1.082,34	-	895,28	1.007,19	-	829,92	933,66	-	766,16	861,93	-	703,92	791,91	-	643,28	723,69	-	584,16	657,18
	V	17.967	50,45	1.437,36	1.617,03																		
	VI	18.499	113,76	1.479,92	1.664,91																		
64.727,99	I	12.039	-	963,12	1.083,51	-	830,88	934,74	-	704,88	792,99	-	584,96	658,08	-	471,28	530,19	-	363,76	409,23	-	262,48	295,29
	II	10.464	-	837,12	941,76	-	710,80	799,65	-	590,64	664,47	-	476,64	536,22	-	368,88	414,99	-	267,20	300,60	-	171,76	193,23
	III	7.072	-	565,76	636,48	-	467,84	526,32	-	372,96	419,58	-	281,12	316,26	-	192,48	216,54	-	108,80	122,40	-	39,68	44,64
	IV	12.039	-	963,12	1.083,51	-	896,24	1.008,27	-	830,88	934,74	-	767,12	863,01	-	704,88	792,99	-	644,16	724,68	-	584,96	658,08
	V	17.981	52,12	1.438,48	1.618,29																		
	VI	18.513	115,43	1.481,04	1.666,17																		
64.763,99	I	12.051	-	964,08	1.084,59	-	831,84	935,82	-	705,76	793,98	-	585,84	659,07	-	472,08	531,09	-	364,56	410,13	-	263,12	296,01
	II	10.476	-	838,08	942,84	-	711,68	800,64	-	591,44	665,37	-	477,44	537,12	-	369,60	415,80	-	267,92	301,41	-	172,40	193,95
	III	7.082	-	566,56	637,38	-	468,48	527,04	-	373,60	420,30	-	281,76	316,98	-	192,96	217,08	-	109,28	122,94	-	40,00	45,00
	IV	12.051	-	964,08	1.084,59	-	897,20	1.009,35	-	831,84	935,82	-	768,00	864,00	-	705,76	793,98	-	645,04	725,67	-	585,84	659,07
	V	17.994	53,66	1.439,52	1.619,46																		
	VI	18.526	116,97	1.482,08	1.667,34																		
64.799,99	I	12.063	-	965,04	1.085,67	-	832,80	936,90	-	706,64	794,97	-	586,72	660,06	-	472,88	531,99	-	365,28	410,94	-	263,92	296,91
	II	10.488	-	839,04	943,92	-	712,56	801,63	-	592,32	666,36	-	478,24	538,02	-	370,40	416,70	-	268,64	302,22	-	173,12	194,76
	III	7.090	-	567,20	638,10	-	469,28	527,94	-	374,24	421,02	-	282,40	317,70	-	193,60	217,80	-	109,92	123,66	-	40,48	45,54
	IV	12.063	-	965,04	1.085,67	-	898,16	1.010,43	-	832,80	936,90	-	768,96	865,08	-	706,64	794,97	-	645,92	726,66	-	586,72	660,06
	V	18.008	55,33	1.440,64	1.620,72																		
	VI	18.540	118,64	1.483,20	1.668,60																		

SolZ/KiSt lt. Tabelle nicht für Sonstige Bezüge anwendbar.

JAHR bis 65.339,99 €

Allgemeine Tabelle

Lohn/ Gehalt bis	Steuerklasse	Lohn-steuer	ohne Kinderfreibetrag SolZ 5,5%	Kirchensteuer 8%	Kirchensteuer 9%	0,5 SolZ 5,5%	0,5 Kirchensteuer 8%	0,5 Kirchensteuer 9%	1,0 SolZ 5,5%	1,0 Kirchensteuer 8%	1,0 Kirchensteuer 9%	1,5 SolZ 5,5%	1,5 Kirchensteuer 8%	1,5 Kirchensteuer 9%	2,0 SolZ 5,5%	2,0 Kirchensteuer 8%	2,0 Kirchensteuer 9%	2,5 SolZ 5,5%	2,5 Kirchensteuer 8%	2,5 Kirchensteuer 9%	3,0 SolZ 5,5%	3,0 Kirchensteuer 8%	3,0 Kirchensteuer 9%
64.835,99	I	12.076	-	966,08	1.086,84	-	833,68	937,89	-	707,52	795,96	-	587,52	660,96	-	473,76	532,98	-	366,08	411,84	-	264,64	297,
	II	10.499	-	839,92	944,91	-	713,52	802,71	-	593,20	667,35	-	479,12	539,01	-	371,12	417,51	-	269,36	303,03	-	173,76	195,
	III	7.100	-	568,00	639,00	-	469,92	528,66	-	375,04	421,92	-	283,04	318,42	-	194,24	218,52	-	110,40	124,20	-	40,96	46,
	IV	12.076	-	966,08	1.086,84	-	899,12	1.011,51	-	833,68	937,89	-	769,84	866,07	-	707,52	795,96	-	646,80	727,65	-	587,52	660,
	V	18.022	57,00	1.441,76	1.621,98																		
	VI	18.554	120,30	1.484,32	1.669,86																		
64.871,99	I	12.088	-	967,04	1.087,92	-	834,64	938,97	-	708,40	796,95	-	588,40	661,95	-	474,56	533,88	-	366,80	412,65	-	265,28	298,
	II	10.511	-	840,88	945,99	-	714,40	803,70	-	594,00	668,25	-	479,84	539,82	-	371,92	418,41	-	270,08	303,84	-	174,40	196,
	III	7.110	-	568,80	639,90	-	470,72	529,56	-	375,68	422,64	-	283,68	319,14	-	194,88	219,24	-	111,04	124,92	-	41,44	46,
	IV	12.088	-	967,04	1.087,92	-	900,08	1.012,59	-	834,64	938,97	-	770,72	867,06	-	708,40	796,95	-	647,60	728,55	-	588,40	661,
	V	18.036	58,66	1.442,88	1.623,24																		
	VI	18.567	121,85	1.485,36	1.671,03																		
64.907,99	I	12.100	-	968,00	1.089,00	-	835,60	940,05	-	709,36	798,03	-	589,28	662,94	-	475,36	534,78	-	367,60	413,55	-	266,00	299,
	II	10.523	-	841,84	947,07	-	715,28	804,69	-	594,88	669,24	-	480,72	540,81	-	372,64	419,22	-	270,80	304,65	-	175,12	197,
	III	7.118	-	569,44	640,62	-	471,36	530,28	-	376,32	423,36	-	284,48	320,04	-	195,52	219,96	-	111,52	125,46	-	41,76	46,
	IV	12.100	-	968,00	1.089,00	-	901,04	1.013,67	-	835,60	940,05	-	771,68	868,14	-	709,36	798,03	-	648,48	729,54	-	589,28	662,
	V	18.049	60,21	1.443,92	1.624,41																		
	VI	18.581	123,52	1.486,48	1.672,29																		
64.943,99	I	12.113	-	969,04	1.090,17	-	836,56	941,13	-	710,24	799,02	-	590,08	663,84	-	476,16	535,68	-	368,40	414,45	-	266,80	300,
	II	10.535	-	842,80	948,15	-	716,16	805,68	-	595,76	670,23	-	481,52	541,71	-	373,44	420,12	-	271,52	305,46	-	175,76	197,
	III	7.128	-	570,24	641,52	-	472,00	531,00	-	376,96	424,08	-	285,12	320,76	-	196,16	220,68	-	112,16	126,18	-	42,24	47,
	IV	12.113	-	969,04	1.090,17	-	902,00	1.014,75	-	836,56	941,13	-	772,64	869,22	-	710,24	799,02	-	649,44	730,62	-	590,08	663,
	V	18.063	61,88	1.445,04	1.625,67																		
	VI	18.595	125,18	1.487,60	1.673,55																		
64.979,99	I	12.125	-	970,00	1.091,25	-	837,44	942,12	-	711,12	800,01	-	590,96	664,83	-	476,96	536,58	-	369,12	415,26	-	267,44	300,
	II	10.547	-	843,76	949,23	-	717,04	806,67	-	596,64	671,22	-	482,32	542,61	-	374,16	420,93	-	272,24	306,27	-	176,48	198,
	III	7.136	-	570,88	642,24	-	472,80	531,90	-	377,76	424,98	-	285,76	321,48	-	196,80	221,40	-	112,64	126,72	-	42,72	48,
	IV	12.125	-	970,00	1.091,25	-	902,96	1.015,83	-	837,44	942,12	-	773,52	870,21	-	711,12	800,01	-	650,24	731,52	-	590,96	664,
	V	18.077	63,54	1.446,16	1.626,93																		
	VI	18.609	126,85	1.488,72	1.674,81																		
65.015,99	I	12.137	-	970,96	1.092,33	-	838,40	943,20	-	712,00	801,00	-	591,84	665,82	-	477,76	537,48	-	369,92	416,16	-	268,16	301,
	II	10.559	-	844,72	950,31	-	718,00	807,75	-	597,44	672,12	-	483,12	543,51	-	374,96	421,83	-	272,96	307,08	-	177,12	199,
	III	7.146	-	571,68	643,14	-	473,44	532,62	-	378,40	425,70	-	286,40	322,20	-	197,44	222,12	-	113,28	127,44	-	43,20	48,
	IV	12.137	-	970,96	1.092,33	-	903,92	1.016,91	-	838,40	943,20	-	774,48	871,29	-	712,00	801,00	-	651,12	732,51	-	591,84	665,
	V	18.091	65,21	1.447,28	1.628,19																		
	VI	18.622	128,40	1.489,76	1.675,98																		
65.051,99	I	12.150	-	972,00	1.093,50	-	839,36	944,28	-	712,96	802,08	-	592,64	666,72	-	478,56	538,38	-	370,64	416,97	-	268,96	302,
	II	10.570	-	845,60	951,30	-	718,88	808,74	-	598,32	673,11	-	483,92	544,41	-	375,76	422,73	-	273,68	307,89	-	177,84	200,
	III	7.154	-	572,32	643,86	-	474,24	533,52	-	379,04	426,42	-	287,04	322,92	-	198,08	222,84	-	113,92	128,16	-	43,68	49,
	IV	12.150	-	972,00	1.093,50	-	904,88	1.017,99	-	839,36	944,28	-	775,36	872,28	-	712,96	802,08	-	652,00	733,50	-	592,64	666,
	V	18.105	66,87	1.448,40	1.629,45																		
	VI	18.636	130,06	1.490,88	1.677,24																		
65.087,99	I	12.162	-	972,96	1.094,58	-	840,32	945,36	-	713,84	803,07	-	593,52	667,71	-	479,36	539,28	-	371,44	417,87	-	269,60	303,
	II	10.582	-	846,56	952,38	-	719,76	809,73	-	599,20	674,10	-	484,72	545,31	-	376,48	423,54	-	274,40	308,70	-	178,48	200,
	III	7.164	-	573,12	644,76	-	474,88	534,24	-	379,68	427,14	-	287,68	323,64	-	198,72	223,56	-	114,40	128,70	-	44,16	49,
	IV	12.162	-	972,96	1.094,58	-	905,84	1.019,07	-	840,32	945,36	-	776,32	873,36	-	713,84	803,07	-	652,88	734,49	-	593,52	667,
	V	18.118	68,42	1.449,44	1.630,62																		
	VI	18.650	131,73	1.492,00	1.678,50																		
65.123,99	I	12.175	-	974,00	1.095,75	-	841,28	946,44	-	714,72	804,06	-	594,40	668,70	-	480,16	540,18	-	372,16	418,68	-	270,32	304,
	II	10.594	-	847,52	953,46	-	720,72	810,81	-	600,08	675,09	-	485,60	546,30	-	377,28	424,44	-	275,12	309,51	-	179,20	201,
	III	7.172	-	573,76	645,48	-	475,52	534,96	-	380,48	428,04	-	288,32	324,36	-	199,36	224,28	-	115,04	129,42	-	44,64	50,
	IV	12.175	-	974,00	1.095,75	-	906,80	1.020,15	-	841,28	946,44	-	777,20	874,35	-	714,72	804,06	-	653,76	735,48	-	594,40	668,
	V	18.132	70,09	1.450,56	1.631,88																		
	VI	18.664	133,39	1.493,12	1.679,76																		
65.159,99	I	12.187	-	974,96	1.096,83	-	842,24	947,52	-	715,68	805,14	-	595,28	669,69	-	481,04	541,17	-	372,96	419,58	-	271,12	305,
	II	10.606	-	848,48	954,54	-	721,60	811,80	-	600,88	675,99	-	486,40	547,20	-	378,00	425,25	-	275,84	310,32	-	179,84	202,
	III	7.182	-	574,56	646,38	-	476,32	535,86	-	381,12	428,76	-	289,12	325,26	-	200,00	225,00	-	115,52	129,96	-	44,96	50,
	IV	12.187	-	974,96	1.096,83	-	907,84	1.021,32	-	842,24	947,52	-	778,16	875,43	-	715,68	805,14	-	654,64	736,47	-	595,28	669,
	V	18.146	71,75	1.451,68	1.633,14																		
	VI	18.677	134,94	1.494,16	1.680,93																		
65.195,99	I	12.199	-	975,92	1.097,91	-	843,12	948,51	-	716,56	806,13	-	596,08	670,59	-	481,84	542,07	-	373,68	420,39	-	271,76	305,
	II	10.618	-	849,44	955,62	-	722,48	812,79	-	601,76	676,98	-	487,20	548,10	-	378,80	426,15	-	276,56	311,13	-	180,48	203,
	III	7.190	-	575,20	647,10	-	476,96	536,58	-	381,76	429,48	-	289,76	325,98	-	200,64	225,72	-	116,16	130,68	-	45,44	51,
	IV	12.199	-	975,92	1.097,91	-	908,80	1.022,40	-	843,12	948,51	-	779,04	876,42	-	716,56	806,13	-	655,52	737,46	-	596,08	670,
	V	18.159	73,30	1.452,72	1.634,31																		
	VI	18.691	136,61	1.495,28	1.682,19																		
65.231,99	I	12.212	-	976,96	1.099,08	-	844,08	949,59	-	717,44	807,12	-	596,96	671,58	-	482,64	542,97	-	374,48	421,29	-	272,48	306,
	II	10.630	-	850,40	956,70	-	723,44	813,87	-	602,64	677,97	-	488,00	549,00	-	379,60	427,05	-	277,28	311,94	-	181,20	203,
	III	7.200	-	576,00	648,00	-	477,76	537,48	-	382,40	430,20	-	290,40	326,70	-	201,28	226,44	-	116,64	131,22	-	45,92	51,
	IV	12.212	-	976,96	1.099,08	-	909,76	1.023,48	-	844,08	949,59	-	780,00	877,50	-	717,44	807,12	-	656,40	738,45	-	596,96	671,
	V	18.173	74,97	1.453,84	1.635,57																		
	VI	18.705	138,27	1.496,40	1.683,45																		
65.267,99	I	12.224	-	977,92	1.100,16	-	845,04	950,67	-	718,32	808,11	-	597,84	672,57	-	483,44	543,87	-	375,28	422,19	-	273,28	307,
	II	10.642	-	851,36	957,78	-	724,32	814,86	-	603,52	678,96	-	488,80	549,90	-	380,32	427,86	-	278,00	312,75	-	181,92	204,
	III	7.210	-	576,80	648,90	-	478,40	538,20	-	383,20	431,10	-	291,04	327,42	-	201,92	227,16	-	117,28	131,94	-	46,40	52,
	IV	12.224	-	977,92	1.100,16	-	910,72	1.024,56	-	845,04	950,67	-	780,96	878,58	-	718,32	808,11	-	657,28	739,44	-	597,84	672,
	V	18.187	76,63	1.454,96	1.636,83																		
	VI	18.719	139,94	1.497,52	1.684,71																		
65.303,99	I	12.236	-	978,88	1.101,24	-	846,00	951,75	-	719,20	809,10	-	598,64	673,47	-	484,24	544,77	-	376,00	423,00	-	273,92	308,
	II	10.653	-	852,24	958,77	-	725,20	815,85	-	604,32	679,86	-	489,60	550,80	-	381,12	428,76	-	278,72	313,56	-	182,56	205,
	III	7.218	-	577,44	649,62	-	479,04	538,92	-	383,84	431,82	-	291,68	328,14	-	202,56	227,88	-	117,92	132,66	-	46,88	52,74
	IV	12.236	-	978,88	1.101,24	-	911,68	1.025,64	-	846,00	951,75	-	781,84	879,57	-	719,20	809,10	-	658,16	740,43	-	598,64	673,47
	V	18.200	78,18	1.456,00	1.638,00																		
	VI	18.732	141,49	1.498,56	1.685,88																		
65.339,99	I	12.249	-	979,92	1.102,41	-	846,96	952,83	-	720,16	810,18	-	599,52	674,46	-	485,04	545,67	-	376,80	423,90	-	274,72	309,06
	II	10.665	-	853,20	959,85	-	726,16	816,93	-	605,20	680,85	-	490,48	551,79	-	381,84	429,57	-	279,44	314,37	-	183,28	206,19
	III	7.228	-	578,24	650,52	-	479,84	539,82	-	384,48	432,54	-	292,32	328,86	-	203,20	228,60	-	118,40	133,20	-	47,36	53,28
	IV	12.249	-	979,92	1.102,41	-	912,64	1.026,72	-	846,96	952,83	-	782,80	880,65	-	720,16	810,18	-	659,04	741,42	-	599,52	674,46
	V	18.214	79,84	1.457,12	1.639,26																		
	VI	18.746	143,15	1.499,68	1.687,14																		

Anzahl Kinderfreibeträge (nur Steuerklassen I–IV)

SolZ/KiSt lt. Tabelle nicht für Sonstige Bezüge anwendbar.

Allgemeine Tabelle

JAHR bis 65.879,99 €

Lohn/ Gehalt bis	Steuerklasse	Lohnsteuer	ohne Kinderfreibetrag SolZ 5,5%	Kirchensteuer 8%	Kirchensteuer 9%	0,5 SolZ 5,5%	0,5 Kirchensteuer 8%	0,5 Kirchensteuer 9%	1,0 SolZ 5,5%	1,0 Kirchensteuer 8%	1,0 Kirchensteuer 9%	1,5 SolZ 5,5%	1,5 Kirchensteuer 8%	1,5 Kirchensteuer 9%	2,0 SolZ 5,5%	2,0 Kirchensteuer 8%	2,0 Kirchensteuer 9%	2,5 SolZ 5,5%	2,5 Kirchensteuer 8%	2,5 Kirchensteuer 9%	3,0 SolZ 5,5%	3,0 Kirchensteuer 8%	3,0 Kirchensteuer 9%
65.375,99	I	12.261	-	980,88	1.103,49	-	847,92	953,91	-	721,04	811,17	-	600,40	675,45	-	485,92	546,66	-	377,60	424,80	-	275,44	309,87
	II	10.677	-	854,16	960,93	-	727,04	817,92	-	606,08	681,84	-	491,28	552,69	-	382,64	430,47	-	280,24	315,27	-	183,92	206,91
	III	7.236	-	578,88	651,24	-	480,48	540,54	-	385,28	433,44	-	292,96	329,58	-	203,84	229,32	-	119,04	133,92	-	47,84	53,82
	IV	12.261	-	980,88	1.103,49	-	913,60	1.027,80	-	847,92	953,91	-	783,68	881,64	-	721,04	811,17	-	659,92	742,41	-	600,40	675,45
	V	18.228	81,51	1.458,24	1.640,52																		
	VI	18.760	144,82	1.500,80	1.688,40																		
65.411,99	I	12.274	-	981,92	1.104,66	-	848,80	954,90	-	721,92	812,16	-	601,20	676,35	-	486,72	547,56	-	378,32	425,61	-	276,16	310,68
	II	10.689	-	855,12	962,01	-	727,92	818,91	-	606,88	682,74	-	492,08	553,59	-	383,44	431,37	-	280,88	315,99	-	184,56	207,63
	III	7.246	-	579,68	652,14	-	481,28	541,44	-	385,92	434,16	-	293,60	330,30	-	204,48	230,04	-	119,52	134,46	-	48,32	54,36
	IV	12.274	-	981,92	1.104,66	-	914,56	1.028,88	-	848,80	954,90	-	784,64	882,72	-	721,92	812,16	-	660,80	743,40	-	601,20	676,35
	V	18.241	83,06	1.459,28	1.641,69																		
	VI	18.773	146,37	1.501,84	1.689,57																		
65.447,99	I	12.286	-	982,88	1.105,74	-	849,76	955,98	-	722,88	813,24	-	602,08	677,34	-	487,52	548,46	-	379,12	426,51	-	276,88	311,49
	II	10.701	-	856,08	963,09	-	728,80	819,90	-	607,76	683,73	-	492,88	554,49	-	384,16	432,18	-	281,68	316,89	-	185,28	208,44
	III	7.254	-	580,32	652,86	-	481,92	542,16	-	386,56	434,88	-	294,24	331,02	-	205,12	230,76	-	120,16	135,18	-	48,64	54,72
	IV	12.286	-	982,88	1.105,74	-	915,60	1.030,05	-	849,76	955,98	-	785,52	883,71	-	722,88	813,24	-	661,68	744,39	-	602,08	677,34
	V	18.255	84,72	1.460,40	1.642,95																		
	VI	18.787	148,03	1.502,96	1.690,83																		
65.483,99	I	12.298	-	983,84	1.106,82	-	850,72	957,06	-	723,76	814,23	-	602,96	678,33	-	488,32	549,36	-	379,84	427,32	-	277,60	312,30
	II	10.713	-	857,04	964,17	-	729,76	820,98	-	608,64	684,72	-	493,68	555,39	-	384,96	433,08	-	282,32	317,61	-	185,92	209,16
	III	7.264	-	581,12	653,76	-	482,56	542,88	-	387,20	435,60	-	295,04	331,92	-	205,76	231,48	-	120,64	135,72	-	49,12	55,26
	IV	12.298	-	983,84	1.106,82	-	916,56	1.031,13	-	850,72	957,06	-	786,48	884,79	-	723,76	814,23	-	662,56	745,38	-	602,96	678,33
	V	18.269	86,39	1.461,52	1.644,21																		
	VI	18.800	149,58	1.504,00	1.692,00																		
65.519,99	I	12.311	-	984,88	1.107,99	-	851,68	958,14	-	724,64	815,22	-	603,84	679,32	-	489,12	550,26	-	380,64	428,22	-	278,32	313,11
	II	10.725	-	858,00	965,25	-	730,64	821,97	-	609,52	685,71	-	494,48	556,29	-	385,68	433,89	-	283,12	318,51	-	186,64	209,97
	III	7.272	-	581,76	654,48	-	483,36	543,78	-	388,00	436,50	-	295,68	332,64	-	206,40	232,20	-	121,28	136,44	-	49,60	55,80
	IV	12.311	-	984,88	1.107,99	-	917,52	1.032,21	-	851,68	958,14	-	787,36	885,78	-	724,64	815,22	-	663,44	746,37	-	603,84	679,32
	V	18.283	88,06	1.462,64	1.645,47																		
	VI	18.814	151,24	1.505,12	1.693,26																		
65.555,99	I	12.323	-	985,84	1.109,07	-	852,64	959,22	-	725,60	816,30	-	604,64	680,22	-	489,92	551,16	-	381,44	429,12	-	279,04	313,92
	II	10.737	-	858,96	966,33	-	731,52	822,96	-	610,40	686,70	-	495,36	557,28	-	386,48	434,79	-	283,84	319,32	-	187,36	210,78
	III	7.282	-	582,56	655,38	-	484,00	544,50	-	388,64	437,22	-	296,32	333,36	-	207,04	232,92	-	121,92	137,16	-	50,08	56,34
	IV	12.323	-	985,84	1.109,07	-	918,48	1.033,29	-	852,64	959,22	-	788,32	886,86	-	725,60	816,30	-	664,32	747,36	-	604,64	680,22
	V	18.296	89,60	1.463,68	1.646,64																		
	VI	18.828	152,91	1.506,24	1.694,52																		
65.591,99	I	12.336	-	986,88	1.110,24	-	853,60	960,30	-	726,48	817,29	-	605,52	681,21	-	490,72	552,06	-	382,16	429,93	-	279,76	314,73
	II	10.748	-	859,84	967,32	-	732,48	824,04	-	611,20	687,60	-	496,16	558,18	-	387,28	435,69	-	284,56	320,13	-	188,00	211,50
	III	7.290	-	583,20	656,10	-	484,80	545,40	-	389,28	437,94	-	296,96	334,08	-	207,68	233,64	-	122,40	137,70	-	50,56	56,88
	IV	12.336	-	986,88	1.110,24	-	919,44	1.034,37	-	853,60	960,30	-	789,20	887,85	-	726,48	817,29	-	665,20	748,35	-	605,52	681,21
	V	18.310	91,27	1.464,80	1.647,90																		
	VI	18.842	154,58	1.507,36	1.695,78																		
65.627,99	I	12.348	-	987,84	1.111,32	-	854,56	961,38	-	727,36	818,28	-	606,40	682,20	-	491,60	553,05	-	382,96	430,83	-	280,48	315,54
	II	10.760	-	860,80	968,40	-	733,36	825,03	-	612,08	688,59	-	496,96	559,08	-	388,00	436,50	-	285,28	320,94	-	188,72	212,31
	III	7.300	-	584,00	657,00	-	485,44	546,12	-	390,08	438,84	-	297,60	334,80	-	208,32	234,36	-	123,04	138,42	-	51,04	57,42
	IV	12.348	-	987,84	1.111,32	-	920,40	1.035,45	-	854,56	961,38	-	790,16	888,93	-	727,36	818,28	-	666,08	749,34	-	606,40	682,20
	V	18.324	92,93	1.465,92	1.649,16																		
	VI	18.855	156,12	1.508,40	1.696,95																		
65.663,99	I	12.361	-	988,88	1.112,49	-	855,52	962,46	-	728,32	819,36	-	607,28	683,19	-	492,40	553,95	-	383,68	431,64	-	281,20	316,35
	II	10.772	-	861,76	969,48	-	734,32	826,11	-	612,96	689,58	-	497,76	559,98	-	388,80	437,40	-	286,00	321,75	-	189,36	213,03
	III	7.310	-	584,80	657,90	-	486,24	547,02	-	390,72	439,56	-	298,24	335,52	-	208,96	235,08	-	123,68	139,14	-	51,52	57,96
	IV	12.361	-	988,88	1.112,49	-	921,44	1.036,62	-	855,52	962,46	-	791,12	890,01	-	728,32	819,36	-	666,96	750,33	-	607,28	683,19
	V	18.338	94,60	1.467,04	1.650,42																		
	VI	18.869	157,79	1.509,52	1.698,21																		
65.699,99	I	12.373	-	989,84	1.113,57	-	856,40	963,45	-	729,20	820,35	-	608,08	684,09	-	493,20	554,85	-	384,48	432,54	-	281,92	317,16
	II	10.784	-	862,72	970,56	-	735,20	827,10	-	613,76	690,48	-	498,56	560,88	-	389,60	438,30	-	286,72	322,56	-	190,08	213,84
	III	7.318	-	585,44	658,62	-	486,88	547,74	-	391,36	440,28	-	298,88	336,24	-	209,60	235,80	-	124,16	139,68	-	52,00	58,50
	IV	12.373	-	989,84	1.113,57	-	922,32	1.037,61	-	856,40	963,45	-	792,00	891,00	-	729,20	820,35	-	667,84	751,32	-	608,08	684,09
	V	18.351	96,15	1.468,08	1.651,59																		
	VI	18.883	159,46	1.510,64	1.699,47																		
65.735,99	I	12.386	-	990,88	1.114,74	-	857,36	964,53	-	730,08	821,34	-	608,96	685,08	-	494,00	555,75	-	385,28	433,44	-	282,64	317,97
	II	10.796	-	863,68	971,64	-	736,08	828,09	-	614,64	691,47	-	499,44	561,87	-	390,32	439,11	-	287,44	323,37	-	190,72	214,56
	III	7.328	-	586,24	659,52	-	487,68	548,64	-	392,00	441,00	-	299,68	337,14	-	210,24	236,52	-	124,80	140,40	-	52,48	59,04
	IV	12.386	-	990,88	1.114,74	-	923,36	1.038,78	-	857,36	964,53	-	792,96	892,08	-	730,08	821,34	-	668,72	752,31	-	608,96	685,08
	V	18.365	97,81	1.469,20	1.652,85																		
	VI	18.897	161,12	1.511,76	1.700,73																		
65.771,99	I	12.398	-	991,84	1.115,82	-	858,32	965,61	-	731,04	822,42	-	609,84	686,07	-	494,88	556,74	-	386,00	434,25	-	283,36	318,78
	II	10.808	-	864,64	972,72	-	737,04	829,17	-	615,52	692,46	-	500,24	562,77	-	391,12	440,01	-	288,16	324,18	-	191,44	215,37
	III	7.336	-	586,88	660,24	-	488,32	549,36	-	392,80	441,90	-	300,32	337,86	-	210,88	237,24	-	125,44	141,12	-	52,96	59,58
	IV	12.398	-	991,84	1.115,82	-	924,32	1.039,86	-	858,32	965,61	-	793,92	893,16	-	731,04	822,42	-	669,68	753,39	-	609,84	686,07
	V	18.379	99,48	1.470,32	1.654,11																		
	VI	18.910	162,67	1.512,80	1.701,90																		
65.807,99	I	12.410	-	992,80	1.116,90	-	859,28	966,69	-	731,92	823,41	-	610,72	687,06	-	495,68	557,64	-	386,80	435,15	-	284,08	319,59
	II	10.820	-	865,60	973,80	-	737,92	830,16	-	616,40	693,45	-	501,04	563,67	-	391,92	440,91	-	288,88	324,99	-	192,08	216,09
	III	7.346	-	587,68	661,14	-	488,96	550,08	-	393,44	442,62	-	300,96	338,58	-	211,52	237,96	-	125,92	141,66	-	53,44	60,12
	IV	12.410	-	992,80	1.116,90	-	925,28	1.040,94	-	859,28	966,69	-	794,80	894,15	-	731,92	823,41	-	670,48	754,29	-	610,72	687,06
	V	18.392	101,03	1.471,36	1.655,28																		
	VI	18.924	164,33	1.513,92	1.703,16																		
65.843,99	I	12.423	-	993,84	1.118,07	-	860,24	967,77	-	732,80	824,40	-	611,52	687,96	-	496,48	558,54	-	387,60	436,05	-	284,80	320,40
	II	10.832	-	866,56	974,88	-	738,80	831,15	-	617,28	694,44	-	501,92	564,66	-	392,64	441,72	-	289,68	325,89	-	192,80	216,90
	III	7.356	-	588,48	662,04	-	489,76	550,98	-	394,08	443,34	-	301,60	339,30	-	212,16	238,68	-	126,56	142,38	-	53,92	60,66
	IV	12.423	-	993,84	1.118,07	-	926,24	1.042,02	-	860,24	967,77	-	795,76	895,23	-	732,80	824,40	-	671,44	755,37	-	611,52	687,96
	V	18.406	102,69	1.472,48	1.656,54																		
	VI	18.938	166,00	1.515,04	1.704,42																		
65.879,99	I	12.436	-	994,88	1.119,24	-	861,20	968,85	-	733,76	825,48	-	612,40	688,95	-	497,28	559,44	-	388,32	436,86	-	285,60	321,30
	II	10.844	-	867,52	975,96	-	739,76	832,23	-	618,16	695,43	-	502,72	565,56	-	393,44	442,62	-	290,40	326,70	-	193,44	217,62
	III	7.364	-	589,12	662,76	-	490,40	551,70	-	394,88	444,24	-	302,24	340,02	-	212,80	239,40	-	127,20	143,10	-	54,40	61,20
	IV	12.436	-	994,88	1.119,24	-	927,28	1.043,19	-	861,20	968,85	-	796,72	896,31	-	733,76	825,48	-	672,32	756,36	-	612,40	688,95
	V	18.420	104,36	1.473,60	1.657,80																		
	VI	18.952	167,67	1.516,16	1.705,68																		

Anzahl Kinderfreibeträge (nur Steuerklassen I–IV)

SolZ/KiSt lt. Tabelle nicht für Sonstige Bezüge anwendbar.

Lohn/ Gehalt bis	Steuerklasse	Lohnsteuer	ohne Kinderfreibetrag SolZ 5,5%	ohne Kinderfreibetrag Kirchensteuer 8%	ohne Kinderfreibetrag Kirchensteuer 9%	0,5 SolZ 5,5%	0,5 Kirchensteuer 8%	0,5 Kirchensteuer 9%	1,0 SolZ 5,5%	1,0 Kirchensteuer 8%	1,0 Kirchensteuer 9%	1,5 SolZ 5,5%	1,5 Kirchensteuer 8%	1,5 Kirchensteuer 9%	2,0 SolZ 5,5%	2,0 Kirchensteuer 8%	2,0 Kirchensteuer 9%	2,5 SolZ 5,5%	2,5 Kirchensteuer 8%	2,5 Kirchensteuer 9%	3,0 SolZ 5,5%	3,0 Kirchensteuer 8%	3,0 Kirchensteuer 9%
65.915,99	I	12.448	-	995,84	1.120,32	-	862,16	969,93	-	734,64	826,47	-	613,28	689,94	-	498,08	560,34	-	389,12	437,76	-	286,24	322,
	II	10.856	-	868,48	977,04	-	740,64	833,22	-	618,96	696,33	-	503,52	566,46	-	394,24	443,52	-	291,12	327,51	-	194,16	218,
	III	7.374	-	589,92	663,66	-	491,04	552,42	-	395,52	444,96	-	302,88	340,74	-	213,44	240,12	-	127,68	143,64	-	54,72	61,
	IV	12.448	-	995,84	1.120,32	-	928,24	1.044,27	-	862,16	969,93	-	797,60	897,30	-	734,64	826,47	-	673,20	757,35	-	613,28	689,
	V	18.433	*105,91*	1.474,64	1.658,97																		
	VI	18.965	*169,21*	1.517,20	1.706,85																		
65.951,99	I	12.460	-	996,80	1.121,40	-	863,12	971,01	-	735,52	827,46	-	614,16	690,93	-	498,96	561,33	-	389,92	438,66	-	287,04	322,
	II	10.868	-	869,44	978,12	-	741,52	834,21	-	619,84	697,32	-	504,32	567,36	-	395,04	444,42	-	291,84	328,32	-	194,80	219,
	III	7.382	-	590,56	664,38	-	491,84	553,32	-	396,16	445,68	-	303,68	341,64	-	214,08	240,84	-	128,32	144,36	-	55,36	62,
	IV	12.460	-	996,80	1.121,40	-	929,20	1.045,35	-	863,12	971,01	-	798,56	898,38	-	735,52	827,46	-	674,08	758,34	-	614,16	690,
	V	18.447	*107,57*	1.475,76	1.660,23																		
	VI	18.979	*170,88*	1.518,32	1.708,11																		
65.987,99	I	12.473	-	997,84	1.122,57	-	864,08	972,09	-	736,48	828,54	-	615,04	691,92	-	499,76	562,23	-	390,64	439,47	-	287,76	323,
	II	10.880	-	870,40	979,20	-	742,48	835,29	-	620,72	698,31	-	505,20	568,35	-	395,76	445,23	-	292,56	329,13	-	195,52	219,
	III	7.392	-	591,36	665,28	-	492,48	554,04	-	396,80	446,40	-	304,32	342,36	-	214,72	241,56	-	128,96	145,08	-	55,68	62,
	IV	12.473	-	997,84	1.122,57	-	930,16	1.046,43	-	864,08	972,09	-	799,52	899,46	-	736,48	828,54	-	674,96	759,33	-	615,04	691,
	V	18.461	*109,24*	1.476,88	1.661,49																		
	VI	18.993	*172,55*	1.519,44	1.709,37																		
66.023,99	I	12.485	-	998,80	1.123,65	-	864,96	973,08	-	737,36	829,53	-	615,84	692,82	-	500,56	563,13	-	391,44	440,37	-	288,48	324,
	II	10.891	-	871,28	980,19	-	743,36	836,28	-	621,60	699,30	-	506,00	569,25	-	396,56	446,13	-	293,28	329,94	-	196,24	220,
	III	7.400	-	592,00	666,00	-	493,28	554,94	-	397,60	447,30	-	304,96	343,08	-	215,36	242,28	-	129,44	145,62	-	56,16	63,
	IV	12.485	-	998,80	1.123,65	-	931,12	1.047,51	-	864,96	973,08	-	800,40	900,45	-	737,36	829,53	-	675,84	760,32	-	615,84	692,
	V	18.475	*110,90*	1.478,00	1.662,75																		
	VI	19.006	*174,09*	1.520,48	1.710,54																		
66.059,99	I	12.498	-	999,84	1.124,82	-	865,92	974,16	-	738,24	830,52	-	616,72	693,81	-	501,36	564,03	-	392,24	441,27	-	289,20	325,
	II	10.903	-	872,24	981,27	-	744,24	837,27	-	622,48	700,29	-	506,80	570,15	-	397,36	447,03	-	294,00	330,75	-	196,88	221,
	III	7.410	-	592,80	666,90	-	493,92	555,66	-	398,24	448,02	-	305,60	343,80	-	216,00	243,00	-	130,08	146,34	-	56,80	63,
	IV	12.498	-	999,84	1.124,82	-	932,16	1.048,68	-	865,92	974,16	-	801,36	901,53	-	738,24	830,52	-	676,72	761,31	-	616,72	693,
	V	18.488	*112,45*	1.479,04	1.663,92																		
	VI	19.020	*175,76*	1.521,60	1.711,80																		
66.095,99	I	12.510	-	1.000,80	1.125,90	-	866,96	975,33	-	739,20	831,60	-	617,60	694,80	-	502,24	565,02	-	392,96	442,08	-	289,92	326,
	II	10.916	-	873,28	982,44	-	745,20	838,35	-	623,36	701,28	-	507,60	571,05	-	398,08	447,84	-	294,80	331,65	-	197,60	222,
	III	7.420	-	593,60	667,80	-	494,72	556,56	-	398,88	448,74	-	306,24	344,52	-	216,64	243,72	-	130,72	147,06	-	57,12	64,
	IV	12.510	-	1.000,80	1.125,90	-	933,12	1.049,76	-	866,96	975,33	-	802,24	902,52	-	739,20	831,60	-	677,60	762,30	-	617,60	694,
	V	18.502	*114,12*	1.480,16	1.665,18																		
	VI	19.034	*177,42*	1.522,72	1.713,06																		
66.131,99	I	12.523	-	1.001,84	1.127,07	-	867,84	976,32	-	740,08	832,59	-	618,48	695,79	-	503,04	565,92	-	393,76	442,98	-	290,64	326,
	II	10.927	-	874,16	983,43	-	746,08	839,34	-	624,16	702,18	-	508,48	572,04	-	398,88	448,74	-	295,52	332,46	-	198,24	223,
	III	7.428	-	594,24	668,52	-	495,36	557,28	-	399,52	449,46	-	306,88	345,24	-	217,28	244,44	-	131,20	147,60	-	57,60	64,
	IV	12.523	-	1.001,84	1.127,07	-	934,08	1.050,84	-	867,84	976,32	-	803,20	903,60	-	740,08	832,59	-	678,48	763,29	-	618,48	695,
	V	18.516	*115,78*	1.481,28	1.666,44																		
	VI	19.047	*178,97*	1.523,76	1.714,23																		
66.167,99	I	12.535	-	1.002,80	1.128,15	-	868,80	977,40	-	740,96	833,58	-	619,36	696,78	-	503,84	566,82	-	394,56	443,88	-	291,36	327,
	II	10.939	-	875,12	984,51	-	747,04	840,42	-	625,04	703,17	-	509,28	572,94	-	399,68	449,64	-	296,24	333,27	-	198,96	223,
	III	7.438	-	595,04	669,42	-	496,16	558,18	-	400,32	450,36	-	307,68	346,14	-	217,92	245,16	-	131,84	148,32	-	58,24	65,
	IV	12.535	-	1.002,80	1.128,15	-	935,04	1.051,92	-	868,80	977,40	-	804,16	904,68	-	740,96	833,58	-	679,36	764,28	-	619,36	696,
	V	18.530	*117,45*	1.482,40	1.667,70																		
	VI	19.061	*180,64*	1.524,88	1.715,49																		
66.203,99	I	12.548	-	1.003,84	1.129,32	-	869,76	978,48	-	741,92	834,66	-	620,24	697,77	-	504,64	567,72	-	395,28	444,69	-	292,16	328,
	II	10.951	-	876,08	985,59	-	747,92	841,41	-	625,92	704,16	-	510,08	573,84	-	400,48	450,54	-	296,96	334,08	-	199,68	224,
	III	7.446	-	595,68	670,14	-	496,80	558,90	-	400,96	451,08	-	308,32	346,86	-	218,56	245,88	-	132,48	149,04	-	58,56	65,
	IV	12.548	-	1.003,84	1.129,32	-	936,08	1.053,09	-	869,76	978,48	-	805,04	905,67	-	741,92	834,66	-	680,32	765,36	-	620,24	697,
	V	18.543	*119,00*	1.483,44	1.668,87																		
	VI	19.075	*182,30*	1.526,00	1.716,75																		
66.239,99	I	12.560	-	1.004,80	1.130,40	-	870,72	979,56	-	742,80	835,65	-	621,04	698,67	-	505,44	568,62	-	396,08	445,59	-	292,88	329,
	II	10.963	-	877,04	986,67	-	748,80	842,40	-	626,80	705,15	-	510,88	574,74	-	401,20	451,35	-	297,68	334,89	-	200,32	225,
	III	7.456	-	596,48	671,04	-	497,44	559,62	-	401,60	451,80	-	308,96	347,58	-	219,20	246,60	-	133,12	149,76	-	59,04	66,
	IV	12.560	-	1.004,80	1.130,40	-	937,04	1.054,17	-	870,72	979,56	-	806,00	906,75	-	742,80	835,65	-	681,12	766,26	-	621,04	698,
	V	18.557	*120,66*	1.484,56	1.670,13																		
	VI	19.089	*183,97*	1.527,12	1.718,01																		
66.275,99	I	12.573	-	1.005,84	1.131,57	-	871,68	980,64	-	743,76	836,73	-	621,92	699,66	-	506,32	569,61	-	396,88	446,49	-	293,60	330,
	II	10.975	-	878,00	987,75	-	749,76	843,48	-	627,68	706,14	-	511,76	575,73	-	402,00	452,25	-	298,40	335,70	-	201,04	226,
	III	7.466	-	597,28	671,94	-	498,24	560,52	-	402,40	452,70	-	309,60	348,30	-	219,84	247,32	-	133,76	150,48	-	59,68	67,
	IV	12.573	-	1.005,84	1.131,57	-	938,00	1.055,25	-	871,68	980,64	-	806,96	907,83	-	743,76	836,73	-	682,08	767,34	-	621,92	699,6
	V	18.571	*122,33*	1.485,68	1.671,39																		
	VI	19.102	*185,52*	1.528,16	1.719,18																		
66.311,99	I	12.585	-	1.006,80	1.132,65	-	872,64	981,72	-	744,64	837,72	-	622,80	700,65	-	507,12	570,51	-	397,60	447,30	-	294,32	331,1
	II	10.987	-	878,96	988,83	-	750,64	844,47	-	628,48	707,04	-	512,56	576,63	-	402,72	453,06	-	299,12	336,51	-	201,68	226,8
	III	7.474	-	597,92	672,66	-	498,88	561,24	-	403,04	453,42	-	310,24	349,02	-	220,48	248,04	-	134,24	151,02	-	60,16	67,6
	IV	12.585	-	1.006,80	1.132,65	-	938,96	1.056,33	-	872,64	981,72	-	807,84	908,82	-	744,64	837,72	-	682,96	768,33	-	622,80	700,6
	V	18.584	*123,87*	1.486,72	1.672,56																		
	VI	19.116	*187,18*	1.529,28	1.720,44																		
66.347,99	I	12.598	-	1.007,84	1.133,82	-	873,60	982,80	-	745,52	838,71	-	623,68	701,64	-	507,92	571,41	-	398,40	448,20	-	295,04	331,9
	II	10.999	-	879,92	989,91	-	751,60	845,55	-	629,36	708,03	-	513,36	577,53	-	403,52	453,96	-	299,92	337,41	-	202,40	227,7
	III	7.482	-	598,56	673,38	-	499,68	562,14	-	403,68	454,14	-	310,88	349,74	-	221,12	248,76	-	134,88	151,74	-	60,48	68,0
	IV	12.598	-	1.007,84	1.133,82	-	939,92	1.057,41	-	873,60	982,80	-	808,80	909,90	-	745,52	838,71	-	683,84	769,32	-	623,68	701,6
	V	18.598	*125,54*	1.487,84	1.673,82																		
	VI	19.130	*188,85*	1.530,40	1.721,70																		
66.383,99	I	12.610	-	1.008,80	1.134,90	-	874,56	983,88	-	746,48	839,79	-	624,56	702,63	-	508,80	572,40	-	399,20	449,10	-	295,76	332,7
	II	11.011	-	880,88	990,99	-	752,48	846,54	-	630,24	709,02	-	514,24	578,52	-	404,32	454,86	-	300,64	338,22	-	203,12	228,5
	III	7.492	-	599,36	674,28	-	500,32	562,86	-	404,48	455,04	-	311,52	350,46	-	221,76	249,48	-	135,52	152,46	-	61,12	68,7
	IV	12.610	-	1.008,80	1.134,90	-	940,96	1.058,58	-	874,56	983,88	-	809,76	910,98	-	746,48	839,79	-	684,72	770,31	-	624,56	702,6
	V	18.612	*127,21*	1.488,96	1.675,08																		
	VI	19.144	*190,51*	1.531,52	1.722,96																		
66.419,99	I	12.623	-	1.009,84	1.136,07	-	875,52	984,96	-	747,36	840,78	-	625,36	703,53	-	509,60	573,30	-	399,92	449,91	-	296,48	333,5
	II	11.023	-	881,84	992,07	-	753,36	847,53	-	631,12	710,01	-	515,04	579,42	-	405,12	455,76	-	301,36	339,03	-	203,76	229,2
	III	7.502	-	600,16	675,18	-	501,12	563,76	-	405,12	455,76	-	312,32	351,36	-	222,40	250,20	-	136,00	153,00	-	61,60	69,3
	IV	12.623	-	1.009,84	1.136,07	-	941,92	1.059,66	-	875,52	984,96	-	810,64	911,97	-	747,36	840,78	-	685,60	771,30	-	625,36	703,5
	V	18.625	*128,75*	1.490,00	1.676,25																		
	VI	19.157	*192,06*	1.532,56	1.724,13																		

Anzahl Kinderfreibeträge (nur Steuerklassen I–IV)

SolZ/KiSt lt. Tabelle nicht für Sonstige Bezüge anwendbar.

Lohn/ Gehalt bis	Steuerklasse	Lohnsteuer	ohne Kinderfreibetrag SolZ 5,5%	Kirchensteuer 8%	Kirchensteuer 9%	0,5 SolZ 5,5%	0,5 Kirchensteuer 8%	0,5 Kirchensteuer 9%	1,0 SolZ 5,5%	1,0 Kirchensteuer 8%	1,0 Kirchensteuer 9%	1,5 SolZ 5,5%	1,5 Kirchensteuer 8%	1,5 Kirchensteuer 9%	2,0 SolZ 5,5%	2,0 Kirchensteuer 8%	2,0 Kirchensteuer 9%	2,5 SolZ 5,5%	2,5 Kirchensteuer 8%	2,5 Kirchensteuer 9%	3,0 SolZ 5,5%	3,0 Kirchensteuer 8%	3,0 Kirchensteuer 9%
						Anzahl Kinderfreibeträge (nur Steuerklassen I–IV)																	
66.455,99	I	12.635	-	1.010,80	1.137,15	-	876,48	986,04	-	748,24	841,77	-	626,24	704,52	-	510,40	574,20	-	400,72	450,81	-	297,20	334,35
	II	11.035	-	882,80	993,15	-	754,32	848,61	-	632,00	711,00	-	515,84	580,32	-	405,92	456,66	-	302,08	339,84	-	204,48	230,04
	III	7.510	-	600,80	675,90	-	501,76	564,48	-	405,76	456,48	-	312,96	352,08	-	223,04	250,92	-	136,64	153,72	-	62,08	69,84
	IV	12.635	-	1.010,80	1.137,15	-	942,88	1.060,74	-	876,48	986,04	-	811,60	913,05	-	748,24	841,77	-	686,48	772,29	-	626,24	704,52
	V	18.639	130,42	1.491,12	1.677,51																		
	VI	19.171	193,73	1.533,68	1.725,39																		
66.491,99	I	12.648	-	1.011,84	1.138,32	-	877,44	987,12	-	749,20	842,85	-	627,12	705,51	-	511,20	575,10	-	401,52	451,71	-	298,00	335,25
	II	11.047	-	883,76	994,23	-	755,28	849,69	-	632,88	711,99	-	516,72	581,31	-	406,64	457,47	-	302,80	340,65	-	205,12	230,76
	III	7.520	-	601,60	676,80	-	502,56	565,38	-	406,56	457,38	-	313,60	352,80	-	223,84	251,82	-	137,28	154,44	-	62,56	70,38
	IV	12.648	-	1.011,84	1.138,32	-	943,84	1.061,82	-	877,44	987,12	-	812,56	914,13	-	749,20	842,85	-	687,36	773,28	-	627,12	705,51
	V	18.653	132,09	1.492,24	1.678,77																		
	VI	19.185	195,39	1.534,80	1.726,65																		
66.527,99	I	12.660	-	1.012,80	1.139,40	-	878,40	988,20	-	750,08	843,84	-	628,00	706,50	-	512,08	576,09	-	402,24	452,52	-	298,72	336,06
	II	11.059	-	884,72	995,31	-	756,16	850,68	-	633,76	712,98	-	517,52	582,21	-	407,44	458,37	-	303,52	341,46	-	205,84	231,57
	III	7.530	-	602,40	677,70	-	503,20	566,10	-	407,20	458,10	-	314,24	353,52	-	224,32	252,36	-	137,92	155,16	-	63,04	70,92
	IV	12.660	-	1.012,80	1.139,40	-	944,80	1.062,90	-	878,40	988,20	-	813,44	915,12	-	750,08	843,84	-	688,24	774,27	-	628,00	706,50
	V	18.666	133,63	1.493,28	1.679,94																		
	VI	19.198	196,94	1.535,84	1.727,82																		
66.563,99	I	12.673	-	1.013,84	1.140,57	-	879,36	989,28	-	751,04	844,92	-	628,88	707,49	-	512,88	576,99	-	403,04	453,42	-	299,44	336,87
	II	11.071	-	885,68	996,39	-	757,04	851,67	-	634,64	713,97	-	518,32	583,11	-	408,24	459,27	-	304,32	342,36	-	206,56	232,38
	III	7.538	-	603,04	678,42	-	503,84	566,82	-	407,84	458,82	-	314,88	354,24	-	224,96	253,08	-	138,40	155,70	-	63,52	71,46
	IV	12.673	-	1.013,84	1.140,57	-	945,84	1.064,07	-	879,36	989,28	-	814,40	916,20	-	751,04	844,92	-	689,20	775,35	-	628,88	707,49
	V	18.680	135,30	1.494,40	1.681,20																		
	VI	19.212	198,61	1.536,96	1.729,08																		
66.599,99	I	12.686	-	1.014,88	1.141,74	-	880,32	990,36	-	751,92	845,91	-	629,76	708,48	-	513,68	577,89	-	403,84	454,32	-	300,16	337,68
	II	11.083	-	886,64	997,47	-	758,00	852,75	-	635,52	714,96	-	519,20	584,10	-	409,04	460,17	-	305,04	343,17	-	207,20	233,10
	III	7.548	-	603,84	679,32	-	504,64	567,72	-	408,64	459,72	-	315,52	354,96	-	225,76	253,98	-	139,04	156,42	-	64,00	72,00
	IV	12.686	-	1.014,88	1.141,74	-	946,80	1.065,15	-	880,32	990,36	-	815,36	917,28	-	751,92	845,91	-	690,08	776,34	-	629,76	708,48
	V	18.694	136,96	1.495,52	1.682,46																		
	VI	19.226	200,27	1.538,08	1.730,34																		
66.635,99	I	12.698	-	1.015,84	1.142,82	-	881,28	991,44	-	752,80	846,90	-	630,56	709,38	-	514,48	578,79	-	404,64	455,22	-	300,88	338,49
	II	11.095	-	887,60	998,55	-	758,88	853,74	-	636,32	715,86	-	520,00	585,00	-	409,76	460,98	-	305,76	343,98	-	207,92	233,91
	III	7.556	-	604,48	680,04	-	505,28	568,44	-	409,28	460,44	-	316,32	355,86	-	226,40	254,70	-	139,68	157,14	-	64,48	72,54
	IV	12.698	-	1.015,84	1.142,82	-	947,76	1.066,23	-	881,28	991,44	-	816,24	918,27	-	752,80	846,90	-	690,96	777,33	-	630,56	709,38
	V	18.708	138,63	1.496,64	1.683,72																		
	VI	19.239	201,82	1.539,12	1.731,51																		
66.671,99	I	12.711	-	1.016,88	1.143,99	-	882,24	992,52	-	753,76	847,98	-	631,44	710,37	-	515,36	579,78	-	405,44	456,12	-	301,60	339,30
	II	11.107	-	888,56	999,63	-	759,84	854,82	-	637,20	716,85	-	520,80	585,90	-	410,56	461,88	-	306,48	344,79	-	208,64	234,72
	III	7.566	-	605,28	680,94	-	506,08	569,34	-	409,92	461,16	-	316,96	356,58	-	227,04	255,42	-	140,32	157,86	-	64,96	73,08
	IV	12.711	-	1.016,88	1.143,99	-	948,80	1.067,40	-	882,24	992,52	-	817,20	919,35	-	753,76	847,98	-	691,84	778,32	-	631,44	710,37
	V	18.721	140,18	1.497,68	1.684,89																		
	VI	19.253	203,49	1.540,24	1.732,77																		
66.707,99	I	12.723	-	1.017,84	1.145,07	-	883,20	993,60	-	754,72	849,06	-	632,32	711,36	-	516,16	580,68	-	406,16	456,93	-	302,40	340,20
	II	11.119	-	889,52	1.000,71	-	760,72	855,81	-	638,08	717,84	-	521,68	586,89	-	411,36	462,78	-	307,28	345,69	-	209,28	235,44
	III	7.576	-	606,08	681,84	-	506,72	570,06	-	410,72	462,06	-	317,60	357,30	-	227,68	256,14	-	140,96	158,58	-	65,44	73,62
	IV	12.723	-	1.017,84	1.145,07	-	949,76	1.068,48	-	883,20	993,60	-	818,16	920,43	-	754,72	849,06	-	692,72	779,31	-	632,32	711,36
	V	18.735	141,84	1.498,80	1.686,15																		
	VI	19.267	205,15	1.541,36	1.734,03																		
66.743,99	I	12.736	-	1.018,88	1.146,24	-	884,16	994,68	-	755,60	850,05	-	633,20	712,35	-	516,96	581,58	-	406,96	457,83	-	303,12	341,01
	II	11.131	-	890,48	1.001,79	-	761,68	856,89	-	638,96	718,83	-	522,48	587,79	-	412,16	463,68	-	308,00	346,50	-	210,00	236,25
	III	7.584	-	606,72	682,56	-	507,52	570,96	-	411,36	462,78	-	318,24	358,02	-	228,32	256,86	-	141,44	159,12	-	65,92	74,16
	IV	12.736	-	1.018,88	1.146,24	-	950,72	1.069,56	-	884,16	994,68	-	819,12	921,51	-	755,60	850,05	-	693,60	780,30	-	633,20	712,35
	V	18.749	143,51	1.499,92	1.687,41																		
	VI	19.281	206,82	1.542,48	1.735,29																		
66.779,99	I	12.748	-	1.019,84	1.147,32	-	885,12	995,76	-	756,48	851,04	-	634,08	713,34	-	517,84	582,57	-	407,76	458,73	-	303,84	341,82
	II	11.143	-	891,44	1.002,87	-	762,56	857,88	-	639,84	719,82	-	523,28	588,69	-	412,88	464,49	-	308,72	347,31	-	210,72	237,06
	III	7.594	-	607,52	683,46	-	508,16	571,68	-	412,00	463,50	-	318,88	358,74	-	228,96	257,58	-	142,08	159,84	-	66,40	74,70
	IV	12.748	-	1.019,84	1.147,32	-	951,68	1.070,64	-	885,12	995,76	-	820,00	922,50	-	756,48	851,04	-	694,48	781,29	-	634,08	713,34
	V	18.763	145,18	1.501,04	1.688,67																		
	VI	19.294	208,36	1.543,52	1.736,46																		
66.815,99	I	12.761	-	1.020,88	1.148,49	-	886,08	996,84	-	757,44	852,12	-	634,96	714,33	-	518,64	583,47	-	408,56	459,63	-	304,56	342,63
	II	11.155	-	892,40	1.003,95	-	763,52	858,96	-	640,72	720,81	-	524,16	589,68	-	413,68	465,39	-	309,44	348,12	-	211,36	237,78
	III	7.602	-	608,16	684,18	-	508,96	572,58	-	412,80	464,40	-	319,68	359,64	-	229,60	258,30	-	142,72	160,56	-	66,88	75,24
	IV	12.761	-	1.020,88	1.148,49	-	952,72	1.071,81	-	886,08	996,84	-	820,96	923,58	-	757,44	852,12	-	695,44	782,37	-	634,96	714,33
	V	18.777	146,84	1.502,16	1.689,93																		
	VI	19.308	210,03	1.544,64	1.737,72																		
66.851,99	I	12.773	-	1.021,84	1.149,57	-	887,04	997,92	-	758,32	853,11	-	635,84	715,32	-	519,44	584,37	-	409,28	460,44	-	305,28	343,44
	II	11.167	-	893,36	1.005,03	-	764,40	859,95	-	641,60	721,80	-	524,96	590,58	-	414,48	466,29	-	310,16	348,93	-	212,08	238,59
	III	7.612	-	608,96	685,08	-	509,60	573,30	-	413,44	465,12	-	320,32	360,36	-	230,24	259,02	-	143,36	161,28	-	67,52	75,96
	IV	12.773	-	1.021,84	1.149,57	-	953,68	1.072,89	-	887,04	997,92	-	821,92	924,66	-	758,32	853,11	-	696,32	783,36	-	635,84	715,32
	V	18.790	148,39	1.503,20	1.691,10																		
	VI	19.322	211,70	1.545,76	1.738,98																		
66.887,99	I	12.786	-	1.022,88	1.150,74	-	888,00	999,00	-	759,28	854,19	-	636,72	716,31	-	520,32	585,36	-	410,08	461,34	-	306,08	344,34
	II	11.179	-	894,32	1.006,11	-	765,36	861,03	-	642,48	722,79	-	525,76	591,48	-	415,28	467,19	-	310,96	349,83	-	212,80	239,40
	III	7.620	-	609,60	685,80	-	510,40	574,20	-	414,08	465,84	-	320,96	361,08	-	230,88	259,74	-	144,00	162,00	-	68,00	76,50
	IV	12.786	-	1.022,88	1.150,74	-	954,64	1.073,97	-	888,00	999,00	-	822,88	925,74	-	759,28	854,19	-	697,20	784,35	-	636,72	716,31
	V	18.804	150,05	1.504,32	1.692,36																		
	VI	19.336	213,36	1.546,88	1.740,24																		
66.923,99	I	12.799	-	1.023,92	1.151,91	-	888,96	1.000,08	-	760,16	855,18	-	637,60	717,30	-	521,12	586,26	-	410,88	462,24	-	306,80	345,15
	II	11.192	-	895,36	1.007,28	-	766,24	862,02	-	643,36	723,78	-	526,64	592,47	-	416,08	468,09	-	311,68	350,64	-	213,44	240,12
	III	7.630	-	610,40	686,70	-	511,04	574,92	-	414,72	466,56	-	321,60	361,80	-	231,52	260,46	-	144,64	162,72	-	68,48	77,04
	IV	12.799	-	1.023,92	1.151,91	-	955,68	1.075,14	-	888,96	1.000,08	-	823,76	926,73	-	760,16	855,18	-	698,08	785,34	-	637,60	717,30
	V	18.818	151,72	1.505,44	1.693,62																		
	VI	19.349	214,91	1.547,92	1.741,41																		
66.959,99	I	12.811	-	1.024,88	1.152,99	-	889,92	1.001,16	-	761,04	856,17	-	638,40	718,20	-	521,92	587,16	-	411,68	463,14	-	307,52	345,96
	II	11.203	-	896,24	1.008,27	-	767,12	863,01	-	644,24	724,77	-	527,44	593,37	-	416,80	468,90	-	312,40	351,45	-	214,16	240,93
	III	7.640	-	611,20	687,60	-	511,84	575,82	-	415,52	467,46	-	322,24	362,52	-	232,16	261,18	-	145,12	163,26	-	68,96	77,58
	IV	12.811	-	1.024,88	1.152,99	-	956,64	1.076,22	-	889,92	1.001,16	-	824,72	927,81	-	761,04	856,17	-	698,96	786,33	-	638,40	718,20
	V	18.831	153,27	1.506,48	1.694,79																		
	VI	19.363	216,58	1.549,04	1.742,67																		

SolZ/KiSt lt. Tabelle nicht für Sonstige Bezüge anwendbar.

Lohn/ Gehalt bis	Steuerklasse	Lohnsteuer	ohne Kinderfreibetrag			Anzahl Kinderfreibeträge (nur Steuerklassen I–IV)																	
						0,5			1,0			1,5			2,0			2,5			3,0		
			SolZ 5,5%	Kirchensteuer 8%	9%	SolZ 5,5%	Kirchensteuer 8%	9%	SolZ 5,5%	Kirchensteuer 8%	9%	SolZ 5,5%	Kirchensteuer 8%	9%	SolZ 5,5%	Kirchensteuer 8%	9%	SolZ 5,5%	Kirchensteuer 8%	9%	SolZ 5,5%	Kirchensteuer 8%	9%
66.995,99	I	12.824	-	1.025,92	1.154,16	-	890,88	1.002,24	-	762,00	857,25	-	639,28	719,19	-	522,80	588,15	-	412,40	463,95	-	308,24	346,
	II	11.216	-	897,28	1.009,44	-	768,08	864,09	-	645,12	725,76	-	528,24	594,27	-	417,60	469,80	-	313,12	352,26	-	214,88	241,
	III	7.648	-	611,84	688,32	-	512,48	576,54	-	416,16	468,18	-	322,88	363,24	-	232,80	261,90	-	145,76	163,98	-	69,44	78,
	IV	12.824	-	1.025,92	1.154,16	-	957,60	1.077,30	-	890,88	1.002,24	-	825,68	928,89	-	762,00	857,25	-	699,92	787,41	-	639,28	719,
	V	18.845	154,93	1.507,60	1.696,05																		
	VI	19.377	218,24	1.550,16	1.743,93																		
67.031,99	I	12.837	-	1.026,96	1.155,33	-	891,84	1.003,32	-	762,96	858,33	-	640,16	720,18	-	523,60	589,05	-	413,20	464,85	-	309,04	347,
	II	11.228	-	898,24	1.010,52	-	769,04	865,17	-	646,00	726,75	-	529,12	595,26	-	418,40	470,70	-	313,92	353,16	-	215,52	242,
	III	7.658	-	612,64	689,22	-	513,28	577,44	-	416,80	468,90	-	323,68	364,14	-	233,44	262,62	-	146,40	164,70	-	69,92	78,
	IV	12.837	-	1.026,96	1.155,33	-	958,64	1.078,47	-	891,84	1.003,32	-	826,64	929,97	-	762,96	858,33	-	700,80	788,40	-	640,16	720,
	V	18.859	156,60	1.508,72	1.697,31																		
	VI	19.391	219,91	1.551,28	1.745,19																		
67.067,99	I	12.849	-	1.027,92	1.156,41	-	892,80	1.004,40	-	763,84	859,32	-	641,04	721,17	-	524,40	589,95	-	414,00	465,75	-	309,76	348,
	II	11.240	-	899,20	1.011,60	-	769,92	866,16	-	646,80	727,65	-	529,92	596,16	-	419,20	471,60	-	314,64	353,97	-	216,24	243,
	III	7.668	-	613,44	690,12	-	513,92	578,16	-	417,60	469,80	-	324,32	364,86	-	234,08	263,34	-	147,04	165,42	-	70,40	79,
	IV	12.849	-	1.027,92	1.156,41	-	959,60	1.079,55	-	892,80	1.004,40	-	827,52	930,96	-	763,84	859,32	-	701,68	789,39	-	641,04	721,
	V	18.872	158,15	1.509,76	1.698,48																		
	VI	19.404	221,45	1.552,32	1.746,36																		
67.103,99	I	12.862	-	1.028,96	1.157,58	-	893,76	1.005,48	-	764,80	860,40	-	641,92	722,16	-	525,28	590,94	-	414,80	466,65	-	310,48	349
	II	11.252	-	900,16	1.012,68	-	770,88	867,24	-	647,68	728,64	-	530,72	597,06	-	420,00	472,50	-	315,36	354,78	-	216,96	244,
	III	7.676	-	614,08	690,84	-	514,56	578,88	-	418,24	470,52	-	324,96	365,58	-	234,72	264,06	-	147,68	166,14	-	70,88	79,
	IV	12.862	-	1.028,96	1.157,58	-	960,56	1.080,63	-	893,76	1.005,48	-	828,48	932,04	-	764,80	860,40	-	702,56	790,38	-	641,92	722
	V	18.886	159,81	1.510,88	1.699,74																		
	VI	19.418	223,12	1.553,44	1.747,62																		
67.139,99	I	12.874	-	1.029,92	1.158,66	-	894,72	1.006,56	-	765,68	861,39	-	642,80	723,15	-	526,08	591,84	-	415,52	467,46	-	311,20	350
	II	11.264	-	901,12	1.013,76	-	771,76	868,23	-	648,56	729,63	-	531,60	598,05	-	420,72	473,31	-	316,08	355,59	-	217,60	244,
	III	7.686	-	614,88	691,74	-	515,36	579,78	-	418,88	471,24	-	325,60	366,30	-	235,36	264,78	-	148,32	166,86	-	71,36	80,
	IV	12.874	-	1.029,92	1.158,66	-	961,52	1.081,71	-	894,72	1.006,56	-	829,44	933,12	-	765,68	861,39	-	703,44	791,37	-	642,80	723,
	V	18.900	161,48	1.512,00	1.701,00																		
	VI	19.431	224,67	1.554,48	1.748,79																		
67.175,99	I	12.887	-	1.030,96	1.159,83	-	895,68	1.007,64	-	766,56	862,38	-	643,68	724,14	-	526,96	592,83	-	416,32	468,36	-	311,92	350,
	II	11.276	-	902,08	1.014,84	-	772,64	869,22	-	649,44	730,62	-	532,40	598,95	-	421,52	474,21	-	316,88	356,49	-	218,32	245
	III	7.694	-	615,52	692,46	-	516,00	580,50	-	419,68	472,14	-	326,24	367,02	-	236,00	265,50	-	148,96	167,58	-	72,00	81,
	IV	12.887	-	1.030,96	1.159,83	-	962,56	1.082,88	-	895,68	1.007,64	-	830,40	934,20	-	766,56	862,38	-	704,32	792,36	-	643,68	724,
	V	18.913	163,03	1.513,04	1.702,17																		
	VI	19.445	226,33	1.555,60	1.750,05																		
67.211,99	I	12.900	-	1.032,00	1.161,00	-	896,64	1.008,72	-	767,52	863,46	-	644,56	725,13	-	527,76	593,73	-	417,12	469,26	-	312,72	351,
	II	11.288	-	903,04	1.015,92	-	773,60	870,30	-	650,32	731,61	-	533,28	599,94	-	422,32	475,11	-	317,60	357,30	-	219,04	246,
	III	7.704	-	616,32	693,36	-	516,80	581,40	-	420,32	472,86	-	326,88	367,74	-	236,64	266,22	-	149,44	168,12	-	72,48	81,
	IV	12.900	-	1.032,00	1.161,00	-	963,52	1.083,96	-	896,64	1.008,72	-	831,28	935,19	-	767,52	863,46	-	705,28	793,44	-	644,56	725,
	V	18.927	164,69	1.514,16	1.703,43																		
	VI	19.459	228,00	1.556,72	1.751,31																		
67.247,99	I	12.912	-	1.032,96	1.162,08	-	897,60	1.009,80	-	768,40	864,45	-	645,44	726,12	-	528,56	594,63	-	417,92	470,16	-	313,44	352,
	II	11.300	-	904,00	1.017,00	-	774,48	871,29	-	651,20	732,60	-	534,08	600,84	-	423,12	476,01	-	318,32	358,11	-	219,68	247,
	III	7.712	-	616,96	694,08	-	517,44	582,12	-	420,96	473,58	-	327,52	368,46	-	237,28	266,94	-	150,08	168,84	-	72,96	82,
	IV	12.912	-	1.032,96	1.162,08	-	964,48	1.085,04	-	897,60	1.009,80	-	832,24	936,27	-	768,40	864,45	-	706,16	794,43	-	645,44	726,
	V	18.941	166,36	1.515,28	1.704,69																		
	VI	19.472	229,55	1.557,76	1.752,48																		
67.283,99	I	12.925	-	1.034,00	1.163,25	-	898,56	1.010,88	-	769,36	865,53	-	646,32	727,11	-	529,44	595,62	-	418,72	471,06	-	314,16	353,
	II	11.312	-	904,96	1.018,08	-	775,44	872,37	-	652,08	733,59	-	534,88	601,74	-	423,92	476,91	-	319,04	358,92	-	220,40	247,
	III	7.722	-	617,76	694,98	-	518,24	583,02	-	421,76	474,48	-	328,32	369,36	-	237,92	267,66	-	150,72	169,56	-	73,44	82,
	IV	12.925	-	1.034,00	1.163,25	-	965,52	1.086,21	-	898,56	1.010,88	-	833,20	937,35	-	769,36	865,53	-	707,04	795,42	-	646,32	727,
	V	18.955	168,02	1.516,40	1.705,95																		
	VI	19.486	231,21	1.558,88	1.753,74																		
67.319,99	I	12.938	-	1.035,04	1.164,42	-	899,52	1.011,96	-	770,32	866,61	-	647,20	728,10	-	530,24	596,52	-	419,52	471,96	-	314,88	354,
	II	11.324	-	905,92	1.019,16	-	776,40	873,45	-	652,96	734,58	-	535,76	602,73	-	424,72	477,81	-	319,84	359,82	-	221,12	248,
	III	7.732	-	618,56	695,88	-	518,88	583,74	-	422,40	475,20	-	328,96	370,08	-	238,56	268,38	-	151,36	170,28	-	73,92	83,
	IV	12.938	-	1.035,04	1.164,42	-	966,48	1.087,29	-	899,52	1.011,96	-	834,16	938,43	-	770,32	866,61	-	707,92	796,41	-	647,20	728,
	V	18.968	169,57	1.517,44	1.707,12																		
	VI	19.500	232,88	1.560,00	1.755,00																		
67.355,99	I	12.950	-	1.036,00	1.165,50	-	900,48	1.013,04	-	771,20	867,60	-	648,00	729,00	-	531,04	597,42	-	420,24	472,77	-	315,60	355,
	II	11.336	-	906,88	1.020,24	-	777,28	874,44	-	653,84	735,57	-	536,56	603,63	-	425,44	478,62	-	320,56	360,63	-	221,76	249,
	III	7.740	-	619,20	696,60	-	519,68	584,64	-	423,04	475,92	-	329,60	370,80	-	239,20	269,10	-	152,00	171,00	-	74,40	83,
	IV	12.950	-	1.036,00	1.165,50	-	967,44	1.088,37	-	900,48	1.013,04	-	835,04	939,42	-	771,20	867,60	-	708,80	797,40	-	648,00	729,
	V	18.982	171,24	1.518,56	1.708,38																		
	VI	19.514	234,54	1.561,12	1.756,26																		
67.391,99	I	12.963	-	1.037,04	1.166,67	-	901,44	1.014,12	-	772,08	868,59	-	648,96	730,08	-	531,92	598,41	-	421,04	473,67	-	316,40	355,
	II	11.348	-	907,84	1.021,32	-	778,24	875,52	-	654,72	736,56	-	537,44	604,62	-	426,24	479,52	-	321,28	361,44	-	222,48	250,
	III	7.750	-	620,00	697,50	-	520,32	585,36	-	423,84	476,82	-	330,24	371,52	-	239,84	269,82	-	152,64	171,72	-	75,04	84,
	IV	12.963	-	1.037,04	1.166,67	-	968,48	1.089,54	-	901,44	1.014,12	-	836,00	940,50	-	772,08	868,59	-	709,76	798,48	-	648,96	730,
	V	18.996	172,90	1.519,68	1.709,64																		
	VI	19.527	236,09	1.562,16	1.757,43																		
67.427,99	I	12.975	-	1.038,00	1.167,75	-	902,48	1.015,29	-	773,04	869,67	-	649,84	731,07	-	532,72	599,31	-	421,84	474,57	-	317,12	356,
	II	11.361	-	908,88	1.022,49	-	779,12	876,51	-	655,60	737,55	-	538,24	605,52	-	427,04	480,42	-	322,08	362,34	-	223,20	251,
	III	7.760	-	620,80	698,40	-	521,12	586,26	-	424,48	477,54	-	331,04	372,42	-	240,48	270,54	-	153,28	172,44	-	75,52	84,
	IV	12.975	-	1.038,00	1.167,75	-	969,44	1.090,62	-	902,48	1.015,29	-	836,96	941,58	-	773,04	869,67	-	710,64	799,47	-	649,84	731,
	V	19.010	174,57	1.520,80	1.710,90																		
	VI	19.541	237,76	1.563,28	1.758,69																		
67.463,99	I	12.988	-	1.039,04	1.168,92	-	903,44	1.016,37	-	773,92	870,66	-	650,64	731,97	-	533,52	600,21	-	422,64	475,47	-	317,84	357,
	II	11.373	-	909,84	1.023,57	-	780,08	877,59	-	656,48	738,54	-	539,04	606,42	-	427,84	481,32	-	322,80	363,15	-	223,92	251,
	III	7.768	-	621,44	699,12	-	521,76	586,98	-	425,12	478,26	-	331,68	373,14	-	241,12	271,26	-	153,76	172,98	-	76,00	85,
	IV	12.988	-	1.039,04	1.168,92	-	970,48	1.091,79	-	903,44	1.016,37	-	837,92	942,66	-	773,92	870,66	-	711,52	800,46	-	650,64	731,
	V	19.023	176,12	1.521,84	1.712,07																		
	VI	19.555	239,42	1.564,40	1.759,95																		
67.499,99	I	13.001	-	1.040,08	1.170,09	-	904,40	1.017,45	-	774,88	871,74	-	651,52	732,96	-	534,40	601,20	-	423,44	476,37	-	318,64	358,
	II	11.385	-	910,80	1.024,65	-	780,96	878,58	-	657,36	739,53	-	539,92	607,41	-	428,64	482,22	-	323,52	363,96	-	224,56	252,
	III	7.778	-	622,24	700,02	-	522,56	587,88	-	425,92	479,16	-	332,32	373,86	-	241,92	272,16	-	154,56	173,88	-	76,48	86,
	IV	13.001	-	1.040,08	1.170,09	-	971,44	1.092,87	-	904,40	1.017,45	-	838,88	943,74	-	774,88	871,74	-	712,48	801,54	-	651,52	732,
	V	19.037	177,78	1.522,96	1.713,33																		
	VI	19.569	241,09	1.565,52	1.761,21																		

SolZ/KiSt lt. Tabelle nicht für Sonstige Bezüge anwendbar.

Lohn/ Gehalt bis	Steuerklasse	Lohn-steuer	ohne Kinderfreibetrag SolZ 5,5%	Kirchensteuer 8%	Kirchensteuer 9%	0,5 SolZ 5,5%	0,5 Kirchensteuer 8%	0,5 Kirchensteuer 9%	1,0 SolZ 5,5%	1,0 Kirchensteuer 8%	1,0 Kirchensteuer 9%	1,5 SolZ 5,5%	1,5 Kirchensteuer 8%	1,5 Kirchensteuer 9%	2,0 SolZ 5,5%	2,0 Kirchensteuer 8%	2,0 Kirchensteuer 9%	2,5 SolZ 5,5%	2,5 Kirchensteuer 8%	2,5 Kirchensteuer 9%	3,0 SolZ 5,5%	3,0 Kirchensteuer 8%	3,0 Kirchensteuer 9%
67.535,99	I	13.013	-	1.041,04	1.171,17	-	905,36	1.018,53	-	775,84	872,82	-	652,40	733,95	-	535,28	602,19	-	424,24	477,27	-	319,36	359,28
	II	11.397	-	911,76	1.025,73	-	781,92	879,66	-	658,24	740,52	-	540,72	608,31	-	429,44	483,12	-	324,32	364,86	-	225,28	253,44
	III	7.786	-	622,88	700,74	-	523,20	588,60	-	426,56	479,88	-	332,96	374,58	-	242,56	272,88	-	155,04	174,42	-	76,96	86,58
	IV	13.013	-	1.041,04	1.171,17	-	972,48	1.094,04	-	905,36	1.018,53	-	839,84	944,82	-	775,84	872,82	-	713,36	802,53	-	652,40	733,95
	V	19.051	*179,45*	1.524,08	1.714,59																		
	VI	19.582	*242,64*	1.566,56	1.762,38																		
67.571,99	I	13.026	-	1.042,08	1.172,34	-	906,32	1.019,61	-	776,72	873,81	-	653,28	734,94	-	536,08	603,09	-	424,96	478,08	-	320,08	360,09
	II	11.409	-	912,72	1.026,81	-	782,80	880,65	-	659,12	741,51	-	541,60	609,30	-	430,24	484,02	-	325,04	365,67	-	226,00	254,25
	III	7.796	-	623,68	701,64	-	523,84	589,32	-	427,20	480,60	-	333,60	375,30	-	243,20	273,60	-	155,68	175,14	-	77,60	87,30
	IV	13.026	-	1.042,08	1.172,34	-	973,44	1.095,12	-	906,32	1.019,61	-	840,72	945,81	-	776,72	873,81	-	714,24	803,52	-	653,28	734,94
	V	19.064	*180,99*	1.525,12	1.715,76																		
	VI	19.596	*244,30*	1.567,68	1.763,64																		
67.607,99	I	13.039	-	1.043,12	1.173,51	-	907,28	1.020,69	-	777,68	874,89	-	654,16	735,93	-	536,88	603,99	-	425,76	478,98	-	320,88	360,99
	II	11.421	-	913,68	1.027,89	-	783,76	881,73	-	660,00	742,50	-	542,40	610,20	-	431,04	484,92	-	325,76	366,48	-	226,72	255,06
	III	7.806	-	624,48	702,54	-	524,64	590,22	-	428,00	481,50	-	334,40	376,20	-	243,84	274,32	-	156,32	175,86	-	78,08	87,84
	IV	13.039	-	1.043,12	1.173,51	-	974,40	1.096,20	-	907,28	1.020,69	-	841,68	946,89	-	777,68	874,89	-	715,12	804,51	-	654,16	735,93
	V	19.078	*182,66*	1.526,24	1.717,02																		
	VI	19.610	*245,97*	1.568,80	1.764,90																		
67.643,99	I	13.051	-	1.044,08	1.174,59	-	908,24	1.021,77	-	778,56	875,88	-	655,04	736,92	-	537,76	604,98	-	426,56	479,88	-	321,60	361,80
	II	11.433	-	914,64	1.028,97	-	784,72	882,81	-	660,88	743,49	-	543,28	611,19	-	431,84	485,82	-	326,48	367,29	-	227,44	255,87
	III	7.814	-	625,12	703,26	-	525,28	590,94	-	428,64	482,22	-	335,04	376,92	-	244,48	275,04	-	156,96	176,58	-	78,56	88,38
	IV	13.051	-	1.044,08	1.174,59	-	975,44	1.097,37	-	908,24	1.021,77	-	842,64	947,97	-	778,56	875,88	-	716,08	805,59	-	655,04	736,92
	V	19.092	*184,33*	1.527,36	1.718,28																		
	VI	19.624	*247,63*	1.569,92	1.766,16																		
67.679,99	I	13.064	-	1.045,12	1.175,76	-	909,20	1.022,85	-	779,52	876,96	-	655,92	737,91	-	538,56	605,88	-	427,36	480,78	-	322,32	362,61
	II	11.445	-	915,60	1.030,05	-	785,60	883,80	-	661,76	744,48	-	544,08	612,09	-	432,56	486,63	-	327,28	368,19	-	228,08	256,59
	III	7.824	-	625,92	704,16	-	526,08	591,84	-	429,28	482,94	-	335,68	377,64	-	245,12	275,76	-	157,60	177,30	-	79,04	88,92
	IV	13.064	-	1.045,12	1.175,76	-	976,40	1.098,45	-	909,20	1.022,85	-	843,60	949,05	-	779,52	876,96	-	716,96	806,58	-	655,92	737,91
	V	19.105	*185,87*	1.528,40	1.719,45																		
	VI	19.637	*249,18*	1.570,96	1.767,33																		
67.715,99	I	13.077	-	1.046,16	1.176,93	-	910,16	1.023,93	-	780,40	877,95	-	656,80	738,90	-	539,44	606,87	-	428,16	481,68	-	323,04	363,42
	II	11.458	-	916,64	1.031,22	-	786,56	884,88	-	662,64	745,47	-	544,96	613,08	-	433,36	487,53	-	328,00	369,00	-	228,80	257,40
	III	7.834	-	626,72	705,06	-	526,88	592,74	-	430,08	483,84	-	336,32	378,36	-	245,76	276,48	-	158,24	178,02	-	79,68	89,64
	IV	13.077	-	1.046,16	1.176,93	-	977,36	1.099,53	-	910,16	1.023,93	-	844,56	950,13	-	780,40	877,95	-	717,84	807,57	-	656,80	738,90
	V	19.119	*187,54*	1.529,52	1.720,71																		
	VI	19.651	*250,85*	1.572,08	1.768,59																		
67.751,99	I	13.090	-	1.047,20	1.178,10	-	911,20	1.025,10	-	781,36	879,03	-	657,68	739,89	-	540,24	607,77	-	428,96	482,58	-	323,84	364,32
	II	11.470	-	917,60	1.032,30	-	787,44	885,87	-	663,52	746,46	-	545,76	613,98	-	434,16	488,43	-	328,72	369,81	-	229,52	258,21
	III	7.842	-	627,36	705,78	-	527,52	593,46	-	430,72	484,56	-	336,96	379,08	-	246,40	277,20	-	158,88	178,74	-	80,16	90,18
	IV	13.090	-	1.047,20	1.178,10	-	978,40	1.100,70	-	911,20	1.025,10	-	845,52	951,21	-	781,36	879,03	-	718,80	808,65	-	657,68	739,89
	V	19.133	*189,21*	1.530,64	1.721,97																		
	VI	19.665	*252,51*	1.573,20	1.769,85																		
67.787,99	I	13.102	-	1.048,16	1.179,18	-	912,16	1.026,18	-	782,24	880,02	-	658,56	740,88	-	541,04	608,67	-	429,76	483,48	-	324,56	365,13
	II	11.482	-	918,56	1.033,38	-	788,40	886,95	-	664,40	747,45	-	546,56	614,88	-	434,96	489,33	-	329,52	370,71	-	230,16	258,93
	III	7.852	-	628,16	706,68	-	528,16	594,18	-	431,36	485,28	-	337,60	379,80	-	247,04	277,92	-	159,52	179,46	-	80,64	90,72
	IV	13.102	-	1.048,16	1.179,18	-	979,36	1.101,78	-	912,16	1.026,18	-	846,40	952,20	-	782,24	880,02	-	719,68	809,64	-	658,56	740,88
	V	19.147	*190,87*	1.531,76	1.723,23																		
	VI	19.678	*254,06*	1.574,24	1.771,02																		
67.823,99	I	13.115	-	1.049,20	1.180,35	-	913,12	1.027,26	-	783,20	881,10	-	659,44	741,87	-	541,92	609,66	-	430,56	484,38	-	325,28	365,94
	II	11.494	-	919,52	1.034,46	-	789,36	888,03	-	665,28	748,44	-	547,44	615,87	-	435,76	490,23	-	330,24	371,52	-	230,88	259,74
	III	7.860	-	628,80	707,40	-	528,96	595,08	-	432,16	486,18	-	338,40	380,70	-	247,68	278,64	-	160,16	180,18	-	81,12	91,26
	IV	13.115	-	1.049,20	1.180,35	-	980,40	1.102,95	-	913,12	1.027,26	-	847,36	953,28	-	783,20	881,10	-	720,56	810,63	-	659,44	741,87
	V	19.160	*192,42*	1.532,80	1.724,40																		
	VI	19.692	*255,73*	1.575,36	1.772,28																		
67.859,99	I	13.128	-	1.050,24	1.181,52	-	914,08	1.028,34	-	784,16	882,18	-	660,32	742,86	-	542,72	610,56	-	431,28	485,19	-	326,08	366,84
	II	11.506	-	920,48	1.035,54	-	790,24	889,02	-	666,16	749,43	-	548,32	616,86	-	436,56	491,13	-	330,96	372,33	-	231,60	260,55
	III	7.870	-	629,60	708,30	-	529,60	595,80	-	432,80	486,90	-	339,04	381,42	-	248,32	279,36	-	160,80	180,90	-	81,60	91,80
	IV	13.128	-	1.050,24	1.181,52	-	981,36	1.104,03	-	914,08	1.028,34	-	848,32	954,36	-	784,16	882,18	-	721,44	811,62	-	660,32	742,86
	V	19.174	*194,08*	1.533,92	1.725,66																		
	VI	19.706	*257,39*	1.576,48	1.773,54																		
67.895,99	I	13.140	-	1.051,20	1.182,60	-	915,04	1.029,42	-	785,04	883,17	-	661,20	743,85	-	543,60	611,55	-	432,08	486,09	-	326,80	367,65
	II	11.518	-	921,44	1.036,62	-	791,20	890,10	-	667,04	750,42	-	549,12	617,76	-	437,36	492,03	-	331,76	373,23	-	232,32	261,36
	III	7.880	-	630,40	709,20	-	530,40	596,70	-	433,44	487,62	-	339,68	382,14	-	248,96	280,08	-	161,44	181,62	-	82,24	92,52
	IV	13.140	-	1.051,20	1.182,60	-	982,32	1.105,11	-	915,04	1.029,42	-	849,28	955,44	-	785,04	883,17	-	722,32	812,61	-	661,20	743,85
	V	19.188	*195,75*	1.535,04	1.726,92																		
	VI	19.719	*258,94*	1.577,52	1.774,71																		
67.931,99	I	13.153	-	1.052,24	1.183,77	-	916,00	1.030,50	-	786,00	884,25	-	662,08	744,84	-	544,40	612,45	-	432,88	486,99	-	327,52	368,46
	II	11.531	-	922,48	1.037,79	-	792,08	891,09	-	667,92	751,41	-	549,92	618,66	-	438,16	492,93	-	332,48	374,04	-	233,04	262,17
	III	7.888	-	631,04	709,92	-	531,04	597,42	-	434,24	488,52	-	340,32	382,86	-	249,60	280,80	-	162,08	182,34	-	82,72	93,06
	IV	13.153	-	1.052,24	1.183,77	-	983,36	1.106,28	-	916,00	1.030,50	-	850,24	956,52	-	786,00	884,25	-	723,28	813,69	-	662,08	744,84
	V	19.202	*197,42*	1.536,16	1.728,18																		
	VI	19.733	*260,61*	1.578,64	1.775,97																		
67.967,99	I	13.165	-	1.053,20	1.184,85	-	916,96	1.031,58	-	786,88	885,24	-	662,96	745,83	-	545,20	613,35	-	433,68	487,89	-	328,24	369,27
	II	11.543	-	923,44	1.038,87	-	793,04	892,17	-	668,80	752,40	-	550,80	619,65	-	438,88	493,74	-	333,20	374,85	-	233,68	262,89
	III	7.898	-	631,84	710,82	-	531,84	598,32	-	434,88	489,24	-	341,12	383,76	-	250,24	281,52	-	162,56	182,88	-	83,20	93,60
	IV	13.165	-	1.053,20	1.184,85	-	984,32	1.107,36	-	916,96	1.031,58	-	851,12	957,51	-	786,88	885,24	-	724,16	814,68	-	662,96	745,83
	V	19.215	*198,96*	1.537,20	1.729,35																		
	VI	19.747	*262,27*	1.579,76	1.777,23																		
68.003,99	I	13.178	-	1.054,24	1.186,02	-	917,92	1.032,66	-	787,84	886,32	-	663,84	746,82	-	546,08	614,34	-	434,48	488,79	-	329,04	370,17
	II	11.555	-	924,40	1.039,95	-	793,92	893,16	-	669,68	753,39	-	551,60	620,55	-	439,68	494,64	-	334,00	375,75	-	234,40	263,70
	III	7.906	-	632,48	711,54	-	532,48	599,04	-	435,52	489,96	-	341,76	384,48	-	250,88	282,24	-	163,20	183,60	-	83,68	94,14
	IV	13.178	-	1.054,24	1.186,02	-	985,36	1.108,53	-	917,92	1.032,66	-	852,08	958,59	-	787,84	886,32	-	725,04	815,67	-	663,84	746,82
	V	19.229	*200,63*	1.538,32	1.730,61																		
	VI	19.761	*263,94*	1.580,88	1.778,49																		
68.039,99	I	13.191	-	1.055,28	1.187,19	-	918,96	1.033,83	-	788,72	887,31	-	664,72	747,81	-	546,96	615,33	-	435,28	489,69	-	329,76	370,98
	II	11.567	-	925,36	1.041,03	-	794,88	894,24	-	670,56	754,38	-	552,48	621,54	-	440,48	495,54	-	334,72	376,56	-	235,12	264,51
	III	7.916	-	633,28	712,44	-	533,28	599,94	-	436,32	490,86	-	342,40	385,20	-	251,68	283,14	-	163,84	184,32	-	84,32	94,86
	IV	13.191	-	1.055,28	1.187,19	-	986,32	1.109,61	-	918,96	1.033,83	-	853,04	959,67	-	788,72	887,31	-	726,00	816,75	-	664,72	747,81
	V	19.243	*202,30*	1.539,44	1.731,87																		
	VI	19.774	*265,48*	1.581,92	1.779,66																		

Anzahl Kinderfreibeträge (nur Steuerklassen I–IV)

SolZ/KiSt lt. Tabelle nicht für Sonstige Bezüge anwendbar.

Lohn/ Gehalt bis	Steuerklasse	Lohn-steuer	ohne Kinderfreibetrag SolZ 5,5%	ohne Kinderfreibetrag Kirchensteuer 8%	ohne Kinderfreibetrag Kirchensteuer 9%	0,5 SolZ 5,5%	0,5 Kirchensteuer 8%	0,5 Kirchensteuer 9%	1,0 SolZ 5,5%	1,0 Kirchensteuer 8%	1,0 Kirchensteuer 9%	1,5 SolZ 5,5%	1,5 Kirchensteuer 8%	1,5 Kirchensteuer 9%	2,0 SolZ 5,5%	2,0 Kirchensteuer 8%	2,0 Kirchensteuer 9%	2,5 SolZ 5,5%	2,5 Kirchensteuer 8%	2,5 Kirchensteuer 9%	3,0 SolZ 5,5%	3,0 Kirchensteuer 8%	3,0 Kirchensteuer 9%
						Anzahl Kinderfreibeträge (nur Steuerklassen I–IV)																	
68.075,99	I	13.203	-	1.056,24	1.188,27	-	919,92	1.034,91	-	789,68	888,39	-	665,60	748,80	-	547,76	616,23	-	436,08	490,59	-	330,48	371,
	II	11.579	-	926,32	1.042,11	-	795,84	895,32	-	671,44	755,37	-	553,28	622,44	-	441,28	496,44	-	335,44	377,37	-	235,84	265,
	III	7.926	-	634,08	713,34	-	533,92	600,66	-	436,96	491,58	-	343,04	385,92	-	252,32	283,86	-	164,48	185,04	-	84,80	95,
	IV	13.203	-	1.056,24	1.188,27	-	987,28	1.110,69	-	919,92	1.034,91	-	854,00	960,75	-	789,68	888,39	-	726,88	817,74	-	665,60	748,
	V	19.256	203,84	1.540,48	1.733,04																		
	VI	19.788	267,15	1.583,04	1.780,92																		
68.111,99	I	13.216	-	1.057,28	1.189,44	-	920,88	1.035,99	-	790,64	889,47	-	666,48	749,79	-	548,56	617,13	-	436,88	491,49	-	331,28	372,
	II	11.591	-	927,28	1.043,19	-	796,72	896,31	-	672,32	756,36	-	554,16	623,43	-	442,08	497,34	-	336,24	378,27	-	236,56	266,
	III	7.934	-	634,72	714,06	-	534,72	601,56	-	437,60	492,30	-	343,68	386,64	-	252,96	284,58	-	165,12	185,76	-	85,28	95,
	IV	13.216	-	1.057,28	1.189,44	-	988,32	1.111,86	-	920,88	1.035,99	-	854,96	961,83	-	790,64	889,47	-	727,76	818,73	-	666,48	749,
	V	19.270	205,51	1.541,60	1.734,30																		
	VI	19.802	268,82	1.584,16	1.782,18																		
68.147,99	I	13.229	-	1.058,32	1.190,61	-	921,84	1.037,07	-	791,52	890,46	-	667,44	750,87	-	549,44	618,12	-	437,68	492,39	-	332,00	373,
	II	11.604	-	928,32	1.044,36	-	797,68	897,39	-	673,28	757,44	-	554,96	624,33	-	442,88	498,24	-	336,96	379,08	-	237,28	266,
	III	7.944	-	635,52	714,96	-	535,36	602,28	-	438,40	493,20	-	344,48	387,54	-	253,60	285,30	-	165,76	186,48	-	85,92	96,
	IV	13.229	-	1.058,32	1.190,61	-	989,36	1.113,03	-	921,84	1.037,07	-	855,92	962,91	-	791,52	890,46	-	728,72	819,81	-	667,44	750,
	V	19.284	207,17	1.542,72	1.735,56																		
	VI	19.816	270,48	1.585,28	1.783,44																		
68.183,99	I	13.242	-	1.059,36	1.191,78	-	922,80	1.038,15	-	792,48	891,54	-	668,24	751,77	-	550,24	619,02	-	438,40	493,20	-	332,80	374,
	II	11.616	-	929,28	1.045,44	-	798,56	898,38	-	674,08	758,34	-	555,84	625,32	-	443,68	499,14	-	337,76	379,98	-	237,92	267,
	III	7.954	-	636,32	715,86	-	536,16	603,18	-	439,04	493,92	-	345,12	388,26	-	254,24	286,02	-	166,40	187,20	-	86,40	97,
	IV	13.242	-	1.059,36	1.191,78	-	990,32	1.114,11	-	922,80	1.038,15	-	856,88	963,99	-	792,48	891,54	-	729,60	820,80	-	668,24	751,
	V	19.297	208,72	1.543,76	1.736,73																		
	VI	19.829	272,03	1.586,32	1.784,61																		
68.219,99	I	13.255	-	1.060,40	1.192,95	-	923,76	1.039,23	-	793,36	892,53	-	669,20	752,85	-	551,12	620,01	-	439,20	494,10	-	333,52	375,
	II	11.628	-	930,24	1.046,52	-	799,52	899,46	-	675,04	759,42	-	556,64	626,22	-	444,48	500,04	-	338,48	380,79	-	238,64	268,
	III	7.962	-	636,96	716,58	-	536,80	603,90	-	439,68	494,64	-	345,76	388,98	-	254,88	286,74	-	167,04	187,92	-	86,88	97,
	IV	13.255	-	1.060,40	1.192,95	-	991,28	1.115,19	-	923,76	1.039,23	-	857,84	965,07	-	793,36	892,53	-	730,48	821,79	-	669,20	752,
	V	19.311	210,39	1.544,88	1.737,99																		
	VI	19.843	273,70	1.587,44	1.785,87																		
68.255,99	I	13.267	-	1.061,36	1.194,03	-	924,80	1.040,40	-	794,32	893,61	-	670,08	753,84	-	551,92	620,91	-	440,00	495,00	-	334,24	376,
	II	11.640	-	931,20	1.047,60	-	800,48	900,54	-	675,92	760,41	-	557,52	627,21	-	445,28	500,94	-	339,20	381,60	-	239,36	269,
	III	7.972	-	637,76	717,48	-	537,60	604,80	-	440,48	495,54	-	346,40	389,70	-	255,52	287,46	-	167,68	188,64	-	87,52	98,
	IV	13.267	-	1.061,36	1.194,03	-	992,32	1.116,36	-	924,80	1.040,40	-	858,80	966,15	-	794,32	893,61	-	731,44	822,87	-	670,08	753,
	V	19.325	212,05	1.546,00	1.739,25																		
	VI	19.857	275,36	1.588,56	1.787,13																		
68.291,99	I	13.280	-	1.062,40	1.195,20	-	925,76	1.041,48	-	795,20	894,60	-	670,96	754,83	-	552,80	621,90	-	440,80	495,90	-	335,04	376,
	II	11.652	-	932,16	1.048,68	-	801,36	901,53	-	676,80	761,40	-	558,32	628,11	-	446,08	501,84	-	340,00	382,50	-	240,08	270,
	III	7.982	-	638,56	718,38	-	538,24	605,52	-	441,12	496,26	-	347,04	390,42	-	256,16	288,18	-	168,32	189,36	-	88,00	99,
	IV	13.280	-	1.062,40	1.195,20	-	993,28	1.117,44	-	925,76	1.041,48	-	859,68	967,14	-	795,20	894,60	-	732,32	823,86	-	670,96	754,
	V	19.338	213,60	1.547,04	1.740,42																		
	VI	19.870	276,91	1.589,60	1.788,30																		
68.327,99	I	13.293	-	1.063,44	1.196,37	-	926,72	1.042,56	-	796,16	895,68	-	671,84	755,82	-	553,60	622,80	-	441,60	496,80	-	335,76	377,
	II	11.665	-	933,20	1.049,85	-	802,32	902,61	-	677,68	762,39	-	559,20	629,10	-	446,88	502,74	-	340,72	383,31	-	240,80	270,
	III	7.990	-	639,20	719,10	-	539,04	606,42	-	441,92	497,16	-	347,84	391,32	-	256,80	288,90	-	168,96	190,08	-	88,48	99,
	IV	13.293	-	1.063,44	1.196,37	-	994,32	1.118,61	-	926,72	1.042,56	-	860,64	968,22	-	796,16	895,68	-	733,20	824,85	-	671,84	755,
	V	19.352	215,27	1.548,16	1.741,68																		
	VI	19.884	278,57	1.590,72	1.789,56																		
68.363,99	I	13.306	-	1.064,48	1.197,54	-	927,68	1.043,64	-	797,12	896,76	-	672,72	756,81	-	554,48	623,79	-	442,40	497,70	-	336,56	378,
	II	11.677	-	934,16	1.050,93	-	803,28	903,69	-	678,56	763,38	-	560,00	630,00	-	447,68	503,64	-	341,52	384,21	-	241,52	271,
	III	8.000	-	640,00	720,00	-	539,68	607,14	-	442,56	497,88	-	348,48	392,04	-	257,44	289,62	-	169,60	190,80	-	89,12	100,
	IV	13.306	-	1.064,48	1.197,54	-	995,28	1.119,69	-	927,68	1.043,64	-	861,60	969,30	-	797,12	896,76	-	734,16	825,93	-	672,72	756,
	V	19.366	216,93	1.549,28	1.742,94																		
	VI	19.898	280,24	1.591,84	1.790,82																		
68.399,99	I	13.318	-	1.065,44	1.198,62	-	928,64	1.044,72	-	798,00	897,75	-	673,60	757,80	-	555,28	624,69	-	443,20	498,60	-	337,28	379,
	II	11.689	-	935,12	1.052,01	-	804,16	904,68	-	679,44	764,37	-	560,88	630,99	-	448,48	504,54	-	342,24	385,02	-	242,16	272,
	III	8.010	-	640,80	720,90	-	540,48	608,04	-	443,20	498,60	-	349,12	392,76	-	258,08	290,34	-	170,24	191,52	-	89,60	100,
	IV	13.318	-	1.065,44	1.198,62	-	996,32	1.120,86	-	928,64	1.044,72	-	862,56	970,38	-	798,00	897,75	-	735,04	826,92	-	673,60	757,
	V	19.380	218,60	1.550,40	1.744,20																		
	VI	19.911	281,79	1.592,88	1.791,99																		
68.435,99	I	13.331	-	1.066,48	1.199,79	-	929,68	1.045,89	-	798,96	898,83	-	674,48	758,79	-	556,16	625,68	-	444,00	499,50	-	338,00	380,
	II	11.701	-	936,08	1.053,09	-	805,12	905,76	-	680,32	765,36	-	561,68	631,89	-	449,28	505,44	-	342,96	385,83	-	242,88	273,
	III	8.018	-	641,44	721,62	-	541,12	608,76	-	444,00	499,50	-	349,76	393,48	-	258,72	291,06	-	170,88	192,24	-	90,08	101,
	IV	13.331	-	1.066,48	1.199,79	-	997,28	1.121,94	-	929,68	1.045,89	-	863,52	971,46	-	798,96	898,83	-	735,92	827,91	-	674,48	758,
	V	19.393	220,15	1.551,44	1.745,37																		
	VI	19.925	283,45	1.594,00	1.793,25																		
68.471,99	I	13.344	-	1.067,52	1.200,96	-	930,64	1.046,97	-	799,92	899,91	-	675,36	759,78	-	556,96	626,58	-	444,80	500,40	-	338,80	381,
	II	11.714	-	937,12	1.054,26	-	806,08	906,84	-	681,20	766,35	-	562,56	632,88	-	450,08	506,34	-	343,76	386,73	-	243,60	274,
	III	8.028	-	642,24	722,52	-	541,92	609,66	-	444,64	500,22	-	350,56	394,38	-	259,52	291,96	-	171,52	192,96	-	90,56	101,
	IV	13.344	-	1.067,52	1.200,96	-	998,32	1.123,11	-	930,64	1.046,97	-	864,48	972,54	-	799,92	899,91	-	736,88	828,99	-	675,36	759,
	V	19.407	221,81	1.552,56	1.746,63																		
	VI	19.939	285,12	1.595,12	1.794,51																		
68.507,99	I	13.356	-	1.068,48	1.202,04	-	931,60	1.048,05	-	800,80	900,90	-	676,24	760,77	-	557,84	627,57	-	445,60	501,30	-	339,52	381,
	II	11.726	-	938,08	1.055,34	-	806,96	907,83	-	682,08	767,34	-	563,36	633,78	-	450,88	507,24	-	344,48	387,54	-	244,32	274,
	III	8.038	-	643,04	723,42	-	542,56	610,38	-	445,28	500,94	-	351,20	395,10	-	260,16	292,68	-	172,00	193,50	-	91,20	102,
	IV	13.356	-	1.068,48	1.202,04	-	999,28	1.124,19	-	931,60	1.048,05	-	865,44	973,62	-	800,80	900,90	-	737,76	829,98	-	676,24	760,
	V	19.421	223,48	1.553,68	1.747,89																		
	VI	19.953	286,79	1.596,24	1.795,77																		
68.543,99	I	13.369	-	1.069,52	1.203,21	-	932,56	1.049,13	-	801,76	901,98	-	677,12	761,76	-	558,64	628,47	-	446,40	502,20	-	340,24	382,
	II	11.738	-	939,04	1.056,42	-	807,92	908,91	-	683,04	768,42	-	564,24	634,77	-	451,68	508,14	-	345,28	388,44	-	245,04	275,
	III	8.046	-	643,68	724,14	-	543,36	611,28	-	446,08	501,84	-	351,84	395,82	-	260,80	293,40	-	172,64	194,22	-	91,68	103,
	IV	13.369	-	1.069,52	1.203,21	-	1.000,32	1.125,36	-	932,56	1.049,13	-	866,40	974,70	-	801,76	901,98	-	738,64	830,97	-	677,12	761,
	V	19.435	225,14	1.554,80	1.749,15																		
	VI	19.966	288,33	1.597,28	1.796,94																		
68.579,99	I	13.382	-	1.070,56	1.204,38	-	933,52	1.050,21	-	802,72	903,06	-	678,00	762,75	-	559,52	629,46	-	447,20	503,10	-	341,04	383,6
	II	11.750	-	940,00	1.057,50	-	808,88	909,99	-	683,92	769,41	-	565,12	635,76	-	452,48	509,04	-	346,00	389,25	-	245,76	276,4
	III	8.056	-	644,48	725,04	-	544,00	612,00	-	446,72	502,56	-	352,48	396,54	-	261,44	294,12	-	173,28	194,94	-	92,32	103,8
	IV	13.382	-	1.070,56	1.204,38	-	1.001,28	1.126,44	-	933,52	1.050,21	-	867,36	975,78	-	802,72	903,06	-	739,60	832,05	-	678,00	762,7
	V	19.449	226,81	1.555,92	1.750,41																		
	VI	19.980	290,00	1.598,40	1.798,20																		

SolZ/KiSt lt. Tabelle nicht für Sonstige Bezüge anwendbar.

Lohn/ Gehalt bis	Steuerklasse	Lohn- steuer	ohne Kinderfreibetrag			Anzahl Kinderfreibeträge (nur Steuerklassen I–IV)																	
						0,5			1,0			1,5			2,0			2,5			3,0		
			SolZ 5,5%	Kirchensteuer 8%	9%	SolZ 5,5%	Kirchensteuer 8%	9%	SolZ 5,5%	Kirchensteuer 8%	9%	SolZ 5,5%	Kirchensteuer 8%	9%	SolZ 5,5%	Kirchensteuer 8%	9%	SolZ 5,5%	Kirchensteuer 8%	9%	SolZ 5,5%	Kirchensteuer 8%	9%
68.615,99	I	13.395	-	1.071,60	1.205,55	-	934,48	1.051,29	-	803,60	904,05	-	678,88	763,74	-	560,32	630,36	-	448,00	504,00	-	341,76	384,48
	II	11.762	-	940,96	1.058,58	-	809,76	910,98	-	684,80	770,40	-	565,92	636,66	-	453,28	509,94	-	346,72	390,06	-	246,40	277,20
	III	8.064	-	645,12	725,76	-	544,80	612,90	-	447,52	503,46	-	353,12	397,26	-	262,08	294,84	-	173,92	195,66	-	92,80	104,40
	IV	13.395	-	1.071,60	1.205,55	-	1.002,24	1.127,52	-	934,48	1.051,29	-	868,32	976,86	-	803,60	904,05	-	740,48	833,04	-	678,88	763,74
	V	19.462	228,36	1.556,96	1.751,58																		
	VI	19.994	291,66	1.599,52	1.799,46																		
68.651,99	I	13.408	-	1.072,64	1.206,72	-	935,52	1.052,46	-	804,56	905,13	-	679,76	764,73	-	561,20	631,35	-	448,80	504,90	-	342,56	385,38
	II	11.775	-	942,00	1.059,75	-	810,72	912,06	-	685,68	771,39	-	566,80	637,65	-	454,08	510,84	-	347,52	390,96	-	247,12	278,01
	III	8.074	-	645,92	726,66	-	545,44	613,62	-	448,16	504,18	-	353,92	398,16	-	262,72	295,56	-	174,56	196,38	-	93,28	104,94
	IV	13.408	-	1.072,64	1.206,72	-	1.003,28	1.128,69	-	935,52	1.052,46	-	869,28	977,94	-	804,56	905,13	-	741,44	834,12	-	679,76	764,73
	V	19.476	230,02	1.558,08	1.752,84																		
	VI	20.008	293,33	1.600,64	1.800,72																		
68.687,99	I	13.421	-	1.073,68	1.207,89	-	936,48	1.053,54	-	805,52	906,21	-	680,72	765,81	-	562,08	632,34	-	449,60	505,80	-	343,28	386,19
	II	11.787	-	942,96	1.060,83	-	811,68	913,14	-	686,56	772,38	-	567,60	638,55	-	454,88	511,74	-	348,24	391,77	-	247,84	278,82
	III	8.084	-	646,72	727,56	-	546,24	614,52	-	448,80	504,90	-	354,56	398,88	-	263,36	296,28	-	175,20	197,10	-	93,92	105,66
	IV	13.421	-	1.073,68	1.207,89	-	1.004,32	1.129,86	-	936,48	1.053,54	-	870,24	979,02	-	805,52	906,21	-	742,32	835,11	-	680,72	765,81
	V	19.490	231,69	1.559,20	1.754,10																		
	VI	20.021	294,88	1.601,68	1.801,89																		
68.723,99	I	13.433	-	1.074,64	1.208,97	-	937,44	1.054,62	-	806,40	907,20	-	681,60	766,80	-	562,88	633,24	-	450,40	506,70	-	344,00	387,00
	II	11.799	-	943,92	1.061,91	-	812,64	914,22	-	687,44	773,37	-	568,48	639,54	-	455,68	512,64	-	349,04	392,67	-	248,56	279,63
	III	8.092	-	647,36	728,28	-	546,88	615,24	-	449,60	505,80	-	355,20	399,60	-	264,00	297,00	-	175,84	197,82	-	94,40	106,20
	IV	13.433	-	1.074,64	1.208,97	-	1.005,28	1.130,94	-	937,44	1.054,62	-	871,20	980,10	-	806,40	907,20	-	743,20	836,10	-	681,60	766,80
	V	19.503	233,24	1.560,24	1.755,27																		
	VI	20.035	296,54	1.602,80	1.803,15																		
68.759,99	I	13.446	-	1.075,68	1.210,14	-	938,40	1.055,70	-	807,36	908,28	-	682,48	767,79	-	563,76	634,23	-	451,20	507,60	-	344,80	387,90
	II	11.812	-	944,96	1.063,08	-	813,52	915,21	-	688,32	774,36	-	569,28	640,44	-	456,48	513,54	-	349,76	393,48	-	249,28	280,44
	III	8.102	-	648,16	729,18	-	547,68	616,14	-	450,24	506,52	-	355,84	400,32	-	264,64	297,72	-	176,48	198,54	-	94,88	106,74
	IV	13.446	-	1.075,68	1.210,14	-	1.006,32	1.132,11	-	938,40	1.055,70	-	872,16	981,18	-	807,36	908,28	-	744,16	837,18	-	682,48	767,79
	V	19.517	234,90	1.561,36	1.756,53																		
	VI	20.049	298,21	1.603,92	1.804,41																		
68.795,99	I	13.459	-	1.076,72	1.211,31	-	939,36	1.056,78	-	808,24	909,27	-	683,36	768,78	-	564,56	635,13	-	451,92	508,41	-	345,52	388,71
	II	11.824	-	945,92	1.064,16	-	814,48	916,29	-	689,20	775,35	-	570,16	641,43	-	457,28	514,44	-	350,56	394,38	-	250,00	281,25
	III	8.112	-	648,96	730,08	-	548,32	616,86	-	450,88	507,24	-	356,48	401,04	-	265,28	298,44	-	177,12	199,26	-	95,52	107,46
	IV	13.459	-	1.076,72	1.211,31	-	1.007,28	1.133,19	-	939,36	1.056,78	-	873,04	982,17	-	808,24	909,27	-	745,04	838,17	-	683,36	768,78
	V	19.530	236,45	1.562,40	1.757,70																		
	VI	20.062	299,76	1.604,96	1.805,58																		
68.831,99	I	13.472	-	1.077,76	1.212,48	-	940,40	1.057,95	-	809,20	910,35	-	684,24	769,77	-	565,44	636,12	-	452,80	509,40	-	346,32	389,61
	II	11.836	-	946,88	1.065,24	-	815,44	917,37	-	690,08	776,34	-	571,04	642,42	-	458,08	515,34	-	351,28	395,19	-	250,72	282,06
	III	8.120	-	649,60	730,80	-	549,12	617,76	-	451,68	508,14	-	357,28	401,94	-	265,92	299,16	-	177,76	199,98	-	96,00	108,00
	IV	13.472	-	1.077,76	1.212,48	-	1.008,32	1.134,36	-	940,40	1.057,95	-	874,00	983,25	-	809,20	910,35	-	745,92	839,16	-	684,24	769,77
	V	19.544	238,11	1.563,52	1.758,96																		
	VI	20.076	301,42	1.606,08	1.806,84																		
68.867,99	I	13.485	-	1.078,80	1.213,65	-	941,36	1.059,03	-	810,16	911,43	-	685,12	770,76	-	566,24	637,02	-	453,60	510,30	-	347,04	390,42
	II	11.848	-	947,84	1.066,32	-	816,32	918,36	-	691,04	777,42	-	571,84	643,32	-	458,88	516,24	-	352,08	396,09	-	251,44	282,87
	III	8.130	-	650,40	731,70	-	549,76	618,48	-	452,32	508,86	-	357,92	402,66	-	266,56	299,88	-	178,40	200,70	-	96,48	108,54
	IV	13.485	-	1.078,80	1.213,65	-	1.009,28	1.135,44	-	941,36	1.059,03	-	875,04	984,42	-	810,16	911,43	-	746,88	840,24	-	685,12	770,76
	V	19.558	239,78	1.564,64	1.760,22																		
	VI	20.090	303,09	1.607,20	1.808,10																		
68.903,99	I	13.497	-	1.079,76	1.214,73	-	942,32	1.060,11	-	811,12	912,51	-	686,00	771,75	-	567,12	638,01	-	454,32	511,11	-	347,76	391,23
	II	11.860	-	948,80	1.067,40	-	817,28	919,44	-	691,92	778,41	-	572,72	644,31	-	459,68	517,14	-	352,80	396,90	-	252,08	283,59
	III	8.138	-	651,04	732,42	-	550,56	619,38	-	452,96	509,58	-	358,56	403,38	-	267,20	300,60	-	179,04	201,42	-	97,12	109,26
	IV	13.497	-	1.079,76	1.214,73	-	1.010,32	1.136,61	-	942,32	1.060,11	-	875,92	985,41	-	811,12	912,51	-	747,76	841,23	-	686,00	771,75
	V	19.572	241,45	1.565,76	1.761,48																		
	VI	20.103	304,64	1.608,24	1.809,27																		
68.939,99	I	13.510	-	1.080,80	1.215,90	-	943,36	1.061,28	-	812,00	913,50	-	686,88	772,74	-	567,92	638,91	-	455,20	512,10	-	348,56	392,13
	II	11.873	-	949,84	1.068,57	-	818,24	920,52	-	692,80	779,40	-	573,52	645,21	-	460,48	518,04	-	353,52	397,71	-	252,80	284,40
	III	8.148	-	651,84	733,32	-	551,20	620,10	-	453,76	510,48	-	359,36	404,28	-	268,00	301,50	-	179,68	202,14	-	97,60	109,80
	IV	13.510	-	1.080,80	1.215,90	-	1.011,28	1.137,69	-	943,36	1.061,28	-	876,88	986,49	-	812,00	913,50	-	748,72	842,31	-	686,88	772,74
	V	19.585	242,99	1.566,80	1.762,65																		
	VI	20.117	306,30	1.609,36	1.810,53																		
68.975,99	I	13.523	-	1.081,84	1.217,07	-	944,32	1.062,36	-	812,96	914,58	-	687,76	773,73	-	568,80	639,90	-	456,00	513,00	-	349,28	392,94
	II	11.885	-	950,80	1.069,65	-	819,20	921,60	-	693,68	780,39	-	574,40	646,20	-	461,28	518,94	-	354,32	398,61	-	253,52	285,21
	III	8.158	-	652,64	734,22	-	552,00	621,00	-	454,40	511,20	-	360,00	405,00	-	268,64	302,22	-	180,32	202,86	-	98,24	110,52
	IV	13.523	-	1.081,84	1.217,07	-	1.012,32	1.138,86	-	944,32	1.062,36	-	877,84	987,57	-	812,96	914,58	-	749,60	843,30	-	687,76	773,73
	V	19.599	244,66	1.567,92	1.763,91																		
	VI	20.131	307,97	1.610,48	1.811,79																		
69.011,99	I	13.536	-	1.082,88	1.218,24	-	945,28	1.063,44	-	813,92	915,66	-	688,64	774,72	-	569,60	640,80	-	456,72	513,81	-	350,08	393,84
	II	11.897	-	951,76	1.070,73	-	820,08	922,59	-	694,56	781,38	-	575,20	647,10	-	462,08	519,84	-	355,04	399,42	-	254,24	286,02
	III	8.166	-	653,28	734,94	-	552,64	621,72	-	455,04	511,92	-	360,64	405,72	-	269,28	302,94	-	180,96	203,58	-	98,72	111,06
	IV	13.536	-	1.082,88	1.218,24	-	1.013,28	1.139,94	-	945,28	1.063,44	-	878,80	988,65	-	813,92	915,66	-	750,48	844,29	-	688,64	774,72
	V	19.613	246,33	1.569,04	1.765,17																		
	VI	20.144	309,51	1.611,52	1.812,96																		
69.047,99	I	13.549	-	1.083,92	1.219,41	-	946,24	1.064,52	-	814,80	916,65	-	689,60	775,80	-	570,48	641,79	-	457,60	514,80	-	350,80	394,65
	II	11.910	-	952,80	1.071,90	-	821,04	923,67	-	695,44	782,37	-	576,08	648,09	-	462,88	520,74	-	355,84	400,32	-	254,96	286,83
	III	8.176	-	654,08	735,84	-	553,44	622,62	-	455,84	512,82	-	361,28	406,44	-	269,92	303,66	-	181,60	204,30	-	99,36	111,78
	IV	13.549	-	1.083,92	1.219,41	-	1.014,32	1.141,11	-	946,24	1.064,52	-	879,76	989,73	-	814,80	916,65	-	751,44	845,37	-	689,60	775,80
	V	19.627	247,99	1.570,16	1.766,43																		
	VI	20.158	311,18	1.612,64	1.814,22																		
69.083,99	I	13.562	-	1.084,96	1.220,58	-	947,28	1.065,69	-	815,76	917,73	-	690,48	776,79	-	571,36	642,78	-	458,40	515,70	-	351,60	395,55
	II	11.922	-	953,76	1.072,98	-	822,00	924,75	-	696,40	783,45	-	576,96	649,08	-	463,68	521,64	-	356,64	401,22	-	255,68	287,64
	III	8.186	-	654,88	736,74	-	554,08	623,34	-	456,48	513,54	-	361,92	407,16	-	270,56	304,38	-	182,24	205,02	-	99,84	112,32
	IV	13.562	-	1.084,96	1.220,58	-	1.015,36	1.142,28	-	947,28	1.065,69	-	880,72	990,81	-	815,76	917,73	-	752,32	846,36	-	690,48	776,79
	V	19.640	249,54	1.571,20	1.767,60																		
	VI	20.172	312,85	1.613,76	1.815,48																		
69.119,99	I	13.574	-	1.085,92	1.221,66	-	948,24	1.066,77	-	816,72	918,81	-	691,36	777,78	-	572,16	643,68	-	459,20	516,60	-	352,32	396,36
	II	11.934	-	954,72	1.074,06	-	822,88	925,74	-	697,28	784,44	-	577,76	649,98	-	464,48	522,54	-	357,36	402,03	-	256,40	288,45
	III	8.194	-	655,52	737,46	-	554,88	624,24	-	457,28	514,44	-	362,72	408,06	-	271,20	305,10	-	182,88	205,74	-	100,32	112,86
	IV	13.574	-	1.085,92	1.221,66	-	1.016,32	1.143,36	-	948,24	1.066,77	-	881,68	991,89	-	816,72	918,81	-	753,28	847,44	-	691,36	777,78
	V	19.654	251,20	1.572,32	1.768,86																		
	VI	20.186	314,51	1.614,88	1.816,74																		

SolZ/KiSt lt. Tabelle nicht für Sonstige Bezüge anwendbar.

Lohn/ Gehalt bis	Steuerklasse	Lohn- steuer	ohne Kinderfreibetrag			Anzahl Kinderfreibeträge (nur Steuerklassen I–IV)																	
						0,5			1,0			1,5			2,0			2,5			3,0		
			SolZ 5,5%	Kirchensteuer 8%	9%	SolZ 5,5%	Kirchensteuer 8%	9%	SolZ 5,5%	Kirchensteuer 8%	9%	SolZ 5,5%	Kirchensteuer 8%	9%	SolZ 5,5%	Kirchensteuer 8%	9%	SolZ 5,5%	Kirchensteuer 8%	9%	SolZ 5,5%	Kirchensteuer 8%	9%
69.155,99	I	13.587	-	1.086,96	1.222,83	-	949,20	1.067,85	-	817,68	919,89	-	692,24	778,77	-	573,04	644,67	-	460,00	517,50	-	353,12	397,
	II	11.947	-	955,76	1.075,23	-	823,84	926,82	-	698,16	785,43	-	578,64	650,97	-	465,28	523,44	-	358,08	402,84	-	257,12	289,
	III	8.204	-	656,32	738,36	-	555,68	625,14	-	457,92	515,16	-	363,36	408,78	-	271,84	305,82	-	183,52	206,46	-	100,96	113,
	IV	13.587	-	1.086,96	1.222,83	-	1.017,36	1.144,53	-	949,20	1.067,85	-	882,64	992,97	-	817,68	919,89	-	754,16	848,43	-	692,24	778,
	V	19.668	252,87	1.573,44	1.770,12																		
	VI	20.199	316,06	1.615,92	1.817,91																		
69.191,99	I	13.600	-	1.088,00	1.224,00	-	950,24	1.069,02	-	818,56	920,88	-	693,12	779,76	-	573,92	645,66	-	460,80	518,40	-	353,84	398,
	II	11.959	-	956,72	1.076,31	-	824,80	927,90	-	699,04	786,42	-	579,52	651,96	-	466,08	524,34	-	358,88	403,74	-	257,84	290,
	III	8.214	-	657,12	739,26	-	556,32	625,86	-	458,56	515,88	-	364,00	409,50	-	272,48	306,54	-	184,16	207,18	-	101,44	114,
	IV	13.600	-	1.088,00	1.224,00	-	1.018,32	1.145,61	-	950,24	1.069,02	-	883,60	994,05	-	818,56	920,88	-	755,12	849,51	-	693,12	779,
	V	19.682	254,54	1.574,56	1.771,38																		
	VI	20.213	317,73	1.617,04	1.819,17																		
69.227,99	I	13.613	-	1.089,04	1.225,17	-	951,20	1.070,10	-	819,52	921,96	-	694,00	780,75	-	574,72	646,56	-	461,60	519,30	-	354,64	398,
	II	11.971	-	957,68	1.077,39	-	825,76	928,98	-	699,92	787,41	-	580,32	652,86	-	466,88	525,24	-	359,60	404,55	-	258,56	290,
	III	8.222	-	657,76	739,98	-	556,96	626,58	-	459,36	516,78	-	364,64	410,22	-	273,12	307,26	-	184,64	207,72	-	102,08	114,
	IV	13.613	-	1.089,04	1.225,17	-	1.019,36	1.146,78	-	951,20	1.070,10	-	884,56	995,13	-	819,52	921,96	-	756,00	850,50	-	694,00	780,
	V	19.695	256,08	1.575,60	1.772,55																		
	VI	20.227	319,39	1.618,16	1.820,43																		
69.263,99	I	13.626	-	1.090,08	1.226,34	-	952,16	1.071,18	-	820,48	923,04	-	694,96	781,83	-	575,60	647,55	-	462,40	520,20	-	355,36	399,
	II	11.984	-	958,72	1.078,56	-	826,64	929,97	-	700,88	788,49	-	581,20	653,85	-	467,68	526,14	-	360,40	405,45	-	259,28	291,
	III	8.232	-	658,56	740,88	-	557,76	627,48	-	460,00	517,50	-	365,44	411,12	-	273,92	308,16	-	185,44	208,62	-	102,56	115,
	IV	13.626	-	1.090,08	1.226,34	-	1.020,32	1.147,86	-	952,16	1.071,18	-	885,52	996,21	-	820,48	923,04	-	756,96	851,58	-	694,96	781,
	V	19.709	257,75	1.576,72	1.773,81																		
	VI	20.241	321,06	1.619,28	1.821,69																		
69.299,99	I	13.639	-	1.091,12	1.227,51	-	953,20	1.072,35	-	821,44	924,12	-	695,84	782,82	-	576,40	648,45	-	463,20	521,10	-	356,16	400,
	II	11.996	-	959,68	1.079,64	-	827,60	931,05	-	701,76	789,48	-	582,08	654,84	-	468,48	527,04	-	361,20	406,35	-	260,00	292,5
	III	8.242	-	659,36	741,78	-	558,56	628,38	-	460,80	518,40	-	366,08	411,84	-	274,56	308,88	-	185,92	209,16	-	103,20	116,
	IV	13.639	-	1.091,12	1.227,51	-	1.021,36	1.149,03	-	953,20	1.072,35	-	886,48	997,29	-	821,44	924,12	-	757,84	852,57	-	695,84	782,
	V	19.723	259,42	1.577,84	1.775,07																		
	VI	20.254	322,60	1.620,32	1.822,86																		
69.335,99	I	13.651	-	1.092,08	1.228,59	-	954,16	1.073,43	-	822,32	925,11	-	696,72	783,81	-	577,28	649,44	-	464,00	522,00	-	356,88	401,4
	II	12.008	-	960,64	1.080,72	-	828,56	932,13	-	702,64	790,47	-	582,88	655,74	-	469,28	527,94	-	361,92	407,16	-	260,64	293,2
	III	8.250	-	660,00	742,50	-	559,20	629,10	-	461,44	519,12	-	366,72	412,56	-	275,20	309,60	-	186,56	209,88	-	103,68	116,6
	IV	13.651	-	1.092,08	1.228,59	-	1.022,32	1.150,11	-	954,16	1.073,43	-	887,44	998,37	-	822,32	925,11	-	758,72	853,56	-	696,72	783,8
	V	19.736	260,96	1.578,88	1.776,24																		
	VI	20.268	324,27	1.621,44	1.824,12																		
69.371,99	I	13.664	-	1.093,12	1.229,76	-	955,12	1.074,51	-	823,28	926,19	-	697,60	784,80	-	578,08	650,34	-	464,80	522,90	-	357,68	402,3
	II	12.021	-	961,68	1.081,89	-	829,52	933,21	-	703,52	791,46	-	583,76	656,73	-	470,16	528,93	-	362,64	407,97	-	261,44	294,1
	III	8.260	-	660,80	743,40	-	560,00	630,00	-	462,24	520,02	-	367,52	413,46	-	275,84	310,32	-	187,20	210,60	-	104,32	117,3
	IV	13.664	-	1.093,12	1.229,76	-	1.023,36	1.151,28	-	955,12	1.074,51	-	888,40	999,45	-	823,28	926,19	-	759,68	854,64	-	697,60	784,8
	V	19.750	262,63	1.580,00	1.777,50																		
	VI	20.282	325,94	1.622,56	1.825,38																		
69.407,99	I	13.677	-	1.094,16	1.230,93	-	956,08	1.075,59	-	824,24	927,27	-	698,48	785,79	-	578,96	651,33	-	465,60	523,80	-	358,40	403,2
	II	12.033	-	962,64	1.082,97	-	830,48	934,29	-	704,48	792,54	-	584,64	657,72	-	470,96	529,83	-	363,44	408,87	-	262,16	294,9
	III	8.270	-	661,60	744,30	-	560,64	630,72	-	462,88	520,74	-	368,16	414,18	-	276,48	311,04	-	187,84	211,32	-	104,80	117,9
	IV	13.677	-	1.094,16	1.230,93	-	1.024,40	1.152,45	-	956,08	1.075,59	-	889,44	1.000,62	-	824,24	927,27	-	760,64	855,72	-	698,48	785,7
	V	19.764	264,29	1.581,12	1.778,76																		
	VI	20.296	327,60	1.623,68	1.826,64																		
69.443,99	I	13.690	-	1.095,20	1.232,10	-	957,12	1.076,76	-	825,12	928,26	-	699,36	786,78	-	579,84	652,32	-	466,40	524,70	-	359,12	404,0
	II	12.045	-	963,60	1.084,05	-	831,36	935,28	-	705,28	793,44	-	585,44	658,62	-	471,76	530,73	-	364,16	409,68	-	262,80	295,6
	III	8.278	-	662,24	745,02	-	561,44	631,62	-	463,52	521,46	-	368,80	414,90	-	277,12	311,76	-	188,48	212,04	-	105,28	118,4
	IV	13.690	-	1.095,20	1.232,10	-	1.025,36	1.153,53	-	957,12	1.076,76	-	890,32	1.001,61	-	825,12	928,26	-	761,52	856,71	-	699,36	786,7
	V	19.777	265,84	1.582,16	1.779,93																		
	VI	20.309	329,15	1.624,72	1.827,81																		
69.479,99	I	13.703	-	1.096,24	1.233,27	-	958,08	1.077,84	-	826,08	929,34	-	700,32	787,86	-	580,64	653,22	-	467,20	525,60	-	359,92	404,9
	II	12.058	-	964,64	1.085,22	-	832,32	936,36	-	706,24	794,52	-	586,32	659,61	-	472,56	531,63	-	364,96	410,58	-	263,52	296,4
	III	8.288	-	663,04	745,92	-	562,08	632,34	-	464,32	522,36	-	369,44	415,62	-	277,76	312,48	-	189,12	212,76	-	105,92	119,1
	IV	13.703	-	1.096,24	1.233,27	-	1.026,40	1.154,70	-	958,08	1.077,84	-	891,28	1.002,69	-	826,08	929,34	-	762,40	857,70	-	700,32	787,8
	V	19.791	267,51	1.583,28	1.781,19																		
	VI	20.323	330,82	1.625,84	1.829,07																		
69.515,99	I	13.716	-	1.097,28	1.234,44	-	959,04	1.078,92	-	827,04	930,42	-	701,20	788,85	-	581,52	654,21	-	468,00	526,50	-	360,72	405,8
	II	12.070	-	965,60	1.086,30	-	833,28	937,44	-	707,12	795,51	-	587,12	660,51	-	473,36	532,53	-	365,76	411,48	-	264,24	297,2
	III	8.298	-	663,84	746,82	-	562,88	633,24	-	464,96	523,08	-	370,08	416,34	-	278,40	313,20	-	189,76	213,48	-	106,40	119,7
	IV	13.716	-	1.097,28	1.234,44	-	1.027,44	1.155,87	-	959,04	1.078,92	-	892,32	1.003,86	-	827,04	930,42	-	763,36	858,78	-	701,20	788,8
	V	19.805	269,17	1.584,40	1.782,45																		
	VI	20.337	332,48	1.626,96	1.830,33																		
69.551,99	I	13.729	-	1.098,32	1.235,61	-	960,00	1.080,00	-	828,00	931,50	-	702,08	789,84	-	582,32	655,11	-	468,80	527,40	-	361,44	406,6
	II	12.082	-	966,56	1.087,38	-	834,24	938,52	-	708,00	796,50	-	588,00	661,50	-	474,16	533,43	-	366,48	412,29	-	264,96	298,0
	III	8.308	-	664,64	747,72	-	563,52	633,96	-	465,60	523,80	-	370,88	417,24	-	279,04	313,92	-	190,40	214,20	-	107,04	120,4
	IV	13.729	-	1.098,32	1.235,61	-	1.028,40	1.156,95	-	960,00	1.080,00	-	893,20	1.004,85	-	828,00	931,50	-	764,24	859,77	-	702,08	789,8
	V	19.819	270,84	1.585,52	1.783,71																		
	VI	20.350	334,03	1.628,00	1.831,50																		
69.587,99	I	13.742	-	1.099,36	1.236,78	-	961,04	1.081,17	-	828,96	932,58	-	702,96	790,83	-	583,20	656,10	-	469,60	528,30	-	362,24	407,5
	II	12.095	-	967,60	1.088,55	-	835,12	939,51	-	708,96	797,58	-	588,88	662,49	-	474,96	534,33	-	367,28	413,19	-	265,68	298,8
	III	8.316	-	665,28	748,44	-	564,32	634,86	-	466,40	524,70	-	371,52	417,96	-	279,84	314,82	-	191,04	214,92	-	107,52	120,9
	IV	13.742	-	1.099,36	1.236,78	-	1.029,44	1.158,12	-	961,04	1.081,17	-	894,24	1.006,02	-	828,96	932,58	-	765,20	860,85	-	702,96	790,8
	V	19.832	272,39	1.586,56	1.784,88																		
	VI	20.364	335,69	1.629,12	1.832,76																		
69.623,99	I	13.754	-	1.100,32	1.237,86	-	962,00	1.082,25	-	829,84	933,57	-	703,84	791,82	-	584,08	657,09	-	470,40	529,20	-	362,96	408,3
	II	12.107	-	968,56	1.089,63	-	836,08	940,59	-	709,84	798,57	-	589,68	663,39	-	475,76	535,23	-	368,00	414,00	-	266,40	299,7
	III	8.326	-	666,08	749,34	-	564,96	635,58	-	467,04	525,42	-	372,16	418,68	-	280,48	315,54	-	191,68	215,64	-	108,16	121,6
	IV	13.754	-	1.100,32	1.237,86	-	1.030,40	1.159,20	-	962,00	1.082,25	-	895,12	1.007,01	-	829,84	933,57	-	766,08	861,84	-	703,84	791,8
	V	19.846	274,05	1.587,68	1.786,14																		
	VI	20.378	337,36	1.630,24	1.834,02																		
69.659,99	I	13.767	-	1.101,36	1.239,03	-	963,04	1.083,42	-	830,80	934,65	-	704,80	792,90	-	584,88	657,99	-	471,20	530,10	-	363,76	409,2
	II	12.119	-	969,52	1.090,71	-	837,04	941,67	-	710,72	799,56	-	590,56	664,38	-	476,56	536,13	-	368,80	414,90	-	267,12	300,5
	III	8.336	-	666,88	750,24	-	565,76	636,48	-	467,68	526,14	-	372,80	419,40	-	281,12	316,26	-	192,32	216,36	-	108,64	122,2
	IV	13.767	-	1.101,36	1.239,03	-	1.031,44	1.160,37	-	963,04	1.083,42	-	896,16	1.008,18	-	830,80	934,65	-	767,04	862,92	-	704,80	792,9
	V	19.860	275,75	1.588,80	1.787,40																		
	VI	20.391	338,91	1.631,28	1.835,19																		

SolZ/KiSt lt. Tabelle nicht für Sonstige Bezüge anwendbar.

Lohn/ Gehalt bis	Steuerklasse	Lohn-steuer	ohne Kinderfreibetrag			Anzahl Kinderfreibeträge (nur Steuerklassen I–IV)																	
						0,5			1,0			1,5			2,0			2,5			3,0		
			SolZ 5,5%	Kirchensteuer 8%	9%	SolZ 5,5%	Kirchensteuer 8%	9%	SolZ 5,5%	Kirchensteuer 8%	9%	SolZ 5,5%	Kirchensteuer 8%	9%	SolZ 5,5%	Kirchensteuer 8%	9%	SolZ 5,5%	Kirchensteuer 8%	9%	SolZ 5,5%	Kirchensteuer 8%	9%
69.695,99	I	13.780	-	1.102,40	1.240,20	-	964,00	1.084,50	-	831,76	935,73	-	705,68	793,89	-	585,76	658,98	-	472,08	531,09	-	364,48	410,04
	II	12.132	-	970,56	1.091,88	-	838,00	942,75	-	711,60	800,55	-	591,44	665,37	-	477,36	537,03	-	369,52	415,71	-	267,84	301,32
	III	8.344	-	667,52	750,96	-	566,56	637,38	-	468,48	527,04	-	373,60	420,30	-	281,76	316,98	-	192,96	217,08	-	109,28	122,94
	IV	13.780	-	1.102,40	1.240,20	-	1.032,40	1.161,45	-	964,00	1.084,50	-	897,12	1.009,26	-	831,76	935,73	-	767,92	863,91	-	705,68	793,89
	V	19.874	277,38	1.589,92	1.788,66																		
	VI	20.405	340,57	1.632,40	1.836,45																		
69.731,99	I	13.793	-	1.103,44	1.241,37	-	964,96	1.085,58	-	832,64	936,72	-	706,56	794,88	-	586,64	659,97	-	472,80	531,90	-	365,28	410,94
	II	12.144	-	971,52	1.092,96	-	838,88	943,74	-	712,48	801,54	-	592,24	666,27	-	478,16	537,93	-	370,32	416,61	-	268,56	302,13
	III	8.354	-	668,32	751,86	-	567,20	638,10	-	469,12	527,76	-	374,24	421,02	-	282,40	317,70	-	193,60	217,80	-	109,76	123,48
	IV	13.793	-	1.103,44	1.241,37	-	1.033,44	1.162,62	-	964,96	1.085,58	-	898,08	1.010,34	-	832,64	936,72	-	768,88	864,99	-	706,56	794,88
	V	19.887	278,93	1.590,96	1.789,83																		
	VI	20.419	342,24	1.633,52	1.837,71																		
69.767,99	I	13.806	-	1.104,48	1.242,54	-	966,00	1.086,75	-	833,60	937,80	-	707,44	795,87	-	587,44	660,87	-	473,68	532,89	-	366,00	411,75
	II	12.156	-	972,48	1.094,04	-	839,84	944,82	-	713,44	802,62	-	593,12	667,26	-	479,04	538,92	-	371,04	417,42	-	269,28	302,94
	III	8.364	-	669,12	752,76	-	568,00	639,00	-	469,92	528,66	-	374,88	421,74	-	283,04	318,42	-	194,24	218,52	-	110,40	124,20
	IV	13.806	-	1.104,48	1.242,54	-	1.034,48	1.163,79	-	966,00	1.086,75	-	899,04	1.011,42	-	833,60	937,80	-	769,76	865,98	-	707,44	795,87
	V	19.901	280,60	1.592,08	1.791,09																		
	VI	20.433	343,91	1.634,64	1.838,97																		
69.803,99	I	13.819	-	1.105,52	1.243,71	-	966,96	1.087,83	-	834,56	938,88	-	708,40	796,95	-	588,32	661,86	-	474,48	533,79	-	366,80	412,65
	II	12.169	-	973,52	1.095,21	-	840,80	945,90	-	714,32	803,61	-	594,00	668,25	-	479,84	539,82	-	371,84	418,32	-	270,00	303,75
	III	8.372	-	669,76	753,48	-	568,64	639,72	-	470,56	529,38	-	375,68	422,64	-	283,68	319,14	-	194,88	219,24	-	111,04	124,92
	IV	13.819	-	1.105,52	1.243,71	-	1.035,44	1.164,87	-	966,96	1.087,83	-	900,00	1.012,50	-	834,56	938,88	-	770,72	867,06	-	708,40	796,95
	V	19.915	282,26	1.593,20	1.792,35																		
	VI	20.446	345,45	1.635,68	1.840,14																		
69.839,99	I	13.832	-	1.106,56	1.244,88	-	967,92	1.088,91	-	835,52	939,96	-	709,28	797,94	-	589,20	662,85	-	475,28	534,69	-	367,52	413,46
	II	12.181	-	974,48	1.096,29	-	841,76	946,98	-	715,20	804,60	-	594,80	669,15	-	480,64	540,72	-	372,56	419,13	-	270,72	304,56
	III	8.382	-	670,56	754,38	-	569,44	640,62	-	471,36	530,28	-	376,32	423,36	-	284,32	319,86	-	195,52	219,96	-	111,52	125,46
	IV	13.832	-	1.106,56	1.244,88	-	1.036,48	1.166,04	-	967,92	1.088,91	-	900,96	1.013,58	-	835,52	939,96	-	771,60	868,05	-	709,28	797,94
	V	19.928	283,81	1.594,24	1.793,52																		
	VI	20.460	347,12	1.636,80	1.841,40																		
69.875,99	I	13.845	-	1.107,60	1.246,05	-	968,96	1.090,08	-	836,48	941,04	-	710,16	798,93	-	590,00	663,75	-	476,08	535,59	-	368,32	414,36
	II	12.193	-	975,44	1.097,37	-	842,72	948,06	-	716,08	805,59	-	595,68	670,14	-	481,44	541,62	-	373,36	420,03	-	271,44	305,37
	III	8.392	-	671,36	755,28	-	570,08	641,34	-	472,00	531,00	-	376,96	424,08	-	284,96	320,58	-	196,16	220,68	-	112,00	126,00
	IV	13.845	-	1.107,60	1.246,05	-	1.037,52	1.167,21	-	968,96	1.090,08	-	901,92	1.014,66	-	836,48	941,04	-	772,56	869,13	-	710,16	798,93
	V	19.942	285,48	1.595,36	1.794,78																		
	VI	20.474	348,78	1.637,92	1.842,66																		
69.911,99	I	13.858	-	1.108,64	1.247,22	-	969,92	1.091,16	-	837,44	942,12	-	711,04	799,92	-	590,88	664,74	-	476,88	536,49	-	369,04	415,17
	II	12.206	-	976,48	1.098,54	-	843,68	949,14	-	717,04	806,67	-	596,56	671,13	-	482,24	542,52	-	374,16	420,93	-	272,16	306,18
	III	8.402	-	672,16	756,18	-	570,88	642,24	-	472,64	531,72	-	377,60	424,80	-	285,76	321,48	-	196,80	221,40	-	112,64	126,72
	IV	13.858	-	1.108,64	1.247,22	-	1.038,48	1.168,29	-	969,92	1.091,16	-	902,88	1.015,74	-	837,44	942,12	-	773,44	870,12	-	711,04	799,92
	V	19.956	287,14	1.596,48	1.796,04																		
	VI	20.488	350,45	1.639,04	1.843,92																		
69.947,99	I	13.870	-	1.109,60	1.248,30	-	970,88	1.092,24	-	838,32	943,11	-	711,92	800,91	-	591,76	665,73	-	477,68	537,39	-	369,84	416,07
	II	12.218	-	977,44	1.099,62	-	844,56	950,13	-	717,92	807,66	-	597,36	672,03	-	483,04	543,42	-	374,88	421,74	-	272,88	306,99
	III	8.410	-	672,80	756,90	-	571,52	642,96	-	473,44	532,62	-	378,40	425,70	-	286,40	322,20	-	197,44	222,12	-	113,28	127,44
	IV	13.870	-	1.109,60	1.248,30	-	1.039,52	1.169,46	-	970,88	1.092,24	-	903,84	1.016,82	-	838,32	943,11	-	774,40	871,20	-	711,92	800,91
	V	19.969	288,69	1.597,52	1.797,21																		
	VI	20.501	352,00	1.640,08	1.845,09																		
69.983,99	I	13.884	-	1.110,72	1.249,56	-	971,92	1.093,41	-	839,28	944,19	-	712,88	801,99	-	592,56	666,63	-	478,48	538,29	-	370,56	416,88
	II	12.231	-	978,48	1.100,79	-	845,52	951,21	-	718,80	808,65	-	598,24	673,02	-	483,84	544,32	-	375,68	422,64	-	273,60	307,80
	III	8.420	-	673,60	757,80	-	572,32	643,86	-	474,08	533,34	-	379,04	426,42	-	287,04	322,92	-	198,08	222,84	-	113,76	127,98
	IV	13.884	-	1.110,72	1.249,56	-	1.040,48	1.170,54	-	971,92	1.093,41	-	904,80	1.017,90	-	839,28	944,19	-	775,28	872,19	-	712,88	801,99
	V	19.983	290,36	1.598,64	1.798,47																		
	VI	20.515	353,66	1.641,20	1.846,35																		
70.019,99	I	13.897	-	1.111,76	1.250,73	-	972,88	1.094,49	-	840,24	945,27	-	713,76	802,98	-	593,44	667,62	-	479,36	539,28	-	371,36	417,78
	II	12.243	-	979,44	1.101,87	-	846,48	952,29	-	719,76	809,73	-	599,12	674,01	-	484,72	545,31	-	376,40	423,45	-	274,32	308,61
	III	8.430	-	674,40	758,70	-	573,12	644,76	-	474,88	534,24	-	379,68	427,14	-	287,68	323,64	-	198,72	223,56	-	114,40	128,70
	IV	13.897	-	1.111,76	1.250,73	-	1.041,52	1.171,71	-	972,88	1.094,49	-	905,84	1.019,07	-	840,24	945,27	-	776,24	873,27	-	713,76	802,98
	V	19.997	292,02	1.599,76	1.799,73																		
	VI	20.529	355,33	1.642,32	1.847,61																		
70.055,99	I	13.909	-	1.112,72	1.251,81	-	973,84	1.095,57	-	841,20	946,35	-	714,64	803,97	-	594,32	668,61	-	480,16	540,18	-	372,08	418,59
	II	12.255	-	980,40	1.102,95	-	847,44	953,37	-	720,64	810,72	-	600,00	675,00	-	485,52	546,21	-	377,20	424,35	-	275,04	309,42
	III	8.438	-	675,04	759,42	-	573,76	645,48	-	475,52	534,96	-	380,32	427,86	-	288,32	324,36	-	199,36	224,28	-	114,88	129,24
	IV	13.909	-	1.112,72	1.251,81	-	1.042,56	1.172,88	-	973,84	1.095,57	-	906,72	1.020,06	-	841,20	946,35	-	777,12	874,26	-	714,64	803,97
	V	20.010	293,57	1.600,80	1.800,90																		
	VI	20.542	356,88	1.643,36	1.848,78																		
70.091,99	I	13.922	-	1.113,76	1.252,98	-	974,88	1.096,74	-	842,16	947,43	-	715,60	805,05	-	595,20	669,60	-	480,96	541,08	-	372,88	419,49
	II	12.268	-	981,44	1.104,12	-	848,40	954,45	-	721,52	811,71	-	600,80	675,90	-	486,32	547,11	-	378,00	425,25	-	275,76	310,23
	III	8.448	-	675,84	760,32	-	574,40	646,20	-	476,16	535,68	-	381,12	428,76	-	288,96	325,08	-	200,00	225,00	-	115,52	129,96
	IV	13.922	-	1.113,76	1.252,98	-	1.043,52	1.173,96	-	974,88	1.096,74	-	907,76	1.021,23	-	842,16	947,43	-	778,08	875,34	-	715,60	805,05
	V	20.024	295,23	1.601,92	1.802,16																		
	VI	20.556	358,54	1.644,48	1.850,04																		
70.127,99	I	13.935	-	1.114,80	1.254,15	-	975,84	1.097,82	-	843,12	948,51	-	716,48	806,04	-	596,00	670,50	-	481,76	541,98	-	373,68	420,39
	II	12.280	-	982,40	1.105,20	-	849,36	955,53	-	722,40	812,70	-	601,68	676,89	-	487,12	548,01	-	378,72	426,06	-	276,56	311,13
	III	8.458	-	676,64	761,22	-	575,20	647,10	-	476,96	536,58	-	381,76	429,48	-	289,60	325,80	-	200,64	225,72	-	116,16	130,68
	IV	13.935	-	1.114,80	1.254,15	-	1.044,56	1.175,13	-	975,84	1.097,82	-	908,72	1.022,31	-	843,12	948,51	-	779,04	876,42	-	716,48	806,04
	V	20.038	296,90	1.603,04	1.803,42																		
	VI	20.570	360,21	1.645,60	1.851,30																		
70.163,99	I	13.948	-	1.115,84	1.255,32	-	976,88	1.098,99	-	844,00	949,50	-	717,36	807,03	-	596,88	671,49	-	482,56	542,88	-	374,40	421,20
	II	12.293	-	983,44	1.106,37	-	850,32	956,61	-	723,36	813,78	-	602,56	677,88	-	487,92	548,91	-	379,52	426,96	-	277,20	311,85
	III	8.466	-	677,28	761,94	-	576,00	648,00	-	477,60	537,30	-	382,40	430,20	-	290,24	326,52	-	201,28	226,44	-	116,64	131,22
	IV	13.948	-	1.115,84	1.255,32	-	1.045,60	1.176,30	-	976,88	1.098,99	-	909,68	1.023,39	-	844,00	949,50	-	779,92	877,41	-	717,36	807,03
	V	20.052	298,57	1.604,16	1.804,68																		
	VI	20.583	361,76	1.646,64	1.852,47																		
70.199,99	I	13.961	-	1.116,88	1.256,49	-	977,84	1.100,07	-	844,96	950,58	-	718,24	808,02	-	597,76	672,48	-	483,36	543,78	-	375,20	422,10
	II	12.305	-	984,40	1.107,45	-	851,28	957,69	-	724,24	814,77	-	603,44	678,87	-	488,72	549,81	-	380,24	427,77	-	278,00	312,75
	III	8.476	-	678,08	762,84	-	576,64	648,72	-	478,40	538,20	-	383,04	430,92	-	290,88	327,24	-	201,92	227,16	-	117,28	131,94
	IV	13.961	-	1.116,88	1.256,49	-	1.046,64	1.177,47	-	977,84	1.100,07	-	910,64	1.024,47	-	844,96	950,58	-	780,88	878,49	-	718,24	808,02
	V	20.065	300,11	1.605,20	1.805,85																		
	VI	20.597	363,42	1.647,76	1.853,73																		

SolZ/KiSt lt. Tabelle nicht für Sonstige Bezüge anwendbar.

JAHR bis 70.739,99 € — Allgemeine Tabelle

Lohn/ Gehalt bis	Steuerklasse	Lohn-steuer	ohne Kinderfreibetrag SolZ 5,5%	ohne Kinderfreibetrag Kirchensteuer 8%	ohne Kinderfreibetrag Kirchensteuer 9%	0,5 SolZ 5,5%	0,5 Kirchensteuer 8%	0,5 Kirchensteuer 9%	1,0 SolZ 5,5%	1,0 Kirchensteuer 8%	1,0 Kirchensteuer 9%	1,5 SolZ 5,5%	1,5 Kirchensteuer 8%	1,5 Kirchensteuer 9%	2,0 SolZ 5,5%	2,0 Kirchensteuer 8%	2,0 Kirchensteuer 9%	2,5 SolZ 5,5%	2,5 Kirchensteuer 8%	2,5 Kirchensteuer 9%	3,0 SolZ 5,5%	3,0 Kirchensteuer 8%	3,0 Kirchensteuer 9%
70.235,99	I	13.974	-	1.117,92	1.257,66	-	978,88	1.101,24	-	845,92	951,66	-	719,20	809,10	-	598,64	673,47	-	484,16	544,68	-	376,00	423
	II	12.318	-	985,44	1.108,62	-	852,16	958,68	-	725,12	815,76	-	604,24	679,77	-	489,60	550,80	-	381,04	428,67	-	278,72	313
	III	8.486	-	678,88	763,74	-	577,44	649,62	-	479,04	538,92	-	383,84	431,82	-	291,68	328,14	-	202,56	227,88	-	117,76	132
	IV	13.974	-	1.117,92	1.257,66	-	1.047,60	1.178,55	-	978,88	1.101,24	-	911,60	1.025,55	-	845,92	951,66	-	781,76	879,48	-	719,20	809
	V	20.079	*301,78*	1.606,32	1.807,11																		
	VI	20.611	*365,09*	1.648,88	1.854,99																		
70.271,99	I	13.987	-	1.118,96	1.258,83	-	979,84	1.102,32	-	846,88	952,74	-	720,08	810,09	-	599,44	674,37	-	484,96	545,58	-	376,72	423
	II	12.330	-	986,40	1.109,70	-	853,12	959,76	-	726,00	816,75	-	605,12	680,76	-	490,40	551,70	-	381,84	429,57	-	279,44	314
	III	8.494	-	679,52	764,46	-	578,08	650,34	-	479,84	539,82	-	384,48	432,54	-	292,32	328,86	-	203,20	228,60	-	118,40	133
	IV	13.987	-	1.118,96	1.258,83	-	1.048,64	1.179,72	-	979,84	1.102,32	-	912,56	1.026,63	-	846,88	952,74	-	782,72	880,56	-	720,08	810
	V	20.093	*303,45*	1.607,44	1.808,37																		
	VI	20.625	*366,75*	1.650,00	1.856,25																		
70.307,99	I	14.000	-	1.120,00	1.260,00	-	980,80	1.103,40	-	847,84	953,82	-	720,96	811,08	-	600,32	675,36	-	485,84	546,57	-	377,52	424
	II	12.343	-	987,44	1.110,87	-	854,08	960,84	-	726,96	817,83	-	606,00	681,75	-	491,20	552,60	-	382,56	430,38	-	280,16	315
	III	8.504	-	680,32	765,36	-	578,88	651,24	-	480,48	540,54	-	385,12	433,26	-	292,96	329,58	-	203,84	229,32	-	118,88	133
	IV	14.000	-	1.120,00	1.260,00	-	1.049,68	1.180,89	-	980,80	1.103,40	-	913,52	1.027,71	-	847,84	953,82	-	783,60	881,55	-	720,96	811
	V	20.107	*305,11*	1.608,56	1.809,63																		
	VI	20.638	*368,30*	1.651,04	1.857,42																		
70.343,99	I	14.013	-	1.121,04	1.261,17	-	981,84	1.104,57	-	848,80	954,90	-	721,92	812,16	-	601,20	676,35	-	486,64	547,47	-	378,24	425
	II	12.355	-	988,40	1.111,95	-	855,04	961,92	-	727,84	818,82	-	606,88	682,74	-	492,00	553,50	-	383,36	431,28	-	280,88	315
	III	8.514	-	681,12	766,26	-	579,68	652,14	-	481,12	541,26	-	385,92	434,16	-	293,60	330,30	-	204,48	230,04	-	119,52	134
	IV	14.013	-	1.121,04	1.261,17	-	1.050,64	1.181,97	-	981,84	1.104,57	-	914,56	1.028,88	-	848,80	954,90	-	784,56	882,63	-	721,92	812
	V	20.121	*306,78*	1.609,68	1.810,89																		
	VI	20.652	*369,97*	1.652,16	1.858,68																		
70.379,99	I	14.026	-	1.122,08	1.262,34	-	982,80	1.105,65	-	849,68	955,89	-	722,80	813,15	-	602,00	677,25	-	487,44	548,37	-	379,04	426
	II	12.367	-	989,36	1.113,03	-	856,00	963,00	-	728,72	819,81	-	607,68	683,64	-	492,80	554,40	-	384,08	432,09	-	281,60	316
	III	8.522	-	681,76	766,98	-	580,32	652,86	-	481,92	542,16	-	386,56	434,88	-	294,24	331,02	-	205,12	230,76	-	120,16	135
	IV	14.026	-	1.122,08	1.262,34	-	1.051,68	1.183,14	-	982,80	1.105,65	-	915,52	1.029,96	-	849,68	955,89	-	785,44	883,62	-	722,80	813
	V	20.134	*308,32*	1.610,72	1.812,06																		
	VI	20.666	*371,63*	1.653,28	1.859,94																		
70.415,99	I	14.039	-	1.123,12	1.263,51	-	983,84	1.106,82	-	850,64	956,97	-	723,68	814,14	-	602,88	678,24	-	488,24	549,27	-	379,84	427
	II	12.380	-	990,40	1.114,20	-	856,96	964,08	-	729,68	820,89	-	608,56	684,63	-	493,68	555,39	-	384,88	432,99	-	282,32	317
	III	8.532	-	682,56	767,88	-	580,96	653,58	-	482,56	542,88	-	387,20	435,60	-	294,88	331,74	-	205,76	231,48	-	120,64	135
	IV	14.039	-	1.123,12	1.263,51	-	1.052,72	1.184,31	-	983,84	1.106,82	-	916,48	1.031,04	-	850,64	956,97	-	786,40	884,70	-	723,68	814
	V	20.148	*309,99*	1.611,84	1.813,32																		
	VI	20.680	*373,30*	1.654,40	1.861,20																		
70.451,99	I	14.052	-	1.124,16	1.264,68	-	984,80	1.107,90	-	851,60	958,05	-	724,56	815,13	-	603,76	679,23	-	489,04	550,17	-	380,56	428
	II	12.392	-	991,36	1.115,28	-	857,84	965,07	-	730,56	821,88	-	609,44	685,62	-	494,48	556,29	-	385,68	433,89	-	283,04	318
	III	8.542	-	683,36	768,78	-	581,76	654,48	-	483,20	543,60	-	387,84	436,32	-	295,52	332,46	-	206,40	232,20	-	121,28	136
	IV	14.052	-	1.124,16	1.264,68	-	1.053,68	1.185,39	-	984,80	1.107,90	-	917,44	1.032,12	-	851,60	958,05	-	787,28	885,69	-	724,56	815,
	V	20.161	*311,54*	1.612,88	1.814,49																		
	VI	20.693	*374,85*	1.655,44	1.862,37																		
70.487,99	I	14.065	-	1.125,20	1.265,85	-	985,76	1.108,98	-	852,56	959,13	-	725,52	816,21	-	604,56	680,13	-	489,84	551,07	-	381,36	429,
	II	12.405	-	992,40	1.116,45	-	858,80	966,15	-	731,44	822,87	-	610,32	686,61	-	495,28	557,19	-	386,40	434,70	-	283,76	319,
	III	8.552	-	684,16	769,68	-	582,56	655,38	-	484,00	544,50	-	388,64	437,22	-	296,32	333,36	-	207,04	232,92	-	121,92	137,
	IV	14.065	-	1.125,20	1.265,85	-	1.054,72	1.186,56	-	985,76	1.108,98	-	918,40	1.033,20	-	852,56	959,13	-	788,24	886,77	-	725,52	816
	V	20.175	*313,20*	1.614,00	1.815,75																		
	VI	20.707	*376,51*	1.656,56	1.863,63																		
70.523,99	I	14.078	-	1.126,24	1.267,02	-	986,80	1.110,15	-	853,52	960,21	-	726,40	817,20	-	605,44	681,12	-	490,72	552,06	-	382,08	429,
	II	12.417	-	993,36	1.117,53	-	859,76	967,23	-	732,40	823,95	-	611,12	687,51	-	496,08	558,09	-	387,20	435,60	-	284,48	320,
	III	8.560	-	684,80	770,40	-	583,20	656,10	-	484,64	545,22	-	389,28	437,94	-	296,96	334,08	-	207,68	233,64	-	122,40	137,
	IV	14.078	-	1.126,24	1.267,02	-	1.055,76	1.187,73	-	986,80	1.110,15	-	919,36	1.034,28	-	853,52	960,21	-	789,20	887,85	-	726,40	817,
	V	20.189	*314,87*	1.615,12	1.817,01																		
	VI	20.721	*378,18*	1.657,68	1.864,89																		
70.559,99	I	14.091	-	1.127,28	1.268,19	-	987,76	1.111,23	-	854,40	961,20	-	727,28	818,19	-	606,32	682,11	-	491,52	552,96	-	382,88	430,
	II	12.429	-	994,32	1.118,61	-	860,72	968,31	-	733,28	824,94	-	612,00	688,50	-	496,88	558,99	-	388,00	436,50	-	285,20	320,
	III	8.570	-	685,60	771,30	-	584,00	657,00	-	485,44	546,12	-	389,92	438,66	-	297,60	334,80	-	208,32	234,36	-	123,04	138,
	IV	14.091	-	1.127,28	1.268,19	-	1.056,72	1.188,81	-	987,76	1.111,23	-	920,32	1.035,36	-	854,40	961,20	-	790,08	888,84	-	727,28	818,
	V	20.202	*316,42*	1.616,16	1.818,18																		
	VI	20.734	*379,72*	1.658,72	1.866,06																		
70.595,99	I	14.104	-	1.128,32	1.269,36	-	988,80	1.112,40	-	855,36	962,28	-	728,24	819,27	-	607,20	683,10	-	492,32	553,86	-	383,68	431,
	II	12.442	-	995,36	1.119,78	-	861,68	969,39	-	734,16	825,93	-	612,88	689,49	-	497,76	559,98	-	388,72	437,31	-	285,92	321,
	III	8.580	-	686,40	772,20	-	584,64	657,72	-	486,08	546,84	-	390,72	439,56	-	298,24	335,52	-	208,96	235,08	-	123,52	138,
	IV	14.104	-	1.128,32	1.269,36	-	1.057,76	1.189,98	-	988,80	1.112,40	-	921,28	1.036,44	-	855,36	962,28	-	791,04	889,92	-	728,24	819,
	V	20.216	*318,08*	1.617,28	1.819,44																		
	VI	20.748	*381,39*	1.659,84	1.867,32																		
70.631,99	I	14.117	-	1.129,36	1.270,53	-	989,76	1.113,48	-	856,40	963,45	-	729,12	820,26	-	608,08	684,09	-	493,12	554,76	-	384,40	432,
	II	12.455	-	996,40	1.120,95	-	862,64	970,47	-	735,12	827,01	-	613,76	690,48	-	498,56	560,88	-	389,52	438,21	-	286,64	322,
	III	8.588	-	687,04	772,92	-	585,44	658,62	-	486,88	547,74	-	391,36	440,28	-	298,88	336,24	-	209,60	235,80	-	124,16	139,
	IV	14.117	-	1.129,36	1.270,53	-	1.058,80	1.191,15	-	989,76	1.113,48	-	922,32	1.037,61	-	856,40	963,45	-	792,00	891,00	-	729,12	820,
	V	20.230	*319,75*	1.618,40	1.820,70																		
	VI	20.762	*383,06*	1.660,96	1.868,58																		
70.667,99	I	14.130	-	1.130,40	1.271,70	-	990,72	1.114,56	-	857,28	964,44	-	730,00	821,25	-	608,88	684,99	-	493,92	555,66	-	385,20	433,
	II	12.467	-	997,36	1.122,03	-	863,60	971,55	-	736,00	828,00	-	614,56	691,38	-	499,36	561,78	-	390,32	439,11	-	287,36	323,
	III	8.598	-	687,84	773,82	-	586,08	659,34	-	487,52	548,46	-	392,00	441,00	-	299,52	336,96	-	210,24	236,52	-	124,80	140,
	IV	14.130	-	1.130,40	1.271,70	-	1.059,84	1.192,32	-	990,72	1.114,56	-	923,28	1.038,69	-	857,28	964,44	-	792,88	891,99	-	730,00	821,
	V	20.244	*321,41*	1.619,52	1.821,96																		
	VI	20.775	*384,60*	1.662,00	1.869,75																		
70.703,99	I	14.143	-	1.131,44	1.272,87	-	991,76	1.115,73	-	858,24	965,52	-	730,88	822,24	-	609,76	685,98	-	494,80	556,65	-	385,92	434,
	II	12.480	-	998,40	1.123,20	-	864,56	972,63	-	736,96	829,08	-	615,44	692,37	-	500,16	562,68	-	391,04	439,92	-	288,16	324,
	III	8.608	-	688,64	774,72	-	586,88	660,24	-	488,32	549,36	-	392,64	441,72	-	300,16	337,68	-	210,88	237,24	-	125,28	140,
	IV	14.143	-	1.131,44	1.272,87	-	1.060,80	1.193,40	-	991,76	1.115,73	-	924,24	1.039,77	-	858,24	965,52	-	793,84	893,07	-	730,88	822,
	V	20.257	*322,96*	1.620,56	1.823,13																		
	VI	20.789	*386,27*	1.663,12	1.871,01																		
70.739,99	I	14.156	-	1.132,48	1.274,04	-	992,80	1.116,90	-	859,20	966,60	-	731,84	823,32	-	610,64	686,97	-	495,60	557,55	-	386,72	435,
	II	12.492	-	999,36	1.124,28	-	865,52	973,71	-	737,84	830,07	-	616,32	693,36	-	501,04	563,67	-	391,84	440,82	-	288,88	324,
	III	8.616	-	689,28	775,44	-	587,68	661,14	-	488,96	550,08	-	393,44	442,62	-	300,96	338,58	-	211,52	237,96	-	125,92	141,
	IV	14.156	-	1.132,48	1.274,04	-	1.061,84	1.194,57	-	992,80	1.116,90	-	925,20	1.040,85	-	859,20	966,60	-	794,72	894,06	-	731,84	823,
	V	20.271	*324,63*	1.621,68	1.824,39																		
	VI	20.803	*387,94*	1.664,24	1.872,27																		

Anzahl Kinderfreibeträge (nur Steuerklassen I–IV)

SolZ/KiSt lt. Tabelle nicht für Sonstige Bezüge anwendbar.

Allgemeine Tabelle

JAHR bis 71.279,99 €

Lohn/ Gehalt bis	Steuerklasse	Lohn-steuer	ohne Kinderfreibetrag			Anzahl Kinderfreibeträge (nur Steuerklassen I–IV) 0,5			1,0			1,5			2,0			2,5			3,0		
			SolZ 5,5%	Kirchensteuer 8%	9%	SolZ 5,5%	Kirchensteuer 8%	9%	SolZ 5,5%	Kirchensteuer 8%	9%	SolZ 5,5%	Kirchensteuer 8%	9%	SolZ 5,5%	Kirchensteuer 8%	9%	SolZ 5,5%	Kirchensteuer 8%	9%	SolZ 5,5%	Kirchensteuer 8%	9%
70.775,99	I	14.169	-	1.133,52	1.275,21	-	993,76	1.117,98	-	860,16	967,68	-	732,72	824,31	-	611,44	687,87	-	496,40	558,45	-	387,52	435,96
	II	12.504	-	1.000,32	1.125,36	-	866,48	974,79	-	738,72	831,06	-	617,20	694,35	-	501,84	564,57	-	392,64	441,72	-	289,60	325,80
	III	8.626	-	690,08	776,34	-	588,32	661,86	-	489,60	550,80	-	394,08	443,34	-	301,60	339,30	-	212,16	238,68	-	126,56	142,38
	IV	14.169	-	1.133,52	1.275,21	-	1.062,88	1.195,74	-	993,76	1.117,98	-	926,16	1.041,93	-	860,16	967,68	-	795,68	895,14	-	732,72	824,31
	V	20.285	*326,29*	1.622,80	1.825,65																		
	VI	20.816	*389,48*	1.665,28	1.873,44																		
70.811,99	I	14.182	-	1.134,56	1.276,38	-	994,72	1.119,06	-	861,12	968,76	-	733,68	825,39	-	612,32	688,86	-	497,20	559,35	-	388,24	436,77
	II	12.517	-	1.001,36	1.126,53	-	867,44	975,87	-	739,68	832,14	-	618,08	695,34	-	502,64	565,47	-	393,36	442,53	-	290,32	326,61
	III	8.636	-	690,88	777,24	-	589,12	662,76	-	490,40	551,70	-	394,72	444,06	-	302,24	340,02	-	212,80	239,40	-	127,04	142,92
	IV	14.182	-	1.134,56	1.276,38	-	1.063,92	1.196,91	-	994,72	1.119,06	-	927,20	1.043,10	-	861,12	968,76	-	796,64	896,22	-	733,68	825,39
	V	20.299	*327,96*	1.623,92	1.826,91																		
	VI	20.830	*391,15*	1.666,40	1.874,70																		
70.847,99	I	14.195	-	1.135,60	1.277,55	-	995,76	1.120,23	-	862,08	969,84	-	734,56	826,38	-	613,20	689,85	-	498,08	560,34	-	389,04	437,67
	II	12.530	-	1.002,40	1.127,70	-	868,40	976,95	-	740,56	833,13	-	618,96	696,33	-	503,44	566,37	-	394,16	443,43	-	291,04	327,42
	III	8.646	-	691,68	778,14	-	589,76	663,48	-	491,04	552,42	-	395,36	444,78	-	302,88	340,74	-	213,44	240,12	-	127,68	143,64
	IV	14.195	-	1.135,60	1.277,55	-	1.064,96	1.198,08	-	995,76	1.120,23	-	928,16	1.044,18	-	862,08	969,84	-	797,52	897,21	-	734,56	826,38
	V	20.312	*329,51*	1.624,96	1.828,08																		
	VI	20.844	*392,81*	1.667,52	1.875,96																		
70.883,99	I	14.208	-	1.136,64	1.278,72	-	996,72	1.121,31	-	863,04	970,92	-	735,44	827,37	-	614,08	690,84	-	498,88	561,24	-	389,84	438,57
	II	12.542	-	1.003,36	1.128,78	-	869,28	977,94	-	741,44	834,12	-	619,76	697,23	-	504,24	567,27	-	394,96	444,33	-	291,76	328,23
	III	8.654	-	692,32	778,86	-	590,56	664,38	-	491,84	553,32	-	396,16	445,68	-	303,52	341,46	-	214,08	240,84	-	128,32	144,36
	IV	14.208	-	1.136,64	1.278,72	-	1.065,92	1.199,16	-	996,72	1.121,31	-	929,12	1.045,26	-	863,04	970,92	-	798,48	898,29	-	735,44	827,37
	V	20.326	*331,17*	1.626,08	1.829,34																		
	VI	20.858	*394,48*	1.668,64	1.877,22																		
70.919,99	I	14.221	-	1.137,68	1.279,89	-	997,76	1.122,48	-	864,00	972,00	-	736,40	828,45	-	614,96	691,83	-	499,68	562,14	-	390,56	439,38
	II	12.555	-	1.004,40	1.129,95	-	870,32	979,11	-	742,40	835,20	-	620,64	698,22	-	505,12	568,26	-	395,68	445,14	-	292,48	329,04
	III	8.664	-	693,12	779,76	-	591,20	665,10	-	492,48	554,04	-	396,80	446,40	-	304,16	342,18	-	214,72	241,56	-	128,96	145,08
	IV	14.221	-	1.137,68	1.279,89	-	1.066,96	1.200,33	-	997,76	1.122,48	-	930,08	1.046,34	-	864,00	972,00	-	799,36	899,28	-	736,40	828,45
	V	20.340	*332,84*	1.627,20	1.830,60																		
	VI	20.871	*396,03*	1.669,68	1.878,39																		
70.955,99	I	14.234	-	1.138,72	1.281,06	-	998,72	1.123,56	-	864,96	973,08	-	737,28	829,44	-	615,84	692,82	-	500,48	563,04	-	391,36	440,28
	II	12.567	-	1.005,36	1.131,03	-	871,28	980,19	-	743,28	836,19	-	621,52	699,21	-	505,92	569,16	-	396,48	446,04	-	293,28	329,94
	III	8.674	-	693,92	780,66	-	592,00	666,00	-	493,28	554,94	-	397,44	447,12	-	304,80	342,90	-	215,36	242,28	-	129,44	145,62
	IV	14.234	-	1.138,72	1.281,06	-	1.068,00	1.201,50	-	998,72	1.123,56	-	931,04	1.047,42	-	864,96	973,08	-	800,32	900,36	-	737,28	829,44
	V	20.354	*334,50*	1.628,32	1.831,86																		
	VI	20.885	*397,69*	1.670,80	1.879,65																		
70.991,99	I	14.247	-	1.139,76	1.282,23	-	999,76	1.124,73	-	865,84	974,07	-	738,16	830,43	-	616,64	693,72	-	501,28	563,94	-	392,16	441,18
	II	12.579	-	1.006,32	1.132,11	-	872,16	981,18	-	744,16	837,18	-	622,40	700,20	-	506,72	570,06	-	397,28	446,94	-	293,92	330,66
	III	8.682	-	694,56	781,38	-	592,64	666,72	-	493,92	555,66	-	398,24	448,02	-	305,60	343,80	-	216,00	243,00	-	130,08	146,34
	IV	14.247	-	1.139,76	1.282,23	-	1.068,96	1.202,58	-	999,76	1.124,73	-	932,00	1.048,50	-	865,84	974,07	-	801,28	901,44	-	738,16	830,43
	V	20.367	*336,05*	1.629,36	1.833,03																		
	VI	20.899	*399,36*	1.671,92	1.880,91																		
71.027,99	I	14.260	-	1.140,80	1.283,40	-	1.000,72	1.125,81	-	866,80	975,15	-	739,12	831,51	-	617,52	694,71	-	502,16	564,93	-	392,88	441,99
	II	12.592	-	1.007,36	1.133,28	-	873,12	982,26	-	745,12	838,26	-	623,28	701,19	-	507,60	571,05	-	398,08	447,84	-	294,72	331,56
	III	8.692	-	695,36	782,28	-	593,44	667,62	-	494,56	556,38	-	398,88	448,74	-	306,24	344,52	-	216,64	243,72	-	130,72	147,06
	IV	14.260	-	1.140,80	1.283,40	-	1.070,00	1.203,75	-	1.000,72	1.125,81	-	933,04	1.049,67	-	866,80	975,15	-	802,16	902,43	-	739,12	831,51
	V	20.381	*337,72*	1.630,48	1.834,29																		
	VI	20.913	*401,03*	1.673,04	1.882,17																		
71.063,99	I	14.274	-	1.141,92	1.284,66	-	1.001,76	1.126,98	-	867,76	976,23	-	740,00	832,50	-	618,40	695,70	-	502,96	565,83	-	393,68	442,89
	II	12.605	-	1.008,40	1.134,45	-	874,16	983,43	-	746,00	839,25	-	624,16	702,18	-	508,40	571,95	-	398,80	448,65	-	295,44	332,37
	III	8.702	-	696,16	783,18	-	594,24	668,52	-	495,36	557,28	-	399,52	449,46	-	306,88	345,24	-	217,28	244,44	-	131,20	147,60
	IV	14.274	-	1.141,92	1.284,66	-	1.071,04	1.204,92	-	1.001,76	1.126,98	-	934,00	1.050,75	-	867,76	976,23	-	803,12	903,51	-	740,00	832,50
	V	20.395	*339,38*	1.631,60	1.835,55																		
	VI	20.926	*402,57*	1.674,08	1.883,34																		
71.099,99	I	14.286	-	1.142,88	1.285,74	-	1.002,72	1.128,06	-	868,72	977,31	-	740,88	833,49	-	619,28	696,69	-	503,76	566,73	-	394,48	443,79
	II	12.617	-	1.009,36	1.135,53	-	875,04	984,42	-	746,96	840,33	-	624,96	703,08	-	509,20	572,85	-	399,60	449,55	-	296,16	333,18
	III	8.712	-	696,96	784,08	-	594,88	669,24	-	496,00	558,00	-	400,16	450,18	-	307,52	345,96	-	217,92	245,16	-	131,84	148,32
	IV	14.286	-	1.142,88	1.285,74	-	1.072,08	1.206,09	-	1.002,72	1.128,06	-	934,96	1.051,83	-	868,72	977,31	-	804,08	904,59	-	740,88	833,49
	V	20.408	*340,93*	1.632,64	1.836,72																		
	VI	20.940	*404,24*	1.675,20	1.884,60																		
71.135,99	I	14.300	-	1.144,00	1.287,00	-	1.003,76	1.129,23	-	869,68	978,39	-	741,84	834,57	-	620,16	697,68	-	504,56	567,63	-	395,20	444,60
	II	12.630	-	1.010,40	1.136,70	-	876,00	985,50	-	747,84	841,32	-	625,84	704,07	-	510,00	573,75	-	400,40	450,45	-	296,88	333,99
	III	8.720	-	697,60	784,80	-	595,68	670,14	-	496,80	558,90	-	400,96	451,08	-	308,16	346,68	-	218,56	245,88	-	132,48	149,04
	IV	14.300	-	1.144,00	1.287,00	-	1.073,12	1.207,26	-	1.003,76	1.129,23	-	935,92	1.052,91	-	869,68	978,39	-	804,96	905,58	-	741,84	834,57
	V	20.422	*342,60*	1.633,76	1.837,98																		
	VI	20.954	*405,90*	1.676,32	1.885,86																		
71.171,99	I	14.313	-	1.145,04	1.288,17	-	1.004,72	1.130,31	-	870,64	979,47	-	742,72	835,56	-	620,96	698,58	-	505,44	568,62	-	396,00	445,50
	II	12.642	-	1.011,36	1.137,78	-	876,96	986,58	-	748,80	842,40	-	626,72	705,06	-	510,88	574,74	-	401,12	451,26	-	297,60	334,80
	III	8.730	-	698,40	785,70	-	596,32	670,86	-	497,44	559,62	-	401,60	451,80	-	308,80	347,40	-	219,20	246,60	-	132,96	149,58
	IV	14.313	-	1.145,04	1.288,17	-	1.074,16	1.208,43	-	1.004,72	1.130,31	-	936,96	1.054,08	-	870,64	979,47	-	805,92	906,66	-	742,72	835,56
	V	20.436	*344,26*	1.634,88	1.839,24																		
	VI	20.968	*407,57*	1.677,44	1.887,12																		
71.207,99	I	14.326	-	1.146,08	1.289,34	-	1.005,76	1.131,48	-	871,60	980,55	-	743,60	836,55	-	621,84	699,57	-	506,24	569,52	-	396,80	446,40
	II	12.655	-	1.012,40	1.138,95	-	877,92	987,66	-	749,68	843,39	-	627,60	706,05	-	511,68	575,64	-	401,92	452,16	-	298,32	335,61
	III	8.740	-	699,20	786,60	-	597,12	671,76	-	498,08	560,34	-	402,24	452,52	-	309,44	348,12	-	219,84	247,32	-	133,60	150,30
	IV	14.326	-	1.146,08	1.289,34	-	1.075,12	1.209,51	-	1.005,76	1.131,48	-	937,92	1.055,16	-	871,60	980,55	-	806,88	907,74	-	743,60	836,55
	V	20.449	*345,81*	1.635,92	1.840,41																		
	VI	20.981	*409,12*	1.678,48	1.888,29																		
71.243,99	I	14.339	-	1.147,12	1.290,51	-	1.006,72	1.132,56	-	872,56	981,63	-	744,56	837,63	-	622,72	700,56	-	507,04	570,42	-	397,60	447,30
	II	12.667	-	1.013,36	1.140,03	-	878,88	988,74	-	750,56	844,38	-	628,48	707,04	-	512,48	576,54	-	402,72	453,06	-	299,12	336,51
	III	8.750	-	700,00	787,50	-	597,92	672,66	-	498,88	561,24	-	403,04	453,42	-	310,24	349,02	-	220,48	248,04	-	134,24	151,02
	IV	14.339	-	1.147,12	1.290,51	-	1.076,16	1.210,68	-	1.006,72	1.132,56	-	938,88	1.056,24	-	872,56	981,63	-	807,76	908,73	-	744,56	837,63
	V	20.463	*347,48*	1.637,04	1.841,67																		
	VI	20.995	*410,78*	1.679,60	1.889,55																		
71.279,99	I	14.352	-	1.148,16	1.291,68	-	1.007,76	1.133,73	-	873,52	982,71	-	745,44	838,62	-	623,60	701,55	-	507,84	571,32	-	398,32	448,11
	II	12.680	-	1.014,40	1.141,20	-	879,84	989,82	-	751,52	845,46	-	629,28	707,94	-	513,28	577,44	-	403,44	453,87	-	299,84	337,32
	III	8.758	-	700,64	788,22	-	598,56	673,38	-	499,52	561,96	-	403,68	454,14	-	310,88	349,74	-	221,12	248,76	-	134,88	151,74
	IV	14.352	-	1.148,16	1.291,68	-	1.077,20	1.211,85	-	1.007,76	1.133,73	-	939,84	1.057,32	-	873,52	982,71	-	808,72	909,81	-	745,44	838,62
	V	20.477	*349,14*	1.638,16	1.842,93																		
	VI	21.008	*412,33*	1.680,64	1.890,72																		

SolZ/KiSt lt. Tabelle nicht für Sonstige Bezüge anwendbar.

Lohn/ Gehalt bis	Steuerklasse	Lohn-steuer	ohne Kinderfreibetrag SolZ 5,5%	Kirchensteuer 8%	Kirchensteuer 9%	0,5 SolZ 5,5%	Kirchensteuer 8%	Kirchensteuer 9%	1,0 SolZ 5,5%	Kirchensteuer 8%	Kirchensteuer 9%	1,5 SolZ 5,5%	Kirchensteuer 8%	Kirchensteuer 9%	2,0 SolZ 5,5%	Kirchensteuer 8%	Kirchensteuer 9%	2,5 SolZ 5,5%	Kirchensteuer 8%	Kirchensteuer 9%	3,0 SolZ 5,5%	Kirchensteuer 8%	Kirchensteuer 9%
71.315,99	I	14.365	-	1.149,20	1.292,85	-	1.008,72	1.134,81	-	874,48	983,79	-	746,40	839,70	-	624,48	702,54	-	508,72	572,31	-	399,12	449
	II	12.692	-	1.015,36	1.142,28	-	880,80	990,90	-	752,40	846,45	-	630,16	708,93	-	514,16	578,43	-	404,24	454,77	-	300,56	338
	III	8.768	-	701,44	789,12	-	599,36	674,28	-	500,32	562,86	-	404,32	454,86	-	311,52	350,46	-	221,76	249,48	-	135,36	152
	IV	14.365	-	1.149,20	1.292,85	-	1.078,16	1.212,93	-	1.008,72	1.134,81	-	940,80	1.058,40	-	874,48	983,79	-	809,68	910,89	-	746,40	839
	V	20.491	350,81	1.639,28	1.844,19																		
	VI	21.022	414,00	1.681,76	1.891,98																		
71.351,99	I	14.378	-	1.150,24	1.294,02	-	1.009,76	1.135,98	-	875,44	984,87	-	747,28	840,69	-	625,36	703,53	-	509,52	573,21	-	399,92	449
	II	12.705	-	1.016,40	1.143,45	-	881,76	991,98	-	753,36	847,53	-	631,04	709,92	-	514,96	579,33	-	405,04	455,67	-	301,28	338
	III	8.778	-	702,24	790,02	-	600,00	675,00	-	500,96	563,58	-	405,12	455,76	-	312,16	351,18	-	222,40	250,20	-	136,00	153
	IV	14.378	-	1.150,24	1.294,02	-	1.079,20	1.214,10	-	1.009,76	1.135,98	-	941,84	1.059,57	-	875,44	984,87	-	810,56	911,88	-	747,28	840
	V	20.504	352,35	1.640,32	1.845,36																		
	VI	21.036	415,66	1.682,88	1.893,24																		
71.387,99	I	14.391	-	1.151,28	1.295,19	-	1.010,72	1.137,06	-	876,40	985,95	-	748,16	841,68	-	626,16	704,43	-	510,32	574,11	-	400,64	450
	II	12.717	-	1.017,36	1.144,53	-	882,72	993,06	-	754,24	848,52	-	631,92	710,91	-	515,76	580,23	-	405,84	456,57	-	302,00	339
	III	8.786	-	702,88	790,74	-	600,80	675,90	-	501,76	564,48	-	405,76	456,48	-	312,80	351,90	-	223,04	250,92	-	136,64	153
	IV	14.391	-	1.151,28	1.295,19	-	1.080,24	1.215,27	-	1.010,72	1.137,06	-	942,80	1.060,65	-	876,40	985,95	-	811,52	912,96	-	748,16	841
	V	20.518	354,02	1.641,44	1.846,62																		
	VI	21.050	417,33	1.684,00	1.894,50																		
71.423,99	I	14.404	-	1.152,32	1.296,36	-	1.011,76	1.138,23	-	877,36	987,03	-	749,12	842,76	-	627,04	705,42	-	511,20	575,10	-	401,44	451
	II	12.730	-	1.018,40	1.145,70	-	883,68	994,14	-	755,12	849,51	-	632,80	711,90	-	516,64	581,22	-	406,56	457,38	-	302,72	340
	III	8.796	-	703,68	791,64	-	601,44	676,62	-	502,40	565,20	-	406,40	457,20	-	313,44	352,62	-	223,68	251,64	-	137,28	154
	IV	14.404	-	1.152,32	1.296,36	-	1.081,28	1.216,44	-	1.011,76	1.138,23	-	943,76	1.061,73	-	877,36	987,03	-	812,48	914,04	-	749,12	842
	V	20.532	355,69	1.642,56	1.847,88																		
	VI	21.063	418,88	1.685,04	1.895,67																		
71.459,99	I	14.417	-	1.153,36	1.297,53	-	1.012,80	1.139,40	-	878,32	988,11	-	750,00	843,75	-	627,92	706,41	-	512,00	576,00	-	402,24	452
	II	12.743	-	1.019,44	1.146,87	-	884,64	995,22	-	756,08	850,59	-	633,68	712,89	-	517,44	582,12	-	407,36	458,28	-	303,52	341
	III	8.806	-	704,48	792,54	-	602,24	677,52	-	503,20	566,10	-	407,20	458,10	-	314,24	353,52	-	224,32	252,36	-	137,92	155
	IV	14.417	-	1.153,36	1.297,53	-	1.082,32	1.217,61	-	1.012,80	1.139,40	-	944,80	1.062,90	-	878,32	988,11	-	813,44	915,12	-	750,00	843
	V	20.546	357,35	1.643,68	1.849,14																		
	VI	21.077	420,54	1.686,16	1.896,93																		
71.495,99	I	14.430	-	1.154,40	1.298,70	-	1.013,76	1.140,48	-	879,28	989,19	-	750,96	844,83	-	628,80	707,40	-	512,80	576,90	-	402,96	453
	II	12.755	-	1.020,40	1.147,95	-	885,60	996,30	-	756,96	851,58	-	634,56	713,88	-	518,24	583,02	-	408,16	459,18	-	304,24	342
	III	8.816	-	705,28	793,44	-	603,04	678,42	-	503,84	566,82	-	407,84	458,82	-	314,88	354,24	-	224,96	253,08	-	138,40	155,
	IV	14.430	-	1.154,40	1.298,70	-	1.083,28	1.218,69	-	1.013,76	1.140,48	-	945,76	1.063,98	-	879,28	989,19	-	814,32	916,11	-	750,96	844,
	V	20.559	358,90	1.644,72	1.850,31																		
	VI	21.091	422,21	1.687,28	1.898,19																		
71.531,99	I	14.444	-	1.155,52	1.299,96	-	1.014,80	1.141,65	-	880,24	990,27	-	751,84	845,82	-	629,68	708,39	-	513,60	577,80	-	403,76	454,
	II	12.768	-	1.021,44	1.149,12	-	886,56	997,38	-	757,92	852,66	-	635,44	714,87	-	519,12	584,01	-	408,96	460,08	-	304,96	343,
	III	8.824	-	705,92	794,16	-	603,68	679,14	-	504,64	567,72	-	408,48	459,54	-	315,52	354,96	-	225,60	253,80	-	139,04	156
	IV	14.444	-	1.155,52	1.299,96	-	1.084,32	1.219,86	-	1.014,80	1.141,65	-	946,72	1.065,06	-	880,24	990,27	-	815,28	917,19	-	751,84	845,
	V	20.573	360,57	1.645,84	1.851,57																		
	VI	21.105	423,87	1.688,40	1.899,45																		
71.567,99	I	14.457	-	1.156,56	1.301,13	-	1.015,76	1.142,73	-	881,20	991,35	-	752,80	846,90	-	630,56	709,38	-	514,48	578,79	-	404,56	455,
	II	12.780	-	1.022,40	1.150,20	-	887,52	998,46	-	758,80	853,65	-	636,32	715,86	-	519,92	584,91	-	409,76	460,98	-	305,68	343,
	III	8.834	-	706,72	795,06	-	604,48	680,04	-	505,28	568,44	-	409,28	460,44	-	316,16	355,68	-	226,24	254,52	-	139,68	157,
	IV	14.457	-	1.156,56	1.301,13	-	1.085,36	1.221,03	-	1.015,76	1.142,73	-	947,68	1.066,14	-	881,20	991,35	-	816,24	918,27	-	752,80	846
	V	20.587	362,23	1.646,96	1.852,83																		
	VI	21.118	425,42	1.689,44	1.900,62																		
71.603,99	I	14.470	-	1.157,60	1.302,30	-	1.016,80	1.143,90	-	882,16	992,43	-	753,68	847,89	-	631,36	710,28	-	515,28	579,69	-	405,36	456,
	II	12.793	-	1.023,44	1.151,37	-	888,48	999,54	-	759,76	854,73	-	637,12	716,76	-	520,72	585,81	-	410,48	461,79	-	306,40	344,
	III	8.844	-	707,52	795,96	-	605,28	680,94	-	506,08	569,34	-	409,92	461,16	-	316,80	356,40	-	226,88	255,24	-	140,32	157,
	IV	14.470	-	1.157,60	1.302,30	-	1.086,40	1.222,20	-	1.016,80	1.143,90	-	948,64	1.067,22	-	882,16	992,43	-	817,12	919,26	-	753,68	847,
	V	20.600	363,78	1.648,00	1.854,00																		
	VI	21.132	427,09	1.690,56	1.901,88																		
71.639,99	I	14.483	-	1.158,64	1.303,47	-	1.017,76	1.144,98	-	883,12	993,51	-	754,56	848,88	-	632,24	711,27	-	516,08	580,59	-	406,16	456,
	II	12.805	-	1.024,40	1.152,45	-	889,44	1.000,62	-	760,64	855,72	-	638,00	717,75	-	521,60	586,80	-	411,28	462,69	-	307,20	345,
	III	8.852	-	708,16	796,68	-	605,92	681,66	-	506,72	570,06	-	410,56	461,88	-	317,44	357,12	-	227,52	255,96	-	140,80	158,
	IV	14.483	-	1.158,64	1.303,47	-	1.087,44	1.223,37	-	1.017,76	1.144,98	-	949,68	1.068,39	-	883,12	993,51	-	818,08	920,34	-	754,56	848,
	V	20.614	365,44	1.649,12	1.855,26																		
	VI	21.146	428,75	1.691,68	1.903,14																		
71.675,99	I	14.496	-	1.159,68	1.304,64	-	1.018,80	1.146,15	-	884,08	994,59	-	755,52	849,96	-	633,12	712,26	-	516,96	581,58	-	406,88	457,
	II	12.818	-	1.025,44	1.153,62	-	890,40	1.001,70	-	761,60	856,80	-	638,88	718,74	-	522,40	587,70	-	412,08	463,59	-	307,92	346,
	III	8.862	-	708,96	797,58	-	606,72	682,56	-	507,52	570,96	-	411,36	462,78	-	318,24	358,02	-	228,16	256,68	-	141,44	159,
	IV	14.496	-	1.159,68	1.304,64	-	1.088,48	1.224,54	-	1.018,80	1.146,15	-	950,64	1.069,47	-	884,08	994,59	-	819,04	921,42	-	755,52	849,
	V	20.628	367,11	1.650,24	1.856,52																		
	VI	21.160	430,42	1.692,80	1.904,40																		
71.711,99	I	14.509	-	1.160,72	1.305,81	-	1.019,76	1.147,23	-	885,04	995,67	-	756,40	850,95	-	634,00	713,25	-	517,76	582,48	-	407,68	458,
	II	12.831	-	1.026,48	1.154,79	-	891,36	1.002,78	-	762,48	857,79	-	639,76	719,73	-	523,20	588,60	-	412,88	464,49	-	308,64	347,
	III	8.872	-	709,76	798,48	-	607,36	683,28	-	508,16	571,68	-	412,00	463,50	-	318,88	358,74	-	228,80	257,40	-	142,08	159,
	IV	14.509	-	1.160,72	1.305,81	-	1.089,52	1.225,71	-	1.019,76	1.147,23	-	951,60	1.070,55	-	885,04	995,67	-	819,92	922,41	-	756,40	850,
	V	20.641	368,66	1.651,28	1.857,69																		
	VI	21.173	431,97	1.693,84	1.905,57																		
71.747,99	I	14.522	-	1.161,76	1.306,98	-	1.020,80	1.148,40	-	886,00	996,75	-	757,36	852,03	-	634,88	714,24	-	518,56	583,38	-	408,48	459,
	II	12.843	-	1.027,44	1.155,87	-	892,32	1.003,86	-	763,44	858,87	-	640,64	720,72	-	524,08	589,59	-	413,60	465,30	-	309,36	348,
	III	8.882	-	710,56	799,38	-	608,16	684,18	-	508,80	572,40	-	412,64	464,22	-	319,52	359,46	-	229,44	258,12	-	142,72	160,
	IV	14.522	-	1.161,76	1.306,98	-	1.090,56	1.226,88	-	1.020,80	1.148,40	-	952,64	1.071,72	-	886,00	996,75	-	820,88	923,49	-	757,36	852,
	V	20.655	370,32	1.652,40	1.858,95																		
	VI	21.187	433,63	1.694,96	1.906,83																		
71.783,99	I	14.536	-	1.162,88	1.308,24	-	1.021,84	1.149,57	-	886,96	997,83	-	758,24	853,02	-	635,76	715,23	-	519,44	584,37	-	409,28	460,
	II	12.856	-	1.028,48	1.157,04	-	893,36	1.005,03	-	764,32	859,86	-	641,52	721,71	-	524,88	590,49	-	414,40	466,20	-	310,16	348,
	III	8.892	-	711,36	800,28	-	608,96	685,08	-	509,60	573,30	-	413,28	464,94	-	320,16	360,18	-	230,24	259,02	-	143,36	161,
	IV	14.536	-	1.162,88	1.308,24	-	1.091,60	1.228,05	-	1.021,84	1.149,57	-	953,60	1.072,80	-	886,96	997,83	-	821,84	924,57	-	758,24	853,
	V	20.669	371,99	1.653,52	1.860,21																		
	VI	21.201	435,30	1.696,08	1.908,09																		
71.819,99	I	14.549	-	1.163,92	1.309,41	-	1.022,80	1.150,65	-	887,92	998,91	-	759,20	854,10	-	636,64	716,22	-	520,24	585,27	-	410,00	461,
	II	12.868	-	1.029,44	1.158,12	-	894,24	1.006,02	-	765,20	860,85	-	642,40	722,70	-	525,68	591,39	-	415,20	467,10	-	310,88	349,
	III	8.900	-	712,00	801,00	-	609,60	685,80	-	510,24	574,02	-	414,08	465,84	-	320,80	360,90	-	230,72	259,56	-	143,84	161,
	IV	14.549	-	1.163,92	1.309,41	-	1.092,56	1.229,13	-	1.022,80	1.150,65	-	954,56	1.073,88	-	887,92	998,91	-	822,80	925,65	-	759,20	854,
	V	20.682	373,54	1.654,56	1.861,38																		
	VI	21.214	436,84	1.697,12	1.909,26																		

Anzahl Kinderfreibeträge (nur Steuerklassen I–IV)

SolZ/KiSt lt. Tabelle nicht für Sonstige Bezüge anwendbar.

Allgemeine Tabelle

JAHR bis 72.359,99 €

Lohn/ Gehalt bis	Steuerklasse	Lohn- steuer	ohne Kinderfreibetrag SolZ 5,5%	Kirchensteuer 8%	Kirchensteuer 9%	0,5 SolZ 5,5%	0,5 Kirchensteuer 8%	0,5 Kirchensteuer 9%	1,0 SolZ 5,5%	1,0 Kirchensteuer 8%	1,0 Kirchensteuer 9%	1,5 SolZ 5,5%	1,5 Kirchensteuer 8%	1,5 Kirchensteuer 9%	2,0 SolZ 5,5%	2,0 Kirchensteuer 8%	2,0 Kirchensteuer 9%	2,5 SolZ 5,5%	2,5 Kirchensteuer 8%	2,5 Kirchensteuer 9%	3,0 SolZ 5,5%	3,0 Kirchensteuer 8%	3,0 Kirchensteuer 9%
71.855,99	I	14.562	-	1.164,96	1.310,58	-	1.023,84	1.151,82	-	888,88	999,99	-	760,08	855,09	-	637,52	717,21	-	521,04	586,17	-	410,80	462,15
	II	12.881	-	1.030,48	1.159,29	-	895,28	1.007,19	-	766,16	861,93	-	643,28	723,69	-	526,56	592,38	-	416,00	468,00	-	311,60	350,55
	III	8.910	-	712,80	801,90	-	610,40	686,70	-	511,04	574,92	-	414,72	466,56	-	321,60	361,80	-	231,36	260,28	-	144,48	162,54
	IV	14.562	-	1.164,96	1.310,58	-	1.093,60	1.230,30	-	1.023,84	1.151,82	-	955,60	1.075,05	-	888,88	999,99	-	823,68	926,64	-	760,08	855,09
	V	20.696	375,20	1.655,68	1.862,64																		
	VI	21.228	438,51	1.698,24	1.910,52																		
71.891,99	I	14.575	-	1.166,00	1.311,75	-	1.024,80	1.152,90	-	889,84	1.001,07	-	761,04	856,17	-	638,40	718,20	-	521,92	587,16	-	411,60	463,05
	II	12.894	-	1.031,52	1.160,46	-	896,24	1.008,27	-	767,12	863,01	-	644,16	724,68	-	527,36	593,28	-	416,80	468,90	-	312,32	351,36
	III	8.920	-	713,60	802,80	-	611,04	687,42	-	511,68	575,64	-	415,36	467,28	-	322,24	362,52	-	232,16	261,18	-	145,12	163,26
	IV	14.575	-	1.166,00	1.311,75	-	1.094,64	1.231,47	-	1.024,80	1.152,90	-	956,56	1.076,13	-	889,84	1.001,07	-	824,64	927,72	-	761,04	856,17
	V	20.710	376,87	1.656,80	1.863,90																		
	VI	21.242	440,18	1.699,36	1.911,78																		
71.927,99	I	14.588	-	1.167,04	1.312,92	-	1.025,84	1.154,07	-	890,80	1.002,15	-	761,92	857,16	-	639,20	719,10	-	522,72	588,06	-	412,40	463,95
	II	12.906	-	1.032,48	1.161,54	-	897,20	1.009,35	-	768,00	864,00	-	645,04	725,67	-	528,16	594,18	-	417,52	469,71	-	313,04	352,17
	III	8.928	-	714,24	803,52	-	611,84	688,32	-	512,48	576,54	-	416,16	468,18	-	322,88	363,24	-	232,80	261,90	-	145,76	163,98
	IV	14.588	-	1.167,04	1.312,92	-	1.095,68	1.232,64	-	1.025,84	1.154,07	-	957,52	1.077,21	-	890,80	1.002,15	-	825,60	928,80	-	761,92	857,16
	V	20.724	378,53	1.657,92	1.865,16																		
	VI	21.255	441,72	1.700,40	1.912,95																		
71.963,99	I	14.601	-	1.168,08	1.314,09	-	1.026,88	1.155,24	-	891,76	1.003,23	-	762,88	858,24	-	640,08	720,09	-	523,52	588,96	-	413,12	464,76
	II	12.919	-	1.033,52	1.162,71	-	898,16	1.010,43	-	768,96	865,08	-	645,92	726,66	-	529,04	595,17	-	418,32	470,61	-	313,84	353,07
	III	8.938	-	715,04	804,42	-	612,48	689,04	-	513,12	577,26	-	416,80	468,90	-	323,52	363,96	-	233,44	262,62	-	146,40	164,70
	IV	14.601	-	1.168,08	1.314,09	-	1.096,72	1.233,81	-	1.026,88	1.155,24	-	958,56	1.078,38	-	891,76	1.003,23	-	826,56	929,88	-	762,88	858,24
	V	20.737	380,08	1.658,96	1.866,33																		
	VI	21.269	443,39	1.701,52	1.914,21																		
71.999,99	I	14.615	-	1.169,20	1.315,35	-	1.027,84	1.156,32	-	892,72	1.004,31	-	763,76	859,23	-	640,96	721,08	-	524,40	589,95	-	413,92	465,66
	II	12.932	-	1.034,56	1.163,88	-	899,12	1.011,51	-	769,84	866,07	-	646,80	727,65	-	529,84	596,07	-	419,12	471,51	-	314,56	353,88
	III	8.948	-	715,84	805,32	-	613,28	689,94	-	513,92	578,16	-	417,44	469,62	-	324,16	364,68	-	234,08	263,34	-	147,04	165,42
	IV	14.615	-	1.169,20	1.315,35	-	1.097,76	1.234,98	-	1.027,84	1.156,32	-	959,52	1.079,46	-	892,72	1.004,31	-	827,52	930,96	-	763,76	859,23
	V	20.751	381,75	1.660,08	1.867,59																		
	VI	21.283	445,06	1.702,64	1.915,47																		
72.035,99	I	14.627	-	1.170,16	1.316,43	-	1.028,88	1.157,49	-	893,68	1.005,39	-	764,64	860,22	-	641,84	722,07	-	525,20	590,85	-	414,72	466,56
	II	12.944	-	1.035,52	1.164,96	-	900,08	1.012,59	-	770,72	867,06	-	647,60	728,55	-	530,72	597,06	-	419,92	472,41	-	315,28	354,69
	III	8.958	-	716,64	806,22	-	614,08	690,84	-	514,56	578,88	-	418,24	470,52	-	324,96	365,58	-	234,72	264,06	-	147,52	165,96
	IV	14.627	-	1.170,16	1.316,43	-	1.098,72	1.236,06	-	1.028,88	1.157,49	-	960,48	1.080,54	-	893,68	1.005,39	-	828,40	931,95	-	764,64	860,22
	V	20.765	383,41	1.661,20	1.868,85																		
	VI	21.297	446,72	1.703,76	1.916,73																		
72.071,99	I	14.641	-	1.171,28	1.317,69	-	1.029,84	1.158,57	-	894,64	1.006,47	-	765,60	861,30	-	642,72	723,06	-	526,00	591,75	-	415,52	467,46
	II	12.957	-	1.036,56	1.166,13	-	901,04	1.013,67	-	771,68	868,14	-	648,48	729,54	-	531,52	597,96	-	420,72	473,31	-	316,08	355,59
	III	8.966	-	717,28	806,94	-	614,72	691,56	-	515,20	579,60	-	418,88	471,24	-	325,60	366,30	-	235,36	264,78	-	148,16	166,68
	IV	14.641	-	1.171,28	1.317,69	-	1.099,76	1.237,23	-	1.029,84	1.158,57	-	961,52	1.081,71	-	894,64	1.006,47	-	829,36	933,03	-	765,60	861,30
	V	20.779	385,08	1.662,32	1.870,11																		
	VI	21.310	448,27	1.704,80	1.917,90																		
72.107,99	I	14.654	-	1.172,32	1.318,86	-	1.030,88	1.159,74	-	895,60	1.007,55	-	766,48	862,29	-	643,60	724,05	-	526,88	592,74	-	416,24	468,27
	II	12.969	-	1.037,52	1.167,21	-	902,00	1.014,75	-	772,56	869,13	-	649,36	730,53	-	532,32	598,86	-	421,44	474,12	-	316,80	356,40
	III	8.976	-	718,08	807,84	-	615,52	692,46	-	516,00	580,50	-	419,52	471,96	-	326,24	367,02	-	236,00	265,50	-	148,80	167,40
	IV	14.654	-	1.172,32	1.318,86	-	1.100,80	1.238,40	-	1.030,88	1.159,74	-	962,48	1.082,79	-	895,60	1.007,55	-	830,24	934,02	-	766,48	862,29
	V	20.792	386,63	1.663,36	1.871,28																		
	VI	21.324	449,93	1.705,92	1.919,16																		
72.143,99	I	14.667	-	1.173,36	1.320,03	-	1.031,92	1.160,91	-	896,56	1.008,63	-	767,44	863,37	-	644,48	725,04	-	527,68	593,64	-	417,04	469,17
	II	12.982	-	1.038,56	1.168,38	-	902,96	1.015,83	-	773,52	870,21	-	650,24	731,52	-	533,20	599,85	-	422,24	475,02	-	317,52	357,21
	III	8.986	-	718,88	808,74	-	616,32	693,36	-	516,64	581,22	-	420,32	472,86	-	326,88	367,74	-	236,64	266,22	-	149,44	168,12
	IV	14.667	-	1.173,36	1.320,03	-	1.101,84	1.239,57	-	1.031,92	1.160,91	-	963,44	1.083,87	-	896,56	1.008,63	-	831,20	935,10	-	767,44	863,37
	V	20.806	388,29	1.664,48	1.872,54																		
	VI	21.338	451,60	1.707,04	1.920,42																		
72.179,99	I	14.680	-	1.174,40	1.321,20	-	1.032,88	1.161,99	-	897,52	1.009,71	-	768,40	864,45	-	645,36	726,03	-	528,56	594,63	-	417,84	470,07
	II	12.995	-	1.039,60	1.169,55	-	903,92	1.016,91	-	774,48	871,29	-	651,12	732,51	-	534,00	600,75	-	423,04	475,92	-	318,24	358,02
	III	8.996	-	719,68	809,64	-	616,96	694,08	-	517,44	582,12	-	420,96	473,58	-	327,52	368,46	-	237,28	266,94	-	150,08	168,84
	IV	14.680	-	1.174,40	1.321,20	-	1.102,88	1.240,74	-	1.032,88	1.161,99	-	964,48	1.085,04	-	897,52	1.009,71	-	832,16	936,18	-	768,40	864,45
	V	20.820	389,96	1.665,60	1.873,80																		
	VI	21.352	453,27	1.708,16	1.921,68																		
72.215,99	I	14.693	-	1.175,44	1.322,37	-	1.033,92	1.163,16	-	898,48	1.010,79	-	769,28	865,44	-	646,24	727,02	-	529,36	595,53	-	418,64	470,97
	II	13.007	-	1.040,56	1.170,63	-	904,88	1.017,99	-	775,36	872,28	-	652,00	733,50	-	534,80	601,65	-	423,84	476,82	-	319,04	358,92
	III	9.004	-	720,32	810,36	-	617,76	694,98	-	518,08	582,84	-	421,60	474,30	-	328,16	369,18	-	237,92	267,66	-	150,72	169,56
	IV	14.693	-	1.175,44	1.322,37	-	1.103,92	1.241,91	-	1.033,92	1.163,16	-	965,44	1.086,12	-	898,48	1.010,79	-	833,12	937,26	-	769,28	865,44
	V	20.833	391,51	1.666,64	1.874,97																		
	VI	21.365	454,81	1.709,20	1.922,85																		
72.251,99	I	14.707	-	1.176,56	1.323,63	-	1.034,88	1.164,24	-	899,44	1.011,87	-	770,16	866,43	-	647,12	728,01	-	530,16	596,43	-	419,44	471,87
	II	13.020	-	1.041,60	1.171,80	-	905,84	1.019,07	-	776,32	873,36	-	652,88	734,49	-	535,68	602,64	-	424,64	477,72	-	319,76	359,73
	III	9.014	-	721,12	811,26	-	618,40	695,70	-	518,88	583,74	-	422,40	475,20	-	328,96	370,08	-	238,56	268,38	-	151,36	170,28
	IV	14.707	-	1.176,56	1.323,63	-	1.104,96	1.243,08	-	1.034,88	1.164,24	-	966,40	1.087,20	-	899,44	1.011,87	-	834,08	938,34	-	770,16	866,43
	V	20.847	393,17	1.667,76	1.876,23																		
	VI	21.379	456,48	1.710,32	1.924,11																		
72.287,99	I	14.720	-	1.177,60	1.324,80	-	1.035,92	1.165,41	-	900,48	1.013,04	-	771,12	867,51	-	648,00	729,00	-	531,04	597,42	-	420,24	472,77
	II	13.033	-	1.042,64	1.172,97	-	906,80	1.020,15	-	777,20	874,35	-	653,76	735,48	-	536,48	603,54	-	425,44	478,62	-	320,48	360,54
	III	9.024	-	721,92	812,16	-	619,20	696,60	-	519,52	584,46	-	423,04	475,92	-	329,60	370,80	-	239,20	269,10	-	152,00	171,00
	IV	14.720	-	1.177,60	1.324,80	-	1.106,00	1.244,25	-	1.035,92	1.165,41	-	967,44	1.088,37	-	900,48	1.013,04	-	835,04	939,42	-	771,12	867,51
	V	20.861	394,84	1.668,88	1.877,49																		
	VI	21.393	458,15	1.711,44	1.925,37																		
72.323,99	I	14.733	-	1.178,64	1.325,97	-	1.036,96	1.166,58	-	901,36	1.014,03	-	772,00	868,50	-	648,88	729,99	-	531,84	598,32	-	420,96	473,58
	II	13.045	-	1.043,60	1.174,05	-	907,76	1.021,23	-	778,16	875,43	-	654,64	736,47	-	537,36	604,53	-	426,16	479,43	-	321,20	361,35
	III	9.034	-	722,72	813,06	-	619,84	697,32	-	520,32	585,36	-	423,68	476,64	-	330,24	371,52	-	239,84	269,82	-	152,48	171,54
	IV	14.733	-	1.178,64	1.325,97	-	1.107,04	1.245,42	-	1.036,96	1.166,58	-	968,40	1.089,45	-	901,36	1.014,03	-	835,92	940,41	-	772,00	868,50
	V	20.874	396,38	1.669,92	1.878,66																		
	VI	21.406	459,69	1.712,48	1.926,54																		
72.359,99	I	14.746	-	1.179,68	1.327,14	-	1.037,92	1.167,66	-	902,40	1.015,20	-	772,96	869,58	-	649,76	730,98	-	532,64	599,22	-	421,76	474,48
	II	13.058	-	1.044,64	1.175,22	-	908,80	1.022,40	-	779,04	876,42	-	655,52	737,46	-	538,16	605,43	-	426,96	480,33	-	322,00	362,25
	III	9.042	-	723,36	813,78	-	620,64	698,22	-	520,96	586,08	-	424,48	477,54	-	330,88	372,24	-	240,48	270,54	-	153,12	172,26
	IV	14.746	-	1.179,68	1.327,14	-	1.108,08	1.246,59	-	1.037,92	1.167,66	-	969,36	1.090,53	-	902,40	1.015,20	-	836,88	941,49	-	772,96	869,58
	V	20.888	398,05	1.671,04	1.879,92																		
	VI	21.420	461,36	1.713,60	1.927,80																		

Anzahl Kinderfreibeträge (nur Steuerklassen I–IV)

SolZ/KiSt lt. Tabelle nicht für Sonstige Bezüge anwendbar.

Lohn/ Gehalt bis	Steuerklasse	Lohn-steuer	ohne Kinderfreibetrag			Anzahl Kinderfreibeträge (nur Steuerklassen I–IV) 0,5			1,0			1,5			2,0			2,5			3,0		
			SolZ 5,5%	Kirchensteuer 8%	9%	SolZ 5,5%	Kirchensteuer 8%	9%	SolZ 5,5%	Kirchensteuer 8%	9%	SolZ 5,5%	Kirchensteuer 8%	9%	SolZ 5,5%	Kirchensteuer 8%	9%	SolZ 5,5%	Kirchensteuer 8%	9%	SolZ 5,5%	Kirchensteue 8%	9%
72.395,99	I	14.760	-	1.180,80	1.328,40	-	1.038,96	1.168,83	-	903,36	1.016,28	-	773,92	870,66	-	650,64	731,97	-	533,52	600,21	-	422,56	475,
	II	13.071	-	1.045,68	1.176,39	-	909,76	1.023,48	-	780,00	877,50	-	656,40	738,45	-	539,04	606,42	-	427,76	481,23	-	322,72	363,
	III	9.052	-	724,16	814,68	-	621,44	699,12	-	521,76	586,98	-	425,12	478,26	-	331,52	372,96	-	241,12	271,26	-	153,76	172,
	IV	14.760	-	1.180,80	1.328,40	-	1.109,12	1.247,76	-	1.038,96	1.168,83	-	970,40	1.091,70	-	903,36	1.016,28	-	837,84	942,57	-	773,92	870,
	V	20.902	*399,72*	1.672,16	1.881,18																		
	VI	21.434	*463,02*	1.714,72	1.929,06																		
72.431,99	I	14.773	-	1.181,84	1.329,57	-	1.040,00	1.170,00	-	904,32	1.017,36	-	774,80	871,65	-	651,44	732,87	-	534,32	601,11	-	423,36	476,
	II	13.083	-	1.046,64	1.177,47	-	910,72	1.024,56	-	780,88	878,49	-	657,28	739,44	-	539,84	607,32	-	428,56	482,13	-	323,44	363,
	III	9.062	-	724,96	815,58	-	622,08	699,84	-	522,40	587,70	-	425,76	478,98	-	332,16	373,68	-	241,76	271,98	-	154,40	173,
	IV	14.773	-	1.181,84	1.329,57	-	1.110,08	1.248,84	-	1.040,00	1.170,00	-	971,36	1.092,78	-	904,32	1.017,36	-	838,80	943,65	-	774,80	871,
	V	20.916	*401,38*	1.673,28	1.882,44																		
	VI	21.447	*464,57*	1.715,76	1.930,23																		
72.467,99	I	14.786	-	1.182,88	1.330,74	-	1.040,96	1.171,08	-	905,28	1.018,44	-	775,76	872,73	-	652,32	733,86	-	535,20	602,10	-	424,16	477,
	II	13.096	-	1.047,68	1.178,64	-	911,68	1.025,64	-	781,84	879,57	-	658,16	740,43	-	540,64	608,22	-	429,36	483,03	-	324,24	364,
	III	9.072	-	725,76	816,48	-	622,88	700,74	-	523,20	588,60	-	426,56	479,88	-	332,96	374,58	-	242,40	272,70	-	155,04	174,
	IV	14.786	-	1.182,88	1.330,74	-	1.111,12	1.250,01	-	1.040,96	1.171,08	-	972,32	1.093,86	-	905,28	1.018,44	-	839,76	944,73	-	775,76	872,
	V	20.929	*402,93*	1.674,32	1.883,61																		
	VI	21.461	*466,24*	1.716,88	1.931,49																		
72.503,99	I	14.799	-	1.183,92	1.331,91	-	1.042,00	1.172,25	-	906,24	1.019,52	-	776,64	873,72	-	653,28	734,94	-	536,00	603,00	-	424,96	478,
	II	13.109	-	1.048,72	1.179,81	-	912,64	1.026,72	-	782,80	880,65	-	659,04	741,42	-	541,52	609,21	-	430,16	483,93	-	324,96	365,
	III	9.080	-	726,40	817,20	-	623,68	701,64	-	523,84	589,32	-	427,20	480,60	-	333,60	375,30	-	243,04	273,42	-	155,68	175,
	IV	14.799	-	1.183,92	1.331,91	-	1.112,24	1.251,27	-	1.042,00	1.172,25	-	973,36	1.095,03	-	906,24	1.019,52	-	840,72	945,81	-	776,64	873,
	V	20.943	*404,60*	1.675,44	1.884,87																		
	VI	21.475	*467,90*	1.718,00	1.932,75																		
72.539,99	I	14.812	-	1.184,96	1.333,08	-	1.043,04	1.173,42	-	907,20	1.020,60	-	777,60	874,80	-	654,08	735,84	-	536,80	603,90	-	425,68	478,
	II	13.121	-	1.049,68	1.180,89	-	913,60	1.027,80	-	783,68	881,64	-	659,92	742,41	-	542,32	610,11	-	430,96	484,83	-	325,68	366,
	III	9.090	-	727,20	818,10	-	624,32	702,36	-	524,64	590,22	-	427,84	481,32	-	334,24	376,02	-	243,68	274,14	-	156,32	175,
	IV	14.812	-	1.184,96	1.333,08	-	1.113,20	1.252,35	-	1.043,04	1.173,42	-	974,32	1.096,11	-	907,20	1.020,60	-	841,60	946,80	-	777,60	874,
	V	20.957	*406,26*	1.676,56	1.886,13																		
	VI	21.488	*469,45*	1.719,04	1.933,92																		
72.575,99	I	14.826	-	1.186,08	1.334,34	-	1.044,00	1.174,50	-	908,16	1.021,68	-	778,48	875,79	-	654,96	736,83	-	537,68	604,89	-	426,48	479,
	II	13.134	-	1.050,72	1.182,06	-	914,56	1.028,88	-	784,64	882,72	-	660,80	743,40	-	543,20	611,10	-	431,76	485,73	-	326,48	367,
	III	9.100	-	728,00	819,00	-	625,12	703,26	-	525,28	590,94	-	428,64	482,22	-	334,88	376,74	-	244,48	275,04	-	156,96	176,
	IV	14.826	-	1.186,08	1.334,34	-	1.114,24	1.253,52	-	1.044,00	1.174,50	-	975,36	1.097,28	-	908,16	1.021,68	-	842,56	947,88	-	778,48	875,
	V	20.971	*407,93*	1.677,68	1.887,39																		
	VI	21.502	*471,12*	1.720,16	1.935,18																		
72.611,99	I	14.839	-	1.187,12	1.335,51	-	1.045,04	1.175,67	-	909,12	1.022,76	-	779,44	876,87	-	655,92	737,91	-	538,48	605,79	-	427,28	480,
	II	13.147	-	1.051,76	1.183,23	-	915,60	1.030,05	-	785,52	883,71	-	661,68	744,39	-	544,00	612,00	-	432,56	486,63	-	327,20	368,
	III	9.110	-	728,80	819,90	-	625,76	703,98	-	526,08	591,84	-	429,28	482,94	-	335,68	377,64	-	245,12	275,76	-	157,60	177,
	IV	14.839	-	1.187,12	1.335,51	-	1.115,28	1.254,69	-	1.045,04	1.175,67	-	976,32	1.098,36	-	909,12	1.022,76	-	843,52	948,96	-	779,44	876,
	V	20.984	*409,47*	1.678,72	1.888,56																		
	VI	21.516	*472,78*	1.721,28	1.936,44																		
72.647,99	I	14.852	-	1.188,16	1.336,68	-	1.046,08	1.176,84	-	910,08	1.023,84	-	780,32	877,86	-	656,72	738,81	-	539,36	606,78	-	428,08	481,
	II	13.159	-	1.052,72	1.184,31	-	916,56	1.031,13	-	786,48	884,79	-	662,56	745,38	-	544,88	612,99	-	433,28	487,44	-	327,92	368,
	III	9.118	-	729,44	820,62	-	626,56	704,88	-	526,72	592,56	-	429,92	483,66	-	336,32	378,36	-	245,60	276,30	-	158,24	178,
	IV	14.852	-	1.188,16	1.336,68	-	1.116,32	1.255,86	-	1.046,08	1.176,84	-	977,28	1.099,44	-	910,08	1.023,84	-	844,48	950,04	-	780,32	877,
	V	20.998	*411,14*	1.679,84	1.889,82																		
	VI	21.530	*474,45*	1.722,40	1.937,70																		
72.683,99	I	14.865	-	1.189,20	1.337,85	-	1.047,04	1.177,92	-	911,12	1.025,01	-	781,28	878,94	-	657,60	739,80	-	540,16	607,68	-	428,88	482,
	II	13.172	-	1.053,76	1.185,48	-	917,52	1.032,21	-	787,36	885,78	-	663,44	746,37	-	545,68	613,89	-	434,08	488,34	-	328,72	369,
	III	9.128	-	730,24	821,52	-	627,36	705,78	-	527,52	593,46	-	430,72	484,56	-	336,96	379,08	-	246,40	277,20	-	158,88	178,
	IV	14.865	-	1.189,20	1.337,85	-	1.117,36	1.257,03	-	1.047,04	1.177,92	-	978,32	1.100,61	-	911,12	1.025,01	-	845,44	951,12	-	781,28	878,
	V	21.012	*412,81*	1.680,96	1.891,08																		
	VI	21.543	*476,00*	1.723,44	1.938,87																		
72.719,99	I	14.879	-	1.190,32	1.339,11	-	1.048,08	1.179,09	-	912,08	1.026,09	-	782,24	880,02	-	658,56	740,88	-	541,04	608,67	-	429,68	483,
	II	13.185	-	1.054,80	1.186,65	-	918,48	1.033,29	-	788,32	886,86	-	664,32	747,36	-	546,56	614,88	-	434,88	489,24	-	329,44	370,
	III	9.138	-	731,04	822,42	-	628,00	706,50	-	528,16	594,18	-	431,36	485,28	-	337,60	379,80	-	247,04	277,92	-	159,52	179,
	IV	14.879	-	1.190,32	1.339,11	-	1.118,40	1.258,20	-	1.048,08	1.179,09	-	979,28	1.101,69	-	912,08	1.026,09	-	846,40	952,20	-	782,24	880,
	V	21.026	*414,47*	1.682,08	1.892,34																		
	VI	21.557	*477,66*	1.724,56	1.940,13																		
72.755,99	I	14.892	-	1.191,36	1.340,28	-	1.049,12	1.180,26	-	913,04	1.027,17	-	783,12	881,01	-	659,36	741,78	-	541,84	609,57	-	430,48	484,
	II	13.198	-	1.055,84	1.187,82	-	919,44	1.034,37	-	789,20	887,85	-	665,20	748,35	-	547,36	615,78	-	435,68	490,14	-	330,16	371,
	III	9.148	-	731,84	823,32	-	628,80	707,40	-	528,80	594,90	-	432,00	486,00	-	338,24	380,52	-	247,68	278,64	-	160,00	180,
	IV	14.892	-	1.191,36	1.340,28	-	1.119,44	1.259,37	-	1.049,12	1.180,26	-	980,24	1.102,77	-	913,04	1.027,17	-	847,28	953,19	-	783,12	881,
	V	21.039	*416,02*	1.683,12	1.893,51																		
	VI	21.571	*479,33*	1.725,68	1.941,39																		
72.791,99	I	14.905	-	1.192,40	1.341,45	-	1.050,08	1.181,34	-	914,00	1.028,25	-	784,08	882,09	-	660,24	742,77	-	542,64	610,47	-	431,28	485,
	II	13.210	-	1.056,80	1.188,90	-	920,40	1.035,45	-	790,16	888,93	-	666,08	749,34	-	548,24	616,77	-	436,48	491,04	-	330,96	372,
	III	9.158	-	732,64	824,22	-	629,60	708,30	-	529,60	595,80	-	432,80	486,90	-	339,04	381,42	-	248,32	279,36	-	160,64	180,
	IV	14.905	-	1.192,40	1.341,45	-	1.120,48	1.260,54	-	1.050,08	1.181,34	-	981,28	1.103,94	-	914,00	1.028,25	-	848,24	954,27	-	784,08	882,
	V	21.053	*417,69*	1.684,24	1.894,77																		
	VI	21.585	*480,99*	1.726,80	1.942,65																		
72.827,99	I	14.918	-	1.193,44	1.342,62	-	1.051,12	1.182,51	-	914,96	1.029,33	-	784,96	883,08	-	661,12	743,76	-	543,52	611,46	-	432,00	486,
	II	13.223	-	1.057,84	1.190,07	-	921,36	1.036,53	-	791,12	890,01	-	666,96	750,33	-	549,04	617,67	-	437,28	491,94	-	331,68	373,
	III	9.166	-	733,28	824,94	-	630,24	709,02	-	530,24	596,52	-	433,44	487,62	-	339,68	382,14	-	248,96	280,08	-	161,28	181,
	IV	14.918	-	1.193,44	1.342,62	-	1.121,52	1.261,71	-	1.051,12	1.182,51	-	982,24	1.105,02	-	914,96	1.029,33	-	849,20	955,35	-	784,96	883,
	V	21.066	*419,23*	1.685,28	1.895,94																		
	VI	21.598	*482,54*	1.727,84	1.943,82																		
72.863,99	I	14.932	-	1.194,56	1.343,88	-	1.052,16	1.183,68	-	915,92	1.030,41	-	785,92	884,16	-	662,00	744,75	-	544,32	612,36	-	432,80	486,
	II	13.236	-	1.058,88	1.191,24	-	922,32	1.037,61	-	792,00	891,00	-	667,84	751,32	-	549,84	618,57	-	438,08	492,84	-	332,40	373,
	III	9.176	-	734,08	825,84	-	631,04	709,92	-	531,04	597,42	-	434,08	488,34	-	340,32	382,86	-	249,60	280,80	-	161,92	182,
	IV	14.932	-	1.194,56	1.343,88	-	1.122,56	1.262,88	-	1.052,16	1.183,68	-	983,28	1.106,19	-	915,92	1.030,41	-	850,16	956,43	-	785,92	884,
	V	21.080	*420,90*	1.686,40	1.897,20																		
	VI	21.612	*484,21*	1.728,96	1.945,08																		
72.899,99	I	14.945	-	1.195,60	1.345,05	-	1.053,20	1.184,85	-	916,88	1.031,49	-	786,80	885,15	-	662,88	745,74	-	545,20	613,35	-	433,60	487,
	II	13.249	-	1.059,92	1.192,41	-	923,36	1.038,78	-	792,96	892,08	-	668,72	752,31	-	550,72	619,56	-	438,88	493,74	-	333,20	374,
	III	9.186	-	734,88	826,74	-	631,84	710,82	-	531,84	598,32	-	434,88	489,24	-	340,96	383,58	-	250,24	281,52	-	162,56	182,
	IV	14.945	-	1.195,60	1.345,05	-	1.123,60	1.264,05	-	1.053,20	1.184,85	-	984,24	1.107,27	-	916,88	1.031,49	-	851,12	957,51	-	786,80	885,
	V	21.094	*422,56*	1.687,52	1.898,46																		
	VI	21.626	*485,87*	1.730,08	1.946,34																		

SolZ/KiSt lt. Tabelle nicht für Sonstige Bezüge anwendbar.

Lohn/ Gehalt bis	Steuerklasse	Lohn-steuer	ohne Kinderfreibetrag			Anzahl Kinderfreibeträge (nur Steuerklassen I–IV)																	
						0,5			1,0			1,5			2,0			2,5			3,0		
			SolZ 5,5%	Kirchensteuer 8%	9%	SolZ 5,5%	Kirchensteuer 8%	9%	SolZ 5,5%	Kirchensteuer 8%	9%	SolZ 5,5%	Kirchensteuer 8%	9%	SolZ 5,5%	Kirchensteuer 8%	9%	SolZ 5,5%	Kirchensteuer 8%	9%	SolZ 5,5%	Kirchensteuer 8%	9%
72.935,99	I	14.958	-	1.196,64	1.346,22	-	1.054,16	1.185,93	-	917,84	1.032,57	-	787,76	886,23	-	663,76	746,73	-	546,00	614,25	-	434,40	488,70
	II	13.261	-	1.060,88	1.193,49	-	924,32	1.039,86	-	793,84	893,07	-	669,60	753,30	-	551,52	620,46	-	439,60	494,55	-	333,92	375,66
	III	9.196	-	735,68	827,64	-	632,48	711,54	-	532,48	599,04	-	435,52	489,96	-	341,60	384,30	-	250,88	282,24	-	163,20	183,60
	IV	14.958	-	1.196,64	1.346,22	-	1.124,64	1.265,22	-	1.054,16	1.185,93	-	985,20	1.108,35	-	917,84	1.032,57	-	852,00	958,50	-	787,76	886,23
	V	21.108	424,23	1.688,64	1.899,72																		
	VI	21.639	487,42	1.731,12	1.947,51																		
72.971,99	I	14.971	-	1.197,68	1.347,39	-	1.055,20	1.187,10	-	918,88	1.033,74	-	788,64	887,22	-	664,64	747,72	-	546,88	615,24	-	435,20	489,60
	II	13.274	-	1.061,92	1.194,66	-	925,28	1.040,94	-	794,80	894,15	-	670,48	754,29	-	552,40	621,45	-	440,48	495,54	-	334,64	376,47
	III	9.204	-	736,32	828,36	-	633,28	712,44	-	533,12	599,76	-	436,16	490,68	-	342,40	385,20	-	251,52	282,96	-	163,84	184,32
	IV	14.971	-	1.197,68	1.347,39	-	1.125,68	1.266,39	-	1.055,20	1.187,10	-	986,24	1.109,52	-	918,88	1.033,74	-	852,96	959,58	-	788,64	887,22
	V	21.121	425,78	1.689,68	1.900,89																		
	VI	21.653	489,09	1.732,24	1.948,77																		
73.007,99	I	14.985	-	1.198,80	1.348,65	-	1.056,24	1.188,27	-	919,84	1.034,82	-	789,60	888,30	-	665,60	748,80	-	547,68	616,14	-	436,00	490,50
	II	13.287	-	1.062,96	1.195,83	-	926,24	1.042,02	-	795,76	895,23	-	671,44	755,37	-	553,20	622,35	-	441,28	496,44	-	335,44	377,37
	III	9.214	-	737,12	829,26	-	634,08	713,34	-	533,92	600,66	-	436,96	491,58	-	343,04	385,92	-	252,16	283,68	-	164,48	185,04
	IV	14.985	-	1.198,80	1.348,65	-	1.126,72	1.267,56	-	1.056,24	1.188,27	-	987,28	1.110,69	-	919,84	1.034,82	-	853,92	960,66	-	789,60	888,30
	V	21.135	427,44	1.690,80	1.902,15																		
	VI	21.667	490,75	1.733,36	1.950,03																		
73.043,99	I	14.998	-	1.199,84	1.349,82	-	1.057,20	1.189,35	-	920,80	1.035,90	-	790,48	889,29	-	666,40	749,70	-	548,48	617,04	-	436,80	491,40
	II	13.299	-	1.063,92	1.196,91	-	927,20	1.043,10	-	796,64	896,22	-	672,24	756,27	-	554,08	623,34	-	442,00	497,25	-	336,16	378,18
	III	9.224	-	737,92	830,16	-	634,72	714,06	-	534,56	601,38	-	437,60	492,30	-	343,68	386,64	-	252,80	284,40	-	165,12	185,76
	IV	14.998	-	1.199,84	1.349,82	-	1.127,76	1.268,73	-	1.057,20	1.189,35	-	988,24	1.111,77	-	920,80	1.035,90	-	854,88	961,74	-	790,48	889,29
	V	21.149	429,11	1.691,92	1.903,41																		
	VI	21.680	492,30	1.734,40	1.951,20																		
73.079,99	I	15.011	-	1.200,88	1.350,99	-	1.058,24	1.190,52	-	921,76	1.036,98	-	791,44	890,37	-	667,36	750,78	-	549,36	618,03	-	437,60	492,30
	II	13.312	-	1.064,96	1.198,08	-	928,24	1.044,27	-	797,60	897,30	-	673,20	757,35	-	554,88	624,24	-	442,80	498,15	-	336,88	378,99
	III	9.234	-	738,72	831,06	-	635,52	714,96	-	535,36	602,28	-	438,24	493,02	-	344,32	387,36	-	253,44	285,12	-	165,76	186,48
	IV	15.011	-	1.200,88	1.350,99	-	1.128,80	1.269,90	-	1.058,24	1.190,52	-	989,20	1.112,85	-	921,76	1.036,98	-	855,84	962,82	-	791,44	890,37
	V	21.163	430,78	1.693,04	1.904,67																		
	VI	21.694	493,96	1.735,52	1.952,46																		
73.115,99	I	15.025	-	1.202,00	1.352,25	-	1.059,28	1.191,69	-	922,72	1.038,06	-	792,40	891,45	-	668,24	751,77	-	550,24	619,02	-	438,40	493,20
	II	13.325	-	1.066,00	1.199,25	-	929,20	1.045,35	-	798,56	898,38	-	674,08	758,34	-	555,76	625,23	-	443,60	499,05	-	337,68	379,89
	III	9.244	-	739,52	831,96	-	636,16	715,68	-	536,16	603,18	-	439,04	493,92	-	345,12	388,26	-	254,24	286,02	-	166,40	187,20
	IV	15.025	-	1.202,00	1.352,25	-	1.129,84	1.271,07	-	1.059,28	1.191,69	-	990,24	1.114,02	-	922,72	1.038,06	-	856,80	963,90	-	792,40	891,45
	V	21.176	432,32	1.694,08	1.905,84																		
	VI	21.708	495,63	1.736,64	1.953,72																		
73.151,99	I	15.038	-	1.203,04	1.353,42	-	1.060,24	1.192,77	-	923,68	1.039,14	-	793,28	892,44	-	669,04	752,67	-	551,04	619,92	-	439,12	494,01
	II	13.338	-	1.067,04	1.200,42	-	930,16	1.046,43	-	799,44	899,37	-	674,96	759,33	-	556,56	626,13	-	444,40	499,95	-	338,40	380,70
	III	9.252	-	740,16	832,68	-	636,96	716,58	-	536,80	603,90	-	439,68	494,64	-	345,76	388,98	-	254,88	286,74	-	167,04	187,92
	IV	15.038	-	1.203,04	1.353,42	-	1.130,88	1.272,24	-	1.060,24	1.192,77	-	991,20	1.115,10	-	923,68	1.039,14	-	857,76	964,98	-	793,28	892,44
	V	21.190	433,99	1.695,20	1.907,10																		
	VI	21.722	497,30	1.737,76	1.954,98																		
73.187,99	I	15.051	-	1.204,08	1.354,59	-	1.061,28	1.193,94	-	924,72	1.040,31	-	794,24	893,52	-	670,00	753,75	-	551,84	620,82	-	439,92	494,91
	II	13.351	-	1.068,08	1.201,59	-	931,12	1.047,51	-	800,40	900,45	-	675,84	760,32	-	557,44	627,12	-	445,20	500,85	-	339,20	381,60
	III	9.262	-	740,96	833,58	-	637,76	717,48	-	537,44	604,62	-	440,32	495,36	-	346,40	389,70	-	255,52	287,46	-	167,68	188,64
	IV	15.051	-	1.204,08	1.354,59	-	1.131,92	1.273,41	-	1.061,28	1.193,94	-	992,24	1.116,27	-	924,72	1.040,31	-	858,72	966,06	-	794,24	893,52
	V	21.204	435,65	1.696,32	1.908,36																		
	VI	21.735	498,84	1.738,80	1.956,15																		
73.223,99	I	15.065	-	1.205,20	1.355,85	-	1.062,32	1.195,11	-	925,68	1.041,39	-	795,20	894,60	-	670,88	754,74	-	552,72	621,81	-	440,72	495,81
	II	13.364	-	1.069,12	1.202,76	-	932,16	1.048,68	-	801,36	901,53	-	676,72	761,31	-	558,32	628,11	-	446,00	501,75	-	339,92	382,41
	III	9.272	-	741,76	834,48	-	638,40	718,20	-	538,24	605,52	-	441,12	496,26	-	347,04	390,42	-	256,16	288,18	-	168,32	189,36
	IV	15.065	-	1.205,20	1.355,85	-	1.132,96	1.274,58	-	1.062,32	1.195,11	-	993,20	1.117,35	-	925,68	1.041,39	-	859,68	967,14	-	795,20	894,60
	V	21.218	437,32	1.697,44	1.909,62																		
	VI	21.749	500,51	1.739,92	1.957,41																		
73.259,99	I	15.078	-	1.206,24	1.357,02	-	1.063,36	1.196,28	-	926,64	1.042,47	-	796,08	895,59	-	671,76	755,73	-	553,52	622,71	-	441,52	496,71
	II	13.376	-	1.070,08	1.203,84	-	933,04	1.049,67	-	802,24	902,52	-	677,60	762,30	-	559,12	629,01	-	446,80	502,65	-	340,64	383,22
	III	9.282	-	742,56	835,38	-	639,20	719,10	-	538,88	606,24	-	441,76	496,98	-	347,68	391,14	-	256,80	288,90	-	168,80	189,90
	IV	15.078	-	1.206,24	1.357,02	-	1.134,00	1.275,75	-	1.063,36	1.196,28	-	994,24	1.118,52	-	926,64	1.042,47	-	860,56	968,13	-	796,08	895,59
	V	21.231	438,87	1.698,48	1.910,79																		
	VI	21.763	502,18	1.741,04	1.958,67																		
73.295,99	I	15.091	-	1.207,28	1.358,19	-	1.064,32	1.197,36	-	927,60	1.043,55	-	797,04	896,67	-	672,64	756,72	-	554,40	623,70	-	442,32	497,61
	II	13.389	-	1.071,12	1.205,01	-	934,08	1.050,84	-	803,20	903,60	-	678,48	763,29	-	560,00	630,00	-	447,60	503,55	-	341,44	384,12
	III	9.290	-	743,20	836,10	-	639,84	719,82	-	539,68	607,14	-	442,56	497,88	-	348,32	391,86	-	257,44	289,62	-	169,44	190,62
	IV	15.091	-	1.207,28	1.358,19	-	1.135,04	1.276,92	-	1.064,32	1.197,36	-	995,20	1.119,60	-	927,60	1.043,55	-	861,52	969,21	-	797,04	896,67
	V	21.245	440,53	1.699,60	1.912,05																		
	VI	21.777	503,84	1.742,16	1.959,93																		
73.331,99	I	15.105	-	1.208,40	1.359,45	-	1.065,36	1.198,53	-	928,56	1.044,63	-	798,00	897,75	-	673,52	757,71	-	555,28	624,69	-	443,12	498,51
	II	13.402	-	1.072,16	1.206,18	-	935,04	1.051,92	-	804,16	904,68	-	679,36	764,28	-	560,80	630,90	-	448,40	504,45	-	342,16	384,93
	III	9.300	-	744,00	837,00	-	640,64	720,72	-	540,48	608,04	-	443,20	498,60	-	349,12	392,76	-	258,08	290,34	-	170,08	191,34
	IV	15.105	-	1.208,40	1.359,45	-	1.136,08	1.278,09	-	1.065,36	1.198,53	-	996,24	1.120,77	-	928,56	1.044,63	-	862,48	970,29	-	798,00	897,75
	V	21.259	442,20	1.700,72	1.913,31																		
	VI	21.790	505,39	1.743,20	1.961,10																		
73.367,99	I	15.118	-	1.209,44	1.360,62	-	1.066,40	1.199,70	-	929,52	1.045,71	-	798,88	898,74	-	674,40	758,70	-	556,08	625,59	-	443,92	499,41
	II	13.414	-	1.073,12	1.207,26	-	936,00	1.053,00	-	805,04	905,67	-	680,24	765,27	-	561,60	631,80	-	449,20	505,35	-	342,96	385,83
	III	9.310	-	744,80	837,90	-	641,44	721,62	-	541,12	608,76	-	443,84	499,32	-	349,76	393,48	-	258,72	291,06	-	170,72	192,06
	IV	15.118	-	1.209,44	1.360,62	-	1.137,12	1.279,26	-	1.066,40	1.199,70	-	997,20	1.121,85	-	929,52	1.045,71	-	863,44	971,37	-	798,88	898,74
	V	21.272	443,75	1.701,76	1.914,48																		
	VI	21.804	507,05	1.744,32	1.962,36																		
73.403,99	I	15.131	-	1.210,48	1.361,79	-	1.067,44	1.200,87	-	930,56	1.046,88	-	799,84	899,82	-	675,28	759,69	-	556,88	626,49	-	444,72	500,31
	II	13.427	-	1.074,16	1.208,43	-	937,04	1.054,17	-	806,00	906,75	-	681,12	766,26	-	562,48	632,79	-	450,00	506,25	-	343,68	386,64
	III	9.320	-	745,60	838,80	-	642,08	722,34	-	541,76	609,48	-	444,64	500,22	-	350,40	394,20	-	259,36	291,78	-	171,36	192,78
	IV	15.131	-	1.210,48	1.361,79	-	1.138,16	1.280,43	-	1.067,44	1.200,87	-	998,24	1.123,02	-	930,56	1.046,88	-	864,40	972,45	-	799,84	899,82
	V	21.286	445,41	1.702,88	1.915,74																		
	VI	21.818	508,72	1.745,44	1.963,62																		
73.439,99	I	15.145	-	1.211,60	1.363,05	-	1.068,48	1.202,04	-	931,52	1.047,96	-	800,80	900,90	-	676,16	760,68	-	557,76	627,48	-	445,52	501,21
	II	13.440	-	1.075,20	1.209,60	-	938,00	1.055,25	-	806,96	907,83	-	682,08	767,34	-	563,36	633,78	-	450,80	507,15	-	344,48	387,54
	III	9.330	-	746,40	839,70	-	642,88	723,24	-	542,56	610,38	-	445,28	500,94	-	351,20	395,10	-	260,00	292,50	-	172,00	193,50
	IV	15.145	-	1.211,60	1.363,05	-	1.139,20	1.281,60	-	1.068,48	1.202,04	-	999,20	1.124,10	-	931,52	1.047,96	-	865,36	973,53	-	800,80	900,90
	V	21.300	447,08	1.704,00	1.917,00																		
	VI	21.832	510,39	1.746,56	1.964,88																		

Lohn/ Gehalt bis	Steuerklasse	Lohn-steuer	ohne Kinderfreibetrag SolZ 5,5%	ohne Kinderfreibetrag Kirchensteuer 8%	ohne Kinderfreibetrag Kirchensteuer 9%	0,5 SolZ 5,5%	0,5 Kirchensteuer 8%	0,5 Kirchensteuer 9%	1,0 SolZ 5,5%	1,0 Kirchensteuer 8%	1,0 Kirchensteuer 9%	1,5 SolZ 5,5%	1,5 Kirchensteuer 8%	1,5 Kirchensteuer 9%	2,0 SolZ 5,5%	2,0 Kirchensteuer 8%	2,0 Kirchensteuer 9%	2,5 SolZ 5,5%	2,5 Kirchensteuer 8%	2,5 Kirchensteuer 9%	3,0 SolZ 5,5%	3,0 Kirchensteuer 8%	3,0 Kirchensteuer 9%
73.475,99	I	15.158	-	1.212,64	1.364,22	-	1.069,44	1.203,12	-	932,48	1.049,04	-	801,68	901,89	-	677,04	761,67	-	558,56	628,38	-	446,32	502,
	II	13.453	-	1.076,24	1.210,77	-	938,96	1.056,33	-	807,84	908,82	-	682,96	768,33	-	564,16	634,68	-	451,60	508,05	-	345,20	388,
	III	9.338	-	747,04	840,42	-	643,68	724,14	-	543,20	611,10	-	445,92	501,66	-	351,84	395,82	-	260,64	293,22	-	172,64	194,
	IV	15.158	-	1.212,64	1.364,22	-	1.140,24	1.282,77	-	1.069,44	1.203,12	-	1.000,16	1.125,18	-	932,48	1.049,04	-	866,32	974,61	-	801,68	901,
	V	21.313	*448,63*	1.705,04	1.918,17																		
	VI	21.845	*511,93*	1.747,60	1.966,05																		
73.511,99	I	15.171	-	1.213,68	1.365,39	-	1.070,48	1.204,29	-	933,44	1.050,12	-	802,64	902,97	-	677,92	762,66	-	559,44	629,37	-	447,12	503,
	II	13.466	-	1.077,28	1.211,94	-	939,92	1.057,41	-	808,80	909,90	-	683,84	769,32	-	565,04	635,67	-	452,40	508,95	-	345,92	389,
	III	9.348	-	747,84	841,32	-	644,32	724,86	-	544,00	612,00	-	446,72	502,56	-	352,48	396,54	-	261,28	293,94	-	173,28	194,
	IV	15.171	-	1.213,68	1.365,39	-	1.141,28	1.283,94	-	1.070,48	1.204,29	-	1.001,20	1.126,35	-	933,44	1.050,12	-	867,28	975,69	-	802,64	902
	V	21.327	*450,29*	1.706,16	1.919,43																		
	VI	21.859	*513,60*	1.748,72	1.967,31																		
73.547,99	I	15.185	-	1.214,80	1.366,65	-	1.071,52	1.205,46	-	934,48	1.051,29	-	803,60	904,05	-	678,88	763,74	-	560,32	630,36	-	447,92	503,
	II	13.479	-	1.078,32	1.213,11	-	940,96	1.058,58	-	809,76	910,98	-	684,72	770,31	-	565,84	636,57	-	453,20	509,85	-	346,72	390,
	III	9.358	-	748,64	842,22	-	645,12	725,76	-	544,80	612,90	-	447,36	503,28	-	353,12	397,26	-	262,08	294,84	-	173,92	195,
	IV	15.185	-	1.214,80	1.366,65	-	1.142,40	1.285,20	-	1.071,52	1.205,46	-	1.002,24	1.127,52	-	934,48	1.051,29	-	868,24	976,77	-	803,60	904,
	V	21.341	*451,96*	1.707,28	1.920,69																		
	VI	21.873	*515,27*	1.749,84	1.968,57																		
73.583,99	I	15.198	-	1.215,84	1.367,82	-	1.072,56	1.206,63	-	935,44	1.052,37	-	804,48	905,04	-	679,68	764,64	-	561,12	631,26	-	448,72	504,
	II	13.491	-	1.079,28	1.214,19	-	941,92	1.059,66	-	810,64	911,97	-	685,60	771,30	-	566,72	637,56	-	454,00	510,75	-	347,44	390,
	III	9.368	-	749,44	843,12	-	645,92	726,66	-	545,44	613,62	-	448,16	504,18	-	353,76	397,98	-	262,72	295,56	-	174,56	196,
	IV	15.198	-	1.215,84	1.367,82	-	1.143,36	1.286,28	-	1.072,56	1.206,63	-	1.003,20	1.128,60	-	935,44	1.052,37	-	869,20	977,85	-	804,48	905,
	V	21.354	*453,50*	1.708,32	1.921,86																		
	VI	21.886	*516,81*	1.750,88	1.969,74																		
73.619,99	I	15.211	-	1.216,88	1.368,99	-	1.073,52	1.207,71	-	936,40	1.053,45	-	805,44	906,12	-	680,64	765,72	-	562,00	632,25	-	449,52	505,
	II	13.504	-	1.080,32	1.215,36	-	942,88	1.060,74	-	811,60	913,05	-	686,48	772,29	-	567,52	638,46	-	454,80	511,65	-	348,24	391,
	III	9.376	-	750,08	843,84	-	646,56	727,38	-	546,08	614,34	-	448,80	504,90	-	354,56	398,88	-	263,36	296,28	-	175,20	197,
	IV	15.211	-	1.216,88	1.368,99	-	1.144,48	1.287,54	-	1.073,52	1.207,71	-	1.004,24	1.129,77	-	936,40	1.053,45	-	870,16	978,93	-	805,44	906,
	V	21.368	*455,17*	1.709,44	1.923,12																		
	VI	21.900	*518,48*	1.752,00	1.971,00																		
73.655,99	I	15.224	-	1.217,92	1.370,16	-	1.074,56	1.208,88	-	937,36	1.054,53	-	806,32	907,11	-	681,44	766,62	-	562,80	633,15	-	450,32	506,
	II	13.517	-	1.081,36	1.216,53	-	943,84	1.061,82	-	812,48	914,04	-	687,36	773,28	-	568,40	639,45	-	455,60	512,55	-	348,96	392,
	III	9.386	-	750,88	844,74	-	647,36	728,28	-	546,88	615,24	-	449,44	505,62	-	355,20	399,60	-	264,00	297,00	-	175,84	197,
	IV	15.224	-	1.217,92	1.370,16	-	1.145,44	1.288,62	-	1.074,56	1.208,88	-	1.005,20	1.130,85	-	937,36	1.054,53	-	871,04	979,92	-	806,32	907,
	V	21.382	*456,84*	1.710,56	1.924,38																		
	VI	21.913	*520,03*	1.753,04	1.972,17																		
73.691,99	I	15.238	-	1.219,04	1.371,42	-	1.075,60	1.210,05	-	938,32	1.055,61	-	807,28	908,19	-	682,40	767,70	-	563,68	634,14	-	451,12	507,
	II	13.530	-	1.082,40	1.217,70	-	944,80	1.062,90	-	813,44	915,12	-	688,24	774,27	-	569,20	640,35	-	456,40	513,45	-	349,68	393,
	III	9.396	-	751,68	845,64	-	648,16	729,18	-	547,68	616,14	-	450,24	506,52	-	355,84	400,32	-	264,64	297,72	-	176,48	198,
	IV	15.238	-	1.219,04	1.371,42	-	1.146,56	1.289,88	-	1.075,60	1.210,05	-	1.006,24	1.132,02	-	938,32	1.055,61	-	872,08	981,09	-	807,28	908,
	V	21.396	*458,50*	1.711,68	1.925,64																		
	VI	21.927	*521,69*	1.754,16	1.973,43																		
73.727,99	I	15.251	-	1.220,08	1.372,59	-	1.076,64	1.211,22	-	939,36	1.056,78	-	808,24	909,27	-	683,28	768,69	-	564,48	635,04	-	451,92	508,
	II	13.543	-	1.083,44	1.218,87	-	945,84	1.064,07	-	814,40	916,20	-	689,20	775,35	-	570,08	641,34	-	457,20	514,35	-	350,48	394,
	III	9.406	-	752,48	846,54	-	648,80	729,90	-	548,32	616,86	-	450,88	507,24	-	356,48	401,04	-	265,28	298,44	-	177,12	199,
	IV	15.251	-	1.220,08	1.372,59	-	1.147,60	1.291,05	-	1.076,64	1.211,22	-	1.007,20	1.133,10	-	939,36	1.056,78	-	873,04	982,17	-	808,24	909,
	V	21.409	*460,05*	1.712,72	1.926,81																		
	VI	21.941	*523,36*	1.755,28	1.974,69																		
73.763,99	I	15.264	-	1.221,12	1.373,76	-	1.077,60	1.212,30	-	940,32	1.057,86	-	809,12	910,26	-	684,16	769,68	-	565,36	636,03	-	452,72	509,
	II	13.555	-	1.084,40	1.219,95	-	946,80	1.065,15	-	815,36	917,28	-	690,00	776,25	-	570,96	642,33	-	458,00	515,25	-	351,20	395,
	III	9.416	-	753,28	847,44	-	649,60	730,80	-	548,96	617,58	-	451,52	507,96	-	357,12	401,76	-	265,92	299,16	-	177,76	199,
	IV	15.264	-	1.221,12	1.373,76	-	1.148,64	1.292,22	-	1.077,60	1.212,30	-	1.008,16	1.134,18	-	940,32	1.057,86	-	873,92	983,16	-	809,12	910,
	V	21.423	*461,72*	1.713,84	1.928,07																		
	VI	21.955	*525,02*	1.756,40	1.975,95																		
73.799,99	I	15.278	-	1.222,24	1.375,02	-	1.078,64	1.213,47	-	941,28	1.058,94	-	810,08	911,34	-	685,04	770,67	-	566,16	636,93	-	453,52	510,
	II	13.568	-	1.085,44	1.221,12	-	947,76	1.066,23	-	816,24	918,27	-	690,96	777,33	-	571,76	643,23	-	458,80	516,15	-	352,00	396,
	III	9.426	-	754,08	848,34	-	650,40	731,70	-	549,76	618,48	-	452,32	508,86	-	357,92	402,66	-	266,56	299,88	-	178,40	200,
	IV	15.278	-	1.222,24	1.375,02	-	1.149,68	1.293,39	-	1.078,64	1.213,47	-	1.009,20	1.135,35	-	941,28	1.058,94	-	874,88	984,24	-	810,08	911,
	V	21.437	*463,38*	1.714,96	1.929,33																		
	VI	21.969	*526,69*	1.757,52	1.977,21																		
73.835,99	I	15.291	-	1.223,28	1.376,19	-	1.079,68	1.214,64	-	942,24	1.060,02	-	811,04	912,42	-	685,92	771,66	-	567,04	637,92	-	454,32	511,
	II	13.581	-	1.086,48	1.222,29	-	948,80	1.067,40	-	817,20	919,35	-	691,84	778,32	-	572,64	644,22	-	459,60	517,05	-	352,72	396,
	III	9.434	-	754,72	849,06	-	651,04	732,42	-	550,40	619,20	-	452,96	509,58	-	358,56	403,38	-	267,20	300,60	-	179,04	201,
	IV	15.291	-	1.223,28	1.376,19	-	1.150,72	1.294,56	-	1.079,68	1.214,64	-	1.010,24	1.136,52	-	942,24	1.060,02	-	875,92	985,41	-	811,04	912,
	V	21.451	*465,05*	1.716,08	1.930,59																		
	VI	21.982	*528,24*	1.758,56	1.978,38																		
73.871,99	I	15.304	-	1.224,32	1.377,36	-	1.080,72	1.215,81	-	943,20	1.061,10	-	811,92	913,41	-	686,80	772,65	-	567,84	638,82	-	455,12	512,
	II	13.594	-	1.087,52	1.223,46	-	949,76	1.068,48	-	818,16	920,43	-	692,72	779,31	-	573,44	645,12	-	460,40	517,95	-	353,52	397,
	III	9.444	-	755,52	849,96	-	651,84	733,32	-	551,20	620,10	-	453,60	510,30	-	359,20	404,10	-	267,84	301,32	-	179,52	201,
	IV	15.304	-	1.224,32	1.377,36	-	1.151,76	1.295,73	-	1.080,72	1.215,81	-	1.011,20	1.137,60	-	943,20	1.061,10	-	876,80	986,40	-	811,92	913,
	V	21.464	*466,59*	1.717,12	1.931,76																		
	VI	21.996	*529,90*	1.759,68	1.979,64																		
73.907,99	I	15.318	-	1.225,44	1.378,62	-	1.081,76	1.216,98	-	944,24	1.062,27	-	812,88	914,49	-	687,68	773,64	-	568,72	639,81	-	455,92	512,
	II	13.607	-	1.088,56	1.224,63	-	950,72	1.069,56	-	819,12	921,51	-	693,60	780,30	-	574,32	646,11	-	461,20	518,85	-	354,24	398,
	III	9.454	-	756,32	850,86	-	652,64	734,22	-	552,00	621,00	-	454,40	511,20	-	359,84	404,82	-	268,48	302,04	-	180,32	202,
	IV	15.318	-	1.225,44	1.378,62	-	1.152,80	1.296,90	-	1.081,76	1.216,98	-	1.012,24	1.138,77	-	944,24	1.062,27	-	877,76	987,48	-	812,88	914,
	V	21.478	*468,26*	1.718,24	1.933,02																		
	VI	22.010	*531,57*	1.760,80	1.980,90																		
73.943,99	I	15.331	-	1.226,48	1.379,79	-	1.082,80	1.218,15	-	945,20	1.063,35	-	813,84	915,57	-	688,64	774,72	-	569,60	640,80	-	456,72	513,
	II	13.620	-	1.089,60	1.225,80	-	951,68	1.070,64	-	820,00	922,50	-	694,48	781,29	-	575,20	647,10	-	462,00	519,75	-	355,04	399,
	III	9.464	-	757,12	851,76	-	653,28	734,94	-	552,64	621,72	-	455,04	511,92	-	360,64	405,72	-	269,12	302,76	-	180,80	203,
	IV	15.331	-	1.226,48	1.379,79	-	1.153,84	1.298,07	-	1.082,80	1.218,15	-	1.013,20	1.139,85	-	945,20	1.063,35	-	878,72	988,56	-	813,84	915,
	V	21.492	*469,93*	1.719,36	1.934,28																		
	VI	22.024	*533,23*	1.761,92	1.982,16																		
73.979,99	I	15.345	-	1.227,60	1.381,05	-	1.083,76	1.219,23	-	946,16	1.064,43	-	814,72	916,56	-	689,52	775,71	-	570,40	641,70	-	457,52	514,
	II	13.632	-	1.090,56	1.226,88	-	952,72	1.071,81	-	820,96	923,58	-	695,36	782,28	-	576,00	648,00	-	462,80	520,65	-	355,76	400,
	III	9.472	-	757,76	852,48	-	654,08	735,84	-	553,28	622,44	-	455,68	512,64	-	361,28	406,44	-	269,76	303,48	-	181,44	204,
	IV	15.345	-	1.227,60	1.381,05	-	1.154,88	1.299,24	-	1.083,76	1.219,23	-	1.014,24	1.141,02	-	946,16	1.064,43	-	879,68	989,64	-	814,72	916,
	V	21.505	*471,47*	1.720,40	1.935,45																		
	VI	22.037	*534,78*	1.762,96	1.983,33																		

Anzahl Kinderfreibeträge (nur Steuerklassen I–IV)

SolZ/KiSt lt. Tabelle nicht für Sonstige Bezüge anwendbar.

Lohn/ Gehalt bis	Steuerklasse	Lohnsteuer	ohne Kinderfreibetrag SolZ 5,5%	Kirchensteuer 8%	9%	0,5 SolZ 5,5%	Kirchensteuer 8%	9%	1,0 SolZ 5,5%	Kirchensteuer 8%	9%	1,5 SolZ 5,5%	Kirchensteuer 8%	9%	2,0 SolZ 5,5%	Kirchensteuer 8%	9%	2,5 SolZ 5,5%	Kirchensteuer 8%	9%	3,0 SolZ 5,5%	Kirchensteuer 8%	9%
74.015,99	I	15.358	-	1.228,64	1.382,22	-	1.084,80	1.220,40	-	947,20	1.065,60	-	815,68	917,64	-	690,40	776,70	-	571,28	642,69	-	458,32	515,61
	II	13.645	-	1.091,60	1.228,05	-	953,68	1.072,89	-	821,92	924,66	-	696,32	783,36	-	576,88	648,99	-	463,60	521,55	-	356,56	401,13
	III	9.482	-	758,56	853,38	-	654,88	736,74	-	554,08	623,34	-	456,48	513,54	-	361,92	407,16	-	270,56	304,38	-	182,08	204,84
	IV	15.358	-	1.228,64	1.382,22	-	1.156,00	1.300,50	-	1.084,80	1.220,40	-	1.015,20	1.142,10	-	947,20	1.065,60	-	880,64	990,72	-	815,68	917,64
	V	21.519	473,14	1.721,52	1.936,71																		
	VI	22.051	536,45	1.764,08	1.984,59																		
74.051,99	I	15.372	-	1.229,76	1.383,48	-	1.085,84	1.221,57	-	948,16	1.066,68	-	816,64	918,72	-	691,28	777,69	-	572,08	643,59	-	459,12	516,51
	II	13.658	-	1.092,64	1.229,22	-	954,64	1.073,97	-	822,88	925,74	-	697,20	784,35	-	577,76	649,98	-	464,40	522,45	-	357,28	401,94
	III	9.492	-	759,36	854,28	-	655,52	737,46	-	554,88	624,24	-	457,12	514,26	-	362,56	407,88	-	271,20	305,10	-	182,72	205,56
	IV	15.372	-	1.229,76	1.383,48	-	1.157,04	1.301,67	-	1.085,84	1.221,57	-	1.016,24	1.143,27	-	948,16	1.066,68	-	881,60	991,80	-	816,64	918,72
	V	21.533	474,81	1.722,64	1.937,97																		
	VI	22.065	538,11	1.765,20	1.985,85																		
74.087,99	I	15.385	-	1.230,80	1.384,65	-	1.086,88	1.222,74	-	949,12	1.067,76	-	817,60	919,80	-	692,16	778,68	-	572,96	644,58	-	459,92	517,41
	II	13.671	-	1.093,68	1.230,39	-	955,60	1.075,05	-	823,76	926,73	-	698,08	785,34	-	578,56	650,88	-	465,20	523,35	-	358,08	402,84
	III	9.502	-	760,16	855,18	-	656,32	738,36	-	555,52	624,96	-	457,92	515,16	-	363,36	408,78	-	271,84	305,82	-	183,36	206,28
	IV	15.385	-	1.230,80	1.384,65	-	1.158,08	1.302,84	-	1.086,88	1.222,74	-	1.017,20	1.144,35	-	949,12	1.067,76	-	882,56	992,88	-	817,60	919,80
	V	21.546	476,35	1.723,68	1.939,14																		
	VI	22.078	539,66	1.766,24	1.987,02																		
74.123,99	I	15.398	-	1.231,84	1.385,82	-	1.087,92	1.223,91	-	950,16	1.068,93	-	818,48	920,79	-	693,04	779,67	-	573,84	645,57	-	460,72	518,31
	II	13.684	-	1.094,72	1.231,56	-	956,64	1.076,22	-	824,72	927,81	-	698,96	786,33	-	579,44	651,87	-	466,00	524,25	-	358,80	403,65
	III	9.512	-	760,96	856,08	-	657,12	739,26	-	556,32	625,86	-	458,56	515,88	-	364,00	409,50	-	272,48	306,54	-	184,00	207,00
	IV	15.398	-	1.231,84	1.385,82	-	1.159,12	1.304,01	-	1.087,92	1.223,91	-	1.018,24	1.145,52	-	950,16	1.068,93	-	883,52	993,96	-	818,48	920,79
	V	21.560	478,02	1.724,80	1.940,40																		
	VI	22.092	541,33	1.767,36	1.988,28																		
74.159,99	I	15.412	-	1.232,96	1.387,08	-	1.088,96	1.225,08	-	951,12	1.070,01	-	819,44	921,87	-	694,00	780,75	-	574,64	646,47	-	461,52	519,21
	II	13.697	-	1.095,76	1.232,73	-	957,60	1.077,30	-	825,68	928,89	-	699,92	787,41	-	580,24	652,77	-	466,80	525,15	-	359,60	404,55
	III	9.520	-	761,60	856,80	-	657,76	739,98	-	556,96	626,58	-	459,36	516,78	-	364,64	410,22	-	273,12	307,26	-	184,64	207,72
	IV	15.412	-	1.232,96	1.387,08	-	1.160,16	1.305,18	-	1.088,96	1.225,08	-	1.019,28	1.146,69	-	951,12	1.070,01	-	884,48	995,04	-	819,44	921,87
	V	21.574	479,68	1.725,92	1.941,66																		
	VI	22.106	542,99	1.768,48	1.989,54																		
74.195,99	I	15.425	-	1.234,00	1.388,25	-	1.089,92	1.226,16	-	952,08	1.071,09	-	820,40	922,95	-	694,88	781,74	-	575,52	647,46	-	462,32	520,11
	II	13.710	-	1.096,80	1.233,90	-	958,56	1.078,38	-	826,56	929,88	-	700,80	788,40	-	581,12	653,76	-	467,60	526,05	-	360,32	405,36
	III	9.530	-	762,40	857,70	-	658,56	740,88	-	557,76	627,48	-	460,00	517,50	-	365,28	410,94	-	273,76	307,98	-	185,28	208,44
	IV	15.425	-	1.234,00	1.388,25	-	1.161,20	1.306,35	-	1.089,92	1.226,16	-	1.020,24	1.147,77	-	952,08	1.071,09	-	885,44	996,12	-	820,40	922,95
	V	21.588	481,35	1.727,04	1.942,92																		
	VI	22.119	544,54	1.769,52	1.990,71																		
74.231,99	I	15.439	-	1.235,12	1.389,51	-	1.090,96	1.227,33	-	953,04	1.072,17	-	821,36	924,03	-	695,76	782,73	-	576,32	648,36	-	463,12	521,01
	II	13.723	-	1.097,84	1.235,07	-	959,60	1.079,55	-	827,52	930,96	-	701,68	789,39	-	582,00	654,75	-	468,48	527,04	-	361,12	406,26
	III	9.540	-	763,20	858,60	-	659,36	741,78	-	558,40	628,20	-	460,64	518,22	-	366,08	411,84	-	274,40	308,70	-	185,92	209,16
	IV	15.439	-	1.235,12	1.389,51	-	1.162,24	1.307,52	-	1.090,96	1.227,33	-	1.021,28	1.148,94	-	953,04	1.072,17	-	886,40	997,20	-	821,36	924,03
	V	21.601	482,90	1.728,08	1.944,09																		
	VI	22.133	546,21	1.770,64	1.991,97																		
74.267,99	I	15.452	-	1.236,16	1.390,68	-	1.092,00	1.228,50	-	954,08	1.073,34	-	822,24	925,02	-	696,64	783,72	-	577,20	649,35	-	463,92	521,91
	II	13.736	-	1.098,88	1.236,24	-	960,56	1.080,63	-	828,48	932,04	-	702,56	790,38	-	582,80	655,65	-	469,28	527,94	-	361,84	407,07
	III	9.550	-	764,00	859,50	-	660,00	742,50	-	559,20	629,10	-	461,44	519,12	-	366,72	412,56	-	275,04	309,42	-	186,56	209,88
	IV	15.452	-	1.236,16	1.390,68	-	1.163,36	1.308,78	-	1.092,00	1.228,50	-	1.022,24	1.150,02	-	954,08	1.073,34	-	887,36	998,28	-	822,24	925,02
	V	21.615	484,56	1.729,20	1.945,35																		
	VI	22.147	547,87	1.771,76	1.993,23																		
74.303,99	I	15.465	-	1.237,20	1.391,85	-	1.093,04	1.229,67	-	955,04	1.074,42	-	823,20	926,10	-	697,52	784,71	-	578,00	650,25	-	464,72	522,81
	II	13.748	-	1.099,84	1.237,32	-	961,52	1.081,71	-	829,44	933,12	-	703,44	791,37	-	583,68	656,64	-	470,08	528,84	-	362,64	407,97
	III	9.560	-	764,80	860,40	-	660,80	743,40	-	559,84	629,82	-	462,08	519,84	-	367,36	413,28	-	275,68	310,14	-	187,20	210,60
	IV	15.465	-	1.237,20	1.391,85	-	1.164,40	1.309,95	-	1.093,04	1.229,67	-	1.023,28	1.151,19	-	955,04	1.074,42	-	888,32	999,36	-	823,20	926,10
	V	21.629	486,23	1.730,32	1.946,61																		
	VI	22.160	549,42	1.772,80	1.994,40																		
74.339,99	I	15.479	-	1.238,32	1.393,11	-	1.094,08	1.230,84	-	956,00	1.075,50	-	824,16	927,18	-	698,40	785,70	-	578,88	651,24	-	465,52	523,71
	II	13.761	-	1.100,88	1.238,49	-	962,56	1.082,88	-	830,40	934,20	-	704,32	792,36	-	584,56	657,63	-	470,88	529,74	-	363,36	408,78
	III	9.570	-	765,60	861,30	-	661,60	744,30	-	560,64	630,72	-	462,88	520,74	-	368,00	414,00	-	276,48	311,04	-	187,84	211,32
	IV	15.479	-	1.238,32	1.393,11	-	1.165,44	1.311,12	-	1.094,08	1.230,84	-	1.024,32	1.152,36	-	956,00	1.075,50	-	889,28	1.000,44	-	824,16	927,18
	V	21.643	487,90	1.731,44	1.947,87																		
	VI	22.174	551,08	1.773,92	1.995,66																		
74.375,99	I	15.493	-	1.239,44	1.394,37	-	1.095,12	1.232,01	-	957,04	1.076,67	-	825,12	928,26	-	699,36	786,78	-	579,76	652,23	-	466,32	524,61
	II	13.774	-	1.101,92	1.239,66	-	963,52	1.083,96	-	831,28	935,19	-	705,28	793,44	-	585,36	658,53	-	471,68	530,64	-	364,16	409,68
	III	9.578	-	766,24	862,02	-	662,24	745,02	-	561,28	631,44	-	463,52	521,46	-	368,80	414,90	-	277,12	311,76	-	188,48	212,04
	IV	15.493	-	1.239,44	1.394,37	-	1.166,48	1.312,29	-	1.095,12	1.232,01	-	1.025,28	1.153,44	-	957,04	1.076,67	-	890,32	1.001,61	-	825,12	928,26
	V	21.656	489,44	1.732,48	1.949,04																		
	VI	22.188	552,75	1.775,04	1.996,92																		
74.411,99	I	15.506	-	1.240,48	1.395,54	-	1.096,16	1.233,18	-	958,00	1.077,75	-	826,00	929,25	-	700,24	787,77	-	580,56	653,13	-	467,12	525,51
	II	13.787	-	1.102,96	1.240,83	-	964,48	1.085,04	-	832,24	936,27	-	706,16	794,43	-	586,24	659,52	-	472,48	531,54	-	364,88	410,49
	III	9.588	-	767,04	862,92	-	663,04	745,92	-	562,08	632,34	-	464,16	522,18	-	369,44	415,62	-	277,76	312,48	-	189,12	212,76
	IV	15.506	-	1.240,48	1.395,54	-	1.167,52	1.313,46	-	1.096,16	1.233,18	-	1.026,32	1.154,61	-	958,00	1.077,75	-	891,20	1.002,60	-	826,00	929,25
	V	21.670	491,11	1.733,60	1.950,30																		
	VI	22.202	554,42	1.776,16	1.998,18																		
74.447,99	I	15.519	-	1.241,52	1.396,71	-	1.097,20	1.234,35	-	958,96	1.078,83	-	826,96	930,33	-	701,12	788,76	-	581,44	654,12	-	467,92	526,41
	II	13.800	-	1.104,00	1.242,00	-	965,52	1.086,21	-	833,20	937,35	-	707,04	795,42	-	587,12	660,51	-	473,28	532,44	-	365,68	411,39
	III	9.598	-	767,84	863,82	-	663,84	746,82	-	562,88	633,24	-	464,96	523,08	-	370,08	416,34	-	278,40	313,20	-	189,76	213,48
	IV	15.519	-	1.241,52	1.396,71	-	1.168,56	1.314,63	-	1.097,20	1.234,35	-	1.027,28	1.155,69	-	958,96	1.078,83	-	892,24	1.003,77	-	826,96	930,33
	V	21.684	492,77	1.734,72	1.951,56																		
	VI	22.215	555,96	1.777,20	1.999,35																		
74.483,99	I	15.532	-	1.242,56	1.397,88	-	1.098,16	1.235,43	-	959,92	1.079,91	-	827,92	931,41	-	702,00	789,75	-	582,32	655,11	-	468,72	527,31
	II	13.813	-	1.105,04	1.243,17	-	966,48	1.087,29	-	834,08	938,34	-	707,92	796,41	-	587,92	661,41	-	474,08	533,34	-	366,40	412,20
	III	9.608	-	768,64	864,72	-	664,48	747,54	-	563,52	633,96	-	465,60	523,80	-	370,72	417,06	-	279,04	313,92	-	190,40	214,20
	IV	15.532	-	1.242,56	1.397,88	-	1.169,60	1.315,80	-	1.098,16	1.235,43	-	1.028,32	1.156,86	-	959,92	1.079,91	-	893,12	1.004,76	-	827,92	931,41
	V	21.697	494,32	1.735,76	1.952,73																		
	VI	22.229	557,63	1.778,32	2.000,61																		
74.519,99	I	15.546	-	1.243,68	1.399,14	-	1.099,20	1.236,60	-	960,96	1.081,08	-	828,80	932,40	-	702,88	790,74	-	583,12	656,01	-	469,52	528,21
	II	13.826	-	1.106,08	1.244,34	-	967,44	1.088,37	-	835,04	939,42	-	708,80	797,40	-	588,80	662,40	-	474,88	534,24	-	367,20	413,10
	III	9.618	-	769,44	865,62	-	665,28	748,44	-	564,16	634,68	-	466,24	524,52	-	371,52	417,96	-	279,68	314,64	-	191,04	214,92
	IV	15.546	-	1.243,68	1.399,14	-	1.170,72	1.317,06	-	1.099,20	1.236,60	-	1.029,28	1.157,94	-	960,96	1.081,08	-	894,16	1.005,93	-	828,80	932,40
	V	21.711	495,99	1.736,88	1.953,99																		
	VI	22.243	559,30	1.779,44	2.001,87																		

Anzahl Kinderfreibeträge (nur Steuerklassen I–IV)

SolZ/KiSt lt. Tabelle nicht für Sonstige Bezüge anwendbar.

Lohn/ Gehalt bis	Steuerklasse	Lohn-steuer	ohne Kinderfreibetrag			Anzahl Kinderfreibeträge (nur Steuerklassen I–IV)																	
						0,5			1,0			1,5			2,0			2,5			3,0		
			SolZ 5,5%	Kirchensteuer 8%	9%	SolZ 5,5%	Kirchensteuer 8%	9%	SolZ 5,5%	Kirchensteuer 8%	9%	SolZ 5,5%	Kirchensteuer 8%	9%	SolZ 5,5%	Kirchensteuer 8%	9%	SolZ 5,5%	Kirchensteuer 8%	9%	SolZ 5,5%	Kirchensteue 8%	9%
74.555,99	I	15.560	-	1.244,80	1.400,40	-	1.100,24	1.237,77	-	961,92	1.082,16	-	829,76	933,48	-	703,84	791,82	-	584,00	657,00	-	470,40	529,2
	II	13.839	-	1.107,12	1.245,51	-	968,48	1.089,54	-	836,00	940,50	-	709,76	798,48	-	589,68	663,39	-	475,68	535,14	-	367,92	413,9
	III	9.628	-	770,24	866,52	-	666,08	749,34	-	564,96	635,58	-	467,04	525,42	-	372,16	418,68	-	280,32	315,36	-	191,68	215,6
	IV	15.560	-	1.244,80	1.400,40	-	1.171,76	1.318,23	-	1.100,24	1.237,77	-	1.030,32	1.159,11	-	961,92	1.082,16	-	895,12	1.007,01	-	829,76	933,4
	V	21.725	497,65	1.738,00	1.955,25																		
	VI	22.257	560,96	1.780,56	2.003,13																		
74.591,99	I	15.573	-	1.245,84	1.401,57	-	1.101,28	1.238,94	-	962,88	1.083,24	-	830,72	934,56	-	704,72	792,81	-	584,80	657,90	-	471,12	530,0
	II	13.851	-	1.108,08	1.246,59	-	969,44	1.090,62	-	836,96	941,58	-	710,64	799,47	-	590,48	664,29	-	476,48	536,04	-	368,72	414,8
	III	9.636	-	770,88	867,24	-	666,72	750,06	-	565,76	636,48	-	467,68	526,14	-	372,80	419,40	-	280,96	316,08	-	192,32	216,3
	IV	15.573	-	1.245,84	1.401,57	-	1.172,80	1.319,40	-	1.101,28	1.238,94	-	1.031,36	1.160,28	-	962,88	1.083,24	-	896,00	1.008,00	-	830,72	934,
	V	21.738	499,20	1.739,04	1.956,42																		
	VI	22.270	562,51	1.781,60	2.004,30																		
74.627,99	I	15.586	-	1.246,88	1.402,74	-	1.102,32	1.240,11	-	963,92	1.084,41	-	831,68	935,64	-	705,60	793,80	-	585,68	658,89	-	472,00	531,
	II	13.865	-	1.109,20	1.247,85	-	970,48	1.091,79	-	837,92	942,66	-	711,52	800,46	-	591,36	665,28	-	477,36	537,03	-	369,44	415,6
	III	9.646	-	771,68	868,14	-	667,52	750,96	-	566,40	637,20	-	468,48	527,04	-	373,44	420,12	-	281,60	316,80	-	192,96	217,0
	IV	15.586	-	1.246,88	1.402,74	-	1.173,84	1.320,57	-	1.102,32	1.240,11	-	1.032,32	1.161,36	-	963,92	1.084,41	-	897,04	1.009,17	-	831,68	935,6
	V	21.752	500,87	1.740,16	1.957,68																		
	VI	22.284	564,17	1.782,72	2.005,56																		
74.663,99	I	15.600	-	1.248,00	1.404,00	-	1.103,36	1.241,28	-	964,88	1.085,49	-	832,64	936,72	-	706,48	794,79	-	586,56	659,88	-	472,80	531,9
	II	13.878	-	1.110,24	1.249,02	-	971,44	1.092,87	-	838,88	943,74	-	712,48	801,54	-	592,24	666,27	-	478,16	537,93	-	370,24	416,5
	III	9.656	-	772,48	869,04	-	668,32	751,86	-	567,20	638,10	-	469,12	527,76	-	374,24	421,02	-	282,40	317,70	-	193,60	217,8
	IV	15.600	-	1.248,00	1.404,00	-	1.174,88	1.321,74	-	1.103,36	1.241,28	-	1.033,36	1.162,53	-	964,88	1.085,49	-	898,00	1.010,25	-	832,64	936,7
	V	21.766	502,53	1.741,28	1.958,94																		
	VI	22.298	565,84	1.783,84	2.006,82																		
74.699,99	I	15.613	-	1.249,04	1.405,17	-	1.104,40	1.242,45	-	965,84	1.086,57	-	833,52	937,71	-	707,36	795,78	-	587,36	660,78	-	473,60	532,8
	II	13.890	-	1.111,20	1.250,10	-	972,40	1.093,95	-	839,76	944,73	-	713,36	802,53	-	593,04	667,17	-	478,96	538,83	-	370,96	417,3
	III	9.666	-	773,28	869,94	-	668,96	752,58	-	567,84	638,82	-	469,76	528,48	-	374,88	421,74	-	283,04	318,42	-	194,24	218,5
	IV	15.613	-	1.249,04	1.405,17	-	1.175,92	1.322,91	-	1.104,40	1.242,45	-	1.034,32	1.163,61	-	965,84	1.086,57	-	898,96	1.011,33	-	833,52	937,7
	V	21.780	504,20	1.742,40	1.960,20																		
	VI	22.311	567,39	1.784,88	2.007,99																		
74.735,99	I	15.627	-	1.250,16	1.406,43	-	1.105,44	1.243,62	-	966,88	1.087,74	-	834,48	938,79	-	708,32	796,86	-	588,24	661,77	-	474,40	533,7
	II	13.903	-	1.112,24	1.251,27	-	973,44	1.095,12	-	840,72	945,81	-	714,24	803,52	-	593,92	668,16	-	479,76	539,73	-	371,76	418,2
	III	9.674	-	773,92	870,66	-	669,76	753,48	-	568,64	639,72	-	470,56	529,38	-	375,52	422,46	-	283,68	319,14	-	194,88	219,2
	IV	15.627	-	1.250,16	1.406,43	-	1.177,04	1.324,17	-	1.105,44	1.243,62	-	1.035,36	1.164,78	-	966,88	1.087,74	-	899,92	1.012,41	-	834,48	938,7
	V	21.793	505,75	1.743,44	1.961,37																		
	VI	22.325	569,05	1.786,00	2.009,25																		
74.771,99	I	15.641	-	1.251,28	1.407,69	-	1.106,48	1.244,79	-	967,84	1.088,82	-	835,44	939,87	-	709,20	797,85	-	589,12	662,76	-	475,20	534,6
	II	13.916	-	1.113,28	1.252,44	-	974,40	1.096,20	-	841,68	946,89	-	715,12	804,51	-	594,80	669,15	-	480,56	540,63	-	372,56	419,1
	III	9.684	-	774,72	871,56	-	670,56	754,38	-	569,28	640,44	-	471,20	530,10	-	376,32	423,36	-	284,32	319,86	-	195,52	219,9
	IV	15.641	-	1.251,28	1.407,69	-	1.178,08	1.325,34	-	1.106,48	1.244,79	-	1.036,40	1.165,95	-	967,84	1.088,82	-	900,88	1.013,49	-	835,44	939,8
	V	21.807	507,41	1.744,56	1.962,63																		
	VI	22.339	570,72	1.787,12	2.010,51																		
74.807,99	I	15.654	-	1.252,32	1.408,86	-	1.107,52	1.245,96	-	968,80	1.089,90	-	836,40	940,95	-	710,08	798,84	-	589,92	663,66	-	476,00	535,5
	II	13.929	-	1.114,32	1.253,61	-	975,36	1.097,28	-	842,64	947,97	-	716,00	805,50	-	595,60	670,05	-	481,36	541,53	-	373,28	419,9
	III	9.694	-	775,52	872,46	-	671,20	755,10	-	570,08	641,34	-	472,00	531,00	-	376,96	424,08	-	284,96	320,58	-	196,16	220,6
	IV	15.654	-	1.252,32	1.408,86	-	1.179,12	1.326,51	-	1.107,52	1.245,96	-	1.037,36	1.167,03	-	968,80	1.089,90	-	901,84	1.014,57	-	836,40	940,9
	V	21.821	509,08	1.745,68	1.963,89																		
	VI	22.352	572,27	1.788,16	2.011,68																		
74.843,99	I	15.667	-	1.253,36	1.410,03	-	1.108,56	1.247,13	-	969,84	1.091,07	-	837,36	942,03	-	710,96	799,83	-	590,80	664,65	-	476,80	536,4
	II	13.942	-	1.115,36	1.254,78	-	976,40	1.098,45	-	843,60	949,05	-	716,96	806,58	-	596,48	671,04	-	482,16	542,43	-	374,08	420,8
	III	9.704	-	776,32	873,36	-	672,00	756,00	-	570,72	642,06	-	472,64	531,72	-	377,60	424,80	-	285,60	321,30	-	196,80	221,4
	IV	15.667	-	1.253,36	1.410,03	-	1.180,16	1.327,68	-	1.108,56	1.247,13	-	1.038,40	1.168,20	-	969,84	1.091,07	-	902,80	1.015,65	-	837,36	942,0
	V	21.835	510,74	1.746,80	1.965,15																		
	VI	22.366	573,93	1.789,28	2.012,94																		
74.879,99	I	15.681	-	1.254,48	1.411,29	-	1.109,60	1.248,30	-	970,80	1.092,15	-	838,24	943,02	-	711,92	800,91	-	591,68	665,64	-	477,68	537,3
	II	13.955	-	1.116,40	1.255,95	-	977,36	1.099,53	-	844,56	950,13	-	717,84	807,57	-	597,36	672,03	-	483,04	543,42	-	374,88	421,7
	III	9.714	-	777,12	874,26	-	672,80	756,90	-	571,52	642,96	-	473,44	532,62	-	378,24	425,52	-	286,24	322,02	-	197,44	222,1
	IV	15.681	-	1.254,48	1.411,29	-	1.181,28	1.328,94	-	1.109,60	1.248,30	-	1.039,44	1.169,37	-	970,80	1.092,15	-	903,76	1.016,73	-	838,24	943,0
	V	21.848	512,29	1.747,84	1.966,32																		
	VI	22.380	575,60	1.790,40	2.014,20																		
74.915,99	I	15.694	-	1.255,52	1.412,46	-	1.110,56	1.249,38	-	971,84	1.093,32	-	839,20	944,10	-	712,80	801,90	-	592,48	666,54	-	478,40	538,2
	II	13.968	-	1.117,44	1.257,12	-	978,40	1.100,70	-	845,44	951,12	-	718,72	808,56	-	598,16	672,93	-	483,76	544,23	-	375,60	422,5
	III	9.724	-	777,92	875,16	-	673,44	757,62	-	572,16	643,68	-	474,08	533,34	-	378,88	426,24	-	286,88	322,74	-	198,08	222,8
	IV	15.694	-	1.255,52	1.412,46	-	1.182,32	1.330,11	-	1.110,56	1.249,38	-	1.040,40	1.170,45	-	971,84	1.093,32	-	904,72	1.017,81	-	839,20	944,1
	V	21.862	513,96	1.748,96	1.967,58																		
	VI	22.394	577,26	1.791,52	2.015,46																		
74.951,99	I	15.708	-	1.256,64	1.413,72	-	1.111,60	1.250,55	-	972,80	1.094,40	-	840,16	945,18	-	713,68	802,89	-	593,36	667,53	-	479,28	539,1
	II	13.981	-	1.118,48	1.258,29	-	979,36	1.101,78	-	846,40	952,20	-	719,68	809,64	-	599,04	673,92	-	484,64	545,22	-	376,40	423,4
	III	9.732	-	778,56	875,88	-	674,24	758,52	-	572,96	644,58	-	474,72	534,06	-	379,68	427,14	-	287,52	323,46	-	198,72	223,5
	IV	15.708	-	1.256,64	1.413,72	-	1.183,36	1.331,28	-	1.111,60	1.250,55	-	1.041,44	1.171,62	-	972,80	1.094,40	-	905,68	1.018,89	-	840,16	945,1
	V	21.876	515,62	1.750,08	1.968,84																		
	VI	22.407	578,81	1.792,56	2.016,63																		
74.987,99	I	15.722	-	1.257,76	1.414,98	-	1.112,64	1.251,72	-	973,84	1.095,57	-	841,12	946,26	-	714,56	803,88	-	594,24	668,52	-	480,08	540,0
	II	13.994	-	1.119,52	1.259,46	-	980,40	1.102,95	-	847,36	953,28	-	720,56	810,63	-	599,92	674,91	-	485,44	546,12	-	377,12	424,2
	III	9.742	-	779,36	876,78	-	675,04	759,42	-	573,76	645,48	-	475,52	534,96	-	380,32	427,86	-	288,32	324,36	-	199,36	224,2
	IV	15.722	-	1.257,76	1.414,98	-	1.184,40	1.332,45	-	1.112,64	1.251,72	-	1.042,48	1.172,79	-	973,84	1.095,57	-	906,72	1.020,06	-	841,12	946,2
	V	21.890	517,29	1.751,20	1.970,10																		
	VI	22.421	580,48	1.793,68	2.017,89																		
75.023,99	I	15.735	-	1.258,80	1.416,15	-	1.113,68	1.252,89	-	974,80	1.096,65	-	842,08	947,34	-	715,44	804,87	-	595,12	669,51	-	480,88	540,9
	II	14.007	-	1.120,56	1.260,63	-	981,36	1.104,03	-	848,32	954,36	-	721,44	811,62	-	600,72	675,81	-	486,24	547,02	-	377,92	425,1
	III	9.752	-	780,16	877,68	-	675,84	760,32	-	574,40	646,20	-	476,16	535,68	-	380,96	428,58	-	288,96	325,08	-	200,00	225,0
	IV	15.735	-	1.258,80	1.416,15	-	1.185,44	1.333,62	-	1.113,68	1.252,89	-	1.043,44	1.173,87	-	974,80	1.096,65	-	907,68	1.021,14	-	842,08	947,3
	V	21.903	518,84	1.752,24	1.971,27																		
	VI	22.435	582,14	1.794,80	2.019,15																		
75.059,99	I	15.748	-	1.259,84	1.417,32	-	1.114,72	1.254,06	-	975,76	1.097,73	-	842,96	948,33	-	716,40	805,95	-	595,92	670,41	-	481,68	541,8
	II	14.020	-	1.121,60	1.261,80	-	982,32	1.105,11	-	849,28	955,44	-	722,32	812,61	-	601,60	676,80	-	487,04	547,92	-	378,64	425,9
	III	9.762	-	780,96	878,58	-	676,48	761,04	-	575,20	647,10	-	476,80	536,40	-	381,60	429,30	-	289,60	325,80	-	200,64	225,7
	IV	15.748	-	1.259,84	1.417,32	-	1.186,56	1.334,88	-	1.114,72	1.254,06	-	1.044,48	1.175,04	-	975,76	1.097,73	-	908,64	1.022,22	-	842,96	948,3
	V	21.917	520,50	1.753,36	1.972,53																		
	VI	22.449	583,81	1.795,92	2.020,41																		

SolZ/KiSt lt. Tabelle nicht für Sonstige Bezüge anwendbar.

Allgemeine Tabelle

JAHR bis 75.599,99 €

Lohn/ Gehalt bis	Steuerklasse	Lohn- steuer	ohne Kinderfreibetrag SolZ 5,5%	Kirchensteuer 8%	9%	0,5 SolZ 5,5%	Kirchensteuer 8%	9%	1,0 SolZ 5,5%	Kirchensteuer 8%	9%	1,5 SolZ 5,5%	Kirchensteuer 8%	9%	2,0 SolZ 5,5%	Kirchensteuer 8%	9%	2,5 SolZ 5,5%	Kirchensteuer 8%	9%	3,0 SolZ 5,5%	Kirchensteuer 8%	9%
						Anzahl Kinderfreibeträge (nur Steuerklassen I–IV)																	
75.095,99	I	15.762	-	1.260,96	1.418,58	-	1.115,76	1.255,23	-	976,80	1.098,90	-	843,92	949,41	-	717,28	806,94	-	596,80	671,40	-	482,48	542,79
	II	14.033	-	1.122,64	1.262,97	-	983,36	1.106,28	-	850,24	956,52	-	723,28	813,69	-	602,48	677,79	-	487,92	548,91	-	379,44	426,87
	III	9.772	-	781,76	879,48	-	677,28	761,94	-	575,84	647,82	-	477,60	537,30	-	382,40	430,20	-	290,24	326,52	-	201,28	226,44
	IV	15.762	-	1.260,96	1.418,58	-	1.187,60	1.336,05	-	1.115,76	1.255,23	-	1.045,52	1.176,21	-	976,80	1.098,90	-	909,60	1.023,30	-	843,92	949,41
	V	21.931	522,17	1.754,48	1.973,79																		
	VI	22.462	585,36	1.796,96	2.021,58																		
75.131,99	I	15.775	-	1.262,00	1.419,75	-	1.116,80	1.256,40	-	977,76	1.099,98	-	844,88	950,49	-	718,16	807,93	-	597,68	672,39	-	483,28	543,69
	II	14.046	-	1.123,68	1.264,14	-	984,32	1.107,36	-	851,12	957,51	-	724,16	814,68	-	603,36	678,78	-	488,64	549,72	-	380,24	427,77
	III	9.782	-	782,56	880,38	-	678,08	762,84	-	576,64	648,72	-	478,24	538,02	-	383,04	430,92	-	290,88	327,24	-	201,92	227,16
	IV	15.775	-	1.262,00	1.419,75	-	1.188,64	1.337,22	-	1.116,80	1.256,40	-	1.046,48	1.177,29	-	977,76	1.099,98	-	910,56	1.024,38	-	844,88	950,49
	V	21.944	523,71	1.755,52	1.974,96																		
	VI	22.476	587,02	1.798,08	2.022,84																		
75.167,99	I	15.789	-	1.263,12	1.421,01	-	1.117,84	1.257,57	-	978,72	1.101,06	-	845,84	951,57	-	719,12	809,01	-	598,56	673,38	-	484,16	544,68
	II	14.059	-	1.124,72	1.265,31	-	985,36	1.108,53	-	852,08	958,59	-	725,04	815,67	-	604,16	679,68	-	489,52	550,71	-	380,96	428,58
	III	9.790	-	783,20	881,10	-	678,72	763,56	-	577,28	649,44	-	479,04	538,92	-	383,68	431,64	-	291,52	327,96	-	202,40	227,70
	IV	15.789	-	1.263,12	1.421,01	-	1.189,68	1.338,39	-	1.117,84	1.257,57	-	1.047,52	1.178,46	-	978,72	1.101,06	-	911,52	1.025,46	-	845,84	951,57
	V	21.958	525,38	1.756,64	1.976,22																		
	VI	22.490	588,69	1.799,20	2.024,10																		
75.203,99	I	15.803	-	1.264,24	1.422,27	-	1.118,88	1.258,74	-	979,76	1.102,23	-	846,80	952,65	-	720,00	810,00	-	599,36	674,28	-	484,96	545,58
	II	14.072	-	1.125,76	1.266,48	-	986,32	1.109,61	-	853,04	959,67	-	726,00	816,75	-	605,04	680,67	-	490,32	551,61	-	381,76	429,48
	III	9.800	-	784,00	882,00	-	679,52	764,46	-	578,08	650,34	-	479,68	539,64	-	384,48	432,54	-	292,32	328,86	-	203,20	228,60
	IV	15.803	-	1.264,24	1.422,27	-	1.190,80	1.339,65	-	1.118,88	1.258,74	-	1.048,56	1.179,63	-	979,76	1.102,23	-	912,48	1.026,54	-	846,80	952,65
	V	21.972	527,05	1.757,76	1.977,48																		
	VI	22.504	590,35	1.800,32	2.025,36																		
75.239,99	I	15.816	-	1.265,28	1.423,44	-	1.119,92	1.259,91	-	980,72	1.103,31	-	847,76	953,73	-	720,88	810,99	-	600,24	675,27	-	485,76	546,48
	II	14.085	-	1.126,80	1.267,65	-	987,28	1.110,69	-	854,00	960,75	-	726,88	817,74	-	605,92	681,66	-	491,12	552,51	-	382,48	430,29
	III	9.810	-	784,80	882,90	-	680,32	765,36	-	578,72	651,06	-	480,48	540,54	-	385,12	433,26	-	292,96	329,58	-	203,84	229,32
	IV	15.816	-	1.265,28	1.423,44	-	1.191,84	1.340,82	-	1.119,92	1.259,91	-	1.049,52	1.180,71	-	980,72	1.103,31	-	913,44	1.027,62	-	847,76	953,73
	V	21.985	528,59	1.758,80	1.978,65																		
	VI	22.517	591,90	1.801,36	2.026,53																		
75.275,99	I	15.830	-	1.266,40	1.424,70	-	1.120,96	1.261,08	-	981,76	1.104,48	-	848,72	954,81	-	721,84	812,07	-	601,12	676,26	-	486,56	547,38
	II	14.098	-	1.127,84	1.268,82	-	988,32	1.111,86	-	854,96	961,83	-	727,76	818,73	-	606,80	682,65	-	491,92	553,41	-	383,28	431,19
	III	9.820	-	785,60	883,80	-	680,96	766,08	-	579,52	651,96	-	481,12	541,26	-	385,76	433,98	-	293,60	330,30	-	204,32	229,86
	IV	15.830	-	1.266,40	1.424,70	-	1.192,88	1.341,99	-	1.120,96	1.261,08	-	1.050,56	1.181,88	-	981,76	1.104,48	-	914,40	1.028,70	-	848,72	954,81
	V	21.999	530,26	1.759,92	1.979,91																		
	VI	22.531	593,57	1.802,48	2.027,79																		
75.311,99	I	15.843	-	1.267,44	1.425,87	-	1.122,00	1.262,25	-	982,72	1.105,56	-	849,60	955,80	-	722,72	813,06	-	601,92	677,16	-	487,36	548,28
	II	14.111	-	1.128,88	1.269,99	-	989,28	1.112,94	-	855,92	962,91	-	728,64	819,72	-	607,60	683,55	-	492,72	554,31	-	384,08	432,09
	III	9.830	-	786,40	884,70	-	681,76	766,98	-	580,16	652,68	-	481,76	541,98	-	386,40	434,70	-	294,24	331,02	-	204,96	230,58
	IV	15.843	-	1.267,44	1.425,87	-	1.193,92	1.343,16	-	1.122,00	1.262,25	-	1.051,60	1.183,05	-	982,72	1.105,56	-	915,36	1.029,78	-	849,60	955,80
	V	22.013	531,93	1.761,04	1.981,17																		
	VI	22.544	595,11	1.803,52	2.028,96																		
75.347,99	I	15.857	-	1.268,56	1.427,13	-	1.123,04	1.263,42	-	983,68	1.106,64	-	850,56	956,88	-	723,60	814,05	-	602,80	678,15	-	488,16	549,18
	II	14.124	-	1.129,92	1.271,16	-	990,32	1.114,11	-	856,88	963,99	-	729,60	820,80	-	608,48	684,54	-	493,60	555,30	-	384,80	432,90
	III	9.840	-	787,20	885,60	-	682,56	767,88	-	580,96	653,58	-	482,56	542,88	-	387,20	435,60	-	294,88	331,74	-	205,76	231,48
	IV	15.857	-	1.268,56	1.427,13	-	1.195,04	1.344,42	-	1.123,04	1.263,42	-	1.052,64	1.184,22	-	983,68	1.106,64	-	916,40	1.030,95	-	850,56	956,88
	V	22.026	533,47	1.762,08	1.982,34																		
	VI	22.558	596,78	1.804,64	2.030,22																		
75.383,99	I	15.870	-	1.269,60	1.428,30	-	1.124,08	1.264,59	-	984,72	1.107,81	-	851,52	957,96	-	724,48	815,04	-	603,68	679,14	-	489,04	550,17
	II	14.137	-	1.130,96	1.272,33	-	991,28	1.115,19	-	857,84	965,07	-	730,48	821,79	-	609,36	685,53	-	494,40	556,20	-	385,60	433,80
	III	9.848	-	787,84	886,32	-	683,20	768,60	-	581,76	654,48	-	483,20	543,60	-	387,84	436,32	-	295,52	332,46	-	206,24	232,02
	IV	15.870	-	1.269,60	1.428,30	-	1.196,08	1.345,59	-	1.124,08	1.264,59	-	1.053,60	1.185,30	-	984,72	1.107,81	-	917,36	1.032,03	-	851,52	957,96
	V	22.040	535,14	1.763,20	1.983,60																		
	VI	22.572	598,45	1.805,76	2.031,48																		
75.419,99	I	15.884	-	1.270,72	1.429,56	-	1.125,12	1.265,76	-	985,68	1.108,89	-	852,48	959,04	-	725,44	816,12	-	604,48	680,04	-	489,84	551,07
	II	14.150	-	1.132,00	1.273,50	-	992,32	1.116,36	-	858,72	966,06	-	731,36	822,78	-	610,24	686,52	-	495,20	557,10	-	386,32	434,61
	III	9.858	-	788,64	887,22	-	684,00	769,50	-	582,40	655,20	-	483,84	544,32	-	388,48	437,04	-	296,16	333,18	-	206,88	232,74
	IV	15.884	-	1.270,72	1.429,56	-	1.197,12	1.346,76	-	1.125,12	1.265,76	-	1.054,64	1.186,47	-	985,68	1.108,89	-	918,32	1.033,11	-	852,48	959,04
	V	22.054	536,80	1.764,32	1.984,86																		
	VI	22.585	599,99	1.806,80	2.032,65																		
75.455,99	I	15.897	-	1.271,76	1.430,73	-	1.126,16	1.266,93	-	986,72	1.110,06	-	853,44	960,12	-	726,32	817,11	-	605,36	681,03	-	490,64	551,97
	II	14.163	-	1.133,04	1.274,67	-	993,28	1.117,44	-	859,68	967,14	-	732,32	823,86	-	611,04	687,42	-	496,00	558,00	-	387,12	435,51
	III	9.868	-	789,44	888,12	-	684,80	770,40	-	583,20	656,10	-	484,64	545,22	-	389,28	437,94	-	296,80	333,90	-	207,68	233,64
	IV	15.897	-	1.271,76	1.430,73	-	1.198,16	1.347,93	-	1.126,16	1.266,93	-	1.055,68	1.187,64	-	986,72	1.110,06	-	919,28	1.034,19	-	853,44	960,12
	V	22.068	538,47	1.765,44	1.986,12																		
	VI	22.599	601,66	1.807,92	2.033,91																		
75.491,99	I	15.911	-	1.272,88	1.431,99	-	1.127,20	1.268,10	-	987,68	1.111,14	-	854,40	961,20	-	727,20	818,10	-	606,24	682,02	-	491,44	552,87
	II	14.176	-	1.134,08	1.275,84	-	994,32	1.118,61	-	860,64	968,22	-	733,20	824,85	-	611,92	688,41	-	496,88	558,99	-	387,92	436,41
	III	9.878	-	790,24	889,02	-	685,60	771,30	-	583,84	656,82	-	485,28	545,94	-	389,92	438,66	-	297,44	334,62	-	208,16	234,18
	IV	15.911	-	1.272,88	1.431,99	-	1.199,28	1.349,19	-	1.127,20	1.268,10	-	1.056,72	1.188,81	-	987,68	1.111,14	-	920,24	1.035,27	-	854,40	961,20
	V	22.081	540,02	1.766,48	1.987,29																		
	VI	22.613	603,33	1.809,04	2.035,17																		
75.527,99	I	15.924	-	1.273,92	1.433,16	-	1.128,24	1.269,27	-	988,72	1.112,31	-	855,28	962,19	-	728,08	819,09	-	607,12	683,01	-	492,24	553,77
	II	14.189	-	1.135,12	1.277,01	-	995,28	1.119,69	-	861,60	969,30	-	734,08	825,84	-	612,80	689,40	-	497,68	559,89	-	388,64	437,22
	III	9.888	-	791,04	889,92	-	686,24	772,02	-	584,64	657,72	-	486,08	546,84	-	390,56	439,38	-	298,24	335,52	-	208,80	234,90
	IV	15.924	-	1.273,92	1.433,16	-	1.200,32	1.350,36	-	1.128,24	1.269,27	-	1.057,68	1.189,89	-	988,72	1.112,31	-	921,20	1.036,35	-	855,28	962,19
	V	22.095	541,68	1.767,60	1.988,55																		
	VI	22.627	604,99	1.810,16	2.036,43																		
75.563,99	I	15.938	-	1.275,04	1.434,42	-	1.129,28	1.270,44	-	989,68	1.113,39	-	856,24	963,27	-	729,04	820,17	-	608,00	684,00	-	493,04	554,67
	II	14.202	-	1.136,16	1.278,18	-	996,32	1.120,86	-	862,56	970,38	-	735,04	826,92	-	613,68	690,39	-	498,48	560,79	-	389,44	438,12
	III	9.898	-	791,84	890,82	-	687,04	772,92	-	585,44	658,62	-	486,72	547,56	-	391,20	440,10	-	298,88	336,24	-	209,60	235,80
	IV	15.938	-	1.275,04	1.434,42	-	1.201,36	1.351,53	-	1.129,28	1.270,44	-	1.058,72	1.191,06	-	989,68	1.113,39	-	922,24	1.037,52	-	856,24	963,27
	V	22.109	543,35	1.768,72	1.989,81																		
	VI	22.641	606,66	1.811,28	2.037,69																		
75.599,99	I	15.952	-	1.276,16	1.435,68	-	1.130,32	1.271,61	-	990,72	1.114,56	-	857,20	964,35	-	729,92	821,16	-	608,80	684,90	-	493,92	555,66
	II	14.215	-	1.137,20	1.279,35	-	997,28	1.121,94	-	863,52	971,46	-	735,92	827,91	-	614,56	691,38	-	499,28	561,69	-	390,24	439,02
	III	9.908	-	792,64	891,72	-	687,84	773,82	-	586,08	659,34	-	487,52	548,46	-	392,00	441,00	-	299,52	336,96	-	210,08	236,34
	IV	15.952	-	1.276,16	1.435,68	-	1.202,48	1.352,79	-	1.130,32	1.271,61	-	1.059,76	1.192,23	-	990,72	1.114,56	-	923,20	1.038,60	-	857,20	964,35
	V	22.123	545,02	1.769,84	1.991,07																		
	VI	22.654	608,20	1.812,32	2.038,86																		

SolZ/KiSt lt. Tabelle nicht für Sonstige Bezüge anwendbar.

Lohn/ Gehalt bis	Steuerklasse	Lohn-steuer	ohne Kinderfreibetrag			Anzahl Kinderfreibeträge (nur Steuerklassen I–IV) 0,5			1,0			1,5			2,0			2,5			3,0		
			SolZ 5,5%	Kirchensteuer 8%	9%	SolZ 5,5%	Kirchensteuer 8%	9%	SolZ 5,5%	Kirchensteuer 8%	9%	SolZ 5,5%	Kirchensteuer 8%	9%	SolZ 5,5%	Kirchensteuer 8%	9%	SolZ 5,5%	Kirchensteuer 8%	9%	SolZ 5,5%	Kirchensteuer 8%	9%
75.635,99	I	15.965	-	1.277,20	1.436,85	-	1.131,36	1.272,78	-	991,68	1.115,64	-	858,16	965,43	-	730,80	822,15	-	609,68	685,89	-	494,72	556,
	II	14.228	-	1.138,24	1.280,52	-	998,24	1.123,02	-	864,48	972,54	-	736,80	828,90	-	615,36	692,28	-	500,08	562,59	-	390,96	439,
	III	9.916	-	793,28	892,44	-	688,48	774,54	-	586,72	660,06	-	488,16	549,18	-	392,64	441,72	-	300,16	337,68	-	210,72	237,
	IV	15.965	-	1.277,20	1.436,85	-	1.203,52	1.353,96	-	1.131,36	1.272,78	-	1.060,72	1.193,31	-	991,68	1.115,64	-	924,16	1.039,68	-	858,16	965,
	V	22.136	*546,56*	1.770,88	1.992,24																		
	VI	22.668	*609,87*	1.813,44	2.040,12																		
75.671,99	I	15.979	-	1.278,32	1.438,11	-	1.132,40	1.273,95	-	992,64	1.116,72	-	859,12	966,51	-	731,76	823,23	-	610,56	686,88	-	495,52	557,
	II	14.241	-	1.139,28	1.281,69	-	999,28	1.124,19	-	865,44	973,62	-	737,76	829,98	-	616,24	693,27	-	500,96	563,58	-	391,76	440,
	III	9.926	-	794,08	893,34	-	689,28	775,44	-	587,52	660,96	-	488,96	550,08	-	393,28	442,44	-	300,80	338,40	-	211,52	237,
	IV	15.979	-	1.278,32	1.438,11	-	1.204,56	1.355,13	-	1.132,40	1.273,95	-	1.061,76	1.194,48	-	992,64	1.116,72	-	925,12	1.040,76	-	859,12	966,
	V	22.150	*548,23*	1.772,00	1.993,50																		
	VI	22.682	*611,54*	1.814,56	2.041,38																		
75.707,99	I	15.992	-	1.279,36	1.439,28	-	1.133,44	1.275,12	-	993,68	1.117,89	-	860,08	967,59	-	732,64	824,22	-	611,44	687,87	-	496,32	558,
	II	14.254	-	1.140,32	1.282,86	-	1.000,32	1.125,36	-	866,40	974,70	-	738,64	830,97	-	617,12	694,26	-	501,76	564,48	-	392,56	441,
	III	9.936	-	794,88	894,24	-	690,08	776,34	-	588,32	661,86	-	489,60	550,80	-	394,08	443,34	-	301,44	339,12	-	212,00	238,
	IV	15.992	-	1.279,36	1.439,28	-	1.205,68	1.356,39	-	1.133,44	1.275,12	-	1.062,80	1.195,65	-	993,68	1.117,89	-	926,08	1.041,84	-	860,08	967,
	V	22.164	*549,89*	1.773,12	1.994,76																		
	VI	22.696	*613,20*	1.815,68	2.042,64																		
75.743,99	I	16.006	-	1.280,48	1.440,54	-	1.134,48	1.276,29	-	994,64	1.118,97	-	861,04	968,67	-	733,52	825,21	-	612,24	688,77	-	497,12	559,
	II	14.267	-	1.141,36	1.284,03	-	1.001,28	1.126,44	-	867,36	975,78	-	739,60	832,05	-	618,00	695,25	-	502,56	565,38	-	393,28	442,
	III	9.946	-	795,68	895,14	-	690,72	777,06	-	588,96	662,58	-	490,24	551,52	-	394,72	444,06	-	302,08	339,84	-	212,64	239
	IV	16.006	-	1.280,48	1.440,54	-	1.206,72	1.357,56	-	1.134,48	1.276,29	-	1.063,76	1.196,73	-	994,64	1.118,97	-	927,04	1.042,92	-	861,04	968,
	V	22.177	*551,44*	1.774,16	1.995,93																		
	VI	22.709	*614,75*	1.816,72	2.043,81																		
75.779,99	I	16.020	-	1.281,60	1.441,80	-	1.135,52	1.277,46	-	995,68	1.120,14	-	862,00	969,75	-	734,48	826,29	-	613,12	689,76	-	498,00	560,
	II	14.280	-	1.142,40	1.285,20	-	1.002,24	1.127,52	-	868,32	976,86	-	740,48	833,04	-	618,88	696,24	-	503,36	566,28	-	394,08	443,
	III	9.956	-	796,48	896,04	-	691,52	777,96	-	589,76	663,48	-	491,04	552,42	-	395,36	444,78	-	302,88	340,74	-	213,44	240,
	IV	16.020	-	1.281,60	1.441,80	-	1.207,76	1.358,73	-	1.135,52	1.277,46	-	1.064,80	1.197,90	-	995,68	1.120,14	-	928,08	1.044,09	-	862,00	969,
	V	22.191	*553,11*	1.775,28	1.997,19																		
	VI	22.723	*616,42*	1.817,84	2.045,07																		
75.815,99	I	16.033	-	1.282,64	1.442,97	-	1.136,56	1.278,63	-	996,64	1.121,22	-	862,96	970,83	-	735,36	827,28	-	614,00	690,75	-	498,80	561,
	II	14.294	-	1.143,52	1.286,46	-	1.003,28	1.128,69	-	869,28	977,94	-	741,44	834,12	-	619,76	697,23	-	504,24	567,27	-	394,88	444,
	III	9.966	-	797,28	896,94	-	692,32	778,86	-	590,40	664,20	-	491,68	553,14	-	396,00	445,50	-	303,52	341,46	-	214,08	240,
	IV	16.033	-	1.282,64	1.442,97	-	1.208,88	1.359,99	-	1.136,56	1.278,63	-	1.065,84	1.199,07	-	996,64	1.121,22	-	929,04	1.045,17	-	862,96	970,
	V	22.205	*554,77*	1.776,40	1.998,45																		
	VI	22.737	*618,08*	1.818,96	2.046,33																		
75.851,99	I	16.047	-	1.283,76	1.444,23	-	1.137,60	1.279,80	-	997,68	1.122,39	-	863,92	971,91	-	736,32	828,36	-	614,88	691,74	-	499,60	562,
	II	14.306	-	1.144,48	1.287,54	-	1.004,24	1.129,77	-	870,16	978,93	-	742,32	835,11	-	620,56	698,13	-	505,04	568,17	-	395,68	445,
	III	9.974	-	797,92	897,66	-	693,12	779,76	-	591,20	665,10	-	492,48	554,04	-	396,80	446,40	-	304,16	342,18	-	214,56	241,
	IV	16.047	-	1.283,76	1.444,23	-	1.209,92	1.361,16	-	1.137,60	1.279,80	-	1.066,88	1.200,24	-	997,68	1.122,39	-	930,00	1.046,25	-	863,92	971,
	V	22.218	*556,32*	1.777,44	1.999,62																		
	VI	22.750	*619,63*	1.820,00	2.047,50																		
75.887,99	I	16.060	-	1.284,80	1.445,40	-	1.138,64	1.280,97	-	998,64	1.123,47	-	864,88	972,99	-	737,20	829,35	-	615,76	692,73	-	500,40	562,
	II	14.320	-	1.145,60	1.288,80	-	1.005,28	1.130,94	-	871,20	980,10	-	743,20	836,10	-	621,44	699,12	-	505,84	569,07	-	396,40	445,
	III	9.984	-	798,72	898,56	-	693,76	780,48	-	592,00	666,00	-	493,12	554,76	-	397,44	447,12	-	304,80	342,90	-	215,36	242,
	IV	16.060	-	1.284,80	1.445,40	-	1.210,96	1.362,33	-	1.138,64	1.280,97	-	1.067,92	1.201,41	-	998,64	1.123,47	-	930,96	1.047,33	-	864,88	972,
	V	22.232	*557,99*	1.778,56	2.000,88																		
	VI	22.764	*621,29*	1.821,12	2.048,76																		
75.923,99	I	16.074	-	1.285,92	1.446,66	-	1.139,68	1.282,14	-	999,68	1.124,64	-	865,84	974,07	-	738,08	830,34	-	616,64	693,72	-	501,28	563,
	II	14.333	-	1.146,64	1.289,97	-	1.006,32	1.132,11	-	872,16	981,18	-	744,16	837,18	-	622,32	700,11	-	506,64	569,97	-	397,20	446,
	III	9.994	-	799,52	899,46	-	694,56	781,38	-	592,64	666,72	-	493,92	555,66	-	398,08	447,84	-	305,44	343,62	-	216,00	243,
	IV	16.074	-	1.285,92	1.446,66	-	1.212,08	1.363,59	-	1.139,68	1.282,14	-	1.068,96	1.202,58	-	999,68	1.124,64	-	932,00	1.048,50	-	865,84	974,
	V	22.246	*559,65*	1.779,68	2.002,14																		
	VI	22.778	*622,96*	1.822,24	2.050,02																		
75.959,99	I	16.087	-	1.286,96	1.447,83	-	1.140,72	1.283,31	-	1.000,64	1.125,72	-	866,72	975,06	-	739,04	831,42	-	617,44	694,62	-	502,08	564,
	II	14.346	-	1.147,68	1.291,14	-	1.007,28	1.133,19	-	873,04	982,17	-	745,04	838,17	-	623,20	701,10	-	507,52	570,96	-	398,00	447,
	III	10.004	-	800,32	900,36	-	695,36	782,28	-	593,44	667,62	-	494,56	556,38	-	398,72	448,56	-	306,08	344,34	-	216,48	243,
	IV	16.087	-	1.286,96	1.447,83	-	1.213,12	1.364,76	-	1.140,72	1.283,31	-	1.069,92	1.203,66	-	1.000,64	1.125,72	-	932,96	1.049,58	-	866,72	975,
	V	22.260	*561,32*	1.780,80	2.003,40																		
	VI	22.791	*624,51*	1.823,28	2.051,19																		
75.995,99	I	16.101	-	1.288,08	1.449,09	-	1.141,76	1.284,48	-	1.001,68	1.126,89	-	867,68	976,14	-	739,92	832,41	-	618,32	695,61	-	502,88	565,
	II	14.359	-	1.148,72	1.292,31	-	1.008,32	1.134,36	-	874,00	983,25	-	745,92	839,16	-	624,08	702,09	-	508,32	571,86	-	398,72	448,
	III	10.014	-	801,12	901,26	-	696,16	783,18	-	594,08	668,34	-	495,36	557,28	-	399,52	449,46	-	306,88	345,24	-	217,28	244,
	IV	16.101	-	1.288,08	1.449,09	-	1.214,16	1.365,93	-	1.141,76	1.284,48	-	1.070,96	1.204,83	-	1.001,68	1.126,89	-	933,92	1.050,66	-	867,68	976,
	V	22.273	*562,87*	1.781,84	2.004,57																		
	VI	22.805	*626,17*	1.824,40	2.052,45																		
76.031,99	I	16.115	-	1.289,20	1.450,35	-	1.142,88	1.285,74	-	1.002,64	1.127,97	-	868,64	977,22	-	740,88	833,49	-	619,20	696,60	-	503,68	566,
	II	14.372	-	1.149,76	1.293,48	-	1.009,28	1.135,44	-	875,04	984,42	-	746,88	840,24	-	624,96	703,08	-	509,12	572,76	-	399,52	449,
	III	10.024	-	801,92	902,16	-	696,80	783,90	-	594,88	669,24	-	496,00	558,00	-	400,16	450,18	-	307,52	345,96	-	217,92	245,
	IV	16.115	-	1.289,20	1.450,35	-	1.215,28	1.367,19	-	1.142,88	1.285,74	-	1.072,00	1.206,00	-	1.002,64	1.127,97	-	934,88	1.051,74	-	868,64	977,
	V	22.287	*564,53*	1.782,96	2.005,83																		
	VI	22.819	*627,84*	1.825,52	2.053,71																		
76.067,99	I	16.128	-	1.290,24	1.451,52	-	1.143,84	1.286,82	-	1.003,68	1.129,14	-	869,60	978,30	-	741,76	834,48	-	620,08	697,59	-	504,48	567,
	II	14.385	-	1.150,80	1.294,65	-	1.010,32	1.136,61	-	875,92	985,41	-	747,76	841,23	-	625,76	703,98	-	509,92	573,66	-	400,32	450,
	III	10.034	-	802,72	903,06	-	697,60	784,80	-	595,52	669,96	-	496,64	558,72	-	400,80	450,90	-	308,16	346,68	-	218,56	245,
	IV	16.128	-	1.290,24	1.451,52	-	1.216,32	1.368,36	-	1.143,84	1.286,82	-	1.072,96	1.207,08	-	1.003,68	1.129,14	-	935,84	1.052,82	-	869,60	978,
	V	22.301	*566,20*	1.784,08	2.007,09																		
	VI	22.832	*629,39*	1.826,56	2.054,88																		
76.103,99	I	16.142	-	1.291,36	1.452,78	-	1.144,96	1.288,08	-	1.004,64	1.130,22	-	870,56	979,38	-	742,64	835,47	-	620,88	698,49	-	505,36	568,
	II	14.398	-	1.151,84	1.295,82	-	1.011,28	1.137,69	-	876,88	986,49	-	748,72	842,31	-	626,64	704,97	-	510,80	574,65	-	401,12	451,
	III	10.044	-	803,52	903,96	-	698,40	785,70	-	596,32	670,86	-	497,44	559,62	-	401,60	451,80	-	308,80	347,40	-	219,20	246,
	IV	16.142	-	1.291,36	1.452,78	-	1.217,36	1.369,53	-	1.144,96	1.288,08	-	1.074,00	1.208,25	-	1.004,64	1.130,22	-	936,88	1.053,99	-	870,56	979,
	V	22.315	*567,86*	1.785,20	2.008,35																		
	VI	22.846	*631,05*	1.827,68	2.056,14																		
76.139,99	I	16.155	-	1.292,40	1.453,95	-	1.145,92	1.289,16	-	1.005,68	1.131,39	-	871,52	980,46	-	743,52	836,46	-	621,76	699,48	-	506,16	569,
	II	14.411	-	1.152,88	1.296,99	-	1.012,24	1.138,77	-	877,84	987,57	-	749,60	843,30	-	627,52	705,96	-	511,60	575,55	-	401,84	452,
	III	10.052	-	804,16	904,68	-	699,04	786,42	-	597,12	671,76	-	498,08	560,34	-	402,24	452,52	-	309,44	348,12	-	219,84	247,
	IV	16.155	-	1.292,40	1.453,95	-	1.218,40	1.370,70	-	1.145,92	1.289,16	-	1.075,04	1.209,42	-	1.005,68	1.131,39	-	937,84	1.055,07	-	871,52	980,
	V	22.328	*569,41*	1.786,24	2.009,52																		
	VI	22.860	*632,72*	1.828,80	2.057,40																		

SolZ/KiSt lt. Tabelle nicht für Sonstige Bezüge anwendbar.

Lohn/ Gehalt bis	Steuerklasse	Lohn-steuer	ohne Kinderfreibetrag SolZ 5,5%	Kirchensteuer 8%	Kirchensteuer 9%	0,5 SolZ 5,5%	0,5 Kirchensteuer 8%	0,5 Kirchensteuer 9%	1,0 SolZ 5,5%	1,0 Kirchensteuer 8%	1,0 Kirchensteuer 9%	1,5 SolZ 5,5%	1,5 Kirchensteuer 8%	1,5 Kirchensteuer 9%	2,0 SolZ 5,5%	2,0 Kirchensteuer 8%	2,0 Kirchensteuer 9%	2,5 SolZ 5,5%	2,5 Kirchensteuer 8%	2,5 Kirchensteuer 9%	3,0 SolZ 5,5%	3,0 Kirchensteuer 8%	3,0 Kirchensteuer 9%
76.175,99	I	16.169	-	1.293,52	1.455,21	-	1.147,04	1.290,42	-	1.006,64	1.132,47	-	872,48	981,54	-	744,48	837,54	-	622,64	700,47	-	506,96	570,33
	II	14.424	-	1.153,92	1.298,16	-	1.013,28	1.139,94	-	878,80	988,65	-	750,48	844,29	-	628,40	706,95	-	512,40	576,45	-	402,64	452,97
	III	10.062	-	804,96	905,58	-	699,84	787,32	-	597,76	672,48	-	498,88	561,24	-	402,88	453,24	-	310,08	348,84	-	220,48	248,04
	IV	16.169	-	1.293,52	1.455,21	-	1.219,52	1.371,96	-	1.147,04	1.290,42	-	1.076,08	1.210,59	-	1.006,64	1.132,47	-	938,80	1.056,15	-	872,48	981,54
	V	22.342	571,08	1.787,36	2.010,78																		
	VI	22.874	634,38	1.829,92	2.058,66																		
76.211,99	I	16.183	-	1.294,64	1.456,47	-	1.148,08	1.291,59	-	1.007,68	1.133,64	-	873,44	982,62	-	745,36	838,53	-	623,52	701,46	-	507,84	571,32
	II	14.438	-	1.155,04	1.299,42	-	1.014,32	1.141,11	-	879,76	989,73	-	751,44	845,37	-	629,28	707,94	-	513,28	577,44	-	403,44	453,87
	III	10.072	-	805,76	906,48	-	700,64	788,22	-	598,56	673,38	-	499,52	561,96	-	403,68	454,14	-	310,88	349,74	-	221,12	248,76
	IV	16.183	-	1.294,64	1.456,47	-	1.220,56	1.373,13	-	1.148,08	1.291,59	-	1.077,12	1.211,76	-	1.007,68	1.133,64	-	939,76	1.057,23	-	873,44	982,62
	V	22.356	572,74	1.788,48	2.012,04																		
	VI	22.887	635,93	1.830,96	2.059,83																		
76.247,99	I	16.196	-	1.295,68	1.457,64	-	1.149,12	1.292,76	-	1.008,64	1.134,72	-	874,40	983,70	-	746,32	839,61	-	624,40	702,45	-	508,64	572,22
	II	14.450	-	1.156,00	1.300,50	-	1.015,28	1.142,19	-	880,72	990,81	-	752,32	846,36	-	630,08	708,84	-	514,08	578,34	-	404,16	454,68
	III	10.082	-	806,56	907,38	-	701,44	789,12	-	599,20	674,10	-	500,32	562,86	-	404,32	454,86	-	311,52	350,46	-	221,76	249,48
	IV	16.196	-	1.295,68	1.457,64	-	1.221,60	1.374,30	-	1.149,12	1.292,76	-	1.078,08	1.212,84	-	1.008,64	1.134,72	-	940,72	1.058,31	-	874,40	983,70
	V	22.369	574,29	1.789,52	2.013,21																		
	VI	22.901	637,60	1.832,08	2.061,09																		
76.283,99	I	16.210	-	1.296,80	1.458,90	-	1.150,16	1.293,93	-	1.009,68	1.135,89	-	875,36	984,78	-	747,20	840,60	-	625,28	703,44	-	509,44	573,12
	II	14.464	-	1.157,12	1.301,76	-	1.016,32	1.143,36	-	881,68	991,89	-	753,28	847,44	-	630,96	709,83	-	514,88	579,24	-	404,96	455,58
	III	10.092	-	807,36	908,28	-	702,08	789,84	-	600,00	675,00	-	500,96	563,58	-	404,96	455,58	-	312,16	351,18	-	222,40	250,20
	IV	16.210	-	1.296,80	1.458,90	-	1.222,72	1.375,56	-	1.150,16	1.293,93	-	1.079,12	1.214,01	-	1.009,68	1.135,89	-	941,76	1.059,48	-	875,36	984,78
	V	22.383	575,96	1.790,64	2.014,47																		
	VI	22.915	639,26	1.833,20	2.062,35																		
76.319,99	I	16.224	-	1.297,92	1.460,16	-	1.151,20	1.295,10	-	1.010,72	1.137,06	-	876,32	985,86	-	748,16	841,68	-	626,08	704,34	-	510,24	574,02
	II	14.477	-	1.158,16	1.302,93	-	1.017,36	1.144,53	-	882,64	992,97	-	754,16	848,43	-	631,84	710,82	-	515,76	580,23	-	405,76	456,48
	III	10.102	-	808,16	909,18	-	702,88	790,74	-	600,80	675,90	-	501,76	564,48	-	405,76	456,48	-	312,80	351,90	-	223,04	250,92
	IV	16.224	-	1.297,92	1.460,16	-	1.223,76	1.376,73	-	1.151,20	1.295,10	-	1.080,16	1.215,18	-	1.010,72	1.137,06	-	942,72	1.060,56	-	876,32	985,86
	V	22.397	577,62	1.791,76	2.015,73																		
	VI	22.929	640,93	1.834,32	2.063,61																		
76.355,99	I	16.237	-	1.298,96	1.461,33	-	1.152,24	1.296,27	-	1.011,68	1.138,14	-	877,28	986,94	-	749,04	842,67	-	626,96	705,33	-	511,12	575,01
	II	14.490	-	1.159,20	1.304,10	-	1.018,32	1.145,61	-	883,60	994,05	-	755,04	849,42	-	632,72	711,81	-	516,56	581,13	-	406,56	457,38
	III	10.112	-	808,96	910,08	-	703,68	791,64	-	601,44	676,62	-	502,40	565,20	-	406,40	457,20	-	313,44	352,62	-	223,68	251,64
	IV	16.237	-	1.298,96	1.461,33	-	1.224,88	1.377,99	-	1.152,24	1.296,27	-	1.081,20	1.216,35	-	1.011,68	1.138,14	-	943,68	1.061,64	-	877,28	986,94
	V	22.410	579,17	1.792,80	2.016,90																		
	VI	22.942	642,48	1.835,36	2.064,78																		
76.391,99	I	16.251	-	1.300,08	1.462,59	-	1.153,28	1.297,44	-	1.012,64	1.139,22	-	878,24	988,02	-	749,92	843,66	-	627,84	706,32	-	511,92	575,91
	II	14.503	-	1.160,24	1.305,27	-	1.019,36	1.146,78	-	884,56	995,13	-	756,00	850,50	-	633,60	712,80	-	517,36	582,03	-	407,28	458,19
	III	10.120	-	809,60	910,80	-	704,32	792,36	-	602,24	677,52	-	503,04	565,92	-	407,04	457,92	-	314,08	353,34	-	224,32	252,36
	IV	16.251	-	1.300,08	1.462,59	-	1.225,92	1.379,16	-	1.153,28	1.297,44	-	1.082,24	1.217,52	-	1.012,64	1.139,22	-	944,72	1.062,81	-	878,24	988,02
	V	22.424	580,83	1.793,92	2.018,16																		
	VI	22.956	644,14	1.836,48	2.066,04																		
76.427,99	I	16.265	-	1.301,20	1.463,85	-	1.154,40	1.298,70	-	1.013,68	1.140,39	-	879,20	989,10	-	750,88	844,74	-	628,72	707,31	-	512,72	576,81
	II	14.516	-	1.161,28	1.306,44	-	1.020,32	1.147,86	-	885,52	996,21	-	756,96	851,58	-	634,48	713,79	-	518,24	583,02	-	408,08	459,09
	III	10.130	-	810,40	911,70	-	705,12	793,26	-	602,88	678,24	-	503,84	566,82	-	407,84	458,82	-	314,88	354,24	-	224,96	253,08
	IV	16.265	-	1.301,20	1.463,85	-	1.227,04	1.380,42	-	1.154,40	1.298,70	-	1.083,28	1.218,69	-	1.013,68	1.140,39	-	945,68	1.063,89	-	879,20	989,10
	V	22.438	582,50	1.795,04	2.019,42																		
	VI	22.970	645,81	1.837,60	2.067,30																		
76.463,99	I	16.278	-	1.302,24	1.465,02	-	1.155,36	1.299,78	-	1.014,64	1.141,47	-	880,16	990,18	-	751,76	845,73	-	629,60	708,30	-	513,52	577,71
	II	14.529	-	1.162,32	1.307,61	-	1.021,36	1.149,03	-	886,48	997,29	-	757,84	852,57	-	635,36	714,78	-	519,04	583,92	-	408,88	459,99
	III	10.140	-	811,20	912,60	-	705,92	794,16	-	603,68	679,14	-	504,48	567,54	-	408,48	459,54	-	315,52	354,96	-	225,60	253,80
	IV	16.278	-	1.302,24	1.465,02	-	1.228,08	1.381,59	-	1.155,36	1.299,78	-	1.084,24	1.219,77	-	1.014,64	1.141,47	-	946,64	1.064,97	-	880,16	990,18
	V	22.452	584,17	1.796,16	2.020,68																		
	VI	22.983	647,36	1.838,64	2.068,47																		
76.499,99	I	16.292	-	1.303,36	1.466,28	-	1.156,48	1.301,04	-	1.015,68	1.142,64	-	881,12	991,26	-	752,72	846,81	-	630,48	709,29	-	514,40	578,70
	II	14.542	-	1.163,36	1.308,78	-	1.022,32	1.150,11	-	887,44	998,37	-	758,72	853,56	-	636,24	715,77	-	519,84	584,82	-	409,68	460,89
	III	10.150	-	812,00	913,50	-	706,72	795,06	-	604,32	679,86	-	505,28	568,44	-	409,12	460,26	-	316,16	355,68	-	226,24	254,52
	IV	16.292	-	1.303,36	1.466,28	-	1.229,12	1.382,76	-	1.156,48	1.301,04	-	1.085,28	1.220,94	-	1.015,68	1.142,64	-	947,60	1.066,05	-	881,12	991,26
	V	22.465	585,71	1.797,20	2.021,85																		
	VI	22.997	649,02	1.839,76	2.069,73																		
76.535,99	I	16.306	-	1.304,48	1.467,54	-	1.157,52	1.302,21	-	1.016,72	1.143,81	-	882,08	992,34	-	753,60	847,80	-	631,36	710,28	-	515,20	579,60
	II	14.556	-	1.164,48	1.310,04	-	1.023,36	1.151,28	-	888,40	999,45	-	759,68	854,64	-	637,12	716,76	-	520,72	585,81	-	410,48	461,79
	III	10.160	-	812,80	914,40	-	707,52	795,96	-	605,12	680,76	-	505,92	569,16	-	409,92	461,16	-	316,80	356,40	-	226,88	255,24
	IV	16.306	-	1.304,48	1.467,54	-	1.230,24	1.384,02	-	1.157,52	1.302,21	-	1.086,32	1.222,11	-	1.016,72	1.143,81	-	948,64	1.067,22	-	882,08	992,34
	V	22.479	587,38	1.798,32	2.023,11																		
	VI	23.011	650,69	1.840,88	2.070,99																		
76.571,99	I	16.320	-	1.305,60	1.468,80	-	1.158,56	1.303,38	-	1.017,68	1.144,89	-	883,04	993,42	-	754,48	848,79	-	632,16	711,18	-	516,00	580,50
	II	14.569	-	1.165,52	1.311,21	-	1.024,32	1.152,36	-	889,36	1.000,53	-	760,56	855,63	-	637,92	717,66	-	521,52	586,71	-	411,20	462,60
	III	10.170	-	813,60	915,30	-	708,16	796,68	-	605,92	681,66	-	506,72	570,06	-	410,56	461,88	-	317,44	357,12	-	227,52	255,96
	IV	16.320	-	1.305,60	1.468,80	-	1.231,28	1.385,19	-	1.158,56	1.303,38	-	1.087,36	1.223,28	-	1.017,68	1.144,89	-	949,60	1.068,30	-	883,04	993,42
	V	22.493	589,05	1.799,44	2.024,37																		
	VI	23.024	652,23	1.841,92	2.072,16																		
76.607,99	I	16.333	-	1.306,64	1.469,97	-	1.159,60	1.304,55	-	1.018,72	1.146,06	-	884,00	994,50	-	755,44	849,87	-	633,04	712,17	-	516,88	581,49
	II	14.582	-	1.166,56	1.312,38	-	1.025,36	1.153,53	-	890,32	1.001,61	-	761,52	856,71	-	638,80	718,65	-	522,32	587,61	-	412,00	463,50
	III	10.180	-	814,40	916,20	-	708,96	797,58	-	606,56	682,38	-	507,36	570,78	-	411,20	462,60	-	318,08	357,84	-	228,16	256,68
	IV	16.333	-	1.306,64	1.469,97	-	1.232,40	1.386,45	-	1.159,60	1.304,55	-	1.088,40	1.224,45	-	1.018,72	1.146,06	-	950,56	1.069,38	-	884,00	994,50
	V	22.507	590,71	1.800,56	2.025,63																		
	VI	23.038	653,90	1.843,04	2.073,42																		
76.643,99	I	16.347	-	1.307,76	1.471,23	-	1.160,64	1.305,72	-	1.019,76	1.147,23	-	884,96	995,58	-	756,40	850,95	-	633,92	713,16	-	517,68	582,39
	II	14.595	-	1.167,60	1.313,55	-	1.026,40	1.154,70	-	891,28	1.002,69	-	762,40	857,70	-	639,68	719,64	-	523,20	588,60	-	412,80	464,40
	III	10.190	-	815,20	917,10	-	709,76	798,48	-	607,36	683,28	-	508,16	571,68	-	412,00	463,50	-	318,88	358,74	-	228,80	257,40
	IV	16.347	-	1.307,76	1.471,23	-	1.233,44	1.387,62	-	1.160,64	1.305,72	-	1.089,44	1.225,62	-	1.019,76	1.147,23	-	951,60	1.070,55	-	884,96	995,58
	V	22.520	592,26	1.801,60	2.026,80																		
	VI	23.052	655,57	1.844,16	2.074,68																		
76.679,99	I	16.361	-	1.308,88	1.472,49	-	1.161,68	1.306,89	-	1.020,72	1.148,31	-	885,92	996,66	-	757,28	851,94	-	634,80	714,15	-	518,48	583,29
	II	14.608	-	1.168,64	1.314,72	-	1.027,36	1.155,78	-	892,24	1.003,77	-	763,36	858,78	-	640,56	720,63	-	524,00	589,50	-	413,60	465,30
	III	10.200	-	816,00	918,00	-	710,40	799,20	-	608,16	684,18	-	508,80	572,40	-	412,64	464,22	-	319,52	359,46	-	229,44	258,12
	IV	16.361	-	1.308,88	1.472,49	-	1.234,48	1.388,79	-	1.161,68	1.306,89	-	1.090,40	1.226,70	-	1.020,72	1.148,31	-	952,56	1.071,63	-	885,92	996,66
	V	22.534	593,92	1.802,72	2.028,06																		
	VI	23.066	657,23	1.845,28	2.075,94																		

Anzahl Kinderfreibeträge (nur Steuerklassen I–IV)

SolZ/KiSt lt. Tabelle nicht für Sonstige Bezüge anwendbar.

Lohn/ Gehalt bis	Steuerklasse	Lohn-steuer	ohne Kinderfreibetrag			Anzahl Kinderfreibeträge (nur Steuerklassen I–IV)																	
						0,5			1,0			1,5			2,0			2,5			3,0		
			SolZ 5,5%	Kirchensteuer 8%	Kirchensteuer 9%	SolZ 5,5%	Kirchensteuer 8%	Kirchensteuer 9%	SolZ 5,5%	Kirchensteuer 8%	Kirchensteuer 9%	SolZ 5,5%	Kirchensteuer 8%	Kirchensteuer 9%	SolZ 5,5%	Kirchensteuer 8%	Kirchensteuer 9%	SolZ 5,5%	Kirchensteuer 8%	Kirchensteuer 9%	SolZ 5,5%	Kirchensteue 8%	9%
76.715,99	I	16.374	-	1.309,92	1.473,66	-	1.162,72	1.308,06	-	1.021,76	1.149,48	-	886,88	997,74	-	758,16	852,93	-	635,68	715,14	-	519,36	584,
	II	14.621	-	1.169,68	1.315,89	-	1.028,40	1.156,95	-	893,20	1.004,85	-	764,24	859,77	-	641,44	721,62	-	524,80	590,40	-	414,32	466,
	III	10.208	-	816,64	918,72	-	711,20	800,10	-	608,80	684,90	-	509,44	573,12	-	413,28	464,94	-	320,16	360,18	-	230,08	258,
	IV	16.374	-	1.309,92	1.473,66	-	1.235,60	1.390,05	-	1.162,72	1.308,06	-	1.091,44	1.227,87	-	1.021,76	1.149,48	-	953,52	1.072,71	-	886,88	997,
	V	22.548	595,59	1.803,84	2.029,32																		
	VI	23.079	658,78	1.846,32	2.077,11																		
76.751,99	I	16.388	-	1.311,04	1.474,92	-	1.163,84	1.309,32	-	1.022,72	1.150,56	-	887,84	998,82	-	759,12	854,01	-	636,56	716,13	-	520,16	585,
	II	14.635	-	1.170,80	1.317,15	-	1.029,44	1.158,12	-	894,24	1.006,02	-	765,20	860,85	-	642,32	722,61	-	525,68	591,39	-	415,12	467,
	III	10.218	-	817,44	919,62	-	712,00	801,00	-	609,60	685,80	-	510,24	574,02	-	413,92	465,66	-	320,80	360,90	-	230,72	259,
	IV	16.388	-	1.311,04	1.474,92	-	1.236,64	1.391,22	-	1.163,84	1.309,32	-	1.092,48	1.229,04	-	1.022,72	1.150,56	-	954,48	1.073,79	-	887,84	998,
	V	22.562	597,26	1.804,96	2.030,58																		
	VI	23.093	660,45	1.847,44	2.078,37																		
76.787,99	I	16.402	-	1.312,16	1.476,18	-	1.164,88	1.310,49	-	1.023,76	1.151,73	-	888,80	999,90	-	760,00	855,00	-	637,44	717,12	-	520,96	586,
	II	14.648	-	1.171,84	1.318,32	-	1.030,40	1.159,20	-	895,12	1.007,01	-	766,08	861,84	-	643,20	723,60	-	526,48	592,29	-	415,92	467,
	III	10.228	-	818,24	920,52	-	712,80	801,90	-	610,24	686,52	-	510,88	574,74	-	414,72	466,56	-	321,44	361,62	-	231,36	260,
	IV	16.402	-	1.312,16	1.476,18	-	1.237,76	1.392,48	-	1.164,88	1.310,49	-	1.093,52	1.230,21	-	1.023,76	1.151,73	-	955,52	1.074,96	-	888,80	999,
	V	22.575	598,80	1.806,00	2.031,75																		
	VI	23.107	662,11	1.848,56	2.079,63																		
76.823,99	I	16.416	-	1.313,28	1.477,44	-	1.165,92	1.311,66	-	1.024,72	1.152,81	-	889,76	1.000,98	-	760,96	856,08	-	638,32	718,11	-	521,84	587,
	II	14.661	-	1.172,88	1.319,49	-	1.031,44	1.160,37	-	896,16	1.008,18	-	767,04	862,92	-	644,08	724,59	-	527,28	593,19	-	416,72	468,
	III	10.238	-	819,04	921,42	-	713,44	802,62	-	611,04	687,42	-	511,68	575,64	-	415,36	467,28	-	322,08	362,34	-	232,00	261,
	IV	16.416	-	1.313,28	1.477,44	-	1.238,80	1.393,65	-	1.165,92	1.311,66	-	1.094,56	1.231,38	-	1.024,72	1.152,81	-	956,48	1.076,04	-	889,76	1.000,
	V	22.589	600,47	1.807,12	2.033,01																		
	VI	23.121	663,78	1.849,68	2.080,89																		
76.859,99	I	16.429	-	1.314,32	1.478,61	-	1.166,96	1.312,83	-	1.025,76	1.153,98	-	890,72	1.002,06	-	761,84	857,07	-	639,20	719,10	-	522,64	587,
	II	14.674	-	1.173,92	1.320,66	-	1.032,40	1.161,45	-	897,12	1.009,26	-	767,92	863,91	-	644,96	725,58	-	528,16	594,18	-	417,52	469,
	III	10.248	-	819,84	922,32	-	714,24	803,52	-	611,84	688,32	-	512,32	576,36	-	416,00	468,00	-	322,88	363,24	-	232,64	261,
	IV	16.429	-	1.314,32	1.478,61	-	1.239,92	1.394,91	-	1.166,96	1.312,83	-	1.095,60	1.232,55	-	1.025,76	1.153,98	-	957,44	1.077,12	-	890,72	1.002,
	V	22.603	602,14	1.808,24	2.034,27																		
	VI	23.134	665,32	1.850,72	2.082,06																		
76.895,99	I	16.443	-	1.315,44	1.479,87	-	1.168,00	1.314,00	-	1.026,72	1.155,06	-	891,68	1.003,14	-	762,80	858,15	-	640,00	720,00	-	523,44	588,
	II	14.687	-	1.174,96	1.321,83	-	1.033,44	1.162,62	-	898,08	1.010,34	-	768,88	864,99	-	645,84	726,57	-	528,96	595,08	-	418,24	470,
	III	10.258	-	820,64	923,22	-	715,04	804,42	-	612,48	689,04	-	513,12	577,26	-	416,80	468,90	-	323,52	363,96	-	233,28	262,
	IV	16.443	-	1.315,44	1.479,87	-	1.240,96	1.396,08	-	1.168,00	1.314,00	-	1.096,64	1.233,72	-	1.026,72	1.155,06	-	958,48	1.078,29	-	891,68	1.003,
	V	22.616	603,68	1.809,28	2.035,44																		
	VI	23.148	666,99	1.851,84	2.083,32																		
76.931,99	I	16.457	-	1.316,56	1.481,13	-	1.169,04	1.315,17	-	1.027,76	1.156,23	-	892,64	1.004,22	-	763,68	859,14	-	640,88	720,99	-	524,32	589,
	II	14.701	-	1.176,08	1.323,09	-	1.034,48	1.163,79	-	899,04	1.011,42	-	769,76	865,98	-	646,72	727,56	-	529,76	595,98	-	419,04	471,
	III	10.268	-	821,44	924,12	-	715,68	805,14	-	613,28	689,94	-	513,76	577,98	-	417,44	469,62	-	324,16	364,68	-	233,92	263,
	IV	16.457	-	1.316,56	1.481,13	-	1.242,00	1.397,25	-	1.169,04	1.315,17	-	1.097,68	1.234,89	-	1.027,76	1.156,23	-	959,44	1.079,37	-	892,64	1.004,
	V	22.630	605,35	1.810,40	2.036,70																		
	VI	23.162	668,66	1.852,96	2.084,58																		
76.967,99	I	16.470	-	1.317,60	1.482,30	-	1.170,08	1.316,34	-	1.028,72	1.157,31	-	893,60	1.005,30	-	764,56	860,13	-	641,76	721,98	-	525,12	590,
	II	14.714	-	1.177,12	1.324,26	-	1.035,44	1.164,87	-	900,00	1.012,50	-	770,64	866,97	-	647,52	728,46	-	530,64	596,97	-	419,84	472,
	III	10.276	-	822,08	924,84	-	716,48	806,04	-	613,92	690,66	-	514,56	578,88	-	418,08	470,34	-	324,80	365,40	-	234,56	263,
	IV	16.470	-	1.317,60	1.482,30	-	1.243,12	1.398,51	-	1.170,08	1.316,34	-	1.098,64	1.235,97	-	1.028,72	1.157,31	-	960,40	1.080,45	-	893,60	1.005,
	V	22.643	606,90	1.811,44	2.037,87																		
	VI	23.175	670,20	1.854,00	2.085,75																		
77.003,99	I	16.484	-	1.318,72	1.483,56	-	1.171,20	1.317,60	-	1.029,76	1.158,48	-	894,56	1.006,38	-	765,52	861,21	-	642,64	722,97	-	525,92	591,
	II	14.727	-	1.178,16	1.325,43	-	1.036,48	1.166,04	-	900,96	1.013,58	-	771,60	868,05	-	648,40	729,45	-	531,44	597,87	-	420,64	473,
	III	10.286	-	822,88	925,74	-	717,28	806,94	-	614,72	691,56	-	515,20	579,60	-	418,88	471,24	-	325,44	366,12	-	235,20	264,
	IV	16.484	-	1.318,72	1.483,56	-	1.244,16	1.399,68	-	1.171,20	1.317,60	-	1.099,68	1.237,14	-	1.029,76	1.158,48	-	961,36	1.081,53	-	894,56	1.006,
	V	22.657	608,56	1.812,56	2.039,13																		
	VI	23.189	671,87	1.855,12	2.087,01																		
77.039,99	I	16.498	-	1.319,84	1.484,82	-	1.172,24	1.318,77	-	1.030,80	1.159,65	-	895,52	1.007,46	-	766,48	862,29	-	643,52	723,96	-	526,80	592,
	II	14.740	-	1.179,20	1.326,60	-	1.037,52	1.167,21	-	901,92	1.014,66	-	772,56	869,13	-	649,36	730,53	-	532,32	598,86	-	421,44	474,
	III	10.296	-	823,68	926,64	-	718,08	807,84	-	615,36	692,28	-	516,00	580,50	-	419,52	471,96	-	326,24	367,02	-	235,84	265,
	IV	16.498	-	1.319,84	1.484,82	-	1.245,28	1.400,94	-	1.172,24	1.318,77	-	1.100,72	1.238,31	-	1.030,80	1.159,65	-	962,40	1.082,70	-	895,52	1.007,
	V	22.671	610,23	1.813,68	2.040,39																		
	VI	23.203	673,54	1.856,24	2.088,27																		
77.075,99	I	16.511	-	1.320,88	1.485,99	-	1.173,28	1.319,94	-	1.031,76	1.160,73	-	896,48	1.008,54	-	767,36	863,28	-	644,40	724,95	-	527,60	593,
	II	14.753	-	1.180,24	1.327,77	-	1.038,48	1.168,29	-	902,88	1.015,74	-	773,44	870,12	-	650,16	731,43	-	533,12	599,76	-	422,16	474,
	III	10.306	-	824,48	927,54	-	718,72	808,56	-	616,16	693,18	-	516,64	581,22	-	420,16	472,68	-	326,88	367,74	-	236,48	266,
	IV	16.511	-	1.320,88	1.485,99	-	1.246,32	1.402,11	-	1.173,28	1.319,94	-	1.101,76	1.239,48	-	1.031,76	1.160,73	-	963,36	1.083,78	-	896,48	1.008,
	V	22.685	611,89	1.814,80	2.041,65																		
	VI	23.216	675,08	1.857,28	2.089,44																		
77.111,99	I	16.525	-	1.322,00	1.487,25	-	1.174,32	1.321,11	-	1.032,80	1.161,90	-	897,44	1.009,62	-	768,24	864,27	-	645,28	725,94	-	528,48	594,
	II	14.766	-	1.181,28	1.328,94	-	1.039,52	1.169,46	-	903,84	1.016,82	-	774,40	871,20	-	651,04	732,42	-	533,92	600,66	-	422,96	475,
	III	10.316	-	825,28	928,44	-	719,52	809,46	-	616,96	694,08	-	517,44	582,12	-	420,96	473,58	-	327,52	368,46	-	237,28	266,
	IV	16.525	-	1.322,00	1.487,25	-	1.247,44	1.403,37	-	1.174,32	1.321,11	-	1.102,80	1.240,65	-	1.032,80	1.161,90	-	964,40	1.084,95	-	897,44	1.009,
	V	22.698	613,44	1.815,84	2.042,82																		
	VI	23.230	676,75	1.858,40	2.090,70																		
77.147,99	I	16.539	-	1.323,12	1.488,51	-	1.175,36	1.322,28	-	1.033,84	1.163,07	-	898,40	1.010,70	-	769,20	865,35	-	646,16	726,93	-	529,28	595,
	II	14.780	-	1.182,40	1.330,20	-	1.040,48	1.170,54	-	904,80	1.017,90	-	775,28	872,19	-	651,92	733,41	-	534,80	601,65	-	423,76	476,
	III	10.326	-	826,08	929,34	-	720,32	810,36	-	617,60	694,80	-	518,08	582,84	-	421,60	474,30	-	328,16	369,18	-	237,92	267,
	IV	16.539	-	1.323,12	1.488,51	-	1.248,48	1.404,54	-	1.175,36	1.322,28	-	1.103,84	1.241,82	-	1.033,84	1.163,07	-	965,36	1.086,03	-	898,40	1.010,
	V	22.712	615,11	1.816,96	2.044,08																		
	VI	23.244	678,41	1.859,52	2.091,96																		
77.183,99	I	16.552	-	1.324,16	1.489,68	-	1.176,40	1.323,45	-	1.034,80	1.164,15	-	899,36	1.011,78	-	770,08	866,34	-	647,04	727,92	-	530,08	596,
	II	14.793	-	1.183,44	1.331,37	-	1.041,52	1.171,71	-	905,76	1.018,98	-	776,24	873,27	-	652,80	734,40	-	535,60	602,55	-	424,56	477,
	III	10.336	-	826,88	930,24	-	721,12	811,26	-	618,40	695,70	-	518,72	583,56	-	422,24	475,02	-	328,80	369,90	-	238,56	268,
	IV	16.552	-	1.324,16	1.489,68	-	1.249,52	1.405,71	-	1.176,40	1.323,45	-	1.104,88	1.242,99	-	1.034,80	1.164,15	-	966,32	1.087,11	-	899,36	1.011,
	V	22.726	616,77	1.818,08	2.045,34																		
	VI	23.257	679,96	1.860,56	2.093,13																		
77.219,99	I	16.566	-	1.325,28	1.490,94	-	1.177,52	1.324,71	-	1.035,84	1.165,32	-	900,32	1.012,86	-	771,04	867,42	-	647,92	728,91	-	530,96	597,
	II	14.806	-	1.184,48	1.332,54	-	1.042,56	1.172,88	-	906,72	1.020,06	-	777,12	874,26	-	653,68	735,39	-	536,40	603,45	-	425,36	478,
	III	10.346	-	827,68	931,14	-	721,92	812,16	-	619,20	696,60	-	519,52	584,46	-	423,04	475,92	-	329,60	370,80	-	239,20	269,
	IV	16.566	-	1.325,28	1.490,94	-	1.250,64	1.406,97	-	1.177,52	1.324,71	-	1.105,92	1.244,16	-	1.035,84	1.165,32	-	967,36	1.088,28	-	900,32	1.012,
	V	22.740	618,44	1.819,20	2.046,60																		
	VI	23.271	681,63	1.861,68	2.094,39																		

SolZ/KiSt lt. Tabelle nicht für Sonstige Bezüge anwendbar.

Lohn/ Gehalt bis	Steuerklasse	Lohn-steuer	ohne Kinderfreibetrag SolZ 5,5%	Kirchensteuer 8%	Kirchensteuer 9%	0,5 SolZ 5,5%	0,5 Kirchensteuer 8%	0,5 Kirchensteuer 9%	1,0 SolZ 5,5%	1,0 Kirchensteuer 8%	1,0 Kirchensteuer 9%	1,5 SolZ 5,5%	1,5 Kirchensteuer 8%	1,5 Kirchensteuer 9%	2,0 SolZ 5,5%	2,0 Kirchensteuer 8%	2,0 Kirchensteuer 9%	2,5 SolZ 5,5%	2,5 Kirchensteuer 8%	2,5 Kirchensteuer 9%	3,0 SolZ 5,5%	3,0 Kirchensteuer 8%	3,0 Kirchensteuer 9%
77.255,99	I	16.580	-	1.326,40	1.492,20	-	1.178,56	1.325,88	-	1.036,88	1.166,49	-	901,36	1.014,03	-	772,00	868,50	-	648,80	729,90	-	531,76	598,23
	II	14.820	-	1.185,60	1.333,80	-	1.043,52	1.173,96	-	907,76	1.021,23	-	778,08	875,34	-	654,56	736,38	-	537,28	604,44	-	426,16	479,43
	III	10.356	-	828,48	932,04	-	722,56	812,88	-	619,84	697,32	-	520,16	585,18	-	423,68	476,64	-	330,24	371,52	-	239,84	269,82
	IV	16.580	-	1.326,40	1.492,20	-	1.251,76	1.408,23	-	1.178,56	1.325,88	-	1.106,96	1.245,33	-	1.036,88	1.166,49	-	968,32	1.089,36	-	901,36	1.014,03
	V	22.753	619,99	1.820,24	2.047,77																		
	VI	23.285	683,29	1.862,80	2.095,65																		
77.291,99	I	16.594	-	1.327,52	1.493,46	-	1.179,60	1.327,05	-	1.037,84	1.167,57	-	902,24	1.015,02	-	772,88	869,49	-	649,68	730,89	-	532,56	599,13
	II	14.832	-	1.186,56	1.334,88	-	1.044,56	1.175,13	-	908,64	1.022,22	-	778,96	876,33	-	655,44	737,37	-	538,08	605,34	-	426,88	480,24
	III	10.364	-	829,12	932,76	-	723,36	813,78	-	620,64	698,22	-	520,96	586,08	-	424,32	477,36	-	330,88	372,24	-	240,48	270,54
	IV	16.594	-	1.327,52	1.493,46	-	1.252,80	1.409,40	-	1.179,60	1.327,05	-	1.107,92	1.246,41	-	1.037,84	1.167,57	-	969,28	1.090,44	-	902,24	1.015,02
	V	22.767	621,65	1.821,36	2.049,03																		
	VI	23.299	684,96	1.863,92	2.096,91																		
77.327,99	I	16.607	-	1.328,56	1.494,63	-	1.180,64	1.328,22	-	1.038,88	1.168,74	-	903,28	1.016,19	-	773,84	870,57	-	650,56	731,88	-	533,44	600,12
	II	14.846	-	1.187,68	1.336,14	-	1.045,60	1.176,30	-	909,68	1.023,39	-	779,92	877,41	-	656,32	738,36	-	538,96	606,33	-	427,68	481,14
	III	10.376	-	830,08	933,84	-	724,16	814,68	-	621,28	698,94	-	521,60	586,80	-	425,12	478,26	-	331,52	372,96	-	241,12	271,26
	IV	16.607	-	1.328,56	1.494,63	-	1.253,92	1.410,66	-	1.180,64	1.328,22	-	1.109,04	1.247,67	-	1.038,88	1.168,74	-	970,32	1.091,61	-	903,28	1.016,19
	V	22.781	623,32	1.822,48	2.050,29																		
	VI	23.313	686,63	1.865,04	2.098,17																		
77.363,99	I	16.621	-	1.329,68	1.495,89	-	1.181,76	1.329,48	-	1.039,92	1.169,91	-	904,24	1.017,27	-	774,72	871,56	-	651,44	732,87	-	534,24	601,02
	II	14.859	-	1.188,72	1.337,31	-	1.046,64	1.177,47	-	910,64	1.024,47	-	780,88	878,49	-	657,20	739,35	-	539,76	607,23	-	428,48	482,04
	III	10.384	-	830,72	934,56	-	724,96	815,58	-	622,08	699,84	-	522,40	587,70	-	425,76	478,98	-	332,16	373,68	-	241,76	271,98
	IV	16.621	-	1.329,68	1.495,89	-	1.254,96	1.411,83	-	1.181,76	1.329,48	-	1.110,08	1.248,84	-	1.039,92	1.169,91	-	971,28	1.092,69	-	904,24	1.017,27
	V	22.795	624,98	1.823,60	2.051,55																		
	VI	23.326	688,17	1.866,08	2.099,34																		
77.399,99	I	16.635	-	1.330,80	1.497,15	-	1.182,80	1.330,65	-	1.040,88	1.170,99	-	905,20	1.018,35	-	775,68	872,64	-	652,24	733,77	-	535,12	602,01
	II	14.872	-	1.189,76	1.338,48	-	1.047,60	1.178,55	-	911,60	1.025,55	-	781,76	879,48	-	658,08	740,34	-	540,64	608,22	-	429,28	482,94
	III	10.394	-	831,52	935,46	-	725,60	816,30	-	622,88	700,74	-	523,04	588,42	-	426,40	479,70	-	332,80	374,40	-	242,40	272,70
	IV	16.635	-	1.330,80	1.497,15	-	1.256,00	1.413,00	-	1.182,80	1.330,65	-	1.111,04	1.249,92	-	1.040,88	1.170,99	-	972,24	1.093,77	-	905,20	1.018,35
	V	22.808	626,53	1.824,64	2.052,72																		
	VI	23.340	689,84	1.867,20	2.100,60																		
77.435,99	I	16.649	-	1.331,92	1.498,41	-	1.183,84	1.331,82	-	1.041,92	1.172,16	-	906,16	1.019,43	-	776,56	873,63	-	653,20	734,85	-	535,92	602,91
	II	14.886	-	1.190,88	1.339,74	-	1.048,64	1.179,72	-	912,56	1.026,63	-	782,72	880,56	-	658,96	741,33	-	541,44	609,12	-	430,08	483,84
	III	10.404	-	832,32	936,36	-	726,40	817,20	-	623,52	701,46	-	523,84	589,32	-	427,20	480,60	-	333,60	375,30	-	243,04	273,42
	IV	16.649	-	1.331,92	1.498,41	-	1.257,12	1.414,26	-	1.183,84	1.331,82	-	1.112,08	1.251,09	-	1.041,92	1.172,16	-	973,28	1.094,94	-	906,16	1.019,43
	V	22.822	628,20	1.825,76	2.053,98																		
	VI	23.354	691,50	1.868,32	2.101,86																		
77.471,99	I	16.663	-	1.333,04	1.499,67	-	1.184,88	1.332,99	-	1.042,96	1.173,33	-	907,12	1.020,51	-	777,52	874,71	-	654,08	735,84	-	536,80	603,90
	II	14.899	-	1.191,92	1.340,91	-	1.049,68	1.180,89	-	913,52	1.027,71	-	783,60	881,55	-	659,84	742,32	-	542,32	610,11	-	430,88	484,74
	III	10.414	-	833,12	937,26	-	727,20	818,10	-	624,32	702,36	-	524,48	590,04	-	427,84	481,32	-	334,24	376,02	-	243,68	274,14
	IV	16.663	-	1.333,04	1.499,67	-	1.258,24	1.415,52	-	1.184,88	1.332,99	-	1.113,12	1.252,26	-	1.042,96	1.173,33	-	974,24	1.096,02	-	907,12	1.020,51
	V	22.836	629,86	1.826,88	2.055,24																		
	VI	23.368	693,17	1.869,44	2.103,12																		
77.507,99	I	16.676	-	1.334,08	1.500,84	-	1.185,92	1.334,16	-	1.043,92	1.174,41	-	908,08	1.021,59	-	778,40	875,70	-	654,88	736,74	-	537,60	604,80
	II	14.912	-	1.192,96	1.342,08	-	1.050,64	1.181,97	-	914,48	1.028,79	-	784,56	882,63	-	660,72	743,31	-	543,12	611,01	-	431,68	485,64
	III	10.424	-	833,92	938,16	-	727,84	818,82	-	624,96	703,08	-	525,28	590,94	-	428,48	482,04	-	334,88	376,74	-	244,32	274,86
	IV	16.676	-	1.334,08	1.500,84	-	1.259,28	1.416,69	-	1.185,92	1.334,16	-	1.114,16	1.253,43	-	1.043,92	1.174,41	-	975,20	1.097,10	-	908,08	1.021,59
	V	22.849	631,41	1.827,92	2.056,41																		
	VI	23.381	694,72	1.870,48	2.104,29																		
77.543,99	I	16.690	-	1.335,20	1.502,10	-	1.187,04	1.335,42	-	1.044,96	1.175,58	-	909,04	1.022,67	-	779,36	876,78	-	655,84	737,82	-	538,40	605,70
	II	14.925	-	1.194,00	1.343,25	-	1.051,68	1.183,14	-	915,52	1.029,96	-	785,44	883,62	-	661,60	744,30	-	543,92	611,91	-	432,48	486,54
	III	10.434	-	834,72	939,06	-	728,64	819,72	-	625,76	703,98	-	525,92	591,66	-	429,28	482,94	-	335,52	377,46	-	244,96	275,58
	IV	16.690	-	1.335,20	1.502,10	-	1.260,40	1.417,95	-	1.187,04	1.335,42	-	1.115,20	1.254,60	-	1.044,96	1.175,58	-	976,24	1.098,27	-	909,04	1.022,67
	V	22.863	633,08	1.829,04	2.057,67																		
	VI	23.395	696,38	1.871,60	2.105,55																		
77.579,99	I	16.704	-	1.336,32	1.503,36	-	1.188,08	1.336,59	-	1.046,00	1.176,75	-	910,08	1.023,84	-	780,24	877,77	-	656,72	738,81	-	539,28	606,69
	II	14.939	-	1.195,12	1.344,51	-	1.052,72	1.184,31	-	916,48	1.031,04	-	786,40	884,70	-	662,48	745,29	-	544,80	612,90	-	433,28	487,44
	III	10.444	-	835,52	939,96	-	729,44	820,62	-	626,56	704,88	-	526,72	592,56	-	429,92	483,66	-	336,16	378,18	-	245,60	276,30
	IV	16.704	-	1.336,32	1.503,36	-	1.261,44	1.419,12	-	1.188,08	1.336,59	-	1.116,24	1.255,77	-	1.046,00	1.176,75	-	977,28	1.099,44	-	910,08	1.023,84
	V	22.877	634,74	1.830,16	2.058,93																		
	VI	23.409	698,05	1.872,72	2.106,81																		
77.615,99	I	16.717	-	1.337,36	1.504,53	-	1.189,12	1.337,76	-	1.046,96	1.177,83	-	910,96	1.024,83	-	781,20	878,85	-	657,52	739,71	-	540,08	607,59
	II	14.952	-	1.196,16	1.345,68	-	1.053,68	1.185,39	-	917,44	1.032,12	-	787,28	885,69	-	663,36	746,28	-	545,60	613,80	-	434,00	488,25
	III	10.454	-	836,32	940,86	-	730,24	821,52	-	627,20	705,60	-	527,36	593,28	-	430,56	484,38	-	336,96	379,08	-	246,24	277,02
	IV	16.717	-	1.337,36	1.504,53	-	1.262,56	1.420,38	-	1.189,12	1.337,76	-	1.117,28	1.256,94	-	1.046,96	1.177,83	-	978,24	1.100,52	-	910,96	1.024,83
	V	22.890	636,29	1.831,20	2.060,10																		
	VI	23.422	699,60	1.873,76	2.107,98																		
77.651,99	I	16.731	-	1.338,48	1.505,79	-	1.190,24	1.339,02	-	1.048,00	1.179,00	-	912,00	1.026,00	-	782,16	879,93	-	658,48	740,79	-	540,96	608,58
	II	14.965	-	1.197,20	1.346,85	-	1.054,72	1.186,56	-	918,40	1.033,20	-	788,24	886,77	-	664,24	747,27	-	546,48	614,79	-	434,80	489,15
	III	10.464	-	837,12	941,76	-	731,04	822,42	-	628,00	706,50	-	528,16	594,18	-	431,36	485,28	-	337,60	379,80	-	246,88	277,74
	IV	16.731	-	1.338,48	1.505,79	-	1.263,60	1.421,55	-	1.190,24	1.339,02	-	1.118,32	1.258,11	-	1.048,00	1.179,00	-	979,20	1.101,60	-	912,00	1.026,00
	V	22.904	637,95	1.832,32	2.061,36																		
	VI	23.436	701,26	1.874,88	2.109,24																		
77.687,99	I	16.745	-	1.339,60	1.507,05	-	1.191,28	1.340,19	-	1.049,04	1.180,17	-	912,96	1.027,08	-	783,04	880,92	-	659,36	741,78	-	541,76	609,48
	II	14.979	-	1.198,32	1.348,11	-	1.055,76	1.187,73	-	919,36	1.034,28	-	789,20	887,85	-	665,12	748,26	-	547,28	615,69	-	435,60	490,05
	III	10.472	-	837,76	942,48	-	731,68	823,14	-	628,80	707,40	-	528,80	594,90	-	432,00	486,00	-	338,24	380,52	-	247,52	278,46
	IV	16.745	-	1.339,60	1.507,05	-	1.264,72	1.422,81	-	1.191,28	1.340,19	-	1.119,36	1.259,28	-	1.049,04	1.180,17	-	980,24	1.102,77	-	912,96	1.027,08
	V	22.918	639,62	1.833,44	2.062,62																		
	VI	23.450	702,93	1.876,00	2.110,50																		
77.723,99	I	16.758	-	1.340,64	1.508,22	-	1.192,32	1.341,36	-	1.050,00	1.181,25	-	913,92	1.028,16	-	784,00	882,00	-	660,16	742,68	-	542,56	610,38
	II	14.992	-	1.199,36	1.349,28	-	1.056,72	1.188,81	-	920,32	1.035,36	-	790,08	888,84	-	666,00	749,25	-	548,16	616,68	-	436,40	490,95
	III	10.482	-	838,56	943,38	-	732,48	824,04	-	629,44	708,12	-	529,60	595,80	-	432,64	486,72	-	338,88	381,24	-	248,16	279,18
	IV	16.758	-	1.340,64	1.508,22	-	1.265,76	1.423,98	-	1.192,32	1.341,36	-	1.120,40	1.260,45	-	1.050,00	1.181,25	-	981,20	1.103,85	-	913,92	1.028,16
	V	22.932	641,29	1.834,56	2.063,88																		
	VI	23.463	704,48	1.877,04	2.111,67																		
77.759,99	I	16.772	-	1.341,76	1.509,48	-	1.193,36	1.342,53	-	1.051,04	1.182,42	-	914,88	1.029,24	-	784,88	882,99	-	661,12	743,76	-	543,44	611,37
	II	15.005	-	1.200,40	1.350,45	-	1.057,76	1.189,98	-	921,28	1.036,44	-	791,04	889,92	-	666,88	750,24	-	548,96	617,58	-	437,20	491,85
	III	10.492	-	839,36	944,28	-	733,28	824,94	-	630,24	709,02	-	530,24	596,52	-	433,44	487,62	-	339,68	382,14	-	248,96	280,08
	IV	16.772	-	1.341,76	1.509,48	-	1.266,88	1.425,24	-	1.193,36	1.342,53	-	1.121,44	1.261,62	-	1.051,04	1.182,42	-	982,16	1.104,93	-	914,88	1.029,24
	V	22.945	642,83	1.835,60	2.065,05																		
	VI	23.477	706,14	1.878,16	2.112,93																		

Anzahl Kinderfreibeträge (nur Steuerklassen I–IV)

SolZ/KiSt lt. Tabelle nicht für Sonstige Bezüge anwendbar.

Lohn/ Gehalt bis	Steuerklasse	Lohnsteuer	ohne Kinderfreibetrag SolZ 5,5%	ohne Kinderfreibetrag Kirchensteuer 8%	ohne Kinderfreibetrag Kirchensteuer 9%	0,5 SolZ 5,5%	0,5 Kirchensteuer 8%	0,5 Kirchensteuer 9%	1,0 SolZ 5,5%	1,0 Kirchensteuer 8%	1,0 Kirchensteuer 9%	1,5 SolZ 5,5%	1,5 Kirchensteuer 8%	1,5 Kirchensteuer 9%	2,0 SolZ 5,5%	2,0 Kirchensteuer 8%	2,0 Kirchensteuer 9%	2,5 SolZ 5,5%	2,5 Kirchensteuer 8%	2,5 Kirchensteuer 9%	3,0 SolZ 5,5%	3,0 Kirchensteuer 8%	3,0 Kirchensteue 9%
						Anzahl Kinderfreibeträge (nur Steuerklassen I–IV)																	
77.795,99	I	16.786	-	1.342,88	1.510,74	-	1.194,40	1.343,70	-	1.052,08	1.183,59	-	915,84	1.030,32	-	785,84	884,07	-	661,92	744,66	-	544,24	612,
	II	15.018	-	1.201,44	1.351,62	-	1.058,80	1.191,15	-	922,24	1.037,52	-	791,92	890,91	-	667,76	751,23	-	549,76	618,48	-	438,00	492,
	III	10.502	-	840,16	945,18	-	734,08	825,84	-	631,04	709,92	-	531,04	597,42	-	434,08	488,34	-	340,32	382,86	-	249,60	280,
	IV	16.786	-	1.342,88	1.510,74	-	1.267,92	1.426,41	-	1.194,40	1.343,70	-	1.122,48	1.262,79	-	1.052,08	1.183,59	-	983,20	1.106,10	-	915,84	1.030,
	V	22.959	644,50	1.836,72	2.066,31																		
	VI	23.491	707,81	1.879,28	2.114,19																		
77.831,99	I	16.799	-	1.343,92	1.511,91	-	1.195,52	1.344,96	-	1.053,04	1.184,67	-	916,80	1.031,40	-	786,72	885,06	-	662,80	745,65	-	545,12	613,
	II	15.032	-	1.202,56	1.352,88	-	1.059,84	1.192,32	-	923,28	1.038,69	-	792,88	891,99	-	668,64	752,22	-	550,64	619,47	-	438,80	493,
	III	10.512	-	840,96	946,08	-	734,72	826,56	-	631,68	710,64	-	531,68	598,14	-	434,72	489,06	-	340,96	383,58	-	250,24	281,
	IV	16.799	-	1.343,92	1.511,91	-	1.269,04	1.427,67	-	1.195,52	1.344,96	-	1.123,52	1.263,96	-	1.053,04	1.184,67	-	984,16	1.107,18	-	916,80	1.031,
	V	22.973	646,17	1.837,84	2.067,57																		
	VI	23.504	709,35	1.880,32	2.115,36																		
77.867,99	I	16.813	-	1.345,04	1.513,17	-	1.196,56	1.346,13	-	1.054,08	1.185,84	-	917,84	1.032,57	-	787,68	886,14	-	663,76	746,73	-	545,92	614,
	II	15.045	-	1.203,60	1.354,05	-	1.060,80	1.193,40	-	924,24	1.039,77	-	793,84	893,07	-	669,60	753,30	-	551,52	620,46	-	439,60	494,
	III	10.522	-	841,76	946,98	-	735,52	827,46	-	632,48	711,54	-	532,48	599,04	-	435,52	489,96	-	341,60	384,30	-	250,88	282,
	IV	16.813	-	1.345,04	1.513,17	-	1.270,08	1.428,84	-	1.196,56	1.346,13	-	1.124,56	1.265,13	-	1.054,08	1.185,84	-	985,20	1.108,35	-	917,84	1.032,
	V	22.987	647,83	1.838,96	2.068,83																		
	VI	23.518	711,02	1.881,44	2.116,62																		
77.903,99	I	16.827	-	1.346,16	1.514,43	-	1.197,60	1.347,30	-	1.055,12	1.187,01	-	918,72	1.033,56	-	788,56	887,13	-	664,56	747,63	-	546,80	615,
	II	15.058	-	1.204,64	1.355,22	-	1.061,84	1.194,57	-	925,20	1.040,85	-	794,72	894,06	-	670,40	754,20	-	552,32	621,36	-	440,40	495,
	III	10.532	-	842,56	947,88	-	736,32	828,36	-	633,12	712,26	-	533,12	599,76	-	436,16	490,68	-	342,24	385,02	-	251,52	282,
	IV	16.827	-	1.346,16	1.514,43	-	1.271,20	1.430,10	-	1.197,60	1.347,30	-	1.125,60	1.266,30	-	1.055,12	1.187,01	-	986,16	1.109,43	-	918,72	1.033,
	V	23.000	649,38	1.840,00	2.070,00																		
	VI	23.532	712,69	1.882,56	2.117,88																		
77.939,99	I	16.841	-	1.347,28	1.515,69	-	1.198,72	1.348,56	-	1.056,16	1.188,18	-	919,76	1.034,73	-	789,52	888,21	-	665,52	748,71	-	547,60	616,
	II	15.071	-	1.205,68	1.356,39	-	1.062,88	1.195,74	-	926,16	1.041,93	-	795,68	895,14	-	671,36	755,28	-	553,20	622,35	-	441,20	496,
	III	10.542	-	843,36	948,78	-	737,12	829,26	-	633,92	713,16	-	533,76	600,48	-	436,80	491,40	-	342,88	385,74	-	252,16	283,
	IV	16.841	-	1.347,28	1.515,69	-	1.272,24	1.431,27	-	1.198,72	1.348,56	-	1.126,64	1.267,47	-	1.056,16	1.188,18	-	987,12	1.110,51	-	919,76	1.034,
	V	23.014	651,04	1.841,12	2.071,26																		
	VI	23.546	714,35	1.883,68	2.119,14																		
77.975,99	I	16.854	-	1.348,32	1.516,86	-	1.199,76	1.349,73	-	1.057,12	1.189,26	-	920,72	1.035,81	-	790,48	889,29	-	666,40	749,70	-	548,48	617,
	II	15.085	-	1.206,80	1.357,65	-	1.063,92	1.196,91	-	927,20	1.043,10	-	796,64	896,22	-	672,24	756,27	-	554,00	623,25	-	442,00	497,
	III	10.552	-	844,16	949,68	-	737,92	830,16	-	634,72	714,06	-	534,56	601,38	-	437,60	492,30	-	343,68	386,64	-	252,80	284,
	IV	16.854	-	1.348,32	1.516,86	-	1.273,36	1.432,53	-	1.199,76	1.349,73	-	1.127,68	1.268,64	-	1.057,12	1.189,26	-	988,16	1.111,68	-	920,72	1.035,
	V	23.028	652,71	1.842,24	2.072,52																		
	VI	23.559	715,90	1.884,72	2.120,31																		
78.011,99	I	16.868	-	1.349,44	1.518,12	-	1.200,80	1.350,90	-	1.058,16	1.190,43	-	921,68	1.036,89	-	791,36	890,28	-	667,20	750,60	-	549,28	617,
	II	15.098	-	1.207,84	1.358,82	-	1.064,88	1.197,99	-	928,08	1.044,09	-	797,52	897,21	-	673,12	757,26	-	554,80	624,15	-	442,72	498,
	III	10.562	-	844,96	950,58	-	738,56	830,88	-	635,36	714,78	-	535,36	602,28	-	438,24	493,02	-	344,32	387,36	-	253,44	285,
	IV	16.868	-	1.349,44	1.518,12	-	1.274,40	1.433,70	-	1.200,80	1.350,90	-	1.128,72	1.269,81	-	1.058,16	1.190,43	-	989,12	1.112,76	-	921,68	1.036,
	V	23.041	654,26	1.843,28	2.073,69																		
	VI	23.573	717,57	1.885,84	2.121,57																		
78.047,99	I	16.882	-	1.350,56	1.519,38	-	1.201,84	1.352,07	-	1.059,20	1.191,60	-	922,64	1.037,97	-	792,32	891,36	-	668,16	751,68	-	550,16	618
	II	15.111	-	1.208,88	1.359,99	-	1.065,92	1.199,16	-	929,12	1.045,26	-	798,48	898,29	-	674,00	758,25	-	555,68	625,14	-	443,52	498,
	III	10.572	-	845,76	951,48	-	739,36	831,78	-	636,16	715,68	-	536,00	603,00	-	438,88	493,74	-	344,96	388,08	-	254,08	285,
	IV	16.882	-	1.350,56	1.519,38	-	1.275,52	1.434,96	-	1.201,84	1.352,07	-	1.129,76	1.270,98	-	1.059,20	1.191,60	-	990,16	1.113,93	-	922,64	1.037,
	V	23.055	655,92	1.844,40	2.074,95																		
	VI	23.587	719,23	1.886,96	2.122,83																		
78.083,99	I	16.896	-	1.351,68	1.520,64	-	1.202,96	1.353,33	-	1.060,24	1.192,77	-	923,60	1.039,05	-	793,28	892,44	-	669,04	752,67	-	550,96	619,
	II	15.125	-	1.210,00	1.361,25	-	1.066,96	1.200,33	-	930,08	1.046,34	-	799,36	899,28	-	674,88	759,24	-	556,56	626,13	-	444,40	499,
	III	10.582	-	846,56	952,38	-	740,16	832,68	-	636,96	716,58	-	536,80	603,90	-	439,68	494,64	-	345,60	388,80	-	254,72	286,
	IV	16.896	-	1.351,68	1.520,64	-	1.276,64	1.436,22	-	1.202,96	1.353,33	-	1.130,80	1.272,15	-	1.060,24	1.192,77	-	991,12	1.115,01	-	923,60	1.039,
	V	23.069	657,59	1.845,52	2.076,21																		
	VI	23.601	720,90	1.888,08	2.124,09																		
78.119,99	I	16.909	-	1.352,72	1.521,81	-	1.204,00	1.354,50	-	1.061,20	1.193,85	-	924,56	1.040,13	-	794,16	893,43	-	669,92	753,66	-	551,84	620,
	II	15.138	-	1.211,04	1.362,42	-	1.067,92	1.201,41	-	931,04	1.047,42	-	800,32	900,36	-	675,76	760,23	-	557,36	627,03	-	445,12	500
	III	10.590	-	847,20	953,10	-	740,96	833,58	-	637,60	717,30	-	537,44	604,62	-	440,32	495,36	-	346,40	389,70	-	255,36	287,
	IV	16.909	-	1.352,72	1.521,81	-	1.277,68	1.437,39	-	1.204,00	1.354,50	-	1.131,84	1.273,32	-	1.061,20	1.193,85	-	992,16	1.116,18	-	924,56	1.040,
	V	23.082	659,14	1.846,56	2.077,38																		
	VI	23.614	722,44	1.889,12	2.125,26																		
78.155,99	I	16.923	-	1.353,84	1.523,07	-	1.205,04	1.355,67	-	1.062,24	1.195,02	-	925,60	1.041,30	-	795,12	894,51	-	670,80	754,65	-	552,64	621,
	II	15.151	-	1.212,08	1.363,59	-	1.068,96	1.202,58	-	932,00	1.048,50	-	801,28	901,44	-	676,64	761,22	-	558,24	628,02	-	445,92	501,
	III	10.600	-	848,00	954,00	-	741,60	834,30	-	638,40	718,20	-	538,08	605,34	-	440,96	496,08	-	347,04	390,42	-	256,00	288,
	IV	16.923	-	1.353,84	1.523,07	-	1.278,80	1.438,65	-	1.205,04	1.355,67	-	1.132,88	1.274,49	-	1.062,24	1.195,02	-	993,12	1.117,26	-	925,60	1.041,
	V	23.096	660,80	1.847,68	2.078,64																		
	VI	23.628	724,11	1.890,24	2.126,52																		
78.191,99	I	16.937	-	1.354,96	1.524,33	-	1.206,16	1.356,93	-	1.063,28	1.196,19	-	926,56	1.042,38	-	796,00	895,50	-	671,68	755,64	-	553,52	622,
	II	15.165	-	1.213,20	1.364,85	-	1.070,00	1.203,75	-	933,04	1.049,67	-	802,16	902,43	-	677,52	762,21	-	559,04	628,92	-	446,72	502,
	III	10.610	-	848,80	954,90	-	742,40	835,20	-	639,20	719,10	-	538,88	606,24	-	441,76	496,98	-	347,68	391,14	-	256,80	288,
	IV	16.937	-	1.354,96	1.524,33	-	1.279,92	1.439,91	-	1.206,16	1.356,93	-	1.133,92	1.275,66	-	1.063,28	1.196,19	-	994,16	1.118,43	-	926,56	1.042,
	V	23.110	662,47	1.848,80	2.079,90																		
	VI	23.642	725,78	1.891,36	2.127,78																		
78.227,99	I	16.950	-	1.356,00	1.525,50	-	1.207,20	1.358,10	-	1.064,24	1.197,27	-	927,52	1.043,46	-	796,96	896,58	-	672,56	756,63	-	554,32	623,
	II	15.178	-	1.214,24	1.366,02	-	1.071,04	1.204,92	-	934,00	1.050,75	-	803,12	903,51	-	678,40	763,20	-	559,92	629,91	-	447,52	503,
	III	10.620	-	849,60	955,80	-	743,20	836,10	-	639,84	719,82	-	539,68	607,14	-	442,40	497,70	-	348,32	391,86	-	257,44	289,
	IV	16.950	-	1.356,00	1.525,50	-	1.280,96	1.441,08	-	1.207,20	1.358,10	-	1.134,96	1.276,83	-	1.064,24	1.197,27	-	995,12	1.119,51	-	927,52	1.043,
	V	23.124	664,13	1.849,92	2.081,16																		
	VI	23.655	727,32	1.892,40	2.128,95																		
78.263,99	I	16.964	-	1.357,12	1.526,76	-	1.208,24	1.359,27	-	1.065,28	1.198,44	-	928,48	1.044,54	-	797,92	897,66	-	673,44	757,62	-	555,20	624,
	II	15.191	-	1.215,28	1.367,19	-	1.072,08	1.206,09	-	934,96	1.051,83	-	804,08	904,59	-	679,28	764,19	-	560,72	630,81	-	448,32	504,
	III	10.630	-	850,40	956,70	-	744,00	837,00	-	640,64	720,72	-	540,32	607,86	-	443,20	498,60	-	348,96	392,58	-	258,08	290,
	IV	16.964	-	1.357,12	1.526,76	-	1.282,08	1.442,34	-	1.208,24	1.359,27	-	1.136,00	1.278,00	-	1.065,28	1.198,44	-	996,16	1.120,68	-	928,48	1.044,
	V	23.137	665,68	1.850,96	2.082,33																		
	VI	23.669	728,99	1.893,52	2.130,21																		
78.299,99	I	16.978	-	1.358,24	1.528,02	-	1.209,36	1.360,53	-	1.066,32	1.199,61	-	929,52	1.045,71	-	798,80	898,65	-	674,32	758,61	-	556,00	625,
	II	15.205	-	1.216,40	1.368,45	-	1.073,12	1.207,26	-	935,92	1.052,91	-	804,96	905,58	-	680,24	765,27	-	561,60	631,80	-	449,12	505,
	III	10.640	-	851,20	957,60	-	744,80	837,90	-	641,44	721,62	-	541,12	608,76	-	443,84	499,32	-	349,76	393,48	-	258,72	291,
	IV	16.978	-	1.358,24	1.528,02	-	1.283,20	1.443,60	-	1.209,36	1.360,53	-	1.137,04	1.279,17	-	1.066,32	1.199,61	-	997,12	1.121,76	-	929,52	1.045,
	V	23.151	667,35	1.852,08	2.083,59																		
	VI	23.683	730,66	1.894,64	2.131,47																		

SolZ/KiSt lt. Tabelle nicht für Sonstige Bezüge anwendbar.

Lohn/ Gehalt bis	Steuerklasse	Lohn-steuer	ohne Kinderfreibetrag			Anzahl Kinderfreibeträge (nur Steuerklassen I–IV)																	
						0,5			1,0			1,5			2,0			2,5			3,0		
			SolZ 5,5%	Kirchensteuer 8%	9%	SolZ 5,5%	Kirchensteuer 8%	9%	SolZ 5,5%	Kirchensteuer 8%	9%	SolZ 5,5%	Kirchensteuer 8%	9%	SolZ 5,5%	Kirchensteuer 8%	9%	SolZ 5,5%	Kirchensteuer 8%	9%	SolZ 5,5%	Kirchensteuer 8%	9%
78.335,99	I	16.991	-	1.359,28	1.529,19	-	1.210,40	1.361,70	-	1.067,36	1.200,78	-	930,48	1.046,79	-	799,76	899,73	-	675,20	759,60	-	556,88	626,49
	II	15.218	-	1.217,44	1.369,62	-	1.074,08	1.208,34	-	936,88	1.053,99	-	805,92	906,66	-	681,04	766,17	-	562,40	632,70	-	449,92	506,16
	III	10.650	-	852,00	958,50	-	745,44	838,62	-	642,08	722,34	-	541,76	609,48	-	444,48	500,04	-	350,40	394,20	-	259,36	291,78
	IV	16.991	-	1.359,28	1.529,19	-	1.284,24	1.444,77	-	1.210,40	1.361,70	-	1.138,08	1.280,34	-	1.067,36	1.200,78	-	998,08	1.122,84	-	930,48	1.046,79
	V	23.165	669,01	1.853,20	2.084,85																		
	VI	23.696	732,20	1.895,68	2.132,64																		
78.371,99	I	17.005	-	1.360,40	1.530,45	-	1.211,44	1.362,87	-	1.068,40	1.201,95	-	931,44	1.047,87	-	800,64	900,72	-	676,08	760,59	-	557,68	627,39
	II	15.232	-	1.218,56	1.370,88	-	1.075,12	1.209,51	-	937,92	1.055,16	-	806,88	907,74	-	682,00	767,25	-	563,28	633,69	-	450,72	507,06
	III	10.660	-	852,80	959,40	-	746,24	839,52	-	642,88	723,24	-	542,40	610,20	-	445,28	500,94	-	351,04	394,92	-	260,00	292,50
	IV	17.005	-	1.360,40	1.530,45	-	1.285,36	1.446,03	-	1.211,44	1.362,87	-	1.139,12	1.281,51	-	1.068,40	1.201,95	-	999,12	1.124,01	-	931,44	1.047,87
	V	23.179	670,68	1.854,32	2.086,11																		
	VI	23.710	733,87	1.896,80	2.133,90																		
78.407,99	I	17.019	-	1.361,52	1.531,71	-	1.212,56	1.364,13	-	1.069,36	1.203,03	-	932,40	1.048,95	-	801,60	901,80	-	676,96	761,58	-	558,56	628,38
	II	15.245	-	1.219,60	1.372,05	-	1.076,16	1.210,68	-	938,88	1.056,24	-	807,76	908,73	-	682,88	768,24	-	564,08	634,59	-	451,52	507,96
	III	10.670	-	853,60	960,30	-	747,04	840,42	-	643,52	723,96	-	543,20	611,10	-	445,92	501,66	-	351,68	395,64	-	260,64	293,22
	IV	17.019	-	1.361,52	1.531,71	-	1.286,40	1.447,20	-	1.212,56	1.364,13	-	1.140,16	1.282,68	-	1.069,36	1.203,03	-	1.000,16	1.125,18	-	932,40	1.048,95
	V	23.192	672,23	1.855,36	2.087,28																		
	VI	23.724	735,53	1.897,92	2.135,16																		
78.443,99	I	17.033	-	1.362,64	1.532,97	-	1.213,60	1.365,30	-	1.070,40	1.204,20	-	933,36	1.050,03	-	802,56	902,88	-	677,84	762,57	-	559,36	629,28
	II	15.258	-	1.220,64	1.373,22	-	1.077,20	1.211,85	-	939,84	1.057,32	-	808,72	909,81	-	683,76	769,23	-	564,96	635,58	-	452,32	508,86
	III	10.680	-	854,40	961,20	-	747,84	841,32	-	644,32	724,86	-	544,00	612,00	-	446,56	502,38	-	352,48	396,54	-	261,28	293,94
	IV	17.033	-	1.362,64	1.532,97	-	1.287,52	1.448,46	-	1.213,60	1.365,30	-	1.141,20	1.283,85	-	1.070,40	1.204,20	-	1.001,12	1.126,26	-	933,36	1.050,03
	V	23.206	673,89	1.856,48	2.088,54																		
	VI	23.738	737,20	1.899,04	2.136,42																		
78.479,99	I	17.046	-	1.363,68	1.534,14	-	1.214,64	1.366,47	-	1.071,44	1.205,37	-	934,40	1.051,20	-	803,44	903,87	-	678,80	763,65	-	560,24	630,27
	II	15.272	-	1.221,76	1.374,48	-	1.078,16	1.212,93	-	940,80	1.058,40	-	809,68	910,89	-	684,64	770,22	-	565,76	636,48	-	453,12	509,76
	III	10.690	-	855,20	962,10	-	748,48	842,04	-	645,12	725,76	-	544,64	612,72	-	447,36	503,28	-	353,12	397,26	-	261,92	294,66
	IV	17.046	-	1.363,68	1.534,14	-	1.288,56	1.449,63	-	1.214,64	1.366,47	-	1.142,24	1.285,02	-	1.071,44	1.205,37	-	1.002,16	1.127,43	-	934,40	1.051,20
	V	23.220	675,56	1.857,60	2.089,80																		
	VI	23.751	738,75	1.900,08	2.137,59																		
78.515,99	I	17.060	-	1.364,80	1.535,40	-	1.215,76	1.367,73	-	1.072,48	1.206,54	-	935,36	1.052,28	-	804,40	904,95	-	679,68	764,64	-	561,04	631,17
	II	15.285	-	1.222,80	1.375,65	-	1.079,20	1.214,10	-	941,84	1.059,57	-	810,56	911,88	-	685,52	771,21	-	566,64	637,47	-	453,92	510,66
	III	10.700	-	856,00	963,00	-	749,28	842,94	-	645,76	726,48	-	545,44	613,62	-	448,00	504,00	-	353,76	397,98	-	262,56	295,38
	IV	17.060	-	1.364,80	1.535,40	-	1.289,68	1.450,89	-	1.215,76	1.367,73	-	1.143,36	1.286,28	-	1.072,48	1.206,54	-	1.003,12	1.128,51	-	935,36	1.052,28
	V	23.234	677,22	1.858,72	2.091,06																		
	VI	23.765	740,41	1.901,20	2.138,85																		
78.551,99	I	17.074	-	1.365,92	1.536,66	-	1.216,80	1.368,90	-	1.073,44	1.207,62	-	936,32	1.053,36	-	805,36	906,03	-	680,56	765,63	-	561,92	632,16
	II	15.298	-	1.223,84	1.376,82	-	1.080,24	1.215,27	-	942,80	1.060,65	-	811,52	912,96	-	686,40	772,20	-	567,44	638,37	-	454,72	511,56
	III	10.710	-	856,80	963,90	-	750,08	843,84	-	646,56	727,38	-	546,08	614,34	-	448,80	504,90	-	354,40	398,70	-	263,20	296,10
	IV	17.074	-	1.365,92	1.536,66	-	1.290,80	1.452,15	-	1.216,80	1.368,90	-	1.144,32	1.287,36	-	1.073,44	1.207,62	-	1.004,08	1.129,59	-	936,32	1.053,36
	V	23.247	678,77	1.859,76	2.092,23																		
	VI	23.779	742,08	1.902,32	2.140,11																		
78.587,99	I	17.088	-	1.367,04	1.537,92	-	1.217,84	1.370,07	-	1.074,48	1.208,79	-	937,28	1.054,44	-	806,24	907,02	-	681,44	766,62	-	562,72	633,06
	II	15.312	-	1.224,96	1.378,08	-	1.081,28	1.216,44	-	943,76	1.061,73	-	812,48	914,04	-	687,28	773,19	-	568,32	639,36	-	455,52	512,46
	III	10.718	-	857,44	964,62	-	750,88	844,74	-	647,36	728,28	-	546,88	615,24	-	449,44	505,62	-	355,04	399,42	-	263,84	296,82
	IV	17.088	-	1.367,04	1.537,92	-	1.291,84	1.453,32	-	1.217,84	1.370,07	-	1.145,44	1.288,62	-	1.074,48	1.208,79	-	1.005,12	1.130,76	-	937,28	1.054,44
	V	23.261	680,44	1.860,88	2.093,49																		
	VI	23.793	743,75	1.903,44	2.141,37																		
78.623,99	I	17.101	-	1.368,08	1.539,09	-	1.218,88	1.371,24	-	1.075,52	1.209,96	-	938,24	1.055,52	-	807,20	908,10	-	682,32	767,61	-	563,60	634,05
	II	15.325	-	1.226,00	1.379,25	-	1.082,32	1.217,61	-	944,72	1.062,81	-	813,36	915,03	-	688,16	774,18	-	569,20	640,35	-	456,32	513,36
	III	10.728	-	858,24	965,52	-	751,68	845,64	-	648,00	729,00	-	547,52	615,96	-	450,08	506,34	-	355,84	400,32	-	264,48	297,54
	IV	17.101	-	1.368,08	1.539,09	-	1.292,96	1.454,58	-	1.218,88	1.371,24	-	1.146,40	1.289,70	-	1.075,52	1.209,96	-	1.006,08	1.131,84	-	938,24	1.055,52
	V	23.274	681,98	1.861,92	2.094,66																		
	VI	23.806	745,29	1.904,48	2.142,54																		
78.659,99	I	17.115	-	1.369,20	1.540,35	-	1.220,00	1.372,50	-	1.076,56	1.211,13	-	939,28	1.056,69	-	808,16	909,18	-	683,20	768,60	-	564,40	634,95
	II	15.338	-	1.227,04	1.380,42	-	1.083,28	1.218,69	-	945,76	1.063,98	-	814,32	916,11	-	689,12	775,26	-	570,00	641,25	-	457,12	514,26
	III	10.738	-	859,04	966,42	-	752,48	846,54	-	648,80	729,90	-	548,32	616,86	-	450,88	507,24	-	356,48	401,04	-	265,28	298,44
	IV	17.115	-	1.369,20	1.540,35	-	1.294,08	1.455,84	-	1.220,00	1.372,50	-	1.147,52	1.290,96	-	1.076,56	1.211,13	-	1.007,12	1.133,01	-	939,28	1.056,69
	V	23.288	683,65	1.863,04	2.095,92																		
	VI	23.820	746,96	1.905,60	2.143,80																		
78.695,99	I	17.129	-	1.370,32	1.541,61	-	1.221,04	1.373,67	-	1.077,60	1.212,30	-	940,24	1.057,77	-	809,04	910,17	-	684,08	769,59	-	565,28	635,94
	II	15.352	-	1.228,16	1.381,68	-	1.084,32	1.219,86	-	946,72	1.065,06	-	815,28	917,19	-	690,00	776,25	-	570,88	642,24	-	457,92	515,16
	III	10.748	-	859,84	967,32	-	753,12	847,26	-	649,60	730,80	-	548,96	617,58	-	451,52	507,96	-	357,12	401,76	-	265,92	299,16
	IV	17.129	-	1.370,32	1.541,61	-	1.295,12	1.457,01	-	1.221,04	1.373,67	-	1.148,56	1.292,13	-	1.077,60	1.212,30	-	1.008,16	1.134,18	-	940,24	1.057,77
	V	23.302	685,32	1.864,16	2.097,18																		
	VI	23.834	748,62	1.906,72	2.145,06																		
78.731,99	I	17.142	-	1.371,36	1.542,78	-	1.222,16	1.374,93	-	1.078,56	1.213,38	-	941,20	1.058,85	-	810,00	911,25	-	684,96	770,58	-	566,08	636,84
	II	15.365	-	1.229,20	1.382,85	-	1.085,36	1.221,03	-	947,68	1.066,14	-	816,16	918,18	-	690,88	777,24	-	571,68	643,14	-	458,72	516,06
	III	10.758	-	860,64	968,22	-	753,92	848,16	-	650,24	731,52	-	549,76	618,48	-	452,16	508,68	-	357,76	402,48	-	266,56	299,88
	IV	17.142	-	1.371,36	1.542,78	-	1.296,24	1.458,27	-	1.222,16	1.374,93	-	1.149,60	1.293,30	-	1.078,56	1.213,38	-	1.009,12	1.135,26	-	941,20	1.058,85
	V	23.315	686,86	1.865,20	2.098,35																		
	VI	23.847	750,17	1.907,76	2.146,23																		
78.767,99	I	17.156	-	1.372,48	1.544,04	-	1.223,20	1.376,10	-	1.079,60	1.214,55	-	942,16	1.059,93	-	810,96	912,33	-	685,84	771,57	-	566,96	637,83
	II	15.379	-	1.230,32	1.384,11	-	1.086,40	1.222,20	-	948,64	1.067,22	-	817,12	919,26	-	691,76	778,23	-	572,56	644,13	-	459,52	516,96
	III	10.768	-	861,44	969,12	-	754,72	849,06	-	651,04	732,42	-	550,40	619,20	-	452,96	509,58	-	358,56	403,38	-	267,20	300,60
	IV	17.156	-	1.372,48	1.544,04	-	1.297,36	1.459,53	-	1.223,20	1.376,10	-	1.150,64	1.294,47	-	1.079,60	1.214,55	-	1.010,16	1.136,43	-	942,16	1.059,93
	V	23.329	688,53	1.866,32	2.099,61																		
	VI	23.861	751,84	1.908,88	2.147,49																		
78.803,99	I	17.170	-	1.373,60	1.545,30	-	1.224,32	1.377,36	-	1.080,64	1.215,72	-	943,20	1.061,10	-	811,92	913,41	-	686,80	772,65	-	567,84	638,82
	II	15.392	-	1.231,36	1.385,28	-	1.087,44	1.223,37	-	949,68	1.068,39	-	818,08	920,34	-	692,64	779,22	-	573,44	645,12	-	460,32	517,86
	III	10.778	-	862,24	970,02	-	755,52	849,96	-	651,68	733,14	-	551,20	620,10	-	453,60	510,30	-	359,20	404,10	-	267,84	301,32
	IV	17.170	-	1.373,60	1.545,30	-	1.298,40	1.460,70	-	1.224,32	1.377,36	-	1.151,68	1.295,64	-	1.080,64	1.215,72	-	1.011,12	1.137,51	-	943,20	1.061,10
	V	23.343	690,20	1.867,44	2.100,87																		
	VI	23.875	753,50	1.910,00	2.148,75																		
78.839,99	I	17.183	-	1.374,64	1.546,47	-	1.225,36	1.378,53	-	1.081,68	1.216,89	-	944,16	1.062,18	-	812,80	914,40	-	687,60	773,55	-	568,64	639,72
	II	15.405	-	1.232,40	1.386,45	-	1.088,48	1.224,54	-	950,64	1.069,47	-	818,96	921,33	-	693,52	780,21	-	574,24	646,02	-	461,12	518,76
	III	10.788	-	863,04	970,92	-	756,16	850,68	-	652,48	734,04	-	551,84	620,82	-	454,24	511,02	-	359,84	404,82	-	268,48	302,04
	IV	17.183	-	1.374,64	1.546,47	-	1.299,52	1.461,96	-	1.225,36	1.378,53	-	1.152,72	1.296,81	-	1.081,68	1.216,89	-	1.012,16	1.138,68	-	944,16	1.062,18
	V	23.357	691,86	1.868,56	2.102,13																		
	VI	23.888	755,05	1.911,04	2.149,92																		

SolZ/KiSt lt. Tabelle nicht für Sonstige Bezüge anwendbar.

Lohn/ Gehalt bis	Steuerklasse	Lohn-steuer	ohne Kinderfreibetrag SolZ 5,5%	Kirchensteuer 8%	9%	0,5 SolZ 5,5%	Kirchensteuer 8%	9%	1,0 SolZ 5,5%	Kirchensteuer 8%	9%	1,5 SolZ 5,5%	Kirchensteuer 8%	9%	2,0 SolZ 5,5%	Kirchensteuer 8%	9%	2,5 SolZ 5,5%	Kirchensteuer 8%	9%	3,0 SolZ 5,5%	Kirchensteue 8%	9%
78.875,99	I	17.197	-	1.375,76	1.547,73	-	1.226,40	1.379,70	-	1.082,72	1.218,06	-	945,12	1.063,26	-	813,76	915,48	-	688,56	774,63	-	569,52	640,
	II	15.419	-	1.233,52	1.387,71	-	1.089,52	1.225,71	-	951,60	1.070,55	-	819,92	922,41	-	694,40	781,20	-	575,12	647,01	-	461,92	519,
	III	10.798	-	863,84	971,82	-	756,96	851,58	-	653,28	734,94	-	552,64	621,72	-	455,04	511,92	-	360,48	405,54	-	269,12	302,
	IV	17.197	-	1.375,76	1.547,73	-	1.300,64	1.463,22	-	1.226,40	1.379,70	-	1.153,76	1.297,98	-	1.082,72	1.218,06	-	1.013,12	1.139,76	-	945,12	1.063,
	V	23.370	*693,41*	1.869,60	2.103,30																		
	VI	23.902	*756,72*	1.912,16	2.151,18																		
78.911,99	I	17.211	-	1.376,88	1.548,99	-	1.227,52	1.380,96	-	1.083,76	1.219,23	-	946,16	1.064,43	-	814,72	916,56	-	689,44	775,62	-	570,32	641,
	II	15.432	-	1.234,56	1.388,88	-	1.090,56	1.226,88	-	952,64	1.071,72	-	820,88	923,49	-	695,36	782,28	-	575,92	647,91	-	462,72	520,
	III	10.808	-	864,64	972,72	-	757,76	852,48	-	653,92	735,66	-	553,28	622,44	-	455,68	512,64	-	361,28	406,44	-	269,76	303,
	IV	17.211	-	1.376,88	1.548,99	-	1.301,68	1.464,39	-	1.227,52	1.380,96	-	1.154,88	1.299,24	-	1.083,76	1.219,23	-	1.014,16	1.140,93	-	946,16	1.064,
	V	23.384	*695,07*	1.870,72	2.104,56																		
	VI	23.916	*758,38*	1.913,28	2.152,44																		
78.947,99	I	17.224	-	1.377,92	1.550,16	-	1.228,56	1.382,13	-	1.084,72	1.220,31	-	947,12	1.065,51	-	815,60	917,55	-	690,32	776,61	-	571,20	642,
	II	15.446	-	1.235,68	1.390,14	-	1.091,52	1.227,96	-	953,60	1.072,80	-	821,84	924,57	-	696,24	783,27	-	576,80	648,90	-	463,52	521,
	III	10.818	-	865,44	973,62	-	758,56	853,38	-	654,72	736,56	-	554,08	623,34	-	456,48	513,54	-	361,92	407,16	-	270,40	304,
	IV	17.224	-	1.377,92	1.550,16	-	1.302,80	1.465,65	-	1.228,56	1.382,13	-	1.155,84	1.300,32	-	1.084,72	1.220,31	-	1.015,12	1.142,01	-	947,12	1.065,
	V	23.398	*696,74*	1.871,84	2.105,82																		
	VI	23.929	*759,93*	1.914,32	2.153,61																		
78.983,99	I	17.238	-	1.379,04	1.551,42	-	1.229,60	1.383,30	-	1.085,76	1.221,48	-	948,08	1.066,59	-	816,56	918,63	-	691,20	777,60	-	572,00	643,
	II	15.459	-	1.236,72	1.391,31	-	1.092,56	1.229,13	-	954,56	1.073,88	-	822,80	925,65	-	697,12	784,26	-	577,68	649,89	-	464,32	522,
	III	10.828	-	866,24	974,52	-	759,36	854,28	-	655,52	737,46	-	554,72	624,06	-	457,12	514,26	-	362,56	407,88	-	271,04	304,
	IV	17.238	-	1.379,04	1.551,42	-	1.303,92	1.466,91	-	1.229,60	1.383,30	-	1.156,96	1.301,58	-	1.085,76	1.221,48	-	1.016,16	1.143,18	-	948,08	1.066,
	V	23.412	*698,41*	1.872,96	2.107,08																		
	VI	23.943	*761,60*	1.915,44	2.154,87																		
79.019,99	I	17.252	-	1.380,16	1.552,68	-	1.230,72	1.384,56	-	1.086,80	1.222,65	-	949,04	1.067,67	-	817,52	919,71	-	692,08	778,59	-	572,88	644,
	II	15.473	-	1.237,84	1.392,57	-	1.093,60	1.230,30	-	955,60	1.075,05	-	823,68	926,64	-	698,00	785,25	-	578,48	650,79	-	465,20	523,
	III	10.838	-	867,04	975,42	-	760,00	855,00	-	656,16	738,18	-	555,52	624,96	-	457,76	514,98	-	363,20	408,60	-	271,68	305,
	IV	17.252	-	1.380,16	1.552,68	-	1.304,96	1.468,08	-	1.230,72	1.384,56	-	1.158,00	1.302,75	-	1.086,80	1.222,65	-	1.017,20	1.144,35	-	949,04	1.067,
	V	23.425	*699,95*	1.874,00	2.108,25																		
	VI	23.957	*763,26*	1.916,56	2.156,13																		
79.055,99	I	17.266	-	1.381,28	1.553,94	-	1.231,76	1.385,73	-	1.087,84	1.223,82	-	950,00	1.068,75	-	818,40	920,70	-	692,96	779,58	-	573,76	645,
	II	15.486	-	1.238,88	1.393,74	-	1.094,64	1.231,47	-	956,56	1.076,13	-	824,64	927,72	-	698,88	786,24	-	579,36	651,78	-	465,92	524,
	III	10.848	-	867,84	976,32	-	760,80	855,90	-	656,96	739,08	-	556,16	625,68	-	458,56	515,88	-	363,84	409,32	-	272,32	306,
	IV	17.266	-	1.381,28	1.553,94	-	1.306,08	1.469,34	-	1.231,76	1.385,73	-	1.159,04	1.303,92	-	1.087,84	1.223,82	-	1.018,16	1.145,43	-	950,00	1.068,
	V	23.439	*701,62*	1.875,12	2.109,51																		
	VI	23.971	*764,93*	1.917,68	2.157,39																		
79.091,99	I	17.279	-	1.382,32	1.555,11	-	1.232,88	1.386,99	-	1.088,88	1.224,99	-	951,04	1.069,92	-	819,36	921,78	-	693,92	780,66	-	574,56	646,
	II	15.500	-	1.240,00	1.395,00	-	1.095,68	1.232,64	-	957,52	1.077,21	-	825,60	928,80	-	699,84	787,32	-	580,16	652,68	-	466,80	525,
	III	10.858	-	868,64	977,22	-	761,60	856,80	-	657,76	739,98	-	556,96	626,58	-	459,20	516,60	-	364,64	410,22	-	273,12	307,
	IV	17.279	-	1.382,32	1.555,11	-	1.307,20	1.470,60	-	1.232,88	1.386,99	-	1.160,08	1.305,09	-	1.088,88	1.224,99	-	1.019,20	1.146,60	-	951,04	1.069,
	V	23.453	*703,29*	1.876,24	2.110,77																		
	VI	23.985	*766,59*	1.918,80	2.158,65																		
79.127,99	I	17.293	-	1.383,44	1.556,37	-	1.233,92	1.388,16	-	1.089,92	1.226,16	-	952,00	1.071,00	-	820,32	922,86	-	694,80	781,65	-	575,44	647,
	II	15.513	-	1.241,04	1.396,17	-	1.096,72	1.233,81	-	958,56	1.078,38	-	826,56	929,88	-	700,72	788,31	-	581,04	653,67	-	467,60	526,
	III	10.868	-	869,44	978,12	-	762,40	857,70	-	658,40	740,70	-	557,60	627,30	-	460,00	517,50	-	365,28	410,94	-	273,76	307,
	IV	17.293	-	1.383,44	1.556,37	-	1.308,24	1.471,77	-	1.233,92	1.388,16	-	1.161,12	1.306,26	-	1.089,92	1.226,16	-	1.020,16	1.147,68	-	952,00	1.071,
	V	23.467	*704,95*	1.877,36	2.112,03																		
	VI	23.998	*768,14*	1.919,84	2.159,82																		
79.163,99	I	17.307	-	1.384,56	1.557,63	-	1.234,96	1.389,33	-	1.090,88	1.227,24	-	952,96	1.072,08	-	821,20	923,85	-	695,68	782,64	-	576,24	648,
	II	15.526	-	1.242,08	1.397,34	-	1.097,68	1.234,89	-	959,52	1.079,46	-	827,44	930,87	-	701,60	789,30	-	581,92	654,66	-	468,40	526,
	III	10.876	-	870,08	978,84	-	763,20	858,60	-	659,20	741,60	-	558,40	628,20	-	460,64	518,22	-	365,92	411,66	-	274,40	308,
	IV	17.307	-	1.384,56	1.557,63	-	1.309,36	1.473,03	-	1.234,96	1.389,33	-	1.162,16	1.307,43	-	1.090,88	1.227,24	-	1.021,20	1.148,85	-	952,96	1.072,
	V	23.480	*706,50*	1.878,40	2.113,20																		
	VI	24.012	*769,81*	1.920,96	2.161,08																		
79.199,99	I	17.321	-	1.385,68	1.558,89	-	1.236,08	1.390,59	-	1.091,92	1.228,41	-	954,00	1.073,25	-	822,16	924,93	-	696,56	783,63	-	577,12	649,
	II	15.540	-	1.243,20	1.398,60	-	1.098,72	1.236,06	-	960,48	1.080,54	-	828,40	931,95	-	702,48	790,29	-	582,72	655,56	-	469,20	527,
	III	10.888	-	871,04	979,92	-	764,00	859,50	-	660,00	742,50	-	559,20	629,10	-	461,28	518,94	-	366,72	412,56	-	275,04	309,
	IV	17.321	-	1.385,68	1.558,89	-	1.310,48	1.474,29	-	1.236,08	1.390,59	-	1.163,20	1.308,60	-	1.091,92	1.228,41	-	1.022,16	1.149,93	-	954,00	1.073,
	V	23.494	*708,16*	1.879,52	2.114,46																		
	VI	24.026	*771,47*	1.922,08	2.162,34																		
79.235,99	I	17.335	-	1.386,80	1.560,15	-	1.237,20	1.391,85	-	1.092,96	1.229,58	-	954,96	1.074,33	-	823,12	926,01	-	697,44	784,62	-	578,00	650,
	II	15.553	-	1.244,24	1.399,77	-	1.099,76	1.237,23	-	961,52	1.081,71	-	829,36	933,03	-	703,36	791,28	-	583,60	656,55	-	470,00	528,
	III	10.896	-	871,68	980,64	-	764,64	860,22	-	660,64	743,22	-	559,84	629,82	-	462,08	519,84	-	367,36	413,28	-	275,68	310,
	IV	17.335	-	1.386,80	1.560,15	-	1.311,60	1.475,55	-	1.237,20	1.391,85	-	1.164,32	1.309,86	-	1.092,96	1.229,58	-	1.023,20	1.151,10	-	954,96	1.074,
	V	23.508	*709,83*	1.880,64	2.115,72																		
	VI	24.040	*773,14*	1.923,20	2.163,60																		
79.271,99	I	17.348	-	1.387,84	1.561,32	-	1.238,24	1.393,02	-	1.094,00	1.230,75	-	955,92	1.075,41	-	824,08	927,09	-	698,32	785,61	-	578,80	651,
	II	15.567	-	1.245,36	1.401,03	-	1.100,80	1.238,40	-	962,48	1.082,79	-	830,24	934,02	-	704,24	792,27	-	584,48	657,54	-	470,80	529,
	III	10.906	-	872,48	981,54	-	765,44	861,12	-	661,44	744,12	-	560,48	630,54	-	462,72	520,56	-	368,00	414,00	-	276,32	310,
	IV	17.348	-	1.387,84	1.561,32	-	1.312,64	1.476,72	-	1.238,24	1.393,02	-	1.165,36	1.311,03	-	1.094,00	1.230,75	-	1.024,16	1.152,18	-	955,92	1.075,
	V	23.521	*711,38*	1.881,68	2.116,89																		
	VI	24.053	*774,69*	1.924,24	2.164,77																		
79.307,99	I	17.362	-	1.388,96	1.562,58	-	1.239,28	1.394,19	-	1.095,04	1.231,92	-	956,96	1.076,58	-	825,04	928,17	-	699,28	786,69	-	579,68	652,
	II	15.580	-	1.246,40	1.402,20	-	1.101,84	1.239,57	-	963,44	1.083,87	-	831,20	935,10	-	705,20	793,35	-	585,28	658,44	-	471,60	530,
	III	10.916	-	873,28	982,44	-	766,24	862,02	-	662,24	745,02	-	561,28	631,44	-	463,52	521,46	-	368,64	414,72	-	276,96	311,
	IV	17.362	-	1.388,96	1.562,58	-	1.313,76	1.477,98	-	1.239,28	1.394,19	-	1.166,40	1.312,20	-	1.095,04	1.231,92	-	1.025,20	1.153,35	-	956,96	1.076,
	V	23.535	*713,04*	1.882,80	2.118,15																		
	VI	24.067	*776,35*	1.925,36	2.166,03																		
79.343,99	I	17.376	-	1.390,08	1.563,84	-	1.240,40	1.395,45	-	1.096,08	1.233,09	-	957,92	1.077,66	-	825,92	929,16	-	700,16	787,68	-	580,56	653,
	II	15.594	-	1.247,52	1.403,46	-	1.102,88	1.240,74	-	964,48	1.085,04	-	832,16	936,18	-	706,08	794,34	-	586,16	659,43	-	472,40	531,
	III	10.926	-	874,08	983,34	-	767,04	862,92	-	663,04	745,92	-	562,08	632,34	-	464,16	522,18	-	369,28	415,44	-	277,60	312,
	IV	17.376	-	1.390,08	1.563,84	-	1.314,88	1.479,24	-	1.240,40	1.395,45	-	1.167,44	1.313,37	-	1.096,08	1.233,09	-	1.026,24	1.154,52	-	957,92	1.077,
	V	23.549	*714,71*	1.883,92	2.119,41																		
	VI	24.081	*778,02*	1.926,48	2.167,29																		
79.379,99	I	17.389	-	1.391,12	1.565,01	-	1.241,44	1.396,62	-	1.097,12	1.234,26	-	958,88	1.078,74	-	826,88	930,24	-	701,04	788,67	-	581,36	654,
	II	15.607	-	1.248,56	1.404,63	-	1.103,92	1.241,91	-	965,44	1.086,12	-	833,12	937,26	-	706,96	795,33	-	587,04	660,42	-	473,20	532,
	III	10.936	-	874,88	984,24	-	767,68	863,64	-	663,68	746,64	-	562,72	633,06	-	464,80	522,90	-	370,08	416,34	-	278,24	313,
	IV	17.389	-	1.391,12	1.565,01	-	1.315,92	1.480,41	-	1.241,44	1.396,62	-	1.168,48	1.314,54	-	1.097,12	1.234,26	-	1.027,20	1.155,60	-	958,88	1.078,
	V	23.562	*716,26*	1.884,96	2.120,58																		
	VI	24.094	*779,56*	1.927,52	2.168,46																		

Anzahl Kinderfreibeträge (nur Steuerklassen I–IV)

SolZ/KiSt lt. Tabelle nicht für Sonstige Bezüge anwendbar.

Lohn/ Gehalt bis	Steuerklasse	Lohn-steuer	ohne Kinderfreibetrag			Anzahl Kinderfreibeträge (nur Steuerklassen I–IV)																	
						0,5			1,0			1,5			2,0			2,5			3,0		
			SolZ 5,5%	Kirchensteuer 8%	9%	SolZ 5,5%	Kirchensteuer 8%	9%	SolZ 5,5%	Kirchensteuer 8%	9%	SolZ 5,5%	Kirchensteuer 8%	9%	SolZ 5,5%	Kirchensteuer 8%	9%	SolZ 5,5%	Kirchensteuer 8%	9%	SolZ 5,5%	Kirchensteuer 8%	9%
79.415,99	I	17.403	-	1.392,24	1.566,27	-	1.242,56	1.397,88	-	1.098,16	1.235,43	-	959,92	1.079,91	-	827,84	931,32	-	701,92	789,66	-	582,24	655,02
	II	15.621	-	1.249,68	1.405,89	-	1.104,96	1.243,08	-	966,40	1.087,20	-	834,08	938,34	-	707,84	796,32	-	587,84	661,32	-	474,00	533,25
	III	10.946	-	875,68	985,14	-	768,48	864,54	-	664,48	747,54	-	563,52	633,96	-	465,60	523,80	-	370,72	417,06	-	279,04	313,92
	IV	17.403	-	1.392,24	1.566,27	-	1.317,04	1.481,67	-	1.242,56	1.397,88	-	1.169,52	1.315,71	-	1.098,16	1.235,43	-	1.028,24	1.156,77	-	959,92	1.079,91
	V	23.576	717,92	1.886,08	2.121,84																		
	VI	24.108	781,23	1.928,64	2.169,72																		
79.451,99	I	17.416	-	1.393,28	1.567,44	-	1.243,60	1.399,05	-	1.099,12	1.236,51	-	960,88	1.080,99	-	828,72	932,31	-	702,80	790,65	-	583,04	655,92
	II	15.634	-	1.250,72	1.407,06	-	1.106,00	1.244,25	-	967,36	1.088,28	-	834,96	939,33	-	708,72	797,31	-	588,72	662,31	-	474,80	534,15
	III	10.956	-	876,48	986,04	-	769,28	865,44	-	665,28	748,44	-	564,16	634,68	-	466,24	524,52	-	371,36	417,78	-	279,68	314,64
	IV	17.416	-	1.393,28	1.567,44	-	1.318,08	1.482,84	-	1.243,60	1.399,05	-	1.170,56	1.316,88	-	1.099,12	1.236,51	-	1.029,20	1.157,85	-	960,88	1.080,99
	V	23.590	719,59	1.887,20	2.123,10																		
	VI	24.121	782,78	1.929,68	2.170,89																		
79.487,99	I	17.430	-	1.394,40	1.568,70	-	1.244,64	1.400,22	-	1.100,16	1.237,68	-	961,84	1.082,07	-	829,68	933,39	-	703,76	791,73	-	583,92	656,91
	II	15.648	-	1.251,84	1.408,32	-	1.107,04	1.245,42	-	968,40	1.089,45	-	835,92	940,41	-	709,68	798,39	-	589,60	663,30	-	475,60	535,05
	III	10.966	-	877,28	986,94	-	770,08	866,34	-	665,92	749,16	-	564,96	635,58	-	466,88	525,24	-	372,00	418,50	-	280,32	315,36
	IV	17.430	-	1.394,40	1.568,70	-	1.319,20	1.484,10	-	1.244,64	1.400,22	-	1.171,68	1.318,14	-	1.100,16	1.237,68	-	1.030,24	1.159,02	-	961,84	1.082,07
	V	23.604	721,25	1.888,32	2.124,36																		
	VI	24.135	784,44	1.930,80	2.172,15																		
79.523,99	I	17.444	-	1.395,52	1.569,96	-	1.245,76	1.401,48	-	1.101,20	1.238,85	-	962,88	1.083,24	-	830,64	934,47	-	704,64	792,72	-	584,80	657,90
	II	15.661	-	1.252,88	1.409,49	-	1.108,08	1.246,59	-	969,36	1.090,53	-	836,88	941,49	-	710,56	799,38	-	590,40	664,20	-	476,48	536,04
	III	10.976	-	878,08	987,84	-	770,88	867,24	-	666,72	750,06	-	565,60	636,30	-	467,68	526,14	-	372,80	419,40	-	280,96	316,08
	IV	17.444	-	1.395,52	1.569,96	-	1.320,32	1.485,36	-	1.245,76	1.401,48	-	1.172,72	1.319,31	-	1.101,20	1.238,85	-	1.031,28	1.160,19	-	962,88	1.083,24
	V	23.617	722,80	1.889,36	2.125,53																		
	VI	24.149	786,11	1.931,92	2.173,41																		
79.559,99	I	17.458	-	1.396,64	1.571,22	-	1.246,80	1.402,65	-	1.102,24	1.240,02	-	963,84	1.084,32	-	831,60	935,55	-	705,52	793,71	-	585,60	658,80
	II	15.674	-	1.253,92	1.410,66	-	1.109,04	1.247,67	-	970,32	1.091,61	-	837,84	942,57	-	711,44	800,37	-	591,28	665,19	-	477,28	536,94
	III	10.986	-	878,88	988,74	-	771,68	868,14	-	667,52	750,96	-	566,40	637,20	-	468,32	526,86	-	373,44	420,12	-	281,60	316,80
	IV	17.458	-	1.396,64	1.571,22	-	1.321,44	1.486,62	-	1.246,80	1.402,65	-	1.173,76	1.320,48	-	1.102,24	1.240,02	-	1.032,24	1.161,27	-	963,84	1.084,32
	V	23.631	724,47	1.890,48	2.126,79																		
	VI	24.163	787,78	1.933,04	2.174,67																		
79.595,99	I	17.471	-	1.397,68	1.572,39	-	1.247,92	1.403,91	-	1.103,28	1.241,19	-	964,80	1.085,40	-	832,56	936,63	-	706,40	794,70	-	586,48	659,79
	II	15.688	-	1.255,04	1.411,92	-	1.110,08	1.248,84	-	971,36	1.092,78	-	838,80	943,65	-	712,40	801,45	-	592,16	666,18	-	478,08	537,84
	III	10.996	-	879,68	989,64	-	772,32	868,86	-	668,16	751,68	-	567,04	637,92	-	469,12	527,76	-	374,08	420,84	-	282,24	317,52
	IV	17.471	-	1.397,68	1.572,39	-	1.322,48	1.487,79	-	1.247,92	1.403,91	-	1.174,80	1.321,65	-	1.103,28	1.241,19	-	1.033,28	1.162,44	-	964,80	1.085,40
	V	23.645	726,13	1.891,60	2.128,05																		
	VI	24.176	789,32	1.934,08	2.175,84																		
79.631,99	I	17.485	-	1.398,80	1.573,65	-	1.248,96	1.405,08	-	1.104,32	1.242,36	-	965,84	1.086,57	-	833,52	937,71	-	707,36	795,78	-	587,36	660,78
	II	15.702	-	1.256,16	1.413,18	-	1.111,12	1.250,01	-	972,32	1.093,86	-	839,76	944,73	-	713,28	802,44	-	592,96	667,08	-	478,88	538,74
	III	11.006	-	880,48	990,54	-	773,12	869,76	-	668,96	752,58	-	567,84	638,82	-	469,76	528,48	-	374,88	421,74	-	282,88	318,24
	IV	17.485	-	1.398,80	1.573,65	-	1.323,60	1.489,05	-	1.248,96	1.405,08	-	1.175,92	1.322,91	-	1.104,32	1.242,36	-	1.034,32	1.163,61	-	965,84	1.086,57
	V	23.659	727,80	1.892,72	2.129,31																		
	VI	24.190	790,99	1.935,20	2.177,10																		
79.667,99	I	17.499	-	1.399,92	1.574,91	-	1.250,08	1.406,34	-	1.105,36	1.243,53	-	966,80	1.087,65	-	834,40	938,70	-	708,24	796,77	-	588,16	661,68
	II	15.715	-	1.257,20	1.414,35	-	1.112,16	1.251,18	-	973,36	1.095,03	-	840,64	945,72	-	714,16	803,43	-	593,84	668,07	-	479,68	539,64
	III	11.016	-	881,28	991,44	-	773,92	870,66	-	669,76	753,48	-	568,48	639,54	-	470,40	529,20	-	375,52	422,46	-	283,52	318,96
	IV	17.499	-	1.399,92	1.574,91	-	1.324,72	1.490,31	-	1.250,08	1.406,34	-	1.176,88	1.323,99	-	1.105,36	1.243,53	-	1.035,28	1.164,69	-	966,80	1.087,65
	V	23.672	729,35	1.893,76	2.130,48																		
	VI	24.204	792,65	1.936,32	2.178,36																		
79.703,99	I	17.513	-	1.401,04	1.576,17	-	1.251,12	1.407,51	-	1.106,40	1.244,70	-	967,76	1.088,73	-	835,36	939,78	-	709,12	797,76	-	589,04	662,67
	II	15.729	-	1.258,32	1.415,61	-	1.113,20	1.252,35	-	974,32	1.096,11	-	841,60	946,80	-	715,04	804,42	-	594,72	669,06	-	480,48	540,54
	III	11.026	-	882,08	992,34	-	774,72	871,56	-	670,40	754,20	-	569,28	640,44	-	471,20	530,10	-	376,16	423,18	-	284,16	319,68
	IV	17.513	-	1.401,04	1.576,17	-	1.325,84	1.491,57	-	1.251,12	1.407,51	-	1.178,00	1.325,25	-	1.106,40	1.244,70	-	1.036,32	1.165,86	-	967,76	1.088,73
	V	23.686	731,01	1.894,88	2.131,74																		
	VI	24.218	794,32	1.937,44	2.179,62																		
79.739,99	I	17.526	-	1.402,08	1.577,34	-	1.252,24	1.408,77	-	1.107,44	1.245,87	-	968,80	1.089,90	-	836,32	940,86	-	710,00	798,75	-	589,92	663,66
	II	15.742	-	1.259,36	1.416,78	-	1.114,24	1.253,52	-	975,36	1.097,28	-	842,56	947,88	-	716,00	805,50	-	595,52	669,96	-	481,28	541,44
	III	11.036	-	882,88	993,24	-	775,52	872,46	-	671,20	755,10	-	570,08	641,34	-	471,84	530,82	-	376,80	423,90	-	284,96	320,58
	IV	17.526	-	1.402,08	1.577,34	-	1.326,88	1.492,74	-	1.252,24	1.408,77	-	1.179,04	1.326,42	-	1.107,44	1.245,87	-	1.037,36	1.167,03	-	968,80	1.089,90
	V	23.700	732,68	1.896,00	2.133,00																		
	VI	24.231	795,87	1.938,48	2.180,79																		
79.775,99	I	17.540	-	1.403,20	1.578,60	-	1.253,28	1.409,94	-	1.108,40	1.246,95	-	969,76	1.090,98	-	837,20	941,85	-	710,88	799,74	-	590,72	664,56
	II	15.755	-	1.260,40	1.417,95	-	1.115,28	1.254,69	-	976,32	1.098,36	-	843,52	948,96	-	716,88	806,49	-	596,40	670,95	-	482,08	542,34
	III	11.046	-	883,68	994,14	-	776,32	873,36	-	672,00	756,00	-	570,72	642,06	-	472,64	531,72	-	377,60	424,80	-	285,60	321,30
	IV	17.540	-	1.403,20	1.578,60	-	1.328,00	1.494,00	-	1.253,28	1.409,94	-	1.180,08	1.327,59	-	1.108,40	1.246,95	-	1.038,32	1.168,11	-	969,76	1.090,98
	V	23.713	734,23	1.897,04	2.134,17																		
	VI	24.245	797,53	1.939,60	2.182,05																		
79.811,99	I	17.554	1,30	1.404,32	1.579,86	-	1.254,40	1.411,20	-	1.109,44	1.248,12	-	970,72	1.092,06	-	838,16	942,93	-	711,84	800,82	-	591,60	665,55
	II	15.769	-	1.261,52	1.419,21	-	1.116,32	1.255,86	-	977,28	1.099,44	-	844,48	950,04	-	717,76	807,48	-	597,28	671,94	-	482,96	543,33
	III	11.056	-	884,48	995,04	-	776,96	874,08	-	672,64	756,72	-	571,36	642,78	-	473,28	532,44	-	378,24	425,52	-	286,24	322,02
	IV	17.554	1,30	1.404,32	1.579,86	-	1.329,12	1.495,26	-	1.254,40	1.411,20	-	1.181,12	1.328,76	-	1.109,44	1.248,12	-	1.039,36	1.169,28	-	970,72	1.092,06
	V	23.727	735,89	1.898,16	2.135,43																		
	VI	24.259	799,20	1.940,72	2.183,31																		
79.847,99	I	17.568	2,97	1.405,44	1.581,12	-	1.255,44	1.412,37	-	1.110,56	1.249,38	-	971,76	1.093,23	-	839,12	944,01	-	712,72	801,81	-	592,48	666,54
	II	15.783	-	1.262,64	1.420,47	-	1.117,36	1.257,03	-	978,32	1.100,61	-	845,44	951,12	-	718,64	808,47	-	598,16	672,93	-	483,76	544,23
	III	11.066	-	885,28	995,94	-	777,76	874,98	-	673,44	757,62	-	572,16	643,68	-	474,08	533,34	-	378,88	426,24	-	286,88	322,74
	IV	17.568	2,97	1.405,44	1.581,12	-	1.330,24	1.496,52	-	1.255,44	1.412,37	-	1.182,24	1.330,02	-	1.110,56	1.249,38	-	1.040,40	1.170,45	-	971,76	1.093,23
	V	23.741	737,56	1.899,28	2.136,69																		
	VI	24.273	800,87	1.941,84	2.184,57																		
79.883,99	I	17.581	4,52	1.406,48	1.582,29	-	1.256,56	1.413,63	-	1.111,52	1.250,46	-	972,72	1.094,31	-	840,08	945,09	-	713,60	802,80	-	593,28	667,44
	II	15.796	-	1.263,68	1.421,64	-	1.118,40	1.258,20	-	979,28	1.101,69	-	846,32	952,11	-	719,60	809,55	-	598,96	673,83	-	484,56	545,13
	III	11.076	-	886,08	996,84	-	778,56	875,88	-	674,24	758,52	-	572,96	644,58	-	474,72	534,06	-	379,52	426,96	-	287,52	323,46
	IV	17.581	4,52	1.406,48	1.582,29	-	1.331,28	1.497,69	-	1.256,56	1.413,63	-	1.183,28	1.331,19	-	1.111,52	1.250,46	-	1.041,36	1.171,53	-	972,72	1.094,31
	V	23.754	739,10	1.900,32	2.137,86																		
	VI	24.286	802,41	1.942,88	2.185,74																		
79.919,99	I	17.595	6,18	1.407,60	1.583,55	-	1.257,60	1.414,80	-	1.112,56	1.251,63	-	973,68	1.095,39	-	841,04	946,17	-	714,48	803,79	-	594,16	668,43
	II	15.810	-	1.264,80	1.422,90	-	1.119,44	1.259,37	-	980,24	1.102,77	-	847,28	953,19	-	720,48	810,54	-	599,84	674,82	-	485,36	546,03
	III	11.086	-	886,88	997,74	-	779,36	876,78	-	674,88	759,24	-	573,60	645,30	-	475,36	534,78	-	380,32	427,86	-	288,16	324,18
	IV	17.595	6,18	1.407,60	1.583,55	-	1.332,40	1.498,95	-	1.257,60	1.414,80	-	1.184,32	1.332,36	-	1.112,56	1.251,63	-	1.042,40	1.172,70	-	973,68	1.095,39
	V	23.768	740,77	1.901,44	2.139,12																		
	VI	24.300	804,08	1.944,00	2.187,00																		

SolZ/KiSt lt. Tabelle nicht für Sonstige Bezüge anwendbar.

JAHR bis 80.459,99 €

Allgemeine Tabelle

Lohn/Gehalt bis	Steuerklasse	Lohnsteuer	ohne Kinderfreibetrag SolZ 5,5%	ohne Kinderfreibetrag Kirchensteuer 8%	ohne Kinderfreibetrag Kirchensteuer 9%	0,5 SolZ 5,5%	0,5 Kirchensteuer 8%	0,5 Kirchensteuer 9%	1,0 SolZ 5,5%	1,0 Kirchensteuer 8%	1,0 Kirchensteuer 9%	1,5 SolZ 5,5%	1,5 Kirchensteuer 8%	1,5 Kirchensteuer 9%	2,0 SolZ 5,5%	2,0 Kirchensteuer 8%	2,0 Kirchensteuer 9%	2,5 SolZ 5,5%	2,5 Kirchensteuer 8%	2,5 Kirchensteuer 9%	3,0 SolZ 5,5%	3,0 Kirchensteuer 8%	3,0 Kirchensteuer 9%
						Anzahl Kinderfreibeträge (nur Steuerklassen I–IV)																	
79.955,99	I	17.609	7,85	1.408,72	1.584,81	-	1.258,72	1.416,06	-	1.113,60	1.252,80	-	974,72	1.096,56	-	842,00	947,25	-	715,44	804,87	-	595,04	669
	II	15.823	-	1.265,84	1.424,07	-	1.120,48	1.260,54	-	981,28	1.103,94	-	848,24	954,27	-	721,36	811,53	-	600,72	675,81	-	486,16	546
	III	11.096	-	887,68	998,64	-	780,16	877,68	-	675,68	760,14	-	574,40	646,20	-	476,16	535,68	-	380,96	428,58	-	288,96	325
	IV	17.609	7,85	1.408,72	1.584,81	-	1.333,52	1.500,21	-	1.258,72	1.416,06	-	1.185,44	1.333,62	-	1.113,60	1.252,80	-	1.043,44	1.173,87	-	974,72	1.096
	V	23.782	742,44	1.902,56	2.140,38																		
	VI	24.314	805,74	1.945,12	2.188,26																		
79.991,99	I	17.622	9,40	1.409,76	1.585,98	-	1.259,76	1.417,23	-	1.114,64	1.253,97	-	975,68	1.097,64	-	842,88	948,24	-	716,32	805,86	-	595,84	670
	II	15.837	-	1.266,96	1.425,33	-	1.121,52	1.261,71	-	982,24	1.105,02	-	849,20	955,35	-	722,24	812,52	-	601,52	676,71	-	486,96	547
	III	11.106	-	888,48	999,54	-	780,96	878,58	-	676,48	761,04	-	575,04	646,92	-	476,80	536,40	-	381,60	429,30	-	289,60	325
	IV	17.622	9,40	1.409,76	1.585,98	-	1.334,56	1.501,38	-	1.259,76	1.417,23	-	1.186,40	1.334,70	-	1.114,64	1.253,97	-	1.044,40	1.174,95	-	975,68	1.097
	V	23.796	744,10	1.903,68	2.141,64																		
	VI	24.327	807,29	1.946,16	2.189,43																		
80.027,99	I	17.636	11,06	1.410,88	1.587,24	-	1.260,88	1.418,49	-	1.115,68	1.255,14	-	976,72	1.098,81	-	843,84	949,32	-	717,20	806,85	-	596,72	671
	II	15.850	-	1.268,00	1.426,50	-	1.122,56	1.262,88	-	983,28	1.106,19	-	850,16	956,43	-	723,20	813,60	-	602,40	677,70	-	487,84	548
	III	11.116	-	889,28	1.000,44	-	781,60	879,30	-	677,12	761,76	-	575,84	647,82	-	477,44	537,12	-	382,24	430,02	-	290,24	326
	IV	17.636	11,06	1.410,88	1.587,24	-	1.335,68	1.502,64	-	1.260,88	1.418,49	-	1.187,52	1.335,96	-	1.115,68	1.255,14	-	1.045,44	1.176,12	-	976,72	1.098
	V	23.809	745,65	1.904,72	2.142,81																		
	VI	24.341	808,96	1.947,28	2.190,69																		
80.063,99	I	17.650	12,73	1.412,00	1.588,50	-	1.261,92	1.419,66	-	1.116,72	1.256,31	-	977,68	1.099,89	-	844,80	950,40	-	718,16	807,93	-	597,60	672
	II	15.864	-	1.269,12	1.427,76	-	1.123,60	1.264,05	-	984,24	1.107,27	-	851,12	957,51	-	724,08	814,59	-	603,28	678,69	-	488,64	549
	III	11.126	-	890,08	1.001,34	-	782,40	880,20	-	677,92	762,66	-	576,64	648,72	-	478,24	538,02	-	383,04	430,92	-	290,88	327
	IV	17.650	12,73	1.412,00	1.588,50	-	1.336,80	1.503,90	-	1.261,92	1.419,66	-	1.188,56	1.337,13	-	1.116,72	1.256,31	-	1.046,48	1.177,29	-	977,68	1.099
	V	23.823	747,32	1.905,84	2.144,07																		
	VI	24.355	810,62	1.948,40	2.191,95																		
80.099,99	I	17.663	14,28	1.413,04	1.589,67	-	1.263,04	1.420,92	-	1.117,76	1.257,48	-	978,64	1.100,97	-	845,76	951,48	-	719,04	808,92	-	598,48	673
	II	15.877	-	1.270,16	1.428,93	-	1.124,64	1.265,22	-	985,20	1.108,35	-	852,00	958,50	-	724,96	815,58	-	604,08	679,59	-	489,44	550
	III	11.136	-	890,88	1.002,24	-	783,20	881,10	-	678,72	763,56	-	577,28	649,44	-	478,88	538,74	-	383,68	431,64	-	291,52	327
	IV	17.663	14,28	1.413,04	1.589,67	-	1.337,84	1.505,07	-	1.263,04	1.420,92	-	1.189,60	1.338,30	-	1.117,76	1.257,48	-	1.047,44	1.178,37	-	978,64	1.100
	V	23.837	748,98	1.906,96	2.145,33																		
	VI	24.368	812,17	1.949,44	2.193,12																		
80.135,99	I	17.677	15,94	1.414,16	1.590,93	-	1.264,08	1.422,09	-	1.118,80	1.258,65	-	979,68	1.102,14	-	846,72	952,56	-	719,92	809,91	-	599,28	674
	II	15.891	-	1.271,28	1.430,19	-	1.125,68	1.266,39	-	986,24	1.109,52	-	852,96	959,58	-	725,92	816,66	-	604,96	680,58	-	490,24	551
	III	11.146	-	891,68	1.003,14	-	784,00	882,00	-	679,52	764,46	-	577,92	650,16	-	479,68	539,64	-	384,32	432,36	-	292,16	328
	IV	17.677	15,94	1.414,16	1.590,93	-	1.338,96	1.506,33	-	1.264,08	1.422,09	-	1.190,72	1.339,56	-	1.118,80	1.258,65	-	1.048,48	1.179,54	-	979,68	1.102
	V	23.851	750,65	1.908,08	2.146,59																		
	VI	24.382	813,84	1.950,56	2.194,38																		
80.171,99	I	17.691	17,61	1.415,28	1.592,19	-	1.265,20	1.423,35	-	1.119,84	1.259,82	-	980,64	1.103,22	-	847,68	953,64	-	720,80	810,90	-	600,16	675
	II	15.905	-	1.272,40	1.431,45	-	1.126,72	1.267,56	-	987,28	1.110,69	-	853,92	960,66	-	726,80	817,65	-	605,84	681,57	-	491,04	552
	III	11.156	-	892,48	1.004,04	-	784,80	882,90	-	680,16	765,18	-	578,72	651,06	-	480,32	540,36	-	385,12	433,26	-	292,80	329
	IV	17.691	17,61	1.415,28	1.592,19	-	1.340,08	1.507,59	-	1.265,20	1.423,35	-	1.191,76	1.340,73	-	1.119,84	1.259,82	-	1.049,52	1.180,71	-	980,64	1.103
	V	23.864	752,19	1.909,12	2.147,76																		
	VI	24.396	815,50	1.951,68	2.195,64																		
80.207,99	I	17.705	19,27	1.416,40	1.593,45	-	1.266,24	1.424,52	-	1.120,88	1.260,99	-	981,68	1.104,39	-	848,56	954,63	-	721,76	811,98	-	601,04	676
	II	15.918	-	1.273,44	1.432,62	-	1.127,76	1.268,73	-	988,24	1.111,77	-	854,88	961,74	-	727,68	818,64	-	606,72	682,56	-	491,84	553
	III	11.166	-	893,28	1.004,94	-	785,60	883,80	-	680,96	766,08	-	579,52	651,96	-	481,12	541,26	-	385,76	433,98	-	293,44	330
	IV	17.705	19,27	1.416,40	1.593,45	-	1.341,20	1.508,85	-	1.266,24	1.424,52	-	1.192,80	1.341,90	-	1.120,88	1.260,99	-	1.050,48	1.181,79	-	981,68	1.104
	V	23.878	753,86	1.910,24	2.149,02																		
	VI	24.410	817,17	1.952,80	2.196,90																		
80.243,99	I	17.718	20,82	1.417,44	1.594,62	-	1.267,36	1.425,78	-	1.121,92	1.262,16	-	982,64	1.105,47	-	849,52	955,71	-	722,64	812,97	-	601,92	677,
	II	15.932	-	1.274,56	1.433,88	-	1.128,80	1.269,90	-	989,20	1.112,85	-	855,84	962,82	-	728,64	819,72	-	607,60	683,55	-	492,72	554,
	III	11.174	-	893,92	1.005,66	-	786,24	884,52	-	681,76	766,98	-	580,16	652,68	-	481,76	541,98	-	386,40	434,70	-	294,08	330,
	IV	17.718	20,82	1.417,44	1.594,62	-	1.342,24	1.510,02	-	1.267,36	1.425,78	-	1.193,84	1.343,07	-	1.121,92	1.262,16	-	1.051,52	1.182,96	-	982,64	1.105,
	V	23.892	755,53	1.911,36	2.150,28																		
	VI	24.423	818,72	1.953,84	2.198,07																		
80.279,99	I	17.732	22,49	1.418,56	1.595,88	-	1.268,40	1.426,95	-	1.122,96	1.263,33	-	983,60	1.106,55	-	850,48	956,79	-	723,52	813,96	-	602,72	678
	II	15.945	-	1.275,60	1.435,05	-	1.129,84	1.271,07	-	990,24	1.114,02	-	856,80	963,90	-	729,52	820,71	-	608,40	684,45	-	493,52	555,
	III	11.184	-	894,72	1.006,56	-	787,04	885,42	-	682,40	767,70	-	580,96	653,58	-	482,40	542,70	-	387,04	435,42	-	294,88	331
	IV	17.732	22,49	1.418,56	1.595,88	-	1.343,36	1.511,28	-	1.268,40	1.426,95	-	1.194,88	1.344,24	-	1.122,96	1.263,33	-	1.052,48	1.184,04	-	983,60	1.106,
	V	23.905	757,07	1.912,40	2.151,45																		
	VI	24.437	820,38	1.954,96	2.199,33																		
80.315,99	I	17.746	24,15	1.419,68	1.597,14	-	1.269,52	1.428,21	-	1.124,00	1.264,50	-	984,64	1.107,72	-	851,44	957,87	-	724,40	814,95	-	603,60	679,
	II	15.959	-	1.276,72	1.436,31	-	1.130,88	1.272,24	-	991,20	1.115,10	-	857,76	964,98	-	730,40	821,70	-	609,28	685,44	-	494,32	556,
	III	11.196	-	895,68	1.007,64	-	787,84	886,32	-	683,20	768,60	-	581,60	654,30	-	483,20	543,60	-	387,84	436,32	-	295,52	332,
	IV	17.746	24,15	1.419,68	1.597,14	-	1.344,48	1.512,54	-	1.269,52	1.428,21	-	1.196,00	1.345,50	-	1.124,00	1.264,50	-	1.053,52	1.185,21	-	984,64	1.107,
	V	23.919	758,74	1.913,52	2.152,71																		
	VI	24.451	822,05	1.956,08	2.200,59																		
80.351,99	I	17.760	25,82	1.420,80	1.598,40	-	1.270,64	1.429,47	-	1.125,04	1.265,67	-	985,60	1.108,80	-	852,40	958,95	-	725,36	816,03	-	604,48	680,
	II	15.972	-	1.277,76	1.437,48	-	1.131,92	1.273,41	-	992,24	1.116,27	-	858,72	966,06	-	731,36	822,78	-	610,16	686,43	-	495,12	557,
	III	11.204	-	896,32	1.008,36	-	788,64	887,22	-	684,00	769,50	-	582,40	655,20	-	483,84	544,32	-	388,48	437,04	-	296,16	333,
	IV	17.760	25,82	1.420,80	1.598,40	-	1.345,60	1.513,80	-	1.270,64	1.429,47	-	1.197,04	1.346,67	-	1.125,04	1.265,67	-	1.054,56	1.186,38	-	985,60	1.108,
	V	23.933	760,41	1.914,64	2.153,97																		
	VI	24.465	823,71	1.957,20	2.201,85																		
80.387,99	I	17.773	27,37	1.421,84	1.599,57	-	1.271,68	1.430,64	-	1.126,08	1.266,84	-	986,64	1.109,97	-	853,36	960,03	-	726,24	817,02	-	605,28	680,
	II	15.986	-	1.278,88	1.438,74	-	1.132,96	1.274,58	-	993,20	1.117,35	-	859,60	967,05	-	732,24	823,77	-	610,96	687,33	-	495,92	557,
	III	11.214	-	897,12	1.009,26	-	789,44	888,12	-	684,64	770,22	-	583,04	655,92	-	484,64	545,22	-	389,12	437,76	-	296,80	333,
	IV	17.773	27,37	1.421,84	1.599,57	-	1.346,64	1.514,97	-	1.271,68	1.430,64	-	1.198,08	1.347,84	-	1.126,08	1.266,84	-	1.055,60	1.187,55	-	986,64	1.109,
	V	23.946	761,95	1.915,68	2.155,14																		
	VI	24.478	825,26	1.958,24	2.203,02																		
80.423,99	I	17.787	29,03	1.422,96	1.600,83	-	1.272,80	1.431,90	-	1.127,12	1.268,01	-	987,60	1.111,05	-	854,32	961,11	-	727,12	818,01	-	606,16	681,
	II	16.000	-	1.280,00	1.440,00	-	1.134,00	1.275,75	-	994,24	1.118,52	-	860,56	968,13	-	733,12	824,76	-	611,84	688,32	-	496,80	558,
	III	11.224	-	897,92	1.010,16	-	790,24	889,02	-	685,44	771,12	-	583,84	656,82	-	485,28	545,94	-	389,92	438,66	-	297,44	334,
	IV	17.787	29,03	1.422,96	1.600,83	-	1.347,76	1.516,23	-	1.272,80	1.431,90	-	1.199,20	1.349,10	-	1.127,12	1.268,01	-	1.056,56	1.188,63	-	987,60	1.111,
	V	23.960	763,62	1.916,80	2.156,40																		
	VI	24.492	826,93	1.959,36	2.204,28																		
80.459,99	I	17.801	30,70	1.424,08	1.602,09	-	1.273,84	1.433,07	-	1.128,16	1.269,18	-	988,64	1.112,22	-	855,28	962,19	-	728,08	819,09	-	607,04	682,
	II	16.013	-	1.281,04	1.441,17	-	1.135,04	1.276,92	-	995,20	1.119,60	-	861,52	969,21	-	734,08	825,84	-	612,72	689,31	-	497,60	559,
	III	11.234	-	898,72	1.011,06	-	790,88	889,74	-	686,24	772,02	-	584,64	657,72	-	485,92	546,66	-	390,56	439,38	-	298,08	335,
	IV	17.801	30,70	1.424,08	1.602,09	-	1.348,88	1.517,49	-	1.273,84	1.433,07	-	1.200,24	1.350,27	-	1.128,16	1.269,18	-	1.057,60	1.189,80	-	988,64	1.112,
	V	23.974	765,28	1.917,92	2.157,66																		
	VI	24.506	828,59	1.960,48	2.205,54																		

SolZ/KiSt lt. Tabelle nicht für Sonstige Bezüge anwendbar.

Allgemeine Tabelle

Lohn/ Gehalt bis	Steuerklasse	Lohn-steuer	ohne Kinderfreibetrag			Anzahl Kinderfreibeträge (nur Steuerklassen I–IV)																	
						0,5			1,0			1,5			2,0			2,5			3,0		
			SolZ 5,5%	Kirchensteuer 8%	9%	SolZ 5,5%	Kirchensteuer 8%	9%	SolZ 5,5%	Kirchensteuer 8%	9%	SolZ 5,5%	Kirchensteuer 8%	9%	SolZ 5,5%	Kirchensteuer 8%	9%	SolZ 5,5%	Kirchensteuer 8%	9%	SolZ 5,5%	Kirchensteuer 8%	9%
80.495,99	I	17.814	32,24	1.425,12	1.603,26	-	1.274,96	1.434,33	-	1.129,20	1.270,35	-	989,60	1.113,30	-	856,16	963,18	-	728,96	820,08	-	607,92	683,91
	II	16.027	-	1.282,16	1.442,43	-	1.136,08	1.278,09	-	996,16	1.120,68	-	862,48	970,29	-	734,96	826,83	-	613,60	690,30	-	498,40	560,70
	III	11.244	-	899,52	1.011,96	-	791,68	890,64	-	686,88	772,74	-	585,28	658,44	-	486,72	547,56	-	391,20	440,10	-	298,72	336,06
	IV	17.814	32,24	1.425,12	1.603,26	-	1.349,92	1.518,66	-	1.274,96	1.434,33	-	1.201,28	1.351,44	-	1.129,20	1.270,35	-	1.058,64	1.190,97	-	989,60	1.113,30
	V	23.987	766,83	1.918,96	2.158,83																		
	VI	24.519	830,14	1.961,52	2.206,71																		
80.531,99	I	17.828	33,91	1.426,24	1.604,52	-	1.276,00	1.435,50	-	1.130,24	1.271,52	-	990,64	1.114,47	-	857,12	964,26	-	729,84	821,07	-	608,72	684,81
	II	16.040	-	1.283,20	1.443,60	-	1.137,12	1.279,26	-	997,20	1.121,85	-	863,44	971,37	-	735,84	827,82	-	614,48	691,29	-	499,20	561,60
	III	11.254	-	900,32	1.012,86	-	792,48	891,54	-	687,68	773,64	-	586,08	659,34	-	487,36	548,28	-	391,84	440,82	-	299,52	336,96
	IV	17.828	33,91	1.426,24	1.604,52	-	1.351,04	1.519,92	-	1.276,00	1.435,50	-	1.202,40	1.352,70	-	1.130,24	1.271,52	-	1.059,68	1.192,14	-	990,64	1.114,47
	V	24.001	768,50	1.920,08	2.160,09																		
	VI	24.533	831,81	1.962,64	2.207,97																		
80.567,99	I	17.842	35,58	1.427,36	1.605,78	-	1.277,12	1.436,76	-	1.131,28	1.272,69	-	991,60	1.115,55	-	858,08	965,34	-	730,80	822,15	-	609,60	685,80
	II	16.054	-	1.284,32	1.444,86	-	1.138,16	1.280,43	-	998,24	1.123,02	-	864,40	972,45	-	736,80	828,90	-	615,36	692,28	-	500,08	562,59
	III	11.264	-	901,12	1.013,76	-	793,28	892,44	-	688,48	774,54	-	586,72	660,06	-	488,16	549,18	-	392,64	441,72	-	300,16	337,68
	IV	17.842	35,58	1.427,36	1.605,78	-	1.352,16	1.521,18	-	1.277,12	1.436,76	-	1.203,44	1.353,87	-	1.131,28	1.272,69	-	1.060,64	1.193,22	-	991,60	1.115,55
	V	24.015	770,16	1.921,20	2.161,35																		
	VI	24.547	833,47	1.963,76	2.209,23																		
80.603,99	I	17.855	37,12	1.428,40	1.606,95	-	1.278,16	1.437,93	-	1.132,32	1.273,86	-	992,56	1.116,63	-	859,04	966,42	-	731,68	823,14	-	610,48	686,79
	II	16.067	-	1.285,36	1.446,03	-	1.139,20	1.281,60	-	999,20	1.124,10	-	865,36	973,53	-	737,68	829,89	-	616,16	693,18	-	500,88	563,49
	III	11.274	-	901,92	1.014,66	-	794,08	893,34	-	689,28	775,44	-	587,52	660,96	-	488,80	549,90	-	393,28	442,44	-	300,80	338,40
	IV	17.855	37,12	1.428,40	1.606,95	-	1.353,20	1.522,35	-	1.278,16	1.437,93	-	1.204,48	1.355,04	-	1.132,32	1.273,86	-	1.061,68	1.194,39	-	992,56	1.116,63
	V	24.029	771,83	1.922,32	2.162,61																		
	VI	24.560	835,02	1.964,80	2.210,40																		
80.639,99	I	17.869	38,79	1.429,52	1.608,21	-	1.279,28	1.439,19	-	1.133,36	1.275,03	-	993,60	1.117,80	-	860,00	967,50	-	732,56	824,13	-	611,36	687,78
	II	16.081	-	1.286,48	1.447,29	-	1.140,24	1.282,77	-	1.000,16	1.125,18	-	866,32	974,61	-	738,56	830,88	-	617,04	694,17	-	501,68	564,39
	III	11.284	-	902,72	1.015,56	-	794,88	894,24	-	689,92	776,16	-	588,16	661,68	-	489,60	550,80	-	393,92	443,16	-	301,44	339,12
	IV	17.869	38,79	1.429,52	1.608,21	-	1.354,32	1.523,61	-	1.279,28	1.439,19	-	1.205,52	1.356,21	-	1.133,36	1.275,03	-	1.062,72	1.195,56	-	993,60	1.117,80
	V	24.042	773,38	1.923,36	2.163,78																		
	VI	24.574	836,68	1.965,92	2.211,66																		
80.675,99	I	17.883	40,46	1.430,64	1.609,47	-	1.280,40	1.440,45	-	1.134,40	1.276,20	-	994,64	1.118,97	-	860,96	968,58	-	733,52	825,21	-	612,24	688,77
	II	16.095	-	1.287,60	1.448,55	-	1.141,28	1.283,94	-	1.001,20	1.126,35	-	867,28	975,69	-	739,52	831,96	-	617,92	695,16	-	502,48	565,29
	III	11.294	-	903,52	1.016,46	-	795,68	895,14	-	690,72	777,06	-	588,96	662,58	-	490,24	551,52	-	394,56	443,88	-	302,08	339,84
	IV	17.883	40,46	1.430,64	1.609,47	-	1.355,44	1.524,87	-	1.280,40	1.440,45	-	1.206,64	1.357,47	-	1.134,40	1.276,20	-	1.063,76	1.196,73	-	994,64	1.118,97
	V	24.056	775,04	1.924,48	2.165,04																		
	VI	24.588	838,35	1.967,04	2.212,92																		
80.711,99	I	17.896	42,00	1.431,68	1.610,64	-	1.281,44	1.441,62	-	1.135,44	1.277,37	-	995,60	1.120,05	-	861,92	969,66	-	734,40	826,20	-	613,04	689,67
	II	16.108	-	1.288,64	1.449,72	-	1.142,32	1.285,11	-	1.002,16	1.127,43	-	868,24	976,77	-	740,40	832,95	-	618,80	696,15	-	503,28	566,19
	III	11.304	-	904,32	1.017,36	-	796,32	895,86	-	691,52	777,96	-	589,60	663,30	-	490,88	552,24	-	395,36	444,78	-	302,72	340,56
	IV	17.896	42,00	1.431,68	1.610,64	-	1.356,56	1.526,13	-	1.281,44	1.441,62	-	1.207,68	1.358,64	-	1.135,44	1.277,37	-	1.064,72	1.197,81	-	995,60	1.120,05
	V	24.070	776,71	1.925,60	2.166,30																		
	VI	24.601	839,90	1.968,08	2.214,09																		
80.747,99	I	17.910	43,67	1.432,80	1.611,90	-	1.282,56	1.442,88	-	1.136,48	1.278,54	-	996,56	1.121,13	-	862,88	970,74	-	735,28	827,19	-	613,92	690,66
	II	16.122	-	1.289,76	1.450,98	-	1.143,36	1.286,28	-	1.003,20	1.128,60	-	869,20	977,85	-	741,36	834,03	-	619,68	697,14	-	504,16	567,18
	III	11.314	-	905,12	1.018,26	-	797,12	896,76	-	692,32	778,86	-	590,40	664,20	-	491,68	553,14	-	396,00	445,50	-	303,52	341,46
	IV	17.910	43,67	1.432,80	1.611,90	-	1.357,60	1.527,30	-	1.282,56	1.442,88	-	1.208,72	1.359,81	-	1.136,48	1.278,54	-	1.065,76	1.198,98	-	996,56	1.121,13
	V	24.084	778,37	1.926,72	2.167,56																		
	VI	24.615	841,56	1.969,20	2.215,35																		
80.783,99	I	17.924	45,33	1.433,92	1.613,16	-	1.283,68	1.444,14	-	1.137,52	1.279,71	-	997,60	1.122,30	-	863,84	971,82	-	736,24	828,27	-	614,80	691,65
	II	16.136	-	1.290,88	1.452,24	-	1.144,48	1.287,54	-	1.004,24	1.129,77	-	870,16	978,93	-	742,24	835,02	-	620,48	698,04	-	504,96	568,08
	III	11.324	-	905,92	1.019,16	-	797,92	897,66	-	692,96	779,58	-	591,20	665,10	-	492,32	553,86	-	396,64	446,22	-	304,16	342,18
	IV	17.924	45,33	1.433,92	1.613,16	-	1.358,72	1.528,56	-	1.283,68	1.444,14	-	1.209,84	1.361,07	-	1.137,52	1.279,71	-	1.066,80	1.200,15	-	997,60	1.122,30
	V	24.097	779,92	1.927,76	2.168,73																		
	VI	24.629	843,23	1.970,32	2.216,61																		
80.819,99	I	17.938	47,00	1.435,04	1.614,42	-	1.284,72	1.445,31	-	1.138,56	1.280,88	-	998,56	1.123,38	-	864,72	972,81	-	737,12	829,26	-	615,68	692,64
	II	16.149	-	1.291,92	1.453,41	-	1.145,44	1.288,62	-	1.005,20	1.130,85	-	871,04	979,92	-	743,12	836,01	-	621,36	699,03	-	505,76	568,98
	III	11.334	-	906,72	1.020,06	-	798,72	898,56	-	693,76	780,48	-	591,84	665,82	-	493,12	554,76	-	397,44	447,12	-	304,80	342,90
	IV	17.938	47,00	1.435,04	1.614,42	-	1.359,84	1.529,82	-	1.284,72	1.445,31	-	1.210,88	1.362,24	-	1.138,56	1.280,88	-	1.067,76	1.201,23	-	998,56	1.123,38
	V	24.111	781,59	1.928,88	2.169,99																		
	VI	24.643	844,90	1.971,44	2.217,87																		
80.855,99	I	17.951	48,55	1.436,08	1.615,59	-	1.285,84	1.446,57	-	1.139,60	1.282,05	-	999,60	1.124,55	-	865,76	973,98	-	738,00	830,25	-	616,56	693,63
	II	16.163	-	1.293,04	1.454,67	-	1.146,56	1.289,88	-	1.006,24	1.132,02	-	872,08	981,09	-	744,08	837,09	-	622,24	700,02	-	506,64	569,97
	III	11.344	-	907,52	1.020,96	-	799,52	899,46	-	694,56	781,38	-	592,64	666,72	-	493,76	555,48	-	398,08	447,84	-	305,44	343,62
	IV	17.951	48,55	1.436,08	1.615,59	-	1.360,96	1.531,08	-	1.285,84	1.446,57	-	1.211,92	1.363,41	-	1.139,60	1.282,05	-	1.068,80	1.202,40	-	999,60	1.124,55
	V	24.125	783,25	1.930,00	2.171,25																		
	VI	24.657	846,56	1.972,56	2.219,13																		
80.891,99	I	17.965	50,21	1.437,20	1.616,85	-	1.286,96	1.447,83	-	1.140,64	1.283,22	-	1.000,56	1.125,63	-	866,72	975,06	-	738,96	831,33	-	617,36	694,53
	II	16.177	-	1.294,16	1.455,93	-	1.147,60	1.291,05	-	1.007,20	1.133,10	-	873,04	982,17	-	744,96	838,08	-	623,12	701,01	-	507,44	570,87
	III	11.354	-	908,32	1.021,86	-	800,32	900,36	-	695,20	782,10	-	593,28	667,44	-	494,56	556,38	-	398,72	448,56	-	306,08	344,34
	IV	17.965	50,21	1.437,20	1.616,85	-	1.362,00	1.532,25	-	1.286,96	1.447,83	-	1.213,04	1.364,67	-	1.140,64	1.283,22	-	1.069,84	1.203,57	-	1.000,56	1.125,63
	V	24.139	784,92	1.931,12	2.172,51																		
	VI	24.670	848,11	1.973,60	2.220,30																		
80.927,99	I	17.979	51,88	1.438,32	1.618,11	-	1.288,00	1.449,00	-	1.141,68	1.284,39	-	1.001,60	1.126,80	-	867,60	976,05	-	739,84	832,32	-	618,24	695,52
	II	16.190	-	1.295,20	1.457,10	-	1.148,64	1.292,22	-	1.008,16	1.134,18	-	873,92	983,16	-	745,84	839,07	-	624,00	702,00	-	508,24	571,77
	III	11.364	-	909,12	1.022,76	-	800,96	901,08	-	696,00	783,00	-	594,08	668,34	-	495,20	557,10	-	399,36	449,28	-	306,72	345,06
	IV	17.979	51,88	1.438,32	1.618,11	-	1.363,12	1.533,51	-	1.288,00	1.449,00	-	1.214,08	1.365,84	-	1.141,68	1.284,39	-	1.070,88	1.204,74	-	1.001,60	1.126,80
	V	24.152	786,47	1.932,16	2.173,68																		
	VI	24.684	849,77	1.974,72	2.221,56																		
80.963,99	I	17.993	53,55	1.439,44	1.619,37	-	1.289,12	1.450,26	-	1.142,72	1.285,56	-	1.002,56	1.127,88	-	868,56	977,13	-	740,80	833,40	-	619,12	696,51
	II	16.204	-	1.296,32	1.458,36	-	1.149,68	1.293,39	-	1.009,20	1.135,35	-	874,88	984,24	-	746,80	840,15	-	624,88	702,99	-	509,04	572,67
	III	11.374	-	909,92	1.023,66	-	801,92	902,16	-	696,80	783,90	-	594,88	669,24	-	496,00	558,00	-	400,16	450,18	-	307,36	345,78
	IV	17.993	53,55	1.439,44	1.619,37	-	1.364,24	1.534,77	-	1.289,12	1.450,26	-	1.215,12	1.367,01	-	1.142,72	1.285,56	-	1.071,92	1.205,91	-	1.002,56	1.127,88
	V	24.166	788,13	1.933,28	2.174,94																		
	VI	24.698	851,44	1.975,84	2.222,82																		
80.999,99	I	18.007	55,21	1.440,56	1.620,63	-	1.290,24	1.451,52	-	1.143,84	1.286,82	-	1.003,60	1.129,05	-	869,52	978,21	-	741,68	834,39	-	620,00	697,50
	II	16.218	-	1.297,44	1.459,62	-	1.150,72	1.294,56	-	1.010,24	1.136,52	-	875,92	985,41	-	747,68	841,14	-	625,76	703,98	-	509,92	573,66
	III	11.384	-	910,72	1.024,56	-	802,56	902,88	-	697,60	784,80	-	595,52	669,96	-	496,64	558,72	-	400,80	450,90	-	308,16	346,68
	IV	18.007	55,21	1.440,56	1.620,63	-	1.365,36	1.536,03	-	1.290,24	1.451,52	-	1.216,24	1.368,27	-	1.143,84	1.286,82	-	1.072,96	1.207,08	-	1.003,60	1.129,05
	V	24.180	789,80	1.934,40	2.176,20																		
	VI	24.712	853,11	1.976,96	2.224,08																		

SolZ/KiSt lt. Tabelle nicht für Sonstige Bezüge anwendbar.

Lohn/ Gehalt bis	Steuerklasse	Lohn-steuer	ohne Kinderfreibetrag SolZ 5,5%	Kirchensteuer 8%	9%	Anzahl Kinderfreibeträge (nur Steuerklassen I–IV) 0,5 SolZ 5,5%	Kirchensteuer 8%	9%	1,0 SolZ 5,5%	Kirchensteuer 8%	9%	1,5 SolZ 5,5%	Kirchensteuer 8%	9%	2,0 SolZ 5,5%	Kirchensteuer 8%	9%	2,5 SolZ 5,5%	Kirchensteuer 8%	9%	3,0 SolZ 5,5%	Kirchensteue 8%	9%
81.035,99	I	18.020	56,76	1.441,60	1.621,80	-	1.291,28	1.452,69	-	1.144,80	1.287,90	-	1.004,56	1.130,13	-	870,48	979,29	-	742,56	835,38	-	620,80	698,
	II	16.231	-	1.298,48	1.460,79	-	1.151,76	1.295,73	-	1.011,20	1.137,60	-	876,80	986,40	-	748,64	842,22	-	626,56	704,88	-	510,72	574
	III	11.394	-	911,52	1.025,46	-	803,36	903,78	-	698,24	785,52	-	596,32	670,86	-	497,28	559,44	-	401,44	451,62	-	308,80	347
	IV	18.020	56,76	1.441,60	1.621,80	-	1.366,40	1.537,20	-	1.291,28	1.452,69	-	1.217,28	1.369,44	-	1.144,80	1.287,90	-	1.073,92	1.208,16	-	1.004,56	1.130,
	V	24.193	791,35	1.935,44	2.177,37																		
	VI	24.725	854,65	1.978,00	2.225,25																		
81.071,99	I	18.034	58,42	1.442,72	1.623,06	-	1.292,40	1.453,95	-	1.145,92	1.289,16	-	1.005,60	1.131,30	-	871,44	980,37	-	743,52	836,46	-	621,68	699
	II	16.245	-	1.299,60	1.462,05	-	1.152,80	1.296,90	-	1.012,24	1.138,77	-	877,76	987,48	-	749,52	843,21	-	627,44	705,87	-	511,52	575
	III	11.404	-	912,32	1.026,36	-	804,16	904,68	-	699,04	786,42	-	596,96	671,58	-	498,08	560,34	-	402,24	452,52	-	309,44	348
	IV	18.034	58,42	1.442,72	1.623,06	-	1.367,52	1.538,46	-	1.292,40	1.453,95	-	1.218,40	1.370,70	-	1.145,92	1.289,16	-	1.074,96	1.209,33	-	1.005,60	1.131
	V	24.207	793,01	1.936,56	2.178,63																		
	VI	24.739	856,32	1.979,12	2.226,51																		
81.107,99	I	18.047	59,97	1.443,76	1.624,23	-	1.293,44	1.455,12	-	1.146,88	1.290,24	-	1.006,56	1.132,38	-	872,40	981,45	-	744,40	837,45	-	622,56	700
	II	16.258	-	1.300,64	1.463,22	-	1.153,84	1.298,07	-	1.013,20	1.139,85	-	878,72	988,56	-	750,40	844,20	-	628,32	706,86	-	512,32	576
	III	11.414	-	913,12	1.027,26	-	804,96	905,58	-	699,84	787,32	-	597,76	672,48	-	498,72	561,06	-	402,88	453,24	-	310,08	348
	IV	18.047	59,97	1.443,76	1.624,23	-	1.368,56	1.539,63	-	1.293,44	1.455,12	-	1.219,44	1.371,87	-	1.146,88	1.290,24	-	1.076,00	1.210,50	-	1.006,56	1.132
	V	24.221	794,68	1.937,68	2.179,89																		
	VI	24.752	857,87	1.980,16	2.227,68																		
81.143,99	I	18.061	61,64	1.444,88	1.625,49	-	1.294,56	1.456,38	-	1.148,00	1.291,50	-	1.007,60	1.133,55	-	873,36	982,53	-	745,28	838,44	-	623,44	701
	II	16.272	-	1.301,76	1.464,48	-	1.154,88	1.299,24	-	1.014,24	1.141,02	-	879,68	989,64	-	751,36	845,28	-	629,20	707,85	-	513,20	577
	III	11.424	-	913,92	1.028,16	-	805,76	906,48	-	700,48	788,04	-	598,40	673,20	-	499,52	561,96	-	403,52	453,96	-	310,72	349
	IV	18.061	61,64	1.444,88	1.625,49	-	1.369,68	1.540,89	-	1.294,56	1.456,38	-	1.220,48	1.373,04	-	1.148,00	1.291,50	-	1.077,04	1.211,67	-	1.007,60	1.133
	V	24.234	796,22	1.938,72	2.181,06																		
	VI	24.766	859,53	1.981,28	2.228,94																		
81.179,99	I	18.075	63,30	1.446,00	1.626,75	-	1.295,68	1.457,64	-	1.149,04	1.292,67	-	1.008,56	1.134,63	-	874,32	983,61	-	746,24	839,52	-	624,32	702
	II	16.286	-	1.302,88	1.465,74	-	1.156,00	1.300,50	-	1.015,20	1.142,10	-	880,64	990,72	-	752,24	846,27	-	630,08	708,84	-	514,00	578
	III	11.434	-	914,72	1.029,06	-	806,56	907,38	-	701,28	788,94	-	599,20	674,10	-	500,16	562,68	-	404,32	454,86	-	311,36	350
	IV	18.075	63,30	1.446,00	1.626,75	-	1.370,80	1.542,15	-	1.295,68	1.457,64	-	1.221,60	1.374,30	-	1.149,04	1.292,67	-	1.078,08	1.212,84	-	1.008,56	1.134
	V	24.248	797,89	1.939,84	2.182,32																		
	VI	24.780	861,20	1.982,40	2.230,20																		
81.215,99	I	18.088	64,85	1.447,04	1.627,92	-	1.296,72	1.458,81	-	1.150,08	1.293,84	-	1.009,60	1.135,80	-	875,28	984,69	-	747,12	840,51	-	625,20	703
	II	16.299	-	1.303,92	1.466,91	-	1.156,96	1.301,58	-	1.016,24	1.143,27	-	881,60	991,80	-	753,20	847,35	-	630,88	709,74	-	514,80	579
	III	11.444	-	915,52	1.029,96	-	807,20	908,10	-	702,08	789,84	-	600,00	675,00	-	500,96	563,58	-	404,96	455,58	-	312,16	351
	IV	18.088	64,85	1.447,04	1.627,92	-	1.371,84	1.543,32	-	1.296,72	1.458,81	-	1.222,64	1.375,47	-	1.150,08	1.293,84	-	1.079,04	1.213,92	-	1.009,60	1.135
	V	24.262	799,56	1.940,96	2.183,58																		
	VI	24.793	862,75	1.983,44	2.231,37																		
81.251,99	I	18.102	66,52	1.448,16	1.629,18	-	1.297,84	1.460,07	-	1.151,12	1.295,01	-	1.010,56	1.136,88	-	876,24	985,77	-	748,08	841,59	-	626,00	704
	II	16.313	-	1.305,04	1.468,17	-	1.158,08	1.302,84	-	1.017,20	1.144,35	-	882,56	992,88	-	754,08	848,34	-	631,76	710,73	-	515,68	580
	III	11.454	-	916,32	1.030,86	-	808,00	909,00	-	702,88	790,74	-	600,64	675,72	-	501,60	564,30	-	405,60	456,30	-	312,80	351
	IV	18.102	66,52	1.448,16	1.629,18	-	1.372,96	1.544,58	-	1.297,84	1.460,07	-	1.223,68	1.376,64	-	1.151,12	1.295,01	-	1.080,08	1.215,09	-	1.010,56	1.136
	V	24.276	801,22	1.942,08	2.184,84																		
	VI	24.807	864,41	1.984,56	2.232,63																		
81.287,99	I	18.116	68,18	1.449,28	1.630,44	-	1.298,96	1.461,33	-	1.152,16	1.296,18	-	1.011,60	1.138,05	-	877,20	986,85	-	748,96	842,58	-	626,88	705
	II	16.327	-	1.306,16	1.469,43	-	1.159,12	1.304,01	-	1.018,24	1.145,52	-	883,52	993,96	-	755,04	849,42	-	632,64	711,72	-	516,48	581
	III	11.464	-	917,12	1.031,76	-	808,80	909,90	-	703,52	791,46	-	601,44	676,62	-	502,40	565,20	-	406,40	457,20	-	313,44	352
	IV	18.116	68,18	1.449,28	1.630,44	-	1.374,08	1.545,84	-	1.298,96	1.461,33	-	1.224,80	1.377,90	-	1.152,16	1.296,18	-	1.081,12	1.216,26	-	1.011,60	1.138
	V	24.289	802,77	1.943,12	2.186,01																		
	VI	24.821	866,08	1.985,68	2.233,89																		
81.323,99	I	18.130	69,85	1.450,40	1.631,70	-	1.300,00	1.462,50	-	1.153,20	1.297,35	-	1.012,56	1.139,13	-	878,16	987,93	-	749,84	843,57	-	627,76	706
	II	16.340	-	1.307,20	1.470,60	-	1.160,16	1.305,18	-	1.019,20	1.146,60	-	884,48	995,04	-	755,92	850,41	-	633,52	712,71	-	517,28	581
	III	11.474	-	917,92	1.032,66	-	809,60	910,80	-	704,32	792,36	-	602,08	677,34	-	503,04	565,92	-	407,04	457,92	-	314,08	353
	IV	18.130	69,85	1.450,40	1.631,70	-	1.375,20	1.547,10	-	1.300,00	1.462,50	-	1.225,84	1.379,07	-	1.153,20	1.297,35	-	1.082,16	1.217,43	-	1.012,56	1.139
	V	24.303	804,44	1.944,24	2.187,27																		
	VI	24.835	867,74	1.986,80	2.235,15																		
81.359,99	I	18.143	71,40	1.451,44	1.632,87	-	1.301,12	1.463,76	-	1.154,24	1.298,52	-	1.013,60	1.140,30	-	879,12	989,01	-	750,80	844,65	-	628,64	707
	II	16.354	-	1.308,32	1.471,86	-	1.161,20	1.306,35	-	1.020,24	1.147,77	-	885,44	996,12	-	756,80	851,40	-	634,40	713,70	-	518,16	582
	III	11.484	-	918,72	1.033,56	-	810,40	911,70	-	705,12	793,26	-	602,88	678,24	-	503,68	566,64	-	407,68	458,64	-	314,72	354
	IV	18.143	71,40	1.451,44	1.632,87	-	1.376,24	1.548,27	-	1.301,12	1.463,76	-	1.226,88	1.380,24	-	1.154,24	1.298,52	-	1.083,20	1.218,60	-	1.013,60	1.140
	V	24.317	806,10	1.945,36	2.188,53																		
	VI	24.848	869,29	1.987,84	2.236,32																		
81.395,99	I	18.157	73,06	1.452,56	1.634,13	-	1.302,24	1.465,02	-	1.155,36	1.299,78	-	1.014,64	1.141,47	-	880,08	990,09	-	751,68	845,64	-	629,52	708
	II	16.368	-	1.309,44	1.473,12	-	1.162,24	1.307,52	-	1.021,28	1.148,94	-	886,40	997,20	-	757,76	852,48	-	635,28	714,69	-	518,96	583
	III	11.496	-	919,68	1.034,64	-	811,20	912,60	-	705,92	794,16	-	603,68	679,14	-	504,48	567,54	-	408,48	459,54	-	315,36	354
	IV	18.157	73,06	1.452,56	1.634,13	-	1.377,36	1.549,53	-	1.302,24	1.465,02	-	1.228,00	1.381,50	-	1.155,36	1.299,78	-	1.084,16	1.219,68	-	1.014,64	1.141
	V	24.331	807,77	1.946,48	2.189,79																		
	VI	24.862	870,96	1.988,96	2.237,58																		
81.431,99	I	18.171	74,73	1.453,68	1.635,39	-	1.303,28	1.466,19	-	1.156,32	1.300,86	-	1.015,60	1.142,55	-	881,04	991,17	-	752,64	846,72	-	630,40	709
	II	16.382	-	1.310,56	1.474,38	-	1.163,28	1.308,69	-	1.022,24	1.150,02	-	887,36	998,28	-	758,64	853,47	-	636,16	715,68	-	519,76	584
	III	11.504	-	920,32	1.035,36	-	812,00	913,50	-	706,56	794,88	-	604,32	679,86	-	505,12	568,26	-	409,12	460,26	-	316,16	355
	IV	18.171	74,73	1.453,68	1.635,39	-	1.378,48	1.550,79	-	1.303,28	1.466,19	-	1.229,04	1.382,67	-	1.156,32	1.300,86	-	1.085,20	1.220,85	-	1.015,60	1.142
	V	24.344	809,31	1.947,52	2.190,96																		
	VI	24.876	872,62	1.990,08	2.238,84																		
81.467,99	I	18.185	76,39	1.454,80	1.636,65	-	1.304,40	1.467,45	-	1.157,44	1.302,12	-	1.016,64	1.143,72	-	882,00	992,25	-	753,52	847,71	-	631,28	710
	II	16.395	-	1.311,60	1.475,55	-	1.164,40	1.309,95	-	1.023,28	1.151,19	-	888,32	999,36	-	759,60	854,55	-	637,04	716,67	-	520,64	585
	III	11.514	-	921,12	1.036,26	-	812,64	914,22	-	707,36	795,78	-	605,12	680,76	-	505,92	569,16	-	409,76	460,98	-	316,80	356
	IV	18.185	76,39	1.454,80	1.636,65	-	1.379,60	1.552,05	-	1.304,40	1.467,45	-	1.230,16	1.383,93	-	1.157,44	1.302,12	-	1.086,24	1.222,02	-	1.016,64	1.143
	V	24.358	810,98	1.948,64	2.192,22																		
	VI	24.890	874,29	1.991,20	2.240,10																		
81.503,99	I	18.198	77,94	1.455,84	1.637,82	-	1.305,52	1.468,71	-	1.158,48	1.303,29	-	1.017,60	1.144,80	-	882,96	993,33	-	754,48	848,79	-	632,16	711
	II	16.409	-	1.312,72	1.476,81	-	1.165,44	1.311,12	-	1.024,32	1.152,36	-	889,28	1.000,44	-	760,48	855,54	-	637,92	717,66	-	521,44	586
	III	11.526	-	922,08	1.037,34	-	813,60	915,30	-	708,16	796,68	-	605,76	681,48	-	506,56	569,88	-	410,56	461,88	-	317,44	357
	IV	18.198	77,94	1.455,84	1.637,82	-	1.380,64	1.553,22	-	1.305,52	1.468,71	-	1.231,20	1.385,10	-	1.158,48	1.303,29	-	1.087,28	1.223,19	-	1.017,60	1.144
	V	24.372	812,65	1.949,76	2.193,48																		
	VI	24.903	875,84	1.992,24	2.241,27																		
81.539,99	I	18.212	79,61	1.456,96	1.639,08	-	1.306,56	1.469,88	-	1.159,52	1.304,46	-	1.018,64	1.145,97	-	883,92	994,41	-	755,36	849,78	-	632,96	712
	II	16.423	-	1.313,84	1.478,07	-	1.166,48	1.312,29	-	1.025,28	1.153,44	-	890,24	1.001,52	-	761,44	856,62	-	638,72	718,56	-	522,24	587
	III	11.534	-	922,72	1.038,06	-	814,24	916,02	-	708,96	797,58	-	606,56	682,38	-	507,36	570,78	-	411,20	462,60	-	318,08	357
	IV	18.212	79,61	1.456,96	1.639,08	-	1.381,76	1.554,48	-	1.306,56	1.469,88	-	1.232,24	1.386,27	-	1.159,52	1.304,46	-	1.088,32	1.224,36	-	1.018,64	1.145
	V	24.385	814,19	1.950,80	2.194,65																		
	VI	24.917	877,50	1.993,36	2.242,53																		

SolZ/KiSt lt. Tabelle nicht für Sonstige Bezüge anwendbar.

Lohn/ Gehalt bis	Steuerklasse	Lohn-steuer	ohne Kinderfreibetrag			Anzahl Kinderfreibeträge (nur Steuerklassen I–IV)																	
						0,5			1,0			1,5			2,0			2,5			3,0		
			SolZ 5,5%	Kirchensteuer 8%	9%	SolZ 5,5%	Kirchensteuer 8%	9%	SolZ 5,5%	Kirchensteuer 8%	9%	SolZ 5,5%	Kirchensteuer 8%	9%	SolZ 5,5%	Kirchensteuer 8%	9%	SolZ 5,5%	Kirchensteuer 8%	9%	SolZ 5,5%	Kirchensteuer 8%	9%
1.575,99	I	18.226	81,27	1.458,08	1.640,34	-	1.307,68	1.471,14	-	1.160,56	1.305,63	-	1.019,60	1.147,05	-	884,88	995,49	-	756,24	850,77	-	633,84	713,07
	II	16.437	-	1.314,96	1.479,33	-	1.167,52	1.313,46	-	1.026,32	1.154,61	-	891,20	1.002,60	-	762,32	857,61	-	639,60	719,55	-	523,12	588,51
	III	11.544	-	923,52	1.038,96	-	815,04	916,92	-	709,60	798,30	-	607,20	683,10	-	508,00	571,50	-	411,84	463,32	-	318,72	358,56
	IV	18.226	81,27	1.458,08	1.640,34	-	1.382,88	1.555,74	-	1.307,68	1.471,14	-	1.233,36	1.387,53	-	1.160,56	1.305,63	-	1.089,36	1.225,53	-	1.019,60	1.147,05
	V	24.399	815,86	1.951,92	2.195,91																		
	VI	24.931	879,17	1.994,48	2.243,79																		
1.611,99	I	18.240	82,94	1.459,20	1.641,60	-	1.308,80	1.472,40	-	1.161,60	1.306,80	-	1.020,64	1.148,22	-	885,84	996,57	-	757,20	851,85	-	634,72	714,06
	II	16.450	-	1.316,00	1.480,50	-	1.168,56	1.314,63	-	1.027,28	1.155,69	-	892,24	1.003,77	-	763,28	858,69	-	640,48	720,54	-	523,92	589,41
	III	11.556	-	924,48	1.040,04	-	815,84	917,82	-	710,40	799,20	-	608,00	684,00	-	508,80	572,40	-	412,48	464,04	-	319,52	359,46
	IV	18.240	82,94	1.459,20	1.641,60	-	1.384,00	1.557,00	-	1.308,80	1.472,40	-	1.234,40	1.388,70	-	1.161,60	1.306,80	-	1.090,40	1.226,70	-	1.020,64	1.148,22
	V	24.413	817,53	1.953,04	2.197,17																		
	VI	24.945	880,83	1.995,60	2.245,05																		
1.647,99	I	18.253	84,49	1.460,24	1.642,77	-	1.309,84	1.473,57	-	1.162,64	1.307,97	-	1.021,60	1.149,30	-	886,80	997,65	-	758,08	852,84	-	635,60	715,05
	II	16.464	-	1.317,12	1.481,76	-	1.169,60	1.315,80	-	1.028,32	1.156,86	-	893,12	1.004,76	-	764,16	859,68	-	641,36	721,53	-	524,72	590,31
	III	11.566	-	925,28	1.040,94	-	816,64	918,72	-	711,20	800,10	-	608,80	684,90	-	509,44	573,12	-	413,28	464,94	-	320,16	360,18
	IV	18.253	84,49	1.460,24	1.642,77	-	1.385,04	1.558,17	-	1.309,84	1.473,57	-	1.235,52	1.389,96	-	1.162,64	1.307,97	-	1.091,36	1.227,78	-	1.021,60	1.149,30
	V	24.426	819,07	1.954,08	2.198,34																		
	VI	24.958	882,38	1.996,64	2.246,22																		
1.683,99	I	18.267	86,15	1.461,36	1.644,03	-	1.310,96	1.474,83	-	1.163,76	1.309,23	-	1.022,64	1.150,47	-	887,76	998,73	-	759,04	853,92	-	636,48	716,04
	II	16.478	-	1.318,24	1.483,02	-	1.170,72	1.317,06	-	1.029,28	1.157,94	-	894,16	1.005,93	-	765,12	860,76	-	642,24	722,52	-	525,60	591,30
	III	11.574	-	925,92	1.041,66	-	817,44	919,62	-	711,84	800,82	-	609,44	685,62	-	510,08	573,84	-	413,92	465,66	-	320,80	360,90
	IV	18.267	86,15	1.461,36	1.644,03	-	1.386,16	1.559,43	-	1.310,96	1.474,83	-	1.236,56	1.391,13	-	1.163,76	1.309,23	-	1.092,40	1.228,95	-	1.022,64	1.150,47
	V	24.440	820,74	1.955,20	2.199,60																		
	VI	24.972	884,05	1.997,76	2.247,48																		
1.719,99	I	18.281	87,82	1.462,48	1.645,29	-	1.312,08	1.476,09	-	1.164,80	1.310,40	-	1.023,68	1.151,64	-	888,72	999,81	-	759,92	854,91	-	637,36	717,03
	II	16.492	-	1.319,36	1.484,28	-	1.171,76	1.318,23	-	1.030,32	1.159,11	-	895,12	1.007,01	-	766,00	861,75	-	643,12	723,51	-	526,40	592,20
	III	11.586	-	926,88	1.042,74	-	818,24	920,52	-	712,64	801,72	-	610,24	686,52	-	510,88	574,74	-	414,56	466,38	-	321,44	361,62
	IV	18.281	87,82	1.462,48	1.645,29	-	1.387,28	1.560,69	-	1.312,08	1.476,09	-	1.237,68	1.392,39	-	1.164,80	1.310,40	-	1.093,44	1.230,12	-	1.023,68	1.151,64
	V	24.454	822,40	1.956,32	2.200,86																		
	VI	24.986	885,71	1.998,88	2.248,74																		
1.755,99	I	18.294	89,36	1.463,52	1.646,46	-	1.313,12	1.477,26	-	1.165,84	1.311,57	-	1.024,64	1.152,72	-	889,68	1.000,89	-	760,88	855,99	-	638,24	718,02
	II	16.505	-	1.320,40	1.485,45	-	1.172,80	1.319,40	-	1.031,36	1.160,28	-	896,00	1.008,00	-	766,96	862,83	-	644,00	724,50	-	527,20	593,10
	III	11.596	-	927,68	1.043,64	-	819,04	921,42	-	713,44	802,62	-	611,04	687,42	-	511,52	575,46	-	415,36	467,28	-	322,08	362,34
	IV	18.294	89,36	1.463,52	1.646,46	-	1.388,32	1.561,86	-	1.313,12	1.477,26	-	1.238,72	1.393,56	-	1.165,84	1.311,57	-	1.094,48	1.231,29	-	1.024,64	1.152,72
	V	24.468	824,07	1.957,44	2.202,12																		
	VI	24.999	887,26	1.999,92	2.249,91																		
1.791,99	I	18.308	91,03	1.464,64	1.647,72	-	1.314,24	1.478,52	-	1.166,88	1.312,74	-	1.025,68	1.153,89	-	890,64	1.001,97	-	761,76	856,98	-	639,12	719,01
	II	16.519	-	1.321,52	1.486,71	-	1.173,84	1.320,57	-	1.032,32	1.161,36	-	897,04	1.009,17	-	767,84	863,82	-	644,88	725,49	-	528,08	594,09
	III	11.606	-	928,48	1.044,54	-	819,68	922,14	-	714,24	803,52	-	611,68	688,14	-	512,32	576,36	-	416,00	468,00	-	322,72	363,06
	IV	18.308	91,03	1.464,64	1.647,72	-	1.389,44	1.563,12	-	1.314,24	1.478,52	-	1.239,76	1.394,73	-	1.166,88	1.312,74	-	1.095,52	1.232,46	-	1.025,68	1.153,89
	V	24.481	825,62	1.958,48	2.203,29																		
	VI	25.013	888,93	2.001,04	2.251,17																		
1.827,99	I	18.322	92,70	1.465,76	1.648,98	-	1.315,36	1.479,78	-	1.167,92	1.313,91	-	1.026,64	1.154,97	-	891,60	1.003,05	-	762,64	857,97	-	639,92	719,91
	II	16.532	-	1.322,56	1.487,88	-	1.174,88	1.321,74	-	1.033,36	1.162,53	-	897,92	1.010,16	-	768,72	864,81	-	645,76	726,48	-	528,88	594,99
	III	11.614	-	929,12	1.045,26	-	820,48	923,04	-	714,88	804,24	-	612,48	689,04	-	512,96	577,08	-	416,64	468,72	-	323,36	363,78
	IV	18.322	92,70	1.465,76	1.648,98	-	1.390,56	1.564,38	-	1.315,36	1.479,78	-	1.240,88	1.395,99	-	1.167,92	1.313,91	-	1.096,48	1.233,54	-	1.026,64	1.154,97
	V	24.495	827,28	1.959,60	2.204,55																		
	VI	25.027	890,59	2.002,16	2.252,43																		
1.863,99	I	18.335	94,24	1.466,80	1.650,15	-	1.316,40	1.480,95	-	1.168,96	1.315,08	-	1.027,68	1.156,14	-	892,56	1.004,13	-	763,60	859,05	-	640,80	720,90
	II	16.546	-	1.323,68	1.489,14	-	1.175,92	1.322,91	-	1.034,32	1.163,61	-	898,96	1.011,33	-	769,68	865,89	-	646,64	727,47	-	529,68	595,89
	III	11.626	-	930,08	1.046,34	-	821,28	923,94	-	715,68	805,14	-	613,12	689,76	-	513,76	577,98	-	417,44	469,62	-	324,16	364,68
	IV	18.335	94,24	1.466,80	1.650,15	-	1.391,60	1.565,55	-	1.316,40	1.480,95	-	1.241,92	1.397,16	-	1.168,96	1.315,08	-	1.097,52	1.234,71	-	1.027,68	1.156,14
	V	24.509	828,95	1.960,72	2.205,81																		
	VI	25.040	892,14	2.003,20	2.253,60																		
1.899,99	I	18.349	95,91	1.467,92	1.651,41	-	1.317,52	1.482,21	-	1.170,00	1.316,25	-	1.028,72	1.157,31	-	893,52	1.005,21	-	764,56	860,13	-	641,68	721,89
	II	16.560	-	1.324,80	1.490,40	-	1.177,04	1.324,17	-	1.035,36	1.164,78	-	899,92	1.012,41	-	770,64	866,97	-	647,52	728,46	-	530,56	596,88
	III	11.636	-	930,88	1.047,24	-	822,08	924,84	-	716,48	806,04	-	613,92	690,66	-	514,40	578,70	-	418,08	470,34	-	324,80	365,40
	IV	18.349	95,91	1.467,92	1.651,41	-	1.392,72	1.566,81	-	1.317,52	1.482,21	-	1.243,04	1.398,42	-	1.170,00	1.316,25	-	1.098,56	1.235,88	-	1.028,72	1.157,31
	V	24.523	830,62	1.961,84	2.207,07																		
	VI	25.054	893,80	2.004,32	2.254,86																		
1.935,99	I	18.363	97,58	1.469,04	1.652,67	-	1.318,64	1.483,47	-	1.171,04	1.317,42	-	1.029,68	1.158,39	-	894,48	1.006,29	-	765,44	861,12	-	642,56	722,88
	II	16.573	-	1.325,84	1.491,57	-	1.178,08	1.325,34	-	1.036,40	1.165,95	-	900,88	1.013,49	-	771,52	867,96	-	648,32	729,36	-	531,36	597,78
	III	11.646	-	931,68	1.048,14	-	822,88	925,74	-	717,12	806,76	-	614,56	691,38	-	515,20	579,60	-	418,72	471,06	-	325,44	366,12
	IV	18.363	97,58	1.469,04	1.652,67	-	1.393,84	1.568,07	-	1.318,64	1.483,47	-	1.244,08	1.399,59	-	1.171,04	1.317,42	-	1.099,60	1.237,05	-	1.029,68	1.158,39
	V	24.536	832,16	1.962,88	2.208,24																		
	VI	25.068	895,47	2.005,44	2.256,12																		
1.971,99	I	18.377	99,24	1.470,16	1.653,93	-	1.319,76	1.484,73	-	1.172,16	1.318,68	-	1.030,72	1.159,56	-	895,44	1.007,37	-	766,40	862,20	-	643,44	723,87
	II	16.587	-	1.326,96	1.492,83	-	1.179,12	1.326,51	-	1.037,36	1.167,03	-	901,84	1.014,57	-	772,48	869,04	-	649,28	730,44	-	532,24	598,77
	III	11.656	-	932,48	1.049,04	-	823,68	926,64	-	717,92	807,66	-	615,36	692,28	-	515,84	580,32	-	419,52	471,96	-	326,08	366,84
	IV	18.377	99,24	1.470,16	1.653,93	-	1.394,96	1.569,33	-	1.319,76	1.484,73	-	1.245,20	1.400,85	-	1.172,16	1.318,68	-	1.100,64	1.238,22	-	1.030,72	1.159,56
	V	24.550	833,83	1.964,00	2.209,50																		
	VI	25.082	897,14	2.006,56	2.257,38																		
2.007,99	I	18.390	100,79	1.471,20	1.655,10	-	1.320,80	1.485,90	-	1.173,20	1.319,85	-	1.031,76	1.160,73	-	896,40	1.008,45	-	767,28	863,19	-	644,32	724,86
	II	16.601	-	1.328,08	1.494,09	-	1.180,16	1.327,68	-	1.038,40	1.168,20	-	902,80	1.015,65	-	773,36	870,03	-	650,16	731,43	-	533,04	599,67
	III	11.666	-	933,28	1.049,94	-	824,48	927,54	-	718,72	808,56	-	616,16	693,18	-	516,64	581,22	-	420,16	472,68	-	326,72	367,56
	IV	18.390	100,79	1.471,20	1.655,10	-	1.396,00	1.570,50	-	1.320,80	1.485,90	-	1.246,24	1.402,02	-	1.173,20	1.319,85	-	1.101,68	1.239,39	-	1.031,76	1.160,73
	V	24.564	835,49	1.965,12	2.210,76																		
	VI	25.095	898,68	2.007,60	2.258,55																		
2.043,99	I	18.404	102,45	1.472,32	1.656,36	-	1.321,92	1.487,16	-	1.174,24	1.321,02	-	1.032,72	1.161,81	-	897,36	1.009,53	-	768,16	864,18	-	645,20	725,85
	II	16.615	-	1.329,20	1.495,35	-	1.181,20	1.328,85	-	1.039,44	1.169,37	-	903,76	1.016,73	-	774,32	871,11	-	650,96	732,33	-	533,84	600,57
	III	11.676	-	934,08	1.050,84	-	825,28	928,44	-	719,52	809,46	-	616,80	693,90	-	517,28	581,94	-	420,80	473,40	-	327,36	368,28
	IV	18.404	102,45	1.472,32	1.656,36	-	1.397,12	1.571,76	-	1.321,92	1.487,16	-	1.247,28	1.403,19	-	1.174,24	1.321,02	-	1.102,72	1.240,56	-	1.032,72	1.161,81
	V	24.577	837,04	1.966,16	2.211,93																		
	VI	25.109	900,35	2.008,72	2.259,81																		
2.079,99	I	18.418	104,12	1.473,44	1.657,62	-	1.323,04	1.488,42	-	1.175,28	1.322,19	-	1.033,76	1.162,98	-	898,32	1.010,61	-	769,12	865,26	-	646,08	726,84
	II	16.628	-	1.330,24	1.496,52	-	1.182,32	1.330,11	-	1.040,40	1.170,45	-	904,72	1.017,81	-	775,20	872,10	-	651,84	733,32	-	534,72	601,56
	III	11.686	-	934,88	1.051,74	-	826,08	929,34	-	720,32	810,36	-	617,60	694,80	-	518,08	582,84	-	421,60	474,30	-	328,16	369,18
	IV	18.418	104,12	1.473,44	1.657,62	-	1.398,24	1.573,02	-	1.323,04	1.488,42	-	1.248,40	1.404,45	-	1.175,28	1.322,19	-	1.103,76	1.241,73	-	1.033,76	1.162,98
	V	24.591	838,71	1.967,28	2.213,19																		
	VI	25.123	902,02	2.009,84	2.261,07																		

SolZ/KiSt lt. Tabelle nicht für Sonstige Bezüge anwendbar.

Lohn/ Gehalt bis	Steuerklasse	Lohnsteuer	ohne Kinderfreibetrag SolZ 5,5%	Kirchensteuer 8%	9%	0,5 SolZ 5,5%	Kirchensteuer 8%	9%	1,0 SolZ 5,5%	Kirchensteuer 8%	9%	1,5 SolZ 5,5%	Kirchensteuer 8%	9%	2,0 SolZ 5,5%	Kirchensteuer 8%	9%	2,5 SolZ 5,5%	Kirchensteuer 8%	9%	3,0 SolZ 5,5%	Kirchensteuer 8%	9%
						Anzahl Kinderfreibeträge (nur Steuerklassen I–IV)																	
82.115,99	I	18.432	105,79	1.474,56	1.658,88	-	1.324,16	1.489,68	-	1.176,40	1.323,45	-	1.034,72	1.164,06	-	899,28	1.011,69	-	770,08	866,34	-	646,96	727
	II	16.642	-	1.331,36	1.497,78	-	1.183,36	1.331,28	-	1.041,44	1.171,62	-	905,68	1.018,89	-	776,16	873,18	-	652,80	734,40	-	535,52	602
	III	11.696	-	935,68	1.052,64	-	826,72	930,06	-	720,96	811,08	-	618,40	695,70	-	518,72	583,56	-	422,24	475,02	-	328,80	369
	IV	18.432	105,79	1.474,56	1.658,88	-	1.399,36	1.574,28	-	1.324,16	1.489,68	-	1.249,52	1.405,71	-	1.176,40	1.323,45	-	1.104,80	1.242,90	-	1.034,72	1.164
	V	24.605	840,37	1.968,40	2.214,45																		
	VI	25.137	903,68	2.010,96	2.262,33																		
82.151,99	I	18.445	107,33	1.475,60	1.660,05	-	1.325,20	1.490,85	-	1.177,44	1.324,62	-	1.035,76	1.165,23	-	900,24	1.012,77	-	770,96	867,33	-	647,84	728
	II	16.656	-	1.332,48	1.499,04	-	1.184,40	1.332,45	-	1.042,48	1.172,79	-	906,64	1.019,97	-	777,04	874,17	-	653,60	735,30	-	536,40	603
	III	11.706	-	936,48	1.053,54	-	827,52	930,96	-	721,76	811,98	-	619,04	696,42	-	519,36	584,28	-	422,88	475,74	-	329,44	370
	IV	18.445	107,33	1.475,60	1.660,05	-	1.400,40	1.575,45	-	1.325,20	1.490,85	-	1.250,56	1.406,88	-	1.177,44	1.324,62	-	1.105,84	1.244,07	-	1.035,76	1.165
	V	24.618	841,92	1.969,44	2.215,62																		
	VI	25.150	905,23	2.012,00	2.263,50																		
82.187,99	I	18.459	109,00	1.476,72	1.661,31	-	1.326,32	1.492,11	-	1.178,48	1.325,79	-	1.036,80	1.166,40	-	901,28	1.013,94	-	771,92	868,41	-	648,72	729
	II	16.670	-	1.333,60	1.500,30	-	1.185,44	1.333,62	-	1.043,44	1.173,87	-	907,68	1.021,14	-	778,00	875,25	-	654,48	736,29	-	537,20	604
	III	11.716	-	937,28	1.054,44	-	828,32	931,86	-	722,56	812,88	-	619,84	697,32	-	520,16	585,18	-	423,68	476,64	-	330,08	371
	IV	18.459	109,00	1.476,72	1.661,31	-	1.401,52	1.576,71	-	1.326,32	1.492,11	-	1.251,60	1.408,05	-	1.178,48	1.325,79	-	1.106,88	1.245,24	-	1.036,80	1.166
	V	24.632	843,59	1.970,56	2.216,88																		
	VI	25.164	906,89	2.013,12	2.264,76																		
82.223,99	I	18.473	110,67	1.477,84	1.662,57	-	1.327,44	1.493,37	-	1.179,52	1.326,96	-	1.037,76	1.167,48	-	902,24	1.015,02	-	772,80	869,40	-	649,60	730
	II	16.684	-	1.334,72	1.501,56	-	1.186,56	1.334,88	-	1.044,48	1.175,04	-	908,64	1.022,22	-	778,96	876,33	-	655,36	737,28	-	538,08	605
	III	11.726	-	938,08	1.055,34	-	829,12	932,76	-	723,36	813,78	-	620,48	698,04	-	520,80	585,90	-	424,32	477,36	-	330,72	372
	IV	18.473	110,67	1.477,84	1.662,57	-	1.402,64	1.577,97	-	1.327,44	1.493,37	-	1.252,72	1.409,31	-	1.179,52	1.326,96	-	1.107,92	1.246,41	-	1.037,76	1.167
	V	24.646	845,25	1.971,68	2.218,14																		
	VI	25.178	908,56	2.014,24	2.266,02																		
82.259,99	I	18.486	112,21	1.478,88	1.663,74	-	1.328,48	1.494,54	-	1.180,56	1.328,13	-	1.038,80	1.168,65	-	903,20	1.016,10	-	773,76	870,48	-	650,48	731
	II	16.697	-	1.335,76	1.502,73	-	1.187,60	1.336,05	-	1.045,52	1.176,21	-	909,60	1.023,30	-	779,84	877,32	-	656,24	738,27	-	538,88	606
	III	11.736	-	938,88	1.056,24	-	829,92	933,66	-	724,00	814,50	-	621,28	698,94	-	521,60	586,80	-	424,96	478,08	-	331,52	372
	IV	18.486	112,21	1.478,88	1.663,74	0,35	1.403,68	1.579,14	-	1.328,48	1.494,54	-	1.253,76	1.410,48	-	1.180,56	1.328,13	-	1.108,88	1.247,49	-	1.038,80	1.168
	V	24.659	846,80	1.972,72	2.219,31																		
	VI	25.191	910,11	2.015,28	2.267,19																		
82.295,99	I	18.500	113,88	1.480,00	1.665,00	-	1.329,60	1.495,80	-	1.181,68	1.329,39	-	1.039,84	1.169,82	-	904,16	1.017,18	-	774,64	871,47	-	651,36	732
	II	16.711	-	1.336,88	1.503,99	-	1.188,64	1.337,22	-	1.046,48	1.177,29	-	910,56	1.024,38	-	780,80	878,40	-	657,12	739,26	-	539,68	607
	III	11.746	-	939,68	1.057,14	-	830,72	934,56	-	724,80	815,40	-	622,08	699,84	-	522,40	587,70	-	425,76	478,98	-	332,16	373
	IV	18.500	113,88	1.480,00	1.665,00	2,02	1.404,80	1.580,40	-	1.329,60	1.495,80	-	1.254,88	1.411,74	-	1.181,68	1.329,39	-	1.109,92	1.248,66	-	1.039,84	1.169
	V	24.673	848,47	1.973,84	2.220,57																		
	VI	25.205	911,77	2.016,40	2.268,45																		
82.331,99	I	18.514	115,54	1.481,12	1.666,26	-	1.330,72	1.497,06	-	1.182,72	1.330,56	-	1.040,80	1.170,90	-	905,12	1.018,26	-	775,60	872,55	-	652,24	733
	II	16.725	-	1.338,00	1.505,25	-	1.189,68	1.338,39	-	1.047,52	1.178,46	-	911,52	1.025,46	-	781,68	879,39	-	658,00	740,25	-	540,56	608
	III	11.756	-	940,48	1.058,04	-	831,52	935,46	-	725,60	816,30	-	622,72	700,56	-	523,04	588,42	-	426,40	479,70	-	332,80	374
	IV	18.514	115,54	1.481,12	1.666,26	3,68	1.405,92	1.581,66	-	1.330,72	1.497,06	-	1.256,00	1.413,00	-	1.182,72	1.330,56	-	1.110,96	1.249,83	-	1.040,80	1.170
	V	24.687	850,13	1.974,96	2.221,83																		
	VI	25.219	913,44	2.017,52	2.269,71																		
82.367,99	I	18.527	117,09	1.482,16	1.667,43	-	1.331,76	1.498,23	-	1.183,76	1.331,73	-	1.041,84	1.172,07	-	906,08	1.019,34	-	776,48	873,54	-	653,12	734
	II	16.738	-	1.339,04	1.506,42	-	1.190,72	1.339,56	-	1.048,56	1.179,63	-	912,48	1.026,54	-	782,64	880,47	-	658,88	741,24	-	541,36	609
	III	11.766	-	941,28	1.058,94	-	832,32	936,36	-	726,40	817,20	-	623,52	701,46	-	523,68	589,14	-	427,04	480,42	-	333,44	375
	IV	18.527	117,09	1.482,16	1.667,43	5,23	1.406,96	1.582,83	-	1.331,76	1.498,23	-	1.257,04	1.414,17	-	1.183,76	1.331,73	-	1.112,00	1.251,00	-	1.041,84	1.172
	V	24.701	851,80	1.976,08	2.223,09																		
	VI	25.232	914,99	2.018,56	2.270,88																		
82.403,99	I	18.541	118,76	1.483,28	1.668,69	-	1.332,88	1.499,49	-	1.184,80	1.332,90	-	1.042,88	1.173,24	-	907,04	1.020,42	-	777,44	874,62	-	654,00	735
	II	16.752	-	1.340,16	1.507,68	-	1.191,84	1.340,82	-	1.049,52	1.180,71	-	913,44	1.027,62	-	783,52	881,46	-	659,76	742,23	-	542,24	610
	III	11.776	-	942,08	1.059,84	-	833,12	937,26	-	727,20	818,10	-	624,32	702,36	-	524,48	590,04	-	427,84	481,32	-	334,24	376
	IV	18.541	118,76	1.483,28	1.668,69	6,90	1.408,08	1.584,09	-	1.332,88	1.499,49	-	1.258,08	1.415,34	-	1.184,80	1.332,90	-	1.113,04	1.252,17	-	1.042,88	1.173
	V	24.714	853,34	1.977,12	2.224,26																		
	VI	25.246	916,65	2.019,68	2.272,14																		
82.439,99	I	18.555	120,42	1.484,40	1.669,95	-	1.334,00	1.500,75	-	1.185,92	1.334,16	-	1.043,84	1.174,32	-	908,00	1.021,50	-	778,32	875,61	-	654,88	736
	II	16.766	-	1.341,28	1.508,94	-	1.192,88	1.341,99	-	1.050,56	1.181,88	-	914,40	1.028,70	-	784,48	882,54	-	660,64	743,22	-	543,04	610
	III	11.786	-	942,88	1.060,74	-	833,92	938,16	-	727,84	818,82	-	624,96	703,08	-	525,12	590,76	-	428,48	482,04	-	334,88	376
	IV	18.555	120,42	1.484,40	1.669,95	8,56	1.409,20	1.585,35	-	1.334,00	1.500,75	-	1.259,20	1.416,60	-	1.185,92	1.334,16	-	1.114,08	1.253,34	-	1.043,84	1.174
	V	24.728	855,01	1.978,24	2.225,52																		
	VI	25.260	918,32	2.020,80	2.273,40																		
82.475,99	I	18.568	121,97	1.485,44	1.671,12	-	1.335,12	1.502,01	-	1.186,96	1.335,33	-	1.044,88	1.175,49	-	908,96	1.022,58	-	779,28	876,69	-	655,76	737
	II	16.779	-	1.342,32	1.510,11	-	1.193,92	1.343,16	-	1.051,60	1.183,05	-	915,36	1.029,78	-	785,36	883,53	-	661,52	744,21	-	543,84	611
	III	11.796	-	943,68	1.061,64	-	834,56	938,88	-	728,64	819,72	-	625,76	703,98	-	525,92	591,66	-	429,12	482,76	-	335,52	377
	IV	18.568	121,97	1.485,44	1.671,12	10,23	1.410,32	1.586,61	-	1.335,12	1.502,01	-	1.260,24	1.417,77	-	1.186,96	1.335,33	-	1.115,12	1.254,51	-	1.044,88	1.175
	V	24.742	856,68	1.979,36	2.226,78																		
	VI	25.273	919,87	2.021,84	2.274,57																		
82.511,99	I	18.582	123,64	1.486,56	1.672,38	-	1.336,16	1.503,18	-	1.188,00	1.336,50	-	1.045,92	1.176,66	-	909,92	1.023,66	-	780,16	877,68	-	656,64	738
	II	16.793	-	1.343,44	1.511,37	-	1.195,04	1.344,42	-	1.052,64	1.184,22	-	916,40	1.030,95	-	786,32	884,61	-	662,40	745,20	-	544,72	612
	III	11.806	-	944,48	1.062,54	-	835,36	939,78	-	729,44	820,62	-	626,40	704,70	-	526,56	592,38	-	429,92	483,66	-	336,16	378
	IV	18.582	123,64	1.486,56	1.672,38	11,78	1.411,36	1.587,78	-	1.336,16	1.503,18	-	1.261,36	1.419,03	-	1.188,00	1.336,50	-	1.116,16	1.255,68	-	1.045,92	1.176
	V	24.756	858,34	1.980,48	2.228,04																		
	VI	25.287	921,53	2.022,96	2.275,83																		
82.547,99	I	18.596	125,30	1.487,68	1.673,64	-	1.337,28	1.504,44	-	1.189,04	1.337,67	-	1.046,88	1.177,74	-	910,96	1.024,83	-	781,12	878,76	-	657,52	739
	II	16.807	-	1.344,56	1.512,63	-	1.196,08	1.345,59	-	1.053,60	1.185,30	-	917,36	1.032,03	-	787,28	885,69	-	663,36	746,28	-	545,60	613
	III	11.816	-	945,28	1.063,44	-	836,16	940,68	-	730,08	821,34	-	627,20	705,60	-	527,36	593,28	-	430,56	484,38	-	336,80	378
	IV	18.596	125,30	1.487,68	1.673,64	13,44	1.412,48	1.589,04	-	1.337,28	1.504,44	-	1.262,48	1.420,29	-	1.189,04	1.337,67	-	1.117,20	1.256,85	-	1.046,88	1.177
	V	24.769	859,89	1.981,52	2.229,21																		
	VI	25.301	923,20	2.024,08	2.277,09																		
82.583,99	I	18.610	126,97	1.488,80	1.674,90	-	1.338,40	1.505,70	-	1.190,08	1.338,84	-	1.047,92	1.178,91	-	911,92	1.025,91	-	782,00	879,75	-	658,32	740
	II	16.820	-	1.345,60	1.513,80	-	1.197,12	1.346,76	-	1.054,64	1.186,47	-	918,32	1.033,11	-	788,16	886,68	-	664,16	747,18	-	546,40	614
	III	11.826	-	946,08	1.064,34	-	836,96	941,58	-	730,88	822,24	-	628,00	706,50	-	528,00	594,00	-	431,20	485,10	-	337,44	379
	IV	18.610	126,97	1.488,80	1.674,90	15,11	1.413,60	1.590,30	-	1.338,40	1.505,70	-	1.263,52	1.421,46	-	1.190,08	1.338,84	-	1.118,24	1.258,02	-	1.047,92	1.178
	V	24.783	861,56	1.982,64	2.230,47																		
	VI	25.315	924,86	2.025,20	2.278,35																		
82.619,99	I	18.623	128,52	1.489,84	1.676,07	-	1.339,52	1.506,96	-	1.191,20	1.340,10	-	1.048,96	1.180,08	-	912,88	1.026,99	-	782,96	880,83	-	659,28	741
	II	16.834	-	1.346,72	1.515,06	-	1.198,16	1.347,93	-	1.055,68	1.187,64	-	919,28	1.034,19	-	789,12	887,76	-	665,04	748,17	-	547,20	615
	III	11.838	-	947,04	1.065,42	-	837,76	942,48	-	731,68	823,14	-	628,64	707,22	-	528,80	594,90	-	432,00	486,00	-	338,24	380,
	IV	18.623	128,52	1.489,84	1.676,07	16,77	1.414,72	1.591,56	-	1.339,52	1.506,96	-	1.264,64	1.422,72	-	1.191,20	1.340,10	-	1.119,28	1.259,19	-	1.048,96	1.180,
	V	24.797	863,22	1.983,76	2.231,73																		
	VI	25.329	926,53	2.026,32	2.279,61																		

SolZ/KiSt lt. Tabelle nicht für Sonstige Bezüge anwendbar.

Lohn/ Gehalt bis	Steuerklasse	Lohn-steuer	ohne Kinderfreibetrag			Anzahl Kinderfreibeträge (nur Steuerklassen I–IV)																	
						0,5			1,0			1,5			2,0			2,5			3,0		
			SolZ 5,5%	Kirchensteuer 8%	Kirchensteuer 9%	SolZ 5,5%	Kirchensteuer 8%	Kirchensteuer 9%	SolZ 5,5%	Kirchensteuer 8%	Kirchensteuer 9%	SolZ 5,5%	Kirchensteuer 8%	Kirchensteuer 9%	SolZ 5,5%	Kirchensteuer 8%	Kirchensteuer 9%	SolZ 5,5%	Kirchensteuer 8%	Kirchensteuer 9%	SolZ 5,5%	Kirchensteuer 8%	Kirchensteuer 9%
2.655,99	I	18.637	130,18	1.490,96	1.677,33	-	1.340,56	1.508,13	-	1.192,24	1.341,27	-	1.049,92	1.181,16	-	913,84	1.028,07	-	783,84	881,82	-	660,08	742,59
	II	16.848	-	1.347,84	1.516,32	-	1.199,20	1.349,10	-	1.056,64	1.188,72	-	920,24	1.035,27	-	790,00	888,75	-	665,92	749,16	-	548,08	616,59
	III	11.846	-	947,68	1.066,14	-	838,56	943,38	-	732,48	824,04	-	629,44	708,12	-	529,44	595,62	-	432,64	486,72	-	338,88	381,24
	IV	18.637	130,18	1.490,96	1.677,33	18,32	1.415,76	1.592,73	-	1.340,56	1.508,13	-	1.265,68	1.423,89	-	1.192,24	1.341,27	-	1.120,32	1.260,36	-	1.049,92	1.181,16
	V	24.810	864,77	1.984,80	2.232,90																		
	VI	25.342	928,08	2.027,36	2.280,78																		
2.691,99	I	18.651	131,85	1.492,08	1.678,59	-	1.341,68	1.509,39	-	1.193,28	1.342,44	-	1.050,96	1.182,33	-	914,80	1.029,15	-	784,80	882,90	-	661,04	743,67
	II	16.862	-	1.348,96	1.517,58	-	1.200,32	1.350,36	-	1.057,68	1.189,89	-	921,20	1.036,35	-	790,96	889,83	-	666,80	750,15	-	548,88	617,49
	III	11.856	-	948,48	1.067,04	-	839,36	944,28	-	733,12	824,76	-	630,08	708,84	-	530,24	596,52	-	433,28	487,44	-	339,52	381,96
	IV	18.651	131,85	1.492,08	1.678,59	19,99	1.416,88	1.593,99	-	1.341,68	1.509,39	-	1.266,80	1.425,15	-	1.193,28	1.342,44	-	1.121,36	1.261,53	-	1.050,96	1.182,33
	V	24.824	866,43	1.985,92	2.234,16																		
	VI	25.356	929,74	2.028,48	2.282,04																		
2.727,99	I	18.665	133,51	1.493,20	1.679,85	-	1.342,80	1.510,65	-	1.194,32	1.343,61	-	1.052,00	1.183,50	-	915,76	1.030,23	-	785,76	883,98	-	661,92	744,66
	II	16.875	-	1.350,00	1.518,75	-	1.201,36	1.351,53	-	1.058,72	1.191,06	-	922,24	1.037,52	-	791,92	890,91	-	667,76	751,23	-	549,76	618,48
	III	11.868	-	949,44	1.068,12	-	840,16	945,18	-	733,92	825,66	-	630,88	709,74	-	530,88	597,24	-	434,08	488,34	-	340,16	382,68
	IV	18.665	133,51	1.493,20	1.679,85	21,65	1.418,00	1.595,25	-	1.342,80	1.510,65	-	1.267,84	1.426,32	-	1.194,32	1.343,61	-	1.122,40	1.262,70	-	1.052,00	1.183,50
	V	24.838	868,10	1.987,04	2.235,42																		
	VI	25.370	931,41	2.029,60	2.283,30																		
2.763,99	I	18.678	135,06	1.494,24	1.681,02	-	1.343,84	1.511,82	-	1.195,36	1.344,78	-	1.052,96	1.184,58	-	916,72	1.031,31	-	786,64	884,97	-	662,72	745,56
	II	16.889	-	1.351,12	1.520,01	-	1.202,40	1.352,70	-	1.059,68	1.192,14	-	923,20	1.038,60	-	792,80	891,90	-	668,56	752,13	-	550,56	619,38
	III	11.878	-	950,24	1.069,02	-	840,96	946,08	-	734,72	826,56	-	631,68	710,64	-	531,68	598,14	-	434,72	489,06	-	340,96	383,58
	IV	18.678	135,06	1.494,24	1.681,02	23,20	1.419,04	1.596,42	-	1.343,84	1.511,82	-	1.268,96	1.427,58	-	1.195,36	1.344,78	-	1.123,44	1.263,87	-	1.052,96	1.184,58
	V	24.851	869,65	1.988,08	2.236,59																		
	VI	25.383	932,96	2.030,64	2.284,47																		
2.799,99	I	18.692	136,73	1.495,36	1.682,28	-	1.344,96	1.513,08	-	1.196,48	1.346,04	-	1.054,00	1.185,75	-	917,68	1.032,39	-	787,60	886,05	-	663,68	746,64
	II	16.903	-	1.352,24	1.521,27	-	1.203,52	1.353,96	-	1.060,72	1.193,31	-	924,16	1.039,68	-	793,76	892,98	-	669,52	753,21	-	551,44	620,37
	III	11.888	-	951,04	1.069,92	-	841,76	946,98	-	735,52	827,46	-	632,32	711,36	-	532,32	598,86	-	435,36	489,78	-	341,60	384,30
	IV	18.692	136,73	1.495,36	1.682,28	24,87	1.420,16	1.597,68	-	1.344,96	1.513,08	-	1.270,00	1.428,75	-	1.196,48	1.346,04	-	1.124,48	1.265,04	-	1.054,00	1.185,75
	V	24.865	871,31	1.989,20	2.237,85																		
	VI	25.397	934,62	2.031,76	2.285,73																		
2.835,99	I	18.706	138,39	1.496,48	1.683,54	-	1.346,08	1.514,34	-	1.197,52	1.347,21	-	1.055,04	1.186,92	-	918,72	1.033,56	-	788,56	887,13	-	664,56	747,63
	II	16.917	-	1.353,36	1.522,53	-	1.204,56	1.355,13	-	1.061,76	1.194,48	-	925,12	1.040,76	-	794,64	893,97	-	670,40	754,20	-	552,24	621,27
	III	11.898	-	951,84	1.070,82	-	842,56	947,88	-	736,32	828,36	-	633,12	712,26	-	533,12	599,76	-	436,16	490,68	-	342,24	385,02
	IV	18.706	138,39	1.496,48	1.683,54	26,53	1.421,28	1.598,94	-	1.346,08	1.514,34	-	1.271,12	1.430,01	-	1.197,52	1.347,21	-	1.125,52	1.266,21	-	1.055,04	1.186,92
	V	24.879	872,98	1.990,32	2.239,11																		
	VI	25.411	936,29	2.032,88	2.286,99																		
2.871,99	I	18.719	139,94	1.497,52	1.684,71	-	1.347,12	1.515,51	-	1.198,56	1.348,38	-	1.056,00	1.188,00	-	919,68	1.034,64	-	789,44	888,12	-	665,44	748,62
	II	16.930	-	1.354,40	1.523,70	-	1.205,60	1.356,30	-	1.062,80	1.195,65	-	926,08	1.041,84	-	795,60	895,05	-	671,28	755,19	-	553,12	622,26
	III	11.908	-	952,64	1.071,72	-	843,20	948,60	-	736,96	829,08	-	633,92	713,16	-	533,76	600,48	-	436,80	491,40	-	342,88	385,74
	IV	18.719	139,94	1.497,52	1.684,71	28,08	1.422,32	1.600,11	-	1.347,12	1.515,51	-	1.272,16	1.431,18	-	1.198,56	1.348,38	-	1.126,56	1.267,38	-	1.056,00	1.188,00
	V	24.893	874,65	1.991,44	2.240,37																		
	VI	25.424	937,83	2.033,92	2.288,16																		
2.907,99	I	18.733	141,61	1.498,64	1.685,97	-	1.348,24	1.516,77	-	1.199,68	1.349,64	-	1.057,04	1.189,17	-	920,64	1.035,72	-	790,40	889,20	-	666,32	749,61
	II	16.944	-	1.355,52	1.524,96	-	1.206,72	1.357,56	-	1.063,76	1.196,73	-	927,04	1.042,92	-	796,48	896,04	-	672,16	756,18	-	553,92	623,16
	III	11.918	-	953,44	1.072,62	-	844,00	949,50	-	737,76	829,98	-	634,56	713,88	-	534,56	601,38	-	437,44	492,12	-	343,52	386,46
	IV	18.733	141,61	1.498,64	1.685,97	29,75	1.423,44	1.601,37	-	1.348,24	1.516,77	-	1.273,28	1.432,44	-	1.199,68	1.349,64	-	1.127,60	1.268,55	-	1.057,04	1.189,17
	V	24.906	876,19	1.992,48	2.241,54																		
	VI	25.438	939,50	2.035,04	2.289,42																		
2.943,99	I	18.747	143,27	1.499,76	1.687,23	-	1.349,36	1.518,03	-	1.200,72	1.350,81	-	1.058,08	1.190,34	-	921,60	1.036,80	-	791,28	890,19	-	667,20	750,60
	II	16.958	-	1.356,64	1.526,22	-	1.207,76	1.358,73	-	1.064,80	1.197,90	-	928,08	1.044,09	-	797,44	897,12	-	673,04	757,17	-	554,80	624,15
	III	11.928	-	954,24	1.073,52	-	844,80	950,40	-	738,56	830,88	-	635,36	714,78	-	535,20	602,10	-	438,24	493,02	-	344,32	387,36
	IV	18.747	143,27	1.499,76	1.687,23	31,41	1.424,56	1.602,63	-	1.349,36	1.518,03	-	1.274,40	1.433,70	-	1.200,72	1.350,81	-	1.128,64	1.269,72	-	1.058,08	1.190,34
	V	24.920	877,86	1.993,60	2.242,80																		
	VI	25.452	941,17	2.036,16	2.290,68																		
2.979,99	I	18.760	144,82	1.500,80	1.688,40	-	1.350,40	1.519,20	-	1.201,76	1.351,98	-	1.059,12	1.191,51	-	922,56	1.037,88	-	792,24	891,27	-	668,08	751,59
	II	16.971	-	1.357,68	1.527,39	-	1.208,80	1.359,90	-	1.065,84	1.199,07	-	929,04	1.045,17	-	798,40	898,20	-	673,92	758,16	-	555,60	625,05
	III	11.938	-	955,04	1.074,42	-	845,60	951,30	-	739,36	831,78	-	636,16	715,68	-	536,00	603,00	-	438,88	493,74	-	344,96	388,08
	IV	18.760	144,82	1.500,80	1.688,40	32,96	1.425,60	1.603,80	-	1.350,40	1.519,20	-	1.275,44	1.434,87	-	1.201,76	1.351,98	-	1.129,68	1.270,89	-	1.059,12	1.191,51
	V	24.934	879,52	1.994,72	2.244,06																		
	VI	25.465	942,71	2.037,20	2.291,85																		
3.015,99	I	18.774	146,48	1.501,92	1.689,66	-	1.351,52	1.520,46	-	1.202,88	1.353,24	-	1.060,08	1.192,59	-	923,52	1.038,96	-	793,20	892,35	-	668,96	752,58
	II	16.985	-	1.358,80	1.528,65	-	1.209,92	1.361,16	-	1.066,88	1.200,24	-	930,00	1.046,25	-	799,28	899,19	-	674,80	759,15	-	556,48	626,04
	III	11.948	-	955,84	1.075,32	-	846,40	952,20	-	740,00	832,50	-	636,80	716,40	-	536,64	603,72	-	439,52	494,46	-	345,60	388,80
	IV	18.774	146,48	1.501,92	1.689,66	34,62	1.426,72	1.605,06	-	1.351,52	1.520,46	-	1.276,56	1.436,13	-	1.202,88	1.353,24	-	1.130,72	1.272,06	-	1.060,08	1.192,59
	V	24.948	881,19	1.995,84	2.245,32																		
	VI	25.479	944,38	2.038,32	2.293,11																		
3.051,99	I	18.788	148,15	1.503,04	1.690,92	-	1.352,64	1.521,72	-	1.203,92	1.354,41	-	1.061,12	1.193,76	-	924,56	1.040,13	-	794,08	893,34	-	669,84	753,57
	II	16.999	-	1.359,92	1.529,91	-	1.210,96	1.362,33	-	1.067,92	1.201,41	-	930,96	1.047,33	-	800,24	900,27	-	675,68	760,14	-	557,28	626,94
	III	11.958	-	956,64	1.076,22	-	847,20	953,10	-	740,80	833,40	-	637,60	717,30	-	537,44	604,62	-	440,32	495,36	-	346,24	389,52
	IV	18.788	148,15	1.503,04	1.690,92	36,29	1.427,84	1.606,32	-	1.352,64	1.521,72	-	1.277,60	1.437,30	-	1.203,92	1.354,41	-	1.131,76	1.273,23	-	1.061,12	1.193,76
	V	24.961	882,74	1.996,88	2.246,49																		
	VI	25.493	946,05	2.039,44	2.294,37																		
3.087,99	I	18.802	149,82	1.504,16	1.692,18	-	1.353,76	1.522,98	-	1.204,96	1.355,58	-	1.062,16	1.194,93	-	925,52	1.041,21	-	795,04	894,42	-	670,72	754,56
	II	17.012	-	1.360,96	1.531,08	-	1.212,00	1.363,50	-	1.068,88	1.202,49	-	931,92	1.048,41	-	801,20	901,35	-	676,56	761,13	-	558,16	627,93
	III	11.968	-	957,44	1.077,12	-	848,00	954,00	-	741,60	834,30	-	638,24	718,02	-	538,08	605,34	-	440,96	496,08	-	346,88	390,24
	IV	18.802	149,82	1.504,16	1.692,18	37,96	1.428,96	1.607,58	-	1.353,76	1.522,98	-	1.278,72	1.438,56	-	1.204,96	1.355,58	-	1.132,80	1.274,40	-	1.062,16	1.194,93
	V	24.975	884,40	1.998,00	2.247,75																		
	VI	25.507	947,71	2.040,56	2.295,63																		
3.123,99	I	18.815	151,36	1.505,20	1.693,35	-	1.354,88	1.524,24	-	1.206,08	1.356,84	-	1.063,20	1.196,10	-	926,48	1.042,29	-	795,92	895,41	-	671,60	755,55
	II	17.026	-	1.362,08	1.532,34	-	1.213,12	1.364,76	-	1.069,92	1.203,66	-	932,96	1.049,58	-	802,08	902,34	-	677,44	762,12	-	558,96	628,83
	III	11.978	-	958,24	1.078,02	-	848,80	954,90	-	742,40	835,20	-	639,04	718,92	-	538,88	606,24	-	441,60	496,80	-	347,68	391,14
	IV	18.815	151,36	1.505,20	1.693,35	39,50	1.430,00	1.608,75	-	1.354,88	1.524,24	-	1.279,76	1.439,73	-	1.206,08	1.356,84	-	1.133,84	1.275,57	-	1.063,20	1.196,10
	V	24.989	886,07	1.999,12	2.249,01																		
	VI	25.520	949,26	2.041,60	2.296,80																		
3.159,99	I	18.829	153,03	1.506,32	1.694,61	-	1.355,92	1.525,41	-	1.207,12	1.358,01	-	1.064,24	1.197,27	-	927,44	1.043,37	-	796,88	896,49	-	672,48	756,54
	II	17.040	-	1.363,20	1.533,60	-	1.214,16	1.365,93	-	1.070,96	1.204,83	-	933,92	1.050,66	-	803,04	903,42	-	678,32	763,11	-	559,84	629,82
	III	11.988	-	959,04	1.078,92	-	849,60	955,80	-	743,20	836,10	-	639,84	719,82	-	539,52	606,96	-	442,40	497,70	-	348,32	391,86
	IV	18.829	153,03	1.506,32	1.694,61	41,17	1.431,12	1.610,01	-	1.355,92	1.525,41	-	1.280,88	1.440,99	-	1.207,12	1.358,01	-	1.134,88	1.276,74	-	1.064,24	1.197,27
	V	25.003	887,74	2.000,24	2.250,27																		
	VI	25.534	950,92	2.042,72	2.298,06																		

SolZ/KiSt lt. Tabelle nicht für Sonstige Bezüge anwendbar.

Lohn/ Gehalt bis	Steuerklasse	Lohn-steuer	ohne Kinderfreibetrag			Anzahl Kinderfreibeträge (nur Steuerklassen I–IV)																	
						0,5			1,0			1,5			2,0			2,5			3,0		
			SolZ 5,5%	Kirchensteuer 8%	9%	SolZ 5,5%	Kirchensteuer 8%	9%	SolZ 5,5%	Kirchensteuer 8%	9%	SolZ 5,5%	Kirchensteuer 8%	9%	SolZ 5,5%	Kirchensteuer 8%	9%	SolZ 5,5%	Kirchensteuer 8%	9%	SolZ 5,5%	Kirchensteu 8%	9
83.195,99	I	18.843	154,70	1.507,44	1.695,87	-	1.357,04	1.526,67	-	1.208,16	1.359,18	-	1.065,20	1.198,35	-	928,40	1.044,45	-	797,84	897,57	-	673,36	75
	II	17.054	-	1.364,32	1.534,86	-	1.215,20	1.367,10	-	1.072,00	1.206,00	-	934,88	1.051,74	-	804,00	904,50	-	679,20	764,10	-	560,64	63
	III	11.998	-	959,84	1.079,82	-	850,40	956,70	-	743,84	836,82	-	640,48	720,54	-	540,32	607,86	-	443,04	498,42	-	348,96	39
	IV	18.843	154,70	1.507,44	1.695,87	42,84	1.432,24	1.611,27	-	1.357,04	1.526,67	-	1.282,00	1.442,25	-	1.208,16	1.359,18	-	1.135,92	1.277,91	-	1.065,20	1.19
	V	25.016	889,28	2.001,28	2.251,44																		
	VI	25.548	952,59	2.043,84	2.299,32																		
83.231,99	I	18.857	156,36	1.508,56	1.697,13	-	1.358,16	1.527,93	-	1.209,28	1.360,44	-	1.066,24	1.199,52	-	929,44	1.045,62	-	798,72	898,56	-	674,24	75
	II	17.067	-	1.365,36	1.536,03	-	1.216,32	1.368,36	-	1.072,96	1.207,08	-	935,84	1.052,82	-	804,88	905,49	-	680,08	765,09	-	561,52	63
	III	12.008	-	960,64	1.080,72	-	851,20	957,60	-	744,64	837,72	-	641,28	721,44	-	540,96	608,58	-	443,84	499,32	-	349,60	39
	IV	18.857	156,36	1.508,56	1.697,13	44,50	1.433,36	1.612,53	-	1.358,16	1.527,93	-	1.283,04	1.443,42	-	1.209,28	1.360,44	-	1.136,96	1.279,08	-	1.066,24	1.19
	V	25.030	890,95	2.002,40	2.252,70																		
	VI	25.562	954,26	2.044,96	2.300,58																		
83.267,99	I	18.870	157,91	1.509,60	1.698,30	-	1.359,28	1.529,19	-	1.210,32	1.361,61	-	1.067,28	1.200,69	-	930,40	1.046,70	-	799,68	899,64	-	675,12	75
	II	17.081	-	1.366,48	1.537,29	-	1.217,36	1.369,53	-	1.074,00	1.208,25	-	936,88	1.053,99	-	805,84	906,57	-	681,04	766,17	-	562,40	63
	III	12.020	-	961,60	1.081,80	-	852,00	958,50	-	745,44	838,62	-	642,08	722,34	-	541,76	609,48	-	444,48	500,04	-	350,40	39
	IV	18.870	157,91	1.509,60	1.698,30	46,05	1.434,40	1.613,70	-	1.359,28	1.529,19	-	1.284,16	1.444,68	-	1.210,32	1.361,61	-	1.138,00	1.280,25	-	1.067,28	1.20
	V	25.044	892,61	2.003,52	2.253,96																		
	VI	25.575	955,80	2.046,00	2.301,75																		
83.303,99	I	18.884	159,57	1.510,72	1.699,56	-	1.360,32	1.530,36	-	1.211,36	1.362,78	-	1.068,24	1.201,77	-	931,36	1.047,78	-	800,56	900,63	-	676,00	76
	II	17.095	-	1.367,60	1.538,55	-	1.218,40	1.370,70	-	1.075,04	1.209,42	-	937,84	1.055,07	-	806,80	907,65	-	681,92	767,16	-	563,20	63
	III	12.030	-	962,40	1.082,70	-	852,80	959,40	-	746,24	839,52	-	642,72	723,06	-	542,40	610,20	-	445,12	500,76	-	351,04	39
	IV	18.884	159,57	1.510,72	1.699,56	47,71	1.435,52	1.614,96	-	1.360,32	1.530,36	-	1.285,20	1.445,85	-	1.211,36	1.362,78	-	1.139,04	1.281,42	-	1.068,24	1.20
	V	25.057	894,16	2.004,56	2.255,13																		
	VI	25.589	957,47	2.047,12	2.303,01																		
83.339,99	I	18.898	161,24	1.511,84	1.700,82	-	1.361,44	1.531,62	-	1.212,48	1.364,04	-	1.069,28	1.202,94	-	932,32	1.048,86	-	801,52	901,71	-	676,88	76
	II	17.109	-	1.368,72	1.539,81	-	1.219,52	1.371,96	-	1.076,08	1.210,59	-	938,80	1.056,15	-	807,68	908,64	-	682,80	768,15	-	564,00	63
	III	12.040	-	963,20	1.083,60	-	853,44	960,12	-	746,88	840,24	-	643,52	723,96	-	543,20	611,10	-	445,92	501,66	-	351,68	39
	IV	18.898	161,24	1.511,84	1.700,82	49,38	1.436,64	1.616,22	-	1.361,44	1.531,62	-	1.286,32	1.447,11	-	1.212,48	1.364,04	-	1.140,08	1.282,59	-	1.069,28	1.20
	V	25.071	895,83	2.005,68	2.256,39																		
	VI	25.603	959,14	2.048,24	2.304,27																		
83.375,99	I	18.912	162,91	1.512,96	1.702,08	-	1.362,56	1.532,88	-	1.213,52	1.365,21	-	1.070,32	1.204,11	-	933,28	1.049,94	-	802,48	902,79	-	677,84	76
	II	17.122	-	1.369,76	1.540,98	-	1.220,56	1.373,13	-	1.077,12	1.211,76	-	939,76	1.057,23	-	808,64	909,72	-	683,68	769,14	-	564,88	63
	III	12.050	-	964,00	1.084,50	-	854,40	961,20	-	747,68	841,14	-	644,32	724,86	-	543,84	611,82	-	446,56	502,38	-	352,32	39
	IV	18.912	162,91	1.512,96	1.702,08	51,05	1.437,76	1.617,48	-	1.362,56	1.532,88	-	1.287,44	1.448,37	-	1.213,52	1.365,21	-	1.141,12	1.283,76	-	1.070,32	1.20
	V	25.085	897,49	2.006,80	2.257,65																		
	VI	25.617	960,80	2.049,36	2.305,53																		
83.411,99	I	18.925	164,45	1.514,00	1.703,25	-	1.363,60	1.534,05	-	1.214,56	1.366,38	-	1.071,36	1.205,28	-	934,24	1.051,02	-	803,36	903,78	-	678,64	76
	II	17.136	-	1.370,88	1.542,24	-	1.221,60	1.374,30	-	1.078,08	1.212,84	-	940,72	1.058,31	-	809,60	910,80	-	684,56	770,13	-	565,68	63
	III	12.060	-	964,80	1.085,40	-	855,04	961,92	-	748,48	842,04	-	644,96	725,58	-	544,64	612,72	-	447,20	503,10	-	352,96	39
	IV	18.925	164,45	1.514,00	1.703,25	52,59	1.438,80	1.618,65	-	1.363,60	1.534,05	-	1.288,48	1.449,54	-	1.214,56	1.366,38	-	1.142,16	1.284,93	-	1.071,36	1.20
	V	25.098	899,04	2.007,84	2.258,82																		
	VI	25.630	962,35	2.050,40	2.306,70																		
83.447,99	I	18.939	166,12	1.515,12	1.704,51	-	1.364,72	1.535,31	-	1.215,68	1.367,64	-	1.072,40	1.206,45	-	935,28	1.052,19	-	804,32	904,86	-	679,60	764
	II	17.150	-	1.372,00	1.543,50	-	1.222,72	1.375,56	-	1.079,12	1.214,01	-	941,76	1.059,48	-	810,48	911,79	-	685,44	771,12	-	566,56	63
	III	12.070	-	965,60	1.086,30	-	855,84	962,82	-	749,28	842,94	-	645,76	726,48	-	545,28	613,44	-	448,00	504,00	-	353,76	397
	IV	18.939	166,12	1.515,12	1.704,51	54,26	1.439,92	1.619,91	-	1.364,72	1.535,31	-	1.289,60	1.450,80	-	1.215,68	1.367,64	-	1.143,20	1.286,10	-	1.072,40	1.20
	V	25.112	900,71	2.008,96	2.260,08																		
	VI	25.644	964,01	2.051,52	2.307,96																		
83.483,99	I	18.952	167,67	1.516,16	1.705,68	-	1.365,76	1.536,48	-	1.216,72	1.368,81	-	1.073,36	1.207,53	-	936,24	1.053,27	-	805,28	905,94	-	680,48	765
	II	17.163	-	1.373,04	1.544,67	-	1.223,76	1.376,73	-	1.080,16	1.215,18	-	942,72	1.060,56	-	811,44	912,87	-	686,32	772,11	-	567,44	638
	III	12.080	-	966,40	1.087,20	-	856,64	963,72	-	750,08	843,84	-	646,40	727,20	-	546,08	614,34	-	448,64	504,72	-	354,40	398
	IV	18.952	167,67	1.516,16	1.705,68	55,81	1.440,96	1.621,08	-	1.365,76	1.536,48	-	1.290,64	1.451,97	-	1.216,72	1.368,81	-	1.144,24	1.287,27	-	1.073,36	1.207
	V	25.126	902,37	2.010,08	2.261,34																		
	VI	25.657	965,56	2.052,56	2.309,13																		
83.519,99	I	18.966	169,33	1.517,28	1.706,94	-	1.366,88	1.537,74	-	1.217,76	1.369,98	-	1.074,40	1.208,70	-	937,20	1.054,35	-	806,16	906,93	-	681,36	766
	II	17.177	-	1.374,16	1.545,93	-	1.224,88	1.377,99	-	1.081,20	1.216,35	-	943,68	1.061,64	-	812,40	913,95	-	687,20	773,10	-	568,24	639
	III	12.090	-	967,20	1.088,10	-	857,44	964,62	-	750,88	844,74	-	647,20	728,10	-	546,72	615,06	-	449,44	505,62	-	355,04	399
	IV	18.966	169,33	1.517,28	1.706,94	57,47	1.442,08	1.622,34	-	1.366,88	1.537,74	-	1.291,76	1.453,23	-	1.217,76	1.369,98	-	1.145,28	1.288,44	-	1.074,40	1.208
	V	25.140	904,04	2.011,20	2.262,60																		
	VI	25.671	967,23	2.053,68	2.310,39																		
83.555,99	I	18.980	171,00	1.518,40	1.708,20	-	1.368,00	1.539,00	-	1.218,88	1.371,24	-	1.075,44	1.209,87	-	938,16	1.055,43	-	807,12	908,01	-	682,24	767
	II	17.191	-	1.375,28	1.547,19	-	1.225,92	1.379,16	-	1.082,24	1.217,52	-	944,72	1.062,81	-	813,28	914,94	-	688,16	774,18	-	569,12	640
	III	12.100	-	968,00	1.089,00	-	858,24	965,52	-	751,52	845,46	-	648,00	729,00	-	547,52	615,96	-	450,08	506,34	-	355,68	400
	IV	18.980	171,00	1.518,40	1.708,20	59,14	1.443,20	1.623,60	-	1.368,00	1.539,00	-	1.292,88	1.454,49	-	1.218,88	1.371,24	-	1.146,40	1.289,70	-	1.075,44	1.209
	V	25.153	905,59	2.012,24	2.263,77																		
	VI	25.685	968,89	2.054,80	2.311,65																		
83.591,99	I	18.994	172,66	1.519,52	1.709,46	-	1.369,12	1.540,26	-	1.219,92	1.372,41	-	1.076,48	1.211,04	-	939,12	1.056,51	-	808,08	909,09	-	683,12	768
	II	17.204	-	1.376,32	1.548,36	-	1.226,96	1.380,33	-	1.083,20	1.218,60	-	945,68	1.063,89	-	814,24	916,02	-	688,96	775,08	-	569,92	641
	III	12.110	-	968,80	1.089,90	-	859,04	966,42	-	752,32	846,36	-	648,64	729,72	-	548,16	616,68	-	450,72	507,06	-	356,32	400
	IV	18.994	172,66	1.519,52	1.709,46	60,80	1.444,32	1.624,86	-	1.369,12	1.540,26	-	1.293,92	1.455,66	-	1.219,92	1.372,41	-	1.147,36	1.290,78	-	1.076,48	1.211
	V	25.167	907,25	2.013,36	2.265,03																		
	VI	25.699	970,56	2.055,92	2.312,91																		
83.627,99	I	19.007	174,21	1.520,56	1.710,63	-	1.370,16	1.541,43	-	1.220,96	1.373,58	-	1.077,44	1.212,12	-	940,16	1.057,68	-	808,96	910,08	-	684,00	769
	II	17.218	-	1.377,44	1.549,62	-	1.228,08	1.381,59	-	1.084,24	1.219,77	-	946,64	1.064,97	-	815,20	917,10	-	689,92	776,16	-	570,80	642
	III	12.120	-	969,60	1.090,80	-	859,84	967,32	-	753,12	847,26	-	649,44	730,62	-	548,96	617,58	-	451,52	507,96	-	357,12	401
	IV	19.007	174,21	1.520,56	1.710,63	62,35	1.445,36	1.626,03	-	1.370,16	1.541,43	-	1.295,04	1.456,92	-	1.220,96	1.373,58	-	1.148,48	1.292,04	-	1.077,44	1.212
	V	25.181	908,92	2.014,48	2.266,29																		
	VI	25.712	972,11	2.056,96	2.314,08																		
83.663,99	I	19.021	175,88	1.521,68	1.711,89	-	1.371,28	1.542,69	-	1.222,08	1.374,84	-	1.078,48	1.213,29	-	941,12	1.058,76	-	809,92	911,16	-	684,88	770
	II	17.232	-	1.378,56	1.550,88	-	1.229,12	1.382,76	-	1.085,28	1.220,94	-	947,60	1.066,05	-	816,16	918,18	-	690,80	777,15	-	571,68	643
	III	12.130	-	970,40	1.091,70	-	860,64	968,22	-	753,92	848,16	-	650,24	731,52	-	549,60	618,30	-	452,16	508,68	-	357,76	402
	IV	19.021	175,88	1.521,68	1.711,89	64,02	1.446,48	1.627,29	-	1.371,28	1.542,69	-	1.296,16	1.458,18	-	1.222,08	1.374,84	-	1.149,52	1.293,21	-	1.078,48	1.213
	V	25.195	910,58	2.015,60	2.267,55																		
	VI	25.726	973,77	2.058,08	2.315,34																		
83.699,99	I	19.035	177,54	1.522,80	1.713,15	-	1.372,40	1.543,95	-	1.223,12	1.376,01	-	1.079,52	1.214,46	-	942,08	1.059,84	-	810,88	912,24	-	685,76	771
	II	17.245	-	1.379,60	1.552,05	-	1.230,16	1.383,93	-	1.086,32	1.222,11	-	948,56	1.067,13	-	817,04	919,17	-	691,68	778,14	-	572,48	644
	III	12.140	-	971,20	1.092,60	-	861,44	969,12	-	754,56	848,88	-	650,88	732,24	-	550,40	619,20	-	452,80	509,40	-	358,40	403
	IV	19.035	177,54	1.522,80	1.713,15	65,68	1.447,60	1.628,55	-	1.372,40	1.543,95	-	1.297,20	1.459,35	-	1.223,12	1.376,01	-	1.150,56	1.294,38	-	1.079,52	1.214
	V	25.208	912,13	2.016,64	2.268,72																		
	VI	25.740	975,44	2.059,20	2.316,60																		

SolZ/KiSt lt. Tabelle nicht für Sonstige Bezüge anwendbar.

Lohn/ Gehalt bis	Steuerklasse	Lohn-steuer	ohne Kinderfreibetrag			Anzahl Kinderfreibeträge (nur Steuerklassen I–IV) 0,5			1,0			1,5			2,0			2,5			3,0		
			SolZ 5,5%	Kirchensteuer 8%	9%	SolZ 5,5%	Kirchensteuer 8%	9%	SolZ 5,5%	Kirchensteuer 8%	9%	SolZ 5,5%	Kirchensteuer 8%	9%	SolZ 5,5%	Kirchensteuer 8%	9%	SolZ 5,5%	Kirchensteuer 8%	9%	SolZ 5,5%	Kirchensteuer 8%	9%
3.735,99	I	19.049	179,21	1.523,92	1.714,41	-	1.373,52	1.545,21	-	1.224,16	1.377,18	-	1.080,56	1.215,63	-	943,12	1.061,01	-	811,76	913,23	-	686,72	772,56
	II	17.259	-	1.380,72	1.553,31	-	1.231,28	1.385,19	-	1.087,36	1.223,28	-	949,60	1.068,30	-	818,00	920,25	-	692,56	779,13	-	573,36	645,03
	III	12.150	-	972,00	1.093,50	-	862,24	970,02	-	755,36	849,78	-	651,68	733,14	-	551,04	619,92	-	453,60	510,30	-	359,20	404,10
	IV	19.049	179,21	1.523,92	1.714,41	67,35	1.448,72	1.629,81	-	1.373,52	1.545,21	-	1.298,32	1.460,61	-	1.224,16	1.377,18	-	1.151,60	1.295,55	-	1.080,56	1.215,63
	V	25.222	913,80	2.017,76	2.269,98																		
	VI	25.754	977,10	2.060,32	2.317,86																		
3.771,99	I	19.062	180,76	1.524,96	1.715,58	-	1.374,56	1.546,38	-	1.225,28	1.378,44	-	1.081,60	1.216,80	-	944,08	1.062,09	-	812,72	914,31	-	687,60	773,55
	II	17.273	-	1.381,84	1.554,57	-	1.232,40	1.386,45	-	1.088,40	1.224,45	-	950,56	1.069,38	-	818,96	921,33	-	693,44	780,12	-	574,16	645,93
	III	12.160	-	972,80	1.094,40	-	863,04	970,92	-	756,16	850,68	-	652,48	734,04	-	551,84	620,82	-	454,24	511,02	-	359,84	404,82
	IV	19.062	180,76	1.524,96	1.715,58	68,90	1.449,76	1.630,98	-	1.374,56	1.546,38	-	1.299,44	1.461,87	-	1.225,28	1.378,44	-	1.152,64	1.296,72	-	1.081,60	1.216,80
	V	25.236	915,46	2.018,88	2.271,24																		
	VI	25.767	978,65	2.061,36	2.319,03																		
3.807,99	I	19.076	182,42	1.526,08	1.716,84	-	1.375,68	1.547,64	-	1.226,32	1.379,61	-	1.082,56	1.217,88	-	945,04	1.063,17	-	813,68	915,39	-	688,48	774,54
	II	17.287	-	1.382,96	1.555,83	-	1.233,44	1.387,62	-	1.089,36	1.225,53	-	951,52	1.070,46	-	819,84	922,32	-	694,32	781,11	-	575,04	646,92
	III	12.170	-	973,60	1.095,30	-	863,68	971,64	-	756,96	851,58	-	653,12	734,76	-	552,48	621,54	-	454,88	511,74	-	360,48	405,54
	IV	19.076	182,42	1.526,08	1.716,84	70,56	1.450,88	1.632,24	-	1.375,68	1.547,64	-	1.300,48	1.463,04	-	1.226,32	1.379,61	-	1.153,68	1.297,89	-	1.082,56	1.217,88
	V	25.249	917,01	2.019,92	2.272,41																		
	VI	25.781	980,32	2.062,48	2.320,29																		
3.843,99	I	19.090	184,09	1.527,20	1.718,10	-	1.376,80	1.548,90	-	1.227,44	1.380,87	-	1.083,60	1.219,05	-	946,00	1.064,25	-	814,64	916,47	-	689,36	775,53
	II	17.300	-	1.384,00	1.557,00	-	1.234,48	1.388,79	-	1.090,40	1.226,70	-	952,56	1.071,63	-	820,80	923,40	-	695,28	782,19	-	575,92	647,91
	III	12.182	-	974,56	1.096,38	-	864,64	972,72	-	757,76	852,48	-	653,92	735,66	-	553,28	622,44	-	455,68	512,64	-	361,12	406,26
	IV	19.090	184,09	1.527,20	1.718,10	72,23	1.452,00	1.633,50	-	1.376,80	1.548,90	-	1.301,60	1.464,30	-	1.227,44	1.380,87	-	1.154,72	1.299,06	-	1.083,60	1.219,05
	V	25.263	918,68	2.021,04	2.273,67																		
	VI	25.795	981,98	2.063,60	2.321,55																		
3.879,99	I	19.104	185,75	1.528,32	1.719,36	-	1.377,92	1.550,16	-	1.228,48	1.382,04	-	1.084,64	1.220,22	-	947,04	1.065,42	-	815,52	917,46	-	690,24	776,52
	II	17.314	-	1.385,12	1.558,26	-	1.235,60	1.390,05	-	1.091,44	1.227,87	-	953,52	1.072,71	-	821,76	924,48	-	696,16	783,18	-	576,72	648,81
	III	12.192	-	975,36	1.097,28	-	865,28	973,44	-	758,40	853,20	-	654,72	736,56	-	553,92	623,16	-	456,32	513,36	-	361,76	406,98
	IV	19.104	185,75	1.528,32	1.719,36	73,89	1.453,12	1.634,76	-	1.377,92	1.550,16	-	1.302,72	1.465,56	-	1.228,48	1.382,04	-	1.155,84	1.300,32	-	1.084,64	1.220,22
	V	25.277	920,34	2.022,16	2.274,93																		
	VI	25.809	983,65	2.064,72	2.322,81																		
3.915,99	I	19.117	187,30	1.529,36	1.720,53	-	1.378,96	1.551,33	-	1.229,52	1.383,21	-	1.085,68	1.221,39	-	948,00	1.066,50	-	816,48	918,54	-	691,12	777,51
	II	17.328	-	1.386,24	1.559,52	-	1.236,64	1.391,22	-	1.092,48	1.229,04	-	954,48	1.073,79	-	822,64	925,47	-	697,04	784,17	-	577,60	649,80
	III	12.202	-	976,16	1.098,18	-	866,08	974,34	-	759,20	854,10	-	655,36	737,28	-	554,72	624,06	-	457,12	514,26	-	362,56	407,88
	IV	19.117	187,30	1.529,36	1.720,53	75,44	1.454,16	1.635,93	-	1.378,96	1.551,33	-	1.303,76	1.466,73	-	1.229,52	1.383,21	-	1.156,80	1.301,40	-	1.085,68	1.221,39
	V	25.290	921,89	2.023,20	2.276,10																		
	VI	25.822	985,20	2.065,76	2.323,98																		
3.951,99	I	19.131	188,97	1.530,48	1.721,79	-	1.380,08	1.552,59	-	1.230,64	1.384,47	-	1.086,72	1.222,56	-	948,96	1.067,58	-	817,44	919,62	-	692,00	778,50
	II	17.342	-	1.387,36	1.560,78	-	1.237,76	1.392,48	-	1.093,52	1.230,21	-	955,52	1.074,96	-	823,60	926,55	-	697,92	785,16	-	578,40	650,70
	III	12.212	-	976,96	1.099,08	-	866,88	975,24	-	760,00	855,00	-	656,16	738,18	-	555,36	624,78	-	457,76	514,98	-	363,20	408,60
	IV	19.131	188,97	1.530,48	1.721,79	77,11	1.455,28	1.637,19	-	1.380,08	1.552,59	-	1.304,88	1.467,99	-	1.230,64	1.384,47	-	1.157,92	1.302,66	-	1.086,72	1.222,56
	V	25.304	923,55	2.024,32	2.277,36																		
	VI	25.836	986,86	2.066,88	2.325,24																		
3.987,99	I	19.145	190,63	1.531,60	1.723,05	-	1.381,20	1.553,85	-	1.231,68	1.385,64	-	1.087,76	1.223,73	-	950,00	1.068,75	-	818,40	920,70	-	692,96	779,58
	II	17.356	-	1.388,48	1.562,04	-	1.238,80	1.393,65	-	1.094,56	1.231,38	-	956,48	1.076,04	-	824,56	927,63	-	698,88	786,24	-	579,28	651,69
	III	12.222	-	977,76	1.099,98	-	867,68	976,14	-	760,80	855,90	-	656,96	739,08	-	556,16	625,68	-	458,40	515,70	-	363,84	409,32
	IV	19.145	190,63	1.531,60	1.723,05	78,77	1.456,40	1.638,45	-	1.381,20	1.553,85	-	1.306,00	1.469,25	-	1.231,68	1.385,64	-	1.158,96	1.303,83	-	1.087,76	1.223,73
	V	25.318	925,22	2.025,44	2.278,62																		
	VI	25.850	988,53	2.068,00	2.326,50																		
4.023,99	I	19.158	192,18	1.532,64	1.724,22	-	1.382,24	1.555,02	-	1.232,72	1.386,81	-	1.088,72	1.224,81	-	950,96	1.069,83	-	819,28	921,69	-	693,84	780,57
	II	17.369	-	1.389,52	1.563,21	-	1.239,84	1.394,82	-	1.095,60	1.232,55	-	957,44	1.077,12	-	825,52	928,71	-	699,76	787,23	-	580,08	652,59
	III	12.232	-	978,56	1.100,88	-	868,48	977,04	-	761,60	856,80	-	657,60	739,80	-	556,80	626,40	-	459,20	516,60	-	364,48	410,04
	IV	19.158	192,18	1.532,64	1.724,22	80,32	1.457,44	1.639,62	-	1.382,24	1.555,02	-	1.307,04	1.470,42	-	1.232,72	1.386,81	-	1.160,00	1.305,00	-	1.088,72	1.224,81
	V	25.331	926,77	2.026,48	2.279,79																		
	VI	25.863	990,08	2.069,04	2.327,67																		
4.059,99	I	19.172	193,85	1.533,76	1.725,48	-	1.383,36	1.556,28	-	1.233,84	1.388,07	-	1.089,76	1.225,98	-	951,92	1.070,91	-	820,24	922,77	-	694,72	781,56
	II	17.383	-	1.390,64	1.564,47	-	1.240,96	1.396,08	-	1.096,64	1.233,72	-	958,48	1.078,29	-	826,48	929,79	-	700,64	788,22	-	580,96	653,58
	III	12.242	-	979,36	1.101,78	-	869,28	977,94	-	762,40	857,70	-	658,40	740,70	-	557,60	627,30	-	459,84	517,32	-	365,28	410,94
	IV	19.172	193,85	1.533,76	1.725,48	81,99	1.458,56	1.640,88	-	1.383,36	1.556,28	-	1.308,16	1.471,68	-	1.233,84	1.388,07	-	1.161,04	1.306,17	-	1.089,76	1.225,98
	V	25.345	928,43	2.027,60	2.281,05																		
	VI	25.877	991,74	2.070,16	2.328,93																		
4.095,99	I	19.186	195,51	1.534,88	1.726,74	-	1.384,48	1.557,54	-	1.234,96	1.389,33	-	1.090,80	1.227,15	-	952,96	1.072,08	-	821,20	923,85	-	695,60	782,55
	II	17.397	-	1.391,76	1.565,73	-	1.242,00	1.397,25	-	1.097,68	1.234,89	-	959,44	1.079,37	-	827,36	930,78	-	701,52	789,21	-	581,84	654,57
	III	12.252	-	980,16	1.102,68	-	870,08	978,84	-	763,04	858,42	-	659,20	741,60	-	558,40	628,20	-	460,64	518,22	-	365,92	411,66
	IV	19.186	195,51	1.534,88	1.726,74	83,65	1.459,68	1.642,14	-	1.384,48	1.557,54	-	1.309,28	1.472,94	-	1.234,96	1.389,33	-	1.162,08	1.307,34	-	1.090,80	1.227,15
	V	25.359	930,10	2.028,72	2.282,31																		
	VI	25.891	993,41	2.071,28	2.330,19																		
4.131,99	I	19.199	197,06	1.535,92	1.727,91	-	1.385,52	1.558,71	-	1.236,00	1.390,50	-	1.091,84	1.228,32	-	953,92	1.073,16	-	822,08	924,84	-	696,48	783,54
	II	17.410	-	1.392,80	1.566,90	-	1.243,12	1.398,51	-	1.098,64	1.235,97	-	960,40	1.080,45	-	828,32	931,86	-	702,40	790,20	-	582,64	655,47
	III	12.262	-	980,96	1.103,58	-	870,88	979,74	-	763,84	859,32	-	659,84	742,32	-	559,04	628,92	-	461,28	518,94	-	366,56	412,38
	IV	19.199	197,06	1.535,92	1.727,91	85,20	1.460,72	1.643,31	-	1.385,52	1.558,71	-	1.310,40	1.474,20	-	1.236,00	1.390,50	-	1.163,12	1.308,51	-	1.091,84	1.228,32
	V	25.373	931,77	2.029,84	2.283,57																		
	VI	25.904	994,95	2.072,32	2.331,36																		
4.167,99	I	19.213	198,73	1.537,04	1.729,17	-	1.386,64	1.559,97	-	1.237,04	1.391,67	-	1.092,88	1.229,49	-	954,88	1.074,24	-	823,04	925,92	-	697,36	784,53
	II	17.424	-	1.393,92	1.568,16	-	1.244,16	1.399,68	-	1.099,68	1.237,14	-	961,36	1.081,53	-	829,28	932,94	-	703,28	791,19	-	583,52	656,46
	III	12.274	-	981,92	1.104,66	-	871,68	980,64	-	764,64	860,22	-	660,64	743,22	-	559,84	629,82	-	461,92	519,66	-	367,20	413,10
	IV	19.213	198,73	1.537,04	1.729,17	86,87	1.461,84	1.644,57	-	1.386,64	1.559,97	-	1.311,44	1.475,37	-	1.237,04	1.391,67	-	1.164,24	1.309,77	-	1.092,88	1.229,49
	V	25.386	933,31	2.030,88	2.284,74																		
	VI	25.918	996,62	2.073,44	2.332,62																		
4.203,99	I	19.227	200,39	1.538,16	1.730,43	-	1.387,76	1.561,23	-	1.238,16	1.392,93	-	1.093,92	1.230,66	-	955,84	1.075,32	-	824,00	927,00	-	698,32	785,61
	II	17.438	-	1.395,04	1.569,42	-	1.245,28	1.400,94	-	1.100,72	1.238,31	-	962,40	1.082,70	-	830,24	934,02	-	704,24	792,27	-	584,40	657,45
	III	12.284	-	982,72	1.105,56	-	872,48	981,54	-	765,44	861,12	-	661,44	744,12	-	560,48	630,54	-	462,72	520,56	-	368,00	414,00
	IV	19.227	200,39	1.538,16	1.730,43	88,53	1.462,96	1.645,83	-	1.387,76	1.561,23	-	1.312,56	1.476,63	-	1.238,16	1.392,93	-	1.165,28	1.310,94	-	1.093,92	1.230,66
	V	25.400	934,98	2.032,00	2.286,00																		
	VI	25.932	998,29	2.074,56	2.333,88																		
4.239,99	I	19.240	201,94	1.539,20	1.731,60	-	1.388,88	1.562,49	-	1.239,20	1.394,10	-	1.094,96	1.231,83	-	956,88	1.076,49	-	824,96	928,08	-	699,20	786,60
	II	17.451	-	1.396,08	1.570,59	-	1.246,32	1.402,11	-	1.101,76	1.239,48	-	963,36	1.083,78	-	831,12	935,01	-	705,12	793,26	-	585,20	658,35
	III	12.294	-	983,52	1.106,46	-	873,28	982,44	-	766,08	861,84	-	662,08	744,84	-	561,28	631,44	-	463,36	521,28	-	368,64	414,72
	IV	19.240	201,94	1.539,20	1.731,60	90,20	1.464,08	1.647,09	-	1.388,88	1.562,49	-	1.313,68	1.477,89	-	1.239,20	1.394,10	-	1.166,32	1.312,11	-	1.094,96	1.231,83
	V	25.414	936,64	2.033,12	2.287,26																		
	VI	25.945	999,83	2.075,60	2.335,05																		

Lohn/Gehalt bis	Steuerklasse	Lohnsteuer	ohne Kinderfreibetrag SolZ 5,5%	ohne Kinderfreibetrag Kirchensteuer 8%	ohne Kinderfreibetrag Kirchensteuer 9%	0,5 SolZ 5,5%	0,5 Kirchensteuer 8%	0,5 Kirchensteuer 9%	1,0 SolZ 5,5%	1,0 Kirchensteuer 8%	1,0 Kirchensteuer 9%	1,5 SolZ 5,5%	1,5 Kirchensteuer 8%	1,5 Kirchensteuer 9%	2,0 SolZ 5,5%	2,0 Kirchensteuer 8%	2,0 Kirchensteuer 9%	2,5 SolZ 5,5%	2,5 Kirchensteuer 8%	2,5 Kirchensteuer 9%	3,0 SolZ 5,5%	3,0 Kirchensteuer 8%	3,0 Kirchensteuer 9%
						Anzahl Kinderfreibeträge (nur Steuerklassen I–IV)																	
84.275,99	I	19.254	*203,60*	1.540,32	1.732,86	-	1.389,92	1.563,66	-	1.240,32	1.395,36	-	1.096,00	1.233,00	-	957,84	1.077,57	-	825,84	929,07	-	700,08	78
	II	17.465	-	1.397,20	1.571,85	-	1.247,44	1.403,37	-	1.102,80	1.240,65	-	964,40	1.084,95	-	832,08	936,09	-	706,00	794,25	-	586,08	659
	III	12.304	-	984,32	1.107,36	-	874,08	983,34	-	766,88	862,74	-	662,88	745,74	-	561,92	632,16	-	464,16	522,18	-	369,28	415
	IV	19.254	*203,60*	1.540,32	1.732,86	*91,74*	1.465,12	1.648,26	-	1.389,92	1.563,66	-	1.314,72	1.479,06	-	1.240,32	1.395,36	-	1.167,36	1.313,28	-	1.096,00	1.233
	V	25.428	*938,31*	2.034,24	2.288,52																		
	VI	25.959	*1.001,50*	2.076,72	2.336,31																		
84.311,99	I	19.268	*205,27*	1.541,44	1.734,12	-	1.391,04	1.564,92	-	1.241,36	1.396,53	-	1.096,96	1.234,08	-	958,80	1.078,65	-	826,80	930,15	-	700,96	788
	II	17.479	-	1.398,32	1.573,11	-	1.248,48	1.404,54	-	1.103,84	1.241,82	-	965,36	1.086,03	-	833,04	937,17	-	706,88	795,24	-	586,96	660
	III	12.314	-	985,12	1.108,26	-	874,88	984,24	-	767,68	863,64	-	663,68	746,64	-	562,72	633,06	-	464,80	522,90	-	369,92	416
	IV	19.268	*205,27*	1.541,44	1.734,12	*93,41*	1.466,24	1.649,52	-	1.391,04	1.564,92	-	1.315,84	1.480,32	-	1.241,36	1.396,53	-	1.168,40	1.314,45	-	1.096,96	1.234
	V	25.441	*939,86*	2.035,28	2.289,69																		
	VI	25.973	*1.003,17*	2.077,84	2.337,57																		
84.347,99	I	19.282	*206,94*	1.542,56	1.735,38	-	1.392,16	1.566,18	-	1.242,40	1.397,70	-	1.098,00	1.235,25	-	959,76	1.079,73	-	827,76	931,23	-	701,84	789
	II	17.492	-	1.399,36	1.574,28	-	1.249,52	1.405,71	-	1.104,88	1.242,99	-	966,32	1.087,11	-	834,00	938,25	-	707,76	796,23	-	587,76	661
	III	12.324	-	985,92	1.109,16	-	875,68	985,14	-	768,48	864,54	-	664,32	747,36	-	563,36	633,78	-	465,44	523,62	-	370,72	417
	IV	19.282	*206,94*	1.542,56	1.735,38	*95,08*	1.467,36	1.650,78	-	1.392,16	1.566,18	-	1.316,96	1.481,58	-	1.242,40	1.397,70	-	1.169,44	1.315,62	-	1.098,00	1.235
	V	25.455	*941,52*	2.036,40	2.290,95																		
	VI	25.987	*1.004,83*	2.078,96	2.338,83																		
84.383,99	I	19.295	*208,48*	1.543,60	1.736,55	-	1.393,28	1.567,44	-	1.243,52	1.398,96	-	1.099,04	1.236,42	-	960,80	1.080,90	-	828,72	932,31	-	702,80	790
	II	17.506	-	1.400,48	1.575,54	-	1.250,64	1.406,97	-	1.105,92	1.244,16	-	967,36	1.088,28	-	834,96	939,33	-	708,72	797,31	-	588,64	662
	III	12.334	-	986,72	1.110,06	-	876,48	986,04	-	769,28	865,44	-	665,12	748,26	-	564,16	634,68	-	466,24	524,52	-	371,36	417
	IV	19.295	*208,48*	1.543,60	1.736,55	*96,74*	1.468,48	1.652,04	-	1.393,28	1.567,44	-	1.318,08	1.482,84	-	1.243,52	1.398,96	-	1.170,56	1.316,88	-	1.099,04	1.236
	V	25.469	*943,19*	2.037,52	2.292,21																		
	VI	26.001	*1.006,50*	2.080,08	2.340,09																		
84.419,99	I	19.309	*210,15*	1.544,72	1.737,81	-	1.394,32	1.568,61	-	1.244,56	1.400,13	-	1.100,08	1.237,59	-	961,76	1.081,98	-	829,60	933,30	-	703,68	791
	II	17.520	-	1.401,60	1.576,80	-	1.251,68	1.408,14	-	1.106,88	1.245,24	-	968,32	1.089,36	-	835,84	940,32	-	709,60	798,30	-	589,52	663
	III	12.344	-	987,52	1.110,96	-	877,28	986,94	-	770,08	866,34	-	665,92	749,16	-	564,80	635,40	-	466,88	525,24	-	372,00	418
	IV	19.309	*210,15*	1.544,72	1.737,81	*98,29*	1.469,52	1.653,21	-	1.394,32	1.568,61	-	1.319,12	1.484,01	-	1.244,56	1.400,13	-	1.171,52	1.317,96	-	1.100,08	1.237
	V	25.482	*944,74*	2.038,56	2.293,38																		
	VI	26.014	*1.008,04*	2.081,12	2.341,26																		
84.455,99	I	19.323	*211,82*	1.545,84	1.739,07	-	1.395,44	1.569,87	-	1.245,68	1.401,39	-	1.101,12	1.238,76	-	962,72	1.083,06	-	830,56	934,38	-	704,56	792
	II	17.534	-	1.402,72	1.578,06	-	1.252,80	1.409,40	-	1.107,92	1.246,41	-	969,28	1.090,44	-	836,80	941,40	-	710,48	799,29	-	590,32	664
	III	12.354	-	988,32	1.111,86	-	878,08	987,84	-	770,72	867,06	-	666,56	749,88	-	565,60	636,30	-	467,52	525,96	-	372,64	419
	IV	19.323	*211,82*	1.545,84	1.739,07	*99,96*	1.470,64	1.654,47	-	1.395,44	1.569,87	-	1.320,24	1.485,27	-	1.245,68	1.401,39	-	1.172,64	1.319,22	-	1.101,12	1.238
	V	25.496	*946,40*	2.039,68	2.294,64																		
	VI	26.028	*1.009,71*	2.082,24	2.342,52																		
84.491,99	I	19.337	*213,48*	1.546,96	1.740,33	-	1.396,56	1.571,13	-	1.246,72	1.402,56	-	1.102,16	1.239,93	-	963,76	1.084,23	-	831,52	935,46	-	705,44	793
	II	17.547	*0,47*	1.403,76	1.579,23	-	1.253,92	1.410,66	-	1.109,04	1.247,67	-	970,32	1.091,61	-	837,76	942,48	-	711,36	800,28	-	591,20	665
	III	12.364	-	989,12	1.112,76	-	878,88	988,74	-	771,52	867,96	-	667,36	750,78	-	566,24	637,02	-	468,32	526,86	-	373,44	420
	IV	19.337	*213,48*	1.546,96	1.740,33	*101,62*	1.471,76	1.655,73	-	1.396,56	1.571,13	-	1.321,36	1.486,53	-	1.246,72	1.402,56	-	1.173,68	1.320,39	-	1.102,16	1.239
	V	25.510	*948,07*	2.040,80	2.295,90																		
	VI	26.042	*1.011,38*	2.083,36	2.343,78																		
84.527,99	I	19.350	*215,03*	1.548,00	1.741,50	-	1.397,60	1.572,30	-	1.247,84	1.403,82	-	1.103,20	1.241,10	-	964,72	1.085,31	-	832,48	936,54	-	706,32	794
	II	17.561	*2,14*	1.404,88	1.580,49	-	1.254,96	1.411,83	-	1.110,00	1.248,75	-	971,28	1.092,69	-	838,72	943,56	-	712,24	801,27	-	592,08	666
	III	12.374	-	989,92	1.113,66	-	879,68	989,64	-	772,32	868,86	-	668,16	751,68	-	567,04	637,92	-	468,96	527,58	-	374,08	420
	IV	19.350	*215,03*	1.548,00	1.741,50	*103,17*	1.472,80	1.656,90	-	1.397,60	1.572,30	-	1.322,40	1.487,70	-	1.247,84	1.403,82	-	1.174,72	1.321,56	-	1.103,20	1.241
	V	25.523	*949,62*	2.041,84	2.297,07																		
	VI	26.055	*1.012,92*	2.084,40	2.344,95																		
84.563,99	I	19.364	*216,69*	1.549,12	1.742,76	-	1.398,72	1.573,56	-	1.248,88	1.404,99	-	1.104,24	1.242,27	-	965,76	1.086,48	-	833,36	937,53	-	707,28	795
	II	17.575	*3,80*	1.406,00	1.581,75	-	1.256,00	1.413,00	-	1.111,04	1.249,92	-	972,24	1.093,77	-	839,60	944,55	-	713,20	802,35	-	592,88	666
	III	12.384	-	990,72	1.114,56	-	880,32	990,36	-	773,12	869,76	-	668,80	752,40	-	567,68	638,64	-	469,76	528,48	-	374,72	421
	IV	19.364	*216,69*	1.549,12	1.742,76	*104,83*	1.473,92	1.658,16	-	1.398,72	1.573,56	-	1.323,52	1.488,96	-	1.248,88	1.404,99	-	1.175,76	1.322,73	-	1.104,24	1.242
	V	25.537	*951,28*	2.042,96	2.298,33																		
	VI	26.069	*1.014,59*	2.085,52	2.346,21																		
84.599,99	I	19.378	*218,36*	1.550,24	1.744,02	-	1.399,84	1.574,82	-	1.250,00	1.406,25	-	1.105,28	1.243,44	-	966,72	1.087,56	-	834,32	938,61	-	708,16	796
	II	17.589	*5,47*	1.407,12	1.583,01	-	1.257,12	1.414,26	-	1.112,08	1.251,09	-	973,28	1.094,94	-	840,56	945,63	-	714,08	803,34	-	593,76	667
	III	12.396	-	991,68	1.115,64	-	881,28	991,44	-	773,92	870,66	-	669,60	753,30	-	568,48	639,54	-	470,40	529,20	-	375,52	422
	IV	19.378	*218,36*	1.550,24	1.744,02	*106,50*	1.475,04	1.659,42	-	1.399,84	1.574,82	-	1.324,64	1.490,22	-	1.250,00	1.406,25	-	1.176,88	1.323,99	-	1.105,28	1.243
	V	25.551	*952,95*	2.044,08	2.299,59																		
	VI	26.083	*1.016,26*	2.086,64	2.347,47																		
84.635,99	I	19.391	*219,91*	1.551,28	1.745,19	-	1.400,88	1.575,99	-	1.251,04	1.407,42	-	1.106,24	1.244,52	-	967,68	1.088,64	-	835,28	939,69	-	709,04	797
	II	17.602	*7,02*	1.408,16	1.584,18	-	1.258,16	1.415,43	-	1.113,12	1.252,26	-	974,24	1.096,02	-	841,52	946,71	-	714,96	804,33	-	594,64	668
	III	12.406	-	992,48	1.116,54	-	882,08	992,34	-	774,72	871,56	-	670,40	754,20	-	569,28	640,44	-	471,20	530,10	-	376,16	423
	IV	19.391	*219,91*	1.551,28	1.745,19	*108,05*	1.476,08	1.660,59	-	1.400,88	1.575,99	-	1.325,68	1.491,39	-	1.251,04	1.407,42	-	1.177,92	1.325,16	-	1.106,24	1.244
	V	25.565	*954,61*	2.045,20	2.300,85																		
	VI	26.096	*1.017,80*	2.087,68	2.348,64																		
84.671,99	I	19.405	*221,57*	1.552,40	1.746,45	-	1.402,00	1.577,25	-	1.252,16	1.408,68	-	1.107,36	1.245,78	-	968,72	1.089,81	-	836,24	940,77	-	709,92	798
	II	17.616	*8,68*	1.409,28	1.585,44	-	1.259,28	1.416,69	-	1.114,16	1.253,43	-	975,20	1.097,10	-	842,48	947,79	-	715,92	805,41	-	595,44	669
	III	12.416	-	993,28	1.117,44	-	882,72	993,06	-	775,36	872,28	-	671,20	755,10	-	569,92	641,16	-	471,84	530,82	-	376,80	423
	IV	19.405	*221,57*	1.552,40	1.746,45	*109,71*	1.477,20	1.661,85	-	1.402,00	1.577,25	-	1.326,80	1.492,65	-	1.252,16	1.408,68	-	1.178,96	1.326,33	-	1.107,36	1.245
	V	25.578	*956,16*	2.046,24	2.302,02																		
	VI	26.110	*1.019,47*	2.088,80	2.349,90																		
84.707,99	I	19.419	*223,24*	1.553,52	1.747,71	-	1.403,12	1.578,51	-	1.253,20	1.409,85	-	1.108,40	1.246,95	-	969,68	1.090,89	-	837,20	941,85	-	710,88	799
	II	17.630	*10,35*	1.410,40	1.586,70	-	1.260,40	1.417,95	-	1.115,20	1.254,60	-	976,24	1.098,27	-	843,44	948,87	-	716,80	806,40	-	596,32	670
	III	12.426	-	994,08	1.118,34	-	883,68	994,14	-	776,16	873,18	-	671,84	755,82	-	570,72	642,06	-	472,48	531,54	-	377,44	424
	IV	19.419	*223,24*	1.553,52	1.747,71	*111,38*	1.478,32	1.663,11	-	1.403,12	1.578,51	-	1.327,92	1.493,91	-	1.253,20	1.409,85	-	1.180,00	1.327,50	-	1.108,40	1.246
	V	25.592	*957,83*	2.047,36	2.303,28																		
	VI	26.124	*1.021,13*	2.089,92	2.351,16																		
84.743,99	I	19.432	*224,79*	1.554,56	1.748,88	*1,07*	1.404,16	1.579,68	-	1.254,32	1.411,11	-	1.109,36	1.248,03	-	970,64	1.091,97	-	838,08	942,84	-	711,76	800
	II	17.643	*11,90*	1.411,44	1.587,87	-	1.261,44	1.419,12	-	1.116,24	1.255,77	-	977,20	1.099,35	-	844,40	949,95	-	717,68	807,39	-	597,20	671
	III	12.436	-	994,88	1.119,24	-	884,32	994,86	-	776,96	874,08	-	672,64	756,72	-	571,36	642,78	-	473,28	532,44	-	378,24	425
	IV	19.432	*224,79*	1.554,56	1.748,88	*112,93*	1.479,36	1.664,28	*1,07*	1.404,16	1.579,68	-	1.329,04	1.495,17	-	1.254,32	1.411,11	-	1.181,04	1.328,67	-	1.109,36	1.248
	V	25.606	*959,49*	2.048,48	2.304,54																		
	VI	26.137	*1.022,68*	2.090,96	2.352,33																		
84.779,99	I	19.446	*226,45*	1.555,68	1.750,14	*2,73*	1.405,28	1.580,94	-	1.255,36	1.412,28	-	1.110,40	1.249,20	-	971,68	1.093,14	-	839,04	943,92	-	712,64	801
	II	17.657	*13,56*	1.412,56	1.589,13	-	1.262,56	1.420,38	-	1.117,28	1.256,94	-	978,24	1.100,52	-	845,28	950,94	-	718,56	808,38	-	598,08	672
	III	12.446	-	995,68	1.120,14	-	885,12	995,76	-	777,76	874,98	-	673,44	757,62	-	572,16	643,68	-	473,92	533,16	-	378,88	426
	IV	19.446	*226,45*	1.555,68	1.750,14	*114,59*	1.480,48	1.665,54	*2,73*	1.405,28	1.580,94	-	1.330,08	1.496,34	-	1.255,36	1.412,28	-	1.182,16	1.329,93	-	1.110,40	1.249
	V	25.620	*961,16*	2.049,60	2.305,80																		
	VI	26.151	*1.024,35*	2.092,08	2.353,59																		

SolZ/KiSt lt. Tabelle nicht für Sonstige Bezüge anwendbar.

Lohn/ Gehalt bis	Steuerklasse	Lohn-steuer	ohne Kinderfreibetrag			Anzahl Kinderfreibeträge (nur Steuerklassen I–IV)																	
						0,5			1,0			1,5			2,0			2,5			3,0		
			SolZ 5,5%	Kirchensteuer 8%	9%	SolZ 5,5%	Kirchensteuer 8%	9%	SolZ 5,5%	Kirchensteuer 8%	9%	SolZ 5,5%	Kirchensteuer 8%	9%	SolZ 5,5%	Kirchensteuer 8%	9%	SolZ 5,5%	Kirchensteuer 8%	9%	SolZ 5,5%	Kirchensteuer 8%	9%
84.815,99	I	19.460	228,12	1.556,80	1.751,40	4,40	1.406,40	1.582,20	-	1.256,48	1.413,54	-	1.111,44	1.250,37	-	972,64	1.094,22	-	840,00	945,00	-	713,52	802,71
(West)	II	17.671	15,23	1.413,68	1.590,39	-	1.263,60	1.421,55	-	1.118,32	1.258,11	-	979,20	1.101,60	-	846,24	952,02	-	719,52	809,46	-	598,88	673,74
	III	12.456	-	996,48	1.121,04	-	885,92	996,66	-	778,56	875,88	-	674,08	758,34	-	572,80	644,40	-	474,72	534,06	-	379,52	426,96
	IV	19.460	228,12	1.556,80	1.751,40	116,26	1.481,60	1.666,80	4,40	1.406,40	1.582,20	-	1.331,20	1.497,60	-	1.256,48	1.413,54	-	1.183,20	1.331,10	-	1.111,44	1.250,37
	V	25.633	962,71	2.050,64	2.306,97																		
	VI	26.165	1.026,01	2.093,20	2.354,85																		
84.815,99	I	19.460	228,12	1.556,80	1.751,40	4,40	1.406,40	1.582,20	-	1.256,48	1.413,54	-	1.111,44	1.250,37	-	972,64	1.094,22	-	840,00	945,00	-	713,52	802,71
(Ost)	II	17.671	15,23	1.413,68	1.590,39	-	1.263,60	1.421,55	-	1.118,32	1.258,11	-	979,20	1.101,60	-	846,24	952,02	-	719,52	809,46	-	598,88	673,74
	III	12.456	-	996,48	1.121,04	-	885,92	996,66	-	778,56	875,88	-	674,08	758,34	-	572,80	644,40	-	474,72	534,06	-	379,52	426,96
	IV	19.460	228,12	1.556,80	1.751,40	116,26	1.481,60	1.666,80	4,40	1.406,40	1.582,20	-	1.331,20	1.497,60	-	1.256,48	1.413,54	-	1.183,20	1.331,10	-	1.111,44	1.250,37
	V	25.633	962,71	2.050,64	2.306,97																		
	VI	26.165	1.026,01	2.093,20	2.354,85																		
84.851,99	I	19.474	229,78	1.557,92	1.752,66	6,06	1.407,52	1.583,46	-	1.257,52	1.414,71	-	1.112,48	1.251,54	-	973,60	1.095,30	-	840,96	946,08	-	714,40	803,70
(West)	II	17.684	16,77	1.414,72	1.591,56	-	1.264,64	1.422,72	-	1.119,36	1.259,28	-	980,16	1.102,68	-	847,20	953,10	-	720,40	810,45	-	599,76	674,73
	III	12.466	-	997,28	1.121,94	-	886,72	997,56	-	779,36	876,78	-	674,88	759,24	-	573,60	645,30	-	475,36	534,78	-	380,16	427,68
	IV	19.474	229,78	1.557,92	1.752,66	117,92	1.482,72	1.668,06	6,06	1.407,52	1.583,46	-	1.332,32	1.498,86	-	1.257,52	1.414,71	-	1.184,24	1.332,27	-	1.112,48	1.251,54
	V	25.647	964,37	2.051,76	2.308,23																		
	VI	26.179	1.027,68	2.094,32	2.356,11																		
84.851,99	I	19.474	229,78	1.557,92	1.752,66	6,06	1.407,52	1.583,46	-	1.257,52	1.414,71	-	1.112,48	1.251,54	-	973,60	1.095,30	-	840,96	946,08	-	714,40	803,70
(Ost)	II	17.684	16,77	1.414,72	1.591,56	-	1.264,64	1.422,72	-	1.119,36	1.259,28	-	980,16	1.102,68	-	847,20	953,10	-	720,40	810,45	-	599,76	674,73
	III	12.466	-	997,28	1.121,94	-	886,72	997,56	-	779,36	876,78	-	674,88	759,24	-	573,60	645,30	-	475,36	534,78	-	380,16	427,68
	IV	19.474	229,78	1.557,92	1.752,66	117,92	1.482,72	1.668,06	6,06	1.407,52	1.583,46	-	1.332,32	1.498,86	-	1.257,52	1.414,71	-	1.184,24	1.332,27	-	1.112,48	1.251,54
	V	25.647	964,37	2.051,76	2.308,23																		
	VI	26.179	1.027,68	2.094,32	2.356,11																		
84.887,99	I	19.487	231,33	1.558,96	1.753,83	7,73	1.408,64	1.584,72	-	1.258,64	1.415,97	-	1.113,52	1.252,71	-	974,64	1.096,47	-	841,92	947,16	-	715,36	804,78
(West)	II	17.698	18,44	1.415,84	1.592,82	-	1.265,76	1.423,98	-	1.120,40	1.260,45	-	981,20	1.103,85	-	848,16	954,18	-	721,28	811,44	-	600,64	675,72
	III	12.476	-	998,08	1.122,84	-	887,52	998,46	-	780,00	877,50	-	675,68	760,14	-	574,24	646,02	-	476,00	535,50	-	380,96	428,58
	IV	19.487	231,33	1.558,96	1.753,83	119,47	1.483,76	1.669,23	7,73	1.408,64	1.584,72	-	1.333,44	1.500,12	-	1.258,64	1.415,97	-	1.185,28	1.333,44	-	1.113,52	1.252,71
	V	25.661	966,04	2.052,88	2.309,49																		
	VI	26.192	1.029,23	2.095,36	2.357,28																		
84.887,99	I	19.487	231,33	1.558,96	1.753,83	7,73	1.408,64	1.584,72	-	1.258,64	1.415,97	-	1.113,52	1.252,71	-	974,64	1.096,47	-	841,92	947,16	-	715,36	804,78
(Ost)	II	17.698	18,44	1.415,84	1.592,82	-	1.265,76	1.423,98	-	1.120,40	1.260,45	-	981,20	1.103,85	-	848,16	954,18	-	721,28	811,44	-	600,64	675,72
	III	12.476	-	998,08	1.122,84	-	887,52	998,46	-	780,00	877,50	-	675,68	760,14	-	574,24	646,02	-	476,00	535,50	-	380,96	428,58
	IV	19.487	231,33	1.558,96	1.753,83	119,47	1.483,76	1.669,23	7,73	1.408,64	1.584,72	-	1.333,44	1.500,12	-	1.258,64	1.415,97	-	1.185,28	1.333,44	-	1.113,52	1.252,71
	V	25.661	966,04	2.052,88	2.309,49																		
	VI	26.192	1.029,23	2.095,36	2.357,28																		
84.923,99	I	19.501	233,00	1.560,08	1.755,09	9,28	1.409,68	1.585,89	-	1.259,68	1.417,14	-	1.114,56	1.253,88	-	975,60	1.097,55	-	842,88	948,24	-	716,24	805,77
(West)	II	17.712	20,11	1.416,96	1.594,08	-	1.266,88	1.425,24	-	1.121,44	1.261,62	-	982,16	1.104,93	-	849,12	955,26	-	722,24	812,52	-	601,52	676,71
	III	12.488	-	999,04	1.123,92	-	888,32	999,36	-	780,80	878,40	-	676,48	761,04	-	575,04	646,92	-	476,80	536,40	-	381,60	429,30
	IV	19.501	233,00	1.560,08	1.755,09	121,14	1.484,88	1.670,49	9,28	1.409,68	1.585,89	-	1.334,48	1.501,29	-	1.259,68	1.417,14	-	1.186,40	1.334,70	-	1.114,56	1.253,88
	V	25.675	967,70	2.054,00	2.310,75																		
	VI	26.206	1.030,89	2.096,48	2.358,54																		
84.923,99	I	19.501	233,00	1.560,08	1.755,09	9,28	1.409,68	1.585,89	-	1.259,68	1.417,14	-	1.114,56	1.253,88	-	975,60	1.097,55	-	842,88	948,24	-	716,24	805,77
(Ost)	II	17.712	20,11	1.416,96	1.594,08	-	1.266,88	1.425,24	-	1.121,44	1.261,62	-	982,16	1.104,93	-	849,12	955,26	-	722,24	812,52	-	601,52	676,71
	III	12.488	-	999,04	1.123,92	-	888,32	999,36	-	780,80	878,40	-	676,48	761,04	-	575,04	646,92	-	476,80	536,40	-	381,60	429,30
	IV	19.501	233,00	1.560,08	1.755,09	121,14	1.484,88	1.670,49	9,28	1.409,68	1.585,89	-	1.334,48	1.501,29	-	1.259,68	1.417,14	-	1.186,40	1.334,70	-	1.114,56	1.253,88
	V	25.675	967,70	2.054,00	2.310,75																		
	VI	26.206	1.030,89	2.096,48	2.358,54																		
84.959,99	I	19.515	234,66	1.561,20	1.756,35	10,94	1.410,80	1.587,15	-	1.260,80	1.418,40	-	1.115,60	1.255,05	-	976,64	1.098,72	-	843,76	949,23	-	717,12	806,76
(West)	II	17.726	21,77	1.418,08	1.595,34	-	1.267,92	1.426,41	-	1.122,48	1.262,79	-	983,20	1.106,10	-	850,08	956,34	-	723,12	813,51	-	602,32	677,61
	III	12.498	-	999,84	1.124,82	-	889,12	1.000,26	-	781,60	879,30	-	677,12	761,76	-	575,84	647,82	-	477,44	537,12	-	382,24	430,02
	IV	19.515	234,66	1.561,20	1.756,35	122,80	1.486,00	1.671,75	10,94	1.410,80	1.587,15	-	1.335,60	1.502,55	-	1.260,80	1.418,40	-	1.187,44	1.335,87	-	1.115,60	1.255,05
	V	25.688	969,25	2.055,04	2.311,92																		
	VI	26.220	1.032,56	2.097,60	2.359,80																		
84.959,99	I	19.515	234,66	1.561,20	1.756,35	10,94	1.410,80	1.587,15	-	1.260,80	1.418,40	-	1.115,60	1.255,05	-	976,64	1.098,72	-	843,76	949,23	-	717,12	806,76
(Ost)	II	17.726	21,77	1.418,08	1.595,34	-	1.267,92	1.426,41	-	1.122,48	1.262,79	-	983,20	1.106,10	-	850,08	956,34	-	723,12	813,51	-	602,32	677,61
	III	12.498	-	999,84	1.124,82	-	889,12	1.000,26	-	781,60	879,30	-	677,12	761,76	-	575,84	647,82	-	477,44	537,12	-	382,24	430,02
	IV	19.515	234,66	1.561,20	1.756,35	122,80	1.486,00	1.671,75	10,94	1.410,80	1.587,15	-	1.335,60	1.502,55	-	1.260,80	1.418,40	-	1.187,44	1.335,87	-	1.115,60	1.255,05
	V	25.688	969,25	2.055,04	2.311,92																		
	VI	26.220	1.032,56	2.097,60	2.359,80																		
84.995,99	I	19.529	236,33	1.562,32	1.757,61	12,61	1.411,92	1.588,41	-	1.261,84	1.419,57	-	1.116,64	1.256,22	-	977,60	1.099,80	-	844,72	950,31	-	718,08	807,84
(West)	II	17.739	23,32	1.419,12	1.596,51	-	1.269,04	1.427,67	-	1.123,52	1.263,96	-	984,16	1.107,18	-	851,04	957,42	-	724,00	814,50	-	603,20	678,60
	III	12.508	-	1.000,64	1.125,72	-	889,92	1.001,16	-	782,40	880,20	-	677,92	762,66	-	576,48	648,54	-	478,24	538,02	-	382,88	430,74
	IV	19.529	236,33	1.562,32	1.757,61	124,47	1.487,12	1.673,01	12,61	1.411,92	1.588,41	-	1.336,72	1.503,81	-	1.261,84	1.419,57	-	1.188,48	1.337,04	-	1.116,64	1.256,22
	V	25.702	970,92	2.056,16	2.313,18																		
	VI	26.234	1.034,22	2.098,72	2.361,06																		
84.995,99	I	19.529	236,33	1.562,32	1.757,61	12,61	1.411,92	1.588,41	-	1.261,84	1.419,57	-	1.116,64	1.256,22	-	977,60	1.099,80	-	844,72	950,31	-	718,08	807,84
(Ost)	II	17.739	23,32	1.419,12	1.596,51	-	1.269,04	1.427,67	-	1.123,52	1.263,96	-	984,16	1.107,18	-	851,04	957,42	-	724,00	814,50	-	603,20	678,60
	III	12.508	-	1.000,64	1.125,72	-	889,92	1.001,16	-	782,40	880,20	-	677,92	762,66	-	576,48	648,54	-	478,24	538,02	-	382,88	430,74
	IV	19.529	236,33	1.562,32	1.757,61	124,47	1.487,12	1.673,01	12,61	1.411,92	1.588,41	-	1.336,72	1.503,81	-	1.261,84	1.419,57	-	1.188,48	1.337,04	-	1.116,64	1.256,22
	V	25.702	970,92	2.056,16	2.313,18																		
	VI	26.234	1.034,22	2.098,72	2.361,06																		
85.031,99	I	19.542	237,88	1.563,36	1.758,78	14,28	1.413,04	1.589,67	-	1.262,96	1.420,83	-	1.117,68	1.257,39	-	978,64	1.100,97	-	845,68	951,39	-	718,96	808,83
(West)	II	17.753	24,99	1.420,24	1.597,77	-	1.270,08	1.428,84	-	1.124,56	1.265,13	-	985,20	1.108,35	-	852,00	958,50	-	724,96	815,58	-	604,08	679,59
	III	12.518	-	1.001,44	1.126,62	-	890,72	1.002,06	-	783,20	881,10	-	678,72	763,56	-	577,28	649,44	-	478,88	538,74	-	383,68	431,64
	IV	19.542	237,88	1.563,36	1.758,78	126,02	1.488,16	1.674,18	14,28	1.413,04	1.589,67	-	1.337,84	1.505,07	-	1.262,96	1.420,83	-	1.189,52	1.338,21	-	1.117,68	1.257,39
	V	25.716	972,58	2.057,28	2.314,44																		
	VI	26.247	1.035,77	2.099,76	2.362,23																		
85.031,99	I	19.542	237,88	1.563,36	1.758,78	14,28	1.413,04	1.589,67	-	1.262,96	1.420,83	-	1.117,68	1.257,39	-	978,64	1.100,97	-	845,68	951,39	-	718,96	808,83
(Ost)	II	17.753	24,99	1.420,24	1.597,77	-	1.270,08	1.428,84	-	1.124,56	1.265,13	-	985,20	1.108,35	-	852,00	958,50	-	724,96	815,58	-	604,08	679,59
	III	12.518	-	1.001,44	1.126,62	-	890,72	1.002,06	-	783,20	881,10	-	678,72	763,56	-	577,28	649,44	-	478,88	538,74	-	383,68	431,64
	IV	19.542	237,88	1.563,36	1.758,78	126,02	1.488,16	1.674,18	14,28	1.413,04	1.589,67	-	1.337,84	1.505,07	-	1.262,96	1.420,83	-	1.189,52	1.338,21	-	1.117,68	1.257,39
	V	25.716	972,58	2.057,28	2.314,44																		
	VI	26.247	1.035,77	2.099,76	2.362,23																		

SolZ/KiSt lt. Tabelle nicht für Sonstige Bezüge anwendbar.

Lohn/ Gehalt bis	Steuerklasse	Lohnsteuer	ohne Kinderfreibetrag			Anzahl Kinderfreibeträge (nur Steuerklassen I–IV)																	
						0,5			1,0			1,5			2,0			2,5			3,0		
			SolZ 5,5%	Kirchensteuer 8%	Kirchensteuer 9%	SolZ 5,5%	Kirchensteuer 8%	Kirchensteuer 9%	SolZ 5,5%	Kirchensteuer 8%	Kirchensteuer 9%	SolZ 5,5%	Kirchensteuer 8%	Kirchensteuer 9%	SolZ 5,5%	Kirchensteuer 8%	Kirchensteuer 9%	SolZ 5,5%	Kirchensteuer 8%	Kirchensteuer 9%	SolZ 5,5%	Kirchensteuer 8%	Kirchensteuer 9%
85.067,99 (West)	I	19.556	239,54	1.564,48	1.760,04	15,82	1.414,08	1.590,84	–	1.264,00	1.422,00	–	1.118,72	1.258,56	–	979,60	1.102,05	–	846,64	952,47	–	719,84	809,
	II	17.767	26,65	1.421,36	1.599,03	–	1.271,20	1.430,10	–	1.125,60	1.266,30	–	986,16	1.109,43	–	852,88	959,49	–	725,84	816,57	–	604,88	680,
	III	12.528	–	1.002,24	1.127,52	–	891,52	1.002,96	–	784,00	882,00	–	679,36	764,28	–	577,92	650,16	–	479,52	539,46	–	384,32	432,
	IV	19.556	239,54	1.564,48	1.760,04	127,68	1.489,28	1.675,44	15,82	1.414,08	1.590,84	–	1.338,88	1.506,24	–	1.264,00	1.422,00	–	1.190,56	1.339,38	–	1.118,72	1.258,
	V	25.729	974,13	2.058,32	2.315,61																		
	VI	26.261	1.037,44	2.100,88	2.363,49																		
85.067,99 (Ost)	I	19.556	239,54	1.564,48	1.760,04	15,82	1.414,08	1.590,84	–	1.264,00	1.422,00	–	1.118,72	1.258,56	–	979,60	1.102,05	–	846,64	952,47	–	719,84	809,
	II	17.767	26,65	1.421,36	1.599,03	–	1.271,20	1.430,10	–	1.125,60	1.266,30	–	986,16	1.109,43	–	852,88	959,49	–	725,84	816,57	–	604,88	680,
	III	12.528	–	1.002,24	1.127,52	–	891,52	1.002,96	–	784,00	882,00	–	679,36	764,28	–	577,92	650,16	–	479,52	539,46	–	384,32	432,
	IV	19.556	239,54	1.564,48	1.760,04	127,68	1.489,28	1.675,44	15,82	1.414,08	1.590,84	–	1.338,88	1.506,24	–	1.264,00	1.422,00	–	1.190,56	1.339,38	–	1.118,72	1.258,
	V	25.729	974,13	2.058,32	2.315,61																		
	VI	26.261	1.037,44	2.100,88	2.363,49																		
85.103,99 (West)	I	19.570	241,21	1.565,60	1.761,30	17,49	1.415,20	1.592,10	–	1.265,12	1.423,26	–	1.119,76	1.259,73	–	980,56	1.103,13	–	847,60	953,55	–	720,72	810,
	II	17.781	28,32	1.422,48	1.600,29	–	1.272,24	1.431,27	–	1.126,64	1.267,47	–	987,12	1.110,51	–	853,84	960,57	–	726,72	817,56	–	605,76	681,
	III	12.538	–	1.003,04	1.128,42	–	892,32	1.003,86	–	784,64	882,72	–	680,16	765,18	–	578,72	651,06	–	480,32	540,36	–	384,96	433,
	IV	19.570	241,21	1.565,60	1.761,30	129,35	1.490,40	1.676,70	17,49	1.415,20	1.592,10	–	1.340,00	1.507,50	–	1.265,12	1.423,26	–	1.191,68	1.340,64	–	1.119,76	1.259,
	V	25.743	975,80	2.059,44	2.316,87																		
	VI	26.275	1.039,10	2.102,00	2.364,75																		
85.103,99 (Ost)	I	19.570	241,21	1.565,60	1.761,30	17,49	1.415,20	1.592,10	–	1.265,12	1.423,26	–	1.119,76	1.259,73	–	980,56	1.103,13	–	847,60	953,55	–	720,72	810,
	II	17.781	28,32	1.422,48	1.600,29	–	1.272,24	1.431,27	–	1.126,64	1.267,47	–	987,12	1.110,51	–	853,84	960,57	–	726,72	817,56	–	605,76	681,
	III	12.538	–	1.003,04	1.128,42	–	892,32	1.003,86	–	784,64	882,72	–	680,16	765,18	–	578,72	651,06	–	480,32	540,36	–	384,96	433,
	IV	19.570	241,21	1.565,60	1.761,30	129,35	1.490,40	1.676,70	17,49	1.415,20	1.592,10	–	1.340,00	1.507,50	–	1.265,12	1.423,26	–	1.191,68	1.340,64	–	1.119,76	1.259,
	V	25.743	975,80	2.059,44	2.316,87																		
	VI	26.275	1.039,10	2.102,00	2.364,75																		
85.139,99 (West)	I	19.583	242,76	1.566,64	1.762,47	19,04	1.416,24	1.593,27	–	1.266,16	1.424,43	–	1.120,80	1.260,90	–	981,52	1.104,21	–	848,48	954,54	–	721,60	811,
	II	17.794	29,86	1.423,52	1.601,46	–	1.273,36	1.432,53	–	1.127,68	1.268,64	–	988,16	1.111,68	–	854,80	961,65	–	727,60	818,55	–	606,64	682,
	III	12.548	–	1.003,84	1.129,32	–	893,12	1.004,76	–	785,44	883,62	–	680,80	765,90	–	579,36	651,78	–	480,96	541,08	–	385,60	433,
	IV	19.583	242,76	1.566,64	1.762,47	130,90	1.491,44	1.677,87	19,04	1.416,24	1.593,27	–	1.341,04	1.508,67	–	1.266,16	1.424,43	–	1.192,72	1.341,81	–	1.120,80	1.260,
	V	25.756	977,34	2.060,48	2.318,04																		
	VI	26.288	1.040,65	2.103,04	2.365,92																		
85.139,99 (Ost)	I	19.583	242,76	1.566,64	1.762,47	19,04	1.416,24	1.593,27	–	1.266,16	1.424,43	–	1.120,80	1.260,90	–	981,52	1.104,21	–	848,48	954,54	–	721,60	811,
	II	17.794	29,86	1.423,52	1.601,46	–	1.273,36	1.432,53	–	1.127,68	1.268,64	–	988,16	1.111,68	–	854,80	961,65	–	727,60	818,55	–	606,64	682,
	III	12.548	–	1.003,84	1.129,32	–	893,12	1.004,76	–	785,44	883,62	–	680,80	765,90	–	579,36	651,78	–	480,96	541,08	–	385,60	433,
	IV	19.583	242,76	1.566,64	1.762,47	130,90	1.491,44	1.677,87	19,04	1.416,24	1.593,27	–	1.341,04	1.508,67	–	1.266,16	1.424,43	–	1.192,72	1.341,81	–	1.120,80	1.260,
	V	25.756	977,34	2.060,48	2.318,04																		
	VI	26.288	1.040,65	2.103,04	2.365,92																		
85.175,99 (West)	I	19.597	244,42	1.567,76	1.763,73	20,70	1.417,36	1.594,53	–	1.267,28	1.425,69	–	1.121,84	1.262,07	–	982,56	1.105,38	–	849,44	955,62	–	722,56	812,
	II	17.808	31,53	1.424,64	1.602,72	–	1.274,40	1.433,70	–	1.128,72	1.269,81	–	989,12	1.112,76	–	855,76	962,73	–	728,56	819,63	–	607,52	683,
	III	12.558	–	1.004,64	1.130,22	–	893,92	1.005,66	–	786,24	884,52	–	681,60	766,80	–	580,16	652,68	–	481,76	541,98	–	386,40	434,
	IV	19.597	244,42	1.567,76	1.763,73	132,56	1.492,56	1.679,13	20,70	1.417,36	1.594,53	–	1.342,16	1.509,93	–	1.267,28	1.425,69	–	1.193,76	1.342,98	–	1.121,84	1.262,
	V	25.770	979,01	2.061,60	2.319,30																		
	VI	26.302	1.042,32	2.104,16	2.367,18																		
85.175,99 (Ost)	I	19.597	244,42	1.567,76	1.763,73	20,70	1.417,36	1.594,53	–	1.267,28	1.425,69	–	1.121,84	1.262,07	–	982,56	1.105,38	–	849,44	955,62	–	722,56	812,8
	II	17.808	31,53	1.424,64	1.602,72	–	1.274,40	1.433,70	–	1.128,72	1.269,81	–	989,12	1.112,76	–	855,76	962,73	–	728,56	819,63	–	607,52	683,4
	III	12.558	–	1.004,64	1.130,22	–	893,92	1.005,66	–	786,24	884,52	–	681,60	766,80	–	580,16	652,68	–	481,76	541,98	–	386,40	434,7
	IV	19.597	244,42	1.567,76	1.763,73	132,56	1.492,56	1.679,13	20,70	1.417,36	1.594,53	–	1.342,16	1.509,93	–	1.267,28	1.425,69	–	1.193,76	1.342,98	–	1.121,84	1.262,0
	V	25.770	979,01	2.061,60	2.319,30																		
	VI	26.302	1.042,32	2.104,16	2.367,18																		
85.211,99 (West)	I	19.611	246,09	1.568,88	1.764,99	22,37	1.418,48	1.595,79	–	1.268,32	1.426,86	–	1.122,88	1.263,24	–	983,60	1.106,55	–	850,40	956,70	–	723,44	813,8
	II	17.822	33,20	1.425,76	1.603,98	–	1.275,52	1.434,96	–	1.129,76	1.270,98	–	990,16	1.113,93	–	856,72	963,81	–	729,44	820,62	–	608,32	684,3
	III	12.570	–	1.005,60	1.131,30	–	894,72	1.006,56	–	787,04	885,42	–	682,40	767,70	–	580,80	653,40	–	482,40	542,70	–	387,04	435,4
	IV	19.611	246,09	1.568,88	1.764,99	134,23	1.493,68	1.680,39	22,37	1.418,48	1.595,79	–	1.343,28	1.511,19	–	1.268,32	1.426,86	–	1.194,88	1.344,24	–	1.122,88	1.263,2
	V	25.784	980,67	2.062,72	2.320,56																		
	VI	26.316	1.043,98	2.105,28	2.368,44																		
85.211,99 (Ost)	I	19.611	246,09	1.568,88	1.764,99	22,37	1.418,48	1.595,79	–	1.268,40	1.426,95	–	1.122,88	1.263,24	–	983,60	1.106,55	–	850,48	956,79	–	723,52	813,9
	II	17.822	33,20	1.425,76	1.603,98	–	1.275,60	1.435,05	–	1.129,76	1.270,98	–	990,16	1.113,93	–	856,72	963,81	–	729,44	820,62	–	608,40	684,4
	III	12.570	–	1.005,60	1.131,30	–	894,72	1.006,56	–	787,04	885,42	–	682,40	767,70	–	580,96	653,58	–	482,40	542,70	–	387,04	435,4
	IV	19.611	246,09	1.568,88	1.764,99	134,23	1.493,68	1.680,39	22,37	1.418,48	1.595,79	–	1.343,28	1.511,19	–	1.268,40	1.426,95	–	1.194,88	1.344,24	–	1.122,88	1.263,2
	V	25.785	980,79	2.062,80	2.320,65																		
	VI	26.316	1.043,98	2.105,28	2.368,44																		
85.247,99 (West)	I	19.624	247,63	1.569,92	1.766,16	23,91	1.419,52	1.596,96	–	1.269,44	1.428,12	–	1.123,92	1.264,41	–	984,56	1.107,63	–	851,36	957,78	–	724,32	814,8
	II	17.835	34,74	1.426,80	1.605,15	–	1.276,64	1.436,22	–	1.130,80	1.272,15	–	991,12	1.115,01	–	857,68	964,89	–	730,32	821,61	–	609,20	685,3
	III	12.580	–	1.006,40	1.132,20	–	895,52	1.007,46	–	787,84	886,32	–	683,20	768,60	–	581,60	654,30	–	483,04	543,42	–	387,68	436,1
	IV	19.624	247,63	1.569,92	1.766,16	135,77	1.494,72	1.681,56	23,91	1.419,52	1.596,96	–	1.344,32	1.512,36	–	1.269,44	1.428,12	–	1.195,92	1.345,41	–	1.123,92	1.264,4
	V	25.798	982,34	2.063,84	2.321,82																		
	VI	26.329	1.045,53	2.106,32	2.369,61																		
85.247,99 (Ost)	I	19.626	247,87	1.570,08	1.766,34	24,27	1.419,76	1.597,23	–	1.269,60	1.428,30	–	1.124,08	1.264,59	–	984,72	1.107,81	–	851,52	957,96	–	724,48	815,0
	II	17.837	34,98	1.426,96	1.605,33	–	1.276,80	1.436,40	–	1.130,96	1.272,33	–	991,28	1.115,19	–	857,76	964,98	–	730,48	821,79	–	609,36	685,5
	III	12.580	–	1.006,40	1.132,20	–	895,68	1.007,64	–	787,84	886,32	–	683,20	768,60	–	581,76	654,48	–	483,20	543,60	–	387,84	436,3
	IV	19.626	247,87	1.570,08	1.766,34	136,01	1.494,88	1.681,74	24,27	1.419,76	1.597,23	–	1.344,56	1.512,63	–	1.269,60	1.428,30	–	1.196,08	1.345,59	–	1.124,08	1.264,5
	V	25.800	982,58	2.064,00	2.322,00																		
	VI	26.331	1.045,77	2.106,48	2.369,79																		
85.283,99 (West)	I	19.638	249,30	1.571,04	1.767,42	25,58	1.420,64	1.598,22	–	1.270,48	1.429,29	–	1.124,96	1.265,58	–	985,52	1.108,71	–	852,32	958,86	–	725,28	815,9
	II	17.849	36,41	1.427,92	1.606,41	–	1.277,68	1.437,39	–	1.131,84	1.273,32	–	992,16	1.116,18	–	858,64	965,97	–	731,28	822,69	–	610,08	686,3
	III	12.590	–	1.007,20	1.133,10	–	896,32	1.008,36	–	788,64	887,22	–	683,84	769,32	–	582,40	655,20	–	483,84	544,32	–	388,48	437,0
	IV	19.638	249,30	1.571,04	1.767,42	137,44	1.495,84	1.682,82	25,58	1.420,64	1.598,22	–	1.345,44	1.513,62	–	1.270,48	1.429,29	–	1.196,96	1.346,58	–	1.124,96	1.265,5
	V	25.812	984,01	2.064,96	2.323,08																		
	VI	26.343	1.047,20	2.107,44	2.370,87																		
85.283,99 (Ost)	I	19.642	249,78	1.571,36	1.767,78	26,06	1.420,96	1.598,58	–	1.270,80	1.429,65	–	1.125,20	1.265,85	–	985,76	1.108,98	–	852,56	959,13	–	725,52	816,2
	II	17.852	36,77	1.428,16	1.606,68	–	1.278,00	1.437,75	–	1.132,08	1.273,59	–	992,40	1.116,45	–	858,80	966,15	–	731,44	822,87	–	610,32	686,6
	III	12.592	–	1.007,36	1.133,28	–	896,48	1.008,54	–	788,80	887,40	–	684,16	769,68	–	582,56	655,38	–	484,00	544,50	–	388,64	437,2
	IV	19.642	249,78	1.571,36	1.767,78	137,92	1.496,16	1.683,18	26,06	1.420,96	1.598,58	–	1.345,76	1.513,98	–	1.270,80	1.429,65	–	1.197,20	1.346,85	–	1.125,20	1.265,8
	V	25.815	984,36	2.065,20	2.323,35																		
	VI	26.347	1.047,67	2.107,76	2.371,23																		

SolZ/KiSt lt. Tabelle nicht für Sonstige Bezüge anwendbar.

Lohn/ Gehalt bis	Steuerklasse	Lohn-steuer	ohne Kinderfreibetrag SolZ 5,5%	Kirchensteuer 8%	9%	0,5 SolZ 5,5%	Kirchensteuer 8%	9%	1,0 SolZ 5,5%	Kirchensteuer 8%	9%	1,5 SolZ 5,5%	Kirchensteuer 8%	9%	2,0 SolZ 5,5%	Kirchensteuer 8%	9%	2,5 SolZ 5,5%	Kirchensteuer 8%	9%	3,0 SolZ 5,5%	Kirchensteuer 8%	9%
						Anzahl Kinderfreibeträge (nur Steuerklassen I–IV)																	
5.319,99	I	19.652	*250,97*	1.572,16	1.768,68	*27,25*	1.421,76	1.599,48	–	1.271,60	1.430,55	–	1.126,00	1.266,75	–	986,56	1.109,88	–	853,28	959,94	–	726,16	816,93
(West)	II	17.863	*38,08*	1.429,04	1.607,67	–	1.278,80	1.438,65	–	1.132,88	1.274,49	–	993,12	1.117,26	–	859,60	967,05	–	732,16	823,68	–	610,96	687,33
	III	12.600	–	1.008,00	1.134,00	–	897,12	1.009,26	–	789,28	887,94	–	684,64	770,22	–	583,04	655,92	–	484,48	545,04	–	389,12	437,76
	IV	19.652	*250,97*	1.572,16	1.768,68	*139,11*	1.496,96	1.684,08	*27,25*	1.421,76	1.599,48	–	1.346,56	1.514,88	–	1.271,60	1.430,55	–	1.198,00	1.347,75	–	1.126,00	1.266,75
	V	25.825	*985,55*	2.066,00	2.324,25																		
	VI	26.357	*1.048,86*	2.108,56	2.372,13																		
5.319,99	I	19.657	*251,56*	1.572,56	1.769,13	*27,84*	1.422,16	1.599,93	–	1.272,00	1.431,00	–	1.126,32	1.267,11	–	986,88	1.110,24	–	853,60	960,30	–	726,48	817,29
(Ost)	II	17.867	*38,55*	1.429,36	1.608,03	–	1.279,20	1.439,10	–	1.133,20	1.274,85	–	993,44	1.117,62	–	859,92	967,41	–	732,48	824,04	–	611,20	687,60
	III	12.604	–	1.008,32	1.134,36	–	897,44	1.009,62	–	789,60	888,30	–	684,96	770,58	–	583,36	656,28	–	484,80	545,40	–	389,28	437,94
	IV	19.657	*251,56*	1.572,56	1.769,13	*139,70*	1.497,36	1.684,53	*27,84*	1.422,16	1.599,93	–	1.346,96	1.515,33	–	1.272,00	1.431,00	–	1.198,40	1.348,20	–	1.126,32	1.267,11
	V	25.830	*986,15*	2.066,40	2.324,70																		
	VI	26.362	*1.049,46*	2.108,96	2.372,58																		
5.355,99	I	19.666	*252,63*	1.573,28	1.769,94	*28,91*	1.422,88	1.600,74	–	1.272,64	1.431,72	–	1.127,04	1.267,92	–	987,52	1.110,96	–	854,24	961,02	–	727,04	817,92
(West)	II	17.876	*39,62*	1.430,08	1.608,84	–	1.279,84	1.439,82	–	1.133,92	1.275,66	–	994,08	1.118,34	–	860,48	968,04	–	733,04	824,67	–	611,76	688,23
	III	12.610	–	1.008,80	1.134,90	–	897,92	1.010,16	–	790,08	888,84	–	685,44	771,12	–	583,68	656,64	–	485,28	545,94	–	389,76	438,48
	IV	19.666	*252,63*	1.573,28	1.769,94	*140,77*	1.498,08	1.685,34	*28,91*	1.422,88	1.600,74	–	1.347,68	1.516,14	–	1.272,64	1.431,72	–	1.199,04	1.348,92	–	1.127,04	1.267,92
	V	25.839	*987,22*	2.067,12	2.325,51																		
	VI	26.371	*1.050,53*	2.109,68	2.373,39																		
5.355,99	I	19.672	*253,35*	1.573,76	1.770,48	*29,63*	1.423,36	1.601,28	–	1.273,20	1.432,35	–	1.127,52	1.268,46	–	988,00	1.111,50	–	854,64	961,47	–	727,44	818,37
(Ost)	II	17.883	*40,46*	1.430,64	1.609,47	–	1.280,40	1.440,45	–	1.134,40	1.276,20	–	994,56	1.118,88	–	860,96	968,58	–	733,44	825,12	–	612,16	688,68
	III	12.614	–	1.009,12	1.135,26	–	898,24	1.010,52	–	790,40	889,20	–	685,76	771,48	–	584,16	657,18	–	485,60	546,30	–	390,08	438,84
	IV	19.672	*253,35*	1.573,76	1.770,48	*141,49*	1.498,56	1.685,88	*29,63*	1.423,36	1.601,28	–	1.348,16	1.516,68	–	1.273,20	1.432,35	–	1.199,60	1.349,55	–	1.127,52	1.268,46
	V	25.845	*987,93*	2.067,60	2.326,05																		
	VI	26.377	*1.051,24*	2.110,16	2.373,93																		
5.391,99	I	19.679	*254,18*	1.574,32	1.771,11	*30,46*	1.423,92	1.601,91	–	1.273,76	1.432,98	–	1.128,08	1.269,09	–	988,56	1.112,13	–	855,20	962,10	–	728,00	819,00
(West)	II	17.890	*41,29*	1.431,20	1.610,10	–	1.280,96	1.441,08	–	1.134,96	1.276,83	–	995,12	1.119,51	–	861,44	969,12	–	734,00	825,75	–	612,64	689,22
	III	12.620	–	1.009,60	1.135,80	–	898,72	1.011,06	–	790,88	889,74	–	686,24	772,02	–	584,48	657,54	–	485,92	546,66	–	390,40	439,20
	IV	19.679	*254,18*	1.574,32	1.771,11	*142,32*	1.499,12	1.686,51	*30,46*	1.423,92	1.601,91	–	1.348,72	1.517,31	–	1.273,76	1.432,98	–	1.200,16	1.350,18	–	1.128,08	1.269,09
	V	25.853	*988,89*	2.068,24	2.326,77																		
	VI	26.384	*1.052,07*	2.110,72	2.374,56																		
5.391,99	I	19.687	*255,13*	1.574,96	1.771,83	*31,41*	1.424,56	1.602,63	–	1.274,40	1.433,70	–	1.128,64	1.269,72	–	989,04	1.112,67	–	855,68	962,64	–	728,48	819,54
(Ost)	II	17.898	*42,24*	1.431,84	1.610,82	–	1.281,60	1.441,80	–	1.135,52	1.277,46	–	995,68	1.120,14	–	862,00	969,75	–	734,48	826,29	–	613,12	689,76
	III	12.626	–	1.010,08	1.136,34	–	899,20	1.011,60	–	791,36	890,28	–	686,56	772,38	–	584,96	658,08	–	486,40	547,20	–	390,88	439,74
	IV	19.687	*255,13*	1.574,96	1.771,83	*143,27*	1.499,76	1.687,23	*31,41*	1.424,56	1.602,63	–	1.349,36	1.518,03	–	1.274,40	1.433,70	–	1.200,72	1.350,81	–	1.128,64	1.269,72
	V	25.860	*989,72*	2.068,80	2.327,40																		
	VI	26.392	*1.053,03*	2.111,36	2.375,28																		
5.427,99	I	19.693	*255,85*	1.575,44	1.772,37	*32,13*	1.425,04	1.603,17	–	1.274,88	1.434,24	–	1.129,12	1.270,26	–	989,52	1.113,21	–	856,16	963,18	–	728,88	819,99
(West)	II	17.904	*42,95*	1.432,32	1.611,36	–	1.282,08	1.442,34	–	1.136,00	1.278,00	–	996,16	1.120,68	–	862,40	970,20	–	734,88	826,74	–	613,52	690,21
	III	12.630	–	1.010,40	1.136,70	–	899,52	1.011,96	–	791,68	890,64	–	686,88	772,74	–	585,28	658,44	–	486,72	547,56	–	391,20	440,10
	IV	19.693	*255,85*	1.575,44	1.772,37	*143,99*	1.500,24	1.687,77	*32,13*	1.425,04	1.603,17	–	1.349,84	1.518,57	–	1.274,88	1.434,24	–	1.201,20	1.351,35	–	1.129,12	1.270,26
	V	25.867	*990,55*	2.069,36	2.328,03																		
	VI	26.398	*1.053,74*	2.111,84	2.375,82																		
85.427,99	I	19.702	*256,92*	1.576,16	1.773,18	*33,20*	1.425,76	1.603,98	–	1.275,60	1.435,05	–	1.129,76	1.270,98	–	990,16	1.113,93	–	856,72	963,81	–	729,44	820,62
(Ost)	II	17.913	*44,03*	1.433,04	1.612,17	–	1.282,80	1.443,15	–	1.136,64	1.278,72	–	996,80	1.121,40	–	863,04	970,92	–	735,44	827,37	–	614,08	690,84
	III	12.638	–	1.011,04	1.137,42	–	900,00	1.012,50	–	792,16	891,18	–	687,36	773,28	–	585,76	658,98	–	487,20	548,10	–	391,68	440,64
	IV	19.702	*256,92*	1.576,16	1.773,18	*145,06*	1.500,96	1.688,58	*33,20*	1.425,76	1.603,98	–	1.350,56	1.519,38	–	1.275,60	1.435,05	–	1.201,92	1.352,16	–	1.129,76	1.270,98
	V	25.875	*991,50*	2.070,00	2.328,75																		
	VI	26.407	*1.054,81*	2.112,56	2.376,63																		
5.463,99	I	19.707	*257,51*	1.576,56	1.773,63	*33,79*	1.426,16	1.604,43	–	1.275,92	1.435,41	–	1.130,16	1.271,43	–	990,48	1.114,29	–	857,04	964,17	–	729,76	820,98
(West)	II	17.917	*44,50*	1.433,36	1.612,53	–	1.283,12	1.443,51	–	1.137,04	1.279,17	–	997,12	1.121,76	–	863,36	971,28	–	735,76	827,73	–	614,40	691,20
	III	12.640	–	1.011,20	1.137,60	–	900,32	1.012,86	–	792,48	891,54	–	687,68	773,64	–	585,92	659,16	–	487,36	548,28	–	391,84	440,82
	IV	19.707	*257,51*	1.576,56	1.773,63	*145,65*	1.501,36	1.689,03	*33,79*	1.426,16	1.604,43	–	1.350,96	1.519,83	–	1.275,92	1.435,41	–	1.202,24	1.352,52	–	1.130,16	1.271,43
	V	25.880	*992,10*	2.070,40	2.329,20																		
	VI	26.412	*1.055,41*	2.112,96	2.377,08																		
5.463,99	I	19.717	*258,70*	1.577,36	1.774,53	*34,98*	1.426,96	1.605,33	–	1.276,80	1.436,40	–	1.130,96	1.272,33	–	991,28	1.115,19	–	857,76	964,98	–	730,48	821,79
(Ost)	II	17.928	*45,81*	1.434,24	1.613,52	–	1.284,00	1.444,50	–	1.137,84	1.280,07	–	997,84	1.122,57	–	864,08	972,09	–	736,48	828,54	–	615,04	691,92
	III	12.648	–	1.011,84	1.138,32	–	900,96	1.013,58	–	793,12	892,26	–	688,32	774,36	–	586,56	659,88	–	487,84	548,82	–	392,32	441,36
	IV	19.717	*258,70*	1.577,36	1.774,53	*146,84*	1.502,16	1.689,93	*34,98*	1.426,96	1.605,33	–	1.351,76	1.520,73	–	1.276,80	1.436,40	–	1.203,04	1.353,42	–	1.130,96	1.272,33
	V	25.890	*993,29*	2.071,20	2.330,10																		
	VI	26.422	*1.056,60*	2.113,76	2.377,98																		
85.499,99	I	19.721	*259,18*	1.577,68	1.774,89	*35,46*	1.427,28	1.605,69	–	1.277,04	1.436,67	–	1.131,20	1.272,60	–	991,52	1.115,46	–	858,00	965,25	–	730,72	822,06
(West)	II	17.931	*46,17*	1.434,48	1.613,79	–	1.284,24	1.444,77	–	1.138,08	1.280,34	–	998,08	1.122,84	–	864,32	972,36	–	736,72	828,81	–	615,28	692,19
	III	12.652	–	1.012,16	1.138,68	–	901,12	1.013,76	–	793,28	892,44	–	688,48	774,54	–	586,72	660,06	–	488,00	549,00	–	392,48	441,54
	IV	19.721	*259,18*	1.577,68	1.774,89	*147,32*	1.502,48	1.690,29	*35,46*	1.427,28	1.605,69	–	1.352,08	1.521,09	–	1.277,04	1.436,67	–	1.203,36	1.353,78	–	1.131,20	1.272,60
	V	25.894	*993,76*	2.071,52	2.330,46																		
	VI	26.426	*1.057,07*	2.114,08	2.378,34																		
85.499,99	I	19.732	*260,49*	1.578,56	1.775,88	*36,77*	1.428,16	1.606,68	–	1.278,00	1.437,75	–	1.132,08	1.273,59	–	992,40	1.116,45	–	858,80	966,15	–	731,44	822,87
(Ost)	II	17.943	*47,60*	1.435,44	1.614,87	–	1.285,20	1.445,85	–	1.138,96	1.281,33	–	998,96	1.123,83	–	865,12	973,26	–	737,44	829,62	–	616,00	693,00
	III	12.660	–	1.012,80	1.139,40	–	901,76	1.014,48	–	793,92	893,16	–	689,12	775,26	–	587,36	660,78	–	488,64	549,72	–	393,12	442,26
	IV	19.732	*260,49*	1.578,56	1.775,88	*148,63*	1.503,36	1.691,28	*36,77*	1.428,16	1.606,68	–	1.352,96	1.522,08	–	1.278,00	1.437,75	–	1.204,24	1.354,77	–	1.132,08	1.273,59
	V	25.906	*995,19*	2.072,48	2.331,54																		
	VI	26.437	*1.058,38*	2.114,96	2.379,33																		
85.535,99	I	19.734	*260,72*	1.578,72	1.776,06	*37,00*	1.428,32	1.606,86	–	1.278,16	1.437,93	–	1.132,24	1.273,77	–	992,56	1.116,63	–	858,96	966,33	–	731,60	823,05
(West)	II	17.945	*47,83*	1.435,60	1.615,05	–	1.285,36	1.446,03	–	1.139,12	1.281,51	–	999,12	1.124,01	–	865,28	973,44	–	737,60	829,80	–	616,16	693,18
	III	12.662	–	1.012,96	1.139,58	–	901,92	1.014,66	–	793,92	893,16	–	689,12	775,26	–	587,36	660,78	–	488,80	549,90	–	393,28	442,44
	IV	19.734	*260,72*	1.578,72	1.776,06	*148,86*	1.503,52	1.691,46	*37,00*	1.428,32	1.606,86	–	1.353,20	1.522,35	–	1.278,16	1.437,93	–	1.204,40	1.354,95	–	1.132,24	1.273,77
	V	25.908	*995,43*	2.072,64	2.331,72																		
	VI	26.439	*1.058,62*	2.115,12	2.379,51																		
85.535,99	I	19.747	*262,27*	1.579,76	1.777,23	*38,55*	1.429,36	1.608,03	–	1.279,20	1.439,10	–	1.133,20	1.274,85	–	993,44	1.117,62	–	859,92	967,41	–	732,48	824,04
(Ost)	II	17.958	*49,38*	1.436,64	1.616,22	–	1.286,40	1.447,20	–	1.140,16	1.282,68	–	1.000,08	1.125,09	–	866,16	974,43	–	738,48	830,79	–	616,96	694,08
	III	12.672	–	1.013,76	1.140,48	–	902,72	1.015,56	–	794,72	894,06	–	689,92	776,16	–	588,16	661,68	–	489,44	550,62	–	393,92	443,16
	IV	19.747	*262,27*	1.579,76	1.777,23	*150,41*	1.504,56	1.692,63	*38,55*	1.429,36	1.608,03	–	1.354,24	1.523,52	–	1.279,20	1.439,10	–	1.205,44	1.356,12	–	1.133,20	1.274,85
	V	25.921	*996,98*	2.073,68	2.332,89																		
	VI	26.452	*1.060,17*	2.116,16	2.380,68																		

SolZ/KiSt lt. Tabelle nicht für Sonstige Bezüge anwendbar.

Lohn/ Gehalt bis	Steuerklasse	Lohn-steuer	ohne Kinderfreibetrag SolZ 5,5%	Kirchensteuer 8%	9%	0,5 SolZ 5,5%	Kirchensteuer 8%	9%	1,0 SolZ 5,5%	Kirchensteuer 8%	9%	1,5 SolZ 5,5%	Kirchensteuer 8%	9%	2,0 SolZ 5,5%	Kirchensteuer 8%	9%	2,5 SolZ 5,5%	Kirchensteuer 8%	9%	3,0 SolZ 5,5%	Kirchensteuer 8%	9%
85.571,99 (West)	I	19.748	262,39	1.579,84	1.777,32	38,67	1.429,44	1.608,12	-	1.279,20	1.439,10	-	1.133,28	1.274,94	-	993,52	1.117,71	-	859,92	967,41	-	732,48	824
	II	17.959	49,50	1.436,72	1.616,31	-	1.286,40	1.447,20	-	1.140,16	1.282,68	-	1.000,08	1.125,09	-	866,24	974,52	-	738,48	830,79	-	616,96	694
	III	12.672	-	1.013,76	1.140,48	-	902,72	1.015,56	-	794,72	894,06	-	689,92	776,16	-	588,16	661,68	-	489,44	550,62	-	393,92	443
	IV	19.748	262,39	1.579,84	1.777,32	150,53	1.504,64	1.692,72	38,67	1.429,44	1.608,12	-	1.354,24	1.523,52	-	1.279,20	1.439,10	-	1.205,44	1.356,12	-	1.133,28	1.274
	V	25.921	996,98	2.073,68	2.332,89																		
	VI	26.453	1.060,29	2.116,24	2.380,77																		
85.571,99 (Ost)	I	19.763	264,18	1.581,04	1.778,67	40,46	1.430,64	1.609,47	-	1.280,40	1.440,45	-	1.134,40	1.276,20	-	994,56	1.118,88	-	860,96	968,58	-	733,44	825
	II	17.973	51,17	1.437,84	1.617,57	-	1.287,60	1.448,55	-	1.141,28	1.283,94	-	1.001,20	1.126,35	-	867,28	975,69	-	739,52	831,96	-	617,92	695
	III	12.682	-	1.014,56	1.141,38	-	903,52	1.016,46	-	795,68	895,14	-	690,72	777,06	-	588,96	662,58	-	490,24	551,52	-	394,56	443
	IV	19.763	264,18	1.581,04	1.778,67	152,32	1.505,84	1.694,07	40,46	1.430,64	1.609,47	-	1.355,44	1.524,87	-	1.280,40	1.440,45	-	1.206,56	1.357,38	-	1.134,40	1.276
	V	25.936	998,76	2.074,88	2.334,24																		
	VI	26.468	1.062,07	2.117,44	2.382,12																		
85.607,99 (West)	I	19.762	264,06	1.580,96	1.778,58	40,34	1.430,56	1.609,38	-	1.280,32	1.440,36	-	1.134,32	1.276,11	-	994,48	1.118,79	-	860,88	968,49	-	733,44	825
	II	17.972	51,05	1.437,76	1.617,48	-	1.287,52	1.448,46	-	1.141,20	1.283,85	-	1.001,12	1.126,26	-	867,20	975,60	-	739,44	831,87	-	617,84	695
	III	12.682	-	1.014,56	1.141,38	-	903,52	1.016,46	-	795,52	894,96	-	690,72	777,06	-	588,96	662,58	-	490,24	551,52	-	394,56	443
	IV	19.762	264,06	1.580,96	1.778,58	152,20	1.505,76	1.693,98	40,34	1.430,56	1.609,38	-	1.355,36	1.524,78	-	1.280,32	1.440,36	-	1.206,56	1.357,38	-	1.134,32	1.276
	V	25.935	998,64	2.074,80	2.334,15																		
	VI	26.467	1.061,95	2.117,36	2.382,03																		
85.607,99 (Ost)	I	19.778	265,96	1.582,24	1.780,02	42,24	1.431,84	1.610,82	-	1.281,60	1.441,80	-	1.135,52	1.277,46	-	995,68	1.120,14	-	862,00	969,75	-	734,48	826
	II	17.988	52,95	1.439,04	1.618,92	-	1.288,80	1.449,90	-	1.142,40	1.285,20	-	1.002,24	1.127,52	-	868,32	976,86	-	740,48	833,04	-	618,88	696
	III	12.694	-	1.015,52	1.142,46	-	904,48	1.017,54	-	796,48	896,04	-	691,52	777,96	-	589,76	663,48	-	491,04	552,42	-	395,36	444
	IV	19.778	265,96	1.582,24	1.780,02	154,10	1.507,04	1.695,42	42,24	1.431,84	1.610,82	-	1.356,64	1.526,22	-	1.281,60	1.441,80	-	1.207,76	1.358,73	-	1.135,52	1.277
	V	25.951	1.000,55	2.076,08	2.335,59																		
	VI	26.483	1.063,86	2.118,64	2.383,47																		
85.643,99 (West)	I	19.776	265,72	1.582,08	1.779,84	42,00	1.431,68	1.610,64	-	1.281,36	1.441,53	-	1.135,36	1.277,28	-	995,52	1.119,96	-	861,84	969,57	-	734,32	826
	II	17.986	52,71	1.438,88	1.618,74	-	1.288,56	1.449,63	-	1.142,24	1.285,02	-	1.002,16	1.127,43	-	868,16	976,68	-	740,32	832,86	-	618,72	696
	III	12.692	-	1.015,36	1.142,28	-	904,32	1.017,36	-	796,32	895,86	-	691,36	777,78	-	589,60	663,30	-	490,88	552,24	-	395,20	444
	IV	19.776	265,72	1.582,08	1.779,84	153,86	1.506,88	1.695,24	42,00	1.431,68	1.610,64	-	1.356,48	1.526,04	-	1.281,36	1.441,53	-	1.207,60	1.358,55	-	1.135,36	1.277
	V	25.949	1.000,31	2.075,92	2.335,41																		
	VI	26.481	1.063,62	2.118,48	2.383,29																		
85.643,99 (Ost)	I	19.793	267,75	1.583,44	1.781,37	44,03	1.433,04	1.612,17	-	1.282,80	1.443,15	-	1.136,64	1.278,72	-	996,80	1.121,40	-	863,04	970,92	-	735,44	827
	II	18.004	54,85	1.440,32	1.620,36	-	1.290,00	1.451,25	-	1.143,60	1.286,55	-	1.003,36	1.128,78	-	869,36	978,03	-	741,52	834,21	-	619,84	697
	III	12.706	-	1.016,48	1.143,54	-	905,28	1.018,44	-	797,28	896,94	-	692,32	778,86	-	590,56	664,38	-	491,84	553,32	-	396,16	445
	IV	19.793	267,75	1.583,44	1.781,37	155,89	1.508,24	1.696,77	44,03	1.433,04	1.612,17	-	1.357,84	1.527,57	-	1.282,80	1.443,15	-	1.208,96	1.360,08	-	1.136,64	1.278
	V	25.966	1.002,33	2.077,28	2.336,94																		
	VI	26.498	1.065,64	2.119,84	2.384,82																		
85.679,99 (West)	I	19.789	267,27	1.583,12	1.781,01	43,55	1.432,72	1.611,81	-	1.282,48	1.442,79	-	1.136,40	1.278,45	-	996,48	1.121,04	-	862,80	970,65	-	735,20	827
	II	18.000	54,38	1.440,00	1.620,00	-	1.289,68	1.450,89	-	1.143,28	1.286,19	-	1.003,12	1.128,51	-	869,12	977,76	-	741,20	833,85	-	619,60	697
	III	12.702	-	1.016,16	1.143,18	-	905,12	1.018,26	-	797,12	896,76	-	692,16	778,68	-	590,40	664,20	-	491,52	552,96	-	396,00	445,
	IV	19.789	267,27	1.583,12	1.781,01	155,41	1.507,92	1.696,41	43,55	1.432,72	1.611,81	-	1.357,52	1.527,21	-	1.282,48	1.442,79	-	1.208,64	1.359,72	-	1.136,40	1.278,
	V	25.962	1.001,86	2.076,96	2.336,58																		
	VI	26.494	1.065,16	2.119,52	2.384,46																		
85.679,99 (Ost)	I	19.808	269,53	1.584,64	1.782,72	45,81	1.434,24	1.613,52	-	1.284,00	1.444,50	-	1.137,84	1.280,07	-	997,84	1.122,57	-	864,08	972,09	-	736,48	828
	II	18.019	56,64	1.441,52	1.621,71	-	1.291,20	1.452,60	-	1.144,72	1.287,81	-	1.004,48	1.130,04	-	870,40	979,20	-	742,48	835,29	-	620,72	698,
	III	12.716	-	1.017,28	1.144,44	-	906,24	1.019,52	-	798,24	898,02	-	693,28	779,94	-	591,36	665,28	-	492,64	554,22	-	396,96	446,
	IV	19.808	269,53	1.584,64	1.782,72	157,67	1.509,44	1.698,12	45,81	1.434,24	1.613,52	-	1.359,04	1.528,92	-	1.284,00	1.444,50	-	1.210,16	1.361,43	-	1.137,84	1.280,
	V	25.981	1.004,12	2.078,48	2.338,29																		
	VI	26.513	1.067,43	2.121,04	2.386,17																		
85.715,99 (West)	I	19.803	268,94	1.584,24	1.782,27	45,22	1.433,84	1.613,07	-	1.283,60	1.444,05	-	1.137,44	1.279,62	-	997,52	1.122,21	-	863,76	971,73	-	736,16	828,
	II	18.014	56,04	1.441,12	1.621,26	-	1.290,80	1.452,15	-	1.144,32	1.287,36	-	1.004,08	1.129,59	-	870,08	978,84	-	742,16	834,93	-	620,48	698,
	III	12.712	-	1.016,96	1.144,08	-	905,92	1.019,16	-	797,92	897,66	-	692,96	779,58	-	591,04	664,92	-	492,32	553,86	-	396,64	446,
	IV	19.803	268,94	1.584,24	1.782,27	157,08	1.509,04	1.697,67	45,22	1.433,84	1.613,07	-	1.358,64	1.528,47	-	1.283,60	1.444,05	-	1.209,76	1.360,98	-	1.137,44	1.279,
	V	25.976	1.003,52	2.078,08	2.337,84																		
	VI	26.508	1.066,83	2.120,64	2.385,72																		
85.715,99 (Ost)	I	19.823	271,32	1.585,84	1.784,07	47,60	1.435,44	1.614,87	-	1.285,20	1.445,85	-	1.138,96	1.281,33	-	998,96	1.123,83	-	865,12	973,26	-	737,44	829,
	II	18.034	58,42	1.442,72	1.623,06	-	1.292,40	1.453,95	-	1.145,92	1.289,16	-	1.005,60	1.131,30	-	871,44	980,37	-	743,52	836,46	-	621,68	699,
	III	12.728	-	1.018,24	1.145,52	-	907,04	1.020,42	-	799,04	898,92	-	694,08	780,84	-	592,16	666,18	-	493,44	555,12	-	397,60	447,
	IV	19.823	271,32	1.585,84	1.784,07	159,46	1.510,64	1.699,47	47,60	1.435,44	1.614,87	-	1.360,24	1.530,27	-	1.285,20	1.445,85	-	1.211,28	1.362,69	-	1.138,96	1.281,
	V	25.996	1.005,90	2.079,68	2.339,64																		
	VI	26.528	1.069,21	2.122,24	2.387,52																		
85.751,99 (West)	I	19.817	270,60	1.585,36	1.783,53	46,88	1.434,96	1.614,33	-	1.284,64	1.445,22	-	1.138,48	1.280,79	-	998,48	1.123,29	-	864,72	972,81	-	737,04	829,
	II	18.028	57,71	1.442,24	1.622,52	-	1.291,84	1.453,32	-	1.145,44	1.288,62	-	1.005,12	1.130,76	-	871,04	979,92	-	743,04	835,92	-	621,28	698,
	III	12.722	-	1.017,76	1.144,98	-	906,72	1.020,06	-	798,72	898,56	-	693,76	780,48	-	591,84	665,82	-	492,96	554,58	-	397,28	446,
	IV	19.817	270,60	1.585,36	1.783,53	158,74	1.510,16	1.698,93	46,88	1.434,96	1.614,33	-	1.359,76	1.529,73	-	1.284,64	1.445,22	-	1.210,80	1.362,15	-	1.138,48	1.280,
	V	25.990	1.005,19	2.079,20	2.339,10																		
	VI	26.522	1.068,50	2.121,76	2.386,98																		
85.751,99 (Ost)	I	19.838	273,10	1.587,04	1.785,42	49,38	1.436,64	1.616,22	-	1.286,40	1.447,20	-	1.140,16	1.282,68	-	1.000,08	1.125,09	-	866,16	974,43	-	738,48	830,
	II	18.049	60,21	1.443,92	1.624,41	-	1.293,60	1.455,30	-	1.147,04	1.290,42	-	1.006,72	1.132,56	-	872,48	981,54	-	744,48	837,54	-	622,64	700,
	III	12.740	-	1.019,20	1.146,60	-	908,00	1.021,50	-	799,84	899,82	-	694,88	781,74	-	592,96	667,08	-	494,08	555,84	-	398,40	448,
	IV	19.838	273,10	1.587,04	1.785,42	161,24	1.511,84	1.700,82	49,38	1.436,64	1.616,22	-	1.361,44	1.531,62	-	1.286,40	1.447,20	-	1.212,48	1.364,04	-	1.140,16	1.282,
	V	26.011	1.007,69	2.080,88	2.340,99																		
	VI	26.543	1.071,00	2.123,44	2.388,87																		
85.787,99 (West)	I	19.830	272,15	1.586,40	1.784,70	48,43	1.436,00	1.615,50	-	1.285,76	1.446,48	-	1.139,52	1.281,96	-	999,52	1.124,46	-	865,60	973,80	-	737,92	830,
	II	18.041	59,26	1.443,28	1.623,69	-	1.292,96	1.454,58	-	1.146,40	1.289,70	-	1.006,08	1.131,84	-	871,92	980,91	-	744,00	837,00	-	622,16	699,
	III	12.734	-	1.018,72	1.146,06	-	907,52	1.020,96	-	799,36	899,28	-	694,40	781,20	-	592,48	666,54	-	493,76	555,48	-	397,92	447,
	IV	19.830	272,15	1.586,40	1.784,70	160,29	1.511,20	1.700,10	48,43	1.436,00	1.615,50	-	1.360,80	1.530,90	-	1.285,76	1.446,48	-	1.211,84	1.363,32	-	1.139,52	1.281,
	V	26.003	1.006,74	2.080,24	2.340,27																		
	VI	26.535	1.070,04	2.122,80	2.388,15																		
85.787,99 (Ost)	I	19.853	274,89	1.588,24	1.786,77	51,17	1.437,84	1.617,57	-	1.287,60	1.448,55	-	1.141,28	1.283,94	-	1.001,20	1.126,35	-	867,28	975,69	-	739,52	831,
	II	18.064	61,99	1.445,12	1.625,76	-	1.294,80	1.456,65	-	1.148,24	1.291,77	-	1.007,76	1.133,73	-	873,60	982,80	-	745,52	838,71	-	623,60	701,
	III	12.750	-	1.020,00	1.147,50	-	908,80	1.022,40	-	800,80	900,90	-	695,68	782,64	-	593,76	667,98	-	494,88	556,74	-	399,20	449,
	IV	19.853	274,89	1.588,24	1.786,77	163,03	1.513,04	1.702,17	51,17	1.437,84	1.617,57	-	1.362,64	1.532,97	-	1.287,60	1.448,55	-	1.213,68	1.365,39	-	1.141,28	1.283,
	V	26.027	1.009,59	2.082,16	2.342,43																		
	VI	26.558	1.072,78	2.124,64	2.390,22																		

Anzahl Kinderfreibeträge (nur Steuerklassen I–IV)

SolZ/KiSt lt. Tabelle nicht für Sonstige Bezüge anwendbar.

Lohn/Gehalt bis	Steuerklasse	Lohnsteuer	ohne Kinderfreibetrag SolZ 5,5%	ohne Kinderfreibetrag Kirchensteuer 8%	ohne Kinderfreibetrag Kirchensteuer 9%	0,5 SolZ 5,5%	0,5 Kirchensteuer 8%	0,5 Kirchensteuer 9%	1,0 SolZ 5,5%	1,0 Kirchensteuer 8%	1,0 Kirchensteuer 9%	1,5 SolZ 5,5%	1,5 Kirchensteuer 8%	1,5 Kirchensteuer 9%	2,0 SolZ 5,5%	2,0 Kirchensteuer 8%	2,0 Kirchensteuer 9%	2,5 SolZ 5,5%	2,5 Kirchensteuer 8%	2,5 Kirchensteuer 9%	3,0 SolZ 5,5%	3,0 Kirchensteuer 8%	3,0 Kirchensteuer 9%
						Anzahl Kinderfreibeträge (nur Steuerklassen I–IV)																	
5.823,99 (West)	I	19.844	*273,81*	1.587,52	1.785,96	*50,09*	1.437,12	1.616,76	-	1.286,80	1.447,65	-	1.140,56	1.283,13	-	1.000,48	1.125,54	-	866,56	974,88	-	738,88	831,24
	II	18.055	*60,92*	1.444,40	1.624,95	-	1.294,08	1.455,84	-	1.147,52	1.290,96	-	1.007,12	1.133,01	-	872,88	981,99	-	744,88	837,99	-	623,04	700,92
	III	12.744	-	1.019,52	1.146,96	-	908,32	1.021,86	-	800,16	900,18	-	695,20	782,10	-	593,28	667,44	-	494,40	556,20	-	398,72	448,56
	IV	19.844	*273,81*	1.587,52	1.785,96	*161,95*	1.512,32	1.701,36	*50,09*	1.437,12	1.616,76	-	1.361,92	1.532,16	-	1.286,80	1.447,65	-	1.212,96	1.364,58	-	1.140,56	1.283,13
	V	26.017	*1.008,40*	2.081,36	2.341,53																		
	VI	26.549	*1.071,71*	2.123,92	2.389,41																		
5.823,99 (Ost)	I	19.868	*276,67*	1.589,44	1.788,12	*52,95*	1.439,04	1.618,92	-	1.288,80	1.449,90	-	1.142,40	1.285,20	-	1.002,24	1.127,52	-	868,32	976,86	-	740,48	833,04
	II	18.079	*63,78*	1.446,32	1.627,11	-	1.296,00	1.458,00	-	1.149,36	1.293,03	-	1.008,88	1.134,99	-	874,64	983,97	-	746,48	839,79	-	624,56	702,63
	III	12.762	-	1.020,96	1.148,58	-	909,76	1.023,48	-	801,60	901,80	-	696,48	783,54	-	594,56	668,88	-	495,68	557,64	-	400,00	450,00
	IV	19.868	*276,67*	1.589,44	1.788,12	*164,81*	1.514,24	1.703,52	*52,95*	1.439,04	1.618,92	-	1.363,84	1.534,32	-	1.288,80	1.449,90	-	1.214,80	1.366,65	-	1.142,40	1.285,20
	V	26.042	*1.011,38*	2.083,36	2.343,78																		
	VI	26.573	*1.074,57*	2.125,84	2.391,57																		
5.859,99 (West)	I	19.858	*275,48*	1.588,64	1.787,22	*51,76*	1.438,24	1.618,02	-	1.287,92	1.448,91	-	1.141,60	1.284,30	-	1.001,52	1.126,71	-	867,60	976,05	-	739,76	832,23
	II	18.069	*62,59*	1.445,52	1.626,21	-	1.295,12	1.457,01	-	1.148,56	1.292,13	-	1.008,16	1.134,18	-	873,92	983,16	-	745,84	839,07	-	623,92	701,91
	III	12.754	-	1.020,32	1.147,86	-	909,12	1.022,76	-	800,96	901,08	-	696,00	783,00	-	594,08	668,34	-	495,20	557,10	-	399,36	449,28
	IV	19.858	*275,48*	1.588,64	1.787,22	*163,62*	1.513,44	1.702,62	*51,76*	1.438,24	1.618,02	-	1.363,04	1.533,42	-	1.287,92	1.448,91	-	1.214,00	1.365,75	-	1.141,60	1.284,30
	V	26.031	*1.010,07*	2.082,48	2.342,79																		
	VI	26.563	*1.073,38*	2.125,04	2.390,67																		
5.859,99 (Ost)	I	19.883	*278,46*	1.590,64	1.789,47	*54,85*	1.440,32	1.620,36	-	1.290,00	1.451,25	-	1.143,60	1.286,55	-	1.003,36	1.128,78	-	869,36	978,03	-	741,52	834,21
	II	18.094	*65,56*	1.447,52	1.628,46	-	1.297,20	1.459,35	-	1.150,48	1.294,29	-	1.010,00	1.136,25	-	875,68	985,14	-	747,52	840,96	-	625,52	703,71
	III	12.774	-	1.021,92	1.149,66	-	910,56	1.024,38	-	802,40	902,70	-	697,44	784,62	-	595,36	669,78	-	496,48	558,54	-	400,64	450,72
	IV	19.883	*278,46*	1.590,64	1.789,47	*166,71*	1.515,52	1.704,96	*54,85*	1.440,32	1.620,36	-	1.365,12	1.535,76	-	1.290,00	1.451,25	-	1.216,00	1.368,00	-	1.143,60	1.286,55
	V	26.057	*1.013,16*	2.084,56	2.345,13																		
	VI	26.589	*1.076,47*	2.127,12	2.393,01																		
5.895,99 (West)	I	19.871	*277,03*	1.589,68	1.788,39	*53,31*	1.439,28	1.619,19	-	1.288,96	1.450,08	-	1.142,64	1.285,47	-	1.002,48	1.127,79	-	868,48	977,04	-	740,72	833,31
	II	18.082	*64,14*	1.446,56	1.627,38	-	1.296,24	1.458,27	-	1.149,60	1.293,30	-	1.009,12	1.135,26	-	874,80	984,15	-	746,72	840,06	-	624,80	702,90
	III	12.764	-	1.021,12	1.148,76	-	909,92	1.023,66	-	801,76	901,98	-	696,64	783,72	-	594,72	669,06	-	495,84	557,82	-	400,00	450,00
	IV	19.871	*277,03*	1.589,68	1.788,39	*165,17*	1.514,48	1.703,79	*53,31*	1.439,28	1.619,19	-	1.364,08	1.534,59	-	1.288,96	1.450,08	-	1.215,04	1.366,92	-	1.142,64	1.285,47
	V	26.045	*1.011,73*	2.083,60	2.344,05																		
	VI	26.576	*1.074,92*	2.126,08	2.391,84																		
5.895,99 (Ost)	I	19.899	*280,36*	1.591,92	1.790,91	*56,64*	1.441,52	1.621,71	-	1.291,20	1.452,60	-	1.144,72	1.287,81	-	1.004,48	1.130,04	-	870,40	979,20	-	742,48	835,29
	II	18.109	*67,35*	1.448,72	1.629,81	-	1.298,40	1.460,70	-	1.151,68	1.295,64	-	1.011,12	1.137,51	-	876,72	986,31	-	748,56	842,13	-	626,48	704,79
	III	12.784	-	1.022,72	1.150,56	-	911,52	1.025,46	-	803,36	903,78	-	698,24	785,52	-	596,16	670,68	-	497,28	559,44	-	401,44	451,62
	IV	19.899	*280,36*	1.591,92	1.790,91	*168,50*	1.516,72	1.706,31	*56,64*	1.441,52	1.621,71	-	1.366,32	1.537,11	-	1.291,20	1.452,60	-	1.217,20	1.369,35	-	1.144,72	1.287,81
	V	26.072	*1.014,95*	2.085,76	2.346,48																		
	VI	26.604	*1.078,25*	2.128,32	2.394,36																		
5.931,99 (West)	I	19.885	*278,69*	1.590,80	1.789,65	*54,97*	1.440,40	1.620,45	-	1.290,08	1.451,34	-	1.143,68	1.286,64	-	1.003,52	1.128,96	-	869,44	978,12	-	741,60	834,30
	II	18.096	*65,80*	1.447,68	1.628,64	-	1.297,36	1.459,53	-	1.150,64	1.294,47	-	1.010,16	1.136,43	-	875,76	985,23	-	747,60	841,05	-	625,68	703,89
	III	12.774	-	1.021,92	1.149,66	-	910,72	1.024,56	-	802,56	902,88	-	697,44	784,62	-	595,52	669,96	-	496,64	558,72	-	400,80	450,90
	IV	19.885	*278,69*	1.590,80	1.789,65	*166,83*	1.515,60	1.705,05	*54,97*	1.440,40	1.620,45	-	1.365,20	1.535,85	-	1.290,08	1.451,34	-	1.216,16	1.368,18	-	1.143,68	1.286,64
	V	26.058	*1.013,28*	2.084,64	2.345,22																		
	VI	26.590	*1.076,59*	2.127,20	2.393,10																		
5.931,99 (Ost)	I	19.914	*282,14*	1.593,12	1.792,26	*58,42*	1.442,72	1.623,06	-	1.292,40	1.453,95	-	1.145,92	1.289,16	-	1.005,60	1.131,30	-	871,44	980,37	-	743,52	836,46
	II	18.125	*69,25*	1.450,00	1.631,25	-	1.299,60	1.462,05	-	1.152,80	1.296,90	-	1.012,24	1.138,77	-	877,76	987,48	-	749,52	843,21	-	627,44	705,87
	III	12.796	-	1.023,68	1.151,64	-	912,32	1.026,36	-	804,16	904,68	-	699,04	786,42	-	596,96	671,58	-	498,08	560,34	-	402,24	452,52
	IV	19.914	*282,14*	1.593,12	1.792,26	*170,28*	1.517,92	1.707,66	*58,42*	1.442,72	1.623,06	-	1.367,52	1.538,46	-	1.292,40	1.453,95	-	1.218,40	1.370,70	-	1.145,92	1.289,16
	V	26.087	*1.016,73*	2.086,96	2.347,83																		
	VI	26.619	*1.080,04*	2.129,52	2.395,71																		
5.967,99 (West)	I	19.899	*280,36*	1.591,92	1.790,91	*56,64*	1.441,52	1.621,71	-	1.291,20	1.452,60	-	1.144,72	1.287,81	-	1.004,48	1.130,04	-	870,40	979,20	-	742,48	835,29
	II	18.109	*67,35*	1.448,72	1.629,81	-	1.298,40	1.460,70	-	1.151,68	1.295,64	-	1.011,12	1.137,51	-	876,72	986,31	-	748,56	842,13	-	626,48	704,79
	III	12.784	-	1.022,72	1.150,56	-	911,52	1.025,46	-	803,36	903,78	-	698,24	785,52	-	596,16	670,68	-	497,28	559,44	-	401,44	451,62
	IV	19.899	*280,36*	1.591,92	1.790,91	*168,50*	1.516,72	1.706,31	*56,64*	1.441,52	1.621,71	-	1.366,32	1.537,11	-	1.291,20	1.452,60	-	1.217,20	1.369,35	-	1.144,72	1.287,81
	V	26.072	*1.014,95*	2.085,76	2.346,48																		
	VI	26.604	*1.078,25*	2.128,32	2.394,36																		
5.967,99 (Ost)	I	19.929	*283,93*	1.594,32	1.793,61	*60,21*	1.443,92	1.624,41	-	1.293,60	1.455,30	-	1.147,04	1.290,42	-	1.006,72	1.132,56	-	872,48	981,54	-	744,48	837,54
	II	18.140	*71,04*	1.451,20	1.632,60	-	1.300,80	1.463,40	-	1.154,00	1.298,25	-	1.013,36	1.140,03	-	878,88	988,74	-	750,56	844,38	-	628,40	706,95
	III	12.808	-	1.024,64	1.152,72	-	913,28	1.027,44	-	804,96	905,58	-	699,84	787,32	-	597,76	672,48	-	498,88	561,24	-	403,04	453,42
	IV	19.929	*283,93*	1.594,32	1.793,61	*172,07*	1.519,12	1.709,01	*60,21*	1.443,92	1.624,41	-	1.368,72	1.539,81	-	1.293,60	1.455,30	-	1.219,52	1.371,96	-	1.147,04	1.290,42
	V	26.102	*1.018,52*	2.088,16	2.349,18																		
	VI	26.634	*1.081,82*	2.130,72	2.397,06																		
86.003,99 (West)	I	19.912	*281,91*	1.592,96	1.792,08	*58,31*	1.442,64	1.622,97	-	1.292,24	1.453,77	-	1.145,76	1.288,98	-	1.005,52	1.131,21	-	871,36	980,28	-	743,44	836,37
	II	18.123	*69,02*	1.449,84	1.631,07	-	1.299,52	1.461,96	-	1.152,72	1.296,81	-	1.012,16	1.138,68	-	877,68	987,39	-	749,44	843,12	-	627,36	705,78
	III	12.794	-	1.023,52	1.151,46	-	912,32	1.026,36	-	804,16	904,68	-	699,04	786,42	-	596,96	671,58	-	497,92	560,16	-	402,08	452,34
	IV	19.912	*281,91*	1.592,96	1.792,08	*170,17*	1.517,84	1.707,57	*58,31*	1.442,64	1.622,97	-	1.367,44	1.538,37	-	1.292,24	1.453,77	-	1.218,24	1.370,52	-	1.145,76	1.288,98
	V	26.086	*1.016,61*	2.086,88	2.347,74																		
	VI	26.617	*1.079,80*	2.129,36	2.395,53																		
86.003,99 (Ost)	I	19.944	*285,71*	1.595,52	1.794,96	*61,99*	1.445,12	1.625,76	-	1.294,80	1.456,65	-	1.148,24	1.291,77	-	1.007,76	1.133,73	-	873,60	982,80	-	745,52	838,71
	II	18.155	*72,82*	1.452,40	1.633,95	-	1.302,00	1.464,75	-	1.155,12	1.299,51	-	1.014,40	1.141,20	-	879,92	989,91	-	751,52	845,46	-	629,36	708,03
	III	12.818	-	1.025,44	1.153,62	-	914,08	1.028,34	-	805,92	906,66	-	700,80	788,40	-	598,56	673,38	-	499,68	562,14	-	403,68	454,14
	IV	19.944	*285,71*	1.595,52	1.794,96	*173,85*	1.520,32	1.710,36	*61,99*	1.445,12	1.625,76	-	1.369,92	1.541,16	-	1.294,80	1.456,65	-	1.220,72	1.373,31	-	1.148,24	1.291,77
	V	26.117	*1.020,30*	2.089,36	2.350,53																		
	VI	26.649	*1.083,61*	2.131,92	2.398,41																		
86.039,99 (West)	I	19.926	*283,57*	1.594,08	1.793,34	*59,85*	1.443,68	1.624,14	-	1.293,36	1.455,03	-	1.146,88	1.290,24	-	1.006,48	1.132,29	-	872,32	981,36	-	744,32	837,36
	II	18.137	*70,68*	1.450,96	1.632,33	-	1.300,64	1.463,22	-	1.153,76	1.297,98	-	1.013,12	1.139,76	-	878,64	988,47	-	750,40	844,20	-	628,24	706,77
	III	12.806	-	1.024,48	1.152,54	-	913,12	1.027,26	-	804,96	905,58	-	699,68	787,14	-	597,76	672,48	-	498,72	561,06	-	402,88	453,24
	IV	19.926	*283,57*	1.594,08	1.793,34	*171,71*	1.518,88	1.708,74	*59,85*	1.443,68	1.624,14	-	1.368,48	1.539,54	-	1.293,36	1.455,03	-	1.219,36	1.371,78	-	1.146,88	1.290,24
	V	26.100	*1.018,28*	2.088,00	2.349,00																		
	VI	26.631	*1.081,47*	2.130,48	2.396,79																		
86.039,99 (Ost)	I	19.959	*287,50*	1.596,72	1.796,31	*63,78*	1.446,32	1.627,11	-	1.296,00	1.458,00	-	1.149,36	1.293,03	-	1.008,88	1.134,99	-	874,64	983,97	-	746,48	839,79
	II	18.170	*74,61*	1.453,60	1.635,30	-	1.303,20	1.466,10	-	1.156,32	1.300,86	-	1.015,52	1.142,46	-	880,96	991,08	-	752,56	846,63	-	630,32	709,11
	III	12.830	-	1.026,40	1.154,70	-	915,04	1.029,42	-	806,72	907,56	-	701,60	789,30	-	599,52	674,46	-	500,48	563,04	-	404,48	455,04
	IV	19.959	*287,50*	1.596,72	1.796,31	*175,64*	1.521,52	1.711,71	*63,78*	1.446,32	1.627,11	-	1.371,12	1.542,51	-	1.296,00	1.458,00	-	1.221,92	1.374,66	-	1.149,36	1.293,03
	V	26.132	*1.022,09*	2.090,56	2.351,88																		
	VI	26.664	*1.085,39*	2.133,12	2.399,76																		

SolZ/KiSt lt. Tabelle nicht für Sonstige Bezüge anwendbar.

Lohn/ Gehalt bis	Steuerklasse	Lohn-steuer	ohne Kinderfreibetrag SolZ 5,5%	Kirchensteuer 8%	9%	0,5 SolZ 5,5%	Kirchensteuer 8%	9%	1,0 SolZ 5,5%	Kirchensteuer 8%	9%	1,5 SolZ 5,5%	Kirchensteuer 8%	9%	2,0 SolZ 5,5%	Kirchensteuer 8%	9%	2,5 SolZ 5,5%	Kirchensteuer 8%	9%	3,0 SolZ 5,5%	Kirchensteuer 8%	9%
						Anzahl Kinderfreibeträge (nur Steuerklassen I–IV)																	
86.075,99	I	19.940	285,24	1.595,20	1.794,60	61,52	1.444,80	1.625,40	-	1.294,48	1.456,29	-	1.147,84	1.291,32	-	1.007,52	1.133,46	-	873,28	982,44	-	745,20	838
(West)	II	18.151	72,35	1.452,08	1.633,59	-	1.301,68	1.464,39	-	1.154,80	1.299,15	-	1.014,16	1.140,93	-	879,60	989,55	-	751,28	845,19	-	629,12	707
	III	12.816	-	1.025,28	1.153,44	-	913,92	1.028,16	-	805,60	906,30	-	700,48	788,04	-	598,40	673,20	-	499,36	561,78	-	403,52	453
	IV	19.940	285,24	1.595,20	1.794,60	173,38	1.520,00	1.710,00	61,52	1.444,80	1.625,40	-	1.369,60	1.540,80	-	1.294,48	1.456,29	-	1.220,40	1.372,95	-	1.147,84	1.291
	V	26.113	1.019,83	2.089,04	2.350,17																		
	VI	26.645	1.083,13	2.131,60	2.398,05																		
86.075,99	I	19.974	289,28	1.597,92	1.797,66	65,56	1.447,52	1.628,46	-	1.297,20	1.459,35	-	1.150,48	1.294,29	-	1.010,00	1.136,25	-	875,68	985,14	-	747,52	840
(Ost)	II	18.185	76,39	1.454,80	1.636,65	-	1.304,40	1.467,45	-	1.157,44	1.302,12	-	1.016,64	1.143,72	-	882,00	992,25	-	753,60	847,80	-	631,28	710
	III	12.842	-	1.027,36	1.155,78	-	915,84	1.030,32	-	807,68	908,64	-	702,40	790,20	-	600,32	675,36	-	501,28	563,94	-	405,28	455
	IV	19.974	289,28	1.597,92	1.797,66	177,42	1.522,72	1.713,06	65,56	1.447,52	1.628,46	-	1.372,32	1.543,86	-	1.297,20	1.459,35	-	1.223,04	1.375,92	-	1.150,48	1.294
	V	26.148	1.023,99	2.091,84	2.353,32																		
	VI	26.679	1.087,18	2.134,32	2.401,11																		
86.111,99	I	19.954	286,90	1.596,32	1.795,86	63,18	1.445,92	1.626,66	-	1.295,52	1.457,46	-	1.148,96	1.292,58	-	1.008,48	1.134,54	-	874,24	983,52	-	746,16	839
(West)	II	18.164	73,89	1.453,12	1.634,76	-	1.302,80	1.465,65	-	1.155,84	1.300,32	-	1.015,12	1.142,01	-	880,56	990,63	-	752,16	846,18	-	630,00	708
	III	12.826	-	1.026,08	1.154,34	-	914,72	1.029,06	-	806,40	907,20	-	701,28	788,94	-	599,20	674,10	-	500,16	562,68	-	404,16	454
	IV	19.954	286,90	1.596,32	1.795,86	175,04	1.521,12	1.711,26	63,18	1.445,92	1.626,66	-	1.370,72	1.542,06	-	1.295,52	1.457,46	-	1.221,44	1.374,12	-	1.148,96	1.292
	V	26.127	1.021,49	2.090,16	2.351,43																		
	VI	26.659	1.084,80	2.132,72	2.399,31																		
86.111,99	I	19.989	291,07	1.599,12	1.799,01	67,35	1.448,72	1.629,81	-	1.298,40	1.460,70	-	1.151,68	1.295,64	-	1.011,12	1.137,51	-	876,72	986,31	-	748,56	842
(Ost)	II	18.200	78,18	1.456,00	1.638,00	-	1.305,60	1.468,80	-	1.158,64	1.303,47	-	1.017,76	1.144,98	-	883,04	993,42	-	754,56	848,88	-	632,24	711
	III	12.852	-	1.028,16	1.156,68	-	916,80	1.031,40	-	808,48	909,54	-	703,20	791,10	-	601,12	676,26	-	501,92	564,66	-	406,08	456
	IV	19.989	291,07	1.599,12	1.799,01	179,21	1.523,92	1.714,41	67,35	1.448,72	1.629,81	-	1.373,52	1.545,21	-	1.298,40	1.460,70	-	1.224,24	1.377,27	-	1.151,68	1.295
	V	26.163	1.025,78	2.093,04	2.354,67																		
	VI	26.694	1.088,96	2.135,52	2.402,46																		
86.147,99	I	19.967	288,45	1.597,36	1.797,03	64,85	1.447,04	1.627,92	-	1.296,64	1.458,72	-	1.150,00	1.293,75	-	1.009,52	1.135,71	-	875,20	984,60	-	747,04	840
(West)	II	18.178	75,56	1.454,24	1.636,02	-	1.303,92	1.466,91	-	1.156,96	1.301,58	-	1.016,16	1.143,18	-	881,52	991,71	-	753,12	847,26	-	630,88	709
	III	12.836	-	1.026,88	1.155,24	-	915,52	1.029,96	-	807,20	908,10	-	702,08	789,84	-	599,84	674,82	-	500,80	563,40	-	404,96	455
	IV	19.967	288,45	1.597,36	1.797,03	176,71	1.522,24	1.712,52	64,85	1.447,04	1.627,92	-	1.371,84	1.543,32	-	1.296,64	1.458,72	-	1.222,56	1.375,38	-	1.150,00	1.293
	V	26.141	1.023,16	2.091,28	2.352,69																		
	VI	26.673	1.086,47	2.133,84	2.400,57																		
86.147,99	I	20.004	292,85	1.600,32	1.800,36	69,25	1.450,00	1.631,25	-	1.299,60	1.462,05	-	1.152,80	1.296,90	-	1.012,24	1.138,77	-	877,76	987,48	-	749,52	843
(Ost)	II	18.215	79,96	1.457,20	1.639,35	-	1.306,80	1.470,15	-	1.159,76	1.304,73	-	1.018,88	1.146,24	-	884,16	994,68	-	755,60	850,05	-	633,20	712
	III	12.864	-	1.029,12	1.157,76	-	917,76	1.032,48	-	809,28	910,44	-	704,00	792,00	-	601,92	677,16	-	502,72	565,56	-	406,72	457
	IV	20.004	292,85	1.600,32	1.800,36	180,99	1.525,12	1.715,76	69,25	1.450,00	1.631,25	-	1.374,80	1.546,65	-	1.299,60	1.462,05	-	1.225,44	1.378,62	-	1.152,80	1.296
	V	26.178	1.027,56	2.094,24	2.356,02																		
	VI	26.709	1.090,75	2.136,72	2.403,81																		
86.183,99	I	19.981	290,12	1.598,48	1.798,29	66,40	1.448,08	1.629,09	-	1.297,76	1.459,98	-	1.151,04	1.294,92	-	1.010,48	1.136,79	-	876,16	985,68	-	748,00	841
(West)	II	18.192	77,23	1.455,36	1.637,28	-	1.304,96	1.468,08	-	1.158,00	1.302,75	-	1.017,12	1.144,26	-	882,48	992,79	-	754,00	848,25	-	631,68	710
	III	12.846	-	1.027,68	1.156,14	-	916,32	1.030,86	-	808,00	909,00	-	702,72	790,56	-	600,64	675,72	-	501,60	564,30	-	405,60	456
	IV	19.981	290,12	1.598,48	1.798,29	178,26	1.523,28	1.713,69	66,40	1.448,08	1.629,09	-	1.372,88	1.544,49	-	1.297,76	1.459,98	-	1.223,60	1.376,55	-	1.151,04	1.294
	V	26.154	1.024,70	2.092,32	2.353,86																		
	VI	26.686	1.088,01	2.134,88	2.401,74																		
86.183,99	I	20.020	294,76	1.601,60	1.801,80	71,04	1.451,20	1.632,60	-	1.300,80	1.463,40	-	1.154,00	1.298,25	-	1.013,36	1.140,03	-	878,88	988,74	-	750,56	844
(Ost)	II	18.230	81,75	1.458,40	1.640,70	-	1.308,08	1.471,59	-	1.160,88	1.305,99	-	1.020,00	1.147,50	-	885,20	995,85	-	756,56	851,13	-	634,16	713
	III	12.876	-	1.030,08	1.158,84	-	918,56	1.033,38	-	810,24	911,52	-	704,96	793,08	-	602,72	678,06	-	503,52	566,46	-	407,52	458
	IV	20.020	294,76	1.601,60	1.801,80	182,90	1.526,40	1.717,20	71,04	1.451,20	1.632,60	-	1.376,00	1.548,00	-	1.300,80	1.463,40	-	1.226,64	1.379,97	-	1.154,00	1.298
	V	26.193	1.029,35	2.095,44	2.357,37																		
	VI	26.725	1.092,65	2.138,00	2.405,25																		
86.219,99	I	19.995	291,78	1.599,60	1.799,55	68,06	1.449,20	1.630,35	-	1.298,80	1.461,15	-	1.152,08	1.296,09	-	1.011,52	1.137,96	-	877,12	986,76	-	748,88	842
(West)	II	18.206	78,89	1.456,48	1.638,54	-	1.306,08	1.469,34	-	1.159,04	1.303,92	-	1.018,16	1.145,43	-	883,44	993,87	-	754,96	849,33	-	632,56	711,
	III	12.856	-	1.028,48	1.157,04	-	917,12	1.031,76	-	808,80	909,90	-	703,52	791,46	-	601,28	676,44	-	502,24	565,02	-	406,24	457
	IV	19.995	291,78	1.599,60	1.799,55	179,92	1.524,40	1.714,95	68,06	1.449,20	1.630,35	-	1.374,00	1.545,75	-	1.298,80	1.461,15	-	1.224,72	1.377,81	-	1.152,08	1.296,
	V	26.168	1.026,37	2.093,44	2.355,12																		
	VI	26.700	1.089,68	2.136,00	2.403,00																		
86.219,99	I	20.035	296,54	1.602,80	1.803,15	72,82	1.452,40	1.633,95	-	1.302,00	1.464,75	-	1.155,12	1.299,51	-	1.014,40	1.141,20	-	879,92	989,91	-	751,52	845,
(Ost)	II	18.245	83,53	1.459,60	1.642,05	-	1.309,28	1.472,94	-	1.162,08	1.307,34	-	1.021,04	1.148,67	-	886,24	997,02	-	757,60	852,30	-	635,12	714,
	III	12.886	-	1.030,88	1.159,74	-	919,52	1.034,46	-	811,04	912,42	-	705,76	793,98	-	603,52	678,96	-	504,32	567,36	-	408,32	459,
	IV	20.035	296,54	1.602,80	1.803,15	184,68	1.527,60	1.718,55	72,82	1.452,40	1.633,95	-	1.377,20	1.549,35	-	1.302,00	1.464,75	-	1.227,76	1.381,23	-	1.155,12	1.299,
	V	26.208	1.031,13	2.096,64	2.358,72																		
	VI	26.740	1.094,44	2.139,20	2.406,60																		
86.255,99	I	20.009	293,45	1.600,72	1.800,81	69,73	1.450,32	1.631,61	-	1.299,92	1.462,41	-	1.153,12	1.297,26	-	1.012,56	1.139,13	-	878,08	987,84	-	749,84	843,
(West)	II	18.219	80,44	1.457,52	1.639,71	-	1.307,20	1.470,60	-	1.160,08	1.305,09	-	1.019,20	1.146,60	-	884,40	994,95	-	755,84	850,32	-	633,44	712,
	III	12.868	-	1.029,44	1.158,12	-	917,92	1.032,66	-	809,60	910,80	-	704,32	792,36	-	602,08	677,34	-	503,04	565,92	-	407,04	457,
	IV	20.009	293,45	1.600,72	1.800,81	181,59	1.525,52	1.716,21	69,73	1.450,32	1.631,61	-	1.375,12	1.547,01	-	1.299,92	1.462,41	-	1.225,76	1.378,98	-	1.153,12	1.297,
	V	26.182	1.028,04	2.094,56	2.356,38																		
	VI	26.714	1.091,34	2.137,12	2.404,26																		
86.255,99	I	20.050	298,33	1.604,00	1.804,50	74,61	1.453,60	1.635,30	-	1.303,20	1.466,10	-	1.156,32	1.300,86	-	1.015,52	1.142,46	-	880,96	991,08	-	752,56	846,
(Ost)	II	18.261	85,44	1.460,88	1.643,49	-	1.310,48	1.474,29	-	1.163,20	1.308,60	-	1.022,16	1.149,93	-	887,28	998,19	-	758,64	853,47	-	636,08	715,
	III	12.898	-	1.031,84	1.160,82	-	920,32	1.035,36	-	811,84	913,32	-	706,56	794,88	-	604,32	679,86	-	505,12	568,26	-	409,12	460,
	IV	20.050	298,33	1.604,00	1.804,50	186,47	1.528,80	1.719,90	74,61	1.453,60	1.635,30	-	1.378,40	1.550,70	-	1.303,20	1.466,10	-	1.228,96	1.382,58	-	1.156,32	1.300,
	V	26.223	1.032,92	2.097,84	2.360,07																		
	VI	26.755	1.096,22	2.140,40	2.407,95																		
86.291,99	I	20.022	295,00	1.601,76	1.801,98	71,28	1.451,36	1.632,78	-	1.301,04	1.463,67	-	1.154,16	1.298,43	-	1.013,52	1.140,21	-	879,04	988,92	-	750,72	844,
(West)	II	18.233	82,11	1.458,64	1.640,97	-	1.308,24	1.471,77	-	1.161,12	1.306,26	-	1.020,16	1.147,68	-	885,36	996,03	-	756,72	851,31	-	634,32	713,
	III	12.878	-	1.030,24	1.159,02	-	918,72	1.033,56	-	810,40	911,70	-	704,96	793,08	-	602,88	678,24	-	503,68	566,64	-	407,68	458,
	IV	20.022	295,00	1.601,76	1.801,98	183,14	1.526,56	1.717,38	71,28	1.451,36	1.632,78	-	1.376,16	1.548,18	-	1.301,04	1.463,67	-	1.226,80	1.380,15	-	1.154,16	1.298,
	V	26.195	1.029,58	2.095,60	2.357,55																		
	VI	26.727	1.092,89	2.138,16	2.405,43																		
86.291,99	I	20.065	300,11	1.605,20	1.805,85	76,39	1.454,80	1.636,65	-	1.304,40	1.467,45	-	1.157,44	1.302,12	-	1.016,64	1.143,72	-	882,00	992,25	-	753,60	847,8
(Ost)	II	18.276	87,22	1.462,08	1.644,84	-	1.311,68	1.475,64	-	1.164,40	1.309,95	-	1.023,28	1.151,19	-	888,40	999,45	-	759,60	854,55	-	637,04	716,6
	III	12.910	-	1.032,80	1.161,90	-	921,28	1.036,44	-	812,80	914,40	-	707,36	795,78	-	605,12	680,76	-	505,92	569,16	-	409,76	460,9
	IV	20.065	300,11	1.605,20	1.805,85	188,25	1.530,00	1.721,25	76,39	1.454,80	1.636,65	-	1.379,60	1.552,05	-	1.304,40	1.467,45	-	1.230,16	1.383,93	-	1.157,44	1.302,1
	V	26.238	1.034,70	2.099,04	2.361,42																		
	VI	26.770	1.098,01	2.141,60	2.409,30																		

SolZ/KiSt lt. Tabelle nicht für Sonstige Bezüge anwendbar.

Allgemeine Tabelle

Lohn/ Gehalt bis	Steuerklasse	Lohn-steuer	ohne Kinderfreibetrag SolZ 5,5%	Kirchensteuer 8%	Kirchensteuer 9%	0,5 SolZ 5,5%	0,5 Kirchensteuer 8%	0,5 Kirchensteuer 9%	1,0 SolZ 5,5%	1,0 Kirchensteuer 8%	1,0 Kirchensteuer 9%	1,5 SolZ 5,5%	1,5 Kirchensteuer 8%	1,5 Kirchensteuer 9%	2,0 SolZ 5,5%	2,0 Kirchensteuer 8%	2,0 Kirchensteuer 9%	2,5 SolZ 5,5%	2,5 Kirchensteuer 8%	2,5 Kirchensteuer 9%	3,0 SolZ 5,5%	3,0 Kirchensteuer 8%	3,0 Kirchensteuer 9%
						Anzahl Kinderfreibeträge (nur Steuerklassen I–IV)																	
86.327,99 (West)	I	20.036	296,66	1.602,88	1.803,24	72,94	1.452,48	1.634,04	-	1.302,08	1.464,84	-	1.155,20	1.299,60	-	1.014,56	1.141,38	-	880,00	990,00	-	751,60	845,55
	II	18.247	83,77	1.459,76	1.642,23	-	1.309,36	1.473,03	-	1.162,16	1.307,43	-	1.021,20	1.148,85	-	886,32	997,11	-	757,68	852,39	-	635,20	714,60
	III	12.888	-	1.031,04	1.159,92	-	919,52	1.034,46	-	811,04	912,42	-	705,76	793,98	-	603,52	678,96	-	504,32	567,36	-	408,32	459,36
	IV	20.036	296,66	1.602,88	1.803,24	184,80	1.527,68	1.718,64	72,94	1.452,48	1.634,04	-	1.377,28	1.549,44	-	1.302,08	1.464,84	-	1.227,92	1.381,41	-	1.155,20	1.299,60
	V	26.209	1.031,25	2.096,72	2.358,81																		
	VI	26.741	1.094,56	2.139,28	2.406,69																		
86.327,99 (Ost)	I	20.080	301,90	1.606,40	1.807,20	78,18	1.456,00	1.638,00	-	1.305,60	1.468,80	-	1.158,64	1.303,47	-	1.017,76	1.144,98	-	883,04	993,42	-	754,56	848,88
	II	18.291	89,01	1.463,28	1.646,19	-	1.312,88	1.476,99	-	1.165,52	1.311,21	-	1.024,40	1.152,45	-	889,44	1.000,62	-	760,64	855,72	-	638,00	717,75
	III	12.920	-	1.033,60	1.162,80	-	922,08	1.037,34	-	813,60	915,30	-	708,16	796,68	-	605,92	681,66	-	506,72	570,06	-	410,56	461,88
	IV	20.080	301,90	1.606,40	1.807,20	190,04	1.531,20	1.722,60	78,18	1.456,00	1.638,00	-	1.380,80	1.553,40	-	1.305,60	1.468,80	-	1.231,36	1.385,28	-	1.158,64	1.303,47
	V	26.253	1.036,49	2.100,24	2.362,77																		
	VI	26.785	1.099,79	2.142,80	2.410,65																		
86.363,99 (West)	I	20.050	298,33	1.604,00	1.804,50	74,61	1.453,60	1.635,30	-	1.303,20	1.466,10	-	1.156,32	1.300,86	-	1.015,52	1.142,46	-	880,96	991,08	-	752,56	846,63
	II	18.261	85,44	1.460,88	1.643,49	-	1.310,48	1.474,29	-	1.163,20	1.308,60	-	1.022,16	1.149,93	-	887,28	998,19	-	758,64	853,47	-	636,08	715,59
	III	12.898	-	1.031,84	1.160,82	-	920,32	1.035,36	-	811,84	913,32	-	706,56	794,88	-	604,32	679,86	-	505,12	568,26	-	409,12	460,26
	IV	20.050	298,33	1.604,00	1.804,50	186,47	1.528,80	1.719,90	74,61	1.453,60	1.635,30	-	1.378,40	1.550,70	-	1.303,20	1.466,10	-	1.228,96	1.382,58	-	1.156,32	1.300,86
	V	26.223	1.032,92	2.097,84	2.360,07																		
	VI	26.755	1.096,22	2.140,40	2.407,95																		
86.363,99 (Ost)	I	20.095	303,68	1.607,60	1.808,55	79,96	1.457,20	1.639,35	-	1.306,80	1.470,15	-	1.159,76	1.304,73	-	1.018,88	1.146,24	-	884,16	994,68	-	755,60	850,05
	II	18.306	90,79	1.464,48	1.647,54	-	1.314,08	1.478,34	-	1.166,72	1.312,56	-	1.025,52	1.153,71	-	890,48	1.001,79	-	761,68	856,89	-	638,96	718,83
	III	12.932	-	1.034,56	1.163,88	-	923,04	1.038,42	-	814,56	916,38	-	709,12	797,76	-	606,72	682,56	-	507,52	570,96	-	411,36	462,78
	IV	20.095	303,68	1.607,60	1.808,55	191,82	1.532,40	1.723,95	79,96	1.457,20	1.639,35	-	1.382,00	1.554,75	-	1.306,80	1.470,15	-	1.232,56	1.386,63	-	1.159,76	1.304,73
	V	26.268	1.038,27	2.101,44	2.364,12																		
	VI	26.800	1.101,58	2.144,00	2.412,00																		
86.399,99 (West)	I	20.063	299,88	1.605,04	1.805,67	76,16	1.454,64	1.636,47	-	1.304,32	1.467,36	-	1.157,28	1.301,94	-	1.016,56	1.143,63	-	881,92	992,16	-	753,44	847,62
	II	18.274	86,98	1.461,92	1.644,66	-	1.311,52	1.475,46	-	1.164,24	1.309,77	-	1.023,20	1.151,10	-	888,24	999,27	-	759,52	854,46	-	636,96	716,58
	III	12.908	-	1.032,64	1.161,72	-	921,12	1.036,26	-	812,64	914,22	-	707,36	795,78	-	604,96	680,58	-	505,76	568,98	-	409,76	460,98
	IV	20.063	299,88	1.605,04	1.805,67	188,02	1.529,84	1.721,07	76,16	1.454,64	1.636,47	-	1.379,44	1.551,87	-	1.304,32	1.467,36	-	1.230,00	1.383,75	-	1.157,28	1.301,94
	V	26.237	1.034,58	2.098,96	2.361,33																		
	VI	26.768	1.097,77	2.141,44	2.409,12																		
86.399,99 (Ost)	I	20.110	305,47	1.608,80	1.809,90	81,75	1.458,40	1.640,70	-	1.308,08	1.471,59	-	1.160,88	1.305,99	-	1.020,00	1.147,50	-	885,20	995,85	-	756,56	851,13
	II	18.321	92,58	1.465,68	1.648,89	-	1.315,28	1.479,69	-	1.167,84	1.313,82	-	1.026,64	1.154,97	-	891,52	1.002,96	-	762,64	857,97	-	639,92	719,91
	III	12.944	-	1.035,52	1.164,96	-	923,84	1.039,32	-	815,36	917,28	-	709,92	798,66	-	607,52	683,46	-	508,32	571,86	-	412,16	463,68
	IV	20.110	305,47	1.608,80	1.809,90	193,61	1.533,60	1.725,30	81,75	1.458,40	1.640,70	-	1.383,20	1.556,10	-	1.308,08	1.471,59	-	1.233,68	1.387,89	-	1.160,88	1.305,99
	V	26.284	1.040,17	2.102,72	2.365,56																		
	VI	26.815	1.103,36	2.145,20	2.413,35																		
86.435,99 (West)	I	20.077	301,54	1.606,16	1.806,93	77,82	1.455,76	1.637,73	-	1.305,36	1.468,53	-	1.158,40	1.303,20	-	1.017,52	1.144,71	-	882,88	993,24	-	754,40	848,70
	II	18.288	88,65	1.463,04	1.645,92	-	1.312,64	1.476,72	-	1.165,36	1.311,03	-	1.024,16	1.152,18	-	889,20	1.000,35	-	760,40	855,45	-	637,84	717,57
	III	12.918	-	1.033,44	1.162,62	-	921,92	1.037,16	-	813,44	915,12	-	708,00	796,50	-	605,76	681,48	-	506,56	569,88	-	410,40	461,70
	IV	20.077	301,54	1.606,16	1.806,93	189,68	1.530,96	1.722,33	77,82	1.455,76	1.637,73	-	1.380,56	1.553,13	-	1.305,36	1.468,53	-	1.231,12	1.385,01	-	1.158,40	1.303,20
	V	26.250	1.036,13	2.100,00	2.362,50																		
	VI	26.782	1.099,44	2.142,56	2.410,38																		
86.435,99 (Ost)	I	20.125	307,25	1.610,00	1.811,25	83,53	1.459,60	1.642,05	-	1.309,28	1.472,94	-	1.162,08	1.307,34	-	1.021,04	1.148,67	-	886,24	997,02	-	757,60	852,30
	II	18.336	94,36	1.466,88	1.650,24	-	1.316,48	1.481,04	-	1.169,04	1.315,17	-	1.027,76	1.156,23	-	892,64	1.004,22	-	763,68	859,14	-	640,88	720,99
	III	12.956	-	1.036,48	1.166,04	-	924,80	1.040,40	-	816,16	918,18	-	710,72	799,56	-	608,32	684,36	-	509,12	572,76	-	412,80	464,40
	IV	20.125	307,25	1.610,00	1.811,25	195,39	1.534,80	1.726,65	83,53	1.459,60	1.642,05	-	1.384,48	1.557,54	-	1.309,28	1.472,94	-	1.234,88	1.389,24	-	1.162,08	1.307,34
	V	26.299	1.041,96	2.103,92	2.366,91																		
	VI	26.830	1.105,15	2.146,40	2.414,70																		
86.471,99 (West)	I	20.091	303,21	1.607,28	1.808,19	79,49	1.456,88	1.638,99	-	1.306,48	1.469,79	-	1.159,44	1.304,37	-	1.018,56	1.145,88	-	883,84	994,32	-	755,28	849,69
	II	18.302	90,32	1.464,16	1.647,18	-	1.313,76	1.477,98	-	1.166,40	1.312,20	-	1.025,20	1.153,35	-	890,16	1.001,43	-	761,36	856,53	-	638,72	718,56
	III	12.930	-	1.034,40	1.163,70	-	922,72	1.038,06	-	814,24	916,02	-	708,80	797,40	-	606,56	682,38	-	507,20	570,60	-	411,04	462,42
	IV	20.091	303,21	1.607,28	1.808,19	191,35	1.532,08	1.723,59	79,49	1.456,88	1.638,99	-	1.381,68	1.554,39	-	1.306,48	1.469,79	-	1.232,16	1.386,18	-	1.159,44	1.304,37
	V	26.264	1.037,79	2.101,12	2.363,76																		
	VI	26.796	1.101,10	2.143,68	2.411,64																		
86.471,99 (Ost)	I	20.141	309,16	1.611,28	1.812,69	85,44	1.460,88	1.643,49	-	1.310,48	1.474,29	-	1.163,20	1.308,60	-	1.022,16	1.149,93	-	887,28	998,19	-	758,64	853,47
	II	18.351	96,15	1.468,08	1.651,59	-	1.317,68	1.482,39	-	1.170,16	1.316,43	-	1.028,88	1.157,49	-	893,68	1.005,39	-	764,64	860,22	-	641,84	722,07
	III	12.966	-	1.037,28	1.166,94	-	925,60	1.041,30	-	817,12	919,26	-	711,52	800,46	-	609,12	685,26	-	509,92	573,66	-	413,60	465,30
	IV	20.141	309,16	1.611,28	1.812,69	197,30	1.536,08	1.728,09	85,44	1.460,88	1.643,49	-	1.385,68	1.558,89	-	1.310,48	1.474,29	-	1.236,08	1.390,59	-	1.163,20	1.308,60
	V	26.314	1.043,74	2.105,12	2.368,26																		
	VI	26.846	1.107,05	2.147,68	2.416,14																		
86.507,99 (West)	I	20.104	304,75	1.608,32	1.809,36	81,03	1.457,92	1.640,16	-	1.307,60	1.471,05	-	1.160,48	1.305,54	-	1.019,52	1.146,96	-	884,80	995,40	-	756,16	850,68
	II	18.315	91,86	1.465,20	1.648,35	-	1.314,80	1.479,15	-	1.167,44	1.313,37	-	1.026,16	1.154,43	-	891,12	1.002,51	-	762,24	857,52	-	639,52	719,46
	III	12.940	-	1.035,20	1.164,60	-	923,52	1.038,96	-	815,04	916,92	-	709,60	798,30	-	607,20	683,10	-	508,00	571,50	-	411,84	463,32
	IV	20.104	304,75	1.608,32	1.809,36	192,89	1.533,12	1.724,76	81,03	1.457,92	1.640,16	-	1.382,80	1.555,65	-	1.307,60	1.471,05	-	1.233,28	1.387,44	-	1.160,48	1.305,54
	V	26.278	1.039,46	2.102,24	2.365,02																		
	VI	26.809	1.102,65	2.144,72	2.412,81																		
86.507,99 (Ost)	I	20.156	310,94	1.612,48	1.814,04	87,22	1.462,08	1.644,84	-	1.311,68	1.475,64	-	1.164,40	1.309,95	-	1.023,28	1.151,19	-	888,40	999,45	-	759,60	854,55
	II	18.366	97,93	1.469,28	1.652,94	-	1.318,96	1.483,83	-	1.171,36	1.317,78	-	1.030,00	1.158,75	-	894,72	1.006,56	-	765,68	861,39	-	642,80	723,15
	III	12.978	-	1.038,24	1.168,02	-	926,56	1.042,38	-	817,92	920,16	-	712,48	801,54	-	609,92	686,16	-	510,56	574,38	-	414,40	466,20
	IV	20.156	310,94	1.612,48	1.814,04	199,08	1.537,28	1.729,44	87,22	1.462,08	1.644,84	-	1.386,88	1.560,24	-	1.311,68	1.475,64	-	1.237,28	1.391,94	-	1.164,40	1.309,95
	V	26.329	1.045,53	2.106,32	2.369,61																		
	VI	26.861	1.108,84	2.148,88	2.417,49																		
86.543,99 (West)	I	20.118	306,42	1.609,44	1.810,62	82,70	1.459,04	1.641,42	-	1.308,72	1.472,31	-	1.161,52	1.306,71	-	1.020,56	1.148,13	-	885,76	996,48	-	757,12	851,76
	II	18.329	93,53	1.466,32	1.649,61	-	1.315,92	1.480,41	-	1.168,48	1.314,54	-	1.027,20	1.155,60	-	892,08	1.003,59	-	763,20	858,60	-	640,40	720,45
	III	12.950	-	1.036,00	1.165,50	-	924,32	1.039,86	-	815,84	917,82	-	710,40	799,20	-	608,00	684,00	-	508,64	572,22	-	412,48	464,04
	IV	20.118	306,42	1.609,44	1.810,62	194,56	1.534,24	1.726,02	82,70	1.459,04	1.641,42	-	1.383,84	1.556,82	-	1.308,72	1.472,31	-	1.234,32	1.388,61	-	1.161,52	1.306,71
	V	26.292	1.041,13	2.103,36	2.366,28																		
	VI	26.823	1.104,32	2.145,84	2.414,07																		
86.543,99 (Ost)	I	20.171	312,73	1.613,68	1.815,39	89,01	1.463,28	1.646,19	-	1.312,88	1.476,99	-	1.165,52	1.311,21	-	1.024,40	1.152,45	-	889,44	1.000,62	-	760,64	855,72
	II	18.382	99,84	1.470,56	1.654,38	-	1.320,16	1.485,18	-	1.172,56	1.319,13	-	1.031,04	1.159,92	-	895,84	1.007,82	-	766,72	862,56	-	643,76	724,23
	III	12.990	-	1.039,20	1.169,10	-	927,36	1.043,28	-	818,72	921,06	-	713,28	802,44	-	610,72	687,06	-	511,36	575,28	-	415,20	467,10
	IV	20.171	312,73	1.613,68	1.815,39	200,87	1.538,48	1.730,79	89,01	1.463,28	1.646,19	-	1.388,08	1.561,59	-	1.312,88	1.476,99	-	1.238,48	1.393,29	-	1.165,52	1.311,21
	V	26.344	1.047,31	2.107,52	2.370,96																		
	VI	26.876	1.110,62	2.150,08	2.418,84																		

SolZ/KiSt lt. Tabelle nicht für Sonstige Bezüge anwendbar.

Lohn/ Gehalt bis	Steuerklasse	Lohn- steuer	ohne Kinderfreibetrag			Anzahl Kinderfreibeträge (nur Steuerklassen I–IV) 0,5			1,0			1,5			2,0			2,5			3,0		
			SolZ 5,5%	Kirchensteuer 8%	9%	SolZ 5,5%	Kirchensteuer 8%	9%	SolZ 5,5%	Kirchensteuer 8%	9%	SolZ 5,5%	Kirchensteuer 8%	9%	SolZ 5,5%	Kirchensteuer 8%	9%	SolZ 5,5%	Kirchensteuer 8%	9%	SolZ 5,5%	Kirchensteuer 8%	9%
86.579,99 (West)	I	20.132	308,09	1.610,56	1.811,88	84,37	1.460,16	1.642,68	-	1.309,76	1.473,48	-	1.162,56	1.307,88	-	1.021,60	1.149,30	-	886,72	997,56	-	758,08	852
	II	18.343	95,20	1.467,44	1.650,87	-	1.317,04	1.481,67	-	1.169,52	1.315,71	-	1.028,24	1.156,77	-	893,12	1.004,76	-	764,08	859,59	-	641,28	721
	III	12.960	-	1.036,80	1.166,40	-	925,12	1.040,76	-	816,64	918,72	-	711,04	799,92	-	608,64	684,72	-	509,44	573,12	-	413,12	464
	IV	20.132	308,09	1.610,56	1.811,88	196,23	1.535,36	1.727,28	84,37	1.460,16	1.642,68	-	1.384,96	1.558,08	-	1.309,76	1.473,48	-	1.235,44	1.389,87	-	1.162,56	1.307
	V	26.305	1.042,67	2.104,40	2.367,45																		
	VI	26.837	1.105,98	2.146,96	2.415,33																		
86.579,99 (Ost)	I	20.186	314,51	1.614,88	1.816,74	90,79	1.464,48	1.647,54	-	1.314,08	1.478,34	-	1.166,72	1.312,56	-	1.025,52	1.153,71	-	890,48	1.001,79	-	761,68	856
	II	18.397	101,62	1.471,76	1.655,73	-	1.321,36	1.486,53	-	1.173,68	1.320,39	-	1.032,16	1.161,18	-	896,88	1.008,99	-	767,68	863,64	-	644,72	725
	III	13.000	-	1.040,00	1.170,00	-	928,32	1.044,36	-	819,68	922,14	-	714,08	803,34	-	611,68	688,14	-	512,16	576,18	-	415,84	467
	IV	20.186	314,51	1.614,88	1.816,74	202,65	1.539,68	1.732,14	90,79	1.464,48	1.647,54	-	1.389,28	1.562,94	-	1.314,08	1.478,34	-	1.239,60	1.394,55	-	1.166,72	1.312
	V	26.359	1.049,10	2.108,72	2.372,31																		
	VI	26.891	1.112,41	2.151,28	2.420,19																		
86.615,99 (West)	I	20.146	309,75	1.611,68	1.813,14	86,03	1.461,28	1.643,94	-	1.310,88	1.474,74	-	1.163,60	1.309,05	-	1.022,56	1.150,38	-	887,68	998,64	-	758,96	853
	II	18.356	96,74	1.468,48	1.652,04	-	1.318,08	1.482,84	-	1.170,56	1.316,88	-	1.029,20	1.157,85	-	894,00	1.005,75	-	765,04	860,67	-	642,16	722
	III	12.970	-	1.037,60	1.167,30	-	925,92	1.041,66	-	817,28	919,44	-	711,84	800,82	-	609,44	685,62	-	510,08	573,84	-	413,92	465
	IV	20.146	309,75	1.611,68	1.813,14	197,89	1.536,48	1.728,54	86,03	1.461,28	1.643,94	-	1.386,08	1.559,34	-	1.310,88	1.474,74	-	1.236,48	1.391,04	-	1.163,60	1.309
	V	26.319	1.044,34	2.105,52	2.368,71																		
	VI	26.851	1.107,65	2.148,08	2.416,59																		
86.615,99 (Ost)	I	20.201	316,30	1.616,08	1.818,09	92,58	1.465,68	1.648,89	-	1.315,28	1.479,69	-	1.167,84	1.313,82	-	1.026,64	1.154,97	-	891,52	1.002,96	-	762,64	857
	II	18.412	103,41	1.472,96	1.657,08	-	1.322,56	1.487,88	-	1.174,88	1.321,74	-	1.033,28	1.162,44	-	897,92	1.010,16	-	768,72	864,81	-	645,68	726
	III	13.012	-	1.040,96	1.171,08	-	929,12	1.045,26	-	820,48	923,04	-	714,88	804,24	-	612,48	689,04	-	512,96	577,08	-	416,64	468
	IV	20.201	316,30	1.616,08	1.818,09	204,44	1.540,88	1.733,49	92,58	1.465,68	1.648,89	-	1.390,48	1.564,29	-	1.315,28	1.479,69	-	1.240,80	1.395,90	-	1.167,84	1.313
	V	26.374	1.050,88	2.109,92	2.373,66																		
	VI	26.906	1.114,19	2.152,48	2.421,54																		
86.651,99 (West)	I	20.159	311,30	1.612,72	1.814,31	87,70	1.462,40	1.645,20	-	1.312,00	1.476,00	-	1.164,72	1.310,31	-	1.023,60	1.151,55	-	888,64	999,72	-	759,84	854
	II	18.370	98,41	1.469,60	1.653,30	-	1.319,20	1.484,10	-	1.171,68	1.318,14	-	1.030,24	1.159,02	-	895,04	1.006,92	-	765,92	861,66	-	643,04	723
	III	12.980	-	1.038,40	1.168,20	-	926,72	1.042,56	-	818,08	920,34	-	712,64	801,72	-	610,08	686,34	-	510,88	574,74	-	414,56	466
	IV	20.159	311,30	1.612,72	1.814,31	199,44	1.537,52	1.729,71	87,70	1.462,40	1.645,20	-	1.387,20	1.560,60	-	1.312,00	1.476,00	-	1.237,52	1.392,21	-	1.164,72	1.310
	V	26.333	1.046,01	2.106,64	2.369,97																		
	VI	26.864	1.109,19	2.149,12	2.417,76																		
86.651,99 (Ost)	I	20.216	318,08	1.617,28	1.819,44	94,36	1.466,88	1.650,24	-	1.316,48	1.481,04	-	1.169,04	1.315,17	-	1.027,76	1.156,23	-	892,64	1.004,22	-	763,68	859
	II	18.427	105,19	1.474,16	1.658,43	-	1.323,76	1.489,23	-	1.176,00	1.323,00	-	1.034,40	1.163,70	-	898,96	1.011,33	-	769,76	865,98	-	646,64	727
	III	13.024	-	1.041,92	1.172,16	-	930,08	1.046,34	-	821,44	924,12	-	715,68	805,14	-	613,28	689,94	-	513,76	577,98	-	417,44	469
	IV	20.216	318,08	1.617,28	1.819,44	206,22	1.542,08	1.734,84	94,36	1.466,88	1.650,24	-	1.391,68	1.565,64	-	1.316,48	1.481,04	-	1.242,00	1.397,25	-	1.169,04	1.315
	V	26.389	1.052,67	2.111,12	2.375,01																		
	VI	26.921	1.115,98	2.153,68	2.422,89																		
86.687,99 (West)	I	20.173	312,97	1.613,84	1.815,57	89,25	1.463,44	1.646,37	-	1.313,04	1.477,17	-	1.165,76	1.311,48	-	1.024,56	1.152,63	-	889,60	1.000,80	-	760,80	855
	II	18.384	100,07	1.470,72	1.654,56	-	1.320,32	1.485,36	-	1.172,72	1.319,31	-	1.031,28	1.160,19	-	896,00	1.008,00	-	766,88	862,74	-	643,92	724
	III	12.992	-	1.039,36	1.169,28	-	927,52	1.043,46	-	818,88	921,24	-	713,44	802,62	-	610,88	687,24	-	511,52	575,46	-	415,20	467,
	IV	20.173	312,97	1.613,84	1.815,57	201,11	1.538,64	1.730,97	89,25	1.463,44	1.646,37	-	1.388,24	1.561,77	-	1.313,04	1.477,17	-	1.238,64	1.393,47	-	1.165,76	1.311,
	V	26.347	1.047,67	2.107,76	2.371,23																		
	VI	26.878	1.110,86	2.150,24	2.419,02																		
86.687,99 (Ost)	I	20.231	319,87	1.618,48	1.820,79	96,15	1.468,08	1.651,59	-	1.317,68	1.482,39	-	1.170,16	1.316,43	-	1.028,88	1.157,49	-	893,68	1.005,39	-	764,64	860
	II	18.442	106,98	1.475,36	1.659,78	-	1.324,96	1.490,58	-	1.177,20	1.324,35	-	1.035,52	1.164,96	-	900,08	1.012,59	-	770,72	867,06	-	647,60	728,
	III	13.034	-	1.042,72	1.173,06	-	931,04	1.047,42	-	822,24	925,02	-	716,64	806,22	-	614,08	690,84	-	514,56	578,88	-	418,24	470,
	IV	20.231	319,87	1.618,48	1.820,79	208,01	1.543,28	1.736,19	96,15	1.468,08	1.651,59	-	1.392,88	1.566,99	-	1.317,68	1.482,39	-	1.243,20	1.398,60	-	1.170,16	1.316
	V	26.405	1.054,57	2.112,40	2.376,45																		
	VI	26.936	1.117,76	2.154,88	2.424,24																		
86.723,99 (West)	I	20.187	314,63	1.614,96	1.816,83	90,91	1.464,56	1.647,63	-	1.314,16	1.478,43	-	1.166,80	1.312,65	-	1.025,60	1.153,80	-	890,56	1.001,88	-	761,68	856,
	II	18.398	101,74	1.471,84	1.655,82	-	1.321,44	1.486,62	-	1.173,76	1.320,48	-	1.032,24	1.161,27	-	896,96	1.009,08	-	767,76	863,73	-	644,80	725,
	III	13.002	-	1.040,16	1.170,18	-	928,32	1.044,36	-	819,68	922,14	-	714,08	803,34	-	611,68	688,14	-	512,32	576,36	-	416,00	468,
	IV	20.187	314,63	1.614,96	1.816,83	202,77	1.539,76	1.732,23	90,91	1.464,56	1.647,63	-	1.389,36	1.563,03	-	1.314,16	1.478,43	-	1.239,68	1.394,64	-	1.166,80	1.312,
	V	26.360	1.049,22	2.108,80	2.372,40																		
	VI	26.892	1.112,53	2.151,36	2.420,28																		
86.723,99 (Ost)	I	20.246	321,65	1.619,68	1.822,14	97,93	1.469,28	1.652,94	-	1.318,96	1.483,83	-	1.171,36	1.317,78	-	1.030,00	1.158,75	-	894,72	1.006,56	-	765,68	861,
	II	18.457	108,76	1.476,56	1.661,13	-	1.326,16	1.491,93	-	1.178,32	1.325,61	-	1.036,64	1.166,22	-	901,12	1.013,76	-	771,76	868,23	-	648,64	729,
	III	13.046	-	1.043,68	1.174,14	-	931,84	1.048,32	-	823,04	925,92	-	717,44	807,12	-	614,88	691,74	-	515,36	579,78	-	418,88	471,
	IV	20.246	321,65	1.619,68	1.822,14	209,79	1.544,48	1.737,54	97,93	1.469,28	1.652,94	-	1.394,08	1.568,34	-	1.318,96	1.483,83	-	1.244,40	1.399,95	-	1.171,36	1.317,
	V	26.420	1.056,36	2.113,60	2.377,80																		
	VI	26.951	1.119,55	2.156,08	2.425,59																		
86.759,99 (West)	I	20.201	316,30	1.616,08	1.818,09	92,58	1.465,68	1.648,89	-	1.315,28	1.479,69	-	1.167,84	1.313,82	-	1.026,56	1.154,88	-	891,52	1.002,96	-	762,64	857,
	II	18.411	103,29	1.472,88	1.656,99	-	1.322,48	1.487,79	-	1.174,80	1.321,65	-	1.033,28	1.162,44	-	897,92	1.010,16	-	768,72	864,81	-	645,68	726,
	III	13.012	-	1.040,96	1.171,08	-	929,12	1.045,26	-	820,48	923,04	-	714,88	804,24	-	612,32	688,86	-	512,96	577,08	-	416,64	468,
	IV	20.201	316,30	1.616,08	1.818,09	204,44	1.540,88	1.733,49	92,58	1.465,68	1.648,89	-	1.390,48	1.564,29	-	1.315,28	1.479,69	-	1.240,80	1.395,90	-	1.167,84	1.313,
	V	26.374	1.050,88	2.109,92	2.373,66																		
	VI	26.906	1.114,19	2.152,48	2.421,54																		
86.759,99 (Ost)	I	20.261	323,44	1.620,88	1.823,49	99,84	1.470,56	1.654,38	-	1.320,16	1.485,18	-	1.172,56	1.319,13	-	1.031,04	1.159,92	-	895,84	1.007,82	-	766,72	862,
	II	18.472	110,55	1.477,76	1.662,48	-	1.327,36	1.493,28	-	1.179,52	1.326,96	-	1.037,76	1.167,48	-	902,16	1.014,93	-	772,80	869,40	-	649,60	730,
	III	13.058	-	1.044,64	1.175,22	-	932,80	1.049,40	-	824,00	927,00	-	718,24	808,02	-	615,68	692,64	-	516,16	580,68	-	419,68	472,
	IV	20.261	323,44	1.620,88	1.823,49	211,70	1.545,76	1.738,98	99,84	1.470,56	1.654,38	-	1.395,36	1.569,78	-	1.320,16	1.485,18	-	1.245,60	1.401,30	-	1.172,56	1.319,
	V	26.435	1.058,14	2.114,80	2.379,15																		
	VI	26.967	1.121,45	2.157,36	2.427,03																		
86.795,99 (West)	I	20.214	317,84	1.617,12	1.819,26	94,12	1.466,72	1.650,06	-	1.316,32	1.480,86	-	1.168,88	1.314,99	-	1.027,60	1.156,05	-	892,48	1.004,04	-	763,52	858,
	II	18.425	104,95	1.474,00	1.658,25	-	1.323,60	1.489,05	-	1.175,84	1.322,82	-	1.034,24	1.163,52	-	898,88	1.011,24	-	769,60	865,80	-	646,56	727,
	III	13.022	-	1.041,76	1.171,98	-	929,92	1.046,16	-	821,28	923,94	-	715,68	805,14	-	613,12	689,76	-	513,60	577,80	-	417,28	469,
	IV	20.214	317,84	1.617,12	1.819,26	205,98	1.541,92	1.734,66	94,12	1.466,72	1.650,06	-	1.391,52	1.565,46	-	1.316,32	1.480,86	-	1.241,84	1.397,07	-	1.168,88	1.314,
	V	26.387	1.052,43	2.110,96	2.374,83																		
	VI	26.919	1.115,74	2.153,52	2.422,71																		
86.795,99 (Ost)	I	20.277	325,34	1.622,16	1.824,93	101,62	1.471,76	1.655,73	-	1.321,36	1.486,53	-	1.173,68	1.320,39	-	1.032,16	1.161,18	-	896,88	1.008,99	-	767,68	863,
	II	18.487	112,33	1.478,96	1.663,83	-	1.328,56	1.494,63	-	1.180,64	1.328,22	-	1.038,88	1.168,74	-	903,28	1.016,19	-	773,84	870,57	-	650,56	731,
	III	13.070	-	1.045,60	1.176,30	-	933,60	1.050,30	-	824,80	927,90	-	719,04	808,92	-	616,48	693,54	-	516,96	581,58	-	420,48	473,
	IV	20.277	325,34	1.622,16	1.824,93	213,48	1.546,96	1.740,33	101,62	1.471,76	1.655,73	-	1.396,56	1.571,13	-	1.321,36	1.486,53	-	1.246,72	1.402,56	-	1.173,68	1.320,
	V	26.450	1.059,93	2.116,00	2.380,50																		
	VI	26.982	1.123,24	2.158,56	2.428,38																		

SolZ/KiSt lt. Tabelle nicht für Sonstige Bezüge anwendbar.

Lohn/ Gehalt bis	Steuerklasse	Lohn-steuer	ohne Kinderfreibetrag SolZ 5,5%	Kirchensteuer 8%	Kirchensteuer 9%	0,5 SolZ 5,5%	Kirchensteuer 8%	Kirchensteuer 9%	1,0 SolZ 5,5%	Kirchensteuer 8%	Kirchensteuer 9%	1,5 SolZ 5,5%	Kirchensteuer 8%	Kirchensteuer 9%	2,0 SolZ 5,5%	Kirchensteuer 8%	Kirchensteuer 9%	2,5 SolZ 5,5%	Kirchensteuer 8%	Kirchensteuer 9%	3,0 SolZ 5,5%	Kirchensteuer 8%	Kirchensteuer 9%
6.831,99	I	20.228	319,51	1.618,24	1.820,52	95,79	1.467,84	1.651,32	-	1.317,44	1.482,12	-	1.169,92	1.316,16	-	1.028,64	1.157,22	-	893,44	1.005,12	-	764,48	860,04
(West)	II	18.439	106,62	1.475,12	1.659,51	-	1.324,72	1.490,31	-	1.176,88	1.323,99	-	1.035,28	1.164,69	-	899,84	1.012,32	-	770,56	866,88	-	647,44	728,37
	III	13.032	-	1.042,56	1.172,88	-	930,72	1.047,06	-	822,08	924,84	-	716,48	806,04	-	613,92	690,66	-	514,40	578,70	-	418,08	470,34
	IV	20.228	319,51	1.618,24	1.820,52	207,65	1.543,04	1.735,92	95,79	1.467,84	1.651,32	-	1.392,64	1.566,72	-	1.317,44	1.482,12	-	1.242,96	1.398,33	-	1.169,92	1.316,16
	V	26.401	1.054,10	2.112,08	2.376,09																		
	VI	26.933	1.117,41	2.154,64	2.423,97																		
6.831,99	I	20.292	327,13	1.623,36	1.826,28	103,41	1.472,96	1.657,08	-	1.322,56	1.487,88	-	1.174,88	1.321,74	-	1.033,28	1.162,44	-	897,92	1.010,16	-	768,72	864,81
(Ost)	II	18.503	114,24	1.480,24	1.665,27	-	1.329,84	1.496,07	-	1.181,84	1.329,57	-	1.040,00	1.170,00	-	904,32	1.017,36	-	774,80	871,65	-	651,52	732,96
	III	13.080	-	1.046,40	1.177,20	-	934,56	1.051,38	-	825,76	928,98	-	720,00	810,00	-	617,28	694,44	-	517,76	582,48	-	421,28	473,94
	IV	20.292	327,13	1.623,36	1.826,28	215,27	1.548,16	1.741,68	103,41	1.472,96	1.657,08	-	1.397,76	1.572,48	-	1.322,56	1.487,88	-	1.247,92	1.403,91	-	1.174,88	1.321,74
	V	26.465	1.061,71	2.117,20	2.381,85																		
	VI	26.997	1.125,02	2.159,76	2.429,73																		
6.867,99	I	20.242	321,18	1.619,36	1.821,78	97,46	1.468,96	1.652,58	-	1.318,56	1.483,38	-	1.171,04	1.317,42	-	1.029,60	1.158,30	-	894,40	1.006,20	-	765,36	861,03
(West)	II	18.453	108,29	1.476,24	1.660,77	-	1.325,84	1.491,57	-	1.178,00	1.325,25	-	1.036,32	1.165,86	-	900,80	1.013,40	-	771,44	867,87	-	648,32	729,36
	III	13.042	-	1.043,36	1.173,78	-	931,52	1.047,96	-	822,88	925,74	-	717,12	806,76	-	614,56	691,38	-	515,04	579,42	-	418,72	471,06
	IV	20.242	321,18	1.619,36	1.821,78	209,32	1.544,16	1.737,18	97,46	1.468,96	1.652,58	-	1.393,76	1.567,98	-	1.318,56	1.483,38	-	1.244,00	1.399,50	-	1.171,04	1.317,42
	V	26.415	1.055,76	2.113,20	2.377,35																		
	VI	26.947	1.119,07	2.155,76	2.425,23																		
6.867,99	I	20.307	328,91	1.624,56	1.827,63	105,19	1.474,16	1.658,43	-	1.323,76	1.489,23	-	1.176,00	1.323,00	-	1.034,40	1.163,70	-	898,96	1.011,33	-	769,76	865,98
(Ost)	II	18.518	116,02	1.481,44	1.666,62	-	1.331,04	1.497,42	-	1.183,04	1.330,92	-	1.041,12	1.171,26	-	905,36	1.018,53	-	775,84	872,82	-	652,48	734,04
	III	13.092	-	1.047,36	1.178,28	-	935,36	1.052,28	-	826,56	929,88	-	720,80	810,90	-	618,08	695,34	-	518,56	583,38	-	422,08	474,84
	IV	20.307	328,91	1.624,56	1.827,63	217,05	1.549,36	1.743,03	105,19	1.474,16	1.658,43	-	1.398,96	1.573,83	-	1.323,76	1.489,23	-	1.249,12	1.405,26	-	1.176,00	1.323,00
	V	26.480	1.063,50	2.118,40	2.383,20																		
	VI	27.012	1.126,81	2.160,96	2.431,08																		
6.903,99	I	20.255	322,72	1.620,40	1.822,95	99,00	1.470,00	1.653,75	-	1.319,60	1.484,55	-	1.172,00	1.318,50	-	1.030,64	1.159,47	-	895,36	1.007,28	-	766,32	862,11
(West)	II	18.466	109,83	1.477,28	1.661,94	-	1.326,88	1.492,74	-	1.179,04	1.326,42	-	1.037,28	1.166,94	-	901,76	1.014,48	-	772,40	868,95	-	649,20	730,35
	III	13.052	-	1.044,16	1.174,68	-	932,32	1.048,86	-	823,52	926,46	-	717,92	807,66	-	615,36	692,28	-	515,84	580,32	-	419,36	471,78
	IV	20.255	322,72	1.620,40	1.822,95	210,86	1.545,20	1.738,35	99,00	1.470,00	1.653,75	-	1.394,80	1.569,15	-	1.319,60	1.484,55	-	1.245,04	1.400,67	-	1.172,00	1.318,50
	V	26.428	1.057,31	2.114,24	2.378,52																		
	VI	26.960	1.120,62	2.156,80	2.426,40																		
6.903,99	I	20.322	330,70	1.625,76	1.828,98	106,98	1.475,36	1.659,78	-	1.324,96	1.490,58	-	1.177,20	1.324,35	-	1.035,52	1.164,96	-	900,08	1.012,59	-	770,72	867,06
(Ost)	II	18.533	117,81	1.482,64	1.667,97	-	1.332,24	1.498,77	-	1.184,16	1.332,18	-	1.042,24	1.172,52	-	906,48	1.019,79	-	776,88	873,99	-	653,44	735,12
	III	13.104	-	1.048,32	1.179,36	-	936,32	1.053,36	-	827,36	930,78	-	721,60	811,80	-	618,88	696,24	-	519,36	584,28	-	422,72	475,56
	IV	20.322	330,70	1.625,76	1.828,98	218,84	1.550,56	1.744,38	106,98	1.475,36	1.659,78	-	1.400,16	1.575,18	-	1.324,96	1.490,58	-	1.250,32	1.406,61	-	1.177,20	1.324,35
	V	26.495	1.065,28	2.119,60	2.384,55																		
	VI	27.027	1.128,59	2.162,16	2.432,43																		
6.939,99	I	20.269	324,39	1.621,52	1.824,21	100,67	1.471,12	1.655,01	-	1.320,72	1.485,81	-	1.173,12	1.319,76	-	1.031,60	1.160,55	-	896,32	1.008,36	-	767,20	863,10
(West)	II	18.480	111,50	1.478,40	1.663,20	-	1.328,00	1.494,00	-	1.180,08	1.327,59	-	1.038,32	1.168,11	-	902,72	1.015,56	-	773,28	869,94	-	650,08	731,34
	III	13.064	-	1.045,12	1.175,76	-	933,12	1.049,76	-	824,32	927,36	-	718,72	808,56	-	616,00	693,00	-	516,48	581,04	-	420,16	472,68
	IV	20.269	324,39	1.621,52	1.824,21	212,53	1.546,32	1.739,61	100,67	1.471,12	1.655,01	-	1.395,92	1.570,41	-	1.320,72	1.485,81	-	1.246,16	1.401,93	-	1.173,12	1.319,76
	V	26.442	1.058,98	2.115,36	2.379,78																		
	VI	26.974	1.122,28	2.157,92	2.427,66																		
6.939,99	I	20.337	332,48	1.626,96	1.830,33	108,76	1.476,56	1.661,13	-	1.326,16	1.491,93	-	1.178,32	1.325,61	-	1.036,64	1.166,22	-	901,12	1.013,76	-	771,76	868,23
(Ost)	II	18.548	119,59	1.483,84	1.669,32	-	1.333,44	1.500,12	-	1.185,36	1.333,53	-	1.043,36	1.173,78	-	907,52	1.020,96	-	777,84	875,07	-	654,40	736,20
	III	13.114	-	1.049,12	1.180,26	-	937,12	1.054,26	-	828,32	931,86	-	722,40	812,70	-	619,68	697,14	-	520,16	585,18	-	423,52	476,46
	IV	20.337	332,48	1.626,96	1.830,33	220,62	1.551,76	1.745,73	108,76	1.476,56	1.661,13	-	1.401,36	1.576,53	-	1.326,16	1.491,93	-	1.251,52	1.407,96	-	1.178,32	1.325,61
	V	26.510	1.067,07	2.120,80	2.385,90																		
	VI	27.042	1.130,38	2.163,36	2.433,78																		
6.975,99	I	20.283	326,06	1.622,64	1.825,47	102,34	1.472,24	1.656,27	-	1.321,84	1.487,07	-	1.174,16	1.320,93	-	1.032,64	1.161,72	-	897,28	1.009,44	-	768,16	864,18
(West)	II	18.494	113,16	1.479,52	1.664,46	-	1.329,12	1.495,26	-	1.181,12	1.328,76	-	1.039,36	1.169,28	-	903,68	1.016,64	-	774,24	871,02	-	650,96	732,33
	III	13.074	-	1.045,92	1.176,66	-	933,92	1.050,66	-	825,12	928,26	-	719,36	809,28	-	616,80	693,90	-	517,28	581,94	-	420,80	473,40
	IV	20.283	326,06	1.622,64	1.825,47	214,20	1.547,44	1.740,87	102,34	1.472,24	1.656,27	-	1.397,04	1.571,67	-	1.321,84	1.487,07	-	1.247,28	1.403,19	-	1.174,16	1.320,93
	V	26.456	1.060,64	2.116,48	2.381,04																		
	VI	26.988	1.123,95	2.159,04	2.428,92																		
6.975,99	I	20.352	334,27	1.628,16	1.831,68	110,55	1.477,76	1.662,48	-	1.327,36	1.493,28	-	1.179,52	1.326,96	-	1.037,76	1.167,48	-	902,16	1.014,93	-	772,80	869,40
(Ost)	II	18.563	121,38	1.485,04	1.670,67	-	1.334,64	1.501,47	-	1.186,48	1.334,79	-	1.044,48	1.175,04	-	908,56	1.022,13	-	778,88	876,24	-	655,36	737,28
	III	13.126	-	1.050,08	1.181,34	-	938,08	1.055,34	-	829,12	932,76	-	723,36	813,78	-	620,48	698,04	-	520,80	585,90	-	424,32	477,36
	IV	20.352	334,27	1.628,16	1.831,68	222,41	1.552,96	1.747,08	110,55	1.477,76	1.662,48	-	1.402,56	1.577,88	-	1.327,36	1.493,28	-	1.252,72	1.409,31	-	1.179,52	1.326,96
	V	26.526	1.068,97	2.122,08	2.387,34																		
	VI	27.057	1.132,16	2.164,56	2.435,13																		
7.011,99	I	20.296	327,60	1.623,68	1.826,64	103,88	1.473,28	1.657,44	-	1.322,96	1.488,33	-	1.175,20	1.322,10	-	1.033,68	1.162,89	-	898,24	1.010,52	-	769,04	865,17
(West)	II	18.507	114,71	1.480,56	1.665,63	-	1.330,16	1.496,43	-	1.182,16	1.329,93	-	1.040,32	1.170,36	-	904,64	1.017,72	-	775,12	872,01	-	651,76	733,23
	III	13.084	-	1.046,72	1.177,56	-	934,72	1.051,56	-	825,92	929,16	-	720,16	810,18	-	617,44	694,62	-	517,92	582,66	-	421,44	474,12
	IV	20.296	327,60	1.623,68	1.826,64	215,74	1.548,48	1.742,04	103,88	1.473,28	1.657,44	-	1.398,08	1.572,84	-	1.322,96	1.488,33	-	1.248,32	1.404,36	-	1.175,20	1.322,10
	V	26.470	1.062,31	2.117,60	2.382,30																		
	VI	27.001	1.125,50	2.160,08	2.430,09																		
87.011,99	I	20.367	336,05	1.629,36	1.833,03	112,33	1.478,96	1.663,83	-	1.328,56	1.494,63	-	1.180,64	1.328,22	-	1.038,88	1.168,74	-	903,28	1.016,19	-	773,84	870,57
(Ost)	II	18.578	123,16	1.486,24	1.672,02	-	1.335,84	1.502,82	-	1.187,68	1.336,14	-	1.045,60	1.176,30	-	909,68	1.023,39	-	779,92	877,41	-	656,32	738,36
	III	13.138	-	1.051,04	1.182,42	-	938,88	1.056,24	-	830,08	933,84	-	724,16	814,68	-	621,28	698,94	-	521,60	586,80	-	425,12	478,26
	IV	20.367	336,05	1.629,36	1.833,03	224,19	1.554,16	1.748,43	112,33	1.478,96	1.663,83	0,47	1.403,76	1.579,23	-	1.328,56	1.494,63	-	1.253,92	1.410,66	-	1.180,64	1.328,22
	V	26.541	1.070,76	2.123,28	2.388,69																		
	VI	27.072	1.133,95	2.165,76	2.436,48																		
87.047,99	I	20.310	329,27	1.624,80	1.827,90	105,55	1.474,40	1.658,70	-	1.324,00	1.489,50	-	1.176,24	1.323,27	-	1.034,64	1.163,97	-	899,20	1.011,60	-	770,00	866,25
(West)	II	18.521	116,38	1.481,68	1.666,89	-	1.331,28	1.497,69	-	1.183,28	1.331,19	-	1.041,36	1.171,53	-	905,60	1.018,80	-	776,08	873,09	-	652,72	734,31
	III	13.094	-	1.047,52	1.178,46	-	935,68	1.052,64	-	826,72	930,06	-	720,96	811,08	-	618,24	695,52	-	518,72	583,56	-	422,24	475,02
	IV	20.310	329,27	1.624,80	1.827,90	217,41	1.549,60	1.743,30	105,55	1.474,40	1.658,70	-	1.399,20	1.574,10	-	1.324,00	1.489,50	-	1.249,36	1.405,53	-	1.176,24	1.323,27
	V	26.484	1.063,97	2.118,72	2.383,56																		
	VI	27.015	1.127,16	2.161,20	2.431,35																		
87.047,99	I	20.382	337,84	1.630,56	1.834,38	114,24	1.480,24	1.665,27	-	1.329,84	1.496,07	-	1.181,84	1.329,57	-	1.040,00	1.170,00	-	904,32	1.017,36	-	774,80	871,65
(Ost)	II	18.593	124,95	1.487,44	1.673,37	-	1.337,04	1.504,17	-	1.188,80	1.337,40	-	1.046,72	1.177,56	-	910,72	1.024,56	-	780,96	878,58	-	657,28	739,44
	III	13.148	-	1.051,84	1.183,32	-	939,84	1.057,32	-	830,88	934,74	-	724,96	815,58	-	622,24	700,02	-	522,40	587,70	-	425,76	478,98
	IV	20.382	337,84	1.630,56	1.834,38	225,98	1.555,36	1.749,78	114,24	1.480,24	1.665,27	2,38	1.405,04	1.580,67	-	1.329,84	1.496,07	-	1.255,04	1.411,92	-	1.181,84	1.329,57
	V	26.556	1.072,54	2.124,48	2.390,04																		
	VI	27.087	1.135,73	2.166,96	2.437,83																		

Anzahl Kinderfreibeträge (nur Steuerklassen I–IV)

Lohn/ Gehalt bis	Steuerklasse	Lohn-steuer	ohne Kinderfreibetrag SolZ 5,5%	ohne Kinderfreibetrag Kirchensteuer 8%	ohne Kinderfreibetrag Kirchensteuer 9%	0,5 SolZ 5,5%	0,5 Kirchensteuer 8%	0,5 Kirchensteuer 9%	1,0 SolZ 5,5%	1,0 Kirchensteuer 8%	1,0 Kirchensteuer 9%	1,5 SolZ 5,5%	1,5 Kirchensteuer 8%	1,5 Kirchensteuer 9%	2,0 SolZ 5,5%	2,0 Kirchensteuer 8%	2,0 Kirchensteuer 9%	2,5 SolZ 5,5%	2,5 Kirchensteuer 8%	2,5 Kirchensteuer 9%	3,0 SolZ 5,5%	3,0 Kirchensteuer 8%	3,0 Kirchensteuer 9%
						Anzahl Kinderfreibeträge (nur Steuerklassen I–IV)																	
87.083,99 (West)	I	20.324	330,93	1.625,92	1.829,16	107,21	1.475,52	1.659,96	-	1.325,12	1.490,76	-	1.177,36	1.324,53	-	1.035,68	1.165,14	-	900,24	1.012,77	-	770,88	86
	II	18.535	118,04	1.482,80	1.668,15	-	1.332,40	1.498,95	-	1.184,32	1.332,36	-	1.042,40	1.172,70	-	906,64	1.019,97	-	776,96	874,08	-	653,60	73
	III	13.104	-	1.048,32	1.179,36	-	936,32	1.053,36	-	827,52	930,96	-	721,76	811,98	-	619,04	696,42	-	519,36	584,28	-	422,88	47
	IV	20.324	330,93	1.625,92	1.829,16	219,07	1.550,72	1.744,56	107,21	1.475,52	1.659,96	-	1.400,32	1.575,36	-	1.325,12	1.490,76	-	1.250,48	1.406,79	-	1.177,36	1.32
	V	26.497	1.065,52	2.119,76	2.384,73																		
	VI	27.029	1.128,83	2.162,32	2.432,61																		
87.083,99 (Ost)	I	20.398	339,74	1.631,84	1.835,82	116,02	1.481,44	1.666,62	-	1.331,04	1.497,42	-	1.183,04	1.330,92	-	1.041,12	1.171,26	-	905,36	1.018,53	-	775,84	87
	II	18.608	126,73	1.488,64	1.674,72	-	1.338,24	1.505,52	-	1.190,00	1.338,75	-	1.047,84	1.178,82	-	911,76	1.025,73	-	781,92	879,66	-	658,24	74
	III	13.160	-	1.052,80	1.184,40	-	940,80	1.058,40	-	831,68	935,64	-	725,76	816,48	-	623,04	700,92	-	523,20	588,60	-	426,56	47
	IV	20.398	339,74	1.631,84	1.835,82	227,88	1.556,64	1.751,22	116,02	1.481,44	1.666,62	4,16	1.406,24	1.582,02	-	1.331,04	1.497,42	-	1.256,24	1.413,27	-	1.183,04	1.33
	V	26.571	1.074,33	2.125,68	2.391,39																		
	VI	27.103	1.137,64	2.168,24	2.439,27																		
87.119,99 (West)	I	20.338	332,60	1.627,04	1.830,42	108,88	1.476,64	1.661,22	-	1.326,24	1.492,02	-	1.178,40	1.325,70	-	1.036,64	1.166,22	-	901,12	1.013,76	-	771,84	86
	II	18.548	119,59	1.483,84	1.669,32	-	1.333,44	1.500,12	-	1.185,36	1.333,53	-	1.043,36	1.173,78	-	907,52	1.020,96	-	777,92	875,16	-	654,40	73
	III	13.114	-	1.049,12	1.180,26	-	937,12	1.054,26	-	828,32	931,86	-	722,40	812,70	-	619,68	697,14	-	520,16	585,18	-	423,52	47
	IV	20.338	332,60	1.627,04	1.830,42	220,74	1.551,84	1.745,82	108,88	1.476,64	1.661,22	-	1.401,44	1.576,62	-	1.326,24	1.492,02	-	1.251,52	1.407,96	-	1.178,40	1.32
	V	26.511	1.067,19	2.120,88	2.385,99																		
	VI	27.043	1.130,50	2.163,44	2.433,87																		
87.119,99 (Ost)	I	20.413	341,53	1.633,04	1.837,17	117,81	1.482,64	1.667,97	-	1.332,24	1.498,77	-	1.184,16	1.332,18	-	1.042,24	1.172,52	-	906,48	1.019,79	-	776,88	87
	II	18.623	128,52	1.489,84	1.676,07	-	1.339,52	1.506,96	-	1.191,20	1.340,10	-	1.048,96	1.180,08	-	912,88	1.026,99	-	782,96	880,83	-	659,28	74
	III	13.172	-	1.053,76	1.185,48	-	941,60	1.059,30	-	832,64	936,72	-	726,72	817,56	-	623,84	701,82	-	524,00	589,50	-	427,36	48
	IV	20.413	341,53	1.633,04	1.837,17	229,67	1.557,84	1.752,57	117,81	1.482,64	1.667,97	5,95	1.407,44	1.583,37	-	1.332,24	1.498,77	-	1.257,44	1.414,62	-	1.184,16	1.33
	V	26.586	1.076,11	2.126,88	2.392,74																		
	VI	27.118	1.139,42	2.169,44	2.440,62																		
87.155,99 (West)	I	20.351	334,15	1.628,08	1.831,59	110,43	1.477,68	1.662,39	-	1.327,36	1.493,28	-	1.179,44	1.326,87	-	1.037,68	1.167,39	-	902,16	1.014,93	-	772,72	86
	II	18.562	121,26	1.484,96	1.670,58	-	1.334,56	1.501,38	-	1.186,40	1.334,70	-	1.044,40	1.174,95	-	908,56	1.022,13	-	778,80	876,15	-	655,28	73
	III	13.126	-	1.050,08	1.181,34	-	938,08	1.055,34	-	829,12	932,76	-	723,20	813,60	-	620,48	698,04	-	520,80	585,90	-	424,32	47
	IV	20.351	334,15	1.628,08	1.831,59	222,29	1.552,88	1.746,99	110,43	1.477,68	1.662,39	-	1.402,48	1.577,79	-	1.327,36	1.493,28	-	1.252,64	1.409,22	-	1.179,44	1.32
	V	26.525	1.068,85	2.122,00	2.387,25																		
	VI	27.056	1.132,04	2.164,48	2.435,04																		
87.155,99 (Ost)	I	20.428	343,31	1.634,24	1.838,52	119,59	1.483,84	1.669,32	-	1.333,44	1.500,12	-	1.185,36	1.333,53	-	1.043,36	1.173,78	-	907,52	1.020,96	-	777,84	875
	II	18.639	130,42	1.491,12	1.677,51	-	1.340,72	1.508,31	-	1.192,32	1.341,36	-	1.050,08	1.181,34	-	913,92	1.028,16	-	784,00	882,00	-	660,24	742
	III	13.184	-	1.054,72	1.186,56	-	942,56	1.060,38	-	833,44	937,62	-	727,52	818,46	-	624,64	702,72	-	524,80	590,40	-	428,16	481
	IV	20.428	343,31	1.634,24	1.838,52	231,45	1.559,04	1.753,92	119,59	1.483,84	1.669,32	7,73	1.408,64	1.584,72	-	1.333,44	1.500,12	-	1.258,64	1.415,97	-	1.185,36	1.333
	V	26.601	1.077,90	2.128,08	2.394,09																		
	VI	27.133	1.141,21	2.170,64	2.441,97																		
87.191,99 (West)	I	20.365	335,81	1.629,20	1.832,85	112,09	1.478,80	1.663,65	-	1.328,40	1.494,45	-	1.180,48	1.328,04	-	1.038,72	1.168,56	-	903,12	1.016,01	-	773,68	870
	II	18.576	122,92	1.486,08	1.671,84	-	1.335,68	1.502,64	-	1.187,52	1.335,96	-	1.045,44	1.176,12	-	909,52	1.023,21	-	779,76	877,23	-	656,24	738
	III	13.136	-	1.050,88	1.182,24	-	938,88	1.056,24	-	829,92	933,66	-	724,00	814,50	-	621,28	698,94	-	521,60	586,80	-	424,96	478
	IV	20.365	335,81	1.629,20	1.832,85	223,95	1.554,00	1.748,25	112,09	1.478,80	1.663,65	0,23	1.403,60	1.579,05	-	1.328,40	1.494,45	-	1.253,68	1.410,39	-	1.180,48	1.328
	V	26.539	1.070,52	2.123,12	2.388,51																		
	VI	27.070	1.133,71	2.165,60	2.436,30																		
87.191,99 (Ost)	I	20.443	345,10	1.635,44	1.839,87	121,38	1.485,04	1.670,67	-	1.334,64	1.501,47	-	1.186,48	1.334,79	-	1.044,48	1.175,04	-	908,56	1.022,13	-	778,88	876
	II	18.654	132,20	1.492,32	1.678,86	-	1.341,92	1.509,66	-	1.193,52	1.342,71	-	1.051,20	1.182,60	-	915,04	1.029,42	-	785,04	883,17	-	661,20	743
	III	13.194	-	1.055,52	1.187,46	-	943,36	1.061,28	-	834,40	938,70	-	728,32	819,36	-	625,44	703,62	-	525,60	591,30	-	428,96	482
	IV	20.443	345,10	1.635,44	1.839,87	233,24	1.560,24	1.755,27	121,38	1.485,04	1.670,67	9,52	1.409,84	1.586,07	-	1.334,64	1.501,47	-	1.259,84	1.417,32	-	1.186,48	1.334
	V	26.616	1.079,68	2.129,28	2.395,44																		
	VI	27.148	1.142,99	2.171,84	2.443,32																		
87.227,99 (West)	I	20.379	337,48	1.630,32	1.834,11	113,76	1.479,92	1.664,91	-	1.329,52	1.495,71	-	1.181,52	1.329,21	-	1.039,68	1.169,64	-	904,08	1.017,09	-	774,56	871
	II	18.589	124,47	1.487,12	1.673,01	-	1.336,80	1.503,90	-	1.188,56	1.337,13	-	1.046,40	1.177,20	-	910,48	1.024,29	-	780,64	878,22	-	657,04	739
	III	13.146	-	1.051,68	1.183,14	-	939,68	1.057,14	-	830,56	934,38	-	724,80	815,40	-	621,92	699,66	-	522,24	587,52	-	425,60	478
	IV	20.379	337,48	1.630,32	1.834,11	225,62	1.555,12	1.749,51	113,76	1.479,92	1.664,91	1,90	1.404,72	1.580,31	-	1.329,52	1.495,71	-	1.254,80	1.411,65	-	1.181,52	1.329
	V	26.552	1.072,07	2.124,16	2.389,68																		
	VI	27.084	1.135,37	2.166,72	2.437,56																		
87.227,99 (Ost)	I	20.458	346,88	1.636,64	1.841,22	123,16	1.486,24	1.672,02	-	1.335,84	1.502,82	-	1.187,68	1.336,14	-	1.045,60	1.176,30	-	909,68	1.023,39	-	779,92	877
	II	18.669	133,99	1.493,52	1.680,21	-	1.343,12	1.511,01	-	1.194,72	1.344,06	-	1.052,32	1.183,86	-	916,08	1.030,59	-	786,00	884,25	-	662,16	744
	III	13.206	-	1.056,48	1.188,54	-	944,32	1.062,36	-	835,20	939,60	-	729,12	820,26	-	626,24	704,52	-	526,40	592,20	-	429,60	483
	IV	20.458	346,88	1.636,64	1.841,22	235,02	1.561,44	1.756,62	123,16	1.486,24	1.672,02	11,30	1.411,04	1.587,42	-	1.335,84	1.502,82	-	1.261,04	1.418,67	-	1.187,68	1.336
	V	26.631	1.081,47	2.130,48	2.396,79																		
	VI	27.163	1.144,78	2.173,04	2.444,67																		
87.263,99 (West)	I	20.393	339,15	1.631,44	1.835,37	115,43	1.481,04	1.666,17	-	1.330,64	1.496,97	-	1.182,64	1.330,47	-	1.040,72	1.170,81	-	905,04	1.018,17	-	775,52	872
	II	18.603	126,14	1.488,24	1.674,27	-	1.337,84	1.505,07	-	1.189,60	1.338,30	-	1.047,44	1.178,37	-	911,44	1.025,37	-	781,60	879,30	-	657,92	740,
	III	13.156	-	1.052,48	1.184,04	-	940,48	1.058,04	-	831,52	935,46	-	725,60	816,30	-	622,72	700,56	-	523,04	588,42	-	426,40	479
	IV	20.393	339,15	1.631,44	1.835,37	227,29	1.556,24	1.750,77	115,43	1.481,04	1.666,17	3,57	1.405,84	1.581,57	-	1.330,64	1.496,97	-	1.255,84	1.412,82	-	1.182,64	1.330,
	V	26.566	1.073,73	2.125,28	2.390,94																		
	VI	27.098	1.137,04	2.167,84	2.438,82																		
87.263,99 (Ost)	I	20.473	348,67	1.637,84	1.842,57	124,95	1.487,44	1.673,37	-	1.337,04	1.504,17	-	1.188,80	1.337,40	-	1.046,72	1.177,56	-	910,72	1.024,56	-	780,96	878,
	II	18.684	135,77	1.494,72	1.681,56	-	1.344,32	1.512,36	-	1.195,84	1.345,32	-	1.053,44	1.185,12	-	917,12	1.031,76	-	787,04	885,42	-	663,12	746,
	III	13.218	-	1.057,44	1.189,62	-	945,12	1.063,26	-	836,00	940,50	-	730,08	821,34	-	627,04	705,42	-	527,20	593,10	-	430,40	484,
	IV	20.473	348,67	1.637,84	1.842,57	236,81	1.562,64	1.757,97	124,95	1.487,44	1.673,37	13,09	1.412,24	1.588,77	-	1.337,04	1.504,17	-	1.262,24	1.420,02	-	1.188,80	1.337,
	V	26.646	1.083,25	2.131,68	2.398,14																		
	VI	27.178	1.146,56	2.174,24	2.446,02																		
87.299,99 (West)	I	20.406	340,69	1.632,48	1.836,54	116,97	1.482,08	1.667,34	-	1.331,76	1.498,23	-	1.183,68	1.331,64	-	1.041,76	1.171,98	-	906,00	1.019,25	-	776,40	873,
	II	18.617	127,80	1.489,36	1.675,53	-	1.338,96	1.506,33	-	1.190,72	1.339,56	-	1.048,48	1.179,54	-	912,40	1.026,45	-	782,56	880,38	-	658,88	741,
	III	13.166	-	1.053,28	1.184,94	-	941,28	1.058,94	-	832,16	936,18	-	726,24	817,02	-	623,36	701,28	-	523,68	589,14	-	427,04	480,
	IV	20.406	340,69	1.632,48	1.836,54	228,83	1.557,28	1.751,94	116,97	1.482,08	1.667,34	5,23	1.406,96	1.582,83	-	1.331,76	1.498,23	-	1.256,96	1.414,08	-	1.183,68	1.331,
	V	26.580	1.075,40	2.126,40	2.392,20																		
	VI	27.111	1.138,59	2.168,88	2.439,99																		
87.299,99 (Ost)	I	20.488	350,45	1.639,04	1.843,92	126,73	1.488,64	1.674,72	-	1.338,24	1.505,52	-	1.190,00	1.338,75	-	1.047,84	1.178,82	-	911,76	1.025,73	-	781,92	879,
	II	18.699	137,56	1.495,92	1.682,91	-	1.345,52	1.513,71	-	1.197,04	1.346,67	-	1.054,56	1.186,38	-	918,24	1.033,02	-	788,08	886,59	-	664,08	747,
	III	13.228	-	1.058,24	1.190,52	-	946,08	1.064,34	-	836,96	941,58	-	730,88	822,24	-	627,84	706,32	-	528,00	594,00	-	431,20	485,
	IV	20.488	350,45	1.639,04	1.843,92	238,59	1.563,84	1.759,32	126,73	1.488,64	1.674,72	14,87	1.413,44	1.590,12	-	1.338,24	1.505,52	-	1.263,44	1.421,37	-	1.190,00	1.338,
	V	26.662	1.085,16	2.132,96	2.399,58																		
	VI	27.193	1.148,35	2.175,44	2.447,37																		

SolZ/KiSt lt. Tabelle nicht für Sonstige Bezüge anwendbar.

Lohn/ Gehalt bis	Steuerklasse	Lohn-steuer	ohne Kinderfreibetrag SolZ 5,5%	Kirchensteuer 8%	Kirchensteuer 9%	0,5 SolZ 5,5%	0,5 Kirchensteuer 8%	0,5 Kirchensteuer 9%	1,0 SolZ 5,5%	1,0 Kirchensteuer 8%	1,0 Kirchensteuer 9%	1,5 SolZ 5,5%	1,5 Kirchensteuer 8%	1,5 Kirchensteuer 9%	2,0 SolZ 5,5%	2,0 Kirchensteuer 8%	2,0 Kirchensteuer 9%	2,5 SolZ 5,5%	2,5 Kirchensteuer 8%	2,5 Kirchensteuer 9%	3,0 SolZ 5,5%	3,0 Kirchensteuer 8%	3,0 Kirchensteuer 9%
						Anzahl Kinderfreibeträge (nur Steuerklassen I–IV)																	
7.335,99 (West)	I	20.420	342,36	1.633,60	1.837,80	118,64	1.483,20	1.668,60	-	1.332,80	1.499,40	-	1.184,72	1.332,81	-	1.042,72	1.173,06	-	906,96	1.020,33	-	777,36	874,53
	II	18.631	129,47	1.490,48	1.676,79	-	1.340,08	1.507,59	-	1.191,76	1.340,73	-	1.049,44	1.180,62	-	913,36	1.027,53	-	783,44	881,37	-	659,68	742,14
	III	13.176	-	1.054,08	1.185,84	-	942,08	1.059,84	-	832,96	937,08	-	727,04	817,92	-	624,16	702,18	-	524,32	589,86	-	427,68	481,14
	IV	20.420	342,36	1.633,60	1.837,80	230,50	1.558,40	1.753,20	118,64	1.483,20	1.668,60	6,78	1.408,00	1.584,00	-	1.332,80	1.499,40	-	1.258,00	1.415,25	-	1.184,72	1.332,81
	V	26.593	1.076,95	2.127,44	2.393,37																		
	VI	27.125	1.140,25	2.170,00	2.441,25																		
7.335,99 (Ost)	I	20.503	352,24	1.640,24	1.845,27	128,52	1.489,84	1.676,07	-	1.339,52	1.506,96	-	1.191,20	1.340,10	-	1.048,96	1.180,08	-	912,88	1.026,99	-	782,96	880,83
	II	18.714	139,34	1.497,12	1.684,26	-	1.346,72	1.515,06	-	1.198,16	1.347,93	-	1.055,68	1.187,64	-	919,28	1.034,19	-	789,12	887,76	-	665,04	748,17
	III	13.240	-	1.059,20	1.191,60	-	947,04	1.065,42	-	837,76	942,48	-	731,68	823,14	-	628,64	707,22	-	528,80	594,90	-	432,00	486,00
	IV	20.503	352,24	1.640,24	1.845,27	240,38	1.565,04	1.760,67	128,52	1.489,84	1.676,07	16,77	1.414,72	1.591,56	-	1.339,52	1.506,96	-	1.264,64	1.422,72	-	1.191,20	1.340,10
	V	26.677	1.086,94	2.134,16	2.400,93																		
	VI	27.208	1.150,13	2.176,64	2.448,72																		
7.371,99 (West)	I	20.434	344,02	1.634,72	1.839,06	120,30	1.484,32	1.669,86	-	1.333,92	1.500,66	-	1.185,76	1.333,98	-	1.043,76	1.174,23	-	907,92	1.021,41	-	778,24	875,52
	II	18.644	131,01	1.491,52	1.677,96	-	1.341,20	1.508,85	-	1.192,80	1.341,90	-	1.050,48	1.181,79	-	914,32	1.028,61	-	784,40	882,45	-	660,56	743,13
	III	13.188	-	1.055,04	1.186,92	-	942,88	1.060,74	-	833,76	937,98	-	727,84	818,82	-	624,96	703,08	-	525,12	590,76	-	428,48	482,04
	IV	20.434	344,02	1.634,72	1.839,06	232,16	1.559,52	1.754,46	120,30	1.484,32	1.669,86	8,44	1.409,12	1.585,26	-	1.333,92	1.500,66	-	1.259,12	1.416,51	-	1.185,76	1.333,98
	V	26.607	1.078,61	2.128,56	2.394,63																		
	VI	27.139	1.141,92	2.171,12	2.442,51																		
7.371,99 (Ost)	I	20.519	354,14	1.641,52	1.846,71	130,42	1.491,12	1.677,51	-	1.340,72	1.508,31	-	1.192,32	1.341,36	-	1.050,08	1.181,34	-	913,92	1.028,16	-	784,00	882,00
	II	18.729	141,13	1.498,32	1.685,61	-	1.347,92	1.516,41	-	1.199,36	1.349,28	-	1.056,80	1.188,90	-	920,40	1.035,45	-	790,08	888,84	-	666,08	749,34
	III	13.252	-	1.060,16	1.192,68	-	947,84	1.066,32	-	838,72	943,56	-	732,48	824,04	-	629,44	708,12	-	529,60	595,80	-	432,64	486,72
	IV	20.519	354,14	1.641,52	1.846,71	242,28	1.566,32	1.762,11	130,42	1.491,12	1.677,51	18,56	1.415,92	1.592,91	-	1.340,72	1.508,31	-	1.265,84	1.424,07	-	1.192,32	1.341,36
	V	26.692	1.088,73	2.135,36	2.402,28																		
	VI	27.224	1.152,03	2.177,92	2.450,16																		
7.407,99 (West)	I	20.448	345,69	1.635,84	1.840,32	121,97	1.485,44	1.671,12	-	1.335,04	1.501,92	-	1.186,88	1.335,24	-	1.044,80	1.175,40	-	908,88	1.022,49	-	779,20	876,60
	II	18.658	132,68	1.492,64	1.679,22	-	1.342,24	1.510,02	-	1.193,84	1.343,07	-	1.051,52	1.182,96	-	915,36	1.029,78	-	785,36	883,53	-	661,52	744,21
	III	13.198	-	1.055,84	1.187,82	-	943,68	1.061,64	-	834,56	938,88	-	728,64	819,72	-	625,60	703,80	-	525,76	591,48	-	429,12	482,76
	IV	20.448	345,69	1.635,84	1.840,32	233,83	1.560,64	1.755,72	121,97	1.485,44	1.671,12	10,11	1.410,24	1.586,52	-	1.335,04	1.501,92	-	1.260,24	1.417,77	-	1.186,88	1.335,24
	V	26.621	1.080,28	2.129,68	2.395,89																		
	VI	27.153	1.143,59	2.172,24	2.443,77																		
7.407,99 (Ost)	I	20.534	355,92	1.642,72	1.848,06	132,20	1.492,32	1.678,86	-	1.341,92	1.509,66	-	1.193,52	1.342,71	-	1.051,20	1.182,60	-	915,04	1.029,42	-	785,04	883,17
	II	18.744	142,91	1.499,52	1.686,96	-	1.349,20	1.517,85	-	1.200,56	1.350,63	-	1.057,92	1.190,16	-	921,44	1.036,62	-	791,12	890,01	-	667,04	750,42
	III	13.264	-	1.061,12	1.193,76	-	948,80	1.067,40	-	839,52	944,46	-	733,44	825,12	-	630,40	709,20	-	530,40	596,70	-	433,44	487,62
	IV	20.534	355,92	1.642,72	1.848,06	244,06	1.567,52	1.763,46	132,20	1.492,32	1.678,86	20,34	1.417,12	1.594,26	-	1.341,92	1.509,66	-	1.266,96	1.425,33	-	1.193,52	1.342,71
	V	26.707	1.090,51	2.136,56	2.403,63																		
	VI	27.239	1.153,82	2.179,12	2.451,51																		
87.443,99 (West)	I	20.461	347,24	1.636,88	1.841,49	123,52	1.486,48	1.672,29	-	1.336,08	1.503,09	-	1.187,92	1.336,41	-	1.045,76	1.176,48	-	909,84	1.023,57	-	780,08	877,59
	II	18.672	134,35	1.493,76	1.680,48	-	1.343,36	1.511,28	-	1.194,88	1.344,24	-	1.052,48	1.184,04	-	916,32	1.030,86	-	786,24	884,52	-	662,32	745,11
	III	13.208	-	1.056,64	1.188,72	-	944,48	1.062,54	-	835,36	939,78	-	729,28	820,44	-	626,40	704,70	-	526,56	592,38	-	429,76	483,48
	IV	20.461	347,24	1.636,88	1.841,49	235,38	1.561,68	1.756,89	123,52	1.486,48	1.672,29	11,66	1.411,28	1.587,69	-	1.336,08	1.503,09	-	1.261,28	1.418,94	-	1.187,92	1.336,41
	V	26.634	1.081,82	2.130,72	2.397,06																		
	VI	27.166	1.145,13	2.173,28	2.444,94																		
87.443,99 (Ost)	I	20.549	357,71	1.643,92	1.849,41	133,99	1.493,52	1.680,21	-	1.343,12	1.511,01	-	1.194,72	1.344,06	-	1.052,32	1.183,86	-	916,08	1.030,59	-	786,00	884,25
	II	18.760	144,82	1.500,80	1.688,40	-	1.350,40	1.519,20	-	1.201,68	1.351,89	-	1.059,04	1.191,42	-	922,48	1.037,79	-	792,16	891,18	-	668,00	751,50
	III	13.274	-	1.061,92	1.194,66	-	949,60	1.068,30	-	840,32	945,36	-	734,24	826,02	-	631,20	710,10	-	531,20	597,60	-	434,24	488,52
	IV	20.549	357,71	1.643,92	1.849,41	245,85	1.568,72	1.764,81	133,99	1.493,52	1.680,21	22,13	1.418,32	1.595,61	-	1.343,12	1.511,01	-	1.268,16	1.426,68	-	1.194,72	1.344,06
	V	26.722	1.092,30	2.137,76	2.404,98																		
	VI	27.254	1.155,60	2.180,32	2.452,86																		
87.479,99 (West)	I	20.475	348,90	1.638,00	1.842,75	125,18	1.487,60	1.673,55	-	1.337,20	1.504,35	-	1.188,96	1.337,58	-	1.046,80	1.177,65	-	910,88	1.024,74	-	781,04	878,67
	II	18.686	136,01	1.494,88	1.681,74	-	1.344,48	1.512,54	-	1.196,00	1.345,50	-	1.053,52	1.185,21	-	917,28	1.031,94	-	787,20	885,60	-	663,28	746,19
	III	13.218	-	1.057,44	1.189,62	-	945,28	1.063,44	-	836,16	940,68	-	730,08	821,34	-	627,20	705,60	-	527,36	593,28	-	430,56	484,38
	IV	20.475	348,90	1.638,00	1.842,75	237,04	1.562,80	1.758,15	125,18	1.487,60	1.673,55	13,32	1.412,40	1.588,95	-	1.337,20	1.504,35	-	1.262,32	1.420,11	-	1.188,96	1.337,58
	V	26.648	1.083,49	2.131,84	2.398,32																		
	VI	27.180	1.146,80	2.174,40	2.446,20																		
87.479,99 (Ost)	I	20.564	359,49	1.645,12	1.850,76	135,77	1.494,72	1.681,56	-	1.344,32	1.512,36	-	1.195,84	1.345,32	-	1.053,44	1.185,12	-	917,12	1.031,76	-	787,04	885,42
	II	18.775	146,60	1.502,00	1.689,75	-	1.351,60	1.520,55	-	1.202,88	1.353,24	-	1.060,16	1.192,68	-	923,60	1.039,05	-	793,20	892,35	-	668,96	752,58
	III	13.286	-	1.062,88	1.195,74	-	950,56	1.069,38	-	841,28	946,44	-	735,04	826,92	-	632,00	711,00	-	532,00	598,50	-	435,04	489,42
	IV	20.564	359,49	1.645,12	1.850,76	247,63	1.569,92	1.766,16	135,77	1.494,72	1.681,56	23,91	1.419,52	1.596,96	-	1.344,32	1.512,36	-	1.269,36	1.428,03	-	1.195,84	1.345,32
	V	26.737	1.094,08	2.138,96	2.406,33																		
	VI	27.269	1.157,39	2.181,52	2.454,21																		
87.515,99 (West)	I	20.489	350,57	1.639,12	1.844,01	126,85	1.488,72	1.674,81	-	1.338,32	1.505,61	-	1.190,00	1.338,75	-	1.047,84	1.178,82	-	911,84	1.025,82	-	782,00	879,75
	II	18.700	137,68	1.496,00	1.683,00	-	1.345,60	1.513,80	-	1.197,04	1.346,67	-	1.054,56	1.186,38	-	918,24	1.033,02	-	788,08	886,59	-	664,16	747,18
	III	13.228	-	1.058,24	1.190,52	-	946,08	1.064,34	-	836,96	941,58	-	730,88	822,24	-	627,84	706,32	-	528,00	594,00	-	431,20	485,10
	IV	20.489	350,57	1.639,12	1.844,01	238,71	1.563,92	1.759,41	126,85	1.488,72	1.674,81	14,99	1.413,52	1.590,21	-	1.338,32	1.505,61	-	1.263,44	1.421,37	-	1.190,00	1.338,75
	V	26.662	1.085,16	2.132,96	2.399,58																		
	VI	27.194	1.148,46	2.175,52	2.447,46																		
87.515,99 (Ost)	I	20.579	361,28	1.646,32	1.852,11	137,56	1.495,92	1.682,91	-	1.345,52	1.513,71	-	1.197,04	1.346,67	-	1.054,56	1.186,38	-	918,24	1.033,02	-	788,08	886,59
	II	18.790	148,39	1.503,20	1.691,10	-	1.352,80	1.521,90	-	1.204,08	1.354,59	-	1.061,28	1.193,94	-	924,64	1.040,22	-	794,24	893,52	-	669,92	753,66
	III	13.298	-	1.063,84	1.196,82	-	951,36	1.070,28	-	842,08	947,34	-	735,84	827,82	-	632,80	711,90	-	532,80	599,40	-	435,84	490,32
	IV	20.579	361,28	1.646,32	1.852,11	249,42	1.571,12	1.767,51	137,56	1.495,92	1.682,91	25,70	1.420,72	1.598,31	-	1.345,52	1.513,71	-	1.270,56	1.429,38	-	1.197,04	1.346,67
	V	26.752	1.095,87	2.140,16	2.407,68																		
	VI	27.284	1.159,17	2.182,72	2.455,56																		
87.551,99 (West)	I	20.502	352,12	1.640,16	1.845,18	128,40	1.489,76	1.675,98	-	1.339,36	1.506,78	-	1.191,04	1.339,92	-	1.048,80	1.179,90	-	912,80	1.026,90	-	782,88	880,74
	II	18.713	139,23	1.497,04	1.684,17	-	1.346,64	1.514,97	-	1.198,08	1.347,84	-	1.055,60	1.187,55	-	919,20	1.034,10	-	789,04	887,67	-	664,96	748,08
	III	13.240	-	1.059,20	1.191,60	-	946,88	1.065,24	-	837,76	942,48	-	731,68	823,14	-	628,64	707,22	-	528,64	594,72	-	431,84	485,82
	IV	20.502	352,12	1.640,16	1.845,18	240,26	1.564,96	1.760,58	128,40	1.489,76	1.675,98	16,54	1.414,56	1.591,38	-	1.339,36	1.506,78	-	1.264,48	1.422,54	-	1.191,04	1.339,92
	V	26.675	1.086,70	2.134,00	2.400,75																		
	VI	27.207	1.150,01	2.176,56	2.448,63																		
87.551,99 (Ost)	I	20.594	363,06	1.647,52	1.853,46	139,34	1.497,12	1.684,26	-	1.346,72	1.515,06	-	1.198,16	1.347,93	-	1.055,68	1.187,64	-	919,28	1.034,19	-	789,12	887,76
	II	18.805	150,17	1.504,40	1.692,45	-	1.354,00	1.523,25	-	1.205,20	1.355,85	-	1.062,40	1.195,20	-	925,76	1.041,48	-	795,20	894,60	-	670,96	754,83
	III	13.310	-	1.064,80	1.197,90	-	952,32	1.071,36	-	843,04	948,42	-	736,80	828,90	-	633,60	712,80	-	533,60	600,30	-	436,48	491,04
	IV	20.594	363,06	1.647,52	1.853,46	251,20	1.572,32	1.768,86	139,34	1.497,12	1.684,26	27,48	1.421,92	1.599,66	-	1.346,72	1.515,06	-	1.271,76	1.430,73	-	1.198,16	1.347,93
	V	26.767	1.097,65	2.141,36	2.409,03																		
	VI	27.299	1.160,96	2.183,92	2.456,91																		

SolZ/KiSt lt. Tabelle nicht für Sonstige Bezüge anwendbar.

Lohn/ Gehalt bis	Steuerklasse	Lohnsteuer	ohne Kinderfreibetrag			Anzahl Kinderfreibeträge (nur Steuerklassen I–IV) 0,5			1,0			1,5			2,0			2,5			3,0		
			SolZ 5,5%	Kirchensteuer 8%	9%	SolZ 5,5%	Kirchensteuer 8%	9%	SolZ 5,5%	Kirchensteuer 8%	9%	SolZ 5,5%	Kirchensteuer 8%	9%	SolZ 5,5%	Kirchensteuer 8%	9%	SolZ 5,5%	Kirchensteuer 8%	9%	SolZ 5,5%	Kirchensteu 8%	9
87.587,99 (West)	I	20.516	353,78	1.641,28	1.846,44	130,06	1.490,88	1.677,24	-	1.340,48	1.508,04	-	1.192,16	1.341,18	-	1.049,84	1.181,07	-	913,76	1.027,98	-	783,84	88
	II	18.727	140,89	1.498,16	1.685,43	-	1.347,76	1.516,23	-	1.199,20	1.349,10	-	1.056,56	1.188,63	-	920,16	1.035,18	-	789,92	888,66	-	665,92	74
	III	13.250	-	1.060,00	1.192,50	-	947,68	1.066,14	-	838,56	943,38	-	732,32	823,86	-	629,44	708,12	-	529,44	595,62	-	432,64	48
	IV	20.516	353,78	1.641,28	1.846,44	241,92	1.566,08	1.761,84	130,06	1.490,88	1.677,24	18,20	1.415,68	1.592,64	-	1.340,48	1.508,04	-	1.265,60	1.423,80	-	1.192,16	1.34
	V	26.689	1.088,37	2.135,12	2.402,01																		
	VI	27.221	1.151,68	2.177,68	2.449,89																		
87.587,99 (Ost)	I	20.609	364,85	1.648,72	1.854,81	141,13	1.498,32	1.685,61	-	1.347,92	1.516,41	-	1.199,36	1.349,28	-	1.056,80	1.188,90	-	920,40	1.035,45	-	790,08	88
	II	18.820	151,96	1.505,60	1.693,80	-	1.355,20	1.524,60	-	1.206,40	1.357,20	-	1.063,52	1.196,46	-	926,80	1.042,65	-	796,24	895,77	-	671,92	75
	III	13.320	-	1.065,60	1.198,80	-	953,28	1.072,44	-	843,84	949,32	-	737,60	829,80	-	634,40	713,70	-	534,40	601,20	-	437,28	49
	IV	20.609	364,85	1.648,72	1.854,81	252,99	1.573,52	1.770,21	141,13	1.498,32	1.685,61	29,27	1.423,12	1.601,01	-	1.347,92	1.516,41	-	1.272,96	1.432,08	-	1.199,36	1.34
	V	26.783	1.099,56	2.142,64	2.410,47																		
	VI	27.314	1.162,74	2.185,12	2.458,26																		
87.623,99 (West)	I	20.531	355,57	1.642,48	1.847,79	131,85	1.492,08	1.678,59	-	1.341,68	1.509,39	-	1.193,28	1.342,44	-	1.050,96	1.182,33	-	914,80	1.029,15	-	784,80	88
	II	18.742	142,68	1.499,36	1.686,78	-	1.348,96	1.517,58	-	1.200,32	1.350,36	-	1.057,68	1.189,89	-	921,20	1.036,35	-	790,96	889,83	-	666,80	75
	III	13.260	-	1.060,80	1.193,40	-	948,48	1.067,04	-	839,36	944,28	-	733,12	824,76	-	630,08	708,84	-	530,24	596,52	-	433,28	48
	IV	20.531	355,57	1.642,48	1.847,79	243,71	1.567,28	1.763,19	131,85	1.492,08	1.678,59	19,99	1.416,88	1.593,99	-	1.341,68	1.509,39	-	1.266,80	1.425,15	-	1.193,28	1.34
	V	26.704	1.090,15	2.136,32	2.403,36																		
	VI	27.236	1.153,46	2.178,88	2.451,24																		
87.623,99 (Ost)	I	20.624	366,63	1.649,92	1.856,16	142,91	1.499,52	1.686,96	-	1.349,20	1.517,85	-	1.200,56	1.350,63	-	1.057,92	1.190,16	-	921,44	1.036,62	-	791,12	89
	II	18.835	153,74	1.506,80	1.695,15	-	1.356,40	1.525,95	-	1.207,60	1.358,55	-	1.064,64	1.197,72	-	927,84	1.043,82	-	797,28	896,94	-	672,88	75
	III	13.332	-	1.066,56	1.199,88	-	954,08	1.073,34	-	844,64	950,22	-	738,40	830,70	-	635,20	714,60	-	535,04	601,92	-	438,08	49
	IV	20.624	366,63	1.649,92	1.856,16	254,77	1.574,72	1.771,56	142,91	1.499,52	1.686,96	31,05	1.424,32	1.602,36	-	1.349,20	1.517,85	-	1.274,16	1.433,43	-	1.200,56	1.35
	V	26.798	1.101,34	2.143,84	2.411,82																		
	VI	27.329	1.164,53	2.186,32	2.459,61																		
87.659,99 (West)	I	20.546	357,35	1.643,68	1.849,14	133,63	1.493,28	1.679,94	-	1.342,88	1.510,74	-	1.194,48	1.343,79	-	1.052,08	1.183,59	-	915,84	1.030,32	-	785,84	88
	II	18.757	144,46	1.500,56	1.688,13	-	1.350,16	1.518,93	-	1.201,52	1.351,71	-	1.058,80	1.191,15	-	922,32	1.037,61	-	792,00	891,00	-	667,84	75
	III	13.272	-	1.061,76	1.194,48	-	949,44	1.068,12	-	840,16	945,18	-	734,08	825,84	-	631,04	709,92	-	531,04	597,42	-	434,08	48
	IV	20.546	357,35	1.643,68	1.849,14	245,49	1.568,48	1.764,54	133,63	1.493,28	1.679,94	21,77	1.418,08	1.595,34	-	1.342,88	1.510,74	-	1.268,00	1.426,50	-	1.194,48	1.34
	V	26.719	1.091,94	2.137,52	2.404,71																		
	VI	27.251	1.155,25	2.180,08	2.452,59																		
87.659,99 (Ost)	I	20.639	368,42	1.651,12	1.857,51	144,82	1.500,80	1.688,40	-	1.350,40	1.519,20	-	1.201,68	1.351,89	-	1.059,04	1.191,42	-	922,48	1.037,79	-	792,16	89
	II	18.850	155,53	1.508,00	1.696,50	-	1.357,60	1.527,30	-	1.208,72	1.359,81	-	1.065,76	1.198,98	-	928,96	1.045,08	-	798,32	898,11	-	673,84	75
	III	13.344	-	1.067,52	1.200,96	-	955,04	1.074,42	-	845,60	951,30	-	739,20	831,60	-	636,00	715,50	-	535,84	602,82	-	438,88	49
	IV	20.639	368,42	1.651,12	1.857,51	256,68	1.576,00	1.773,00	144,82	1.500,80	1.688,40	32,96	1.425,60	1.603,80	-	1.350,40	1.519,20	-	1.275,36	1.434,78	-	1.201,68	1.351
	V	26.813	1.103,13	2.145,04	2.413,17																		
	VI	27.345	1.166,43	2.187,60	2.461,05																		
87.695,99 (West)	I	20.561	359,14	1.644,88	1.850,49	135,42	1.494,48	1.681,29	-	1.344,08	1.512,09	-	1.195,60	1.345,05	-	1.053,20	1.184,85	-	916,96	1.031,58	-	786,88	885
	II	18.772	146,25	1.501,76	1.689,48	-	1.351,36	1.520,28	-	1.202,64	1.352,97	-	1.059,92	1.192,41	-	923,36	1.038,78	-	792,96	892,08	-	668,80	752
	III	13.284	-	1.062,72	1.195,56	-	950,40	1.069,20	-	841,12	946,26	-	734,88	826,74	-	631,84	710,82	-	531,84	598,32	-	434,88	489
	IV	20.561	359,14	1.644,88	1.850,49	247,28	1.569,68	1.765,89	135,42	1.494,48	1.681,29	23,56	1.419,28	1.596,69	-	1.344,08	1.512,09	-	1.269,12	1.427,76	-	1.195,60	1.345
	V	26.734	1.093,72	2.138,72	2.406,06																		
	VI	27.266	1.157,03	2.181,28	2.453,94																		
87.695,99 (Ost)	I	20.655	370,32	1.652,40	1.858,95	146,60	1.502,00	1.689,75	-	1.351,60	1.520,55	-	1.202,88	1.353,24	-	1.060,16	1.192,68	-	923,60	1.039,05	-	793,20	892
	II	18.865	157,31	1.509,20	1.697,85	-	1.358,80	1.528,65	-	1.209,92	1.361,16	-	1.066,88	1.200,24	-	930,00	1.046,25	-	799,36	899,28	-	674,80	759
	III	13.354	-	1.068,32	1.201,86	-	955,84	1.075,32	-	846,40	952,20	-	740,16	832,68	-	636,80	716,40	-	536,64	603,72	-	439,68	494
	IV	20.655	370,32	1.652,40	1.858,95	258,46	1.577,20	1.774,35	146,60	1.502,00	1.689,75	34,74	1.426,80	1.605,15	-	1.351,60	1.520,55	-	1.276,56	1.436,13	-	1.202,88	1.353
	V	26.828	1.104,91	2.146,24	2.414,52																		
	VI	27.360	1.168,22	2.188,80	2.462,40																		
87.731,99 (West)	I	20.576	360,92	1.646,08	1.851,84	137,20	1.495,68	1.682,64	-	1.345,28	1.513,44	-	1.196,80	1.346,40	-	1.054,32	1.186,11	-	918,00	1.032,75	-	787,84	886
	II	18.787	148,03	1.502,96	1.690,83	-	1.352,56	1.521,63	-	1.203,84	1.354,32	-	1.061,04	1.193,67	-	924,48	1.040,04	-	794,00	893,25	-	669,76	753
	III	13.296	-	1.063,68	1.196,64	-	951,20	1.070,10	-	841,92	947,16	-	735,68	827,64	-	632,64	711,72	-	532,64	599,22	-	435,68	490
	IV	20.576	360,92	1.646,08	1.851,84	249,06	1.570,88	1.767,24	137,20	1.495,68	1.682,64	25,34	1.420,48	1.598,04	-	1.345,28	1.513,44	-	1.270,32	1.429,11	-	1.196,80	1.346,
	V	26.749	1.095,51	2.139,92	2.407,41																		
	VI	27.281	1.158,82	2.182,48	2.455,29																		
87.731,99 (Ost)	I	20.670	372,11	1.653,60	1.860,30	148,39	1.503,20	1.691,10	-	1.352,80	1.521,90	-	1.204,08	1.354,59	-	1.061,28	1.193,94	-	924,64	1.040,22	-	794,24	893
	II	18.881	159,22	1.510,48	1.699,29	-	1.360,08	1.530,09	-	1.211,12	1.362,51	-	1.068,00	1.201,50	-	931,12	1.047,51	-	800,40	900,45	-	675,84	760,
	III	13.366	-	1.069,28	1.202,94	-	956,80	1.076,40	-	847,36	953,28	-	740,96	833,58	-	637,76	717,48	-	537,44	604,62	-	440,32	495,
	IV	20.670	372,11	1.653,60	1.860,30	260,25	1.578,40	1.775,70	148,39	1.503,20	1.691,10	36,53	1.428,00	1.606,50	-	1.352,80	1.521,90	-	1.277,76	1.437,48	-	1.204,08	1.354,
	V	26.843	1.106,70	2.147,44	2.415,87																		
	VI	27.375	1.170,00	2.190,00	2.463,75																		
87.767,99 (West)	I	20.591	362,71	1.647,28	1.853,19	138,99	1.496,88	1.683,99	-	1.346,48	1.514,79	-	1.198,00	1.347,75	-	1.055,44	1.187,37	-	919,12	1.034,01	-	788,88	887,
	II	18.802	149,82	1.504,16	1.692,18	-	1.353,76	1.522,98	-	1.205,04	1.355,67	-	1.062,16	1.194,93	-	925,52	1.041,21	-	795,04	894,42	-	670,72	754,
	III	13.306	-	1.064,48	1.197,54	-	952,16	1.071,18	-	842,72	948,06	-	736,48	828,54	-	633,44	712,62	-	533,28	599,94	-	436,32	490,
	IV	20.591	362,71	1.647,28	1.853,19	250,85	1.572,08	1.768,59	138,99	1.496,88	1.683,99	27,13	1.421,68	1.599,39	-	1.346,48	1.514,79	-	1.271,52	1.430,46	-	1.198,00	1.347,
	V	26.764	1.097,29	2.141,12	2.408,76																		
	VI	27.296	1.160,60	2.183,68	2.456,64																		
87.767,99 (Ost)	I	20.685	373,89	1.654,80	1.861,65	150,17	1.504,40	1.692,45	-	1.354,00	1.523,25	-	1.205,20	1.355,85	-	1.062,40	1.195,20	-	925,76	1.041,48	-	795,20	894,
	II	18.896	161,00	1.511,68	1.700,64	-	1.361,28	1.531,44	-	1.212,24	1.363,77	-	1.069,12	1.202,76	-	932,16	1.048,68	-	801,36	901,53	-	676,80	761,
	III	13.378	-	1.070,24	1.204,02	-	957,60	1.077,30	-	848,16	954,18	-	741,76	834,48	-	638,56	718,38	-	538,24	605,52	-	441,12	496,
	IV	20.685	373,89	1.654,80	1.861,65	262,03	1.579,60	1.777,05	150,17	1.504,40	1.692,45	38,31	1.429,20	1.607,85	-	1.354,00	1.523,25	-	1.278,96	1.438,83	-	1.205,20	1.355,
	V	26.858	1.108,48	2.148,64	2.417,22																		
	VI	27.390	1.171,79	2.191,20	2.465,10																		
87.803,99 (West)	I	20.606	364,49	1.648,48	1.854,54	140,77	1.498,08	1.685,34	-	1.347,68	1.516,14	-	1.199,12	1.349,01	-	1.056,56	1.188,63	-	920,16	1.035,18	-	789,92	888,
	II	18.817	151,60	1.505,36	1.693,53	-	1.354,96	1.524,33	-	1.206,16	1.356,93	-	1.063,28	1.196,19	-	926,56	1.042,38	-	796,08	895,59	-	671,68	755,
	III	13.318	-	1.065,44	1.198,62	-	952,96	1.072,08	-	843,68	949,14	-	737,44	829,62	-	634,24	713,52	-	534,08	600,84	-	437,12	491,
	IV	20.606	364,49	1.648,48	1.854,54	252,63	1.573,28	1.769,94	140,77	1.498,08	1.685,34	28,91	1.422,88	1.600,74	-	1.347,68	1.516,14	-	1.272,72	1.431,81	-	1.199,12	1.349,
	V	26.780	1.099,20	2.142,40	2.410,20																		
	VI	27.311	1.162,39	2.184,88	2.457,99																		
87.803,99 (Ost)	I	20.700	375,68	1.656,00	1.863,00	151,96	1.505,60	1.693,80	-	1.355,20	1.524,60	-	1.206,40	1.357,20	-	1.063,52	1.196,46	-	926,80	1.042,65	-	796,24	895,
	II	18.911	162,79	1.512,88	1.701,99	-	1.362,48	1.532,79	-	1.213,44	1.365,12	-	1.070,24	1.204,02	-	933,28	1.049,94	-	802,40	902,70	-	677,76	762,
	III	13.390	-	1.071,20	1.205,10	-	958,56	1.078,38	-	849,12	955,26	-	742,72	835,56	-	639,36	719,28	-	539,04	606,42	-	441,92	497,
	IV	20.700	375,68	1.656,00	1.863,00	263,82	1.580,80	1.778,40	151,96	1.505,60	1.693,80	40,10	1.430,40	1.609,20	-	1.355,20	1.524,60	-	1.280,16	1.440,18	-	1.206,40	1.357,
	V	26.873	1.110,27	2.149,84	2.418,57																		
	VI	27.405	1.173,57	2.192,40	2.466,45																		

SolZ/KiSt lt. Tabelle nicht für Sonstige Bezüge anwendbar.

Allgemeine Tabelle

Lohn/ Gehalt bis	Steuerklasse	Lohn-steuer	ohne Kinderfreibetrag SolZ 5,5%	Kirchensteuer 8%	9%	0,5 SolZ 5,5%	Kirchensteuer 8%	9%	1,0 SolZ 5,5%	Kirchensteuer 8%	9%	1,5 SolZ 5,5%	Kirchensteuer 8%	9%	2,0 SolZ 5,5%	Kirchensteuer 8%	9%	2,5 SolZ 5,5%	Kirchensteuer 8%	9%	3,0 SolZ 5,5%	Kirchensteuer 8%	9%
7.839,99 (West)	I	20.621	366,28	1.649,68	1.855,89	142,68	1.499,36	1.686,78	-	1.348,96	1.517,58	-	1.200,32	1.350,36	-	1.057,68	1.189,89	-	921,20	1.036,35	-	790,96	889,83
	II	18.832	153,39	1.506,56	1.694,88	-	1.356,16	1.525,68	-	1.207,36	1.358,28	-	1.064,40	1.197,45	-	927,68	1.043,64	-	797,12	896,76	-	672,72	756,81
	III	13.330	-	1.066,40	1.199,70	-	953,92	1.073,16	-	844,48	950,04	-	738,24	830,52	-	635,04	714,42	-	534,88	601,74	-	437,92	492,66
	IV	20.621	366,28	1.649,68	1.855,89	254,42	1.574,48	1.771,29	142,68	1.499,36	1.686,78	30,82	1.424,16	1.602,18	-	1.348,96	1.517,58	-	1.273,92	1.433,16	-	1.200,32	1.350,36
	V	26.795	1.100,98	2.143,60	2.411,55																		
	VI	27.326	1.164,17	2.186,08	2.459,34																		
7.839,99 (Ost)	I	20.715	377,46	1.657,20	1.864,35	153,74	1.506,80	1.695,15	-	1.356,40	1.525,95	-	1.207,60	1.358,55	-	1.064,64	1.197,72	-	927,84	1.043,82	-	797,28	896,94
	II	18.926	164,57	1.514,08	1.703,34	-	1.363,68	1.534,14	-	1.214,64	1.366,47	-	1.071,36	1.205,28	-	934,32	1.051,11	-	803,44	903,87	-	678,72	763,56
	III	13.400	-	1.072,00	1.206,00	-	959,52	1.079,46	-	849,92	956,16	-	743,52	836,46	-	640,16	720,18	-	539,84	607,32	-	442,72	498,06
	IV	20.715	377,46	1.657,20	1.864,35	265,60	1.582,00	1.779,75	153,74	1.506,80	1.695,15	41,88	1.431,60	1.610,55	-	1.356,40	1.525,95	-	1.281,36	1.441,53	-	1.207,60	1.358,55
	V	26.888	1.112,05	2.151,04	2.419,92																		
	VI	27.420	1.175,36	2.193,60	2.467,80																		
7.875,99 (West)	I	20.637	368,18	1.650,96	1.857,33	144,46	1.500,56	1.688,13	-	1.350,16	1.518,93	-	1.201,52	1.351,71	-	1.058,80	1.191,15	-	922,32	1.037,61	-	792,00	891,00
	II	18.847	155,17	1.507,76	1.696,23	-	1.357,36	1.527,03	-	1.208,56	1.359,63	-	1.065,52	1.198,71	-	928,72	1.044,81	-	798,08	897,84	-	673,68	757,89
	III	13.340	-	1.067,20	1.200,60	-	954,72	1.074,06	-	845,44	951,12	-	739,04	831,42	-	635,84	715,32	-	535,68	602,64	-	438,72	493,56
	IV	20.637	368,18	1.650,96	1.857,33	256,32	1.575,76	1.772,73	144,46	1.500,56	1.688,13	32,60	1.425,36	1.603,53	-	1.350,16	1.518,93	-	1.275,12	1.434,51	-	1.201,52	1.351,71
	V	26.810	1.102,77	2.144,80	2.412,90																		
	VI	27.342	1.166,08	2.187,36	2.460,78																		
7.875,99 (Ost)	I	20.730	379,25	1.658,40	1.865,70	155,53	1.508,00	1.696,50	-	1.357,60	1.527,30	-	1.208,72	1.359,81	-	1.065,76	1.198,98	-	928,96	1.045,08	-	798,32	898,11
	II	18.941	166,36	1.515,28	1.704,69	-	1.364,88	1.535,49	-	1.215,84	1.367,82	-	1.072,56	1.206,63	-	935,44	1.052,37	-	804,48	905,04	-	679,68	764,64
	III	13.412	-	1.072,96	1.207,08	-	960,32	1.080,36	-	850,72	957,06	-	744,32	837,36	-	640,96	721,08	-	540,64	608,22	-	443,52	498,96
	IV	20.730	379,25	1.658,40	1.865,70	267,39	1.583,20	1.781,10	155,53	1.508,00	1.696,50	43,67	1.432,80	1.611,90	-	1.357,60	1.527,30	-	1.282,56	1.442,88	-	1.208,72	1.359,81
	V	26.904	1.113,95	2.152,32	2.421,36																		
	VI	27.435	1.177,14	2.194,80	2.469,15																		
7.911,99 (West)	I	20.652	369,97	1.652,16	1.858,68	146,25	1.501,76	1.689,48	-	1.351,36	1.520,28	-	1.202,64	1.352,97	-	1.059,92	1.192,41	-	923,36	1.038,78	-	792,96	892,08
	II	18.862	156,96	1.508,96	1.697,58	-	1.358,64	1.528,47	-	1.209,68	1.360,89	-	1.066,64	1.199,97	-	929,84	1.046,07	-	799,12	899,01	-	674,64	758,97
	III	13.352	-	1.068,16	1.201,68	-	955,68	1.075,14	-	846,24	952,02	-	740,00	832,50	-	636,64	716,22	-	536,48	603,54	-	439,52	494,46
	IV	20.652	369,97	1.652,16	1.858,68	258,11	1.576,96	1.774,08	146,25	1.501,76	1.689,48	34,39	1.426,56	1.604,88	-	1.351,36	1.520,28	-	1.276,32	1.435,86	-	1.202,64	1.352,97
	V	26.825	1.104,55	2.146,00	2.414,25																		
	VI	27.357	1.167,86	2.188,56	2.462,13																		
7.911,99 (Ost)	I	20.745	381,03	1.659,60	1.867,05	157,31	1.509,20	1.697,85	-	1.358,80	1.528,65	-	1.209,92	1.361,16	-	1.066,88	1.200,24	-	930,00	1.046,25	-	799,36	899,28
	II	18.956	168,14	1.516,48	1.706,04	-	1.366,08	1.536,84	-	1.216,96	1.369,08	-	1.073,68	1.207,89	-	936,48	1.053,54	-	805,52	906,21	-	680,72	765,81
	III	13.424	-	1.073,92	1.208,16	-	961,28	1.081,44	-	851,68	958,14	-	745,12	838,26	-	641,76	721,98	-	541,44	609,12	-	444,16	499,68
	IV	20.745	381,03	1.659,60	1.867,05	269,17	1.584,40	1.782,45	157,31	1.509,20	1.697,85	45,45	1.434,00	1.613,25	-	1.358,80	1.528,65	-	1.283,76	1.444,23	-	1.209,92	1.361,16
	V	26.919	1.115,74	2.153,52	2.422,71																		
	VI	27.450	1.178,93	2.196,00	2.470,50																		
7.947,99 (West)	I	20.667	371,75	1.653,36	1.860,03	148,03	1.502,96	1.690,83	-	1.352,56	1.521,63	-	1.203,84	1.354,32	-	1.061,04	1.193,67	-	924,48	1.040,04	-	794,00	893,25
	II	18.878	158,86	1.510,24	1.699,02	-	1.359,84	1.529,82	-	1.210,88	1.362,24	-	1.067,76	1.201,23	-	930,88	1.047,24	-	800,16	900,18	-	675,60	760,05
	III	13.364	-	1.069,12	1.202,76	-	956,64	1.076,22	-	847,20	953,10	-	740,80	833,40	-	637,44	717,12	-	537,28	604,44	-	440,16	495,18
	IV	20.667	371,75	1.653,36	1.860,03	259,89	1.578,16	1.775,43	148,03	1.502,96	1.690,83	36,17	1.427,76	1.606,23	-	1.352,56	1.521,63	-	1.277,52	1.437,21	-	1.203,84	1.354,32
	V	26.840	1.106,34	2.147,20	2.415,60																		
	VI	27.372	1.169,65	2.189,76	2.463,48																		
7.947,99 (Ost)	I	20.760	382,82	1.660,80	1.868,40	159,22	1.510,48	1.699,29	-	1.360,08	1.530,09	-	1.211,12	1.362,51	-	1.068,00	1.201,50	-	931,12	1.047,51	-	800,40	900,45
	II	18.971	169,93	1.517,68	1.707,39	-	1.367,28	1.538,19	-	1.218,16	1.370,43	-	1.074,80	1.209,15	-	937,60	1.054,80	-	806,56	907,38	-	681,68	766,89
	III	13.436	-	1.074,88	1.209,24	-	962,08	1.082,34	-	852,48	959,04	-	746,08	839,34	-	642,56	722,88	-	542,24	610,02	-	444,96	500,58
	IV	20.760	382,82	1.660,80	1.868,40	270,96	1.585,60	1.783,80	159,22	1.510,48	1.699,29	47,36	1.435,28	1.614,69	-	1.360,08	1.530,09	-	1.284,96	1.445,58	-	1.211,12	1.362,51
	V	26.934	1.117,52	2.154,72	2.424,06																		
	VI	27.465	1.180,71	2.197,20	2.471,85																		
87.983,99 (West)	I	20.682	373,54	1.654,56	1.861,38	149,82	1.504,16	1.692,18	-	1.353,76	1.522,98	-	1.205,04	1.355,67	-	1.062,16	1.194,93	-	925,52	1.041,21	-	795,04	894,42
	II	18.893	160,65	1.511,44	1.700,37	-	1.361,04	1.531,17	-	1.212,08	1.363,59	-	1.068,96	1.202,58	-	932,00	1.048,50	-	801,20	901,35	-	676,56	761,13
	III	13.376	-	1.070,08	1.203,84	-	957,44	1.077,12	-	848,00	954,00	-	741,60	834,30	-	638,24	718,02	-	538,08	605,34	-	440,96	496,08
	IV	20.682	373,54	1.654,56	1.861,38	261,68	1.579,36	1.776,78	149,82	1.504,16	1.692,18	37,96	1.428,96	1.607,58	-	1.353,76	1.522,98	-	1.278,72	1.438,56	-	1.205,04	1.355,67
	V	26.855	1.108,12	2.148,40	2.416,95																		
	VI	27.387	1.171,43	2.190,96	2.464,83																		
87.983,99 (Ost)	I	20.776	384,72	1.662,08	1.869,84	161,00	1.511,68	1.700,64	-	1.361,28	1.531,44	-	1.212,24	1.363,77	-	1.069,12	1.202,76	-	932,16	1.048,68	-	801,36	901,53
	II	18.986	171,71	1.518,88	1.708,74	-	1.368,48	1.539,54	-	1.219,36	1.371,78	-	1.075,92	1.210,41	-	938,64	1.055,97	-	807,60	908,55	-	682,64	767,97
	III	13.446	-	1.075,68	1.210,14	-	963,04	1.083,42	-	853,44	960,12	-	746,88	840,24	-	643,36	723,78	-	543,04	610,92	-	445,76	501,48
	IV	20.776	384,72	1.662,08	1.869,84	272,86	1.586,88	1.785,24	161,00	1.511,68	1.700,64	49,14	1.436,48	1.616,04	-	1.361,28	1.531,44	-	1.286,16	1.446,93	-	1.212,24	1.363,77
	V	26.949	1.119,31	2.155,92	2.425,41																		
	VI	27.481	1.182,62	2.198,48	2.473,29																		
88.019,99 (West)	I	20.697	375,32	1.655,76	1.862,73	151,60	1.505,36	1.693,53	-	1.354,96	1.524,33	-	1.206,16	1.356,93	-	1.063,28	1.196,19	-	926,56	1.042,38	-	796,08	895,59
	II	18.908	162,43	1.512,64	1.701,72	-	1.362,24	1.532,52	-	1.213,20	1.364,85	-	1.070,08	1.203,84	-	933,04	1.049,67	-	802,24	902,52	-	677,60	762,30
	III	13.386	-	1.070,88	1.204,74	-	958,40	1.078,20	-	848,80	954,90	-	742,40	835,20	-	639,20	719,10	-	538,88	606,24	-	441,76	496,98
	IV	20.697	375,32	1.655,76	1.862,73	263,46	1.580,56	1.778,13	151,60	1.505,36	1.693,53	39,74	1.430,16	1.608,93	-	1.354,96	1.524,33	-	1.279,92	1.439,91	-	1.206,16	1.356,93
	V	26.870	1.109,91	2.149,60	2.418,30																		
	VI	27.402	1.173,22	2.192,16	2.466,18																		
88.019,99 (Ost)	I	20.791	386,51	1.663,28	1.871,19	162,79	1.512,88	1.701,99	-	1.362,48	1.532,79	-	1.213,44	1.365,12	-	1.070,24	1.204,02	-	933,28	1.049,94	-	802,40	902,70
	II	19.001	173,50	1.520,08	1.710,09	-	1.369,76	1.540,98	-	1.220,56	1.373,13	-	1.077,04	1.211,67	-	939,76	1.057,23	-	808,56	909,63	-	683,60	769,05
	III	13.458	-	1.076,64	1.211,22	-	964,00	1.084,50	-	854,24	961,02	-	747,68	841,14	-	644,16	724,68	-	543,84	611,82	-	446,56	502,38
	IV	20.791	386,51	1.663,28	1.871,19	274,65	1.588,08	1.786,59	162,79	1.512,88	1.701,99	50,93	1.437,68	1.617,39	-	1.362,48	1.532,79	-	1.287,36	1.448,28	-	1.213,44	1.365,12
	V	26.964	1.121,09	2.157,12	2.426,76																		
	VI	27.496	1.184,40	2.199,68	2.474,64																		
88.055,99 (West)	I	20.712	377,11	1.656,96	1.864,08	153,39	1.506,56	1.694,88	-	1.356,16	1.525,68	-	1.207,36	1.358,28	-	1.064,40	1.197,45	-	927,68	1.043,64	-	797,12	896,76
	II	18.923	164,22	1.513,84	1.703,07	-	1.363,44	1.533,87	-	1.214,40	1.366,20	-	1.071,20	1.205,10	-	934,16	1.050,93	-	803,28	903,69	-	678,56	763,38
	III	13.398	-	1.071,84	1.205,82	-	959,20	1.079,10	-	849,76	955,98	-	743,36	836,28	-	640,00	720,00	-	539,68	607,14	-	442,56	497,88
	IV	20.712	377,11	1.656,96	1.864,08	265,25	1.581,76	1.779,48	153,39	1.506,56	1.694,88	41,53	1.431,36	1.610,28	-	1.356,16	1.525,68	-	1.281,12	1.441,26	-	1.207,36	1.358,28
	V	26.885	1.111,69	2.150,80	2.419,65																		
	VI	27.417	1.175,00	2.193,36	2.467,53																		
88.055,99 (Ost)	I	20.806	388,29	1.664,48	1.872,54	164,57	1.514,08	1.703,34	-	1.363,68	1.534,14	-	1.214,64	1.366,47	-	1.071,36	1.205,28	-	934,32	1.051,11	-	803,44	903,87
	II	19.017	175,40	1.521,36	1.711,53	-	1.370,96	1.542,33	-	1.221,68	1.374,39	-	1.078,16	1.212,93	-	940,80	1.058,40	-	809,60	910,80	-	684,64	770,22
	III	13.470	-	1.077,60	1.212,30	-	964,80	1.085,40	-	855,20	962,10	-	748,48	842,04	-	645,12	725,76	-	544,64	612,72	-	447,36	503,28
	IV	20.806	388,29	1.664,48	1.872,54	276,43	1.589,28	1.787,94	164,57	1.514,08	1.703,34	52,71	1.438,88	1.618,74	-	1.363,68	1.534,14	-	1.288,56	1.449,63	-	1.214,64	1.366,47
	V	26.979	1.122,88	2.158,32	2.428,11																		
	VI	27.511	1.186,19	2.200,88	2.475,99																		

Anzahl Kinderfreibeträge (nur Steuerklassen I–IV)

SolZ/KiSt lt. Tabelle nicht für Sonstige Bezüge anwendbar.

JAHR bis 88.307,99 €

Allgemeine Tabelle

Lohn/ Gehalt bis	Steuerklasse	Lohn-steuer	ohne Kinderfreibetrag SolZ 5,5%	Kirchensteuer 8%	9%	0,5 SolZ 5,5%	Kirchensteuer 8%	9%	1,0 SolZ 5,5%	Kirchensteuer 8%	9%	1,5 SolZ 5,5%	Kirchensteuer 8%	9%	2,0 SolZ 5,5%	Kirchensteuer 8%	9%	2,5 SolZ 5,5%	Kirchensteuer 8%	9%	3,0 SolZ 5,5%	Kirchensteuer 8%	9%
						Anzahl Kinderfreibeträge (nur Steuerklassen I–IV)																	
88.091,99 *(West)*	I	20.727	*378,89*	1.658,16	1.865,43	*155,17*	1.507,76	1.696,23	-	1.357,36	1.527,03	-	1.208,56	1.359,63	-	1.065,52	1.198,71	-	928,72	1.044,81	-	798,08	897
	II	18.938	*166,00*	1.515,04	1.704,42	-	1.364,64	1.535,22	-	1.215,60	1.367,55	-	1.072,32	1.206,36	-	935,20	1.052,10	-	804,24	904,77	-	679,52	764
	III	13.410	-	1.072,80	1.206,90	-	960,16	1.080,18	-	850,56	956,88	-	744,16	837,18	-	640,80	720,90	-	540,48	608,04	-	443,36	498
	IV	20.727	*378,89*	1.658,16	1.865,43	*267,03*	1.582,96	1.780,83	*155,17*	1.507,76	1.696,23	*43,31*	1.432,56	1.611,63	-	1.357,36	1.527,03	-	1.282,32	1.442,61	-	1.208,56	1.359
	V	26.901	*1.113,60*	2.152,08	2.421,09																		
	VI	27.432	*1.176,79*	2.194,56	2.468,88																		
88.091,99 *(Ost)*	I	20.821	*390,08*	1.665,68	1.873,89	*166,36*	1.515,28	1.704,69	-	1.364,88	1.535,49	-	1.215,84	1.367,82	-	1.072,56	1.206,63	-	935,44	1.052,37	-	804,48	905
	II	19.032	*177,19*	1.522,56	1.712,88	-	1.372,16	1.543,68	-	1.222,88	1.375,74	-	1.079,28	1.214,19	-	941,92	1.059,66	-	810,64	911,97	-	685,60	771
	III	13.482	-	1.078,56	1.213,38	-	965,76	1.086,48	-	856,00	963,00	-	749,44	843,12	-	645,92	726,66	-	545,44	613,62	-	448,16	504
	IV	20.821	*390,08*	1.665,68	1.873,89	*278,22*	1.590,48	1.789,29	*166,36*	1.515,28	1.704,69	*54,50*	1.440,08	1.620,09	-	1.364,88	1.535,49	-	1.289,76	1.450,98	-	1.215,84	1.367
	V	26.994	*1.124,66*	2.159,52	2.429,46																		
	VI	27.526	*1.187,97*	2.202,08	2.477,34																		
88.127,99 *(West)*	I	20.742	*380,68*	1.659,36	1.866,78	*156,96*	1.508,96	1.697,58	-	1.358,64	1.528,47	-	1.209,68	1.360,89	-	1.066,64	1.199,97	-	929,84	1.046,07	-	799,12	899
	II	18.953	*167,79*	1.516,24	1.705,77	-	1.365,84	1.536,57	-	1.216,72	1.368,81	-	1.073,44	1.207,62	-	936,32	1.053,36	-	805,28	905,94	-	680,48	765
	III	13.422	-	1.073,76	1.207,98	-	961,12	1.081,26	-	851,52	957,96	-	744,96	838,08	-	641,60	721,80	-	541,28	608,94	-	444,00	499
	IV	20.742	*380,68*	1.659,36	1.866,78	*268,82*	1.584,16	1.782,18	*156,96*	1.508,96	1.697,58	*45,22*	1.433,84	1.613,07	-	1.358,64	1.528,47	-	1.283,52	1.443,96	-	1.209,68	1.360
	V	26.916	*1.115,38*	2.153,28	2.422,44																		
	VI	27.447	*1.178,57*	2.195,76	2.470,23																		
88.127,99 *(Ost)*	I	20.836	*391,86*	1.666,88	1.875,24	*168,14*	1.516,48	1.706,04	-	1.366,08	1.536,84	-	1.216,96	1.369,08	-	1.073,68	1.207,89	-	936,48	1.053,54	-	805,52	906
	II	19.047	*178,97*	1.523,76	1.714,23	-	1.373,36	1.545,03	-	1.224,08	1.377,09	-	1.080,40	1.215,45	-	942,96	1.060,83	-	811,68	913,14	-	686,56	772
	III	13.492	-	1.079,36	1.214,28	-	966,56	1.087,38	-	856,96	964,08	-	750,24	844,02	-	646,72	727,56	-	546,24	614,52	-	448,80	504
	IV	20.836	*391,86*	1.666,88	1.875,24	*280,00*	1.591,68	1.790,64	*168,14*	1.516,48	1.706,04	*56,28*	1.441,28	1.621,44	-	1.366,08	1.536,84	-	1.290,96	1.452,33	-	1.216,96	1.369
	V	27.009	*1.126,45*	2.160,72	2.430,81																		
	VI	27.541	*1.189,76*	2.203,28	2.478,69																		
88.163,99 *(West)*	I	20.758	*382,58*	1.660,64	1.868,22	*158,86*	1.510,24	1.699,02	-	1.359,84	1.529,82	-	1.210,88	1.362,24	-	1.067,76	1.201,23	-	930,88	1.047,24	-	800,16	900
	II	18.968	*169,57*	1.517,44	1.707,12	-	1.367,04	1.537,92	-	1.217,92	1.370,16	-	1.074,56	1.208,88	-	937,36	1.054,53	-	806,32	907,11	-	681,44	766
	III	13.432	-	1.074,56	1.208,88	-	961,92	1.082,16	-	852,32	958,86	-	745,76	838,98	-	642,40	722,70	-	542,08	609,84	-	444,80	500
	IV	20.758	*382,58*	1.660,64	1.868,22	*270,72*	1.585,44	1.783,62	*158,86*	1.510,24	1.699,02	*47,00*	1.435,04	1.614,42	-	1.359,84	1.529,82	-	1.284,72	1.445,31	-	1.210,88	1.362
	V	26.931	*1.117,17*	2.154,48	2.423,79																		
	VI	27.463	*1.180,48*	2.197,04	2.471,67																		
88.163,99 *(Ost)*	I	20.851	*393,65*	1.668,08	1.876,59	*169,93*	1.517,68	1.707,39	-	1.367,28	1.538,19	-	1.218,16	1.370,43	-	1.074,80	1.209,15	-	937,60	1.054,80	-	806,56	907
	II	19.062	*180,76*	1.524,96	1.715,58	-	1.374,56	1.546,38	-	1.225,20	1.378,35	-	1.081,52	1.216,71	-	944,08	1.062,09	-	812,72	914,31	-	687,52	773
	III	13.504	-	1.080,32	1.215,36	-	967,52	1.088,46	-	857,76	964,98	-	751,04	844,92	-	647,52	728,46	-	547,04	615,42	-	449,60	505
	IV	20.851	*393,65*	1.668,08	1.876,59	*281,79*	1.592,88	1.791,99	*169,93*	1.517,68	1.707,39	*58,07*	1.442,48	1.622,79	-	1.367,28	1.538,19	-	1.292,16	1.453,68	-	1.218,16	1.370
	V	27.024	*1.128,23*	2.161,92	2.432,16																		
	VI	27.556	*1.191,54*	2.204,48	2.480,04																		
88.199,99 *(West)*	I	20.773	*384,37*	1.661,84	1.869,57	*160,65*	1.511,44	1.700,37	-	1.361,04	1.531,17	-	1.212,08	1.363,59	-	1.068,96	1.202,58	-	932,00	1.048,50	-	801,20	901
	II	18.983	*171,36*	1.518,64	1.708,47	-	1.368,32	1.539,36	-	1.219,12	1.371,51	-	1.075,68	1.210,14	-	938,40	1.055,70	-	807,36	908,28	-	682,48	767
	III	13.444	-	1.075,52	1.209,96	-	962,88	1.083,24	-	853,28	959,94	-	746,72	840,06	-	643,20	723,60	-	542,88	610,74	-	445,60	501
	IV	20.773	*384,37*	1.661,84	1.869,57	*272,51*	1.586,64	1.784,97	*160,65*	1.511,44	1.700,37	*48,79*	1.436,24	1.615,77	-	1.361,04	1.531,17	-	1.285,92	1.446,66	-	1.212,08	1.363,
	V	26.946	*1.118,95*	2.155,68	2.425,14																		
	VI	27.478	*1.182,26*	2.198,24	2.473,02																		
88.199,99 *(Ost)*	I	20.866	*395,43*	1.669,28	1.877,94	*171,71*	1.518,88	1.708,74	-	1.368,48	1.539,54	-	1.219,36	1.371,78	-	1.075,92	1.210,41	-	938,64	1.055,97	-	807,60	908
	II	19.077	*182,54*	1.526,16	1.716,93	-	1.375,76	1.547,73	-	1.226,40	1.379,70	-	1.082,72	1.218,06	-	945,12	1.063,26	-	813,76	915,48	-	688,56	774,
	III	13.516	-	1.081,28	1.216,44	-	968,32	1.089,36	-	858,56	965,88	-	752,00	846,00	-	648,32	729,36	-	547,84	616,32	-	450,40	506,
	IV	20.866	*395,43*	1.669,28	1.877,94	*283,57*	1.594,08	1.793,34	*171,71*	1.518,88	1.708,74	*59,85*	1.443,68	1.624,14	-	1.368,48	1.539,54	-	1.293,36	1.455,03	-	1.219,36	1.371
	V	27.040	*1.130,14*	2.163,20	2.433,60																		
	VI	27.571	*1.193,33*	2.205,68	2.481,39																		
88.235,99 *(West)*	I	20.788	*386,15*	1.663,04	1.870,92	*162,43*	1.512,64	1.701,72	-	1.362,24	1.532,52	-	1.213,20	1.364,85	-	1.070,08	1.203,84	-	933,04	1.049,67	-	802,24	902,
	II	18.999	*173,26*	1.519,92	1.709,91	-	1.369,52	1.540,71	-	1.220,32	1.372,86	-	1.076,80	1.211,40	-	939,52	1.056,96	-	808,40	909,45	-	683,44	768
	III	13.456	-	1.076,48	1.211,04	-	963,68	1.084,14	-	854,08	960,84	-	747,52	840,96	-	644,00	724,50	-	543,68	611,64	-	446,40	502,
	IV	20.788	*386,15*	1.663,04	1.870,92	*274,29*	1.587,84	1.786,32	*162,43*	1.512,64	1.701,72	*50,57*	1.437,44	1.617,12	-	1.362,24	1.532,52	-	1.287,12	1.448,01	-	1.213,20	1.364,
	V	26.961	*1.120,74*	2.156,88	2.426,49																		
	VI	27.493	*1.184,05*	2.199,44	2.474,37																		
88.235,99 *(Ost)*	I	20.881	*397,22*	1.670,48	1.879,29	*173,50*	1.520,08	1.710,09	-	1.369,76	1.540,98	-	1.220,56	1.373,13	-	1.077,04	1.211,67	-	939,76	1.057,23	-	808,56	909,
	II	19.092	*184,33*	1.527,36	1.718,28	-	1.376,96	1.549,08	-	1.227,60	1.381,05	-	1.083,84	1.219,32	-	946,24	1.064,52	-	814,80	916,65	-	689,52	775,
	III	13.528	-	1.082,24	1.217,52	-	969,28	1.090,44	-	859,52	966,96	-	752,80	846,90	-	649,12	730,26	-	548,64	617,22	-	451,20	507,
	IV	20.881	*397,22*	1.670,48	1.879,29	*285,36*	1.595,28	1.794,69	*173,50*	1.520,08	1.710,09	*61,76*	1.444,96	1.625,58	-	1.369,76	1.540,98	-	1.294,56	1.456,38	-	1.220,56	1.373,
	V	27.055	*1.131,92*	2.164,40	2.434,95																		
	VI	27.586	*1.195,11*	2.206,88	2.482,74																		
88.271,99 *(West)*	I	20.803	*387,94*	1.664,24	1.872,27	*164,22*	1.513,84	1.703,07	-	1.363,44	1.533,87	-	1.214,40	1.366,20	-	1.071,20	1.205,10	-	934,16	1.050,93	-	803,28	903,
	II	19.014	*175,04*	1.521,12	1.711,26	-	1.370,72	1.542,06	-	1.221,44	1.374,12	-	1.077,92	1.212,66	-	940,56	1.058,13	-	809,44	910,62	-	684,40	769,
	III	13.468	-	1.077,44	1.212,12	-	964,64	1.085,22	-	854,88	961,74	-	748,32	841,86	-	644,80	725,40	-	544,48	612,54	-	447,20	503,
	IV	20.803	*387,94*	1.664,24	1.872,27	*276,08*	1.589,04	1.787,67	*164,22*	1.513,84	1.703,07	*52,36*	1.438,64	1.618,47	-	1.363,44	1.533,87	-	1.288,32	1.449,36	-	1.214,40	1.366,
	V	26.976	*1.122,52*	2.158,08	2.427,84																		
	VI	27.508	*1.185,83*	2.200,64	2.475,72																		
88.271,99 *(Ost)*	I	20.897	*399,12*	1.671,76	1.880,73	*175,40*	1.521,36	1.711,53	-	1.370,96	1.542,33	-	1.221,68	1.374,39	-	1.078,16	1.212,93	-	940,80	1.058,40	-	809,60	910,
	II	19.107	*186,11*	1.528,56	1.719,63	-	1.378,16	1.550,43	-	1.228,80	1.382,40	-	1.084,96	1.220,58	-	947,28	1.065,69	-	815,84	917,82	-	690,48	776,
	III	13.538	-	1.083,04	1.218,42	-	970,24	1.091,52	-	860,32	967,86	-	753,60	847,80	-	649,92	731,16	-	549,44	618,12	-	452,00	508,
	IV	20.897	*399,12*	1.671,76	1.880,73	*287,26*	1.596,56	1.796,13	*175,40*	1.521,36	1.711,53	*63,54*	1.446,16	1.626,93	-	1.370,96	1.542,33	-	1.295,76	1.457,73	-	1.221,68	1.374,
	V	27.070	*1.133,71*	2.165,60	2.436,30																		
	VI	27.602	*1.197,02*	2.208,16	2.484,18																		
88.307,99 *(West)*	I	20.818	*389,72*	1.665,44	1.873,62	*166,00*	1.515,04	1.704,42	-	1.364,64	1.535,22	-	1.215,60	1.367,55	-	1.072,32	1.206,36	-	935,20	1.052,10	-	804,24	904,
	II	19.029	*176,83*	1.522,32	1.712,61	-	1.371,92	1.543,41	-	1.222,64	1.375,47	-	1.079,04	1.213,92	-	941,68	1.059,39	-	810,48	911,79	-	685,44	771,
	III	13.478	-	1.078,24	1.213,02	-	965,44	1.086,12	-	855,84	962,82	-	749,28	842,94	-	645,76	726,48	-	545,28	613,44	-	447,84	503,
	IV	20.818	*389,72*	1.665,44	1.873,62	*277,86*	1.590,24	1.789,02	*166,00*	1.515,04	1.704,42	*54,14*	1.439,84	1.619,82	-	1.364,64	1.535,22	-	1.289,52	1.450,71	-	1.215,60	1.367,
	V	26.991	*1.124,31*	2.159,28	2.429,19																		
	VI	27.523	*1.187,62*	2.201,84	2.477,07																		
88.307,99 *(Ost)*	I	20.912	*400,91*	1.672,96	1.882,08	*177,19*	1.522,56	1.712,88	-	1.372,16	1.543,68	-	1.222,88	1.375,74	-	1.079,28	1.214,19	-	941,92	1.059,66	-	810,64	911,
	II	19.122	*187,90*	1.529,76	1.720,98	-	1.379,44	1.551,87	-	1.230,00	1.383,75	-	1.086,08	1.221,84	-	948,40	1.066,95	-	816,88	918,99	-	691,52	777,
	III	13.550	-	1.084,00	1.219,50	-	971,04	1.092,42	-	861,28	968,94	-	754,40	848,70	-	650,88	732,24	-	550,24	619,02	-	452,64	509,
	IV	20.912	*400,91*	1.672,96	1.882,08	*289,05*	1.597,76	1.797,48	*177,19*	1.522,56	1.712,88	*65,33*	1.447,36	1.628,28	-	1.372,16	1.543,68	-	1.296,96	1.459,08	-	1.222,88	1.375,
	V	27.085	*1.135,49*	2.166,80	2.437,65																		
	VI	27.617	*1.198,80*	2.209,36	2.485,53																		

SolZ/KiSt lt. Tabelle nicht für Sonstige Bezüge anwendbar.

Lohn/ Gehalt bis	Steuerklasse	Lohnsteuer	ohne Kinderfreibetrag			Anzahl Kinderfreibeträge (nur Steuerklassen I–IV) 0,5			1,0			1,5			2,0			2,5			3,0		
			SolZ 5,5%	Kirchensteuer 8%	9%	SolZ 5,5%	Kirchensteuer 8%	9%	SolZ 5,5%	Kirchensteuer 8%	9%	SolZ 5,5%	Kirchensteuer 8%	9%	SolZ 5,5%	Kirchensteuer 8%	9%	SolZ 5,5%	Kirchensteuer 8%	9%	SolZ 5,5%	Kirchensteuer 8%	9%
88.343,99 (West)	I	20.833	391,51	1.666,64	1.874,97	167,79	1.516,24	1.705,77	-	1.365,84	1.536,57	-	1.216,72	1.368,81	-	1.073,44	1.207,62	-	936,32	1.053,36	-	805,28	905,94
	II	19.044	178,61	1.523,52	1.713,96	-	1.373,12	1.544,76	-	1.223,84	1.376,82	-	1.080,24	1.215,27	-	942,72	1.060,56	-	811,52	912,96	-	686,40	772,20
	III	13.490	-	1.079,20	1.214,10	-	966,40	1.087,20	-	856,64	963,72	-	750,08	843,84	-	646,56	727,38	-	546,08	614,34	-	448,64	504,72
	IV	20.833	391,51	1.666,64	1.874,97	279,65	1.591,44	1.790,37	167,79	1.516,24	1.705,77	55,93	1.441,04	1.621,17	-	1.365,84	1.536,57	-	1.290,72	1.452,06	-	1.216,72	1.368,81
	V	27.006	1.126,09	2.160,48	2.430,54																		
	VI	27.538	1.189,40	2.203,04	2.478,42																		
88.343,99 (Ost)	I	20.927	402,69	1.674,16	1.883,43	178,97	1.523,76	1.714,23	-	1.373,36	1.545,03	-	1.224,08	1.377,09	-	1.080,40	1.215,45	-	942,96	1.060,83	-	811,68	913,14
	II	19.138	189,80	1.531,04	1.722,42	-	1.380,64	1.553,22	-	1.231,12	1.385,01	-	1.087,20	1.223,10	-	949,44	1.068,12	-	817,84	920,07	-	692,48	779,04
	III	13.562	-	1.084,96	1.220,58	-	972,00	1.093,50	-	862,08	969,84	-	755,36	849,78	-	651,68	733,14	-	551,04	619,92	-	453,44	510,12
	IV	20.927	402,69	1.674,16	1.883,43	290,83	1.598,96	1.798,83	178,97	1.523,76	1.714,23	67,11	1.448,56	1.629,63	-	1.373,36	1.545,03	-	1.298,16	1.460,43	-	1.224,08	1.377,09
	V	27.100	1.137,28	2.168,00	2.439,00																		
	VI	27.632	1.200,59	2.210,56	2.486,88																		
88.379,99 (West)	I	20.848	393,29	1.667,84	1.876,32	169,57	1.517,44	1.707,12	-	1.367,04	1.537,92	-	1.217,92	1.370,16	-	1.074,56	1.208,88	-	937,36	1.054,53	-	806,32	907,11
	II	19.059	180,40	1.524,72	1.715,31	-	1.374,32	1.546,11	-	1.225,04	1.378,17	-	1.081,36	1.216,53	-	943,84	1.061,82	-	812,48	914,04	-	687,36	773,28
	III	13.502	-	1.080,16	1.215,18	-	967,36	1.088,28	-	857,60	964,80	-	750,88	844,74	-	647,36	728,28	-	546,88	615,24	-	449,44	505,62
	IV	20.848	393,29	1.667,84	1.876,32	281,43	1.592,64	1.791,72	169,57	1.517,44	1.707,12	57,71	1.442,24	1.622,52	-	1.367,04	1.537,92	-	1.291,92	1.453,41	-	1.217,92	1.370,16
	V	27.022	1.128,00	2.161,76	2.431,98																		
	VI	27.553	1.191,19	2.204,24	2.479,77																		
88.379,99 (Ost)	I	20.942	404,48	1.675,36	1.884,78	180,76	1.524,96	1.715,58	-	1.374,56	1.546,38	-	1.225,20	1.378,35	-	1.081,52	1.216,71	-	944,08	1.062,09	-	812,72	914,31
	II	19.153	191,59	1.532,24	1.723,77	-	1.381,84	1.554,57	-	1.232,32	1.386,36	-	1.088,32	1.224,36	-	950,56	1.069,38	-	818,88	921,24	-	693,44	780,12
	III	13.574	-	1.085,92	1.221,66	-	972,80	1.094,40	-	863,04	970,92	-	756,16	850,68	-	652,48	734,04	-	551,84	620,82	-	454,24	511,02
	IV	20.942	404,48	1.675,36	1.884,78	292,62	1.600,16	1.800,18	180,76	1.524,96	1.715,58	68,90	1.449,76	1.630,98	-	1.374,56	1.546,38	-	1.299,36	1.461,78	-	1.225,20	1.378,35
	V	27.115	1.139,06	2.169,20	2.440,35																		
	VI	27.647	1.202,37	2.211,76	2.488,23																		
88.415,99 (West)	I	20.863	395,08	1.669,04	1.877,67	171,36	1.518,64	1.708,47	-	1.368,32	1.539,36	-	1.219,12	1.371,51	-	1.075,68	1.210,14	-	938,40	1.055,70	-	807,36	908,28
	II	19.074	182,18	1.525,92	1.716,66	-	1.375,52	1.547,46	-	1.226,16	1.379,43	-	1.082,48	1.217,79	-	944,96	1.063,08	-	813,52	915,21	-	688,32	774,36
	III	13.514	-	1.081,12	1.216,26	-	968,16	1.089,18	-	858,40	965,70	-	751,68	845,64	-	648,16	729,18	-	547,68	616,14	-	450,24	506,52
	IV	20.863	395,08	1.669,04	1.877,67	283,22	1.593,84	1.793,07	171,36	1.518,64	1.708,47	59,50	1.443,44	1.623,87	-	1.368,32	1.539,36	-	1.293,12	1.454,76	-	1.219,12	1.371,51
	V	27.037	1.129,78	2.162,96	2.433,33																		
	VI	27.568	1.192,97	2.205,44	2.481,12																		
88.415,99 (Ost)	I	20.957	406,26	1.676,56	1.886,13	182,54	1.526,16	1.716,93	-	1.375,76	1.547,73	-	1.226,40	1.379,70	-	1.082,72	1.218,06	-	945,12	1.063,26	-	813,76	915,48
	II	19.168	193,37	1.533,44	1.725,12	-	1.383,04	1.555,92	-	1.233,52	1.387,71	-	1.089,52	1.225,71	-	951,60	1.070,55	-	819,92	922,41	-	694,40	781,20
	III	13.584	-	1.086,72	1.222,56	-	973,76	1.095,48	-	863,84	971,82	-	756,96	851,58	-	653,28	734,94	-	552,64	621,72	-	455,04	511,92
	IV	20.957	406,26	1.676,56	1.886,13	294,40	1.601,36	1.801,53	182,54	1.526,16	1.716,93	70,68	1.450,96	1.632,33	-	1.375,76	1.547,73	-	1.300,64	1.463,22	-	1.226,40	1.379,70
	V	27.130	1.140,85	2.170,40	2.441,70																		
	VI	27.662	1.204,16	2.212,96	2.489,58																		
88.451,99 (West)	I	20.878	396,86	1.670,24	1.879,02	173,26	1.519,92	1.709,91	-	1.369,52	1.540,71	-	1.220,32	1.372,86	-	1.076,80	1.211,40	-	939,52	1.056,96	-	808,40	909,45
	II	19.089	183,97	1.527,12	1.718,01	-	1.376,72	1.548,81	-	1.227,36	1.380,78	-	1.083,60	1.219,05	-	946,00	1.064,25	-	814,56	916,38	-	689,36	775,53
	III	13.524	-	1.081,92	1.217,16	-	969,12	1.090,26	-	859,36	966,78	-	752,64	846,72	-	648,96	730,08	-	548,48	617,04	-	451,04	507,42
	IV	20.878	396,86	1.670,24	1.879,02	285,12	1.595,12	1.794,51	173,26	1.519,92	1.709,91	61,40	1.444,72	1.625,31	-	1.369,52	1.540,71	-	1.294,32	1.456,11	-	1.220,32	1.372,86
	V	27.052	1.131,57	2.164,16	2.434,68																		
	VI	27.583	1.194,76	2.206,64	2.482,47																		
88.451,99 (Ost)	I	20.972	408,05	1.677,76	1.887,48	184,33	1.527,36	1.718,28	-	1.376,96	1.549,08	-	1.227,60	1.381,05	-	1.083,84	1.219,32	-	946,24	1.064,52	-	814,80	916,65
	II	19.183	195,16	1.534,64	1.726,47	-	1.384,24	1.557,27	-	1.234,72	1.389,06	-	1.090,64	1.226,97	-	952,72	1.071,81	-	820,96	923,58	-	695,44	782,37
	III	13.596	-	1.087,68	1.223,64	-	974,72	1.096,56	-	864,80	972,90	-	757,92	852,66	-	654,08	735,84	-	553,44	622,62	-	455,84	512,82
	IV	20.972	408,05	1.677,76	1.887,48	296,19	1.602,56	1.802,88	184,33	1.527,36	1.718,28	72,47	1.452,16	1.633,68	-	1.376,96	1.549,08	-	1.301,84	1.464,57	-	1.227,60	1.381,05
	V	27.145	1.142,63	2.171,60	2.443,05																		
	VI	27.677	1.205,94	2.214,16	2.490,93																		
88.487,99 (West)	I	20.894	398,76	1.671,52	1.880,46	175,04	1.521,12	1.711,26	-	1.370,72	1.542,06	-	1.221,44	1.374,12	-	1.077,92	1.212,66	-	940,56	1.058,13	-	809,44	910,62
	II	19.104	185,75	1.528,32	1.719,36	-	1.377,92	1.550,16	-	1.228,56	1.382,13	-	1.084,72	1.220,31	-	947,12	1.065,51	-	815,60	917,55	-	690,32	776,61
	III	13.536	-	1.082,88	1.218,24	-	969,92	1.091,16	-	860,16	967,68	-	753,44	847,62	-	649,76	730,98	-	549,28	617,94	-	451,84	508,32
	IV	20.894	398,76	1.671,52	1.880,46	286,90	1.596,32	1.795,86	175,04	1.521,12	1.711,26	63,18	1.445,92	1.626,66	-	1.370,72	1.542,06	-	1.295,52	1.457,46	-	1.221,44	1.374,12
	V	27.067	1.133,35	2.165,36	2.436,03																		
	VI	27.599	1.196,66	2.207,92	2.483,91																		
88.487,99 (Ost)	I	20.987	409,83	1.678,96	1.888,83	186,11	1.528,56	1.719,63	-	1.378,16	1.550,43	-	1.228,80	1.382,40	-	1.084,96	1.220,58	-	947,28	1.065,69	-	815,84	917,82
	II	19.198	196,94	1.535,84	1.727,82	-	1.385,44	1.558,62	-	1.235,84	1.390,32	-	1.091,76	1.228,23	-	953,76	1.072,98	-	822,00	924,75	-	696,40	783,45
	III	13.608	-	1.088,64	1.224,72	-	975,52	1.097,46	-	865,60	973,80	-	758,72	853,56	-	654,88	736,74	-	554,24	623,52	-	456,64	513,72
	IV	20.987	409,83	1.678,96	1.888,83	297,97	1.603,76	1.804,23	186,11	1.528,56	1.719,63	74,25	1.453,36	1.635,03	-	1.378,16	1.550,43	-	1.303,04	1.465,92	-	1.228,80	1.382,40
	V	27.161	1.144,54	2.172,88	2.444,49																		
	VI	27.692	1.207,73	2.215,36	2.492,28																		
88.523,99 (West)	I	20.909	400,55	1.672,72	1.881,81	176,83	1.522,32	1.712,61	-	1.371,92	1.543,41	-	1.222,64	1.375,47	-	1.079,04	1.213,92	-	941,68	1.059,39	-	810,48	911,79
	II	19.120	187,66	1.529,60	1.720,80	-	1.379,20	1.551,60	-	1.229,76	1.383,48	-	1.085,84	1.221,57	-	948,16	1.066,68	-	816,64	918,72	-	691,28	777,69
	III	13.548	-	1.083,84	1.219,32	-	970,88	1.092,24	-	861,12	968,76	-	754,24	848,52	-	650,56	731,88	-	550,08	618,84	-	452,48	509,04
	IV	20.909	400,55	1.672,72	1.881,81	288,69	1.597,52	1.797,21	176,83	1.522,32	1.712,61	64,97	1.447,12	1.628,01	-	1.371,92	1.543,41	-	1.296,72	1.458,81	-	1.222,64	1.375,47
	V	27.082	1.135,14	2.166,56	2.437,38																		
	VI	27.614	1.198,44	2.209,12	2.485,26																		
88.523,99 (Ost)	I	21.002	411,62	1.680,16	1.890,18	187,90	1.529,76	1.720,98	-	1.379,44	1.551,87	-	1.230,00	1.383,75	-	1.086,08	1.221,84	-	948,40	1.066,95	-	816,88	918,99
	II	19.213	198,73	1.537,04	1.729,17	-	1.386,64	1.559,97	-	1.237,04	1.391,67	-	1.092,88	1.229,49	-	954,88	1.074,24	-	823,04	925,92	-	697,36	784,53
	III	13.620	-	1.089,60	1.225,80	-	976,48	1.098,54	-	866,40	974,70	-	759,52	854,46	-	655,68	737,64	-	555,04	624,42	-	457,28	514,44
	IV	21.002	411,62	1.680,16	1.890,18	299,76	1.604,96	1.805,58	187,90	1.529,76	1.720,98	76,04	1.454,56	1.636,38	-	1.379,44	1.551,87	-	1.304,24	1.467,27	-	1.230,00	1.383,75
	V	27.176	1.146,32	2.174,08	2.445,84																		
	VI	27.707	1.209,51	2.216,56	2.493,63																		
88.559,99 (West)	I	20.924	402,33	1.673,92	1.883,16	178,61	1.523,52	1.713,96	-	1.373,12	1.544,76	-	1.223,84	1.376,82	-	1.080,24	1.215,27	-	942,72	1.060,56	-	811,52	912,96
	II	19.135	189,44	1.530,80	1.722,15	-	1.380,40	1.552,95	-	1.230,88	1.384,74	-	1.086,96	1.222,83	-	949,28	1.067,94	-	817,68	919,89	-	692,24	778,77
	III	13.560	-	1.084,80	1.220,40	-	971,84	1.093,32	-	861,92	969,66	-	755,20	849,60	-	651,36	732,78	-	550,88	619,74	-	453,28	509,94
	IV	20.924	402,33	1.673,92	1.883,16	290,47	1.598,72	1.798,56	178,61	1.523,52	1.713,96	66,75	1.448,32	1.629,36	-	1.373,12	1.544,76	-	1.297,92	1.460,16	-	1.223,84	1.376,82
	V	27.097	1.136,92	2.167,76	2.438,73																		
	VI	27.629	1.200,23	2.210,32	2.486,61																		
88.559,99 (Ost)	I	21.017	413,40	1.681,36	1.891,53	189,80	1.531,04	1.722,42	-	1.380,64	1.553,22	-	1.231,12	1.385,01	-	1.087,20	1.223,10	-	949,44	1.068,12	-	817,84	920,07
	II	19.228	200,51	1.538,24	1.730,52	-	1.387,84	1.561,32	-	1.238,24	1.393,02	-	1.094,00	1.230,75	-	956,00	1.075,50	-	824,08	927,09	-	698,40	785,70
	III	13.630	-	1.090,40	1.226,70	-	977,28	1.099,44	-	867,36	975,78	-	760,48	855,54	-	656,48	738,54	-	555,84	625,32	-	458,08	515,34
	IV	21.017	413,40	1.681,36	1.891,53	301,66	1.606,24	1.807,02	189,80	1.531,04	1.722,42	77,94	1.455,84	1.637,82	-	1.380,64	1.553,22	-	1.305,44	1.468,62	-	1.231,12	1.385,01
	V	27.191	1.148,11	2.175,28	2.447,19																		
	VI	27.723	1.211,42	2.217,84	2.495,07																		

SolZ/KiSt lt. Tabelle nicht für Sonstige Bezüge anwendbar.

Lohn/ Gehalt bis	Steuerklasse	Lohn-steuer	ohne Kinderfreibetrag SolZ 5,5%	Kirchensteuer 8%	9%	0,5 SolZ 5,5%	Kirchensteuer 8%	9%	1,0 SolZ 5,5%	Kirchensteuer 8%	9%	1,5 SolZ 5,5%	Kirchensteuer 8%	9%	2,0 SolZ 5,5%	Kirchensteuer 8%	9%	2,5 SolZ 5,5%	Kirchensteuer 8%	9%	3,0 SolZ 5,5%	Kirchensteuer 8%	9%
88.595,99 (West)	I	20.939	404,12	1.675,12	1.884,51	180,40	1.524,72	1.715,31	–	1.374,32	1.546,11	–	1.225,04	1.378,17	–	1.081,36	1.216,53	–	943,84	1.061,82	–	812,48	914,
	II	19.150	191,23	1.532,00	1.723,50	–	1.381,60	1.554,30	–	1.232,08	1.386,09	–	1.088,16	1.224,18	–	950,32	1.069,11	–	818,72	921,06	–	693,28	779,
	III	13.570	–	1.085,60	1.221,30	–	972,64	1.094,22	–	862,72	970,56	–	756,00	850,50	–	652,32	733,86	–	551,68	620,64	–	454,08	510,
	IV	20.939	404,12	1.675,12	1.884,51	292,26	1.599,92	1.799,91	180,40	1.524,72	1.715,31	68,54	1.449,52	1.630,71	–	1.374,32	1.546,11	–	1.299,20	1.461,60	–	1.225,04	1.378,
	V	27.112	1.138,71	2.168,96	2.440,08																		
	VI	27.644	1.202,01	2.211,52	2.487,96																		
88.595,99 (Ost)	I	21.033	415,31	1.682,64	1.892,97	191,59	1.532,24	1.723,77	–	1.381,84	1.554,57	–	1.232,32	1.386,36	–	1.088,32	1.224,36	–	950,56	1.069,38	–	818,88	921,
	II	19.243	202,30	1.539,44	1.731,87	–	1.389,04	1.562,67	–	1.239,44	1.394,37	–	1.095,12	1.232,01	–	957,04	1.076,67	–	825,12	928,26	–	699,36	786,
	III	13.642	–	1.091,36	1.227,78	–	978,24	1.100,52	–	868,16	976,68	–	761,28	856,44	–	657,44	739,62	–	556,64	626,22	–	458,88	516,
	IV	21.033	415,31	1.682,64	1.892,97	303,45	1.607,44	1.808,37	191,59	1.532,24	1.723,77	79,73	1.457,04	1.639,17	–	1.381,84	1.554,57	–	1.306,64	1.469,97	–	1.232,32	1.386,
	V	27.206	1.149,89	2.176,48	2.448,54																		
	VI	27.738	1.213,20	2.219,04	2.496,42																		
88.631,99 (West)	I	20.954	405,90	1.676,32	1.885,86	182,18	1.525,92	1.716,66	–	1.375,52	1.547,46	–	1.226,16	1.379,43	–	1.082,48	1.217,79	–	944,96	1.063,08	–	813,52	915,
	II	19.165	193,01	1.533,20	1.724,85	–	1.382,80	1.555,65	–	1.233,28	1.387,44	–	1.089,28	1.225,44	–	951,44	1.070,37	–	819,76	922,23	–	694,24	781,
	III	13.582	–	1.086,56	1.222,38	–	973,60	1.095,30	–	863,68	971,64	–	756,80	851,40	–	653,12	734,76	–	552,48	621,54	–	454,88	511,
	IV	20.954	405,90	1.676,32	1.885,86	294,04	1.601,12	1.801,26	182,18	1.525,92	1.716,66	70,32	1.450,72	1.632,06	–	1.375,52	1.547,46	–	1.300,40	1.462,95	–	1.226,16	1.379,
	V	27.127	1.140,49	2.170,16	2.441,43																		
	VI	27.659	1.203,80	2.212,72	2.489,31																		
88.631,99 (Ost)	I	21.048	417,09	1.683,84	1.894,32	193,37	1.533,44	1.725,12	–	1.383,04	1.555,92	–	1.233,52	1.387,71	–	1.089,52	1.225,71	–	951,60	1.070,55	–	819,92	922,
	II	19.259	204,20	1.540,72	1.733,31	–	1.390,32	1.564,11	–	1.240,64	1.395,72	–	1.096,32	1.233,36	–	958,16	1.077,93	–	826,16	929,43	–	700,32	787,
	III	13.654	–	1.092,32	1.228,86	–	979,20	1.101,60	–	869,12	977,76	–	762,08	857,34	–	658,24	740,52	–	557,44	627,12	–	459,68	517,
	IV	21.048	417,09	1.683,84	1.894,32	305,23	1.608,64	1.809,72	193,37	1.533,44	1.725,12	81,51	1.458,24	1.640,52	–	1.383,04	1.555,92	–	1.307,84	1.471,32	–	1.233,52	1.387,
	V	27.221	1.151,68	2.177,68	2.449,89																		
	VI	27.753	1.214,99	2.220,24	2.497,77																		
88.667,99 (West)	I	20.969	407,69	1.677,52	1.887,21	183,97	1.527,12	1.718,01	–	1.376,72	1.548,81	–	1.227,36	1.380,78	–	1.083,60	1.219,05	–	946,00	1.064,25	–	814,56	916,
	II	19.180	194,80	1.534,40	1.726,20	–	1.384,00	1.557,00	–	1.234,48	1.388,79	–	1.090,40	1.226,70	–	952,48	1.071,54	–	820,80	923,40	–	695,20	782,
	III	13.594	–	1.087,52	1.223,46	–	974,40	1.096,20	–	864,48	972,54	–	757,60	852,30	–	653,92	735,66	–	553,28	622,44	–	455,68	512,
	IV	20.969	407,69	1.677,52	1.887,21	295,83	1.602,32	1.802,61	183,97	1.527,12	1.718,01	72,11	1.451,92	1.633,41	–	1.376,72	1.548,81	–	1.301,60	1.464,30	–	1.227,36	1.380,
	V	27.142	1.142,28	2.171,36	2.442,78																		
	VI	27.674	1.205,58	2.213,92	2.490,66																		
88.667,99 (Ost)	I	21.063	418,88	1.685,04	1.895,67	195,16	1.534,64	1.726,47	–	1.384,24	1.557,27	–	1.234,72	1.389,06	–	1.090,64	1.226,97	–	952,72	1.071,81	–	820,96	923,
	II	19.274	205,98	1.541,92	1.734,66	–	1.391,52	1.565,46	–	1.241,84	1.397,07	–	1.097,44	1.234,62	–	959,20	1.079,10	–	827,20	930,60	–	701,36	789,
	III	13.666	–	1.093,28	1.229,94	–	980,00	1.102,50	–	869,92	978,66	–	762,88	858,24	–	659,04	741,42	–	558,24	628,02	–	460,48	518,
	IV	21.063	418,88	1.685,04	1.895,67	307,02	1.609,84	1.811,07	195,16	1.534,64	1.726,47	83,30	1.459,44	1.641,87	–	1.384,24	1.557,27	–	1.309,04	1.472,67	–	1.234,72	1.389,
	V	27.236	1.153,46	2.178,88	2.451,24																		
	VI	27.768	1.216,77	2.221,44	2.499,12																		
88.703,99 (West)	I	20.984	409,47	1.678,72	1.888,56	185,75	1.528,32	1.719,36	–	1.377,92	1.550,16	–	1.228,56	1.382,13	–	1.084,72	1.220,31	–	947,12	1.065,51	–	815,60	917,
	II	19.195	196,58	1.535,60	1.727,55	–	1.385,20	1.558,35	–	1.235,68	1.390,14	–	1.091,52	1.227,96	–	953,60	1.072,80	–	821,84	924,57	–	696,24	783,
	III	13.606	–	1.088,48	1.224,54	–	975,36	1.097,28	–	865,44	973,62	–	758,56	853,38	–	654,72	736,56	–	554,08	623,34	–	456,48	513,
	IV	20.984	409,47	1.678,72	1.888,56	297,61	1.603,52	1.803,96	185,75	1.528,32	1.719,36	73,89	1.453,12	1.634,76	–	1.377,92	1.550,16	–	1.302,80	1.465,65	–	1.228,56	1.382,
	V	27.158	1.144,18	2.172,64	2.444,22																		
	VI	27.689	1.207,37	2.215,12	2.492,01																		
88.703,99 (Ost)	I	21.078	420,66	1.686,24	1.897,02	196,94	1.535,84	1.727,82	–	1.385,44	1.558,62	–	1.235,84	1.390,32	–	1.091,76	1.228,23	–	953,76	1.072,98	–	822,00	924,
	II	19.289	207,77	1.543,12	1.736,01	–	1.392,72	1.566,81	–	1.242,96	1.398,33	–	1.098,56	1.235,88	–	960,32	1.080,36	–	828,24	931,77	–	702,32	790,
	III	13.676	–	1.094,08	1.230,84	–	980,96	1.103,58	–	870,88	979,74	–	763,84	859,32	–	659,84	742,32	–	559,04	628,92	–	461,28	518,
	IV	21.078	420,66	1.686,24	1.897,02	308,80	1.611,04	1.812,42	196,94	1.535,84	1.727,82	85,08	1.460,64	1.643,22	–	1.385,44	1.558,62	–	1.310,24	1.474,02	–	1.235,84	1.390,
	V	27.251	1.155,25	2.180,08	2.452,59																		
	VI	27.783	1.218,56	2.222,64	2.500,47																		
88.739,99 (West)	I	20.999	411,26	1.679,92	1.889,91	187,66	1.529,60	1.720,80	–	1.379,20	1.551,60	–	1.229,76	1.383,48	–	1.085,84	1.221,57	–	948,16	1.066,68	–	816,64	918,
	II	19.210	198,37	1.536,80	1.728,90	–	1.386,40	1.559,70	–	1.236,80	1.391,40	–	1.092,64	1.229,22	–	954,64	1.073,97	–	822,88	925,74	–	697,20	784,
	III	13.616	–	1.089,28	1.225,44	–	976,32	1.098,36	–	866,24	974,52	–	759,36	854,28	–	655,52	737,46	–	554,88	624,24	–	457,12	514,
	IV	20.999	411,26	1.679,92	1.889,91	299,40	1.604,72	1.805,31	187,66	1.529,60	1.720,80	75,80	1.454,40	1.636,20	–	1.379,20	1.551,60	–	1.304,00	1.467,00	–	1.229,76	1.383,
	V	27.173	1.145,97	2.173,84	2.445,57																		
	VI	27.704	1.209,15	2.216,32	2.493,36																		
88.739,99 (Ost)	I	21.093	422,45	1.687,44	1.898,37	198,73	1.537,04	1.729,17	–	1.386,64	1.559,97	–	1.237,04	1.391,67	–	1.092,88	1.229,49	–	954,88	1.074,24	–	823,04	925,
	II	19.304	209,55	1.544,32	1.737,36	–	1.393,92	1.568,16	–	1.244,16	1.399,68	–	1.099,68	1.237,14	–	961,36	1.081,53	–	829,28	932,94	–	703,28	791,
	III	13.688	–	1.095,04	1.231,92	–	981,92	1.104,66	–	871,68	980,64	–	764,64	860,22	–	660,64	743,22	–	559,84	629,82	–	461,92	519,
	IV	21.093	422,45	1.687,44	1.898,37	310,59	1.612,24	1.813,77	198,73	1.537,04	1.729,17	86,87	1.461,84	1.644,57	–	1.386,64	1.559,97	–	1.311,44	1.475,37	–	1.237,04	1.391,
	V	27.266	1.157,03	2.181,28	2.453,94																		
	VI	27.798	1.220,34	2.223,84	2.501,82																		
88.775,99 (West)	I	21.015	413,16	1.681,20	1.891,35	189,44	1.530,80	1.722,15	–	1.380,40	1.552,95	–	1.230,88	1.384,74	–	1.086,96	1.222,83	–	949,28	1.067,94	–	817,68	919,
	II	19.225	200,15	1.538,00	1.730,25	–	1.387,60	1.561,05	–	1.238,00	1.392,75	–	1.093,84	1.230,57	–	955,76	1.075,23	–	823,92	926,91	–	698,16	785,
	III	13.628	–	1.090,24	1.226,52	–	977,12	1.099,26	–	867,20	975,60	–	760,16	855,18	–	656,32	738,36	–	555,68	625,14	–	457,92	515,
	IV	21.015	413,16	1.681,20	1.891,35	301,30	1.606,00	1.806,75	189,44	1.530,80	1.722,15	77,58	1.455,60	1.637,55	–	1.380,40	1.552,95	–	1.305,20	1.468,35	–	1.230,88	1.384,
	V	27.188	1.147,75	2.175,04	2.446,92																		
	VI	27.720	1.211,06	2.217,60	2.494,80																		
88.775,99 (Ost)	I	21.108	424,23	1.688,64	1.899,72	200,51	1.538,24	1.730,52	–	1.387,84	1.561,32	–	1.238,24	1.393,02	–	1.094,00	1.230,75	–	956,00	1.075,50	–	824,08	927,
	II	19.319	211,34	1.545,52	1.738,71	–	1.395,12	1.569,51	–	1.245,36	1.401,03	–	1.100,80	1.238,40	–	962,48	1.082,79	–	830,32	934,11	–	704,32	792,
	III	13.700	–	1.096,00	1.233,00	–	982,72	1.105,56	–	872,64	981,72	–	765,44	861,12	–	661,44	744,12	–	560,64	630,72	–	462,72	520,
	IV	21.108	424,23	1.688,64	1.899,72	312,37	1.613,44	1.815,12	200,51	1.538,24	1.730,52	88,65	1.463,04	1.645,92	–	1.387,84	1.561,32	–	1.312,64	1.476,72	–	1.238,24	1.393,
	V	27.282	1.158,94	2.182,56	2.455,38																		
	VI	27.813	1.222,13	2.225,04	2.503,17																		
88.811,99 (West)	I	21.030	414,95	1.682,40	1.892,70	191,23	1.532,00	1.723,50	–	1.381,60	1.554,30	–	1.232,08	1.386,09	–	1.088,16	1.224,18	–	950,32	1.069,11	–	818,72	921,
	II	19.240	201,94	1.539,20	1.731,60	–	1.388,88	1.562,49	–	1.239,20	1.394,10	–	1.094,96	1.231,83	–	956,88	1.076,49	–	824,96	928,08	–	699,20	786,
	III	13.640	–	1.091,20	1.227,60	–	978,08	1.100,34	–	868,00	976,50	–	761,12	856,26	–	657,12	739,26	–	556,48	626,04	–	458,72	516,
	IV	21.030	414,95	1.682,40	1.892,70	303,09	1.607,20	1.808,10	191,23	1.532,00	1.723,50	79,37	1.456,80	1.638,90	–	1.381,60	1.554,30	–	1.306,40	1.469,70	–	1.232,08	1.386,
	V	27.203	1.149,54	2.176,24	2.448,27																		
	VI	27.735	1.212,84	2.218,80	2.496,15																		
88.811,99 (Ost)	I	21.123	426,02	1.689,84	1.901,07	202,30	1.539,44	1.731,87	–	1.389,04	1.562,67	–	1.239,44	1.394,37	–	1.095,12	1.232,01	–	957,04	1.076,67	–	825,12	928,
	II	19.334	213,12	1.546,72	1.740,06	–	1.396,32	1.570,86	–	1.246,56	1.402,38	–	1.102,00	1.239,75	–	963,60	1.084,05	–	831,36	935,28	–	705,28	793,
	III	13.712	–	1.096,96	1.234,08	–	983,68	1.106,64	–	873,44	982,62	–	766,40	862,20	–	662,24	745,02	–	561,44	631,62	–	463,52	521,
	IV	21.123	426,02	1.689,84	1.901,07	314,16	1.614,64	1.816,47	202,30	1.539,44	1.731,87	90,44	1.464,24	1.647,27	–	1.389,04	1.562,67	–	1.313,92	1.478,16	–	1.239,44	1.394,
	V	27.297	1.160,72	2.183,76	2.456,73																		
	VI	27.828	1.223,91	2.226,24	2.504,52																		

SolZ/KiSt lt. Tabelle nicht für Sonstige Bezüge anwendbar.

Lohn/ Gehalt bis	Steuerklasse	Lohn-steuer	ohne Kinderfreibetrag SolZ 5,5%	Kirchensteuer 8%	9%	0,5 SolZ 5,5%	Kirchensteuer 8%	9%	1,0 SolZ 5,5%	Kirchensteuer 8%	9%	1,5 SolZ 5,5%	Kirchensteuer 8%	9%	2,0 SolZ 5,5%	Kirchensteuer 8%	9%	2,5 SolZ 5,5%	Kirchensteuer 8%	9%	3,0 SolZ 5,5%	Kirchensteuer 8%	9%
8.847,99	I	21.045	416,73	1.683,60	1.894,05	193,01	1.533,20	1.724,85	-	1.382,80	1.555,65	-	1.233,28	1.387,44	-	1.089,28	1.225,44	-	951,44	1.070,37	-	819,76	922,23
(West)	II	19.256	203,84	1.540,48	1.733,04	-	1.390,08	1.563,84	-	1.240,40	1.395,45	-	1.096,08	1.233,09	-	957,92	1.077,66	-	825,92	929,16	-	700,16	787,68
	III	13.652	-	1.092,16	1.228,68	-	978,88	1.101,24	-	868,96	977,58	-	761,92	857,16	-	658,08	740,34	-	557,28	626,94	-	459,52	516,96
	IV	21.045	416,73	1.683,60	1.894,05	304,87	1.608,40	1.809,45	193,01	1.533,20	1.724,85	81,15	1.458,00	1.640,25	-	1.382,80	1.555,65	-	1.307,60	1.471,05	-	1.233,28	1.387,44
	V	27.218	1.151,32	2.177,44	2.449,62																		
	VI	27.750	1.214,63	2.220,00	2.497,50																		
8.847,99	I	21.138	427,80	1.691,04	1.902,42	204,20	1.540,72	1.733,31	-	1.390,32	1.564,11	-	1.240,64	1.395,72	-	1.096,32	1.233,36	-	958,16	1.077,93	-	826,16	929,43
(Ost)	II	19.349	214,91	1.547,92	1.741,41	-	1.397,52	1.572,21	-	1.247,76	1.403,73	-	1.103,12	1.241,01	-	964,64	1.085,22	-	832,40	936,45	-	706,32	794,61
	III	13.724	-	1.097,92	1.235,16	-	984,48	1.107,54	-	874,40	983,70	-	767,20	863,10	-	663,20	746,10	-	562,24	632,52	-	464,32	522,36
	IV	21.138	427,80	1.691,04	1.902,42	315,94	1.615,84	1.817,82	204,20	1.540,72	1.733,31	92,34	1.465,52	1.648,71	-	1.390,32	1.564,11	-	1.315,12	1.479,51	-	1.240,64	1.395,72
	V	27.312	1.162,51	2.184,96	2.458,08																		
	VI	27.843	1.225,70	2.227,44	2.505,87																		
8.883,99	I	21.060	418,52	1.684,80	1.895,40	194,80	1.534,40	1.726,20	-	1.384,00	1.557,00	-	1.234,48	1.388,79	-	1.090,40	1.226,70	-	952,48	1.071,54	-	820,80	923,40
(West)	II	19.271	205,63	1.541,68	1.734,39	-	1.391,28	1.565,19	-	1.241,60	1.396,80	-	1.097,20	1.234,35	-	959,04	1.078,92	-	826,96	930,33	-	701,12	788,76
	III	13.662	-	1.092,96	1.229,58	-	979,84	1.102,32	-	869,76	978,48	-	762,72	858,06	-	658,88	741,24	-	558,08	627,84	-	460,32	517,86
	IV	21.060	418,52	1.684,80	1.895,40	306,66	1.609,60	1.810,80	194,80	1.534,40	1.726,20	82,94	1.459,20	1.641,60	-	1.384,00	1.557,00	-	1.308,80	1.472,40	-	1.234,48	1.388,79
	V	27.233	1.153,11	2.178,64	2.450,97																		
	VI	27.765	1.216,41	2.221,20	2.498,85																		
8.883,99	I	21.154	429,70	1.692,32	1.903,86	205,98	1.541,92	1.734,66	-	1.391,52	1.565,46	-	1.241,84	1.397,07	-	1.097,44	1.234,62	-	959,20	1.079,10	-	827,20	930,60
(Ost)	II	19.364	216,69	1.549,12	1.742,76	-	1.398,72	1.573,56	-	1.248,96	1.405,08	-	1.104,24	1.242,27	-	965,76	1.086,48	-	833,44	937,62	-	707,28	795,69
	III	13.734	-	1.098,72	1.236,06	-	985,44	1.108,62	-	875,20	984,60	-	768,00	864,00	-	664,00	747,00	-	563,04	633,42	-	465,12	523,26
	IV	21.154	429,70	1.692,32	1.903,86	317,84	1.617,12	1.819,26	205,98	1.541,92	1.734,66	94,12	1.466,72	1.650,06	-	1.391,52	1.565,46	-	1.316,32	1.480,86	-	1.241,84	1.397,07
	V	27.327	1.164,29	2.186,16	2.459,43																		
	VI	27.859	1.227,60	2.228,72	2.507,31																		
8.919,99	I	21.075	420,30	1.686,00	1.896,75	196,58	1.535,60	1.727,55	-	1.385,20	1.558,35	-	1.235,68	1.390,14	-	1.091,52	1.227,96	-	953,60	1.072,80	-	821,84	924,57
(West)	II	19.286	207,41	1.542,88	1.735,74	-	1.392,48	1.566,54	-	1.242,80	1.398,15	-	1.098,32	1.235,61	-	960,08	1.080,09	-	828,00	931,50	-	702,16	789,93
	III	13.674	-	1.093,92	1.230,66	-	980,80	1.103,40	-	870,56	979,38	-	763,68	859,14	-	659,68	742,14	-	558,88	628,74	-	461,12	518,76
	IV	21.075	420,30	1.686,00	1.896,75	308,44	1.610,80	1.812,15	196,58	1.535,60	1.727,55	84,72	1.460,40	1.642,95	-	1.385,20	1.558,35	-	1.310,00	1.473,75	-	1.235,68	1.390,14
	V	27.248	1.154,89	2.179,84	2.452,32																		
	VI	27.780	1.218,20	2.222,40	2.500,20																		
8.919,99	I	21.169	431,49	1.693,52	1.905,21	207,77	1.543,12	1.736,01	-	1.392,72	1.566,81	-	1.242,96	1.398,33	-	1.098,56	1.235,88	-	960,32	1.080,36	-	828,24	931,77
(Ost)	II	19.379	218,48	1.550,32	1.744,11	-	1.400,00	1.575,00	-	1.250,08	1.406,34	-	1.105,36	1.243,53	-	966,88	1.087,74	-	834,48	938,79	-	708,24	796,77
	III	13.746	-	1.099,68	1.237,14	-	986,40	1.109,70	-	876,00	985,50	-	768,96	865,08	-	664,80	747,90	-	563,84	634,32	-	465,92	524,16
	IV	21.169	431,49	1.693,52	1.905,21	319,63	1.618,32	1.820,61	207,77	1.543,12	1.736,01	95,91	1.467,92	1.651,41	-	1.392,72	1.566,81	-	1.317,52	1.482,21	-	1.242,96	1.398,33
	V	27.342	1.166,08	2.187,36	2.460,78																		
	VI	27.874	1.229,38	2.229,92	2.508,66																		
8.955,99	I	21.090	422,09	1.687,20	1.898,10	198,37	1.536,80	1.728,90	-	1.386,40	1.559,70	-	1.236,80	1.391,40	-	1.092,64	1.229,22	-	954,64	1.073,97	-	822,88	925,74
(West)	II	19.301	209,20	1.544,08	1.737,09	-	1.393,68	1.567,89	-	1.243,92	1.399,41	-	1.099,52	1.236,96	-	961,20	1.081,35	-	829,04	932,67	-	703,12	791,01
	III	13.686	-	1.094,88	1.231,74	-	981,60	1.104,30	-	871,52	980,46	-	764,48	860,04	-	660,48	743,04	-	559,68	629,64	-	461,76	519,48
	IV	21.090	422,09	1.687,20	1.898,10	310,23	1.612,00	1.813,50	198,37	1.536,80	1.728,90	86,51	1.461,60	1.644,30	-	1.386,40	1.559,70	-	1.311,20	1.475,10	-	1.236,80	1.391,40
	V	27.263	1.156,68	2.181,04	2.453,67																		
	VI	27.795	1.219,98	2.223,60	2.501,55																		
8.955,99	I	21.184	433,27	1.694,72	1.906,56	209,55	1.544,32	1.737,36	-	1.393,92	1.568,16	-	1.244,16	1.399,68	-	1.099,68	1.237,14	-	961,36	1.081,53	-	829,28	932,94
(Ost)	II	19.395	220,38	1.551,60	1.745,55	-	1.401,20	1.576,35	-	1.251,28	1.407,69	-	1.106,56	1.244,88	-	967,92	1.088,91	-	835,52	939,96	-	709,28	797,94
	III	13.758	-	1.100,64	1.238,22	-	987,20	1.110,60	-	876,96	986,58	-	769,76	865,98	-	665,60	748,80	-	564,64	635,22	-	466,56	524,88
	IV	21.184	433,27	1.694,72	1.906,56	321,41	1.619,52	1.821,96	209,55	1.544,32	1.737,36	97,69	1.469,12	1.652,76	-	1.393,92	1.568,16	-	1.318,72	1.483,56	-	1.244,16	1.399,68
	V	27.357	1.167,86	2.188,56	2.462,13																		
	VI	27.889	1.231,17	2.231,12	2.510,01																		
8.991,99	I	21.105	423,87	1.688,40	1.899,45	200,15	1.538,00	1.730,25	-	1.387,60	1.561,05	-	1.238,00	1.392,75	-	1.093,84	1.230,57	-	955,76	1.075,23	-	823,92	926,91
(West)	II	19.316	210,98	1.545,28	1.738,44	-	1.394,88	1.569,24	-	1.245,12	1.400,76	-	1.100,64	1.238,22	-	962,24	1.082,52	-	830,08	933,84	-	704,08	792,09
	III	13.698	-	1.095,84	1.232,82	-	982,56	1.105,38	-	872,32	981,36	-	765,28	860,94	-	661,28	743,94	-	560,48	630,54	-	462,56	520,38
	IV	21.105	423,87	1.688,40	1.899,45	312,01	1.613,20	1.814,85	200,15	1.538,00	1.730,25	88,29	1.462,80	1.645,65	-	1.387,60	1.561,05	-	1.312,48	1.476,54	-	1.238,00	1.392,75
	V	27.279	1.158,58	2.182,32	2.455,11																		
	VI	27.810	1.221,77	2.224,80	2.502,90																		
8.991,99	I	21.199	435,06	1.695,92	1.907,91	211,34	1.545,52	1.738,71	-	1.395,12	1.569,51	-	1.245,36	1.401,03	-	1.100,80	1.238,40	-	962,48	1.082,79	-	830,32	934,11
(Ost)	II	19.410	222,17	1.552,80	1.746,90	-	1.402,40	1.577,70	-	1.252,48	1.409,04	-	1.107,68	1.246,14	-	969,04	1.090,17	-	836,56	941,13	-	710,24	799,02
	III	13.770	-	1.101,60	1.239,30	-	988,16	1.111,68	-	877,76	987,48	-	770,56	866,88	-	666,40	749,70	-	565,44	636,12	-	467,36	525,78
	IV	21.199	435,06	1.695,92	1.907,91	323,20	1.620,72	1.823,31	211,34	1.545,52	1.738,71	99,48	1.470,32	1.654,11	-	1.395,12	1.569,51	-	1.319,92	1.484,91	-	1.245,36	1.401,03
	V	27.372	1.169,65	2.189,76	2.463,48																		
	VI	27.904	1.232,95	2.232,32	2.511,36																		
89.027,99	I	21.120	425,66	1.689,60	1.900,80	201,94	1.539,20	1.731,60	-	1.388,88	1.562,49	-	1.239,20	1.394,10	-	1.094,96	1.231,83	-	956,88	1.076,49	-	824,96	928,08
(West)	II	19.331	212,77	1.546,48	1.739,79	-	1.396,08	1.570,59	-	1.246,32	1.402,11	-	1.101,76	1.239,48	-	963,36	1.083,78	-	831,12	935,01	-	705,12	793,26
	III	13.710	-	1.096,80	1.233,90	-	983,52	1.106,46	-	873,28	982,44	-	766,08	861,84	-	662,08	744,84	-	561,28	631,44	-	463,36	521,28
	IV	21.120	425,66	1.689,60	1.900,80	313,80	1.614,40	1.816,20	201,94	1.539,20	1.731,60	90,20	1.464,08	1.647,09	-	1.388,88	1.562,49	-	1.313,68	1.477,89	-	1.239,20	1.394,10
	V	27.294	1.160,36	2.183,52	2.456,46																		
	VI	27.825	1.223,55	2.226,00	2.504,25																		
89.027,99	I	21.214	436,84	1.697,12	1.909,26	213,12	1.546,72	1.740,06	-	1.396,32	1.570,86	-	1.246,56	1.402,38	-	1.102,00	1.239,75	-	963,60	1.084,05	-	831,36	935,28
(Ost)	II	19.425	223,95	1.554,00	1.748,25	0,23	1.403,60	1.579,05	-	1.253,68	1.410,39	-	1.108,80	1.247,40	-	970,08	1.091,34	-	837,60	942,30	-	711,20	800,10
	III	13.780	-	1.102,40	1.240,20	-	988,96	1.112,58	-	878,72	988,56	-	771,36	867,78	-	667,20	750,60	-	566,24	637,02	-	468,16	526,68
	IV	21.214	436,84	1.697,12	1.909,26	324,98	1.621,92	1.824,66	213,12	1.546,72	1.740,06	101,26	1.471,52	1.655,46	-	1.396,32	1.570,86	-	1.321,12	1.486,26	-	1.246,56	1.402,38
	V	27.387	1.171,43	2.190,96	2.464,83																		
	VI	27.919	1.234,74	2.233,52	2.512,71																		
89.063,99	I	21.136	427,56	1.690,88	1.902,24	203,84	1.540,48	1.733,04	-	1.390,08	1.563,84	-	1.240,40	1.395,45	-	1.096,08	1.233,09	-	957,92	1.077,66	-	825,92	929,16
(West)	II	19.346	214,55	1.547,68	1.741,14	-	1.397,28	1.571,94	-	1.247,52	1.403,46	-	1.102,88	1.240,74	-	964,48	1.085,04	-	832,16	936,18	-	706,08	794,34
	III	13.720	-	1.097,60	1.234,80	-	984,32	1.107,36	-	874,08	983,34	-	767,04	862,92	-	663,04	745,92	-	562,08	632,34	-	464,16	522,18
	IV	21.136	427,56	1.690,88	1.902,24	315,70	1.615,68	1.817,64	203,84	1.540,48	1.733,04	91,98	1.465,28	1.648,44	-	1.390,08	1.563,84	-	1.314,88	1.479,24	-	1.240,40	1.395,45
	V	27.309	1.162,15	2.184,72	2.457,81																		
	VI	27.841	1.225,46	2.227,28	2.505,69																		
89.063,99	I	21.229	438,63	1.698,32	1.910,61	214,91	1.547,92	1.741,41	-	1.397,52	1.572,21	-	1.247,76	1.403,73	-	1.103,12	1.241,01	-	964,64	1.085,22	-	832,40	936,45
(Ost)	II	19.440	225,74	1.555,20	1.749,60	2,02	1.404,80	1.580,40	-	1.254,88	1.411,74	-	1.109,92	1.248,66	-	971,20	1.092,60	-	838,64	943,47	-	712,24	801,27
	III	13.792	-	1.103,36	1.241,28	-	989,92	1.113,66	-	879,52	989,46	-	772,32	868,86	-	668,16	751,68	-	567,04	637,92	-	468,96	527,58
	IV	21.229	438,63	1.698,32	1.910,61	326,77	1.623,12	1.826,01	214,91	1.547,92	1.741,41	103,05	1.472,72	1.656,81	-	1.397,52	1.572,21	-	1.322,32	1.487,61	-	1.247,76	1.403,73
	V	27.402	1.173,22	2.192,16	2.466,18																		
	VI	27.934	1.236,52	2.234,72	2.514,06																		

Anzahl Kinderfreibeträge (nur Steuerklassen I–IV)

SolZ/KiSt lt. Tabelle nicht für Sonstige Bezüge anwendbar.

Lohn/ Gehalt bis	Steuerklasse	Lohn-steuer	ohne Kinderfreibetrag SolZ 5,5%	Kirchensteuer 8%	9%	Anzahl Kinderfreibeträge (nur Steuerklassen I–IV) 0,5 SolZ 5,5%	Kirchensteuer 8%	9%	1,0 SolZ 5,5%	Kirchensteuer 8%	9%	1,5 SolZ 5,5%	Kirchensteuer 8%	9%	2,0 SolZ 5,5%	Kirchensteuer 8%	9%	2,5 SolZ 5,5%	Kirchensteuer 8%	9%	3,0 SolZ 5,5%	Kirchensteu 8%	9%
89.099,99 (West)	I	21.151	429,35	1.692,08	1.903,59	205,63	1.541,68	1.734,39	-	1.391,28	1.565,19	-	1.241,60	1.396,80	-	1.097,20	1.234,35	-	959,04	1.078,92	-	826,96	93
	II	19.361	216,34	1.548,88	1.742,49	-	1.398,56	1.573,38	-	1.248,72	1.404,81	-	1.104,00	1.242,00	-	965,52	1.086,21	-	833,20	937,35	-	707,04	79
	III	13.732	-	1.098,56	1.235,88	-	985,28	1.108,44	-	875,04	984,42	-	767,84	863,82	-	663,84	746,82	-	562,88	633,24	-	464,96	52
	IV	21.151	429,35	1.692,08	1.903,59	317,49	1.616,88	1.818,99	205,63	1.541,68	1.734,39	93,77	1.466,48	1.649,79	-	1.391,28	1.565,19	-	1.316,08	1.480,59	-	1.241,60	1.39
	V	27.324	1.163,93	2.185,92	2.459,16																		
	VI	27.856	1.227,24	2.228,48	2.507,04																		
89.099,99 (Ost)	I	21.244	440,41	1.699,52	1.911,96	216,69	1.549,12	1.742,76	-	1.398,72	1.573,56	-	1.248,96	1.405,08	-	1.104,24	1.242,27	-	965,76	1.086,48	-	833,44	93
	II	19.455	227,52	1.556,40	1.750,95	3,80	1.406,00	1.581,75	-	1.256,08	1.413,09	-	1.111,12	1.250,01	-	972,32	1.093,86	-	839,68	944,64	-	713,20	80
	III	13.804	-	1.104,32	1.242,36	-	990,88	1.114,74	-	880,48	990,54	-	773,12	869,76	-	668,96	752,58	-	567,84	638,82	-	469,76	52
	IV	21.244	440,41	1.699,52	1.911,96	328,55	1.624,32	1.827,36	216,69	1.549,12	1.742,76	104,83	1.473,92	1.658,16	-	1.398,72	1.573,56	-	1.323,52	1.488,96	-	1.248,96	1.40
	V	27.418	1.175,12	2.193,44	2.467,62																		
	VI	27.949	1.238,31	2.235,92	2.515,41																		
89.135,99 (West)	I	21.166	431,13	1.693,28	1.904,94	207,41	1.542,88	1.735,74	-	1.392,48	1.566,54	-	1.242,80	1.398,15	-	1.098,32	1.235,61	-	960,08	1.080,09	-	828,00	93
	II	19.377	218,24	1.550,16	1.743,93	-	1.399,76	1.574,73	-	1.249,92	1.406,16	-	1.105,20	1.243,35	-	966,64	1.087,47	-	834,24	938,52	-	708,08	79
	III	13.744	-	1.099,52	1.236,96	-	986,08	1.109,34	-	875,84	985,32	-	768,64	864,72	-	664,64	747,72	-	563,68	634,14	-	465,76	52
	IV	21.166	431,13	1.693,28	1.904,94	319,27	1.618,08	1.820,34	207,41	1.542,88	1.735,74	95,55	1.467,68	1.651,14	-	1.392,48	1.566,54	-	1.317,28	1.481,94	-	1.242,80	1.39
	V	27.339	1.165,72	2.187,12	2.460,51																		
	VI	27.871	1.229,03	2.229,68	2.508,39																		
89.135,99 (Ost)	I	21.259	442,20	1.700,72	1.913,31	218,48	1.550,32	1.744,11	-	1.400,00	1.575,00	-	1.250,08	1.406,34	-	1.105,36	1.243,53	-	966,88	1.087,74	-	834,48	93
	II	19.470	229,31	1.557,60	1.752,30	5,59	1.407,20	1.583,10	-	1.257,28	1.414,44	-	1.112,24	1.251,27	-	973,36	1.095,03	-	840,72	945,81	-	714,24	80
	III	13.816	-	1.105,28	1.243,44	-	991,68	1.115,64	-	881,28	991,44	-	773,92	870,66	-	669,76	753,48	-	568,64	639,72	-	470,56	52
	IV	21.259	442,20	1.700,72	1.913,31	330,34	1.625,52	1.828,71	218,48	1.550,32	1.744,11	106,74	1.475,20	1.659,60	-	1.400,00	1.575,00	-	1.324,80	1.490,40	-	1.250,08	1.40
	V	27.433	1.176,91	2.194,64	2.468,97																		
	VI	27.964	1.240,09	2.237,12	2.516,76																		
89.171,99 (West)	I	21.181	432,92	1.694,48	1.906,29	209,20	1.544,08	1.737,09	-	1.393,68	1.567,89	-	1.243,92	1.399,41	-	1.099,52	1.236,96	-	961,20	1.081,35	-	829,04	93
	II	19.392	220,03	1.551,36	1.745,28	-	1.400,96	1.576,08	-	1.251,04	1.407,42	-	1.106,32	1.244,61	-	967,68	1.088,64	-	835,28	939,69	-	709,04	79
	III	13.756	-	1.100,48	1.238,04	-	987,04	1.110,42	-	876,80	986,40	-	769,60	865,80	-	665,44	748,62	-	564,48	635,04	-	466,40	52
	IV	21.181	432,92	1.694,48	1.906,29	321,06	1.619,28	1.821,69	209,20	1.544,08	1.737,09	97,34	1.468,88	1.652,49	-	1.393,68	1.567,89	-	1.318,48	1.483,29	-	1.243,92	1.39
	V	27.354	1.167,50	2.188,32	2.461,86																		
	VI	27.886	1.230,81	2.230,88	2.509,74																		
89.171,99 (Ost)	I	21.275	444,10	1.702,00	1.914,75	220,38	1.551,60	1.745,55	-	1.401,20	1.576,35	-	1.251,28	1.407,69	-	1.106,56	1.244,88	-	967,92	1.088,91	-	835,52	93
	II	19.485	231,09	1.558,80	1.753,65	7,37	1.408,40	1.584,45	-	1.258,48	1.415,79	-	1.113,36	1.252,53	-	974,48	1.096,29	-	841,76	946,98	-	715,20	80
	III	13.828	-	1.106,24	1.244,52	-	992,64	1.116,72	-	882,24	992,52	-	774,88	871,74	-	670,56	754,38	-	569,44	640,62	-	471,36	530
	IV	21.275	444,10	1.702,00	1.914,75	332,24	1.626,80	1.830,15	220,38	1.551,60	1.745,55	108,52	1.476,40	1.660,95	-	1.401,20	1.576,35	-	1.326,00	1.491,75	-	1.251,28	1.407
	V	27.448	1.178,69	2.195,84	2.470,32																		
	VI	27.980	1.242,00	2.238,40	2.518,20																		
89.207,99 (West)	I	21.196	434,70	1.695,68	1.907,64	210,98	1.545,28	1.738,44	-	1.394,88	1.569,24	-	1.245,12	1.400,76	-	1.100,64	1.238,22	-	962,24	1.082,52	-	830,08	933
	II	19.407	221,81	1.552,56	1.746,63	-	1.402,16	1.577,43	-	1.252,24	1.408,77	-	1.107,44	1.245,87	-	968,80	1.089,90	-	836,32	940,86	-	710,08	798
	III	13.766	-	1.101,28	1.238,94	-	988,00	1.111,50	-	877,60	987,30	-	770,40	866,70	-	666,24	749,52	-	565,28	635,94	-	467,20	525
	IV	21.196	434,70	1.695,68	1.907,64	322,84	1.620,48	1.823,04	210,98	1.545,28	1.738,44	99,12	1.470,08	1.653,84	-	1.394,88	1.569,24	-	1.319,68	1.484,64	-	1.245,12	1.400
	V	27.369	1.169,29	2.189,52	2.463,21																		
	VI	27.901	1.232,60	2.232,08	2.511,09																		
89.207,99 (Ost)	I	21.290	445,89	1.703,20	1.916,10	222,17	1.552,80	1.746,90	-	1.402,40	1.577,70	-	1.252,48	1.409,04	-	1.107,68	1.246,14	-	969,04	1.090,17	-	836,56	941
	II	19.500	232,88	1.560,00	1.755,00	9,28	1.409,68	1.585,89	-	1.259,68	1.417,14	-	1.114,48	1.253,79	-	975,60	1.097,55	-	842,80	948,15	-	716,16	805
	III	13.838	-	1.107,04	1.245,42	-	993,60	1.117,80	-	883,04	993,42	-	775,68	872,64	-	671,36	755,28	-	570,24	641,52	-	472,00	531
	IV	21.290	445,89	1.703,20	1.916,10	334,03	1.628,00	1.831,50	222,17	1.552,80	1.746,90	110,31	1.477,60	1.662,30	-	1.402,40	1.577,70	-	1.327,20	1.493,10	-	1.252,48	1.409
	V	27.463	1.180,48	2.197,04	2.471,67																		
	VI	27.995	1.243,78	2.239,60	2.519,55																		
89.243,99 (West)	I	21.211	436,49	1.696,88	1.908,99	212,77	1.546,48	1.739,79	-	1.396,08	1.570,59	-	1.246,32	1.402,11	-	1.101,76	1.239,48	-	963,36	1.083,78	-	831,12	935
	II	19.422	223,60	1.553,76	1.747,98	-	1.403,36	1.578,78	-	1.253,44	1.410,12	-	1.108,56	1.247,13	-	969,92	1.091,16	-	837,36	942,03	-	711,04	799
	III	13.778	-	1.102,24	1.240,02	-	988,80	1.112,40	-	878,56	988,38	-	771,20	867,60	-	667,04	750,42	-	566,08	636,84	-	468,00	526
	IV	21.211	436,49	1.696,88	1.908,99	324,63	1.621,68	1.824,39	212,77	1.546,48	1.739,79	100,91	1.471,28	1.655,19	-	1.396,08	1.570,59	-	1.320,88	1.485,99	-	1.246,32	1.402
	V	27.384	1.171,07	2.190,72	2.464,56																		
	VI	27.916	1.234,38	2.233,28	2.512,44																		
89.243,99 (Ost)	I	21.305	447,67	1.704,40	1.917,45	223,95	1.554,00	1.748,25	0,23	1.403,60	1.579,05	-	1.253,68	1.410,39	-	1.108,80	1.247,40	-	970,08	1.091,34	-	837,60	942
	II	19.516	234,78	1.561,28	1.756,44	11,06	1.410,88	1.587,24	-	1.260,80	1.418,40	-	1.115,68	1.255,14	-	976,64	1.098,72	-	843,84	949,32	-	717,20	806
	III	13.850	-	1.108,00	1.246,50	-	994,40	1.118,70	-	884,00	994,50	-	776,48	873,54	-	672,16	756,18	-	571,04	642,42	-	472,80	531
	IV	21.305	447,67	1.704,40	1.917,45	335,81	1.629,20	1.832,85	223,95	1.554,00	1.748,25	112,09	1.478,80	1.663,65	0,23	1.403,60	1.579,05	-	1.328,40	1.494,45	-	1.253,68	1.410
	V	27.478	1.182,26	2.198,24	2.473,02																		
	VI	28.010	1.245,57	2.240,80	2.520,90																		
89.279,99 (West)	I	21.226	438,27	1.698,08	1.910,34	214,55	1.547,68	1.741,14	-	1.397,28	1.571,94	-	1.247,52	1.403,46	-	1.102,88	1.240,74	-	964,48	1.085,04	-	832,16	936
	II	19.437	225,38	1.554,96	1.749,33	1,66	1.404,56	1.580,13	-	1.254,64	1.411,47	-	1.109,76	1.248,48	-	970,96	1.092,33	-	838,40	943,20	-	712,00	801
	III	13.790	-	1.103,20	1.241,10	-	989,76	1.113,48	-	879,36	989,28	-	772,16	868,68	-	667,84	751,32	-	566,88	637,74	-	468,80	527
	IV	21.226	438,27	1.698,08	1.910,34	326,41	1.622,88	1.825,74	214,55	1.547,68	1.741,14	102,69	1.472,48	1.656,54	-	1.397,28	1.571,94	-	1.322,08	1.487,34	-	1.247,52	1.403
	V	27.400	1.172,98	2.192,00	2.466,00																		
	VI	27.931	1.236,17	2.234,48	2.513,79																		
89.279,99 (Ost)	I	21.320	449,46	1.705,60	1.918,80	225,74	1.555,20	1.749,60	2,02	1.404,80	1.580,40	-	1.254,88	1.411,74	-	1.109,92	1.248,66	-	971,20	1.092,60	-	838,64	943
	II	19.531	236,57	1.562,48	1.757,79	12,85	1.412,08	1.588,59	-	1.262,00	1.419,75	-	1.116,80	1.256,40	-	977,76	1.099,98	-	844,88	950,49	-	718,16	807
	III	13.862	-	1.108,96	1.247,58	-	995,36	1.119,78	-	884,80	995,40	-	777,44	874,62	-	673,12	757,26	-	571,84	643,32	-	473,60	532
	IV	21.320	449,46	1.705,60	1.918,80	337,60	1.630,40	1.834,20	225,74	1.555,20	1.749,60	113,88	1.480,00	1.665,00	2,02	1.404,80	1.580,40	-	1.329,60	1.495,80	-	1.254,88	1.411
	V	27.493	1.184,05	2.199,44	2.474,37																		
	VI	28.025	1.247,35	2.242,00	2.522,25																		
89.315,99 (West)	I	21.241	440,06	1.699,28	1.911,69	216,34	1.548,88	1.742,49	-	1.398,56	1.573,38	-	1.248,72	1.404,81	-	1.104,00	1.242,00	-	965,52	1.086,21	-	833,20	937
	II	19.452	227,17	1.556,16	1.750,68	3,45	1.405,76	1.581,48	-	1.255,84	1.412,82	-	1.110,88	1.249,74	-	972,08	1.093,59	-	839,44	944,37	-	713,04	802
	III	13.802	-	1.104,16	1.242,18	-	990,56	1.114,38	-	880,32	990,36	-	772,96	869,58	-	668,80	752,40	-	567,68	638,64	-	469,60	528
	IV	21.241	440,06	1.699,28	1.911,69	328,20	1.624,08	1.827,09	216,34	1.548,88	1.742,49	104,48	1.473,68	1.657,89	-	1.398,56	1.573,38	-	1.323,36	1.488,78	-	1.248,72	1.404
	V	27.415	1.174,76	2.193,20	2.467,35																		
	VI	27.946	1.237,95	2.235,68	2.515,14																		
89.315,99 (Ost)	I	21.335	451,24	1.706,80	1.920,15	227,52	1.556,40	1.750,95	3,80	1.406,00	1.581,75	-	1.256,08	1.413,09	-	1.111,12	1.250,01	-	972,32	1.093,86	-	839,68	944
	II	19.546	238,35	1.563,68	1.759,14	14,63	1.413,28	1.589,94	-	1.263,20	1.421,10	-	1.117,92	1.257,66	-	978,88	1.101,24	-	845,92	951,66	-	719,20	809
	III	13.874	-	1.109,92	1.248,66	-	996,32	1.120,86	-	885,76	996,48	-	778,24	875,52	-	673,92	758,16	-	572,64	644,22	-	474,40	533
	IV	21.335	451,24	1.706,80	1.920,15	339,38	1.631,60	1.835,55	227,52	1.556,40	1.750,95	115,66	1.481,20	1.666,35	3,80	1.406,00	1.581,75	-	1.330,80	1.497,15	-	1.256,08	1.413
	V	27.508	1.185,83	2.200,64	2.475,72																		
	VI	28.040	1.249,14	2.243,20	2.523,60																		

SolZ/KiSt lt. Tabelle nicht für Sonstige Bezüge anwendbar.

Lohn/ Gehalt bis	Steuerklasse	Lohn- steuer	ohne Kinderfreibetrag			Anzahl Kinderfreibeträge (nur Steuerklassen I–IV)																	
						0,5			1,0			1,5			2,0			2,5			3,0		
			SolZ 5,5%	Kirchensteuer 8%	9%	SolZ 5,5%	Kirchensteuer 8%	9%	SolZ 5,5%	Kirchensteuer 8%	9%	SolZ 5,5%	Kirchensteuer 8%	9%	SolZ 5,5%	Kirchensteuer 8%	9%	SolZ 5,5%	Kirchensteuer 8%	9%	SolZ 5,5%	Kirchensteuer 8%	9%
9.351,99 (West)	I	21.256	441,84	1.700,48	1.913,04	218,24	1.550,16	1.743,93	-	1.399,76	1.574,73	-	1.249,92	1.406,16	-	1.105,20	1.243,35	-	966,64	1.087,47	-	834,24	938,52
	II	19.467	228,95	1.557,36	1.752,03	5,23	1.406,96	1.582,83	-	1.257,04	1.414,17	-	1.112,00	1.251,00	-	973,20	1.094,85	-	840,48	945,54	-	714,00	803,25
	III	13.812	-	1.104,96	1.243,08	-	991,52	1.115,46	-	881,12	991,26	-	773,76	870,48	-	669,60	753,30	-	568,48	639,54	-	470,40	529,20
	IV	21.256	441,84	1.700,48	1.913,04	330,10	1.625,36	1.828,53	218,24	1.550,16	1.743,93	106,38	1.474,96	1.659,33	-	1.399,76	1.574,73	-	1.324,56	1.490,13	-	1.249,92	1.406,16
	V	27.430	1.176,55	2.194,40	2.468,70																		
	VI	27.961	1.239,74	2.236,88	2.516,49																		
9.351,99 (Ost)	I	21.350	453,03	1.708,00	1.921,50	229,31	1.557,60	1.752,30	5,59	1.407,20	1.583,10	-	1.257,28	1.414,44	-	1.112,24	1.251,27	-	973,36	1.095,03	-	840,72	945,81
	II	19.561	240,14	1.564,88	1.760,49	16,42	1.414,48	1.591,29	-	1.264,40	1.422,45	-	1.119,12	1.259,01	-	979,92	1.102,41	-	846,96	952,83	-	720,16	810,18
	III	13.886	-	1.110,88	1.249,74	-	997,12	1.121,76	-	886,56	997,38	-	779,04	876,42	-	674,72	759,06	-	573,44	645,12	-	475,20	534,60
	IV	21.350	453,03	1.708,00	1.921,50	341,17	1.632,80	1.836,90	229,31	1.557,60	1.752,30	117,45	1.482,40	1.667,70	5,59	1.407,20	1.583,10	-	1.332,00	1.498,50	-	1.257,28	1.414,44
	V	27.523	1.187,62	2.201,84	2.477,07																		
	VI	28.055	1.250,92	2.244,40	2.524,95																		
9.387,99 (West)	I	21.272	443,75	1.701,76	1.914,48	220,03	1.551,36	1.745,28	-	1.400,96	1.576,08	-	1.251,04	1.407,42	-	1.106,32	1.244,61	-	967,68	1.088,64	-	835,28	939,69
	II	19.482	230,74	1.558,56	1.753,38	7,02	1.408,16	1.584,18	-	1.258,24	1.415,52	-	1.113,12	1.252,26	-	974,24	1.096,02	-	841,52	946,71	-	715,04	804,42
	III	13.824	-	1.105,92	1.244,16	-	992,48	1.116,54	-	882,08	992,34	-	774,72	871,56	-	670,40	754,20	-	569,28	640,44	-	471,20	530,10
	IV	21.272	443,75	1.701,76	1.914,48	331,89	1.626,56	1.829,88	220,03	1.551,36	1.745,28	108,17	1.476,16	1.660,68	-	1.400,96	1.576,08	-	1.325,76	1.491,48	-	1.251,04	1.407,42
	V	27.445	1.178,33	2.195,60	2.470,05																		
	VI	27.977	1.241,64	2.238,16	2.517,93																		
9.387,99 (Ost)	I	21.365	454,81	1.709,20	1.922,85	231,09	1.558,80	1.753,65	7,37	1.408,40	1.584,45	-	1.258,48	1.415,79	-	1.113,36	1.252,53	-	974,48	1.096,29	-	841,76	946,98
	II	19.576	241,92	1.566,08	1.761,84	18,20	1.415,68	1.592,64	-	1.265,60	1.423,80	-	1.120,24	1.260,27	-	981,04	1.103,67	-	848,00	954,00	-	721,20	811,35
	III	13.896	-	1.111,68	1.250,64	-	998,08	1.122,84	-	887,52	998,46	-	780,00	877,50	-	675,52	759,96	-	574,24	646,02	-	476,00	535,50
	IV	21.365	454,81	1.709,20	1.922,85	342,95	1.634,00	1.838,25	231,09	1.558,80	1.753,65	119,23	1.483,60	1.669,05	7,37	1.408,40	1.584,45	-	1.333,20	1.499,85	-	1.258,48	1.415,79
	V	27.539	1.189,52	2.203,12	2.478,51																		
	VI	28.070	1.252,71	2.245,60	2.526,30																		
9.423,99 (West)	I	21.287	445,53	1.702,96	1.915,83	221,81	1.552,56	1.746,63	-	1.402,16	1.577,43	-	1.252,24	1.408,77	-	1.107,44	1.245,87	-	968,80	1.089,90	-	836,32	940,86
	II	19.498	232,64	1.559,84	1.754,82	8,92	1.409,44	1.585,62	-	1.259,44	1.416,87	-	1.114,32	1.253,61	-	975,36	1.097,28	-	842,56	947,88	-	716,00	805,50
	III	13.836	-	1.106,88	1.245,24	-	993,28	1.117,44	-	882,88	993,24	-	775,52	872,46	-	671,20	755,10	-	570,08	641,34	-	471,84	530,82
	IV	21.287	445,53	1.702,96	1.915,83	333,67	1.627,76	1.831,23	221,81	1.552,56	1.746,63	109,95	1.477,36	1.662,03	-	1.402,16	1.577,43	-	1.326,96	1.492,83	-	1.252,24	1.408,77
	V	27.460	1.180,12	2.196,80	2.471,40																		
	VI	27.992	1.243,43	2.239,36	2.519,28																		
9.423,99 (Ost)	I	21.380	456,60	1.710,40	1.924,20	232,88	1.560,00	1.755,00	9,28	1.409,68	1.585,89	-	1.259,68	1.417,14	-	1.114,48	1.253,79	-	975,60	1.097,55	-	842,80	948,15
	II	19.591	243,71	1.567,28	1.763,19	19,99	1.416,88	1.593,99	-	1.266,80	1.425,15	-	1.121,36	1.261,53	-	982,16	1.104,93	-	849,04	955,17	-	722,16	812,43
	III	13.908	-	1.112,64	1.251,72	-	998,88	1.123,74	-	888,32	999,36	-	780,80	878,40	-	676,32	760,86	-	575,04	646,92	-	476,80	536,40
	IV	21.380	456,60	1.710,40	1.924,20	344,74	1.635,20	1.839,60	232,88	1.560,00	1.755,00	121,02	1.484,80	1.670,40	9,28	1.409,68	1.585,89	-	1.334,48	1.501,29	-	1.259,68	1.417,14
	V	27.554	1.191,30	2.204,32	2.479,86																		
	VI	28.085	1.254,49	2.246,80	2.527,65																		
9.459,99 (West)	I	21.302	447,32	1.704,16	1.917,18	223,60	1.553,76	1.747,98	-	1.403,36	1.578,78	-	1.253,44	1.410,12	-	1.108,56	1.247,13	-	969,92	1.091,16	-	837,36	942,03
	II	19.513	234,43	1.561,04	1.756,17	10,71	1.410,64	1.586,97	-	1.260,64	1.418,22	-	1.115,44	1.254,87	-	976,48	1.098,54	-	843,60	949,05	-	716,96	806,58
	III	13.848	-	1.107,84	1.246,32	-	994,24	1.118,52	-	883,68	994,14	-	776,32	873,36	-	672,00	756,00	-	570,88	642,24	-	472,64	531,72
	IV	21.302	447,32	1.704,16	1.917,18	335,46	1.628,96	1.832,58	223,60	1.553,76	1.747,98	111,74	1.478,56	1.663,38	-	1.403,36	1.578,78	-	1.328,16	1.494,18	-	1.253,44	1.410,12
	V	27.475	1.181,90	2.198,00	2.472,75																		
	VI	28.007	1.245,21	2.240,56	2.520,63																		
9.459,99 (Ost)	I	21.395	458,38	1.711,60	1.925,55	234,78	1.561,28	1.756,44	11,06	1.410,88	1.587,24	-	1.260,80	1.418,40	-	1.115,68	1.255,14	-	976,64	1.098,72	-	843,84	949,32
	II	19.606	245,49	1.568,48	1.764,54	21,77	1.418,08	1.595,34	-	1.268,00	1.426,50	-	1.122,56	1.262,88	-	983,20	1.106,10	-	850,08	956,34	-	723,12	813,51
	III	13.920	-	1.113,60	1.252,80	-	999,84	1.124,82	-	889,28	1.000,44	-	781,60	879,30	-	677,12	761,76	-	575,84	647,82	-	477,44	537,12
	IV	21.395	458,38	1.711,60	1.925,55	346,64	1.636,48	1.841,04	234,78	1.561,28	1.756,44	122,92	1.486,08	1.671,84	11,06	1.410,88	1.587,24	-	1.335,68	1.502,64	-	1.260,80	1.418,40
	V	27.569	1.193,09	2.205,52	2.481,21																		
	VI	28.101	1.256,40	2.248,08	2.529,09																		
9.495,99 (West)	I	21.317	449,10	1.705,36	1.918,53	225,38	1.554,96	1.749,33	1,66	1.404,56	1.580,13	-	1.254,64	1.411,47	-	1.109,76	1.248,48	-	970,96	1.092,33	-	838,40	943,20
	II	19.528	236,21	1.562,24	1.757,52	12,49	1.411,84	1.588,32	-	1.261,76	1.419,48	-	1.116,56	1.256,13	-	977,52	1.099,71	-	844,72	950,31	-	718,00	807,75
	III	13.860	-	1.108,80	1.247,40	-	995,20	1.119,60	-	884,64	995,22	-	777,28	874,44	-	672,80	756,90	-	571,68	643,14	-	473,44	532,62
	IV	21.317	449,10	1.705,36	1.918,53	337,24	1.630,16	1.833,93	225,38	1.554,96	1.749,33	113,52	1.479,76	1.664,73	1,66	1.404,56	1.580,13	-	1.329,36	1.495,53	-	1.254,64	1.411,47
	V	27.490	1.183,69	2.199,20	2.474,10																		
	VI	28.022	1.247,00	2.241,76	2.521,98																		
9.495,99 (Ost)	I	21.411	460,29	1.712,88	1.926,99	236,57	1.562,48	1.757,79	12,85	1.412,08	1.588,59	-	1.262,00	1.419,75	-	1.116,80	1.256,40	-	977,76	1.099,98	-	844,88	950,49
	II	19.621	247,28	1.569,68	1.765,89	23,56	1.419,28	1.596,69	-	1.269,20	1.427,85	-	1.123,68	1.264,14	-	984,32	1.107,36	-	851,12	957,51	-	724,16	814,68
	III	13.932	-	1.114,56	1.253,88	-	1.000,80	1.125,90	-	890,08	1.001,34	-	782,56	880,38	-	678,08	762,84	-	576,64	648,72	-	478,24	538,02
	IV	21.411	460,29	1.712,88	1.926,99	348,43	1.637,68	1.842,39	236,57	1.562,48	1.757,79	124,71	1.487,28	1.673,19	12,85	1.412,08	1.588,59	-	1.336,88	1.503,99	-	1.262,00	1.419,75
	V	27.584	1.194,87	2.206,72	2.482,56																		
	VI	28.116	1.258,18	2.249,28	2.530,44																		
89.531,99 (West)	I	21.332	450,89	1.706,56	1.919,88	227,17	1.556,16	1.750,68	3,45	1.405,76	1.581,48	-	1.255,84	1.412,82	-	1.110,88	1.249,74	-	972,08	1.093,59	-	839,44	944,37
	II	19.543	238,00	1.563,44	1.758,87	14,28	1.413,04	1.589,67	-	1.262,96	1.420,83	-	1.117,76	1.257,48	-	978,64	1.100,97	-	845,76	951,48	-	718,96	808,83
	III	13.870	-	1.109,60	1.248,30	-	996,00	1.120,50	-	885,44	996,12	-	778,08	875,34	-	673,76	757,98	-	572,48	644,04	-	474,24	533,52
	IV	21.332	450,89	1.706,56	1.919,88	339,03	1.631,36	1.835,28	227,17	1.556,16	1.750,68	115,31	1.480,96	1.666,08	3,45	1.405,76	1.581,48	-	1.330,56	1.496,88	-	1.255,84	1.412,82
	V	27.505	1.185,47	2.200,40	2.475,45																		
	VI	28.037	1.248,78	2.242,96	2.523,33																		
89.531,99 (Ost)	I	21.426	462,07	1.714,08	1.928,34	238,35	1.563,68	1.759,14	14,63	1.413,28	1.589,94	-	1.263,20	1.421,10	-	1.117,92	1.257,66	-	978,88	1.101,24	-	845,92	951,66
	II	19.637	249,18	1.570,96	1.767,33	25,46	1.420,56	1.598,13	-	1.270,40	1.429,20	-	1.124,80	1.265,40	-	985,44	1.108,62	-	852,16	958,68	-	725,12	815,76
	III	13.942	-	1.115,36	1.254,78	-	1.001,60	1.126,80	-	891,04	1.002,42	-	783,36	881,28	-	678,88	763,74	-	577,44	649,62	-	479,04	538,92
	IV	21.426	462,07	1.714,08	1.928,34	350,21	1.638,88	1.843,74	238,35	1.563,68	1.759,14	126,49	1.488,48	1.674,54	14,63	1.413,28	1.589,94	-	1.338,08	1.505,34	-	1.263,20	1.421,10
	V	27.599	1.196,66	2.207,92	2.483,91																		
	VI	28.131	1.259,97	2.250,48	2.531,79																		
89.567,99 (West)	I	21.347	452,67	1.707,76	1.921,23	228,95	1.557,36	1.752,03	5,23	1.406,96	1.582,83	-	1.257,04	1.414,17	-	1.112,00	1.251,00	-	973,20	1.094,85	-	840,48	945,54
	II	19.558	239,78	1.564,64	1.760,22	16,06	1.414,24	1.591,02	-	1.264,16	1.422,18	-	1.118,88	1.258,74	-	979,76	1.102,23	-	846,80	952,65	-	720,00	810,00
	III	13.882	-	1.110,56	1.249,38	-	996,96	1.121,58	-	886,40	997,20	-	778,88	876,24	-	674,56	758,88	-	573,28	644,94	-	475,04	534,42
	IV	21.347	452,67	1.707,76	1.921,23	340,81	1.632,56	1.836,63	228,95	1.557,36	1.752,03	117,09	1.482,16	1.667,43	5,23	1.406,96	1.582,83	-	1.331,76	1.498,23	-	1.257,04	1.414,17
	V	27.520	1.187,26	2.201,60	2.476,80																		
	VI	28.052	1.250,57	2.244,16	2.524,68																		
89.567,99 (Ost)	I	21.441	463,86	1.715,28	1.929,69	240,14	1.564,88	1.760,49	16,42	1.414,48	1.591,29	-	1.264,40	1.422,45	-	1.119,12	1.259,01	-	979,92	1.102,41	-	846,96	952,83
	II	19.652	250,97	1.572,16	1.768,68	27,25	1.421,76	1.599,48	-	1.271,60	1.430,55	-	1.126,00	1.266,75	-	986,48	1.109,79	-	853,28	959,94	-	726,16	816,93
	III	13.954	-	1.116,32	1.255,86	-	1.002,56	1.127,88	-	891,84	1.003,32	-	784,16	882,18	-	679,68	764,64	-	578,24	650,52	-	479,84	539,82
	IV	21.441	463,86	1.715,28	1.929,69	352,00	1.640,08	1.845,09	240,14	1.564,88	1.760,49	128,28	1.489,68	1.675,89	16,42	1.414,48	1.591,29	-	1.339,28	1.506,69	-	1.264,40	1.422,45
	V	27.614	1.198,44	2.209,12	2.485,26																		
	VI	28.146	1.261,75	2.251,68	2.533,14																		

SolZ/KiSt lt. Tabelle nicht für Sonstige Bezüge anwendbar.

Lohn/ Gehalt bis	Steuerklasse	Lohn- steuer	ohne Kinderfreibetrag			Anzahl Kinderfreibeträge (nur Steuerklassen I–IV)																				
						0,5			1,0			1,5			2,0			2,5			3,0		
			SolZ 5,5%	Kirchensteuer 8%	9%	SolZ 5,5%	Kirchensteuer 8%	9%	SolZ 5,5%	Kirchensteuer 8%	9%	SolZ 5,5%	Kirchensteuer 8%	9%	SolZ 5,5%	Kirchensteuer 8%	9%	SolZ 5,5%	Kirchensteuer 8%	9%	SolZ 5,5%	Kirchensteu 8%	9
89.603,99	I	**21.362**	*454,46*	1.708,96	1.922,58	*230,74*	1.558,56	1.753,38	*7,02*	1.408,16	1.584,18	–	1.258,24	1.415,52	–	1.113,12	1.252,26	–	974,24	1.096,02	–	841,52	94
(West)	II	**19.573**	*241,57*	1.565,84	1.761,57	*17,85*	1.415,44	1.592,37	–	1.265,36	1.423,53	–	1.120,00	1.260,00	–	980,80	1.103,40	–	847,84	953,82	–	720,96	81
	III	**13.894**	–	1.111,52	1.250,46	–	997,92	1.122,66	–	887,20	998,10	–	779,84	877,32	–	675,36	759,78	–	574,08	645,84	–	475,84	53
	IV	**21.362**	*454,46*	1.708,96	1.922,58	*342,60*	1.633,76	1.837,98	*230,74*	1.558,56	1.753,38	*118,88*	1.483,36	1.668,78	*7,02*	1.408,16	1.584,18	–	1.333,04	1.499,67	–	1.258,24	1.41
	V	**27.536**	*1.189,16*	2.202,88	2.478,24																		
	VI	**28.067**	*1.252,35*	2.245,36	2.526,03																		
89.603,99	I	**21.456**	*465,64*	1.716,48	1.931,04	*241,92*	1.566,08	1.761,84	*18,20*	1.415,68	1.592,64	–	1.265,60	1.423,80	–	1.120,24	1.260,27	–	981,04	1.103,67	–	848,00	95
(Ost)	II	**19.667**	*252,75*	1.573,36	1.770,03	*29,03*	1.422,96	1.600,83	–	1.272,80	1.431,90	–	1.127,12	1.268,01	–	987,60	1.111,05	–	854,32	961,11	–	727,12	81
	III	**13.966**	–	1.117,28	1.256,94	–	1.003,52	1.128,96	–	892,80	1.004,40	–	785,12	883,26	–	680,48	765,54	–	579,04	651,42	–	480,64	54
	IV	**21.456**	*465,64*	1.716,48	1.931,04	*353,78*	1.641,28	1.846,44	*241,92*	1.566,08	1.761,84	*130,06*	1.490,88	1.677,24	*18,20*	1.415,68	1.592,64	–	1.340,48	1.508,04	–	1.265,60	1.42
	V	**27.629**	*1.200,23*	2.210,32	2.486,61																		
	VI	**28.161**	*1.263,54*	2.252,88	2.534,49																		
89.639,99	I	**21.377**	*456,24*	1.710,16	1.923,93	*232,64*	1.559,84	1.754,82	*8,92*	1.409,44	1.585,62	–	1.259,44	1.416,87	–	1.114,32	1.253,61	–	975,36	1.097,28	–	842,56	94
(West)	II	**19.588**	*243,35*	1.567,04	1.762,92	*19,63*	1.416,64	1.593,72	–	1.266,56	1.424,88	–	1.121,12	1.261,26	–	981,92	1.104,66	–	848,88	954,99	–	722,00	81
	III	**13.906**	–	1.112,48	1.251,54	–	998,72	1.123,56	–	888,16	999,18	–	780,64	878,22	–	676,16	760,68	–	574,88	646,74	–	476,64	53
	IV	**21.377**	*456,24*	1.710,16	1.923,93	*344,38*	1.634,96	1.839,33	*232,64*	1.559,84	1.754,82	*120,78*	1.484,64	1.670,22	*8,92*	1.409,44	1.585,62	–	1.334,24	1.501,02	–	1.259,44	1.41
	V	**27.551**	*1.190,95*	2.204,08	2.479,59																		
	VI	**28.082**	*1.254,14*	2.246,56	2.527,38																		
89.639,99	I	**21.471**	*467,43*	1.717,68	1.932,39	*243,71*	1.567,28	1.763,19	*19,99*	1.416,88	1.593,99	–	1.266,80	1.425,15	–	1.121,36	1.261,53	–	982,16	1.104,93	–	849,04	95
(Ost)	II	**19.682**	*254,54*	1.574,56	1.771,38	*30,82*	1.424,16	1.602,18	–	1.274,00	1.433,25	–	1.128,24	1.269,27	–	988,72	1.112,31	–	855,36	962,28	–	728,16	81
	III	**13.978**	–	1.118,24	1.258,02	–	1.004,32	1.129,86	–	893,60	1.005,30	–	785,92	884,16	–	681,28	766,44	–	579,84	652,32	–	481,44	54
	IV	**21.471**	*467,43*	1.717,68	1.932,39	*355,57*	1.642,48	1.847,79	*243,71*	1.567,28	1.763,19	*131,85*	1.492,08	1.678,59	*19,99*	1.416,88	1.593,99	–	1.341,68	1.509,39	–	1.266,80	1.42
	V	**27.644**	*1.202,01*	2.211,52	2.487,96																		
	VI	**28.176**	*1.265,32*	2.254,08	2.535,84																		
89.675,99	I	**21.393**	*458,15*	1.711,44	1.925,37	*234,43*	1.561,04	1.756,17	*10,71*	1.410,64	1.586,97	–	1.260,64	1.418,22	–	1.115,44	1.254,87	–	976,48	1.098,54	–	843,60	94
(West)	II	**19.603**	*245,14*	1.568,24	1.764,27	*21,42*	1.417,84	1.595,07	–	1.267,76	1.426,23	–	1.122,32	1.262,61	–	983,04	1.105,92	–	849,92	956,16	–	722,96	81
	III	**13.918**	–	1.113,44	1.252,62	–	999,68	1.124,64	–	888,96	1.000,08	–	781,44	879,12	–	676,96	761,58	–	575,68	647,64	–	477,28	53
	IV	**21.393**	*458,15*	1.711,44	1.925,37	*346,29*	1.636,24	1.840,77	*234,43*	1.561,04	1.756,17	*122,57*	1.485,84	1.671,57	*10,71*	1.410,64	1.586,97	–	1.335,44	1.502,37	–	1.260,64	1.41
	V	**27.566**	*1.192,73*	2.205,28	2.480,94																		
	VI	**28.098**	*1.256,04*	2.247,84	2.528,82																		
89.675,99	I	**21.486**	*469,21*	1.718,88	1.933,74	*245,49*	1.568,48	1.764,54	*21,77*	1.418,08	1.595,34	–	1.268,00	1.426,50	–	1.122,56	1.262,88	–	983,20	1.106,10	–	850,08	95
(Ost)	II	**19.697**	*256,32*	1.575,76	1.772,73	*32,60*	1.425,36	1.603,53	–	1.275,20	1.434,60	–	1.129,44	1.270,62	–	989,84	1.113,57	–	856,40	963,45	–	729,12	82
	III	**13.990**	–	1.119,20	1.259,10	–	1.005,28	1.130,94	–	894,40	1.006,20	–	786,72	885,06	–	682,08	767,34	–	580,64	653,22	–	482,24	54
	IV	**21.486**	*469,21*	1.718,88	1.933,74	*357,35*	1.643,68	1.849,14	*245,49*	1.568,48	1.764,54	*133,63*	1.493,28	1.679,94	*21,77*	1.418,08	1.595,34	–	1.342,88	1.510,74	–	1.268,00	1.42
	V	**27.660**	*1.203,92*	2.212,80	2.489,40																		
	VI	**28.191**	*1.267,11*	2.255,28	2.537,19																		
89.711,99	I	**21.408**	*459,93*	1.712,64	1.926,72	*236,21*	1.562,24	1.757,52	*12,49*	1.411,84	1.588,32	–	1.261,76	1.419,48	–	1.116,56	1.256,13	–	977,52	1.099,71	–	844,72	950
(West)	II	**19.618**	*246,92*	1.569,44	1.765,62	*23,32*	1.419,12	1.596,51	–	1.268,96	1.427,58	–	1.123,44	1.263,87	–	984,08	1.107,09	–	850,96	957,33	–	724,00	814
	III	**13.928**	–	1.114,24	1.253,52	–	1.000,48	1.125,54	–	889,92	1.001,16	–	782,24	880,02	–	677,76	762,48	–	576,48	648,54	–	478,08	537
	IV	**21.408**	*459,93*	1.712,64	1.926,72	*348,07*	1.637,44	1.842,12	*236,21*	1.562,24	1.757,52	*124,35*	1.487,04	1.672,92	*12,49*	1.411,84	1.588,32	–	1.336,64	1.503,72	–	1.261,76	1.419
	V	**27.581**	*1.194,52*	2.206,48	2.482,29																		
	VI	**28.113**	*1.257,83*	2.249,04	2.530,17																		
89.711,99	I	**21.501**	*471,00*	1.720,08	1.935,09	*247,28*	1.569,68	1.765,89	*23,56*	1.419,28	1.596,69	–	1.269,20	1.427,85	–	1.123,68	1.264,14	–	984,32	1.107,36	–	851,12	957
(Ost)	II	**19.712**	*258,11*	1.576,96	1.774,08	*34,39*	1.426,56	1.604,88	–	1.276,40	1.435,95	–	1.130,56	1.271,88	–	990,88	1.114,74	–	857,44	964,62	–	730,16	821
	III	**14.000**	–	1.120,00	1.260,00	–	1.006,24	1.132,02	–	895,36	1.007,28	–	787,68	886,14	–	683,04	768,42	–	581,44	654,12	–	483,04	543
	IV	**21.501**	*471,00*	1.720,08	1.935,09	*359,14*	1.644,88	1.850,49	*247,28*	1.569,68	1.765,89	*135,42*	1.494,48	1.681,29	*23,56*	1.419,28	1.596,69	–	1.344,16	1.512,18	–	1.269,20	1.427
	V	**27.675**	*1.205,70*	2.214,00	2.490,75																		
	VI	**28.206**	*1.268,89*	2.256,48	2.538,54																		
89.747,99	I	**21.423**	*461,72*	1.713,84	1.928,07	*238,00*	1.563,44	1.758,87	*14,28*	1.413,04	1.589,67	–	1.262,96	1.420,83	–	1.117,76	1.257,48	–	978,64	1.100,97	–	845,76	951
(West)	II	**19.634**	*248,82*	1.570,72	1.767,06	*25,10*	1.420,32	1.597,86	–	1.270,16	1.428,93	–	1.124,56	1.265,13	–	985,20	1.108,35	–	852,00	958,50	–	724,96	815
	III	**13.940**	–	1.115,20	1.254,60	–	1.001,44	1.126,62	–	890,72	1.002,06	–	783,20	881,10	–	678,72	763,56	–	577,28	649,44	–	478,88	538
	IV	**21.423**	*461,72*	1.713,84	1.928,07	*349,86*	1.638,64	1.843,47	*238,00*	1.563,44	1.758,87	*126,14*	1.488,24	1.674,27	*14,28*	1.413,04	1.589,67	–	1.337,84	1.505,07	–	1.262,96	1.420,
	V	**27.596**	*1.196,30*	2.207,68	2.483,64																		
	VI	**28.128**	*1.259,61*	2.250,24	2.531,52																		
89.747,99	I	**21.516**	*472,78*	1.721,28	1.936,44	*249,18*	1.570,96	1.767,33	*25,46*	1.420,56	1.598,13	–	1.270,40	1.429,20	–	1.124,80	1.265,40	–	985,44	1.108,62	–	852,16	958
(Ost)	II	**19.727**	*259,89*	1.578,16	1.775,43	*36,17*	1.427,76	1.606,23	–	1.277,60	1.437,30	–	1.131,68	1.273,14	–	992,00	1.116,00	–	858,48	965,79	–	731,12	822,
	III	**14.012**	–	1.120,96	1.261,08	–	1.007,04	1.132,92	–	896,16	1.008,18	–	788,48	887,04	–	683,84	769,32	–	582,24	655,02	–	483,68	544,
	IV	**21.516**	*472,78*	1.721,28	1.936,44	*360,92*	1.646,08	1.851,84	*249,18*	1.570,96	1.767,33	*137,32*	1.495,76	1.682,73	*25,46*	1.420,56	1.598,13	–	1.345,36	1.513,53	–	1.270,40	1.429,
	V	**27.690**	*1.207,49*	2.215,20	2.492,10																		
	VI	**28.221**	*1.270,68*	2.257,68	2.539,89																		
89.783,99	I	**21.438**	*463,50*	1.715,04	1.929,42	*239,78*	1.564,64	1.760,22	*16,06*	1.414,24	1.591,02	–	1.264,16	1.422,18	–	1.118,88	1.258,74	–	979,76	1.102,23	–	846,80	952,
(West)	II	**19.649**	*250,61*	1.571,92	1.768,41	*26,89*	1.421,52	1.599,21	–	1.271,36	1.430,28	–	1.125,76	1.266,48	–	986,32	1.109,61	–	853,04	959,67	–	725,92	816,
	III	**13.952**	–	1.116,16	1.255,68	–	1.002,40	1.127,70	–	891,68	1.003,14	–	784,00	882,00	–	679,52	764,46	–	578,08	650,34	–	479,68	539,
	IV	**21.438**	*463,50*	1.715,04	1.929,42	*351,64*	1.639,84	1.844,82	*239,78*	1.564,64	1.760,22	*127,92*	1.489,44	1.675,62	*16,06*	1.414,24	1.591,02	–	1.339,04	1.506,42	–	1.264,16	1.422,
	V	**27.611**	*1.198,09*	2.208,88	2.484,99																		
	VI	**28.143**	*1.261,40*	2.251,44	2.532,87																		
89.783,99	I	**21.532**	*474,69*	1.722,56	1.937,88	*250,97*	1.572,16	1.768,68	*27,25*	1.421,76	1.599,48	–	1.271,60	1.430,55	–	1.126,00	1.266,75	–	986,48	1.109,79	–	853,28	959,
(Ost)	II	**19.742**	*261,68*	1.579,36	1.776,78	*37,96*	1.428,96	1.607,58	–	1.278,80	1.438,65	–	1.132,88	1.274,49	–	993,12	1.117,26	–	859,52	966,96	–	732,16	823,
	III	**14.024**	–	1.121,92	1.262,16	–	1.008,00	1.134,00	–	897,12	1.009,26	–	789,28	887,94	–	684,64	770,22	–	583,04	655,92	–	484,48	545,
	IV	**21.532**	*474,69*	1.722,56	1.937,88	*362,83*	1.647,36	1.853,28	*250,97*	1.572,16	1.768,68	*139,11*	1.496,96	1.684,08	*27,25*	1.421,76	1.599,48	–	1.346,56	1.514,88	–	1.271,60	1.430,
	V	**27.705**	*1.209,27*	2.216,40	2.493,45																		
	VI	**28.237**	*1.272,58*	2.258,96	2.541,33																		
89.819,99	I	**21.453**	*465,29*	1.716,24	1.930,77	*241,57*	1.565,84	1.761,57	*17,85*	1.415,44	1.592,37	–	1.265,36	1.423,53	–	1.120,00	1.260,00	–	980,80	1.103,40	–	847,84	953,
(West)	II	**19.664**	*252,39*	1.573,12	1.769,76	*28,67*	1.422,72	1.600,56	–	1.272,56	1.431,63	–	1.126,88	1.267,74	–	987,44	1.110,87	–	854,08	960,84	–	726,96	817,
	III	**13.964**	–	1.117,12	1.256,76	–	1.003,20	1.128,60	–	892,48	1.004,04	–	784,80	882,90	–	680,32	765,36	–	578,88	651,24	–	480,48	540,
	IV	**21.453**	*465,29*	1.716,24	1.930,77	*353,43*	1.641,04	1.846,17	*241,57*	1.565,84	1.761,57	*129,71*	1.490,64	1.676,97	*17,85*	1.415,44	1.592,37	–	1.340,24	1.507,77	–	1.265,36	1.423,
	V	**27.626**	*1.199,87*	2.210,08	2.486,34																		
	VI	**28.158**	*1.263,18*	2.252,64	2.534,22																		
89.819,99	I	**21.547**	*476,47*	1.723,76	1.939,23	*252,75*	1.573,36	1.770,03	*29,03*	1.422,96	1.600,83	–	1.272,80	1.431,90	–	1.127,12	1.268,01	–	987,60	1.111,05	–	854,32	961,
(Ost)	II	**19.757**	*263,46*	1.580,56	1.778,13	*39,86*	1.430,24	1.609,02	–	1.280,00	1.440,00	–	1.134,00	1.275,75	–	994,24	1.118,52	–	860,56	968,13	–	733,12	824,
	III	**14.036**	–	1.122,88	1.263,24	–	1.008,96	1.135,08	–	897,92	1.010,16	–	790,24	889,02	–	685,44	771,12	–	583,84	656,82	–	485,28	545,
	IV	**21.547**	*476,47*	1.723,76	1.939,23	*364,61*	1.648,56	1.854,63	*252,75*	1.573,36	1.770,03	*140,89*	1.498,16	1.685,43	*29,03*	1.422,96	1.600,83	–	1.347,76	1.516,23	–	1.272,80	1.431,
	V	**27.720**	*1.211,06*	2.217,60	2.494,80																		
	VI	**28.252**	*1.274,37*	2.260,16	2.542,68																		

SolZ/KiSt lt. Tabelle nicht für Sonstige Bezüge anwendbar.

Lohn/ Gehalt bis	Steuerklasse	Lohn-steuer	ohne Kinderfreibetrag SolZ 5,5%	Kirchensteuer 8%	Kirchensteuer 9%	0,5 SolZ 5,5%	0,5 KiSt 8%	0,5 KiSt 9%	1,0 SolZ 5,5%	1,0 KiSt 8%	1,0 KiSt 9%	1,5 SolZ 5,5%	1,5 KiSt 8%	1,5 KiSt 9%	2,0 SolZ 5,5%	2,0 KiSt 8%	2,0 KiSt 9%	2,5 SolZ 5,5%	2,5 KiSt 8%	2,5 KiSt 9%	3,0 SolZ 5,5%	3,0 KiSt 8%	3,0 KiSt 9%
9.855,99 (West)	I	21.468	467,07	1.717,44	1.932,12	243,35	1.567,04	1.762,92	19,63	1.416,64	1.593,72	-	1.266,56	1.424,88	-	1.121,12	1.261,26	-	981,92	1.104,66	-	848,88	954,99
	II	19.679	254,18	1.574,32	1.771,11	30,46	1.423,92	1.601,91	-	1.273,76	1.432,98	-	1.128,00	1.269,00	-	988,48	1.112,04	-	855,12	962,01	-	727,92	818,91
	III	13.976	-	1.118,08	1.257,84	-	1.004,16	1.129,68	-	893,44	1.005,12	-	785,76	883,98	-	681,12	766,26	-	579,68	652,14	-	481,28	541,44
	IV	21.468	467,07	1.717,44	1.932,12	355,21	1.642,24	1.847,52	243,35	1.567,04	1.762,92	131,49	1.491,84	1.678,32	19,63	1.416,64	1.593,72	-	1.341,44	1.509,12	-	1.266,56	1.424,88
	V	27.641	1.201,66	2.211,28	2.487,69																		
	VI	28.173	1.264,97	2.253,84	2.535,57																		
9.855,99 (Ost)	I	21.562	478,26	1.724,96	1.940,58	254,54	1.574,56	1.771,38	30,82	1.424,16	1.602,18	-	1.274,00	1.433,25	-	1.128,24	1.269,27	-	988,72	1.112,31	-	855,36	962,28
	II	19.773	265,37	1.581,84	1.779,57	41,65	1.431,44	1.610,37	-	1.281,20	1.441,35	-	1.135,12	1.277,01	-	995,28	1.119,69	-	861,60	969,30	-	734,16	825,93
	III	14.048	-	1.123,84	1.264,32	-	1.009,76	1.135,98	-	898,88	1.011,24	-	791,04	889,92	-	686,24	772,02	-	584,64	657,72	-	486,08	546,84
	IV	21.562	478,26	1.724,96	1.940,58	366,40	1.649,76	1.855,98	254,54	1.574,56	1.771,38	142,68	1.499,36	1.686,78	30,82	1.424,16	1.602,18	-	1.348,96	1.517,58	-	1.274,00	1.433,25
	V	27.735	1.212,84	2.218,80	2.496,15																		
	VI	28.267	1.276,15	2.261,36	2.544,03																		
9.891,99 (West)	I	21.483	468,86	1.718,64	1.933,47	245,14	1.568,24	1.764,27	21,42	1.417,84	1.595,07	-	1.267,76	1.426,23	-	1.122,32	1.262,61	-	983,04	1.105,92	-	849,92	956,16
	II	19.694	255,96	1.575,52	1.772,46	32,24	1.425,12	1.603,26	-	1.274,96	1.434,33	-	1.129,20	1.270,35	-	989,60	1.113,30	-	856,16	963,18	-	728,96	820,08
	III	13.986	-	1.118,88	1.258,74	-	1.005,12	1.130,76	-	894,24	1.006,02	-	786,56	884,88	-	681,92	767,16	-	580,48	653,04	-	482,08	542,34
	IV	21.483	468,86	1.718,64	1.933,47	357,00	1.643,44	1.848,87	245,14	1.568,24	1.764,27	133,28	1.493,04	1.679,67	21,42	1.417,84	1.595,07	-	1.342,64	1.510,47	-	1.267,76	1.426,23
	V	27.657	1.203,56	2.212,56	2.489,13																		
	VI	28.188	1.266,75	2.255,04	2.536,92																		
9.891,99 (Ost)	I	21.577	480,04	1.726,16	1.941,93	256,32	1.575,76	1.772,73	32,60	1.425,36	1.603,53	-	1.275,20	1.434,60	-	1.129,44	1.270,62	-	989,84	1.113,57	-	856,40	963,45
	II	19.788	267,15	1.583,04	1.780,92	43,43	1.432,64	1.611,72	-	1.282,40	1.442,70	-	1.136,32	1.278,36	-	996,40	1.120,95	-	862,72	970,56	-	735,12	827,01
	III	14.060	-	1.124,80	1.265,40	-	1.010,72	1.137,06	-	899,68	1.012,14	-	791,84	890,82	-	687,20	773,10	-	585,44	658,62	-	486,88	547,74
	IV	21.577	480,04	1.726,16	1.941,93	368,18	1.650,96	1.857,33	256,32	1.575,76	1.772,73	144,46	1.500,56	1.688,13	32,60	1.425,36	1.603,53	-	1.350,16	1.518,93	-	1.275,20	1.434,60
	V	27.750	1.214,63	2.220,00	2.497,50																		
	VI	28.282	1.277,94	2.262,56	2.545,38																		
9.927,99 (West)	I	21.498	470,64	1.719,84	1.934,82	246,92	1.569,44	1.765,62	23,32	1.419,12	1.596,51	-	1.268,96	1.427,58	-	1.123,44	1.263,87	-	984,08	1.107,09	-	850,96	957,33
	II	19.709	257,75	1.576,72	1.773,81	34,03	1.426,32	1.604,61	-	1.276,16	1.435,68	-	1.130,32	1.271,61	-	990,72	1.114,56	-	857,20	964,35	-	729,92	821,16
	III	13.998	-	1.119,84	1.259,82	-	1.005,92	1.131,66	-	895,20	1.007,10	-	787,36	885,78	-	682,88	768,24	-	581,28	653,94	-	482,72	543,06
	IV	21.498	470,64	1.719,84	1.934,82	358,78	1.644,64	1.850,22	246,92	1.569,44	1.765,62	135,18	1.494,32	1.681,11	23,32	1.419,12	1.596,51	-	1.343,92	1.511,91	-	1.268,96	1.427,58
	V	27.672	1.205,35	2.213,76	2.490,48																		
	VI	28.203	1.268,54	2.256,24	2.538,27																		
9.927,99 (Ost)	I	21.592	481,83	1.727,36	1.943,28	258,11	1.576,96	1.774,08	34,39	1.426,56	1.604,88	-	1.276,40	1.435,95	-	1.130,56	1.271,88	-	990,88	1.114,74	-	857,44	964,62
	II	19.803	268,94	1.584,24	1.782,27	45,22	1.433,84	1.613,07	-	1.283,60	1.444,05	-	1.137,44	1.279,62	-	997,52	1.122,21	-	863,76	971,73	-	736,16	828,18
	III	14.070	-	1.125,60	1.266,30	-	1.011,52	1.137,96	-	900,64	1.013,22	-	792,80	891,90	-	688,00	774,00	-	586,24	659,52	-	487,68	548,64
	IV	21.592	481,83	1.727,36	1.943,28	369,97	1.652,16	1.858,68	258,11	1.576,96	1.774,08	146,25	1.501,76	1.689,48	34,39	1.426,56	1.604,88	-	1.351,36	1.520,28	-	1.276,40	1.435,95
	V	27.765	1.216,41	2.221,20	2.498,85																		
	VI	28.297	1.279,72	2.263,76	2.546,73																		
9.963,99 (West)	I	21.514	472,54	1.721,12	1.936,26	248,82	1.570,72	1.767,06	25,10	1.420,32	1.597,86	-	1.270,16	1.428,93	-	1.124,56	1.265,13	-	985,20	1.108,35	-	852,00	958,50
	II	19.724	259,53	1.577,92	1.775,16	35,81	1.427,52	1.605,96	-	1.277,36	1.437,03	-	1.131,44	1.272,87	-	991,76	1.115,73	-	858,32	965,61	-	730,96	822,33
	III	14.010	-	1.120,80	1.260,90	-	1.006,88	1.132,74	-	896,00	1.008,00	-	788,32	886,86	-	683,68	769,14	-	582,08	654,84	-	483,52	543,96
	IV	21.514	472,54	1.721,12	1.936,26	360,68	1.645,92	1.851,66	248,82	1.570,72	1.767,06	136,96	1.495,52	1.682,46	25,10	1.420,32	1.597,86	-	1.345,12	1.513,26	-	1.270,16	1.428,93
	V	27.687	1.207,13	2.214,96	2.491,83																		
	VI	28.219	1.270,44	2.257,52	2.539,71																		
9.963,99 (Ost)	I	21.607	483,61	1.728,56	1.944,63	259,89	1.578,16	1.775,43	36,17	1.427,76	1.606,23	-	1.277,60	1.437,30	-	1.131,68	1.273,14	-	992,00	1.116,00	-	858,48	965,79
	II	19.818	270,72	1.585,44	1.783,62	47,00	1.435,04	1.614,42	-	1.284,80	1.445,40	-	1.138,56	1.280,88	-	998,64	1.123,47	-	864,80	972,90	-	737,12	829,26
	III	14.082	-	1.126,56	1.267,38	-	1.012,48	1.139,04	-	901,44	1.014,12	-	793,60	892,80	-	688,80	774,90	-	587,04	660,42	-	488,48	549,54
	IV	21.607	483,61	1.728,56	1.944,63	371,75	1.653,36	1.860,03	259,89	1.578,16	1.775,43	148,03	1.502,96	1.690,83	36,17	1.427,76	1.606,23	-	1.352,56	1.521,63	-	1.277,60	1.437,30
	V	27.780	1.218,20	2.222,40	2.500,20																		
	VI	28.312	1.281,51	2.264,96	2.548,08																		
9.999,99 (West)	I	21.529	474,33	1.722,32	1.937,61	250,61	1.571,92	1.768,41	26,89	1.421,52	1.599,21	-	1.271,36	1.430,28	-	1.125,76	1.266,48	-	986,32	1.109,61	-	853,04	959,67
	II	19.739	261,32	1.579,12	1.776,51	37,72	1.428,80	1.607,40	-	1.278,56	1.438,38	-	1.132,64	1.274,22	-	992,88	1.116,99	-	859,36	966,78	-	731,92	823,41
	III	14.022	-	1.121,76	1.261,98	-	1.007,84	1.133,82	-	896,96	1.009,08	-	789,12	887,76	-	684,48	770,04	-	582,88	655,74	-	484,32	544,86
	IV	21.529	474,33	1.722,32	1.937,61	362,47	1.647,12	1.853,01	250,61	1.571,92	1.768,41	138,75	1.496,72	1.683,81	26,89	1.421,52	1.599,21	-	1.346,32	1.514,61	-	1.271,36	1.430,28
	V	27.702	1.208,92	2.216,16	2.493,18																		
	VI	28.234	1.272,22	2.258,72	2.541,06																		
9.999,99 (Ost)	I	21.622	485,40	1.729,76	1.945,98	261,68	1.579,36	1.776,78	37,96	1.428,96	1.607,58	-	1.278,80	1.438,65	-	1.132,88	1.274,49	-	993,12	1.117,26	-	859,52	966,96
	II	19.833	272,51	1.586,64	1.784,97	48,79	1.436,24	1.615,77	-	1.286,00	1.446,75	-	1.139,76	1.282,23	-	999,68	1.124,64	-	865,84	974,07	-	738,16	830,43
	III	14.094	-	1.127,52	1.268,46	-	1.013,44	1.140,12	-	902,40	1.015,20	-	794,40	893,70	-	689,60	775,80	-	587,84	661,32	-	489,28	550,44
	IV	21.622	485,40	1.729,76	1.945,98	373,54	1.654,56	1.861,38	261,68	1.579,36	1.776,78	149,82	1.504,16	1.692,18	37,96	1.428,96	1.607,58	-	1.353,76	1.522,98	-	1.278,80	1.438,65
	V	27.796	1.220,10	2.223,68	2.501,64																		
	VI	28.327	1.283,29	2.266,16	2.549,43																		
90.035,99 (West)	I	21.544	476,11	1.723,52	1.938,96	252,39	1.573,12	1.769,76	28,67	1.422,72	1.600,56	-	1.272,56	1.431,63	-	1.126,88	1.267,74	-	987,44	1.110,87	-	854,08	960,84
	II	19.755	263,22	1.580,40	1.777,95	39,50	1.430,00	1.608,75	-	1.279,76	1.439,73	-	1.133,76	1.275,48	-	994,00	1.118,25	-	860,40	967,95	-	732,96	824,58
	III	14.034	-	1.122,72	1.263,06	-	1.008,64	1.134,72	-	897,76	1.009,98	-	790,08	888,84	-	685,28	770,94	-	583,68	656,64	-	485,12	545,76
	IV	21.544	476,11	1.723,52	1.938,96	364,25	1.648,32	1.854,36	252,39	1.573,12	1.769,76	140,53	1.497,92	1.685,16	28,67	1.422,72	1.600,56	-	1.347,52	1.515,96	-	1.272,56	1.431,63
	V	27.717	1.210,70	2.217,36	2.494,53																		
	VI	28.249	1.274,01	2.259,92	2.542,41																		
90.035,99 (Ost)	I	21.637	487,18	1.730,96	1.947,33	263,46	1.580,56	1.778,13	39,86	1.430,24	1.609,02	-	1.280,00	1.440,00	-	1.134,00	1.275,75	-	994,24	1.118,52	-	860,56	968,13
	II	19.848	274,29	1.587,84	1.786,32	50,57	1.437,44	1.617,12	-	1.287,20	1.448,10	-	1.140,88	1.283,49	-	1.000,80	1.125,90	-	866,88	975,24	-	739,12	831,51
	III	14.106	-	1.128,48	1.269,54	-	1.014,24	1.141,02	-	903,20	1.016,10	-	795,36	894,78	-	690,40	776,70	-	588,64	662,22	-	489,92	551,16
	IV	21.637	487,18	1.730,96	1.947,33	375,32	1.655,76	1.862,73	263,46	1.580,56	1.778,13	151,72	1.505,44	1.693,62	39,86	1.430,24	1.609,02	-	1.355,04	1.524,42	-	1.280,00	1.440,00
	V	27.811	1.221,89	2.224,88	2.502,99																		
	VI	28.342	1.285,08	2.267,36	2.550,78																		
90.071,99 (West)	I	21.559	477,90	1.724,72	1.940,31	254,18	1.574,32	1.771,11	30,46	1.423,92	1.601,91	-	1.273,76	1.432,98	-	1.128,00	1.269,00	-	988,48	1.112,04	-	855,12	962,01
	II	19.770	265,01	1.581,60	1.779,30	41,29	1.431,20	1.610,10	-	1.280,96	1.441,08	-	1.134,96	1.276,83	-	995,12	1.119,51	-	861,44	969,12	-	733,92	825,66
	III	14.044	-	1.123,52	1.263,96	-	1.009,60	1.135,80	-	898,72	1.011,06	-	790,88	889,74	-	686,08	771,84	-	584,48	657,54	-	485,92	546,66
	IV	21.559	477,90	1.724,72	1.940,31	366,04	1.649,52	1.855,71	254,18	1.574,32	1.771,11	142,32	1.499,12	1.686,51	30,46	1.423,92	1.601,91	-	1.348,72	1.517,31	-	1.273,76	1.432,98
	V	27.732	1.212,49	2.218,56	2.495,88																		
	VI	28.264	1.275,79	2.261,12	2.543,76																		
90.071,99 (Ost)	I	21.653	489,09	1.732,24	1.948,77	265,37	1.581,84	1.779,57	41,65	1.431,44	1.610,37	-	1.281,20	1.441,35	-	1.135,12	1.277,01	-	995,28	1.119,69	-	861,60	969,30
	II	19.863	276,08	1.589,04	1.787,67	52,36	1.438,64	1.618,47	-	1.288,40	1.449,45	-	1.142,08	1.284,84	-	1.001,92	1.127,16	-	867,92	976,41	-	740,16	832,68
	III	14.118	-	1.129,44	1.270,62	-	1.015,20	1.142,10	-	904,16	1.017,18	-	796,16	895,68	-	691,36	777,78	-	589,44	663,12	-	490,72	552,06
	IV	21.653	489,09	1.732,24	1.948,77	377,23	1.657,04	1.864,17	265,37	1.581,84	1.779,57	153,51	1.506,64	1.694,97	41,65	1.431,44	1.610,37	-	1.356,24	1.525,77	-	1.281,20	1.441,35
	V	27.826	1.223,67	2.226,08	2.504,34																		
	VI	28.358	1.286,98	2.268,64	2.552,22																		

Anzahl Kinderfreibeträge (nur Steuerklassen I–IV)

SolZ/KiSt lt. Tabelle nicht für Sonstige Bezüge anwendbar.

Lohn/ Gehalt bis	Steuerklasse	Lohn-steuer	ohne Kinderfreibetrag			Anzahl Kinderfreibeträge (nur Steuerklassen I–IV)																	
						0,5			1,0			1,5			2,0			2,5			3,0		
			SolZ 5,5%	Kirchensteuer 8%	9%	SolZ 5,5%	Kirchensteuer 8%	9%	SolZ 5,5%	Kirchensteuer 8%	9%	SolZ 5,5%	Kirchensteuer 8%	9%	SolZ 5,5%	Kirchensteuer 8%	9%	SolZ 5,5%	Kirchensteuer 8%	9%	SolZ 5,5%	Kirchensteuer 8%	9%
90.107,99	I	21.574	479,68	1.725,92	1.941,66	255,96	1.575,52	1.772,46	32,24	1.425,12	1.603,26	-	1.274,96	1.434,33	-	1.129,20	1.270,35	-	989,60	1.113,30	-	856,16	963
(West)	II	19.785	266,79	1.582,80	1.780,65	43,07	1.432,40	1.611,45	-	1.282,16	1.442,43	-	1.136,08	1.278,09	-	996,16	1.120,68	-	862,48	970,29	-	734,96	826
	III	14.056	-	1.124,48	1.265,04	-	1.010,56	1.136,88	-	899,52	1.011,96	-	791,68	890,64	-	686,88	772,74	-	585,28	658,44	-	486,72	547
	IV	21.574	479,68	1.725,92	1.941,66	367,82	1.650,72	1.857,06	255,96	1.575,52	1.772,46	144,10	1.500,32	1.687,86	32,24	1.425,12	1.603,26	-	1.349,92	1.518,66	-	1.274,96	1.434
	V	27.747	1.214,27	2.219,76	2.497,23																		
	VI	28.279	1.277,58	2.262,32	2.545,11																		
90.107,99	I	21.668	490,87	1.733,44	1.950,12	267,15	1.583,04	1.780,92	43,43	1.432,64	1.611,72	-	1.282,40	1.442,70	-	1.136,32	1.278,36	-	996,40	1.120,95	-	862,72	970
(Ost)	II	19.878	277,86	1.590,24	1.789,02	54,26	1.439,92	1.619,91	-	1.289,60	1.450,80	-	1.143,20	1.286,10	-	1.003,04	1.128,42	-	868,96	977,58	-	741,12	833
	III	14.128	-	1.130,24	1.271,52	-	1.016,16	1.143,18	-	904,96	1.018,08	-	796,96	896,58	-	692,16	778,68	-	590,24	664,02	-	491,52	552
	IV	21.668	490,87	1.733,44	1.950,12	379,01	1.658,24	1.865,52	267,15	1.583,04	1.780,92	155,29	1.507,84	1.696,32	43,43	1.432,64	1.611,72	-	1.357,44	1.527,12	-	1.282,40	1.442
	V	27.841	1.225,46	2.227,28	2.505,69																		
	VI	28.373	1.288,77	2.269,84	2.553,57																		
90.143,99	I	21.589	481,47	1.727,12	1.943,01	257,75	1.576,72	1.773,81	34,03	1.426,32	1.604,61	-	1.276,16	1.435,68	-	1.130,32	1.271,61	-	990,72	1.114,56	-	857,20	964
(West)	II	19.800	268,58	1.584,00	1.782,00	44,86	1.433,60	1.612,80	-	1.283,36	1.443,78	-	1.137,20	1.279,35	-	997,28	1.121,94	-	863,52	971,46	-	735,92	827
	III	14.068	-	1.125,44	1.266,12	-	1.011,36	1.137,78	-	900,48	1.013,04	-	792,64	891,72	-	687,84	773,82	-	586,08	659,34	-	487,52	548
	IV	21.589	481,47	1.727,12	1.943,01	369,61	1.651,92	1.858,41	257,75	1.576,72	1.773,81	145,89	1.501,52	1.689,21	34,03	1.426,32	1.604,61	-	1.351,12	1.520,01	-	1.276,16	1.435
	V	27.762	1.216,06	2.220,96	2.498,58																		
	VI	28.294	1.279,36	2.263,52	2.546,46																		
90.143,99	I	21.683	492,66	1.734,64	1.951,47	268,94	1.584,24	1.782,27	45,22	1.433,84	1.613,07	-	1.283,60	1.444,05	-	1.137,44	1.279,62	-	997,52	1.122,21	-	863,76	971
(Ost)	II	19.894	279,76	1.591,52	1.790,46	56,04	1.441,12	1.621,26	-	1.290,80	1.452,15	-	1.144,32	1.287,36	-	1.004,08	1.129,59	-	870,08	978,84	-	742,16	834
	III	14.140	-	1.131,20	1.272,60	-	1.016,96	1.144,08	-	905,92	1.019,16	-	797,92	897,66	-	692,96	779,58	-	591,04	664,92	-	492,32	553
	IV	21.683	492,66	1.734,64	1.951,47	380,80	1.659,44	1.866,87	268,94	1.584,24	1.782,27	157,08	1.509,04	1.697,67	45,22	1.433,84	1.613,07	-	1.358,64	1.528,47	-	1.283,60	1.444
	V	27.856	1.227,24	2.228,48	2.507,04																		
	VI	28.388	1.290,55	2.271,04	2.554,92																		
90.179,99	I	21.604	483,25	1.728,32	1.944,36	259,53	1.577,92	1.775,16	35,81	1.427,52	1.605,96	-	1.277,36	1.437,03	-	1.131,44	1.272,87	-	991,76	1.115,73	-	858,32	965
(West)	II	19.815	270,36	1.585,20	1.783,35	46,64	1.434,80	1.614,15	-	1.284,56	1.445,13	-	1.138,40	1.280,70	-	998,40	1.123,20	-	864,56	972,63	-	736,96	829
	III	14.080	-	1.126,40	1.267,20	-	1.012,32	1.138,86	-	901,28	1.013,94	-	793,44	892,62	-	688,64	774,72	-	586,88	660,24	-	488,32	549
	IV	21.604	483,25	1.728,32	1.944,36	371,39	1.653,12	1.859,76	259,53	1.577,92	1.775,16	147,67	1.502,72	1.690,56	35,81	1.427,52	1.605,96	-	1.352,32	1.521,36	-	1.277,36	1.437
	V	27.778	1.217,96	2.222,24	2.500,02																		
	VI	28.309	1.281,15	2.264,72	2.547,81																		
90.179,99	I	21.698	494,44	1.735,84	1.952,82	270,72	1.585,44	1.783,62	47,00	1.435,04	1.614,42	-	1.284,80	1.445,40	-	1.138,56	1.280,88	-	998,64	1.123,47	-	864,80	972
(Ost)	II	19.909	281,55	1.592,72	1.791,81	57,83	1.442,32	1.622,61	-	1.292,00	1.453,50	-	1.145,52	1.288,71	-	1.005,20	1.130,85	-	871,12	980,01	-	743,20	836
	III	14.152	-	1.132,16	1.273,68	-	1.017,92	1.145,16	-	906,88	1.020,24	-	798,72	898,56	-	693,76	780,48	-	591,84	665,82	-	493,12	554
	IV	21.698	494,44	1.735,84	1.952,82	382,58	1.660,64	1.868,22	270,72	1.585,44	1.783,62	158,86	1.510,24	1.699,02	47,00	1.435,04	1.614,42	-	1.359,84	1.529,82	-	1.284,80	1.445,
	V	27.871	1.229,03	2.229,68	2.508,39																		
	VI	28.403	1.292,34	2.272,24	2.556,27																		
90.215,99	I	21.619	485,04	1.729,52	1.945,71	261,32	1.579,12	1.776,51	37,72	1.428,80	1.607,40	-	1.278,56	1.438,38	-	1.132,64	1.274,22	-	992,88	1.116,99	-	859,36	966
(West)	II	19.830	272,15	1.586,40	1.784,70	48,43	1.436,00	1.615,50	-	1.285,76	1.446,48	-	1.139,52	1.281,96	-	999,52	1.124,46	-	865,60	973,80	-	737,92	830,
	III	14.092	-	1.127,36	1.268,28	-	1.013,28	1.139,94	-	902,24	1.015,02	-	794,24	893,52	-	689,44	775,62	-	587,68	661,14	-	488,96	550
	IV	21.619	485,04	1.729,52	1.945,71	373,18	1.654,32	1.861,11	261,32	1.579,12	1.776,51	149,46	1.503,92	1.691,91	37,72	1.428,80	1.607,40	-	1.353,60	1.522,80	-	1.278,56	1.438,
	V	27.793	1.219,75	2.223,44	2.501,37																		
	VI	28.324	1.282,93	2.265,92	2.549,16																		
90.215,99	I	21.713	496,23	1.737,04	1.954,17	272,51	1.586,64	1.784,97	48,79	1.436,24	1.615,77	-	1.286,00	1.446,75	-	1.139,76	1.282,23	-	999,68	1.124,64	-	865,84	974
(Ost)	II	19.924	283,33	1.593,92	1.793,16	59,61	1.443,52	1.623,96	-	1.293,20	1.454,85	-	1.146,64	1.289,97	-	1.006,32	1.132,11	-	872,16	981,18	-	744,16	837,
	III	14.164	-	1.133,12	1.274,76	-	1.018,88	1.146,24	-	907,68	1.021,14	-	799,68	899,64	-	694,56	781,38	-	592,64	666,72	-	493,92	555,
	IV	21.713	496,23	1.737,04	1.954,17	384,37	1.661,84	1.869,57	272,51	1.586,64	1.784,97	160,65	1.511,44	1.700,37	48,79	1.436,24	1.615,77	-	1.361,04	1.531,17	-	1.286,00	1.446,
	V	27.886	1.230,81	2.230,88	2.509,74																		
	VI	28.418	1.294,12	2.273,44	2.557,62																		
90.251,99	I	21.634	486,82	1.730,72	1.947,06	263,22	1.580,40	1.777,95	39,50	1.430,00	1.608,75	-	1.279,76	1.439,73	-	1.133,76	1.275,48	-	994,00	1.118,25	-	860,40	967,
(West)	II	19.845	273,93	1.587,60	1.786,05	50,21	1.437,20	1.616,85	-	1.286,96	1.447,83	-	1.140,64	1.283,22	-	1.000,56	1.125,63	-	866,72	975,06	-	738,96	831,
	III	14.102	-	1.128,16	1.269,18	-	1.014,08	1.140,84	-	903,04	1.015,92	-	795,20	894,60	-	690,24	776,52	-	588,48	662,04	-	489,76	550,
	IV	21.634	486,82	1.730,72	1.947,06	375,08	1.655,60	1.862,55	263,22	1.580,40	1.777,95	151,36	1.505,20	1.693,35	39,50	1.430,00	1.608,75	-	1.354,80	1.524,15	-	1.279,76	1.439,
	V	27.808	1.221,53	2.224,64	2.502,72																		
	VI	28.339	1.284,72	2.267,12	2.550,51																		
90.251,99	I	21.728	498,01	1.738,24	1.955,52	274,29	1.587,84	1.786,32	50,57	1.437,44	1.617,12	-	1.287,20	1.448,10	-	1.140,88	1.283,49	-	1.000,80	1.125,90	-	866,88	975,
(Ost)	II	19.939	285,12	1.595,12	1.794,51	61,40	1.444,72	1.625,31	-	1.294,40	1.456,20	-	1.147,84	1.291,32	-	1.007,44	1.133,37	-	873,20	982,35	-	745,20	838,
	III	14.176	-	1.134,08	1.275,84	-	1.019,68	1.147,14	-	908,64	1.022,22	-	800,48	900,54	-	695,52	782,46	-	593,60	667,80	-	494,72	556,
	IV	21.728	498,01	1.738,24	1.955,52	386,15	1.663,04	1.870,92	274,29	1.587,84	1.786,32	162,43	1.512,64	1.701,72	50,57	1.437,44	1.617,12	-	1.362,24	1.532,52	-	1.287,20	1.448,
	V	27.901	1.232,60	2.232,08	2.511,09																		
	VI	28.433	1.295,91	2.274,64	2.558,97																		
90.287,99	I	21.650	488,73	1.732,00	1.948,50	265,01	1.581,60	1.779,30	41,29	1.431,20	1.610,10	-	1.280,96	1.441,08	-	1.134,96	1.276,83	-	995,12	1.119,51	-	861,44	969,
(West)	II	19.860	275,72	1.588,80	1.787,40	52,00	1.438,40	1.618,20	-	1.288,16	1.449,18	-	1.141,84	1.284,57	-	1.001,68	1.126,89	-	867,76	976,23	-	739,92	832,
	III	14.114	-	1.129,12	1.270,26	-	1.015,04	1.141,92	-	904,00	1.017,00	-	796,00	895,50	-	691,04	777,42	-	589,28	662,94	-	490,56	551,
	IV	21.650	488,73	1.732,00	1.948,50	376,87	1.656,80	1.863,90	265,01	1.581,60	1.779,30	153,15	1.506,40	1.694,70	41,29	1.431,20	1.610,10	-	1.356,00	1.525,50	-	1.280,96	1.441,0
	V	27.823	1.223,32	2.225,84	2.504,07																		
	VI	28.355	1.286,62	2.268,40	2.551,95																		
90.287,99	I	21.743	499,80	1.739,44	1.956,87	276,08	1.589,04	1.787,67	52,36	1.438,64	1.618,47	-	1.288,40	1.449,45	-	1.142,08	1.284,84	-	1.001,92	1.127,16	-	867,92	976,4
(Ost)	II	19.954	286,90	1.596,32	1.795,86	63,18	1.445,92	1.626,66	-	1.295,60	1.457,55	-	1.148,96	1.292,58	-	1.008,56	1.134,63	-	874,24	983,52	-	746,16	839,4
	III	14.186	-	1.134,88	1.276,74	-	1.020,64	1.148,22	-	909,44	1.023,12	-	801,28	901,44	-	696,32	783,36	-	594,40	668,70	-	495,52	557,4
	IV	21.743	499,80	1.739,44	1.956,87	387,94	1.664,24	1.872,27	276,08	1.589,04	1.787,67	164,22	1.513,84	1.703,07	52,36	1.438,64	1.618,47	-	1.363,44	1.533,87	-	1.288,40	1.449,4
	V	27.917	1.234,50	2.233,36	2.512,53																		
	VI	28.448	1.297,69	2.275,84	2.560,32																		
90.323,99	I	21.665	490,51	1.733,20	1.949,85	266,79	1.582,80	1.780,65	43,07	1.432,40	1.611,45	-	1.282,16	1.442,43	-	1.136,08	1.278,09	-	996,16	1.120,68	-	862,48	970,2
(West)	II	19.876	277,62	1.590,08	1.788,84	53,90	1.439,68	1.619,64	-	1.289,36	1.450,53	-	1.142,96	1.285,83	-	1.002,80	1.128,15	-	868,80	977,40	-	740,96	833,5
	III	14.126	-	1.130,08	1.271,34	-	1.016,00	1.143,00	-	904,80	1.017,90	-	796,80	896,40	-	692,00	778,50	-	590,08	663,84	-	491,36	552,7
	IV	21.665	490,51	1.733,20	1.949,85	378,65	1.658,00	1.865,25	266,79	1.582,80	1.780,65	154,93	1.507,60	1.696,05	43,07	1.432,40	1.611,45	-	1.357,20	1.526,85	-	1.282,16	1.442,4
	V	27.838	1.225,10	2.227,04	2.505,42																		
	VI	28.370	1.288,41	2.269,60	2.553,30																		
90.323,99	I	21.758	501,58	1.740,64	1.958,22	277,86	1.590,24	1.789,02	54,26	1.439,92	1.619,91	-	1.289,60	1.450,80	-	1.143,20	1.286,10	-	1.003,04	1.128,42	-	868,96	977,5
(Ost)	II	19.969	288,69	1.597,52	1.797,21	64,97	1.447,12	1.628,01	-	1.296,80	1.458,90	-	1.150,16	1.293,93	-	1.009,60	1.135,80	-	875,36	984,78	-	747,20	840,6
	III	14.198	-	1.135,84	1.277,82	-	1.021,60	1.149,30	-	910,40	1.024,20	-	802,24	902,52	-	697,12	784,26	-	595,20	669,60	-	496,32	558,3
	IV	21.758	501,58	1.740,64	1.958,22	389,72	1.665,44	1.873,62	277,86	1.590,24	1.789,02	166,00	1.515,04	1.704,42	54,26	1.439,92	1.619,91	-	1.364,72	1.535,31	-	1.289,60	1.450,8
	V	27.932	1.236,29	2.234,56	2.513,88																		
	VI	28.463	1.299,48	2.277,04	2.561,67																		

SolZ/KiSt lt. Tabelle nicht für Sonstige Bezüge anwendbar.

Allgemeine Tabelle

JAHR bis 90.575,99 €

Lohn/ Gehalt bis	Steuerklasse	Lohnsteuer	ohne Kinderfreibetrag SolZ 5,5%	Kirchensteuer 8%	Kirchensteuer 9%	0,5 SolZ 5,5%	0,5 Kirchensteuer 8%	0,5 Kirchensteuer 9%	1,0 SolZ 5,5%	1,0 Kirchensteuer 8%	1,0 Kirchensteuer 9%	1,5 SolZ 5,5%	1,5 Kirchensteuer 8%	1,5 Kirchensteuer 9%	2,0 SolZ 5,5%	2,0 Kirchensteuer 8%	2,0 Kirchensteuer 9%	2,5 SolZ 5,5%	2,5 Kirchensteuer 8%	2,5 Kirchensteuer 9%	3,0 SolZ 5,5%	3,0 Kirchensteuer 8%	3,0 Kirchensteuer 9%
90.359,99 (West)	I	21.680	492,30	1.734,40	1.951,20	268,58	1.584,00	1.782,00	44,86	1.433,60	1.612,80	-	1.283,36	1.443,78	-	1.137,20	1.279,35	-	997,28	1.121,94	-	863,52	971,46
	II	19.891	279,41	1.591,28	1.790,19	55,69	1.440,88	1.620,99	-	1.290,56	1.451,88	-	1.144,16	1.287,18	-	1.003,92	1.129,41	-	869,84	978,57	-	742,00	834,75
	III	14.138	-	1.131,04	1.272,42	-	1.016,80	1.143,90	-	905,76	1.018,98	-	797,76	897,48	-	692,80	779,40	-	590,88	664,74	-	492,16	553,68
	IV	21.680	492,30	1.734,40	1.951,20	380,44	1.659,20	1.866,60	268,58	1.584,00	1.782,00	156,72	1.508,80	1.697,40	44,86	1.433,60	1.612,80	-	1.358,40	1.528,20	-	1.283,36	1.443,78
	V	27.853	1.226,89	2.228,24	2.506,77																		
	VI	28.385	1.290,19	2.270,80	2.554,65																		
90.359,99 (Ost)	I	21.773	503,37	1.741,84	1.959,57	279,76	1.591,52	1.790,46	56,04	1.441,12	1.621,26	-	1.290,80	1.452,15	-	1.144,32	1.287,36	-	1.004,08	1.129,59	-	870,08	978,84
	II	19.984	290,47	1.598,72	1.798,56	66,75	1.448,32	1.629,36	-	1.298,00	1.460,25	-	1.151,28	1.295,19	-	1.010,72	1.137,06	-	876,40	985,95	-	748,16	841,68
	III	14.210	-	1.136,80	1.278,90	-	1.022,40	1.150,20	-	911,20	1.025,10	-	803,04	903,42	-	697,92	785,16	-	596,00	670,50	-	496,96	559,08
	IV	21.773	503,37	1.741,84	1.959,57	391,62	1.666,72	1.875,06	279,76	1.591,52	1.790,46	167,90	1.516,32	1.705,86	56,04	1.441,12	1.621,26	-	1.365,92	1.536,66	-	1.290,80	1.452,15
	V	27.947	1.238,07	2.235,76	2.515,23																		
	VI	28.479	1.301,38	2.278,32	2.563,11																		
90.395,99 (West)	I	21.695	494,08	1.735,60	1.952,55	270,36	1.585,20	1.783,35	46,64	1.434,80	1.614,15	-	1.284,56	1.445,13	-	1.138,40	1.280,70	-	998,40	1.123,20	-	864,56	972,63
	II	19.906	281,19	1.592,48	1.791,54	57,47	1.442,08	1.622,34	-	1.291,76	1.453,23	-	1.145,28	1.288,44	-	1.005,04	1.130,67	-	870,88	979,74	-	742,96	835,83
	III	14.150	-	1.132,00	1.273,50	-	1.017,76	1.144,98	-	906,56	1.019,88	-	798,56	898,38	-	693,60	780,30	-	591,68	665,64	-	492,96	554,58
	IV	21.695	494,08	1.735,60	1.952,55	382,22	1.660,40	1.867,95	270,36	1.585,20	1.783,35	158,50	1.510,00	1.698,75	46,64	1.434,80	1.614,15	-	1.359,60	1.529,55	-	1.284,56	1.445,13
	V	27.868	1.228,67	2.229,44	2.508,12																		
	VI	28.400	1.291,98	2.272,00	2.556,00																		
90.395,99 (Ost)	I	21.789	505,27	1.743,12	1.961,01	281,55	1.592,72	1.791,81	57,83	1.442,32	1.622,61	-	1.292,00	1.453,50	-	1.145,52	1.288,71	-	1.005,20	1.130,85	-	871,12	980,01
	II	19.999	292,26	1.599,92	1.799,91	68,54	1.449,52	1.630,71	-	1.299,20	1.461,60	-	1.152,40	1.296,45	-	1.011,84	1.138,32	-	877,44	987,12	-	749,20	842,85
	III	14.222	-	1.137,76	1.279,98	-	1.023,36	1.151,28	-	912,16	1.026,18	-	803,84	904,32	-	698,72	786,06	-	596,80	671,40	-	497,76	559,98
	IV	21.789	505,27	1.743,12	1.961,01	393,41	1.667,92	1.876,41	281,55	1.592,72	1.791,81	169,69	1.517,52	1.707,21	57,83	1.442,32	1.622,61	-	1.367,12	1.538,01	-	1.292,00	1.453,50
	V	27.962	1.239,86	2.236,96	2.516,58																		
	VI	28.494	1.303,16	2.279,52	2.564,46																		
90.431,99 (West)	I	21.710	495,87	1.736,80	1.953,90	272,15	1.586,40	1.784,70	48,43	1.436,00	1.615,50	-	1.285,76	1.446,48	-	1.139,52	1.281,96	-	999,52	1.124,46	-	865,60	973,80
	II	19.921	282,98	1.593,68	1.792,89	59,26	1.443,28	1.623,69	-	1.292,96	1.454,58	-	1.146,40	1.289,70	-	1.006,08	1.131,84	-	871,92	980,91	-	744,00	837,00
	III	14.162	-	1.132,96	1.274,58	-	1.018,72	1.146,06	-	907,52	1.020,96	-	799,36	899,28	-	694,40	781,20	-	592,48	666,54	-	493,76	555,48
	IV	21.710	495,87	1.736,80	1.953,90	384,01	1.661,60	1.869,30	272,15	1.586,40	1.784,70	160,29	1.511,20	1.700,10	48,43	1.436,00	1.615,50	-	1.360,80	1.530,90	-	1.285,76	1.446,48
	V	27.883	1.230,46	2.230,64	2.509,47																		
	VI	28.415	1.293,76	2.273,20	2.557,35																		
90.431,99 (Ost)	I	21.804	507,05	1.744,32	1.962,36	283,33	1.593,92	1.793,16	59,61	1.443,52	1.623,96	-	1.293,20	1.454,85	-	1.146,64	1.289,97	-	1.006,32	1.132,11	-	872,16	981,18
	II	20.015	294,16	1.601,20	1.801,35	70,44	1.450,80	1.632,15	-	1.300,40	1.462,95	-	1.153,60	1.297,80	-	1.012,96	1.139,58	-	878,48	988,29	-	750,24	844,02
	III	14.234	-	1.138,72	1.281,06	-	1.024,32	1.152,36	-	912,96	1.027,08	-	804,80	905,40	-	699,68	787,14	-	597,60	672,30	-	498,56	560,88
	IV	21.804	507,05	1.744,32	1.962,36	395,19	1.669,12	1.877,76	283,33	1.593,92	1.793,16	171,47	1.518,72	1.708,56	59,61	1.443,52	1.623,96	-	1.368,32	1.539,36	-	1.293,20	1.454,85
	V	27.977	1.241,64	2.238,16	2.517,93																		
	VI	28.509	1.304,95	2.280,72	2.565,81																		
90.467,99 (West)	I	21.725	497,65	1.738,00	1.955,25	273,93	1.587,60	1.786,05	50,21	1.437,20	1.616,85	-	1.286,96	1.447,83	-	1.140,64	1.283,22	-	1.000,56	1.125,63	-	866,72	975,06
	II	19.936	284,76	1.594,88	1.794,24	61,04	1.444,48	1.625,04	-	1.294,16	1.455,93	-	1.147,60	1.291,05	-	1.007,20	1.133,10	-	873,04	982,17	-	744,96	838,08
	III	14.172	-	1.133,76	1.275,48	-	1.019,52	1.146,96	-	908,32	1.021,86	-	800,32	900,36	-	695,20	782,10	-	593,28	667,44	-	494,56	556,38
	IV	21.725	497,65	1.738,00	1.955,25	385,79	1.662,80	1.870,65	273,93	1.587,60	1.786,05	162,07	1.512,40	1.701,45	50,21	1.437,20	1.616,85	-	1.362,00	1.532,25	-	1.286,96	1.447,83
	V	27.898	1.232,24	2.231,84	2.510,82																		
	VI	28.430	1.295,55	2.274,40	2.558,70																		
90.467,99 (Ost)	I	21.819	508,84	1.745,52	1.963,71	285,12	1.595,12	1.794,51	61,40	1.444,72	1.625,31	-	1.294,40	1.456,20	-	1.147,84	1.291,32	-	1.007,44	1.133,37	-	873,20	982,35
	II	20.030	295,95	1.602,40	1.802,70	72,23	1.452,00	1.633,50	-	1.301,60	1.464,30	-	1.154,72	1.299,06	-	1.014,08	1.140,84	-	879,52	989,46	-	751,20	845,10
	III	14.246	-	1.139,68	1.282,14	-	1.025,12	1.153,26	-	913,92	1.028,16	-	805,60	906,30	-	700,48	788,04	-	598,40	673,20	-	499,36	561,78
	IV	21.819	508,84	1.745,52	1.963,71	396,98	1.670,32	1.879,11	285,12	1.595,12	1.794,51	173,26	1.519,92	1.709,91	61,40	1.444,72	1.625,31	-	1.369,52	1.540,71	-	1.294,40	1.456,20
	V	27.992	1.243,43	2.239,36	2.519,28																		
	VI	28.524	1.306,73	2.281,92	2.567,16																		
90.503,99 (West)	I	21.740	499,44	1.739,20	1.956,60	275,72	1.588,80	1.787,40	52,00	1.438,40	1.618,20	-	1.288,16	1.449,18	-	1.141,84	1.284,57	-	1.001,68	1.126,89	-	867,76	976,23
	II	19.951	286,55	1.596,08	1.795,59	62,83	1.445,68	1.626,39	-	1.295,36	1.457,28	-	1.148,72	1.292,31	-	1.008,32	1.134,36	-	874,08	983,34	-	746,00	839,25
	III	14.184	-	1.134,72	1.276,56	-	1.020,48	1.148,04	-	909,28	1.022,94	-	801,12	901,26	-	696,16	783,18	-	594,08	668,34	-	495,36	557,28
	IV	21.740	499,44	1.739,20	1.956,60	387,58	1.664,00	1.872,00	275,72	1.588,80	1.787,40	163,86	1.513,60	1.702,80	52,00	1.438,40	1.618,20	-	1.363,28	1.533,69	-	1.288,16	1.449,18
	V	27.914	1.234,14	2.233,12	2.512,26																		
	VI	28.445	1.297,33	2.275,60	2.560,05																		
90.503,99 (Ost)	I	21.834	510,62	1.746,72	1.965,06	286,90	1.596,32	1.795,86	63,18	1.445,92	1.626,66	-	1.295,60	1.457,55	-	1.148,96	1.292,58	-	1.008,56	1.134,63	-	874,24	983,52
	II	20.045	297,73	1.603,60	1.804,05	74,01	1.453,20	1.634,85	-	1.302,80	1.465,65	-	1.155,92	1.300,41	-	1.015,20	1.142,10	-	880,64	990,72	-	752,24	846,27
	III	14.256	-	1.140,48	1.283,04	-	1.026,08	1.154,34	-	914,72	1.029,06	-	806,40	907,20	-	701,28	788,94	-	599,20	674,10	-	500,16	562,68
	IV	21.834	510,62	1.746,72	1.965,06	398,76	1.671,52	1.880,46	286,90	1.596,32	1.795,86	175,04	1.521,12	1.711,26	63,18	1.445,92	1.626,66	-	1.370,72	1.542,06	-	1.295,60	1.457,55
	V	28.007	1.245,21	2.240,56	2.520,63																		
	VI	28.539	1.308,52	2.283,12	2.568,51																		
90.539,99 (West)	I	21.755	501,22	1.740,40	1.957,95	277,62	1.590,08	1.788,84	53,90	1.439,68	1.619,64	-	1.289,36	1.450,53	-	1.142,96	1.285,83	-	1.002,80	1.128,15	-	868,80	977,40
	II	19.966	288,33	1.597,28	1.796,94	64,61	1.446,88	1.627,74	-	1.296,56	1.458,63	-	1.149,92	1.293,66	-	1.009,44	1.135,62	-	875,12	984,51	-	746,96	840,33
	III	14.196	-	1.135,68	1.277,64	-	1.021,44	1.149,12	-	910,08	1.023,84	-	801,92	902,16	-	696,96	784,08	-	594,88	669,24	-	496,00	558,00
	IV	21.755	501,22	1.740,40	1.957,95	389,36	1.665,20	1.873,35	277,62	1.590,08	1.788,84	165,76	1.514,88	1.704,24	53,90	1.439,68	1.619,64	-	1.364,48	1.535,04	-	1.289,36	1.450,53
	V	27.929	1.235,93	2.234,32	2.513,61																		
	VI	28.460	1.299,12	2.276,80	2.561,40																		
90.539,99 (Ost)	I	21.849	512,41	1.747,92	1.966,41	288,69	1.597,52	1.797,21	64,97	1.447,12	1.628,01	-	1.296,80	1.458,90	-	1.150,16	1.293,93	-	1.009,60	1.135,80	-	875,36	984,78
	II	20.060	299,52	1.604,80	1.805,40	75,80	1.454,40	1.636,20	-	1.304,00	1.467,00	-	1.157,04	1.301,67	-	1.016,24	1.143,27	-	881,68	991,89	-	753,20	847,35
	III	14.268	-	1.141,44	1.284,12	-	1.027,04	1.155,42	-	915,68	1.030,14	-	807,36	908,28	-	702,08	789,84	-	600,00	675,00	-	500,96	563,58
	IV	21.849	512,41	1.747,92	1.966,41	400,55	1.672,72	1.881,81	288,69	1.597,52	1.797,21	176,83	1.522,32	1.712,61	64,97	1.447,12	1.628,01	-	1.371,92	1.543,41	-	1.296,80	1.458,90
	V	28.022	1.247,00	2.241,76	2.521,98																		
	VI	28.554	1.310,30	2.284,32	2.569,86																		
90.575,99 (West)	I	21.771	503,13	1.741,68	1.959,39	279,41	1.591,28	1.790,19	55,69	1.440,88	1.620,99	-	1.290,56	1.451,88	-	1.144,16	1.287,18	-	1.003,92	1.129,41	-	869,84	978,57
	II	19.981	290,12	1.598,48	1.798,29	66,40	1.448,08	1.629,09	-	1.297,76	1.459,98	-	1.151,04	1.294,92	-	1.010,56	1.136,88	-	876,16	985,68	-	748,00	841,50
	III	14.208	-	1.136,64	1.278,72	-	1.022,24	1.150,02	-	911,04	1.024,92	-	802,88	903,24	-	697,76	784,98	-	595,84	670,32	-	496,80	558,90
	IV	21.771	503,13	1.741,68	1.959,39	391,27	1.666,48	1.874,79	279,41	1.591,28	1.790,19	167,55	1.516,08	1.705,59	55,69	1.440,88	1.620,99	-	1.365,68	1.536,39	-	1.290,56	1.451,88
	V	27.944	1.237,71	2.235,52	2.514,96																		
	VI	28.476	1.301,02	2.278,08	2.562,84																		
90.575,99 (Ost)	I	21.864	514,19	1.749,12	1.967,76	290,47	1.598,72	1.798,56	66,75	1.448,32	1.629,36	-	1.298,00	1.460,25	-	1.151,28	1.295,19	-	1.010,72	1.137,06	-	876,40	985,95
	II	20.075	301,30	1.606,00	1.806,75	77,58	1.455,60	1.637,55	-	1.305,20	1.468,35	-	1.158,24	1.303,02	-	1.017,36	1.144,53	-	882,72	993,06	-	754,24	848,52
	III	14.280	-	1.142,40	1.285,20	-	1.027,84	1.156,32	-	916,48	1.031,04	-	808,16	909,18	-	702,88	790,74	-	600,80	675,90	-	501,76	564,48
	IV	21.864	514,19	1.749,12	1.967,76	402,33	1.673,92	1.883,16	290,47	1.598,72	1.798,56	178,61	1.523,52	1.713,96	66,75	1.448,32	1.629,36	-	1.373,12	1.544,76	-	1.298,00	1.460,25
	V	28.038	1.248,90	2.243,04	2.523,42																		
	VI	28.569	1.312,09	2.285,52	2.571,21																		

Anzahl Kinderfreibeträge (nur Steuerklassen I–IV)

SolZ/KiSt lt. Tabelle nicht für Sonstige Bezüge anwendbar.

Lohn/ Gehalt bis	Steuerklasse	Lohnsteuer	ohne Kinderfreibetrag SolZ 5,5%	Kirchensteuer 8%	9%	0,5 SolZ 5,5%	Kirchensteuer 8%	9%	1,0 SolZ 5,5%	Kirchensteuer 8%	9%	1,5 SolZ 5,5%	Kirchensteuer 8%	9%	2,0 SolZ 5,5%	Kirchensteuer 8%	9%	2,5 SolZ 5,5%	Kirchensteuer 8%	9%	3,0 SolZ 5,5%	Kirchensteue 8%	9%
						Anzahl Kinderfreibeträge (nur Steuerklassen I–IV)																	
90.611,99 (West)	I	21.786	504,91	1.742,88	1.960,74	281,19	1.592,48	1.791,54	57,47	1.442,08	1.622,34	-	1.291,76	1.453,23	-	1.145,28	1.288,44	-	1.005,04	1.130,67	-	870,88	979,
	II	19.996	291,90	1.599,68	1.799,64	68,30	1.449,36	1.630,53	-	1.298,96	1.461,33	-	1.152,24	1.296,27	-	1.011,60	1.138,05	-	877,20	986,85	-	748,96	842,
	III	14.220	-	1.137,60	1.279,80	-	1.023,20	1.151,10	-	911,84	1.025,82	-	803,68	904,14	-	698,56	785,88	-	596,64	671,22	-	497,60	559,
	IV	21.786	504,91	1.742,88	1.960,74	393,05	1.667,68	1.876,14	281,19	1.592,48	1.791,54	169,33	1.517,28	1.706,94	57,47	1.442,08	1.622,34	-	1.366,88	1.537,74	-	1.291,76	1.453,
	V	27.959	1.239,50	2.236,72	2.516,31																		
	VI	28.491	1.302,81	2.279,28	2.564,19																		
90.611,99 (Ost)	I	21.879	515,98	1.750,32	1.969,11	292,26	1.599,92	1.799,91	68,54	1.449,52	1.630,71	-	1.299,20	1.461,60	-	1.152,40	1.296,45	-	1.011,84	1.138,32	-	877,44	987,
	II	20.090	303,09	1.607,20	1.808,10	79,37	1.456,80	1.638,90	-	1.306,40	1.469,70	-	1.159,36	1.304,28	-	1.018,48	1.145,79	-	883,76	994,23	-	755,28	849,
	III	14.292	-	1.143,36	1.286,28	-	1.028,80	1.157,40	-	917,44	1.032,12	-	809,12	910,26	-	703,84	791,82	-	601,60	676,80	-	502,56	565,
	IV	21.879	515,98	1.750,32	1.969,11	404,12	1.675,12	1.884,51	292,26	1.599,92	1.799,91	180,40	1.524,72	1.715,31	68,54	1.449,52	1.630,71	-	1.374,40	1.546,20	-	1.299,20	1.461,
	V	28.053	1.250,69	2.244,24	2.524,77																		
	VI	28.584	1.313,87	2.286,72	2.572,56																		
90.647,99 (West)	I	21.801	506,70	1.744,08	1.962,09	282,98	1.593,68	1.792,89	59,26	1.443,28	1.623,69	-	1.292,96	1.454,58	-	1.146,40	1.289,70	-	1.006,08	1.131,84	-	871,92	980,
	II	20.012	293,81	1.600,96	1.801,08	70,09	1.450,56	1.631,88	-	1.300,16	1.462,68	-	1.153,36	1.297,53	-	1.012,72	1.139,31	-	878,32	988,11	-	750,00	843,
	III	14.230	-	1.138,40	1.280,70	-	1.024,16	1.152,18	-	912,80	1.026,90	-	804,48	905,04	-	699,36	786,78	-	597,44	672,12	-	498,40	560,
	IV	21.801	506,70	1.744,08	1.962,09	394,84	1.668,88	1.877,49	282,98	1.593,68	1.792,89	171,12	1.518,48	1.708,29	59,26	1.443,28	1.623,69	-	1.368,08	1.539,09	-	1.292,96	1.454,
	V	27.974	1.241,28	2.237,92	2.517,66																		
	VI	28.506	1.304,59	2.280,48	2.565,54																		
90.647,99 (Ost)	I	21.894	517,76	1.751,52	1.970,46	294,16	1.601,20	1.801,35	70,44	1.450,80	1.632,15	-	1.300,40	1.462,95	-	1.153,60	1.297,80	-	1.012,96	1.139,58	-	878,48	988,
	II	20.105	304,87	1.608,40	1.809,45	81,15	1.458,00	1.640,25	-	1.307,68	1.471,14	-	1.160,56	1.305,63	-	1.019,60	1.147,05	-	884,80	995,40	-	756,24	850,
	III	14.304	-	1.144,32	1.287,36	-	1.029,76	1.158,48	-	918,24	1.033,02	-	809,92	911,16	-	704,64	792,72	-	602,40	677,70	-	503,36	566,
	IV	21.894	517,76	1.751,52	1.970,46	405,90	1.676,32	1.885,86	294,16	1.601,20	1.801,35	182,30	1.526,00	1.716,75	70,44	1.450,80	1.632,15	-	1.375,60	1.547,55	-	1.300,40	1.462,
	V	28.068	1.252,47	2.245,44	2.526,12																		
	VI	28.599	1.315,66	2.287,92	2.573,91																		
90.683,99 (West)	I	21.816	508,48	1.745,28	1.963,44	284,76	1.594,88	1.794,24	61,04	1.444,48	1.625,04	-	1.294,16	1.455,93	-	1.147,60	1.291,05	-	1.007,20	1.133,10	-	873,04	982,
	II	20.027	295,59	1.602,16	1.802,43	71,87	1.451,76	1.633,23	-	1.301,36	1.464,03	-	1.154,56	1.298,88	-	1.013,84	1.140,57	-	879,36	989,28	-	751,04	844,
	III	14.242	-	1.139,36	1.281,78	-	1.024,96	1.153,08	-	913,60	1.027,80	-	805,44	906,12	-	700,32	787,86	-	598,24	673,02	-	499,20	561,
	IV	21.816	508,48	1.745,28	1.963,44	396,62	1.670,08	1.878,84	284,76	1.594,88	1.794,24	172,90	1.519,68	1.709,64	61,04	1.444,48	1.625,04	-	1.369,28	1.540,44	-	1.294,16	1.455,
	V	27.989	1.243,07	2.239,12	2.519,01																		
	VI	28.521	1.306,38	2.281,68	2.566,89																		
90.683,99 (Ost)	I	21.910	519,67	1.752,80	1.971,90	295,95	1.602,40	1.802,70	72,23	1.452,00	1.633,50	-	1.301,60	1.464,30	-	1.154,72	1.299,06	-	1.014,08	1.140,84	-	879,52	989,
	II	20.120	306,66	1.609,60	1.810,80	82,94	1.459,20	1.641,60	-	1.308,88	1.472,49	-	1.161,68	1.306,89	-	1.020,72	1.148,31	-	885,92	996,66	-	757,28	851,
	III	14.316	-	1.145,28	1.288,44	-	1.030,72	1.159,56	-	919,20	1.034,10	-	810,72	912,06	-	705,44	793,62	-	603,20	678,60	-	504,16	567,
	IV	21.910	519,67	1.752,80	1.971,90	407,81	1.677,60	1.887,30	295,95	1.602,40	1.802,70	184,09	1.527,20	1.718,10	72,23	1.452,00	1.633,50	-	1.376,80	1.548,90	-	1.301,60	1.464,
	V	28.083	1.254,26	2.246,64	2.527,47																		
	VI	28.615	1.317,56	2.289,20	2.575,35																		
90.719,99 (West)	I	21.831	510,27	1.746,48	1.964,79	286,55	1.596,08	1.795,59	62,83	1.445,68	1.626,39	-	1.295,36	1.457,28	-	1.148,72	1.292,31	-	1.008,32	1.134,36	-	874,08	983,
	II	20.042	297,38	1.603,36	1.803,78	73,66	1.452,96	1.634,58	-	1.302,56	1.465,38	-	1.155,68	1.300,14	-	1.014,96	1.141,83	-	880,40	990,45	-	752,00	846,
	III	14.254	-	1.140,32	1.282,86	-	1.025,92	1.154,16	-	914,56	1.028,88	-	806,24	907,02	-	701,12	788,76	-	599,04	673,92	-	500,00	562,5
	IV	21.831	510,27	1.746,48	1.964,79	398,41	1.671,28	1.880,19	286,55	1.596,08	1.795,59	174,69	1.520,88	1.710,99	62,83	1.445,68	1.626,39	-	1.370,48	1.541,79	-	1.295,36	1.457,2
	V	28.004	1.244,85	2.240,32	2.520,36																		
	VI	28.536	1.308,16	2.282,88	2.568,24																		
90.719,99 (Ost)	I	21.925	521,45	1.754,00	1.973,25	297,73	1.603,60	1.804,05	74,01	1.453,20	1.634,85	-	1.302,80	1.465,65	-	1.155,92	1.300,41	-	1.015,20	1.142,10	-	880,64	990,7
	II	20.135	308,44	1.610,80	1.812,15	84,84	1.460,48	1.643,04	-	1.310,08	1.473,84	-	1.162,88	1.308,24	-	1.021,84	1.149,57	-	886,96	997,83	-	758,24	853,0
	III	14.326	-	1.146,08	1.289,34	-	1.031,52	1.160,46	-	920,00	1.035,00	-	811,68	913,14	-	706,24	794,52	-	604,00	679,50	-	504,80	567,9
	IV	21.925	521,45	1.754,00	1.973,25	409,59	1.678,80	1.888,65	297,73	1.603,60	1.804,05	185,87	1.528,40	1.719,45	74,01	1.453,20	1.634,85	-	1.378,00	1.550,25	-	1.302,80	1.465,6
	V	28.098	1.256,04	2.247,84	2.528,82																		
	VI	28.630	1.319,35	2.290,40	2.576,70																		
90.755,99 (West)	I	21.846	512,05	1.747,68	1.966,14	288,33	1.597,28	1.796,94	64,61	1.446,88	1.627,74	-	1.296,56	1.458,63	-	1.149,92	1.293,66	-	1.009,44	1.135,62	-	875,12	984,5
	II	20.057	299,16	1.604,56	1.805,13	75,44	1.454,16	1.635,93	-	1.303,76	1.466,73	-	1.156,80	1.301,40	-	1.016,08	1.143,09	-	881,44	991,62	-	753,04	847,1
	III	14.266	-	1.141,28	1.283,94	-	1.026,88	1.155,24	-	915,36	1.029,78	-	807,20	908,10	-	701,92	789,66	-	599,84	674,82	-	500,80	563,4
	IV	21.846	512,05	1.747,68	1.966,14	400,19	1.672,48	1.881,54	288,33	1.597,28	1.796,94	176,47	1.522,08	1.712,34	64,61	1.446,88	1.627,74	-	1.371,68	1.543,14	-	1.296,56	1.458,6
	V	28.019	1.246,64	2.241,52	2.521,71																		
	VI	28.551	1.309,95	2.284,08	2.569,59																		
90.755,99 (Ost)	I	21.940	523,24	1.755,20	1.974,60	299,52	1.604,80	1.805,40	75,80	1.454,40	1.636,20	-	1.304,00	1.467,00	-	1.157,04	1.301,67	-	1.016,24	1.143,27	-	881,68	991,8
	II	20.151	310,35	1.612,08	1.813,59	86,63	1.461,68	1.644,39	-	1.311,28	1.475,19	-	1.164,00	1.309,50	-	1.022,96	1.150,83	-	888,00	999,00	-	759,28	854,1
	III	14.338	-	1.147,04	1.290,42	-	1.032,48	1.161,54	-	920,96	1.036,08	-	812,48	914,04	-	707,04	795,42	-	604,80	680,40	-	505,60	568,8
	IV	21.940	523,24	1.755,20	1.974,60	411,38	1.680,00	1.890,00	299,52	1.604,80	1.805,40	187,66	1.529,60	1.720,80	75,80	1.454,40	1.636,20	-	1.379,20	1.551,60	-	1.304,00	1.467,0
	V	28.113	1.257,83	2.249,04	2.530,17																		
	VI	28.645	1.321,13	2.291,60	2.578,05																		
90.791,99 (West)	I	21.861	513,84	1.748,88	1.967,49	290,12	1.598,48	1.798,29	66,40	1.448,08	1.629,09	-	1.297,76	1.459,98	-	1.151,04	1.294,92	-	1.010,56	1.136,88	-	876,16	985,6
	II	20.072	300,95	1.605,76	1.806,48	77,23	1.455,36	1.637,28	-	1.304,96	1.468,08	-	1.158,00	1.302,75	-	1.017,20	1.144,35	-	882,48	992,79	-	754,00	848,2
	III	14.278	-	1.142,24	1.285,02	-	1.027,68	1.156,14	-	916,32	1.030,86	-	808,00	909,00	-	702,72	790,56	-	600,64	675,72	-	501,60	564,3
	IV	21.861	513,84	1.748,88	1.967,49	401,98	1.673,68	1.882,89	290,12	1.598,48	1.798,29	178,26	1.523,28	1.713,69	66,40	1.448,08	1.629,09	-	1.372,88	1.544,49	-	1.297,76	1.459,9
	V	28.035	1.248,54	2.242,80	2.523,15																		
	VI	28.566	1.311,73	2.285,28	2.570,94																		
90.791,99 (Ost)	I	21.955	525,02	1.756,40	1.975,95	301,30	1.606,00	1.806,75	77,58	1.455,60	1.637,55	-	1.305,20	1.468,35	-	1.158,24	1.303,02	-	1.017,36	1.144,53	-	882,72	993,0
	II	20.166	312,13	1.613,28	1.814,94	88,41	1.462,88	1.645,74	-	1.312,48	1.476,54	-	1.165,20	1.310,85	-	1.024,00	1.152,00	-	889,04	1.000,17	-	760,32	855,3
	III	14.350	-	1.148,00	1.291,50	-	1.033,44	1.162,62	-	921,76	1.036,98	-	813,28	914,94	-	708,00	796,50	-	605,60	681,30	-	506,40	569,7
	IV	21.955	525,02	1.756,40	1.975,95	413,16	1.681,20	1.891,35	301,30	1.606,00	1.806,75	189,44	1.530,80	1.722,15	77,58	1.455,60	1.637,55	-	1.380,40	1.552,95	-	1.305,20	1.468,3
	V	28.128	1.259,61	2.250,24	2.531,52																		
	VI	28.660	1.322,92	2.292,80	2.579,40																		
90.827,99 (West)	I	21.876	515,62	1.750,08	1.968,84	291,90	1.599,68	1.799,64	68,30	1.449,36	1.630,53	-	1.298,96	1.461,33	-	1.152,24	1.296,27	-	1.011,60	1.138,05	-	877,20	986,8
	II	20.087	302,73	1.606,96	1.807,83	79,01	1.456,56	1.638,63	-	1.306,16	1.469,43	-	1.159,12	1.304,01	-	1.018,24	1.145,52	-	883,60	994,05	-	755,04	849,4
	III	14.290	-	1.143,20	1.286,10	-	1.028,64	1.157,22	-	917,12	1.031,76	-	808,80	909,90	-	703,52	791,46	-	601,44	676,62	-	502,40	565,2
	IV	21.876	515,62	1.750,08	1.968,84	403,76	1.674,88	1.884,24	291,90	1.599,68	1.799,64	180,16	1.524,56	1.715,13	68,30	1.449,36	1.630,53	-	1.374,16	1.545,93	-	1.298,96	1.461,3
	V	28.050	1.250,33	2.244,00	2.524,50																		
	VI	28.581	1.313,52	2.286,48	2.572,29																		
90.827,99 (Ost)	I	21.970	526,81	1.757,60	1.977,30	303,09	1.607,20	1.808,10	79,37	1.456,80	1.638,90	-	1.306,40	1.469,70	-	1.159,36	1.304,28	-	1.018,48	1.145,79	-	883,76	994,2
	II	20.181	313,92	1.614,48	1.816,29	90,20	1.464,08	1.647,09	-	1.313,68	1.477,89	-	1.166,32	1.312,11	-	1.025,12	1.153,26	-	890,16	1.001,43	-	761,28	856,4
	III	14.362	-	1.148,96	1.292,58	-	1.034,24	1.163,52	-	922,72	1.038,06	-	814,24	916,02	-	708,80	797,40	-	606,40	682,20	-	507,20	570,6
	IV	21.970	526,81	1.757,60	1.977,30	414,95	1.682,40	1.892,70	303,09	1.607,20	1.808,10	191,23	1.532,00	1.723,50	79,37	1.456,80	1.638,90	-	1.381,60	1.554,30	-	1.306,40	1.469,7
	V	28.143	1.261,40	2.251,44	2.532,87																		
	VI	28.675	1.324,70	2.294,00	2.580,75																		

SolZ/KiSt lt. Tabelle nicht für Sonstige Bezüge anwendbar.

Allgemeine Tabelle

JAHR bis 91.079,99 €

Lohn/ Gehalt bis	Steuerklasse	Lohn-steuer	ohne Kinderfreibetrag SolZ 5,5%	Kirchensteuer 8%	9%	0,5 SolZ 5,5%	Kirchensteuer 8%	9%	1,0 SolZ 5,5%	Kirchensteuer 8%	9%	1,5 SolZ 5,5%	Kirchensteuer 8%	9%	2,0 SolZ 5,5%	Kirchensteuer 8%	9%	2,5 SolZ 5,5%	Kirchensteuer 8%	9%	3,0 SolZ 5,5%	Kirchensteuer 8%	9%
0.863,99 (West)	I	21.892	517,53	1.751,36	1.970,28	293,81	1.600,96	1.801,08	70,09	1.450,56	1.631,88	-	1.300,16	1.462,68	-	1.153,36	1.297,53	-	1.012,72	1.139,31	-	878,32	988,11
	II	20.102	304,52	1.608,16	1.809,18	80,80	1.457,76	1.639,98	-	1.307,44	1.470,87	-	1.160,32	1.305,36	-	1.019,36	1.146,78	-	884,64	995,22	-	756,08	850,59
	III	14.300	-	1.144,00	1.287,00	-	1.029,60	1.158,30	-	918,08	1.032,84	-	809,76	910,98	-	704,48	792,54	-	602,24	677,52	-	503,20	566,10
	IV	21.892	517,53	1.751,36	1.970,28	405,67	1.676,16	1.885,68	293,81	1.600,96	1.801,08	181,95	1.525,76	1.716,48	70,09	1.450,56	1.631,88	-	1.375,36	1.547,28	-	1.300,16	1.462,68
	V	28.065	1.252,11	2.245,20	2.525,85																		
	VI	28.597	1.315,42	2.287,76	2.573,73																		
0.863,99 (Ost)	I	21.985	528,59	1.758,80	1.978,65	304,87	1.608,40	1.809,45	81,15	1.458,00	1.640,25	-	1.307,68	1.471,14	-	1.160,56	1.305,63	-	1.019,60	1.147,05	-	884,80	995,40
	II	20.196	315,70	1.615,68	1.817,64	91,98	1.465,28	1.648,44	-	1.314,88	1.479,24	-	1.167,52	1.313,46	-	1.026,24	1.154,52	-	891,20	1.002,60	-	762,32	857,61
	III	14.374	-	1.149,92	1.293,66	-	1.035,20	1.164,60	-	923,52	1.038,96	-	815,04	916,92	-	709,60	798,30	-	607,20	683,10	-	508,00	571,50
	IV	21.985	528,59	1.758,80	1.978,65	416,73	1.683,60	1.894,05	304,87	1.608,40	1.809,45	193,01	1.533,20	1.724,85	81,15	1.458,00	1.640,25	-	1.382,80	1.555,65	-	1.307,68	1.471,14
	V	28.158	1.263,18	2.252,64	2.534,22																		
	VI	28.690	1.326,49	2.295,20	2.582,10																		
0.899,99 (West)	I	21.907	519,31	1.752,56	1.971,63	295,59	1.602,16	1.802,43	71,87	1.451,76	1.633,23	-	1.301,36	1.464,03	-	1.154,56	1.298,88	-	1.013,84	1.140,57	-	879,36	989,28
	II	20.117	306,30	1.609,36	1.810,53	82,70	1.459,04	1.641,42	-	1.308,64	1.472,22	-	1.161,44	1.306,62	-	1.020,48	1.148,04	-	885,68	996,39	-	757,04	851,67
	III	14.312	-	1.144,96	1.288,08	-	1.030,40	1.159,20	-	919,04	1.033,92	-	810,56	911,88	-	705,28	793,44	-	603,04	678,42	-	503,84	566,82
	IV	21.907	519,31	1.752,56	1.971,63	407,45	1.677,36	1.887,03	295,59	1.602,16	1.802,43	183,73	1.526,96	1.717,83	71,87	1.451,76	1.633,23	-	1.376,56	1.548,63	-	1.301,36	1.464,03
	V	28.080	1.253,90	2.246,40	2.527,20																		
	VI	28.612	1.317,21	2.288,96	2.575,08																		
0.899,99 (Ost)	I	22.000	530,38	1.760,00	1.980,00	306,66	1.609,60	1.810,80	82,94	1.459,20	1.641,60	-	1.308,88	1.472,49	-	1.161,68	1.306,89	-	1.020,72	1.148,31	-	885,92	996,66
	II	20.211	317,49	1.616,88	1.818,99	93,77	1.466,48	1.649,79	-	1.316,08	1.480,59	-	1.168,64	1.314,72	-	1.027,36	1.155,78	-	892,24	1.003,77	-	763,36	858,78
	III	14.386	-	1.150,88	1.294,74	-	1.036,16	1.165,68	-	924,48	1.040,04	-	816,00	918,00	-	710,40	799,20	-	608,16	684,18	-	508,80	572,40
	IV	22.000	530,38	1.760,00	1.980,00	418,52	1.684,80	1.895,40	306,66	1.609,60	1.810,80	194,80	1.534,40	1.726,20	82,94	1.459,20	1.641,60	-	1.384,00	1.557,00	-	1.308,88	1.472,49
	V	28.174	1.265,08	2.253,92	2.535,66																		
	VI	28.705	1.328,27	2.296,40	2.583,45																		
0.935,99 (West)	I	21.922	521,10	1.753,76	1.972,98	297,38	1.603,36	1.803,78	73,66	1.452,96	1.634,58	-	1.302,56	1.465,38	-	1.155,68	1.300,14	-	1.014,96	1.141,83	-	880,40	990,45
	II	20.133	308,21	1.610,64	1.811,97	84,49	1.460,24	1.642,77	-	1.309,84	1.473,57	-	1.162,64	1.307,97	-	1.021,60	1.149,30	-	886,72	997,56	-	758,08	852,84
	III	14.324	-	1.145,92	1.289,16	-	1.031,36	1.160,28	-	919,84	1.034,82	-	811,36	912,78	-	706,08	794,34	-	603,84	679,32	-	504,64	567,72
	IV	21.922	521,10	1.753,76	1.972,98	409,24	1.678,56	1.888,38	297,38	1.603,36	1.803,78	185,52	1.528,16	1.719,18	73,66	1.452,96	1.634,58	-	1.377,76	1.549,98	-	1.302,56	1.465,38
	V	28.095	1.255,68	2.247,60	2.528,55																		
	VI	28.627	1.318,99	2.290,16	2.576,43																		
0.935,99 (Ost)	I	22.015	532,16	1.761,20	1.981,35	308,44	1.610,80	1.812,15	84,84	1.460,48	1.643,04	-	1.310,08	1.473,84	-	1.162,88	1.308,24	-	1.021,84	1.149,57	-	886,96	997,83
	II	20.226	319,27	1.618,08	1.820,34	95,55	1.467,68	1.651,14	-	1.317,28	1.481,94	-	1.169,84	1.316,07	-	1.028,48	1.157,04	-	893,36	1.005,03	-	764,32	859,86
	III	14.398	-	1.151,84	1.295,82	-	1.036,96	1.166,58	-	925,28	1.040,94	-	816,80	918,90	-	711,36	800,28	-	608,96	685,08	-	509,60	573,30
	IV	22.015	532,16	1.761,20	1.981,35	420,30	1.686,00	1.896,75	308,44	1.610,80	1.812,15	196,70	1.535,68	1.727,64	84,84	1.460,48	1.643,04	-	1.385,28	1.558,44	-	1.310,08	1.473,84
	V	28.189	1.266,87	2.255,12	2.537,01																		
	VI	28.720	1.330,06	2.297,60	2.584,80																		
0.971,99 (West)	I	21.937	522,88	1.754,96	1.974,33	299,16	1.604,56	1.805,13	75,44	1.454,16	1.635,93	-	1.303,76	1.466,73	-	1.156,80	1.301,40	-	1.016,08	1.143,09	-	881,44	991,62
	II	20.148	309,99	1.611,84	1.813,32	86,27	1.461,44	1.644,12	-	1.311,04	1.474,92	-	1.163,76	1.309,23	-	1.022,72	1.150,56	-	887,84	998,82	-	759,12	854,01
	III	14.336	-	1.146,88	1.290,24	-	1.032,32	1.161,36	-	920,80	1.035,90	-	812,32	913,86	-	706,88	795,24	-	604,64	680,22	-	505,44	568,62
	IV	21.937	522,88	1.754,96	1.974,33	411,02	1.679,76	1.889,73	299,16	1.604,56	1.805,13	187,30	1.529,36	1.720,53	75,44	1.454,16	1.635,93	-	1.378,96	1.551,33	-	1.303,76	1.466,73
	V	28.110	1.257,47	2.248,80	2.529,90																		
	VI	28.642	1.320,78	2.291,36	2.577,78																		
0.971,99 (Ost)	I	22.031	534,07	1.762,48	1.982,79	310,35	1.612,08	1.813,59	86,63	1.461,68	1.644,39	-	1.311,28	1.475,19	-	1.164,00	1.309,50	-	1.022,96	1.150,83	-	888,00	999,00
	II	20.241	321,06	1.619,28	1.821,69	97,34	1.468,88	1.652,49	-	1.318,48	1.483,29	-	1.170,96	1.317,33	-	1.029,60	1.158,30	-	894,40	1.006,20	-	765,36	861,03
	III	14.408	-	1.152,64	1.296,72	-	1.037,92	1.167,66	-	926,24	1.042,02	-	817,60	919,80	-	712,16	801,18	-	609,76	685,98	-	510,40	574,20
	IV	22.031	534,07	1.762,48	1.982,79	422,21	1.687,28	1.898,19	310,35	1.612,08	1.813,59	198,49	1.536,88	1.728,99	86,63	1.461,68	1.644,39	-	1.386,48	1.559,79	-	1.311,28	1.475,19
	V	28.204	1.268,65	2.256,32	2.538,36																		
	VI	28.736	1.331,96	2.298,88	2.586,24																		
91.007,99 (West)	I	21.952	524,67	1.756,16	1.975,68	300,95	1.605,76	1.806,48	77,23	1.455,36	1.637,28	-	1.304,96	1.468,08	-	1.158,00	1.302,75	-	1.017,20	1.144,35	-	882,48	992,79
	II	20.163	311,78	1.613,04	1.814,67	88,06	1.462,64	1.645,47	-	1.312,24	1.476,27	-	1.164,96	1.310,58	-	1.023,84	1.151,82	-	888,88	999,99	-	760,08	855,09
	III	14.348	-	1.147,84	1.291,32	-	1.033,12	1.162,26	-	921,60	1.036,80	-	813,12	914,76	-	707,84	796,32	-	605,44	681,12	-	506,24	569,52
	IV	21.952	524,67	1.756,16	1.975,68	412,81	1.680,96	1.891,08	300,95	1.605,76	1.806,48	189,09	1.530,56	1.721,88	77,23	1.455,36	1.637,28	-	1.380,16	1.552,68	-	1.304,96	1.468,08
	V	28.125	1.259,25	2.250,00	2.531,25																		
	VI	28.657	1.322,56	2.292,56	2.579,13																		
91.007,99 (Ost)	I	22.046	535,85	1.763,68	1.984,14	312,13	1.613,28	1.814,94	88,41	1.462,88	1.645,74	-	1.312,48	1.476,54	-	1.165,20	1.310,85	-	1.024,00	1.152,00	-	889,04	1.000,17
	II	20.256	322,84	1.620,48	1.823,04	99,24	1.470,16	1.653,93	-	1.319,76	1.484,73	-	1.172,16	1.318,68	-	1.030,72	1.159,56	-	895,44	1.007,37	-	766,40	862,20
	III	14.420	-	1.153,60	1.297,80	-	1.038,88	1.168,74	-	927,20	1.043,10	-	818,56	920,88	-	712,96	802,08	-	610,56	686,88	-	511,20	575,10
	IV	22.046	535,85	1.763,68	1.984,14	423,99	1.688,48	1.899,54	312,13	1.613,28	1.814,94	200,27	1.538,08	1.730,34	88,41	1.462,88	1.645,74	-	1.387,68	1.561,14	-	1.312,48	1.476,54
	V	28.219	1.270,44	2.257,52	2.539,71																		
	VI	28.751	1.333,75	2.300,08	2.587,59																		
91.043,99 (West)	I	21.967	526,45	1.757,36	1.977,03	302,73	1.606,96	1.807,83	79,01	1.456,56	1.638,63	-	1.306,16	1.469,43	-	1.159,12	1.304,01	-	1.018,24	1.145,52	-	883,60	994,05
	II	20.178	313,56	1.614,24	1.816,02	89,84	1.463,84	1.646,82	-	1.313,44	1.477,62	-	1.166,08	1.311,84	-	1.024,96	1.153,08	-	889,92	1.001,16	-	761,12	856,26
	III	14.360	-	1.148,80	1.292,40	-	1.034,08	1.163,34	-	922,56	1.037,88	-	814,08	915,84	-	708,64	797,22	-	606,24	682,02	-	507,04	570,42
	IV	21.967	526,45	1.757,36	1.977,03	414,59	1.682,16	1.892,43	302,73	1.606,96	1.807,83	190,87	1.531,76	1.723,23	79,01	1.456,56	1.638,63	-	1.381,36	1.554,03	-	1.306,16	1.469,43
	V	28.140	1.261,04	2.251,20	2.532,60																		
	VI	28.672	1.324,35	2.293,76	2.580,48																		
91.043,99 (Ost)	I	22.061	537,64	1.764,88	1.985,49	313,92	1.614,48	1.816,29	90,20	1.464,08	1.647,09	-	1.313,68	1.477,89	-	1.166,32	1.312,11	-	1.025,12	1.153,26	-	890,16	1.001,43
	II	20.272	324,75	1.621,76	1.824,48	101,03	1.471,36	1.655,28	-	1.320,96	1.486,08	-	1.173,28	1.319,94	-	1.031,84	1.160,82	-	896,48	1.008,54	-	767,36	863,28
	III	14.432	-	1.154,56	1.298,88	-	1.039,68	1.169,64	-	928,00	1.044,00	-	819,36	921,78	-	713,76	802,98	-	611,36	687,78	-	512,00	576,00
	IV	22.061	537,64	1.764,88	1.985,49	425,78	1.689,68	1.900,89	313,92	1.614,48	1.816,29	202,06	1.539,28	1.731,69	90,20	1.464,08	1.647,09	-	1.388,88	1.562,49	-	1.313,68	1.477,89
	V	28.234	1.272,22	2.258,72	2.541,06																		
	VI	28.766	1.335,53	2.301,28	2.588,94																		
91.079,99 (West)	I	21.982	528,24	1.758,56	1.978,38	304,52	1.608,16	1.809,18	80,80	1.457,76	1.639,98	-	1.307,44	1.470,87	-	1.160,32	1.305,36	-	1.019,36	1.146,78	-	884,64	995,22
	II	20.193	315,35	1.615,44	1.817,37	91,63	1.465,04	1.648,17	-	1.314,64	1.478,97	-	1.167,28	1.313,19	-	1.026,08	1.154,34	-	890,96	1.002,33	-	762,08	857,34
	III	14.372	-	1.149,76	1.293,48	-	1.035,04	1.164,42	-	923,36	1.038,78	-	814,88	916,74	-	709,44	798,12	-	607,04	682,92	-	507,84	571,32
	IV	21.982	528,24	1.758,56	1.978,38	416,38	1.683,36	1.893,78	304,52	1.608,16	1.809,18	192,66	1.532,96	1.724,58	80,80	1.457,76	1.639,98	-	1.382,56	1.555,38	-	1.307,44	1.470,87
	V	28.156	1.262,94	2.252,48	2.534,04																		
	VI	28.687	1.326,13	2.294,96	2.581,83																		
91.079,99 (Ost)	I	22.076	539,42	1.766,08	1.986,84	315,70	1.615,68	1.817,64	91,98	1.465,28	1.648,44	-	1.314,88	1.479,24	-	1.167,52	1.313,46	-	1.026,24	1.154,52	-	891,20	1.002,60
	II	20.287	326,53	1.622,96	1.825,83	102,81	1.472,56	1.656,63	-	1.322,16	1.487,43	-	1.174,48	1.321,29	-	1.032,96	1.162,08	-	897,60	1.009,80	-	768,40	864,45
	III	14.444	-	1.155,52	1.299,96	-	1.040,64	1.170,72	-	928,96	1.045,08	-	820,16	922,68	-	714,72	804,06	-	612,16	688,68	-	512,80	576,90
	IV	22.076	539,42	1.766,08	1.986,84	427,56	1.690,88	1.902,24	315,70	1.615,68	1.817,64	203,84	1.540,48	1.733,04	91,98	1.465,28	1.648,44	-	1.390,08	1.563,84	-	1.314,88	1.479,24
	V	28.249	1.274,01	2.259,92	2.542,41																		
	VI	28.781	1.337,32	2.302,48	2.590,29																		

Anzahl Kinderfreibeträge (nur Steuerklassen I–IV)

SolZ/KiSt lt. Tabelle nicht für Sonstige Bezüge anwendbar.

Lohn/ Gehalt bis	Steuerklasse	Lohn-steuer	ohne Kinderfreibetrag			Anzahl Kinderfreibeträge (nur Steuerklassen I–IV) 0,5			1,0			1,5			2,0			2,5			3,0		
			SolZ 5,5%	Kirchensteuer 8%	9%	SolZ 5,5%	Kirchensteuer 8%	9%	SolZ 5,5%	Kirchensteuer 8%	9%	SolZ 5,5%	Kirchensteuer 8%	9%	SolZ 5,5%	Kirchensteuer 8%	9%	SolZ 5,5%	Kirchensteuer 8%	9%	SolZ 5,5%	Kirchensteu 8%	9%
91.115,99 (West)	I	21.997	530,02	1.759,76	1.979,73	306,30	1.609,36	1.810,53	82,70	1.459,04	1.641,42	-	1.308,64	1.472,22	-	1.161,44	1.306,62	-	1.020,48	1.148,04	-	885,68	996
	II	20.208	317,13	1.616,64	1.818,72	93,41	1.466,24	1.649,52	-	1.315,84	1.480,32	-	1.168,40	1.314,45	-	1.027,12	1.155,51	-	892,08	1.003,59	-	763,12	858,
	III	14.382	-	1.150,56	1.294,38	-	1.035,84	1.165,32	-	924,32	1.039,86	-	815,68	917,64	-	710,24	799,02	-	607,84	683,82	-	508,64	572
	IV	21.997	530,02	1.759,76	1.979,73	418,16	1.684,56	1.895,13	306,30	1.609,36	1.810,53	194,44	1.534,16	1.725,93	82,70	1.459,04	1.641,42	-	1.383,84	1.556,82	-	1.308,64	1.472
	V	28.171	1.264,73	2.253,68	2.535,39																		
	VI	28.702	1.327,92	2.296,16	2.583,18																		
91.115,99 (Ost)	I	22.091	541,21	1.767,28	1.988,19	317,49	1.616,88	1.818,99	93,77	1.466,48	1.649,79	-	1.316,08	1.480,59	-	1.168,64	1.314,72	-	1.027,36	1.155,78	-	892,24	1.003,
	II	20.302	328,32	1.624,16	1.827,18	104,60	1.473,76	1.657,98	-	1.323,36	1.488,78	-	1.175,60	1.322,55	-	1.034,08	1.163,34	-	898,64	1.010,97	-	769,44	865,
	III	14.456	-	1.156,48	1.301,04	-	1.041,60	1.171,80	-	929,76	1.045,98	-	821,12	923,76	-	715,52	804,96	-	612,96	689,58	-	513,44	577,
	IV	22.091	541,21	1.767,28	1.988,19	429,35	1.692,08	1.903,59	317,49	1.616,88	1.818,99	205,63	1.541,68	1.734,39	93,77	1.466,48	1.649,79	-	1.391,28	1.565,19	-	1.316,08	1.480,
	V	28.264	1.275,79	2.261,12	2.543,76																		
	VI	28.796	1.339,10	2.303,68	2.591,64																		
91.151,99 (West)	I	22.012	531,81	1.760,96	1.981,08	308,21	1.610,64	1.811,97	84,49	1.460,24	1.642,77	-	1.309,84	1.473,57	-	1.162,64	1.307,97	-	1.021,60	1.149,30	-	886,72	997
	II	20.223	318,92	1.617,84	1.820,07	95,20	1.467,44	1.650,87	-	1.317,04	1.481,67	-	1.169,60	1.315,80	-	1.028,24	1.156,77	-	893,12	1.004,76	-	764,16	859
	III	14.394	-	1.151,52	1.295,46	-	1.036,80	1.166,40	-	925,12	1.040,76	-	816,64	918,72	-	711,04	799,92	-	608,64	684,72	-	509,44	573,
	IV	22.012	531,81	1.760,96	1.981,08	420,07	1.685,84	1.896,57	308,21	1.610,64	1.811,97	196,35	1.535,44	1.727,37	84,49	1.460,24	1.642,77	-	1.385,04	1.558,17	-	1.309,84	1.473,
	V	28.186	1.266,51	2.254,88	2.536,74																		
	VI	28.717	1.329,70	2.297,36	2.584,53																		
91.151,99 (Ost)	I	22.106	542,99	1.768,48	1.989,54	319,27	1.618,08	1.820,34	95,55	1.467,68	1.651,14	-	1.317,28	1.481,94	-	1.169,84	1.316,07	-	1.028,48	1.157,04	-	893,36	1.005,
	II	20.317	330,10	1.625,36	1.828,53	106,38	1.474,96	1.659,33	-	1.324,56	1.490,13	-	1.176,80	1.323,90	-	1.035,12	1.164,51	-	899,68	1.012,14	-	770,40	866
	III	14.468	-	1.157,44	1.302,12	-	1.042,56	1.172,88	-	930,72	1.047,06	-	821,92	924,66	-	716,32	805,86	-	613,76	690,48	-	514,24	578,
	IV	22.106	542,99	1.768,48	1.989,54	431,13	1.693,28	1.904,94	319,27	1.618,08	1.820,34	207,41	1.542,88	1.735,74	95,55	1.467,68	1.651,14	-	1.392,48	1.566,54	-	1.317,28	1.481,
	V	28.279	1.277,58	2.262,32	2.545,11																		
	VI	28.811	1.340,89	2.304,88	2.592,99																		
91.187,99 (West)	I	22.028	533,71	1.762,24	1.982,52	309,99	1.611,84	1.813,32	86,27	1.461,44	1.644,12	-	1.311,04	1.474,92	-	1.163,76	1.309,23	-	1.022,72	1.150,56	-	887,84	998,
	II	20.238	320,70	1.619,04	1.821,42	96,98	1.468,64	1.652,22	-	1.318,32	1.483,11	-	1.170,72	1.317,06	-	1.029,36	1.158,03	-	894,16	1.005,93	-	765,12	860,
	III	14.406	-	1.152,48	1.296,54	-	1.037,76	1.167,48	-	926,08	1.041,84	-	817,44	919,62	-	712,00	801,00	-	609,60	685,80	-	510,24	574,
	IV	22.028	533,71	1.762,24	1.982,52	421,85	1.687,04	1.897,92	309,99	1.611,84	1.813,32	198,13	1.536,64	1.728,72	86,27	1.461,44	1.644,12	-	1.386,24	1.559,52	-	1.311,04	1.474
	V	28.201	1.268,30	2.256,08	2.538,09																		
	VI	28.733	1.331,61	2.298,64	2.585,97																		
91.187,99 (Ost)	I	22.121	544,78	1.769,68	1.990,89	321,06	1.619,28	1.821,69	97,34	1.468,88	1.652,49	-	1.318,48	1.483,29	-	1.170,96	1.317,33	-	1.029,60	1.158,30	-	894,40	1.006,
	II	20.332	331,89	1.626,56	1.829,88	108,17	1.476,16	1.660,68	-	1.325,76	1.491,48	-	1.177,92	1.325,16	-	1.036,24	1.165,77	-	900,80	1.013,40	-	771,44	867,
	III	14.478	-	1.158,24	1.303,02	-	1.043,36	1.173,78	-	931,52	1.047,96	-	822,88	925,74	-	717,12	806,76	-	614,56	691,38	-	515,04	579,
	IV	22.121	544,78	1.769,68	1.990,89	432,92	1.694,48	1.906,29	321,06	1.619,28	1.821,69	209,20	1.544,08	1.737,09	97,34	1.468,88	1.652,49	-	1.393,68	1.567,89	-	1.318,48	1.483,
	V	28.295	1.279,48	2.263,60	2.546,55																		
	VI	28.826	1.342,67	2.306,08	2.594,34																		
91.223,99 (West)	I	22.043	535,50	1.763,44	1.983,87	311,78	1.613,04	1.814,67	88,06	1.462,64	1.645,47	-	1.312,24	1.476,27	-	1.164,96	1.310,58	-	1.023,84	1.151,82	-	888,88	999,
	II	20.254	322,60	1.620,32	1.822,86	98,88	1.469,84	1.653,66	-	1.319,52	1.484,46	-	1.171,92	1.318,41	-	1.030,48	1.159,29	-	895,28	1.007,19	-	766,16	861,
	III	14.418	-	1.153,44	1.297,62	-	1.038,56	1.168,38	-	926,88	1.042,74	-	818,24	920,52	-	712,80	801,90	-	610,40	686,70	-	511,04	574,
	IV	22.043	535,50	1.763,44	1.983,87	423,64	1.688,24	1.899,27	311,78	1.613,04	1.814,67	199,92	1.537,84	1.730,07	88,06	1.462,64	1.645,47	-	1.387,44	1.560,87	-	1.312,24	1.476,
	V	28.216	1.270,08	2.257,28	2.539,44																		
	VI	28.748	1.333,39	2.299,84	2.587,32																		
91.223,99 (Ost)	I	22.136	546,56	1.770,88	1.992,24	322,84	1.620,48	1.823,04	99,24	1.470,16	1.653,93	-	1.319,76	1.484,73	-	1.172,16	1.318,68	-	1.030,72	1.159,56	-	895,44	1.007,
	II	20.347	333,67	1.627,76	1.831,23	109,95	1.477,36	1.662,03	-	1.326,96	1.492,83	-	1.179,12	1.326,51	-	1.037,36	1.167,03	-	901,84	1.014,57	-	772,48	869,
	III	14.490	-	1.159,20	1.304,10	-	1.044,32	1.174,86	-	932,48	1.049,04	-	823,68	926,64	-	717,92	807,66	-	615,36	692,28	-	515,84	580,
	IV	22.136	546,56	1.770,88	1.992,24	434,70	1.695,68	1.907,64	322,84	1.620,48	1.823,04	210,98	1.545,28	1.738,44	99,24	1.470,16	1.653,93	-	1.394,96	1.569,33	-	1.319,76	1.484,
	V	28.310	1.281,27	2.264,80	2.547,90																		
	VI	28.841	1.344,46	2.307,28	2.595,69																		
91.259,99 (West)	I	22.058	537,28	1.764,64	1.985,22	313,56	1.614,24	1.816,02	89,84	1.463,84	1.646,82	-	1.313,44	1.477,62	-	1.166,08	1.311,84	-	1.024,96	1.153,08	-	889,92	1.001,
	II	20.269	324,39	1.621,52	1.824,21	100,67	1.471,12	1.655,01	-	1.320,72	1.485,81	-	1.173,04	1.319,67	-	1.031,60	1.160,55	-	896,32	1.008,36	-	767,20	863,
	III	14.430	-	1.154,40	1.298,70	-	1.039,52	1.169,46	-	927,84	1.043,82	-	819,20	921,60	-	713,60	802,80	-	611,20	687,60	-	511,84	575,
	IV	22.058	537,28	1.764,64	1.985,22	425,42	1.689,44	1.900,62	313,56	1.614,24	1.816,02	201,70	1.539,04	1.731,42	89,84	1.463,84	1.646,82	-	1.388,64	1.562,22	-	1.313,44	1.477,
	V	28.231	1.271,87	2.258,48	2.540,79																		
	VI	28.763	1.335,18	2.301,04	2.588,67																		
91.259,99 (Ost)	I	22.151	548,35	1.772,08	1.993,59	324,75	1.621,76	1.824,48	101,03	1.471,36	1.655,28	-	1.320,96	1.486,08	-	1.173,28	1.319,94	-	1.031,84	1.160,82	-	896,48	1.008,5
	II	20.362	335,46	1.628,96	1.832,58	111,74	1.478,56	1.663,38	-	1.328,16	1.494,18	-	1.180,32	1.327,86	-	1.038,48	1.168,29	-	902,88	1.015,74	-	773,44	870,
	III	14.502	-	1.160,16	1.305,18	-	1.045,28	1.175,94	-	933,28	1.049,94	-	824,48	927,54	-	718,88	808,74	-	616,16	693,18	-	516,64	581,2
	IV	22.151	548,35	1.772,08	1.993,59	436,61	1.696,96	1.909,08	324,75	1.621,76	1.824,48	212,89	1.546,56	1.739,88	101,03	1.471,36	1.655,28	-	1.396,16	1.570,68	-	1.320,96	1.486,
	V	28.325	1.283,05	2.266,00	2.549,25																		
	VI	28.857	1.346,36	2.308,56	2.597,13																		
91.295,99 (West)	I	22.073	539,07	1.765,84	1.986,57	315,35	1.615,44	1.817,37	91,63	1.465,04	1.648,17	-	1.314,64	1.478,97	-	1.167,28	1.313,19	-	1.026,08	1.154,34	-	890,96	1.002,3
	II	20.284	326,17	1.622,72	1.825,56	102,45	1.472,32	1.656,36	-	1.321,92	1.487,16	-	1.174,24	1.321,02	-	1.032,72	1.161,81	-	897,36	1.009,53	-	768,16	864,1
	III	14.442	-	1.155,36	1.299,78	-	1.040,48	1.170,54	-	928,64	1.044,72	-	820,00	922,50	-	714,40	803,70	-	612,00	688,50	-	512,48	576,5
	IV	22.073	539,07	1.765,84	1.986,57	427,21	1.690,64	1.901,97	315,35	1.615,44	1.817,37	203,49	1.540,24	1.732,77	91,63	1.465,04	1.648,17	-	1.389,84	1.563,57	-	1.314,64	1.478,
	V	28.246	1.273,65	2.259,68	2.542,14																		
	VI	28.778	1.336,96	2.302,24	2.590,02																		
91.295,99 (Ost)	I	22.167	550,25	1.773,36	1.995,03	326,53	1.622,96	1.825,83	102,81	1.472,56	1.656,63	-	1.322,16	1.487,43	-	1.174,48	1.321,29	-	1.032,96	1.162,08	-	897,60	1.009,8
	II	20.377	337,24	1.630,16	1.833,93	113,52	1.479,76	1.664,73	-	1.329,44	1.495,62	-	1.181,44	1.329,12	-	1.039,60	1.169,55	-	904,00	1.017,00	-	774,48	871,2
	III	14.514	-	1.161,12	1.306,26	-	1.046,08	1.176,84	-	934,24	1.051,02	-	825,44	928,62	-	719,68	809,64	-	616,96	694,08	-	517,44	582,1
	IV	22.167	550,25	1.773,36	1.995,03	438,39	1.698,16	1.910,43	326,53	1.622,96	1.825,83	214,67	1.547,76	1.741,23	102,81	1.472,56	1.656,63	-	1.397,36	1.572,03	-	1.322,16	1.487,4
	V	28.340	1.284,84	2.267,20	2.550,60																		
	VI	28.872	1.348,15	2.309,76	2.598,48																		
91.331,99 (West)	I	22.088	540,85	1.767,04	1.987,92	317,13	1.616,64	1.818,72	93,41	1.466,24	1.649,52	-	1.315,84	1.480,32	-	1.168,40	1.314,45	-	1.027,12	1.155,51	-	892,08	1.003,5
	II	20.299	327,96	1.623,92	1.826,91	104,24	1.473,52	1.657,71	-	1.323,12	1.488,51	-	1.175,36	1.322,28	-	1.033,84	1.163,07	-	898,40	1.010,70	-	769,20	865,3
	III	14.452	-	1.156,16	1.300,68	-	1.041,44	1.171,62	-	929,60	1.045,80	-	820,96	923,58	-	715,36	804,78	-	612,80	689,40	-	513,28	577,4
	IV	22.088	540,85	1.767,04	1.987,92	428,99	1.691,84	1.903,32	317,13	1.616,64	1.818,72	205,27	1.541,44	1.734,12	93,41	1.466,24	1.649,52	-	1.391,04	1.564,92	-	1.315,84	1.480,3
	V	28.261	1.275,44	2.260,88	2.543,49																		
	VI	28.793	1.338,75	2.303,44	2.591,37																		
91.331,99 (Ost)	I	22.182	552,04	1.774,56	1.996,38	328,32	1.624,16	1.827,18	104,60	1.473,76	1.657,98	-	1.323,36	1.488,78	-	1.175,60	1.322,55	-	1.034,08	1.163,34	-	898,64	1.010,9
	II	20.393	339,15	1.631,44	1.835,37	115,43	1.481,04	1.666,17	-	1.330,64	1.496,97	-	1.182,64	1.330,47	-	1.040,72	1.170,81	-	905,04	1.018,17	-	775,52	872,4
	III	14.526	-	1.162,08	1.307,34	-	1.047,04	1.177,92	-	935,04	1.051,92	-	826,24	929,52	-	720,48	810,54	-	617,76	694,98	-	518,24	583,0
	IV	22.182	552,04	1.774,56	1.996,38	440,18	1.699,36	1.911,78	328,32	1.624,16	1.827,18	216,46	1.548,96	1.742,58	104,60	1.473,76	1.657,98	-	1.398,56	1.573,38	-	1.323,36	1.488,7
	V	28.355	1.286,62	2.268,40	2.551,95																		
	VI	28.887	1.349,93	2.310,96	2.599,83																		

SolZ/KiSt lt. Tabelle nicht für Sonstige Bezüge anwendbar.

Anzahl Kinderfreibeträge (nur Steuerklassen I–IV)

Lohn/Gehalt bis	Steuerklasse	Lohnsteuer	ohne Kinderfreibetrag SolZ 5,5%	ohne Kinderfreibetrag Kirchensteuer 8%	ohne Kinderfreibetrag Kirchensteuer 9%	0,5 SolZ 5,5%	0,5 Kirchensteuer 8%	0,5 Kirchensteuer 9%	1,0 SolZ 5,5%	1,0 Kirchensteuer 8%	1,0 Kirchensteuer 9%	1,5 SolZ 5,5%	1,5 Kirchensteuer 8%	1,5 Kirchensteuer 9%	2,0 SolZ 5,5%	2,0 Kirchensteuer 8%	2,0 Kirchensteuer 9%	2,5 SolZ 5,5%	2,5 Kirchensteuer 8%	2,5 Kirchensteuer 9%	3,0 SolZ 5,5%	3,0 Kirchensteuer 8%	3,0 Kirchensteuer 9%
91.367,99	I	22.103	542,64	1.768,24	1.989,27	318,92	1.617,84	1.820,07	95,20	1.467,44	1.650,87	–	1.317,04	1.481,67	–	1.169,60	1.315,80	–	1.028,24	1.156,77	–	893,12	1.004,76
(West)	II	20.314	329,74	1.625,12	1.828,26	106,02	1.474,72	1.659,06	–	1.324,32	1.489,86	–	1.176,56	1.323,63	–	1.034,96	1.164,33	–	899,52	1.011,96	–	770,24	866,52
	III	14.464	–	1.157,12	1.301,76	–	1.042,24	1.172,52	–	930,40	1.046,70	–	821,76	924,48	–	716,16	805,68	–	613,60	690,30	–	514,08	578,34
	IV	22.103	542,64	1.768,24	1.989,27	430,78	1.693,04	1.904,67	318,92	1.617,84	1.820,07	207,06	1.542,64	1.735,47	95,20	1.467,44	1.650,87	–	1.392,24	1.566,27	–	1.317,04	1.481,67
	V	28.276	1.277,22	2.262,08	2.544,84																		
	VI	28.808	1.340,53	2.304,64	2.592,72																		
91.367,99	I	22.197	553,82	1.775,76	1.997,73	330,10	1.625,36	1.828,53	106,38	1.474,96	1.659,33	–	1.324,56	1.490,13	–	1.176,80	1.323,90	–	1.035,12	1.164,51	–	899,68	1.012,14
(Ost)	II	20.408	340,93	1.632,64	1.836,72	117,21	1.482,24	1.667,52	–	1.331,84	1.498,32	–	1.183,76	1.331,73	–	1.041,84	1.172,07	–	906,08	1.019,34	–	776,48	873,54
	III	14.538	–	1.163,04	1.308,42	–	1.048,00	1.179,00	–	936,00	1.053,00	–	827,20	930,60	–	721,28	811,44	–	618,72	696,06	–	519,04	583,92
	IV	22.197	553,82	1.775,76	1.997,73	441,96	1.700,56	1.913,13	330,10	1.625,36	1.828,53	218,24	1.550,16	1.743,93	106,38	1.474,96	1.659,33	–	1.399,76	1.574,73	–	1.324,56	1.490,13
	V	28.370	1.288,41	2.269,60	2.553,30																		
	VI	28.902	1.351,72	2.312,16	2.601,18																		
91.403,99	I	22.118	544,42	1.769,44	1.990,62	320,70	1.619,04	1.821,42	96,98	1.468,64	1.652,22	–	1.318,32	1.483,11	–	1.170,72	1.317,06	–	1.029,36	1.158,03	–	894,16	1.005,93
(West)	II	20.329	331,53	1.626,32	1.829,61	107,81	1.475,92	1.660,41	–	1.325,52	1.491,21	–	1.177,76	1.324,98	–	1.036,08	1.165,59	–	900,56	1.013,13	–	771,20	867,60
	III	14.476	–	1.158,08	1.302,84	–	1.043,20	1.173,60	–	931,36	1.047,78	–	822,56	925,38	–	716,96	806,58	–	614,40	691,20	–	514,88	579,24
	IV	22.118	544,42	1.769,44	1.990,62	432,56	1.694,24	1.906,02	320,70	1.619,04	1.821,42	208,84	1.543,84	1.736,82	96,98	1.468,64	1.652,22	–	1.393,52	1.567,71	–	1.318,32	1.483,11
	V	28.292	1.279,13	2.263,36	2.546,28																		
	VI	28.823	1.342,32	2.305,84	2.594,07																		
91.403,99	I	22.212	555,61	1.776,96	1.999,08	331,89	1.626,56	1.829,88	108,17	1.476,16	1.660,68	–	1.325,76	1.491,48	–	1.177,92	1.325,16	–	1.036,24	1.165,77	–	900,80	1.013,40
(Ost)	II	20.423	342,72	1.633,84	1.838,07	119,00	1.483,44	1.668,87	–	1.333,04	1.499,67	–	1.184,96	1.333,08	–	1.042,96	1.173,33	–	907,20	1.020,60	–	777,52	874,71
	III	14.550	–	1.164,00	1.309,50	–	1.048,80	1.179,90	–	936,96	1.054,08	–	828,00	931,50	–	722,24	812,52	–	619,52	696,96	–	519,84	584,82
	IV	22.212	555,61	1.776,96	1.999,08	443,75	1.701,76	1.914,48	331,89	1.626,56	1.829,88	220,03	1.551,36	1.745,28	108,17	1.476,16	1.660,68	–	1.400,96	1.576,08	–	1.325,76	1.491,48
	V	28.385	1.290,19	2.270,80	2.554,65																		
	VI	28.917	1.353,50	2.313,36	2.602,53																		
91.439,99	I	22.133	546,21	1.770,64	1.991,97	322,60	1.620,32	1.822,86	98,88	1.469,92	1.653,66	–	1.319,52	1.484,46	–	1.171,92	1.318,41	–	1.030,48	1.159,29	–	895,28	1.007,19
(West)	II	20.344	333,31	1.627,52	1.830,96	109,59	1.477,12	1.661,76	–	1.326,72	1.492,56	–	1.178,88	1.326,24	–	1.037,20	1.166,85	–	901,60	1.014,30	–	772,24	868,77
	III	14.488	–	1.159,04	1.303,92	–	1.044,16	1.174,68	–	932,32	1.048,86	–	823,52	926,46	–	717,76	807,48	–	615,20	692,10	–	515,68	580,14
	IV	22.133	546,21	1.770,64	1.991,97	434,35	1.695,44	1.907,37	322,60	1.620,32	1.822,86	210,74	1.545,12	1.738,26	98,88	1.469,92	1.653,66	–	1.394,72	1.569,06	–	1.319,52	1.484,46
	V	28.307	1.280,91	2.264,56	2.547,63																		
	VI	28.838	1.344,10	2.307,04	2.595,42																		
91.439,99	I	22.227	557,39	1.778,16	2.000,43	333,67	1.627,76	1.831,23	109,95	1.477,36	1.662,03	–	1.326,96	1.492,83	–	1.179,12	1.326,51	–	1.037,36	1.167,03	–	901,84	1.014,57
(Ost)	II	20.438	344,50	1.635,04	1.839,42	120,78	1.484,64	1.670,22	–	1.334,24	1.501,02	–	1.186,08	1.334,34	–	1.044,08	1.174,59	–	908,24	1.021,77	–	778,56	875,88
	III	14.560	–	1.164,80	1.310,40	–	1.049,76	1.180,98	–	937,76	1.054,98	–	828,80	932,40	–	723,04	813,42	–	620,32	697,86	–	520,64	585,72
	IV	22.227	557,39	1.778,16	2.000,43	445,53	1.702,96	1.915,83	333,67	1.627,76	1.831,23	221,81	1.552,56	1.746,63	109,95	1.477,36	1.662,03	–	1.402,16	1.577,43	–	1.326,96	1.492,83
	V	28.400	1.291,98	2.272,00	2.556,00																		
	VI	28.932	1.355,29	2.314,56	2.603,88																		
91.475,99	I	22.149	548,11	1.771,92	1.993,41	324,39	1.621,52	1.824,21	100,67	1.471,12	1.655,01	–	1.320,72	1.485,81	–	1.173,04	1.319,67	–	1.031,60	1.160,55	–	896,32	1.008,36
(West)	II	20.359	335,10	1.628,72	1.832,31	111,38	1.478,32	1.663,11	–	1.328,00	1.494,00	–	1.180,08	1.327,59	–	1.038,32	1.168,11	–	902,72	1.015,56	–	773,28	869,94
	III	14.500	–	1.160,00	1.305,00	–	1.044,96	1.175,58	–	933,12	1.049,76	–	824,32	927,36	–	718,72	808,56	–	616,00	693,00	–	516,48	581,04
	IV	22.149	548,11	1.771,92	1.993,41	436,25	1.696,72	1.908,81	324,39	1.621,52	1.824,21	212,53	1.546,32	1.739,61	100,67	1.471,12	1.655,01	–	1.395,92	1.570,41	–	1.320,72	1.485,81
	V	28.322	1.282,70	2.265,76	2.548,98																		
	VI	28.854	1.346,00	2.308,32	2.596,86																		
91.475,99	I	22.242	559,18	1.779,36	2.001,78	335,46	1.628,96	1.832,58	111,74	1.478,56	1.663,38	–	1.328,16	1.494,18	–	1.180,32	1.327,86	–	1.038,48	1.168,29	–	902,88	1.015,74
(Ost)	II	20.453	346,29	1.636,24	1.840,77	122,57	1.485,84	1.671,57	–	1.335,44	1.502,37	–	1.187,28	1.335,69	–	1.045,20	1.175,85	–	909,28	1.022,94	–	779,60	877,05
	III	14.572	–	1.165,76	1.311,48	–	1.050,72	1.182,06	–	938,72	1.056,06	–	829,76	933,48	–	723,84	814,32	–	621,12	698,76	–	521,44	586,62
	IV	22.242	559,18	1.779,36	2.001,78	447,32	1.704,16	1.917,18	335,46	1.628,96	1.832,58	223,60	1.553,76	1.747,98	111,74	1.478,56	1.663,38	–	1.403,36	1.578,78	–	1.328,16	1.494,18
	V	28.416	1.293,88	2.273,28	2.557,44																		
	VI	28.947	1.357,07	2.315,76	2.605,23																		
91.511,99	I	22.164	549,89	1.773,12	1.994,76	326,17	1.622,72	1.825,56	102,45	1.472,32	1.656,36	–	1.321,92	1.487,16	–	1.174,24	1.321,02	–	1.032,72	1.161,81	–	897,36	1.009,53
(West)	II	20.374	336,88	1.629,92	1.833,66	113,28	1.479,60	1.664,55	–	1.329,20	1.495,35	–	1.181,20	1.328,85	–	1.039,44	1.169,37	–	903,76	1.016,73	–	774,32	871,11
	III	14.512	–	1.160,96	1.306,08	–	1.045,92	1.176,66	–	934,08	1.050,84	–	825,28	928,44	–	719,52	809,46	–	616,80	693,90	–	517,28	581,94
	IV	22.164	549,89	1.773,12	1.994,76	438,03	1.697,92	1.910,16	326,17	1.622,72	1.825,56	214,31	1.547,52	1.740,96	102,45	1.472,32	1.656,36	–	1.397,12	1.571,76	–	1.321,92	1.487,16
	V	28.337	1.284,48	2.266,96	2.550,33																		
	VI	28.869	1.347,79	2.309,52	2.598,21																		
91.511,99	I	22.257	560,96	1.780,56	2.003,13	337,24	1.630,16	1.833,93	113,52	1.479,76	1.664,73	–	1.329,44	1.495,62	–	1.181,44	1.329,12	–	1.039,60	1.169,55	–	904,00	1.017,00
(Ost)	II	20.468	348,07	1.637,44	1.842,12	124,35	1.487,04	1.672,92	–	1.336,64	1.503,72	–	1.188,48	1.337,04	–	1.046,32	1.177,11	–	910,40	1.024,20	–	780,56	878,13
	III	14.584	–	1.166,72	1.312,56	–	1.051,68	1.183,14	–	939,52	1.056,96	–	830,56	934,38	–	724,64	815,22	–	621,92	699,66	–	522,24	587,52
	IV	22.257	560,96	1.780,56	2.003,13	449,10	1.705,36	1.918,53	337,24	1.630,16	1.833,93	225,38	1.554,96	1.749,33	113,52	1.479,76	1.664,73	1,78	1.404,64	1.580,22	–	1.329,44	1.495,62
	V	28.431	1.295,67	2.274,48	2.558,79																		
	VI	28.962	1.358,86	2.316,96	2.606,58																		
91.547,99	I	22.179	551,68	1.774,32	1.996,11	327,96	1.623,92	1.826,91	104,24	1.473,52	1.657,71	–	1.323,12	1.488,51	–	1.175,36	1.322,28	–	1.033,84	1.163,07	–	898,40	1.010,70
(West)	II	20.390	338,79	1.631,20	1.835,10	115,07	1.480,80	1.665,90	–	1.330,40	1.496,70	–	1.182,40	1.330,20	–	1.040,48	1.170,54	–	904,80	1.017,90	–	775,28	872,19
	III	14.524	–	1.161,92	1.307,16	–	1.046,88	1.177,74	–	934,88	1.051,74	–	826,08	929,34	–	720,32	810,36	–	617,60	694,80	–	518,08	582,84
	IV	22.179	551,68	1.774,32	1.996,11	439,82	1.699,12	1.911,51	327,96	1.623,92	1.826,91	216,10	1.548,72	1.742,31	104,24	1.473,52	1.657,71	–	1.398,32	1.573,11	–	1.323,12	1.488,51
	V	28.352	1.286,27	2.268,16	2.551,68																		
	VI	28.884	1.349,57	2.310,72	2.599,56																		
91.547,99	I	22.272	562,75	1.781,76	2.004,48	339,15	1.631,44	1.835,37	115,43	1.481,04	1.666,17	–	1.330,64	1.496,97	–	1.182,64	1.330,47	–	1.040,72	1.170,81	–	905,04	1.018,17
(Ost)	II	20.483	349,86	1.638,64	1.843,47	126,14	1.488,24	1.674,27	–	1.337,84	1.505,07	–	1.189,60	1.338,30	–	1.047,44	1.178,37	–	911,44	1.025,37	–	781,60	879,30
	III	14.596	–	1.167,68	1.313,64	–	1.052,48	1.184,04	–	940,48	1.058,04	–	831,52	935,46	–	725,60	816,30	–	622,72	700,56	–	523,04	588,42
	IV	22.272	562,75	1.781,76	2.004,48	450,89	1.706,56	1.919,88	339,15	1.631,44	1.835,37	227,29	1.556,24	1.750,77	115,43	1.481,04	1.666,17	3,57	1.405,84	1.581,57	–	1.330,64	1.496,97
	V	28.446	1.297,45	2.275,68	2.560,14																		
	VI	28.977	1.360,64	2.318,16	2.607,93																		
91.583,99	I	22.194	553,46	1.775,52	1.997,46	329,74	1.625,12	1.828,26	106,02	1.474,72	1.659,06	–	1.324,32	1.489,86	–	1.176,56	1.323,63	–	1.034,96	1.164,33	–	899,52	1.011,96
(West)	II	20.405	340,57	1.632,40	1.836,45	116,85	1.482,00	1.667,25	–	1.331,60	1.498,05	–	1.183,52	1.331,46	–	1.041,60	1.171,80	–	905,92	1.019,16	–	776,32	873,36
	III	14.534	–	1.162,72	1.308,06	–	1.047,68	1.178,64	–	935,84	1.052,82	–	826,88	930,24	–	721,12	811,26	–	618,40	695,70	–	518,88	583,74
	IV	22.194	553,46	1.775,52	1.997,46	441,60	1.700,32	1.912,86	329,74	1.625,12	1.828,26	217,88	1.549,92	1.743,66	106,02	1.474,72	1.659,06	–	1.399,52	1.574,46	–	1.324,32	1.489,86
	V	28.367	1.288,05	2.269,36	2.553,03																		
	VI	28.899	1.351,36	2.311,92	2.600,91																		
91.583,99	I	22.288	564,65	1.783,04	2.005,92	340,93	1.632,64	1.836,72	117,21	1.482,24	1.667,52	–	1.331,84	1.498,32	–	1.183,76	1.331,73	–	1.041,84	1.172,07	–	906,08	1.019,34
(Ost)	II	20.498	351,64	1.639,84	1.844,82	127,92	1.489,44	1.675,62	–	1.339,12	1.506,51	–	1.190,80	1.339,65	–	1.048,56	1.179,63	–	912,48	1.026,54	–	782,64	880,47
	III	14.608	–	1.168,64	1.314,72	–	1.053,44	1.185,12	–	941,28	1.058,94	–	832,32	936,36	–	726,40	817,20	–	623,52	701,46	–	523,84	589,32
	IV	22.288	564,65	1.783,04	2.005,92	452,79	1.707,84	1.921,32	340,93	1.632,64	1.836,72	229,07	1.557,44	1.752,12	117,21	1.482,24	1.667,52	5,35	1.407,04	1.582,92	–	1.331,84	1.498,32
	V	28.461	1.299,24	2.276,88	2.561,49																		
	VI	28.993	1.362,55	2.319,44	2.609,37																		

SolZ/KiSt lt. Tabelle nicht für Sonstige Bezüge anwendbar.

Lohn/Gehalt bis	Steuerklasse	Lohnsteuer	ohne Kinderfreibetrag SolZ 5,5%	ohne Kinderfreibetrag Kirchensteuer 8%	ohne Kinderfreibetrag Kirchensteuer 9%	0,5 SolZ 5,5%	0,5 Kirchensteuer 8%	0,5 Kirchensteuer 9%	1,0 SolZ 5,5%	1,0 Kirchensteuer 8%	1,0 Kirchensteuer 9%	1,5 SolZ 5,5%	1,5 Kirchensteuer 8%	1,5 Kirchensteuer 9%	2,0 SolZ 5,5%	2,0 Kirchensteuer 8%	2,0 Kirchensteuer 9%	2,5 SolZ 5,5%	2,5 Kirchensteuer 8%	2,5 Kirchensteuer 9%	3,0 SolZ 5,5%	3,0 Kirchensteuer 8%	3,0 Kirchensteuer 9%
						Anzahl Kinderfreibeträge (nur Steuerklassen I–IV)																	
91.619,99 (West)	I	22.209	555,25	1.776,72	1.998,81	331,53	1.626,32	1.829,61	107,81	1.475,92	1.660,41	-	1.325,52	1.491,21	-	1.177,76	1.324,98	-	1.036,08	1.165,59	-	900,56	1.013,
	II	20.420	342,36	1.633,60	1.837,80	118,64	1.483,20	1.668,60	-	1.332,80	1.499,40	-	1.184,72	1.332,81	-	1.042,72	1.173,06	-	906,96	1.020,33	-	777,36	874,
	III	14.546	-	1.163,68	1.309,14	-	1.048,64	1.179,72	-	936,64	1.053,72	-	827,84	931,32	-	721,92	812,16	-	619,20	696,60	-	519,68	584,
	IV	22.209	555,25	1.776,72	1.998,81	443,39	1.701,52	1.914,21	331,53	1.626,32	1.829,61	219,67	1.551,12	1.745,01	107,81	1.475,92	1.660,41	-	1.400,72	1.575,81	-	1.325,52	1.491,
	V	28.382	1.289,84	2.270,56	2.554,38																		
	VI	28.914	1.353,14	2.313,12	2.602,26																		
91.619,99 (Ost)	I	22.303	566,44	1.784,24	2.007,27	342,72	1.633,84	1.838,07	119,00	1.483,44	1.668,87	-	1.333,04	1.499,67	-	1.184,96	1.333,08	-	1.042,96	1.173,33	-	907,20	1.020,
	II	20.513	353,43	1.641,04	1.846,17	129,82	1.490,72	1.677,06	-	1.340,32	1.507,86	-	1.191,92	1.340,91	-	1.049,68	1.180,89	-	913,60	1.027,80	-	783,68	881,
	III	14.620	-	1.169,60	1.315,80	-	1.054,40	1.186,20	-	942,24	1.060,02	-	833,12	937,26	-	727,20	818,10	-	624,32	702,36	-	524,64	590,
	IV	22.303	566,44	1.784,24	2.007,27	454,58	1.709,04	1.922,67	342,72	1.633,84	1.838,07	230,86	1.558,64	1.753,47	119,00	1.483,44	1.668,87	7,14	1.408,24	1.584,27	-	1.333,04	1.499,
	V	28.476	1.301,02	2.278,08	2.562,84																		
	VI	29.008	1.364,33	2.320,64	2.610,72																		
91.655,99 (West)	I	22.224	557,03	1.777,92	2.000,16	333,31	1.627,52	1.830,96	109,59	1.477,12	1.661,76	-	1.326,72	1.492,56	-	1.178,88	1.326,24	-	1.037,20	1.166,85	-	901,60	1.014,
	II	20.435	344,14	1.634,80	1.839,15	120,42	1.484,40	1.669,95	-	1.334,00	1.500,75	-	1.185,92	1.334,16	-	1.043,84	1.174,32	-	908,00	1.021,50	-	778,32	875,
	III	14.558	-	1.164,64	1.310,22	-	1.049,60	1.180,80	-	937,60	1.054,80	-	828,64	932,22	-	722,88	813,24	-	620,16	697,68	-	520,48	585,
	IV	22.224	557,03	1.777,92	2.000,16	445,17	1.702,72	1.915,56	333,31	1.627,52	1.830,96	221,45	1.552,32	1.746,36	109,59	1.477,12	1.661,76	-	1.401,92	1.577,16	-	1.326,72	1.492,
	V	28.397	1.291,62	2.271,76	2.555,73																		
	VI	28.929	1.354,93	2.314,32	2.603,61																		
91.655,99 (Ost)	I	22.318	568,22	1.785,44	2.008,62	344,50	1.635,04	1.839,42	120,78	1.484,64	1.670,22	-	1.334,24	1.501,02	-	1.186,08	1.334,34	-	1.044,08	1.174,59	-	908,24	1.021,
	II	20.529	355,33	1.642,32	1.847,61	131,61	1.491,92	1.678,41	-	1.341,52	1.509,21	-	1.193,12	1.342,26	-	1.050,80	1.182,15	-	914,64	1.028,97	-	784,64	882,
	III	14.632	-	1.170,56	1.316,88	-	1.055,20	1.187,10	-	943,04	1.060,92	-	834,08	938,34	-	728,00	819,00	-	625,12	703,26	-	525,28	590,
	IV	22.318	568,22	1.785,44	2.008,62	456,36	1.710,24	1.924,02	344,50	1.635,04	1.839,42	232,64	1.559,84	1.754,82	120,78	1.484,64	1.670,22	8,92	1.409,44	1.585,62	-	1.334,24	1.501,
	V	28.491	1.302,81	2.279,28	2.564,19																		
	VI	29.023	1.366,12	2.321,84	2.612,07																		
91.691,99 (West)	I	22.239	558,82	1.779,12	2.001,51	335,10	1.628,72	1.832,31	111,38	1.478,32	1.663,11	-	1.328,00	1.494,00	-	1.180,08	1.327,59	-	1.038,32	1.168,11	-	902,72	1.015,
	II	20.450	345,93	1.636,00	1.840,50	122,21	1.485,60	1.671,30	-	1.335,20	1.502,10	-	1.187,04	1.335,42	-	1.044,96	1.175,58	-	909,12	1.022,76	-	779,36	876,
	III	14.570	-	1.165,60	1.311,30	-	1.050,56	1.181,88	-	938,40	1.055,70	-	829,60	933,30	-	723,68	814,14	-	620,96	698,58	-	521,28	586,
	IV	22.239	558,82	1.779,12	2.001,51	446,96	1.703,92	1.916,91	335,10	1.628,72	1.832,31	223,24	1.553,52	1.747,71	111,38	1.478,32	1.663,11	-	1.403,12	1.578,51	-	1.328,00	1.494,
	V	28.413	1.293,53	2.273,04	2.557,17																		
	VI	28.944	1.356,71	2.315,52	2.604,96																		
91.691,99 (Ost)	I	22.333	570,01	1.786,64	2.009,97	346,29	1.636,24	1.840,77	122,57	1.485,84	1.671,57	-	1.335,44	1.502,37	-	1.187,28	1.335,69	-	1.045,20	1.175,85	-	909,28	1.022,
	II	20.544	357,11	1.643,52	1.848,96	133,39	1.493,12	1.679,76	-	1.342,72	1.510,56	-	1.194,32	1.343,61	-	1.051,92	1.183,41	-	915,68	1.030,14	-	785,68	883,
	III	14.644	-	1.171,52	1.317,96	-	1.056,16	1.188,18	-	944,00	1.062,00	-	834,88	939,24	-	728,96	820,08	-	625,92	704,16	-	526,08	591,
	IV	22.333	570,01	1.786,64	2.009,97	458,15	1.711,44	1.925,37	346,29	1.636,24	1.840,77	234,43	1.561,04	1.756,17	122,57	1.485,84	1.671,57	10,71	1.410,64	1.586,97	-	1.335,44	1.502,
	V	28.506	1.304,59	2.280,48	2.565,54																		
	VI	29.038	1.367,90	2.323,04	2.613,42																		
91.727,99 (West)	I	22.254	560,60	1.780,32	2.002,86	336,88	1.629,92	1.833,66	113,28	1.479,60	1.664,55	-	1.329,20	1.495,35	-	1.181,20	1.328,85	-	1.039,44	1.169,37	-	903,76	1.016,
	II	20.465	347,71	1.637,20	1.841,85	123,99	1.486,80	1.672,65	-	1.336,40	1.503,45	-	1.188,24	1.336,77	-	1.046,08	1.176,84	-	910,16	1.023,93	-	780,40	877,
	III	14.582	-	1.166,56	1.312,38	-	1.051,36	1.182,78	-	939,36	1.056,78	-	830,40	934,20	-	724,48	815,04	-	621,76	699,48	-	522,08	587,
	IV	22.254	560,60	1.780,32	2.002,86	448,74	1.705,12	1.918,26	336,88	1.629,92	1.833,66	225,14	1.554,80	1.749,15	113,28	1.479,60	1.664,55	1,42	1.404,40	1.579,95	-	1.329,20	1.495,
	V	28.428	1.295,31	2.274,24	2.558,52																		
	VI	28.959	1.358,50	2.316,72	2.606,31																		
91.727,99 (Ost)	I	22.348	571,79	1.787,84	2.011,32	348,07	1.637,44	1.842,12	124,35	1.487,04	1.672,92	-	1.336,64	1.503,72	-	1.188,48	1.337,04	-	1.046,32	1.177,11	-	910,40	1.024,
	II	20.559	358,90	1.644,72	1.850,31	135,18	1.494,32	1.681,11	-	1.343,92	1.511,91	-	1.195,44	1.344,87	-	1.053,04	1.184,67	-	916,80	1.031,40	-	786,72	885,
	III	14.654	-	1.172,32	1.318,86	-	1.057,12	1.189,26	-	944,96	1.063,08	-	835,84	940,32	-	729,76	820,98	-	626,72	705,06	-	526,88	592,
	IV	22.348	571,79	1.787,84	2.011,32	459,93	1.712,64	1.926,72	348,07	1.637,44	1.842,12	236,21	1.562,24	1.757,52	124,35	1.487,04	1.672,92	12,49	1.411,84	1.588,32	-	1.336,64	1.503,
	V	28.521	1.306,38	2.281,68	2.566,89																		
	VI	29.053	1.369,69	2.324,24	2.614,77																		
91.763,99 (West)	I	22.270	562,51	1.781,60	2.004,30	338,79	1.631,20	1.835,10	115,07	1.480,80	1.665,90	-	1.330,40	1.496,70	-	1.182,40	1.330,20	-	1.040,48	1.170,54	-	904,80	1.017,
	II	20.480	349,50	1.638,40	1.843,20	125,78	1.488,00	1.674,00	-	1.337,60	1.504,80	-	1.189,36	1.338,03	-	1.047,20	1.178,10	-	911,20	1.025,10	-	781,44	879,
	III	14.594	-	1.167,52	1.313,46	-	1.052,32	1.183,86	-	940,32	1.057,86	-	831,20	935,10	-	725,28	815,94	-	622,56	700,38	-	522,88	588,
	IV	22.270	562,51	1.781,60	2.004,30	450,65	1.706,40	1.919,70	338,79	1.631,20	1.835,10	226,93	1.556,00	1.750,50	115,07	1.480,80	1.665,90	3,21	1.405,60	1.581,30	-	1.330,40	1.496,
	V	28.443	1.297,10	2.275,44	2.559,87																		
	VI	28.975	1.360,40	2.318,00	2.607,75																		
91.763,99 (Ost)	I	22.363	573,58	1.789,04	2.012,67	349,86	1.638,64	1.843,47	126,14	1.488,24	1.674,27	-	1.337,84	1.505,07	-	1.189,60	1.338,30	-	1.047,44	1.178,37	-	911,44	1.025,
	II	20.574	360,68	1.645,92	1.851,66	136,96	1.495,52	1.682,46	-	1.345,12	1.513,26	-	1.196,64	1.346,22	-	1.054,16	1.185,93	-	917,84	1.032,57	-	787,76	886,
	III	14.666	-	1.173,28	1.319,94	-	1.058,08	1.190,34	-	945,76	1.063,98	-	836,64	941,22	-	730,56	821,88	-	627,68	706,14	-	527,68	593,
	IV	22.363	573,58	1.789,04	2.012,67	461,72	1.713,84	1.928,07	349,86	1.638,64	1.843,47	238,00	1.563,44	1.758,87	126,14	1.488,24	1.674,27	14,28	1.413,04	1.589,67	-	1.337,84	1.505,0
	V	28.536	1.308,16	2.282,88	2.568,24																		
	VI	29.068	1.371,47	2.325,44	2.616,12																		
91.799,99 (West)	I	22.285	564,29	1.782,80	2.005,65	340,57	1.632,40	1.836,45	116,85	1.482,00	1.667,25	-	1.331,60	1.498,05	-	1.183,52	1.331,46	-	1.041,60	1.171,80	-	905,92	1.019,1
	II	20.495	351,28	1.639,60	1.844,55	127,68	1.489,28	1.675,44	-	1.338,88	1.506,24	-	1.190,56	1.339,38	-	1.048,32	1.179,36	-	912,32	1.026,36	-	782,40	880,2
	III	14.606	-	1.168,48	1.314,54	-	1.053,28	1.184,94	-	941,12	1.058,76	-	832,16	936,18	-	726,24	817,02	-	623,36	701,28	-	523,52	588,9
	IV	22.285	564,29	1.782,80	2.005,65	452,43	1.707,60	1.921,05	340,57	1.632,40	1.836,45	228,71	1.557,20	1.751,85	116,85	1.482,00	1.667,25	4,99	1.406,80	1.582,65	-	1.331,60	1.498,0
	V	28.458	1.298,88	2.276,64	2.561,22																		
	VI	28.990	1.362,19	2.319,20	2.609,10																		
91.799,99 (Ost)	I	22.378	575,36	1.790,24	2.014,02	351,64	1.639,84	1.844,82	127,92	1.489,44	1.675,62	-	1.339,12	1.506,51	-	1.190,80	1.339,65	-	1.048,56	1.179,63	-	912,48	1.026,5
	II	20.589	362,47	1.647,12	1.853,01	138,75	1.496,72	1.683,81	-	1.346,32	1.514,61	-	1.197,84	1.347,57	-	1.055,28	1.187,19	-	918,96	1.033,83	-	788,72	887,3
	III	14.678	-	1.174,24	1.321,02	-	1.058,88	1.191,24	-	946,72	1.065,06	-	837,44	942,12	-	731,36	822,78	-	628,48	707,04	-	528,48	594,5
	IV	22.378	575,36	1.790,24	2.014,02	463,50	1.715,04	1.929,42	351,64	1.639,84	1.844,82	239,78	1.564,64	1.760,22	127,92	1.489,44	1.675,62	16,06	1.414,24	1.591,02	-	1.339,12	1.506,5
	V	28.552	1.310,07	2.284,16	2.569,68																		
	VI	29.083	1.373,26	2.326,64	2.617,47																		
91.835,99 (West)	I	22.300	566,08	1.784,00	2.007,00	342,36	1.633,60	1.837,80	118,64	1.483,20	1.668,60	-	1.332,80	1.499,40	-	1.184,72	1.332,81	-	1.042,72	1.173,06	-	906,96	1.020,3
	II	20.511	353,19	1.640,88	1.845,99	129,47	1.490,48	1.676,79	-	1.340,08	1.507,59	-	1.191,76	1.340,73	-	1.049,44	1.180,62	-	913,36	1.027,53	-	783,44	881,3
	III	14.616	-	1.169,28	1.315,44	-	1.054,08	1.185,84	-	942,08	1.059,84	-	832,96	937,08	-	727,04	817,92	-	624,16	702,18	-	524,32	589,8
	IV	22.300	566,08	1.784,00	2.007,00	454,22	1.708,80	1.922,40	342,36	1.633,60	1.837,80	230,50	1.558,40	1.753,20	118,64	1.483,20	1.668,60	6,78	1.408,00	1.584,00	-	1.332,80	1.499,4
	V	28.473	1.300,67	2.277,84	2.562,57																		
	VI	29.005	1.363,97	2.320,40	2.610,45																		
91.835,99 (Ost)	I	22.393	577,15	1.791,44	2.015,37	353,43	1.641,04	1.846,17	129,82	1.490,72	1.677,06	-	1.340,32	1.507,86	-	1.191,92	1.340,91	-	1.049,68	1.180,89	-	913,60	1.027,8
	II	20.604	364,25	1.648,32	1.854,36	140,53	1.497,92	1.685,16	-	1.347,52	1.515,96	-	1.198,96	1.348,83	-	1.056,40	1.188,45	-	920,00	1.035,00	-	789,76	888,4
	III	14.690	-	1.175,20	1.322,10	-	1.059,84	1.192,32	-	947,52	1.065,96	-	838,40	943,20	-	732,32	823,86	-	629,28	707,94	-	529,28	595,4
	IV	22.393	577,15	1.791,44	2.015,37	465,29	1.716,24	1.930,77	353,43	1.641,04	1.846,17	241,68	1.565,92	1.761,66	129,82	1.490,72	1.677,06	17,96	1.415,52	1.592,46	-	1.340,32	1.507,8
	V	28.567	1.311,85	2.285,36	2.571,03																		
	VI	29.098	1.375,04	2.327,84	2.618,82																		

SolZ/KiSt lt. Tabelle nicht für Sonstige Bezüge anwendbar.

Lohn/ Gehalt bis	Steuerklasse	Lohn- steuer	ohne Kinderfreibetrag			Anzahl Kinderfreibeträge (nur Steuerklassen I–IV) 0,5			1,0			1,5			2,0			2,5			3,0		
			SolZ 5,5%	Kirchensteuer 8%	9%	SolZ 5,5%	Kirchensteuer 8%	9%	SolZ 5,5%	Kirchensteuer 8%	9%	SolZ 5,5%	Kirchensteuer 8%	9%	SolZ 5,5%	Kirchensteuer 8%	9%	SolZ 5,5%	Kirchensteuer 8%	9%	SolZ 5,5%	Kirchensteuer 8%	9%
91.871,99 (West)	I	22.315	567,86	1.785,20	2.008,35	344,14	1.634,80	1.839,15	120,42	1.484,40	1.669,95	-	1.334,00	1.500,75	-	1.185,92	1.334,16	-	1.043,84	1.174,32	-	908,00	1.021,50
	II	20.526	354,97	1.642,08	1.847,34	131,25	1.491,68	1.678,14	-	1.341,28	1.508,94	-	1.192,88	1.341,99	-	1.050,56	1.181,88	-	914,40	1.028,70	-	784,48	882,54
	III	14.628	-	1.170,24	1.316,52	-	1.055,04	1.186,92	-	942,88	1.060,74	-	833,92	938,16	-	727,84	818,82	-	624,96	703,08	-	525,12	590,76
	IV	22.315	567,86	1.785,20	2.008,35	456,00	1.710,00	1.923,75	344,14	1.634,80	1.839,15	232,28	1.559,60	1.754,55	120,42	1.484,40	1.669,95	8,56	1.409,20	1.585,35	-	1.334,00	1.500,75
	V	28.488	1.302,45	2.279,04	2.563,92																		
	VI	29.020	1.365,76	2.321,60	2.611,80																		
91.871,99 (Ost)	I	22.409	579,05	1.792,72	2.016,81	355,33	1.642,32	1.847,61	131,61	1.491,92	1.678,41	-	1.341,52	1.509,21	-	1.193,12	1.342,26	-	1.050,80	1.182,15	-	914,64	1.028,97
	II	20.619	366,04	1.649,52	1.855,71	142,32	1.499,12	1.686,51	-	1.348,72	1.517,31	-	1.200,16	1.350,18	-	1.057,52	1.189,71	-	921,04	1.036,17	-	790,80	889,65
	III	14.702	-	1.176,16	1.323,18	-	1.060,80	1.193,40	-	948,48	1.067,04	-	839,20	944,10	-	733,12	824,76	-	630,08	708,84	-	530,08	596,34
	IV	22.409	579,05	1.792,72	2.016,81	467,19	1.717,52	1.932,21	355,33	1.642,32	1.847,61	243,47	1.567,12	1.763,01	131,61	1.491,92	1.678,41	19,75	1.416,72	1.593,81	-	1.341,52	1.509,21
	V	28.582	1.313,64	2.286,56	2.572,38																		
	VI	29.114	1.376,94	2.329,12	2.620,26																		
91.907,99 (West)	I	22.330	569,65	1.786,40	2.009,70	345,93	1.636,00	1.840,50	122,21	1.485,60	1.671,30	-	1.335,20	1.502,10	-	1.187,04	1.335,42	-	1.044,96	1.175,58	-	909,12	1.022,76
	II	20.541	356,76	1.643,28	1.848,69	133,04	1.492,88	1.679,49	-	1.342,48	1.510,29	-	1.194,08	1.343,34	-	1.051,68	1.183,14	-	915,52	1.029,96	-	785,52	883,71
	III	14.640	-	1.171,20	1.317,60	-	1.056,00	1.188,00	-	943,84	1.061,82	-	834,72	939,06	-	728,64	819,72	-	625,76	703,98	-	525,92	591,66
	IV	22.330	569,65	1.786,40	2.009,70	457,79	1.711,20	1.925,10	345,93	1.636,00	1.840,50	234,07	1.560,80	1.755,90	122,21	1.485,60	1.671,30	10,35	1.410,40	1.586,70	-	1.335,20	1.502,10
	V	28.503	1.304,24	2.280,24	2.565,27																		
	VI	29.035	1.367,54	2.322,80	2.613,15																		
91.907,99 (Ost)	I	22.424	580,83	1.793,92	2.018,16	357,11	1.643,52	1.848,96	133,39	1.493,12	1.679,76	-	1.342,72	1.510,56	-	1.194,32	1.343,61	-	1.051,92	1.183,41	-	915,68	1.030,14
	II	20.634	367,82	1.650,72	1.857,06	144,22	1.500,40	1.687,95	-	1.350,00	1.518,75	-	1.201,28	1.351,44	-	1.058,64	1.190,97	-	922,16	1.037,43	-	791,84	890,82
	III	14.714	-	1.177,12	1.324,26	-	1.061,60	1.194,30	-	949,28	1.067,94	-	840,16	945,18	-	733,92	825,66	-	630,88	709,74	-	530,88	597,24
	IV	22.424	580,83	1.793,92	2.018,16	468,97	1.718,72	1.933,56	357,11	1.643,52	1.848,96	245,25	1.568,32	1.764,36	133,39	1.493,12	1.679,76	21,53	1.417,92	1.595,16	-	1.342,72	1.510,56
	V	28.597	1.315,42	2.287,76	2.573,73																		
	VI	29.129	1.378,73	2.330,32	2.621,61																		
91.943,99 (West)	I	22.345	571,43	1.787,60	2.011,05	347,71	1.637,20	1.841,85	123,99	1.486,80	1.672,65	-	1.336,40	1.503,45	-	1.188,24	1.336,77	-	1.046,08	1.176,84	-	910,16	1.023,93
	II	20.556	358,54	1.644,48	1.850,04	134,82	1.494,08	1.680,84	-	1.343,68	1.511,64	-	1.195,20	1.344,60	-	1.052,80	1.184,40	-	916,56	1.031,13	-	786,48	884,79
	III	14.652	-	1.172,16	1.318,68	-	1.056,96	1.189,08	-	944,64	1.062,72	-	835,52	939,96	-	729,60	820,80	-	626,56	704,88	-	526,72	592,56
	IV	22.345	571,43	1.787,60	2.011,05	459,57	1.712,40	1.926,45	347,71	1.637,20	1.841,85	235,85	1.562,00	1.757,25	123,99	1.486,80	1.672,65	12,13	1.411,60	1.588,05	-	1.336,40	1.503,45
	V	28.518	1.306,02	2.281,44	2.566,62																		
	VI	29.050	1.369,33	2.324,00	2.614,50																		
91.943,99 (Ost)	I	22.439	582,62	1.795,12	2.019,51	358,90	1.644,72	1.850,31	135,18	1.494,32	1.681,11	-	1.343,92	1.511,91	-	1.195,44	1.344,87	-	1.053,04	1.184,67	-	916,80	1.031,40
	II	20.650	369,73	1.652,00	1.858,50	146,01	1.501,60	1.689,30	-	1.351,20	1.520,10	-	1.202,48	1.352,79	-	1.059,76	1.192,23	-	923,20	1.038,60	-	792,88	891,99
	III	14.726	-	1.178,08	1.325,34	-	1.062,56	1.195,38	-	950,24	1.069,02	-	840,96	946,08	-	734,72	826,56	-	631,68	710,64	-	531,68	598,14
	IV	22.439	582,62	1.795,12	2.019,51	470,76	1.719,92	1.934,91	358,90	1.644,72	1.850,31	247,04	1.569,52	1.765,71	135,18	1.494,32	1.681,11	23,32	1.419,12	1.596,51	-	1.343,92	1.511,91
	V	28.612	1.317,21	2.288,96	2.575,08																		
	VI	29.144	1.380,51	2.331,52	2.622,96																		
91.979,99 (West)	I	22.360	573,22	1.788,80	2.012,40	349,50	1.638,40	1.843,20	125,78	1.488,00	1.674,00	-	1.337,60	1.504,80	-	1.189,36	1.338,03	-	1.047,20	1.178,10	-	911,20	1.025,10
	II	20.571	360,33	1.645,68	1.851,39	136,61	1.495,28	1.682,19	-	1.344,88	1.512,99	-	1.196,40	1.345,95	-	1.053,92	1.185,66	-	917,68	1.032,39	-	787,52	885,96
	III	14.664	-	1.173,12	1.319,76	-	1.057,76	1.189,98	-	945,60	1.063,80	-	836,48	941,04	-	730,40	821,70	-	627,36	705,78	-	527,52	593,46
	IV	22.360	573,22	1.788,80	2.012,40	461,36	1.713,60	1.927,80	349,50	1.638,40	1.843,20	237,64	1.563,20	1.758,60	125,78	1.488,00	1.674,00	13,92	1.412,80	1.589,40	-	1.337,60	1.504,80
	V	28.534	1.307,92	2.282,72	2.568,06																		
	VI	29.065	1.371,11	2.325,20	2.615,85																		
91.979,99 (Ost)	I	22.454	584,40	1.796,32	2.020,86	360,68	1.645,92	1.851,66	136,96	1.495,52	1.682,46	-	1.345,12	1.513,26	-	1.196,64	1.346,22	-	1.054,16	1.185,93	-	917,84	1.032,57
	II	20.665	371,51	1.653,20	1.859,85	147,79	1.502,80	1.690,65	-	1.352,40	1.521,45	-	1.203,68	1.354,14	-	1.060,88	1.193,49	-	924,32	1.039,86	-	793,84	893,07
	III	14.738	-	1.179,04	1.326,42	-	1.063,52	1.196,46	-	951,20	1.070,10	-	841,76	946,98	-	735,68	827,64	-	632,48	711,54	-	532,48	599,04
	IV	22.454	584,40	1.796,32	2.020,86	472,54	1.721,12	1.936,26	360,68	1.645,92	1.851,66	248,82	1.570,72	1.767,06	136,96	1.495,52	1.682,46	25,10	1.420,32	1.597,86	-	1.345,12	1.513,26
	V	28.627	1.318,99	2.290,16	2.576,43																		
	VI	29.159	1.382,30	2.332,72	2.624,31																		
92.015,99 (West)	I	22.375	575,00	1.790,00	2.013,75	351,28	1.639,60	1.844,55	127,68	1.489,28	1.675,44	-	1.338,88	1.506,24	-	1.190,56	1.339,38	-	1.048,32	1.179,36	-	912,32	1.026,36
	II	20.586	362,11	1.646,88	1.852,74	138,39	1.496,48	1.683,54	-	1.346,08	1.514,34	-	1.197,60	1.347,30	-	1.055,04	1.186,92	-	918,72	1.033,56	-	788,56	887,13
	III	14.676	-	1.174,08	1.320,84	-	1.058,72	1.191,06	-	946,40	1.064,70	-	837,28	941,94	-	731,20	822,60	-	628,32	706,86	-	528,32	594,36
	IV	22.375	575,00	1.790,00	2.013,75	463,14	1.714,80	1.929,15	351,28	1.639,60	1.844,55	239,42	1.564,40	1.759,95	127,68	1.489,28	1.675,44	15,82	1.414,08	1.590,84	-	1.338,88	1.506,24
	V	28.549	1.309,71	2.283,92	2.569,41																		
	VI	29.080	1.372,90	2.326,40	2.617,20																		
92.015,99 (Ost)	I	22.469	586,19	1.797,52	2.022,21	362,47	1.647,12	1.853,01	138,75	1.496,72	1.683,81	-	1.346,32	1.514,61	-	1.197,84	1.347,57	-	1.055,28	1.187,19	-	918,96	1.033,83
	II	20.680	373,30	1.654,40	1.861,20	149,58	1.504,00	1.692,00	-	1.353,60	1.522,80	-	1.204,80	1.355,40	-	1.062,00	1.194,75	-	925,36	1.041,03	-	794,88	894,24
	III	14.748	-	1.179,84	1.327,32	-	1.064,48	1.197,54	-	952,00	1.071,00	-	842,72	948,06	-	736,48	828,54	-	633,28	712,44	-	533,28	599,94
	IV	22.469	586,19	1.797,52	2.022,21	474,33	1.722,32	1.937,61	362,47	1.647,12	1.853,01	250,61	1.571,92	1.768,41	138,75	1.496,72	1.683,81	26,89	1.421,52	1.599,21	-	1.346,32	1.514,61
	V	28.642	1.320,78	2.291,36	2.577,78																		
	VI	29.174	1.384,08	2.333,92	2.625,66																		
92.051,99 (West)	I	22.390	576,79	1.791,20	2.015,10	353,19	1.640,88	1.845,99	129,47	1.490,48	1.676,79	-	1.340,08	1.507,59	-	1.191,76	1.340,73	-	1.049,44	1.180,62	-	913,36	1.027,53
	II	20.601	363,90	1.648,08	1.854,09	140,18	1.497,68	1.684,89	-	1.347,28	1.515,69	-	1.198,72	1.348,56	-	1.056,16	1.188,18	-	919,76	1.034,73	-	789,60	888,30
	III	14.688	-	1.175,04	1.321,92	-	1.059,68	1.192,14	-	947,36	1.065,78	-	838,24	943,02	-	732,00	823,50	-	629,12	707,76	-	529,12	595,26
	IV	22.390	576,79	1.791,20	2.015,10	465,05	1.716,08	1.930,59	353,19	1.640,88	1.845,99	241,33	1.565,68	1.761,39	129,47	1.490,48	1.676,79	17,61	1.415,28	1.592,19	-	1.340,08	1.507,59
	V	28.564	1.311,49	2.285,12	2.570,76																		
	VI	29.095	1.374,68	2.327,60	2.618,55																		
92.051,99 (Ost)	I	22.484	587,97	1.798,72	2.023,56	364,25	1.648,32	1.854,36	140,53	1.497,92	1.685,16	-	1.347,52	1.515,96	-	1.198,96	1.348,83	-	1.056,40	1.188,45	-	920,00	1.035,00
	II	20.695	375,08	1.655,60	1.862,55	151,36	1.505,20	1.693,35	-	1.354,80	1.524,15	-	1.206,00	1.356,75	-	1.063,12	1.196,01	-	926,48	1.042,29	-	795,92	895,41
	III	14.760	-	1.180,80	1.328,40	-	1.065,28	1.198,44	-	952,96	1.072,08	-	843,52	948,96	-	737,28	829,44	-	634,08	713,34	-	534,08	600,84
	IV	22.484	587,97	1.798,72	2.023,56	476,11	1.723,52	1.938,96	364,25	1.648,32	1.854,36	252,39	1.573,12	1.769,76	140,53	1.497,92	1.685,16	28,67	1.422,72	1.600,56	-	1.347,52	1.515,96
	V	28.657	1.322,56	2.292,56	2.579,13																		
	VI	29.189	1.385,87	2.335,12	2.627,01																		
92.087,99 (West)	I	22.406	578,69	1.792,48	2.016,54	354,97	1.642,08	1.847,34	131,25	1.491,68	1.678,14	-	1.341,28	1.508,94	-	1.192,88	1.341,99	-	1.050,56	1.181,88	-	914,40	1.028,70
	II	20.616	365,68	1.649,28	1.855,44	141,96	1.498,88	1.686,24	-	1.348,56	1.517,13	-	1.199,92	1.349,91	-	1.057,28	1.189,44	-	920,88	1.035,99	-	790,64	889,47
	III	14.700	-	1.176,00	1.323,00	-	1.060,48	1.193,04	-	948,32	1.066,86	-	839,04	943,92	-	732,96	824,58	-	629,92	708,66	-	529,92	596,16
	IV	22.406	578,69	1.792,48	2.016,54	466,83	1.717,28	1.931,94	354,97	1.642,08	1.847,34	243,11	1.566,88	1.762,74	131,25	1.491,68	1.678,14	19,39	1.416,48	1.593,54	-	1.341,28	1.508,94
	V	28.579	1.313,28	2.286,32	2.572,11																		
	VI	29.111	1.376,59	2.328,88	2.619,99																		
92.087,99 (Ost)	I	22.499	589,76	1.799,92	2.024,91	366,04	1.649,52	1.855,71	142,32	1.499,12	1.686,51	-	1.348,72	1.517,31	-	1.200,16	1.350,18	-	1.057,52	1.189,71	-	921,04	1.036,17
	II	20.710	376,87	1.656,80	1.863,90	153,15	1.506,40	1.694,70	-	1.356,00	1.525,50	-	1.207,20	1.358,10	-	1.064,24	1.197,27	-	927,52	1.043,46	-	796,96	896,58
	III	14.772	-	1.181,76	1.329,48	-	1.066,24	1.199,52	-	953,76	1.072,98	-	844,48	950,04	-	738,08	830,34	-	634,88	714,24	-	534,88	601,74
	IV	22.499	589,76	1.799,92	2.024,91	477,90	1.724,72	1.940,31	366,04	1.649,52	1.855,71	254,18	1.574,32	1.771,11	142,32	1.499,12	1.686,51	30,46	1.423,92	1.601,91	-	1.348,72	1.517,31
	V	28.673	1.324,47	2.293,84	2.580,57																		
	VI	29.204	1.387,65	2.336,32	2.628,36																		

SolZ/KiSt lt. Tabelle nicht für Sonstige Bezüge anwendbar.

JAHR bis 92.339,99 €

Allgemeine Tabelle

Lohn/ Gehalt bis	Steuerklasse	Lohn-steuer	ohne Kinderfreibetrag SolZ 5,5%	Kirchensteuer 8%	Kirchensteuer 9%	0,5 SolZ 5,5%	0,5 Kirchensteuer 8%	0,5 Kirchensteuer 9%	1,0 SolZ 5,5%	1,0 Kirchensteuer 8%	1,0 Kirchensteuer 9%	1,5 SolZ 5,5%	1,5 Kirchensteuer 8%	1,5 Kirchensteuer 9%	2,0 SolZ 5,5%	2,0 Kirchensteuer 8%	2,0 Kirchensteuer 9%	2,5 SolZ 5,5%	2,5 Kirchensteuer 8%	2,5 Kirchensteuer 9%	3,0 SolZ 5,5%	3,0 Kirchensteuer 8%	3,0 Kirchensteuer 9%
						Anzahl Kinderfreibeträge (nur Steuerklassen I–IV)																	
92.123,99	I	22.421	580,48	1.793,68	2.017,89	356,76	1.643,28	1.848,69	133,04	1.492,88	1.679,49	-	1.342,48	1.510,29	-	1.194,08	1.343,34	-	1.051,68	1.183,14	-	915,52	1.029,
(West)	II	20.632	367,59	1.650,56	1.856,88	143,87	1.500,16	1.687,68	-	1.349,76	1.518,48	-	1.201,12	1.351,26	-	1.058,40	1.190,70	-	921,92	1.037,16	-	791,60	890,
	III	14.710	-	1.176,80	1.323,90	-	1.061,44	1.194,12	-	949,12	1.067,76	-	839,84	944,82	-	733,76	825,48	-	630,72	709,56	-	530,72	597,
	IV	22.421	580,48	1.793,68	2.017,89	468,62	1.718,48	1.933,29	356,76	1.643,28	1.848,69	244,90	1.568,08	1.764,09	133,04	1.492,88	1.679,49	21,18	1.417,68	1.594,89	-	1.342,48	1.510,
	V	28.594	1.315,06	2.287,52	2.573,46																		
	VI	29.126	1.378,37	2.330,08	2.621,34																		
92.123,99	I	22.514	591,54	1.801,12	2.026,26	367,82	1.650,72	1.857,06	144,22	1.500,40	1.687,95	-	1.350,00	1.518,75	-	1.201,28	1.351,44	-	1.058,64	1.190,97	-	922,16	1.037,
(Ost)	II	20.725	378,65	1.658,00	1.865,25	154,93	1.507,60	1.696,05	-	1.357,20	1.526,85	-	1.208,40	1.359,45	-	1.065,36	1.198,53	-	928,56	1.044,63	-	798,00	897,
	III	14.784	-	1.182,72	1.330,56	-	1.067,20	1.200,60	-	954,72	1.074,06	-	845,28	950,94	-	739,04	831,42	-	635,84	715,32	-	535,68	602,
	IV	22.514	591,54	1.801,12	2.026,26	479,68	1.725,92	1.941,66	367,82	1.650,72	1.857,06	255,96	1.575,52	1.772,46	144,22	1.500,40	1.687,95	32,36	1.425,20	1.603,35	-	1.350,00	1.518,
	V	28.688	1.326,25	2.295,04	2.581,92																		
	VI	29.219	1.389,44	2.337,52	2.629,71																		
92.159,99	I	22.436	582,26	1.794,88	2.019,24	358,54	1.644,48	1.850,04	134,82	1.494,08	1.680,84	-	1.343,68	1.511,64	-	1.195,20	1.344,60	-	1.052,80	1.184,40	-	916,56	1.031,
(West)	II	20.647	369,37	1.651,76	1.858,23	145,65	1.501,36	1.689,03	-	1.350,96	1.519,83	-	1.202,24	1.352,52	-	1.059,52	1.191,96	-	923,04	1.038,42	-	792,64	891,
	III	14.722	-	1.177,76	1.324,98	-	1.062,40	1.195,20	-	950,08	1.068,84	-	840,80	945,90	-	734,56	826,38	-	631,52	710,46	-	531,52	597,
	IV	22.436	582,26	1.794,88	2.019,24	470,40	1.719,68	1.934,64	358,54	1.644,48	1.850,04	246,68	1.569,28	1.765,44	134,82	1.494,08	1.680,84	22,96	1.418,88	1.596,24	-	1.343,68	1.511,
	V	28.609	1.316,85	2.288,72	2.574,81																		
	VI	29.141	1.380,16	2.331,28	2.622,69																		
92.159,99	I	22.529	593,33	1.802,32	2.027,61	369,73	1.652,00	1.858,50	146,01	1.501,60	1.689,30	-	1.351,20	1.520,10	-	1.202,48	1.352,79	-	1.059,76	1.192,23	-	923,20	1.038,
(Ost)	II	20.740	380,44	1.659,20	1.866,60	156,72	1.508,80	1.697,40	-	1.358,40	1.528,20	-	1.209,52	1.360,71	-	1.066,48	1.199,79	-	929,68	1.045,89	-	798,96	898,
	III	14.796	-	1.183,68	1.331,64	-	1.068,16	1.201,68	-	955,52	1.074,96	-	846,24	952,02	-	739,84	832,32	-	636,64	716,22	-	536,48	603,
	IV	22.529	593,33	1.802,32	2.027,61	481,59	1.727,20	1.943,10	369,73	1.652,00	1.858,50	257,87	1.576,80	1.773,90	146,01	1.501,60	1.689,30	34,15	1.426,40	1.604,70	-	1.351,20	1.520,
	V	28.703	1.328,04	2.296,24	2.583,27																		
	VI	29.235	1.391,34	2.338,80	2.631,15																		
92.195,99	I	22.451	584,05	1.796,08	2.020,59	360,33	1.645,68	1.851,39	136,61	1.495,28	1.682,19	-	1.344,88	1.512,99	-	1.196,40	1.345,95	-	1.053,92	1.185,66	-	917,68	1.032,
(West)	II	20.662	371,16	1.652,96	1.859,58	147,44	1.502,56	1.690,38	-	1.352,16	1.521,18	-	1.203,44	1.353,87	-	1.060,64	1.193,22	-	924,08	1.039,59	-	793,68	892,
	III	14.734	-	1.178,72	1.326,06	-	1.063,36	1.196,28	-	950,88	1.069,74	-	841,60	946,80	-	735,36	827,28	-	632,32	711,36	-	532,32	598,
	IV	22.451	584,05	1.796,08	2.020,59	472,19	1.720,88	1.935,99	360,33	1.645,68	1.851,39	248,47	1.570,48	1.766,79	136,61	1.495,28	1.682,19	24,75	1.420,08	1.597,59	-	1.344,88	1.512,
	V	28.624	1.318,63	2.289,92	2.576,16																		
	VI	29.156	1.381,94	2.332,48	2.624,04																		
92.195,99	I	22.545	595,23	1.803,60	2.029,05	371,51	1.653,20	1.859,85	147,79	1.502,80	1.690,65	-	1.352,40	1.521,45	-	1.203,68	1.354,14	-	1.060,88	1.193,49	-	924,32	1.039,
(Ost)	II	20.755	382,22	1.660,40	1.867,95	158,50	1.510,00	1.698,75	-	1.359,68	1.529,64	-	1.210,72	1.362,06	-	1.067,68	1.201,14	-	930,72	1.047,06	-	800,00	900,
	III	14.808	-	1.184,64	1.332,72	-	1.068,96	1.202,58	-	956,48	1.076,04	-	847,04	952,92	-	740,64	833,22	-	637,44	717,12	-	537,28	604,
	IV	22.545	595,23	1.803,60	2.029,05	483,37	1.728,40	1.944,45	371,51	1.653,20	1.859,85	259,65	1.578,00	1.775,25	147,79	1.502,80	1.690,65	35,93	1.427,60	1.606,05	-	1.352,40	1.521,
	V	28.718	1.329,82	2.297,44	2.584,62																		
	VI	29.250	1.393,13	2.340,00	2.632,50																		
92.231,99	I	22.466	585,83	1.797,28	2.021,94	362,11	1.646,88	1.852,74	138,39	1.496,48	1.683,54	-	1.346,08	1.514,34	-	1.197,60	1.347,30	-	1.055,04	1.186,92	-	918,72	1.033,
(West)	II	20.677	372,94	1.654,16	1.860,93	149,22	1.503,76	1.691,73	-	1.353,36	1.522,53	-	1.204,64	1.355,22	-	1.061,76	1.194,48	-	925,20	1.040,85	-	794,72	894,
	III	14.746	-	1.179,68	1.327,14	-	1.064,16	1.197,18	-	951,84	1.070,82	-	842,56	947,88	-	736,32	828,36	-	633,12	712,26	-	533,12	599,
	IV	22.466	585,83	1.797,28	2.021,94	473,97	1.722,08	1.937,34	362,11	1.646,88	1.852,74	250,25	1.571,68	1.768,14	138,39	1.496,48	1.683,54	26,53	1.421,28	1.598,94	-	1.346,08	1.514,
	V	28.639	1.320,42	2.291,12	2.577,51																		
	VI	29.171	1.383,73	2.333,68	2.625,39																		
92.231,99	I	22.560	597,02	1.804,80	2.030,40	373,30	1.654,40	1.861,20	149,58	1.504,00	1.692,00	-	1.353,60	1.522,80	-	1.204,80	1.355,40	-	1.062,00	1.194,75	-	925,36	1.041,
(Ost)	II	20.771	384,13	1.661,68	1.869,39	160,41	1.511,28	1.700,19	-	1.360,88	1.530,99	-	1.211,92	1.363,41	-	1.068,80	1.202,40	-	931,84	1.048,32	-	801,04	901,
	III	14.820	-	1.185,60	1.333,80	-	1.069,92	1.203,66	-	957,44	1.077,12	-	847,84	953,82	-	741,60	834,30	-	638,24	718,02	-	538,08	605,
	IV	22.560	597,02	1.804,80	2.030,40	485,16	1.729,60	1.945,80	373,30	1.654,40	1.861,20	261,44	1.579,20	1.776,60	149,58	1.504,00	1.692,00	37,72	1.428,80	1.607,40	-	1.353,60	1.522,
	V	28.733	1.331,61	2.298,64	2.585,97																		
	VI	29.265	1.394,91	2.341,20	2.633,85																		
92.267,99	I	22.481	587,62	1.798,48	2.023,29	363,90	1.648,08	1.854,09	140,18	1.497,68	1.684,89	-	1.347,28	1.515,69	-	1.198,72	1.348,56	-	1.056,16	1.188,18	-	919,76	1.034,
(West)	II	20.692	374,73	1.655,36	1.862,28	151,01	1.504,96	1.693,08	-	1.354,56	1.523,88	-	1.205,76	1.356,48	-	1.062,96	1.195,83	-	926,24	1.042,02	-	795,76	895,
	III	14.758	-	1.180,64	1.328,22	-	1.065,12	1.198,26	-	952,64	1.071,72	-	843,36	948,78	-	737,12	829,26	-	633,92	713,16	-	533,92	600,
	IV	22.481	587,62	1.798,48	2.023,29	475,76	1.723,28	1.938,69	363,90	1.648,08	1.854,09	252,04	1.572,88	1.769,49	140,18	1.497,68	1.684,89	28,32	1.422,48	1.600,29	-	1.347,28	1.515,
	V	28.654	1.322,20	2.292,32	2.578,86																		
	VI	29.186	1.385,51	2.334,88	2.626,74																		
92.267,99	I	22.575	598,80	1.806,00	2.031,75	375,08	1.655,60	1.862,55	151,36	1.505,20	1.693,35	-	1.354,80	1.524,15	-	1.206,00	1.356,75	-	1.063,12	1.196,01	-	926,48	1.042,
(Ost)	II	20.786	385,91	1.662,88	1.870,74	162,19	1.512,48	1.701,54	-	1.362,08	1.532,34	-	1.213,04	1.364,67	-	1.069,92	1.203,66	-	932,88	1.049,49	-	802,08	902,
	III	14.832	-	1.186,56	1.334,88	-	1.070,88	1.204,74	-	958,24	1.078,02	-	848,80	954,90	-	742,40	835,20	-	639,04	718,92	-	538,88	606,
	IV	22.575	598,80	1.806,00	2.031,75	486,94	1.730,80	1.947,15	375,08	1.655,60	1.862,55	263,22	1.580,40	1.777,95	151,36	1.505,20	1.693,35	39,50	1.430,00	1.608,75	-	1.354,80	1.524,
	V	28.748	1.333,39	2.299,84	2.587,32																		
	VI	29.280	1.396,70	2.342,40	2.635,20																		
92.303,99	I	22.496	589,40	1.799,68	2.024,64	365,68	1.649,28	1.855,44	141,96	1.498,88	1.686,24	-	1.348,56	1.517,13	-	1.199,92	1.349,91	-	1.057,28	1.189,44	-	920,88	1.035,
(West)	II	20.707	376,51	1.656,56	1.863,63	152,79	1.506,16	1.694,43	-	1.355,76	1.525,23	-	1.206,96	1.357,83	-	1.064,08	1.197,09	-	927,28	1.043,19	-	796,72	896,
	III	14.770	-	1.181,60	1.329,30	-	1.066,08	1.199,34	-	953,60	1.072,80	-	844,16	949,68	-	737,92	830,16	-	634,72	714,06	-	534,72	601,
	IV	22.496	589,40	1.799,68	2.024,64	477,54	1.724,48	1.940,04	365,68	1.649,28	1.855,44	253,82	1.574,08	1.770,84	141,96	1.498,88	1.686,24	30,22	1.423,76	1.601,73	-	1.348,56	1.517,
	V	28.670	1.324,11	2.293,60	2.580,30																		
	VI	29.201	1.387,30	2.336,08	2.628,09																		
92.303,99	I	22.590	600,59	1.807,20	2.033,10	376,87	1.656,80	1.863,90	153,15	1.506,40	1.694,70	-	1.356,00	1.525,50	-	1.207,20	1.358,10	-	1.064,24	1.197,27	-	927,52	1.043,
(Ost)	II	20.801	387,70	1.664,08	1.872,09	163,98	1.513,68	1.702,89	-	1.363,28	1.533,69	-	1.214,24	1.366,02	-	1.071,04	1.204,92	-	934,00	1.050,75	-	803,12	903,
	III	14.844	-	1.187,52	1.335,96	-	1.071,68	1.205,64	-	959,20	1.079,10	-	849,60	955,80	-	743,20	836,10	-	639,84	719,82	-	539,68	607,
	IV	22.590	600,59	1.807,20	2.033,10	488,73	1.732,00	1.948,50	376,87	1.656,80	1.863,90	265,01	1.581,60	1.779,30	153,15	1.506,40	1.694,70	41,29	1.431,20	1.610,10	-	1.356,00	1.525,
	V	28.763	1.335,18	2.301,04	2.588,67																		
	VI	29.295	1.398,48	2.343,60	2.636,55																		
92.339,99	I	22.511	591,19	1.800,88	2.025,99	367,59	1.650,56	1.856,88	143,87	1.500,16	1.687,68	-	1.349,76	1.518,48	-	1.201,12	1.351,26	-	1.058,40	1.190,70	-	921,92	1.037,
(West)	II	20.722	378,30	1.657,76	1.864,98	154,58	1.507,36	1.695,78	-	1.356,96	1.526,58	-	1.208,16	1.359,18	-	1.065,20	1.198,35	-	928,40	1.044,45	-	797,76	897,
	III	14.782	-	1.182,56	1.330,38	-	1.067,04	1.200,42	-	954,56	1.073,88	-	845,12	950,76	-	738,88	831,24	-	635,52	714,96	-	535,52	602,
	IV	22.511	591,19	1.800,88	2.025,99	479,33	1.725,68	1.941,39	367,59	1.650,56	1.856,88	255,73	1.575,36	1.772,28	143,87	1.500,16	1.687,68	32,01	1.424,96	1.603,08	-	1.349,76	1.518,
	V	28.685	1.325,89	2.294,80	2.581,65																		
	VI	29.216	1.389,08	2.337,28	2.629,44																		
92.339,99	I	22.605	602,37	1.808,40	2.034,45	378,65	1.658,00	1.865,25	154,93	1.507,60	1.696,05	-	1.357,20	1.526,85	-	1.208,40	1.359,45	-	1.065,36	1.198,53	-	928,56	1.044,6
(Ost)	II	20.816	389,48	1.665,28	1.873,44	165,76	1.514,88	1.704,24	-	1.364,48	1.535,04	-	1.215,44	1.367,37	-	1.072,16	1.206,18	-	935,04	1.051,92	-	804,16	904,6
	III	14.854	-	1.188,32	1.336,86	-	1.072,64	1.206,72	-	960,00	1.080,00	-	850,56	956,88	-	744,00	837,00	-	640,64	720,72	-	540,48	608,0
	IV	22.605	602,37	1.808,40	2.034,45	490,51	1.733,20	1.949,85	378,65	1.658,00	1.865,25	266,79	1.582,80	1.780,65	154,93	1.507,60	1.696,05	43,07	1.432,40	1.611,45	-	1.357,20	1.526,8
	V	28.778	1.336,96	2.302,24	2.590,02																		
	VI	29.310	1.400,27	2.344,80	2.637,90																		

SolZ/KiSt lt. Tabelle nicht für Sonstige Bezüge anwendbar.

Lohn/ Gehalt bis	Steuerklasse	Lohn- steuer	ohne Kinderfreibetrag			Anzahl Kinderfreibeträge (nur Steuerklassen I–IV)																	
						0,5			1,0			1,5			2,0			2,5			3,0		
			SolZ 5,5%	Kirchensteuer 8%	9%	SolZ 5,5%	Kirchensteuer 8%	9%	SolZ 5,5%	Kirchensteuer 8%	9%	SolZ 5,5%	Kirchensteuer 8%	9%	SolZ 5,5%	Kirchensteuer 8%	9%	SolZ 5,5%	Kirchensteuer 8%	9%	SolZ 5,5%	Kirchensteuer 8%	9%
92.375,99 (West)	I	22.527	593,09	1.802,16	2.027,43	369,37	1.651,76	1.858,23	145,65	1.501,36	1.689,03	-	1.350,96	1.519,83	-	1.202,24	1.352,52	-	1.059,52	1.191,96	-	923,04	1.038,42
	II	20.737	380,08	1.658,96	1.866,33	156,36	1.508,56	1.697,13	-	1.358,24	1.528,02	-	1.209,28	1.360,44	-	1.066,32	1.199,61	-	929,44	1.045,62	-	798,80	898,65
	III	14.794	-	1.183,52	1.331,46	-	1.067,84	1.201,32	-	955,36	1.074,78	-	845,92	951,66	-	739,68	832,14	-	636,48	716,04	-	536,32	603,36
	IV	22.527	593,09	1.802,16	2.027,43	481,23	1.726,96	1.942,83	369,37	1.651,76	1.858,23	257,51	1.576,56	1.773,63	145,65	1.501,36	1.689,03	33,79	1.426,16	1.604,43	-	1.350,96	1.519,83
	V	28.700	1.327,68	2.296,00	2.583,00																		
	VI	29.232	1.390,99	2.338,56	2.630,88																		
92.375,99 (Ost)	I	22.620	604,16	1.809,60	2.035,80	380,44	1.659,20	1.866,60	156,72	1.508,80	1.697,40	-	1.358,40	1.528,20	-	1.209,52	1.360,71	-	1.066,48	1.199,79	-	929,68	1.045,89
	II	20.831	391,27	1.666,48	1.874,79	167,55	1.516,08	1.705,59	-	1.365,68	1.536,39	-	1.216,56	1.368,63	-	1.073,28	1.207,44	-	936,16	1.053,18	-	805,20	905,85
	III	14.866	-	1.189,28	1.337,94	-	1.073,60	1.207,80	-	960,96	1.081,08	-	851,36	957,78	-	744,96	838,08	-	641,44	721,62	-	541,12	608,76
	IV	22.620	604,16	1.809,60	2.035,80	492,30	1.734,40	1.951,20	380,44	1.659,20	1.866,60	268,58	1.584,00	1.782,00	156,72	1.508,80	1.697,40	44,86	1.433,60	1.612,80	-	1.358,40	1.528,20
	V	28.794	1.338,86	2.303,52	2.591,46																		
	VI	29.325	1.402,05	2.346,00	2.639,25																		
92.411,99 (West)	I	22.542	594,88	1.803,36	2.028,78	371,16	1.652,96	1.859,58	147,44	1.502,56	1.690,38	-	1.352,16	1.521,18	-	1.203,44	1.353,87	-	1.060,64	1.193,22	-	924,08	1.039,59
	II	20.752	381,87	1.660,16	1.867,68	158,27	1.509,84	1.698,57	-	1.359,44	1.529,37	-	1.210,48	1.361,79	-	1.067,44	1.200,87	-	930,56	1.046,88	-	799,84	899,82
	III	14.806	-	1.184,48	1.332,54	-	1.068,80	1.202,40	-	956,32	1.075,86	-	846,88	952,74	-	740,48	833,04	-	637,28	716,94	-	537,12	604,26
	IV	22.542	594,88	1.803,36	2.028,78	483,02	1.728,16	1.944,18	371,16	1.652,96	1.859,58	259,30	1.577,76	1.774,98	147,44	1.502,56	1.690,38	35,58	1.427,36	1.605,78	-	1.352,16	1.521,18
	V	28.715	1.329,46	2.297,20	2.584,35																		
	VI	29.247	1.392,77	2.339,76	2.632,23																		
92.411,99 (Ost)	I	22.635	605,94	1.810,80	2.037,15	382,22	1.660,40	1.867,95	158,50	1.510,00	1.698,75	-	1.359,68	1.529,64	-	1.210,72	1.362,06	-	1.067,68	1.201,14	-	930,72	1.047,06
	II	20.846	393,05	1.667,68	1.876,14	169,33	1.517,28	1.706,94	-	1.366,88	1.537,74	-	1.217,76	1.369,98	-	1.074,40	1.208,70	-	937,20	1.054,35	-	806,16	906,93
	III	14.878	-	1.190,24	1.339,02	-	1.074,56	1.208,88	-	961,76	1.081,98	-	852,32	958,86	-	745,76	838,98	-	642,40	722,70	-	541,92	609,66
	IV	22.635	605,94	1.810,80	2.037,15	494,08	1.735,60	1.952,55	382,22	1.660,40	1.867,95	270,36	1.585,20	1.783,35	158,50	1.510,00	1.698,75	46,76	1.434,88	1.614,24	-	1.359,68	1.529,64
	V	28.809	1.340,65	2.304,72	2.592,81																		
	VI	29.340	1.403,84	2.347,20	2.640,60																		
92.447,99 (West)	I	22.557	596,66	1.804,56	2.030,13	372,94	1.654,16	1.860,93	149,22	1.503,76	1.691,73	-	1.353,36	1.522,53	-	1.204,64	1.355,22	-	1.061,76	1.194,48	-	925,20	1.040,85
	II	20.768	383,77	1.661,44	1.869,12	160,05	1.511,04	1.699,92	-	1.360,64	1.530,72	-	1.211,68	1.363,14	-	1.068,56	1.202,13	-	931,60	1.048,05	-	800,88	900,99
	III	14.816	-	1.185,28	1.333,44	-	1.069,76	1.203,48	-	957,12	1.076,76	-	847,68	953,64	-	741,28	833,94	-	638,08	717,84	-	537,92	605,16
	IV	22.557	596,66	1.804,56	2.030,13	484,80	1.729,36	1.945,53	372,94	1.654,16	1.860,93	261,08	1.578,96	1.776,33	149,22	1.503,76	1.691,73	37,36	1.428,56	1.607,13	-	1.353,36	1.522,53
	V	28.730	1.331,25	2.298,40	2.585,70																		
	VI	29.262	1.394,56	2.340,96	2.633,58																		
92.447,99 (Ost)	I	22.650	607,73	1.812,00	2.038,50	384,13	1.661,68	1.869,39	160,41	1.511,28	1.700,19	-	1.360,88	1.530,99	-	1.211,92	1.363,41	-	1.068,80	1.202,40	-	931,84	1.048,32
	II	20.861	394,84	1.668,88	1.877,49	171,12	1.518,48	1.708,29	-	1.368,08	1.539,09	-	1.218,96	1.371,33	-	1.075,52	1.209,96	-	938,32	1.055,61	-	807,20	908,10
	III	14.890	-	1.191,20	1.340,10	-	1.075,36	1.209,78	-	962,72	1.083,06	-	853,12	959,76	-	746,56	839,88	-	643,20	723,60	-	542,72	610,56
	IV	22.650	607,73	1.812,00	2.038,50	495,87	1.736,80	1.953,90	384,13	1.661,68	1.869,39	272,27	1.586,48	1.784,79	160,41	1.511,28	1.700,19	48,55	1.436,08	1.615,59	-	1.360,88	1.530,99
	V	28.824	1.342,43	2.305,92	2.594,16																		
	VI	29.355	1.405,62	2.348,40	2.641,95																		
92.483,99 (West)	I	22.572	598,45	1.805,76	2.031,48	374,73	1.655,36	1.862,28	151,01	1.504,96	1.693,08	-	1.354,56	1.523,88	-	1.205,76	1.356,48	-	1.062,96	1.195,83	-	926,24	1.042,02
	II	20.783	385,56	1.662,64	1.870,47	161,84	1.512,24	1.701,27	-	1.361,84	1.532,07	-	1.212,80	1.364,40	-	1.069,68	1.203,39	-	932,72	1.049,31	-	801,84	902,07
	III	14.828	-	1.186,24	1.334,52	-	1.070,56	1.204,38	-	958,08	1.077,84	-	848,64	954,72	-	742,24	835,02	-	638,88	718,74	-	538,56	605,88
	IV	22.572	598,45	1.805,76	2.031,48	486,59	1.730,56	1.946,88	374,73	1.655,36	1.862,28	262,87	1.580,16	1.777,68	151,01	1.504,96	1.693,08	39,15	1.429,76	1.608,48	-	1.354,56	1.523,88
	V	28.745	1.333,03	2.299,60	2.587,05																		
	VI	29.277	1.396,34	2.342,16	2.634,93																		
92.483,99 (Ost)	I	22.666	609,63	1.813,28	2.039,94	385,91	1.662,88	1.870,74	162,19	1.512,48	1.701,54	-	1.362,08	1.532,34	-	1.213,04	1.364,67	-	1.069,92	1.203,66	-	932,88	1.049,49
	II	20.876	396,62	1.670,08	1.878,84	172,90	1.519,68	1.709,64	-	1.369,36	1.540,53	-	1.220,16	1.372,68	-	1.076,64	1.211,22	-	939,36	1.056,78	-	808,24	909,27
	III	14.902	-	1.192,16	1.341,18	-	1.076,32	1.210,86	-	963,68	1.084,14	-	853,92	960,66	-	747,36	840,78	-	644,00	724,50	-	543,52	611,46
	IV	22.666	609,63	1.813,28	2.039,94	497,77	1.738,08	1.955,34	385,91	1.662,88	1.870,74	274,05	1.587,68	1.786,14	162,19	1.512,48	1.701,54	50,33	1.437,28	1.616,94	-	1.362,08	1.532,34
	V	28.839	1.344,22	2.307,12	2.595,51																		
	VI	29.371	1.407,53	2.349,68	2.643,39																		
92.519,99 (West)	I	22.587	600,23	1.806,96	2.032,83	376,51	1.656,56	1.863,63	152,79	1.506,16	1.694,43	-	1.355,76	1.525,23	-	1.206,96	1.357,83	-	1.064,08	1.197,09	-	927,28	1.043,19
	II	20.798	387,34	1.663,84	1.871,82	163,62	1.513,44	1.702,62	-	1.363,04	1.533,42	-	1.214,00	1.365,75	-	1.070,80	1.204,65	-	933,76	1.050,48	-	802,88	903,24
	III	14.840	-	1.187,20	1.335,60	-	1.071,52	1.205,46	-	958,88	1.078,74	-	849,44	955,62	-	743,04	835,92	-	639,68	719,64	-	539,36	606,78
	IV	22.587	600,23	1.806,96	2.032,83	488,37	1.731,76	1.948,23	376,51	1.656,56	1.863,63	264,65	1.581,36	1.779,03	152,79	1.506,16	1.694,43	40,93	1.430,96	1.609,83	-	1.355,76	1.525,23
	V	28.760	1.334,82	2.300,80	2.588,40																		
	VI	29.292	1.398,13	2.343,36	2.636,28																		
92.519,99 (Ost)	I	22.681	611,42	1.814,48	2.041,29	387,70	1.664,08	1.872,09	163,98	1.513,68	1.702,89	-	1.363,28	1.533,69	-	1.214,24	1.366,02	-	1.071,04	1.204,92	-	934,00	1.050,75
	II	20.891	398,41	1.671,28	1.880,19	174,81	1.520,96	1.711,08	-	1.370,56	1.541,88	-	1.221,28	1.373,94	-	1.077,76	1.212,48	-	940,48	1.058,04	-	809,28	910,44
	III	14.914	-	1.193,12	1.342,26	-	1.077,28	1.211,94	-	964,48	1.085,04	-	854,88	961,74	-	748,32	841,86	-	644,80	725,40	-	544,32	612,36
	IV	22.681	611,42	1.814,48	2.041,29	499,56	1.739,28	1.956,69	387,70	1.664,08	1.872,09	275,84	1.588,88	1.787,49	163,98	1.513,68	1.702,89	52,12	1.438,48	1.618,29	-	1.363,28	1.533,69
	V	28.854	1.346,00	2.308,32	2.596,86																		
	VI	29.386	1.409,31	2.350,88	2.644,74																		
92.555,99 (West)	I	22.602	602,02	1.808,16	2.034,18	378,30	1.657,76	1.864,98	154,58	1.507,36	1.695,78	-	1.356,96	1.526,58	-	1.208,16	1.359,18	-	1.065,20	1.198,35	-	928,40	1.044,45
	II	20.813	389,13	1.665,04	1.873,17	165,41	1.514,64	1.703,97	-	1.364,24	1.534,77	-	1.215,20	1.367,10	-	1.071,92	1.205,91	-	934,88	1.051,74	-	803,92	904,41
	III	14.852	-	1.188,16	1.336,68	-	1.072,48	1.206,54	-	959,84	1.079,82	-	850,24	956,52	-	743,84	836,82	-	640,48	720,54	-	540,16	607,68
	IV	22.602	602,02	1.808,16	2.034,18	490,16	1.732,96	1.949,58	378,30	1.657,76	1.864,98	266,44	1.582,56	1.780,38	154,58	1.507,36	1.695,78	42,72	1.432,16	1.611,18	-	1.356,96	1.526,58
	V	28.775	1.336,60	2.302,00	2.589,75																		
	VI	29.307	1.399,91	2.344,56	2.637,63																		
92.555,99 (Ost)	I	22.696	613,20	1.815,68	2.042,64	389,48	1.665,28	1.873,44	165,76	1.514,88	1.704,24	-	1.364,48	1.535,04	-	1.215,44	1.367,37	-	1.072,16	1.206,18	-	935,04	1.051,92
	II	20.907	400,31	1.672,56	1.881,63	176,59	1.522,16	1.712,43	-	1.371,76	1.543,23	-	1.222,48	1.375,29	-	1.078,96	1.213,83	-	941,52	1.059,21	-	810,32	911,61
	III	14.926	-	1.194,08	1.343,34	-	1.078,24	1.213,02	-	965,44	1.086,12	-	855,68	962,64	-	749,12	842,76	-	645,60	726,30	-	545,12	613,26
	IV	22.696	613,20	1.815,68	2.042,64	501,34	1.740,48	1.958,04	389,48	1.665,28	1.873,44	277,62	1.590,08	1.788,84	165,76	1.514,88	1.704,24	53,90	1.439,68	1.619,64	-	1.364,48	1.535,04
	V	28.869	1.347,79	2.309,52	2.598,21																		
	VI	29.401	1.411,10	2.352,08	2.646,09																		
92.591,99 (West)	I	22.617	603,80	1.809,36	2.035,53	380,08	1.658,96	1.866,33	156,36	1.508,56	1.697,13	-	1.358,24	1.528,02	-	1.209,28	1.360,44	-	1.066,32	1.199,61	-	929,44	1.045,62
	II	20.828	390,91	1.666,24	1.874,52	167,19	1.515,84	1.705,32	-	1.365,44	1.536,12	-	1.216,40	1.368,45	-	1.073,04	1.207,17	-	935,92	1.052,91	-	804,96	905,58
	III	14.864	-	1.189,12	1.337,76	-	1.073,44	1.207,62	-	960,80	1.080,90	-	851,20	957,60	-	744,64	837,72	-	641,28	721,44	-	540,96	608,58
	IV	22.617	603,80	1.809,36	2.035,53	491,94	1.734,16	1.950,93	380,08	1.658,96	1.866,33	268,22	1.583,76	1.781,73	156,36	1.508,56	1.697,13	44,50	1.433,36	1.612,53	-	1.358,24	1.528,02
	V	28.791	1.338,51	2.303,28	2.591,19																		
	VI	29.322	1.401,70	2.345,76	2.638,98																		
92.591,99 (Ost)	I	22.711	614,99	1.816,88	2.043,99	391,27	1.666,48	1.874,79	167,55	1.516,08	1.705,59	-	1.365,68	1.536,39	-	1.216,56	1.368,63	-	1.073,28	1.207,44	-	936,16	1.053,18
	II	20.922	402,10	1.673,76	1.882,98	178,38	1.523,36	1.713,78	-	1.372,96	1.544,58	-	1.223,68	1.376,64	-	1.080,08	1.215,09	-	942,64	1.060,47	-	811,36	912,78
	III	14.938	-	1.195,04	1.344,42	-	1.079,04	1.213,92	-	966,24	1.087,02	-	856,64	963,72	-	749,92	843,66	-	646,40	727,20	-	545,92	614,16
	IV	22.711	614,99	1.816,88	2.043,99	503,13	1.741,68	1.959,39	391,27	1.666,48	1.874,79	279,41	1.591,28	1.790,19	167,55	1.516,08	1.705,59	55,69	1.440,88	1.620,99	-	1.365,68	1.536,39
	V	28.884	1.349,57	2.310,72	2.599,56																		
	VI	29.416	1.412,88	2.353,28	2.647,44																		

SolZ/KiSt lt. Tabelle nicht für Sonstige Bezüge anwendbar.

JAHR bis 92.843,99 €

Allgemeine Tabelle

Lohn/ Gehalt bis	Steuerklasse	Lohn-steuer	ohne Kinderfreibetrag			Anzahl Kinderfreibeträge (nur Steuerklassen I–IV)																	
						0,5			1,0			1,5			2,0			2,5			3,0		
			SolZ 5,5%	Kirchensteuer 8%	9%	SolZ 5,5%	Kirchensteuer 8%	9%	SolZ 5,5%	Kirchensteuer 8%	9%	SolZ 5,5%	Kirchensteuer 8%	9%	SolZ 5,5%	Kirchensteuer 8%	9%	SolZ 5,5%	Kirchensteuer 8%	9%	SolZ 5,5%	Kirchensteuer 8%	9%
92.627,99 (West)	I	22.632	605,59	1.810,56	2.036,88	381,87	1.660,16	1.867,68	158,27	1.509,84	1.698,57	-	1.359,44	1.529,37	-	1.210,48	1.361,79	-	1.067,44	1.200,87	-	930,56	1.046,
	II	20.843	392,70	1.667,44	1.875,87	168,98	1.517,04	1.706,67	-	1.366,64	1.537,47	-	1.217,52	1.369,71	-	1.074,16	1.208,43	-	937,04	1.054,17	-	806,00	906,
	III	14.876	-	1.190,08	1.338,84	-	1.074,24	1.208,52	-	961,60	1.081,80	-	852,00	958,50	-	745,60	838,80	-	642,08	722,34	-	541,76	609,
	IV	22.632	605,59	1.810,56	2.036,88	493,73	1.735,36	1.952,28	381,87	1.660,16	1.867,68	270,13	1.585,04	1.783,17	158,27	1.509,84	1.698,57	46,41	1.434,64	1.613,97	-	1.359,44	1.529,
	V	28.806	1.340,29	2.304,48	2.592,54																		
	VI	29.337	1.403,48	2.346,96	2.640,33																		
92.627,99 (Ost)	I	22.726	616,77	1.818,08	2.045,34	393,05	1.667,68	1.876,14	169,33	1.517,28	1.706,94	-	1.366,88	1.537,74	-	1.217,76	1.369,98	-	1.074,40	1.208,70	-	937,20	1.054,
	II	20.937	403,88	1.674,96	1.884,33	180,16	1.524,56	1.715,13	-	1.374,16	1.545,93	-	1.224,88	1.377,99	-	1.081,20	1.216,35	-	943,68	1.061,64	-	812,40	913,
	III	14.950	-	1.196,00	1.345,50	-	1.080,00	1.215,00	-	967,20	1.088,10	-	857,44	964,62	-	750,88	844,74	-	647,20	728,10	-	546,72	615,
	IV	22.726	616,77	1.818,08	2.045,34	504,91	1.742,88	1.960,74	393,05	1.667,68	1.876,14	281,19	1.592,48	1.791,54	169,33	1.517,28	1.706,94	57,47	1.442,08	1.622,34	-	1.366,88	1.537,
	V	28.899	1.351,36	2.311,92	2.600,91																		
	VI	29.431	1.414,67	2.354,48	2.648,79																		
92.663,99 (West)	I	22.648	607,49	1.811,84	2.038,32	383,77	1.661,44	1.869,12	160,05	1.511,04	1.699,92	-	1.360,64	1.530,72	-	1.211,68	1.363,14	-	1.068,56	1.202,13	-	931,60	1.048,
	II	20.858	394,48	1.668,64	1.877,22	170,76	1.518,24	1.708,02	-	1.367,84	1.538,82	-	1.218,72	1.371,06	-	1.075,28	1.209,69	-	938,08	1.055,34	-	807,04	907,
	III	14.888	-	1.191,04	1.339,92	-	1.075,20	1.209,60	-	962,56	1.082,88	-	852,96	959,58	-	746,40	839,70	-	643,04	723,42	-	542,56	610,
	IV	22.648	607,49	1.811,84	2.038,32	495,63	1.736,64	1.953,72	383,77	1.661,44	1.869,12	271,91	1.586,24	1.784,52	160,05	1.511,04	1.699,92	48,19	1.435,84	1.615,32	-	1.360,64	1.530,
	V	28.821	1.342,08	2.305,68	2.593,89																		
	VI	29.353	1.405,39	2.348,24	2.641,77																		
92.663,99 (Ost)	I	22.741	618,56	1.819,28	2.046,69	394,84	1.668,88	1.877,49	171,12	1.518,48	1.708,29	-	1.368,08	1.539,09	-	1.218,96	1.371,33	-	1.075,52	1.209,96	-	938,32	1.055,
	II	20.952	405,67	1.676,16	1.885,68	181,95	1.525,76	1.716,48	-	1.375,36	1.547,28	-	1.226,00	1.379,25	-	1.082,32	1.217,61	-	944,80	1.062,90	-	813,44	915,
	III	14.962	-	1.196,96	1.346,58	-	1.080,96	1.216,08	-	968,16	1.089,18	-	858,40	965,70	-	751,68	845,64	-	648,00	729,00	-	547,52	615,
	IV	22.741	618,56	1.819,28	2.046,69	506,70	1.744,08	1.962,09	394,84	1.668,88	1.877,49	282,98	1.593,68	1.792,89	171,12	1.518,48	1.708,29	59,26	1.443,28	1.623,69	-	1.368,08	1.539,
	V	28.914	1.353,14	2.313,12	2.602,26																		
	VI	29.446	1.416,45	2.355,68	2.650,14																		
92.699,99 (West)	I	22.663	609,28	1.813,04	2.039,67	385,56	1.662,64	1.870,47	161,84	1.512,24	1.701,27	-	1.361,84	1.532,07	-	1.212,80	1.364,40	-	1.069,68	1.203,39	-	932,72	1.049,
	II	20.873	396,27	1.669,84	1.878,57	172,66	1.519,52	1.709,46	-	1.369,12	1.540,26	-	1.219,92	1.372,41	-	1.076,48	1.211,04	-	939,12	1.056,51	-	808,08	909,
	III	14.900	-	1.192,00	1.341,00	-	1.076,16	1.210,68	-	963,36	1.083,78	-	853,76	960,48	-	747,20	840,60	-	643,84	724,32	-	543,36	611,
	IV	22.663	609,28	1.813,04	2.039,67	497,42	1.737,84	1.955,07	385,56	1.662,64	1.870,47	273,70	1.587,44	1.785,87	161,84	1.512,24	1.701,27	49,98	1.437,04	1.616,67	-	1.361,84	1.532,
	V	28.836	1.343,86	2.306,88	2.595,24																		
	VI	29.368	1.407,17	2.349,44	2.643,12																		
92.699,99 (Ost)	I	22.756	620,34	1.820,48	2.048,04	396,62	1.670,08	1.878,84	172,90	1.519,68	1.709,64	-	1.369,36	1.540,53	-	1.220,16	1.372,68	-	1.076,64	1.211,22	-	939,36	1.056,
	II	20.967	407,45	1.677,36	1.887,03	183,73	1.526,96	1.717,83	-	1.376,56	1.548,63	-	1.227,20	1.380,60	-	1.083,44	1.218,87	-	945,84	1.064,07	-	814,40	916,
	III	14.972	-	1.197,76	1.347,48	-	1.081,92	1.217,16	-	968,96	1.090,08	-	859,20	966,60	-	752,48	846,54	-	648,96	730,08	-	548,32	616,
	IV	22.756	620,34	1.820,48	2.048,04	508,48	1.745,28	1.963,44	396,62	1.670,08	1.878,84	284,76	1.594,88	1.794,24	172,90	1.519,68	1.709,64	61,04	1.444,48	1.625,04	-	1.369,36	1.540,
	V	28.930	1.355,05	2.314,40	2.603,70																		
	VI	29.461	1.418,24	2.356,88	2.651,49																		
92.735,99 (West)	I	22.678	611,06	1.814,24	2.041,02	387,34	1.663,84	1.871,82	163,62	1.513,44	1.702,62	-	1.363,04	1.533,42	-	1.214,00	1.365,75	-	1.070,80	1.204,65	-	933,76	1.050,
	II	20.889	398,17	1.671,12	1.880,01	174,45	1.520,72	1.710,81	-	1.370,32	1.541,61	-	1.221,04	1.373,67	-	1.077,60	1.212,30	-	940,24	1.057,77	-	809,04	910,
	III	14.912	-	1.192,96	1.342,08	-	1.077,12	1.211,76	-	964,32	1.084,86	-	854,72	961,56	-	748,16	841,68	-	644,64	725,22	-	544,16	612,
	IV	22.678	611,06	1.814,24	2.041,02	499,20	1.739,04	1.956,42	387,34	1.663,84	1.871,82	275,48	1.588,64	1.787,22	163,62	1.513,44	1.702,62	51,76	1.438,24	1.618,02	-	1.363,04	1.533,
	V	28.851	1.345,65	2.308,08	2.596,59																		
	VI	29.383	1.408,96	2.350,64	2.644,47																		
92.735,99 (Ost)	I	22.771	622,13	1.821,68	2.049,39	398,41	1.671,28	1.880,19	174,81	1.520,96	1.711,08	-	1.370,56	1.541,88	-	1.221,28	1.373,94	-	1.077,76	1.212,48	-	940,48	1.058,
	II	20.982	409,24	1.678,56	1.888,38	185,52	1.528,16	1.719,18	-	1.377,76	1.549,98	-	1.228,40	1.381,95	-	1.084,56	1.220,13	-	946,96	1.065,33	-	815,44	917,
	III	14.984	-	1.198,72	1.348,56	-	1.082,72	1.218,06	-	969,92	1.091,16	-	860,00	967,50	-	753,28	847,44	-	649,76	730,98	-	549,12	617,7
	IV	22.771	622,13	1.821,68	2.049,39	510,27	1.746,48	1.964,79	398,41	1.671,28	1.880,19	286,67	1.596,16	1.795,68	174,81	1.520,96	1.711,08	62,95	1.445,76	1.626,48	-	1.370,56	1.541,8
	V	28.945	1.356,83	2.315,60	2.605,05																		
	VI	29.476	1.420,02	2.358,08	2.652,84																		
92.771,99 (West)	I	22.693	612,85	1.815,44	2.042,37	389,13	1.665,04	1.873,17	165,41	1.514,64	1.703,97	-	1.364,24	1.534,77	-	1.215,20	1.367,10	-	1.071,92	1.205,91	-	934,88	1.051,7
	II	20.904	399,95	1.672,32	1.881,36	176,23	1.521,92	1.712,16	-	1.371,52	1.542,96	-	1.222,24	1.375,02	-	1.078,72	1.213,56	-	941,28	1.058,94	-	810,08	911,3
	III	14.924	-	1.193,92	1.343,16	-	1.077,92	1.212,66	-	965,28	1.085,94	-	855,52	962,46	-	748,96	842,58	-	645,44	726,12	-	544,96	613,0
	IV	22.693	612,85	1.815,44	2.042,37	500,99	1.740,24	1.957,77	389,13	1.665,04	1.873,17	277,27	1.589,84	1.788,57	165,41	1.514,64	1.703,97	53,55	1.439,44	1.619,37	-	1.364,24	1.534,7
	V	28.866	1.347,43	2.309,28	2.597,94																		
	VI	29.398	1.410,74	2.351,84	2.645,82																		
92.771,99 (Ost)	I	22.787	624,03	1.822,96	2.050,83	400,31	1.672,56	1.881,63	176,59	1.522,16	1.712,43	-	1.371,76	1.543,23	-	1.222,48	1.375,29	-	1.078,96	1.213,83	-	941,52	1.059,2
	II	20.997	411,02	1.679,76	1.889,73	187,30	1.529,36	1.720,53	-	1.378,96	1.551,33	-	1.229,60	1.383,30	-	1.085,68	1.221,39	-	948,00	1.066,50	-	816,48	918,5
	III	14.996	-	1.199,68	1.349,64	-	1.083,68	1.219,14	-	970,72	1.092,06	-	860,96	968,58	-	754,24	848,52	-	650,56	731,88	-	549,92	618,6
	IV	22.787	624,03	1.822,96	2.050,83	512,17	1.747,76	1.966,23	400,31	1.672,56	1.881,63	288,45	1.597,36	1.797,03	176,59	1.522,16	1.712,43	64,73	1.446,96	1.627,83	-	1.371,76	1.543,2
	V	28.960	1.358,62	2.316,80	2.606,40																		
	VI	29.492	1.421,93	2.359,36	2.654,28																		
92.807,99 (West)	I	22.708	614,63	1.816,64	2.043,72	390,91	1.666,24	1.874,52	167,19	1.515,84	1.705,32	-	1.365,44	1.536,12	-	1.216,40	1.368,45	-	1.073,04	1.207,17	-	935,92	1.052,9
	II	20.919	401,74	1.673,52	1.882,71	178,02	1.523,12	1.713,51	-	1.372,72	1.544,31	-	1.223,44	1.376,37	-	1.079,84	1.214,82	-	942,40	1.060,20	-	811,12	912,5
	III	14.934	-	1.194,72	1.344,06	-	1.078,88	1.213,74	-	966,08	1.086,84	-	856,32	963,36	-	749,76	843,48	-	646,24	727,02	-	545,76	613,9
	IV	22.708	614,63	1.816,64	2.043,72	502,77	1.741,44	1.959,12	390,91	1.666,24	1.874,52	279,05	1.591,04	1.789,92	167,19	1.515,84	1.705,32	55,33	1.440,64	1.620,72	-	1.365,44	1.536,1
	V	28.881	1.349,22	2.310,48	2.599,29																		
	VI	29.413	1.412,53	2.353,04	2.647,17																		
92.807,99 (Ost)	I	22.802	625,82	1.824,16	2.052,18	402,10	1.673,76	1.882,98	178,38	1.523,36	1.713,78	-	1.372,96	1.544,58	-	1.223,68	1.376,64	-	1.080,08	1.215,09	-	942,64	1.060,4
	II	21.012	412,81	1.680,96	1.891,08	189,21	1.530,64	1.721,97	-	1.380,24	1.552,77	-	1.230,72	1.384,56	-	1.086,80	1.222,65	-	949,12	1.067,76	-	817,52	919,7
	III	15.008	-	1.200,64	1.350,72	-	1.084,64	1.220,22	-	971,68	1.093,14	-	861,76	969,48	-	755,04	849,42	-	651,36	732,78	-	550,72	619,5
	IV	22.802	625,82	1.824,16	2.052,18	513,96	1.748,96	1.967,58	402,10	1.673,76	1.882,98	290,24	1.598,56	1.798,38	178,38	1.523,36	1.713,78	66,52	1.448,16	1.629,18	-	1.372,96	1.544,5
	V	28.975	1.360,40	2.318,00	2.607,75																		
	VI	29.507	1.423,71	2.360,56	2.655,63																		
92.843,99 (West)	I	22.723	616,42	1.817,84	2.045,07	392,70	1.667,44	1.875,87	168,98	1.517,04	1.706,67	-	1.366,64	1.537,47	-	1.217,52	1.369,71	-	1.074,16	1.208,43	-	937,04	1.054,1
	II	20.934	403,52	1.674,72	1.884,06	179,80	1.524,32	1.714,86	-	1.373,92	1.545,66	-	1.224,64	1.377,72	-	1.080,96	1.216,08	-	943,44	1.061,37	-	812,16	913,6
	III	14.946	-	1.195,68	1.345,14	-	1.079,84	1.214,82	-	967,04	1.087,92	-	857,28	964,44	-	750,56	844,38	-	647,04	727,92	-	546,56	614,8
	IV	22.723	616,42	1.817,84	2.045,07	504,56	1.742,64	1.960,47	392,70	1.667,44	1.875,87	280,84	1.592,24	1.791,27	168,98	1.517,04	1.706,67	57,12	1.441,84	1.622,07	-	1.366,64	1.537,4
	V	28.896	1.351,00	2.311,68	2.600,64																		
	VI	29.428	1.414,31	2.354,24	2.648,52																		
92.843,99 (Ost)	I	22.817	627,60	1.825,36	2.053,53	403,88	1.674,96	1.884,33	180,16	1.524,56	1.715,13	-	1.374,16	1.545,93	-	1.224,88	1.377,99	-	1.081,20	1.216,35	-	943,68	1.061,6
	II	21.028	414,71	1.682,24	1.892,52	190,99	1.531,84	1.723,32	-	1.381,44	1.554,12	-	1.231,92	1.385,91	-	1.088,00	1.224,00	-	950,16	1.068,93	-	818,56	920,8
	III	15.020	-	1.201,60	1.351,80	-	1.085,60	1.221,30	-	972,64	1.094,22	-	862,72	970,56	-	755,84	850,32	-	652,16	733,68	-	551,52	620,4
	IV	22.817	627,60	1.825,36	2.053,53	515,74	1.750,16	1.968,93	403,88	1.674,96	1.884,33	292,02	1.599,76	1.799,73	180,16	1.524,56	1.715,13	68,30	1.449,36	1.630,53	-	1.374,16	1.545,9
	V	28.990	1.362,19	2.319,20	2.609,10																		
	VI	29.522	1.425,50	2.361,76	2.656,98																		

SolZ/KiSt lt. Tabelle nicht für Sonstige Bezüge anwendbar.

Lohn/ Gehalt bis	Steuerklasse	Lohn-steuer	ohne Kinderfreibetrag SolZ 5,5%	ohne Kinderfreibetrag Kirchensteuer 8%	ohne Kinderfreibetrag Kirchensteuer 9%	0,5 SolZ 5,5%	0,5 Kirchensteuer 8%	0,5 Kirchensteuer 9%	1,0 SolZ 5,5%	1,0 Kirchensteuer 8%	1,0 Kirchensteuer 9%	1,5 SolZ 5,5%	1,5 Kirchensteuer 8%	1,5 Kirchensteuer 9%	2,0 SolZ 5,5%	2,0 Kirchensteuer 8%	2,0 Kirchensteuer 9%	2,5 SolZ 5,5%	2,5 Kirchensteuer 8%	2,5 Kirchensteuer 9%	3,0 SolZ 5,5%	3,0 Kirchensteuer 8%	3,0 Kirchensteuer 9%
2.879,99 *(West)*	I	22.738	*618,20*	1.819,04	2.046,42	*394,48*	1.668,64	1.877,22	*170,76*	1.518,24	1.708,02	-	1.367,84	1.538,82	-	1.218,72	1.371,06	-	1.075,28	1.209,69	-	938,08	1.055,34
	II	20.949	*405,31*	1.675,92	1.885,41	*181,59*	1.525,52	1.716,21	-	1.375,12	1.547,01	-	1.225,76	1.378,98	-	1.082,08	1.217,34	-	944,56	1.062,63	-	813,20	914,85
	III	14.958	-	1.196,64	1.346,22	-	1.080,80	1.215,90	-	967,84	1.088,82	-	858,08	965,34	-	751,52	845,46	-	647,84	728,82	-	547,36	615,78
	IV	22.738	*618,20*	1.819,04	2.046,42	*506,34*	1.743,84	1.961,82	*394,48*	1.668,64	1.877,22	*282,62*	1.593,44	1.792,62	*170,76*	1.518,24	1.708,02	*58,90*	1.443,04	1.623,42	-	1.367,84	1.538,82
	V	28.912	*1.352,91*	2.312,96	2.602,08																		
	VI	29.443	*1.416,10*	2.355,44	2.649,87																		
2.879,99 *(Ost)*	I	22.832	*629,39*	1.826,56	2.054,88	*405,67*	1.676,16	1.885,68	*181,95*	1.525,76	1.716,48	-	1.375,36	1.547,28	-	1.226,00	1.379,25	-	1.082,32	1.217,61	-	944,80	1.062,90
	II	21.043	*416,50*	1.683,44	1.893,87	*192,78*	1.533,04	1.724,67	-	1.382,64	1.555,47	-	1.233,12	1.387,26	-	1.089,12	1.225,26	-	951,28	1.070,19	-	819,60	922,05
	III	15.032	-	1.202,56	1.352,88	-	1.086,40	1.222,20	-	973,44	1.095,12	-	863,52	971,46	-	756,80	851,40	-	652,96	734,58	-	552,32	621,36
	IV	22.832	*629,39*	1.826,56	2.054,88	*517,53*	1.751,36	1.970,28	*405,67*	1.676,16	1.885,68	*293,81*	1.600,96	1.801,08	*181,95*	1.525,76	1.716,48	*70,09*	1.450,56	1.631,88	-	1.375,36	1.547,28
	V	29.005	*1.363,97*	2.320,40	2.610,45																		
	VI	29.537	*1.427,28*	2.362,96	2.658,33																		
2.915,99 *(West)*	I	22.753	*619,99*	1.820,24	2.047,77	*396,27*	1.669,84	1.878,57	*172,66*	1.519,52	1.709,46	-	1.369,12	1.540,26	-	1.219,92	1.372,41	-	1.076,48	1.211,04	-	939,12	1.056,51
	II	20.964	*407,09*	1.677,12	1.886,76	*183,37*	1.526,72	1.717,56	-	1.376,32	1.548,36	-	1.226,96	1.380,33	-	1.083,20	1.218,60	-	945,68	1.063,89	-	814,24	916,02
	III	14.970	-	1.197,60	1.347,30	-	1.081,60	1.216,80	-	968,80	1.089,90	-	859,04	966,42	-	752,32	846,36	-	648,64	729,72	-	548,16	616,68
	IV	22.753	*619,99*	1.820,24	2.047,77	*508,13*	1.745,04	1.963,17	*396,27*	1.669,84	1.878,57	*284,41*	1.594,64	1.793,97	*172,66*	1.519,52	1.709,46	*60,80*	1.444,32	1.624,86	-	1.369,12	1.540,26
	V	28.927	*1.354,69*	2.314,16	2.603,43																		
	VI	29.458	*1.417,88*	2.356,64	2.651,22																		
2.915,99 *(Ost)*	I	22.847	*631,17*	1.827,76	2.056,23	*407,45*	1.677,36	1.887,03	*183,73*	1.526,96	1.717,83	-	1.376,56	1.548,63	-	1.227,20	1.380,60	-	1.083,44	1.218,87	-	945,84	1.064,07
	II	21.058	*418,28*	1.684,64	1.895,22	*194,56*	1.534,24	1.726,02	-	1.383,84	1.556,82	-	1.234,32	1.388,61	-	1.090,24	1.226,52	-	952,32	1.071,36	-	820,64	923,22
	III	15.044	-	1.203,52	1.353,96	-	1.087,36	1.223,28	-	974,40	1.096,20	-	864,48	972,54	-	757,60	852,30	-	653,76	735,48	-	553,12	622,26
	IV	22.847	*631,17*	1.827,76	2.056,23	*519,31*	1.752,56	1.971,63	*407,45*	1.677,36	1.887,03	*295,59*	1.602,16	1.802,43	*183,73*	1.526,96	1.717,83	*71,87*	1.451,76	1.633,23	-	1.376,56	1.548,63
	V	29.020	*1.365,76*	2.321,60	2.611,80																		
	VI	29.552	*1.429,07*	2.364,16	2.659,68																		
2.951,99 *(West)*	I	22.768	*621,77*	1.821,44	2.049,12	*398,17*	1.671,12	1.880,01	*174,45*	1.520,72	1.710,81	-	1.370,32	1.541,61	-	1.221,04	1.373,67	-	1.077,60	1.212,30	-	940,24	1.057,77
	II	20.979	*408,88*	1.678,32	1.888,11	*185,16*	1.527,92	1.718,91	-	1.377,52	1.549,71	-	1.228,16	1.381,68	-	1.084,32	1.219,86	-	946,72	1.065,06	-	815,28	917,19
	III	14.982	-	1.198,56	1.348,38	-	1.082,56	1.217,88	-	969,76	1.090,98	-	859,84	967,32	-	753,12	847,26	-	649,60	730,80	-	548,96	617,58
	IV	22.768	*621,77*	1.821,44	2.049,12	*510,03*	1.746,32	1.964,61	*398,17*	1.671,12	1.880,01	*286,31*	1.595,92	1.795,41	*174,45*	1.520,72	1.710,81	*62,59*	1.445,52	1.626,21	-	1.370,32	1.541,61
	V	28.942	*1.356,48*	2.315,36	2.604,78																		
	VI	29.473	*1.419,67*	2.357,84	2.652,57																		
2.951,99 *(Ost)*	I	22.862	*632,96*	1.828,96	2.057,58	*409,24*	1.678,56	1.888,38	*185,52*	1.528,16	1.719,18	-	1.377,76	1.549,98	-	1.228,40	1.381,95	-	1.084,56	1.220,13	-	946,96	1.065,33
	II	21.073	*420,07*	1.685,84	1.896,57	*196,35*	1.535,44	1.727,37	-	1.385,04	1.558,17	-	1.235,52	1.389,96	-	1.091,36	1.227,78	-	953,44	1.072,62	-	821,68	924,39
	III	15.056	-	1.204,48	1.355,04	-	1.088,32	1.224,36	-	975,20	1.097,10	-	865,28	973,44	-	758,40	853,20	-	654,56	736,38	-	553,92	623,16
	IV	22.862	*632,96*	1.828,96	2.057,58	*521,10*	1.753,76	1.972,98	*409,24*	1.678,56	1.888,38	*297,38*	1.603,36	1.803,78	*185,52*	1.528,16	1.719,18	*73,66*	1.452,96	1.634,58	-	1.377,76	1.549,98
	V	29.035	*1.367,54*	2.322,80	2.613,15																		
	VI	29.567	*1.430,85*	2.365,36	2.661,03																		
2.987,99 *(West)*	I	22.784	*623,67*	1.822,72	2.050,56	*399,95*	1.672,32	1.881,36	*176,23*	1.521,92	1.712,16	-	1.371,52	1.542,96	-	1.222,24	1.375,02	-	1.078,72	1.213,56	-	941,28	1.058,94
	II	20.994	*410,66*	1.679,52	1.889,46	*186,94*	1.529,12	1.720,26	-	1.378,80	1.551,15	-	1.229,36	1.383,03	-	1.085,52	1.221,21	-	947,84	1.066,32	-	816,32	918,36
	III	14.994	-	1.199,52	1.349,46	-	1.083,52	1.218,96	-	970,56	1.091,88	-	860,80	968,40	-	754,08	848,34	-	650,40	731,70	-	549,76	618,48
	IV	22.784	*623,67*	1.822,72	2.050,56	*511,81*	1.747,52	1.965,96	*399,95*	1.672,32	1.881,36	*288,09*	1.597,12	1.796,76	*176,23*	1.521,92	1.712,16	*64,37*	1.446,72	1.627,56	-	1.371,52	1.542,96
	V	28.957	*1.358,26*	2.316,56	2.606,13																		
	VI	29.489	*1.421,57*	2.359,12	2.654,01																		
2.987,99 *(Ost)*	I	22.877	*634,74*	1.830,16	2.058,93	*411,02*	1.679,76	1.889,73	*187,30*	1.529,36	1.720,53	-	1.378,96	1.551,33	-	1.229,60	1.383,30	-	1.085,68	1.221,39	-	948,00	1.066,50
	II	21.088	*421,85*	1.687,04	1.897,92	*198,13*	1.536,64	1.728,72	-	1.386,24	1.559,52	-	1.236,64	1.391,22	-	1.092,48	1.229,04	-	954,48	1.073,79	-	822,72	925,56
	III	15.068	-	1.205,44	1.356,12	-	1.089,28	1.225,44	-	976,16	1.098,18	-	866,24	974,52	-	759,20	854,10	-	655,52	737,46	-	554,72	624,06
	IV	22.877	*634,74*	1.830,16	2.058,93	*522,88*	1.754,96	1.974,33	*411,02*	1.679,76	1.889,73	*299,16*	1.604,56	1.805,13	*187,30*	1.529,36	1.720,53	*75,44*	1.454,16	1.635,93	-	1.378,96	1.551,33
	V	29.051	*1.369,45*	2.324,08	2.614,59																		
	VI	29.582	*1.432,64*	2.366,56	2.662,38																		
93.023,99 *(West)*	I	22.799	*625,46*	1.823,92	2.051,91	*401,74*	1.673,52	1.882,71	*178,02*	1.523,12	1.713,51	-	1.372,72	1.544,31	-	1.223,44	1.376,37	-	1.079,84	1.214,82	-	942,40	1.060,20
	II	21.010	*412,57*	1.680,80	1.890,90	*188,85*	1.530,40	1.721,70	-	1.380,00	1.552,50	-	1.230,56	1.384,38	-	1.086,64	1.222,47	-	948,88	1.067,49	-	817,36	919,53
	III	15.006	-	1.200,48	1.350,54	-	1.084,48	1.220,04	-	971,52	1.092,96	-	861,60	969,30	-	754,88	849,24	-	651,20	732,60	-	550,56	619,38
	IV	22.799	*625,46*	1.823,92	2.051,91	*513,60*	1.748,72	1.967,31	*401,74*	1.673,52	1.882,71	*289,88*	1.598,32	1.798,11	*178,02*	1.523,12	1.713,51	*66,16*	1.447,92	1.628,91	-	1.372,72	1.544,31
	V	28.972	*1.360,05*	2.317,76	2.607,48																		
	VI	29.504	*1.423,35*	2.360,32	2.655,36																		
93.023,99 *(Ost)*	I	22.892	*636,53*	1.831,36	2.060,28	*412,81*	1.680,96	1.891,08	*189,21*	1.530,64	1.721,97	-	1.380,24	1.552,77	-	1.230,72	1.384,56	-	1.086,80	1.222,65	-	949,12	1.067,76
	II	21.103	*423,64*	1.688,24	1.899,27	*199,92*	1.537,84	1.730,07	-	1.387,44	1.560,87	-	1.237,84	1.392,57	-	1.093,68	1.230,39	-	955,60	1.075,05	-	823,76	926,73
	III	15.080	-	1.206,40	1.357,20	-	1.090,08	1.226,34	-	977,12	1.099,26	-	867,04	975,42	-	760,16	855,18	-	656,32	738,36	-	555,52	624,96
	IV	22.892	*636,53*	1.831,36	2.060,28	*524,67*	1.756,16	1.975,68	*412,81*	1.680,96	1.891,08	*300,95*	1.605,76	1.806,48	*189,21*	1.530,64	1.721,97	*77,35*	1.455,44	1.637,37	-	1.380,24	1.552,77
	V	29.066	*1.371,23*	2.325,28	2.615,94																		
	VI	29.597	*1.434,42*	2.367,76	2.663,73																		
93.059,99 *(West)*	I	22.814	*627,24*	1.825,12	2.053,26	*403,52*	1.674,72	1.884,06	*179,80*	1.524,32	1.714,86	-	1.373,92	1.545,66	-	1.224,64	1.377,72	-	1.080,96	1.216,08	-	943,44	1.061,37
	II	21.025	*414,35*	1.682,00	1.892,25	*190,63*	1.531,60	1.723,05	-	1.381,20	1.553,85	-	1.231,68	1.385,64	-	1.087,76	1.223,73	-	950,00	1.068,75	-	818,40	920,70
	III	15.018	-	1.201,44	1.351,62	-	1.085,28	1.220,94	-	972,32	1.093,86	-	862,56	970,38	-	755,68	850,14	-	652,00	733,50	-	551,36	620,28
	IV	22.814	*627,24*	1.825,12	2.053,26	*515,38*	1.749,92	1.968,66	*403,52*	1.674,72	1.884,06	*291,66*	1.599,52	1.799,46	*179,80*	1.524,32	1.714,86	*67,94*	1.449,12	1.630,26	-	1.373,92	1.545,66
	V	28.987	*1.361,83*	2.318,96	2.608,83																		
	VI	29.519	*1.425,14*	2.361,52	2.656,71																		
93.059,99 *(Ost)*	I	22.907	*638,31*	1.832,56	2.061,63	*414,71*	1.682,24	1.892,52	*190,99*	1.531,84	1.723,32	-	1.381,44	1.554,12	-	1.231,92	1.385,91	-	1.088,00	1.224,00	-	950,16	1.068,93
	II	21.118	*425,42*	1.689,44	1.900,62	*201,70*	1.539,04	1.731,42	-	1.388,64	1.562,22	-	1.239,04	1.393,92	-	1.094,80	1.231,65	-	956,72	1.076,31	-	824,80	927,90
	III	15.092	-	1.207,36	1.358,28	-	1.091,04	1.227,42	-	977,92	1.100,16	-	867,84	976,32	-	760,96	856,08	-	657,12	739,26	-	556,32	625,86
	IV	22.907	*638,31*	1.832,56	2.061,63	*526,57*	1.757,44	1.977,12	*414,71*	1.682,24	1.892,52	*302,85*	1.607,04	1.807,92	*190,99*	1.531,84	1.723,32	*79,13*	1.456,64	1.638,72	-	1.381,44	1.554,12
	V	29.081	*1.373,02*	2.326,48	2.617,29																		
	VI	29.613	*1.436,33*	2.369,04	2.665,17																		
93.095,99 *(West)*	I	22.829	*629,03*	1.826,32	2.054,61	*405,31*	1.675,92	1.885,41	*181,59*	1.525,52	1.716,21	-	1.375,12	1.547,01	-	1.225,76	1.378,98	-	1.082,08	1.217,34	-	944,56	1.062,63
	II	21.040	*416,14*	1.683,20	1.893,60	*192,42*	1.532,80	1.724,40	-	1.382,40	1.555,20	-	1.232,88	1.386,99	-	1.088,88	1.224,99	-	951,04	1.069,92	-	819,36	921,78
	III	15.030	-	1.202,40	1.352,70	-	1.086,24	1.222,02	-	973,28	1.094,94	-	863,36	971,28	-	756,48	851,04	-	652,80	734,40	-	552,16	621,18
	IV	22.829	*629,03*	1.826,32	2.054,61	*517,17*	1.751,12	1.970,01	*405,31*	1.675,92	1.885,41	*293,45*	1.600,72	1.800,81	*181,59*	1.525,52	1.716,21	*69,73*	1.450,32	1.631,61	-	1.375,12	1.547,01
	V	29.002	*1.363,62*	2.320,16	2.610,18																		
	VI	29.534	*1.426,92*	2.362,72	2.658,06																		
93.095,99 *(Ost)*	I	22.923	*640,22*	1.833,84	2.063,07	*416,50*	1.683,44	1.893,87	*192,78*	1.533,04	1.724,67	-	1.382,64	1.555,47	-	1.233,12	1.387,26	-	1.089,12	1.225,26	-	951,28	1.070,19
	II	21.133	*427,21*	1.690,64	1.901,97	*203,49*	1.540,24	1.732,77	-	1.389,92	1.563,66	-	1.240,24	1.395,27	-	1.095,92	1.232,91	-	957,76	1.077,48	-	825,84	929,07
	III	15.102	-	1.208,16	1.359,18	-	1.092,00	1.228,50	-	978,88	1.101,24	-	868,80	977,40	-	761,76	856,98	-	657,92	740,16	-	557,12	626,76
	IV	22.923	*640,22*	1.833,84	2.063,07	*528,36*	1.758,64	1.978,47	*416,50*	1.683,44	1.893,87	*304,64*	1.608,24	1.809,27	*192,78*	1.533,04	1.724,67	*80,92*	1.457,84	1.640,07	-	1.382,64	1.555,47
	V	29.096	*1.374,80*	2.327,68	2.618,64																		
	VI	29.628	*1.438,11*	2.370,24	2.666,52																		

Anzahl Kinderfreibeträge (nur Steuerklassen I–IV)

SolZ/KiSt lt. Tabelle nicht für Sonstige Bezüge anwendbar.

JAHR bis 93.347,99 €

Allgemeine Tabelle

Lohn/ Gehalt bis	Steuerklasse	Lohn-steuer	ohne Kinderfreibetrag SolZ 5,5%	ohne Kinderfreibetrag Kirchensteuer 8%	ohne Kinderfreibetrag Kirchensteuer 9%	0,5 SolZ 5,5%	0,5 Kirchensteuer 8%	0,5 Kirchensteuer 9%	1,0 SolZ 5,5%	1,0 Kirchensteuer 8%	1,0 Kirchensteuer 9%	1,5 SolZ 5,5%	1,5 Kirchensteuer 8%	1,5 Kirchensteuer 9%	2,0 SolZ 5,5%	2,0 Kirchensteuer 8%	2,0 Kirchensteuer 9%	2,5 SolZ 5,5%	2,5 Kirchensteuer 8%	2,5 Kirchensteuer 9%	3,0 SolZ 5,5%	3,0 Kirchensteuer 8%	3,0 Kirchensteuer 9%
						Anzahl Kinderfreibeträge (nur Steuerklassen I–IV)																	
93.131,99 (West)	I	22.844	630,81	1.827,52	2.055,96	407,09	1.677,12	1.886,76	183,37	1.526,72	1.717,56	-	1.376,32	1.548,36	-	1.226,96	1.380,33	-	1.083,20	1.218,60	-	945,68	1.063
	II	21.055	417,92	1.684,40	1.894,95	194,20	1.534,00	1.725,75	-	1.383,60	1.556,55	-	1.234,08	1.388,34	-	1.090,00	1.226,25	-	952,16	1.071,18	-	820,40	922
	III	15.042	-	1.203,36	1.353,78	-	1.087,20	1.223,10	-	974,24	1.096,02	-	864,16	972,18	-	757,44	852,12	-	653,60	735,30	-	552,96	622
	IV	22.844	630,81	1.827,52	2.055,96	518,95	1.752,32	1.971,36	407,09	1.677,12	1.886,76	295,23	1.601,92	1.802,16	183,37	1.526,72	1.717,56	71,51	1.451,52	1.632,96	-	1.376,32	1.548
	V	29.017	1.365,40	2.321,36	2.611,53																		
	VI	29.549	1.428,71	2.363,92	2.659,41																		
93.131,99 (Ost)	I	22.938	642,00	1.835,04	2.064,42	418,28	1.684,64	1.895,22	194,56	1.534,24	1.726,02	-	1.383,84	1.556,82	-	1.234,32	1.388,61	-	1.090,24	1.226,52	-	952,32	1.071
	II	21.149	429,11	1.691,92	1.903,41	205,39	1.541,52	1.734,21	-	1.391,12	1.565,01	-	1.241,44	1.396,62	-	1.097,04	1.234,17	-	958,88	1.078,74	-	826,88	930
	III	15.114	-	1.209,12	1.360,26	-	1.092,96	1.229,58	-	979,68	1.102,14	-	869,60	978,30	-	762,72	858,06	-	658,72	741,06	-	557,92	627
	IV	22.938	642,00	1.835,04	2.064,42	530,14	1.759,84	1.979,82	418,28	1.684,64	1.895,22	306,42	1.609,44	1.810,62	194,56	1.534,24	1.726,02	82,70	1.459,04	1.641,42	-	1.383,84	1.556
	V	29.111	1.376,59	2.328,88	2.619,99																		
	VI	29.643	1.439,90	2.371,44	2.667,87																		
93.167,99 (West)	I	22.859	632,60	1.828,72	2.057,31	408,88	1.678,32	1.888,11	185,16	1.527,92	1.718,91	-	1.377,52	1.549,71	-	1.228,16	1.381,68	-	1.084,32	1.219,86	-	946,72	1.065
	II	21.070	419,71	1.685,60	1.896,30	195,99	1.535,20	1.727,10	-	1.384,80	1.557,90	-	1.235,28	1.389,69	-	1.091,12	1.227,51	-	953,20	1.072,35	-	821,44	924
	III	15.054	-	1.204,32	1.354,86	-	1.088,16	1.224,18	-	975,04	1.096,92	-	865,12	973,26	-	758,24	853,02	-	654,40	736,20	-	553,76	622
	IV	22.859	632,60	1.828,72	2.057,31	520,74	1.753,52	1.972,71	408,88	1.678,32	1.888,11	297,02	1.603,12	1.803,51	185,16	1.527,92	1.718,91	73,30	1.452,72	1.634,31	-	1.377,52	1.549
	V	29.032	1.367,19	2.322,56	2.612,88																		
	VI	29.564	1.430,49	2.365,12	2.660,76																		
93.167,99 (Ost)	I	22.953	643,79	1.836,24	2.065,77	420,07	1.685,84	1.896,57	196,35	1.535,44	1.727,37	-	1.385,04	1.558,17	-	1.235,52	1.389,96	-	1.091,36	1.227,78	-	953,44	1.072
	II	21.164	430,89	1.693,12	1.904,76	207,17	1.542,72	1.735,56	-	1.392,32	1.566,36	-	1.242,56	1.397,88	-	1.098,16	1.235,43	-	959,92	1.079,91	-	827,92	931
	III	15.126	-	1.210,08	1.361,34	-	1.093,92	1.230,66	-	980,64	1.103,22	-	870,56	979,38	-	763,52	858,96	-	659,52	741,96	-	558,72	628
	IV	22.953	643,79	1.836,24	2.065,77	531,93	1.761,04	1.981,17	420,07	1.685,84	1.896,57	308,21	1.610,64	1.811,97	196,35	1.535,44	1.727,37	84,49	1.460,24	1.642,77	-	1.385,04	1.558
	V	29.126	1.378,37	2.330,08	2.621,34																		
	VI	29.658	1.441,68	2.372,64	2.669,22																		
93.203,99 (West)	I	22.874	634,38	1.829,92	2.058,66	410,66	1.679,52	1.889,46	186,94	1.529,12	1.720,26	-	1.378,80	1.551,15	-	1.229,36	1.383,03	-	1.085,52	1.221,21	-	947,84	1.066,
	II	21.085	421,49	1.686,80	1.897,65	197,77	1.536,40	1.728,45	-	1.386,00	1.559,25	-	1.236,40	1.390,95	-	1.092,32	1.228,86	-	954,32	1.073,61	-	822,48	925,
	III	15.064	-	1.205,12	1.355,76	-	1.088,96	1.225,08	-	976,00	1.098,00	-	865,92	974,16	-	759,04	853,92	-	655,20	737,10	-	554,56	623
	IV	22.874	634,38	1.829,92	2.058,66	522,52	1.754,72	1.974,06	410,66	1.679,52	1.889,46	298,80	1.604,32	1.804,86	186,94	1.529,12	1.720,26	75,20	1.454,00	1.635,75	-	1.378,80	1.551,
	V	29.048	1.369,09	2.323,84	2.614,32																		
	VI	29.579	1.432,28	2.366,32	2.662,11																		
93.203,99 (Ost)	I	22.968	645,57	1.837,44	2.067,12	421,85	1.687,04	1.897,92	198,13	1.536,64	1.728,72	-	1.386,24	1.559,52	-	1.236,64	1.391,22	-	1.092,48	1.229,04	-	954,48	1.073,
	II	21.179	432,68	1.694,32	1.906,11	208,96	1.543,92	1.736,91	-	1.393,52	1.567,71	-	1.243,76	1.399,23	-	1.099,36	1.236,78	-	961,04	1.081,17	-	828,96	932,
	III	15.138	-	1.211,04	1.362,42	-	1.094,72	1.231,56	-	981,60	1.104,30	-	871,36	980,28	-	764,32	859,86	-	660,32	742,86	-	559,52	629,
	IV	22.968	645,57	1.837,44	2.067,12	533,71	1.762,24	1.982,52	421,85	1.687,04	1.897,92	309,99	1.611,84	1.813,32	198,13	1.536,64	1.728,72	86,27	1.461,44	1.644,12	-	1.386,24	1.559,
	V	29.141	1.380,16	2.331,28	2.622,69																		
	VI	29.673	1.443,47	2.373,84	2.670,57																		
93.239,99 (West)	I	22.889	636,17	1.831,12	2.060,01	412,57	1.680,80	1.890,90	188,85	1.530,40	1.721,70	-	1.380,00	1.552,50	-	1.230,56	1.384,38	-	1.086,64	1.222,47	-	948,88	1.067,
	II	21.100	423,28	1.688,00	1.899,00	199,56	1.537,60	1.729,80	-	1.387,20	1.560,60	-	1.237,60	1.392,30	-	1.093,44	1.230,12	-	955,36	1.074,78	-	823,52	926,
	III	15.076	-	1.206,08	1.356,84	-	1.089,92	1.226,16	-	976,80	1.098,90	-	866,88	975,24	-	760,00	855,00	-	656,16	738,18	-	555,36	624,
	IV	22.889	636,17	1.831,12	2.060,01	524,31	1.755,92	1.975,41	412,57	1.680,80	1.890,90	300,71	1.605,60	1.806,30	188,85	1.530,40	1.721,70	76,99	1.455,20	1.637,10	-	1.380,00	1.552,
	V	29.063	1.370,88	2.325,04	2.615,67																		
	VI	29.594	1.434,06	2.367,52	2.663,46																		
93.239,99 (Ost)	I	22.983	647,36	1.838,64	2.068,47	423,64	1.688,24	1.899,27	199,92	1.537,84	1.730,07	-	1.387,44	1.560,87	-	1.237,84	1.392,57	-	1.093,68	1.230,39	-	955,60	1.075,
	II	21.194	434,46	1.695,52	1.907,46	210,74	1.545,12	1.738,26	-	1.394,72	1.569,06	-	1.244,96	1.400,58	-	1.100,48	1.238,04	-	962,16	1.082,43	-	830,00	933,
	III	15.150	-	1.212,00	1.363,50	-	1.095,68	1.232,64	-	982,40	1.105,20	-	872,32	981,36	-	765,28	860,94	-	661,28	743,94	-	560,32	630,
	IV	22.983	647,36	1.838,64	2.068,47	535,50	1.763,44	1.983,87	423,64	1.688,24	1.899,27	311,78	1.613,04	1.814,67	199,92	1.537,84	1.730,07	88,06	1.462,64	1.645,47	-	1.387,44	1.560,
	V	29.156	1.381,94	2.332,48	2.624,04																		
	VI	29.688	1.445,25	2.375,04	2.671,92																		
93.275,99 (West)	I	22.905	638,07	1.832,40	2.061,45	414,35	1.682,00	1.892,25	190,63	1.531,60	1.723,05	-	1.381,20	1.553,85	-	1.231,68	1.385,64	-	1.087,76	1.223,73	-	950,00	1.068,
	II	21.115	425,06	1.689,20	1.900,35	201,34	1.538,80	1.731,15	-	1.388,48	1.562,04	-	1.238,80	1.393,65	-	1.094,56	1.231,38	-	956,48	1.076,04	-	824,56	927,
	III	15.088	-	1.207,04	1.357,92	-	1.090,88	1.227,24	-	977,76	1.099,98	-	867,68	976,14	-	760,80	855,90	-	656,96	739,08	-	556,16	625,
	IV	22.905	638,07	1.832,40	2.061,45	526,21	1.757,20	1.976,85	414,35	1.682,00	1.892,25	302,49	1.606,80	1.807,65	190,63	1.531,60	1.723,05	78,77	1.456,40	1.638,45	-	1.381,20	1.553,
	V	29.078	1.372,66	2.326,24	2.617,02																		
	VI	29.610	1.435,97	2.368,80	2.664,90																		
93.275,99 (Ost)	I	22.998	649,14	1.839,84	2.069,82	425,42	1.689,44	1.900,62	201,70	1.539,04	1.731,42	-	1.388,64	1.562,22	-	1.239,04	1.393,92	-	1.094,80	1.231,65	-	956,72	1.076,
	II	21.209	436,25	1.696,72	1.908,81	212,53	1.546,32	1.739,61	-	1.395,92	1.570,41	-	1.246,16	1.401,93	-	1.101,60	1.239,30	-	963,20	1.083,60	-	831,04	934,
	III	15.162	-	1.212,96	1.364,58	-	1.096,64	1.233,72	-	983,36	1.106,28	-	873,12	982,26	-	766,08	861,84	-	662,08	744,84	-	561,12	631,
	IV	22.998	649,14	1.839,84	2.069,82	537,28	1.764,64	1.985,22	425,42	1.689,44	1.900,62	313,56	1.614,24	1.816,02	201,70	1.539,04	1.731,42	89,84	1.463,84	1.646,82	-	1.388,64	1.562,
	V	29.172	1.383,85	2.333,76	2.625,48																		
	VI	29.703	1.447,04	2.376,24	2.673,27																		
93.311,99 (West)	I	22.920	639,86	1.833,60	2.062,80	416,14	1.683,20	1.893,60	192,42	1.532,80	1.724,40	-	1.382,40	1.555,20	-	1.232,88	1.386,99	-	1.088,88	1.224,99	-	951,04	1.069,
	II	21.130	426,85	1.690,40	1.901,70	203,25	1.540,08	1.732,59	-	1.389,68	1.563,39	-	1.240,00	1.395,00	-	1.095,68	1.232,64	-	957,60	1.077,30	-	825,60	928,
	III	15.100	-	1.208,00	1.359,00	-	1.091,84	1.228,32	-	978,72	1.101,06	-	868,64	977,22	-	761,60	856,80	-	657,76	739,98	-	556,96	626,
	IV	22.920	639,86	1.833,60	2.062,80	528,00	1.758,40	1.978,20	416,14	1.683,20	1.893,60	304,28	1.608,00	1.809,00	192,42	1.532,80	1.724,40	80,56	1.457,60	1.639,80	-	1.382,40	1.555,
	V	29.093	1.374,45	2.327,44	2.618,37																		
	VI	29.625	1.437,75	2.370,00	2.666,25																		
93.311,99 (Ost)	I	23.013	650,93	1.841,04	2.071,17	427,21	1.690,64	1.901,97	203,49	1.540,24	1.732,77	-	1.389,92	1.563,66	-	1.240,24	1.395,27	-	1.095,92	1.232,91	-	957,76	1.077,
	II	21.224	438,03	1.697,92	1.910,16	214,31	1.547,52	1.740,96	-	1.397,12	1.571,76	-	1.247,36	1.403,28	-	1.102,72	1.240,56	-	964,32	1.084,86	-	832,00	936,
	III	15.174	-	1.213,92	1.365,66	-	1.097,60	1.234,80	-	984,32	1.107,36	-	874,08	983,34	-	766,88	862,74	-	662,88	745,74	-	561,92	632,
	IV	23.013	650,93	1.841,04	2.071,17	539,07	1.765,84	1.986,57	427,21	1.690,64	1.901,97	315,35	1.615,44	1.817,37	203,49	1.540,24	1.732,77	91,74	1.465,12	1.648,26	-	1.389,92	1.563,
	V	29.187	1.385,63	2.334,96	2.626,83																		
	VI	29.718	1.448,82	2.377,44	2.674,62																		
93.347,99 (West)	I	22.935	641,64	1.834,80	2.064,15	417,92	1.684,40	1.894,95	194,20	1.534,00	1.725,75	-	1.383,60	1.556,55	-	1.234,08	1.388,34	-	1.090,00	1.226,25	-	952,16	1.071,
	II	21.146	428,75	1.691,68	1.903,14	205,03	1.541,28	1.733,94	-	1.390,88	1.564,74	-	1.241,20	1.396,35	-	1.096,80	1.233,90	-	958,64	1.078,47	-	826,64	929,
	III	15.112	-	1.208,96	1.360,08	-	1.092,80	1.229,40	-	979,52	1.101,96	-	869,44	978,12	-	762,40	857,70	-	658,56	740,88	-	557,76	627,
	IV	22.935	641,64	1.834,80	2.064,15	529,78	1.759,60	1.979,55	417,92	1.684,40	1.894,95	306,06	1.609,20	1.810,35	194,20	1.534,00	1.725,75	82,34	1.458,80	1.641,15	-	1.383,60	1.556,
	V	29.108	1.376,23	2.328,64	2.619,72																		
	VI	29.640	1.439,54	2.371,20	2.667,60																		
93.347,99 (Ost)	I	23.028	652,71	1.842,24	2.072,52	429,11	1.691,92	1.903,41	205,39	1.541,52	1.734,21	-	1.391,12	1.565,01	-	1.241,44	1.396,62	-	1.097,04	1.234,17	-	958,88	1.078,
	II	21.239	439,82	1.699,12	1.911,51	216,10	1.548,72	1.742,31	-	1.398,32	1.573,11	-	1.248,56	1.404,63	-	1.103,84	1.241,82	-	965,36	1.086,03	-	833,04	937,
	III	15.186	-	1.214,88	1.366,74	-	1.098,40	1.235,70	-	985,12	1.108,26	-	874,88	984,24	-	767,68	863,64	-	663,68	746,64	-	562,72	633,
	IV	23.028	652,71	1.842,24	2.072,52	540,85	1.767,04	1.987,92	429,11	1.691,92	1.903,41	317,25	1.616,72	1.818,81	205,39	1.541,52	1.734,21	93,53	1.466,32	1.649,61	-	1.391,12	1.565,
	V	29.202	1.387,42	2.336,16	2.628,18																		
	VI	29.733	1.450,61	2.378,64	2.675,97																		

SolZ/KiSt lt. Tabelle nicht für Sonstige Bezüge anwendbar.

Lohn/ Gehalt bis	Steuerklasse	Lohn- steuer	ohne Kinderfreibetrag			Anzahl Kinderfreibeträge (nur Steuerklassen I–IV)																	
						0,5			1,0			1,5			2,0			2,5			3,0		
			SolZ 5,5%	Kirchensteuer 8%	9%	SolZ 5,5%	Kirchensteuer 8%	9%	SolZ 5,5%	Kirchensteuer 8%	9%	SolZ 5,5%	Kirchensteuer 8%	9%	SolZ 5,5%	Kirchensteuer 8%	9%	SolZ 5,5%	Kirchensteuer 8%	9%	SolZ 5,5%	Kirchensteuer 8%	9%
93.383,99 (West)	I	22.950	*643,43*	1.836,00	2.065,50	*419,71*	1.685,60	1.896,30	*195,99*	1.535,20	1.727,10	-	1.384,80	1.557,90	-	1.235,28	1.389,69	-	1.091,12	1.227,51	-	953,20	1.072,35
	II	21.161	*430,54*	1.692,88	1.904,49	*206,82*	1.542,48	1.735,29	-	1.392,08	1.566,09	-	1.242,40	1.397,70	-	1.098,00	1.235,25	-	959,76	1.079,73	-	827,68	931,14
	III	15.124	-	1.209,92	1.361,16	-	1.093,60	1.230,30	-	980,48	1.103,04	-	870,40	979,20	-	763,36	858,78	-	659,36	741,78	-	558,56	628,38
	IV	22.950	*643,43*	1.836,00	2.065,50	*531,57*	1.760,80	1.980,90	*419,71*	1.685,60	1.896,30	*307,85*	1.610,40	1.811,70	*195,99*	1.535,20	1.727,10	*84,13*	1.460,00	1.642,50	-	1.384,80	1.557,90
	V	29.123	*1.378,02*	2.329,84	2.621,07																		
	VI	29.655	*1.441,32*	2.372,40	2.668,95																		
93.383,99 (Ost)	I	23.044	*654,61*	1.843,52	2.073,96	*430,89*	1.693,12	1.904,76	*207,17*	1.542,72	1.735,56	-	1.392,32	1.566,36	-	1.242,56	1.397,88	-	1.098,16	1.235,43	-	959,92	1.079,91
	II	21.254	*441,60*	1.700,32	1.912,86	*217,88*	1.549,92	1.743,66	-	1.399,60	1.574,55	-	1.249,76	1.405,98	-	1.105,04	1.243,17	-	966,48	1.087,29	-	834,08	938,34
	III	15.198	-	1.215,84	1.367,82	-	1.099,36	1.236,78	-	986,08	1.109,34	-	875,84	985,32	-	768,64	864,72	-	664,48	747,54	-	563,52	633,96
	IV	23.044	*654,61*	1.843,52	2.073,96	*542,75*	1.768,32	1.989,36	*430,89*	1.693,12	1.904,76	*319,03*	1.617,92	1.820,16	*207,17*	1.542,72	1.735,56	*95,31*	1.467,52	1.650,96	-	1.392,32	1.566,36
	V	29.217	*1.389,20*	2.337,36	2.629,53																		
	VI	29.749	*1.452,51*	2.379,92	2.677,41																		
93.419,99 (West)	I	22.965	*645,21*	1.837,20	2.066,85	*421,49*	1.686,80	1.897,65	*197,77*	1.536,40	1.728,45	-	1.386,00	1.559,25	-	1.236,40	1.390,95	-	1.092,32	1.228,86	-	954,32	1.073,61
	II	21.176	*432,32*	1.694,08	1.905,84	*208,60*	1.543,68	1.736,64	-	1.393,28	1.567,44	-	1.243,52	1.398,96	-	1.099,12	1.236,51	-	960,80	1.080,90	-	828,72	932,31
	III	15.136	-	1.210,88	1.362,24	-	1.094,56	1.231,38	-	981,28	1.103,94	-	871,20	980,10	-	764,16	859,68	-	660,16	742,68	-	559,36	629,28
	IV	22.965	*645,21*	1.837,20	2.066,85	*533,35*	1.762,00	1.982,25	*421,49*	1.686,80	1.897,65	*309,63*	1.611,60	1.813,05	*197,77*	1.536,40	1.728,45	*85,91*	1.461,20	1.643,85	-	1.386,00	1.559,25
	V	29.138	*1.379,80*	2.331,04	2.622,42																		
	VI	29.670	*1.443,11*	2.373,60	2.670,30																		
93.419,99 (Ost)	I	23.059	*656,40*	1.844,72	2.075,31	*432,68*	1.694,32	1.906,11	*208,96*	1.543,92	1.736,91	-	1.393,52	1.567,71	-	1.243,76	1.399,23	-	1.099,36	1.236,78	-	961,04	1.081,17
	II	21.269	*443,39*	1.701,52	1.914,21	*219,79*	1.551,20	1.745,10	-	1.400,80	1.575,90	-	1.250,88	1.407,24	-	1.106,16	1.244,43	-	967,60	1.088,55	-	835,12	939,51
	III	15.210	-	1.216,80	1.368,90	-	1.100,32	1.237,86	-	986,88	1.110,24	-	876,64	986,22	-	769,44	865,62	-	665,28	748,44	-	564,32	634,86
	IV	23.059	*656,40*	1.844,72	2.075,31	*544,54*	1.769,52	1.990,71	*432,68*	1.694,32	1.906,11	*320,82*	1.619,12	1.821,51	*208,96*	1.543,92	1.736,91	*97,10*	1.468,72	1.652,31	-	1.393,52	1.567,71
	V	29.232	*1.390,99*	2.338,56	2.630,88																		
	VI	29.764	*1.454,29*	2.381,12	2.678,76																		
93.455,99 (West)	I	22.980	*647,00*	1.838,40	2.068,20	*423,28*	1.688,00	1.899,00	*199,56*	1.537,60	1.729,80	-	1.387,20	1.560,60	-	1.237,60	1.392,30	-	1.093,44	1.230,12	-	955,36	1.074,78
	II	21.191	*434,11*	1.695,28	1.907,19	*210,39*	1.544,88	1.737,99	-	1.394,48	1.568,79	-	1.244,72	1.400,31	-	1.100,24	1.237,77	-	961,92	1.082,16	-	829,76	933,48
	III	15.148	-	1.211,84	1.363,32	-	1.095,52	1.232,46	-	982,24	1.105,02	-	872,16	981,18	-	764,96	860,58	-	660,96	743,58	-	560,16	630,18
	IV	22.980	*647,00*	1.838,40	2.068,20	*535,14*	1.763,20	1.983,60	*423,28*	1.688,00	1.899,00	*311,42*	1.612,80	1.814,40	*199,56*	1.537,60	1.729,80	*87,70*	1.462,40	1.645,20	-	1.387,20	1.560,60
	V	29.153	*1.381,59*	2.332,24	2.623,77																		
	VI	29.685	*1.444,89*	2.374,80	2.671,65																		
93.455,99 (Ost)	I	23.074	*658,18*	1.845,92	2.076,66	*434,46*	1.695,52	1.907,46	*210,74*	1.545,12	1.738,26	-	1.394,72	1.569,06	-	1.244,96	1.400,58	-	1.100,48	1.238,04	-	962,16	1.082,43
	II	21.285	*445,29*	1.702,80	1.915,65	*221,57*	1.552,40	1.746,45	-	1.402,00	1.577,25	-	1.252,08	1.408,59	-	1.107,28	1.245,69	-	968,64	1.089,72	-	836,16	940,68
	III	15.222	-	1.217,76	1.369,98	-	1.101,28	1.238,94	-	987,84	1.111,32	-	877,60	987,30	-	770,24	866,52	-	666,24	749,52	-	565,12	635,76
	IV	23.074	*658,18*	1.845,92	2.076,66	*546,32*	1.770,72	1.992,06	*434,46*	1.695,52	1.907,46	*322,60*	1.620,32	1.822,86	*210,74*	1.545,12	1.738,26	*98,88*	1.469,92	1.653,66	-	1.394,72	1.569,06
	V	29.247	*1.392,77*	2.339,76	2.632,23																		
	VI	29.779	*1.456,08*	2.382,32	2.680,11																		
93.491,99 (West)	I	22.995	*648,78*	1.839,60	2.069,55	*425,06*	1.689,20	1.900,35	*201,34*	1.538,80	1.731,15	-	1.388,48	1.562,04	-	1.238,80	1.393,65	-	1.094,56	1.231,38	-	956,48	1.076,04
	II	21.206	*435,89*	1.696,48	1.908,54	*212,17*	1.546,08	1.739,34	-	1.395,68	1.570,14	-	1.245,92	1.401,66	-	1.101,36	1.239,03	-	963,04	1.083,42	-	830,80	934,65
	III	15.160	-	1.212,80	1.364,40	-	1.096,48	1.233,54	-	983,20	1.106,10	-	872,96	982,08	-	765,92	861,66	-	661,92	744,66	-	560,96	631,08
	IV	22.995	*648,78*	1.839,60	2.069,55	*536,92*	1.764,40	1.984,95	*425,06*	1.689,20	1.900,35	*313,20*	1.614,00	1.815,75	*201,34*	1.538,80	1.731,15	*89,48*	1.463,60	1.646,55	-	1.388,48	1.562,04
	V	29.169	*1.383,49*	2.333,52	2.625,21																		
	VI	29.700	*1.446,68*	2.376,00	2.673,00																		
93.491,99 (Ost)	I	23.089	*659,97*	1.847,12	2.078,01	*436,25*	1.696,72	1.908,81	*212,53*	1.546,32	1.739,61	-	1.395,92	1.570,41	-	1.246,16	1.401,93	-	1.101,60	1.239,30	-	963,20	1.083,60
	II	21.300	*447,08*	1.704,00	1.917,00	*223,36*	1.553,60	1.747,80	-	1.403,20	1.578,60	-	1.253,28	1.409,94	-	1.108,40	1.246,95	-	969,76	1.090,98	-	837,20	941,85
	III	15.234	-	1.218,72	1.371,06	-	1.102,24	1.240,02	-	988,80	1.112,40	-	878,40	988,20	-	771,20	867,60	-	667,04	750,42	-	565,92	636,66
	IV	23.089	*659,97*	1.847,12	2.078,01	*548,11*	1.771,92	1.993,41	*436,25*	1.696,72	1.908,81	*324,39*	1.621,52	1.824,21	*212,53*	1.546,32	1.739,61	*100,67*	1.471,12	1.655,01	-	1.395,92	1.570,41
	V	29.262	*1.394,56*	2.340,96	2.633,58																		
	VI	29.794	*1.457,86*	2.383,52	2.681,46																		
93.527,99 (West)	I	23.010	*650,57*	1.840,80	2.070,90	*426,85*	1.690,40	1.901,70	*203,25*	1.540,08	1.732,59	-	1.389,68	1.563,39	-	1.240,00	1.395,00	-	1.095,68	1.232,64	-	957,60	1.077,30
	II	21.221	*437,68*	1.697,68	1.909,89	*213,96*	1.547,28	1.740,69	-	1.396,88	1.571,49	-	1.247,12	1.403,01	-	1.102,48	1.240,29	-	964,08	1.084,59	-	831,84	935,82
	III	15.172	-	1.213,76	1.365,48	-	1.097,28	1.234,44	-	984,00	1.107,00	-	873,76	982,98	-	766,72	862,56	-	662,72	745,56	-	561,76	631,98
	IV	23.010	*650,57*	1.840,80	2.070,90	*538,71*	1.765,60	1.986,30	*426,85*	1.690,40	1.901,70	*315,11*	1.615,28	1.817,19	*203,25*	1.540,08	1.732,59	*91,39*	1.464,88	1.647,99	-	1.389,68	1.563,39
	V	29.184	*1.385,27*	2.334,72	2.626,56																		
	VI	29.715	*1.448,46*	2.377,20	2.674,35																		
93.527,99 (Ost)	I	23.104	*661,75*	1.848,32	2.079,36	*438,03*	1.697,92	1.910,16	*214,31*	1.547,52	1.740,96	-	1.397,12	1.571,76	-	1.247,36	1.403,28	-	1.102,72	1.240,56	-	964,32	1.084,86
	II	21.315	*448,86*	1.705,20	1.918,35	*225,14*	1.554,80	1.749,15	*1,42*	1.404,40	1.579,95	-	1.254,48	1.411,29	-	1.109,60	1.248,30	-	970,80	1.092,15	-	838,24	943,02
	III	15.246	-	1.219,68	1.372,14	-	1.103,04	1.240,92	-	989,60	1.113,30	-	879,20	989,10	-	772,00	868,50	-	667,84	751,32	-	566,72	637,56
	IV	23.104	*661,75*	1.848,32	2.079,36	*549,89*	1.773,12	1.994,76	*438,03*	1.697,92	1.910,16	*326,17*	1.622,72	1.825,56	*214,31*	1.547,52	1.740,96	*102,45*	1.472,32	1.656,36	-	1.397,12	1.571,76
	V	29.277	*1.396,34*	2.342,16	2.634,93																		
	VI	29.809	*1.459,65*	2.384,72	2.682,81																		
93.563,99 (West)	I	23.026	*652,47*	1.842,08	2.072,34	*428,75*	1.691,68	1.903,14	*205,03*	1.541,28	1.733,94	-	1.390,88	1.564,74	-	1.241,20	1.396,35	-	1.096,80	1.233,90	-	958,64	1.078,47
	II	21.236	*439,46*	1.698,88	1.911,24	*215,74*	1.548,48	1.742,04	-	1.398,08	1.572,84	-	1.248,32	1.404,36	-	1.103,68	1.241,64	-	965,20	1.085,85	-	832,88	936,99
	III	15.184	-	1.214,72	1.366,56	-	1.098,24	1.235,52	-	984,96	1.108,08	-	874,72	984,06	-	767,52	863,46	-	663,52	746,46	-	562,56	632,88
	IV	23.026	*652,47*	1.842,08	2.072,34	*540,61*	1.766,88	1.987,74	*428,75*	1.691,68	1.903,14	*316,89*	1.616,48	1.818,54	*205,03*	1.541,28	1.733,94	*93,17*	1.466,08	1.649,34	-	1.390,88	1.564,74
	V	29.199	*1.387,06*	2.335,92	2.627,91																		
	VI	29.731	*1.450,37*	2.378,48	2.675,79																		
93.563,99 (Ost)	I	23.119	*663,54*	1.849,52	2.080,71	*439,82*	1.699,12	1.911,51	*216,10*	1.548,72	1.742,31	-	1.398,32	1.573,11	-	1.248,56	1.404,63	-	1.103,84	1.241,82	-	965,36	1.086,03
	II	21.330	*450,65*	1.706,40	1.919,70	*226,93*	1.556,00	1.750,50	*3,21*	1.405,60	1.581,30	-	1.255,68	1.412,64	-	1.110,72	1.249,56	-	971,92	1.093,41	-	839,36	944,28
	III	15.258	-	1.220,64	1.373,22	-	1.104,00	1.242,00	-	990,56	1.114,38	-	880,16	990,18	-	772,80	869,40	-	668,64	752,22	-	567,52	638,46
	IV	23.119	*663,54*	1.849,52	2.080,71	*551,68*	1.774,32	1.996,11	*439,82*	1.699,12	1.911,51	*327,96*	1.623,92	1.826,91	*216,10*	1.548,72	1.742,31	*104,24*	1.473,52	1.657,71	-	1.398,32	1.573,11
	V	29.292	*1.398,13*	2.343,36	2.636,28																		
	VI	29.824	*1.461,43*	2.385,92	2.684,16																		
93.599,99 (West)	I	23.041	*654,26*	1.843,28	2.073,69	*430,54*	1.692,88	1.904,49	*206,82*	1.542,48	1.735,29	-	1.392,08	1.566,09	-	1.242,40	1.397,70	-	1.098,00	1.235,25	-	959,76	1.079,73
	II	21.251	*441,25*	1.700,08	1.912,59	*217,65*	1.549,76	1.743,48	-	1.399,36	1.574,28	-	1.249,52	1.405,71	-	1.104,80	1.242,90	-	966,24	1.087,02	-	833,92	938,16
	III	15.196	-	1.215,68	1.367,64	-	1.099,20	1.236,60	-	985,92	1.109,16	-	875,52	984,96	-	768,48	864,54	-	664,32	747,36	-	563,36	633,78
	IV	23.041	*654,26*	1.843,28	2.073,69	*542,40*	1.768,08	1.989,09	*430,54*	1.692,88	1.904,49	*318,68*	1.617,68	1.819,89	*206,82*	1.542,48	1.735,29	*94,96*	1.467,28	1.650,69	-	1.392,08	1.566,09
	V	29.214	*1.388,84*	2.337,12	2.629,26																		
	VI	29.746	*1.452,15*	2.379,68	2.677,14																		
93.599,99 (Ost)	I	23.134	*665,32*	1.850,72	2.082,06	*441,60*	1.700,32	1.912,86	*217,88*	1.549,92	1.743,66	-	1.399,60	1.574,55	-	1.249,76	1.405,98	-	1.105,04	1.243,17	-	966,48	1.087,29
	II	21.345	*452,43*	1.707,60	1.921,05	*228,71*	1.557,20	1.751,85	*4,99*	1.406,80	1.582,65	-	1.256,88	1.413,99	-	1.111,84	1.250,82	-	973,04	1.094,67	-	840,40	945,45
	III	15.270	-	1.221,60	1.374,30	-	1.104,96	1.243,08	-	991,52	1.115,46	-	880,96	991,08	-	773,76	870,48	-	669,44	753,12	-	568,32	639,36
	IV	23.134	*665,32*	1.850,72	2.082,06	*553,46*	1.775,52	1.997,46	*441,60*	1.700,32	1.912,86	*329,74*	1.625,12	1.828,26	*217,88*	1.549,92	1.743,66	*106,02*	1.474,72	1.659,06	-	1.399,60	1.574,55
	V	29.308	*1.400,03*	2.344,64	2.637,72																		
	VI	29.839	*1.463,22*	2.387,12	2.685,51																		

SolZ/KiSt lt. Tabelle nicht für Sonstige Bezüge anwendbar.

Lohn/ Gehalt bis	Steuerklasse	Lohn- steuer	ohne Kinderfreibetrag			Anzahl Kinderfreibeträge (nur Steuerklassen I–IV) 0,5			1,0			1,5			2,0			2,5			3,0		
			SolZ 5,5%	Kirchensteuer 8%	9%	SolZ 5,5%	Kirchensteuer 8%	9%	SolZ 5,5%	Kirchensteuer 8%	9%	SolZ 5,5%	Kirchensteuer 8%	9%	SolZ 5,5%	Kirchensteuer 8%	9%	SolZ 5,5%	Kirchensteuer 8%	9%	SolZ 5,5%	Kirchensteuer 8%	9%
93.635,99	I	23.056	656,04	1.844,48	2.075,04	432,32	1.694,08	1.905,84	208,60	1.543,68	1.736,64	–	1.393,28	1.567,44	–	1.243,52	1.398,96	–	1.099,12	1.236,51	–	960,80	1.080,
(West)	II	21.267	443,15	1.701,36	1.914,03	219,43	1.550,96	1.744,83	–	1.400,56	1.575,63	–	1.250,64	1.406,97	–	1.105,92	1.244,16	–	967,36	1.088,28	–	834,96	939,
	III	15.208	–	1.216,64	1.368,72	–	1.100,16	1.237,68	–	986,72	1.110,06	–	876,48	986,04	–	769,28	865,44	–	665,12	748,26	–	564,16	634,
	IV	23.056	656,04	1.844,48	2.075,04	544,18	1.769,28	1.990,44	432,32	1.694,08	1.905,84	320,46	1.618,88	1.821,24	208,60	1.543,68	1.736,64	96,74	1.468,48	1.652,04	–	1.393,28	1.567,
	V	29.229	1.390,63	2.338,32	2.630,61																		
	VI	29.761	1.453,94	2.380,88	2.678,49																		
93.635,99	I	23.149	667,11	1.851,92	2.083,41	443,39	1.701,52	1.914,21	219,79	1.551,20	1.745,10	–	1.400,80	1.575,90	–	1.250,88	1.407,24	–	1.106,16	1.244,43	–	967,60	1.088,
(Ost)	II	21.360	454,22	1.708,80	1.922,40	230,50	1.558,40	1.753,20	6,78	1.408,00	1.584,00	–	1.258,08	1.415,34	–	1.112,96	1.252,08	–	974,08	1.095,84	–	841,44	946,
	III	15.280	–	1.222,40	1.375,20	–	1.105,92	1.244,16	–	992,32	1.116,36	–	881,92	992,16	–	774,56	871,38	–	670,24	754,02	–	569,12	640,
	IV	23.149	667,11	1.851,92	2.083,41	555,25	1.776,72	1.998,81	443,39	1.701,52	1.914,21	331,65	1.626,40	1.829,70	219,79	1.551,20	1.745,10	107,93	1.476,00	1.660,50	–	1.400,80	1.575,
	V	29.323	1.401,82	2.345,84	2.639,07																		
	VI	29.854	1.465,00	2.388,32	2.686,86																		
93.671,99	I	23.071	657,83	1.845,68	2.076,39	434,11	1.695,28	1.907,19	210,39	1.544,88	1.737,99	–	1.394,48	1.568,79	–	1.244,72	1.400,31	–	1.100,24	1.237,77	–	961,92	1.082,
(West)	II	21.282	444,94	1.702,56	1.915,38	221,22	1.552,16	1.746,18	–	1.401,76	1.576,98	–	1.251,84	1.408,32	–	1.107,04	1.245,42	–	968,48	1.089,54	–	836,00	940,
	III	15.218	–	1.217,44	1.369,62	–	1.100,96	1.238,58	–	987,68	1.111,14	–	877,28	986,94	–	770,08	866,34	–	665,92	749,16	–	564,96	635,
	IV	23.071	657,83	1.845,68	2.076,39	545,97	1.770,48	1.991,79	434,11	1.695,28	1.907,19	322,25	1.620,08	1.822,59	210,39	1.544,88	1.737,99	98,53	1.469,68	1.653,39	–	1.394,48	1.568,
	V	29.244	1.392,41	2.339,52	2.631,96																		
	VI	29.776	1.455,72	2.382,08	2.679,84																		
93.671,99	I	23.165	669,01	1.853,20	2.084,85	445,29	1.702,80	1.915,65	221,57	1.552,40	1.746,45	–	1.402,00	1.577,25	–	1.252,08	1.408,59	–	1.107,28	1.245,69	–	968,64	1.089,
(Ost)	II	21.375	456,00	1.710,00	1.923,75	232,28	1.559,60	1.754,55	8,56	1.409,20	1.585,35	–	1.259,28	1.416,69	–	1.114,16	1.253,43	–	975,20	1.097,10	–	842,48	947,
	III	15.292	–	1.223,36	1.376,28	–	1.106,72	1.245,06	–	993,28	1.117,44	–	882,72	993,06	–	775,36	872,28	–	671,20	755,10	–	569,92	641,
	IV	23.165	669,01	1.853,20	2.084,85	557,15	1.778,00	2.000,25	445,29	1.702,80	1.915,65	333,43	1.627,60	1.831,05	221,57	1.552,40	1.746,45	109,71	1.477,20	1.661,85	–	1.402,00	1.577,
	V	29.338	1.403,60	2.347,04	2.640,42																		
	VI	29.870	1.466,91	2.389,60	2.688,30																		
93.707,99	I	23.086	659,61	1.846,88	2.077,74	435,89	1.696,48	1.908,54	212,17	1.546,08	1.739,34	–	1.395,68	1.570,14	–	1.245,92	1.401,66	–	1.101,36	1.239,03	–	963,04	1.083,
(West)	II	21.297	446,72	1.703,76	1.916,73	223,00	1.553,36	1.747,53	–	1.402,96	1.578,33	–	1.253,04	1.409,67	–	1.108,24	1.246,77	–	969,52	1.090,71	–	837,04	941,
	III	15.230	–	1.218,40	1.370,70	–	1.101,92	1.239,66	–	988,48	1.112,04	–	878,24	988,02	–	771,04	867,42	–	666,88	750,24	–	565,76	636,
	IV	23.086	659,61	1.846,88	2.077,74	547,75	1.771,68	1.993,14	435,89	1.696,48	1.908,54	324,03	1.621,28	1.823,94	212,17	1.546,08	1.739,34	100,31	1.470,88	1.654,74	–	1.395,68	1.570,
	V	29.259	1.394,20	2.340,72	2.633,31																		
	VI	29.791	1.457,51	2.383,28	2.681,19																		
93.707,99	I	23.180	670,80	1.854,40	2.086,20	447,08	1.704,00	1.917,00	223,36	1.553,60	1.747,80	–	1.403,20	1.578,60	–	1.253,28	1.409,94	–	1.108,40	1.246,95	–	969,76	1.090,
(Ost)	II	21.390	457,79	1.711,20	1.925,10	234,19	1.560,88	1.755,99	10,47	1.410,48	1.586,79	–	1.260,40	1.417,95	–	1.115,28	1.254,69	–	976,32	1.098,36	–	843,52	948,
	III	15.304	–	1.224,32	1.377,36	–	1.107,68	1.246,14	–	994,08	1.118,34	–	883,68	994,14	–	776,32	873,36	–	672,00	756,00	–	570,72	642,0
	IV	23.180	670,80	1.854,40	2.086,20	558,94	1.779,20	2.001,60	447,08	1.704,00	1.917,00	335,22	1.628,80	1.832,40	223,36	1.553,60	1.747,80	111,50	1.478,40	1.663,20	–	1.403,20	1.578,6
	V	29.353	1.405,39	2.348,24	2.641,77																		
	VI	29.885	1.468,69	2.390,80	2.689,65																		
93.743,99	I	23.101	661,40	1.848,08	2.079,09	437,68	1.697,68	1.909,89	213,96	1.547,28	1.740,69	–	1.396,88	1.571,49	–	1.247,12	1.403,01	–	1.102,48	1.240,29	–	964,08	1.084,5
(West)	II	21.312	448,51	1.704,96	1.918,08	224,79	1.554,56	1.748,88	1,07	1.404,16	1.579,68	–	1.254,24	1.411,02	–	1.109,36	1.248,03	–	970,64	1.091,97	–	838,08	942,8
	III	15.242	–	1.219,36	1.371,78	–	1.102,88	1.240,74	–	989,44	1.113,12	–	879,04	988,92	–	771,84	868,32	–	667,68	751,14	–	566,56	637,3
	IV	23.101	661,40	1.848,08	2.079,09	549,54	1.772,88	1.994,49	437,68	1.697,68	1.909,89	325,82	1.622,48	1.825,29	213,96	1.547,28	1.740,69	102,10	1.472,08	1.656,09	–	1.396,88	1.571,4
	V	29.274	1.395,98	2.341,92	2.634,66																		
	VI	29.806	1.459,29	2.384,48	2.682,54																		
93.743,99	I	23.195	672,58	1.855,60	2.087,55	448,86	1.705,20	1.918,35	225,14	1.554,80	1.749,15	1,42	1.404,40	1.579,95	–	1.254,48	1.411,29	–	1.109,60	1.248,30	–	970,80	1.092,1
(Ost)	II	21.406	459,69	1.712,48	1.926,54	235,97	1.562,08	1.757,34	12,25	1.411,68	1.588,14	–	1.261,60	1.419,30	–	1.116,40	1.255,95	–	977,36	1.099,53	–	844,56	950,1
	III	15.316	–	1.225,28	1.378,44	–	1.108,64	1.247,22	–	995,04	1.119,42	–	884,48	995,04	–	777,12	874,26	–	672,80	756,90	–	571,52	642,9
	IV	23.195	672,58	1.855,60	2.087,55	560,72	1.780,40	2.002,95	448,86	1.705,20	1.918,35	337,00	1.630,00	1.833,75	225,14	1.554,80	1.749,15	113,28	1.479,60	1.664,55	1,42	1.404,40	1.579,9
	V	29.368	1.407,17	2.349,44	2.643,12																		
	VI	29.900	1.470,48	2.392,00	2.691,00																		
93.779,99	I	23.116	663,18	1.849,28	2.080,44	439,46	1.698,88	1.911,24	215,74	1.548,48	1.742,04	–	1.398,08	1.572,84	–	1.248,32	1.404,36	–	1.103,68	1.241,64	–	965,20	1.085,8
(West)	II	21.327	450,29	1.706,16	1.919,43	226,57	1.555,76	1.750,23	2,85	1.405,36	1.581,03	–	1.255,44	1.412,37	–	1.110,48	1.249,29	–	971,68	1.093,14	–	839,12	944,0
	III	15.254	–	1.220,32	1.372,86	–	1.103,84	1.241,82	–	990,40	1.114,20	–	880,00	990,00	–	772,64	869,22	–	668,48	752,04	–	567,36	638,2
	IV	23.116	663,18	1.849,28	2.080,44	551,32	1.774,08	1.995,84	439,46	1.698,88	1.911,24	327,60	1.623,68	1.826,64	215,74	1.548,48	1.742,04	103,88	1.473,28	1.657,44	–	1.398,08	1.572,8
	V	29.290	1.397,89	2.343,20	2.636,10																		
	VI	29.821	1.461,08	2.385,68	2.683,89																		
93.779,99	I	23.210	674,37	1.856,80	2.088,90	450,65	1.706,40	1.919,70	226,93	1.556,00	1.750,50	3,21	1.405,60	1.581,30	–	1.255,68	1.412,64	–	1.110,72	1.249,56	–	971,92	1.093,4
(Ost)	II	21.421	461,48	1.713,68	1.927,89	237,76	1.563,28	1.758,69	14,04	1.412,88	1.589,49	–	1.262,80	1.420,65	–	1.117,60	1.257,30	–	978,48	1.100,79	–	845,60	951,3
	III	15.328	–	1.226,24	1.379,52	–	1.109,60	1.248,30	–	996,00	1.120,50	–	885,44	996,12	–	777,92	875,16	–	673,60	757,80	–	572,32	643,8
	IV	23.210	674,37	1.856,80	2.088,90	562,51	1.781,60	2.004,30	450,65	1.706,40	1.919,70	338,79	1.631,20	1.835,10	226,93	1.556,00	1.750,50	115,07	1.480,80	1.665,90	3,21	1.405,60	1.581,3
	V	29.383	1.408,96	2.350,64	2.644,47																		
	VI	29.915	1.472,26	2.393,20	2.692,35																		
93.815,99	I	23.131	664,97	1.850,48	2.081,79	441,25	1.700,08	1.912,59	217,65	1.549,76	1.743,48	–	1.399,36	1.574,28	–	1.249,52	1.405,71	–	1.104,80	1.242,90	–	966,24	1.087,0
(West)	II	21.342	452,08	1.707,36	1.920,78	228,36	1.556,96	1.751,58	4,64	1.406,56	1.582,38	–	1.256,64	1.413,72	–	1.111,60	1.250,55	–	972,80	1.094,40	–	840,16	945,1
	III	15.266	–	1.221,28	1.373,94	–	1.104,80	1.242,90	–	991,20	1.115,10	–	880,80	990,90	–	773,44	870,12	–	669,28	752,94	–	568,16	639,1
	IV	23.131	664,97	1.850,48	2.081,79	553,11	1.775,28	1.997,19	441,25	1.700,08	1.912,59	329,39	1.624,88	1.827,99	217,65	1.549,76	1.743,48	105,79	1.474,56	1.658,88	–	1.399,36	1.574,2
	V	29.305	1.399,67	2.344,40	2.637,45																		
	VI	29.836	1.462,86	2.386,88	2.685,24																		
93.815,99	I	23.225	676,15	1.858,00	2.090,25	452,43	1.707,60	1.921,05	228,71	1.557,20	1.751,85	4,99	1.406,80	1.582,65	–	1.256,88	1.413,99	–	1.111,84	1.250,82	–	973,04	1.094,6
(Ost)	II	21.436	463,26	1.714,88	1.929,24	239,54	1.564,48	1.760,04	15,82	1.414,08	1.590,84	–	1.264,00	1.422,00	–	1.118,72	1.258,56	–	979,60	1.102,05	–	846,64	952,4
	III	15.340	–	1.227,20	1.380,60	–	1.110,56	1.249,38	–	996,80	1.121,40	–	886,24	997,02	–	778,88	876,24	–	674,40	758,70	–	573,12	644,7
	IV	23.225	676,15	1.858,00	2.090,25	564,29	1.782,80	2.005,65	452,43	1.707,60	1.921,05	340,57	1.632,40	1.836,45	228,71	1.557,20	1.751,85	116,85	1.482,00	1.667,25	4,99	1.406,80	1.582,6
	V	29.398	1.410,74	2.351,84	2.645,82																		
	VI	29.930	1.474,05	2.394,40	2.693,70																		
93.851,99	I	23.146	666,75	1.851,68	2.083,14	443,15	1.701,36	1.914,03	219,43	1.550,96	1.744,83	–	1.400,56	1.575,63	–	1.250,64	1.406,97	–	1.105,92	1.244,16	–	967,36	1.088,2
(West)	II	21.357	453,86	1.708,56	1.922,13	230,14	1.558,16	1.752,93	6,42	1.407,76	1.583,73	–	1.257,84	1.415,07	–	1.112,80	1.251,90	–	973,92	1.095,66	–	841,20	946,3
	III	15.278	–	1.222,24	1.375,02	–	1.105,60	1.243,80	–	992,16	1.116,18	–	881,76	991,98	–	774,40	871,20	–	670,08	753,84	–	568,96	640,0
	IV	23.146	666,75	1.851,68	2.083,14	555,01	1.776,56	1.998,63	443,15	1.701,36	1.914,03	331,29	1.626,16	1.829,43	219,43	1.550,96	1.744,83	107,57	1.475,76	1.660,23	–	1.400,56	1.575,6
	V	29.320	1.401,46	2.345,60	2.638,80																		
	VI	29.851	1.464,65	2.388,08	2.686,59																		
93.851,99	I	23.240	677,94	1.859,20	2.091,60	454,22	1.708,80	1.922,40	230,50	1.558,40	1.753,20	6,78	1.408,00	1.584,00	–	1.258,08	1.415,34	–	1.112,96	1.252,08	–	974,08	1.095,84
(Ost)	II	21.451	465,05	1.716,08	1.930,59	241,33	1.565,68	1.761,39	17,61	1.415,28	1.592,19	–	1.265,20	1.423,35	–	1.119,84	1.259,82	–	980,64	1.103,22	–	847,68	953,64
	III	15.352	–	1.228,16	1.381,68	–	1.111,36	1.250,28	–	997,76	1.122,48	–	887,20	998,10	–	779,68	877,14	–	675,20	759,60	–	573,92	645,66
	IV	23.240	677,94	1.859,20	2.091,60	566,08	1.784,00	2.007,00	454,22	1.708,80	1.922,40	342,36	1.633,60	1.837,80	230,50	1.558,40	1.753,20	118,64	1.483,20	1.668,60	6,78	1.408,00	1.584,00
	V	29.413	1.412,53	2.353,04	2.647,17																		
	VI	29.945	1.475,83	2.395,60	2.695,05																		

SolZ/KiSt lt. Tabelle nicht für Sonstige Bezüge anwendbar.

Lohn/ Gehalt bis	Steuerklasse	Lohn-steuer	ohne Kinderfreibetrag			Anzahl Kinderfreibeträge (nur Steuerklassen I–IV)																	
						0,5			1,0			1,5			2,0			2,5			3,0		
			SolZ 5,5%	Kirchensteuer 8%	9%	SolZ 5,5%	Kirchensteuer 8%	9%	SolZ 5,5%	Kirchensteuer 8%	9%	SolZ 5,5%	Kirchensteuer 8%	9%	SolZ 5,5%	Kirchensteuer 8%	9%	SolZ 5,5%	Kirchensteuer 8%	9%	SolZ 5,5%	Kirchensteuer 8%	9%
93.887,99 ***(West)***	I	23.162	668,66	1.852,96	2.084,58	444,94	1.702,56	1.915,38	221,22	1.552,16	1.746,18	-	1.401,76	1.576,98	-	1.251,84	1.408,32	-	1.107,04	1.245,42	-	968,48	1.089,54
	II	21.372	455,65	1.709,76	1.923,48	231,93	1.559,36	1.754,28	8,33	1.409,04	1.585,17	-	1.259,04	1.416,42	-	1.113,92	1.253,16	-	974,96	1.096,83	-	842,24	947,52
	III	15.290	-	1.223,20	1.376,10	-	1.106,56	1.244,88	-	993,12	1.117,26	-	882,56	992,88	-	775,20	872,10	-	670,88	754,74	-	569,76	640,98
	IV	23.162	668,66	1.852,96	2.084,58	556,80	1.777,76	1.999,98	444,94	1.702,56	1.915,38	333,08	1.627,36	1.830,78	221,22	1.552,16	1.746,18	109,36	1.476,96	1.661,58	-	1.401,76	1.576,98
	V	29.335	1.403,24	2.346,80	2.640,15																		
	VI	29.867	1.466,55	2.389,36	2.688,03																		
93.887,99 ***(Ost)***	I	23.255	679,72	1.860,40	2.092,95	456,00	1.710,00	1.923,75	232,28	1.559,60	1.754,55	8,56	1.409,20	1.585,35	-	1.259,28	1.416,69	-	1.114,16	1.253,43	-	975,20	1.097,10
	II	21.466	466,83	1.717,28	1.931,94	243,11	1.566,88	1.762,74	19,39	1.416,48	1.593,54	-	1.266,40	1.424,70	-	1.120,96	1.261,08	-	981,76	1.104,48	-	848,72	954,81
	III	15.364	-	1.229,12	1.382,76	-	1.112,32	1.251,36	-	998,72	1.123,56	-	888,00	999,00	-	780,48	878,04	-	676,16	760,68	-	574,72	646,56
	IV	23.255	679,72	1.860,40	2.092,95	567,86	1.785,20	2.008,35	456,00	1.710,00	1.923,75	344,14	1.634,80	1.839,15	232,28	1.559,60	1.754,55	120,42	1.484,40	1.669,95	8,56	1.409,20	1.585,35
	V	29.429	1.414,43	2.354,32	2.648,61																		
	VI	29.960	1.477,62	2.396,80	2.696,40																		
93.923,99 ***(West)***	I	23.177	670,44	1.854,16	2.085,93	446,72	1.703,76	1.916,73	223,00	1.553,36	1.747,53	-	1.402,96	1.578,33	-	1.253,04	1.409,67	-	1.108,24	1.246,77	-	969,52	1.090,71
	II	21.388	457,55	1.711,04	1.924,92	233,83	1.560,64	1.755,72	10,11	1.410,24	1.586,52	-	1.260,24	1.417,77	-	1.115,04	1.254,42	-	976,08	1.098,09	-	843,28	948,69
	III	15.302	-	1.224,16	1.377,18	-	1.107,52	1.245,96	-	993,92	1.118,16	-	883,52	993,96	-	776,00	873,00	-	671,84	755,82	-	570,56	641,88
	IV	23.177	670,44	1.854,16	2.085,93	558,58	1.778,96	2.001,33	446,72	1.703,76	1.916,73	334,86	1.628,56	1.832,13	223,00	1.553,36	1.747,53	111,14	1.478,16	1.662,93	-	1.402,96	1.578,33
	V	29.350	1.405,03	2.348,00	2.641,50																		
	VI	29.882	1.468,34	2.390,56	2.689,38																		
93.923,99 ***(Ost)***	I	23.270	681,51	1.861,60	2.094,30	457,79	1.711,20	1.925,10	234,19	1.560,88	1.755,99	10,47	1.410,48	1.586,79	-	1.260,40	1.417,95	-	1.115,28	1.254,69	-	976,32	1.098,36
	II	21.481	468,62	1.718,48	1.933,29	244,90	1.568,08	1.764,09	21,18	1.417,68	1.594,89	-	1.267,60	1.426,05	-	1.122,16	1.262,43	-	982,88	1.105,74	-	849,76	955,98
	III	15.376	-	1.230,08	1.383,84	-	1.113,28	1.252,44	-	999,52	1.124,46	-	888,96	1.000,08	-	781,44	879,12	-	676,96	761,58	-	575,52	647,46
	IV	23.270	681,51	1.861,60	2.094,30	569,65	1.786,40	2.009,70	457,79	1.711,20	1.925,10	345,93	1.636,00	1.840,50	234,19	1.560,88	1.755,99	122,33	1.485,68	1.671,39	10,47	1.410,48	1.586,79
	V	29.444	1.416,21	2.355,52	2.649,96																		
	VI	29.975	1.479,40	2.398,00	2.697,75																		
93.959,99 ***(West)***	I	23.192	672,23	1.855,36	2.087,28	448,51	1.704,96	1.918,08	224,79	1.554,56	1.748,88	1,07	1.404,16	1.579,68	-	1.254,24	1.411,02	-	1.109,36	1.248,03	-	970,64	1.091,97
	II	21.403	459,34	1.712,24	1.926,27	235,62	1.561,84	1.757,07	11,90	1.411,44	1.587,87	-	1.261,36	1.419,03	-	1.116,24	1.255,77	-	977,20	1.099,35	-	844,32	949,86
	III	15.314	-	1.225,12	1.378,26	-	1.108,48	1.247,04	-	994,88	1.119,24	-	884,32	994,86	-	776,96	874,08	-	672,64	756,72	-	571,36	642,78
	IV	23.192	672,23	1.855,36	2.087,28	560,37	1.780,16	2.002,68	448,51	1.704,96	1.918,08	336,65	1.629,76	1.833,48	224,79	1.554,56	1.748,88	112,93	1.479,36	1.664,28	1,07	1.404,16	1.579,68
	V	29.365	1.406,81	2.349,20	2.642,85																		
	VI	29.897	1.470,12	2.391,76	2.690,73																		
93.959,99 ***(Ost)***	I	23.285	683,29	1.862,80	2.095,65	459,69	1.712,48	1.926,54	235,97	1.562,08	1.757,34	12,25	1.411,68	1.588,14	-	1.261,60	1.419,30	-	1.116,40	1.255,95	-	977,36	1.099,53
	II	21.496	470,40	1.719,68	1.934,64	246,68	1.569,28	1.765,44	22,96	1.418,88	1.596,24	-	1.268,80	1.427,40	-	1.123,28	1.263,69	-	983,92	1.106,91	-	850,80	957,15
	III	15.388	-	1.231,04	1.384,92	-	1.114,24	1.253,52	-	1.000,48	1.125,54	-	889,76	1.000,98	-	782,24	880,02	-	677,76	762,48	-	576,32	648,36
	IV	23.285	683,29	1.862,80	2.095,65	571,55	1.787,68	2.011,14	459,69	1.712,48	1.926,54	347,83	1.637,28	1.841,94	235,97	1.562,08	1.757,34	124,11	1.486,88	1.672,74	12,25	1.411,68	1.588,14
	V	29.459	1.418,00	2.356,72	2.651,31																		
	VI	29.991	1.481,31	2.399,28	2.699,19																		
93.995,99 ***(West)***	I	23.207	674,01	1.856,56	2.088,63	450,29	1.706,16	1.919,43	226,57	1.555,76	1.750,23	2,85	1.405,36	1.581,03	-	1.255,44	1.412,37	-	1.110,48	1.249,29	-	971,68	1.093,14
	II	21.418	461,12	1.713,44	1.927,62	237,40	1.563,04	1.758,42	13,68	1.412,64	1.589,22	-	1.262,56	1.420,38	-	1.117,36	1.257,03	-	978,24	1.100,52	-	845,36	951,03
	III	15.326	-	1.226,08	1.379,34	-	1.109,28	1.247,94	-	995,68	1.120,14	-	885,28	995,94	-	777,76	874,98	-	673,44	757,62	-	572,16	643,68
	IV	23.207	674,01	1.856,56	2.088,63	562,15	1.781,36	2.004,03	450,29	1.706,16	1.919,43	338,43	1.630,96	1.834,83	226,57	1.555,76	1.750,23	114,71	1.480,56	1.665,63	2,85	1.405,36	1.581,03
	V	29.380	1.408,60	2.350,40	2.644,20																		
	VI	29.912	1.471,91	2.392,96	2.692,08																		
93.995,99 ***(Ost)***	I	23.301	685,20	1.864,08	2.097,09	461,48	1.713,68	1.927,89	237,76	1.563,28	1.758,69	14,04	1.412,88	1.589,49	-	1.262,80	1.420,65	-	1.117,60	1.257,30	-	978,48	1.100,79
	II	21.511	472,19	1.720,88	1.935,99	248,47	1.570,48	1.766,79	24,87	1.420,16	1.597,68	-	1.270,00	1.428,75	-	1.124,40	1.264,95	-	985,04	1.108,17	-	851,84	958,32
	III	15.400	-	1.232,00	1.386,00	-	1.115,20	1.254,60	-	1.001,28	1.126,44	-	890,72	1.002,06	-	783,04	880,92	-	678,56	763,38	-	577,12	649,26
	IV	23.301	685,20	1.864,08	2.097,09	573,34	1.788,88	2.012,49	461,48	1.713,68	1.927,89	349,62	1.638,48	1.843,29	237,76	1.563,28	1.758,69	125,90	1.488,08	1.674,09	14,04	1.412,88	1.589,49
	V	29.474	1.419,78	2.357,92	2.652,66																		
	VI	30.006	1.483,09	2.400,48	2.700,54																		
94.031,99 ***(West)***	I	23.222	675,80	1.857,76	2.089,98	452,08	1.707,36	1.920,78	228,36	1.556,96	1.751,58	4,64	1.406,56	1.582,38	-	1.256,64	1.413,72	-	1.111,60	1.250,55	-	972,80	1.094,40
	II	21.433	462,91	1.714,64	1.928,97	239,19	1.564,24	1.759,77	15,47	1.413,84	1.590,57	-	1.263,76	1.421,73	-	1.118,48	1.258,29	-	979,36	1.101,78	-	846,40	952,20
	III	15.338	-	1.227,04	1.380,42	-	1.110,24	1.249,02	-	996,64	1.121,22	-	886,08	996,84	-	778,56	875,88	-	674,24	758,52	-	572,96	644,58
	IV	23.222	675,80	1.857,76	2.089,98	563,94	1.782,56	2.005,38	452,08	1.707,36	1.920,78	340,22	1.632,16	1.836,18	228,36	1.556,96	1.751,58	116,50	1.481,76	1.666,98	4,64	1.406,56	1.582,38
	V	29.395	1.410,38	2.351,60	2.645,55																		
	VI	29.927	1.473,69	2.394,16	2.693,43																		
94.031,99 ***(Ost)***	I	23.316	686,98	1.865,28	2.098,44	463,26	1.714,88	1.929,24	239,54	1.564,48	1.760,04	15,82	1.414,08	1.590,84	-	1.264,00	1.422,00	-	1.118,72	1.258,56	-	979,60	1.102,05
	II	21.527	474,09	1.722,16	1.937,43	250,37	1.571,76	1.768,23	26,65	1.421,36	1.599,03	-	1.271,20	1.430,10	-	1.125,60	1.266,30	-	986,16	1.109,43	-	852,88	959,49
	III	15.412	-	1.232,96	1.387,08	-	1.116,00	1.255,50	-	1.002,24	1.127,52	-	891,52	1.002,96	-	784,00	882,00	-	679,36	764,28	-	577,92	650,16
	IV	23.316	686,98	1.865,28	2.098,44	575,12	1.790,08	2.013,84	463,26	1.714,88	1.929,24	351,40	1.639,68	1.844,64	239,54	1.564,48	1.760,04	127,68	1.489,28	1.675,44	15,82	1.414,08	1.590,84
	V	29.489	1.421,57	2.359,12	2.654,01																		
	VI	30.021	1.484,88	2.401,68	2.701,89																		
94.067,99 ***(West)***	I	23.237	677,58	1.858,96	2.091,33	453,86	1.708,56	1.922,13	230,14	1.558,16	1.752,93	6,42	1.407,76	1.583,73	-	1.257,84	1.415,07	-	1.112,80	1.251,90	-	973,92	1.095,66
	II	21.448	464,69	1.715,84	1.930,32	240,97	1.565,44	1.761,12	17,25	1.415,04	1.591,92	-	1.264,96	1.423,08	-	1.119,60	1.259,55	-	980,48	1.103,04	-	847,44	953,37
	III	15.350	-	1.228,00	1.381,50	-	1.111,20	1.250,10	-	997,60	1.122,30	-	887,04	997,92	-	779,52	876,96	-	675,04	759,42	-	573,76	645,48
	IV	23.237	677,58	1.858,96	2.091,33	565,72	1.783,76	2.006,73	453,86	1.708,56	1.922,13	342,00	1.633,36	1.837,53	230,14	1.558,16	1.752,93	118,28	1.482,96	1.668,33	6,42	1.407,76	1.583,73
	V	29.410	1.412,17	2.352,80	2.646,90																		
	VI	29.942	1.475,48	2.395,36	2.694,78																		
94.067,99 ***(Ost)***	I	23.331	688,77	1.866,48	2.099,79	465,05	1.716,08	1.930,59	241,33	1.565,68	1.761,39	17,61	1.415,28	1.592,19	-	1.265,20	1.423,35	-	1.119,84	1.259,82	-	980,64	1.103,22
	II	21.542	475,88	1.723,36	1.938,78	252,16	1.572,96	1.769,58	28,44	1.422,56	1.600,38	-	1.272,40	1.431,45	-	1.126,72	1.267,56	-	987,28	1.110,69	-	853,92	960,66
	III	15.424	-	1.233,92	1.388,16	-	1.116,96	1.256,58	-	1.003,20	1.128,60	-	892,48	1.004,04	-	784,80	882,90	-	680,16	765,18	-	578,72	651,06
	IV	23.331	688,77	1.866,48	2.099,79	576,91	1.791,28	2.015,19	465,05	1.716,08	1.930,59	353,19	1.640,88	1.845,99	241,33	1.565,68	1.761,39	129,47	1.490,48	1.676,79	17,61	1.415,28	1.592,19
	V	29.504	1.423,35	2.360,32	2.655,36																		
	VI	30.036	1.486,66	2.402,88	2.703,24																		
94.103,99 ***(West)***	I	23.252	679,37	1.860,16	2.092,68	455,65	1.709,76	1.923,48	231,93	1.559,36	1.754,28	8,33	1.409,04	1.585,17	-	1.259,04	1.416,42	-	1.113,92	1.253,16	-	974,96	1.096,83
	II	21.463	466,48	1.717,04	1.931,67	242,76	1.566,64	1.762,47	19,04	1.416,24	1.593,27	-	1.266,16	1.424,43	-	1.120,80	1.260,90	-	981,52	1.104,21	-	848,48	954,54
	III	15.362	-	1.228,96	1.382,58	-	1.112,16	1.251,18	-	998,40	1.123,20	-	887,84	998,82	-	780,32	877,86	-	675,84	760,32	-	574,56	646,38
	IV	23.252	679,37	1.860,16	2.092,68	567,51	1.784,96	2.008,08	455,65	1.709,76	1.923,48	343,79	1.634,56	1.838,88	231,93	1.559,36	1.754,28	120,19	1.484,24	1.669,77	8,33	1.409,04	1.585,17
	V	29.426	1.414,07	2.354,08	2.648,34																		
	VI	29.957	1.477,26	2.396,56	2.696,13																		
94.103,99 ***(Ost)***	I	23.346	690,55	1.867,68	2.101,14	466,83	1.717,28	1.931,94	243,11	1.566,88	1.762,74	19,39	1.416,48	1.593,54	-	1.266,40	1.424,70	-	1.120,96	1.261,08	-	981,76	1.104,48
	II	21.557	477,66	1.724,56	1.940,13	253,94	1.574,16	1.770,93	30,22	1.423,76	1.601,73	-	1.273,60	1.432,80	-	1.127,84	1.268,82	-	988,32	1.111,86	-	854,96	961,83
	III	15.436	-	1.234,88	1.389,24	-	1.117,92	1.257,66	-	1.004,00	1.129,50	-	893,28	1.004,94	-	785,60	883,80	-	681,12	766,26	-	579,52	651,96
	IV	23.346	690,55	1.867,68	2.101,14	578,69	1.792,48	2.016,54	466,83	1.717,28	1.931,94	354,97	1.642,08	1.847,34	243,11	1.566,88	1.762,74	131,25	1.491,68	1.678,14	19,39	1.416,48	1.593,54
	V	29.519	1.425,14	2.361,52	2.656,71																		
	VI	30.051	1.488,45	2.404,08	2.704,59																		

SolZ/KiSt lt. Tabelle nicht für Sonstige Bezüge anwendbar.

Lohn/ Gehalt bis	Steuerklasse	Lohn-steuer	ohne Kinderfreibetrag			Anzahl Kinderfreibeträge (nur Steuerklassen I–IV)																	
						0,5			1,0			1,5			2,0			2,5			3,0		
			SolZ 5,5%	Kirchensteuer 8%	9%	SolZ 5,5%	Kirchensteuer 8%	9%	SolZ 5,5%	Kirchensteuer 8%	9%	SolZ 5,5%	Kirchensteuer 8%	9%	SolZ 5,5%	Kirchensteuer 8%	9%	SolZ 5,5%	Kirchensteuer 8%	9%	SolZ 5,5%	Kirchensteuer 8%	9%
94.139,99 *(West)*	I	23.267	681,15	1.861,36	2.094,03	457,55	1.711,04	1.924,92	233,83	1.560,64	1.755,72	10,11	1.410,24	1.586,52	-	1.260,24	1.417,77	-	1.115,04	1.254,42	-	976,08	1.098,
	II	21.478	468,26	1.718,24	1.933,02	244,54	1.567,84	1.763,82	20,82	1.417,44	1.594,62	-	1.267,36	1.425,78	-	1.121,92	1.262,16	-	982,64	1.105,47	-	849,52	955,
	III	15.374	-	1.229,92	1.383,66	-	1.113,12	1.252,26	-	999,36	1.124,28	-	888,80	999,90	-	781,12	878,76	-	676,80	761,40	-	575,36	647,
	IV	23.267	681,15	1.861,36	2.094,03	569,29	1.786,16	2.009,43	457,55	1.711,04	1.924,92	345,69	1.635,84	1.840,32	233,83	1.560,64	1.755,72	121,97	1.485,44	1.671,12	10,11	1.410,24	1.586,5
	V	29.441	1.415,86	2.355,28	2.649,69																		
	VI	29.972	1.479,05	2.397,76	2.697,48																		
94.139,99 *(Ost)*	I	23.361	692,34	1.868,88	2.102,49	468,62	1.718,48	1.933,29	244,90	1.568,08	1.764,09	21,18	1.417,68	1.594,89	-	1.267,60	1.426,05	-	1.122,16	1.262,43	-	982,88	1.105,
	II	21.572	479,45	1.725,76	1.941,48	255,73	1.575,36	1.772,28	32,01	1.424,96	1.603,08	-	1.274,80	1.434,15	-	1.129,04	1.270,17	-	989,44	1.113,12	-	856,08	963,
	III	15.448	-	1.235,84	1.390,32	-	1.118,88	1.258,74	-	1.004,96	1.130,58	-	894,24	1.006,02	-	786,56	884,88	-	681,92	767,16	-	580,32	652,8
	IV	23.361	692,34	1.868,88	2.102,49	580,48	1.793,68	2.017,89	468,62	1.718,48	1.933,29	356,76	1.643,28	1.848,69	244,90	1.568,08	1.764,09	133,04	1.492,88	1.679,49	21,18	1.417,68	1.594,8
	V	29.534	1.426,92	2.362,72	2.658,06																		
	VI	30.066	1.490,23	2.405,28	2.705,94																		
94.175,99 *(West)*	I	23.283	683,06	1.862,64	2.095,47	459,34	1.712,24	1.926,27	235,62	1.561,84	1.757,07	11,90	1.411,44	1.587,87	-	1.261,36	1.419,03	-	1.116,24	1.255,77	-	977,20	1.099,3
	II	21.493	470,05	1.719,44	1.934,37	246,33	1.569,04	1.765,17	22,72	1.418,72	1.596,06	-	1.268,56	1.427,13	-	1.123,04	1.263,42	-	983,76	1.106,73	-	850,64	956,9
	III	15.386	-	1.230,88	1.384,74	-	1.113,92	1.253,16	-	1.000,32	1.125,36	-	889,60	1.000,80	-	782,08	879,84	-	677,60	762,30	-	576,16	648,1
	IV	23.283	683,06	1.862,64	2.095,47	571,20	1.787,44	2.010,87	459,34	1.712,24	1.926,27	347,48	1.637,04	1.841,67	235,62	1.561,84	1.757,07	123,76	1.486,64	1.672,47	11,90	1.411,44	1.587,
	V	29.456	1.417,64	2.356,48	2.651,04																		
	VI	29.988	1.480,95	2.399,04	2.698,92																		
94.175,99 *(Ost)*	I	23.376	694,12	1.870,08	2.103,84	470,40	1.719,68	1.934,64	246,68	1.569,28	1.765,44	22,96	1.418,88	1.596,24	-	1.268,80	1.427,40	-	1.123,28	1.263,69	-	983,92	1.106,9
	II	21.587	481,23	1.726,96	1.942,83	257,51	1.576,56	1.773,63	33,79	1.426,16	1.604,43	-	1.276,00	1.435,50	-	1.130,16	1.271,43	-	990,56	1.114,38	-	857,12	964,2
	III	15.460	-	1.236,80	1.391,40	-	1.119,84	1.259,82	-	1.005,92	1.131,66	-	895,04	1.006,92	-	787,36	885,78	-	682,72	768,06	-	581,12	653,7
	IV	23.376	694,12	1.870,08	2.103,84	582,26	1.794,88	2.019,24	470,40	1.719,68	1.934,64	358,54	1.644,48	1.850,04	246,68	1.569,28	1.765,44	134,82	1.494,08	1.680,84	22,96	1.418,88	1.596,2
	V	29.550	1.428,83	2.364,00	2.659,50																		
	VI	30.081	1.492,02	2.406,48	2.707,29																		
94.211,99 *(West)*	I	23.298	684,84	1.863,84	2.096,82	461,12	1.713,44	1.927,62	237,40	1.563,04	1.758,42	13,68	1.412,64	1.589,22	-	1.262,56	1.420,38	-	1.117,36	1.257,03	-	978,24	1.100,5
	II	21.508	471,83	1.720,64	1.935,72	248,23	1.570,32	1.766,61	24,51	1.419,92	1.597,41	-	1.269,76	1.428,48	-	1.124,24	1.264,77	-	984,88	1.107,99	-	851,68	958,1
	III	15.398	-	1.231,84	1.385,82	-	1.114,88	1.254,24	-	1.001,12	1.126,26	-	890,40	1.001,70	-	782,88	880,74	-	678,40	763,20	-	576,96	649,
	IV	23.298	684,84	1.863,84	2.096,82	572,98	1.788,64	2.012,22	461,12	1.713,44	1.927,62	349,26	1.638,24	1.843,02	237,40	1.563,04	1.758,42	125,54	1.487,84	1.673,82	13,68	1.412,64	1.589,2
	V	29.471	1.419,43	2.357,68	2.652,39																		
	VI	30.003	1.482,74	2.400,24	2.700,27																		
94.211,99 *(Ost)*	I	23.391	695,91	1.871,28	2.105,19	472,19	1.720,88	1.935,99	248,47	1.570,48	1.766,79	24,87	1.420,16	1.597,68	-	1.270,00	1.428,75	-	1.124,40	1.264,95	-	985,04	1.108,1
	II	21.602	483,02	1.728,16	1.944,18	259,30	1.577,76	1.774,98	35,58	1.427,36	1.605,78	-	1.277,20	1.436,85	-	1.131,28	1.272,69	-	991,68	1.115,64	-	858,16	965,4
	III	15.472	-	1.237,76	1.392,48	-	1.120,64	1.260,72	-	1.006,72	1.132,56	-	896,00	1.008,00	-	788,16	886,68	-	683,52	768,96	-	581,92	654,6
	IV	23.391	695,91	1.871,28	2.105,19	584,05	1.796,08	2.020,59	472,19	1.720,88	1.935,99	360,33	1.645,68	1.851,39	248,47	1.570,48	1.766,79	136,73	1.495,36	1.682,28	24,87	1.420,16	1.597,6
	V	29.565	1.430,61	2.365,20	2.660,85																		
	VI	30.096	1.493,80	2.407,68	2.708,64																		
94.247,99 *(West)*	I	23.313	686,63	1.865,04	2.098,17	462,91	1.714,64	1.928,97	239,19	1.564,24	1.759,77	15,47	1.413,84	1.590,57	-	1.263,76	1.421,73	-	1.118,48	1.258,29	-	979,36	1.101,7
	II	21.524	473,73	1.721,92	1.937,16	250,01	1.571,52	1.767,96	26,29	1.421,12	1.598,76	-	1.270,96	1.429,83	-	1.125,36	1.266,03	-	985,92	1.109,16	-	852,72	959,3
	III	15.410	-	1.232,80	1.386,90	-	1.115,84	1.255,32	-	1.002,08	1.127,34	-	891,36	1.002,78	-	783,68	881,64	-	679,20	764,10	-	577,76	649,9
	IV	23.313	686,63	1.865,04	2.098,17	574,77	1.789,84	2.013,57	462,91	1.714,64	1.928,97	351,05	1.639,44	1.844,37	239,19	1.564,24	1.759,77	127,33	1.489,04	1.675,17	15,47	1.413,84	1.590,5
	V	29.486	1.421,21	2.358,88	2.653,74																		
	VI	30.018	1.484,52	2.401,44	2.701,62																		
94.247,99 *(Ost)*	I	23.406	697,69	1.872,48	2.106,54	474,09	1.722,16	1.937,43	250,37	1.571,76	1.768,23	26,65	1.421,36	1.599,03	-	1.271,20	1.430,10	-	1.125,60	1.266,30	-	986,16	1.109,4
	II	21.617	484,80	1.729,36	1.945,53	261,08	1.578,96	1.776,33	37,36	1.428,56	1.607,13	-	1.278,40	1.438,20	-	1.132,48	1.274,04	-	992,72	1.116,81	-	859,20	966,6
	III	15.484	-	1.238,72	1.393,56	-	1.121,60	1.261,80	-	1.007,68	1.133,64	-	896,80	1.008,90	-	789,12	887,76	-	684,32	769,86	-	582,72	655,5
	IV	23.406	697,69	1.872,48	2.106,54	585,83	1.797,28	2.021,94	474,09	1.722,16	1.937,43	362,23	1.646,96	1.852,83	250,37	1.571,76	1.768,23	138,51	1.496,56	1.683,63	26,65	1.421,36	1.599,0
	V	29.580	1.432,40	2.366,40	2.662,20																		
	VI	30.111	1.495,59	2.408,88	2.709,99																		
94.283,99 *(West)*	I	23.328	688,41	1.866,24	2.099,52	464,69	1.715,84	1.930,32	240,97	1.565,44	1.761,12	17,25	1.415,04	1.591,92	-	1.264,96	1.423,08	-	1.119,60	1.259,55	-	980,48	1.103,0
	II	21.539	475,52	1.723,12	1.938,51	251,80	1.572,72	1.769,31	28,08	1.422,32	1.600,11	-	1.272,16	1.431,18	-	1.126,48	1.267,29	-	987,04	1.110,42	-	853,76	960,4
	III	15.420	-	1.233,60	1.387,80	-	1.116,80	1.256,40	-	1.003,04	1.128,42	-	892,16	1.003,68	-	784,64	882,72	-	680,00	765,00	-	578,56	650,8
	IV	23.328	688,41	1.866,24	2.099,52	576,55	1.791,04	2.014,92	464,69	1.715,84	1.930,32	352,83	1.640,64	1.845,72	240,97	1.565,44	1.761,12	129,11	1.490,24	1.676,52	17,25	1.415,04	1.591,9
	V	29.501	1.423,00	2.360,08	2.655,09																		
	VI	30.033	1.486,31	2.402,64	2.702,97																		
94.283,99 *(Ost)*	I	23.422	699,60	1.873,76	2.107,98	475,88	1.723,36	1.938,78	252,16	1.572,96	1.769,58	28,44	1.422,56	1.600,38	-	1.272,40	1.431,45	-	1.126,72	1.267,56	-	987,28	1.110,6
	II	21.632	486,59	1.730,56	1.946,88	262,87	1.580,16	1.777,68	39,27	1.429,84	1.608,57	-	1.279,60	1.439,55	-	1.133,60	1.275,30	-	993,84	1.118,07	-	860,24	967,7
	III	15.496	-	1.239,68	1.394,64	-	1.122,56	1.262,88	-	1.008,64	1.134,72	-	897,76	1.009,98	-	789,92	888,66	-	685,12	770,76	-	583,52	656,4
	IV	23.422	699,60	1.873,76	2.107,98	587,74	1.798,56	2.023,38	475,88	1.723,36	1.938,78	364,02	1.648,16	1.854,18	252,16	1.572,96	1.769,58	140,30	1.497,76	1.684,98	28,44	1.422,56	1.600,3
	V	29.595	1.434,18	2.367,60	2.663,55																		
	VI	30.127	1.497,49	2.410,16	2.711,43																		
94.319,99 *(West)*	I	23.343	690,20	1.867,44	2.100,87	466,48	1.717,04	1.931,67	242,76	1.566,64	1.762,47	19,04	1.416,24	1.593,27	-	1.266,16	1.424,43	-	1.120,80	1.260,90	-	981,52	1.104,2
	II	21.554	477,30	1.724,32	1.939,86	253,58	1.573,92	1.770,66	29,86	1.423,52	1.601,46	-	1.273,36	1.432,53	-	1.127,68	1.268,64	-	988,16	1.111,68	-	854,80	961,6
	III	15.432	-	1.234,56	1.388,88	-	1.117,76	1.257,48	-	1.003,84	1.129,32	-	893,12	1.004,76	-	785,44	883,62	-	680,80	765,90	-	579,36	651,7
	IV	23.343	690,20	1.867,44	2.100,87	578,34	1.792,24	2.016,27	466,48	1.717,04	1.931,67	354,62	1.641,84	1.847,07	242,76	1.566,64	1.762,47	130,90	1.491,44	1.677,87	19,04	1.416,24	1.593,2
	V	29.516	1.424,78	2.361,28	2.656,44																		
	VI	30.048	1.488,09	2.403,84	2.704,32																		
94.319,99 *(Ost)*	I	23.437	701,38	1.874,96	2.109,33	477,66	1.724,56	1.940,13	253,94	1.574,16	1.770,93	30,22	1.423,76	1.601,73	-	1.273,60	1.432,80	-	1.127,84	1.268,82	-	988,32	1.111,8
	II	21.647	488,37	1.731,76	1.948,23	264,77	1.581,44	1.779,12	41,05	1.431,04	1.609,92	-	1.280,80	1.440,90	-	1.134,80	1.276,65	-	994,96	1.119,33	-	861,28	968,9
	III	15.508	-	1.240,64	1.395,72	-	1.123,52	1.263,96	-	1.009,44	1.135,62	-	898,56	1.010,88	-	790,72	889,56	-	686,08	771,84	-	584,32	657,3
	IV	23.437	701,38	1.874,96	2.109,33	589,52	1.799,76	2.024,73	477,66	1.724,56	1.940,13	365,80	1.649,36	1.855,53	253,94	1.574,16	1.770,93	142,08	1.498,96	1.686,33	30,22	1.423,76	1.601,7
	V	29.610	1.435,97	2.368,80	2.664,90																		
	VI	30.142	1.499,28	2.411,36	2.712,78																		
94.355,99 *(West)*	I	23.358	691,98	1.868,64	2.102,22	468,26	1.718,24	1.933,02	244,54	1.567,84	1.763,82	20,82	1.417,44	1.594,62	-	1.267,36	1.425,78	-	1.121,92	1.262,16	-	982,64	1.105,4
	II	21.569	479,09	1.725,52	1.941,21	255,37	1.575,12	1.772,01	31,65	1.424,72	1.602,81	-	1.274,56	1.433,88	-	1.128,80	1.269,90	-	989,20	1.112,85	-	855,84	962,8
	III	15.444	-	1.235,52	1.389,96	-	1.118,56	1.258,38	-	1.004,80	1.130,40	-	893,92	1.005,66	-	786,24	884,52	-	681,76	766,98	-	580,16	652,6
	IV	23.358	691,98	1.868,64	2.102,22	580,12	1.793,44	2.017,62	468,26	1.718,24	1.933,02	356,40	1.643,04	1.848,42	244,54	1.567,84	1.763,82	132,68	1.492,64	1.679,22	20,82	1.417,44	1.594,6
	V	29.531	1.426,57	2.362,48	2.657,79																		
	VI	30.063	1.489,88	2.405,04	2.705,67																		
94.355,99 *(Ost)*	I	23.452	703,17	1.876,16	2.110,68	479,45	1.725,76	1.941,48	255,73	1.575,36	1.772,28	32,01	1.424,96	1.603,08	-	1.274,80	1.434,15	-	1.129,04	1.270,17	-	989,44	1.113,1
	II	21.663	490,28	1.733,04	1.949,67	266,56	1.582,64	1.780,47	42,84	1.432,24	1.611,27	-	1.282,00	1.442,25	-	1.135,92	1.277,91	-	996,00	1.120,50	-	862,32	970,1
	III	15.518	-	1.241,44	1.396,62	-	1.124,48	1.265,04	-	1.010,40	1.136,70	-	899,52	1.011,96	-	791,68	890,64	-	686,88	772,74	-	585,12	658,2
	IV	23.452	703,17	1.876,16	2.110,68	591,31	1.800,96	2.026,08	479,45	1.725,76	1.941,48	367,59	1.650,56	1.856,88	255,73	1.575,36	1.772,28	143,87	1.500,16	1.687,68	32,01	1.424,96	1.603,0
	V	29.625	1.437,75	2.370,00	2.666,25																		
	VI	30.157	1.501,06	2.412,56	2.714,13																		

SolZ/KiSt lt. Tabelle nicht für Sonstige Bezüge anwendbar.

Lohn/ Gehalt bis	Steuerklasse	Lohn- steuer	ohne Kinderfreibetrag SolZ 5,5%	Kirchensteuer 8%	9%	0,5 SolZ 5,5%	Kirchensteuer 8%	9%	1,0 SolZ 5,5%	Kirchensteuer 8%	9%	1,5 SolZ 5,5%	Kirchensteuer 8%	9%	2,0 SolZ 5,5%	Kirchensteuer 8%	9%	2,5 SolZ 5,5%	Kirchensteuer 8%	9%	3,0 SolZ 5,5%	Kirchensteuer 8%	9%
						Anzahl Kinderfreibeträge (nur Steuerklassen I–IV)																	
94.391,99 (West)	I	23.373	693,77	1.869,84	2.103,57	470,05	1.719,44	1.934,37	246,33	1.569,04	1.765,17	22,72	1.418,72	1.596,06	-	1.268,56	1.427,13	-	1.123,04	1.263,42	-	983,76	1.106,73
	II	21.584	480,87	1.726,72	1.942,56	257,15	1.576,32	1.773,36	33,43	1.425,92	1.604,16	-	1.275,76	1.435,23	-	1.129,92	1.271,16	-	990,32	1.114,11	-	856,88	963,99
	III	15.456	-	1.236,48	1.391,04	-	1.119,52	1.259,46	-	1.005,60	1.131,30	-	894,88	1.006,74	-	787,20	885,60	-	682,56	767,88	-	580,96	653,58
	IV	23.373	693,77	1.869,84	2.103,57	581,91	1.794,64	2.018,97	470,05	1.719,44	1.934,37	358,19	1.644,24	1.849,77	246,33	1.569,04	1.765,17	134,47	1.493,84	1.680,57	22,72	1.418,72	1.596,06
	V	29.547	1.428,47	2.363,76	2.659,23																		
	VI	30.078	1.491,66	2.406,24	2.707,02																		
94.391,99 (Ost)	I	23.467	704,95	1.877,36	2.112,03	481,23	1.726,96	1.942,83	257,51	1.576,56	1.773,63	33,79	1.426,16	1.604,43	-	1.276,00	1.435,50	-	1.130,16	1.271,43	-	990,56	1.114,38
	II	21.678	492,06	1.734,24	1.951,02	268,34	1.583,84	1.781,82	44,62	1.433,44	1.612,62	-	1.283,20	1.443,60	-	1.137,04	1.279,17	-	997,12	1.121,76	-	863,36	971,28
	III	15.530	-	1.242,40	1.397,70	-	1.125,28	1.265,94	-	1.011,36	1.137,78	-	900,32	1.012,86	-	792,48	891,54	-	687,68	773,64	-	585,92	659,16
	IV	23.467	704,95	1.877,36	2.112,03	593,09	1.802,16	2.027,43	481,23	1.726,96	1.942,83	369,37	1.651,76	1.858,23	257,51	1.576,56	1.773,63	145,65	1.501,36	1.689,03	33,79	1.426,16	1.604,43
	V	29.640	1.439,54	2.371,20	2.667,60																		
	VI	30.172	1.502,85	2.413,76	2.715,48																		
94.427,99 (West)	I	23.388	695,55	1.871,04	2.104,92	471,83	1.720,64	1.935,72	248,23	1.570,32	1.766,61	24,51	1.419,92	1.597,41	-	1.269,76	1.428,48	-	1.124,24	1.264,77	-	984,88	1.107,99
	II	21.599	482,66	1.727,92	1.943,91	258,94	1.577,52	1.774,71	35,22	1.427,12	1.605,51	-	1.276,96	1.436,58	-	1.131,12	1.272,51	-	991,44	1.115,37	-	857,92	965,16
	III	15.468	-	1.237,44	1.392,12	-	1.120,48	1.260,54	-	1.006,56	1.132,38	-	895,68	1.007,64	-	788,00	886,50	-	683,36	768,78	-	581,76	654,48
	IV	23.388	695,55	1.871,04	2.104,92	583,69	1.795,84	2.020,32	471,83	1.720,64	1.935,72	360,09	1.645,52	1.851,21	248,23	1.570,32	1.766,61	136,37	1.495,12	1.682,01	24,51	1.419,92	1.597,41
	V	29.562	1.430,26	2.364,96	2.660,58																		
	VI	30.093	1.493,45	2.407,44	2.708,37																		
94.427,99 (Ost)	I	23.482	706,74	1.878,56	2.113,38	483,02	1.728,16	1.944,18	259,30	1.577,76	1.774,98	35,58	1.427,36	1.605,78	-	1.277,20	1.436,85	-	1.131,28	1.272,69	-	991,68	1.115,64
	II	21.693	493,85	1.735,44	1.952,37	270,13	1.585,04	1.783,17	46,41	1.434,64	1.613,97	-	1.284,40	1.444,95	-	1.138,24	1.280,52	-	998,24	1.123,02	-	864,40	972,45
	III	15.542	-	1.243,36	1.398,78	-	1.126,24	1.267,02	-	1.012,16	1.138,68	-	901,28	1.013,94	-	793,28	892,44	-	688,48	774,54	-	586,72	660,06
	IV	23.482	706,74	1.878,56	2.113,38	594,88	1.803,36	2.028,78	483,02	1.728,16	1.944,18	371,16	1.652,96	1.859,58	259,30	1.577,76	1.774,98	147,44	1.502,56	1.690,38	35,58	1.427,36	1.605,78
	V	29.655	1.441,32	2.372,40	2.668,95																		
	VI	30.187	1.504,63	2.414,96	2.716,83																		
94.463,99 (West)	I	23.404	697,45	1.872,32	2.106,36	473,73	1.721,92	1.937,16	250,01	1.571,52	1.767,96	26,29	1.421,12	1.598,76	-	1.270,96	1.429,83	-	1.125,36	1.266,03	-	985,92	1.109,16
	II	21.614	484,44	1.729,12	1.945,26	260,72	1.578,72	1.776,06	37,00	1.428,32	1.606,86	-	1.278,16	1.437,93	-	1.132,24	1.273,77	-	992,56	1.116,63	-	858,96	966,33
	III	15.480	-	1.238,40	1.393,20	-	1.121,44	1.261,62	-	1.007,52	1.133,46	-	896,64	1.008,72	-	788,80	887,40	-	684,16	769,68	-	582,56	655,38
	IV	23.404	697,45	1.872,32	2.106,36	585,59	1.797,12	2.021,76	473,73	1.721,92	1.937,16	361,87	1.646,72	1.852,56	250,01	1.571,52	1.767,96	138,15	1.496,32	1.683,36	26,29	1.421,12	1.598,76
	V	29.577	1.432,04	2.366,16	2.661,93																		
	VI	30.109	1.495,35	2.408,72	2.709,81																		
94.463,99 (Ost)	I	23.497	708,52	1.879,76	2.114,73	484,80	1.729,36	1.945,53	261,08	1.578,96	1.776,33	37,36	1.428,56	1.607,13	-	1.278,40	1.438,20	-	1.132,48	1.274,04	-	992,72	1.116,81
	II	21.708	495,63	1.736,64	1.953,72	271,91	1.586,24	1.784,52	48,19	1.435,84	1.615,32	-	1.285,60	1.446,30	-	1.139,36	1.281,78	-	999,36	1.124,28	-	865,52	973,71
	III	15.554	-	1.244,32	1.399,86	-	1.127,20	1.268,10	-	1.013,12	1.139,76	-	902,08	1.014,84	-	794,24	893,52	-	689,28	775,44	-	587,68	661,14
	IV	23.497	708,52	1.879,76	2.114,73	596,66	1.804,56	2.030,13	484,80	1.729,36	1.945,53	372,94	1.654,16	1.860,93	261,08	1.578,96	1.776,33	149,22	1.503,76	1.691,73	37,36	1.428,56	1.607,13
	V	29.670	1.443,11	2.373,60	2.670,30																		
	VI	30.202	1.506,42	2.416,16	2.718,18																		
94.499,99 (West)	I	23.419	699,24	1.873,52	2.107,71	475,52	1.723,12	1.938,51	251,80	1.572,72	1.769,31	28,08	1.422,32	1.600,11	-	1.272,16	1.431,18	-	1.126,48	1.267,29	-	987,04	1.110,42
	II	21.629	486,23	1.730,32	1.946,61	262,63	1.580,00	1.777,50	38,91	1.429,60	1.608,30	-	1.279,36	1.439,28	-	1.133,36	1.275,03	-	993,60	1.117,80	-	860,00	967,50
	III	15.492	-	1.239,36	1.394,28	-	1.122,40	1.262,70	-	1.008,32	1.134,36	-	897,44	1.009,62	-	789,76	888,48	-	684,96	770,58	-	583,36	656,28
	IV	23.419	699,24	1.873,52	2.107,71	587,38	1.798,32	2.023,11	475,52	1.723,12	1.938,51	363,66	1.647,92	1.853,91	251,80	1.572,72	1.769,31	139,94	1.497,52	1.684,71	28,08	1.422,32	1.600,11
	V	29.592	1.433,83	2.367,36	2.663,28																		
	VI	30.124	1.497,13	2.409,92	2.711,16																		
94.499,99 (Ost)	I	23.512	710,31	1.880,96	2.116,08	486,59	1.730,56	1.946,88	262,87	1.580,16	1.777,68	39,27	1.429,84	1.608,57	-	1.279,60	1.439,55	-	1.133,60	1.275,30	-	993,84	1.118,07
	II	21.723	497,42	1.737,84	1.955,07	273,70	1.587,44	1.785,87	49,98	1.437,04	1.616,67	-	1.286,80	1.447,65	-	1.140,48	1.283,04	-	1.000,48	1.125,54	-	866,56	974,88
	III	15.566	-	1.245,28	1.400,94	-	1.128,16	1.269,18	-	1.014,08	1.140,84	-	903,04	1.015,92	-	795,04	894,42	-	690,24	776,52	-	588,48	662,04
	IV	23.512	710,31	1.880,96	2.116,08	598,45	1.805,76	2.031,48	486,59	1.730,56	1.946,88	374,73	1.655,36	1.862,28	262,87	1.580,16	1.777,68	151,01	1.504,96	1.693,08	39,27	1.429,84	1.608,57
	V	29.686	1.445,01	2.374,88	2.671,74																		
	VI	30.217	1.508,20	2.417,36	2.719,53																		
94.535,99 (West)	I	23.434	701,02	1.874,72	2.109,06	477,30	1.724,32	1.939,86	253,58	1.573,92	1.770,66	29,86	1.423,52	1.601,46	-	1.273,36	1.432,53	-	1.127,68	1.268,64	-	988,16	1.111,68
	II	21.645	488,13	1.731,60	1.948,05	264,41	1.581,20	1.778,85	40,69	1.430,80	1.609,65	-	1.280,56	1.440,63	-	1.134,56	1.276,38	-	994,72	1.119,06	-	861,12	968,76
	III	15.504	-	1.240,32	1.395,36	-	1.123,20	1.263,60	-	1.009,28	1.135,44	-	898,40	1.010,70	-	790,56	889,38	-	685,92	771,66	-	584,16	657,18
	IV	23.434	701,02	1.874,72	2.109,06	589,16	1.799,52	2.024,46	477,30	1.724,32	1.939,86	365,44	1.649,12	1.855,26	253,58	1.573,92	1.770,66	141,72	1.498,72	1.686,06	29,86	1.423,52	1.601,46
	V	29.607	1.435,61	2.368,56	2.664,63																		
	VI	30.139	1.498,92	2.411,12	2.712,51																		
94.535,99 (Ost)	I	23.527	712,09	1.882,16	2.117,43	488,37	1.731,76	1.948,23	264,77	1.581,44	1.779,12	41,05	1.431,04	1.609,92	-	1.280,80	1.440,90	-	1.134,80	1.276,65	-	994,96	1.119,33
	II	21.738	499,20	1.739,04	1.956,42	275,48	1.588,64	1.787,22	51,76	1.438,24	1.618,02	-	1.288,00	1.449,00	-	1.141,68	1.284,39	-	1.001,52	1.126,71	-	867,60	976,05
	III	15.578	-	1.246,24	1.402,02	-	1.129,12	1.270,26	-	1.014,88	1.141,74	-	903,84	1.016,82	-	795,84	895,32	-	691,04	777,42	-	589,28	662,94
	IV	23.527	712,09	1.882,16	2.117,43	600,23	1.806,96	2.032,83	488,37	1.731,76	1.948,23	376,63	1.656,64	1.863,72	264,77	1.581,44	1.779,12	152,91	1.506,24	1.694,52	41,05	1.431,04	1.609,92
	V	29.701	1.446,80	2.376,08	2.673,09																		
	VI	30.232	1.509,99	2.418,56	2.720,88																		
94.571,99 (West)	I	23.449	702,81	1.875,92	2.110,41	479,09	1.725,52	1.941,21	255,37	1.575,12	1.772,01	31,65	1.424,72	1.602,81	-	1.274,56	1.433,88	-	1.128,80	1.269,90	-	989,20	1.112,85
	II	21.660	489,92	1.732,80	1.949,40	266,20	1.582,40	1.780,20	42,48	1.432,00	1.611,00	-	1.281,76	1.441,98	-	1.135,68	1.277,64	-	995,84	1.120,32	-	862,16	969,93
	III	15.516	-	1.241,28	1.396,44	-	1.124,16	1.264,68	-	1.010,24	1.136,52	-	899,20	1.011,60	-	791,36	890,28	-	686,72	772,56	-	584,96	658,08
	IV	23.449	702,81	1.875,92	2.110,41	590,95	1.800,72	2.025,81	479,09	1.725,52	1.941,21	367,23	1.650,32	1.856,61	255,37	1.575,12	1.772,01	143,51	1.499,92	1.687,41	31,65	1.424,72	1.602,81
	V	29.622	1.437,40	2.369,76	2.665,98																		
	VI	30.154	1.500,70	2.412,32	2.713,86																		
94.571,99 (Ost)	I	23.543	714,00	1.883,44	2.118,87	490,28	1.733,04	1.949,67	266,56	1.582,64	1.780,47	42,84	1.432,24	1.611,27	-	1.282,00	1.442,25	-	1.135,92	1.277,91	-	996,00	1.120,50
	II	21.753	500,99	1.740,24	1.957,77	277,27	1.589,84	1.788,57	53,55	1.439,44	1.619,37	-	1.289,20	1.450,35	-	1.142,80	1.285,65	-	1.002,64	1.127,97	-	868,64	977,22
	III	15.590	-	1.247,20	1.403,10	-	1.129,92	1.271,16	-	1.015,84	1.142,82	-	904,80	1.017,90	-	796,80	896,40	-	691,84	778,32	-	590,08	663,84
	IV	23.543	714,00	1.883,44	2.118,87	602,14	1.808,24	2.034,27	490,28	1.733,04	1.949,67	378,42	1.657,84	1.865,07	266,56	1.582,64	1.780,47	154,70	1.507,44	1.695,87	42,84	1.432,24	1.611,27
	V	29.716	1.448,58	2.377,28	2.674,44																		
	VI	30.248	1.511,89	2.419,84	2.722,32																		
94.607,99 (West)	I	23.464	704,59	1.877,12	2.111,76	480,87	1.726,72	1.942,56	257,15	1.576,32	1.773,36	33,43	1.425,92	1.604,16	-	1.275,76	1.435,23	-	1.129,92	1.271,16	-	990,32	1.114,11
	II	21.675	491,70	1.734,00	1.950,75	267,98	1.583,60	1.781,55	44,26	1.433,20	1.612,35	-	1.282,96	1.443,33	-	1.136,80	1.278,90	-	996,96	1.121,58	-	863,20	971,10
	III	15.528	-	1.242,24	1.397,52	-	1.125,12	1.265,76	-	1.011,04	1.137,42	-	900,16	1.012,68	-	792,32	891,36	-	687,52	773,46	-	585,76	658,98
	IV	23.464	704,59	1.877,12	2.111,76	592,73	1.801,92	2.027,16	480,87	1.726,72	1.942,56	369,01	1.651,52	1.857,96	257,15	1.576,32	1.773,36	145,29	1.501,12	1.688,76	33,43	1.425,92	1.604,16
	V	29.637	1.439,18	2.370,96	2.667,33																		
	VI	30.169	1.502,49	2.413,52	2.715,21																		
94.607,99 (Ost)	I	23.558	715,78	1.884,64	2.120,22	492,06	1.734,24	1.951,02	268,34	1.583,84	1.781,82	44,62	1.433,44	1.612,62	-	1.283,20	1.443,60	-	1.137,04	1.279,17	-	997,12	1.121,76
	II	21.768	502,77	1.741,44	1.959,12	279,17	1.591,12	1.790,01	55,45	1.440,72	1.620,81	-	1.290,40	1.451,70	-	1.144,00	1.287,00	-	1.003,76	1.129,23	-	869,68	978,39
	III	15.602	-	1.248,16	1.404,18	-	1.130,88	1.272,24	-	1.016,80	1.143,90	-	905,60	1.018,80	-	797,60	897,30	-	692,64	779,22	-	590,88	664,74
	IV	23.558	715,78	1.884,64	2.120,22	603,92	1.809,44	2.035,62	492,06	1.734,24	1.951,02	380,20	1.659,04	1.866,42	268,34	1.583,84	1.781,82	156,48	1.508,64	1.697,22	44,62	1.433,44	1.612,62
	V	29.731	1.450,37	2.378,48	2.675,79																		
	VI	30.263	1.513,68	2.421,04	2.723,67																		

SolZ/KiSt lt. Tabelle nicht für Sonstige Bezüge anwendbar.

Lohn/ Gehalt bis	Steuerklasse	Lohn-steuer	ohne Kinderfreibetrag			Anzahl Kinderfreibeträge (nur Steuerklassen I–IV)																	
						0,5			1,0			1,5			2,0			2,5			3,0		
			SolZ 5,5%	Kirchensteuer 8%	9%	SolZ 5,5%	Kirchensteuer 8%	9%	SolZ 5,5%	Kirchensteuer 8%	9%	SolZ 5,5%	Kirchensteuer 8%	9%	SolZ 5,5%	Kirchensteuer 8%	9%	SolZ 5,5%	Kirchensteuer 8%	9%	SolZ 5,5%	Kirchensteuer 8%	9%
94.643,99 (West)	I	23.479	706,38	1.878,32	2.113,11	482,66	1.727,92	1.943,91	258,94	1.577,52	1.774,71	35,22	1.427,12	1.605,51	–	1.276,96	1.436,58	–	1.131,12	1.272,51	–	991,44	1.115,
	II	21.690	493,49	1.735,20	1.952,10	269,77	1.584,80	1.782,90	46,05	1.434,40	1.613,70	–	1.284,16	1.444,68	–	1.138,00	1.280,25	–	998,00	1.122,75	–	864,24	972,
	III	15.540	–	1.243,20	1.398,60	–	1.126,08	1.266,84	–	1.012,00	1.138,50	–	900,96	1.013,58	–	793,12	892,26	–	688,32	774,36	–	586,56	659,
	IV	23.479	706,38	1.878,32	2.113,11	594,52	1.803,12	2.028,51	482,66	1.727,92	1.943,91	370,80	1.652,72	1.859,31	258,94	1.577,52	1.774,71	147,08	1.502,32	1.690,11	35,22	1.427,12	1.605,
	V	29.652	1.440,97	2.372,16	2.668,68																		
	VI	30.184	1.504,27	2.414,72	2.716,56																		
94.643,99 (Ost)	I	23.573	717,57	1.885,84	2.121,57	493,85	1.735,44	1.952,37	270,13	1.585,04	1.783,17	46,41	1.434,64	1.613,97	–	1.284,40	1.444,95	–	1.138,24	1.280,52	–	998,24	1.123,
	II	21.784	504,67	1.742,72	1.960,56	280,95	1.592,32	1.791,36	57,23	1.441,92	1.622,16	–	1.291,60	1.453,05	–	1.145,12	1.288,26	–	1.004,88	1.130,49	–	870,72	979,
	III	15.614	–	1.249,12	1.405,26	–	1.131,84	1.273,32	–	1.017,60	1.144,80	–	906,56	1.019,88	–	798,40	898,20	–	693,44	780,12	–	591,68	665,
	IV	23.573	717,57	1.885,84	2.121,57	605,71	1.810,64	2.036,97	493,85	1.735,44	1.952,37	381,99	1.660,24	1.867,77	270,13	1.585,04	1.783,17	158,27	1.509,84	1.698,57	46,41	1.434,64	1.613,
	V	29.746	1.452,15	2.379,68	2.677,14																		
	VI	30.278	1.515,46	2.422,24	2.725,02																		
94.679,99 (West)	I	23.494	708,16	1.879,52	2.114,46	484,44	1.729,12	1.945,26	260,72	1.578,72	1.776,06	37,00	1.428,32	1.606,86	–	1.278,16	1.437,93	–	1.132,24	1.273,77	–	992,56	1.116,
	II	21.705	495,27	1.736,40	1.953,45	271,55	1.586,00	1.784,25	47,83	1.435,60	1.615,05	–	1.285,36	1.446,03	–	1.139,12	1.281,51	–	999,12	1.124,01	–	865,28	973,
	III	15.552	–	1.244,16	1.399,68	–	1.127,04	1.267,92	–	1.012,96	1.139,58	–	901,92	1.014,66	–	793,92	893,16	–	689,12	775,26	–	587,36	660,
	IV	23.494	708,16	1.879,52	2.114,46	596,30	1.804,32	2.029,86	484,44	1.729,12	1.945,26	372,58	1.653,92	1.860,66	260,72	1.578,72	1.776,06	148,86	1.503,52	1.691,46	37,00	1.428,32	1.606,
	V	29.668	1.442,87	2.373,44	2.670,12																		
	VI	30.199	1.506,06	2.415,92	2.717,91																		
94.679,99 (Ost)	I	23.588	719,35	1.887,04	2.122,92	495,63	1.736,64	1.953,72	271,91	1.586,24	1.784,52	48,19	1.435,84	1.615,32	–	1.285,60	1.446,30	–	1.139,36	1.281,78	–	999,36	1.124,
	II	21.799	506,46	1.743,92	1.961,91	282,74	1.593,52	1.792,71	59,02	1.443,12	1.623,51	–	1.292,80	1.454,40	–	1.146,24	1.289,52	–	1.005,92	1.131,66	–	871,84	980,
	III	15.626	–	1.250,08	1.406,34	–	1.132,80	1.274,40	–	1.018,56	1.145,88	–	907,36	1.020,78	–	799,36	899,28	–	694,40	781,20	–	592,48	666,
	IV	23.588	719,35	1.887,04	2.122,92	607,49	1.811,84	2.038,32	495,63	1.736,64	1.953,72	383,77	1.661,44	1.869,12	271,91	1.586,24	1.784,52	160,05	1.511,04	1.699,92	48,19	1.435,84	1.615,
	V	29.761	1.453,94	2.380,88	2.678,49																		
	VI	30.293	1.517,25	2.423,44	2.726,37																		
94.715,99 (West)	I	23.509	709,95	1.880,72	2.115,81	486,23	1.730,32	1.946,61	262,63	1.580,00	1.777,50	38,91	1.429,60	1.608,30	–	1.279,36	1.439,28	–	1.133,36	1.275,03	–	993,60	1.117,
	II	21.720	497,06	1.737,60	1.954,80	273,34	1.587,20	1.785,60	49,62	1.436,80	1.616,40	–	1.286,56	1.447,38	–	1.140,32	1.282,86	–	1.000,24	1.125,27	–	866,32	974,
	III	15.564	–	1.245,12	1.400,76	–	1.128,00	1.269,00	–	1.013,76	1.140,48	–	902,72	1.015,56	–	794,88	894,24	–	689,92	776,16	–	588,16	661,
	IV	23.509	709,95	1.880,72	2.115,81	598,09	1.805,52	2.031,21	486,23	1.730,32	1.946,61	374,37	1.655,12	1.862,01	262,63	1.580,00	1.777,50	150,77	1.504,80	1.692,90	38,91	1.429,60	1.608,
	V	29.683	1.444,66	2.374,64	2.671,47																		
	VI	30.214	1.507,84	2.417,12	2.719,26																		
94.715,99 (Ost)	I	23.603	721,14	1.888,24	2.124,27	497,42	1.737,84	1.955,07	273,70	1.587,44	1.785,87	49,98	1.437,04	1.616,67	–	1.286,80	1.447,65	–	1.140,48	1.283,04	–	1.000,48	1.125,
	II	21.814	508,24	1.745,12	1.963,26	284,52	1.594,72	1.794,06	60,80	1.444,32	1.624,86	–	1.294,00	1.455,75	–	1.147,44	1.290,87	–	1.007,04	1.132,92	–	872,88	981,
	III	15.638	–	1.251,04	1.407,42	–	1.133,76	1.275,48	–	1.019,52	1.146,96	–	908,32	1.021,86	–	800,16	900,18	–	695,20	782,10	–	593,28	667,
	IV	23.603	721,14	1.888,24	2.124,27	609,28	1.813,04	2.039,67	497,42	1.737,84	1.955,07	385,56	1.662,64	1.870,47	273,70	1.587,44	1.785,87	161,84	1.512,24	1.701,27	49,98	1.437,04	1.616,
	V	29.776	1.455,72	2.382,08	2.679,84																		
	VI	30.308	1.519,03	2.424,64	2.727,72																		
94.751,99 (West)	I	23.524	711,73	1.881,92	2.117,16	488,13	1.731,60	1.948,05	264,41	1.581,20	1.778,85	40,69	1.430,80	1.609,65	–	1.280,56	1.440,63	–	1.134,56	1.276,38	–	994,72	1.119,
	II	21.735	498,84	1.738,80	1.956,15	275,12	1.588,40	1.786,95	51,40	1.438,00	1.617,75	–	1.287,76	1.448,73	–	1.141,44	1.284,12	–	1.001,36	1.126,53	–	867,36	975,
	III	15.576	–	1.246,08	1.401,84	–	1.128,80	1.269,90	–	1.014,72	1.141,56	–	903,68	1.016,64	–	795,68	895,14	–	690,88	777,24	–	588,96	662,
	IV	23.524	711,73	1.881,92	2.117,16	599,99	1.806,80	2.032,65	488,13	1.731,60	1.948,05	376,27	1.656,40	1.863,45	264,41	1.581,20	1.778,85	152,55	1.506,00	1.694,25	40,69	1.430,80	1.609,
	V	29.698	1.446,44	2.375,84	2.672,82																		
	VI	30.229	1.509,63	2.418,32	2.720,61																		
94.751,99 (Ost)	I	23.618	722,92	1.889,44	2.125,62	499,20	1.739,04	1.956,42	275,48	1.588,64	1.787,22	51,76	1.438,24	1.618,02	–	1.288,00	1.449,00	–	1.141,68	1.284,39	–	1.001,52	1.126,
	II	21.829	510,03	1.746,32	1.964,61	286,31	1.595,92	1.795,41	62,59	1.445,52	1.626,21	–	1.295,20	1.457,10	–	1.148,56	1.292,13	–	1.008,16	1.134,18	–	873,92	983,
	III	15.650	–	1.252,00	1.408,50	–	1.134,72	1.276,56	–	1.020,32	1.147,86	–	909,12	1.022,76	–	800,96	901,08	–	696,00	783,00	–	594,08	668,
	IV	23.618	722,92	1.889,44	2.125,62	611,06	1.814,24	2.041,02	499,20	1.739,04	1.956,42	387,34	1.663,84	1.871,82	275,48	1.588,64	1.787,22	163,62	1.513,44	1.702,62	51,76	1.438,24	1.618,
	V	29.791	1.457,51	2.383,28	2.681,19																		
	VI	30.323	1.520,82	2.425,84	2.729,07																		
94.787,99 (West)	I	23.540	713,64	1.883,20	2.118,60	489,92	1.732,80	1.949,40	266,20	1.582,40	1.780,20	42,48	1.432,00	1.611,00	–	1.281,76	1.441,98	–	1.135,68	1.277,64	–	995,84	1.120,
	II	21.750	500,63	1.740,00	1.957,50	276,91	1.589,60	1.788,30	53,31	1.439,28	1.619,19	–	1.288,96	1.450,08	–	1.142,56	1.285,38	–	1.002,40	1.127,70	–	868,48	977,
	III	15.588	–	1.247,04	1.402,92	–	1.129,76	1.270,98	–	1.015,68	1.142,64	–	904,48	1.017,54	–	796,64	896,22	–	691,68	778,14	–	589,92	663,
	IV	23.540	713,64	1.883,20	2.118,60	601,78	1.808,00	2.034,00	489,92	1.732,80	1.949,40	378,06	1.657,60	1.864,80	266,20	1.582,40	1.780,20	154,34	1.507,20	1.695,60	42,48	1.432,00	1.611,
	V	29.713	1.448,23	2.377,04	2.674,17																		
	VI	30.245	1.511,53	2.419,60	2.722,05																		
94.787,99 (Ost)	I	23.633	724,71	1.890,64	2.126,97	500,99	1.740,24	1.957,77	277,27	1.589,84	1.788,57	53,55	1.439,44	1.619,37	–	1.289,20	1.450,35	–	1.142,80	1.285,65	–	1.002,64	1.127,
	II	21.844	511,81	1.747,52	1.965,96	288,09	1.597,12	1.796,76	64,37	1.446,72	1.627,56	–	1.296,40	1.458,45	–	1.149,76	1.293,48	–	1.009,28	1.135,44	–	874,96	984,
	III	15.662	–	1.252,96	1.409,58	–	1.135,52	1.277,46	–	1.021,28	1.148,94	–	910,08	1.023,84	–	801,92	902,16	–	696,80	783,90	–	594,88	669,
	IV	23.633	724,71	1.890,64	2.126,97	612,85	1.815,44	2.042,37	500,99	1.740,24	1.957,77	389,13	1.665,04	1.873,17	277,27	1.589,84	1.788,57	165,41	1.514,64	1.703,97	53,55	1.439,44	1.619,
	V	29.807	1.459,41	2.384,56	2.682,63																		
	VI	30.338	1.522,60	2.427,04	2.730,42																		
94.823,99 (West)	I	23.555	715,42	1.884,40	2.119,95	491,70	1.734,00	1.950,75	267,98	1.583,60	1.781,55	44,26	1.433,20	1.612,35	–	1.282,96	1.443,33	–	1.136,80	1.278,90	–	996,96	1.121,5
	II	21.766	502,53	1.741,28	1.958,94	278,81	1.590,88	1.789,74	55,09	1.440,48	1.620,54	–	1.290,16	1.451,43	–	1.143,76	1.286,73	–	1.003,52	1.128,96	–	869,52	978,2
	III	15.600	–	1.248,00	1.404,00	–	1.130,72	1.272,06	–	1.016,48	1.143,54	–	905,44	1.018,62	–	797,44	897,12	–	692,48	779,04	–	590,72	664,5
	IV	23.555	715,42	1.884,40	2.119,95	603,56	1.809,20	2.035,35	491,70	1.734,00	1.950,75	379,84	1.658,80	1.866,15	267,98	1.583,60	1.781,55	156,12	1.508,40	1.696,95	44,26	1.433,20	1.612,3
	V	29.728	1.450,01	2.378,24	2.675,52																		
	VI	30.260	1.513,32	2.420,80	2.723,40																		
94.823,99 (Ost)	I	23.648	726,49	1.891,84	2.128,32	502,77	1.741,44	1.959,12	279,17	1.591,12	1.790,01	55,45	1.440,72	1.620,81	–	1.290,40	1.451,70	–	1.144,00	1.287,00	–	1.003,76	1.129,2
	II	21.859	513,60	1.748,72	1.967,31	289,88	1.598,32	1.798,11	66,16	1.447,92	1.628,91	–	1.297,60	1.459,80	–	1.150,88	1.294,74	–	1.010,40	1.136,70	–	876,00	985,5
	III	15.674	–	1.253,92	1.410,66	–	1.136,48	1.278,54	–	1.022,24	1.150,02	–	910,88	1.024,74	–	802,72	903,06	–	697,60	784,80	–	595,68	670,1
	IV	23.648	726,49	1.891,84	2.128,32	614,63	1.816,64	2.043,72	502,77	1.741,44	1.959,12	390,91	1.666,24	1.874,52	279,17	1.591,12	1.790,01	167,31	1.515,92	1.705,41	55,45	1.440,72	1.620,8
	V	29.822	1.461,20	2.385,76	2.683,98																		
	VI	30.353	1.524,39	2.428,24	2.731,77																		
94.859,99 (West)	I	23.570	717,21	1.885,60	2.121,30	493,49	1.735,20	1.952,10	269,77	1.584,80	1.782,90	46,05	1.434,40	1.613,70	–	1.284,16	1.444,68	–	1.138,00	1.280,25	–	998,00	1.122,7
	II	21.781	504,32	1.742,48	1.960,29	280,60	1.592,08	1.791,09	56,88	1.441,68	1.621,89	–	1.291,36	1.452,78	–	1.144,88	1.287,99	–	1.004,64	1.130,22	–	870,56	979,3
	III	15.612	–	1.248,96	1.405,08	–	1.131,68	1.273,14	–	1.017,44	1.144,62	–	906,24	1.019,52	–	798,24	898,02	–	693,28	779,94	–	591,52	665,4
	IV	23.570	717,21	1.885,60	2.121,30	605,35	1.810,40	2.036,70	493,49	1.735,20	1.952,10	381,63	1.660,00	1.867,50	269,77	1.584,80	1.782,90	157,91	1.509,60	1.698,30	46,05	1.434,40	1.613,7
	V	29.743	1.451,80	2.379,44	2.676,87																		
	VI	30.275	1.515,10	2.422,00	2.724,75																		
94.859,99 (Ost)	I	23.663	728,28	1.893,04	2.129,67	504,67	1.742,72	1.960,56	280,95	1.592,32	1.791,36	57,23	1.441,92	1.622,16	–	1.291,60	1.453,05	–	1.145,12	1.288,26	–	1.004,88	1.130,4
	II	21.874	515,38	1.749,92	1.968,66	291,66	1.599,52	1.799,46	67,94	1.449,12	1.630,26	–	1.298,80	1.461,15	–	1.152,08	1.296,09	–	1.011,44	1.137,87	–	877,12	986,7
	III	15.686	–	1.254,88	1.411,74	–	1.137,44	1.279,62	–	1.023,04	1.150,92	–	911,84	1.025,82	–	803,68	904,14	–	698,56	785,88	–	596,48	671,0
	IV	23.663	728,28	1.893,04	2.129,67	616,53	1.817,92	2.045,16	504,67	1.742,72	1.960,56	392,81	1.667,52	1.875,96	280,95	1.592,32	1.791,36	169,09	1.517,12	1.706,76	57,23	1.441,92	1.622,1
	V	29.837	1.462,98	2.386,96	2.685,33																		
	VI	30.369	1.526,29	2.429,52	2.733,21																		

SolZ/KiSt lt. Tabelle nicht für Sonstige Bezüge anwendbar.

Allgemeine Tabelle

JAHR bis 95.111,99 €

Lohn/ Gehalt bis	Steuerklasse	Lohn-steuer	ohne Kinderfreibetrag			Anzahl Kinderfreibeträge (nur Steuerklassen I–IV)																	
						0,5			1,0			1,5			2,0			2,5			3,0		
			SolZ 5,5%	Kirchensteuer 8%	Kirchensteuer 9%	SolZ 5,5%	Kirchensteuer 8%	Kirchensteuer 9%	SolZ 5,5%	Kirchensteuer 8%	Kirchensteuer 9%	SolZ 5,5%	Kirchensteuer 8%	Kirchensteuer 9%	SolZ 5,5%	Kirchensteuer 8%	Kirchensteuer 9%	SolZ 5,5%	Kirchensteuer 8%	Kirchensteuer 9%	SolZ 5,5%	Kirchensteuer 8%	Kirchensteuer 9%
94.895,99	I	23.585	718,99	1.886,80	2.122,65	495,27	1.736,40	1.953,45	271,55	1.586,00	1.784,25	47,83	1.435,60	1.615,05	-	1.285,36	1.446,03	-	1.139,12	1.281,51	-	999,12	1.124,01
(West)	II	21.796	506,10	1.743,68	1.961,64	282,38	1.593,28	1.792,44	58,66	1.442,88	1.623,24	-	1.292,56	1.454,13	-	1.146,08	1.289,34	-	1.005,76	1.131,48	-	871,60	980,55
	III	15.624	-	1.249,92	1.406,16	-	1.132,64	1.274,22	-	1.018,40	1.145,70	-	907,20	1.020,60	-	799,20	899,10	-	694,08	780,84	-	592,32	666,36
	IV	23.585	718,99	1.886,80	2.122,65	607,13	1.811,60	2.038,05	495,27	1.736,40	1.953,45	383,41	1.661,20	1.868,85	271,55	1.586,00	1.784,25	159,69	1.510,80	1.699,65	47,83	1.435,60	1.615,05
	V	29.758	1.453,58	2.380,64	2.678,22																		
	VI	30.290	1.516,89	2.423,20	2.726,10																		
94.895,99	I	23.679	730,18	1.894,32	2.131,11	506,46	1.743,92	1.961,91	282,74	1.593,52	1.792,71	59,02	1.443,12	1.623,51	-	1.292,80	1.454,40	-	1.146,24	1.289,52	-	1.005,92	1.131,66
(Ost)	II	21.889	517,17	1.751,12	1.970,01	293,45	1.600,72	1.800,81	69,85	1.450,40	1.631,70	-	1.300,00	1.462,50	-	1.153,20	1.297,35	-	1.012,56	1.139,13	-	878,16	987,93
	III	15.698	-	1.255,84	1.412,82	-	1.138,40	1.280,70	-	1.024,00	1.152,00	-	912,64	1.026,72	-	804,48	905,04	-	699,36	786,78	-	597,28	671,94
	IV	23.679	730,18	1.894,32	2.131,11	618,32	1.819,12	2.046,51	506,46	1.743,92	1.961,91	394,60	1.668,72	1.877,31	282,74	1.593,52	1.792,71	170,88	1.518,32	1.708,11	59,02	1.443,12	1.623,51
	V	29.852	1.464,77	2.388,16	2.686,68																		
	VI	30.384	1.528,07	2.430,72	2.734,56																		
94.931,99	I	23.600	720,78	1.888,00	2.124,00	497,06	1.737,60	1.954,80	273,34	1.587,20	1.785,60	49,62	1.436,80	1.616,40	-	1.286,56	1.447,38	-	1.140,32	1.282,86	-	1.000,24	1.125,27
(West)	II	21.811	507,89	1.744,88	1.962,99	284,17	1.594,48	1.793,79	60,45	1.444,08	1.624,59	-	1.293,76	1.455,48	-	1.147,20	1.290,60	-	1.006,88	1.132,74	-	872,64	981,72
	III	15.636	-	1.250,88	1.407,24	-	1.133,44	1.275,12	-	1.019,20	1.146,60	-	908,00	1.021,50	-	800,00	900,00	-	695,04	781,92	-	593,12	667,26
	IV	23.600	720,78	1.888,00	2.124,00	608,92	1.812,80	2.039,40	497,06	1.737,60	1.954,80	385,20	1.662,40	1.870,20	273,34	1.587,20	1.785,60	161,48	1.512,00	1.701,00	49,62	1.436,80	1.616,40
	V	29.773	1.455,37	2.381,84	2.679,57																		
	VI	30.305	1.518,67	2.424,40	2.727,45																		
94.931,99	I	23.694	731,96	1.895,52	2.132,46	508,24	1.745,12	1.963,26	284,52	1.594,72	1.794,06	60,80	1.444,32	1.624,86	-	1.294,00	1.455,75	-	1.147,44	1.290,87	-	1.007,04	1.132,92
(Ost)	II	21.905	519,07	1.752,40	1.971,45	295,35	1.602,00	1.802,25	71,63	1.451,60	1.633,05	-	1.301,20	1.463,85	-	1.154,40	1.298,70	-	1.013,68	1.140,39	-	879,20	989,10
	III	15.710	-	1.256,80	1.413,90	-	1.139,36	1.281,78	-	1.024,96	1.153,08	-	913,60	1.027,80	-	805,28	905,94	-	700,16	787,68	-	598,08	672,84
	IV	23.694	731,96	1.895,52	2.132,46	620,10	1.820,32	2.047,86	508,24	1.745,12	1.963,26	396,38	1.669,92	1.878,66	284,52	1.594,72	1.794,06	172,66	1.519,52	1.709,46	60,80	1.444,32	1.624,86
	V	29.867	1.466,55	2.389,36	2.688,03																		
	VI	30.399	1.529,86	2.431,92	2.735,91																		
94.967,99	I	23.615	722,56	1.889,20	2.125,35	498,84	1.738,80	1.956,15	275,12	1.588,40	1.786,95	51,40	1.438,00	1.617,75	-	1.287,76	1.448,73	-	1.141,44	1.284,12	-	1.001,36	1.126,53
(West)	II	21.826	509,67	1.746,08	1.964,34	285,95	1.595,68	1.795,14	62,23	1.445,28	1.625,94	-	1.294,96	1.456,83	-	1.148,40	1.291,95	-	1.007,92	1.133,91	-	873,68	982,89
	III	15.648	-	1.251,84	1.408,32	-	1.134,40	1.276,20	-	1.020,16	1.147,68	-	908,96	1.022,58	-	800,80	900,90	-	695,84	782,82	-	593,92	668,16
	IV	23.615	722,56	1.889,20	2.125,35	610,70	1.814,00	2.040,75	498,84	1.738,80	1.956,15	386,98	1.663,60	1.871,55	275,12	1.588,40	1.786,95	163,26	1.513,20	1.702,35	51,40	1.438,00	1.617,75
	V	29.788	1.457,15	2.383,04	2.680,92																		
	VI	30.320	1.520,46	2.425,60	2.728,80																		
94.967,99	I	23.709	733,75	1.896,72	2.133,81	510,03	1.746,32	1.964,61	286,31	1.595,92	1.795,41	62,59	1.445,52	1.626,21	-	1.295,20	1.457,10	-	1.148,56	1.292,13	-	1.008,16	1.134,18
(Ost)	II	21.920	520,86	1.753,60	1.972,80	297,14	1.603,20	1.803,60	73,42	1.452,80	1.634,40	-	1.302,40	1.465,20	-	1.155,52	1.299,96	-	1.014,80	1.141,65	-	880,24	990,27
	III	15.722	-	1.257,76	1.414,98	-	1.140,32	1.282,86	-	1.025,76	1.153,98	-	914,40	1.028,70	-	806,24	907,02	-	700,96	788,58	-	598,88	673,74
	IV	23.709	733,75	1.896,72	2.133,81	621,89	1.821,52	2.049,21	510,03	1.746,32	1.964,61	398,17	1.671,12	1.880,01	286,31	1.595,92	1.795,41	174,45	1.520,72	1.710,81	62,59	1.445,52	1.626,21
	V	29.882	1.468,34	2.390,56	2.689,38																		
	VI	30.414	1.531,64	2.433,12	2.737,26																		
95.003,99	I	23.630	724,35	1.890,40	2.126,70	500,63	1.740,00	1.957,50	276,91	1.589,60	1.788,30	53,31	1.439,28	1.619,19	-	1.288,96	1.450,08	-	1.142,56	1.285,38	-	1.002,40	1.127,70
(West)	II	21.841	511,46	1.747,28	1.965,69	287,74	1.596,88	1.796,49	64,02	1.446,48	1.627,29	-	1.296,16	1.458,18	-	1.149,52	1.293,21	-	1.009,04	1.135,17	-	874,80	984,15
	III	15.660	-	1.252,80	1.409,40	-	1.135,36	1.277,28	-	1.021,12	1.148,76	-	909,76	1.023,48	-	801,76	901,98	-	696,64	783,72	-	594,72	669,06
	IV	23.630	724,35	1.890,40	2.126,70	612,49	1.815,20	2.042,10	500,63	1.740,00	1.957,50	388,77	1.664,80	1.872,90	276,91	1.589,60	1.788,30	165,17	1.514,48	1.703,79	53,31	1.439,28	1.619,19
	V	29.804	1.459,05	2.384,32	2.682,36																		
	VI	30.335	1.522,24	2.426,80	2.730,15																		
95.003,99	I	23.724	735,53	1.897,92	2.135,16	511,81	1.747,52	1.965,96	288,09	1.597,12	1.796,76	64,37	1.446,72	1.627,56	-	1.296,40	1.458,45	-	1.149,76	1.293,48	-	1.009,28	1.135,44
(Ost)	II	21.935	522,64	1.754,80	1.974,15	298,92	1.604,40	1.804,95	75,20	1.454,00	1.635,75	-	1.303,60	1.466,55	-	1.156,64	1.301,22	-	1.015,92	1.142,91	-	881,28	991,44
	III	15.734	-	1.258,72	1.416,06	-	1.141,12	1.283,76	-	1.026,72	1.155,06	-	915,36	1.029,78	-	807,04	907,92	-	701,76	789,48	-	599,68	674,64
	IV	23.724	735,53	1.897,92	2.135,16	623,67	1.822,72	2.050,56	511,81	1.747,52	1.965,96	399,95	1.672,32	1.881,36	288,09	1.597,12	1.796,76	176,23	1.521,92	1.712,16	64,37	1.446,72	1.627,56
	V	29.897	1.470,12	2.391,76	2.690,73																		
	VI	30.429	1.533,43	2.434,32	2.738,61																		
95.039,99	I	23.645	726,13	1.891,60	2.128,05	502,53	1.741,28	1.958,94	278,81	1.590,88	1.789,74	55,09	1.440,48	1.620,54	-	1.290,16	1.451,43	-	1.143,76	1.286,73	-	1.003,52	1.128,96
(West)	II	21.856	513,24	1.748,48	1.967,04	289,52	1.598,08	1.797,84	65,80	1.447,68	1.628,64	-	1.297,36	1.459,53	-	1.150,64	1.294,47	-	1.010,16	1.136,43	-	875,84	985,32
	III	15.672	-	1.253,76	1.410,48	-	1.136,32	1.278,36	-	1.021,92	1.149,66	-	910,72	1.024,56	-	802,56	902,88	-	697,44	784,62	-	595,52	669,96
	IV	23.645	726,13	1.891,60	2.128,05	614,27	1.816,40	2.043,45	502,53	1.741,28	1.958,94	390,67	1.666,08	1.874,34	278,81	1.590,88	1.789,74	166,95	1.515,68	1.705,14	55,09	1.440,48	1.620,54
	V	29.819	1.460,84	2.385,52	2.683,71																		
	VI	30.350	1.524,03	2.428,00	2.731,50																		
95.039,99	I	23.739	737,32	1.899,12	2.136,51	513,60	1.748,72	1.967,31	289,88	1.598,32	1.798,11	66,16	1.447,92	1.628,91	-	1.297,60	1.459,80	-	1.150,88	1.294,74	-	1.010,40	1.136,70
(Ost)	II	21.950	524,43	1.756,00	1.975,50	300,71	1.605,60	1.806,30	76,99	1.455,20	1.637,10	-	1.304,80	1.467,90	-	1.157,84	1.302,57	-	1.017,04	1.144,17	-	882,40	992,70
	III	15.746	-	1.259,68	1.417,14	-	1.142,08	1.284,84	-	1.027,68	1.156,14	-	916,16	1.030,68	-	807,84	908,82	-	702,72	790,56	-	600,48	675,54
	IV	23.739	737,32	1.899,12	2.136,51	625,46	1.823,92	2.051,91	513,60	1.748,72	1.967,31	401,74	1.673,52	1.882,71	289,88	1.598,32	1.798,11	178,02	1.523,12	1.713,51	66,16	1.447,92	1.628,91
	V	29.912	1.471,91	2.392,96	2.692,08																		
	VI	30.444	1.535,21	2.435,52	2.739,96																		
95.075,99	I	23.661	728,04	1.892,88	2.129,49	504,32	1.742,48	1.960,29	280,60	1.592,08	1.791,09	56,88	1.441,68	1.621,89	-	1.291,36	1.452,78	-	1.144,88	1.287,99	-	1.004,64	1.130,22
(West)	II	21.871	515,03	1.749,68	1.968,39	291,31	1.599,28	1.799,19	67,71	1.448,96	1.630,08	-	1.298,56	1.460,88	-	1.151,84	1.295,82	-	1.011,28	1.137,69	-	876,88	986,49
	III	15.684	-	1.254,72	1.411,56	-	1.137,28	1.279,44	-	1.022,88	1.150,74	-	911,68	1.025,64	-	803,36	903,78	-	698,24	785,52	-	596,32	670,86
	IV	23.661	728,04	1.892,88	2.129,49	616,18	1.817,68	2.044,89	504,32	1.742,48	1.960,29	392,46	1.667,28	1.875,69	280,60	1.592,08	1.791,09	168,74	1.516,88	1.706,49	56,88	1.441,68	1.621,89
	V	29.834	1.462,62	2.386,72	2.685,06																		
	VI	30.366	1.525,93	2.429,28	2.732,94																		
95.075,99	I	23.754	739,10	1.900,32	2.137,86	515,38	1.749,92	1.968,66	291,66	1.599,52	1.799,46	67,94	1.449,12	1.630,26	-	1.298,80	1.461,15	-	1.152,08	1.296,09	-	1.011,44	1.137,87
(Ost)	II	21.965	526,21	1.757,20	1.976,85	302,49	1.606,80	1.807,65	78,77	1.456,40	1.638,45	-	1.306,00	1.469,25	-	1.158,96	1.303,83	-	1.018,16	1.145,43	-	883,44	993,87
	III	15.758	-	1.260,64	1.418,22	-	1.143,04	1.285,92	-	1.028,48	1.157,04	-	917,12	1.031,76	-	808,80	909,90	-	703,52	791,46	-	601,28	676,44
	IV	23.754	739,10	1.900,32	2.137,86	627,24	1.825,12	2.053,26	515,38	1.749,92	1.968,66	403,52	1.674,72	1.884,06	291,66	1.599,52	1.799,46	179,80	1.524,32	1.714,86	67,94	1.449,12	1.630,26
	V	29.928	1.473,81	2.394,24	2.693,52																		
	VI	30.459	1.537,00	2.436,72	2.741,31																		
95.111,99	I	23.676	729,82	1.894,08	2.130,84	506,10	1.743,68	1.961,64	282,38	1.593,28	1.792,44	58,66	1.442,88	1.623,24	-	1.292,56	1.454,13	-	1.146,08	1.289,34	-	1.005,76	1.131,48
(West)	II	21.886	516,81	1.750,88	1.969,74	293,21	1.600,56	1.800,63	69,49	1.450,16	1.631,43	-	1.299,76	1.462,23	-	1.152,96	1.297,08	-	1.012,40	1.138,95	-	877,92	987,66
	III	15.696	-	1.255,68	1.412,64	-	1.138,24	1.280,52	-	1.023,84	1.151,82	-	912,48	1.026,54	-	804,32	904,86	-	699,20	786,60	-	597,12	671,76
	IV	23.676	729,82	1.894,08	2.130,84	617,96	1.818,88	2.046,24	506,10	1.743,68	1.961,64	394,24	1.668,48	1.877,04	282,38	1.593,28	1.792,44	170,52	1.518,08	1.707,84	58,66	1.442,88	1.623,24
	V	29.849	1.464,41	2.387,92	2.686,41																		
	VI	30.381	1.527,72	2.430,48	2.734,29																		
95.111,99	I	23.769	740,89	1.901,52	2.139,21	517,17	1.751,12	1.970,01	293,45	1.600,72	1.800,81	69,85	1.450,40	1.631,70	-	1.300,00	1.462,50	-	1.153,20	1.297,35	-	1.012,56	1.139,13
(Ost)	II	21.980	528,00	1.758,40	1.978,20	304,28	1.608,00	1.809,00	80,56	1.457,60	1.639,80	-	1.307,20	1.470,60	-	1.160,16	1.305,18	-	1.019,20	1.146,60	-	884,48	995,04
	III	15.770	-	1.261,60	1.419,30	-	1.144,00	1.287,00	-	1.029,44	1.158,12	-	917,92	1.032,66	-	809,60	910,80	-	704,32	792,36	-	602,08	677,34
	IV	23.769	740,89	1.901,52	2.139,21	629,03	1.826,32	2.054,61	517,17	1.751,12	1.970,01	405,31	1.675,92	1.885,41	293,45	1.600,72	1.800,81	181,71	1.525,60	1.716,30	69,85	1.450,40	1.631,70
	V	29.943	1.475,60	2.395,44	2.694,87																		
	VI	30.474	1.538,78	2.437,92	2.742,66																		

SolZ/KiSt lt. Tabelle nicht für Sonstige Bezüge anwendbar.

Lohn/ Gehalt bis	Steuerklasse	Lohn-steuer	ohne Kinderfreibetrag			Anzahl Kinderfreibeträge (nur Steuerklassen I–IV) 0,5			1,0			1,5			2,0			2,5			3,0		
			SolZ 5,5%	Kirchensteuer 8%	9%	SolZ 5,5%	Kirchensteuer 8%	9%	SolZ 5,5%	Kirchensteuer 8%	9%	SolZ 5,5%	Kirchensteuer 8%	9%	SolZ 5,5%	Kirchensteuer 8%	9%	SolZ 5,5%	Kirchensteuer 8%	9%	SolZ 5,5%	Kirchensteuer 8%	9%
95.147,99 (West)	I	23.691	731,61	1.895,28	2.132,19	507,89	1.744,88	1.962,99	284,17	1.594,48	1.793,79	60,45	1.444,08	1.624,59	-	1.293,76	1.455,48	-	1.147,20	1.290,60	-	1.006,88	1.132,
	II	21.902	518,72	1.752,16	1.971,18	295,00	1.601,76	1.801,98	71,28	1.451,36	1.632,78	-	1.300,96	1.463,58	-	1.154,16	1.298,43	-	1.013,44	1.140,12	-	878,96	988,
	III	15.708	-	1.256,64	1.413,72	-	1.139,04	1.281,42	-	1.024,64	1.152,72	-	913,44	1.027,62	-	805,12	905,76	-	700,00	787,50	-	597,92	672,
	IV	23.691	731,61	1.895,28	2.132,19	619,75	1.820,08	2.047,59	507,89	1.744,88	1.962,99	396,03	1.669,68	1.878,39	284,17	1.594,48	1.793,79	172,31	1.519,28	1.709,19	60,45	1.444,08	1.624,5
	V	29.864	1.466,19	2.389,12	2.687,76																		
	VI	30.396	1.529,50	2.431,68	2.735,64																		
95.147,99 (Ost)	I	23.784	742,67	1.902,72	2.140,56	519,07	1.752,40	1.971,45	295,35	1.602,00	1.802,25	71,63	1.451,60	1.633,05	-	1.301,20	1.463,85	-	1.154,40	1.298,70	-	1.013,68	1.140,
	II	21.995	529,78	1.759,60	1.979,55	306,06	1.609,20	1.810,35	82,34	1.458,80	1.641,15	-	1.308,48	1.472,04	-	1.161,28	1.306,44	-	1.020,32	1.147,86	-	885,52	996,
	III	15.782	-	1.262,56	1.420,38	-	1.144,96	1.288,08	-	1.030,40	1.159,20	-	918,88	1.033,74	-	810,40	911,70	-	705,12	793,26	-	602,88	678,
	IV	23.784	742,67	1.902,72	2.140,56	630,81	1.827,52	2.055,96	519,07	1.752,40	1.971,45	407,21	1.677,20	1.886,85	295,35	1.602,00	1.802,25	183,49	1.526,80	1.717,65	71,63	1.451,60	1.633,
	V	29.958	1.477,38	2.396,64	2.696,22																		
	VI	30.489	1.540,57	2.439,12	2.744,01																		
95.183,99 (West)	I	23.706	733,39	1.896,48	2.133,54	509,67	1.746,08	1.964,34	285,95	1.595,68	1.795,14	62,23	1.445,28	1.625,94	-	1.294,96	1.456,83	-	1.148,40	1.291,95	-	1.007,92	1.133,
	II	21.917	520,50	1.753,36	1.972,53	296,78	1.602,96	1.803,33	73,06	1.452,56	1.634,13	-	1.302,16	1.464,93	-	1.155,28	1.299,69	-	1.014,56	1.141,38	-	880,08	990,
	III	15.720	-	1.257,60	1.414,80	-	1.140,00	1.282,50	-	1.025,60	1.153,80	-	914,24	1.028,52	-	805,92	906,66	-	700,80	788,40	-	598,72	673,
	IV	23.706	733,39	1.896,48	2.133,54	621,53	1.821,28	2.048,94	509,67	1.746,08	1.964,34	397,81	1.670,88	1.879,74	285,95	1.595,68	1.795,14	174,09	1.520,48	1.710,54	62,23	1.445,28	1.625,
	V	29.879	1.467,98	2.390,32	2.689,11																		
	VI	30.411	1.531,29	2.432,88	2.736,99																		
95.183,99 (Ost)	I	23.800	744,58	1.904,00	2.142,00	520,86	1.753,60	1.972,80	297,14	1.603,20	1.803,60	73,42	1.452,80	1.634,40	-	1.302,40	1.465,20	-	1.155,52	1.299,96	-	1.014,80	1.141,
	II	22.010	531,57	1.760,80	1.980,90	307,85	1.610,40	1.811,70	84,25	1.460,08	1.642,59	-	1.309,68	1.473,39	-	1.162,48	1.307,79	-	1.021,44	1.149,12	-	886,64	997,
	III	15.794	-	1.263,52	1.421,46	-	1.145,92	1.289,16	-	1.031,20	1.160,10	-	919,68	1.034,64	-	811,36	912,78	-	706,08	794,34	-	603,84	679,
	IV	23.800	744,58	1.904,00	2.142,00	632,72	1.828,80	2.057,40	520,86	1.753,60	1.972,80	409,00	1.678,40	1.888,20	297,14	1.603,20	1.803,60	185,28	1.528,00	1.719,00	73,42	1.452,80	1.634,
	V	29.973	1.479,17	2.397,84	2.697,57																		
	VI	30.505	1.542,47	2.440,40	2.745,45																		
95.219,99 (West)	I	23.721	735,18	1.897,68	2.134,89	511,46	1.747,28	1.965,69	287,74	1.596,88	1.796,49	64,02	1.446,48	1.627,29	-	1.296,16	1.458,18	-	1.149,52	1.293,21	-	1.009,04	1.135,
	II	21.932	522,29	1.754,56	1.973,88	298,57	1.604,16	1.804,68	74,85	1.453,76	1.635,48	-	1.303,36	1.466,28	-	1.156,48	1.301,04	-	1.015,68	1.142,64	-	881,12	991,
	III	15.732	-	1.258,56	1.415,88	-	1.140,96	1.283,58	-	1.026,56	1.154,88	-	915,20	1.029,60	-	806,88	907,74	-	701,60	789,30	-	599,52	674,
	IV	23.721	735,18	1.897,68	2.134,89	623,32	1.822,48	2.050,29	511,46	1.747,28	1.965,69	399,60	1.672,08	1.881,09	287,74	1.596,88	1.796,49	175,88	1.521,68	1.711,89	64,02	1.446,48	1.627,
	V	29.894	1.469,76	2.391,52	2.690,46																		
	VI	30.426	1.533,07	2.434,08	2.738,34																		
95.219,99 (Ost)	I	23.815	746,36	1.905,20	2.143,35	522,64	1.754,80	1.974,15	298,92	1.604,40	1.804,95	75,20	1.454,00	1.635,75	-	1.303,60	1.466,55	-	1.156,64	1.301,22	-	1.015,92	1.142,
	II	22.025	533,35	1.762,00	1.982,25	309,75	1.611,68	1.813,14	86,03	1.461,28	1.643,94	-	1.310,88	1.474,74	-	1.163,60	1.309,05	-	1.022,56	1.150,38	-	887,68	998,
	III	15.806	-	1.264,48	1.422,54	-	1.146,72	1.290,06	-	1.032,16	1.161,18	-	920,64	1.035,72	-	812,16	913,68	-	706,88	795,24	-	604,64	680,
	IV	23.815	746,36	1.905,20	2.143,35	634,50	1.830,00	2.058,75	522,64	1.754,80	1.974,15	410,78	1.679,60	1.889,55	298,92	1.604,40	1.804,95	187,06	1.529,20	1.720,35	75,20	1.454,00	1.635,
	V	29.988	1.480,95	2.399,04	2.698,92																		
	VI	30.520	1.544,26	2.441,60	2.746,80																		
95.255,99 (West)	I	23.736	736,96	1.898,88	2.136,24	513,24	1.748,48	1.967,04	289,52	1.598,08	1.797,84	65,80	1.447,68	1.628,64	-	1.297,36	1.459,53	-	1.150,64	1.294,47	-	1.010,16	1.136,4
	II	21.947	524,07	1.755,76	1.975,23	300,35	1.605,36	1.806,03	76,63	1.454,96	1.636,83	-	1.304,56	1.467,63	-	1.157,60	1.302,30	-	1.016,80	1.143,90	-	882,16	992,4
	III	15.744	-	1.259,52	1.416,96	-	1.141,92	1.284,66	-	1.027,36	1.155,78	-	916,00	1.030,50	-	807,68	908,64	-	702,56	790,38	-	600,32	675,3
	IV	23.736	736,96	1.898,88	2.136,24	625,10	1.823,68	2.051,64	513,24	1.748,48	1.967,04	401,38	1.673,28	1.882,44	289,52	1.598,08	1.797,84	177,66	1.522,88	1.713,24	65,80	1.447,68	1.628,6
	V	29.909	1.471,55	2.392,72	2.691,81																		
	VI	30.441	1.534,86	2.435,28	2.739,69																		
95.255,99 (Ost)	I	23.830	748,15	1.906,40	2.144,70	524,43	1.756,00	1.975,50	300,71	1.605,60	1.806,30	76,99	1.455,20	1.637,10	-	1.304,80	1.467,90	-	1.157,84	1.302,57	-	1.017,04	1.144,1
	II	22.041	535,26	1.763,28	1.983,69	311,54	1.612,88	1.814,49	87,82	1.462,48	1.645,29	-	1.312,08	1.476,09	-	1.164,80	1.310,40	-	1.023,68	1.151,64	-	888,72	999,8
	III	15.818	-	1.265,44	1.423,62	-	1.147,68	1.291,14	-	1.033,12	1.162,26	-	921,44	1.036,62	-	813,12	914,76	-	707,68	796,14	-	605,44	681,1
	IV	23.830	748,15	1.906,40	2.144,70	636,29	1.831,20	2.060,10	524,43	1.756,00	1.975,50	412,57	1.680,80	1.890,90	300,71	1.605,60	1.806,30	188,85	1.530,40	1.721,70	76,99	1.455,20	1.637,1
	V	30.003	1.482,74	2.400,24	2.700,27																		
	VI	30.535	1.546,04	2.442,80	2.748,15																		
95.291,99 (West)	I	23.751	738,75	1.900,08	2.137,59	515,03	1.749,68	1.968,39	291,31	1.599,28	1.799,19	67,71	1.448,96	1.630,08	-	1.298,56	1.460,88	-	1.151,84	1.295,82	-	1.011,28	1.137,6
	II	21.962	525,86	1.756,96	1.976,58	302,14	1.606,56	1.807,38	78,42	1.456,16	1.638,18	-	1.305,76	1.468,98	-	1.158,80	1.303,65	-	1.017,92	1.145,16	-	883,20	993,6
	III	15.756	-	1.260,48	1.418,04	-	1.142,88	1.285,74	-	1.028,32	1.156,86	-	916,96	1.031,58	-	808,64	909,72	-	703,36	791,28	-	601,12	676,2
	IV	23.751	738,75	1.900,08	2.137,59	626,89	1.824,88	2.052,99	515,03	1.749,68	1.968,39	403,17	1.674,48	1.883,79	291,31	1.599,28	1.799,19	179,45	1.524,08	1.714,59	67,71	1.448,96	1.630,0
	V	29.925	1.473,45	2.394,00	2.693,25																		
	VI	30.456	1.536,64	2.436,48	2.741,04																		
95.291,99 (Ost)	I	23.845	749,93	1.907,60	2.146,05	526,21	1.757,20	1.976,85	302,49	1.606,80	1.807,65	78,77	1.456,40	1.638,45	-	1.306,00	1.469,25	-	1.158,96	1.303,83	-	1.018,16	1.145,4
	II	22.056	537,04	1.764,48	1.985,04	313,32	1.614,08	1.815,84	89,60	1.463,68	1.646,64	-	1.313,28	1.477,44	-	1.165,92	1.311,66	-	1.024,80	1.152,90	-	889,76	1.000,9
	III	15.830	-	1.266,40	1.424,70	-	1.148,64	1.292,22	-	1.033,92	1.163,16	-	922,40	1.037,70	-	813,92	915,66	-	708,48	797,04	-	606,24	682,0
	IV	23.845	749,93	1.907,60	2.146,05	638,07	1.832,40	2.061,45	526,21	1.757,20	1.976,85	414,35	1.682,00	1.892,25	302,49	1.606,80	1.807,65	190,63	1.531,60	1.723,05	78,77	1.456,40	1.638,4
	V	30.018	1.484,52	2.401,44	2.701,62																		
	VI	30.550	1.547,83	2.444,00	2.749,50																		
95.327,99 (West)	I	23.766	740,53	1.901,28	2.138,94	516,81	1.750,88	1.969,74	293,21	1.600,56	1.800,63	69,49	1.450,16	1.631,43	-	1.299,76	1.462,23	-	1.152,96	1.297,08	-	1.012,40	1.138,9
	II	21.977	527,64	1.758,16	1.977,93	303,92	1.607,76	1.808,73	80,20	1.457,36	1.639,53	-	1.307,04	1.470,42	-	1.159,92	1.304,91	-	1.019,04	1.146,42	-	884,24	994,7
	III	15.768	-	1.261,44	1.419,12	-	1.143,84	1.286,82	-	1.029,28	1.157,94	-	917,76	1.032,48	-	809,44	910,62	-	704,16	792,18	-	601,92	677,1
	IV	23.766	740,53	1.901,28	2.138,94	628,67	1.826,08	2.054,34	516,81	1.750,88	1.969,74	405,07	1.675,76	1.885,23	293,21	1.600,56	1.800,63	181,35	1.525,36	1.716,03	69,49	1.450,16	1.631,4
	V	29.940	1.475,24	2.395,20	2.694,60																		
	VI	30.471	1.538,43	2.437,68	2.742,39																		
95.327,99 (Ost)	I	23.860	751,72	1.908,80	2.147,40	528,00	1.758,40	1.978,20	304,28	1.608,00	1.809,00	80,56	1.457,60	1.639,80	-	1.307,20	1.470,60	-	1.160,16	1.305,18	-	1.019,20	1.146,6
	II	22.071	538,83	1.765,68	1.986,39	315,11	1.615,28	1.817,19	91,39	1.464,88	1.647,99	-	1.314,48	1.478,79	-	1.167,12	1.313,01	-	1.025,92	1.154,16	-	890,88	1.002,2
	III	15.842	-	1.267,36	1.425,78	-	1.149,60	1.293,30	-	1.034,88	1.164,24	-	923,36	1.038,78	-	814,72	916,56	-	709,28	797,94	-	607,04	682,9
	IV	23.860	751,72	1.908,80	2.147,40	639,86	1.833,60	2.062,80	528,00	1.758,40	1.978,20	416,14	1.683,20	1.893,60	304,28	1.608,00	1.809,00	192,42	1.532,80	1.724,40	80,56	1.457,60	1.639,8
	V	30.033	1.486,31	2.402,64	2.702,97																		
	VI	30.565	1.549,61	2.445,20	2.750,85																		
95.363,99 (West)	I	23.782	742,44	1.902,56	2.140,38	518,72	1.752,16	1.971,18	295,00	1.601,76	1.801,98	71,28	1.451,36	1.632,78	-	1.300,96	1.463,58	-	1.154,16	1.298,43	-	1.013,44	1.140,1
	II	21.992	529,43	1.759,36	1.979,28	305,71	1.608,96	1.810,08	81,99	1.458,56	1.640,88	-	1.308,24	1.471,77	-	1.161,12	1.306,26	-	1.020,16	1.147,68	-	885,36	996,0
	III	15.780	-	1.262,40	1.420,20	-	1.144,64	1.287,72	-	1.030,08	1.158,84	-	918,72	1.033,56	-	810,24	911,52	-	704,96	793,08	-	602,72	678,0
	IV	23.782	742,44	1.902,56	2.140,38	630,58	1.827,36	2.055,78	518,72	1.752,16	1.971,18	406,86	1.676,96	1.886,58	295,00	1.601,76	1.801,98	183,14	1.526,56	1.717,38	71,28	1.451,36	1.632,7
	V	29.955	1.477,02	2.396,40	2.695,95																		
	VI	30.487	1.540,33	2.438,96	2.743,83																		
95.363,99 (Ost)	I	23.875	753,50	1.910,00	2.148,75	529,78	1.759,60	1.979,55	306,06	1.609,20	1.810,35	82,34	1.458,80	1.641,15	-	1.308,48	1.472,04	-	1.161,28	1.306,44	-	1.020,32	1.147,8
	II	22.086	540,61	1.766,88	1.987,74	316,89	1.616,48	1.818,54	93,17	1.466,08	1.649,34	-	1.315,68	1.480,14	-	1.168,24	1.314,27	-	1.026,96	1.155,33	-	891,92	1.003,4
	III	15.854	-	1.268,32	1.426,86	-	1.150,56	1.294,38	-	1.035,84	1.165,32	-	924,16	1.039,68	-	815,68	917,64	-	710,24	799,02	-	607,84	683,8
	IV	23.875	753,50	1.910,00	2.148,75	641,64	1.834,80	2.064,15	529,78	1.759,60	1.979,55	417,92	1.684,40	1.894,95	306,06	1.609,20	1.810,35	194,20	1.534,00	1.725,75	82,34	1.458,80	1.641,1
	V	30.048	1.488,09	2.403,84	2.704,32																		
	VI	30.580	1.551,40	2.446,40	2.752,20																		

SolZ/KiSt lt. Tabelle nicht für Sonstige Bezüge anwendbar.

Allgemeine Tabelle

JAHR bis 95.615,99 €

Lohn/ Gehalt bis	Steuerklasse	Lohn-steuer	ohne Kinderfreibetrag			Anzahl Kinderfreibeträge (nur Steuerklassen I–IV)																	
						0,5			1,0			1,5			2,0			2,5			3,0		
			SolZ 5,5%	Kirchensteuer 8%	9%	SolZ 5,5%	Kirchensteuer 8%	9%	SolZ 5,5%	Kirchensteuer 8%	9%	SolZ 5,5%	Kirchensteuer 8%	9%	SolZ 5,5%	Kirchensteuer 8%	9%	SolZ 5,5%	Kirchensteuer 8%	9%	SolZ 5,5%	Kirchensteuer 8%	9%
95.399,99	I	23.797	744,22	1.903,76	2.141,73	520,50	1.753,36	1.972,53	296,78	1.602,96	1.803,33	73,06	1.452,56	1.634,13	-	1.302,16	1.464,93	-	1.155,28	1.299,69	-	1.014,56	1.141,38
(West)	II	22.007	531,21	1.760,56	1.980,63	307,61	1.610,24	1.811,52	83,89	1.459,84	1.642,32	-	1.309,44	1.473,12	-	1.162,24	1.307,52	-	1.021,20	1.148,85	-	886,40	997,20
	III	15.792	-	1.263,36	1.421,28	-	1.145,60	1.288,80	-	1.031,04	1.159,92	-	919,52	1.034,46	-	811,20	912,60	-	705,76	793,98	-	603,52	678,96
	IV	23.797	744,22	1.903,76	2.141,73	632,36	1.828,56	2.057,13	520,50	1.753,36	1.972,53	408,64	1.678,16	1.887,93	296,78	1.602,96	1.803,33	184,92	1.527,76	1.718,73	73,06	1.452,56	1.634,13
	V	29.970	1.478,81	2.397,60	2.697,30																		
	VI	30.502	1.542,12	2.440,16	2.745,18																		
95.399,99	I	23.890	755,29	1.911,20	2.150,10	531,57	1.760,80	1.980,90	307,85	1.610,40	1.811,70	84,25	1.460,08	1.642,59	-	1.309,68	1.473,39	-	1.162,48	1.307,79	-	1.021,44	1.149,12
(Ost)	II	22.101	542,40	1.768,08	1.989,09	318,68	1.617,68	1.819,89	94,96	1.467,28	1.650,69	-	1.316,88	1.481,49	-	1.169,44	1.315,62	-	1.028,08	1.156,59	-	892,96	1.004,58
	III	15.866	-	1.269,28	1.427,94	-	1.151,52	1.295,46	-	1.036,64	1.166,22	-	925,12	1.040,76	-	816,48	918,54	-	711,04	799,92	-	608,64	684,72
	IV	23.890	755,29	1.911,20	2.150,10	643,43	1.836,00	2.065,50	531,57	1.760,80	1.980,90	419,71	1.685,60	1.896,30	307,85	1.610,40	1.811,70	195,99	1.535,20	1.727,10	84,25	1.460,08	1.642,59
	V	30.064	1.489,99	2.405,12	2.705,76																		
	VI	30.595	1.553,18	2.447,60	2.753,55																		
95.435,99	I	23.812	746,01	1.904,96	2.143,08	522,29	1.754,56	1.973,88	298,57	1.604,16	1.804,68	74,85	1.453,76	1.635,48	-	1.303,36	1.466,28	-	1.156,48	1.301,04	-	1.015,68	1.142,64
(West)	II	22.023	533,12	1.761,84	1.982,07	309,40	1.611,44	1.812,87	85,68	1.461,04	1.643,67	-	1.310,64	1.474,47	-	1.163,36	1.308,78	-	1.022,32	1.150,11	-	887,44	998,37
	III	15.804	-	1.264,32	1.422,36	-	1.146,56	1.289,88	-	1.032,00	1.161,00	-	920,48	1.035,54	-	812,00	913,50	-	706,72	795,06	-	604,32	679,86
	IV	23.812	746,01	1.904,96	2.143,08	634,15	1.829,76	2.058,48	522,29	1.754,56	1.973,88	410,43	1.679,36	1.889,28	298,57	1.604,16	1.804,68	186,71	1.528,96	1.720,08	74,85	1.453,76	1.635,48
	V	29.985	1.480,59	2.398,80	2.698,65																		
	VI	30.517	1.543,90	2.441,36	2.746,53																		
95.435,99	I	23.905	757,07	1.912,40	2.151,45	533,35	1.762,00	1.982,25	309,75	1.611,68	1.813,14	86,03	1.461,28	1.643,94	-	1.310,88	1.474,74	-	1.163,60	1.309,05	-	1.022,56	1.150,38
(Ost)	II	22.116	544,18	1.769,28	1.990,44	320,46	1.618,88	1.821,24	96,74	1.468,48	1.652,04	-	1.318,08	1.482,84	-	1.170,56	1.316,88	-	1.029,20	1.157,85	-	894,00	1.005,75
	III	15.878	-	1.270,24	1.429,02	-	1.152,32	1.296,36	-	1.037,60	1.167,30	-	925,92	1.041,66	-	817,28	919,44	-	711,84	800,82	-	609,44	685,62
	IV	23.905	757,07	1.912,40	2.151,45	645,21	1.837,20	2.066,85	533,35	1.762,00	1.982,25	421,61	1.686,88	1.897,74	309,75	1.611,68	1.813,14	197,89	1.536,48	1.728,54	86,03	1.461,28	1.643,94
	V	30.079	1.491,78	2.406,32	2.707,11																		
	VI	30.610	1.554,97	2.448,80	2.754,90																		
95.471,99	I	23.827	747,79	1.906,16	2.144,43	524,07	1.755,76	1.975,23	300,35	1.605,36	1.806,03	76,63	1.454,96	1.636,83	-	1.304,56	1.467,63	-	1.157,60	1.302,30	-	1.016,80	1.143,90
(West)	II	22.038	534,90	1.763,04	1.983,42	311,18	1.612,64	1.814,22	87,46	1.462,24	1.645,02	-	1.311,84	1.475,82	-	1.164,56	1.310,13	-	1.023,44	1.151,37	-	888,48	999,54
	III	15.816	-	1.265,28	1.423,44	-	1.147,52	1.290,96	-	1.032,80	1.161,90	-	921,28	1.036,44	-	812,80	914,40	-	707,52	795,96	-	605,28	680,94
	IV	23.827	747,79	1.906,16	2.144,43	635,93	1.830,96	2.059,83	524,07	1.755,76	1.975,23	412,21	1.680,56	1.890,63	300,35	1.605,36	1.806,03	188,49	1.530,16	1.721,43	76,63	1.454,96	1.636,83
	V	30.000	1.482,38	2.400,00	2.700,00																		
	VI	30.532	1.545,69	2.442,56	2.747,88																		
95.471,99	I	23.921	758,98	1.913,68	2.152,89	535,26	1.763,28	1.983,69	311,54	1.612,88	1.814,49	87,82	1.462,48	1.645,29	-	1.312,08	1.476,09	-	1.164,80	1.310,40	-	1.023,68	1.151,64
(Ost)	II	22.131	545,97	1.770,48	1.991,79	322,25	1.620,08	1.822,59	98,53	1.469,68	1.653,39	-	1.319,36	1.484,28	-	1.171,76	1.318,23	-	1.030,32	1.159,11	-	895,12	1.007,01
	III	15.890	-	1.271,20	1.430,10	-	1.153,28	1.297,44	-	1.038,56	1.168,38	-	926,88	1.042,74	-	818,24	920,52	-	712,64	801,72	-	610,24	686,52
	IV	23.921	758,98	1.913,68	2.152,89	647,12	1.838,48	2.068,29	535,26	1.763,28	1.983,69	423,40	1.688,08	1.899,09	311,54	1.612,88	1.814,49	199,68	1.537,68	1.729,89	87,82	1.462,48	1.645,29
	V	30.094	1.493,56	2.407,52	2.708,46																		
	VI	30.626	1.556,87	2.450,08	2.756,34																		
95.507,99	I	23.842	749,58	1.907,36	2.145,78	525,86	1.756,96	1.976,58	302,14	1.606,56	1.807,38	78,42	1.456,16	1.638,18	-	1.305,76	1.468,98	-	1.158,80	1.303,65	-	1.017,92	1.145,16
(West)	II	22.053	536,69	1.764,24	1.984,77	312,97	1.613,84	1.815,57	89,25	1.463,44	1.646,37	-	1.313,04	1.477,17	-	1.165,68	1.311,39	-	1.024,56	1.152,63	-	889,60	1.000,80
	III	15.828	-	1.266,24	1.424,52	-	1.148,48	1.292,04	-	1.033,76	1.162,98	-	922,24	1.037,52	-	813,76	915,48	-	708,32	796,86	-	606,08	681,84
	IV	23.842	749,58	1.907,36	2.145,78	637,72	1.832,16	2.061,18	525,86	1.756,96	1.976,58	414,00	1.681,76	1.891,98	302,14	1.606,56	1.807,38	190,28	1.531,36	1.722,78	78,42	1.456,16	1.638,18
	V	30.015	1.484,16	2.401,20	2.701,35																		
	VI	30.547	1.547,47	2.443,76	2.749,23																		
95.507,99	I	23.936	760,76	1.914,88	2.154,24	537,04	1.764,48	1.985,04	313,32	1.614,08	1.815,84	89,60	1.463,68	1.646,64	-	1.313,28	1.477,44	-	1.165,92	1.311,66	-	1.024,80	1.152,90
(Ost)	II	22.146	547,75	1.771,68	1.993,14	324,15	1.621,36	1.824,03	100,43	1.470,96	1.654,83	-	1.320,56	1.485,63	-	1.172,88	1.319,49	-	1.031,44	1.160,37	-	896,16	1.008,18
	III	15.902	-	1.272,16	1.431,18	-	1.154,24	1.298,52	-	1.039,52	1.169,46	-	927,68	1.043,64	-	819,04	921,42	-	713,60	802,80	-	611,04	687,42
	IV	23.936	760,76	1.914,88	2.154,24	648,90	1.839,68	2.069,64	537,04	1.764,48	1.985,04	425,18	1.689,28	1.900,44	313,32	1.614,08	1.815,84	201,46	1.538,88	1.731,24	89,60	1.463,68	1.646,64
	V	30.109	1.495,35	2.408,72	2.709,81																		
	VI	30.641	1.558,66	2.451,28	2.757,69																		
95.543,99	I	23.857	751,36	1.908,56	2.147,13	527,64	1.758,16	1.977,93	303,92	1.607,76	1.808,73	80,20	1.457,36	1.639,53	-	1.307,04	1.470,42	-	1.159,92	1.304,91	-	1.019,04	1.146,42
(West)	II	22.068	538,47	1.765,44	1.986,12	314,75	1.615,04	1.816,92	91,03	1.464,64	1.647,72	-	1.314,24	1.478,52	-	1.166,88	1.312,74	-	1.025,68	1.153,89	-	890,64	1.001,97
	III	15.840	-	1.267,20	1.425,60	-	1.149,44	1.293,12	-	1.034,72	1.164,06	-	923,04	1.038,42	-	814,56	916,38	-	709,12	797,76	-	606,88	682,74
	IV	23.857	751,36	1.908,56	2.147,13	639,50	1.833,36	2.062,53	527,64	1.758,16	1.977,93	415,78	1.682,96	1.893,33	303,92	1.607,76	1.808,73	192,06	1.532,56	1.724,13	80,20	1.457,36	1.639,53
	V	30.030	1.485,95	2.402,40	2.702,70																		
	VI	30.562	1.549,26	2.444,96	2.750,58																		
95.543,99	I	23.951	762,55	1.916,08	2.155,59	538,83	1.765,68	1.986,39	315,11	1.615,28	1.817,19	91,39	1.464,88	1.647,99	-	1.314,48	1.478,79	-	1.167,12	1.313,01	-	1.025,92	1.154,16
(Ost)	II	22.162	549,66	1.772,96	1.994,58	325,94	1.622,56	1.825,38	102,22	1.472,16	1.656,18	-	1.321,76	1.486,98	-	1.174,08	1.320,84	-	1.032,56	1.161,63	-	897,20	1.009,35
	III	15.914	-	1.273,12	1.432,26	-	1.155,20	1.299,60	-	1.040,32	1.170,36	-	928,64	1.044,72	-	820,00	922,50	-	714,40	803,70	-	611,84	688,32
	IV	23.951	762,55	1.916,08	2.155,59	650,69	1.840,88	2.070,99	538,83	1.765,68	1.986,39	426,97	1.690,48	1.901,79	315,11	1.615,28	1.817,19	203,25	1.540,08	1.732,59	91,39	1.464,88	1.647,99
	V	30.124	1.497,13	2.409,92	2.711,16																		
	VI	30.656	1.560,44	2.452,48	2.759,04																		
95.579,99	I	23.872	753,15	1.909,76	2.148,48	529,43	1.759,36	1.979,28	305,71	1.608,96	1.810,08	81,99	1.458,56	1.640,88	-	1.308,24	1.471,77	-	1.161,12	1.306,26	-	1.020,16	1.147,68
(West)	II	22.083	540,26	1.766,64	1.987,47	316,54	1.616,24	1.818,27	92,82	1.465,84	1.649,07	-	1.315,44	1.479,87	-	1.168,00	1.314,00	-	1.026,80	1.155,15	-	891,68	1.003,14
	III	15.852	-	1.268,16	1.426,68	-	1.150,24	1.294,02	-	1.035,52	1.164,96	-	924,00	1.039,50	-	815,52	917,46	-	709,92	798,66	-	607,68	683,64
	IV	23.872	753,15	1.909,76	2.148,48	641,29	1.834,56	2.063,88	529,43	1.759,36	1.979,28	417,57	1.684,16	1.894,68	305,71	1.608,96	1.810,08	193,85	1.533,76	1.725,48	81,99	1.458,56	1.640,88
	V	30.046	1.487,85	2.403,68	2.704,14																		
	VI	30.577	1.551,04	2.446,16	2.751,93																		
95.579,99	I	23.966	764,33	1.917,28	2.156,94	540,61	1.766,88	1.987,74	316,89	1.616,48	1.818,54	93,17	1.466,08	1.649,34	-	1.315,68	1.480,14	-	1.168,24	1.314,27	-	1.026,96	1.155,33
(Ost)	II	22.177	551,44	1.774,16	1.995,93	327,72	1.623,76	1.826,73	104,00	1.473,36	1.657,53	-	1.322,96	1.488,33	-	1.175,20	1.322,10	-	1.033,68	1.162,89	-	898,32	1.010,61
	III	15.926	-	1.274,08	1.433,34	-	1.156,16	1.300,68	-	1.041,28	1.171,44	-	929,44	1.045,62	-	820,80	923,40	-	715,20	804,60	-	612,64	689,22
	IV	23.966	764,33	1.917,28	2.156,94	652,47	1.842,08	2.072,34	540,61	1.766,88	1.987,74	428,75	1.691,68	1.903,14	316,89	1.616,48	1.818,54	205,03	1.541,28	1.733,94	93,17	1.466,08	1.649,34
	V	30.139	1.498,92	2.411,12	2.712,51																		
	VI	30.671	1.562,23	2.453,68	2.760,39																		
95.615,99	I	23.887	754,93	1.910,96	2.149,83	531,21	1.760,56	1.980,63	307,61	1.610,24	1.811,52	83,89	1.459,84	1.642,32	-	1.309,44	1.473,12	-	1.162,24	1.307,52	-	1.021,20	1.148,85
(West)	II	22.098	542,04	1.767,84	1.988,82	318,32	1.617,44	1.819,62	94,60	1.467,04	1.650,42	-	1.316,64	1.481,22	-	1.169,20	1.315,35	-	1.027,92	1.156,41	-	892,80	1.004,40
	III	15.864	-	1.269,12	1.427,76	-	1.151,20	1.295,10	-	1.036,48	1.166,04	-	924,80	1.040,40	-	816,32	918,36	-	710,88	799,74	-	608,48	684,54
	IV	23.887	754,93	1.910,96	2.149,83	643,07	1.835,76	2.065,23	531,21	1.760,56	1.980,63	419,35	1.685,36	1.896,03	307,61	1.610,24	1.811,52	195,75	1.535,04	1.726,92	83,89	1.459,84	1.642,32
	V	30.061	1.489,64	2.404,88	2.705,49																		
	VI	30.592	1.552,83	2.447,36	2.753,28																		
95.615,99	I	23.981	766,12	1.918,48	2.158,29	542,40	1.768,08	1.989,09	318,68	1.617,68	1.819,89	94,96	1.467,28	1.650,69	-	1.316,88	1.481,49	-	1.169,44	1.315,62	-	1.028,08	1.156,59
(Ost)	II	22.192	553,23	1.775,36	1.997,28	329,51	1.624,96	1.828,08	105,79	1.474,56	1.658,88	-	1.324,16	1.489,68	-	1.176,40	1.323,45	-	1.034,80	1.164,15	-	899,36	1.011,78
	III	15.938	-	1.275,04	1.434,42	-	1.157,12	1.301,76	-	1.042,24	1.172,52	-	930,40	1.046,70	-	821,60	924,30	-	716,00	805,50	-	613,44	690,12
	IV	23.981	766,12	1.918,48	2.158,29	654,26	1.843,28	2.073,69	542,40	1.768,08	1.989,09	430,54	1.692,88	1.904,49	318,68	1.617,68	1.819,89	206,82	1.542,48	1.735,29	94,96	1.467,28	1.650,69
	V	30.154	1.500,70	2.412,32	2.713,86																		
	VI	30.686	1.564,01	2.454,88	2.761,74																		

SolZ/KiSt lt. Tabelle nicht für Sonstige Bezüge anwendbar.

Lohn/ Gehalt bis	Steuerklasse	Lohn-steuer	ohne Kinderfreibetrag			Anzahl Kinderfreibeträge (nur Steuerklassen I–IV)																	
						0,5			1,0			1,5			2,0			2,5			3,0		
			SolZ 5,5%	Kirchensteuer 8%	9%	SolZ 5,5%	Kirchensteuer 8%	9%	SolZ 5,5%	Kirchensteuer 8%	9%	SolZ 5,5%	Kirchensteuer 8%	9%	SolZ 5,5%	Kirchensteuer 8%	9%	SolZ 5,5%	Kirchensteuer 8%	9%	SolZ 5,5%	Kirchensteuer 8%	9%
95.651,99 (West)	I	23.902	756,72	1.912,16	2.151,18	533,12	1.761,84	1.982,07	309,40	1.611,44	1.812,87	85,68	1.461,04	1.643,67	-	1.310,64	1.474,47	-	1.163,36	1.308,78	-	1.022,32	1.150,
	II	22.113	543,83	1.769,04	1.990,17	320,11	1.618,64	1.820,97	96,39	1.468,24	1.651,77	-	1.317,92	1.482,66	-	1.170,40	1.316,70	-	1.029,04	1.157,67	-	893,84	1.005,
	III	15.876	-	1.270,08	1.428,84	-	1.152,16	1.296,18	-	1.037,44	1.167,12	-	925,76	1.041,48	-	817,12	919,26	-	711,68	800,64	-	609,28	685,
	IV	23.902	756,72	1.912,16	2.151,18	644,98	1.837,04	2.066,67	533,12	1.761,84	1.982,07	421,26	1.686,64	1.897,47	309,40	1.611,44	1.812,87	197,54	1.536,24	1.728,27	85,68	1.461,04	1.643,
	V	30.076	1.491,42	2.406,08	2.706,84																		
	VI	30.607	1.554,61	2.448,56	2.754,63																		
95.651,99 (Ost)	I	23.996	767,90	1.919,68	2.159,64	544,18	1.769,28	1.990,44	320,46	1.618,88	1.821,24	96,74	1.468,48	1.652,04	-	1.318,08	1.482,84	-	1.170,56	1.316,88	-	1.029,20	1.157,
	II	22.207	555,01	1.776,56	1.998,63	331,29	1.626,16	1.829,43	107,57	1.475,76	1.660,23	-	1.325,36	1.491,03	-	1.177,60	1.324,80	-	1.035,92	1.165,41	-	900,40	1.012,
	III	15.950	-	1.276,00	1.435,50	-	1.158,08	1.302,84	-	1.043,04	1.173,42	-	931,20	1.047,60	-	822,56	925,38	-	716,80	806,40	-	614,24	691,
	IV	23.996	767,90	1.919,68	2.159,64	656,04	1.844,48	2.075,04	544,18	1.769,28	1.990,44	432,32	1.694,08	1.905,84	320,46	1.618,88	1.821,24	208,60	1.543,68	1.736,64	96,74	1.468,48	1.652,
	V	30.169	1.502,49	2.413,52	2.715,21																		
	VI	30.701	1.565,80	2.456,08	2.763,09																		
95.687,99 (West)	I	23.918	758,62	1.913,44	2.152,62	534,90	1.763,04	1.983,42	311,18	1.612,64	1.814,22	87,46	1.462,24	1.645,02	-	1.311,84	1.475,82	-	1.164,56	1.310,13	-	1.023,44	1.151,
	II	22.128	545,61	1.770,24	1.991,52	321,89	1.619,84	1.822,32	98,29	1.469,52	1.653,21	-	1.319,12	1.484,01	-	1.171,52	1.317,96	-	1.030,08	1.158,84	-	894,88	1.006,
	III	15.888	-	1.271,04	1.429,92	-	1.153,12	1.297,26	-	1.038,40	1.168,20	-	926,56	1.042,38	-	818,08	920,34	-	712,48	801,54	-	610,08	686,
	IV	23.918	758,62	1.913,44	2.152,62	646,76	1.838,24	2.068,02	534,90	1.763,04	1.983,42	423,04	1.687,84	1.898,82	311,18	1.612,64	1.814,22	199,32	1.537,44	1.729,62	87,46	1.462,24	1.645,
	V	30.091	1.493,21	2.407,28	2.708,19																		
	VI	30.623	1.556,52	2.449,84	2.756,07																		
95.687,99 (Ost)	I	24.011	769,69	1.920,88	2.160,99	545,97	1.770,48	1.991,79	322,25	1.620,08	1.822,59	98,53	1.469,68	1.653,39	-	1.319,36	1.484,28	-	1.171,76	1.318,23	-	1.030,32	1.159,
	II	22.222	556,80	1.777,76	1.999,98	333,08	1.627,36	1.830,78	109,36	1.476,96	1.661,58	-	1.326,56	1.492,38	-	1.178,72	1.326,06	-	1.037,04	1.166,67	-	901,44	1.014,
	III	15.962	-	1.276,96	1.436,58	-	1.158,88	1.303,74	-	1.044,00	1.174,50	-	932,16	1.048,68	-	823,36	926,28	-	717,76	807,48	-	615,20	692,
	IV	24.011	769,69	1.920,88	2.160,99	657,83	1.845,68	2.076,39	545,97	1.770,48	1.991,79	434,11	1.695,28	1.907,19	322,25	1.620,08	1.822,59	210,39	1.544,88	1.737,99	98,53	1.469,68	1.653,
	V	30.185	1.504,39	2.414,80	2.716,65																		
	VI	30.716	1.567,58	2.457,28	2.764,44																		
95.723,99 (West)	I	23.933	760,41	1.914,64	2.153,97	536,69	1.764,24	1.984,77	312,97	1.613,84	1.815,57	89,25	1.463,44	1.646,37	-	1.313,04	1.477,17	-	1.165,68	1.311,39	-	1.024,56	1.152,
	II	22.144	547,51	1.771,52	1.992,96	323,79	1.621,12	1.823,76	100,07	1.470,72	1.654,56	-	1.320,32	1.485,36	-	1.172,72	1.319,31	-	1.031,20	1.160,10	-	895,92	1.007,
	III	15.900	-	1.272,00	1.431,00	-	1.154,08	1.298,34	-	1.039,20	1.169,10	-	927,52	1.043,46	-	818,88	921,24	-	713,28	802,44	-	610,88	687,
	IV	23.933	760,41	1.914,64	2.153,97	648,55	1.839,44	2.069,37	536,69	1.764,24	1.984,77	424,83	1.689,04	1.900,17	312,97	1.613,84	1.815,57	201,11	1.538,64	1.730,97	89,25	1.463,44	1.646,
	V	30.106	1.494,99	2.408,48	2.709,54																		
	VI	30.638	1.558,30	2.451,04	2.757,42																		
95.723,99 (Ost)	I	24.026	771,47	1.922,08	2.162,34	547,75	1.771,68	1.993,14	324,15	1.621,36	1.824,03	100,43	1.470,96	1.654,83	-	1.320,56	1.485,63	-	1.172,88	1.319,49	-	1.031,44	1.160,
	II	22.237	558,58	1.778,96	2.001,33	334,86	1.628,56	1.832,13	111,14	1.478,16	1.662,93	-	1.327,76	1.493,73	-	1.179,92	1.327,41	-	1.038,16	1.167,93	-	902,56	1.015,
	III	15.974	-	1.277,92	1.437,66	-	1.159,84	1.304,82	-	1.044,96	1.175,58	-	932,96	1.049,58	-	824,32	927,36	-	718,56	808,38	-	616,00	693,
	IV	24.026	771,47	1.922,08	2.162,34	659,61	1.846,88	2.077,74	547,75	1.771,68	1.993,14	435,89	1.696,48	1.908,54	324,15	1.621,36	1.824,03	212,29	1.546,16	1.739,43	100,43	1.470,96	1.654,
	V	30.200	1.506,18	2.416,00	2.718,00																		
	VI	30.731	1.569,37	2.458,48	2.765,79																		
95.759,99 (West)	I	23.948	762,19	1.915,84	2.155,32	538,47	1.765,44	1.986,12	314,75	1.615,04	1.816,92	91,03	1.464,64	1.647,72	-	1.314,24	1.478,52	-	1.166,88	1.312,74	-	1.025,68	1.153,
	II	22.159	549,30	1.772,72	1.994,31	325,58	1.622,32	1.825,11	101,86	1.471,92	1.655,91	-	1.321,52	1.486,71	-	1.173,84	1.320,57	-	1.032,32	1.161,36	-	897,04	1.009,
	III	15.912	-	1.272,96	1.432,08	-	1.155,04	1.299,42	-	1.040,16	1.170,18	-	928,48	1.044,54	-	819,68	922,14	-	714,24	803,52	-	611,68	688,
	IV	23.948	762,19	1.915,84	2.155,32	650,33	1.840,64	2.070,72	538,47	1.765,44	1.986,12	426,61	1.690,24	1.901,52	314,75	1.615,04	1.816,92	202,89	1.539,84	1.732,32	91,03	1.464,64	1.647,
	V	30.121	1.496,78	2.409,68	2.710,89																		
	VI	30.653	1.560,09	2.452,24	2.758,77																		
95.759,99 (Ost)	I	24.041	773,26	1.923,28	2.163,69	549,66	1.772,96	1.994,58	325,94	1.622,56	1.825,38	102,22	1.472,16	1.656,18	-	1.321,76	1.486,98	-	1.174,08	1.320,84	-	1.032,56	1.161,
	II	22.252	560,37	1.780,16	2.002,68	336,65	1.629,76	1.833,48	112,93	1.479,36	1.664,28	-	1.329,04	1.495,17	-	1.181,04	1.328,67	-	1.039,28	1.169,19	-	903,60	1.016,
	III	15.986	-	1.278,88	1.438,74	-	1.160,80	1.305,90	-	1.045,76	1.176,48	-	933,92	1.050,66	-	825,12	928,26	-	719,36	809,28	-	616,80	693,
	IV	24.041	773,26	1.923,28	2.163,69	661,52	1.848,16	2.079,18	549,66	1.772,96	1.994,58	437,80	1.697,76	1.909,98	325,94	1.622,56	1.825,38	214,08	1.547,36	1.740,78	102,22	1.472,16	1.656,
	V	30.215	1.507,96	2.417,20	2.719,35																		
	VI	30.747	1.571,27	2.459,76	2.767,23																		
95.795,99 (West)	I	23.963	763,98	1.917,04	2.156,67	540,26	1.766,64	1.987,47	316,54	1.616,24	1.818,27	92,82	1.465,84	1.649,07	-	1.315,44	1.479,87	-	1.168,00	1.314,00	-	1.026,80	1.155,
	II	22.174	551,08	1.773,92	1.995,66	327,36	1.623,52	1.826,46	103,64	1.473,12	1.657,26	-	1.322,72	1.488,06	-	1.175,04	1.321,92	-	1.033,44	1.162,62	-	898,08	1.010,
	III	15.924	-	1.273,92	1.433,16	-	1.156,00	1.300,50	-	1.041,12	1.171,26	-	929,28	1.045,44	-	820,64	923,22	-	715,04	804,42	-	612,48	689,
	IV	23.963	763,98	1.917,04	2.156,67	652,12	1.841,84	2.072,07	540,26	1.766,64	1.987,47	428,40	1.691,44	1.902,87	316,54	1.616,24	1.818,27	204,68	1.541,04	1.733,67	92,82	1.465,84	1.649,
	V	30.136	1.498,56	2.410,88	2.712,24																		
	VI	30.668	1.561,87	2.453,44	2.760,12																		
95.795,99 (Ost)	I	24.057	775,16	1.924,56	2.165,13	551,44	1.774,16	1.995,93	327,72	1.623,76	1.826,73	104,00	1.473,36	1.657,53	-	1.322,96	1.488,33	-	1.175,20	1.322,10	-	1.033,68	1.162,8
	II	22.267	562,15	1.781,36	2.004,03	338,43	1.630,96	1.834,83	114,83	1.480,64	1.665,72	-	1.330,24	1.496,52	-	1.182,24	1.330,02	-	1.040,40	1.170,45	-	904,64	1.017,7
	III	15.998	-	1.279,84	1.439,82	-	1.161,76	1.306,98	-	1.046,72	1.177,56	-	934,88	1.051,74	-	825,92	929,16	-	720,16	810,18	-	617,60	694,8
	IV	24.057	775,16	1.924,56	2.165,13	663,30	1.849,36	2.080,53	551,44	1.774,16	1.995,93	439,58	1.698,96	1.911,33	327,72	1.623,76	1.826,73	215,86	1.548,56	1.742,13	104,00	1.473,36	1.657,5
	V	30.230	1.509,75	2.418,40	2.720,70																		
	VI	30.762	1.573,06	2.460,96	2.768,58																		
95.831,99 (West)	I	23.978	765,76	1.918,24	2.158,02	542,04	1.767,84	1.988,82	318,32	1.617,44	1.819,62	94,60	1.467,04	1.650,42	-	1.316,64	1.481,22	-	1.169,20	1.315,35	-	1.027,92	1.156,4
	II	22.189	552,87	1.775,12	1.997,01	329,15	1.624,72	1.827,81	105,43	1.474,32	1.658,61	-	1.323,92	1.489,41	-	1.176,16	1.323,18	-	1.034,56	1.163,88	-	899,12	1.011,5
	III	15.936	-	1.274,88	1.434,24	-	1.156,80	1.301,40	-	1.041,92	1.172,16	-	930,24	1.046,52	-	821,44	924,12	-	715,84	805,32	-	613,28	689,9
	IV	23.978	765,76	1.918,24	2.158,02	653,90	1.843,04	2.073,42	542,04	1.767,84	1.988,82	430,18	1.692,64	1.904,22	318,32	1.617,44	1.819,62	206,46	1.542,24	1.735,02	94,60	1.467,04	1.650,4
	V	30.151	1.500,35	2.412,08	2.713,59																		
	VI	30.683	1.563,66	2.454,64	2.761,47																		
95.831,99 (Ost)	I	24.072	776,95	1.925,76	2.166,48	553,23	1.775,36	1.997,28	329,51	1.624,96	1.828,08	105,79	1.474,56	1.658,88	-	1.324,16	1.489,68	-	1.176,40	1.323,45	-	1.034,80	1.164,1
	II	22.283	564,06	1.782,64	2.005,47	340,34	1.632,24	1.836,27	116,62	1.481,84	1.667,07	-	1.331,44	1.497,87	-	1.183,36	1.331,28	-	1.041,52	1.171,71	-	905,76	1.018,9
	III	16.010	-	1.280,80	1.440,90	-	1.162,72	1.308,06	-	1.047,68	1.178,64	-	935,68	1.052,64	-	826,88	930,24	-	721,12	811,26	-	618,40	695,7
	IV	24.072	776,95	1.925,76	2.166,48	665,09	1.850,56	2.081,88	553,23	1.775,36	1.997,28	441,37	1.700,16	1.912,68	329,51	1.624,96	1.828,08	217,65	1.549,76	1.743,48	105,79	1.474,56	1.658,8
	V	30.245	1.511,53	2.419,60	2.722,05																		
	VI	30.777	1.574,84	2.462,16	2.769,93																		
95.867,99 (West)	I	23.993	767,55	1.919,44	2.159,37	543,83	1.769,04	1.990,17	320,11	1.618,64	1.820,97	96,39	1.468,24	1.651,77	-	1.317,92	1.482,66	-	1.170,40	1.316,70	-	1.029,04	1.157,6
	II	22.204	554,65	1.776,32	1.998,36	330,93	1.625,92	1.829,16	107,21	1.475,52	1.659,96	-	1.325,12	1.490,76	-	1.177,36	1.324,53	-	1.035,68	1.165,14	-	900,24	1.012,7
	III	15.948	-	1.275,84	1.435,32	-	1.157,76	1.302,48	-	1.042,88	1.173,24	-	931,04	1.047,42	-	822,40	925,20	-	716,64	806,22	-	614,08	690,8
	IV	23.993	767,55	1.919,44	2.159,37	655,69	1.844,24	2.074,77	543,83	1.769,04	1.990,17	431,97	1.693,84	1.905,57	320,11	1.618,64	1.820,97	208,25	1.543,44	1.736,37	96,39	1.468,24	1.651,7
	V	30.166	1.502,13	2.413,28	2.714,94																		
	VI	30.698	1.565,44	2.455,84	2.762,82																		
95.867,99 (Ost)	I	24.087	778,73	1.926,96	2.167,83	555,01	1.776,56	1.998,63	331,29	1.626,16	1.829,43	107,57	1.475,76	1.660,23	-	1.325,36	1.491,03	-	1.177,60	1.324,80	-	1.035,92	1.165,4
	II	22.298	565,84	1.783,84	2.006,82	342,12	1.633,44	1.837,62	118,40	1.483,04	1.668,42	-	1.332,64	1.499,22	-	1.184,56	1.332,63	-	1.042,56	1.172,88	-	906,80	1.020,1
	III	16.022	-	1.281,76	1.441,98	-	1.163,68	1.309,14	-	1.048,64	1.179,72	-	936,64	1.053,72	-	827,68	931,14	-	721,92	812,16	-	619,20	696,6
	IV	24.087	778,73	1.926,96	2.167,83	666,87	1.851,76	2.083,23	555,01	1.776,56	1.998,63	443,15	1.701,36	1.914,03	331,29	1.626,16	1.829,43	219,43	1.550,96	1.744,83	107,57	1.475,76	1.660,2
	V	30.260	1.513,32	2.420,80	2.723,40																		
	VI	30.792	1.576,63	2.463,36	2.771,28																		

SolZ/KiSt lt. Tabelle nicht für Sonstige Bezüge anwendbar.

Lohn/ Gehalt bis	Steuerklasse	Lohn-steuer	ohne Kinderfreibetrag SolZ 5,5%	ohne Kinderfreibetrag Kirchensteuer 8%	ohne Kinderfreibetrag Kirchensteuer 9%	0,5 SolZ 5,5%	0,5 Kirchensteuer 8%	0,5 Kirchensteuer 9%	1,0 SolZ 5,5%	1,0 Kirchensteuer 8%	1,0 Kirchensteuer 9%	1,5 SolZ 5,5%	1,5 Kirchensteuer 8%	1,5 Kirchensteuer 9%	2,0 SolZ 5,5%	2,0 Kirchensteuer 8%	2,0 Kirchensteuer 9%	2,5 SolZ 5,5%	2,5 Kirchensteuer 8%	2,5 Kirchensteuer 9%	3,0 SolZ 5,5%	3,0 Kirchensteuer 8%	3,0 Kirchensteuer 9%
95.903,99 (West)	I	24.008	769,33	1.920,64	2.160,72	545,61	1.770,24	1.991,52	321,89	1.619,84	1.822,32	98,29	1.469,52	1.653,21	-	1.319,12	1.484,01	-	1.171,52	1.317,96	-	1.030,08	1.158,84
	II	22.219	556,44	1.777,52	1.999,71	332,72	1.627,12	1.830,51	109,00	1.476,72	1.661,31	-	1.326,32	1.492,11	-	1.178,48	1.325,79	-	1.036,80	1.166,40	-	901,28	1.013,94
	III	15.960	-	1.276,80	1.436,40	-	1.158,72	1.303,56	-	1.043,84	1.174,32	-	932,00	1.048,50	-	823,20	926,10	-	717,60	807,30	-	614,88	691,74
	IV	24.008	769,33	1.920,64	2.160,72	657,47	1.845,44	2.076,12	545,61	1.770,24	1.991,52	433,75	1.695,04	1.906,92	321,89	1.619,84	1.822,32	210,15	1.544,72	1.737,81	98,29	1.469,52	1.653,21
	V	30.182	1.504,04	2.414,56	2.716,38																		
	VI	30.713	1.567,23	2.457,04	2.764,17																		
95.903,99 (Ost)	I	24.102	780,52	1.928,16	2.169,18	556,80	1.777,76	1.999,98	333,08	1.627,36	1.830,78	109,36	1.476,96	1.661,58	-	1.326,56	1.492,38	-	1.178,72	1.326,06	-	1.037,04	1.166,67
	II	22.313	567,63	1.785,04	2.008,17	343,91	1.634,64	1.838,97	120,19	1.484,24	1.669,77	-	1.333,84	1.500,57	-	1.185,76	1.333,98	-	1.043,68	1.174,14	-	907,84	1.021,32
	III	16.034	-	1.282,72	1.443,06	-	1.164,64	1.310,22	-	1.049,44	1.180,62	-	937,44	1.054,62	-	828,64	932,22	-	722,72	813,06	-	620,00	697,50
	IV	24.102	780,52	1.928,16	2.169,18	668,66	1.852,96	2.084,58	556,80	1.777,76	1.999,98	444,94	1.702,56	1.915,38	333,08	1.627,36	1.830,78	221,22	1.552,16	1.746,18	109,36	1.476,96	1.661,58
	V	30.275	1.515,10	2.422,00	2.724,75																		
	VI	30.807	1.578,41	2.464,56	2.772,63																		
95.939,99 (West)	I	24.023	771,12	1.921,84	2.162,07	547,51	1.771,52	1.992,96	323,79	1.621,12	1.823,76	100,07	1.470,72	1.654,56	-	1.320,32	1.485,36	-	1.172,72	1.319,31	-	1.031,20	1.160,10
	II	22.234	558,22	1.778,72	2.001,06	334,50	1.628,32	1.831,86	110,78	1.477,92	1.662,66	-	1.327,52	1.493,46	-	1.179,68	1.327,14	-	1.037,92	1.167,66	-	902,32	1.015,11
	III	15.972	-	1.277,76	1.437,48	-	1.159,68	1.304,64	-	1.044,64	1.175,22	-	932,80	1.049,40	-	824,00	927,00	-	718,40	808,20	-	615,68	692,64
	IV	24.023	771,12	1.921,84	2.162,07	659,26	1.846,64	2.077,47	547,51	1.771,52	1.992,96	435,65	1.696,32	1.908,36	323,79	1.621,12	1.823,76	211,93	1.545,92	1.739,16	100,07	1.470,72	1.654,56
	V	30.197	1.505,82	2.415,76	2.717,73																		
	VI	30.728	1.569,01	2.458,24	2.765,52																		
95.939,99 (Ost)	I	24.117	782,30	1.929,36	2.170,53	558,58	1.778,96	2.001,33	334,86	1.628,56	1.832,13	111,14	1.478,16	1.662,93	-	1.327,76	1.493,73	-	1.179,92	1.327,41	-	1.038,16	1.167,93
	II	22.328	569,41	1.786,24	2.009,52	345,69	1.635,84	1.840,32	121,97	1.485,44	1.671,12	-	1.335,04	1.501,92	-	1.186,88	1.335,24	-	1.044,80	1.175,40	-	908,96	1.022,58
	III	16.046	-	1.283,68	1.444,14	-	1.165,44	1.311,12	-	1.050,40	1.181,70	-	938,40	1.055,70	-	829,44	933,12	-	723,52	813,96	-	620,80	698,40
	IV	24.117	782,30	1.929,36	2.170,53	670,44	1.854,16	2.085,93	558,58	1.778,96	2.001,33	446,72	1.703,76	1.916,73	334,86	1.628,56	1.832,13	223,00	1.553,36	1.747,53	111,14	1.478,16	1.662,93
	V	30.290	1.516,89	2.423,20	2.726,10																		
	VI	30.822	1.580,20	2.465,76	2.773,98																		
95.975,99 (West)	I	24.039	773,02	1.923,12	2.163,51	549,30	1.772,72	1.994,31	325,58	1.622,32	1.825,11	101,86	1.471,92	1.655,91	-	1.321,52	1.486,71	-	1.173,84	1.320,57	-	1.032,32	1.161,36
	II	22.249	560,01	1.779,92	2.002,41	336,29	1.629,52	1.833,21	112,69	1.479,20	1.664,10	-	1.328,80	1.494,90	-	1.180,80	1.328,40	-	1.039,04	1.168,92	-	903,44	1.016,37
	III	15.984	-	1.278,72	1.438,56	-	1.160,64	1.305,72	-	1.045,60	1.176,30	-	933,76	1.050,48	-	824,96	928,08	-	719,20	809,10	-	616,64	693,72
	IV	24.039	773,02	1.923,12	2.163,51	661,16	1.847,92	2.078,91	549,30	1.772,72	1.994,31	437,44	1.697,52	1.909,71	325,58	1.622,32	1.825,11	213,72	1.547,12	1.740,51	101 86	1.471,92	1.655,91
	V	30.212	1.507,61	2.416,96	2.719,08																		
	VI	30.744	1.570,91	2.459,52	2.766,96																		
95.975,99 (Ost)	I	24.132	784,09	1.930,56	2.171,88	560,37	1.780,16	2.002,68	336,65	1.629,76	1.833,48	112,93	1.479,36	1.664,28	-	1.329,04	1.495,17	-	1.181,04	1.328,67	-	1.039,28	1.169,19
	II	22.343	571,20	1.787,44	2.010,87	347,48	1.637,04	1.841,67	123,76	1.486,64	1.672,47	-	1.336,24	1.503,27	-	1.188,08	1.336,59	-	1.045,92	1.176,66	-	910,00	1.023,75
	III	16.058	-	1.284,64	1.445,22	-	1.166,40	1.312,20	-	1.051,36	1.182,78	-	939,20	1.056,60	-	830,24	934,02	-	724,48	815,04	-	621,60	699,30
	IV	24.132	784,09	1.930,56	2.171,88	672,23	1.855,36	2.087,28	560,37	1.780,16	2.002,68	448,51	1.704,96	1.918,08	336,65	1.629,76	1.833,48	224,79	1.554,56	1.748,88	112,93	1.479,36	1.664,28
	V	30.306	1.518,79	2.424,48	2.727,54																		
	VI	30.837	1.581,98	2.466,96	2.775,33																		
96.011,99 (West)	I	24.054	774,80	1.924,32	2.164,86	551,08	1.773,92	1.995,66	327,36	1.623,52	1.826,46	103,64	1.473,12	1.657,26	-	1.322,72	1.488,06	-	1.175,04	1.321,92	-	1.033,44	1.162,62
	II	22.264	561,79	1.781,12	2.003,76	338,19	1.630,80	1.834,65	114,47	1.480,40	1.665,45	-	1.330,00	1.496,25	-	1.182,00	1.329,75	-	1.040,16	1.170,18	-	904,48	1.017,54
	III	15.996	-	1.279,68	1.439,64	-	1.161,60	1.306,80	-	1.046,56	1.177,38	-	934,56	1.051,38	-	825,76	928,98	-	720,00	810,00	-	617,44	694,62
	IV	24.054	774,80	1.924,32	2.164,86	662,94	1.849,12	2.080,26	551,08	1.773,92	1.995,66	439,22	1.698,72	1.911,06	327,36	1.623,52	1.826,46	215,50	1.548,32	1.741,86	103,64	1.473,12	1.657,26
	V	30.227	1.509,39	2.418,16	2.720,43																		
	VI	30.759	1.572,70	2.460,72	2.768,31																		
96.011,99 (Ost)	I	24.147	785,87	1.931,76	2.173,23	562,15	1.781,36	2.004,03	338,43	1.630,96	1.834,83	114,83	1.480,64	1.665,72	-	1.330,24	1.496,52	-	1.182,24	1.330,02	-	1.040,40	1.170,45
	II	22.358	572,98	1.788,64	2.012,22	349,26	1.638,24	1.843,02	125,54	1.487,84	1.673,82	-	1.337,44	1.504,62	-	1.189,20	1.337,85	-	1.047,04	1.177,92	-	911,12	1.025,01
	III	16.070	-	1.285,60	1.446,30	-	1.167,36	1.313,28	-	1.052,16	1.183,68	-	940,16	1.057,68	-	831,20	935,10	-	725,28	815,94	-	622,40	700,20
	IV	24.147	785,87	1.931,76	2.173,23	674,01	1.856,56	2.088,63	562,15	1.781,36	2.004,03	450,29	1.706,16	1.919,43	338,43	1.630,96	1.834,83	226,69	1.555,84	1.750,32	114,83	1.480,64	1.665,72
	V	30.321	1.520,58	2.425,68	2.728,89																		
	VI	30.852	1.583,77	2.468,16	2.776,68																		
96.047,99 (West)	I	24.069	776,59	1.925,52	2.166,21	552,87	1.775,12	1.997,01	329,15	1.624,72	1.827,81	105,43	1.474,32	1.658,61	-	1.323,92	1.489,41	-	1.176,16	1.323,18	-	1.034,56	1.163,88
	II	22.280	563,70	1.782,40	2.005,20	339,98	1.632,00	1.836,00	116,26	1.481,60	1.666,80	-	1.331,20	1.497,60	-	1.183,20	1.331,10	-	1.041,28	1.171,44	-	905,52	1.018,71
	III	16.008	-	1.280,64	1.440,72	-	1.162,40	1.307,70	-	1.047,52	1.178,46	-	935,52	1.052,46	-	826,72	930,06	-	720,80	810,90	-	618,24	695,52
	IV	24.069	776,59	1.925,52	2.166,21	664,73	1.850,32	2.081,61	552,87	1.775,12	1.997,01	441,01	1.699,92	1.912,41	329,15	1.624,72	1.827,81	217,29	1.549,52	1.743,21	105,43	1.474,32	1.658,61
	V	30.242	1.511,18	2.419,36	2.721,78																		
	VI	30.774	1.574,48	2.461,92	2.769,66																		
96.047,99 (Ost)	I	24.162	787,66	1.932,96	2.174,58	564,06	1.782,64	2.005,47	340,34	1.632,24	1.836,27	116,62	1.481,84	1.667,07	-	1.331,44	1.497,87	-	1.183,36	1.331,28	-	1.041,52	1.171,71
	II	22.373	574,77	1.789,84	2.013,57	351,05	1.639,44	1.844,37	127,33	1.489,04	1.675,17	-	1.338,64	1.505,97	-	1.190,40	1.339,20	-	1.048,16	1.179,18	-	912,16	1.026,18
	III	16.082	-	1.286,56	1.447,38	-	1.168,32	1.314,36	-	1.053,12	1.184,76	-	940,96	1.058,58	-	832,00	936,00	-	726,08	816,84	-	623,20	701,10
	IV	24.162	787,66	1.932,96	2.174,58	675,80	1.857,76	2.089,98	564,06	1.782,64	2.005,47	452,20	1.707,44	1.920,87	340,34	1.632,24	1.836,27	228,48	1.557,04	1.751,67	116,62	1.481,84	1.667,07
	V	30.336	1.522,36	2.426,88	2.730,24																		
	VI	30.867	1.585,55	2.469,36	2.778,03																		
96.083,99 (West)	I	24.084	778,37	1.926,72	2.167,56	554,65	1.776,32	1.998,36	330,93	1.625,92	1.829,16	107,21	1.475,52	1.659,96	-	1.325,12	1.490,76	-	1.177,36	1.324,53	-	1.035,68	1.165,14
	II	22.295	565,48	1.783,60	2.006,55	341,76	1.633,20	1.837,35	118,04	1.482,80	1.668,15	-	1.332,40	1.498,95	-	1.184,32	1.332,36	-	1.042,40	1.172,70	-	906,64	1.019,97
	III	16.020	-	1.281,60	1.441,80	-	1.163,36	1.308,78	-	1.048,32	1.179,36	-	936,32	1.053,36	-	827,52	930,96	-	721,76	811,98	-	619,04	696,42
	IV	24.084	778,37	1.926,72	2.167,56	666,51	1.851,52	2.082,96	554,65	1.776,32	1.998,36	442,79	1.701,12	1.913,76	330,93	1.625,92	1.829,16	219,07	1.550,72	1.744,56	107,21	1.475,52	1.659,96
	V	30.257	1.512,96	2.420,56	2.723,13																		
	VI	30.789	1.576,27	2.463,12	2.771,01																		
96.083,99 (Ost)	I	24.178	789,56	1.934,24	2.176,02	565,84	1.783,84	2.006,82	342,12	1.633,44	1.837,62	118,40	1.483,04	1.668,42	-	1.332,64	1.499,22	-	1.184,56	1.332,63	-	1.042,56	1.172,88
	II	22.388	576,55	1.791,04	2.014,92	352,83	1.640,64	1.845,72	129,23	1.490,32	1.676,61	-	1.339,92	1.507,41	-	1.191,60	1.340,55	-	1.049,28	1.180,44	-	913,20	1.027,35
	III	16.094	-	1.287,52	1.448,46	-	1.169,28	1.315,44	-	1.054,08	1.185,84	-	941,92	1.059,66	-	832,96	937,08	-	726,88	817,74	-	624,00	702,00
	IV	24.178	789,56	1.934,24	2.176,02	677,70	1.859,04	2.091,42	565,84	1.783,84	2.006,82	453,98	1.708,64	1.922,22	342,12	1.633,44	1.837,62	230,26	1.558,24	1.753,02	118,40	1.483,04	1.668,42
	V	30.351	1.524,15	2.428,08	2.731,59																		
	VI	30.883	1.587,46	2.470,64	2.779,47																		
96.119,99 (West)	I	24.099	780,16	1.927,92	2.168,91	556,44	1.777,52	1.999,71	332,72	1.627,12	1.830,51	109,00	1.476,72	1.661,31	-	1.326,32	1.492,11	-	1.178,48	1.325,79	-	1.036,80	1.166,40
	II	22.310	567,27	1.784,80	2.007,90	343,55	1.634,40	1.838,70	119,83	1.484,00	1.669,50	-	1.333,60	1.500,30	-	1.185,52	1.333,71	-	1.043,52	1.173,96	-	907,68	1.021,14
	III	16.032	-	1.282,56	1.442,88	-	1.164,32	1.309,86	-	1.049,28	1.180,44	-	937,28	1.054,44	-	828,32	931,86	-	722,56	812,88	-	619,84	697,32
	IV	24.099	780,16	1.927,92	2.168,91	668,30	1.852,72	2.084,31	556,44	1.777,52	1.999,71	444,58	1.702,32	1.915,11	332,72	1.627,12	1.830,51	220,86	1.551,92	1.745,91	109,00	1.476,72	1.661,31
	V	30.272	1.514,75	2.421,76	2.724,48																		
	VI	30.804	1.578,05	2.464,32	2.772,36																		
96.119,99 (Ost)	I	24.193	791,35	1.935,44	2.177,37	567,63	1.785,04	2.008,17	343,91	1.634,64	1.838,97	120,19	1.484,24	1.669,77	-	1.333,84	1.500,57	-	1.185,76	1.333,98	-	1.043,68	1.174,14
	II	22.403	578,34	1.792,24	2.016,27	354,73	1.641,92	1.847,16	131,01	1.491,52	1.677,96	-	1.341,12	1.508,76	-	1.192,72	1.341,81	-	1.050,40	1.181,70	-	914,32	1.028,61
	III	16.106	-	1.288,48	1.449,54	-	1.170,24	1.316,52	-	1.054,88	1.186,74	-	942,88	1.060,74	-	833,76	937,98	-	727,84	818,82	-	624,96	703,08
	IV	24.193	791,35	1.935,44	2.177,37	679,49	1.860,24	2.092,77	567,63	1.785,04	2.008,17	455,77	1.709,84	1.923,57	343,91	1.634,64	1.838,97	232,05	1.559,44	1.754,37	120,19	1.484,24	1.669,77
	V	30.366	1.525,93	2.429,28	2.732,94																		
	VI	30.898	1.589,24	2.471,84	2.780,82																		

Anzahl Kinderfreibeträge (nur Steuerklassen I–IV)

Lohn/ Gehalt bis	Steuerklasse	Lohn-steuer	ohne Kinderfreibetrag			Anzahl Kinderfreibeträge (nur Steuerklassen I–IV) 0,5			1,0			1,5			2,0			2,5			3,0		
			SolZ 5,5%	Kirchensteuer 8%	9%	SolZ 5,5%	Kirchensteuer 8%	9%	SolZ 5,5%	Kirchensteuer 8%	9%	SolZ 5,5%	Kirchensteuer 8%	9%	SolZ 5,5%	Kirchensteuer 8%	9%	SolZ 5,5%	Kirchensteuer 8%	9%	SolZ 5,5%	Kirchensteuer 8%	9%
96.155,99 (West)	I	**24.114**	*781,94*	1.929,12	2.170,26	*558,22*	1.778,72	2.001,06	*334,50*	1.628,32	1.831,86	*110,78*	1.477,92	1.662,66	–	1.327,52	1.493,46	–	1.179,68	1.327,14	–	1.037,92	1.167,
	II	**22.325**	*569,05*	1.786,00	2.009,25	*345,33*	1.635,60	1.840,05	*121,61*	1.485,20	1.670,85	–	1.334,80	1.501,65	–	1.186,64	1.334,97	–	1.044,64	1.175,22	–	908,72	1.022,
	III	**16.044**	–	1.283,52	1.443,96	–	1.165,28	1.310,94	–	1.050,24	1.181,52	–	938,24	1.055,52	–	829,28	932,94	–	723,36	813,78	–	620,64	698,
	IV	**24.114**	*781,94*	1.929,12	2.170,26	*670,08*	1.853,92	2.085,66	*558,22*	1.778,72	2.001,06	*446,36*	1.703,52	1.916,46	*334,50*	1.628,32	1.831,86	*222,64*	1.553,12	1.747,26	*110,78*	1.477,92	1.662,
	V	**30.287**	*1.516,53*	2.422,96	2.725,83																		
	VI	**30.819**	*1.579,84*	2.465,52	2.773,71																		
96.155,99 (Ost)	I	**24.208**	*793,13*	1.936,64	2.178,72	*569,41*	1.786,24	2.009,52	*345,69*	1.635,84	1.840,32	*121,97*	1.485,44	1.671,12	–	1.335,04	1.501,92	–	1.186,88	1.335,24	–	1.044,80	1.175,
	II	**22.419**	*580,24*	1.793,52	2.017,71	*356,52*	1.643,12	1.848,51	*132,80*	1.492,72	1.679,31	–	1.342,32	1.510,11	–	1.193,92	1.343,16	–	1.051,52	1.182,96	–	915,36	1.029,
	III	**16.118**	–	1.289,44	1.450,62	–	1.171,20	1.317,60	–	1.055,84	1.187,82	–	943,68	1.061,64	–	834,56	938,88	–	728,64	819,72	–	625,76	703,
	IV	**24.208**	*793,13*	1.936,64	2.178,72	*681,27*	1.861,44	2.094,12	*569,41*	1.786,24	2.009,52	*457,55*	1.711,04	1.924,92	*345,69*	1.635,84	1.840,32	*233,83*	1.560,64	1.755,72	*121,97*	1.485,44	1.671,
	V	**30.381**	*1.527,72*	2.430,48	2.734,29																		
	VI	**30.913**	*1.591,03*	2.473,04	2.782,17																		
96.191,99 (West)	I	**24.129**	*783,73*	1.930,32	2.171,61	*560,01*	1.779,92	2.002,41	*336,29*	1.629,52	1.833,21	*112,69*	1.479,20	1.664,10	–	1.328,80	1.494,90	–	1.180,80	1.328,40	–	1.039,04	1.168,
	II	**22.340**	*570,84*	1.787,20	2.010,60	*347,12*	1.636,80	1.841,40	*123,40*	1.486,40	1.672,20	–	1.336,00	1.503,00	–	1.187,84	1.336,32	–	1.045,76	1.176,48	–	909,84	1.023,
	III	**16.056**	–	1.284,48	1.445,04	–	1.166,24	1.312,02	–	1.051,04	1.182,42	–	939,04	1.056,42	–	830,08	933,84	–	724,16	814,68	–	621,44	699,
	IV	**24.129**	*783,73*	1.930,32	2.171,61	*671,87*	1.855,12	2.087,01	*560,01*	1.779,92	2.002,41	*448,15*	1.704,72	1.917,81	*336,29*	1.629,52	1.833,21	*224,43*	1.554,32	1.748,61	*112,69*	1.479,20	1.664,
	V	**30.303**	*1.518,44*	2.424,24	2.727,27																		
	VI	**30.834**	*1.581,62*	2.466,72	2.775,06																		
96.191,99 (Ost)	I	**24.223**	*794,92*	1.937,84	2.180,07	*571,20*	1.787,44	2.010,87	*347,48*	1.637,04	1.841,67	*123,76*	1.486,64	1.672,47	–	1.336,24	1.503,27	–	1.188,08	1.336,59	–	1.045,92	1.176,
	II	**22.434**	*582,02*	1.794,72	2.019,06	*358,30*	1.644,32	1.849,86	*134,58*	1.493,92	1.680,66	–	1.343,52	1.511,46	–	1.195,04	1.344,42	–	1.052,64	1.184,22	–	916,40	1.030,
	III	**16.130**	–	1.290,40	1.451,70	–	1.172,00	1.318,50	–	1.056,80	1.188,90	–	944,64	1.062,72	–	835,52	939,96	–	729,44	820,62	–	626,56	704,
	IV	**24.223**	*794,92*	1.937,84	2.180,07	*683,06*	1.862,64	2.095,47	*571,20*	1.787,44	2.010,87	*459,34*	1.712,24	1.926,27	*347,48*	1.637,04	1.841,67	*235,62*	1.561,84	1.757,07	*123,76*	1.486,64	1.672,
	V	**30.396**	*1.529,50*	2.431,68	2.735,64																		
	VI	**30.928**	*1.592,81*	2.474,24	2.783,52																		
96.227,99 (West)	I	**24.144**	*785,51*	1.931,52	2.172,96	*561,79*	1.781,12	2.003,76	*338,19*	1.630,80	1.834,65	*114,47*	1.480,40	1.665,45	–	1.330,00	1.496,25	–	1.182,00	1.329,75	–	1.040,16	1.170,
	II	**22.355**	*572,62*	1.788,40	2.011,95	*348,90*	1.638,00	1.842,75	*125,18*	1.487,60	1.673,55	–	1.337,20	1.504,35	–	1.189,04	1.337,67	–	1.046,88	1.177,74	–	910,88	1.024,
	III	**16.068**	–	1.285,44	1.446,12	–	1.167,20	1.313,10	–	1.052,00	1.183,50	–	940,00	1.057,50	–	831,04	934,92	–	725,12	815,76	–	622,24	700,
	IV	**24.144**	*785,51*	1.931,52	2.172,96	*673,65*	1.856,32	2.088,36	*561,79*	1.781,12	2.003,76	*450,05*	1.706,00	1.919,25	*338,19*	1.630,80	1.834,65	*226,33*	1.555,60	1.750,05	*114,47*	1.480,40	1.665,
	V	**30.318**	*1.520,22*	2.425,44	2.728,62																		
	VI	**30.849**	*1.583,41*	2.467,92	2.776,41																		
96.227,99 (Ost)	I	**24.238**	*796,70*	1.939,04	2.181,42	*572,98*	1.788,64	2.012,22	*349,26*	1.638,24	1.843,02	*125,54*	1.487,84	1.673,82	–	1.337,44	1.504,62	–	1.189,20	1.337,85	–	1.047,04	1.177,
	II	**22.449**	*583,81*	1.795,92	2.020,41	*360,09*	1.645,52	1.851,21	*136,37*	1.495,12	1.682,01	–	1.344,72	1.512,81	–	1.196,24	1.345,77	–	1.053,76	1.185,48	–	917,52	1.032,
	III	**16.142**	–	1.291,36	1.452,78	–	1.172,96	1.319,58	–	1.057,76	1.189,98	–	945,44	1.063,62	–	836,32	940,86	–	730,24	821,52	–	627,36	705,
	IV	**24.238**	*796,70*	1.939,04	2.181,42	*684,84*	1.863,84	2.096,82	*572,98*	1.788,64	2.012,22	*461,12*	1.713,44	1.927,62	*349,26*	1.638,24	1.843,02	*237,40*	1.563,04	1.758,42	*125,54*	1.487,84	1.673,
	V	**30.411**	*1.531,29*	2.432,88	2.736,99																		
	VI	**30.943**	*1.594,60*	2.475,44	2.784,87																		
96.263,99 (West)	I	**24.160**	*787,42*	1.932,80	2.174,40	*563,70*	1.782,40	2.005,20	*339,98*	1.632,00	1.836,00	*116,26*	1.481,60	1.666,80	–	1.331,20	1.497,60	–	1.183,20	1.331,10	–	1.041,28	1.171,
	II	**22.370**	*574,41*	1.789,60	2.013,30	*350,69*	1.639,20	1.844,10	*126,97*	1.488,80	1.674,90	–	1.338,48	1.505,79	–	1.190,16	1.338,93	–	1.048,00	1.179,00	–	911,92	1.025,
	III	**16.080**	–	1.286,40	1.447,20	–	1.168,16	1.314,18	–	1.052,96	1.184,58	–	940,80	1.058,40	–	831,84	935,82	–	725,92	816,66	–	623,04	700,
	IV	**24.160**	*787,42*	1.932,80	2.174,40	*675,56*	1.857,60	2.089,80	*563,70*	1.782,40	2.005,20	*451,84*	1.707,20	1.920,60	*339,98*	1.632,00	1.836,00	*228,12*	1.556,80	1.751,40	*116,26*	1.481,60	1.666,
	V	**30.333**	*1.522,01*	2.426,64	2.729,97																		
	VI	**30.865**	*1.585,31*	2.469,20	2.777,85																		
96.263,99 (Ost)	I	**24.253**	*798,49*	1.940,24	2.182,77	*574,77*	1.789,84	2.013,57	*351,05*	1.639,44	1.844,37	*127,33*	1.489,04	1.675,17	–	1.338,64	1.505,97	–	1.190,40	1.339,20	–	1.048,16	1.179,
	II	**22.464**	*585,59*	1.797,12	2.021,76	*361,87*	1.646,72	1.852,56	*138,15*	1.496,32	1.683,36	–	1.345,92	1.514,16	–	1.197,44	1.347,12	–	1.054,88	1.186,74	–	918,56	1.033,
	III	**16.154**	–	1.292,32	1.453,86	–	1.173,92	1.320,66	–	1.058,56	1.190,88	–	946,40	1.064,70	–	837,28	941,94	–	731,20	822,60	–	628,16	706,
	IV	**24.253**	*798,49*	1.940,24	2.182,77	*686,63*	1.865,04	2.098,17	*574,77*	1.789,84	2.013,57	*462,91*	1.714,64	1.928,97	*351,05*	1.639,44	1.844,37	*239,19*	1.564,24	1.759,77	*127,33*	1.489,04	1.675,
	V	**30.426**	*1.533,07*	2.434,08	2.738,34																		
	VI	**30.958**	*1.596,38*	2.476,64	2.786,22																		
96.299,99 (West)	I	**24.175**	*789,20*	1.934,00	2.175,75	*565,48*	1.783,60	2.006,55	*341,76*	1.633,20	1.837,35	*118,04*	1.482,80	1.668,15	–	1.332,40	1.498,95	–	1.184,32	1.332,36	–	1.042,40	1.172,
	II	**22.385**	*576,19*	1.790,80	2.014,65	*352,59*	1.640,48	1.845,54	*128,87*	1.490,08	1.676,34	–	1.339,68	1.507,14	–	1.191,36	1.340,28	–	1.049,12	1.180,26	–	913,04	1.027,
	III	**16.092**	–	1.287,36	1.448,28	–	1.169,12	1.315,26	–	1.053,92	1.185,66	–	941,76	1.059,48	–	832,64	936,72	–	726,72	817,56	–	623,84	701,8
	IV	**24.175**	*789,20*	1.934,00	2.175,75	*677,34*	1.858,80	2.091,15	*565,48*	1.783,60	2.006,55	*453,62*	1.708,40	1.921,95	*341,76*	1.633,20	1.837,35	*229,90*	1.558,00	1.752,75	*118,04*	1.482,80	1.668,1
	V	**30.348**	*1.523,79*	2.427,84	2.731,32																		
	VI	**30.880**	*1.587,10*	2.470,40	2.779,20																		
96.299,99 (Ost)	I	**24.268**	*800,27*	1.941,44	2.184,12	*576,55*	1.791,04	2.014,92	*352,83*	1.640,64	1.845,72	*129,23*	1.490,32	1.676,61	–	1.339,92	1.507,41	–	1.191,60	1.340,55	–	1.049,28	1.180,4
	II	**22.479**	*587,38*	1.798,32	2.023,11	*363,66*	1.647,92	1.853,91	*139,94*	1.497,52	1.684,71	–	1.347,12	1.515,51	–	1.198,56	1.348,38	–	1.056,00	1.188,00	–	919,68	1.034,6
	III	**16.166**	–	1.293,28	1.454,94	–	1.174,88	1.321,74	–	1.059,52	1.191,96	–	947,20	1.065,60	–	838,08	942,84	–	732,00	823,50	–	628,96	707,5
	IV	**24.268**	*800,27*	1.941,44	2.184,12	*688,41*	1.866,24	2.099,52	*576,55*	1.791,04	2.014,92	*464,69*	1.715,84	1.930,32	*352,83*	1.640,64	1.845,72	*240,97*	1.565,44	1.761,12	*129,23*	1.490,32	1.676,6
	V	**30.442**	*1.534,98*	2.435,36	2.739,78																		
	VI	**30.973**	*1.598,17*	2.477,84	2.787,57																		
96.335,99 (West)	I	**24.190**	*790,99*	1.935,20	2.177,10	*567,27*	1.784,80	2.007,90	*343,55*	1.634,40	1.838,70	*119,83*	1.484,00	1.669,50	–	1.333,60	1.500,30	–	1.185,52	1.333,71	–	1.043,52	1.173,9
	II	**22.401**	*578,10*	1.792,08	2.016,09	*354,38*	1.641,68	1.846,89	*130,66*	1.491,28	1.677,69	–	1.340,88	1.508,49	–	1.192,48	1.341,54	–	1.050,24	1.181,52	–	914,08	1.028,3
	III	**16.104**	–	1.288,32	1.449,36	–	1.169,92	1.316,16	–	1.054,72	1.186,56	–	942,56	1.060,38	–	833,60	937,80	–	727,52	818,46	–	624,64	702,7
	IV	**24.190**	*790,99*	1.935,20	2.177,10	*679,13*	1.860,00	2.092,50	*567,27*	1.784,80	2.007,90	*455,41*	1.709,60	1.923,30	*343,55*	1.634,40	1.838,70	*231,69*	1.559,20	1.754,10	*119,83*	1.484,00	1.669,5
	V	**30.363**	*1.525,58*	2.429,04	2.732,67																		
	VI	**30.895**	*1.588,88*	2.471,60	2.780,55																		
96.335,99 (Ost)	I	**24.283**	*802,06*	1.942,64	2.185,47	*578,34*	1.792,24	2.016,27	*354,73*	1.641,92	1.847,16	*131,01*	1.491,52	1.677,96	–	1.341,12	1.508,76	–	1.192,72	1.341,81	–	1.050,40	1.181,7
	II	**22.494**	*589,16*	1.799,52	2.024,46	*365,44*	1.649,12	1.855,26	*141,72*	1.498,72	1.686,06	–	1.348,32	1.516,86	–	1.199,76	1.349,73	–	1.057,12	1.189,26	–	920,72	1.035,8
	III	**16.178**	–	1.294,24	1.456,02	–	1.175,84	1.322,82	–	1.060,48	1.193,04	–	948,16	1.066,68	–	838,88	943,74	–	732,80	824,40	–	629,76	708,4
	IV	**24.283**	*802,06*	1.942,64	2.185,47	*690,20*	1.867,44	2.100,87	*578,34*	1.792,24	2.016,27	*466,59*	1.717,12	1.931,76	*354,73*	1.641,92	1.847,16	*242,87*	1.566,72	1.762,56	*131,01*	1.491,52	1.677,9
	V	**30.457**	*1.536,76*	2.436,56	2.741,13																		
	VI	**30.988**	*1.599,95*	2.479,04	2.788,92																		
96.371,99 (West)	I	**24.205**	*792,77*	1.936,40	2.178,45	*569,05*	1.786,00	2.009,25	*345,33*	1.635,60	1.840,05	*121,61*	1.485,20	1.670,85	–	1.334,80	1.501,65	–	1.186,64	1.334,97	–	1.044,64	1.175,2
	II	**22.416**	*579,88*	1.793,28	2.017,44	*356,16*	1.642,88	1.848,24	*132,44*	1.492,48	1.679,04	–	1.342,08	1.509,84	–	1.193,68	1.342,89	–	1.051,36	1.182,78	–	915,12	1.029,5
	III	**16.116**	–	1.289,28	1.450,44	–	1.170,88	1.317,24	–	1.055,68	1.187,64	–	943,52	1.061,46	–	834,40	938,70	–	728,48	819,54	–	625,60	703,8
	IV	**24.205**	*792,77*	1.936,40	2.178,45	*680,91*	1.861,20	2.093,85	*569,05*	1.786,00	2.009,25	*457,19*	1.710,80	1.924,65	*345,33*	1.635,60	1.840,05	*233,47*	1.560,40	1.755,45	*121,61*	1.485,20	1.670,8
	V	**30.378**	*1.527,36*	2.430,24	2.734,02																		
	VI	**30.910**	*1.590,67*	2.472,80	2.781,90																		
96.371,99 (Ost)	I	**24.299**	*803,96*	1.943,92	2.186,91	*580,24*	1.793,52	2.017,71	*356,52*	1.643,12	1.848,51	*132,80*	1.492,72	1.679,31	–	1.342,32	1.510,11	–	1.193,92	1.343,16	–	1.051,52	1.182,9
	II	**22.509**	*590,95*	1.800,72	2.025,81	*367,23*	1.650,32	1.856,61	*143,51*	1.499,92	1.687,41	–	1.349,60	1.518,30	–	1.200,96	1.351,08	–	1.058,24	1.190,52	–	921,76	1.036,9
	III	**16.190**	–	1.295,20	1.457,10	–	1.176,80	1.323,90	–	1.061,44	1.194,12	–	949,12	1.067,76	–	839,84	944,82	–	733,60	825,30	–	630,56	709,3
	IV	**24.299**	*803,96*	1.943,92	2.186,91	*692,10*	1.868,72	2.102,31	*580,24*	1.793,52	2.017,71	*468,38*	1.718,32	1.933,11	*356,52*	1.643,12	1.848,51	*244,66*	1.567,92	1.763,91	*132,80*	1.492,72	1.679,3
	V	**30.472**	*1.538,55*	2.437,76	2.742,48																		
	VI	**31.004**	*1.601,85*	2.480,32	2.790,36																		

SolZ/KiSt lt. Tabelle nicht für Sonstige Bezüge anwendbar.

Lohn/ Gehalt bis	Steuerklasse	Lohn-steuer	ohne Kinderfreibetrag SolZ 5,5%	Kirchensteuer 8%	9%	0,5 SolZ 5,5%	Kirchensteuer 8%	9%	1,0 SolZ 5,5%	Kirchensteuer 8%	9%	1,5 SolZ 5,5%	Kirchensteuer 8%	9%	2,0 SolZ 5,5%	Kirchensteuer 8%	9%	2,5 SolZ 5,5%	Kirchensteuer 8%	9%	3,0 SolZ 5,5%	Kirchensteuer 8%	9%
6.407,99 (West)	I	24.220	794,56	1.937,60	2.179,80	570,84	1.787,20	2.010,60	347,12	1.636,80	1.841,40	123,40	1.486,40	1.672,20	-	1.336,00	1.503,00	-	1.187,84	1.336,32	-	1.045,76	1.176,48
	II	22.431	581,67	1.794,48	2.018,79	357,95	1.644,08	1.849,59	134,23	1.493,68	1.680,39	-	1.343,28	1.511,19	-	1.194,88	1.344,24	-	1.052,48	1.184,04	-	916,24	1.030,77
	III	16.128	-	1.290,24	1.451,52	-	1.171,84	1.318,32	-	1.056,64	1.188,72	-	944,32	1.062,36	-	835,36	939,78	-	729,28	820,44	-	626,40	704,70
	IV	24.220	794,56	1.937,60	2.179,80	682,70	1.862,40	2.095,20	570,84	1.787,20	2.010,60	458,98	1.712,00	1.926,00	347,12	1.636,80	1.841,40	235,26	1.561,60	1.756,80	123,40	1.486,40	1.672,20
	V	30.393	1.529,15	2.431,44	2.735,37																		
	VI	30.925	1.592,45	2.474,00	2.783,25																		
6.407,99 (Ost)	I	24.314	805,74	1.945,12	2.188,26	582,02	1.794,72	2.019,06	358,30	1.644,32	1.849,86	134,58	1.493,92	1.680,66	-	1.343,52	1.511,46	-	1.195,04	1.344,42	-	1.052,64	1.184,22
	II	22.524	592,73	1.801,92	2.027,16	369,13	1.651,60	1.858,05	145,41	1.501,20	1.688,85	-	1.350,80	1.519,65	-	1.202,08	1.352,34	-	1.059,36	1.191,78	-	922,88	1.038,24
	III	16.202	-	1.296,16	1.458,18	-	1.177,76	1.324,98	-	1.062,24	1.195,02	-	949,92	1.068,66	-	840,64	945,72	-	734,56	826,38	-	631,36	710,28
	IV	24.314	805,74	1.945,12	2.188,26	693,88	1.869,92	2.103,66	582,02	1.794,72	2.019,06	470,16	1.719,52	1.934,46	358,30	1.644,32	1.849,86	246,44	1.569,12	1.765,26	134,58	1.493,92	1.680,66
	V	30.487	1.540,33	2.438,96	2.743,83																		
	VI	31.019	1.603,64	2.481,52	2.791,71																		
6.443,99 (West)	I	24.235	796,34	1.938,80	2.181,15	572,62	1.788,40	2.011,95	348,90	1.638,00	1.842,75	125,18	1.487,60	1.673,55	-	1.337,20	1.504,35	-	1.189,04	1.337,67	-	1.046,88	1.177,74
	II	22.446	583,45	1.795,68	2.020,14	359,73	1.645,28	1.850,94	136,01	1.494,88	1.681,74	-	1.344,48	1.512,54	-	1.196,00	1.345,50	-	1.053,60	1.185,30	-	917,28	1.031,94
	III	16.140	-	1.291,20	1.452,60	-	1.172,80	1.319,40	-	1.057,44	1.189,62	-	945,28	1.063,44	-	836,16	940,68	-	730,08	821,34	-	627,20	705,60
	IV	24.235	796,34	1.938,80	2.181,15	684,48	1.863,60	2.096,55	572,62	1.788,40	2.011,95	460,76	1.713,20	1.927,35	348,90	1.638,00	1.842,75	237,04	1.562,80	1.758,15	125,18	1.487,60	1.673,55
	V	30.408	1.530,93	2.432,64	2.736,72																		
	VI	30.940	1.594,24	2.475,20	2.784,60																		
6.443,99 (Ost)	I	24.329	807,53	1.946,32	2.189,61	583,81	1.795,92	2.020,41	360,09	1.645,52	1.851,21	136,37	1.495,12	1.682,01	-	1.344,72	1.512,81	-	1.196,24	1.345,77	-	1.053,76	1.185,48
	II	22.540	594,64	1.803,20	2.028,60	370,92	1.652,80	1.859,40	147,20	1.502,40	1.690,20	-	1.352,00	1.521,00	-	1.203,28	1.353,69	-	1.060,48	1.193,04	-	923,92	1.039,41
	III	16.216	-	1.297,28	1.459,44	-	1.178,72	1.326,06	-	1.063,20	1.196,10	-	950,88	1.069,74	-	841,60	946,80	-	735,36	827,28	-	632,16	711,18
	IV	24.329	807,53	1.946,32	2.189,61	695,67	1.871,12	2.105,01	583,81	1.795,92	2.020,41	471,95	1.720,72	1.935,81	360,09	1.645,52	1.851,21	248,23	1.570,32	1.766,61	136,37	1.495,12	1.682,01
	V	30.502	1.542,12	2.440,16	2.745,18																		
	VI	31.034	1.605,42	2.482,72	2.793,06																		
6.479,99 (West)	I	24.250	798,13	1.940,00	2.182,50	574,41	1.789,60	2.013,30	350,69	1.639,20	1.844,10	126,97	1.488,80	1.674,90	-	1.338,48	1.505,79	-	1.190,16	1.338,93	-	1.048,00	1.179,00
	II	22.461	585,24	1.796,88	2.021,49	361,52	1.646,48	1.852,29	137,80	1.496,08	1.683,09	-	1.345,68	1.513,89	-	1.197,20	1.346,85	-	1.054,72	1.186,56	-	918,40	1.033,20
	III	16.152	-	1.292,16	1.453,68	-	1.173,76	1.320,48	-	1.058,40	1.190,70	-	946,24	1.064,52	-	836,96	941,58	-	730,88	822,24	-	628,00	706,50
	IV	24.250	798,13	1.940,00	2.182,50	686,27	1.864,80	2.097,90	574,41	1.789,60	2.013,30	462,55	1.714,40	1.928,70	350,69	1.639,20	1.844,10	238,83	1.564,00	1.759,50	126,97	1.488,80	1.674,90
	V	30.424	1.532,83	2.433,92	2.738,16																		
	VI	30.955	1.596,02	2.476,40	2.785,95																		
6.479,99 (Ost)	I	24.344	809,31	1.947,52	2.190,96	585,59	1.797,12	2.021,76	361,87	1.646,72	1.852,56	138,15	1.496,32	1.683,36	-	1.345,92	1.514,16	-	1.197,44	1.347,12	-	1.054,88	1.186,74
	II	22.555	596,42	1.804,40	2.029,95	372,70	1.654,00	1.860,75	148,98	1.503,60	1.691,55	-	1.353,20	1.522,35	-	1.204,48	1.355,04	-	1.061,68	1.194,39	-	925,04	1.040,67
	III	16.228	-	1.298,24	1.460,52	-	1.179,52	1.326,96	-	1.064,16	1.197,18	-	951,68	1.070,64	-	842,40	947,70	-	736,16	828,18	-	633,12	712,26
	IV	24.344	809,31	1.947,52	2.190,96	697,45	1.872,32	2.106,36	585,59	1.797,12	2.021,76	473,73	1.721,92	1.937,16	361,87	1.646,72	1.852,56	250,01	1.571,52	1.767,96	138,15	1.496,32	1.683,36
	V	30.517	1.543,90	2.441,36	2.746,53																		
	VI	31.049	1.607,21	2.483,92	2.794,41																		
6.515,99 (West)	I	24.265	799,91	1.941,20	2.183,85	576,19	1.790,80	2.014,65	352,59	1.640,48	1.845,54	128,87	1.490,08	1.676,34	-	1.339,68	1.507,14	-	1.191,36	1.340,28	-	1.049,12	1.180,26
	II	22.476	587,02	1.798,08	2.022,84	363,30	1.647,68	1.853,64	139,58	1.497,28	1.684,44	-	1.346,88	1.515,24	-	1.198,32	1.348,11	-	1.055,84	1.187,82	-	919,44	1.034,37
	III	16.164	-	1.293,12	1.454,76	-	1.174,72	1.321,56	-	1.059,36	1.191,78	-	947,04	1.065,42	-	837,92	942,66	-	731,84	823,32	-	628,80	707,40
	IV	24.265	799,91	1.941,20	2.183,85	688,05	1.866,00	2.099,25	576,19	1.790,80	2.014,65	464,33	1.715,60	1.930,05	352,59	1.640,48	1.845,54	240,73	1.565,28	1.760,94	128,87	1.490,08	1.676,34
	V	30.439	1.534,62	2.435,12	2.739,51																		
	VI	30.970	1.597,81	2.477,60	2.787,30																		
6.515,99 (Ost)	I	24.359	811,10	1.948,72	2.192,31	587,38	1.798,32	2.023,11	363,66	1.647,92	1.853,91	139,94	1.497,52	1.684,71	-	1.347,12	1.515,51	-	1.198,56	1.348,38	-	1.056,00	1.188,00
	II	22.570	598,21	1.805,60	2.031,30	374,49	1.655,20	1.862,10	150,77	1.504,80	1.692,90	-	1.354,40	1.523,70	-	1.205,60	1.356,30	-	1.062,80	1.195,65	-	926,08	1.041,84
	III	16.240	-	1.299,20	1.461,60	-	1.180,48	1.328,04	-	1.064,96	1.198,08	-	952,64	1.071,72	-	843,20	948,60	-	736,96	829,08	-	633,92	713,16
	IV	24.359	811,10	1.948,72	2.192,31	699,24	1.873,52	2.107,71	587,38	1.798,32	2.023,11	475,52	1.723,12	1.938,51	363,66	1.647,92	1.853,91	251,80	1.572,72	1.769,31	139,94	1.497,52	1.684,71
	V	30.532	1.545,69	2.442,56	2.747,88																		
	VI	31.064	1.608,99	2.485,12	2.795,76																		
6.551,99 (West)	I	24.280	801,70	1.942,40	2.185,20	578,10	1.792,08	2.016,09	354,38	1.641,68	1.846,89	130,66	1.491,28	1.677,69	-	1.340,88	1.508,49	-	1.192,48	1.341,54	-	1.050,24	1.181,52
	II	22.491	588,81	1.799,28	2.024,19	365,09	1.648,88	1.854,99	141,37	1.498,48	1.685,79	-	1.348,16	1.516,68	-	1.199,52	1.349,46	-	1.056,96	1.189,08	-	920,48	1.035,54
	III	16.176	-	1.294,08	1.455,84	-	1.175,68	1.322,64	-	1.060,32	1.192,86	-	948,00	1.066,50	-	838,72	943,56	-	732,64	824,22	-	629,60	708,30
	IV	24.280	801,70	1.942,40	2.185,20	689,96	1.867,28	2.100,69	578,10	1.792,08	2.016,09	466,24	1.716,88	1.931,49	354,38	1.641,68	1.846,89	242,52	1.566,48	1.762,29	130,66	1.491,28	1.677,69
	V	30.454	1.536,40	2.436,32	2.740,86																		
	VI	30.985	1.599,59	2.478,80	2.788,65																		
6.551,99 (Ost)	I	24.374	812,88	1.949,92	2.193,66	589,16	1.799,52	2.024,46	365,44	1.649,12	1.855,26	141,72	1.498,72	1.686,06	-	1.348,32	1.516,86	-	1.199,76	1.349,73	-	1.057,12	1.189,26
	II	22.585	599,99	1.806,80	2.032,65	376,27	1.656,40	1.863,45	152,55	1.506,00	1.694,25	-	1.355,60	1.525,05	-	1.206,80	1.357,65	-	1.063,92	1.196,91	-	927,20	1.043,10
	III	16.252	-	1.300,16	1.462,68	-	1.181,44	1.329,12	-	1.065,92	1.199,16	-	953,44	1.072,62	-	844,16	949,68	-	737,92	830,16	-	634,72	714,06
	IV	24.374	812,88	1.949,92	2.193,66	701,02	1.874,72	2.109,06	589,16	1.799,52	2.024,46	477,30	1.724,32	1.939,86	365,44	1.649,12	1.855,26	253,58	1.573,92	1.770,66	141,72	1.498,72	1.686,06
	V	30.547	1.547,47	2.443,76	2.749,23																		
	VI	31.079	1.610,78	2.486,32	2.797,11																		
6.587,99 (West)	I	24.296	803,60	1.943,68	2.186,64	579,88	1.793,28	2.017,44	356,16	1.642,88	1.848,24	132,44	1.492,48	1.679,04	-	1.342,08	1.509,84	-	1.193,68	1.342,89	-	1.051,36	1.182,78
	II	22.506	590,59	1.800,48	2.025,54	366,87	1.650,08	1.856,34	143,27	1.499,76	1.687,23	-	1.349,36	1.518,03	-	1.200,72	1.350,81	-	1.058,08	1.190,34	-	921,60	1.036,80
	III	16.188	-	1.295,04	1.456,92	-	1.176,64	1.323,72	-	1.061,12	1.193,76	-	948,80	1.067,40	-	839,68	944,64	-	733,44	825,12	-	630,40	709,20
	IV	24.296	803,60	1.943,68	2.186,64	691,74	1.868,48	2.102,04	579,88	1.793,28	2.017,44	468,02	1.718,08	1.932,84	356,16	1.642,88	1.848,24	244,30	1.567,68	1.763,64	132,44	1.492,48	1.679,04
	V	30.469	1.538,19	2.437,52	2.742,21																		
	VI	31.001	1.601,50	2.480,08	2.790,09																		
6.587,99 (Ost)	I	24.389	814,67	1.951,12	2.195,01	590,95	1.800,72	2.025,81	367,23	1.650,32	1.856,61	143,51	1.499,92	1.687,41	-	1.349,60	1.518,30	-	1.200,96	1.351,08	-	1.058,24	1.190,52
	II	22.600	601,78	1.808,00	2.034,00	378,06	1.657,60	1.864,80	154,34	1.507,20	1.695,60	-	1.356,80	1.526,40	-	1.208,00	1.359,00	-	1.065,04	1.198,17	-	928,24	1.044,27
	III	16.264	-	1.301,12	1.463,76	-	1.182,40	1.330,20	-	1.066,88	1.200,24	-	954,40	1.073,70	-	844,96	950,58	-	738,72	831,06	-	635,52	714,96
	IV	24.389	814,67	1.951,12	2.195,01	702,81	1.875,92	2.110,41	590,95	1.800,72	2.025,81	479,09	1.725,52	1.941,21	367,23	1.650,32	1.856,61	255,37	1.575,12	1.772,01	143,51	1.499,92	1.687,41
	V	30.563	1.549,38	2.445,04	2.750,67																		
	VI	31.094	1.612,56	2.487,52	2.798,46																		
96.623,99 (West)	I	24.311	805,39	1.944,88	2.187,99	581,67	1.794,48	2.018,79	357,95	1.644,08	1.849,59	134,23	1.493,68	1.680,39	-	1.343,28	1.511,19	-	1.194,88	1.344,24	-	1.052,48	1.184,04
	II	22.522	592,50	1.801,76	2.026,98	368,78	1.651,36	1.857,78	145,06	1.500,96	1.688,58	-	1.350,56	1.519,38	-	1.201,84	1.352,07	-	1.059,20	1.191,60	-	922,64	1.037,97
	III	16.200	-	1.296,00	1.458,00	-	1.177,44	1.324,62	-	1.062,08	1.194,84	-	949,76	1.068,48	-	840,48	945,54	-	734,24	826,02	-	631,20	710,10
	IV	24.311	805,39	1.944,88	2.187,99	693,53	1.869,68	2.103,39	581,67	1.794,48	2.018,79	469,81	1.719,28	1.934,19	357,95	1.644,08	1.849,59	246,09	1.568,88	1.764,99	134,23	1.493,68	1.680,39
	V	30.484	1.539,97	2.438,72	2.743,56																		
	VI	31.016	1.603,28	2.481,28	2.791,44																		
96.623,99 (Ost)	I	24.404	816,45	1.952,32	2.196,36	592,73	1.801,92	2.027,16	369,13	1.651,60	1.858,05	145,41	1.501,20	1.688,85	-	1.350,80	1.519,65	-	1.202,08	1.352,34	-	1.059,36	1.191,78
	II	22.615	603,56	1.809,20	2.035,35	379,84	1.658,80	1.866,15	156,12	1.508,40	1.696,95	-	1.358,00	1.527,75	-	1.209,12	1.360,26	-	1.066,16	1.199,43	-	929,28	1.045,44
	III	16.276	-	1.302,08	1.464,84	-	1.183,36	1.331,28	-	1.067,84	1.201,32	-	955,36	1.074,78	-	845,92	951,66	-	739,52	831,96	-	636,32	715,86
	IV	24.404	816,45	1.952,32	2.196,36	704,59	1.877,12	2.111,76	592,73	1.801,92	2.027,16	480,87	1.726,72	1.942,56	369,13	1.651,60	1.858,05	257,27	1.576,40	1.773,45	145,41	1.501,20	1.688,85
	V	30.578	1.551,16	2.446,24	2.752,02																		
	VI	31.109	1.614,35	2.488,72	2.799,81																		

Anzahl Kinderfreibeträge (nur Steuerklassen I–IV)

SolZ/KiSt lt. Tabelle nicht für Sonstige Bezüge anwendbar.

Lohn/ Gehalt bis	Steuerklasse	Lohn-steuer	ohne Kinderfreibetrag			Anzahl Kinderfreibeträge (nur Steuerklassen I–IV) 0,5			1,0			1,5			2,0			2,5			3,0		
			SolZ 5,5%	Kirchensteuer 8%	9%	SolZ 5,5%	Kirchensteuer 8%	9%	SolZ 5,5%	Kirchensteuer 8%	9%	SolZ 5,5%	Kirchensteuer 8%	9%	SolZ 5,5%	Kirchensteuer 8%	9%	SolZ 5,5%	Kirchensteuer 8%	9%	SolZ 5,5%	Kirchensteuer 8%	9%
96.659,99 (West)	I	24.326	807,17	1.946,08	2.189,34	583,45	1.795,68	2.020,14	359,73	1.645,28	1.850,94	136,01	1.494,88	1.681,74	-	1.344,48	1.512,54	-	1.196,00	1.345,50	-	1.053,60	1.185
	II	22.537	594,28	1.802,96	2.028,33	370,56	1.652,56	1.859,13	146,84	1.502,16	1.689,93	-	1.351,76	1.520,73	-	1.203,04	1.353,42	-	1.060,32	1.192,86	-	923,76	1.039
	III	16.212	-	1.296,96	1.459,08	-	1.178,40	1.325,70	-	1.063,04	1.195,92	-	950,56	1.069,38	-	841,28	946,44	-	735,20	827,10	-	632,00	711
	IV	24.326	807,17	1.946,08	2.189,34	695,31	1.870,88	2.104,74	583,45	1.795,68	2.020,14	471,59	1.720,48	1.935,54	359,73	1.645,28	1.850,94	247,87	1.570,08	1.766,34	136,01	1.494,88	1.681
	V	30.499	1.541,76	2.439,92	2.744,91																		
	VI	31.031	1.605,07	2.482,48	2.792,79																		
96.659,99 (Ost)	I	24.419	818,24	1.953,52	2.197,71	594,64	1.803,20	2.028,60	370,92	1.652,80	1.859,40	147,20	1.502,40	1.690,20	-	1.352,00	1.521,00	-	1.203,28	1.353,69	-	1.060,48	1.193
	II	22.630	605,35	1.810,40	2.036,70	381,63	1.660,00	1.867,50	157,91	1.509,60	1.698,30	-	1.359,28	1.529,19	-	1.210,32	1.361,61	-	1.067,28	1.200,69	-	930,40	1.046
	III	16.288	-	1.303,04	1.465,92	-	1.184,32	1.332,36	-	1.068,64	1.202,22	-	956,16	1.075,68	-	846,72	952,56	-	740,32	832,86	-	637,12	716
	IV	24.419	818,24	1.953,52	2.197,71	706,50	1.878,40	2.113,20	594,64	1.803,20	2.028,60	482,78	1.728,00	1.944,00	370,92	1.652,80	1.859,40	259,06	1.577,60	1.774,80	147,20	1.502,40	1.690
	V	30.593	1.552,95	2.447,44	2.753,37																		
	VI	31.125	1.616,25	2.490,00	2.801,25																		
96.695,99 (West)	I	24.341	808,96	1.947,28	2.190,69	585,24	1.796,88	2.021,49	361,52	1.646,48	1.852,29	137,80	1.496,08	1.683,09	-	1.345,68	1.513,89	-	1.197,20	1.346,85	-	1.054,72	1.186
	II	22.552	596,07	1.804,16	2.029,68	372,35	1.653,76	1.860,48	148,63	1.503,36	1.691,28	-	1.352,96	1.522,08	-	1.204,24	1.354,77	-	1.061,44	1.194,12	-	924,80	1.040
	III	16.224	-	1.297,92	1.460,16	-	1.179,36	1.326,78	-	1.063,84	1.196,82	-	951,52	1.070,46	-	842,24	947,52	-	736,00	828,00	-	632,80	711
	IV	24.341	808,96	1.947,28	2.190,69	697,10	1.872,08	2.106,09	585,24	1.796,88	2.021,49	473,38	1.721,68	1.936,89	361,52	1.646,48	1.852,29	249,66	1.571,28	1.767,69	137,80	1.496,08	1.683
	V	30.514	1.543,54	2.441,12	2.746,26																		
	VI	31.046	1.606,85	2.483,68	2.794,14																		
96.695,99 (Ost)	I	24.435	820,14	1.954,80	2.199,15	596,42	1.804,40	2.029,95	372,70	1.654,00	1.860,75	148,98	1.503,60	1.691,55	-	1.353,20	1.522,35	-	1.204,48	1.355,04	-	1.061,68	1.194
	II	22.645	607,13	1.811,60	2.038,05	383,41	1.661,20	1.868,85	159,81	1.510,88	1.699,74	-	1.360,48	1.530,54	-	1.211,52	1.362,96	-	1.068,40	1.201,95	-	931,44	1.047
	III	16.300	-	1.304,00	1.467,00	-	1.185,28	1.333,44	-	1.069,60	1.203,30	-	957,12	1.076,76	-	847,68	953,64	-	741,28	833,94	-	637,92	717
	IV	24.435	820,14	1.954,80	2.199,15	708,28	1.879,60	2.114,55	596,42	1.804,40	2.029,95	484,56	1.729,20	1.945,35	372,70	1.654,00	1.860,75	260,84	1.578,80	1.776,15	148,98	1.503,60	1.691
	V	30.608	1.554,73	2.448,64	2.754,72																		
	VI	31.140	1.618,04	2.491,20	2.802,60																		
96.731,99 (West)	I	24.356	810,74	1.948,48	2.192,04	587,02	1.798,08	2.022,84	363,30	1.647,68	1.853,64	139,58	1.497,28	1.684,44	-	1.346,88	1.515,24	-	1.198,32	1.348,11	-	1.055,84	1.187
	II	22.567	597,85	1.805,36	2.031,03	374,13	1.654,96	1.861,83	150,41	1.504,56	1.692,63	-	1.354,16	1.523,43	-	1.205,36	1.356,03	-	1.062,56	1.195,38	-	925,84	1.041
	III	16.236	-	1.298,88	1.461,24	-	1.180,32	1.327,86	-	1.064,80	1.197,90	-	952,48	1.071,54	-	843,04	948,42	-	736,80	828,90	-	633,76	712
	IV	24.356	810,74	1.948,48	2.192,04	698,88	1.873,28	2.107,44	587,02	1.798,08	2.022,84	475,16	1.722,88	1.938,24	363,30	1.647,68	1.853,64	251,44	1.572,48	1.769,04	139,58	1.497,28	1.684
	V	30.529	1.545,33	2.442,32	2.747,61																		
	VI	31.061	1.608,64	2.484,88	2.795,49																		
96.731,99 (Ost)	I	24.450	821,93	1.956,00	2.200,50	598,21	1.805,60	2.031,30	374,49	1.655,20	1.862,10	150,77	1.504,80	1.692,90	-	1.354,40	1.523,70	-	1.205,60	1.356,30	-	1.062,80	1.195
	II	22.661	609,04	1.812,88	2.039,49	385,32	1.662,48	1.870,29	161,60	1.512,08	1.701,09	-	1.361,68	1.531,89	-	1.212,64	1.364,22	-	1.069,52	1.203,21	-	932,56	1.049
	III	16.312	-	1.304,96	1.468,08	-	1.186,24	1.334,52	-	1.070,56	1.204,38	-	957,92	1.077,66	-	848,48	954,54	-	742,08	834,84	-	638,72	718
	IV	24.450	821,93	1.956,00	2.200,50	710,07	1.880,80	2.115,90	598,21	1.805,60	2.031,30	486,35	1.730,40	1.946,70	374,49	1.655,20	1.862,10	262,63	1.580,00	1.777,50	150,77	1.504,80	1.692
	V	30.623	1.556,52	2.449,84	2.756,07																		
	VI	31.155	1.619,82	2.492,40	2.803,95																		
96.767,99 (West)	I	24.371	812,53	1.949,68	2.193,39	588,81	1.799,28	2.024,19	365,09	1.648,88	1.854,99	141,37	1.498,48	1.685,79	-	1.348,16	1.516,68	-	1.199,52	1.349,46	-	1.056,96	1.189
	II	22.582	599,64	1.806,56	2.032,38	375,92	1.656,16	1.863,18	152,20	1.505,76	1.693,98	-	1.355,36	1.524,78	-	1.206,56	1.357,38	-	1.063,68	1.196,64	-	926,96	1.042
	III	16.248	-	1.299,84	1.462,32	-	1.181,28	1.328,94	-	1.065,76	1.198,98	-	953,28	1.072,44	-	844,00	949,50	-	737,76	829,98	-	634,56	713
	IV	24.371	812,53	1.949,68	2.193,39	700,67	1.874,48	2.108,79	588,81	1.799,28	2.024,19	476,95	1.724,08	1.939,59	365,09	1.648,88	1.854,99	253,23	1.573,68	1.770,39	141,37	1.498,48	1.685
	V	30.544	1.547,11	2.443,52	2.748,96																		
	VI	31.076	1.610,42	2.486,08	2.796,84																		
96.767,99 (Ost)	I	24.465	823,71	1.957,20	2.201,85	599,99	1.806,80	2.032,65	376,27	1.656,40	1.863,45	152,55	1.506,00	1.694,25	-	1.355,60	1.525,05	-	1.206,80	1.357,65	-	1.063,92	1.196
	II	22.676	610,82	1.814,08	2.040,84	387,10	1.663,68	1.871,64	163,38	1.513,28	1.702,44	-	1.362,88	1.533,24	-	1.213,84	1.365,57	-	1.070,64	1.204,47	-	933,60	1.050
	III	16.324	-	1.305,92	1.469,16	-	1.187,20	1.335,60	-	1.071,52	1.205,46	-	958,88	1.078,74	-	849,28	955,44	-	742,88	835,74	-	639,52	719
	IV	24.465	823,71	1.957,20	2.201,85	711,85	1.882,00	2.117,25	599,99	1.806,80	2.032,65	488,13	1.731,60	1.948,05	376,27	1.656,40	1.863,45	264,41	1.581,20	1.778,85	152,55	1.506,00	1.694,
	V	30.638	1.558,30	2.451,04	2.757,42																		
	VI	31.170	1.621,61	2.493,60	2.805,30																		
96.803,99 (West)	I	24.386	814,31	1.950,88	2.194,74	590,59	1.800,48	2.025,54	366,87	1.650,08	1.856,34	143,27	1.499,76	1.687,23	-	1.349,36	1.518,03	-	1.200,72	1.350,81	-	1.058,08	1.190
	II	22.597	601,42	1.807,76	2.033,73	377,70	1.657,36	1.864,53	153,98	1.506,96	1.695,33	-	1.356,56	1.526,13	-	1.207,76	1.358,73	-	1.064,80	1.197,90	-	928,00	1.044,
	III	16.260	-	1.300,80	1.463,40	-	1.182,24	1.330,02	-	1.066,72	1.200,06	-	954,24	1.073,52	-	844,80	950,40	-	738,56	830,88	-	635,36	714
	IV	24.386	814,31	1.950,88	2.194,74	702,45	1.875,68	2.110,14	590,59	1.800,48	2.025,54	478,73	1.725,28	1.940,94	366,87	1.650,08	1.856,34	255,13	1.574,96	1.771,83	143,27	1.499,76	1.687,
	V	30.560	1.549,02	2.444,80	2.750,40																		
	VI	31.091	1.612,21	2.487,28	2.798,19																		
96.803,99 (Ost)	I	24.480	825,50	1.958,40	2.203,20	601,78	1.808,00	2.034,00	378,06	1.657,60	1.864,80	154,34	1.507,20	1.695,60	-	1.356,80	1.526,40	-	1.208,00	1.359,00	-	1.065,04	1.198,
	II	22.691	612,61	1.815,28	2.042,19	388,89	1.664,88	1.872,99	165,17	1.514,48	1.703,79	-	1.364,08	1.534,59	-	1.215,04	1.366,92	-	1.071,76	1.205,73	-	934,72	1.051,
	III	16.336	-	1.306,88	1.470,24	-	1.188,00	1.336,50	-	1.072,32	1.206,36	-	959,68	1.079,64	-	850,24	956,52	-	743,84	836,82	-	640,48	720,
	IV	24.480	825,50	1.958,40	2.203,20	713,64	1.883,20	2.118,60	601,78	1.808,00	2.034,00	489,92	1.732,80	1.949,40	378,06	1.657,60	1.864,80	266,20	1.582,40	1.780,20	154,34	1.507,20	1.695,
	V	30.653	1.560,09	2.452,24	2.758,77																		
	VI	31.185	1.623,39	2.494,80	2.806,65																		
96.839,99 (West)	I	24.401	816,10	1.952,08	2.196,09	592,50	1.801,76	2.026,98	368,78	1.651,36	1.857,78	145,06	1.500,96	1.688,58	-	1.350,56	1.519,38	-	1.201,84	1.352,07	-	1.059,20	1.191,
	II	22.612	603,21	1.808,96	2.035,08	379,49	1.658,56	1.865,88	155,77	1.508,16	1.696,68	-	1.357,76	1.527,48	-	1.208,88	1.359,99	-	1.065,92	1.199,16	-	929,12	1.045,
	III	16.272	-	1.301,76	1.464,48	-	1.183,20	1.331,10	-	1.067,52	1.200,96	-	955,04	1.074,42	-	845,76	951,48	-	739,36	831,78	-	636,16	715,
	IV	24.401	816,10	1.952,08	2.196,09	704,24	1.876,88	2.111,49	592,50	1.801,76	2.026,98	480,64	1.726,56	1.942,38	368,78	1.651,36	1.857,78	256,92	1.576,16	1.773,18	145,06	1.500,96	1.688,
	V	30.575	1.550,80	2.446,00	2.751,75																		
	VI	31.106	1.613,99	2.488,48	2.799,54																		
96.839,99 (Ost)	I	24.495	827,28	1.959,60	2.204,55	603,56	1.809,20	2.035,35	379,84	1.658,80	1.866,15	156,12	1.508,40	1.696,95	-	1.358,00	1.527,75	-	1.209,12	1.360,26	-	1.066,16	1.199,
	II	22.706	614,39	1.816,48	2.043,54	390,67	1.666,08	1.874,34	166,95	1.515,68	1.705,14	-	1.365,28	1.535,94	-	1.216,24	1.368,27	-	1.072,88	1.206,99	-	935,76	1.052,
	III	16.348	-	1.307,84	1.471,32	-	1.188,96	1.337,58	-	1.073,28	1.207,44	-	960,64	1.080,72	-	851,04	957,42	-	744,64	837,72	-	641,28	721,
	IV	24.495	827,28	1.959,60	2.204,55	715,42	1.884,40	2.119,95	603,56	1.809,20	2.035,35	491,70	1.734,00	1.950,75	379,84	1.658,80	1.866,15	267,98	1.583,60	1.781,55	156,12	1.508,40	1.696,
	V	30.668	1.561,87	2.453,44	2.760,12																		
	VI	31.200	1.625,18	2.496,00	2.808,00																		
96.875,99 (West)	I	24.417	818,00	1.953,36	2.197,53	594,28	1.802,96	2.028,33	370,56	1.652,56	1.859,13	146,84	1.502,16	1.689,93	-	1.351,76	1.520,73	-	1.203,04	1.353,42	-	1.060,32	1.192,
	II	22.627	604,99	1.810,16	2.036,43	381,27	1.659,76	1.867,23	157,67	1.509,44	1.698,12	-	1.359,04	1.528,92	-	1.210,08	1.361,34	-	1.067,04	1.200,42	-	930,16	1.046,
	III	16.284	-	1.302,72	1.465,56	-	1.184,16	1.332,18	-	1.068,48	1.202,04	-	956,00	1.075,50	-	846,56	952,38	-	740,16	832,68	-	636,96	716,
	IV	24.417	818,00	1.953,36	2.197,53	706,14	1.878,16	2.112,93	594,28	1.802,96	2.028,33	482,42	1.727,76	1.943,73	370,56	1.652,56	1.859,13	258,70	1.577,36	1.774,53	146,84	1.502,16	1.689,
	V	30.590	1.552,59	2.447,20	2.753,10																		
	VI	31.122	1.615,90	2.489,76	2.800,98																		
96.875,99 (Ost)	I	24.510	829,07	1.960,80	2.205,90	605,35	1.810,40	2.036,70	381,63	1.660,00	1.867,50	157,91	1.509,60	1.698,30	-	1.359,28	1.529,19	-	1.210,32	1.361,61	-	1.067,28	1.200,
	II	22.721	616,18	1.817,68	2.044,89	392,46	1.667,28	1.875,69	168,74	1.516,88	1.706,49	-	1.366,48	1.537,29	-	1.217,36	1.369,53	-	1.074,00	1.208,25	-	936,88	1.053,
	III	16.360	-	1.308,80	1.472,40	-	1.189,92	1.338,66	-	1.074,24	1.208,52	-	961,60	1.081,80	-	852,00	958,50	-	745,44	838,62	-	642,08	722,
	IV	24.510	829,07	1.960,80	2.205,90	717,21	1.885,60	2.121,30	605,35	1.810,40	2.036,70	493,49	1.735,20	1.952,10	381,63	1.660,00	1.867,50	269,77	1.584,80	1.782,90	157,91	1.509,60	1.698,
	V	30.684	1.563,77	2.454,72	2.761,56																		
	VI	31.215	1.626,96	2.497,20	2.809,35																		

SolZ/KiSt lt. Tabelle nicht für Sonstige Bezüge anwendbar.

Lohn/ Gehalt bis	Steuerklasse	Lohn-steuer	ohne Kinderfreibetrag SolZ 5,5%	Kirchensteuer 8%	Kirchensteuer 9%	0,5 SolZ 5,5%	0,5 Kirchensteuer 8%	0,5 Kirchensteuer 9%	1,0 SolZ 5,5%	1,0 Kirchensteuer 8%	1,0 Kirchensteuer 9%	1,5 SolZ 5,5%	1,5 Kirchensteuer 8%	1,5 Kirchensteuer 9%	2,0 SolZ 5,5%	2,0 Kirchensteuer 8%	2,0 Kirchensteuer 9%	2,5 SolZ 5,5%	2,5 Kirchensteuer 8%	2,5 Kirchensteuer 9%	3,0 SolZ 5,5%	3,0 Kirchensteuer 8%	3,0 Kirchensteuer 9%
						Anzahl Kinderfreibeträge (nur Steuerklassen I–IV)																	
96.911,99 (West)	I	24.432	819,79	1.954,56	2.198,88	596,07	1.804,16	2.029,68	372,35	1.653,76	1.860,48	148,63	1.503,36	1.691,28	-	1.352,96	1.522,08	-	1.204,24	1.354,77	-	1.061,44	1.194,12
	II	22.642	606,78	1.811,36	2.037,78	383,18	1.661,04	1.868,67	159,46	1.510,64	1.699,47	-	1.360,24	1.530,27	-	1.211,28	1.362,69	-	1.068,16	1.201,68	-	931,28	1.047,69
	III	16.296	-	1.303,68	1.466,64	-	1.184,96	1.333,08	-	1.069,44	1.203,12	-	956,80	1.076,40	-	847,36	953,28	-	741,12	833,76	-	637,76	717,48
	IV	24.432	819,79	1.954,56	2.198,88	707,93	1.879,36	2.114,28	596,07	1.804,16	2.029,68	484,21	1.728,96	1.945,08	372,35	1.653,76	1.860,48	260,49	1.578,56	1.775,88	148,63	1.503,36	1.691,28
	V	30.605	1.554,37	2.448,40	2.754,45																		
	VI	31.137	1.617,68	2.490,96	2.802,33																		
96.911,99 (Ost)	I	24.525	830,85	1.962,00	2.207,25	607,13	1.811,60	2.038,05	383,41	1.661,20	1.868,85	159,81	1.510,88	1.699,74	-	1.360,48	1.530,54	-	1.211,52	1.362,96	-	1.068,40	1.201,95
	II	22.736	617,96	1.818,88	2.046,24	394,24	1.668,48	1.877,04	170,52	1.518,08	1.707,84	-	1.367,68	1.538,64	-	1.218,56	1.370,88	-	1.075,12	1.209,51	-	937,92	1.055,16
	III	16.372	-	1.309,76	1.473,48	-	1.190,88	1.339,74	-	1.075,20	1.209,60	-	962,40	1.082,70	-	852,80	959,40	-	746,24	839,52	-	642,88	723,24
	IV	24.525	830,85	1.962,00	2.207,25	718,99	1.886,80	2.122,65	607,13	1.811,60	2.038,05	495,27	1.736,40	1.953,45	383,41	1.661,20	1.868,85	271,67	1.586,08	1.784,34	159,31	1.510,88	1.699,74
	V	30.699	1.565,56	2.455,92	2.762,91																		
	VI	31.230	1.628,75	2.498,40	2.810,70																		
96.947,99 (West)	I	24.447	821,57	1.955,76	2.200,23	597,85	1.805,36	2.031,03	374,13	1.654,96	1.861,83	150,41	1.504,56	1.692,63	-	1.354,16	1.523,43	-	1.205,36	1.356,03	-	1.062,56	1.195,38
	II	22.658	608,68	1.812,64	2.039,22	384,96	1.662,24	1.870,02	161,24	1.511,84	1.700,82	-	1.361,44	1.531,62	-	1.212,48	1.364,04	-	1.069,28	1.202,94	-	932,32	1.048,86
	III	16.308	-	1.304,64	1.467,72	-	1.185,92	1.334,16	-	1.070,40	1.204,20	-	957,76	1.077,48	-	848,32	954,36	-	741,92	834,66	-	638,56	718,38
	IV	24.447	821,57	1.955,76	2.200,23	709,71	1.880,56	2.115,63	597,85	1.805,36	2.031,03	485,99	1.730,16	1.946,43	374,13	1.654,96	1.861,83	262,27	1.579,76	1.777,23	150,41	1.504,56	1.692,63
	V	30.620	1.556,16	2.449,60	2.755,80																		
	VI	31.152	1.619,47	2.492,16	2.803,68																		
96.947,99 (Ost)	I	24.540	832,64	1.963,20	2.208,60	609,04	1.812,88	2.039,49	385,32	1.662,48	1.870,29	161,60	1.512,08	1.701,09	-	1.361,68	1.531,89	-	1.212,64	1.364,22	-	1.069,52	1.203,21
	II	22.751	619,75	1.820,08	2.047,59	396,03	1.669,68	1.878,39	172,31	1.519,28	1.709,19	-	1.368,88	1.539,99	-	1.219,76	1.372,23	-	1.076,32	1.210,86	-	939,04	1.056,42
	III	16.384	-	1.310,72	1.474,56	-	1.191,84	1.340,82	-	1.076,00	1.210,50	-	963,36	1.083,78	-	853,76	960,48	-	747,20	840,60	-	643,68	724,14
	IV	24.540	832,64	1.963,20	2.208,60	720,78	1.888,00	2.124,00	609,04	1.812,88	2.039,49	497,18	1.737,68	1.954,89	385,32	1.662,48	1.870,29	273,46	1.587,28	1.785,69	161,60	1.512,08	1.701,09
	V	30.714	1.567,34	2.457,12	2.764,26																		
	VI	31.245	1.630,53	2.499,60	2.812,05																		
96.983,99 (West)	I	24.462	823,36	1.956,96	2.201,58	599,64	1.806,56	2.032,38	375,92	1.656,16	1.863,18	152,20	1.505,76	1.693,98	-	1.355,36	1.524,78	-	1.206,56	1.357,38	-	1.063,68	1.196,64
	II	22.673	610,47	1.813,84	2.040,57	386,75	1.663,44	1.871,37	163,03	1.513,04	1.702,17	-	1.362,64	1.532,97	-	1.213,60	1.365,30	-	1.070,40	1.204,20	-	933,44	1.050,12
	III	16.322	-	1.305,76	1.468,98	-	1.186,88	1.335,24	-	1.071,20	1.205,10	-	958,72	1.078,56	-	849,12	955,26	-	742,72	835,56	-	639,36	719,28
	IV	24.462	823,36	1.956,96	2.201,58	711,50	1.881,76	2.116,98	599,64	1.806,56	2.032,38	487,78	1.731,36	1.947,78	375,92	1.656,16	1.863,18	264,06	1.580,96	1.778,58	152,20	1.505,76	1.693,98
	V	30.635	1.557,94	2.450,80	2.757,15																		
	VI	31.167	1.621,25	2.493,36	2.805,03																		
96.983,99 (Ost)	I	24.556	834,54	1.964,48	2.210,04	610,82	1.814,08	2.040,84	387,10	1.663,68	1.871,64	163,38	1.513,28	1.702,44	-	1.362,88	1.533,24	-	1.213,84	1.365,57	-	1.070,64	1.204,47
	II	22.766	621,53	1.821,28	2.048,94	397,81	1.670,88	1.879,74	174,21	1.520,56	1.710,63	-	1.370,16	1.541,43	-	1.220,88	1.373,49	-	1.077,44	1.212,12	-	940,08	1.057,59
	III	16.396	-	1.311,68	1.475,64	-	1.192,80	1.341,90	-	1.076,96	1.211,58	-	964,16	1.084,68	-	854,56	961,38	-	748,00	841,50	-	644,48	725,04
	IV	24.556	834,54	1.964,48	2.210,04	722,68	1.889,28	2.125,44	610,82	1.814,08	2.040,84	498,96	1.738,88	1.956,24	387,10	1.663,68	1.871,64	275,24	1.588,48	1.787,04	163,38	1.513,28	1.702,44
	V	30.729	1.569,13	2.458,32	2.765,61																		
	VI	31.261	1.632,44	2.500,88	2.813,49																		
97.019,99 (West)	I	24.477	825,14	1.958,16	2.202,93	601,42	1.807,76	2.033,73	377,70	1.657,36	1.864,53	153,98	1.506,96	1.695,33	-	1.356,56	1.526,13	-	1.207,76	1.358,73	-	1.064,80	1.197,90
	II	22.688	612,25	1.815,04	2.041,92	388,53	1.664,64	1.872,72	164,81	1.514,24	1.703,52	-	1.363,84	1.534,32	-	1.214,80	1.366,65	-	1.071,52	1.205,46	-	934,48	1.051,29
	III	16.334	-	1.306,72	1.470,06	-	1.187,84	1.336,32	-	1.072,16	1.206,18	-	959,52	1.079,46	-	850,08	956,34	-	743,52	836,46	-	640,16	720,18
	IV	24.477	825,14	1.958,16	2.202,93	713,28	1.882,96	2.118,33	601,42	1.807,76	2.033,73	489,56	1.732,56	1.949,13	377,70	1.657,36	1.864,53	265,84	1.582,16	1.779,93	153,98	1.506,96	1.695,33
	V	30.650	1.559,73	2.452,00	2.758,50																		
	VI	31.182	1.623,04	2.494,56	2.806,38																		
97.019,99 (Ost)	I	24.571	836,33	1.965,68	2.211,39	612,61	1.815,28	2.042,19	388,89	1.664,88	1.872,99	165,17	1.514,48	1.703,79	-	1.364,08	1.534,59	-	1.215,04	1.366,92	-	1.071,76	1.205,73
	II	22.781	623,32	1.822,48	2.050,29	399,72	1.672,16	1.881,18	176,00	1.521,76	1.711,98	-	1.371,36	1.542,78	-	1.222,08	1.374,84	-	1.078,56	1.213,38	-	941,20	1.058,85
	III	16.408	-	1.312,64	1.476,72	-	1.193,76	1.342,98	-	1.077,92	1.212,66	-	965,12	1.085,76	-	855,36	962,28	-	748,80	842,40	-	645,28	725,94
	IV	24.571	836,33	1.965,68	2.211,39	724,47	1.890,48	2.126,79	612,61	1.815,28	2.042,19	500,75	1.740,08	1.957,59	388,89	1.664,88	1.872,99	277,03	1.589,68	1.788,39	165,17	1.514,48	1.703,79
	V	30.744	1.570,91	2.459,52	2.766,96																		
	VI	31.276	1.634,22	2.502,08	2.814,84																		
97.055,99 (West)	I	24.492	826,93	1.959,36	2.204,28	603,21	1.808,96	2.035,08	379,49	1.658,56	1.865,88	155,77	1.508,16	1.696,68	-	1.357,76	1.527,48	-	1.208,88	1.359,99	-	1.065,92	1.199,16
	II	22.703	614,04	1.816,24	2.043,27	390,32	1.665,84	1.874,07	166,60	1.515,44	1.704,87	-	1.365,04	1.535,67	-	1.216,00	1.368,00	-	1.072,72	1.206,81	-	935,60	1.052,55
	III	16.346	-	1.307,68	1.471,14	-	1.188,80	1.337,40	-	1.073,12	1.207,26	-	960,48	1.080,54	-	850,88	957,24	-	744,48	837,54	-	641,12	721,26
	IV	24.492	826,93	1.959,36	2.204,28	715,07	1.884,16	2.119,68	603,21	1.808,96	2.035,08	491,35	1.733,76	1.950,48	379,49	1.658,56	1.865,88	267,63	1.583,36	1.781,28	155,77	1.508,16	1.696,68
	V	30.665	1.561,51	2.453,20	2.759,85																		
	VI	31.197	1.624,82	2.495,76	2.807,73																		
97.055,99 (Ost)	I	24.586	838,11	1.966,88	2.212,74	614,39	1.816,48	2.043,54	390,67	1.666,08	1.874,34	166,95	1.515,68	1.705,14	-	1.365,28	1.535,94	-	1.216,24	1.368,27	-	1.072,88	1.206,99
	II	22.797	625,22	1.823,76	2.051,73	401,50	1.673,36	1.882,53	177,78	1.522,96	1.713,33	-	1.372,56	1.544,13	-	1.223,28	1.376,19	-	1.079,68	1.214,64	-	942,24	1.060,02
	III	16.420	-	1.313,60	1.477,80	-	1.194,72	1.344,06	-	1.078,88	1.213,74	-	966,08	1.086,84	-	856,32	963,36	-	749,76	843,48	-	646,08	726,84
	IV	24.586	838,11	1.966,88	2.212,74	726,25	1.891,68	2.128,14	614,39	1.816,48	2.043,54	502,53	1.741,28	1.958,94	390,67	1.666,08	1.874,34	278,81	1.590,88	1.789,74	166,95	1.515,68	1.705,14
	V	30.759	1.572,70	2.460,72	2.768,31																		
	VI	31.291	1.636,01	2.503,28	2.816,19																		
97.091,99 (West)	I	24.507	828,71	1.960,56	2.205,63	604,99	1.810,16	2.036,43	381,27	1.659,76	1.867,23	157,67	1.509,44	1.698,12	-	1.359,04	1.528,92	-	1.210,08	1.361,34	-	1.067,04	1.200,42
	II	22.718	615,82	1.817,44	2.044,62	392,10	1.667,04	1.875,42	168,38	1.516,64	1.706,22	-	1.366,24	1.537,02	-	1.217,12	1.369,26	-	1.073,84	1.208,07	-	936,64	1.053,72
	III	16.358	-	1.308,64	1.472,22	-	1.189,76	1.338,48	-	1.074,08	1.208,34	-	961,28	1.081,44	-	851,84	958,32	-	745,28	838,44	-	641,92	722,16
	IV	24.507	828,71	1.960,56	2.205,63	716,85	1.885,36	2.121,03	604,99	1.810,16	2.036,43	493,13	1.734,96	1.951,83	381,27	1.659,76	1.867,23	269,41	1.584,56	1.782,63	157,67	1.509,44	1.698,12
	V	30.681	1.563,42	2.454,48	2.761,29																		
	VI	31.212	1.626,61	2.496,96	2.809,08																		
97.091,99 (Ost)	I	24.601	839,90	1.968,08	2.214,09	616,18	1.817,68	2.044,89	392,46	1.667,28	1.875,69	168,74	1.516,88	1.706,49	-	1.366,48	1.537,29	-	1.217,36	1.369,53	-	1.074,00	1.208,25
	II	22.812	627,01	1.824,96	2.053,08	403,29	1.674,56	1.883,88	179,57	1.524,16	1.714,68	-	1.373,76	1.545,48	-	1.224,48	1.377,54	-	1.080,80	1.215,90	-	943,36	1.061,28
	III	16.432	-	1.314,56	1.478,88	-	1.195,68	1.345,14	-	1.079,68	1.214,64	-	966,88	1.087,74	-	857,12	964,26	-	750,56	844,38	-	647,04	727,92
	IV	24.601	839,90	1.968,08	2.214,09	728,04	1.892,88	2.129,49	616,18	1.817,68	2.044,89	504,32	1.742,48	1.960,29	392,46	1.667,28	1.875,69	280,60	1.592,08	1.791,09	168,74	1.516,88	1.706,49
	V	30.774	1.574,48	2.461,92	2.769,66																		
	VI	31.306	1.637,79	2.504,48	2.817,54																		
97.127,99 (West)	I	24.522	830,50	1.961,76	2.206,98	606,78	1.811,36	2.037,78	383,18	1.661,04	1.868,67	159,46	1.510,64	1.699,47	-	1.360,24	1.530,27	-	1.211,28	1.362,69	-	1.068,16	1.201,68
	II	22.733	617,61	1.818,64	2.045,97	393,89	1.668,24	1.876,77	170,17	1.517,84	1.707,57	-	1.367,44	1.538,37	-	1.218,32	1.370,61	-	1.074,96	1.209,33	-	937,68	1.054,89
	III	16.370	-	1.309,60	1.473,30	-	1.190,72	1.339,56	-	1.074,88	1.209,24	-	962,24	1.082,52	-	852,64	959,22	-	746,08	839,34	-	642,72	723,06
	IV	24.522	830,50	1.961,76	2.206,98	718,64	1.886,56	2.122,38	606,78	1.811,36	2.037,78	495,04	1.736,24	1.953,27	383,18	1.661,04	1.868,67	271,32	1.585,84	1.784,07	159,46	1.510,64	1.699,47
	V	30.696	1.565,20	2.455,68	2.762,64																		
	VI	31.227	1.628,39	2.498,16	2.810,43																		
97.127,99 (Ost)	I	24.616	841,68	1.969,28	2.215,44	617,96	1.818,88	2.046,24	394,24	1.668,48	1.877,04	170,52	1.518,08	1.707,84	-	1.367,68	1.538,64	-	1.218,56	1.370,88	-	1.075,12	1.209,51
	II	22.827	628,79	1.826,16	2.054,43	405,07	1.675,76	1.885,23	181,35	1.525,36	1.716,03	-	1.374,96	1.546,83	-	1.225,60	1.378,80	-	1.081,92	1.217,16	-	944,40	1.062,45
	III	16.444	-	1.315,52	1.479,96	-	1.196,64	1.346,22	-	1.080,64	1.215,72	-	967,84	1.088,82	-	858,08	965,34	-	751,36	845,28	-	647,84	728,82
	IV	24.616	841,68	1.969,28	2.215,44	729,82	1.894,08	2.130,84	617,96	1.818,88	2.046,24	506,10	1.743,68	1.961,64	394,24	1.668,48	1.877,04	282,38	1.593,28	1.792,44	170,52	1.518,08	1.707,84
	V	30.789	1.576,27	2.463,12	2.771,01																		
	VI	31.321	1.639,58	2.505,68	2.818,89																		

JAHR bis 97.379,99 €

Allgemeine Tabelle

Lohn/ Gehalt bis	Steuerklasse	Lohn-steuer	ohne Kinderfreibetrag SolZ 5,5%	Kirchensteuer 8%	9%	0,5 SolZ 5,5%	Kirchensteuer 8%	9%	1,0 SolZ 5,5%	Kirchensteuer 8%	9%	1,5 SolZ 5,5%	Kirchensteuer 8%	9%	2,0 SolZ 5,5%	Kirchensteuer 8%	9%	2,5 SolZ 5,5%	Kirchensteuer 8%	9%	3,0 SolZ 5,5%	Kirchensteuer 8%	9%
						Anzahl Kinderfreibeträge (nur Steuerklassen I–IV)																	
97.163,99 (West)	I	24.538	832,40	1.963,04	2.208,42	608,68	1.812,64	2.039,22	384,96	1.662,24	1.870,02	161,24	1.511,84	1.700,82	-	1.361,44	1.531,62	-	1.212,48	1.364,04	-	1.069,28	1.202,
	II	22.748	619,39	1.819,84	2.047,32	395,67	1.669,44	1.878,12	171,95	1.519,04	1.708,92	-	1.368,72	1.539,81	-	1.219,52	1.371,96	-	1.076,08	1.210,59	-	938,80	1.056,
	III	16.382	-	1.310,56	1.474,38	-	1.191,68	1.340,64	-	1.075,84	1.210,32	-	963,20	1.083,60	-	853,44	960,12	-	746,88	840,24	-	643,52	723,
	IV	24.538	832,40	1.963,04	2.208,42	720,54	1.887,84	2.123,82	608,68	1.812,64	2.039,22	496,82	1.737,44	1.954,62	384,96	1.662,24	1.870,02	273,10	1.587,04	1.785,42	161,24	1.511,84	1.700,
	V	30.711	1.566,99	2.456,88	2.763,99																		
	VI	31.243	1.630,30	2.499,44	2.811,87																		
97.163,99 (Ost)	I	24.631	843,47	1.970,48	2.216,79	619,75	1.820,08	2.047,59	396,03	1.669,68	1.878,39	172,31	1.519,28	1.709,19	-	1.368,88	1.539,99	-	1.219,76	1.372,23	-	1.076,32	1.210,
	II	22.842	630,58	1.827,36	2.055,78	406,86	1.676,96	1.886,58	183,14	1.526,56	1.717,38	-	1.376,16	1.548,18	-	1.226,80	1.380,15	-	1.083,04	1.218,42	-	945,52	1.063,
	III	16.456	-	1.316,48	1.481,04	-	1.197,44	1.347,12	-	1.081,60	1.216,80	-	968,64	1.089,72	-	858,88	966,24	-	752,16	846,18	-	648,64	729,
	IV	24.631	843,47	1.970,48	2.216,79	731,61	1.895,28	2.132,19	619,75	1.820,08	2.047,59	507,89	1.744,88	1.962,99	396,03	1.669,68	1.878,39	284,17	1.594,48	1.793,79	172,31	1.519,28	1.709,
	V	30.804	1.578,05	2.464,32	2.772,36																		
	VI	31.336	1.641,36	2.506,88	2.820,24																		
97.199,99 (West)	I	24.553	834,19	1.964,24	2.209,77	610,47	1.813,84	2.040,57	386,75	1.663,44	1.871,37	163,03	1.513,04	1.702,17	-	1.362,64	1.532,97	-	1.213,60	1.365,30	-	1.070,40	1.204,
	II	22.763	621,18	1.821,04	2.048,67	397,57	1.670,72	1.879,56	173,85	1.520,32	1.710,36	-	1.369,92	1.541,16	-	1.220,72	1.373,31	-	1.077,20	1.211,85	-	939,84	1.057,
	III	16.394	-	1.311,52	1.475,46	-	1.192,64	1.341,72	-	1.076,80	1.211,40	-	964,00	1.084,50	-	854,40	961,20	-	747,84	841,32	-	644,32	724,
	IV	24.553	834,19	1.964,24	2.209,77	722,33	1.889,04	2.125,17	610,47	1.813,84	2.040,57	498,61	1.738,64	1.955,97	386,75	1.663,44	1.871,37	274,89	1.588,24	1.786,77	163,03	1.513,04	1.702,
	V	30.726	1.568,77	2.458,08	2.765,34																		
	VI	31.258	1.632,08	2.500,64	2.813,22																		
97.199,99 (Ost)	I	24.646	845,25	1.971,68	2.218,14	621,53	1.821,28	2.048,94	397,81	1.670,88	1.879,74	174,21	1.520,56	1.710,63	-	1.370,16	1.541,43	-	1.220,88	1.373,49	-	1.077,44	1.212,
	II	22.857	632,36	1.828,56	2.057,13	408,64	1.678,16	1.887,93	184,92	1.527,76	1.718,73	-	1.377,36	1.549,53	-	1.228,00	1.381,50	-	1.084,16	1.219,68	-	946,56	1.064,
	III	16.470	-	1.317,60	1.482,30	-	1.198,40	1.348,20	-	1.082,56	1.217,88	-	969,60	1.090,80	-	859,84	967,32	-	753,12	847,26	-	649,44	730,
	IV	24.646	845,25	1.971,68	2.218,14	733,39	1.896,48	2.133,54	621,53	1.821,28	2.048,94	509,67	1.746,08	1.964,34	397,81	1.670,88	1.879,74	285,95	1.595,68	1.795,14	174,21	1.520,56	1.710,
	V	30.820	1.579,96	2.465,60	2.773,80																		
	VI	31.351	1.643,15	2.508,08	2.821,59																		
97.235,99 (West)	I	24.568	835,97	1.965,44	2.211,12	612,25	1.815,04	2.041,92	388,53	1.664,64	1.872,72	164,81	1.514,24	1.703,52	-	1.363,84	1.534,32	-	1.214,80	1.366,65	-	1.071,52	1.205,
	II	22.779	623,08	1.822,32	2.050,11	399,36	1.671,92	1.880,91	175,64	1.521,52	1.711,71	-	1.371,12	1.542,51	-	1.221,84	1.374,57	-	1.078,32	1.213,11	-	940,96	1.058,
	III	16.406	-	1.312,48	1.476,54	-	1.193,60	1.342,80	-	1.077,60	1.212,30	-	964,96	1.085,58	-	855,20	962,10	-	748,64	842,22	-	645,12	725,
	IV	24.568	835,97	1.965,44	2.211,12	724,11	1.890,24	2.126,52	612,25	1.815,04	2.041,92	500,39	1.739,84	1.957,32	388,53	1.664,64	1.872,72	276,67	1.589,44	1.788,12	164,81	1.514,24	1.703,
	V	30.741	1.570,56	2.459,28	2.766,69																		
	VI	31.273	1.633,87	2.501,84	2.814,57																		
97.235,99 (Ost)	I	24.661	847,04	1.972,88	2.219,49	623,32	1.822,48	2.050,29	399,72	1.672,16	1.881,18	176,00	1.521,76	1.711,98	-	1.371,36	1.542,78	-	1.222,08	1.374,84	-	1.078,56	1.213,
	II	22.872	634,15	1.829,76	2.058,48	410,43	1.679,36	1.889,28	186,71	1.528,96	1.720,08	-	1.378,56	1.550,88	-	1.229,20	1.382,85	-	1.085,36	1.221,03	-	947,68	1.066,
	III	16.482	-	1.318,56	1.483,38	-	1.199,36	1.349,28	-	1.083,36	1.218,78	-	970,56	1.091,88	-	860,64	968,22	-	753,92	848,16	-	650,24	731,
	IV	24.661	847,04	1.972,88	2.219,49	735,18	1.897,68	2.134,89	623,32	1.822,48	2.050,29	511,58	1.747,36	1.965,78	399,72	1.672,16	1.881,18	287,86	1.596,96	1.796,58	176,00	1.521,76	1.711,
	V	30.835	1.581,74	2.466,80	2.775,15																		
	VI	31.366	1.644,93	2.509,28	2.822,94																		
97.271,99 (West)	I	24.583	837,76	1.966,64	2.212,47	614,04	1.816,24	2.043,27	390,32	1.665,84	1.874,07	166,60	1.515,44	1.704,87	-	1.365,04	1.535,67	-	1.216,00	1.368,00	-	1.072,72	1.206,
	II	22.794	624,86	1.823,52	2.051,46	401,14	1.673,12	1.882,26	177,42	1.522,72	1.713,06	-	1.372,32	1.543,86	-	1.223,04	1.375,92	-	1.079,44	1.214,37	-	942,00	1.059,
	III	16.418	-	1.313,44	1.477,62	-	1.194,40	1.343,70	-	1.078,56	1.213,38	-	965,76	1.086,48	-	856,16	963,18	-	749,44	843,12	-	645,92	726,
	IV	24.583	837,76	1.966,64	2.212,47	725,90	1.891,44	2.127,87	614,04	1.816,24	2.043,27	502,18	1.741,04	1.958,67	390,32	1.665,84	1.874,07	278,46	1.590,64	1.789,47	166,60	1.515,44	1.704,
	V	30.756	1.572,34	2.460,48	2.768,04																		
	VI	31.288	1.635,65	2.503,04	2.815,92																		
97.271,99 (Ost)	I	24.677	848,94	1.974,16	2.220,93	625,22	1.823,76	2.051,73	401,50	1.673,36	1.882,53	177,78	1.522,96	1.713,33	-	1.372,56	1.544,13	-	1.223,28	1.376,19	-	1.079,68	1.214,
	II	22.887	635,93	1.830,96	2.059,83	412,21	1.680,56	1.890,63	188,49	1.530,16	1.721,43	-	1.379,84	1.552,32	-	1.230,32	1.384,11	-	1.086,48	1.222,29	-	948,72	1.067,
	III	16.494	-	1.319,52	1.484,46	-	1.200,32	1.350,36	-	1.084,32	1.219,86	-	971,36	1.092,78	-	861,60	969,30	-	754,72	849,06	-	651,04	732,
	IV	24.677	848,94	1.974,16	2.220,93	737,08	1.898,96	2.136,33	625,22	1.823,76	2.051,73	513,36	1.748,56	1.967,13	401,50	1.673,36	1.882,53	289,64	1.598,16	1.797,93	177,78	1.522,96	1.713,
	V	30.850	1.583,53	2.468,00	2.776,50																		
	VI	31.382	1.646,84	2.510,56	2.824,38																		
97.307,99 (West)	I	24.598	839,54	1.967,84	2.213,82	615,82	1.817,44	2.044,62	392,10	1.667,04	1.875,42	168,38	1.516,64	1.706,22	-	1.366,24	1.537,02	-	1.217,12	1.369,26	-	1.073,84	1.208,
	II	22.809	626,65	1.824,72	2.052,81	402,93	1.674,32	1.883,61	179,21	1.523,92	1.714,41	-	1.373,52	1.545,21	-	1.224,24	1.377,27	-	1.080,56	1.215,63	-	943,12	1.061,
	III	16.430	-	1.314,40	1.478,70	-	1.195,36	1.344,78	-	1.079,52	1.214,46	-	966,72	1.087,56	-	856,96	964,08	-	750,40	844,20	-	646,72	727,
	IV	24.598	839,54	1.967,84	2.213,82	727,68	1.892,64	2.129,22	615,82	1.817,44	2.044,62	503,96	1.742,24	1.960,02	392,10	1.667,04	1.875,42	280,24	1.591,84	1.790,82	168,38	1.516,64	1.706,
	V	30.771	1.574,13	2.461,68	2.769,39																		
	VI	31.303	1.637,44	2.504,24	2.817,27																		
97.307,99 (Ost)	I	24.692	850,73	1.975,36	2.222,28	627,01	1.824,96	2.053,08	403,29	1.674,56	1.883,88	179,57	1.524,16	1.714,68	-	1.373,76	1.545,48	-	1.224,48	1.377,54	-	1.080,80	1.215,9
	II	22.902	637,72	1.832,16	2.061,18	414,12	1.681,84	1.892,07	190,40	1.531,44	1.722,87	-	1.381,04	1.553,67	-	1.231,52	1.385,46	-	1.087,60	1.223,55	-	949,84	1.068,5
	III	16.506	-	1.320,48	1.485,54	-	1.201,28	1.351,44	-	1.085,28	1.220,94	-	972,32	1.093,86	-	862,40	970,20	-	755,68	850,14	-	651,84	733,3
	IV	24.692	850,73	1.975,36	2.222,28	738,87	1.900,16	2.137,68	627,01	1.824,96	2.053,08	515,15	1.749,76	1.968,48	403,29	1.674,56	1.883,88	291,43	1.599,36	1.799,28	179,57	1.524,16	1.714,6
	V	30.865	1.585,31	2.469,20	2.777,85																		
	VI	31.397	1.648,62	2.511,76	2.825,73																		
97.343,99 (West)	I	24.613	841,33	1.969,04	2.215,17	617,61	1.818,64	2.045,97	393,89	1.668,24	1.876,77	170,17	1.517,84	1.707,57	-	1.367,44	1.538,37	-	1.218,32	1.370,61	-	1.074,96	1.209,3
	II	22.824	628,43	1.825,92	2.054,16	404,71	1.675,52	1.884,96	180,99	1.525,12	1.715,76	-	1.374,72	1.546,56	-	1.225,44	1.378,62	-	1.081,68	1.216,89	-	944,16	1.062,1
	III	16.442	-	1.315,36	1.479,78	-	1.196,32	1.345,86	-	1.080,48	1.215,54	-	967,52	1.088,46	-	857,92	965,16	-	751,20	845,10	-	647,68	728,6
	IV	24.613	841,33	1.969,04	2.215,17	729,47	1.893,84	2.130,57	617,61	1.818,64	2.045,97	505,75	1.743,44	1.961,37	393,89	1.668,24	1.876,77	282,03	1.593,04	1.792,17	170,17	1.517,84	1.707,5
	V	30.786	1.575,91	2.462,88	2.770,74																		
	VI	31.318	1.639,22	2.505,44	2.818,62																		
97.343,99 (Ost)	I	24.707	852,51	1.976,56	2.223,63	628,79	1.826,16	2.054,43	405,07	1.675,76	1.885,23	181,35	1.525,36	1.716,03	-	1.374,96	1.546,83	-	1.225,60	1.378,80	-	1.081,92	1.217,1
	II	22.918	639,62	1.833,44	2.062,62	415,90	1.683,04	1.893,42	192,18	1.532,64	1.724,22	-	1.382,24	1.555,02	-	1.232,72	1.386,81	-	1.088,72	1.224,81	-	950,88	1.069,7
	III	16.518	-	1.321,44	1.486,62	-	1.202,24	1.352,52	-	1.086,24	1.222,02	-	973,12	1.094,76	-	863,20	971,10	-	756,48	851,04	-	652,64	734,2
	IV	24.707	852,51	1.976,56	2.223,63	740,65	1.901,36	2.139,03	628,79	1.826,16	2.054,43	516,93	1.750,96	1.969,83	405,07	1.675,76	1.885,23	293,21	1.600,56	1.800,63	181,35	1.525,36	1.716,0
	V	30.880	1.587,10	2.470,40	2.779,20																		
	VI	31.412	1.650,41	2.512,96	2.827,08																		
97.379,99 (West)	I	24.628	843,11	1.970,24	2.216,52	619,39	1.819,84	2.047,32	395,67	1.669,44	1.878,12	171,95	1.519,04	1.708,92	-	1.368,72	1.539,81	-	1.219,52	1.371,96	-	1.076,08	1.210,5
	II	22.839	630,22	1.827,12	2.055,51	406,50	1.676,72	1.886,31	182,78	1.526,32	1.717,11	-	1.375,92	1.547,91	-	1.226,56	1.379,88	-	1.082,88	1.218,24	-	945,28	1.063,4
	III	16.454	-	1.316,32	1.480,86	-	1.197,28	1.346,94	-	1.081,28	1.216,44	-	968,48	1.089,54	-	858,72	966,06	-	752,00	846,00	-	648,48	729,5
	IV	24.628	843,11	1.970,24	2.216,52	731,25	1.895,04	2.131,92	619,39	1.819,84	2.047,32	507,53	1.744,64	1.962,72	395,67	1.669,44	1.878,12	283,81	1.594,24	1.793,52	171,95	1.519,04	1.708,9
	V	30.802	1.577,82	2.464,16	2.772,18																		
	VI	31.333	1.641,01	2.506,64	2.819,97																		
97.379,99 (Ost)	I	24.722	854,30	1.977,76	2.224,98	630,58	1.827,36	2.055,78	406,86	1.676,96	1.886,58	183,14	1.526,56	1.717,38	-	1.376,16	1.548,18	-	1.226,80	1.380,15	-	1.083,04	1.218,4
	II	22.933	641,41	1.834,64	2.063,97	417,69	1.684,24	1.894,77	193,97	1.533,84	1.725,57	-	1.383,44	1.556,37	-	1.233,92	1.388,16	-	1.089,84	1.226,07	-	952,00	1.071,0
	III	16.530	-	1.322,40	1.487,70	-	1.203,20	1.353,60	-	1.087,04	1.222,92	-	974,08	1.095,84	-	864,16	972,18	-	757,28	851,94	-	653,60	735,3
	IV	24.722	854,30	1.977,76	2.224,98	742,44	1.902,56	2.140,38	630,58	1.827,36	2.055,78	518,72	1.752,16	1.971,18	406,86	1.676,96	1.886,58	295,00	1.601,76	1.801,98	183,14	1.526,56	1.717,3
	V	30.895	1.588,88	2.471,60	2.780,55																		
	VI	31.427	1.652,19	2.514,16	2.828,43																		

SolZ/KiSt lt. Tabelle nicht für Sonstige Bezüge anwendbar.

Lohn/ Gehalt bis	Steuerklasse	Lohn-steuer	ohne Kinderfreibetrag SolZ 5,5%	Kirchensteuer 8%	Kirchensteuer 9%	0,5 SolZ 5,5%	0,5 Kirchensteuer 8%	0,5 Kirchensteuer 9%	1,0 SolZ 5,5%	1,0 Kirchensteuer 8%	1,0 Kirchensteuer 9%	1,5 SolZ 5,5%	1,5 Kirchensteuer 8%	1,5 Kirchensteuer 9%	2,0 SolZ 5,5%	2,0 Kirchensteuer 8%	2,0 Kirchensteuer 9%	2,5 SolZ 5,5%	2,5 Kirchensteuer 8%	2,5 Kirchensteuer 9%	3,0 SolZ 5,5%	3,0 Kirchensteuer 8%	3,0 Kirchensteuer 9%
						Anzahl Kinderfreibeträge (nur Steuerklassen I–IV)																	
97.415,99 (West)	I	24.643	844,90	1.971,44	2.217,87	621,18	1.821,04	2.048,67	397,57	1.670,72	1.879,56	173,85	1.520,32	1.710,36	–	1.369,92	1.541,16	–	1.220,72	1.373,31	–	1.077,20	1.211,85
	II	22.854	632,00	1.828,32	2.056,86	408,28	1.677,92	1.887,66	184,56	1.527,52	1.718,46	–	1.377,12	1.549,26	–	1.227,76	1.381,23	–	1.084,00	1.219,50	–	946,40	1.064,70
	III	16.466	–	1.317,28	1.481,94	–	1.198,24	1.348,02	–	1.082,24	1.217,52	–	969,44	1.090,62	–	859,52	966,96	–	752,80	846,90	–	649,28	730,44
	IV	24.643	844,90	1.971,44	2.217,87	733,04	1.896,24	2.133,27	621,18	1.821,04	2.048,67	509,32	1.745,84	1.964,07	397,57	1.670,72	1.879,56	285,71	1.595,52	1.794,96	173,85	1.520,32	1.710,36
	V	30.817	1.579,60	2.465,36	2.773,53																		
	VI	31.348	1.642,79	2.507,84	2.821,32																		
97.415,99 (Ost)	I	24.737	856,08	1.978,96	2.226,33	632,36	1.828,56	2.057,13	408,64	1.678,16	1.887,93	184,92	1.527,76	1.718,73	–	1.377,36	1.549,53	–	1.228,00	1.381,50	–	1.084,16	1.219,68
	II	22.948	643,19	1.835,84	2.065,32	419,47	1.685,44	1.896,12	195,75	1.535,04	1.726,92	–	1.384,64	1.557,72	–	1.235,12	1.389,51	–	1.090,96	1.227,33	–	953,04	1.072,17
	III	16.542	–	1.323,36	1.488,78	–	1.204,16	1.354,68	–	1.088,00	1.224,00	–	975,04	1.096,92	–	864,96	973,08	–	758,08	852,84	–	654,40	736,20
	IV	24.737	856,08	1.978,96	2.226,33	744,22	1.903,76	2.141,73	632,36	1.828,56	2.057,13	520,50	1.753,36	1.972,53	408,64	1.678,16	1.887,93	296,78	1.602,96	1.803,33	184,92	1.527,76	1.718,73
	V	30.910	1.590,67	2.472,80	2.781,90																		
	VI	31.442	1.653,98	2.515,36	2.829,78																		
97.451,99 (West)	I	24.658	846,68	1.972,64	2.219,22	623,08	1.822,32	2.050,11	399,36	1.671,92	1.880,91	175,64	1.521,52	1.711,71	–	1.371,12	1.542,51	–	1.221,84	1.374,57	–	1.078,32	1.213,11
	II	22.869	633,79	1.829,52	2.058,21	410,07	1.679,12	1.889,01	186,35	1.528,72	1.719,81	–	1.378,40	1.550,70	–	1.228,96	1.382,58	–	1.085,12	1.220,76	–	947,44	1.065,87
	III	16.478	–	1.318,24	1.483,02	–	1.199,20	1.349,10	–	1.083,20	1.218,60	–	970,24	1.091,52	–	860,48	968,04	–	753,76	847,98	–	650,08	731,34
	IV	24.658	846,68	1.972,64	2.219,22	734,94	1.897,52	2.134,71	623,08	1.822,32	2.050,11	511,22	1.747,12	1.965,51	399,36	1.671,92	1.880,91	287,50	1.596,72	1.796,31	175,64	1.521,52	1.711,71
	V	30.832	1.581,39	2.466,56	2.774,88																		
	VI	31.363	1.644,58	2.509,04	2.822,67																		
97.451,99 (Ost)	I	24.752	857,87	1.980,16	2.227,68	634,15	1.829,76	2.058,48	410,43	1.679,36	1.889,28	186,71	1.528,96	1.720,08	–	1.378,56	1.550,88	–	1.229,20	1.382,85	–	1.085,36	1.221,03
	II	22.963	644,98	1.837,04	2.066,67	421,26	1.686,64	1.897,47	197,54	1.536,24	1.728,27	–	1.385,84	1.559,07	–	1.236,24	1.390,77	–	1.092,16	1.228,68	–	954,16	1.073,43
	III	16.554	–	1.324,32	1.489,86	–	1.205,12	1.355,76	–	1.088,96	1.225,08	–	975,84	1.097,82	–	865,92	974,16	–	759,04	853,92	–	655,20	737,10
	IV	24.752	857,87	1.980,16	2.227,68	746,01	1.904,96	2.143,08	634,15	1.829,76	2.058,48	522,29	1.754,56	1.973,88	410,43	1.679,36	1.889,28	298,57	1.604,16	1.804,68	186,71	1.528,96	1.720,08
	V	30.925	1.592,45	2.474,00	2.783,25																		
	VI	31.457	1.655,76	2.516,56	2.831,13																		
97.487,99 (West)	I	24.674	848,58	1.973,92	2.220,66	624,86	1.823,52	2.051,46	401,14	1.673,12	1.882,26	177,42	1.522,72	1.713,06	–	1.372,32	1.543,86	–	1.223,04	1.375,92	–	1.079,44	1.214,37
	II	22.884	635,57	1.830,72	2.059,56	411,85	1.680,32	1.890,36	188,25	1.530,00	1.721,25	–	1.379,60	1.552,05	–	1.230,16	1.383,93	–	1.086,24	1.222,02	–	948,56	1.067,13
	III	16.490	–	1.319,20	1.484,10	–	1.200,16	1.350,18	–	1.084,16	1.219,68	–	971,20	1.092,60	–	861,28	968,94	–	754,56	848,88	–	650,88	732,24
	IV	24.674	848,58	1.973,92	2.220,66	736,72	1.898,72	2.136,06	624,86	1.823,52	2.051,46	513,00	1.748,32	1.966,86	401,14	1.673,12	1.882,26	289,28	1.597,92	1.797,66	177,42	1.522,72	1.713,06
	V	30.847	1.583,17	2.467,76	2.776,23																		
	VI	31.379	1.646,48	2.510,32	2.824,11																		
97.487,99 (Ost)	I	24.767	859,65	1.981,36	2.229,03	635,93	1.830,96	2.059,83	412,21	1.680,56	1.890,63	188,49	1.530,16	1.721,43	–	1.379,84	1.552,32	–	1.230,32	1.384,11	–	1.086,48	1.222,29
	II	22.978	646,76	1.838,24	2.068,02	423,04	1.687,84	1.898,82	199,32	1.537,44	1.729,62	–	1.387,04	1.560,42	–	1.237,44	1.392,12	–	1.093,28	1.229,94	–	955,28	1.074,69
	III	16.566	–	1.325,28	1.490,94	–	1.206,08	1.356,84	–	1.089,92	1.226,16	–	976,80	1.098,90	–	866,72	975,06	–	759,84	854,82	–	656,00	738,00
	IV	24.767	859,65	1.981,36	2.229,03	747,79	1.906,16	2.144,43	635,93	1.830,96	2.059,83	524,07	1.755,76	1.975,23	412,21	1.680,56	1.890,63	300,35	1.605,36	1.806,03	188,49	1.530,16	1.721,43
	V	30.941	1.594,36	2.475,28	2.784,69																		
	VI	31.472	1.657,55	2.517,76	2.832,48																		
97.523,99 (West)	I	24.689	850,37	1.975,12	2.222,01	626,65	1.824,72	2.052,81	402,93	1.674,32	1.883,61	179,21	1.523,92	1.714,41	–	1.373,52	1.545,21	–	1.224,24	1.377,27	–	1.080,56	1.215,63
	II	22.900	637,48	1.832,00	2.061,00	413,76	1.681,60	1.891,80	190,04	1.531,20	1.722,60	–	1.380,80	1.553,40	–	1.231,28	1.385,19	–	1.087,36	1.223,28	–	949,60	1.068,30
	III	16.502	–	1.320,16	1.485,18	–	1.201,12	1.351,26	–	1.084,96	1.220,58	–	972,00	1.093,50	–	862,24	970,02	–	755,36	849,78	–	651,68	733,14
	IV	24.689	850,37	1.975,12	2.222,01	738,51	1.899,92	2.137,41	626,65	1.824,72	2.052,81	514,79	1.749,52	1.968,21	402,93	1.674,32	1.883,61	291,07	1.599,12	1.799,01	179,21	1.523,92	1.714,41
	V	30.862	1.584,96	2.468,96	2.777,58																		
	VI	31.394	1.648,26	2.511,52	2.825,46																		
97.523,99 (Ost)	I	24.782	861,44	1.982,56	2.230,38	637,72	1.832,16	2.061,18	414,12	1.681,84	1.892,07	190,40	1.531,44	1.722,87	–	1.381,04	1.553,67	–	1.231,52	1.385,46	–	1.087,60	1.223,55
	II	22.993	648,55	1.839,44	2.069,37	424,83	1.689,04	1.900,17	201,11	1.538,64	1.730,97	–	1.388,24	1.561,77	–	1.238,64	1.393,47	–	1.094,40	1.231,20	–	956,32	1.075,86
	III	16.578	–	1.326,24	1.492,02	–	1.207,04	1.357,92	–	1.090,72	1.227,06	–	977,60	1.099,80	–	867,68	976,14	–	760,64	855,72	–	656,80	738,90
	IV	24.782	861,44	1.982,56	2.230,38	749,58	1.907,36	2.145,78	637,72	1.832,16	2.061,18	525,86	1.756,96	1.976,58	414,12	1.681,84	1.892,07	302,26	1.606,64	1.807,47	190,40	1.531,44	1.722,87
	V	30.956	1.596,14	2.476,48	2.786,04																		
	VI	31.487	1.659,33	2.518,96	2.833,83																		
97.559,99 (West)	I	24.704	852,15	1.976,32	2.223,36	628,43	1.825,92	2.054,16	404,71	1.675,52	1.884,96	180,99	1.525,12	1.715,76	–	1.374,72	1.546,56	–	1.225,44	1.378,62	–	1.081,68	1.216,89
	II	22.915	639,26	1.833,20	2.062,35	415,54	1.682,80	1.893,15	191,82	1.532,40	1.723,95	–	1.382,00	1.554,75	–	1.232,48	1.386,54	–	1.088,48	1.224,54	–	950,72	1.069,56
	III	16.514	–	1.321,12	1.486,26	–	1.202,08	1.352,34	–	1.085,92	1.221,66	–	972,96	1.094,58	–	863,04	970,92	–	756,32	850,86	–	652,48	734,04
	IV	24.704	852,15	1.976,32	2.223,36	740,29	1.901,12	2.138,76	628,43	1.825,92	2.054,16	516,57	1.750,72	1.969,56	404,71	1.675,52	1.884,96	292,85	1.600,32	1.800,36	180,99	1.525,12	1.715,76
	V	30.877	1.586,74	2.470,16	2.778,93																		
	VI	31.409	1.650,05	2.512,72	2.826,81																		
97.559,99 (Ost)	I	24.797	863,22	1.983,76	2.231,73	639,62	1.833,44	2.062,62	415,90	1.683,04	1.893,42	192,18	1.532,64	1.724,22	–	1.382,24	1.555,02	–	1.232,72	1.386,81	–	1.088,72	1.224,81
	II	23.008	650,33	1.840,64	2.070,72	426,61	1.690,24	1.901,52	202,89	1.539,84	1.732,32	–	1.389,52	1.563,21	–	1.239,84	1.394,82	–	1.095,52	1.232,46	–	957,44	1.077,12
	III	16.590	–	1.327,20	1.493,10	–	1.208,00	1.359,00	–	1.091,68	1.228,14	–	978,56	1.100,88	–	868,48	977,04	–	761,60	856,80	–	657,60	739,80
	IV	24.797	863,22	1.983,76	2.231,73	751,48	1.908,64	2.147,22	639,62	1.833,44	2.062,62	527,76	1.758,24	1.978,02	415,90	1.683,04	1.893,42	304,04	1.607,84	1.808,82	192,18	1.532,64	1.724,22
	V	30.971	1.597,93	2.477,68	2.787,39																		
	VI	31.503	1.661,24	2.520,24	2.835,27																		
97.595,99 (West)	I	24.719	853,94	1.977,52	2.224,71	630,22	1.827,12	2.055,51	406,50	1.676,72	1.886,31	182,78	1.526,32	1.717,11	–	1.375,92	1.547,91	–	1.226,56	1.379,88	–	1.082,88	1.218,24
	II	22.930	641,05	1.834,40	2.063,70	417,33	1.684,00	1.894,50	193,61	1.533,60	1.725,30	–	1.383,20	1.556,10	–	1.233,68	1.387,89	–	1.089,68	1.225,89	–	951,76	1.070,73
	III	16.528	–	1.322,24	1.487,52	–	1.203,04	1.353,42	–	1.086,88	1.222,74	–	973,92	1.095,66	–	864,00	972,00	–	757,12	851,76	–	653,28	734,94
	IV	24.719	853,94	1.977,52	2.224,71	742,08	1.902,32	2.140,11	630,22	1.827,12	2.055,51	518,36	1.751,92	1.970,91	406,50	1.676,72	1.886,31	294,64	1.601,52	1.801,71	182,78	1.526,32	1.717,11
	V	30.892	1.588,53	2.471,36	2.780,28																		
	VI	31.424	1.651,83	2.513,92	2.828,16																		
97.595,99 (Ost)	I	24.813	865,13	1.985,04	2.233,17	641,41	1.834,64	2.063,97	417,69	1.684,24	1.894,77	193,97	1.533,84	1.725,57	–	1.383,44	1.556,37	–	1.233,92	1.388,16	–	1.089,84	1.226,07
	II	23.023	652,12	1.841,84	2.072,07	428,40	1.691,44	1.902,87	204,79	1.541,12	1.733,76	–	1.390,72	1.564,56	–	1.241,04	1.396,17	–	1.096,64	1.233,72	–	958,48	1.078,29
	III	16.602	–	1.328,16	1.494,18	–	1.208,80	1.359,90	–	1.092,64	1.229,22	–	979,52	1.101,96	–	869,44	978,12	–	762,40	857,70	–	658,40	740,70
	IV	24.813	865,13	1.985,04	2.233,17	753,27	1.909,84	2.148,57	641,41	1.834,64	2.063,97	529,55	1.759,44	1.979,37	417,69	1.684,24	1.894,77	305,83	1.609,04	1.810,17	193,97	1.533,84	1.725,57
	V	30.986	1.599,71	2.478,88	2.788,74																		
	VI	31.518	1.663,02	2.521,44	2.836,62																		
97.631,99 (West)	I	24.734	855,72	1.978,72	2.226,06	632,00	1.828,32	2.056,86	408,28	1.677,92	1.887,66	184,56	1.527,52	1.718,46	–	1.377,12	1.549,26	–	1.227,76	1.381,23	–	1.084,00	1.219,50
	II	22.945	642,83	1.835,60	2.065,05	419,11	1.685,20	1.895,85	195,39	1.534,80	1.726,65	–	1.384,40	1.557,45	–	1.234,88	1.389,24	–	1.090,80	1.227,15	–	952,88	1.071,99
	III	16.540	–	1.323,20	1.488,60	–	1.204,00	1.354,50	–	1.087,84	1.223,82	–	974,72	1.096,56	–	864,80	972,90	–	757,92	852,66	–	654,24	736,02
	IV	24.734	855,72	1.978,72	2.226,06	743,86	1.903,52	2.141,46	632,00	1.828,32	2.056,86	520,14	1.753,12	1.972,26	408,28	1.677,92	1.887,66	296,42	1.602,72	1.803,06	184,56	1.527,52	1.718,46
	V	30.907	1.590,31	2.472,56	2.781,63																		
	VI	31.439	1.653,62	2.515,12	2.829,51																		
97.631,99 (Ost)	I	24.828	866,91	1.986,24	2.234,52	643,19	1.835,84	2.065,32	419,47	1.685,44	1.896,12	195,75	1.535,04	1.726,92	–	1.384,64	1.557,72	–	1.235,12	1.389,51	–	1.090,96	1.227,33
	II	23.039	654,02	1.843,12	2.073,51	430,30	1.692,72	1.904,31	206,58	1.542,32	1.735,11	–	1.391,92	1.565,91	–	1.242,24	1.397,52	–	1.097,84	1.235,07	–	959,60	1.079,55
	III	16.614	–	1.329,12	1.495,26	–	1.209,76	1.360,98	–	1.093,60	1.230,30	–	980,32	1.102,86	–	870,24	979,02	–	763,20	858,60	–	659,36	741,78
	IV	24.828	866,91	1.986,24	2.234,52	755,05	1.911,04	2.149,92	643,19	1.835,84	2.065,32	531,33	1.760,64	1.980,72	419,47	1.685,44	1.896,12	307,61	1.610,24	1.811,52	195,75	1.535,04	1.726,92
	V	31.001	1.601,50	2.480,08	2.790,09																		
	VI	31.533	1.664,81	2.522,64	2.837,97																		

SolZ/KiSt lt. Tabelle nicht für Sonstige Bezüge anwendbar.

Lohn/ Gehalt bis	Steuerklasse	Lohn-steuer	ohne Kinderfreibetrag SolZ 5,5%	ohne Kinderfreibetrag Kirchensteuer 8%	ohne Kinderfreibetrag Kirchensteuer 9%	0,5 SolZ 5,5%	0,5 Kirchensteuer 8%	0,5 Kirchensteuer 9%	1,0 SolZ 5,5%	1,0 Kirchensteuer 8%	1,0 Kirchensteuer 9%	1,5 SolZ 5,5%	1,5 Kirchensteuer 8%	1,5 Kirchensteuer 9%	2,0 SolZ 5,5%	2,0 Kirchensteuer 8%	2,0 Kirchensteuer 9%	2,5 SolZ 5,5%	2,5 Kirchensteuer 8%	2,5 Kirchensteuer 9%	3,0 SolZ 5,5%	3,0 Kirchensteuer 8%	3,0 Kirchensteue 9%
97.667,99 (West)	I	24.749	857,51	1.979,92	2.227,41	633,79	1.829,52	2.058,21	410,07	1.679,12	1.889,01	186,35	1.528,72	1.719,81	-	1.378,40	1.550,70	-	1.228,96	1.382,58	-	1.085,12	1.220,
	II	22.960	644,62	1.836,80	2.066,40	420,90	1.686,40	1.897,20	197,18	1.536,00	1.728,00	-	1.385,60	1.558,80	-	1.236,08	1.390,59	-	1.091,92	1.228,41	-	953,92	1.073,
	III	16.552	-	1.324,16	1.489,68	-	1.204,80	1.355,40	-	1.088,80	1.224,90	-	975,68	1.097,64	-	865,76	973,98	-	758,88	853,74	-	655,04	736,
	IV	24.749	857,51	1.979,92	2.227,41	745,65	1.904,72	2.142,81	633,79	1.829,52	2.058,21	521,93	1.754,32	1.973,61	410,07	1.679,12	1.889,01	298,21	1.603,92	1.804,41	186,35	1.528,72	1.719,
	V	30.922	1.592,10	2.473,76	2.782,98																		
	VI	31.454	1.655,40	2.516,32	2.830,86																		
97.667,99 (Ost)	I	24.843	868,70	1.987,44	2.235,87	644,98	1.837,04	2.066,67	421,26	1.686,64	1.897,47	197,54	1.536,24	1.728,27	-	1.385,84	1.559,07	-	1.236,24	1.390,77	-	1.092,16	1.228,
	II	23.054	655,80	1.844,32	2.074,86	432,08	1.693,92	1.905,66	208,36	1.543,52	1.736,46	-	1.393,12	1.567,26	-	1.243,36	1.398,78	-	1.098,96	1.236,33	-	960,64	1.080,
	III	16.626	-	1.330,08	1.496,34	-	1.210,72	1.362,06	-	1.094,40	1.231,20	-	981,28	1.103,94	-	871,04	979,92	-	764,00	859,50	-	660,16	742,
	IV	24.843	868,70	1.987,44	2.235,87	756,84	1.912,24	2.151,27	644,98	1.837,04	2.066,67	533,12	1.761,84	1.982,07	421,26	1.686,64	1.897,47	309,40	1.611,44	1.812,87	197,54	1.536,24	1.728,
	V	31.016	1.603,28	2.481,28	2.791,44																		
	VI	31.548	1.666,59	2.523,84	2.839,32																		
97.703,99 (West)	I	24.764	859,29	1.981,12	2.228,76	635,57	1.830,72	2.059,56	411,85	1.680,32	1.890,36	188,25	1.530,00	1.721,25	-	1.379,60	1.552,05	-	1.230,16	1.383,93	-	1.086,24	1.222,
	II	22.975	646,40	1.838,00	2.067,75	422,68	1.687,60	1.898,55	198,96	1.537,20	1.729,35	-	1.386,80	1.560,15	-	1.237,20	1.391,85	-	1.093,04	1.229,67	-	955,04	1.074,
	III	16.564	-	1.325,12	1.490,76	-	1.205,76	1.356,48	-	1.089,60	1.225,80	-	976,64	1.098,72	-	866,56	974,88	-	759,68	854,64	-	655,84	737,
	IV	24.764	859,29	1.981,12	2.228,76	747,43	1.905,92	2.144,16	635,57	1.830,72	2.059,56	523,71	1.755,52	1.974,96	411,85	1.680,32	1.890,36	300,11	1.605,20	1.805,85	188,25	1.530,00	1.721,
	V	30.938	1.594,00	2.475,04	2.784,42																		
	VI	31.469	1.657,19	2.517,52	2.832,21																		
97.703,99 (Ost)	I	24.858	870,48	1.988,64	2.237,22	646,76	1.838,24	2.068,02	423,04	1.687,84	1.898,82	199,32	1.537,44	1.729,62	-	1.387,04	1.560,42	-	1.237,44	1.392,12	-	1.093,28	1.229,
	II	23.069	657,59	1.845,52	2.076,21	433,87	1.695,12	1.907,01	210,15	1.544,72	1.737,81	-	1.394,32	1.568,61	-	1.244,56	1.400,13	-	1.100,08	1.237,59	-	961,76	1.081,
	III	16.640	-	1.331,20	1.497,60	-	1.211,68	1.363,14	-	1.095,36	1.232,28	-	982,08	1.104,84	-	872,00	981,00	-	764,96	860,58	-	660,96	743,
	IV	24.858	870,48	1.988,64	2.237,22	758,62	1.913,44	2.152,62	646,76	1.838,24	2.068,02	534,90	1.763,04	1.983,42	423,04	1.687,84	1.898,82	311,18	1.612,64	1.814,22	199,32	1.537,44	1.729,
	V	31.031	1.605,07	2.482,48	2.792,79																		
	VI	31.563	1.668,38	2.525,04	2.840,67																		
97.739,99 (West)	I	24.779	861,08	1.982,32	2.230,11	637,48	1.832,00	2.061,00	413,76	1.681,60	1.891,80	190,04	1.531,20	1.722,60	-	1.380,80	1.553,40	-	1.231,28	1.385,19	-	1.087,36	1.223,
	II	22.990	648,19	1.839,20	2.069,10	424,47	1.688,80	1.899,90	200,75	1.538,40	1.730,70	-	1.388,00	1.561,50	-	1.238,40	1.393,20	-	1.094,16	1.230,93	-	956,08	1.075,
	III	16.576	-	1.326,08	1.491,84	-	1.206,72	1.357,56	-	1.090,56	1.226,88	-	977,44	1.099,62	-	867,36	975,78	-	760,48	855,54	-	656,64	738,
	IV	24.779	861,08	1.982,32	2.230,11	749,22	1.907,12	2.145,51	637,48	1.832,00	2.061,00	525,62	1.756,80	1.976,40	413,76	1.681,60	1.891,80	301,90	1.606,40	1.807,20	190,04	1.531,20	1.722,
	V	30.953	1.595,79	2.476,24	2.785,77																		
	VI	31.484	1.658,97	2.518,72	2.833,56																		
97.739,99 (Ost)	I	24.873	872,27	1.989,84	2.238,57	648,55	1.839,44	2.069,37	424,83	1.689,04	1.900,17	201,11	1.538,64	1.730,97	-	1.388,24	1.561,77	-	1.238,64	1.393,47	-	1.094,40	1.231,
	II	23.084	659,37	1.846,72	2.077,56	435,65	1.696,32	1.908,36	211,93	1.545,92	1.739,16	-	1.395,52	1.569,96	-	1.245,76	1.401,48	-	1.101,20	1.238,85	-	962,88	1.083,
	III	16.652	-	1.332,16	1.498,68	-	1.212,64	1.364,22	-	1.096,32	1.233,36	-	983,04	1.105,92	-	872,80	981,90	-	765,76	861,48	-	661,76	744,
	IV	24.873	872,27	1.989,84	2.238,57	760,41	1.914,64	2.153,97	648,55	1.839,44	2.069,37	536,69	1.764,24	1.984,77	424,83	1.689,04	1.900,17	312,97	1.613,84	1.815,57	201,11	1.538,64	1.730,
	V	31.046	1.606,85	2.483,68	2.794,14																		
	VI	31.578	1.670,16	2.526,24	2.842,02																		
97.775,99 (West)	I	24.795	862,98	1.983,60	2.231,55	639,26	1.833,20	2.062,35	415,54	1.682,80	1.893,15	191,82	1.532,40	1.723,95	-	1.382,00	1.554,75	-	1.232,48	1.386,54	-	1.088,48	1.224,
	II	23.005	649,97	1.840,40	2.070,45	426,25	1.690,00	1.901,25	202,65	1.539,68	1.732,14	-	1.389,28	1.562,94	-	1.239,60	1.394,55	-	1.095,28	1.232,19	-	957,20	1.076,
	III	16.588	-	1.327,04	1.492,92	-	1.207,68	1.358,64	-	1.091,52	1.227,96	-	978,40	1.100,70	-	868,32	976,86	-	761,28	856,44	-	657,44	739,
	IV	24.795	862,98	1.983,60	2.231,55	751,12	1.908,40	2.146,95	639,26	1.833,20	2.062,35	527,40	1.758,00	1.977,75	415,54	1.682,80	1.893,15	303,68	1.607,60	1.808,55	191,82	1.532,40	1.723,
	V	30.968	1.597,57	2.477,44	2.787,12																		
	VI	31.500	1.660,88	2.520,00	2.835,00																		
97.775,99 (Ost)	I	24.888	874,05	1.991,04	2.239,92	650,33	1.840,64	2.070,72	426,61	1.690,24	1.901,52	202,89	1.539,84	1.732,32	-	1.389,52	1.563,21	-	1.239,84	1.394,82	-	1.095,52	1.232,
	II	23.099	661,16	1.847,92	2.078,91	437,44	1.697,52	1.909,71	213,72	1.547,12	1.740,51	-	1.396,72	1.571,31	-	1.246,96	1.402,83	-	1.102,32	1.240,11	-	963,92	1.084,
	III	16.664	-	1.333,12	1.499,76	-	1.213,60	1.365,30	-	1.097,28	1.234,44	-	984,00	1.107,00	-	873,76	982,98	-	766,56	862,38	-	662,56	745,
	IV	24.888	874,05	1.991,04	2.239,92	762,19	1.915,84	2.155,32	650,33	1.840,64	2.070,72	538,47	1.765,44	1.986,12	426,61	1.690,24	1.901,52	314,75	1.615,04	1.816,92	202,89	1.539,84	1.732,
	V	31.062	1.608,76	2.484,96	2.795,58																		
	VI	31.593	1.671,95	2.527,44	2.843,37																		
97.811,99 (West)	I	24.810	864,77	1.984,80	2.232,90	641,05	1.834,40	2.063,70	417,33	1.684,00	1.894,50	193,61	1.533,60	1.725,30	-	1.383,20	1.556,10	-	1.233,68	1.387,89	-	1.089,68	1.225,
	II	23.020	651,76	1.841,60	2.071,80	428,16	1.691,28	1.902,69	204,44	1.540,88	1.733,49	-	1.390,48	1.564,29	-	1.240,80	1.395,90	-	1.096,48	1.233,54	-	958,32	1.078,
	III	16.600	-	1.328,00	1.494,00	-	1.208,64	1.359,72	-	1.092,48	1.229,04	-	979,20	1.101,60	-	869,12	977,76	-	762,24	857,52	-	658,24	740,
	IV	24.810	864,77	1.984,80	2.232,90	752,91	1.909,60	2.148,30	641,05	1.834,40	2.063,70	529,19	1.759,20	1.979,10	417,33	1.684,00	1.894,50	305,47	1.608,80	1.809,90	193,61	1.533,60	1.725,
	V	30.983	1.599,36	2.478,64	2.788,47																		
	VI	31.515	1.662,66	2.521,20	2.836,35																		
97.811,99 (Ost)	I	24.903	875,84	1.992,24	2.241,27	652,12	1.841,84	2.072,07	428,40	1.691,44	1.902,87	204,79	1.541,12	1.733,76	-	1.390,72	1.564,56	-	1.241,04	1.396,17	-	1.096,64	1.233,
	II	23.114	662,94	1.849,12	2.080,26	439,22	1.698,72	1.911,06	215,50	1.548,32	1.741,86	-	1.397,92	1.572,66	-	1.248,16	1.404,18	-	1.103,52	1.241,46	-	965,04	1.085,
	III	16.676	-	1.334,08	1.500,84	-	1.214,56	1.366,38	-	1.098,08	1.235,34	-	984,80	1.107,90	-	874,56	983,88	-	767,52	863,46	-	663,36	746,
	IV	24.903	875,84	1.992,24	2.241,27	763,98	1.917,04	2.156,67	652,12	1.841,84	2.072,07	540,26	1.766,64	1.987,47	428,40	1.691,44	1.902,87	316,65	1.616,32	1.818,36	204,79	1.541,12	1.733,
	V	31.077	1.610,54	2.486,16	2.796,93																		
	VI	31.608	1.673,73	2.528,64	2.844,72																		
97.847,99 (West)	I	24.825	866,55	1.986,00	2.234,25	642,83	1.835,60	2.065,05	419,11	1.685,20	1.895,85	195,39	1.534,80	1.726,65	-	1.384,40	1.557,45	-	1.234,88	1.389,24	-	1.090,80	1.227,
	II	23.036	653,66	1.842,88	2.073,24	429,94	1.692,48	1.904,04	206,22	1.542,08	1.734,84	-	1.391,68	1.565,64	-	1.242,00	1.397,25	-	1.097,60	1.234,80	-	959,36	1.079,
	III	16.612	-	1.328,96	1.495,08	-	1.209,60	1.360,80	-	1.093,28	1.229,94	-	980,16	1.102,68	-	870,08	978,84	-	763,04	858,42	-	659,04	741,
	IV	24.825	866,55	1.986,00	2.234,25	754,69	1.910,80	2.149,65	642,83	1.835,60	2.065,05	530,97	1.760,40	1.980,45	419,11	1.685,20	1.895,85	307,25	1.610,00	1.811,25	195,39	1.534,80	1.726,
	V	30.998	1.601,14	2.479,84	2.789,82																		
	VI	31.530	1.664,45	2.522,40	2.837,70																		
97.847,99 (Ost)	I	24.918	877,62	1.993,44	2.242,62	654,02	1.843,12	2.073,51	430,30	1.692,72	1.904,31	206,58	1.542,32	1.735,11	-	1.391,92	1.565,91	-	1.242,24	1.397,52	-	1.097,84	1.235,
	II	23.129	664,73	1.850,32	2.081,61	441,01	1.699,92	1.912,41	217,29	1.549,52	1.743,21	-	1.399,12	1.574,01	-	1.249,36	1.405,53	-	1.104,64	1.242,72	-	966,08	1.086,
	III	16.688	-	1.335,04	1.501,92	-	1.215,52	1.367,46	-	1.099,04	1.236,42	-	985,76	1.108,98	-	875,52	984,96	-	768,32	864,36	-	664,32	747,
	IV	24.918	877,62	1.993,44	2.242,62	765,76	1.918,24	2.158,02	654,02	1.843,12	2.073,51	542,16	1.767,92	1.988,91	430,30	1.692,72	1.904,31	318,44	1.617,52	1.819,71	206,58	1.542,32	1.735,
	V	31.092	1.612,33	2.487,36	2.798,28																		
	VI	31.623	1.675,52	2.529,84	2.846,07																		
97.883,99 (West)	I	24.840	868,34	1.987,20	2.235,60	644,62	1.836,80	2.066,40	420,90	1.686,40	1.897,20	197,18	1.536,00	1.728,00	-	1.385,60	1.558,80	-	1.236,08	1.390,59	-	1.091,92	1.228,
	II	23.051	655,45	1.844,08	2.074,59	431,73	1.693,68	1.905,39	208,01	1.543,28	1.736,19	-	1.392,88	1.566,99	-	1.243,12	1.398,51	-	1.098,72	1.236,06	-	960,48	1.080,
	III	16.624	-	1.329,92	1.496,16	-	1.210,56	1.361,88	-	1.094,24	1.231,02	-	981,12	1.103,76	-	870,88	979,74	-	763,84	859,32	-	660,00	742,
	IV	24.840	868,34	1.987,20	2.235,60	756,48	1.912,00	2.151,00	644,62	1.836,80	2.066,40	532,76	1.761,60	1.981,80	420,90	1.686,40	1.897,20	309,04	1.611,20	1.812,60	197,18	1.536,00	1.728,0
	V	31.013	1.602,93	2.481,04	2.791,17																		
	VI	31.545	1.666,23	2.523,60	2.839,05																		
97.883,99 (Ost)	I	24.934	879,52	1.994,72	2.244,06	655,80	1.844,32	2.074,86	432,08	1.693,92	1.905,66	208,36	1.543,52	1.736,46	-	1.393,12	1.567,26	-	1.243,36	1.398,78	-	1.098,96	1.236,
	II	23.144	666,51	1.851,52	2.082,96	442,79	1.701,12	1.913,76	219,19	1.550,80	1.744,65	-	1.400,40	1.575,45	-	1.250,48	1.406,79	-	1.105,76	1.243,98	-	967,20	1.088,
	III	16.700	-	1.336,00	1.503,00	-	1.216,48	1.368,54	-	1.100,00	1.237,50	-	986,72	1.110,06	-	876,32	985,86	-	769,12	865,26	-	665,12	748,
	IV	24.934	879,52	1.994,72	2.244,06	767,66	1.919,52	2.159,46	655,80	1.844,32	2.074,86	543,94	1.769,12	1.990,26	432,08	1.693,92	1.905,66	320,22	1.618,72	1.821,06	208,36	1.543,52	1.736,
	V	31.107	1.614,11	2.488,56	2.799,63																		
	VI	31.639	1.677,42	2.531,12	2.847,51																		

Anzahl Kinderfreibeträge (nur Steuerklassen I–IV)

SolZ/KiSt lt. Tabelle nicht für Sonstige Bezüge anwendbar.

Allgemeine Tabelle

JAHR bis 98.135,99 €

Lohn/ Gehalt bis	Steuerklasse	Lohn-steuer	ohne Kinderfreibetrag			Anzahl Kinderfreibeträge (nur Steuerklassen I–IV)																	
						0,5			1,0			1,5			2,0			2,5			3,0		
			SolZ 5,5%	Kirchensteuer 8%	9%	SolZ 5,5%	Kirchensteuer 8%	9%	SolZ 5,5%	Kirchensteuer 8%	9%	SolZ 5,5%	Kirchensteuer 8%	9%	SolZ 5,5%	Kirchensteuer 8%	9%	SolZ 5,5%	Kirchensteuer 8%	9%	SolZ 5,5%	Kirchensteuer 8%	9%
97.919,99 (West)	I	24.855	870,12	1.988,40	2.236,95	646,40	1.838,00	2.067,75	422,68	1.687,60	1.898,55	198,96	1.537,20	1.729,35	-	1.386,80	1.560,15	-	1.237,20	1.391,85	-	1.093,04	1.229,67
	II	23.066	657,23	1.845,28	2.075,94	433,51	1.694,88	1.906,74	209,79	1.544,48	1.737,54	-	1.394,08	1.568,34	-	1.244,32	1.399,86	-	1.099,84	1.237,32	-	961,52	1.081,71
	III	16.636	-	1.330,88	1.497,24	-	1.211,52	1.362,96	-	1.095,20	1.232,10	-	981,92	1.104,66	-	871,84	980,82	-	764,80	860,40	-	660,80	743,40
	IV	24.855	870,12	1.988,40	2.236,95	758,26	1.913,20	2.152,35	646,40	1.838,00	2.067,75	534,54	1.762,80	1.983,15	422,68	1.687,60	1.898,55	310,82	1.612,40	1.813,95	198,96	1.537,20	1.729,35
	V	31.028	1.604,71	2.482,24	2.792,52																		
	VI	31.560	1.668,02	2.524,80	2.840,40																		
97.919,99 (Ost)	I	24.949	881,31	1.995,92	2.245,41	657,59	1.845,52	2.076,21	433,87	1.695,12	1.907,01	210,15	1.544,72	1.737,81	-	1.394,32	1.568,61	-	1.244,56	1.400,13	-	1.100,08	1.237,59
	II	23.159	668,30	1.852,72	2.084,31	444,70	1.702,40	1.915,20	220,98	1.552,00	1.746,00	-	1.401,60	1.576,80	-	1.251,68	1.408,14	-	1.106,88	1.245,24	-	968,32	1.089,36
	III	16.712	-	1.336,96	1.504,08	-	1.217,44	1.369,62	-	1.100,96	1.238,58	-	987,52	1.110,96	-	877,28	986,94	-	770,08	866,34	-	665,92	749,16
	IV	24.949	881,31	1.995,92	2.245,41	769,45	1.920,72	2.160,81	657,59	1.845,52	2.076,21	545,73	1.770,32	1.991,61	433,87	1.695,12	1.907,01	322,01	1.619,92	1.822,41	210,15	1.544,72	1.737,81
	V	31.122	1.615,90	2.489,76	2.800,98																		
	VI	31.654	1.679,20	2.532,32	2.848,86																		
97.955,99 (West)	I	24.870	871,91	1.989,60	2.238,30	648,19	1.839,20	2.069,10	424,47	1.688,80	1.899,90	200,75	1.538,40	1.730,70	-	1.388,00	1.561,50	-	1.238,40	1.393,20	-	1.094,16	1.230,93
	II	23.081	659,02	1.846,48	2.077,29	435,30	1.696,08	1.908,09	211,58	1.545,68	1.738,89	-	1.395,28	1.569,69	-	1.245,52	1.401,21	-	1.100,96	1.238,58	-	962,64	1.082,97
	III	16.648	-	1.331,84	1.498,32	-	1.212,48	1.364,04	-	1.096,16	1.233,18	-	982,88	1.105,74	-	872,64	981,72	-	765,60	861,30	-	661,60	744,30
	IV	24.870	871,91	1.989,60	2.238,30	760,05	1.914,40	2.153,70	648,19	1.839,20	2.069,10	536,33	1.764,00	1.984,50	424,47	1.688,80	1.899,90	312,61	1.613,60	1.815,30	200,75	1.538,40	1.730,70
	V	31.043	1.606,50	2.483,44	2.793,87																		
	VI	31.575	1.669,80	2.526,00	2.841,75																		
97.955,99 (Ost)	I	24.964	883,09	1.997,12	2.246,76	659,37	1.846,72	2.077,56	435,65	1.696,32	1.908,36	211,93	1.545,92	1.739,16	-	1.395,52	1.569,96	-	1.245,76	1.401,48	-	1.101,20	1.238,85
	II	23.175	670,20	1.854,00	2.085,75	446,48	1.703,60	1.916,55	222,76	1.553,20	1.747,35	-	1.402,80	1.578,15	-	1.252,88	1.409,49	-	1.108,08	1.246,59	-	969,36	1.090,53
	III	16.724	-	1.337,92	1.505,16	-	1.218,40	1.370,70	-	1.101,92	1.239,66	-	988,48	1.112,04	-	878,08	987,84	-	770,88	867,24	-	666,72	750,06
	IV	24.964	883,09	1.997,12	2.246,76	771,23	1.921,92	2.162,16	659,37	1.846,72	2.077,56	547,51	1.771,52	1.992,96	435,65	1.696,32	1.908,36	323,79	1.621,12	1.823,76	211,93	1.545,92	1.739,16
	V	31.137	1.617,68	2.490,96	2.802,33																		
	VI	31.669	1.680,99	2.533,52	2.850,21																		
97.991,99 (West)	I	24.885	873,69	1.990,80	2.239,65	649,97	1.840,40	2.070,45	426,25	1.690,00	1.901,25	202,65	1.539,68	1.732,14	-	1.389,28	1.562,94	-	1.239,60	1.394,55	-	1.095,28	1.232,19
	II	23.096	660,80	1.847,68	2.078,64	437,08	1.697,28	1.909,44	213,36	1.546,88	1.740,24	-	1.396,48	1.571,04	-	1.246,72	1.402,56	-	1.102,16	1.239,93	-	963,76	1.084,23
	III	16.660	-	1.332,80	1.499,40	-	1.213,44	1.365,12	-	1.096,96	1.234,08	-	983,68	1.106,64	-	873,60	982,80	-	766,40	862,20	-	662,40	745,20
	IV	24.885	873,69	1.990,80	2.239,65	761,83	1.915,60	2.155,05	649,97	1.840,40	2.070,45	538,11	1.765,20	1.985,85	426,25	1.690,00	1.901,25	314,39	1.614,80	1.816,65	202,65	1.539,68	1.732,14
	V	31.059	1.608,40	2.484,72	2.795,31																		
	VI	31.590	1.671,59	2.527,20	2.843,10																		
97.991,99 (Ost)	I	24.979	884,88	1.998,32	2.248,11	661,16	1.847,92	2.078,91	437,44	1.697,52	1.909,71	213,72	1.547,12	1.740,51	-	1.396,72	1.571,31	-	1.246,96	1.402,83	-	1.102,32	1.240,11
	II	23.190	671,99	1.855,20	2.087,10	448,27	1.704,80	1.917,90	224,55	1.554,40	1.748,70	0,83	1.404,00	1.579,50	-	1.254,08	1.410,84	-	1.109,20	1.247,85	-	970,48	1.091,79
	III	16.736	-	1.338,88	1.506,24	-	1.219,36	1.371,78	-	1.102,72	1.240,56	-	989,28	1.112,94	-	879,04	988,92	-	771,68	868,14	-	667,52	750,96
	IV	24.979	884,88	1.998,32	2.248,11	773,02	1.923,12	2.163,51	661,16	1.847,92	2.078,91	549,30	1.772,72	1.994,31	437,44	1.697,52	1.909,71	325,58	1.622,32	1.825,11	213,72	1.547,12	1.740,51
	V	31.152	1.619,47	2.492,16	2.803,68																		
	VI	31.684	1.682,77	2.534,72	2.851,56																		
98.027,99 (West)	I	24.900	875,48	1.992,00	2.241,00	651,76	1.841,60	2.071,80	428,16	1.691,28	1.902,69	204,44	1.540,88	1.733,49	-	1.390,48	1.564,29	-	1.240,80	1.395,90	-	1.096,48	1.233,54
	II	23.111	662,59	1.848,88	2.079,99	438,87	1.698,48	1.910,79	215,15	1.548,08	1.741,59	-	1.397,68	1.572,39	-	1.247,92	1.403,91	-	1.103,28	1.241,19	-	964,80	1.085,40
	III	16.672	-	1.333,76	1.500,48	-	1.214,40	1.366,20	-	1.097,92	1.235,16	-	984,64	1.107,72	-	874,40	983,70	-	767,36	863,28	-	663,20	746,10
	IV	24.900	875,48	1.992,00	2.241,00	763,62	1.916,80	2.156,40	651,76	1.841,60	2.071,80	540,02	1.766,48	1.987,29	428,16	1.691,28	1.902,69	316,30	1.616,08	1.818,09	204,44	1.540,88	1.733,49
	V	31.074	1.610,18	2.485,92	2.796,66																		
	VI	31.605	1.673,37	2.528,40	2.844,45																		
98.027,99 (Ost)	I	24.994	886,66	1.999,52	2.249,46	662,94	1.849,12	2.080,26	439,22	1.698,72	1.911,06	215,50	1.548,32	1.741,86	-	1.397,92	1.572,66	-	1.248,16	1.404,18	-	1.103,52	1.241,46
	II	23.205	673,77	1.856,40	2.088,45	450,05	1.706,00	1.919,25	226,33	1.555,60	1.750,05	2,61	1.405,20	1.580,85	-	1.255,28	1.412,19	-	1.110,32	1.249,11	-	971,60	1.093,05
	III	16.748	-	1.339,84	1.507,32	-	1.220,32	1.372,86	-	1.103,68	1.241,64	-	990,24	1.114,02	-	879,84	989,82	-	772,64	869,22	-	668,32	751,86
	IV	24.994	886,66	1.999,52	2.249,46	774,80	1.924,32	2.164,86	662,94	1.849,12	2.080,26	551,08	1.773,92	1.995,66	439,22	1.698,72	1.911,06	327,36	1.623,52	1.826,46	215,50	1.548,32	1.741,86
	V	31.167	1.621,25	2.493,36	2.805,03																		
	VI	31.699	1.684,56	2.535,92	2.852,91																		
98.063,99 (West)	I	24.916	877,38	1.993,28	2.242,44	653,66	1.842,88	2.073,24	429,94	1.692,48	1.904,04	206,22	1.542,08	1.734,84	-	1.391,68	1.565,64	-	1.242,00	1.397,25	-	1.097,60	1.234,80
	II	23.126	664,37	1.850,08	2.081,34	440,65	1.699,68	1.912,14	216,93	1.549,28	1.742,94	-	1.398,96	1.573,83	-	1.249,12	1.405,26	-	1.104,40	1.242,45	-	965,92	1.086,66
	III	16.686	-	1.334,88	1.501,74	-	1.215,36	1.367,28	-	1.098,88	1.236,24	-	985,60	1.108,80	-	875,36	984,78	-	768,16	864,18	-	664,00	747,00
	IV	24.916	877,38	1.993,28	2.242,44	765,52	1.918,08	2.157,84	653,66	1.842,88	2.073,24	541,80	1.767,68	1.988,64	429,94	1.692,48	1.904,04	318,08	1.617,28	1.819,44	206,22	1.542,08	1.734,84
	V	31.089	1.611,97	2.487,12	2.798,01																		
	VI	31.621	1.675,28	2.529,68	2.845,89																		
98.063,99 (Ost)	I	25.009	888,45	2.000,72	2.250,81	664,73	1.850,32	2.081,61	441,01	1.699,92	1.912,41	217,29	1.549,52	1.743,21	-	1.399,12	1.574,01	-	1.249,36	1.405,53	-	1.104,64	1.242,72
	II	23.220	675,56	1.857,60	2.089,80	451,84	1.707,20	1.920,60	228,12	1.556,80	1.751,40	4,40	1.406,40	1.582,20	-	1.256,48	1.413,54	-	1.111,44	1.250,37	-	972,64	1.094,22
	III	16.760	-	1.340,80	1.508,40	-	1.221,28	1.373,94	-	1.104,64	1.242,72	-	991,20	1.115,10	-	880,80	990,90	-	773,44	870,12	-	669,12	752,76
	IV	25.009	888,45	2.000,72	2.250,81	776,59	1.925,52	2.166,21	664,73	1.850,32	2.081,61	552,87	1.775,12	1.997,01	441,01	1.699,92	1.912,41	329,15	1.624,72	1.827,81	217,29	1.549,52	1.743,21
	V	31.182	1.623,04	2.494,56	2.806,38																		
	VI	31.714	1.686,34	2.537,12	2.854,26																		
98.099,99 (West)	I	24.931	879,17	1.994,48	2.243,79	655,45	1.844,08	2.074,59	431,73	1.693,68	1.905,39	208,01	1.543,28	1.736,19	-	1.392,88	1.566,99	-	1.243,12	1.398,51	-	1.098,72	1.236,06
	II	23.141	666,16	1.851,28	2.082,69	442,56	1.700,96	1.913,58	218,84	1.550,56	1.744,38	-	1.400,16	1.575,18	-	1.250,32	1.406,61	-	1.105,52	1.243,71	-	966,96	1.087,83
	III	16.698	-	1.335,84	1.502,82	-	1.216,32	1.368,36	-	1.099,84	1.237,32	-	986,40	1.109,70	-	876,16	985,68	-	768,96	865,08	-	664,96	748,08
	IV	24.931	879,17	1.994,48	2.243,79	767,31	1.919,28	2.159,19	655,45	1.844,08	2.074,59	543,59	1.768,88	1.989,99	431,73	1.693,68	1.905,39	319,87	1.618,48	1.820,79	208,01	1.543,28	1.736,19
	V	31.104	1.613,75	2.488,32	2.799,36																		
	VI	31.636	1.677,06	2.530,88	2.847,24																		
98.099,99 (Ost)	I	25.024	890,23	2.001,92	2.252,16	666,51	1.851,52	2.082,96	442,79	1.701,12	1.913,76	219,19	1.550,80	1.744,65	-	1.400,40	1.575,45	-	1.250,48	1.406,79	-	1.105,76	1.243,98
	II	23.235	677,34	1.858,80	2.091,15	453,62	1.708,40	1.921,95	229,90	1.558,00	1.752,75	6,18	1.407,60	1.583,55	-	1.257,68	1.414,89	-	1.112,64	1.251,72	-	973,76	1.095,48
	III	16.774	-	1.341,92	1.509,66	-	1.222,08	1.374,84	-	1.105,60	1.243,80	-	992,00	1.116,00	-	881,60	991,80	-	774,24	871,02	-	670,08	753,84
	IV	25.024	890,23	2.001,92	2.252,16	778,37	1.926,72	2.167,56	666,51	1.851,52	2.082,96	554,65	1.776,32	1.998,36	442,79	1.701,12	1.913,76	330,93	1.625,92	1.829,16	219,19	1.550,80	1.744,65
	V	31.198	1.624,94	2.495,84	2.807,82																		
	VI	31.729	1.688,13	2.538,32	2.855,61																		
98.135,99 (West)	I	24.946	880,95	1.995,68	2.245,14	657,23	1.845,28	2.075,94	433,51	1.694,88	1.906,74	209,79	1.544,48	1.737,54	-	1.394,08	1.568,34	-	1.244,32	1.399,86	-	1.099,84	1.237,32
	II	23.157	668,06	1.852,56	2.084,13	444,34	1.702,16	1.914,93	220,62	1.551,76	1.745,73	-	1.401,36	1.576,53	-	1.251,44	1.407,87	-	1.106,72	1.245,06	-	968,08	1.089,09
	III	16.710	-	1.336,80	1.503,90	-	1.217,12	1.369,26	-	1.100,80	1.238,40	-	987,36	1.110,78	-	877,12	986,76	-	769,76	865,98	-	665,76	748,98
	IV	24.946	880,95	1.995,68	2.245,14	769,09	1.920,48	2.160,54	657,23	1.845,28	2.075,94	545,37	1.770,08	1.991,34	433,51	1.694,88	1.906,74	321,65	1.619,68	1.822,14	209,79	1.544,48	1.737,54
	V	31.119	1.615,54	2.489,52	2.800,71																		
	VI	31.651	1.678,85	2.532,08	2.848,59																		
98.135,99 (Ost)	I	25.039	892,02	2.003,12	2.253,51	668,30	1.852,72	2.084,31	444,70	1.702,40	1.915,20	220,98	1.552,00	1.746,00	-	1.401,60	1.576,80	-	1.251,68	1.408,14	-	1.106,88	1.245,24
	II	23.250	679,13	1.860,00	2.092,50	455,41	1.709,60	1.923,30	231,69	1.559,20	1.754,10	7,97	1.408,80	1.584,90	-	1.258,88	1.416,24	-	1.113,76	1.252,98	-	974,88	1.096,74
	III	16.786	-	1.342,88	1.510,74	-	1.223,04	1.375,92	-	1.106,40	1.244,70	-	992,96	1.117,08	-	882,56	992,88	-	775,20	872,10	-	670,88	754,74
	IV	25.039	892,02	2.003,12	2.253,51	780,16	1.927,92	2.168,91	668,30	1.852,72	2.084,31	556,56	1.777,60	1.999,80	444,70	1.702,40	1.915,20	332,84	1.627,20	1.830,60	220,98	1.552,00	1.746,00
	V	31.213	1.626,73	2.497,04	2.809,17																		
	VI	31.744	1.689,91	2.539,52	2.856,96																		

SolZ/KiSt lt. Tabelle nicht für Sonstige Bezüge anwendbar.

Lohn/ Gehalt bis	Steuerklasse	Lohn- steuer	ohne Kinderfreibetrag SolZ 5,5%	Kirchensteuer 8%	Kirchensteuer 9%	0,5 SolZ 5,5%	Kirchensteuer 8%	Kirchensteuer 9%	1,0 SolZ 5,5%	Kirchensteuer 8%	Kirchensteuer 9%	1,5 SolZ 5,5%	Kirchensteuer 8%	Kirchensteuer 9%	2,0 SolZ 5,5%	Kirchensteuer 8%	Kirchensteuer 9%	2,5 SolZ 5,5%	Kirchensteuer 8%	Kirchensteuer 9%	3,0 SolZ 5,5%	Kirchensteuer 8%	Kirchensteuer 9%
						Anzahl Kinderfreibeträge (nur Steuerklassen I–IV)																	
98.171,99 (West)	I	24.961	882,74	1.996,88	2.246,49	659,02	1.846,48	2.077,29	435,30	1.696,08	1.908,09	211,58	1.545,68	1.738,89	-	1.395,28	1.569,69	-	1.245,52	1.401,21	-	1.100,96	1.238,
	II	23.172	669,85	1.853,76	2.085,48	446,13	1.703,36	1.916,28	222,41	1.552,96	1.747,08	-	1.402,56	1.577,88	-	1.252,64	1.409,22	-	1.107,84	1.246,32	-	969,20	1.090,
	III	16.722	-	1.337,76	1.504,98	-	1.218,08	1.370,34	-	1.101,60	1.239,30	-	988,16	1.111,68	-	877,92	987,66	-	770,72	867,06	-	666,56	749,
	IV	24.961	882,74	1.996,88	2.246,49	770,88	1.921,68	2.161,89	659,02	1.846,48	2.077,29	547,16	1.771,28	1.992,69	435,30	1.696,08	1.908,09	323,44	1.620,88	1.823,49	211,58	1.545,68	1.738,
	V	31.134	1.617,32	2.490,72	2.802,06																		
	VI	31.666	1.680,63	2.533,28	2.849,94																		
98.171,99 (Ost)	I	25.055	893,92	2.004,40	2.254,95	670,20	1.854,00	2.085,75	446,48	1.703,60	1.916,55	222,76	1.553,20	1.747,35	-	1.402,80	1.578,15	-	1.252,88	1.409,49	-	1.108,08	1.246,
	II	23.265	680,91	1.861,20	2.093,85	457,19	1.710,80	1.924,65	233,47	1.560,40	1.755,45	9,87	1.410,08	1.586,34	-	1.260,00	1.417,50	-	1.114,88	1.254,24	-	975,92	1.097,
	III	16.798	-	1.343,84	1.511,82	-	1.224,00	1.377,00	-	1.107,36	1.245,78	-	993,92	1.118,16	-	883,36	993,78	-	776,00	873,00	-	671,68	755,
	IV	25.055	893,92	2.004,40	2.254,95	782,06	1.929,20	2.170,35	670,20	1.854,00	2.085,75	558,34	1.778,80	2.001,15	446,48	1.703,60	1.916,55	334,62	1.628,40	1.831,95	222,76	1.553,20	1.747,
	V	31.228	1.628,51	2.498,24	2.810,52																		
	VI	31.760	1.691,82	2.540,80	2.858,40																		
98.207,99 (West)	I	24.976	884,52	1.998,08	2.247,84	660,80	1.847,68	2.078,64	437,08	1.697,28	1.909,44	213,36	1.546,88	1.740,24	-	1.396,48	1.571,04	-	1.246,72	1.402,56	-	1.102,16	1.239,
	II	23.187	671,63	1.854,96	2.086,83	447,91	1.704,56	1.917,63	224,19	1.554,16	1.748,43	0,47	1.403,76	1.579,23	-	1.253,84	1.410,57	-	1.108,96	1.247,58	-	970,24	1.091,
	III	16.734	-	1.338,72	1.506,06	-	1.219,04	1.371,42	-	1.102,56	1.240,38	-	989,12	1.112,76	-	878,72	988,56	-	771,52	867,96	-	667,36	750,
	IV	24.976	884,52	1.998,08	2.247,84	772,66	1.922,88	2.163,24	660,80	1.847,68	2.078,64	548,94	1.772,48	1.994,04	437,08	1.697,28	1.909,44	325,22	1.622,08	1.824,84	213,36	1.546,88	1.740,
	V	31.149	1.619,11	2.491,92	2.803,41																		
	VI	31.681	1.682,42	2.534,48	2.851,29																		
98.207,99 (Ost)	I	25.070	895,71	2.005,60	2.256,30	671,99	1.855,20	2.087,10	448,27	1.704,80	1.917,90	224,55	1.554,40	1.748,70	0,83	1.404,00	1.579,50	-	1.254,08	1.410,84	-	1.109,20	1.247,
	II	23.280	682,70	1.862,40	2.095,20	459,10	1.712,08	1.926,09	235,38	1.561,68	1.756,89	11,66	1.411,28	1.587,69	-	1.261,20	1.418,85	-	1.116,08	1.255,59	-	977,04	1.099,
	III	16.810	-	1.344,80	1.512,90	-	1.224,96	1.378,08	-	1.108,32	1.246,86	-	994,72	1.119,06	-	884,32	994,86	-	776,80	873,90	-	672,48	756,
	IV	25.070	895,71	2.005,60	2.256,30	783,85	1.930,40	2.171,70	671,99	1.855,20	2.087,10	560,13	1.780,00	2.002,50	448,27	1.704,80	1.917,90	336,41	1.629,60	1.833,30	224,55	1.554,40	1.748,
	V	31.243	1.630,30	2.499,44	2.811,87																		
	VI	31.775	1.693,60	2.542,00	2.859,75																		
98.243,99 (West)	I	24.991	886,31	1.999,28	2.249,19	662,59	1.848,88	2.079,99	438,87	1.698,48	1.910,79	215,15	1.548,08	1.741,59	-	1.397,68	1.572,39	-	1.247,92	1.403,91	-	1.103,28	1.241,
	II	23.202	673,42	1.856,16	2.088,18	449,70	1.705,76	1.918,98	225,98	1.555,36	1.749,78	2,26	1.404,96	1.580,58	-	1.255,04	1.411,92	-	1.110,08	1.248,84	-	971,36	1.092,
	III	16.746	-	1.339,68	1.507,14	-	1.220,00	1.372,50	-	1.103,52	1.241,46	-	990,08	1.113,84	-	879,68	989,64	-	772,32	868,86	-	668,16	751,
	IV	24.991	886,31	1.999,28	2.249,19	774,45	1.924,08	2.164,59	662,59	1.848,88	2.079,99	550,73	1.773,68	1.995,39	438,87	1.698,48	1.910,79	327,01	1.623,28	1.826,19	215,15	1.548,08	1.741,
	V	31.164	1.620,89	2.493,12	2.804,76																		
	VI	31.696	1.684,20	2.535,68	2.852,64																		
98.243,99 (Ost)	I	25.085	897,49	2.006,80	2.257,65	673,77	1.856,40	2.088,45	450,05	1.706,00	1.919,25	226,33	1.555,60	1.750,05	2,61	1.405,20	1.580,85	-	1.255,28	1.412,19	-	1.110,32	1.249,
	II	23.296	684,60	1.863,68	2.096,64	460,88	1.713,28	1.927,44	237,16	1.562,88	1.758,24	13,44	1.412,48	1.589,04	-	1.262,40	1.420,20	-	1.117,20	1.256,85	-	978,16	1.100,
	III	16.822	-	1.345,76	1.513,98	-	1.225,92	1.379,16	-	1.109,28	1.247,94	-	995,68	1.120,14	-	885,12	995,76	-	777,60	874,80	-	673,28	757,
	IV	25.085	897,49	2.006,80	2.257,65	785,63	1.931,60	2.173,05	673,77	1.856,40	2.088,45	561,91	1.781,20	2.003,85	450,05	1.706,00	1.919,25	338,19	1.630,80	1.834,65	226,33	1.555,60	1.750,
	V	31.258	1.632,08	2.500,64	2.813,22																		
	VI	31.790	1.695,39	2.543,20	2.861,10																		
98.279,99 (West)	I	25.006	888,09	2.000,48	2.250,54	664,37	1.850,08	2.081,34	440,65	1.699,68	1.912,14	216,93	1.549,28	1.742,94	-	1.398,96	1.573,83	-	1.249,12	1.405,26	-	1.104,40	1.242,
	II	23.217	675,20	1.857,36	2.089,53	451,48	1.706,96	1.920,33	227,76	1.556,56	1.751,13	4,04	1.406,16	1.581,93	-	1.256,24	1.413,27	-	1.111,28	1.250,19	-	972,48	1.094,
	III	16.758	-	1.340,64	1.508,22	-	1.220,96	1.373,58	-	1.104,48	1.242,54	-	990,88	1.114,74	-	880,48	990,54	-	773,28	869,94	-	668,96	752,
	IV	25.006	888,09	2.000,48	2.250,54	776,23	1.925,28	2.165,94	664,37	1.850,08	2.081,34	552,51	1.774,88	1.996,74	440,65	1.699,68	1.912,14	328,79	1.624,48	1.827,54	216,93	1.549,28	1.742,
	V	31.180	1.622,80	2.494,40	2.806,20																		
	VI	31.711	1.685,99	2.536,88	2.853,99																		
98.279,99 (Ost)	I	25.100	899,28	2.008,00	2.259,00	675,56	1.857,60	2.089,80	451,84	1.707,20	1.920,60	228,12	1.556,80	1.751,40	4,40	1.406,40	1.582,20	-	1.256,48	1.413,54	-	1.111,44	1.250,
	II	23.311	686,39	1.864,88	2.097,99	462,67	1.714,48	1.928,79	238,95	1.564,08	1.759,59	15,23	1.413,68	1.590,39	-	1.263,60	1.421,55	-	1.118,32	1.258,11	-	979,20	1.101,
	III	16.834	-	1.346,72	1.515,06	-	1.226,88	1.380,24	-	1.110,24	1.249,02	-	996,48	1.121,04	-	885,92	996,66	-	778,56	875,88	-	674,08	758,
	IV	25.100	899,28	2.008,00	2.259,00	787,42	1.932,80	2.174,40	675,56	1.857,60	2.089,80	563,70	1.782,40	2.005,20	451,84	1.707,20	1.920,60	339,98	1.632,00	1.836,00	228,12	1.556,80	1.751,
	V	31.273	1.633,87	2.501,84	2.814,57																		
	VI	31.805	1.697,17	2.544,40	2.862,45																		
98.315,99 (West)	I	25.021	889,88	2.001,68	2.251,89	666,16	1.851,28	2.082,69	442,56	1.700,96	1.913,58	218,84	1.550,56	1.744,38	-	1.400,16	1.575,18	-	1.250,32	1.406,61	-	1.105,52	1.243,
	II	23.232	676,99	1.858,56	2.090,88	453,27	1.708,16	1.921,68	229,55	1.557,76	1.752,48	5,83	1.407,36	1.583,28	-	1.257,44	1.414,62	-	1.112,40	1.251,45	-	973,52	1.095,
	III	16.770	-	1.341,60	1.509,30	-	1.221,92	1.374,66	-	1.105,28	1.243,44	-	991,84	1.115,82	-	881,44	991,62	-	774,08	870,84	-	669,76	753,
	IV	25.021	889,88	2.001,68	2.251,89	778,02	1.926,48	2.167,29	666,16	1.851,28	2.082,69	554,30	1.776,08	1.998,09	442,56	1.700,96	1.913,58	330,70	1.625,76	1.828,98	218,84	1.550,56	1.744,
	V	31.195	1.624,58	2.495,60	2.807,55																		
	VI	31.726	1.687,77	2.538,08	2.855,34																		
98.315,99 (Ost)	I	25.115	901,06	2.009,20	2.260,35	677,34	1.858,80	2.091,15	453,62	1.708,40	1.921,95	229,90	1.558,00	1.752,75	6,18	1.407,60	1.583,55	-	1.257,68	1.414,89	-	1.112,64	1.251,
	II	23.326	688,17	1.866,08	2.099,34	464,45	1.715,68	1.930,14	240,73	1.565,28	1.760,94	17,01	1.414,88	1.591,74	-	1.264,80	1.422,90	-	1.119,44	1.259,37	-	980,32	1.102,
	III	16.846	-	1.347,68	1.516,14	-	1.227,84	1.381,32	-	1.111,04	1.249,92	-	997,44	1.122,12	-	886,88	997,74	-	779,36	876,78	-	675,04	759,4
	IV	25.115	901,06	2.009,20	2.260,35	789,20	1.934,00	2.175,75	677,34	1.858,80	2.091,15	565,48	1.783,60	2.006,55	453,62	1.708,40	1.921,95	341,76	1.633,20	1.837,35	229,90	1.558,00	1.752,7
	V	31.288	1.635,65	2.503,04	2.815,92																		
	VI	31.820	1.698,96	2.545,60	2.863,80																		
98.351,99 (West)	I	25.036	891,66	2.002,88	2.253,24	668,06	1.852,56	2.084,13	444,34	1.702,16	1.914,93	220,62	1.551,76	1.745,73	-	1.401,36	1.576,53	-	1.251,44	1.407,87	-	1.106,72	1.245,
	II	23.247	678,77	1.859,76	2.092,23	455,05	1.709,36	1.923,03	231,33	1.558,96	1.753,83	7,73	1.408,64	1.584,72	-	1.258,64	1.415,97	-	1.113,52	1.252,71	-	974,64	1.096,
	III	16.782	-	1.342,56	1.510,38	-	1.222,88	1.375,74	-	1.106,24	1.244,52	-	992,80	1.116,90	-	882,24	992,52	-	774,88	871,74	-	670,72	754,
	IV	25.036	891,66	2.002,88	2.253,24	779,92	1.927,76	2.168,73	668,06	1.852,56	2.084,13	556,20	1.777,36	1.999,53	444,34	1.702,16	1.914,93	332,48	1.626,96	1.830,33	220,62	1.551,76	1.745,
	V	31.210	1.626,37	2.496,80	2.808,90																		
	VI	31.741	1.689,56	2.539,28	2.856,69																		
98.351,99 (Ost)	I	25.130	902,85	2.010,40	2.261,70	679,13	1.860,00	2.092,50	455,41	1.709,60	1.923,30	231,69	1.559,20	1.754,10	7,97	1.408,80	1.584,90	-	1.258,88	1.416,24	-	1.113,76	1.252,
	II	23.341	689,96	1.867,28	2.100,69	466,24	1.716,88	1.931,49	242,52	1.566,48	1.762,29	18,80	1.416,08	1.593,09	-	1.266,00	1.424,25	-	1.120,64	1.260,72	-	981,44	1.104,
	III	16.858	-	1.348,64	1.517,22	-	1.228,80	1.382,40	-	1.112,00	1.251,00	-	998,40	1.123,20	-	887,68	998,64	-	780,16	877,68	-	675,84	760,
	IV	25.130	902,85	2.010,40	2.261,70	790,99	1.935,20	2.177,10	679,13	1.860,00	2.092,50	567,27	1.784,80	2.007,90	455,41	1.709,60	1.923,30	343,55	1.634,40	1.838,70	231,69	1.559,20	1.754,1
	V	31.303	1.637,44	2.504,24	2.817,27																		
	VI	31.835	1.700,74	2.546,80	2.865,15																		
98.387,99 (West)	I	25.052	893,57	2.004,16	2.254,68	669,85	1.853,76	2.085,48	446,13	1.703,36	1.916,28	222,41	1.552,96	1.747,08	-	1.402,56	1.577,88	-	1.252,64	1.409,22	-	1.107,84	1.246,3
	II	23.262	680,56	1.860,96	2.093,58	456,84	1.710,56	1.924,38	233,24	1.560,24	1.755,27	9,52	1.409,84	1.586,07	-	1.259,84	1.417,32	-	1.114,64	1.253,97	-	975,76	1.097,7
	III	16.794	-	1.343,52	1.511,46	-	1.223,84	1.376,82	-	1.107,20	1.245,60	-	993,60	1.117,80	-	883,20	993,60	-	775,84	872,82	-	671,52	755,4
	IV	25.052	893,57	2.004,16	2.254,68	781,71	1.928,96	2.170,08	669,85	1.853,76	2.085,48	557,99	1.778,56	2.000,88	446,13	1.703,36	1.916,28	334,27	1.628,16	1.831,68	222,41	1.552,96	1.747,0
	V	31.225	1.628,15	2.498,00	2.810,25																		
	VI	31.757	1.691,46	2.540,56	2.858,13																		
98.387,99 (Ost)	I	25.145	904,63	2.011,60	2.263,05	680,91	1.861,20	2.093,85	457,19	1.710,80	1.924,65	233,47	1.560,40	1.755,45	9,87	1.410,08	1.586,34	-	1.260,00	1.417,50	-	1.114,88	1.254,2
	II	23.356	691,74	1.868,48	2.102,04	468,02	1.718,08	1.932,84	244,30	1.567,68	1.763,64	20,58	1.417,28	1.594,44	-	1.267,20	1.425,60	-	1.121,76	1.261,98	-	982,48	1.105,2
	III	16.870	-	1.349,60	1.518,30	-	1.229,76	1.383,48	-	1.112,96	1.252,08	-	999,20	1.124,10	-	888,64	999,72	-	781,12	878,76	-	676,64	761,2
	IV	25.145	904,63	2.011,60	2.263,05	792,77	1.936,40	2.178,45	680,91	1.861,20	2.093,85	569,05	1.786,00	2.009,25	457,19	1.710,80	1.924,65	345,33	1.635,60	1.840,05	233,47	1.560,40	1.755,4
	V	31.319	1.639,34	2.505,52	2.818,71																		
	VI	31.850	1.702,53	2.548,00	2.866,50																		

SolZ/KiSt lt. Tabelle nicht für Sonstige Bezüge anwendbar.

Lohn/ Gehalt bis	Steuerklasse	Lohn-steuer	ohne Kinderfreibetrag SolZ 5,5%	Kirchensteuer 8%	Kirchensteuer 9%	0,5 SolZ 5,5%	0,5 Kirchensteuer 8%	0,5 Kirchensteuer 9%	1,0 SolZ 5,5%	1,0 Kirchensteuer 8%	1,0 Kirchensteuer 9%	1,5 SolZ 5,5%	1,5 Kirchensteuer 8%	1,5 Kirchensteuer 9%	2,0 SolZ 5,5%	2,0 Kirchensteuer 8%	2,0 Kirchensteuer 9%	2,5 SolZ 5,5%	2,5 Kirchensteuer 8%	2,5 Kirchensteuer 9%	3,0 SolZ 5,5%	3,0 Kirchensteuer 8%	3,0 Kirchensteuer 9%
						Anzahl Kinderfreibeträge (nur Steuerklassen I–IV)																	
8.423,99 (West)	I	25.067	895,35	2.005,36	2.256,03	671,63	1.854,96	2.086,83	447,91	1.704,56	1.917,63	224,19	1.554,16	1.748,43	0,47	1.403,76	1.579,23	-	1.253,84	1.410,57	-	1.108,96	1.247,58
	II	23.278	682,46	1.862,24	2.095,02	458,74	1.711,84	1.925,82	235,02	1.561,44	1.756,62	11,30	1.411,04	1.587,42	-	1.260,96	1.418,58	-	1.115,84	1.255,32	-	976,80	1.098,90
	III	16.806	-	1.344,48	1.512,54	-	1.224,80	1.377,90	-	1.108,16	1.246,68	-	994,56	1.118,88	-	884,00	994,50	-	776,64	873,72	-	672,32	756,36
	IV	25.067	895,35	2.005,36	2.256,03	783,49	1.930,16	2.171,43	671,63	1.854,96	2.086,83	559,77	1.779,76	2.002,23	447,91	1.704,56	1.917,63	336,05	1.629,36	1.833,03	224,19	1.554,16	1.748,43
	V	31.240	1.629,94	2.499,20	2.811,60																		
	VI	31.772	1.693,25	2.541,76	2.859,48																		
8.423,99 (Ost)	I	25.160	906,42	2.012,80	2.264,40	682,70	1.862,40	2.095,20	459,10	1.712,08	1.926,09	235,38	1.561,68	1.756,89	11,66	1.411,28	1.587,69	-	1.261,20	1.418,85	-	1.116,08	1.255,59
	II	23.371	693,53	1.869,68	2.103,39	469,81	1.719,28	1.934,19	246,09	1.568,88	1.764,99	22,37	1.418,48	1.595,79	-	1.268,40	1.426,95	-	1.122,88	1.263,24	-	983,60	1.106,55
	III	16.882	-	1.350,56	1.519,38	-	1.230,72	1.384,56	-	1.113,92	1.253,16	-	1.000,16	1.125,18	-	889,44	1.000,62	-	781,92	879,66	-	677,44	762,12
	IV	25.160	906,42	2.012,80	2.264,40	794,56	1.937,60	2.179,80	682,70	1.862,40	2.095,20	570,84	1.787,20	2.010,60	459,10	1.712,08	1.926,09	347,24	1.636,88	1.841,49	235,38	1.561,68	1.756,89
	V	31.334	1.641,12	2.506,72	2.820,06																		
	VI	31.865	1.704,31	2.549,20	2.867,85																		
8.459,99 (West)	I	25.082	897,14	2.006,56	2.257,38	673,42	1.856,16	2.088,18	449,70	1.705,76	1.918,98	225,98	1.555,36	1.749,78	2,26	1.404,96	1.580,58	-	1.255,04	1.411,92	-	1.110,08	1.248,84
	II	23.293	684,25	1.863,44	2.096,37	460,53	1.713,04	1.927,17	236,81	1.562,64	1.757,97	13,09	1.412,24	1.588,77	-	1.262,16	1.419,93	-	1.116,96	1.256,58	-	977,92	1.100,16
	III	16.820	-	1.345,60	1.513,80	-	1.225,76	1.378,98	-	1.109,12	1.247,76	-	995,52	1.119,96	-	884,96	995,58	-	777,44	874,62	-	673,12	757,26
	IV	25.082	897,14	2.006,56	2.257,38	785,28	1.931,36	2.172,78	673,42	1.856,16	2.088,18	561,56	1.780,96	2.003,58	449,70	1.705,76	1.918,98	337,84	1.630,56	1.834,38	225,98	1.555,36	1.749,78
	V	31.255	1.631,72	2.500,40	2.812,95																		
	VI	31.787	1.695,03	2.542,96	2.860,83																		
8.459,99 (Ost)	I	25.175	908,20	2.014,00	2.265,75	684,60	1.863,68	2.096,64	460,88	1.713,28	1.927,44	237,16	1.562,88	1.758,24	13,44	1.412,48	1.589,04	-	1.262,40	1.420,20	-	1.117,20	1.256,85
	II	23.386	695,31	1.870,88	2.104,74	471,59	1.720,48	1.935,54	247,87	1.570,08	1.766,34	24,27	1.419,76	1.597,23	-	1.269,60	1.428,30	-	1.124,08	1.264,59	-	984,72	1.107,81
	III	16.896	-	1.351,68	1.520,64	-	1.231,68	1.385,64	-	1.114,88	1.254,24	-	1.001,12	1.126,26	-	890,40	1.001,70	-	782,72	880,56	-	678,24	763,02
	IV	25.175	908,20	2.014,00	2.265,75	796,46	1.938,88	2.181,24	684,60	1.863,68	2.096,64	572,74	1.788,48	2.012,04	460,88	1.713,28	1.927,44	349,02	1.638,08	1.842,84	237,16	1.562,88	1.758,24
	V	31.349	1.642,91	2.507,92	2.821,41																		
	VI	31.881	1.706,22	2.550,48	2.869,29																		
8.495,99 (West)	I	25.097	898,92	2.007,76	2.258,73	675,20	1.857,36	2.089,53	451,48	1.706,96	1.920,33	227,76	1.556,56	1.751,13	4,04	1.406,16	1.581,93	-	1.256,24	1.413,27	-	1.111,28	1.250,19
	II	23.308	686,03	1.864,64	2.097,72	462,31	1.714,24	1.928,52	238,59	1.563,84	1.759,32	14,87	1.413,44	1.590,12	-	1.263,36	1.421,28	-	1.118,08	1.257,84	-	979,04	1.101,42
	III	16.832	-	1.346,56	1.514,88	-	1.226,72	1.380,06	-	1.109,92	1.248,66	-	996,32	1.120,86	-	885,76	996,48	-	778,40	875,70	-	673,92	758,16
	IV	25.097	898,92	2.007,76	2.258,73	787,06	1.932,56	2.174,13	675,20	1.857,36	2.089,53	563,34	1.782,16	2.004,93	451,48	1.706,96	1.920,33	339,62	1.631,76	1.835,73	227,76	1.556,56	1.751,13
	V	31.270	1.633,51	2.501,60	2.814,30																		
	VI	31.802	1.696,82	2.544,16	2.862,18																		
8.495,99 (Ost)	I	25.191	910,11	2.015,28	2.267,19	686,39	1.864,88	2.097,99	462,67	1.714,48	1.928,79	238,95	1.564,08	1.759,59	15,23	1.413,68	1.590,39	-	1.263,60	1.421,55	-	1.118,32	1.258,11
	II	23.401	697,10	1.872,08	2.106,09	473,38	1.721,68	1.936,89	249,78	1.571,36	1.767,78	26,06	1.420,96	1.598,58	-	1.270,80	1.429,65	-	1.125,20	1.265,85	-	985,76	1.108,98
	III	16.908	-	1.352,64	1.521,72	-	1.232,64	1.386,72	-	1.115,68	1.255,14	-	1.001,92	1.127,16	-	891,20	1.002,60	-	783,68	881,64	-	679,04	763,92
	IV	25.191	910,11	2.015,28	2.267,19	798,25	1.940,08	2.182,59	686,39	1.864,88	2.097,99	574,53	1.789,68	2.013,39	462,67	1.714,48	1.928,79	350,81	1.639,28	1.844,19	238,95	1.564,08	1.759,59
	V	31.364	1.644,69	2.509,12	2.822,76																		
	VI	31.896	1.708,00	2.551,68	2.870,64																		
8.531,99 (West)	I	25.112	900,71	2.008,96	2.260,08	676,99	1.858,56	2.090,88	453,27	1.708,16	1.921,68	229,55	1.557,76	1.752,48	5,83	1.407,36	1.583,28	-	1.257,44	1.414,62	-	1.112,40	1.251,45
	II	23.323	687,82	1.865,84	2.099,07	464,10	1.715,44	1.929,87	240,38	1.565,04	1.760,67	16,66	1.414,64	1.591,47	-	1.264,56	1.422,63	-	1.119,28	1.259,19	-	980,08	1.102,59
	III	16.844	-	1.347,52	1.515,96	-	1.227,68	1.381,14	-	1.110,88	1.249,74	-	997,28	1.121,94	-	886,72	997,56	-	779,20	876,60	-	674,72	759,06
	IV	25.112	900,71	2.008,96	2.260,08	788,85	1.933,76	2.175,48	676,99	1.858,56	2.090,88	565,13	1.783,36	2.006,28	453,27	1.708,16	1.921,68	341,41	1.632,96	1.837,08	229,55	1.557,76	1.752,48
	V	31.285	1.635,29	2.502,80	2.815,65																		
	VI	31.817	1.698,60	2.545,36	2.863,53																		
8.531,99 (Ost)	I	25.206	911,89	2.016,48	2.268,54	688,17	1.866,08	2.099,34	464,45	1.715,68	1.930,14	240,73	1.565,28	1.760,94	17,01	1.414,88	1.591,74	-	1.264,80	1.422,90	-	1.119,44	1.259,37
	II	23.417	699,00	1.873,36	2.107,53	475,28	1.722,96	1.938,33	251,56	1.572,56	1.769,13	27,84	1.422,16	1.599,93	-	1.272,00	1.431,00	-	1.126,32	1.267,11	-	986,88	1.110,24
	III	16.920	-	1.353,60	1.522,80	-	1.233,60	1.387,80	-	1.116,64	1.256,22	-	1.002,88	1.128,24	-	892,16	1.003,68	-	784,48	882,54	-	680,00	765,00
	IV	25.206	911,89	2.016,48	2.268,54	800,03	1.941,28	2.183,94	688,17	1.866,08	2.099,34	576,31	1.790,88	2.014,74	464,45	1.715,68	1.930,14	352,59	1.640,48	1.845,54	240,73	1.565,28	1.760,94
	V	31.379	1.646,48	2.510,32	2.824,11																		
	VI	31.911	1.709,79	2.552,88	2.871,99																		
8.567,99 (West)	I	25.127	902,49	2.010,16	2.261,43	678,77	1.859,76	2.092,23	455,05	1.709,36	1.923,03	231,33	1.558,96	1.753,83	7,73	1.408,64	1.584,72	-	1.258,64	1.415,97	-	1.113,52	1.252,71
	II	23.338	689,60	1.867,04	2.100,42	465,88	1.716,64	1.931,22	242,16	1.566,24	1.762,02	18,44	1.415,84	1.592,82	-	1.265,76	1.423,98	-	1.120,40	1.260,45	-	981,20	1.103,85
	III	16.856	-	1.348,48	1.517,04	-	1.228,64	1.382,22	-	1.111,84	1.250,82	-	998,08	1.122,84	-	887,52	998,46	-	780,00	877,50	-	675,68	760,14
	IV	25.127	902,49	2.010,16	2.261,43	790,63	1.934,96	2.176,83	678,77	1.859,76	2.092,23	566,91	1.784,56	2.007,63	455,05	1.709,36	1.923,03	343,19	1.634,16	1.838,43	231,33	1.558,96	1.753,83
	V	31.300	1.637,08	2.504,00	2.817,00																		
	VI	31.832	1.700,39	2.546,56	2.864,88																		
8.567,99 (Ost)	I	25.221	913,68	2.017,68	2.269,89	689,96	1.867,28	2.100,69	466,24	1.716,88	1.931,49	242,52	1.566,48	1.762,29	18,80	1.416,08	1.593,09	-	1.266,00	1.424,25	-	1.120,64	1.260,72
	II	23.432	700,79	1.874,56	2.108,88	477,07	1.724,16	1.939,68	253,35	1.573,76	1.770,48	29,63	1.423,36	1.601,28	-	1.273,20	1.432,35	-	1.127,52	1.268,46	-	988,00	1.111,50
	III	16.932	-	1.354,56	1.523,88	-	1.234,56	1.388,88	-	1.117,60	1.257,30	-	1.003,84	1.129,32	-	892,96	1.004,58	-	785,28	883,44	-	680,80	765,90
	IV	25.221	913,68	2.017,68	2.269,89	801,82	1.942,48	2.185,29	689,96	1.867,28	2.100,69	578,10	1.792,08	2.016,09	466,24	1.716,88	1.931,49	354,38	1.641,68	1.846,89	242,52	1.566,48	1.762,29
	V	31.394	1.648,26	2.511,52	2.825,46																		
	VI	31.926	1.711,57	2.554,08	2.873,34																		
8.603,99 (West)	I	25.142	904,28	2.011,36	2.262,78	680,56	1.860,96	2.093,58	456,84	1.710,56	1.924,38	233,24	1.560,24	1.755,27	9,52	1.409,84	1.586,07	-	1.259,84	1.417,32	-	1.114,64	1.253,97
	II	23.353	691,39	1.868,24	2.101,77	467,67	1.717,84	1.932,57	243,95	1.567,44	1.763,37	20,23	1.417,04	1.594,17	-	1.266,96	1.425,33	-	1.121,52	1.261,71	-	982,32	1.105,11
	III	16.868	-	1.349,44	1.518,12	-	1.229,60	1.383,30	-	1.112,80	1.251,90	-	999,04	1.123,92	-	888,48	999,54	-	780,96	878,58	-	676,48	761,04
	IV	25.142	904,28	2.011,36	2.262,78	792,42	1.936,16	2.178,18	680,56	1.860,96	2.093,58	568,70	1.785,76	2.008,98	456,84	1.710,56	1.924,38	345,10	1.635,44	1.839,87	233,24	1.560,24	1.755,27
	V	31.316	1.638,98	2.505,28	2.818,44																		
	VI	31.847	1.702,17	2.547,76	2.866,23																		
8.603,99 (Ost)	I	25.236	915,46	2.018,88	2.271,24	691,74	1.868,48	2.102,04	468,02	1.718,08	1.932,84	244,30	1.567,68	1.763,64	20,58	1.417,28	1.594,44	-	1.267,20	1.425,60	-	1.121,76	1.261,98
	II	23.447	702,57	1.875,76	2.110,23	478,85	1.725,36	1.941,03	255,13	1.574,96	1.771,83	31,41	1.424,56	1.602,63	-	1.274,40	1.433,70	-	1.128,64	1.269,72	-	989,04	1.112,67
	III	16.944	-	1.355,52	1.524,96	-	1.235,52	1.389,96	-	1.118,56	1.258,38	-	1.004,64	1.130,22	-	893,92	1.005,66	-	786,24	884,52	-	681,60	766,80
	IV	25.236	915,46	2.018,88	2.271,24	803,60	1.943,68	2.186,64	691,74	1.868,48	2.102,04	579,88	1.793,28	2.017,44	468,02	1.718,08	1.932,84	356,16	1.642,88	1.848,24	244,30	1.567,68	1.763,64
	V	31.409	1.650,05	2.512,72	2.826,81																		
	VI	31.941	1.713,36	2.555,28	2.874,69																		
8.639,99 (West)	I	25.157	906,06	2.012,56	2.264,13	682,46	1.862,24	2.095,02	458,74	1.711,84	1.925,82	235,02	1.561,44	1.756,62	11,30	1.411,04	1.587,42	-	1.260,96	1.418,58	-	1.115,84	1.255,32
	II	23.368	693,17	1.869,44	2.103,12	469,45	1.719,04	1.933,92	245,73	1.568,64	1.764,72	22,01	1.418,24	1.595,52	-	1.268,16	1.426,68	-	1.122,72	1.263,06	-	983,36	1.106,28
	III	16.880	-	1.350,40	1.519,20	-	1.230,56	1.384,38	-	1.113,76	1.252,98	-	1.000,00	1.125,00	-	889,28	1.000,44	-	781,76	879,48	-	677,28	761,94
	IV	25.157	906,06	2.012,56	2.264,13	794,20	1.937,36	2.179,53	682,46	1.862,24	2.095,02	570,60	1.787,04	2.010,42	458,74	1.711,84	1.925,82	346,88	1.636,64	1.841,22	235,02	1.561,44	1.756,62
	V	31.331	1.640,77	2.506,48	2.819,79																		
	VI	31.862	1.703,96	2.548,96	2.867,58																		
8.639,99 (Ost)	I	25.251	917,25	2.020,08	2.272,59	693,53	1.869,68	2.103,39	469,81	1.719,28	1.934,19	246,09	1.568,88	1.764,99	22,37	1.418,48	1.595,79	-	1.268,40	1.426,95	-	1.122,88	1.263,24
	II	23.462	704,36	1.876,96	2.111,58	480,64	1.726,56	1.942,38	256,92	1.576,16	1.773,18	33,20	1.425,76	1.603,98	-	1.275,60	1.435,05	-	1.129,76	1.270,98	-	990,16	1.113,93
	III	16.956	-	1.356,48	1.526,04	-	1.236,48	1.391,04	-	1.119,52	1.259,46	-	1.005,60	1.131,30	-	894,72	1.006,56	-	787,04	885,42	-	682,40	767,70
	IV	25.251	917,25	2.020,08	2.272,59	805,39	1.944,88	2.187,99	693,53	1.869,68	2.103,39	581,67	1.794,48	2.018,79	469,81	1.719,28	1.934,19	357,95	1.644,08	1.849,59	246,09	1.568,88	1.764,99
	V	31.424	1.651,83	2.513,92	2.828,16																		
	VI	31.956	1.715,14	2.556,48	2.876,04																		

SolZ/KiSt lt. Tabelle nicht für Sonstige Bezüge anwendbar.

Lohn/ Gehalt bis	Steuerklasse	Lohn-steuer	ohne Kinderfreibetrag			Anzahl Kinderfreibeträge (nur Steuerklassen I–IV)																	
						0,5			1,0			1,5			2,0			2,5			3,0		
			SolZ 5,5%	Kirchensteuer 8%	9%	SolZ 5,5%	Kirchensteuer 8%	9%	SolZ 5,5%	Kirchensteuer 8%	9%	SolZ 5,5%	Kirchensteuer 8%	9%	SolZ 5,5%	Kirchensteuer 8%	9%	SolZ 5,5%	Kirchensteuer 8%	9%	SolZ 5,5%	Kirchensteu 8%	9%
98.675,99 (West)	I	25.173	907,97	2.013,84	2.265,57	684,25	1.863,44	2.096,37	460,53	1.713,04	1.927,17	236,81	1.562,64	1.757,97	13,09	1.412,24	1.588,77	–	1.262,16	1.419,93	–	1.116,96	1.256
	II	23.383	694,96	1.870,64	2.104,47	471,24	1.720,24	1.935,27	247,63	1.569,92	1.766,16	23,91	1.419,52	1.596,96	–	1.269,36	1.428,03	–	1.123,84	1.264,32	–	984,48	1.107
	III	16.892	–	1.351,36	1.520,28	–	1.231,52	1.385,46	–	1.114,56	1.253,88	–	1.000,80	1.125,90	–	890,24	1.001,52	–	782,56	880,38	–	678,08	762
	IV	25.173	907,97	2.013,84	2.265,57	796,11	1.938,64	2.180,97	684,25	1.863,44	2.096,37	572,39	1.788,24	2.011,77	460,53	1.713,04	1.927,17	348,67	1.637,84	1.842,57	236,81	1.562,64	1.757
	V	31.346	1.642,55	2.507,68	2.821,14																		
	VI	31.878	1.705,86	2.550,24	2.869,02																		
98.675,99 (Ost)	I	25.266	919,03	2.021,28	2.273,94	695,31	1.870,88	2.104,74	471,59	1.720,48	1.935,54	247,87	1.570,08	1.766,34	24,27	1.419,76	1.597,23	–	1.269,60	1.428,30	–	1.124,08	1.264
	II	23.477	706,14	1.878,16	2.112,93	482,42	1.727,76	1.943,73	258,70	1.577,36	1.774,53	34,98	1.426,96	1.605,33	–	1.276,80	1.436,40	–	1.130,96	1.272,33	–	991,28	1.115
	III	16.968	–	1.357,44	1.527,12	–	1.237,44	1.392,12	–	1.120,32	1.260,36	–	1.006,40	1.132,20	–	895,68	1.007,64	–	787,84	886,32	–	683,20	768
	IV	25.266	919,03	2.021,28	2.273,94	807,17	1.946,08	2.189,34	695,31	1.870,88	2.104,74	583,45	1.795,68	2.020,14	471,59	1.720,48	1.935,54	359,73	1.645,28	1.850,94	247,87	1.570,08	1.766
	V	31.440	1.653,74	2.515,20	2.829,60																		
	VI	31.971	1.716,93	2.557,68	2.877,39																		
98.711,99 (West)	I	25.188	909,75	2.015,04	2.266,92	686,03	1.864,64	2.097,72	462,31	1.714,24	1.928,52	238,59	1.563,84	1.759,32	14,87	1.413,44	1.590,12	–	1.263,36	1.421,28	–	1.118,08	1.257
	II	23.398	696,74	1.871,84	2.105,82	473,14	1.721,52	1.936,71	249,42	1.571,12	1.767,51	25,70	1.420,72	1.598,31	–	1.270,56	1.429,38	–	1.124,96	1.265,58	–	985,60	1.108
	III	16.904	–	1.352,32	1.521,36	–	1.232,48	1.386,54	–	1.115,52	1.254,96	–	1.001,76	1.126,98	–	891,04	1.002,42	–	783,52	881,46	–	678,88	763
	IV	25.188	909,75	2.015,04	2.266,92	797,89	1.939,84	2.182,32	686,03	1.864,64	2.097,72	574,17	1.789,44	2.013,12	462,31	1.714,24	1.928,52	350,45	1.639,04	1.843,92	238,59	1.563,84	1.759
	V	31.361	1.644,34	2.508,88	2.822,49																		
	VI	31.893	1.707,65	2.551,44	2.870,37																		
98.711,99 (Ost)	I	25.281	920,82	2.022,48	2.275,29	697,10	1.872,08	2.106,09	473,38	1.721,68	1.936,89	249,78	1.571,36	1.767,78	26,06	1.420,96	1.598,58	–	1.270,80	1.429,65	–	1.125,20	1.265
	II	23.492	707,93	1.879,36	2.114,28	484,21	1.728,96	1.945,08	260,49	1.578,56	1.775,88	36,77	1.428,16	1.606,68	–	1.278,00	1.437,75	–	1.132,08	1.273,59	–	992,40	1.116
	III	16.980	–	1.358,40	1.528,20	–	1.238,40	1.393,20	–	1.121,28	1.261,44	–	1.007,36	1.133,28	–	896,48	1.008,54	–	788,80	887,40	–	684,16	769
	IV	25.281	920,82	2.022,48	2.275,29	808,96	1.947,28	2.190,69	697,10	1.872,08	2.106,09	585,24	1.796,88	2.021,49	473,38	1.721,68	1.936,89	361,64	1.646,56	1.852,38	249,78	1.571,36	1.767
	V	31.455	1.655,52	2.516,40	2.830,95																		
	VI	31.986	1.718,71	2.558,88	2.878,74																		
98.747,99 (West)	I	25.203	911,54	2.016,24	2.268,27	687,82	1.865,84	2.099,07	464,10	1.715,44	1.929,87	240,38	1.565,04	1.760,67	16,66	1.414,64	1.591,47	–	1.264,56	1.422,63	–	1.119,28	1.259
	II	23.414	698,64	1.873,12	2.107,26	474,92	1.722,72	1.938,06	251,20	1.572,32	1.768,86	27,48	1.421,92	1.599,66	–	1.271,76	1.430,73	–	1.126,16	1.266,93	–	986,64	1.109
	III	16.916	–	1.353,28	1.522,44	–	1.233,28	1.387,44	–	1.116,48	1.256,04	–	1.002,72	1.128,06	–	892,00	1.003,50	–	784,32	882,36	–	679,84	764
	IV	25.203	911,54	2.016,24	2.268,27	799,68	1.941,04	2.183,67	687,82	1.865,84	2.099,07	575,96	1.790,64	2.014,47	464,10	1.715,44	1.929,87	352,24	1.640,24	1.845,27	240,38	1.565,04	1.760
	V	31.376	1.646,12	2.510,08	2.823,84																		
	VI	31.908	1.709,43	2.552,64	2.871,72																		
98.747,99 (Ost)	I	25.296	922,60	2.023,68	2.276,64	699,00	1.873,36	2.107,53	475,28	1.722,96	1.938,33	251,56	1.572,56	1.769,13	27,84	1.422,16	1.599,93	–	1.272,00	1.431,00	–	1.126,32	1.267
	II	23.507	709,71	1.880,56	2.115,63	485,99	1.730,16	1.946,43	262,27	1.579,76	1.777,23	38,55	1.429,36	1.608,03	–	1.279,20	1.439,10	–	1.133,20	1.274,85	–	993,44	1.117
	III	16.992	–	1.359,36	1.529,28	–	1.239,36	1.394,28	–	1.122,24	1.262,52	–	1.008,32	1.134,36	–	897,44	1.009,62	–	789,60	888,30	–	684,96	770
	IV	25.296	922,60	2.023,68	2.276,64	810,74	1.948,48	2.192,04	699,00	1.873,36	2.107,53	587,14	1.798,16	2.022,93	475,28	1.722,96	1.938,33	363,42	1.647,76	1.853,73	251,56	1.572,56	1.769
	V	31.470	1.657,31	2.517,60	2.832,30																		
	VI	32.001	1.720,50	2.560,08	2.880,09																		
98.783,99 (West)	I	25.218	913,32	2.017,44	2.269,62	689,60	1.867,04	2.100,42	465,88	1.716,64	1.931,22	242,16	1.566,24	1.762,02	18,44	1.415,84	1.592,82	–	1.265,76	1.423,98	–	1.120,40	1.260
	II	23.429	700,43	1.874,32	2.108,61	476,71	1.723,92	1.939,41	252,99	1.573,52	1.770,21	29,27	1.423,12	1.601,01	–	1.272,96	1.432,08	–	1.127,28	1.268,19	–	987,76	1.111
	III	16.928	–	1.354,24	1.523,52	–	1.234,24	1.388,52	–	1.117,44	1.257,12	–	1.003,52	1.128,96	–	892,80	1.004,40	–	785,12	883,26	–	680,64	765
	IV	25.218	913,32	2.017,44	2.269,62	801,46	1.942,24	2.185,02	689,60	1.867,04	2.100,42	577,74	1.791,84	2.015,82	465,88	1.716,64	1.931,22	354,02	1.641,44	1.846,62	242,16	1.566,24	1.762
	V	31.391	1.647,91	2.511,28	2.825,19																		
	VI	31.923	1.711,22	2.553,84	2.873,07																		
98.783,99 (Ost)	I	25.312	924,51	2.024,96	2.278,08	700,79	1.874,56	2.108,88	477,07	1.724,16	1.939,68	253,35	1.573,76	1.770,48	29,63	1.423,36	1.601,28	–	1.273,20	1.432,35	–	1.127,52	1.268
	II	23.522	711,50	1.881,76	2.116,98	487,78	1.731,36	1.947,78	264,18	1.581,04	1.778,67	40,46	1.430,64	1.609,47	–	1.280,40	1.440,45	–	1.134,40	1.276,20	–	994,56	1.118
	III	17.006	–	1.360,48	1.530,54	–	1.240,32	1.395,36	–	1.123,20	1.263,60	–	1.009,12	1.135,26	–	898,24	1.010,52	–	790,40	889,20	–	685,76	771
	IV	25.312	924,51	2.024,96	2.278,08	812,65	1.949,76	2.193,48	700,79	1.874,56	2.108,88	588,93	1.799,36	2.024,28	477,07	1.724,16	1.939,68	365,21	1.648,96	1.855,08	253,35	1.573,76	1.770
	V	31.485	1.659,09	2.518,80	2.833,65																		
	VI	32.017	1.722,40	2.561,36	2.881,53																		
98.819,99 (West)	I	25.233	915,11	2.018,64	2.270,97	691,39	1.868,24	2.101,77	467,67	1.717,84	1.932,57	243,95	1.567,44	1.763,37	20,23	1.417,04	1.594,17	–	1.266,96	1.425,33	–	1.121,52	1.261
	II	23.444	702,21	1.875,52	2.109,96	478,49	1.725,12	1.940,76	254,77	1.574,72	1.771,56	31,05	1.424,32	1.602,36	–	1.274,16	1.433,43	–	1.128,40	1.269,45	–	988,88	1.112
	III	16.942	–	1.355,36	1.524,78	–	1.235,20	1.389,60	–	1.118,40	1.258,20	–	1.004,48	1.130,04	–	893,76	1.005,48	–	786,08	884,34	–	681,44	766
	IV	25.233	915,11	2.018,64	2.270,97	803,25	1.943,44	2.186,37	691,39	1.868,24	2.101,77	579,53	1.793,04	2.017,17	467,67	1.717,84	1.932,57	355,81	1.642,64	1.847,97	243,95	1.567,44	1.763
	V	31.406	1.649,69	2.512,48	2.826,54																		
	VI	31.938	1.713,00	2.555,04	2.874,42																		
98.819,99 (Ost)	I	25.327	926,29	2.026,16	2.279,43	702,57	1.875,76	2.110,23	478,85	1.725,36	1.941,03	255,13	1.574,96	1.771,83	31,41	1.424,56	1.602,63	–	1.274,40	1.433,70	–	1.128,64	1.269
	II	23.537	713,28	1.882,96	2.118,33	489,68	1.732,64	1.949,22	265,96	1.582,24	1.780,02	42,24	1.431,84	1.610,82	–	1.281,60	1.441,80	–	1.135,52	1.277,46	–	995,68	1.120
	III	17.018	–	1.361,44	1.531,62	–	1.241,12	1.396,26	–	1.124,16	1.264,68	–	1.010,08	1.136,34	–	899,20	1.011,60	–	791,36	890,28	–	686,56	772
	IV	25.327	926,29	2.026,16	2.279,43	814,43	1.950,96	2.194,83	702,57	1.875,76	2.110,23	590,71	1.800,56	2.025,63	478,85	1.725,36	1.941,03	366,99	1.650,16	1.856,43	255,13	1.574,96	1.771
	V	31.500	1.660,88	2.520,00	2.835,00																		
	VI	32.032	1.724,19	2.562,56	2.882,88																		
98.855,99 (West)	I	25.248	916,89	2.019,84	2.272,32	693,17	1.869,44	2.103,12	469,45	1.719,04	1.933,92	245,73	1.568,64	1.764,72	22,01	1.418,24	1.595,52	–	1.268,16	1.426,68	–	1.122,72	1.263
	II	23.459	704,00	1.876,72	2.111,31	480,28	1.726,32	1.942,11	256,56	1.575,92	1.772,91	32,84	1.425,52	1.603,71	–	1.275,36	1.434,78	–	1.129,60	1.270,80	–	990,00	1.113,
	III	16.954	–	1.356,32	1.525,86	–	1.236,16	1.390,68	–	1.119,20	1.259,10	–	1.005,44	1.131,12	–	894,56	1.006,38	–	786,88	885,24	–	682,24	767
	IV	25.248	916,89	2.019,84	2.272,32	805,03	1.944,64	2.187,72	693,17	1.869,44	2.103,12	581,31	1.794,24	2.018,52	469,45	1.719,04	1.933,92	357,59	1.643,84	1.849,32	245,73	1.568,64	1.764
	V	31.421	1.651,48	2.513,68	2.827,89																		
	VI	31.953	1.714,79	2.556,24	2.875,77																		
98.855,99 (Ost)	I	25.342	928,08	2.027,36	2.280,78	704,36	1.876,96	2.111,58	480,64	1.726,56	1.942,38	256,92	1.576,16	1.773,18	33,20	1.425,76	1.603,98	–	1.275,60	1.435,05	–	1.129,76	1.270,
	II	23.553	715,19	1.884,24	2.119,77	491,47	1.733,84	1.950,57	267,75	1.583,44	1.781,37	44,03	1.433,04	1.612,17	–	1.282,80	1.443,15	–	1.136,64	1.278,72	–	996,80	1.121,
	III	17.030	–	1.362,40	1.532,70	–	1.242,08	1.397,34	–	1.124,96	1.265,58	–	1.011,04	1.137,42	–	900,00	1.012,50	–	792,16	891,18	–	687,36	773,
	IV	25.342	928,08	2.027,36	2.280,78	816,22	1.952,16	2.196,18	704,36	1.876,96	2.111,58	592,50	1.801,76	2.026,98	480,64	1.726,56	1.942,38	368,78	1.651,36	1.857,78	256,92	1.576,16	1.773,
	V	31.515	1.662,66	2.521,20	2.836,35																		
	VI	32.047	1.725,97	2.563,76	2.884,23																		
98.891,99 (West)	I	25.263	918,68	2.021,04	2.273,67	694,96	1.870,64	2.104,47	471,24	1.720,24	1.935,27	247,63	1.569,92	1.766,16	23,91	1.419,52	1.596,96	–	1.269,36	1.428,03	–	1.123,84	1.264,
	II	23.474	705,78	1.877,92	2.112,66	482,06	1.727,52	1.943,46	258,34	1.577,12	1.774,26	34,62	1.426,72	1.605,06	–	1.276,56	1.436,13	–	1.130,72	1.272,06	–	991,04	1.114,
	III	16.966	–	1.357,28	1.526,94	–	1.237,12	1.391,76	–	1.120,16	1.260,18	–	1.006,24	1.132,02	–	895,52	1.007,46	–	787,68	886,14	–	683,04	768,
	IV	25.263	918,68	2.021,04	2.273,67	806,82	1.945,84	2.189,07	694,96	1.870,64	2.104,47	583,10	1.795,44	2.019,87	471,24	1.720,24	1.935,27	359,38	1.645,04	1.850,67	247,63	1.569,92	1.766,
	V	31.437	1.653,38	2.514,96	2.829,33																		
	VI	31.968	1.716,57	2.557,44	2.877,12																		
98.891,99 (Ost)	I	25.357	929,86	2.028,56	2.282,13	706,14	1.878,16	2.112,93	482,42	1.727,76	1.943,73	258,70	1.577,36	1.774,53	34,98	1.426,96	1.605,33	–	1.276,80	1.436,40	–	1.130,96	1.272,
	II	23.568	716,97	1.885,44	2.121,12	493,25	1.735,04	1.951,92	269,53	1.584,64	1.782,72	45,81	1.434,24	1.613,52	–	1.284,00	1.444,50	–	1.137,84	1.280,07	–	997,84	1.122,
	III	17.042	–	1.363,36	1.533,78	–	1.243,04	1.398,42	–	1.125,92	1.266,66	–	1.011,84	1.138,32	–	900,96	1.013,58	–	793,12	892,26	–	688,32	774,
	IV	25.357	929,86	2.028,56	2.282,13	818,00	1.953,36	2.197,53	706,14	1.878,16	2.112,93	594,28	1.802,96	2.028,33	482,42	1.727,76	1.943,73	370,56	1.652,56	1.859,13	258,70	1.577,36	1.774,
	V	31.530	1.664,45	2.522,40	2.837,70																		
	VI	32.062	1.727,76	2.564,96	2.885,58																		

SolZ/KiSt lt. Tabelle nicht für Sonstige Bezüge anwendbar.

Lohn/ Gehalt bis	Steuerklasse	Lohn- steuer	ohne Kinderfreibetrag			Anzahl Kinderfreibeträge (nur Steuerklassen I–IV)																	
						0,5			1,0			1,5			2,0			2,5			3,0		
			SolZ 5,5%	Kirchensteuer 8%	9%	SolZ 5,5%	Kirchensteuer 8%	9%	SolZ 5,5%	Kirchensteuer 8%	9%	SolZ 5,5%	Kirchensteuer 8%	9%	SolZ 5,5%	Kirchensteuer 8%	9%	SolZ 5,5%	Kirchensteuer 8%	9%	SolZ 5,5%	Kirchensteuer 8%	9%
98.927,99	I	25.278	920,46	2.022,24	2.275,02	696,74	1.871,84	2.105,82	473,14	1.721,52	1.936,71	249,42	1.571,12	1.767,51	25,70	1.420,72	1.598,31	-	1.270,56	1.429,38	-	1.124,96	1.265,58
(West)	II	23.489	707,57	1.879,12	2.114,01	483,85	1.728,72	1.944,81	260,13	1.578,32	1.775,61	36,41	1.427,92	1.606,41	-	1.277,76	1.437,48	-	1.131,84	1.273,32	-	992,16	1.116,18
	III	16.978	-	1.358,24	1.528,02	-	1.238,08	1.392,84	-	1.121,12	1.261,26	-	1.007,20	1.133,10	-	896,32	1.008,36	-	788,64	887,22	-	683,84	769,32
	IV	25.278	920,46	2.022,24	2.275,02	808,60	1.947,04	2.190,42	696,74	1.871,84	2.105,82	585,00	1.796,72	2.021,31	473,14	1.721,52	1.936,71	361,28	1.646,32	1.852,11	249,42	1.571,12	1.767,51
	V	31.452	1.655,17	2.516,16	2.830,68																		
	VI	31.983	1.718,36	2.558,64	2.878,47																		
98.927,99	I	25.372	931,65	2.029,76	2.283,48	707,93	1.879,36	2.114,28	484,21	1.728,96	1.945,08	260,49	1.578,56	1.775,88	36,77	1.428,16	1.606,68	-	1.278,00	1.437,75	-	1.132,08	1.273,59
(Ost)	II	23.583	718,76	1.886,64	2.122,47	495,04	1.736,24	1.953,27	271,32	1.585,84	1.784,07	47,60	1.435,44	1.614,87	-	1.285,20	1.445,85	-	1.138,96	1.281,33	-	998,96	1.123,83
	III	17.054	-	1.364,32	1.534,86	-	1.244,00	1.399,50	-	1.126,88	1.267,74	-	1.012,80	1.139,40	-	901,76	1.014,48	-	793,92	893,16	-	689,12	775,26
	IV	25.372	931,65	2.029,76	2.283,48	819,79	1.954,56	2.198,88	707,93	1.879,36	2.114,28	596,07	1.804,16	2.029,68	484,21	1.728,96	1.945,08	372,35	1.653,76	1.860,48	260,49	1.578,56	1.775,88
	V	31.545	1.666,23	2.523,60	2.839,05																		
	VI	32.077	1.729,54	2.566,16	2.886,93																		
98.963,99	I	25.294	922,36	2.023,52	2.276,46	698,64	1.873,12	2.107,26	474,92	1.722,72	1.938,06	251,20	1.572,32	1.768,86	27,48	1.421,92	1.599,66	-	1.271,76	1.430,73	-	1.126,16	1.266,93
(West)	II	23.504	709,35	1.880,32	2.115,36	485,63	1.729,92	1.946,16	261,91	1.579,52	1.776,96	38,31	1.429,20	1.607,85	-	1.278,96	1.438,83	-	1.133,04	1.274,67	-	993,28	1.117,44
	III	16.990	-	1.359,20	1.529,10	-	1.239,04	1.393,92	-	1.122,08	1.262,34	-	1.008,16	1.134,18	-	897,28	1.009,44	-	789,44	888,12	-	684,80	770,40
	IV	25.294	922,36	2.023,52	2.276,46	810,50	1.948,32	2.191,86	698,64	1.873,12	2.107,26	586,78	1.797,92	2.022,66	474,92	1.722,72	1.938,06	363,06	1.647,52	1.853,46	251,20	1.572,32	1.768,86
	V	31.467	1.656,95	2.517,36	2.832,03																		
	VI	31.999	1.720,26	2.559,92	2.879,91																		
98.963,99	I	25.387	933,43	2.030,96	2.284,83	709,71	1.880,56	2.115,63	485,99	1.730,16	1.946,43	262,27	1.579,76	1.777,23	38,55	1.429,36	1.608,03	-	1.279,20	1.439,10	-	1.133,20	1.274,85
(Ost)	II	23.598	720,54	1.887,84	2.123,82	496,82	1.737,44	1.954,62	273,10	1.587,04	1.785,42	49,38	1.436,64	1.616,22	-	1.286,40	1.447,20	-	1.140,16	1.282,68	-	1.000,08	1.125,09
	III	17.066	-	1.365,28	1.535,94	-	1.244,96	1.400,58	-	1.127,84	1.268,82	-	1.013,76	1.140,48	-	902,72	1.015,56	-	794,72	894,06	-	689,92	776,16
	IV	25.387	933,43	2.030,96	2.284,83	821,57	1.955,76	2.200,23	709,71	1.880,56	2.115,63	597,85	1.805,36	2.031,03	485,99	1.730,16	1.946,43	374,13	1.654,96	1.861,83	262,27	1.579,76	1.777,23
	V	31.560	1.668,02	2.524,80	2.840,40																		
	VI	32.092	1.731,33	2.567,36	2.888,28																		
98.999,99	I	25.309	924,15	2.024,72	2.277,81	700,43	1.874,32	2.108,61	476,71	1.723,92	1.939,41	252,99	1.573,52	1.770,21	29,27	1.423,12	1.601,01	-	1.272,96	1.432,08	-	1.127,28	1.268,19
(West)	II	23.519	711,14	1.881,52	2.116,71	487,54	1.731,20	1.947,60	263,82	1.580,80	1.778,40	40,10	1.430,40	1.609,20	-	1.280,16	1.440,18	-	1.134,16	1.275,93	-	994,32	1.118,61
	III	17.002	-	1.360,16	1.530,18	-	1.240,00	1.395,00	-	1.123,04	1.263,42	-	1.008,96	1.135,08	-	898,08	1.010,34	-	790,24	889,02	-	685,60	771,30
	IV	25.309	924,15	2.024,72	2.277,81	812,29	1.949,52	2.193,21	700,43	1.874,32	2.108,61	588,57	1.799,12	2.024,01	476,71	1.723,92	1.939,41	364,85	1.648,72	1.854,81	252,99	1.573,52	1.770,21
	V	31.482	1.658,74	2.518,56	2.833,38																		
	VI	32.014	1.722,04	2.561,12	2.881,26																		
98.999,99	I	25.402	935,22	2.032,16	2.286,18	711,50	1.881,76	2.116,98	487,78	1.731,36	1.947,78	264,18	1.581,04	1.778,67	40,46	1.430,64	1.609,47	-	1.280,40	1.440,45	-	1.134,40	1.276,20
(Ost)	II	23.613	722,33	1.889,04	2.125,17	498,61	1.738,64	1.955,97	274,89	1.588,24	1.786,77	51,17	1.437,84	1.617,57	-	1.287,60	1.448,55	-	1.141,28	1.283,94	-	1.001,20	1.126,35
	III	17.078	-	1.366,24	1.537,02	-	1.245,92	1.401,66	-	1.128,80	1.269,90	-	1.014,56	1.141,38	-	903,52	1.016,46	-	795,68	895,14	-	690,72	777,06
	IV	25.402	935,22	2.032,16	2.286,18	823,36	1.956,96	2.201,58	711,50	1.881,76	2.116,98	599,64	1.806,56	2.032,38	487,78	1.731,36	1.947,78	375,92	1.656,16	1.863,18	264,18	1.581,04	1.778,67
	V	31.576	1.669,92	2.526,08	2.841,84																		
	VI	32.107	1.733,11	2.568,56	2.889,63																		
99.035,99	I	25.324	925,93	2.025,92	2.279,16	702,21	1.875,52	2.109,96	478,49	1.725,12	1.940,76	254,77	1.574,72	1.771,56	31,05	1.424,32	1.602,36	-	1.274,16	1.433,43	-	1.128,40	1.269,45
(West)	II	23.535	713,04	1.882,80	2.118,15	489,32	1.732,40	1.948,95	265,60	1.582,00	1.779,75	41,88	1.431,60	1.610,55	-	1.281,36	1.441,53	-	1.135,28	1.277,19	-	995,44	1.119,87
	III	17.014	-	1.361,12	1.531,26	-	1.240,96	1.396,08	-	1.123,84	1.264,32	-	1.009,92	1.136,16	-	899,04	1.011,42	-	791,20	890,10	-	686,40	772,20
	IV	25.324	925,93	2.025,92	2.279,16	814,07	1.950,72	2.194,56	702,21	1.875,52	2.109,96	590,35	1.800,32	2.025,36	478,49	1.725,12	1.940,76	366,63	1.649,92	1.856,16	254,77	1.574,72	1.771,56
	V	31.497	1.660,52	2.519,76	2.834,73																		
	VI	32.029	1.723,83	2.562,32	2.882,61																		
99.035,99	I	25.417	937,00	2.033,36	2.287,53	713,28	1.882,96	2.118,33	489,68	1.732,64	1.949,22	265,96	1.582,24	1.780,02	42,24	1.431,84	1.610,82	-	1.281,60	1.441,80	-	1.135,52	1.277,46
(Ost)	II	23.628	724,11	1.890,24	2.126,52	500,39	1.739,84	1.957,32	276,67	1.589,44	1.788,12	52,95	1.439,04	1.618,92	-	1.288,80	1.449,90	-	1.142,40	1.285,20	-	1.002,24	1.127,52
	III	17.090	-	1.367,20	1.538,10	-	1.246,88	1.402,74	-	1.129,76	1.270,98	-	1.015,52	1.142,46	-	904,48	1.017,54	-	796,48	896,04	-	691,52	777,96
	IV	25.417	937,00	2.033,36	2.287,53	825,14	1.958,16	2.202,93	713,28	1.882,96	2.118,33	601,54	1.807,84	2.033,82	489,68	1.732,64	1.949,22	377,82	1.657,44	1.864,62	265,96	1.582,24	1.780,02
	V	31.591	1.671,71	2.527,28	2.843,19																		
	VI	32.122	1.734,90	2.569,76	2.890,98																		
99.071,99	I	25.339	927,72	2.027,12	2.280,51	704,00	1.876,72	2.111,31	480,28	1.726,32	1.942,11	256,56	1.575,92	1.772,91	32,84	1.425,52	1.603,71	-	1.275,36	1.434,78	-	1.129,60	1.270,80
(West)	II	23.550	714,83	1.884,00	2.119,50	491,11	1.733,60	1.950,30	267,39	1.583,20	1.781,10	43,67	1.432,80	1.611,90	-	1.282,56	1.442,88	-	1.136,48	1.278,54	-	996,56	1.121,13
	III	17.026	-	1.362,08	1.532,34	-	1.241,92	1.397,16	-	1.124,80	1.265,40	-	1.010,72	1.137,06	-	899,84	1.012,32	-	792,00	891,00	-	687,20	773,10
	IV	25.339	927,72	2.027,12	2.280,51	815,86	1.951,92	2.195,91	704,00	1.876,72	2.111,31	592,14	1.801,52	2.026,71	480,28	1.726,32	1.942,11	368,42	1.651,12	1.857,51	256,56	1.575,92	1.772,91
	V	31.512	1.662,31	2.520,96	2.836,08																		
	VI	32.044	1.725,61	2.563,52	2.883,96																		
99.071,99	I	25.433	938,91	2.034,64	2.288,97	715,19	1.884,24	2.119,77	491,47	1.733,84	1.950,57	267,75	1.583,44	1.781,37	44,03	1.433,04	1.612,17	-	1.282,80	1.443,15	-	1.136,64	1.278,72
(Ost)	II	23.643	725,90	1.891,44	2.127,87	502,18	1.741,04	1.958,67	278,46	1.590,64	1.789,47	54,85	1.440,32	1.620,36	-	1.290,00	1.451,25	-	1.143,60	1.286,55	-	1.003,36	1.128,78
	III	17.102	-	1.368,16	1.539,18	-	1.247,84	1.403,82	-	1.130,56	1.271,88	-	1.016,48	1.143,54	-	905,28	1.018,44	-	797,28	896,94	-	692,32	778,86
	IV	25.433	938,91	2.034,64	2.288,97	827,05	1.959,44	2.204,37	715,19	1.884,24	2.119,77	603,33	1.809,04	2.035,17	491,47	1.733,84	1.950,57	379,61	1.658,64	1.865,97	267,75	1.583,44	1.781,37
	V	31.606	1.673,49	2.528,48	2.844,54																		
	VI	32.138	1.736,80	2.571,04	2.892,42																		
99.107,99	I	25.354	929,50	2.028,32	2.281,86	705,78	1.877,92	2.112,66	482,06	1.727,52	1.943,46	258,34	1.577,12	1.774,26	34,62	1.426,72	1.605,06	-	1.276,56	1.436,13	-	1.130,72	1.272,06
(West)	II	23.565	716,61	1.885,20	2.120,85	492,89	1.734,80	1.951,65	269,17	1.584,40	1.782,45	45,45	1.434,00	1.613,25	-	1.283,76	1.444,23	-	1.137,60	1.279,80	-	997,68	1.122,39
	III	17.040	-	1.363,20	1.533,60	-	1.242,88	1.398,24	-	1.125,76	1.266,48	-	1.011,68	1.138,14	-	900,80	1.013,40	-	792,80	891,90	-	688,00	774,00
	IV	25.354	929,50	2.028,32	2.281,86	817,64	1.953,12	2.197,26	705,78	1.877,92	2.112,66	593,92	1.802,72	2.028,06	482,06	1.727,52	1.943,46	370,20	1.652,32	1.858,86	258,34	1.577,12	1.774,26
	V	31.527	1.664,09	2.522,16	2.837,43																		
	VI	32.059	1.727,40	2.564,72	2.885,31																		
99.107,99	I	25.448	940,69	2.035,84	2.290,32	716,97	1.885,44	2.121,12	493,25	1.735,04	1.951,92	269,53	1.584,64	1.782,72	45,81	1.434,24	1.613,52	-	1.284,00	1.444,50	-	1.137,84	1.280,07
(Ost)	II	23.658	727,68	1.892,64	2.129,22	504,08	1.742,32	1.960,11	280,36	1.591,92	1.790,91	56,64	1.441,52	1.621,71	-	1.291,20	1.452,60	-	1.144,72	1.287,81	-	1.004,48	1.130,04
	III	17.116	-	1.369,28	1.540,44	-	1.248,80	1.404,90	-	1.131,52	1.272,96	-	1.017,28	1.144,44	-	906,24	1.019,52	-	798,24	898,02	-	693,28	779,94
	IV	25.448	940,69	2.035,84	2.290,32	828,83	1.960,64	2.205,72	716,97	1.885,44	2.121,12	605,11	1.810,24	2.036,52	493,25	1.735,04	1.951,92	381,39	1.659,84	1.867,32	269,53	1.584,64	1.782,72
	V	31.621	1.675,28	2.529,68	2.845,89																		
	VI	32.153	1.738,59	2.572,24	2.893,77																		
99.143,99	I	25.369	931,29	2.029,52	2.283,21	707,57	1.879,12	2.114,01	483,85	1.728,72	1.944,81	260,13	1.578,32	1.775,61	36,41	1.427,92	1.606,41	-	1.277,76	1.437,48	-	1.131,84	1.273,32
(West)	II	23.580	718,40	1.886,40	2.122,20	494,68	1.736,00	1.953,00	270,96	1.585,60	1.783,80	47,24	1.435,20	1.614,60	-	1.284,96	1.445,58	-	1.138,72	1.281,06	-	998,72	1.123,56
	III	17.052	-	1.364,16	1.534,68	-	1.243,84	1.399,32	-	1.126,72	1.267,56	-	1.012,64	1.139,22	-	901,60	1.014,30	-	793,76	892,98	-	688,96	775,08
	IV	25.369	931,29	2.029,52	2.283,21	819,43	1.954,32	2.198,61	707,57	1.879,12	2.114,01	595,71	1.803,92	2.029,41	483,85	1.728,72	1.944,81	371,99	1.653,52	1.860,21	260,13	1.578,32	1.775,61
	V	31.542	1.665,88	2.523,36	2.838,78																		
	VI	32.074	1.729,17	2.565,92	2.886,66																		
99.143,99	I	25.463	942,48	2.037,04	2.291,67	718,76	1.886,64	2.122,47	495,04	1.736,24	1.953,27	271,32	1.585,84	1.784,07	47,60	1.435,44	1.614,87	-	1.285,20	1.445,85	-	1.138,96	1.281,33
(Ost)	II	23.674	729,58	1.893,92	2.130,66	505,86	1.743,52	1.961,46	282,14	1.593,12	1.792,26	58,42	1.442,72	1.623,06	-	1.292,40	1.453,95	-	1.145,92	1.289,16	-	1.005,60	1.131,30
	III	17.128	-	1.370,24	1.541,52	-	1.249,76	1.405,98	-	1.132,48	1.274,04	-	1.018,24	1.145,52	-	907,04	1.020,42	-	799,04	898,92	-	694,08	780,84
	IV	25.463	942,48	2.037,04	2.291,67	830,62	1.961,84	2.207,07	718,76	1.886,64	2.122,47	606,90	1.811,44	2.037,87	495,04	1.736,24	1.953,27	383,18	1.661,04	1.868,67	271,32	1.585,84	1.784,07
	V	31.636	1.677,06	2.530,88	2.847,24																		
	VI	32.168	1.740,37	2.573,44	2.895,12																		

SolZ/KiSt lt. Tabelle nicht für Sonstige Bezüge anwendbar.

Lohn/ Gehalt bis	Steuerklasse	Lohn-steuer	ohne Kinderfreibetrag			Anzahl Kinderfreibeträge (nur Steuerklassen I–IV)																	
						0,5			1,0			1,5			2,0			2,5			3,0		
			SolZ 5,5%	Kirchensteuer 8%	9%	SolZ 5,5%	Kirchensteuer 8%	9%	SolZ 5,5%	Kirchensteuer 8%	9%	SolZ 5,5%	Kirchensteuer 8%	9%	SolZ 5,5%	Kirchensteuer 8%	9%	SolZ 5,5%	Kirchensteuer 8%	9%	SolZ 5,5%	Kirchensteue 8%	9%
99.179,99 (West)	I	25.384	933,07	2.030,72	2.284,56	709,35	1.880,32	2.115,36	485,63	1.729,92	1.946,16	261,91	1.579,52	1.776,96	38,31	1.429,20	1.607,85	-	1.278,96	1.438,83	-	1.133,04	1.274,
	II	23.595	720,18	1.887,60	2.123,55	496,46	1.737,20	1.954,35	272,74	1.586,80	1.785,15	49,02	1.436,40	1.615,95	-	1.286,16	1.446,93	-	1.139,92	1.282,41	-	999,84	1.124,
	III	17.064	-	1.365,12	1.535,76	-	1.244,80	1.400,40	-	1.127,68	1.268,64	-	1.013,44	1.140,12	-	902,56	1.015,38	-	794,56	893,88	-	689,76	775,
	IV	25.384	933,07	2.030,72	2.284,56	821,21	1.955,52	2.199,96	709,35	1.880,32	2.115,36	597,49	1.805,12	2.030,76	485,63	1.729,92	1.946,16	373,77	1.654,72	1.861,56	261,91	1.579,52	1.776
	V	31.558	1.667,78	2.524,64	2.840,22																		
	VI	32.089	1.730,97	2.567,12	2.888,01																		
99.179,99 (Ost)	I	25.478	944,26	2.038,24	2.293,02	720,54	1.887,84	2.123,82	496,82	1.737,44	1.954,62	273,10	1.587,04	1.785,42	49,38	1.436,64	1.616,22	-	1.286,40	1.447,20	-	1.140,16	1.282,
	II	23.689	731,37	1.895,12	2.132,01	507,65	1.744,72	1.962,81	283,93	1.594,32	1.793,61	60,21	1.443,92	1.624,41	-	1.293,60	1.455,30	-	1.147,04	1.290,42	-	1.006,72	1.132,
	III	17.140	-	1.371,20	1.542,60	-	1.250,72	1.407,06	-	1.133,44	1.275,12	-	1.019,20	1.146,60	-	908,00	1.021,50	-	799,84	899,82	-	694,88	781,
	IV	25.478	944,26	2.038,24	2.293,02	832,40	1.963,04	2.208,42	720,54	1.887,84	2.123,82	608,68	1.812,64	2.039,22	496,82	1.737,44	1.954,62	384,96	1.662,24	1.870,02	273,10	1.587,04	1.785,
	V	31.651	1.678,85	2.532,08	2.848,59																		
	VI	32.183	1.742,16	2.574,64	2.896,47																		
99.215,99 (West)	I	25.399	934,86	2.031,92	2.285,91	711,14	1.881,52	2.116,71	487,54	1.731,20	1.947,60	263,82	1.580,80	1.778,40	40,10	1.430,40	1.609,20	-	1.280,16	1.440,18	-	1.134,16	1.275,
	II	23.610	721,97	1.888,80	2.124,90	498,25	1.738,40	1.955,70	274,53	1.588,00	1.786,50	50,81	1.437,60	1.617,30	-	1.287,36	1.448,28	-	1.141,04	1.283,67	-	1.000,96	1.126,
	III	17.076	-	1.366,08	1.536,84	-	1.245,76	1.401,48	-	1.128,48	1.269,54	-	1.014,40	1.141,20	-	903,36	1.016,28	-	795,36	894,78	-	690,56	776
	IV	25.399	934,86	2.031,92	2.285,91	823,00	1.956,72	2.201,31	711,14	1.881,52	2.116,71	599,28	1.806,32	2.032,11	487,54	1.731,20	1.947,60	375,68	1.656,00	1.863,00	263,82	1.580,80	1.778,
	V	31.573	1.669,57	2.525,84	2.841,57																		
	VI	32.104	1.732,75	2.568,32	2.889,36																		
99.215,99 (Ost)	I	25.493	946,05	2.039,44	2.294,37	722,33	1.889,04	2.125,17	498,61	1.738,64	1.955,97	274,89	1.588,24	1.786,77	51,17	1.437,84	1.617,57	-	1.287,60	1.448,55	-	1.141,28	1.283
	II	23.704	733,15	1.896,32	2.133,36	509,43	1.745,92	1.964,16	285,71	1.595,52	1.794,96	61,99	1.445,12	1.625,76	-	1.294,80	1.456,65	-	1.148,24	1.291,77	-	1.007,76	1.133
	III	17.152	-	1.372,16	1.543,68	-	1.251,68	1.408,14	-	1.134,40	1.276,20	-	1.020,00	1.147,50	-	908,80	1.022,40	-	800,80	900,90	-	695,68	782
	IV	25.493	946,05	2.039,44	2.294,37	834,19	1.964,24	2.209,77	722,33	1.889,04	2.125,17	610,47	1.813,84	2.040,57	498,61	1.738,64	1.955,97	386,75	1.663,44	1.871,37	274,89	1.588,24	1.786
	V	31.666	1.680,63	2.533,28	2.849,94																		
	VI	32.198	1.743,94	2.575,84	2.897,82																		
99.251,99 (West)	I	25.414	936,64	2.033,12	2.287,26	713,04	1.882,80	2.118,15	489,32	1.732,40	1.948,95	265,60	1.582,00	1.779,75	41,88	1.431,60	1.610,55	-	1.281,36	1.441,53	-	1.135,28	1.277
	II	23.625	723,75	1.890,00	2.126,25	500,03	1.739,60	1.957,05	276,31	1.589,20	1.787,85	52,71	1.438,88	1.618,74	-	1.288,56	1.449,63	-	1.142,24	1.285,02	-	1.002,08	1.127
	III	17.088	-	1.367,04	1.537,92	-	1.246,72	1.402,56	-	1.129,44	1.270,62	-	1.015,36	1.142,28	-	904,32	1.017,36	-	796,32	895,86	-	691,36	777
	IV	25.414	936,64	2.033,12	2.287,26	824,90	1.958,00	2.202,75	713,04	1.882,80	2.118,15	601,18	1.807,60	2.033,55	489,32	1.732,40	1.948,95	377,46	1.657,20	1.864,35	265,60	1.582,00	1.779
	V	31.588	1.671,35	2.527,04	2.842,92																		
	VI	32.119	1.734,54	2.569,52	2.890,71																		
99.251,99 (Ost)	I	25.508	947,83	2.040,64	2.295,72	724,11	1.890,24	2.126,52	500,39	1.739,84	1.957,32	276,67	1.589,44	1.788,12	52,95	1.439,04	1.618,92	-	1.288,80	1.449,90	-	1.142,40	1.285
	II	23.719	734,94	1.897,52	2.134,71	511,22	1.747,12	1.965,51	287,50	1.596,72	1.796,31	63,78	1.446,32	1.627,11	-	1.296,00	1.458,00	-	1.149,36	1.293,03	-	1.008,88	1.134
	III	17.164	-	1.373,12	1.544,76	-	1.252,64	1.409,22	-	1.135,20	1.277,10	-	1.020,96	1.148,58	-	909,76	1.023,48	-	801,60	901,80	-	696,48	783
	IV	25.508	947,83	2.040,64	2.295,72	835,97	1.965,44	2.211,12	724,11	1.890,24	2.126,52	612,25	1.815,04	2.041,92	500,39	1.739,84	1.957,32	388,53	1.664,64	1.872,72	276,67	1.589,44	1.788
	V	31.681	1.682,42	2.534,48	2.851,29																		
	VI	32.213	1.745,73	2.577,04	2.899,17																		
99.287,99 (West)	I	25.430	938,55	2.034,40	2.288,70	714,83	1.884,00	2.119,50	491,11	1.733,60	1.950,30	267,39	1.583,20	1.781,10	43,67	1.432,80	1.611,90	-	1.282,56	1.442,88	-	1.136,48	1.278
	II	23.640	725,54	1.891,20	2.127,60	501,82	1.740,80	1.958,40	278,22	1.590,48	1.789,29	54,50	1.440,08	1.620,09	-	1.289,76	1.450,98	-	1.143,36	1.286,28	-	1.003,20	1.128
	III	17.100	-	1.368,00	1.539,00	-	1.247,68	1.403,64	-	1.130,40	1.271,70	-	1.016,16	1.143,18	-	905,12	1.018,26	-	797,12	896,76	-	692,16	778
	IV	25.430	938,55	2.034,40	2.288,70	826,69	1.959,20	2.204,10	714,83	1.884,00	2.119,50	602,97	1.808,80	2.034,90	491,11	1.733,60	1.950,30	379,25	1.658,40	1.865,70	267,39	1.583,20	1.781
	V	31.603	1.673,14	2.528,24	2.844,27																		
	VI	32.135	1.736,44	2.570,80	2.892,15																		
99.287,99 (Ost)	I	25.523	949,62	2.041,84	2.297,07	725,90	1.891,44	2.127,87	502,18	1.741,04	1.958,67	278,46	1.590,64	1.789,47	54,85	1.440,32	1.620,36	-	1.290,00	1.451,25	-	1.143,60	1.286
	II	23.734	736,72	1.898,72	2.136,06	513,00	1.748,32	1.966,86	289,28	1.597,92	1.797,66	65,56	1.447,52	1.628,46	-	1.297,20	1.459,35	-	1.150,48	1.294,29	-	1.010,00	1.136
	III	17.176	-	1.374,08	1.545,84	-	1.253,60	1.410,30	-	1.136,16	1.278,18	-	1.021,92	1.149,66	-	910,56	1.024,38	-	802,40	902,70	-	697,44	784
	IV	25.523	949,62	2.041,84	2.297,07	837,76	1.966,64	2.212,47	725,90	1.891,44	2.127,87	614,04	1.816,24	2.043,27	502,18	1.741,04	1.958,67	390,32	1.665,84	1.874,07	278,46	1.590,64	1.789
	V	31.697	1.684,32	2.535,76	2.852,73																		
	VI	32.228	1.747,51	2.578,24	2.900,52																		
99.323,99 (West)	I	25.445	940,33	2.035,60	2.290,05	716,61	1.885,20	2.120,85	492,89	1.734,80	1.951,65	269,17	1.584,40	1.782,45	45,45	1.434,00	1.613,25	-	1.283,76	1.444,23	-	1.137,60	1.279
	II	23.656	727,44	1.892,48	2.129,04	503,72	1.742,08	1.959,84	280,00	1.591,68	1.790,64	56,28	1.441,28	1.621,44	-	1.290,96	1.452,33	-	1.144,48	1.287,54	-	1.004,24	1.129
	III	17.112	-	1.368,96	1.540,08	-	1.248,64	1.404,72	-	1.131,36	1.272,78	-	1.017,12	1.144,26	-	906,08	1.019,34	-	797,92	897,66	-	693,12	779
	IV	25.445	940,33	2.035,60	2.290,05	828,47	1.960,40	2.205,45	716,61	1.885,20	2.120,85	604,75	1.810,00	2.036,25	492,89	1.734,80	1.951,65	381,03	1.659,60	1.867,05	269,17	1.584,40	1.782
	V	31.618	1.674,92	2.529,44	2.845,62																		
	VI	32.150	1.738,23	2.572,00	2.893,50																		
99.323,99 (Ost)	I	25.538	951,40	2.043,04	2.298,42	727,68	1.892,64	2.129,22	504,08	1.742,32	1.960,11	280,36	1.591,92	1.790,91	56,64	1.441,52	1.621,71	-	1.291,20	1.452,60	-	1.144,72	1.287
	II	23.749	738,51	1.899,92	2.137,41	514,79	1.749,52	1.968,21	291,07	1.599,12	1.799,01	67,35	1.448,72	1.629,81	-	1.298,40	1.460,70	-	1.151,68	1.295,64	-	1.011,12	1.137
	III	17.188	-	1.375,04	1.546,92	-	1.254,56	1.411,38	-	1.137,12	1.279,26	-	1.022,72	1.150,56	-	911,52	1.025,46	-	803,36	903,78	-	698,24	785
	IV	25.538	951,40	2.043,04	2.298,42	839,54	1.967,84	2.213,82	727,68	1.892,64	2.129,22	615,82	1.817,44	2.044,62	504,08	1.742,32	1.960,11	392,22	1.667,12	1.875,51	280,36	1.591,92	1.790
	V	31.712	1.686,11	2.536,96	2.854,08																		
	VI	32.243	1.749,30	2.579,44	2.901,87																		
99.359,99 (West)	I	25.460	942,12	2.036,80	2.291,40	718,40	1.886,40	2.122,20	494,68	1.736,00	1.953,00	270,96	1.585,60	1.783,80	47,24	1.435,20	1.614,60	-	1.284,96	1.445,58	-	1.138,72	1.281
	II	23.671	729,23	1.893,68	2.130,39	505,51	1.743,28	1.961,19	281,79	1.592,88	1.791,99	58,07	1.442,48	1.622,79	-	1.292,16	1.453,68	-	1.145,68	1.288,89	-	1.005,36	1.131
	III	17.124	-	1.369,92	1.541,16	-	1.249,60	1.405,80	-	1.132,32	1.273,86	-	1.018,08	1.145,34	-	906,88	1.020,24	-	798,88	898,74	-	693,92	780
	IV	25.460	942,12	2.036,80	2.291,40	830,26	1.961,60	2.206,80	718,40	1.886,40	2.122,20	606,54	1.811,20	2.037,60	494,68	1.736,00	1.953,00	382,82	1.660,80	1.868,40	270,96	1.585,60	1.783
	V	31.633	1.676,71	2.530,64	2.846,97																		
	VI	32.165	1.740,01	2.573,20	2.894,85																		
99.359,99 (Ost)	I	25.553	953,19	2.044,24	2.299,77	729,58	1.893,92	2.130,66	505,86	1.743,52	1.961,46	282,14	1.593,12	1.792,26	58,42	1.442,72	1.623,06	-	1.292,40	1.453,95	-	1.145,92	1.289
	II	23.764	740,29	1.901,12	2.138,76	516,57	1.750,72	1.969,56	292,85	1.600,32	1.800,36	69,25	1.450,00	1.631,25	-	1.299,60	1.462,05	-	1.152,80	1.296,90	-	1.012,24	1.138
	III	17.202	-	1.376,16	1.548,18	-	1.255,52	1.412,46	-	1.138,08	1.280,34	-	1.023,68	1.151,64	-	912,32	1.026,36	-	804,16	904,68	-	699,04	786
	IV	25.553	953,19	2.044,24	2.299,77	841,44	1.969,12	2.215,26	729,58	1.893,92	2.130,66	617,72	1.818,72	2.046,06	505,86	1.743,52	1.961,46	394,00	1.668,32	1.876,86	282,14	1.593,12	1.792
	V	31.727	1.687,89	2.538,16	2.855,43																		
	VI	32.259	1.751,20	2.580,72	2.903,31																		
99.395,99 (West)	I	25.475	943,90	2.038,00	2.292,75	720,18	1.887,60	2.123,55	496,46	1.737,20	1.954,35	272,74	1.586,80	1.785,15	49,02	1.436,40	1.615,95	-	1.286,16	1.446,93	-	1.139,92	1.282
	II	23.686	731,01	1.894,88	2.131,74	507,29	1.744,48	1.962,54	283,57	1.594,08	1.793,34	59,85	1.443,68	1.624,14	-	1.293,36	1.455,03	-	1.146,80	1.290,15	-	1.006,48	1.132
	III	17.138	-	1.371,04	1.542,42	-	1.250,56	1.406,88	-	1.133,12	1.274,76	-	1.018,88	1.146,24	-	907,84	1.021,32	-	799,68	899,64	-	694,72	781
	IV	25.475	943,90	2.038,00	2.292,75	832,04	1.962,80	2.208,15	720,18	1.887,60	2.123,55	608,32	1.812,40	2.038,95	496,46	1.737,20	1.954,35	384,60	1.662,00	1.869,75	272,74	1.586,80	1.785
	V	31.648	1.678,49	2.531,84	2.848,32																		
	VI	32.180	1.741,80	2.574,40	2.896,20																		
99.395,99 (Ost)	I	25.569	955,09	2.045,52	2.301,21	731,37	1.895,12	2.132,01	507,65	1.744,72	1.962,81	283,93	1.594,32	1.793,61	60,21	1.443,92	1.624,41	-	1.293,60	1.455,30	-	1.147,04	1.290
	II	23.779	742,08	1.902,32	2.140,11	518,36	1.751,92	1.970,91	294,76	1.601,60	1.801,80	71,04	1.451,20	1.632,60	-	1.300,80	1.463,40	-	1.154,00	1.298,25	-	1.013,36	1.140
	III	17.214	-	1.377,12	1.549,26	-	1.256,48	1.413,54	-	1.139,04	1.281,42	-	1.024,64	1.152,72	-	913,28	1.027,44	-	804,96	905,58	-	699,84	787
	IV	25.569	955,09	2.045,52	2.301,21	843,23	1.970,32	2.216,61	731,37	1.895,12	2.132,01	619,51	1.819,92	2.047,41	507,65	1.744,72	1.962,81	395,79	1.669,52	1.878,21	283,93	1.594,32	1.793
	V	31.742	1.689,68	2.539,36	2.856,78																		
	VI	32.274	1.752,98	2.581,92	2.904,66																		

SolZ/KiSt lt. Tabelle nicht für Sonstige Bezüge anwendbar.

Lohn/ Gehalt bis	Steuerklasse	Lohn-steuer	ohne Kinderfreibetrag			Anzahl Kinderfreibeträge (nur Steuerklassen I–IV) 0,5			1,0			1,5			2,0			2,5			3,0		
			SolZ 5,5%	Kirchensteuer 8%	9%	SolZ 5,5%	Kirchensteuer 8%	9%	SolZ 5,5%	Kirchensteuer 8%	9%	SolZ 5,5%	Kirchensteuer 8%	9%	SolZ 5,5%	Kirchensteuer 8%	9%	SolZ 5,5%	Kirchensteuer 8%	9%	SolZ 5,5%	Kirchensteuer 8%	9%
9.431,99 (West)	I	25.490	945,69	2.039,20	2.294,10	721,97	1.888,80	2.124,90	498,25	1.738,40	1.955,70	274,53	1.588,00	1.786,50	50,81	1.437,60	1.617,30	-	1.287,36	1.448,28	-	1.141,04	1.283,67
	II	23.701	732,80	1.896,08	2.133,09	509,08	1.745,68	1.963,89	285,36	1.595,28	1.794,69	61,64	1.444,88	1.625,49	-	1.294,56	1.456,38	-	1.148,00	1.291,50	-	1.007,60	1.133,55
	III	17.150	-	1.372,00	1.543,50	-	1.251,52	1.407,96	-	1.134,08	1.275,84	-	1.019,84	1.147,32	-	908,64	1.022,22	-	800,48	900,54	-	695,52	782,46
	IV	25.490	945,69	2.039,20	2.294,10	833,83	1.964,00	2.209,50	721,97	1.888,80	2.124,90	610,11	1.813,60	2.040,30	498,25	1.738,40	1.955,70	386,39	1.663,20	1.871,10	274,53	1.588,00	1.786,50
	V	31.663	1.680,28	2.533,04	2.849,67																		
	VI	32.195	1.743,58	2.575,60	2.897,55																		
9.431,99 (Ost)	I	25.584	956,87	2.046,72	2.302,56	733,15	1.896,32	2.133,36	509,43	1.745,92	1.964,16	285,71	1.595,52	1.794,96	61,99	1.445,12	1.625,76	-	1.294,80	1.456,65	-	1.148,24	1.291,77
	II	23.795	743,98	1.903,60	2.141,55	520,26	1.753,20	1.972,35	296,54	1.602,80	1.803,15	72,82	1.452,40	1.633,95	-	1.302,00	1.464,75	-	1.155,12	1.299,51	-	1.014,40	1.141,20
	III	17.226	-	1.378,08	1.550,34	-	1.257,44	1.414,62	-	1.140,00	1.282,50	-	1.025,44	1.153,62	-	914,08	1.028,34	-	805,92	906,66	-	700,80	788,40
	IV	25.584	956,87	2.046,72	2.302,56	845,01	1.971,52	2.217,96	733,15	1.896,32	2.133,36	621,29	1.821,12	2.048,76	509,43	1.745,92	1.964,16	397,57	1.670,72	1.879,56	285,71	1.595,52	1.794,96
	V	31.757	1.691,46	2.540,56	2.858,13																		
	VI	32.289	1.754,77	2.583,12	2.906,01																		
9.467,99 (West)	I	25.505	947,47	2.040,40	2.295,45	723,75	1.890,00	2.126,25	500,03	1.739,60	1.957,05	276,31	1.589,20	1.787,85	52,71	1.438,88	1.618,74	-	1.288,56	1.449,63	-	1.142,24	1.285,02
	II	23.716	734,58	1.897,28	2.134,44	510,86	1.746,88	1.965,24	287,14	1.596,48	1.796,04	63,42	1.446,08	1.626,84	-	1.295,76	1.457,73	-	1.149,12	1.292,76	-	1.008,72	1.134,81
	III	17.162	-	1.372,96	1.544,58	-	1.252,48	1.409,04	-	1.135,04	1.276,92	-	1.020,80	1.148,40	-	909,60	1.023,30	-	801,44	901,62	-	696,32	783,36
	IV	25.505	947,47	2.040,40	2.295,45	835,61	1.965,20	2.210,85	723,75	1.890,00	2.126,25	611,89	1.814,80	2.041,65	500,03	1.739,60	1.957,05	388,17	1.664,40	1.872,45	276,31	1.589,20	1.787,85
	V	31.678	1.682,06	2.534,24	2.851,02																		
	VI	32.210	1.745,37	2.576,80	2.898,90																		
9.467,99 (Ost)	I	25.599	958,66	2.047,92	2.303,91	734,94	1.897,52	2.134,71	511,22	1.747,12	1.965,51	287,50	1.596,72	1.796,31	63,78	1.446,32	1.627,11	-	1.296,00	1.458,00	-	1.149,36	1.293,03
	II	23.810	745,77	1.904,80	2.142,90	522,05	1.754,40	1.973,70	298,33	1.604,00	1.804,50	74,61	1.453,60	1.635,30	-	1.303,20	1.466,10	-	1.156,32	1.300,86	-	1.015,52	1.142,46
	III	17.238	-	1.379,04	1.551,42	-	1.258,40	1.415,70	-	1.140,80	1.283,40	-	1.026,40	1.154,70	-	915,04	1.029,42	-	806,72	907,56	-	701,60	789,30
	IV	25.599	958,66	2.047,92	2.303,91	846,80	1.972,72	2.219,31	734,94	1.897,52	2.134,71	623,08	1.822,32	2.050,11	511,22	1.747,12	1.965,51	399,36	1.671,92	1.880,91	287,50	1.596,72	1.796,31
	V	31.772	1.693,25	2.541,76	2.859,48																		
	VI	32.304	1.756,55	2.584,32	2.907,36																		
9.503,99 (West)	I	25.520	949,26	2.041,60	2.296,80	725,54	1.891,20	2.127,60	501,82	1.740,80	1.958,40	278,22	1.590,48	1.789,29	54,50	1.440,08	1.620,09	-	1.289,76	1.450,98	-	1.143,36	1.286,28
	II	23.731	736,37	1.898,48	2.135,79	512,65	1.748,08	1.966,59	288,93	1.597,68	1.797,39	65,21	1.447,28	1.628,19	-	1.296,96	1.459,08	-	1.150,32	1.294,11	-	1.009,76	1.135,98
	III	17.174	-	1.373,92	1.545,66	-	1.253,44	1.410,12	-	1.136,00	1.278,00	-	1.021,60	1.149,30	-	910,40	1.024,20	-	802,24	902,52	-	697,28	784,44
	IV	25.520	949,26	2.041,60	2.296,80	837,40	1.966,40	2.212,20	725,54	1.891,20	2.127,60	613,68	1.816,00	2.043,00	501,82	1.740,80	1.958,40	390,08	1.665,68	1.873,89	278,22	1.590,48	1.789,29
	V	31.694	1.683,96	2.535,52	2.852,46																		
	VI	32.225	1.747,15	2.578,00	2.900,25																		
9.503,99 (Ost)	I	25.614	960,44	2.049,12	2.305,26	736,72	1.898,72	2.136,06	513,00	1.748,32	1.966,86	289,28	1.597,92	1.797,66	65,56	1.447,52	1.628,46	-	1.297,20	1.459,35	-	1.150,48	1.294,29
	II	23.825	747,55	1.906,00	2.144,25	523,83	1.755,60	1.975,05	300,11	1.605,20	1.805,85	76,39	1.454,80	1.636,65	-	1.304,40	1.467,45	-	1.157,44	1.302,12	-	1.016,64	1.143,72
	III	17.250	-	1.380,00	1.552,50	-	1.259,36	1.416,78	-	1.141,76	1.284,48	-	1.027,36	1.155,78	-	915,84	1.030,32	-	807,68	908,64	-	702,40	790,20
	IV	25.614	960,44	2.049,12	2.305,26	848,58	1.973,92	2.220,66	736,72	1.898,72	2.136,06	624,86	1.823,52	2.051,46	513,00	1.748,32	1.966,86	401,14	1.673,12	1.882,26	289,28	1.597,92	1.797,66
	V	31.787	1.695,03	2.542,96	2.860,83																		
	VI	32.319	1.758,34	2.585,52	2.908,71																		
9.539,99 (West)	I	25.535	951,04	2.042,80	2.298,15	727,44	1.892,48	2.129,04	503,72	1.742,08	1.959,84	280,00	1.591,68	1.790,64	56,28	1.441,28	1.621,44	-	1.290,96	1.452,33	-	1.144,48	1.287,54
	II	23.746	738,15	1.899,68	2.137,14	514,43	1.749,28	1.967,94	290,71	1.598,88	1.798,74	66,99	1.448,48	1.629,54	-	1.298,16	1.460,43	-	1.151,44	1.295,37	-	1.010,88	1.137,24
	III	17.186	-	1.374,88	1.546,74	-	1.254,40	1.411,20	-	1.136,96	1.279,08	-	1.022,56	1.150,38	-	911,36	1.025,28	-	803,20	903,60	-	698,08	785,34
	IV	25.535	951,04	2.042,80	2.298,15	839,18	1.967,60	2.213,55	727,44	1.892,48	2.129,04	615,58	1.817,28	2.044,44	503,72	1.742,08	1.959,84	391,86	1.666,88	1.875,24	280,00	1.591,68	1.790,64
	V	31.709	1.685,75	2.536,72	2.853,81																		
	VI	32.240	1.748,94	2.579,20	2.901,60																		
9.539,99 (Ost)	I	25.629	962,23	2.050,32	2.306,61	738,51	1.899,92	2.137,41	514,79	1.749,52	1.968,21	291,07	1.599,12	1.799,01	67,35	1.448,72	1.629,81	-	1.298,40	1.460,70	-	1.151,68	1.295,64
	II	23.840	749,34	1.907,20	2.145,60	525,62	1.756,80	1.976,40	301,90	1.606,40	1.807,20	78,18	1.456,00	1.638,00	-	1.305,60	1.468,80	-	1.158,64	1.303,47	-	1.017,76	1.144,98
	III	17.262	-	1.380,96	1.553,58	-	1.260,32	1.417,86	-	1.142,72	1.285,56	-	1.028,16	1.156,68	-	916,80	1.031,40	-	808,48	909,54	-	703,20	791,10
	IV	25.629	962,23	2.050,32	2.306,61	850,37	1.975,12	2.222,01	738,51	1.899,92	2.137,41	626,65	1.824,72	2.052,81	514,79	1.749,52	1.968,21	402,93	1.674,32	1.883,61	291,07	1.599,12	1.799,01
	V	31.802	1.696,82	2.544,16	2.862,18																		
	VI	32.334	1.760,12	2.586,72	2.910,06																		
9.575,99 (West)	I	25.551	952,95	2.044,08	2.299,59	729,23	1.893,68	2.130,39	505,51	1.743,28	1.961,19	281,79	1.592,88	1.791,99	58,07	1.442,48	1.622,79	-	1.292,16	1.453,68	-	1.145,68	1.288,89
	II	23.761	739,94	1.900,88	2.138,49	516,22	1.750,48	1.969,29	292,62	1.600,16	1.800,18	68,90	1.449,76	1.630,98	-	1.299,36	1.461,78	-	1.152,56	1.296,63	-	1.012,00	1.138,50
	III	17.198	-	1.375,84	1.547,82	-	1.255,36	1.412,28	-	1.137,92	1.280,16	-	1.023,52	1.151,46	-	912,16	1.026,18	-	804,00	904,50	-	698,88	786,24
	IV	25.551	952,95	2.044,08	2.299,59	841,09	1.968,88	2.214,99	729,23	1.893,68	2.130,39	617,37	1.818,48	2.045,79	505,51	1.743,28	1.961,19	393,65	1.668,08	1.876,59	281,79	1.592,88	1.791,99
	V	31.724	1.687,53	2.537,92	2.855,16																		
	VI	32.256	1.750,84	2.580,48	2.903,04																		
9.575,99 (Ost)	I	25.644	964,01	2.051,52	2.307,96	740,29	1.901,12	2.138,76	516,57	1.750,72	1.969,56	292,85	1.600,32	1.800,36	69,25	1.450,00	1.631,25	-	1.299,60	1.462,05	-	1.152,80	1.296,90
	II	23.855	751,12	1.908,40	2.146,95	527,40	1.758,00	1.977,75	303,68	1.607,60	1.808,55	79,96	1.457,20	1.639,35	-	1.306,80	1.470,15	-	1.159,76	1.304,73	-	1.018,88	1.146,24
	III	17.274	-	1.381,92	1.554,66	-	1.261,28	1.418,94	-	1.143,68	1.286,64	-	1.029,12	1.157,76	-	917,76	1.032,48	-	809,28	910,44	-	704,00	792,00
	IV	25.644	964,01	2.051,52	2.307,96	852,15	1.976,32	2.223,36	740,29	1.901,12	2.138,76	628,43	1.825,92	2.054,16	516,57	1.750,72	1.969,56	404,71	1.675,52	1.884,96	292,85	1.600,32	1.800,36
	V	31.818	1.698,72	2.545,44	2.863,62																		
	VI	32.349	1.761,91	2.587,92	2.911,41																		
9.611,99 (West)	I	25.566	954,73	2.045,28	2.300,94	731,01	1.894,88	2.131,74	507,29	1.744,48	1.962,54	283,57	1.594,08	1.793,34	59,85	1.443,68	1.624,14	-	1.293,36	1.455,03	-	1.146,80	1.290,15
	II	23.776	741,72	1.902,08	2.139,84	518,12	1.751,76	1.970,73	294,40	1.601,36	1.801,53	70,68	1.450,96	1.632,33	-	1.300,56	1.463,13	-	1.153,76	1.297,98	-	1.013,12	1.139,76
	III	17.210	-	1.376,80	1.548,90	-	1.256,32	1.413,36	-	1.138,72	1.281,06	-	1.024,32	1.152,36	-	913,12	1.027,26	-	804,80	905,40	-	699,68	787,14
	IV	25.566	954,73	2.045,28	2.300,94	842,87	1.970,08	2.216,34	731,01	1.894,88	2.131,74	619,15	1.819,68	2.047,14	507,29	1.744,48	1.962,54	395,43	1.669,28	1.877,94	283,57	1.594,08	1.793,34
	V	31.739	1.689,32	2.539,12	2.856,51																		
	VI	32.271	1.752,63	2.581,68	2.904,39																		
9.611,99 (Ost)	I	25.659	965,80	2.052,72	2.309,31	742,08	1.902,32	2.140,11	518,36	1.751,92	1.970,91	294,76	1.601,60	1.801,80	71,04	1.451,20	1.632,60	-	1.300,80	1.463,40	-	1.154,00	1.298,25
	II	23.870	752,91	1.909,60	2.148,30	529,19	1.759,20	1.979,10	305,47	1.608,80	1.809,90	81,75	1.458,40	1.640,70	-	1.308,08	1.471,59	-	1.160,88	1.305,99	-	1.020,00	1.147,50
	III	17.288	-	1.383,04	1.555,92	-	1.262,24	1.420,02	-	1.144,64	1.287,72	-	1.030,08	1.158,84	-	918,56	1.033,38	-	810,24	911,52	-	704,96	793,08
	IV	25.659	965,80	2.052,72	2.309,31	853,94	1.977,52	2.224,71	742,08	1.902,32	2.140,11	630,22	1.827,12	2.055,51	518,36	1.751,92	1.970,91	406,62	1.676,80	1.886,40	294,76	1.601,60	1.801,80
	V	31.833	1.700,51	2.546,64	2.864,97																		
	VI	32.364	1.763,69	2.589,12	2.912,76																		
99.647,99 (West)	I	25.581	956,52	2.046,48	2.302,29	732,80	1.896,08	2.133,09	509,08	1.745,68	1.963,89	285,36	1.595,28	1.794,69	61,64	1.444,88	1.625,49	-	1.294,56	1.456,38	-	1.148,00	1.291,50
	II	23.792	743,63	1.903,36	2.141,28	519,91	1.752,96	1.972,08	296,19	1.602,56	1.802,88	72,47	1.452,16	1.633,68	-	1.301,76	1.464,48	-	1.154,88	1.299,24	-	1.014,24	1.141,02
	III	17.222	-	1.377,76	1.549,98	-	1.257,28	1.414,44	-	1.139,68	1.282,14	-	1.025,28	1.153,44	-	913,92	1.028,16	-	805,76	906,48	-	700,48	788,04
	IV	25.581	956,52	2.046,48	2.302,29	844,66	1.971,28	2.217,69	732,80	1.896,08	2.133,09	620,94	1.820,88	2.048,49	509,08	1.745,68	1.963,89	397,22	1.670,48	1.879,29	285,36	1.595,28	1.794,69
	V	31.754	1.691,10	2.540,32	2.857,86																		
	VI	32.286	1.754,41	2.582,88	2.905,74																		
99.647,99 (Ost)	I	25.674	967,58	2.053,92	2.310,66	743,98	1.903,60	2.141,55	520,26	1.753,20	1.972,35	296,54	1.602,80	1.803,15	72,82	1.452,40	1.633,95	-	1.302,00	1.464,75	-	1.155,12	1.299,51
	II	23.885	754,69	1.910,80	2.149,65	530,97	1.760,40	1.980,45	307,25	1.610,00	1.811,25	83,53	1.459,60	1.642,05	-	1.309,28	1.472,94	-	1.162,08	1.307,34	-	1.021,04	1.148,67
	III	17.300	-	1.384,00	1.557,00	-	1.263,20	1.421,10	-	1.145,60	1.288,80	-	1.030,88	1.159,74	-	919,52	1.034,46	-	811,04	912,42	-	705,76	793,98
	IV	25.674	967,58	2.053,92	2.310,66	855,72	1.978,72	2.226,06	743,98	1.903,60	2.141,55	632,12	1.828,40	2.056,95	520,26	1.753,20	1.972,35	408,40	1.678,00	1.887,75	296,54	1.602,80	1.803,15
	V	31.848	1.702,29	2.547,84	2.866,32																		
	VI	32.379	1.765,48	2.590,32	2.914,11																		

SolZ/KiSt lt. Tabelle nicht für Sonstige Bezüge anwendbar.

Lohn/ Gehalt bis	Steuerklasse	Lohn-steuer	ohne Kinderfreibetrag			Anzahl Kinderfreibeträge (nur Steuerklassen I–IV)																	
						0,5			1,0			1,5			2,0			2,5			3,0		
			SolZ 5,5%	Kirchensteuer 8%	9%	SolZ 5,5%	Kirchensteuer 8%	9%	SolZ 5,5%	Kirchensteuer 8%	9%	SolZ 5,5%	Kirchensteuer 8%	9%	SolZ 5,5%	Kirchensteuer 8%	9%	SolZ 5,5%	Kirchensteuer 8%	9%	SolZ 5,5%	Kirchensteuer 8%	9%
99.683,99 (West)	I	25.596	958,30	2.047,68	2.303,64	734,58	1.897,28	2.134,44	510,86	1.746,88	1.965,24	287,14	1.596,48	1.796,04	63,42	1.446,08	1.626,84	-	1.295,76	1.457,73	-	1.149,12	1.292
	II	23.807	745,41	1.904,56	2.142,63	521,69	1.754,16	1.973,43	297,97	1.603,76	1.804,23	74,25	1.453,36	1.635,03	-	1.302,96	1.465,83	-	1.156,08	1.300,59	-	1.015,36	1.142
	III	17.236	-	1.378,88	1.551,24	-	1.258,24	1.415,52	-	1.140,64	1.283,22	-	1.026,24	1.154,52	-	914,88	1.029,24	-	806,56	907,38	-	701,44	789
	IV	25.596	958,30	2.047,68	2.303,64	846,44	1.972,48	2.219,04	734,58	1.897,28	2.134,44	622,72	1.822,08	2.049,84	510,86	1.746,88	1.965,24	399,00	1.671,68	1.880,64	287,14	1.596,48	1.796
	V	31.769	1.692,89	2.541,52	2.859,21																		
	VI	32.301	1.756,20	2.584,08	2.907,09																		
99.683,99 (Ost)	I	25.690	969,49	2.055,20	2.312,10	745,77	1.904,80	2.142,90	522,05	1.754,40	1.973,70	298,33	1.604,00	1.804,50	74,61	1.453,60	1.635,30	-	1.303,20	1.466,10	-	1.156,32	1.300
	II	23.900	756,48	1.912,00	2.151,00	532,76	1.761,60	1.981,80	309,16	1.611,28	1.812,69	85,44	1.460,88	1.643,49	-	1.310,48	1.474,29	-	1.163,20	1.308,60	-	1.022,16	1.149
	III	17.312	-	1.384,96	1.558,08	-	1.264,16	1.422,18	-	1.146,40	1.289,70	-	1.031,84	1.160,82	-	920,32	1.035,36	-	811,84	913,32	-	706,56	794
	IV	25.690	969,49	2.055,20	2.312,10	857,63	1.980,00	2.227,50	745,77	1.904,80	2.142,90	633,91	1.829,60	2.058,30	522,05	1.754,40	1.973,70	410,19	1.679,20	1.889,10	298,33	1.604,00	1.804
	V	31.863	1.704,08	2.549,04	2.867,67																		
	VI	32.395	1.767,38	2.591,60	2.915,55																		
99.719,99 (West)	I	25.611	960,09	2.048,88	2.304,99	736,37	1.898,48	2.135,79	512,65	1.748,08	1.966,59	288,93	1.597,68	1.797,39	65,21	1.447,28	1.628,19	-	1.296,96	1.459,08	-	1.150,32	1.294
	II	23.822	747,20	1.905,76	2.143,98	523,48	1.755,36	1.974,78	299,76	1.604,96	1.805,58	76,04	1.454,56	1.636,38	-	1.304,16	1.467,18	-	1.157,20	1.301,85	-	1.016,40	1.143
	III	17.248	-	1.379,84	1.552,32	-	1.259,20	1.416,60	-	1.141,60	1.284,30	-	1.027,04	1.155,42	-	915,68	1.030,14	-	807,36	908,28	-	702,24	790
	IV	25.611	960,09	2.048,88	2.304,99	848,23	1.973,68	2.220,39	736,37	1.898,48	2.135,79	624,51	1.823,28	2.051,19	512,65	1.748,08	1.966,59	400,79	1.672,88	1.881,99	288,93	1.597,68	1.797
	V	31.784	1.694,67	2.542,72	2.860,56																		
	VI	32.316	1.757,98	2.585,28	2.908,44																		
99.719,99 (Ost)	I	25.705	971,27	2.056,40	2.313,45	747,55	1.906,00	2.144,25	523,83	1.755,60	1.975,05	300,11	1.605,20	1.805,85	76,39	1.454,80	1.636,65	-	1.304,40	1.467,45	-	1.157,44	1.302
	II	23.915	758,26	1.913,20	2.152,35	534,66	1.762,88	1.983,24	310,94	1.612,48	1.814,04	87,22	1.462,08	1.644,84	-	1.311,68	1.475,64	-	1.164,40	1.309,95	-	1.023,28	1.151
	III	17.324	-	1.385,92	1.559,16	-	1.265,12	1.423,26	-	1.147,36	1.290,78	-	1.032,80	1.161,90	-	921,28	1.036,44	-	812,80	914,40	-	707,36	795
	IV	25.705	971,27	2.056,40	2.313,45	859,41	1.981,20	2.228,85	747,55	1.906,00	2.144,25	635,69	1.830,80	2.059,65	523,83	1.755,60	1.975,05	411,97	1.680,40	1.890,45	300,11	1.605,20	1.805
	V	31.878	1.705,86	2.550,24	2.869,02																		
	VI	32.410	1.769,17	2.592,80	2.916,90																		
99.755,99 (West)	I	25.626	961,87	2.050,08	2.306,34	738,15	1.899,68	2.137,14	514,43	1.749,28	1.967,94	290,71	1.598,88	1.798,74	66,99	1.448,48	1.629,54	-	1.298,16	1.460,43	-	1.151,44	1.295
	II	23.837	748,98	1.906,96	2.145,33	525,26	1.756,56	1.976,13	301,54	1.606,16	1.806,93	77,82	1.455,76	1.637,73	-	1.305,36	1.468,53	-	1.158,40	1.303,20	-	1.017,52	1.144
	III	17.260	-	1.380,80	1.553,40	-	1.260,16	1.417,68	-	1.142,56	1.285,38	-	1.028,00	1.156,50	-	916,64	1.031,22	-	808,32	909,36	-	703,04	790
	IV	25.626	961,87	2.050,08	2.306,34	850,01	1.974,88	2.221,74	738,15	1.899,68	2.137,14	626,29	1.824,48	2.052,54	514,43	1.749,28	1.967,94	402,57	1.674,08	1.883,34	290,71	1.598,88	1.798
	V	31.799	1.696,46	2.543,92	2.861,91																		
	VI	32.331	1.759,77	2.586,48	2.909,79																		
99.755,99 (Ost)	I	25.720	973,06	2.057,60	2.314,80	749,34	1.907,20	2.145,60	525,62	1.756,80	1.976,40	301,90	1.606,40	1.807,20	78,18	1.456,00	1.638,00	-	1.305,60	1.468,80	-	1.158,64	1.303
	II	23.931	760,17	1.914,48	2.153,79	536,45	1.764,08	1.984,59	312,73	1.613,68	1.815,39	89,01	1.463,28	1.646,19	-	1.312,88	1.476,99	-	1.165,52	1.311,21	-	1.024,40	1.152
	III	17.336	-	1.386,88	1.560,24	-	1.266,08	1.424,34	-	1.148,32	1.291,86	-	1.033,60	1.162,80	-	922,08	1.037,34	-	813,60	915,30	-	708,16	796
	IV	25.720	973,06	2.057,60	2.314,80	861,20	1.982,40	2.230,20	749,34	1.907,20	2.145,60	637,48	1.832,00	2.061,00	525,62	1.756,80	1.976,40	413,76	1.681,60	1.891,80	301,90	1.606,40	1.807
	V	31.893	1.707,65	2.551,44	2.870,37																		
	VI	32.425	1.770,95	2.594,00	2.918,25																		
99.791,99 (West)	I	25.641	963,66	2.051,28	2.307,69	739,94	1.900,88	2.138,49	516,22	1.750,48	1.969,29	292,62	1.600,16	1.800,18	68,90	1.449,76	1.630,98	-	1.299,36	1.461,78	-	1.152,56	1.296
	II	23.852	750,77	1.908,16	2.146,68	527,05	1.757,76	1.977,48	303,33	1.607,36	1.808,28	79,61	1.456,96	1.639,08	-	1.306,64	1.469,97	-	1.159,52	1.304,46	-	1.018,64	1.145
	III	17.272	-	1.381,76	1.554,48	-	1.261,12	1.418,76	-	1.143,52	1.286,46	-	1.028,96	1.157,58	-	917,44	1.032,12	-	809,12	910,26	-	703,84	791
	IV	25.641	963,66	2.051,28	2.307,69	851,80	1.976,08	2.223,09	739,94	1.900,88	2.138,49	628,08	1.825,68	2.053,89	516,22	1.750,48	1.969,29	404,36	1.675,28	1.884,69	292,62	1.600,16	1.800
	V	31.815	1.698,36	2.545,20	2.863,35																		
	VI	32.346	1.761,55	2.587,68	2.911,14																		
99.791,99 (Ost)	I	25.735	974,84	2.058,80	2.316,15	751,12	1.908,40	2.146,95	527,40	1.758,00	1.977,75	303,68	1.607,60	1.808,55	79,96	1.457,20	1.639,35	-	1.306,80	1.470,15	-	1.159,76	1.304
	II	23.946	761,95	1.915,68	2.155,14	538,23	1.765,28	1.985,94	314,51	1.614,88	1.816,74	90,79	1.464,48	1.647,54	-	1.314,08	1.478,34	-	1.166,72	1.312,56	-	1.025,52	1.153
	III	17.348	-	1.387,84	1.561,32	-	1.267,04	1.425,42	-	1.149,28	1.292,94	-	1.034,56	1.163,88	-	923,04	1.038,42	-	814,56	916,38	-	709,12	797
	IV	25.735	974,84	2.058,80	2.316,15	862,98	1.983,60	2.231,55	751,12	1.908,40	2.146,95	639,26	1.833,20	2.062,35	527,40	1.758,00	1.977,75	415,54	1.682,80	1.893,15	303,68	1.607,60	1.808
	V	31.908	1.709,43	2.552,64	2.871,72																		
	VI	32.440	1.772,74	2.595,20	2.919,60																		
99.827,99 (West)	I	25.656	965,44	2.052,48	2.309,04	741,72	1.902,08	2.139,84	518,12	1.751,76	1.970,73	294,40	1.601,36	1.801,53	70,68	1.450,96	1.632,33	-	1.300,56	1.463,13	-	1.153,76	1.297
	II	23.867	752,55	1.909,36	2.148,03	528,83	1.758,96	1.978,83	305,11	1.608,56	1.809,63	81,39	1.458,16	1.640,43	-	1.307,84	1.471,32	-	1.160,72	1.305,81	-	1.019,76	1.147
	III	17.284	-	1.382,72	1.555,56	-	1.262,08	1.419,84	-	1.144,32	1.287,36	-	1.029,76	1.158,48	-	918,40	1.033,20	-	809,92	911,16	-	704,64	792
	IV	25.656	965,44	2.052,48	2.309,04	853,58	1.977,28	2.224,44	741,72	1.902,08	2.139,84	629,98	1.826,96	2.055,33	518,12	1.751,76	1.970,73	406,26	1.676,56	1.886,13	294,40	1.601,36	1.801
	V	31.830	1.700,15	2.546,40	2.864,70																		
	VI	32.361	1.763,34	2.588,88	2.912,49																		
99.827,99 (Ost)	I	25.750	976,63	2.060,00	2.317,50	752,91	1.909,60	2.148,30	529,19	1.759,20	1.979,10	305,47	1.608,80	1.809,90	81,75	1.458,40	1.640,70	-	1.308,08	1.471,59	-	1.160,88	1.305
	II	23.961	763,74	1.916,88	2.156,49	540,02	1.766,48	1.987,29	316,30	1.616,08	1.818,09	92,58	1.465,68	1.648,89	-	1.315,28	1.479,69	-	1.167,84	1.313,82	-	1.026,64	1.154
	III	17.360	-	1.388,80	1.562,40	-	1.268,00	1.426,50	-	1.150,24	1.294,02	-	1.035,52	1.164,96	-	923,84	1.039,32	-	815,36	917,28	-	709,92	798
	IV	25.750	976,63	2.060,00	2.317,50	864,77	1.984,80	2.232,90	752,91	1.909,60	2.148,30	641,05	1.834,40	2.063,70	529,19	1.759,20	1.979,10	417,33	1.684,00	1.894,50	305,47	1.608,80	1.809
	V	31.923	1.711,22	2.553,84	2.873,07																		
	VI	32.455	1.774,52	2.596,40	2.920,95																		
99.863,99 (West)	I	25.672	967,35	2.053,76	2.310,48	743,63	1.903,36	2.141,28	519,91	1.752,96	1.972,08	296,19	1.602,56	1.802,88	72,47	1.452,16	1.633,68	-	1.301,76	1.464,48	-	1.154,88	1.299,
	II	23.882	754,34	1.910,56	2.149,38	530,62	1.760,16	1.980,18	306,90	1.609,76	1.810,98	83,30	1.459,44	1.641,87	-	1.309,04	1.472,67	-	1.161,84	1.307,07	-	1.020,88	1.148,
	III	17.296	-	1.383,68	1.556,64	-	1.263,04	1.420,92	-	1.145,28	1.288,44	-	1.030,72	1.159,56	-	919,20	1.034,10	-	810,88	912,24	-	705,60	793,
	IV	25.672	967,35	2.053,76	2.310,48	855,49	1.978,56	2.225,88	743,63	1.903,36	2.141,28	631,77	1.828,16	2.056,68	519,91	1.752,96	1.972,08	408,05	1.677,76	1.887,48	296,19	1.602,56	1.802,
	V	31.845	1.701,93	2.547,60	2.866,05																		
	VI	32.377	1.765,24	2.590,16	2.913,93																		
99.863,99 (Ost)	I	25.765	978,41	2.061,20	2.318,85	754,69	1.910,80	2.149,65	530,97	1.760,40	1.980,45	307,25	1.610,00	1.811,25	83,53	1.459,60	1.642,05	-	1.309,28	1.472,94	-	1.162,08	1.307,
	II	23.976	765,52	1.918,08	2.157,84	541,80	1.767,68	1.988,64	318,08	1.617,28	1.819,44	94,36	1.466,88	1.650,24	-	1.316,48	1.481,04	-	1.169,04	1.315,17	-	1.027,76	1.156
	III	17.374	-	1.389,92	1.563,66	-	1.268,96	1.427,58	-	1.151,20	1.295,10	-	1.036,48	1.166,04	-	924,80	1.040,40	-	816,16	918,18	-	710,72	799,
	IV	25.765	978,41	2.061,20	2.318,85	866,55	1.986,00	2.234,25	754,69	1.910,80	2.149,65	642,83	1.835,60	2.065,05	530,97	1.760,40	1.980,45	419,11	1.685,20	1.895,85	307,25	1.610,00	1.811,
	V	31.938	1.713,00	2.555,04	2.874,42																		
	VI	32.470	1.776,31	2.597,60	2.922,30																		
99.899,99 (West)	I	25.687	969,13	2.054,96	2.311,83	745,41	1.904,56	2.142,63	521,69	1.754,16	1.973,43	297,97	1.603,76	1.804,23	74,25	1.453,36	1.635,03	-	1.302,96	1.465,83	-	1.156,08	1.300,
	II	23.897	756,12	1.911,76	2.150,73	532,52	1.761,44	1.981,62	308,80	1.611,04	1.812,42	85,08	1.460,64	1.643,22	-	1.310,24	1.474,02	-	1.163,04	1.308,42	-	1.022,00	1.149,
	III	17.308	-	1.384,64	1.557,72	-	1.264,00	1.422,00	-	1.146,24	1.289,52	-	1.031,68	1.160,64	-	920,16	1.035,18	-	811,68	913,14	-	706,40	794,
	IV	25.687	969,13	2.054,96	2.311,83	857,27	1.979,76	2.227,23	745,41	1.904,56	2.142,63	633,55	1.829,36	2.058,03	521,69	1.754,16	1.973,43	409,83	1.678,96	1.888,83	297,97	1.603,76	1.804,
	V	31.860	1.703,72	2.548,80	2.867,40																		
	VI	32.392	1.767,03	2.591,36	2.915,28																		
99.899,99 (Ost)	I	25.780	980,20	2.062,40	2.320,20	756,48	1.912,00	2.151,00	532,76	1.761,60	1.981,80	309,16	1.611,28	1.812,69	85,44	1.460,88	1.643,49	-	1.310,48	1.474,29	-	1.163,20	1.308,
	II	23.991	767,31	1.919,28	2.159,19	543,59	1.768,88	1.989,99	319,87	1.618,48	1.820,79	96,15	1.468,08	1.651,59	-	1.317,68	1.482,39	-	1.170,16	1.316,43	-	1.028,88	1.157,
	III	17.386	-	1.390,88	1.564,74	-	1.269,92	1.428,66	-	1.152,00	1.296,00	-	1.037,28	1.166,94	-	925,60	1.041,30	-	817,12	919,26	-	711,52	800,
	IV	25.780	980,20	2.062,40	2.320,20	868,34	1.987,20	2.235,60	756,48	1.912,00	2.151,00	644,62	1.836,80	2.066,40	532,76	1.761,60	1.981,80	420,90	1.686,40	1.897,20	309,16	1.611,28	1.812,
	V	31.954	1.714,90	2.556,32	2.875,86																		
	VI	32.485	1.778,09	2.598,80	2.923,65																		

SolZ/KiSt lt. Tabelle nicht für Sonstige Bezüge anwendbar.

Lohn/ Gehalt bis	Steuerklasse	Lohn-steuer	ohne Kinderfreibetrag SolZ 5,5%	Kirchensteuer 8%	9%	0,5 SolZ 5,5%	Kirchensteuer 8%	9%	1,0 SolZ 5,5%	Kirchensteuer 8%	9%	1,5 SolZ 5,5%	Kirchensteuer 8%	9%	2,0 SolZ 5,5%	Kirchensteuer 8%	9%	2,5 SolZ 5,5%	Kirchensteuer 8%	9%	3,0 SolZ 5,5%	Kirchensteuer 8%	9%
						Anzahl Kinderfreibeträge (nur Steuerklassen I–IV)																	
9.935,99 (West)	I	25.702	970,92	2.056,16	2.313,18	747,20	1.905,76	2.143,98	523,48	1.755,36	1.974,78	299,76	1.604,96	1.805,58	76,04	1.454,56	1.636,38	-	1.304,16	1.467,18	-	1.157,20	1.301,85
	II	23.913	758,03	1.913,04	2.152,17	534,31	1.762,64	1.982,97	310,59	1.612,24	1.813,77	86,87	1.461,84	1.644,57	-	1.311,44	1.475,37	-	1.164,16	1.309,68	-	1.023,12	1.151,01
	III	17.322	-	1.385,76	1.558,98	-	1.264,96	1.423,08	-	1.147,20	1.290,60	-	1.032,64	1.161,72	-	920,96	1.036,08	-	812,64	914,22	-	707,20	795,60
	IV	25.702	970,92	2.056,16	2.313,18	859,06	1.980,96	2.228,58	747,20	1.905,76	2.143,98	635,34	1.830,56	2.059,38	523,48	1.755,36	1.974,78	411,62	1.680,16	1.890,18	299,76	1.604,96	1.805,58
	V	31.875	1.705,50	2.550,00	2.868,75																		
	VI	32.407	1.768,81	2.592,56	2.916,63																		
9.935,99 (Ost)	I	25.795	981,98	2.063,60	2.321,55	758,26	1.913,20	2.152,35	534,66	1.762,88	1.983,24	310,94	1.612,48	1.814,04	87,22	1.462,08	1.644,84	-	1.311,68	1.475,64	-	1.164,40	1.309,95
	II	24.006	769,09	1.920,48	2.160,54	545,37	1.770,08	1.991,34	321,65	1.619,68	1.822,14	97,93	1.469,28	1.652,94	-	1.318,96	1.483,83	-	1.171,36	1.317,78	-	1.030,00	1.158,75
	III	17.398	-	1.391,84	1.565,82	-	1.270,88	1.429,74	-	1.152,96	1.297,08	-	1.038,24	1.168,02	-	926,56	1.042,38	-	817,92	920,16	-	712,48	801,54
	IV	25.795	981,98	2.063,60	2.321,55	870,12	1.988,40	2.236,95	758,26	1.913,20	2.152,35	646,52	1.838,08	2.067,84	534,66	1.762,88	1.983,24	422,80	1.687,68	1.898,64	310,94	1.612,48	1.814,04
	V	31.969	1.716,69	2.557,52	2.877,21																		
	VI	32.500	1.779,88	2.600,00	2.925,00																		
9.971,99 (West)	I	25.717	972,70	2.057,36	2.314,53	748,98	1.906,96	2.145,33	525,26	1.756,56	1.976,13	301,54	1.606,16	1.806,93	77,82	1.455,76	1.637,73	-	1.305,36	1.468,53	-	1.158,40	1.303,20
	II	23.928	759,81	1.914,24	2.153,52	536,09	1.763,84	1.984,32	312,37	1.613,44	1.815,12	88,65	1.463,04	1.645,92	-	1.312,64	1.476,72	-	1.165,36	1.311,03	-	1.024,16	1.152,18
	III	17.334	-	1.386,72	1.560,06	-	1.265,92	1.424,16	-	1.148,16	1.291,68	-	1.033,44	1.162,62	-	921,92	1.037,16	-	813,44	915,12	-	708,00	796,50
	IV	25.717	972,70	2.057,36	2.314,53	860,84	1.982,16	2.229,93	748,98	1.906,96	2.145,33	637,12	1.831,76	2.060,73	525,26	1.756,56	1.976,13	413,40	1.681,36	1.891,53	301,54	1.606,16	1.806,93
	V	31.890	1.707,29	2.551,20	2.870,10																		
	VI	32.422	1.770,60	2.593,76	2.917,98																		
9.971,99 (Ost)	I	25.811	983,89	2.064,88	2.322,99	760,17	1.914,48	2.153,79	536,45	1.764,08	1.984,59	312,73	1.613,68	1.815,39	89,01	1.463,28	1.646,19	-	1.312,88	1.476,99	-	1.165,52	1.311,21
	II	24.021	770,88	1.921,68	2.161,89	547,16	1.771,28	1.992,69	323,44	1.620,88	1.823,49	99,84	1.470,56	1.654,38	-	1.320,16	1.485,18	-	1.172,56	1.319,13	-	1.031,04	1.159,92
	III	17.410	-	1.392,80	1.566,90	-	1.271,84	1.430,82	-	1.153,92	1.298,16	-	1.039,20	1.169,10	-	927,36	1.043,28	-	818,72	921,06	-	713,28	802,44
	IV	25.811	983,89	2.064,88	2.322,99	872,03	1.989,68	2.238,39	760,17	1.914,48	2.153,79	648,31	1.839,28	2.069,19	536,45	1.764,08	1.984,59	424,59	1.688,88	1.899,99	312,73	1.613,68	1.815,39
	V	31.984	1.718,47	2.558,72	2.878,56																		
	VI	32.516	1.781,78	2.601,28	2.926,44																		
0.007,99 (West)	I	25.732	974,49	2.058,56	2.315,88	750,77	1.908,16	2.146,68	527,05	1.757,76	1.977,48	303,33	1.607,36	1.808,28	79,61	1.456,96	1.639,08	-	1.306,64	1.469,97	-	1.159,52	1.304,46
	II	23.943	761,60	1.915,44	2.154,87	537,88	1.765,04	1.985,67	314,16	1.614,64	1.816,47	90,44	1.464,24	1.647,27	-	1.313,84	1.478,07	-	1.166,48	1.312,29	-	1.025,28	1.153,44
	III	17.346	-	1.387,68	1.561,14	-	1.266,88	1.425,24	-	1.149,12	1.292,76	-	1.034,40	1.163,70	-	922,72	1.038,06	-	814,24	916,02	-	708,96	797,58
	IV	25.732	974,49	2.058,56	2.315,88	862,63	1.983,36	2.231,28	750,77	1.908,16	2.146,68	638,91	1.832,96	2.062,08	527,05	1.757,76	1.977,48	415,19	1.682,56	1.892,88	303,33	1.607,36	1.808,28
	V	31.905	1.709,07	2.552,40	2.871,45																		
	VI	32.437	1.772,38	2.594,96	2.919,33																		
0.007,99 (Ost)	I	25.826	985,67	2.066,08	2.324,34	761,95	1.915,68	2.155,14	538,23	1.765,28	1.985,94	314,51	1.614,88	1.816,74	90,79	1.464,48	1.647,54	-	1.314,08	1.478,34	-	1.166,72	1.312,56
	II	24.036	772,66	1.922,88	2.163,24	549,06	1.772,56	1.994,13	325,34	1.622,16	1.824,93	101,62	1.471,76	1.655,73	-	1.321,36	1.486,53	-	1.173,68	1.320,39	-	1.032,16	1.161,18
	III	17.422	-	1.393,76	1.567,98	-	1.272,80	1.431,90	-	1.154,88	1.299,24	-	1.040,00	1.170,00	-	928,32	1.044,36	-	819,68	922,14	-	714,08	803,34
	IV	25.826	985,67	2.066,08	2.324,34	873,81	1.990,88	2.239,74	761,95	1.915,68	2.155,14	650,09	1.840,48	2.070,54	538,23	1.765,28	1.985,94	426,37	1.690,08	1.901,34	314,51	1.614,88	1.816,74
	V	31.999	1.720,26	2.559,92	2.879,91																		
	VI	32.531	1.783,57	2.602,48	2.927,79																		
0.043,99 (West)	I	25.747	976,27	2.059,76	2.317,23	752,55	1.909,36	2.148,03	528,83	1.758,96	1.978,83	305,11	1.608,56	1.809,63	81,39	1.458,16	1.640,43	-	1.307,84	1.471,32	-	1.160,72	1.305,81
	II	23.958	763,38	1.916,64	2.156,22	539,66	1.766,24	1.987,02	315,94	1.615,84	1.817,82	92,22	1.465,44	1.648,62	-	1.315,04	1.479,42	-	1.167,68	1.313,64	-	1.026,40	1.154,70
	III	17.358	-	1.388,64	1.562,22	-	1.267,84	1.426,32	-	1.149,92	1.293,66	-	1.035,36	1.164,78	-	923,68	1.039,14	-	815,20	917,10	-	709,76	798,48
	IV	25.747	976,27	2.059,76	2.317,23	864,41	1.984,56	2.232,63	752,55	1.909,36	2.148,03	640,69	1.834,16	2.063,43	528,83	1.758,96	1.978,83	416,97	1.683,76	1.894,23	305,11	1.608,56	1.809,63
	V	31.920	1.710,86	2.553,60	2.872,80																		
	VI	32.452	1.774,17	2.596,16	2.920,68																		
0.043,99 (Ost)	I	25.841	987,46	2.067,28	2.325,69	763,74	1.916,88	2.156,49	540,02	1.766,48	1.987,29	316,30	1.616,08	1.818,09	92,58	1.465,68	1.648,89	-	1.315,28	1.479,69	-	1.167,84	1.313,82
	II	24.052	774,57	1.924,16	2.164,68	550,85	1.773,76	1.995,48	327,13	1.623,36	1.826,28	103,41	1.472,96	1.657,08	-	1.322,56	1.487,88	-	1.174,88	1.321,74	-	1.033,28	1.162,44
	III	17.434	-	1.394,72	1.569,06	-	1.273,76	1.432,98	-	1.155,84	1.300,32	-	1.040,96	1.171,08	-	929,12	1.045,26	-	820,48	923,04	-	714,88	804,24
	IV	25.841	987,46	2.067,28	2.325,69	875,60	1.992,08	2.241,09	763,74	1.916,88	2.156,49	651,88	1.841,68	2.071,89	540,02	1.766,48	1.987,29	428,16	1.691,28	1.902,69	316,30	1.616,08	1.818,09
	V	32.014	1.722,04	2.561,12	2.881,26																		
	VI	32.546	1.785,35	2.603,68	2.929,14																		
0.079,99 (West)	I	25.762	978,06	2.060,96	2.318,58	754,34	1.910,56	2.149,38	530,62	1.760,16	1.980,18	306,90	1.609,76	1.810,98	83,30	1.459,44	1.641,87	-	1.309,04	1.472,67	-	1.161,84	1.307,07
	II	23.973	765,17	1.917,84	2.157,57	541,45	1.767,44	1.988,37	317,73	1.617,04	1.819,17	94,01	1.466,64	1.649,97	-	1.316,24	1.480,77	-	1.168,80	1.314,90	-	1.027,52	1.155,96
	III	17.370	-	1.389,60	1.563,30	-	1.268,80	1.427,40	-	1.150,88	1.294,74	-	1.036,16	1.165,68	-	924,64	1.040,22	-	816,00	918,00	-	710,56	799,38
	IV	25.762	978,06	2.060,96	2.318,58	866,20	1.985,76	2.233,98	754,34	1.910,56	2.149,38	642,48	1.835,36	2.064,78	530,62	1.760,16	1.980,18	418,76	1.684,96	1.895,58	306,90	1.609,76	1.810,98
	V	31.936	1.712,76	2.554,88	2.874,24																		
	VI	32.467	1.775,95	2.597,36	2.922,03																		
0.079,99 (Ost)	I	25.856	989,24	2.068,48	2.327,04	765,52	1.918,08	2.157,84	541,80	1.767,68	1.988,64	318,08	1.617,28	1.819,44	94,36	1.466,88	1.650,24	-	1.316,48	1.481,04	-	1.169,04	1.315,17
	II	24.067	776,35	1.925,36	2.166,03	552,63	1.774,96	1.996,83	328,91	1.624,56	1.827,63	105,19	1.474,16	1.658,43	-	1.323,76	1.489,23	-	1.176,00	1.323,00	-	1.034,40	1.163,70
	III	17.448	-	1.395,84	1.570,32	-	1.274,72	1.434,06	-	1.156,80	1.301,40	-	1.041,92	1.172,16	-	930,08	1.046,34	-	821,44	924,12	-	715,68	805,14
	IV	25.856	989,24	2.068,48	2.327,04	877,38	1.993,28	2.242,44	765,52	1.918,08	2.157,84	653,66	1.842,88	2.073,24	541,80	1.767,68	1.988,64	429,94	1.692,48	1.904,04	318,08	1.617,28	1.819,44
	V	32.029	1.723,83	2.562,32	2.882,61																		
	VI	32.561	1.787,14	2.604,88	2.930,49																		
0.115,99 (West)	I	25.777	979,84	2.062,16	2.319,93	756,12	1.911,76	2.150,73	532,52	1.761,44	1.981,62	308,80	1.611,04	1.812,42	85,08	1.460,64	1.643,22	-	1.310,24	1.474,02	-	1.163,04	1.308,42
	II	23.988	766,95	1.919,04	2.158,92	543,23	1.768,64	1.989,72	319,51	1.618,24	1.820,52	95,79	1.467,84	1.651,32	-	1.317,44	1.482,12	-	1.170,00	1.316,25	-	1.028,64	1.157,22
	III	17.382	-	1.390,56	1.564,38	-	1.269,76	1.428,48	-	1.151,84	1.295,82	-	1.037,12	1.166,76	-	925,44	1.041,12	-	816,80	918,90	-	711,36	800,28
	IV	25.777	979,84	2.062,16	2.319,93	867,98	1.986,96	2.235,33	756,12	1.911,76	2.150,73	644,26	1.836,56	2.066,13	532,52	1.761,44	1.981,62	420,66	1.686,24	1.897,02	308,80	1.611,04	1.812,42
	V	31.951	1.714,55	2.556,08	2.875,59																		
	VI	32.482	1.777,74	2.598,56	2.923,38																		
0.115,99 (Ost)	I	25.871	991,03	2.069,68	2.328,39	767,31	1.919,28	2.159,19	543,59	1.768,88	1.989,99	319,87	1.618,48	1.820,79	96,15	1.468,08	1.651,59	-	1.317,68	1.482,39	-	1.170,16	1.316,43
	II	24.082	778,14	1.926,56	2.167,38	554,42	1.776,16	1.998,18	330,70	1.625,76	1.828,98	106,98	1.475,36	1.659,78	-	1.324,96	1.490,58	-	1.177,20	1.324,35	-	1.035,52	1.164,96
	III	17.460	-	1.396,80	1.571,40	-	1.275,68	1.435,14	-	1.157,76	1.302,48	-	1.042,72	1.173,06	-	931,04	1.047,42	-	822,24	925,02	-	716,64	806,22
	IV	25.871	991,03	2.069,68	2.328,39	879,17	1.994,48	2.243,79	767,31	1.919,28	2.159,19	655,45	1.844,08	2.074,59	543,59	1.768,88	1.989,99	431,73	1.693,68	1.905,39	319,87	1.618,48	1.820,79
	V	32.044	1.725,61	2.563,52	2.883,96																		
	VI	32.576	1.788,92	2.606,08	2.931,84																		
0.151,99 (West)	I	25.792	981,63	2.063,36	2.321,28	758,03	1.913,04	2.152,17	534,31	1.762,64	1.982,97	310,59	1.612,24	1.813,77	86,87	1.461,84	1.644,57	-	1.311,44	1.475,37	-	1.164,16	1.309,68
	II	24.003	768,74	1.920,24	2.160,27	545,02	1.769,84	1.991,07	321,30	1.619,44	1.821,87	97,69	1.469,12	1.652,76	-	1.318,72	1.483,56	-	1.171,12	1.317,51	-	1.029,76	1.158,48
	III	17.396	-	1.391,68	1.565,64	-	1.270,72	1.429,56	-	1.152,80	1.296,90	-	1.038,08	1.167,84	-	926,40	1.042,20	-	817,76	919,98	-	712,16	801,18
	IV	25.792	981,63	2.063,36	2.321,28	869,89	1.988,24	2.236,77	758,03	1.913,04	2.152,17	646,17	1.837,84	2.067,57	534,31	1.762,64	1.982,97	422,45	1.687,44	1.898,37	310,59	1.612,24	1.813,77
	V	31.966	1.716,33	2.557,28	2.876,94																		
	VI	32.497	1.779,52	2.599,76	2.924,73																		
0.151,99 (Ost)	I	25.886	992,81	2.070,88	2.329,74	769,09	1.920,48	2.160,54	545,37	1.770,08	1.991,34	321,65	1.619,68	1.822,14	97,93	1.469,28	1.652,94	-	1.318,96	1.483,83	-	1.171,36	1.317,78
	II	24.097	779,92	1.927,76	2.168,73	556,20	1.777,36	1.999,53	332,48	1.626,96	1.830,33	108,76	1.476,56	1.661,13	-	1.326,16	1.491,93	-	1.178,32	1.325,61	-	1.036,64	1.166,22
	III	17.472	-	1.397,76	1.572,48	-	1.276,64	1.436,22	-	1.158,56	1.303,38	-	1.043,68	1.174,14	-	931,84	1.048,32	-	823,04	925,92	-	717,44	807,12
	IV	25.886	992,81	2.070,88	2.329,74	880,95	1.995,68	2.245,14	769,09	1.920,48	2.160,54	657,23	1.845,28	2.075,94	545,37	1.770,08	1.991,34	433,51	1.694,88	1.906,74	321,65	1.619,68	1.822,14
	V	32.059	1.727,40	2.564,72	2.885,31																		
	VI	32.591	1.790,71	2.607,28	2.933,19																		

SolZ/KiSt lt. Tabelle nicht für Sonstige Bezüge anwendbar.

Lohn/ Gehalt bis	Steuerklasse	Lohn- steuer	ohne Kinderfreibetrag SolZ 5,5%	Kirchensteuer 8%	9%	0,5 SolZ 5,5%	Kirchensteuer 8%	9%	1,0 SolZ 5,5%	Kirchensteuer 8%	9%	1,5 SolZ 5,5%	Kirchensteuer 8%	9%	2,0 SolZ 5,5%	Kirchensteuer 8%	9%	2,5 SolZ 5,5%	Kirchensteuer 8%	9%	3,0 SolZ 5,5%	Kirchensteuer 8%	9%
100.187,99 (West)	I	25.808	983,53	2.064,64	2.322,72	759,81	1.914,24	2.153,52	536,09	1.763,84	1.984,32	312,37	1.613,44	1.815,12	88,65	1.463,04	1.645,92	-	1.312,64	1.476,72	-	1.165,36	1.311
	II	24.018	770,52	1.921,44	2.161,62	546,80	1.771,04	1.992,42	323,20	1.620,72	1.823,31	99,48	1.470,32	1.654,11	-	1.319,92	1.484,91	-	1.172,32	1.318,86	-	1.030,88	1.159
	III	17.408	-	1.392,64	1.566,72	-	1.271,68	1.430,64	-	1.153,76	1.297,98	-	1.038,88	1.168,74	-	927,20	1.043,10	-	818,56	920,88	-	713,12	802
	IV	25.808	983,53	2.064,64	2.322,72	871,67	1.989,44	2.238,12	759,81	1.914,24	2.153,52	647,95	1.839,04	2.068,92	536,09	1.763,84	1.984,32	424,23	1.688,64	1.899,72	312,37	1.613,44	1.815
	V	31.981	1.718,12	2.558,48	2.878,29																		
	VI	32.513	1.781,43	2.601,04	2.926,17																		
100.187,99 (Ost)	I	25.901	994,60	2.072,08	2.331,09	770,88	1.921,68	2.161,89	547,16	1.771,28	1.992,69	323,44	1.620,88	1.823,49	99,84	1.470,56	1.654,38	-	1.320,16	1.485,18	-	1.172,56	1.319
	II	24.112	781,71	1.928,96	2.170,08	557,99	1.778,56	2.000,88	334,27	1.628,16	1.831,68	110,55	1.477,76	1.662,48	-	1.327,36	1.493,28	-	1.179,52	1.326,96	-	1.037,76	1.167
	III	17.484	-	1.398,72	1.573,56	-	1.277,60	1.437,30	-	1.159,52	1.304,46	-	1.044,64	1.175,22	-	932,80	1.049,40	-	824,00	927,00	-	718,24	808
	IV	25.901	994,60	2.072,08	2.331,09	882,74	1.996,88	2.246,49	770,88	1.921,68	2.161,89	659,02	1.846,48	2.077,29	547,16	1.771,28	1.992,69	435,30	1.696,08	1.908,09	323,44	1.620,88	1.823
	V	32.075	1.729,30	2.566,00	2.886,75																		
	VI	32.606	1.792,49	2.608,48	2.934,54																		
100.223,99 (West)	I	25.823	985,32	2.065,84	2.324,07	761,60	1.915,44	2.154,87	537,88	1.765,04	1.985,67	314,16	1.614,64	1.816,47	90,44	1.464,24	1.647,27	-	1.313,84	1.478,07	-	1.166,48	1.312
	II	24.034	772,42	1.922,72	2.163,06	548,70	1.772,32	1.993,86	324,98	1.621,92	1.824,66	101,26	1.471,52	1.655,46	-	1.321,12	1.486,26	-	1.173,44	1.320,12	-	1.032,00	1.161
	III	17.420	-	1.393,60	1.567,80	-	1.272,64	1.431,72	-	1.154,72	1.299,06	-	1.039,84	1.169,82	-	928,16	1.044,18	-	819,52	921,96	-	713,92	803
	IV	25.823	985,32	2.065,84	2.324,07	873,46	1.990,64	2.239,47	761,60	1.915,44	2.154,87	649,74	1.840,24	2.070,27	537,88	1.765,04	1.985,67	426,02	1.689,84	1.901,07	314,16	1.614,64	1.816
	V	31.996	1.719,90	2.559,68	2.879,64																		
	VI	32.528	1.783,21	2.602,24	2.927,52																		
100.223,99 (Ost)	I	25.916	996,38	2.073,28	2.332,44	772,66	1.922,88	2.163,24	549,06	1.772,56	1.994,13	325,34	1.622,16	1.824,93	101,62	1.471,76	1.655,73	-	1.321,36	1.486,53	-	1.173,68	1.320
	II	24.127	783,49	1.930,16	2.171,43	559,77	1.779,76	2.002,23	336,05	1.629,36	1.833,03	112,33	1.478,96	1.663,83	-	1.328,56	1.494,63	-	1.180,64	1.328,22	-	1.038,88	1.168
	III	17.496	-	1.399,68	1.574,64	-	1.278,56	1.438,38	-	1.160,48	1.305,54	-	1.045,60	1.176,30	-	933,60	1.050,30	-	824,80	927,90	-	719,04	808
	IV	25.916	996,38	2.073,28	2.332,44	884,52	1.998,08	2.247,84	772,66	1.922,88	2.163,24	660,80	1.847,68	2.078,64	549,06	1.772,56	1.994,13	437,20	1.697,36	1.909,53	325,34	1.622,16	1.824
	V	32.090	1.731,09	2.567,20	2.888,10																		
	VI	32.621	1.794,15	2.609,68	2.935,89																		
100.259,99 (West)	I	25.838	987,10	2.067,04	2.325,42	763,38	1.916,64	2.156,22	539,66	1.766,24	1.987,02	315,94	1.615,84	1.817,82	92,22	1.465,44	1.648,62	-	1.315,04	1.479,42	-	1.167,68	1.313
	II	24.049	774,21	1.923,92	2.164,41	550,49	1.773,52	1.995,21	326,77	1.623,12	1.826,01	103,05	1.472,72	1.656,81	-	1.322,32	1.487,61	-	1.174,64	1.321,47	-	1.033,12	1.162
	III	17.432	-	1.394,56	1.568,88	-	1.273,60	1.432,80	-	1.155,68	1.300,14	-	1.040,80	1.170,90	-	928,96	1.045,08	-	820,32	922,86	-	714,72	804
	IV	25.838	987,10	2.067,04	2.325,42	875,24	1.991,84	2.240,82	763,38	1.916,64	2.156,22	651,52	1.841,44	2.071,62	539,66	1.766,24	1.987,02	427,80	1.691,04	1.902,42	315,94	1.615,84	1.817
	V	32.011	1.721,69	2.560,88	2.880,99																		
	VI	32.543	1.785,00	2.603,44	2.928,87																		
100.259,99 (Ost)	I	25.931	998,17	2.074,48	2.333,79	774,57	1.924,16	2.164,68	550,85	1.773,76	1.995,48	327,13	1.623,36	1.826,28	103,41	1.472,96	1.657,08	-	1.322,56	1.487,88	-	1.174,88	1.321
	II	24.142	785,28	1.931,36	2.172,78	561,56	1.780,96	2.003,58	337,84	1.630,56	1.834,38	114,24	1.480,24	1.665,27	-	1.329,84	1.496,07	-	1.181,84	1.329,57	-	1.040,00	1.170
	III	17.508	-	1.400,64	1.575,72	-	1.279,52	1.439,46	-	1.161,44	1.306,62	-	1.046,40	1.177,20	-	934,56	1.051,38	-	825,76	928,98	-	720,00	810
	IV	25.931	998,17	2.074,48	2.333,79	886,43	1.999,36	2.249,28	774,57	1.924,16	2.164,68	662,71	1.848,96	2.080,08	550,85	1.773,76	1.995,48	438,99	1.698,56	1.910,88	327,13	1.623,36	1.826
	V	32.105	1.732,87	2.568,40	2.889,45																		
	VI	32.637	1.795,03	2.610,96	2.937,33																		
100.295,99 (West)	I	25.853	988,89	2.068,24	2.326,77	765,17	1.917,84	2.157,57	541,45	1.767,44	1.988,37	317,73	1.617,04	1.819,17	94,01	1.466,64	1.649,97	-	1.316,24	1.480,77	-	1.168,80	1.314
	II	24.064	775,99	1.925,12	2.165,76	552,27	1.774,72	1.996,56	328,55	1.624,32	1.827,36	104,83	1.473,92	1.658,16	-	1.323,52	1.488,96	-	1.175,76	1.322,73	-	1.034,24	1.163
	III	17.444	-	1.395,52	1.569,96	-	1.274,56	1.433,88	-	1.156,48	1.301,04	-	1.041,60	1.171,80	-	929,92	1.046,16	-	821,12	923,76	-	715,52	804
	IV	25.853	988,89	2.068,24	2.326,77	877,03	1.993,04	2.242,17	765,17	1.917,84	2.157,57	653,31	1.842,64	2.072,97	541,45	1.767,44	1.988,37	429,59	1.692,24	1.903,77	317,73	1.617,04	1.819
	V	32.026	1.723,47	2.562,08	2.882,34																		
	VI	32.558	1.786,78	2.604,64	2.930,22																		
100.295,99 (Ost)	I	25.947	1.000,07	2.075,76	2.335,23	776,35	1.925,36	2.166,03	552,63	1.774,96	1.996,83	328,91	1.624,56	1.827,63	105,19	1.474,16	1.658,43	-	1.323,76	1.489,23	-	1.176,00	1.323
	II	24.157	787,06	1.932,56	2.174,13	563,34	1.782,16	2.004,93	339,74	1.631,84	1.835,82	116,02	1.481,44	1.666,62	-	1.331,04	1.497,42	-	1.183,04	1.330,92	-	1.041,12	1.171
	III	17.522	-	1.401,76	1.576,98	-	1.280,48	1.440,54	-	1.162,40	1.307,70	-	1.047,36	1.178,28	-	935,36	1.052,28	-	826,56	929,88	-	720,80	810
	IV	25.947	1.000,07	2.075,76	2.335,23	888,21	2.000,56	2.250,63	776,35	1.925,36	2.166,03	664,49	1.850,16	2.081,43	552,63	1.774,96	1.996,83	440,77	1.699,76	1.912,23	328,91	1.624,56	1.827
	V	32.120	1.734,66	2.569,60	2.890,80																		
	VI	32.652	1.795,86	2.612,16	2.938,68																		
100.331,99 (West)	I	25.868	990,67	2.069,44	2.328,12	766,95	1.919,04	2.158,92	543,23	1.768,64	1.989,72	319,51	1.618,24	1.820,52	95,79	1.467,84	1.651,32	-	1.317,44	1.482,12	-	1.170,00	1.316
	II	24.079	777,78	1.926,32	2.167,11	554,06	1.775,92	1.997,91	330,34	1.625,52	1.828,71	106,62	1.475,12	1.659,51	-	1.324,72	1.490,31	-	1.176,96	1.324,08	-	1.035,28	1.164
	III	17.456	-	1.396,48	1.571,04	-	1.275,52	1.434,96	-	1.157,44	1.302,12	-	1.042,56	1.172,88	-	930,72	1.047,06	-	822,08	924,84	-	716,48	806
	IV	25.868	990,67	2.069,44	2.328,12	878,81	1.994,24	2.243,52	766,95	1.919,04	2.158,92	655,09	1.843,84	2.074,32	543,23	1.768,64	1.989,72	431,37	1.693,44	1.905,12	319,51	1.618,24	1.820
	V	32.041	1.725,26	2.563,28	2.883,69																		
	VI	32.573	1.788,57	2.605,84	2.931,57																		
100.331,99 (Ost)	I	25.962	1.001,86	2.076,96	2.336,58	778,14	1.926,56	2.167,38	554,42	1.776,16	1.998,18	330,70	1.625,76	1.828,98	106,98	1.475,36	1.659,78	-	1.324,96	1.490,58	-	1.177,20	1.324
	II	24.173	788,97	1.933,84	2.175,57	565,25	1.783,44	2.006,37	341,53	1.633,04	1.837,17	117,81	1.482,64	1.667,97	-	1.332,24	1.498,77	-	1.184,16	1.332,18	-	1.042,24	1.172
	III	17.534	-	1.402,72	1.578,06	-	1.281,44	1.441,62	-	1.163,36	1.308,78	-	1.048,32	1.179,36	-	936,32	1.053,36	-	827,36	930,78	-	721,60	811
	IV	25.962	1.001,86	2.076,96	2.336,58	890,00	2.001,76	2.251,98	778,14	1.926,56	2.167,38	666,28	1.851,36	2.082,78	554,42	1.776,16	1.998,18	442,56	1.700,96	1.913,58	330,70	1.625,76	1.828
	V	32.135	1.736,44	2.570,80	2.892,15																		
	VI	32.667	1.796,68	2.613,36	2.940,03																		
100.367,99 (West)	I	25.883	992,46	2.070,64	2.329,47	768,74	1.920,24	2.160,27	545,02	1.769,84	1.991,07	321,30	1.619,44	1.821,87	97,69	1.469,12	1.652,76	-	1.318,72	1.483,56	-	1.171,12	1.317
	II	24.094	779,56	1.927,52	2.168,46	555,84	1.777,12	1.999,26	332,12	1.626,72	1.830,06	108,40	1.476,32	1.660,86	-	1.325,92	1.491,66	-	1.178,08	1.325,34	-	1.036,40	1.165
	III	17.470	-	1.397,60	1.572,30	-	1.276,48	1.436,04	-	1.158,40	1.303,20	-	1.043,52	1.173,96	-	931,68	1.048,14	-	822,88	925,74	-	717,28	806
	IV	25.883	992,46	2.070,64	2.329,47	880,60	1.995,44	2.244,87	768,74	1.920,24	2.160,27	656,88	1.845,04	2.075,67	545,02	1.769,84	1.991,07	433,16	1.694,64	1.906,47	321,30	1.619,44	1.821
	V	32.056	1.727,04	2.564,48	2.885,04																		
	VI	32.588	1.790,35	2.607,04	2.932,92																		
100.367,99 (Ost)	I	25.977	1.003,64	2.078,16	2.337,93	779,92	1.927,76	2.168,73	556,20	1.777,36	1.999,53	332,48	1.626,96	1.830,33	108,76	1.476,56	1.661,13	-	1.326,16	1.491,93	-	1.178,32	1.325
	II	24.188	790,75	1.935,04	2.176,92	567,03	1.784,64	2.007,72	343,31	1.634,24	1.838,52	119,59	1.483,84	1.669,32	-	1.333,44	1.500,12	-	1.185,36	1.333,53	-	1.043,36	1.173
	III	17.546	-	1.403,68	1.579,14	-	1.282,40	1.442,70	-	1.164,32	1.309,86	-	1.049,12	1.180,26	-	937,12	1.054,26	-	828,32	931,86	-	722,40	812
	IV	25.977	1.003,64	2.078,16	2.337,93	891,78	2.002,96	2.253,33	779,92	1.927,76	2.168,73	668,06	1.852,56	2.084,13	556,20	1.777,36	1.999,53	444,34	1.702,16	1.914,93	332,48	1.626,96	1.830
	V	32.150	1.738,23	2.572,00	2.893,50																		
	VI	32.682	1.797,51	2.614,56	2.941,38																		
100.403,99 (West)	I	25.898	994,24	2.071,84	2.330,82	770,52	1.921,44	2.161,62	546,80	1.771,04	1.992,42	323,20	1.620,72	1.823,31	99,48	1.470,32	1.654,11	-	1.319,92	1.484,91	-	1.172,32	1.318
	II	24.109	781,35	1.928,72	2.169,81	557,63	1.778,32	2.000,61	333,91	1.627,92	1.831,41	110,19	1.477,52	1.662,21	-	1.327,12	1.493,01	-	1.179,28	1.326,69	-	1.037,52	1.167
	III	17.482	-	1.398,56	1.573,38	-	1.277,44	1.437,12	-	1.159,36	1.304,28	-	1.044,48	1.175,04	-	932,48	1.049,04	-	823,84	926,82	-	718,08	807
	IV	25.898	994,24	2.071,84	2.330,82	882,38	1.996,64	2.246,22	770,52	1.921,44	2.161,62	658,66	1.846,24	2.077,02	546,80	1.771,04	1.992,42	435,06	1.695,92	1.907,91	323,20	1.620,72	1.823
	V	32.072	1.728,95	2.565,76	2.886,48																		
	VI	32.603	1.792,14	2.608,24	2.934,27																		
100.403,99 (Ost)	I	25.992	1.005,43	2.079,36	2.339,28	781,71	1.928,96	2.170,08	557,99	1.778,56	2.000,88	334,27	1.628,16	1.831,68	110,55	1.477,76	1.662,48	-	1.327,36	1.493,28	-	1.179,52	1.326,
	II	24.203	792,54	1.936,24	2.178,27	568,82	1.785,84	2.009,07	345,10	1.635,44	1.839,87	121,38	1.485,04	1.670,67	-	1.334,64	1.501,47	-	1.186,48	1.334,79	-	1.044,48	1.175,
	III	17.558	-	1.404,64	1.580,22	-	1.283,36	1.443,78	-	1.165,12	1.310,76	-	1.050,08	1.181,34	-	938,08	1.055,34	-	829,12	932,76	-	723,36	813,
	IV	25.992	1.005,43	2.079,36	2.339,28	893,57	2.004,16	2.254,68	781,71	1.928,96	2.170,08	669,85	1.853,76	2.085,48	557,99	1.778,56	2.000,88	446,13	1.703,36	1.916,28	334,27	1.628,16	1.831,
	V	32.165	1.740,01	2.573,20	2.894,85																		
	VI	32.697	1.798,33	2.615,76	2.942,73																		

Anzahl Kinderfreibeträge (nur Steuerklassen I–IV)

SolZ/KiSt lt. Tabelle nicht für Sonstige Bezüge anwendbar.

Lohn/ Gehalt bis	Steuerklasse	Lohn-steuer	ohne Kinderfreibetrag SolZ 5,5%	Kirchensteuer 8%	Kirchensteuer 9%	0,5 SolZ 5,5%	0,5 Kirchensteuer 8%	0,5 Kirchensteuer 9%	1,0 SolZ 5,5%	1,0 Kirchensteuer 8%	1,0 Kirchensteuer 9%	1,5 SolZ 5,5%	1,5 Kirchensteuer 8%	1,5 Kirchensteuer 9%	2,0 SolZ 5,5%	2,0 Kirchensteuer 8%	2,0 Kirchensteuer 9%	2,5 SolZ 5,5%	2,5 Kirchensteuer 8%	2,5 Kirchensteuer 9%	3,0 SolZ 5,5%	3,0 Kirchensteuer 8%	3,0 Kirchensteuer 9%
0.439,99 (West)	I	25.913	996,03	2.073,04	2.332,17	772,42	1.922,72	2.163,06	548,70	1.772,32	1.993,86	324,98	1.621,92	1.824,66	101,26	1.471,52	1.655,46	-	1.321,12	1.486,26	-	1.173,44	1.320,12
	II	24.124	783,13	1.929,92	2.171,16	559,41	1.779,52	2.001,96	335,69	1.629,12	1.832,76	111,97	1.478,72	1.663,56	-	1.328,40	1.494,45	-	1.180,48	1.328,04	-	1.038,64	1.168,47
	III	17.494	-	1.399,52	1.574,46	-	1.278,40	1.438,20	-	1.160,32	1.305,36	-	1.045,28	1.175,94	-	933,44	1.050,12	-	824,64	927,72	-	718,88	808,74
	IV	25.913	996,03	2.073,04	2.332,17	884,17	1.997,84	2.247,57	772,42	1.922,72	2.163,06	660,56	1.847,52	2.078,46	548,70	1.772,32	1.993,86	436,84	1.697,12	1.909,26	324,98	1.621,92	1.824,66
	V	32.087	1.730,73	2.566,96	2.887,83																		
	VI	32.618	1.793,92	2.609,44	2.935,62																		
0.439,99 (Ost)	I	26.007	1.007,21	2.080,56	2.340,63	783,49	1.930,16	2.171,43	559,77	1.779,76	2.002,23	336,05	1.629,36	1.833,03	112,33	1.478,96	1.663,83	-	1.328,56	1.494,63	-	1.180,64	1.328,22
	II	24.218	794,32	1.937,44	2.179,62	570,60	1.787,04	2.010,42	346,88	1.636,64	1.841,22	123,16	1.486,24	1.672,02	-	1.335,84	1.502,82	-	1.187,68	1.336,14	-	1.045,60	1.176,30
	III	17.570	-	1.405,60	1.581,30	-	1.284,32	1.444,86	-	1.166,08	1.311,84	-	1.051,04	1.182,42	-	938,88	1.056,24	-	830,08	933,84	-	724,16	814,68
	IV	26.007	1.007,21	2.080,56	2.340,63	895,35	2.005,36	2.256,03	783,49	1.930,16	2.171,43	671,63	1.854,96	2.086,83	559,77	1.779,76	2.002,23	447,91	1.704,56	1.917,63	336,05	1.629,36	1.833,03
	V	32.180	1.741,80	2.574,40	2.896,20																		
	VI	32.712	1.799,16	2.616,96	2.944,08																		
0.475,99 (West)	I	25.929	997,93	2.074,32	2.333,61	774,21	1.923,92	2.164,41	550,49	1.773,52	1.995,21	326,77	1.623,12	1.826,01	103,05	1.472,72	1.656,81	-	1.322,32	1.487,61	-	1.174,64	1.321,47
	II	24.139	784,92	1.931,12	2.172,51	561,20	1.780,72	2.003,31	337,60	1.630,40	1.834,20	113,88	1.480,00	1.665,00	-	1.329,60	1.495,80	-	1.181,60	1.329,30	-	1.039,76	1.169,73
	III	17.506	-	1.400,48	1.575,54	-	1.279,36	1.439,28	-	1.161,28	1.306,44	-	1.046,24	1.177,02	-	934,40	1.051,20	-	825,44	928,62	-	719,68	809,64
	IV	25.929	997,93	2.074,32	2.333,61	886,07	1.999,12	2.249,01	774,21	1.923,92	2.164,41	662,35	1.848,72	2.079,81	550,49	1.773,52	1.995,21	438,63	1.698,32	1.910,61	326,77	1.623,12	1.826,01
	V	32.102	1.732,52	2.568,16	2.889,18																		
	VI	32.634	1.794,87	2.610,72	2.937,06																		
0.475,99 (Ost)	I	26.022	1.009,00	2.081,76	2.341,98	785,28	1.931,36	2.172,78	561,56	1.780,96	2.003,58	337,84	1.630,56	1.834,38	114,24	1.480,24	1.665,27	-	1.329,84	1.496,07	-	1.181,84	1.329,57
	II	24.233	796,11	1.938,64	2.180,97	572,39	1.788,24	2.011,77	348,67	1.637,84	1.842,57	124,95	1.487,44	1.673,37	-	1.337,04	1.504,17	-	1.188,80	1.337,40	-	1.046,72	1.177,56
	III	17.582	-	1.406,56	1.582,38	-	1.285,28	1.445,94	-	1.167,04	1.312,92	-	1.051,84	1.183,32	-	939,84	1.057,32	-	830,88	934,74	-	724,96	815,58
	IV	26.022	1.009,00	2.081,76	2.341,98	897,14	2.006,56	2.257,38	785,28	1.931,36	2.172,78	673,42	1.856,16	2.088,18	561,56	1.780,96	2.003,58	449,70	1.705,76	1.918,98	337,84	1.630,56	1.834,38
	V	32.196	1.743,70	2.575,68	2.897,64																		
	VI	32.727	1.799,98	2.618,16	2.945,43																		
0.511,99 (West)	I	25.944	999,71	2.075,52	2.334,96	775,99	1.925,12	2.165,76	552,27	1.774,72	1.996,56	328,55	1.624,32	1.827,36	104,83	1.473,92	1.658,16	-	1.323,52	1.488,96	-	1.175,76	1.322,73
	II	24.154	786,70	1.932,32	2.173,86	563,10	1.782,00	2.004,75	339,38	1.631,60	1.835,55	115,66	1.481,20	1.666,35	-	1.330,80	1.497,15	-	1.182,80	1.330,65	-	1.040,88	1.170,99
	III	17.518	-	1.401,44	1.576,62	-	1.280,32	1.440,36	-	1.162,24	1.307,52	-	1.047,20	1.178,10	-	935,20	1.052,10	-	826,40	929,70	-	720,64	810,72
	IV	25.944	999,71	2.075,52	2.334,96	887,85	2.000,32	2.250,36	775,99	1.925,12	2.165,76	664,13	1.849,92	2.081,16	552,27	1.774,72	1.996,56	440,41	1.699,52	1.911,96	328,55	1.624,32	1.827,36
	V	32.117	1.734,30	2.569,36	2.890,53																		
	VI	32.649	1.795,69	2.611,92	2.938,41																		
0.511,99 (Ost)	I	26.037	1.010,78	2.082,96	2.343,33	787,06	1.932,56	2.174,13	563,34	1.782,16	2.004,93	339,74	1.631,84	1.835,82	116,02	1.481,44	1.666,62	-	1.331,04	1.497,42	-	1.183,04	1.330,92
	II	24.248	797,89	1.939,84	2.182,32	574,17	1.789,44	2.013,12	350,45	1.639,04	1.843,92	126,73	1.488,64	1.674,72	-	1.338,24	1.505,52	-	1.190,00	1.338,75	-	1.047,84	1.178,82
	III	17.596	-	1.407,68	1.583,64	-	1.286,24	1.447,02	-	1.168,00	1.314,00	-	1.052,80	1.184,40	-	940,80	1.058,40	-	831,68	935,64	-	725,76	816,48
	IV	26.037	1.010,78	2.082,96	2.343,33	898,92	2.007,76	2.258,73	787,06	1.932,56	2.174,13	675,20	1.857,36	2.089,53	563,34	1.782,16	2.004,93	451,60	1.707,04	1.920,42	339,74	1.631,84	1.835,82
	V	32.211	1.745,49	2.576,88	2.898,99																		
	VI	32.742	1.800,81	2.619,36	2.946,78																		
0.547,99 (West)	I	25.959	1.001,50	2.076,72	2.336,31	777,78	1.926,32	2.167,11	554,06	1.775,92	1.997,91	330,34	1.625,52	1.828,71	106,62	1.475,12	1.659,51	-	1.324,72	1.490,31	-	1.176,96	1.324,08
	II	24.170	788,61	1.933,60	2.175,30	564,89	1.783,20	2.006,10	341,17	1.632,80	1.836,90	117,45	1.482,40	1.667,70	-	1.332,00	1.498,50	-	1.183,92	1.331,91	-	1.042,00	1.172,25
	III	17.530	-	1.402,40	1.577,70	-	1.281,28	1.441,44	-	1.163,04	1.308,42	-	1.048,00	1.179,00	-	936,16	1.053,18	-	827,20	930,60	-	721,44	811,62
	IV	25.959	1.001,50	2.076,72	2.336,31	889,64	2.001,52	2.251,71	777,78	1.926,32	2.167,11	665,92	1.851,12	2.082,51	554,06	1.775,92	1.997,91	442,20	1.700,72	1.913,31	330,34	1.625,52	1.828,71
	V	32.132	1.736,09	2.570,56	2.891,88																		
	VI	32.664	1.796,52	2.613,12	2.939,76																		
0.547,99 (Ost)	I	26.052	1.012,57	2.084,16	2.344,68	788,97	1.933,84	2.175,57	565,25	1.783,44	2.006,37	341,53	1.633,04	1.837,17	117,81	1.482,64	1.667,97	-	1.332,24	1.498,77	-	1.184,16	1.332,18
	II	24.263	799,68	1.941,04	2.183,67	575,96	1.790,64	2.014,47	352,24	1.640,24	1.845,27	128,52	1.489,84	1.676,07	-	1.339,52	1.506,96	-	1.191,20	1.340,10	-	1.048,96	1.180,08
	III	17.608	-	1.408,64	1.584,72	-	1.287,20	1.448,10	-	1.168,96	1.315,08	-	1.053,76	1.185,48	-	941,60	1.059,30	-	832,64	936,72	-	726,72	817,56
	IV	26.052	1.012,57	2.084,16	2.344,68	900,71	2.008,96	2.260,08	788,97	1.933,84	2.175,57	677,11	1.858,64	2.090,97	565,25	1.783,44	2.006,37	453,39	1.708,24	1.921,77	341,53	1.633,04	1.837,17
	V	32.226	1.747,27	2.578,08	2.900,34																		
	VI	32.757	1.801,63	2.620,56	2.948,13																		
0.583,99 (West)	I	25.974	1.003,28	2.077,92	2.337,66	779,56	1.927,52	2.168,46	555,84	1.777,12	1.999,26	332,12	1.626,72	1.830,06	108,40	1.476,32	1.660,86	-	1.325,92	1.491,66	-	1.178,08	1.325,34
	II	24.185	790,39	1.934,80	2.176,65	566,67	1.784,40	2.007,45	342,95	1.634,00	1.838,25	119,23	1.483,60	1.669,05	-	1.333,20	1.499,85	-	1.185,12	1.333,26	-	1.043,12	1.173,51
	III	17.544	-	1.403,52	1.578,96	-	1.282,24	1.442,52	-	1.164,00	1.309,50	-	1.048,96	1.180,08	-	936,96	1.054,08	-	828,16	931,68	-	722,24	812,52
	IV	25.974	1.003,28	2.077,92	2.337,66	891,42	2.002,72	2.253,06	779,56	1.927,52	2.168,46	667,70	1.852,32	2.083,86	555,84	1.777,12	1.999,26	443,98	1.701,92	1.914,66	332,12	1.626,72	1.830,06
	V	32.147	1.737,87	2.571,76	2.893,23																		
	VI	32.679	1.797,34	2.614,32	2.941,11																		
0.583,99 (Ost)	I	26.068	1.014,47	2.085,44	2.346,12	790,75	1.935,04	2.176,92	567,03	1.784,64	2.007,72	343,31	1.634,24	1.838,52	119,59	1.483,84	1.669,32	-	1.333,44	1.500,12	-	1.185,36	1.333,53
	II	24.278	801,46	1.942,24	2.185,02	577,74	1.791,84	2.015,82	354,14	1.641,52	1.846,71	130,42	1.491,12	1.677,51	-	1.340,72	1.508,31	-	1.192,32	1.341,36	-	1.050,08	1.181,34
	III	17.620	-	1.409,60	1.585,80	-	1.288,16	1.449,18	-	1.169,92	1.316,16	-	1.054,72	1.186,56	-	942,56	1.060,38	-	833,44	937,62	-	727,52	818,46
	IV	26.068	1.014,47	2.085,44	2.346,12	902,61	2.010,24	2.261,52	790,75	1.935,04	2.176,92	678,89	1.859,84	2.092,32	567,03	1.784,64	2.007,72	455,17	1.709,44	1.923,12	343,31	1.634,24	1.838,52
	V	32.241	1.749,06	2.579,28	2.901,69																		
	VI	32.773	1.802,51	2.621,84	2.949,57																		
0.619,99 (West)	I	25.989	1.005,07	2.079,12	2.339,01	781,35	1.928,72	2.169,81	557,63	1.778,32	2.000,61	333,91	1.627,92	1.831,41	110,19	1.477,52	1.662,21	-	1.327,12	1.493,01	-	1.179,28	1.326,69
	II	24.200	792,18	1.936,00	2.178,00	568,46	1.785,60	2.008,80	344,74	1.635,20	1.839,60	121,02	1.484,80	1.670,40	-	1.334,40	1.501,20	-	1.186,24	1.334,52	-	1.044,24	1.174,77
	III	17.556	-	1.404,48	1.580,04	-	1.283,20	1.443,60	-	1.164,96	1.310,58	-	1.049,92	1.181,16	-	937,92	1.055,16	-	828,96	932,58	-	723,04	813,42
	IV	25.989	1.005,07	2.079,12	2.339,01	893,21	2.003,92	2.254,41	781,35	1.928,72	2.169,81	669,49	1.853,52	2.085,21	557,63	1.778,32	2.000,61	445,77	1.703,12	1.916,01	333,91	1.627,92	1.831,41
	V	32.162	1.739,66	2.572,96	2.894,58																		
	VI	32.694	1.798,17	2.615,52	2.942,46																		
0.619,99 (Ost)	I	26.083	1.016,26	2.086,64	2.347,47	792,54	1.936,24	2.178,27	568,82	1.785,84	2.009,07	345,10	1.635,44	1.839,87	121,38	1.485,04	1.670,67	-	1.334,64	1.501,47	-	1.186,48	1.334,79
	II	24.293	803,25	1.943,44	2.186,37	579,64	1.793,12	2.017,26	355,92	1.642,72	1.848,06	132,20	1.492,32	1.678,86	-	1.341,92	1.509,66	-	1.193,52	1.342,71	-	1.051,20	1.182,60
	III	17.632	-	1.410,56	1.586,88	-	1.289,12	1.450,26	-	1.170,88	1.317,24	-	1.055,52	1.187,46	-	943,36	1.061,28	-	834,40	938,70	-	728,32	819,36
	IV	26.083	1.016,26	2.086,64	2.347,47	904,40	2.011,44	2.262,87	792,54	1.936,24	2.178,27	680,68	1.861,04	2.093,67	568,82	1.785,84	2.009,07	456,96	1.710,64	1.924,47	345,10	1.635,44	1.839,87
	V	32.256	1.750,84	2.580,48	2.903,04																		
	VI	32.788	1.803,34	2.623,04	2.950,92																		
0.655,99 (West)	I	26.004	1.006,85	2.080,32	2.340,36	783,13	1.929,92	2.171,16	559,41	1.779,52	2.001,96	335,69	1.629,12	1.832,76	111,97	1.478,72	1.663,56	-	1.328,40	1.494,45	-	1.180,48	1.328,04
	II	24.215	793,96	1.937,20	2.179,35	570,24	1.786,80	2.010,15	346,52	1.636,40	1.840,95	122,80	1.486,00	1.671,75	-	1.335,60	1.502,55	-	1.187,44	1.335,87	-	1.045,36	1.176,03
	III	17.568	-	1.405,44	1.581,12	-	1.284,16	1.444,68	-	1.165,92	1.311,66	-	1.050,72	1.182,06	-	938,72	1.056,06	-	829,76	933,48	-	724,00	814,50
	IV	26.004	1.006,85	2.080,32	2.340,36	894,99	2.005,12	2.255,76	783,13	1.929,92	2.171,16	671,27	1.854,72	2.086,56	559,41	1.779,52	2.001,96	447,55	1.704,32	1.917,36	335,69	1.629,12	1.832,76
	V	32.177	1.741,44	2.574,16	2.895,93																		
	VI	32.709	1.798,99	2.616,72	2.943,81																		
0.655,99 (Ost)	I	26.098	1.018,04	2.087,84	2.348,82	794,32	1.937,44	2.179,62	570,60	1.787,04	2.010,42	346,88	1.636,64	1.841,22	123,16	1.486,24	1.672,02	-	1.335,84	1.502,82	-	1.187,68	1.336,14
	II	24.309	805,15	1.944,72	2.187,81	581,43	1.794,32	2.018,61	357,71	1.643,92	1.849,41	133,99	1.493,52	1.680,21	-	1.343,12	1.511,01	-	1.194,72	1.344,06	-	1.052,32	1.183,86
	III	17.644	-	1.411,52	1.587,96	-	1.290,08	1.451,34	-	1.171,68	1.318,14	-	1.056,48	1.188,54	-	944,32	1.062,36	-	835,20	939,60	-	729,12	820,26
	IV	26.098	1.018,04	2.087,84	2.348,82	906,18	2.012,64	2.264,22	794,32	1.937,44	2.179,62	682,46	1.862,24	2.095,02	570,60	1.787,04	2.010,42	458,74	1.711,84	1.925,82	346,88	1.636,64	1.841,22
	V	32.271	1.752,63	2.581,68	2.904,39																		
	VI	32.803	1.804,16	2.624,24	2.952,27																		

Anzahl Kinderfreibeträge (nur Steuerklassen I–IV)

SolZ/KiSt lt. Tabelle nicht für Sonstige Bezüge anwendbar.

Lohn/ Gehalt bis	Steuerklasse	Lohn-steuer	ohne Kinderfreibetrag SolZ 5,5%	Kirchensteuer 8%	9%	0,5 SolZ 5,5%	Kirchensteuer 8%	9%	1,0 SolZ 5,5%	Kirchensteuer 8%	9%	1,5 SolZ 5,5%	Kirchensteuer 8%	9%	2,0 SolZ 5,5%	Kirchensteuer 8%	9%	2,5 SolZ 5,5%	Kirchensteuer 8%	9%	3,0 SolZ 5,5%	Kirchensteuer 8%	9%
						Anzahl Kinderfreibeträge (nur Steuerklassen I–IV)																	
100.691,99 (West)	I	26.019	1.008,64	2.081,52	2.341,71	784,92	1.931,12	2.172,51	561,20	1.780,72	2.003,31	337,60	1.630,40	1.834,20	113,88	1.480,00	1.665,00	-	1.329,60	1.495,80	-	1.181,60	1.329
	II	24.230	795,75	1.938,40	2.180,70	572,03	1.788,00	2.011,50	348,31	1.637,60	1.842,30	124,59	1.487,20	1.673,10	-	1.336,80	1.503,90	-	1.188,64	1.337,22	-	1.046,48	1.177
	III	17.580	-	1.406,40	1.582,20	-	1.285,12	1.445,76	-	1.166,88	1.312,74	-	1.051,68	1.183,14	-	939,68	1.057,14	-	830,72	934,56	-	724,80	815
	IV	26.019	1.008,64	2.081,52	2.341,71	896,78	2.006,32	2.257,11	784,92	1.931,12	2.172,51	673,06	1.855,92	2.087,91	561,20	1.780,72	2.003,31	449,34	1.705,52	1.918,71	337,60	1.630,40	1.834
	V	32.193	1.743,35	2.575,44	2.897,37																		
	VI	32.724	1.799,82	2.617,92	2.945,16																		
100.691,99 (Ost)	I	26.113	1.019,83	2.089,04	2.350,17	796,11	1.938,64	2.180,97	572,39	1.788,24	2.011,77	348,67	1.637,84	1.842,57	124,95	1.487,44	1.673,37	-	1.337,04	1.504,17	-	1.188,80	1.337
	II	24.324	806,93	1.945,92	2.189,16	583,21	1.795,52	2.019,96	359,49	1.645,12	1.850,76	135,77	1.494,72	1.681,56	-	1.344,32	1.512,36	-	1.195,84	1.345,32	-	1.053,44	1.185
	III	17.658	-	1.412,64	1.589,22	-	1.291,04	1.452,42	-	1.172,64	1.319,22	-	1.057,44	1.189,62	-	945,12	1.063,26	-	836,00	940,50	-	730,08	821
	IV	26.113	1.019,83	2.089,04	2.350,17	907,97	2.013,84	2.265,57	796,11	1.938,64	2.180,97	684,25	1.863,44	2.096,37	572,39	1.788,24	2.011,77	460,53	1.713,04	1.927,17	348,67	1.637,84	1.842
	V	32.286	1.754,41	2.582,88	2.905,74																		
	VI	32.818	1.804,99	2.625,44	2.953,62																		
100.727,99 (West)	I	26.034	1.010,42	2.082,72	2.343,06	786,70	1.932,32	2.173,86	563,10	1.782,00	2.004,75	339,38	1.631,60	1.835,55	115,66	1.481,20	1.666,35	-	1.330,80	1.497,15	-	1.182,80	1.330
	II	24.245	797,53	1.939,60	2.182,05	573,81	1.789,20	2.012,85	350,09	1.638,80	1.843,65	126,37	1.488,40	1.674,45	-	1.338,08	1.505,34	-	1.189,76	1.338,48	-	1.047,60	1.178
	III	17.592	-	1.407,36	1.583,28	-	1.286,08	1.446,84	-	1.167,84	1.313,82	-	1.052,64	1.184,22	-	940,48	1.058,04	-	831,52	935,46	-	725,60	816
	IV	26.034	1.010,42	2.082,72	2.343,06	898,56	2.007,52	2.258,46	786,70	1.932,32	2.173,86	674,96	1.857,20	2.089,35	563,10	1.782,00	2.004,75	451,24	1.706,80	1.920,15	339,38	1.631,60	1.835
	V	32.208	1.745,13	2.576,64	2.898,72																		
	VI	32.739	1.800,64	2.619,12	2.946,51																		
100.727,99 (Ost)	I	26.128	1.021,61	2.090,24	2.351,52	797,89	1.939,84	2.182,32	574,17	1.789,44	2.013,12	350,45	1.639,04	1.843,92	126,73	1.488,64	1.674,72	-	1.338,24	1.505,52	-	1.190,00	1.338
	II	24.339	808,72	1.947,12	2.190,51	585,00	1.796,72	2.021,31	361,28	1.646,32	1.852,11	137,56	1.495,92	1.682,91	-	1.345,52	1.513,71	-	1.197,04	1.346,67	-	1.054,56	1.186
	III	17.670	-	1.413,60	1.590,30	-	1.292,00	1.453,50	-	1.173,60	1.320,30	-	1.058,24	1.190,52	-	946,08	1.064,34	-	836,96	941,58	-	730,88	822
	IV	26.128	1.021,61	2.090,24	2.351,52	909,75	2.015,04	2.266,92	797,89	1.939,84	2.182,32	686,03	1.864,64	2.097,72	574,17	1.789,44	2.013,12	462,31	1.714,24	1.928,52	350,45	1.639,04	1.843
	V	32.301	1.756,20	2.584,08	2.907,09																		
	VI	32.833	1.805,81	2.626,64	2.954,97																		
100.763,99 (West)	I	26.050	1.012,33	2.084,00	2.344,50	788,61	1.933,60	2.175,30	564,89	1.783,20	2.006,10	341,17	1.632,80	1.836,90	117,45	1.482,40	1.667,70	-	1.332,00	1.498,50	-	1.183,92	1.331
	II	24.260	799,32	1.940,80	2.183,40	575,60	1.790,40	2.014,20	351,88	1.640,00	1.845,00	128,28	1.489,68	1.675,89	-	1.339,28	1.506,69	-	1.190,96	1.339,83	-	1.048,72	1.179
	III	17.604	-	1.408,32	1.584,36	-	1.287,04	1.447,92	-	1.168,80	1.314,90	-	1.053,60	1.185,30	-	941,44	1.059,12	-	832,48	936,54	-	726,40	817
	IV	26.050	1.012,33	2.084,00	2.344,50	900,47	2.008,80	2.259,90	788,61	1.933,60	2.175,30	676,75	1.858,40	2.090,70	564,89	1.783,20	2.006,10	453,03	1.708,00	1.921,50	341,17	1.632,80	1.836
	V	32.223	1.746,92	2.577,84	2.900,07																		
	VI	32.755	1.801,52	2.620,40	2.947,95																		
100.763,99 (Ost)	I	26.143	1.023,40	2.091,44	2.352,87	799,68	1.941,04	2.183,67	575,96	1.790,64	2.014,47	352,24	1.640,24	1.845,27	128,52	1.489,84	1.676,07	-	1.339,52	1.506,96	-	1.191,20	1.340
	II	24.354	810,50	1.948,32	2.191,86	586,78	1.797,92	2.022,66	363,06	1.647,52	1.853,46	139,34	1.497,12	1.684,26	-	1.346,72	1.515,06	-	1.198,16	1.347,93	-	1.055,68	1.187
	III	17.682	-	1.414,56	1.591,38	-	1.292,96	1.454,58	-	1.174,56	1.321,38	-	1.059,20	1.191,60	-	947,04	1.065,42	-	837,76	942,48	-	731,68	823
	IV	26.143	1.023,40	2.091,44	2.352,87	911,54	2.016,24	2.268,27	799,68	1.941,04	2.183,67	687,82	1.865,84	2.099,07	575,96	1.790,64	2.014,47	464,10	1.715,44	1.929,87	352,24	1.640,24	1.845
	V	32.316	1.757,98	2.585,28	2.908,44																		
	VI	32.848	1.806,64	2.627,84	2.956,32																		
100.799,99 (West)	I	26.065	1.014,11	2.085,20	2.345,85	790,39	1.934,80	2.176,65	566,67	1.784,40	2.007,45	342,95	1.634,00	1.838,25	119,23	1.483,60	1.669,05	-	1.333,20	1.499,85	-	1.185,12	1.333
	II	24.275	801,10	1.942,00	2.184,75	577,50	1.791,68	2.015,64	353,78	1.641,28	1.846,44	130,06	1.490,88	1.677,24	-	1.340,48	1.508,04	-	1.192,08	1.341,09	-	1.049,84	1.181
	III	17.618	-	1.409,44	1.585,62	-	1.288,00	1.449,00	-	1.169,60	1.315,80	-	1.054,40	1.186,20	-	942,24	1.060,02	-	833,28	937,44	-	727,36	818
	IV	26.065	1.014,11	2.085,20	2.345,85	902,25	2.010,00	2.261,25	790,39	1.934,80	2.176,65	678,53	1.859,60	2.092,05	566,67	1.784,40	2.007,45	454,81	1.709,20	1.922,85	342,95	1.634,00	1.838
	V	32.238	1.748,70	2.579,04	2.901,42																		
	VI	32.770	1.802,35	2.621,60	2.949,30																		
100.799,99 (Ost)	I	26.158	1.025,18	2.092,64	2.354,22	801,46	1.942,24	2.185,02	577,74	1.791,84	2.015,82	354,14	1.641,52	1.846,71	130,42	1.491,12	1.677,51	-	1.340,72	1.508,31	-	1.192,32	1.341
	II	24.369	812,29	1.949,52	2.193,21	588,57	1.799,12	2.024,01	364,85	1.648,72	1.854,81	141,13	1.498,32	1.685,61	-	1.347,92	1.516,41	-	1.199,36	1.349,28	-	1.056,80	1.188
	III	17.694	-	1.415,52	1.592,46	-	1.293,92	1.455,66	-	1.175,52	1.322,46	-	1.060,16	1.192,68	-	947,84	1.066,32	-	838,72	943,56	-	732,48	824
	IV	26.158	1.025,18	2.092,64	2.354,22	913,32	2.017,44	2.269,62	801,46	1.942,24	2.185,02	689,60	1.867,04	2.100,42	577,74	1.791,84	2.015,82	465,88	1.716,64	1.931,22	354,14	1.641,52	1.846
	V	32.332	1.759,89	2.586,56	2.909,88																		
	VI	32.863	1.807,46	2.629,04	2.957,67																		
100.835,99 (West)	I	26.080	1.015,90	2.086,40	2.347,20	792,18	1.936,00	2.178,00	568,46	1.785,60	2.008,80	344,74	1.635,20	1.839,60	121,02	1.484,80	1.670,40	-	1.334,40	1.501,20	-	1.186,24	1.334
	II	24.291	803,01	1.943,28	2.186,19	579,29	1.792,88	2.016,99	355,57	1.642,48	1.847,79	131,85	1.492,08	1.678,59	-	1.341,68	1.509,39	-	1.193,28	1.342,44	-	1.050,96	1.182
	III	17.630	-	1.410,40	1.586,70	-	1.288,96	1.450,08	-	1.170,56	1.316,88	-	1.055,36	1.187,28	-	943,20	1.061,10	-	834,08	938,34	-	728,16	819
	IV	26.080	1.015,90	2.086,40	2.347,20	904,04	2.011,20	2.262,60	792,18	1.936,00	2.178,00	680,32	1.860,80	2.093,40	568,46	1.785,60	2.008,80	456,60	1.710,40	1.924,20	344,74	1.635,20	1.839,
	V	32.253	1.750,49	2.580,24	2.902,77																		
	VI	32.785	1.803,17	2.622,80	2.950,65																		
100.835,99 (Ost)	I	26.173	1.026,97	2.093,84	2.355,57	803,25	1.943,44	2.186,37	579,64	1.793,12	2.017,26	355,92	1.642,72	1.848,06	132,20	1.492,32	1.678,86	-	1.341,92	1.509,66	-	1.193,52	1.342,
	II	24.384	814,07	1.950,72	2.194,56	590,35	1.800,32	2.025,36	366,63	1.649,92	1.856,16	142,91	1.499,52	1.686,96	-	1.349,20	1.517,85	-	1.200,56	1.350,63	-	1.057,92	1.190,
	III	17.706	-	1.416,48	1.593,54	-	1.294,88	1.456,74	-	1.176,48	1.323,54	-	1.061,12	1.193,76	-	948,80	1.067,40	-	839,52	944,46	-	733,44	825,
	IV	26.173	1.026,97	2.093,84	2.355,57	915,11	2.018,64	2.270,97	803,25	1.943,44	2.186,37	691,50	1.868,32	2.101,86	579,64	1.793,12	2.017,26	467,78	1.717,92	1.932,66	355,92	1.642,72	1.848,
	V	32.347	1.761,67	2.587,76	2.911,23																		
	VI	32.878	1.808,29	2.630,24	2.959,02																		
100.871,99 (West)	I	26.095	1.017,68	2.087,60	2.348,55	793,96	1.937,20	2.179,35	570,24	1.786,80	2.010,15	346,52	1.636,40	1.840,95	122,80	1.486,00	1.671,75	-	1.335,60	1.502,55	-	1.187,44	1.335,
	II	24.306	804,79	1.944,48	2.187,54	581,07	1.794,08	2.018,34	357,35	1.643,68	1.849,14	133,63	1.493,28	1.679,94	-	1.342,88	1.510,74	-	1.194,48	1.343,79	-	1.052,08	1.183,
	III	17.642	-	1.411,36	1.587,78	-	1.289,92	1.451,16	-	1.171,52	1.317,96	-	1.056,32	1.188,36	-	944,16	1.062,18	-	835,04	939,42	-	728,96	820,
	IV	26.095	1.017,68	2.087,60	2.348,55	905,82	2.012,40	2.263,95	793,96	1.937,20	2.179,35	682,10	1.862,00	2.094,75	570,24	1.786,80	2.010,15	458,38	1.711,60	1.925,55	346,52	1.636,40	1.840,
	V	32.268	1.752,27	2.581,44	2.904,12																		
	VI	32.800	1.804,00	2.624,00	2.952,00																		
100.871,99 (Ost)	I	26.189	1.028,87	2.095,12	2.357,01	805,15	1.944,72	2.187,81	581,43	1.794,32	2.018,61	357,71	1.643,92	1.849,41	133,99	1.493,52	1.680,21	-	1.343,12	1.511,01	-	1.194,72	1.344,
	II	24.399	815,86	1.951,92	2.195,91	592,14	1.801,52	2.026,71	368,42	1.651,12	1.857,51	144,82	1.500,80	1.688,40	-	1.350,40	1.519,20	-	1.201,68	1.351,89	-	1.059,04	1.191,
	III	17.718	-	1.417,44	1.594,62	-	1.295,84	1.457,82	-	1.177,44	1.324,62	-	1.061,92	1.194,66	-	949,60	1.068,30	-	840,32	945,36	-	734,24	826,
	IV	26.189	1.028,87	2.095,12	2.357,01	917,01	2.019,92	2.272,41	805,15	1.944,72	2.187,81	693,29	1.869,52	2.103,21	581,43	1.794,32	2.018,61	469,57	1.719,12	1.934,01	357,71	1.643,92	1.849,
	V	32.362	1.763,46	2.588,96	2.912,58																		
	VI	32.894	1.809,17	2.631,52	2.960,46																		
100.907,99 (West)	I	26.110	1.019,47	2.088,80	2.349,90	795,75	1.938,40	2.180,70	572,03	1.788,00	2.011,50	348,31	1.637,60	1.842,30	124,59	1.487,20	1.673,10	-	1.336,80	1.503,90	-	1.188,64	1.337,
	II	24.321	806,58	1.945,68	2.188,89	582,86	1.795,28	2.019,69	359,14	1.644,88	1.850,49	135,42	1.494,48	1.681,29	-	1.344,08	1.512,09	-	1.195,60	1.345,05	-	1.053,20	1.184,
	III	17.654	-	1.412,32	1.588,86	-	1.290,88	1.452,24	-	1.172,48	1.319,04	-	1.057,12	1.189,26	-	944,96	1.063,08	-	835,84	940,32	-	729,76	820,
	IV	26.110	1.019,47	2.088,80	2.349,90	907,61	2.013,60	2.265,30	795,75	1.938,40	2.180,70	683,89	1.863,20	2.096,10	572,03	1.788,00	2.011,50	460,17	1.712,80	1.926,90	348,31	1.637,60	1.842,
	V	32.283	1.754,06	2.582,64	2.905,47																		
	VI	32.815	1.804,82	2.625,20	2.953,35																		
100.907,99 (Ost)	I	26.204	1.030,65	2.096,32	2.358,36	806,93	1.945,92	2.189,16	583,21	1.795,52	2.019,96	359,49	1.645,12	1.850,76	135,77	1.494,72	1.681,56	-	1.344,32	1.512,36	-	1.195,84	1.345,
	II	24.414	817,64	1.953,12	2.197,26	594,04	1.802,80	2.028,15	370,32	1.652,40	1.858,95	146,60	1.502,00	1.689,75	-	1.351,60	1.520,55	-	1.202,88	1.353,24	-	1.060,16	1.192,
	III	17.732	-	1.418,56	1.595,88	-	1.296,80	1.458,90	-	1.178,40	1.325,70	-	1.062,88	1.195,74	-	950,56	1.069,38	-	841,28	946,44	-	735,04	826,
	IV	26.204	1.030,65	2.096,32	2.358,36	918,79	2.021,12	2.273,76	806,93	1.945,92	2.189,16	695,07	1.870,72	2.104,56	583,21	1.795,52	2.019,96	471,35	1.720,32	1.935,36	359,49	1.645,12	1.850,
	V	32.377	1.765,24	2.590,16	2.913,93																		
	VI	32.909	1.809,99	2.632,72	2.961,81																		

SolZ/KiSt lt. Tabelle nicht für Sonstige Bezüge anwendbar.

Lohn/ Gehalt bis	Steuerklasse	Lohn-steuer	ohne Kinderfreibetrag SolZ 5,5%	Kirchensteuer 8%	9%	0,5 SolZ 5,5%	Kirchensteuer 8%	9%	1,0 SolZ 5,5%	Kirchensteuer 8%	9%	1,5 SolZ 5,5%	Kirchensteuer 8%	9%	2,0 SolZ 5,5%	Kirchensteuer 8%	9%	2,5 SolZ 5,5%	Kirchensteuer 8%	9%	3,0 SolZ 5,5%	Kirchensteuer 8%	9%
						Anzahl Kinderfreibeträge (nur Steuerklassen I–IV)																	
0.943,99 (West)	I	26.125	1.021,25	2.090,00	2.351,25	797,53	1.939,60	2.182,05	573,81	1.789,20	2.012,85	350,09	1.638,80	1.843,65	126,37	1.488,40	1.674,45	-	1.338,08	1.505,34	-	1.189,76	1.338,48
	II	24.336	808,36	1.946,88	2.190,24	584,64	1.796,48	2.021,04	360,92	1.646,08	1.851,84	137,20	1.495,68	1.682,64	-	1.345,28	1.513,44	-	1.196,80	1.346,40	-	1.054,32	1.186,11
	III	17.666	-	1.413,28	1.589,94	-	1.291,84	1.453,32	-	1.173,44	1.320,12	-	1.058,08	1.190,34	-	945,92	1.064,16	-	836,80	941,40	-	730,72	822,06
	IV	26.125	1.021,25	2.090,00	2.351,25	909,39	2.014,80	2.266,65	797,53	1.939,60	2.182,05	685,67	1.864,40	2.097,45	573,81	1.789,20	2.012,85	461,95	1.714,00	1.928,25	350,09	1.638,80	1.843,65
	V	32.298	1.755,84	2.583,84	2.906,82																		
	VI	32.830	1.805,65	2.626,40	2.954,70																		
0.943,99 (Ost)	I	26.219	1.032,44	2.097,52	2.359,71	808,72	1.947,12	2.190,51	585,00	1.796,72	2.021,31	361,28	1.646,32	1.852,11	137,56	1.495,92	1.682,91	-	1.345,52	1.513,71	-	1.197,04	1.346,67
	II	24.430	819,55	1.954,40	2.198,70	595,83	1.804,00	2.029,50	372,11	1.653,60	1.860,30	148,39	1.503,20	1.691,10	-	1.352,80	1.521,90	-	1.204,08	1.354,59	-	1.061,28	1.193,94
	III	17.744	-	1.419,52	1.596,96	-	1.297,92	1.460,16	-	1.179,36	1.326,78	-	1.063,84	1.196,82	-	951,36	1.070,28	-	842,08	947,34	-	735,84	827,82
	IV	26.219	1.032,44	2.097,52	2.359,71	920,58	2.022,32	2.275,11	808,72	1.947,12	2.190,51	696,86	1.871,92	2.105,91	585,00	1.796,72	2.021,31	473,14	1.721,52	1.936,71	361,28	1.646,32	1.852,11
	V	32.392	1.767,03	2.591,36	2.915,28																		
	VI	32.924	1.810,82	2.633,92	2.963,16																		
0.979,99 (West)	I	26.140	1.023,04	2.091,20	2.352,60	799,32	1.940,80	2.183,40	575,60	1.790,40	2.014,20	351,88	1.640,00	1.845,00	128,28	1.489,68	1.675,89	-	1.339,28	1.506,69	-	1.190,96	1.339,83
	II	24.351	810,15	1.948,08	2.191,59	586,43	1.797,68	2.022,39	362,71	1.647,28	1.853,19	138,99	1.496,88	1.683,99	-	1.346,48	1.514,79	-	1.198,00	1.347,75	-	1.055,44	1.187,37
	III	17.680	-	1.414,40	1.591,20	-	1.292,80	1.454,40	-	1.174,40	1.321,20	-	1.059,04	1.191,42	-	946,72	1.065,06	-	837,60	942,30	-	731,52	822,96
	IV	26.140	1.023,04	2.091,20	2.352,60	911,18	2.016,00	2.268,00	799,32	1.940,80	2.183,40	687,46	1.865,60	2.098,80	575,60	1.790,40	2.014,20	463,74	1.715,20	1.929,60	351,88	1.640,00	1.845,00
	V	32.314	1.757,74	2.585,12	2.908,26																		
	VI	32.845	1.806,47	2.627,60	2.956,05																		
0.979,99 (Ost)	I	26.234	1.034,22	2.098,72	2.361,06	810,50	1.948,32	2.191,86	586,78	1.797,92	2.022,66	363,06	1.647,52	1.853,46	139,34	1.497,12	1.684,26	-	1.346,72	1.515,06	-	1.198,16	1.347,93
	II	24.445	821,33	1.955,60	2.200,05	597,61	1.805,20	2.030,85	373,89	1.654,80	1.861,65	150,17	1.504,40	1.692,45	-	1.354,00	1.523,25	-	1.205,20	1.355,85	-	1.062,40	1.195,20
	III	17.756	-	1.420,48	1.598,04	-	1.298,88	1.461,24	-	1.180,16	1.327,68	-	1.064,80	1.197,90	-	952,32	1.071,36	-	843,04	948,42	-	736,80	828,90
	IV	26.234	1.034,22	2.098,72	2.361,06	922,36	2.023,52	2.276,46	810,50	1.948,32	2.191,86	698,64	1.873,12	2.107,26	586,78	1.797,92	2.022,66	474,92	1.722,72	1.938,06	363,06	1.647,52	1.853,46
	V	32.407	1.768,81	2.592,56	2.916,63																		
	VI	32.939	1.811,64	2.635,12	2.964,51																		
1.015,99 (West)	I	26.155	1.024,82	2.092,40	2.353,95	801,10	1.942,00	2.184,75	577,50	1.791,68	2.015,64	353,78	1.641,28	1.846,44	130,06	1.490,88	1.677,24	-	1.340,48	1.508,04	-	1.192,08	1.341,09
	II	24.366	811,93	1.949,28	2.192,94	588,21	1.798,88	2.023,74	364,49	1.648,48	1.854,54	140,77	1.498,08	1.685,34	-	1.347,68	1.516,14	-	1.199,12	1.349,01	-	1.056,56	1.188,63
	III	17.692	-	1.415,36	1.592,28	-	1.293,76	1.455,48	-	1.175,36	1.322,28	-	1.060,00	1.192,50	-	947,68	1.066,14	-	838,40	943,20	-	732,32	823,86
	IV	26.155	1.024,82	2.092,40	2.353,95	912,96	2.017,20	2.269,35	801,10	1.942,00	2.184,75	689,24	1.866,80	2.100,15	577,50	1.791,68	2.015,64	465,64	1.716,48	1.931,04	353,78	1.641,28	1.846,44
	V	32.329	1.759,53	2.586,32	2.909,61																		
	VI	32.860	1.807,30	2.628,80	2.957,40																		
1.015,99 (Ost)	I	26.249	1.036,01	2.099,92	2.362,41	812,29	1.949,52	2.193,21	588,57	1.799,12	2.024,01	364,85	1.648,72	1.854,81	141,13	1.498,32	1.685,61	-	1.347,92	1.516,41	-	1.199,36	1.349,28
	II	24.460	823,12	1.956,80	2.201,40	599,40	1.806,40	2.032,20	375,68	1.656,00	1.863,00	151,96	1.505,60	1.693,80	-	1.355,20	1.524,60	-	1.206,40	1.357,20	-	1.063,52	1.196,46
	III	17.768	-	1.421,44	1.599,12	-	1.299,84	1.462,32	-	1.181,12	1.328,76	-	1.065,60	1.198,80	-	953,28	1.072,44	-	843,84	949,32	-	737,60	829,80
	IV	26.249	1.036,01	2.099,92	2.362,41	924,15	2.024,72	2.277,81	812,29	1.949,52	2.193,21	700,43	1.874,32	2.108,61	588,57	1.799,12	2.024,01	476,71	1.723,92	1.939,41	364,85	1.648,72	1.854,81
	V	32.422	1.770,60	2.593,76	2.917,98																		
	VI	32.954	1.812,47	2.636,32	2.965,86																		
1.051,99 (West)	I	26.170	1.026,61	2.093,60	2.355,30	803,01	1.943,28	2.186,19	579,29	1.792,88	2.016,99	355,57	1.642,48	1.847,79	131,85	1.492,08	1.678,59	-	1.341,68	1.509,39	-	1.193,28	1.342,44
	II	24.381	813,72	1.950,48	2.194,29	590,00	1.800,08	2.025,09	366,28	1.649,68	1.855,89	142,68	1.499,36	1.686,78	-	1.348,96	1.517,58	-	1.200,32	1.350,36	-	1.057,68	1.189,89
	III	17.704	-	1.416,32	1.593,36	-	1.294,72	1.456,56	-	1.176,32	1.323,36	-	1.060,80	1.193,40	-	948,48	1.067,04	-	839,36	944,28	-	733,12	824,76
	IV	26.170	1.026,61	2.093,60	2.355,30	914,87	2.018,48	2.270,79	803,01	1.943,28	2.186,19	691,15	1.868,08	2.101,59	579,29	1.792,88	2.016,99	467,43	1.717,68	1.932,39	355,57	1.642,48	1.847,79
	V	32.344	1.761,31	2.587,52	2.910,96																		
	VI	32.875	1.808,12	2.630,00	2.958,75																		
1.051,99 (Ost)	I	26.264	1.037,79	2.101,12	2.363,76	814,07	1.950,72	2.194,56	590,35	1.800,32	2.025,36	366,63	1.649,92	1.856,16	142,91	1.499,52	1.686,96	-	1.349,20	1.517,85	-	1.200,56	1.350,63
	II	24.475	824,90	1.958,00	2.202,75	601,18	1.807,60	2.033,55	377,46	1.657,20	1.864,35	153,74	1.506,80	1.695,15	-	1.356,40	1.525,95	-	1.207,60	1.358,55	-	1.064,64	1.197,72
	III	17.780	-	1.422,40	1.600,20	-	1.300,80	1.463,40	-	1.182,08	1.329,84	-	1.066,56	1.199,88	-	954,08	1.073,34	-	844,64	950,22	-	738,40	830,70
	IV	26.264	1.037,79	2.101,12	2.363,76	925,93	2.025,92	2.279,16	814,07	1.950,72	2.194,56	702,21	1.875,52	2.109,96	590,35	1.800,32	2.025,36	478,49	1.725,12	1.940,76	366,63	1.649,92	1.856,16
	V	32.437	1.772,38	2.594,96	2.919,33																		
	VI	32.969	1.813,29	2.637,52	2.967,21																		
1.087,99 (West)	I	26.186	1.028,51	2.094,88	2.356,74	804,79	1.944,48	2.187,54	581,07	1.794,08	2.018,34	357,35	1.643,68	1.849,14	133,63	1.493,28	1.679,94	-	1.342,88	1.510,74	-	1.194,48	1.343,79
	II	24.396	815,50	1.951,68	2.195,64	591,78	1.801,28	2.026,44	368,18	1.650,96	1.857,33	144,46	1.500,56	1.688,13	-	1.350,16	1.518,93	-	1.201,52	1.351,71	-	1.058,80	1.191,15
	III	17.716	-	1.417,28	1.594,44	-	1.295,68	1.457,64	-	1.177,12	1.324,26	-	1.061,76	1.194,48	-	949,44	1.068,12	-	840,16	945,18	-	734,08	825,84
	IV	26.186	1.028,51	2.094,88	2.356,74	916,65	2.019,68	2.272,14	804,79	1.944,48	2.187,54	692,93	1.869,28	2.102,94	581,07	1.794,08	2.018,34	469,21	1.718,88	1.933,74	357,35	1.643,68	1.849,14
	V	32.359	1.763,10	2.588,72	2.912,31																		
	VI	32.891	1.809,00	2.631,28	2.960,19																		
1.087,99 (Ost)	I	26.279	1.039,58	2.102,32	2.365,11	815,86	1.951,92	2.195,91	592,14	1.801,52	2.026,71	368,42	1.651,12	1.857,51	144,82	1.500,80	1.688,40	-	1.350,40	1.519,20	-	1.201,68	1.351,89
	II	24.490	826,69	1.959,20	2.204,10	602,97	1.808,80	2.034,90	379,25	1.658,40	1.865,70	155,53	1.508,00	1.696,50	-	1.357,60	1.527,30	-	1.208,72	1.359,81	-	1.065,76	1.198,98
	III	17.794	-	1.423,52	1.601,46	-	1.301,76	1.464,48	-	1.183,04	1.330,92	-	1.067,52	1.200,96	-	955,04	1.074,42	-	845,60	951,30	-	739,20	831,60
	IV	26.279	1.039,58	2.102,32	2.365,11	927,72	2.027,12	2.280,51	815,86	1.951,92	2.195,91	704,00	1.876,72	2.111,31	592,14	1.801,52	2.026,71	480,28	1.726,32	1.942,11	368,42	1.651,12	1.857,51
	V	32.453	1.774,29	2.596,24	2.920,77																		
	VI	32.984	1.814,12	2.638,72	2.968,56																		
01.123,99 (West)	I	26.201	1.030,30	2.096,08	2.358,09	806,58	1.945,68	2.188,89	582,86	1.795,28	2.019,69	359,14	1.644,88	1.850,49	135,42	1.494,48	1.681,29	-	1.344,08	1.512,09	-	1.195,60	1.345,05
	II	24.412	817,41	1.952,96	2.197,08	593,69	1.802,56	2.027,88	369,97	1.652,16	1.858,68	146,25	1.501,76	1.689,48	-	1.351,36	1.520,28	-	1.202,64	1.352,97	-	1.059,92	1.192,41
	III	17.728	-	1.418,24	1.595,52	-	1.296,64	1.458,72	-	1.178,08	1.325,34	-	1.062,72	1.195,56	-	950,40	1.069,20	-	841,12	946,26	-	734,88	826,74
	IV	26.201	1.030,30	2.096,08	2.358,09	918,44	2.020,88	2.273,49	806,58	1.945,68	2.188,89	694,72	1.870,48	2.104,29	582,86	1.795,28	2.019,69	471,00	1.720,08	1.935,09	359,14	1.644,88	1.850,49
	V	32.374	1.764,88	2.589,92	2.913,66																		
	VI	32.906	1.809,83	2.632,48	2.961,54																		
01.123,99 (Ost)	I	26.294	1.041,36	2.103,52	2.366,46	817,64	1.953,12	2.197,26	594,04	1.802,80	2.028,15	370,32	1.652,40	1.858,95	146,60	1.502,00	1.689,75	-	1.351,60	1.520,55	-	1.202,88	1.353,24
	II	24.505	828,47	1.960,40	2.205,45	604,75	1.810,00	2.036,25	381,03	1.659,60	1.867,05	157,31	1.509,20	1.697,85	-	1.358,80	1.528,65	-	1.209,92	1.361,16	-	1.066,88	1.200,24
	III	17.806	-	1.424,48	1.602,54	-	1.302,72	1.465,56	-	1.184,00	1.332,00	-	1.068,32	1.201,86	-	955,84	1.075,32	-	846,40	952,20	-	740,16	832,68
	IV	26.294	1.041,36	2.103,52	2.366,46	929,50	2.028,32	2.281,86	817,64	1.953,12	2.197,26	705,78	1.877,92	2.112,66	594,04	1.802,80	2.028,15	482,18	1.727,60	1.943,55	370,32	1.652,40	1.858,95
	V	32.468	1.776,07	2.597,44	2.922,12																		
	VI	32.999	1.814,94	2.639,92	2.969,91																		
01.159,99 (West)	I	26.216	1.032,08	2.097,28	2.359,44	808,36	1.946,88	2.190,24	584,64	1.796,48	2.021,04	360,92	1.646,08	1.851,84	137,20	1.495,68	1.682,64	-	1.345,28	1.513,44	-	1.196,80	1.346,40
	II	24.427	819,19	1.954,16	2.198,43	595,47	1.803,76	2.029,23	371,75	1.653,36	1.860,03	148,03	1.502,96	1.690,83	-	1.352,56	1.521,63	-	1.203,84	1.354,32	-	1.061,04	1.193,67
	III	17.740	-	1.419,20	1.596,60	-	1.297,60	1.459,80	-	1.179,04	1.326,42	-	1.063,68	1.196,64	-	951,20	1.070,10	-	841,92	947,16	-	735,68	827,64
	IV	26.216	1.032,08	2.097,28	2.359,44	920,22	2.022,08	2.274,84	808,36	1.946,88	2.190,24	696,50	1.871,68	2.105,64	584,64	1.796,48	2.021,04	472,78	1.721,28	1.936,44	360,92	1.646,08	1.851,84
	V	32.389	1.766,67	2.591,12	2.915,01																		
	VI	32.921	1.810,65	2.633,68	2.962,89																		
01.159,99 (Ost)	I	26.309	1.043,15	2.104,72	2.367,81	819,55	1.954,40	2.198,70	595,83	1.804,00	2.029,50	372,11	1.653,60	1.860,30	148,39	1.503,20	1.691,10	-	1.352,80	1.521,90	-	1.204,08	1.354,59
	II	24.520	830,26	1.961,60	2.206,80	606,54	1.811,20	2.037,60	382,82	1.660,80	1.868,40	159,22	1.510,48	1.699,29	-	1.360,08	1.530,09	-	1.211,12	1.362,51	-	1.068,00	1.201,50
	III	17.818	-	1.425,44	1.603,62	-	1.303,68	1.466,64	-	1.184,96	1.333,08	-	1.069,28	1.202,94	-	956,80	1.076,40	-	847,36	953,28	-	740,96	833,58
	IV	26.309	1.043,15	2.104,72	2.367,81	931,41	2.029,60	2.283,30	819,55	1.954,40	2.198,70	707,69	1.879,20	2.114,10	595,83	1.804,00	2.029,50	483,97	1.728,80	1.944,90	372,11	1.653,60	1.860,30
	V	32.483	1.777,86	2.598,64	2.923,47																		
	VI	33.015	1.815,82	2.641,20	2.971,35																		

SolZ/KiSt lt. Tabelle nicht für Sonstige Bezüge anwendbar.

Lohn/ Gehalt bis	Steuerklasse	Lohn-steuer	ohne Kinderfreibetrag SolZ 5,5%	Kirchensteuer 8%	9%	0,5 SolZ 5,5%	Kirchensteuer 8%	9%	1,0 SolZ 5,5%	Kirchensteuer 8%	9%	1,5 SolZ 5,5%	Kirchensteuer 8%	9%	2,0 SolZ 5,5%	Kirchensteuer 8%	9%	2,5 SolZ 5,5%	Kirchensteuer 8%	9%	3,0 SolZ 5,5%	Kirchensteuer 8%	9%
101.195,99 (West)	I	26.231	1.033,87	2.098,48	2.360,79	810,15	1.948,08	2.191,59	586,43	1.797,68	2.022,39	362,71	1.647,28	1.853,19	138,99	1.496,88	1.683,99	-	1.346,48	1.514,79	-	1.198,00	1.347,
	II	24.442	820,98	1.955,36	2.199,78	597,26	1.804,96	2.030,58	373,54	1.654,56	1.861,38	149,82	1.504,16	1.692,18	-	1.353,76	1.522,98	-	1.205,04	1.355,67	-	1.062,16	1.194,
	III	17.754	-	1.420,32	1.597,86	-	1.298,56	1.460,88	-	1.180,00	1.327,50	-	1.064,48	1.197,54	-	952,16	1.071,18	-	842,72	948,06	-	736,48	828,
	IV	26.231	1.033,87	2.098,48	2.360,79	922,01	2.023,28	2.276,19	810,15	1.948,08	2.191,59	698,29	1.872,88	2.106,99	586,43	1.797,68	2.022,39	474,57	1.722,48	1.937,79	362,71	1.647,28	1.853,
	V	32.404	1.768,45	2.592,32	2.916,36																		
	VI	32.936	1.811,48	2.634,88	2.964,24																		
101.195,99 (Ost)	I	26.325	1.045,05	2.106,00	2.369,25	821,33	1.955,60	2.200,05	597,61	1.805,20	2.030,85	373,89	1.654,80	1.861,65	150,17	1.504,40	1.692,45	-	1.354,00	1.523,25	-	1.205,20	1.355,
	II	24.535	832,04	1.962,80	2.208,15	608,32	1.812,40	2.038,95	384,72	1.662,08	1.869,84	161,00	1.511,68	1.700,64	-	1.361,28	1.531,44	-	1.212,24	1.363,77	-	1.069,12	1.202,
	III	17.830	-	1.426,40	1.604,70	-	1.304,64	1.467,72	-	1.185,92	1.334,16	-	1.070,24	1.204,02	-	957,60	1.077,30	-	848,16	954,18	-	741,76	834,
	IV	26.325	1.045,05	2.106,00	2.369,25	933,19	2.030,80	2.284,65	821,33	1.955,60	2.200,05	709,47	1.880,40	2.115,45	597,61	1.805,20	2.030,85	485,75	1.730,00	1.946,25	373,89	1.654,80	1.861,
	V	32.498	1.779,64	2.599,84	2.924,82																		
	VI	33.030	1.816,65	2.642,40	2.972,70																		
101.231,99 (West)	I	26.246	1.035,65	2.099,68	2.362,14	811,93	1.949,28	2.192,94	588,21	1.798,88	2.023,74	364,49	1.648,48	1.854,54	140,77	1.498,08	1.685,34	-	1.347,68	1.516,14	-	1.199,12	1.349,
	II	24.457	822,76	1.956,56	2.201,13	599,04	1.806,16	2.031,93	375,32	1.655,76	1.862,73	151,60	1.505,36	1.693,53	-	1.354,96	1.524,33	-	1.206,16	1.356,93	-	1.063,28	1.196,
	III	17.766	-	1.421,28	1.598,94	-	1.299,52	1.461,96	-	1.180,96	1.328,58	-	1.065,44	1.198,62	-	952,96	1.072,08	-	843,68	949,14	-	737,44	829,
	IV	26.246	1.035,65	2.099,68	2.362,14	923,79	2.024,48	2.277,54	811,93	1.949,28	2.192,94	700,07	1.874,08	2.108,34	588,21	1.798,88	2.023,74	476,35	1.723,68	1.939,14	364,49	1.648,48	1.854,
	V	32.419	1.770,24	2.593,52	2.917,71																		
	VI	32.951	1.812,30	2.636,08	2.965,59																		
101.231,99 (Ost)	I	26.340	1.046,84	2.107,20	2.370,60	823,12	1.956,80	2.201,40	599,40	1.806,40	2.032,20	375,68	1.656,00	1.863,00	151,96	1.505,60	1.693,80	-	1.355,20	1.524,60	-	1.206,40	1.357,
	II	24.551	833,95	1.964,08	2.209,59	610,23	1.813,68	2.040,39	386,51	1.663,28	1.871,19	162,79	1.512,88	1.701,99	-	1.362,48	1.532,79	-	1.213,44	1.365,12	-	1.070,24	1.204,
	III	17.842	-	1.427,36	1.605,78	-	1.305,60	1.468,80	-	1.186,88	1.335,24	-	1.071,20	1.205,10	-	958,56	1.078,38	-	849,12	955,26	-	742,72	835,
	IV	26.340	1.046,84	2.107,20	2.370,60	934,98	2.032,00	2.286,00	823,12	1.956,80	2.201,40	711,26	1.881,60	2.116,80	599,40	1.806,40	2.032,20	487,54	1.731,20	1.947,60	375,68	1.656,00	1.863,
	V	32.513	1.781,43	2.601,04	2.926,17																		
	VI	33.045	1.817,47	2.643,60	2.974,05																		
101.267,99 (West)	I	26.261	1.037,44	2.100,88	2.363,49	813,72	1.950,48	2.194,29	590,00	1.800,08	2.025,09	366,28	1.649,68	1.855,89	142,68	1.499,36	1.686,78	-	1.348,96	1.517,58	-	1.200,32	1.350,
	II	24.472	824,55	1.957,76	2.202,48	600,83	1.807,36	2.033,28	377,11	1.656,96	1.864,08	153,39	1.506,56	1.694,88	-	1.356,16	1.525,68	-	1.207,36	1.358,28	-	1.064,40	1.197,
	III	17.778	-	1.422,24	1.600,02	-	1.300,48	1.463,04	-	1.181,92	1.329,66	-	1.066,40	1.199,70	-	953,92	1.073,16	-	844,48	950,04	-	738,24	830,
	IV	26.261	1.037,44	2.100,88	2.363,49	925,58	2.025,68	2.278,89	813,72	1.950,48	2.194,29	701,86	1.875,28	2.109,69	590,00	1.800,08	2.025,09	478,14	1.724,88	1.940,49	366,28	1.649,68	1.855,
	V	32.434	1.772,02	2.594,72	2.919,06																		
	VI	32.966	1.813,13	2.637,28	2.966,94																		
101.267,99 (Ost)	I	26.355	1.048,62	2.108,40	2.371,95	824,90	1.958,00	2.202,75	601,18	1.807,60	2.033,55	377,46	1.657,20	1.864,35	153,74	1.506,80	1.695,15	-	1.356,40	1.525,95	-	1.207,60	1.358,
	II	24.566	835,73	1.965,28	2.210,94	612,01	1.814,88	2.041,74	388,29	1.664,48	1.872,54	164,57	1.514,08	1.703,34	-	1.363,68	1.534,14	-	1.214,64	1.366,47	-	1.071,36	1.205,
	III	17.856	-	1.428,48	1.607,04	-	1.306,56	1.469,88	-	1.187,84	1.336,32	-	1.072,00	1.206,00	-	959,52	1.079,46	-	849,92	956,16	-	743,52	836,
	IV	26.355	1.048,62	2.108,40	2.371,95	936,76	2.033,20	2.287,35	824,90	1.958,00	2.202,75	713,04	1.882,80	2.118,15	601,18	1.807,60	2.033,55	489,32	1.732,40	1.948,95	377,46	1.657,20	1.864,
	V	32.528	1.783,21	2.602,24	2.927,52																		
	VI	33.060	1.818,30	2.644,80	2.975,40																		
101.303,99 (West)	I	26.276	1.039,22	2.102,08	2.364,84	815,50	1.951,68	2.195,64	591,78	1.801,28	2.026,44	368,18	1.650,96	1.857,33	144,46	1.500,56	1.688,13	-	1.350,16	1.518,93	-	1.201,52	1.351,
	II	24.487	826,33	1.958,96	2.203,83	602,61	1.808,56	2.034,63	378,89	1.658,16	1.865,43	155,17	1.507,76	1.696,23	-	1.357,36	1.527,03	-	1.208,56	1.359,63	-	1.065,52	1.198,
	III	17.790	-	1.423,20	1.601,10	-	1.301,44	1.464,12	-	1.182,88	1.330,74	-	1.067,20	1.200,60	-	954,72	1.074,06	-	845,44	951,12	-	739,04	831,
	IV	26.276	1.039,22	2.102,08	2.364,84	927,36	2.026,88	2.280,24	815,50	1.951,68	2.195,64	703,64	1.876,48	2.111,04	591,78	1.801,28	2.026,44	480,04	1.726,16	1.941,93	368,18	1.650,96	1.857,
	V	32.450	1.773,93	2.596,00	2.920,50																		
	VI	32.981	1.813,95	2.638,48	2.968,29																		
101.303,99 (Ost)	I	26.370	1.050,41	2.109,60	2.373,30	826,69	1.959,20	2.204,10	602,97	1.808,80	2.034,90	379,25	1.658,40	1.865,70	155,53	1.508,00	1.696,50	-	1.357,60	1.527,30	-	1.208,72	1.359,
	II	24.581	837,52	1.966,48	2.212,29	613,80	1.816,08	2.043,09	390,08	1.665,68	1.873,89	166,36	1.515,28	1.704,69	-	1.364,88	1.535,49	-	1.215,84	1.367,82	-	1.072,56	1.206,
	III	17.868	-	1.429,44	1.608,12	-	1.307,52	1.470,96	-	1.188,64	1.337,22	-	1.072,96	1.207,08	-	960,32	1.080,36	-	850,72	957,06	-	744,32	837,
	IV	26.370	1.050,41	2.109,60	2.373,30	938,55	2.034,40	2.288,70	826,69	1.959,20	2.204,10	714,83	1.884,00	2.119,50	602,97	1.808,80	2.034,90	491,11	1.733,60	1.950,30	379,25	1.658,40	1.865,
	V	32.543	1.785,00	2.603,44	2.928,87																		
	VI	33.075	1.819,12	2.646,00	2.976,75																		
101.339,99 (West)	I	26.291	1.041,01	2.103,28	2.366,19	817,41	1.952,96	2.197,08	593,69	1.802,56	2.027,88	369,97	1.652,16	1.858,68	146,25	1.501,76	1.689,48	-	1.351,36	1.520,28	-	1.202,64	1.352,
	II	24.502	828,12	1.960,16	2.205,18	604,40	1.809,76	2.035,98	380,68	1.659,36	1.866,78	156,96	1.508,96	1.697,58	-	1.358,64	1.528,47	-	1.209,68	1.360,89	-	1.066,64	1.199,
	III	17.802	-	1.424,16	1.602,18	-	1.302,40	1.465,20	-	1.183,84	1.331,82	-	1.068,16	1.201,68	-	955,68	1.075,14	-	846,24	952,02	-	740,00	832,
	IV	26.291	1.041,01	2.103,28	2.366,19	929,15	2.028,08	2.281,59	817,41	1.952,96	2.197,08	705,55	1.877,76	2.112,48	593,69	1.802,56	2.027,88	481,83	1.727,36	1.943,28	369,97	1.652,16	1.858,
	V	32.465	1.775,71	2.597,20	2.921,85																		
	VI	32.996	1.814,78	2.639,68	2.969,64																		
101.339,99 (Ost)	I	26.385	1.052,19	2.110,80	2.374,65	828,47	1.960,40	2.205,45	604,75	1.810,00	2.036,25	381,03	1.659,60	1.867,05	157,31	1.509,20	1.697,85	-	1.358,80	1.528,65	-	1.209,92	1.361,
	II	24.596	839,30	1.967,68	2.213,64	615,58	1.817,28	2.044,44	391,86	1.666,88	1.875,24	168,14	1.516,48	1.706,04	-	1.366,08	1.536,84	-	1.216,96	1.369,08	-	1.073,68	1.207,
	III	17.880	-	1.430,40	1.609,20	-	1.308,48	1.472,04	-	1.189,60	1.338,30	-	1.073,92	1.208,16	-	961,28	1.081,44	-	851,68	958,14	-	745,12	838,
	IV	26.385	1.052,19	2.110,80	2.374,65	940,33	2.035,60	2.290,05	828,47	1.960,40	2.205,45	716,61	1.885,20	2.120,85	604,75	1.810,00	2.036,25	492,89	1.734,80	1.951,65	381,03	1.659,60	1.867,
	V	32.558	1.786,78	2.604,64	2.930,22																		
	VI	33.090	1.819,95	2.647,20	2.978,10																		
101.375,99 (West)	I	26.307	1.042,91	2.104,56	2.367,63	819,19	1.954,16	2.198,43	595,47	1.803,76	2.029,23	371,75	1.653,36	1.860,03	148,03	1.502,96	1.690,83	-	1.352,56	1.521,63	-	1.203,84	1.354,
	II	24.517	829,90	1.961,36	2.206,53	606,18	1.810,96	2.037,33	382,58	1.660,64	1.868,22	158,86	1.510,24	1.699,02	-	1.359,84	1.529,82	-	1.210,88	1.362,24	-	1.067,76	1.201,
	III	17.816	-	1.425,28	1.603,44	-	1.303,36	1.466,28	-	1.184,80	1.332,90	-	1.069,12	1.202,76	-	956,64	1.076,22	-	847,20	953,10	-	740,80	833,
	IV	26.307	1.042,91	2.104,56	2.367,63	931,05	2.029,36	2.283,03	819,19	1.954,16	2.198,43	707,33	1.878,96	2.113,83	595,47	1.803,76	2.029,23	483,61	1.728,56	1.944,63	371,75	1.653,36	1.860,
	V	32.480	1.777,50	2.598,40	2.923,20																		
	VI	33.012	1.815,66	2.640,96	2.971,08																		
101.375,99 (Ost)	I	26.400	1.053,98	2.112,00	2.376,00	830,26	1.961,60	2.206,80	606,54	1.811,20	2.037,60	382,82	1.660,80	1.868,40	159,22	1.510,48	1.699,29	-	1.360,08	1.530,09	-	1.211,12	1.362,
	II	24.611	841,09	1.968,88	2.214,99	617,37	1.818,48	2.045,79	393,65	1.668,08	1.876,59	169,93	1.517,68	1.707,39	-	1.367,28	1.538,19	-	1.218,16	1.370,43	-	1.074,80	1.209,
	III	17.892	-	1.431,36	1.610,28	-	1.309,44	1.473,12	-	1.190,56	1.339,38	-	1.074,88	1.209,24	-	962,08	1.082,34	-	852,48	959,04	-	746,08	839,
	IV	26.400	1.053,98	2.112,00	2.376,00	942,12	2.036,80	2.291,40	830,26	1.961,60	2.206,80	718,40	1.886,40	2.122,20	606,54	1.811,20	2.037,60	494,68	1.736,00	1.953,00	382,82	1.660,80	1.868,
	V	32.574	1.788,68	2.605,92	2.931,66																		
	VI	33.105	1.820,77	2.648,40	2.979,45																		
101.411,99 (West)	I	26.322	1.044,70	2.105,76	2.368,98	820,98	1.955,36	2.199,78	597,26	1.804,96	2.030,58	373,54	1.654,56	1.861,38	149,82	1.504,16	1.692,18	-	1.353,76	1.522,98	-	1.205,04	1.355,
	II	24.532	831,69	1.962,56	2.207,88	608,09	1.812,24	2.038,77	384,37	1.661,84	1.869,57	160,65	1.511,44	1.700,37	-	1.361,04	1.531,17	-	1.212,08	1.363,59	-	1.068,96	1.202,
	III	17.828	-	1.426,24	1.604,52	-	1.304,32	1.467,36	-	1.185,60	1.333,80	-	1.070,08	1.203,84	-	957,44	1.077,12	-	848,00	954,00	-	741,60	834,
	IV	26.322	1.044,70	2.105,76	2.368,98	932,84	2.030,56	2.284,38	820,98	1.955,36	2.199,78	709,12	1.880,16	2.115,18	597,26	1.804,96	2.030,58	485,40	1.729,76	1.945,98	373,54	1.654,56	1.861,
	V	32.495	1.779,28	2.599,60	2.924,55																		
	VI	33.027	1.816,48	2.642,16	2.972,43																		
101.411,99 (Ost)	I	26.415	1.055,76	2.113,20	2.377,35	832,04	1.962,80	2.208,15	608,32	1.812,40	2.038,95	384,72	1.662,08	1.869,84	161,00	1.511,68	1.700,64	-	1.361,28	1.531,44	-	1.212,24	1.363,
	II	24.626	842,87	1.970,08	2.216,34	619,15	1.819,68	2.047,14	395,43	1.669,28	1.877,94	171,71	1.518,88	1.708,74	-	1.368,48	1.539,54	-	1.219,36	1.371,78	-	1.075,92	1.210,
	III	17.904	-	1.432,32	1.611,36	-	1.310,40	1.474,20	-	1.191,52	1.340,46	-	1.075,68	1.210,14	-	963,04	1.083,42	-	853,44	960,12	-	746,88	840,
	IV	26.415	1.055,76	2.113,20	2.377,35	943,90	2.038,00	2.292,75	832,04	1.962,80	2.208,15	720,18	1.887,60	2.123,55	608,32	1.812,40	2.038,95	496,58	1.737,28	1.954,44	384,72	1.662,08	1.869,
	V	32.589	1.790,47	2.607,12	2.933,01																		
	VI	33.120	1.821,60	2.649,60	2.980,80																		

Anzahl Kinderfreibeträge (nur Steuerklassen I–IV)

SolZ/KiSt lt. Tabelle nicht für Sonstige Bezüge anwendbar.

Allgemeine Tabelle

JAHR bis 101.663,99 €

Lohn/ Gehalt bis	Steuerklasse	Lohn-steuer	ohne Kinderfreibetrag SolZ 5,5%	Kirchensteuer 8%	9%	0,5 SolZ 5,5%	Kirchensteuer 8%	9%	1,0 SolZ 5,5%	Kirchensteuer 8%	9%	1,5 SolZ 5,5%	Kirchensteuer 8%	9%	2,0 SolZ 5,5%	Kirchensteuer 8%	9%	2,5 SolZ 5,5%	Kirchensteuer 8%	9%	3,0 SolZ 5,5%	Kirchensteuer 8%	9%
						Anzahl Kinderfreibeträge (nur Steuerklassen I–IV)																	
1.447,99 (West)	I	26.337	1.046,48	2.106,96	2.370,33	822,76	1.956,56	2.201,13	599,04	1.806,16	2.031,93	375,32	1.655,76	1.862,73	151,60	1.505,36	1.693,53	-	1.354,96	1.524,33	-	1.206,16	1.356,93
	II	24.548	833,59	1.963,84	2.209,32	609,87	1.813,44	2.040,12	386,15	1.663,04	1.870,92	162,43	1.512,64	1.701,72	-	1.362,24	1.532,52	-	1.213,20	1.364,85	-	1.070,08	1.203,84
	III	17.840	-	1.427,20	1.605,60	-	1.305,44	1.468,62	-	1.186,56	1.334,88	-	1.070,88	1.204,74	-	958,40	1.078,20	-	848,80	954,90	-	742,40	835,20
	IV	26.337	1.046,48	2.106,96	2.370,33	934,62	2.031,76	2.285,73	822,76	1.956,56	2.201,13	710,90	1.881,36	2.116,53	599,04	1.806,16	2.031,93	487,18	1.730,96	1.947,33	375,32	1.655,76	1.862,73
	V	32.510	1.781,07	2.600,80	2.925,90																		
	VI	33.042	1.817,31	2.643,36	2.973,78																		
1.447,99 (Ost)	I	26.430	1.057,55	2.114,40	2.378,70	833,95	1.964,08	2.209,59	610,23	1.813,68	2.040,39	386,51	1.663,28	1.871,19	162,79	1.512,88	1.701,99	-	1.362,48	1.532,79	-	1.213,44	1.365,12
	II	24.641	844,66	1.971,28	2.217,69	620,94	1.820,88	2.048,49	397,22	1.670,48	1.879,29	173,50	1.520,08	1.710,09	-	1.369,76	1.540,98	-	1.220,56	1.373,13	-	1.077,04	1.211,67
	III	17.918	-	1.433,44	1.612,62	-	1.311,36	1.475,28	-	1.192,48	1.341,54	-	1.076,64	1.211,22	-	964,00	1.084,50	-	854,24	961,02	-	747,68	841,14
	IV	26.430	1.057,55	2.114,40	2.378,70	945,69	2.039,20	2.294,10	833,95	1.964,08	2.209,59	722,09	1.888,88	2.124,99	610,23	1.813,68	2.040,39	498,37	1.738,48	1.955,79	386,51	1.663,28	1.871,19
	V	32.604	1.792,25	2.608,32	2.934,36																		
	VI	33.135	1.822,42	2.650,80	2.982,15																		
1.483,99 (West)	I	26.352	1.048,27	2.108,16	2.371,68	824,55	1.957,76	2.202,48	600,83	1.807,36	2.033,28	377,11	1.656,96	1.864,08	153,39	1.506,56	1.694,88	-	1.356,16	1.525,68	-	1.207,36	1.358,28
	II	24.563	835,38	1.965,04	2.210,67	611,66	1.814,64	2.041,47	387,94	1.664,24	1.872,27	164,22	1.513,84	1.703,07	-	1.363,44	1.533,87	-	1.214,40	1.366,20	-	1.071,20	1.205,10
	III	17.852	-	1.428,16	1.606,68	-	1.306,40	1.469,70	-	1.187,52	1.335,96	-	1.071,84	1.205,82	-	959,20	1.079,10	-	849,76	955,98	-	743,36	836,28
	IV	26.352	1.048,27	2.108,16	2.371,68	936,41	2.032,96	2.287,08	824,55	1.957,76	2.202,48	712,69	1.882,56	2.117,88	600,83	1.807,36	2.033,28	488,97	1.732,16	1.948,68	377,11	1.656,96	1.864,08
	V	32.525	1.782,85	2.602,00	2.927,25																		
	VI	33.057	1.818,13	2.644,56	2.975,13																		
1.483,99 (Ost)	I	26.446	1.059,45	2.115,68	2.380,14	835,73	1.965,28	2.210,94	612,01	1.814,88	2.041,74	388,29	1.664,48	1.872,54	164,57	1.514,08	1.703,34	-	1.363,68	1.534,14	-	1.214,64	1.366,47
	II	24.656	846,44	1.972,48	2.219,04	622,72	1.822,08	2.049,84	399,12	1.671,76	1.880,73	175,40	1.521,36	1.711,53	-	1.370,96	1.542,33	-	1.221,68	1.374,39	-	1.078,16	1.212,93
	III	17.930	-	1.434,40	1.613,70	-	1.312,32	1.476,36	-	1.193,44	1.342,62	-	1.077,60	1.212,30	-	964,80	1.085,40	-	855,20	962,10	-	748,48	842,04
	IV	26.446	1.059,45	2.115,68	2.380,14	947,59	2.040,48	2.295,54	835,73	1.965,28	2.210,94	723,87	1.890,08	2.126,34	612,01	1.814,88	2.041,74	500,15	1.739,68	1.957,14	388,29	1.664,48	1.872,54
	V	32.619	1.794,04	2.609,52	2.935,71																		
	VI	33.151	1.823,30	2.652,08	2.983,59																		
1.519,99 (West)	I	26.367	1.050,05	2.109,36	2.373,03	826,33	1.958,96	2.203,83	602,61	1.808,56	2.034,63	378,89	1.658,16	1.865,43	155,17	1.507,76	1.696,23	-	1.357,36	1.527,03	-	1.208,56	1.359,63
	II	24.578	837,16	1.966,24	2.212,02	613,44	1.815,84	2.042,82	389,72	1.665,44	1.873,62	166,00	1.515,04	1.704,42	-	1.364,64	1.535,22	-	1.215,60	1.367,55	-	1.072,32	1.206,36
	III	17.864	-	1.429,12	1.607,76	-	1.307,36	1.470,78	-	1.188,48	1.337,04	-	1.072,80	1.206,90	-	960,16	1.080,18	-	850,56	956,88	-	744,16	837,18
	IV	26.367	1.050,05	2.109,36	2.373,03	938,19	2.034,16	2.288,43	826,33	1.958,96	2.203,83	714,47	1.883,76	2.119,23	602,61	1.808,56	2.034,63	490,75	1.733,36	1.950,03	378,89	1.658,16	1.865,43
	V	32.540	1.784,64	2.603,20	2.928,60																		
	VI	33.072	1.818,96	2.645,76	2.976,48																		
1.519,99 (Ost)	I	26.461	1.061,24	2.116,88	2.381,49	837,52	1.966,48	2.212,29	613,80	1.816,08	2.043,09	390,08	1.665,68	1.873,89	166,36	1.515,28	1.704,69	-	1.364,88	1.535,49	-	1.215,84	1.367,82
	II	24.671	848,23	1.973,68	2.220,39	624,63	1.823,36	2.051,28	400,91	1.672,96	1.882,08	177,19	1.522,56	1.712,88	-	1.372,16	1.543,68	-	1.222,88	1.375,74	-	1.079,28	1.214,19
	III	17.942	-	1.435,36	1.614,78	-	1.313,28	1.477,44	-	1.194,40	1.343,70	-	1.078,56	1.213,38	-	965,76	1.086,48	-	856,00	963,00	-	749,44	843,12
	IV	26.461	1.061,24	2.116,88	2.381,49	949,38	2.041,68	2.296,89	837,52	1.966,48	2.212,29	725,66	1.891,28	2.127,69	613,80	1.816,08	2.043,09	501,94	1.740,88	1.958,49	390,08	1.665,68	1.873,89
	V	32.634	1.794,87	2.610,72	2.937,06																		
	VI	33.166	1.824,13	2.653,28	2.984,94																		
1.555,99 (West)	I	26.382	1.051,84	2.110,56	2.374,38	828,12	1.960,16	2.205,18	604,40	1.809,76	2.035,98	380,68	1.659,36	1.866,78	156,96	1.508,96	1.697,58	-	1.358,64	1.528,47	-	1.209,68	1.360,89
	II	24.593	838,95	1.967,44	2.213,37	615,23	1.817,04	2.044,17	391,51	1.666,64	1.874,97	167,79	1.516,24	1.705,77	-	1.365,84	1.536,57	-	1.216,72	1.368,81	-	1.073,44	1.207,62
	III	17.878	-	1.430,24	1.609,02	-	1.308,32	1.471,86	-	1.189,44	1.338,12	-	1.073,76	1.207,98	-	961,12	1.081,26	-	851,52	957,96	-	744,96	838,08
	IV	26.382	1.051,84	2.110,56	2.374,38	939,98	2.035,36	2.289,78	828,12	1.960,16	2.205,18	716,26	1.884,96	2.120,58	604,40	1.809,76	2.035,98	492,54	1.734,56	1.951,38	380,68	1.659,36	1.866,78
	V	32.555	1.786,42	2.604,40	2.929,95																		
	VI	33.087	1.819,78	2.646,96	2.977,83																		
1.555,99 (Ost)	I	26.476	1.063,02	2.118,08	2.382,84	839,30	1.967,68	2.213,64	615,58	1.817,28	2.044,44	391,86	1.666,88	1.875,24	168,14	1.516,48	1.706,04	-	1.366,08	1.536,84	-	1.216,96	1.369,08
	II	24.687	850,13	1.974,96	2.221,83	626,41	1.824,56	2.052,63	402,69	1.674,16	1.883,43	178,97	1.523,76	1.714,23	-	1.373,36	1.545,03	-	1.224,08	1.377,09	-	1.080,40	1.215,45
	III	17.954	-	1.436,32	1.615,86	-	1.314,24	1.478,52	-	1.195,36	1.344,78	-	1.079,36	1.214,28	-	966,56	1.087,38	-	856,96	964,08	-	750,24	844,02
	IV	26.476	1.063,02	2.118,08	2.382,84	951,16	2.042,88	2.298,24	839,30	1.967,68	2.213,64	727,44	1.892,48	2.129,04	615,58	1.817,28	2.044,44	503,72	1.742,08	1.959,84	391,86	1.666,88	1.875,24
	V	32.649	1.795,69	2.611,92	2.938,41																		
	VI	33.181	1.824,95	2.654,48	2.986,29																		
1.591,99 (West)	I	26.397	1.053,62	2.111,76	2.375,73	829,90	1.961,36	2.206,53	606,18	1.810,96	2.037,33	382,58	1.660,64	1.868,22	158,86	1.510,24	1.699,02	-	1.359,84	1.529,82	-	1.210,88	1.362,24
	II	24.608	840,73	1.968,64	2.214,72	617,01	1.818,24	2.045,52	393,29	1.667,84	1.876,32	169,57	1.517,44	1.707,12	-	1.367,04	1.537,92	-	1.217,92	1.370,16	-	1.074,56	1.208,88
	III	17.890	-	1.431,20	1.610,10	-	1.309,28	1.472,94	-	1.190,40	1.339,20	-	1.074,56	1.208,88	-	961,92	1.082,16	-	852,32	958,86	-	745,76	838,98
	IV	26.397	1.053,62	2.111,76	2.375,73	941,76	2.036,56	2.291,13	829,90	1.961,36	2.206,53	718,04	1.886,16	2.121,93	606,18	1.810,96	2.037,33	494,32	1.735,76	1.952,73	382,58	1.660,64	1.868,22
	V	32.571	1.788,33	2.605,68	2.931,39																		
	VI	33.102	1.820,61	2.648,16	2.979,18																		
1.591,99 (Ost)	I	26.491	1.064,81	2.119,28	2.384,19	841,09	1.968,88	2.214,99	617,37	1.818,48	2.045,79	393,65	1.668,08	1.876,59	169,93	1.517,68	1.707,39	-	1.367,28	1.538,19	-	1.218,16	1.370,43
	II	24.702	851,92	1.976,16	2.223,18	628,20	1.825,76	2.053,98	404,48	1.675,36	1.884,78	180,76	1.524,96	1.715,58	-	1.374,56	1.546,38	-	1.225,20	1.378,35	-	1.081,52	1.216,71
	III	17.966	-	1.437,28	1.616,94	-	1.315,20	1.479,60	-	1.196,32	1.345,86	-	1.080,32	1.215,36	-	967,52	1.088,46	-	857,76	964,98	-	751,04	844,92
	IV	26.491	1.064,81	2.119,28	2.384,19	952,95	2.044,08	2.299,59	841,09	1.968,88	2.214,99	729,23	1.893,68	2.130,39	617,37	1.818,48	2.045,79	505,51	1.743,28	1.961,19	393,65	1.668,08	1.876,59
	V	32.664	1.796,52	2.613,12	2.939,76																		
	VI	33.196	1.825,78	2.655,68	2.987,64																		
1.627,99 (West)	I	26.412	1.055,41	2.112,96	2.377,08	831,69	1.962,56	2.207,88	608,09	1.812,24	2.038,77	384,37	1.661,84	1.869,57	160,65	1.511,44	1.700,37	-	1.361,04	1.531,17	-	1.212,08	1.363,59
	II	24.623	842,52	1.969,84	2.216,07	618,80	1.819,44	2.046,87	395,08	1.669,04	1.877,67	171,36	1.518,64	1.708,47	-	1.368,32	1.539,36	-	1.219,12	1.371,51	-	1.075,68	1.210,14
	III	17.902	-	1.432,16	1.611,18	-	1.310,24	1.474,02	-	1.191,36	1.340,28	-	1.075,52	1.209,96	-	962,88	1.083,24	-	853,28	959,94	-	746,72	840,06
	IV	26.412	1.055,41	2.112,96	2.377,08	943,55	2.037,76	2.292,48	831,69	1.962,56	2.207,88	719,95	1.887,44	2.123,37	608,09	1.812,24	2.038,77	496,23	1.737,04	1.954,17	384,37	1.661,84	1.869,57
	V	32.586	1.790,11	2.606,88	2.932,74																		
	VI	33.117	1.821,43	2.649,36	2.980,53																		
01.627,99 (Ost)	I	26.506	1.066,59	2.120,48	2.385,54	842,87	1.970,08	2.216,34	619,15	1.819,68	2.047,14	395,43	1.669,28	1.877,94	171,71	1.518,88	1.708,74	-	1.368,48	1.539,54	-	1.219,36	1.371,78
	II	24.717	853,70	1.977,36	2.224,53	629,98	1.826,96	2.055,33	406,26	1.676,56	1.886,13	182,54	1.526,16	1.716,93	-	1.375,76	1.547,73	-	1.226,40	1.379,70	-	1.082,72	1.218,06
	III	17.980	-	1.438,40	1.618,20	-	1.316,16	1.480,68	-	1.197,28	1.346,94	-	1.081,28	1.216,44	-	968,32	1.089,36	-	858,56	965,88	-	752,00	846,00
	IV	26.506	1.066,59	2.120,48	2.385,54	954,73	2.045,28	2.300,94	842,87	1.970,08	2.216,34	731,01	1.894,88	2.131,74	619,15	1.819,68	2.047,14	507,29	1.744,48	1.962,54	395,43	1.669,28	1.877,94
	V	32.679	1.797,34	2.614,32	2.941,11																		
	VI	33.211	1.826,60	2.656,88	2.988,99																		
01.663,99 (West)	I	26.428	1.057,31	2.114,24	2.378,52	833,59	1.963,84	2.209,32	609,87	1.813,44	2.040,12	386,15	1.663,04	1.870,92	162,43	1.512,64	1.701,72	-	1.362,24	1.532,52	-	1.213,20	1.364,85
	II	24.638	844,30	1.971,04	2.217,42	620,58	1.820,64	2.048,22	396,86	1.670,24	1.879,02	173,26	1.519,92	1.709,91	-	1.369,52	1.540,71	-	1.220,32	1.372,86	-	1.076,80	1.211,40
	III	17.914	-	1.433,12	1.612,26	-	1.311,20	1.475,10	-	1.192,32	1.341,36	-	1.076,48	1.211,04	-	963,68	1.084,14	-	854,08	960,84	-	747,52	840,96
	IV	26.428	1.057,31	2.114,24	2.378,52	945,45	2.039,04	2.293,92	833,59	1.963,84	2.209,32	721,73	1.888,64	2.124,72	609,87	1.813,44	2.040,12	498,01	1.738,24	1.955,52	386,15	1.663,04	1.870,92
	V	32.601	1.791,90	2.608,08	2.934,09																		
	VI	33.133	1.822,31	2.650,64	2.981,97																		
01.663,99 (Ost)	I	26.521	1.068,38	2.121,68	2.386,89	844,66	1.971,28	2.217,69	620,94	1.820,88	2.048,49	397,22	1.670,48	1.879,29	173,50	1.520,08	1.710,09	-	1.369,76	1.540,98	-	1.220,56	1.373,13
	II	24.732	855,49	1.978,56	2.225,88	631,77	1.828,16	2.056,68	408,05	1.677,76	1.887,48	184,33	1.527,36	1.718,28	-	1.376,96	1.549,08	-	1.227,60	1.381,05	-	1.083,84	1.219,32
	III	17.992	-	1.439,36	1.619,28	-	1.317,28	1.481,94	-	1.198,08	1.347,84	-	1.082,24	1.217,52	-	969,28	1.090,44	-	859,52	966,96	-	752,80	846,90
	IV	26.521	1.068,38	2.121,68	2.386,89	956,52	2.046,48	2.302,29	844,66	1.971,28	2.217,69	732,80	1.896,08	2.133,09	620,94	1.820,88	2.048,49	509,08	1.745,68	1.963,89	397,22	1.670,48	1.879,29
	V	32.694	1.798,17	2.615,52	2.942,46																		
	VI	33.226	1.827,43	2.658,08	2.990,34																		

SolZ/KiSt lt. Tabelle nicht für Sonstige Bezüge anwendbar.

JAHR bis 101.915,99 €

Allgemeine Tabelle

Lohn/ Gehalt bis	Steuerklasse	Lohn-steuer	ohne Kinderfreibetrag SolZ 5,5%	Kirchensteuer 8%	9%	0,5 SolZ 5,5%	Kirchensteuer 8%	9%	1,0 SolZ 5,5%	Kirchensteuer 8%	9%	1,5 SolZ 5,5%	Kirchensteuer 8%	9%	2,0 SolZ 5,5%	Kirchensteuer 8%	9%	2,5 SolZ 5,5%	Kirchensteuer 8%	9%	3,0 SolZ 5,5%	Kirchensteuer 8%	9%
						Anzahl Kinderfreibeträge (nur Steuerklassen I–IV)																	
101.699,99 (West)	I	26.443	1.059,10	2.115,44	2.379,87	835,38	1.965,04	2.210,67	611,66	1.814,64	2.041,47	387,94	1.664,24	1.872,27	164,22	1.513,84	1.703,07	-	1.363,44	1.533,87	-	1.214,40	1.366
	II	24.653	846,09	1.972,24	2.218,77	622,48	1.821,92	2.049,66	398,76	1.671,52	1.880,46	175,04	1.521,12	1.711,26	-	1.370,72	1.542,06	-	1.221,44	1.374,12	-	1.077,92	1.212
	III	17.926	-	1.434,08	1.613,34	-	1.312,16	1.476,18	-	1.193,28	1.342,44	-	1.077,44	1.212,12	-	964,64	1.085,22	-	854,88	961,74	-	748,32	841
	IV	26.443	1.059,10	2.115,44	2.379,87	947,24	2.040,24	2.295,27	835,38	1.965,04	2.210,67	723,52	1.889,84	2.126,07	611,66	1.814,64	2.041,47	499,80	1.739,44	1.956,87	387,94	1.664,24	1.872
	V	32.616	1.793,68	2.609,28	2.935,44																		
	VI	33.148	1.823,14	2.651,84	2.983,32																		
101.699,99 (Ost)	I	26.536	1.070,16	2.122,88	2.388,24	846,44	1.972,48	2.219,04	622,72	1.822,08	2.049,84	399,12	1.671,76	1.880,73	175,40	1.521,36	1.711,53	-	1.370,96	1.542,33	-	1.221,68	1.374
	II	24.747	857,27	1.979,76	2.227,23	633,55	1.829,36	2.058,03	409,83	1.678,96	1.888,83	186,11	1.528,56	1.719,63	-	1.378,16	1.550,43	-	1.228,80	1.382,40	-	1.084,96	1.220
	III	18.004	-	1.440,32	1.620,36	-	1.318,24	1.483,02	-	1.199,04	1.348,92	-	1.083,04	1.218,42	-	970,24	1.091,52	-	860,32	967,86	-	753,60	847
	IV	26.536	1.070,16	2.122,88	2.388,24	958,30	2.047,68	2.303,64	846,44	1.972,48	2.219,04	734,58	1.897,28	2.134,44	622,72	1.822,08	2.049,84	510,86	1.746,88	1.965,24	399,12	1.671,76	1.880
	V	32.710	1.799,05	2.616,80	2.943,90																		
	VI	33.241	1.828,25	2.659,28	2.991,69																		
101.735,99 (West)	I	26.458	1.060,88	2.116,64	2.381,22	837,16	1.966,24	2.212,02	613,44	1.815,84	2.042,82	389,72	1.665,44	1.873,62	166,00	1.515,04	1.704,42	-	1.364,64	1.535,22	-	1.215,60	1.367
	II	24.669	847,99	1.973,52	2.220,21	624,27	1.823,12	2.051,01	400,55	1.672,72	1.881,81	176,83	1.522,32	1.712,61	-	1.371,92	1.543,41	-	1.222,64	1.375,47	-	1.079,04	1.213
	III	17.940	-	1.435,20	1.614,60	-	1.313,12	1.477,26	-	1.194,08	1.343,34	-	1.078,24	1.213,02	-	965,44	1.086,12	-	855,84	962,82	-	749,28	842
	IV	26.458	1.060,88	2.116,64	2.381,22	949,02	2.041,44	2.296,62	837,16	1.966,24	2.212,02	725,30	1.891,04	2.127,42	613,44	1.815,84	2.042,82	501,58	1.740,64	1.958,22	389,72	1.665,44	1.873
	V	32.631	1.794,70	2.610,48	2.936,79																		
	VI	33.163	1.823,96	2.653,04	2.984,67																		
101.735,99 (Ost)	I	26.551	1.071,95	2.124,08	2.389,59	848,23	1.973,68	2.220,39	624,63	1.823,36	2.051,28	400,91	1.672,96	1.882,08	177,19	1.522,56	1.712,88	-	1.372,16	1.543,68	-	1.222,88	1.375
	II	24.762	859,06	1.980,96	2.228,58	635,34	1.830,56	2.059,38	411,62	1.680,16	1.890,18	187,90	1.529,76	1.720,98	-	1.379,44	1.551,87	-	1.230,00	1.383,75	-	1.086,08	1.221
	III	18.016	-	1.441,28	1.621,44	-	1.319,20	1.484,10	-	1.200,00	1.350,00	-	1.084,00	1.219,50	-	971,04	1.092,42	-	861,28	968,94	-	754,40	848
	IV	26.551	1.071,95	2.124,08	2.389,59	960,09	2.048,88	2.304,99	848,23	1.973,68	2.220,39	736,49	1.898,56	2.135,88	624,63	1.823,36	2.051,28	512,77	1.748,16	1.966,68	400,91	1.672,96	1.882
	V	32.725	1.799,87	2.618,00	2.945,25																		
	VI	33.256	1.829,08	2.660,48	2.993,04																		
101.771,99 (West)	I	26.473	1.062,67	2.117,84	2.382,57	838,95	1.967,44	2.213,37	615,23	1.817,04	2.044,17	391,51	1.666,64	1.874,97	167,79	1.516,24	1.705,77	-	1.365,84	1.536,57	-	1.216,72	1.368
	II	24.684	849,77	1.974,72	2.221,56	626,05	1.824,32	2.052,36	402,33	1.673,92	1.883,16	178,61	1.523,52	1.713,96	-	1.373,12	1.544,76	-	1.223,84	1.376,82	-	1.080,24	1.215
	III	17.952	-	1.436,16	1.615,68	-	1.314,08	1.478,34	-	1.195,04	1.344,42	-	1.079,20	1.214,10	-	966,40	1.087,20	-	856,64	963,72	-	750,08	843
	IV	26.473	1.062,67	2.117,84	2.382,57	950,81	2.042,64	2.297,97	838,95	1.967,44	2.213,37	727,09	1.892,24	2.128,77	615,23	1.817,04	2.044,17	503,37	1.741,84	1.959,57	391,51	1.666,64	1.874
	V	32.646	1.795,53	2.611,68	2.938,14																		
	VI	33.178	1.824,79	2.654,24	2.986,02																		
101.771,99 (Ost)	I	26.567	1.073,85	2.125,36	2.391,03	850,13	1.974,96	2.221,83	626,41	1.824,56	2.052,63	402,69	1.674,16	1.883,43	178,97	1.523,76	1.714,23	-	1.373,36	1.545,03	-	1.224,08	1.377
	II	24.777	860,84	1.982,16	2.229,93	637,12	1.831,76	2.060,73	413,40	1.681,36	1.891,53	189,80	1.531,04	1.722,42	-	1.380,64	1.553,22	-	1.231,12	1.385,01	-	1.087,20	1.223
	III	18.030	-	1.442,40	1.622,70	-	1.320,16	1.485,18	-	1.200,96	1.351,08	-	1.084,96	1.220,58	-	972,00	1.093,50	-	862,08	969,84	-	755,36	849
	IV	26.567	1.073,85	2.125,36	2.391,03	961,99	2.050,16	2.306,43	850,13	1.974,96	2.221,83	738,27	1.899,76	2.137,23	626,41	1.824,56	2.052,63	514,55	1.749,36	1.968,03	402,69	1.674,16	1.883
	V	32.740	1.800,70	2.619,20	2.946,60																		
	VI	33.272	1.829,96	2.661,76	2.994,48																		
101.807,99 (West)	I	26.488	1.064,45	2.119,04	2.383,92	840,73	1.968,64	2.214,72	617,01	1.818,24	2.045,52	393,29	1.667,84	1.876,32	169,57	1.517,44	1.707,12	-	1.367,04	1.537,92	-	1.217,92	1.370,
	II	24.699	851,56	1.975,92	2.222,91	627,84	1.825,52	2.053,71	404,12	1.675,12	1.884,51	180,40	1.524,72	1.715,31	-	1.374,32	1.546,11	-	1.225,04	1.378,17	-	1.081,36	1.216,
	III	17.964	-	1.437,12	1.616,76	-	1.315,04	1.479,42	-	1.196,00	1.345,50	-	1.080,16	1.215,18	-	967,36	1.088,28	-	857,60	964,80	-	750,88	844,
	IV	26.488	1.064,45	2.119,04	2.383,92	952,59	2.043,84	2.299,32	840,73	1.968,64	2.214,72	728,87	1.893,44	2.130,12	617,01	1.818,24	2.045,52	505,15	1.743,04	1.960,92	393,29	1.667,84	1.876,
	V	32.661	1.796,35	2.612,88	2.939,49																		
	VI	33.193	1.825,61	2.655,44	2.987,37																		
101.807,99 (Ost)	I	26.582	1.075,64	2.126,56	2.392,38	851,92	1.976,16	2.223,18	628,20	1.825,76	2.053,98	404,48	1.675,36	1.884,78	180,76	1.524,96	1.715,58	-	1.374,56	1.546,38	-	1.225,20	1.378,
	II	24.792	862,63	1.983,36	2.231,28	639,03	1.833,04	2.062,17	415,31	1.682,64	1.892,97	191,59	1.532,24	1.723,77	-	1.381,84	1.554,57	-	1.232,32	1.386,36	-	1.088,32	1.224,
	III	18.042	-	1.443,36	1.623,78	-	1.321,12	1.486,26	-	1.201,92	1.352,16	-	1.085,92	1.221,66	-	972,80	1.094,40	-	863,04	970,92	-	756,16	850,
	IV	26.582	1.075,64	2.126,56	2.392,38	963,78	2.051,36	2.307,78	851,92	1.976,16	2.223,18	740,06	1.900,96	2.138,58	628,20	1.825,76	2.053,98	516,34	1.750,56	1.969,38	404,48	1.675,36	1.884,
	V	32.755	1.801,52	2.620,40	2.947,95																		
	VI	33.287	1.830,78	2.662,96	2.995,83																		
101.843,99 (West)	I	26.503	1.066,24	2.120,24	2.385,27	842,52	1.969,84	2.216,07	618,80	1.819,44	2.046,87	395,08	1.669,04	1.877,67	171,36	1.518,64	1.708,47	-	1.368,32	1.539,36	-	1.219,12	1.371,
	II	24.714	853,34	1.977,12	2.224,26	629,62	1.826,72	2.055,06	405,90	1.676,32	1.885,86	182,18	1.525,92	1.716,66	-	1.375,52	1.547,46	-	1.226,16	1.379,43	-	1.082,48	1.217,
	III	17.976	-	1.438,08	1.617,84	-	1.316,00	1.480,50	-	1.196,96	1.346,58	-	1.081,12	1.216,26	-	968,16	1.089,18	-	858,40	965,70	-	751,68	845,
	IV	26.503	1.066,24	2.120,24	2.385,27	954,38	2.045,04	2.300,67	842,52	1.969,84	2.216,07	730,66	1.894,64	2.131,47	618,80	1.819,44	2.046,87	506,94	1.744,24	1.962,27	395,08	1.669,04	1.877,
	V	32.676	1.797,18	2.614,08	2.940,84																		
	VI	33.208	1.826,44	2.656,64	2.988,72																		
101.843,99 (Ost)	I	26.597	1.077,42	2.127,76	2.393,73	853,70	1.977,36	2.224,53	629,98	1.826,96	2.055,33	406,26	1.676,56	1.886,13	182,54	1.526,16	1.716,93	-	1.375,76	1.547,73	-	1.226,40	1.379,
	II	24.808	864,53	1.984,64	2.232,72	640,81	1.834,24	2.063,52	417,09	1.683,84	1.894,32	193,37	1.533,44	1.725,12	-	1.383,04	1.555,92	-	1.233,52	1.387,71	-	1.089,52	1.225,
	III	18.054	-	1.444,32	1.624,86	-	1.322,08	1.487,34	-	1.202,88	1.353,24	-	1.086,72	1.222,56	-	973,76	1.095,48	-	863,84	971,82	-	756,96	851,
	IV	26.597	1.077,42	2.127,76	2.393,73	965,56	2.052,56	2.309,13	853,70	1.977,36	2.224,53	741,84	1.902,16	2.139,93	629,98	1.826,96	2.055,33	518,12	1.751,76	1.970,73	406,26	1.676,56	1.886,
	V	32.770	1.802,35	2.621,60	2.949,30																		
	VI	33.302	1.831,61	2.664,16	2.997,18																		
101.879,99 (West)	I	26.518	1.068,02	2.121,44	2.386,62	844,30	1.971,04	2.217,42	620,58	1.820,64	2.048,22	396,86	1.670,24	1.879,02	173,26	1.519,92	1.709,91	-	1.369,52	1.540,71	-	1.220,32	1.372,
	II	24.729	855,13	1.978,32	2.225,61	631,41	1.827,92	2.056,41	407,69	1.677,52	1.887,21	183,97	1.527,12	1.718,01	-	1.376,72	1.548,81	-	1.227,36	1.380,78	-	1.083,60	1.219,
	III	17.990	-	1.439,20	1.619,10	-	1.316,96	1.481,58	-	1.197,92	1.347,66	-	1.081,92	1.217,16	-	969,12	1.090,26	-	859,36	966,78	-	752,64	846,
	IV	26.518	1.068,02	2.121,44	2.386,62	956,16	2.046,24	2.302,02	844,30	1.971,04	2.217,42	732,44	1.895,84	2.132,82	620,58	1.820,64	2.048,22	508,72	1.745,44	1.963,62	396,86	1.670,24	1.879,
	V	32.692	1.798,06	2.615,36	2.942,28																		
	VI	33.223	1.827,26	2.657,84	2.990,07																		
101.879,99 (Ost)	I	26.612	1.079,21	2.128,96	2.395,08	855,49	1.978,56	2.225,88	631,77	1.828,16	2.056,68	408,05	1.677,76	1.887,48	184,33	1.527,36	1.718,28	-	1.376,96	1.549,08	-	1.227,60	1.381,
	II	24.823	866,32	1.985,84	2.234,07	642,60	1.835,44	2.064,87	418,88	1.685,04	1.895,67	195,16	1.534,64	1.726,47	-	1.384,24	1.557,27	-	1.234,72	1.389,06	-	1.090,64	1.226,
	III	18.066	-	1.445,28	1.625,94	-	1.323,04	1.488,42	-	1.203,84	1.354,32	-	1.087,68	1.223,64	-	974,72	1.096,56	-	864,80	972,90	-	757,92	852,
	IV	26.612	1.079,21	2.128,96	2.395,08	967,35	2.053,76	2.310,48	855,49	1.978,56	2.225,88	743,63	1.903,36	2.141,28	631,77	1.828,16	2.056,68	519,91	1.752,96	1.972,08	408,05	1.677,76	1.887,
	V	32.785	1.803,17	2.622,80	2.950,65																		
	VI	33.317	1.832,43	2.665,36	2.998,53																		
101.915,99 (West)	I	26.533	1.069,81	2.122,64	2.387,97	846,09	1.972,24	2.218,77	622,48	1.821,92	2.049,66	398,76	1.671,52	1.880,46	175,04	1.521,12	1.711,26	-	1.370,72	1.542,06	-	1.221,44	1.374,
	II	24.744	856,91	1.979,52	2.226,96	633,19	1.829,12	2.057,76	409,47	1.678,72	1.888,56	185,75	1.528,32	1.719,36	-	1.377,92	1.550,16	-	1.228,56	1.382,13	-	1.084,72	1.220,
	III	18.002	-	1.440,16	1.620,18	-	1.317,92	1.482,66	-	1.198,88	1.348,74	-	1.082,88	1.218,24	-	969,92	1.091,16	-	860,16	967,68	-	753,44	847,
	IV	26.533	1.069,81	2.122,64	2.387,97	957,95	2.047,44	2.303,37	846,09	1.972,24	2.218,77	734,23	1.897,04	2.134,17	622,48	1.821,92	2.049,66	510,62	1.746,72	1.965,06	398,76	1.671,52	1.880,
	V	32.707	1.798,88	2.616,56	2.943,63																		
	VI	33.238	1.828,09	2.659,04	2.991,42																		
101.915,99 (Ost)	I	26.627	1.080,99	2.130,16	2.396,43	857,27	1.979,76	2.227,23	633,55	1.829,36	2.058,03	409,83	1.678,96	1.888,83	186,11	1.528,56	1.719,63	-	1.378,16	1.550,43	-	1.228,80	1.382,
	II	24.838	868,10	1.987,04	2.235,42	644,38	1.836,64	2.066,22	420,66	1.686,24	1.897,02	196,94	1.535,84	1.727,82	-	1.385,44	1.558,62	-	1.235,84	1.390,32	-	1.091,76	1.228,
	III	18.078	-	1.446,24	1.627,02	-	1.324,00	1.489,50	-	1.204,80	1.355,40	-	1.088,64	1.224,72	-	975,52	1.097,46	-	865,60	973,80	-	758,72	853,
	IV	26.627	1.080,99	2.130,16	2.396,43	969,13	2.054,96	2.311,83	857,27	1.979,76	2.227,23	745,41	1.904,56	2.142,63	633,55	1.829,36	2.058,03	521,69	1.754,16	1.973,43	409,83	1.678,96	1.888,
	V	32.800	1.804,00	2.624,00	2.952,00																		
	VI	33.332	1.833,26	2.666,56	2.999,88																		

SolZ/KiSt lt. Tabelle nicht für Sonstige Bezüge anwendbar.

Lohn/ Gehalt bis	Steuerklasse	Lohn-steuer	ohne Kinderfreibetrag			Anzahl Kinderfreibeträge (nur Steuerklassen I–IV)																	
						0,5			1,0			1,5			2,0			2,5			3,0		
			SolZ 5,5%	Kirchensteuer 8%	9%	SolZ 5,5%	Kirchensteuer 8%	9%	SolZ 5,5%	Kirchensteuer 8%	9%	SolZ 5,5%	Kirchensteuer 8%	9%	SolZ 5,5%	Kirchensteuer 8%	9%	SolZ 5,5%	Kirchensteuer 8%	9%	SolZ 5,5%	Kirchensteuer 8%	9%
1.951,99 (West)	I	26.548	1.071,59	2.123,84	2.389,32	847,99	1.973,52	2.220,21	624,27	1.823,12	2.051,01	400,55	1.672,72	1.881,81	176,83	1.522,32	1.712,61	-	1.371,92	1.543,41	-	1.222,64	1.375,47
	II	24.759	858,70	1.980,72	2.228,31	634,98	1.830,32	2.059,11	411,26	1.679,92	1.889,91	187,66	1.529,60	1.720,80	-	1.379,20	1.551,60	-	1.229,76	1.383,48	-	1.085,84	1.221,57
	III	18.014	-	1.441,12	1.621,26	-	1.318,88	1.483,74	-	1.199,84	1.349,82	-	1.083,84	1.219,32	-	970,88	1.092,24	-	861,12	968,76	-	754,24	848,52
	IV	26.548	1.071,59	2.123,84	2.389,32	959,85	2.048,72	2.304,81	847,99	1.973,52	2.220,21	736,13	1.898,32	2.135,61	624,27	1.823,12	2.051,01	512,41	1.747,92	1.966,41	400,55	1.672,72	1.881,81
	V	32.722	1.799,71	2.617,76	2.944,98																		
	VI	33.253	1.828,91	2.660,24	2.992,77																		
1.951,99 (Ost)	I	26.642	1.082,78	2.131,36	2.397,78	859,06	1.980,96	2.228,58	635,34	1.830,56	2.059,38	411,62	1.680,16	1.890,18	187,90	1.529,76	1.720,98	-	1.379,44	1.551,87	-	1.230,00	1.383,75
	II	24.853	869,89	1.988,24	2.236,77	646,17	1.837,84	2.067,57	422,45	1.687,44	1.898,37	198,73	1.537,04	1.729,17	-	1.386,64	1.559,97	-	1.237,04	1.391,67	-	1.092,88	1.229,49
	III	18.092	-	1.447,36	1.628,28	-	1.324,96	1.490,58	-	1.205,76	1.356,48	-	1.089,60	1.225,80	-	976,48	1.098,54	-	866,40	974,70	-	759,52	854,46
	IV	26.642	1.082,78	2.131,36	2.397,78	970,92	2.056,16	2.313,18	859,06	1.980,96	2.228,58	747,20	1.905,76	2.143,98	635,34	1.830,56	2.059,38	523,48	1.755,36	1.974,78	411,62	1.680,16	1.890,18
	V	32.815	1.804,82	2.625,20	2.953,35																		
	VI	33.347	1.834,08	2.667,76	3.001,23																		
1.987,99 (West)	I	26.564	1.073,49	2.125,12	2.390,76	849,77	1.974,72	2.221,56	626,05	1.824,32	2.052,36	402,33	1.673,92	1.883,16	178,61	1.523,52	1.713,96	-	1.373,12	1.544,76	-	1.223,84	1.376,82
	II	24.774	860,48	1.981,92	2.229,66	636,76	1.831,52	2.060,46	413,16	1.681,20	1.891,35	189,44	1.530,80	1.722,15	-	1.380,40	1.552,95	-	1.230,88	1.384,74	-	1.086,96	1.222,83
	III	18.026	-	1.442,08	1.622,34	-	1.319,84	1.484,82	-	1.200,80	1.350,90	-	1.084,80	1.220,40	-	971,84	1.093,32	-	861,92	969,66	-	755,20	849,60
	IV	26.564	1.073,49	2.125,12	2.390,76	961,63	2.049,92	2.306,16	849,77	1.974,72	2.221,56	737,91	1.899,52	2.136,96	626,05	1.824,32	2.052,36	514,19	1.749,12	1.967,76	402,33	1.673,92	1.883,16
	V	32.737	1.800,53	2.618,96	2.946,33																		
	VI	33.269	1.829,79	2.661,52	2.994,21																		
1.987,99 (Ost)	I	26.657	1.084,56	2.132,56	2.399,13	860,84	1.982,16	2.229,93	637,12	1.831,76	2.060,73	413,40	1.681,36	1.891,53	189,80	1.531,04	1.722,42	-	1.380,64	1.553,22	-	1.231,12	1.385,01
	II	24.868	871,67	1.989,44	2.238,12	647,95	1.839,04	2.068,92	424,23	1.688,64	1.899,72	200,51	1.538,24	1.730,52	-	1.387,84	1.561,32	-	1.238,24	1.393,02	-	1.094,00	1.230,75
	III	18.104	-	1.448,32	1.629,36	-	1.325,92	1.491,66	-	1.206,72	1.357,56	-	1.090,40	1.226,70	-	977,28	1.099,44	-	867,36	975,78	-	760,48	855,54
	IV	26.657	1.084,56	2.132,56	2.399,13	972,70	2.057,36	2.314,53	860,84	1.982,16	2.229,93	748,98	1.906,96	2.145,33	637,12	1.831,76	2.060,73	525,26	1.756,56	1.976,13	413,40	1.681,36	1.891,53
	V	32.831	1.805,70	2.626,48	2.954,79																		
	VI	33.362	1.834,91	2.668,96	3.002,58																		
2.023,99 (West)	I	26.579	1.075,28	2.126,32	2.392,11	851,56	1.975,92	2.222,91	627,84	1.825,52	2.053,71	404,12	1.675,12	1.884,51	180,40	1.524,72	1.715,31	-	1.374,32	1.546,11	-	1.225,04	1.378,17
	II	24.790	862,39	1.983,20	2.231,10	638,67	1.832,80	2.061,90	414,95	1.682,40	1.892,70	191,23	1.532,00	1.723,50	-	1.381,60	1.554,30	-	1.232,08	1.386,09	-	1.088,16	1.224,18
	III	18.038	-	1.443,04	1.623,42	-	1.320,80	1.485,90	-	1.201,76	1.351,98	-	1.085,60	1.221,30	-	972,64	1.094,22	-	862,72	970,56	-	756,00	850,50
	IV	26.579	1.075,28	2.126,32	2.392,11	963,42	2.051,12	2.307,51	851,56	1.975,92	2.222,91	739,70	1.900,72	2.138,31	627,84	1.825,52	2.053,71	515,98	1.750,32	1.969,11	404,12	1.675,12	1.884,51
	V	32.752	1.801,36	2.620,16	2.947,68																		
	VI	33.284	1.830,62	2.662,72	2.995,56																		
2.023,99 (Ost)	I	26.672	1.086,35	2.133,76	2.400,48	862,63	1.983,36	2.231,28	639,03	1.833,04	2.062,17	415,31	1.682,64	1.892,97	191,59	1.532,24	1.723,77	-	1.381,84	1.554,57	-	1.232,32	1.386,36
	II	24.883	873,46	1.990,64	2.239,47	649,74	1.840,24	2.070,27	426,02	1.689,84	1.901,07	202,30	1.539,44	1.731,87	-	1.389,04	1.562,67	-	1.239,44	1.394,37	-	1.095,12	1.232,01
	III	18.116	-	1.449,28	1.630,44	-	1.326,88	1.492,74	-	1.207,68	1.358,64	-	1.091,36	1.227,78	-	978,24	1.100,52	-	868,16	976,68	-	761,28	856,44
	IV	26.672	1.086,35	2.133,76	2.400,48	974,49	2.058,56	2.315,88	862,63	1.983,36	2.231,28	750,77	1.908,16	2.146,68	639,03	1.833,04	2.062,17	527,17	1.757,84	1.977,57	415,31	1.682,64	1.892,97
	V	32.846	1.806,53	2.627,68	2.956,14																		
	VI	33.377	1.835,73	2.670,16	3.003,93																		
2.059,99 (West)	I	26.594	1.077,06	2.127,52	2.393,46	853,34	1.977,12	2.224,26	629,62	1.826,72	2.055,06	405,90	1.676,32	1.885,86	182,18	1.525,92	1.716,66	-	1.375,52	1.547,46	-	1.226,16	1.379,43
	II	24.805	864,17	1.984,40	2.232,45	640,45	1.834,00	2.063,25	416,73	1.683,60	1.894,05	193,01	1.533,20	1.724,85	-	1.382,80	1.555,65	-	1.233,28	1.387,44	-	1.089,28	1.225,44
	III	18.052	-	1.444,16	1.624,68	-	1.321,92	1.487,16	-	1.202,72	1.353,06	-	1.086,56	1.222,38	-	973,60	1.095,30	-	863,68	971,64	-	756,80	851,40
	IV	26.594	1.077,06	2.127,52	2.393,46	965,20	2.052,32	2.308,86	853,34	1.977,12	2.224,26	741,48	1.901,92	2.139,66	629,62	1.826,72	2.055,06	517,76	1.751,52	1.970,46	405,90	1.676,32	1.885,86
	V	32.767	1.802,18	2.621,36	2.949,03																		
	VI	33.299	1.831,44	2.663,92	2.996,91																		
2.059,99 (Ost)	I	26.687	1.088,13	2.134,96	2.401,83	864,53	1.984,64	2.232,72	640,81	1.834,24	2.063,52	417,09	1.683,84	1.894,32	193,37	1.533,44	1.725,12	-	1.383,04	1.555,92	-	1.233,52	1.387,71
	II	24.898	875,24	1.991,84	2.240,82	651,52	1.841,44	2.071,62	427,80	1.691,04	1.902,42	204,20	1.540,72	1.733,31	-	1.390,32	1.564,11	-	1.240,64	1.395,72	-	1.096,32	1.233,36
	III	18.128	-	1.450,24	1.631,52	-	1.327,84	1.493,82	-	1.208,48	1.359,54	-	1.092,32	1.228,86	-	979,20	1.101,60	-	869,12	977,76	-	762,08	857,34
	IV	26.687	1.088,13	2.134,96	2.401,83	976,39	2.059,84	2.317,32	864,53	1.984,64	2.232,72	752,67	1.909,44	2.148,12	640,81	1.834,24	2.063,52	528,95	1.759,04	1.978,92	417,09	1.683,84	1.894,32
	V	32.861	1.807,35	2.628,88	2.957,49																		
	VI	33.393	1.836,61	2.671,44	3.005,37																		
2.095,99 (West)	I	26.609	1.078,85	2.128,72	2.394,81	855,13	1.978,32	2.225,61	631,41	1.827,92	2.056,41	407,69	1.677,52	1.887,21	183,97	1.527,12	1.718,01	-	1.376,72	1.548,81	-	1.227,36	1.380,78
	II	24.820	865,96	1.985,60	2.233,80	642,24	1.835,20	2.064,60	418,52	1.684,80	1.895,40	194,80	1.534,40	1.726,20	-	1.384,00	1.557,00	-	1.234,48	1.388,79	-	1.090,40	1.226,70
	III	18.064	-	1.445,12	1.625,76	-	1.322,88	1.488,24	-	1.203,68	1.354,14	-	1.087,52	1.223,46	-	974,40	1.096,20	-	864,48	972,54	-	757,60	852,30
	IV	26.609	1.078,85	2.128,72	2.394,81	966,99	2.053,52	2.310,21	855,13	1.978,32	2.225,61	743,27	1.903,12	2.141,01	631,41	1.827,92	2.056,41	519,55	1.752,72	1.971,81	407,69	1.677,52	1.887,21
	V	32.782	1.803,01	2.622,56	2.950,38																		
	VI	33.314	1.832,27	2.665,12	2.998,26																		
2.095,99 (Ost)	I	26.703	1.090,04	2.136,24	2.403,27	866,32	1.985,84	2.234,07	642,60	1.835,44	2.064,87	418,88	1.685,04	1.895,67	195,16	1.534,64	1.726,47	-	1.384,24	1.557,27	-	1.234,72	1.389,06
	II	24.913	877,03	1.993,04	2.242,17	653,31	1.842,64	2.072,97	429,70	1.692,32	1.903,86	205,98	1.541,92	1.734,66	-	1.391,52	1.565,46	-	1.241,84	1.397,07	-	1.097,44	1.234,62
	III	18.142	-	1.451,36	1.632,78	-	1.328,80	1.494,90	-	1.209,44	1.360,62	-	1.093,28	1.229,94	-	980,00	1.102,50	-	869,92	978,66	-	762,88	858,24
	IV	26.703	1.090,04	2.136,24	2.403,27	978,18	2.061,04	2.318,67	866,32	1.985,84	2.234,07	754,46	1.910,64	2.149,47	642,60	1.835,44	2.064,87	530,74	1.760,24	1.980,27	418,88	1.685,04	1.895,67
	V	32.876	1.808,18	2.630,08	2.958,84																		
	VI	33.408	1.837,44	2.672,64	3.006,72																		
2.131,99 (West)	I	26.624	1.080,63	2.129,92	2.396,16	856,91	1.979,52	2.226,96	633,19	1.829,12	2.057,76	409,47	1.678,72	1.888,56	185,75	1.528,32	1.719,36	-	1.377,92	1.550,16	-	1.228,56	1.382,13
	II	24.835	867,74	1.986,80	2.235,15	644,02	1.836,40	2.065,95	420,30	1.686,00	1.896,75	196,58	1.535,60	1.727,55	-	1.385,20	1.558,35	-	1.235,68	1.390,14	-	1.091,52	1.227,96
	III	18.076	-	1.446,08	1.626,84	-	1.323,84	1.489,32	-	1.204,48	1.355,04	-	1.088,48	1.224,54	-	975,36	1.097,28	-	865,44	973,62	-	758,56	853,38
	IV	26.624	1.080,63	2.129,92	2.396,16	968,77	2.054,72	2.311,56	856,91	1.979,52	2.226,96	745,05	1.904,32	2.142,36	633,19	1.829,12	2.057,76	521,33	1.753,92	1.973,16	409,47	1.678,72	1.888,56
	V	32.797	1.803,83	2.623,76	2.951,73																		
	VI	33.329	1.833,09	2.666,32	2.999,61																		
2.131,99 (Ost)	I	26.718	1.091,82	2.137,44	2.404,62	868,10	1.987,04	2.235,42	644,38	1.836,64	2.066,22	420,66	1.686,24	1.897,02	196,94	1.535,84	1.727,82	-	1.385,44	1.558,62	-	1.235,84	1.390,32
	II	24.929	878,93	1.994,32	2.243,61	655,21	1.843,92	2.074,41	431,49	1.693,52	1.905,21	207,77	1.543,12	1.736,01	-	1.392,72	1.566,81	-	1.242,96	1.398,33	-	1.098,56	1.235,88
	III	18.154	-	1.452,32	1.633,86	-	1.329,76	1.495,98	-	1.210,40	1.361,70	-	1.094,08	1.230,84	-	980,96	1.103,58	-	870,88	979,74	-	763,84	859,32
	IV	26.718	1.091,82	2.137,44	2.404,62	979,96	2.062,24	2.320,02	868,10	1.987,04	2.235,42	756,24	1.911,84	2.150,82	644,38	1.836,64	2.066,22	532,52	1.761,44	1.981,62	420,66	1.686,24	1.897,02
	V	32.891	1.809,00	2.631,28	2.960,19																		
	VI	33.423	1.838,26	2.673,84	3.008,07																		
2.167,99 (West)	I	26.639	1.082,42	2.131,12	2.397,51	858,70	1.980,72	2.228,31	634,98	1.830,32	2.059,11	411,26	1.679,92	1.889,91	187,66	1.529,60	1.720,80	-	1.379,20	1.551,60	-	1.229,76	1.383,48
	II	24.850	869,53	1.988,00	2.236,50	645,81	1.837,60	2.067,30	422,09	1.687,20	1.898,10	198,37	1.536,80	1.728,90	-	1.386,40	1.559,70	-	1.236,80	1.391,40	-	1.092,64	1.229,22
	III	18.088	-	1.447,00	1.627,92	-	1.324,80	1.490,40	-	1.205,44	1.356,12	-	1.089,28	1.225,44	-	976,32	1.098,36	-	866,24	974,52	-	759,36	854,28
	IV	26.639	1.082,42	2.131,12	2.397,51	970,56	2.055,92	2.312,91	858,70	1.980,72	2.228,31	746,84	1.905,52	2.143,71	634,98	1.830,32	2.059,11	523,12	1.755,12	1.974,51	411,26	1.679,92	1.889,91
	V	32.812	1.804,66	2.624,96	2.953,08																		
	VI	33.344	1.833,92	2.667,52	3.000,96																		
2.167,99 (Ost)	I	26.733	1.093,61	2.138,64	2.405,97	869,89	1.988,24	2.236,77	646,17	1.837,84	2.067,57	422,45	1.687,44	1.898,37	198,73	1.537,04	1.729,17	-	1.386,64	1.559,97	-	1.237,04	1.391,67
	II	24.944	880,71	1.995,52	2.244,96	656,99	1.845,12	2.075,76	433,27	1.694,72	1.906,56	209,55	1.544,32	1.737,36	-	1.393,92	1.568,16	-	1.244,16	1.399,68	-	1.099,68	1.237,14
	III	18.166	-	1.453,28	1.634,94	-	1.330,88	1.497,24	-	1.211,36	1.362,78	-	1.095,04	1.231,92	-	981,92	1.104,66	-	871,68	980,64	-	764,64	860,22
	IV	26.733	1.093,61	2.138,64	2.405,97	981,75	2.063,44	2.321,37	869,89	1.988,24	2.236,77	758,03	1.913,04	2.152,17	646,17	1.837,84	2.067,57	534,31	1.762,64	1.982,97	422,45	1.687,44	1.898,37
	V	32.906	1.809,83	2.632,48	2.961,54																		
	VI	33.438	1.839,09	2.675,04	3.009,42																		

SolZ/KiSt lt. Tabelle nicht für Sonstige Bezüge anwendbar.

JAHR bis 102.419,99 €

Allgemeine Tabelle

Lohn/Gehalt bis	Steuerklasse	Lohnsteuer	ohne Kinderfreibetrag SolZ 5,5%	ohne Kinderfreibetrag Kirchensteuer 8%	ohne Kinderfreibetrag Kirchensteuer 9%	0,5 SolZ 5,5%	0,5 Kirchensteuer 8%	0,5 Kirchensteuer 9%	1,0 SolZ 5,5%	1,0 Kirchensteuer 8%	1,0 Kirchensteuer 9%	1,5 SolZ 5,5%	1,5 Kirchensteuer 8%	1,5 Kirchensteuer 9%	2,0 SolZ 5,5%	2,0 Kirchensteuer 8%	2,0 Kirchensteuer 9%	2,5 SolZ 5,5%	2,5 Kirchensteuer 8%	2,5 Kirchensteuer 9%	3,0 SolZ 5,5%	3,0 Kirchensteuer 8%	3,0 Kirchensteuer 9%
102.203,99 (West)	I	26.654	1.084,20	2.132,32	2.398,86	860,48	1.981,92	2.229,66	636,76	1.831,52	2.060,46	413,16	1.681,20	1.891,35	189,44	1.530,80	1.722,15	-	1.380,40	1.552,95	-	1.230,88	1.384
	II	24.865	871,31	1.989,20	2.237,85	647,59	1.838,80	2.068,65	423,87	1.688,40	1.899,45	200,15	1.538,00	1.730,25	-	1.387,60	1.561,05	-	1.238,00	1.392,75	-	1.093,84	1.230
	III	18.102	-	1.448,16	1.629,18	-	1.325,76	1.491,48	-	1.206,40	1.357,20	-	1.090,24	1.226,52	-	977,12	1.099,26	-	867,20	975,60	-	760,16	855
	IV	26.654	1.084,20	2.132,32	2.398,86	972,34	2.057,12	2.314,26	860,48	1.981,92	2.229,66	748,62	1.906,72	2.145,06	636,76	1.831,52	2.060,46	525,02	1.756,40	1.975,95	413,16	1.681,20	1.891
	V	32.828	1.805,54	2.626,24	2.954,52																		
	VI	33.359	1.834,74	2.668,72	3.002,31																		
102.203,99 (Ost)	I	26.748	1.095,39	2.139,84	2.407,32	871,67	1.989,44	2.238,12	647,95	1.839,04	2.068,92	424,23	1.688,64	1.899,72	200,51	1.538,24	1.730,52	-	1.387,84	1.561,32	-	1.238,24	1.393
	II	24.959	882,50	1.996,72	2.246,31	658,78	1.846,32	2.077,11	435,06	1.695,92	1.907,91	211,34	1.545,52	1.738,71	-	1.395,12	1.569,51	-	1.245,36	1.401,03	-	1.100,80	1.238
	III	18.178	-	1.454,24	1.636,02	-	1.331,84	1.498,32	-	1.212,32	1.363,86	-	1.096,00	1.233,00	-	982,72	1.105,56	-	872,64	981,72	-	765,44	861
	IV	26.748	1.095,39	2.139,84	2.407,32	983,53	2.064,64	2.322,72	871,67	1.989,44	2.238,12	759,81	1.914,24	2.153,52	647,95	1.839,04	2.068,92	536,09	1.763,84	1.984,32	424,23	1.688,64	1.899
	V	32.921	1.810,65	2.633,68	2.962,89																		
	VI	33.453	1.839,91	2.676,24	3.010,77																		
102.239,99 (West)	I	26.669	1.085,99	2.133,52	2.400,21	862,39	1.983,20	2.231,10	638,67	1.832,80	2.061,90	414,95	1.682,40	1.892,70	191,23	1.532,00	1.723,50	-	1.381,60	1.554,30	-	1.232,08	1.386
	II	24.880	873,10	1.990,40	2.239,20	649,38	1.840,00	2.070,00	425,66	1.689,60	1.900,80	201,94	1.539,20	1.731,60	-	1.388,88	1.562,49	-	1.239,20	1.394,10	-	1.094,96	1.231
	III	18.114	-	1.449,12	1.630,26	-	1.326,72	1.492,56	-	1.207,36	1.358,28	-	1.091,20	1.227,60	-	978,08	1.100,34	-	868,00	976,50	-	761,12	856
	IV	26.669	1.085,99	2.133,52	2.400,21	974,13	2.058,32	2.315,61	862,39	1.983,20	2.231,10	750,53	1.908,00	2.146,50	638,67	1.832,80	2.061,90	526,81	1.757,60	1.977,30	414,95	1.682,40	1.892
	V	32.843	1.806,36	2.627,44	2.955,87																		
	VI	33.374	1.835,57	2.669,92	3.003,66																		
102.239,99 (Ost)	I	26.763	1.097,18	2.141,04	2.408,67	873,46	1.990,64	2.239,47	649,74	1.840,24	2.070,27	426,02	1.689,84	1.901,07	202,30	1.539,44	1.731,87	-	1.389,04	1.562,67	-	1.239,44	1.394
	II	24.974	884,28	1.997,92	2.247,66	660,56	1.847,52	2.078,46	436,84	1.697,12	1.909,26	213,12	1.546,72	1.740,06	-	1.396,32	1.570,86	-	1.246,56	1.402,38	-	1.102,00	1.239
	III	18.192	-	1.455,36	1.637,28	-	1.332,80	1.499,40	-	1.213,28	1.364,94	-	1.096,96	1.234,08	-	983,68	1.106,64	-	873,44	982,62	-	766,40	862
	IV	26.763	1.097,18	2.141,04	2.408,67	985,32	2.065,84	2.324,07	873,46	1.990,64	2.239,47	761,60	1.915,44	2.154,87	649,74	1.840,24	2.070,27	537,88	1.765,04	1.985,67	426,02	1.689,84	1.901
	V	32.936	1.811,48	2.634,88	2.964,24																		
	VI	33.468	1.840,74	2.677,44	3.012,12																		
102.275,99 (West)	I	26.685	1.087,89	2.134,80	2.401,65	864,17	1.984,40	2.232,45	640,45	1.834,00	2.063,25	416,73	1.683,60	1.894,05	193,01	1.533,20	1.724,85	-	1.382,80	1.555,65	-	1.233,28	1.387
	II	24.895	874,88	1.991,60	2.240,55	651,16	1.841,20	2.071,35	427,56	1.690,88	1.902,24	203,84	1.540,48	1.733,04	-	1.390,08	1.563,84	-	1.240,40	1.395,45	-	1.096,08	1.233
	III	18.126	-	1.450,08	1.631,34	-	1.327,68	1.493,64	-	1.208,32	1.359,36	-	1.092,16	1.228,68	-	978,88	1.101,24	-	868,96	977,58	-	761,92	857
	IV	26.685	1.087,89	2.134,80	2.401,65	976,03	2.059,60	2.317,05	864,17	1.984,40	2.232,45	752,31	1.909,20	2.147,85	640,45	1.834,00	2.063,25	528,59	1.758,80	1.978,65	416,73	1.683,60	1.894
	V	32.858	1.807,19	2.628,64	2.957,22																		
	VI	33.390	1.836,45	2.671,20	3.005,10																		
102.275,99 (Ost)	I	26.778	1.098,96	2.142,24	2.410,02	875,24	1.991,84	2.240,82	651,52	1.841,44	2.071,62	427,80	1.691,04	1.902,42	204,20	1.540,72	1.733,31	-	1.390,32	1.564,11	-	1.240,64	1.395
	II	24.989	886,07	1.999,12	2.249,01	662,35	1.848,72	2.079,81	438,63	1.698,32	1.910,61	214,91	1.547,92	1.741,41	-	1.397,52	1.572,21	-	1.247,76	1.403,73	-	1.103,12	1.241
	III	18.204	-	1.456,32	1.638,36	-	1.333,76	1.500,48	-	1.214,24	1.366,02	-	1.097,92	1.235,16	-	984,48	1.107,54	-	874,40	983,70	-	767,20	863
	IV	26.778	1.098,96	2.142,24	2.410,02	987,10	2.067,04	2.325,42	875,24	1.991,84	2.240,82	763,38	1.916,64	2.156,22	651,52	1.841,44	2.071,62	539,66	1.766,24	1.987,02	427,80	1.691,04	1.902
	V	32.952	1.812,36	2.636,16	2.965,68																		
	VI	33.483	1.841,56	2.678,64	3.013,47																		
102.311,99 (West)	I	26.700	1.089,68	2.136,00	2.403,00	865,96	1.985,60	2.233,80	642,24	1.835,20	2.064,60	418,52	1.684,80	1.895,40	194,80	1.534,40	1.726,20	-	1.384,00	1.557,00	-	1.234,48	1.388
	II	24.910	876,67	1.992,80	2.241,90	653,07	1.842,48	2.072,79	429,35	1.692,08	1.903,59	205,63	1.541,68	1.734,39	-	1.391,28	1.565,19	-	1.241,60	1.396,80	-	1.097,20	1.234
	III	18.138	-	1.451,04	1.632,42	-	1.328,64	1.494,72	-	1.209,28	1.360,44	-	1.092,96	1.229,58	-	979,84	1.102,32	-	869,76	978,48	-	762,72	858
	IV	26.700	1.089,68	2.136,00	2.403,00	977,82	2.060,80	2.318,40	865,96	1.985,60	2.233,80	754,10	1.910,40	2.149,20	642,24	1.835,20	2.064,60	530,38	1.760,00	1.980,00	418,52	1.684,80	1.895
	V	32.873	1.808,01	2.629,84	2.958,57																		
	VI	33.405	1.837,27	2.672,40	3.006,45																		
102.311,99 (Ost)	I	26.793	1.100,75	2.143,44	2.411,37	877,03	1.993,04	2.242,17	653,31	1.842,64	2.072,97	429,70	1.692,32	1.903,86	205,98	1.541,92	1.734,66	-	1.391,52	1.565,46	-	1.241,84	1.397
	II	25.004	887,85	2.000,32	2.250,36	664,13	1.849,92	2.081,16	440,41	1.699,52	1.911,96	216,69	1.549,12	1.742,76	-	1.398,72	1.573,56	-	1.248,96	1.405,08	-	1.104,24	1.242
	III	18.216	-	1.457,28	1.639,44	-	1.334,72	1.501,56	-	1.215,20	1.367,10	-	1.098,72	1.236,06	-	985,44	1.108,62	-	875,20	984,60	-	768,00	864
	IV	26.793	1.100,75	2.143,44	2.411,37	988,89	2.068,24	2.326,77	877,03	1.993,04	2.242,17	765,17	1.917,84	2.157,57	653,31	1.842,64	2.072,97	541,56	1.767,52	1.988,46	429,70	1.692,32	1.903
	V	32.967	1.813,18	2.637,36	2.967,03																		
	VI	33.498	1.842,39	2.679,84	3.014,82																		
102.347,99 (West)	I	26.715	1.091,46	2.137,20	2.404,35	867,74	1.986,80	2.235,15	644,02	1.836,40	2.065,95	420,30	1.686,00	1.896,75	196,58	1.535,60	1.727,55	-	1.385,20	1.558,35	-	1.235,68	1.390,
	II	24.926	878,57	1.994,08	2.243,34	654,85	1.843,68	2.074,14	431,13	1.693,28	1.904,94	207,41	1.542,88	1.735,74	-	1.392,48	1.566,54	-	1.242,80	1.398,15	-	1.098,32	1.235,
	III	18.150	-	1.452,00	1.633,50	-	1.329,60	1.495,80	-	1.210,24	1.361,52	-	1.093,92	1.230,66	-	980,80	1.103,40	-	870,56	979,38	-	763,68	859,
	IV	26.715	1.091,46	2.137,20	2.404,35	979,60	2.062,00	2.319,75	867,74	1.986,80	2.235,15	755,88	1.911,60	2.150,55	644,02	1.836,40	2.065,95	532,16	1.761,20	1.981,35	420,30	1.686,00	1.896,
	V	32.888	1.808,84	2.631,04	2.959,92																		
	VI	33.420	1.838,10	2.673,60	3.007,80																		
102.347,99 (Ost)	I	26.808	1.102,53	2.144,64	2.412,72	878,93	1.994,32	2.243,61	655,21	1.843,92	2.074,41	431,49	1.693,52	1.905,21	207,77	1.543,12	1.736,01	-	1.392,72	1.566,81	-	1.242,96	1.398,
	II	25.019	889,64	2.001,52	2.251,71	665,92	1.851,12	2.082,51	442,20	1.700,72	1.913,31	218,48	1.550,32	1.744,11	-	1.400,00	1.575,00	-	1.250,08	1.406,34	-	1.105,36	1.243,
	III	18.228	-	1.458,24	1.640,52	-	1.335,68	1.502,64	-	1.216,16	1.368,18	-	1.099,68	1.237,14	-	986,40	1.109,70	-	876,00	985,50	-	768,96	865,
	IV	26.808	1.102,53	2.144,64	2.412,72	990,67	2.069,44	2.328,12	878,93	1.994,32	2.243,61	767,07	1.919,12	2.159,01	655,21	1.843,92	2.074,41	543,35	1.768,72	1.989,81	431,49	1.693,52	1.905,
	V	32.982	1.814,01	2.638,56	2.968,38																		
	VI	33.513	1.843,21	2.681,04	3.016,17																		
102.383,99 (West)	I	26.730	1.093,25	2.138,40	2.405,70	869,53	1.988,00	2.236,50	645,81	1.837,60	2.067,30	422,09	1.687,20	1.898,10	198,37	1.536,80	1.728,90	-	1.386,40	1.559,70	-	1.236,80	1.391,
	II	24.941	880,36	1.995,28	2.244,69	656,64	1.844,88	2.075,49	432,92	1.694,48	1.906,29	209,20	1.544,08	1.737,09	-	1.393,68	1.567,89	-	1.243,92	1.399,41	-	1.099,52	1.236,
	III	18.164	-	1.453,12	1.634,76	-	1.330,56	1.496,88	-	1.211,20	1.362,60	-	1.094,88	1.231,74	-	981,60	1.104,30	-	871,52	980,46	-	764,48	860,
	IV	26.730	1.093,25	2.138,40	2.405,70	981,39	2.063,20	2.321,10	869,53	1.988,00	2.236,50	757,67	1.912,80	2.151,90	645,81	1.837,60	2.067,30	533,95	1.762,40	1.982,70	422,09	1.687,20	1.898,
	V	32.903	1.809,66	2.632,24	2.961,27																		
	VI	33.435	1.838,92	2.674,80	3.009,15																		
102.383,99 (Ost)	I	26.824	1.104,43	2.145,92	2.414,16	880,71	1.995,52	2.244,96	656,99	1.845,12	2.075,76	433,27	1.694,72	1.906,56	209,55	1.544,32	1.737,36	-	1.393,92	1.568,16	-	1.244,16	1.399,
	II	25.034	891,42	2.002,72	2.253,06	667,70	1.852,32	2.083,86	444,10	1.702,00	1.914,75	220,38	1.551,60	1.745,55	-	1.401,20	1.576,35	-	1.251,28	1.407,69	-	1.106,56	1.244,
	III	18.242	-	1.459,36	1.641,78	-	1.336,64	1.503,72	-	1.217,12	1.369,26	-	1.100,64	1.238,22	-	987,20	1.110,60	-	876,96	986,58	-	769,76	865,
	IV	26.824	1.104,43	2.145,92	2.414,16	992,57	2.070,72	2.329,56	880,71	1.995,52	2.244,96	768,85	1.920,32	2.160,36	656,99	1.845,12	2.075,76	545,13	1.769,92	1.991,16	433,27	1.694,72	1.906,
	V	32.997	1.814,83	2.639,76	2.969,73																		
	VI	33.529	1.844,09	2.682,32	3.017,61																		
102.419,99 (West)	I	26.745	1.095,03	2.139,60	2.407,05	871,31	1.989,20	2.237,85	647,59	1.838,80	2.068,65	423,87	1.688,40	1.899,45	200,15	1.538,00	1.730,25	-	1.387,60	1.561,05	-	1.238,00	1.392,
	II	24.956	882,14	1.996,48	2.246,04	658,42	1.846,08	2.076,84	434,70	1.695,68	1.907,64	210,98	1.545,28	1.738,44	-	1.394,88	1.569,24	-	1.245,12	1.400,76	-	1.100,64	1.238,
	III	18.176	-	1.454,08	1.635,84	-	1.331,52	1.497,96	-	1.212,16	1.363,68	-	1.095,84	1.232,82	-	982,56	1.105,38	-	872,32	981,36	-	765,28	860,
	IV	26.745	1.095,03	2.139,60	2.407,05	983,17	2.064,40	2.322,45	871,31	1.989,20	2.237,85	759,45	1.914,00	2.153,25	647,59	1.838,80	2.068,65	535,73	1.763,60	1.984,05	423,87	1.688,40	1.899,
	V	32.918	1.810,49	2.633,44	2.962,62																		
	VI	33.450	1.839,75	2.676,00	3.010,50																		
102.419,99 (Ost)	I	26.839	1.106,22	2.147,12	2.415,51	882,50	1.996,72	2.246,31	658,78	1.846,32	2.077,11	435,06	1.695,92	1.907,91	211,34	1.545,52	1.738,71	-	1.395,12	1.569,51	-	1.245,36	1.401,
	II	25.049	893,21	2.003,92	2.254,41	669,61	1.853,60	2.085,30	445,89	1.703,20	1.916,10	222,17	1.552,80	1.746,90	-	1.402,40	1.577,70	-	1.252,48	1.409,04	-	1.107,68	1.246,
	III	18.254	-	1.460,32	1.642,86	-	1.337,60	1.504,80	-	1.218,08	1.370,34	-	1.101,60	1.239,30	-	988,16	1.111,68	-	877,76	987,48	-	770,56	866,
	IV	26.839	1.106,22	2.147,12	2.415,51	994,36	2.071,92	2.330,91	882,50	1.996,72	2.246,31	770,64	1.921,52	2.161,71	658,78	1.846,32	2.077,11	546,92	1.771,12	1.992,51	435,06	1.695,92	1.907,
	V	33.012	1.815,66	2.640,96	2.971,08																		
	VI	33.544	1.844,92	2.683,52	3.018,96																		

Anzahl Kinderfreibeträge (nur Steuerklassen I–IV)

SolZ/KiSt lt. Tabelle nicht für Sonstige Bezüge anwendbar.

Lohn/ Gehalt bis	Steuerklasse	Lohn- steuer	ohne Kinderfreibetrag			Anzahl Kinderfreibeträge (nur Steuerklassen I–IV)																	
						0,5			1,0			1,5			2,0			2,5			3,0		
			SolZ 5,5%	Kirchensteuer 8%	9%	SolZ 5,5%	Kirchensteuer 8%	9%	SolZ 5,5%	Kirchensteuer 8%	9%	SolZ 5,5%	Kirchensteuer 8%	9%	SolZ 5,5%	Kirchensteuer 8%	9%	SolZ 5,5%	Kirchensteuer 8%	9%	SolZ 5,5%	Kirchensteuer 8%	9%
2.455,99 (West)	I	26.760	1.096,82	2.140,80	2.408,40	873,10	1.990,40	2.239,20	649,38	1.840,00	2.070,00	425,66	1.689,60	1.900,80	201,94	1.539,20	1.731,60	-	1.388,88	1.562,49	-	1.239,20	1.394,10
	II	24.971	883,93	1.997,68	2.247,39	660,21	1.847,28	2.078,19	436,49	1.696,88	1.908,99	212,77	1.546,48	1.739,79	-	1.396,08	1.570,59	-	1.246,32	1.402,11	-	1.101,76	1.239,48
	III	18.188	-	1.455,04	1.636,92	-	1.332,48	1.499,04	-	1.213,12	1.364,76	-	1.096,80	1.233,90	-	983,52	1.106,46	-	873,28	982,44	-	766,08	861,84
	IV	26.760	1.096,82	2.140,80	2.408,40	984,96	2.065,60	2.323,80	873,10	1.990,40	2.239,20	761,24	1.915,20	2.154,60	649,38	1.840,00	2.070,00	537,52	1.764,80	1.985,40	425,66	1.689,60	1.900,80
	V	32.933	1.811,31	2.634,64	2.963,97																		
	VI	33.465	1.840,57	2.677,20	3.011,85																		
2.455,99 (Ost)	I	26.854	1.108,00	2.148,32	2.416,86	884,28	1.997,92	2.247,66	660,56	1.847,52	2.078,46	436,84	1.697,12	1.909,26	213,12	1.546,72	1.740,06	-	1.396,32	1.570,86	-	1.246,56	1.402,38
	II	25.065	895,11	2.005,20	2.255,85	671,39	1.854,80	2.086,65	447,67	1.704,40	1.917,45	223,95	1.554,00	1.748,25	0,23	1.403,60	1.579,05	-	1.253,68	1.410,39	-	1.108,80	1.247,40
	III	18.266	-	1.461,28	1.643,94	-	1.338,56	1.505,88	-	1.219,04	1.371,42	-	1.102,40	1.240,20	-	988,96	1.112,58	-	878,72	988,56	-	771,36	867,78
	IV	26.854	1.108,00	2.148,32	2.416,86	996,14	2.073,12	2.332,26	884,28	1.997,92	2.247,66	772,42	1.922,72	2.163,06	660,56	1.847,52	2.078,46	548,70	1.772,32	1.993,86	436,84	1.697,12	1.909,26
	V	33.027	1.816,48	2.642,16	2.972,43																		
	VI	33.559	1.845,74	2.684,72	3.020,31																		
2.491,99 (West)	I	26.775	1.098,60	2.142,00	2.409,75	874,88	1.991,60	2.240,55	651,16	1.841,20	2.071,35	427,56	1.690,88	1.902,24	203,84	1.540,48	1.733,04	-	1.390,08	1.563,84	-	1.240,40	1.395,45
	II	24.986	885,71	1.998,88	2.248,74	661,99	1.848,48	2.079,54	438,27	1.698,08	1.910,34	214,55	1.547,68	1.741,14	-	1.397,28	1.571,94	-	1.247,52	1.403,46	-	1.102,88	1.240,74
	III	18.200	-	1.456,00	1.638,00	-	1.333,44	1.500,12	-	1.214,08	1.365,84	-	1.097,60	1.234,80	-	984,32	1.107,36	-	874,08	983,34	-	767,04	862,92
	IV	26.775	1.098,60	2.142,00	2.409,75	986,74	2.066,80	2.325,15	874,88	1.991,60	2.240,55	763,02	1.916,40	2.155,95	651,16	1.841,20	2.071,35	539,30	1.766,00	1.986,75	427,56	1.690,88	1.902,24
	V	32.949	1.812,19	2.635,92	2.965,41																		
	VI	33.480	1.841,40	2.678,40	3.013,20																		
2.491,99 (Ost)	I	26.869	1.109,79	2.149,52	2.418,21	886,07	1.999,12	2.249,01	662,35	1.848,72	2.079,81	438,63	1.698,32	1.910,61	214,91	1.547,92	1.741,41	-	1.397,52	1.572,21	-	1.247,76	1.403,73
	II	25.080	896,90	2.006,40	2.257,20	673,18	1.856,00	2.088,00	449,46	1.705,60	1.918,80	225,74	1.555,20	1.749,60	2,02	1.404,80	1.580,40	-	1.254,88	1.411,74	-	1.109,92	1.248,66
	III	18.278	-	1.462,24	1.645,02	-	1.339,52	1.506,96	-	1.220,00	1.372,50	-	1.103,36	1.241,28	-	989,92	1.113,66	-	879,52	989,46	-	772,32	868,86
	IV	26.869	1.109,79	2.149,52	2.418,21	997,93	2.074,32	2.333,61	886,07	1.999,12	2.249,01	774,21	1.923,92	2.164,41	662,35	1.848,72	2.079,81	550,49	1.773,52	1.995,21	438,63	1.698,32	1.910,61
	V	33.042	1.817,31	2.643,36	2.973,78																		
	VI	33.574	1.846,57	2.685,92	3.021,66																		
2.527,99 (West)	I	26.790	1.100,39	2.143,20	2.411,10	876,67	1.992,80	2.241,90	653,07	1.842,48	2.072,79	429,35	1.692,08	1.903,59	205,63	1.541,68	1.734,39	-	1.391,28	1.565,19	-	1.241,60	1.396,80
	II	25.001	887,50	2.000,08	2.250,09	663,78	1.849,68	2.080,89	440,06	1.699,28	1.911,69	216,34	1.548,88	1.742,49	-	1.398,56	1.573,38	-	1.248,72	1.404,81	-	1.104,00	1.242,00
	III	18.214	-	1.457,12	1.639,26	-	1.334,40	1.501,20	-	1.215,04	1.366,92	-	1.098,56	1.235,88	-	985,28	1.108,44	-	875,04	984,42	-	767,84	863,82
	IV	26.790	1.100,39	2.143,20	2.411,10	988,53	2.068,00	2.326,50	876,67	1.992,80	2.241,90	764,93	1.917,68	2.157,39	653,07	1.842,48	2.072,79	541,21	1.767,28	1.988,19	429,35	1.692,08	1.903,59
	V	32.964	1.813,02	2.637,12	2.966,76																		
	VI	33.495	1.842,22	2.679,60	3.014,55																		
2.527,99 (Ost)	I	26.884	1.111,57	2.150,72	2.419,56	887,85	2.000,32	2.250,36	664,13	1.849,92	2.081,16	440,41	1.699,52	1.911,96	216,69	1.549,12	1.742,76	-	1.398,72	1.573,56	-	1.248,96	1.405,08
	II	25.095	898,68	2.007,60	2.258,55	674,96	1.857,20	2.089,35	451,24	1.706,80	1.920,15	227,52	1.556,40	1.750,95	3,80	1.406,00	1.581,75	-	1.256,08	1.413,09	-	1.111,12	1.250,01
	III	18.292	-	1.463,36	1.646,28	-	1.340,48	1.508,04	-	1.220,96	1.373,58	-	1.104,32	1.242,36	-	990,88	1.114,74	-	880,48	990,54	-	773,12	869,76
	IV	26.884	1.111,57	2.150,72	2.419,56	999,71	2.075,52	2.334,96	887,85	2.000,32	2.250,36	775,99	1.925,12	2.165,76	664,13	1.849,92	2.081,16	552,27	1.774,72	1.996,56	440,41	1.699,52	1.911,96
	V	33.057	1.818,13	2.644,56	2.975,13																		
	VI	33.589	1.847,39	2.687,12	3.023,01																		
2.563,99 (West)	I	26.806	1.102,29	2.144,48	2.412,54	878,57	1.994,08	2.243,34	654,85	1.843,68	2.074,14	431,13	1.693,28	1.904,94	207,41	1.542,88	1.735,74	-	1.392,48	1.566,54	-	1.242,80	1.398,15
	II	25.016	889,28	2.001,28	2.251,44	665,56	1.850,88	2.082,24	441,84	1.700,48	1.913,04	218,24	1.550,16	1.743,93	-	1.399,76	1.574,73	-	1.249,92	1.406,16	-	1.105,20	1.243,35
	III	18.226	-	1.458,08	1.640,34	-	1.335,52	1.502,46	-	1.216,00	1.368,00	-	1.099,52	1.236,96	-	986,08	1.109,34	-	875,84	985,32	-	768,64	864,72
	IV	26.806	1.102,29	2.144,48	2.412,54	990,43	2.069,28	2.327,94	878,57	1.994,08	2.243,34	766,71	1.918,88	2.158,74	654,85	1.843,68	2.074,14	542,99	1.768,48	1.989,54	431,13	1.693,28	1.904,94
	V	32.979	1.813,84	2.638,32	2.968,11																		
	VI	33.511	1.843,10	2.680,88	3.015,99																		
2.563,99 (Ost)	I	26.899	1.113,36	2.151,92	2.420,91	889,64	2.001,52	2.251,71	665,92	1.851,12	2.082,51	442,20	1.700,72	1.913,31	218,48	1.550,32	1.744,11	-	1.400,00	1.575,00	-	1.250,08	1.406,34
	II	25.110	900,47	2.008,80	2.259,90	676,75	1.858,40	2.090,70	453,03	1.708,00	1.921,50	229,31	1.557,60	1.752,30	5,59	1.407,20	1.583,10	-	1.257,28	1.414,44	-	1.112,24	1.251,27
	III	18.304	-	1.464,32	1.647,36	-	1.341,44	1.509,12	-	1.221,76	1.374,48	-	1.105,28	1.243,44	-	991,68	1.115,64	-	881,28	991,44	-	773,92	870,66
	IV	26.899	1.113,36	2.151,92	2.420,91	1.001,50	2.076,72	2.336,31	889,64	2.001,52	2.251,71	777,78	1.926,32	2.167,11	665,92	1.851,12	2.082,51	554,06	1.775,92	1.997,91	442,20	1.700,72	1.913,31
	V	33.072	1.818,96	2.645,76	2.976,48																		
	VI	33.604	1.848,22	2.688,32	3.024,36																		
2.599,99 (West)	I	26.821	1.104,08	2.145,68	2.413,89	880,36	1.995,28	2.244,69	656,64	1.844,88	2.075,49	432,92	1.694,48	1.906,29	209,20	1.544,08	1.737,09	-	1.393,68	1.567,89	-	1.243,92	1.399,41
	II	25.031	891,07	2.002,48	2.252,79	667,47	1.852,16	2.083,68	443,75	1.701,76	1.914,48	220,03	1.551,36	1.745,28	-	1.400,96	1.576,08	-	1.251,04	1.407,42	-	1.106,32	1.244,61
	III	18.238	-	1.459,04	1.641,42	-	1.336,48	1.503,54	-	1.216,80	1.368,90	-	1.100,48	1.238,04	-	987,04	1.110,42	-	876,80	986,40	-	769,60	865,80
	IV	26.821	1.104,08	2.145,68	2.413,89	992,22	2.070,48	2.329,29	880,36	1.995,28	2.244,69	768,50	1.920,08	2.160,09	656,64	1.844,88	2.075,49	544,78	1.769,68	1.990,89	432,92	1.694,48	1.906,29
	V	32.994	1.814,67	2.639,52	2.969,46																		
	VI	33.526	1.843,93	2.682,08	3.017,34																		
2.599,99 (Ost)	I	26.914	1.115,14	2.153,12	2.422,26	891,42	2.002,72	2.253,06	667,70	1.852,32	2.083,86	444,10	1.702,00	1.914,75	220,38	1.551,60	1.745,55	-	1.401,20	1.576,35	-	1.251,28	1.407,69
	II	25.125	902,25	2.010,00	2.261,25	678,53	1.859,60	2.092,05	454,81	1.709,20	1.922,85	231,09	1.558,80	1.753,65	7,37	1.408,40	1.584,45	-	1.258,48	1.415,79	-	1.113,36	1.252,53
	III	18.316	-	1.465,28	1.648,44	-	1.342,56	1.510,38	-	1.222,72	1.375,56	-	1.106,24	1.244,52	-	992,64	1.116,72	-	882,24	992,52	-	774,88	871,74
	IV	26.914	1.115,14	2.153,12	2.422,26	1.003,28	2.077,92	2.337,66	891,42	2.002,72	2.253,06	779,56	1.927,52	2.168,46	667,70	1.852,32	2.083,86	555,84	1.777,12	1.999,26	444,10	1.702,00	1.914,75
	V	33.088	1.819,84	2.647,04	2.977,92																		
	VI	33.619	1.849,04	2.689,52	3.025,71																		
2.635,99 (West)	I	26.836	1.105,86	2.146,88	2.415,24	882,14	1.996,48	2.246,04	658,42	1.846,08	2.076,84	434,70	1.695,68	1.907,64	210,98	1.545,28	1.738,44	-	1.394,88	1.569,24	-	1.245,12	1.400,76
	II	25.047	892,97	2.003,76	2.254,23	669,25	1.853,36	2.085,03	445,53	1.702,96	1.915,83	221,81	1.552,56	1.746,63	-	1.402,16	1.577,43	-	1.252,24	1.408,77	-	1.107,44	1.245,87
	III	18.250	-	1.460,00	1.642,50	-	1.337,44	1.504,62	-	1.217,76	1.369,98	-	1.101,28	1.238,94	-	988,00	1.111,50	-	877,60	987,30	-	770,40	866,70
	IV	26.836	1.105,86	2.146,88	2.415,24	994,00	2.071,68	2.330,64	882,14	1.996,48	2.246,04	770,28	1.921,28	2.161,44	658,42	1.846,08	2.076,84	546,56	1.770,88	1.992,24	434,70	1.695,68	1.907,64
	V	33.009	1.815,49	2.640,72	2.970,81																		
	VI	33.541	1.844,75	2.683,28	3.018,69																		
2.635,99 (Ost)	I	26.929	1.116,93	2.154,32	2.423,61	893,21	2.003,92	2.254,41	669,61	1.853,60	2.085,30	445,89	1.703,20	1.916,10	222,17	1.552,80	1.746,90	-	1.402,40	1.577,70	-	1.252,48	1.409,04
	II	25.140	904,04	2.011,20	2.262,60	680,32	1.860,80	2.093,40	456,60	1.710,40	1.924,20	232,88	1.560,00	1.755,00	9,28	1.409,68	1.585,89	-	1.259,68	1.417,14	-	1.114,48	1.253,79
	III	18.328	-	1.466,24	1.649,52	-	1.343,52	1.511,46	-	1.223,68	1.376,64	-	1.107,04	1.245,42	-	993,60	1.117,80	-	883,04	993,42	-	775,68	872,64
	IV	26.929	1.116,93	2.154,32	2.423,61	1.005,07	2.079,12	2.339,01	893,21	2.003,92	2.254,41	781,47	1.928,80	2.169,90	669,61	1.853,60	2.085,30	557,75	1.778,40	2.000,70	445,89	1.703,20	1.916,10
	V	33.103	1.820,66	2.648,24	2.979,27																		
	VI	33.634	1.849,87	2.690,72	3.027,06																		
2.671,99 (West)	I	26.851	1.107,65	2.148,08	2.416,59	883,93	1.997,68	2.247,39	660,21	1.847,28	2.078,19	436,49	1.696,88	1.908,99	212,77	1.546,48	1.739,79	-	1.396,08	1.570,59	-	1.246,32	1.402,11
	II	25.062	894,76	2.004,96	2.255,58	671,04	1.854,56	2.086,38	447,32	1.704,16	1.917,18	223,60	1.553,76	1.747,98	-	1.403,36	1.578,78	-	1.253,44	1.410,12	-	1.108,56	1.247,13
	III	18.264	-	1.461,12	1.643,76	-	1.338,40	1.505,70	-	1.218,72	1.371,06	-	1.102,24	1.240,02	-	988,80	1.112,40	-	878,56	988,38	-	771,20	867,60
	IV	26.851	1.107,65	2.148,08	2.416,59	995,79	2.072,88	2.331,99	883,93	1.997,68	2.247,39	772,07	1.922,48	2.162,79	660,21	1.847,28	2.078,19	548,35	1.772,08	1.993,59	436,49	1.696,88	1.908,99
	V	33.024	1.816,32	2.641,92	2.972,16																		
	VI	33.556	1.845,58	2.684,48	3.020,04																		
2.671,99 (Ost)	I	26.945	1.118,83	2.155,60	2.425,05	895,11	2.005,20	2.255,85	671,39	1.854,80	2.086,65	447,67	1.704,40	1.917,45	223,95	1.554,00	1.748,25	0,23	1.403,60	1.579,05	-	1.253,68	1.410,39
	II	25.155	905,82	2.012,40	2.263,95	682,10	1.862,00	2.094,75	458,38	1.711,60	1.925,55	234,78	1.561,28	1.756,44	11,06	1.410,88	1.587,24	-	1.260,80	1.418,40	-	1.115,68	1.255,14
	III	18.342	-	1.467,36	1.650,78	-	1.344,48	1.512,54	-	1.224,64	1.377,72	-	1.108,00	1.246,50	-	994,40	1.118,70	-	884,00	994,50	-	776,48	873,54
	IV	26.945	1.118,83	2.155,60	2.425,05	1.006,97	2.080,40	2.340,45	895,11	2.005,20	2.255,85	783,25	1.930,00	2.171,25	671,39	1.854,80	2.086,65	559,53	1.779,60	2.002,05	447,67	1.704,40	1.917,45
	V	33.118	1.821,49	2.649,44	2.980,62																		
	VI	33.650	1.850,75	2.692,00	3.028,50																		

SolZ/KiSt lt. Tabelle nicht für Sonstige Bezüge anwendbar.

Lohn/ Gehalt bis	Steuerklasse	Lohn-steuer	ohne Kinderfreibetrag			Anzahl Kinderfreibeträge (nur Steuerklassen I–IV)																	
						0,5			1,0			1,5			2,0			2,5			3,0		
			SolZ 5,5%	Kirchensteuer 8%	9%	SolZ 5,5%	Kirchensteuer 8%	9%	SolZ 5,5%	Kirchensteuer 8%	9%	SolZ 5,5%	Kirchensteuer 8%	9%	SolZ 5,5%	Kirchensteuer 8%	9%	SolZ 5,5%	Kirchensteuer 8%	9%	SolZ 5,5%	Kirchensteu 8%	9%
102.707,99 (West)	I	26.866	1.109,43	2.149,28	2.417,94	885,71	1.998,88	2.248,74	661,99	1.848,48	2.079,54	438,27	1.698,08	1.910,34	214,55	1.547,68	1.741,14	-	1.397,28	1.571,94	-	1.247,52	1.403
	II	25.077	896,54	2.006,16	2.256,93	672,82	1.855,76	2.087,73	449,10	1.705,36	1.918,53	225,38	1.554,96	1.749,33	1,66	1.404,56	1.580,13	-	1.254,64	1.411,47	-	1.109,76	1.248
	III	18.276	-	1.462,08	1.644,84	-	1.339,36	1.506,78	-	1.219,68	1.372,14	-	1.103,20	1.241,10	-	989,76	1.113,48	-	879,36	989,28	-	772,16	868
	IV	26.866	1.109,43	2.149,28	2.417,94	997,57	2.074,08	2.333,34	885,71	1.998,88	2.248,74	773,85	1.923,68	2.164,14	661,99	1.848,48	2.079,54	550,13	1.773,28	1.994,94	438,27	1.698,08	1.910
	V	33.039	1.817,14	2.643,12	2.973,51																		
	VI	33.571	1.846,40	2.685,68	3.021,39																		
102.707,99 (Ost)	I	26.960	1.120,62	2.156,80	2.426,40	896,90	2.006,40	2.257,20	673,18	1.856,00	2.088,00	449,46	1.705,60	1.918,80	225,74	1.555,20	1.749,60	2,02	1.404,80	1.580,40	-	1.254,88	1.411
	II	25.170	907,61	2.013,60	2.265,30	684,01	1.863,28	2.096,19	460,29	1.712,88	1.926,99	236,57	1.562,48	1.757,79	12,85	1.412,08	1.588,59	-	1.262,00	1.419,75	-	1.116,80	1.256
	III	18.354	-	1.468,32	1.651,86	-	1.345,44	1.513,62	-	1.225,60	1.378,80	-	1.108,96	1.247,58	-	995,36	1.119,78	-	884,80	995,40	-	777,44	874
	IV	26.960	1.120,62	2.156,80	2.426,40	1.008,76	2.081,60	2.341,80	896,90	2.006,40	2.257,20	785,04	1.931,20	2.172,60	673,18	1.856,00	2.088,00	561,32	1.780,80	2.003,40	449,46	1.705,60	1.918
	V	33.133	1.822,31	2.650,64	2.981,97																		
	VI	33.665	1.851,57	2.693,20	3.029,85																		
102.743,99 (West)	I	26.881	1.111,22	2.150,48	2.419,29	887,50	2.000,08	2.250,09	663,78	1.849,68	2.080,89	440,06	1.699,28	1.911,69	216,34	1.548,88	1.742,49	-	1.398,56	1.573,38	-	1.248,72	1.404
	II	25.092	898,33	2.007,36	2.258,28	674,61	1.856,96	2.089,08	450,89	1.706,56	1.919,88	227,17	1.556,16	1.750,68	3,45	1.405,76	1.581,48	-	1.255,84	1.412,82	-	1.110,88	1.249
	III	18.288	-	1.463,04	1.645,92	-	1.340,32	1.507,86	-	1.220,64	1.373,22	-	1.104,16	1.242,18	-	990,56	1.114,38	-	880,32	990,36	-	772,96	869
	IV	26.881	1.111,22	2.150,48	2.419,29	999,36	2.075,28	2.334,69	887,50	2.000,08	2.250,09	775,64	1.924,88	2.165,49	663,78	1.849,68	2.080,89	551,92	1.774,48	1.996,29	440,06	1.699,28	1.911
	V	33.054	1.817,97	2.644,32	2.974,86																		
	VI	33.586	1.847,23	2.686,88	3.022,74																		
102.743,99 (Ost)	I	26.975	1.122,40	2.158,00	2.427,75	898,68	2.007,60	2.258,55	674,96	1.857,20	2.089,35	451,24	1.706,80	1.920,15	227,52	1.556,40	1.750,95	3,80	1.406,00	1.581,75	-	1.256,08	1.413
	II	25.186	909,51	2.014,88	2.266,74	685,79	1.864,48	2.097,54	462,07	1.714,08	1.928,34	238,35	1.563,68	1.759,14	14,63	1.413,28	1.589,94	-	1.263,20	1.421,10	-	1.117,92	1.257
	III	18.366	-	1.469,28	1.652,94	-	1.346,40	1.514,70	-	1.226,56	1.379,88	-	1.109,92	1.248,66	-	996,32	1.120,86	-	885,76	996,48	-	778,24	875
	IV	26.975	1.122,40	2.158,00	2.427,75	1.010,54	2.082,80	2.343,15	898,68	2.007,60	2.258,55	786,82	1.932,40	2.173,95	674,96	1.857,20	2.089,35	563,10	1.782,00	2.004,75	451,24	1.706,80	1.920
	V	33.148	1.823,14	2.651,84	2.983,32																		
	VI	33.680	1.852,40	2.694,40	3.031,20																		
102.779,99 (West)	I	26.896	1.113,00	2.151,68	2.420,64	889,28	2.001,28	2.251,44	665,56	1.850,88	2.082,24	441,84	1.700,48	1.913,04	218,24	1.550,16	1.743,93	-	1.399,76	1.574,73	-	1.249,92	1.406,
	II	25.107	900,11	2.008,56	2.259,63	676,39	1.858,16	2.090,43	452,67	1.707,76	1.921,23	228,95	1.557,36	1.752,03	5,23	1.406,96	1.582,83	-	1.257,04	1.414,17	-	1.112,00	1.251,
	III	18.300	-	1.464,00	1.647,00	-	1.341,28	1.508,94	-	1.221,60	1.374,30	-	1.104,96	1.243,08	-	991,52	1.115,46	-	881,12	991,26	-	773,76	870,
	IV	26.896	1.113,00	2.151,68	2.420,64	1.001,14	2.076,48	2.336,04	889,28	2.001,28	2.251,44	777,42	1.926,08	2.166,84	665,56	1.850,88	2.082,24	553,70	1.775,68	1.997,64	441,84	1.700,48	1.913,
	V	33.070	1.818,85	2.645,60	2.976,30																		
	VI	33.601	1.848,05	2.688,08	3.024,09																		
102.779,99 (Ost)	I	26.990	1.124,19	2.159,20	2.429,10	900,47	2.008,80	2.259,90	676,75	1.858,40	2.090,70	453,03	1.708,00	1.921,50	229,31	1.557,60	1.752,30	5,59	1.407,20	1.583,10	-	1.257,28	1.414,
	II	25.201	911,30	2.016,08	2.268,09	687,58	1.865,68	2.098,89	463,86	1.715,28	1.929,69	240,14	1.564,88	1.760,49	16,42	1.414,48	1.591,29	-	1.264,40	1.422,45	-	1.119,12	1.259
	III	18.378	-	1.470,24	1.654,02	-	1.347,36	1.515,78	-	1.227,52	1.380,96	-	1.110,88	1.249,74	-	997,12	1.121,76	-	886,56	997,38	-	779,04	876,
	IV	26.990	1.124,19	2.159,20	2.429,10	1.012,33	2.084,00	2.344,50	900,47	2.008,80	2.259,90	788,61	1.933,60	2.175,30	676,75	1.858,40	2.090,70	564,89	1.783,20	2.006,10	453,03	1.708,00	1.921,
	V	33.163	1.823,96	2.653,04	2.984,67																		
	VI	33.695	1.853,22	2.695,60	3.032,55																		
102.815,99 (West)	I	26.911	1.114,79	2.152,88	2.421,99	891,07	2.002,48	2.252,79	667,47	1.852,16	2.083,68	443,75	1.701,76	1.914,48	220,03	1.551,36	1.745,28	-	1.400,96	1.576,08	-	1.251,04	1.407,
	II	25.122	901,90	2.009,76	2.260,98	678,18	1.859,36	2.091,78	454,46	1.708,96	1.922,58	230,74	1.558,56	1.753,38	7,02	1.408,16	1.584,18	-	1.258,24	1.415,52	-	1.113,12	1.252,
	III	18.314	-	1.465,12	1.648,26	-	1.342,24	1.510,02	-	1.222,56	1.375,38	-	1.105,92	1.244,16	-	992,48	1.116,54	-	882,08	992,34	-	774,72	871,
	IV	26.911	1.114,79	2.152,88	2.421,99	1.002,93	2.077,68	2.337,39	891,07	2.002,48	2.252,79	779,21	1.927,28	2.168,19	667,47	1.852,16	2.083,68	555,61	1.776,96	1.999,08	443,75	1.701,76	1.914,
	V	33.085	1.819,67	2.646,80	2.977,65																		
	VI	33.616	1.848,88	2.689,28	3.025,44																		
102.815,99 (Ost)	I	27.005	1.125,97	2.160,40	2.430,45	902,25	2.010,00	2.261,25	678,53	1.859,60	2.092,05	454,81	1.709,20	1.922,85	231,09	1.558,80	1.753,65	7,37	1.408,40	1.584,45	-	1.258,48	1.415,
	II	25.216	913,08	2.017,28	2.269,44	689,36	1.866,88	2.100,24	465,64	1.716,48	1.931,04	241,92	1.566,08	1.761,84	18,20	1.415,68	1.592,64	-	1.265,60	1.423,80	-	1.120,24	1.260,
	III	18.392	-	1.471,36	1.655,28	-	1.348,32	1.516,86	-	1.228,48	1.382,04	-	1.111,68	1.250,64	-	998,08	1.122,84	-	887,52	998,46	-	780,00	877,
	IV	27.005	1.125,97	2.160,40	2.430,45	1.014,11	2.085,20	2.345,85	902,25	2.010,00	2.261,25	790,39	1.934,80	2.176,65	678,53	1.859,60	2.092,05	566,67	1.784,40	2.007,45	454,81	1.709,20	1.922,
	V	33.178	1.824,79	2.654,24	2.986,02																		
	VI	33.710	1.854,05	2.696,80	3.033,90																		
102.851,99 (West)	I	26.926	1.116,57	2.154,08	2.423,34	892,97	2.003,76	2.254,23	669,25	1.853,36	2.085,03	445,53	1.702,96	1.915,83	221,81	1.552,56	1.746,63	-	1.402,16	1.577,43	-	1.252,24	1.408,
	II	25.137	903,68	2.010,96	2.262,33	679,96	1.860,56	2.093,13	456,24	1.710,16	1.923,93	232,64	1.559,84	1.754,82	8,92	1.409,44	1.585,62	-	1.259,44	1.416,87	-	1.114,32	1.253,
	III	18.326	-	1.466,08	1.649,34	-	1.343,20	1.511,10	-	1.223,52	1.376,46	-	1.106,88	1.245,24	-	993,28	1.117,44	-	882,88	993,24	-	775,52	872,
	IV	26.926	1.116,57	2.154,08	2.423,34	1.004,83	2.078,96	2.338,83	892,97	2.003,76	2.254,23	781,11	1.928,56	2.169,63	669,25	1.853,36	2.085,03	557,39	1.778,16	2.000,43	445,53	1.702,96	1.915,
	V	33.100	1.820,50	2.648,00	2.979,00																		
	VI	33.631	1.849,70	2.690,48	3.026,79																		
102.851,99 (Ost)	I	27.020	1.127,76	2.161,60	2.431,80	904,04	2.011,20	2.262,60	680,32	1.860,80	2.093,40	456,60	1.710,40	1.924,20	232,88	1.560,00	1.755,00	9,28	1.409,68	1.585,89	-	1.259,68	1.417,
	II	25.231	914,87	2.018,48	2.270,79	691,15	1.868,08	2.101,59	467,43	1.717,68	1.932,39	243,71	1.567,28	1.763,19	19,99	1.416,88	1.593,99	-	1.266,80	1.425,15	-	1.121,36	1.261,
	III	18.404	-	1.472,32	1.656,36	-	1.349,28	1.517,94	-	1.229,44	1.383,12	-	1.112,64	1.251,72	-	998,88	1.123,74	-	888,32	999,36	-	780,80	878,
	IV	27.020	1.127,76	2.161,60	2.431,80	1.015,90	2.086,40	2.347,20	904,04	2.011,20	2.262,60	792,18	1.936,00	2.178,00	680,32	1.860,80	2.093,40	568,46	1.785,60	2.008,80	456,60	1.710,40	1.924,
	V	33.193	1.825,61	2.655,44	2.987,37																		
	VI	33.725	1.854,87	2.698,00	3.035,25																		
102.887,99 (West)	I	26.942	1.118,48	2.155,36	2.424,78	894,76	2.004,96	2.255,58	671,04	1.854,56	2.086,38	447,32	1.704,16	1.917,18	223,60	1.553,76	1.747,98	-	1.403,36	1.578,78	-	1.253,44	1.410,1
	II	25.152	905,47	2.012,16	2.263,68	681,75	1.861,76	2.094,48	458,15	1.711,44	1.925,37	234,43	1.561,04	1.756,17	10,71	1.410,64	1.586,97	-	1.260,64	1.418,22	-	1.115,44	1.254,8
	III	18.338	-	1.467,04	1.650,42	-	1.344,16	1.512,18	-	1.224,48	1.377,54	-	1.107,84	1.246,32	-	994,24	1.118,52	-	883,68	994,14	-	776,32	873,3
	IV	26.942	1.118,48	2.155,36	2.424,78	1.006,62	2.080,16	2.340,18	894,76	2.004,96	2.255,58	782,90	1.929,76	2.170,98	671,04	1.854,56	2.086,38	559,18	1.779,36	2.001,78	447,32	1.704,16	1.917,1
	V	33.115	1.821,32	2.649,20	2.980,35																		
	VI	33.647	1.850,58	2.691,76	3.028,23																		
102.887,99 (Ost)	I	27.035	1.129,54	2.162,80	2.433,15	905,82	2.012,40	2.263,95	682,10	1.862,00	2.094,75	458,38	1.711,60	1.925,55	234,78	1.561,28	1.756,44	11,06	1.410,88	1.587,24	-	1.260,80	1.418,4
	II	25.246	916,65	2.019,68	2.272,14	692,93	1.869,28	2.102,94	469,21	1.718,88	1.933,74	245,49	1.568,48	1.764,54	21,77	1.418,08	1.595,34	-	1.268,00	1.426,50	-	1.122,56	1.262,8
	III	18.416	-	1.473,28	1.657,44	-	1.350,24	1.519,02	-	1.230,40	1.384,20	-	1.113,60	1.252,80	-	999,84	1.124,82	-	889,28	1.000,44	-	781,60	879,3
	IV	27.035	1.129,54	2.162,80	2.433,15	1.017,68	2.087,60	2.348,55	905,82	2.012,40	2.263,95	793,96	1.937,20	2.179,35	682,10	1.862,00	2.094,75	570,24	1.786,80	2.010,15	458,38	1.711,60	1.925,5
	V	33.209	1.826,49	2.656,72	2.988,81																		
	VI	33.740	1.855,70	2.699,20	3.036,60																		
102.923,99 (West)	I	26.957	1.120,26	2.156,56	2.426,13	896,54	2.006,16	2.256,93	672,82	1.855,76	2.087,73	449,10	1.705,36	1.918,53	225,38	1.554,96	1.749,33	1,66	1.404,56	1.580,13	-	1.254,64	1.411,4
	II	25.168	907,37	2.013,44	2.265,12	683,65	1.863,04	2.095,92	459,93	1.712,64	1.926,72	236,21	1.562,24	1.757,52	12,49	1.411,84	1.588,32	-	1.261,76	1.419,48	-	1.116,56	1.256,1
	III	18.350	-	1.468,00	1.651,50	-	1.345,28	1.513,44	-	1.225,44	1.378,62	-	1.108,80	1.247,40	-	995,20	1.119,60	-	884,64	995,22	-	777,28	874,4
	IV	26.957	1.120,26	2.156,56	2.426,13	1.008,40	2.081,36	2.341,53	896,54	2.006,16	2.256,93	784,68	1.930,96	2.172,33	672,82	1.855,76	2.087,73	560,96	1.780,56	2.003,13	449,10	1.705,36	1.918,5
	V	33.130	1.822,15	2.650,40	2.981,70																		
	VI	33.662	1.851,41	2.692,96	3.029,58																		
102.923,99 (Ost)	I	27.050	1.131,33	2.164,00	2.434,50	907,61	2.013,60	2.265,30	684,01	1.863,28	2.096,19	460,29	1.712,88	1.926,99	236,57	1.562,48	1.757,79	12,85	1.412,08	1.588,59	-	1.262,00	1.419,7
	II	25.261	918,44	2.020,88	2.273,49	694,72	1.870,48	2.104,29	471,00	1.720,08	1.935,09	247,28	1.569,68	1.765,89	23,56	1.419,28	1.596,69	-	1.269,20	1.427,85	-	1.123,68	1.264,1
	III	18.428	-	1.474,24	1.658,52	-	1.351,20	1.520,10	-	1.231,36	1.385,28	-	1.114,56	1.253,88	-	1.000,80	1.125,90	-	890,08	1.001,34	-	782,56	880,3
	IV	27.050	1.131,33	2.164,00	2.434,50	1.019,47	2.088,80	2.349,90	907,61	2.013,60	2.265,30	795,75	1.938,40	2.180,70	684,01	1.863,28	2.096,19	572,15	1.788,08	2.011,59	460,29	1.712,88	1.926,9
	V	33.224	1.827,32	2.657,92	2.990,16																		
	VI	33.755	1.856,52	2.700,40	3.037,95																		

SolZ/KiSt lt. Tabelle nicht für Sonstige Bezüge anwendbar.

Lohn/ Gehalt bis	Steuerklasse	Lohn-steuer	ohne Kinderfreibetrag SolZ 5,5%	Kirchensteuer 8%	Kirchensteuer 9%	0,5 SolZ 5,5%	0,5 Kirchensteuer 8%	0,5 Kirchensteuer 9%	1,0 SolZ 5,5%	1,0 Kirchensteuer 8%	1,0 Kirchensteuer 9%	1,5 SolZ 5,5%	1,5 Kirchensteuer 8%	1,5 Kirchensteuer 9%	2,0 SolZ 5,5%	2,0 Kirchensteuer 8%	2,0 Kirchensteuer 9%	2,5 SolZ 5,5%	2,5 Kirchensteuer 8%	2,5 Kirchensteuer 9%	3,0 SolZ 5,5%	3,0 Kirchensteuer 8%	3,0 Kirchensteuer 9%
2.959,99 (West)	I	26.972	1.122,05	2.157,76	2.427,48	898,33	2.007,36	2.258,28	674,61	1.856,96	2.089,08	450,89	1.706,56	1.919,88	227,17	1.556,16	1.750,68	3,45	1.405,76	1.581,48	-	1.255,84	1.412,82
	II	25.183	909,16	2.014,64	2.266,47	685,44	1.864,24	2.097,27	461,72	1.713,84	1.928,07	238,00	1.563,44	1.758,87	14,28	1.413,04	1.589,67	-	1.262,96	1.420,83	-	1.117,76	1.257,48
	III	18.364	-	1.469,12	1.652,76	-	1.346,24	1.514,52	-	1.226,40	1.379,70	-	1.109,60	1.248,30	-	996,00	1.120,50	-	885,44	996,12	-	778,08	875,34
	IV	26.972	1.122,05	2.157,76	2.427,48	1.010,19	2.082,56	2.342,88	898,33	2.007,36	2.258,28	786,47	1.932,16	2.173,68	674,61	1.856,96	2.089,08	562,75	1.781,76	2.004,48	450,89	1.706,56	1.919,88
	V	33.145	1.822,97	2.651,60	2.983,05																		
	VI	33.677	1.852,23	2.694,16	3.030,93																		
2.959,99 (Ost)	I	27.065	1.133,11	2.165,20	2.435,85	909,51	2.014,88	2.266,74	685,79	1.864,48	2.097,54	462,07	1.714,08	1.928,34	238,35	1.563,68	1.759,14	14,63	1.413,28	1.589,94	-	1.263,20	1.421,10
	II	25.276	920,22	2.022,08	2.274,84	696,50	1.871,68	2.105,64	472,78	1.721,28	1.936,44	249,18	1.570,96	1.767,33	25,46	1.420,56	1.598,13	-	1.270,40	1.429,20	-	1.124,80	1.265,40
	III	18.442	-	1.475,36	1.659,78	-	1.352,32	1.521,36	-	1.232,32	1.386,36	-	1.115,36	1.254,78	-	1.001,60	1.126,80	-	891,04	1.002,42	-	783,36	881,28
	IV	27.065	1.133,11	2.165,20	2.435,85	1.021,37	2.090,08	2.351,34	909,51	2.014,88	2.266,74	797,65	1.939,68	2.182,14	685,79	1.864,48	2.097,54	573,93	1.789,28	2.012,94	462,07	1.714,08	1.928,34
	V	33.239	1.828,14	2.659,12	2.991,51																		
	VI	33.771	1.857,40	2.701,68	3.039,39																		
2.995,99 (West)	I	26.987	1.123,83	2.158,96	2.428,83	900,11	2.008,56	2.259,63	676,39	1.858,16	2.090,43	452,67	1.707,76	1.921,23	228,95	1.557,36	1.752,03	5,23	1.406,96	1.582,83	-	1.257,04	1.414,17
	II	25.198	910,94	2.015,84	2.267,82	687,22	1.865,44	2.098,62	463,50	1.715,04	1.929,42	239,78	1.564,64	1.760,22	16,06	1.414,24	1.591,02	-	1.264,16	1.422,18	-	1.118,88	1.258,74
	III	18.376	-	1.470,08	1.653,84	-	1.347,20	1.515,60	-	1.227,36	1.380,78	-	1.110,56	1.249,38	-	996,96	1.121,58	-	886,40	997,20	-	778,88	876,24
	IV	26.987	1.123,83	2.158,96	2.428,83	1.011,97	2.083,76	2.344,23	900,11	2.008,56	2.259,63	788,25	1.933,36	2.175,03	676,39	1.858,16	2.090,43	564,53	1.782,96	2.005,83	452,67	1.707,76	1.921,23
	V	33.160	1.823,80	2.652,80	2.984,40																		
	VI	33.692	1.853,06	2.695,36	3.032,28																		
2.995,99 (Ost)	I	27.081	1.135,02	2.166,48	2.437,29	911,30	2.016,08	2.268,09	687,58	1.865,68	2.098,89	463,86	1.715,28	1.929,69	240,14	1.564,88	1.760,49	16,42	1.414,48	1.591,29	-	1.264,40	1.422,45
	II	25.291	922,01	2.023,28	2.276,19	698,29	1.872,88	2.106,99	474,69	1.722,56	1.937,88	250,97	1.572,16	1.768,68	27,25	1.421,76	1.599,48	-	1.271,60	1.430,55	-	1.126,00	1.266,75
	III	18.454	-	1.476,32	1.660,86	-	1.353,28	1.522,44	-	1.233,28	1.387,44	-	1.116,32	1.255,86	-	1.002,56	1.127,88	-	891,84	1.003,32	-	784,16	882,18
	IV	27.081	1.135,02	2.166,48	2.437,29	1.023,16	2.091,28	2.352,69	911,30	2.016,08	2.268,09	799,44	1.940,88	2.183,49	687,58	1.865,68	2.098,89	575,72	1.790,48	2.014,29	463,86	1.715,28	1.929,69
	V	33.254	1.828,97	2.660,32	2.992,86																		
	VI	33.786	1.858,23	2.702,88	3.040,74																		
3.031,99 (West)	I	27.002	1.125,62	2.160,16	2.430,18	901,90	2.009,76	2.260,98	678,18	1.859,36	2.091,78	454,46	1.708,96	1.922,58	230,74	1.558,56	1.753,38	7,02	1.408,16	1.584,18	-	1.258,24	1.415,52
	II	25.213	912,73	2.017,04	2.269,17	689,01	1.866,64	2.099,97	465,29	1.716,24	1.930,77	241,57	1.565,84	1.761,57	17,85	1.415,44	1.592,37	-	1.265,36	1.423,53	-	1.120,00	1.260,00
	III	18.388	-	1.471,04	1.654,92	-	1.348,16	1.516,68	-	1.228,32	1.381,86	-	1.111,52	1.250,46	-	997,92	1.122,66	-	887,20	998,10	-	779,84	877,32
	IV	27.002	1.125,62	2.160,16	2.430,18	1.013,76	2.084,96	2.345,58	901,90	2.009,76	2.260,98	790,04	1.934,56	2.176,38	678,18	1.859,36	2.091,78	566,32	1.784,16	2.007,18	454,46	1.708,96	1.922,58
	V	33.175	1.824,62	2.654,00	2.985,75																		
	VI	33.707	1.853,88	2.696,56	3.033,63																		
3.031,99 (Ost)	I	27.096	1.136,80	2.167,68	2.438,64	913,08	2.017,28	2.269,44	689,36	1.866,88	2.100,24	465,64	1.716,48	1.931,04	241,92	1.566,08	1.761,84	18,20	1.415,68	1.592,64	-	1.265,60	1.423,80
	II	25.307	923,91	2.024,56	2.277,63	700,19	1.874,16	2.108,43	476,47	1.723,76	1.939,23	252,75	1.573,36	1.770,03	29,03	1.422,96	1.600,83	-	1.272,80	1.431,90	-	1.127,12	1.268,01
	III	18.466	-	1.477,28	1.661,94	-	1.354,24	1.523,52	-	1.234,24	1.388,52	-	1.117,28	1.256,94	-	1.003,52	1.128,96	-	892,80	1.004,40	-	785,12	883,26
	IV	27.096	1.136,80	2.167,68	2.438,64	1.024,94	2.092,48	2.354,04	913,08	2.017,28	2.269,44	801,22	1.942,08	2.184,84	689,36	1.866,88	2.100,24	577,50	1.791,68	2.015,64	465,64	1.716,48	1.931,04
	V	33.269	1.829,79	2.661,52	2.994,21																		
	VI	33.801	1.859,05	2.704,08	3.042,09																		
3.067,99 (West)	I	27.017	1.127,40	2.161,36	2.431,53	903,68	2.010,96	2.262,33	679,96	1.860,56	2.093,13	456,24	1.710,16	1.923,93	232,64	1.559,84	1.754,82	8,92	1.409,44	1.585,62	-	1.259,44	1.416,87
	II	25.228	914,51	2.018,24	2.270,52	690,79	1.867,84	2.101,32	467,07	1.717,44	1.932,12	243,35	1.567,04	1.762,92	19,63	1.416,64	1.593,72	-	1.266,56	1.424,88	-	1.121,12	1.261,26
	III	18.400	-	1.472,00	1.656,00	-	1.349,12	1.517,76	-	1.229,28	1.382,94	-	1.112,48	1.251,54	-	998,72	1.123,56	-	888,16	999,18	-	780,64	878,22
	IV	27.017	1.127,40	2.161,36	2.431,53	1.015,54	2.086,16	2.346,93	903,68	2.010,96	2.262,33	791,82	1.935,76	2.177,73	679,96	1.860,56	2.093,13	568,10	1.785,36	2.008,53	456,24	1.710,16	1.923,93
	V	33.190	1.825,45	2.655,20	2.987,10																		
	VI	33.722	1.854,71	2.697,76	3.034,98																		
3.067,99 (Ost)	I	27.111	1.138,59	2.168,88	2.439,99	914,87	2.018,48	2.270,79	691,15	1.868,08	2.101,59	467,43	1.717,68	1.932,39	243,71	1.567,28	1.763,19	19,99	1.416,88	1.593,99	-	1.266,80	1.425,15
	II	25.322	925,70	2.025,76	2.278,98	701,98	1.875,36	2.109,78	478,26	1.724,96	1.940,58	254,54	1.574,56	1.771,38	30,82	1.424,16	1.602,18	-	1.274,00	1.433,25	-	1.128,24	1.269,27
	III	18.478	-	1.478,24	1.663,02	-	1.355,20	1.524,60	-	1.235,20	1.389,60	-	1.118,24	1.258,02	-	1.004,32	1.129,86	-	893,60	1.005,30	-	785,92	884,16
	IV	27.111	1.138,59	2.168,88	2.439,99	1.026,73	2.093,68	2.355,39	914,87	2.018,48	2.270,79	803,01	1.943,28	2.186,19	691,15	1.868,08	2.101,59	579,29	1.792,88	2.016,99	467,43	1.717,68	1.932,39
	V	33.284	1.830,62	2.662,72	2.995,56																		
	VI	33.816	1.859,88	2.705,28	3.043,44																		
03.103,99 (West)	I	27.032	1.129,19	2.162,56	2.432,88	905,47	2.012,16	2.263,68	681,75	1.861,76	2.094,48	458,15	1.711,44	1.925,37	234,43	1.561,04	1.756,17	10,71	1.410,64	1.586,97	-	1.260,64	1.418,22
	II	25.243	916,30	2.019,44	2.271,87	692,58	1.869,04	2.102,67	468,86	1.718,64	1.933,47	245,14	1.568,24	1.764,27	21,42	1.417,84	1.595,07	-	1.267,76	1.426,23	-	1.122,32	1.262,61
	III	18.414	-	1.473,12	1.657,26	-	1.350,08	1.518,84	-	1.230,24	1.384,02	-	1.113,44	1.252,62	-	999,68	1.124,64	-	888,96	1.000,08	-	781,44	879,12
	IV	27.032	1.129,19	2.162,56	2.432,88	1.017,33	2.087,36	2.348,28	905,47	2.012,16	2.263,68	793,61	1.936,96	2.179,08	681,75	1.861,76	2.094,48	570,01	1.786,64	2.009,97	458,15	1.711,44	1.925,37
	V	33.206	1.826,33	2.656,48	2.988,54																		
	VI	33.737	1.855,53	2.698,96	3.036,33																		
03.103,99 (Ost)	I	27.126	1.140,37	2.170,08	2.441,34	916,65	2.019,68	2.272,14	692,93	1.869,28	2.102,94	469,21	1.718,88	1.933,74	245,49	1.568,48	1.764,54	21,77	1.418,08	1.595,34	-	1.268,00	1.426,50
	II	25.337	927,48	2.026,96	2.280,33	703,76	1.876,56	2.111,13	480,04	1.726,16	1.941,93	256,32	1.575,76	1.772,73	32,60	1.425,36	1.603,53	-	1.275,20	1.434,60	-	1.129,44	1.270,62
	III	18.492	-	1.479,36	1.664,28	-	1.356,16	1.525,68	-	1.236,16	1.390,68	-	1.119,20	1.259,10	-	1.005,28	1.130,94	-	894,40	1.006,20	-	786,72	885,06
	IV	27.126	1.140,37	2.170,08	2.441,34	1.028,51	2.094,88	2.356,74	916,65	2.019,68	2.272,14	804,79	1.944,48	2.187,54	692,93	1.869,28	2.102,94	581,07	1.794,08	2.018,34	469,21	1.718,88	1.933,74
	V	33.299	1.831,44	2.663,92	2.996,91																		
	VI	33.831	1.860,70	2.706,48	3.044,79																		
03.139,99 (West)	I	27.047	1.130,97	2.163,76	2.434,23	907,37	2.013,44	2.265,12	683,65	1.863,04	2.095,92	459,93	1.712,64	1.926,72	236,21	1.562,24	1.757,52	12,49	1.411,84	1.588,32	-	1.261,76	1.419,48
	II	25.258	918,08	2.020,64	2.273,22	694,36	1.870,24	2.104,02	470,64	1.719,84	1.934,82	246,92	1.569,44	1.765,62	23,32	1.419,12	1.596,51	-	1.268,96	1.427,58	-	1.123,44	1.263,87
	III	18.426	-	1.474,08	1.658,34	-	1.351,04	1.519,92	-	1.231,20	1.385,10	-	1.114,24	1.253,52	-	1.000,48	1.125,54	-	889,92	1.001,16	-	782,24	880,02
	IV	27.047	1.130,97	2.163,76	2.434,23	1.019,11	2.088,56	2.349,63	907,37	2.013,44	2.265,12	795,51	1.938,24	2.180,52	683,65	1.863,04	2.095,92	571,79	1.787,84	2.011,32	459,93	1.712,64	1.926,72
	V	33.221	1.827,15	2.657,68	2.989,89																		
	VI	33.752	1.856,36	2.700,16	3.037,68																		
03.139,99 (Ost)	I	27.141	1.142,16	2.171,28	2.442,69	918,44	2.020,88	2.273,49	694,72	1.870,48	2.104,29	471,00	1.720,08	1.935,09	247,28	1.569,68	1.765,89	23,56	1.419,28	1.596,69	-	1.269,20	1.427,85
	II	25.352	929,27	2.028,16	2.281,68	705,55	1.877,76	2.112,48	481,83	1.727,36	1.943,28	258,11	1.576,96	1.774,08	34,39	1.426,56	1.604,88	-	1.276,40	1.435,95	-	1.130,56	1.271,88
	III	18.504	-	1.480,32	1.665,36	-	1.357,12	1.526,76	-	1.237,12	1.391,76	-	1.120,00	1.260,00	-	1.006,24	1.132,02	-	895,36	1.007,28	-	787,68	886,14
	IV	27.141	1.142,16	2.171,28	2.442,69	1.030,30	2.096,08	2.358,09	918,44	2.020,88	2.273,49	806,58	1.945,68	2.188,89	694,72	1.870,48	2.104,29	582,86	1.795,28	2.019,69	471,00	1.720,08	1.935,09
	V	33.314	1.832,27	2.665,12	2.998,26																		
	VI	33.846	1.861,53	2.707,68	3.046,14																		
03.175,99 (West)	I	27.063	1.132,88	2.165,04	2.435,67	909,16	2.014,64	2.266,47	685,44	1.864,24	2.097,27	461,72	1.713,84	1.928,07	238,00	1.563,44	1.758,87	14,28	1.413,04	1.589,67	-	1.262,96	1.420,83
	II	25.273	919,87	2.021,84	2.274,57	696,15	1.871,44	2.105,37	472,54	1.721,12	1.936,26	248,82	1.570,72	1.767,06	25,10	1.420,32	1.597,86	-	1.270,16	1.428,93	-	1.124,56	1.265,13
	III	18.438	-	1.475,04	1.659,42	-	1.352,00	1.521,00	-	1.232,16	1.386,18	-	1.115,20	1.254,60	-	1.001,44	1.126,62	-	890,72	1.002,06	-	783,20	881,10
	IV	27.063	1.132,88	2.165,04	2.435,67	1.021,02	2.089,84	2.351,07	909,16	2.014,64	2.266,47	797,30	1.939,44	2.181,87	685,44	1.864,24	2.097,27	573,58	1.789,04	2.012,67	461,72	1.713,84	1.928,07
	V	33.236	1.827,98	2.658,88	2.991,24																		
	VI	33.768	1.857,24	2.701,44	3.039,12																		
03.175,99 (Ost)	I	27.156	1.143,94	2.172,48	2.444,04	920,22	2.022,08	2.274,84	696,50	1.871,68	2.105,64	472,78	1.721,28	1.936,44	249,18	1.570,96	1.767,33	25,46	1.420,56	1.598,13	-	1.270,40	1.429,20
	II	25.367	931,05	2.029,36	2.283,03	707,33	1.878,96	2.113,83	483,61	1.728,56	1.944,63	259,89	1.578,16	1.775,43	36,17	1.427,76	1.606,23	-	1.277,60	1.437,30	-	1.131,68	1.273,14
	III	18.516	-	1.481,28	1.666,44	-	1.358,08	1.527,84	-	1.238,08	1.392,84	-	1.120,96	1.261,08	-	1.007,04	1.132,92	-	896,16	1.008,18	-	788,48	887,04
	IV	27.156	1.143,94	2.172,48	2.444,04	1.032,08	2.097,28	2.359,44	920,22	2.022,08	2.274,84	808,36	1.946,88	2.190,24	696,50	1.871,68	2.105,64	584,64	1.796,48	2.021,04	472,78	1.721,28	1.936,44
	V	33.330	1.833,15	2.666,40	2.999,70																		
	VI	33.861	1.862,35	2.708,88	3.047,49																		

The header "Anzahl Kinderfreibeträge (nur Steuerklassen I–IV)" spans the columns 0,5 to 3,0.

SolZ/KiSt lt. Tabelle nicht für Sonstige Bezüge anwendbar.

Lohn/ Gehalt bis	Steuerklasse	Lohn-steuer	ohne Kinderfreibetrag SolZ 5,5%	Kirchensteuer 8%	9%	0,5 SolZ 5,5%	Kirchensteuer 8%	9%	1,0 SolZ 5,5%	Kirchensteuer 8%	9%	1,5 SolZ 5,5%	Kirchensteuer 8%	9%	2,0 SolZ 5,5%	Kirchensteuer 8%	9%	2,5 SolZ 5,5%	Kirchensteuer 8%	9%	3,0 SolZ 5,5%	Kirchensteuer 8%	9%
103.211,99 (West)	I	27.078	1.134,66	2.166,24	2.437,02	910,94	2.015,84	2.267,82	687,22	1.865,44	2.098,62	463,50	1.715,04	1.929,42	239,78	1.564,64	1.760,22	16,06	1.414,24	1.591,02	-	1.264,16	1.422
	II	25.288	921,65	2.023,04	2.275,92	698,05	1.872,72	2.106,81	474,33	1.722,32	1.937,61	250,61	1.571,92	1.768,41	26,89	1.421,52	1.599,21	-	1.271,36	1.430,28	-	1.125,76	1.266
	III	18.450	-	1.476,00	1.660,50	-	1.352,96	1.522,08	-	1.233,12	1.387,26	-	1.116,16	1.255,68	-	1.002,40	1.127,70	-	891,68	1.003,14	-	784,00	882
	IV	27.078	1.134,66	2.166,24	2.437,02	1.022,80	2.091,04	2.352,42	910,94	2.015,84	2.267,82	799,08	1.940,64	2.183,22	687,22	1.865,44	2.098,62	575,36	1.790,24	2.014,02	463,50	1.715,04	1.929
	V	33.251	1.828,80	2.660,08	2.992,59																		
	VI	33.783	1.858,06	2.702,64	3.040,47																		
103.211,99 (Ost)	I	27.171	1.145,73	2.173,68	2.445,39	922,01	2.023,28	2.276,19	698,29	1.872,88	2.106,99	474,69	1.722,56	1.937,88	250,97	1.572,16	1.768,68	27,25	1.421,76	1.599,48	-	1.271,60	1.430
	II	25.382	932,84	2.030,56	2.284,38	709,12	1.880,16	2.115,18	485,40	1.729,76	1.945,98	261,68	1.579,36	1.776,78	37,96	1.428,96	1.607,58	-	1.278,80	1.438,65	-	1.132,88	1.274
	III	18.528	-	1.482,24	1.667,52	-	1.359,04	1.528,92	-	1.239,04	1.393,92	-	1.121,92	1.262,16	-	1.008,00	1.134,00	-	897,12	1.009,26	-	789,28	887
	IV	27.171	1.145,73	2.173,68	2.445,39	1.033,87	2.098,48	2.360,79	922,01	2.023,28	2.276,19	810,15	1.948,08	2.191,59	698,29	1.872,88	2.106,99	586,55	1.797,76	2.022,48	474,69	1.722,56	1.937
	V	33.345	1.833,97	2.667,60	3.001,05																		
	VI	33.876	1.863,18	2.710,08	3.048,84																		
103.247,99 (West)	I	27.093	1.136,45	2.167,44	2.438,37	912,73	2.017,04	2.269,17	689,01	1.866,64	2.099,97	465,29	1.716,24	1.930,77	241,57	1.565,84	1.761,57	17,85	1.415,44	1.592,37	-	1.265,36	1.423
	II	25.304	923,55	2.024,32	2.277,36	699,83	1.873,92	2.108,16	476,11	1.723,52	1.938,96	252,39	1.573,12	1.769,76	28,67	1.422,72	1.600,56	-	1.272,56	1.431,63	-	1.126,88	1.267
	III	18.464	-	1.477,12	1.661,76	-	1.353,92	1.523,16	-	1.233,92	1.388,16	-	1.117,12	1.256,76	-	1.003,20	1.128,60	-	892,48	1.004,04	-	784,80	882
	IV	27.093	1.136,45	2.167,44	2.438,37	1.024,59	2.092,24	2.353,77	912,73	2.017,04	2.269,17	800,87	1.941,84	2.184,57	689,01	1.866,64	2.099,97	577,15	1.791,44	2.015,37	465,29	1.716,24	1.930
	V	33.266	1.829,63	2.661,28	2.993,94																		
	VI	33.798	1.858,89	2.703,84	3.041,82																		
103.247,99 (Ost)	I	27.186	1.147,51	2.174,88	2.446,74	923,91	2.024,56	2.277,63	700,19	1.874,16	2.108,43	476,47	1.723,76	1.939,23	252,75	1.573,36	1.770,03	29,03	1.422,96	1.600,83	-	1.272,80	1.431
	II	25.397	934,62	2.031,76	2.285,73	710,90	1.881,36	2.116,53	487,18	1.730,96	1.947,33	263,46	1.580,56	1.778,13	39,86	1.430,24	1.609,02	-	1.280,00	1.440,00	-	1.134,00	1.275
	III	18.542	-	1.483,36	1.668,78	-	1.360,00	1.530,00	-	1.240,00	1.395,00	-	1.122,88	1.263,24	-	1.008,96	1.135,08	-	897,92	1.010,16	-	790,24	889
	IV	27.186	1.147,51	2.174,88	2.446,74	1.035,65	2.099,68	2.362,14	923,91	2.024,56	2.277,63	812,05	1.949,36	2.193,03	700,19	1.874,16	2.108,43	588,33	1.798,96	2.023,83	476,47	1.723,76	1.939
	V	33.360	1.834,80	2.668,80	3.002,40																		
	VI	33.891	1.864,00	2.711,28	3.050,19																		
103.283,99 (West)	I	27.108	1.138,23	2.168,64	2.439,72	914,51	2.018,24	2.270,52	690,79	1.867,84	2.101,32	467,07	1.717,44	1.932,12	243,35	1.567,04	1.762,92	19,63	1.416,64	1.593,72	-	1.266,56	1.424
	II	25.319	925,34	2.025,52	2.278,71	701,62	1.875,12	2.109,51	477,90	1.724,72	1.940,31	254,18	1.574,32	1.771,11	30,46	1.423,92	1.601,91	-	1.273,76	1.432,98	-	1.128,00	1.269
	III	18.476	-	1.478,08	1.662,84	-	1.355,04	1.524,42	-	1.234,88	1.389,24	-	1.118,08	1.257,84	-	1.004,16	1.129,68	-	893,44	1.005,12	-	785,76	883
	IV	27.108	1.138,23	2.168,64	2.439,72	1.026,37	2.093,44	2.355,12	914,51	2.018,24	2.270,52	802,65	1.943,04	2.185,92	690,79	1.867,84	2.101,32	578,93	1.792,64	2.016,72	467,07	1.717,44	1.932
	V	33.281	1.830,45	2.662,48	2.995,29																		
	VI	33.813	1.859,71	2.705,04	3.043,17																		
103.283,99 (Ost)	I	27.202	1.149,42	2.176,16	2.448,18	925,70	2.025,76	2.278,98	701,98	1.875,36	2.109,78	478,26	1.724,96	1.940,58	254,54	1.574,56	1.771,38	30,82	1.424,16	1.602,18	-	1.274,00	1.433
	II	25.412	936,41	2.032,96	2.287,08	712,69	1.882,56	2.117,88	489,09	1.732,24	1.948,77	265,37	1.581,84	1.779,57	41,65	1.431,44	1.610,37	-	1.281,20	1.441,35	-	1.135,12	1.277
	III	18.554	-	1.484,32	1.669,86	-	1.361,12	1.531,26	-	1.240,96	1.396,08	-	1.123,84	1.264,32	-	1.009,76	1.135,98	-	898,88	1.011,24	-	791,04	889
	IV	27.202	1.149,42	2.176,16	2.448,18	1.037,56	2.100,96	2.363,58	925,70	2.025,76	2.278,98	813,84	1.950,56	2.194,38	701,98	1.875,36	2.109,78	590,12	1.800,16	2.025,18	478,26	1.724,96	1.940
	V	33.375	1.835,62	2.670,00	3.003,75																		
	VI	33.907	1.864,88	2.712,56	3.051,63																		
103.319,99 (West)	I	27.123	1.140,02	2.169,84	2.441,07	916,30	2.019,44	2.271,87	692,58	1.869,04	2.102,67	468,86	1.718,64	1.933,47	245,14	1.568,24	1.764,27	21,42	1.417,84	1.595,07	-	1.267,76	1.426
	II	25.334	927,12	2.026,72	2.280,06	703,40	1.876,32	2.110,86	479,68	1.725,92	1.941,66	255,96	1.575,52	1.772,46	32,24	1.425,12	1.603,26	-	1.274,96	1.434,33	-	1.129,20	1.270
	III	18.488	-	1.479,04	1.663,92	-	1.356,00	1.525,50	-	1.235,84	1.390,32	-	1.118,88	1.258,74	-	1.005,12	1.130,76	-	894,24	1.006,02	-	786,56	884
	IV	27.123	1.140,02	2.169,84	2.441,07	1.028,16	2.094,64	2.356,47	916,30	2.019,44	2.271,87	804,44	1.944,24	2.187,27	692,58	1.869,04	2.102,67	580,72	1.793,84	2.018,07	468,86	1.718,64	1.933
	V	33.296	1.831,28	2.663,68	2.996,64																		
	VI	33.828	1.860,54	2.706,24	3.044,52																		
103.319,99 (Ost)	I	27.217	1.151,20	2.177,36	2.449,53	927,48	2.026,96	2.280,33	703,76	1.876,56	2.111,13	480,04	1.726,16	1.941,93	256,32	1.575,76	1.772,73	32,60	1.425,36	1.603,53	-	1.275,20	1.434
	II	25.427	938,19	2.034,16	2.288,43	714,59	1.883,84	2.119,32	490,87	1.733,44	1.950,12	267,15	1.583,04	1.780,92	43,43	1.432,64	1.611,72	-	1.282,40	1.442,70	-	1.136,32	1.278
	III	18.566	-	1.485,28	1.670,94	-	1.362,08	1.532,34	-	1.241,76	1.396,98	-	1.124,80	1.265,40	-	1.010,72	1.137,06	-	899,68	1.012,14	-	791,84	890
	IV	27.217	1.151,20	2.177,36	2.449,53	1.039,34	2.102,16	2.364,93	927,48	2.026,96	2.280,33	815,62	1.951,76	2.195,73	703,76	1.876,56	2.111,13	591,90	1.801,36	2.026,53	480,04	1.726,16	1.941
	V	33.390	1.836,45	2.671,20	3.005,10																		
	VI	33.922	1.865,71	2.713,76	3.052,98																		
103.355,99 (West)	I	27.138	1.141,80	2.171,04	2.442,42	918,08	2.020,64	2.273,22	694,36	1.870,24	2.104,02	470,64	1.719,84	1.934,82	246,92	1.569,44	1.765,62	23,32	1.419,12	1.596,51	-	1.268,96	1.427
	II	25.349	928,91	2.027,92	2.281,41	705,19	1.877,52	2.112,21	481,47	1.727,12	1.943,01	257,75	1.576,72	1.773,81	34,03	1.426,32	1.604,61	-	1.276,16	1.435,68	-	1.130,32	1.271
	III	18.502	-	1.480,16	1.665,18	-	1.356,96	1.526,58	-	1.236,80	1.391,40	-	1.119,84	1.259,82	-	1.005,92	1.131,66	-	895,20	1.007,10	-	787,36	885
	IV	27.138	1.141,80	2.171,04	2.442,42	1.029,94	2.095,84	2.357,82	918,08	2.020,64	2.273,22	806,22	1.945,44	2.188,62	694,36	1.870,24	2.104,02	582,50	1.795,04	2.019,42	470,64	1.719,84	1.934
	V	33.311	1.832,10	2.664,88	2.997,99																		
	VI	33.843	1.861,36	2.707,44	3.045,87																		
103.355,99 (Ost)	I	27.232	1.152,99	2.178,56	2.450,88	929,27	2.028,16	2.281,68	705,55	1.877,76	2.112,48	481,83	1.727,36	1.943,28	258,11	1.576,96	1.774,08	34,39	1.426,56	1.604,88	-	1.276,40	1.435
	II	25.443	940,10	2.035,44	2.289,87	716,38	1.885,04	2.120,67	492,66	1.734,64	1.951,47	268,94	1.584,24	1.782,27	45,22	1.433,84	1.613,07	-	1.283,60	1.444,05	-	1.137,44	1.279
	III	18.580	-	1.486,40	1.672,20	-	1.363,04	1.533,42	-	1.242,72	1.398,06	-	1.125,60	1.266,30	-	1.011,52	1.137,96	-	900,64	1.013,22	-	792,80	891
	IV	27.232	1.152,99	2.178,56	2.450,88	1.041,13	2.103,36	2.366,28	929,27	2.028,16	2.281,68	817,41	1.952,96	2.197,08	705,55	1.877,76	2.112,48	593,69	1.802,56	2.027,88	481,83	1.727,36	1.943
	V	33.405	1.837,27	2.672,40	3.006,45																		
	VI	33.937	1.866,53	2.714,96	3.054,33																		
103.391,99 (West)	I	27.153	1.143,59	2.172,24	2.443,77	919,87	2.021,84	2.274,57	696,15	1.871,44	2.105,37	472,54	1.721,12	1.936,26	248,82	1.570,72	1.767,06	25,10	1.420,32	1.597,86	-	1.270,16	1.428
	II	25.364	930,69	2.029,12	2.282,76	706,97	1.878,72	2.113,56	483,25	1.728,32	1.944,36	259,53	1.577,92	1.775,16	35,81	1.427,52	1.605,96	-	1.277,36	1.437,03	-	1.131,44	1.272
	III	18.514	-	1.481,12	1.666,26	-	1.357,92	1.527,66	-	1.237,76	1.392,48	-	1.120,80	1.260,90	-	1.006,88	1.132,74	-	896,00	1.008,00	-	788,32	886
	IV	27.153	1.143,59	2.172,24	2.443,77	1.031,73	2.097,04	2.359,17	919,87	2.021,84	2.274,57	808,01	1.946,64	2.189,97	696,15	1.871,44	2.105,37	584,29	1.796,24	2.020,77	472,54	1.721,12	1.936
	V	33.327	1.832,98	2.666,16	2.999,43																		
	VI	33.858	1.862,19	2.708,64	3.047,22																		
103.391,99 (Ost)	I	27.247	1.154,77	2.179,76	2.452,23	931,05	2.029,36	2.283,03	707,33	1.878,96	2.113,83	483,61	1.728,56	1.944,63	259,89	1.578,16	1.775,43	36,17	1.427,76	1.606,23	-	1.277,60	1.437
	II	25.458	941,88	2.036,64	2.291,22	718,16	1.886,24	2.122,02	494,44	1.735,84	1.952,82	270,72	1.585,44	1.783,62	47,00	1.435,04	1.614,42	-	1.284,80	1.445,40	-	1.138,56	1.280
	III	18.592	-	1.487,36	1.673,28	-	1.364,00	1.534,50	-	1.243,68	1.399,14	-	1.126,56	1.267,38	-	1.012,48	1.139,04	-	901,44	1.014,12	-	793,60	892
	IV	27.247	1.154,77	2.179,76	2.452,23	1.042,91	2.104,56	2.367,63	931,05	2.029,36	2.283,03	819,19	1.954,16	2.198,43	707,33	1.878,96	2.113,83	595,47	1.803,76	2.029,23	483,61	1.728,56	1.944
	V	33.420	1.838,10	2.673,60	3.007,80																		
	VI	33.952	1.867,36	2.716,16	3.055,68																		
103.427,99 (West)	I	27.168	1.145,37	2.173,44	2.445,12	921,65	2.023,04	2.275,92	698,05	1.872,72	2.106,81	474,33	1.722,32	1.937,61	250,61	1.571,92	1.768,41	26,89	1.421,52	1.599,21	-	1.271,36	1.430
	II	25.379	932,48	2.030,32	2.284,11	708,76	1.879,92	2.114,91	485,04	1.729,52	1.945,71	261,32	1.579,12	1.776,51	37,72	1.428,80	1.607,40	-	1.278,56	1.438,38	-	1.132,64	1.274
	III	18.526	-	1.482,08	1.667,34	-	1.358,88	1.528,74	-	1.238,72	1.393,56	-	1.121,76	1.261,98	-	1.007,84	1.133,82	-	896,96	1.009,08	-	789,12	887
	IV	27.168	1.145,37	2.173,44	2.445,12	1.033,51	2.098,24	2.360,52	921,65	2.023,04	2.275,92	809,91	1.947,92	2.191,41	698,05	1.872,72	2.106,81	586,19	1.797,52	2.022,21	474,33	1.722,32	1.937
	V	33.342	1.833,81	2.667,36	3.000,78																		
	VI	33.873	1.863,01	2.709,84	3.048,57																		
103.427,99 (Ost)	I	27.262	1.156,56	2.180,96	2.453,58	932,84	2.030,56	2.284,38	709,12	1.880,16	2.115,18	485,40	1.729,76	1.945,98	261,68	1.579,36	1.776,78	37,96	1.428,96	1.607,58	-	1.278,80	1.438
	II	25.473	943,67	2.037,84	2.292,57	719,95	1.887,44	2.123,37	496,23	1.737,04	1.954,17	272,51	1.586,64	1.784,97	48,79	1.436,24	1.615,77	-	1.286,00	1.446,75	-	1.139,76	1.282
	III	18.604	-	1.488,32	1.674,36	-	1.364,96	1.535,58	-	1.244,64	1.400,22	-	1.127,52	1.268,46	-	1.013,44	1.140,12	-	902,40	1.015,20	-	794,40	893
	IV	27.262	1.156,56	2.180,96	2.453,58	1.044,70	2.105,76	2.368,98	932,84	2.030,56	2.284,38	820,98	1.955,36	2.199,78	709,12	1.880,16	2.115,18	597,26	1.804,96	2.030,58	485,40	1.729,76	1.945
	V	33.435	1.838,92	2.674,80	3.009,15																		
	VI	33.967	1.868,18	2.717,36	3.057,03																		

Anzahl Kinderfreibeträge (nur Steuerklassen I–IV)

SolZ/KiSt lt. Tabelle nicht für Sonstige Bezüge anwendbar.

Lohn/ Gehalt bis	Steuerklasse	Lohn-steuer	ohne Kinderfreibetrag SolZ 5,5%	Kirchensteuer 8%	Kirchensteuer 9%	0,5 SolZ 5,5%	0,5 Kirchensteuer 8%	0,5 Kirchensteuer 9%	1,0 SolZ 5,5%	1,0 Kirchensteuer 8%	1,0 Kirchensteuer 9%	1,5 SolZ 5,5%	1,5 Kirchensteuer 8%	1,5 Kirchensteuer 9%	2,0 SolZ 5,5%	2,0 Kirchensteuer 8%	2,0 Kirchensteuer 9%	2,5 SolZ 5,5%	2,5 Kirchensteuer 8%	2,5 Kirchensteuer 9%	3,0 SolZ 5,5%	3,0 Kirchensteuer 8%	3,0 Kirchensteuer 9%
3.463,99	I	27.184	1.147,27	2.174,72	2.446,56	923,55	2.024,32	2.277,36	699,83	1.873,92	2.108,16	476,11	1.723,52	1.938,96	252,39	1.573,12	1.769,76	28,67	1.422,72	1.600,56	-	1.272,56	1.431,63
(West)	II	25.394	934,26	2.031,52	2.285,46	710,54	1.881,12	2.116,26	486,82	1.730,72	1.947,06	263,22	1.580,40	1.777,95	39,50	1.430,00	1.608,75	-	1.279,76	1.439,73	-	1.133,76	1.275,48
	III	18.538	-	1.483,04	1.668,42	-	1.359,84	1.529,82	-	1.239,68	1.394,64	-	1.122,72	1.263,06	-	1.008,64	1.134,72	-	897,76	1.009,98	-	790,08	888,84
	IV	27.184	1.147,27	2.174,72	2.446,56	1.035,41	2.099,52	2.361,96	923,55	2.024,32	2.277,36	811,69	1.949,12	2.192,76	699,83	1.873,92	2.108,16	587,97	1.798,72	2.023,56	476,11	1.723,52	1.938,96
	V	33.357	1.834,63	2.668,56	3.002,13																		
	VI	33.889	1.863,89	2.711,12	3.050,01																		
3.463,99	I	27.277	1.158,34	2.182,16	2.454,93	934,62	2.031,76	2.285,73	710,90	1.881,36	2.116,53	487,18	1.730,96	1.947,33	263,46	1.580,56	1.778,13	39,86	1.430,24	1.609,02	-	1.280,00	1.440,00
(Ost)	II	25.488	945,45	2.039,04	2.293,92	721,73	1.888,64	2.124,72	498,01	1.738,24	1.955,52	274,29	1.587,84	1.786,32	50,57	1.437,44	1.617,12	-	1.287,20	1.448,10	-	1.140,88	1.283,49
	III	18.616	-	1.489,28	1.675,44	-	1.365,92	1.536,66	-	1.245,60	1.401,30	-	1.128,48	1.269,54	-	1.014,24	1.141,02	-	903,20	1.016,10	-	795,36	894,78
	IV	27.277	1.158,34	2.182,16	2.454,93	1.046,48	2.106,96	2.370,33	934,62	2.031,76	2.285,73	822,76	1.956,56	2.201,13	710,90	1.881,36	2.116,53	599,04	1.806,16	2.031,93	487,18	1.730,96	1.947,33
	V	33.450	1.839,75	2.676,00	3.010,50																		
	VI	33.982	1.869,01	2.718,56	3.058,38																		
3.499,99	I	27.199	1.149,06	2.175,92	2.447,91	925,34	2.025,52	2.278,71	701,62	1.875,12	2.109,51	477,90	1.724,72	1.940,31	254,18	1.574,32	1.771,11	30,46	1.423,92	1.601,91	-	1.273,76	1.432,98
(West)	II	25.409	936,05	2.032,72	2.286,81	712,45	1.882,40	2.117,70	488,73	1.732,00	1.948,50	265,01	1.581,60	1.779,30	41,29	1.431,20	1.610,10	-	1.280,96	1.441,08	-	1.134,96	1.276,83
	III	18.552	-	1.484,16	1.669,68	-	1.360,80	1.530,90	-	1.240,64	1.395,72	-	1.123,52	1.263,96	-	1.009,60	1.135,80	-	898,72	1.011,06	-	790,88	889,74
	IV	27.199	1.149,06	2.175,92	2.447,91	1.037,20	2.100,72	2.363,31	925,34	2.025,52	2.278,71	813,48	1.950,32	2.194,11	701,62	1.875,12	2.109,51	589,76	1.799,92	2.024,91	477,90	1.724,72	1.940,31
	V	33.372	1.835,46	2.669,76	3.003,48																		
	VI	33.904	1.864,72	2.712,32	3.051,36																		
3.499,99	I	27.292	1.160,13	2.183,36	2.456,28	936,41	2.032,96	2.287,08	712,69	1.882,56	2.117,88	489,09	1.732,24	1.948,77	265,37	1.581,84	1.779,57	41,65	1.431,44	1.610,37	-	1.281,20	1.441,35
(Ost)	II	25.503	947,24	2.040,24	2.295,27	723,52	1.889,84	2.126,07	499,80	1.739,44	1.956,87	276,08	1.589,04	1.787,67	52,36	1.438,64	1.618,47	-	1.288,40	1.449,45	-	1.142,08	1.284,84
	III	18.630	-	1.490,40	1.676,70	-	1.366,88	1.537,74	-	1.246,56	1.402,38	-	1.129,44	1.270,62	-	1.015,20	1.142,10	-	904,16	1.017,18	-	796,16	895,68
	IV	27.292	1.160,13	2.183,36	2.456,28	1.048,27	2.108,16	2.371,68	936,41	2.032,96	2.287,08	824,55	1.957,76	2.202,48	712,69	1.882,56	2.117,88	600,83	1.807,36	2.033,28	489,09	1.732,24	1.948,77
	V	33.466	1.840,63	2.677,28	3.011,94																		
	VI	33.997	1.869,83	2.719,76	3.059,73																		
3.535,99	I	27.214	1.150,84	2.177,12	2.449,26	927,12	2.026,72	2.280,06	703,40	1.876,32	2.110,86	479,68	1.725,92	1.941,66	255,96	1.575,52	1.772,46	32,24	1.425,12	1.603,26	-	1.274,96	1.434,33
(West)	II	25.425	937,95	2.034,00	2.288,25	714,23	1.883,60	2.119,05	490,51	1.733,20	1.949,85	266,79	1.582,80	1.780,65	43,07	1.432,40	1.611,45	-	1.282,16	1.442,43	-	1.136,08	1.278,09
	III	18.564	-	1.485,12	1.670,76	-	1.361,76	1.531,98	-	1.241,60	1.396,80	-	1.124,48	1.265,04	-	1.010,56	1.136,88	-	899,52	1.011,96	-	791,68	890,64
	IV	27.214	1.150,84	2.177,12	2.449,26	1.038,98	2.101,92	2.364,66	927,12	2.026,72	2.280,06	815,26	1.951,52	2.195,46	703,40	1.876,32	2.110,86	591,54	1.801,12	2.026,26	479,68	1.725,92	1.941,66
	V	33.387	1.836,28	2.670,96	3.004,83																		
	VI	33.919	1.865,54	2.713,52	3.052,71																		
3.535,99	I	27.307	1.161,91	2.184,56	2.457,63	938,19	2.034,16	2.288,43	714,59	1.883,84	2.119,32	490,87	1.733,44	1.950,12	267,15	1.583,04	1.780,92	43,43	1.432,64	1.611,72	-	1.282,40	1.442,70
(Ost)	II	25.518	949,02	2.041,44	2.296,62	725,30	1.891,04	2.127,42	501,58	1.740,64	1.958,22	277,86	1.590,24	1.789,02	54,26	1.439,92	1.619,91	-	1.289,60	1.450,80	-	1.143,20	1.286,10
	III	18.642	-	1.491,36	1.677,78	-	1.367,84	1.538,82	-	1.247,52	1.403,46	-	1.130,24	1.271,52	-	1.016,16	1.143,18	-	904,96	1.018,08	-	796,96	896,58
	IV	27.307	1.161,91	2.184,56	2.457,63	1.050,05	2.109,36	2.373,03	938,19	2.034,16	2.288,43	826,45	1.959,04	2.203,92	714,59	1.883,84	2.119,32	602,73	1.808,64	2.034,72	490,87	1.733,44	1.950,12
	V	33.481	1.841,45	2.678,48	3.013,29																		
	VI	34.012	1.870,66	2.720,96	3.061,08																		
3.571,99	I	27.229	1.152,63	2.178,32	2.450,61	928,91	2.027,92	2.281,41	705,19	1.877,52	2.112,21	481,47	1.727,12	1.943,01	257,75	1.576,72	1.773,81	34,03	1.426,32	1.604,61	-	1.276,16	1.435,68
(West)	II	25.440	939,74	2.035,20	2.289,60	716,02	1.884,80	2.120,40	492,30	1.734,40	1.951,20	268,58	1.584,00	1.782,00	44,86	1.433,60	1.612,80	-	1.283,36	1.443,78	-	1.137,20	1.279,35
	III	18.576	-	1.486,08	1.671,84	-	1.362,72	1.533,06	-	1.242,56	1.397,88	-	1.125,44	1.266,12	-	1.011,36	1.137,78	-	900,48	1.013,04	-	792,64	891,72
	IV	27.229	1.152,63	2.178,32	2.450,61	1.040,77	2.103,12	2.366,01	928,91	2.027,92	2.281,41	817,05	1.952,72	2.196,81	705,19	1.877,52	2.112,21	593,33	1.802,32	2.027,61	481,47	1.727,12	1.943,01
	V	33.402	1.837,11	2.672,16	3.006,18																		
	VI	33.934	1.866,37	2.714,72	3.054,06																		
3.571,99	I	27.323	1.163,82	2.185,84	2.459,07	940,10	2.035,44	2.289,87	716,38	1.885,04	2.120,67	492,66	1.734,64	1.951,47	268,94	1.584,24	1.782,27	45,22	1.433,84	1.613,07	-	1.283,60	1.444,05
(Ost)	II	25.533	950,81	2.042,64	2.297,97	727,09	1.892,24	2.128,77	503,37	1.741,84	1.959,57	279,76	1.591,52	1.790,46	56,04	1.441,12	1.621,26	-	1.290,80	1.452,15	-	1.144,32	1.287,36
	III	18.654	-	1.492,32	1.678,86	-	1.368,96	1.540,08	-	1.248,48	1.404,54	-	1.131,20	1.272,60	-	1.016,96	1.144,08	-	905,92	1.019,16	-	797,92	897,66
	IV	27.323	1.163,82	2.185,84	2.459,07	1.051,96	2.110,64	2.374,47	940,10	2.035,44	2.289,87	828,24	1.960,24	2.205,27	716,38	1.885,04	2.120,67	604,52	1.809,84	2.036,07	492,66	1.734,64	1.951,47
	V	33.496	1.842,28	2.679,68	3.014,64																		
	VI	34.028	1.871,54	2.722,24	3.062,52																		
3.607,99	I	27.244	1.154,41	2.179,52	2.451,96	930,69	2.029,12	2.282,76	706,97	1.878,72	2.113,56	483,25	1.728,32	1.944,36	259,53	1.577,92	1.775,16	35,81	1.427,52	1.605,96	-	1.277,36	1.437,03
(West)	II	25.455	941,52	2.036,40	2.290,95	717,80	1.886,00	2.121,75	494,08	1.735,60	1.952,55	270,36	1.585,20	1.783,35	46,64	1.434,80	1.614,15	-	1.284,56	1.445,13	-	1.138,40	1.280,70
	III	18.588	-	1.487,04	1.672,92	-	1.363,84	1.534,32	-	1.243,52	1.398,96	-	1.126,40	1.267,20	-	1.012,32	1.138,86	-	901,28	1.013,94	-	793,44	892,62
	IV	27.244	1.154,41	2.179,52	2.451,96	1.042,55	2.104,32	2.367,36	930,69	2.029,12	2.282,76	818,83	1.953,92	2.198,16	706,97	1.878,72	2.113,56	595,11	1.803,52	2.028,96	483,25	1.728,32	1.944,36
	V	33.417	1.837,93	2.673,36	3.007,53																		
	VI	33.949	1.867,19	2.715,92	3.055,41																		
3.607,99	I	27.338	1.165,60	2.187,04	2.460,42	941,88	2.036,64	2.291,22	718,16	1.886,24	2.122,02	494,44	1.735,84	1.952,82	270,72	1.585,44	1.783,62	47,00	1.435,04	1.614,42	-	1.284,80	1.445,40
(Ost)	II	25.548	952,59	2.043,84	2.299,32	728,99	1.893,52	2.130,21	505,27	1.743,12	1.961,01	281,55	1.592,72	1.791,81	57,83	1.442,32	1.622,61	-	1.292,00	1.453,50	-	1.145,52	1.288,71
	III	18.666	-	1.493,28	1.679,94	-	1.369,92	1.541,16	-	1.249,44	1.405,62	-	1.132,16	1.273,68	-	1.017,92	1.145,16	-	906,88	1.020,24	-	798,72	898,56
	IV	27.338	1.165,60	2.187,04	2.460,42	1.053,74	2.111,84	2.375,82	941,88	2.036,64	2.291,22	830,02	1.961,44	2.206,62	718,16	1.886,24	2.122,02	606,30	1.811,04	2.037,42	494,44	1.735,84	1.952,82
	V	33.511	1.843,10	2.680,88	3.015,99																		
	VI	34.043	1.872,36	2.723,44	3.063,87																		
3.643,99	I	27.259	1.156,20	2.180,72	2.453,31	932,48	2.030,32	2.284,11	708,76	1.879,92	2.114,91	485,04	1.729,52	1.945,71	261,32	1.579,12	1.776,51	37,72	1.428,80	1.607,40	-	1.278,56	1.438,38
(West)	II	25.470	943,31	2.037,60	2.292,30	719,59	1.887,20	2.123,10	495,87	1.736,80	1.953,90	272,15	1.586,40	1.784,70	48,43	1.436,00	1.615,50	-	1.285,76	1.446,48	-	1.139,52	1.281,96
	III	18.602	-	1.488,16	1.674,18	-	1.364,80	1.535,40	-	1.244,48	1.400,04	-	1.127,36	1.268,28	-	1.013,28	1.139,94	-	902,24	1.015,02	-	794,24	893,52
	IV	27.259	1.156,20	2.180,72	2.453,31	1.044,34	2.105,52	2.368,71	932,48	2.030,32	2.284,11	820,62	1.955,12	2.199,51	708,76	1.879,92	2.114,91	596,90	1.804,72	2.030,31	485,04	1.729,52	1.945,71
	V	33.432	1.838,76	2.674,56	3.008,88																		
	VI	33.964	1.868,02	2.717,12	3.056,76																		
3.643,99	I	27.353	1.167,39	2.188,24	2.461,77	943,67	2.037,84	2.292,57	719,95	1.887,44	2.123,37	496,23	1.737,04	1.954,17	272,51	1.586,64	1.784,97	48,79	1.436,24	1.615,77	-	1.286,00	1.446,75
(Ost)	II	25.564	954,49	2.045,12	2.300,76	730,77	1.894,72	2.131,56	507,05	1.744,32	1.962,36	283,33	1.593,92	1.793,16	59,61	1.443,52	1.623,96	-	1.293,20	1.454,85	-	1.146,64	1.289,97
	III	18.680	-	1.494,40	1.681,20	-	1.370,88	1.542,24	-	1.250,40	1.406,70	-	1.133,12	1.274,76	-	1.018,88	1.146,24	-	907,68	1.021,14	-	799,68	899,64
	IV	27.353	1.167,39	2.188,24	2.461,77	1.055,53	2.113,04	2.377,17	943,67	2.037,84	2.292,57	831,81	1.962,64	2.207,97	719,95	1.887,44	2.123,37	608,09	1.812,24	2.038,77	496,23	1.737,04	1.954,17
	V	33.526	1.843,93	2.682,08	3.017,34																		
	VI	34.058	1.873,19	2.724,64	3.065,22																		
3.679,99	I	27.274	1.157,98	2.181,92	2.454,66	934,26	2.031,52	2.285,46	710,54	1.881,12	2.116,26	486,82	1.730,72	1.947,06	263,22	1.580,40	1.777,95	39,50	1.430,00	1.608,75	-	1.279,76	1.439,73
(West)	II	25.485	945,09	2.038,80	2.293,65	721,37	1.888,40	2.124,45	497,65	1.738,00	1.955,25	273,93	1.587,60	1.786,05	50,21	1.437,20	1.616,85	-	1.286,96	1.447,83	-	1.140,64	1.283,22
	III	18.614	-	1.489,12	1.675,26	-	1.365,76	1.536,48	-	1.245,44	1.401,12	-	1.128,16	1.269,18	-	1.014,08	1.140,84	-	903,04	1.015,92	-	795,20	894,60
	IV	27.274	1.157,98	2.181,92	2.454,66	1.046,12	2.106,72	2.370,06	934,26	2.031,52	2.285,46	822,40	1.956,32	2.200,86	710,54	1.881,12	2.116,26	598,68	1.805,92	2.031,66	486,82	1.730,72	1.947,06
	V	33.448	1.839,64	2.675,84	3.010,32																		
	VI	33.979	1.868,84	2.718,32	3.058,11																		
03.679,99	I	27.368	1.169,17	2.189,44	2.463,12	945,45	2.039,04	2.293,92	721,73	1.888,64	2.124,72	498,01	1.738,24	1.955,52	274,29	1.587,84	1.786,32	50,57	1.437,44	1.617,12	-	1.287,20	1.448,10
(Ost)	II	25.579	956,28	2.046,32	2.302,11	732,56	1.895,92	2.132,91	508,84	1.745,52	1.963,71	285,12	1.595,12	1.794,51	61,40	1.444,72	1.625,31	-	1.294,40	1.456,20	-	1.147,84	1.291,32
	III	18.692	-	1.495,36	1.682,28	-	1.371,84	1.543,32	-	1.251,36	1.407,78	-	1.134,08	1.275,84	-	1.019,68	1.147,14	-	908,64	1.022,22	-	800,48	900,54
	IV	27.368	1.169,17	2.189,44	2.463,12	1.057,31	2.114,24	2.378,52	945,45	2.039,04	2.293,92	833,59	1.963,84	2.209,32	721,73	1.888,64	2.124,72	609,87	1.813,44	2.040,12	498,01	1.738,24	1.955,52
	V	33.541	1.844,75	2.683,28	3.018,69																		
	VI	34.073	1.874,01	2.725,84	3.066,57																		

Anzahl Kinderfreibeträge (nur Steuerklassen I–IV)

SolZ/KiSt lt. Tabelle nicht für Sonstige Bezüge anwendbar.

JAHR bis 103.931,99 €

Allgemeine Tabelle

Lohn/ Gehalt bis	Steuerklasse	Lohn-steuer	ohne Kinderfreibetrag			Anzahl Kinderfreibeträge (nur Steuerklassen I–IV)																	
						0,5			1,0			1,5			2,0			2,5			3,0		
			SolZ 5,5%	Kirchensteuer 8%	9%	SolZ 5,5%	Kirchensteuer 8%	9%	SolZ 5,5%	Kirchensteuer 8%	9%	SolZ 5,5%	Kirchensteuer 8%	9%	SolZ 5,5%	Kirchensteuer 8%	9%	SolZ 5,5%	Kirchensteuer 8%	9%	SolZ 5,5%	Kirchensteu 8%	9%
103.715,99 (West)	I	**27.289**	*1.159,77*	2.183,12	2.456,01	*936,05*	2.032,72	2.286,81	*712,45*	1.882,40	2.117,70	*488,73*	1.732,00	1.948,50	*265,01*	1.581,60	1.779,30	*41,29*	1.431,20	1.610,10	–	1.280,96	1.441
	II	**25.500**	*946,88*	2.040,00	2.295,00	*723,16*	1.889,60	2.125,80	*499,44*	1.739,20	1.956,60	*275,72*	1.588,80	1.787,40	*52,00*	1.438,40	1.618,20	–	1.288,16	1.449,18	–	1.141,84	1.284
	III	**18.626**	–	1.490,08	1.676,34	–	1.366,72	1.537,56	–	1.246,40	1.402,20	–	1.129,12	1.270,26	–	1.015,04	1.141,92	–	904,00	1.017,00	–	796,00	895
	IV	**27.289**	*1.159,77*	2.183,12	2.456,01	*1.047,91*	2.107,92	2.371,41	*936,05*	2.032,72	2.286,81	*824,19*	1.957,52	2.202,21	*712,45*	1.882,40	2.117,70	*600,59*	1.807,20	2.033,10	*488,73*	1.732,00	1.948
	V	**33.463**	*1.840,46*	2.677,04	3.011,67																		
	VI	**33.994**	*1.869,67*	2.719,52	3.059,46																		
103.715,99 (Ost)	I	**27.383**	*1.170,96*	2.190,64	2.464,47	*947,24*	2.040,24	2.295,27	*723,52*	1.889,84	2.126,07	*499,80*	1.739,44	1.956,87	*276,08*	1.589,04	1.787,67	*52,36*	1.438,64	1.618,47	–	1.288,40	1.449
	II	**25.594**	*958,06*	2.047,52	2.303,46	*734,34*	1.897,12	2.134,26	*510,62*	1.746,72	1.965,06	*286,90*	1.596,32	1.795,86	*63,18*	1.445,92	1.626,66	–	1.295,60	1.457,55	–	1.148,96	1.292
	III	**18.704**	–	1.496,32	1.683,36	–	1.372,80	1.544,40	–	1.252,32	1.408,86	–	1.134,88	1.276,74	–	1.020,64	1.148,22	–	909,44	1.023,12	–	801,28	901
	IV	**27.383**	*1.170,96*	2.190,64	2.464,47	*1.059,10*	2.115,44	2.379,87	*947,24*	2.040,24	2.295,27	*835,38*	1.965,04	2.210,67	*723,52*	1.889,84	2.126,07	*611,66*	1.814,64	2.041,47	*499,80*	1.739,44	1.956
	V	**33.556**	*1.845,58*	2.684,48	3.020,04																		
	VI	**34.088**	*1.874,84*	2.727,04	3.067,92																		
103.751,99 (West)	I	**27.304**	*1.161,55*	2.184,32	2.457,36	*937,95*	2.034,00	2.288,25	*714,23*	1.883,60	2.119,05	*490,51*	1.733,20	1.949,85	*266,79*	1.582,80	1.780,65	*43,07*	1.432,40	1.611,45	–	1.282,16	1.442
	II	**25.515**	*948,66*	2.041,20	2.296,35	*724,94*	1.890,80	2.127,15	*501,22*	1.740,40	1.957,95	*277,62*	1.590,08	1.788,84	*53,90*	1.439,68	1.619,64	–	1.289,36	1.450,53	–	1.142,96	1.285
	III	**18.640**	–	1.491,20	1.677,60	–	1.367,68	1.538,64	–	1.247,36	1.403,28	–	1.130,08	1.271,34	–	1.016,00	1.143,00	–	904,80	1.017,90	–	796,80	896
	IV	**27.304**	*1.161,55*	2.184,32	2.457,36	*1.049,81*	2.109,20	2.372,85	*937,95*	2.034,00	2.288,25	*826,09*	1.958,80	2.203,65	*714,23*	1.883,60	2.119,05	*602,37*	1.808,40	2.034,45	*490,51*	1.733,20	1.949
	V	**33.478**	*1.841,29*	2.678,24	3.013,02																		
	VI	**34.009**	*1.870,49*	2.720,72	3.060,81																		
103.751,99 (Ost)	I	**27.398**	*1.172,74*	2.191,84	2.465,82	*949,02*	2.041,44	2.296,62	*725,30*	1.891,04	2.127,42	*501,58*	1.740,64	1.958,22	*277,86*	1.590,24	1.789,02	*54,26*	1.439,92	1.619,91	–	1.289,60	1.450
	II	**25.609**	*959,85*	2.048,72	2.304,81	*736,13*	1.898,32	2.135,61	*512,41*	1.747,92	1.966,41	*288,69*	1.597,52	1.797,21	*64,97*	1.447,12	1.628,01	–	1.296,80	1.458,90	–	1.150,16	1.293
	III	**18.718**	–	1.497,44	1.684,62	–	1.373,76	1.545,48	–	1.253,28	1.409,94	–	1.135,84	1.277,82	–	1.021,60	1.149,30	–	910,40	1.024,20	–	802,24	902
	IV	**27.398**	*1.172,74*	2.191,84	2.465,82	*1.060,88*	2.116,64	2.381,22	*949,02*	2.041,44	2.296,62	*837,16*	1.966,24	2.212,02	*725,30*	1.891,04	2.127,42	*613,44*	1.815,84	2.042,82	*501,58*	1.740,64	1.958
	V	**33.571**	*1.846,40*	2.685,68	3.021,39																		
	VI	**34.103**	*1.875,66*	2.728,24	3.069,27																		
103.787,99 (West)	I	**27.320**	*1.163,46*	2.185,60	2.458,80	*939,74*	2.035,20	2.289,60	*716,02*	1.884,80	2.120,40	*492,30*	1.734,40	1.951,20	*268,58*	1.584,00	1.782,00	*44,86*	1.433,60	1.612,80	–	1.283,36	1.443
	II	**25.530**	*950,45*	2.042,40	2.297,70	*726,73*	1.892,00	2.128,50	*503,13*	1.741,68	1.959,39	*279,41*	1.591,28	1.790,19	*55,69*	1.440,88	1.620,99	–	1.290,56	1.451,88	–	1.144,16	1.287
	III	**18.652**	–	1.492,16	1.678,68	–	1.368,64	1.539,72	–	1.248,32	1.404,36	–	1.131,04	1.272,42	–	1.016,80	1.143,90	–	905,76	1.018,98	–	797,76	897
	IV	**27.320**	*1.163,46*	2.185,60	2.458,80	*1.051,60*	2.110,40	2.374,20	*939,74*	2.035,20	2.289,60	*827,88*	1.960,00	2.205,00	*716,02*	1.884,80	2.120,40	*604,16*	1.809,60	2.035,80	*492,30*	1.734,40	1.951
	V	**33.493**	*1.842,11*	2.679,44	3.014,37																		
	VI	**34.025**	*1.871,37*	2.722,00	3.062,25																		
103.787,99 (Ost)	I	**27.413**	*1.174,53*	2.193,04	2.467,17	*950,81*	2.042,64	2.297,97	*727,09*	1.892,24	2.128,77	*503,37*	1.741,84	1.959,57	*279,76*	1.591,52	1.790,46	*56,04*	1.441,12	1.621,26	–	1.290,80	1.452
	II	**25.624**	*961,63*	2.049,92	2.306,16	*737,91*	1.899,52	2.136,96	*514,19*	1.749,12	1.967,76	*290,47*	1.598,72	1.798,56	*66,75*	1.448,32	1.629,36	–	1.298,00	1.460,25	–	1.151,28	1.295
	III	**18.730**	–	1.498,40	1.685,70	–	1.374,72	1.546,56	–	1.254,24	1.411,02	–	1.136,80	1.278,90	–	1.022,40	1.150,20	–	911,20	1.025,10	–	803,04	903
	IV	**27.413**	*1.174,53*	2.193,04	2.467,17	*1.062,67*	2.117,84	2.382,57	*950,81*	2.042,64	2.297,97	*838,95*	1.967,44	2.213,37	*727,09*	1.892,24	2.128,77	*615,23*	1.817,04	2.044,17	*503,37*	1.741,84	1.959
	V	**33.587**	*1.847,28*	2.686,96	3.022,83																		
	VI	**34.118**	*1.876,49*	2.729,44	3.070,62																		
103.823,99 (West)	I	**27.335**	*1.165,24*	2.186,80	2.460,15	*941,52*	2.036,40	2.290,95	*717,80*	1.886,00	2.121,75	*494,08*	1.735,60	1.952,55	*270,36*	1.585,20	1.783,35	*46,64*	1.434,80	1.614,15	–	1.284,56	1.445
	II	**25.546**	*952,35*	2.043,68	2.299,14	*728,63*	1.893,28	2.129,94	*504,91*	1.742,88	1.960,74	*281,19*	1.592,48	1.791,54	*57,47*	1.442,08	1.622,34	–	1.291,76	1.453,23	–	1.145,28	1.288
	III	**18.664**	–	1.493,12	1.679,76	–	1.369,60	1.540,80	–	1.249,28	1.405,44	–	1.132,00	1.273,50	–	1.017,76	1.144,98	–	906,56	1.019,88	–	798,56	898
	IV	**27.335**	*1.165,24*	2.186,80	2.460,15	*1.053,38*	2.111,60	2.375,55	*941,52*	2.036,40	2.290,95	*829,66*	1.961,20	2.206,35	*717,80*	1.886,00	2.121,75	*605,94*	1.810,80	2.037,15	*494,08*	1.735,60	1.952
	V	**33.508**	*1.842,94*	2.680,64	3.015,72																		
	VI	**34.040**	*1.872,20*	2.723,20	3.063,60																		
103.823,99 (Ost)	I	**27.428**	*1.176,31*	2.194,24	2.468,52	*952,59*	2.043,84	2.299,32	*728,99*	1.893,52	2.130,21	*505,27*	1.743,12	1.961,01	*281,55*	1.592,72	1.791,81	*57,83*	1.442,32	1.622,61	–	1.292,00	1.453
	II	**25.639**	*963,42*	2.051,12	2.307,51	*739,70*	1.900,72	2.138,31	*515,98*	1.750,32	1.969,11	*292,26*	1.599,92	1.799,91	*68,54*	1.449,52	1.630,71	–	1.299,20	1.461,60	–	1.152,40	1.296
	III	**18.742**	–	1.499,36	1.686,78	–	1.375,84	1.547,82	–	1.255,20	1.412,10	–	1.137,76	1.279,98	–	1.023,36	1.151,28	–	912,16	1.026,18	–	803,84	904
	IV	**27.428**	*1.176,31*	2.194,24	2.468,52	*1.064,45*	2.119,04	2.383,92	*952,59*	2.043,84	2.299,32	*840,73*	1.968,64	2.214,72	*728,99*	1.893,52	2.130,21	*617,13*	1.818,32	2.045,61	*505,27*	1.743,12	1.961
	V	**33.602**	*1.848,11*	2.688,16	3.024,18																		
	VI	**34.133**	*1.877,31*	2.730,64	3.071,97																		
103.859,99 (West)	I	**27.350**	*1.167,03*	2.188,00	2.461,50	*943,31*	2.037,60	2.292,30	*719,59*	1.887,20	2.123,10	*495,87*	1.736,80	1.953,90	*272,15*	1.586,40	1.784,70	*48,43*	1.436,00	1.615,50	–	1.285,76	1.446
	II	**25.561**	*954,14*	2.044,88	2.300,49	*730,42*	1.894,48	2.131,29	*506,70*	1.744,08	1.962,09	*282,98*	1.593,68	1.792,89	*59,26*	1.443,28	1.623,69	–	1.292,96	1.454,58	–	1.146,40	1.289
	III	**18.676**	–	1.494,08	1.680,84	–	1.370,56	1.541,88	–	1.250,24	1.406,52	–	1.132,96	1.274,58	–	1.018,72	1.146,06	–	907,52	1.020,96	–	799,36	899
	IV	**27.350**	*1.167,03*	2.188,00	2.461,50	*1.055,17*	2.112,80	2.376,90	*943,31*	2.037,60	2.292,30	*831,45*	1.962,40	2.207,70	*719,59*	1.887,20	2.123,10	*607,73*	1.812,00	2.038,50	*495,87*	1.736,80	1.953
	V	**33.523**	*1.843,76*	2.681,84	3.017,07																		
	VI	**34.055**	*1.873,02*	2.724,40	3.064,95																		
103.859,99 (Ost)	I	**27.443**	*1.178,10*	2.195,44	2.469,87	*954,49*	2.045,12	2.300,76	*730,77*	1.894,72	2.131,56	*507,05*	1.744,32	1.962,36	*283,33*	1.593,92	1.793,16	*59,61*	1.443,52	1.623,96	–	1.293,20	1.454,
	II	**25.654**	*965,20*	2.052,32	2.308,86	*741,48*	1.901,92	2.139,66	*517,76*	1.751,52	1.970,46	*294,16*	1.601,20	1.801,35	*70,44*	1.450,80	1.632,15	–	1.300,40	1.462,95	–	1.153,60	1.297,
	III	**18.756**	–	1.500,48	1.688,04	–	1.376,80	1.548,90	–	1.256,16	1.413,18	–	1.138,72	1.281,06	–	1.024,32	1.152,36	–	912,96	1.027,08	–	804,80	905,
	IV	**27.443**	*1.178,10*	2.195,44	2.469,87	*1.066,35*	2.120,32	2.385,36	*954,49*	2.045,12	2.300,76	*842,63*	1.969,92	2.216,16	*730,77*	1.894,72	2.131,56	*618,91*	1.819,52	2.046,96	*507,05*	1.744,32	1.962,
	V	**33.617**	*1.848,93*	2.689,36	3.025,53																		
	VI	**34.149**	*1.878,19*	2.731,92	3.073,41																		
103.895,99 (West)	I	**27.365**	*1.168,81*	2.189,20	2.462,85	*945,09*	2.038,80	2.293,65	*721,37*	1.888,40	2.124,45	*497,65*	1.738,00	1.955,25	*273,93*	1.587,60	1.786,05	*50,21*	1.437,20	1.616,85	–	1.286,96	1.447,
	II	**25.576**	*955,92*	2.046,08	2.301,84	*732,20*	1.895,68	2.132,64	*508,48*	1.745,28	1.963,44	*284,76*	1.594,88	1.794,24	*61,04*	1.444,48	1.625,04	–	1.294,16	1.455,93	–	1.147,60	1.291,
	III	**18.690**	–	1.495,20	1.682,10	–	1.371,68	1.543,14	–	1.251,20	1.407,60	–	1.133,76	1.275,48	–	1.019,52	1.146,96	–	908,32	1.021,86	–	800,32	900,
	IV	**27.365**	*1.168,81*	2.189,20	2.462,85	*1.056,95*	2.114,00	2.378,25	*945,09*	2.038,80	2.293,65	*833,23*	1.963,60	2.209,05	*721,37*	1.888,40	2.124,45	*609,51*	1.813,20	2.039,85	*497,65*	1.738,00	1.955,
	V	**33.538**	*1.844,59*	2.683,04	3.018,42																		
	VI	**34.070**	*1.873,85*	2.725,60	3.066,30																		
103.895,99 (Ost)	I	**27.459**	*1.180,00*	2.196,72	2.471,31	*956,28*	2.046,32	2.302,11	*732,56*	1.895,92	2.132,91	*508,84*	1.745,52	1.963,71	*285,12*	1.595,12	1.794,51	*61,40*	1.444,72	1.625,31	–	1.294,40	1.456,
	II	**25.669**	*966,99*	2.053,52	2.310,21	*743,27*	1.903,12	2.141,01	*519,67*	1.752,80	1.971,90	*295,95*	1.602,40	1.802,70	*72,23*	1.452,00	1.633,50	–	1.301,60	1.464,30	–	1.154,72	1.299,
	III	**18.768**	–	1.501,44	1.689,12	–	1.377,76	1.549,98	–	1.257,12	1.414,26	–	1.139,68	1.282,14	–	1.025,12	1.153,26	–	913,92	1.028,16	–	805,60	906,
	IV	**27.459**	*1.180,00*	2.196,72	2.471,31	*1.068,14*	2.121,52	2.386,71	*956,28*	2.046,32	2.302,11	*844,42*	1.971,12	2.217,51	*732,56*	1.895,92	2.132,91	*620,70*	1.820,72	2.048,31	*508,84*	1.745,52	1.963,
	V	**33.632**	*1.849,76*	2.690,56	3.026,88																		
	VI	**34.164**	*1.879,02*	2.733,12	3.074,76																		
103.931,99 (West)	I	**27.380**	*1.170,60*	2.190,40	2.464,20	*946,88*	2.040,00	2.295,00	*723,16*	1.889,60	2.125,80	*499,44*	1.739,20	1.956,60	*275,72*	1.588,80	1.787,40	*52,00*	1.438,40	1.618,20	–	1.288,16	1.449,
	II	**25.591**	*957,71*	2.047,28	2.303,19	*733,99*	1.896,88	2.133,99	*510,27*	1.746,48	1.964,79	*286,55*	1.596,08	1.795,59	*62,83*	1.445,68	1.626,39	–	1.295,36	1.457,28	–	1.148,72	1.292,
	III	**18.702**	–	1.496,16	1.683,18	–	1.372,64	1.544,22	–	1.252,16	1.408,68	–	1.134,72	1.276,56	–	1.020,48	1.148,04	–	909,28	1.022,94	–	801,12	901,
	IV	**27.380**	*1.170,60*	2.190,40	2.464,20	*1.058,74*	2.115,20	2.379,60	*946,88*	2.040,00	2.295,00	*835,02*	1.964,80	2.210,40	*723,16*	1.889,60	2.125,80	*611,30*	1.814,40	2.041,20	*499,44*	1.739,20	1.956,
	V	**33.553**	*1.845,41*	2.684,24	3.019,77																		
	VI	**34.085**	*1.874,67*	2.726,80	3.067,65																		
103.931,99 (Ost)	I	**27.474**	*1.181,78*	2.197,92	2.472,66	*958,06*	2.047,52	2.303,46	*734,34*	1.897,12	2.134,26	*510,62*	1.746,72	1.965,06	*286,90*	1.596,32	1.795,86	*63,18*	1.445,92	1.626,66	–	1.295,60	1.457,
	II	**25.685**	*968,89*	2.054,80	2.311,65	*745,17*	1.904,40	2.142,45	*521,45*	1.754,00	1.973,25	*297,73*	1.603,60	1.804,05	*74,01*	1.453,20	1.634,85	–	1.302,80	1.465,65	–	1.155,92	1.300,
	III	**18.780**	–	1.502,40	1.690,20	–	1.378,72	1.551,06	–	1.258,08	1.415,34	–	1.140,48	1.283,04	–	1.026,08	1.154,34	–	914,72	1.029,06	–	806,40	907,
	IV	**27.474**	*1.181,78*	2.197,92	2.472,66	*1.069,92*	2.122,72	2.388,06	*958,06*	2.047,52	2.303,46	*846,20*	1.972,32	2.218,86	*734,34*	1.897,12	2.134,26	*622,48*	1.821,92	2.049,66	*510,62*	1.746,72	1.965,
	V	**33.647**	*1.850,58*	2.691,76	3.028,23																		
	VI	**34.179**	*1.879,84*	2.734,32	3.076,11																		

SolZ/KiSt lt. Tabelle nicht für Sonstige Bezüge anwendbar.

Allgemeine Tabelle

JAHR bis 104.183,99 €

Lohn/ Gehalt bis	Steuerklasse	Lohn-steuer	ohne Kinderfreibetrag SolZ 5,5%	Kirchensteuer 8%	Kirchensteuer 9%	0,5 SolZ 5,5%	Kirchensteuer 8%	Kirchensteuer 9%	1,0 SolZ 5,5%	Kirchensteuer 8%	Kirchensteuer 9%	1,5 SolZ 5,5%	Kirchensteuer 8%	Kirchensteuer 9%	2,0 SolZ 5,5%	Kirchensteuer 8%	Kirchensteuer 9%	2,5 SolZ 5,5%	Kirchensteuer 8%	Kirchensteuer 9%	3,0 SolZ 5,5%	Kirchensteuer 8%	Kirchensteuer 9%
3.967,99 (West)	I	27.395	1.172,38	2.191,60	2.465,55	948,66	2.041,20	2.296,35	724,94	1.890,80	2.127,15	501,22	1.740,40	1.957,95	277,62	1.590,08	1.788,84	53,90	1.439,68	1.619,64	-	1.289,36	1.450,53
	II	25.606	959,49	2.048,48	2.304,54	735,77	1.898,08	2.135,34	512,05	1.747,68	1.966,14	288,33	1.597,28	1.796,94	64,61	1.446,88	1.627,74	-	1.296,56	1.458,63	-	1.149,92	1.293,66
	III	18.714	-	1.497,12	1.684,26	-	1.373,60	1.545,30	-	1.253,12	1.409,76	-	1.135,68	1.277,64	-	1.021,44	1.149,12	-	910,08	1.023,84	-	801,92	902,16
	IV	27.395	1.172,38	2.191,60	2.465,55	1.060,52	2.116,40	2.380,95	948,66	2.041,20	2.296,35	836,80	1.966,00	2.211,75	724,94	1.890,80	2.127,15	613,08	1.815,60	2.042,55	501,22	1.740,40	1.957,95
	V	33.568	1.846,24	2.685,44	3.021,12																		
	VI	34.100	1.875,50	2.728,00	3.069,00																		
3.967,99 (Ost)	I	27.489	1.183,57	2.199,12	2.474,01	959,85	2.048,72	2.304,81	736,13	1.898,32	2.135,61	512,41	1.747,92	1.966,41	288,69	1.597,52	1.797,21	64,97	1.447,12	1.628,01	-	1.296,80	1.458,90
	II	25.700	970,68	2.056,00	2.313,00	746,96	1.905,60	2.143,80	523,24	1.755,20	1.974,60	299,52	1.604,80	1.805,40	75,80	1.454,40	1.636,20	-	1.304,00	1.467,00	-	1.157,04	1.301,67
	III	18.792	-	1.503,36	1.691,28	-	1.379,68	1.552,14	-	1.259,04	1.416,42	-	1.141,44	1.284,12	-	1.027,04	1.155,42	-	915,68	1.030,14	-	807,36	908,28
	IV	27.489	1.183,57	2.199,12	2.474,01	1.071,71	2.123,92	2.389,41	959,85	2.048,72	2.304,81	847,99	1.973,52	2.220,21	736,13	1.898,32	2.135,61	624,27	1.823,12	2.051,01	512,41	1.747,92	1.966,41
	V	33.662	1.851,41	2.692,96	3.029,58																		
	VI	34.194	1.880,67	2.735,52	3.077,46																		
4.003,99 (West)	I	27.410	1.174,17	2.192,80	2.466,90	950,45	2.042,40	2.297,70	726,73	1.892,00	2.128,50	503,13	1.741,68	1.959,39	279,41	1.591,28	1.790,19	55,69	1.440,88	1.620,99	-	1.290,56	1.451,88
	II	25.621	961,28	2.049,68	2.305,89	737,56	1.899,28	2.136,69	513,84	1.748,88	1.967,49	290,12	1.598,48	1.798,29	66,40	1.448,08	1.629,09	-	1.297,76	1.459,98	-	1.151,04	1.294,92
	III	18.728	-	1.498,24	1.685,52	-	1.374,56	1.546,38	-	1.254,08	1.410,84	-	1.136,64	1.278,72	-	1.022,24	1.150,02	-	911,04	1.024,92	-	802,88	903,24
	IV	27.410	1.174,17	2.192,80	2.466,90	1.062,31	2.117,60	2.382,30	950,45	2.042,40	2.297,70	838,59	1.967,20	2.213,10	726,73	1.892,00	2.128,50	614,99	1.816,88	2.043,99	503,13	1.741,68	1.959,39
	V	33.584	1.847,12	2.686,72	3.022,56																		
	VI	34.115	1.876,32	2.729,20	3.070,35																		
4.003,99 (Ost)	I	27.504	1.185,35	2.200,32	2.475,36	961,63	2.049,92	2.306,16	737,91	1.899,52	2.136,96	514,19	1.749,12	1.967,76	290,47	1.598,72	1.798,56	66,75	1.448,32	1.629,36	-	1.298,00	1.460,25
	II	25.715	972,46	2.057,20	2.314,35	748,74	1.906,80	2.145,15	525,02	1.756,40	1.975,95	301,30	1.606,00	1.806,75	77,58	1.455,60	1.637,55	-	1.305,20	1.468,35	-	1.158,24	1.303,02
	III	18.806	-	1.504,48	1.692,54	-	1.380,64	1.553,22	-	1.260,00	1.417,50	-	1.142,40	1.285,20	-	1.027,84	1.156,32	-	916,48	1.031,04	-	808,16	909,18
	IV	27.504	1.185,35	2.200,32	2.475,36	1.073,49	2.125,12	2.390,76	961,63	2.049,92	2.306,16	849,77	1.974,72	2.221,56	737,91	1.899,52	2.136,96	626,05	1.824,32	2.052,36	514,19	1.749,12	1.967,76
	V	33.677	1.852,23	2.694,16	3.030,93																		
	VI	34.209	1.881,49	2.736,72	3.078,81																		
4.039,99 (West)	I	27.425	1.175,95	2.194,00	2.468,25	952,35	2.043,68	2.299,14	728,63	1.893,28	2.129,94	504,91	1.742,88	1.960,74	281,19	1.592,48	1.791,54	57,47	1.442,08	1.622,34	-	1.291,76	1.453,23
	II	25.636	963,06	2.050,88	2.307,24	739,34	1.900,48	2.138,04	515,62	1.750,08	1.968,84	291,90	1.599,68	1.799,64	68,30	1.449,36	1.630,53	-	1.298,96	1.461,33	-	1.152,24	1.296,27
	III	18.740	-	1.499,20	1.686,60	-	1.375,52	1.547,46	-	1.255,04	1.411,92	-	1.137,60	1.279,80	-	1.023,20	1.151,10	-	911,84	1.025,82	-	803,68	904,14
	IV	27.425	1.175,95	2.194,00	2.468,25	1.064,09	2.118,80	2.383,65	952,35	2.043,68	2.299,14	840,49	1.968,48	2.214,54	728,63	1.893,28	2.129,94	616,77	1.818,08	2.045,34	504,91	1.742,88	1.960,74
	V	33.599	1.847,94	2.687,92	3.023,91																		
	VI	34.130	1.877,15	2.730,40	3.071,70																		
)4.039,99 (Ost)	I	27.519	1.187,14	2.201,52	2.476,71	963,42	2.051,12	2.307,51	739,70	1.900,72	2.138,31	515,98	1.750,32	1.969,11	292,26	1.599,92	1.799,91	68,54	1.449,52	1.630,71	-	1.299,20	1.461,60
	II	25.730	974,25	2.058,40	2.315,70	750,53	1.908,00	2.146,50	526,81	1.757,60	1.977,30	303,09	1.607,20	1.808,10	79,37	1.456,80	1.638,90	-	1.306,40	1.469,70	-	1.159,36	1.304,28
	III	18.818	-	1.505,44	1.693,62	-	1.381,60	1.554,30	-	1.260,96	1.418,58	-	1.143,36	1.286,28	-	1.028,80	1.157,40	-	917,44	1.032,12	-	809,12	910,26
	IV	27.519	1.187,14	2.201,52	2.476,71	1.075,28	2.126,32	2.392,11	963,42	2.051,12	2.307,51	851,56	1.975,92	2.222,91	739,70	1.900,72	2.138,31	627,84	1.825,52	2.053,71	515,98	1.750,32	1.969,11
	V	33.692	1.853,06	2.695,36	3.032,28																		
	VI	34.224	1.882,32	2.737,92	3.080,16																		
4.075,99 (West)	I	27.441	1.177,86	2.195,28	2.469,69	954,14	2.044,88	2.300,49	730,42	1.894,48	2.131,29	506,70	1.744,08	1.962,09	282,98	1.593,68	1.792,89	59,26	1.443,28	1.623,69	-	1.292,96	1.454,58
	II	25.651	964,85	2.052,08	2.308,59	741,13	1.901,68	2.139,39	517,53	1.751,36	1.970,28	293,81	1.600,96	1.801,08	70,09	1.450,56	1.631,88	-	1.300,16	1.462,68	-	1.153,36	1.297,53
	III	18.752	-	1.500,16	1.687,68	-	1.376,48	1.548,54	-	1.256,00	1.413,00	-	1.138,40	1.280,70	-	1.024,16	1.152,18	-	912,80	1.026,90	-	804,48	905,04
	IV	27.441	1.177,86	2.195,28	2.469,69	1.066,00	2.120,08	2.385,09	954,14	2.044,88	2.300,49	842,28	1.969,68	2.215,89	730,42	1.894,48	2.131,29	618,56	1.819,28	2.046,69	506,70	1.744,08	1.962,09
	V	33.614	1.848,77	2.689,12	3.025,26																		
	VI	34.146	1.878,03	2.731,68	3.073,14																		
4.075,99 (Ost)	I	27.534	1.188,92	2.202,72	2.478,06	965,20	2.052,32	2.308,86	741,48	1.901,92	2.139,66	517,76	1.751,52	1.970,46	294,16	1.601,20	1.801,35	70,44	1.450,80	1.632,15	-	1.300,40	1.462,95
	II	25.745	976,03	2.059,60	2.317,05	752,31	1.909,20	2.147,85	528,59	1.758,80	1.978,65	304,87	1.608,40	1.809,45	81,15	1.458,00	1.640,25	-	1.307,68	1.471,14	-	1.160,56	1.305,63
	III	18.830	-	1.506,40	1.694,70	-	1.382,72	1.555,56	-	1.261,92	1.419,66	-	1.144,32	1.287,36	-	1.029,76	1.158,48	-	918,24	1.033,02	-	809,92	911,16
	IV	27.534	1.188,92	2.202,72	2.478,06	1.077,06	2.127,52	2.393,46	965,20	2.052,32	2.308,86	853,34	1.977,12	2.224,26	741,48	1.901,92	2.139,66	629,62	1.826,72	2.055,06	517,76	1.751,52	1.970,46
	V	33.708	1.853,94	2.696,64	3.033,72																		
	VI	34.239	1.883,14	2.739,12	3.081,51																		
)4.111,99 (West)	I	27.456	1.179,64	2.196,48	2.471,04	955,92	2.046,08	2.301,84	732,20	1.895,68	2.132,64	508,48	1.745,28	1.963,44	284,76	1.594,88	1.794,24	61,04	1.444,48	1.625,04	-	1.294,16	1.455,93
	II	25.666	966,63	2.053,28	2.309,94	743,03	1.902,96	2.140,83	519,31	1.752,56	1.971,63	295,59	1.602,16	1.802,43	71,87	1.451,76	1.633,23	-	1.301,36	1.464,03	-	1.154,56	1.298,88
	III	18.764	-	1.501,12	1.688,76	-	1.377,44	1.549,62	-	1.256,96	1.414,08	-	1.139,36	1.281,78	-	1.024,96	1.153,08	-	913,60	1.027,80	-	805,44	906,12
	IV	27.456	1.179,64	2.196,48	2.471,04	1.067,78	2.121,28	2.386,44	955,92	2.046,08	2.301,84	844,06	1.970,88	2.217,24	732,20	1.895,68	2.132,64	620,34	1.820,48	2.048,04	508,48	1.745,28	1.963,44
	V	33.629	1.849,59	2.690,32	3.026,61																		
	VI	34.161	1.878,85	2.732,88	3.074,49																		
)4.111,99 (Ost)	I	27.549	1.190,71	2.203,92	2.479,41	966,99	2.053,52	2.310,21	743,27	1.903,12	2.141,01	519,67	1.752,80	1.971,90	295,95	1.602,40	1.802,70	72,23	1.452,00	1.633,50	-	1.301,60	1.464,30
	II	25.760	977,82	2.060,80	2.318,40	754,10	1.910,40	2.149,20	530,38	1.760,00	1.980,00	306,66	1.609,60	1.810,80	82,94	1.459,20	1.641,60	-	1.308,88	1.472,49	-	1.161,68	1.306,89
	III	18.844	-	1.507,52	1.695,96	-	1.383,68	1.556,64	-	1.262,88	1.420,74	-	1.145,28	1.288,44	-	1.030,72	1.159,56	-	919,20	1.034,10	-	810,72	912,06
	IV	27.549	1.190,71	2.203,92	2.479,41	1.078,85	2.128,72	2.394,81	966,99	2.053,52	2.310,21	855,13	1.978,32	2.225,61	743,27	1.903,12	2.141,01	631,53	1.828,00	2.056,50	519,67	1.752,80	1.971,90
	V	33.723	1.854,76	2.697,84	3.035,07																		
	VI	34.254	1.883,97	2.740,32	3.082,86																		
04.147,99 (West)	I	27.471	1.181,43	2.197,68	2.472,39	957,71	2.047,28	2.303,19	733,99	1.896,88	2.133,99	510,27	1.746,48	1.964,79	286,55	1.596,08	1.795,59	62,83	1.445,68	1.626,39	-	1.295,36	1.457,28
	II	25.682	968,54	2.054,56	2.311,38	744,82	1.904,16	2.142,18	521,10	1.753,76	1.972,98	297,38	1.603,36	1.803,78	73,66	1.452,96	1.634,58	-	1.302,56	1.465,38	-	1.155,68	1.300,14
	III	18.778	-	1.502,24	1.690,02	-	1.378,56	1.550,88	-	1.257,92	1.415,16	-	1.140,32	1.282,86	-	1.025,92	1.154,16	-	914,56	1.028,88	-	806,24	907,02
	IV	27.471	1.181,43	2.197,68	2.472,39	1.069,57	2.122,48	2.387,79	957,71	2.047,28	2.303,19	845,85	1.972,08	2.218,59	733,99	1.896,88	2.133,99	622,13	1.821,68	2.049,39	510,27	1.746,48	1.964,79
	V	33.644	1.850,42	2.691,52	3.027,96																		
	VI	34.176	1.879,68	2.734,08	3.075,84																		
04.147,99 (Ost)	I	27.564	1.192,49	2.205,12	2.480,76	968,89	2.054,80	2.311,65	745,17	1.904,40	2.142,45	521,45	1.754,00	1.973,25	297,73	1.603,60	1.804,05	74,01	1.453,20	1.634,85	-	1.302,80	1.465,65
	II	25.775	979,60	2.062,00	2.319,75	755,88	1.911,60	2.150,55	532,16	1.761,20	1.981,35	308,44	1.610,80	1.812,15	84,84	1.460,48	1.643,04	-	1.310,08	1.473,84	-	1.162,88	1.308,24
	III	18.856	-	1.508,48	1.697,04	-	1.384,64	1.557,72	-	1.263,84	1.421,82	-	1.146,08	1.289,34	-	1.031,52	1.160,46	-	920,00	1.035,00	-	811,68	913,14
	IV	27.564	1.192,49	2.205,12	2.480,76	1.080,63	2.129,92	2.396,16	968,89	2.054,80	2.311,65	857,03	1.979,60	2.227,05	745,17	1.904,40	2.142,45	633,31	1.829,20	2.057,85	521,45	1.754,00	1.973,25
	V	33.738	1.855,59	2.699,04	3.036,42																		
	VI	34.269	1.884,79	2.741,52	3.084,21																		
04.183,99 (West)	I	27.486	1.183,21	2.198,88	2.473,74	959,49	2.048,48	2.304,54	735,77	1.898,08	2.135,34	512,05	1.747,68	1.966,14	288,33	1.597,28	1.796,94	64,61	1.446,88	1.627,74	-	1.296,56	1.458,63
	II	25.697	970,32	2.055,76	2.312,73	746,60	1.905,36	2.143,53	522,88	1.754,96	1.974,33	299,16	1.604,56	1.805,13	75,44	1.454,16	1.635,93	-	1.303,76	1.466,73	-	1.156,80	1.301,40
	III	18.790	-	1.503,20	1.691,10	-	1.379,52	1.551,96	-	1.258,88	1.416,24	-	1.141,28	1.283,94	-	1.026,88	1.155,24	-	915,36	1.029,78	-	807,20	908,10
	IV	27.486	1.183,21	2.198,88	2.473,74	1.071,35	2.123,68	2.389,14	959,49	2.048,48	2.304,54	847,63	1.973,28	2.219,94	735,77	1.898,08	2.135,34	623,91	1.822,88	2.050,74	512,05	1.747,68	1.966,14
	V	33.659	1.851,24	2.692,72	3.029,31																		
	VI	34.191	1.880,50	2.735,28	3.077,19																		
04.183,99 (Ost)	I	27.580	1.194,40	2.206,40	2.482,20	970,68	2.056,00	2.313,00	746,96	1.905,60	2.143,80	523,24	1.755,20	1.974,60	299,52	1.604,80	1.805,40	75,80	1.454,40	1.636,20	-	1.304,00	1.467,00
	II	25.790	981,39	2.063,20	2.321,10	757,67	1.912,80	2.151,90	534,07	1.762,48	1.982,79	310,35	1.612,08	1.813,59	86,63	1.461,68	1.644,39	-	1.311,28	1.475,19	-	1.164,00	1.309,50
	III	18.868	-	1.509,44	1.698,12	-	1.385,60	1.558,80	-	1.264,80	1.422,90	-	1.147,04	1.290,42	-	1.032,48	1.161,54	-	920,96	1.036,08	-	812,48	914,04
	IV	27.580	1.194,40	2.206,40	2.482,20	1.082,54	2.131,20	2.397,60	970,68	2.056,00	2.313,00	858,82	1.980,80	2.228,40	746,96	1.905,60	2.143,80	635,10	1.830,40	2.059,20	523,24	1.755,20	1.974,60
	V	33.753	1.856,41	2.700,24	3.037,77																		
	VI	34.285	1.885,67	2.742,80	3.085,65																		

Anzahl Kinderfreibeträge (nur Steuerklassen I–IV): 0,5 / 1,0 / 1,5 / 2,0 / 2,5 / 3,0

SolZ/KiSt lt. Tabelle nicht für Sonstige Bezüge anwendbar.

Lohn/Gehalt bis	Steuerklasse	Lohnsteuer	ohne Kinderfreibetrag SolZ 5,5%	ohne Kinderfreibetrag Kirchensteuer 8%	ohne Kinderfreibetrag Kirchensteuer 9%	0,5 SolZ 5,5%	0,5 Kirchensteuer 8%	0,5 Kirchensteuer 9%	1,0 SolZ 5,5%	1,0 Kirchensteuer 8%	1,0 Kirchensteuer 9%	1,5 SolZ 5,5%	1,5 Kirchensteuer 8%	1,5 Kirchensteuer 9%	2,0 SolZ 5,5%	2,0 Kirchensteuer 8%	2,0 Kirchensteuer 9%	2,5 SolZ 5,5%	2,5 Kirchensteuer 8%	2,5 Kirchensteuer 9%	3,0 SolZ 5,5%	3,0 Kirchensteuer 8%	3,0 Kirchensteuer 9%
104.219,99 (West)	I	27.501	1.185,00	2.200,08	2.475,09	961,28	2.049,68	2.305,89	737,56	1.899,28	2.136,69	513,84	1.748,88	1.967,49	290,12	1.598,48	1.798,29	66,40	1.448,08	1.629,09	-	1.297,76	1.459
	II	25.712	972,11	2.056,96	2.314,08	748,39	1.906,56	2.144,88	524,67	1.756,16	1.975,68	300,95	1.605,76	1.806,48	77,23	1.455,36	1.637,28	-	1.304,96	1.468,08	-	1.158,00	1.302
	III	18.802	-	1.504,16	1.692,18	-	1.380,48	1.553,04	-	1.259,84	1.417,32	-	1.142,24	1.285,02	-	1.027,68	1.156,14	-	916,32	1.030,86	-	808,00	909
	IV	27.501	1.185,00	2.200,08	2.475,09	1.073,14	2.124,88	2.390,49	961,28	2.049,68	2.305,89	849,42	1.974,48	2.221,29	737,56	1.899,28	2.136,69	625,70	1.824,08	2.052,09	513,84	1.748,88	1.967
	V	33.674	1.852,07	2.693,92	3.030,66																		
	VI	34.206	1.881,33	2.736,48	3.078,54																		
104.219,99 (Ost)	I	27.595	1.196,18	2.207,60	2.483,55	972,46	2.057,20	2.314,35	748,74	1.906,80	2.145,15	525,02	1.756,40	1.975,95	301,30	1.606,00	1.806,75	77,58	1.455,60	1.637,55	-	1.305,20	1.468
	II	25.805	983,17	2.064,40	2.322,45	759,57	1.914,08	2.153,34	535,85	1.763,68	1.984,14	312,13	1.613,28	1.814,94	88,41	1.462,88	1.645,74	-	1.312,48	1.476,54	-	1.165,20	1.310
	III	18.882	-	1.510,56	1.699,38	-	1.386,56	1.559,88	-	1.265,76	1.423,98	-	1.148,00	1.291,50	-	1.033,44	1.162,62	-	921,76	1.036,98	-	813,28	914
	IV	27.595	1.196,18	2.207,60	2.483,55	1.084,32	2.132,40	2.398,95	972,46	2.057,20	2.314,35	860,60	1.982,00	2.229,75	748,74	1.906,80	2.145,15	636,88	1.831,60	2.060,55	525,02	1.756,40	1.975
	V	33.768	1.857,24	2.701,44	3.039,12																		
	VI	34.300	1.886,50	2.744,00	3.087,00																		
104.255,99 (West)	I	27.516	1.186,78	2.201,28	2.476,44	963,06	2.050,88	2.307,24	739,34	1.900,48	2.138,04	515,62	1.750,08	1.968,84	291,90	1.599,68	1.799,64	68,30	1.449,36	1.630,53	-	1.298,96	1.461
	II	25.727	973,89	2.058,16	2.315,43	750,17	1.907,76	2.146,23	526,45	1.757,36	1.977,03	302,73	1.606,96	1.807,83	79,01	1.456,56	1.638,63	-	1.306,16	1.469,43	-	1.159,12	1.304
	III	18.816	-	1.505,28	1.693,44	-	1.381,44	1.554,12	-	1.260,80	1.418,40	-	1.143,20	1.286,10	-	1.028,64	1.157,22	-	917,12	1.031,76	-	808,80	909
	IV	27.516	1.186,78	2.201,28	2.476,44	1.074,92	2.126,08	2.391,84	963,06	2.050,88	2.307,24	851,20	1.975,68	2.222,64	739,34	1.900,48	2.138,04	627,48	1.825,28	2.053,44	515,62	1.750,08	1.968
	V	33.689	1.852,89	2.695,12	3.032,01																		
	VI	34.221	1.882,15	2.737,68	3.079,89																		
104.255,99 (Ost)	I	27.610	1.197,97	2.208,80	2.484,90	974,25	2.058,40	2.315,70	750,53	1.908,00	2.146,50	526,81	1.757,60	1.977,30	303,09	1.607,20	1.808,10	79,37	1.456,80	1.638,90	-	1.306,40	1.469
	II	25.821	985,08	2.065,68	2.323,89	761,36	1.915,28	2.154,69	537,64	1.764,88	1.985,49	313,92	1.614,48	1.816,29	90,20	1.464,08	1.647,09	-	1.313,68	1.477,89	-	1.166,32	1.312
	III	18.894	-	1.511,52	1.700,46	-	1.387,52	1.560,96	-	1.266,72	1.425,06	-	1.148,96	1.292,58	-	1.034,24	1.163,52	-	922,72	1.038,06	-	814,24	916
	IV	27.610	1.197,97	2.208,80	2.484,90	1.086,11	2.133,60	2.400,30	974,25	2.058,40	2.315,70	862,39	1.983,20	2.231,10	750,53	1.908,00	2.146,50	638,67	1.832,80	2.061,90	526,81	1.757,60	1.977
	V	33.783	1.858,06	2.702,64	3.040,47																		
	VI	34.315	1.887,32	2.745,20	3.088,35																		
104.291,99 (West)	I	27.531	1.188,57	2.202,48	2.477,79	964,85	2.052,08	2.308,59	741,13	1.901,68	2.139,39	517,53	1.751,36	1.970,28	293,81	1.600,96	1.801,08	70,09	1.450,56	1.631,88	-	1.300,16	1.462
	II	25.742	975,68	2.059,36	2.316,78	751,96	1.908,96	2.147,58	528,24	1.758,56	1.978,38	304,52	1.608,16	1.809,18	80,80	1.457,76	1.639,98	-	1.307,44	1.470,87	-	1.160,32	1.305
	III	18.828	-	1.506,24	1.694,52	-	1.382,40	1.555,20	-	1.261,76	1.419,48	-	1.144,00	1.287,00	-	1.029,60	1.158,30	-	918,08	1.032,84	-	809,76	910
	IV	27.531	1.188,57	2.202,48	2.477,79	1.076,71	2.127,28	2.393,19	964,85	2.052,08	2.308,59	852,99	1.976,88	2.223,99	741,13	1.901,68	2.139,39	629,27	1.826,48	2.054,79	517,53	1.751,36	1.970
	V	33.705	1.853,77	2.696,40	3.033,45																		
	VI	34.236	1.882,98	2.738,88	3.081,24																		
104.291,99 (Ost)	I	27.625	1.199,75	2.210,00	2.486,25	976,03	2.059,60	2.317,05	752,31	1.909,20	2.147,85	528,59	1.758,80	1.978,65	304,87	1.608,40	1.809,45	81,15	1.458,00	1.640,25	-	1.307,68	1.471
	II	25.836	986,86	2.066,88	2.325,24	763,14	1.916,48	2.156,04	539,42	1.766,08	1.986,84	315,70	1.615,68	1.817,64	91,98	1.465,28	1.648,44	-	1.314,88	1.479,24	-	1.167,52	1.313
	III	18.906	-	1.512,48	1.701,54	-	1.388,48	1.562,04	-	1.267,68	1.426,14	-	1.149,92	1.293,66	-	1.035,20	1.164,60	-	923,52	1.038,96	-	815,04	916
	IV	27.625	1.199,75	2.210,00	2.486,25	1.087,89	2.134,80	2.401,65	976,03	2.059,60	2.317,05	864,17	1.984,40	2.232,45	752,31	1.909,20	2.147,85	640,45	1.834,00	2.063,25	528,59	1.758,80	1.978
	V	33.798	1.858,89	2.703,84	3.041,82																		
	VI	34.330	1.888,15	2.746,40	3.089,70																		
104.327,99 (West)	I	27.546	1.190,35	2.203,68	2.479,14	966,63	2.053,28	2.309,94	743,03	1.902,96	2.140,83	519,31	1.752,56	1.971,63	295,59	1.602,16	1.802,43	71,87	1.451,76	1.633,23	-	1.301,36	1.464
	II	25.757	977,46	2.060,56	2.318,13	753,74	1.910,16	2.148,93	530,02	1.759,76	1.979,73	306,30	1.609,36	1.810,53	82,70	1.459,04	1.641,42	-	1.308,64	1.472,22	-	1.161,44	1.306
	III	18.840	-	1.507,20	1.695,60	-	1.383,36	1.556,28	-	1.262,72	1.420,56	-	1.144,96	1.288,08	-	1.030,40	1.159,20	-	919,04	1.033,92	-	810,56	911,
	IV	27.546	1.190,35	2.203,68	2.479,14	1.078,49	2.128,48	2.394,54	966,63	2.053,28	2.309,94	854,89	1.978,16	2.225,43	743,03	1.902,96	2.140,83	631,17	1.827,76	2.056,23	519,31	1.752,56	1.971,
	V	33.720	1.854,60	2.697,60	3.034,80																		
	VI	34.251	1.883,80	2.740,08	3.082,59																		
104.327,99 (Ost)	I	27.640	1.201,54	2.211,20	2.487,60	977,82	2.060,80	2.318,40	754,10	1.910,40	2.149,20	530,38	1.760,00	1.980,00	306,66	1.609,60	1.810,80	82,94	1.459,20	1.641,60	-	1.308,88	1.472,
	II	25.851	988,65	2.068,08	2.326,59	764,93	1.917,68	2.157,39	541,21	1.767,28	1.988,19	317,49	1.616,88	1.818,99	93,77	1.466,48	1.649,79	-	1.316,08	1.480,59	-	1.168,64	1.314,
	III	18.918	-	1.513,44	1.702,62	-	1.389,60	1.563,30	-	1.268,64	1.427,22	-	1.150,88	1.294,74	-	1.036,16	1.165,68	-	924,48	1.040,04	-	816,00	918,
	IV	27.640	1.201,54	2.211,20	2.487,60	1.089,68	2.136,00	2.403,00	977,82	2.060,80	2.318,40	865,96	1.985,60	2.233,80	754,10	1.910,40	2.149,20	642,24	1.835,20	2.064,60	530,38	1.760,00	1.980,
	V	33.813	1.859,71	2.705,04	3.043,17																		
	VI	34.345	1.888,97	2.747,60	3.091,05																		
104.363,99 (West)	I	27.562	1.192,26	2.204,96	2.480,58	968,54	2.054,56	2.311,38	744,82	1.904,16	2.142,18	521,10	1.753,76	1.972,98	297,38	1.603,36	1.803,78	73,66	1.452,96	1.634,58	-	1.302,56	1.465,
	II	25.772	979,25	2.061,76	2.319,48	755,53	1.911,36	2.150,28	531,81	1.760,96	1.981,08	308,21	1.610,64	1.811,97	84,49	1.460,24	1.642,77	-	1.309,84	1.473,57	-	1.162,64	1.307,
	III	18.854	-	1.508,32	1.696,86	-	1.384,32	1.557,36	-	1.263,68	1.421,64	-	1.145,92	1.289,16	-	1.031,36	1.160,28	-	919,84	1.034,82	-	811,36	912,
	IV	27.562	1.192,26	2.204,96	2.480,58	1.080,40	2.129,76	2.395,98	968,54	2.054,56	2.311,38	856,68	1.979,36	2.226,78	744,82	1.904,16	2.142,18	632,96	1.828,96	2.057,58	521,10	1.753,76	1.972,
	V	33.735	1.855,42	2.698,80	3.036,15																		
	VI	34.267	1.884,68	2.741,36	3.084,03																		
104.363,99 (Ost)	I	27.655	1.203,32	2.212,40	2.488,95	979,60	2.062,00	2.319,75	755,88	1.911,60	2.150,55	532,16	1.761,20	1.981,35	308,44	1.610,80	1.812,15	84,84	1.460,48	1.643,04	-	1.310,08	1.473,
	II	25.866	990,43	2.069,28	2.327,94	766,71	1.918,88	2.158,74	542,99	1.768,48	1.989,54	319,27	1.618,08	1.820,34	95,55	1.467,68	1.651,14	-	1.317,28	1.481,94	-	1.169,84	1.316,
	III	18.932	-	1.514,56	1.703,88	-	1.390,56	1.564,38	-	1.269,60	1.428,30	-	1.151,84	1.295,82	-	1.036,96	1.166,58	-	925,28	1.040,94	-	816,80	918,
	IV	27.655	1.203,32	2.212,40	2.488,95	1.091,46	2.137,20	2.404,35	979,60	2.062,00	2.319,75	867,74	1.986,80	2.235,15	755,88	1.911,60	2.150,55	644,02	1.836,40	2.065,95	532,16	1.761,20	1.981,
	V	33.828	1.860,54	2.706,24	3.044,52																		
	VI	34.360	1.889,80	2.748,80	3.092,40																		
104.399,99 (West)	I	27.577	1.194,04	2.206,16	2.481,93	970,32	2.055,76	2.312,73	746,60	1.905,36	2.143,53	522,88	1.754,96	1.974,33	299,16	1.604,56	1.805,13	75,44	1.454,16	1.635,93	-	1.303,76	1.466,
	II	25.787	981,03	2.062,96	2.320,83	757,43	1.912,64	2.151,72	533,71	1.762,24	1.982,52	309,99	1.611,84	1.813,32	86,27	1.461,44	1.644,12	-	1.311,04	1.474,92	-	1.163,76	1.309,
	III	18.866	-	1.509,28	1.697,94	-	1.385,44	1.558,62	-	1.264,64	1.422,72	-	1.146,88	1.290,24	-	1.032,32	1.161,36	-	920,80	1.035,90	-	812,32	913,
	IV	27.577	1.194,04	2.206,16	2.481,93	1.082,18	2.130,96	2.397,33	970,32	2.055,76	2.312,73	858,46	1.980,56	2.228,13	746,60	1.905,36	2.143,53	634,74	1.830,16	2.058,93	522,88	1.754,96	1.974,
	V	33.750	1.856,25	2.700,00	3.037,50																		
	VI	34.282	1.885,51	2.742,56	3.085,38																		
104.399,99 (Ost)	I	27.670	1.205,11	2.213,60	2.490,30	981,39	2.063,20	2.321,10	757,67	1.912,80	2.151,90	534,07	1.762,48	1.982,79	310,35	1.612,08	1.813,59	86,63	1.461,68	1.644,39	-	1.311,28	1.475,
	II	25.881	992,22	2.070,48	2.329,29	768,50	1.920,08	2.160,09	544,78	1.769,68	1.990,89	321,06	1.619,28	1.821,69	97,34	1.468,88	1.652,49	-	1.318,48	1.483,29	-	1.170,96	1.317,
	III	18.944	-	1.515,52	1.704,96	-	1.391,52	1.565,46	-	1.270,56	1.429,38	-	1.152,64	1.296,72	-	1.037,92	1.167,66	-	926,24	1.042,02	-	817,60	919,
	IV	27.670	1.205,11	2.213,60	2.490,30	1.093,25	2.138,40	2.405,70	981,39	2.063,20	2.321,10	869,53	1.988,00	2.236,50	757,67	1.912,80	2.151,90	645,81	1.837,60	2.067,30	534,07	1.762,48	1.982,
	V	33.844	1.861,42	2.707,52	3.045,96																		
	VI	34.375	1.890,62	2.750,00	3.093,75																		
104.435,99 (West)	I	27.592	1.195,83	2.207,36	2.483,28	972,11	2.056,96	2.314,08	748,39	1.906,56	2.144,88	524,67	1.756,16	1.975,68	300,95	1.605,76	1.806,48	77,23	1.455,36	1.637,28	-	1.304,96	1.468,
	II	25.803	982,94	2.064,24	2.322,27	759,22	1.913,84	2.153,07	535,50	1.763,44	1.983,87	311,78	1.613,04	1.814,67	88,06	1.462,64	1.645,47	-	1.312,24	1.476,27	-	1.164,96	1.310,
	III	18.878	-	1.510,24	1.699,02	-	1.386,40	1.559,70	-	1.265,60	1.423,80	-	1.147,84	1.291,32	-	1.033,12	1.162,26	-	921,60	1.036,80	-	813,12	914,
	IV	27.592	1.195,83	2.207,36	2.483,28	1.083,97	2.132,16	2.398,68	972,11	2.056,96	2.314,08	860,25	1.981,76	2.229,48	748,39	1.906,56	2.144,88	636,53	1.831,36	2.060,28	524,67	1.756,16	1.975,
	V	33.765	1.857,07	2.701,20	3.038,85																		
	VI	34.297	1.886,33	2.743,76	3.086,73																		
104.435,99 (Ost)	I	27.685	1.206,89	2.214,80	2.491,65	983,17	2.064,40	2.322,45	759,57	1.914,08	2.153,34	535,85	1.763,68	1.984,14	312,13	1.613,28	1.814,94	88,41	1.462,88	1.645,74	-	1.312,48	1.476,
	II	25.896	994,00	2.071,68	2.330,64	770,28	1.921,28	2.161,44	546,56	1.770,88	1.992,24	322,84	1.620,48	1.823,04	99,24	1.470,16	1.653,93	-	1.319,76	1.484,73	-	1.172,16	1.318,
	III	18.956	-	1.516,48	1.706,04	-	1.392,48	1.566,54	-	1.271,52	1.430,46	-	1.153,60	1.297,80	-	1.038,88	1.168,74	-	927,20	1.043,10	-	818,56	920,
	IV	27.685	1.206,89	2.214,80	2.491,65	1.095,03	2.139,60	2.407,05	983,17	2.064,40	2.322,45	871,43	1.989,28	2.237,94	759,57	1.914,08	2.153,34	647,71	1.838,88	2.068,74	535,85	1.763,68	1.984,
	V	33.859	1.862,24	2.708,72	3.047,31																		
	VI	34.390	1.891,45	2.751,20	3.095,10																		

Anzahl Kinderfreibeträge (nur Steuerklassen I–IV)

SolZ/KiSt lt. Tabelle nicht für Sonstige Bezüge anwendbar.

Allgemeine Tabelle

Lohn/ Gehalt bis	Steuerklasse	Lohn-steuer	ohne Kinderfreibetrag SolZ 5,5%	ohne Kinderfreibetrag Kirchensteuer 8%	ohne Kinderfreibetrag Kirchensteuer 9%	0,5 SolZ 5,5%	0,5 Kirchensteuer 8%	0,5 Kirchensteuer 9%	1,0 SolZ 5,5%	1,0 Kirchensteuer 8%	1,0 Kirchensteuer 9%	1,5 SolZ 5,5%	1,5 Kirchensteuer 8%	1,5 Kirchensteuer 9%	2,0 SolZ 5,5%	2,0 Kirchensteuer 8%	2,0 Kirchensteuer 9%	2,5 SolZ 5,5%	2,5 Kirchensteuer 8%	2,5 Kirchensteuer 9%	3,0 SolZ 5,5%	3,0 Kirchensteuer 8%	3,0 Kirchensteuer 9%
						Anzahl Kinderfreibeträge (nur Steuerklassen I–IV)																	
04.471,99 (West)	I	27.607	1.197,61	2.208,56	2.484,63	973,89	2.058,16	2.315,43	750,17	1.907,76	2.146,23	526,45	1.757,36	1.977,03	302,73	1.606,96	1.807,83	79,01	1.456,56	1.638,63	-	1.306,16	1.469,43
	II	25.818	984,72	2.065,44	2.323,62	761,00	1.915,04	2.154,42	537,28	1.764,64	1.985,22	313,56	1.614,24	1.816,02	89,84	1.463,84	1.646,82	-	1.313,44	1.477,62	-	1.166,08	1.311,84
	III	18.890	-	1.511,20	1.700,10	-	1.387,36	1.560,78	-	1.266,56	1.424,88	-	1.148,80	1.292,40	-	1.034,08	1.163,34	-	922,56	1.037,88	-	814,08	915,84
	IV	27.607	1.197,61	2.208,56	2.484,63	1.085,75	2.133,36	2.400,03	973,89	2.058,16	2.315,43	862,03	1.982,96	2.230,83	750,17	1.907,76	2.146,23	638,31	1.832,56	2.061,63	526,45	1.757,36	1.977,03
	V	33.780	1.857,90	2.702,40	3.040,20																		
	VI	34.312	1.887,16	2.744,96	3.088,08																		
04.471,99 (Ost)	I	27.701	1.208,80	2.216,08	2.493,09	985,08	2.065,68	2.323,89	761,36	1.915,28	2.154,69	537,64	1.764,88	1.985,49	313,92	1.614,48	1.816,29	90,20	1.464,08	1.647,09	-	1.313,68	1.477,89
	II	25.911	995,79	2.072,88	2.331,99	772,07	1.922,48	2.162,79	548,35	1.772,08	1.993,59	324,75	1.621,76	1.824,48	101,03	1.471,36	1.655,28	-	1.320,96	1.486,08	-	1.173,28	1.319,94
	III	18.970	-	1.517,60	1.707,30	-	1.393,44	1.567,62	-	1.272,48	1.431,54	-	1.154,56	1.298,88	-	1.039,68	1.169,64	-	928,00	1.044,00	-	819,36	921,78
	IV	27.701	1.208,80	2.216,08	2.493,09	1.096,94	2.140,88	2.408,49	985,08	2.065,68	2.323,89	873,22	1.990,48	2.239,29	761,36	1.915,28	2.154,69	649,50	1.840,08	2.070,09	537,64	1.764,88	1.985,49
	V	33.874	1.863,07	2.709,92	3.048,66																		
	VI	34.406	1.892,33	2.752,48	3.096,54																		
04.507,99 (West)	I	27.622	1.199,40	2.209,76	2.485,98	975,68	2.059,36	2.316,78	751,96	1.908,96	2.147,58	528,24	1.758,56	1.978,38	304,52	1.608,16	1.809,18	80,80	1.457,76	1.639,98	-	1.307,44	1.470,87
	II	25.833	986,51	2.066,64	2.324,97	762,79	1.916,24	2.155,77	539,07	1.765,84	1.986,57	315,35	1.615,44	1.817,37	91,63	1.465,04	1.648,17	-	1.314,64	1.478,97	-	1.167,28	1.313,19
	III	18.904	-	1.512,32	1.701,36	-	1.388,32	1.561,86	-	1.267,52	1.425,96	-	1.149,76	1.293,48	-	1.035,04	1.164,42	-	923,36	1.038,78	-	814,88	916,74
	IV	27.622	1.199,40	2.209,76	2.485,98	1.087,54	2.134,56	2.401,38	975,68	2.059,36	2.316,78	863,82	1.984,16	2.232,18	751,96	1.908,96	2.147,58	640,10	1.833,76	2.062,98	528,24	1.758,56	1.978,38
	V	33.795	1.858,72	2.703,60	3.041,55																		
	VI	34.327	1.887,98	2.746,16	3.089,43																		
04.507,99 (Ost)	I	27.716	1.210,58	2.217,28	2.494,44	986,86	2.066,88	2.325,24	763,14	1.916,48	2.156,04	539,42	1.766,08	1.986,84	315,70	1.615,68	1.817,64	91,98	1.465,28	1.648,44	-	1.314,88	1.479,24
	II	25.926	997,57	2.074,08	2.333,34	773,97	1.923,76	2.164,23	550,25	1.773,36	1.995,03	326,53	1.622,96	1.825,83	102,81	1.472,56	1.656,63	-	1.322,16	1.487,43	-	1.174,48	1.321,29
	III	18.982	-	1.518,56	1.708,38	-	1.394,40	1.568,70	-	1.273,44	1.432,62	-	1.155,52	1.299,96	-	1.040,64	1.170,72	-	928,96	1.045,08	-	820,16	922,68
	IV	27.716	1.210,58	2.217,28	2.494,44	1.098,72	2.142,08	2.409,84	986,86	2.066,88	2.325,24	875,00	1.991,68	2.240,64	763,14	1.916,48	2.156,04	651,28	1.841,28	2.071,44	539,42	1.766,08	1.986,84
	V	33.889	1.863,89	2.711,12	3.050,01																		
	VI	34.421	1.893,15	2.753,68	3.097,89																		
04.543,99 (West)	I	27.637	1.201,18	2.210,96	2.487,33	977,46	2.060,56	2.318,13	753,74	1.910,16	2.148,93	530,02	1.759,76	1.979,73	306,30	1.609,36	1.810,53	82,70	1.459,04	1.641,42	-	1.308,64	1.472,22
	II	25.848	988,29	2.067,84	2.326,32	764,57	1.917,44	2.157,12	540,85	1.767,04	1.987,92	317,13	1.616,64	1.818,72	93,41	1.466,24	1.649,52	-	1.315,84	1.480,32	-	1.168,40	1.314,45
	III	18.916	-	1.513,28	1.702,44	-	1.389,28	1.562,94	-	1.268,48	1.427,04	-	1.150,56	1.294,38	-	1.035,84	1.165,32	-	924,32	1.039,86	-	815,68	917,64
	IV	27.637	1.201,18	2.210,96	2.487,33	1.089,32	2.135,76	2.402,73	977,46	2.060,56	2.318,13	865,60	1.985,36	2.233,53	753,74	1.910,16	2.148,93	641,88	1.834,96	2.064,33	530,02	1.759,76	1.979,73
	V	33.810	1.859,55	2.704,80	3.042,90																		
	VI	34.342	1.888,81	2.747,36	3.090,78																		
04.543,99 (Ost)	I	27.731	1.212,37	2.218,48	2.495,79	988,65	2.068,08	2.326,59	764,93	1.917,68	2.157,39	541,21	1.767,28	1.988,19	317,49	1.616,88	1.818,99	93,77	1.466,48	1.649,79	-	1.316,08	1.480,59
	II	25.942	999,48	2.075,36	2.334,78	775,76	1.924,96	2.165,58	552,04	1.774,56	1.996,38	328,32	1.624,16	1.827,18	104,60	1.473,76	1.657,98	-	1.323,36	1.488,78	-	1.175,60	1.322,55
	III	18.994	-	1.519,52	1.709,46	-	1.395,52	1.569,96	-	1.274,40	1.433,70	-	1.156,48	1.301,04	-	1.041,60	1.171,80	-	929,76	1.045,98	-	821,12	923,76
	IV	27.731	1.212,37	2.218,48	2.495,79	1.100,51	2.143,28	2.411,19	988,65	2.068,08	2.326,59	876,79	1.992,88	2.241,99	764,93	1.917,68	2.157,39	653,07	1.842,48	2.072,79	541,21	1.767,28	1.988,19
	V	33.904	1.864,72	2.712,32	3.051,36																		
	VI	34.436	1.893,98	2.754,88	3.099,24																		
04.579,99 (West)	I	27.652	1.202,97	2.212,16	2.488,68	979,25	2.061,76	2.319,48	755,53	1.911,36	2.150,28	531,81	1.760,96	1.981,08	308,21	1.610,64	1.811,97	84,49	1.460,24	1.642,77	-	1.309,84	1.473,57
	II	25.863	990,08	2.069,04	2.327,67	766,36	1.918,64	2.158,47	542,64	1.768,24	1.989,27	318,92	1.617,84	1.820,07	95,20	1.467,44	1.650,87	-	1.317,04	1.481,67	-	1.169,60	1.315,80
	III	18.928	-	1.514,24	1.703,52	-	1.390,24	1.564,02	-	1.269,44	1.428,12	-	1.151,52	1.295,46	-	1.036,80	1.166,40	-	925,12	1.040,76	-	816,64	918,72
	IV	27.652	1.202,97	2.212,16	2.488,68	1.091,11	2.136,96	2.404,08	979,25	2.061,76	2.319,48	867,39	1.986,56	2.234,88	755,53	1.911,36	2.150,28	643,67	1.836,16	2.065,68	531,81	1.760,96	1.981,08
	V	33.826	1.860,43	2.706,08	3.044,34																		
	VI	34.357	1.889,63	2.748,56	3.092,13																		
04.579,99 (Ost)	I	27.746	1.214,15	2.219,68	2.497,14	990,43	2.069,28	2.327,94	766,71	1.918,88	2.158,74	542,99	1.768,48	1.989,54	319,27	1.618,08	1.820,34	95,55	1.467,68	1.651,14	-	1.317,28	1.481,94
	II	25.957	1.001,26	2.076,56	2.336,13	777,54	1.926,16	2.166,93	553,82	1.775,76	1.997,73	330,10	1.625,36	1.828,53	106,38	1.474,96	1.659,33	-	1.324,56	1.490,13	-	1.176,80	1.323,90
	III	19.008	-	1.520,64	1.710,72	-	1.396,48	1.571,04	-	1.275,36	1.434,78	-	1.157,44	1.302,12	-	1.042,56	1.172,88	-	930,72	1.047,06	-	821,92	924,66
	IV	27.746	1.214,15	2.219,68	2.497,14	1.102,29	2.144,48	2.412,54	990,43	2.069,28	2.327,94	878,57	1.994,08	2.243,34	766,71	1.918,88	2.158,74	654,85	1.843,68	2.074,14	542,99	1.768,48	1.989,54
	V	33.919	1.865,54	2.713,52	3.052,71																		
	VI	34.451	1.894,80	2.756,08	3.100,59																		
04.615,99 (West)	I	27.667	1.204,75	2.213,36	2.490,03	981,03	2.062,96	2.320,83	757,43	1.912,64	2.151,72	533,71	1.762,24	1.982,52	309,99	1.611,84	1.813,32	86,27	1.461,44	1.644,12	-	1.311,04	1.474,92
	II	25.878	991,86	2.070,24	2.329,02	768,14	1.919,84	2.159,82	544,42	1.769,44	1.990,62	320,70	1.619,04	1.821,42	96,98	1.468,64	1.652,22	-	1.318,32	1.483,11	-	1.170,72	1.317,06
	III	18.942	-	1.515,36	1.704,78	-	1.391,36	1.565,28	-	1.270,40	1.429,20	-	1.152,48	1.296,54	-	1.037,76	1.167,48	-	926,08	1.041,84	-	817,44	919,62
	IV	27.667	1.204,75	2.213,36	2.490,03	1.092,89	2.138,16	2.405,43	981,03	2.062,96	2.320,83	869,17	1.987,76	2.236,23	757,43	1.912,64	2.151,72	645,57	1.837,44	2.067,12	533,71	1.762,24	1.982,52
	V	33.841	1.861,25	2.707,28	3.045,69																		
	VI	34.372	1.890,46	2.749,76	3.093,48																		
04.615,99 (Ost)	I	27.761	1.215,94	2.220,88	2.498,49	992,22	2.070,48	2.329,29	768,50	1.920,08	2.160,09	544,78	1.769,68	1.990,89	321,06	1.619,28	1.821,69	97,34	1.468,88	1.652,49	-	1.318,48	1.483,29
	II	25.972	1.003,05	2.077,76	2.337,48	779,33	1.927,36	2.168,28	555,61	1.776,96	1.999,08	331,89	1.626,56	1.829,88	108,17	1.476,16	1.660,68	-	1.325,76	1.491,48	-	1.177,92	1.325,16
	III	19.020	-	1.521,60	1.711,80	-	1.397,44	1.572,12	-	1.276,32	1.435,86	-	1.158,24	1.303,02	-	1.043,36	1.173,78	-	931,52	1.047,96	-	822,88	925,74
	IV	27.761	1.215,94	2.220,88	2.498,49	1.104,08	2.145,68	2.413,89	992,22	2.070,48	2.329,29	880,36	1.995,28	2.244,69	768,50	1.920,08	2.160,09	656,64	1.844,88	2.075,49	544,78	1.769,68	1.990,89
	V	33.934	1.866,37	2.714,72	3.054,06																		
	VI	34.466	1.895,63	2.757,28	3.101,94																		
04.651,99 (West)	I	27.682	1.206,54	2.214,56	2.491,38	982,94	2.064,24	2.322,27	759,22	1.913,84	2.153,07	535,50	1.763,44	1.983,87	311,78	1.613,04	1.814,67	88,06	1.462,64	1.645,47	-	1.312,24	1.476,27
	II	25.893	993,65	2.071,44	2.330,37	769,93	1.921,04	2.161,17	546,21	1.770,64	1.991,97	322,60	1.620,32	1.822,86	98,88	1.469,92	1.653,66	-	1.319,52	1.484,46	-	1.171,92	1.318,41
	III	18.954	-	1.516,32	1.705,86	-	1.392,32	1.566,36	-	1.271,36	1.430,28	-	1.153,44	1.297,62	-	1.038,56	1.168,38	-	926,88	1.042,74	-	818,24	920,52
	IV	27.682	1.206,54	2.214,56	2.491,38	1.094,80	2.139,44	2.406,87	982,94	2.064,24	2.322,27	871,08	1.989,04	2.237,67	759,22	1.913,84	2.153,07	647,36	1.838,64	2.068,47	535,50	1.763,44	1.983,87
	V	33.856	1.862,08	2.708,48	3.047,04																		
	VI	34.387	1.891,28	2.750,96	3.094,83																		
04.651,99 (Ost)	I	27.776	1.217,72	2.222,08	2.499,84	994,00	2.071,68	2.330,64	770,28	1.921,28	2.161,44	546,56	1.770,88	1.992,24	322,84	1.620,48	1.823,04	99,24	1.470,16	1.653,93	-	1.319,76	1.484,73
	II	25.987	1.004,83	2.078,96	2.338,83	781,11	1.928,56	2.169,63	557,39	1.778,16	2.000,43	333,67	1.627,76	1.831,23	109,95	1.477,36	1.662,03	-	1.326,96	1.492,83	-	1.179,12	1.326,51
	III	19.032	-	1.522,56	1.712,88	-	1.398,40	1.573,20	-	1.277,28	1.436,94	-	1.159,20	1.304,10	-	1.044,32	1.174,86	-	932,48	1.049,04	-	823,68	926,64
	IV	27.776	1.217,72	2.222,08	2.499,84	1.105,86	2.146,88	2.415,24	994,00	2.071,68	2.330,64	882,14	1.996,48	2.246,04	770,28	1.921,28	2.161,44	658,42	1.846,08	2.076,84	546,56	1.770,88	1.992,24
	V	33.949	1.867,19	2.715,92	3.055,41																		
	VI	34.481	1.896,45	2.758,48	3.103,29																		
04.687,99 (West)	I	27.698	1.208,44	2.215,84	2.492,82	984,72	2.065,44	2.323,62	761,00	1.915,04	2.154,42	537,28	1.764,64	1.985,22	313,56	1.614,24	1.816,02	89,84	1.463,84	1.646,82	-	1.313,44	1.477,62
	II	25.908	995,43	2.072,64	2.331,72	771,71	1.922,24	2.162,52	548,11	1.771,92	1.993,41	324,39	1.621,52	1.824,21	100,67	1.471,12	1.655,01	-	1.320,72	1.485,81	-	1.173,04	1.319,67
	III	18.966	-	1.517,28	1.706,94	-	1.393,28	1.567,44	-	1.272,32	1.431,36	-	1.154,40	1.298,70	-	1.039,52	1.169,46	-	927,84	1.043,82	-	819,20	921,60
	IV	27.698	1.208,44	2.215,84	2.492,82	1.096,58	2.140,64	2.408,22	984,72	2.065,44	2.323,62	872,86	1.990,24	2.239,02	761,00	1.915,04	2.154,42	649,14	1.839,84	2.069,82	537,28	1.764,64	1.985,22
	V	33.871	1.862,90	2.709,68	3.048,39																		
	VI	34.403	1.892,16	2.752,24	3.096,27																		
04.687,99 (Ost)	I	27.791	1.219,51	2.223,28	2.501,19	995,79	2.072,88	2.331,99	772,07	1.922,48	2.162,79	548,35	1.772,08	1.993,59	324,75	1.621,76	1.824,48	101,03	1.471,36	1.655,28	-	1.320,96	1.486,08
	II	26.002	1.006,62	2.080,16	2.340,18	782,90	1.929,76	2.170,98	559,18	1.779,36	2.001,78	335,46	1.628,96	1.832,58	111,74	1.478,56	1.663,38	-	1.328,16	1.494,18	-	1.180,32	1.327,86
	III	19.046	-	1.523,68	1.714,14	-	1.399,36	1.574,28	-	1.278,24	1.438,02	-	1.160,16	1.305,18	-	1.045,28	1.175,94	-	933,28	1.049,94	-	824,48	927,54
	IV	27.791	1.219,51	2.223,28	2.501,19	1.107,65	2.148,08	2.416,59	995,79	2.072,88	2.331,99	883,93	1.997,68	2.247,39	772,07	1.922,48	2.162,79	660,21	1.847,28	2.078,19	548,35	1.772,08	1.993,59
	V	33.965	1.868,07	2.717,20	3.056,85																		
	VI	34.496	1.897,28	2.759,68	3.104,64																		

SolZ/KiSt lt. Tabelle nicht für Sonstige Bezüge anwendbar.

JAHR bis 104.939,99 €

Allgemeine Tabelle

Lohn/ Gehalt bis	Steuerklasse	Lohnsteuer	ohne Kinderfreibetrag SolZ 5,5%	Kirchensteuer 8%	Kirchensteuer 9%	0,5 SolZ 5,5%	0,5 Kirchensteuer 8%	0,5 Kirchensteuer 9%	1,0 SolZ 5,5%	1,0 Kirchensteuer 8%	1,0 Kirchensteuer 9%	1,5 SolZ 5,5%	1,5 Kirchensteuer 8%	1,5 Kirchensteuer 9%	2,0 SolZ 5,5%	2,0 Kirchensteuer 8%	2,0 Kirchensteuer 9%	2,5 SolZ 5,5%	2,5 Kirchensteuer 8%	2,5 Kirchensteuer 9%	3,0 SolZ 5,5%	3,0 Kirchensteuer 8%	3,0 Kirchensteuer 9%
104.723,99	I	27.713	1.210,23	2.217,04	2.494,17	986,51	2.066,64	2.324,97	762,79	1.916,24	2.155,77	539,07	1.765,84	1.986,57	315,35	1.615,44	1.817,37	91,63	1.465,04	1.648,17	-	1.314,64	1.478,
(West)	II	25.924	997,33	2.073,92	2.333,16	773,61	1.923,52	2.163,96	549,89	1.773,12	1.994,76	326,17	1.622,72	1.825,56	102,45	1.472,32	1.656,36	-	1.321,92	1.487,16	-	1.174,24	1.321,
	III	18.980	-	1.518,40	1.708,20	-	1.394,24	1.568,52	-	1.273,28	1.432,44	-	1.155,36	1.299,78	-	1.040,48	1.170,54	-	928,64	1.044,72	-	820,00	922,
	IV	27.713	1.210,23	2.217,04	2.494,17	1.098,37	2.141,84	2.409,57	986,51	2.066,64	2.324,97	874,65	1.991,44	2.240,37	762,79	1.916,24	2.155,77	650,93	1.841,04	2.071,17	539,07	1.765,84	1.986,
	V	33.886	1.863,73	2.710,88	3.049,74																		
	VI	34.418	1.892,99	2.753,44	3.097,62																		
104.723,99	I	27.806	1.221,29	2.224,48	2.502,54	997,57	2.074,08	2.333,34	773,97	1.923,76	2.164,23	550,25	1.773,36	1.995,03	326,53	1.622,96	1.825,83	102,81	1.472,56	1.656,63	-	1.322,16	1.487,
(Ost)	II	26.017	1.008,40	2.081,36	2.341,53	784,68	1.930,96	2.172,33	560,96	1.780,56	2.003,13	337,24	1.630,16	1.833,93	113,52	1.479,76	1.664,73	-	1.329,44	1.495,62	-	1.181,44	1.329,
	III	19.058	-	1.524,64	1.715,22	-	1.400,32	1.575,36	-	1.279,20	1.439,10	-	1.161,12	1.306,26	-	1.046,08	1.176,84	-	934,24	1.051,02	-	825,44	928,
	IV	27.806	1.221,29	2.224,48	2.502,54	1.109,43	2.149,28	2.417,94	997,57	2.074,08	2.333,34	885,71	1.998,88	2.248,74	773,97	1.923,76	2.164,23	662,11	1.848,56	2.079,63	550,25	1.773,36	1.995,
	V	33.980	1.868,90	2.718,40	3.058,20																		
	VI	34.511	1.898,10	2.760,88	3.105,99																		
104.759,99	I	27.728	1.212,01	2.218,24	2.495,52	988,29	2.067,84	2.326,32	764,57	1.917,44	2.157,12	540,85	1.767,04	1.987,92	317,13	1.616,64	1.818,72	93,41	1.466,24	1.649,52	-	1.315,84	1.480,
(West)	II	25.939	999,12	2.075,12	2.334,51	775,40	1.924,72	2.165,31	551,68	1.774,32	1.996,11	327,96	1.623,92	1.826,91	104,24	1.473,52	1.657,71	-	1.323,12	1.488,51	-	1.175,36	1.322,
	III	18.992	-	1.519,36	1.709,28	-	1.395,20	1.569,60	-	1.274,24	1.433,52	-	1.156,16	1.300,68	-	1.041,44	1.171,62	-	929,60	1.045,80	-	820,96	923,
	IV	27.728	1.212,01	2.218,24	2.495,52	1.100,15	2.143,04	2.410,92	988,29	2.067,84	2.326,32	876,43	1.992,64	2.241,72	764,57	1.917,44	2.157,12	652,71	1.842,24	2.072,52	540,85	1.767,04	1.987,
	V	33.901	1.864,55	2.712,08	3.051,09																		
	VI	34.433	1.893,81	2.754,64	3.098,97																		
104.759,99	I	27.821	1.223,08	2.225,68	2.503,89	999,48	2.075,36	2.334,78	775,76	1.924,96	2.165,58	552,04	1.774,56	1.996,38	328,32	1.624,16	1.827,18	104,60	1.473,76	1.657,98	-	1.323,36	1.488,
(Ost)	II	26.032	1.010,19	2.082,56	2.342,88	786,47	1.932,16	2.173,68	562,75	1.781,76	2.004,48	339,15	1.631,44	1.835,37	115,43	1.481,04	1.666,17	-	1.330,64	1.496,97	-	1.182,64	1.330,
	III	19.070	-	1.525,60	1.716,30	-	1.401,44	1.576,62	-	1.280,16	1.440,18	-	1.162,08	1.307,34	-	1.047,04	1.177,92	-	935,04	1.051,92	-	826,24	929,
	IV	27.821	1.223,08	2.225,68	2.503,89	1.111,34	2.150,56	2.419,38	999,48	2.075,36	2.334,78	887,62	2.000,16	2.250,18	775,76	1.924,96	2.165,58	663,90	1.849,76	2.080,98	552,04	1.774,56	1.996,
	V	33.995	1.869,72	2.719,60	3.059,55																		
	VI	34.527	1.898,98	2.762,16	3.107,43																		
104.795,99	I	27.743	1.213,80	2.219,44	2.496,87	990,08	2.069,04	2.327,67	766,36	1.918,64	2.158,47	542,64	1.768,24	1.989,27	318,92	1.617,84	1.820,07	95,20	1.467,44	1.650,87	-	1.317,04	1.481,
(West)	II	25.954	1.000,90	2.076,32	2.335,86	777,18	1.925,92	2.166,66	553,46	1.775,52	1.997,46	329,74	1.625,12	1.828,26	106,02	1.474,72	1.659,06	-	1.324,32	1.489,86	-	1.176,56	1.323,
	III	19.004	-	1.520,32	1.710,36	-	1.396,16	1.570,68	-	1.275,20	1.434,60	-	1.157,12	1.301,76	-	1.042,24	1.172,52	-	930,40	1.046,70	-	821,76	924,
	IV	27.743	1.213,80	2.219,44	2.496,87	1.101,94	2.144,24	2.412,27	990,08	2.069,04	2.327,67	878,22	1.993,84	2.243,07	766,36	1.918,64	2.158,47	654,50	1.843,44	2.073,87	542,64	1.768,24	1.989,
	V	33.916	1.865,38	2.713,28	3.052,44																		
	VI	34.448	1.894,64	2.755,84	3.100,32																		
104.795,99	I	27.837	1.224,98	2.226,96	2.505,33	1.001,26	2.076,56	2.336,13	777,54	1.926,16	2.166,93	553,82	1.775,76	1.997,73	330,10	1.625,36	1.828,53	106,38	1.474,96	1.659,33	-	1.324,56	1.490,
(Ost)	II	26.047	1.011,97	2.083,76	2.344,23	788,25	1.933,36	2.175,03	564,65	1.783,04	2.005,92	340,93	1.632,64	1.836,72	117,21	1.482,24	1.667,52	-	1.331,84	1.498,32	-	1.183,76	1.331,
	III	19.084	-	1.526,72	1.717,56	-	1.402,40	1.577,70	-	1.281,12	1.441,26	-	1.163,04	1.308,42	-	1.048,00	1.179,00	-	936,00	1.053,00	-	827,20	930,
	IV	27.837	1.224,98	2.226,96	2.505,33	1.113,12	2.151,76	2.420,73	1.001,26	2.076,56	2.336,13	889,40	2.001,36	2.251,53	777,54	1.926,16	2.166,93	665,68	1.850,96	2.082,33	553,82	1.775,76	1.997,
	V	34.010	1.870,55	2.720,80	3.060,90																		
	VI	34.542	1.899,81	2.763,36	3.108,78																		
104.831,99	I	27.758	1.215,58	2.220,64	2.498,22	991,86	2.070,24	2.329,02	768,14	1.919,84	2.159,82	544,42	1.769,44	1.990,62	320,70	1.619,04	1.821,42	96,98	1.468,64	1.652,22	-	1.318,32	1.483,
(West)	II	25.969	1.002,69	2.077,52	2.337,21	778,97	1.927,12	2.168,01	555,25	1.776,72	1.998,81	331,53	1.626,32	1.829,61	107,81	1.475,92	1.660,41	-	1.325,52	1.491,21	-	1.177,76	1.324,
	III	19.018	-	1.521,44	1.711,62	-	1.397,12	1.571,76	-	1.276,16	1.435,68	-	1.158,08	1.302,84	-	1.043,20	1.173,60	-	931,36	1.047,78	-	822,56	925,
	IV	27.758	1.215,58	2.220,64	2.498,22	1.103,72	2.145,44	2.413,62	991,86	2.070,24	2.329,02	880,00	1.995,04	2.244,42	768,14	1.919,84	2.159,82	656,28	1.844,64	2.075,22	544,42	1.769,44	1.990,
	V	33.931	1.866,20	2.714,48	3.053,79																		
	VI	34.463	1.895,46	2.757,04	3.101,67																		
104.831,99	I	27.852	1.226,77	2.228,16	2.506,68	1.003,05	2.077,76	2.337,48	779,33	1.927,36	2.168,28	555,61	1.776,96	1.999,08	331,89	1.626,56	1.829,88	108,17	1.476,16	1.660,68	-	1.325,76	1.491,
(Ost)	II	26.063	1.013,88	2.085,04	2.345,67	790,16	1.934,64	2.176,47	566,44	1.784,24	2.007,27	342,72	1.633,84	1.838,07	119,00	1.483,44	1.668,87	-	1.333,04	1.499,67	-	1.184,96	1.333,
	III	19.096	-	1.527,68	1.718,64	-	1.403,36	1.578,78	-	1.282,08	1.442,34	-	1.164,00	1.309,50	-	1.048,80	1.179,90	-	936,96	1.054,08	-	828,00	931,
	IV	27.852	1.226,77	2.228,16	2.506,68	1.114,91	2.152,96	2.422,08	1.003,05	2.077,76	2.337,48	891,19	2.002,56	2.252,88	779,33	1.927,36	2.168,28	667,47	1.852,16	2.083,68	555,61	1.776,96	1.999,
	V	34.025	1.871,37	2.722,00	3.062,25																		
	VI	34.557	1.900,63	2.764,56	3.110,13																		
104.867,99	I	27.773	1.217,37	2.221,84	2.499,57	993,65	2.071,44	2.330,37	769,93	1.921,04	2.161,17	546,21	1.770,64	1.991,97	322,60	1.620,32	1.822,86	98,88	1.469,92	1.653,66	-	1.319,52	1.484,
(West)	II	25.984	1.004,47	2.078,72	2.338,56	780,75	1.928,32	2.169,36	557,03	1.777,92	2.000,16	333,31	1.627,52	1.830,96	109,59	1.477,12	1.661,76	-	1.326,72	1.492,56	-	1.178,88	1.326,
	III	19.030	-	1.522,40	1.712,70	-	1.398,24	1.573,02	-	1.277,12	1.436,76	-	1.159,04	1.303,92	-	1.044,16	1.174,68	-	932,32	1.048,86	-	823,52	926,
	IV	27.773	1.217,37	2.221,84	2.499,57	1.105,51	2.146,64	2.414,97	993,65	2.071,44	2.330,37	881,79	1.996,24	2.245,77	769,93	1.921,04	2.161,17	658,07	1.845,84	2.076,57	546,21	1.770,64	1.991,
	V	33.946	1.867,03	2.715,68	3.055,14																		
	VI	34.478	1.896,29	2.758,24	3.103,02																		
104.867,99	I	27.867	1.228,55	2.229,36	2.508,03	1.004,83	2.078,96	2.338,83	781,11	1.928,56	2.169,63	557,39	1.778,16	2.000,43	333,67	1.627,76	1.831,23	109,95	1.477,36	1.662,03	-	1.326,96	1.492,
(Ost)	II	26.078	1.015,66	2.086,24	2.347,02	791,94	1.935,84	2.177,82	568,22	1.785,44	2.008,62	344,50	1.635,04	1.839,42	120,78	1.484,64	1.670,22	-	1.334,24	1.501,02	-	1.186,08	1.334,
	III	19.108	-	1.528,64	1.719,72	-	1.404,32	1.579,86	-	1.283,04	1.443,42	-	1.164,80	1.310,40	-	1.049,76	1.180,98	-	937,76	1.054,98	-	828,80	932,
	IV	27.867	1.228,55	2.229,36	2.508,03	1.116,69	2.154,16	2.423,43	1.004,83	2.078,96	2.338,83	892,97	2.003,76	2.254,23	781,11	1.928,56	2.169,63	669,25	1.853,36	2.085,03	557,39	1.778,16	2.000,
	V	34.040	1.872,20	2.723,20	3.063,60																		
	VI	34.572	1.901,46	2.765,76	3.111,48																		
104.903,99	I	27.788	1.219,15	2.223,04	2.500,92	995,43	2.072,64	2.331,72	771,71	1.922,24	2.162,52	548,11	1.771,92	1.993,41	324,39	1.621,52	1.824,21	100,67	1.471,12	1.655,01	-	1.320,72	1.485,
(West)	II	25.999	1.006,26	2.079,92	2.339,91	782,54	1.929,52	2.170,71	558,82	1.779,12	2.001,51	335,10	1.628,72	1.832,31	111,38	1.478,32	1.663,11	-	1.328,00	1.494,00	-	1.180,08	1.327,
	III	19.042	-	1.523,36	1.713,78	-	1.399,20	1.574,10	-	1.278,08	1.437,84	-	1.160,00	1.305,00	-	1.044,96	1.175,58	-	933,12	1.049,76	-	824,32	927,
	IV	27.788	1.219,15	2.223,04	2.500,92	1.107,29	2.147,84	2.416,32	995,43	2.072,64	2.331,72	883,57	1.997,44	2.247,12	771,71	1.922,24	2.162,52	659,97	1.847,12	2.078,01	548,11	1.771,92	1.993,
	V	33.962	1.867,91	2.716,96	3.056,58																		
	VI	34.493	1.897,11	2.759,44	3.104,37																		
104.903,99	I	27.882	1.230,34	2.230,56	2.509,38	1.006,62	2.080,16	2.340,18	782,90	1.929,76	2.170,98	559,18	1.779,36	2.001,78	335,46	1.628,96	1.832,58	111,74	1.478,56	1.663,38	-	1.328,16	1.494,
(Ost)	II	26.093	1.017,45	2.087,44	2.348,37	793,73	1.937,04	2.179,17	570,01	1.786,64	2.009,97	346,29	1.636,24	1.840,77	122,57	1.485,84	1.671,57	-	1.335,44	1.502,37	-	1.187,28	1.335,
	III	19.122	-	1.529,76	1.720,98	-	1.405,28	1.580,94	-	1.284,00	1.444,50	-	1.165,76	1.311,48	-	1.050,72	1.182,06	-	938,72	1.056,06	-	829,76	933,
	IV	27.882	1.230,34	2.230,56	2.509,38	1.118,48	2.155,36	2.424,78	1.006,62	2.080,16	2.340,18	894,76	2.004,96	2.255,58	782,90	1.929,76	2.170,98	671,04	1.854,56	2.086,38	559,18	1.779,36	2.001,
	V	34.055	1.873,02	2.724,40	3.064,95																		
	VI	34.587	1.902,28	2.766,96	3.112,83																		
104.939,99	I	27.803	1.220,94	2.224,24	2.502,27	997,33	2.073,92	2.333,16	773,61	1.923,52	2.163,96	549,89	1.773,12	1.994,76	326,17	1.622,72	1.825,56	102,45	1.472,32	1.656,36	-	1.321,92	1.487,
(West)	II	26.014	1.008,04	2.081,12	2.341,26	784,32	1.930,72	2.172,06	560,60	1.780,32	2.002,86	336,88	1.629,92	1.833,66	113,28	1.479,60	1.664,55	-	1.329,20	1.495,35	-	1.181,20	1.328,
	III	19.056	-	1.524,48	1.715,04	-	1.400,16	1.575,18	-	1.279,04	1.438,92	-	1.160,96	1.306,08	-	1.045,92	1.176,66	-	934,08	1.050,84	-	825,28	928,
	IV	27.803	1.220,94	2.224,24	2.502,27	1.109,08	2.149,04	2.417,67	997,33	2.073,92	2.333,16	885,47	1.998,72	2.248,56	773,61	1.923,52	2.163,96	661,75	1.848,32	2.079,36	549,89	1.773,12	1.994,
	V	33.977	1.868,73	2.718,16	3.057,93																		
	VI	34.508	1.897,94	2.760,64	3.105,72																		
104.939,99	I	27.897	1.232,12	2.231,76	2.510,73	1.008,40	2.081,36	2.341,53	784,68	1.930,96	2.172,33	560,96	1.780,56	2.003,13	337,24	1.630,16	1.833,93	113,52	1.479,76	1.664,73	-	1.329,44	1.495,
(Ost)	II	26.108	1.019,23	2.088,64	2.349,72	795,51	1.938,24	2.180,52	571,79	1.787,84	2.011,32	348,07	1.637,44	1.842,12	124,35	1.487,04	1.672,92	-	1.336,64	1.503,72	-	1.188,48	1.337,
	III	19.134	-	1.530,72	1.722,06	-	1.406,24	1.582,02	-	1.284,96	1.445,58	-	1.166,72	1.312,56	-	1.051,68	1.183,14	-	939,52	1.056,96	-	830,56	934,
	IV	27.897	1.232,12	2.231,76	2.510,73	1.120,26	2.156,56	2.426,13	1.008,40	2.081,36	2.341,53	896,54	2.006,16	2.256,93	784,68	1.930,96	2.172,33	672,82	1.855,76	2.087,73	560,96	1.780,56	2.003,
	V	34.070	1.873,85	2.725,60	3.066,30																		
	VI	34.602	1.903,11	2.768,16	3.114,18																		

Anzahl Kinderfreibeträge (nur Steuerklassen I–IV)

SolZ/KiSt lt. Tabelle nicht für Sonstige Bezüge anwendbar.

Lohn/ Gehalt bis	Steuerklasse	Lohn- steuer	ohne Kinderfreibetrag			Anzahl Kinderfreibeträge (nur Steuerklassen I–IV)																	
						0,5			1,0			1,5			2,0			2,5			3,0		
			SolZ 5,5%	Kirchensteuer 8%	9%	SolZ 5,5%	Kirchensteuer 8%	9%	SolZ 5,5%	Kirchensteuer 8%	9%	SolZ 5,5%	Kirchensteuer 8%	9%	SolZ 5,5%	Kirchensteuer 8%	9%	SolZ 5,5%	Kirchensteuer 8%	9%	SolZ 5,5%	Kirchensteuer 8%	9%
4.975,99	I	**27.819**	*1.222,84*	2.225,52	2.503,71	*999,12*	2.075,12	2.334,51	*775,40*	1.924,72	2.165,31	*551,68*	1.774,32	1.996,11	*327,96*	1.623,92	1.826,91	*104,24*	1.473,52	1.657,71	–	1.323,12	1.488,51
(West)	II	**26.029**	*1.009,83*	2.082,32	2.342,61	*786,11*	1.931,92	2.173,41	*562,51*	1.781,60	2.004,30	*338,79*	1.631,20	1.835,10	*115,07*	1.480,80	1.665,90	–	1.330,40	1.496,70	–	1.182,40	1.330,20
	III	**19.068**	–	1.525,44	1.716,12	–	1.401,12	1.576,26	–	1.280,00	1.440,00	–	1.161,92	1.307,16	–	1.046,88	1.177,74	–	934,88	1.051,74	–	826,08	929,34
	IV	**27.819**	*1.222,84*	2.225,52	2.503,71	*1.110,98*	2.150,32	2.419,11	*999,12*	2.075,12	2.334,51	*887,26*	1.999,92	2.249,91	*775,40*	1.924,72	2.165,31	*663,54*	1.849,52	2.080,71	*551,68*	1.774,32	1.996,11
	V	**33.992**	*1.869,56*	2.719,36	3.059,28																		
	VI	**34.524**	*1.898,82*	2.761,92	3.107,16																		
4.975,99	I	**27.912**	*1.233,91*	2.232,96	2.512,08	*1.010,19*	2.082,56	2.342,88	*786,47*	1.932,16	2.173,68	*562,75*	1.781,76	2.004,48	*339,15*	1.631,44	1.835,37	*115,43*	1.481,04	1.666,17	–	1.330,64	1.496,97
(Ost)	II	**26.123**	*1.021,02*	2.089,84	2.351,07	*797,30*	1.939,44	2.181,87	*573,58*	1.789,04	2.012,67	*349,86*	1.638,64	1.843,47	*126,14*	1.488,24	1.674,27	–	1.337,84	1.505,07	–	1.189,60	1.338,30
	III	**19.146**	–	1.531,68	1.723,14	–	1.407,36	1.583,28	–	1.285,92	1.446,66	–	1.167,68	1.313,64	–	1.052,48	1.184,04	–	940,48	1.058,04	–	831,52	935,46
	IV	**27.912**	*1.233,91*	2.232,96	2.512,08	*1.122,05*	2.157,76	2.427,48	*1.010,19*	2.082,56	2.342,88	*898,33*	2.007,36	2.258,28	*786,47*	1.932,16	2.173,68	*674,61*	1.856,96	2.089,08	*562,75*	1.781,76	2.004,48
	V	**34.086**	*1.874,73*	2.726,88	3.067,74																		
	VI	**34.617**	*1.903,93*	2.769,36	3.115,53																		
5.011,99	I	**27.834**	*1.224,62*	2.226,72	2.505,06	*1.000,90*	2.076,32	2.335,86	*777,18*	1.925,92	2.166,66	*553,46*	1.775,52	1.997,46	*329,74*	1.625,12	1.828,26	*106,02*	1.474,72	1.659,06	–	1.324,32	1.489,86
(West)	II	**26.044**	*1.011,61*	2.083,52	2.343,96	*788,01*	1.933,20	2.174,85	*564,29*	1.782,80	2.005,65	*340,57*	1.632,40	1.836,45	*116,85*	1.482,00	1.667,25	–	1.331,60	1.498,05	–	1.183,52	1.331,46
	III	**19.080**	–	1.526,40	1.717,20	–	1.402,08	1.577,34	–	1.280,96	1.441,08	–	1.162,72	1.308,06	–	1.047,68	1.178,64	–	935,84	1.052,82	–	826,88	930,24
	IV	**27.834**	*1.224,62*	2.226,72	2.505,06	*1.112,76*	2.151,52	2.420,46	*1.000,90*	2.076,32	2.335,86	*889,04*	2.001,12	2.251,26	*777,18*	1.925,92	2.166,66	*665,32*	1.850,72	2.082,06	*553,46*	1.775,52	1.997,46
	V	**34.007**	*1.870,38*	2.720,56	3.060,63																		
	VI	**34.539**	*1.899,64*	2.763,12	3.108,51																		
5.011,99	I	**27.927**	*1.235,69*	2.234,16	2.513,43	*1.011,97*	2.083,76	2.344,23	*788,25*	1.933,36	2.175,03	*564,65*	1.783,04	2.005,92	*340,93*	1.632,64	1.836,72	*117,21*	1.482,24	1.667,52	–	1.331,84	1.498,32
(Ost)	II	**26.138**	*1.022,80*	2.091,04	2.352,42	*799,08*	1.940,64	2.183,22	*575,36*	1.790,24	2.014,02	*351,64*	1.639,84	1.844,82	*127,92*	1.489,44	1.675,62	–	1.339,12	1.506,51	–	1.190,80	1.339,65
	III	**19.160**	–	1.532,80	1.724,40	–	1.408,32	1.584,36	–	1.286,88	1.447,74	–	1.168,64	1.314,72	–	1.053,44	1.185,12	–	941,28	1.058,94	–	832,32	936,36
	IV	**27.927**	*1.235,69*	2.234,16	2.513,43	*1.123,83*	2.158,96	2.428,83	*1.011,97*	2.083,76	2.344,23	*900,11*	2.008,56	2.259,63	*788,25*	1.933,36	2.175,03	*676,51*	1.858,24	2.090,52	*564,65*	1.783,04	2.005,92
	V	**34.101**	*1.875,55*	2.728,08	3.069,09																		
	VI	**34.632**	*1.904,76*	2.770,56	3.116,88																		
5.047,99	I	**27.849**	*1.226,41*	2.227,92	2.506,41	*1.002,69*	2.077,52	2.337,21	*778,97*	1.927,12	2.168,01	*555,25*	1.776,72	1.998,81	*331,53*	1.626,32	1.829,61	*107,81*	1.475,92	1.660,41	–	1.325,52	1.491,21
(West)	II	**26.060**	*1.013,52*	2.084,80	2.345,40	*789,80*	1.934,40	2.176,20	*566,08*	1.784,00	2.007,00	*342,36*	1.633,60	1.837,80	*118,64*	1.483,20	1.668,60	–	1.332,80	1.499,40	–	1.184,72	1.332,81
	III	**19.094**	–	1.527,52	1.718,46	–	1.403,04	1.578,42	–	1.281,92	1.442,16	–	1.163,68	1.309,14	–	1.048,64	1.179,72	–	936,64	1.053,72	–	827,84	931,32
	IV	**27.849**	*1.226,41*	2.227,92	2.506,41	*1.114,55*	2.152,72	2.421,81	*1.002,69*	2.077,52	2.337,21	*890,83*	2.002,32	2.252,61	*778,97*	1.927,12	2.168,01	*667,11*	1.851,92	2.083,41	*555,25*	1.776,72	1.998,81
	V	**34.022**	*1.871,21*	2.721,76	3.061,98																		
	VI	**34.554**	*1.900,47*	2.764,32	3.109,86																		
5.047,99	I	**27.942**	*1.237,48*	2.235,36	2.514,78	*1.013,88*	2.085,04	2.345,67	*790,16*	1.934,64	2.176,47	*566,44*	1.784,24	2.007,27	*342,72*	1.633,84	1.838,07	*119,00*	1.483,44	1.668,87	–	1.333,04	1.499,67
(Ost)	II	**26.153**	*1.024,59*	2.092,24	2.353,77	*800,87*	1.941,84	2.184,57	*577,15*	1.791,44	2.015,37	*353,43*	1.641,04	1.846,17	*129,82*	1.490,72	1.677,06	–	1.340,32	1.507,86	–	1.191,92	1.340,91
	III	**19.172**	–	1.533,76	1.725,48	–	1.409,28	1.585,44	–	1.287,84	1.448,82	–	1.169,60	1.315,80	–	1.054,40	1.186,20	–	942,24	1.060,02	–	833,12	937,26
	IV	**27.942**	*1.237,48*	2.235,36	2.514,78	*1.125,62*	2.160,16	2.430,18	*1.013,88*	2.085,04	2.345,67	*902,02*	2.009,84	2.261,07	*790,16*	1.934,64	2.176,47	*678,30*	1.859,44	2.091,87	*566,44*	1.784,24	2.007,27
	V	**34.116**	*1.876,38*	2.729,28	3.070,44																		
	VI	**34.647**	*1.905,58*	2.771,76	3.118,23																		
5.083,99	I	**27.864**	*1.228,19*	2.229,12	2.507,76	*1.004,47*	2.078,72	2.338,56	*780,75*	1.928,32	2.169,36	*557,03*	1.777,92	2.000,16	*333,31*	1.627,52	1.830,96	*109,59*	1.477,12	1.661,76	–	1.326,72	1.492,56
(West)	II	**26.075**	*1.015,30*	2.086,00	2.346,75	*791,58*	1.935,60	2.177,55	*567,86*	1.785,20	2.008,35	*344,14*	1.634,80	1.839,15	*120,42*	1.484,40	1.669,95	–	1.334,00	1.500,75	–	1.185,92	1.334,16
	III	**19.106**	–	1.528,48	1.719,54	–	1.404,16	1.579,68	–	1.282,88	1.443,24	–	1.164,64	1.310,22	–	1.049,60	1.180,80	–	937,60	1.054,80	–	828,64	932,22
	IV	**27.864**	*1.228,19*	2.229,12	2.507,76	*1.116,33*	2.153,92	2.423,16	*1.004,47*	2.078,72	2.338,56	*892,61*	2.003,52	2.253,96	*780,75*	1.928,32	2.169,36	*668,89*	1.853,12	2.084,76	*557,03*	1.777,92	2.000,16
	V	**34.037**	*1.872,03*	2.722,96	3.063,33																		
	VI	**34.569**	*1.901,29*	2.765,52	3.111,21																		
5.083,99	I	**27.958**	*1.239,38*	2.236,64	2.516,22	*1.015,66*	2.086,24	2.347,02	*791,94*	1.935,84	2.177,82	*568,22*	1.785,44	2.008,62	*344,50*	1.635,04	1.839,42	*120,78*	1.484,64	1.670,22	–	1.334,24	1.501,02
(Ost)	II	**26.168**	*1.026,37*	2.093,44	2.355,12	*802,65*	1.943,04	2.185,92	*579,05*	1.792,72	2.016,81	*355,33*	1.642,32	1.847,61	*131,61*	1.491,92	1.678,41	–	1.341,52	1.509,21	–	1.193,12	1.342,26
	III	**19.184**	–	1.534,72	1.726,56	–	1.410,24	1.586,52	–	1.288,80	1.449,90	–	1.170,56	1.316,88	–	1.055,20	1.187,10	–	943,04	1.060,92	–	834,08	938,34
	IV	**27.958**	*1.239,38*	2.236,64	2.516,22	*1.127,52*	2.161,44	2.431,62	*1.015,66*	2.086,24	2.347,02	*903,80*	2.011,04	2.262,42	*791,94*	1.935,84	2.177,82	*680,08*	1.860,64	2.093,22	*568,22*	1.785,44	2.008,62
	V	**34.131**	*1.877,20*	2.730,48	3.071,79																		
	VI	**34.663**	*1.906,46*	2.773,04	3.119,67																		
5.119,99	I	**27.879**	*1.229,98*	2.230,32	2.509,11	*1.006,26*	2.079,92	2.339,91	*782,54*	1.929,52	2.170,71	*558,82*	1.779,12	2.001,51	*335,10*	1.628,72	1.832,31	*111,38*	1.478,32	1.663,11	–	1.328,00	1.494,00
(West)	II	**26.090**	*1.017,09*	2.087,20	2.348,10	*793,37*	1.936,80	2.178,90	*569,65*	1.786,40	2.009,70	*345,93*	1.636,00	1.840,50	*122,21*	1.485,60	1.671,30	–	1.335,20	1.502,10	–	1.187,04	1.335,42
	III	**19.118**	–	1.529,44	1.720,62	–	1.405,12	1.580,76	–	1.283,84	1.444,32	–	1.165,60	1.311,30	–	1.050,56	1.181,88	–	938,40	1.055,70	–	829,60	933,30
	IV	**27.879**	*1.229,98*	2.230,32	2.509,11	*1.118,12*	2.155,12	2.424,51	*1.006,26*	2.079,92	2.339,91	*894,40*	2.004,72	2.255,31	*782,54*	1.929,52	2.170,71	*670,68*	1.854,32	2.086,11	*558,82*	1.779,12	2.001,51
	V	**34.052**	*1.872,86*	2.724,16	3.064,68																		
	VI	**34.584**	*1.902,12*	2.766,72	3.112,56																		
5.119,99	I	**27.973**	*1.241,17*	2.237,84	2.517,57	*1.017,45*	2.087,44	2.348,37	*793,73*	1.937,04	2.179,17	*570,01*	1.786,64	2.009,97	*346,29*	1.636,24	1.840,77	*122,57*	1.485,84	1.671,57	–	1.335,44	1.502,37
(Ost)	II	**26.183**	*1.028,16*	2.094,64	2.356,47	*804,55*	1.944,32	2.187,36	*580,83*	1.793,92	2.018,16	*357,11*	1.643,52	1.848,96	*133,39*	1.493,12	1.679,76	–	1.342,72	1.510,56	–	1.194,32	1.343,61
	III	**19.198**	–	1.535,84	1.727,82	–	1.411,20	1.587,60	–	1.289,76	1.450,98	–	1.171,52	1.317,96	–	1.056,16	1.188,18	–	944,00	1.062,00	–	834,88	939,24
	IV	**27.973**	*1.241,17*	2.237,84	2.517,57	*1.129,31*	2.162,64	2.432,97	*1.017,45*	2.087,44	2.348,37	*905,59*	2.012,24	2.263,77	*793,73*	1.937,04	2.179,17	*681,87*	1.861,84	2.094,57	*570,01*	1.786,64	2.009,97
	V	**34.146**	*1.878,03*	2.731,68	3.073,14																		
	VI	**34.678**	*1.907,29*	2.774,24	3.121,02																		
5.155,99	I	**27.894**	*1.231,76*	2.231,52	2.510,46	*1.008,04*	2.081,12	2.341,26	*784,32*	1.930,72	2.172,06	*560,60*	1.780,32	2.002,86	*336,88*	1.629,92	1.833,66	*113,28*	1.479,60	1.664,55	–	1.329,20	1.495,35
(West)	II	**26.105**	*1.018,87*	2.088,40	2.349,45	*795,15*	1.938,00	2.180,25	*571,43*	1.787,60	2.011,05	*347,71*	1.637,20	1.841,85	*123,99*	1.486,80	1.672,65	–	1.336,40	1.503,45	–	1.188,24	1.336,77
	III	**19.130**	–	1.530,40	1.721,70	–	1.406,08	1.581,84	–	1.284,80	1.445,40	–	1.166,56	1.312,38	–	1.051,36	1.182,78	–	939,36	1.056,78	–	830,40	934,20
	IV	**27.894**	*1.231,76*	2.231,52	2.510,46	*1.119,90*	2.156,32	2.425,86	*1.008,04*	2.081,12	2.341,26	*896,18*	2.005,92	2.256,66	*784,32*	1.930,72	2.172,06	*672,46*	1.855,52	2.087,46	*560,60*	1.780,32	2.002,86
	V	**34.067**	*1.873,68*	2.725,36	3.066,03																		
	VI	**34.599**	*1.902,94*	2.767,92	3.113,91																		
5.155,99	I	**27.988**	*1.242,95*	2.239,04	2.518,92	*1.019,23*	2.088,64	2.349,72	*795,51*	1.938,24	2.180,52	*571,79*	1.787,84	2.011,32	*348,07*	1.637,44	1.842,12	*124,35*	1.487,04	1.672,92	–	1.336,64	1.503,72
(Ost)	II	**26.199**	*1.030,06*	2.095,92	2.357,91	*806,34*	1.945,52	2.188,71	*582,62*	1.795,12	2.019,51	*358,90*	1.644,72	1.850,31	*135,18*	1.494,32	1.681,11	–	1.343,92	1.511,91	–	1.195,44	1.344,87
	III	**19.210**	–	1.536,80	1.728,90	–	1.412,16	1.588,68	–	1.290,72	1.452,06	–	1.172,32	1.318,86	–	1.057,12	1.189,26	–	944,96	1.063,08	–	835,84	940,32
	IV	**27.988**	*1.242,95*	2.239,04	2.518,92	*1.131,09*	2.163,84	2.434,32	*1.019,23*	2.088,64	2.349,72	*907,37*	2.013,44	2.265,12	*795,51*	1.938,24	2.180,52	*683,65*	1.863,04	2.095,92	*571,79*	1.787,84	2.011,32
	V	**34.161**	*1.878,85*	2.732,88	3.074,49																		
	VI	**34.693**	*1.908,11*	2.775,44	3.122,37																		
05.191,99	I	**27.909**	*1.233,55*	2.232,72	2.511,81	*1.009,83*	2.082,32	2.342,61	*786,11*	1.931,92	2.173,41	*562,51*	1.781,60	2.004,30	*338,79*	1.631,20	1.835,10	*115,07*	1.480,80	1.665,90	–	1.330,40	1.496,70
(West)	II	**26.120**	*1.020,66*	2.089,60	2.350,80	*796,94*	1.939,20	2.181,60	*573,22*	1.788,80	2.012,40	*349,50*	1.638,40	1.843,20	*125,78*	1.488,00	1.674,00	–	1.337,60	1.504,80	–	1.189,36	1.338,03
	III	**19.144**	–	1.531,52	1.722,96	–	1.407,04	1.582,92	–	1.285,76	1.446,48	–	1.167,52	1.313,46	–	1.052,32	1.183,86	–	940,32	1.057,86	–	831,20	935,10
	IV	**27.909**	*1.233,55*	2.232,72	2.511,81	*1.121,69*	2.157,52	2.427,21	*1.009,83*	2.082,32	2.342,61	*897,97*	2.007,12	2.258,01	*786,11*	1.931,92	2.173,41	*674,25*	1.856,72	2.088,81	*562,51*	1.781,60	2.004,30
	V	**34.083**	*1.874,56*	2.726,64	3.067,47																		
	VI	**34.614**	*1.903,77*	2.769,12	3.115,26																		
05.191,99	I	**28.003**	*1.244,74*	2.240,24	2.520,27	*1.021,02*	2.089,84	2.351,07	*797,30*	1.939,44	2.181,87	*573,58*	1.789,04	2.012,67	*349,86*	1.638,64	1.843,47	*126,14*	1.488,24	1.674,27	–	1.337,84	1.505,07
(Ost)	II	**26.214**	*1.031,84*	2.097,12	2.359,26	*808,12*	1.946,72	2.190,06	*584,40*	1.796,32	2.020,86	*360,68*	1.645,92	1.851,66	*136,96*	1.495,52	1.682,46	–	1.345,12	1.513,26	–	1.196,64	1.346,22
	III	**19.222**	–	1.537,76	1.729,98	–	1.413,28	1.589,94	–	1.291,68	1.453,14	–	1.173,28	1.319,94	–	1.058,08	1.190,34	–	945,76	1.063,98	–	836,64	941,22
	IV	**28.003**	*1.244,74*	2.240,24	2.520,27	*1.132,88*	2.165,04	2.435,67	*1.021,02*	2.089,84	2.351,07	*909,16*	2.014,64	2.266,47	*797,30*	1.939,44	2.181,87	*685,44*	1.864,24	2.097,27	*573,58*	1.789,04	2.012,67
	V	**34.176**	*1.879,68*	2.734,08	3.075,84																		
	VI	**34.708**	*1.908,94*	2.776,64	3.123,72																		

SolZ/KiSt lt. Tabelle nicht für Sonstige Bezüge anwendbar.

Lohn/ Gehalt bis	Steuerklasse	Lohn-steuer	ohne Kinderfreibetrag SolZ 5,5%	Kirchensteuer 8%	9%	0,5 SolZ 5,5%	Kirchensteuer 8%	9%	1,0 SolZ 5,5%	Kirchensteuer 8%	9%	1,5 SolZ 5,5%	Kirchensteuer 8%	9%	2,0 SolZ 5,5%	Kirchensteuer 8%	9%	2,5 SolZ 5,5%	Kirchensteuer 8%	9%	3,0 SolZ 5,5%	Kirchensteu 8%	9%
105.227,99 (West)	I	27.924	1.235,33	2.233,92	2.513,16	1.011,61	2.083,52	2.343,96	788,01	1.933,20	2.174,85	564,29	1.782,80	2.005,65	340,57	1.632,40	1.836,45	116,85	1.482,00	1.667,25	-	1.331,60	1.498
	II	26.135	1.022,44	2.090,80	2.352,15	798,72	1.940,40	2.182,95	575,00	1.790,00	2.013,75	351,28	1.639,60	1.844,55	127,68	1.489,28	1.675,44	-	1.338,88	1.506,24	-	1.190,56	1.339
	III	19.156	-	1.532,48	1.724,04	-	1.408,00	1.584,00	-	1.286,72	1.447,56	-	1.168,48	1.314,54	-	1.053,28	1.184,94	-	941,12	1.058,76	-	832,16	936
	IV	27.924	1.235,33	2.233,92	2.513,16	1.123,47	2.158,72	2.428,56	1.011,61	2.083,52	2.343,96	899,87	2.008,40	2.259,45	788,01	1.933,20	2.174,85	676,15	1.858,00	2.090,25	564,29	1.782,80	2.005
	V	34.098	1.875,39	2.727,84	3.068,82																		
	VI	34.629	1.904,59	2.770,32	3.116,61																		
105.227,99 (Ost)	I	28.018	1.246,52	2.241,44	2.521,62	1.022,80	2.091,04	2.352,42	799,08	1.940,64	2.183,22	575,36	1.790,24	2.014,02	351,64	1.639,84	1.844,82	127,92	1.489,44	1.675,62	-	1.339,12	1.506
	II	26.229	1.033,63	2.098,32	2.360,61	809,91	1.947,92	2.191,41	586,19	1.797,52	2.022,21	362,47	1.647,12	1.853,01	138,75	1.496,72	1.683,81	-	1.346,32	1.514,61	-	1.197,84	1.347
	III	19.236	-	1.538,88	1.731,24	-	1.414,24	1.591,02	-	1.292,64	1.454,22	-	1.174,24	1.321,02	-	1.058,88	1.191,24	-	946,72	1.065,06	-	837,44	942
	IV	28.018	1.246,52	2.241,44	2.521,62	1.134,66	2.166,24	2.437,02	1.022,80	2.091,04	2.352,42	910,94	2.015,84	2.267,82	799,08	1.940,64	2.183,22	687,22	1.865,44	2.098,62	575,36	1.790,24	2.014
	V	34.191	1.880,50	2.735,28	3.077,19																		
	VI	34.723	1.909,76	2.777,84	3.125,07																		
105.263,99 (West)	I	27.940	1.237,24	2.235,20	2.514,60	1.013,52	2.084,80	2.345,40	789,80	1.934,40	2.176,20	566,08	1.784,00	2.007,00	342,36	1.633,60	1.837,80	118,64	1.483,20	1.668,60	-	1.332,80	1.499
	II	26.150	1.024,23	2.092,00	2.353,50	800,51	1.941,60	2.184,30	576,79	1.791,20	2.015,10	353,19	1.640,88	1.845,99	129,47	1.490,48	1.676,79	-	1.340,08	1.507,59	-	1.191,76	1.340
	III	19.168	-	1.533,44	1.725,12	-	1.409,12	1.585,26	-	1.287,68	1.448,64	-	1.169,28	1.315,44	-	1.054,08	1.185,84	-	942,08	1.059,84	-	832,96	937
	IV	27.940	1.237,24	2.235,20	2.514,60	1.125,38	2.160,00	2.430,00	1.013,52	2.084,80	2.345,40	901,66	2.009,60	2.260,80	789,80	1.934,40	2.176,20	677,94	1.859,20	2.091,60	566,08	1.784,00	2.007
	V	34.113	1.876,21	2.729,04	3.070,17																		
	VI	34.645	1.905,47	2.771,60	3.118,05																		
105.263,99 (Ost)	I	28.033	1.248,31	2.242,64	2.522,97	1.024,59	2.092,24	2.353,77	800,87	1.941,84	2.184,57	577,15	1.791,44	2.015,37	353,43	1.641,04	1.846,17	129,82	1.490,72	1.677,06	-	1.340,32	1.507
	II	26.244	1.035,41	2.099,52	2.361,96	811,69	1.949,12	2.192,76	587,97	1.798,72	2.023,56	364,25	1.648,32	1.854,36	140,53	1.497,92	1.685,16	-	1.347,52	1.515,96	-	1.198,96	1.348
	III	19.248	-	1.539,84	1.732,32	-	1.415,20	1.592,10	-	1.293,60	1.455,30	-	1.175,20	1.322,10	-	1.059,84	1.192,32	-	947,52	1.065,96	-	838,40	943
	IV	28.033	1.248,31	2.242,64	2.522,97	1.136,45	2.167,44	2.438,37	1.024,59	2.092,24	2.353,77	912,73	2.017,04	2.269,17	800,87	1.941,84	2.184,57	689,01	1.866,64	2.099,97	577,15	1.791,44	2.015
	V	34.206	1.881,33	2.736,48	3.078,54																		
	VI	34.738	1.910,59	2.779,04	3.126,42																		
105.299,99 (West)	I	27.955	1.239,02	2.236,40	2.515,95	1.015,30	2.086,00	2.346,75	791,58	1.935,60	2.177,55	567,86	1.785,20	2.008,35	344,14	1.634,80	1.839,15	120,42	1.484,40	1.669,95	-	1.334,00	1.500
	II	26.165	1.026,01	2.093,20	2.354,85	802,41	1.942,88	2.185,74	578,69	1.792,48	2.016,54	354,97	1.642,08	1.847,34	131,25	1.491,68	1.678,14	-	1.341,28	1.508,94	-	1.192,88	1.341
	III	19.182	-	1.534,56	1.726,38	-	1.410,08	1.586,34	-	1.288,64	1.449,72	-	1.170,24	1.316,52	-	1.055,04	1.186,92	-	942,88	1.060,74	-	833,92	938
	IV	27.955	1.239,02	2.236,40	2.515,95	1.127,16	2.161,20	2.431,35	1.015,30	2.086,00	2.346,75	903,44	2.010,80	2.262,15	791,58	1.935,60	2.177,55	679,72	1.860,40	2.092,95	567,86	1.785,20	2.008
	V	34.128	1.877,04	2.730,24	3.071,52																		
	VI	34.660	1.906,30	2.772,80	3.119,40																		
105.299,99 (Ost)	I	28.048	1.250,09	2.243,84	2.524,32	1.026,37	2.093,44	2.355,12	802,65	1.943,04	2.185,92	579,05	1.792,72	2.016,81	355,33	1.642,32	1.847,61	131,61	1.491,92	1.678,41	-	1.341,52	1.509
	II	26.259	1.037,20	2.100,72	2.363,31	813,48	1.950,32	2.194,11	589,76	1.799,92	2.024,91	366,04	1.649,52	1.855,71	142,32	1.499,12	1.686,51	-	1.348,72	1.517,31	-	1.200,16	1.350
	III	19.260	-	1.540,80	1.733,40	-	1.416,16	1.593,18	-	1.294,56	1.456,38	-	1.176,16	1.323,18	-	1.060,80	1.193,40	-	948,48	1.067,04	-	839,20	944
	IV	28.048	1.250,09	2.243,84	2.524,32	1.138,23	2.168,64	2.439,72	1.026,37	2.093,44	2.355,12	914,51	2.018,24	2.270,52	802,65	1.943,04	2.185,92	690,79	1.867,84	2.101,32	579,05	1.792,72	2.016
	V	34.222	1.882,21	2.737,76	3.079,98																		
	VI	34.753	1.911,41	2.780,24	3.127,77																		
105.335,99 (West)	I	27.970	1.240,81	2.237,60	2.517,30	1.017,09	2.087,20	2.348,10	793,37	1.936,80	2.178,90	569,65	1.786,40	2.009,70	345,93	1.636,00	1.840,50	122,21	1.485,60	1.671,30	-	1.335,20	1.502
	II	26.181	1.027,92	2.094,48	2.356,29	804,20	1.944,08	2.187,09	580,48	1.793,68	2.017,89	356,76	1.643,28	1.848,69	133,04	1.492,88	1.679,49	-	1.342,48	1.510,29	-	1.194,08	1.343
	III	19.194	-	1.535,52	1.727,46	-	1.411,04	1.587,42	-	1.289,60	1.450,80	-	1.171,20	1.317,60	-	1.056,00	1.188,00	-	943,84	1.061,82	-	834,72	939
	IV	27.970	1.240,81	2.237,60	2.517,30	1.128,95	2.162,40	2.432,70	1.017,09	2.087,20	2.348,10	905,23	2.012,00	2.263,50	793,37	1.936,80	2.178,90	681,51	1.861,60	2.094,30	569,65	1.786,40	2.009
	V	34.143	1.877,86	2.731,44	3.072,87																		
	VI	34.675	1.907,12	2.774,00	3.120,75																		
105.335,99 (Ost)	I	28.063	1.251,88	2.245,04	2.525,67	1.028,16	2.094,64	2.356,47	804,55	1.944,32	2.187,36	580,83	1.793,92	2.018,16	357,11	1.643,52	1.848,96	133,39	1.493,12	1.679,76	-	1.342,72	1.510
	II	26.274	1.038,98	2.101,92	2.364,66	815,26	1.951,52	2.195,46	591,54	1.801,12	2.026,26	367,82	1.650,72	1.857,06	144,22	1.500,40	1.687,95	-	1.350,00	1.518,75	-	1.201,28	1.351,
	III	19.274	-	1.541,92	1.734,66	-	1.417,12	1.594,26	-	1.295,52	1.457,46	-	1.177,12	1.324,26	-	1.061,60	1.194,30	-	949,28	1.067,94	-	840,16	945,
	IV	28.063	1.251,88	2.245,04	2.525,67	1.140,02	2.169,84	2.441,07	1.028,16	2.094,64	2.356,47	916,41	2.019,52	2.271,96	804,55	1.944,32	2.187,36	692,69	1.869,12	2.102,76	580,83	1.793,92	2.018,
	V	34.237	1.883,03	2.738,96	3.081,33																		
	VI	34.768	1.912,24	2.781,44	3.129,12																		
105.371,99 (West)	I	27.985	1.242,59	2.238,80	2.518,65	1.018,87	2.088,40	2.349,45	795,15	1.938,00	2.180,25	571,43	1.787,60	2.011,05	347,71	1.637,20	1.841,85	123,99	1.486,80	1.672,65	-	1.336,40	1.503,
	II	26.196	1.029,70	2.095,68	2.357,64	805,98	1.945,28	2.188,44	582,26	1.794,88	2.019,24	358,54	1.644,48	1.850,04	134,82	1.494,08	1.680,84	-	1.343,68	1.511,64	-	1.195,20	1.344,
	III	19.206	-	1.536,48	1.728,54	-	1.412,00	1.588,50	-	1.290,56	1.451,88	-	1.172,16	1.318,68	-	1.056,96	1.189,08	-	944,64	1.062,72	-	835,52	939,
	IV	27.985	1.242,59	2.238,80	2.518,65	1.130,73	2.163,60	2.434,05	1.018,87	2.088,40	2.349,45	907,01	2.013,20	2.264,85	795,15	1.938,00	2.180,25	683,29	1.862,80	2.095,65	571,43	1.787,60	2.011,
	V	34.158	1.878,69	2.732,64	3.074,22																		
	VI	34.690	1.907,95	2.775,20	3.122,10																		
105.371,99 (Ost)	I	28.079	1.253,78	2.246,32	2.527,11	1.030,06	2.095,92	2.357,91	806,34	1.945,52	2.188,71	582,62	1.795,12	2.019,51	358,90	1.644,72	1.850,31	135,18	1.494,32	1.681,11	-	1.343,92	1.511,
	II	26.289	1.040,77	2.103,12	2.366,01	817,05	1.952,72	2.196,81	593,33	1.802,32	2.027,61	369,73	1.652,00	1.858,50	146,01	1.501,60	1.689,30	-	1.351,20	1.520,10	-	1.202,48	1.352,
	III	19.286	-	1.542,88	1.735,74	-	1.418,24	1.595,52	-	1.296,48	1.458,54	-	1.178,08	1.325,34	-	1.062,56	1.195,38	-	950,24	1.069,02	-	840,96	946,
	IV	28.079	1.253,78	2.246,32	2.527,11	1.141,92	2.171,12	2.442,51	1.030,06	2.095,92	2.357,91	918,20	2.020,72	2.273,31	806,34	1.945,52	2.188,71	694,48	1.870,32	2.104,11	582,62	1.795,12	2.019,
	V	34.252	1.883,86	2.740,16	3.082,68																		
	VI	34.784	1.913,12	2.782,72	3.130,56																		
105.407,99 (West)	I	28.000	1.244,38	2.240,00	2.520,00	1.020,66	2.089,60	2.350,80	796,94	1.939,20	2.181,60	573,22	1.788,80	2.012,40	349,50	1.638,40	1.843,20	125,78	1.488,00	1.674,00	-	1.337,60	1.504,
	II	26.211	1.031,49	2.096,88	2.358,99	807,77	1.946,48	2.189,79	584,05	1.796,08	2.020,59	360,33	1.645,68	1.851,39	136,61	1.495,28	1.682,19	-	1.344,88	1.512,99	-	1.196,40	1.345,
	III	19.220	-	1.537,60	1.729,80	-	1.412,96	1.589,58	-	1.291,52	1.452,96	-	1.173,12	1.319,76	-	1.057,76	1.189,98	-	945,60	1.063,80	-	836,48	941,
	IV	28.000	1.244,38	2.240,00	2.520,00	1.132,52	2.164,80	2.435,40	1.020,66	2.089,60	2.350,80	908,80	2.014,40	2.266,20	796,94	1.939,20	2.181,60	685,08	1.864,00	2.097,00	573,22	1.788,80	2.012,
	V	34.173	1.879,51	2.733,84	3.075,57																		
	VI	34.705	1.908,77	2.776,40	3.123,45																		
105.407,99 (Ost)	I	28.094	1.255,56	2.247,52	2.528,46	1.031,84	2.097,12	2.359,26	808,12	1.946,72	2.190,06	584,40	1.796,32	2.020,86	360,68	1.645,92	1.851,66	136,96	1.495,52	1.682,46	-	1.345,12	1.513,
	II	26.304	1.042,55	2.104,32	2.367,36	818,95	1.954,00	2.198,25	595,23	1.803,60	2.029,05	371,51	1.653,20	1.859,85	147,79	1.502,80	1.690,65	-	1.352,40	1.521,45	-	1.203,68	1.354,
	III	19.298	-	1.543,84	1.736,82	-	1.419,20	1.596,60	-	1.297,60	1.459,80	-	1.179,04	1.326,42	-	1.063,52	1.196,46	-	951,20	1.070,10	-	841,76	946,
	IV	28.094	1.255,56	2.247,52	2.528,46	1.143,70	2.172,32	2.443,86	1.031,84	2.097,12	2.359,26	919,98	2.021,92	2.274,66	808,12	1.946,72	2.190,06	696,26	1.871,52	2.105,46	584,40	1.796,32	2.020,
	V	34.267	1.884,68	2.741,36	3.084,03																		
	VI	34.799	1.913,94	2.783,92	3.131,91																		
105.443,99 (West)	I	28.015	1.246,16	2.241,20	2.521,35	1.022,44	2.090,80	2.352,15	798,72	1.940,40	2.182,95	575,00	1.790,00	2.013,75	351,28	1.639,60	1.844,55	127,68	1.489,28	1.675,44	-	1.338,88	1.506,
	II	26.226	1.033,27	2.098,08	2.360,34	809,55	1.947,68	2.191,14	585,83	1.797,28	2.021,94	362,11	1.646,88	1.852,74	138,39	1.496,48	1.683,54	-	1.346,08	1.514,34	-	1.197,60	1.347,
	III	19.232	-	1.538,56	1.730,88	-	1.413,92	1.590,66	-	1.292,48	1.454,04	-	1.174,08	1.320,84	-	1.058,72	1.191,06	-	946,40	1.064,70	-	837,28	941,
	IV	28.015	1.246,16	2.241,20	2.521,35	1.134,30	2.166,00	2.436,75	1.022,44	2.090,80	2.352,15	910,58	2.015,60	2.267,55	798,72	1.940,40	2.182,95	686,86	1.865,20	2.098,35	575,00	1.790,00	2.013,
	V	34.188	1.880,34	2.735,04	3.076,92																		
	VI	34.720	1.909,60	2.777,60	3.124,80																		
105.443,99 (Ost)	I	28.109	1.257,35	2.248,72	2.529,81	1.033,63	2.098,32	2.360,61	809,91	1.947,92	2.191,41	586,19	1.797,52	2.022,21	362,47	1.647,12	1.853,01	138,75	1.496,72	1.683,81	-	1.346,32	1.514,
	II	26.320	1.044,46	2.105,60	2.368,80	820,74	1.955,20	2.199,60	597,02	1.804,80	2.030,40	373,30	1.654,40	1.861,20	149,58	1.504,00	1.692,00	-	1.353,60	1.522,80	-	1.204,80	1.355,
	III	19.312	-	1.544,96	1.738,08	-	1.420,16	1.597,68	-	1.298,56	1.460,88	-	1.179,84	1.327,32	-	1.064,48	1.197,54	-	952,00	1.071,00	-	842,72	948,
	IV	28.109	1.257,35	2.248,72	2.529,81	1.145,49	2.173,52	2.445,21	1.033,63	2.098,32	2.360,61	921,77	2.023,12	2.276,01	809,91	1.947,92	2.191,41	698,05	1.872,72	2.106,81	586,19	1.797,52	2.022,
	V	34.282	1.885,51	2.742,56	3.085,38																		
	VI	34.814	1.914,77	2.785,12	3.133,26																		

Anzahl Kinderfreibeträge (nur Steuerklassen I–IV)

SolZ/KiSt lt. Tabelle nicht für Sonstige Bezüge anwendbar.

Lohn/ Gehalt bis	Steuerklasse	Lohn-steuer	ohne Kinderfreibetrag			Anzahl Kinderfreibeträge (nur Steuerklassen I–IV)																	
						0,5			1,0			1,5			2,0			2,5			3,0		
			SolZ 5,5%	Kirchensteuer 8%	9%	SolZ 5,5%	Kirchensteuer 8%	9%	SolZ 5,5%	Kirchensteuer 8%	9%	SolZ 5,5%	Kirchensteuer 8%	9%	SolZ 5,5%	Kirchensteuer 8%	9%	SolZ 5,5%	Kirchensteuer 8%	9%	SolZ 5,5%	Kirchensteuer 8%	9%
5.479,99	I	28.030	1.247,95	2.242,40	2.522,70	1.024,23	2.092,00	2.353,50	800,51	1.941,60	2.184,30	576,79	1.791,20	2.015,10	353,19	1.640,88	1.845,99	129,47	1.490,48	1.676,79	–	1.340,08	1.507,59
(West)	II	26.241	1.035,06	2.099,28	2.361,69	811,34	1.948,88	2.192,49	587,62	1.798,48	2.023,29	363,90	1.648,08	1.854,09	140,18	1.497,68	1.684,89	–	1.347,28	1.515,69	–	1.198,72	1.348,56
	III	19.246	–	1.539,68	1.732,14	–	1.415,04	1.591,92	–	1.293,44	1.455,12	–	1.175,04	1.321,92	–	1.059,68	1.192,14	–	947,36	1.065,78	–	838,24	943,02
	IV	28.030	1.247,95	2.242,40	2.522,70	1.136,09	2.167,20	2.438,10	1.024,23	2.092,00	2.353,50	912,37	2.016,80	2.268,90	800,51	1.941,60	2.184,30	688,65	1.866,40	2.099,70	576,79	1.791,20	2.015,10
	V	34.204	1.881,22	2.736,32	3.078,36																		
	VI	34.735	1.910,42	2.778,80	3.126,15																		
5.479,99	I	28.124	1.259,13	2.249,92	2.531,16	1.035,41	2.099,52	2.361,96	811,69	1.949,12	2.192,76	587,97	1.798,72	2.023,56	364,25	1.648,32	1.854,36	140,53	1.497,92	1.685,16	–	1.347,52	1.515,96
(Ost)	II	26.335	1.046,24	2.106,80	2.370,15	822,52	1.956,40	2.200,95	598,80	1.806,00	2.031,75	375,08	1.655,60	1.862,55	151,36	1.505,20	1.693,35	–	1.354,80	1.524,15	–	1.206,00	1.356,75
	III	19.324	–	1.545,92	1.739,16	–	1.421,12	1.598,76	–	1.299,52	1.461,96	–	1.180,80	1.328,40	–	1.065,28	1.198,44	–	952,96	1.072,08	–	843,52	948,96
	IV	28.124	1.259,13	2.249,92	2.531,16	1.147,27	2.174,72	2.446,56	1.035,41	2.099,52	2.361,96	923,55	2.024,32	2.277,36	811,69	1.949,12	2.192,76	699,83	1.873,92	2.108,16	587,97	1.798,72	2.023,56
	V	34.297	1.886,33	2.743,76	3.086,73																		
	VI	34.829	1.915,59	2.786,32	3.134,61																		
5.515,99	I	28.045	1.249,73	2.243,60	2.524,05	1.026,01	2.093,20	2.354,85	802,41	1.942,88	2.185,74	578,69	1.792,48	2.016,54	354,97	1.642,08	1.847,34	131,25	1.491,68	1.678,14	–	1.341,28	1.508,94
(West)	II	26.256	1.036,84	2.100,48	2.363,04	813,12	1.950,08	2.193,84	589,40	1.799,68	2.024,64	365,68	1.649,28	1.855,44	141,96	1.498,88	1.686,24	–	1.348,56	1.517,13	–	1.199,92	1.349,91
	III	19.258	–	1.540,64	1.733,22	–	1.416,00	1.593,00	–	1.294,40	1.456,20	–	1.176,00	1.323,00	–	1.060,48	1.193,04	–	948,32	1.066,86	–	839,04	943,92
	IV	28.045	1.249,73	2.243,60	2.524,05	1.137,87	2.168,40	2.439,45	1.026,01	2.093,20	2.354,85	914,15	2.018,00	2.270,25	802,41	1.942,88	2.185,74	690,55	1.867,68	2.101,14	578,69	1.792,48	2.016,54
	V	34.219	1.882,04	2.737,52	3.079,71																		
	VI	34.750	1.911,25	2.780,00	3.127,50																		
5.515,99	I	28.139	1.260,92	2.251,12	2.532,51	1.037,20	2.100,72	2.363,31	813,48	1.950,32	2.194,11	589,76	1.799,92	2.024,91	366,04	1.649,52	1.855,71	142,32	1.499,12	1.686,51	–	1.348,72	1.517,31
(Ost)	II	26.350	1.048,03	2.108,00	2.371,50	824,31	1.957,60	2.202,30	600,59	1.807,20	2.033,10	376,87	1.656,80	1.863,90	153,15	1.506,40	1.694,70	–	1.356,00	1.525,50	–	1.207,20	1.358,10
	III	19.336	–	1.546,88	1.740,24	–	1.422,08	1.599,84	–	1.300,48	1.463,04	–	1.181,76	1.329,48	–	1.066,24	1.199,52	–	953,76	1.072,98	–	844,48	950,04
	IV	28.139	1.260,92	2.251,12	2.532,51	1.149,06	2.175,92	2.447,91	1.037,20	2.100,72	2.363,31	925,34	2.025,52	2.278,71	813,48	1.950,32	2.194,11	701,62	1.875,12	2.109,51	589,76	1.799,92	2.024,91
	V	34.312	1.887,16	2.744,96	3.088,08																		
	VI	34.844	1.916,42	2.787,52	3.135,96																		
5.551,99	I	28.060	1.251,52	2.244,80	2.525,40	1.027,92	2.094,48	2.356,29	804,20	1.944,08	2.187,09	580,48	1.793,68	2.017,89	356,76	1.643,28	1.848,69	133,04	1.492,88	1.679,49	–	1.342,48	1.510,29
(West)	II	26.271	1.038,63	2.101,68	2.364,39	814,91	1.951,28	2.195,19	591,19	1.800,88	2.025,99	367,59	1.650,56	1.856,88	143,87	1.500,16	1.687,68	–	1.349,76	1.518,48	–	1.201,12	1.351,26
	III	19.270	–	1.541,60	1.734,30	–	1.416,96	1.594,08	–	1.295,36	1.457,28	–	1.176,80	1.323,90	–	1.061,44	1.194,12	–	949,12	1.067,76	–	839,84	944,82
	IV	28.060	1.251,52	2.244,80	2.525,40	1.139,78	2.169,68	2.440,89	1.027,92	2.094,48	2.356,29	916,06	2.019,28	2.271,69	804,20	1.944,08	2.187,09	692,34	1.868,88	2.102,49	580,48	1.793,68	2.017,89
	V	34.234	1.882,87	2.738,72	3.081,06																		
	VI	34.765	1.912,07	2.781,20	3.128,85																		
5.551,99	I	28.154	1.262,70	2.252,32	2.533,86	1.038,98	2.101,92	2.364,66	815,26	1.951,52	2.195,46	591,54	1.801,12	2.026,26	367,82	1.650,72	1.857,06	144,22	1.500,40	1.687,95	–	1.350,00	1.518,75
(Ost)	II	26.365	1.049,81	2.109,20	2.372,85	826,09	1.958,80	2.203,65	602,37	1.808,40	2.034,45	378,65	1.658,00	1.865,25	154,93	1.507,60	1.696,05	–	1.357,20	1.526,85	–	1.208,40	1.359,45
	III	19.350	–	1.548,00	1.741,50	–	1.423,20	1.601,10	–	1.301,44	1.464,12	–	1.182,72	1.330,56	–	1.067,20	1.200,60	–	954,72	1.074,06	–	845,28	950,94
	IV	28.154	1.262,70	2.252,32	2.533,86	1.150,84	2.177,12	2.449,26	1.038,98	2.101,92	2.364,66	927,12	2.026,72	2.280,06	815,26	1.951,52	2.195,46	703,40	1.876,32	2.110,86	591,54	1.801,12	2.026,26
	V	34.327	1.887,98	2.746,16	3.089,43																		
	VI	34.859	1.917,24	2.788,72	3.137,31																		
5.587,99	I	28.076	1.253,42	2.246,08	2.526,84	1.029,70	2.095,68	2.357,64	805,98	1.945,28	2.188,44	582,26	1.794,88	2.019,24	358,54	1.644,48	1.850,04	134,82	1.494,08	1.680,84	–	1.343,68	1.511,64
(West)	II	26.286	1.040,41	2.102,88	2.365,74	816,69	1.952,48	2.196,54	593,09	1.802,16	2.027,43	369,37	1.651,76	1.858,23	145,65	1.501,36	1.689,03	–	1.350,96	1.519,83	–	1.202,24	1.352,52
	III	19.284	–	1.542,72	1.735,56	–	1.417,92	1.595,16	–	1.296,32	1.458,36	–	1.177,76	1.324,98	–	1.062,40	1.195,20	–	950,08	1.068,84	–	840,80	945,90
	IV	28.076	1.253,42	2.246,08	2.526,84	1.141,56	2.170,88	2.442,24	1.029,70	2.095,68	2.357,64	917,84	2.020,48	2.273,04	805,98	1.945,28	2.188,44	694,12	1.870,08	2.103,84	582,26	1.794,88	2.019,24
	V	34.249	1.883,69	2.739,92	3.082,41																		
	VI	34.781	1.912,95	2.782,48	3.130,29																		
5.587,99	I	28.169	1.264,49	2.253,52	2.535,21	1.040,77	2.103,12	2.366,01	817,05	1.952,72	2.196,81	593,33	1.802,32	2.027,61	369,73	1.652,00	1.858,50	146,01	1.501,60	1.689,30	–	1.351,20	1.520,10
(Ost)	II	26.380	1.051,60	2.110,40	2.374,20	827,88	1.960,00	2.205,00	604,16	1.809,60	2.035,80	380,44	1.659,20	1.866,60	156,72	1.508,80	1.697,40	–	1.358,40	1.528,20	–	1.209,52	1.360,71
	III	19.362	–	1.548,96	1.742,58	–	1.424,16	1.602,18	–	1.302,40	1.465,20	–	1.183,68	1.331,64	–	1.068,16	1.201,68	–	955,52	1.074,96	–	846,24	952,02
	IV	28.169	1.264,49	2.253,52	2.535,21	1.152,63	2.178,32	2.450,61	1.040,77	2.103,12	2.366,01	928,91	2.027,92	2.281,41	817,05	1.952,72	2.196,81	705,19	1.877,52	2.112,21	593,33	1.802,32	2.027,61
	V	34.343	1.888,86	2.747,44	3.090,87																		
	VI	34.874	1.918,07	2.789,92	3.138,66																		
5.623,99	I	28.091	1.255,21	2.247,28	2.528,19	1.031,49	2.096,88	2.358,99	807,77	1.946,48	2.189,79	584,05	1.796,08	2.020,59	360,33	1.645,68	1.851,39	136,61	1.495,28	1.682,19	–	1.344,88	1.512,99
(West)	II	26.302	1.042,32	2.104,16	2.367,18	818,60	1.953,76	2.197,98	594,88	1.803,36	2.028,78	371,16	1.652,96	1.859,58	147,44	1.502,56	1.690,38	–	1.352,16	1.521,18	–	1.203,44	1.353,87
	III	19.296	–	1.543,68	1.736,64	–	1.418,88	1.596,24	–	1.297,28	1.459,44	–	1.178,72	1.326,06	–	1.063,36	1.196,28	–	950,88	1.069,74	–	841,60	946,80
	IV	28.091	1.255,21	2.247,28	2.528,19	1.143,35	2.172,08	2.443,59	1.031,49	2.096,88	2.358,99	919,63	2.021,68	2.274,39	807,77	1.946,48	2.189,79	695,91	1.871,28	2.105,19	584,05	1.796,08	2.020,59
	V	34.264	1.884,52	2.741,12	3.083,76																		
	VI	34.796	1.913,78	2.783,68	3.131,64																		
05.623,99	I	28.184	1.266,27	2.254,72	2.536,56	1.042,55	2.104,32	2.367,36	818,95	1.954,00	2.198,25	595,23	1.803,60	2.029,05	371,51	1.653,20	1.859,85	147,79	1.502,80	1.690,65	–	1.352,40	1.521,45
(Ost)	II	26.395	1.053,38	2.111,60	2.375,55	829,66	1.961,20	2.206,35	605,94	1.810,80	2.037,15	382,22	1.660,40	1.867,95	158,50	1.510,00	1.698,75	–	1.359,68	1.529,64	–	1.210,72	1.362,06
	III	19.374	–	1.549,92	1.743,66	–	1.425,12	1.603,26	–	1.303,36	1.466,28	–	1.184,64	1.332,72	–	1.068,96	1.202,58	–	956,48	1.076,04	–	847,04	952,92
	IV	28.184	1.266,27	2.254,72	2.536,56	1.154,41	2.179,52	2.451,96	1.042,55	2.104,32	2.367,36	930,69	2.029,12	2.282,76	818,95	1.954,00	2.198,25	707,09	1.878,80	2.113,65	595,23	1.803,60	2.029,05
	V	34.358	1.889,69	2.748,64	3.092,22																		
	VI	34.889	1.918,89	2.791,12	3.140,01																		
05.659,99	I	28.106	1.256,99	2.248,48	2.529,54	1.033,27	2.098,08	2.360,34	809,55	1.947,68	2.191,14	585,83	1.797,28	2.021,94	362,11	1.646,88	1.852,74	138,39	1.496,48	1.683,54	–	1.346,08	1.514,34
(West)	II	26.317	1.044,10	2.105,36	2.368,53	820,38	1.954,96	2.199,33	596,66	1.804,56	2.030,13	372,94	1.654,16	1.860,93	149,22	1.503,76	1.691,73	–	1.353,36	1.522,53	–	1.204,64	1.355,22
	III	19.308	–	1.544,64	1.737,72	–	1.420,00	1.597,50	–	1.298,24	1.460,52	–	1.179,68	1.327,14	–	1.064,16	1.197,18	–	951,84	1.070,82	–	842,56	947,88
	IV	28.106	1.256,99	2.248,48	2.529,54	1.145,13	2.173,28	2.444,94	1.033,27	2.098,08	2.360,34	921,41	2.022,88	2.275,74	809,55	1.947,68	2.191,14	697,69	1.872,48	2.106,54	585,83	1.797,28	2.021,94
	V	34.279	1.885,34	2.742,32	3.085,11																		
	VI	34.811	1.914,60	2.784,88	3.132,99																		
05.659,99	I	28.199	1.268,06	2.255,92	2.537,91	1.044,46	2.105,60	2.368,80	820,74	1.955,20	2.199,60	597,02	1.804,80	2.030,40	373,30	1.654,40	1.861,20	149,58	1.504,00	1.692,00	–	1.353,60	1.522,80
(Ost)	II	26.410	1.055,17	2.112,80	2.376,90	831,45	1.962,40	2.207,70	607,73	1.812,00	2.038,50	384,13	1.661,68	1.869,39	160,41	1.511,28	1.700,19	–	1.360,88	1.530,99	–	1.211,92	1.363,41
	III	19.388	–	1.551,04	1.744,92	–	1.426,08	1.604,34	–	1.304,32	1.467,36	–	1.185,60	1.333,80	–	1.069,92	1.203,66	–	957,44	1.077,12	–	847,84	953,82
	IV	28.199	1.268,06	2.255,92	2.537,91	1.156,32	2.180,80	2.453,40	1.044,46	2.105,60	2.368,80	932,60	2.030,40	2.284,20	820,74	1.955,20	2.199,60	708,88	1.880,00	2.115,00	597,02	1.804,80	2.030,40
	V	34.373	1.890,51	2.749,84	3.093,57																		
	VI	34.905	1.919,77	2.792,40	3.141,45																		
05.695,99	I	28.121	1.258,78	2.249,68	2.530,89	1.035,06	2.099,28	2.361,69	811,34	1.948,88	2.192,49	587,62	1.798,48	2.023,29	363,90	1.648,08	1.854,09	140,18	1.497,68	1.684,89	–	1.347,28	1.515,69
(West)	II	26.332	1.045,89	2.106,56	2.369,88	822,17	1.956,16	2.200,68	598,45	1.805,76	2.031,48	374,73	1.655,36	1.862,28	151,01	1.504,96	1.693,08	–	1.354,56	1.523,88	–	1.205,76	1.356,48
	III	19.322	–	1.545,76	1.738,98	–	1.420,96	1.598,58	–	1.299,20	1.461,60	–	1.180,64	1.328,22	–	1.065,12	1.198,26	–	952,64	1.071,72	–	843,36	948,78
	IV	28.121	1.258,78	2.249,68	2.530,89	1.146,92	2.174,48	2.446,29	1.035,06	2.099,28	2.361,69	923,20	2.024,08	2.277,09	811,34	1.948,88	2.192,49	699,48	1.873,68	2.107,89	587,62	1.798,48	2.023,29
	V	34.294	1.886,17	2.743,52	3.086,46																		
	VI	34.826	1.915,43	2.786,08	3.134,34																		
05.695,99	I	28.215	1.269,96	2.257,20	2.539,35	1.046,24	2.106,80	2.370,15	822,52	1.956,40	2.200,95	598,80	1.806,00	2.031,75	375,08	1.655,60	1.862,55	151,36	1.505,20	1.693,35	–	1.354,80	1.524,15
(Ost)	II	26.425	1.056,95	2.114,00	2.378,25	833,23	1.963,60	2.209,05	609,63	1.813,28	2.039,94	385,91	1.662,88	1.870,74	162,19	1.512,48	1.701,54	–	1.362,08	1.532,34	–	1.213,04	1.364,67
	III	19.400	–	1.552,00	1.746,00	–	1.427,04	1.605,42	–	1.305,28	1.468,44	–	1.186,56	1.334,88	–	1.070,88	1.204,74	–	958,24	1.078,02	–	848,80	954,90
	IV	28.215	1.269,96	2.257,20	2.539,35	1.158,10	2.182,00	2.454,75	1.046,24	2.106,80	2.370,15	934,38	2.031,60	2.285,55	822,52	1.956,40	2.200,95	710,66	1.881,20	2.116,35	598,80	1.806,00	2.031,75
	V	34.388	1.891,34	2.751,04	3.094,92																		
	VI	34.920	1.920,60	2.793,60	3.142,80																		

SolZ/KiSt lt. Tabelle nicht für Sonstige Bezüge anwendbar.

Lohn/ Gehalt bis	Steuerklasse	Lohn-steuer	ohne Kinderfreibetrag			Anzahl Kinderfreibeträge (nur Steuerklassen I–IV)																	
						0,5			1,0			1,5			2,0			2,5			3,0		
			SolZ 5,5%	Kirchensteuer 8%	9%	SolZ 5,5%	Kirchensteuer 8%	9%	SolZ 5,5%	Kirchensteuer 8%	9%	SolZ 5,5%	Kirchensteuer 8%	9%	SolZ 5,5%	Kirchensteuer 8%	9%	SolZ 5,5%	Kirchensteuer 8%	9%	SolZ 5,5%	Kirchensteu 8%	9%
105.731,99 (West)	I	28.136	1.260,56	2.250,88	2.532,24	1.036,84	2.100,48	2.363,04	813,12	1.950,08	2.193,84	589,40	1.799,68	2.024,64	365,68	1.649,28	1.855,44	141,96	1.498,88	1.686,24	-	1.348,56	1.517
	II	26.347	1.047,67	2.107,76	2.371,23	823,95	1.957,36	2.202,03	600,23	1.806,96	2.032,83	376,51	1.656,56	1.863,63	152,79	1.506,16	1.694,43	-	1.355,76	1.525,23	-	1.206,96	1.357
	III	19.334	-	1.546,72	1.740,06	-	1.421,92	1.599,66	-	1.300,16	1.462,68	-	1.181,60	1.329,30	-	1.066,08	1.199,34	-	953,60	1.072,80	-	844,16	949
	IV	28.136	1.260,56	2.250,88	2.532,24	1.148,70	2.175,68	2.447,64	1.036,84	2.100,48	2.363,04	924,98	2.025,28	2.278,44	813,12	1.950,08	2.193,84	701,26	1.874,88	2.109,24	589,40	1.799,68	2.024
	V	34.309	1.886,99	2.744,72	3.087,81																		
	VI	34.841	1.916,25	2.787,28	3.135,69																		
105.731,99 (Ost)	I	28.230	1.271,75	2.258,40	2.540,70	1.048,03	2.108,00	2.371,50	824,31	1.957,60	2.202,30	600,59	1.807,20	2.033,10	376,87	1.656,80	1.863,90	153,15	1.506,40	1.694,70	-	1.356,00	1.525
	II	26.441	1.058,86	2.115,28	2.379,69	835,14	1.964,88	2.210,49	611,42	1.814,48	2.041,29	387,70	1.664,08	1.872,09	163,98	1.513,68	1.702,89	-	1.363,28	1.533,69	-	1.214,24	1.366
	III	19.412	-	1.552,96	1.747,08	-	1.428,16	1.606,68	-	1.306,24	1.469,52	-	1.187,52	1.335,96	-	1.071,68	1.205,64	-	959,20	1.079,10	-	849,60	955
	IV	28.230	1.271,75	2.258,40	2.540,70	1.159,89	2.183,20	2.456,10	1.048,03	2.108,00	2.371,50	936,17	2.032,80	2.286,90	824,31	1.957,60	2.202,30	712,45	1.882,40	2.117,70	600,59	1.807,20	2.033
	V	34.403	1.892,16	2.752,24	3.096,27																		
	VI	34.935	1.921,42	2.794,80	3.144,15																		
105.767,99 (West)	I	28.151	1.262,35	2.252,08	2.533,59	1.038,63	2.101,68	2.364,39	814,91	1.951,28	2.195,19	591,19	1.800,88	2.025,99	367,59	1.650,56	1.856,88	143,87	1.500,16	1.687,68	-	1.349,76	1.518
	II	26.362	1.049,46	2.108,96	2.372,58	825,74	1.958,56	2.203,38	602,02	1.808,16	2.034,18	378,30	1.657,76	1.864,98	154,58	1.507,36	1.695,78	-	1.356,96	1.526,58	-	1.208,16	1.359
	III	19.346	-	1.547,68	1.741,14	-	1.422,88	1.600,74	-	1.301,12	1.463,76	-	1.182,56	1.330,38	-	1.067,04	1.200,42	-	954,56	1.073,88	-	845,12	950
	IV	28.151	1.262,35	2.252,08	2.533,59	1.150,49	2.176,88	2.448,99	1.038,63	2.101,68	2.364,39	926,77	2.026,48	2.279,79	814,91	1.951,28	2.195,19	703,05	1.876,08	2.110,59	591,19	1.800,88	2.025
	V	34.324	1.887,82	2.745,92	3.089,16																		
	VI	34.856	1.917,08	2.788,48	3.137,04																		
105.767,99 (Ost)	I	28.245	1.273,53	2.259,60	2.542,05	1.049,81	2.109,20	2.372,85	826,09	1.958,80	2.203,65	602,37	1.808,40	2.034,45	378,65	1.658,00	1.865,25	154,93	1.507,60	1.696,05	-	1.357,20	1.526
	II	26.456	1.060,64	2.116,48	2.381,04	836,92	1.966,08	2.211,84	613,20	1.815,68	2.042,64	389,48	1.665,28	1.873,44	165,76	1.514,88	1.704,24	-	1.364,48	1.535,04	-	1.215,44	1.367
	III	19.426	-	1.554,08	1.748,34	-	1.429,12	1.607,76	-	1.307,20	1.470,60	-	1.188,32	1.336,86	-	1.072,64	1.206,72	-	960,00	1.080,00	-	850,56	956
	IV	28.245	1.273,53	2.259,60	2.542,05	1.161,67	2.184,40	2.457,45	1.049,81	2.109,20	2.372,85	937,95	2.034,00	2.288,25	826,09	1.958,80	2.203,65	714,23	1.883,60	2.119,05	602,37	1.808,40	2.034
	V	34.418	1.892,99	2.753,44	3.097,62																		
	VI	34.950	1.922,25	2.796,00	3.145,50																		
105.803,99 (West)	I	28.166	1.264,13	2.253,28	2.534,94	1.040,41	2.102,88	2.365,74	816,69	1.952,48	2.196,54	593,09	1.802,16	2.027,43	369,37	1.651,76	1.858,23	145,65	1.501,36	1.689,03	-	1.350,96	1.519
	II	26.377	1.051,24	2.110,16	2.373,93	827,52	1.959,76	2.204,73	603,80	1.809,36	2.035,53	380,08	1.658,96	1.866,33	156,36	1.508,56	1.697,13	-	1.358,24	1.528,02	-	1.209,28	1.360
	III	19.360	-	1.548,80	1.742,40	-	1.423,84	1.601,82	-	1.302,08	1.464,84	-	1.183,52	1.331,46	-	1.067,84	1.201,32	-	955,36	1.074,78	-	845,92	951
	IV	28.166	1.264,13	2.253,28	2.534,94	1.152,27	2.178,08	2.450,34	1.040,41	2.102,88	2.365,74	928,55	2.027,68	2.281,14	816,69	1.952,48	2.196,54	704,95	1.877,36	2.112,03	593,09	1.802,16	2.027
	V	34.340	1.888,70	2.747,20	3.090,60																		
	VI	34.871	1.917,90	2.789,68	3.138,39																		
105.803,99 (Ost)	I	28.260	1.275,32	2.260,80	2.543,40	1.051,60	2.110,40	2.374,20	827,88	1.960,00	2.205,00	604,16	1.809,60	2.035,80	380,44	1.659,20	1.866,60	156,72	1.508,80	1.697,40	-	1.358,40	1.528
	II	26.471	1.062,43	2.117,68	2.382,39	838,71	1.967,28	2.213,19	614,99	1.816,88	2.043,99	391,27	1.666,48	1.874,79	167,55	1.516,08	1.705,59	-	1.365,68	1.536,39	-	1.216,56	1.368
	III	19.438	-	1.555,04	1.749,42	-	1.430,08	1.608,84	-	1.308,16	1.471,68	-	1.189,28	1.337,94	-	1.073,60	1.207,80	-	960,96	1.081,08	-	851,36	957
	IV	28.260	1.275,32	2.260,80	2.543,40	1.163,46	2.185,60	2.458,80	1.051,60	2.110,40	2.374,20	939,74	2.035,20	2.289,60	827,88	1.960,00	2.205,00	716,02	1.884,80	2.120,40	604,16	1.809,60	2.035
	V	34.433	1.893,81	2.754,64	3.098,97																		
	VI	34.965	1.923,07	2.797,20	3.146,85																		
105.839,99 (West)	I	28.181	1.265,92	2.254,48	2.536,29	1.042,32	2.104,16	2.367,18	818,60	1.953,76	2.197,98	594,88	1.803,36	2.028,78	371,16	1.652,96	1.859,58	147,44	1.502,56	1.690,38	-	1.352,16	1.521
	II	26.392	1.053,03	2.111,36	2.375,28	829,31	1.960,96	2.206,08	605,59	1.810,56	2.036,88	381,87	1.660,16	1.867,68	158,27	1.509,84	1.698,57	-	1.359,44	1.529,37	-	1.210,48	1.361
	III	19.372	-	1.549,76	1.743,48	-	1.424,96	1.603,08	-	1.303,04	1.465,92	-	1.184,48	1.332,54	-	1.068,80	1.202,40	-	956,32	1.075,86	-	846,88	952
	IV	28.181	1.265,92	2.254,48	2.536,29	1.154,06	2.179,28	2.451,69	1.042,32	2.104,16	2.367,18	930,46	2.028,96	2.282,58	818,60	1.953,76	2.197,98	706,74	1.878,56	2.113,38	594,88	1.803,36	2.028
	V	34.355	1.889,52	2.748,40	3.091,95																		
	VI	34.886	1.918,73	2.790,88	3.139,74																		
105.839,99 (Ost)	I	28.275	1.277,10	2.262,00	2.544,75	1.053,38	2.111,60	2.375,55	829,66	1.961,20	2.206,35	605,94	1.810,80	2.037,15	382,22	1.660,40	1.867,95	158,50	1.510,00	1.698,75	-	1.359,68	1.529
	II	26.486	1.064,21	2.118,88	2.383,74	840,49	1.968,48	2.214,54	616,77	1.818,08	2.045,34	393,05	1.667,68	1.876,14	169,33	1.517,28	1.706,94	-	1.366,88	1.537,74	-	1.217,76	1.369
	III	19.452	-	1.556,16	1.750,68	-	1.431,04	1.609,92	-	1.309,12	1.472,76	-	1.190,24	1.339,02	-	1.074,56	1.208,88	-	961,76	1.081,98	-	852,32	958
	IV	28.275	1.277,10	2.262,00	2.544,75	1.165,24	2.186,80	2.460,15	1.053,38	2.111,60	2.375,55	941,52	2.036,40	2.290,95	829,66	1.961,20	2.206,35	717,80	1.886,00	2.121,75	605,94	1.810,80	2.037
	V	34.448	1.894,64	2.755,84	3.100,32																		
	VI	34.980	1.923,90	2.798,40	3.148,20																		
105.875,99 (West)	I	28.197	1.267,82	2.255,76	2.537,73	1.044,10	2.105,36	2.368,53	820,38	1.954,96	2.199,33	596,66	1.804,56	2.030,13	372,94	1.654,16	1.860,93	149,22	1.503,76	1.691,73	-	1.353,36	1.522
	II	26.407	1.054,81	2.112,56	2.376,63	831,09	1.962,16	2.207,43	607,49	1.811,84	2.038,32	383,77	1.661,44	1.869,12	160,05	1.511,04	1.699,92	-	1.360,64	1.530,72	-	1.211,68	1.363
	III	19.384	-	1.550,72	1.744,56	-	1.425,92	1.604,16	-	1.304,00	1.467,00	-	1.185,28	1.333,44	-	1.069,76	1.203,48	-	957,12	1.076,76	-	847,68	953
	IV	28.197	1.267,82	2.255,76	2.537,73	1.155,96	2.180,56	2.453,13	1.044,10	2.105,36	2.368,53	932,24	2.030,16	2.283,93	820,38	1.954,96	2.199,33	708,52	1.879,76	2.114,73	596,66	1.804,56	2.030
	V	34.370	1.890,35	2.749,60	3.093,30																		
	VI	34.902	1.919,61	2.792,16	3.141,18																		
105.875,99 (Ost)	I	28.290	1.278,89	2.263,20	2.546,10	1.055,17	2.112,80	2.376,90	831,45	1.962,40	2.207,70	607,73	1.812,00	2.038,50	384,13	1.661,68	1.869,39	160,41	1.511,28	1.700,19	-	1.360,88	1.530
	II	26.501	1.066,00	2.120,08	2.385,09	842,28	1.969,68	2.215,89	618,56	1.819,28	2.046,69	394,84	1.668,88	1.877,49	171,12	1.518,48	1.708,29	-	1.368,08	1.539,09	-	1.218,96	1.371
	III	19.464	-	1.557,12	1.751,76	-	1.432,00	1.611,00	-	1.310,08	1.473,84	-	1.191,20	1.340,10	-	1.075,36	1.209,78	-	962,72	1.083,06	-	853,12	959
	IV	28.290	1.278,89	2.263,20	2.546,10	1.167,03	2.188,00	2.461,50	1.055,17	2.112,80	2.376,90	943,31	2.037,60	2.292,30	831,45	1.962,40	2.207,70	719,59	1.887,20	2.123,10	607,73	1.812,00	2.038
	V	34.464	1.895,52	2.757,12	3.101,76																		
	VI	34.995	1.924,72	2.799,60	3.149,55																		
105.911,99 (West)	I	28.212	1.269,61	2.256,96	2.539,08	1.045,89	2.106,56	2.369,88	822,17	1.956,16	2.200,68	598,45	1.805,76	2.031,48	374,73	1.655,36	1.862,28	151,01	1.504,96	1.693,08	-	1.354,56	1.523
	II	26.422	1.056,60	2.113,76	2.377,98	833,00	1.963,44	2.208,87	609,28	1.813,04	2.039,67	385,56	1.662,64	1.870,47	161,84	1.512,24	1.701,27	-	1.361,84	1.532,07	-	1.212,80	1.364
	III	19.398	-	1.551,84	1.745,82	-	1.426,88	1.605,24	-	1.305,12	1.468,26	-	1.186,24	1.334,52	-	1.070,56	1.204,38	-	958,08	1.077,84	-	848,64	954
	IV	28.212	1.269,61	2.256,96	2.539,08	1.157,75	2.181,76	2.454,48	1.045,89	2.106,56	2.369,88	934,03	2.031,36	2.285,28	822,17	1.956,16	2.200,68	710,31	1.880,96	2.116,08	598,45	1.805,76	2.031
	V	34.385	1.891,17	2.750,80	3.094,65																		
	VI	34.917	1.920,43	2.793,36	3.142,53																		
105.911,99 (Ost)	I	28.305	1.280,67	2.264,40	2.547,45	1.056,95	2.114,00	2.378,25	833,23	1.963,60	2.209,05	609,63	1.813,28	2.039,94	385,91	1.662,88	1.870,74	162,19	1.512,48	1.701,54	-	1.362,08	1.532
	II	26.516	1.067,78	2.121,28	2.386,44	844,06	1.970,88	2.217,24	620,34	1.820,48	2.048,04	396,62	1.670,08	1.878,84	172,90	1.519,68	1.709,64	-	1.369,36	1.540,53	-	1.220,16	1.372
	III	19.476	-	1.558,08	1.752,84	-	1.433,12	1.612,26	-	1.311,04	1.474,92	-	1.192,16	1.341,18	-	1.076,32	1.210,86	-	963,68	1.084,14	-	853,92	960
	IV	28.305	1.280,67	2.264,40	2.547,45	1.168,81	2.189,20	2.462,85	1.056,95	2.114,00	2.378,25	945,09	2.038,80	2.293,65	833,23	1.963,60	2.209,05	721,49	1.888,48	2.124,54	609,63	1.813,28	2.039
	V	34.479	1.896,34	2.758,32	3.103,11																		
	VI	35.010	1.925,55	2.800,80	3.150,90																		
105.947,99 (West)	I	28.227	1.271,39	2.258,16	2.540,43	1.047,67	2.107,76	2.371,23	823,95	1.957,36	2.202,03	600,23	1.806,96	2.032,83	376,51	1.656,56	1.863,63	152,79	1.506,16	1.694,43	-	1.355,76	1.525
	II	26.438	1.058,50	2.115,04	2.379,42	834,78	1.964,64	2.210,22	611,06	1.814,24	2.041,02	387,34	1.663,84	1.871,82	163,62	1.513,44	1.702,62	-	1.363,04	1.533,42	-	1.214,00	1.365
	III	19.410	-	1.552,80	1.746,90	-	1.427,84	1.606,32	-	1.306,08	1.469,34	-	1.187,20	1.335,60	-	1.071,52	1.205,46	-	958,88	1.078,74	-	849,44	955
	IV	28.227	1.271,39	2.258,16	2.540,43	1.159,53	2.182,96	2.455,83	1.047,67	2.107,76	2.371,23	935,81	2.032,56	2.286,63	823,95	1.957,36	2.202,03	712,09	1.882,16	2.117,43	600,23	1.806,96	2.032
	V	34.400	1.892,00	2.752,00	3.096,00																		
	VI	34.932	1.921,26	2.794,56	3.143,88																		
105.947,99 (Ost)	I	28.320	1.282,46	2.265,60	2.548,80	1.058,86	2.115,28	2.379,69	835,14	1.964,88	2.210,49	611,42	1.814,48	2.041,29	387,70	1.664,08	1.872,09	163,98	1.513,68	1.702,89	-	1.363,28	1.533
	II	26.531	1.069,57	2.122,48	2.387,79	845,85	1.972,08	2.218,59	622,13	1.821,68	2.049,39	398,41	1.671,28	1.880,19	174,81	1.520,96	1.711,08	-	1.370,56	1.541,88	-	1.221,28	1.373
	III	19.490	-	1.559,20	1.754,10	-	1.434,08	1.613,34	-	1.312,00	1.476,00	-	1.193,12	1.342,26	-	1.077,28	1.211,94	-	964,48	1.085,04	-	854,88	961
	IV	28.320	1.282,46	2.265,60	2.548,80	1.170,60	2.190,40	2.464,20	1.058,86	2.115,28	2.379,69	947,00	2.040,08	2.295,09	835,14	1.964,88	2.210,49	723,28	1.889,68	2.125,89	611,42	1.814,48	2.041
	V	34.494	1.897,17	2.759,52	3.104,46																		
	VI	35.025	1.926,37	2.802,00	3.152,25																		

SolZ/KiSt lt. Tabelle nicht für Sonstige Bezüge anwendbar.

Allgemeine Tabelle

JAHR bis 106.199,99 €

Lohn/ Gehalt bis	Steuerklasse	Lohnsteuer	ohne Kinderfreibetrag			Anzahl Kinderfreibeträge (nur Steuerklassen I–IV)																	
						0,5			1,0			1,5			2,0			2,5			3,0		
			SolZ 5,5%	Kirchensteuer 8%	Kirchensteuer 9%	SolZ 5,5%	Kirchensteuer 8%	Kirchensteuer 9%	SolZ 5,5%	Kirchensteuer 8%	Kirchensteuer 9%	SolZ 5,5%	Kirchensteuer 8%	Kirchensteuer 9%	SolZ 5,5%	Kirchensteuer 8%	Kirchensteuer 9%	SolZ 5,5%	Kirchensteuer 8%	Kirchensteuer 9%	SolZ 5,5%	Kirchensteuer 8%	Kirchensteuer 9%
5.983,99 (West)	I	28.242	1.273,18	2.259,36	2.541,78	1.049,46	2.108,96	2.372,58	825,74	1.958,56	2.203,38	602,02	1.808,16	2.034,18	378,30	1.657,76	1.864,98	154,58	1.507,36	1.695,78	-	1.356,96	1.526,58
	II	26.453	1.060,29	2.116,24	2.380,77	836,57	1.965,84	2.211,57	612,85	1.815,44	2.042,37	389,13	1.665,04	1.873,17	165,41	1.514,64	1.703,97	-	1.364,24	1.534,77	-	1.215,20	1.367,10
	III	19.422	-	1.553,76	1.747,98	-	1.428,80	1.607,40	-	1.307,04	1.470,42	-	1.188,16	1.336,68	-	1.072,48	1.206,54	-	959,84	1.079,82	-	850,24	956,52
	IV	28.242	1.273,18	2.259,36	2.541,78	1.161,32	2.184,16	2.457,18	1.049,46	2.108,96	2.372,58	937,60	2.033,76	2.287,98	825,74	1.958,56	2.203,38	713,88	1.883,36	2.118,78	602,02	1.808,16	2.034,18
	V	34.415	1.892,82	2.753,20	3.097,35																		
	VI	34.947	1.922,08	2.795,76	3.145,23																		
5.983,99 (Ost)	I	28.336	1.284,36	2.266,88	2.550,24	1.060,64	2.116,48	2.381,04	836,92	1.966,08	2.211,84	613,20	1.815,68	2.042,64	389,48	1.665,28	1.873,44	165,76	1.514,88	1.704,24	-	1.364,48	1.535,04
	II	26.546	1.071,35	2.123,68	2.389,14	847,63	1.973,28	2.219,94	624,03	1.822,96	2.050,83	400,31	1.672,56	1.881,63	176,59	1.522,16	1.712,43	-	1.371,76	1.543,23	-	1.222,48	1.375,29
	III	19.502	-	1.560,16	1.755,18	-	1.435,04	1.614,42	-	1.312,96	1.477,08	-	1.194,08	1.343,34	-	1.078,24	1.213,02	-	965,44	1.086,12	-	855,68	962,64
	IV	28.336	1.284,36	2.266,88	2.550,24	1.172,50	2.191,68	2.465,64	1.060,64	2.116,48	2.381,04	948,78	2.041,28	2.296,44	836,92	1.966,08	2.211,84	725,06	1.890,88	2.127,24	613,20	1.815,68	2.042,64
	V	34.509	1.897,99	2.760,72	3.105,81																		
	VI	35.041	1.927,25	2.803,28	3.153,69																		
6.019,99 (West)	I	28.257	1.274,96	2.260,56	2.543,13	1.051,24	2.110,16	2.373,93	827,52	1.959,76	2.204,73	603,80	1.809,36	2.035,53	380,08	1.658,96	1.866,33	156,36	1.508,56	1.697,13	-	1.358,24	1.528,02
	II	26.468	1.062,07	2.117,44	2.382,12	838,35	1.967,04	2.212,92	614,63	1.816,64	2.043,72	390,91	1.666,24	1.874,52	167,19	1.515,84	1.705,32	-	1.365,44	1.536,12	-	1.216,40	1.368,45
	III	19.436	-	1.554,88	1.749,24	-	1.429,92	1.608,66	-	1.308,00	1.471,50	-	1.189,12	1.337,76	-	1.073,44	1.207,62	-	960,80	1.080,90	-	851,20	957,60
	IV	28.257	1.274,96	2.260,56	2.543,13	1.163,10	2.185,36	2.458,53	1.051,24	2.110,16	2.373,93	939,38	2.034,96	2.289,33	827,52	1.959,76	2.204,73	715,66	1.884,56	2.120,13	603,80	1.809,36	2.035,53
	V	34.430	1.893,65	2.754,40	3.098,70																		
	VI	34.962	1.922,91	2.796,96	3.146,58																		
6.019,99 (Ost)	I	28.351	1.286,15	2.268,08	2.551,59	1.062,43	2.117,68	2.382,39	838,71	1.967,28	2.213,19	614,99	1.816,88	2.043,99	391,27	1.666,48	1.874,79	167,55	1.516,08	1.705,59	-	1.365,68	1.536,39
	II	26.561	1.073,14	2.124,88	2.390,49	849,54	1.974,56	2.221,38	625,82	1.824,16	2.052,18	402,10	1.673,76	1.882,98	178,38	1.523,36	1.713,78	-	1.372,96	1.544,58	-	1.223,68	1.376,64
	III	19.514	-	1.561,12	1.756,26	-	1.436,00	1.615,50	-	1.313,92	1.478,16	-	1.195,04	1.344,42	-	1.079,04	1.213,92	-	966,24	1.087,02	-	856,64	963,72
	IV	28.351	1.286,15	2.268,08	2.551,59	1.174,29	2.192,88	2.466,99	1.062,43	2.117,68	2.382,39	950,57	2.042,48	2.297,79	838,71	1.967,28	2.213,19	726,85	1.892,08	2.128,59	614,99	1.816,88	2.043,99
	V	34.524	1.898,82	2.761,92	3.107,16																		
	VI	35.056	1.928,08	2.804,48	3.155,04																		
6.055,99 (West)	I	28.272	1.276,75	2.261,76	2.544,48	1.053,03	2.111,36	2.375,28	829,31	1.960,96	2.206,08	605,59	1.810,56	2.036,88	381,87	1.660,16	1.867,68	158,27	1.509,84	1.698,57	-	1.359,44	1.529,37
	II	26.483	1.063,86	2.118,64	2.383,47	840,14	1.968,24	2.214,27	616,42	1.817,84	2.045,07	392,70	1.667,44	1.875,87	168,98	1.517,04	1.706,67	-	1.366,64	1.537,47	-	1.217,52	1.369,71
	III	19.448	-	1.555,84	1.750,32	-	1.430,88	1.609,74	-	1.308,96	1.472,58	-	1.190,08	1.338,84	-	1.074,24	1.208,52	-	961,60	1.081,80	-	852,00	958,50
	IV	28.272	1.276,75	2.261,76	2.544,48	1.164,89	2.186,56	2.459,88	1.053,03	2.111,36	2.375,28	941,17	2.036,16	2.290,68	829,31	1.960,96	2.206,08	717,45	1.885,76	2.121,48	605,59	1.810,56	2.036,88
	V	34.445	1.894,47	2.755,60	3.100,05																		
	VI	34.977	1.923,73	2.798,16	3.147,93																		
6.055,99 (Ost)	I	28.366	1.287,93	2.269,28	2.552,94	1.064,21	2.118,88	2.383,74	840,49	1.968,48	2.214,54	616,77	1.818,08	2.045,34	393,05	1.667,68	1.876,14	169,33	1.517,28	1.706,94	-	1.366,88	1.537,74
	II	26.577	1.075,04	2.126,16	2.391,93	851,32	1.975,76	2.222,73	627,60	1.825,36	2.053,53	403,88	1.674,96	1.884,33	180,16	1.524,56	1.715,13	-	1.374,16	1.545,93	-	1.224,88	1.377,99
	III	19.528	-	1.562,24	1.757,52	-	1.436,96	1.616,58	-	1.314,88	1.479,24	-	1.196,00	1.345,50	-	1.080,00	1.215,00	-	967,20	1.088,10	-	857,44	964,62
	IV	28.366	1.287,93	2.269,28	2.552,94	1.176,07	2.194,08	2.468,34	1.064,21	2.118,88	2.383,74	952,35	2.043,68	2.299,14	840,49	1.968,48	2.214,54	728,63	1.893,28	2.129,94	616,77	1.818,08	2.045,34
	V	34.539	1.899,64	2.763,12	3.108,51																		
	VI	35.071	1.928,90	2.805,68	3.156,39																		
6.091,99 (West)	I	28.287	1.278,53	2.262,96	2.545,83	1.054,81	2.112,56	2.376,63	831,09	1.962,16	2.207,43	607,49	1.811,84	2.038,32	383,77	1.661,44	1.869,12	160,05	1.511,04	1.699,92	-	1.360,64	1.530,72
	II	26.498	1.065,64	2.119,84	2.384,82	841,92	1.969,44	2.215,62	618,20	1.819,04	2.046,42	394,48	1.668,64	1.877,22	170,76	1.518,24	1.708,02	-	1.367,84	1.538,82	-	1.218,72	1.371,06
	III	19.462	-	1.556,96	1.751,58	-	1.431,84	1.610,82	-	1.309,92	1.473,66	-	1.191,04	1.339,92	-	1.075,20	1.209,60	-	962,56	1.082,88	-	852,96	959,58
	IV	28.287	1.278,53	2.262,96	2.545,83	1.166,67	2.187,76	2.461,23	1.054,81	2.112,56	2.376,63	942,95	2.037,36	2.292,03	831,09	1.962,16	2.207,43	719,23	1.886,96	2.122,83	607,49	1.811,84	2.038,32
	V	34.461	1.895,35	2.756,88	3.101,49																		
	VI	34.992	1.924,56	2.799,36	3.149,28																		
6.091,99 (Ost)	I	28.381	1.289,72	2.270,48	2.554,29	1.066,00	2.120,08	2.385,09	842,28	1.969,68	2.215,89	618,56	1.819,28	2.046,69	394,84	1.668,88	1.877,49	171,12	1.518,48	1.708,29	-	1.368,08	1.539,09
	II	26.592	1.076,83	2.127,36	2.393,28	853,11	1.976,96	2.224,08	629,39	1.826,56	2.054,88	405,67	1.676,16	1.885,68	181,95	1.525,76	1.716,48	-	1.375,36	1.547,28	-	1.226,00	1.379,25
	III	19.540	-	1.563,20	1.758,60	-	1.438,08	1.617,84	-	1.315,84	1.480,32	-	1.196,96	1.346,58	-	1.080,96	1.216,08	-	968,16	1.089,18	-	858,40	965,70
	IV	28.381	1.289,72	2.270,48	2.554,29	1.177,86	2.195,28	2.469,69	1.066,00	2.120,08	2.385,09	954,14	2.044,88	2.300,49	842,28	1.969,68	2.215,89	730,42	1.894,48	2.131,29	618,56	1.819,28	2.046,69
	V	34.554	1.900,47	2.764,32	3.109,86																		
	VI	35.086	1.929,73	2.806,88	3.157,74																		
6.127,99 (West)	I	28.302	1.280,32	2.264,16	2.547,18	1.056,60	2.113,76	2.377,98	833,00	1.963,44	2.208,87	609,28	1.813,04	2.039,67	385,56	1.662,64	1.870,47	161,84	1.512,24	1.701,27	-	1.361,84	1.532,07
	II	26.513	1.067,43	2.121,04	2.386,17	843,71	1.970,64	2.216,97	619,99	1.820,24	2.047,77	396,27	1.669,84	1.878,57	172,66	1.519,52	1.709,46	-	1.369,12	1.540,26	-	1.219,92	1.372,41
	III	19.474	-	1.557,92	1.752,66	-	1.432,80	1.611,90	-	1.310,88	1.474,74	-	1.192,00	1.341,00	-	1.076,16	1.210,68	-	963,36	1.083,78	-	853,76	960,48
	IV	28.302	1.280,32	2.264,16	2.547,18	1.168,46	2.188,96	2.462,58	1.056,60	2.113,76	2.377,98	944,86	2.038,64	2.293,47	833,00	1.963,44	2.208,87	721,14	1.888,24	2.124,27	609,28	1.813,04	2.039,67
	V	34.476	1.896,18	2.758,08	3.102,84																		
	VI	35.007	1.925,38	2.800,56	3.150,63																		
06.127,99 (Ost)	I	28.396	1.291,50	2.271,68	2.555,64	1.067,78	2.121,28	2.386,44	844,06	1.970,88	2.217,24	620,34	1.820,48	2.048,04	396,62	1.670,08	1.878,84	172,90	1.519,68	1.709,64	-	1.369,36	1.540,53
	II	26.607	1.078,61	2.128,56	2.394,63	854,89	1.978,16	2.225,43	631,17	1.827,76	2.056,23	407,45	1.677,36	1.887,03	183,73	1.526,96	1.717,83	-	1.376,56	1.548,63	-	1.227,20	1.380,60
	III	19.554	-	1.564,32	1.759,86	-	1.439,04	1.618,92	-	1.316,96	1.481,58	-	1.197,76	1.347,48	-	1.081,92	1.217,16	-	968,96	1.090,08	-	859,20	966,60
	IV	28.396	1.291,50	2.271,68	2.555,64	1.179,64	2.196,48	2.471,04	1.067,78	2.121,28	2.386,44	955,92	2.046,08	2.301,84	844,06	1.970,88	2.217,24	732,20	1.895,68	2.132,64	620,34	1.820,48	2.048,04
	V	34.569	1.901,29	2.765,52	3.111,21																		
	VI	35.101	1.930,55	2.808,08	3.159,09																		
06.163,99 (West)	I	28.318	1.282,22	2.265,44	2.548,62	1.058,50	2.115,04	2.379,42	834,78	1.964,64	2.210,22	611,06	1.814,24	2.041,02	387,34	1.663,84	1.871,82	163,62	1.513,44	1.702,62	-	1.363,04	1.533,42
	II	26.528	1.069,21	2.122,24	2.387,52	845,49	1.971,84	2.218,32	621,77	1.821,44	2.049,12	398,17	1.671,12	1.880,01	174,45	1.520,72	1.710,81	-	1.370,32	1.541,61	-	1.221,04	1.373,67
	III	19.486	-	1.558,88	1.753,74	-	1.433,76	1.612,98	-	1.311,84	1.475,82	-	1.192,96	1.342,08	-	1.077,12	1.211,76	-	964,32	1.084,86	-	854,72	961,56
	IV	28.318	1.282,22	2.265,44	2.548,62	1.170,36	2.190,24	2.464,02	1.058,50	2.115,04	2.379,42	946,64	2.039,84	2.294,82	834,78	1.964,64	2.210,22	722,92	1.889,44	2.125,62	611,06	1.814,24	2.041,02
	V	34.491	1.897,00	2.759,28	3.104,19																		
	VI	35.023	1.926,26	2.801,84	3.152,07																		
06.163,99 (Ost)	I	28.411	1.293,29	2.272,88	2.556,99	1.069,57	2.122,48	2.387,79	845,85	1.972,08	2.218,59	622,13	1.821,68	2.049,39	398,41	1.671,28	1.880,19	174,81	1.520,96	1.711,08	-	1.370,56	1.541,88
	II	26.622	1.080,40	2.129,76	2.395,98	856,68	1.979,36	2.226,78	632,96	1.828,96	2.057,58	409,24	1.678,56	1.888,38	185,52	1.528,16	1.719,18	-	1.377,76	1.549,98	-	1.228,40	1.381,95
	III	19.566	-	1.565,28	1.760,94	-	1.440,00	1.620,00	-	1.317,92	1.482,66	-	1.198,72	1.348,56	-	1.082,72	1.218,06	-	969,92	1.091,16	-	860,00	967,50
	IV	28.411	1.293,29	2.272,88	2.556,99	1.181,43	2.197,68	2.472,39	1.069,57	2.122,48	2.387,79	957,71	2.047,28	2.303,19	845,85	1.972,08	2.218,59	733,99	1.896,88	2.133,99	622,13	1.821,68	2.049,39
	V	34.584	1.902,12	2.766,72	3.112,56																		
	VI	35.116	1.931,38	2.809,28	3.160,44																		
06.199,99 (West)	I	28.333	1.284,01	2.266,64	2.549,97	1.060,29	2.116,24	2.380,77	836,57	1.965,84	2.211,57	612,85	1.815,44	2.042,37	389,13	1.665,04	1.873,17	165,41	1.514,64	1.703,97	-	1.364,24	1.534,77
	II	26.543	1.071,00	2.123,44	2.388,87	847,39	1.973,12	2.219,76	623,67	1.822,72	2.050,56	399,95	1.672,32	1.881,36	176,23	1.521,92	1.712,16	-	1.371,52	1.542,96	-	1.222,24	1.375,02
	III	19.500	-	1.560,00	1.755,00	-	1.434,88	1.614,24	-	1.312,80	1.476,90	-	1.193,92	1.343,16	-	1.077,92	1.212,66	-	965,28	1.085,94	-	855,52	962,46
	IV	28.333	1.284,01	2.266,64	2.549,97	1.172,15	2.191,44	2.465,37	1.060,29	2.116,24	2.380,77	948,43	2.041,04	2.296,17	836,57	1.965,84	2.211,57	724,71	1.890,64	2.126,97	612,85	1.815,44	2.042,37
	V	34.506	1.897,83	2.760,48	3.105,54																		
	VI	35.038	1.927,09	2.803,04	3.153,42																		
06.199,99 (Ost)	I	28.426	1.295,07	2.274,08	2.558,34	1.071,35	2.123,68	2.389,14	847,63	1.973,28	2.219,94	624,03	1.822,96	2.050,83	400,31	1.672,56	1.881,63	176,59	1.522,16	1.712,43	-	1.371,76	1.543,23
	II	26.637	1.082,18	2.130,96	2.397,33	858,46	1.980,56	2.228,13	634,74	1.830,16	2.058,93	411,02	1.679,76	1.889,73	187,30	1.529,36	1.720,53	-	1.378,96	1.551,33	-	1.229,60	1.383,30
	III	19.578	-	1.566,24	1.762,02	-	1.440,96	1.621,08	-	1.318,88	1.483,74	-	1.199,68	1.349,64	-	1.083,68	1.219,14	-	970,72	1.092,06	-	860,96	968,58
	IV	28.426	1.295,07	2.274,08	2.558,34	1.183,21	2.198,88	2.473,74	1.071,35	2.123,68	2.389,14	959,49	2.048,48	2.304,54	847,63	1.973,28	2.219,94	735,77	1.898,08	2.135,34	624,03	1.822,96	2.050,83
	V	34.600	1.903,00	2.768,00	3.114,00																		
	VI	35.131	1.932,20	2.810,48	3.161,79																		

SolZ/KiSt lt. Tabelle nicht für Sonstige Bezüge anwendbar.

Lohn/ Gehalt bis	Steuerklasse	Lohn- steuer	ohne Kinderfreibetrag SolZ 5,5%	Kirchensteuer 8%	9%	0,5 SolZ 5,5%	Kirchensteuer 8%	9%	1,0 SolZ 5,5%	Kirchensteuer 8%	9%	1,5 SolZ 5,5%	Kirchensteuer 8%	9%	2,0 SolZ 5,5%	Kirchensteuer 8%	9%	2,5 SolZ 5,5%	Kirchensteuer 8%	9%	3,0 SolZ 5,5%	Kirchensteuer 8%	9%
						Anzahl Kinderfreibeträge (nur Steuerklassen I–IV)																	
106.235,99	I	28.348	1.285,79	2.267,84	2.551,32	1.062,07	2.117,44	2.382,12	838,35	1.967,04	2.212,92	614,63	1.816,64	2.043,72	390,91	1.666,24	1.874,52	167,19	1.515,84	1.705,32	-	1.365,44	1.536
(West)	II	26.559	1.072,90	2.124,72	2.390,31	849,18	1.974,32	2.221,11	625,46	1.823,92	2.051,91	401,74	1.673,52	1.882,71	178,02	1.523,12	1.713,51	-	1.372,72	1.544,31	-	1.223,44	1.376
	III	19.512	-	1.560,96	1.756,08	-	1.435,84	1.615,32	-	1.313,76	1.477,98	-	1.194,72	1.344,06	-	1.078,88	1.213,74	-	966,08	1.086,84	-	856,32	963
	IV	28.348	1.285,79	2.267,84	2.551,32	1.173,93	2.192,64	2.466,72	1.062,07	2.117,44	2.382,12	950,21	2.042,24	2.297,52	838,35	1.967,04	2.212,92	726,49	1.891,84	2.128,32	614,63	1.816,64	2.043
	V	34.521	1.898,65	2.761,68	3.106,89																		
	VI	35.053	1.927,91	2.804,24	3.154,77																		
106.235,99	I	28.441	1.296,86	2.275,28	2.559,69	1.073,14	2.124,88	2.390,49	849,54	1.974,56	2.221,38	625,82	1.824,16	2.052,18	402,10	1.673,76	1.882,98	178,38	1.523,36	1.713,78	-	1.372,96	1.544
(Ost)	II	26.652	1.083,97	2.132,16	2.398,68	860,25	1.981,76	2.229,48	636,53	1.831,36	2.060,28	412,81	1.680,96	1.891,08	189,21	1.530,64	1.721,97	-	1.380,24	1.552,77	-	1.230,72	1.384
	III	19.592	-	1.567,36	1.763,28	-	1.442,08	1.622,34	-	1.319,84	1.484,82	-	1.200,64	1.350,72	-	1.084,64	1.220,22	-	971,68	1.093,14	-	861,76	969
	IV	28.441	1.296,86	2.275,28	2.559,69	1.185,00	2.200,08	2.475,09	1.073,14	2.124,88	2.390,49	961,40	2.049,76	2.305,98	849,54	1.974,56	2.221,38	737,68	1.899,36	2.136,78	625,82	1.824,16	2.052
	V	34.615	1.903,82	2.769,20	3.115,35																		
	VI	35.146	1.933,03	2.811,68	3.163,14																		
106.271,99	I	28.363	1.287,58	2.269,04	2.552,67	1.063,86	2.118,64	2.383,47	840,14	1.968,24	2.214,27	616,42	1.817,84	2.045,07	392,70	1.667,44	1.875,87	168,98	1.517,04	1.706,67	-	1.366,64	1.537
(West)	II	26.574	1.074,68	2.125,92	2.391,66	850,96	1.975,52	2.222,46	627,24	1.825,12	2.053,26	403,52	1.674,72	1.884,06	179,80	1.524,32	1.714,86	-	1.373,92	1.545,66	-	1.224,64	1.377
	III	19.524	-	1.561,92	1.757,16	-	1.436,80	1.616,40	-	1.314,72	1.479,06	-	1.195,68	1.345,14	-	1.079,84	1.214,82	-	967,04	1.087,92	-	857,28	964
	IV	28.363	1.287,58	2.269,04	2.552,67	1.175,72	2.193,84	2.468,07	1.063,86	2.118,64	2.383,47	952,00	2.043,44	2.298,87	840,14	1.968,24	2.214,27	728,28	1.893,04	2.129,67	616,42	1.817,84	2.045
	V	34.536	1.899,48	2.762,88	3.108,24																		
	VI	35.068	1.928,74	2.805,44	3.156,12																		
106.271,99	I	28.457	1.298,76	2.276,56	2.561,13	1.075,04	2.126,16	2.391,93	851,32	1.975,76	2.222,73	627,60	1.825,36	2.053,53	403,88	1.674,96	1.884,33	180,16	1.524,56	1.715,13	-	1.374,16	1.545,
(Ost)	II	26.667	1.085,75	2.133,36	2.400,03	862,03	1.982,96	2.230,83	638,31	1.832,56	2.061,63	414,71	1.682,24	1.892,52	190,99	1.531,84	1.723,32	-	1.381,44	1.554,12	-	1.231,92	1.385
	III	19.604	-	1.568,32	1.764,36	-	1.443,04	1.623,42	-	1.320,80	1.485,90	-	1.201,60	1.351,80	-	1.085,60	1.221,30	-	972,64	1.094,22	-	862,72	970
	IV	28.457	1.298,76	2.276,56	2.561,13	1.186,90	2.201,36	2.476,53	1.075,04	2.126,16	2.391,93	963,18	2.050,96	2.307,33	851,32	1.975,76	2.222,73	739,46	1.900,56	2.138,13	627,60	1.825,36	2.053
	V	34.630	1.904,65	2.770,40	3.116,70																		
	VI	35.162	1.933,91	2.812,96	3.164,58																		
106.307,99	I	28.378	1.289,36	2.270,24	2.554,02	1.065,64	2.119,84	2.384,82	841,92	1.969,44	2.215,62	618,20	1.819,04	2.046,42	394,48	1.668,64	1.877,22	170,76	1.518,24	1.708,02	-	1.367,84	1.538
(West)	II	26.589	1.076,47	2.127,12	2.393,01	852,75	1.976,72	2.223,81	629,03	1.826,32	2.054,61	405,31	1.675,92	1.885,41	181,59	1.525,52	1.716,21	-	1.375,12	1.547,01	-	1.225,76	1.378
	III	19.538	-	1.563,04	1.758,42	-	1.437,76	1.617,48	-	1.315,68	1.480,14	-	1.196,64	1.346,22	-	1.080,80	1.215,90	-	967,84	1.088,82	-	858,08	965
	IV	28.378	1.289,36	2.270,24	2.554,02	1.177,50	2.195,04	2.469,42	1.065,64	2.119,84	2.384,82	953,78	2.044,64	2.300,22	841,92	1.969,44	2.215,62	730,06	1.894,24	2.131,02	618,20	1.819,04	2.046,
	V	34.551	1.900,30	2.764,08	3.109,59																		
	VI	35.083	1.929,56	2.806,64	3.157,47																		
106.307,99	I	28.472	1.300,55	2.277,76	2.562,48	1.076,83	2.127,36	2.393,28	853,11	1.976,96	2.224,08	629,39	1.826,56	2.054,88	405,67	1.676,16	1.885,68	181,95	1.525,76	1.716,48	-	1.375,36	1.547,
(Ost)	II	26.682	1.087,54	2.134,56	2.401,38	863,94	1.984,24	2.232,27	640,22	1.833,84	2.063,07	416,50	1.683,44	1.893,87	192,78	1.533,04	1.724,67	-	1.382,64	1.555,47	-	1.233,12	1.387,
	III	19.616	-	1.569,28	1.765,44	-	1.444,00	1.624,50	-	1.321,76	1.486,98	-	1.202,56	1.352,88	-	1.086,40	1.222,20	-	973,44	1.095,12	-	863,52	971,
	IV	28.472	1.300,55	2.277,76	2.562,48	1.188,69	2.202,56	2.477,88	1.076,83	2.127,36	2.393,28	964,97	2.052,16	2.308,68	853,11	1.976,96	2.224,08	741,25	1.901,76	2.139,48	629,39	1.826,56	2.054,
	V	34.645	1.905,47	2.771,60	3.118,05																		
	VI	35.177	1.934,73	2.814,16	3.165,93																		
106.343,99	I	28.393	1.291,15	2.271,44	2.555,37	1.067,43	2.121,04	2.386,17	843,71	1.970,64	2.216,97	619,99	1.820,24	2.047,77	396,27	1.669,84	1.878,57	172,66	1.519,52	1.709,46	-	1.369,12	1.540,
(West)	II	26.604	1.078,25	2.128,32	2.394,36	854,53	1.977,92	2.225,16	630,81	1.827,52	2.055,96	407,09	1.677,12	1.886,76	183,37	1.526,72	1.717,56	-	1.376,32	1.548,36	-	1.226,96	1.380,
	III	19.550	-	1.564,00	1.759,50	-	1.438,72	1.618,56	-	1.316,64	1.481,22	-	1.197,60	1.347,30	-	1.081,60	1.216,80	-	968,80	1.089,90	-	859,04	966,
	IV	28.393	1.291,15	2.271,44	2.555,37	1.179,29	2.196,24	2.470,77	1.067,43	2.121,04	2.386,17	955,57	2.045,84	2.301,57	843,71	1.970,64	2.216,97	731,85	1.895,44	2.132,37	619,99	1.820,24	2.047,
	V	34.566	1.901,13	2.765,28	3.110,94																		
	VI	35.098	1.930,39	2.807,84	3.158,82																		
106.343,99	I	28.487	1.302,33	2.278,96	2.563,83	1.078,61	2.128,56	2.394,63	854,89	1.978,16	2.225,43	631,17	1.827,76	2.056,23	407,45	1.677,36	1.887,03	183,73	1.526,96	1.717,83	-	1.376,56	1.548,
(Ost)	II	26.698	1.089,44	2.135,84	2.402,82	865,72	1.985,44	2.233,62	642,00	1.835,04	2.064,42	418,28	1.684,64	1.895,22	194,56	1.534,24	1.726,02	-	1.383,84	1.556,82	-	1.234,32	1.388,
	III	19.630	-	1.570,40	1.766,70	-	1.444,96	1.625,58	-	1.322,72	1.488,06	-	1.203,52	1.353,96	-	1.087,36	1.223,28	-	974,40	1.096,20	-	864,48	972,
	IV	28.487	1.302,33	2.278,96	2.563,83	1.190,47	2.203,76	2.479,23	1.078,61	2.128,56	2.394,63	966,75	2.053,36	2.310,03	854,89	1.978,16	2.225,43	743,03	1.902,96	2.140,83	631,17	1.827,76	2.056,
	V	34.660	1.906,30	2.772,80	3.119,40																		
	VI	35.192	1.935,56	2.815,36	3.167,28																		
106.379,99	I	28.408	1.292,93	2.272,64	2.556,72	1.069,21	2.122,24	2.387,52	845,49	1.971,84	2.218,32	621,77	1.821,44	2.049,12	398,17	1.671,12	1.880,01	174,45	1.520,72	1.710,81	-	1.370,32	1.541,
(West)	II	26.619	1.080,04	2.129,52	2.395,71	856,32	1.979,12	2.226,51	632,60	1.828,72	2.057,31	408,88	1.678,32	1.888,11	185,16	1.527,92	1.718,91	-	1.377,52	1.549,71	-	1.228,16	1.381,
	III	19.562	-	1.564,96	1.760,58	-	1.439,84	1.619,82	-	1.317,60	1.482,30	-	1.198,56	1.348,38	-	1.082,56	1.217,88	-	969,76	1.090,98	-	859,84	967,
	IV	28.408	1.292,93	2.272,64	2.556,72	1.181,07	2.197,44	2.472,12	1.069,21	2.122,24	2.387,52	957,35	2.047,04	2.302,92	845,49	1.971,84	2.218,32	733,63	1.896,64	2.133,72	621,77	1.821,44	2.049,
	V	34.582	1.902,01	2.766,56	3.112,38																		
	VI	35.113	1.931,21	2.809,04	3.160,17																		
106.379,99	I	28.502	1.304,12	2.280,16	2.565,18	1.080,40	2.129,76	2.395,98	856,68	1.979,36	2.226,78	632,96	1.828,96	2.057,58	409,24	1.678,56	1.888,38	185,52	1.528,16	1.719,18	-	1.377,76	1.549,
(Ost)	II	26.713	1.091,23	2.137,04	2.404,17	867,51	1.986,64	2.234,97	643,79	1.836,24	2.065,77	420,07	1.685,84	1.896,57	196,35	1.535,44	1.727,37	-	1.385,04	1.558,17	-	1.235,52	1.389,
	III	19.642	-	1.571,36	1.767,78	-	1.445,92	1.626,66	-	1.323,68	1.489,14	-	1.204,48	1.355,04	-	1.088,32	1.224,36	-	975,20	1.097,10	-	865,28	973,
	IV	28.502	1.304,12	2.280,16	2.565,18	1.192,26	2.204,96	2.480,58	1.080,40	2.129,76	2.395,98	968,54	2.054,56	2.311,38	856,68	1.979,36	2.226,78	744,82	1.904,16	2.142,18	632,96	1.828,96	2.057,
	V	34.675	1.907,12	2.774,00	3.120,75																		
	VI	35.207	1.936,38	2.816,56	3.168,63																		
106.415,99	I	28.423	1.294,72	2.273,84	2.558,07	1.071,00	2.123,44	2.388,87	847,39	1.973,12	2.219,76	623,67	1.822,72	2.050,56	399,95	1.672,32	1.881,36	176,23	1.521,92	1.712,16	-	1.371,52	1.542,
(West)	II	26.634	1.081,82	2.130,72	2.397,06	858,10	1.980,32	2.227,86	634,38	1.829,92	2.058,66	410,66	1.679,52	1.889,46	186,94	1.529,12	1.720,26	-	1.378,80	1.551,15	-	1.229,36	1.383,
	III	19.576	-	1.566,08	1.761,84	-	1.440,80	1.620,90	-	1.318,56	1.483,38	-	1.199,52	1.349,46	-	1.083,52	1.218,96	-	970,56	1.091,88	-	860,80	968,
	IV	28.423	1.294,72	2.273,84	2.558,07	1.182,86	2.198,64	2.473,47	1.071,00	2.123,44	2.388,87	959,14	2.048,24	2.304,27	847,39	1.973,12	2.219,76	735,53	1.897,92	2.135,16	623,67	1.822,72	2.050,
	V	34.597	1.902,83	2.767,76	3.113,73																		
	VI	35.128	1.932,04	2.810,24	3.161,52																		
106.415,99	I	28.517	1.305,90	2.281,36	2.566,53	1.082,18	2.130,96	2.397,33	858,46	1.980,56	2.228,13	634,74	1.830,16	2.058,93	411,02	1.679,76	1.889,73	187,30	1.529,36	1.720,53	-	1.378,96	1.551,
(Ost)	II	26.728	1.093,01	2.138,24	2.405,52	869,29	1.987,84	2.236,32	645,57	1.837,44	2.067,12	421,85	1.687,04	1.897,92	198,13	1.536,64	1.728,72	-	1.386,24	1.559,52	-	1.236,64	1.391,
	III	19.656	-	1.572,48	1.769,04	-	1.447,04	1.627,92	-	1.324,64	1.490,22	-	1.205,44	1.356,12	-	1.089,28	1.225,44	-	976,16	1.098,18	-	866,24	974,5
	IV	28.517	1.305,90	2.281,36	2.566,53	1.194,04	2.206,16	2.481,93	1.082,18	2.130,96	2.397,33	970,32	2.055,76	2.312,73	858,46	1.980,56	2.228,13	746,60	1.905,36	2.143,53	634,74	1.830,16	2.058,9
	V	34.690	1.907,95	2.775,20	3.122,10																		
	VI	35.222	1.937,21	2.817,76	3.169,98																		
106.451,99	I	28.438	1.296,50	2.275,04	2.559,42	1.072,90	2.124,72	2.390,31	849,18	1.974,32	2.221,11	625,46	1.823,92	2.051,91	401,74	1.673,52	1.882,71	178,02	1.523,12	1.713,51	-	1.372,72	1.544,3
(West)	II	26.649	1.083,61	2.131,92	2.398,41	859,89	1.981,52	2.229,21	636,17	1.831,12	2.060,01	412,57	1.680,80	1.890,90	188,85	1.530,40	1.721,70	-	1.380,00	1.552,50	-	1.230,56	1.384,3
	III	19.588	-	1.567,04	1.762,92	-	1.441,76	1.621,98	-	1.319,52	1.484,46	-	1.200,48	1.350,54	-	1.084,48	1.220,04	-	971,52	1.092,96	-	861,60	969,3
	IV	28.438	1.296,50	2.275,04	2.559,42	1.184,76	2.199,92	2.474,91	1.072,90	2.124,72	2.390,31	961,04	2.049,52	2.305,71	849,18	1.974,32	2.221,11	737,32	1.899,12	2.136,51	625,46	1.823,92	2.051,9
	V	34.612	1.903,66	2.768,96	3.115,08																		
	VI	35.143	1.932,86	2.811,44	3.162,87																		
106.451,99	I	28.532	1.307,69	2.282,56	2.567,88	1.083,97	2.132,16	2.398,68	860,25	1.981,76	2.229,48	636,53	1.831,36	2.060,28	412,81	1.680,96	1.891,08	189,21	1.530,64	1.721,97	-	1.380,24	1.552,7
(Ost)	II	26.743	1.094,80	2.139,44	2.406,87	871,08	1.989,04	2.237,67	647,36	1.838,64	2.068,47	423,64	1.688,24	1.899,27	199,92	1.537,84	1.730,07	-	1.387,44	1.560,87	-	1.237,84	1.392,5
	III	19.668	-	1.573,44	1.770,12	-	1.448,00	1.629,00	-	1.325,60	1.491,30	-	1.206,40	1.357,20	-	1.090,08	1.226,34	-	977,12	1.099,26	-	867,04	975,4
	IV	28.532	1.307,69	2.282,56	2.567,88	1.195,83	2.207,36	2.483,28	1.083,97	2.132,16	2.398,68	972,11	2.056,96	2.314,08	860,25	1.981,76	2.229,48	748,39	1.906,56	2.144,88	636,53	1.831,36	2.060,2
	V	34.705	1.908,77	2.776,40	3.123,45																		
	VI	35.237	1.938,03	2.818,96	3.171,33																		

SolZ/KiSt lt. Tabelle nicht für Sonstige Bezüge anwendbar.

Lohn/ Gehalt bis	Steuerklasse	Lohn-steuer	ohne Kinderfreibetrag			Anzahl Kinderfreibeträge (nur Steuerklassen I–IV) 0,5			1,0			1,5			2,0			2,5			3,0		
			SolZ 5,5%	Kirchensteuer 8%	9%	SolZ 5,5%	Kirchensteuer 8%	9%	SolZ 5,5%	Kirchensteuer 8%	9%	SolZ 5,5%	Kirchensteuer 8%	9%	SolZ 5,5%	Kirchensteuer 8%	9%	SolZ 5,5%	Kirchensteuer 8%	9%	SolZ 5,5%	Kirchensteuer 8%	9%
6.487,99 (West)	I	28.454	1.298,40	2.276,32	2.560,86	1.074,68	2.125,92	2.391,66	850,96	1.975,52	2.222,46	627,24	1.825,12	2.053,26	403,52	1.674,72	1.884,06	179,80	1.524,32	1.714,86	-	1.373,92	1.545,66
	II	26.664	1.085,39	2.133,12	2.399,76	861,67	1.982,72	2.230,56	638,07	1.832,40	2.061,45	414,35	1.682,00	1.892,25	190,63	1.531,60	1.723,05	-	1.381,20	1.553,85	-	1.231,68	1.385,64
	III	19.602	-	1.568,16	1.764,18	-	1.442,72	1.623,06	-	1.320,48	1.485,54	-	1.201,44	1.351,62	-	1.085,28	1.220,94	-	972,32	1.093,86	-	862,56	970,38
	IV	28.454	1.298,40	2.276,32	2.560,86	1.186,54	2.201,12	2.476,26	1.074,68	2.125,92	2.391,66	962,82	2.050,72	2.307,06	850,96	1.975,52	2.222,46	739,10	1.900,32	2.137,86	627,24	1.825,12	2.053,26
	V	34.627	1.904,48	2.770,16	3.116,43																		
	VI	35.159	1.933,74	2.812,72	3.164,31																		
6.487,99 (Ost)	I	28.547	1.309,47	2.283,76	2.569,23	1.085,75	2.133,36	2.400,03	862,03	1.982,96	2.230,83	638,31	1.832,56	2.061,63	414,71	1.682,24	1.892,52	190,99	1.531,84	1.723,32	-	1.381,44	1.554,12
	II	26.758	1.096,58	2.140,64	2.408,22	872,86	1.990,24	2.239,02	649,14	1.839,84	2.069,82	425,42	1.689,44	1.900,62	201,70	1.539,04	1.731,42	-	1.388,64	1.562,22	-	1.239,04	1.393,92
	III	19.680	-	1.574,40	1.771,20	-	1.448,96	1.630,08	-	1.326,56	1.492,38	-	1.207,36	1.358,28	-	1.091,04	1.227,42	-	977,92	1.100,16	-	867,84	976,32
	IV	28.547	1.309,47	2.283,76	2.569,23	1.197,61	2.208,56	2.484,63	1.085,75	2.133,36	2.400,03	973,89	2.058,16	2.315,43	862,03	1.982,96	2.230,83	750,17	1.907,76	2.146,23	638,31	1.832,56	2.061,63
	V	34.721	1.909,65	2.777,68	3.124,89																		
	VI	35.252	1.938,86	2.820,16	3.172,68																		
6.523,99 (West)	I	28.469	1.300,19	2.277,52	2.562,21	1.076,47	2.127,12	2.393,01	852,75	1.976,72	2.223,81	629,03	1.826,32	2.054,61	405,31	1.675,92	1.885,41	181,59	1.525,52	1.716,21	-	1.375,12	1.547,01
	II	26.680	1.087,30	2.134,40	2.401,20	863,58	1.984,00	2.232,00	639,86	1.833,60	2.062,80	416,14	1.683,20	1.893,60	192,42	1.532,80	1.724,40	-	1.382,40	1.555,20	-	1.232,88	1.386,99
	III	19.614	-	1.569,12	1.765,26	-	1.443,84	1.624,32	-	1.321,44	1.486,62	-	1.202,40	1.352,70	-	1.086,24	1.222,02	-	973,28	1.094,94	-	863,36	971,28
	IV	28.469	1.300,19	2.277,52	2.562,21	1.188,33	2.202,32	2.477,61	1.076,47	2.127,12	2.393,01	964,61	2.051,92	2.308,41	852,75	1.976,72	2.223,81	740,89	1.901,52	2.139,21	629,03	1.826,32	2.054,61
	V	34.642	1.905,31	2.771,36	3.117,78																		
	VI	35.174	1.934,57	2.813,92	3.165,66																		
6.523,99 (Ost)	I	28.562	1.311,26	2.284,96	2.570,58	1.087,54	2.134,56	2.401,38	863,94	1.984,24	2.232,27	640,22	1.833,84	2.063,07	416,50	1.683,44	1.893,87	192,78	1.533,04	1.724,67	-	1.382,64	1.555,47
	II	26.773	1.098,37	2.141,84	2.409,57	874,65	1.991,44	2.240,37	650,93	1.841,04	2.071,17	427,21	1.690,64	1.901,97	203,49	1.540,24	1.732,77	-	1.389,92	1.563,66	-	1.240,24	1.395,27
	III	19.694	-	1.575,52	1.772,46	-	1.449,92	1.631,16	-	1.327,52	1.493,46	-	1.208,16	1.359,18	-	1.092,00	1.228,50	-	978,88	1.101,24	-	868,80	977,40
	IV	28.562	1.311,26	2.284,96	2.570,58	1.199,40	2.209,76	2.485,98	1.087,54	2.134,56	2.401,38	975,68	2.059,36	2.316,78	863,94	1.984,24	2.232,27	752,08	1.909,04	2.147,67	640,22	1.833,84	2.063,07
	V	34.736	1.910,48	2.778,88	3.126,24																		
	VI	35.267	1.939,68	2.821,36	3.174,03																		
6.559,99 (West)	I	28.484	1.301,97	2.278,72	2.563,56	1.078,25	2.128,32	2.394,36	854,53	1.977,92	2.225,16	630,81	1.827,52	2.055,96	407,09	1.677,12	1.886,76	183,37	1.526,72	1.717,56	-	1.376,32	1.548,36
	II	26.695	1.089,08	2.135,60	2.402,55	865,36	1.985,20	2.233,35	641,64	1.834,80	2.064,15	417,92	1.684,40	1.894,95	194,20	1.534,00	1.725,75	-	1.383,60	1.556,55	-	1.234,08	1.388,34
	III	19.626	-	1.570,08	1.766,34	-	1.444,80	1.625,40	-	1.322,56	1.487,88	-	1.203,36	1.353,78	-	1.087,20	1.223,10	-	974,24	1.096,02	-	864,16	972,18
	IV	28.484	1.301,97	2.278,72	2.563,56	1.190,11	2.203,52	2.478,96	1.078,25	2.128,32	2.394,36	966,39	2.053,12	2.309,76	854,53	1.977,92	2.225,16	742,67	1.902,72	2.140,56	630,81	1.827,52	2.055,96
	V	34.657	1.906,13	2.772,56	3.119,13																		
	VI	35.189	1.935,39	2.815,12	3.167,01																		
6.559,99 (Ost)	I	28.577	1.313,04	2.286,16	2.571,93	1.089,44	2.135,84	2.402,82	865,72	1.985,44	2.233,62	642,00	1.835,04	2.064,42	418,28	1.684,64	1.895,22	194,56	1.534,24	1.726,02	-	1.383,84	1.556,82
	II	26.788	1.100,15	2.143,04	2.410,92	876,43	1.992,64	2.241,72	652,71	1.842,24	2.072,52	429,11	1.691,92	1.903,41	205,39	1.541,52	1.734,21	-	1.391,12	1.565,01	-	1.241,44	1.396,62
	III	19.706	-	1.576,48	1.773,54	-	1.451,04	1.632,42	-	1.328,48	1.494,54	-	1.209,12	1.360,26	-	1.092,96	1.229,58	-	979,68	1.102,14	-	869,60	978,30
	IV	28.577	1.313,04	2.286,16	2.571,93	1.201,30	2.211,04	2.487,42	1.089,44	2.135,84	2.402,82	977,58	2.060,64	2.318,22	865,72	1.985,44	2.233,62	753,86	1.910,24	2.149,02	642,00	1.835,04	2.064,42
	V	34.751	1.911,30	2.780,08	3.127,59																		
	VI	35.283	1.940,56	2.822,64	3.175,47																		
6.595,99 (West)	I	28.499	1.303,76	2.279,92	2.564,91	1.080,04	2.129,52	2.395,71	856,32	1.979,12	2.226,51	632,60	1.828,72	2.057,31	408,88	1.678,32	1.888,11	185,16	1.527,92	1.718,91	-	1.377,52	1.549,71
	II	26.710	1.090,87	2.136,80	2.403,90	867,15	1.986,40	2.234,70	643,43	1.836,00	2.065,50	419,71	1.685,60	1.896,30	195,99	1.535,20	1.727,10	-	1.384,80	1.557,90	-	1.235,28	1.389,69
	III	19.640	-	1.571,20	1.767,60	-	1.445,76	1.626,48	-	1.323,52	1.488,96	-	1.204,32	1.354,86	-	1.088,16	1.224,18	-	975,04	1.096,92	-	865,12	973,26
	IV	28.499	1.303,76	2.279,92	2.564,91	1.191,90	2.204,72	2.480,31	1.080,04	2.129,52	2.395,71	968,18	2.054,32	2.311,11	856,32	1.979,12	2.226,51	744,46	1.903,92	2.141,91	632,60	1.828,72	2.057,31
	V	34.672	1.906,96	2.773,76	3.120,48																		
	VI	35.204	1.936,22	2.816,32	3.168,36																		
06.595,99 (Ost)	I	28.593	1.314,95	2.287,44	2.573,37	1.091,23	2.137,04	2.404,17	867,51	1.986,64	2.234,97	643,79	1.836,24	2.065,77	420,07	1.685,84	1.896,57	196,35	1.535,44	1.727,37	-	1.385,04	1.558,17
	II	26.803	1.101,94	2.144,24	2.412,27	878,22	1.993,84	2.243,07	654,61	1.843,52	2.073,96	430,89	1.693,12	1.904,76	207,17	1.542,72	1.735,56	-	1.392,32	1.566,36	-	1.242,56	1.397,88
	III	19.718	-	1.577,44	1.774,62	-	1.452,00	1.633,50	-	1.329,44	1.495,62	-	1.210,08	1.361,34	-	1.093,92	1.230,66	-	980,64	1.103,22	-	870,56	979,38
	IV	28.593	1.314,95	2.287,44	2.573,37	1.203,09	2.212,24	2.488,77	1.091,23	2.137,04	2.404,17	979,37	2.061,84	2.319,57	867,51	1.986,64	2.234,97	755,65	1.911,44	2.150,37	643,79	1.836,24	2.065,77
	V	34.766	1.912,13	2.781,28	3.128,94																		
	VI	35.298	1.941,39	2.823,84	3.176,82																		
06.631,99 (West)	I	28.514	1.305,54	2.281,12	2.566,26	1.081,82	2.130,72	2.397,06	858,10	1.980,32	2.227,86	634,38	1.829,92	2.058,66	410,66	1.679,52	1.889,46	186,94	1.529,12	1.720,26	-	1.378,80	1.551,15
	II	26.725	1.092,65	2.138,00	2.405,25	868,93	1.987,60	2.236,05	645,21	1.837,20	2.066,85	421,49	1.686,80	1.897,65	197,77	1.536,40	1.728,45	-	1.386,00	1.559,25	-	1.236,40	1.390,95
	III	19.652	-	1.572,16	1.768,68	-	1.446,72	1.627,56	-	1.324,48	1.490,04	-	1.205,12	1.355,76	-	1.088,96	1.225,08	-	976,00	1.098,00	-	865,92	974,16
	IV	28.514	1.305,54	2.281,12	2.566,26	1.193,68	2.205,92	2.481,66	1.081,82	2.130,72	2.397,06	969,96	2.055,52	2.312,46	858,10	1.980,32	2.227,86	746,24	1.905,12	2.143,26	634,38	1.829,92	2.058,66
	V	34.687	1.907,78	2.774,96	3.121,83																		
	VI	35.219	1.937,04	2.817,52	3.169,71																		
06.631,99 (Ost)	I	28.608	1.316,73	2.288,64	2.574,72	1.093,01	2.138,24	2.405,52	869,29	1.987,84	2.236,32	645,57	1.837,44	2.067,12	421,85	1.687,04	1.897,92	198,13	1.536,64	1.728,72	-	1.386,24	1.559,52
	II	26.819	1.103,84	2.145,52	2.413,71	880,12	1.995,12	2.244,51	656,40	1.844,72	2.075,31	432,68	1.694,32	1.906,11	208,96	1.543,92	1.736,91	-	1.393,52	1.567,71	-	1.243,76	1.399,23
	III	19.732	-	1.578,56	1.775,88	-	1.452,96	1.634,58	-	1.330,40	1.496,70	-	1.211,04	1.362,42	-	1.094,72	1.231,56	-	981,60	1.104,30	-	871,36	980,28
	IV	28.608	1.316,73	2.288,64	2.574,72	1.204,87	2.213,44	2.490,12	1.093,01	2.138,24	2.405,52	981,15	2.063,04	2.320,92	869,29	1.987,84	2.236,32	757,43	1.912,64	2.151,72	645,57	1.837,44	2.067,12
	V	34.781	1.912,95	2.782,48	3.130,29																		
	VI	35.313	1.942,21	2.825,04	3.178,17																		
06.667,99 (West)	I	28.529	1.307,33	2.282,32	2.567,61	1.083,61	2.131,92	2.398,41	859,89	1.981,52	2.229,21	636,17	1.831,12	2.060,01	412,57	1.680,80	1.890,90	188,85	1.530,40	1.721,70	-	1.380,00	1.552,50
	II	26.740	1.094,44	2.139,20	2.406,60	870,72	1.988,80	2.237,40	647,00	1.838,40	2.068,20	423,28	1.688,00	1.899,00	199,56	1.537,60	1.729,80	-	1.387,20	1.560,60	-	1.237,60	1.392,30
	III	19.664	-	1.573,12	1.769,76	-	1.447,68	1.628,64	-	1.325,44	1.491,12	-	1.206,08	1.356,84	-	1.089,92	1.226,16	-	976,80	1.098,90	-	866,88	975,24
	IV	28.529	1.307,33	2.282,32	2.567,61	1.195,47	2.207,12	2.483,01	1.083,61	2.131,92	2.398,41	971,75	2.056,72	2.313,81	859,89	1.981,52	2.229,21	748,03	1.906,32	2.144,61	636,17	1.831,12	2.060,01
	V	34.702	1.908,61	2.776,16	3.123,18																		
	VI	35.234	1.937,87	2.818,72	3.171,06																		
06.667,99 (Ost)	I	28.623	1.318,52	2.289,84	2.576,07	1.094,80	2.139,44	2.406,87	871,08	1.989,04	2.237,67	647,36	1.838,64	2.068,47	423,64	1.688,24	1.899,27	199,92	1.537,84	1.730,07	-	1.387,44	1.560,87
	II	26.834	1.105,62	2.146,72	2.415,06	881,90	1.996,32	2.245,86	658,18	1.845,92	2.076,66	434,46	1.695,52	1.907,46	210,74	1.545,12	1.738,26	-	1.394,72	1.569,06	-	1.244,96	1.400,58
	III	19.744	-	1.579,52	1.776,96	-	1.453,92	1.635,66	-	1.331,52	1.497,96	-	1.212,00	1.363,50	-	1.095,68	1.232,64	-	982,40	1.105,20	-	872,32	981,36
	IV	28.623	1.318,52	2.289,84	2.576,07	1.206,66	2.214,64	2.491,47	1.094,80	2.139,44	2.406,87	982,94	2.064,24	2.322,27	871,08	1.989,04	2.237,67	759,22	1.913,84	2.153,07	647,36	1.838,64	2.068,47
	V	34.796	1.913,78	2.783,68	3.131,64																		
	VI	35.328	1.943,04	2.826,24	3.179,52																		
06.703,99 (West)	I	28.544	1.309,11	2.283,52	2.568,96	1.085,39	2.133,12	2.399,76	861,67	1.982,72	2.230,56	638,07	1.832,40	2.061,45	414,35	1.682,00	1.892,25	190,63	1.531,60	1.723,05	-	1.381,20	1.553,85
	II	26.755	1.096,22	2.140,40	2.407,95	872,50	1.990,00	2.238,75	648,78	1.839,60	2.069,55	425,06	1.689,20	1.900,35	201,34	1.538,80	1.731,15	-	1.388,48	1.562,04	-	1.238,80	1.393,65
	III	19.678	-	1.574,24	1.771,02	-	1.448,80	1.629,90	-	1.326,40	1.492,20	-	1.207,04	1.357,92	-	1.090,88	1.227,24	-	977,76	1.099,98	-	867,68	976,14
	IV	28.544	1.309,11	2.283,52	2.568,96	1.197,25	2.208,32	2.484,36	1.085,39	2.133,12	2.399,76	973,53	2.057,92	2.315,16	861,67	1.982,72	2.230,56	749,93	1.907,60	2.146,05	638,07	1.832,40	2.061,45
	V	34.718	1.909,49	2.777,44	3.124,62																		
	VI	35.249	1.938,69	2.819,92	3.172,41																		
06.703,99 (Ost)	I	28.638	1.320,30	2.291,04	2.577,42	1.096,58	2.140,64	2.408,22	872,86	1.990,24	2.239,02	649,14	1.839,84	2.069,82	425,42	1.689,44	1.900,62	201,70	1.539,04	1.731,42	-	1.388,64	1.562,22
	II	26.849	1.107,41	2.147,92	2.416,41	883,69	1.997,52	2.247,21	659,97	1.847,12	2.078,01	436,25	1.696,72	1.908,81	212,53	1.546,32	1.739,61	-	1.395,92	1.570,41	-	1.246,16	1.401,93
	III	19.758	-	1.580,64	1.778,22	-	1.454,88	1.636,74	-	1.332,48	1.499,04	-	1.212,96	1.364,58	-	1.096,64	1.233,72	-	983,36	1.106,28	-	873,12	982,26
	IV	28.638	1.320,30	2.291,04	2.577,42	1.208,44	2.215,84	2.492,82	1.096,58	2.140,64	2.408,22	984,72	2.065,44	2.323,62	872,86	1.990,24	2.239,02	761,00	1.915,04	2.154,42	649,14	1.839,84	2.069,82
	V	34.811	1.914,60	2.784,88	3.132,99																		
	VI	35.343	1.943,86	2.827,44	3.180,87																		

SolZ/KiSt lt. Tabelle nicht für Sonstige Bezüge anwendbar.

Lohn/ Gehalt bis	Steuerklasse	Lohn-steuer	ohne Kinderfreibetrag			Anzahl Kinderfreibeträge (nur Steuerklassen I–IV)																	
						0,5			1,0			1,5			2,0			2,5			3,0		
			SolZ 5,5%	Kirchensteuer 8%	9%	*SolZ* 5,5%	Kirchensteuer 8%	9%	*SolZ* 5,5%	Kirchensteuer 8%	9%	*SolZ* 5,5%	Kirchensteuer 8%	9%	*SolZ* 5,5%	Kirchensteuer 8%	9%	*SolZ* 5,5%	Kirchensteuer 8%	9%	*SolZ* 5,5%	Kirchensteuer 8%	9%
106.739,99 *(West)*	I	28.559	*1.310,90*	2.284,72	2.570,31	*1.087,30*	2.134,40	2.401,20	*863,58*	1.984,00	2.232,00	*639,86*	1.833,60	2.062,80	*416,14*	1.683,20	1.893,60	*192,42*	1.532,80	1.724,40	–	1.382,40	1.555,
	II	26.770	*1.098,01*	2.141,60	2.409,30	*874,29*	1.991,20	2.240,10	*650,57*	1.840,80	2.070,90	*426,85*	1.690,40	1.901,70	*203,25*	1.540,08	1.732,59	–	1.389,68	1.563,39	–	1.240,00	1.395,
	III	19.690	–	1.575,20	1.772,10	–	1.449,76	1.630,98	–	1.327,36	1.493,28	–	1.208,00	1.359,00	–	1.091,84	1.228,32	–	978,72	1.101,06	–	868,64	977
	IV	28.559	*1.310,90*	2.284,72	2.570,31	*1.199,04*	2.209,52	2.485,71	*1.087,30*	2.134,40	2.401,20	*975,44*	2.059,20	2.316,60	*863,58*	1.984,00	2.232,00	*751,72*	1.908,80	2.147,40	*639,86*	1.833,60	2.062,
	V	34.733	*1.910,31*	2.778,64	3.125,97																		
	VI	35.264	*1.939,52*	2.821,12	3.173,76																		
106.739,99 *(Ost)*	I	28.653	*1.322,09*	2.292,24	2.578,77	*1.098,37*	2.141,84	2.409,57	*874,65*	1.991,44	2.240,37	*650,93*	1.841,04	2.071,17	*427,21*	1.690,64	1.901,97	*203,49*	1.540,24	1.732,77	–	1.389,92	1.563,
	II	26.864	*1.109,19*	2.149,12	2.417,76	*885,47*	1.998,72	2.248,56	*661,75*	1.848,32	2.079,36	*438,03*	1.697,92	1.910,16	*214,31*	1.547,52	1.740,96	–	1.397,12	1.571,76	–	1.247,36	1.403,
	III	19.770	–	1.581,60	1.779,30	–	1.456,00	1.638,00	–	1.333,44	1.500,12	–	1.213,92	1.365,66	–	1.097,60	1.234,80	–	984,32	1.107,36	–	874,08	983,
	IV	28.653	*1.322,09*	2.292,24	2.578,77	*1.210,23*	2.217,04	2.494,17	*1.098,37*	2.141,84	2.409,57	*986,51*	2.066,64	2.324,97	*874,65*	1.991,44	2.240,37	*762,79*	1.916,24	2.155,77	*650,93*	1.841,04	2.071,
	V	34.826	*1.915,43*	2.786,08	3.134,34																		
	VI	35.358	*1.944,69*	2.828,64	3.182,22																		
106.775,99 *(West)*	I	28.575	*1.312,80*	2.286,00	2.571,75	*1.089,08*	2.135,60	2.402,55	*865,36*	1.985,20	2.233,35	*641,64*	1.834,80	2.064,15	*417,92*	1.684,40	1.894,95	*194,20*	1.534,00	1.725,75	–	1.383,60	1.556,
	II	26.785	*1.099,79*	2.142,80	2.410,65	*876,07*	1.992,40	2.241,45	*652,47*	1.842,08	2.072,34	*428,75*	1.691,68	1.903,14	*205,03*	1.541,28	1.733,94	–	1.390,88	1.564,74	–	1.241,20	1.396,
	III	19.704	–	1.576,32	1.773,36	–	1.450,72	1.632,06	–	1.328,32	1.494,36	–	1.208,96	1.360,08	–	1.092,80	1.229,40	–	979,52	1.101,96	–	869,44	978,
	IV	28.575	*1.312,80*	2.286,00	2.571,75	*1.200,94*	2.210,80	2.487,15	*1.089,08*	2.135,60	2.402,55	*977,22*	2.060,40	2.317,95	*865,36*	1.985,20	2.233,35	*753,50*	1.910,00	2.148,75	*641,64*	1.834,80	2.064,
	V	34.748	*1.911,14*	2.779,84	3.127,32																		
	VI	35.280	*1.940,40*	2.822,40	3.175,20																		
106.775,99 *(Ost)*	I	28.668	*1.323,87*	2.293,44	2.580,12	*1.100,15*	2.143,04	2.410,92	*876,43*	1.992,64	2.241,72	*652,71*	1.842,24	2.072,52	*429,11*	1.691,92	1.903,41	*205,39*	1.541,52	1.734,21	–	1.391,12	1.565,
	II	26.879	*1.110,98*	2.150,32	2.419,11	*887,26*	1.999,92	2.249,91	*663,54*	1.849,52	2.080,71	*439,82*	1.699,12	1.911,51	*216,10*	1.548,72	1.742,31	–	1.398,32	1.573,11	–	1.248,56	1.404,
	III	19.782	–	1.582,56	1.780,38	–	1.456,96	1.639,08	–	1.334,40	1.501,20	–	1.214,88	1.366,74	–	1.098,40	1.235,70	–	985,12	1.108,26	–	874,88	984,
	IV	28.668	*1.323,87*	2.293,44	2.580,12	*1.212,01*	2.218,24	2.495,52	*1.100,15*	2.143,04	2.410,92	*988,29*	2.067,84	2.326,32	*876,43*	1.992,64	2.241,72	*764,57*	1.917,44	2.157,12	*652,71*	1.842,24	2.072,
	V	34.842	*1.916,31*	2.787,36	3.135,78																		
	VI	35.373	*1.945,51*	2.829,84	3.183,57																		
106.811,99 *(West)*	I	28.590	*1.314,59*	2.287,20	2.573,10	*1.090,87*	2.136,80	2.403,90	*867,15*	1.986,40	2.234,70	*643,43*	1.836,00	2.065,50	*419,71*	1.685,60	1.896,30	*195,99*	1.535,20	1.727,10	–	1.384,80	1.557,
	II	26.800	*1.101,58*	2.144,00	2.412,00	*877,98*	1.993,68	2.242,89	*654,26*	1.843,28	2.073,69	*430,54*	1.692,88	1.904,49	*206,82*	1.542,48	1.735,29	–	1.392,08	1.566,09	–	1.242,40	1.397,
	III	19.716	–	1.577,28	1.774,44	–	1.451,68	1.633,14	–	1.329,28	1.495,44	–	1.209,92	1.361,16	–	1.093,60	1.230,30	–	980,48	1.103,04	–	870,40	979,
	IV	28.590	*1.314,59*	2.287,20	2.573,10	*1.202,73*	2.212,00	2.488,50	*1.090,87*	2.136,80	2.403,90	*979,01*	2.061,60	2.319,30	*867,15*	1.986,40	2.234,70	*755,29*	1.911,20	2.150,10	*643,43*	1.836,00	2.065,
	V	34.763	*1.911,96*	2.781,04	3.128,67																		
	VI	35.295	*1.941,22*	2.823,60	3.176,55																		
106.811,99 *(Ost)*	I	28.683	*1.325,66*	2.294,64	2.581,47	*1.101,94*	2.144,24	2.412,27	*878,22*	1.993,84	2.243,07	*654,61*	1.843,52	2.073,96	*430,89*	1.693,12	1.904,76	*207,17*	1.542,72	1.735,56	–	1.392,32	1.566,
	II	26.894	*1.112,76*	2.151,52	2.420,46	*889,04*	2.001,12	2.251,26	*665,32*	1.850,72	2.082,06	*441,60*	1.700,32	1.912,86	*217,88*	1.549,92	1.743,66	–	1.399,60	1.574,55	–	1.249,76	1.405,
	III	19.796	–	1.583,68	1.781,64	–	1.457,92	1.640,16	–	1.335,36	1.502,28	–	1.215,84	1.367,82	–	1.099,36	1.236,78	–	986,08	1.109,34	–	875,84	985,
	IV	28.683	*1.325,66*	2.294,64	2.581,47	*1.213,80*	2.219,44	2.496,87	*1.101,94*	2.144,24	2.412,27	*990,08*	2.069,04	2.327,67	*878,22*	1.993,84	2.243,07	*766,47*	1.918,72	2.158,56	*654,61*	1.843,52	2.073,
	V	34.857	*1.917,13*	2.788,56	3.137,13																		
	VI	35.388	*1.946,34*	2.831,04	3.184,92																		
106.847,99 *(West)*	I	28.605	*1.316,37*	2.288,40	2.574,45	*1.092,65*	2.138,00	2.405,25	*868,93*	1.987,60	2.236,05	*645,21*	1.837,20	2.066,85	*421,49*	1.686,80	1.897,65	*197,77*	1.536,40	1.728,45	–	1.386,00	1.559,
	II	26.816	*1.103,48*	2.145,28	2.413,44	*879,76*	1.994,88	2.244,24	*656,04*	1.844,48	2.075,04	*432,32*	1.694,08	1.905,84	*208,60*	1.543,68	1.736,64	–	1.393,28	1.567,44	–	1.243,52	1.398,
	III	19.728	–	1.578,24	1.775,52	–	1.452,80	1.634,40	–	1.330,24	1.496,52	–	1.210,88	1.362,24	–	1.094,56	1.231,38	–	981,28	1.103,94	–	871,20	980,
	IV	28.605	*1.316,37*	2.288,40	2.574,45	*1.204,51*	2.213,20	2.489,85	*1.092,65*	2.138,00	2.405,25	*980,79*	2.062,80	2.320,65	*868,93*	1.987,60	2.236,05	*757,07*	1.912,40	2.151,45	*645,21*	1.837,20	2.066,
	V	34.778	*1.912,79*	2.782,24	3.130,02																		
	VI	35.310	*1.942,05*	2.824,80	3.177,90																		
106.847,99 *(Ost)*	I	28.698	*1.327,44*	2.295,84	2.582,82	*1.103,84*	2.145,52	2.413,71	*880,12*	1.995,12	2.244,51	*656,40*	1.844,72	2.075,31	*432,68*	1.694,32	1.906,11	*208,96*	1.543,92	1.736,91	–	1.393,52	1.567,
	II	26.909	*1.114,55*	2.152,72	2.421,81	*890,83*	2.002,32	2.252,61	*667,11*	1.851,92	2.083,41	*443,39*	1.701,52	1.914,21	*219,79*	1.551,20	1.745,10	–	1.400,80	1.575,90	–	1.250,88	1.407,
	III	19.808	–	1.584,64	1.782,72	–	1.458,88	1.641,24	–	1.336,32	1.503,36	–	1.216,80	1.368,90	–	1.100,32	1.237,86	–	986,88	1.110,24	–	876,64	986,
	IV	28.698	*1.327,44*	2.295,84	2.582,82	*1.215,58*	2.220,64	2.498,22	*1.103,84*	2.145,52	2.413,71	*991,98*	2.070,32	2.329,11	*880,12*	1.995,12	2.244,51	*768,26*	1.919,92	2.159,91	*656,40*	1.844,72	2.075,
	V	34.872	*1.917,96*	2.789,76	3.138,48																		
	VI	35.403	*1.947,16*	2.832,24	3.186,27																		
106.883,99 *(West)*	I	28.620	*1.318,16*	2.289,60	2.575,80	*1.094,44*	2.139,20	2.406,60	*870,72*	1.988,80	2.237,40	*647,00*	1.838,40	2.068,20	*423,28*	1.688,00	1.899,00	*199,56*	1.537,60	1.729,80	–	1.387,20	1.560,
	II	26.831	*1.105,27*	2.146,48	2.414,79	*881,55*	1.996,08	2.245,59	*657,83*	1.845,68	2.076,39	*434,11*	1.695,28	1.907,19	*210,39*	1.544,88	1.737,99	–	1.394,48	1.568,79	–	1.244,72	1.400,
	III	19.742	–	1.579,36	1.776,78	–	1.453,76	1.635,48	–	1.331,20	1.497,60	–	1.211,84	1.363,32	–	1.095,52	1.232,46	–	982,24	1.105,02	–	872,16	981,
	IV	28.620	*1.318,16*	2.289,60	2.575,80	*1.206,30*	2.214,40	2.491,20	*1.094,44*	2.139,20	2.406,60	*982,58*	2.064,00	2.322,00	*870,72*	1.988,80	2.237,40	*758,86*	1.913,60	2.152,80	*647,00*	1.838,40	2.068,
	V	34.793	*1.913,61*	2.783,44	3.131,37																		
	VI	35.325	*1.942,87*	2.826,00	3.179,25																		
106.883,99 *(Ost)*	I	28.714	*1.329,34*	2.297,12	2.584,26	*1.105,62*	2.146,72	2.415,06	*881,90*	1.996,32	2.245,86	*658,18*	1.845,92	2.076,66	*434,46*	1.695,52	1.907,46	*210,74*	1.545,12	1.738,26	–	1.394,72	1.569,
	II	26.924	*1.116,33*	2.153,92	2.423,16	*892,61*	2.003,52	2.253,96	*669,01*	1.853,20	2.084,85	*445,29*	1.702,80	1.915,65	*221,57*	1.552,40	1.746,45	–	1.402,00	1.577,25	–	1.252,08	1.408,
	III	19.822	–	1.585,76	1.783,98	–	1.460,00	1.642,50	–	1.337,28	1.504,44	–	1.217,76	1.369,98	–	1.101,28	1.238,94	–	987,84	1.111,32	–	877,60	987,
	IV	28.714	*1.329,34*	2.297,12	2.584,26	*1.217,48*	2.221,92	2.499,66	*1.105,62*	2.146,72	2.415,06	*993,76*	2.071,52	2.330,46	*881,90*	1.996,32	2.245,86	*770,04*	1.921,12	2.161,26	*658,18*	1.845,92	2.076,
	V	34.887	*1.918,78*	2.790,96	3.139,83																		
	VI	35.419	*1.948,04*	2.833,52	3.187,71																		
106.919,99 *(West)*	I	28.635	*1.319,94*	2.290,80	2.577,15	*1.096,22*	2.140,40	2.407,95	*872,50*	1.990,00	2.238,75	*648,78*	1.839,60	2.069,55	*425,06*	1.689,20	1.900,35	*201,34*	1.538,80	1.731,15	–	1.388,48	1.562,
	II	26.846	*1.107,05*	2.147,68	2.416,14	*883,33*	1.997,28	2.246,94	*659,61*	1.846,88	2.077,74	*435,89*	1.696,48	1.908,54	*212,17*	1.546,08	1.739,34	–	1.395,68	1.570,14	–	1.245,92	1.401,
	III	19.754	–	1.580,32	1.777,86	–	1.454,72	1.636,56	–	1.332,16	1.498,68	–	1.212,80	1.364,40	–	1.096,48	1.233,54	–	983,20	1.106,10	–	872,96	982,
	IV	28.635	*1.319,94*	2.290,80	2.577,15	*1.208,08*	2.215,60	2.492,55	*1.096,22*	2.140,40	2.407,95	*984,36*	2.065,20	2.323,35	*872,50*	1.990,00	2.238,75	*760,64*	1.914,80	2.154,15	*648,78*	1.839,60	2.069,
	V	34.808	*1.914,44*	2.784,64	3.132,72																		
	VI	35.340	*1.943,70*	2.827,20	3.180,60																		
106.919,99 *(Ost)*	I	28.729	*1.331,13*	2.298,32	2.585,61	*1.107,41*	2.147,92	2.416,41	*883,69*	1.997,52	2.247,21	*659,97*	1.847,12	2.078,01	*436,25*	1.696,72	1.908,81	*212,53*	1.546,32	1.739,61	–	1.395,92	1.570,4
	II	26.939	*1.118,12*	2.155,12	2.424,51	*894,52*	2.004,80	2.255,40	*670,80*	1.854,40	2.086,20	*447,08*	1.704,00	1.917,00	*223,36*	1.553,60	1.747,80	–	1.403,20	1.578,60	–	1.253,28	1.409,9
	III	19.834	–	1.586,72	1.785,06	–	1.460,96	1.643,58	–	1.338,24	1.505,52	–	1.218,72	1.371,06	–	1.102,24	1.240,02	–	988,80	1.112,40	–	878,40	988,2
	IV	28.729	*1.331,13*	2.298,32	2.585,61	*1.219,27*	2.223,12	2.501,01	*1.107,41*	2.147,92	2.416,41	*995,55*	2.072,72	2.331,81	*883,69*	1.997,52	2.247,21	*771,83*	1.922,32	2.162,61	*659,97*	1.847,12	2.078,0
	V	34.902	*1.919,61*	2.792,16	3.141,18																		
	VI	35.434	*1.948,87*	2.834,72	3.189,06																		
106.955,99 *(West)*	I	28.650	*1.321,73*	2.292,00	2.578,50	*1.098,01*	2.141,60	2.409,30	*874,29*	1.991,20	2.240,10	*650,57*	1.840,80	2.070,90	*426,85*	1.690,40	1.901,70	*203,25*	1.540,08	1.732,59	–	1.389,68	1.563,3
	II	26.861	*1.108,84*	2.148,88	2.417,49	*885,12*	1.998,48	2.248,29	*661,40*	1.848,08	2.079,09	*437,68*	1.697,68	1.909,89	*213,96*	1.547,28	1.740,69	–	1.396,88	1.571,49	–	1.247,12	1.403,0
	III	19.768	–	1.581,44	1.779,12	–	1.455,68	1.637,64	–	1.333,12	1.499,76	–	1.213,76	1.365,48	–	1.097,28	1.234,44	–	984,00	1.107,00	–	873,76	982,9
	IV	28.650	*1.321,73*	2.292,00	2.578,50	*1.209,87*	2.216,80	2.493,90	*1.098,01*	2.141,60	2.409,30	*986,15*	2.066,40	2.324,70	*874,29*	1.991,20	2.240,10	*762,43*	1.916,00	2.155,50	*650,57*	1.840,80	2.070,9
	V	34.823	*1.915,26*	2.785,84	3.134,07																		
	VI	35.355	*1.944,52*	2.828,40	3.181,95																		
106.955,99 *(Ost)*	I	28.744	*1.332,91*	2.299,52	2.586,96	*1.109,19*	2.149,12	2.417,76	*885,47*	1.998,72	2.248,56	*661,75*	1.848,32	2.079,36	*438,03*	1.697,92	1.910,16	*214,31*	1.547,52	1.740,96	–	1.397,12	1.571,7
	II	26.955	*1.120,02*	2.156,40	2.425,95	*896,30*	2.006,00	2.256,75	*672,58*	1.855,60	2.087,55	*448,86*	1.705,20	1.918,35	*225,14*	1.554,80	1.749,15	*1,42*	1.404,40	1.579,95	–	1.254,48	1.411,2
	III	19.846	–	1.587,68	1.786,14	–	1.461,92	1.644,66	–	1.339,20	1.506,60	–	1.219,68	1.372,14	–	1.103,04	1.240,92	–	989,60	1.113,30	–	879,20	989,1
	IV	28.744	*1.332,91*	2.299,52	2.586,96	*1.221,05*	2.224,32	2.502,36	*1.109,19*	2.149,12	2.417,76	*997,33*	2.073,92	2.333,16	*885,47*	1.998,72	2.248,56	*773,61*	1.923,52	2.163,96	*661,75*	1.848,32	2.079,3
	V	34.917	*1.920,43*	2.793,36	3.142,53																		
	VI	35.449	*1.949,69*	2.835,92	3.190,41																		

SolZ/KiSt lt. Tabelle nicht für Sonstige Bezüge anwendbar.

Lohn/ Gehalt bis	Steuerklasse	Lohn-steuer	ohne Kinderfreibetrag SolZ 5,5%	Kirchensteuer 8%	9%	0,5 SolZ 5,5%	Kirchensteuer 8%	9%	1,0 SolZ 5,5%	Kirchensteuer 8%	9%	1,5 SolZ 5,5%	Kirchensteuer 8%	9%	2,0 SolZ 5,5%	Kirchensteuer 8%	9%	2,5 SolZ 5,5%	Kirchensteuer 8%	9%	3,0 SolZ 5,5%	Kirchensteuer 8%	9%
6.991,99 (West)	I	28.665	1.323,51	2.293,20	2.579,85	1.099,79	2.142,80	2.410,65	876,07	1.992,40	2.241,45	652,47	1.842,08	2.072,34	428,75	1.691,68	1.903,14	205,03	1.541,28	1.733,94	-	1.390,88	1.564,74
	II	26.876	1.110,62	2.150,08	2.418,84	886,90	1.999,68	2.249,64	663,18	1.849,28	2.080,44	439,46	1.698,88	1.911,24	215,74	1.548,48	1.742,04	-	1.398,08	1.572,84	-	1.248,32	1.404,36
	III	19.780	-	1.582,40	1.780,20	-	1.456,80	1.638,90	-	1.334,08	1.500,84	-	1.214,72	1.366,56	-	1.098,24	1.235,52	-	984,96	1.108,08	-	874,72	984,06
	IV	28.665	1.323,51	2.293,20	2.579,85	1.211,65	2.218,00	2.495,25	1.099,79	2.142,80	2.410,65	987,93	2.067,60	2.326,05	876,07	1.992,40	2.241,45	764,21	1.917,20	2.156,85	652,47	1.842,08	2.072,34
	V	34.839	1.916,14	2.787,12	3.135,51																		
	VI	35.370	1.945,35	2.829,60	3.183,30																		
6.991,99 (Ost)	I	28.759	1.334,70	2.300,72	2.588,31	1.110,98	2.150,32	2.419,11	887,26	1.999,92	2.249,91	663,54	1.849,52	2.080,71	439,82	1.699,12	1.911,51	216,10	1.548,72	1.742,31	-	1.398,32	1.573,11
	II	26.970	1.121,81	2.157,60	2.427,30	898,09	2.007,20	2.258,10	674,37	1.856,80	2.088,90	450,65	1.706,40	1.919,70	226,93	1.556,00	1.750,50	3,21	1.405,60	1.581,30	-	1.255,68	1.412,64
	III	19.860	-	1.588,80	1.787,40	-	1.462,88	1.645,74	-	1.340,16	1.507,68	-	1.220,64	1.373,22	-	1.104,00	1.242,00	-	990,56	1.114,38	-	880,16	990,18
	IV	28.759	1.334,70	2.300,72	2.588,31	1.222,84	2.225,52	2.503,71	1.110,98	2.150,32	2.419,11	999,12	2.075,12	2.334,51	887,26	1.999,92	2.249,91	775,40	1.924,72	2.165,31	663,54	1.849,52	2.080,71
	V	34.932	1.921,26	2.794,56	3.143,88																		
	VI	35.464	1.950,52	2.837,12	3.191,76																		
7.027,99 (West)	I	28.680	1.325,30	2.294,40	2.581,20	1.101,58	2.144,00	2.412,00	877,98	1.993,68	2.242,89	654,26	1.843,28	2.073,69	430,54	1.692,88	1.904,49	206,82	1.542,48	1.735,29	-	1.392,08	1.566,09
	II	26.891	1.112,41	2.151,28	2.420,19	888,69	2.000,88	2.250,99	664,97	1.850,48	2.081,79	441,25	1.700,08	1.912,59	217,65	1.549,76	1.743,48	-	1.399,36	1.574,28	-	1.249,52	1.405,71
	III	19.792	-	1.583,36	1.781,28	-	1.457,76	1.639,98	-	1.335,20	1.502,10	-	1.215,68	1.367,64	-	1.099,20	1.236,60	-	985,92	1.109,16	-	875,52	984,96
	IV	28.680	1.325,30	2.294,40	2.581,20	1.213,44	2.219,20	2.496,60	1.101,58	2.144,00	2.412,00	989,84	2.068,88	2.327,49	877,98	1.993,68	2.242,89	766,12	1.918,48	2.158,29	654,26	1.843,28	2.073,69
	V	34.854	1.916,97	2.788,32	3.136,86																		
	VI	35.385	1.946,17	2.830,80	3.184,65																		
07.027,99 (Ost)	I	28.774	1.336,48	2.301,92	2.589,66	1.112,76	2.151,52	2.420,46	889,04	2.001,12	2.251,26	665,32	1.850,72	2.082,06	441,60	1.700,32	1.912,86	217,88	1.549,92	1.743,66	-	1.399,60	1.574,55
	II	26.985	1.123,59	2.158,80	2.428,65	899,87	2.008,40	2.259,45	676,15	1.858,00	2.090,25	452,43	1.707,60	1.921,05	228,71	1.557,20	1.751,85	4,99	1.406,80	1.582,65	-	1.256,88	1.413,99
	III	19.872	-	1.589,76	1.788,48	-	1.464,00	1.647,00	-	1.341,12	1.508,76	-	1.221,60	1.374,30	-	1.104,96	1.243,08	-	991,52	1.115,46	-	880,96	991,08
	IV	28.774	1.336,48	2.301,92	2.589,66	1.224,62	2.226,72	2.505,06	1.112,76	2.151,52	2.420,46	1.000,90	2.076,32	2.335,86	889,04	2.001,12	2.251,26	777,18	1.925,92	2.166,66	665,32	1.850,72	2.082,06
	V	34.947	1.922,08	2.795,76	3.145,23																		
	VI	35.479	1.951,34	2.838,32	3.193,11																		
07.063,99 (West)	I	28.696	1.327,20	2.295,68	2.582,64	1.103,48	2.145,28	2.413,44	879,76	1.994,88	2.244,24	656,04	1.844,48	2.075,04	432,32	1.694,08	1.905,84	208,60	1.543,68	1.736,64	-	1.393,28	1.567,44
	II	26.906	1.114,19	2.152,48	2.421,54	890,47	2.002,08	2.252,34	666,75	1.851,68	2.083,14	443,15	1.701,36	1.914,03	219,43	1.550,96	1.744,83	-	1.400,56	1.575,63	-	1.250,64	1.406,97
	III	19.806	-	1.584,48	1.782,54	-	1.458,72	1.641,06	-	1.336,16	1.503,18	-	1.216,64	1.368,72	-	1.100,16	1.237,68	-	986,72	1.110,06	-	876,48	986,04
	IV	28.696	1.327,20	2.295,68	2.582,64	1.215,34	2.220,48	2.498,04	1.103,48	2.145,28	2.413,44	991,62	2.070,08	2.328,84	879,76	1.994,88	2.244,24	767,90	1.919,68	2.159,64	656,04	1.844,48	2.075,04
	V	34.869	1.917,79	2.789,52	3.138,21																		
	VI	35.401	1.947,05	2.832,08	3.186,09																		
07.063,99 (Ost)	I	28.789	1.338,27	2.303,12	2.591,01	1.114,55	2.152,72	2.421,81	890,83	2.002,32	2.252,61	667,11	1.851,92	2.083,41	443,39	1.701,52	1.914,21	219,79	1.551,20	1.745,10	-	1.400,80	1.575,90
	II	27.000	1.125,38	2.160,00	2.430,00	901,66	2.009,60	2.260,80	677,94	1.859,20	2.091,60	454,22	1.708,80	1.922,40	230,50	1.558,40	1.753,20	6,78	1.408,00	1.584,00	-	1.258,08	1.415,34
	III	19.886	-	1.590,88	1.789,74	-	1.464,96	1.648,08	-	1.342,24	1.510,02	-	1.222,40	1.375,20	-	1.105,92	1.244,16	-	992,32	1.116,36	-	881,92	992,16
	IV	28.789	1.338,27	2.303,12	2.591,01	1.226,41	2.227,92	2.506,41	1.114,55	2.152,72	2.421,81	1.002,69	2.077,52	2.337,21	890,83	2.002,32	2.252,61	778,97	1.927,12	2.168,01	667,11	1.851,92	2.083,41
	V	34.962	1.922,91	2.796,96	3.146,58																		
	VI	35.494	1.952,17	2.839,52	3.194,46																		
07.099,99 (West)	I	28.711	1.328,99	2.296,88	2.583,99	1.105,27	2.146,48	2.414,79	881,55	1.996,08	2.245,59	657,83	1.845,68	2.076,39	434,11	1.695,28	1.907,19	210,39	1.544,88	1.737,99	-	1.394,48	1.568,79
	II	26.921	1.115,98	2.153,68	2.422,89	892,38	2.003,36	2.253,78	668,66	1.852,96	2.084,58	444,94	1.702,56	1.915,38	221,22	1.552,16	1.746,18	-	1.401,76	1.576,98	-	1.251,84	1.408,32
	III	19.818	-	1.585,44	1.783,62	-	1.459,68	1.642,14	-	1.337,12	1.504,26	-	1.217,44	1.369,62	-	1.100,96	1.238,58	-	987,68	1.111,14	-	877,28	986,94
	IV	28.711	1.328,99	2.296,88	2.583,99	1.217,13	2.221,68	2.499,39	1.105,27	2.146,48	2.414,79	993,41	2.071,28	2.330,19	881,55	1.996,08	2.245,59	769,69	1.920,88	2.160,99	657,83	1.845,68	2.076,39
	V	34.884	1.918,62	2.790,72	3.139,56																		
	VI	35.416	1.947,88	2.833,28	3.187,44																		
07.099,99 (Ost)	I	28.804	1.340,05	2.304,32	2.592,36	1.116,33	2.153,92	2.423,16	892,61	2.003,52	2.253,96	669,01	1.853,20	2.084,85	445,29	1.702,80	1.915,65	221,57	1.552,40	1.746,45	-	1.402,00	1.577,25
	II	27.015	1.127,16	2.161,20	2.431,35	903,44	2.010,80	2.262,15	679,72	1.860,40	2.092,95	456,00	1.710,00	1.923,75	232,28	1.559,60	1.754,55	8,56	1.409,20	1.585,35	-	1.259,28	1.416,69
	III	19.898	-	1.591,84	1.790,82	-	1.465,92	1.649,16	-	1.343,20	1.511,10	-	1.223,36	1.376,28	-	1.106,72	1.245,06	-	993,28	1.117,44	-	882,72	993,06
	IV	28.804	1.340,05	2.304,32	2.592,36	1.228,19	2.229,12	2.507,76	1.116,33	2.153,92	2.423,16	1.004,47	2.078,72	2.338,56	892,61	2.003,52	2.253,96	780,75	1.928,32	2.169,36	669,01	1.853,20	2.084,85
	V	34.978	1.923,79	2.798,24	3.148,02																		
	VI	35.509	1.952,99	2.840,72	3.195,81																		
07.135,99 (West)	I	28.726	1.330,77	2.298,08	2.585,34	1.107,05	2.147,68	2.416,14	883,33	1.997,28	2.246,94	659,61	1.846,88	2.077,74	435,89	1.696,48	1.908,54	212,17	1.546,08	1.739,34	-	1.395,68	1.570,14
	II	26.937	1.117,88	2.154,96	2.424,33	894,16	2.004,56	2.255,13	670,44	1.854,16	2.085,93	446,72	1.703,76	1.916,73	223,00	1.553,36	1.747,53	-	1.402,96	1.578,33	-	1.253,04	1.409,67
	III	19.832	-	1.586,56	1.784,88	-	1.460,80	1.643,40	-	1.338,08	1.505,34	-	1.218,40	1.370,70	-	1.101,92	1.239,66	-	988,48	1.112,04	-	878,24	988,02
	IV	28.726	1.330,77	2.298,08	2.585,34	1.218,91	2.222,88	2.500,74	1.107,05	2.147,68	2.416,14	995,19	2.072,48	2.331,54	883,33	1.997,28	2.246,94	771,47	1.922,08	2.162,34	659,61	1.846,88	2.077,74
	V	34.899	1.919,44	2.791,92	3.140,91																		
	VI	35.431	1.948,70	2.834,48	3.188,79																		
07.135,99 (Ost)	I	28.819	1.341,84	2.305,52	2.593,71	1.118,12	2.155,12	2.424,51	894,52	2.004,80	2.255,40	670,80	1.854,40	2.086,20	447,08	1.704,00	1.917,00	223,36	1.553,60	1.747,80	-	1.403,20	1.578,60
	II	27.030	1.128,95	2.162,40	2.432,70	905,23	2.012,00	2.263,50	681,51	1.861,60	2.094,30	457,79	1.711,20	1.925,10	234,19	1.560,88	1.755,99	10,47	1.410,48	1.586,79	-	1.260,40	1.417,95
	III	19.910	-	1.592,80	1.791,90	-	1.466,88	1.650,24	-	1.344,16	1.512,18	-	1.224,32	1.377,36	-	1.107,68	1.246,14	-	994,08	1.118,34	-	883,68	994,14
	IV	28.819	1.341,84	2.305,52	2.593,71	1.229,98	2.230,32	2.509,11	1.118,12	2.155,12	2.424,51	1.006,38	2.080,00	2.340,00	894,52	2.004,80	2.255,40	782,66	1.929,60	2.170,80	670,80	1.854,40	2.086,20
	V	34.993	1.924,61	2.799,44	3.149,37																		
	VI	35.524	1.953,82	2.841,92	3.197,16																		
07.171,99 (West)	I	28.741	1.332,56	2.299,28	2.586,69	1.108,84	2.148,88	2.417,49	885,12	1.998,48	2.248,29	661,40	1.848,08	2.079,09	437,68	1.697,68	1.909,89	213,96	1.547,28	1.740,69	-	1.396,88	1.571,49
	II	26.952	1.119,67	2.156,16	2.425,68	895,95	2.005,76	2.256,48	672,23	1.855,36	2.087,28	448,51	1.704,96	1.918,08	224,79	1.554,56	1.748,88	1,07	1.404,16	1.579,68	-	1.254,24	1.411,02
	III	19.844	-	1.587,52	1.785,96	-	1.461,76	1.644,48	-	1.339,04	1.506,42	-	1.219,36	1.371,78	-	1.102,88	1.240,74	-	989,44	1.113,12	-	879,04	988,92
	IV	28.741	1.332,56	2.299,28	2.586,69	1.220,70	2.224,08	2.502,09	1.108,84	2.148,88	2.417,49	996,98	2.073,68	2.332,89	885,12	1.998,48	2.248,29	773,26	1.923,28	2.163,69	661,40	1.848,08	2.079,09
	V	34.914	1.920,27	2.793,12	3.142,26																		
	VI	35.446	1.949,53	2.835,68	3.190,14																		
07.171,99 (Ost)	I	28.835	1.343,74	2.306,80	2.595,15	1.120,02	2.156,40	2.425,95	896,30	2.006,00	2.256,75	672,58	1.855,60	2.087,55	448,86	1.705,20	1.918,35	225,14	1.554,80	1.749,15	1,42	1.404,40	1.579,95
	II	27.045	1.130,73	2.163,60	2.434,05	907,01	2.013,20	2.264,85	683,29	1.862,80	2.095,65	459,69	1.712,48	1.926,54	235,97	1.562,08	1.757,34	12,25	1.411,68	1.588,14	-	1.261,60	1.419,30
	III	19.924	-	1.593,92	1.793,16	-	1.468,00	1.651,50	-	1.345,12	1.513,26	-	1.225,28	1.378,44	-	1.108,64	1.247,22	-	995,04	1.119,42	-	884,48	995,04
	IV	28.835	1.343,74	2.306,80	2.595,15	1.231,88	2.231,60	2.510,55	1.120,02	2.156,40	2.425,95	1.008,16	2.081,20	2.341,35	896,30	2.006,00	2.256,75	784,44	1.930,80	2.172,15	672,58	1.855,60	2.087,55
	V	35.008	1.925,44	2.800,64	3.150,72																		
	VI	35.540	1.954,70	2.843,20	3.198,60																		
07.207,99 (West)	I	28.756	1.334,34	2.300,48	2.588,04	1.110,62	2.150,08	2.418,84	886,90	1.999,68	2.249,64	663,18	1.849,28	2.080,44	439,46	1.698,88	1.911,24	215,74	1.548,48	1.742,04	-	1.398,08	1.572,84
	II	26.967	1.121,45	2.157,36	2.427,03	897,73	2.006,96	2.257,83	674,01	1.856,56	2.088,63	450,29	1.706,16	1.919,43	226,57	1.555,76	1.750,23	2,85	1.405,36	1.581,03	-	1.255,44	1.412,37
	III	19.856	-	1.588,48	1.787,04	-	1.462,72	1.645,56	-	1.340,00	1.507,50	-	1.220,32	1.372,86	-	1.103,84	1.241,82	-	990,40	1.114,20	-	880,00	990,00
	IV	28.756	1.334,34	2.300,48	2.588,04	1.222,48	2.225,28	2.503,44	1.110,62	2.150,08	2.418,84	998,76	2.074,88	2.334,24	886,90	1.999,68	2.249,64	775,04	1.924,48	2.165,04	663,18	1.849,28	2.080,44
	V	34.929	1.921,09	2.794,32	3.143,61																		
	VI	35.461	1.950,35	2.836,88	3.191,49																		
07.207,99 (Ost)	I	28.850	1.345,53	2.308,00	2.596,50	1.121,81	2.157,60	2.427,30	898,09	2.007,20	2.258,10	674,37	1.856,80	2.088,90	450,65	1.706,40	1.919,70	226,93	1.556,00	1.750,50	3,21	1.405,60	1.581,30
	II	27.060	1.132,52	2.164,80	2.435,40	908,92	2.014,48	2.266,29	685,20	1.864,08	2.097,09	461,48	1.713,68	1.927,89	237,76	1.563,28	1.758,69	14,04	1.412,88	1.589,49	-	1.262,80	1.420,65
	III	19.936	-	1.594,88	1.794,24	-	1.468,96	1.652,58	-	1.346,08	1.514,34	-	1.226,24	1.379,52	-	1.109,60	1.248,30	-	996,00	1.120,50	-	885,44	996,12
	IV	28.850	1.345,53	2.308,00	2.596,50	1.233,67	2.232,80	2.511,90	1.121,81	2.157,60	2.427,30	1.009,95	2.082,40	2.342,70	898,09	2.007,20	2.258,10	786,23	1.932,00	2.173,50	674,37	1.856,80	2.088,90
	V	35.023	1.926,26	2.801,84	3.152,07																		
	VI	35.555	1.955,52	2.844,40	3.199,95																		

Anzahl Kinderfreibeträge (nur Steuerklassen I–IV)

SolZ/KiSt lt. Tabelle nicht für Sonstige Bezüge anwendbar.

Lohn/ Gehalt bis	Steuerklasse	Lohnsteuer	ohne Kinderfreibetrag			Anzahl Kinderfreibeträge (nur Steuerklassen I–IV) 0,5			1,0			1,5			2,0			2,5			3,0		
			SolZ 5,5%	Kirchensteuer 8%	9%	SolZ 5,5%	Kirchensteuer 8%	9%	SolZ 5,5%	Kirchensteuer 8%	9%	SolZ 5,5%	Kirchensteuer 8%	9%	SolZ 5,5%	Kirchensteuer 8%	9%	SolZ 5,5%	Kirchensteuer 8%	9%	SolZ 5,5%	Kirchensteuer 8%	9%
107.243,99 (West)	I	28.771	1.336,13	2.301,68	2.589,39	1.112,41	2.151,28	2.420,19	888,69	2.000,88	2.250,99	664,97	1.850,48	2.081,79	441,25	1.700,08	1.912,59	217,65	1.549,76	1.743,48	-	1.399,36	1.574,
	II	26.982	1.123,24	2.158,56	2.428,38	899,52	2.008,16	2.259,18	675,80	1.857,76	2.089,98	452,08	1.707,36	1.920,78	228,36	1.556,96	1.751,58	4,64	1.406,56	1.582,38	-	1.256,64	1.413,
	III	19.870	-	1.589,60	1.788,30	-	1.463,68	1.646,64	-	1.340,96	1.508,58	-	1.221,28	1.373,94	-	1.104,80	1.242,90	-	991,20	1.115,10	-	880,80	990,
	IV	28.771	1.336,13	2.301,68	2.589,39	1.224,27	2.226,48	2.504,79	1.112,41	2.151,28	2.420,19	1.000,55	2.076,08	2.335,59	888,69	2.000,88	2.250,99	776,83	1.925,68	2.166,39	664,97	1.850,48	2.081,
	V	34.944	1.921,92	2.795,52	3.144,96																		
	VI	35.476	1.951,18	2.838,08	3.192,84																		
107.243,99 (Ost)	I	28.865	1.347,31	2.309,20	2.597,85	1.123,59	2.158,80	2.428,65	899,87	2.008,40	2.259,45	676,15	1.858,00	2.090,25	452,43	1.707,60	1.921,05	228,71	1.557,20	1.751,85	4,99	1.406,80	1.582,
	II	27.076	1.134,42	2.166,08	2.436,84	910,70	2.015,68	2.267,64	686,98	1.865,28	2.098,44	463,26	1.714,88	1.929,24	239,54	1.564,48	1.760,04	15,82	1.414,08	1.590,84	-	1.264,00	1.422,
	III	19.950	-	1.596,00	1.795,50	-	1.469,92	1.653,66	-	1.347,04	1.515,42	-	1.227,20	1.380,60	-	1.110,56	1.249,38	-	996,80	1.121,40	-	886,24	997,
	IV	28.865	1.347,31	2.309,20	2.597,85	1.235,45	2.234,00	2.513,25	1.123,59	2.158,80	2.428,65	1.011,73	2.083,60	2.344,05	899,87	2.008,40	2.259,45	788,01	1.933,20	2.174,85	676,15	1.858,00	2.090,
	V	35.038	1.927,09	2.803,04	3.153,42																		
	VI	35.570	1.956,35	2.845,60	3.201,30																		
107.279,99 (West)	I	28.786	1.337,91	2.302,88	2.590,74	1.114,19	2.152,48	2.421,54	890,47	2.002,08	2.252,34	666,75	1.851,68	2.083,14	443,15	1.701,36	1.914,03	219,43	1.550,96	1.744,83	-	1.400,56	1.575,
	II	26.997	1.125,02	2.159,76	2.429,73	901,30	2.009,36	2.260,53	677,58	1.858,96	2.091,33	453,86	1.708,56	1.922,13	230,14	1.558,16	1.752,93	6,42	1.407,76	1.583,73	-	1.257,84	1.415,
	III	19.882	-	1.590,56	1.789,38	-	1.464,80	1.647,90	-	1.341,92	1.509,66	-	1.222,24	1.375,02	-	1.105,60	1.243,80	-	992,16	1.116,18	-	881,76	991,
	IV	28.786	1.337,91	2.302,88	2.590,74	1.226,05	2.227,68	2.506,14	1.114,19	2.152,48	2.421,54	1.002,33	2.077,28	2.336,94	890,47	2.002,08	2.252,34	778,61	1.926,88	2.167,74	666,75	1.851,68	2.083,
	V	34.960	1.922,80	2.796,80	3.146,40																		
	VI	35.491	1.952,00	2.839,28	3.194,19																		
107.279,99 (Ost)	I	28.880	1.349,10	2.310,40	2.599,20	1.125,38	2.160,00	2.430,00	901,66	2.009,60	2.260,80	677,94	1.859,20	2.091,60	454,22	1.708,80	1.922,40	230,50	1.558,40	1.753,20	6,78	1.408,00	1.584,
	II	27.091	1.136,21	2.167,28	2.438,19	912,49	2.016,88	2.268,99	688,77	1.866,48	2.099,79	465,05	1.716,08	1.930,59	241,33	1.565,68	1.761,39	17,61	1.415,28	1.592,19	-	1.265,20	1.423,
	III	19.962	-	1.596,96	1.796,58	-	1.470,88	1.654,74	-	1.348,00	1.516,50	-	1.228,16	1.381,68	-	1.111,36	1.250,28	-	997,76	1.122,48	-	887,20	998,
	IV	28.880	1.349,10	2.310,40	2.599,20	1.237,24	2.235,20	2.514,60	1.125,38	2.160,00	2.430,00	1.013,52	2.084,80	2.345,40	901,66	2.009,60	2.260,80	789,80	1.934,40	2.176,20	677,94	1.859,20	2.091,
	V	35.053	1.927,91	2.804,24	3.154,77																		
	VI	35.585	1.957,17	2.846,80	3.202,65																		
107.315,99 (West)	I	28.801	1.339,70	2.304,08	2.592,09	1.115,98	2.153,68	2.422,89	892,38	2.003,36	2.253,78	668,66	1.852,96	2.084,58	444,94	1.702,56	1.915,38	221,22	1.552,16	1.746,18	-	1.401,76	1.576,
	II	27.012	1.126,81	2.160,96	2.431,08	903,09	2.010,56	2.261,88	679,37	1.860,16	2.092,68	455,65	1.709,76	1.923,48	231,93	1.559,36	1.754,28	8,33	1.409,04	1.585,17	-	1.259,04	1.416,
	III	19.896	-	1.591,68	1.790,64	-	1.465,76	1.648,98	-	1.342,88	1.510,74	-	1.223,20	1.376,10	-	1.106,56	1.244,88	-	993,12	1.117,26	-	882,56	992,
	IV	28.801	1.339,70	2.304,08	2.592,09	1.227,84	2.228,88	2.507,49	1.115,98	2.153,68	2.422,89	1.004,12	2.078,48	2.338,29	892,38	2.003,36	2.253,78	780,52	1.928,16	2.169,18	668,66	1.852,96	2.084,
	V	34.975	1.923,62	2.798,00	3.147,75																		
	VI	35.506	1.952,83	2.840,48	3.195,54																		
107.315,99 (Ost)	I	28.895	1.350,88	2.311,60	2.600,55	1.127,16	2.161,20	2.431,35	903,44	2.010,80	2.262,15	679,72	1.860,40	2.092,95	456,00	1.710,00	1.923,75	232,28	1.559,60	1.754,55	8,56	1.409,20	1.585,
	II	27.106	1.137,99	2.168,48	2.439,54	914,27	2.018,08	2.270,34	690,55	1.867,68	2.101,14	466,83	1.717,28	1.931,94	243,11	1.566,88	1.762,74	19,39	1.416,48	1.593,54	-	1.266,40	1.424,
	III	19.974	-	1.597,92	1.797,66	-	1.472,00	1.656,00	-	1.348,96	1.517,58	-	1.229,12	1.382,76	-	1.112,32	1.251,36	-	998,72	1.123,56	-	888,00	999,
	IV	28.895	1.350,88	2.311,60	2.600,55	1.239,02	2.236,40	2.515,95	1.127,16	2.161,20	2.431,35	1.015,30	2.086,00	2.346,75	903,44	2.010,80	2.262,15	791,58	1.935,60	2.177,55	679,72	1.860,40	2.092,
	V	35.068	1.928,74	2.805,44	3.156,12																		
	VI	35.600	1.958,00	2.848,00	3.204,00																		
107.351,99 (West)	I	28.816	1.341,48	2.305,28	2.593,44	1.117,88	2.154,96	2.424,33	894,16	2.004,56	2.255,13	670,44	1.854,16	2.085,93	446,72	1.703,76	1.916,73	223,00	1.553,36	1.747,53	-	1.402,96	1.578,
	II	27.027	1.128,59	2.162,16	2.432,43	904,87	2.011,76	2.263,23	681,15	1.861,36	2.094,03	457,55	1.711,04	1.924,92	233,83	1.560,64	1.755,72	10,11	1.410,24	1.586,52	-	1.260,24	1.417,
	III	19.908	-	1.592,64	1.791,72	-	1.466,72	1.650,06	-	1.343,84	1.511,82	-	1.224,16	1.377,18	-	1.107,52	1.245,96	-	993,92	1.118,16	-	883,52	993,
	IV	28.816	1.341,48	2.305,28	2.593,44	1.229,74	2.230,16	2.508,93	1.117,88	2.154,96	2.424,33	1.006,02	2.079,76	2.339,73	894,16	2.004,56	2.255,13	782,30	1.929,36	2.170,53	670,44	1.854,16	2.085,
	V	34.990	1.924,45	2.799,20	3.149,10																		
	VI	35.521	1.953,65	2.841,68	3.196,89																		
107.351,99 (Ost)	I	28.910	1.352,67	2.312,80	2.601,90	1.128,95	2.162,40	2.432,70	905,23	2.012,00	2.263,50	681,51	1.861,60	2.094,30	457,79	1.711,20	1.925,10	234,19	1.560,88	1.755,99	10,47	1.410,48	1.586,
	II	27.121	1.139,78	2.169,68	2.440,89	916,06	2.019,28	2.271,69	692,34	1.868,88	2.102,49	468,62	1.718,48	1.933,29	244,90	1.568,08	1.764,09	21,18	1.417,68	1.594,89	-	1.267,60	1.426,
	III	19.988	-	1.599,04	1.798,92	-	1.472,96	1.657,08	-	1.349,92	1.518,66	-	1.230,08	1.383,84	-	1.113,28	1.252,44	-	999,52	1.124,46	-	888,96	1.000,
	IV	28.910	1.352,67	2.312,80	2.601,90	1.240,81	2.237,60	2.517,30	1.128,95	2.162,40	2.432,70	1.017,09	2.087,20	2.348,10	905,23	2.012,00	2.263,50	793,37	1.936,80	2.178,90	681,51	1.861,60	2.094,
	V	35.083	1.929,56	2.806,64	3.157,47																		
	VI	35.615	1.958,82	2.849,20	3.205,35																		
107.387,99 (West)	I	28.832	1.343,39	2.306,56	2.594,88	1.119,67	2.156,16	2.425,68	895,95	2.005,76	2.256,48	672,23	1.855,36	2.087,28	448,51	1.704,96	1.918,08	224,79	1.554,56	1.748,88	1,07	1.404,16	1.579,
	II	27.042	1.130,38	2.163,36	2.433,78	906,66	2.012,96	2.264,58	683,06	1.862,64	2.095,47	459,34	1.712,24	1.926,27	235,62	1.561,84	1.757,07	11,90	1.411,44	1.587,87	-	1.261,36	1.419,
	III	19.920	-	1.593,60	1.792,80	-	1.467,68	1.651,14	-	1.344,80	1.512,90	-	1.225,12	1.378,26	-	1.108,48	1.247,04	-	994,88	1.119,24	-	884,32	994,
	IV	28.832	1.343,39	2.306,56	2.594,88	1.231,53	2.231,36	2.510,28	1.119,67	2.156,16	2.425,68	1.007,81	2.080,96	2.341,08	895,95	2.005,76	2.256,48	784,09	1.930,56	2.171,88	672,23	1.855,36	2.087,
	V	35.005	1.925,27	2.800,40	3.150,45																		
	VI	35.537	1.954,53	2.842,96	3.198,33																		
107.387,99 (Ost)	I	28.925	1.354,45	2.314,00	2.603,25	1.130,73	2.163,60	2.434,05	907,01	2.013,20	2.264,85	683,29	1.862,80	2.095,65	459,69	1.712,48	1.926,54	235,97	1.562,08	1.757,34	12,25	1.411,68	1.588,
	II	27.136	1.141,56	2.170,88	2.442,24	917,84	2.020,48	2.273,04	694,12	1.870,08	2.103,84	470,40	1.719,68	1.934,64	246,68	1.569,28	1.765,44	22,96	1.418,88	1.596,24	-	1.268,80	1.427,
	III	20.000	-	1.600,00	1.800,00	-	1.473,92	1.658,16	-	1.350,88	1.519,74	-	1.231,04	1.384,92	-	1.114,24	1.253,52	-	1.000,48	1.125,54	-	889,76	1.000,
	IV	28.925	1.354,45	2.314,00	2.603,25	1.242,59	2.238,80	2.518,65	1.130,73	2.163,60	2.434,05	1.018,87	2.088,40	2.349,45	907,01	2.013,20	2.264,85	795,15	1.938,00	2.180,25	683,29	1.862,80	2.095,
	V	35.099	1.930,44	2.807,92	3.158,91																		
	VI	35.630	1.959,65	2.850,40	3.206,70																		
107.423,99 (West)	I	28.847	1.345,17	2.307,76	2.596,23	1.121,45	2.157,36	2.427,03	897,73	2.006,96	2.257,83	674,01	1.856,56	2.088,63	450,29	1.706,16	1.919,43	226,57	1.555,76	1.750,23	2,85	1.405,36	1.581,0
	II	27.058	1.132,28	2.164,64	2.435,22	908,56	2.014,24	2.266,02	684,84	1.863,84	2.096,82	461,12	1.713,44	1.927,62	237,40	1.563,04	1.758,42	13,68	1.412,64	1.589,22	-	1.262,56	1.420,3
	III	19.934	-	1.594,72	1.794,06	-	1.468,80	1.652,40	-	1.345,92	1.514,16	-	1.226,08	1.379,34	-	1.109,28	1.247,94	-	995,68	1.120,14	-	885,28	995,9
	IV	28.847	1.345,17	2.307,76	2.596,23	1.233,31	2.232,56	2.511,63	1.121,45	2.157,36	2.427,03	1.009,59	2.082,16	2.342,43	897,73	2.006,96	2.257,83	785,87	1.931,76	2.173,23	674,01	1.856,56	2.088,6
	V	35.020	1.926,10	2.801,60	3.151,80																		
	VI	35.552	1.955,36	2.844,16	3.199,68																		
107.423,99 (Ost)	I	28.940	1.356,24	2.315,20	2.604,60	1.132,52	2.164,80	2.435,40	908,92	2.014,48	2.266,29	685,20	1.864,08	2.097,09	461,48	1.713,68	1.927,89	237,76	1.563,28	1.758,69	14,04	1.412,88	1.589,4
	II	27.151	1.143,35	2.172,08	2.443,59	919,63	2.021,68	2.274,39	695,91	1.871,28	2.105,19	472,19	1.720,88	1.935,99	248,47	1.570,48	1.766,79	24,87	1.420,16	1.597,68	-	1.270,00	1.428,7
	III	20.014	-	1.601,12	1.801,26	-	1.474,88	1.659,24	-	1.352,00	1.521,00	-	1.232,00	1.386,00	-	1.115,20	1.254,60	-	1.001,28	1.126,44	-	890,72	1.002,0
	IV	28.940	1.356,24	2.315,20	2.604,60	1.244,38	2.240,00	2.520,00	1.132,52	2.164,80	2.435,40	1.020,66	2.089,60	2.350,80	908,92	2.014,48	2.266,29	797,06	1.939,28	2.181,69	685,20	1.864,08	2.097,0
	V	35.114	1.931,27	2.809,12	3.160,26																		
	VI	35.645	1.960,47	2.851,60	3.208,05																		
107.459,99 (West)	I	28.862	1.346,96	2.308,96	2.597,58	1.123,24	2.158,56	2.428,38	899,52	2.008,16	2.259,18	675,80	1.857,76	2.089,98	452,08	1.707,36	1.920,78	228,36	1.556,96	1.751,58	4,64	1.406,56	1.582,3
	II	27.073	1.134,07	2.165,84	2.436,57	910,35	2.015,44	2.267,37	686,63	1.865,04	2.098,17	462,91	1.714,64	1.928,97	239,19	1.564,24	1.759,77	15,47	1.413,84	1.590,57	-	1.263,76	1.421,7
	III	19.946	-	1.595,68	1.795,14	-	1.469,76	1.653,48	-	1.346,88	1.515,24	-	1.227,04	1.380,42	-	1.110,24	1.249,02	-	996,64	1.121,22	-	886,08	996,8
	IV	28.862	1.346,96	2.308,96	2.597,58	1.235,10	2.233,76	2.512,98	1.123,24	2.158,56	2.428,38	1.011,38	2.083,36	2.343,78	899,52	2.008,16	2.259,18	787,66	1.932,96	2.174,58	675,80	1.857,76	2.089,9
	V	35.035	1.926,92	2.802,80	3.153,15																		
	VI	35.567	1.956,18	2.845,36	3.201,03																		
107.459,99 (Ost)	I	28.955	1.358,02	2.316,40	2.605,95	1.134,42	2.166,08	2.436,84	910,70	2.015,68	2.267,64	686,98	1.865,28	2.098,44	463,26	1.714,88	1.929,24	239,54	1.564,48	1.760,04	15,82	1.414,08	1.590,8
	II	27.166	1.145,13	2.173,28	2.444,94	921,41	2.022,88	2.275,74	697,69	1.872,48	2.106,54	474,09	1.722,16	1.937,43	250,37	1.571,76	1.768,23	26,65	1.421,36	1.599,03	-	1.271,20	1.430,1
	III	20.026	-	1.602,08	1.802,34	-	1.476,00	1.660,50	-	1.352,96	1.522,08	-	1.232,96	1.387,08	-	1.116,00	1.255,50	-	1.002,24	1.127,52	-	891,52	1.002,9
	IV	28.955	1.358,02	2.316,40	2.605,95	1.246,28	2.241,28	2.521,44	1.134,42	2.166,08	2.436,84	1.022,56	2.090,88	2.352,24	910,70	2.015,68	2.267,64	798,84	1.940,48	2.183,04	686,98	1.865,28	2.098,4
	V	35.129	1.932,09	2.810,32	3.161,61																		
	VI	35.661	1.961,35	2.852,88	3.209,49																		

SolZ/KiSt lt. Tabelle nicht für Sonstige Bezüge anwendbar.

Allgemeine Tabelle

JAHR bis 107.711,99 €

Lohn/ Gehalt bis	Steuerklasse	Lohn-steuer	ohne Kinderfreibetrag SolZ 5,5%	Kirchensteuer 8%	9%	0,5 SolZ 5,5%	Kirchensteuer 8%	9%	1,0 SolZ 5,5%	Kirchensteuer 8%	9%	1,5 SolZ 5,5%	Kirchensteuer 8%	9%	2,0 SolZ 5,5%	Kirchensteuer 8%	9%	2,5 SolZ 5,5%	Kirchensteuer 8%	9%	3,0 SolZ 5,5%	Kirchensteuer 8%	9%
						Anzahl Kinderfreibeträge (nur Steuerklassen I–IV)																	
07.495,99 (West)	I	28.877	*1.348,74*	2.310,16	2.598,93	*1.125,02*	2.159,76	2.429,73	*901,30*	2.009,36	2.260,53	*677,58*	1.858,96	2.091,33	*453,86*	1.708,56	1.922,13	*230,14*	1.558,16	1.752,93	*6,42*	1.407,76	1.583,73
	II	27.088	*1.135,85*	2.167,04	2.437,92	*912,13*	2.016,64	2.268,72	*688,41*	1.866,24	2.099,52	*464,69*	1.715,84	1.930,32	*240,97*	1.565,44	1.761,12	*17,25*	1.415,04	1.591,92	-	1.264,96	1.423,08
	III	19.960	-	1.596,80	1.796,40	-	1.470,72	1.654,56	-	1.347,84	1.516,32	-	1.228,00	1.381,50	-	1.111,20	1.250,10	-	997,60	1.122,30	-	887,04	997,92
	IV	28.877	*1.348,74*	2.310,16	2.598,93	*1.236,88*	2.234,96	2.514,33	*1.125,02*	2.159,76	2.429,73	*1.013,16*	2.084,56	2.345,13	*901,30*	2.009,36	2.260,53	*789,44*	1.934,16	2.175,93	*677,58*	1.858,96	2.091,33
	V	35.050	*1.927,75*	2.804,00	3.154,50																		
	VI	35.582	*1.957,01*	2.846,56	3.202,38																		
07.495,99 (Ost)	I	28.971	*1.359,93*	2.317,68	2.607,39	*1.136,21*	2.167,28	2.438,19	*912,49*	2.016,88	2.268,99	*688,77*	1.866,48	2.099,79	*465,05*	1.716,08	1.930,59	*241,33*	1.565,68	1.761,39	*17,61*	1.415,28	1.592,19
	II	27.181	*1.146,92*	2.174,48	2.446,29	*923,20*	2.024,08	2.277,09	*699,60*	1.873,76	2.107,98	*475,88*	1.723,36	1.938,78	*252,16*	1.572,96	1.769,58	*28,44*	1.422,56	1.600,38	-	1.272,40	1.431,45
	III	20.040	-	1.603,20	1.803,60	-	1.476,96	1.661,58	-	1.353,92	1.523,16	-	1.233,92	1.388,16	-	1.116,96	1.256,58	-	1.003,20	1.128,60	-	892,48	1.004,04
	IV	28.971	*1.359,93*	2.317,68	2.607,39	*1.248,07*	2.242,48	2.522,79	*1.136,21*	2.167,28	2.438,19	*1.024,35*	2.092,08	2.353,59	*912,49*	2.016,88	2.268,99	*800,63*	1.941,68	2.184,39	*688,77*	1.866,48	2.099,79
	V	35.144	*1.932,92*	2.811,52	3.162,96																		
	VI	35.676	*1.962,18*	2.854,08	3.210,84																		
07.531,99 (West)	I	28.892	*1.350,53*	2.311,36	2.600,28	*1.126,81*	2.160,96	2.431,08	*903,09*	2.010,56	2.261,88	*679,37*	1.860,16	2.092,68	*455,65*	1.709,76	1.923,48	*231,93*	1.559,36	1.754,28	*8,33*	1.409,04	1.585,17
	II	27.103	*1.137,64*	2.168,24	2.439,27	*913,92*	2.017,84	2.270,07	*690,20*	1.867,44	2.100,87	*466,48*	1.717,04	1.931,67	*242,76*	1.566,64	1.762,47	*19,04*	1.416,24	1.593,27	-	1.266,16	1.424,43
	III	19.972	-	1.597,76	1.797,48	-	1.471,68	1.655,64	-	1.348,80	1.517,40	-	1.228,96	1.382,58	-	1.112,16	1.251,18	-	998,40	1.123,20	-	887,84	998,82
	IV	28.892	*1.350,53*	2.311,36	2.600,28	*1.238,67*	2.236,16	2.515,68	*1.126,81*	2.160,96	2.431,08	*1.014,95*	2.085,76	2.346,48	*903,09*	2.010,56	2.261,88	*791,23*	1.935,36	2.177,28	*679,37*	1.860,16	2.092,68
	V	35.065	*1.928,57*	2.805,20	3.155,85																		
	VI	35.597	*1.957,83*	2.847,76	3.203,73																		
07.531,99 (Ost)	I	28.986	*1.361,71*	2.318,88	2.608,74	*1.137,99*	2.168,48	2.439,54	*914,27*	2.018,08	2.270,34	*690,55*	1.867,68	2.101,14	*466,83*	1.717,28	1.931,94	*243,11*	1.566,88	1.762,74	*19,39*	1.416,48	1.593,54
	II	27.197	*1.148,82*	2.175,76	2.447,73	*925,10*	2.025,36	2.278,53	*701,38*	1.874,96	2.109,33	*477,66*	1.724,56	1.940,13	*253,94*	1.574,16	1.770,93	*30,22*	1.423,76	1.601,73	-	1.273,60	1.432,80
	III	20.052	-	1.604,16	1.804,68	-	1.477,92	1.662,66	-	1.354,88	1.524,24	-	1.234,88	1.389,24	-	1.117,92	1.257,66	-	1.004,00	1.129,50	-	893,28	1.004,94
	IV	28.986	*1.361,71*	2.318,88	2.608,74	*1.249,85*	2.243,68	2.524,14	*1.137,99*	2.168,48	2.439,54	*1.026,13*	2.093,28	2.354,94	*914,27*	2.018,08	2.270,34	*802,41*	1.942,88	2.185,74	*690,55*	1.867,68	2.101,14
	V	35.159	*1.933,74*	2.812,72	3.164,31																		
	VI	35.691	*1.963,00*	2.855,28	3.212,19																		
07.567,99 (West)	I	28.907	*1.352,31*	2.312,56	2.601,63	*1.128,59*	2.162,16	2.432,43	*904,87*	2.011,76	2.263,23	*681,15*	1.861,36	2.094,03	*457,55*	1.711,04	1.924,92	*233,83*	1.560,64	1.755,72	*10,11*	1.410,24	1.586,52
	II	27.118	*1.139,42*	2.169,44	2.440,62	*915,70*	2.019,04	2.271,42	*691,98*	1.868,64	2.102,22	*468,26*	1.718,24	1.933,02	*244,54*	1.567,84	1.763,82	*20,82*	1.417,44	1.594,62	-	1.267,36	1.425,78
	III	19.984	-	1.598,72	1.798,56	-	1.472,80	1.656,90	-	1.349,76	1.518,48	-	1.229,92	1.383,66	-	1.113,12	1.252,26	-	999,36	1.124,28	-	888,80	999,90
	IV	28.907	*1.352,31*	2.312,56	2.601,63	*1.240,45*	2.237,36	2.517,03	*1.128,59*	2.162,16	2.432,43	*1.016,73*	2.086,96	2.347,83	*904,87*	2.011,76	2.263,23	*793,01*	1.936,56	2.178,63	*681,15*	1.861,36	2.094,03
	V	35.080	*1.929,40*	2.806,40	3.157,20																		
	VI	35.612	*1.958,66*	2.848,96	3.205,08																		
07.567,99 (Ost)	I	29.001	*1.363,50*	2.320,08	2.610,09	*1.139,78*	2.169,68	2.440,89	*916,06*	2.019,28	2.271,69	*692,34*	1.868,88	2.102,49	*468,62*	1.718,48	1.933,29	*244,90*	1.568,08	1.764,09	*21,18*	1.417,68	1.594,89
	II	27.212	*1.150,61*	2.176,96	2.449,08	*926,89*	2.026,56	2.279,88	*703,17*	1.876,16	2.110,68	*479,45*	1.725,76	1.941,48	*255,73*	1.575,36	1.772,28	*32,01*	1.424,96	1.603,08	-	1.274,80	1.434,15
	III	20.064	-	1.605,12	1.805,76	-	1.479,04	1.663,92	-	1.355,84	1.525,32	-	1.235,84	1.390,32	-	1.118,88	1.258,74	-	1.004,96	1.130,58	-	894,24	1.006,02
	IV	29.001	*1.363,50*	2.320,08	2.610,09	*1.251,64*	2.244,88	2.525,49	*1.139,78*	2.169,68	2.440,89	*1.027,92*	2.094,48	2.356,29	*916,06*	2.019,28	2.271,69	*804,20*	1.944,08	2.187,09	*692,34*	1.868,88	2.102,49
	V	35.174	*1.934,57*	2.813,92	3.165,66																		
	VI	35.706	*1.963,83*	2.856,48	3.213,54																		
07.603,99 (West)	I	28.922	*1.354,10*	2.313,76	2.602,98	*1.130,38*	2.163,36	2.433,78	*906,66*	2.012,96	2.264,58	*683,06*	1.862,64	2.095,47	*459,34*	1.712,24	1.926,27	*235,62*	1.561,84	1.757,07	*11,90*	1.411,44	1.587,87
	II	27.133	*1.141,21*	2.170,64	2.441,97	*917,49*	2.020,24	2.272,77	*693,77*	1.869,84	2.103,57	*470,05*	1.719,44	1.934,37	*246,33*	1.569,04	1.765,17	*22,72*	1.418,72	1.596,06	-	1.268,56	1.427,13
	III	19.998	-	1.599,84	1.799,82	-	1.473,76	1.657,98	-	1.350,72	1.519,56	-	1.230,88	1.384,74	-	1.113,92	1.253,16	-	1.000,32	1.125,36	-	889,60	1.000,80
	IV	28.922	*1.354,10*	2.313,76	2.602,98	*1.242,24*	2.238,56	2.518,38	*1.130,38*	2.163,36	2.433,78	*1.018,52*	2.088,16	2.349,18	*906,66*	2.012,96	2.264,58	*794,92*	1.937,84	2.180,07	*683,06*	1.862,64	2.095,47
	V	35.096	*1.930,28*	2.807,68	3.158,64																		
	VI	35.627	*1.959,48*	2.850,16	3.206,43																		
07.603,99 (Ost)	I	29.016	*1.365,28*	2.321,28	2.611,44	*1.141,56*	2.170,88	2.442,24	*917,84*	2.020,48	2.273,04	*694,12*	1.870,08	2.103,84	*470,40*	1.719,68	1.934,64	*246,68*	1.569,28	1.765,44	*22,96*	1.418,88	1.596,24
	II	27.227	*1.152,39*	2.178,16	2.450,43	*928,67*	2.027,76	2.281,23	*704,95*	1.877,36	2.112,03	*481,23*	1.726,96	1.942,83	*257,51*	1.576,56	1.773,63	*33,79*	1.426,16	1.604,43	-	1.276,00	1.435,50
	III	20.078	-	1.606,24	1.807,02	-	1.480,00	1.665,00	-	1.356,80	1.526,40	-	1.236,80	1.391,40	-	1.119,84	1.259,82	-	1.005,92	1.131,66	-	895,04	1.006,92
	IV	29.016	*1.365,28*	2.321,28	2.611,44	*1.253,42*	2.246,08	2.526,84	*1.141,56*	2.170,88	2.442,24	*1.029,70*	2.095,68	2.357,64	*917,84*	2.020,48	2.273,04	*805,98*	1.945,28	2.188,44	*694,12*	1.870,08	2.103,84
	V	35.189	*1.935,39*	2.815,12	3.167,01																		
	VI	35.721	*1.964,65*	2.857,68	3.214,89																		
07.639,99 (West)	I	28.937	*1.355,88*	2.314,96	2.604,33	*1.132,28*	2.164,64	2.435,22	*908,56*	2.014,24	2.266,02	*684,84*	1.863,84	2.096,82	*461,12*	1.713,44	1.927,62	*237,40*	1.563,04	1.758,42	*13,68*	1.412,64	1.589,22
	II	27.148	*1.142,99*	2.171,84	2.443,32	*919,27*	2.021,44	2.274,12	*695,55*	1.871,04	2.104,92	*471,83*	1.720,64	1.935,72	*248,23*	1.570,32	1.766,61	*24,51*	1.419,92	1.597,41	-	1.269,76	1.428,48
	III	20.010	-	1.600,80	1.800,90	-	1.474,72	1.659,06	-	1.351,68	1.520,64	-	1.231,84	1.385,82	-	1.114,88	1.254,24	-	1.001,12	1.126,26	-	890,40	1.001,70
	IV	28.937	*1.355,88*	2.314,96	2.604,33	*1.244,02*	2.239,76	2.519,73	*1.132,28*	2.164,64	2.435,22	*1.020,42*	2.089,44	2.350,62	*908,56*	2.014,24	2.266,02	*796,70*	1.939,04	2.181,42	*684,84*	1.863,84	2.096,82
	V	35.111	*1.931,10*	2.808,88	3.159,99																		
	VI	35.642	*1.960,31*	2.851,36	3.207,78																		
07.639,99 (Ost)	I	29.031	*1.367,07*	2.322,48	2.612,79	*1.143,35*	2.172,08	2.443,59	*919,63*	2.021,68	2.274,39	*695,91*	1.871,28	2.105,19	*472,19*	1.720,88	1.935,99	*248,47*	1.570,48	1.766,79	*24,87*	1.420,16	1.597,68
	II	27.242	*1.154,18*	2.179,36	2.451,78	*930,46*	2.028,96	2.282,58	*706,74*	1.878,56	2.113,38	*483,02*	1.728,16	1.944,18	*259,30*	1.577,76	1.774,98	*35,58*	1.427,36	1.605,78	-	1.277,20	1.436,85
	III	20.090	-	1.607,20	1.808,10	-	1.480,96	1.666,08	-	1.357,76	1.527,48	-	1.237,76	1.392,48	-	1.120,64	1.260,72	-	1.006,72	1.132,56	-	896,00	1.008,00
	IV	29.031	*1.367,07*	2.322,48	2.612,79	*1.255,21*	2.247,28	2.528,19	*1.143,35*	2.172,08	2.443,59	*1.031,49*	2.096,88	2.358,99	*919,63*	2.021,68	2.274,39	*807,77*	1.946,48	2.189,79	*695,91*	1.871,28	2.105,19
	V	35.204	*1.936,22*	2.816,32	3.168,36																		
	VI	35.736	*1.965,48*	2.858,88	3.216,24																		
07.675,99 (West)	I	28.953	*1.357,79*	2.316,24	2.605,77	*1.134,07*	2.165,84	2.436,57	*910,35*	2.015,44	2.267,37	*686,63*	1.865,04	2.098,17	*462,91*	1.714,64	1.928,97	*239,19*	1.564,24	1.759,77	*15,47*	1.413,84	1.590,57
	II	27.163	*1.144,78*	2.173,04	2.444,67	*921,06*	2.022,64	2.275,47	*697,45*	1.872,32	2.106,36	*473,73*	1.721,92	1.937,16	*250,01*	1.571,52	1.767,96	*26,29*	1.421,12	1.598,76	-	1.270,96	1.429,83
	III	20.024	-	1.601,92	1.802,16	-	1.475,68	1.660,14	-	1.352,64	1.521,72	-	1.232,80	1.386,90	-	1.115,84	1.255,32	-	1.002,08	1.127,34	-	891,36	1.002,78
	IV	28.953	*1.357,79*	2.316,24	2.605,77	*1.245,93*	2.241,04	2.521,17	*1.134,07*	2.165,84	2.436,57	*1.022,21*	2.090,64	2.351,97	*910,35*	2.015,44	2.267,37	*798,49*	1.940,24	2.182,77	*686,63*	1.865,04	2.098,17
	V	35.126	*1.931,93*	2.810,08	3.161,34																		
	VI	35.658	*1.961,19*	2.852,64	3.209,22																		
07.675,99 (Ost)	I	29.046	*1.368,85*	2.323,68	2.614,14	*1.145,13*	2.173,28	2.444,94	*921,41*	2.022,88	2.275,74	*697,69*	1.872,48	2.106,54	*474,09*	1.722,16	1.937,43	*250,37*	1.571,76	1.768,23	*26,65*	1.421,36	1.599,03
	II	27.257	*1.155,96*	2.180,56	2.453,13	*932,24*	2.030,16	2.283,93	*708,52*	1.879,76	2.114,73	*484,80*	1.729,36	1.945,53	*261,08*	1.578,96	1.776,33	*37,36*	1.428,56	1.607,13	-	1.278,40	1.438,20
	III	20.104	-	1.608,32	1.809,36	-	1.481,92	1.667,16	-	1.358,72	1.528,56	-	1.238,72	1.393,56	-	1.121,60	1.261,80	-	1.007,68	1.133,64	-	896,80	1.008,90
	IV	29.046	*1.368,85*	2.323,68	2.614,14	*1.256,99*	2.248,48	2.529,54	*1.145,13*	2.173,28	2.444,94	*1.033,27*	2.098,08	2.360,34	*921,41*	2.022,88	2.275,74	*809,55*	1.947,68	2.191,14	*697,69*	1.872,48	2.106,54
	V	35.220	*1.937,10*	2.817,60	3.169,80																		
	VI	35.751	*1.966,30*	2.860,08	3.217,59																		
07.711,99 (West)	I	28.968	*1.359,57*	2.317,44	2.607,12	*1.135,85*	2.167,04	2.437,92	*912,13*	2.016,64	2.268,72	*688,41*	1.866,24	2.099,52	*464,69*	1.715,84	1.930,32	*240,97*	1.565,44	1.761,12	*17,25*	1.415,04	1.591,92
	II	27.178	*1.146,56*	2.174,24	2.446,02	*922,96*	2.023,92	2.276,91	*699,24*	1.873,52	2.107,71	*475,52*	1.723,12	1.938,51	*251,80*	1.572,72	1.769,31	*28,08*	1.422,32	1.600,11	-	1.272,16	1.431,18
	III	20.036	-	1.602,88	1.803,24	-	1.476,80	1.661,40	-	1.353,60	1.522,80	-	1.233,60	1.387,80	-	1.116,80	1.256,40	-	1.003,04	1.128,42	-	892,16	1.003,68
	IV	28.968	*1.359,57*	2.317,44	2.607,12	*1.247,71*	2.242,24	2.522,52	*1.135,85*	2.167,04	2.437,92	*1.023,99*	2.091,84	2.353,32	*912,13*	2.016,64	2.268,72	*800,27*	1.941,44	2.184,12	*688,41*	1.866,24	2.099,52
	V	35.141	*1.932,75*	2.811,28	3.162,69																		
	VI	35.673	*1.962,01*	2.853,84	3.210,57																		
07.711,99 (Ost)	I	29.061	*1.370,64*	2.324,88	2.615,49	*1.146,92*	2.174,48	2.446,29	*923,20*	2.024,08	2.277,09	*699,60*	1.873,76	2.107,98	*475,88*	1.723,36	1.938,78	*252,16*	1.572,96	1.769,58	*28,44*	1.422,56	1.600,38
	II	27.272	*1.157,75*	2.181,76	2.454,48	*934,03*	2.031,36	2.285,28	*710,31*	1.880,96	2.116,08	*486,59*	1.730,56	1.946,88	*262,87*	1.580,16	1.777,68	*39,27*	1.429,84	1.608,57	-	1.279,60	1.439,55
	III	20.116	-	1.609,28	1.810,44	-	1.483,04	1.668,42	-	1.359,68	1.529,64	-	1.239,68	1.394,64	-	1.122,56	1.262,88	-	1.008,64	1.134,72	-	897,76	1.009,98
	IV	29.061	*1.370,64*	2.324,88	2.615,49	*1.258,78*	2.249,68	2.530,89	*1.146,92*	2.174,48	2.446,29	*1.035,06*	2.099,28	2.361,69	*923,20*	2.024,08	2.277,09	*811,46*	1.948,96	2.192,58	*699,60*	1.873,76	2.107,98
	V	35.235	*1.937,92*	2.818,80	3.171,15																		
	VI	35.766	*1.967,13*	2.861,28	3.218,94																		

SolZ/KiSt lt. Tabelle nicht für Sonstige Bezüge anwendbar.

Lohn/ Gehalt bis	Steuerklasse	Lohn- steuer	ohne Kinderfreibetrag SolZ 5,5%	Kirchensteuer 8%	9%	0,5 SolZ 5,5%	Kirchensteuer 8%	9%	1,0 SolZ 5,5%	Kirchensteuer 8%	9%	1,5 SolZ 5,5%	Kirchensteuer 8%	9%	2,0 SolZ 5,5%	Kirchensteuer 8%	9%	2,5 SolZ 5,5%	Kirchensteuer 8%	9%	3,0 SolZ 5,5%	Kirchensteuer 8%	9%
107.747,99	I	28.983	1.361,36	2.318,64	2.608,47	1.137,64	2.168,24	2.439,27	913,92	2.017,84	2.270,07	690,20	1.867,44	2.100,87	466,48	1.717,04	1.931,67	242,76	1.566,64	1.762,47	19,04	1.416,24	1.593,2
(West)	II	27.194	1.148,46	2.175,52	2.447,46	924,74	2.025,12	2.278,26	701,02	1.874,72	2.109,06	477,30	1.724,32	1.939,86	253,58	1.573,92	1.770,66	29,86	1.423,52	1.601,46	-	1.273,36	1.432,5
	III	20.050	-	1.604,00	1.804,50	-	1.477,76	1.662,48	-	1.354,72	1.524,06	-	1.234,56	1.388,88	-	1.117,76	1.257,48	-	1.003,84	1.129,32	-	893,12	1.004,7
	IV	28.983	1.361,36	2.318,64	2.608,47	1.249,50	2.243,44	2.523,87	1.137,64	2.168,24	2.439,27	1.025,78	2.093,04	2.354,67	913,92	2.017,84	2.270,07	802,06	1.942,64	2.185,47	690,20	1.867,44	2.100,8
	V	35.156	1.933,58	2.812,48	3.164,04																		
	VI	35.688	1.962,84	2.855,04	3.211,92																		
107.747,99	I	29.076	1.372,42	2.326,08	2.616,84	1.148,82	2.175,76	2.447,73	925,10	2.025,36	2.278,53	701,38	1.874,96	2.109,33	477,66	1.724,56	1.940,13	253,94	1.574,16	1.770,93	30,22	1.423,76	1.601,
(Ost)	II	27.287	1.159,53	2.182,96	2.455,83	935,81	2.032,56	2.286,63	712,09	1.882,16	2.117,43	488,37	1.731,76	1.948,23	264,77	1.581,44	1.779,12	41,05	1.431,04	1.609,92	-	1.280,80	1.440,
	III	20.130	-	1.610,40	1.811,70	-	1.484,00	1.669,50	-	1.360,80	1.530,90	-	1.240,64	1.395,72	-	1.123,52	1.263,96	-	1.009,44	1.135,62	-	898,56	1.010,
	IV	29.076	1.372,42	2.326,08	2.616,84	1.260,56	2.250,88	2.532,24	1.148,82	2.175,76	2.447,73	1.036,96	2.100,56	2.363,13	925,10	2.025,36	2.278,53	813,24	1.950,16	2.193,93	701,38	1.874,96	2.109,
	V	35.250	1.938,75	2.820,00	3.172,50																		
	VI	35.781	1.967,95	2.862,48	3.220,29																		
107.783,99	I	28.998	1.363,14	2.319,84	2.609,82	1.139,42	2.169,44	2.440,62	915,70	2.019,04	2.271,42	691,98	1.868,64	2.102,22	468,26	1.718,24	1.933,02	244,54	1.567,84	1.763,82	20,82	1.417,44	1.594,
(West)	II	27.209	1.150,25	2.176,72	2.448,81	926,53	2.026,32	2.279,61	702,81	1.875,92	2.110,41	479,09	1.725,52	1.941,21	255,37	1.575,12	1.772,01	31,65	1.424,72	1.602,81	-	1.274,56	1.433,
	III	20.062	-	1.604,96	1.805,58	-	1.478,72	1.663,56	-	1.355,68	1.525,14	-	1.235,52	1.389,96	-	1.118,56	1.258,38	-	1.004,80	1.130,40	-	893,92	1.005,
	IV	28.998	1.363,14	2.319,84	2.609,82	1.251,28	2.244,64	2.525,22	1.139,42	2.169,44	2.440,62	1.027,56	2.094,24	2.356,02	915,70	2.019,04	2.271,42	803,84	1.943,84	2.186,82	691,98	1.868,64	2.102,
	V	35.171	1.934,40	2.813,68	3.165,39																		
	VI	35.703	1.963,66	2.856,24	3.213,27																		
107.783,99	I	29.092	1.374,33	2.327,36	2.618,28	1.150,61	2.176,96	2.449,08	926,89	2.026,56	2.279,88	703,17	1.876,16	2.110,68	479,45	1.725,76	1.941,48	255,73	1.575,36	1.772,28	32,01	1.424,96	1.603,
(Ost)	II	27.302	1.161,32	2.184,16	2.457,18	937,60	2.033,76	2.287,98	714,00	1.883,44	2.118,87	490,28	1.733,04	1.949,67	266,56	1.582,64	1.780,47	42,84	1.432,24	1.611,27	-	1.282,00	1.442,
	III	20.142	-	1.611,36	1.812,78	-	1.484,96	1.670,58	-	1.361,76	1.531,98	-	1.241,44	1.396,62	-	1.124,48	1.265,04	-	1.010,40	1.136,70	-	899,52	1.011,
	IV	29.092	1.374,33	2.327,36	2.618,28	1.262,47	2.252,16	2.533,68	1.150,61	2.176,96	2.449,08	1.038,75	2.101,76	2.364,48	926,89	2.026,56	2.279,88	815,03	1.951,36	2.195,28	703,17	1.876,16	2.110,
	V	35.265	1.939,57	2.821,20	3.173,85																		
	VI	35.797	1.968,83	2.863,76	3.221,73																		
107.819,99	I	29.013	1.364,93	2.321,04	2.611,17	1.141,21	2.170,64	2.441,97	917,49	2.020,24	2.272,77	693,77	1.869,84	2.103,57	470,05	1.719,44	1.934,37	246,33	1.569,04	1.765,17	22,72	1.418,72	1.596,
(West)	II	27.224	1.152,03	2.177,92	2.450,16	928,31	2.027,52	2.280,96	704,59	1.877,12	2.111,76	480,87	1.726,72	1.942,56	257,15	1.576,32	1.773,36	33,43	1.425,92	1.604,16	-	1.275,76	1.435,
	III	20.074	-	1.605,92	1.806,66	-	1.479,68	1.664,64	-	1.356,64	1.526,22	-	1.236,48	1.391,04	-	1.119,52	1.259,46	-	1.005,60	1.131,30	-	894,88	1.006,
	IV	29.013	1.364,93	2.321,04	2.611,17	1.253,07	2.245,84	2.526,57	1.141,21	2.170,64	2.441,97	1.029,35	2.095,44	2.357,37	917,49	2.020,24	2.272,77	805,63	1.945,04	2.188,17	693,77	1.869,84	2.103,
	V	35.186	1.935,23	2.814,88	3.166,74																		
	VI	35.718	1.964,49	2.857,44	3.214,62																		
107.819,99	I	29.107	1.376,11	2.328,56	2.619,63	1.152,39	2.178,16	2.450,43	928,67	2.027,76	2.281,23	704,95	1.877,36	2.112,03	481,23	1.726,96	1.942,83	257,51	1.576,56	1.773,63	33,79	1.426,16	1.604,
(Ost)	II	27.317	1.163,10	2.185,36	2.458,53	939,50	2.035,04	2.289,42	715,78	1.884,64	2.120,22	492,06	1.734,24	1.951,02	268,34	1.583,84	1.781,82	44,62	1.433,44	1.612,62	-	1.283,20	1.443,
	III	20.154	-	1.612,32	1.813,86	-	1.485,92	1.671,66	-	1.362,72	1.533,06	-	1.242,40	1.397,70	-	1.125,28	1.265,94	-	1.011,36	1.137,78	-	900,32	1.012,
	IV	29.107	1.376,11	2.328,56	2.619,63	1.264,25	2.253,36	2.535,03	1.152,39	2.178,16	2.450,43	1.040,53	2.102,96	2.365,83	928,67	2.027,76	2.281,23	816,81	1.952,56	2.196,63	704,95	1.877,36	2.112,
	V	35.280	1.940,40	2.822,40	3.175,20																		
	VI	35.812	1.969,66	2.864,96	3.223,08																		
107.855,99	I	29.028	1.366,71	2.322,24	2.612,52	1.142,99	2.171,84	2.443,32	919,27	2.021,44	2.274,12	695,55	1.871,04	2.104,92	471,83	1.720,64	1.935,72	248,23	1.570,32	1.766,61	24,51	1.419,92	1.597,
(West)	II	27.239	1.153,82	2.179,12	2.451,51	930,10	2.028,72	2.282,31	706,38	1.878,32	2.113,11	482,66	1.727,92	1.943,91	258,94	1.577,52	1.774,71	35,22	1.427,12	1.605,51	-	1.276,96	1.436,
	III	20.088	-	1.607,04	1.807,92	-	1.480,80	1.665,90	-	1.357,60	1.527,30	-	1.237,44	1.392,12	-	1.120,48	1.260,54	-	1.006,56	1.132,38	-	895,68	1.007,
	IV	29.028	1.366,71	2.322,24	2.612,52	1.254,85	2.247,04	2.527,92	1.142,99	2.171,84	2.443,32	1.031,13	2.096,64	2.358,72	919,27	2.021,44	2.274,12	807,41	1.946,24	2.189,52	695,55	1.871,04	2.104,9
	V	35.201	1.936,05	2.816,08	3.168,09																		
	VI	35.733	1.965,31	2.858,64	3.215,97																		
107.855,99	I	29.122	1.377,90	2.329,76	2.620,98	1.154,18	2.179,36	2.451,78	930,46	2.028,96	2.282,58	706,74	1.878,56	2.113,38	483,02	1.728,16	1.944,18	259,30	1.577,76	1.774,98	35,58	1.427,36	1.605,
(Ost)	II	27.333	1.165,01	2.186,64	2.459,97	941,29	2.036,24	2.290,77	717,57	1.885,84	2.121,57	493,85	1.735,44	1.952,37	270,13	1.585,04	1.783,17	46,41	1.434,64	1.613,97	-	1.284,40	1.444,
	III	20.168	-	1.613,44	1.815,12	-	1.487,04	1.672,92	-	1.363,68	1.534,14	-	1.243,36	1.398,78	-	1.126,24	1.267,02	-	1.012,16	1.138,68	-	901,28	1.013,
	IV	29.122	1.377,90	2.329,76	2.620,98	1.266,04	2.254,56	2.536,38	1.154,18	2.179,36	2.451,78	1.042,32	2.104,16	2.367,18	930,46	2.028,96	2.282,58	818,60	1.953,76	2.197,98	706,74	1.878,56	2.113,
	V	35.295	1.941,22	2.823,60	3.176,55																		
	VI	35.827	1.970,48	2.866,16	3.224,43																		
107.891,99	I	29.043	1.368,50	2.323,44	2.613,87	1.144,78	2.173,04	2.444,67	921,06	2.022,64	2.275,47	697,45	1.872,32	2.106,36	473,73	1.721,92	1.937,16	250,01	1.571,52	1.767,96	26,29	1.421,12	1.598,7
(West)	II	27.254	1.155,60	2.180,32	2.452,86	931,88	2.029,92	2.283,66	708,16	1.879,52	2.114,46	484,44	1.729,12	1.945,26	260,72	1.578,72	1.776,06	37,00	1.428,32	1.606,86	-	1.278,16	1.437,9
	III	20.100	-	1.608,00	1.809,00	-	1.481,76	1.666,98	-	1.358,56	1.528,38	-	1.238,40	1.393,20	-	1.121,44	1.261,62	-	1.007,52	1.133,46	-	896,64	1.008,7
	IV	29.043	1.368,50	2.323,44	2.613,87	1.256,64	2.248,24	2.529,27	1.144,78	2.173,04	2.444,67	1.032,92	2.097,84	2.360,07	921,06	2.022,64	2.275,47	809,20	1.947,44	2.190,87	697,45	1.872,32	2.106,3
	V	35.217	1.936,93	2.817,36	3.169,53																		
	VI	35.748	1.966,14	2.859,84	3.217,32																		
107.891,99	I	29.137	1.379,68	2.330,96	2.622,33	1.155,96	2.180,56	2.453,13	932,24	2.030,16	2.283,93	708,52	1.879,76	2.114,73	484,80	1.729,36	1.945,53	261,08	1.578,96	1.776,33	37,36	1.428,56	1.607,1
(Ost)	II	27.348	1.166,79	2.187,84	2.461,32	943,07	2.037,44	2.292,12	719,35	1.887,04	2.122,92	495,63	1.736,64	1.953,72	271,91	1.586,24	1.784,52	48,19	1.435,84	1.615,32	-	1.285,60	1.446,3
	III	20.180	-	1.614,40	1.816,20	-	1.488,00	1.674,00	-	1.364,64	1.535,22	-	1.244,32	1.399,86	-	1.127,20	1.268,10	-	1.013,12	1.139,76	-	902,08	1.014,8
	IV	29.137	1.379,68	2.330,96	2.622,33	1.267,82	2.255,76	2.537,73	1.155,96	2.180,56	2.453,13	1.044,10	2.105,36	2.368,53	932,24	2.030,16	2.283,93	820,38	1.954,96	2.199,33	708,52	1.879,76	2.114,7
	V	35.310	1.942,05	2.824,80	3.177,90																		
	VI	35.842	1.971,31	2.867,36	3.225,78																		
107.927,99	I	29.058	1.370,28	2.324,64	2.615,22	1.146,56	2.174,24	2.446,02	922,96	2.023,92	2.276,91	699,24	1.873,52	2.107,71	475,52	1.723,12	1.938,51	251,80	1.572,72	1.769,31	28,08	1.422,32	1.600,1
(West)	II	27.269	1.157,39	2.181,52	2.454,21	933,67	2.031,12	2.285,01	709,95	1.880,72	2.115,81	486,23	1.730,32	1.946,61	262,63	1.580,00	1.777,50	38,91	1.429,60	1.608,30	-	1.279,36	1.439,2
	III	20.114	-	1.609,12	1.810,26	-	1.482,72	1.668,06	-	1.359,52	1.529,46	-	1.239,36	1.394,28	-	1.122,40	1.262,70	-	1.008,32	1.134,36	-	897,44	1.009,6
	IV	29.058	1.370,28	2.324,64	2.615,22	1.258,42	2.249,44	2.530,62	1.146,56	2.174,24	2.446,02	1.034,82	2.099,12	2.361,51	922,96	2.023,92	2.276,91	811,10	1.948,72	2.192,31	699,24	1.873,52	2.107,7
	V	35.232	1.937,76	2.818,56	3.170,88																		
	VI	35.763	1.966,96	2.861,04	3.218,67																		
107.927,99	I	29.152	1.381,47	2.332,16	2.623,68	1.157,75	2.181,76	2.454,48	934,03	2.031,36	2.285,28	710,31	1.880,96	2.116,08	486,59	1.730,56	1.946,88	262,87	1.580,16	1.777,68	39,27	1.429,84	1.608,5
(Ost)	II	27.363	1.168,58	2.189,04	2.462,67	944,86	2.038,64	2.293,47	721,14	1.888,24	2.124,27	497,42	1.737,84	1.955,07	273,70	1.587,44	1.785,87	49,98	1.437,04	1.616,67	-	1.286,80	1.447,6
	III	20.194	-	1.615,52	1.817,46	-	1.488,96	1.675,08	-	1.365,60	1.536,30	-	1.245,28	1.400,94	-	1.128,16	1.269,18	-	1.014,08	1.140,84	-	903,04	1.015,9
	IV	29.152	1.381,47	2.332,16	2.623,68	1.269,61	2.256,96	2.539,08	1.157,75	2.181,76	2.454,48	1.045,89	2.106,56	2.369,88	934,03	2.031,36	2.285,28	822,17	1.956,16	2.200,68	710,31	1.880,96	2.116,0
	V	35.325	1.942,87	2.826,00	3.179,25																		
	VI	35.857	1.972,13	2.868,56	3.227,13																		
107.963,99	I	29.074	1.372,18	2.325,92	2.616,66	1.148,46	2.175,52	2.447,46	924,74	2.025,12	2.278,26	701,02	1.874,72	2.109,06	477,30	1.724,32	1.939,86	253,58	1.573,92	1.770,66	29,86	1.423,52	1.601,4
(West)	II	27.284	1.159,17	2.182,72	2.455,56	935,45	2.032,32	2.286,36	711,73	1.881,92	2.117,16	488,13	1.731,60	1.948,05	264,41	1.581,20	1.778,85	40,69	1.430,80	1.609,65	-	1.280,56	1.440,6
	III	20.126	-	1.610,08	1.811,34	-	1.483,68	1.669,14	-	1.360,48	1.530,54	-	1.240,32	1.395,36	-	1.123,20	1.263,60	-	1.009,28	1.135,44	-	898,40	1.010,7
	IV	29.074	1.372,18	2.325,92	2.616,66	1.260,32	2.250,72	2.532,06	1.148,46	2.175,52	2.447,46	1.036,60	2.100,32	2.362,86	924,74	2.025,12	2.278,26	812,88	1.949,92	2.193,66	701,02	1.874,72	2.109,0
	V	35.247	1.938,58	2.819,76	3.172,23																		
	VI	35.779	1.967,84	2.862,32	3.220,11																		
107.963,99	I	29.167	1.383,25	2.333,36	2.625,03	1.159,53	2.182,96	2.455,83	935,81	2.032,56	2.286,63	712,09	1.882,16	2.117,43	488,37	1.731,76	1.948,23	264,77	1.581,44	1.779,12	41,05	1.431,04	1.609,92
(Ost)	II	27.378	1.170,36	2.190,24	2.464,02	946,64	2.039,84	2.294,82	722,92	1.889,44	2.125,62	499,20	1.739,04	1.956,42	275,48	1.588,64	1.787,22	51,76	1.438,24	1.618,02	-	1.288,00	1.449,00
	III	20.206	-	1.616,48	1.818,54	-	1.490,08	1.676,34	-	1.366,56	1.537,38	-	1.246,24	1.402,02	-	1.129,12	1.270,26	-	1.014,88	1.141,74	-	903,84	1.016,82
	IV	29.167	1.383,25	2.333,36	2.625,03	1.271,39	2.258,16	2.540,43	1.159,53	2.182,96	2.455,83	1.047,67	2.107,76	2.371,23	935,81	2.032,56	2.286,63	823,95	1.957,36	2.202,03	712,09	1.882,16	2.117,43
	V	35.340	1.943,70	2.827,20	3.180,60																		
	VI	35.872	1.972,96	2.869,76	3.228,48																		

Anzahl Kinderfreibeträge (nur Steuerklassen I–IV)

SolZ/KiSt lt. Tabelle nicht für Sonstige Bezüge anwendbar.

Allgemeine Tabelle

JAHR bis 108.215,99 €

Lohn/ Gehalt bis	Steuerklasse	Lohnsteuer	ohne Kinderfreibetrag			Anzahl Kinderfreibeträge (nur Steuerklassen I–IV)																	
						0,5			1,0			1,5			2,0			2,5			3,0		
			SolZ 5,5%	Kirchensteuer 8%	9%	SolZ 5,5%	Kirchensteuer 8%	9%	SolZ 5,5%	Kirchensteuer 8%	9%	SolZ 5,5%	Kirchensteuer 8%	9%	SolZ 5,5%	Kirchensteuer 8%	9%	SolZ 5,5%	Kirchensteuer 8%	9%	SolZ 5,5%	Kirchensteuer 8%	9%
07.999,99 (West)	I	29.089	1.373,97	2.327,12	2.618,01	1.150,25	2.176,72	2.448,81	926,53	2.026,32	2.279,61	702,81	1.875,92	2.110,41	479,09	1.725,52	1.941,21	255,37	1.575,12	1.772,01	31,65	1.424,72	1.602,81
	II	27.299	1.160,96	2.183,92	2.456,91	937,36	2.033,60	2.287,80	713,64	1.883,20	2.118,60	489,92	1.732,80	1.949,40	266,20	1.582,40	1.780,20	42,48	1.432,00	1.611,00	-	1.281,76	1.441,98
	III	20.140	-	1.611,20	1.812,60	-	1.484,80	1.670,40	-	1.361,44	1.531,62	-	1.241,28	1.396,44	-	1.124,16	1.264,68	-	1.010,24	1.136,52	-	899,20	1.011,60
	IV	29.089	1.373,97	2.327,12	2.618,01	1.262,11	2.251,92	2.533,41	1.150,25	2.176,72	2.448,81	1.038,39	2.101,52	2.364,21	926,53	2.026,32	2.279,61	814,67	1.951,12	2.195,01	702,81	1.875,92	2.110,41
	V	35.262	1.939,41	2.820,96	3.173,58																		
	VI	35.794	1.968,67	2.863,52	3.221,46																		
07.999,99 (Ost)	I	29.182	1.385,04	2.334,56	2.626,38	1.161,32	2.184,16	2.457,18	937,60	2.033,76	2.287,98	714,00	1.883,44	2.118,87	490,28	1.733,04	1.949,67	266,56	1.582,64	1.780,47	42,84	1.432,24	1.611,27
	II	27.393	1.172,15	2.191,44	2.465,37	948,43	2.041,04	2.296,17	724,71	1.890,64	2.126,97	500,99	1.740,24	1.957,77	277,27	1.589,84	1.788,57	53,55	1.439,44	1.619,37	-	1.289,20	1.450,35
	III	20.220	-	1.617,60	1.819,80	-	1.491,04	1.677,42	-	1.367,52	1.538,46	-	1.247,20	1.403,10	-	1.129,92	1.271,16	-	1.015,84	1.142,82	-	904,80	1.017,90
	IV	29.182	1.385,04	2.334,56	2.626,38	1.273,18	2.259,36	2.541,78	1.161,32	2.184,16	2.457,18	1.049,46	2.108,96	2.372,58	937,60	2.033,76	2.287,98	825,74	1.958,56	2.203,38	714,00	1.883,44	2.118,87
	V	35.356	1.944,58	2.828,48	3.182,04																		
	VI	35.887	1.973,78	2.870,96	3.229,83																		
08.035,99 (West)	I	29.104	1.375,75	2.328,32	2.619,36	1.152,03	2.177,92	2.450,16	928,31	2.027,52	2.280,96	704,59	1.877,12	2.111,76	480,87	1.726,72	1.942,56	257,15	1.576,32	1.773,36	33,43	1.425,92	1.604,16
	II	27.315	1.162,86	2.185,20	2.458,35	939,14	2.034,80	2.289,15	715,42	1.884,40	2.119,95	491,70	1.734,00	1.950,75	267,98	1.583,60	1.781,55	44,26	1.433,20	1.612,35	-	1.282,96	1.443,33
	III	20.152	-	1.612,16	1.813,68	-	1.485,76	1.671,48	-	1.362,40	1.532,70	-	1.242,24	1.397,52	-	1.125,12	1.265,76	-	1.011,04	1.137,42	-	900,16	1.012,68
	IV	29.104	1.375,75	2.328,32	2.619,36	1.263,89	2.253,12	2.534,76	1.152,03	2.177,92	2.450,16	1.040,17	2.102,72	2.365,56	928,31	2.027,52	2.280,96	816,45	1.952,32	2.196,36	704,59	1.877,12	2.111,76
	V	35.277	1.940,23	2.822,16	3.174,93																		
	VI	35.809	1.969,49	2.864,72	3.222,81																		
08.035,99 (Ost)	I	29.197	1.386,82	2.335,76	2.627,73	1.163,10	2.185,36	2.458,53	939,50	2.035,04	2.289,42	715,78	1.884,64	2.120,22	492,06	1.734,24	1.951,02	268,34	1.583,84	1.781,82	44,62	1.433,44	1.612,62
	II	27.408	1.173,93	2.192,64	2.466,72	950,21	2.042,24	2.297,52	726,49	1.891,84	2.128,32	502,77	1.741,44	1.959,12	279,17	1.591,12	1.790,01	55,45	1.440,72	1.620,81	-	1.290,40	1.451,70
	III	20.232	-	1.618,56	1.820,88	-	1.492,00	1.678,50	-	1.368,64	1.539,72	-	1.248,16	1.404,18	-	1.130,88	1.272,24	-	1.016,80	1.143,90	-	905,60	1.018,80
	IV	29.197	1.386,82	2.335,76	2.627,73	1.274,96	2.260,56	2.543,13	1.163,10	2.185,36	2.458,53	1.051,36	2.110,24	2.374,02	939,50	2.035,04	2.289,42	827,64	1.959,84	2.204,82	715,78	1.884,64	2.120,22
	V	35.371	1.945,40	2.829,68	3.183,39																		
	VI	35.902	1.974,61	2.872,16	3.231,18																		
08.071,99 (West)	I	29.119	1.377,54	2.329,52	2.620,71	1.153,82	2.179,12	2.451,51	930,10	2.028,72	2.282,31	706,38	1.878,32	2.113,11	482,66	1.727,92	1.943,91	258,94	1.577,52	1.774,71	35,22	1.427,12	1.605,51
	II	27.330	1.164,65	2.186,40	2.459,70	940,93	2.036,00	2.290,50	717,21	1.885,60	2.121,30	493,49	1.735,20	1.952,10	269,77	1.584,80	1.782,90	46,05	1.434,40	1.613,70	-	1.284,16	1.444,68
	III	20.164	-	1.613,12	1.814,76	-	1.486,72	1.672,56	-	1.363,52	1.533,96	-	1.243,20	1.398,60	-	1.126,08	1.266,84	-	1.012,00	1.138,50	-	900,96	1.013,58
	IV	29.119	1.377,54	2.329,52	2.620,71	1.265,68	2.254,32	2.536,11	1.153,82	2.179,12	2.451,51	1.041,96	2.103,92	2.366,91	930,10	2.028,72	2.282,31	818,24	1.953,52	2.197,71	706,38	1.878,32	2.113,11
	V	35.292	1.941,06	2.823,36	3.176,28																		
	VI	35.824	1.970,32	2.865,92	3.224,16																		
08.071,99 (Ost)	I	29.213	1.388,73	2.337,04	2.629,17	1.165,01	2.186,64	2.459,97	941,29	2.036,24	2.290,77	717,57	1.885,84	2.121,57	493,85	1.735,44	1.952,37	270,13	1.585,04	1.783,17	46,41	1.434,64	1.613,97
	II	27.423	1.175,72	2.193,84	2.468,07	952,00	2.043,44	2.298,87	728,28	1.893,04	2.129,67	504,67	1.742,72	1.960,56	280,95	1.592,32	1.791,36	57,23	1.441,92	1.622,16	-	1.291,60	1.453,05
	III	20.244	-	1.619,52	1.821,96	-	1.492,96	1.679,58	-	1.369,60	1.540,80	-	1.249,12	1.405,26	-	1.131,84	1.273,32	-	1.017,60	1.144,80	-	906,56	1.019,88
	IV	29.213	1.388,73	2.337,04	2.629,17	1.276,87	2.261,84	2.544,57	1.165,01	2.186,64	2.459,97	1.053,15	2.111,44	2.375,37	941,29	2.036,24	2.290,77	829,43	1.961,04	2.206,17	717,57	1.885,84	2.121,57
	V	35.386	1.946,23	2.830,88	3.184,74																		
	VI	35.918	1.975,49	2.873,44	3.232,62																		
08.107,99 (West)	I	29.134	1.379,32	2.330,72	2.622,06	1.155,60	2.180,32	2.452,86	931,88	2.029,92	2.283,66	708,16	1.879,52	2.114,46	484,44	1.729,12	1.945,26	260,72	1.578,72	1.776,06	37,00	1.428,32	1.606,86
	II	27.345	1.166,43	2.187,60	2.461,05	942,71	2.037,20	2.291,85	718,99	1.886,80	2.122,65	495,27	1.736,40	1.953,45	271,55	1.586,00	1.784,25	47,83	1.435,60	1.615,05	-	1.285,36	1.446,03
	III	20.178	-	1.614,24	1.816,02	-	1.487,84	1.673,82	-	1.364,48	1.535,04	-	1.244,16	1.399,68	-	1.127,04	1.267,92	-	1.012,96	1.139,58	-	901,92	1.014,66
	IV	29.134	1.379,32	2.330,72	2.622,06	1.267,46	2.255,52	2.537,46	1.155,60	2.180,32	2.452,86	1.043,74	2.105,12	2.368,26	931,88	2.029,92	2.283,66	820,02	1.954,72	2.199,06	708,16	1.879,52	2.114,46
	V	35.307	1.941,88	2.824,56	3.177,63																		
	VI	35.839	1.971,14	2.867,12	3.225,51																		
08.107,99 (Ost)	I	29.228	1.390,51	2.338,24	2.630,52	1.166,79	2.187,84	2.461,32	943,07	2.037,44	2.292,12	719,35	1.887,04	2.122,92	495,63	1.736,64	1.953,72	271,91	1.586,24	1.784,52	48,19	1.435,84	1.615,32
	II	27.438	1.177,50	2.195,04	2.469,42	953,90	2.044,72	2.300,31	730,18	1.894,32	2.131,11	506,46	1.743,92	1.961,91	282,74	1.593,52	1.792,71	59,02	1.443,12	1.623,51	-	1.292,80	1.454,40
	III	20.258	-	1.620,64	1.823,22	-	1.494,08	1.680,84	-	1.370,56	1.541,88	-	1.250,08	1.406,34	-	1.132,80	1.274,40	-	1.018,56	1.145,88	-	907,36	1.020,78
	IV	29.228	1.390,51	2.338,24	2.630,52	1.278,65	2.263,04	2.545,92	1.166,79	2.187,84	2.461,32	1.054,93	2.112,64	2.376,72	943,07	2.037,44	2.292,12	831,21	1.962,24	2.207,52	719,35	1.887,04	2.122,92
	V	35.401	1.947,05	2.832,08	3.186,09																		
	VI	35.933	1.976,31	2.874,64	3.233,97																		
08.143,99 (West)	I	29.149	1.381,11	2.331,92	2.623,41	1.157,39	2.181,52	2.454,21	933,67	2.031,12	2.285,01	709,95	1.880,72	2.115,81	486,23	1.730,32	1.946,61	262,63	1.580,00	1.777,50	38,91	1.429,60	1.608,30
	II	27.360	1.168,22	2.188,80	2.462,40	944,50	2.038,40	2.293,20	720,78	1.888,00	2.124,00	497,06	1.737,60	1.954,80	273,34	1.587,20	1.785,60	49,62	1.436,80	1.616,40	-	1.286,56	1.447,38
	III	20.190	-	1.615,20	1.817,10	-	1.488,80	1.674,90	-	1.365,44	1.536,12	-	1.245,12	1.400,76	-	1.128,00	1.269,00	-	1.013,76	1.140,48	-	902,72	1.015,56
	IV	29.149	1.381,11	2.331,92	2.623,41	1.269,25	2.256,72	2.538,81	1.157,39	2.181,52	2.454,21	1.045,53	2.106,32	2.369,61	933,67	2.031,12	2.285,01	821,81	1.955,92	2.200,41	709,95	1.880,72	2.115,81
	V	35.322	1.942,71	2.825,76	3.178,98																		
	VI	35.854	1.971,97	2.868,32	3.226,86																		
08.143,99 (Ost)	I	29.243	1.392,30	2.339,44	2.631,87	1.168,58	2.189,04	2.462,67	944,86	2.038,64	2.293,47	721,14	1.888,24	2.124,27	497,42	1.737,84	1.955,07	273,70	1.587,44	1.785,87	49,98	1.437,04	1.616,67
	II	27.454	1.179,40	2.196,32	2.470,86	955,68	2.045,92	2.301,66	731,96	1.895,52	2.132,46	508,24	1.745,12	1.963,26	284,52	1.594,72	1.794,06	60,80	1.444,32	1.624,86	-	1.294,00	1.455,75
	III	20.270	-	1.621,60	1.824,30	-	1.495,04	1.681,92	-	1.371,52	1.542,96	-	1.251,04	1.407,42	-	1.133,76	1.275,48	-	1.019,52	1.146,96	-	908,32	1.021,86
	IV	29.243	1.392,30	2.339,44	2.631,87	1.280,44	2.264,24	2.547,27	1.168,58	2.189,04	2.462,67	1.056,72	2.113,84	2.378,07	944,86	2.038,64	2.293,47	833,00	1.963,44	2.208,87	721,14	1.888,24	2.124,27
	V	35.416	1.947,88	2.833,28	3.187,44																		
	VI	35.948	1.977,14	2.875,84	3.235,32																		
08.179,99 (West)	I	29.164	1.382,89	2.333,12	2.624,76	1.159,17	2.182,72	2.455,56	935,45	2.032,32	2.286,36	711,73	1.881,92	2.117,16	488,13	1.731,60	1.948,05	264,41	1.581,20	1.778,85	40,69	1.430,80	1.609,65
	II	27.375	1.170,00	2.190,00	2.463,75	946,28	2.039,60	2.294,55	722,56	1.889,20	2.125,35	498,84	1.738,80	1.956,15	275,12	1.588,40	1.786,95	51,40	1.438,00	1.617,75	-	1.287,76	1.448,73
	III	20.204	-	1.616,32	1.818,36	-	1.489,76	1.675,98	-	1.366,40	1.537,20	-	1.246,08	1.401,84	-	1.128,80	1.269,90	-	1.014,72	1.141,56	-	903,68	1.016,64
	IV	29.164	1.382,89	2.333,12	2.624,76	1.271,03	2.257,92	2.540,16	1.159,17	2.182,72	2.455,56	1.047,31	2.107,52	2.370,96	935,45	2.032,32	2.286,36	823,59	1.957,12	2.201,76	711,73	1.881,92	2.117,16
	V	35.338	1.943,59	2.827,04	3.180,42																		
	VI	35.869	1.972,79	2.869,52	3.228,21																		
08.179,99 (Ost)	I	29.258	1.394,08	2.340,64	2.633,22	1.170,36	2.190,24	2.464,02	946,64	2.039,84	2.294,82	722,92	1.889,44	2.125,62	499,20	1.739,04	1.956,42	275,48	1.588,64	1.787,22	51,76	1.438,24	1.618,02
	II	27.469	1.181,19	2.197,52	2.472,21	957,47	2.047,12	2.303,01	733,75	1.896,72	2.133,81	510,03	1.746,32	1.964,61	286,31	1.595,92	1.795,41	62,59	1.445,52	1.626,21	-	1.295,20	1.457,10
	III	20.284	-	1.622,72	1.825,56	-	1.496,00	1.683,00	-	1.372,48	1.544,04	-	1.252,00	1.408,50	-	1.134,72	1.276,56	-	1.020,32	1.147,86	-	909,12	1.022,76
	IV	29.258	1.394,08	2.340,64	2.633,22	1.282,22	2.265,44	2.548,62	1.170,36	2.190,24	2.464,02	1.058,50	2.115,04	2.379,42	946,64	2.039,84	2.294,82	834,78	1.964,64	2.210,22	722,92	1.889,44	2.125,62
	V	35.431	1.948,70	2.834,48	3.188,79																		
	VI	35.963	1.977,96	2.877,04	3.236,67																		
08.215,99 (West)	I	29.179	1.384,68	2.334,32	2.626,11	1.160,96	2.183,92	2.456,91	937,36	2.033,60	2.287,80	713,64	1.883,20	2.118,60	489,92	1.732,80	1.949,40	266,20	1.582,40	1.780,20	42,48	1.432,00	1.611,00
	II	27.390	1.171,79	2.191,20	2.465,10	948,07	2.040,80	2.295,90	724,35	1.890,40	2.126,70	500,63	1.740,00	1.957,50	276,91	1.589,60	1.788,30	53,31	1.439,28	1.619,19	-	1.288,96	1.450,08
	III	20.216	-	1.617,28	1.819,44	-	1.490,72	1.677,06	-	1.367,36	1.538,28	-	1.247,04	1.402,92	-	1.129,76	1.270,98	-	1.015,68	1.142,64	-	904,48	1.017,54
	IV	29.179	1.384,68	2.334,32	2.626,11	1.272,82	2.259,12	2.541,51	1.160,96	2.183,92	2.456,91	1.049,10	2.108,72	2.372,31	937,36	2.033,60	2.287,80	825,50	1.958,40	2.203,20	713,64	1.883,20	2.118,60
	V	35.353	1.944,41	2.828,24	3.181,77																		
	VI	35.884	1.973,62	2.870,72	3.229,56																		
08.215,99 (Ost)	I	29.273	1.395,87	2.341,84	2.634,57	1.172,15	2.191,44	2.465,37	948,43	2.041,04	2.296,17	724,71	1.890,64	2.126,97	500,99	1.740,24	1.957,77	277,27	1.589,84	1.788,57	53,55	1.439,44	1.619,37
	II	27.484	1.182,97	2.198,72	2.473,56	959,25	2.048,32	2.304,36	735,53	1.897,92	2.135,16	511,81	1.747,52	1.965,96	288,09	1.597,12	1.796,76	64,37	1.446,72	1.627,56	-	1.296,40	1.458,45
	III	20.296	-	1.623,68	1.826,64	-	1.497,12	1.684,26	-	1.373,44	1.545,12	-	1.252,96	1.409,58	-	1.135,52	1.277,46	-	1.021,28	1.148,94	-	910,08	1.023,84
	IV	29.273	1.395,87	2.341,84	2.634,57	1.284,01	2.266,64	2.549,97	1.172,15	2.191,44	2.465,37	1.060,29	2.116,24	2.380,77	948,43	2.041,04	2.296,17	836,57	1.965,84	2.211,57	724,71	1.890,64	2.126,97
	V	35.446	1.949,57	2.835,68	3.190,14																		
	VI	35.978	1.978,79	2.878,24	3.238,02																		

SolZ/KiSt lt. Tabelle nicht für Sonstige Bezüge anwendbar.

JAHR bis 108.467,99 €

Allgemeine Tabelle

Lohn/Gehalt bis	Steuerklasse	Lohnsteuer	ohne Kinderfreibetrag SolZ 5,5%	Kirchensteuer 8%	Kirchensteuer 9%	0,5 SolZ 5,5%	0,5 Kirchensteuer 8%	0,5 Kirchensteuer 9%	1,0 SolZ 5,5%	1,0 Kirchensteuer 8%	1,0 Kirchensteuer 9%	1,5 SolZ 5,5%	1,5 Kirchensteuer 8%	1,5 Kirchensteuer 9%	2,0 SolZ 5,5%	2,0 Kirchensteuer 8%	2,0 Kirchensteuer 9%	2,5 SolZ 5,5%	2,5 Kirchensteuer 8%	2,5 Kirchensteuer 9%	3,0 SolZ 5,5%	3,0 Kirchensteuer 8%	3,0 Kirchensteuer 9%
						Anzahl Kinderfreibeträge (nur Steuerklassen I–IV)																	
108.251,99 (West)	I	29.194	1.386,46	2.335,52	2.627,46	1.162,86	2.185,20	2.458,35	939,14	2.034,80	2.289,15	715,42	1.884,40	2.119,95	491,70	1.734,00	1.950,75	267,98	1.583,60	1.781,55	44,26	1.433,20	1.612,3
	II	27.405	1.173,57	2.192,40	2.466,45	949,85	2.042,00	2.297,25	726,13	1.891,60	2.128,05	502,53	1.741,28	1.958,94	278,81	1.590,88	1.789,74	55,09	1.440,48	1.620,54	-	1.290,16	1.451,4
	III	20.230	-	1.618,40	1.820,70	-	1.491,84	1.678,32	-	1.368,32	1.539,36	-	1.248,00	1.404,00	-	1.130,72	1.272,06	-	1.016,48	1.143,54	-	905,44	1.018,
	IV	29.194	1.386,46	2.335,52	2.627,46	1.274,72	2.260,40	2.542,95	1.162,86	2.185,20	2.458,35	1.051,00	2.110,00	2.373,75	939,14	2.034,80	2.289,15	827,28	1.959,60	2.204,55	715,42	1.884,40	2.119,
	V	35.368	1.945,24	2.829,44	3.183,12																		
	VI	35.899	1.974,44	2.871,92	3.230,91																		
108.251,99 (Ost)	I	29.288	1.397,65	2.343,04	2.635,92	1.173,93	2.192,64	2.466,72	950,21	2.042,24	2.297,52	726,49	1.891,84	2.128,32	502,77	1.741,44	1.959,12	279,17	1.591,12	1.790,01	55,45	1.440,72	1.620,8
	II	27.499	1.184,76	2.199,92	2.474,91	961,04	2.049,52	2.305,71	737,32	1.899,12	2.136,51	513,60	1.748,72	1.967,31	289,88	1.598,32	1.798,11	66,16	1.447,92	1.628,91	-	1.297,60	1.459,8
	III	20.310	-	1.624,80	1.827,90	-	1.498,08	1.685,34	-	1.374,40	1.546,20	-	1.253,92	1.410,66	-	1.136,48	1.278,54	-	1.022,24	1.150,02	-	910,88	1.024,
	IV	29.288	1.397,65	2.343,04	2.635,92	1.285,79	2.267,84	2.551,32	1.173,93	2.192,64	2.466,72	1.062,07	2.117,44	2.382,12	950,21	2.042,24	2.297,52	838,35	1.967,04	2.212,92	726,49	1.891,84	2.128,3
	V	35.461	1.950,35	2.836,88	3.191,49																		
	VI	35.993	1.979,61	2.879,44	3.239,37																		
108.287,99 (West)	I	29.210	1.388,37	2.336,80	2.628,90	1.164,65	2.186,40	2.459,70	940,93	2.036,00	2.290,50	717,21	1.885,60	2.121,30	493,49	1.735,20	1.952,10	269,77	1.584,80	1.782,90	46,05	1.434,40	1.613,
	II	27.420	1.175,36	2.193,60	2.467,80	951,64	2.043,20	2.298,60	728,04	1.892,88	2.129,49	504,32	1.742,48	1.960,29	280,60	1.592,08	1.791,09	56,88	1.441,68	1.621,89	-	1.291,36	1.452,
	III	20.242	-	1.619,36	1.821,78	-	1.492,80	1.679,40	-	1.369,28	1.540,44	-	1.248,96	1.405,08	-	1.131,68	1.273,14	-	1.017,44	1.144,62	-	906,24	1.019,5
	IV	29.210	1.388,37	2.336,80	2.628,90	1.276,51	2.261,60	2.544,30	1.164,65	2.186,40	2.459,70	1.052,79	2.111,20	2.375,10	940,93	2.036,00	2.290,50	829,07	1.960,80	2.205,90	717,21	1.885,60	2.121,3
	V	35.383	1.946,06	2.830,64	3.184,47																		
	VI	35.915	1.975,32	2.873,20	3.232,35																		
108.287,99 (Ost)	I	29.303	1.399,44	2.344,24	2.637,27	1.175,72	2.193,84	2.468,07	952,00	2.043,44	2.298,87	728,28	1.893,04	2.129,67	504,67	1.742,72	1.960,56	280,95	1.592,32	1.791,36	57,23	1.441,92	1.622,1
	II	27.514	1.186,54	2.201,12	2.476,26	962,82	2.050,72	2.307,06	739,10	1.900,32	2.137,86	515,38	1.749,92	1.968,66	291,66	1.599,52	1.799,46	67,94	1.449,12	1.630,26	-	1.298,80	1.461,1
	III	20.322	-	1.625,76	1.828,98	-	1.499,04	1.686,42	-	1.375,36	1.547,28	-	1.254,88	1.411,74	-	1.137,44	1.279,62	-	1.023,04	1.150,92	-	911,84	1.025,8
	IV	29.303	1.399,44	2.344,24	2.637,27	1.287,58	2.269,04	2.552,67	1.175,72	2.193,84	2.468,07	1.063,86	2.118,64	2.383,47	952,00	2.043,44	2.298,87	840,14	1.968,24	2.214,27	728,28	1.893,04	2.129,6
	V	35.477	1.951,23	2.838,16	3.192,93																		
	VI	36.008	1.980,44	2.880,64	3.240,72																		
108.323,99 (West)	I	29.225	1.390,15	2.338,00	2.630,25	1.166,43	2.187,60	2.461,05	942,71	2.037,20	2.291,85	718,99	1.886,80	2.122,65	495,27	1.736,40	1.953,45	271,55	1.586,00	1.784,25	47,83	1.435,60	1.615,0
	II	27.436	1.177,26	2.194,88	2.469,24	953,54	2.044,48	2.300,04	729,82	1.894,08	2.130,84	506,10	1.743,68	1.961,64	282,38	1.593,28	1.792,44	58,66	1.442,88	1.623,24	-	1.292,56	1.454,
	III	20.254	-	1.620,32	1.822,86	-	1.493,76	1.680,48	-	1.370,24	1.541,52	-	1.249,92	1.406,16	-	1.132,64	1.274,22	-	1.018,40	1.145,70	-	907,20	1.020,6
	IV	29.225	1.390,15	2.338,00	2.630,25	1.278,29	2.262,80	2.545,65	1.166,43	2.187,60	2.461,05	1.054,57	2.112,40	2.376,45	942,71	2.037,20	2.291,85	830,85	1.962,00	2.207,25	718,99	1.886,80	2.122,6
	V	35.398	1.946,89	2.831,84	3.185,82																		
	VI	35.930	1.976,15	2.874,40	3.233,70																		
108.323,99 (Ost)	I	29.318	1.401,22	2.345,44	2.638,62	1.177,50	2.195,04	2.469,42	953,90	2.044,72	2.300,31	730,18	1.894,32	2.131,11	506,46	1.743,92	1.961,91	282,74	1.593,52	1.792,71	59,02	1.443,12	1.623,5
	II	27.529	1.188,33	2.202,32	2.477,61	964,61	2.051,92	2.308,41	740,89	1.901,52	2.139,21	517,17	1.751,12	1.970,01	293,45	1.600,72	1.800,81	69,85	1.450,40	1.631,70	-	1.300,00	1.462,5
	III	20.336	-	1.626,88	1.830,24	-	1.500,00	1.687,50	-	1.376,48	1.548,54	-	1.255,84	1.412,82	-	1.138,40	1.280,70	-	1.024,00	1.152,00	-	912,64	1.026,7
	IV	29.318	1.401,22	2.345,44	2.638,62	1.289,36	2.270,24	2.554,02	1.177,50	2.195,04	2.469,42	1.065,64	2.119,84	2.384,82	953,90	2.044,72	2.300,31	842,04	1.969,52	2.215,71	730,18	1.894,32	2.131,1
	V	35.492	1.952,06	2.839,36	3.194,28																		
	VI	36.023	1.981,26	2.881,84	3.242,07																		
108.359,99 (West)	I	29.240	1.391,94	2.339,20	2.631,60	1.168,22	2.188,80	2.462,40	944,50	2.038,40	2.293,20	720,78	1.888,00	2.124,00	497,06	1.737,60	1.954,80	273,34	1.587,20	1.785,60	49,62	1.436,80	1.616,4
	II	27.451	1.179,05	2.196,08	2.470,59	955,33	2.045,68	2.301,39	731,61	1.895,28	2.132,19	507,89	1.744,88	1.962,99	284,17	1.594,48	1.793,79	60,45	1.444,08	1.624,59	-	1.293,76	1.455,4
	III	20.268	-	1.621,44	1.824,12	-	1.494,88	1.681,74	-	1.371,36	1.542,78	-	1.250,88	1.407,24	-	1.133,44	1.275,12	-	1.019,20	1.146,60	-	908,00	1.021,5
	IV	29.240	1.391,94	2.339,20	2.631,60	1.280,08	2.264,00	2.547,00	1.168,22	2.188,80	2.462,40	1.056,36	2.113,60	2.377,80	944,50	2.038,40	2.293,20	832,64	1.963,20	2.208,60	720,78	1.888,00	2.124,0
	V	35.413	1.947,71	2.833,04	3.187,17																		
	VI	35.945	1.976,97	2.875,60	3.235,05																		
108.359,99 (Ost)	I	29.333	1.403,01	2.346,64	2.639,97	1.179,40	2.196,32	2.470,86	955,68	2.045,92	2.301,66	731,96	1.895,52	2.132,46	508,24	1.745,12	1.963,26	284,52	1.594,72	1.794,06	60,80	1.444,32	1.624,8
	II	27.544	1.190,11	2.203,52	2.478,96	966,39	2.053,12	2.309,76	742,67	1.902,72	2.140,56	519,07	1.752,40	1.971,45	295,35	1.602,00	1.802,25	71,63	1.451,60	1.633,05	-	1.301,20	1.463,8
	III	20.348	-	1.627,84	1.831,32	-	1.501,12	1.688,76	-	1.377,44	1.549,62	-	1.256,80	1.413,90	-	1.139,36	1.281,78	-	1.024,96	1.153,08	-	913,60	1.027,8
	IV	29.333	1.403,01	2.346,64	2.639,97	1.291,26	2.271,52	2.555,46	1.179,40	2.196,32	2.470,86	1.067,54	2.121,12	2.386,26	955,68	2.045,92	2.301,66	843,82	1.970,72	2.217,06	731,96	1.895,52	2.132,4
	V	35.507	1.952,88	2.840,56	3.195,63																		
	VI	36.039	1.982,14	2.883,12	3.243,51																		
108.395,99 (West)	I	29.255	1.393,72	2.340,40	2.632,95	1.170,00	2.190,00	2.463,75	946,28	2.039,60	2.294,55	722,56	1.889,20	2.125,35	498,84	1.738,80	1.956,15	275,12	1.588,40	1.786,95	51,40	1.438,00	1.617,7
	II	27.466	1.180,83	2.197,28	2.471,94	957,11	2.046,88	2.302,74	733,39	1.896,48	2.133,54	509,67	1.746,08	1.964,34	285,95	1.595,68	1.795,14	62,23	1.445,28	1.625,94	-	1.294,96	1.456,8
	III	20.280	-	1.622,40	1.825,20	-	1.495,84	1.682,82	-	1.372,32	1.543,86	-	1.251,84	1.408,32	-	1.134,40	1.276,20	-	1.020,16	1.147,68	-	908,96	1.022,5
	IV	29.255	1.393,72	2.340,40	2.632,95	1.281,86	2.265,20	2.548,35	1.170,00	2.190,00	2.463,75	1.058,14	2.114,80	2.379,15	946,28	2.039,60	2.294,55	834,42	1.964,40	2.209,95	722,56	1.889,20	2.125,3
	V	35.428	1.948,54	2.834,24	3.188,52																		
	VI	35.960	1.977,80	2.876,80	3.236,40																		
108.395,99 (Ost)	I	29.349	1.404,91	2.347,92	2.641,41	1.181,19	2.197,52	2.472,21	957,47	2.047,12	2.303,01	733,75	1.896,72	2.133,81	510,03	1.746,32	1.964,61	286,31	1.595,92	1.795,41	62,59	1.445,52	1.626,2
	II	27.559	1.191,90	2.204,72	2.480,31	968,18	2.054,32	2.311,11	744,58	1.904,00	2.142,00	520,86	1.753,60	1.972,80	297,14	1.603,20	1.803,60	73,42	1.452,80	1.634,40	-	1.302,40	1.465,2
	III	20.360	-	1.628,80	1.832,40	-	1.502,08	1.689,84	-	1.378,40	1.550,70	-	1.257,76	1.414,98	-	1.140,32	1.282,86	-	1.025,76	1.153,98	-	914,40	1.028,7
	IV	29.349	1.404,91	2.347,92	2.641,41	1.293,05	2.272,72	2.556,81	1.181,19	2.197,52	2.472,21	1.069,33	2.122,32	2.387,61	957,47	2.047,12	2.303,01	845,61	1.971,92	2.218,41	733,75	1.896,72	2.133,8
	V	35.522	1.953,71	2.841,76	3.196,98																		
	VI	36.054	1.982,97	2.884,32	3.244,86																		
108.431,99 (West)	I	29.270	1.395,51	2.341,60	2.634,30	1.171,79	2.191,20	2.465,10	948,07	2.040,80	2.295,90	724,35	1.890,40	2.126,70	500,63	1.740,00	1.957,50	276,91	1.589,60	1.788,30	53,31	1.439,28	1.619,1
	II	27.481	1.182,62	2.198,48	2.473,29	958,90	2.048,08	2.304,09	735,18	1.897,68	2.134,89	511,46	1.747,28	1.965,69	287,74	1.596,88	1.796,49	64,02	1.446,48	1.627,29	-	1.296,16	1.458,1
	III	20.294	-	1.623,52	1.826,46	-	1.496,80	1.683,90	-	1.373,28	1.544,94	-	1.252,80	1.409,40	-	1.135,36	1.277,28	-	1.021,12	1.148,76	-	909,76	1.023,4
	IV	29.270	1.395,51	2.341,60	2.634,30	1.283,65	2.266,40	2.549,70	1.171,79	2.191,20	2.465,10	1.059,93	2.116,00	2.380,50	948,07	2.040,80	2.295,90	836,21	1.965,60	2.211,30	724,35	1.890,40	2.126,7
	V	35.443	1.949,36	2.835,44	3.189,87																		
	VI	35.975	1.978,62	2.878,00	3.237,75																		
108.431,99 (Ost)	I	29.364	1.406,69	2.349,12	2.642,76	1.182,97	2.198,72	2.473,56	959,25	2.048,32	2.304,36	735,53	1.897,92	2.135,16	511,81	1.747,52	1.965,96	288,09	1.597,12	1.796,76	64,37	1.446,72	1.627,5
	II	27.575	1.193,80	2.206,00	2.481,75	970,08	2.055,60	2.312,55	746,36	1.905,20	2.143,35	522,64	1.754,80	1.974,15	298,92	1.604,40	1.804,95	75,20	1.454,00	1.635,75	-	1.303,60	1.466,5
	III	20.374	-	1.629,92	1.833,66	-	1.503,04	1.690,92	-	1.379,36	1.551,78	-	1.258,72	1.416,06	-	1.141,12	1.283,76	-	1.026,72	1.155,06	-	915,36	1.029,7
	IV	29.364	1.406,69	2.349,12	2.642,76	1.294,83	2.273,92	2.558,16	1.182,97	2.198,72	2.473,56	1.071,11	2.123,52	2.388,96	959,25	2.048,32	2.304,36	847,39	1.973,12	2.219,76	735,53	1.897,92	2.135,1
	V	35.537	1.954,53	2.842,96	3.198,33																		
	VI	36.069	1.983,79	2.885,52	3.246,21																		
108.467,99 (West)	I	29.285	1.397,29	2.342,80	2.635,65	1.173,57	2.192,40	2.466,45	949,85	2.042,00	2.297,25	726,13	1.891,60	2.128,05	502,53	1.741,28	1.958,94	278,81	1.590,88	1.789,74	55,09	1.440,48	1.620,5
	II	27.496	1.184,40	2.199,68	2.474,64	960,68	2.049,28	2.305,44	736,96	1.898,88	2.136,24	513,24	1.748,48	1.967,04	289,52	1.598,08	1.797,84	65,80	1.447,68	1.628,64	-	1.297,36	1.459,5
	III	20.306	-	1.624,48	1.827,54	-	1.497,76	1.684,98	-	1.374,24	1.546,02	-	1.253,76	1.410,48	-	1.136,32	1.278,36	-	1.021,92	1.149,66	-	910,72	1.024,5
	IV	29.285	1.397,29	2.342,80	2.635,65	1.285,43	2.267,60	2.551,05	1.173,57	2.192,40	2.466,45	1.061,71	2.117,20	2.381,85	949,85	2.042,00	2.297,25	837,99	1.966,80	2.212,65	726,13	1.891,60	2.128,0
	V	35.458	1.950,19	2.836,64	3.191,22																		
	VI	35.990	1.979,45	2.879,20	3.239,10																		
108.467,99 (Ost)	I	29.379	1.408,48	2.350,32	2.644,11	1.184,76	2.199,92	2.474,91	961,04	2.049,52	2.305,71	737,32	1.899,12	2.136,51	513,60	1.748,72	1.967,31	289,88	1.598,32	1.798,11	66,16	1.447,92	1.628,91
	II	27.590	1.195,59	2.207,20	2.483,10	971,87	2.056,80	2.313,90	748,15	1.906,40	2.144,70	524,43	1.756,00	1.975,50	300,71	1.605,60	1.806,30	76,99	1.455,20	1.637,10	-	1.304,80	1.467,90
	III	20.386	-	1.630,88	1.834,74	-	1.504,16	1.692,18	-	1.380,32	1.552,86	-	1.259,68	1.417,14	-	1.142,08	1.284,34	-	1.027,68	1.156,14	-	916,16	1.030,68
	IV	29.379	1.408,48	2.350,32	2.644,11	1.296,62	2.275,12	2.559,51	1.184,76	2.199,92	2.474,91	1.072,90	2.124,72	2.390,31	961,04	2.049,52	2.305,71	849,18	1.974,32	2.221,11	737,32	1.899,12	2.136,51
	V	35.552	1.955,36	2.844,16	3.199,68																		
	VI	36.084	1.984,62	2.886,72	3.247,56																		

SolZ/KiSt lt. Tabelle nicht für Sonstige Bezüge anwendbar.

Lohn/ Gehalt bis	Steuerklasse	Lohnsteuer	ohne Kinderfreibetrag			Anzahl Kinderfreibeträge (nur Steuerklassen I–IV) 0,5			1,0			1,5			2,0			2,5			3,0		
			SolZ 5,5%	Kirchensteuer 8%	Kirchensteuer 9%	SolZ 5,5%	Kirchensteuer 8%	Kirchensteuer 9%	SolZ 5,5%	Kirchensteuer 8%	Kirchensteuer 9%	SolZ 5,5%	Kirchensteuer 8%	Kirchensteuer 9%	SolZ 5,5%	Kirchensteuer 8%	Kirchensteuer 9%	SolZ 5,5%	Kirchensteuer 8%	Kirchensteuer 9%	SolZ 5,5%	Kirchensteuer 8%	Kirchensteuer 9%
08.503,99 (West)	I	29.300	1.399,08	2.344,00	2.637,00	1.175,36	2.193,60	2.467,80	951,64	2.043,20	2.298,60	728,04	1.892,88	2.129,49	504,32	1.742,48	1.960,29	280,60	1.592,08	1.791,09	56,88	1.441,68	1.621,89
	II	27.511	1.186,19	2.200,88	2.475,99	962,47	2.050,48	2.306,79	738,75	1.900,08	2.137,59	515,03	1.749,68	1.968,39	291,31	1.599,28	1.799,19	67,71	1.448,96	1.630,08	–	1.298,56	1.460,88
	III	20.320	–	1.625,60	1.828,80	–	1.498,88	1.686,24	–	1.375,20	1.547,10	–	1.254,72	1.411,56	–	1.137,28	1.279,44	–	1.022,88	1.150,74	–	911,68	1.025,64
	IV	29.300	1.399,08	2.344,00	2.637,00	1.287,22	2.268,80	2.552,40	1.175,36	2.193,60	2.467,80	1.063,50	2.118,40	2.383,20	951,64	2.043,20	2.298,60	839,90	1.968,08	2.214,09	728,04	1.892,88	2.129,49
	V	35.474	1.951,07	2.837,92	3.192,66																		
	VI	36.005	1.980,27	2.880,40	3.240,45																		
08.503,99 (Ost)	I	29.394	1.410,26	2.351,52	2.645,46	1.186,54	2.201,12	2.476,26	962,82	2.050,72	2.307,06	739,10	1.900,32	2.137,86	515,38	1.749,92	1.968,66	291,66	1.599,52	1.799,46	67,94	1.449,12	1.630,26
	II	27.605	1.197,37	2.208,40	2.484,45	973,65	2.058,00	2.315,25	749,93	1.907,60	2.146,05	526,21	1.757,20	1.976,85	302,49	1.606,80	1.807,65	78,77	1.456,40	1.638,45	–	1.306,00	1.469,25
	III	20.400	–	1.632,00	1.836,00	–	1.505,12	1.693,26	–	1.381,28	1.553,94	–	1.260,64	1.418,22	–	1.143,04	1.285,92	–	1.028,48	1.157,04	–	917,12	1.031,76
	IV	29.394	1.410,26	2.351,52	2.645,46	1.298,40	2.276,32	2.560,86	1.186,54	2.201,12	2.476,26	1.074,68	2.125,92	2.391,66	962,82	2.050,72	2.307,06	850,96	1.975,52	2.222,46	739,10	1.900,32	2.137,86
	V	35.567	1.956,18	2.845,36	3.201,03																		
	VI	36.099	1.985,44	2.887,92	3.248,91																		
08.539,99 (West)	I	29.315	1.400,86	2.345,20	2.638,35	1.177,26	2.194,88	2.469,24	953,54	2.044,48	2.300,04	729,82	1.894,08	2.130,84	506,10	1.743,68	1.961,64	282,38	1.593,28	1.792,44	58,66	1.442,88	1.623,24
	II	27.526	1.187,97	2.202,08	2.477,34	964,25	2.051,68	2.308,14	740,53	1.901,28	2.138,94	516,81	1.750,88	1.969,74	293,21	1.600,56	1.800,63	69,49	1.450,16	1.631,43	–	1.299,76	1.462,23
	III	20.332	–	1.626,56	1.829,88	–	1.499,84	1.687,32	–	1.376,16	1.548,18	–	1.255,68	1.412,64	–	1.138,24	1.280,52	–	1.023,84	1.151,82	–	912,48	1.026,54
	IV	29.315	1.400,86	2.345,20	2.638,35	1.289,00	2.270,00	2.553,75	1.177,26	2.194,88	2.469,24	1.065,40	2.119,68	2.384,64	953,54	2.044,48	2.300,04	841,68	1.969,28	2.215,44	729,82	1.894,08	2.130,84
	V	35.489	1.951,89	2.839,12	3.194,01																		
	VI	36.020	1.981,10	2.881,60	3.241,80																		
08.539,99 (Ost)	I	29.409	1.412,05	2.352,72	2.646,81	1.188,33	2.202,32	2.477,61	964,61	2.051,92	2.308,41	740,89	1.901,52	2.139,21	517,17	1.751,12	1.970,01	293,45	1.600,72	1.800,81	69,85	1.450,40	1.631,70
	II	27.620	1.199,16	2.209,60	2.485,80	975,44	2.059,20	2.316,60	751,72	1.908,80	2.147,40	528,00	1.758,40	1.978,20	304,28	1.608,00	1.809,00	80,56	1.457,60	1.639,80	–	1.307,20	1.470,60
	III	20.412	–	1.632,96	1.837,08	–	1.506,08	1.694,34	–	1.382,24	1.555,02	–	1.261,60	1.419,30	–	1.144,00	1.287,00	–	1.029,44	1.158,12	–	917,92	1.032,66
	IV	29.409	1.412,05	2.352,72	2.646,81	1.300,19	2.277,52	2.562,21	1.188,33	2.202,32	2.477,61	1.076,47	2.127,12	2.393,01	964,61	2.051,92	2.308,41	852,75	1.976,72	2.223,81	740,89	1.901,52	2.139,21
	V	35.582	1.957,01	2.846,56	3.202,38																		
	VI	36.114	1.986,27	2.889,12	3.250,26																		
08.575,99 (West)	I	29.331	1.402,77	2.346,48	2.639,79	1.179,05	2.196,08	2.470,59	955,33	2.045,68	2.301,39	731,61	1.895,28	2.132,19	507,89	1.744,88	1.962,99	284,17	1.594,48	1.793,79	60,45	1.444,08	1.624,59
	II	27.541	1.189,76	2.203,28	2.478,69	966,04	2.052,88	2.309,49	742,44	1.902,56	2.140,38	518,72	1.752,16	1.971,18	295,00	1.601,76	1.801,98	71,28	1.451,36	1.632,78	–	1.300,96	1.463,58
	III	20.346	–	1.627,68	1.831,14	–	1.500,80	1.688,40	–	1.377,12	1.549,26	–	1.256,64	1.413,72	–	1.139,04	1.281,42	–	1.024,64	1.152,72	–	913,44	1.027,62
	IV	29.331	1.402,77	2.346,48	2.639,79	1.290,91	2.271,28	2.555,19	1.179,05	2.196,08	2.470,59	1.067,19	2.120,88	2.385,99	955,33	2.045,68	2.301,39	843,47	1.970,48	2.216,79	731,61	1.895,28	2.132,19
	V	35.504	1.952,72	2.840,32	3.195,36																		
	VI	36.036	1.981,98	2.882,88	3.243,24																		
08.575,99 (Ost)	I	29.424	1.413,83	2.353,92	2.648,16	1.190,11	2.203,52	2.478,96	966,39	2.053,12	2.309,76	742,67	1.902,72	2.140,56	519,07	1.752,40	1.971,45	295,35	1.602,00	1.802,25	71,63	1.451,60	1.633,05
	II	27.635	1.200,94	2.210,80	2.487,15	977,22	2.060,40	2.317,95	753,50	1.910,00	2.148,75	529,78	1.759,60	1.979,55	306,06	1.609,20	1.810,35	82,34	1.458,80	1.641,15	–	1.308,48	1.472,04
	III	20.426	–	1.634,08	1.838,34	–	1.507,20	1.695,60	–	1.383,36	1.556,28	–	1.262,56	1.420,38	–	1.144,96	1.288,08	–	1.030,40	1.159,20	–	918,88	1.033,74
	IV	29.424	1.413,83	2.353,92	2.648,16	1.301,97	2.278,72	2.563,56	1.190,11	2.203,52	2.478,96	1.078,25	2.128,32	2.394,36	966,39	2.053,12	2.309,76	854,53	1.977,92	2.225,16	742,67	1.902,72	2.140,56
	V	35.598	1.957,89	2.847,84	3.203,82																		
	VI	36.129	1.987,09	2.890,32	3.251,61																		
08.611,99 (West)	I	29.346	1.404,55	2.347,68	2.641,14	1.180,83	2.197,28	2.471,94	957,11	2.046,88	2.302,74	733,39	1.896,48	2.133,54	509,67	1.746,08	1.964,34	285,95	1.595,68	1.795,14	62,23	1.445,28	1.625,94
	II	27.556	1.191,54	2.204,48	2.480,04	967,94	2.054,16	2.310,93	744,22	1.903,76	2.141,73	520,50	1.753,36	1.972,53	296,78	1.602,96	1.803,33	73,06	1.452,56	1.634,13	–	1.302,16	1.464,93
	III	20.358	–	1.628,64	1.832,22	–	1.501,92	1.689,66	–	1.378,24	1.550,52	–	1.257,60	1.414,80	–	1.140,00	1.282,50	–	1.025,60	1.153,80	–	914,24	1.028,52
	IV	29.346	1.404,55	2.347,68	2.641,14	1.292,69	2.272,48	2.556,54	1.180,83	2.197,28	2.471,94	1.068,97	2.122,08	2.387,34	957,11	2.046,88	2.302,74	845,25	1.971,68	2.218,14	733,39	1.896,48	2.133,54
	V	35.519	1.953,54	2.841,52	3.196,71																		
	VI	36.051	1.982,80	2.884,08	3.244,59																		
08.611,99 (Ost)	I	29.439	1.415,62	2.355,12	2.649,51	1.191,90	2.204,72	2.480,31	968,18	2.054,32	2.311,11	744,58	1.904,00	2.142,00	520,86	1.753,60	1.972,80	297,14	1.603,20	1.803,60	73,42	1.452,80	1.634,40
	II	27.650	1.202,73	2.212,00	2.488,50	979,01	2.061,60	2.319,30	755,29	1.911,20	2.150,10	531,57	1.760,80	1.980,90	307,85	1.610,40	1.811,70	84,25	1.460,08	1.642,59	–	1.309,68	1.473,39
	III	20.438	–	1.635,04	1.839,42	–	1.508,16	1.696,68	–	1.384,32	1.557,36	–	1.263,52	1.421,46	–	1.145,92	1.289,16	–	1.031,20	1.160,10	–	919,68	1.034,64
	IV	29.439	1.415,62	2.355,12	2.649,51	1.303,76	2.279,92	2.564,91	1.191,90	2.204,72	2.480,31	1.080,04	2.129,52	2.395,71	968,18	2.054,32	2.311,11	856,44	1.979,20	2.226,60	744,58	1.904,00	2.142,00
	V	35.613	1.958,71	2.849,04	3.205,17																		
	VI	36.144	1.987,92	2.891,52	3.252,96																		
08.647,99 (West)	I	29.361	1.406,34	2.348,88	2.642,49	1.182,62	2.198,48	2.473,29	958,90	2.048,08	2.304,09	735,18	1.897,68	2.134,89	511,46	1.747,28	1.965,69	287,74	1.596,88	1.796,49	64,02	1.446,48	1.627,29
	II	27.572	1.193,45	2.205,76	2.481,48	969,73	2.055,36	2.312,28	746,01	1.904,96	2.143,08	522,29	1.754,56	1.973,88	298,57	1.604,16	1.804,68	74,85	1.453,76	1.635,48	–	1.303,36	1.466,28
	III	20.370	–	1.629,60	1.833,30	–	1.502,88	1.690,74	–	1.379,20	1.551,60	–	1.258,56	1.415,88	–	1.140,96	1.283,58	–	1.026,56	1.154,38	–	915,20	1.029,60
	IV	29.361	1.406,34	2.348,88	2.642,49	1.294,48	2.273,68	2.557,89	1.182,62	2.198,48	2.473,29	1.070,76	2.123,28	2.388,69	958,90	2.048,08	2.304,09	847,04	1.972,88	2.219,49	735,18	1.897,68	2.134,89
	V	35.534	1.954,37	2.842,72	3.198,06																		
	VI	36.066	1.983,63	2.885,28	3.245,94																		
08.647,99 (Ost)	I	29.454	1.417,40	2.356,32	2.650,86	1.193,80	2.206,00	2.481,75	970,08	2.055,60	2.312,55	746,36	1.905,20	2.143,35	522,64	1.754,80	1.974,15	298,92	1.604,40	1.804,95	75,20	1.454,00	1.635,75
	II	27.665	1.204,51	2.213,20	2.489,85	980,79	2.062,80	2.320,65	757,07	1.912,40	2.151,45	533,35	1.762,00	1.982,25	309,75	1.611,68	1.813,14	86,03	1.461,28	1.643,94	–	1.310,88	1.474,74
	III	20.452	–	1.636,16	1.840,68	–	1.509,12	1.697,76	–	1.385,28	1.558,44	–	1.264,48	1.422,54	–	1.146,72	1.290,06	–	1.032,16	1.161,18	–	920,64	1.035,72
	IV	29.454	1.417,40	2.356,32	2.650,86	1.305,54	2.281,12	2.566,26	1.193,80	2.206,00	2.481,75	1.081,94	2.130,80	2.397,15	970,08	2.055,60	2.312,55	858,22	1.980,40	2.227,95	746,36	1.905,20	2.143,35
	V	35.628	1.959,54	2.850,24	3.206,52																		
	VI	36.159	1.988,74	2.892,72	3.254,31																		
08.683,99 (West)	I	29.376	1.408,12	2.350,08	2.643,84	1.184,40	2.199,68	2.474,64	960,68	2.049,28	2.305,44	736,96	1.898,88	2.136,24	513,24	1.748,48	1.967,04	289,52	1.598,08	1.797,84	65,80	1.447,68	1.628,64
	II	27.587	1.195,23	2.206,96	2.482,83	971,51	2.056,56	2.313,63	747,79	1.906,16	2.144,43	524,07	1.755,76	1.975,23	300,35	1.605,36	1.806,03	76,63	1.454,96	1.636,83	–	1.304,56	1.467,63
	III	20.384	–	1.630,72	1.834,56	–	1.503,84	1.691,82	–	1.380,16	1.552,68	–	1.259,52	1.416,96	–	1.141,92	1.284,66	–	1.027,36	1.155,78	–	916,00	1.030,50
	IV	29.376	1.408,12	2.350,08	2.643,84	1.296,26	2.274,88	2.559,24	1.184,40	2.199,68	2.474,64	1.072,54	2.124,48	2.390,04	960,68	2.049,28	2.305,44	848,82	1.974,08	2.220,84	736,96	1.898,88	2.136,24
	V	35.549	1.955,19	2.843,92	3.199,41																		
	VI	36.081	1.984,45	2.886,48	3.247,29																		
08.683,99 (Ost)	I	29.470	1.419,31	2.357,60	2.652,30	1.195,59	2.207,20	2.483,10	971,87	2.056,80	2.313,90	748,15	1.906,40	2.144,70	524,43	1.756,00	1.975,50	300,71	1.605,60	1.806,30	76,99	1.455,20	1.637,10
	II	27.680	1.206,30	2.214,40	2.491,20	982,58	2.064,00	2.322,00	758,98	1.913,68	2.152,89	535,26	1.763,28	1.983,69	311,54	1.612,88	1.814,49	87,82	1.462,48	1.645,29	–	1.312,08	1.476,09
	III	20.464	–	1.637,12	1.841,76	–	1.510,08	1.698,84	–	1.386,24	1.559,52	–	1.265,44	1.423,62	–	1.147,68	1.291,14	–	1.033,12	1.162,26	–	921,44	1.036,62
	IV	29.470	1.419,31	2.357,60	2.652,30	1.307,45	2.282,40	2.567,70	1.195,59	2.207,20	2.483,10	1.083,73	2.132,00	2.398,50	971,87	2.056,80	2.313,90	860,01	1.981,60	2.229,30	748,15	1.906,40	2.144,70
	V	35.643	1.960,36	2.851,44	3.207,87																		
	VI	36.175	1.989,62	2.894,00	3.255,75																		
08.719,99 (West)	I	29.391	1.409,91	2.351,28	2.645,19	1.186,19	2.200,88	2.475,99	962,47	2.050,48	2.306,79	738,75	1.900,08	2.137,59	515,03	1.749,68	1.968,39	291,31	1.599,28	1.799,19	67,71	1.448,96	1.630,08
	II	27.602	1.197,02	2.208,16	2.484,18	973,30	2.057,76	2.314,98	749,58	1.907,36	2.145,78	525,86	1.756,96	1.976,58	302,14	1.606,56	1.807,38	78,42	1.456,16	1.638,18	–	1.305,76	1.468,98
	III	20.396	–	1.631,68	1.835,64	–	1.504,96	1.693,08	–	1.381,12	1.553,76	–	1.260,48	1.418,04	–	1.142,88	1.285,74	–	1.028,32	1.156,86	–	916,96	1.031,58
	IV	29.391	1.409,91	2.351,28	2.645,19	1.298,05	2.276,08	2.560,59	1.186,19	2.200,88	2.475,99	1.074,33	2.125,68	2.391,39	962,47	2.050,48	2.306,79	850,61	1.975,28	2.222,19	738,75	1.900,08	2.137,59
	V	35.564	1.956,02	2.845,12	3.200,76																		
	VI	36.096	1.985,28	2.887,68	3.248,64																		
08.719,99 (Ost)	I	29.485	1.421,09	2.358,80	2.653,65	1.197,37	2.208,40	2.484,45	973,65	2.058,00	2.315,25	749,93	1.907,60	2.146,05	526,21	1.757,20	1.976,85	302,49	1.606,80	1.807,65	78,77	1.456,40	1.638,45
	II	27.695	1.208,08	2.215,60	2.492,55	984,48	2.065,28	2.323,44	760,76	1.914,88	2.154,24	537,04	1.764,48	1.985,04	313,32	1.614,08	1.815,84	89,60	1.463,68	1.646,64	–	1.313,28	1.477,44
	III	20.478	–	1.638,24	1.843,02	–	1.511,20	1.700,10	–	1.387,20	1.560,60	–	1.266,40	1.424,70	–	1.148,64	1.292,22	–	1.033,92	1.163,16	–	922,40	1.037,70
	IV	29.485	1.421,09	2.358,80	2.653,65	1.309,23	2.283,60	2.569,05	1.197,37	2.208,40	2.484,45	1.085,51	2.133,20	2.399,85	973,65	2.058,00	2.315,25	861,79	1.982,80	2.230,65	749,93	1.907,60	2.146,05
	V	35.658	1.961,19	2.852,64	3.209,22																		
	VI	36.190	1.990,45	2.895,20	3.257,10																		

SolZ/KiSt lt. Tabelle nicht für Sonstige Bezüge anwendbar.

Lohn/ Gehalt bis	Steuerklasse	Lohn- steuer	ohne Kinderfreibetrag SolZ 5,5%	Kirchensteuer 8%	9%	0,5 SolZ 5,5%	Kirchensteuer 8%	9%	1,0 SolZ 5,5%	Kirchensteuer 8%	9%	1,5 SolZ 5,5%	Kirchensteuer 8%	9%	2,0 SolZ 5,5%	Kirchensteuer 8%	9%	2,5 SolZ 5,5%	Kirchensteuer 8%	9%	3,0 SolZ 5,5%	Kirchensteue 8%	9%
108.755,99 (West)	I	29.406	1.411,69	2.352,48	2.646,54	1.187,97	2.202,08	2.477,34	964,25	2.051,68	2.308,14	740,53	1.901,28	2.138,94	516,81	1.750,88	1.969,74	293,21	1.600,56	1.800,63	69,49	1.450,16	1.631,
	II	27.617	1.198,80	2.209,36	2.485,53	975,08	2.058,96	2.316,33	751,36	1.908,56	2.147,13	527,64	1.758,16	1.977,93	303,92	1.607,76	1.808,73	80,20	1.457,36	1.639,53	-	1.307,04	1.470,
	III	20.410	-	1.632,80	1.836,90	-	1.505,92	1.694,16	-	1.382,08	1.554,84	-	1.261,44	1.419,12	-	1.143,84	1.286,82	-	1.029,28	1.157,94	-	917,76	1.032,
	IV	29.406	1.411,69	2.352,48	2.646,54	1.299,83	2.277,28	2.561,94	1.187,97	2.202,08	2.477,34	1.076,11	2.126,88	2.392,74	964,25	2.051,68	2.308,14	852,39	1.976,48	2.223,54	740,53	1.901,28	2.138,
	V	35.579	1.956,84	2.846,32	3.202,11																		
	VI	36.111	1.986,10	2.888,88	3.249,99																		
108.755,99 (Ost)	I	29.500	1.422,88	2.360,00	2.655,00	1.199,16	2.209,60	2.485,80	975,44	2.059,20	2.316,60	751,72	1.908,80	2.147,40	528,00	1.758,40	1.978,20	304,28	1.608,00	1.809,00	80,56	1.457,60	1.639,
	II	27.711	1.209,99	2.216,88	2.493,99	986,27	2.066,48	2.324,79	762,55	1.916,08	2.155,59	538,83	1.765,68	1.986,39	315,11	1.615,28	1.817,19	91,39	1.464,88	1.647,99	-	1.314,48	1.478,
	III	20.490	-	1.639,20	1.844,10	-	1.512,16	1.701,18	-	1.388,16	1.561,68	-	1.267,36	1.425,78	-	1.149,60	1.293,30	-	1.034,88	1.164,24	-	923,36	1.038,
	IV	29.500	1.422,88	2.360,00	2.655,00	1.311,02	2.284,80	2.570,40	1.199,16	2.209,60	2.485,80	1.087,30	2.134,40	2.401,20	975,44	2.059,20	2.316,60	863,58	1.984,00	2.232,00	751,72	1.908,80	2.147,
	V	35.673	1.962,01	2.853,84	3.210,57																		
	VI	36.205	1.991,27	2.896,40	3.258,45																		
108.791,99 (West)	I	29.421	1.413,48	2.353,68	2.647,89	1.189,76	2.203,28	2.478,69	966,04	2.052,88	2.309,49	742,44	1.902,56	2.140,38	518,72	1.752,16	1.971,18	295,00	1.601,76	1.801,98	71,28	1.451,36	1.632,
	II	27.632	1.200,59	2.210,56	2.486,88	976,87	2.060,16	2.317,68	753,15	1.909,76	2.148,48	529,43	1.759,36	1.979,28	305,71	1.608,96	1.810,08	81,99	1.458,56	1.640,88	-	1.308,24	1.471,
	III	20.422	-	1.633,76	1.837,98	-	1.506,88	1.695,24	-	1.383,04	1.555,92	-	1.262,40	1.420,20	-	1.144,64	1.287,72	-	1.030,08	1.158,84	-	918,72	1.033,
	IV	29.421	1.413,48	2.353,68	2.647,89	1.301,62	2.278,48	2.563,29	1.189,76	2.203,28	2.478,69	1.077,90	2.128,08	2.394,09	966,04	2.052,88	2.309,49	854,18	1.977,68	2.224,89	742,44	1.902,56	2.140,
	V	35.595	1.957,72	2.847,60	3.203,55																		
	VI	36.126	1.986,93	2.890,08	3.251,34																		
108.791,99 (Ost)	I	29.515	1.424,66	2.361,20	2.656,35	1.200,94	2.210,80	2.487,15	977,22	2.060,40	2.317,95	753,50	1.910,00	2.148,75	529,78	1.759,60	1.979,55	306,06	1.609,20	1.810,35	82,34	1.458,80	1.641,
	II	27.726	1.211,77	2.218,08	2.495,34	988,05	2.067,68	2.326,14	764,33	1.917,28	2.156,94	540,61	1.766,88	1.987,74	316,89	1.616,48	1.818,54	93,17	1.466,08	1.649,34	-	1.315,68	1.480,
	III	20.502	-	1.640,16	1.845,18	-	1.513,12	1.702,26	-	1.389,28	1.562,94	-	1.268,32	1.426,86	-	1.150,56	1.294,38	-	1.035,84	1.165,32	-	924,16	1.039,
	IV	29.515	1.424,66	2.361,20	2.656,35	1.312,80	2.286,00	2.571,75	1.200,94	2.210,80	2.487,15	1.089,08	2.135,60	2.402,55	977,22	2.060,40	2.317,95	865,36	1.985,20	2.233,35	753,50	1.910,00	2.148,
	V	35.688	1.962,84	2.855,04	3.211,92																		
	VI	36.220	1.992,10	2.897,60	3.259,80																		
108.827,99 (West)	I	29.436	1.415,26	2.354,88	2.649,24	1.191,54	2.204,48	2.480,04	967,94	2.054,16	2.310,93	744,22	1.903,76	2.141,73	520,50	1.753,36	1.972,53	296,78	1.602,96	1.803,33	73,06	1.452,56	1.634,
	II	27.647	1.202,37	2.211,76	2.488,23	978,65	2.061,36	2.319,03	754,93	1.910,96	2.149,83	531,21	1.760,56	1.980,63	307,61	1.610,24	1.811,52	83,89	1.459,84	1.642,32	-	1.309,44	1.473,
	III	20.436	-	1.634,88	1.839,24	-	1.507,84	1.696,32	-	1.384,00	1.557,00	-	1.263,36	1.421,28	-	1.145,60	1.288,80	-	1.031,04	1.159,92	-	919,52	1.034,
	IV	29.436	1.415,26	2.354,88	2.649,24	1.303,40	2.279,68	2.564,64	1.191,54	2.204,48	2.480,04	1.079,80	2.129,36	2.395,53	967,94	2.054,16	2.310,93	856,08	1.978,96	2.226,33	744,22	1.903,76	2.141,
	V	35.610	1.958,55	2.848,80	3.204,90																		
	VI	36.141	1.987,75	2.891,28	3.252,69																		
108.827,99 (Ost)	I	29.530	1.426,45	2.362,40	2.657,70	1.202,73	2.212,00	2.488,50	979,01	2.061,60	2.319,30	755,29	1.911,20	2.150,10	531,57	1.760,80	1.980,90	307,85	1.610,40	1.811,70	84,25	1.460,08	1.642,
	II	27.741	1.213,56	2.219,28	2.496,69	989,84	2.068,88	2.327,49	766,12	1.918,48	2.158,29	542,40	1.768,08	1.989,09	318,68	1.617,68	1.819,89	94,96	1.467,28	1.650,69	-	1.316,88	1.481,
	III	20.516	-	1.641,28	1.846,44	-	1.514,24	1.703,52	-	1.390,24	1.564,02	-	1.269,28	1.427,94	-	1.151,52	1.295,46	-	1.036,64	1.166,22	-	925,12	1.040,
	IV	29.530	1.426,45	2.362,40	2.657,70	1.314,59	2.287,20	2.573,10	1.202,73	2.212,00	2.488,50	1.090,87	2.136,80	2.403,90	979,01	2.061,60	2.319,30	867,15	1.986,40	2.234,70	755,29	1.911,20	2.150,
	V	35.703	1.963,66	2.856,24	3.213,27																		
	VI	36.235	1.992,92	2.898,80	3.261,15																		
108.863,99 (West)	I	29.452	1.417,17	2.356,16	2.650,68	1.193,45	2.205,76	2.481,48	969,73	2.055,36	2.312,28	746,01	1.904,96	2.143,08	522,29	1.754,56	1.973,88	298,57	1.604,16	1.804,68	74,85	1.453,76	1.635,
	II	27.662	1.204,16	2.212,96	2.489,58	980,44	2.062,56	2.320,38	756,72	1.912,16	2.151,18	533,12	1.761,84	1.982,07	309,40	1.611,44	1.812,87	85,68	1.461,04	1.643,67	-	1.310,64	1.474,
	III	20.448	-	1.635,84	1.840,32	-	1.508,96	1.697,58	-	1.385,12	1.558,26	-	1.264,32	1.422,36	-	1.146,56	1.289,88	-	1.032,00	1.161,00	-	920,48	1.035,
	IV	29.452	1.417,17	2.356,16	2.650,68	1.305,31	2.280,96	2.566,08	1.193,45	2.205,76	2.481,48	1.081,59	2.130,56	2.396,88	969,73	2.055,36	2.312,28	857,87	1.980,16	2.227,68	746,01	1.904,96	2.143,
	V	35.625	1.959,37	2.850,00	3.206,25																		
	VI	36.157	1.988,63	2.892,56	3.254,13																		
108.863,99 (Ost)	I	29.545	1.428,23	2.363,60	2.659,05	1.204,51	2.213,20	2.489,85	980,79	2.062,80	2.320,65	757,07	1.912,40	2.151,45	533,35	1.762,00	1.982,25	309,75	1.611,68	1.813,14	86,03	1.461,28	1.643,
	II	27.756	1.215,34	2.220,48	2.498,04	991,62	2.070,08	2.328,84	767,90	1.919,68	2.159,64	544,18	1.769,28	1.990,44	320,46	1.618,88	1.821,24	96,74	1.468,48	1.652,04	-	1.318,08	1.482,
	III	20.528	-	1.642,24	1.847,52	-	1.515,20	1.704,60	-	1.391,20	1.565,10	-	1.270,24	1.429,02	-	1.152,32	1.296,36	-	1.037,60	1.167,30	-	925,92	1.041,
	IV	29.545	1.428,23	2.363,60	2.659,05	1.316,37	2.288,40	2.574,45	1.204,51	2.213,20	2.489,85	1.092,65	2.138,00	2.405,25	980,79	2.062,80	2.320,65	868,93	1.987,60	2.236,05	757,07	1.912,40	2.151,
	V	35.718	1.964,49	2.857,44	3.214,62																		
	VI	36.250	1.993,75	2.900,00	3.262,50																		
108.899,99 (West)	I	29.467	1.418,95	2.357,36	2.652,03	1.195,23	2.206,96	2.482,83	971,51	2.056,56	2.313,63	747,79	1.906,16	2.144,43	524,07	1.755,76	1.975,23	300,35	1.605,36	1.806,03	76,63	1.454,96	1.636,
	II	27.677	1.205,94	2.214,16	2.490,93	982,34	2.063,84	2.321,82	758,62	1.913,44	2.152,62	534,90	1.763,04	1.983,42	311,18	1.612,64	1.814,22	87,46	1.462,24	1.645,02	-	1.311,84	1.475,
	III	20.462	-	1.636,96	1.841,58	-	1.509,92	1.698,66	-	1.386,08	1.559,34	-	1.265,28	1.423,44	-	1.147,52	1.290,96	-	1.032,80	1.161,90	-	921,28	1.036,
	IV	29.467	1.418,95	2.357,36	2.652,03	1.307,09	2.282,16	2.567,43	1.195,23	2.206,96	2.482,83	1.083,37	2.131,76	2.398,23	971,51	2.056,56	2.313,63	859,65	1.981,36	2.229,03	747,79	1.906,16	2.144,
	V	35.640	1.960,20	2.851,20	3.207,60																		
	VI	36.172	1.989,46	2.893,76	3.255,48																		
108.899,99 (Ost)	I	29.560	1.430,02	2.364,80	2.660,40	1.206,30	2.214,40	2.491,20	982,58	2.064,00	2.322,00	758,98	1.913,68	2.152,89	535,26	1.763,28	1.983,69	311,54	1.612,88	1.814,49	87,82	1.462,48	1.645,
	II	27.771	1.217,13	2.221,68	2.499,39	993,41	2.071,28	2.330,19	769,69	1.920,88	2.160,99	545,97	1.770,48	1.991,79	322,25	1.620,08	1.822,59	98,53	1.469,68	1.653,39	-	1.319,36	1.484,
	III	20.542	-	1.643,36	1.848,78	-	1.516,16	1.705,68	-	1.392,16	1.566,18	-	1.271,20	1.430,10	-	1.153,28	1.297,44	-	1.038,56	1.168,38	-	926,88	1.042,
	IV	29.560	1.430,02	2.364,80	2.660,40	1.318,16	2.289,60	2.575,80	1.206,30	2.214,40	2.491,20	1.094,44	2.139,20	2.406,60	982,58	2.064,00	2.322,00	870,72	1.988,80	2.237,40	758,98	1.913,68	2.152,
	V	35.734	1.965,37	2.858,72	3.216,06																		
	VI	36.265	1.994,57	2.901,20	3.263,85																		
108.935,99 (West)	I	29.482	1.420,74	2.358,56	2.653,38	1.197,02	2.208,16	2.484,18	973,30	2.057,76	2.314,98	749,58	1.907,36	2.145,78	525,86	1.756,96	1.976,58	302,14	1.606,56	1.807,38	78,42	1.456,16	1.638,
	II	27.693	1.207,85	2.215,44	2.492,37	984,13	2.065,04	2.323,17	760,41	1.914,64	2.153,97	536,69	1.764,24	1.984,77	312,97	1.613,84	1.815,57	89,25	1.463,44	1.646,37	-	1.313,04	1.477,
	III	20.474	-	1.637,92	1.842,66	-	1.510,88	1.699,74	-	1.387,04	1.560,42	-	1.266,24	1.424,52	-	1.148,48	1.292,04	-	1.033,76	1.162,98	-	922,24	1.037,
	IV	29.482	1.420,74	2.358,56	2.653,38	1.308,88	2.283,36	2.568,78	1.197,02	2.208,16	2.484,18	1.085,16	2.132,96	2.399,58	973,30	2.057,76	2.314,98	861,44	1.982,56	2.230,38	749,58	1.907,36	2.145,
	V	35.655	1.961,02	2.852,40	3.208,95																		
	VI	36.187	1.990,28	2.894,96	3.256,83																		
108.935,99 (Ost)	I	29.575	1.431,80	2.366,00	2.661,75	1.208,08	2.215,60	2.492,55	984,48	2.065,28	2.323,44	760,76	1.914,88	2.154,24	537,04	1.764,48	1.985,04	313,32	1.614,08	1.815,84	89,60	1.463,68	1.646,
	II	27.786	1.218,91	2.222,88	2.500,74	995,19	2.072,48	2.331,54	771,47	1.922,08	2.162,34	547,75	1.771,68	1.993,14	324,15	1.621,36	1.824,03	100,43	1.470,96	1.654,83	-	1.320,56	1.485,
	III	20.554	-	1.644,32	1.849,86	-	1.517,28	1.706,94	-	1.393,12	1.567,26	-	1.272,16	1.431,18	-	1.154,24	1.298,52	-	1.039,52	1.169,46	-	927,68	1.043,
	IV	29.575	1.431,80	2.366,00	2.661,75	1.319,94	2.290,80	2.577,15	1.208,08	2.215,60	2.492,55	1.096,34	2.140,48	2.408,04	984,48	2.065,28	2.323,44	872,62	1.990,08	2.238,84	760,76	1.914,88	2.154,
	V	35.749	1.966,19	2.859,92	3.217,41																		
	VI	36.280	1.995,40	2.902,40	3.265,20																		
108.971,99 (West)	I	29.497	1.422,52	2.359,76	2.654,73	1.198,80	2.209,36	2.485,53	975,08	2.058,96	2.316,33	751,36	1.908,56	2.147,13	527,64	1.758,16	1.977,93	303,92	1.607,76	1.808,73	80,20	1.457,36	1.639,5
	II	27.708	1.209,63	2.216,64	2.493,72	985,91	2.066,24	2.324,52	762,19	1.915,84	2.155,32	538,47	1.765,44	1.986,12	314,75	1.615,04	1.816,92	91,03	1.464,64	1.647,72	-	1.314,24	1.478,5
	III	20.488	-	1.639,04	1.843,92	-	1.512,00	1.701,00	-	1.388,00	1.561,50	-	1.267,20	1.425,60	-	1.149,44	1.293,12	-	1.034,72	1.164,06	-	923,04	1.038,4
	IV	29.497	1.422,52	2.359,76	2.654,73	1.310,66	2.284,56	2.570,13	1.198,80	2.209,36	2.485,53	1.086,94	2.134,16	2.400,93	975,08	2.058,96	2.316,33	863,22	1.983,76	2.231,73	751,36	1.908,56	2.147,1
	V	35.670	1.961,85	2.853,60	3.210,30																		
	VI	36.202	1.991,11	2.896,16	3.258,18																		
108.971,99 (Ost)	I	29.591	1.433,71	2.367,28	2.663,19	1.209,99	2.216,88	2.493,99	986,27	2.066,48	2.324,79	762,55	1.916,08	2.155,59	538,83	1.765,68	1.986,39	315,11	1.615,28	1.817,19	91,39	1.464,88	1.647,9
	II	27.801	1.220,70	2.224,08	2.502,09	996,98	2.073,68	2.332,89	773,26	1.923,28	2.163,69	549,66	1.772,96	1.994,58	325,94	1.622,56	1.825,38	102,22	1.472,16	1.656,18	-	1.321,76	1.486,9
	III	20.568	-	1.645,44	1.851,12	-	1.518,24	1.708,02	-	1.394,08	1.568,34	-	1.273,12	1.432,26	-	1.155,20	1.299,60	-	1.040,32	1.170,36	-	928,64	1.044,7
	IV	29.591	1.433,71	2.367,28	2.663,19	1.321,85	2.292,08	2.578,59	1.209,99	2.216,88	2.493,99	1.098,13	2.141,68	2.409,39	986,27	2.066,48	2.324,79	874,41	1.991,28	2.240,19	762,55	1.916,08	2.155,5
	V	35.764	1.967,02	2.861,12	3.218,76																		
	VI	36.296	1.996,28	2.903,68	3.266,64																		

Anzahl Kinderfreibeträge (nur Steuerklassen I–IV)

SolZ/KiSt lt. Tabelle nicht für Sonstige Bezüge anwendbar.

Lohn/ Gehalt bis	Steuerklasse	Lohn- steuer	ohne Kinderfreibetrag SolZ 5,5%	Kirchensteuer 8%	9%	Anzahl Kinderfreibeträge (nur Steuerklassen I–IV) 0,5 SolZ 5,5%	Kirchensteuer 8%	9%	1,0 SolZ 5,5%	Kirchensteuer 8%	9%	1,5 SolZ 5,5%	Kirchensteuer 8%	9%	2,0 SolZ 5,5%	Kirchensteuer 8%	9%	2,5 SolZ 5,5%	Kirchensteuer 8%	9%	3,0 SolZ 5,5%	Kirchensteuer 8%	9%
09.007,99 (West)	I	29.512	1.424,31	2.360,96	2.656,08	1.200,59	2.210,56	2.486,88	976,87	2.060,16	2.317,68	753,15	1.909,76	2.148,48	529,43	1.759,36	1.979,28	305,71	1.608,96	1.810,08	81,99	1.458,56	1.640,88
	II	27.723	1.211,42	2.217,84	2.495,07	987,70	2.067,44	2.325,87	763,98	1.917,04	2.156,67	540,26	1.766,64	1.987,47	316,54	1.616,24	1.818,27	92,82	1.465,84	1.649,07	-	1.315,44	1.479,87
	III	20.500	-	1.640,00	1.845,00	-	1.512,96	1.702,08	-	1.388,96	1.562,58	-	1.268,16	1.426,68	-	1.150,24	1.294,02	-	1.035,52	1.164,96	-	924,00	1.039,50
	IV	29.512	1.424,31	2.360,96	2.656,08	1.312,45	2.285,76	2.571,48	1.200,59	2.210,56	2.486,88	1.088,73	2.135,36	2.402,28	976,87	2.060,16	2.317,68	865,01	1.984,96	2.233,08	753,15	1.909,76	2.148,48
	V	35.685	1.962,67	2.854,80	3.211,65																		
	VI	36.217	1.991,93	2.897,36	3.259,53																		
09.007,99 (Ost)	I	29.606	1.435,49	2.368,48	2.664,54	1.211,77	2.218,08	2.495,34	988,05	2.067,68	2.326,14	764,33	1.917,28	2.156,94	540,61	1.766,88	1.987,74	316,89	1.616,48	1.818,54	93,17	1.466,08	1.649,34
	II	27.816	1.222,48	2.225,28	2.503,44	998,88	2.074,96	2.334,33	775,16	1.924,56	2.165,13	551,44	1.774,16	1.995,93	327,72	1.623,76	1.826,73	104,00	1.473,36	1.657,53	-	1.322,96	1.488,33
	III	20.580	-	1.646,40	1.852,20	-	1.519,20	1.709,10	-	1.395,04	1.569,42	-	1.274,08	1.433,34	-	1.156,16	1.300,68	-	1.041,28	1.171,44	-	929,44	1.045,62
	IV	29.606	1.435,49	2.368,48	2.664,54	1.323,63	2.293,28	2.579,94	1.211,77	2.218,08	2.495,34	1.099,91	2.142,88	2.410,74	988,05	2.067,68	2.326,14	876,19	1.992,48	2.241,54	764,33	1.917,28	2.156,94
	V	35.779	1.967,84	2.862,32	3.220,11																		
	VI	36.311	1.997,10	2.904,88	3.267,99																		
09.043,99 (West)	I	29.527	1.426,09	2.362,16	2.657,43	1.202,37	2.211,76	2.488,23	978,65	2.061,36	2.319,03	754,93	1.910,96	2.149,83	531,21	1.760,56	1.980,63	307,61	1.610,24	1.811,52	83,89	1.459,84	1.642,32
	II	27.738	1.213,20	2.219,04	2.496,42	989,48	2.068,64	2.327,22	765,76	1.918,24	2.158,02	542,04	1.767,84	1.988,82	318,32	1.617,44	1.819,62	94,60	1.467,04	1.650,42	-	1.316,64	1.481,22
	III	20.512	-	1.640,96	1.846,08	-	1.513,92	1.703,16	-	1.389,92	1.563,66	-	1.269,12	1.427,76	-	1.151,20	1.295,10	-	1.036,48	1.166,04	-	924,80	1.040,40
	IV	29.527	1.426,09	2.362,16	2.657,43	1.314,23	2.286,96	2.572,83	1.202,37	2.211,76	2.488,23	1.090,51	2.136,56	2.403,63	978,65	2.061,36	2.319,03	866,79	1.986,16	2.234,43	754,93	1.910,96	2.149,83
	V	35.700	1.963,50	2.856,00	3.213,00																		
	VI	36.232	1.992,76	2.898,56	3.260,88																		
09.043,99 (Ost)	I	29.621	1.437,28	2.369,68	2.665,89	1.213,56	2.219,28	2.496,69	989,84	2.068,88	2.327,49	766,12	1.918,48	2.158,29	542,40	1.768,08	1.989,09	318,68	1.617,68	1.819,89	94,96	1.467,28	1.650,69
	II	27.832	1.224,39	2.226,56	2.504,88	1.000,67	2.076,16	2.335,68	776,95	1.925,76	2.166,48	553,23	1.775,36	1.997,28	329,51	1.624,96	1.828,08	105,79	1.474,56	1.658,88	-	1.324,16	1.489,68
	III	20.594	-	1.647,52	1.853,46	-	1.520,32	1.710,36	-	1.396,16	1.570,68	-	1.275,04	1.434,42	-	1.157,12	1.301,76	-	1.042,24	1.172,52	-	930,40	1.046,70
	IV	29.621	1.437,28	2.369,68	2.665,89	1.325,42	2.294,48	2.581,29	1.213,56	2.219,28	2.496,69	1.101,70	2.144,08	2.412,09	989,84	2.068,88	2.327,49	877,98	1.993,68	2.242,89	766,12	1.918,48	2.158,29
	V	35.794	1.968,67	2.863,52	3.221,46																		
	VI	36.326	1.997,93	2.906,08	3.269,34																		
09.079,99 (West)	I	29.542	1.427,88	2.363,36	2.658,78	1.204,16	2.212,96	2.489,58	980,44	2.062,56	2.320,38	756,72	1.912,16	2.151,18	533,12	1.761,84	1.982,07	309,40	1.611,44	1.812,87	85,68	1.461,04	1.643,67
	II	27.753	1.214,99	2.220,24	2.497,77	991,27	2.069,84	2.328,57	767,55	1.919,44	2.159,37	543,83	1.769,04	1.990,17	320,11	1.618,64	1.820,97	96,39	1.468,24	1.651,77	-	1.317,92	1.482,66
	III	20.526	-	1.642,08	1.847,34	-	1.515,04	1.704,42	-	1.390,88	1.564,74	-	1.270,08	1.428,84	-	1.152,16	1.296,18	-	1.037,44	1.167,12	-	925,76	1.041,48
	IV	29.542	1.427,88	2.363,36	2.658,78	1.316,02	2.288,16	2.574,18	1.204,16	2.212,96	2.489,58	1.092,30	2.137,76	2.404,98	980,44	2.062,56	2.320,38	868,58	1.987,36	2.235,78	756,72	1.912,16	2.151,18
	V	35.716	1.964,38	2.857,28	3.214,44																		
	VI	36.247	1.993,58	2.899,76	3.262,23																		
09.079,99 (Ost)	I	29.636	1.439,06	2.370,88	2.667,24	1.215,34	2.220,48	2.498,04	991,62	2.070,08	2.328,84	767,90	1.919,68	2.159,64	544,18	1.769,28	1.990,44	320,46	1.618,88	1.821,24	96,74	1.468,48	1.652,04
	II	27.847	1.226,17	2.227,76	2.506,23	1.002,45	2.077,36	2.337,03	778,73	1.926,96	2.167,83	555,01	1.776,56	1.998,63	331,29	1.626,16	1.829,43	107,57	1.475,76	1.660,23	-	1.325,36	1.491,03
	III	20.606	-	1.648,48	1.854,54	-	1.521,28	1.711,44	-	1.397,12	1.571,76	-	1.276,00	1.435,50	-	1.158,08	1.302,84	-	1.043,04	1.173,42	-	931,20	1.047,60
	IV	29.636	1.439,06	2.370,88	2.667,24	1.327,20	2.295,68	2.582,64	1.215,34	2.220,48	2.498,04	1.103,48	2.145,28	2.413,44	991,62	2.070,08	2.328,84	879,76	1.994,88	2.244,24	767,90	1.919,68	2.159,64
	V	35.809	1.969,49	2.864,72	3.222,81																		
	VI	36.341	1.998,75	2.907,28	3.270,69																		
09.115,99 (West)	I	29.557	1.429,66	2.364,56	2.660,13	1.205,94	2.214,16	2.490,93	982,34	2.063,84	2.321,82	758,62	1.913,44	2.152,62	534,90	1.763,04	1.983,42	311,18	1.612,64	1.814,22	87,46	1.462,24	1.645,02
	II	27.768	1.216,77	2.221,44	2.499,12	993,05	2.071,04	2.329,92	769,33	1.920,64	2.160,72	545,61	1.770,24	1.991,52	321,89	1.619,84	1.822,32	98,29	1.469,52	1.653,21	-	1.319,12	1.484,01
	III	20.538	-	1.643,04	1.848,42	-	1.516,00	1.705,50	-	1.392,00	1.566,00	-	1.271,04	1.429,92	-	1.153,12	1.297,26	-	1.038,40	1.168,20	-	926,56	1.042,38
	IV	29.557	1.429,66	2.364,56	2.660,13	1.317,80	2.289,36	2.575,53	1.205,94	2.214,16	2.490,93	1.094,08	2.138,96	2.406,33	982,34	2.063,84	2.321,82	870,48	1.988,64	2.237,22	758,62	1.913,44	2.152,62
	V	35.731	1.965,20	2.858,48	3.215,79																		
	VI	36.262	1.994,41	2.900,96	3.263,58																		
09.115,99 (Ost)	I	29.651	1.440,85	2.372,08	2.668,59	1.217,13	2.221,68	2.499,39	993,41	2.071,28	2.330,19	769,69	1.920,88	2.160,99	545,97	1.770,48	1.991,79	322,25	1.620,08	1.822,59	98,53	1.469,68	1.653,39
	II	27.862	1.227,96	2.228,96	2.507,58	1.004,24	2.078,56	2.338,38	780,52	1.928,16	2.169,18	556,80	1.777,76	1.999,98	333,08	1.627,36	1.830,78	109,36	1.476,96	1.661,58	-	1.326,56	1.492,38
	III	20.620	-	1.649,60	1.855,80	-	1.522,24	1.712,52	-	1.398,08	1.572,84	-	1.276,96	1.436,58	-	1.158,88	1.303,74	-	1.044,00	1.174,50	-	932,16	1.048,68
	IV	29.651	1.440,85	2.372,08	2.668,59	1.328,99	2.296,88	2.583,99	1.217,13	2.221,68	2.499,39	1.105,27	2.146,48	2.414,79	993,41	2.071,28	2.330,19	881,55	1.996,08	2.245,59	769,69	1.920,88	2.160,99
	V	35.824	1.970,32	2.865,92	3.224,16																		
	VI	36.356	1.999,58	2.908,48	3.272,04																		
09.151,99 (West)	I	29.572	1.431,45	2.365,76	2.661,48	1.207,85	2.215,44	2.492,37	984,13	2.065,04	2.323,17	760,41	1.914,64	2.153,97	536,69	1.764,24	1.984,77	312,97	1.613,84	1.815,57	89,25	1.463,44	1.646,37
	II	27.783	1.218,56	2.222,64	2.500,47	994,84	2.072,24	2.331,27	771,12	1.921,84	2.162,07	547,51	1.771,52	1.992,96	323,79	1.621,12	1.823,76	100,07	1.470,72	1.654,56	-	1.320,32	1.485,36
	III	20.552	-	1.644,16	1.849,68	-	1.516,96	1.706,58	-	1.392,96	1.567,08	-	1.272,00	1.431,00	-	1.154,08	1.298,34	-	1.039,20	1.169,10	-	927,52	1.043,46
	IV	29.572	1.431,45	2.365,76	2.661,48	1.319,71	2.290,64	2.576,97	1.207,85	2.215,44	2.492,37	1.095,99	2.140,24	2.407,77	984,13	2.065,04	2.323,17	872,27	1.989,84	2.238,57	760,41	1.914,64	2.153,97
	V	35.746	1.966,03	2.859,68	3.217,14																		
	VI	36.277	1.995,23	2.902,16	3.264,93																		
09.151,99 (Ost)	I	29.666	1.442,63	2.373,28	2.669,94	1.218,91	2.222,88	2.500,74	995,19	2.072,48	2.331,54	771,47	1.922,08	2.162,34	547,75	1.771,68	1.993,14	324,15	1.621,36	1.824,03	100,43	1.470,96	1.654,83
	II	27.877	1.229,74	2.230,16	2.508,93	1.006,02	2.079,76	2.339,73	782,30	1.929,36	2.170,53	558,58	1.778,96	2.001,33	334,86	1.628,56	1.832,13	111,14	1.478,16	1.662,93	-	1.327,76	1.493,73
	III	20.632	-	1.650,56	1.856,88	-	1.523,36	1.713,78	-	1.399,04	1.573,92	-	1.277,92	1.437,66	-	1.159,84	1.304,82	-	1.044,96	1.175,58	-	932,96	1.049,58
	IV	29.666	1.442,63	2.373,28	2.669,94	1.330,77	2.298,08	2.585,34	1.218,91	2.222,88	2.500,74	1.107,05	2.147,68	2.416,14	995,19	2.072,48	2.331,54	883,33	1.997,28	2.246,94	771,47	1.922,08	2.162,34
	V	35.839	1.971,14	2.867,12	3.225,51																		
	VI	36.371	2.000,40	2.909,68	3.273,39																		
09.187,99 (West)	I	29.588	1.433,35	2.367,04	2.662,92	1.209,63	2.216,64	2.493,72	985,91	2.066,24	2.324,52	762,19	1.915,84	2.155,32	538,47	1.765,44	1.986,12	314,75	1.615,04	1.816,92	91,03	1.464,64	1.647,72
	II	27.798	1.220,34	2.223,84	2.501,82	996,62	2.073,44	2.332,62	773,02	1.923,12	2.163,51	549,30	1.772,72	1.994,31	325,58	1.622,32	1.825,11	101,86	1.471,92	1.655,91	-	1.321,52	1.486,71
	III	20.564	-	1.645,12	1.850,76	-	1.518,08	1.707,84	-	1.393,92	1.568,16	-	1.272,96	1.432,08	-	1.155,04	1.299,42	-	1.040,16	1.170,18	-	928,48	1.044,54
	IV	29.588	1.433,35	2.367,04	2.662,92	1.321,49	2.291,84	2.578,32	1.209,63	2.216,64	2.493,72	1.097,77	2.141,44	2.409,12	985,91	2.066,24	2.324,52	874,05	1.991,04	2.239,92	762,19	1.915,84	2.155,32
	V	35.761	1.966,85	2.860,88	3.218,49																		
	VI	36.293	1.996,11	2.903,44	3.266,37																		
09.187,99 (Ost)	I	29.681	1.444,42	2.374,48	2.671,29	1.220,70	2.224,08	2.502,09	996,98	2.073,68	2.332,89	773,26	1.923,28	2.163,69	549,66	1.772,96	1.994,58	325,94	1.622,56	1.825,38	102,22	1.472,16	1.656,18
	II	27.892	1.231,53	2.231,36	2.510,28	1.007,81	2.080,96	2.341,08	784,09	1.930,56	2.171,88	560,37	1.780,16	2.002,68	336,65	1.629,76	1.833,48	112,93	1.479,36	1.664,28	-	1.329,04	1.495,17
	III	20.646	-	1.651,68	1.858,14	-	1.524,32	1.714,86	-	1.400,00	1.575,00	-	1.278,88	1.438,74	-	1.160,80	1.305,90	-	1.045,76	1.176,48	-	933,92	1.050,66
	IV	29.681	1.444,42	2.374,48	2.671,29	1.332,56	2.299,28	2.586,69	1.220,70	2.224,08	2.502,09	1.108,84	2.148,88	2.417,49	996,98	2.073,68	2.332,89	885,12	1.998,48	2.248,29	773,26	1.923,28	2.163,69
	V	35.855	1.972,02	2.868,40	3.226,95																		
	VI	36.386	2.001,23	2.910,88	3.274,74																		
09.223,99 (West)	I	29.603	1.435,14	2.368,24	2.664,27	1.211,42	2.217,84	2.495,07	987,70	2.067,44	2.325,87	763,98	1.917,04	2.156,67	540,26	1.766,64	1.987,47	316,54	1.616,24	1.818,27	92,82	1.465,84	1.649,07
	II	27.814	1.222,24	2.225,12	2.503,26	998,52	2.074,72	2.334,06	774,80	1.924,32	2.164,86	551,08	1.773,92	1.995,66	327,36	1.623,52	1.826,46	103,64	1.473,12	1.657,26	-	1.322,72	1.488,06
	III	20.578	-	1.646,24	1.852,02	-	1.519,04	1.708,92	-	1.394,88	1.569,24	-	1.273,92	1.433,16	-	1.156,00	1.300,50	-	1.041,12	1.171,26	-	929,28	1.045,44
	IV	29.603	1.435,14	2.368,24	2.664,27	1.323,28	2.293,04	2.579,67	1.211,42	2.217,84	2.495,07	1.099,56	2.142,64	2.410,47	987,70	2.067,44	2.325,87	875,84	1.992,24	2.241,27	763,98	1.917,04	2.156,67
	V	35.776	1.967,68	2.862,08	3.219,84																		
	VI	36.308	1.996,94	2.904,64	3.267,72																		
09.223,99 (Ost)	I	29.696	1.446,20	2.375,68	2.672,64	1.222,48	2.225,28	2.503,44	998,88	2.074,96	2.334,33	775,16	1.924,56	2.165,13	551,44	1.774,16	1.995,93	327,72	1.623,76	1.826,73	104,00	1.473,36	1.657,53
	II	27.907	1.233,31	2.232,56	2.511,63	1.009,59	2.082,16	2.342,43	785,87	1.931,76	2.173,23	562,15	1.781,36	2.004,03	338,43	1.630,96	1.834,83	114,83	1.480,64	1.665,72	-	1.330,24	1.496,52
	III	20.658	-	1.652,64	1.859,22	-	1.525,28	1.715,94	-	1.400,96	1.576,08	-	1.279,84	1.439,82	-	1.161,76	1.306,98	-	1.046,72	1.177,56	-	934,88	1.051,74
	IV	29.696	1.446,20	2.375,68	2.672,64	1.334,34	2.300,48	2.588,04	1.222,48	2.225,28	2.503,44	1.110,62	2.150,08	2.418,84	998,88	2.074,96	2.334,33	887,02	1.999,76	2.249,73	775,16	1.924,56	2.165,13
	V	35.870	1.972,85	2.869,60	3.228,30																		
	VI	36.401	2.002,05	2.912,08	3.276,09																		

SolZ/KiSt lt. Tabelle nicht für Sonstige Bezüge anwendbar.

Lohn/ Gehalt bis	Steuerklasse	Lohn-steuer	ohne Kinderfreibetrag SolZ 5,5%	Kirchensteuer 8%	Kirchensteuer 9%	0,5 SolZ 5,5%	Kirchensteuer 8%	Kirchensteuer 9%	1,0 SolZ 5,5%	Kirchensteuer 8%	Kirchensteuer 9%	1,5 SolZ 5,5%	Kirchensteuer 8%	Kirchensteuer 9%	2,0 SolZ 5,5%	Kirchensteuer 8%	Kirchensteuer 9%	2,5 SolZ 5,5%	Kirchensteuer 8%	Kirchensteuer 9%	3,0 SolZ 5,5%	Kirchensteuer 8%	Kirchensteuer 9%
109.259,99 (West)	I	29.618	1.436,92	2.369,44	2.665,62	1.213,20	2.219,04	2.496,42	989,48	2.068,64	2.327,22	765,76	1.918,24	2.158,02	542,04	1.767,84	1.988,82	318,32	1.617,44	1.819,62	94,60	1.467,04	1.650,
	II	27.829	1.224,03	2.226,32	2.504,61	1.000,31	2.075,92	2.335,41	776,59	1.925,52	2.166,21	552,87	1.775,12	1.997,01	329,15	1.624,72	1.827,81	105,43	1.474,32	1.658,61	-	1.323,92	1.489,
	III	20.590	-	1.647,20	1.853,10	-	1.520,00	1.710,00	-	1.395,84	1.570,32	-	1.274,88	1.434,24	-	1.156,80	1.301,40	-	1.041,92	1.172,16	-	930,24	1.046,
	IV	29.618	1.436,92	2.369,44	2.665,62	1.325,06	2.294,24	2.581,02	1.213,20	2.219,04	2.496,42	1.101,34	2.143,84	2.411,82	989,48	2.068,64	2.327,22	877,62	1.993,44	2.242,62	765,76	1.918,24	2.158,
	V	35.791	1.968,50	2.863,28	3.221,19																		
	VI	36.323	1.997,76	2.905,84	3.269,07																		
109.259,99 (Ost)	I	29.711	1.447,99	2.376,88	2.673,99	1.224,39	2.226,56	2.504,88	1.000,67	2.076,16	2.335,68	776,95	1.925,76	2.166,48	553,23	1.775,36	1.997,28	329,51	1.624,96	1.828,08	105,79	1.474,56	1.658,
	II	27.922	1.235,10	2.233,76	2.512,98	1.011,38	2.083,36	2.343,78	787,66	1.932,96	2.174,58	564,06	1.782,64	2.005,47	340,34	1.632,24	1.836,27	116,62	1.481,84	1.667,07	-	1.331,44	1.497,
	III	20.672	-	1.653,76	1.860,48	-	1.526,24	1.717,02	-	1.402,08	1.577,34	-	1.280,80	1.440,90	-	1.162,72	1.308,06	-	1.047,68	1.178,64	-	935,68	1.052,
	IV	29.711	1.447,99	2.376,88	2.673,99	1.336,25	2.301,76	2.589,48	1.224,39	2.226,56	2.504,88	1.112,53	2.151,36	2.420,28	1.000,67	2.076,16	2.335,68	888,81	2.000,96	2.251,08	776,95	1.925,76	2.166,
	V	35.885	1.973,67	2.870,80	3.229,65																		
	VI	36.417	2.002,93	2.913,36	3.277,53																		
109.295,99 (West)	I	29.633	1.438,71	2.370,64	2.666,97	1.214,99	2.220,24	2.497,77	991,27	2.069,84	2.328,57	767,55	1.919,44	2.159,37	543,83	1.769,04	1.990,17	320,11	1.618,64	1.820,97	96,39	1.468,24	1.651,
	II	27.844	1.225,81	2.227,52	2.505,96	1.002,09	2.077,12	2.336,76	778,37	1.926,72	2.167,56	554,65	1.776,32	1.998,36	330,93	1.625,92	1.829,16	107,21	1.475,52	1.659,96	-	1.325,12	1.490,
	III	20.604	-	1.648,32	1.854,36	-	1.520,96	1.711,08	-	1.396,80	1.571,40	-	1.275,84	1.435,32	-	1.157,76	1.302,48	-	1.042,88	1.173,24	-	931,04	1.047,
	IV	29.633	1.438,71	2.370,64	2.666,97	1.326,85	2.295,44	2.582,37	1.214,99	2.220,24	2.497,77	1.103,13	2.145,04	2.413,17	991,27	2.069,84	2.328,57	879,41	1.994,64	2.243,97	767,55	1.919,44	2.159,
	V	35.806	1.969,33	2.864,48	3.222,54																		
	VI	36.338	1.998,59	2.907,04	3.270,42																		
109.295,99 (Ost)	I	29.727	1.449,89	2.378,16	2.675,43	1.226,17	2.227,76	2.506,23	1.002,45	2.077,36	2.337,03	778,73	1.926,96	2.167,83	555,01	1.776,56	1.998,63	331,29	1.626,16	1.829,43	107,57	1.475,76	1.660,
	II	27.937	1.236,88	2.234,96	2.514,33	1.013,16	2.084,56	2.345,13	789,56	1.934,24	2.176,02	565,84	1.783,84	2.006,82	342,12	1.633,44	1.837,62	118,40	1.483,04	1.668,42	-	1.332,64	1.499,
	III	20.684	-	1.654,72	1.861,56	-	1.527,36	1.718,28	-	1.403,04	1.578,42	-	1.281,76	1.441,98	-	1.163,68	1.309,14	-	1.048,64	1.179,72	-	936,64	1.053,
	IV	29.727	1.449,89	2.378,16	2.675,43	1.338,03	2.302,96	2.590,83	1.226,17	2.227,76	2.506,23	1.114,31	2.152,56	2.421,63	1.002,45	2.077,36	2.337,03	890,59	2.002,16	2.252,43	778,73	1.926,96	2.167,
	V	35.900	1.974,50	2.872,00	3.231,00																		
	VI	36.432	2.003,76	2.914,56	3.278,88																		
109.331,99 (West)	I	29.648	1.440,49	2.371,84	2.668,32	1.216,77	2.221,44	2.499,12	993,05	2.071,04	2.329,92	769,33	1.920,64	2.160,72	545,61	1.770,24	1.991,52	321,89	1.619,84	1.822,32	98,29	1.469,52	1.653,
	II	27.859	1.227,60	2.228,72	2.507,31	1.003,88	2.078,32	2.338,11	780,16	1.927,92	2.168,91	556,44	1.777,52	1.999,71	332,72	1.627,12	1.830,51	109,00	1.476,72	1.661,31	-	1.326,32	1.492,
	III	20.616	-	1.649,28	1.855,44	-	1.522,08	1.712,34	-	1.397,92	1.572,66	-	1.276,80	1.436,40	-	1.158,72	1.303,56	-	1.043,84	1.174,32	-	932,00	1.048,
	IV	29.648	1.440,49	2.371,84	2.668,32	1.328,63	2.296,64	2.583,72	1.216,77	2.221,44	2.499,12	1.104,91	2.146,24	2.414,52	993,05	2.071,04	2.329,92	881,19	1.995,84	2.245,32	769,33	1.920,64	2.160,
	V	35.821	1.970,15	2.865,68	3.223,89																		
	VI	36.353	1.999,41	2.908,24	3.271,77																		
109.331,99 (Ost)	I	29.742	1.451,68	2.379,36	2.676,78	1.227,96	2.228,96	2.507,58	1.004,24	2.078,56	2.338,38	780,52	1.928,16	2.169,18	556,80	1.777,76	1.999,98	333,08	1.627,36	1.830,78	109,36	1.476,96	1.661,
	II	27.953	1.238,79	2.236,24	2.515,77	1.015,07	2.085,84	2.346,57	791,35	1.935,44	2.177,37	567,63	1.785,04	2.008,17	343,91	1.634,64	1.838,97	120,19	1.484,24	1.669,77	-	1.333,84	1.500,
	III	20.698	-	1.655,84	1.862,82	-	1.528,32	1.719,36	-	1.404,00	1.579,50	-	1.282,72	1.443,06	-	1.164,64	1.310,22	-	1.049,44	1.180,62	-	937,44	1.054,
	IV	29.742	1.451,68	2.379,36	2.676,78	1.339,82	2.304,16	2.592,18	1.227,96	2.228,96	2.507,58	1.116,10	2.153,76	2.422,98	1.004,24	2.078,56	2.338,38	892,38	2.003,36	2.253,78	780,52	1.928,16	2.169,
	V	35.915	1.975,32	2.873,20	3.232,35																		
	VI	36.447	2.004,58	2.915,76	3.280,23																		
109.367,99 (West)	I	29.663	1.442,28	2.373,04	2.669,67	1.218,56	2.222,64	2.500,47	994,84	2.072,24	2.331,27	771,12	1.921,84	2.162,07	547,51	1.771,52	1.992,96	323,79	1.621,12	1.823,76	100,07	1.470,72	1.654,
	II	27.874	1.229,38	2.229,92	2.508,66	1.005,66	2.079,52	2.339,46	781,94	1.929,12	2.170,26	558,22	1.778,72	2.001,06	334,50	1.628,32	1.831,86	110,78	1.477,92	1.662,66	-	1.327,52	1.493,
	III	20.630	-	1.650,40	1.856,70	-	1.523,04	1.713,42	-	1.398,88	1.573,74	-	1.277,76	1.437,48	-	1.159,68	1.304,64	-	1.044,64	1.175,22	-	932,80	1.049,
	IV	29.663	1.442,28	2.373,04	2.669,67	1.330,42	2.297,84	2.585,07	1.218,56	2.222,64	2.500,47	1.106,70	2.147,44	2.415,87	994,84	2.072,24	2.331,27	882,98	1.997,04	2.246,67	771,12	1.921,84	2.162,
	V	35.836	1.970,98	2.866,88	3.225,24																		
	VI	36.368	2.000,24	2.909,44	3.273,12																		
109.367,99 (Ost)	I	29.757	1.453,46	2.380,56	2.678,13	1.229,74	2.230,16	2.508,93	1.006,02	2.079,76	2.339,73	782,30	1.929,36	2.170,53	558,58	1.778,96	2.001,33	334,86	1.628,56	1.832,13	111,14	1.478,16	1.662,
	II	27.968	1.240,57	2.237,44	2.517,12	1.016,85	2.087,04	2.347,92	793,13	1.936,64	2.178,72	569,41	1.786,24	2.009,52	345,69	1.635,84	1.840,32	121,97	1.485,44	1.671,12	-	1.335,04	1.501,
	III	20.710	-	1.656,80	1.863,90	-	1.529,28	1.720,44	-	1.404,96	1.580,58	-	1.283,68	1.444,14	-	1.165,44	1.311,12	-	1.050,40	1.181,70	-	938,40	1.055,
	IV	29.757	1.453,46	2.380,56	2.678,13	1.341,60	2.305,36	2.593,53	1.229,74	2.230,16	2.508,93	1.117,88	2.154,96	2.424,33	1.006,02	2.079,76	2.339,73	894,16	2.004,56	2.255,13	782,30	1.929,36	2.170,
	V	35.930	1.976,15	2.874,40	3.233,70																		
	VI	36.462	2.005,41	2.916,96	3.281,58																		
109.403,99 (West)	I	29.678	1.444,06	2.374,24	2.671,02	1.220,34	2.223,84	2.501,82	996,62	2.073,44	2.332,62	773,02	1.923,12	2.163,51	549,30	1.772,72	1.994,31	325,58	1.622,32	1.825,11	101,86	1.471,92	1.655,
	II	27.889	1.231,17	2.231,12	2.510,01	1.007,45	2.080,72	2.340,81	783,73	1.930,32	2.171,61	560,01	1.779,92	2.002,41	336,29	1.629,52	1.833,21	112,69	1.479,20	1.664,10	-	1.328,80	1.494,
	III	20.642	-	1.651,36	1.857,78	-	1.524,00	1.714,50	-	1.399,84	1.574,82	-	1.278,72	1.438,56	-	1.160,64	1.305,72	-	1.045,60	1.176,30	-	933,76	1.050,
	IV	29.678	1.444,06	2.374,24	2.671,02	1.332,20	2.299,04	2.586,42	1.220,34	2.223,84	2.501,82	1.108,48	2.148,64	2.417,22	996,62	2.073,44	2.332,62	884,88	1.998,32	2.248,11	773,02	1.923,12	2.163,
	V	35.852	1.971,86	2.868,16	3.226,68																		
	VI	36.383	2.001,06	2.910,64	3.274,47																		
109.403,99 (Ost)	I	29.772	1.455,25	2.381,76	2.679,48	1.231,53	2.231,36	2.510,28	1.007,81	2.080,96	2.341,08	784,09	1.930,56	2.171,88	560,37	1.780,16	2.002,68	336,65	1.629,76	1.833,48	112,93	1.479,36	1.664,
	II	27.983	1.242,36	2.238,64	2.518,47	1.018,64	2.088,24	2.349,27	794,92	1.937,84	2.180,07	571,20	1.787,44	2.010,87	347,48	1.637,04	1.841,67	123,76	1.486,64	1.672,47	-	1.336,24	1.503,
	III	20.724	-	1.657,92	1.865,16	-	1.530,40	1.721,70	-	1.405,92	1.581,66	-	1.284,64	1.445,22	-	1.166,40	1.312,20	-	1.051,36	1.182,78	-	939,20	1.056,
	IV	29.772	1.455,25	2.381,76	2.679,48	1.343,39	2.306,56	2.594,88	1.231,53	2.231,36	2.510,28	1.119,67	2.156,16	2.425,68	1.007,81	2.080,96	2.341,08	895,95	2.005,76	2.256,48	784,09	1.930,56	2.171,
	V	35.945	1.976,97	2.875,60	3.235,05																		
	VI	36.477	2.006,23	2.918,16	3.282,93																		
109.439,99 (West)	I	29.693	1.445,85	2.375,44	2.672,37	1.222,24	2.225,12	2.503,26	998,52	2.074,72	2.334,06	774,80	1.924,32	2.164,86	551,08	1.773,92	1.995,66	327,36	1.623,52	1.826,46	103,64	1.473,12	1.657,
	II	27.904	1.232,95	2.232,32	2.511,36	1.009,23	2.081,92	2.342,16	785,51	1.931,52	2.172,96	561,79	1.781,12	2.003,76	338,19	1.630,80	1.834,65	114,47	1.480,40	1.665,45	-	1.330,00	1.496,
	III	20.656	-	1.652,48	1.859,04	-	1.525,12	1.715,76	-	1.400,80	1.575,90	-	1.279,68	1.439,64	-	1.161,60	1.306,80	-	1.046,56	1.177,38	-	934,56	1.051,
	IV	29.693	1.445,85	2.375,44	2.672,37	1.333,99	2.300,24	2.587,77	1.222,24	2.225,12	2.503,26	1.110,38	2.149,92	2.418,66	998,52	2.074,72	2.334,06	886,66	1.999,52	2.249,46	774,80	1.924,32	2.164,
	V	35.867	1.972,68	2.869,36	3.228,03																		
	VI	36.398	2.001,89	2.911,84	3.275,82																		
109.439,99 (Ost)	I	29.787	1.457,03	2.382,96	2.680,83	1.233,31	2.232,56	2.511,63	1.009,59	2.082,16	2.342,43	785,87	1.931,76	2.173,23	562,15	1.781,36	2.004,03	338,43	1.630,96	1.834,83	114,83	1.480,64	1.665,
	II	27.998	1.244,14	2.239,84	2.519,82	1.020,42	2.089,44	2.350,62	796,70	1.939,04	2.181,42	572,98	1.788,64	2.012,22	349,26	1.638,24	1.843,02	125,54	1.487,84	1.673,82	-	1.337,44	1.504,
	III	20.736	-	1.658,88	1.866,24	-	1.531,36	1.722,78	-	1.406,88	1.582,74	-	1.285,60	1.446,30	-	1.167,36	1.313,28	-	1.052,16	1.183,68	-	940,16	1.057,
	IV	29.787	1.457,03	2.382,96	2.680,83	1.345,17	2.307,76	2.596,23	1.233,31	2.232,56	2.511,63	1.121,45	2.157,36	2.427,03	1.009,59	2.082,16	2.342,43	897,73	2.006,96	2.257,83	785,87	1.931,76	2.173,
	V	35.960	1.977,80	2.876,80	3.236,40																		
	VI	36.492	2.007,06	2.919,36	3.284,28																		
109.475,99 (West)	I	29.709	1.447,75	2.376,72	2.673,81	1.224,03	2.226,32	2.504,61	1.000,31	2.075,92	2.335,41	776,59	1.925,52	2.166,21	552,87	1.775,12	1.997,01	329,15	1.624,72	1.827,81	105,43	1.474,32	1.658,
	II	27.919	1.234,74	2.233,52	2.512,71	1.011,02	2.083,12	2.343,51	787,42	1.932,80	2.174,40	563,70	1.782,40	2.005,20	339,98	1.632,00	1.836,00	116,26	1.481,60	1.666,80	-	1.331,20	1.497,
	III	20.668	-	1.653,44	1.860,12	-	1.526,08	1.716,84	-	1.401,76	1.576,98	-	1.280,64	1.440,72	-	1.162,40	1.307,70	-	1.047,52	1.178,46	-	935,52	1.052,
	IV	29.709	1.447,75	2.376,72	2.673,81	1.335,89	2.301,52	2.589,21	1.224,03	2.226,32	2.504,61	1.112,17	2.151,12	2.420,01	1.000,31	2.075,92	2.335,41	888,45	2.000,72	2.250,81	776,59	1.925,52	2.166,
	V	35.882	1.973,51	2.870,56	3.229,38																		
	VI	36.414	2.002,77	2.913,12	3.277,26																		
109.475,99 (Ost)	I	29.802	1.458,82	2.384,16	2.682,18	1.235,10	2.233,76	2.512,98	1.011,38	2.083,36	2.343,78	787,66	1.932,96	2.174,58	564,06	1.782,64	2.005,47	340,34	1.632,24	1.836,27	116,62	1.481,84	1.667,
	II	28.013	1.245,93	2.241,04	2.521,17	1.022,21	2.090,64	2.351,97	798,49	1.940,24	2.182,77	574,77	1.789,84	2.013,57	351,05	1.639,44	1.844,37	127,33	1.489,04	1.675,17	-	1.338,64	1.505,
	III	20.750	-	1.660,00	1.867,50	-	1.532,32	1.723,86	-	1.408,00	1.584,00	-	1.286,56	1.447,38	-	1.168,32	1.314,36	-	1.053,12	1.184,76	-	940,96	1.058,
	IV	29.802	1.458,82	2.384,16	2.682,18	1.346,96	2.308,96	2.597,58	1.235,10	2.233,76	2.512,98	1.123,24	2.158,56	2.428,38	1.011,38	2.083,36	2.343,78	899,52	2.008,16	2.259,18	787,66	1.932,96	2.174,
	V	35.976	1.978,68	2.878,08	3.237,84																		
	VI	36.507	2.007,88	2.920,56	3.285,63																		

Anzahl Kinderfreibeträge (nur Steuerklassen I–IV)

SolZ/KiSt lt. Tabelle nicht für Sonstige Bezüge anwendbar.

Allgemeine Tabelle

JAHR bis 109.727,99 €

Lohn/ Gehalt bis	Steuerklasse	Lohn-steuer	ohne Kinderfreibetrag SolZ 5,5%	Kirchensteuer 8%	9%	0,5 SolZ 5,5%	Kirchensteuer 8%	9%	1,0 SolZ 5,5%	Kirchensteuer 8%	9%	1,5 SolZ 5,5%	Kirchensteuer 8%	9%	2,0 SolZ 5,5%	Kirchensteuer 8%	9%	2,5 SolZ 5,5%	Kirchensteuer 8%	9%	3,0 SolZ 5,5%	Kirchensteuer 8%	9%
09.511,99 (West)	I	29.724	1.449,53	2.377,92	2.675,16	1.225,81	2.227,52	2.505,96	1.002,09	2.077,12	2.336,76	778,37	1.926,72	2.167,56	554,65	1.776,32	1.998,36	330,93	1.625,92	1.829,16	107,21	1.475,52	1.659,96
	II	27.934	1.236,52	2.234,72	2.514,06	1.012,92	2.084,40	2.344,95	789,20	1.934,00	2.175,75	565,48	1.783,60	2.006,55	341,76	1.633,20	1.837,35	118,04	1.482,80	1.668,15	-	1.332,40	1.498,95
	III	20.682	-	1.654,56	1.861,38	-	1.527,04	1.717,92	-	1.402,72	1.578,06	-	1.281,60	1.441,80	-	1.163,36	1.308,78	-	1.048,32	1.179,36	-	936,32	1.053,36
	IV	29.724	1.449,53	2.377,92	2.675,16	1.337,67	2.302,72	2.590,56	1.225,81	2.227,52	2.505,96	1.113,95	2.152,32	2.421,36	1.002,09	2.077,12	2.336,76	890,23	2.001,92	2.252,16	778,37	1.926,72	2.167,56
	V	35.897	1.974,33	2.871,76	3.230,73																		
	VI	36.429	2.003,59	2.914,32	3.278,61																		
09.511,99 (Ost)	I	29.817	1.460,60	2.385,36	2.683,53	1.236,88	2.234,96	2.514,33	1.013,16	2.084,56	2.345,13	789,56	1.934,24	2.176,02	565,84	1.783,84	2.006,82	342,12	1.633,44	1.837,62	118,40	1.483,04	1.668,42
	II	28.028	1.247,71	2.242,24	2.522,52	1.023,99	2.091,84	2.353,32	800,27	1.941,44	2.184,12	576,55	1.791,04	2.014,92	352,83	1.640,64	1.845,72	129,23	1.490,32	1.676,61	-	1.339,92	1.507,41
	III	20.762	-	1.660,96	1.868,58	-	1.533,44	1.725,12	-	1.408,96	1.585,08	-	1.287,52	1.448,46	-	1.169,28	1.315,44	-	1.054,08	1.185,84	-	941,92	1.059,66
	IV	29.817	1.460,60	2.385,36	2.683,53	1.348,74	2.310,16	2.598,93	1.236,88	2.234,96	2.514,33	1.125,02	2.159,76	2.429,73	1.013,16	2.084,56	2.345,13	901,42	2.009,44	2.260,62	789,56	1.934,24	2.176,02
	V	35.991	1.979,50	2.879,28	3.239,19																		
	VI	36.522	2.008,71	2.921,76	3.286,98																		
09.547,99 (West)	I	29.739	1.451,32	2.379,12	2.676,51	1.227,60	2.228,72	2.507,31	1.003,88	2.078,32	2.338,11	780,16	1.927,92	2.168,91	556,44	1.777,52	1.999,71	332,72	1.627,12	1.830,51	109,00	1.476,72	1.661,31
	II	27.950	1.238,43	2.236,00	2.515,50	1.014,71	2.085,60	2.346,30	790,99	1.935,20	2.177,10	567,27	1.784,80	2.007,90	343,55	1.634,40	1.838,70	119,83	1.484,00	1.669,50	-	1.333,60	1.500,30
	III	20.694	-	1.655,52	1.862,46	-	1.528,16	1.719,18	-	1.403,84	1.579,32	-	1.282,56	1.442,88	-	1.164,32	1.309,86	-	1.049,28	1.180,44	-	937,28	1.054,44
	IV	29.739	1.451,32	2.379,12	2.676,51	1.339,46	2.303,92	2.591,91	1.227,60	2.228,72	2.507,31	1.115,74	2.153,52	2.422,71	1.003,88	2.078,32	2.338,11	892,02	2.003,12	2.253,51	780,16	1.927,92	2.168,91
	V	35.912	1.975,16	2.872,96	3.232,08																		
	VI	36.444	2.004,42	2.915,52	3.279,96																		
09.547,99 (Ost)	I	29.832	1.462,39	2.386,56	2.684,88	1.238,79	2.236,24	2.515,77	1.015,07	2.085,84	2.346,57	791,35	1.935,44	2.177,37	567,63	1.785,04	2.008,17	343,91	1.634,64	1.838,97	120,19	1.484,24	1.669,77
	II	28.043	1.249,50	2.243,44	2.523,87	1.025,78	2.093,04	2.354,67	802,06	1.942,64	2.185,47	578,34	1.792,24	2.016,27	354,73	1.641,92	1.847,16	131,01	1.491,52	1.677,96	-	1.341,12	1.508,76
	III	20.776	-	1.662,08	1.869,84	-	1.534,40	1.726,20	-	1.409,92	1.586,16	-	1.288,48	1.449,54	-	1.170,24	1.316,52	-	1.054,88	1.186,74	-	942,88	1.060,74
	IV	29.832	1.462,39	2.386,56	2.684,88	1.350,53	2.311,36	2.600,28	1.238,79	2.236,24	2.515,77	1.126,93	2.161,04	2.431,17	1.015,07	2.085,84	2.346,57	903,21	2.010,64	2.261,97	791,35	1.935,44	2.177,37
	V	36.006	1.980,33	2.880,48	3.240,54																		
	VI	36.537	2.009,53	2.922,96	3.288,33																		
09.583,99 (West)	I	29.754	1.453,10	2.380,32	2.677,86	1.229,38	2.229,92	2.508,66	1.005,66	2.079,52	2.339,46	781,94	1.929,12	2.170,26	558,22	1.778,72	2.001,06	334,50	1.628,32	1.831,86	110,78	1.477,92	1.662,66
	II	27.965	1.240,21	2.237,20	2.516,85	1.016,49	2.086,80	2.347,65	792,77	1.936,40	2.178,45	569,05	1.786,00	2.009,25	345,33	1.635,60	1.840,05	121,61	1.485,20	1.670,85	-	1.334,80	1.501,65
	III	20.708	-	1.656,64	1.863,72	-	1.529,12	1.720,26	-	1.404,80	1.580,40	-	1.283,52	1.443,96	-	1.165,28	1.310,94	-	1.050,24	1.181,52	-	938,24	1.055,52
	IV	29.754	1.453,10	2.380,32	2.677,86	1.341,24	2.305,12	2.593,26	1.229,38	2.229,92	2.508,66	1.117,52	2.154,72	2.424,06	1.005,66	2.079,52	2.339,46	893,80	2.004,32	2.254,86	781,94	1.929,12	2.170,26
	V	35.927	1.975,98	2.874,16	3.233,43																		
	VI	36.459	2.005,24	2.916,72	3.281,31																		
09.583,99 (Ost)	I	29.848	1.464,29	2.387,84	2.686,32	1.240,57	2.237,44	2.517,12	1.016,85	2.087,04	2.347,92	793,13	1.936,64	2.178,72	569,41	1.786,24	2.009,52	345,69	1.635,84	1.840,32	121,97	1.485,44	1.671,12
	II	28.058	1.251,28	2.244,64	2.525,22	1.027,56	2.094,24	2.356,02	803,96	1.943,92	2.186,91	580,24	1.793,52	2.017,71	356,52	1.643,12	1.848,51	132,80	1.492,72	1.679,31	-	1.342,32	1.510,11
	III	20.788	-	1.663,04	1.870,92	-	1.535,36	1.727,28	-	1.410,88	1.587,24	-	1.289,44	1.450,62	-	1.171,20	1.317,60	-	1.055,84	1.187,82	-	943,68	1.061,64
	IV	29.848	1.464,29	2.387,84	2.686,32	1.352,43	2.312,64	2.601,72	1.240,57	2.237,44	2.517,12	1.128,71	2.162,24	2.432,52	1.016,85	2.087,04	2.347,92	904,99	2.011,84	2.263,32	793,13	1.936,64	2.178,72
	V	36.021	1.981,15	2.881,68	3.241,89																		
	VI	36.553	2.010,41	2.924,24	3.289,77																		
09.619,99 (West)	I	29.769	1.454,89	2.381,52	2.679,21	1.231,17	2.231,12	2.510,01	1.007,45	2.080,72	2.340,81	783,73	1.930,32	2.171,61	560,01	1.779,92	2.002,41	336,29	1.629,52	1.833,21	112,69	1.479,20	1.664,10
	II	27.980	1.242,00	2.238,40	2.518,20	1.018,28	2.088,00	2.349,00	794,56	1.937,60	2.179,80	570,84	1.787,20	2.010,60	347,12	1.636,80	1.841,40	123,40	1.486,40	1.672,20	-	1.336,00	1.503,00
	III	20.720	-	1.657,60	1.864,80	-	1.530,08	1.721,34	-	1.405,76	1.581,48	-	1.284,48	1.445,04	-	1.166,24	1.312,02	-	1.051,04	1.182,42	-	939,04	1.056,42
	IV	29.769	1.454,89	2.381,52	2.679,21	1.343,03	2.306,32	2.594,61	1.231,17	2.231,12	2.510,01	1.119,31	2.155,92	2.425,41	1.007,45	2.080,72	2.340,81	895,59	2.005,52	2.256,21	783,73	1.930,32	2.171,61
	V	35.942	1.976,81	2.875,36	3.234,78																		
	VI	36.474	2.006,07	2.917,92	3.282,66																		
09.619,99 (Ost)	I	29.863	1.466,08	2.389,04	2.687,67	1.242,36	2.238,64	2.518,47	1.018,64	2.088,24	2.349,27	794,92	1.937,84	2.180,07	571,20	1.787,44	2.010,87	347,48	1.637,04	1.841,67	123,76	1.486,64	1.672,47
	II	28.073	1.253,07	2.245,84	2.526,57	1.029,46	2.095,52	2.357,46	805,74	1.945,12	2.188,26	582,02	1.794,72	2.019,06	358,30	1.644,32	1.849,86	134,58	1.493,92	1.680,66	-	1.343,52	1.511,46
	III	20.800	-	1.664,00	1.872,00	-	1.536,48	1.728,54	-	1.411,84	1.588,32	-	1.290,40	1.451,70	-	1.172,00	1.318,50	-	1.056,80	1.188,90	-	944,64	1.062,72
	IV	29.863	1.466,08	2.389,04	2.687,67	1.354,22	2.313,84	2.603,07	1.242,36	2.238,64	2.518,47	1.130,50	2.163,44	2.433,87	1.018,64	2.088,24	2.349,27	906,78	2.013,04	2.264,67	794,92	1.937,84	2.180,07
	V	36.036	1.981,98	2.882,88	3.243,24																		
	VI	36.568	2.011,24	2.925,44	3.291,12																		
09.655,99 (West)	I	29.784	1.456,67	2.382,72	2.680,56	1.232,95	2.232,32	2.511,36	1.009,23	2.081,92	2.342,16	785,51	1.931,52	2.172,96	561,79	1.781,12	2.003,76	338,19	1.630,80	1.834,65	114,47	1.480,40	1.665,45
	II	27.995	1.243,78	2.239,60	2.519,55	1.020,06	2.089,20	2.350,35	796,34	1.938,80	2.181,15	572,62	1.788,40	2.011,95	348,90	1.638,00	1.842,75	125,18	1.487,60	1.673,55	-	1.337,20	1.504,35
	III	20.734	-	1.658,72	1.866,06	-	1.531,20	1.722,60	-	1.406,72	1.582,56	-	1.285,44	1.446,12	-	1.167,20	1.313,10	-	1.052,00	1.183,50	-	940,00	1.057,50
	IV	29.784	1.456,67	2.382,72	2.680,56	1.344,81	2.307,52	2.595,96	1.232,95	2.232,32	2.511,36	1.121,09	2.157,12	2.426,76	1.009,23	2.081,92	2.342,16	897,37	2.006,72	2.257,56	785,51	1.931,52	2.172,96
	V	35.957	1.977,63	2.876,56	3.236,13																		
	VI	36.489	2.006,89	2.919,12	3.284,01																		
09.655,99 (Ost)	I	29.878	1.467,86	2.390,24	2.689,02	1.244,14	2.239,84	2.519,82	1.020,42	2.089,44	2.350,62	796,70	1.939,04	2.181,42	572,98	1.788,64	2.012,22	349,26	1.638,24	1.843,02	125,54	1.487,84	1.673,82
	II	28.089	1.254,97	2.247,12	2.528,01	1.031,25	2.096,72	2.358,81	807,53	1.946,32	2.189,61	583,81	1.795,92	2.020,41	360,09	1.645,52	1.851,21	136,37	1.495,12	1.682,01	-	1.344,72	1.512,81
	III	20.814	-	1.665,12	1.873,26	-	1.537,44	1.729,62	-	1.412,96	1.589,58	-	1.291,36	1.452,78	-	1.172,96	1.319,58	-	1.057,76	1.189,98	-	945,44	1.063,62
	IV	29.878	1.467,86	2.390,24	2.689,02	1.356,00	2.315,04	2.604,42	1.244,14	2.239,84	2.519,82	1.132,28	2.164,64	2.435,22	1.020,42	2.089,44	2.350,62	908,56	2.014,24	2.266,02	796,70	1.939,04	2.181,42
	V	36.051	1.982,80	2.884,08	3.244,59																		
	VI	36.583	2.012,06	2.926,64	3.292,47																		
09.691,99 (West)	I	29.799	1.458,46	2.383,92	2.681,91	1.234,74	2.233,52	2.512,71	1.011,02	2.083,12	2.343,51	787,42	1.932,80	2.174,40	563,70	1.782,40	2.005,20	339,98	1.632,00	1.836,00	116,26	1.481,60	1.666,80
	II	28.010	1.245,57	2.240,80	2.520,90	1.021,85	2.090,40	2.351,70	798,13	1.940,00	2.182,50	574,41	1.789,60	2.013,30	350,69	1.639,20	1.844,10	126,97	1.488,80	1.674,90	-	1.338,48	1.505,79
	III	20.746	-	1.659,68	1.867,14	-	1.532,16	1.723,68	-	1.407,68	1.583,64	-	1.286,40	1.447,20	-	1.168,16	1.314,18	-	1.052,96	1.184,58	-	940,80	1.058,40
	IV	29.799	1.458,46	2.383,92	2.681,91	1.346,60	2.308,72	2.597,31	1.234,74	2.233,52	2.512,71	1.122,88	2.158,32	2.428,11	1.011,02	2.083,12	2.343,51	899,16	2.007,92	2.258,91	787,42	1.932,80	2.174,40
	V	35.973	1.978,51	2.877,84	3.237,57																		
	VI	36.504	2.007,72	2.920,32	3.285,36																		
09.691,99 (Ost)	I	29.893	1.469,65	2.391,44	2.690,37	1.245,93	2.241,04	2.521,17	1.022,21	2.090,64	2.351,97	798,49	1.940,24	2.182,77	574,77	1.789,84	2.013,57	351,05	1.639,44	1.844,37	127,33	1.489,04	1.675,17
	II	28.104	1.256,75	2.248,32	2.529,36	1.033,03	2.097,92	2.360,16	809,31	1.947,52	2.190,96	585,59	1.797,12	2.021,76	361,87	1.646,72	1.852,56	138,15	1.496,32	1.683,36	-	1.345,92	1.514,16
	III	20.826	-	1.666,08	1.874,34	-	1.538,40	1.730,70	-	1.413,92	1.590,66	-	1.292,32	1.453,86	-	1.173,92	1.320,66	-	1.058,56	1.190,88	-	946,40	1.064,70
	IV	29.893	1.469,65	2.391,44	2.690,37	1.357,79	2.316,24	2.605,77	1.245,93	2.241,04	2.521,17	1.134,07	2.165,84	2.436,57	1.022,21	2.090,64	2.351,97	910,35	2.015,44	2.267,37	798,49	1.940,24	2.182,77
	V	36.066	1.983,63	2.885,28	3.245,94																		
	VI	36.598	2.012,89	2.927,84	3.293,82																		
09.727,99 (West)	I	29.814	1.460,24	2.385,12	2.683,26	1.236,52	2.234,72	2.514,06	1.012,92	2.084,40	2.344,95	789,20	1.934,00	2.175,75	565,48	1.783,60	2.006,55	341,76	1.633,20	1.837,35	118,04	1.482,80	1.668,15
	II	28.025	1.247,35	2.242,00	2.522,25	1.023,63	2.091,60	2.353,05	799,91	1.941,20	2.183,85	576,19	1.790,80	2.014,65	352,59	1.640,48	1.845,54	128,87	1.490,08	1.676,34	-	1.339,68	1.507,14
	III	20.760	-	1.660,80	1.868,40	-	1.533,12	1.724,76	-	1.408,64	1.584,72	-	1.287,36	1.448,28	-	1.169,12	1.315,26	-	1.053,92	1.185,66	-	941,76	1.059,48
	IV	29.814	1.460,24	2.385,12	2.683,26	1.348,38	2.309,92	2.598,66	1.236,52	2.234,72	2.514,06	1.124,78	2.159,60	2.429,55	1.012,92	2.084,40	2.344,95	901,06	2.009,20	2.260,35	789,20	1.934,00	2.175,75
	V	35.988	1.979,34	2.879,04	3.238,92																		
	VI	36.519	2.008,54	2.921,52	3.286,71																		
09.727,99 (Ost)	I	29.908	1.471,43	2.392,64	2.691,72	1.247,71	2.242,24	2.522,52	1.023,99	2.091,84	2.353,32	800,27	1.941,44	2.184,12	576,55	1.791,04	2.014,92	352,83	1.640,64	1.845,72	129,23	1.490,32	1.676,61
	II	28.119	1.258,54	2.249,52	2.530,71	1.034,82	2.099,12	2.361,51	811,10	1.948,72	2.192,31	587,38	1.798,32	2.023,11	363,66	1.647,92	1.853,91	139,94	1.497,52	1.684,71	-	1.347,12	1.515,51
	III	20.840	-	1.667,20	1.875,60	-	1.539,52	1.731,96	-	1.414,88	1.591,74	-	1.293,28	1.454,94	-	1.174,88	1.321,74	-	1.059,52	1.191,96	-	947,20	1.065,60
	IV	29.908	1.471,43	2.392,64	2.691,72	1.359,57	2.317,44	2.607,12	1.247,71	2.242,24	2.522,52	1.135,85	2.167,04	2.437,92	1.023,99	2.091,84	2.353,32	912,13	2.016,64	2.268,72	800,27	1.941,44	2.184,12
	V	36.081	1.984,45	2.886,48	3.247,29																		
	VI	36.613	2.013,71	2.929,04	3.295,17																		

Anzahl Kinderfreibeträge (nur Steuerklassen I–IV)

SolZ/KiSt lt. Tabelle nicht für Sonstige Bezüge anwendbar.

Lohn/ Gehalt bis	Steuerklasse	Lohn-steuer	ohne Kinderfreibetrag			Anzahl Kinderfreibeträge (nur Steuerklassen I–IV) 0,5			1,0			1,5			2,0			2,5			3,0		
			SolZ 5,5%	Kirchensteuer 8%	9%	SolZ 5,5%	Kirchensteuer 8%	9%	SolZ 5,5%	Kirchensteuer 8%	9%	SolZ 5,5%	Kirchensteuer 8%	9%	SolZ 5,5%	Kirchensteuer 8%	9%	SolZ 5,5%	Kirchensteuer 8%	9%	SolZ 5,5%	Kirchensteuer 8%	9%
109.763,99 (West)	I	29.830	1.462,15	2.386,40	2.684,70	1.238,43	2.236,00	2.515,50	1.014,71	2.085,60	2.346,30	790,99	1.935,20	2.177,10	567,27	1.784,80	2.007,90	343,55	1.634,40	1.838,70	119,83	1.484,00	1.669,
	II	28.040	1.249,14	2.243,20	2.523,60	1.025,42	2.092,80	2.354,40	801,70	1.942,40	2.185,20	578,10	1.792,08	2.016,09	354,38	1.641,68	1.846,89	130,66	1.491,28	1.677,69	-	1.340,88	1.508,
	III	20.772	-	1.661,76	1.869,48	-	1.534,24	1.726,02	-	1.409,76	1.585,98	-	1.288,32	1.449,36	-	1.169,92	1.316,16	-	1.054,72	1.186,56	-	942,56	1.060,
	IV	29.830	1.462,15	2.386,40	2.684,70	1.350,29	2.311,20	2.600,10	1.238,43	2.236,00	2.515,50	1.126,57	2.160,80	2.430,90	1.014,71	2.085,60	2.346,30	902,85	2.010,40	2.261,70	790,99	1.935,20	2.177,
	V	36.003	1.980,16	2.880,24	3.240,27																		
	VI	36.535	2.009,42	2.922,80	3.288,15																		
109.763,99 (Ost)	I	29.923	1.473,22	2.393,84	2.693,07	1.249,50	2.243,44	2.523,87	1.025,78	2.093,04	2.354,67	802,06	1.942,64	2.185,47	578,34	1.792,24	2.016,27	354,73	1.641,92	1.847,16	131,01	1.491,52	1.677,
	II	28.134	1.260,32	2.250,72	2.532,06	1.036,60	2.100,32	2.362,86	812,88	1.949,92	2.193,66	589,16	1.799,52	2.024,46	365,44	1.649,12	1.855,26	141,72	1.498,72	1.686,06	-	1.348,32	1.516,
	III	20.852	-	1.668,16	1.876,68	-	1.540,48	1.733,04	-	1.415,84	1.592,82	-	1.294,24	1.456,02	-	1.175,84	1.322,82	-	1.060,48	1.193,04	-	948,16	1.066,
	IV	29.923	1.473,22	2.393,84	2.693,07	1.361,36	2.318,64	2.608,47	1.249,50	2.243,44	2.523,87	1.137,64	2.168,24	2.439,27	1.025,78	2.093,04	2.354,67	913,92	2.017,84	2.270,07	802,06	1.942,64	2.185,
	V	36.096	1.985,28	2.887,68	3.248,64																		
	VI	36.628	2.014,54	2.930,24	3.296,52																		
109.799,99 (West)	I	29.845	1.463,93	2.387,60	2.686,05	1.240,21	2.237,20	2.516,85	1.016,49	2.086,80	2.347,65	792,77	1.936,40	2.178,45	569,05	1.786,00	2.009,25	345,33	1.635,60	1.840,05	121,61	1.485,20	1.670,
	II	28.055	1.250,92	2.244,40	2.524,95	1.027,32	2.094,08	2.355,84	803,60	1.943,68	2.186,64	579,88	1.793,28	2.017,44	356,16	1.642,88	1.848,24	132,44	1.492,48	1.679,04	-	1.342,08	1.509,
	III	20.786	-	1.662,88	1.870,74	-	1.535,20	1.727,10	-	1.410,72	1.587,06	-	1.289,28	1.450,44	-	1.170,88	1.317,24	-	1.055,68	1.187,64	-	943,52	1.061,
	IV	29.845	1.463,93	2.387,60	2.686,05	1.352,07	2.312,40	2.601,45	1.240,21	2.237,20	2.516,85	1.128,35	2.162,00	2.432,25	1.016,49	2.086,80	2.347,65	904,63	2.011,60	2.263,05	792,77	1.936,40	2.178,
	V	36.018	1.980,99	2.881,44	3.241,62																		
	VI	36.550	2.010,25	2.924,00	3.289,50																		
109.799,99 (Ost)	I	29.938	1.475,00	2.395,04	2.694,42	1.251,28	2.244,64	2.525,22	1.027,56	2.094,24	2.356,02	803,96	1.943,92	2.186,91	580,24	1.793,52	2.017,71	356,52	1.643,12	1.848,51	132,80	1.492,72	1.679,
	II	28.149	1.262,11	2.251,92	2.533,41	1.038,39	2.101,52	2.364,21	814,67	1.951,12	2.195,01	590,95	1.800,72	2.025,81	367,23	1.650,32	1.856,61	143,51	1.499,92	1.687,41	-	1.349,60	1.518,
	III	20.866	-	1.669,28	1.877,94	-	1.541,44	1.734,12	-	1.416,80	1.593,90	-	1.295,20	1.457,10	-	1.176,80	1.323,90	-	1.061,44	1.194,12	-	949,12	1.067,
	IV	29.938	1.475,00	2.395,04	2.694,42	1.363,14	2.319,84	2.609,82	1.251,28	2.244,64	2.525,22	1.139,42	2.169,44	2.440,62	1.027,56	2.094,24	2.356,02	915,70	2.019,04	2.271,42	803,96	1.943,92	2.186,
	V	36.112	1.986,16	2.888,96	3.250,08																		
	VI	36.643	2.015,36	2.931,44	3.297,87																		
109.835,99 (West)	I	29.860	1.465,72	2.388,80	2.687,40	1.242,00	2.238,40	2.518,20	1.018,28	2.088,00	2.349,00	794,56	1.937,60	2.179,80	570,84	1.787,20	2.010,60	347,12	1.636,80	1.841,40	123,40	1.486,40	1.672,
	II	28.071	1.252,83	2.245,68	2.526,39	1.029,11	2.095,28	2.357,19	805,39	1.944,88	2.187,99	581,67	1.794,48	2.018,79	357,95	1.644,08	1.849,59	134,23	1.493,68	1.680,39	-	1.343,28	1.511,
	III	20.798	-	1.663,84	1.871,82	-	1.536,16	1.728,18	-	1.411,68	1.588,14	-	1.290,24	1.451,52	-	1.171,84	1.318,32	-	1.056,64	1.188,72	-	944,32	1.062,
	IV	29.860	1.465,72	2.388,80	2.687,40	1.353,86	2.313,60	2.602,80	1.242,00	2.238,40	2.518,20	1.130,14	2.163,20	2.433,60	1.018,28	2.088,00	2.349,00	906,42	2.012,80	2.264,40	794,56	1.937,60	2.179,
	V	36.033	1.981,81	2.882,64	3.242,97																		
	VI	36.565	2.011,07	2.925,20	3.290,85																		
109.835,99 (Ost)	I	29.953	1.476,79	2.396,24	2.695,77	1.253,07	2.245,84	2.526,57	1.029,46	2.095,52	2.357,46	805,74	1.945,12	2.188,26	582,02	1.794,72	2.019,06	358,30	1.644,32	1.849,86	134,58	1.493,92	1.680,
	II	28.164	1.263,89	2.253,12	2.534,76	1.040,17	2.102,72	2.365,56	816,45	1.952,32	2.196,36	592,73	1.801,92	2.027,16	369,13	1.651,60	1.858,05	145,41	1.501,20	1.688,85	-	1.350,80	1.519,
	III	20.878	-	1.670,24	1.879,02	-	1.542,56	1.735,38	-	1.417,92	1.595,16	-	1.296,16	1.458,18	-	1.177,76	1.324,98	-	1.062,24	1.195,02	-	949,92	1.068,
	IV	29.953	1.476,79	2.396,24	2.695,77	1.364,93	2.321,04	2.611,17	1.253,07	2.245,84	2.526,57	1.141,32	2.170,72	2.442,06	1.029,46	2.095,52	2.357,46	917,60	2.020,32	2.272,86	805,74	1.945,12	2.188,
	V	36.127	1.986,98	2.890,16	3.251,43																		
	VI	36.658	2.016,19	2.932,64	3.299,22																		
109.871,99 (West)	I	29.875	1.467,50	2.390,00	2.688,75	1.243,78	2.239,60	2.519,55	1.020,06	2.089,20	2.350,35	796,34	1.938,80	2.181,15	572,62	1.788,40	2.011,95	348,90	1.638,00	1.842,75	125,18	1.487,60	1.673,
	II	28.086	1.254,61	2.246,88	2.527,74	1.030,89	2.096,48	2.358,54	807,17	1.946,08	2.189,34	583,45	1.795,68	2.020,14	359,73	1.645,28	1.850,94	136,01	1.494,88	1.681,74	-	1.344,48	1.512,
	III	20.812	-	1.664,96	1.873,08	-	1.537,28	1.729,44	-	1.412,64	1.589,22	-	1.291,20	1.452,60	-	1.172,80	1.319,40	-	1.057,44	1.189,62	-	945,28	1.063,
	IV	29.875	1.467,50	2.390,00	2.688,75	1.355,64	2.314,80	2.604,15	1.243,78	2.239,60	2.519,55	1.131,92	2.164,40	2.434,95	1.020,06	2.089,20	2.350,35	908,20	2.014,00	2.265,75	796,34	1.938,80	2.181,
	V	36.048	1.982,64	2.883,84	3.244,32																		
	VI	36.580	2.011,90	2.926,40	3.292,20																		
109.871,99 (Ost)	I	29.969	1.478,69	2.397,52	2.697,21	1.254,97	2.247,12	2.528,01	1.031,25	2.096,72	2.358,81	807,53	1.946,32	2.189,61	583,81	1.795,92	2.020,41	360,09	1.645,52	1.851,21	136,37	1.495,12	1.682,
	II	28.179	1.265,68	2.254,32	2.536,11	1.041,96	2.103,92	2.366,91	818,24	1.953,52	2.197,71	594,64	1.803,20	2.028,60	370,92	1.652,80	1.859,40	147,20	1.502,40	1.690,20	-	1.352,00	1.521,
	III	20.892	-	1.671,36	1.880,28	-	1.543,52	1.736,46	-	1.418,88	1.596,24	-	1.297,28	1.459,44	-	1.178,72	1.326,06	-	1.063,20	1.196,10	-	950,88	1.069,
	IV	29.969	1.478,69	2.397,52	2.697,21	1.366,83	2.322,32	2.612,61	1.254,97	2.247,12	2.528,01	1.143,11	2.171,92	2.443,41	1.031,25	2.096,72	2.358,81	919,39	2.021,52	2.274,21	807,53	1.946,32	2.189,
	V	36.142	1.987,81	2.891,36	3.252,78																		
	VI	36.674	2.017,07	2.933,92	3.300,66																		
109.907,99 (West)	I	29.890	1.469,29	2.391,20	2.690,10	1.245,57	2.240,80	2.520,90	1.021,85	2.090,40	2.351,70	798,13	1.940,00	2.182,50	574,41	1.789,60	2.013,30	350,69	1.639,20	1.844,10	126,97	1.488,80	1.674,
	II	28.101	1.256,40	2.248,08	2.529,09	1.032,68	2.097,68	2.359,89	808,96	1.947,28	2.190,69	585,24	1.796,88	2.021,49	361,52	1.646,48	1.852,29	137,80	1.496,08	1.683,09	-	1.345,68	1.513,
	III	20.824	-	1.665,92	1.874,16	-	1.538,24	1.730,52	-	1.413,60	1.590,30	-	1.292,16	1.453,68	-	1.173,76	1.320,48	-	1.058,40	1.190,70	-	946,24	1.064,
	IV	29.890	1.469,29	2.391,20	2.690,10	1.357,43	2.316,00	2.605,50	1.245,57	2.240,80	2.520,90	1.133,71	2.165,60	2.436,30	1.021,85	2.090,40	2.351,70	909,99	2.015,20	2.267,10	798,13	1.940,00	2.182,
	V	36.063	1.983,46	2.885,04	3.245,67																		
	VI	36.595	2.012,72	2.927,60	3.293,55																		
109.907,99 (Ost)	I	29.984	1.480,47	2.398,72	2.698,56	1.256,75	2.248,32	2.529,36	1.033,03	2.097,92	2.360,16	809,31	1.947,52	2.190,96	585,59	1.797,12	2.021,76	361,87	1.646,72	1.852,56	138,15	1.496,32	1.683,
	II	28.194	1.267,46	2.255,52	2.537,46	1.043,86	2.105,20	2.368,35	820,14	1.954,80	2.199,15	596,42	1.804,40	2.029,95	372,70	1.654,00	1.860,75	148,98	1.503,60	1.691,55	-	1.353,20	1.522,
	III	20.904	-	1.672,32	1.881,36	-	1.544,64	1.737,72	-	1.419,84	1.597,32	-	1.298,24	1.460,52	-	1.179,52	1.326,96	-	1.064,16	1.197,18	-	951,68	1.070,
	IV	29.984	1.480,47	2.398,72	2.698,56	1.368,61	2.323,52	2.613,96	1.256,75	2.248,32	2.529,36	1.144,89	2.173,12	2.444,76	1.033,03	2.097,92	2.360,16	921,17	2.022,72	2.275,56	809,31	1.947,52	2.190,
	V	36.157	1.988,63	2.892,56	3.254,13																		
	VI	36.689	2.017,89	2.935,12	3.302,01																		
109.943,99 (West)	I	29.905	1.471,07	2.392,40	2.691,45	1.247,35	2.242,00	2.522,25	1.023,63	2.091,60	2.353,05	799,91	1.941,20	2.183,85	576,19	1.790,80	2.014,65	352,59	1.640,48	1.845,54	128,87	1.490,08	1.676,
	II	28.116	1.258,18	2.249,28	2.530,44	1.034,46	2.098,88	2.361,24	810,74	1.948,48	2.192,04	587,02	1.798,08	2.022,84	363,30	1.647,68	1.853,64	139,58	1.497,28	1.684,44	-	1.346,88	1.515,
	III	20.838	-	1.667,04	1.875,42	-	1.539,20	1.731,60	-	1.414,72	1.591,56	-	1.293,12	1.454,76	-	1.174,72	1.321,56	-	1.059,36	1.191,78	-	947,04	1.065,
	IV	29.905	1.471,07	2.392,40	2.691,45	1.359,21	2.317,20	2.606,85	1.247,35	2.242,00	2.522,25	1.135,49	2.166,80	2.437,65	1.023,63	2.091,60	2.353,05	911,77	2.016,40	2.268,45	799,91	1.941,20	2.183,
	V	36.078	1.984,29	2.886,24	3.247,02																		
	VI	36.610	2.013,55	2.928,80	3.294,90																		
109.943,99 (Ost)	I	29.999	1.482,26	2.399,92	2.699,91	1.258,54	2.249,52	2.530,71	1.034,82	2.099,12	2.361,51	811,10	1.948,72	2.192,31	587,38	1.798,32	2.023,11	363,66	1.647,92	1.853,91	139,94	1.497,52	1.684,
	II	28.210	1.269,37	2.256,80	2.538,90	1.045,65	2.106,40	2.369,70	821,93	1.956,00	2.200,50	598,21	1.805,60	2.031,30	374,49	1.655,20	1.862,10	150,77	1.504,80	1.692,90	-	1.354,40	1.523,
	III	20.918	-	1.673,44	1.882,62	-	1.545,60	1.738,80	-	1.420,80	1.598,40	-	1.299,20	1.461,60	-	1.180,48	1.328,04	-	1.064,96	1.198,08	-	952,64	1.071,
	IV	29.999	1.482,26	2.399,92	2.699,91	1.370,40	2.324,72	2.615,31	1.258,54	2.249,52	2.530,71	1.146,68	2.174,32	2.446,11	1.034,82	2.099,12	2.361,51	922,96	2.023,92	2.276,91	811,10	1.948,72	2.192,
	V	36.172	1.989,46	2.893,76	3.255,48																		
	VI	36.704	2.018,72	2.936,32	3.303,36																		
109.979,99 (West)	I	29.920	1.472,86	2.393,60	2.692,80	1.249,14	2.243,20	2.523,60	1.025,42	2.092,80	2.354,40	801,70	1.942,40	2.185,20	578,10	1.792,08	2.016,09	354,38	1.641,68	1.846,89	130,66	1.491,28	1.677,
	II	28.131	1.259,97	2.250,48	2.531,79	1.036,25	2.100,08	2.362,59	812,53	1.949,68	2.193,39	588,81	1.799,28	2.024,19	365,09	1.648,88	1.854,99	141,37	1.498,48	1.685,79	-	1.348,16	1.516,
	III	20.850	-	1.668,00	1.876,50	-	1.540,32	1.732,86	-	1.415,68	1.592,64	-	1.294,08	1.455,84	-	1.175,68	1.322,64	-	1.060,32	1.192,86	-	948,00	1.066,
	IV	29.920	1.472,86	2.393,60	2.692,80	1.361,00	2.318,40	2.608,20	1.249,14	2.243,20	2.523,60	1.137,28	2.168,00	2.439,00	1.025,42	2.092,80	2.354,40	913,56	2.017,60	2.269,80	801,70	1.942,40	2.185,
	V	36.094	1.985,17	2.887,52	3.248,46																		
	VI	36.625	2.014,37	2.930,00	3.296,25																		
109.979,99 (Ost)	I	30.014	1.484,04	2.401,12	2.701,26	1.260,32	2.250,72	2.532,06	1.036,60	2.100,32	2.362,86	812,88	1.949,92	2.193,66	589,16	1.799,52	2.024,46	365,44	1.649,12	1.855,26	141,72	1.498,72	1.686,
	II	28.225	1.271,15	2.258,00	2.540,25	1.047,43	2.107,60	2.371,05	823,71	1.957,20	2.201,85	599,99	1.806,80	2.032,65	376,27	1.656,40	1.863,45	152,55	1.506,00	1.694,25	-	1.355,60	1.525,
	III	20.930	-	1.674,40	1.883,70	-	1.546,56	1.739,88	-	1.421,76	1.599,48	-	1.300,16	1.462,68	-	1.181,44	1.329,12	-	1.065,92	1.199,16	-	953,44	1.072,
	IV	30.014	1.484,04	2.401,12	2.701,26	1.372,18	2.325,92	2.616,66	1.260,32	2.250,72	2.532,06	1.148,46	2.175,52	2.447,46	1.036,60	2.100,32	2.362,86	924,74	2.025,12	2.278,26	812,88	1.949,92	2.193,
	V	36.187	1.990,28	2.894,96	3.256,83																		
	VI	36.719	2.019,54	2.937,52	3.304,71																		

SolZ/KiSt lt. Tabelle nicht für Sonstige Bezüge anwendbar.

Lohn/ Gehalt bis	Steuerklasse	Lohn-steuer	ohne Kinderfreibetrag SolZ 5,5%	ohne Kinderfreibetrag Kirchensteuer 8%	ohne Kinderfreibetrag Kirchensteuer 9%	0,5 SolZ 5,5%	0,5 Kirchensteuer 8%	0,5 Kirchensteuer 9%	1,0 SolZ 5,5%	1,0 Kirchensteuer 8%	1,0 Kirchensteuer 9%	1,5 SolZ 5,5%	1,5 Kirchensteuer 8%	1,5 Kirchensteuer 9%	2,0 SolZ 5,5%	2,0 Kirchensteuer 8%	2,0 Kirchensteuer 9%	2,5 SolZ 5,5%	2,5 Kirchensteuer 8%	2,5 Kirchensteuer 9%	3,0 SolZ 5,5%	3,0 Kirchensteuer 8%	3,0 Kirchensteuer 9%
						Anzahl Kinderfreibeträge (nur Steuerklassen I–IV)																	
10.015,99	I	29.935	1.474,64	2.394,80	2.694,15	1.250,92	2.244,40	2.524,95	1.027,32	2.094,08	2.355,84	803,60	1.943,68	2.186,64	579,88	1.793,28	2.017,44	356,16	1.642,88	1.848,24	132,44	1.492,48	1.679,04
(West)	II	28.146	1.261,75	2.251,68	2.533,14	1.038,03	2.101,28	2.363,94	814,31	1.950,88	2.194,74	590,59	1.800,48	2.025,54	366,87	1.650,08	1.856,34	143,27	1.499,76	1.687,23	-	1.349,36	1.518,03
	III	20.864	-	1.669,12	1.877,76	-	1.541,28	1.733,94	-	1.416,64	1.593,72	-	1.295,04	1.456,92	-	1.176,64	1.323,72	-	1.061,12	1.193,76	-	948,80	1.067,40
	IV	29.935	1.474,64	2.394,80	2.694,15	1.362,78	2.319,60	2.609,55	1.250,92	2.244,40	2.524,95	1.139,06	2.169,20	2.440,35	1.027,32	2.094,08	2.355,84	915,46	2.018,88	2.271,24	803,60	1.943,68	2.186,64
	V	36.109	1.985,99	2.888,72	3.249,81																		
	VI	36.640	2.015,20	2.931,20	3.297,60																		
10.015,99	I	30.029	1.485,83	2.402,32	2.702,61	1.262,11	2.251,92	2.533,41	1.038,39	2.101,52	2.364,21	814,67	1.951,12	2.195,01	590,95	1.800,72	2.025,81	367,23	1.650,32	1.856,61	143,51	1.499,92	1.687,41
(Ost)	II	28.240	1.272,94	2.259,20	2.541,60	1.049,22	2.108,80	2.372,40	825,50	1.958,40	2.203,20	601,78	1.808,00	2.034,00	378,06	1.657,60	1.864,80	154,34	1.507,20	1.695,60	-	1.356,80	1.526,40
	III	20.944	-	1.675,52	1.884,96	-	1.547,68	1.741,14	-	1.422,72	1.600,56	-	1.301,12	1.463,76	-	1.182,40	1.330,20	-	1.066,88	1.200,24	-	954,40	1.073,70
	IV	30.029	1.485,83	2.402,32	2.702,61	1.373,97	2.327,12	2.618,01	1.262,11	2.251,92	2.533,41	1.150,25	2.176,72	2.448,81	1.038,39	2.101,52	2.364,21	926,53	2.026,32	2.279,61	814,67	1.951,12	2.195,01
	V	36.202	1.991,11	2.896,16	3.258,18																		
	VI	36.734	2.020,37	2.938,72	3.306,06																		
10.051,99	I	29.950	1.476,43	2.396,00	2.695,50	1.252,83	2.245,68	2.526,39	1.029,11	2.095,28	2.357,19	805,39	1.944,88	2.187,99	581,67	1.794,48	2.018,79	357,95	1.644,08	1.849,59	134,23	1.493,68	1.680,39
(West)	II	28.161	1.263,54	2.252,88	2.534,49	1.039,82	2.102,48	2.365,29	816,10	1.952,08	2.196,09	592,50	1.801,76	2.026,98	368,78	1.651,36	1.857,78	145,06	1.500,96	1.688,58	-	1.350,56	1.519,38
	III	20.876	-	1.670,08	1.878,84	-	1.542,24	1.735,02	-	1.417,60	1.594,80	-	1.296,00	1.458,00	-	1.177,44	1.324,62	-	1.062,08	1.194,84	-	949,76	1.068,48
	IV	29.950	1.476,43	2.396,00	2.695,50	1.364,69	2.320,88	2.610,99	1.252,83	2.245,68	2.526,39	1.140,97	2.170,48	2.441,79	1.029,11	2.095,28	2.357,19	917,25	2.020,08	2.272,59	805,39	1.944,88	2.187,99
	V	36.124	1.986,82	2.889,92	3.251,16																		
	VI	36.655	2.016,02	2.932,40	3.298,95																		
10.051,99	I	30.044	1.487,61	2.403,52	2.703,96	1.263,89	2.253,12	2.534,76	1.040,17	2.102,72	2.365,56	816,45	1.952,32	2.196,36	592,73	1.801,92	2.027,16	369,13	1.651,60	1.858,05	145,41	1.501,20	1.688,85
(Ost)	II	28.255	1.274,72	2.260,40	2.542,95	1.051,00	2.110,00	2.373,75	827,28	1.959,60	2.204,55	603,56	1.809,20	2.035,35	379,84	1.658,80	1.866,15	156,12	1.508,40	1.696,95	-	1.358,00	1.527,75
	III	20.956	-	1.676,48	1.886,04	-	1.548,64	1.742,22	-	1.423,84	1.601,82	-	1.302,08	1.464,84	-	1.183,36	1.331,28	-	1.067,84	1.201,32	-	955,36	1.074,78
	IV	30.044	1.487,61	2.403,52	2.703,96	1.375,75	2.328,32	2.619,36	1.263,89	2.253,12	2.534,76	1.152,03	2.177,92	2.450,16	1.040,17	2.102,72	2.365,56	928,31	2.027,52	2.280,96	816,45	1.952,32	2.196,36
	V	36.217	1.991,93	2.897,36	3.259,53																		
	VI	36.749	2.021,19	2.939,92	3.307,41																		
10.087,99	I	29.966	1.478,33	2.397,28	2.696,94	1.254,61	2.246,88	2.527,74	1.030,89	2.096,48	2.358,54	807,17	1.946,08	2.189,34	583,45	1.795,68	2.020,14	359,73	1.645,28	1.850,94	136,01	1.494,88	1.681,74
(West)	II	28.176	1.265,32	2.254,08	2.535,84	1.041,60	2.103,68	2.366,64	818,00	1.953,36	2.197,53	594,28	1.802,96	2.028,33	370,56	1.652,56	1.859,13	146,84	1.502,16	1.689,93	-	1.351,76	1.520,73
	III	20.890	-	1.671,20	1.880,10	-	1.543,36	1.736,28	-	1.418,56	1.595,88	-	1.296,96	1.459,08	-	1.178,40	1.325,70	-	1.063,04	1.195,92	-	950,56	1.069,38
	IV	29.966	1.478,33	2.397,28	2.696,94	1.366,47	2.322,08	2.612,34	1.254,61	2.246,88	2.527,74	1.142,75	2.171,68	2.443,14	1.030,89	2.096,48	2.358,54	919,03	2.021,28	2.273,94	807,17	1.946,08	2.189,34
	V	36.139	1.987,64	2.891,12	3.252,51																		
	VI	36.671	2.016,90	2.933,68	3.300,39																		
10.087,99	I	30.059	1.489,40	2.404,72	2.705,31	1.265,68	2.254,32	2.536,11	1.041,96	2.103,92	2.366,91	818,24	1.953,52	2.197,71	594,64	1.803,20	2.028,60	370,92	1.652,80	1.859,40	147,20	1.502,40	1.690,20
(Ost)	II	28.270	1.276,51	2.261,60	2.544,30	1.052,79	2.111,20	2.375,10	829,07	1.960,80	2.205,90	605,35	1.810,40	2.036,70	381,63	1.660,00	1.867,50	157,91	1.509,60	1.698,30	-	1.359,28	1.529,19
	III	20.970	-	1.677,60	1.887,30	-	1.549,60	1.743,30	-	1.424,80	1.602,90	-	1.303,04	1.465,92	-	1.184,32	1.332,36	-	1.068,64	1.202,22	-	956,16	1.075,68
	IV	30.059	1.489,40	2.404,72	2.705,31	1.377,54	2.329,52	2.620,71	1.265,68	2.254,32	2.536,11	1.153,82	2.179,12	2.451,51	1.041,96	2.103,92	2.366,91	930,10	2.028,72	2.282,31	818,24	1.953,52	2.197,71
	V	36.233	1.992,81	2.898,64	3.260,97																		
	VI	36.764	2.022,02	2.941,12	3.308,76																		
10.123,99	I	29.981	1.480,12	2.398,48	2.698,29	1.256,40	2.248,08	2.529,09	1.032,68	2.097,68	2.359,89	808,96	1.947,28	2.190,69	585,24	1.796,88	2.021,49	361,52	1.646,48	1.852,29	137,80	1.496,08	1.683,09
(West)	II	28.192	1.267,23	2.255,36	2.537,28	1.043,51	2.104,96	2.368,08	819,79	1.954,56	2.198,88	596,07	1.804,16	2.029,68	372,35	1.653,76	1.860,48	148,63	1.503,36	1.691,28	-	1.352,96	1.522,08
	III	20.902	-	1.672,16	1.881,18	-	1.544,32	1.737,36	-	1.419,68	1.597,14	-	1.297,92	1.460,16	-	1.179,36	1.326,78	-	1.063,84	1.196,82	-	951,52	1.070,46
	IV	29.981	1.480,12	2.398,48	2.698,29	1.368,26	2.323,28	2.613,69	1.256,40	2.248,08	2.529,09	1.144,54	2.172,88	2.444,49	1.032,68	2.097,68	2.359,89	920,82	2.022,48	2.275,29	808,96	1.947,28	2.190,69
	V	36.154	1.988,47	2.892,32	3.253,86																		
	VI	36.686	2.017,73	2.934,88	3.301,74																		
10.123,99	I	30.074	1.491,18	2.405,92	2.706,66	1.267,46	2.255,52	2.537,46	1.043,86	2.105,20	2.368,35	820,14	1.954,80	2.199,15	596,42	1.804,40	2.029,95	372,70	1.654,00	1.860,75	148,98	1.503,60	1.691,55
(Ost)	II	28.285	1.278,29	2.262,80	2.545,65	1.054,57	2.112,40	2.376,45	830,85	1.962,00	2.207,25	607,13	1.811,60	2.038,05	383,41	1.661,20	1.868,85	159,81	1.510,88	1.699,74	-	1.360,48	1.530,54
	III	20.984	-	1.678,72	1.888,56	-	1.550,72	1.744,56	-	1.425,76	1.603,98	-	1.304,00	1.467,00	-	1.185,28	1.333,44	-	1.069,60	1.203,30	-	957,12	1.076,76
	IV	30.074	1.491,18	2.405,92	2.706,66	1.379,32	2.330,72	2.622,06	1.267,46	2.255,52	2.537,46	1.155,60	2.180,32	2.452,86	1.043,86	2.105,20	2.368,35	932,00	2.030,00	2.283,75	820,14	1.954,80	2.199,15
	V	36.248	1.993,64	2.899,84	3.262,32																		
	VI	36.779	2.022,84	2.942,32	3.310,11																		
10.159,99	I	29.996	1.481,90	2.399,68	2.699,64	1.258,18	2.249,28	2.530,44	1.034,46	2.098,88	2.361,24	810,74	1.948,48	2.192,04	587,02	1.798,08	2.022,84	363,30	1.647,68	1.853,64	139,58	1.497,28	1.684,44
(West)	II	28.207	1.269,01	2.256,56	2.538,63	1.045,29	2.106,16	2.369,43	821,57	1.955,76	2.200,23	597,85	1.805,36	2.031,03	374,13	1.654,96	1.861,83	150,41	1.504,56	1.692,63	-	1.354,16	1.523,43
	III	20.916	-	1.673,28	1.882,44	-	1.545,28	1.738,44	-	1.420,64	1.598,22	-	1.298,88	1.461,24	-	1.180,32	1.327,86	-	1.064,80	1.197,90	-	952,48	1.071,54
	IV	29.996	1.481,90	2.399,68	2.699,64	1.370,04	2.324,48	2.615,04	1.258,18	2.249,28	2.530,44	1.146,32	2.174,08	2.445,84	1.034,46	2.098,88	2.361,24	922,60	2.023,68	2.276,64	810,74	1.948,48	2.192,04
	V	36.169	1.989,29	2.893,52	3.255,21																		
	VI	36.701	2.018,55	2.936,08	3.303,09																		
10.159,99	I	30.089	1.492,97	2.407,12	2.708,01	1.269,37	2.256,80	2.538,90	1.045,65	2.106,40	2.369,70	821,93	1.956,00	2.200,50	598,21	1.805,60	2.031,30	374,49	1.655,20	1.862,10	150,77	1.504,80	1.692,90
(Ost)	II	28.300	1.280,08	2.264,00	2.547,00	1.056,36	2.113,60	2.377,80	832,64	1.963,20	2.208,60	609,04	1.812,88	2.039,49	385,32	1.662,48	1.870,29	161,60	1.512,08	1.701,09	-	1.361,68	1.531,89
	III	20.996	-	1.679,68	1.889,64	-	1.551,68	1.745,64	-	1.426,72	1.605,06	-	1.304,96	1.468,08	-	1.186,24	1.334,52	-	1.070,56	1.204,38	-	957,92	1.077,66
	IV	30.089	1.492,97	2.407,12	2.708,01	1.381,23	2.332,00	2.623,50	1.269,37	2.256,80	2.538,90	1.157,51	2.181,60	2.454,30	1.045,65	2.106,40	2.369,70	933,79	2.031,20	2.285,10	821,93	1.956,00	2.200,50
	V	36.263	1.994,46	2.901,04	3.263,67																		
	VI	36.795	2.023,72	2.943,60	3.311,55																		
10.195,99	I	30.011	1.483,69	2.400,88	2.700,99	1.259,97	2.250,48	2.531,79	1.036,25	2.100,08	2.362,59	812,53	1.949,68	2.193,39	588,81	1.799,28	2.024,19	365,09	1.648,88	1.854,99	141,37	1.498,48	1.685,79
(West)	II	28.222	1.270,80	2.257,76	2.539,98	1.047,08	2.107,36	2.370,78	823,36	1.956,96	2.201,58	599,64	1.806,56	2.032,38	375,92	1.656,16	1.863,18	152,20	1.505,76	1.693,98	-	1.355,36	1.524,78
	III	20.928	-	1.674,24	1.883,52	-	1.546,40	1.739,70	-	1.421,60	1.599,30	-	1.299,84	1.462,32	-	1.181,28	1.328,94	-	1.065,76	1.198,98	-	953,28	1.072,44
	IV	30.011	1.483,69	2.400,88	2.700,99	1.371,83	2.325,68	2.616,39	1.259,97	2.250,48	2.531,79	1.148,11	2.175,28	2.447,19	1.036,25	2.100,08	2.362,59	924,39	2.024,88	2.277,99	812,53	1.949,68	2.193,39
	V	36.184	1.990,12	2.894,72	3.256,56																		
	VI	36.716	2.019,38	2.937,28	3.304,44																		
10.195,99	I	30.105	1.494,87	2.408,40	2.709,45	1.271,15	2.258,00	2.540,25	1.047,43	2.107,60	2.371,05	823,71	1.957,20	2.201,85	599,99	1.806,80	2.032,65	376,27	1.656,40	1.863,45	152,55	1.506,00	1.694,25
(Ost)	II	28.315	1.281,86	2.265,20	2.548,35	1.058,14	2.114,80	2.379,15	834,54	1.964,48	2.210,04	610,82	1.814,08	2.040,84	387,10	1.663,68	1.871,64	163,38	1.513,28	1.702,44	-	1.362,88	1.533,24
	III	21.010	-	1.680,80	1.890,90	-	1.552,64	1.746,72	-	1.427,68	1.606,14	-	1.305,92	1.469,16	-	1.187,20	1.335,60	-	1.071,52	1.205,46	-	958,88	1.078,74
	IV	30.105	1.494,87	2.408,40	2.709,45	1.383,01	2.333,20	2.624,85	1.271,15	2.258,00	2.540,25	1.159,29	2.182,80	2.455,65	1.047,43	2.107,60	2.371,05	935,57	2.032,40	2.286,45	823,71	1.957,20	2.201,85
	V	36.278	1.995,29	2.902,24	3.265,02																		
	VI	36.810	2.024,55	2.944,80	3.312,90																		
10.231,99	I	30.026	1.485,47	2.402,08	2.702,34	1.261,75	2.251,68	2.533,14	1.038,03	2.101,28	2.363,94	814,31	1.950,88	2.194,74	590,59	1.800,48	2.025,54	366,87	1.650,08	1.856,34	143,27	1.499,76	1.687,23
(West)	II	28.237	1.272,58	2.258,96	2.541,33	1.048,86	2.108,56	2.372,13	825,14	1.958,16	2.202,93	601,42	1.807,76	2.033,73	377,70	1.657,36	1.864,53	153,98	1.506,96	1.695,33	-	1.356,56	1.526,13
	III	20.942	-	1.675,36	1.884,78	-	1.547,36	1.740,78	-	1.422,56	1.600,38	-	1.300,80	1.463,40	-	1.182,24	1.330,02	-	1.066,72	1.200,06	-	954,24	1.073,52
	IV	30.026	1.485,47	2.402,08	2.702,34	1.373,61	2.326,88	2.617,74	1.261,75	2.251,68	2.533,14	1.149,89	2.176,48	2.448,54	1.038,03	2.101,28	2.363,94	926,17	2.026,08	2.279,34	814,31	1.950,88	2.194,74
	V	36.199	1.990,94	2.895,92	3.257,91																		
	VI	36.731	2.020,20	2.938,48	3.305,79																		
10.231,99	I	30.120	1.496,66	2.409,60	2.710,80	1.272,94	2.259,20	2.541,60	1.049,22	2.108,80	2.372,40	825,50	1.958,40	2.203,20	601,78	1.808,00	2.034,00	378,06	1.657,60	1.864,80	154,34	1.507,20	1.695,60
(Ost)	II	28.331	1.283,77	2.266,48	2.549,79	1.060,05	2.116,08	2.380,59	836,33	1.965,68	2.211,39	612,61	1.815,28	2.042,19	388,89	1.664,88	1.872,99	165,17	1.514,48	1.703,79	-	1.364,08	1.534,59
	III	21.022	-	1.681,76	1.891,98	-	1.553,76	1.747,98	-	1.428,80	1.607,40	-	1.306,88	1.470,24	-	1.188,00	1.336,50	-	1.072,32	1.206,36	-	959,68	1.079,64
	IV	30.120	1.496,66	2.409,60	2.710,80	1.384,80	2.334,40	2.626,20	1.272,94	2.259,20	2.541,60	1.161,08	2.184,00	2.457,00	1.049,22	2.108,80	2.372,40	937,36	2.033,60	2.287,80	825,50	1.958,40	2.203,20
	V	36.293	1.996,11	2.903,44	3.266,37																		
	VI	36.825	2.025,37	2.946,00	3.314,25																		

SolZ/KiSt lt. Tabelle nicht für Sonstige Bezüge anwendbar.

Lohn/ Gehalt bis	Steuerklasse	Lohn-steuer	ohne Kinderfreibetrag			Anzahl Kinderfreibeträge (nur Steuerklassen I–IV) 0,5			1,0			1,5			2,0			2,5			3,0		
			SolZ 5,5%	Kirchensteuer 8%	9%	SolZ 5,5%	Kirchensteuer 8%	9%	SolZ 5,5%	Kirchensteuer 8%	9%	SolZ 5,5%	Kirchensteuer 8%	9%	SolZ 5,5%	Kirchensteuer 8%	9%	SolZ 5,5%	Kirchensteuer 8%	9%	SolZ 5,5%	Kirchensteuer 8%	9%
110.267,99 (West)	I	30.041	1.487,26	2.403,28	2.703,69	1.263,54	2.252,88	2.534,49	1.039,82	2.102,48	2.365,29	816,10	1.952,08	2.196,09	592,50	1.801,76	2.026,98	368,78	1.651,36	1.857,78	145,06	1.500,96	1.688,
	II	28.252	1.274,37	2.260,16	2.542,68	1.050,65	2.109,76	2.373,48	826,93	1.959,36	2.204,28	603,21	1.808,96	2.035,08	379,49	1.658,56	1.865,88	155,77	1.508,16	1.696,68	–	1.357,76	1.527,
	III	20.954	–	1.676,32	1.885,86	–	1.548,48	1.742,04	–	1.423,52	1.601,46	–	1.301,76	1.464,48	–	1.183,20	1.331,10	–	1.067,52	1.200,96	–	955,04	1.074,
	IV	30.041	1.487,26	2.403,28	2.703,69	1.375,40	2.328,08	2.619,09	1.263,54	2.252,88	2.534,49	1.151,68	2.177,68	2.449,89	1.039,82	2.102,48	2.365,29	927,96	2.027,28	2.280,69	816,10	1.952,08	2.196,
	V	36.214	1.991,77	2.897,12	3.259,26																		
	VI	36.746	2.021,03	2.939,68	3.307,14																		
110.267,99 (Ost)	I	30.135	1.498,44	2.410,80	2.712,15	1.274,72	2.260,40	2.542,95	1.051,00	2.110,00	2.373,75	827,28	1.959,60	2.204,55	603,56	1.809,20	2.035,35	379,84	1.658,80	1.866,15	156,12	1.508,40	1.696,
	II	28.346	1.285,55	2.267,68	2.551,14	1.061,83	2.117,28	2.381,94	838,11	1.966,88	2.212,74	614,39	1.816,48	2.043,54	390,67	1.666,08	1.874,34	166,95	1.515,68	1.705,14	–	1.365,28	1.535,
	III	21.036	–	1.682,88	1.893,24	–	1.554,72	1.749,06	–	1.429,76	1.608,48	–	1.307,84	1.471,32	–	1.188,96	1.337,58	–	1.073,28	1.207,44	–	960,64	1.080,
	IV	30.135	1.498,44	2.410,80	2.712,15	1.386,58	2.335,60	2.627,55	1.274,72	2.260,40	2.542,95	1.162,86	2.185,20	2.458,35	1.051,00	2.110,00	2.373,75	939,14	2.034,80	2.289,15	827,28	1.959,60	2.204,
	V	36.308	1.996,94	2.904,64	3.267,72																		
	VI	36.840	2.026,20	2.947,20	3.315,60																		
110.303,99 (West)	I	30.056	1.489,04	2.404,48	2.705,04	1.265,32	2.254,08	2.535,84	1.041,60	2.103,68	2.366,64	818,00	1.953,36	2.197,53	594,28	1.802,96	2.028,33	370,56	1.652,56	1.859,13	146,84	1.502,16	1.689,
	II	28.267	1.276,15	2.261,36	2.544,03	1.052,43	2.110,96	2.374,83	828,71	1.960,56	2.205,63	604,99	1.810,16	2.036,43	381,27	1.659,76	1.867,23	157,67	1.509,44	1.698,12	–	1.359,04	1.528,
	III	20.968	–	1.677,44	1.887,12	–	1.549,44	1.743,12	–	1.424,48	1.602,54	–	1.302,72	1.465,56	–	1.184,16	1.332,18	–	1.068,48	1.202,04	–	956,00	1.075,
	IV	30.056	1.489,04	2.404,48	2.705,04	1.377,18	2.329,28	2.620,44	1.265,32	2.254,08	2.535,84	1.153,46	2.178,88	2.451,24	1.041,60	2.103,68	2.366,64	929,86	2.028,56	2.282,13	818,00	1.953,36	2.197,
	V	36.230	1.992,65	2.898,40	3.260,70																		
	VI	36.761	2.021,85	2.940,88	3.308,49																		
110.303,99 (Ost)	I	30.150	1.500,23	2.412,00	2.713,50	1.276,51	2.261,60	2.544,30	1.052,79	2.111,20	2.375,10	829,07	1.960,80	2.205,90	605,35	1.810,40	2.036,70	381,63	1.660,00	1.867,50	157,91	1.509,60	1.698,
	II	28.361	1.287,34	2.268,88	2.552,49	1.063,62	2.118,48	2.383,29	839,90	1.968,08	2.214,09	616,18	1.817,68	2.044,89	392,46	1.667,28	1.875,69	168,74	1.516,88	1.706,49	–	1.366,48	1.537,
	III	21.048	–	1.683,84	1.894,32	–	1.555,68	1.750,14	–	1.430,72	1.609,56	–	1.308,80	1.472,40	–	1.189,92	1.338,66	–	1.074,24	1.208,52	–	961,60	1.081,
	IV	30.150	1.500,23	2.412,00	2.713,50	1.388,37	2.336,80	2.628,90	1.276,51	2.261,60	2.544,30	1.164,65	2.186,40	2.459,70	1.052,79	2.111,20	2.375,10	940,93	2.036,00	2.290,50	829,07	1.960,80	2.205,
	V	36.323	1.997,76	2.905,84	3.269,07																		
	VI	36.855	2.027,02	2.948,40	3.316,95																		
110.339,99 (West)	I	30.071	1.490,83	2.405,68	2.706,39	1.267,23	2.255,36	2.537,28	1.043,51	2.104,96	2.368,08	819,79	1.954,56	2.198,88	596,07	1.804,16	2.029,68	372,35	1.653,76	1.860,48	148,63	1.503,36	1.691,
	II	28.282	1.277,94	2.262,56	2.545,38	1.054,22	2.112,16	2.376,18	830,50	1.961,76	2.206,98	606,78	1.811,36	2.037,78	383,18	1.661,04	1.868,67	159,46	1.510,64	1.699,47	–	1.360,24	1.530,
	III	20.980	–	1.678,40	1.888,20	–	1.550,40	1.744,20	–	1.425,60	1.603,80	–	1.303,68	1.466,64	–	1.184,96	1.333,08	–	1.069,44	1.203,12	–	956,80	1.076,
	IV	30.071	1.490,83	2.405,68	2.706,39	1.378,97	2.330,48	2.621,79	1.267,23	2.255,36	2.537,28	1.155,37	2.180,16	2.452,68	1.043,51	2.104,96	2.368,08	931,65	2.029,76	2.283,48	819,79	1.954,56	2.198,
	V	36.245	1.993,47	2.899,60	3.262,05																		
	VI	36.776	2.022,68	2.942,08	3.309,84																		
110.339,99 (Ost)	I	30.165	1.502,01	2.413,20	2.714,85	1.278,29	2.262,80	2.545,65	1.054,57	2.112,40	2.376,45	830,85	1.962,00	2.207,25	607,13	1.811,60	2.038,05	383,41	1.661,20	1.868,85	159,81	1.510,88	1.699,
	II	28.376	1.289,12	2.270,08	2.553,84	1.065,40	2.119,68	2.384,64	841,68	1.969,28	2.215,44	617,96	1.818,88	2.046,24	394,24	1.668,48	1.877,04	170,52	1.518,08	1.707,84	–	1.367,68	1.538,
	III	21.062	–	1.684,96	1.895,58	–	1.556,80	1.751,40	–	1.431,68	1.610,64	–	1.309,76	1.473,48	–	1.190,88	1.339,74	–	1.075,20	1.209,60	–	962,40	1.082,
	IV	30.165	1.502,01	2.413,20	2.714,85	1.390,15	2.338,00	2.630,25	1.278,29	2.262,80	2.545,65	1.166,43	2.187,60	2.461,05	1.054,57	2.112,40	2.376,45	942,71	2.037,20	2.291,85	830,85	1.962,00	2.207,
	V	36.338	1.998,59	2.907,04	3.270,42																		
	VI	36.870	2.027,85	2.949,60	3.318,30																		
110.375,99 (West)	I	30.087	1.492,73	2.406,96	2.707,83	1.269,01	2.256,56	2.538,63	1.045,29	2.106,16	2.369,43	821,57	1.955,76	2.200,23	597,85	1.805,36	2.031,03	374,13	1.654,96	1.861,83	150,41	1.504,56	1.692,6
	II	28.297	1.279,72	2.263,76	2.546,73	1.056,00	2.113,36	2.377,53	832,40	1.963,04	2.208,42	608,68	1.812,64	2.039,22	384,96	1.662,24	1.870,02	161,24	1.511,84	1.700,82	–	1.361,44	1.531,6
	III	20.994	–	1.679,52	1.889,46	–	1.551,52	1.745,46	–	1.426,56	1.604,88	–	1.304,64	1.467,72	–	1.185,92	1.334,16	–	1.070,40	1.204,20	–	957,76	1.077,4
	IV	30.087	1.492,73	2.406,96	2.707,83	1.380,87	2.331,76	2.623,23	1.269,01	2.256,56	2.538,63	1.157,15	2.181,36	2.454,03	1.045,29	2.106,16	2.369,43	933,43	2.030,96	2.284,83	821,57	1.955,76	2.200,2
	V	36.260	1.994,30	2.900,80	3.263,40																		
	VI	36.792	2.023,56	2.943,36	3.311,28																		
110.375,99 (Ost)	I	30.180	1.503,80	2.414,40	2.716,20	1.280,08	2.264,00	2.547,00	1.056,36	2.113,60	2.377,80	832,64	1.963,20	2.208,60	609,04	1.812,88	2.039,49	385,32	1.662,48	1.870,29	161,60	1.512,08	1.701,0
	II	28.391	1.290,91	2.271,28	2.555,19	1.067,19	2.120,88	2.385,99	843,47	1.970,48	2.216,79	619,75	1.820,08	2.047,59	396,03	1.669,68	1.878,39	172,31	1.519,28	1.709,19	–	1.368,88	1.539,9
	III	21.074	–	1.685,92	1.896,66	–	1.557,76	1.752,48	–	1.432,80	1.611,90	–	1.310,72	1.474,56	–	1.191,84	1.340,82	–	1.076,00	1.210,50	–	963,36	1.083,7
	IV	30.180	1.503,80	2.414,40	2.716,20	1.391,94	2.339,20	2.631,60	1.280,08	2.264,00	2.547,00	1.168,22	2.188,80	2.462,40	1.056,36	2.113,60	2.377,80	944,50	2.038,40	2.293,20	832,64	1.963,20	2.208,6
	V	36.354	1.999,47	2.908,32	3.271,86																		
	VI	36.885	2.028,67	2.950,80	3.319,65																		
110.411,99 (West)	I	30.102	1.494,52	2.408,16	2.709,18	1.270,80	2.257,76	2.539,98	1.047,08	2.107,36	2.370,78	823,36	1.956,96	2.201,58	599,64	1.806,56	2.032,38	375,92	1.656,16	1.863,18	152,20	1.505,76	1.693,9
	II	28.312	1.281,51	2.264,96	2.548,08	1.057,91	2.114,64	2.378,97	834,19	1.964,24	2.209,77	610,47	1.813,84	2.040,57	386,75	1.663,44	1.871,37	163,03	1.513,04	1.702,17	–	1.362,64	1.532,9
	III	21.006	–	1.680,48	1.890,54	–	1.552,48	1.746,54	–	1.427,52	1.605,96	–	1.305,76	1.468,98	–	1.186,88	1.335,24	–	1.071,20	1.205,10	–	958,72	1.078,5
	IV	30.102	1.494,52	2.408,16	2.709,18	1.382,66	2.332,96	2.624,58	1.270,80	2.257,76	2.539,98	1.158,94	2.182,56	2.455,38	1.047,08	2.107,36	2.370,78	935,22	2.032,16	2.286,18	823,36	1.956,96	2.201,5
	V	36.275	1.995,12	2.902,00	3.264,75																		
	VI	36.807	2.024,38	2.944,56	3.312,63																		
110.411,99 (Ost)	I	30.195	1.505,58	2.415,60	2.717,55	1.281,86	2.265,20	2.548,35	1.058,14	2.114,80	2.379,15	834,54	1.964,48	2.210,04	610,82	1.814,08	2.040,84	387,10	1.663,68	1.871,64	163,38	1.513,28	1.702,4
	II	28.406	1.292,69	2.272,48	2.556,54	1.068,97	2.122,08	2.387,34	845,25	1.971,68	2.218,14	621,53	1.821,28	2.048,94	397,81	1.670,88	1.879,74	174,21	1.520,56	1.710,63	–	1.370,16	1.541,4
	III	21.088	–	1.687,04	1.897,92	–	1.558,88	1.753,74	–	1.433,76	1.612,98	–	1.311,68	1.475,64	–	1.192,80	1.341,90	–	1.076,96	1.211,58	–	964,16	1.084,6
	IV	30.195	1.505,58	2.415,60	2.717,55	1.393,72	2.340,40	2.632,95	1.281,86	2.265,20	2.548,35	1.170,00	2.190,00	2.463,75	1.058,14	2.114,80	2.379,15	946,40	2.039,68	2.294,64	834,54	1.964,48	2.210,0
	V	36.369	2.000,29	2.909,52	3.273,21																		
	VI	36.900	2.029,50	2.952,00	3.321,00																		
110.447,99 (West)	I	30.117	1.496,30	2.409,36	2.710,53	1.272,58	2.258,96	2.541,33	1.048,86	2.108,56	2.372,13	825,14	1.958,16	2.202,93	601,42	1.807,76	2.033,73	377,70	1.657,36	1.864,53	153,98	1.506,96	1.695,3
	II	28.328	1.283,41	2.266,24	2.549,52	1.059,69	2.115,84	2.380,32	835,97	1.965,44	2.211,12	612,25	1.815,04	2.041,92	388,53	1.664,64	1.872,72	164,81	1.514,24	1.703,52	–	1.363,84	1.534,3
	III	21.020	–	1.681,60	1.891,80	–	1.553,44	1.747,62	–	1.428,48	1.607,04	–	1.306,72	1.470,06	–	1.187,84	1.336,32	–	1.072,16	1.206,18	–	959,52	1.079,4
	IV	30.117	1.496,30	2.409,36	2.710,53	1.384,44	2.334,16	2.625,93	1.272,58	2.258,96	2.541,33	1.160,72	2.183,76	2.456,73	1.048,86	2.108,56	2.372,13	937,00	2.033,36	2.287,53	825,14	1.958,16	2.202,9
	V	36.290	1.995,95	2.903,20	3.266,10																		
	VI	36.822	2.025,21	2.945,76	3.313,98																		
110.447,99 (Ost)	I	30.210	1.507,37	2.416,80	2.718,90	1.283,77	2.266,48	2.549,79	1.060,05	2.116,08	2.380,59	836,33	1.965,68	2.211,39	612,61	1.815,28	2.042,19	388,89	1.664,88	1.872,99	165,17	1.514,48	1.703,7
	II	28.421	1.294,48	2.273,68	2.557,89	1.070,76	2.123,28	2.388,69	847,04	1.972,88	2.219,49	623,32	1.822,48	2.050,29	399,72	1.672,16	1.881,18	176,00	1.521,76	1.711,98	–	1.371,36	1.542,7
	III	21.100	–	1.688,00	1.899,00	–	1.559,84	1.754,82	–	1.434,72	1.614,06	–	1.312,64	1.476,72	–	1.193,76	1.342,98	–	1.077,92	1.212,66	–	965,12	1.085,7
	IV	30.210	1.507,37	2.416,80	2.718,90	1.395,51	2.341,60	2.634,30	1.283,77	2.266,48	2.549,79	1.171,91	2.191,28	2.465,19	1.060,05	2.116,08	2.380,59	948,19	2.040,88	2.295,99	836,33	1.965,68	2.211,3
	V	36.384	2.001,12	2.910,72	3.274,56																		
	VI	36.915	2.030,32	2.953,20	3.322,35																		
110.483,99 (West)	I	30.132	1.498,09	2.410,56	2.711,88	1.274,37	2.260,16	2.542,68	1.050,65	2.109,76	2.373,48	826,93	1.959,36	2.204,28	603,21	1.808,96	2.035,08	379,49	1.658,56	1.865,88	155,77	1.508,16	1.696,6
	II	28.343	1.285,20	2.267,44	2.550,87	1.061,48	2.117,04	2.381,67	837,76	1.966,64	2.212,47	614,04	1.816,24	2.043,27	390,32	1.665,84	1.874,07	166,60	1.515,44	1.704,87	–	1.365,04	1.535,6
	III	21.032	–	1.682,56	1.892,88	–	1.554,56	1.748,88	–	1.429,60	1.608,30	–	1.307,68	1.471,14	–	1.188,80	1.337,40	–	1.073,12	1.207,26	–	960,48	1.080,5
	IV	30.132	1.498,09	2.410,56	2.711,88	1.386,23	2.335,36	2.627,28	1.274,37	2.260,16	2.542,68	1.162,51	2.184,96	2.458,08	1.050,65	2.109,76	2.373,48	938,79	2.034,56	2.288,88	826,93	1.959,36	2.204,2
	V	36.305	1.996,77	2.904,40	3.267,45																		
	VI	36.837	2.026,03	2.946,96	3.315,33																		
110.483,99 (Ost)	I	30.226	1.509,27	2.418,08	2.720,34	1.285,55	2.267,68	2.551,14	1.061,83	2.117,28	2.381,94	838,11	1.966,88	2.212,74	614,39	1.816,48	2.043,54	390,67	1.666,08	1.874,34	166,95	1.515,68	1.705,1
	II	28.436	1.296,26	2.274,88	2.559,24	1.072,54	2.124,48	2.390,04	848,94	1.974,16	2.220,93	625,22	1.823,76	2.051,73	401,50	1.673,36	1.882,53	177,78	1.522,96	1.713,33	–	1.372,56	1.544,1
	III	21.114	–	1.689,12	1.900,26	–	1.560,80	1.755,90	–	1.435,68	1.615,14	–	1.313,60	1.477,80	–	1.194,72	1.344,06	–	1.078,88	1.213,74	–	966,08	1.086,8
	IV	30.226	1.509,27	2.418,08	2.720,34	1.397,41	2.342,88	2.635,74	1.285,55	2.267,68	2.551,14	1.173,69	2.192,48	2.466,54	1.061,83	2.117,28	2.381,94	949,97	2.042,08	2.297,34	838,11	1.966,88	2.212,7
	V	36.399	2.001,94	2.911,92	3.275,91																		
	VI	36.931	2.031,20	2.954,48	3.323,79																		

SolZ/KiSt lt. Tabelle nicht für Sonstige Bezüge anwendbar.

Lohn/ Gehalt bis	Steuerklasse	Lohnsteuer	ohne Kinderfreibetrag			Anzahl Kinderfreibeträge (nur Steuerklassen I–IV) 0,5			1,0			1,5			2,0			2,5			3,0		
			SolZ 5,5%	Kirchensteuer 8%	9%	SolZ 5,5%	Kirchensteuer 8%	9%	SolZ 5,5%	Kirchensteuer 8%	9%	SolZ 5,5%	Kirchensteuer 8%	9%	SolZ 5,5%	Kirchensteuer 8%	9%	SolZ 5,5%	Kirchensteuer 8%	9%	SolZ 5,5%	Kirchensteuer 8%	9%
10.519,99 (West)	I	30.147	1.499,87	2.411,76	2.713,23	1.276,15	2.261,36	2.544,03	1.052,43	2.110,96	2.374,83	828,71	1.960,56	2.205,63	604,99	1.810,16	2.036,43	381,27	1.659,76	1.867,23	157,67	1.509,44	1.698,12
	II	28.358	1.286,98	2.268,64	2.552,22	1.063,26	2.118,24	2.383,02	839,54	1.967,84	2.213,82	615,82	1.817,44	2.044,62	392,10	1.667,04	1.875,42	168,38	1.516,64	1.706,22	-	1.366,24	1.537,02
	III	21.046	-	1.683,68	1.894,14	-	1.555,52	1.749,96	-	1.430,56	1.609,38	-	1.308,64	1.472,22	-	1.189,76	1.338,48	-	1.074,08	1.208,34	-	961,28	1.081,44
	IV	30.147	1.499,87	2.411,76	2.713,23	1.388,01	2.336,56	2.628,63	1.276,15	2.261,36	2.544,03	1.164,29	2.186,16	2.459,43	1.052,43	2.110,96	2.374,83	940,57	2.035,76	2.290,23	828,71	1.960,56	2.205,63
	V	36.320	1.997,60	2.905,60	3.268,80																		
	VI	36.852	2.026,86	2.948,16	3.316,68																		
10.519,99 (Ost)	I	30.241	1.511,06	2.419,28	2.721,69	1.287,34	2.268,88	2.552,49	1.063,62	2.118,48	2.383,29	839,90	1.968,08	2.214,09	616,18	1.817,68	2.044,89	392,46	1.667,28	1.875,69	168,74	1.516,88	1.706,49
	II	28.451	1.298,05	2.276,08	2.560,59	1.074,45	2.125,76	2.391,48	850,73	1.975,36	2.222,28	627,01	1.824,96	2.053,08	403,29	1.674,56	1.883,88	179,57	1.524,16	1.714,68	-	1.373,76	1.545,48
	III	21.126	-	1.690,08	1.901,34	-	1.561,92	1.757,16	-	1.436,64	1.616,22	-	1.314,56	1.478,88	-	1.195,68	1.345,14	-	1.079,68	1.214,64	-	966,88	1.087,74
	IV	30.241	1.511,06	2.419,28	2.721,69	1.399,20	2.344,08	2.637,09	1.287,34	2.268,88	2.552,49	1.175,48	2.193,68	2.467,89	1.063,62	2.118,48	2.383,29	951,76	2.043,28	2.298,69	839,90	1.968,08	2.214,09
	V	36.414	2.002,77	2.913,12	3.277,26																		
	VI	36.946	2.032,03	2.955,68	3.325,14																		
10.555,99 (West)	I	30.162	1.501,66	2.412,96	2.714,58	1.277,94	2.262,56	2.545,38	1.054,22	2.112,16	2.376,18	830,50	1.961,76	2.206,98	606,78	1.811,36	2.037,78	383,18	1.661,04	1.868,67	159,46	1.510,64	1.699,47
	II	28.373	1.288,77	2.269,84	2.553,57	1.065,05	2.119,44	2.384,37	841,33	1.969,04	2.215,17	617,61	1.818,64	2.045,97	393,89	1.668,24	1.876,77	170,17	1.517,84	1.707,57	-	1.367,44	1.538,37
	III	21.058	-	1.684,64	1.895,22	-	1.556,48	1.751,04	-	1.431,52	1.610,46	-	1.309,60	1.473,30	-	1.190,72	1.339,56	-	1.074,88	1.209,24	-	962,24	1.082,52
	IV	30.162	1.501,66	2.412,96	2.714,58	1.389,80	2.337,76	2.629,98	1.277,94	2.262,56	2.545,38	1.166,08	2.187,36	2.460,78	1.054,22	2.112,16	2.376,18	942,36	2.036,96	2.291,58	830,50	1.961,76	2.206,98
	V	36.335	1.998,42	2.906,80	3.270,15																		
	VI	36.867	2.027,68	2.949,36	3.318,03																		
10.555,99 (Ost)	I	30.256	1.512,84	2.420,48	2.723,04	1.289,12	2.270,08	2.553,84	1.065,40	2.119,68	2.384,64	841,68	1.969,28	2.215,44	617,96	1.818,88	2.046,24	394,24	1.668,48	1.877,04	170,52	1.518,08	1.707,84
	II	28.467	1.299,95	2.277,36	2.562,03	1.076,23	2.126,96	2.392,83	852,51	1.976,56	2.223,63	628,79	1.826,16	2.054,43	405,07	1.675,76	1.885,23	181,35	1.525,36	1.716,03	-	1.374,96	1.546,83
	III	21.140	-	1.691,20	1.902,60	-	1.562,88	1.758,24	-	1.437,76	1.617,48	-	1.315,52	1.479,96	-	1.196,64	1.346,22	-	1.080,64	1.215,72	-	967,84	1.088,82
	IV	30.256	1.512,84	2.420,48	2.723,04	1.400,98	2.345,28	2.638,44	1.289,12	2.270,08	2.553,84	1.177,26	2.194,88	2.469,24	1.065,40	2.119,68	2.384,64	953,54	2.044,48	2.300,04	841,68	1.969,28	2.215,44
	V	36.429	2.003,59	2.914,32	3.278,61																		
	VI	36.961	2.032,85	2.956,88	3.326,49																		
10.591,99 (West)	I	30.177	1.503,44	2.414,16	2.715,93	1.279,72	2.263,76	2.546,73	1.056,00	2.113,36	2.377,53	832,40	1.963,04	2.208,42	608,68	1.812,64	2.039,22	384,96	1.662,24	1.870,02	161,24	1.511,84	1.700,82
	II	28.388	1.290,55	2.271,04	2.554,92	1.066,83	2.120,64	2.385,72	843,11	1.970,24	2.216,52	619,39	1.819,84	2.047,32	395,67	1.669,44	1.878,12	171,95	1.519,04	1.708,92	-	1.368,72	1.539,81
	III	21.072	-	1.685,76	1.896,48	-	1.557,60	1.752,30	-	1.432,48	1.611,54	-	1.310,56	1.474,38	-	1.191,68	1.340,64	-	1.075,84	1.210,32	-	963,20	1.083,60
	IV	30.177	1.503,44	2.414,16	2.715,93	1.391,58	2.338,96	2.631,33	1.279,72	2.263,76	2.546,73	1.167,86	2.188,56	2.462,13	1.056,00	2.113,36	2.377,53	944,14	2.038,16	2.292,93	832,40	1.963,04	2.208,42
	V	36.351	1.999,30	2.908,08	3.271,59																		
	VI	36.882	2.028,51	2.950,56	3.319,38																		
10.591,99 (Ost)	I	30.271	1.514,63	2.421,68	2.724,39	1.290,91	2.271,28	2.555,19	1.067,19	2.120,88	2.385,99	843,47	1.970,48	2.216,79	619,75	1.820,08	2.047,59	396,03	1.669,68	1.878,39	172,31	1.519,28	1.709,19
	II	28.482	1.301,74	2.278,56	2.563,38	1.078,02	2.128,16	2.394,18	854,30	1.977,76	2.224,98	630,58	1.827,36	2.055,78	406,86	1.676,96	1.886,58	183,14	1.526,56	1.717,38	-	1.376,16	1.548,18
	III	21.152	-	1.692,16	1.903,68	-	1.563,84	1.759,32	-	1.438,72	1.618,56	-	1.316,48	1.481,04	-	1.197,44	1.347,12	-	1.081,60	1.216,80	-	968,64	1.089,72
	IV	30.271	1.514,63	2.421,68	2.724,39	1.402,77	2.346,48	2.639,79	1.290,91	2.271,28	2.555,19	1.179,05	2.196,08	2.470,59	1.067,19	2.120,88	2.385,99	955,33	2.045,68	2.301,39	843,47	1.970,48	2.216,79
	V	36.444	2.004,42	2.915,52	3.279,96																		
	VI	36.976	2.033,68	2.958,08	3.327,84																		
10.627,99 (West)	I	30.192	1.505,23	2.415,36	2.717,28	1.281,51	2.264,96	2.548,08	1.057,91	2.114,64	2.378,97	834,19	1.964,24	2.209,77	610,47	1.813,84	2.040,57	386,75	1.663,44	1.871,37	163,03	1.513,04	1.702,17
	II	28.403	1.292,34	2.272,24	2.556,27	1.068,62	2.121,84	2.387,07	844,90	1.971,44	2.217,87	621,18	1.821,04	2.048,67	397,57	1.670,72	1.879,56	173,85	1.520,32	1.710,36	-	1.369,92	1.541,16
	III	21.084	-	1.686,72	1.897,56	-	1.558,56	1.753,38	-	1.433,44	1.612,62	-	1.311,52	1.475,46	-	1.192,64	1.341,72	-	1.076,80	1.211,40	-	964,00	1.084,50
	IV	30.192	1.505,23	2.415,36	2.717,28	1.393,37	2.340,16	2.632,68	1.281,51	2.264,96	2.548,08	1.169,77	2.189,84	2.463,57	1.057,91	2.114,64	2.378,97	946,05	2.039,44	2.294,37	834,19	1.964,24	2.209,77
	V	36.366	2.000,13	2.909,28	3.272,94																		
	VI	36.897	2.029,33	2.951,76	3.320,73																		
10.627,99 (Ost)	I	30.286	1.516,41	2.422,88	2.725,74	1.292,69	2.272,48	2.556,54	1.068,97	2.122,08	2.387,34	845,25	1.971,68	2.218,14	621,53	1.821,28	2.048,94	397,81	1.670,88	1.879,74	174,21	1.520,56	1.710,63
	II	28.497	1.303,52	2.279,76	2.564,73	1.079,80	2.129,36	2.395,53	856,08	1.978,96	2.226,33	632,36	1.828,56	2.057,13	408,64	1.678,16	1.887,93	184,92	1.527,76	1.718,73	-	1.377,36	1.549,53
	III	21.166	-	1.693,28	1.904,94	-	1.564,96	1.760,58	-	1.439,68	1.619,64	-	1.317,60	1.482,30	-	1.198,40	1.348,20	-	1.082,56	1.217,88	-	969,60	1.090,80
	IV	30.286	1.516,41	2.422,88	2.725,74	1.404,55	2.347,68	2.641,14	1.292,69	2.272,48	2.556,54	1.180,83	2.197,28	2.471,94	1.068,97	2.122,08	2.387,34	957,11	2.046,88	2.302,74	845,25	1.971,68	2.218,14
	V	36.459	2.005,24	2.916,72	3.281,31																		
	VI	36.991	2.034,50	2.959,28	3.329,19																		
10.663,99 (West)	I	30.208	1.507,13	2.416,64	2.718,72	1.283,41	2.266,24	2.549,52	1.059,69	2.115,84	2.380,32	835,97	1.965,44	2.211,12	612,25	1.815,04	2.041,92	388,53	1.664,64	1.872,72	164,81	1.514,24	1.703,52
	II	28.418	1.294,12	2.273,44	2.557,62	1.070,40	2.123,04	2.388,42	846,68	1.972,64	2.219,22	623,08	1.822,32	2.050,11	399,36	1.671,92	1.880,91	175,64	1.521,52	1.711,71	-	1.371,12	1.542,51
	III	21.098	-	1.687,84	1.898,82	-	1.559,52	1.754,46	-	1.434,56	1.613,88	-	1.312,48	1.476,54	-	1.193,60	1.342,80	-	1.077,60	1.212,30	-	964,96	1.085,58
	IV	30.208	1.507,13	2.416,64	2.718,72	1.395,27	2.341,44	2.634,12	1.283,41	2.266,24	2.549,52	1.171,55	2.191,04	2.464,92	1.059,69	2.115,84	2.380,32	947,83	2.040,64	2.295,72	835,97	1.965,44	2.211,12
	V	36.381	2.000,95	2.910,48	3.274,29																		
	VI	36.913	2.030,21	2.953,04	3.322,17																		
10.663,99 (Ost)	I	30.301	1.518,20	2.424,08	2.727,09	1.294,48	2.273,68	2.557,89	1.070,76	2.123,28	2.388,69	847,04	1.972,88	2.219,49	623,32	1.822,48	2.050,29	399,72	1.672,16	1.881,18	176,00	1.521,76	1.711,98
	II	28.512	1.305,31	2.280,96	2.566,08	1.081,59	2.130,56	2.396,88	857,87	1.980,16	2.227,68	634,15	1.829,76	2.058,48	410,43	1.679,36	1.889,28	186,71	1.528,96	1.720,08	-	1.378,56	1.550,88
	III	21.178	-	1.694,24	1.906,02	-	1.565,92	1.761,66	-	1.440,64	1.620,72	-	1.318,56	1.483,38	-	1.199,36	1.349,28	-	1.083,36	1.218,78	-	970,56	1.091,88
	IV	30.301	1.518,20	2.424,08	2.727,09	1.406,34	2.348,88	2.642,49	1.294,48	2.273,68	2.557,89	1.182,62	2.198,48	2.473,29	1.070,76	2.123,28	2.388,69	958,90	2.048,08	2.304,09	847,04	1.972,88	2.219,49
	V	36.474	2.006,07	2.917,92	3.282,66																		
	VI	37.006	2.035,33	2.960,48	3.330,54																		
10.699,99 (West)	I	30.223	1.508,92	2.417,84	2.720,07	1.285,20	2.267,44	2.550,87	1.061,48	2.117,04	2.381,67	837,76	1.966,64	2.212,47	614,04	1.816,24	2.043,27	390,32	1.665,84	1.874,07	166,60	1.515,44	1.704,87
	II	28.433	1.295,91	2.274,64	2.558,97	1.072,30	2.124,32	2.389,86	848,58	1.973,92	2.220,66	624,86	1.823,52	2.051,46	401,14	1.673,12	1.882,26	177,42	1.522,72	1.713,06	-	1.372,32	1.543,86
	III	21.110	-	1.688,80	1.899,90	-	1.560,64	1.755,72	-	1.435,52	1.614,96	-	1.313,44	1.477,62	-	1.194,40	1.343,70	-	1.078,56	1.213,38	-	965,76	1.086,48
	IV	30.223	1.508,92	2.417,84	2.720,07	1.397,06	2.342,64	2.635,47	1.285,20	2.267,44	2.550,87	1.173,34	2.192,24	2.466,27	1.061,48	2.117,04	2.381,67	949,62	2.041,84	2.297,07	837,76	1.966,64	2.212,47
	V	36.396	2.001,78	2.911,68	3.275,64																		
	VI	36.928	2.031,04	2.954,24	3.323,52																		
10.699,99 (Ost)	I	30.316	1.519,98	2.425,28	2.728,44	1.296,26	2.274,88	2.559,24	1.072,54	2.124,48	2.390,04	848,94	1.974,16	2.220,93	625,22	1.823,76	2.051,73	401,50	1.673,36	1.882,53	177,78	1.522,96	1.713,33
	II	28.527	1.307,09	2.282,16	2.567,43	1.083,37	2.131,76	2.398,23	859,65	1.981,36	2.229,03	635,93	1.830,96	2.059,83	412,21	1.680,56	1.890,63	188,49	1.530,16	1.721,43	-	1.379,84	1.552,32
	III	21.192	-	1.695,36	1.907,28	-	1.566,88	1.762,74	-	1.441,60	1.621,80	-	1.319,52	1.484,46	-	1.200,32	1.350,36	-	1.084,32	1.219,86	-	971,36	1.092,78
	IV	30.316	1.519,98	2.425,28	2.728,44	1.408,12	2.350,08	2.643,84	1.296,26	2.274,88	2.559,24	1.184,40	2.199,68	2.474,64	1.072,54	2.124,48	2.390,04	960,68	2.049,28	2.305,44	848,94	1.974,16	2.220,93
	V	36.490	2.006,95	2.919,20	3.284,10																		
	VI	37.021	2.036,15	2.961,68	3.331,89																		
10.735,99 (West)	I	30.238	1.510,70	2.419,04	2.721,42	1.286,98	2.268,64	2.552,22	1.063,26	2.118,24	2.383,02	839,54	1.967,84	2.213,82	615,82	1.817,44	2.044,62	392,10	1.667,04	1.875,42	168,38	1.516,64	1.706,22
	II	28.449	1.297,81	2.275,92	2.560,41	1.074,09	2.125,52	2.391,21	850,37	1.975,12	2.222,01	626,65	1.824,72	2.052,81	402,93	1.674,32	1.883,61	179,21	1.523,92	1.714,41	-	1.373,52	1.545,21
	III	21.124	-	1.689,92	1.901,16	-	1.561,60	1.756,80	-	1.436,48	1.616,04	-	1.314,40	1.478,70	-	1.195,36	1.344,78	-	1.079,52	1.214,46	-	966,72	1.087,56
	IV	30.238	1.510,70	2.419,04	2.721,42	1.398,84	2.343,84	2.636,82	1.286,98	2.268,64	2.552,22	1.175,12	2.193,44	2.467,62	1.063,26	2.118,24	2.383,02	951,40	2.043,04	2.298,42	839,54	1.967,84	2.213,82
	V	36.411	2.002,60	2.912,88	3.276,99																		
	VI	36.943	2.031,86	2.955,44	3.324,87																		
10.735,99 (Ost)	I	30.331	1.521,77	2.426,48	2.729,79	1.298,05	2.276,08	2.560,59	1.074,45	2.125,76	2.391,48	850,73	1.975,36	2.222,28	627,01	1.824,96	2.053,08	403,29	1.674,56	1.883,88	179,57	1.524,16	1.714,68
	II	28.542	1.308,88	2.283,36	2.568,78	1.085,16	2.132,96	2.399,58	861,44	1.982,56	2.230,38	637,72	1.832,16	2.061,18	414,12	1.681,84	1.892,07	190,40	1.531,44	1.722,87	-	1.381,04	1.553,67
	III	21.204	-	1.696,32	1.908,36	-	1.568,00	1.764,00	-	1.442,72	1.623,06	-	1.320,48	1.485,54	-	1.201,28	1.351,44	-	1.085,28	1.220,94	-	972,32	1.093,86
	IV	30.331	1.521,77	2.426,48	2.729,79	1.409,91	2.351,28	2.645,19	1.298,05	2.276,08	2.560,59	1.186,31	2.200,96	2.476,08	1.074,45	2.125,76	2.391,48	962,59	2.050,56	2.306,88	850,73	1.975,36	2.222,28
	V	36.505	2.007,77	2.920,40	3.285,45																		
	VI	37.036	2.036,98	2.962,88	3.333,24																		

SolZ/KiSt lt. Tabelle nicht für Sonstige Bezüge anwendbar.

Lohn/ Gehalt bis	Steuerklasse	Lohn-steuer	ohne Kinderfreibetrag SolZ 5,5%	Kirchensteuer 8%	Kirchensteuer 9%	0,5 SolZ 5,5%	Kirchensteuer 8%	Kirchensteuer 9%	1,0 SolZ 5,5%	Kirchensteuer 8%	Kirchensteuer 9%	1,5 SolZ 5,5%	Kirchensteuer 8%	Kirchensteuer 9%	2,0 SolZ 5,5%	Kirchensteuer 8%	Kirchensteuer 9%	2,5 SolZ 5,5%	Kirchensteuer 8%	Kirchensteuer 9%	3,0 SolZ 5,5%	Kirchensteuer 8%	Kirchensteuer 9%
110.771,99 (West)	I	30.253	1.512,49	2.420,24	2.722,77	1.288,77	2.269,84	2.553,57	1.065,05	2.119,44	2.384,37	841,33	1.969,04	2.215,17	617,61	1.818,64	2.045,97	393,89	1.668,24	1.876,77	170,17	1.517,84	1.707,
	II	28.464	1.299,59	2.277,12	2.561,76	1.075,87	2.126,72	2.392,56	852,15	1.976,32	2.223,36	628,43	1.825,92	2.054,16	404,71	1.675,52	1.884,96	180,99	1.525,12	1.715,76	-	1.374,72	1.546,
	III	21.136	-	1.690,88	1.902,24	-	1.562,72	1.758,06	-	1.437,44	1.617,12	-	1.315,36	1.479,78	-	1.196,32	1.345,86	-	1.080,48	1.215,54	-	967,52	1.088,
	IV	30.253	1.512,49	2.420,24	2.722,77	1.400,63	2.345,04	2.638,17	1.288,77	2.269,84	2.553,57	1.176,91	2.194,64	2.468,97	1.065,05	2.119,44	2.384,37	953,19	2.044,24	2.299,77	841,33	1.969,04	2.215,
	V	36.426	2.003,43	2.914,08	3.278,34																		
	VI	36.958	2.032,69	2.956,64	3.326,22																		
110.771,99 (Ost)	I	30.347	1.523,67	2.427,76	2.731,23	1.299,95	2.277,36	2.562,03	1.076,23	2.126,96	2.392,83	852,51	1.976,56	2.223,63	628,79	1.826,16	2.054,43	405,07	1.675,76	1.885,23	181,35	1.525,36	1.716,
	II	28.557	1.310,66	2.284,56	2.570,13	1.086,94	2.134,16	2.400,93	863,22	1.983,76	2.231,73	639,62	1.833,44	2.062,62	415,90	1.683,04	1.893,42	192,18	1.532,64	1.724,22	-	1.382,24	1.555,
	III	21.218	-	1.697,44	1.909,62	-	1.568,96	1.765,08	-	1.443,68	1.624,14	-	1.321,44	1.486,62	-	1.202,24	1.352,52	-	1.086,24	1.222,02	-	973,12	1.094,
	IV	30.347	1.523,67	2.427,76	2.731,23	1.411,81	2.352,56	2.646,63	1.299,95	2.277,36	2.562,03	1.188,09	2.202,16	2.477,43	1.076,23	2.126,96	2.392,83	964,37	2.051,76	2.308,23	852,51	1.976,56	2.223,
	V	36.520	2.008,60	2.921,60	3.286,80																		
	VI	37.052	2.037,86	2.964,16	3.334,68																		
110.807,99 (West)	I	30.268	1.514,27	2.421,44	2.724,12	1.290,55	2.271,04	2.554,92	1.066,83	2.120,64	2.385,72	843,11	1.970,24	2.216,52	619,39	1.819,84	2.047,32	395,67	1.669,44	1.878,12	171,95	1.519,04	1.708,
	II	28.479	1.301,38	2.278,32	2.563,11	1.077,66	2.127,92	2.393,91	853,94	1.977,52	2.224,71	630,22	1.827,12	2.055,51	406,50	1.676,72	1.886,31	182,78	1.526,32	1.717,11	-	1.375,92	1.547,
	III	21.150	-	1.692,00	1.903,50	-	1.563,68	1.759,14	-	1.438,40	1.618,20	-	1.316,32	1.480,86	-	1.197,28	1.346,94	-	1.081,28	1.216,44	-	968,48	1.089,
	IV	30.268	1.514,27	2.421,44	2.724,12	1.402,41	2.346,24	2.639,52	1.290,55	2.271,04	2.554,92	1.178,69	2.195,84	2.470,32	1.066,83	2.120,64	2.385,72	954,97	2.045,44	2.301,12	843,11	1.970,24	2.216,
	V	36.441	2.004,25	2.915,28	3.279,69																		
	VI	36.973	2.033,51	2.957,84	3.327,57																		
110.807,99 (Ost)	I	30.362	1.525,46	2.428,96	2.732,58	1.301,74	2.278,56	2.563,38	1.078,02	2.128,16	2.394,18	854,30	1.977,76	2.224,98	630,58	1.827,36	2.055,78	406,86	1.676,96	1.886,58	183,14	1.526,56	1.717,
	II	28.572	1.312,45	2.285,76	2.571,48	1.088,85	2.135,44	2.402,37	865,13	1.985,04	2.233,17	641,41	1.834,64	2.063,97	417,69	1.684,24	1.894,77	193,97	1.533,84	1.725,57	-	1.383,44	1.556,
	III	21.230	-	1.698,40	1.910,70	-	1.570,08	1.766,34	-	1.444,64	1.625,22	-	1.322,40	1.487,70	-	1.203,20	1.353,60	-	1.087,04	1.222,92	-	974,08	1.095,
	IV	30.362	1.525,46	2.428,96	2.732,58	1.413,60	2.353,76	2.647,98	1.301,74	2.278,56	2.563,38	1.189,88	2.203,36	2.478,78	1.078,02	2.128,16	2.394,18	966,16	2.052,96	2.309,58	854,30	1.977,76	2.224,
	V	36.535	2.009,42	2.922,80	3.288,15																		
	VI	37.067	2.038,68	2.965,36	3.336,03																		
110.843,99 (West)	I	30.283	1.516,06	2.422,64	2.725,47	1.292,34	2.272,24	2.556,27	1.068,62	2.121,84	2.387,07	844,90	1.971,44	2.217,87	621,18	1.821,04	2.048,67	397,57	1.670,72	1.879,56	173,85	1.520,32	1.710,
	II	28.494	1.303,16	2.279,52	2.564,46	1.079,44	2.129,12	2.395,26	855,72	1.978,72	2.226,06	632,00	1.828,32	2.056,86	408,28	1.677,92	1.887,66	184,56	1.527,52	1.718,46	-	1.377,12	1.549,
	III	21.162	-	1.692,96	1.904,58	-	1.564,64	1.760,22	-	1.439,52	1.619,46	-	1.317,28	1.481,94	-	1.198,24	1.348,02	-	1.082,24	1.217,52	-	969,44	1.090,
	IV	30.283	1.516,06	2.422,64	2.725,47	1.404,20	2.347,44	2.640,87	1.292,34	2.272,24	2.556,27	1.180,48	2.197,04	2.471,67	1.068,62	2.121,84	2.387,07	956,76	2.046,64	2.302,47	844,90	1.971,44	2.217,
	V	36.456	2.005,08	2.916,48	3.281,04																		
	VI	36.988	2.034,34	2.959,04	3.328,92																		
110.843,99 (Ost)	I	30.377	1.527,24	2.430,16	2.733,93	1.303,52	2.279,76	2.564,73	1.079,80	2.129,36	2.395,53	856,08	1.978,96	2.226,33	632,36	1.828,56	2.057,13	408,64	1.678,16	1.887,93	184,92	1.527,76	1.718,
	II	28.588	1.314,35	2.287,04	2.572,92	1.090,63	2.136,64	2.403,72	866,91	1.986,24	2.234,52	643,19	1.835,84	2.065,32	419,47	1.685,44	1.896,12	195,75	1.535,04	1.726,92	-	1.384,64	1.557,
	III	21.244	-	1.699,52	1.911,96	-	1.571,04	1.767,42	-	1.445,60	1.626,30	-	1.323,36	1.488,78	-	1.204,16	1.354,68	-	1.088,00	1.224,00	-	975,04	1.096,
	IV	30.377	1.527,24	2.430,16	2.733,93	1.415,38	2.354,96	2.649,33	1.303,52	2.279,76	2.564,73	1.191,66	2.204,56	2.480,13	1.079,80	2.129,36	2.395,53	967,94	2.054,16	2.310,93	856,08	1.978,96	2.226,
	V	36.550	2.010,25	2.924,00	3.289,50																		
	VI	37.082	2.039,51	2.966,56	3.337,38																		
110.879,99 (West)	I	30.298	1.517,84	2.423,84	2.726,82	1.294,12	2.273,44	2.557,62	1.070,40	2.123,04	2.388,42	846,68	1.972,64	2.219,22	623,08	1.822,32	2.050,11	399,36	1.671,92	1.880,91	175,64	1.521,52	1.711,
	II	28.509	1.304,95	2.280,72	2.565,81	1.081,23	2.130,32	2.396,61	857,51	1.979,92	2.227,41	633,79	1.829,52	2.058,21	410,07	1.679,12	1.889,01	186,35	1.528,72	1.719,81	-	1.378,40	1.550,
	III	21.176	-	1.694,08	1.905,84	-	1.565,76	1.761,48	-	1.440,48	1.620,54	-	1.318,24	1.483,02	-	1.199,20	1.349,10	-	1.083,20	1.218,60	-	970,24	1.091,
	IV	30.298	1.517,84	2.423,84	2.726,82	1.405,98	2.348,64	2.642,22	1.294,12	2.273,44	2.557,62	1.182,26	2.198,24	2.473,02	1.070,40	2.123,04	2.388,42	958,54	2.047,84	2.303,82	846,68	1.972,64	2.219,
	V	36.472	2.005,96	2.917,76	3.282,48																		
	VI	37.003	2.035,16	2.960,24	3.330,27																		
110.879,99 (Ost)	I	30.392	1.529,03	2.431,36	2.735,28	1.305,31	2.280,96	2.566,08	1.081,59	2.130,56	2.396,88	857,87	1.980,16	2.227,68	634,15	1.829,76	2.058,48	410,43	1.679,36	1.889,28	186,71	1.528,96	1.720,
	II	28.603	1.316,14	2.288,24	2.574,27	1.092,42	2.137,84	2.405,07	868,70	1.987,44	2.235,87	644,98	1.837,04	2.066,67	421,26	1.686,64	1.897,47	197,54	1.536,24	1.728,27	-	1.385,84	1.559,
	III	21.258	-	1.700,64	1.913,22	-	1.572,00	1.768,50	-	1.446,72	1.627,56	-	1.324,32	1.489,86	-	1.205,12	1.355,76	-	1.088,96	1.225,08	-	975,84	1.097,
	IV	30.392	1.529,03	2.431,36	2.735,28	1.417,17	2.356,16	2.650,68	1.305,31	2.280,96	2.566,08	1.193,45	2.205,76	2.481,48	1.081,59	2.130,56	2.396,88	969,73	2.055,36	2.312,28	857,87	1.980,16	2.227,
	V	36.565	2.011,07	2.925,20	3.290,85																		
	VI	37.097	2.040,33	2.967,76	3.338,73																		
110.915,99 (West)	I	30.313	1.519,63	2.425,04	2.728,17	1.295,91	2.274,64	2.558,97	1.072,30	2.124,32	2.389,86	848,58	1.973,92	2.220,66	624,86	1.823,52	2.051,46	401,14	1.673,12	1.882,26	177,42	1.522,72	1.713,
	II	28.524	1.306,73	2.281,92	2.567,16	1.083,01	2.131,52	2.397,96	859,29	1.981,12	2.228,76	635,57	1.830,72	2.059,56	411,85	1.680,32	1.890,36	188,25	1.530,00	1.721,25	-	1.379,60	1.552,
	III	21.188	-	1.695,04	1.906,92	-	1.566,72	1.762,56	-	1.441,44	1.621,62	-	1.319,20	1.484,10	-	1.200,16	1.350,18	-	1.084,16	1.219,68	-	971,20	1.092,
	IV	30.313	1.519,63	2.425,04	2.728,17	1.407,77	2.349,84	2.643,57	1.295,91	2.274,64	2.558,97	1.184,05	2.199,44	2.474,37	1.072,30	2.124,32	2.389,86	960,44	2.049,12	2.305,26	848,58	1.973,92	2.220,
	V	36.487	2.006,78	2.918,96	3.283,83																		
	VI	37.018	2.035,99	2.961,44	3.331,62																		
110.915,99 (Ost)	I	30.407	1.530,81	2.432,56	2.736,63	1.307,09	2.282,16	2.567,43	1.083,37	2.131,76	2.398,23	859,65	1.981,36	2.229,03	635,93	1.830,96	2.059,83	412,21	1.680,56	1.890,63	188,49	1.530,16	1.721,
	II	28.618	1.317,92	2.289,44	2.575,62	1.094,20	2.139,04	2.406,42	870,48	1.988,64	2.237,22	646,76	1.838,24	2.068,02	423,04	1.687,84	1.898,82	199,32	1.537,44	1.729,62	-	1.387,04	1.560,
	III	21.270	-	1.701,60	1.914,30	-	1.573,12	1.769,76	-	1.447,68	1.628,64	-	1.325,28	1.490,94	-	1.206,08	1.356,84	-	1.089,92	1.226,16	-	976,80	1.098,
	IV	30.407	1.530,81	2.432,56	2.736,63	1.418,95	2.357,36	2.652,03	1.307,09	2.282,16	2.567,43	1.195,23	2.206,96	2.482,83	1.083,37	2.131,76	2.398,23	971,51	2.056,56	2.313,63	859,65	1.981,36	2.229,
	V	36.580	2.011,90	2.926,40	3.292,20																		
	VI	37.112	2.041,16	2.968,96	3.340,08																		
110.951,99 (West)	I	30.328	1.521,41	2.426,24	2.729,52	1.297,81	2.275,92	2.560,41	1.074,09	2.125,52	2.391,21	850,37	1.975,12	2.222,01	626,65	1.824,72	2.052,81	402,93	1.674,32	1.883,61	179,21	1.523,92	1.714,
	II	28.539	1.308,52	2.283,12	2.568,51	1.084,80	2.132,72	2.399,31	861,08	1.982,32	2.230,11	637,48	1.832,00	2.061,00	413,76	1.681,60	1.891,80	190,04	1.531,20	1.722,60	-	1.380,80	1.553,
	III	21.202	-	1.696,16	1.908,18	-	1.567,68	1.763,64	-	1.442,40	1.622,70	-	1.320,16	1.485,18	-	1.201,12	1.351,26	-	1.084,96	1.220,58	-	972,00	1.093,
	IV	30.328	1.521,41	2.426,24	2.729,52	1.409,67	2.351,12	2.645,01	1.297,81	2.275,92	2.560,41	1.185,95	2.200,72	2.475,81	1.074,09	2.125,52	2.391,21	962,23	2.050,32	2.306,61	850,37	1.975,12	2.222,
	V	36.502	2.007,61	2.920,16	3.285,18																		
	VI	37.033	2.036,81	2.962,64	3.332,97																		
110.951,99 (Ost)	I	30.422	1.532,60	2.433,76	2.737,98	1.308,88	2.283,36	2.568,78	1.085,16	2.132,96	2.399,58	861,44	1.982,56	2.230,38	637,72	1.832,16	2.061,18	414,12	1.681,84	1.892,07	190,40	1.531,44	1.722,
	II	28.633	1.319,71	2.290,64	2.576,97	1.095,99	2.140,24	2.407,77	872,27	1.989,84	2.238,57	648,55	1.839,44	2.069,37	424,83	1.689,04	1.900,17	201,11	1.538,64	1.730,97	-	1.388,24	1.561,
	III	21.284	-	1.702,72	1.915,56	-	1.574,08	1.770,84	-	1.448,64	1.629,72	-	1.326,24	1.492,02	-	1.207,04	1.357,92	-	1.090,72	1.227,06	-	977,60	1.099,
	IV	30.422	1.532,60	2.433,76	2.737,98	1.420,74	2.358,56	2.653,38	1.308,88	2.283,36	2.568,78	1.197,02	2.208,16	2.484,18	1.085,16	2.132,96	2.399,58	973,30	2.057,76	2.314,98	861,44	1.982,56	2.230,
	V	36.595	2.012,72	2.927,60	3.293,55																		
	VI	37.127	2.041,98	2.970,16	3.341,43																		
110.987,99 (West)	I	30.344	1.523,31	2.427,52	2.730,96	1.299,59	2.277,12	2.561,76	1.075,87	2.126,72	2.392,56	852,15	1.976,32	2.223,36	628,43	1.825,92	2.054,16	404,71	1.675,52	1.884,96	180,99	1.525,12	1.715,
	II	28.554	1.310,30	2.284,32	2.569,86	1.086,58	2.133,92	2.400,66	862,98	1.983,60	2.231,55	639,26	1.833,20	2.062,35	415,54	1.682,80	1.893,15	191,82	1.532,40	1.723,95	-	1.382,00	1.554,
	III	21.214	-	1.697,12	1.909,26	-	1.568,80	1.764,90	-	1.443,52	1.623,96	-	1.321,12	1.486,26	-	1.202,08	1.352,34	-	1.085,92	1.221,66	-	972,96	1.094,
	IV	30.344	1.523,31	2.427,52	2.730,96	1.411,45	2.352,32	2.646,36	1.299,59	2.277,12	2.561,76	1.187,73	2.201,92	2.477,16	1.075,87	2.126,72	2.392,56	964,01	2.051,52	2.307,96	852,15	1.976,32	2.223,
	V	36.517	2.008,43	2.921,36	3.286,53																		
	VI	37.049	2.037,69	2.963,92	3.334,41																		
110.987,99 (Ost)	I	30.437	1.534,38	2.434,96	2.739,33	1.310,66	2.284,56	2.570,13	1.086,94	2.134,16	2.400,93	863,22	1.983,76	2.231,73	639,62	1.833,44	2.062,62	415,90	1.683,04	1.893,42	192,18	1.532,64	1.724,
	II	28.648	1.321,49	2.291,84	2.578,32	1.097,77	2.141,44	2.409,12	874,05	1.991,04	2.239,92	650,33	1.840,64	2.070,72	426,61	1.690,24	1.901,52	202,89	1.539,84	1.732,32	-	1.389,52	1.563,
	III	21.296	-	1.703,68	1.916,64	-	1.575,20	1.772,10	-	1.449,60	1.630,80	-	1.327,20	1.493,10	-	1.208,00	1.359,00	-	1.091,68	1.228,14	-	978,56	1.100,
	IV	30.437	1.534,38	2.434,96	2.739,33	1.422,52	2.359,76	2.654,73	1.310,66	2.284,56	2.570,13	1.198,80	2.209,36	2.485,53	1.086,94	2.134,16	2.400,93	975,08	2.058,96	2.316,33	863,22	1.983,76	2.231,
	V	36.611	2.013,60	2.928,88	3.294,99																		
	VI	37.142	2.042,81	2.971,36	3.342,78																		

Anzahl Kinderfreibeträge (nur Steuerklassen I–IV): 0,5 / 1,0 / 1,5 / 2,0 / 2,5 / 3,0

SolZ/KiSt lt. Tabelle nicht für Sonstige Bezüge anwendbar.

Lohn/ Gehalt bis	Steuerklasse	Lohn-steuer	ohne Kinderfreibetrag SolZ 5,5%	ohne Kinderfreibetrag Kirchensteuer 8%	ohne Kinderfreibetrag Kirchensteuer 9%	0,5 SolZ 5,5%	0,5 Kirchensteuer 8%	0,5 Kirchensteuer 9%	1,0 SolZ 5,5%	1,0 Kirchensteuer 8%	1,0 Kirchensteuer 9%	1,5 SolZ 5,5%	1,5 Kirchensteuer 8%	1,5 Kirchensteuer 9%	2,0 SolZ 5,5%	2,0 Kirchensteuer 8%	2,0 Kirchensteuer 9%	2,5 SolZ 5,5%	2,5 Kirchensteuer 8%	2,5 Kirchensteuer 9%	3,0 SolZ 5,5%	3,0 Kirchensteuer 8%	3,0 Kirchensteuer 9%
111.023,99 (West)	I	**30.359**	*1.525,10*	2.428,72	2.732,31	*1.301,38*	2.278,32	2.563,11	*1.077,66*	2.127,92	2.393,91	*853,94*	1.977,52	2.224,71	*630,22*	1.827,12	2.055,51	*406,50*	1.676,72	1.886,31	*182,78*	1.526,32	1.717,11
	II	**28.570**	*1.312,21*	2.285,60	2.571,30	*1.088,49*	2.135,20	2.402,10	*864,77*	1.984,80	2.232,90	*641,05*	1.834,40	2.063,70	*417,33*	1.684,00	1.894,50	*193,61*	1.533,60	1.725,30	-	1.383,20	1.556,10
	III	**21.228**	-	1.698,24	1.910,52	-	1.569,76	1.765,98	-	1.444,48	1.625,04	-	1.322,24	1.487,52	-	1.203,04	1.353,42	-	1.086,88	1.222,74	-	973,92	1.095,66
	IV	**30.359**	*1.525,10*	2.428,72	2.732,31	*1.413,24*	2.353,52	2.647,71	*1.301,38*	2.278,32	2.563,11	*1.189,52*	2.203,12	2.478,51	*1.077,66*	2.127,92	2.393,91	*965,80*	2.052,72	2.309,31	*853,94*	1.977,52	2.224,71
	V	**36.532**	*2.009,26*	2.922,56	3.287,88																		
	VI	**37.064**	*2.038,52*	2.965,12	3.335,76																		
111.023,99 (Ost)	I	**30.452**	*1.536,17*	2.436,16	2.740,68	*1.312,45*	2.285,76	2.571,48	*1.088,85*	2.135,44	2.402,37	*865,13*	1.985,04	2.233,17	*641,41*	1.834,64	2.063,97	*417,69*	1.684,24	1.894,77	*193,97*	1.533,84	1.725,57
	II	**28.663**	*1.323,28*	2.293,04	2.579,67	*1.099,56*	2.142,64	2.410,47	*875,84*	1.992,24	2.241,27	*652,12*	1.841,84	2.072,07	*428,40*	1.691,44	1.902,87	*204,79*	1.541,12	1.733,76	-	1.390,72	1.564,56
	III	**21.310**	-	1.704,80	1.917,90	-	1.576,16	1.773,18	-	1.450,56	1.631,88	-	1.328,16	1.494,18	-	1.208,80	1.359,90	-	1.092,64	1.229,22	-	979,52	1.101,96
	IV	**30.452**	*1.536,17*	2.436,16	2.740,68	*1.424,31*	2.360,96	2.656,08	*1.312,45*	2.285,76	2.571,48	*1.200,59*	2.210,56	2.486,88	*1.088,85*	2.135,44	2.402,37	*976,99*	2.060,24	2.317,77	*865,13*	1.985,04	2.233,17
	V	**36.626**	*2.014,43*	2.930,08	3.296,34																		
	VI	**37.157**	*2.043,63*	2.972,56	3.344,13																		
111.059,99 (West)	I	**30.374**	*1.526,88*	2.429,92	2.733,66	*1.303,16*	2.279,52	2.564,46	*1.079,44*	2.129,12	2.395,26	*855,72*	1.978,72	2.226,06	*632,00*	1.828,32	2.056,86	*408,28*	1.677,92	1.887,66	*184,56*	1.527,52	1.718,46
	II	**28.585**	*1.313,99*	2.286,80	2.572,65	*1.090,27*	2.136,40	2.403,45	*866,55*	1.986,00	2.234,25	*642,83*	1.835,60	2.065,05	*419,11*	1.685,20	1.895,85	*195,39*	1.534,80	1.726,65	-	1.384,40	1.557,45
	III	**21.242**	-	1.699,36	1.911,78	-	1.570,88	1.767,24	-	1.445,44	1.626,12	-	1.323,20	1.488,60	-	1.204,00	1.354,50	-	1.087,84	1.223,82	-	974,72	1.096,56
	IV	**30.374**	*1.526,88*	2.429,92	2.733,66	*1.415,02*	2.354,72	2.649,06	*1.303,16*	2.279,52	2.564,46	*1.191,30*	2.204,32	2.479,86	*1.079,44*	2.129,12	2.395,26	*967,58*	2.053,92	2.310,66	*855,72*	1.978,72	2.226,06
	V	**36.547**	*2.010,08*	2.923,76	3.289,23																		
	VI	**37.079**	*2.039,34*	2.966,32	3.337,11																		
111.059,99 (Ost)	I	**30.467**	*1.537,95*	2.437,36	2.742,03	*1.314,35*	2.287,04	2.572,92	*1.090,63*	2.136,64	2.403,72	*866,91*	1.986,24	2.234,52	*643,19*	1.835,84	2.065,32	*419,47*	1.685,44	1.896,12	*195,75*	1.535,04	1.726,92
	II	**28.678**	*1.325,06*	2.294,24	2.581,02	*1.101,34*	2.143,84	2.411,82	*877,62*	1.993,44	2.242,62	*654,02*	1.843,12	2.073,51	*430,30*	1.692,72	1.904,31	*206,58*	1.542,32	1.735,11	-	1.391,92	1.565,91
	III	**21.322**	-	1.705,76	1.918,98	-	1.577,12	1.774,26	-	1.451,68	1.633,14	-	1.329,12	1.495,26	-	1.209,76	1.360,98	-	1.093,60	1.230,30	-	980,32	1.102,86
	IV	**30.467**	*1.537,95*	2.437,36	2.742,03	*1.426,21*	2.362,24	2.657,52	*1.314,35*	2.287,04	2.572,92	*1.202,49*	2.211,84	2.488,32	*1.090,63*	2.136,64	2.403,72	*978,77*	2.061,44	2.319,12	*866,91*	1.986,24	2.234,52
	V	**36.641**	*2.015,25*	2.931,28	3.297,69																		
	VI	**37.173**	*2.044,51*	2.973,84	3.345,57																		
111.095,99 (West)	I	**30.389**	*1.528,67*	2.431,12	2.735,01	*1.304,95*	2.280,72	2.565,81	*1.081,23*	2.130,32	2.396,61	*857,51*	1.979,92	2.227,41	*633,79*	1.829,52	2.058,21	*410,07*	1.679,12	1.889,01	*186,35*	1.528,72	1.719,81
	II	**28.600**	*1.315,78*	2.288,00	2.574,00	*1.092,06*	2.137,60	2.404,80	*868,34*	1.987,20	2.235,60	*644,62*	1.836,80	2.066,40	*420,90*	1.686,40	1.897,20	*197,18*	1.536,00	1.728,00	-	1.385,60	1.558,80
	III	**21.254**	-	1.700,32	1.912,86	-	1.571,84	1.768,32	-	1.446,40	1.627,20	-	1.324,16	1.489,68	-	1.204,80	1.355,40	-	1.088,80	1.224,90	-	975,68	1.097,64
	IV	**30.389**	*1.528,67*	2.431,12	2.735,01	*1.416,81*	2.355,92	2.650,41	*1.304,95*	2.280,72	2.565,81	*1.193,09*	2.205,52	2.481,21	*1.081,23*	2.130,32	2.396,61	*969,37*	2.055,12	2.312,01	*857,51*	1.979,92	2.227,41
	V	**36.562**	*2.010,91*	2.924,96	3.290,58																		
	VI	**37.094**	*2.040,17*	2.967,52	3.338,46																		
111.095,99 (Ost)	I	**30.483**	*1.539,86*	2.438,64	2.743,47	*1.316,14*	2.288,24	2.574,27	*1.092,42*	2.137,84	2.405,07	*868,70*	1.987,44	2.235,87	*644,98*	1.837,04	2.066,67	*421,26*	1.686,64	1.897,47	*197,54*	1.536,24	1.728,27
	II	**28.693**	*1.326,85*	2.295,44	2.582,37	*1.103,13*	2.145,04	2.413,17	*879,52*	1.994,72	2.244,06	*655,80*	1.844,32	2.074,86	*432,08*	1.693,92	1.905,66	*208,36*	1.543,52	1.736,46	-	1.393,12	1.567,26
	III	**21.336**	-	1.706,88	1.920,24	-	1.578,24	1.775,52	-	1.452,64	1.634,22	-	1.330,08	1.496,34	-	1.210,72	1.362,06	-	1.094,40	1.231,20	-	981,28	1.103,94
	IV	**30.483**	*1.539,86*	2.438,64	2.743,47	*1.428,00*	2.363,44	2.658,87	*1.316,14*	2.288,24	2.574,27	*1.204,28*	2.213,04	2.489,67	*1.092,42*	2.137,84	2.405,07	*980,56*	2.062,64	2.320,47	*868,70*	1.987,44	2.235,87
	V	**36.656**	*2.016,08*	2.932,48	3.299,04																		
	VI	**37.188**	*2.045,34*	2.975,04	3.346,92																		
111.131,99 (West)	I	**30.404**	*1.530,45*	2.432,32	2.736,36	*1.306,73*	2.281,92	2.567,16	*1.083,01*	2.131,52	2.397,96	*859,29*	1.981,12	2.228,76	*635,57*	1.830,72	2.059,56	*411,85*	1.680,32	1.890,36	*188,25*	1.530,00	1.721,25
	II	**28.615**	*1.317,56*	2.289,20	2.575,35	*1.093,84*	2.138,80	2.406,15	*870,12*	1.988,40	2.236,95	*646,40*	1.838,00	2.067,75	*422,68*	1.687,60	1.898,55	*198,96*	1.537,20	1.729,35	-	1.386,80	1.560,15
	III	**21.268**	-	1.701,44	1.914,12	-	1.572,80	1.769,40	-	1.447,36	1.628,28	-	1.325,12	1.490,76	-	1.205,76	1.356,48	-	1.089,60	1.225,80	-	976,64	1.098,72
	IV	**30.404**	*1.530,45*	2.432,32	2.736,36	*1.418,59*	2.357,12	2.651,76	*1.306,73*	2.281,92	2.567,16	*1.194,87*	2.206,72	2.482,56	*1.083,01*	2.131,52	2.397,96	*971,15*	2.056,32	2.313,36	*859,29*	1.981,12	2.228,76
	V	**36.577**	*2.011,73*	2.926,16	3.291,93																		
	VI	**37.109**	*2.040,99*	2.968,72	3.339,81																		
111.131,99 (Ost)	I	**30.498**	*1.541,64*	2.439,84	2.744,82	*1.317,92*	2.289,44	2.575,62	*1.094,20*	2.139,04	2.406,42	*870,48*	1.988,64	2.237,22	*646,76*	1.838,24	2.068,02	*423,04*	1.687,84	1.898,82	*199,32*	1.537,44	1.729,62
	II	**28.709**	*1.328,75*	2.296,72	2.583,81	*1.105,03*	2.146,32	2.414,61	*881,31*	1.995,92	2.245,41	*657,59*	1.845,52	2.076,21	*433,87*	1.695,12	1.907,01	*210,15*	1.544,72	1.737,81	-	1.394,32	1.568,61
	III	**21.348**	-	1.707,84	1.921,32	-	1.579,20	1.776,60	-	1.453,60	1.635,30	-	1.331,20	1.497,60	-	1.211,68	1.363,14	-	1.095,36	1.232,28	-	982,08	1.104,84
	IV	**30.498**	*1.541,64*	2.439,84	2.744,82	*1.429,78*	2.364,64	2.660,22	*1.317,92*	2.289,44	2.575,62	*1.206,06*	2.214,24	2.491,02	*1.094,20*	2.139,04	2.406,42	*982,34*	2.063,84	2.321,82	*870,48*	1.988,64	2.237,22
	V	**36.671**	*2.016,90*	2.933,68	3.300,39																		
	VI	**37.203**	*2.046,16*	2.976,24	3.348,27																		
111.167,99 (West)	I	**30.419**	*1.532,24*	2.433,52	2.737,71	*1.308,52*	2.283,12	2.568,51	*1.084,80*	2.132,72	2.399,31	*861,08*	1.982,32	2.230,11	*637,48*	1.832,00	2.061,00	*413,76*	1.681,60	1.891,80	*190,04*	1.531,20	1.722,60
	II	**28.630**	*1.319,35*	2.290,40	2.576,70	*1.095,63*	2.140,00	2.407,50	*871,91*	1.989,60	2.238,30	*648,19*	1.839,20	2.069,10	*424,47*	1.688,80	1.899,90	*200,75*	1.538,40	1.730,70	-	1.388,00	1.561,50
	III	**21.280**	-	1.702,40	1.915,20	-	1.573,92	1.770,66	-	1.448,48	1.629,54	-	1.326,08	1.491,84	-	1.206,72	1.357,56	-	1.090,56	1.226,88	-	977,44	1.099,62
	IV	**30.419**	*1.532,24*	2.433,52	2.737,71	*1.420,38*	2.358,32	2.653,11	*1.308,52*	2.283,12	2.568,51	*1.196,66*	2.207,92	2.483,91	*1.084,80*	2.132,72	2.399,31	*972,94*	2.057,52	2.314,71	*861,08*	1.982,32	2.230,11
	V	**36.592**	*2.012,56*	2.927,36	3.293,28																		
	VI	**37.124**	*2.041,82*	2.969,92	3.341,16																		
111.167,99 (Ost)	I	**30.513**	*1.543,43*	2.441,04	2.746,17	*1.319,71*	2.290,64	2.576,97	*1.095,99*	2.140,24	2.407,77	*872,27*	1.989,84	2.238,57	*648,55*	1.839,44	2.069,37	*424,83*	1.689,04	1.900,17	*201,11*	1.538,64	1.730,97
	II	**28.724**	*1.330,53*	2.297,92	2.585,16	*1.106,81*	2.147,52	2.415,96	*883,09*	1.997,12	2.246,76	*659,37*	1.846,72	2.077,56	*435,65*	1.696,32	1.908,36	*211,93*	1.545,92	1.739,16	-	1.395,52	1.569,96
	III	**21.362**	-	1.708,96	1.922,58	-	1.580,16	1.777,68	-	1.454,56	1.636,38	-	1.332,16	1.498,68	-	1.212,64	1.364,22	-	1.096,32	1.233,36	-	983,04	1.105,92
	IV	**30.513**	*1.543,43*	2.441,04	2.746,17	*1.431,57*	2.365,84	2.661,57	*1.319,71*	2.290,64	2.576,97	*1.207,85*	2.215,44	2.492,37	*1.095,99*	2.140,24	2.407,77	*984,13*	2.065,04	2.323,17	*872,27*	1.989,84	2.238,57
	V	**36.686**	*2.017,73*	2.934,88	3.301,74																		
	VI	**37.218**	*2.046,99*	2.977,44	3.349,62																		
111.203,99 (West)	I	**30.434**	*1.534,02*	2.434,72	2.739,06	*1.310,30*	2.284,32	2.569,86	*1.086,58*	2.133,92	2.400,66	*862,98*	1.983,60	2.231,55	*639,26*	1.833,20	2.062,35	*415,54*	1.682,80	1.893,15	*191,82*	1.532,40	1.723,95
	II	**28.645**	*1.321,13*	2.291,60	2.578,05	*1.097,41*	2.141,20	2.408,85	*873,69*	1.990,80	2.239,65	*649,97*	1.840,40	2.070,45	*426,25*	1.690,00	1.901,25	*202,65*	1.539,68	1.732,14	-	1.389,28	1.562,94
	III	**21.294**	-	1.703,52	1.916,46	-	1.574,88	1.771,74	-	1.449,44	1.630,62	-	1.327,04	1.492,92	-	1.207,68	1.358,64	-	1.091,52	1.227,96	-	978,40	1.100,70
	IV	**30.434**	*1.534,02*	2.434,72	2.739,06	*1.422,16*	2.359,52	2.654,46	*1.310,30*	2.284,32	2.569,86	*1.198,44*	2.209,12	2.485,26	*1.086,58*	2.133,92	2.400,66	*974,84*	2.058,80	2.316,15	*862,98*	1.983,60	2.231,55
	V	**36.608**	*2.013,44*	2.928,64	3.294,72																		
	VI	**37.139**	*2.042,64*	2.971,12	3.342,51																		
111.203,99 (Ost)	I	**30.528**	*1.545,21*	2.442,24	2.747,52	*1.321,49*	2.291,84	2.578,32	*1.097,77*	2.141,44	2.409,12	*874,05*	1.991,04	2.239,92	*650,33*	1.840,64	2.070,72	*426,61*	1.690,24	1.901,52	*202,89*	1.539,84	1.732,32
	II	**28.739**	*1.332,32*	2.299,12	2.586,51	*1.108,60*	2.148,72	2.417,31	*884,88*	1.998,32	2.248,11	*661,16*	1.847,92	2.078,91	*437,44*	1.697,52	1.909,71	*213,72*	1.547,12	1.740,51	-	1.396,72	1.571,31
	III	**21.374**	-	1.709,92	1.923,66	-	1.581,28	1.778,94	-	1.455,68	1.637,64	-	1.333,12	1.499,76	-	1.213,60	1.365,30	-	1.097,28	1.234,44	-	984,00	1.107,00
	IV	**30.528**	*1.545,21*	2.442,24	2.747,52	*1.433,35*	2.367,04	2.662,92	*1.321,49*	2.291,84	2.578,32	*1.209,63*	2.216,64	2.493,72	*1.097,77*	2.141,44	2.409,12	*985,91*	2.066,24	2.324,52	*874,05*	1.991,04	2.239,92
	V	**36.701**	*2.018,55*	2.936,08	3.303,09																		
	VI	**37.233**	*2.047,81*	2.978,64	3.350,97																		
111.239,99 (West)	I	**30.449**	*1.535,81*	2.435,92	2.740,41	*1.312,21*	2.285,60	2.571,30	*1.088,49*	2.135,20	2.402,10	*864,77*	1.984,80	2.232,90	*641,05*	1.834,40	2.063,70	*417,33*	1.684,00	1.894,50	*193,61*	1.533,60	1.725,30
	II	**28.660**	*1.322,92*	2.292,80	2.579,40	*1.099,20*	2.142,40	2.410,20	*875,48*	1.992,00	2.241,00	*651,76*	1.841,60	2.071,80	*428,16*	1.691,28	1.902,69	*204,44*	1.540,88	1.733,49	-	1.390,48	1.564,29
	III	**21.306**	-	1.704,48	1.917,54	-	1.576,00	1.773,00	-	1.450,40	1.631,70	-	1.328,00	1.494,00	-	1.208,64	1.359,72	-	1.092,48	1.229,04	-	979,20	1.101,60
	IV	**30.449**	*1.535,81*	2.435,92	2.740,41	*1.423,95*	2.360,72	2.655,81	*1.312,21*	2.285,60	2.571,30	*1.200,35*	2.210,40	2.486,70	*1.088,49*	2.135,20	2.402,10	*976,63*	2.060,00	2.317,50	*864,77*	1.984,80	2.232,90
	V	**36.623**	*2.014,26*	2.929,84	3.296,07																		
	VI	**37.154**	*2.043,47*	2.972,32	3.343,86																		
111.239,99 (Ost)	I	**30.543**	*1.547,00*	2.443,44	2.748,87	*1.323,28*	2.293,04	2.579,67	*1.099,56*	2.142,64	2.410,47	*875,84*	1.992,24	2.241,27	*652,12*	1.841,84	2.072,07	*428,40*	1.691,44	1.902,87	*204,79*	1.541,12	1.733,76
	II	**28.754**	*1.334,10*	2.300,32	2.587,86	*1.110,38*	2.149,92	2.418,66	*886,66*	1.999,52	2.249,46	*662,94*	1.849,12	2.080,26	*439,22*	1.698,72	1.911,06	*215,50*	1.548,32	1.741,86	-	1.397,92	1.572,66
	III	**21.388**	-	1.711,04	1.924,92	-	1.582,24	1.780,02	-	1.456,64	1.638,72	-	1.334,08	1.500,84	-	1.214,56	1.366,38	-	1.098,08	1.235,34	-	984,80	1.107,90
	IV	**30.543**	*1.547,00*	2.443,44	2.748,87	*1.435,14*	2.368,24	2.664,27	*1.323,28*	2.293,04	2.579,67	*1.211,42*	2.217,84	2.495,07	*1.099,56*	2.142,64	2.410,47	*987,70*	2.067,44	2.325,87	*875,84*	1.992,24	2.241,27
	V	**36.716**	*2.019,38*	2.937,28	3.304,44																		
	VI	**37.248**	*2.048,64*	2.979,84	3.352,32																		

Anzahl Kinderfreibeträge (nur Steuerklassen I–IV)

SolZ/KiSt lt. Tabelle nicht für Sonstige Bezüge anwendbar.

JAHR bis 111.491,99 €

Allgemeine Tabelle

Lohn/ Gehalt bis	Steuerklasse	Lohn-steuer	ohne Kinderfreibetrag			Anzahl Kinderfreibeträge (nur Steuerklassen I–IV)																	
						0,5			1,0			1,5			2,0			2,5			3,0		
			SolZ 5,5%	Kirchensteuer 8%	9%	SolZ 5,5%	Kirchensteuer 8%	9%	SolZ 5,5%	Kirchensteuer 8%	9%	SolZ 5,5%	Kirchensteuer 8%	9%	SolZ 5,5%	Kirchensteuer 8%	9%	SolZ 5,5%	Kirchensteuer 8%	9%	SolZ 5,5%	Kirchensteuer 8%	9%
111.275,99 (West)	I	30.465	1.537,71	2.437,20	2.741,85	1.313,99	2.286,80	2.572,65	1.090,27	2.136,40	2.403,45	866,55	1.986,00	2.234,25	642,83	1.835,60	2.065,05	419,11	1.685,20	1.895,85	195,39	1.534,80	1.726,
	II	28.675	1.324,70	2.294,00	2.580,75	1.100,98	2.143,60	2.411,55	877,38	1.993,28	2.242,44	653,66	1.842,88	2.073,24	429,94	1.692,48	1.904,04	206,22	1.542,08	1.734,84	-	1.391,68	1.565,
	III	21.320	-	1.705,60	1.918,80	-	1.576,96	1.774,08	-	1.451,36	1.632,78	-	1.328,96	1.495,08	-	1.209,60	1.360,80	-	1.093,28	1.229,94	-	980,16	1.102,
	IV	30.465	1.537,71	2.437,20	2.741,85	1.425,85	2.362,00	2.657,25	1.313,99	2.286,80	2.572,65	1.202,13	2.211,60	2.488,05	1.090,27	2.136,40	2.403,45	978,41	2.061,20	2.318,85	866,55	1.986,00	2.234,
	V	36.638	2.015,09	2.931,04	3.297,42																		
	VI	37.170	2.044,35	2.973,60	3.345,30																		
111.275,99 (Ost)	I	30.558	1.548,78	2.444,64	2.750,22	1.325,06	2.294,24	2.581,02	1.101,34	2.143,84	2.411,82	877,62	1.993,44	2.242,62	654,02	1.843,12	2.073,51	430,30	1.692,72	1.904,31	206,58	1.542,32	1.735,
	II	28.769	1.335,89	2.301,52	2.589,21	1.112,17	2.151,12	2.420,01	888,45	2.000,72	2.250,81	664,73	1.850,32	2.081,61	441,01	1.699,92	1.912,41	217,29	1.549,52	1.743,21	-	1.399,12	1.574,
	III	21.402	-	1.712,16	1.926,18	-	1.583,36	1.781,28	-	1.457,60	1.639,80	-	1.335,04	1.501,92	-	1.215,52	1.367,46	-	1.099,04	1.236,42	-	985,76	1.108,
	IV	30.558	1.548,78	2.444,64	2.750,22	1.436,92	2.369,44	2.665,62	1.325,06	2.294,24	2.581,02	1.213,20	2.219,04	2.496,42	1.101,34	2.143,84	2.411,82	989,48	2.068,64	2.327,22	877,62	1.993,44	2.242,
	V	36.732	2.020,26	2.938,56	3.305,88																		
	VI	37.263	2.049,46	2.981,04	3.353,67																		
111.311,99 (West)	I	30.480	1.539,50	2.438,40	2.743,20	1.315,78	2.288,00	2.574,00	1.092,06	2.137,60	2.404,80	868,34	1.987,20	2.235,60	644,62	1.836,80	2.066,40	420,90	1.686,40	1.897,20	197,18	1.536,00	1.728,
	II	28.690	1.326,49	2.295,20	2.582,10	1.102,89	2.144,88	2.412,99	879,17	1.994,48	2.243,79	655,45	1.844,08	2.074,59	431,73	1.693,68	1.905,39	208,01	1.543,28	1.736,19	-	1.392,88	1.566,
	III	21.332	-	1.706,56	1.919,88	-	1.577,92	1.775,16	-	1.452,48	1.634,04	-	1.329,92	1.496,16	-	1.210,56	1.361,88	-	1.094,24	1.231,02	-	981,12	1.103,
	IV	30.480	1.539,50	2.438,40	2.743,20	1.427,64	2.363,20	2.658,60	1.315,78	2.288,00	2.574,00	1.203,92	2.212,80	2.489,40	1.092,06	2.137,60	2.404,80	980,20	2.062,40	2.320,20	868,34	1.987,20	2.235,
	V	36.653	2.015,91	2.932,24	3.298,77																		
	VI	37.185	2.045,17	2.974,80	3.346,65																		
111.311,99 (Ost)	I	30.573	1.550,57	2.445,84	2.751,57	1.326,85	2.295,44	2.582,37	1.103,13	2.145,04	2.413,17	879,52	1.994,72	2.244,06	655,80	1.844,32	2.074,86	432,08	1.693,92	1.905,66	208,36	1.543,52	1.736,
	II	28.784	1.337,67	2.302,72	2.590,56	1.113,95	2.152,32	2.421,36	890,23	2.001,92	2.252,16	666,51	1.851,52	2.082,96	442,79	1.701,12	1.913,76	219,19	1.550,80	1.744,65	-	1.400,40	1.575,
	III	21.414	-	1.713,12	1.927,26	-	1.584,32	1.782,36	-	1.458,56	1.640,88	-	1.336,00	1.503,00	-	1.216,48	1.368,54	-	1.100,00	1.237,50	-	986,72	1.110,
	IV	30.573	1.550,57	2.445,84	2.751,57	1.438,71	2.370,64	2.666,97	1.326,85	2.295,44	2.582,37	1.214,99	2.220,24	2.497,77	1.103,13	2.145,04	2.413,17	991,38	2.069,92	2.328,66	879,52	1.994,72	2.244,
	V	36.747	2.021,08	2.939,76	3.307,23																		
	VI	37.278	2.050,29	2.982,24	3.355,02																		
111.347,99 (West)	I	30.495	1.541,28	2.439,60	2.744,55	1.317,56	2.289,20	2.575,35	1.093,84	2.138,80	2.406,15	870,12	1.988,40	2.236,95	646,40	1.838,00	2.067,75	422,68	1.687,60	1.898,55	198,96	1.537,20	1.729,
	II	28.706	1.328,39	2.296,48	2.583,54	1.104,67	2.146,08	2.414,34	880,95	1.995,68	2.245,14	657,23	1.845,28	2.075,94	433,51	1.694,88	1.906,74	209,79	1.544,48	1.737,54	-	1.394,08	1.568,
	III	21.346	-	1.707,68	1.921,14	-	1.579,04	1.776,42	-	1.453,44	1.635,12	-	1.330,88	1.497,24	-	1.211,52	1.362,96	-	1.095,20	1.232,10	-	981,92	1.104,
	IV	30.495	1.541,28	2.439,60	2.744,55	1.429,42	2.364,40	2.659,95	1.317,56	2.289,20	2.575,35	1.205,70	2.214,00	2.490,75	1.093,84	2.138,80	2.406,15	981,98	2.063,60	2.321,55	870,12	1.988,40	2.236,
	V	36.668	2.016,74	2.933,44	3.300,12																		
	VI	37.200	2.046,00	2.976,00	3.348,00																		
111.347,99 (Ost)	I	30.588	1.552,35	2.447,04	2.752,92	1.328,75	2.296,72	2.583,81	1.105,03	2.146,32	2.414,61	881,31	1.995,92	2.245,41	657,59	1.845,52	2.076,21	433,87	1.695,12	1.907,01	210,15	1.544,72	1.737,
	II	28.799	1.339,46	2.303,92	2.591,91	1.115,74	2.153,52	2.422,71	892,02	2.003,12	2.253,51	668,30	1.852,72	2.084,31	444,70	1.702,40	1.915,20	220,98	1.552,00	1.746,00	-	1.401,60	1.576,
	III	21.428	-	1.714,24	1.928,52	-	1.585,28	1.783,44	-	1.459,68	1.642,14	-	1.336,96	1.504,08	-	1.217,44	1.369,62	-	1.100,96	1.238,58	-	987,52	1.110,
	IV	30.588	1.552,35	2.447,04	2.752,92	1.440,49	2.371,84	2.668,32	1.328,75	2.296,72	2.583,81	1.216,89	2.221,52	2.499,21	1.105,03	2.146,32	2.414,61	993,17	2.071,12	2.330,01	881,31	1.995,92	2.245,
	V	36.762	2.021,91	2.940,96	3.308,58																		
	VI	37.293	2.051,11	2.983,44	3.356,37																		
111.383,99 (West)	I	30.510	1.543,07	2.440,80	2.745,90	1.319,35	2.290,40	2.576,70	1.095,63	2.140,00	2.407,50	871,91	1.989,60	2.238,30	648,19	1.839,20	2.069,10	424,47	1.688,80	1.899,90	200,75	1.538,40	1.730,
	II	28.721	1.330,18	2.297,68	2.584,89	1.106,46	2.147,28	2.415,69	882,74	1.996,88	2.246,49	659,02	1.846,48	2.077,29	435,30	1.696,08	1.908,09	211,58	1.545,68	1.738,89	-	1.395,28	1.569,
	III	21.358	-	1.708,64	1.922,22	-	1.580,00	1.777,50	-	1.454,40	1.636,20	-	1.331,84	1.498,32	-	1.212,48	1.364,04	-	1.096,16	1.233,18	-	982,88	1.105,7
	IV	30.510	1.543,07	2.440,80	2.745,90	1.431,21	2.365,60	2.661,30	1.319,35	2.290,40	2.576,70	1.207,49	2.215,20	2.492,10	1.095,63	2.140,00	2.407,50	983,77	2.064,80	2.322,90	871,91	1.989,60	2.238,
	V	36.683	2.017,56	2.934,64	3.301,47																		
	VI	37.215	2.046,82	2.977,20	3.349,35																		
111.383,99 (Ost)	I	30.604	1.554,25	2.448,32	2.754,36	1.330,53	2.297,92	2.585,16	1.106,81	2.147,52	2.415,96	883,09	1.997,12	2.246,76	659,37	1.846,72	2.077,56	435,65	1.696,32	1.908,36	211,93	1.545,92	1.739,
	II	28.814	1.341,24	2.305,12	2.593,26	1.117,52	2.154,72	2.424,06	893,92	2.004,40	2.254,95	670,20	1.854,00	2.085,75	446,48	1.703,60	1.916,55	222,76	1.553,20	1.747,35	-	1.402,80	1.578,1
	III	21.440	-	1.715,20	1.929,60	-	1.586,40	1.784,70	-	1.460,64	1.643,22	-	1.337,92	1.505,16	-	1.218,40	1.370,70	-	1.101,92	1.239,66	-	988,48	1.112,0
	IV	30.604	1.554,25	2.448,32	2.754,36	1.442,39	2.373,12	2.669,76	1.330,53	2.297,92	2.585,16	1.218,67	2.222,72	2.500,56	1.106,81	2.147,52	2.415,96	994,95	2.072,32	2.331,36	883,09	1.997,12	2.246,
	V	36.777	2.022,73	2.942,16	3.309,93																		
	VI	37.309	2.051,99	2.984,72	3.357,81																		
111.419,99 (West)	I	30.525	1.544,85	2.442,00	2.747,25	1.321,13	2.291,60	2.578,05	1.097,41	2.141,20	2.408,85	873,69	1.990,80	2.239,65	649,97	1.840,40	2.070,45	426,25	1.690,00	1.901,25	202,65	1.539,68	1.732,
	II	28.736	1.331,96	2.298,88	2.586,24	1.108,24	2.148,48	2.417,04	884,52	1.998,08	2.247,84	660,80	1.847,68	2.078,64	437,08	1.697,28	1.909,44	213,36	1.546,88	1.740,24	-	1.396,48	1.571,0
	III	21.372	-	1.709,76	1.923,48	-	1.580,96	1.778,58	-	1.455,36	1.637,28	-	1.332,80	1.499,40	-	1.213,44	1.365,12	-	1.096,96	1.234,08	-	983,68	1.106,6
	IV	30.525	1.544,85	2.442,00	2.747,25	1.432,99	2.366,80	2.662,65	1.321,13	2.291,60	2.578,05	1.209,27	2.216,40	2.493,45	1.097,41	2.141,20	2.408,85	985,55	2.066,00	2.324,25	873,69	1.990,80	2.239,6
	V	36.698	2.018,39	2.935,84	3.302,82																		
	VI	37.230	2.047,65	2.978,40	3.350,70																		
111.419,99 (Ost)	I	30.619	1.556,04	2.449,52	2.755,71	1.332,32	2.299,12	2.586,51	1.108,60	2.148,72	2.417,31	884,88	1.998,32	2.248,11	661,16	1.847,92	2.078,91	437,44	1.697,52	1.909,71	213,72	1.547,12	1.740,5
	II	28.829	1.343,03	2.306,32	2.594,61	1.119,43	2.156,00	2.425,50	895,71	2.005,60	2.256,30	671,99	1.855,20	2.087,10	448,27	1.704,80	1.917,90	224,55	1.554,40	1.748,70	0,83	1.404,00	1.579,5
	III	21.454	-	1.716,32	1.930,86	-	1.587,36	1.785,78	-	1.461,60	1.644,30	-	1.338,88	1.506,24	-	1.219,36	1.371,78	-	1.102,72	1.240,56	-	989,28	1.112,9
	IV	30.619	1.556,04	2.449,52	2.755,71	1.444,18	2.374,32	2.671,11	1.332,32	2.299,12	2.586,51	1.220,46	2.223,92	2.501,91	1.108,60	2.148,72	2.417,31	996,74	2.073,52	2.332,71	884,88	1.998,32	2.248,1
	V	36.792	2.023,56	2.943,36	3.311,28																		
	VI	37.324	2.052,82	2.985,92	3.359,16																		
111.455,99 (West)	I	30.540	1.546,64	2.443,20	2.748,60	1.322,92	2.292,80	2.579,40	1.099,20	2.142,40	2.410,20	875,48	1.992,00	2.241,00	651,76	1.841,60	2.071,80	428,16	1.691,28	1.902,69	204,44	1.540,88	1.733,4
	II	28.751	1.333,75	2.300,08	2.587,59	1.110,03	2.149,68	2.418,39	886,31	1.999,28	2.249,19	662,59	1.848,88	2.079,99	438,87	1.698,48	1.910,79	215,15	1.548,08	1.741,59	-	1.397,68	1.572,3
	III	21.384	-	1.710,72	1.924,56	-	1.582,08	1.779,84	-	1.456,48	1.638,54	-	1.333,76	1.500,48	-	1.214,40	1.366,20	-	1.097,92	1.235,16	-	984,64	1.107,7
	IV	30.540	1.546,64	2.443,20	2.748,60	1.434,78	2.368,00	2.664,00	1.322,92	2.292,80	2.579,40	1.211,06	2.217,60	2.494,80	1.099,20	2.142,40	2.410,20	987,34	2.067,20	2.325,60	875,48	1.992,00	2.241,0
	V	36.713	2.019,21	2.937,04	3.304,17																		
	VI	37.245	2.048,47	2.979,60	3.352,05																		
111.455,99 (Ost)	I	30.634	1.557,82	2.450,72	2.757,06	1.334,10	2.300,32	2.587,86	1.110,38	2.149,92	2.418,66	886,66	1.999,52	2.249,46	662,94	1.849,12	2.080,26	439,22	1.698,72	1.911,06	215,50	1.548,32	1.741,8
	II	28.845	1.344,93	2.307,60	2.596,05	1.121,21	2.157,20	2.426,85	897,49	2.006,80	2.257,65	673,77	1.856,40	2.088,45	450,05	1.706,00	1.919,25	226,33	1.555,60	1.750,05	2,61	1.405,20	1.580,8
	III	21.466	-	1.717,28	1.931,94	-	1.588,48	1.787,04	-	1.462,56	1.645,38	-	1.339,84	1.507,32	-	1.220,32	1.372,86	-	1.103,68	1.241,64	-	990,24	1.114,0
	IV	30.634	1.557,82	2.450,72	2.757,06	1.445,96	2.375,52	2.672,46	1.334,10	2.300,32	2.587,86	1.222,24	2.225,12	2.503,26	1.110,38	2.149,92	2.418,66	998,52	2.074,72	2.334,06	886,66	1.999,52	2.249,4
	V	36.807	2.024,38	2.944,56	3.312,63																		
	VI	37.339	2.053,64	2.987,12	3.360,51																		
111.491,99 (West)	I	30.555	1.548,42	2.444,40	2.749,95	1.324,70	2.294,00	2.580,75	1.100,98	2.143,60	2.411,55	877,38	1.993,28	2.242,44	653,66	1.842,88	2.073,24	429,94	1.692,48	1.904,04	206,22	1.542,08	1.734,8
	II	28.766	1.335,53	2.301,28	2.588,94	1.111,81	2.150,88	2.419,74	888,09	2.000,48	2.250,54	664,37	1.850,08	2.081,34	440,65	1.699,68	1.912,14	216,93	1.549,28	1.742,94	-	1.398,96	1.573,8
	III	21.398	-	1.711,84	1.925,82	-	1.583,04	1.780,92	-	1.457,44	1.639,62	-	1.334,88	1.501,74	-	1.215,36	1.367,28	-	1.098,88	1.236,24	-	985,60	1.108,8
	IV	30.555	1.548,42	2.444,40	2.749,95	1.436,56	2.369,20	2.665,35	1.324,70	2.294,00	2.580,75	1.212,84	2.218,80	2.496,15	1.100,98	2.143,60	2.411,55	989,12	2.068,40	2.326,95	877,38	1.993,28	2.242,4
	V	36.729	2.020,09	2.938,32	3.305,61																		
	VI	37.260	2.049,30	2.980,80	3.353,40																		
111.491,99 (Ost)	I	30.649	1.559,61	2.451,92	2.758,41	1.335,89	2.301,52	2.589,21	1.112,17	2.151,12	2.420,01	888,45	2.000,72	2.250,81	664,73	1.850,32	2.081,61	441,01	1.699,92	1.912,41	217,29	1.549,52	1.743,2
	II	28.860	1.346,72	2.308,80	2.597,40	1.123,00	2.158,40	2.428,20	899,28	2.008,00	2.259,00	675,56	1.857,60	2.089,80	451,84	1.707,20	1.920,60	228,12	1.556,80	1.751,40	4,40	1.406,40	1.582,2
	III	21.480	-	1.718,40	1.933,20	-	1.589,44	1.788,12	-	1.463,68	1.646,64	-	1.340,80	1.508,40	-	1.221,28	1.373,94	-	1.104,64	1.242,72	-	991,20	1.115,1
	IV	30.649	1.559,61	2.451,92	2.758,41	1.447,75	2.376,72	2.673,81	1.335,89	2.301,52	2.589,21	1.224,03	2.226,32	2.504,61	1.112,17	2.151,12	2.420,01	1.000,31	2.075,92	2.335,41	888,45	2.000,72	2.250,8
	V	36.822	2.025,21	2.945,76	3.313,98																		
	VI	37.354	2.054,47	2.988,32	3.361,86																		

SolZ/KiSt lt. Tabelle nicht für Sonstige Bezüge anwendbar.

Lohn/ Gehalt bis	Steuerklasse	Lohn-steuer	ohne Kinderfreibetrag			Anzahl Kinderfreibeträge (nur Steuerklassen I–IV)																	
						0,5			1,0			1,5			2,0			2,5			3,0		
			SolZ 5,5%	Kirchensteuer 8%	9%	SolZ 5,5%	Kirchensteuer 8%	9%	SolZ 5,5%	Kirchensteuer 8%	9%	SolZ 5,5%	Kirchensteuer 8%	9%	SolZ 5,5%	Kirchensteuer 8%	9%	SolZ 5,5%	Kirchensteuer 8%	9%	SolZ 5,5%	Kirchensteuer 8%	9%
11.527,99 (West)	I	30.570	1.550,21	2.445,60	2.751,30	1.326,49	2.295,20	2.582,10	1.102,89	2.144,88	2.412,99	879,17	1.994,48	2.243,79	655,45	1.844,08	2.074,59	431,73	1.693,68	1.905,39	208,01	1.543,28	1.736,19
	II	28.781	1.337,32	2.302,48	2.590,29	1.113,60	2.152,08	2.421,09	889,88	2.001,68	2.251,89	666,16	1.851,28	2.082,69	442,56	1.700,96	1.913,58	218,84	1.550,56	1.744,38	-	1.400,16	1.575,18
	III	21.412	-	1.712,96	1.927,08	-	1.584,16	1.782,18	-	1.458,40	1.640,70	-	1.335,84	1.502,82	-	1.216,32	1.368,36	-	1.099,84	1.237,32	-	986,40	1.109,70
	IV	30.570	1.550,21	2.445,60	2.751,30	1.438,35	2.370,40	2.666,70	1.326,49	2.295,20	2.582,10	1.214,75	2.220,08	2.497,59	1.102,89	2.144,88	2.412,99	991,03	2.069,68	2.328,39	879,17	1.994,48	2.243,79
	V	36.744	2.020,92	2.939,52	3.306,96																		
	VI	37.275	2.050,12	2.982,00	3.354,75																		
11.527,99 (Ost)	I	30.664	1.561,39	2.453,12	2.759,76	1.337,67	2.302,72	2.590,56	1.113,95	2.152,32	2.421,36	890,23	2.001,92	2.252,16	666,51	1.851,52	2.082,96	442,79	1.701,12	1.913,76	219,19	1.550,80	1.744,65
	II	28.875	1.348,50	2.310,00	2.598,75	1.124,78	2.159,60	2.429,55	901,06	2.009,20	2.260,35	677,34	1.858,80	2.091,15	453,62	1.708,40	1.921,95	229,90	1.558,00	1.752,75	6,18	1.407,60	1.583,55
	III	21.492	-	1.719,36	1.934,28	-	1.590,40	1.789,20	-	1.464,64	1.647,72	-	1.341,92	1.509,66	-	1.222,08	1.374,84	-	1.105,60	1.243,80	-	992,00	1.116,00
	IV	30.664	1.561,39	2.453,12	2.759,76	1.449,53	2.377,92	2.675,16	1.337,67	2.302,72	2.590,56	1.225,81	2.227,52	2.505,96	1.113,95	2.152,32	2.421,36	1.002,09	2.077,12	2.336,76	890,23	2.001,92	2.252,16
	V	36.837	2.026,03	2.946,96	3.315,33																		
	VI	37.369	2.055,29	2.989,52	3.363,21																		
11.563,99 (West)	I	30.586	1.552,11	2.446,88	2.752,74	1.328,39	2.296,48	2.583,54	1.104,67	2.146,08	2.414,34	880,95	1.995,68	2.245,14	657,23	1.845,28	2.075,94	433,51	1.694,88	1.906,74	209,79	1.544,48	1.737,54
	II	28.796	1.339,10	2.303,68	2.591,64	1.115,38	2.153,28	2.422,44	891,66	2.002,88	2.253,24	668,06	1.852,56	2.084,13	444,34	1.702,16	1.914,93	220,62	1.551,76	1.745,73	-	1.401,36	1.576,53
	III	21.424	-	1.713,92	1.928,16	-	1.585,12	1.783,26	-	1.459,36	1.641,78	-	1.336,80	1.503,90	-	1.217,12	1.369,26	-	1.100,80	1.238,40	-	987,36	1.110,78
	IV	30.586	1.552,11	2.446,88	2.752,74	1.440,25	2.371,68	2.668,14	1.328,39	2.296,48	2.583,54	1.216,53	2.221,28	2.498,94	1.104,67	2.146,08	2.414,34	992,81	2.070,88	2.329,74	880,95	1.995,68	2.245,14
	V	36.759	2.021,74	2.940,72	3.308,31																		
	VI	37.291	2.051,00	2.983,28	3.356,19																		
11.563,99 (Ost)	I	30.679	1.563,18	2.454,32	2.761,11	1.339,46	2.303,92	2.591,91	1.115,74	2.153,52	2.422,71	892,02	2.003,12	2.253,51	668,30	1.852,72	2.084,31	444,70	1.702,40	1.915,20	220,98	1.552,00	1.746,00
	II	28.890	1.350,29	2.311,20	2.600,10	1.126,57	2.160,80	2.430,90	902,85	2.010,40	2.261,70	679,13	1.860,00	2.092,50	455,41	1.709,60	1.923,30	231,69	1.559,20	1.754,10	7,97	1.408,80	1.584,90
	III	21.506	-	1.720,48	1.935,54	-	1.591,52	1.790,46	-	1.465,60	1.648,80	-	1.342,88	1.510,74	-	1.223,04	1.375,92	-	1.106,40	1.244,70	-	992,96	1.117,08
	IV	30.679	1.563,18	2.454,32	2.761,11	1.451,32	2.379,12	2.676,51	1.339,46	2.303,92	2.591,91	1.227,60	2.228,72	2.507,31	1.115,74	2.153,52	2.422,71	1.003,88	2.078,32	2.338,11	892,02	2.003,12	2.253,51
	V	36.852	2.026,86	2.948,16	3.316,68																		
	VI	37.384	2.056,12	2.990,72	3.364,56																		
11.599,99 (West)	I	30.601	1.553,90	2.448,08	2.754,09	1.330,18	2.297,68	2.584,89	1.106,46	2.147,28	2.415,69	882,74	1.996,88	2.246,49	659,02	1.846,48	2.077,29	435,30	1.696,08	1.908,09	211,58	1.545,68	1.738,89
	II	28.811	1.340,89	2.304,88	2.592,99	1.117,29	2.154,56	2.423,88	893,57	2.004,16	2.254,68	669,85	1.853,76	2.085,48	446,13	1.703,36	1.916,28	222,41	1.552,96	1.747,08	-	1.402,56	1.577,88
	III	21.438	-	1.715,04	1.929,42	-	1.586,08	1.784,34	-	1.460,32	1.642,86	-	1.337,76	1.504,98	-	1.218,08	1.370,34	-	1.101,60	1.239,30	-	988,16	1.111,68
	IV	30.601	1.553,90	2.448,08	2.754,09	1.442,04	2.372,88	2.669,49	1.330,18	2.297,68	2.584,89	1.218,32	2.222,48	2.500,29	1.106,46	2.147,28	2.415,69	994,60	2.072,08	2.331,09	882,74	1.996,88	2.246,49
	V	36.774	2.022,57	2.941,92	3.309,66																		
	VI	37.306	2.051,83	2.984,48	3.357,54																		
11.599,99 (Ost)	I	30.694	1.564,96	2.455,52	2.762,46	1.341,24	2.305,12	2.593,26	1.117,52	2.154,72	2.424,06	893,92	2.004,40	2.254,95	670,20	1.854,00	2.085,75	446,48	1.703,60	1.916,55	222,76	1.553,20	1.747,35
	II	28.905	1.352,07	2.312,40	2.601,45	1.128,35	2.162,00	2.432,25	904,63	2.011,60	2.263,05	680,91	1.861,20	2.093,85	457,19	1.710,80	1.924,65	233,47	1.560,40	1.755,45	9,87	1.410,08	1.586,34
	III	21.520	-	1.721,60	1.936,80	-	1.592,48	1.791,54	-	1.466,56	1.649,88	-	1.343,84	1.511,82	-	1.224,00	1.377,00	-	1.107,36	1.245,78	-	993,92	1.118,16
	IV	30.694	1.564,96	2.455,52	2.762,46	1.453,10	2.380,32	2.677,86	1.341,24	2.305,12	2.593,26	1.229,38	2.229,92	2.508,66	1.117,52	2.154,72	2.424,06	1.005,66	2.079,52	2.339,46	893,92	2.004,40	2.254,95
	V	36.868	2.027,74	2.949,44	3.318,12																		
	VI	37.399	2.056,94	2.991,92	3.365,91																		
11.635,99 (West)	I	30.616	1.555,68	2.449,28	2.755,44	1.331,96	2.298,88	2.586,24	1.108,24	2.148,48	2.417,04	884,52	1.998,08	2.247,84	660,80	1.847,68	2.078,64	437,08	1.697,28	1.909,44	213,36	1.546,88	1.740,24
	II	28.827	1.342,79	2.306,16	2.594,43	1.119,07	2.155,76	2.425,23	895,35	2.005,36	2.256,03	671,63	1.854,96	2.086,83	447,91	1.704,56	1.917,63	224,19	1.554,16	1.748,43	0,47	1.403,76	1.579,23
	III	21.450	-	1.716,00	1.930,50	-	1.587,20	1.785,60	-	1.461,44	1.644,12	-	1.338,72	1.506,06	-	1.219,04	1.371,42	-	1.102,56	1.240,38	-	989,12	1.112,76
	IV	30.616	1.555,68	2.449,28	2.755,44	1.443,82	2.374,08	2.670,84	1.331,96	2.298,88	2.586,24	1.220,10	2.223,68	2.501,64	1.108,24	2.148,48	2.417,04	996,38	2.073,28	2.332,44	884,52	1.998,08	2.247,84
	V	36.789	2.023,39	2.943,12	3.311,01																		
	VI	37.321	2.052,65	2.985,68	3.358,89																		
11.635,99 (Ost)	I	30.709	1.566,75	2.456,72	2.763,81	1.343,03	2.306,32	2.594,61	1.119,43	2.156,00	2.425,50	895,71	2.005,60	2.256,30	671,99	1.855,20	2.087,10	448,27	1.704,80	1.917,90	224,55	1.554,40	1.748,70
	II	28.920	1.353,86	2.313,60	2.602,80	1.130,14	2.163,20	2.433,60	906,42	2.012,80	2.264,40	682,70	1.862,40	2.095,20	459,10	1.712,08	1.926,09	235,38	1.561,68	1.756,89	11,66	1.411,28	1.587,69
	III	21.532	-	1.722,56	1.937,88	-	1.593,60	1.792,80	-	1.467,68	1.651,14	-	1.344,80	1.512,90	-	1.224,96	1.378,08	-	1.108,32	1.246,86	-	994,72	1.119,06
	IV	30.709	1.566,75	2.456,72	2.763,81	1.454,89	2.381,52	2.679,21	1.343,03	2.306,32	2.594,61	1.231,29	2.231,20	2.510,10	1.119,43	2.156,00	2.425,50	1.007,57	2.080,80	2.340,90	895,71	2.005,60	2.256,30
	V	36.883	2.028,56	2.950,64	3.319,47																		
	VI	37.414	2.057,77	2.993,12	3.367,26																		
11.671,99 (West)	I	30.631	1.557,47	2.450,48	2.756,79	1.333,75	2.300,08	2.587,59	1.110,03	2.149,68	2.418,39	886,31	1.999,28	2.249,19	662,59	1.848,88	2.079,99	438,87	1.698,48	1.910,79	215,15	1.548,08	1.741,59
	II	28.842	1.344,58	2.307,36	2.595,78	1.120,86	2.156,96	2.426,58	897,14	2.006,56	2.257,38	673,42	1.856,16	2.088,18	449,70	1.705,76	1.918,98	225,98	1.555,36	1.749,78	2,26	1.404,96	1.580,58
	III	21.464	-	1.717,12	1.931,76	-	1.588,16	1.786,68	-	1.462,40	1.645,20	-	1.339,68	1.507,14	-	1.220,00	1.372,50	-	1.103,52	1.241,46	-	990,08	1.113,84
	IV	30.631	1.557,47	2.450,48	2.756,79	1.445,61	2.375,28	2.672,19	1.333,75	2.300,08	2.587,59	1.221,89	2.224,88	2.502,99	1.110,03	2.149,68	2.418,39	998,17	2.074,48	2.333,79	886,31	1.999,28	2.249,19
	V	36.804	2.024,22	2.944,32	3.312,36																		
	VI	37.336	2.053,48	2.986,88	3.360,24																		
11.671,99 (Ost)	I	30.725	1.568,65	2.458,00	2.765,25	1.344,93	2.307,60	2.596,05	1.121,21	2.157,20	2.426,85	897,49	2.006,80	2.257,65	673,77	1.856,40	2.088,45	450,05	1.706,00	1.919,25	226,33	1.555,60	1.750,05
	II	28.935	1.355,64	2.314,80	2.604,15	1.131,92	2.164,40	2.434,95	908,20	2.014,00	2.265,75	684,60	1.863,68	2.096,64	460,88	1.713,28	1.927,44	237,16	1.562,88	1.758,24	13,44	1.412,48	1.589,04
	III	21.546	-	1.723,68	1.939,14	-	1.594,56	1.793,88	-	1.468,64	1.652,22	-	1.345,76	1.513,98	-	1.225,92	1.379,16	-	1.109,28	1.247,94	-	995,68	1.120,14
	IV	30.725	1.568,65	2.458,00	2.765,25	1.456,79	2.382,80	2.680,65	1.344,93	2.307,60	2.596,05	1.233,07	2.232,40	2.511,45	1.121,21	2.157,20	2.426,85	1.009,35	2.082,00	2.342,25	897,49	2.006,80	2.257,65
	V	36.898	2.029,39	2.951,84	3.320,82																		
	VI	37.430	2.058,65	2.994,40	3.368,70																		
11.707,99 (West)	I	30.646	1.559,25	2.451,68	2.758,14	1.335,53	2.301,28	2.588,94	1.111,81	2.150,88	2.419,74	888,09	2.000,48	2.250,54	664,37	1.850,08	2.081,34	440,65	1.699,68	1.912,14	216,93	1.549,28	1.742,94
	II	28.857	1.346,36	2.308,56	2.597,13	1.122,64	2.158,16	2.427,93	898,92	2.007,76	2.258,73	675,20	1.857,36	2.089,53	451,48	1.706,96	1.920,33	227,76	1.556,56	1.751,13	4,04	1.406,16	1.581,93
	III	21.476	-	1.718,08	1.932,84	-	1.589,28	1.787,94	-	1.463,36	1.646,28	-	1.340,64	1.508,22	-	1.220,96	1.373,58	-	1.104,48	1.242,54	-	990,88	1.114,74
	IV	30.646	1.559,25	2.451,68	2.758,14	1.447,39	2.376,48	2.673,54	1.335,53	2.301,28	2.588,94	1.223,67	2.226,08	2.504,34	1.111,81	2.150,88	2.419,74	999,95	2.075,68	2.335,14	888,09	2.000,48	2.250,54
	V	36.819	2.025,04	2.945,52	3.313,71																		
	VI	37.351	2.054,30	2.988,08	3.361,59																		
11.707,99 (Ost)	I	30.740	1.570,44	2.459,20	2.766,60	1.346,72	2.308,80	2.597,40	1.123,00	2.158,40	2.428,20	899,28	2.008,00	2.259,00	675,56	1.857,60	2.089,80	451,84	1.707,20	1.920,60	228,12	1.556,80	1.751,40
	II	28.950	1.357,43	2.316,00	2.605,50	1.133,83	2.165,68	2.436,39	910,11	2.015,28	2.267,19	686,39	1.864,88	2.097,99	462,67	1.714,48	1.928,79	238,95	1.564,08	1.759,59	15,23	1.413,68	1.590,39
	III	21.558	-	1.724,64	1.940,22	-	1.595,68	1.795,14	-	1.469,60	1.653,30	-	1.346,72	1.515,06	-	1.226,88	1.380,24	-	1.110,24	1.249,02	-	996,48	1.121,04
	IV	30.740	1.570,44	2.459,20	2.766,60	1.458,58	2.384,00	2.682,00	1.346,72	2.308,80	2.597,40	1.234,86	2.233,60	2.512,80	1.123,00	2.158,40	2.428,20	1.011,14	2.083,20	2.343,60	899,28	2.008,00	2.259,00
	V	36.913	2.030,21	2.953,04	3.322,17																		
	VI	37.445	2.059,47	2.995,60	3.370,05																		
11.743,99 (West)	I	30.661	1.561,04	2.452,88	2.759,49	1.337,32	2.302,48	2.590,29	1.113,60	2.152,08	2.421,09	889,88	2.001,68	2.251,89	666,16	1.851,28	2.082,69	442,56	1.700,96	1.913,58	218,84	1.550,56	1.744,38
	II	28.872	1.348,15	2.309,76	2.598,48	1.124,43	2.159,36	2.429,28	900,71	2.008,96	2.260,08	676,99	1.858,56	2.090,88	453,27	1.708,16	1.921,68	229,55	1.557,76	1.752,48	5,83	1.407,36	1.583,28
	III	21.490	-	1.719,20	1.934,10	-	1.590,24	1.789,02	-	1.464,32	1.647,36	-	1.341,60	1.509,30	-	1.221,92	1.374,66	-	1.105,28	1.243,44	-	991,84	1.115,82
	IV	30.661	1.561,04	2.452,88	2.759,49	1.449,18	2.377,68	2.674,89	1.337,32	2.302,48	2.590,29	1.225,46	2.227,28	2.505,69	1.113,60	2.152,08	2.421,09	1.001,74	2.076,88	2.336,49	889,88	2.001,68	2.251,89
	V	36.834	2.025,87	2.946,72	3.315,06																		
	VI	37.366	2.055,13	2.989,28	3.362,94																		
11.743,99 (Ost)	I	30.755	1.572,22	2.460,40	2.767,95	1.348,50	2.310,00	2.598,75	1.124,78	2.159,60	2.429,55	901,06	2.009,20	2.260,35	677,34	1.858,80	2.091,15	453,62	1.708,40	1.921,95	229,90	1.558,00	1.752,75
	II	28.966	1.359,33	2.317,28	2.606,94	1.135,61	2.166,88	2.437,74	911,89	2.016,48	2.268,54	688,17	1.866,08	2.099,34	464,45	1.715,68	1.930,14	240,73	1.565,28	1.760,94	17,01	1.414,88	1.591,74
	III	21.572	-	1.725,76	1.941,48	-	1.596,64	1.796,22	-	1.470,56	1.654,38	-	1.347,68	1.516,14	-	1.227,84	1.381,32	-	1.111,04	1.249,92	-	997,44	1.122,12
	IV	30.755	1.572,22	2.460,40	2.767,95	1.460,36	2.385,20	2.683,35	1.348,50	2.310,00	2.598,75	1.236,64	2.234,80	2.514,15	1.124,78	2.159,60	2.429,55	1.012,92	2.084,40	2.344,95	901,06	2.009,20	2.260,35
	V	36.928	2.031,04	2.954,24	3.323,52																		
	VI	37.460	2.060,30	2.996,80	3.371,40																		

SolZ/KiSt lt. Tabelle nicht für Sonstige Bezüge anwendbar.

Lohn/ Gehalt bis	Steuerklasse	Lohn-steuer	ohne Kinderfreibetrag SolZ 5,5%	Kirchensteuer 8%	9%	0,5 SolZ 5,5%	Kirchensteuer 8%	9%	1,0 SolZ 5,5%	Kirchensteuer 8%	9%	1,5 SolZ 5,5%	Kirchensteuer 8%	9%	2,0 SolZ 5,5%	Kirchensteuer 8%	9%	2,5 SolZ 5,5%	Kirchensteuer 8%	9%	3,0 SolZ 5,5%	Kirchensteuer 8%	9%
111.779,99	I	30.676	1.562,82	2.454,08	2.760,84	1.339,10	2.303,68	2.591,64	1.115,38	2.153,28	2.422,44	891,66	2.002,88	2.253,24	668,06	1.852,56	2.084,13	444,34	1.702,16	1.914,93	220,62	1.551,76	1.745,7
(West)	II	28.887	1.349,93	2.310,96	2.599,83	1.126,21	2.160,56	2.430,63	902,49	2.010,16	2.261,43	678,77	1.859,76	2.092,23	455,05	1.709,36	1.923,03	231,33	1.558,96	1.753,83	7,73	1.408,64	1.584,7
	III	21.502	-	1.720,16	1.935,18	-	1.591,20	1.790,10	-	1.465,44	1.648,62	-	1.342,56	1.510,38	-	1.222,88	1.375,74	-	1.106,24	1.244,52	-	992,80	1.116,9
	IV	30.676	1.562,82	2.454,08	2.760,84	1.450,96	2.378,88	2.676,24	1.339,10	2.303,68	2.591,64	1.227,24	2.228,48	2.507,04	1.115,38	2.153,28	2.422,44	1.003,52	2.078,08	2.337,84	891,66	2.002,88	2.253,2
	V	36.850	2.026,75	2.948,00	3.316,50																		
	VI	37.381	2.055,95	2.990,48	3.364,29																		
111.779,99	I	30.770	1.574,01	2.461,60	2.769,30	1.350,29	2.311,20	2.600,10	1.126,57	2.160,80	2.430,90	902,85	2.010,40	2.261,70	679,13	1.860,00	2.092,50	455,41	1.709,60	1.923,30	231,69	1.559,20	1.754,1
(Ost)	II	28.981	1.361,12	2.318,48	2.608,29	1.137,40	2.168,08	2.439,09	913,68	2.017,68	2.269,89	689,96	1.867,28	2.100,69	466,24	1.716,88	1.931,49	242,52	1.566,48	1.762,29	18,80	1.416,08	1.593,0
	III	21.584	-	1.726,72	1.942,56	-	1.597,60	1.797,30	-	1.471,68	1.655,64	-	1.348,64	1.517,22	-	1.228,80	1.382,40	-	1.112,00	1.251,00	-	998,40	1.123,2
	IV	30.770	1.574,01	2.461,60	2.769,30	1.462,15	2.386,40	2.684,70	1.350,29	2.311,20	2.600,10	1.238,43	2.236,00	2.515,50	1.126,57	2.160,80	2.430,90	1.014,71	2.085,60	2.346,30	902,85	2.010,40	2.261,7
	V	36.943	2.031,86	2.955,44	3.324,87																		
	VI	37.475	2.061,12	2.998,00	3.372,75																		
111.815,99	I	30.691	1.564,61	2.455,28	2.762,19	1.340,89	2.304,88	2.592,99	1.117,29	2.154,56	2.423,88	893,57	2.004,16	2.254,68	669,85	1.853,76	2.085,48	446,13	1.703,36	1.916,28	222,41	1.552,96	1.747,0
(West)	II	28.902	1.351,72	2.312,16	2.601,18	1.128,00	2.161,76	2.431,98	904,28	2.011,36	2.262,78	680,56	1.860,96	2.093,58	456,84	1.710,56	1.924,38	233,24	1.560,24	1.755,27	9,52	1.409,84	1.586,0
	III	21.516	-	1.721,28	1.936,44	-	1.592,32	1.791,36	-	1.466,40	1.649,70	-	1.343,52	1.511,46	-	1.223,84	1.376,82	-	1.107,20	1.245,60	-	993,60	1.117,8
	IV	30.691	1.564,61	2.455,28	2.762,19	1.452,75	2.380,08	2.677,59	1.340,89	2.304,88	2.592,99	1.229,03	2.229,68	2.508,39	1.117,29	2.154,56	2.423,88	1.005,43	2.079,36	2.339,28	893,57	2.004,16	2.254,6
	V	36.865	2.027,57	2.949,20	3.317,85																		
	VI	37.396	2.056,78	2.991,68	3.365,64																		
111.815,99	I	30.785	1.575,79	2.462,80	2.770,65	1.352,07	2.312,40	2.601,45	1.128,35	2.162,00	2.432,25	904,63	2.011,60	2.263,05	680,91	1.861,20	2.093,85	457,19	1.710,80	1.924,65	233,47	1.560,40	1.755,4
(Ost)	II	28.996	1.362,90	2.319,68	2.609,64	1.139,18	2.169,28	2.440,44	915,46	2.018,88	2.271,24	691,74	1.868,48	2.102,04	468,02	1.718,08	1.932,84	244,30	1.567,68	1.763,64	20,58	1.417,28	1.594,4
	III	21.598	-	1.727,84	1.943,82	-	1.598,72	1.798,56	-	1.472,64	1.656,72	-	1.349,60	1.518,30	-	1.229,76	1.383,48	-	1.112,96	1.252,08	-	999,20	1.124,1
	IV	30.785	1.575,79	2.462,80	2.770,65	1.463,93	2.387,60	2.686,05	1.352,07	2.312,40	2.601,45	1.240,21	2.237,20	2.516,85	1.128,35	2.162,00	2.432,25	1.016,49	2.086,80	2.347,65	904,63	2.011,60	2.263,0
	V	36.958	2.032,69	2.956,64	3.326,22																		
	VI	37.490	2.061,95	2.999,20	3.374,10																		
111.851,99	I	30.706	1.566,39	2.456,48	2.763,54	1.342,79	2.306,16	2.594,43	1.119,07	2.155,76	2.425,23	895,35	2.005,36	2.256,03	671,63	1.854,96	2.086,83	447,91	1.704,56	1.917,63	224,19	1.554,16	1.748,4
(West)	II	28.917	1.353,50	2.313,36	2.602,53	1.129,78	2.162,96	2.433,33	906,06	2.012,56	2.264,13	682,46	1.862,24	2.095,02	458,74	1.711,84	1.925,82	235,02	1.561,44	1.756,62	11,30	1.411,04	1.587,4
	III	21.530	-	1.722,40	1.937,70	-	1.593,28	1.792,44	-	1.467,36	1.650,78	-	1.344,48	1.512,54	-	1.224,80	1.377,90	-	1.108,16	1.246,68	-	994,56	1.118,8
	IV	30.706	1.566,39	2.456,48	2.763,54	1.454,65	2.381,36	2.679,03	1.342,79	2.306,16	2.594,43	1.230,93	2.230,96	2.509,83	1.119,07	2.155,76	2.425,23	1.007,21	2.080,56	2.340,63	895,35	2.005,36	2.256,0
	V	36.880	2.028,40	2.950,40	3.319,20																		
	VI	37.411	2.057,60	2.992,88	3.366,99																		
111.851,99	I	30.800	1.577,58	2.464,00	2.772,00	1.353,86	2.313,60	2.602,80	1.130,14	2.163,20	2.433,60	906,42	2.012,80	2.264,40	682,70	1.862,40	2.095,20	459,10	1.712,08	1.926,09	235,38	1.561,68	1.756,8
(Ost)	II	29.011	1.364,69	2.320,88	2.610,99	1.140,97	2.170,48	2.441,79	917,25	2.020,08	2.272,59	693,53	1.869,68	2.103,39	469,81	1.719,28	1.934,19	246,09	1.568,88	1.764,99	22,37	1.418,48	1.595,7
	III	21.610	-	1.728,80	1.944,90	-	1.599,68	1.799,64	-	1.473,60	1.657,80	-	1.350,56	1.519,38	-	1.230,72	1.384,56	-	1.113,92	1.253,16	-	1.000,16	1.125,1
	IV	30.800	1.577,58	2.464,00	2.772,00	1.465,72	2.388,80	2.687,40	1.353,86	2.313,60	2.602,80	1.242,00	2.238,40	2.518,20	1.130,14	2.163,20	2.433,60	1.018,28	2.088,00	2.349,00	906,42	2.012,80	2.264,4
	V	36.973	2.033,51	2.957,84	3.327,57																		
	VI	37.505	2.062,77	3.000,40	3.375,45																		
111.887,99	I	30.722	1.568,30	2.457,76	2.764,98	1.344,58	2.307,36	2.595,78	1.120,86	2.156,96	2.426,58	897,14	2.006,56	2.257,38	673,42	1.856,16	2.088,18	449,70	1.705,76	1.918,98	225,98	1.555,36	1.749,7
(West)	II	28.932	1.355,29	2.314,56	2.603,88	1.131,57	2.164,16	2.434,68	907,97	2.013,84	2.265,57	684,25	1.863,44	2.096,37	460,53	1.713,04	1.927,17	236,81	1.562,64	1.757,97	13,09	1.412,24	1.588,7
	III	21.542	-	1.723,36	1.938,78	-	1.594,40	1.793,70	-	1.468,32	1.651,86	-	1.345,60	1.513,80	-	1.225,76	1.378,98	-	1.109,12	1.247,76	-	995,52	1.119,9
	IV	30.722	1.568,30	2.457,76	2.764,98	1.456,44	2.382,56	2.680,38	1.344,58	2.307,36	2.595,78	1.232,72	2.232,16	2.511,18	1.120,86	2.156,96	2.426,58	1.009,00	2.081,76	2.341,98	897,14	2.006,56	2.257,3
	V	36.895	2.029,22	2.951,60	3.320,55																		
	VI	37.427	2.058,48	2.994,16	3.368,43																		
111.887,99	I	30.815	1.579,36	2.465,20	2.773,35	1.355,64	2.314,80	2.604,15	1.131,92	2.164,40	2.434,95	908,20	2.014,00	2.265,75	684,60	1.863,68	2.096,64	460,88	1.713,28	1.927,44	237,16	1.562,88	1.758,2
(Ost)	II	29.026	1.366,47	2.322,08	2.612,34	1.142,75	2.171,68	2.443,14	919,03	2.021,28	2.273,94	695,31	1.870,88	2.104,74	471,59	1.720,48	1.935,54	247,87	1.570,08	1.766,34	24,27	1.419,76	1.597,2
	III	21.624	-	1.729,92	1.946,16	-	1.600,80	1.800,90	-	1.474,56	1.658,88	-	1.351,68	1.520,64	-	1.231,68	1.385,64	-	1.114,88	1.254,24	-	1.001,12	1.126,2
	IV	30.815	1.579,36	2.465,20	2.773,35	1.467,50	2.390,00	2.688,75	1.355,64	2.314,80	2.604,15	1.243,78	2.239,60	2.519,55	1.131,92	2.164,40	2.434,95	1.020,06	2.089,20	2.350,35	908,20	2.014,00	2.265,7
	V	36.989	2.034,39	2.959,12	3.329,01																		
	VI	37.520	2.063,60	3.001,60	3.376,80																		
111.923,99	I	30.737	1.570,08	2.458,96	2.766,33	1.346,36	2.308,56	2.597,13	1.122,64	2.158,16	2.427,93	898,92	2.007,76	2.258,73	675,20	1.857,36	2.089,53	451,48	1.706,96	1.920,33	227,76	1.556,56	1.751,1
(West)	II	28.948	1.357,19	2.315,84	2.605,32	1.133,47	2.165,44	2.436,12	909,75	2.015,04	2.266,92	686,03	1.864,64	2.097,72	462,31	1.714,24	1.928,52	238,59	1.563,84	1.759,32	14,87	1.413,44	1.590,1
	III	21.556	-	1.724,48	1.940,04	-	1.595,36	1.794,78	-	1.469,44	1.653,12	-	1.346,56	1.514,88	-	1.226,72	1.380,06	-	1.109,92	1.248,66	-	996,32	1.120,8
	IV	30.737	1.570,08	2.458,96	2.766,33	1.458,22	2.383,76	2.681,73	1.346,36	2.308,56	2.597,13	1.234,50	2.233,36	2.512,53	1.122,64	2.158,16	2.427,93	1.010,78	2.082,96	2.343,33	898,92	2.007,76	2.258,7
	V	36.910	2.030,05	2.952,80	3.321,90																		
	VI	37.442	2.059,31	2.995,36	3.369,78																		
111.923,99	I	30.830	1.581,15	2.466,40	2.774,70	1.357,43	2.316,00	2.605,50	1.133,83	2.165,68	2.436,39	910,11	2.015,28	2.267,19	686,39	1.864,88	2.097,99	462,67	1.714,48	1.928,79	238,95	1.564,08	1.759,5
(Ost)	II	29.041	1.368,26	2.323,28	2.613,69	1.144,54	2.172,88	2.444,49	920,82	2.022,48	2.275,29	697,10	1.872,08	2.106,09	473,38	1.721,68	1.936,89	249,78	1.571,36	1.767,78	26,06	1.420,96	1.598,5
	III	21.638	-	1.731,04	1.947,42	-	1.601,76	1.801,98	-	1.475,68	1.660,14	-	1.352,64	1.521,72	-	1.232,64	1.386,72	-	1.115,68	1.255,14	-	1.001,92	1.127,1
	IV	30.830	1.581,15	2.466,40	2.774,70	1.469,29	2.391,20	2.690,10	1.357,43	2.316,00	2.605,50	1.245,57	2.240,80	2.520,90	1.133,83	2.165,68	2.436,39	1.021,97	2.090,48	2.351,79	910,11	2.015,28	2.267,1
	V	37.004	2.035,22	2.960,32	3.330,36																		
	VI	37.535	2.064,42	3.002,80	3.378,15																		
111.959,99	I	30.752	1.571,87	2.460,16	2.767,68	1.348,15	2.309,76	2.598,48	1.124,43	2.159,36	2.429,28	900,71	2.008,96	2.260,08	676,99	1.858,56	2.090,88	453,27	1.708,16	1.921,68	229,55	1.557,76	1.752,4
(West)	II	28.963	1.358,98	2.317,04	2.606,67	1.135,26	2.166,64	2.437,47	911,54	2.016,24	2.268,27	687,82	1.865,84	2.099,07	464,10	1.715,44	1.929,87	240,38	1.565,04	1.760,67	16,66	1.414,64	1.591,4
	III	21.568	-	1.725,44	1.941,12	-	1.596,32	1.795,86	-	1.470,40	1.654,20	-	1.347,52	1.515,96	-	1.227,68	1.381,14	-	1.110,88	1.249,74	-	997,28	1.121,9
	IV	30.752	1.571,87	2.460,16	2.767,68	1.460,01	2.384,96	2.683,08	1.348,15	2.309,76	2.598,48	1.236,29	2.234,56	2.513,88	1.124,43	2.159,36	2.429,28	1.012,57	2.084,16	2.344,68	900,71	2.008,96	2.260,0
	V	36.925	2.030,87	2.954,00	3.323,25																		
	VI	37.457	2.060,13	2.996,56	3.371,13																		
111.959,99	I	30.845	1.582,93	2.467,60	2.776,05	1.359,33	2.317,28	2.606,94	1.135,61	2.166,88	2.437,74	911,89	2.016,48	2.268,54	688,17	1.866,08	2.099,34	464,45	1.715,68	1.930,14	240,73	1.565,28	1.760,9
(Ost)	II	29.056	1.370,04	2.324,48	2.615,04	1.146,32	2.174,08	2.445,84	922,60	2.023,68	2.276,64	699,00	1.873,36	2.107,53	475,28	1.722,96	1.938,33	251,56	1.572,56	1.769,13	27,84	1.422,16	1.599,9
	III	21.650	-	1.732,00	1.948,50	-	1.602,72	1.803,06	-	1.476,64	1.661,22	-	1.353,60	1.522,80	-	1.233,60	1.387,80	-	1.116,64	1.256,22	-	1.002,88	1.128,2
	IV	30.845	1.582,93	2.467,60	2.776,05	1.471,19	2.392,48	2.691,54	1.359,33	2.317,28	2.606,94	1.247,47	2.242,08	2.522,34	1.135,61	2.166,88	2.437,74	1.023,75	2.091,68	2.353,14	911,89	2.016,48	2.268,5
	V	37.019	2.036,04	2.961,52	3.331,71																		
	VI	37.551	2.065,30	3.004,08	3.379,59																		
111.995,99	I	30.767	1.573,65	2.461,36	2.769,03	1.349,93	2.310,96	2.599,83	1.126,21	2.160,56	2.430,63	902,49	2.010,16	2.261,43	678,77	1.859,76	2.092,23	455,05	1.709,36	1.923,03	231,33	1.558,96	1.753,8
(West)	II	28.978	1.360,76	2.318,24	2.608,02	1.137,04	2.167,84	2.438,82	913,32	2.017,44	2.269,62	689,60	1.867,04	2.100,42	465,88	1.716,64	1.931,22	242,16	1.566,24	1.762,02	18,44	1.415,84	1.592,8
	III	21.582	-	1.726,56	1.942,38	-	1.597,44	1.797,12	-	1.471,36	1.655,28	-	1.348,48	1.517,04	-	1.228,64	1.382,22	-	1.111,84	1.250,82	-	998,08	1.122,8
	IV	30.767	1.573,65	2.461,36	2.769,03	1.461,79	2.386,16	2.684,43	1.349,93	2.310,96	2.599,83	1.238,07	2.235,76	2.515,23	1.126,21	2.160,56	2.430,63	1.014,35	2.085,36	2.346,03	902,49	2.010,16	2.261,4
	V	36.940	2.031,70	2.955,20	3.324,60																		
	VI	37.472	2.060,96	2.997,76	3.372,48																		
111.995,99	I	30.861	1.584,84	2.468,88	2.777,49	1.361,12	2.318,48	2.608,29	1.137,40	2.168,08	2.439,09	913,68	2.017,68	2.269,89	689,96	1.867,28	2.100,69	466,24	1.716,88	1.931,49	242,52	1.566,48	1.762,2
(Ost)	II	29.071	1.371,83	2.325,68	2.616,39	1.148,11	2.175,28	2.447,19	924,51	2.024,96	2.278,08	700,79	1.874,56	2.108,88	477,07	1.724,16	1.939,68	253,35	1.573,76	1.770,48	29,63	1.423,36	1.601,2
	III	21.664	-	1.733,12	1.949,76	-	1.603,84	1.804,32	-	1.477,60	1.662,30	-	1.354,56	1.523,88	-	1.234,56	1.388,88	-	1.117,60	1.257,30	-	1.003,84	1.129,3
	IV	30.861	1.584,84	2.468,88	2.777,49	1.472,98	2.393,68	2.692,89	1.361,12	2.318,48	2.608,29	1.249,26	2.243,28	2.523,69	1.137,40	2.168,08	2.439,09	1.025,54	2.092,88	2.354,49	913,68	2.017,68	2.269,8
	V	37.034	2.036,87	2.962,72	3.333,06																		
	VI	37.566	2.066,13	3.005,28	3.380,94																		

Anzahl Kinderfreibeträge (nur Steuerklassen I–IV)

SolZ/KiSt lt. Tabelle nicht für Sonstige Bezüge anwendbar.

Allgemeine Tabelle

JAHR bis 112.247,99 €

Lohn/ Gehalt bis	Steuerklasse	Lohn- steuer	ohne Kinderfreibetrag SolZ 5,5%	Kirchensteuer 8%	9%	0,5 SolZ 5,5%	Kirchensteuer 8%	9%	1,0 SolZ 5,5%	Kirchensteuer 8%	9%	1,5 SolZ 5,5%	Kirchensteuer 8%	9%	2,0 SolZ 5,5%	Kirchensteuer 8%	9%	2,5 SolZ 5,5%	Kirchensteuer 8%	9%	3,0 SolZ 5,5%	Kirchensteuer 8%	9%
						Anzahl Kinderfreibeträge (nur Steuerklassen I–IV)																	
12.031,99	I	30.782	*1.575,44*	2.462,56	2.770,38	*1.351,72*	2.312,16	2.601,18	*1.128,00*	2.161,76	2.431,98	*904,28*	2.011,36	2.262,78	*680,56*	1.860,96	2.093,58	*456,84*	1.710,56	1.924,38	*233,24*	1.560,24	1.755,27
(West)	II	28.993	*1.362,55*	2.319,44	2.609,37	*1.138,83*	2.169,04	2.440,17	*915,11*	2.018,64	2.270,97	*691,39*	1.868,24	2.101,77	*467,67*	1.717,84	1.932,57	*243,95*	1.567,44	1.763,37	*20,23*	1.417,04	1.594,17
	III	21.594	-	1.727,52	1.943,46	-	1.598,40	1.798,20	-	1.472,32	1.656,36	-	1.349,44	1.518,12	-	1.229,60	1.383,30	-	1.112,80	1.251,90	-	999,04	1.123,92
	IV	30.782	*1.575,44*	2.462,56	2.770,38	*1.463,58*	2.387,36	2.685,78	*1.351,72*	2.312,16	2.601,18	*1.239,86*	2.236,96	2.516,58	*1.128,00*	2.161,76	2.431,98	*1.016,14*	2.086,56	2.347,38	*904,28*	2.011,36	2.262,78
	V	36.955	*2.032,52*	2.956,40	3.325,95																		
	VI	37.487	*2.061,78*	2.998,96	3.373,83																		
12.031,99	I	30.876	*1.586,62*	2.470,08	2.778,84	*1.362,90*	2.319,68	2.609,64	*1.139,18*	2.169,28	2.440,44	*915,46*	2.018,88	2.271,24	*691,74*	1.868,48	2.102,04	*468,02*	1.718,08	1.932,84	*244,30*	1.567,68	1.763,64
(Ost)	II	29.087	*1.373,73*	2.326,96	2.617,83	*1.150,01*	2.176,56	2.448,63	*926,29*	2.026,16	2.279,43	*702,57*	1.875,76	2.110,23	*478,85*	1.725,36	1.941,03	*255,13*	1.574,96	1.771,83	*31,41*	1.424,56	1.602,63
	III	21.676	-	1.734,08	1.950,84	-	1.604,80	1.805,40	-	1.478,56	1.663,38	-	1.355,52	1.524,96	-	1.235,52	1.389,96	-	1.118,56	1.258,38	-	1.004,64	1.130,22
	IV	30.876	*1.586,62*	2.470,08	2.778,84	*1.474,76*	2.394,88	2.694,24	*1.362,90*	2.319,68	2.609,64	*1.251,04*	2.244,48	2.525,04	*1.139,18*	2.169,28	2.440,44	*1.027,32*	2.094,08	2.355,84	*915,46*	2.018,88	2.271,24
	V	37.049	*2.037,69*	2.963,92	3.334,41																		
	VI	37.581	*2.066,95*	3.006,48	3.382,29																		
12.067,99	I	30.797	*1.577,22*	2.463,76	2.771,73	*1.353,50*	2.313,36	2.602,53	*1.129,78*	2.162,96	2.433,33	*906,06*	2.012,56	2.264,13	*682,46*	1.862,24	2.095,02	*458,74*	1.711,84	1.925,82	*235,02*	1.561,44	1.756,62
(West)	II	29.008	*1.364,33*	2.320,64	2.610,72	*1.140,61*	2.170,24	2.441,52	*916,89*	2.019,84	2.272,32	*693,17*	1.869,44	2.103,12	*469,45*	1.719,04	1.933,92	*245,73*	1.568,64	1.764,72	*22,01*	1.418,24	1.595,52
	III	21.608	-	1.728,64	1.944,72	-	1.599,52	1.799,46	-	1.473,44	1.657,62	-	1.350,40	1.519,20	-	1.230,56	1.384,38	-	1.113,76	1.252,98	-	1.000,00	1.125,00
	IV	30.797	*1.577,22*	2.463,76	2.771,73	*1.465,36*	2.388,56	2.687,13	*1.353,50*	2.313,36	2.602,53	*1.241,64*	2.238,16	2.517,93	*1.129,78*	2.162,96	2.433,33	*1.017,92*	2.087,76	2.348,73	*906,06*	2.012,56	2.264,13
	V	36.970	*2.033,35*	2.957,60	3.327,30																		
	VI	37.502	*2.062,61*	3.000,16	3.375,18																		
12.067,99	I	30.891	*1.588,41*	2.471,28	2.780,19	*1.364,69*	2.320,88	2.610,99	*1.140,97*	2.170,48	2.441,79	*917,25*	2.020,08	2.272,59	*693,53*	1.869,68	2.103,39	*469,81*	1.719,28	1.934,19	*246,09*	1.568,88	1.764,99
(Ost)	II	29.102	*1.375,52*	2.328,16	2.619,18	*1.151,80*	2.177,76	2.449,98	*928,08*	2.027,36	2.280,78	*704,36*	1.876,96	2.111,58	*480,64*	1.726,56	1.942,38	*256,92*	1.576,16	1.773,18	*33,20*	1.425,76	1.603,98
	III	21.690	-	1.735,20	1.952,10	-	1.605,92	1.806,66	-	1.479,68	1.664,64	-	1.356,48	1.526,04	-	1.236,48	1.391,04	-	1.119,52	1.259,46	-	1.005,60	1.131,30
	IV	30.891	*1.588,41*	2.471,28	2.780,19	*1.476,55*	2.396,08	2.695,59	*1.364,69*	2.320,88	2.610,99	*1.252,83*	2.245,68	2.526,39	*1.140,97*	2.170,48	2.441,79	*1.029,11*	2.095,28	2.357,19	*917,25*	2.020,08	2.272,59
	V	37.064	*2.038,52*	2.965,12	3.335,76																		
	VI	37.596	*2.067,78*	3.007,68	3.383,64																		
12.103,99	I	30.812	*1.579,01*	2.464,96	2.773,08	*1.355,29*	2.314,56	2.603,88	*1.131,57*	2.164,16	2.434,68	*907,97*	2.013,84	2.265,57	*684,25*	1.863,44	2.096,37	*460,53*	1.713,04	1.927,17	*236,81*	1.562,64	1.757,97
(West)	II	29.023	*1.366,12*	2.321,84	2.612,07	*1.142,40*	2.171,44	2.442,87	*918,68*	2.021,04	2.273,67	*694,96*	1.870,64	2.104,47	*471,24*	1.720,24	1.935,27	*247,63*	1.569,92	1.766,16	*23,91*	1.419,52	1.596,96
	III	21.622	-	1.729,76	1.945,98	-	1.600,48	1.800,54	-	1.474,40	1.658,70	-	1.351,36	1.520,28	-	1.231,52	1.385,46	-	1.114,56	1.253,88	-	1.000,80	1.125,90
	IV	30.812	*1.579,01*	2.464,96	2.773,08	*1.467,15*	2.389,76	2.688,48	*1.355,29*	2.314,56	2.603,88	*1.243,43*	2.239,36	2.519,28	*1.131,57*	2.164,16	2.434,68	*1.019,83*	2.089,04	2.350,17	*907,97*	2.013,84	2.265,57
	V	36.986	*2.034,23*	2.958,88	3.328,74																		
	VI	37.517	*2.063,43*	3.001,36	3.376,53																		
12.103,99	I	30.906	*1.590,19*	2.472,48	2.781,54	*1.366,47*	2.322,08	2.612,34	*1.142,75*	2.171,68	2.443,14	*919,03*	2.021,28	2.273,94	*695,31*	1.870,88	2.104,74	*471,59*	1.720,48	1.935,54	*247,87*	1.570,08	1.766,34
(Ost)	II	29.117	*1.377,30*	2.329,36	2.620,53	*1.153,58*	2.178,96	2.451,33	*929,86*	2.028,56	2.282,13	*706,14*	1.878,16	2.112,93	*482,42*	1.727,76	1.943,73	*258,70*	1.577,36	1.774,53	*34,98*	1.426,96	1.605,33
	III	21.704	-	1.736,32	1.953,36	-	1.606,88	1.807,74	-	1.480,64	1.665,72	-	1.357,44	1.527,12	-	1.237,44	1.392,12	-	1.120,32	1.260,36	-	1.006,40	1.132,20
	IV	30.906	*1.590,19*	2.472,48	2.781,54	*1.478,33*	2.397,28	2.696,94	*1.366,47*	2.322,08	2.612,34	*1.254,61*	2.246,88	2.527,74	*1.142,75*	2.171,68	2.443,14	*1.030,89*	2.096,48	2.358,54	*919,03*	2.021,28	2.273,94
	V	37.079	*2.039,34*	2.966,32	3.337,11																		
	VI	37.611	*2.068,60*	3.008,88	3.384,99																		
12.139,99	I	30.827	*1.580,79*	2.466,16	2.774,43	*1.357,19*	2.315,84	2.605,32	*1.133,47*	2.165,44	2.436,12	*909,75*	2.015,04	2.266,92	*686,03*	1.864,64	2.097,72	*462,31*	1.714,24	1.928,52	*238,59*	1.563,84	1.759,32
(West)	II	29.038	*1.367,90*	2.323,04	2.613,42	*1.144,18*	2.172,64	2.444,22	*920,46*	2.022,24	2.275,02	*696,74*	1.871,84	2.105,82	*473,14*	1.721,52	1.936,71	*249,42*	1.571,12	1.767,51	*25,70*	1.420,72	1.598,31
	III	21.634	-	1.730,72	1.947,06	-	1.601,60	1.801,80	-	1.475,36	1.659,78	-	1.352,32	1.521,36	-	1.232,48	1.386,54	-	1.115,52	1.254,96	-	1.001,76	1.126,98
	IV	30.827	*1.580,79*	2.466,16	2.774,43	*1.468,93*	2.390,96	2.689,83	*1.357,19*	2.315,84	2.605,32	*1.245,33*	2.240,64	2.520,72	*1.133,47*	2.165,44	2.436,12	*1.021,61*	2.090,24	2.351,52	*909,75*	2.015,04	2.266,92
	V	37.001	*2.035,05*	2.960,08	3.330,09																		
	VI	37.532	*2.064,26*	3.002,56	3.377,88																		
12.139,99	I	30.921	*1.591,98*	2.473,68	2.782,89	*1.368,26*	2.323,28	2.613,69	*1.144,54*	2.172,88	2.444,49	*920,82*	2.022,48	2.275,29	*697,10*	1.872,08	2.106,09	*473,38*	1.721,68	1.936,89	*249,78*	1.571,36	1.767,78
(Ost)	II	29.132	*1.379,09*	2.330,56	2.621,88	*1.155,37*	2.180,16	2.452,68	*931,65*	2.029,76	2.283,48	*707,93*	1.879,36	2.114,28	*484,21*	1.728,96	1.945,08	*260,49*	1.578,56	1.775,88	*36,77*	1.428,16	1.606,68
	III	21.716	-	1.737,28	1.954,44	-	1.608,00	1.809,00	-	1.481,60	1.666,80	-	1.358,40	1.528,20	-	1.238,40	1.393,20	-	1.121,28	1.261,44	-	1.007,36	1.133,28
	IV	30.921	*1.591,98*	2.473,68	2.782,89	*1.480,12*	2.398,48	2.698,29	*1.368,26*	2.323,28	2.613,69	*1.256,40*	2.248,08	2.529,09	*1.144,54*	2.172,88	2.444,49	*1.032,68*	2.097,68	2.359,89	*920,82*	2.022,48	2.275,29
	V	37.094	*2.040,17*	2.967,52	3.338,46																		
	VI	37.626	*2.069,43*	3.010,08	3.386,34																		
12.175,99	I	30.843	*1.582,70*	2.467,44	2.775,87	*1.358,98*	2.317,04	2.606,67	*1.135,26*	2.166,64	2.437,47	*911,54*	2.016,24	2.268,27	*687,82*	1.865,84	2.099,07	*464,10*	1.715,44	1.929,87	*240,38*	1.565,04	1.760,67
(West)	II	29.053	*1.369,69*	2.324,24	2.614,77	*1.145,97*	2.173,84	2.445,57	*922,36*	2.023,52	2.276,46	*698,64*	1.873,12	2.107,26	*474,92*	1.722,72	1.938,06	*251,20*	1.572,32	1.768,86	*27,48*	1.421,92	1.599,66
	III	21.648	-	1.731,84	1.948,32	-	1.602,56	1.802,88	-	1.476,48	1.661,04	-	1.353,28	1.522,44	-	1.233,28	1.387,44	-	1.116,48	1.256,04	-	1.002,72	1.128,06
	IV	30.843	*1.582,70*	2.467,44	2.775,87	*1.470,84*	2.392,24	2.691,27	*1.358,98*	2.317,04	2.606,67	*1.247,12*	2.241,84	2.522,07	*1.135,26*	2.166,64	2.437,47	*1.023,40*	2.091,44	2.352,87	*911,54*	2.016,24	2.268,27
	V	37.016	*2.035,88*	2.961,28	3.331,44																		
	VI	37.548	*2.065,14*	3.003,84	3.379,32																		
12.175,99	I	30.936	*1.593,76*	2.474,88	2.784,24	*1.370,04*	2.324,48	2.615,04	*1.146,32*	2.174,08	2.445,84	*922,60*	2.023,68	2.276,64	*699,00*	1.873,36	2.107,53	*475,28*	1.722,96	1.938,33	*251,56*	1.572,56	1.769,13
(Ost)	II	29.147	*1.380,87*	2.331,76	2.623,23	*1.157,15*	2.181,36	2.454,03	*933,43*	2.030,96	2.284,83	*709,71*	1.880,56	2.115,63	*485,99*	1.730,16	1.946,43	*262,27*	1.579,76	1.777,23	*38,55*	1.429,36	1.608,03
	III	21.730	-	1.738,40	1.955,70	-	1.608,96	1.810,08	-	1.482,72	1.668,06	-	1.359,36	1.529,28	-	1.239,36	1.394,28	-	1.122,24	1.262,52	-	1.008,32	1.134,36
	IV	30.936	*1.593,76*	2.474,88	2.784,24	*1.481,90*	2.399,68	2.699,64	*1.370,04*	2.324,48	2.615,04	*1.258,18*	2.249,28	2.530,44	*1.146,32*	2.174,08	2.445,84	*1.034,46*	2.098,88	2.361,24	*922,60*	2.023,68	2.276,64
	V	37.110	*2.041,05*	2.968,80	3.339,90																		
	VI	37.641	*2.070,25*	3.011,28	3.387,69																		
12.211,99	I	30.858	*1.584,48*	2.468,64	2.777,22	*1.360,76*	2.318,24	2.608,02	*1.137,04*	2.167,84	2.438,82	*913,32*	2.017,44	2.269,62	*689,60*	1.867,04	2.100,42	*465,88*	1.716,64	1.931,22	*242,16*	1.566,24	1.762,02
(West)	II	29.068	*1.371,47*	2.325,44	2.616,12	*1.147,87*	2.175,12	2.447,01	*924,15*	2.024,72	2.277,81	*700,43*	1.874,32	2.108,61	*476,71*	1.723,92	1.939,41	*252,99*	1.573,52	1.770,21	*29,27*	1.423,12	1.601,01
	III	21.660	-	1.732,80	1.949,40	-	1.603,52	1.803,96	-	1.477,44	1.662,12	-	1.354,24	1.523,52	-	1.234,24	1.388,52	-	1.117,44	1.257,12	-	1.003,52	1.128,96
	IV	30.858	*1.584,48*	2.468,64	2.777,22	*1.472,62*	2.393,44	2.692,62	*1.360,76*	2.318,24	2.608,02	*1.248,90*	2.243,04	2.523,42	*1.137,04*	2.167,84	2.438,82	*1.025,18*	2.092,64	2.354,22	*913,32*	2.017,44	2.269,62
	V	37.031	*2.036,70*	2.962,48	3.332,79																		
	VI	37.563	*2.065,96*	3.005,04	3.380,67																		
12.211,99	I	30.951	*1.595,55*	2.476,08	2.785,59	*1.371,83*	2.325,68	2.616,39	*1.148,11*	2.175,28	2.447,19	*924,51*	2.024,96	2.278,08	*700,79*	1.874,56	2.108,88	*477,07*	1.724,16	1.939,68	*253,35*	1.573,76	1.770,48
(Ost)	II	29.162	*1.382,66*	2.332,96	2.624,58	*1.158,94*	2.182,56	2.455,38	*935,22*	2.032,16	2.286,18	*711,50*	1.881,76	2.116,98	*487,78*	1.731,36	1.947,78	*264,18*	1.581,04	1.778,67	*40,46*	1.430,64	1.609,47
	III	21.742	-	1.739,36	1.956,78	-	1.609,92	1.811,16	-	1.483,68	1.669,14	-	1.360,48	1.530,54	-	1.240,32	1.395,36	-	1.123,20	1.263,60	-	1.009,12	1.135,26
	IV	30.951	*1.595,55*	2.476,08	2.785,59	*1.483,69*	2.400,88	2.700,99	*1.371,83*	2.325,68	2.616,39	*1.259,97*	2.250,48	2.531,79	*1.148,11*	2.175,28	2.447,19	*1.036,37*	2.100,16	2.362,68	*924,51*	2.024,96	2.278,08
	V	37.125	*2.041,87*	2.970,00	3.341,25																		
	VI	37.656	*2.071,08*	3.012,48	3.389,04																		
12.247,99	I	30.873	*1.586,27*	2.469,84	2.778,57	*1.362,55*	2.319,44	2.609,37	*1.138,83*	2.169,04	2.440,17	*915,11*	2.018,64	2.270,97	*691,39*	1.868,24	2.101,77	*467,67*	1.717,84	1.932,57	*243,95*	1.567,44	1.763,37
(West)	II	29.084	*1.373,37*	2.326,72	2.617,56	*1.149,65*	2.176,32	2.448,36	*925,93*	2.025,92	2.279,16	*702,21*	1.875,52	2.109,96	*478,49*	1.725,12	1.940,76	*254,77*	1.574,72	1.771,56	*31,05*	1.424,32	1.602,36
	III	21.674	-	1.733,92	1.950,66	-	1.604,64	1.805,22	-	1.478,40	1.663,20	-	1.355,36	1.524,78	-	1.235,20	1.389,60	-	1.118,40	1.258,20	-	1.004,48	1.130,04
	IV	30.873	*1.586,27*	2.469,84	2.778,57	*1.474,41*	2.394,64	2.693,97	*1.362,55*	2.319,44	2.609,37	*1.250,69*	2.244,24	2.524,77	*1.138,83*	2.169,04	2.440,17	*1.026,97*	2.093,84	2.355,57	*915,11*	2.018,64	2.270,97
	V	37.046	*2.037,53*	2.963,68	3.334,14																		
	VI	37.578	*2.066,79*	3.006,24	3.382,02																		
12.247,99	I	30.966	*1.597,33*	2.477,28	2.786,94	*1.373,73*	2.326,96	2.617,83	*1.150,01*	2.176,56	2.448,63	*926,29*	2.026,16	2.279,43	*702,57*	1.875,76	2.110,23	*478,85*	1.725,36	1.941,03	*255,13*	1.574,96	1.771,83
(Ost)	II	29.177	*1.384,44*	2.334,16	2.625,93	*1.160,72*	2.183,76	2.456,73	*937,00*	2.033,36	2.287,53	*713,28*	1.882,96	2.118,33	*489,68*	1.732,64	1.949,22	*265,96*	1.582,24	1.780,02	*42,24*	1.431,84	1.610,82
	III	21.756	-	1.740,48	1.958,04	-	1.611,04	1.812,42	-	1.484,64	1.670,22	-	1.361,44	1.531,62	-	1.241,12	1.396,26	-	1.124,16	1.264,68	-	1.010,08	1.136,34
	IV	30.966	*1.597,33*	2.477,28	2.786,94	*1.485,47*	2.402,08	2.702,34	*1.373,73*	2.326,96	2.617,83	*1.261,87*	2.251,76	2.533,23	*1.150,01*	2.176,56	2.448,63	*1.038,15*	2.101,36	2.364,03	*926,29*	2.026,16	2.279,43
	V	37.140	*2.042,70*	2.971,20	3.342,60																		
	VI	37.671	*2.071,90*	3.013,68	3.390,39																		

SolZ/KiSt lt. Tabelle nicht für Sonstige Bezüge anwendbar.

Lohn/ Gehalt bis	Steuerklasse	Lohn-steuer	ohne Kinderfreibetrag SolZ 5,5%	ohne Kinderfreibetrag Kirchensteuer 8%	ohne Kinderfreibetrag Kirchensteuer 9%	0,5 SolZ 5,5%	0,5 Kirchensteuer 8%	0,5 Kirchensteuer 9%	1,0 SolZ 5,5%	1,0 Kirchensteuer 8%	1,0 Kirchensteuer 9%	1,5 SolZ 5,5%	1,5 Kirchensteuer 8%	1,5 Kirchensteuer 9%	2,0 SolZ 5,5%	2,0 Kirchensteuer 8%	2,0 Kirchensteuer 9%	2,5 SolZ 5,5%	2,5 Kirchensteuer 8%	2,5 Kirchensteuer 9%	3,0 SolZ 5,5%	3,0 Kirchensteuer 8%	3,0 Kirchensteuer 9%
112.283,99 (West)	I	30.888	1.588,05	2.471,04	2.779,92	1.364,33	2.320,64	2.610,72	1.140,61	2.170,24	2.441,52	916,89	2.019,84	2.272,32	693,17	1.869,44	2.103,12	469,45	1.719,04	1.933,92	245,73	1.568,64	1.764,
	II	29.099	1.375,16	2.327,92	2.618,91	1.151,44	2.177,52	2.449,71	927,72	2.027,12	2.280,51	704,00	1.876,72	2.111,31	480,28	1.726,32	1.942,11	256,56	1.575,92	1.772,91	32,84	1.425,52	1.603,
	III	21.686	–	1.734,88	1.951,74	–	1.605,60	1.806,30	–	1.479,36	1.664,28	–	1.356,32	1.525,86	–	1.236,16	1.390,68	–	1.119,20	1.259,10	–	1.005,44	1.131,
	IV	30.888	1.588,05	2.471,04	2.779,92	1.476,19	2.395,84	2.695,32	1.364,33	2.320,64	2.610,72	1.252,47	2.245,44	2.526,12	1.140,61	2.170,24	2.441,52	1.028,75	2.095,04	2.356,92	916,89	2.019,84	2.272,
	V	37.061	2.038,35	2.964,88	3.335,49																		
	VI	37.593	2.067,61	3.007,44	3.383,37																		
112.283,99 (Ost)	I	30.982	1.599,24	2.478,56	2.788,38	1.375,52	2.328,16	2.619,18	1.151,80	2.177,76	2.449,98	928,08	2.027,36	2.280,78	704,36	1.876,96	2.111,58	480,64	1.726,56	1.942,38	256,92	1.576,16	1.773,
	II	29.192	1.386,23	2.335,36	2.627,28	1.162,51	2.184,96	2.458,08	938,91	2.034,64	2.288,97	715,19	1.884,24	2.119,77	491,47	1.733,84	1.950,57	267,75	1.583,44	1.781,37	44,03	1.433,04	1.612,
	III	21.768	–	1.741,44	1.959,12	–	1.612,00	1.813,50	–	1.485,60	1.671,30	–	1.362,40	1.532,70	–	1.242,08	1.397,34	–	1.124,96	1.265,58	–	1.011,04	1.137,
	IV	30.982	1.599,24	2.478,56	2.788,38	1.487,38	2.403,36	2.703,78	1.375,52	2.328,16	2.619,18	1.263,66	2.252,96	2.534,58	1.151,80	2.177,76	2.449,98	1.039,94	2.102,56	2.365,38	928,08	2.027,36	2.280,
	V	37.155	2.043,52	2.972,40	3.343,95																		
	VI	37.687	2.072,78	3.014,96	3.391,83																		
112.319,99 (West)	I	30.903	1.589,84	2.472,24	2.781,27	1.366,12	2.321,84	2.612,07	1.142,40	2.171,44	2.442,87	918,68	2.021,04	2.273,67	694,96	1.870,64	2.104,47	471,24	1.720,24	1.935,27	247,63	1.569,92	1.766,
	II	29.114	1.376,94	2.329,12	2.620,26	1.153,22	2.178,72	2.451,06	929,50	2.028,32	2.281,86	705,78	1.877,92	2.112,66	482,06	1.727,52	1.943,46	258,34	1.577,12	1.774,26	34,62	1.426,72	1.605,
	III	21.700	–	1.736,00	1.953,00	–	1.606,72	1.807,56	–	1.480,48	1.665,54	–	1.357,28	1.526,94	–	1.237,12	1.391,76	–	1.120,16	1.260,18	–	1.006,24	1.132,
	IV	30.903	1.589,84	2.472,24	2.781,27	1.477,98	2.397,04	2.696,67	1.366,12	2.321,84	2.612,07	1.254,26	2.246,64	2.527,47	1.142,40	2.171,44	2.442,87	1.030,54	2.096,24	2.358,27	918,68	2.021,04	2.273,
	V	37.076	2.039,18	2.966,08	3.336,84																		
	VI	37.608	2.068,44	3.008,64	3.384,72																		
112.319,99 (Ost)	I	30.997	1.601,02	2.479,76	2.789,73	1.377,30	2.329,36	2.620,53	1.153,58	2.178,96	2.451,33	929,86	2.028,56	2.282,13	706,14	1.878,16	2.112,93	482,42	1.727,76	1.943,73	258,70	1.577,36	1.774,
	II	29.207	1.388,01	2.336,56	2.628,63	1.164,41	2.186,24	2.459,52	940,69	2.035,84	2.290,32	716,97	1.885,44	2.121,12	493,25	1.735,04	1.951,92	269,53	1.584,64	1.782,72	45,81	1.434,24	1.613,
	III	21.782	–	1.742,56	1.960,38	–	1.613,12	1.814,76	–	1.486,72	1.672,56	–	1.363,36	1.533,78	–	1.243,04	1.398,42	–	1.125,92	1.266,66	–	1.011,84	1.138,
	IV	30.997	1.601,02	2.479,76	2.789,73	1.489,16	2.404,56	2.705,13	1.377,30	2.329,36	2.620,53	1.265,44	2.254,16	2.535,93	1.153,58	2.178,96	2.451,33	1.041,72	2.103,76	2.366,73	929,86	2.028,56	2.282,
	V	37.170	2.044,35	2.973,60	3.345,30																		
	VI	37.702	2.073,61	3.016,16	3.393,18																		
112.355,99 (West)	I	30.918	1.591,62	2.473,44	2.782,62	1.367,90	2.323,04	2.613,42	1.144,18	2.172,64	2.444,22	920,46	2.022,24	2.275,02	696,74	1.871,84	2.105,82	473,14	1.721,52	1.936,71	249,42	1.571,12	1.767,
	II	29.129	1.378,73	2.330,32	2.621,61	1.155,01	2.179,92	2.452,41	931,29	2.029,52	2.283,21	707,57	1.879,12	2.114,01	483,85	1.728,72	1.944,81	260,13	1.578,32	1.775,61	36,41	1.427,92	1.606,
	III	21.714	–	1.737,12	1.954,26	–	1.607,68	1.808,64	–	1.481,44	1.666,62	–	1.358,24	1.528,02	–	1.238,08	1.392,84	–	1.121,12	1.261,26	–	1.007,20	1.133,
	IV	30.918	1.591,62	2.473,44	2.782,62	1.479,76	2.398,24	2.698,02	1.367,90	2.323,04	2.613,42	1.256,04	2.247,84	2.528,82	1.144,18	2.172,64	2.444,22	1.032,32	2.097,44	2.359,62	920,46	2.022,24	2.275,
	V	37.091	2.040,00	2.967,28	3.338,19																		
	VI	37.623	2.069,26	3.009,84	3.386,07																		
112.355,99 (Ost)	I	31.012	1.602,81	2.480,96	2.791,08	1.379,09	2.330,56	2.621,88	1.155,37	2.180,16	2.452,68	931,65	2.029,76	2.283,48	707,93	1.879,36	2.114,28	484,21	1.728,96	1.945,08	260,49	1.578,56	1.775,
	II	29.223	1.389,92	2.337,84	2.630,07	1.166,20	2.187,44	2.460,87	942,48	2.037,04	2.291,67	718,76	1.886,64	2.122,47	495,04	1.736,24	1.953,27	271,32	1.585,84	1.784,07	47,60	1.435,44	1.614,
	III	21.796	–	1.743,68	1.961,64	–	1.614,08	1.815,84	–	1.487,68	1.673,64	–	1.364,32	1.534,86	–	1.244,00	1.399,50	–	1.126,88	1.267,74	–	1.012,80	1.139,
	IV	31.012	1.602,81	2.480,96	2.791,08	1.490,95	2.405,76	2.706,48	1.379,09	2.330,56	2.621,88	1.267,23	2.255,36	2.537,28	1.155,37	2.180,16	2.452,68	1.043,51	2.104,96	2.368,08	931,65	2.029,76	2.283,
	V	37.185	2.045,17	2.974,80	3.346,65																		
	VI	37.717	2.074,43	3.017,36	3.394,53																		
112.391,99 (West)	I	30.933	1.593,41	2.474,64	2.783,97	1.369,69	2.324,24	2.614,77	1.145,97	2.173,84	2.445,57	922,36	2.023,52	2.276,46	698,64	1.873,12	2.107,26	474,92	1.722,72	1.938,06	251,20	1.572,32	1.768,
	II	29.144	1.380,51	2.331,52	2.622,96	1.156,79	2.181,12	2.453,76	933,07	2.030,72	2.284,56	709,35	1.880,32	2.115,36	485,63	1.729,92	1.946,16	261,91	1.579,52	1.776,96	38,31	1.429,20	1.607,
	III	21.726	–	1.738,08	1.955,34	–	1.608,80	1.809,90	–	1.482,40	1.667,70	–	1.359,20	1.529,10	–	1.239,04	1.393,92	–	1.122,08	1.262,34	–	1.008,16	1.134,
	IV	30.933	1.593,41	2.474,64	2.783,97	1.481,55	2.399,44	2.699,37	1.369,69	2.324,24	2.614,77	1.257,83	2.249,04	2.530,17	1.145,97	2.173,84	2.445,57	1.034,11	2.098,64	2.360,97	922,36	2.023,52	2.276,
	V	37.107	2.040,88	2.968,56	3.339,63																		
	VI	37.638	2.070,09	3.011,04	3.387,42																		
112.391,99 (Ost)	I	31.027	1.604,59	2.482,16	2.792,43	1.380,87	2.331,76	2.623,23	1.157,15	2.181,36	2.454,03	933,43	2.030,96	2.284,83	709,71	1.880,56	2.115,63	485,99	1.730,16	1.946,43	262,27	1.579,76	1.777,
	II	29.238	1.391,70	2.339,04	2.631,42	1.167,98	2.188,64	2.462,22	944,26	2.038,24	2.293,02	720,54	1.887,84	2.123,82	496,82	1.737,44	1.954,62	273,10	1.587,04	1.785,42	49,38	1.436,64	1.616,
	III	21.808	–	1.744,64	1.962,72	–	1.615,20	1.817,10	–	1.488,64	1.674,72	–	1.365,28	1.535,94	–	1.244,96	1.400,58	–	1.127,84	1.268,82	–	1.013,76	1.140,
	IV	31.027	1.604,59	2.482,16	2.792,43	1.492,73	2.406,96	2.707,83	1.380,87	2.331,76	2.623,23	1.269,01	2.256,56	2.538,63	1.157,15	2.181,36	2.454,03	1.045,29	2.106,16	2.369,43	933,43	2.030,96	2.284,
	V	37.200	2.046,00	2.976,00	3.348,00																		
	VI	37.732	2.075,26	3.018,56	3.395,88																		
112.427,99 (West)	I	30.948	1.595,19	2.475,84	2.785,32	1.371,47	2.325,44	2.616,12	1.147,87	2.175,12	2.447,01	924,15	2.024,72	2.277,81	700,43	1.874,32	2.108,61	476,71	1.723,92	1.939,41	252,99	1.573,52	1.770,
	II	29.159	1.382,30	2.332,72	2.624,31	1.158,58	2.182,32	2.455,11	934,86	2.031,92	2.285,91	711,14	1.881,52	2.116,71	487,54	1.731,20	1.947,60	263,82	1.580,80	1.778,40	40,10	1.430,40	1.609,
	III	21.740	–	1.739,20	1.956,60	–	1.609,76	1.810,98	–	1.483,36	1.668,78	–	1.360,16	1.530,18	–	1.240,00	1.395,00	–	1.123,04	1.263,42	–	1.008,96	1.135,
	IV	30.948	1.595,19	2.475,84	2.785,32	1.483,33	2.400,64	2.700,72	1.371,47	2.325,44	2.616,12	1.259,73	2.250,32	2.531,61	1.147,87	2.175,12	2.447,01	1.036,01	2.099,92	2.362,41	924,15	2.024,72	2.277,
	V	37.122	2.041,71	2.969,76	3.340,98																		
	VI	37.653	2.070,91	3.012,24	3.388,77																		
112.427,99 (Ost)	I	31.042	1.606,38	2.483,36	2.793,78	1.382,66	2.332,96	2.624,58	1.158,94	2.182,56	2.455,38	935,22	2.032,16	2.286,18	711,50	1.881,76	2.116,98	487,78	1.731,36	1.947,78	264,18	1.581,04	1.778,
	II	29.253	1.393,49	2.340,24	2.632,77	1.169,77	2.189,84	2.463,57	946,05	2.039,44	2.294,37	722,33	1.889,04	2.125,17	498,61	1.738,64	1.955,97	274,89	1.588,24	1.786,77	51,17	1.437,84	1.617,
	III	21.822	–	1.745,76	1.963,98	–	1.616,16	1.818,18	–	1.489,60	1.675,80	–	1.366,24	1.537,02	–	1.245,92	1.401,66	–	1.128,80	1.269,90	–	1.014,56	1.141,
	IV	31.042	1.606,38	2.483,36	2.793,78	1.494,52	2.408,16	2.709,18	1.382,66	2.332,96	2.624,58	1.270,80	2.257,76	2.539,98	1.158,94	2.182,56	2.455,38	1.047,08	2.107,36	2.370,78	935,22	2.032,16	2.286,
	V	37.215	2.046,82	2.977,20	3.349,35																		
	VI	37.747	2.076,08	3.019,76	3.397,23																		
112.463,99 (West)	I	30.964	1.597,09	2.477,12	2.786,76	1.373,37	2.326,72	2.617,56	1.149,65	2.176,32	2.448,36	925,93	2.025,92	2.279,16	702,21	1.875,52	2.109,96	478,49	1.725,12	1.940,76	254,77	1.574,72	1.771,
	II	29.174	1.384,08	2.333,92	2.625,66	1.160,36	2.183,52	2.456,46	936,64	2.033,12	2.287,26	713,04	1.882,80	2.118,15	489,32	1.732,40	1.948,95	265,60	1.582,00	1.779,75	41,88	1.431,60	1.610,
	III	21.752	–	1.740,16	1.957,68	–	1.610,72	1.812,06	–	1.484,48	1.670,04	–	1.361,12	1.531,26	–	1.240,96	1.396,08	–	1.123,84	1.264,32	–	1.009,92	1.136,
	IV	30.964	1.597,09	2.477,12	2.786,76	1.485,23	2.401,92	2.702,16	1.373,37	2.326,72	2.617,56	1.261,51	2.251,52	2.532,96	1.149,65	2.176,32	2.448,36	1.037,79	2.101,12	2.363,76	925,93	2.025,92	2.279,
	V	37.137	2.042,53	2.970,96	3.342,33																		
	VI	37.669	2.071,79	3.013,52	3.390,21																		
112.463,99 (Ost)	I	31.057	1.608,16	2.484,56	2.795,13	1.384,44	2.334,16	2.625,93	1.160,72	2.183,76	2.456,73	937,00	2.033,36	2.287,53	713,28	1.882,96	2.118,33	489,68	1.732,64	1.949,22	265,96	1.582,24	1.780,
	II	29.268	1.395,27	2.341,44	2.634,12	1.171,55	2.191,04	2.464,92	947,83	2.040,64	2.295,72	724,11	1.890,24	2.126,52	500,39	1.739,84	1.957,32	276,67	1.589,44	1.788,12	52,95	1.439,04	1.618,
	III	21.834	–	1.746,72	1.965,06	–	1.617,12	1.819,26	–	1.490,72	1.677,06	–	1.367,20	1.538,10	–	1.246,88	1.402,74	–	1.129,76	1.270,98	–	1.015,52	1.142,
	IV	31.057	1.608,16	2.484,56	2.795,13	1.496,30	2.409,36	2.710,53	1.384,44	2.334,16	2.625,93	1.272,58	2.258,96	2.541,33	1.160,72	2.183,76	2.456,73	1.048,86	2.108,56	2.372,13	937,00	2.033,36	2.287,
	V	37.230	2.047,65	2.978,40	3.350,70																		
	VI	37.762	2.076,91	3.020,96	3.398,58																		
112.499,99 (West)	I	30.979	1.598,88	2.478,32	2.788,11	1.375,16	2.327,92	2.618,91	1.151,44	2.177,52	2.449,71	927,72	2.027,12	2.280,51	704,00	1.876,72	2.111,31	480,28	1.726,32	1.942,11	256,56	1.575,92	1.772,
	II	29.189	1.385,87	2.335,12	2.627,01	1.162,27	2.184,80	2.457,90	938,55	2.034,40	2.288,70	714,83	1.884,00	2.119,50	491,11	1.733,60	1.950,30	267,39	1.583,20	1.781,10	43,67	1.432,80	1.611,
	III	21.766	–	1.741,28	1.958,94	–	1.611,84	1.813,32	–	1.485,44	1.671,12	–	1.362,08	1.532,34	–	1.241,92	1.397,16	–	1.124,80	1.265,40	–	1.010,72	1.137,
	IV	30.979	1.598,88	2.478,32	2.788,11	1.487,02	2.403,12	2.703,51	1.375,16	2.327,92	2.618,91	1.263,30	2.252,72	2.534,31	1.151,44	2.177,52	2.449,71	1.039,58	2.102,32	2.365,11	927,72	2.027,12	2.280,
	V	37.152	2.043,36	2.972,16	3.343,68																		
	VI	37.684	2.072,62	3.014,72	3.391,56																		
112.499,99 (Ost)	I	31.072	1.609,95	2.485,76	2.796,48	1.386,23	2.335,36	2.627,28	1.162,51	2.184,96	2.458,08	938,91	2.034,64	2.288,97	715,19	1.884,24	2.119,77	491,47	1.733,84	1.950,57	267,75	1.583,44	1.781,
	II	29.283	1.397,06	2.342,64	2.635,47	1.173,34	2.192,24	2.466,27	949,62	2.041,84	2.297,07	725,90	1.891,44	2.127,87	502,18	1.741,04	1.958,67	278,46	1.590,64	1.789,47	54,85	1.440,32	1.620,
	III	21.848	–	1.747,84	1.966,32	–	1.618,24	1.820,52	–	1.491,68	1.678,14	–	1.368,16	1.539,18	–	1.247,84	1.403,82	–	1.130,56	1.271,88	–	1.016,48	1.143,
	IV	31.072	1.609,95	2.485,76	2.796,48	1.498,09	2.410,56	2.711,88	1.386,23	2.335,36	2.627,28	1.274,37	2.260,16	2.542,68	1.162,51	2.184,96	2.458,08	1.050,65	2.109,76	2.373,48	938,91	2.034,64	2.288,
	V	37.246	2.048,53	2.979,68	3.352,14																		
	VI	37.777	2.077,73	3.022,16	3.399,93																		

Anzahl Kinderfreibeträge (nur Steuerklassen I–IV)

SolZ/KiSt lt. Tabelle nicht für Sonstige Bezüge anwendbar.

Lohn/ Gehalt bis	Steuerklasse	Lohn-steuer	ohne Kinderfreibetrag SolZ 5,5%	Kirchensteuer 8%	Kirchensteuer 9%	0,5 SolZ 5,5%	Kirchensteuer 8%	Kirchensteuer 9%	1,0 SolZ 5,5%	Kirchensteuer 8%	Kirchensteuer 9%	1,5 SolZ 5,5%	Kirchensteuer 8%	Kirchensteuer 9%	2,0 SolZ 5,5%	Kirchensteuer 8%	Kirchensteuer 9%	2,5 SolZ 5,5%	Kirchensteuer 8%	Kirchensteuer 9%	3,0 SolZ 5,5%	Kirchensteuer 8%	Kirchensteuer 9%
2.535,99 (West)	I	30.994	1.600,66	2.479,52	2.789,46	1.376,94	2.329,12	2.620,26	1.153,22	2.178,72	2.451,06	929,50	2.028,32	2.281,86	705,78	1.877,92	2.112,66	482,06	1.727,52	1.943,46	258,34	1.577,12	1.774,26
	II	29.205	1.387,77	2.336,40	2.628,45	1.164,05	2.186,00	2.459,25	940,33	2.035,60	2.290,05	716,61	1.885,20	2.120,85	492,89	1.734,80	1.951,65	269,17	1.584,40	1.782,45	45,45	1.434,00	1.613,25
	III	21.780	-	1.742,40	1.960,20	-	1.612,80	1.814,40	-	1.486,40	1.672,20	-	1.363,20	1.533,60	-	1.242,88	1.398,24	-	1.125,76	1.266,48	-	1.011,68	1.138,14
	IV	30.994	1.600,66	2.479,52	2.789,46	1.488,80	2.404,32	2.704,86	1.376,94	2.329,12	2.620,26	1.265,08	2.253,92	2.535,66	1.153,22	2.178,72	2.451,06	1.041,36	2.103,52	2.366,46	929,50	2.028,32	2.281,86
	V	37.167	2.044,18	2.973,36	3.345,03																		
	VI	37.699	2.073,44	3.015,92	3.392,91																		
2.535,99 (Ost)	I	31.087	1.611,73	2.486,96	2.797,83	1.388,01	2.336,56	2.628,63	1.164,41	2.186,24	2.459,52	940,69	2.035,84	2.290,32	716,97	1.885,44	2.121,12	493,25	1.735,04	1.951,92	269,53	1.584,64	1.782,72
	II	29.298	1.398,84	2.343,84	2.636,82	1.175,12	2.193,44	2.467,62	951,40	2.043,04	2.298,42	727,68	1.892,64	2.129,22	504,08	1.742,32	1.960,11	280,36	1.591,92	1.790,91	56,64	1.441,52	1.621,71
	III	21.862	-	1.748,96	1.967,58	-	1.619,20	1.821,60	-	1.492,64	1.679,22	-	1.369,28	1.540,44	-	1.248,80	1.404,90	-	1.131,52	1.272,96	-	1.017,28	1.144,44
	IV	31.087	1.611,73	2.486,96	2.797,83	1.499,87	2.411,76	2.713,23	1.388,01	2.336,56	2.628,63	1.276,27	2.261,44	2.544,12	1.164,41	2.186,24	2.459,52	1.052,55	2.111,04	2.374,92	940,69	2.035,84	2.290,32
	V	37.261	2.049,35	2.980,88	3.353,49																		
	VI	37.792	2.078,56	3.023,36	3.401,28																		
2.571,99 (West)	I	31.009	1.602,45	2.480,72	2.790,81	1.378,73	2.330,32	2.621,61	1.155,01	2.179,92	2.452,41	931,29	2.029,52	2.283,21	707,57	1.879,12	2.114,01	483,85	1.728,72	1.944,81	260,13	1.578,32	1.775,61
	II	29.220	1.389,56	2.337,60	2.629,80	1.165,84	2.187,20	2.460,60	942,12	2.036,80	2.291,40	718,40	1.886,40	2.122,20	494,68	1.736,00	1.953,00	270,96	1.585,60	1.783,80	47,24	1.435,20	1.614,60
	III	21.792	-	1.743,36	1.961,28	-	1.613,92	1.815,66	-	1.487,52	1.673,46	-	1.364,16	1.534,68	-	1.243,84	1.399,32	-	1.126,72	1.267,56	-	1.012,64	1.139,22
	IV	31.009	1.602,45	2.480,72	2.790,81	1.490,59	2.405,52	2.706,21	1.378,73	2.330,32	2.621,61	1.266,87	2.255,12	2.537,01	1.155,01	2.179,92	2.452,41	1.043,15	2.104,72	2.367,81	931,29	2.029,52	2.283,21
	V	37.182	2.045,01	2.974,56	3.346,38																		
	VI	37.714	2.074,27	3.017,12	3.394,26																		
2.571,99 (Ost)	I	31.103	1.613,64	2.488,24	2.799,27	1.389,92	2.337,84	2.630,07	1.166,20	2.187,44	2.460,87	942,48	2.037,04	2.291,67	718,76	1.886,64	2.122,47	495,04	1.736,24	1.953,27	271,32	1.585,84	1.784,07
	II	29.313	1.400,63	2.345,04	2.638,17	1.176,91	2.194,64	2.468,97	953,19	2.044,24	2.299,77	729,58	1.893,92	2.130,66	505,86	1.743,52	1.961,46	282,14	1.593,12	1.792,26	58,42	1.442,72	1.623,06
	III	21.874	-	1.749,92	1.968,66	-	1.620,32	1.822,86	-	1.493,76	1.680,48	-	1.370,24	1.541,52	-	1.249,76	1.405,98	-	1.132,48	1.274,04	-	1.018,24	1.145,52
	IV	31.103	1.613,64	2.488,24	2.799,27	1.501,78	2.413,04	2.714,67	1.389,92	2.337,84	2.630,07	1.278,06	2.262,64	2.545,47	1.166,20	2.187,44	2.460,87	1.054,34	2.112,24	2.376,27	942,48	2.037,04	2.291,67
	V	37.276	2.050,18	2.982,08	3.354,84																		
	VI	37.808	2.079,44	3.024,64	3.402,72																		
2.607,99 (West)	I	31.024	1.604,23	2.481,92	2.792,16	1.380,51	2.331,52	2.622,96	1.156,79	2.181,12	2.453,76	933,07	2.030,72	2.284,56	709,35	1.880,32	2.115,36	485,63	1.729,92	1.946,16	261,91	1.579,52	1.776,96
	II	29.235	1.391,34	2.338,80	2.631,15	1.167,62	2.188,40	2.461,95	943,90	2.038,00	2.292,75	720,18	1.887,60	2.123,55	496,46	1.737,20	1.954,35	272,74	1.586,80	1.785,15	49,02	1.436,40	1.615,95
	III	21.806	-	1.744,48	1.962,54	-	1.614,88	1.816,74	-	1.488,48	1.674,54	-	1.365,12	1.535,76	-	1.244,80	1.400,40	-	1.127,68	1.268,64	-	1.013,44	1.140,12
	IV	31.024	1.604,23	2.481,92	2.792,16	1.492,37	2.406,72	2.707,56	1.380,51	2.331,52	2.622,96	1.268,65	2.256,32	2.538,36	1.156,79	2.181,12	2.453,76	1.044,93	2.105,92	2.369,16	933,07	2.030,72	2.284,56
	V	37.197	2.045,83	2.975,76	3.347,73																		
	VI	37.729	2.075,09	3.018,32	3.395,61																		
2.607,99 (Ost)	I	31.118	1.615,42	2.489,44	2.800,62	1.391,70	2.339,04	2.631,42	1.167,98	2.188,64	2.462,22	944,26	2.038,24	2.293,02	720,54	1.887,84	2.123,82	496,82	1.737,44	1.954,62	273,10	1.587,04	1.785,42
	II	29.328	1.402,41	2.346,24	2.639,52	1.178,81	2.195,92	2.470,41	955,09	2.045,52	2.301,21	731,37	1.895,12	2.132,01	507,65	1.744,72	1.962,81	283,93	1.594,32	1.793,61	60,21	1.443,92	1.624,41
	III	21.888	-	1.751,04	1.969,92	-	1.621,28	1.823,94	-	1.494,72	1.681,56	-	1.371,20	1.542,60	-	1.250,72	1.407,06	-	1.133,44	1.275,12	-	1.019,20	1.146,60
	IV	31.118	1.615,42	2.489,44	2.800,62	1.503,56	2.414,24	2.716,02	1.391,70	2.339,04	2.631,42	1.279,84	2.263,84	2.546,82	1.167,98	2.188,64	2.462,22	1.056,12	2.113,44	2.377,62	944,26	2.038,24	2.293,02
	V	37.291	2.051,00	2.983,28	3.356,19																		
	VI	37.823	2.080,26	3.025,84	3.404,07																		
2.643,99 (West)	I	31.039	1.606,02	2.483,12	2.793,51	1.382,30	2.332,72	2.624,31	1.158,58	2.182,32	2.455,11	934,86	2.031,92	2.285,91	711,14	1.881,52	2.116,71	487,54	1.731,20	1.947,60	263,82	1.580,80	1.778,40
	II	29.250	1.393,13	2.340,00	2.632,50	1.169,41	2.189,60	2.463,30	945,69	2.039,20	2.294,10	721,97	1.888,80	2.124,90	498,25	1.738,40	1.955,70	274,53	1.588,00	1.786,50	50,81	1.437,60	1.617,30
	III	21.818	-	1.745,44	1.963,62	-	1.616,00	1.818,00	-	1.489,44	1.675,62	-	1.366,08	1.536,84	-	1.245,76	1.401,48	-	1.128,48	1.269,54	-	1.014,40	1.141,20
	IV	31.039	1.606,02	2.483,12	2.793,51	1.494,16	2.407,92	2.708,91	1.382,30	2.332,72	2.624,31	1.270,44	2.257,52	2.539,71	1.158,58	2.182,32	2.455,11	1.046,72	2.107,12	2.370,51	934,86	2.031,92	2.285,91
	V	37.212	2.046,66	2.976,96	3.349,08																		
	VI	37.744	2.075,92	3.019,52	3.396,96																		
2.643,99 (Ost)	I	31.133	1.617,21	2.490,64	2.801,97	1.393,49	2.340,24	2.632,77	1.169,77	2.189,84	2.463,57	946,05	2.039,44	2.294,37	722,33	1.889,04	2.125,17	498,61	1.738,64	1.955,97	274,89	1.588,24	1.786,77
	II	29.344	1.404,31	2.347,52	2.640,96	1.180,59	2.197,12	2.471,76	956,87	2.046,72	2.302,56	733,15	1.896,32	2.133,36	509,43	1.745,92	1.964,16	285,71	1.595,52	1.794,96	61,99	1.445,12	1.625,76
	III	21.900	-	1.752,00	1.971,00	-	1.622,40	1.825,20	-	1.495,68	1.682,64	-	1.372,16	1.543,68	-	1.251,68	1.408,14	-	1.134,40	1.276,20	-	1.020,00	1.147,50
	IV	31.133	1.617,21	2.490,64	2.801,97	1.505,35	2.415,44	2.717,37	1.393,49	2.340,24	2.632,77	1.281,63	2.265,04	2.548,17	1.169,77	2.189,84	2.463,57	1.057,91	2.114,64	2.378,97	946,05	2.039,44	2.294,37
	V	37.306	2.051,83	2.984,48	3.357,54																		
	VI	37.838	2.081,09	3.027,04	3.405,42																		
2.679,99 (West)	I	31.054	1.607,80	2.484,32	2.794,86	1.384,08	2.333,92	2.625,66	1.160,36	2.183,52	2.456,46	936,64	2.033,12	2.287,26	713,04	1.882,80	2.118,15	489,32	1.732,40	1.948,95	265,60	1.582,00	1.779,75
	II	29.265	1.394,91	2.341,20	2.633,85	1.171,19	2.190,80	2.464,65	947,47	2.040,40	2.295,45	723,75	1.890,00	2.126,25	500,03	1.739,60	1.957,05	276,31	1.589,20	1.787,85	52,71	1.438,88	1.618,74
	III	21.832	-	1.746,56	1.964,88	-	1.616,96	1.819,08	-	1.490,40	1.676,70	-	1.367,04	1.537,92	-	1.246,72	1.402,56	-	1.129,44	1.270,62	-	1.015,36	1.142,28
	IV	31.054	1.607,80	2.484,32	2.794,86	1.495,94	2.409,12	2.710,26	1.384,08	2.333,92	2.625,66	1.272,22	2.258,72	2.541,06	1.160,36	2.183,52	2.456,46	1.048,50	2.108,32	2.371,86	936,64	2.033,12	2.287,26
	V	37.228	2.047,54	2.978,24	3.350,52																		
	VI	37.759	2.076,74	3.020,72	3.398,31																		
2.679,99 (Ost)	I	31.148	1.618,99	2.491,84	2.803,32	1.395,27	2.341,44	2.634,12	1.171,55	2.191,04	2.464,92	947,83	2.040,64	2.295,72	724,11	1.890,24	2.126,52	500,39	1.739,84	1.957,32	276,67	1.589,44	1.788,12
	II	29.359	1.406,10	2.348,72	2.642,31	1.182,38	2.198,32	2.473,11	958,66	2.047,92	2.303,91	734,94	1.897,52	2.134,71	511,22	1.747,12	1.965,51	287,50	1.596,72	1.796,31	63,78	1.446,32	1.627,11
	III	21.914	-	1.753,12	1.972,26	-	1.623,36	1.826,28	-	1.496,64	1.683,72	-	1.373,12	1.544,76	-	1.252,64	1.409,22	-	1.135,20	1.277,10	-	1.020,96	1.148,58
	IV	31.148	1.618,99	2.491,84	2.803,32	1.507,13	2.416,64	2.718,72	1.395,27	2.341,44	2.634,12	1.283,41	2.266,24	2.549,52	1.171,55	2.191,04	2.464,92	1.059,69	2.115,84	2.380,32	947,83	2.040,64	2.295,72
	V	37.321	2.052,65	2.985,68	3.358,89																		
	VI	37.853	2.081,91	3.028,24	3.406,77																		
2.715,99 (West)	I	31.069	1.609,59	2.485,52	2.796,21	1.385,87	2.335,12	2.627,01	1.162,27	2.184,80	2.457,90	938,55	2.034,40	2.288,70	714,83	1.884,00	2.119,50	491,11	1.733,60	1.950,30	267,39	1.583,20	1.781,10
	II	29.280	1.396,70	2.342,40	2.635,20	1.172,98	2.192,00	2.466,00	949,26	2.041,60	2.296,80	725,54	1.891,20	2.127,60	501,82	1.740,80	1.958,40	278,22	1.590,48	1.789,29	54,50	1.440,08	1.620,09
	III	21.844	-	1.747,52	1.965,96	-	1.617,92	1.820,16	-	1.491,52	1.677,96	-	1.368,00	1.539,00	-	1.247,68	1.403,64	-	1.130,40	1.271,70	-	1.016,16	1.143,18
	IV	31.069	1.609,59	2.485,52	2.796,21	1.497,73	2.410,32	2.711,61	1.385,87	2.335,12	2.627,01	1.274,01	2.259,92	2.542,41	1.162,27	2.184,80	2.457,90	1.050,41	2.109,60	2.373,30	938,55	2.034,40	2.288,70
	V	37.243	2.048,36	2.979,44	3.351,87																		
	VI	37.774	2.077,57	3.021,92	3.399,66																		
2.715,99 (Ost)	I	31.163	1.620,78	2.493,04	2.804,67	1.397,06	2.342,64	2.635,47	1.173,34	2.192,24	2.466,27	949,62	2.041,84	2.297,07	725,90	1.891,44	2.127,87	502,18	1.741,04	1.958,67	278,46	1.590,64	1.789,47
	II	29.374	1.407,88	2.349,92	2.643,66	1.184,16	2.199,52	2.474,46	960,44	2.049,12	2.305,26	736,72	1.898,72	2.136,06	513,00	1.748,32	1.966,86	289,28	1.597,92	1.797,66	65,56	1.447,52	1.628,46
	III	21.928	-	1.754,24	1.973,52	-	1.624,32	1.827,36	-	1.497,76	1.684,98	-	1.374,08	1.545,84	-	1.253,60	1.410,30	-	1.136,16	1.278,18	-	1.021,92	1.149,66
	IV	31.163	1.620,78	2.493,04	2.804,67	1.508,92	2.417,84	2.720,07	1.397,06	2.342,64	2.635,47	1.285,20	2.267,44	2.550,87	1.173,34	2.192,24	2.466,27	1.061,48	2.117,04	2.381,67	949,62	2.041,84	2.297,07
	V	37.336	2.053,48	2.986,88	3.360,24																		
	VI	37.868	2.082,74	3.029,44	3.408,12																		
12.751,99 (West)	I	31.084	1.611,37	2.486,72	2.797,56	1.387,77	2.336,40	2.628,45	1.164,05	2.186,00	2.459,25	940,33	2.035,60	2.290,05	716,61	1.885,20	2.120,85	492,89	1.734,80	1.951,65	269,17	1.584,40	1.782,45
	II	29.295	1.398,48	2.343,60	2.636,55	1.174,76	2.193,20	2.467,35	951,04	2.042,80	2.298,15	727,44	1.892,48	2.129,04	503,72	1.742,08	1.959,84	280,00	1.591,68	1.790,64	56,28	1.441,28	1.621,44
	III	21.858	-	1.748,64	1.967,22	-	1.619,04	1.821,42	-	1.492,48	1.679,04	-	1.368,96	1.540,08	-	1.248,64	1.404,72	-	1.131,36	1.272,78	-	1.017,12	1.144,26
	IV	31.084	1.611,37	2.486,72	2.797,56	1.499,63	2.411,60	2.713,05	1.387,77	2.336,40	2.628,45	1.275,91	2.261,20	2.543,85	1.164,05	2.186,00	2.459,25	1.052,19	2.110,80	2.374,65	940,33	2.035,60	2.290,05
	V	37.258	2.049,19	2.980,64	3.353,22																		
	VI	37.789	2.078,39	3.023,12	3.401,01																		
12.751,99 (Ost)	I	31.178	1.622,56	2.494,24	2.806,02	1.398,84	2.343,84	2.636,82	1.175,12	2.193,44	2.467,62	951,40	2.043,04	2.298,42	727,68	1.892,64	2.129,22	504,08	1.742,32	1.960,11	280,36	1.591,92	1.790,91
	II	29.389	1.409,67	2.351,12	2.645,01	1.185,95	2.200,72	2.475,81	962,23	2.050,32	2.306,61	738,51	1.899,92	2.137,41	514,79	1.749,52	1.968,21	291,07	1.599,12	1.799,01	67,35	1.448,72	1.629,81
	III	21.940	-	1.755,20	1.974,60	-	1.625,44	1.828,62	-	1.498,72	1.686,06	-	1.375,04	1.546,92	-	1.254,56	1.411,38	-	1.137,12	1.279,26	-	1.022,72	1.150,56
	IV	31.178	1.622,56	2.494,24	2.806,02	1.510,70	2.419,04	2.721,42	1.398,84	2.343,84	2.636,82	1.286,98	2.268,64	2.552,22	1.175,12	2.193,44	2.467,62	1.063,26	2.118,24	2.383,02	951,40	2.043,04	2.298,42
	V	37.351	2.054,30	2.988,08	3.361,59																		
	VI	37.883	2.083,56	3.030,64	3.409,47																		

Anzahl Kinderfreibeträge (nur Steuerklassen I–IV)

SolZ/KiSt lt. Tabelle nicht für Sonstige Bezüge anwendbar.

Lohn/ Gehalt bis	Steuerklasse	Lohn-steuer	ohne Kinderfreibetrag			Anzahl Kinderfreibeträge (nur Steuerklassen I–IV)																	
						0,5			1,0			1,5			2,0			2,5			3,0		
			SolZ 5,5%	Kirchensteuer 8%	9%	SolZ 5,5%	Kirchensteuer 8%	9%	SolZ 5,5%	Kirchensteuer 8%	9%	SolZ 5,5%	Kirchensteuer 8%	9%	SolZ 5,5%	Kirchensteuer 8%	9%	SolZ 5,5%	Kirchensteuer 8%	9%	SolZ 5,5%	Kirchensteuer 8%	9%
112.787,99 (West)	I	31.100	1.613,28	2.488,00	2.799,00	1.389,56	2.337,60	2.629,80	1.165,84	2.187,20	2.460,60	942,12	2.036,80	2.291,40	718,40	1.886,40	2.122,20	494,68	1.736,00	1.953,00	270,96	1.585,60	1.783,
	II	29.310	1.400,27	2.344,80	2.637,90	1.176,55	2.194,40	2.468,70	952,95	2.044,08	2.299,59	729,23	1.893,68	2.130,39	505,51	1.743,28	1.961,19	281,79	1.592,88	1.791,99	58,07	1.442,48	1.622,
	III	21.872	-	1.749,76	1.968,48	-	1.620,00	1.822,50	-	1.493,44	1.680,12	-	1.369,92	1.541,16	-	1.249,60	1.405,80	-	1.132,32	1.273,86	-	1.018,08	1.145,
	IV	31.100	1.613,28	2.488,00	2.799,00	1.501,42	2.412,80	2.714,40	1.389,56	2.337,60	2.629,80	1.277,70	2.262,40	2.545,20	1.165,84	2.187,20	2.460,60	1.053,98	2.112,00	2.376,00	942,12	2.036,80	2.291,
	V	37.273	2.050,01	2.981,84	3.354,57																		
	VI	37.805	2.079,27	3.024,40	3.402,45																		
112.787,99 (Ost)	I	31.193	1.624,35	2.495,44	2.807,37	1.400,63	2.345,04	2.638,17	1.176,91	2.194,64	2.468,97	953,19	2.044,24	2.299,77	729,58	1.893,92	2.130,66	505,86	1.743,52	1.961,46	282,14	1.593,12	1.792,
	II	29.404	1.411,45	2.352,32	2.646,36	1.187,73	2.201,92	2.477,16	964,01	2.051,52	2.307,96	740,29	1.901,12	2.138,76	516,57	1.750,72	1.969,56	292,85	1.600,32	1.800,36	69,25	1.450,00	1.631,
	III	21.954	-	1.756,32	1.975,86	-	1.626,40	1.829,70	-	1.499,68	1.687,14	-	1.376,16	1.548,18	-	1.255,52	1.412,46	-	1.138,08	1.280,34	-	1.023,68	1.151,
	IV	31.193	1.624,35	2.495,44	2.807,37	1.512,49	2.420,24	2.722,77	1.400,63	2.345,04	2.638,17	1.288,77	2.269,84	2.553,57	1.176,91	2.194,64	2.468,97	1.065,05	2.119,44	2.384,37	953,19	2.044,24	2.299,
	V	37.367	2.055,18	2.989,36	3.363,03																		
	VI	37.898	2.084,39	3.031,84	3.410,82																		
112.823,99 (West)	I	31.115	1.615,06	2.489,20	2.800,35	1.391,34	2.338,80	2.631,15	1.167,62	2.188,40	2.461,95	943,90	2.038,00	2.292,75	720,18	1.887,60	2.123,55	496,46	1.737,20	1.954,35	272,74	1.586,80	1.785,
	II	29.326	1.402,17	2.346,08	2.639,34	1.178,45	2.195,68	2.470,14	954,73	2.045,28	2.300,94	731,01	1.894,88	2.131,74	507,29	1.744,48	1.962,54	283,57	1.594,08	1.793,34	59,85	1.443,68	1.624,
	III	21.884	-	1.750,72	1.969,56	-	1.621,12	1.823,76	-	1.494,40	1.681,20	-	1.371,04	1.542,42	-	1.250,56	1.406,88	-	1.133,12	1.274,76	-	1.018,88	1.146,
	IV	31.115	1.615,06	2.489,20	2.800,35	1.503,20	2.414,00	2.715,75	1.391,34	2.338,80	2.631,15	1.279,48	2.263,60	2.546,55	1.167,62	2.188,40	2.461,95	1.055,76	2.113,20	2.377,35	943,90	2.038,00	2.292,
	V	37.288	2.050,84	2.983,04	3.355,92																		
	VI	37.820	2.080,10	3.025,60	3.403,80																		
112.823,99 (Ost)	I	31.208	1.626,13	2.496,64	2.808,72	1.402,41	2.346,24	2.639,52	1.178,81	2.195,92	2.470,41	955,09	2.045,52	2.301,21	731,37	1.895,12	2.132,01	507,65	1.744,72	1.962,81	283,93	1.594,32	1.793,
	II	29.419	1.413,24	2.353,52	2.647,71	1.189,52	2.203,12	2.478,51	965,80	2.052,72	2.309,31	742,08	1.902,32	2.140,11	518,36	1.751,92	1.970,91	294,76	1.601,60	1.801,80	71,04	1.451,20	1.632,
	III	21.966	-	1.757,28	1.976,94	-	1.627,52	1.830,96	-	1.500,80	1.688,40	-	1.377,12	1.549,26	-	1.256,48	1.413,54	-	1.139,04	1.281,42	-	1.024,64	1.152
	IV	31.208	1.626,13	2.496,64	2.808,72	1.514,27	2.421,44	2.724,12	1.402,41	2.346,24	2.639,52	1.290,55	2.271,04	2.554,92	1.178,81	2.195,92	2.470,41	1.066,95	2.120,72	2.385,81	955,09	2.045,52	2.301,
	V	37.382	2.056,01	2.990,56	3.364,38																		
	VI	37.913	2.085,21	3.033,04	3.412,17																		
112.859,99 (West)	I	31.130	1.616,85	2.490,40	2.801,70	1.393,13	2.340,00	2.632,50	1.169,41	2.189,60	2.463,30	945,69	2.039,20	2.294,10	721,97	1.888,80	2.124,90	498,25	1.738,40	1.955,70	274,53	1.588,00	1.786,
	II	29.341	1.403,96	2.347,28	2.640,69	1.180,24	2.196,88	2.471,49	956,52	2.046,48	2.302,29	732,80	1.896,08	2.133,09	509,08	1.745,68	1.963,89	285,36	1.595,28	1.794,69	61,64	1.444,88	1.625,
	III	21.898	-	1.751,84	1.970,82	-	1.622,08	1.824,84	-	1.495,52	1.682,46	-	1.372,00	1.543,50	-	1.251,52	1.407,96	-	1.134,08	1.275,84	-	1.019,84	1.147,
	IV	31.130	1.616,85	2.490,40	2.801,70	1.504,99	2.415,20	2.717,10	1.393,13	2.340,00	2.632,50	1.281,27	2.264,80	2.547,90	1.169,41	2.189,60	2.463,30	1.057,55	2.114,40	2.378,70	945,69	2.039,20	2.294,
	V	37.303	2.051,66	2.984,24	3.357,27																		
	VI	37.835	2.080,92	3.026,80	3.405,15																		
112.859,99 (Ost)	I	31.223	1.627,92	2.497,84	2.810,07	1.404,31	2.347,52	2.640,96	1.180,59	2.197,12	2.471,76	956,87	2.046,72	2.302,56	733,15	1.896,32	2.133,36	509,43	1.745,92	1.964,16	285,71	1.595,52	1.794,
	II	29.434	1.415,02	2.354,72	2.649,06	1.191,30	2.204,32	2.479,86	967,58	2.053,92	2.310,66	743,98	1.903,60	2.141,55	520,26	1.753,20	1.972,35	296,54	1.602,80	1.803,15	72,82	1.452,40	1.633,
	III	21.980	-	1.758,40	1.978,20	-	1.628,48	1.832,04	-	1.501,76	1.689,48	-	1.378,08	1.550,34	-	1.257,44	1.414,62	-	1.140,00	1.282,50	-	1.025,44	1.153,
	IV	31.223	1.627,92	2.497,84	2.810,07	1.516,17	2.422,72	2.725,56	1.404,31	2.347,52	2.640,96	1.292,45	2.272,32	2.556,36	1.180,59	2.197,12	2.471,76	1.068,73	2.121,92	2.387,16	956,87	2.046,72	2.302,
	V	37.397	2.056,83	2.991,76	3.365,73																		
	VI	37.929	2.086,09	3.034,32	3.413,61																		
112.895,99 (West)	I	31.145	1.618,63	2.491,60	2.803,05	1.394,91	2.341,20	2.633,85	1.171,19	2.190,80	2.464,65	947,47	2.040,40	2.295,45	723,75	1.890,00	2.126,25	500,03	1.739,60	1.957,05	276,31	1.589,20	1.787,
	II	29.356	1.405,74	2.348,48	2.642,04	1.182,02	2.198,08	2.472,84	958,30	2.047,68	2.303,64	734,58	1.897,28	2.134,44	510,86	1.746,88	1.965,24	287,14	1.596,48	1.796,04	63,42	1.446,08	1.626,
	III	21.910	-	1.752,80	1.971,90	-	1.623,20	1.826,10	-	1.496,48	1.683,54	-	1.372,96	1.544,58	-	1.252,48	1.409,04	-	1.135,04	1.276,92	-	1.020,80	1.148,
	IV	31.145	1.618,63	2.491,60	2.803,05	1.506,77	2.416,40	2.718,45	1.394,91	2.341,20	2.633,85	1.283,05	2.266,00	2.549,25	1.171,19	2.190,80	2.464,65	1.059,33	2.115,60	2.380,05	947,47	2.040,40	2.295,
	V	37.318	2.052,49	2.985,44	3.358,62																		
	VI	37.850	2.081,75	3.028,00	3.406,50																		
112.895,99 (Ost)	I	31.239	1.629,82	2.499,12	2.811,51	1.406,10	2.348,72	2.642,31	1.182,38	2.198,32	2.473,11	958,66	2.047,92	2.303,91	734,94	1.897,52	2.134,71	511,22	1.747,12	1.965,51	287,50	1.596,72	1.796,
	II	29.449	1.416,81	2.355,92	2.650,41	1.193,09	2.205,52	2.481,21	969,49	2.055,20	2.312,10	745,77	1.904,80	2.142,90	522,05	1.754,40	1.973,70	298,33	1.604,00	1.804,50	74,61	1.453,60	1.635,
	III	21.994	-	1.759,52	1.979,46	-	1.629,60	1.833,30	-	1.502,72	1.690,56	-	1.379,04	1.551,42	-	1.258,40	1.415,70	-	1.140,80	1.283,40	-	1.026,40	1.154,
	IV	31.239	1.629,82	2.499,12	2.811,51	1.517,96	2.423,92	2.726,91	1.406,10	2.348,72	2.642,31	1.294,24	2.273,52	2.557,71	1.182,38	2.198,32	2.473,11	1.070,52	2.123,12	2.388,51	958,66	2.047,92	2.303,
	V	37.412	2.057,66	2.992,96	3.367,08																		
	VI	37.944	2.086,92	3.035,52	3.414,96																		
112.931,99 (West)	I	31.160	1.620,42	2.492,80	2.804,40	1.396,70	2.342,40	2.635,20	1.172,98	2.192,00	2.466,00	949,26	2.041,60	2.296,80	725,54	1.891,20	2.127,60	501,82	1.740,80	1.958,40	278,22	1.590,48	1.789,
	II	29.371	1.407,53	2.349,68	2.643,39	1.183,81	2.199,28	2.474,19	960,09	2.048,88	2.304,99	736,37	1.898,48	2.135,79	512,65	1.748,08	1.966,59	288,93	1.597,68	1.797,39	65,21	1.447,28	1.628,
	III	21.924	-	1.753,92	1.973,16	-	1.624,16	1.827,18	-	1.497,44	1.684,62	-	1.373,92	1.545,66	-	1.253,44	1.410,12	-	1.136,00	1.278,00	-	1.021,60	1.149,
	IV	31.160	1.620,42	2.492,80	2.804,40	1.508,56	2.417,60	2.719,80	1.396,70	2.342,40	2.635,20	1.284,84	2.267,20	2.550,60	1.172,98	2.192,00	2.466,00	1.061,12	2.116,80	2.381,40	949,26	2.041,60	2.296,
	V	37.333	2.053,31	2.986,64	3.359,97																		
	VI	37.865	2.082,57	3.029,20	3.407,85																		
112.931,99 (Ost)	I	31.254	1.631,60	2.500,32	2.812,86	1.407,88	2.349,92	2.643,66	1.184,16	2.199,52	2.474,46	960,44	2.049,12	2.305,26	736,72	1.898,72	2.136,06	513,00	1.748,32	1.966,86	289,28	1.597,92	1.797,
	II	29.465	1.418,71	2.357,20	2.651,85	1.194,99	2.206,80	2.482,65	971,27	2.056,40	2.313,45	747,55	1.906,00	2.144,25	523,83	1.755,60	1.975,05	300,11	1.605,20	1.805,85	76,39	1.454,80	1.636,
	III	22.006	-	1.760,48	1.980,54	-	1.630,56	1.834,38	-	1.503,84	1.691,82	-	1.380,00	1.552,50	-	1.259,36	1.416,78	-	1.141,76	1.284,48	-	1.027,36	1.155,
	IV	31.254	1.631,60	2.500,32	2.812,86	1.519,74	2.425,12	2.728,26	1.407,88	2.349,92	2.643,66	1.296,02	2.274,72	2.559,06	1.184,16	2.199,52	2.474,46	1.072,30	2.124,32	2.389,86	960,44	2.049,12	2.305,
	V	37.427	2.058,48	2.994,16	3.368,43																		
	VI	37.959	2.087,74	3.036,72	3.416,31																		
112.967,99 (West)	I	31.175	1.622,20	2.494,00	2.805,75	1.398,48	2.343,60	2.636,55	1.174,76	2.193,20	2.467,35	951,04	2.042,80	2.298,15	727,44	1.892,48	2.129,04	503,72	1.742,08	1.959,84	280,00	1.591,68	1.790,
	II	29.386	1.409,31	2.350,88	2.644,74	1.185,59	2.200,48	2.475,54	961,87	2.050,08	2.306,34	738,15	1.899,68	2.137,14	514,43	1.749,28	1.967,94	290,71	1.598,88	1.798,74	66,99	1.448,48	1.629,
	III	21.938	-	1.755,04	1.974,42	-	1.625,28	1.828,44	-	1.498,56	1.685,88	-	1.374,88	1.546,74	-	1.254,40	1.411,20	-	1.136,96	1.279,08	-	1.022,56	1.150,
	IV	31.175	1.622,20	2.494,00	2.805,75	1.510,34	2.418,80	2.721,15	1.398,48	2.343,60	2.636,55	1.286,62	2.268,40	2.551,95	1.174,76	2.193,20	2.467,35	1.062,90	2.118,00	2.382,75	951,04	2.042,80	2.298,
	V	37.348	2.054,14	2.987,84	3.361,32																		
	VI	37.880	2.083,40	3.030,40	3.409,20																		
112.967,99 (Ost)	I	31.269	1.633,39	2.501,52	2.814,21	1.409,67	2.351,12	2.645,01	1.185,95	2.200,72	2.475,81	962,23	2.050,32	2.306,61	738,51	1.899,92	2.137,41	514,79	1.749,52	1.968,21	291,07	1.599,12	1.799,
	II	29.480	1.420,50	2.358,40	2.653,20	1.196,78	2.208,00	2.484,00	973,06	2.057,60	2.314,80	749,34	1.907,20	2.145,60	525,62	1.756,80	1.976,40	301,90	1.606,40	1.807,20	78,18	1.456,00	1.638,
	III	22.020	-	1.761,60	1.981,80	-	1.631,68	1.835,64	-	1.504,80	1.692,90	-	1.380,96	1.553,58	-	1.260,32	1.417,86	-	1.142,72	1.285,56	-	1.028,16	1.156,
	IV	31.269	1.633,39	2.501,52	2.814,21	1.521,53	2.426,32	2.729,61	1.409,67	2.351,12	2.645,01	1.297,81	2.275,92	2.560,41	1.185,95	2.200,72	2.475,81	1.074,09	2.125,52	2.391,21	962,23	2.050,32	2.306,
	V	37.442	2.059,31	2.995,36	3.369,78																		
	VI	37.974	2.088,57	3.037,92	3.417,66																		
113.003,99 (West)	I	31.190	1.623,99	2.495,20	2.807,10	1.400,27	2.344,80	2.637,90	1.176,55	2.194,40	2.468,70	952,95	2.044,08	2.299,59	729,23	1.893,68	2.130,39	505,51	1.743,28	1.961,19	281,79	1.592,88	1.791,9
	II	29.401	1.411,10	2.352,08	2.646,09	1.187,38	2.201,68	2.476,89	963,66	2.051,28	2.307,69	739,94	1.900,88	2.138,49	516,22	1.750,48	1.969,29	292,62	1.600,16	1.800,18	68,90	1.449,76	1.630,9
	III	21.950	-	1.756,00	1.975,50	-	1.626,24	1.829,52	-	1.499,52	1.686,96	-	1.375,84	1.547,82	-	1.255,36	1.412,28	-	1.137,92	1.280,16	-	1.023,52	1.151,4
	IV	31.190	1.623,99	2.495,20	2.807,10	1.512,13	2.420,00	2.722,50	1.400,27	2.344,80	2.637,90	1.288,41	2.269,60	2.553,30	1.176,55	2.194,40	2.468,70	1.064,81	2.119,28	2.384,19	952,95	2.044,08	2.299,5
	V	37.364	2.055,02	2.989,12	3.362,76																		
	VI	37.895	2.084,22	3.031,60	3.410,55																		
113.003,99 (Ost)	I	31.284	1.635,17	2.502,72	2.815,56	1.411,45	2.352,32	2.646,36	1.187,73	2.201,92	2.477,16	964,01	2.051,52	2.307,96	740,29	1.901,12	2.138,76	516,57	1.750,72	1.969,56	292,85	1.600,32	1.800,3
	II	29.495	1.422,28	2.359,60	2.654,55	1.198,56	2.209,20	2.485,35	974,84	2.058,80	2.316,15	751,12	1.908,40	2.146,95	527,40	1.758,00	1.977,75	303,68	1.607,60	1.808,55	79,96	1.457,20	1.639,3
	III	22.032	-	1.762,56	1.982,88	-	1.632,64	1.836,72	-	1.505,76	1.693,98	-	1.381,92	1.554,66	-	1.261,28	1.418,94	-	1.143,68	1.286,64	-	1.029,12	1.157,
	IV	31.284	1.635,17	2.502,72	2.815,56	1.523,31	2.427,52	2.730,96	1.411,45	2.352,32	2.646,36	1.299,59	2.277,12	2.561,76	1.187,73	2.201,92	2.477,16	1.075,87	2.126,72	2.392,56	964,01	2.051,52	2.307,
	V	37.457	2.060,13	2.996,56	3.371,13																		
	VI	37.989	2.089,39	3.039,12	3.419,01																		

SolZ/KiSt lt. Tabelle nicht für Sonstige Bezüge anwendbar.

Lohn/ Gehalt bis	Steuerklasse	Lohn-steuer	ohne Kinderfreibetrag SolZ 5,5%	Kirchensteuer 8%	Kirchensteuer 9%	0,5 SolZ 5,5%	0,5 Kirchensteuer 8%	0,5 Kirchensteuer 9%	1,0 SolZ 5,5%	1,0 Kirchensteuer 8%	1,0 Kirchensteuer 9%	1,5 SolZ 5,5%	1,5 Kirchensteuer 8%	1,5 Kirchensteuer 9%	2,0 SolZ 5,5%	2,0 Kirchensteuer 8%	2,0 Kirchensteuer 9%	2,5 SolZ 5,5%	2,5 Kirchensteuer 8%	2,5 Kirchensteuer 9%	3,0 SolZ 5,5%	3,0 Kirchensteuer 8%	3,0 Kirchensteuer 9%
						Anzahl Kinderfreibeträge (nur Steuerklassen I–IV)																	
13.039,99 (West)	I	31.205	*1.625,77*	2.496,40	2.808,45	*1.402,17*	2.346,08	2.639,34	*1.178,45*	2.195,68	2.470,14	*954,73*	2.045,28	2.300,94	*731,01*	1.894,88	2.131,74	*507,29*	1.744,48	1.962,54	*283,57*	1.594,08	1.793,34
	II	29.416	*1.412,88*	2.353,28	2.647,44	*1.189,16*	2.202,88	2.478,24	*965,44*	2.052,48	2.309,04	*741,72*	1.902,08	2.139,84	*518,12*	1.751,76	1.970,73	*294,40*	1.601,36	1.801,53	*70,68*	1.450,96	1.632,33
	III	21.964	–	1.757,12	1.976,76	–	1.627,20	1.830,60	–	1.500,48	1.688,04	–	1.376,80	1.548,90	–	1.256,32	1.413,36	–	1.138,72	1.281,06	–	1.024,32	1.152,36
	IV	31.205	*1.625,77*	2.496,40	2.808,45	*1.513,91*	2.421,20	2.723,85	*1.402,17*	2.346,08	2.639,34	*1.290,31*	2.270,88	2.554,74	*1.178,45*	2.195,68	2.470,14	*1.066,59*	2.120,48	2.385,54	*954,73*	2.045,28	2.300,94
	V	37.379	*2.055,84*	2.990,32	3.364,11																		
	VI	37.910	*2.085,05*	3.032,80	3.411,90																		
13.039,99 (Ost)	I	31.299	*1.636,96*	2.503,92	2.816,91	*1.413,24*	2.353,52	2.647,71	*1.189,52*	2.203,12	2.478,51	*965,80*	2.052,72	2.309,31	*742,08*	1.902,32	2.140,11	*518,36*	1.751,92	1.970,91	*294,76*	1.601,60	1.801,80
	II	29.510	*1.424,07*	2.360,80	2.655,90	*1.200,35*	2.210,40	2.486,70	*976,63*	2.060,00	2.317,50	*752,91*	1.909,60	2.148,30	*529,19*	1.759,20	1.979,10	*305,47*	1.608,80	1.809,90	*81,75*	1.458,40	1.640,70
	III	22.046	–	1.763,68	1.984,14	–	1.633,76	1.837,98	–	1.506,72	1.695,06	–	1.383,04	1.555,92	–	1.262,24	1.420,02	–	1.144,64	1.287,72	–	1.030,08	1.158,84
	IV	31.299	*1.636,96*	2.503,92	2.816,91	*1.525,10*	2.428,72	2.732,31	*1.413,24*	2.353,52	2.647,71	*1.301,38*	2.278,32	2.563,11	*1.189,52*	2.203,12	2.478,51	*1.077,66*	2.127,92	2.393,91	*965,80*	2.052,72	2.309,31
	V	37.472	*2.060,96*	2.997,76	3.372,48																		
	VI	38.004	*2.090,22*	3.040,32	3.420,36																		
13.075,99 (West)	I	31.221	*1.627,68*	2.497,68	2.809,89	*1.403,96*	2.347,28	2.640,69	*1.180,24*	2.196,88	2.471,49	*956,52*	2.046,48	2.302,29	*732,80*	1.896,08	2.133,09	*509,08*	1.745,68	1.963,89	*285,36*	1.595,28	1.794,69
	II	29.431	*1.414,67*	2.354,48	2.648,79	*1.190,95*	2.204,08	2.479,59	*967,35*	2.053,76	2.310,48	*743,63*	1.903,36	2.141,28	*519,91*	1.752,96	1.972,08	*296,19*	1.602,56	1.802,88	*72,47*	1.452,16	1.633,68
	III	21.976	–	1.758,08	1.977,84	–	1.628,32	1.831,86	–	1.501,60	1.689,30	–	1.377,76	1.549,98	–	1.257,28	1.414,44	–	1.139,68	1.282,14	–	1.025,28	1.153,44
	IV	31.221	*1.627,68*	2.497,68	2.809,89	*1.515,82*	2.422,48	2.725,29	*1.403,96*	2.347,28	2.640,69	*1.292,10*	2.272,08	2.556,09	*1.180,24*	2.196,88	2.471,49	*1.068,38*	2.121,68	2.386,89	*956,52*	2.046,48	2.302,29
	V	37.394	*2.056,67*	2.991,52	3.365,46																		
	VI	37.926	*2.085,93*	3.034,08	3.413,34																		
13.075,99 (Ost)	I	31.314	*1.638,74*	2.505,12	2.818,26	*1.415,02*	2.354,72	2.649,06	*1.191,30*	2.204,32	2.479,86	*967,58*	2.053,92	2.310,66	*743,98*	1.903,60	2.141,55	*520,26*	1.753,20	1.972,35	*296,54*	1.602,80	1.803,15
	II	29.525	*1.425,85*	2.362,00	2.657,25	*1.202,13*	2.211,60	2.488,05	*978,41*	2.061,20	2.318,85	*754,69*	1.910,80	2.149,65	*530,97*	1.760,40	1.980,45	*307,25*	1.610,00	1.811,25	*83,53*	1.459,60	1.642,05
	III	22.060	–	1.764,80	1.985,40	–	1.634,72	1.839,06	–	1.507,84	1.696,32	–	1.384,00	1.557,00	–	1.263,20	1.421,10	–	1.145,60	1.288,80	–	1.030,88	1.159,74
	IV	31.314	*1.638,74*	2.505,12	2.818,26	*1.526,88*	2.429,92	2.733,66	*1.415,02*	2.354,72	2.649,06	*1.303,16*	2.279,52	2.564,46	*1.191,30*	2.204,32	2.479,86	*1.079,44*	2.129,12	2.395,26	*967,58*	2.053,92	2.310,66
	V	37.488	*2.061,84*	2.999,04	3.373,92																		
	VI	38.019	*2.091,04*	3.041,52	3.421,71																		
13.111,99 (West)	I	31.236	*1.629,46*	2.498,88	2.811,24	*1.405,74*	2.348,48	2.642,04	*1.182,02*	2.198,08	2.472,84	*958,30*	2.047,68	2.303,64	*734,58*	1.897,28	2.134,44	*510,86*	1.746,88	1.965,24	*287,14*	1.596,48	1.796,04
	II	29.446	*1.416,45*	2.355,68	2.650,14	*1.192,85*	2.205,36	2.481,03	*969,13*	2.054,96	2.311,83	*745,41*	1.904,56	2.142,63	*521,69*	1.754,16	1.973,43	*297,97*	1.603,76	1.804,23	*74,25*	1.453,36	1.635,03
	III	21.990	–	1.759,20	1.979,10	–	1.629,28	1.832,94	–	1.502,56	1.690,38	–	1.378,88	1.551,24	–	1.258,24	1.415,52	–	1.140,64	1.283,22	–	1.026,24	1.154,52
	IV	31.236	*1.629,46*	2.498,88	2.811,24	*1.517,60*	2.423,68	2.726,64	*1.405,74*	2.348,48	2.642,04	*1.293,88*	2.273,28	2.557,44	*1.182,02*	2.198,08	2.472,84	*1.070,16*	2.122,88	2.388,24	*958,30*	2.047,68	2.303,64
	V	37.409	*2.057,49*	2.992,72	3.366,81																		
	VI	37.941	*2.086,75*	3.035,28	3.414,69																		
13.111,99 (Ost)	I	31.329	*1.640,53*	2.506,32	2.819,61	*1.416,81*	2.355,92	2.650,41	*1.193,09*	2.205,52	2.481,21	*969,49*	2.055,20	2.312,10	*745,77*	1.904,80	2.142,90	*522,05*	1.754,40	1.973,70	*298,33*	1.604,00	1.804,50
	II	29.540	*1.427,64*	2.363,20	2.658,60	*1.203,92*	2.212,80	2.489,40	*980,20*	2.062,40	2.320,20	*756,48*	1.912,00	2.151,00	*532,76*	1.761,60	1.981,80	*309,16*	1.611,28	1.812,69	*85,44*	1.460,88	1.643,49
	III	22.072	–	1.765,76	1.986,48	–	1.635,68	1.840,14	–	1.508,80	1.697,40	–	1.384,96	1.558,08	–	1.264,16	1.422,18	–	1.146,40	1.289,70	–	1.031,84	1.160,82
	IV	31.329	*1.640,53*	2.506,32	2.819,61	*1.528,67*	2.431,12	2.735,01	*1.416,81*	2.355,92	2.650,41	*1.304,95*	2.280,72	2.565,81	*1.193,09*	2.205,52	2.481,21	*1.081,35*	2.130,40	2.396,70	*969,49*	2.055,20	2.312,10
	V	37.503	*2.062,66*	3.000,24	3.375,27																		
	VI	38.034	*2.091,87*	3.042,72	3.423,06																		
13.147,99 (West)	I	31.251	*1.631,25*	2.500,08	2.812,59	*1.407,53*	2.349,68	2.643,39	*1.183,81*	2.199,28	2.474,19	*960,09*	2.048,88	2.304,99	*736,37*	1.898,48	2.135,79	*512,65*	1.748,08	1.966,59	*288,93*	1.597,68	1.797,39
	II	29.462	*1.418,36*	2.356,96	2.651,58	*1.194,64*	2.206,56	2.482,38	*970,92*	2.056,16	2.313,18	*747,20*	1.905,76	2.143,98	*523,48*	1.755,36	1.974,78	*299,76*	1.604,96	1.805,58	*76,04*	1.454,56	1.636,38
	III	22.004	–	1.760,32	1.980,36	–	1.630,40	1.834,20	–	1.503,52	1.691,46	–	1.379,84	1.552,32	–	1.259,20	1.416,60	–	1.141,60	1.284,30	–	1.027,04	1.155,42
	IV	31.251	*1.631,25*	2.500,08	2.812,59	*1.519,39*	2.424,88	2.727,99	*1.407,53*	2.349,68	2.643,39	*1.295,67*	2.274,48	2.558,79	*1.183,81*	2.199,28	2.474,19	*1.071,95*	2.124,08	2.389,59	*960,09*	2.048,88	2.304,99
	V	37.424	*2.058,32*	2.993,92	3.368,16																		
	VI	37.956	*2.087,58*	3.036,48	3.416,04																		
13.147,99 (Ost)	I	31.344	*1.642,31*	2.507,52	2.820,96	*1.418,71*	2.357,20	2.651,85	*1.194,99*	2.206,80	2.482,65	*971,27*	2.056,40	2.313,45	*747,55*	1.906,00	2.144,25	*523,83*	1.755,60	1.975,05	*300,11*	1.605,20	1.805,85
	II	29.555	*1.429,42*	2.364,40	2.659,95	*1.205,70*	2.214,00	2.490,75	*981,98*	2.063,60	2.321,55	*758,26*	1.913,20	2.152,35	*534,66*	1.762,88	1.983,24	*310,94*	1.612,48	1.814,04	*87,22*	1.462,08	1.644,84
	III	22.086	–	1.766,88	1.987,74	–	1.636,80	1.841,40	–	1.509,76	1.698,48	–	1.385,92	1.559,16	–	1.265,12	1.423,26	–	1.147,36	1.290,78	–	1.032,80	1.161,90
	IV	31.344	*1.642,31*	2.507,52	2.820,96	*1.530,45*	2.432,32	2.736,36	*1.418,71*	2.357,20	2.651,85	*1.306,85*	2.282,00	2.567,25	*1.194,99*	2.206,80	2.482,65	*1.083,13*	2.131,60	2.398,05	*971,27*	2.056,40	2.313,45
	V	37.518	*2.063,49*	3.001,44	3.376,62																		
	VI	38.049	*2.092,69*	3.043,92	3.424,41																		
13.183,99 (West)	I	31.266	*1.633,03*	2.501,28	2.813,94	*1.409,31*	2.350,88	2.644,74	*1.185,59*	2.200,48	2.475,54	*961,87*	2.050,08	2.306,34	*738,15*	1.899,68	2.137,14	*514,43*	1.749,28	1.967,94	*290,71*	1.598,88	1.798,74
	II	29.477	*1.420,14*	2.358,16	2.652,93	*1.196,42*	2.207,76	2.483,73	*972,70*	2.057,36	2.314,53	*748,98*	1.906,96	2.145,33	*525,26*	1.756,56	1.976,13	*301,54*	1.606,16	1.806,93	*77,82*	1.455,76	1.637,73
	III	22.016	–	1.761,28	1.981,44	–	1.631,36	1.835,28	–	1.504,48	1.692,54	–	1.380,80	1.553,40	–	1.260,16	1.417,68	–	1.142,56	1.285,38	–	1.028,00	1.156,50
	IV	31.266	*1.633,03*	2.501,28	2.813,94	*1.521,17*	2.426,08	2.729,34	*1.409,31*	2.350,88	2.644,74	*1.297,45*	2.275,68	2.560,14	*1.185,59*	2.200,48	2.475,54	*1.073,73*	2.125,28	2.390,94	*961,87*	2.050,08	2.306,34
	V	37.439	*2.059,14*	2.995,12	3.369,51																		
	VI	37.971	*2.088,40*	3.037,68	3.417,39																		
13.183,99 (Ost)	I	31.360	*1.644,22*	2.508,80	2.822,40	*1.420,50*	2.358,40	2.653,20	*1.196,78*	2.208,00	2.484,00	*973,06*	2.057,60	2.314,80	*749,34*	1.907,20	2.145,60	*525,62*	1.756,80	1.976,40	*301,90*	1.606,40	1.807,20
	II	29.570	*1.431,21*	2.365,60	2.661,30	*1.207,49*	2.215,20	2.492,10	*983,89*	2.064,88	2.322,99	*760,17*	1.914,48	2.153,79	*536,45*	1.764,08	1.984,59	*312,73*	1.613,68	1.815,39	*89,01*	1.463,28	1.646,19
	III	22.098	–	1.767,84	1.988,82	–	1.637,76	1.842,48	–	1.510,88	1.699,74	–	1.386,88	1.560,24	–	1.266,08	1.424,34	–	1.148,32	1.291,86	–	1.033,60	1.162,80
	IV	31.360	*1.644,22*	2.508,80	2.822,40	*1.532,36*	2.433,60	2.737,80	*1.420,50*	2.358,40	2.653,20	*1.308,64*	2.283,20	2.568,60	*1.196,78*	2.208,00	2.484,00	*1.084,92*	2.132,80	2.399,40	*973,06*	2.057,60	2.314,80
	V	37.533	*2.064,31*	3.002,64	3.377,97																		
	VI	38.065	*2.093,57*	3.045,20	3.425,85																		
13.219,99 (West)	I	31.281	*1.634,82*	2.502,48	2.815,29	*1.411,10*	2.352,08	2.646,09	*1.187,38*	2.201,68	2.476,89	*963,66*	2.051,28	2.307,69	*739,94*	1.900,88	2.138,49	*516,22*	1.750,48	1.969,29	*292,62*	1.600,16	1.800,18
	II	29.492	*1.421,93*	2.359,36	2.654,28	*1.198,21*	2.208,96	2.485,08	*974,49*	2.058,56	2.315,88	*750,77*	1.908,16	2.146,68	*527,05*	1.757,76	1.977,48	*303,33*	1.607,36	1.808,28	*79,61*	1.456,96	1.639,08
	III	22.030	–	1.762,40	1.982,70	–	1.632,48	1.836,54	–	1.505,60	1.693,80	–	1.381,76	1.554,48	–	1.261,12	1.418,76	–	1.143,52	1.286,46	–	1.028,96	1.157,58
	IV	31.281	*1.634,82*	2.502,48	2.815,29	*1.522,96*	2.427,28	2.730,69	*1.411,10*	2.352,08	2.646,09	*1.299,24*	2.276,88	2.561,49	*1.187,38*	2.201,68	2.476,89	*1.075,52*	2.126,48	2.392,29	*963,66*	2.051,28	2.307,69
	V	37.454	*2.059,97*	2.996,32	3.370,86																		
	VI	37.986	*2.089,23*	3.038,88	3.418,74																		
13.219,99 (Ost)	I	31.375	*1.646,00*	2.510,00	2.823,75	*1.422,28*	2.359,60	2.654,55	*1.198,56*	2.209,20	2.485,35	*974,84*	2.058,80	2.316,15	*751,12*	1.908,40	2.146,95	*527,40*	1.758,00	1.977,75	*303,68*	1.607,60	1.808,55
	II	29.585	*1.432,99*	2.366,80	2.662,65	*1.209,39*	2.216,48	2.493,54	*985,67*	2.066,08	2.324,34	*761,95*	1.915,68	2.155,14	*538,23*	1.765,28	1.985,94	*314,51*	1.614,88	1.816,74	*90,79*	1.464,48	1.647,54
	III	22.112	–	1.768,96	1.990,08	–	1.638,88	1.843,74	–	1.511,84	1.700,82	–	1.387,84	1.561,32	–	1.267,04	1.425,42	–	1.149,28	1.292,94	–	1.034,56	1.163,88
	IV	31.375	*1.646,00*	2.510,00	2.823,75	*1.534,14*	2.434,80	2.739,15	*1.422,28*	2.359,60	2.654,55	*1.310,42*	2.284,40	2.569,95	*1.198,56*	2.209,20	2.485,35	*1.086,70*	2.134,00	2.400,75	*974,84*	2.058,80	2.316,15
	V	37.548	*2.065,14*	3.003,84	3.379,32																		
	VI	38.080	*2.094,40*	3.046,40	3.427,20																		
13.255,99 (West)	I	31.296	*1.636,60*	2.503,68	2.816,64	*1.412,88*	2.353,28	2.647,44	*1.189,16*	2.202,88	2.478,24	*965,44*	2.052,48	2.309,04	*741,72*	1.902,08	2.139,84	*518,12*	1.751,76	1.970,73	*294,40*	1.601,36	1.801,53
	II	29.507	*1.423,71*	2.360,56	2.655,63	*1.199,99*	2.210,16	2.486,43	*976,27*	2.059,76	2.317,23	*752,55*	1.909,36	2.148,03	*528,83*	1.758,96	1.978,83	*305,11*	1.608,56	1.809,63	*81,39*	1.458,16	1.640,43
	III	22.044	–	1.763,52	1.983,96	–	1.633,44	1.837,62	–	1.506,56	1.694,88	–	1.382,72	1.555,56	–	1.262,08	1.419,84	–	1.144,32	1.287,36	–	1.029,76	1.158,48
	IV	31.296	*1.636,60*	2.503,68	2.816,64	*1.524,74*	2.428,48	2.732,04	*1.412,88*	2.353,28	2.647,44	*1.301,02*	2.278,08	2.562,84	*1.189,16*	2.202,88	2.478,24	*1.077,30*	2.127,68	2.393,64	*965,44*	2.052,48	2.309,04
	V	37.469	*2.060,79*	2.997,52	3.372,21																		
	VI	38.001	*2.090,05*	3.040,08	3.420,09																		
13.255,99 (Ost)	I	31.390	*1.647,79*	2.511,20	2.825,10	*1.424,07*	2.360,80	2.655,90	*1.200,35*	2.210,40	2.486,70	*976,63*	2.060,00	2.317,50	*752,91*	1.909,60	2.148,30	*529,19*	1.759,20	1.979,10	*305,47*	1.608,80	1.809,90
	II	29.601	*1.434,90*	2.368,08	2.664,09	*1.211,18*	2.217,68	2.494,89	*987,46*	2.067,28	2.325,69	*763,74*	1.916,88	2.156,49	*540,02*	1.766,48	1.987,29	*316,30*	1.616,08	1.818,09	*92,58*	1.465,68	1.648,89
	III	22.126	–	1.770,08	1.991,34	–	1.639,84	1.844,82	–	1.512,80	1.701,90	–	1.388,80	1.562,40	–	1.268,00	1.426,50	–	1.150,24	1.294,02	–	1.035,52	1.164,96
	IV	31.390	*1.647,79*	2.511,20	2.825,10	*1.535,93*	2.436,00	2.740,50	*1.424,07*	2.360,80	2.655,90	*1.312,21*	2.285,60	2.571,30	*1.200,35*	2.210,40	2.486,70	*1.088,49*	2.135,20	2.402,10	*976,63*	2.060,00	2.317,50
	V	37.563	*2.065,96*	3.005,04	3.380,67																		
	VI	38.095	*2.095,22*	3.047,60	3.428,55																		

SolZ/KiSt lt. Tabelle nicht für Sonstige Bezüge anwendbar.

Lohn/ Gehalt bis	Steuerklasse	Lohnsteuer	ohne Kinderfreibetrag			Anzahl Kinderfreibeträge (nur Steuerklassen I–IV) 0,5			1,0			1,5			2,0			2,5			3,0		
			SolZ 5,5%	Kirchensteuer 8%	9%	SolZ 5,5%	Kirchensteuer 8%	9%	SolZ 5,5%	Kirchensteuer 8%	9%	SolZ 5,5%	Kirchensteuer 8%	9%	SolZ 5,5%	Kirchensteuer 8%	9%	SolZ 5,5%	Kirchensteuer 8%	9%	SolZ 5,5%	Kirchensteue 8%	9%
113.291,99 (West)	I	31.311	1.638,39	2.504,88	2.817,99	1.414,67	2.354,48	2.648,79	1.190,95	2.204,08	2.479,59	967,35	2.053,76	2.310,48	743,63	1.903,36	2.141,28	519,91	1.752,96	1.972,08	296,19	1.602,56	1.802,8
	II	29.522	1.425,50	2.361,76	2.656,98	1.201,78	2.211,36	2.487,78	978,06	2.060,96	2.318,58	754,34	1.910,56	2.149,38	530,62	1.760,16	1.980,18	306,90	1.609,76	1.810,98	83,30	1.459,44	1.641,8
	III	22.056	-	1.764,48	1.985,04	-	1.634,56	1.838,88	-	1.507,52	1.695,96	-	1.383,68	1.556,64	-	1.263,04	1.420,92	-	1.145,28	1.288,44	-	1.030,72	1.159,5
	IV	31.311	1.638,39	2.504,88	2.817,99	1.526,53	2.429,68	2.733,39	1.414,67	2.354,48	2.648,79	1.302,81	2.279,28	2.564,19	1.190,95	2.204,08	2.479,59	1.079,09	2.128,88	2.394,99	967,35	2.053,76	2.310,4
	V	37.485	2.061,67	2.998,80	3.373,65																		
	VI	38.016	2.090,88	3.041,28	3.421,44																		
113.291,99 (Ost)	I	31.405	1.649,57	2.512,40	2.826,45	1.425,85	2.362,00	2.657,25	1.202,13	2.211,60	2.488,05	978,41	2.061,20	2.318,85	754,69	1.910,80	2.149,65	530,97	1.760,40	1.980,45	307,25	1.610,00	1.811,2
	II	29.616	1.436,68	2.369,28	2.665,44	1.212,96	2.218,88	2.496,24	989,24	2.068,48	2.327,04	765,52	1.918,08	2.157,84	541,80	1.767,68	1.988,64	318,08	1.617,28	1.819,44	94,36	1.466,88	1.650,2
	III	22.138	-	1.771,04	1.992,42	-	1.640,96	1.846,08	-	1.513,92	1.703,16	-	1.389,92	1.563,66	-	1.268,96	1.427,58	-	1.151,20	1.295,10	-	1.036,48	1.166,0
	IV	31.405	1.649,57	2.512,40	2.826,45	1.537,71	2.437,20	2.741,85	1.425,85	2.362,00	2.657,25	1.313,99	2.286,80	2.572,65	1.202,13	2.211,60	2.488,05	1.090,27	2.136,40	2.403,45	978,41	2.061,20	2.318,8
	V	37.578	2.066,79	3.006,24	3.382,02																		
	VI	38.110	2.096,05	3.048,80	3.429,90																		
113.327,99 (West)	I	31.326	1.640,17	2.506,08	2.819,34	1.416,45	2.355,68	2.650,14	1.192,85	2.205,36	2.481,03	969,13	2.054,96	2.311,83	745,41	1.904,56	2.142,63	521,69	1.754,16	1.973,43	297,97	1.603,76	1.804,2
	II	29.537	1.427,28	2.362,96	2.658,33	1.203,56	2.212,56	2.489,13	979,84	2.062,16	2.319,93	756,12	1.911,76	2.150,73	532,52	1.761,44	1.981,62	308,80	1.611,04	1.812,42	85,08	1.460,64	1.643,2
	III	22.070	-	1.765,60	1.986,30	-	1.635,52	1.839,96	-	1.508,64	1.697,22	-	1.384,64	1.557,72	-	1.264,00	1.422,00	-	1.146,24	1.289,52	-	1.031,68	1.160,6
	IV	31.326	1.640,17	2.506,08	2.819,34	1.528,31	2.430,88	2.734,74	1.416,45	2.355,68	2.650,14	1.304,71	2.280,56	2.565,63	1.192,85	2.205,36	2.481,03	1.080,99	2.130,16	2.396,43	969,13	2.054,96	2.311,8
	V	37.500	2.062,50	3.000,00	3.375,00																		
	VI	38.031	2.091,70	3.042,48	3.422,79																		
113.327,99 (Ost)	I	31.420	1.651,36	2.513,60	2.827,80	1.427,64	2.363,20	2.658,60	1.203,92	2.212,80	2.489,40	980,20	2.062,40	2.320,20	756,48	1.912,00	2.151,00	532,76	1.761,60	1.981,80	309,16	1.611,28	1.812,6
	II	29.631	1.438,47	2.370,48	2.666,79	1.214,75	2.220,08	2.497,59	991,03	2.069,68	2.328,39	767,31	1.919,28	2.159,19	543,59	1.768,88	1.989,99	319,87	1.618,48	1.820,79	96,15	1.468,08	1.651,5
	III	22.152	-	1.772,16	1.993,68	-	1.641,92	1.847,16	-	1.514,88	1.704,24	-	1.390,88	1.564,74	-	1.269,92	1.428,66	-	1.152,00	1.296,00	-	1.037,28	1.166,9
	IV	31.420	1.651,36	2.513,60	2.827,80	1.539,50	2.438,40	2.743,20	1.427,64	2.363,20	2.658,60	1.315,78	2.288,00	2.574,00	1.203,92	2.212,80	2.489,40	1.092,06	2.137,60	2.404,80	980,20	2.062,40	2.320,2
	V	37.593	2.067,61	3.007,44	3.383,37																		
	VI	38.125	2.096,87	3.050,00	3.431,25																		
113.363,99 (West)	I	31.342	1.642,08	2.507,36	2.820,78	1.418,36	2.356,96	2.651,58	1.194,64	2.206,56	2.482,38	970,92	2.056,16	2.313,18	747,20	1.905,76	2.143,98	523,48	1.755,36	1.974,78	299,76	1.604,96	1.805,5
	II	29.552	1.429,07	2.364,16	2.659,68	1.205,35	2.213,76	2.490,48	981,63	2.063,36	2.321,28	758,03	1.913,04	2.152,17	534,31	1.762,64	1.982,97	310,59	1.612,24	1.813,77	86,87	1.461,84	1.644,5
	III	22.082	-	1.766,56	1.987,38	-	1.636,48	1.841,04	-	1.509,60	1.698,30	-	1.385,76	1.558,98	-	1.264,96	1.423,08	-	1.147,20	1.290,60	-	1.032,64	1.161,7
	IV	31.342	1.642,08	2.507,36	2.820,78	1.530,22	2.432,16	2.736,18	1.418,36	2.356,96	2.651,58	1.306,50	2.281,76	2.566,98	1.194,64	2.206,56	2.482,38	1.082,78	2.131,36	2.397,78	970,92	2.056,16	2.313,1
	V	37.515	2.063,32	3.001,20	3.376,35																		
	VI	38.047	2.092,58	3.043,76	3.424,23																		
113.363,99 (Ost)	I	31.435	1.653,14	2.514,80	2.829,15	1.429,42	2.364,40	2.659,95	1.205,70	2.214,00	2.490,75	981,98	2.063,60	2.321,55	758,26	1.913,20	2.152,35	534,66	1.762,88	1.983,24	310,94	1.612,48	1.814,0
	II	29.646	1.440,25	2.371,68	2.668,14	1.216,53	2.221,28	2.498,94	992,81	2.070,88	2.329,74	769,09	1.920,48	2.160,54	545,37	1.770,08	1.991,34	321,65	1.619,68	1.822,14	97,93	1.469,28	1.652,9
	III	22.166	-	1.773,28	1.994,94	-	1.643,04	1.848,42	-	1.515,84	1.705,32	-	1.391,84	1.565,82	-	1.270,88	1.429,74	-	1.152,96	1.297,08	-	1.038,24	1.168,0
	IV	31.435	1.653,14	2.514,80	2.829,15	1.541,28	2.439,60	2.744,55	1.429,42	2.364,40	2.659,95	1.317,56	2.289,20	2.575,35	1.205,70	2.214,00	2.490,75	1.093,84	2.138,80	2.406,15	981,98	2.063,60	2.321,5
	V	37.608	2.068,44	3.008,64	3.384,72																		
	VI	38.140	2.097,70	3.051,20	3.432,60																		
113.399,99 (West)	I	31.357	1.643,86	2.508,56	2.822,13	1.420,14	2.358,16	2.652,93	1.196,42	2.207,76	2.483,73	972,70	2.057,36	2.314,53	748,98	1.906,96	2.145,33	525,26	1.756,56	1.976,13	301,54	1.606,16	1.806,9
	II	29.567	1.430,85	2.365,36	2.661,03	1.207,25	2.215,04	2.491,92	983,53	2.064,64	2.322,72	759,81	1.914,24	2.153,52	536,09	1.763,84	1.984,32	312,37	1.613,44	1.815,12	88,65	1.463,04	1.645,9
	III	22.096	-	1.767,68	1.988,64	-	1.637,60	1.842,30	-	1.510,56	1.699,38	-	1.386,72	1.560,06	-	1.265,92	1.424,16	-	1.148,16	1.291,68	-	1.033,44	1.162,6
	IV	31.357	1.643,86	2.508,56	2.822,13	1.532,00	2.433,36	2.737,53	1.420,14	2.358,16	2.652,93	1.308,28	2.282,96	2.568,33	1.196,42	2.207,76	2.483,73	1.084,56	2.132,56	2.399,13	972,70	2.057,36	2.314,5
	V	37.530	2.064,15	3.002,40	3.377,70																		
	VI	38.062	2.093,41	3.044,96	3.425,58																		
113.399,99 (Ost)	I	31.450	1.654,93	2.516,00	2.830,50	1.431,21	2.365,60	2.661,30	1.207,49	2.215,20	2.492,10	983,89	2.064,88	2.322,99	760,17	1.914,48	2.153,79	536,45	1.764,08	1.984,59	312,73	1.613,68	1.815,3
	II	29.661	1.442,04	2.372,88	2.669,49	1.218,32	2.222,48	2.500,29	994,60	2.072,08	2.331,09	770,88	1.921,68	2.161,89	547,16	1.771,28	1.992,69	323,44	1.620,88	1.823,49	99,84	1.470,56	1.654,3
	III	22.178	-	1.774,24	1.996,02	-	1.644,00	1.849,50	-	1.516,80	1.706,40	-	1.392,80	1.566,90	-	1.271,84	1.430,82	-	1.153,92	1.298,16	-	1.039,20	1.169,1
	IV	31.450	1.654,93	2.516,00	2.830,50	1.543,07	2.440,80	2.745,90	1.431,21	2.365,60	2.661,30	1.319,35	2.290,40	2.576,70	1.207,49	2.215,20	2.492,10	1.095,63	2.140,00	2.407,50	983,89	2.064,88	2.322,9
	V	37.624	2.069,32	3.009,92	3.386,16																		
	VI	38.155	2.098,52	3.052,40	3.433,95																		
113.435,99 (West)	I	31.372	1.645,65	2.509,76	2.823,48	1.421,93	2.359,36	2.654,28	1.198,21	2.208,96	2.485,08	974,49	2.058,56	2.315,88	750,77	1.908,16	2.146,68	527,05	1.757,76	1.977,48	303,33	1.607,36	1.808,2
	II	29.583	1.432,76	2.366,64	2.662,47	1.209,04	2.216,24	2.493,27	985,32	2.065,84	2.324,07	761,60	1.915,44	2.154,87	537,88	1.765,04	1.985,67	314,16	1.614,64	1.816,47	90,44	1.464,24	1.647,2
	III	22.110	-	1.768,80	1.989,90	-	1.638,56	1.843,38	-	1.511,68	1.700,64	-	1.387,68	1.561,14	-	1.266,88	1.425,24	-	1.149,12	1.292,76	-	1.034,40	1.163,7
	IV	31.372	1.645,65	2.509,76	2.823,48	1.533,79	2.434,56	2.738,88	1.421,93	2.359,36	2.654,28	1.310,07	2.284,16	2.569,68	1.198,21	2.208,96	2.485,08	1.086,35	2.133,76	2.400,48	974,49	2.058,56	2.315,8
	V	37.545	2.064,97	3.003,60	3.379,05																		
	VI	38.077	2.094,23	3.046,16	3.426,93																		
113.435,99 (Ost)	I	31.465	1.656,71	2.517,20	2.831,85	1.432,99	2.366,80	2.662,65	1.209,39	2.216,48	2.493,54	985,67	2.066,08	2.324,34	761,95	1.915,68	2.155,14	538,23	1.765,28	1.985,94	314,51	1.614,88	1.816,7
	II	29.676	1.443,82	2.374,08	2.670,84	1.220,10	2.223,68	2.501,64	996,38	2.073,28	2.332,44	772,66	1.922,88	2.163,24	549,06	1.772,56	1.994,13	325,34	1.622,16	1.824,93	101,62	1.471,76	1.655,7
	III	22.192	-	1.775,36	1.997,28	-	1.645,12	1.850,76	-	1.517,92	1.707,66	-	1.393,76	1.567,98	-	1.272,80	1.431,90	-	1.154,88	1.299,24	-	1.040,00	1.170,0
	IV	31.465	1.656,71	2.517,20	2.831,85	1.544,85	2.442,00	2.747,25	1.432,99	2.366,80	2.662,65	1.321,25	2.291,68	2.578,14	1.209,39	2.216,48	2.493,54	1.097,53	2.141,28	2.408,94	985,67	2.066,08	2.324,3
	V	37.639	2.070,14	3.011,12	3.387,51																		
	VI	38.170	2.099,35	3.053,60	3.435,30																		
113.471,99 (West)	I	31.387	1.647,43	2.510,96	2.824,83	1.423,71	2.360,56	2.655,63	1.199,99	2.210,16	2.486,43	976,27	2.059,76	2.317,23	752,55	1.909,36	2.148,03	528,83	1.758,96	1.978,83	305,11	1.608,56	1.809,6
	II	29.598	1.434,54	2.367,84	2.663,82	1.210,82	2.217,44	2.494,62	987,10	2.067,04	2.325,42	763,38	1.916,64	2.156,22	539,66	1.766,24	1.987,02	315,94	1.615,84	1.817,82	92,22	1.465,44	1.648,6
	III	22.122	-	1.769,76	1.990,98	-	1.639,68	1.844,64	-	1.512,64	1.701,72	-	1.388,64	1.562,22	-	1.267,84	1.426,32	-	1.149,92	1.293,66	-	1.035,36	1.164,7
	IV	31.387	1.647,43	2.510,96	2.824,83	1.535,57	2.435,76	2.740,23	1.423,71	2.360,56	2.655,63	1.311,85	2.285,36	2.571,03	1.199,99	2.210,16	2.486,43	1.088,13	2.134,96	2.401,83	976,27	2.059,76	2.317,2
	V	37.560	2.065,80	3.004,80	3.380,40																		
	VI	38.092	2.095,06	3.047,36	3.428,28																		
113.471,99 (Ost)	I	31.481	1.658,62	2.518,48	2.833,29	1.434,90	2.368,08	2.664,09	1.211,18	2.217,68	2.494,89	987,46	2.067,28	2.325,69	763,74	1.916,88	2.156,49	540,02	1.766,48	1.987,29	316,30	1.616,08	1.818,0
	II	29.691	1.445,61	2.375,28	2.672,19	1.221,89	2.224,88	2.502,99	998,17	2.074,48	2.333,79	774,57	1.924,16	2.164,68	550,85	1.773,76	1.995,48	327,13	1.623,36	1.826,28	103,41	1.472,96	1.657,0
	III	22.204	-	1.776,32	1.998,36	-	1.646,08	1.851,84	-	1.518,88	1.708,74	-	1.394,72	1.569,06	-	1.273,76	1.432,98	-	1.155,84	1.300,32	-	1.040,96	1.171,0
	IV	31.481	1.658,62	2.518,48	2.833,29	1.546,76	2.443,28	2.748,69	1.434,90	2.368,08	2.664,09	1.323,04	2.292,88	2.579,49	1.211,18	2.217,68	2.494,89	1.099,32	2.142,48	2.410,29	987,46	2.067,28	2.325,6
	V	37.654	2.070,97	3.012,32	3.388,86																		
	VI	38.186	2.100,23	3.054,88	3.436,74																		
113.507,99 (West)	I	31.402	1.649,22	2.512,16	2.826,18	1.425,50	2.361,76	2.656,98	1.201,78	2.211,36	2.487,78	978,06	2.060,96	2.318,58	754,34	1.910,56	2.149,38	530,62	1.760,16	1.980,18	306,90	1.609,76	1.810,9
	II	29.613	1.436,33	2.369,04	2.665,17	1.212,61	2.218,64	2.495,97	988,89	2.068,24	2.326,77	765,17	1.917,84	2.157,57	541,45	1.767,44	1.988,37	317,73	1.617,04	1.819,17	94,01	1.466,64	1.649,9
	III	22.136	-	1.770,88	1.992,24	-	1.640,64	1.845,72	-	1.513,60	1.702,80	-	1.389,60	1.563,30	-	1.268,80	1.427,40	-	1.150,88	1.294,74	-	1.036,16	1.165,6
	IV	31.402	1.649,22	2.512,16	2.826,18	1.537,36	2.436,96	2.741,58	1.425,50	2.361,76	2.656,98	1.313,64	2.286,56	2.572,38	1.201,78	2.211,36	2.487,78	1.089,92	2.136,16	2.403,18	978,06	2.060,96	2.318,5
	V	37.575	2.066,62	3.006,00	3.381,75																		
	VI	38.107	2.095,88	3.048,56	3.429,63																		
113.507,99 (Ost)	I	31.496	1.660,40	2.519,68	2.834,64	1.436,68	2.369,28	2.665,44	1.212,96	2.218,88	2.496,24	989,24	2.068,48	2.327,04	765,52	1.918,08	2.157,84	541,80	1.767,68	1.988,64	318,08	1.617,28	1.819,4
	II	29.706	1.447,39	2.376,48	2.673,54	1.223,79	2.226,16	2.504,43	1.000,07	2.075,76	2.335,23	776,35	1.925,36	2.166,03	552,63	1.774,96	1.996,83	328,91	1.624,56	1.827,63	105,19	1.474,16	1.658,4
	III	22.218	-	1.777,44	1.999,62	-	1.647,20	1.853,10	-	1.519,84	1.709,82	-	1.395,84	1.570,32	-	1.274,72	1.434,06	-	1.156,80	1.301,40	-	1.041,92	1.172,1
	IV	31.496	1.660,40	2.519,68	2.834,64	1.548,54	2.444,48	2.750,04	1.436,68	2.369,28	2.665,44	1.324,82	2.294,08	2.580,84	1.212,96	2.218,88	2.496,24	1.101,10	2.143,68	2.411,64	989,24	2.068,48	2.327,0
	V	37.669	2.071,79	3.013,52	3.390,21																		
	VI	38.201	2.101,05	3.056,08	3.438,09																		

SolZ/KiSt lt. Tabelle nicht für Sonstige Bezüge anwendbar.

Allgemeine Tabelle

JAHR bis 113.759,99 €

Lohn/ Gehalt bis	Steuerklasse	Lohn-steuer	ohne Kinderfreibetrag SolZ 5,5%	Kirchensteuer 8%	9%	0,5 SolZ 5,5%	Kirchensteuer 8%	9%	1,0 SolZ 5,5%	Kirchensteuer 8%	9%	1,5 SolZ 5,5%	Kirchensteuer 8%	9%	2,0 SolZ 5,5%	Kirchensteuer 8%	9%	2,5 SolZ 5,5%	Kirchensteuer 8%	9%	3,0 SolZ 5,5%	Kirchensteuer 8%	9%
						Anzahl Kinderfreibeträge (nur Steuerklassen I–IV)																	
13.543,99 (West)	I	31.417	*1.651,00*	2.513,36	2.827,53	*1.427,28*	2.362,96	2.658,33	*1.203,56*	2.212,56	2.489,13	*979,84*	2.062,16	2.319,93	*756,12*	1.911,76	2.150,73	*532,52*	1.761,44	1.981,62	*308,80*	1.611,04	1.812,42
	II	29.628	*1.438,11*	2.370,24	2.666,52	*1.214,39*	2.219,84	2.497,32	*990,67*	2.069,44	2.328,12	*766,95*	1.919,04	2.158,92	*543,23*	1.768,64	1.989,72	*319,51*	1.618,24	1.820,52	*95,79*	1.467,84	1.651,32
	III	22.148	-	1.771,84	1.993,32	-	1.641,76	1.846,98	-	1.514,56	1.703,88	-	1.390,56	1.564,38	-	1.269,76	1.428,48	-	1.151,84	1.295,82	-	1.037,12	1.166,76
	IV	31.417	*1.651,00*	2.513,36	2.827,53	*1.539,14*	2.438,16	2.742,93	*1.427,28*	2.362,96	2.658,33	*1.315,42*	2.287,76	2.573,73	*1.203,56*	2.212,56	2.489,13	*1.091,70*	2.137,36	2.404,53	*979,84*	2.062,16	2.319,93
	V	37.590	*2.067,45*	3.007,20	3.383,10																		
	VI	38.122	*2.096,71*	3.049,76	3.430,98																		
13.543,99 (Ost)	I	31.511	*1.662,19*	2.520,88	2.835,99	*1.438,47*	2.370,48	2.666,79	*1.214,75*	2.220,08	2.497,59	*991,03*	2.069,68	2.328,39	*767,31*	1.919,28	2.159,19	*543,59*	1.768,88	1.989,99	*319,87*	1.618,48	1.820,79
	II	29.722	*1.449,30*	2.377,76	2.674,98	*1.225,58*	2.227,36	2.505,78	*1.001,86*	2.076,96	2.336,58	*778,14*	1.926,56	2.167,38	*554,42*	1.776,16	1.998,18	*330,70*	1.625,76	1.828,98	*106,98*	1.475,36	1.659,78
	III	22.232	-	1.778,56	2.000,88	-	1.648,16	1.854,18	-	1.520,96	1.711,08	-	1.396,80	1.571,40	-	1.275,68	1.435,14	-	1.157,76	1.302,48	-	1.042,72	1.173,06
	IV	31.511	*1.662,19*	2.520,88	2.835,99	*1.550,33*	2.445,68	2.751,39	*1.438,47*	2.370,48	2.666,79	*1.326,61*	2.295,28	2.582,19	*1.214,75*	2.220,08	2.497,59	*1.102,89*	2.144,88	2.412,99	*991,03*	2.069,68	2.328,39
	V	37.684	*2.072,62*	3.014,72	3.391,56																		
	VI	38.216	*2.101,88*	3.057,28	3.439,44																		
13.579,99 (West)	I	31.432	*1.652,79*	2.514,56	2.828,88	*1.429,07*	2.364,16	2.659,68	*1.205,35*	2.213,76	2.490,48	*981,63*	2.063,36	2.321,28	*758,03*	1.913,04	2.152,17	*534,31*	1.762,64	1.982,97	*310,59*	1.612,24	1.813,77
	II	29.643	*1.439,90*	2.371,44	2.667,87	*1.216,18*	2.221,04	2.498,67	*992,46*	2.070,64	2.329,47	*768,74*	1.920,24	2.160,27	*545,02*	1.769,84	1.991,07	*321,30*	1.619,44	1.821,87	*97,69*	1.469,12	1.652,76
	III	22.162	-	1.772,96	1.994,58	-	1.642,72	1.848,06	-	1.515,68	1.705,14	-	1.391,68	1.565,64	-	1.270,72	1.429,56	-	1.152,80	1.296,90	-	1.038,08	1.167,84
	IV	31.432	*1.652,79*	2.514,56	2.828,88	*1.540,93*	2.439,36	2.744,28	*1.429,07*	2.364,16	2.659,68	*1.317,21*	2.288,96	2.575,08	*1.205,35*	2.213,76	2.490,48	*1.093,49*	2.138,56	2.405,88	*981,63*	2.063,36	2.321,28
	V	37.606	*2.068,33*	3.008,48	3.384,54																		
	VI	38.137	*2.097,53*	3.050,96	3.432,33																		
13.579,99 (Ost)	I	31.526	*1.663,97*	2.522,08	2.837,34	*1.440,25*	2.371,68	2.668,14	*1.216,53*	2.221,28	2.498,94	*992,81*	2.070,88	2.329,74	*769,09*	1.920,48	2.160,54	*545,37*	1.770,08	1.991,34	*321,65*	1.619,68	1.822,14
	II	29.737	*1.451,08*	2.378,96	2.676,33	*1.227,36*	2.228,56	2.507,13	*1.003,64*	2.078,16	2.337,93	*779,92*	1.927,76	2.168,73	*556,20*	1.777,36	1.999,53	*332,48*	1.626,96	1.830,33	*108,76*	1.476,56	1.661,13
	III	22.244	-	1.779,52	2.001,96	-	1.649,28	1.855,44	-	1.521,92	1.712,16	-	1.397,76	1.572,48	-	1.276,64	1.436,22	-	1.158,56	1.303,38	-	1.043,68	1.174,14
	IV	31.526	*1.663,97*	2.522,08	2.837,34	*1.552,11*	2.446,88	2.752,74	*1.440,25*	2.371,68	2.668,14	*1.328,39*	2.296,48	2.583,54	*1.216,53*	2.221,28	2.498,94	*1.104,67*	2.146,08	2.414,34	*992,81*	2.070,88	2.329,74
	V	37.699	*2.073,44*	3.015,92	3.392,91																		
	VI	38.231	*2.102,70*	3.058,48	3.440,79																		
13.615,99 (West)	I	31.447	*1.654,57*	2.515,76	2.830,23	*1.430,85*	2.365,36	2.661,03	*1.207,25*	2.215,04	2.491,92	*983,53*	2.064,64	2.322,72	*759,81*	1.914,24	2.153,52	*536,09*	1.763,84	1.984,32	*312,37*	1.613,44	1.815,12
	II	29.658	*1.441,68*	2.372,64	2.669,22	*1.217,96*	2.222,24	2.500,02	*994,24*	2.071,84	2.330,82	*770,52*	1.921,44	2.161,62	*546,80*	1.771,04	1.992,42	*323,20*	1.620,72	1.823,31	*99,48*	1.470,32	1.654,11
	III	22.176	-	1.774,08	1.995,84	-	1.643,84	1.849,32	-	1.516,64	1.706,22	-	1.392,64	1.566,72	-	1.271,68	1.430,64	-	1.153,76	1.297,98	-	1.038,88	1.168,74
	IV	31.447	*1.654,57*	2.515,76	2.830,23	*1.542,71*	2.440,56	2.745,63	*1.430,85*	2.365,36	2.661,03	*1.318,99*	2.290,16	2.576,43	*1.207,25*	2.215,04	2.491,92	*1.095,39*	2.139,84	2.407,32	*983,53*	2.064,64	2.322,72
	V	37.621	*2.069,15*	3.009,68	3.385,89																		
	VI	38.152	*2.098,36*	3.052,16	3.433,68																		
13.615,99 (Ost)	I	31.541	*1.665,76*	2.523,28	2.838,69	*1.442,04*	2.372,88	2.669,49	*1.218,32*	2.222,48	2.500,29	*994,60*	2.072,08	2.331,09	*770,88*	1.921,68	2.161,89	*547,16*	1.771,28	1.992,69	*323,44*	1.620,88	1.823,49
	II	29.752	*1.452,87*	2.380,16	2.677,68	*1.229,15*	2.229,76	2.508,48	*1.005,43*	2.079,36	2.339,28	*781,71*	1.928,96	2.170,08	*557,99*	1.778,56	2.000,88	*334,27*	1.628,16	1.831,68	*110,55*	1.477,76	1.662,48
	III	22.258	-	1.780,64	2.003,22	-	1.650,24	1.856,52	-	1.522,88	1.713,24	-	1.398,72	1.573,56	-	1.277,60	1.437,30	-	1.159,52	1.304,46	-	1.044,64	1.175,22
	IV	31.541	*1.665,76*	2.523,28	2.838,69	*1.553,90*	2.448,08	2.754,09	*1.442,04*	2.372,88	2.669,49	*1.330,18*	2.297,68	2.584,89	*1.218,32*	2.222,48	2.500,29	*1.106,46*	2.147,28	2.415,69	*994,60*	2.072,08	2.331,09
	V	37.714	*2.074,27*	3.017,12	3.394,26																		
	VI	38.246	*2.103,53*	3.059,68	3.442,14																		
13.651,99 (West)	I	31.462	*1.656,36*	2.516,96	2.831,58	*1.432,76*	2.366,64	2.662,47	*1.209,04*	2.216,24	2.493,27	*985,32*	2.065,84	2.324,07	*761,60*	1.915,44	2.154,87	*537,88*	1.765,04	1.985,67	*314,16*	1.614,64	1.816,47
	II	29.673	*1.443,47*	2.373,84	2.670,57	*1.219,75*	2.223,44	2.501,37	*996,03*	2.073,04	2.332,17	*772,42*	1.922,72	2.163,06	*548,70*	1.772,32	1.993,86	*324,98*	1.621,92	1.824,66	*101,26*	1.471,52	1.655,46
	III	22.188	-	1.775,04	1.996,92	-	1.644,80	1.850,40	-	1.517,60	1.707,30	-	1.393,60	1.567,80	-	1.272,64	1.431,72	-	1.154,72	1.299,06	-	1.039,84	1.169,82
	IV	31.462	*1.656,36*	2.516,96	2.831,58	*1.544,62*	2.441,84	2.747,07	*1.432,76*	2.366,64	2.662,47	*1.320,90*	2.291,44	2.577,87	*1.209,04*	2.216,24	2.493,27	*1.097,18*	2.141,04	2.408,67	*985,32*	2.065,84	2.324,07
	V	37.636	*2.069,98*	3.010,88	3.387,24																		
	VI	38.167	*2.099,18*	3.053,36	3.435,03																		
13.651,99 (Ost)	I	31.556	*1.667,54*	2.524,48	2.840,04	*1.443,82*	2.374,08	2.670,84	*1.220,10*	2.223,68	2.501,64	*996,38*	2.073,28	2.332,44	*772,66*	1.922,88	2.163,24	*549,06*	1.772,56	1.994,13	*325,34*	1.622,16	1.824,93
	II	29.767	*1.454,65*	2.381,36	2.679,03	*1.230,93*	2.230,96	2.509,83	*1.007,21*	2.080,56	2.340,63	*783,49*	1.930,16	2.171,43	*559,77*	1.779,76	2.002,23	*336,05*	1.629,36	1.833,03	*112,33*	1.478,96	1.663,83
	III	22.272	-	1.781,76	2.004,48	-	1.651,20	1.857,60	-	1.524,00	1.714,50	-	1.399,68	1.574,64	-	1.278,56	1.438,38	-	1.160,48	1.305,54	-	1.045,60	1.176,30
	IV	31.556	*1.667,54*	2.524,48	2.840,04	*1.555,68*	2.449,28	2.755,44	*1.443,82*	2.374,08	2.670,84	*1.331,96*	2.298,88	2.586,24	*1.220,10*	2.223,68	2.501,64	*1.108,24*	2.148,48	2.417,04	*996,38*	2.073,28	2.332,44
	V	37.729	*2.075,09*	3.018,32	3.395,61																		
	VI	38.261	*2.104,35*	3.060,88	3.443,49																		
13.687,99 (West)	I	31.478	*1.658,26*	2.518,24	2.833,02	*1.434,54*	2.367,84	2.663,82	*1.210,82*	2.217,44	2.494,62	*987,10*	2.067,04	2.325,42	*763,38*	1.916,64	2.156,22	*539,66*	1.766,24	1.987,02	*315,94*	1.615,84	1.817,82
	II	29.688	*1.445,25*	2.375,04	2.671,92	*1.221,53*	2.224,64	2.502,72	*997,93*	2.074,32	2.333,61	*774,21*	1.923,92	2.164,41	*550,49*	1.773,52	1.995,21	*326,77*	1.623,12	1.826,01	*103,05*	1.472,72	1.656,81
	III	22.202	-	1.776,16	1.998,18	-	1.645,92	1.851,66	-	1.518,72	1.708,56	-	1.394,56	1.568,88	-	1.273,60	1.432,80	-	1.155,68	1.300,14	-	1.040,80	1.170,90
	IV	31.478	*1.658,26*	2.518,24	2.833,02	*1.546,40*	2.443,04	2.748,42	*1.434,54*	2.367,84	2.663,82	*1.322,68*	2.292,64	2.579,22	*1.210,82*	2.217,44	2.494,62	*1.098,96*	2.142,24	2.410,02	*987,10*	2.067,04	2.325,42
	V	37.651	*2.070,80*	3.012,08	3.388,59																		
	VI	38.183	*2.100,06*	3.054,64	3.436,47																		
13.687,99 (Ost)	I	31.571	*1.669,33*	2.525,68	2.841,39	*1.445,61*	2.375,28	2.672,19	*1.221,89*	2.224,88	2.502,99	*998,17*	2.074,48	2.333,79	*774,57*	1.924,16	2.164,68	*550,85*	1.773,76	1.995,48	*327,13*	1.623,36	1.826,28
	II	29.782	*1.456,44*	2.382,56	2.680,38	*1.232,72*	2.232,16	2.511,18	*1.009,00*	2.081,76	2.341,98	*785,28*	1.931,36	2.172,78	*561,56*	1.780,96	2.003,58	*337,84*	1.630,56	1.834,38	*114,24*	1.480,24	1.665,27
	III	22.284	-	1.782,72	2.005,56	-	1.652,32	1.858,86	-	1.524,96	1.715,58	-	1.400,64	1.575,72	-	1.279,52	1.439,46	-	1.161,44	1.306,62	-	1.046,40	1.177,20
	IV	31.571	*1.669,33*	2.525,68	2.841,39	*1.557,47*	2.450,48	2.756,79	*1.445,61*	2.375,28	2.672,19	*1.333,75*	2.300,08	2.587,59	*1.221,89*	2.224,88	2.502,99	*1.110,03*	2.149,68	2.418,39	*998,17*	2.074,48	2.333,79
	V	37.745	*2.075,97*	3.019,60	3.397,05																		
	VI	38.276	*2.105,18*	3.062,08	3.444,84																		
13.723,99 (West)	I	31.493	*1.660,05*	2.519,44	2.834,37	*1.436,33*	2.369,04	2.665,17	*1.212,61*	2.218,64	2.495,97	*988,89*	2.068,24	2.326,77	*765,17*	1.917,84	2.157,57	*541,45*	1.767,44	1.988,37	*317,73*	1.617,04	1.819,17
	II	29.704	*1.447,15*	2.376,32	2.673,36	*1.223,43*	2.225,92	2.504,16	*999,71*	2.075,52	2.334,96	*775,99*	1.925,12	2.165,76	*552,27*	1.774,72	1.996,56	*328,55*	1.624,32	1.827,36	*104,83*	1.473,92	1.658,16
	III	22.216	-	1.777,28	1.999,44	-	1.646,88	1.852,74	-	1.519,68	1.709,64	-	1.395,52	1.569,96	-	1.274,56	1.433,88	-	1.156,48	1.301,04	-	1.041,60	1.171,80
	IV	31.493	*1.660,05*	2.519,44	2.834,37	*1.548,19*	2.444,24	2.749,77	*1.436,33*	2.369,04	2.665,17	*1.324,47*	2.293,84	2.580,57	*1.212,61*	2.218,64	2.495,97	*1.100,75*	2.143,44	2.411,37	*988,89*	2.068,24	2.326,77
	V	37.666	*2.071,63*	3.013,28	3.389,94																		
	VI	38.198	*2.100,89*	3.055,84	3.437,82																		
13.723,99 (Ost)	I	31.586	*1.671,11*	2.526,88	2.842,74	*1.447,39*	2.376,48	2.673,54	*1.223,79*	2.226,16	2.504,43	*1.000,07*	2.075,76	2.335,23	*776,35*	1.925,36	2.166,03	*552,63*	1.774,96	1.996,83	*328,91*	1.624,56	1.827,63
	II	29.797	*1.458,22*	2.383,76	2.681,73	*1.234,50*	2.233,36	2.512,53	*1.010,78*	2.082,96	2.343,33	*787,06*	1.932,56	2.174,13	*563,34*	1.782,16	2.004,93	*339,74*	1.631,84	1.835,82	*116,02*	1.481,44	1.666,62
	III	22.298	-	1.783,84	2.006,82	-	1.653,28	1.859,94	-	1.525,92	1.716,66	-	1.401,76	1.576,98	-	1.280,48	1.440,54	-	1.162,40	1.307,70	-	1.047,36	1.178,28
	IV	31.586	*1.671,11*	2.526,88	2.842,74	*1.559,25*	2.451,68	2.758,14	*1.447,39*	2.376,48	2.673,54	*1.335,53*	2.301,28	2.588,94	*1.223,79*	2.226,16	2.504,43	*1.111,93*	2.150,96	2.419,83	*1.000,07*	2.075,76	2.335,23
	V	37.760	*2.076,80*	3.020,80	3.398,40																		
	VI	38.291	*2.106,00*	3.063,28	3.446,19																		
13.759,99 (West)	I	31.508	*1.661,83*	2.520,64	2.835,72	*1.438,11*	2.370,24	2.666,52	*1.214,39*	2.219,84	2.497,32	*990,67*	2.069,44	2.328,12	*766,95*	1.919,04	2.158,92	*543,23*	1.768,64	1.989,72	*319,51*	1.618,24	1.820,52
	II	29.719	*1.448,94*	2.377,52	2.674,71	*1.225,22*	2.227,12	2.505,51	*1.001,50*	2.076,72	2.336,31	*777,78*	1.926,32	2.167,11	*554,06*	1.775,92	1.997,91	*330,34*	1.625,52	1.828,71	*106,62*	1.475,12	1.659,51
	III	22.228	-	1.778,24	2.000,52	-	1.648,00	1.854,00	-	1.520,64	1.710,72	-	1.396,48	1.571,04	-	1.275,52	1.434,96	-	1.157,44	1.302,12	-	1.042,56	1.172,88
	IV	31.508	*1.661,83*	2.520,64	2.835,72	*1.549,97*	2.445,44	2.751,12	*1.438,11*	2.370,24	2.666,52	*1.326,25*	2.295,04	2.581,92	*1.214,39*	2.219,84	2.497,32	*1.102,53*	2.144,64	2.412,72	*990,67*	2.069,44	2.328,12
	V	37.681	*2.072,45*	3.014,48	3.391,29																		
	VI	38.213	*2.101,71*	3.057,04	3.439,17																		
13.759,99 (Ost)	I	31.601	*1.672,90*	2.528,08	2.844,09	*1.449,30*	2.377,76	2.674,98	*1.225,58*	2.227,36	2.505,78	*1.001,86*	2.076,96	2.336,58	*778,14*	1.926,56	2.167,38	*554,42*	1.776,16	1.998,18	*330,70*	1.625,76	1.828,98
	II	29.812	*1.460,01*	2.384,96	2.683,08	*1.236,29*	2.234,56	2.513,88	*1.012,57*	2.084,16	2.344,68	*788,97*	1.933,84	2.175,57	*565,25*	1.783,44	2.006,37	*341,53*	1.633,04	1.837,17	*117,81*	1.482,64	1.667,97
	III	22.310	-	1.784,80	2.007,90	-	1.654,40	1.861,20	-	1.527,04	1.717,92	-	1.402,72	1.578,06	-	1.281,44	1.441,62	-	1.163,36	1.308,78	-	1.048,32	1.179,36
	IV	31.601	*1.672,90*	2.528,08	2.844,09	*1.561,16*	2.452,96	2.759,58	*1.449,30*	2.377,76	2.674,98	*1.337,44*	2.302,56	2.590,38	*1.225,58*	2.227,36	2.505,78	*1.113,72*	2.152,16	2.421,18	*1.001,86*	2.076,96	2.336,58
	V	37.775	*2.077,62*	3.022,00	3.399,75																		
	VI	38.307	*2.106,88*	3.064,56	3.447,63																		

SolZ/KiSt lt. Tabelle nicht für Sonstige Bezüge anwendbar.

Lohn/ Gehalt bis	Steuerklasse	Lohn-steuer	ohne Kinderfreibetrag			Anzahl Kinderfreibeträge (nur Steuerklassen I–IV) 0,5			1,0			1,5			2,0			2,5			3,0		
			SolZ 5,5%	Kirchensteuer 8%	9%	SolZ 5,5%	Kirchensteuer 8%	9%	SolZ 5,5%	Kirchensteuer 8%	9%	SolZ 5,5%	Kirchensteuer 8%	9%	SolZ 5,5%	Kirchensteuer 8%	9%	SolZ 5,5%	Kirchensteuer 8%	9%	SolZ 5,5%	Kirchensteuer 8%	9%
113.795,99 (West)	I	31.523	1.663,62	2.521,84	2.837,07	1.439,90	2.371,44	2.667,87	1.216,18	2.221,04	2.498,67	992,46	2.070,64	2.329,47	768,74	1.920,24	2.160,27	545,02	1.769,84	1.991,07	321,30	1.619,44	1.821,8
	II	29.734	1.450,72	2.378,72	2.676,06	1.227,00	2.228,32	2.506,86	1.003,28	2.077,92	2.337,66	779,56	1.927,52	2.168,46	555,84	1.777,12	1.999,26	332,12	1.626,72	1.830,06	108,40	1.476,32	1.660,8
	III	22.242	-	1.779,36	2.001,78	-	1.648,96	1.855,08	-	1.521,76	1.711,98	-	1.397,60	1.572,30	-	1.276,48	1.436,04	-	1.158,40	1.303,20	-	1.043,52	1.173,9
	IV	31.523	1.663,62	2.521,84	2.837,07	1.551,76	2.446,64	2.752,47	1.439,90	2.371,44	2.667,87	1.328,04	2.296,24	2.583,27	1.216,18	2.221,04	2.498,67	1.104,32	2.145,84	2.414,07	992,46	2.070,64	2.329,4
	V	37.696	2.073,28	3.015,68	3.392,64																		
	VI	38.228	2.102,54	3.058,24	3.440,52																		
113.795,99 (Ost)	I	31.617	1.674,80	2.529,36	2.845,53	1.451,08	2.378,96	2.676,33	1.227,36	2.228,56	2.507,13	1.003,64	2.078,16	2.337,93	779,92	1.927,76	2.168,73	556,20	1.777,36	1.999,53	332,48	1.626,96	1.830,3
	II	29.827	1.461,79	2.386,16	2.684,43	1.238,07	2.235,76	2.515,23	1.014,47	2.085,44	2.346,12	790,75	1.935,04	2.176,92	567,03	1.784,64	2.007,72	343,31	1.634,24	1.838,52	119,59	1.483,84	1.669,3
	III	22.324	-	1.785,92	2.009,16	-	1.655,36	1.862,28	-	1.528,00	1.719,00	-	1.403,68	1.579,14	-	1.282,40	1.442,70	-	1.164,32	1.309,86	-	1.049,12	1.180,2
	IV	31.617	1.674,80	2.529,36	2.845,53	1.562,94	2.454,16	2.760,93	1.451,08	2.378,96	2.676,33	1.339,22	2.303,76	2.591,73	1.227,36	2.228,56	2.507,13	1.115,50	2.153,36	2.422,53	1.003,64	2.078,16	2.337,9
	V	37.790	2.078,45	3.023,20	3.401,10																		
	VI	38.322	2.107,71	3.065,76	3.448,98																		
113.831,99 (West)	I	31.538	1.665,40	2.523,04	2.838,42	1.441,68	2.372,64	2.669,22	1.217,96	2.222,24	2.500,02	994,24	2.071,84	2.330,82	770,52	1.921,44	2.161,62	546,80	1.771,04	1.992,42	323,20	1.620,72	1.823,3
	II	29.749	1.452,51	2.379,92	2.677,41	1.228,79	2.229,52	2.508,21	1.005,07	2.079,12	2.339,01	781,35	1.928,72	2.169,81	557,63	1.778,32	2.000,61	333,91	1.627,92	1.831,41	110,19	1.477,52	1.662,2
	III	22.254	-	1.780,32	2.002,86	-	1.650,08	1.856,34	-	1.522,72	1.713,06	-	1.398,56	1.573,38	-	1.277,44	1.437,12	-	1.159,36	1.304,28	-	1.044,48	1.175,0
	IV	31.538	1.665,40	2.523,04	2.838,42	1.553,54	2.447,84	2.753,82	1.441,68	2.372,64	2.669,22	1.329,82	2.297,44	2.584,62	1.217,96	2.222,24	2.500,02	1.106,10	2.147,04	2.415,42	994,24	2.071,84	2.330,8
	V	37.711	2.074,10	3.016,88	3.393,99																		
	VI	38.243	2.103,36	3.059,44	3.441,87																		
113.831,99 (Ost)	I	31.632	1.676,59	2.530,56	2.846,88	1.452,87	2.380,16	2.677,68	1.229,15	2.229,76	2.508,48	1.005,43	2.079,36	2.339,28	781,71	1.928,96	2.170,08	557,99	1.778,56	2.000,88	334,27	1.628,16	1.831,6
	II	29.843	1.463,70	2.387,44	2.685,87	1.239,98	2.237,04	2.516,67	1.016,26	2.086,64	2.347,47	792,54	1.936,24	2.178,27	568,82	1.785,84	2.009,07	345,10	1.635,44	1.839,87	121,38	1.485,04	1.670,6
	III	22.338	-	1.787,04	2.010,42	-	1.656,48	1.863,54	-	1.528,96	1.720,08	-	1.404,64	1.580,22	-	1.283,36	1.443,78	-	1.165,12	1.310,76	-	1.050,08	1.181,3
	IV	31.632	1.676,59	2.530,56	2.846,88	1.564,73	2.455,36	2.762,28	1.452,87	2.380,16	2.677,68	1.341,01	2.304,96	2.593,08	1.229,15	2.229,76	2.508,48	1.117,29	2.154,56	2.423,88	1.005,43	2.079,36	2.339,2
	V	37.805	2.079,27	3.024,40	3.402,45																		
	VI	38.337	2.108,53	3.066,96	3.450,33																		
113.867,99 (West)	I	31.553	1.667,19	2.524,24	2.839,77	1.443,47	2.373,84	2.670,57	1.219,75	2.223,44	2.501,37	996,03	2.073,04	2.332,17	772,42	1.922,72	2.163,06	548,70	1.772,32	1.993,86	324,98	1.621,92	1.824,6
	II	29.764	1.454,29	2.381,12	2.678,76	1.230,57	2.230,72	2.509,56	1.006,85	2.080,32	2.340,36	783,13	1.929,92	2.171,16	559,41	1.779,52	2.001,96	335,69	1.629,12	1.832,76	111,97	1.478,72	1.663,5
	III	22.268	-	1.781,44	2.004,12	-	1.651,04	1.857,42	-	1.523,68	1.714,14	-	1.399,52	1.574,46	-	1.278,40	1.438,20	-	1.160,32	1.305,36	-	1.045,28	1.175,9
	IV	31.553	1.667,19	2.524,24	2.839,77	1.555,33	2.449,04	2.755,17	1.443,47	2.373,84	2.670,57	1.331,61	2.298,64	2.585,97	1.219,75	2.223,44	2.501,37	1.107,89	2.148,24	2.416,77	996,03	2.073,04	2.332,1
	V	37.726	2.074,93	3.018,08	3.395,34																		
	VI	38.258	2.104,19	3.060,64	3.443,22																		
113.867,99 (Ost)	I	31.647	1.678,37	2.531,76	2.848,23	1.454,65	2.381,36	2.679,03	1.230,93	2.230,96	2.509,83	1.007,21	2.080,56	2.340,63	783,49	1.930,16	2.171,43	559,77	1.779,76	2.002,23	336,05	1.629,36	1.833,
	II	29.858	1.465,48	2.388,64	2.687,22	1.241,76	2.238,24	2.518,02	1.018,04	2.087,84	2.348,82	794,32	1.937,44	2.179,62	570,60	1.787,04	2.010,42	346,88	1.636,64	1.841,22	123,16	1.486,24	1.672,
	III	22.350	-	1.788,00	2.011,50	-	1.657,44	1.864,62	-	1.530,08	1.721,34	-	1.405,60	1.581,30	-	1.284,32	1.444,86	-	1.166,08	1.311,84	-	1.051,04	1.182,4
	IV	31.647	1.678,37	2.531,76	2.848,23	1.566,51	2.456,56	2.763,63	1.454,65	2.381,36	2.679,03	1.342,79	2.306,16	2.594,43	1.230,93	2.230,96	2.509,83	1.119,07	2.155,76	2.425,23	1.007,21	2.080,56	2.340,6
	V	37.820	2.080,10	3.025,60	3.403,80																		
	VI	38.352	2.109,36	3.068,16	3.451,68																		
113.903,99 (West)	I	31.568	1.668,97	2.525,44	2.841,12	1.445,25	2.375,04	2.671,92	1.221,53	2.224,64	2.502,72	997,93	2.074,32	2.333,61	774,21	1.923,92	2.164,41	550,49	1.773,52	1.995,21	326,77	1.623,12	1.826,
	II	29.779	1.456,08	2.382,32	2.680,11	1.232,36	2.231,92	2.510,91	1.008,64	2.081,52	2.341,71	784,92	1.931,12	2.172,51	561,20	1.780,72	2.003,31	337,60	1.630,40	1.834,20	113,88	1.480,00	1.665,
	III	22.282	-	1.782,56	2.005,38	-	1.652,16	1.858,68	-	1.524,80	1.715,40	-	1.400,48	1.575,54	-	1.279,36	1.439,28	-	1.161,28	1.306,44	-	1.046,24	1.177,
	IV	31.568	1.668,97	2.525,44	2.841,12	1.557,11	2.450,24	2.756,52	1.445,25	2.375,04	2.671,92	1.333,39	2.299,84	2.587,32	1.221,53	2.224,64	2.502,72	1.109,79	2.149,52	2.418,21	997,93	2.074,32	2.333,6
	V	37.742	2.075,81	3.019,36	3.396,78																		
	VI	38.273	2.105,01	3.061,84	3.444,57																		
113.903,99 (Ost)	I	31.662	1.680,16	2.532,96	2.849,58	1.456,44	2.382,56	2.680,38	1.232,72	2.232,16	2.511,18	1.009,00	2.081,76	2.341,98	785,28	1.931,36	2.172,78	561,56	1.780,96	2.003,58	337,84	1.630,56	1.834,3
	II	29.873	1.467,27	2.389,84	2.688,57	1.243,55	2.239,44	2.519,37	1.019,83	2.089,04	2.350,17	796,11	1.938,64	2.180,97	572,39	1.788,24	2.011,77	348,67	1.637,84	1.842,57	124,95	1.487,44	1.673,3
	III	22.364	-	1.789,12	2.012,76	-	1.658,56	1.865,88	-	1.531,04	1.722,42	-	1.406,56	1.582,38	-	1.285,28	1.445,94	-	1.167,04	1.312,92	-	1.051,84	1.183,3
	IV	31.662	1.680,16	2.532,96	2.849,58	1.568,30	2.457,76	2.764,98	1.456,44	2.382,56	2.680,38	1.344,58	2.307,36	2.595,78	1.232,72	2.232,16	2.511,18	1.120,86	2.156,96	2.426,58	1.009,00	2.081,76	2.341,9
	V	37.835	2.080,92	3.026,80	3.405,15																		
	VI	38.367	2.110,18	3.069,36	3.453,03																		
113.939,99 (West)	I	31.583	1.670,76	2.526,64	2.842,47	1.447,15	2.376,32	2.673,36	1.223,43	2.225,92	2.504,16	999,71	2.075,52	2.334,96	775,99	1.925,12	2.165,76	552,27	1.774,72	1.996,56	328,55	1.624,32	1.827,3
	II	29.794	1.457,86	2.383,52	2.681,46	1.234,14	2.233,12	2.512,26	1.010,42	2.082,72	2.343,06	786,70	1.932,32	2.173,86	563,10	1.782,00	2.004,75	339,38	1.631,60	1.835,55	115,66	1.481,20	1.666,3
	III	22.294	-	1.783,52	2.006,46	-	1.653,12	1.859,76	-	1.525,76	1.716,48	-	1.401,44	1.576,62	-	1.280,32	1.440,36	-	1.162,24	1.307,52	-	1.047,20	1.178,1
	IV	31.583	1.670,76	2.526,64	2.842,47	1.558,90	2.451,44	2.757,87	1.447,15	2.376,32	2.673,36	1.335,29	2.301,12	2.588,76	1.223,43	2.225,92	2.504,16	1.111,57	2.150,72	2.419,56	999,71	2.075,52	2.334,9
	V	37.757	2.076,63	3.020,56	3.398,13																		
	VI	38.288	2.105,84	3.063,04	3.445,92																		
113.939,99 (Ost)	I	31.677	1.681,94	2.534,16	2.850,93	1.458,22	2.383,76	2.681,73	1.234,50	2.233,36	2.512,53	1.010,78	2.082,96	2.343,33	787,06	1.932,56	2.174,13	563,34	1.782,16	2.004,93	339,74	1.631,84	1.835,8
	II	29.888	1.469,05	2.391,04	2.689,92	1.245,33	2.240,64	2.520,72	1.021,61	2.090,24	2.351,52	797,89	1.939,84	2.182,32	574,17	1.789,44	2.013,12	350,45	1.639,04	1.843,92	126,73	1.488,64	1.674,7
	III	22.378	-	1.790,24	2.014,02	-	1.659,52	1.866,96	-	1.532,00	1.723,50	-	1.407,68	1.583,64	-	1.286,24	1.447,02	-	1.168,00	1.314,00	-	1.052,80	1.184,4
	IV	31.677	1.681,94	2.534,16	2.850,93	1.570,08	2.458,96	2.766,33	1.458,22	2.383,76	2.681,73	1.346,36	2.308,56	2.597,13	1.234,50	2.233,36	2.512,53	1.122,64	2.158,16	2.427,93	1.010,78	2.082,96	2.343,3
	V	37.850	2.081,75	3.028,00	3.406,50																		
	VI	38.382	2.111,01	3.070,56	3.454,38																		
113.975,99 (West)	I	31.599	1.672,66	2.527,92	2.843,91	1.448,94	2.377,52	2.674,71	1.225,22	2.227,12	2.505,51	1.001,50	2.076,72	2.336,31	777,78	1.926,32	2.167,11	554,06	1.775,92	1.997,91	330,34	1.625,52	1.828,7
	II	29.809	1.459,65	2.384,72	2.682,81	1.235,93	2.234,32	2.513,61	1.012,33	2.084,00	2.344,50	788,61	1.933,60	2.175,30	564,89	1.783,20	2.006,10	341,17	1.632,80	1.836,90	117,45	1.482,40	1.667,7
	III	22.308	-	1.784,64	2.007,72	-	1.654,08	1.860,84	-	1.526,72	1.717,56	-	1.402,40	1.577,70	-	1.281,28	1.441,44	-	1.163,04	1.308,42	-	1.048,00	1.179,0
	IV	31.599	1.672,66	2.527,92	2.843,91	1.560,80	2.452,72	2.759,31	1.448,94	2.377,52	2.674,71	1.337,08	2.302,32	2.590,11	1.225,22	2.227,12	2.505,51	1.113,36	2.151,92	2.420,91	1.001,50	2.076,72	2.336,3
	V	37.772	2.077,46	3.021,76	3.399,48																		
	VI	38.304	2.106,72	3.064,32	3.447,36																		
113.975,99 (Ost)	I	31.692	1.683,73	2.535,36	2.852,28	1.460,01	2.384,96	2.683,08	1.236,29	2.234,56	2.513,88	1.012,57	2.084,16	2.344,68	788,97	1.933,84	2.175,57	565,25	1.783,44	2.006,37	341,53	1.633,04	1.837,1
	II	29.903	1.470,84	2.392,24	2.691,27	1.247,12	2.241,84	2.522,07	1.023,40	2.091,44	2.352,87	799,68	1.941,04	2.183,67	575,96	1.790,64	2.014,47	352,24	1.640,24	1.845,27	128,52	1.489,84	1.676,0
	III	22.390	-	1.791,20	2.015,10	-	1.660,64	1.868,22	-	1.533,12	1.724,76	-	1.408,64	1.584,72	-	1.287,20	1.448,10	-	1.168,96	1.315,08	-	1.053,76	1.185,4
	IV	31.692	1.683,73	2.535,36	2.852,28	1.571,87	2.460,16	2.767,68	1.460,01	2.384,96	2.683,08	1.348,15	2.309,76	2.598,48	1.236,29	2.234,56	2.513,88	1.124,43	2.159,36	2.429,28	1.012,57	2.084,16	2.344,6
	V	37.866	2.082,63	3.029,28	3.407,94																		
	VI	38.397	2.111,83	3.071,76	3.455,73																		
114.011,99 (West)	I	31.614	1.674,44	2.529,12	2.845,26	1.450,72	2.378,72	2.676,06	1.227,00	2.228,32	2.506,86	1.003,28	2.077,92	2.337,66	779,56	1.927,52	2.168,46	555,84	1.777,12	1.999,26	332,12	1.626,72	1.830,0
	II	29.824	1.461,43	2.385,92	2.684,16	1.237,83	2.235,60	2.515,05	1.014,11	2.085,20	2.345,85	790,39	1.934,80	2.176,65	566,67	1.784,40	2.007,45	342,95	1.634,00	1.838,25	119,23	1.483,60	1.669,0
	III	22.322	-	1.785,76	2.008,98	-	1.655,20	1.862,10	-	1.527,84	1.718,82	-	1.403,52	1.578,96	-	1.282,24	1.442,52	-	1.164,00	1.309,50	-	1.048,96	1.180,0
	IV	31.614	1.674,44	2.529,12	2.845,26	1.562,58	2.453,92	2.760,66	1.450,72	2.378,72	2.676,06	1.338,86	2.303,52	2.591,46	1.227,00	2.228,32	2.506,86	1.115,14	2.153,12	2.422,26	1.003,28	2.077,92	2.337,6
	V	37.787	2.078,28	3.022,96	3.400,83																		
	VI	38.319	2.107,54	3.065,52	3.448,71																		
114.011,99 (Ost)	I	31.707	1.685,51	2.536,56	2.853,63	1.461,79	2.386,16	2.684,43	1.238,07	2.235,76	2.515,23	1.014,47	2.085,44	2.346,12	790,75	1.935,04	2.176,92	567,03	1.784,64	2.007,72	343,31	1.634,24	1.838,5
	II	29.918	1.472,62	2.393,44	2.692,62	1.248,90	2.243,04	2.523,42	1.025,18	2.092,64	2.354,22	801,46	1.942,24	2.185,02	577,74	1.791,84	2.015,82	354,14	1.641,52	1.846,71	130,42	1.491,12	1.677,5
	III	22.404	-	1.792,32	2.016,36	-	1.661,60	1.869,30	-	1.534,08	1.725,84	-	1.409,60	1.585,80	-	1.288,16	1.449,18	-	1.169,92	1.316,16	-	1.054,72	1.186,5
	IV	31.707	1.685,51	2.536,56	2.853,63	1.573,65	2.461,36	2.769,03	1.461,79	2.386,16	2.684,43	1.349,93	2.310,96	2.599,83	1.238,07	2.235,76	2.515,23	1.126,33	2.160,64	2.430,72	1.014,47	2.085,44	2.346,1
	V	37.881	2.083,45	3.030,48	3.409,29																		
	VI	38.412	2.112,66	3.072,96	3.457,08																		

SolZ/KiSt lt. Tabelle nicht für Sonstige Bezüge anwendbar.

Lohn/ Gehalt bis	Steuerklasse	Lohnsteuer	ohne Kinderfreibetrag			Anzahl Kinderfreibeträge (nur Steuerklassen I–IV)																	
						0,5			1,0			1,5			2,0			2,5			3,0		
			SolZ 5,5%	Kirchensteuer 8%	Kirchensteuer 9%	SolZ 5,5%	Kirchensteuer 8%	Kirchensteuer 9%	SolZ 5,5%	Kirchensteuer 8%	Kirchensteuer 9%	SolZ 5,5%	Kirchensteuer 8%	Kirchensteuer 9%	SolZ 5,5%	Kirchensteuer 8%	Kirchensteuer 9%	SolZ 5,5%	Kirchensteuer 8%	Kirchensteuer 9%	SolZ 5,5%	Kirchensteuer 8%	Kirchensteuer 9%
14.047,99	I	31.629	*1.676,23*	2.530,32	2.846,61	*1.452,51*	2.379,92	2.677,41	*1.228,79*	2.229,52	2.508,21	*1.005,07*	2.079,12	2.339,01	*781,35*	1.928,72	2.169,81	*557,63*	1.778,32	2.000,61	*333,91*	1.627,92	1.831,41
(West)	II	29.840	*1.463,34*	2.387,20	2.685,60	*1.239,62*	2.236,80	2.516,40	*1.015,90*	2.086,40	2.347,20	*792,18*	1.936,00	2.178,00	*568,46*	1.785,60	2.008,80	*344,74*	1.635,20	1.839,60	*121,02*	1.484,80	1.670,40
	III	22.334	–	1.786,72	2.010,06	–	1.656,16	1.863,18	–	1.528,80	1.719,90	–	1.404,48	1.580,04	–	1.283,20	1.443,60	–	1.164,96	1.310,58	–	1.049,92	1.181,16
	IV	31.629	*1.676,23*	2.530,32	2.846,61	*1.564,37*	2.455,12	2.762,01	*1.452,51*	2.379,92	2.677,41	*1.340,65*	2.304,72	2.592,81	*1.228,79*	2.229,52	2.508,21	*1.116,93*	2.154,32	2.423,61	*1.005,07*	2.079,12	2.339,01
	V	37.802	*2.079,11*	3.024,16	3.402,18																		
	VI	38.334	*2.108,37*	3.066,72	3.450,06																		
14.047,99	I	31.722	*1.687,30*	2.537,76	2.854,98	*1.463,70*	2.387,44	2.685,87	*1.239,98*	2.237,04	2.516,67	*1.016,26*	2.086,64	2.347,47	*792,54*	1.936,24	2.178,27	*568,82*	1.785,84	2.009,07	*345,10*	1.635,44	1.839,87
(Ost)	II	29.933	*1.474,41*	2.394,64	2.693,97	*1.250,69*	2.244,24	2.524,77	*1.026,97*	2.093,84	2.355,57	*803,25*	1.943,44	2.186,37	*579,64*	1.793,12	2.017,26	*355,92*	1.642,72	1.848,06	*132,20*	1.492,32	1.678,86
	III	22.418	–	1.793,44	2.017,62	–	1.662,72	1.870,56	–	1.535,04	1.726,92	–	1.410,56	1.586,88	–	1.289,12	1.450,26	–	1.170,88	1.317,24	–	1.055,52	1.187,46
	IV	31.722	*1.687,30*	2.537,76	2.854,98	*1.575,44*	2.462,56	2.770,38	*1.463,70*	2.387,44	2.685,87	*1.351,84*	2.312,24	2.601,27	*1.239,98*	2.237,04	2.516,67	*1.128,12*	2.161,84	2.432,07	*1.016,26*	2.086,64	2.347,47
	V	37.896	*2.084,28*	3.031,68	3.410,64																		
	VI	38.427	*2.113,48*	3.074,16	3.458,43																		
14.083,99	I	31.644	*1.678,01*	2.531,52	2.847,96	*1.454,29*	2.381,12	2.678,76	*1.230,57*	2.230,72	2.509,56	*1.006,85*	2.080,32	2.340,36	*783,13*	1.929,92	2.171,16	*559,41*	1.779,52	2.001,96	*335,69*	1.629,12	1.832,76
(West)	II	29.855	*1.465,12*	2.388,40	2.686,95	*1.241,40*	2.238,00	2.517,75	*1.017,68*	2.087,60	2.348,55	*793,96*	1.937,20	2.179,35	*570,24*	1.786,80	2.010,15	*346,52*	1.636,40	1.840,95	*122,80*	1.486,00	1.671,75
	III	22.348	–	1.787,84	2.011,32	–	1.657,28	1.864,44	–	1.529,76	1.720,98	–	1.405,44	1.581,12	–	1.284,16	1.444,68	–	1.165,92	1.311,66	–	1.050,72	1.182,06
	IV	31.644	*1.678,01*	2.531,52	2.847,96	*1.566,15*	2.456,32	2.763,36	*1.454,29*	2.381,12	2.678,76	*1.342,43*	2.305,92	2.594,16	*1.230,57*	2.230,72	2.509,56	*1.118,71*	2.155,52	2.424,96	*1.006,85*	2.080,32	2.340,36
	V	37.817	*2.079,93*	3.025,36	3.403,53																		
	VI	38.349	*2.109,19*	3.067,92	3.451,41																		
14.083,99	I	31.738	*1.689,20*	2.539,04	2.856,42	*1.465,48*	2.388,64	2.687,22	*1.241,76*	2.238,24	2.518,02	*1.018,04*	2.087,84	2.348,82	*794,32*	1.937,44	2.179,62	*570,60*	1.787,04	2.010,42	*346,88*	1.636,64	1.841,22
(Ost)	II	29.948	*1.476,19*	2.395,84	2.695,32	*1.252,47*	2.245,44	2.526,12	*1.028,87*	2.095,12	2.357,01	*805,15*	1.944,72	2.187,81	*581,43*	1.794,32	2.018,61	*357,71*	1.643,92	1.849,41	*133,99*	1.493,52	1.680,21
	III	22.430	–	1.794,40	2.018,70	–	1.663,68	1.871,64	–	1.536,16	1.728,18	–	1.411,52	1.587,96	–	1.290,08	1.451,34	–	1.171,68	1.318,14	–	1.056,48	1.188,54
	IV	31.738	*1.689,20*	2.539,04	2.856,42	*1.577,34*	2.463,84	2.771,82	*1.465,48*	2.388,64	2.687,22	*1.353,62*	2.313,44	2.602,62	*1.241,76*	2.238,24	2.518,02	*1.129,90*	2.163,04	2.433,42	*1.018,04*	2.087,84	2.348,82
	V	37.911	*2.085,10*	3.032,88	3.411,99																		
	VI	38.443	*2.114,36*	3.075,44	3.459,87																		
14.119,99	I	31.659	*1.679,80*	2.532,72	2.849,31	*1.456,08*	2.382,32	2.680,11	*1.232,36*	2.231,92	2.510,91	*1.008,64*	2.081,52	2.341,71	*784,92*	1.931,12	2.172,51	*561,20*	1.780,72	2.003,31	*337,60*	1.630,40	1.834,20
(West)	II	29.870	*1.466,91*	2.389,60	2.688,30	*1.243,19*	2.239,20	2.519,10	*1.019,47*	2.088,80	2.349,90	*795,75*	1.938,40	2.180,70	*572,03*	1.788,00	2.011,50	*348,31*	1.637,60	1.842,30	*124,59*	1.487,20	1.673,10
	III	22.362	–	1.788,96	2.012,58	–	1.658,24	1.865,52	–	1.530,88	1.722,24	–	1.406,40	1.582,20	–	1.285,12	1.445,76	–	1.166,88	1.312,74	–	1.051,68	1.183,14
	IV	31.659	*1.679,80*	2.532,72	2.849,31	*1.567,94*	2.457,52	2.764,71	*1.456,08*	2.382,32	2.680,11	*1.344,22*	2.307,12	2.595,51	*1.232,36*	2.231,92	2.510,91	*1.120,50*	2.156,72	2.426,31	*1.008,64*	2.081,52	2.341,71
	V	37.832	*2.080,76*	3.026,56	3.404,88																		
	VI	38.364	*2.110,02*	3.069,12	3.452,76																		
14.119,99	I	31.753	*1.690,99*	2.540,24	2.857,77	*1.467,27*	2.389,84	2.688,57	*1.243,55*	2.239,44	2.519,37	*1.019,83*	2.089,04	2.350,17	*796,11*	1.938,64	2.180,97	*572,39*	1.788,24	2.011,77	*348,67*	1.637,84	1.842,57
(Ost)	II	29.963	*1.477,98*	2.397,04	2.696,67	*1.254,37*	2.246,72	2.527,56	*1.030,65*	2.096,32	2.358,36	*806,93*	1.945,92	2.189,16	*583,21*	1.795,52	2.019,96	*359,49*	1.645,12	1.850,76	*135,77*	1.494,72	1.681,56
	III	22.444	–	1.795,52	2.019,96	–	1.664,80	1.872,90	–	1.537,12	1.729,26	–	1.412,64	1.589,22	–	1.291,04	1.452,42	–	1.172,64	1.319,22	–	1.057,44	1.189,62
	IV	31.753	*1.690,99*	2.540,24	2.857,77	*1.579,13*	2.465,04	2.773,17	*1.467,27*	2.389,84	2.688,57	*1.355,41*	2.314,64	2.603,97	*1.243,55*	2.239,44	2.519,37	*1.131,69*	2.164,24	2.434,77	*1.019,83*	2.089,04	2.350,17
	V	37.926	*2.085,93*	3.034,08	3.413,34																		
	VI	38.458	*2.115,19*	3.076,64	3.461,22																		
14.155,99	I	31.674	*1.681,58*	2.533,92	2.850,66	*1.457,86*	2.383,52	2.681,46	*1.234,14*	2.233,12	2.512,26	*1.010,42*	2.082,72	2.343,06	*786,70*	1.932,32	2.173,86	*563,10*	1.782,00	2.004,75	*339,38*	1.631,60	1.835,55
(West)	II	29.885	*1.468,69*	2.390,80	2.689,65	*1.244,97*	2.240,40	2.520,45	*1.021,25*	2.090,00	2.351,25	*797,53*	1.939,60	2.182,05	*573,81*	1.789,20	2.012,85	*350,09*	1.638,80	1.843,65	*126,37*	1.488,40	1.674,45
	III	22.374	–	1.789,92	2.013,66	–	1.659,36	1.866,78	–	1.531,84	1.723,32	–	1.407,36	1.583,28	–	1.286,08	1.446,84	–	1.167,84	1.313,82	–	1.052,64	1.184,22
	IV	31.674	*1.681,58*	2.533,92	2.850,66	*1.569,72*	2.458,72	2.766,06	*1.457,86*	2.383,52	2.681,46	*1.346,00*	2.308,32	2.596,86	*1.234,14*	2.233,12	2.512,26	*1.122,28*	2.157,92	2.427,66	*1.010,42*	2.082,72	2.343,06
	V	37.847	*2.081,58*	3.027,76	3.406,23																		
	VI	38.379	*2.110,84*	3.070,32	3.454,11																		
14.155,99	I	31.768	*1.692,77*	2.541,44	2.859,12	*1.469,05*	2.391,04	2.689,92	*1.245,33*	2.240,64	2.520,72	*1.021,61*	2.090,24	2.351,52	*797,89*	1.939,84	2.182,32	*574,17*	1.789,44	2.013,12	*350,45*	1.639,04	1.843,92
(Ost)	II	29.979	*1.479,88*	2.398,32	2.698,11	*1.256,16*	2.247,92	2.528,91	*1.032,44*	2.097,52	2.359,71	*808,72*	1.947,12	2.190,51	*585,00*	1.796,72	2.021,31	*361,28*	1.646,32	1.852,11	*137,56*	1.495,92	1.682,91
	III	22.458	–	1.796,64	2.021,22	–	1.665,76	1.873,98	–	1.538,08	1.730,34	–	1.413,60	1.590,30	–	1.292,00	1.453,50	–	1.173,60	1.320,30	–	1.058,24	1.190,52
	IV	31.768	*1.692,77*	2.541,44	2.859,12	*1.580,91*	2.466,24	2.774,52	*1.469,05*	2.391,04	2.689,92	*1.357,19*	2.315,84	2.605,32	*1.245,33*	2.240,64	2.520,72	*1.133,47*	2.165,44	2.436,12	*1.021,61*	2.090,24	2.351,52
	V	37.941	*2.086,75*	3.035,28	3.414,69																		
	VI	38.473	*2.116,01*	3.077,84	3.462,57																		
14.191,99	I	31.689	*1.683,37*	2.535,12	2.852,01	*1.459,65*	2.384,72	2.682,81	*1.235,93*	2.234,32	2.513,61	*1.012,33*	2.084,00	2.344,50	*788,61*	1.933,60	2.175,30	*564,89*	1.783,20	2.006,10	*341,17*	1.632,80	1.836,90
(West)	II	29.900	*1.470,48*	2.392,00	2.691,00	*1.246,76*	2.241,60	2.521,80	*1.023,04*	2.091,20	2.352,60	*799,32*	1.940,80	2.183,40	*575,60*	1.790,40	2.014,20	*351,88*	1.640,00	1.845,00	*128,28*	1.489,68	1.675,89
	III	22.388	–	1.791,04	2.014,92	–	1.660,32	1.867,86	–	1.532,80	1.724,40	–	1.408,32	1.584,36	–	1.287,04	1.447,92	–	1.168,80	1.314,90	–	1.053,60	1.185,30
	IV	31.689	*1.683,37*	2.535,12	2.852,01	*1.571,51*	2.459,92	2.767,41	*1.459,65*	2.384,72	2.682,81	*1.347,79*	2.309,52	2.598,21	*1.235,93*	2.234,32	2.513,61	*1.124,07*	2.159,12	2.429,01	*1.012,33*	2.084,00	2.344,50
	V	37.863	*2.082,46*	3.029,04	3.407,67																		
	VI	38.394	*2.111,67*	3.071,52	3.455,46																		
14.191,99	I	31.783	*1.694,56*	2.542,64	2.860,47	*1.470,84*	2.392,24	2.691,27	*1.247,12*	2.241,84	2.522,07	*1.023,40*	2.091,44	2.352,87	*799,68*	1.941,04	2.183,67	*575,96*	1.790,64	2.014,47	*352,24*	1.640,24	1.845,27
(Ost)	II	29.994	*1.481,66*	2.399,52	2.699,46	*1.257,94*	2.249,12	2.530,26	*1.034,22*	2.098,72	2.361,06	*810,50*	1.948,32	2.191,86	*586,78*	1.797,92	2.022,66	*363,06*	1.647,52	1.853,46	*139,34*	1.497,12	1.684,26
	III	22.470	–	1.797,60	2.022,30	–	1.666,88	1.875,24	–	1.539,20	1.731,60	–	1.414,56	1.591,38	–	1.292,96	1.454,58	–	1.174,56	1.321,38	–	1.059,20	1.191,60
	IV	31.783	*1.694,56*	2.542,64	2.860,47	*1.582,70*	2.467,44	2.775,87	*1.470,84*	2.392,24	2.691,27	*1.358,98*	2.317,04	2.606,67	*1.247,12*	2.241,84	2.522,07	*1.135,26*	2.166,64	2.437,47	*1.023,40*	2.091,44	2.352,87
	V	37.956	*2.087,58*	3.036,48	3.416,04																		
	VI	38.488	*2.116,84*	3.079,04	3.463,92																		
14.227,99	I	31.704	*1.685,15*	2.536,32	2.853,36	*1.461,43*	2.385,92	2.684,16	*1.237,83*	2.235,60	2.515,05	*1.014,11*	2.085,20	2.345,85	*790,39*	1.934,80	2.176,65	*566,67*	1.784,40	2.007,45	*342,95*	1.634,00	1.838,25
(West)	II	29.915	*1.472,26*	2.393,20	2.692,35	*1.248,54*	2.242,80	2.523,15	*1.024,82*	2.092,40	2.353,95	*801,10*	1.942,00	2.184,75	*577,50*	1.791,68	2.015,64	*353,78*	1.641,28	1.846,44	*130,06*	1.490,88	1.677,24
	III	22.400	–	1.792,00	2.016,00	–	1.661,44	1.869,12	–	1.533,92	1.725,66	–	1.409,44	1.585,62	–	1.288,00	1.449,00	–	1.169,60	1.315,80	–	1.054,40	1.186,20
	IV	31.704	*1.685,15*	2.536,32	2.853,36	*1.573,29*	2.461,12	2.768,76	*1.461,43*	2.385,92	2.684,16	*1.349,69*	2.310,80	2.599,65	*1.237,83*	2.235,60	2.515,05	*1.125,97*	2.160,40	2.430,45	*1.014,11*	2.085,20	2.345,85
	V	37.878	*2.083,29*	3.030,24	3.409,02																		
	VI	38.409	*2.112,49*	3.072,72	3.456,81																		
14.227,99	I	31.798	*1.696,34*	2.543,84	2.861,82	*1.472,62*	2.393,44	2.692,62	*1.248,90*	2.243,04	2.523,42	*1.025,18*	2.092,64	2.354,22	*801,46*	1.942,24	2.185,02	*577,74*	1.791,84	2.015,82	*354,14*	1.641,52	1.846,71
(Ost)	II	30.009	*1.483,45*	2.400,72	2.700,81	*1.259,73*	2.250,32	2.531,61	*1.036,01*	2.099,92	2.362,41	*812,29*	1.949,52	2.193,21	*588,57*	1.799,12	2.024,01	*364,85*	1.648,72	1.854,81	*141,13*	1.498,32	1.685,61
	III	22.484	–	1.798,72	2.023,56	–	1.667,84	1.876,32	–	1.540,16	1.732,68	–	1.415,52	1.592,46	–	1.293,92	1.455,66	–	1.175,52	1.322,46	–	1.060,16	1.192,68
	IV	31.798	*1.696,34*	2.543,84	2.861,82	*1.584,48*	2.468,64	2.777,22	*1.472,62*	2.393,44	2.692,62	*1.360,76*	2.318,24	2.608,02	*1.248,90*	2.243,04	2.523,42	*1.137,04*	2.167,84	2.438,82	*1.025,18*	2.092,64	2.354,22
	V	37.971	*2.088,40*	3.037,68	3.417,39																		
	VI	38.503	*2.117,66*	3.080,24	3.465,27																		
14.263,99	I	31.720	*1.687,06*	2.537,60	2.854,80	*1.463,34*	2.387,20	2.685,60	*1.239,62*	2.236,80	2.516,40	*1.015,90*	2.086,40	2.347,20	*792,18*	1.936,00	2.178,00	*568,46*	1.785,60	2.008,80	*344,74*	1.635,20	1.839,60
(West)	II	29.930	*1.474,05*	2.394,40	2.693,70	*1.250,33*	2.244,00	2.524,50	*1.026,61*	2.093,60	2.355,30	*803,01*	1.943,28	2.186,19	*579,29*	1.792,88	2.016,99	*355,57*	1.642,48	1.847,79	*131,85*	1.492,08	1.678,59
	III	22.414	–	1.793,12	2.017,26	–	1.662,40	1.870,20	–	1.534,88	1.726,74	–	1.410,40	1.586,70	–	1.288,96	1.450,08	–	1.170,56	1.316,88	–	1.055,36	1.187,28
	IV	31.720	*1.687,06*	2.537,60	2.854,80	*1.575,20*	2.462,40	2.770,20	*1.463,34*	2.387,20	2.685,60	*1.351,48*	2.312,00	2.601,00	*1.239,62*	2.236,80	2.516,40	*1.127,76*	2.161,60	2.431,80	*1.015,90*	2.086,40	2.347,20
	V	37.893	*2.084,11*	3.031,44	3.410,37																		
	VI	38.425	*2.113,37*	3.074,00	3.458,25																		
14.263,99	I	31.813	*1.698,13*	2.545,04	2.863,17	*1.474,41*	2.394,64	2.693,97	*1.250,69*	2.244,24	2.524,77	*1.026,97*	2.093,84	2.355,57	*803,25*	1.943,44	2.186,37	*579,64*	1.793,12	2.017,26	*355,92*	1.642,72	1.848,06
(Ost)	II	30.024	*1.485,23*	2.401,92	2.702,16	*1.261,51*	2.251,52	2.532,96	*1.037,79*	2.101,12	2.363,76	*814,07*	1.950,72	2.194,56	*590,35*	1.800,32	2.025,36	*366,63*	1.649,92	1.856,16	*142,91*	1.499,52	1.686,96
	III	22.498	–	1.799,84	2.024,82	–	1.668,96	1.877,58	–	1.541,12	1.733,76	–	1.416,48	1.593,54	–	1.294,88	1.456,74	–	1.176,48	1.323,54	–	1.061,12	1.193,76
	IV	31.813	*1.698,13*	2.545,04	2.863,17	*1.586,27*	2.469,84	2.778,57	*1.474,41*	2.394,64	2.693,97	*1.362,55*	2.319,44	2.609,37	*1.250,69*	2.244,24	2.524,77	*1.138,83*	2.169,04	2.440,17	*1.026,97*	2.093,84	2.355,57
	V	37.986	*2.089,23*	3.038,88	3.418,74																		
	VI	38.518	*2.118,49*	3.081,44	3.466,62																		

SolZ/KiSt lt. Tabelle nicht für Sonstige Bezüge anwendbar.

Lohn/ Gehalt bis	Steuerklasse	Lohn-steuer	ohne Kinderfreibetrag			Anzahl Kinderfreibeträge (nur Steuerklassen I–IV) 0,5			1,0			1,5			2,0			2,5			3,0		
			SolZ 5,5%	Kirchensteuer 8%	9%	SolZ 5,5%	Kirchensteuer 8%	9%	SolZ 5,5%	Kirchensteuer 8%	9%	SolZ 5,5%	Kirchensteuer 8%	9%	SolZ 5,5%	Kirchensteuer 8%	9%	SolZ 5,5%	Kirchensteuer 8%	9%	SolZ 5,5%	Kirchensteuer 8%	9%
114.299,99 (West)	I	31.735	1.688,84	2.538,80	2.856,15	1.465,12	2.388,40	2.686,95	1.241,40	2.238,00	2.517,75	1.017,68	2.087,60	2.348,55	793,96	1.937,20	2.179,35	570,24	1.786,80	2.010,15	346,52	1.636,40	1.840,
	II	29.945	1.475,83	2.395,60	2.695,05	1.252,23	2.245,28	2.525,94	1.028,51	2.094,88	2.356,74	804,79	1.944,48	2.187,54	581,07	1.794,08	2.018,34	357,35	1.643,68	1.849,14	133,63	1.493,28	1.679,
	III	22.428	-	1.794,24	2.018,52	-	1.663,52	1.871,46	-	1.535,84	1.727,82	-	1.411,36	1.587,78	-	1.289,92	1.451,16	-	1.171,52	1.317,96	-	1.056,32	1.188,
	IV	31.735	1.688,84	2.538,80	2.856,15	1.576,98	2.463,60	2.771,55	1.465,12	2.388,40	2.686,95	1.353,26	2.313,20	2.602,35	1.241,40	2.238,00	2.517,75	1.129,54	2.162,80	2.433,15	1.017,68	2.087,60	2.348,
	V	37.908	2.084,94	3.032,64	3.411,72																		
	VI	38.440	2.114,20	3.075,20	3.459,60																		
114.299,99 (Ost)	I	31.828	1.699,91	2.546,24	2.864,52	1.476,19	2.395,84	2.695,32	1.252,47	2.245,44	2.526,12	1.028,87	2.095,12	2.357,01	805,15	1.944,72	2.187,81	581,43	1.794,32	2.018,61	357,71	1.643,92	1.849,
	II	30.039	1.487,02	2.403,12	2.703,51	1.263,30	2.252,72	2.534,31	1.039,58	2.102,32	2.365,11	815,86	1.951,92	2.195,91	592,14	1.801,52	2.026,71	368,42	1.651,12	1.857,51	144,82	1.500,80	1.688,
	III	22.510	-	1.800,80	2.025,90	-	1.669,92	1.878,66	-	1.542,24	1.735,02	-	1.417,44	1.594,62	-	1.295,84	1.457,82	-	1.177,44	1.324,62	-	1.061,92	1.194,
	IV	31.828	1.699,91	2.546,24	2.864,52	1.588,05	2.471,04	2.779,92	1.476,19	2.395,84	2.695,32	1.364,33	2.320,64	2.610,72	1.252,47	2.245,44	2.526,12	1.140,61	2.170,24	2.441,52	1.028,87	2.095,12	2.357,
	V	38.002	2.090,11	3.040,16	3.420,18																		
	VI	38.533	2.119,31	3.082,64	3.467,97																		
114.335,99 (West)	I	31.750	1.690,63	2.540,00	2.857,50	1.466,91	2.389,60	2.688,30	1.243,19	2.239,20	2.519,10	1.019,47	2.088,80	2.349,90	795,75	1.938,40	2.180,70	572,03	1.788,00	2.011,50	348,31	1.637,60	1.842,
	II	29.961	1.477,74	2.396,88	2.696,49	1.254,02	2.246,48	2.527,29	1.030,30	2.096,08	2.358,09	806,58	1.945,68	2.188,89	582,86	1.795,28	2.019,69	359,14	1.644,88	1.850,49	135,42	1.494,48	1.681,
	III	22.440	-	1.795,20	2.019,60	-	1.664,48	1.872,54	-	1.536,96	1.729,08	-	1.412,32	1.588,86	-	1.290,88	1.452,24	-	1.172,48	1.319,04	-	1.057,12	1.189,
	IV	31.750	1.690,63	2.540,00	2.857,50	1.578,77	2.464,80	2.772,90	1.466,91	2.389,60	2.688,30	1.355,05	2.314,40	2.603,70	1.243,19	2.239,20	2.519,10	1.131,33	2.164,00	2.434,50	1.019,47	2.088,80	2.349,
	V	37.923	2.085,76	3.033,84	3.413,07																		
	VI	38.455	2.115,02	3.076,40	3.460,95																		
114.335,99 (Ost)	I	31.843	1.701,70	2.547,44	2.865,87	1.477,98	2.397,04	2.696,67	1.254,37	2.246,72	2.527,56	1.030,65	2.096,32	2.358,36	806,93	1.945,92	2.189,16	583,21	1.795,52	2.019,96	359,49	1.645,12	1.850,
	II	30.054	1.488,80	2.404,32	2.704,86	1.265,08	2.253,92	2.535,66	1.041,36	2.103,52	2.366,46	817,64	1.953,12	2.197,26	594,04	1.802,80	2.028,15	370,32	1.652,40	1.858,95	146,60	1.502,00	1.689,
	III	22.524	-	1.801,92	2.027,16	-	1.671,04	1.879,92	-	1.543,20	1.736,10	-	1.418,56	1.595,88	-	1.296,80	1.458,90	-	1.178,40	1.325,70	-	1.062,88	1.195,
	IV	31.843	1.701,70	2.547,44	2.865,87	1.589,84	2.472,24	2.781,27	1.477,98	2.397,04	2.696,67	1.366,23	2.321,92	2.612,16	1.254,37	2.246,72	2.527,56	1.142,51	2.171,52	2.442,96	1.030,65	2.096,32	2.358,
	V	38.017	2.090,93	3.041,36	3.421,53																		
	VI	38.548	2.120,14	3.083,84	3.469,32																		
114.371,99 (West)	I	31.765	1.692,41	2.541,20	2.858,85	1.468,69	2.390,80	2.689,65	1.244,97	2.240,40	2.520,45	1.021,25	2.090,00	2.351,25	797,53	1.939,60	2.182,05	573,81	1.789,20	2.012,85	350,09	1.638,80	1.843,
	II	29.976	1.479,52	2.398,08	2.697,84	1.255,80	2.247,68	2.528,64	1.032,08	2.097,28	2.359,44	808,36	1.946,88	2.190,24	584,64	1.796,48	2.021,04	360,92	1.646,08	1.851,84	137,20	1.495,68	1.682,
	III	22.454	-	1.796,32	2.020,86	-	1.665,60	1.873,80	-	1.537,92	1.730,16	-	1.413,28	1.589,94	-	1.291,84	1.453,32	-	1.173,44	1.320,12	-	1.058,08	1.190,
	IV	31.765	1.692,41	2.541,20	2.858,85	1.580,55	2.466,00	2.774,25	1.468,69	2.390,80	2.689,65	1.356,83	2.315,60	2.605,05	1.244,97	2.240,40	2.520,45	1.133,11	2.165,20	2.435,85	1.021,25	2.090,00	2.351,
	V	37.938	2.086,59	3.035,04	3.414,42																		
	VI	38.470	2.115,85	3.077,60	3.462,30																		
114.371,99 (Ost)	I	31.859	1.703,60	2.548,72	2.867,31	1.479,88	2.398,32	2.698,11	1.256,16	2.247,92	2.528,91	1.032,44	2.097,52	2.359,71	808,72	1.947,12	2.190,51	585,00	1.796,72	2.021,31	361,28	1.646,32	1.852,
	II	30.069	1.490,59	2.405,52	2.706,21	1.266,87	2.255,12	2.537,01	1.043,15	2.104,72	2.367,81	819,55	1.954,40	2.198,70	595,83	1.804,00	2.029,50	372,11	1.653,60	1.860,30	148,39	1.503,20	1.691,
	III	22.536	-	1.802,88	2.028,24	-	1.672,00	1.881,00	-	1.544,16	1.737,18	-	1.419,52	1.596,96	-	1.297,92	1.460,16	-	1.179,36	1.326,78	-	1.063,84	1.196,
	IV	31.859	1.703,60	2.548,72	2.867,31	1.591,74	2.473,52	2.782,71	1.479,88	2.398,32	2.698,11	1.368,02	2.323,12	2.613,51	1.256,16	2.247,92	2.528,91	1.144,30	2.172,72	2.444,31	1.032,44	2.097,52	2.359,
	V	38.032	2.091,76	3.042,56	3.422,88																		
	VI	38.564	2.121,02	3.085,12	3.470,76																		
114.407,99 (West)	I	31.780	1.694,20	2.542,40	2.860,20	1.470,48	2.392,00	2.691,00	1.246,76	2.241,60	2.521,80	1.023,04	2.091,20	2.352,60	799,32	1.940,80	2.183,40	575,60	1.790,40	2.014,20	351,88	1.640,00	1.845,
	II	29.991	1.481,31	2.399,28	2.699,19	1.257,59	2.248,88	2.529,99	1.033,87	2.098,48	2.360,79	810,15	1.948,08	2.191,59	586,43	1.797,68	2.022,39	362,71	1.647,28	1.853,19	138,99	1.496,88	1.683,
	III	22.468	-	1.797,44	2.022,12	-	1.666,56	1.874,88	-	1.538,88	1.731,24	-	1.414,40	1.591,20	-	1.292,80	1.454,40	-	1.174,40	1.321,20	-	1.059,04	1.191,
	IV	31.780	1.694,20	2.542,40	2.860,20	1.582,34	2.467,20	2.775,60	1.470,48	2.392,00	2.691,00	1.358,62	2.316,80	2.606,40	1.246,76	2.241,60	2.521,80	1.134,90	2.166,40	2.437,20	1.023,04	2.091,20	2.352,
	V	37.953	2.087,41	3.036,24	3.415,77																		
	VI	38.485	2.116,67	3.078,80	3.463,65																		
114.407,99 (Ost)	I	31.874	1.705,38	2.549,92	2.868,66	1.481,66	2.399,52	2.699,46	1.257,94	2.249,12	2.530,26	1.034,22	2.098,72	2.361,06	810,50	1.948,32	2.191,86	586,78	1.797,92	2.022,66	363,06	1.647,52	1.853,
	II	30.084	1.492,37	2.406,72	2.707,56	1.268,77	2.256,40	2.538,45	1.045,05	2.106,00	2.369,25	821,33	1.955,60	2.200,05	597,61	1.805,20	2.030,85	373,89	1.654,80	1.861,65	150,17	1.504,40	1.692,
	III	22.550	-	1.804,00	2.029,50	-	1.673,12	1.882,26	-	1.545,28	1.738,44	-	1.420,48	1.598,04	-	1.298,88	1.461,24	-	1.180,16	1.327,68	-	1.064,80	1.197,
	IV	31.874	1.705,38	2.549,92	2.868,66	1.593,52	2.474,72	2.784,06	1.481,66	2.399,52	2.699,46	1.369,80	2.324,32	2.614,86	1.257,94	2.249,12	2.530,26	1.146,08	2.173,92	2.445,66	1.034,22	2.098,72	2.361,
	V	38.047	2.092,58	3.043,76	3.424,23																		
	VI	38.579	2.121,84	3.086,32	3.472,11																		
114.443,99 (West)	I	31.795	1.695,98	2.543,60	2.861,55	1.472,26	2.393,20	2.692,35	1.248,54	2.242,80	2.523,15	1.024,82	2.092,40	2.353,95	801,10	1.942,00	2.184,75	577,50	1.791,68	2.015,64	353,78	1.641,28	1.846,
	II	30.006	1.483,09	2.400,48	2.700,54	1.259,37	2.250,08	2.531,34	1.035,65	2.099,68	2.362,14	811,93	1.949,28	2.192,94	588,21	1.798,88	2.023,74	364,49	1.648,48	1.854,54	140,77	1.498,08	1.685,
	III	22.480	-	1.798,40	2.023,20	-	1.667,68	1.876,14	-	1.540,00	1.732,50	-	1.415,36	1.592,28	-	1.293,76	1.455,48	-	1.175,36	1.322,28	-	1.060,00	1.192,
	IV	31.795	1.695,98	2.543,60	2.861,55	1.584,12	2.468,40	2.776,95	1.472,26	2.393,20	2.692,35	1.360,40	2.318,00	2.607,75	1.248,54	2.242,80	2.523,15	1.136,68	2.167,60	2.438,55	1.024,82	2.092,40	2.353,
	V	37.968	2.088,24	3.037,44	3.417,12																		
	VI	38.500	2.117,50	3.080,00	3.465,00																		
114.443,99 (Ost)	I	31.889	1.707,17	2.551,12	2.870,01	1.483,45	2.400,72	2.700,81	1.259,73	2.250,32	2.531,61	1.036,01	2.099,92	2.362,41	812,29	1.949,52	2.193,21	588,57	1.799,12	2.024,01	364,85	1.648,72	1.854,
	II	30.100	1.494,28	2.408,00	2.709,00	1.270,56	2.257,60	2.539,80	1.046,84	2.107,20	2.370,60	823,12	1.956,80	2.201,40	599,40	1.806,40	2.032,20	375,68	1.656,00	1.863,00	151,96	1.505,60	1.693,
	III	22.564	-	1.805,12	2.030,76	-	1.674,08	1.883,34	-	1.546,24	1.739,52	-	1.421,44	1.599,12	-	1.299,84	1.462,32	-	1.181,12	1.328,76	-	1.065,60	1.198,
	IV	31.889	1.707,17	2.551,12	2.870,01	1.595,31	2.475,92	2.785,41	1.483,45	2.400,72	2.700,81	1.371,59	2.325,52	2.616,21	1.259,73	2.250,32	2.531,61	1.147,87	2.175,12	2.447,01	1.036,01	2.099,92	2.362,
	V	38.062	2.093,41	3.044,96	3.425,58																		
	VI	38.594	2.122,67	3.087,52	3.473,46																		
114.479,99 (West)	I	31.810	1.697,77	2.544,80	2.862,90	1.474,05	2.394,40	2.693,70	1.250,33	2.244,00	2.524,50	1.026,61	2.093,60	2.355,30	803,01	1.943,28	2.186,19	579,29	1.792,88	2.016,99	355,57	1.642,48	1.847,
	II	30.021	1.484,88	2.401,68	2.701,89	1.261,16	2.251,28	2.532,69	1.037,44	2.100,88	2.363,49	813,72	1.950,48	2.194,29	590,00	1.800,08	2.025,09	366,28	1.649,68	1.855,89	142,68	1.499,36	1.686,
	III	22.494	-	1.799,52	2.024,46	-	1.668,64	1.877,22	-	1.540,96	1.733,58	-	1.416,32	1.593,36	-	1.294,72	1.456,56	-	1.176,32	1.323,36	-	1.060,80	1.193,
	IV	31.810	1.697,77	2.544,80	2.862,90	1.585,91	2.469,60	2.778,30	1.474,05	2.394,40	2.693,70	1.362,19	2.319,20	2.609,10	1.250,33	2.244,00	2.524,50	1.138,47	2.168,80	2.439,90	1.026,61	2.093,60	2.355,
	V	37.984	2.089,12	3.038,72	3.418,56																		
	VI	38.515	2.118,32	3.081,20	3.466,35																		
114.479,99 (Ost)	I	31.904	1.708,95	2.552,32	2.871,36	1.485,23	2.401,92	2.702,16	1.261,51	2.251,52	2.532,96	1.037,79	2.101,12	2.363,76	814,07	1.950,72	2.194,56	590,35	1.800,32	2.025,36	366,63	1.649,92	1.856,
	II	30.115	1.496,06	2.409,20	2.710,35	1.272,34	2.258,80	2.541,15	1.048,62	2.108,40	2.371,95	824,90	1.958,00	2.202,75	601,18	1.807,60	2.033,55	377,46	1.657,20	1.864,35	153,74	1.506,80	1.695,
	III	22.576	-	1.806,08	2.031,84	-	1.675,20	1.884,60	-	1.547,20	1.740,60	-	1.422,40	1.600,20	-	1.300,80	1.463,40	-	1.182,08	1.329,84	-	1.066,56	1.199,
	IV	31.904	1.708,95	2.552,32	2.871,36	1.597,09	2.477,12	2.786,76	1.485,23	2.401,92	2.702,16	1.373,37	2.326,72	2.617,56	1.261,51	2.251,52	2.532,96	1.149,65	2.176,32	2.448,36	1.037,79	2.101,12	2.363,
	V	38.077	2.094,23	3.046,16	3.426,93																		
	VI	38.609	2.123,49	3.088,72	3.474,81																		
114.515,99 (West)	I	31.825	1.699,55	2.546,00	2.864,25	1.475,83	2.395,60	2.695,05	1.252,23	2.245,28	2.525,94	1.028,51	2.094,88	2.356,74	804,79	1.944,48	2.187,54	581,07	1.794,08	2.018,34	357,35	1.643,68	1.849,
	II	30.036	1.486,66	2.402,88	2.703,24	1.262,94	2.252,48	2.534,04	1.039,22	2.102,08	2.364,84	815,50	1.951,68	2.195,64	591,78	1.801,28	2.026,44	368,18	1.650,96	1.857,33	144,46	1.500,56	1.688,
	III	22.508	-	1.800,64	2.025,72	-	1.669,76	1.878,48	-	1.541,92	1.734,66	-	1.417,28	1.594,44	-	1.295,68	1.457,64	-	1.177,12	1.324,26	-	1.061,76	1.194,
	IV	31.825	1.699,55	2.546,00	2.864,25	1.587,69	2.470,80	2.779,65	1.475,83	2.395,60	2.695,05	1.363,97	2.320,40	2.610,45	1.252,23	2.245,28	2.525,94	1.140,37	2.170,08	2.441,34	1.028,51	2.094,88	2.356,
	V	37.999	2.089,94	3.039,92	3.419,91																		
	VI	38.530	2.119,15	3.082,40	3.467,70																		
114.515,99 (Ost)	I	31.919	1.710,74	2.553,52	2.872,71	1.487,02	2.403,12	2.703,51	1.263,30	2.252,72	2.534,31	1.039,58	2.102,32	2.365,11	815,86	1.951,92	2.195,91	592,14	1.801,52	2.026,71	368,42	1.651,12	1.857,
	II	30.130	1.497,85	2.410,40	2.711,70	1.274,13	2.260,00	2.542,50	1.050,41	2.109,60	2.373,30	826,69	1.959,20	2.204,10	602,97	1.808,80	2.034,90	379,25	1.658,40	1.865,70	155,53	1.508,00	1.696,
	III	22.590	-	1.807,20	2.033,10	-	1.676,16	1.885,68	-	1.548,32	1.741,86	-	1.423,52	1.601,46	-	1.301,76	1.464,48	-	1.183,04	1.330,92	-	1.067,52	1.200,
	IV	31.919	1.710,74	2.553,52	2.872,71	1.598,88	2.478,32	2.788,11	1.487,02	2.403,12	2.703,51	1.375,16	2.327,92	2.618,91	1.263,30	2.252,72	2.534,31	1.151,44	2.177,52	2.449,71	1.039,58	2.102,32	2.365,
	V	38.092	2.095,06	3.047,36	3.428,28																		
	VI	38.624	2.124,32	3.089,92	3.476,16																		

SolZ/KiSt lt. Tabelle nicht für Sonstige Bezüge anwendbar.

Lohn/Gehalt bis	Steuerklasse	Lohnsteuer	ohne Kinderfreibetrag SolZ 5,5%	ohne Kinderfreibetrag Kirchensteuer 8%	ohne Kinderfreibetrag Kirchensteuer 9%	0,5 SolZ 5,5%	0,5 Kirchensteuer 8%	0,5 Kirchensteuer 9%	1,0 SolZ 5,5%	1,0 Kirchensteuer 8%	1,0 Kirchensteuer 9%	1,5 SolZ 5,5%	1,5 Kirchensteuer 8%	1,5 Kirchensteuer 9%	2,0 SolZ 5,5%	2,0 Kirchensteuer 8%	2,0 Kirchensteuer 9%	2,5 SolZ 5,5%	2,5 Kirchensteuer 8%	2,5 Kirchensteuer 9%	3,0 SolZ 5,5%	3,0 Kirchensteuer 8%	3,0 Kirchensteuer 9%
						Anzahl Kinderfreibeträge (nur Steuerklassen I–IV)																	
4.551,99 (West)	I	31.840	1.701,34	2.547,20	2.865,60	1.477,74	2.396,88	2.696,49	1.254,02	2.246,48	2.527,29	1.030,30	2.096,08	2.358,09	806,58	1.945,68	2.188,89	582,86	1.795,28	2.019,69	359,14	1.644,88	1.850,49
	II	30.051	1.488,45	2.404,08	2.704,59	1.264,73	2.253,68	2.535,39	1.041,01	2.103,28	2.366,19	817,41	1.952,96	2.197,08	593,69	1.802,56	2.027,88	369,97	1.652,16	1.858,68	146,25	1.501,76	1.689,48
	III	22.520	–	1.801,60	2.026,80	–	1.670,72	1.879,56	–	1.543,04	1.735,92	–	1.418,24	1.595,52	–	1.296,64	1.458,72	–	1.178,08	1.325,34	–	1.062,72	1.195,56
	IV	31.840	1.701,34	2.547,20	2.865,60	1.589,60	2.472,08	2.781,09	1.477,74	2.396,88	2.696,49	1.365,88	2.321,68	2.611,89	1.254,02	2.246,48	2.527,29	1.142,16	2.171,28	2.442,69	1.030,30	2.096,08	2.358,09
	V	38.014	2.090,77	3.041,12	3.421,26																		
	VI	38.545	2.119,97	3.083,60	3.469,05																		
4.551,99 (Ost)	I	31.934	1.712,52	2.554,72	2.874,06	1.488,80	2.404,32	2.704,86	1.265,08	2.253,92	2.535,66	1.041,36	2.103,52	2.366,46	817,64	1.953,12	2.197,26	594,04	1.802,80	2.028,15	370,32	1.652,40	1.858,95
	II	30.145	1.499,63	2.411,60	2.713,05	1.275,91	2.261,20	2.543,85	1.052,19	2.110,80	2.374,65	828,47	1.960,40	2.205,45	604,75	1.810,00	2.036,25	381,03	1.659,60	1.867,05	157,31	1.509,20	1.697,85
	III	22.604	–	1.808,32	2.034,36	–	1.677,28	1.886,94	–	1.549,28	1.742,94	–	1.424,48	1.602,54	–	1.302,72	1.465,56	–	1.184,00	1.332,00	–	1.068,32	1.201,86
	IV	31.934	1.712,52	2.554,72	2.874,06	1.600,66	2.479,52	2.789,46	1.488,80	2.404,32	2.704,86	1.376,94	2.329,12	2.620,26	1.265,08	2.253,92	2.535,66	1.153,22	2.178,72	2.451,06	1.041,36	2.103,52	2.366,46
	V	38.107	2.095,88	3.048,56	3.429,63																		
	VI	38.639	2.125,14	3.091,12	3.477,51																		
4.587,99 (West)	I	31.856	1.703,24	2.548,48	2.867,04	1.479,52	2.398,08	2.697,84	1.255,80	2.247,68	2.528,64	1.032,08	2.097,28	2.359,44	808,36	1.946,88	2.190,24	584,64	1.796,48	2.021,04	360,92	1.646,08	1.851,84
	II	30.066	1.490,23	2.405,28	2.705,94	1.266,51	2.254,88	2.536,74	1.042,91	2.104,56	2.367,63	819,19	1.954,16	2.198,43	595,47	1.803,76	2.029,23	371,75	1.653,36	1.860,03	148,03	1.502,96	1.690,83
	III	22.534	–	1.802,72	2.028,06	–	1.671,84	1.880,82	–	1.544,00	1.737,00	–	1.419,20	1.596,60	–	1.297,60	1.459,80	–	1.179,04	1.326,42	–	1.063,68	1.196,64
	IV	31.856	1.703,24	2.548,48	2.867,04	1.591,38	2.473,28	2.782,44	1.479,52	2.398,08	2.697,84	1.367,66	2.322,88	2.613,24	1.255,80	2.247,68	2.528,64	1.143,94	2.172,48	2.444,04	1.032,08	2.097,28	2.359,44
	V	38.029	2.091,59	3.042,32	3.422,61																		
	VI	38.561	2.120,85	3.084,88	3.470,49																		
4.587,99 (Ost)	I	31.949	1.714,31	2.555,92	2.875,41	1.490,59	2.405,52	2.706,21	1.266,87	2.255,12	2.537,01	1.043,15	2.104,72	2.367,81	819,55	1.954,40	2.198,70	595,83	1.804,00	2.029,50	372,11	1.653,60	1.860,30
	II	30.160	1.501,42	2.412,80	2.714,40	1.277,70	2.262,40	2.545,20	1.053,98	2.112,00	2.376,00	830,26	1.961,60	2.206,80	606,54	1.811,20	2.037,60	382,82	1.660,80	1.868,40	159,22	1.510,48	1.699,29
	III	22.616	–	1.809,28	2.035,44	–	1.678,24	1.888,02	–	1.550,40	1.744,20	–	1.425,44	1.603,62	–	1.303,68	1.466,64	–	1.184,96	1.333,08	–	1.069,28	1.202,94
	IV	31.949	1.714,31	2.555,92	2.875,41	1.602,45	2.480,72	2.790,81	1.490,59	2.405,52	2.706,21	1.378,73	2.330,32	2.621,61	1.266,87	2.255,12	2.537,01	1.155,01	2.179,92	2.452,41	1.043,15	2.104,72	2.367,81
	V	38.123	2.096,76	3.049,84	3.431,07																		
	VI	38.654	2.125,97	3.092,32	3.478,86																		
4.623,99 (West)	I	31.871	1.705,03	2.549,68	2.868,39	1.481,31	2.399,28	2.699,19	1.257,59	2.248,88	2.529,99	1.033,87	2.098,48	2.360,79	810,15	1.948,08	2.191,59	586,43	1.797,68	2.022,39	362,71	1.647,28	1.853,19
	II	30.082	1.492,14	2.406,56	2.707,38	1.268,42	2.256,16	2.538,18	1.044,70	2.105,76	2.368,98	820,98	1.955,36	2.199,78	597,26	1.804,96	2.030,58	373,54	1.654,56	1.861,38	149,82	1.504,16	1.692,18
	III	22.548	–	1.803,84	2.029,32	–	1.672,80	1.881,90	–	1.544,96	1.738,08	–	1.420,32	1.597,86	–	1.298,56	1.460,88	–	1.180,00	1.327,50	–	1.064,48	1.197,54
	IV	31.871	1.705,03	2.549,68	2.868,39	1.593,17	2.474,48	2.783,79	1.481,31	2.399,28	2.699,19	1.369,45	2.324,08	2.614,59	1.257,59	2.248,88	2.529,99	1.145,73	2.173,68	2.445,39	1.033,87	2.098,48	2.360,79
	V	38.044	2.092,42	3.043,52	3.423,96																		
	VI	38.576	2.121,68	3.086,08	3.471,84																		
4.623,99 (Ost)	I	31.964	1.716,09	2.557,12	2.876,76	1.492,37	2.406,72	2.707,56	1.268,77	2.256,40	2.538,45	1.045,05	2.106,00	2.369,25	821,33	1.955,60	2.200,05	597,61	1.805,20	2.030,85	373,89	1.654,80	1.861,65
	II	30.175	1.503,20	2.414,00	2.715,75	1.279,48	2.263,60	2.546,55	1.055,76	2.113,20	2.377,35	832,04	1.962,80	2.208,15	608,32	1.812,40	2.038,95	384,72	1.662,08	1.869,84	161,00	1.511,68	1.700,64
	III	22.630	–	1.810,40	2.036,70	–	1.679,36	1.889,28	–	1.551,36	1.745,28	–	1.426,40	1.604,70	–	1.304,64	1.467,72	–	1.185,92	1.334,16	–	1.070,24	1.204,02
	IV	31.964	1.716,09	2.557,12	2.876,76	1.604,23	2.481,92	2.792,16	1.492,37	2.406,72	2.707,56	1.380,51	2.331,52	2.622,96	1.268,77	2.256,40	2.538,45	1.156,91	2.181,20	2.453,85	1.045,05	2.106,00	2.369,25
	V	38.138	2.097,59	3.051,04	3.432,42																		
	VI	38.669	2.126,79	3.093,52	3.480,21																		
4.659,99 (West)	I	31.886	1.706,81	2.550,88	2.869,74	1.483,09	2.400,48	2.700,54	1.259,37	2.250,08	2.531,34	1.035,65	2.099,68	2.362,14	811,93	1.949,28	2.192,94	588,21	1.798,88	2.023,74	364,49	1.648,48	1.854,54
	II	30.097	1.493,92	2.407,76	2.708,73	1.270,20	2.257,36	2.539,53	1.046,48	2.106,96	2.370,33	822,76	1.956,56	2.201,13	599,04	1.806,16	2.031,93	375,32	1.655,76	1.862,73	151,60	1.505,36	1.693,53
	III	22.560	–	1.804,80	2.030,40	–	1.673,92	1.883,16	–	1.546,08	1.739,34	–	1.421,28	1.598,94	–	1.299,52	1.461,96	–	1.180,96	1.328,58	–	1.065,44	1.198,62
	IV	31.886	1.706,81	2.550,88	2.869,74	1.594,95	2.475,68	2.785,14	1.483,09	2.400,48	2.700,54	1.371,23	2.325,28	2.615,94	1.259,37	2.250,08	2.531,34	1.147,51	2.174,88	2.446,74	1.035,65	2.099,68	2.362,14
	V	38.059	2.093,24	3.044,72	3.425,31																		
	VI	38.591	2.122,50	3.087,28	3.473,19																		
4.659,99 (Ost)	I	31.979	1.717,88	2.558,32	2.878,11	1.494,28	2.408,00	2.709,00	1.270,56	2.257,60	2.539,80	1.046,84	2.107,20	2.370,60	823,12	1.956,80	2.201,40	599,40	1.806,40	2.032,20	375,68	1.656,00	1.863,00
	II	30.190	1.504,99	2.415,20	2.717,10	1.281,27	2.264,80	2.547,90	1.057,55	2.114,40	2.378,70	833,95	1.964,08	2.209,59	610,23	1.813,68	2.040,39	386,51	1.663,28	1.871,19	162,79	1.512,88	1.701,99
	III	22.644	–	1.811,52	2.037,96	–	1.680,32	1.890,36	–	1.552,32	1.746,36	–	1.427,36	1.605,78	–	1.305,60	1.468,80	–	1.186,88	1.335,24	–	1.071,20	1.205,10
	IV	31.979	1.717,88	2.558,32	2.878,11	1.606,14	2.483,20	2.793,60	1.494,28	2.408,00	2.709,00	1.382,42	2.332,80	2.624,40	1.270,56	2.257,60	2.539,80	1.158,70	2.182,40	2.455,20	1.046,84	2.107,20	2.370,60
	V	38.153	2.098,41	3.052,24	3.433,77																		
	VI	38.685	2.127,67	3.094,80	3.481,65																		
4.695,99 (West)	I	31.901	1.708,60	2.552,08	2.871,09	1.484,88	2.401,68	2.701,89	1.261,16	2.251,28	2.532,69	1.037,44	2.100,88	2.363,49	813,72	1.950,48	2.194,29	590,00	1.800,08	2.025,09	366,28	1.649,68	1.855,89
	II	30.112	1.495,71	2.408,96	2.710,08	1.271,99	2.258,56	2.540,88	1.048,27	2.108,16	2.371,68	824,55	1.957,76	2.202,48	600,83	1.807,36	2.033,28	377,11	1.656,96	1.864,08	153,39	1.506,56	1.694,88
	III	22.574	–	1.805,92	2.031,66	–	1.674,88	1.884,24	–	1.547,04	1.740,42	–	1.422,24	1.600,02	–	1.300,48	1.463,04	–	1.181,92	1.329,66	–	1.066,40	1.199,70
	IV	31.901	1.708,60	2.552,08	2.871,09	1.596,74	2.476,88	2.786,49	1.484,88	2.401,68	2.701,89	1.373,02	2.326,48	2.617,29	1.261,16	2.251,28	2.532,69	1.149,30	2.176,08	2.448,09	1.037,44	2.100,88	2.363,49
	V	38.074	2.094,07	3.045,92	3.426,66																		
	VI	38.606	2.123,33	3.088,48	3.474,54																		
4.695,99 (Ost)	I	31.995	1.719,78	2.559,60	2.879,55	1.496,06	2.409,20	2.710,35	1.272,34	2.258,80	2.541,15	1.048,62	2.108,40	2.371,95	824,90	1.958,00	2.202,75	601,18	1.807,60	2.033,55	377,46	1.657,20	1.864,35
	II	30.205	1.506,77	2.416,40	2.718,45	1.283,05	2.266,00	2.549,25	1.059,45	2.115,68	2.380,14	835,73	1.965,28	2.210,94	612,01	1.814,88	2.041,74	388,29	1.664,48	1.872,54	164,57	1.514,08	1.703,34
	III	22.656	–	1.812,48	2.039,04	–	1.681,44	1.891,62	–	1.553,44	1.747,62	–	1.428,48	1.607,04	–	1.306,56	1.469,88	–	1.187,84	1.336,32	–	1.072,00	1.206,00
	IV	31.995	1.719,78	2.559,60	2.879,55	1.607,92	2.484,40	2.794,95	1.496,06	2.409,20	2.710,35	1.384,20	2.334,00	2.625,75	1.272,34	2.258,80	2.541,15	1.160,48	2.183,60	2.456,55	1.048,62	2.108,40	2.371,95
	V	38.168	2.099,24	3.053,44	3.435,12																		
	VI	38.700	2.128,50	3.096,00	3.483,00																		
4.731,99 (West)	I	31.916	1.710,38	2.553,28	2.872,44	1.486,66	2.402,88	2.703,24	1.262,94	2.252,48	2.534,04	1.039,22	2.102,08	2.364,84	815,50	1.951,68	2.195,64	591,78	1.801,28	2.026,44	368,18	1.650,96	1.857,33
	II	30.127	1.497,49	2.410,16	2.711,43	1.273,77	2.259,76	2.542,23	1.050,05	2.109,36	2.373,03	826,33	1.958,96	2.203,83	602,61	1.808,56	2.034,63	378,89	1.658,16	1.865,43	155,17	1.507,76	1.696,23
	III	22.588	–	1.807,04	2.032,92	–	1.676,00	1.885,50	–	1.548,00	1.741,50	–	1.423,20	1.601,10	–	1.301,44	1.464,12	–	1.182,88	1.330,74	–	1.067,20	1.200,60
	IV	31.916	1.710,38	2.553,28	2.872,44	1.598,52	2.478,08	2.787,84	1.486,66	2.402,88	2.703,24	1.374,80	2.327,68	2.618,64	1.262,94	2.252,48	2.534,04	1.151,08	2.177,28	2.449,44	1.039,22	2.102,08	2.364,84
	V	38.089	2.094,89	3.047,12	3.428,01																		
	VI	38.621	2.124,15	3.089,68	3.475,89																		
14.731,99 (Ost)	I	32.010	1.721,57	2.560,80	2.880,90	1.497,85	2.410,40	2.711,70	1.274,13	2.260,00	2.542,50	1.050,41	2.109,60	2.373,30	826,69	1.959,20	2.204,10	602,97	1.808,80	2.034,90	379,25	1.658,40	1.865,70
	II	30.221	1.508,68	2.417,68	2.719,89	1.284,96	2.267,28	2.550,69	1.061,24	2.116,88	2.381,49	837,52	1.966,48	2.212,29	613,80	1.816,08	2.043,09	390,08	1.665,68	1.873,89	166,36	1.515,28	1.704,69
	III	22.670	–	1.813,60	2.040,30	–	1.682,40	1.892,70	–	1.554,40	1.748,70	–	1.429,44	1.608,12	–	1.307,52	1.470,96	–	1.188,64	1.337,22	–	1.072,96	1.207,08
	IV	32.010	1.721,57	2.560,80	2.880,90	1.609,71	2.485,60	2.796,30	1.497,85	2.410,40	2.711,70	1.385,99	2.335,20	2.627,10	1.274,13	2.260,00	2.542,50	1.162,27	2.184,80	2.457,90	1.050,41	2.109,60	2.373,30
	V	38.183	2.100,06	3.054,64	3.436,47																		
	VI	38.715	2.129,32	3.097,20	3.484,35																		
14.767,99 (West)	I	31.931	1.712,17	2.554,48	2.873,79	1.488,45	2.404,08	2.704,59	1.264,73	2.253,68	2.535,39	1.041,01	2.103,28	2.366,19	817,41	1.952,96	2.197,08	593,69	1.802,56	2.027,88	369,97	1.652,16	1.858,68
	II	30.142	1.499,28	2.411,36	2.712,78	1.275,56	2.260,96	2.543,58	1.051,84	2.110,56	2.374,38	828,12	1.960,16	2.205,18	604,40	1.809,76	2.035,98	380,68	1.659,36	1.866,78	156,96	1.508,96	1.697,58
	III	22.600	–	1.808,00	2.034,00	–	1.676,96	1.886,58	–	1.549,12	1.742,76	–	1.424,16	1.602,18	–	1.302,40	1.465,20	–	1.183,84	1.331,82	–	1.068,16	1.201,68
	IV	31.931	1.712,17	2.554,48	2.873,79	1.600,31	2.479,28	2.789,19	1.488,45	2.404,08	2.704,59	1.376,59	2.328,88	2.619,99	1.264,73	2.253,68	2.535,39	1.152,87	2.178,48	2.450,79	1.041,01	2.103,28	2.366,19
	V	38.104	2.095,72	3.048,32	3.429,36																		
	VI	38.636	2.124,98	3.090,88	3.477,24																		
14.767,99 (Ost)	I	32.025	1.723,35	2.562,00	2.882,25	1.499,63	2.411,60	2.713,05	1.275,91	2.261,20	2.543,85	1.052,19	2.110,80	2.374,65	828,47	1.960,40	2.205,45	604,75	1.810,00	2.036,25	381,03	1.659,60	1.867,05
	II	30.236	1.510,46	2.418,88	2.721,24	1.286,74	2.268,48	2.552,04	1.063,02	2.118,08	2.382,84	839,30	1.967,68	2.213,64	615,58	1.817,28	2.044,44	391,86	1.666,88	1.875,24	168,14	1.516,48	1.706,04
	III	22.684	–	1.814,72	2.041,56	–	1.683,52	1.893,96	–	1.555,36	1.749,78	–	1.430,40	1.609,20	–	1.308,48	1.472,04	–	1.189,60	1.338,30	–	1.073,92	1.208,16
	IV	32.025	1.723,35	2.562,00	2.882,25	1.611,49	2.486,80	2.797,65	1.499,63	2.411,60	2.713,05	1.387,77	2.336,40	2.628,45	1.275,91	2.261,20	2.543,85	1.164,05	2.186,00	2.459,25	1.052,19	2.110,80	2.374,65
	V	38.198	2.100,89	3.055,84	3.437,82																		
	VI	38.730	2.130,15	3.098,40	3.485,70																		

SolZ/KiSt lt. Tabelle nicht für Sonstige Bezüge anwendbar.

Lohn/ Gehalt bis	Steuerklasse	Lohn-steuer	ohne Kinderfreibetrag			Anzahl Kinderfreibeträge (nur Steuerklassen I–IV)																	
						0,5			1,0			1,5			2,0			2,5			3,0		
			SolZ 5,5%	Kirchensteuer 8%	9%	SolZ 5,5%	Kirchensteuer 8%	9%	SolZ 5,5%	Kirchensteuer 8%	9%	SolZ 5,5%	Kirchensteuer 8%	9%	SolZ 5,5%	Kirchensteuer 8%	9%	SolZ 5,5%	Kirchensteuer 8%	9%	SolZ 5,5%	Kirchensteuer 8%	9%
114.803,99 (West)	I	31.946	1.713,95	2.555,68	2.875,14	1.490,23	2.405,28	2.705,94	1.266,51	2.254,88	2.536,74	1.042,91	2.104,56	2.367,63	819,19	1.954,16	2.198,43	595,47	1.803,76	2.029,23	371,75	1.653,36	1.860
	II	30.157	1.501,06	2.412,56	2.714,13	1.277,34	2.262,16	2.544,93	1.053,62	2.111,76	2.375,73	829,90	1.961,36	2.206,53	606,18	1.810,96	2.037,33	382,58	1.660,64	1.868,22	158,86	1.510,24	1.699
	III	22.614	–	1.809,12	2.035,26	–	1.678,08	1.887,84	–	1.550,08	1.743,84	–	1.425,28	1.603,44	–	1.303,36	1.466,28	–	1.184,80	1.332,90	–	1.069,12	1.202
	IV	31.946	1.713,95	2.555,68	2.875,14	1.602,09	2.480,48	2.790,54	1.490,23	2.405,28	2.705,94	1.378,37	2.330,08	2.621,34	1.266,51	2.254,88	2.536,74	1.154,77	2.179,76	2.452,23	1.042,91	2.104,56	2.367
	V	38.120	2.096,60	3.049,60	3.430,80																		
	VI	38.651	2.125,80	3.092,08	3.478,59																		
114.803,99 (Ost)	I	32.040	1.725,14	2.563,20	2.883,60	1.501,42	2.412,80	2.714,40	1.277,70	2.262,40	2.545,20	1.053,98	2.112,00	2.376,00	830,26	1.961,60	2.206,80	606,54	1.811,20	2.037,60	382,82	1.660,80	1.868,
	II	30.251	1.512,25	2.420,08	2.722,59	1.288,53	2.269,68	2.553,39	1.064,81	2.119,28	2.384,19	841,09	1.968,88	2.214,99	617,37	1.818,48	2.045,79	393,65	1.668,08	1.876,59	169,93	1.517,68	1.707
	III	22.696	–	1.815,68	2.042,64	–	1.684,48	1.895,04	–	1.556,48	1.751,04	–	1.431,36	1.610,28	–	1.309,44	1.473,12	–	1.190,56	1.339,38	–	1.074,88	1.209,
	IV	32.040	1.725,14	2.563,20	2.883,60	1.613,28	2.488,00	2.799,00	1.501,42	2.412,80	2.714,40	1.389,56	2.337,60	2.629,80	1.277,70	2.262,40	2.545,20	1.165,84	2.187,20	2.460,60	1.053,98	2.112,00	2.376
	V	38.213	2.101,71	3.057,04	3.439,17																		
	VI	38.745	2.130,97	3.099,60	3.487,05																		
114.839,99 (West)	I	31.961	1.715,74	2.556,88	2.876,49	1.492,14	2.406,56	2.707,38	1.268,42	2.256,16	2.538,18	1.044,70	2.105,76	2.368,98	820,98	1.955,36	2.199,78	597,26	1.804,96	2.030,58	373,54	1.654,56	1.861,
	II	30.172	1.502,85	2.413,76	2.715,48	1.279,13	2.263,36	2.546,28	1.055,41	2.112,96	2.377,08	831,69	1.962,56	2.207,88	608,09	1.812,24	2.038,77	384,37	1.661,84	1.869,57	160,65	1.511,44	1.700,
	III	22.628	–	1.810,24	2.036,52	–	1.679,04	1.888,92	–	1.551,04	1.744,92	–	1.426,24	1.604,52	–	1.304,32	1.467,36	–	1.185,60	1.333,80	–	1.070,08	1.203
	IV	31.961	1.715,74	2.556,88	2.876,49	1.603,88	2.481,68	2.791,89	1.492,14	2.406,56	2.707,38	1.380,28	2.331,36	2.622,78	1.268,42	2.256,16	2.538,18	1.156,56	2.180,96	2.453,58	1.044,70	2.105,76	2.368,
	V	38.135	2.097,42	3.050,80	3.432,15																		
	VI	38.666	2.126,63	3.093,28	3.479,94																		
114.839,99 (Ost)	I	32.055	1.726,92	2.564,40	2.884,95	1.503,20	2.414,00	2.715,75	1.279,48	2.263,60	2.546,55	1.055,76	2.113,20	2.377,35	832,04	1.962,80	2.208,15	608,32	1.812,40	2.038,95	384,72	1.662,08	1.869
	II	30.266	1.514,03	2.421,28	2.723,94	1.290,31	2.270,88	2.554,74	1.066,59	2.120,48	2.385,54	842,87	1.970,08	2.216,34	619,15	1.819,68	2.047,14	395,43	1.669,28	1.877,94	171,71	1.518,88	1.708,
	III	22.710	–	1.816,80	2.043,90	–	1.685,60	1.896,30	–	1.557,44	1.752,12	–	1.432,32	1.611,36	–	1.310,40	1.474,20	–	1.191,52	1.340,46	–	1.075,68	1.210
	IV	32.055	1.726,92	2.564,40	2.884,95	1.615,06	2.489,20	2.800,35	1.503,20	2.414,00	2.715,75	1.391,34	2.338,80	2.631,15	1.279,48	2.263,60	2.546,55	1.167,62	2.188,40	2.461,95	1.055,76	2.113,20	2.377,
	V	38.228	2.102,54	3.058,24	3.440,52																		
	VI	38.760	2.131,80	3.100,80	3.488,40																		
114.875,99 (West)	I	31.977	1.717,64	2.558,16	2.877,93	1.493,92	2.407,76	2.708,73	1.270,20	2.257,36	2.539,53	1.046,48	2.106,96	2.370,33	822,76	1.956,56	2.201,13	599,04	1.806,16	2.031,93	375,32	1.655,76	1.862
	II	30.187	1.504,63	2.414,96	2.716,83	1.280,91	2.264,56	2.547,63	1.057,31	2.114,24	2.378,52	833,59	1.963,84	2.209,32	609,87	1.813,44	2.040,12	386,15	1.663,04	1.870,92	162,43	1.512,64	1.701
	III	22.640	–	1.811,20	2.037,60	–	1.680,16	1.890,18	–	1.552,16	1.746,18	–	1.427,20	1.605,60	–	1.305,44	1.468,62	–	1.186,56	1.334,88	–	1.070,88	1.204
	IV	31.977	1.717,64	2.558,16	2.877,93	1.605,78	2.482,96	2.793,33	1.493,92	2.407,76	2.708,73	1.382,06	2.332,56	2.624,13	1.270,20	2.257,36	2.539,53	1.158,34	2.182,16	2.454,93	1.046,48	2.106,96	2.370
	V	38.150	2.098,25	3.052,00	3.433,50																		
	VI	38.682	2.127,51	3.094,56	3.481,38																		
114.875,99 (Ost)	I	32.070	1.728,71	2.565,60	2.886,30	1.504,99	2.415,20	2.717,10	1.281,27	2.264,80	2.547,90	1.057,55	2.114,40	2.378,70	833,95	1.964,08	2.209,59	610,23	1.813,68	2.040,39	386,51	1.663,28	1.871,
	II	30.281	1.515,82	2.422,48	2.725,29	1.292,10	2.272,08	2.556,09	1.068,38	2.121,68	2.386,89	844,66	1.971,28	2.217,69	620,94	1.820,88	2.048,49	397,22	1.670,48	1.879,29	173,50	1.520,08	1.710,
	III	22.724	–	1.817,92	2.045,16	–	1.686,56	1.897,38	–	1.558,40	1.753,20	–	1.433,44	1.612,62	–	1.311,36	1.475,28	–	1.192,48	1.341,54	–	1.076,64	1.211,
	IV	32.070	1.728,71	2.565,60	2.886,30	1.616,85	2.490,40	2.801,70	1.504,99	2.415,20	2.717,10	1.393,13	2.340,00	2.632,50	1.281,27	2.264,80	2.547,90	1.169,41	2.189,60	2.463,30	1.057,55	2.114,40	2.378
	V	38.244	2.103,42	3.059,52	3.441,96																		
	VI	38.775	2.132,62	3.102,00	3.489,75																		
114.911,99 (West)	I	31.992	1.719,43	2.559,36	2.879,28	1.495,71	2.408,96	2.710,08	1.271,99	2.258,56	2.540,88	1.048,27	2.108,16	2.371,68	824,55	1.957,76	2.202,48	600,83	1.807,36	2.033,28	377,11	1.656,96	1.864,
	II	30.202	1.506,42	2.416,16	2.718,18	1.282,82	2.265,84	2.549,07	1.059,10	2.115,44	2.379,87	835,38	1.965,04	2.210,67	611,66	1.814,64	2.041,47	387,94	1.664,24	1.872,27	164,22	1.513,84	1.703,
	III	22.654	–	1.812,32	2.038,86	–	1.681,12	1.891,26	–	1.553,12	1.747,26	–	1.428,16	1.606,68	–	1.306,40	1.469,70	–	1.187,52	1.335,96	–	1.071,84	1.205
	IV	31.992	1.719,43	2.559,36	2.879,28	1.607,57	2.484,16	2.794,68	1.495,71	2.408,96	2.710,08	1.383,85	2.333,76	2.625,48	1.271,99	2.258,56	2.540,88	1.160,13	2.183,36	2.456,28	1.048,27	2.108,16	2.371,
	V	38.165	2.099,07	3.053,20	3.434,85																		
	VI	38.697	2.128,33	3.095,76	3.482,73																		
114.911,99 (Ost)	I	32.085	1.730,49	2.566,80	2.887,65	1.506,77	2.416,40	2.718,45	1.283,05	2.266,00	2.549,25	1.059,45	2.115,68	2.380,14	835,73	1.965,28	2.210,94	612,01	1.814,88	2.041,74	388,29	1.664,48	1.872,
	II	30.296	1.517,60	2.423,68	2.726,64	1.293,88	2.273,28	2.557,44	1.070,16	2.122,88	2.388,24	846,44	1.972,48	2.219,04	622,72	1.822,08	2.049,84	399,12	1.671,76	1.880,73	175,40	1.521,36	1.711,
	III	22.736	–	1.818,88	2.046,24	–	1.687,68	1.898,64	–	1.559,52	1.754,46	–	1.434,40	1.613,70	–	1.312,32	1.476,36	–	1.193,44	1.342,62	–	1.077,60	1.212,
	IV	32.085	1.730,49	2.566,80	2.887,65	1.618,63	2.491,60	2.803,05	1.506,77	2.416,40	2.718,45	1.394,91	2.341,20	2.633,85	1.283,05	2.266,00	2.549,25	1.171,31	2.190,88	2.464,74	1.059,45	2.115,68	2.380,
	V	38.259	2.104,24	3.060,72	3.443,31																		
	VI	38.790	2.133,45	3.103,20	3.491,10																		
114.947,99 (West)	I	32.007	1.721,21	2.560,56	2.880,63	1.497,49	2.410,16	2.711,43	1.273,77	2.259,76	2.542,23	1.050,05	2.109,36	2.373,03	826,33	1.958,96	2.203,83	602,61	1.808,56	2.034,63	378,89	1.658,16	1.865,
	II	30.218	1.508,32	2.417,44	2.719,62	1.284,60	2.267,04	2.550,42	1.060,88	2.116,64	2.381,22	837,16	1.966,24	2.212,02	613,44	1.815,84	2.042,82	389,72	1.665,44	1.873,62	166,00	1.515,04	1.704,
	III	22.668	–	1.813,44	2.040,12	–	1.682,24	1.892,52	–	1.554,24	1.748,52	–	1.429,12	1.607,76	–	1.307,36	1.470,78	–	1.188,48	1.337,04	–	1.072,80	1.206,
	IV	32.007	1.721,21	2.560,56	2.880,63	1.609,35	2.485,36	2.796,03	1.497,49	2.410,16	2.711,43	1.385,63	2.334,96	2.626,83	1.273,77	2.259,76	2.542,23	1.161,91	2.184,56	2.457,63	1.050,05	2.109,36	2.373,
	V	38.180	2.099,90	3.054,40	3.436,20																		
	VI	38.712	2.129,16	3.096,96	3.484,08																		
114.947,99 (Ost)	I	32.100	1.732,28	2.568,00	2.889,00	1.508,68	2.417,68	2.719,89	1.284,96	2.267,28	2.550,69	1.061,24	2.116,88	2.381,49	837,52	1.966,48	2.212,29	613,80	1.816,08	2.043,09	390,08	1.665,68	1.873,
	II	30.311	1.519,39	2.424,88	2.727,99	1.295,67	2.274,48	2.558,79	1.071,95	2.124,08	2.389,59	848,23	1.973,68	2.220,39	624,63	1.823,36	2.051,28	400,91	1.672,96	1.882,08	177,19	1.522,56	1.712,
	III	22.750	–	1.820,00	2.047,50	–	1.688,80	1.899,90	–	1.560,48	1.755,54	–	1.435,36	1.614,78	–	1.313,28	1.477,44	–	1.194,40	1.343,70	–	1.078,56	1.213,
	IV	32.100	1.732,28	2.568,00	2.889,00	1.620,42	2.492,80	2.804,40	1.508,68	2.417,68	2.719,89	1.396,82	2.342,48	2.635,29	1.284,96	2.267,28	2.550,69	1.173,10	2.192,08	2.466,09	1.061,24	2.116,88	2.381,
	V	38.274	2.105,07	3.061,92	3.444,66																		
	VI	38.805	2.134,27	3.104,40	3.492,45																		
114.983,99 (West)	I	32.022	1.723,00	2.561,76	2.881,98	1.499,28	2.411,36	2.712,78	1.275,56	2.260,96	2.543,58	1.051,84	2.110,56	2.374,38	828,12	1.960,16	2.205,18	604,40	1.809,76	2.035,98	380,68	1.659,36	1.866,
	II	30.233	1.510,11	2.418,64	2.720,97	1.286,39	2.268,24	2.551,77	1.062,67	2.117,84	2.382,57	838,95	1.967,44	2.213,37	615,23	1.817,04	2.044,17	391,51	1.666,64	1.874,97	167,79	1.516,24	1.705,
	III	22.680	–	1.814,40	2.041,20	–	1.683,20	1.893,60	–	1.555,20	1.749,60	–	1.430,24	1.609,02	–	1.308,32	1.471,86	–	1.189,44	1.338,12	–	1.073,76	1.207,
	IV	32.022	1.723,00	2.561,76	2.881,98	1.611,14	2.486,56	2.797,38	1.499,28	2.411,36	2.712,78	1.387,42	2.336,16	2.628,18	1.275,56	2.260,96	2.543,58	1.163,70	2.185,76	2.458,98	1.051,84	2.110,56	2.374,
	V	38.195	2.100,72	3.055,60	3.437,55																		
	VI	38.727	2.129,98	3.098,16	3.485,43																		
114.983,99 (Ost)	I	32.116	1.734,18	2.569,28	2.890,44	1.510,46	2.418,88	2.721,24	1.286,74	2.268,48	2.552,04	1.063,02	2.118,08	2.382,84	839,30	1.967,68	2.213,64	615,58	1.817,28	2.044,44	391,86	1.666,88	1.875,
	II	30.326	1.521,17	2.426,08	2.729,34	1.297,45	2.275,68	2.560,14	1.073,85	2.125,36	2.391,03	850,13	1.974,96	2.221,83	626,41	1.824,56	2.052,63	402,69	1.674,16	1.883,43	178,97	1.523,76	1.714,
	III	22.764	–	1.821,12	2.048,76	–	1.689,76	1.900,98	–	1.561,60	1.756,80	–	1.436,32	1.615,86	–	1.314,24	1.478,52	–	1.195,36	1.344,78	–	1.079,36	1.214,
	IV	32.116	1.734,18	2.569,28	2.890,44	1.622,32	2.494,08	2.805,84	1.510,46	2.418,88	2.721,24	1.398,60	2.343,68	2.636,64	1.286,74	2.268,48	2.552,04	1.174,88	2.193,28	2.467,44	1.063,02	2.118,08	2.382,
	V	38.289	2.105,89	3.063,12	3.446,01																		
	VI	38.821	2.135,15	3.105,68	3.493,89																		
115.019,99 (West)	I	32.037	1.724,78	2.562,96	2.883,33	1.501,06	2.412,56	2.714,13	1.277,34	2.262,16	2.544,93	1.053,62	2.111,76	2.375,73	829,90	1.961,36	2.206,53	606,18	1.810,96	2.037,33	382,58	1.660,64	1.868,
	II	30.248	1.511,89	2.419,84	2.722,32	1.288,17	2.269,44	2.553,12	1.064,45	2.119,04	2.383,92	840,73	1.968,64	2.214,72	617,01	1.818,24	2.045,52	393,29	1.667,84	1.876,32	169,57	1.517,44	1.707,
	III	22.694	–	1.815,52	2.042,46	–	1.684,32	1.894,86	–	1.556,16	1.750,68	–	1.431,20	1.610,10	–	1.309,28	1.472,94	–	1.190,40	1.339,20	–	1.074,56	1.208,
	IV	32.037	1.724,78	2.562,96	2.883,33	1.612,92	2.487,76	2.798,73	1.501,06	2.412,56	2.714,13	1.389,20	2.337,36	2.629,53	1.277,34	2.262,16	2.544,93	1.165,48	2.186,96	2.460,33	1.053,62	2.111,76	2.375,
	V	38.210	2.101,55	3.056,80	3.438,90																		
	VI	38.742	2.130,81	3.099,36	3.486,78																		
115.019,99 (Ost)	I	32.131	1.735,97	2.570,48	2.891,79	1.512,25	2.420,08	2.722,59	1.288,53	2.269,68	2.553,39	1.064,81	2.119,28	2.384,19	841,09	1.968,88	2.214,99	617,37	1.818,48	2.045,79	393,65	1.668,08	1.876,
	II	30.341	1.522,96	2.427,28	2.730,69	1.299,36	2.276,96	2.561,58	1.075,64	2.126,56	2.392,38	851,92	1.976,16	2.223,18	628,20	1.825,76	2.053,98	404,48	1.675,36	1.884,78	180,76	1.524,96	1.715,
	III	22.778	–	1.822,24	2.050,02	–	1.690,88	1.902,24	–	1.562,56	1.757,88	–	1.437,28	1.616,94	–	1.315,20	1.479,60	–	1.196,32	1.345,86	–	1.080,32	1.215,
	IV	32.131	1.735,97	2.570,48	2.891,79	1.624,11	2.495,28	2.807,19	1.512,25	2.420,08	2.722,59	1.400,39	2.344,88	2.637,99	1.288,53	2.269,68	2.553,39	1.176,67	2.194,48	2.468,79	1.064,81	2.119,28	2.384,
	V	38.304	2.106,72	3.064,32	3.447,36																		
	VI	38.836	2.135,98	3.106,88	3.495,24																		

SolZ/KiSt lt. Tabelle nicht für Sonstige Bezüge anwendbar.

Allgemeine Tabelle

JAHR bis 115.271,99 €

Lohn/ Gehalt bis	Steuerklasse	Lohn-steuer	ohne Kinderfreibetrag SolZ 5,5%	Kirchensteuer 8%	Kirchensteuer 9%	Anzahl Kinderfreibeträge (nur Steuerklassen I–IV) 0,5 SolZ 5,5%	Kirchensteuer 8%	Kirchensteuer 9%	1,0 SolZ 5,5%	Kirchensteuer 8%	Kirchensteuer 9%	1,5 SolZ 5,5%	Kirchensteuer 8%	Kirchensteuer 9%	2,0 SolZ 5,5%	Kirchensteuer 8%	Kirchensteuer 9%	2,5 SolZ 5,5%	Kirchensteuer 8%	Kirchensteuer 9%	3,0 SolZ 5,5%	Kirchensteuer 8%	Kirchensteuer 9%
5.055,99 (West)	I	32.052	1.726,57	2.564,16	2.884,68	1.502,85	2.413,76	2.715,48	1.279,13	2.263,36	2.546,28	1.055,41	2.112,96	2.377,08	831,69	1.962,56	2.207,88	608,09	1.812,24	2.038,77	384,37	1.661,84	1.869,57
	II	30.263	1.513,68	2.421,04	2.723,67	1.289,96	2.270,64	2.554,47	1.066,24	2.120,24	2.385,27	842,52	1.969,84	2.216,07	618,80	1.819,44	2.046,87	395,08	1.669,04	1.877,67	171,36	1.518,64	1.708,47
	III	22.708	-	1.816,64	2.043,72	-	1.685,44	1.896,12	-	1.557,28	1.751,94	-	1.432,16	1.611,18	-	1.310,24	1.474,02	-	1.191,36	1.340,28	-	1.075,52	1.209,96
	IV	32.052	1.726,57	2.564,16	2.884,68	1.614,71	2.488,96	2.800,08	1.502,85	2.413,76	2.715,48	1.390,99	2.338,56	2.630,88	1.279,13	2.263,36	2.546,28	1.167,27	2.188,16	2.461,68	1.055,41	2.112,96	2.377,08
	V	38.225	2.102,37	3.058,00	3.440,25																		
	VI	38.757	2.131,63	3.100,56	3.488,13																		
5.055,99 (Ost)	I	32.146	1.737,75	2.571,68	2.893,14	1.514,03	2.421,28	2.723,94	1.290,31	2.270,88	2.554,74	1.066,59	2.120,48	2.385,54	842,87	1.970,08	2.216,34	619,15	1.819,68	2.047,14	395,43	1.669,28	1.877,94
	II	30.357	1.524,86	2.428,56	2.732,13	1.301,14	2.278,16	2.562,93	1.077,42	2.127,76	2.393,73	853,70	1.977,36	2.224,53	629,98	1.826,96	2.055,33	406,26	1.676,56	1.886,13	182,54	1.526,16	1.716,93
	III	22.790	-	1.823,20	2.051,10	-	1.691,84	1.903,32	-	1.563,52	1.758,96	-	1.438,40	1.618,20	-	1.316,16	1.480,68	-	1.197,28	1.346,94	-	1.081,28	1.216,44
	IV	32.146	1.737,75	2.571,68	2.893,14	1.625,89	2.496,48	2.808,54	1.514,03	2.421,28	2.723,94	1.402,17	2.346,08	2.639,34	1.290,31	2.270,88	2.554,74	1.178,45	2.195,68	2.470,14	1.066,59	2.120,48	2.385,54
	V	38.319	2.107,54	3.065,52	3.448,71																		
	VI	38.851	2.136,80	3.108,08	3.496,59																		
5.091,99 (West)	I	32.067	1.728,35	2.565,36	2.886,03	1.504,63	2.414,96	2.716,83	1.280,91	2.264,56	2.547,63	1.057,31	2.114,24	2.378,52	833,59	1.963,84	2.209,32	609,87	1.813,44	2.040,12	386,15	1.663,04	1.870,92
	II	30.278	1.515,46	2.422,24	2.725,02	1.291,74	2.271,84	2.555,82	1.068,02	2.121,44	2.386,62	844,30	1.971,04	2.217,42	620,58	1.820,64	2.048,22	396,86	1.670,24	1.879,02	173,26	1.519,92	1.709,91
	III	22.720	-	1.817,60	2.044,80	-	1.686,40	1.897,20	-	1.558,24	1.753,02	-	1.433,12	1.612,26	-	1.311,20	1.475,10	-	1.192,32	1.341,36	-	1.076,48	1.211,04
	IV	32.067	1.728,35	2.565,36	2.886,03	1.616,49	2.490,16	2.801,43	1.504,63	2.414,96	2.716,83	1.392,77	2.339,76	2.632,23	1.280,91	2.264,56	2.547,63	1.169,05	2.189,36	2.463,03	1.057,31	2.114,24	2.378,52
	V	38.241	2.103,25	3.059,28	3.441,69																		
	VI	38.772	2.132,46	3.101,76	3.489,48																		
5.091,99 (Ost)	I	32.161	1.739,54	2.572,88	2.894,49	1.515,82	2.422,48	2.725,29	1.292,10	2.272,08	2.556,09	1.068,38	2.121,68	2.386,89	844,66	1.971,28	2.217,69	620,94	1.820,88	2.048,49	397,22	1.670,48	1.879,29
	II	30.372	1.526,65	2.429,76	2.733,48	1.302,93	2.279,36	2.564,28	1.079,21	2.128,96	2.395,08	855,49	1.978,56	2.225,88	631,77	1.828,16	2.056,68	408,05	1.677,76	1.887,48	184,33	1.527,36	1.718,28
	III	22.804	-	1.824,32	2.052,36	-	1.692,96	1.904,58	-	1.564,64	1.760,22	-	1.439,36	1.619,28	-	1.317,28	1.481,94	-	1.198,08	1.347,84	-	1.082,24	1.217,52
	IV	32.161	1.739,54	2.572,88	2.894,49	1.627,68	2.497,68	2.809,89	1.515,82	2.422,48	2.725,29	1.403,96	2.347,28	2.640,69	1.292,10	2.272,08	2.556,09	1.180,24	2.196,88	2.471,49	1.068,38	2.121,68	2.386,89
	V	38.334	2.108,37	3.066,72	3.450,06																		
	VI	38.866	2.137,63	3.109,28	3.497,94																		
5.127,99 (West)	I	32.082	1.730,14	2.566,56	2.887,38	1.506,42	2.416,16	2.718,18	1.282,82	2.265,84	2.549,07	1.059,10	2.115,44	2.379,87	835,38	1.965,04	2.210,67	611,66	1.814,64	2.041,47	387,94	1.664,24	1.872,27
	II	30.293	1.517,25	2.423,44	2.726,37	1.293,53	2.273,04	2.557,17	1.069,81	2.122,64	2.387,97	846,09	1.972,24	2.218,77	622,48	1.821,92	2.049,66	398,76	1.671,52	1.880,46	175,04	1.521,12	1.711,26
	III	22.734	-	1.818,72	2.046,06	-	1.687,52	1.898,46	-	1.559,20	1.754,10	-	1.434,08	1.613,34	-	1.312,16	1.476,18	-	1.193,28	1.342,44	-	1.077,44	1.212,12
	IV	32.082	1.730,14	2.566,56	2.887,38	1.618,28	2.491,36	2.802,78	1.506,42	2.416,16	2.718,18	1.394,68	2.341,04	2.633,67	1.282,82	2.265,84	2.549,07	1.170,96	2.190,64	2.464,47	1.059,10	2.115,44	2.379,87
	V	38.256	2.104,08	3.060,48	3.443,04																		
	VI	38.787	2.133,28	3.102,96	3.490,83																		
5.127,99 (Ost)	I	32.176	1.741,32	2.574,08	2.895,84	1.517,60	2.423,68	2.726,64	1.293,88	2.273,28	2.557,44	1.070,16	2.122,88	2.388,24	846,44	1.972,48	2.219,04	622,72	1.822,08	2.049,84	399,12	1.671,76	1.880,73
	II	30.387	1.528,43	2.430,96	2.734,83	1.304,71	2.280,56	2.565,63	1.080,99	2.130,16	2.396,43	857,27	1.979,76	2.227,23	633,55	1.829,36	2.058,03	409,83	1.678,96	1.888,83	186,11	1.528,56	1.719,63
	III	22.818	-	1.825,44	2.053,62	-	1.693,92	1.905,66	-	1.565,60	1.761,30	-	1.440,32	1.620,36	-	1.318,24	1.483,02	-	1.199,04	1.348,92	-	1.083,04	1.218,42
	IV	32.176	1.741,32	2.574,08	2.895,84	1.629,46	2.498,88	2.811,24	1.517,60	2.423,68	2.726,64	1.405,74	2.348,48	2.642,04	1.293,88	2.273,28	2.557,44	1.182,02	2.198,08	2.472,84	1.070,16	2.122,88	2.388,24
	V	38.349	2.109,19	3.067,92	3.451,41																		
	VI	38.881	2.138,45	3.110,48	3.499,29																		
5.163,99 (West)	I	32.098	1.732,04	2.567,84	2.888,82	1.508,32	2.417,44	2.719,62	1.284,60	2.267,04	2.550,42	1.060,88	2.116,64	2.381,22	837,16	1.966,24	2.212,02	613,44	1.815,84	2.042,82	389,72	1.665,44	1.873,62
	II	30.308	1.519,03	2.424,64	2.727,72	1.295,31	2.274,24	2.558,52	1.071,59	2.123,84	2.389,32	847,99	1.973,52	2.220,21	624,27	1.823,12	2.051,01	400,55	1.672,72	1.881,81	176,83	1.522,32	1.712,61
	III	22.748	-	1.819,84	2.047,32	-	1.688,48	1.899,54	-	1.560,32	1.755,36	-	1.435,20	1.614,60	-	1.313,12	1.477,26	-	1.194,08	1.343,34	-	1.078,24	1.213,02
	IV	32.098	1.732,04	2.567,84	2.888,82	1.620,18	2.492,64	2.804,22	1.508,32	2.417,44	2.719,62	1.396,46	2.342,24	2.635,02	1.284,60	2.267,04	2.550,42	1.172,74	2.191,84	2.465,82	1.060,88	2.116,64	2.381,22
	V	38.271	2.104,90	3.061,68	3.444,39																		
	VI	38.803	2.134,16	3.104,24	3.492,27																		
5.163,99 (Ost)	I	32.191	1.743,11	2.575,28	2.897,19	1.519,39	2.424,88	2.727,99	1.295,67	2.274,48	2.558,79	1.071,95	2.124,08	2.389,59	848,23	1.973,68	2.220,39	624,63	1.823,36	2.051,28	400,91	1.672,96	1.882,08
	II	30.402	1.530,22	2.432,16	2.736,18	1.306,50	2.281,76	2.566,98	1.082,78	2.131,36	2.397,78	859,06	1.980,96	2.228,58	635,34	1.830,56	2.059,38	411,62	1.680,16	1.890,18	187,90	1.529,76	1.720,98
	III	22.830	-	1.826,40	2.054,70	-	1.695,04	1.906,92	-	1.566,56	1.762,38	-	1.441,28	1.621,44	-	1.319,20	1.484,10	-	1.200,00	1.350,00	-	1.084,00	1.219,50
	IV	32.191	1.743,11	2.575,28	2.897,19	1.631,25	2.500,08	2.812,59	1.519,39	2.424,88	2.727,99	1.407,53	2.349,68	2.643,39	1.295,67	2.274,48	2.558,79	1.183,81	2.199,28	2.474,19	1.071,95	2.124,08	2.389,59
	V	38.364	2.110,02	3.069,12	3.452,76																		
	VI	38.896	2.139,28	3.111,68	3.500,64																		
5.199,99 (West)	I	32.113	1.733,83	2.569,04	2.890,17	1.510,11	2.418,64	2.720,97	1.286,39	2.268,24	2.551,77	1.062,67	2.117,84	2.382,57	838,95	1.967,44	2.213,37	615,23	1.817,04	2.044,17	391,51	1.666,64	1.874,97
	II	30.323	1.520,82	2.425,84	2.729,07	1.297,21	2.275,52	2.559,96	1.073,49	2.125,12	2.390,76	849,77	1.974,72	2.221,56	626,05	1.824,32	2.052,36	402,33	1.673,92	1.883,16	178,61	1.523,52	1.713,96
	III	22.760	-	1.820,80	2.048,40	-	1.689,60	1.900,80	-	1.561,28	1.756,44	-	1.436,16	1.615,68	-	1.314,08	1.478,34	-	1.195,04	1.344,42	-	1.079,20	1.214,10
	IV	32.113	1.733,83	2.569,04	2.890,17	1.621,97	2.493,84	2.805,57	1.510,11	2.418,64	2.720,97	1.398,25	2.343,44	2.636,37	1.286,39	2.268,24	2.551,77	1.174,53	2.193,04	2.467,17	1.062,67	2.117,84	2.382,57
	V	38.286	2.105,73	3.062,88	3.445,74																		
	VI	38.818	2.134,99	3.105,44	3.493,62																		
5.199,99 (Ost)	I	32.206	1.744,89	2.576,48	2.898,54	1.521,17	2.426,08	2.729,34	1.297,45	2.275,68	2.560,14	1.073,85	2.125,36	2.391,03	850,13	1.974,96	2.221,83	626,41	1.824,56	2.052,63	402,69	1.674,16	1.883,43
	II	30.417	1.532,00	2.433,36	2.737,53	1.308,28	2.282,96	2.568,33	1.084,56	2.132,56	2.399,13	860,84	1.982,16	2.229,93	637,12	1.831,76	2.060,73	413,40	1.681,36	1.891,53	189,80	1.531,04	1.722,42
	III	22.844	-	1.827,52	2.055,96	-	1.696,00	1.908,00	-	1.567,68	1.763,64	-	1.442,40	1.622,70	-	1.320,16	1.485,18	-	1.200,96	1.351,08	-	1.084,96	1.220,58
	IV	32.206	1.744,89	2.576,48	2.898,54	1.633,03	2.501,28	2.813,94	1.521,17	2.426,08	2.729,34	1.409,31	2.350,88	2.644,74	1.297,45	2.275,68	2.560,14	1.185,59	2.200,48	2.475,54	1.073,85	2.125,36	2.391,03
	V	38.380	2.110,90	3.070,40	3.454,20																		
	VI	38.911	2.140,10	3.112,88	3.501,99																		
5.235,99 (West)	I	32.128	1.735,61	2.570,24	2.891,52	1.511,89	2.419,84	2.722,32	1.288,17	2.269,44	2.553,12	1.064,45	2.119,04	2.383,92	840,73	1.968,64	2.214,72	617,01	1.818,24	2.045,52	393,29	1.667,84	1.876,32
	II	30.339	1.522,72	2.427,12	2.730,51	1.299,00	2.276,72	2.561,31	1.075,28	2.126,32	2.392,11	851,56	1.975,92	2.222,91	627,84	1.825,52	2.053,71	404,12	1.675,12	1.884,51	180,40	1.524,72	1.715,31
	III	22.774	-	1.821,92	2.049,66	-	1.690,56	1.901,88	-	1.562,24	1.757,52	-	1.437,12	1.616,76	-	1.315,04	1.479,42	-	1.196,00	1.345,50	-	1.080,16	1.215,18
	IV	32.128	1.735,61	2.570,24	2.891,52	1.623,75	2.495,04	2.806,92	1.511,89	2.419,84	2.722,32	1.400,03	2.344,64	2.637,72	1.288,17	2.269,44	2.553,12	1.176,31	2.194,24	2.468,52	1.064,45	2.119,04	2.383,92
	V	38.301	2.106,55	3.064,08	3.447,09																		
	VI	38.833	2.135,81	3.106,64	3.494,97																		
5.235,99 (Ost)	I	32.221	1.746,68	2.577,68	2.899,89	1.522,96	2.427,28	2.730,69	1.299,36	2.276,96	2.561,58	1.075,64	2.126,56	2.392,38	851,92	1.976,16	2.223,18	628,20	1.825,76	2.053,98	404,48	1.675,36	1.884,78
	II	30.432	1.533,79	2.434,56	2.738,88	1.310,07	2.284,16	2.569,68	1.086,35	2.133,76	2.400,48	862,63	1.983,36	2.231,28	639,03	1.833,04	2.062,17	415,31	1.682,64	1.892,97	191,59	1.532,24	1.723,77
	III	22.858	-	1.828,64	2.057,22	-	1.697,12	1.909,26	-	1.568,64	1.764,72	-	1.443,36	1.623,78	-	1.321,12	1.486,26	-	1.201,92	1.352,16	-	1.085,92	1.221,66
	IV	32.221	1.746,68	2.577,68	2.899,89	1.634,82	2.502,48	2.815,29	1.522,96	2.427,28	2.730,69	1.411,22	2.352,16	2.646,18	1.299,36	2.276,96	2.561,58	1.187,50	2.201,76	2.476,98	1.075,64	2.126,56	2.392,38
	V	38.395	2.111,72	3.071,60	3.455,55																		
	VI	38.926	2.140,93	3.114,08	3.503,34																		
5.271,99 (West)	I	32.143	1.737,40	2.571,44	2.892,87	1.513,68	2.421,04	2.723,67	1.289,96	2.270,64	2.554,47	1.066,24	2.120,24	2.385,27	842,52	1.969,84	2.216,07	618,80	1.819,44	2.046,87	395,08	1.669,04	1.877,67
	II	30.354	1.524,50	2.428,32	2.731,86	1.300,78	2.277,92	2.562,66	1.077,06	2.127,52	2.393,46	853,34	1.977,12	2.224,26	629,62	1.826,72	2.055,06	405,90	1.676,32	1.885,86	182,18	1.525,92	1.716,66
	III	22.788	-	1.823,04	2.050,92	-	1.691,68	1.903,14	-	1.563,36	1.758,78	-	1.438,08	1.617,84	-	1.316,00	1.480,50	-	1.196,96	1.346,58	-	1.081,12	1.216,26
	IV	32.143	1.737,40	2.571,44	2.892,87	1.625,54	2.496,24	2.808,27	1.513,68	2.421,04	2.723,67	1.401,82	2.345,84	2.639,07	1.289,96	2.270,64	2.554,47	1.178,10	2.195,44	2.469,87	1.066,24	2.120,24	2.385,27
	V	38.316	2.107,38	3.065,28	3.448,44																		
	VI	38.848	2.136,64	3.107,84	3.496,32																		
5.271,99 (Ost)	I	32.237	1.748,58	2.578,96	2.901,33	1.524,86	2.428,56	2.732,13	1.301,14	2.278,16	2.562,93	1.077,42	2.127,76	2.393,73	853,70	1.977,36	2.224,53	629,98	1.826,96	2.055,33	406,26	1.676,56	1.886,13
	II	30.447	1.535,57	2.435,76	2.740,23	1.311,85	2.285,36	2.571,03	1.088,13	2.134,96	2.401,83	864,53	1.984,64	2.232,72	640,81	1.834,24	2.063,52	417,09	1.683,84	1.894,32	193,37	1.533,44	1.725,12
	III	22.870	-	1.829,60	2.058,30	-	1.698,08	1.910,34	-	1.569,76	1.765,98	-	1.444,32	1.624,86	-	1.322,08	1.487,34	-	1.202,88	1.353,24	-	1.086,72	1.222,56
	IV	32.237	1.748,58	2.578,96	2.901,33	1.636,72	2.503,76	2.816,73	1.524,86	2.428,56	2.732,13	1.413,00	2.353,36	2.647,53	1.301,14	2.278,16	2.562,93	1.189,28	2.202,96	2.478,33	1.077,42	2.127,76	2.393,73
	V	38.410	2.112,55	3.072,80	3.456,90																		
	VI	38.942	2.141,81	3.115,36	3.504,78																		

SolZ/KiSt lt. Tabelle nicht für Sonstige Bezüge anwendbar.

Lohn/Gehalt bis	Steuerklasse	Lohnsteuer	ohne Kinderfreibetrag SolZ 5,5%	ohne Kinderfreibetrag Kirchensteuer 8%	ohne Kinderfreibetrag Kirchensteuer 9%	0,5 SolZ 5,5%	0,5 Kirchensteuer 8%	0,5 Kirchensteuer 9%	1,0 SolZ 5,5%	1,0 Kirchensteuer 8%	1,0 Kirchensteuer 9%	1,5 SolZ 5,5%	1,5 Kirchensteuer 8%	1,5 Kirchensteuer 9%	2,0 SolZ 5,5%	2,0 Kirchensteuer 8%	2,0 Kirchensteuer 9%	2,5 SolZ 5,5%	2,5 Kirchensteuer 8%	2,5 Kirchensteuer 9%	3,0 SolZ 5,5%	3,0 Kirchensteuer 8%	3,0 Kirchensteuer 9%
115.307,99 (West)	I	32.158	1.739,18	2.572,64	2.894,22	1.515,46	2.422,24	2.725,02	1.291,74	2.271,84	2.555,82	1.068,02	2.121,44	2.386,62	844,30	1.971,04	2.217,42	620,58	1.820,64	2.048,22	396,86	1.670,24	1.879
	II	30.369	1.526,29	2.429,52	2.733,21	1.302,57	2.279,12	2.564,01	1.078,85	2.128,72	2.394,81	855,13	1.978,32	2.225,61	631,41	1.827,92	2.056,41	407,69	1.677,52	1.887,21	183,97	1.527,12	1.718
	III	22.800	-	1.824,00	2.052,00	-	1.692,64	1.904,22	-	1.564,32	1.759,86	-	1.439,20	1.619,10	-	1.316,96	1.481,58	-	1.197,92	1.347,66	-	1.081,92	1.217
	IV	32.158	1.739,18	2.572,64	2.894,22	1.627,32	2.497,44	2.809,62	1.515,46	2.422,24	2.725,02	1.403,60	2.347,04	2.640,42	1.291,74	2.271,84	2.555,82	1.179,88	2.196,64	2.471,22	1.068,02	2.121,44	2.386
	V	38.331	2.108,20	3.066,48	3.449,79																		
	VI	38.863	2.137,46	3.109,04	3.497,67																		
115.307,99 (Ost)	I	32.252	1.750,37	2.580,16	2.902,68	1.526,65	2.429,76	2.733,48	1.302,93	2.279,36	2.564,28	1.079,21	2.128,96	2.395,08	855,49	1.978,56	2.225,88	631,77	1.828,16	2.056,68	408,05	1.677,76	1.887
	II	30.462	1.537,36	2.436,96	2.741,58	1.313,76	2.286,64	2.572,47	1.090,04	2.136,24	2.403,27	866,32	1.985,84	2.234,07	642,60	1.835,44	2.064,87	418,88	1.685,04	1.895,67	195,16	1.534,64	1.726
	III	22.884	-	1.830,72	2.059,56	-	1.699,20	1.911,60	-	1.570,72	1.767,06	-	1.445,28	1.625,94	-	1.323,04	1.488,42	-	1.203,84	1.354,32	-	1.087,68	1.223
	IV	32.252	1.750,37	2.580,16	2.902,68	1.638,51	2.504,96	2.818,08	1.526,65	2.429,76	2.733,48	1.414,79	2.354,56	2.648,88	1.302,93	2.279,36	2.564,28	1.191,07	2.204,16	2.479,68	1.079,21	2.128,96	2.395
	V	38.425	2.113,37	3.074,00	3.458,25																		
	VI	38.957	2.142,63	3.116,56	3.506,13																		
115.343,99 (West)	I	32.173	1.740,97	2.573,84	2.895,57	1.517,25	2.423,44	2.726,37	1.293,53	2.273,04	2.557,17	1.069,81	2.122,64	2.387,97	846,09	1.972,24	2.218,77	622,48	1.821,92	2.049,66	398,76	1.671,52	1.880
	II	30.384	1.528,07	2.430,72	2.734,56	1.304,35	2.280,32	2.565,36	1.080,63	2.129,92	2.396,16	856,91	1.979,52	2.226,96	633,19	1.829,12	2.057,76	409,47	1.678,72	1.888,56	185,75	1.528,32	1.719
	III	22.814	-	1.825,12	2.053,26	-	1.693,76	1.905,48	-	1.565,44	1.761,12	-	1.440,16	1.620,18	-	1.317,92	1.482,66	-	1.198,88	1.348,74	-	1.082,88	1.218
	IV	32.173	1.740,97	2.573,84	2.895,57	1.629,11	2.498,64	2.810,97	1.517,25	2.423,44	2.726,37	1.405,39	2.348,24	2.641,77	1.293,53	2.273,04	2.557,17	1.181,67	2.197,84	2.472,57	1.069,81	2.122,64	2.387
	V	38.346	2.109,03	3.067,68	3.451,14																		
	VI	38.878	2.138,29	3.110,24	3.499,02																		
115.343,99 (Ost)	I	32.267	1.752,15	2.581,36	2.904,03	1.528,43	2.430,96	2.734,83	1.304,71	2.280,56	2.565,63	1.080,99	2.130,16	2.396,43	857,27	1.979,76	2.227,23	633,55	1.829,36	2.058,03	409,83	1.678,96	1.888
	II	30.478	1.539,26	2.438,24	2.743,02	1.315,54	2.287,84	2.573,82	1.091,82	2.137,44	2.404,62	868,10	1.987,04	2.235,42	644,38	1.836,64	2.066,22	420,66	1.686,24	1.897,02	196,94	1.535,84	1.727
	III	22.898	-	1.831,84	2.060,82	-	1.700,16	1.912,68	-	1.571,68	1.768,14	-	1.446,24	1.627,02	-	1.324,00	1.489,50	-	1.204,80	1.355,40	-	1.088,64	1.224
	IV	32.267	1.752,15	2.581,36	2.904,03	1.640,29	2.506,16	2.819,43	1.528,43	2.430,96	2.734,83	1.416,57	2.355,76	2.650,23	1.304,71	2.280,56	2.565,63	1.192,85	2.205,36	2.481,03	1.080,99	2.130,16	2.396
	V	38.440	2.114,20	3.075,20	3.459,60																		
	VI	38.972	2.143,46	3.117,76	3.507,48																		
115.379,99 (West)	I	32.188	1.742,75	2.575,04	2.896,92	1.519,03	2.424,64	2.727,72	1.295,31	2.274,24	2.558,52	1.071,59	2.123,84	2.389,32	847,99	1.973,52	2.220,21	624,27	1.823,12	2.051,01	400,55	1.672,72	1.881
	II	30.399	1.529,86	2.431,92	2.735,91	1.306,14	2.281,52	2.566,71	1.082,42	2.131,12	2.397,51	858,70	1.980,72	2.228,31	634,98	1.830,32	2.059,11	411,26	1.679,92	1.889,91	187,66	1.529,60	1.720
	III	22.828	-	1.826,24	2.054,52	-	1.694,72	1.906,56	-	1.566,40	1.762,20	-	1.441,12	1.621,26	-	1.318,88	1.483,74	-	1.199,84	1.349,82	-	1.083,84	1.219
	IV	32.188	1.742,75	2.575,04	2.896,92	1.630,89	2.499,84	2.812,32	1.519,03	2.424,64	2.727,72	1.407,17	2.349,44	2.643,12	1.295,31	2.274,24	2.558,52	1.183,45	2.199,04	2.473,92	1.071,59	2.123,84	2.389
	V	38.362	2.109,91	3.068,96	3.452,58																		
	VI	38.893	2.139,11	3.111,44	3.500,37																		
115.379,99 (Ost)	I	32.282	1.753,94	2.582,56	2.905,38	1.530,22	2.432,16	2.736,18	1.306,50	2.281,76	2.566,98	1.082,78	2.131,36	2.397,78	859,06	1.980,96	2.228,58	635,34	1.830,56	2.059,38	411,62	1.680,16	1.890
	II	30.493	1.541,05	2.439,44	2.744,37	1.317,33	2.289,04	2.575,17	1.093,61	2.138,64	2.405,97	869,89	1.988,24	2.236,77	646,17	1.837,84	2.067,57	422,45	1.687,44	1.898,37	198,73	1.537,04	1.729
	III	22.910	-	1.832,80	2.061,90	-	1.701,28	1.913,94	-	1.572,80	1.769,40	-	1.447,36	1.628,28	-	1.324,96	1.490,58	-	1.205,76	1.356,48	-	1.089,60	1.225
	IV	32.282	1.753,94	2.582,56	2.905,38	1.642,08	2.507,36	2.820,78	1.530,22	2.432,16	2.736,18	1.418,36	2.356,96	2.651,58	1.306,50	2.281,76	2.566,98	1.194,64	2.206,56	2.482,38	1.082,78	2.131,36	2.397
	V	38.455	2.115,02	3.076,40	3.460,95																		
	VI	38.987	2.144,28	3.118,96	3.508,83																		
115.415,99 (West)	I	32.203	1.744,54	2.576,24	2.898,27	1.520,82	2.425,84	2.729,07	1.297,21	2.275,52	2.559,96	1.073,49	2.125,12	2.390,76	849,77	1.974,72	2.221,56	626,05	1.824,32	2.052,36	402,33	1.673,92	1.883
	II	30.414	1.531,64	2.433,12	2.737,26	1.307,92	2.282,72	2.568,06	1.084,20	2.132,32	2.398,86	860,48	1.981,92	2.229,66	636,76	1.831,52	2.060,46	413,16	1.681,20	1.891,35	189,44	1.530,80	1.722
	III	22.840	-	1.827,20	2.055,60	-	1.695,84	1.907,82	-	1.567,36	1.763,28	-	1.442,08	1.622,34	-	1.319,84	1.484,82	-	1.200,80	1.350,90	-	1.084,80	1.220
	IV	32.203	1.744,54	2.576,24	2.898,27	1.632,68	2.501,04	2.813,67	1.520,82	2.425,84	2.729,07	1.408,96	2.350,64	2.644,47	1.297,21	2.275,52	2.559,96	1.185,35	2.200,32	2.475,36	1.073,49	2.125,12	2.390
	V	38.377	2.110,73	3.070,16	3.453,93																		
	VI	38.908	2.139,94	3.112,64	3.501,72																		
115.415,99 (Ost)	I	32.297	1.755,72	2.583,76	2.906,73	1.532,00	2.433,36	2.737,53	1.308,28	2.282,96	2.568,33	1.084,56	2.132,56	2.399,13	860,84	1.982,16	2.229,93	637,12	1.831,76	2.060,73	413,40	1.681,36	1.891
	II	30.508	1.542,83	2.440,64	2.745,72	1.319,11	2.290,24	2.576,52	1.095,39	2.139,84	2.407,32	871,67	1.989,44	2.238,12	647,95	1.839,04	2.068,92	424,23	1.688,64	1.899,72	200,51	1.538,24	1.730
	III	22.924	-	1.833,92	2.063,16	-	1.702,24	1.915,02	-	1.573,76	1.770,48	-	1.448,32	1.629,36	-	1.325,92	1.491,66	-	1.206,72	1.357,56	-	1.090,40	1.226
	IV	32.297	1.755,72	2.583,76	2.906,73	1.643,86	2.508,56	2.822,13	1.532,00	2.433,36	2.737,53	1.420,14	2.358,16	2.652,93	1.308,28	2.282,96	2.568,33	1.196,42	2.207,76	2.483,73	1.084,56	2.132,56	2.399
	V	38.470	2.115,85	3.077,60	3.462,30																		
	VI	39.002	2.145,11	3.120,16	3.510,18																		
115.451,99 (West)	I	32.218	1.746,32	2.577,44	2.899,62	1.522,72	2.427,12	2.730,51	1.299,00	2.276,72	2.561,31	1.075,28	2.126,32	2.392,11	851,56	1.975,92	2.222,91	627,84	1.825,52	2.053,71	404,12	1.675,12	1.884
	II	30.429	1.533,43	2.434,32	2.738,61	1.309,71	2.283,92	2.569,41	1.085,99	2.133,52	2.400,21	862,39	1.983,20	2.231,10	638,67	1.832,80	2.061,90	414,95	1.682,40	1.892,70	191,23	1.532,00	1.723
	III	22.854	-	1.828,32	2.056,86	-	1.696,80	1.908,90	-	1.568,48	1.764,54	-	1.443,04	1.623,42	-	1.320,80	1.485,90	-	1.201,76	1.351,98	-	1.085,60	1.221
	IV	32.218	1.746,32	2.577,44	2.899,62	1.634,58	2.502,32	2.815,11	1.522,72	2.427,12	2.730,51	1.410,86	2.351,92	2.645,91	1.299,00	2.276,72	2.561,31	1.187,14	2.201,52	2.476,71	1.075,28	2.126,32	2.392
	V	38.392	2.111,56	3.071,36	3.455,28																		
	VI	38.923	2.140,76	3.113,84	3.503,07																		
115.451,99 (Ost)	I	32.312	1.757,51	2.584,96	2.908,08	1.533,79	2.434,56	2.738,88	1.310,07	2.284,16	2.569,68	1.086,35	2.133,76	2.400,48	862,63	1.983,36	2.231,28	639,03	1.833,04	2.062,17	415,31	1.682,64	1.892
	II	30.523	1.544,62	2.441,84	2.747,07	1.320,90	2.291,44	2.577,87	1.097,18	2.141,04	2.408,67	873,46	1.990,64	2.239,47	649,74	1.840,24	2.070,27	426,02	1.689,84	1.901,07	202,30	1.539,44	1.731
	III	22.938	-	1.835,04	2.064,42	-	1.703,36	1.916,28	-	1.574,72	1.771,56	-	1.449,28	1.630,44	-	1.326,88	1.492,74	-	1.207,68	1.358,64	-	1.091,36	1.227
	IV	32.312	1.757,51	2.584,96	2.908,08	1.645,65	2.509,76	2.823,48	1.533,79	2.434,56	2.738,88	1.421,93	2.359,36	2.654,28	1.310,07	2.284,16	2.569,68	1.198,21	2.208,96	2.485,08	1.086,35	2.133,76	2.400
	V	38.485	2.116,67	3.078,80	3.463,65																		
	VI	39.017	2.145,93	3.121,36	3.511,53																		
115.487,99 (West)	I	32.234	1.748,22	2.578,72	2.901,06	1.524,50	2.428,32	2.731,86	1.300,78	2.277,92	2.562,66	1.077,06	2.127,52	2.393,46	853,34	1.977,12	2.224,26	629,62	1.826,72	2.055,06	405,90	1.676,32	1.885
	II	30.444	1.535,21	2.435,52	2.739,96	1.311,49	2.285,12	2.570,76	1.087,89	2.134,80	2.401,65	864,17	1.984,40	2.232,45	640,45	1.834,00	2.063,25	416,73	1.683,60	1.894,05	193,01	1.533,20	1.724
	III	22.868	-	1.829,44	2.058,12	-	1.697,92	1.910,16	-	1.569,44	1.765,62	-	1.444,16	1.624,68	-	1.321,92	1.487,16	-	1.202,72	1.353,06	-	1.086,56	1.222
	IV	32.234	1.748,22	2.578,72	2.901,06	1.636,36	2.503,52	2.816,46	1.524,50	2.428,32	2.731,86	1.412,64	2.353,12	2.647,26	1.300,78	2.277,92	2.562,66	1.188,92	2.202,72	2.478,06	1.077,06	2.127,52	2.393
	V	38.407	2.112,38	3.072,56	3.456,63																		
	VI	38.939	2.141,64	3.115,12	3.504,51																		
115.487,99 (Ost)	I	32.327	1.759,29	2.586,16	2.909,43	1.535,57	2.435,76	2.740,23	1.311,85	2.285,36	2.571,03	1.088,13	2.134,96	2.401,83	864,53	1.984,64	2.232,72	640,81	1.834,24	2.063,52	417,09	1.683,84	1.894
	II	30.538	1.546,40	2.443,04	2.748,42	1.322,68	2.292,64	2.579,22	1.098,96	2.142,24	2.410,02	875,24	1.991,84	2.240,82	651,52	1.841,44	2.071,62	427,80	1.691,04	1.902,42	204,20	1.540,72	1.733
	III	22.950	-	1.836,00	2.065,50	-	1.704,32	1.917,36	-	1.575,84	1.772,82	-	1.450,24	1.631,52	-	1.327,84	1.493,82	-	1.208,48	1.359,54	-	1.092,32	1.228
	IV	32.327	1.759,29	2.586,16	2.909,43	1.647,43	2.510,96	2.824,83	1.535,57	2.435,76	2.740,23	1.423,71	2.360,56	2.655,63	1.311,85	2.285,36	2.571,03	1.199,99	2.210,16	2.486,43	1.088,13	2.134,96	2.401
	V	38.501	2.117,55	3.080,08	3.465,09																		
	VI	39.032	2.146,76	3.122,56	3.512,88																		
115.523,99 (West)	I	32.249	1.750,01	2.579,92	2.902,41	1.526,29	2.429,52	2.733,21	1.302,57	2.279,12	2.564,01	1.078,85	2.128,72	2.394,81	855,13	1.978,32	2.225,61	631,41	1.827,92	2.056,41	407,69	1.677,52	1.887
	II	30.460	1.537,12	2.436,80	2.741,40	1.313,40	2.286,40	2.572,20	1.089,68	2.136,00	2.403,00	865,96	1.985,60	2.233,80	642,24	1.835,20	2.064,60	418,52	1.684,80	1.895,40	194,80	1.534,40	1.726
	III	22.882	-	1.830,56	2.059,38	-	1.698,88	1.911,24	-	1.570,40	1.766,70	-	1.445,12	1.625,76	-	1.322,88	1.488,24	-	1.203,68	1.354,14	-	1.087,52	1.223
	IV	32.249	1.750,01	2.579,92	2.902,41	1.638,15	2.504,72	2.817,81	1.526,29	2.429,52	2.733,21	1.414,43	2.354,32	2.648,61	1.302,57	2.279,12	2.564,01	1.190,71	2.203,92	2.479,41	1.078,85	2.128,72	2.394
	V	38.422	2.113,21	3.073,76	3.457,98																		
	VI	38.954	2.142,47	3.116,32	3.505,86																		
115.523,99 (Ost)	I	32.342	1.761,08	2.587,36	2.910,78	1.537,36	2.436,96	2.741,58	1.313,76	2.286,64	2.572,47	1.090,04	2.136,24	2.403,27	866,32	1.985,84	2.234,07	642,60	1.835,44	2.064,87	418,88	1.685,04	1.895
	II	30.553	1.548,19	2.444,24	2.749,77	1.324,47	2.293,84	2.580,57	1.100,75	2.143,44	2.411,37	877,03	1.993,04	2.242,17	653,31	1.842,64	2.072,97	429,70	1.692,32	1.903,86	205,98	1.541,92	1.734
	III	22.964	-	1.837,12	2.066,76	-	1.705,44	1.918,62	-	1.576,80	1.773,90	-	1.451,36	1.632,78	-	1.328,80	1.494,90	-	1.209,44	1.360,62	-	1.093,28	1.229
	IV	32.342	1.761,08	2.587,36	2.910,78	1.649,22	2.512,16	2.826,18	1.537,36	2.436,96	2.741,58	1.425,50	2.361,76	2.656,98	1.313,76	2.286,64	2.572,47	1.201,90	2.211,44	2.487,87	1.090,04	2.136,24	2.403
	V	38.516	2.118,38	3.081,28	3.466,44																		
	VI	39.047	2.147,58	3.123,76	3.514,23																		

Anzahl Kinderfreibeträge (nur Steuerklassen I–IV)

SolZ/KiSt lt. Tabelle nicht für Sonstige Bezüge anwendbar.

Lohn/ Gehalt bis	Steuerklasse	Lohn-steuer	ohne Kinderfreibetrag			Anzahl Kinderfreibeträge (nur Steuerklassen I–IV) 0,5			1,0			1,5			2,0			2,5			3,0		
			SolZ 5,5%	Kirchensteuer 8%	Kirchensteuer 9%	SolZ 5,5%	Kirchensteuer 8%	Kirchensteuer 9%	SolZ 5,5%	Kirchensteuer 8%	Kirchensteuer 9%	SolZ 5,5%	Kirchensteuer 8%	Kirchensteuer 9%	SolZ 5,5%	Kirchensteuer 8%	Kirchensteuer 9%	SolZ 5,5%	Kirchensteuer 8%	Kirchensteuer 9%	SolZ 5,5%	Kirchensteuer 8%	Kirchensteuer 9%
5.559,99	I	32.264	*1.751,79*	2.581,12	2.903,76	*1.528,07*	2.430,72	2.734,56	*1.304,35*	2.280,32	2.565,36	*1.080,63*	2.129,92	2.396,16	*856,91*	1.979,52	2.226,96	*633,19*	1.829,12	2.057,76	*409,47*	1.678,72	1.888,56
(West)	II	30.475	*1.538,90*	2.438,00	2.742,75	*1.315,18*	2.287,60	2.573,55	*1.091,46*	2.137,20	2.404,35	*867,74*	1.986,80	2.235,15	*644,02*	1.836,40	2.065,95	*420,30*	1.686,00	1.896,75	*196,58*	1.535,60	1.727,55
	III	22.894	-	1.831,52	2.060,46	-	1.700,00	1.912,50	-	1.571,52	1.767,96	-	1.446,08	1.626,84	-	1.323,84	1.489,32	-	1.204,48	1.355,04	-	1.088,48	1.224,54
	IV	32.264	*1.751,79*	2.581,12	2.903,76	*1.639,93*	2.505,92	2.819,16	*1.528,07*	2.430,72	2.734,56	*1.416,21*	2.355,52	2.649,96	*1.304,35*	2.280,32	2.565,36	*1.192,49*	2.205,12	2.480,76	*1.080,63*	2.129,92	2.396,16
	V	38.437	*2.114,03*	3.074,96	3.459,33																		
	VI	38.969	*2.143,29*	3.117,52	3.507,21																		
5.559,99	I	32.357	*1.762,86*	2.588,56	2.912,13	*1.539,26*	2.438,24	2.743,02	*1.315,54*	2.287,84	2.573,82	*1.091,82*	2.137,44	2.404,62	*868,10*	1.987,04	2.235,42	*644,38*	1.836,64	2.066,22	*420,66*	1.686,24	1.897,02
(Ost)	II	30.568	*1.549,97*	2.445,44	2.751,12	*1.326,25*	2.295,04	2.581,92	*1.102,53*	2.144,64	2.412,72	*878,93*	1.994,32	2.243,61	*655,21*	1.843,92	2.074,41	*431,49*	1.693,52	1.905,21	*207,77*	1.543,12	1.736,01
	III	22.978	-	1.838,24	2.068,02	-	1.706,56	1.919,88	-	1.577,92	1.775,16	-	1.452,32	1.633,86	-	1.329,76	1.495,98	-	1.210,40	1.361,70	-	1.094,08	1.230,84
	IV	32.357	*1.762,86*	2.588,56	2.912,13	*1.651,12*	2.513,44	2.827,62	*1.539,26*	2.438,24	2.743,02	*1.427,40*	2.363,04	2.658,42	*1.315,54*	2.287,84	2.573,82	*1.203,68*	2.212,64	2.489,22	*1.091,82*	2.137,44	2.404,62
	V	38.531	*2.119,20*	3.082,48	3.467,79																		
	VI	39.063	*2.148,46*	3.125,04	3.515,67																		
5.595,99	I	32.279	*1.753,58*	2.582,32	2.905,11	*1.529,86*	2.431,92	2.735,91	*1.306,14*	2.281,52	2.566,71	*1.082,42*	2.131,12	2.397,51	*858,70*	1.980,72	2.228,31	*634,98*	1.830,32	2.059,11	*411,26*	1.679,92	1.889,91
(West)	II	30.490	*1.540,69*	2.439,20	2.744,10	*1.316,97*	2.288,80	2.574,90	*1.093,25*	2.138,40	2.405,70	*869,53*	1.988,00	2.236,50	*645,81*	1.837,60	2.067,30	*422,09*	1.687,20	1.898,10	*198,37*	1.536,80	1.728,90
	III	22.908	-	1.832,64	2.061,72	-	1.700,96	1.913,58	-	1.572,48	1.769,04	-	1.447,04	1.627,92	-	1.324,80	1.490,40	-	1.205,44	1.356,12	-	1.089,28	1.225,44
	IV	32.279	*1.753,58*	2.582,32	2.905,11	*1.641,72*	2.507,12	2.820,51	*1.529,86*	2.431,92	2.735,91	*1.418,00*	2.356,72	2.651,31	*1.306,14*	2.281,52	2.566,71	*1.194,28*	2.206,32	2.482,11	*1.082,42*	2.131,12	2.397,51
	V	38.452	*2.114,86*	3.076,16	3.460,68																		
	VI	38.984	*2.144,12*	3.118,72	3.508,56																		
5.595,99	I	32.373	*1.764,77*	2.589,84	2.913,57	*1.541,05*	2.439,44	2.744,37	*1.317,33*	2.289,04	2.575,17	*1.093,61*	2.138,64	2.405,97	*869,89*	1.988,24	2.236,77	*646,17*	1.837,84	2.067,57	*422,45*	1.687,44	1.898,37
(Ost)	II	30.583	*1.551,76*	2.446,64	2.752,47	*1.328,04*	2.296,24	2.583,27	*1.104,43*	2.145,92	2.414,16	*880,71*	1.995,52	2.244,96	*656,99*	1.845,12	2.075,76	*433,27*	1.694,72	1.906,56	*209,55*	1.544,32	1.737,36
	III	22.992	-	1.839,36	2.069,28	-	1.707,52	1.920,96	-	1.578,88	1.776,24	-	1.453,28	1.634,94	-	1.330,88	1.497,24	-	1.211,36	1.362,78	-	1.095,04	1.231,92
	IV	32.373	*1.764,77*	2.589,84	2.913,57	*1.652,91*	2.514,64	2.828,97	*1.541,05*	2.439,44	2.744,37	*1.429,19*	2.364,24	2.659,77	*1.317,33*	2.289,04	2.575,17	*1.205,47*	2.213,84	2.490,57	*1.093,61*	2.138,64	2.405,97
	V	38.546	*2.120,03*	3.083,68	3.469,14																		
	VI	39.078	*2.149,29*	3.126,24	3.517,02																		
5.631,99	I	32.294	*1.755,36*	2.583,52	2.906,46	*1.531,64*	2.433,12	2.737,26	*1.307,92*	2.282,72	2.568,06	*1.084,20*	2.132,32	2.398,86	*860,48*	1.981,92	2.229,66	*636,76*	1.831,52	2.060,46	*413,16*	1.681,20	1.891,35
(West)	II	30.505	*1.542,47*	2.440,40	2.745,45	*1.318,75*	2.290,00	2.576,25	*1.095,03*	2.139,60	2.407,05	*871,31*	1.989,20	2.237,85	*647,59*	1.838,80	2.068,65	*423,87*	1.688,40	1.899,45	*200,15*	1.538,00	1.730,25
	III	22.922	-	1.833,76	2.062,98	-	1.702,08	1.914,84	-	1.573,60	1.770,30	-	1.448,16	1.629,18	-	1.325,76	1.491,48	-	1.206,40	1.357,20	-	1.090,24	1.226,52
	IV	32.294	*1.755,36*	2.583,52	2.906,46	*1.643,50*	2.508,32	2.821,86	*1.531,64*	2.433,12	2.737,26	*1.419,78*	2.357,92	2.652,66	*1.307,92*	2.282,72	2.568,06	*1.196,06*	2.207,52	2.483,46	*1.084,20*	2.132,32	2.398,86
	V	38.467	*2.115,68*	3.077,36	3.462,03																		
	VI	38.999	*2.144,94*	3.119,92	3.509,91																		
5.631,99	I	32.388	*1.766,55*	2.591,04	2.914,92	*1.542,83*	2.440,64	2.745,72	*1.319,11*	2.290,24	2.576,52	*1.095,39*	2.139,84	2.407,32	*871,67*	1.989,44	2.238,12	*647,95*	1.839,04	2.068,92	*424,23*	1.688,64	1.899,72
(Ost)	II	30.599	*1.553,66*	2.447,92	2.753,91	*1.329,94*	2.297,52	2.584,71	*1.106,22*	2.147,12	2.415,51	*882,50*	1.996,72	2.246,31	*658,78*	1.846,32	2.077,11	*435,06*	1.695,92	1.907,91	*211,34*	1.545,52	1.738,71
	III	23.004	-	1.840,32	2.070,36	-	1.708,64	1.922,22	-	1.579,84	1.777,32	-	1.454,24	1.636,02	-	1.331,84	1.498,32	-	1.212,32	1.363,86	-	1.096,00	1.233,00
	IV	32.388	*1.766,55*	2.591,04	2.914,92	*1.654,69*	2.515,84	2.830,32	*1.542,83*	2.440,64	2.745,72	*1.430,97*	2.365,44	2.661,12	*1.319,11*	2.290,24	2.576,52	*1.207,25*	2.215,04	2.491,92	*1.095,39*	2.139,84	2.407,32
	V	38.561	*2.120,85*	3.084,88	3.470,49																		
	VI	39.093	*2.150,11*	3.127,44	3.518,37																		
5.667,99	I	32.309	*1.757,15*	2.584,72	2.907,81	*1.533,43*	2.434,32	2.738,61	*1.309,71*	2.283,92	2.569,41	*1.085,99*	2.133,52	2.400,21	*862,39*	1.983,20	2.231,10	*638,67*	1.832,80	2.061,90	*414,95*	1.682,40	1.892,70
(West)	II	30.520	*1.544,26*	2.441,60	2.746,80	*1.320,54*	2.291,20	2.577,60	*1.096,82*	2.140,80	2.408,40	*873,10*	1.990,40	2.239,20	*649,38*	1.840,00	2.070,00	*425,66*	1.689,60	1.900,80	*201,94*	1.539,20	1.731,60
	III	22.934	-	1.834,72	2.064,06	-	1.703,20	1.916,10	-	1.574,56	1.771,38	-	1.449,12	1.630,26	-	1.326,72	1.492,56	-	1.207,36	1.358,28	-	1.091,20	1.227,60
	IV	32.309	*1.757,15*	2.584,72	2.907,81	*1.645,29*	2.509,52	2.823,21	*1.533,43*	2.434,32	2.738,61	*1.421,57*	2.359,12	2.654,01	*1.309,71*	2.283,92	2.569,41	*1.197,85*	2.208,72	2.484,81	*1.085,99*	2.133,52	2.400,21
	V	38.482	*2.116,51*	3.078,56	3.463,38																		
	VI	39.014	*2.145,77*	3.121,12	3.511,26																		
5.667,99	I	32.403	*1.768,34*	2.592,24	2.916,27	*1.544,62*	2.441,84	2.747,07	*1.320,90*	2.291,44	2.577,87	*1.097,18*	2.141,04	2.408,67	*873,46*	1.990,64	2.239,47	*649,74*	1.840,24	2.070,27	*426,02*	1.689,84	1.901,07
(Ost)	II	30.614	*1.555,44*	2.449,12	2.755,26	*1.331,72*	2.298,72	2.586,06	*1.108,00*	2.148,32	2.416,86	*884,28*	1.997,92	2.247,66	*660,56*	1.847,52	2.078,46	*436,84*	1.697,12	1.909,26	*213,12*	1.546,72	1.740,06
	III	23.018	-	1.841,44	2.071,62	-	1.709,60	1.923,30	-	1.580,96	1.778,58	-	1.455,36	1.637,28	-	1.332,80	1.499,40	-	1.213,28	1.364,94	-	1.096,96	1.234,08
	IV	32.403	*1.768,34*	2.592,24	2.916,27	*1.656,48*	2.517,04	2.831,67	*1.544,62*	2.441,84	2.747,07	*1.432,76*	2.366,64	2.662,47	*1.320,90*	2.291,44	2.577,87	*1.209,04*	2.216,24	2.493,27	*1.097,18*	2.141,04	2.408,67
	V	38.576	*2.121,68*	3.086,08	3.471,84																		
	VI	39.108	*2.150,94*	3.128,64	3.519,72																		
15.703,99	I	32.324	*1.758,93*	2.585,92	2.909,16	*1.535,21*	2.435,52	2.739,96	*1.311,49*	2.285,12	2.570,76	*1.087,89*	2.134,80	2.401,65	*864,17*	1.984,40	2.232,45	*640,45*	1.834,00	2.063,25	*416,73*	1.683,60	1.894,05
(West)	II	30.535	*1.546,04*	2.442,80	2.748,15	*1.322,32*	2.292,40	2.578,95	*1.098,60*	2.142,00	2.409,75	*874,88*	1.991,60	2.240,55	*651,16*	1.841,20	2.071,35	*427,56*	1.690,88	1.902,24	*203,84*	1.540,48	1.733,04
	III	22.948	-	1.835,84	2.065,32	-	1.704,16	1.917,18	-	1.575,52	1.772,46	-	1.450,08	1.631,34	-	1.327,68	1.493,64	-	1.208,32	1.359,36	-	1.092,16	1.228,68
	IV	32.324	*1.758,93*	2.585,92	2.909,16	*1.647,07*	2.510,72	2.824,56	*1.535,21*	2.435,52	2.739,96	*1.423,35*	2.360,32	2.655,36	*1.311,49*	2.285,12	2.570,76	*1.199,75*	2.210,00	2.486,25	*1.087,89*	2.134,80	2.401,65
	V	38.498	*2.117,39*	3.079,84	3.464,82																		
	VI	39.029	*2.146,59*	3.122,32	3.512,61																		
15.703,99	I	32.418	*1.770,12*	2.593,44	2.917,62	*1.546,40*	2.443,04	2.748,42	*1.322,68*	2.292,64	2.579,22	*1.098,96*	2.142,24	2.410,02	*875,24*	1.991,84	2.240,82	*651,52*	1.841,44	2.071,62	*427,80*	1.691,04	1.902,42
(Ost)	II	30.629	*1.557,23*	2.450,32	2.756,61	*1.333,51*	2.299,92	2.587,41	*1.109,79*	2.149,52	2.418,21	*886,07*	1.999,12	2.249,01	*662,35*	1.848,72	2.079,81	*438,63*	1.698,32	1.910,61	*214,91*	1.547,92	1.741,41
	III	23.032	-	1.842,56	2.072,88	-	1.710,72	1.924,56	-	1.581,92	1.779,66	-	1.456,32	1.638,36	-	1.333,76	1.500,48	-	1.214,24	1.366,02	-	1.097,92	1.235,16
	IV	32.418	*1.770,12*	2.593,44	2.917,62	*1.658,26*	2.518,24	2.833,02	*1.546,40*	2.443,04	2.748,42	*1.434,54*	2.367,84	2.663,82	*1.322,68*	2.292,64	2.579,22	*1.210,82*	2.217,44	2.494,62	*1.098,96*	2.142,24	2.410,02
	V	38.591	*2.122,50*	3.087,28	3.473,19																		
	VI	39.123	*2.151,76*	3.129,84	3.521,07																		
15.739,99	I	32.339	*1.760,72*	2.587,12	2.910,51	*1.537,12*	2.436,80	2.741,40	*1.313,40*	2.286,40	2.572,20	*1.089,68*	2.136,00	2.403,00	*865,96*	1.985,60	2.233,80	*642,24*	1.835,20	2.064,60	*418,52*	1.684,80	1.895,40
(West)	II	30.550	*1.547,83*	2.444,00	2.749,50	*1.324,11*	2.293,60	2.580,30	*1.100,39*	2.143,20	2.411,10	*876,67*	1.992,80	2.241,90	*653,07*	1.842,48	2.072,79	*429,35*	1.692,08	1.903,59	*205,63*	1.541,68	1.734,39
	III	22.962	-	1.836,96	2.066,58	-	1.705,28	1.918,44	-	1.576,64	1.773,72	-	1.451,04	1.632,42	-	1.328,64	1.494,72	-	1.209,28	1.360,44	-	1.092,96	1.229,58
	IV	32.339	*1.760,72*	2.587,12	2.910,51	*1.648,86*	2.511,92	2.825,91	*1.537,12*	2.436,80	2.741,40	*1.425,26*	2.361,60	2.656,80	*1.313,40*	2.286,40	2.572,20	*1.201,54*	2.211,20	2.487,60	*1.089,68*	2.136,00	2.403,00
	V	38.513	*2.118,21*	3.081,04	3.466,17																		
	VI	39.044	*2.147,42*	3.123,52	3.513,96																		
15.739,99	I	32.433	*1.771,91*	2.594,64	2.918,97	*1.548,19*	2.444,24	2.749,77	*1.324,47*	2.293,84	2.580,57	*1.100,75*	2.143,44	2.411,37	*877,03*	1.993,04	2.242,17	*653,31*	1.842,64	2.072,97	*429,70*	1.692,32	1.903,86
(Ost)	II	30.644	*1.559,01*	2.451,52	2.757,96	*1.335,29*	2.301,12	2.588,76	*1.111,57*	2.150,72	2.419,56	*887,85*	2.000,32	2.250,36	*664,13*	1.849,92	2.081,16	*440,41*	1.699,52	1.911,96	*216,69*	1.549,12	1.742,76
	III	23.044	-	1.843,52	2.073,96	-	1.711,68	1.925,64	-	1.583,04	1.780,92	-	1.457,28	1.639,44	-	1.334,72	1.501,56	-	1.215,20	1.367,10	-	1.098,72	1.236,06
	IV	32.433	*1.771,91*	2.594,64	2.918,97	*1.660,05*	2.519,44	2.834,37	*1.548,19*	2.444,24	2.749,77	*1.436,33*	2.369,04	2.665,17	*1.324,47*	2.293,84	2.580,57	*1.212,61*	2.218,64	2.495,97	*1.100,75*	2.143,44	2.411,37
	V	38.606	*2.123,33*	3.088,48	3.474,54																		
	VI	39.138	*2.152,59*	3.131,04	3.522,42																		
15.775,99	I	32.355	*1.762,62*	2.588,40	2.911,95	*1.538,90*	2.438,00	2.742,75	*1.315,18*	2.287,60	2.573,55	*1.091,46*	2.137,20	2.404,35	*867,74*	1.986,80	2.235,15	*644,02*	1.836,40	2.065,95	*420,30*	1.686,00	1.896,75
(West)	II	30.565	*1.549,61*	2.445,20	2.750,85	*1.325,89*	2.294,80	2.581,65	*1.102,29*	2.144,48	2.412,54	*878,57*	1.994,08	2.243,34	*654,85*	1.843,68	2.074,14	*431,13*	1.693,28	1.904,94	*207,41*	1.542,88	1.735,74
	III	22.974	-	1.837,92	2.067,66	-	1.706,24	1.919,52	-	1.577,60	1.774,80	-	1.452,00	1.633,50	-	1.329,60	1.495,80	-	1.210,24	1.361,52	-	1.093,92	1.230,66
	IV	32.355	*1.762,62*	2.588,40	2.911,95	*1.650,76*	2.513,20	2.827,35	*1.538,90*	2.438,00	2.742,75	*1.427,04*	2.362,80	2.658,15	*1.315,18*	2.287,60	2.573,55	*1.203,32*	2.212,40	2.488,95	*1.091,46*	2.137,20	2.404,35
	V	38.528	*2.119,04*	3.082,24	3.467,52																		
	VI	39.060	*2.148,30*	3.124,80	3.515,40																		
15.775,99	I	32.448	*1.773,69*	2.595,84	2.920,32	*1.549,97*	2.445,44	2.751,12	*1.326,25*	2.295,04	2.581,92	*1.102,53*	2.144,64	2.412,72	*878,93*	1.994,32	2.243,61	*655,21*	1.843,92	2.074,41	*431,49*	1.693,52	1.905,21
(Ost)	II	30.659	*1.560,80*	2.452,72	2.759,31	*1.337,08*	2.302,32	2.590,11	*1.113,36*	2.151,92	2.420,91	*889,64*	2.001,52	2.251,71	*665,92*	1.851,12	2.082,51	*442,20*	1.700,72	1.913,31	*218,48*	1.550,32	1.744,11
	III	23.058	-	1.844,64	2.075,22	-	1.712,80	1.926,90	-	1.584,00	1.782,00	-	1.458,24	1.640,52	-	1.335,68	1.502,64	-	1.216,16	1.368,18	-	1.099,68	1.237,14
	IV	32.448	*1.773,69*	2.595,84	2.920,32	*1.661,83*	2.520,64	2.835,72	*1.549,97*	2.445,44	2.751,12	*1.438,11*	2.370,24	2.666,52	*1.326,25*	2.295,04	2.581,92	*1.214,39*	2.219,84	2.497,32	*1.102,53*	2.144,64	2.412,72
	V	38.622	*2.124,21*	3.089,76	3.475,98																		
	VI	39.153	*2.153,41*	3.132,24	3.523,77																		

SolZ/KiSt lt. Tabelle nicht für Sonstige Bezüge anwendbar.

Lohn/ Gehalt bis	Steuerklasse	Lohn-steuer	ohne Kinderfreibetrag			Anzahl Kinderfreibeträge (nur Steuerklassen I–IV) 0,5			1,0			1,5			2,0			2,5			3,0		
			SolZ 5,5%	Kirchensteuer 8%	Kirchensteuer 9%	SolZ 5,5%	Kirchensteuer 8%	Kirchensteuer 9%	SolZ 5,5%	Kirchensteuer 8%	Kirchensteuer 9%	SolZ 5,5%	Kirchensteuer 8%	Kirchensteuer 9%	SolZ 5,5%	Kirchensteuer 8%	Kirchensteuer 9%	SolZ 5,5%	Kirchensteuer 8%	Kirchensteuer 9%	SolZ 5,5%	Kirchensteuer 8%	Kirchensteuer 9%
115.811,99	I	**32.370**	*1.764,41*	2.589,60	2.913,30	*1.540,69*	2.439,20	2.744,10	*1.316,97*	2.288,80	2.574,90	*1.093,25*	2.138,40	2.405,70	*869,53*	1.988,00	2.236,50	*645,81*	1.837,60	2.067,30	*422,09*	1.687,20	1.898,
(West)	II	**30.580**	*1.551,40*	2.446,40	2.752,20	*1.327,80*	2.296,08	2.583,09	*1.104,08*	2.145,68	2.413,89	*880,36*	1.995,28	2.244,69	*656,64*	1.844,88	2.075,49	*432,92*	1.694,48	1.906,29	*209,20*	1.544,08	1.737,
	III	**22.988**	–	1.839,04	2.068,92	–	1.707,36	1.920,78	–	1.578,72	1.776,06	–	1.453,12	1.634,76	–	1.330,56	1.496,88	–	1.211,20	1.362,60	–	1.094,88	1.231,
	IV	**32.370**	*1.764,41*	2.589,60	2.913,30	*1.652,55*	2.514,40	2.828,70	*1.540,69*	2.439,20	2.744,10	*1.428,83*	2.364,00	2.659,50	*1.316,97*	2.288,80	2.574,90	*1.205,11*	2.213,60	2.490,30	*1.093,25*	2.138,40	2.405,
	V	**38.543**	*2.119,86*	3.083,44	3.468,87																		
	VI	**39.075**	*2.149,12*	3.126,00	3.516,75																		
115.811,99	I	**32.463**	*1.775,48*	2.597,04	2.921,67	*1.551,76*	2.446,64	2.752,47	*1.328,04*	2.296,24	2.583,27	*1.104,43*	2.145,92	2.414,16	*880,71*	1.995,52	2.244,96	*656,99*	1.845,12	2.075,76	*433,27*	1.694,72	1.906,
(Ost)	II	**30.674**	*1.562,58*	2.453,92	2.760,66	*1.338,86*	2.303,52	2.591,46	*1.115,14*	2.153,12	2.422,26	*891,42*	2.002,72	2.253,06	*667,70*	1.852,32	2.083,86	*444,10*	1.702,00	1.914,75	*220,38*	1.551,60	1.745,
	III	**23.072**	–	1.845,76	2.076,48	–	1.713,76	1.927,98	–	1.584,96	1.783,08	–	1.459,36	1.641,78	–	1.336,64	1.503,72	–	1.217,12	1.369,26	–	1.100,64	1.238,
	IV	**32.463**	*1.775,48*	2.597,04	2.921,67	*1.663,62*	2.521,84	2.837,07	*1.551,76*	2.446,64	2.752,47	*1.439,90*	2.371,44	2.667,87	*1.328,04*	2.296,24	2.583,27	*1.216,29*	2.221,12	2.498,76	*1.104,43*	2.145,92	2.414,
	V	**38.637**	*2.125,03*	3.090,96	3.477,33																		
	VI	**39.168**	*2.154,24*	3.133,44	3.525,12																		
115.847,99	I	**32.385**	*1.766,19*	2.590,80	2.914,65	*1.542,47*	2.440,40	2.745,45	*1.318,75*	2.290,00	2.576,25	*1.095,03*	2.139,60	2.407,05	*871,31*	1.989,20	2.237,85	*647,59*	1.838,80	2.068,65	*423,87*	1.688,40	1.899,
(West)	II	**30.596**	*1.553,30*	2.447,68	2.753,64	*1.329,58*	2.297,28	2.584,44	*1.105,86*	2.146,88	2.415,24	*882,14*	1.996,48	2.246,04	*658,42*	1.846,08	2.076,84	*434,70*	1.695,68	1.907,64	*210,98*	1.545,28	1.738,
	III	**23.002**	–	1.840,16	2.070,18	–	1.708,32	1.921,86	–	1.579,68	1.777,14	–	1.454,08	1.635,84	–	1.331,52	1.497,96	–	1.212,16	1.363,68	–	1.095,84	1.232,
	IV	**32.385**	*1.766,19*	2.590,80	2.914,65	*1.654,33*	2.515,60	2.830,05	*1.542,47*	2.440,40	2.745,45	*1.430,61*	2.365,20	2.660,85	*1.318,75*	2.290,00	2.576,25	*1.206,89*	2.214,80	2.491,65	*1.095,03*	2.139,60	2.407,
	V	**38.558**	*2.120,69*	3.084,64	3.470,22																		
	VI	**39.090**	*2.149,95*	3.127,20	3.518,10																		
115.847,99	I	**32.478**	*1.777,26*	2.598,24	2.923,02	*1.553,66*	2.447,92	2.753,91	*1.329,94*	2.297,52	2.584,71	*1.106,22*	2.147,12	2.415,51	*882,50*	1.996,72	2.246,31	*658,78*	1.846,32	2.077,11	*435,06*	1.695,92	1.907,
(Ost)	II	**30.689**	*1.564,37*	2.455,12	2.762,01	*1.340,65*	2.304,72	2.592,81	*1.116,93*	2.154,32	2.423,61	*893,21*	2.003,92	2.254,41	*669,61*	1.853,60	2.085,30	*445,89*	1.703,20	1.916,10	*222,17*	1.552,80	1.746,
	III	**23.086**	–	1.846,88	2.077,74	–	1.714,88	1.929,24	–	1.586,08	1.784,34	–	1.460,32	1.642,86	–	1.337,60	1.504,80	–	1.218,08	1.370,34	–	1.101,60	1.239,
	IV	**32.478**	*1.777,26*	2.598,24	2.923,02	*1.665,40*	2.523,04	2.838,42	*1.553,66*	2.447,92	2.753,91	*1.441,80*	2.372,72	2.669,31	*1.329,94*	2.297,52	2.584,71	*1.218,08*	2.222,32	2.500,11	*1.106,22*	2.147,12	2.415,
	V	**38.652**	*2.125,86*	3.092,16	3.478,68																		
	VI	**39.183**	*2.155,06*	3.134,64	3.526,47																		
115.883,99	I	**32.400**	*1.767,98*	2.592,00	2.916,00	*1.544,26*	2.441,60	2.746,80	*1.320,54*	2.291,20	2.577,60	*1.096,82*	2.140,80	2.408,40	*873,10*	1.990,40	2.239,20	*649,38*	1.840,00	2.070,00	*425,66*	1.689,60	1.900,
(West)	II	**30.611**	*1.555,09*	2.448,88	2.754,99	*1.331,37*	2.298,48	2.585,79	*1.107,65*	2.148,08	2.416,59	*883,93*	1.997,68	2.247,39	*660,21*	1.847,28	2.078,19	*436,49*	1.696,88	1.908,99	*212,77*	1.546,48	1.739,
	III	**23.014**	–	1.841,12	2.071,26	–	1.709,44	1.923,12	–	1.580,64	1.778,22	–	1.455,04	1.636,92	–	1.332,48	1.499,04	–	1.213,12	1.364,76	–	1.096,80	1.233,
	IV	**32.400**	*1.767,98*	2.592,00	2.916,00	*1.656,12*	2.516,80	2.831,40	*1.544,26*	2.441,60	2.746,80	*1.432,40*	2.366,40	2.662,20	*1.320,54*	2.291,20	2.577,60	*1.208,68*	2.216,00	2.493,00	*1.096,82*	2.140,80	2.408,
	V	**38.573**	*2.121,51*	3.085,84	3.471,57																		
	VI	**39.105**	*2.150,77*	3.128,40	3.519,45																		
115.883,99	I	**32.494**	*1.779,16*	2.599,52	2.924,46	*1.555,44*	2.449,12	2.755,26	*1.331,72*	2.298,72	2.586,06	*1.108,00*	2.148,32	2.416,86	*884,28*	1.997,92	2.247,66	*660,56*	1.847,52	2.078,46	*436,84*	1.697,12	1.909,
(Ost)	II	**30.704**	*1.566,15*	2.456,32	2.763,36	*1.342,43*	2.305,92	2.594,16	*1.118,83*	2.155,60	2.425,05	*895,11*	2.005,20	2.255,85	*671,39*	1.854,80	2.086,65	*447,67*	1.704,40	1.917,45	*223,95*	1.554,00	1.748,
	III	**23.098**	–	1.847,84	2.078,82	–	1.716,00	1.930,50	–	1.587,04	1.785,42	–	1.461,28	1.643,94	–	1.338,56	1.505,88	–	1.219,04	1.371,42	–	1.102,40	1.240,
	IV	**32.494**	*1.779,16*	2.599,52	2.924,46	*1.667,30*	2.524,32	2.839,86	*1.555,44*	2.449,12	2.755,26	*1.443,58*	2.373,92	2.670,66	*1.331,72*	2.298,72	2.586,06	*1.219,86*	2.223,52	2.501,46	*1.108,00*	2.148,32	2.416,
	V	**38.667**	*2.126,68*	3.093,36	3.480,03																		
	VI	**39.199**	*2.155,94*	3.135,92	3.527,91																		
115.919,99	I	**32.415**	*1.769,76*	2.593,20	2.917,35	*1.546,04*	2.442,80	2.748,15	*1.322,32*	2.292,40	2.578,95	*1.098,60*	2.142,00	2.409,75	*874,88*	1.991,60	2.240,55	*651,16*	1.841,20	2.071,35	*427,56*	1.690,88	1.902,
(West)	II	**30.626**	*1.556,87*	2.450,08	2.756,34	*1.333,15*	2.299,68	2.587,14	*1.109,43*	2.149,28	2.417,94	*885,71*	1.998,88	2.248,74	*661,99*	1.848,48	2.079,54	*438,27*	1.698,08	1.910,34	*214,55*	1.547,68	1.741,
	III	**23.028**	–	1.842,24	2.072,52	–	1.710,40	1.924,20	–	1.581,76	1.779,48	–	1.456,00	1.638,00	–	1.333,44	1.500,12	–	1.214,08	1.365,84	–	1.097,60	1.234,
	IV	**32.415**	*1.769,76*	2.593,20	2.917,35	*1.657,90*	2.518,00	2.832,75	*1.546,04*	2.442,80	2.748,15	*1.434,18*	2.367,60	2.663,55	*1.322,32*	2.292,40	2.578,95	*1.210,46*	2.217,20	2.494,35	*1.098,60*	2.142,00	2.409,
	V	**38.588**	*2.122,34*	3.087,04	3.472,92																		
	VI	**39.120**	*2.151,60*	3.129,60	3.520,80																		
115.919,99	I	**32.509**	*1.780,95*	2.600,72	2.925,81	*1.557,23*	2.450,32	2.756,61	*1.333,51*	2.299,92	2.587,41	*1.109,79*	2.149,52	2.418,21	*886,07*	1.999,12	2.249,01	*662,35*	1.848,72	2.079,81	*438,63*	1.698,32	1.910,
(Ost)	II	**30.719**	*1.567,94*	2.457,52	2.764,71	*1.344,34*	2.307,20	2.595,60	*1.120,62*	2.156,80	2.426,40	*896,90*	2.006,40	2.257,20	*673,18*	1.856,00	2.088,00	*449,46*	1.705,60	1.918,80	*225,74*	1.555,20	1.749,
	III	**23.112**	–	1.848,96	2.080,08	–	1.716,96	1.931,58	–	1.588,16	1.786,68	–	1.462,24	1.645,02	–	1.339,52	1.506,96	–	1.220,00	1.372,50	–	1.103,36	1.241,
	IV	**32.509**	*1.780,95*	2.600,72	2.925,81	*1.669,09*	2.525,52	2.841,21	*1.557,23*	2.450,32	2.756,61	*1.445,37*	2.375,12	2.672,01	*1.333,51*	2.299,92	2.587,41	*1.221,65*	2.224,72	2.502,81	*1.109,79*	2.149,52	2.418,
	V	**38.682**	*2.127,51*	3.094,56	3.481,38																		
	VI	**39.214**	*2.156,77*	3.137,12	3.529,26																		
115.955,99	I	**32.430**	*1.771,55*	2.594,40	2.918,70	*1.547,83*	2.444,00	2.749,50	*1.324,11*	2.293,60	2.580,30	*1.100,39*	2.143,20	2.411,10	*876,67*	1.992,80	2.241,90	*653,07*	1.842,48	2.072,79	*429,35*	1.692,08	1.903,
(West)	II	**30.641**	*1.558,66*	2.451,28	2.757,69	*1.334,94*	2.300,88	2.588,49	*1.111,22*	2.150,48	2.419,29	*887,50*	2.000,08	2.250,09	*663,78*	1.849,68	2.080,89	*440,06*	1.699,28	1.911,69	*216,34*	1.548,88	1.742,
	III	**23.042**	–	1.843,36	2.073,78	–	1.711,52	1.925,46	–	1.582,72	1.780,56	–	1.457,12	1.639,26	–	1.334,40	1.501,20	–	1.215,04	1.366,92	–	1.098,56	1.235,
	IV	**32.430**	*1.771,55*	2.594,40	2.918,70	*1.659,69*	2.519,20	2.834,10	*1.547,83*	2.444,00	2.749,50	*1.435,97*	2.368,80	2.664,90	*1.324,11*	2.293,60	2.580,30	*1.212,25*	2.218,40	2.495,70	*1.100,39*	2.143,20	2.411,
	V	**38.603**	*2.123,16*	3.088,24	3.474,27																		
	VI	**39.135**	*2.152,42*	3.130,80	3.522,15																		
115.955,99	I	**32.524**	*1.782,73*	2.601,92	2.927,16	*1.559,01*	2.451,52	2.757,96	*1.335,29*	2.301,12	2.588,76	*1.111,57*	2.150,72	2.419,56	*887,85*	2.000,32	2.250,36	*664,13*	1.849,92	2.081,16	*440,41*	1.699,52	1.911,
(Ost)	II	**30.735**	*1.569,84*	2.458,80	2.766,15	*1.346,12*	2.308,40	2.596,95	*1.122,40*	2.158,00	2.427,75	*898,68*	2.007,60	2.258,55	*674,96*	1.857,20	2.089,35	*451,24*	1.706,80	1.920,15	*227,52*	1.556,40	1.750,
	III	**23.126**	–	1.850,08	2.081,34	–	1.718,08	1.932,84	–	1.589,12	1.787,76	–	1.463,36	1.646,28	–	1.340,48	1.508,04	–	1.220,96	1.373,58	–	1.104,32	1.242,
	IV	**32.524**	*1.782,73*	2.601,92	2.927,16	*1.670,87*	2.526,72	2.842,56	*1.559,01*	2.451,52	2.757,96	*1.447,15*	2.376,32	2.673,36	*1.335,29*	2.301,12	2.588,76	*1.223,43*	2.225,92	2.504,16	*1.111,57*	2.150,72	2.419,
	V	**38.697**	*2.128,33*	3.095,76	3.482,73																		
	VI	**39.229**	*2.157,59*	3.138,32	3.530,61																		
115.991,99	I	**32.445**	*1.773,33*	2.595,60	2.920,05	*1.549,61*	2.445,20	2.750,85	*1.325,89*	2.294,80	2.581,65	*1.102,29*	2.144,48	2.412,54	*878,57*	1.994,08	2.243,34	*654,85*	1.843,68	2.074,14	*431,13*	1.693,28	1.904,
(West)	II	**30.656**	*1.560,44*	2.452,48	2.759,04	*1.336,72*	2.302,08	2.589,84	*1.113,00*	2.151,68	2.420,64	*889,28*	2.001,28	2.251,44	*665,56*	1.850,88	2.082,24	*441,84*	1.700,48	1.913,04	*218,24*	1.550,16	1.743,
	III	**23.056**	–	1.844,48	2.075,04	–	1.712,48	1.926,54	–	1.583,84	1.781,82	–	1.458,08	1.640,34	–	1.335,52	1.502,46	–	1.216,00	1.368,00	–	1.099,52	1.236,
	IV	**32.445**	*1.773,33*	2.595,60	2.920,05	*1.661,47*	2.520,40	2.835,45	*1.549,61*	2.445,20	2.750,85	*1.437,75*	2.370,00	2.666,25	*1.325,89*	2.294,80	2.581,65	*1.214,03*	2.219,60	2.497,05	*1.102,29*	2.144,48	2.412,
	V	**38.619**	*2.124,04*	3.089,52	3.475,71																		
	VI	**39.150**	*2.153,25*	3.132,00	3.523,50																		
115.991,99	I	**32.539**	*1.784,52*	2.603,12	2.928,51	*1.560,80*	2.452,72	2.759,31	*1.337,08*	2.302,32	2.590,11	*1.113,36*	2.151,92	2.420,91	*889,64*	2.001,52	2.251,71	*665,92*	1.851,12	2.082,51	*442,20*	1.700,72	1.913,
(Ost)	II	**30.750**	*1.571,63*	2.460,00	2.767,50	*1.347,91*	2.309,60	2.598,30	*1.124,19*	2.159,20	2.429,10	*900,47*	2.008,80	2.259,90	*676,75*	1.858,40	2.090,70	*453,03*	1.708,00	1.921,50	*229,31*	1.557,60	1.752,
	III	**23.138**	–	1.851,04	2.082,42	–	1.719,04	1.933,92	–	1.590,08	1.788,84	–	1.464,32	1.647,36	–	1.341,44	1.509,12	–	1.221,76	1.374,48	–	1.105,28	1.243,
	IV	**32.539**	*1.784,52*	2.603,12	2.928,51	*1.672,66*	2.527,92	2.843,91	*1.560,80*	2.452,72	2.759,31	*1.448,94*	2.377,52	2.674,71	*1.337,08*	2.302,32	2.590,11	*1.225,22*	2.227,12	2.505,51	*1.113,36*	2.151,92	2.420,
	V	**38.712**	*2.129,16*	3.096,96	3.484,08																		
	VI	**39.244**	*2.158,42*	3.139,52	3.531,96																		
116.027,99	I	**32.460**	*1.775,12*	2.596,80	2.921,40	*1.551,40*	2.446,40	2.752,20	*1.327,80*	2.296,08	2.583,09	*1.104,08*	2.145,68	2.413,89	*880,36*	1.995,28	2.244,69	*656,64*	1.844,88	2.075,49	*432,92*	1.694,48	1.906,
(West)	II	**30.671**	*1.562,23*	2.453,68	2.760,39	*1.338,51*	2.303,28	2.591,19	*1.114,79*	2.152,88	2.421,99	*891,07*	2.002,48	2.252,79	*667,47*	1.852,16	2.083,68	*443,75*	1.701,76	1.914,48	*220,03*	1.551,36	1.745,
	III	**23.068**	–	1.845,44	2.076,12	–	1.713,60	1.927,80	–	1.584,80	1.782,90	–	1.459,04	1.641,42	–	1.336,48	1.503,54	–	1.216,80	1.368,90	–	1.100,48	1.238,
	IV	**32.460**	*1.775,12*	2.596,80	2.921,40	*1.663,26*	2.521,60	2.836,80	*1.551,40*	2.446,40	2.752,20	*1.439,66*	2.371,28	2.667,69	*1.327,80*	2.296,08	2.583,09	*1.215,94*	2.220,88	2.498,49	*1.104,08*	2.145,68	2.413,
	V	**38.634**	*2.124,87*	3.090,72	3.477,06																		
	VI	**39.165**	*2.154,07*	3.133,20	3.524,85																		
116.027,99	I	**32.554**	*1.786,30*	2.604,32	2.929,86	*1.562,58*	2.453,92	2.760,66	*1.338,86*	2.303,52	2.591,46	*1.115,14*	2.153,12	2.422,26	*891,42*	2.002,72	2.253,06	*667,70*	1.852,32	2.083,86	*444,10*	1.702,00	1.914,
(Ost)	II	**30.765**	*1.573,41*	2.461,20	2.768,85	*1.349,69*	2.310,80	2.599,65	*1.125,97*	2.160,40	2.430,45	*902,25*	2.010,00	2.261,25	*678,53*	1.859,60	2.092,05	*454,81*	1.709,20	1.922,85	*231,09*	1.558,80	1.753,
	III	**23.152**	–	1.852,16	2.083,68	–	1.720,16	1.935,18	–	1.591,20	1.790,10	–	1.465,28	1.648,44	–	1.342,56	1.510,38	–	1.222,72	1.375,56	–	1.106,24	1.244,
	IV	**32.554**	*1.786,30*	2.604,32	2.929,86	*1.674,44*	2.529,12	2.845,26	*1.562,58*	2.453,92	2.760,66	*1.450,72*	2.378,72	2.676,06	*1.338,86*	2.303,52	2.591,46	*1.227,00*	2.228,32	2.506,86	*1.115,14*	2.153,12	2.422,
	V	**38.727**	*2.129,98*	3.098,16	3.485,43																		
	VI	**39.259**	*2.159,24*	3.140,72	3.533,31																		

SolZ/KiSt lt. Tabelle nicht für Sonstige Bezüge anwendbar.

Lohn/ Gehalt bis	Steuerklasse	Lohn-steuer	ohne Kinderfreibetrag SolZ 5,5%	ohne Kinderfreibetrag Kirchensteuer 8%	ohne Kinderfreibetrag Kirchensteuer 9%	0,5 SolZ 5,5%	0,5 Kirchensteuer 8%	0,5 Kirchensteuer 9%	1,0 SolZ 5,5%	1,0 Kirchensteuer 8%	1,0 Kirchensteuer 9%	1,5 SolZ 5,5%	1,5 Kirchensteuer 8%	1,5 Kirchensteuer 9%	2,0 SolZ 5,5%	2,0 Kirchensteuer 8%	2,0 Kirchensteuer 9%	2,5 SolZ 5,5%	2,5 Kirchensteuer 8%	2,5 Kirchensteuer 9%	3,0 SolZ 5,5%	3,0 Kirchensteuer 8%	3,0 Kirchensteuer 9%
						Anzahl Kinderfreibeträge (nur Steuerklassen I–IV)																	
6.063,99 (West)	I	32.476	1.777,02	2.598,08	2.922,84	1.553,30	2.447,68	2.753,64	1.329,58	2.297,28	2.584,44	1.105,86	2.146,88	2.415,24	882,14	1.996,48	2.246,04	658,42	1.846,08	2.076,84	434,70	1.695,68	1.907,64
	II	30.686	1.564,01	2.454,88	2.761,74	1.340,29	2.304,48	2.592,54	1.116,57	2.154,08	2.423,34	892,97	2.003,76	2.254,23	669,25	1.853,36	2.085,03	445,53	1.702,96	1.915,83	221,81	1.552,56	1.746,63
	III	23.082	-	1.846,56	2.077,38	-	1.714,72	1.929,06	-	1.585,76	1.783,98	-	1.460,00	1.642,50	-	1.337,44	1.504,62	-	1.217,76	1.369,98	-	1.101,28	1.238,94
	IV	32.476	1.777,02	2.598,08	2.922,84	1.665,16	2.522,88	2.838,24	1.553,30	2.447,68	2.753,64	1.441,44	2.372,48	2.669,04	1.329,58	2.297,28	2.584,44	1.217,72	2.222,08	2.499,84	1.105,86	2.146,88	2.415,24
	V	38.649	2.125,69	3.091,92	3.478,41																		
	VI	39.181	2.154,95	3.134,48	3.526,29																		
6.063,99 (Ost)	I	32.569	1.788,09	2.605,52	2.931,21	1.564,37	2.455,12	2.762,01	1.340,65	2.304,72	2.592,81	1.116,93	2.154,32	2.423,61	893,21	2.003,92	2.254,41	669,61	1.853,60	2.085,30	445,89	1.703,20	1.916,10
	II	30.780	1.575,20	2.462,40	2.770,20	1.351,48	2.312,00	2.601,00	1.127,76	2.161,60	2.431,80	904,04	2.011,20	2.262,60	680,32	1.860,80	2.093,40	456,60	1.710,40	1.924,20	232,88	1.560,00	1.755,00
	III	23.166	-	1.853,28	2.084,94	-	1.721,12	1.936,26	-	1.592,16	1.791,18	-	1.466,24	1.649,52	-	1.343,52	1.511,46	-	1.223,68	1.376,64	-	1.107,04	1.245,42
	IV	32.569	1.788,09	2.605,52	2.931,21	1.676,23	2.530,32	2.846,61	1.564,37	2.455,12	2.762,01	1.452,51	2.379,92	2.677,41	1.340,65	2.304,72	2.592,81	1.228,79	2.229,52	2.508,21	1.116,93	2.154,32	2.423,61
	V	38.742	2.130,81	3.099,36	3.486,78																		
	VI	39.274	2.160,07	3.141,92	3.534,66																		
6.099,99 (West)	I	32.491	1.778,81	2.599,28	2.924,19	1.555,09	2.448,88	2.754,99	1.331,37	2.298,48	2.585,79	1.107,65	2.148,08	2.416,59	883,93	1.997,68	2.247,39	660,21	1.847,28	2.078,19	436,49	1.696,88	1.908,99
	II	30.701	1.565,80	2.456,08	2.763,09	1.342,20	2.305,76	2.593,98	1.118,48	2.155,36	2.424,78	894,76	2.004,96	2.255,58	671,04	1.854,56	2.086,38	447,32	1.704,16	1.917,18	223,60	1.553,76	1.747,98
	III	23.096	-	1.847,68	2.078,64	-	1.715,68	1.930,14	-	1.586,88	1.785,24	-	1.461,12	1.643,76	-	1.338,40	1.505,70	-	1.218,72	1.371,06	-	1.102,24	1.240,02
	IV	32.491	1.778,81	2.599,28	2.924,19	1.666,95	2.524,08	2.839,59	1.555,09	2.448,88	2.754,99	1.443,23	2.373,68	2.670,39	1.331,37	2.298,48	2.585,79	1.219,51	2.223,28	2.501,19	1.107,65	2.148,08	2.416,59
	V	38.664	2.126,52	3.093,12	3.479,76																		
	VI	39.196	2.155,78	3.135,68	3.527,64																		
6.099,99 (Ost)	I	32.584	1.789,87	2.606,72	2.932,56	1.566,15	2.456,32	2.763,36	1.342,43	2.305,92	2.594,16	1.118,83	2.155,60	2.425,05	895,11	2.005,20	2.255,85	671,39	1.854,80	2.086,65	447,67	1.704,40	1.917,45
	II	30.795	1.576,98	2.463,60	2.771,55	1.353,26	2.313,20	2.602,35	1.129,54	2.162,80	2.433,15	905,82	2.012,40	2.263,95	682,10	1.862,00	2.094,75	458,38	1.711,60	1.925,55	234,78	1.561,28	1.756,44
	III	23.180	-	1.854,40	2.086,20	-	1.722,24	1.937,52	-	1.593,28	1.792,44	-	1.467,36	1.650,78	-	1.344,48	1.512,54	-	1.224,64	1.377,72	-	1.108,00	1.246,50
	IV	32.584	1.789,87	2.606,72	2.932,56	1.678,01	2.531,52	2.847,96	1.566,15	2.456,32	2.763,36	1.454,29	2.381,12	2.678,76	1.342,43	2.305,92	2.594,16	1.230,57	2.230,72	2.509,56	1.118,83	2.155,60	2.425,05
	V	38.758	2.131,69	3.100,64	3.488,22																		
	VI	39.289	2.160,89	3.143,12	3.536,01																		
6.135,99 (West)	I	32.506	1.780,59	2.600,48	2.925,54	1.556,87	2.450,08	2.756,34	1.333,15	2.299,68	2.587,14	1.109,43	2.149,28	2.417,94	885,71	1.998,88	2.248,74	661,99	1.848,48	2.079,54	438,27	1.698,08	1.910,34
	II	30.717	1.567,70	2.457,36	2.764,53	1.343,98	2.306,96	2.595,33	1.120,26	2.156,56	2.426,13	896,54	2.006,16	2.256,93	672,82	1.855,76	2.087,73	449,10	1.705,36	1.918,53	225,38	1.554,96	1.749,33
	III	23.108	-	1.848,64	2.079,72	-	1.716,80	1.931,40	-	1.587,84	1.786,32	-	1.462,08	1.644,84	-	1.339,36	1.506,78	-	1.219,68	1.372,14	-	1.103,20	1.241,10
	IV	32.506	1.780,59	2.600,48	2.925,54	1.668,73	2.525,28	2.840,94	1.556,87	2.450,08	2.756,34	1.445,01	2.374,88	2.671,74	1.333,15	2.299,68	2.587,14	1.221,29	2.224,48	2.502,54	1.109,43	2.149,28	2.417,94
	V	38.679	2.127,34	3.094,32	3.481,11																		
	VI	39.211	2.156,60	3.136,88	3.528,99																		
6.135,99 (Ost)	I	32.599	1.791,66	2.607,92	2.933,91	1.567,94	2.457,52	2.764,71	1.344,34	2.307,20	2.595,60	1.120,62	2.156,80	2.426,40	896,90	2.006,40	2.257,20	673,18	1.856,00	2.088,00	449,46	1.705,60	1.918,80
	II	30.810	1.578,77	2.464,80	2.772,90	1.355,05	2.314,40	2.603,70	1.131,33	2.164,00	2.434,50	907,61	2.013,60	2.265,30	684,01	1.863,28	2.096,19	460,29	1.712,88	1.926,99	236,57	1.562,48	1.757,79
	III	23.192	-	1.855,36	2.087,28	-	1.723,20	1.938,60	-	1.594,24	1.793,52	-	1.468,32	1.651,86	-	1.345,44	1.513,62	-	1.225,60	1.378,80	-	1.108,96	1.247,58
	IV	32.599	1.791,66	2.607,92	2.933,91	1.679,80	2.532,72	2.849,31	1.567,94	2.457,52	2.764,71	1.456,20	2.382,40	2.680,20	1.344,34	2.307,20	2.595,60	1.232,48	2.232,00	2.511,00	1.120,62	2.156,80	2.426,40
	V	38.773	2.132,51	3.101,84	3.489,57																		
	VI	39.304	2.161,72	3.144,32	3.537,36																		
6.171,99 (West)	I	32.521	1.782,38	2.601,68	2.926,89	1.558,66	2.451,28	2.757,69	1.334,94	2.300,88	2.588,49	1.111,22	2.150,48	2.419,29	887,50	2.000,08	2.250,09	663,78	1.849,68	2.080,89	440,06	1.699,28	1.911,69
	II	30.732	1.569,49	2.458,56	2.765,88	1.345,77	2.308,16	2.596,68	1.122,05	2.157,76	2.427,48	898,33	2.007,36	2.258,28	674,61	1.856,96	2.089,08	450,89	1.706,56	1.919,88	227,17	1.556,16	1.750,68
	III	23.122	-	1.849,76	2.080,98	-	1.717,76	1.932,48	-	1.588,96	1.787,58	-	1.463,04	1.645,92	-	1.340,32	1.507,86	-	1.220,64	1.373,22	-	1.104,16	1.242,18
	IV	32.521	1.782,38	2.601,68	2.926,89	1.670,52	2.526,48	2.842,29	1.558,66	2.451,28	2.757,69	1.446,80	2.376,08	2.673,09	1.334,94	2.300,88	2.588,49	1.223,08	2.225,68	2.503,89	1.111,22	2.150,48	2.419,29
	V	38.694	2.128,17	3.095,52	3.482,46																		
	VI	39.226	2.157,43	3.138,08	3.530,34																		
6.171,99 (Ost)	I	32.615	1.793,56	2.609,20	2.935,35	1.569,84	2.458,80	2.766,15	1.346,12	2.308,40	2.596,95	1.122,40	2.158,00	2.427,75	898,68	2.007,60	2.258,55	674,96	1.857,20	2.089,35	451,24	1.706,80	1.920,15
	II	30.825	1.580,55	2.466,00	2.774,25	1.356,83	2.315,60	2.605,05	1.133,11	2.165,20	2.435,85	909,51	2.014,88	2.266,74	685,79	1.864,48	2.097,54	462,07	1.714,08	1.928,34	238,35	1.563,68	1.759,14
	III	23.206	-	1.856,48	2.088,54	-	1.724,32	1.939,86	-	1.595,20	1.794,60	-	1.469,28	1.652,94	-	1.346,40	1.514,70	-	1.226,56	1.379,88	-	1.109,92	1.248,66
	IV	32.615	1.793,56	2.609,20	2.935,35	1.681,70	2.534,00	2.850,75	1.569,84	2.458,80	2.766,15	1.457,98	2.383,60	2.681,55	1.346,12	2.308,40	2.596,95	1.234,26	2.233,20	2.512,35	1.122,40	2.158,00	2.427,75
	V	38.788	2.133,34	3.103,04	3.490,92																		
	VI	39.320	2.162,60	3.145,60	3.538,80																		
6.207,99 (West)	I	32.536	1.784,16	2.602,88	2.928,24	1.560,44	2.452,48	2.759,04	1.336,72	2.302,08	2.589,84	1.113,00	2.151,68	2.420,64	889,28	2.001,28	2.251,44	665,56	1.850,88	2.082,24	441,84	1.700,48	1.913,04
	II	30.747	1.571,27	2.459,76	2.767,23	1.347,55	2.309,36	2.598,03	1.123,83	2.158,96	2.428,83	900,11	2.008,56	2.259,63	676,39	1.858,16	2.090,43	452,67	1.707,76	1.921,23	228,95	1.557,36	1.752,03
	III	23.136	-	1.850,88	2.082,24	-	1.718,88	1.933,74	-	1.589,92	1.788,66	-	1.464,00	1.647,00	-	1.341,28	1.508,94	-	1.221,60	1.374,30	-	1.104,96	1.243,08
	IV	32.536	1.784,16	2.602,88	2.928,24	1.672,30	2.527,68	2.843,64	1.560,44	2.452,48	2.759,04	1.448,58	2.377,28	2.674,44	1.336,72	2.302,08	2.589,84	1.224,86	2.226,88	2.505,24	1.113,00	2.151,68	2.420,64
	V	38.709	2.128,99	3.096,72	3.483,81																		
	VI	39.241	2.158,25	3.139,28	3.531,69																		
6.207,99 (Ost)	I	32.630	1.794,65	2.610,40	2.936,70	1.571,63	2.460,00	2.767,50	1.347,91	2.309,60	2.598,30	1.124,19	2.159,20	2.429,10	900,47	2.008,80	2.259,90	676,75	1.858,40	2.090,70	453,03	1.708,00	1.921,50
	II	30.840	1.582,34	2.467,20	2.775,60	1.358,74	2.316,88	2.606,49	1.135,02	2.166,48	2.437,29	911,30	2.016,08	2.268,09	687,58	1.865,68	2.098,89	463,86	1.715,28	1.929,69	240,14	1.564,88	1.760,49
	III	23.220	-	1.857,60	2.089,80	-	1.725,44	1.941,12	-	1.596,32	1.795,86	-	1.470,24	1.654,02	-	1.347,36	1.515,78	-	1.227,52	1.380,96	-	1.110,88	1.249,74
	IV	32.630	1.794,65	2.610,40	2.936,70	1.683,49	2.535,20	2.852,10	1.571,63	2.460,00	2.767,50	1.459,77	2.384,80	2.682,90	1.347,91	2.309,60	2.598,30	1.236,05	2.234,40	2.513,70	1.124,19	2.159,20	2.429,10
	V	38.803	2.134,16	3.104,24	3.492,27																		
	VI	39.335	2.163,42	3.146,80	3.540,15																		
6.243,99 (West)	I	32.551	1.785,95	2.604,08	2.929,59	1.562,23	2.453,68	2.760,39	1.338,51	2.303,28	2.591,19	1.114,79	2.152,88	2.421,99	891,07	2.002,48	2.252,79	667,47	1.852,16	2.083,68	443,75	1.701,76	1.914,48
	II	30.762	1.573,06	2.460,96	2.768,58	1.349,34	2.310,56	2.599,38	1.125,62	2.160,16	2.430,18	901,90	2.009,76	2.260,98	678,18	1.859,36	2.091,78	454,46	1.708,96	1.922,58	230,74	1.558,56	1.753,38
	III	23.150	-	1.852,00	2.083,50	-	1.719,84	1.934,82	-	1.590,88	1.789,74	-	1.465,12	1.648,26	-	1.342,24	1.510,02	-	1.222,56	1.375,38	-	1.105,92	1.244,16
	IV	32.551	1.785,95	2.604,08	2.929,59	1.674,09	2.528,88	2.844,99	1.562,23	2.453,68	2.760,39	1.450,37	2.378,48	2.675,79	1.338,51	2.303,28	2.591,19	1.226,65	2.228,08	2.506,59	1.114,79	2.152,88	2.421,99
	V	38.724	2.129,82	3.097,92	3.485,16																		
	VI	39.256	2.159,08	3.140,48	3.533,04																		
6.243,99 (Ost)	I	32.645	1.795,47	2.611,60	2.938,05	1.573,41	2.461,20	2.768,85	1.349,69	2.310,80	2.599,65	1.125,97	2.160,40	2.430,45	902,25	2.010,00	2.261,25	678,53	1.859,60	2.092,05	454,81	1.709,20	1.922,85
	II	30.856	1.584,24	2.468,48	2.777,04	1.360,52	2.318,08	2.607,84	1.136,80	2.167,68	2.438,64	913,08	2.017,28	2.269,44	689,36	1.866,88	2.100,24	465,64	1.716,48	1.931,04	241,92	1.566,08	1.761,84
	III	23.232	-	1.858,56	2.090,88	-	1.726,40	1.942,20	-	1.597,28	1.796,94	-	1.471,36	1.655,28	-	1.348,32	1.516,86	-	1.228,48	1.382,04	-	1.111,68	1.250,64
	IV	32.645	1.795,47	2.611,60	2.938,05	1.685,27	2.536,40	2.853,45	1.573,41	2.461,20	2.768,85	1.461,55	2.386,00	2.684,25	1.349,69	2.310,80	2.599,65	1.237,83	2.235,60	2.515,05	1.125,97	2.160,40	2.430,45
	V	38.818	2.134,99	3.105,44	3.493,62																		
	VI	39.350	2.164,25	3.148,00	3.541,50																		
6.279,99 (West)	I	32.566	1.787,73	2.605,28	2.930,94	1.564,01	2.454,88	2.761,74	1.340,29	2.304,48	2.592,54	1.116,57	2.154,08	2.423,34	892,97	2.003,76	2.254,23	669,25	1.853,36	2.085,03	445,53	1.702,96	1.915,83
	II	30.777	1.574,84	2.462,16	2.769,93	1.351,12	2.311,76	2.600,73	1.127,40	2.161,36	2.431,53	903,68	2.010,96	2.262,33	679,96	1.860,56	2.093,13	456,24	1.710,16	1.923,93	232,64	1.559,84	1.754,82
	III	23.162	-	1.852,96	2.084,58	-	1.720,96	1.936,08	-	1.592,00	1.791,00	-	1.466,08	1.649,34	-	1.343,20	1.511,10	-	1.223,52	1.376,46	-	1.106,88	1.245,24
	IV	32.566	1.787,73	2.605,28	2.930,94	1.675,87	2.530,08	2.846,34	1.564,01	2.454,88	2.761,74	1.452,15	2.379,68	2.677,14	1.340,29	2.304,48	2.592,54	1.228,43	2.229,28	2.507,94	1.116,57	2.154,08	2.423,34
	V	38.740	2.130,70	3.099,20	3.486,60																		
	VI	39.271	2.159,90	3.141,68	3.534,39																		
6.279,99 (Ost)	I	32.660	1.796,30	2.612,80	2.939,40	1.575,20	2.462,40	2.770,20	1.351,48	2.312,00	2.601,00	1.127,76	2.161,60	2.431,80	904,04	2.011,20	2.262,60	680,32	1.860,80	2.093,40	456,60	1.710,40	1.924,20
	II	30.871	1.586,03	2.469,68	2.778,39	1.362,31	2.319,28	2.609,19	1.138,59	2.168,88	2.439,99	914,87	2.018,48	2.270,79	691,15	1.868,08	2.101,59	467,43	1.717,68	1.932,39	243,71	1.567,28	1.763,19
	III	23.246	-	1.859,68	2.092,14	-	1.727,52	1.943,46	-	1.598,40	1.798,20	-	1.472,32	1.656,36	-	1.349,28	1.517,94	-	1.229,44	1.383,12	-	1.112,64	1.251,72
	IV	32.660	1.796,30	2.612,80	2.939,40	1.687,06	2.537,60	2.854,80	1.575,20	2.462,40	2.770,20	1.463,34	2.387,20	2.685,60	1.351,48	2.312,00	2.601,00	1.239,62	2.236,80	2.516,40	1.127,76	2.161,60	2.431,80
	V	38.833	2.135,81	3.106,64	3.494,97																		
	VI	39.365	2.165,07	3.149,20	3.542,85																		

SolZ/KiSt lt. Tabelle nicht für Sonstige Bezüge anwendbar.

Lohn/ Gehalt bis	Steuerklasse	Lohn-steuer	ohne Kinderfreibetrag			Anzahl Kinderfreibeträge (nur Steuerklassen I–IV) 0,5			1,0			1,5			2,0			2,5			3,0		
			SolZ 5,5%	Kirchensteuer 8%	Kirchensteuer 9%	SolZ 5,5%	Kirchensteuer 8%	Kirchensteuer 9%	SolZ 5,5%	Kirchensteuer 8%	Kirchensteuer 9%	SolZ 5,5%	Kirchensteuer 8%	Kirchensteuer 9%	SolZ 5,5%	Kirchensteuer 8%	Kirchensteuer 9%	SolZ 5,5%	Kirchensteuer 8%	Kirchensteuer 9%	SolZ 5,5%	Kirchensteuer 8%	Kirchensteuer 9%
116.315,99	I	**32.581**	*1.789,52*	2.606,48	2.932,29	*1.565,80*	2.456,08	2.763,09	*1.342,20*	2.305,76	2.593,98	*1.118,48*	2.155,36	2.424,78	*894,76*	2.004,96	2.255,58	*671,04*	1.854,56	2.086,38	*447,32*	1.704,16	1.91
(West)	II	**30.792**	*1.576,63*	2.463,36	2.771,28	*1.352,91*	2.312,96	2.602,08	*1.129,19*	2.162,56	2.432,88	*905,47*	2.012,16	2.263,68	*681,75*	1.861,76	2.094,48	*458,15*	1.711,44	1.925,37	*234,43*	1.561,04	1.75
	III	**23.176**	–	1.854,08	2.085,84	–	1.721,92	1.937,16	–	1.592,96	1.792,08	–	1.467,04	1.650,42	–	1.344,16	1.512,18	–	1.224,48	1.377,54	–	1.107,84	1.24
	IV	**32.581**	*1.789,52*	2.606,48	2.932,29	*1.677,66*	2.531,28	2.847,69	*1.565,80*	2.456,08	2.763,09	*1.453,94*	2.380,88	2.678,49	*1.342,20*	2.305,76	2.593,98	*1.230,34*	2.230,56	2.509,38	*1.118,48*	2.155,36	2.42
	V	**38.755**	*2.131,52*	3.100,40	3.487,95																		
	VI	**39.286**	*2.160,73*	3.142,88	3.535,74																		
116.315,99	I	**32.675**	*1.797,12*	2.614,00	2.940,75	*1.576,98*	2.463,60	2.771,55	*1.353,26*	2.313,20	2.602,35	*1.129,54*	2.162,80	2.433,15	*905,82*	2.012,40	2.263,95	*682,10*	1.862,00	2.094,75	*458,38*	1.711,60	1.92
(Ost)	II	**30.886**	*1.587,81*	2.470,88	2.779,74	*1.364,09*	2.320,48	2.610,54	*1.140,37*	2.170,08	2.441,34	*916,65*	2.019,68	2.272,14	*692,93*	1.869,28	2.102,94	*469,21*	1.718,88	1.933,74	*245,49*	1.568,48	1.76
	III	**23.260**	–	1.860,80	2.093,40	–	1.728,48	1.944,54	–	1.599,36	1.799,28	–	1.473,28	1.657,44	–	1.350,24	1.519,02	–	1.230,40	1.384,20	–	1.113,60	1.25
	IV	**32.675**	*1.797,12*	2.614,00	2.940,75	*1.688,84*	2.538,80	2.856,15	*1.576,98*	2.463,60	2.771,55	*1.465,12*	2.388,40	2.686,95	*1.353,26*	2.313,20	2.602,35	*1.241,40*	2.238,00	2.517,75	*1.129,54*	2.162,80	2.43
	V	**38.848**	*2.136,64*	3.107,84	3.496,32																		
	VI	**39.380**	*2.165,90*	3.150,40	3.544,20																		
116.351,99	I	**32.596**	*1.791,30*	2.607,68	2.933,64	*1.567,70*	2.457,36	2.764,53	*1.343,98*	2.306,96	2.595,33	*1.120,26*	2.156,56	2.426,13	*896,54*	2.006,16	2.256,93	*672,82*	1.855,76	2.087,73	*449,10*	1.705,36	1.91
(West)	II	**30.807**	*1.578,41*	2.464,56	2.772,63	*1.354,69*	2.314,16	2.603,43	*1.130,97*	2.163,76	2.434,23	*907,37*	2.013,44	2.265,12	*683,65*	1.863,04	2.095,92	*459,93*	1.712,64	1.926,72	*236,21*	1.562,24	1.75
	III	**23.190**	–	1.855,20	2.087,10	–	1.723,04	1.938,42	–	1.594,08	1.793,34	–	1.468,00	1.651,50	–	1.345,28	1.513,44	–	1.225,44	1.378,62	–	1.108,80	1.24
	IV	**32.596**	*1.791,30*	2.607,68	2.933,64	*1.679,56*	2.532,56	2.849,13	*1.567,70*	2.457,36	2.764,53	*1.455,84*	2.382,16	2.679,93	*1.343,98*	2.306,96	2.595,33	*1.232,12*	2.231,76	2.510,73	*1.120,26*	2.156,56	2.42
	V	**38.770**	*2.132,35*	3.101,60	3.489,30																		
	VI	**39.301**	*2.161,55*	3.144,08	3.537,09																		
116.351,99	I	**32.690**	*1.797,95*	2.615,20	2.942,10	*1.578,77*	2.464,80	2.772,90	*1.355,05*	2.314,40	2.603,70	*1.131,33*	2.164,00	2.434,50	*907,61*	2.013,60	2.265,30	*684,01*	1.863,28	2.096,19	*460,29*	1.712,88	1.92
(Ost)	II	**30.901**	*1.589,60*	2.472,08	2.781,09	*1.365,88*	2.321,68	2.611,89	*1.142,16*	2.171,28	2.442,69	*918,44*	2.020,88	2.273,49	*694,72*	1.870,48	2.104,29	*471,00*	1.720,08	1.935,09	*247,28*	1.569,68	1.76
	III	**23.274**	–	1.861,92	2.094,66	–	1.729,60	1.945,80	–	1.600,32	1.800,36	–	1.474,24	1.658,52	–	1.351,20	1.520,10	–	1.231,36	1.385,28	–	1.114,56	1.25
	IV	**32.690**	*1.797,95*	2.615,20	2.942,10	*1.690,63*	2.540,00	2.857,50	*1.578,77*	2.464,80	2.772,90	*1.466,91*	2.389,60	2.688,30	*1.355,05*	2.314,40	2.603,70	*1.243,19*	2.239,20	2.519,10	*1.131,33*	2.164,00	2.43
	V	**38.863**	*2.137,46*	3.109,04	3.497,67																		
	VI	**39.395**	*2.166,72*	3.151,60	3.545,55																		
116.387,99	I	**32.612**	*1.793,21*	2.608,96	2.935,08	*1.569,49*	2.458,56	2.765,88	*1.345,77*	2.308,16	2.596,68	*1.122,05*	2.157,76	2.427,48	*898,33*	2.007,36	2.258,28	*674,61*	1.856,96	2.089,08	*450,89*	1.706,56	1.91
(West)	II	**30.822**	*1.580,20*	2.465,76	2.773,98	*1.356,48*	2.315,36	2.604,78	*1.132,88*	2.165,04	2.435,67	*909,16*	2.014,64	2.266,47	*685,44*	1.864,24	2.097,27	*461,72*	1.713,84	1.928,07	*238,00*	1.563,44	1.75
	III	**23.202**	–	1.856,16	2.088,18	–	1.724,16	1.939,68	–	1.595,04	1.794,42	–	1.469,12	1.652,76	–	1.346,24	1.514,52	–	1.226,40	1.379,70	–	1.109,60	1.24
	IV	**32.612**	*1.793,21*	2.608,96	2.935,08	*1.681,35*	2.533,76	2.850,48	*1.569,49*	2.458,56	2.765,88	*1.457,63*	2.383,36	2.681,28	*1.345,77*	2.308,16	2.596,68	*1.233,91*	2.232,96	2.512,08	*1.122,05*	2.157,76	2.42
	V	**38.785**	*2.133,17*	3.102,80	3.490,65																		
	VI	**39.317**	*2.162,43*	3.145,36	3.538,53																		
116.387,99	I	**32.705**	*1.798,77*	2.616,40	2.943,45	*1.580,55*	2.466,00	2.774,25	*1.356,83*	2.315,60	2.605,05	*1.133,11*	2.165,20	2.435,85	*909,51*	2.014,88	2.266,74	*685,79*	1.864,48	2.097,54	*462,07*	1.714,08	1.92
(Ost)	II	**30.916**	*1.591,38*	2.473,28	2.782,44	*1.367,66*	2.322,88	2.613,24	*1.143,94*	2.172,48	2.444,04	*920,22*	2.022,08	2.274,84	*696,50*	1.871,68	2.105,64	*472,78*	1.721,28	1.936,44	*249,18*	1.570,96	1.76
	III	**23.286**	–	1.862,88	2.095,74	–	1.730,56	1.946,88	–	1.601,44	1.801,62	–	1.475,36	1.659,78	–	1.352,32	1.521,36	–	1.232,32	1.386,36	–	1.115,36	1.25
	IV	**32.705**	*1.798,77*	2.616,40	2.943,45	*1.692,41*	2.541,20	2.858,85	*1.580,55*	2.466,00	2.774,25	*1.468,69*	2.390,80	2.689,65	*1.356,83*	2.315,60	2.605,05	*1.244,97*	2.240,40	2.520,45	*1.133,11*	2.165,20	2.43
	V	**38.879**	*2.138,34*	3.110,32	3.499,11																		
	VI	**39.410**	*2.167,55*	3.152,80	3.546,90																		
116.423,99	I	**32.627**	*1.794,48*	2.610,16	2.936,43	*1.571,27*	2.459,76	2.767,23	*1.347,55*	2.309,36	2.598,03	*1.123,83*	2.158,96	2.428,83	*900,11*	2.008,56	2.259,63	*676,39*	1.858,16	2.090,43	*452,67*	1.707,76	1.92
(West)	II	**30.838**	*1.582,10*	2.467,04	2.775,42	*1.358,38*	2.316,64	2.606,22	*1.134,66*	2.166,24	2.437,02	*910,94*	2.015,84	2.267,82	*687,22*	1.865,44	2.098,62	*463,50*	1.715,04	1.929,42	*239,78*	1.564,64	1.76
	III	**23.216**	–	1.857,28	2.089,44	–	1.725,12	1.940,76	–	1.596,00	1.795,50	–	1.470,08	1.653,84	–	1.347,20	1.515,60	–	1.227,36	1.380,78	–	1.110,56	1.24
	IV	**32.627**	*1.794,48*	2.610,16	2.936,43	*1.683,13*	2.534,96	2.851,83	*1.571,27*	2.459,76	2.767,23	*1.459,41*	2.384,56	2.682,63	*1.347,55*	2.309,36	2.598,03	*1.235,69*	2.234,16	2.513,43	*1.123,83*	2.158,96	2.42
	V	**38.800**	*2.134,00*	3.104,00	3.492,00																		
	VI	**39.332**	*2.163,26*	3.146,56	3.539,88																		
116.423,99	I	**32.720**	*1.799,60*	2.617,60	2.944,80	*1.582,34*	2.467,20	2.775,60	*1.358,74*	2.316,88	2.606,49	*1.135,02*	2.166,48	2.437,29	*911,30*	2.016,08	2.268,09	*687,58*	1.865,68	2.098,89	*463,86*	1.715,28	1.92
(Ost)	II	**30.931**	*1.593,17*	2.474,48	2.783,79	*1.369,45*	2.324,08	2.614,59	*1.145,73*	2.173,68	2.445,39	*922,01*	2.023,28	2.276,19	*698,29*	1.872,88	2.106,99	*474,69*	1.722,56	1.937,88	*250,97*	1.572,16	1.76
	III	**23.300**	–	1.864,00	2.097,00	–	1.731,68	1.948,14	–	1.602,40	1.802,70	–	1.476,32	1.660,86	–	1.353,28	1.522,44	–	1.233,28	1.387,44	–	1.116,32	1.25
	IV	**32.720**	*1.799,60*	2.617,60	2.944,80	*1.694,20*	2.542,40	2.860,20	*1.582,34*	2.467,20	2.775,60	*1.470,48*	2.392,00	2.691,00	*1.358,74*	2.316,88	2.606,49	*1.246,88*	2.241,68	2.521,89	*1.135,02*	2.166,48	2.43
	V	**38.894**	*2.139,17*	3.111,52	3.500,46																		
	VI	**39.425**	*2.168,37*	3.154,00	3.548,25																		
116.459,99	I	**32.642**	*1.795,31*	2.611,36	2.937,78	*1.573,06*	2.460,96	2.768,58	*1.349,34*	2.310,56	2.599,38	*1.125,62*	2.160,16	2.430,18	*901,90*	2.009,76	2.260,98	*678,18*	1.859,36	2.091,78	*454,46*	1.708,96	1.922
(West)	II	**30.853**	*1.583,89*	2.468,24	2.776,77	*1.360,17*	2.317,84	2.607,57	*1.136,45*	2.167,44	2.438,37	*912,73*	2.017,04	2.269,17	*689,01*	1.866,64	2.099,97	*465,29*	1.716,24	1.930,77	*241,57*	1.565,84	1.76
	III	**23.230**	–	1.858,40	2.090,70	–	1.726,24	1.942,02	–	1.597,12	1.796,76	–	1.471,04	1.654,92	–	1.348,16	1.516,68	–	1.228,32	1.381,86	–	1.111,52	1.250
	IV	**32.642**	*1.795,31*	2.611,36	2.937,78	*1.684,92*	2.536,16	2.853,18	*1.573,06*	2.460,96	2.768,58	*1.461,20*	2.385,76	2.683,98	*1.349,34*	2.310,56	2.599,38	*1.237,48*	2.235,36	2.514,78	*1.125,62*	2.160,16	2.430
	V	**38.815**	*2.134,82*	3.105,20	3.493,35																		
	VI	**39.347**	*2.164,08*	3.147,76	3.541,23																		
116.459,99	I	**32.735**	*1.800,42*	2.618,80	2.946,15	*1.584,24*	2.468,48	2.777,04	*1.360,52*	2.318,08	2.607,84	*1.136,80*	2.167,68	2.438,64	*913,08*	2.017,28	2.269,44	*689,36*	1.866,88	2.100,24	*465,64*	1.716,48	1.931
(Ost)	II	**30.946**	*1.594,95*	2.475,68	2.785,14	*1.371,23*	2.325,28	2.615,94	*1.147,51*	2.174,88	2.446,74	*923,91*	2.024,56	2.277,63	*700,19*	1.874,16	2.108,43	*476,47*	1.723,76	1.939,23	*252,75*	1.573,36	1.770
	III	**23.314**	–	1.865,12	2.098,26	–	1.732,80	1.949,40	–	1.603,52	1.803,96	–	1.477,28	1.661,94	–	1.354,24	1.523,52	–	1.234,24	1.388,52	–	1.117,28	1.256
	IV	**32.735**	*1.800,42*	2.618,80	2.946,15	*1.696,10*	2.543,68	2.861,64	*1.584,24*	2.468,48	2.777,04	*1.472,38*	2.393,28	2.692,44	*1.360,52*	2.318,08	2.607,84	*1.248,66*	2.242,88	2.523,24	*1.136,80*	2.167,68	2.438
	V	**38.909**	*2.139,99*	3.112,72	3.501,81																		
	VI	**39.441**	*2.169,25*	3.155,28	3.549,69																		
116.495,99	I	**32.657**	*1.796,13*	2.612,56	2.939,13	*1.574,84*	2.462,16	2.769,93	*1.351,12*	2.311,76	2.600,73	*1.127,40*	2.161,36	2.431,53	*903,68*	2.010,96	2.262,33	*679,96*	1.860,56	2.093,13	*456,24*	1.710,16	1.923
(West)	II	**30.868**	*1.585,67*	2.469,44	2.778,12	*1.361,95*	2.319,04	2.608,92	*1.138,23*	2.168,64	2.439,72	*914,51*	2.018,24	2.270,52	*690,79*	1.867,84	2.101,32	*467,07*	1.717,44	1.932,12	*243,35*	1.567,04	1.762
	III	**23.244**	–	1.859,52	2.091,96	–	1.727,20	1.943,10	–	1.598,08	1.797,84	–	1.472,00	1.656,00	–	1.349,12	1.517,76	–	1.229,28	1.382,94	–	1.112,48	1.251
	IV	**32.657**	*1.796,13*	2.612,56	2.939,13	*1.686,70*	2.537,36	2.854,53	*1.574,84*	2.462,16	2.769,93	*1.462,98*	2.386,96	2.685,33	*1.351,12*	2.311,76	2.600,73	*1.239,26*	2.236,56	2.516,13	*1.127,40*	2.161,36	2.431
	V	**38.830**	*2.135,65*	3.106,40	3.494,70																		
	VI	**39.362**	*2.164,91*	3.148,96	3.542,58																		
116.495,99	I	**32.751**	*1.801,30*	2.620,08	2.947,59	*1.586,03*	2.469,68	2.778,39	*1.362,31*	2.319,28	2.609,19	*1.138,59*	2.168,88	2.439,99	*914,87*	2.018,48	2.270,79	*691,15*	1.868,08	2.101,59	*467,43*	1.717,68	1.932
(Ost)	II	**30.961**	*1.596,74*	2.476,88	2.786,49	*1.373,02*	2.326,48	2.617,29	*1.149,42*	2.176,16	2.448,18	*925,70*	2.025,76	2.278,98	*701,98*	1.875,36	2.109,78	*478,26*	1.724,96	1.940,58	*254,54*	1.574,56	1.771
	III	**23.326**	–	1.866,08	2.099,34	–	1.733,76	1.950,48	–	1.604,48	1.805,04	–	1.478,24	1.663,02	–	1.355,20	1.524,60	–	1.235,20	1.389,60	–	1.118,24	1.258
	IV	**32.751**	*1.801,30*	2.620,08	2.947,59	*1.697,89*	2.544,88	2.862,99	*1.586,03*	2.469,68	2.778,39	*1.474,17*	2.394,48	2.693,79	*1.362,31*	2.319,28	2.609,19	*1.250,45*	2.244,08	2.524,59	*1.138,59*	2.168,88	2.439
	V	**38.924**	*2.140,82*	3.113,92	3.503,16																		
	VI	**39.456**	*2.170,08*	3.156,48	3.551,04																		
116.531,99	I	**32.672**	*1.796,96*	2.613,76	2.940,48	*1.576,63*	2.463,36	2.771,28	*1.352,91*	2.312,96	2.602,08	*1.129,19*	2.162,56	2.432,88	*905,47*	2.012,16	2.263,68	*681,75*	1.861,76	2.094,48	*458,15*	1.711,44	1.925
(West)	II	**30.883**	*1.587,46*	2.470,64	2.779,47	*1.363,74*	2.320,24	2.610,27	*1.140,02*	2.169,84	2.441,07	*916,30*	2.019,44	2.271,87	*692,58*	1.869,04	2.102,67	*468,86*	1.718,64	1.933,47	*245,14*	1.568,24	1.764
	III	**23.256**	–	1.860,48	2.093,04	–	1.728,32	1.944,36	–	1.599,20	1.799,10	–	1.473,12	1.657,26	–	1.350,08	1.518,84	–	1.230,24	1.384,02	–	1.113,44	1.252
	IV	**32.672**	*1.796,96*	2.613,76	2.940,48	*1.688,49*	2.538,56	2.855,88	*1.576,63*	2.463,36	2.771,28	*1.464,77*	2.388,16	2.686,68	*1.352,91*	2.312,96	2.602,08	*1.241,05*	2.237,76	2.517,48	*1.129,19*	2.162,56	2.432
	V	**38.845**	*2.136,47*	3.107,60	3.496,05																		
	VI	**39.377**	*2.165,73*	3.150,16	3.543,93																		
116.531,99	I	**32.766**	*1.802,13*	2.621,28	2.948,94	*1.587,81*	2.470,88	2.779,74	*1.364,09*	2.320,48	2.610,54	*1.140,37*	2.170,08	2.441,34	*916,65*	2.019,68	2.272,14	*692,93*	1.869,28	2.102,94	*469,21*	1.718,88	1.933
(Ost)	II	**30.977**	*1.598,64*	2.478,16	2.787,93	*1.374,92*	2.327,76	2.618,73	*1.151,20*	2.177,36	2.449,53	*927,48*	2.026,96	2.280,33	*703,76*	1.876,56	2.111,13	*480,04*	1.726,16	1.941,93	*256,32*	1.575,76	1.772
	III	**23.340**	–	1.867,20	2.100,60	–	1.734,88	1.951,74	–	1.605,60	1.806,30	–	1.479,36	1.664,28	–	1.356,16	1.525,68	–	1.236,16	1.390,68	–	1.119,20	1.259
	IV	**32.766**	*1.802,13*	2.621,28	2.948,94	*1.699,67*	2.546,08	2.864,34	*1.587,81*	2.470,88	2.779,74	*1.475,95*	2.395,68	2.695,14	*1.364,09*	2.320,48	2.610,54	*1.252,23*	2.245,28	2.525,94	*1.140,37*	2.170,08	2.441
	V	**38.939**	*2.141,64*	3.115,12	3.504,51																		
	VI	**39.471**	*2.170,90*	3.157,68	3.552,39																		

SolZ/KiSt lt. Tabelle nicht für Sonstige Bezüge anwendbar.

Allgemeine Tabelle

JAHR bis 116.783,99 €

Lohn/ Gehalt bis	Steuerklasse	Lohn-steuer	ohne Kinderfreibetrag			Anzahl Kinderfreibeträge (nur Steuerklassen I–IV)																	
						0,5			1,0			1,5			2,0			2,5			3,0		
			SolZ 5,5%	Kirchensteuer 8%	9%	SolZ 5,5%	Kirchensteuer 8%	9%	SolZ 5,5%	Kirchensteuer 8%	9%	SolZ 5,5%	Kirchensteuer 8%	9%	SolZ 5,5%	Kirchensteuer 8%	9%	SolZ 5,5%	Kirchensteuer 8%	9%	SolZ 5,5%	Kirchensteuer 8%	9%
16.567,99 (West)	I	32.687	1.797,78	2.614,96	2.941,83	1.578,41	2.464,56	2.772,63	1.354,69	2.314,16	2.603,43	1.130,97	2.163,76	2.434,23	907,37	2.013,44	2.265,12	683,65	1.863,04	2.095,92	459,93	1.712,64	1.926,72
	II	30.898	1.589,24	2.471,84	2.780,82	1.365,52	2.321,44	2.611,62	1.141,80	2.171,04	2.442,42	918,08	2.020,64	2.273,22	694,36	1.870,24	2.104,02	470,64	1.719,84	1.934,82	246,92	1.569,44	1.765,62
	III	23.270	-	1.861,60	2.094,30	-	1.729,28	1.945,44	-	1.600,16	1.800,18	-	1.474,08	1.658,34	-	1.351,04	1.519,92	-	1.231,20	1.385,10	-	1.114,24	1.253,52
	IV	32.687	1.797,78	2.614,96	2.941,83	1.690,27	2.539,76	2.857,23	1.578,41	2.464,56	2.772,63	1.466,55	2.389,36	2.688,03	1.354,69	2.314,16	2.603,43	1.242,83	2.238,96	2.518,83	1.130,97	2.163,76	2.434,23
	V	38.860	2.137,30	3.108,80	3.497,40																		
	VI	39.392	2.166,56	3.151,36	3.545,28																		
16.567,99 (Ost)	I	32.781	1.802,95	2.622,48	2.950,29	1.589,60	2.472,08	2.781,09	1.365,88	2.321,68	2.611,89	1.142,16	2.171,28	2.442,69	918,44	2.020,88	2.273,49	694,72	1.870,48	2.104,29	471,00	1.720,08	1.935,09
	II	30.992	1.600,43	2.479,36	2.789,28	1.376,71	2.328,96	2.620,08	1.152,99	2.178,56	2.450,88	929,27	2.028,16	2.281,68	705,55	1.877,76	2.112,48	481,83	1.727,36	1.943,28	258,11	1.576,96	1.774,08
	III	23.354	-	1.868,32	2.101,86	-	1.735,84	1.952,82	-	1.606,56	1.807,38	-	1.480,32	1.665,36	-	1.357,12	1.526,76	-	1.237,12	1.391,76	-	1.120,00	1.260,00
	IV	32.781	1.802,95	2.622,48	2.950,29	1.701,46	2.547,28	2.865,69	1.589,60	2.472,08	2.781,09	1.477,74	2.396,88	2.696,49	1.365,88	2.321,68	2.611,89	1.254,02	2.246,48	2.527,29	1.142,16	2.171,28	2.442,69
	V	38.954	2.142,47	3.116,32	3.505,86																		
	VI	39.486	2.171,73	3.158,88	3.553,74																		
16.603,99 (West)	I	32.702	1.798,61	2.616,16	2.943,18	1.580,20	2.465,76	2.773,98	1.356,48	2.315,36	2.604,78	1.132,88	2.165,04	2.435,67	909,16	2.014,64	2.266,47	685,44	1.864,24	2.097,27	461,72	1.713,84	1.928,07
	II	30.913	1.591,03	2.473,04	2.782,17	1.367,31	2.322,64	2.612,97	1.143,59	2.172,24	2.443,77	919,87	2.021,84	2.274,57	696,15	1.871,44	2.105,37	472,54	1.721,12	1.936,26	248,82	1.570,72	1.767,06
	III	23.284	-	1.862,72	2.095,56	-	1.730,40	1.946,70	-	1.601,12	1.801,26	-	1.475,04	1.659,42	-	1.352,00	1.521,00	-	1.232,16	1.386,18	-	1.115,20	1.254,60
	IV	32.702	1.798,61	2.616,16	2.943,18	1.692,06	2.540,96	2.858,58	1.580,20	2.465,76	2.773,98	1.468,34	2.390,56	2.689,38	1.356,48	2.315,36	2.604,78	1.244,74	2.240,24	2.520,27	1.132,88	2.165,04	2.435,67
	V	38.876	2.138,18	3.110,08	3.498,84																		
	VI	39.407	2.167,38	3.152,56	3.546,63																		
16.603,99 (Ost)	I	32.796	1.803,78	2.623,68	2.951,64	1.591,38	2.473,28	2.782,44	1.367,66	2.322,88	2.613,24	1.143,94	2.172,48	2.444,04	920,22	2.022,08	2.274,84	696,50	1.871,68	2.105,64	472,78	1.721,28	1.936,44
	II	31.007	1.602,21	2.480,56	2.790,63	1.378,49	2.330,16	2.621,43	1.154,77	2.179,76	2.452,23	931,05	2.029,36	2.283,03	707,33	1.878,96	2.113,83	483,61	1.728,56	1.944,63	259,89	1.578,16	1.775,43
	III	23.368	-	1.869,44	2.103,12	-	1.736,96	1.954,08	-	1.607,52	1.808,46	-	1.481,28	1.666,44	-	1.358,08	1.527,84	-	1.238,08	1.392,84	-	1.120,96	1.261,08
	IV	32.796	1.803,78	2.623,68	2.951,64	1.703,24	2.548,48	2.867,04	1.591,38	2.473,28	2.782,44	1.479,52	2.398,08	2.697,84	1.367,66	2.322,88	2.613,24	1.255,80	2.247,68	2.528,64	1.143,94	2.172,48	2.444,04
	V	38.969	2.143,29	3.117,52	3.507,21																		
	VI	39.501	2.172,55	3.160,08	3.555,09																		
16.639,99 (West)	I	32.717	1.799,43	2.617,36	2.944,53	1.582,10	2.467,04	2.775,42	1.358,38	2.316,64	2.606,22	1.134,66	2.166,24	2.437,02	910,94	2.015,84	2.267,82	687,22	1.865,44	2.098,62	463,50	1.715,04	1.929,42
	II	30.928	1.592,81	2.474,24	2.783,52	1.369,09	2.323,84	2.614,32	1.145,37	2.173,44	2.445,12	921,65	2.023,04	2.275,92	698,05	1.872,72	2.106,81	474,33	1.722,32	1.937,61	250,61	1.571,92	1.768,41
	III	23.298	-	1.863,84	2.096,82	-	1.731,52	1.947,96	-	1.602,24	1.802,52	-	1.476,00	1.660,50	-	1.352,96	1.522,08	-	1.233,12	1.387,26	-	1.116,16	1.255,68
	IV	32.717	1.799,43	2.617,36	2.944,53	1.693,84	2.542,16	2.859,93	1.582,10	2.467,04	2.775,42	1.470,24	2.391,84	2.690,82	1.358,38	2.316,64	2.606,22	1.246,52	2.241,44	2.521,62	1.134,66	2.166,24	2.437,02
	V	38.891	2.139,00	3.111,28	3.500,19																		
	VI	39.422	2.168,21	3.153,76	3.547,98																		
16.639,99 (Ost)	I	32.811	1.804,60	2.624,88	2.952,99	1.593,17	2.474,48	2.783,79	1.369,45	2.324,08	2.614,59	1.145,73	2.173,68	2.445,39	922,01	2.023,28	2.276,19	698,29	1.872,88	2.106,99	474,69	1.722,56	1.937,88
	II	31.022	1.604,00	2.481,76	2.791,98	1.380,28	2.331,36	2.622,78	1.156,56	2.180,96	2.453,58	932,84	2.030,56	2.284,38	709,12	1.880,16	2.115,18	485,40	1.729,76	1.945,98	261,68	1.579,36	1.776,78
	III	23.380	-	1.870,40	2.104,20	-	1.737,92	1.955,16	-	1.608,64	1.809,72	-	1.482,24	1.667,52	-	1.359,04	1.528,92	-	1.239,04	1.393,92	-	1.121,92	1.262,16
	IV	32.811	1.804,60	2.624,88	2.952,99	1.705,03	2.549,68	2.868,39	1.593,17	2.474,48	2.783,79	1.481,31	2.399,28	2.699,19	1.369,45	2.324,08	2.614,59	1.257,59	2.248,88	2.529,99	1.145,73	2.173,68	2.445,39
	V	38.984	2.144,12	3.118,72	3.508,56																		
	VI	39.516	2.173,38	3.161,28	3.556,44																		
16.675,99 (West)	I	32.733	1.800,31	2.618,64	2.945,97	1.583,89	2.468,24	2.776,77	1.360,17	2.317,84	2.607,57	1.136,45	2.167,44	2.438,37	912,73	2.017,04	2.269,17	689,01	1.866,64	2.099,97	465,29	1.716,24	1.930,77
	II	30.943	1.594,60	2.475,44	2.784,87	1.370,88	2.325,04	2.615,67	1.147,27	2.174,72	2.446,56	923,55	2.024,32	2.277,36	699,83	1.873,92	2.108,16	476,11	1.723,52	1.938,96	252,39	1.573,12	1.769,76
	III	23.310	-	1.864,80	2.097,90	-	1.732,48	1.949,04	-	1.603,20	1.803,60	-	1.477,12	1.661,76	-	1.353,92	1.523,16	-	1.233,92	1.388,16	-	1.117,12	1.256,76
	IV	32.733	1.800,31	2.618,64	2.945,97	1.695,75	2.543,44	2.861,37	1.583,89	2.468,24	2.776,77	1.472,03	2.393,04	2.692,17	1.360,17	2.317,84	2.607,57	1.248,31	2.242,64	2.522,97	1.136,45	2.167,44	2.438,37
	V	38.906	2.139,83	3.112,48	3.501,54																		
	VI	39.438	2.169,09	3.155,04	3.549,42																		
16.675,99 (Ost)	I	32.826	1.805,43	2.626,08	2.954,34	1.594,95	2.475,68	2.785,14	1.371,23	2.325,28	2.615,94	1.147,51	2.174,88	2.446,74	923,91	2.024,56	2.277,63	700,19	1.874,16	2.108,43	476,47	1.723,76	1.939,23
	II	31.037	1.605,78	2.482,96	2.793,33	1.382,06	2.332,56	2.624,13	1.158,34	2.182,16	2.454,93	934,62	2.031,76	2.285,73	710,90	1.881,36	2.116,53	487,18	1.730,96	1.947,33	263,46	1.580,56	1.778,13
	III	23.394	-	1.871,52	2.105,46	-	1.739,04	1.956,42	-	1.609,60	1.810,80	-	1.483,36	1.668,78	-	1.360,00	1.530,00	-	1.240,00	1.395,00	-	1.122,88	1.263,24
	IV	32.826	1.805,43	2.626,08	2.954,34	1.706,81	2.550,88	2.869,74	1.594,95	2.475,68	2.785,14	1.483,09	2.400,48	2.700,54	1.371,23	2.325,28	2.615,94	1.259,37	2.250,08	2.531,34	1.147,51	2.174,88	2.446,74
	V	39.000	2.145,00	3.120,00	3.510,00																		
	VI	39.531	2.174,20	3.162,48	3.557,79																		
16.711,99 (West)	I	32.748	1.801,14	2.619,84	2.947,32	1.585,67	2.469,44	2.778,12	1.361,95	2.319,04	2.608,92	1.138,23	2.168,64	2.439,72	914,51	2.018,24	2.270,52	690,79	1.867,84	2.101,32	467,07	1.717,44	1.932,12
	II	30.958	1.596,38	2.476,64	2.786,22	1.372,78	2.326,32	2.617,11	1.149,06	2.175,92	2.447,91	925,34	2.025,52	2.278,71	701,62	1.875,12	2.109,51	477,90	1.724,72	1.940,31	254,18	1.574,32	1.771,11
	III	23.324	-	1.865,92	2.099,16	-	1.733,60	1.950,30	-	1.604,32	1.804,86	-	1.478,08	1.662,84	-	1.355,04	1.524,42	-	1.234,88	1.389,24	-	1.118,08	1.257,84
	IV	32.748	1.801,14	2.619,84	2.947,32	1.697,53	2.544,64	2.862,72	1.585,67	2.469,44	2.778,12	1.473,81	2.394,24	2.693,52	1.361,95	2.319,04	2.608,92	1.250,09	2.243,84	2.524,32	1.138,23	2.168,64	2.439,72
	V	38.921	2.140,65	3.113,68	3.502,89																		
	VI	39.453	2.169,91	3.156,24	3.550,77																		
16.711,99 (Ost)	I	32.841	1.806,25	2.627,28	2.955,69	1.596,74	2.476,88	2.786,49	1.373,02	2.326,48	2.617,29	1.149,42	2.176,16	2.448,18	925,70	2.025,76	2.278,98	701,98	1.875,36	2.109,78	478,26	1.724,96	1.940,58
	II	31.052	1.607,57	2.484,16	2.794,68	1.383,85	2.333,76	2.625,48	1.160,13	2.183,36	2.456,28	936,41	2.032,96	2.287,08	712,69	1.882,56	2.117,88	489,09	1.732,24	1.948,77	265,37	1.581,84	1.779,57
	III	23.408	-	1.872,64	2.106,72	-	1.740,16	1.957,68	-	1.610,72	1.812,06	-	1.484,32	1.669,86	-	1.361,12	1.531,26	-	1.240,96	1.396,08	-	1.123,84	1.264,32
	IV	32.841	1.806,25	2.627,28	2.955,69	1.708,60	2.552,08	2.871,09	1.596,74	2.476,88	2.786,49	1.484,88	2.401,68	2.701,89	1.373,02	2.326,48	2.617,29	1.261,28	2.251,36	2.532,78	1.149,42	2.176,16	2.448,18
	V	39.015	2.145,82	3.121,20	3.511,35																		
	VI	39.546	2.175,03	3.163,68	3.559,14																		
16.747,99 (West)	I	32.763	1.801,96	2.621,04	2.948,67	1.587,46	2.470,64	2.779,47	1.363,74	2.320,24	2.610,27	1.140,02	2.169,84	2.441,07	916,30	2.019,44	2.271,87	692,58	1.869,04	2.102,67	468,86	1.718,64	1.933,47
	II	30.974	1.598,28	2.477,92	2.787,66	1.374,56	2.327,52	2.618,46	1.150,84	2.177,12	2.449,26	927,12	2.026,72	2.280,06	703,40	1.876,32	2.110,86	479,68	1.725,92	1.941,66	255,96	1.575,52	1.772,46
	III	23.338	-	1.867,04	2.100,42	-	1.734,56	1.951,38	-	1.605,28	1.805,94	-	1.479,04	1.663,92	-	1.356,00	1.525,50	-	1.235,84	1.390,32	-	1.118,88	1.258,74
	IV	32.763	1.801,96	2.621,04	2.948,67	1.699,32	2.545,84	2.864,07	1.587,46	2.470,64	2.779,47	1.475,60	2.395,44	2.694,87	1.363,74	2.320,24	2.610,27	1.251,88	2.245,04	2.525,67	1.140,02	2.169,84	2.441,07
	V	38.936	2.141,48	3.114,88	3.504,24																		
	VI	39.468	2.170,74	3.157,44	3.552,12																		
16.747,99 (Ost)	I	32.856	1.807,08	2.628,48	2.957,04	1.598,64	2.478,16	2.787,93	1.374,92	2.327,76	2.618,73	1.151,20	2.177,36	2.449,53	927,48	2.026,96	2.280,33	703,76	1.876,56	2.111,13	480,04	1.726,16	1.941,93
	II	31.067	1.609,35	2.485,36	2.796,03	1.385,63	2.334,96	2.626,83	1.161,91	2.184,56	2.457,63	938,19	2.034,16	2.288,43	714,59	1.883,84	2.119,32	490,87	1.733,44	1.950,12	267,15	1.583,04	1.780,92
	III	23.422	-	1.873,76	2.107,98	-	1.741,12	1.958,76	-	1.611,68	1.813,14	-	1.485,28	1.670,94	-	1.362,08	1.532,34	-	1.241,76	1.396,98	-	1.124,80	1.265,40
	IV	32.856	1.807,08	2.628,48	2.957,04	1.710,38	2.553,28	2.872,44	1.598,64	2.478,16	2.787,93	1.486,78	2.402,96	2.703,33	1.374,92	2.327,76	2.618,73	1.263,06	2.252,56	2.534,13	1.151,20	2.177,36	2.449,53
	V	39.030	2.146,65	3.122,40	3.512,70																		
	VI	39.561	2.175,85	3.164,88	3.560,49																		
16.783,99 (West)	I	32.778	1.802,79	2.622,24	2.950,02	1.589,24	2.471,84	2.780,82	1.365,52	2.321,44	2.611,62	1.141,80	2.171,04	2.442,42	918,08	2.020,64	2.273,22	694,36	1.870,24	2.104,02	470,64	1.719,84	1.934,82
	II	30.989	1.600,07	2.479,12	2.789,01	1.376,35	2.328,72	2.619,81	1.152,63	2.178,32	2.450,61	928,91	2.027,92	2.281,41	705,19	1.877,52	2.112,21	481,47	1.727,12	1.943,01	257,75	1.576,72	1.773,81
	III	23.350	-	1.868,00	2.101,50	-	1.735,68	1.952,64	-	1.606,40	1.807,20	-	1.480,16	1.665,18	-	1.356,96	1.526,58	-	1.236,80	1.391,40	-	1.119,84	1.259,82
	IV	32.778	1.802,79	2.622,24	2.950,02	1.701,10	2.547,04	2.865,42	1.589,24	2.471,84	2.780,82	1.477,38	2.396,64	2.696,22	1.365,52	2.321,44	2.611,62	1.253,66	2.246,24	2.527,02	1.141,80	2.171,04	2.442,42
	V	38.951	2.142,30	3.116,08	3.505,59																		
	VI	39.483	2.171,56	3.158,64	3.553,47																		
16.783,99 (Ost)	I	32.872	1.807,96	2.629,76	2.958,48	1.600,43	2.479,36	2.789,28	1.376,71	2.328,96	2.620,08	1.152,99	2.178,56	2.450,88	929,27	2.028,16	2.281,68	705,55	1.877,76	2.112,48	481,83	1.727,36	1.943,28
	II	31.082	1.611,14	2.486,56	2.797,38	1.387,42	2.336,16	2.628,18	1.163,82	2.185,84	2.459,07	940,10	2.035,44	2.289,87	716,38	1.885,04	2.120,67	492,66	1.734,64	1.951,47	268,94	1.584,24	1.782,27
	III	23.434	-	1.874,72	2.109,06	-	1.742,24	1.960,02	-	1.612,80	1.814,40	-	1.486,40	1.672,20	-	1.363,04	1.533,42	-	1.242,72	1.398,06	-	1.125,60	1.266,30
	IV	32.872	1.807,96	2.629,76	2.958,48	1.712,29	2.554,56	2.873,88	1.600,43	2.479,36	2.789,28	1.488,57	2.404,16	2.704,68	1.376,71	2.328,96	2.620,08	1.264,85	2.253,76	2.535,48	1.152,99	2.178,56	2.450,88
	V	39.045	2.147,47	3.123,60	3.514,05																		
	VI	39.577	2.176,73	3.166,16	3.561,93																		

SolZ/KiSt lt. Tabelle nicht für Sonstige Bezüge anwendbar.

Lohn/Gehalt bis	Steuerklasse	Lohnsteuer	ohne Kinderfreibetrag SolZ 5,5%	Kirchensteuer 8%	Kirchensteuer 9%	0,5 SolZ 5,5%	0,5 Kirchensteuer 8%	0,5 Kirchensteuer 9%	1,0 SolZ 5,5%	1,0 Kirchensteuer 8%	1,0 Kirchensteuer 9%	1,5 SolZ 5,5%	1,5 Kirchensteuer 8%	1,5 Kirchensteuer 9%	2,0 SolZ 5,5%	2,0 Kirchensteuer 8%	2,0 Kirchensteuer 9%	2,5 SolZ 5,5%	2,5 Kirchensteuer 8%	2,5 Kirchensteuer 9%	3,0 SolZ 5,5%	3,0 Kirchensteuer 8%	3,0 Kirchensteuer 9%
116.819,99	I	32.793	1.803,61	2.623,44	2.951,37	1.591,03	2.473,04	2.782,17	1.367,31	2.322,64	2.612,97	1.143,59	2.172,24	2.443,77	919,87	2.021,84	2.274,57	696,15	1.871,44	2.105,37	472,54	1.721,12	1.936,
(West)	II	31.004	1.601,85	2.480,32	2.790,36	1.378,13	2.329,92	2.621,16	1.154,41	2.179,52	2.451,96	930,69	2.029,12	2.282,76	706,97	1.878,72	2.113,56	483,25	1.728,32	1.944,36	259,53	1.577,92	1.775,
	III	23.364	-	1.869,12	2.102,76	-	1.736,64	1.953,72	-	1.607,36	1.808,28	-	1.481,12	1.666,26	-	1.357,92	1.527,66	-	1.237,76	1.392,48	-	1.120,80	1.260,
	IV	32.793	1.803,61	2.623,44	2.951,37	1.702,89	2.548,24	2.866,77	1.591,03	2.473,04	2.782,17	1.479,17	2.397,84	2.697,57	1.367,31	2.322,64	2.612,97	1.255,45	2.247,44	2.528,37	1.143,59	2.172,24	2.443,
	V	38.966	2.143,13	3.117,28	3.506,94																		
	VI	39.498	2.172,39	3.159,84	3.554,82																		
116.819,99	I	32.887	1.808,78	2.630,96	2.959,83	1.602,21	2.480,56	2.790,63	1.378,49	2.330,16	2.621,43	1.154,77	2.179,76	2.452,23	931,05	2.029,36	2.283,03	707,33	1.878,96	2.113,83	483,61	1.728,56	1.944,
(Ost)	II	31.097	1.612,92	2.487,76	2.798,73	1.389,32	2.337,44	2.629,62	1.165,60	2.187,04	2.460,42	941,88	2.036,64	2.291,22	718,16	1.886,24	2.122,02	494,44	1.735,84	1.952,82	270,72	1.585,44	1.783,
	III	23.448	-	1.875,84	2.110,32	-	1.743,20	1.961,10	-	1.613,76	1.815,48	-	1.487,36	1.673,28	-	1.364,00	1.534,50	-	1.243,68	1.399,14	-	1.126,56	1.267
	IV	32.887	1.808,78	2.630,96	2.959,83	1.714,07	2.555,76	2.875,23	1.602,21	2.480,56	2.790,63	1.490,35	2.405,36	2.706,03	1.378,49	2.330,16	2.621,43	1.266,63	2.254,96	2.536,83	1.154,77	2.179,76	2.452,
	V	39.060	2.148,30	3.124,80	3.515,40																		
	VI	39.592	2.177,56	3.167,36	3.563,28																		
116.855,99	I	32.808	1.804,44	2.624,64	2.952,72	1.592,81	2.474,24	2.783,52	1.369,09	2.323,84	2.614,32	1.145,37	2.173,44	2.445,12	921,65	2.023,04	2.275,92	698,05	1.872,72	2.106,81	474,33	1.722,32	1.937,
(West)	II	31.019	1.603,64	2.481,52	2.791,71	1.379,92	2.331,12	2.622,51	1.156,20	2.180,72	2.453,31	932,48	2.030,32	2.284,11	708,76	1.879,92	2.114,91	485,04	1.729,52	1.945,71	261,32	1.579,12	1.776,
	III	23.378	-	1.870,24	2.104,02	-	1.737,76	1.954,98	-	1.608,32	1.809,36	-	1.482,08	1.667,34	-	1.358,88	1.528,74	-	1.238,72	1.393,56	-	1.121,76	1.261,
	IV	32.808	1.804,44	2.624,64	2.952,72	1.704,67	2.549,44	2.868,12	1.592,81	2.474,24	2.783,52	1.480,95	2.399,04	2.698,92	1.369,09	2.323,84	2.614,32	1.257,23	2.248,64	2.529,72	1.145,37	2.173,44	2.445,
	V	38.981	2.143,95	3.118,48	3.508,29																		
	VI	39.513	2.173,21	3.161,04	3.556,17																		
116.855,99	I	32.902	1.809,61	2.632,16	2.961,18	1.604,00	2.481,76	2.791,98	1.380,28	2.331,36	2.622,78	1.156,56	2.180,96	2.453,58	932,84	2.030,56	2.284,38	709,12	1.880,16	2.115,18	485,40	1.729,76	1.945,
(Ost)	II	31.113	1.614,83	2.489,04	2.800,17	1.391,11	2.338,64	2.630,97	1.167,39	2.188,24	2.461,77	943,67	2.037,84	2.292,57	719,95	1.887,44	2.123,37	496,23	1.737,04	1.954,17	272,51	1.586,64	1.784,
	III	23.462	-	1.876,96	2.111,58	-	1.744,32	1.962,36	-	1.614,72	1.816,56	-	1.488,32	1.674,36	-	1.364,96	1.535,58	-	1.244,64	1.400,22	-	1.127,52	1.268,
	IV	32.902	1.809,61	2.632,16	2.961,18	1.715,86	2.556,96	2.876,58	1.604,00	2.481,76	2.791,98	1.492,14	2.406,56	2.707,38	1.380,28	2.331,36	2.622,78	1.268,42	2.256,16	2.538,18	1.156,56	2.180,96	2.453,
	V	39.075	2.149,12	3.126,00	3.516,75																		
	VI	39.607	2.178,38	3.168,56	3.564,63																		
116.891,99	I	32.823	1.805,26	2.625,84	2.954,07	1.594,60	2.475,44	2.784,87	1.370,88	2.325,04	2.615,67	1.147,27	2.174,72	2.446,56	923,55	2.024,32	2.277,36	699,83	1.873,92	2.108,16	476,11	1.723,52	1.938,
(West)	II	31.034	1.605,42	2.482,72	2.793,06	1.381,70	2.332,32	2.623,86	1.157,98	2.181,92	2.454,66	934,26	2.031,52	2.285,46	710,54	1.881,12	2.116,26	486,82	1.730,72	1.947,06	263,22	1.580,40	1.777,
	III	23.392	-	1.871,36	2.105,28	-	1.738,88	1.956,24	-	1.609,44	1.810,62	-	1.483,04	1.668,42	-	1.359,84	1.529,82	-	1.239,68	1.394,64	-	1.122,72	1.263,
	IV	32.823	1.805,26	2.625,84	2.954,07	1.706,46	2.550,64	2.869,47	1.594,60	2.475,44	2.784,87	1.482,74	2.400,24	2.700,27	1.370,88	2.325,04	2.615,67	1.259,02	2.249,84	2.531,07	1.147,27	2.174,72	2.446,
	V	38.997	2.144,83	3.119,76	3.509,73																		
	VI	39.528	2.174,04	3.162,24	3.557,52																		
116.891,99	I	32.917	1.810,43	2.633,36	2.962,53	1.605,78	2.482,96	2.793,33	1.382,06	2.332,56	2.624,13	1.158,34	2.182,16	2.454,93	934,62	2.031,76	2.285,73	710,90	1.881,36	2.116,53	487,18	1.730,96	1.947,
(Ost)	II	31.128	1.616,61	2.490,24	2.801,52	1.392,89	2.339,84	2.632,32	1.169,17	2.189,44	2.463,12	945,45	2.039,04	2.293,92	721,73	1.888,64	2.124,72	498,01	1.738,24	1.955,52	274,29	1.587,84	1.786,
	III	23.476	-	1.878,08	2.112,84	-	1.745,44	1.963,62	-	1.615,84	1.817,82	-	1.489,28	1.675,44	-	1.365,92	1.536,66	-	1.245,60	1.401,30	-	1.128,48	1.269,
	IV	32.917	1.810,43	2.633,36	2.962,53	1.717,64	2.558,16	2.877,93	1.605,78	2.482,96	2.793,33	1.493,92	2.407,76	2.708,73	1.382,06	2.332,56	2.624,13	1.270,20	2.257,36	2.539,53	1.158,34	2.182,16	2.454,
	V	39.090	2.149,95	3.127,20	3.518,10																		
	VI	39.622	2.179,21	3.169,76	3.565,98																		
116.927,99	I	32.838	1.806,09	2.627,04	2.955,42	1.596,38	2.476,64	2.786,22	1.372,78	2.326,32	2.617,11	1.149,06	2.175,92	2.447,91	925,34	2.025,52	2.278,71	701,62	1.875,12	2.109,51	477,90	1.724,72	1.940,
(West)	II	31.049	1.607,21	2.483,92	2.794,41	1.383,49	2.333,52	2.625,21	1.159,77	2.183,12	2.456,01	936,05	2.032,72	2.286,81	712,45	1.882,40	2.117,70	488,73	1.732,00	1.948,50	265,01	1.581,60	1.779,
	III	23.404	-	1.872,32	2.106,36	-	1.739,84	1.957,32	-	1.610,40	1.811,70	-	1.484,16	1.669,68	-	1.360,80	1.530,90	-	1.240,64	1.395,72	-	1.123,52	1.263,
	IV	32.838	1.806,09	2.627,04	2.955,42	1.708,24	2.551,84	2.870,82	1.596,38	2.476,64	2.786,22	1.484,64	2.401,52	2.701,71	1.372,78	2.326,32	2.617,11	1.260,92	2.251,12	2.532,51	1.149,06	2.175,92	2.447,
	V	39.012	2.145,66	3.120,96	3.511,08																		
	VI	39.543	2.174,86	3.163,44	3.558,87																		
116.927,99	I	32.932	1.811,26	2.634,56	2.963,88	1.607,57	2.484,16	2.794,68	1.383,85	2.333,76	2.625,48	1.160,13	2.183,36	2.456,28	936,41	2.032,96	2.287,08	712,69	1.882,56	2.117,88	489,09	1.732,24	1.948,
(Ost)	II	31.143	1.618,40	2.491,44	2.802,87	1.394,68	2.341,04	2.633,67	1.170,96	2.190,64	2.464,47	947,24	2.040,24	2.295,27	723,52	1.889,84	2.126,07	499,80	1.739,44	1.956,87	276,08	1.589,04	1.787,
	III	23.488	-	1.879,04	2.113,92	-	1.746,40	1.964,70	-	1.616,80	1.818,90	-	1.490,40	1.676,70	-	1.366,88	1.537,74	-	1.246,56	1.402,38	-	1.129,44	1.270,
	IV	32.932	1.811,26	2.634,56	2.963,88	1.719,43	2.559,36	2.879,28	1.607,57	2.484,16	2.794,68	1.495,71	2.408,96	2.710,08	1.383,85	2.333,76	2.625,48	1.271,99	2.258,56	2.540,88	1.160,13	2.183,36	2.456,
	V	39.105	2.150,77	3.128,40	3.519,45																		
	VI	39.637	2.180,03	3.170,96	3.567,33																		
116.963,99	I	32.854	1.806,97	2.628,32	2.956,86	1.598,28	2.477,92	2.787,66	1.374,56	2.327,52	2.618,46	1.150,84	2.177,12	2.449,26	927,12	2.026,72	2.280,06	703,40	1.876,32	2.110,86	479,68	1.725,92	1.941,
(West)	II	31.064	1.608,99	2.485,12	2.795,76	1.385,27	2.334,72	2.626,56	1.161,55	2.184,32	2.457,36	937,95	2.034,00	2.288,25	714,23	1.883,60	2.119,05	490,51	1.733,20	1.949,85	266,79	1.582,80	1.780,
	III	23.418	-	1.873,44	2.107,62	-	1.740,96	1.958,58	-	1.611,52	1.812,96	-	1.485,12	1.670,76	-	1.361,76	1.531,98	-	1.241,60	1.396,80	-	1.124,48	1.265,
	IV	32.854	1.806,97	2.628,32	2.956,86	1.710,14	2.553,12	2.872,26	1.598,28	2.477,92	2.787,66	1.486,42	2.402,72	2.703,06	1.374,56	2.327,52	2.618,46	1.262,70	2.252,32	2.533,86	1.150,84	2.177,12	2.449,
	V	39.027	2.146,48	3.122,16	3.512,43																		
	VI	39.559	2.175,74	3.164,72	3.560,31																		
116.963,99	I	32.947	1.812,08	2.635,76	2.965,23	1.609,35	2.485,36	2.796,03	1.385,63	2.334,96	2.626,83	1.161,91	2.184,56	2.457,63	938,19	2.034,16	2.288,43	714,59	1.883,84	2.119,32	490,87	1.733,44	1.950,
(Ost)	II	31.158	1.620,18	2.492,64	2.804,22	1.396,46	2.342,24	2.635,02	1.172,74	2.191,84	2.465,82	949,02	2.041,44	2.296,62	725,30	1.891,04	2.127,42	501,58	1.740,64	1.958,22	277,86	1.590,24	1.789,
	III	23.502	-	1.880,16	2.115,18	-	1.747,52	1.965,96	-	1.617,92	1.820,16	-	1.491,36	1.677,78	-	1.367,84	1.538,82	-	1.247,52	1.403,46	-	1.130,24	1.271,
	IV	32.947	1.812,08	2.635,76	2.965,23	1.721,21	2.560,56	2.880,63	1.609,35	2.485,36	2.796,03	1.497,49	2.410,16	2.711,43	1.385,63	2.334,96	2.626,83	1.273,77	2.259,76	2.542,23	1.161,91	2.184,56	2.457,
	V	39.120	2.151,60	3.129,60	3.520,80																		
	VI	39.652	2.180,86	3.172,16	3.568,68																		
116.999,99	I	32.869	1.807,79	2.629,52	2.958,21	1.600,07	2.479,12	2.789,01	1.376,35	2.328,72	2.619,81	1.152,63	2.178,32	2.450,61	928,91	2.027,92	2.281,41	705,19	1.877,52	2.112,21	481,47	1.727,12	1.943,
(West)	II	31.079	1.610,78	2.486,32	2.797,11	1.387,18	2.336,00	2.628,00	1.163,46	2.185,60	2.458,80	939,74	2.035,20	2.289,60	716,02	1.884,80	2.120,40	492,30	1.734,40	1.951,20	268,58	1.584,00	1.782,
	III	23.432	-	1.874,56	2.108,88	-	1.741,92	1.959,66	-	1.612,48	1.814,04	-	1.486,08	1.671,84	-	1.362,72	1.533,06	-	1.242,56	1.397,88	-	1.125,44	1.266,
	IV	32.869	1.807,79	2.629,52	2.958,21	1.711,93	2.554,32	2.873,61	1.600,07	2.479,12	2.789,01	1.488,21	2.403,92	2.704,41	1.376,35	2.328,72	2.619,81	1.264,49	2.253,52	2.535,21	1.152,63	2.178,32	2.450,
	V	39.042	2.147,31	3.123,36	3.513,78																		
	VI	39.574	2.176,57	3.165,92	3.561,66																		
116.999,99	I	32.962	1.812,91	2.636,96	2.966,58	1.611,14	2.486,56	2.797,38	1.387,42	2.336,16	2.628,18	1.163,82	2.185,84	2.459,07	940,10	2.035,44	2.289,87	716,38	1.885,04	2.120,67	492,66	1.734,64	1.951,
(Ost)	II	31.173	1.621,97	2.493,84	2.805,57	1.398,25	2.343,44	2.636,37	1.174,53	2.193,04	2.467,17	950,81	2.042,64	2.297,97	727,09	1.892,24	2.128,77	503,37	1.741,84	1.959,57	279,76	1.591,52	1.790,
	III	23.516	-	1.881,28	2.116,44	-	1.748,48	1.967,04	-	1.618,88	1.821,24	-	1.492,32	1.678,86	-	1.368,96	1.540,08	-	1.248,48	1.404,54	-	1.131,20	1.272,
	IV	32.962	1.812,91	2.636,96	2.966,58	1.723,00	2.561,76	2.881,98	1.611,14	2.486,56	2.797,38	1.499,28	2.411,36	2.712,78	1.387,42	2.336,16	2.628,18	1.275,56	2.260,96	2.543,58	1.163,82	2.185,84	2.459,
	V	39.136	2.152,48	3.130,88	3.522,24																		
	VI	39.667	2.181,68	3.173,36	3.570,03																		
117.035,99	I	32.884	1.808,62	2.630,72	2.959,56	1.601,85	2.480,32	2.790,36	1.378,13	2.329,92	2.621,16	1.154,41	2.179,52	2.451,96	930,69	2.029,12	2.282,76	706,97	1.878,72	2.113,56	483,25	1.728,32	1.944,
(West)	II	31.095	1.612,68	2.487,60	2.798,55	1.388,96	2.337,20	2.629,35	1.165,24	2.186,80	2.460,15	941,52	2.036,40	2.290,95	717,80	1.886,00	2.121,75	494,08	1.735,60	1.952,55	270,36	1.585,20	1.783,
	III	23.446	-	1.875,68	2.110,14	-	1.743,04	1.960,92	-	1.613,60	1.815,30	-	1.487,04	1.672,92	-	1.363,84	1.534,32	-	1.243,52	1.398,96	-	1.126,40	1.267,
	IV	32.884	1.808,62	2.630,72	2.959,56	1.713,71	2.555,52	2.874,96	1.601,85	2.480,32	2.790,36	1.489,99	2.405,12	2.705,76	1.378,13	2.329,92	2.621,16	1.266,27	2.254,72	2.536,56	1.154,41	2.179,52	2.451,
	V	39.057	2.148,13	3.124,56	3.515,13																		
	VI	39.589	2.177,39	3.167,12	3.563,01																		
117.035,99	I	32.977	1.813,73	2.638,16	2.967,93	1.612,92	2.487,76	2.798,73	1.389,32	2.337,44	2.629,62	1.165,60	2.187,04	2.460,42	941,88	2.036,64	2.291,22	718,16	1.886,24	2.122,02	494,44	1.735,84	1.952,
(Ost)	II	31.188	1.623,75	2.495,04	2.806,92	1.400,03	2.344,64	2.637,72	1.176,31	2.194,24	2.468,52	952,59	2.043,84	2.299,32	728,99	1.893,52	2.130,21	505,27	1.743,12	1.961,01	281,55	1.592,72	1.791,
	III	23.530	-	1.882,40	2.117,70	-	1.749,60	1.968,30	-	1.620,00	1.822,50	-	1.493,28	1.679,94	-	1.369,92	1.541,16	-	1.249,44	1.405,62	-	1.132,16	1.273,
	IV	32.977	1.813,73	2.638,16	2.967,93	1.724,78	2.562,96	2.883,33	1.612,92	2.487,76	2.798,73	1.501,18	2.412,64	2.714,22	1.389,32	2.337,44	2.629,62	1.277,46	2.262,24	2.545,02	1.165,60	2.187,04	2.460,
	V	39.151	2.153,30	3.132,08	3.523,59																		
	VI	39.682	2.182,51	3.174,56	3.571,38																		

Anzahl Kinderfreibeträge (nur Steuerklassen I–IV)

SolZ/KiSt lt. Tabelle nicht für Sonstige Bezüge anwendbar.

Allgemeine Tabelle

Lohn/ Gehalt bis	Steuerklasse	Lohn-steuer	ohne Kinderfreibetrag SolZ 5,5%	Kirchensteuer 8%	9%	0,5 SolZ 5,5%	Kirchensteuer 8%	9%	1,0 SolZ 5,5%	Kirchensteuer 8%	9%	1,5 SolZ 5,5%	Kirchensteuer 8%	9%	2,0 SolZ 5,5%	Kirchensteuer 8%	9%	2,5 SolZ 5,5%	Kirchensteuer 8%	9%	3,0 SolZ 5,5%	Kirchensteuer 8%	9%
7.071,99 (West)	I	32.899	1.809,44	2.631,92	2.960,91	1.603,64	2.481,52	2.791,71	1.379,92	2.331,12	2.622,51	1.156,20	2.180,72	2.453,31	932,48	2.030,32	2.284,11	708,76	1.879,92	2.114,91	485,04	1.729,52	1.945,71
	II	31.110	1.614,47	2.488,80	2.799,90	1.390,75	2.338,40	2.630,70	1.167,03	2.188,00	2.461,50	943,31	2.037,60	2.292,30	719,59	1.887,20	2.123,10	495,87	1.736,80	1.953,90	272,15	1.586,40	1.784,70
	III	23.458	-	1.876,64	2.111,22	-	1.744,16	1.962,18	-	1.614,56	1.816,38	-	1.488,16	1.674,18	-	1.364,80	1.535,40	-	1.244,48	1.400,04	-	1.127,36	1.268,28
	IV	32.899	1.809,44	2.631,92	2.960,91	1.715,50	2.556,72	2.876,31	1.603,64	2.481,52	2.791,71	1.491,78	2.406,32	2.707,11	1.379,92	2.331,12	2.622,51	1.268,06	2.255,92	2.537,91	1.156,20	2.180,72	2.453,31
	V	39.072	2.148,96	3.125,76	3.516,48																		
	VI	39.604	2.178,22	3.168,32	3.564,36																		
7.071,99 (Ost)	I	32.993	1.814,61	2.639,44	2.969,37	1.614,83	2.489,04	2.800,17	1.391,11	2.338,64	2.630,97	1.167,39	2.188,24	2.461,77	943,67	2.037,84	2.292,57	719,95	1.887,44	2.123,37	496,23	1.737,04	1.954,17
	II	31.203	1.625,54	2.496,24	2.808,27	1.401,82	2.345,84	2.639,07	1.178,10	2.195,44	2.469,87	954,49	2.045,12	2.300,76	730,77	1.894,72	2.131,56	507,05	1.744,32	1.962,36	283,33	1.593,92	1.793,16
	III	23.542	-	1.883,36	2.118,78	-	1.750,72	1.969,56	-	1.620,96	1.823,58	-	1.494,40	1.681,20	-	1.370,88	1.542,24	-	1.250,40	1.406,70	-	1.133,12	1.274,76
	IV	32.993	1.814,61	2.639,44	2.969,37	1.726,69	2.564,24	2.884,77	1.614,83	2.489,04	2.800,17	1.502,97	2.413,84	2.715,57	1.391,11	2.338,64	2.630,97	1.279,25	2.263,44	2.546,37	1.167,39	2.188,24	2.461,77
	V	39.166	2.154,13	3.133,28	3.524,94																		
	VI	39.698	2.183,39	3.175,84	3.572,82																		
7.107,99 (West)	I	32.914	1.810,27	2.633,12	2.962,26	1.605,42	2.482,72	2.793,06	1.381,70	2.332,32	2.623,86	1.157,98	2.181,92	2.454,66	934,26	2.031,52	2.285,46	710,54	1.881,12	2.116,26	486,82	1.730,72	1.947,06
	II	31.125	1.616,25	2.490,00	2.801,25	1.392,53	2.339,60	2.632,05	1.168,81	2.189,20	2.462,85	945,09	2.038,80	2.293,65	721,37	1.888,40	2.124,45	497,65	1.738,00	1.955,25	273,93	1.587,60	1.786,05
	III	23.472	-	1.877,76	2.112,48	-	1.745,12	1.963,26	-	1.615,52	1.817,46	-	1.489,12	1.675,26	-	1.365,76	1.536,48	-	1.245,44	1.401,12	-	1.128,16	1.269,18
	IV	32.914	1.810,27	2.633,12	2.962,26	1.717,28	2.557,92	2.877,66	1.605,42	2.482,72	2.793,06	1.493,56	2.407,52	2.708,46	1.381,70	2.332,32	2.623,86	1.269,84	2.257,12	2.539,26	1.157,98	2.181,92	2.454,66
	V	39.087	2.149,78	3.126,96	3.517,83																		
	VI	39.619	2.179,04	3.169,52	3.565,71																		
7.107,99 (Ost)	I	33.008	1.815,44	2.640,64	2.970,72	1.616,61	2.490,24	2.801,52	1.392,89	2.339,84	2.632,32	1.169,17	2.189,44	2.463,12	945,45	2.039,04	2.293,92	721,73	1.888,64	2.124,72	498,01	1.738,24	1.955,52
	II	31.218	1.627,32	2.497,44	2.809,62	1.403,72	2.347,12	2.640,51	1.180,00	2.196,72	2.471,31	956,28	2.046,32	2.302,11	732,56	1.895,92	2.132,91	508,84	1.745,52	1.963,71	285,12	1.595,12	1.794,51
	III	23.556	-	1.884,48	2.120,04	-	1.751,68	1.970,64	-	1.621,92	1.824,66	-	1.495,36	1.682,28	-	1.371,84	1.543,32	-	1.251,36	1.407,78	-	1.134,08	1.275,84
	IV	33.008	1.815,44	2.640,64	2.970,72	1.728,47	2.565,44	2.886,12	1.616,61	2.490,24	2.801,52	1.504,75	2.415,04	2.716,92	1.392,89	2.339,84	2.632,32	1.281,03	2.264,64	2.547,72	1.169,17	2.189,44	2.463,12
	V	39.181	2.154,95	3.134,48	3.526,29																		
	VI	39.713	2.184,21	3.177,04	3.574,17																		
7.143,99 (West)	I	32.929	1.811,09	2.634,32	2.963,61	1.607,21	2.483,92	2.794,41	1.383,49	2.333,52	2.625,21	1.159,77	2.183,12	2.456,01	936,05	2.032,72	2.286,81	712,45	1.882,40	2.117,70	488,73	1.732,00	1.948,50
	II	31.140	1.618,04	2.491,20	2.802,60	1.394,32	2.340,80	2.633,40	1.170,60	2.190,40	2.464,20	946,88	2.040,00	2.295,00	723,16	1.889,60	2.125,80	499,44	1.739,20	1.956,60	275,72	1.588,80	1.787,40
	III	23.486	-	1.878,88	2.113,74	-	1.746,24	1.964,52	-	1.616,64	1.818,72	-	1.490,08	1.676,34	-	1.366,72	1.537,56	-	1.246,40	1.402,20	-	1.129,12	1.270,26
	IV	32.929	1.811,09	2.634,32	2.963,61	1.719,07	2.559,12	2.879,01	1.607,21	2.483,92	2.794,41	1.495,35	2.408,72	2.709,81	1.383,49	2.333,52	2.625,21	1.271,63	2.258,32	2.540,61	1.159,77	2.183,12	2.456,01
	V	39.102	2.150,61	3.128,16	3.519,18																		
	VI	39.634	2.179,87	3.170,72	3.567,06																		
7.143,99 (Ost)	I	33.023	1.816,26	2.641,84	2.972,07	1.618,40	2.491,44	2.802,87	1.394,68	2.341,04	2.633,67	1.170,96	2.190,64	2.464,47	947,24	2.040,24	2.295,27	723,52	1.889,84	2.126,07	499,80	1.739,44	1.956,87
	II	31.234	1.629,22	2.498,72	2.811,06	1.405,50	2.348,32	2.641,86	1.181,78	2.197,92	2.472,66	958,06	2.047,52	2.303,46	734,34	1.897,12	2.134,26	510,62	1.746,72	1.965,06	286,90	1.596,32	1.795,86
	III	23.570	-	1.885,60	2.121,30	-	1.752,80	1.971,90	-	1.623,04	1.825,92	-	1.496,32	1.683,36	-	1.372,80	1.544,40	-	1.252,32	1.408,86	-	1.134,88	1.276,74
	IV	33.023	1.816,26	2.641,84	2.972,07	1.730,26	2.566,64	2.887,47	1.618,40	2.491,44	2.802,87	1.506,54	2.416,24	2.718,27	1.394,68	2.341,04	2.633,67	1.282,82	2.265,84	2.549,07	1.170,96	2.190,64	2.464,47
	V	39.196	2.155,78	3.135,68	3.527,64																		
	VI	39.728	2.185,04	3.178,24	3.575,52																		
7.179,99 (West)	I	32.944	1.811,92	2.635,52	2.964,96	1.608,99	2.485,12	2.795,76	1.385,27	2.334,72	2.626,56	1.161,55	2.184,32	2.457,36	937,95	2.034,00	2.288,25	714,23	1.883,60	2.119,05	490,51	1.733,20	1.949,85
	II	31.155	1.619,82	2.492,40	2.803,95	1.396,10	2.342,00	2.634,75	1.172,38	2.191,60	2.465,55	948,66	2.041,20	2.296,35	724,94	1.890,80	2.127,15	501,22	1.740,40	1.957,95	277,62	1.590,08	1.788,84
	III	23.500	-	1.880,00	2.115,00	-	1.747,20	1.965,60	-	1.617,60	1.819,80	-	1.491,20	1.677,60	-	1.367,68	1.538,64	-	1.247,36	1.403,28	-	1.130,08	1.271,34
	IV	32.944	1.811,92	2.635,52	2.964,96	1.720,85	2.560,32	2.880,36	1.608,99	2.485,12	2.795,76	1.497,13	2.409,92	2.711,16	1.385,27	2.334,72	2.626,56	1.273,41	2.259,52	2.541,96	1.161,55	2.184,32	2.457,36
	V	39.118	2.151,49	3.129,44	3.520,62																		
	VI	39.649	2.180,69	3.171,92	3.568,41																		
7.179,99 (Ost)	I	33.038	1.817,09	2.643,04	2.973,42	1.620,18	2.492,64	2.804,22	1.396,46	2.342,24	2.635,02	1.172,74	2.191,84	2.465,82	949,02	2.041,44	2.296,62	725,30	1.891,04	2.127,42	501,58	1.740,64	1.958,22
	II	31.249	1.631,01	2.499,92	2.812,41	1.407,29	2.349,52	2.643,21	1.183,57	2.199,12	2.474,01	959,85	2.048,72	2.304,81	736,13	1.898,32	2.135,61	512,41	1.747,92	1.966,41	288,69	1.597,52	1.797,21
	III	23.584	-	1.886,72	2.122,56	-	1.753,76	1.972,98	-	1.624,00	1.827,00	-	1.497,44	1.684,62	-	1.373,76	1.545,48	-	1.253,28	1.409,94	-	1.135,84	1.277,82
	IV	33.038	1.817,09	2.643,04	2.973,42	1.732,04	2.567,84	2.888,82	1.620,18	2.492,64	2.804,22	1.508,32	2.417,44	2.719,62	1.396,46	2.342,24	2.635,02	1.284,60	2.267,04	2.550,42	1.172,74	2.191,84	2.465,82
	V	39.211	2.156,60	3.136,88	3.528,99																		
	VI	39.743	2.185,86	3.179,44	3.576,87																		
7.215,99 (West)	I	32.959	1.812,74	2.636,72	2.966,31	1.610,78	2.486,32	2.797,11	1.387,18	2.336,00	2.628,00	1.163,46	2.185,60	2.458,80	939,74	2.035,20	2.289,60	716,02	1.884,80	2.120,40	492,30	1.734,40	1.951,20
	II	31.170	1.621,61	2.493,60	2.805,30	1.397,89	2.343,20	2.636,10	1.174,17	2.192,80	2.466,90	950,45	2.042,40	2.297,70	726,73	1.892,00	2.128,50	503,13	1.741,68	1.959,39	279,41	1.591,28	1.790,19
	III	23.512	-	1.880,96	2.116,08	-	1.748,32	1.966,86	-	1.618,72	1.821,06	-	1.492,16	1.678,68	-	1.368,64	1.539,72	-	1.248,32	1.404,36	-	1.131,04	1.272,42
	IV	32.959	1.812,74	2.636,72	2.966,31	1.722,64	2.561,52	2.881,71	1.610,78	2.486,32	2.797,11	1.498,92	2.411,12	2.712,51	1.387,18	2.336,00	2.628,00	1.275,32	2.260,80	2.543,40	1.163,46	2.185,60	2.458,80
	V	39.133	2.152,31	3.130,64	3.521,97																		
	VI	39.664	2.181,52	3.173,12	3.569,76																		
7.215,99 (Ost)	I	33.053	1.817,91	2.644,24	2.974,77	1.621,97	2.493,84	2.805,57	1.398,25	2.343,44	2.636,37	1.174,53	2.193,04	2.467,17	950,81	2.042,64	2.297,97	727,09	1.892,24	2.128,77	503,37	1.741,84	1.959,57
	II	31.264	1.632,79	2.501,12	2.813,76	1.409,07	2.350,72	2.644,56	1.185,35	2.200,32	2.475,36	961,63	2.049,92	2.306,16	737,91	1.899,52	2.136,96	514,19	1.749,12	1.967,76	290,47	1.598,72	1.798,56
	III	23.596	-	1.887,68	2.123,64	-	1.754,88	1.974,24	-	1.625,12	1.828,26	-	1.498,40	1.685,70	-	1.374,72	1.546,56	-	1.254,24	1.411,02	-	1.136,80	1.278,90
	IV	33.053	1.817,91	2.644,24	2.974,77	1.733,83	2.569,04	2.890,17	1.621,97	2.493,84	2.805,57	1.510,11	2.418,64	2.720,97	1.398,25	2.343,44	2.636,37	1.286,39	2.268,24	2.551,77	1.174,53	2.193,04	2.467,17
	V	39.226	2.157,43	3.138,08	3.530,34																		
	VI	39.758	2.186,69	3.180,64	3.578,22																		
17.251,99 (West)	I	32.974	1.813,57	2.637,92	2.967,66	1.612,68	2.487,60	2.798,55	1.388,96	2.337,20	2.629,35	1.165,24	2.186,80	2.460,15	941,52	2.036,40	2.290,95	717,80	1.886,00	2.121,75	494,08	1.735,60	1.952,55
	II	31.185	1.623,39	2.494,80	2.806,65	1.399,67	2.344,40	2.637,45	1.175,95	2.194,00	2.468,25	952,35	2.043,68	2.299,14	728,63	1.893,28	2.129,94	504,91	1.742,88	1.960,74	281,19	1.592,48	1.791,54
	III	23.526	-	1.882,08	2.117,34	-	1.749,28	1.967,94	-	1.619,68	1.822,14	-	1.493,12	1.679,76	-	1.369,60	1.540,80	-	1.249,28	1.405,44	-	1.132,00	1.273,50
	IV	32.974	1.813,57	2.637,92	2.967,66	1.724,54	2.562,80	2.883,15	1.612,68	2.487,60	2.798,55	1.500,82	2.412,40	2.713,95	1.388,96	2.337,20	2.629,35	1.277,10	2.262,00	2.544,75	1.165,24	2.186,80	2.460,15
	V	39.148	2.153,14	3.131,84	3.523,32																		
	VI	39.679	2.182,34	3.174,32	3.571,11																		
17.251,99 (Ost)	I	33.068	1.818,74	2.645,44	2.976,12	1.623,75	2.495,04	2.806,92	1.400,03	2.344,64	2.637,72	1.176,31	2.194,24	2.468,52	952,59	2.043,84	2.299,32	728,99	1.893,52	2.130,21	505,27	1.743,12	1.961,01
	II	31.279	1.634,58	2.502,32	2.815,11	1.410,86	2.351,92	2.645,91	1.187,14	2.201,52	2.476,71	963,42	2.051,12	2.307,51	739,70	1.900,72	2.138,31	515,98	1.750,32	1.969,11	292,26	1.599,92	1.799,91
	III	23.610	-	1.888,80	2.124,90	-	1.756,00	1.975,50	-	1.626,08	1.829,34	-	1.499,36	1.686,78	-	1.375,84	1.547,82	-	1.255,20	1.412,10	-	1.137,76	1.279,98
	IV	33.068	1.818,74	2.645,44	2.976,12	1.735,61	2.570,24	2.891,52	1.623,75	2.495,04	2.806,92	1.511,89	2.419,84	2.722,32	1.400,03	2.344,64	2.637,72	1.288,17	2.269,44	2.553,12	1.176,31	2.194,24	2.468,52
	V	39.241	2.158,25	3.139,28	3.531,69																		
	VI	39.773	2.187,51	3.181,84	3.579,57																		
17.287,99 (West)	I	32.990	1.814,45	2.639,20	2.969,10	1.614,47	2.488,80	2.799,90	1.390,75	2.338,40	2.630,70	1.167,03	2.188,00	2.461,50	943,31	2.037,60	2.292,30	719,59	1.887,20	2.123,10	495,87	1.736,80	1.953,90
	II	31.200	1.625,18	2.496,00	2.808,00	1.401,46	2.345,60	2.638,80	1.177,86	2.195,28	2.469,69	954,14	2.044,88	2.300,49	730,42	1.894,48	2.131,29	506,70	1.744,08	1.962,09	282,98	1.593,68	1.792,89
	III	23.540	-	1.883,20	2.118,60	-	1.750,40	1.969,20	-	1.620,80	1.823,40	-	1.494,08	1.680,84	-	1.370,56	1.541,88	-	1.250,24	1.406,52	-	1.132,96	1.274,58
	IV	32.990	1.814,45	2.639,20	2.969,10	1.726,33	2.564,00	2.884,50	1.614,47	2.488,80	2.799,90	1.502,61	2.413,60	2.715,30	1.390,75	2.338,40	2.630,70	1.278,89	2.263,20	2.546,10	1.167,03	2.188,00	2.461,50
	V	39.163	2.153,96	3.133,04	3.524,67																		
	VI	39.695	2.183,22	3.175,60	3.572,55																		
17.287,99 (Ost)	I	33.083	1.819,56	2.646,64	2.977,47	1.625,54	2.496,24	2.808,27	1.401,82	2.345,84	2.639,07	1.178,10	2.195,44	2.469,87	954,49	2.045,12	2.300,76	730,77	1.894,72	2.131,56	507,05	1.744,32	1.962,36
	II	31.294	1.636,36	2.503,52	2.816,46	1.412,64	2.353,12	2.647,26	1.188,92	2.202,72	2.478,06	965,20	2.052,32	2.308,86	741,48	1.901,92	2.139,66	517,76	1.751,52	1.970,46	294,16	1.601,20	1.801,35
	III	23.624	-	1.889,92	2.126,16	-	1.756,96	1.976,58	-	1.627,20	1.830,60	-	1.500,48	1.688,04	-	1.376,80	1.548,90	-	1.256,16	1.413,18	-	1.138,72	1.281,06
	IV	33.083	1.819,56	2.646,64	2.977,47	1.737,40	2.571,44	2.892,87	1.625,54	2.496,24	2.808,27	1.513,68	2.421,04	2.723,67	1.401,82	2.345,84	2.639,07	1.289,96	2.270,64	2.554,47	1.178,10	2.195,44	2.469,87
	V	39.257	2.159,13	3.140,56	3.533,13																		
	VI	39.788	2.188,34	3.183,04	3.580,92																		

Anzahl Kinderfreibeträge (nur Steuerklassen I–IV)

SolZ/KiSt lt. Tabelle nicht für Sonstige Bezüge anwendbar.

Lohn/ Gehalt bis	Steuerklasse	Lohn- steuer	ohne Kinderfreibetrag			Anzahl Kinderfreibeträge (nur Steuerklassen I–IV) 0,5			1,0			1,5			2,0			2,5			3,0		
			SolZ 5,5%	Kirchensteuer 8%	9%	SolZ 5,5%	Kirchensteuer 8%	9%	SolZ 5,5%	Kirchensteuer 8%	9%	SolZ 5,5%	Kirchensteuer 8%	9%	SolZ 5,5%	Kirchensteuer 8%	9%	SolZ 5,5%	Kirchensteuer 8%	9%	SolZ 5,5%	Kirchensteuer 8%	9%
117.323,99 (West)	I	33.005	1.815,27	2.640,40	2.970,45	1.616,25	2.490,00	2.801,25	1.392,53	2.339,60	2.632,05	1.168,81	2.189,20	2.462,85	945,09	2.038,80	2.293,65	721,37	1.888,40	2.124,45	497,65	1.738,00	1.955,
	II	31.216	1.627,08	2.497,28	2.809,44	1.403,36	2.346,88	2.640,24	1.179,64	2.196,48	2.471,04	955,92	2.046,08	2.301,84	732,20	1.895,68	2.132,64	508,48	1.745,28	1.963,44	284,76	1.594,88	1.794,
	III	23.554	-	1.884,32	2.119,86	-	1.751,52	1.970,46	-	1.621,76	1.824,48	-	1.495,20	1.682,10	-	1.371,68	1.543,14	-	1.251,20	1.407,60	-	1.133,76	1.275,
	IV	33.005	1.815,27	2.640,40	2.970,45	1.728,11	2.565,20	2.885,85	1.616,25	2.490,00	2.801,25	1.504,39	2.414,80	2.716,65	1.392,53	2.339,60	2.632,05	1.280,67	2.264,40	2.547,45	1.168,81	2.189,20	2.462,
	V	39.178	2.154,79	3.134,24	3.526,02																		
	VI	39.710	2.184,05	3.176,80	3.573,90																		
117.323,99 (Ost)	I	33.098	1.820,39	2.647,84	2.978,82	1.627,32	2.497,44	2.809,62	1.403,72	2.347,12	2.640,51	1.180,00	2.196,72	2.471,31	956,28	2.046,32	2.302,11	732,56	1.895,92	2.132,91	508,84	1.745,52	1.963,
	II	31.309	1.638,15	2.504,72	2.817,81	1.414,43	2.354,32	2.648,61	1.190,71	2.203,92	2.479,41	966,99	2.053,52	2.310,21	743,27	1.903,12	2.141,01	519,67	1.752,80	1.971,90	295,95	1.602,40	1.802,
	III	23.638	-	1.891,04	2.127,42	-	1.758,08	1.977,84	-	1.628,16	1.831,68	-	1.501,44	1.689,12	-	1.377,76	1.549,98	-	1.257,12	1.414,26	-	1.139,68	1.282,
	IV	33.098	1.820,39	2.647,84	2.978,82	1.739,18	2.572,64	2.894,22	1.627,32	2.497,44	2.809,62	1.515,46	2.422,24	2.725,02	1.403,72	2.347,12	2.640,51	1.291,86	2.271,92	2.555,91	1.180,00	2.196,72	2.471,
	V	39.272	2.159,96	3.141,76	3.534,48																		
	VI	39.803	2.189,16	3.184,24	3.582,27																		
117.359,99 (West)	I	33.020	1.816,10	2.641,60	2.971,80	1.618,04	2.491,20	2.802,60	1.394,32	2.340,80	2.633,40	1.170,60	2.190,40	2.464,20	946,88	2.040,00	2.295,00	723,16	1.889,60	2.125,80	499,44	1.739,20	1.956,
	II	31.231	1.628,87	2.498,48	2.810,79	1.405,15	2.348,08	2.641,59	1.181,43	2.197,68	2.472,39	957,71	2.047,28	2.303,19	733,99	1.896,88	2.133,99	510,27	1.746,48	1.964,79	286,55	1.596,08	1.795,
	III	23.566	-	1.885,28	2.120,94	-	1.752,48	1.971,54	-	1.622,72	1.825,56	-	1.496,16	1.683,18	-	1.372,64	1.544,22	-	1.252,16	1.408,68	-	1.134,72	1.276,
	IV	33.020	1.816,10	2.641,60	2.971,80	1.729,90	2.566,40	2.887,20	1.618,04	2.491,20	2.802,60	1.506,18	2.416,00	2.718,00	1.394,32	2.340,80	2.633,40	1.282,46	2.265,60	2.548,80	1.170,60	2.190,40	2.464,
	V	39.193	2.155,61	3.135,44	3.527,37																		
	VI	39.725	2.184,87	3.178,00	3.575,25																		
117.359,99 (Ost)	I	33.113	1.821,21	2.649,04	2.980,17	1.629,22	2.498,72	2.811,06	1.405,50	2.348,32	2.641,86	1.181,78	2.197,92	2.472,66	958,06	2.047,52	2.303,46	734,34	1.897,12	2.134,26	510,62	1.746,72	1.965,
	II	31.324	1.639,93	2.505,92	2.819,16	1.416,21	2.355,52	2.649,96	1.192,49	2.205,12	2.480,76	968,89	2.054,80	2.311,65	745,17	1.904,40	2.142,45	521,45	1.754,00	1.973,25	297,73	1.603,60	1.804,
	III	23.650	-	1.892,00	2.128,50	-	1.759,04	1.978,92	-	1.629,28	1.832,94	-	1.502,40	1.690,20	-	1.378,72	1.551,06	-	1.258,08	1.415,34	-	1.140,48	1.283,
	IV	33.113	1.821,21	2.649,04	2.980,17	1.741,08	2.573,92	2.895,66	1.629,22	2.498,72	2.811,06	1.517,36	2.423,52	2.726,46	1.405,50	2.348,32	2.641,86	1.293,64	2.273,12	2.557,26	1.181,78	2.197,92	2.472,
	V	39.287	2.160,78	3.142,96	3.535,83																		
	VI	39.819	2.190,04	3.185,52	3.583,71																		
117.395,99 (West)	I	33.035	1.816,92	2.642,80	2.973,15	1.619,82	2.492,40	2.803,95	1.396,10	2.342,00	2.634,75	1.172,38	2.191,60	2.465,55	948,66	2.041,20	2.296,35	724,94	1.890,80	2.127,15	501,22	1.740,40	1.957,
	II	31.246	1.630,65	2.499,68	2.812,14	1.406,93	2.349,28	2.642,94	1.183,21	2.198,88	2.473,74	959,49	2.048,48	2.304,54	735,77	1.898,08	2.135,34	512,05	1.747,68	1.966,14	288,33	1.597,28	1.796,
	III	23.580	-	1.886,40	2.122,20	-	1.753,60	1.972,80	-	1.623,84	1.826,82	-	1.497,12	1.684,26	-	1.373,60	1.545,30	-	1.253,12	1.409,76	-	1.135,68	1.277,
	IV	33.035	1.816,92	2.642,80	2.973,15	1.731,68	2.567,60	2.888,55	1.619,82	2.492,40	2.803,95	1.507,96	2.417,20	2.719,35	1.396,10	2.342,00	2.634,75	1.284,24	2.266,80	2.550,15	1.172,38	2.191,60	2.465,
	V	39.208	2.156,44	3.136,64	3.528,72																		
	VI	39.740	2.185,70	3.179,20	3.576,60																		
117.395,99 (Ost)	I	33.129	1.822,09	2.650,32	2.981,61	1.631,01	2.499,92	2.812,41	1.407,29	2.349,52	2.643,21	1.183,57	2.199,12	2.474,01	959,85	2.048,72	2.304,81	736,13	1.898,32	2.135,61	512,41	1.747,92	1.966,
	II	31.339	1.641,72	2.507,12	2.820,51	1.418,00	2.356,72	2.651,31	1.194,40	2.206,40	2.482,20	970,68	2.056,00	2.313,00	746,96	1.905,60	2.143,80	523,24	1.755,20	1.974,60	299,52	1.604,80	1.805,
	III	23.664	-	1.893,12	2.129,76	-	1.760,16	1.980,18	-	1.630,24	1.834,02	-	1.503,36	1.691,28	-	1.379,68	1.552,14	-	1.259,04	1.416,42	-	1.141,44	1.284,
	IV	33.129	1.822,09	2.650,32	2.981,61	1.742,87	2.575,12	2.897,01	1.631,01	2.499,92	2.812,41	1.519,15	2.424,72	2.727,81	1.407,29	2.349,52	2.643,21	1.295,43	2.274,32	2.558,61	1.183,57	2.199,12	2.474,
	V	39.302	2.161,61	3.144,16	3.537,18																		
	VI	39.834	2.190,87	3.186,72	3.585,06																		
117.431,99 (West)	I	33.050	1.817,75	2.644,00	2.974,50	1.621,61	2.493,60	2.805,30	1.397,89	2.343,20	2.636,10	1.174,17	2.192,80	2.466,90	950,45	2.042,40	2.297,70	726,73	1.892,00	2.128,50	503,13	1.741,68	1.959,
	II	31.261	1.632,44	2.500,88	2.813,49	1.408,72	2.350,48	2.644,29	1.185,00	2.200,08	2.475,09	961,28	2.049,68	2.305,89	737,56	1.899,28	2.136,69	513,84	1.748,88	1.967,49	290,12	1.598,48	1.798,
	III	23.594	-	1.887,52	2.123,46	-	1.754,56	1.973,88	-	1.624,80	1.827,90	-	1.498,24	1.685,52	-	1.374,56	1.546,38	-	1.254,08	1.410,84	-	1.136,64	1.278,
	IV	33.050	1.817,75	2.644,00	2.974,50	1.733,47	2.568,80	2.889,90	1.621,61	2.493,60	2.805,30	1.509,75	2.418,40	2.720,70	1.397,89	2.343,20	2.636,10	1.286,03	2.268,00	2.551,50	1.174,17	2.192,80	2.466,
	V	39.223	2.157,26	3.137,84	3.530,07																		
	VI	39.755	2.186,52	3.180,40	3.577,95																		
117.431,99 (Ost)	I	33.144	1.822,92	2.651,52	2.982,96	1.632,79	2.501,12	2.813,76	1.409,07	2.350,72	2.644,56	1.185,35	2.200,32	2.475,36	961,63	2.049,92	2.306,16	737,91	1.899,52	2.136,96	514,19	1.749,12	1.967,
	II	31.355	1.643,62	2.508,40	2.821,95	1.419,90	2.358,00	2.652,75	1.196,18	2.207,60	2.483,55	972,46	2.057,20	2.314,35	748,74	1.906,80	2.145,15	525,02	1.756,40	1.975,95	301,30	1.606,00	1.806,
	III	23.678	-	1.894,24	2.131,02	-	1.761,28	1.981,44	-	1.631,20	1.835,10	-	1.504,48	1.692,54	-	1.380,64	1.553,22	-	1.260,00	1.417,50	-	1.142,40	1.285,
	IV	33.144	1.822,92	2.651,52	2.982,96	1.744,65	2.576,32	2.898,36	1.632,79	2.501,12	2.813,76	1.520,93	2.425,92	2.729,16	1.409,07	2.350,72	2.644,56	1.297,21	2.275,52	2.559,96	1.185,35	2.200,32	2.475,
	V	39.317	2.162,43	3.145,36	3.538,53																		
	VI	39.849	2.191,69	3.187,92	3.586,41																		
117.467,99 (West)	I	33.065	1.818,57	2.645,20	2.975,85	1.623,39	2.494,80	2.806,65	1.399,67	2.344,40	2.637,45	1.175,95	2.194,00	2.468,25	952,35	2.043,68	2.299,14	728,63	1.893,28	2.129,94	504,91	1.742,88	1.960,
	II	31.276	1.634,22	2.502,08	2.814,84	1.410,50	2.351,68	2.645,64	1.186,78	2.201,28	2.476,44	963,06	2.050,88	2.307,24	739,34	1.900,48	2.138,04	515,62	1.750,08	1.968,84	291,90	1.599,68	1.799,
	III	23.608	-	1.888,64	2.124,72	-	1.755,68	1.975,14	-	1.625,92	1.829,16	-	1.499,20	1.686,60	-	1.375,52	1.547,46	-	1.255,04	1.411,92	-	1.137,60	1.279,
	IV	33.065	1.818,57	2.645,20	2.975,85	1.735,25	2.570,00	2.891,25	1.623,39	2.494,80	2.806,65	1.511,53	2.419,60	2.722,05	1.399,67	2.344,40	2.637,45	1.287,81	2.269,20	2.552,85	1.175,95	2.194,00	2.468,
	V	39.238	2.158,09	3.139,04	3.531,42																		
	VI	39.770	2.187,35	3.181,60	3.579,30																		
117.467,99 (Ost)	I	33.159	1.823,74	2.652,72	2.984,31	1.634,58	2.502,32	2.815,11	1.410,86	2.351,92	2.645,91	1.187,14	2.201,52	2.476,71	963,42	2.051,12	2.307,51	739,70	1.900,72	2.138,31	515,98	1.750,32	1.969,
	II	31.370	1.645,41	2.509,60	2.823,30	1.421,69	2.359,20	2.654,10	1.197,97	2.208,80	2.484,90	974,25	2.058,40	2.315,70	750,53	1.908,00	2.146,50	526,81	1.757,60	1.977,30	303,09	1.607,20	1.808,
	III	23.692	-	1.895,36	2.132,28	-	1.762,24	1.982,52	-	1.632,32	1.836,36	-	1.505,44	1.693,62	-	1.381,60	1.554,30	-	1.260,96	1.418,58	-	1.143,36	1.286,
	IV	33.159	1.823,74	2.652,72	2.984,31	1.746,44	2.577,52	2.899,71	1.634,58	2.502,32	2.815,11	1.522,72	2.427,12	2.730,51	1.410,86	2.351,92	2.645,91	1.299,00	2.276,72	2.561,31	1.187,14	2.201,52	2.476,
	V	39.332	2.163,26	3.146,56	3.539,88																		
	VI	39.864	2.192,52	3.189,12	3.587,76																		
117.503,99 (West)	I	33.080	1.819,40	2.646,40	2.977,20	1.625,18	2.496,00	2.808,00	1.401,46	2.345,60	2.638,80	1.177,86	2.195,28	2.469,69	954,14	2.044,88	2.300,49	730,42	1.894,48	2.131,29	506,70	1.744,08	1.962,
	II	31.291	1.636,01	2.503,28	2.816,19	1.412,29	2.352,88	2.646,99	1.188,57	2.202,48	2.477,79	964,85	2.052,08	2.308,59	741,13	1.901,68	2.139,39	517,53	1.751,36	1.970,28	293,81	1.600,96	1.801,
	III	23.620	-	1.889,60	2.125,80	-	1.756,80	1.976,40	-	1.626,88	1.830,24	-	1.500,16	1.687,68	-	1.376,48	1.548,54	-	1.256,00	1.413,00	-	1.138,40	1.280,
	IV	33.080	1.819,40	2.646,40	2.977,20	1.737,04	2.571,20	2.892,60	1.625,18	2.496,00	2.808,00	1.513,32	2.420,80	2.723,40	1.401,46	2.345,60	2.638,80	1.289,72	2.270,48	2.554,29	1.177,86	2.195,28	2.469,
	V	39.254	2.158,97	3.140,32	3.532,86																		
	VI	39.785	2.188,17	3.182,80	3.580,65																		
117.503,99 (Ost)	I	33.174	1.824,57	2.653,92	2.985,66	1.636,36	2.503,52	2.816,46	1.412,64	2.353,12	2.647,26	1.188,92	2.202,72	2.478,06	965,20	2.052,32	2.308,86	741,48	1.901,92	2.139,66	517,76	1.751,52	1.970,
	II	31.385	1.647,19	2.510,80	2.824,65	1.423,47	2.360,40	2.655,45	1.199,75	2.210,00	2.486,25	976,03	2.059,60	2.317,05	752,31	1.909,20	2.147,85	528,59	1.758,80	1.978,65	304,87	1.608,40	1.809,
	III	23.704	-	1.896,32	2.133,36	-	1.763,36	1.983,78	-	1.633,28	1.837,44	-	1.506,40	1.694,70	-	1.382,72	1.555,56	-	1.261,92	1.419,66	-	1.144,32	1.287,
	IV	33.174	1.824,57	2.653,92	2.985,66	1.748,22	2.578,72	2.901,06	1.636,36	2.503,52	2.816,46	1.524,50	2.428,32	2.731,86	1.412,64	2.353,12	2.647,26	1.300,78	2.277,92	2.562,66	1.188,92	2.202,72	2.478,
	V	39.347	2.164,08	3.147,76	3.541,23																		
	VI	39.879	2.193,34	3.190,32	3.589,11																		
117.539,99 (West)	I	33.095	1.820,22	2.647,60	2.978,55	1.627,08	2.497,28	2.809,44	1.403,36	2.346,88	2.640,24	1.179,64	2.196,48	2.471,04	955,92	2.046,08	2.301,84	732,20	1.895,68	2.132,64	508,48	1.745,28	1.963,4
	II	31.306	1.637,79	2.504,48	2.817,54	1.414,07	2.354,08	2.648,34	1.190,35	2.203,68	2.479,14	966,63	2.053,28	2.309,94	743,03	1.902,96	2.140,83	519,31	1.752,56	1.971,63	295,59	1.602,16	1.802,4
	III	23.634	-	1.890,72	2.127,06	-	1.757,76	1.977,48	-	1.628,00	1.831,50	-	1.501,12	1.688,76	-	1.377,44	1.549,62	-	1.256,96	1.414,08	-	1.139,36	1.281,7
	IV	33.095	1.820,22	2.647,60	2.978,55	1.738,82	2.572,40	2.893,95	1.627,08	2.497,28	2.809,44	1.515,22	2.422,08	2.724,84	1.403,36	2.346,88	2.640,24	1.291,50	2.271,68	2.555,64	1.179,64	2.196,48	2.471,0
	V	39.269	2.159,79	3.141,52	3.534,21																		
	VI	39.800	2.189,00	3.184,00	3.582,00																		
117.539,99 (Ost)	I	33.189	1.825,39	2.655,12	2.987,01	1.638,15	2.504,72	2.817,81	1.414,43	2.354,32	2.648,61	1.190,71	2.203,92	2.479,41	966,99	2.053,52	2.310,21	743,27	1.903,12	2.141,01	519,67	1.752,80	1.971,9
	II	31.400	1.648,98	2.512,00	2.826,00	1.425,26	2.361,60	2.656,80	1.201,54	2.211,20	2.487,60	977,82	2.060,80	2.318,40	754,10	1.910,40	2.149,20	530,38	1.760,00	1.980,00	306,66	1.609,60	1.810,8
	III	23.718	-	1.897,44	2.134,62	-	1.764,32	1.984,86	-	1.634,40	1.838,70	-	1.507,52	1.695,96	-	1.383,68	1.556,64	-	1.262,88	1.420,74	-	1.145,28	1.288,4
	IV	33.189	1.825,39	2.655,12	2.987,01	1.750,01	2.579,92	2.902,41	1.638,15	2.504,72	2.817,81	1.526,29	2.429,52	2.733,21	1.414,43	2.354,32	2.648,61	1.302,57	2.279,12	2.564,01	1.190,71	2.203,92	2.479,4
	V	39.362	2.164,91	3.148,96	3.542,58																		
	VI	39.894	2.194,17	3.191,52	3.590,46																		

SolZ/KiSt lt. Tabelle nicht für Sonstige Bezüge anwendbar.

Lohn/Gehalt bis	Steuerklasse	Lohnsteuer	ohne Kinderfreibetrag SolZ 5,5%	ohne Kinderfreibetrag Kirchensteuer 8%	ohne Kinderfreibetrag Kirchensteuer 9%	0,5 SolZ 5,5%	0,5 Kirchensteuer 8%	0,5 Kirchensteuer 9%	1,0 SolZ 5,5%	1,0 Kirchensteuer 8%	1,0 Kirchensteuer 9%	1,5 SolZ 5,5%	1,5 Kirchensteuer 8%	1,5 Kirchensteuer 9%	2,0 SolZ 5,5%	2,0 Kirchensteuer 8%	2,0 Kirchensteuer 9%	2,5 SolZ 5,5%	2,5 Kirchensteuer 8%	2,5 Kirchensteuer 9%	3,0 SolZ 5,5%	3,0 Kirchensteuer 8%	3,0 Kirchensteuer 9%
						Anzahl Kinderfreibeträge (nur Steuerklassen I–IV)																	
17.575,99	I	33.111	1.821,10	2.648,88	2.979,99	1.628,87	2.498,48	2.810,79	1.405,15	2.348,08	2.641,59	1.181,43	2.197,68	2.472,39	957,71	2.047,28	2.303,19	733,99	1.896,88	2.133,99	510,27	1.746,48	1.964,79
(West)	II	31.321	1.639,58	2.505,68	2.818,89	1.415,86	2.355,28	2.649,69	1.192,26	2.204,96	2.480,58	968,54	2.054,56	2.311,38	744,82	1.904,16	2.142,18	521,10	1.753,76	1.972,98	297,38	1.603,36	1.803,78
	III	23.648	-	1.891,84	2.128,32	-	1.758,88	1.978,74	-	1.628,96	1.832,58	-	1.502,24	1.690,02	-	1.378,56	1.550,88	-	1.257,92	1.415,16	-	1.140,32	1.282,86
	IV	33.111	1.821,10	2.648,88	2.979,99	1.740,73	2.573,68	2.895,39	1.628,87	2.498,48	2.810,79	1.517,01	2.423,28	2.726,19	1.405,15	2.348,08	2.641,59	1.293,29	2.272,88	2.556,99	1.181,43	2.197,68	2.472,39
	V	39.284	2.160,62	3.142,72	3.535,56																		
	VI	39.816	2.189,88	3.185,28	3.583,44																		
17.575,99	I	33.204	1.826,22	2.656,32	2.988,36	1.639,93	2.505,92	2.819,16	1.416,21	2.355,52	2.649,96	1.192,49	2.205,12	2.480,76	968,89	2.054,80	2.311,65	745,17	1.904,40	2.142,45	521,45	1.754,00	1.973,25
(Ost)	II	31.415	1.650,76	2.513,20	2.827,35	1.427,04	2.362,80	2.658,15	1.203,32	2.212,40	2.488,95	979,60	2.062,00	2.319,75	755,88	1.911,60	2.150,55	532,16	1.761,20	1.981,35	308,44	1.610,80	1.812,15
	III	23.732	-	1.898,56	2.135,88	-	1.765,44	1.986,12	-	1.635,36	1.839,78	-	1.508,48	1.697,04	-	1.384,64	1.557,72	-	1.263,84	1.421,82	-	1.146,08	1.289,34
	IV	33.204	1.826,22	2.656,32	2.988,36	1.751,79	2.581,12	2.903,76	1.639,93	2.505,92	2.819,16	1.528,07	2.430,72	2.734,56	1.416,21	2.355,52	2.649,96	1.304,35	2.280,32	2.565,36	1.192,49	2.205,12	2.480,76
	V	39.378	2.165,79	3.150,24	3.544,02																		
	VI	39.909	2.194,99	3.192,72	3.591,81																		
17.611,99	I	33.126	1.821,93	2.650,08	2.981,34	1.630,65	2.499,68	2.812,14	1.406,93	2.349,28	2.642,94	1.183,21	2.198,88	2.473,74	959,49	2.048,48	2.304,54	735,77	1.898,08	2.135,34	512,05	1.747,68	1.966,14
(West)	II	31.336	1.641,36	2.506,88	2.820,24	1.417,76	2.356,56	2.651,13	1.194,04	2.206,16	2.481,93	970,32	2.055,76	2.312,73	746,60	1.905,36	2.143,53	522,88	1.754,96	1.974,33	299,16	1.604,56	1.805,13
	III	23.662	-	1.892,96	2.129,58	-	1.759,84	1.979,82	-	1.630,08	1.833,84	-	1.503,20	1.691,10	-	1.379,52	1.551,96	-	1.258,88	1.416,24	-	1.141,28	1.283,94
	IV	33.126	1.821,93	2.650,08	2.981,34	1.742,51	2.574,88	2.896,74	1.630,65	2.499,68	2.812,14	1.518,79	2.424,48	2.727,54	1.406,93	2.349,28	2.642,94	1.295,07	2.274,08	2.558,34	1.183,21	2.198,88	2.473,74
	V	39.299	2.161,44	3.143,92	3.536,91																		
	VI	39.831	2.190,70	3.186,48	3.584,79																		
17.611,99	I	33.219	1.827,04	2.657,52	2.989,71	1.641,72	2.507,12	2.820,51	1.418,00	2.356,72	2.651,31	1.194,40	2.206,40	2.482,20	970,68	2.056,00	2.313,00	746,96	1.905,60	2.143,80	523,24	1.755,20	1.974,60
(Ost)	II	31.430	1.652,55	2.514,40	2.828,70	1.428,83	2.364,00	2.659,50	1.205,11	2.213,60	2.490,30	981,39	2.063,20	2.321,10	757,67	1.912,80	2.151,90	534,07	1.762,48	1.982,79	310,35	1.612,08	1.813,59
	III	23.746	-	1.899,68	2.137,14	-	1.766,56	1.987,38	-	1.636,48	1.841,04	-	1.509,44	1.698,12	-	1.385,60	1.558,80	-	1.264,80	1.422,90	-	1.147,04	1.290,42
	IV	33.219	1.827,04	2.657,52	2.989,71	1.753,58	2.582,32	2.905,11	1.641,72	2.507,12	2.820,51	1.529,86	2.431,92	2.735,91	1.418,00	2.356,72	2.651,31	1.306,26	2.281,60	2.566,80	1.194,40	2.206,40	2.482,20
	V	39.393	2.166,61	3.151,44	3.545,37																		
	VI	39.924	2.195,82	3.193,92	3.593,16																		
17.647,99	I	33.141	1.822,75	2.651,28	2.982,69	1.632,44	2.500,88	2.813,49	1.408,72	2.350,48	2.644,29	1.185,00	2.200,08	2.475,09	961,28	2.049,68	2.305,89	737,56	1.899,28	2.136,69	513,84	1.748,88	1.967,49
(West)	II	31.352	1.643,27	2.508,16	2.821,68	1.419,55	2.357,76	2.652,48	1.195,83	2.207,36	2.483,28	972,11	2.056,96	2.314,08	748,39	1.906,56	2.144,88	524,67	1.756,16	1.975,68	300,95	1.605,76	1.806,48
	III	23.674	-	1.893,92	2.130,66	-	1.760,96	1.981,08	-	1.631,04	1.834,92	-	1.504,16	1.692,18	-	1.380,48	1.553,04	-	1.259,84	1.417,32	-	1.142,24	1.285,02
	IV	33.141	1.822,75	2.651,28	2.982,69	1.744,30	2.576,08	2.898,09	1.632,44	2.500,88	2.813,49	1.520,58	2.425,68	2.728,89	1.408,72	2.350,48	2.644,29	1.296,86	2.275,28	2.559,69	1.185,00	2.200,08	2.475,09
	V	39.314	2.162,27	3.145,12	3.538,26																		
	VI	39.846	2.191,53	3.187,68	3.586,14																		
17.647,99	I	33.234	1.827,87	2.658,72	2.991,06	1.643,62	2.508,40	2.821,95	1.419,90	2.358,00	2.652,75	1.196,18	2.207,60	2.483,55	972,46	2.057,20	2.314,35	748,74	1.906,80	2.145,15	525,02	1.756,40	1.975,95
(Ost)	II	31.445	1.654,33	2.515,60	2.830,05	1.430,61	2.365,20	2.660,85	1.206,89	2.214,80	2.491,65	983,17	2.064,40	2.322,45	759,57	1.914,08	2.153,34	535,85	1.763,68	1.984,14	312,13	1.613,28	1.814,94
	III	23.760	-	1.900,80	2.138,40	-	1.767,52	1.988,46	-	1.637,44	1.842,12	-	1.510,56	1.699,38	-	1.386,56	1.559,88	-	1.265,76	1.423,98	-	1.148,00	1.291,50
	IV	33.234	1.827,87	2.658,72	2.991,06	1.755,36	2.583,52	2.906,46	1.643,62	2.508,40	2.821,95	1.531,76	2.433,20	2.737,35	1.419,90	2.358,00	2.652,75	1.308,04	2.282,80	2.568,15	1.196,18	2.207,60	2.483,55
	V	39.408	2.167,44	3.152,64	3.546,72																		
	VI	39.939	2.196,64	3.195,12	3.594,51																		
17.683,99	I	33.156	1.823,58	2.652,48	2.984,04	1.634,22	2.502,08	2.814,84	1.410,50	2.351,68	2.645,64	1.186,78	2.201,28	2.476,44	963,06	2.050,88	2.307,24	739,34	1.900,48	2.138,04	515,62	1.750,08	1.968,84
(West)	II	31.367	1.645,05	2.509,36	2.823,03	1.421,33	2.358,96	2.653,83	1.197,61	2.208,56	2.484,63	973,89	2.058,16	2.315,43	750,17	1.907,76	2.146,23	526,45	1.757,36	1.977,03	302,73	1.606,96	1.807,83
	III	23.688	-	1.895,04	2.131,92	-	1.762,08	1.982,34	-	1.632,16	1.836,18	-	1.505,28	1.693,44	-	1.381,44	1.554,12	-	1.260,80	1.418,40	-	1.143,20	1.286,10
	IV	33.156	1.823,58	2.652,48	2.984,04	1.746,08	2.577,28	2.899,44	1.634,22	2.502,08	2.814,84	1.522,36	2.426,88	2.730,24	1.410,50	2.351,68	2.645,64	1.298,64	2.276,48	2.561,04	1.186,78	2.201,28	2.476,44
	V	39.329	2.163,09	3.146,32	3.539,61																		
	VI	39.861	2.192,35	3.188,88	3.587,49																		
17.683,99	I	33.250	1.828,75	2.660,00	2.992,50	1.645,41	2.509,60	2.823,30	1.421,69	2.359,20	2.654,10	1.197,97	2.208,80	2.484,90	974,25	2.058,40	2.315,70	750,53	1.908,00	2.146,50	526,81	1.757,60	1.977,30
(Ost)	II	31.460	1.656,12	2.516,80	2.831,40	1.432,40	2.366,40	2.662,20	1.208,80	2.216,08	2.493,09	985,08	2.065,68	2.323,89	761,36	1.915,28	2.154,69	537,64	1.764,88	1.985,49	313,92	1.614,48	1.816,29
	III	23.772	-	1.901,76	2.139,48	-	1.768,64	1.989,72	-	1.638,56	1.843,38	-	1.511,52	1.700,46	-	1.387,52	1.560,96	-	1.266,72	1.425,06	-	1.148,96	1.292,58
	IV	33.250	1.828,75	2.660,00	2.992,50	1.757,27	2.584,80	2.907,90	1.645,41	2.509,60	2.823,30	1.533,55	2.434,40	2.738,70	1.421,69	2.359,20	2.654,10	1.309,83	2.284,00	2.569,50	1.197,97	2.208,80	2.484,90
	V	39.423	2.168,26	3.153,84	3.548,07																		
	VI	39.955	2.197,52	3.196,40	3.595,95																		
17.719,99	I	33.171	1.824,40	2.653,68	2.985,39	1.636,01	2.503,28	2.816,19	1.412,29	2.352,88	2.646,99	1.188,57	2.202,48	2.477,79	964,85	2.052,08	2.308,59	741,13	1.901,68	2.139,39	517,53	1.751,36	1.970,28
(West)	II	31.382	1.646,84	2.510,56	2.824,38	1.423,12	2.360,16	2.655,18	1.199,40	2.209,76	2.485,98	975,68	2.059,36	2.316,78	751,96	1.908,96	2.147,58	528,24	1.758,56	1.978,38	304,52	1.608,16	1.809,18
	III	23.702	-	1.896,16	2.133,18	-	1.763,04	1.983,42	-	1.633,12	1.837,26	-	1.506,24	1.694,52	-	1.382,40	1.555,20	-	1.261,76	1.419,48	-	1.144,00	1.287,00
	IV	33.171	1.824,40	2.653,68	2.985,39	1.747,87	2.578,48	2.900,79	1.636,01	2.503,28	2.816,19	1.524,15	2.428,08	2.731,59	1.412,29	2.352,88	2.646,99	1.300,43	2.277,68	2.562,39	1.188,57	2.202,48	2.477,79
	V	39.344	2.163,92	3.147,52	3.540,96																		
	VI	39.876	2.193,18	3.190,08	3.588,84																		
17.719,99	I	33.265	1.829,57	2.661,20	2.993,85	1.647,19	2.510,80	2.824,65	1.423,47	2.360,40	2.655,45	1.199,75	2.210,00	2.486,25	976,03	2.059,60	2.317,05	752,31	1.909,20	2.147,85	528,59	1.758,80	1.978,65
(Ost)	II	31.475	1.657,90	2.518,00	2.832,75	1.434,30	2.367,68	2.663,64	1.210,58	2.217,28	2.494,44	986,86	2.066,88	2.325,24	763,14	1.916,48	2.156,04	539,42	1.766,08	1.986,84	315,70	1.615,68	1.817,64
	III	23.786	-	1.902,88	2.140,74	-	1.769,60	1.990,80	-	1.639,52	1.844,46	-	1.512,48	1.701,54	-	1.388,48	1.562,04	-	1.267,68	1.426,14	-	1.149,92	1.293,66
	IV	33.265	1.829,57	2.661,20	2.993,85	1.759,05	2.586,00	2.909,25	1.647,19	2.510,80	2.824,65	1.535,33	2.435,60	2.740,05	1.423,47	2.360,40	2.655,45	1.311,61	2.285,20	2.570,85	1.199,75	2.210,00	2.486,25
	V	39.438	2.169,09	3.155,04	3.549,42																		
	VI	39.970	2.198,35	3.197,60	3.597,30																		
17.755,99	I	33.186	1.825,23	2.654,88	2.986,74	1.637,79	2.504,48	2.817,54	1.414,07	2.354,08	2.648,34	1.190,35	2.203,68	2.479,14	966,63	2.053,28	2.309,94	743,03	1.902,96	2.140,83	519,31	1.752,56	1.971,63
(West)	II	31.397	1.648,62	2.511,76	2.825,73	1.424,90	2.361,36	2.656,53	1.201,18	2.210,96	2.487,33	977,46	2.060,56	2.318,13	753,74	1.910,16	2.148,93	530,02	1.759,76	1.979,73	306,30	1.609,36	1.810,53
	III	23.716	-	1.897,28	2.134,44	-	1.764,16	1.984,68	-	1.634,08	1.838,34	-	1.507,20	1.695,60	-	1.383,36	1.556,28	-	1.262,72	1.420,56	-	1.144,96	1.288,08
	IV	33.186	1.825,23	2.654,88	2.986,74	1.749,65	2.579,68	2.902,14	1.637,79	2.504,48	2.817,54	1.525,93	2.429,28	2.732,94	1.414,07	2.354,08	2.648,34	1.302,21	2.278,88	2.563,74	1.190,35	2.203,68	2.479,14
	V	39.359	2.164,74	3.148,72	3.542,31																		
	VI	39.891	2.194,00	3.191,28	3.590,19																		
17.755,99	I	33.280	1.830,40	2.662,40	2.995,20	1.648,98	2.512,00	2.826,00	1.425,26	2.361,60	2.656,80	1.201,54	2.211,20	2.487,60	977,82	2.060,80	2.318,40	754,10	1.910,40	2.149,20	530,38	1.760,00	1.980,00
(Ost)	II	31.491	1.659,81	2.519,28	2.834,19	1.436,09	2.368,88	2.664,99	1.212,37	2.218,48	2.495,79	988,65	2.068,08	2.326,59	764,93	1.917,68	2.157,39	541,21	1.767,28	1.988,19	317,49	1.616,88	1.818,99
	III	23.800	-	1.904,00	2.142,00	-	1.770,72	1.992,06	-	1.640,64	1.845,72	-	1.513,44	1.702,62	-	1.389,60	1.563,30	-	1.268,64	1.427,22	-	1.150,88	1.294,74
	IV	33.280	1.830,40	2.662,40	2.995,20	1.760,84	2.587,20	2.910,60	1.648,98	2.512,00	2.826,00	1.537,12	2.436,80	2.741,40	1.425,26	2.361,60	2.656,80	1.313,40	2.286,40	2.572,20	1.201,54	2.211,20	2.487,60
	V	39.453	2.169,91	3.156,24	3.550,77																		
	VI	39.985	2.199,17	3.198,80	3.598,65																		
17.791,99	I	33.201	1.826,05	2.656,08	2.988,09	1.639,58	2.505,68	2.818,89	1.415,86	2.355,28	2.649,69	1.192,26	2.204,96	2.480,58	968,54	2.054,56	2.311,38	744,82	1.904,16	2.142,18	521,10	1.753,76	1.972,98
(West)	II	31.412	1.650,41	2.512,96	2.827,08	1.426,69	2.362,56	2.657,88	1.202,97	2.212,16	2.488,68	979,25	2.061,76	2.319,48	755,53	1.911,36	2.150,28	531,81	1.760,96	1.981,08	308,21	1.610,64	1.811,97
	III	23.728	-	1.898,24	2.135,52	-	1.765,28	1.985,94	-	1.635,20	1.839,60	-	1.508,32	1.696,86	-	1.384,32	1.557,36	-	1.263,68	1.421,64	-	1.145,92	1.289,16
	IV	33.201	1.826,05	2.656,08	2.988,09	1.751,44	2.580,88	2.903,49	1.639,58	2.505,68	2.818,89	1.527,72	2.430,48	2.734,29	1.415,86	2.355,28	2.649,69	1.304,00	2.280,08	2.565,09	1.192,26	2.204,96	2.480,58
	V	39.375	2.165,62	3.150,00	3.543,75																		
	VI	39.906	2.194,83	3.192,48	3.591,54																		
17.791,99	I	33.295	1.831,22	2.663,60	2.996,55	1.650,76	2.513,20	2.827,35	1.427,04	2.362,80	2.658,15	1.203,32	2.212,40	2.488,95	979,60	2.062,00	2.319,75	755,88	1.911,60	2.150,55	532,16	1.761,20	1.981,35
(Ost)	II	31.506	1.661,59	2.520,48	2.835,54	1.437,87	2.370,08	2.666,34	1.214,15	2.219,68	2.497,14	990,43	2.069,28	2.327,94	766,71	1.918,88	2.158,74	542,99	1.768,48	1.989,54	319,27	1.618,08	1.820,34
	III	23.814	-	1.905,12	2.143,26	-	1.771,84	1.993,32	-	1.641,60	1.846,80	-	1.514,56	1.703,88	-	1.390,56	1.564,38	-	1.269,60	1.428,30	-	1.151,84	1.295,82
	IV	33.295	1.831,22	2.663,60	2.996,55	1.762,62	2.588,40	2.911,95	1.650,76	2.513,20	2.827,35	1.538,90	2.438,00	2.742,75	1.427,04	2.362,80	2.658,15	1.315,18	2.287,60	2.573,55	1.203,32	2.212,40	2.488,95
	V	39.468	2.170,74	3.157,44	3.552,12																		
	VI	40.000	2.200,00	3.200,00	3.600,00																		

SolZ/KiSt lt. Tabelle nicht für Sonstige Bezüge anwendbar.

JAHR bis 118.043,99 €

Allgemeine Tabelle

Lohn/Gehalt bis	Steuerklasse	Lohnsteuer	ohne Kinderfreibetrag			Anzahl Kinderfreibeträge (nur Steuerklassen I–IV)																	
						0,5			1,0			1,5			2,0			2,5			3,0		
			SolZ 5,5%	Kirchensteuer 8%	9%	SolZ 5,5%	Kirchensteuer 8%	9%	SolZ 5,5%	Kirchensteuer 8%	9%	SolZ 5,5%	Kirchensteuer 8%	9%	SolZ 5,5%	Kirchensteuer 8%	9%	SolZ 5,5%	Kirchensteuer 8%	9%	SolZ 5,5%	Kirchensteuer 8%	9%
117.827,99 (West)	I	33.216	1.826,88	2.657,28	2.989,44	1.641,36	2.506,88	2.820,24	1.417,76	2.356,56	2.651,13	1.194,04	2.206,16	2.481,93	970,32	2.055,76	2.312,73	746,60	1.905,36	2.143,53	522,88	1.754,96	1.974,
	II	31.427	1.652,19	2.514,16	2.828,43	1.428,47	2.363,76	2.659,23	1.204,75	2.213,36	2.490,03	981,03	2.062,96	2.320,83	757,43	1.912,64	2.151,72	533,71	1.762,24	1.982,52	309,99	1.611,84	1.813,
	III	23.742	–	1.899,36	2.136,78	–	1.766,24	1.987,02	–	1.636,16	1.840,68	–	1.509,28	1.697,94	–	1.385,44	1.558,62	–	1.264,64	1.422,72	–	1.146,88	1.290,
	IV	33.216	1.826,88	2.657,28	2.989,44	1.753,22	2.582,08	2.904,84	1.641,36	2.506,88	2.820,24	1.529,62	2.431,76	2.735,73	1.417,76	2.356,56	2.651,13	1.305,90	2.281,36	2.566,53	1.194,04	2.206,16	2.481,
	V	39.390	2.166,45	3.151,20	3.545,10																		
	VI	39.921	2.195,65	3.193,68	3.592,89																		
117.827,99 (Ost)	I	33.310	1.832,05	2.664,80	2.997,90	1.652,55	2.514,40	2.828,70	1.428,83	2.364,00	2.659,50	1.205,11	2.213,60	2.490,30	981,39	2.063,20	2.321,10	757,67	1.912,80	2.151,90	534,07	1.762,48	1.982,
	II	31.521	1.663,38	2.521,68	2.836,89	1.439,66	2.371,28	2.667,69	1.215,94	2.220,88	2.498,49	992,22	2.070,48	2.329,29	768,50	1.920,08	2.160,09	544,78	1.769,68	1.990,89	321,06	1.619,28	1.821,
	III	23.826	–	1.906,08	2.144,34	–	1.772,80	1.994,40	–	1.642,72	1.848,06	–	1.515,52	1.704,96	–	1.391,52	1.565,46	–	1.270,56	1.429,38	–	1.152,64	1.296,
	IV	33.310	1.832,05	2.664,80	2.997,90	1.764,41	2.589,60	2.913,30	1.652,55	2.514,40	2.828,70	1.540,69	2.439,20	2.744,10	1.428,83	2.364,00	2.659,50	1.316,97	2.288,80	2.574,90	1.205,11	2.213,60	2.490,
	V	39.483	2.171,56	3.158,64	3.553,47																		
	VI	40.015	2.200,82	3.201,20	3.601,35																		
117.863,99 (West)	I	33.232	1.827,76	2.658,56	2.990,88	1.643,27	2.508,16	2.821,68	1.419,55	2.357,76	2.652,48	1.195,83	2.207,36	2.483,28	972,11	2.056,96	2.314,08	748,39	1.906,56	2.144,88	524,67	1.756,16	1.975,
	II	31.442	1.653,98	2.515,36	2.829,78	1.430,26	2.364,96	2.660,58	1.206,54	2.214,56	2.491,38	982,94	2.064,24	2.322,27	759,22	1.913,84	2.153,07	535,50	1.763,44	1.983,87	311,78	1.613,04	1.814,
	III	23.756	–	1.900,48	2.138,04	–	1.767,36	1.988,28	–	1.637,28	1.841,94	–	1.510,24	1.699,02	–	1.386,40	1.559,70	–	1.265,60	1.423,80	–	1.147,84	1.291,
	IV	33.232	1.827,76	2.658,56	2.990,88	1.755,13	2.583,36	2.906,28	1.643,27	2.508,16	2.821,68	1.531,41	2.432,96	2.737,08	1.419,55	2.357,76	2.652,48	1.307,69	2.282,56	2.567,88	1.195,83	2.207,36	2.483,
	V	39.405	2.167,27	3.152,40	3.546,45																		
	VI	39.937	2.196,53	3.194,96	3.594,33																		
117.863,99 (Ost)	I	33.325	1.832,87	2.666,00	2.999,25	1.654,33	2.515,60	2.830,05	1.430,61	2.365,20	2.660,85	1.206,89	2.214,80	2.491,65	983,17	2.064,40	2.322,45	759,57	1.914,08	2.153,34	535,85	1.763,68	1.984,
	II	31.536	1.665,16	2.522,88	2.838,24	1.441,44	2.372,48	2.669,04	1.217,72	2.222,08	2.499,84	994,00	2.071,68	2.330,64	770,28	1.921,28	2.161,44	546,56	1.770,88	1.992,24	322,84	1.620,48	1.823,
	III	23.840	–	1.907,20	2.145,60	–	1.773,92	1.995,66	–	1.643,68	1.849,14	–	1.516,48	1.706,04	–	1.392,48	1.566,54	–	1.271,52	1.430,46	–	1.153,60	1.297,
	IV	33.325	1.832,87	2.666,00	2.999,25	1.766,19	2.590,80	2.914,65	1.654,33	2.515,60	2.830,05	1.542,47	2.440,40	2.745,45	1.430,61	2.365,20	2.660,85	1.318,75	2.290,00	2.576,25	1.206,89	2.214,80	2.491,
	V	39.498	2.172,39	3.159,84	3.554,82																		
	VI	40.030	2.201,65	3.202,40	3.602,70																		
117.899,99 (West)	I	33.247	1.828,58	2.659,76	2.992,23	1.645,05	2.509,36	2.823,03	1.421,33	2.358,96	2.653,83	1.197,61	2.208,56	2.484,63	973,89	2.058,16	2.315,43	750,17	1.907,76	2.146,23	526,45	1.757,36	1.977,
	II	31.457	1.655,76	2.516,56	2.831,13	1.432,16	2.366,24	2.662,02	1.208,44	2.215,84	2.492,82	984,72	2.065,44	2.323,62	761,00	1.915,04	2.154,42	537,28	1.764,64	1.985,22	313,56	1.614,24	1.816,
	III	23.770	–	1.901,60	2.139,30	–	1.768,32	1.989,36	–	1.638,24	1.843,02	–	1.511,20	1.700,10	–	1.387,36	1.560,78	–	1.266,56	1.424,88	–	1.148,80	1.292,
	IV	33.247	1.828,58	2.659,76	2.992,23	1.756,91	2.584,56	2.907,63	1.645,05	2.509,36	2.823,03	1.533,19	2.434,16	2.738,43	1.421,33	2.358,96	2.653,83	1.309,47	2.283,76	2.569,23	1.197,61	2.208,56	2.484,
	V	39.420	2.168,10	3.153,60	3.547,80																		
	VI	39.952	2.197,36	3.196,16	3.595,68																		
117.899,99 (Ost)	I	33.340	1.833,70	2.667,20	3.000,60	1.656,12	2.516,80	2.831,40	1.432,40	2.366,40	2.662,20	1.208,80	2.216,08	2.493,09	985,08	2.065,68	2.323,89	761,36	1.915,28	2.154,69	537,64	1.764,88	1.985,
	II	31.551	1.666,95	2.524,08	2.839,59	1.443,23	2.373,68	2.670,39	1.219,51	2.223,28	2.501,19	995,79	2.072,88	2.331,99	772,07	1.922,48	2.162,79	548,35	1.772,08	1.993,59	324,75	1.621,76	1.824,
	III	23.854	–	1.908,32	2.146,86	–	1.775,04	1.996,92	–	1.644,64	1.850,22	–	1.517,60	1.707,30	–	1.393,44	1.567,62	–	1.272,48	1.431,54	–	1.154,56	1.298,
	IV	33.340	1.833,70	2.667,20	3.000,60	1.767,98	2.592,00	2.916,00	1.656,12	2.516,80	2.831,40	1.544,26	2.441,60	2.746,80	1.432,40	2.366,40	2.662,20	1.320,54	2.291,20	2.577,60	1.208,80	2.216,08	2.493,
	V	39.514	2.173,27	3.161,12	3.556,26																		
	VI	40.045	2.202,47	3.203,60	3.604,05																		
117.935,99 (West)	I	33.262	1.829,41	2.660,96	2.993,58	1.646,84	2.510,56	2.824,38	1.423,12	2.360,16	2.655,18	1.199,40	2.209,76	2.485,98	975,68	2.059,36	2.316,78	751,96	1.908,96	2.147,58	528,24	1.758,56	1.978,
	II	31.473	1.657,67	2.517,84	2.832,57	1.433,95	2.367,44	2.663,37	1.210,23	2.217,04	2.494,17	986,51	2.066,64	2.324,97	762,79	1.916,24	2.155,77	539,07	1.765,84	1.986,57	315,35	1.615,44	1.817,
	III	23.784	–	1.902,72	2.140,56	–	1.769,44	1.990,62	–	1.639,36	1.844,28	–	1.512,32	1.701,36	–	1.388,32	1.561,86	–	1.267,52	1.425,96	–	1.149,76	1.293,
	IV	33.262	1.829,41	2.660,96	2.993,58	1.758,70	2.585,76	2.908,98	1.646,84	2.510,56	2.824,38	1.534,98	2.435,36	2.739,78	1.423,12	2.360,16	2.655,18	1.311,26	2.284,96	2.570,58	1.199,40	2.209,76	2.485,
	V	39.435	2.168,92	3.154,80	3.549,15																		
	VI	39.967	2.198,18	3.197,36	3.597,03																		
117.935,99 (Ost)	I	33.355	1.834,52	2.668,40	3.001,95	1.657,90	2.518,00	2.832,75	1.434,30	2.367,68	2.663,64	1.210,58	2.217,28	2.494,44	986,86	2.066,88	2.325,24	763,14	1.916,48	2.156,04	539,42	1.766,08	1.986,
	II	31.566	1.668,73	2.525,28	2.840,94	1.445,01	2.374,88	2.671,74	1.221,29	2.224,48	2.502,54	997,57	2.074,08	2.333,34	773,97	1.923,76	2.164,23	550,25	1.773,36	1.995,03	326,53	1.622,96	1.825,
	III	23.868	–	1.909,44	2.148,12	–	1.776,00	1.998,00	–	1.645,76	1.851,48	–	1.518,56	1.708,38	–	1.394,40	1.568,70	–	1.273,44	1.432,62	–	1.155,52	1.299,
	IV	33.355	1.834,52	2.668,40	3.001,95	1.769,76	2.593,20	2.917,35	1.657,90	2.518,00	2.832,75	1.546,16	2.442,88	2.748,24	1.434,30	2.367,68	2.663,64	1.322,44	2.292,48	2.579,04	1.210,58	2.217,28	2.494,
	V	39.529	2.174,09	3.162,32	3.557,61																		
	VI	40.060	2.203,30	3.204,80	3.605,40																		
117.971,99 (West)	I	33.277	1.830,23	2.662,16	2.994,93	1.648,62	2.511,76	2.825,73	1.424,90	2.361,36	2.656,53	1.201,18	2.210,96	2.487,33	977,46	2.060,56	2.318,13	753,74	1.910,16	2.148,93	530,02	1.759,76	1.979,
	II	31.488	1.659,45	2.519,04	2.833,92	1.435,73	2.368,64	2.664,72	1.212,01	2.218,24	2.495,52	988,29	2.067,84	2.326,32	764,57	1.917,44	2.157,12	540,85	1.767,04	1.987,92	317,13	1.616,64	1.818,
	III	23.796	–	1.903,68	2.141,64	–	1.770,56	1.991,88	–	1.640,32	1.845,36	–	1.513,28	1.702,44	–	1.389,28	1.562,94	–	1.268,48	1.427,04	–	1.150,56	1.294,
	IV	33.277	1.830,23	2.662,16	2.994,93	1.760,48	2.586,96	2.910,33	1.648,62	2.511,76	2.825,73	1.536,76	2.436,56	2.741,13	1.424,90	2.361,36	2.656,53	1.313,04	2.286,16	2.571,93	1.201,18	2.210,96	2.487,
	V	39.450	2.169,75	3.156,00	3.550,50																		
	VI	39.982	2.199,01	3.198,56	3.598,38																		
117.971,99 (Ost)	I	33.371	1.835,40	2.669,68	3.003,39	1.659,81	2.519,28	2.834,19	1.436,09	2.368,88	2.664,99	1.212,37	2.218,48	2.495,79	988,65	2.068,08	2.326,59	764,93	1.917,68	2.157,39	541,21	1.767,28	1.988,
	II	31.581	1.670,52	2.526,48	2.842,29	1.446,80	2.376,08	2.673,09	1.223,08	2.225,68	2.503,89	999,48	2.075,36	2.334,78	775,76	1.924,96	2.165,58	552,04	1.774,56	1.996,38	328,32	1.624,16	1.827,
	III	23.882	–	1.910,56	2.149,38	–	1.777,12	1.999,26	–	1.646,72	1.852,56	–	1.519,52	1.709,46	–	1.395,52	1.569,96	–	1.274,40	1.433,70	–	1.156,48	1.301,0
	IV	33.371	1.835,40	2.669,68	3.003,39	1.771,67	2.594,48	2.918,79	1.659,81	2.519,28	2.834,19	1.547,95	2.444,08	2.749,59	1.436,09	2.368,88	2.664,99	1.324,23	2.293,68	2.580,39	1.212,37	2.218,48	2.495,
	V	39.544	2.174,92	3.163,52	3.558,96																		
	VI	40.076	2.204,18	3.206,08	3.606,84																		
118.007,99 (West)	I	33.292	1.831,06	2.663,36	2.996,28	1.650,41	2.512,96	2.827,08	1.426,69	2.362,56	2.657,88	1.202,97	2.212,16	2.488,68	979,25	2.061,76	2.319,48	755,53	1.911,36	2.150,28	531,81	1.760,96	1.981,0
	II	31.503	1.661,24	2.520,24	2.835,27	1.437,52	2.369,84	2.666,07	1.213,80	2.219,44	2.496,87	990,08	2.069,04	2.327,67	766,36	1.918,64	2.158,47	542,64	1.768,24	1.989,27	318,92	1.617,84	1.820,0
	III	23.810	–	1.904,80	2.142,90	–	1.771,52	1.992,96	–	1.641,44	1.846,62	–	1.514,24	1.703,52	–	1.390,24	1.564,02	–	1.269,44	1.428,12	–	1.151,52	1.295,4
	IV	33.292	1.831,06	2.663,36	2.996,28	1.762,27	2.588,16	2.911,68	1.650,41	2.512,96	2.827,08	1.538,55	2.437,76	2.742,48	1.426,69	2.362,56	2.657,88	1.314,83	2.287,36	2.573,28	1.202,97	2.212,16	2.488,6
	V	39.465	2.170,57	3.157,20	3.551,85																		
	VI	39.997	2.199,83	3.199,76	3.599,73																		
118.007,99 (Ost)	I	33.386	1.836,23	2.670,88	3.004,74	1.661,59	2.520,48	2.835,54	1.437,87	2.370,08	2.666,34	1.214,15	2.219,68	2.497,14	990,43	2.069,28	2.327,94	766,71	1.918,88	2.158,74	542,99	1.768,48	1.989,5
	II	31.596	1.672,30	2.527,68	2.843,64	1.448,70	2.377,36	2.674,53	1.224,98	2.226,96	2.505,33	1.001,26	2.076,56	2.336,13	777,54	1.926,16	2.166,93	553,82	1.775,76	1.997,73	330,10	1.625,36	1.828,5
	III	23.894	–	1.911,52	2.150,46	–	1.778,08	2.000,34	–	1.647,84	1.853,82	–	1.520,64	1.710,72	–	1.396,48	1.571,04	–	1.275,36	1.434,78	–	1.157,44	1.302,1
	IV	33.386	1.836,23	2.670,88	3.004,74	1.773,45	2.595,68	2.920,14	1.661,59	2.520,48	2.835,54	1.549,73	2.445,28	2.750,94	1.437,87	2.370,08	2.666,34	1.326,01	2.294,88	2.581,74	1.214,15	2.219,68	2.497,1
	V	39.559	2.175,74	3.164,72	3.560,31																		
	VI	40.091	2.205,00	3.207,28	3.608,19																		
118.043,99 (West)	I	33.307	1.831,88	2.664,56	2.997,63	1.652,19	2.514,16	2.828,43	1.428,47	2.363,76	2.659,23	1.204,75	2.213,36	2.490,03	981,03	2.062,96	2.320,83	757,43	1.912,64	2.151,72	533,71	1.762,24	1.982,5
	II	31.518	1.663,02	2.521,44	2.836,62	1.439,30	2.371,04	2.667,42	1.215,58	2.220,64	2.498,22	991,86	2.070,24	2.329,02	768,14	1.919,84	2.159,82	544,42	1.769,44	1.990,62	320,70	1.619,04	1.821,4
	III	23.824	–	1.905,92	2.144,16	–	1.772,64	1.994,22	–	1.642,40	1.847,70	–	1.515,36	1.704,78	–	1.391,36	1.565,28	–	1.270,40	1.429,20	–	1.152,48	1.296,5
	IV	33.307	1.831,88	2.664,56	2.997,63	1.764,05	2.589,36	2.913,03	1.652,19	2.514,16	2.828,43	1.540,33	2.438,96	2.743,83	1.428,47	2.363,76	2.659,23	1.316,61	2.288,56	2.574,63	1.204,75	2.213,36	2.490,0
	V	39.480	2.171,40	3.158,40	3.553,20																		
	VI	40.012	2.200,66	3.200,96	3.601,08																		
118.043,99 (Ost)	I	33.401	1.837,05	2.672,08	3.006,09	1.663,38	2.521,68	2.836,89	1.439,66	2.371,28	2.667,69	1.215,94	2.220,88	2.498,49	992,22	2.070,48	2.329,29	768,50	1.920,08	2.160,09	544,78	1.769,68	1.990,8
	II	31.612	1.674,21	2.528,96	2.845,08	1.450,49	2.378,56	2.675,88	1.226,77	2.228,16	2.506,68	1.003,05	2.077,76	2.337,48	779,33	1.927,36	2.168,28	555,61	1.776,96	1.999,08	331,89	1.626,56	1.829,8
	III	23.908	–	1.912,64	2.151,72	–	1.779,20	2.001,60	–	1.648,80	1.854,90	–	1.521,60	1.711,80	–	1.397,44	1.572,12	–	1.276,32	1.435,86	–	1.158,24	1.303,0
	IV	33.401	1.837,05	2.672,08	3.006,09	1.775,24	2.596,88	2.921,49	1.663,38	2.521,68	2.836,89	1.551,52	2.446,48	2.752,29	1.439,66	2.371,28	2.667,69	1.327,80	2.296,08	2.583,09	1.215,94	2.220,88	2.498,4
	V	39.574	2.176,57	3.165,92	3.561,66																		
	VI	40.106	2.205,83	3.208,48	3.609,54																		

SolZ/KiSt lt. Tabelle nicht für Sonstige Bezüge anwendbar.

Lohn/ Gehalt bis	Steuerklasse	Lohn-steuer	ohne Kinderfreibetrag SolZ 5,5%	Kirchensteuer 8%	Kirchensteuer 9%	0,5 SolZ 5,5%	0,5 Kirchensteuer 8%	0,5 Kirchensteuer 9%	1,0 SolZ 5,5%	1,0 Kirchensteuer 8%	1,0 Kirchensteuer 9%	1,5 SolZ 5,5%	1,5 Kirchensteuer 8%	1,5 Kirchensteuer 9%	2,0 SolZ 5,5%	2,0 Kirchensteuer 8%	2,0 Kirchensteuer 9%	2,5 SolZ 5,5%	2,5 Kirchensteuer 8%	2,5 Kirchensteuer 9%	3,0 SolZ 5,5%	3,0 Kirchensteuer 8%	3,0 Kirchensteuer 9%
8.079,99 (West)	I	33.322	1.832,71	2.665,76	2.998,98	1.653,98	2.515,36	2.829,78	1.430,26	2.364,96	2.660,58	1.206,54	2.214,56	2.491,38	982,94	2.064,24	2.322,27	759,22	1.913,84	2.153,07	535,50	1.763,44	1.983,87
	II	31.533	1.664,81	2.522,64	2.837,97	1.441,09	2.372,24	2.668,77	1.217,37	2.221,84	2.499,57	993,65	2.071,44	2.330,37	769,93	1.921,04	2.161,17	546,21	1.770,64	1.991,97	322,60	1.620,32	1.822,86
	III	23.838	-	1.907,04	2.145,42	-	1.773,60	1.995,30	-	1.643,52	1.848,96	-	1.516,32	1.705,86	-	1.392,32	1.566,36	-	1.271,36	1.430,28	-	1.153,44	1.297,62
	IV	33.322	1.832,71	2.665,76	2.998,98	1.765,84	2.590,56	2.914,38	1.653,98	2.515,36	2.829,78	1.542,12	2.440,16	2.745,18	1.430,26	2.364,96	2.660,58	1.318,40	2.289,76	2.575,98	1.206,54	2.214,56	2.491,38
	V	39.496	2.172,28	3.159,68	3.554,64																		
	VI	40.027	2.201,48	3.202,16	3.602,43																		
8.079,99 (Ost)	I	33.416	1.837,88	2.673,28	3.007,44	1.665,16	2.522,88	2.838,24	1.441,44	2.372,48	2.669,04	1.217,72	2.222,08	2.499,84	994,00	2.071,68	2.330,64	770,28	1.921,28	2.161,44	546,56	1.770,88	1.992,24
	II	31.627	1.675,99	2.530,16	2.846,43	1.452,27	2.379,76	2.677,23	1.228,55	2.229,36	2.508,03	1.004,83	2.078,96	2.338,83	781,11	1.928,56	2.169,63	557,39	1.778,16	2.000,43	333,67	1.627,76	1.831,23
	III	23.922	-	1.913,76	2.152,98	-	1.780,32	2.002,86	-	1.649,92	1.856,16	-	1.522,56	1.712,88	-	1.398,40	1.573,20	-	1.277,28	1.436,94	-	1.159,20	1.304,10
	IV	33.416	1.837,88	2.673,28	3.007,44	1.777,02	2.598,08	2.922,84	1.665,16	2.522,88	2.838,24	1.553,30	2.447,68	2.753,64	1.441,44	2.372,48	2.669,04	1.329,58	2.297,28	2.584,44	1.217,72	2.222,08	2.499,84
	V	39.589	2.177,39	3.167,12	3.563,01																		
	VI	40.121	2.206,65	3.209,68	3.610,89																		
8.115,99 (West)	I	33.337	1.833,53	2.666,96	3.000,33	1.655,76	2.516,56	2.831,13	1.432,16	2.366,24	2.662,02	1.208,44	2.215,84	2.492,82	984,72	2.065,44	2.323,62	761,00	1.915,04	2.154,42	537,28	1.764,64	1.985,22
	II	31.548	1.666,59	2.523,84	2.839,32	1.442,87	2.373,44	2.670,12	1.219,15	2.223,04	2.500,92	995,43	2.072,64	2.331,72	771,71	1.922,24	2.162,52	548,11	1.771,92	1.993,41	324,39	1.621,52	1.824,21
	III	23.850	-	1.908,00	2.146,50	-	1.774,72	1.996,56	-	1.644,48	1.850,04	-	1.517,28	1.706,94	-	1.393,28	1.567,44	-	1.272,32	1.431,36	-	1.154,40	1.298,70
	IV	33.337	1.833,53	2.666,96	3.000,33	1.767,62	2.591,76	2.915,73	1.655,76	2.516,56	2.831,13	1.543,90	2.441,36	2.746,53	1.432,16	2.366,24	2.662,02	1.320,30	2.291,04	2.577,42	1.208,44	2.215,84	2.492,82
	V	39.511	2.173,10	3.160,88	3.555,99																		
	VI	40.042	2.202,31	3.203,36	3.603,78																		
8.115,99 (Ost)	I	33.431	1.838,70	2.674,48	3.008,79	1.666,95	2.524,08	2.839,59	1.443,23	2.373,68	2.670,39	1.219,51	2.223,28	2.501,19	995,79	2.072,88	2.331,99	772,07	1.922,48	2.162,79	548,35	1.772,08	1.993,59
	II	31.642	1.677,78	2.531,36	2.847,78	1.454,06	2.380,96	2.678,58	1.230,34	2.230,56	2.509,38	1.006,62	2.080,16	2.340,18	782,90	1.929,76	2.170,98	559,18	1.779,36	2.001,78	335,46	1.628,96	1.832,58
	III	23.936	-	1.914,88	2.154,24	-	1.781,28	2.003,94	-	1.650,88	1.857,24	-	1.523,68	1.714,14	-	1.399,36	1.574,28	-	1.278,24	1.438,02	-	1.160,16	1.305,18
	IV	33.431	1.838,70	2.674,48	3.008,79	1.778,81	2.599,28	2.924,19	1.666,95	2.524,08	2.839,59	1.555,09	2.448,88	2.754,99	1.443,23	2.373,68	2.670,39	1.331,37	2.298,48	2.585,79	1.219,51	2.223,28	2.501,19
	V	39.604	2.178,22	3.168,32	3.564,36																		
	VI	40.136	2.207,48	3.210,88	3.612,24																		
8.151,99 (West)	I	33.352	1.834,36	2.668,16	3.001,68	1.657,67	2.517,84	2.832,57	1.433,95	2.367,44	2.663,37	1.210,23	2.217,04	2.494,17	986,51	2.066,64	2.324,97	762,79	1.916,24	2.155,77	539,07	1.765,84	1.986,57
	II	31.563	1.668,38	2.525,04	2.840,67	1.444,66	2.374,64	2.671,47	1.220,94	2.224,24	2.502,27	997,33	2.073,92	2.333,16	773,61	1.923,52	2.163,96	549,89	1.773,12	1.994,76	326,17	1.622,72	1.825,56
	III	23.864	-	1.909,12	2.147,76	-	1.775,84	1.997,82	-	1.645,60	1.851,30	-	1.518,40	1.708,20	-	1.394,24	1.568,52	-	1.273,28	1.432,44	-	1.155,36	1.299,78
	IV	33.352	1.834,36	2.668,16	3.001,68	1.769,53	2.593,04	2.917,17	1.657,67	2.517,84	2.832,57	1.545,81	2.442,64	2.747,97	1.433,95	2.367,44	2.663,37	1.322,09	2.292,24	2.578,77	1.210,23	2.217,04	2.494,17
	V	39.526	2.173,93	3.162,08	3.557,34																		
	VI	40.057	2.203,13	3.204,56	3.605,13																		
8.151,99 (Ost)	I	33.446	1.839,53	2.675,68	3.010,14	1.668,73	2.525,28	2.840,94	1.445,01	2.374,88	2.671,74	1.221,29	2.224,48	2.502,54	997,57	2.074,08	2.333,34	773,97	1.923,76	2.164,23	550,25	1.773,36	1.995,03
	II	31.657	1.679,56	2.532,56	2.849,13	1.455,84	2.382,16	2.679,93	1.232,12	2.231,76	2.510,73	1.008,40	2.081,36	2.341,53	784,68	1.930,96	2.172,33	560,96	1.780,56	2.003,13	337,24	1.630,16	1.833,93
	III	23.948	-	1.915,84	2.155,32	-	1.782,40	2.005,20	-	1.652,00	1.858,50	-	1.524,64	1.715,22	-	1.400,32	1.575,36	-	1.279,20	1.439,10	-	1.161,12	1.306,26
	IV	33.446	1.839,53	2.675,68	3.010,14	1.780,59	2.600,48	2.925,54	1.668,73	2.525,28	2.840,94	1.556,87	2.450,08	2.756,34	1.445,01	2.374,88	2.671,74	1.333,15	2.299,68	2.587,14	1.221,29	2.224,48	2.502,54
	V	39.619	2.179,04	3.169,52	3.565,71																		
	VI	40.151	2.208,30	3.212,08	3.613,59																		
8.187,99 (West)	I	33.368	1.835,24	2.669,44	3.003,12	1.659,45	2.519,04	2.833,92	1.435,73	2.368,64	2.664,72	1.212,01	2.218,24	2.495,52	988,29	2.067,84	2.326,32	764,57	1.917,44	2.157,12	540,85	1.767,04	1.987,92
	II	31.578	1.670,16	2.526,24	2.842,02	1.446,44	2.375,84	2.672,82	1.222,84	2.225,52	2.503,71	999,12	2.075,12	2.334,51	775,40	1.924,72	2.165,31	551,68	1.774,32	1.996,11	327,96	1.623,92	1.826,91
	III	23.878	-	1.910,24	2.149,02	-	1.776,80	1.998,90	-	1.646,56	1.852,38	-	1.519,36	1.709,28	-	1.395,20	1.569,60	-	1.274,24	1.433,52	-	1.156,16	1.300,68
	IV	33.368	1.835,24	2.669,44	3.003,12	1.771,31	2.594,24	2.918,52	1.659,45	2.519,04	2.833,92	1.547,59	2.443,84	2.749,32	1.435,73	2.368,64	2.664,72	1.323,87	2.293,44	2.580,12	1.212,01	2.218,24	2.495,52
	V	39.541	2.174,75	3.163,28	3.558,69																		
	VI	40.073	2.204,01	3.205,84	3.606,57																		
8.187,99 (Ost)	I	33.461	1.840,35	2.676,88	3.011,49	1.670,52	2.526,48	2.842,29	1.446,80	2.376,08	2.673,09	1.223,08	2.225,68	2.503,89	999,48	2.075,36	2.334,78	775,76	1.924,96	2.165,58	552,04	1.774,56	1.996,38
	II	31.672	1.681,35	2.533,76	2.850,48	1.457,63	2.383,36	2.681,28	1.233,91	2.232,96	2.512,08	1.010,19	2.082,56	2.342,88	786,47	1.932,16	2.173,68	562,75	1.781,76	2.004,48	339,15	1.631,44	1.835,37
	III	23.962	-	1.916,96	2.156,58	-	1.783,52	2.006,46	-	1.652,96	1.859,58	-	1.525,60	1.716,30	-	1.401,44	1.576,62	-	1.280,16	1.440,18	-	1.162,08	1.307,34
	IV	33.461	1.840,35	2.676,88	3.011,49	1.782,38	2.601,68	2.926,89	1.670,52	2.526,48	2.842,29	1.558,66	2.451,28	2.757,69	1.446,80	2.376,08	2.673,09	1.334,94	2.300,88	2.588,49	1.223,08	2.225,68	2.503,89
	V	39.635	2.179,92	3.170,80	3.567,15																		
	VI	40.166	2.209,13	3.213,28	3.614,94																		
8.223,99 (West)	I	33.383	1.836,06	2.670,64	3.004,47	1.661,24	2.520,24	2.835,27	1.437,52	2.369,84	2.666,07	1.213,80	2.219,44	2.496,87	990,08	2.069,04	2.327,67	766,36	1.918,64	2.158,47	542,64	1.768,24	1.989,27
	II	31.594	1.672,06	2.527,52	2.843,46	1.448,34	2.377,12	2.674,26	1.224,62	2.226,72	2.505,06	1.000,90	2.076,32	2.335,86	777,18	1.925,92	2.166,66	553,46	1.775,52	1.997,46	329,74	1.625,12	1.828,26
	III	23.892	-	1.911,36	2.150,28	-	1.777,92	2.000,16	-	1.647,52	1.853,46	-	1.520,32	1.710,36	-	1.396,16	1.570,68	-	1.275,20	1.434,60	-	1.157,12	1.301,76
	IV	33.383	1.836,06	2.670,64	3.004,47	1.773,10	2.595,44	2.919,87	1.661,24	2.520,24	2.835,27	1.549,38	2.445,04	2.750,67	1.437,52	2.369,84	2.666,07	1.325,66	2.294,64	2.581,47	1.213,80	2.219,44	2.496,87
	V	39.556	2.175,58	3.164,48	3.560,04																		
	VI	40.088	2.204,84	3.207,04	3.607,92																		
8.223,99 (Ost)	I	33.476	1.841,18	2.678,08	3.012,84	1.672,30	2.527,68	2.843,64	1.448,70	2.377,36	2.674,53	1.224,98	2.226,96	2.505,33	1.001,26	2.076,56	2.336,13	777,54	1.926,16	2.166,93	553,82	1.775,76	1.997,73
	II	31.687	1.683,13	2.534,96	2.851,83	1.459,41	2.384,56	2.682,63	1.235,69	2.234,16	2.513,43	1.011,97	2.083,76	2.344,23	788,25	1.933,36	2.175,03	564,65	1.783,04	2.005,92	340,93	1.632,64	1.836,72
	III	23.976	-	1.918,08	2.157,84	-	1.784,48	2.007,54	-	1.654,08	1.860,84	-	1.526,72	1.717,56	-	1.402,40	1.577,70	-	1.281,12	1.441,26	-	1.163,04	1.308,42
	IV	33.476	1.841,18	2.678,08	3.012,84	1.784,16	2.602,88	2.928,24	1.672,30	2.527,68	2.843,64	1.560,44	2.452,48	2.759,04	1.448,70	2.377,36	2.674,53	1.336,84	2.302,16	2.589,93	1.224,98	2.226,96	2.505,33
	V	39.650	2.180,75	3.172,00	3.568,50																		
	VI	40.181	2.209,95	3.214,48	3.616,29																		
8.259,99 (West)	I	33.398	1.836,89	2.671,84	3.005,82	1.663,02	2.521,44	2.836,62	1.439,30	2.371,04	2.667,42	1.215,58	2.220,64	2.498,22	991,86	2.070,24	2.329,02	768,14	1.919,84	2.159,82	544,42	1.769,44	1.990,62
	II	31.609	1.673,85	2.528,72	2.844,81	1.450,13	2.378,32	2.675,61	1.226,41	2.227,92	2.506,41	1.002,69	2.077,52	2.337,21	778,97	1.927,12	2.168,01	555,25	1.776,72	1.998,81	331,53	1.626,32	1.829,61
	III	23.906	-	1.912,48	2.151,54	-	1.779,04	2.001,42	-	1.648,64	1.854,72	-	1.521,44	1.711,62	-	1.397,12	1.571,76	-	1.276,16	1.435,68	-	1.158,08	1.302,84
	IV	33.398	1.836,89	2.671,84	3.005,82	1.774,88	2.596,64	2.921,22	1.663,02	2.521,44	2.836,62	1.551,16	2.446,24	2.752,02	1.439,30	2.371,04	2.667,42	1.327,44	2.295,84	2.582,82	1.215,58	2.220,64	2.498,22
	V	39.571	2.176,40	3.165,68	3.561,39																		
	VI	40.103	2.205,66	3.208,24	3.609,27																		
8.259,99 (Ost)	I	33.491	1.842,00	2.679,28	3.014,19	1.674,21	2.528,96	2.845,08	1.450,49	2.378,56	2.675,88	1.226,77	2.228,16	2.506,68	1.003,05	2.077,76	2.337,48	779,33	1.927,36	2.168,28	555,61	1.776,96	1.999,08
	II	31.702	1.684,92	2.536,16	2.853,18	1.461,20	2.385,76	2.683,98	1.237,48	2.235,36	2.514,78	1.013,88	2.085,04	2.345,67	790,16	1.934,64	2.176,47	566,44	1.784,24	2.007,27	342,72	1.633,84	1.838,07
	III	23.990	-	1.919,20	2.159,10	-	1.785,60	2.008,80	-	1.655,04	1.861,92	-	1.527,68	1.718,64	-	1.403,36	1.578,78	-	1.282,08	1.442,34	-	1.164,00	1.309,50
	IV	33.491	1.842,00	2.679,28	3.014,19	1.786,07	2.604,16	2.929,68	1.674,21	2.528,96	2.845,08	1.562,35	2.453,76	2.760,48	1.450,49	2.378,56	2.675,88	1.338,63	2.303,36	2.591,28	1.226,77	2.228,16	2.506,68
	V	39.665	2.181,57	3.173,20	3.569,85																		
	VI	40.197	2.210,83	3.215,76	3.617,73																		
8.295,99 (West)	I	33.413	1.837,71	2.673,04	3.007,17	1.664,81	2.522,64	2.837,97	1.441,09	2.372,24	2.668,77	1.217,37	2.221,84	2.499,57	993,65	2.071,44	2.330,37	769,93	1.921,04	2.161,17	546,21	1.770,64	1.991,97
	II	31.624	1.675,63	2.529,92	2.846,16	1.451,91	2.379,52	2.676,96	1.228,19	2.229,12	2.507,76	1.004,47	2.078,72	2.338,56	780,75	1.928,32	2.169,36	557,03	1.777,92	2.000,16	333,31	1.627,52	1.830,96
	III	23.918	-	1.913,44	2.152,62	-	1.780,00	2.002,50	-	1.649,60	1.855,80	-	1.522,40	1.712,70	-	1.398,24	1.573,02	-	1.277,12	1.436,76	-	1.159,04	1.303,92
	IV	33.413	1.837,71	2.673,04	3.007,17	1.776,67	2.597,84	2.922,57	1.664,81	2.522,64	2.837,97	1.552,95	2.447,44	2.753,37	1.441,09	2.372,24	2.668,77	1.329,23	2.297,04	2.584,17	1.217,37	2.221,84	2.499,57
	V	39.586	2.177,23	3.166,88	3.562,74																		
	VI	40.118	2.206,49	3.209,44	3.610,62																		
8.295,99 (Ost)	I	33.507	1.842,88	2.680,56	3.015,63	1.675,99	2.530,16	2.846,43	1.452,27	2.379,76	2.677,23	1.228,55	2.229,36	2.508,03	1.004,83	2.078,96	2.338,83	781,11	1.928,56	2.169,63	557,39	1.778,16	2.000,43
	II	31.717	1.686,70	2.537,36	2.854,53	1.462,98	2.386,96	2.685,33	1.239,38	2.236,64	2.516,22	1.015,66	2.086,24	2.347,02	791,94	1.935,84	2.177,82	568,22	1.785,44	2.008,62	344,50	1.635,04	1.839,42
	III	24.004	-	1.920,32	2.160,36	-	1.786,72	2.010,06	-	1.656,16	1.863,18	-	1.528,64	1.719,72	-	1.404,32	1.579,86	-	1.283,04	1.443,42	-	1.164,80	1.310,40
	IV	33.507	1.842,88	2.680,56	3.015,63	1.787,85	2.605,36	2.931,03	1.675,99	2.530,16	2.846,43	1.564,13	2.454,96	2.761,83	1.452,27	2.379,76	2.677,23	1.340,41	2.304,56	2.592,63	1.228,55	2.229,36	2.508,03
	V	39.680	2.182,40	3.174,40	3.571,20																		
	VI	40.212	2.211,66	3.216,96	3.619,08																		

Anzahl Kinderfreibeträge (nur Steuerklassen I–IV)

SolZ/KiSt lt. Tabelle nicht für Sonstige Bezüge anwendbar.

Lohn/Gehalt bis	Steuerklasse	Lohnsteuer	ohne Kinderfreibetrag SolZ 5,5%	Kirchensteuer 8%	9%	0,5 SolZ 5,5%	Kirchensteuer 8%	9%	1,0 SolZ 5,5%	Kirchensteuer 8%	9%	1,5 SolZ 5,5%	Kirchensteuer 8%	9%	2,0 SolZ 5,5%	Kirchensteuer 8%	9%	2,5 SolZ 5,5%	Kirchensteuer 8%	9%	3,0 SolZ 5,5%	Kirchensteuer 8%	9%
118.331,99 (West)	I	33.428	1.838,54	2.674,24	3.008,52	1.666,59	2.523,84	2.839,32	1.442,87	2.373,44	2.670,12	1.219,15	2.223,04	2.500,92	995,43	2.072,64	2.331,72	771,71	1.922,24	2.162,52	548,11	1.771,92	1.99
	II	31.639	1.677,42	2.531,12	2.847,51	1.453,70	2.380,72	2.678,31	1.229,98	2.230,32	2.509,11	1.006,26	2.079,92	2.339,91	782,54	1.929,52	2.170,71	558,82	1.779,12	2.001,51	335,10	1.628,72	1.83
	III	23.932	-	1.914,56	2.153,88	-	1.781,12	2.003,76	-	1.650,72	1.857,06	-	1.523,36	1.713,78	-	1.399,20	1.574,10	-	1.278,08	1.437,84	-	1.160,00	1.30
	IV	33.428	1.838,54	2.674,24	3.008,52	1.778,45	2.599,04	2.923,92	1.666,59	2.523,84	2.839,32	1.554,73	2.448,64	2.754,72	1.442,87	2.373,44	2.670,12	1.331,01	2.298,24	2.585,52	1.219,15	2.223,04	2.50
	V	39.601	2.178,05	3.168,08	3.564,09																		
	VI	40.133	2.207,31	3.210,64	3.611,97																		
118.331,99 (Ost)	I	33.522	1.843,71	2.681,76	3.016,98	1.677,78	2.531,36	2.847,78	1.454,06	2.380,96	2.678,58	1.230,34	2.230,56	2.509,38	1.006,62	2.080,16	2.340,18	782,90	1.929,76	2.170,98	559,18	1.779,36	2.00
	II	31.733	1.688,61	2.538,64	2.855,97	1.464,89	2.388,24	2.686,77	1.241,17	2.237,84	2.517,57	1.017,45	2.087,44	2.348,37	793,73	1.937,04	2.179,17	570,01	1.786,64	2.009,97	346,29	1.636,24	1.84
	III	24.016	-	1.921,28	2.161,44	-	1.787,68	2.011,14	-	1.657,12	1.864,26	-	1.529,76	1.720,98	-	1.405,28	1.580,94	-	1.284,00	1.444,50	-	1.165,76	1.31
	IV	33.522	1.843,71	2.681,76	3.016,98	1.789,64	2.606,56	2.932,38	1.677,78	2.531,36	2.847,78	1.565,92	2.456,16	2.763,18	1.454,06	2.380,96	2.678,58	1.342,20	2.305,76	2.593,98	1.230,34	2.230,56	2.50
	V	39.695	2.183,22	3.175,60	3.572,55																		
	VI	40.227	2.212,48	3.218,16	3.620,43																		
118.367,99 (West)	I	33.443	1.839,36	2.675,44	3.009,87	1.668,38	2.525,04	2.840,67	1.444,66	2.374,64	2.671,47	1.220,94	2.224,24	2.502,27	997,33	2.073,92	2.333,16	773,61	1.923,52	2.163,96	549,89	1.773,12	1.99
	II	31.654	1.679,20	2.532,32	2.848,86	1.455,48	2.381,92	2.679,66	1.231,76	2.231,52	2.510,46	1.008,04	2.081,12	2.341,26	784,32	1.930,72	2.172,06	560,60	1.780,32	2.002,86	336,88	1.629,92	1.83
	III	23.946	-	1.915,68	2.155,14	-	1.782,24	2.005,02	-	1.651,68	1.858,14	-	1.524,48	1.715,04	-	1.400,16	1.575,18	-	1.279,04	1.438,92	-	1.160,96	1.30
	IV	33.443	1.839,36	2.675,44	3.009,87	1.780,24	2.600,24	2.925,27	1.668,38	2.525,04	2.840,67	1.556,52	2.449,84	2.756,07	1.444,66	2.374,64	2.671,47	1.332,80	2.299,44	2.586,87	1.220,94	2.224,24	2.50
	V	39.616	2.178,88	3.169,28	3.565,44																		
	VI	40.148	2.208,14	3.211,84	3.613,32																		
118.367,99 (Ost)	I	33.537	1.844,53	2.682,96	3.018,33	1.679,56	2.532,56	2.849,13	1.455,84	2.382,16	2.679,93	1.232,12	2.231,76	2.510,73	1.008,40	2.081,36	2.341,53	784,68	1.930,96	2.172,33	560,96	1.780,56	2.00
	II	31.748	1.690,39	2.539,84	2.857,32	1.466,67	2.389,44	2.688,12	1.242,95	2.239,04	2.518,92	1.019,23	2.088,64	2.349,72	795,51	1.938,24	2.180,52	571,79	1.787,84	2.011,32	348,07	1.637,44	1.84
	III	24.030	-	1.922,40	2.162,70	-	1.788,80	2.012,40	-	1.658,24	1.865,52	-	1.530,72	1.722,06	-	1.406,24	1.582,02	-	1.284,96	1.445,58	-	1.166,72	1.31
	IV	33.537	1.844,53	2.682,96	3.018,33	1.791,42	2.607,76	2.933,73	1.679,56	2.532,56	2.849,13	1.567,70	2.457,36	2.764,53	1.455,84	2.382,16	2.679,93	1.343,98	2.306,96	2.595,33	1.232,12	2.231,76	2.51
	V	39.710	2.184,05	3.176,80	3.573,90																		
	VI	40.242	2.213,31	3.219,36	3.621,78																		
118.403,99 (West)	I	33.458	1.840,19	2.676,64	3.011,22	1.670,16	2.526,24	2.842,02	1.446,44	2.375,84	2.672,82	1.222,84	2.225,52	2.503,71	999,12	2.075,12	2.334,51	775,40	1.924,72	2.165,31	551,68	1.774,32	1.99
	II	31.669	1.680,99	2.533,52	2.850,21	1.457,27	2.383,12	2.681,01	1.233,55	2.232,72	2.511,81	1.009,83	2.082,32	2.342,61	786,11	1.931,92	2.173,41	562,51	1.781,60	2.004,30	338,79	1.631,20	1.83
	III	23.960	-	1.916,80	2.156,40	-	1.783,20	2.006,10	-	1.652,80	1.859,40	-	1.525,44	1.716,12	-	1.401,12	1.576,26	-	1.280,00	1.440,00	-	1.161,92	1.30
	IV	33.458	1.840,19	2.676,64	3.011,22	1.782,02	2.601,44	2.926,62	1.670,16	2.526,24	2.842,02	1.558,30	2.451,04	2.757,42	1.446,44	2.375,84	2.672,82	1.334,70	2.300,72	2.588,31	1.222,84	2.225,52	2.50
	V	39.632	2.179,76	3.170,56	3.566,88																		
	VI	40.163	2.208,96	3.213,04	3.614,67																		
118.403,99 (Ost)	I	33.552	1.845,36	2.684,16	3.019,68	1.681,35	2.533,76	2.850,48	1.457,63	2.383,36	2.681,28	1.233,91	2.232,96	2.512,08	1.010,19	2.082,56	2.342,88	786,47	1.932,16	2.173,68	562,75	1.781,76	2.004
	II	31.763	1.692,18	2.541,04	2.858,67	1.468,46	2.390,64	2.689,47	1.244,74	2.240,24	2.520,27	1.021,02	2.089,84	2.351,07	797,30	1.939,44	2.181,87	573,58	1.789,04	2.012,67	349,86	1.638,64	1.843
	III	24.044	-	1.923,52	2.163,96	-	1.789,76	2.013,48	-	1.659,20	1.866,60	-	1.531,68	1.723,14	-	1.407,36	1.583,28	-	1.285,92	1.446,66	-	1.167,68	1.313
	IV	33.552	1.845,36	2.684,16	3.019,68	1.793,21	2.608,96	2.935,08	1.681,35	2.533,76	2.850,48	1.569,49	2.458,56	2.765,88	1.457,63	2.383,36	2.681,28	1.345,77	2.308,16	2.596,68	1.233,91	2.232,96	2.512
	V	39.725	2.184,87	3.178,00	3.575,25																		
	VI	40.257	2.214,13	3.220,56	3.623,13																		
118.439,99 (West)	I	33.473	1.841,01	2.677,84	3.012,57	1.672,06	2.527,52	2.843,46	1.448,34	2.377,12	2.674,26	1.224,62	2.226,72	2.505,06	1.000,90	2.076,32	2.335,86	777,18	1.925,92	2.166,66	553,46	1.775,52	1.997
	II	31.684	1.682,77	2.534,72	2.851,56	1.459,05	2.384,32	2.682,36	1.235,33	2.233,92	2.513,16	1.011,61	2.083,52	2.343,96	788,01	1.933,20	2.174,85	564,29	1.782,80	2.005,65	340,57	1.632,40	1.836
	III	23.974	-	1.917,92	2.157,66	-	1.784,32	2.007,36	-	1.653,76	1.860,48	-	1.526,40	1.717,20	-	1.402,08	1.577,34	-	1.280,96	1.441,08	-	1.162,72	1.308
	IV	33.473	1.841,01	2.677,84	3.012,57	1.783,81	2.602,64	2.927,97	1.672,06	2.527,52	2.843,46	1.560,20	2.452,32	2.758,86	1.448,34	2.377,12	2.674,26	1.336,48	2.301,92	2.589,66	1.224,62	2.226,72	2.505
	V	39.647	2.180,58	3.171,76	3.568,23																		
	VI	40.178	2.209,79	3.214,24	3.616,02																		
118.439,99 (Ost)	I	33.567	1.846,18	2.685,36	3.021,03	1.683,13	2.534,96	2.851,83	1.459,41	2.384,56	2.682,63	1.235,69	2.234,16	2.513,43	1.011,97	2.083,76	2.344,23	788,25	1.933,36	2.175,03	564,65	1.783,04	2.005
	II	31.778	1.693,96	2.542,24	2.860,02	1.470,24	2.391,84	2.690,82	1.246,52	2.241,44	2.521,62	1.022,80	2.091,04	2.352,42	799,08	1.940,64	2.183,22	575,36	1.790,24	2.014,02	351,64	1.639,84	1.844
	III	24.058	-	1.924,64	2.165,22	-	1.790,88	2.014,74	-	1.660,32	1.867,86	-	1.532,80	1.724,40	-	1.408,32	1.584,36	-	1.286,88	1.447,74	-	1.168,64	1.314
	IV	33.567	1.846,18	2.685,36	3.021,03	1.794,48	2.610,16	2.936,43	1.683,13	2.534,96	2.851,83	1.571,27	2.459,76	2.767,23	1.459,41	2.384,56	2.682,63	1.347,55	2.309,36	2.598,03	1.235,69	2.234,16	2.513
	V	39.740	2.185,70	3.179,20	3.576,60																		
	VI	40.272	2.214,96	3.221,76	3.624,48																		
118.475,99 (West)	I	33.489	1.841,89	2.679,12	3.014,01	1.673,85	2.528,72	2.844,81	1.450,13	2.378,32	2.675,61	1.226,41	2.227,92	2.506,41	1.002,69	2.077,52	2.337,21	778,97	1.927,12	2.168,01	555,25	1.776,72	1.998
	II	31.699	1.684,56	2.535,92	2.852,91	1.460,84	2.385,52	2.683,71	1.237,24	2.235,20	2.514,60	1.013,52	2.084,80	2.345,40	789,80	1.934,40	2.176,20	566,08	1.784,00	2.007,00	342,36	1.633,60	1.837
	III	23.986	-	1.918,88	2.158,74	-	1.785,28	2.008,44	-	1.654,88	1.861,74	-	1.527,52	1.718,46	-	1.403,04	1.578,42	-	1.281,92	1.442,16	-	1.163,68	1.309
	IV	33.489	1.841,89	2.679,12	3.014,01	1.785,71	2.603,92	2.929,41	1.673,85	2.528,72	2.844,81	1.561,99	2.453,52	2.760,21	1.450,13	2.378,32	2.675,61	1.338,27	2.303,12	2.591,01	1.226,41	2.227,92	2.506
	V	39.662	2.181,41	3.172,96	3.569,58																		
	VI	40.194	2.210,67	3.215,52	3.617,46																		
118.475,99 (Ost)	I	33.582	1.847,01	2.686,56	3.022,38	1.684,92	2.536,16	2.853,18	1.461,20	2.385,76	2.683,98	1.237,48	2.235,36	2.514,78	1.013,88	2.085,04	2.345,67	790,16	1.934,64	2.176,47	566,44	1.784,24	2.007
	II	31.793	1.695,75	2.543,44	2.861,37	1.472,03	2.393,04	2.692,17	1.248,31	2.242,64	2.522,97	1.024,59	2.092,24	2.353,77	800,87	1.941,84	2.184,57	577,15	1.791,44	2.015,37	353,43	1.641,04	1.846
	III	24.072	-	1.925,76	2.166,48	-	1.792,00	2.016,00	-	1.661,28	1.868,94	-	1.533,76	1.725,48	-	1.409,28	1.585,44	-	1.287,84	1.448,82	-	1.169,60	1.315
	IV	33.582	1.847,01	2.686,56	3.022,38	1.795,31	2.611,36	2.937,78	1.684,92	2.536,16	2.853,18	1.573,06	2.460,96	2.768,58	1.461,20	2.385,76	2.683,98	1.349,34	2.310,56	2.599,38	1.237,48	2.235,36	2.514
	V	39.756	2.186,58	3.180,48	3.578,04																		
	VI	40.287	2.215,78	3.222,96	3.625,83																		
118.511,99 (West)	I	33.504	1.842,72	2.680,32	3.015,36	1.675,63	2.529,92	2.846,16	1.451,91	2.379,52	2.676,96	1.228,19	2.229,12	2.507,76	1.004,47	2.078,72	2.338,56	780,75	1.928,32	2.169,36	557,03	1.777,92	2.000,
	II	31.714	1.686,34	2.537,12	2.854,26	1.462,74	2.386,80	2.685,15	1.239,02	2.236,40	2.515,95	1.015,30	2.086,00	2.346,75	791,58	1.935,60	2.177,55	567,86	1.785,20	2.008,35	344,14	1.634,80	1.839,
	III	24.000	-	1.920,00	2.160,00	-	1.786,40	2.009,70	-	1.655,84	1.862,82	-	1.528,48	1.719,54	-	1.404,16	1.579,68	-	1.282,88	1.443,24	-	1.164,64	1.310
	IV	33.504	1.842,72	2.680,32	3.015,36	1.787,49	2.605,12	2.930,76	1.675,63	2.529,92	2.846,16	1.563,77	2.454,72	2.761,56	1.451,91	2.379,52	2.676,96	1.340,05	2.304,32	2.592,36	1.228,19	2.229,12	2.507,
	V	39.677	2.182,23	3.174,16	3.570,93																		
	VI	40.209	2.211,49	3.216,72	3.618,81																		
118.511,99 (Ost)	I	33.597	1.847,83	2.687,76	3.023,73	1.686,70	2.537,36	2.854,53	1.462,98	2.386,96	2.685,33	1.239,38	2.236,64	2.516,22	1.015,66	2.086,24	2.347,02	791,94	1.935,84	2.177,82	568,22	1.785,44	2.008,
	II	31.808	1.697,53	2.544,64	2.862,72	1.473,81	2.394,24	2.693,52	1.250,09	2.243,84	2.524,32	1.026,37	2.093,44	2.355,12	802,65	1.943,04	2.185,92	579,05	1.792,72	2.016,81	355,33	1.642,32	1.847,
	III	24.084	-	1.926,72	2.167,56	-	1.792,96	2.017,08	-	1.662,40	1.870,20	-	1.534,72	1.726,56	-	1.410,24	1.586,52	-	1.288,80	1.449,90	-	1.170,56	1.316,
	IV	33.597	1.847,83	2.687,76	3.023,73	1.796,13	2.612,56	2.939,13	1.686,70	2.537,36	2.854,53	1.574,84	2.462,16	2.769,93	1.462,98	2.386,96	2.685,33	1.351,24	2.311,84	2.600,82	1.239,38	2.236,64	2.516,
	V	39.771	2.187,40	3.181,68	3.579,39																		
	VI	40.302	2.216,61	3.224,16	3.627,18																		
118.547,99 (West)	I	33.519	1.843,54	2.681,52	3.016,71	1.677,42	2.531,12	2.847,51	1.453,70	2.380,72	2.678,31	1.229,98	2.230,32	2.509,11	1.006,26	2.079,92	2.339,91	782,54	1.929,52	2.170,71	558,82	1.779,12	2.001,
	II	31.730	1.688,25	2.538,40	2.855,70	1.464,53	2.388,00	2.686,50	1.240,81	2.237,60	2.517,30	1.017,09	2.087,20	2.348,10	793,37	1.936,80	2.178,90	569,65	1.786,40	2.009,70	345,93	1.636,00	1.840,
	III	24.014	-	1.921,12	2.161,26	-	1.787,52	2.010,96	-	1.656,96	1.864,08	-	1.529,44	1.720,62	-	1.405,12	1.580,76	-	1.283,84	1.444,32	-	1.165,60	1.311,
	IV	33.519	1.843,54	2.681,52	3.016,71	1.789,28	2.606,32	2.932,11	1.677,42	2.531,12	2.847,51	1.565,56	2.455,92	2.762,91	1.453,70	2.380,72	2.678,31	1.341,84	2.305,52	2.593,71	1.229,98	2.230,32	2.509,
	V	39.692	2.183,06	3.175,36	3.572,28																		
	VI	40.224	2.212,32	3.217,92	3.620,16																		
118.547,99 (Ost)	I	33.612	1.848,66	2.688,96	3.025,08	1.688,61	2.538,64	2.855,97	1.464,89	2.388,24	2.686,77	1.241,17	2.237,84	2.517,57	1.017,45	2.087,44	2.348,37	793,73	1.937,04	2.179,17	570,01	1.786,64	2.009,
	II	31.823	1.699,32	2.545,84	2.864,07	1.475,60	2.395,44	2.694,87	1.251,88	2.245,04	2.525,67	1.028,16	2.094,64	2.356,47	804,55	1.944,32	2.187,36	580,83	1.793,92	2.018,16	357,11	1.643,52	1.848,
	III	24.098	-	1.927,84	2.168,82	-	1.794,08	2.018,34	-	1.663,36	1.871,28	-	1.535,84	1.727,82	-	1.411,20	1.587,60	-	1.289,76	1.450,98	-	1.171,52	1.317,
	IV	33.612	1.848,66	2.688,96	3.025,08	1.796,96	2.613,76	2.940,48	1.688,61	2.538,64	2.855,97	1.576,75	2.463,44	2.771,37	1.464,89	2.388,24	2.686,77	1.353,03	2.313,04	2.602,17	1.241,17	2.237,84	2.517,
	V	39.786	2.188,23	3.182,88	3.580,74																		
	VI	40.317	2.217,43	3.225,36	3.628,53																		

Anzahl Kinderfreibeträge (nur Steuerklassen I–IV)

SolZ/KiSt lt. Tabelle nicht für Sonstige Bezüge anwendbar.

Allgemeine Tabelle

JAHR bis 118.799,99 €

Lohn/ Gehalt bis	Steuerklasse	Lohnsteuer	ohne Kinderfreibetrag SolZ 5,5%	Kirchensteuer 8%	Kirchensteuer 9%	0,5 SolZ 5,5%	0,5 Kirchensteuer 8%	0,5 Kirchensteuer 9%	1,0 SolZ 5,5%	1,0 Kirchensteuer 8%	1,0 Kirchensteuer 9%	1,5 SolZ 5,5%	1,5 Kirchensteuer 8%	1,5 Kirchensteuer 9%	2,0 SolZ 5,5%	2,0 Kirchensteuer 8%	2,0 Kirchensteuer 9%	2,5 SolZ 5,5%	2,5 Kirchensteuer 8%	2,5 Kirchensteuer 9%	3,0 SolZ 5,5%	3,0 Kirchensteuer 8%	3,0 Kirchensteuer 9%
						Anzahl Kinderfreibeträge (nur Steuerklassen I–IV)																	
8.583,99 (West)	I	33.534	1.844,37	2.682,72	3.018,06	1.679,20	2.532,32	2.848,86	1.455,48	2.381,92	2.679,66	1.231,76	2.231,52	2.510,46	1.008,04	2.081,12	2.341,26	784,32	1.930,72	2.172,06	560,60	1.780,32	2.002,86
	II	31.745	1.690,03	2.539,60	2.857,05	1.466,31	2.389,20	2.687,85	1.242,59	2.238,80	2.518,65	1.018,87	2.088,40	2.349,45	795,15	1.938,00	2.180,25	571,43	1.787,60	2.011,05	347,71	1.637,20	1.841,85
	III	24.028	-	1.922,24	2.162,52	-	1.788,48	2.012,04	-	1.657,92	1.865,16	-	1.530,40	1.721,70	-	1.406,08	1.581,84	-	1.284,80	1.445,40	-	1.166,56	1.312,38
	IV	33.534	1.844,37	2.682,72	3.018,06	1.791,06	2.607,52	2.933,46	1.679,20	2.532,32	2.848,86	1.567,34	2.457,12	2.764,26	1.455,48	2.381,92	2.679,66	1.343,62	2.306,72	2.595,06	1.231,76	2.231,52	2.510,46
	V	39.707	2.183,88	3.176,56	3.573,63																		
	VI	40.239	2.213,14	3.219,12	3.621,51																		
8.583,99 (Ost)	I	33.628	1.849,54	2.690,24	3.026,52	1.690,39	2.539,84	2.857,32	1.466,67	2.389,44	2.688,12	1.242,95	2.239,04	2.518,92	1.019,23	2.088,64	2.349,72	795,51	1.938,24	2.180,52	571,79	1.787,84	2.011,32
	II	31.838	1.701,10	2.547,04	2.865,42	1.477,38	2.396,64	2.696,22	1.253,78	2.246,32	2.527,11	1.030,06	2.095,92	2.357,91	806,34	1.945,52	2.188,71	582,62	1.795,12	2.019,51	358,90	1.644,72	1.850,31
	III	24.112	-	1.928,96	2.170,08	-	1.795,20	2.019,60	-	1.664,48	1.872,54	-	1.536,80	1.728,90	-	1.412,16	1.588,68	-	1.290,72	1.452,06	-	1.172,32	1.318,86
	IV	33.628	1.849,54	2.690,24	3.026,52	1.797,84	2.615,04	2.941,92	1.690,39	2.539,84	2.857,32	1.578,53	2.464,64	2.772,72	1.466,67	2.389,44	2.688,12	1.354,81	2.314,24	2.603,52	1.242,95	2.239,04	2.518,92
	V	39.801	2.189,05	3.184,08	3.582,09																		
	VI	40.333	2.218,31	3.226,64	3.629,97																		
8.619,99 (West)	I	33.549	1.845,19	2.683,92	3.019,41	1.680,99	2.533,52	2.850,21	1.457,27	2.383,12	2.681,01	1.233,55	2.232,72	2.511,81	1.009,83	2.082,32	2.342,61	786,11	1.931,92	2.173,41	562,51	1.781,60	2.004,30
	II	31.760	1.691,82	2.540,80	2.858,40	1.468,10	2.390,40	2.689,20	1.244,38	2.240,00	2.520,00	1.020,66	2.089,60	2.350,80	796,94	1.939,20	2.181,60	573,22	1.788,80	2.012,40	349,50	1.638,40	1.843,20
	III	24.042	-	1.923,36	2.163,78	-	1.789,60	2.013,30	-	1.659,04	1.866,42	-	1.531,52	1.722,96	-	1.407,04	1.582,92	-	1.285,76	1.446,48	-	1.167,52	1.313,46
	IV	33.549	1.845,19	2.683,92	3.019,41	1.792,85	2.608,72	2.934,81	1.680,99	2.533,52	2.850,21	1.569,13	2.458,32	2.765,61	1.457,27	2.383,12	2.681,01	1.345,41	2.307,92	2.596,41	1.233,55	2.232,72	2.511,81
	V	39.722	2.184,71	3.177,76	3.574,98																		
	VI	40.254	2.213,97	3.220,32	3.622,86																		
8.619,99 (Ost)	I	33.643	1.850,36	2.691,44	3.027,87	1.692,18	2.541,04	2.858,67	1.468,46	2.390,64	2.689,47	1.244,74	2.240,24	2.520,27	1.021,02	2.089,84	2.351,07	797,30	1.939,44	2.181,87	573,58	1.789,04	2.012,67
	II	31.853	1.702,89	2.548,24	2.866,77	1.479,28	2.397,92	2.697,66	1.255,56	2.247,52	2.528,46	1.031,84	2.097,12	2.359,26	808,12	1.946,72	2.190,06	584,40	1.796,32	2.020,86	360,68	1.645,92	1.851,66
	III	24.126	-	1.930,08	2.171,34	-	1.796,16	2.020,68	-	1.665,44	1.873,62	-	1.537,76	1.729,98	-	1.413,28	1.589,94	-	1.291,68	1.453,14	-	1.173,28	1.319,94
	IV	33.643	1.850,36	2.691,44	3.027,87	1.798,66	2.616,24	2.943,27	1.692,18	2.541,04	2.858,67	1.580,32	2.465,84	2.774,07	1.468,46	2.390,64	2.689,47	1.356,60	2.315,44	2.604,87	1.244,74	2.240,24	2.520,27
	V	39.816	2.189,88	3.185,28	3.583,44																		
	VI	40.348	2.219,14	3.227,84	3.631,32																		
8.655,99 (West)	I	33.564	1.846,02	2.685,12	3.020,76	1.682,77	2.534,72	2.851,56	1.459,05	2.384,32	2.682,36	1.235,33	2.233,92	2.513,16	1.011,61	2.083,52	2.343,96	788,01	1.933,20	2.174,85	564,29	1.782,80	2.005,65
	II	31.775	1.693,60	2.542,00	2.859,75	1.469,88	2.391,60	2.690,55	1.246,16	2.241,20	2.521,35	1.022,44	2.090,80	2.352,15	798,72	1.940,40	2.182,95	575,00	1.790,00	2.013,75	351,28	1.639,60	1.844,55
	III	24.054	-	1.924,32	2.164,86	-	1.790,72	2.014,56	-	1.660,00	1.867,50	-	1.532,48	1.724,04	-	1.408,00	1.584,00	-	1.286,72	1.447,56	-	1.168,48	1.314,54
	IV	33.564	1.846,02	2.685,12	3.020,76	1.794,32	2.609,92	2.936,16	1.682,77	2.534,72	2.851,56	1.570,91	2.459,52	2.766,96	1.459,05	2.384,32	2.682,36	1.347,19	2.309,12	2.597,76	1.235,33	2.233,92	2.513,16
	V	39.737	2.185,53	3.178,96	3.576,33																		
	VI	40.269	2.214,79	3.221,52	3.624,21																		
8.655,99 (Ost)	I	33.658	1.851,19	2.692,64	3.029,22	1.693,96	2.542,24	2.860,02	1.470,24	2.391,84	2.690,82	1.246,52	2.241,44	2.521,62	1.022,80	2.091,04	2.352,42	799,08	1.940,64	2.183,22	575,36	1.790,24	2.014,02
	II	31.869	1.704,79	2.549,52	2.868,21	1.481,07	2.399,12	2.699,01	1.257,35	2.248,72	2.529,81	1.033,63	2.098,32	2.360,61	809,91	1.947,92	2.191,41	586,19	1.797,52	2.022,21	362,47	1.647,12	1.853,01
	III	24.140	-	1.931,20	2.172,60	-	1.797,28	2.021,94	-	1.666,56	1.874,88	-	1.538,88	1.731,24	-	1.414,24	1.591,02	-	1.292,64	1.454,22	-	1.174,24	1.321,02
	IV	33.658	1.851,19	2.692,64	3.029,22	1.799,49	2.617,44	2.944,62	1.693,96	2.542,24	2.860,02	1.582,10	2.467,04	2.775,42	1.470,24	2.391,84	2.690,82	1.358,38	2.316,64	2.606,22	1.246,52	2.241,44	2.521,62
	V	39.831	2.190,70	3.186,48	3.584,79																		
	VI	40.363	2.219,96	3.229,04	3.632,67																		
8.691,99 (West)	I	33.579	1.846,84	2.686,32	3.022,11	1.684,56	2.535,92	2.852,91	1.460,84	2.385,52	2.683,71	1.237,24	2.235,20	2.514,60	1.013,52	2.084,80	2.345,40	789,80	1.934,40	2.176,20	566,08	1.784,00	2.007,00
	II	31.790	1.695,39	2.543,20	2.861,10	1.471,67	2.392,80	2.691,90	1.247,95	2.242,40	2.522,70	1.024,23	2.092,00	2.353,50	800,51	1.941,60	2.184,30	576,79	1.791,20	2.015,10	353,19	1.640,88	1.845,99
	III	24.068	-	1.925,44	2.166,12	-	1.791,68	2.015,64	-	1.661,12	1.868,76	-	1.533,44	1.725,12	-	1.409,12	1.585,26	-	1.287,68	1.448,64	-	1.169,28	1.315,44
	IV	33.579	1.846,84	2.686,32	3.022,11	1.795,14	2.611,12	2.937,51	1.684,56	2.535,92	2.852,91	1.572,70	2.460,72	2.768,31	1.460,84	2.385,52	2.683,71	1.348,98	2.310,32	2.599,11	1.237,24	2.235,20	2.514,60
	V	39.753	2.186,41	3.180,24	3.577,77																		
	VI	40.284	2.215,62	3.222,72	3.625,56																		
18.691,99 (Ost)	I	33.673	1.852,01	2.693,84	3.030,57	1.695,75	2.543,44	2.861,37	1.472,03	2.393,04	2.692,17	1.248,31	2.242,64	2.522,97	1.024,59	2.092,24	2.353,77	800,87	1.941,84	2.184,57	577,15	1.791,44	2.015,37
	II	31.884	1.706,57	2.550,72	2.869,56	1.482,85	2.400,32	2.700,36	1.259,13	2.249,92	2.531,16	1.035,41	2.099,52	2.361,96	811,69	1.949,12	2.192,76	587,97	1.798,72	2.023,56	364,25	1.648,32	1.854,36
	III	24.152	-	1.932,16	2.173,68	-	1.798,40	2.023,20	-	1.667,52	1.875,96	-	1.539,84	1.732,32	-	1.415,20	1.592,10	-	1.293,60	1.455,30	-	1.175,20	1.322,10
	IV	33.673	1.852,01	2.693,84	3.030,57	1.800,31	2.618,64	2.945,97	1.695,75	2.543,44	2.861,37	1.583,89	2.468,24	2.776,77	1.472,03	2.393,04	2.692,17	1.360,17	2.317,84	2.607,57	1.248,31	2.242,64	2.522,97
	V	39.846	2.191,53	3.187,68	3.586,14																		
	VI	40.378	2.220,79	3.230,24	3.634,02																		
18.727,99 (West)	I	33.594	1.847,67	2.687,52	3.023,46	1.686,34	2.537,12	2.854,26	1.462,74	2.386,80	2.685,15	1.239,02	2.236,40	2.515,95	1.015,30	2.086,00	2.346,75	791,58	1.935,60	2.177,55	567,86	1.785,20	2.008,35
	II	31.805	1.697,17	2.544,40	2.862,45	1.473,45	2.394,00	2.693,25	1.249,73	2.243,60	2.524,05	1.026,01	2.093,20	2.354,85	802,41	1.942,88	2.185,74	578,69	1.792,48	2.016,54	354,97	1.642,08	1.847,34
	III	24.082	-	1.926,56	2.167,38	-	1.792,80	2.016,90	-	1.662,08	1.869,84	-	1.534,56	1.726,38	-	1.410,08	1.586,34	-	1.288,64	1.449,72	-	1.170,24	1.316,52
	IV	33.594	1.847,67	2.687,52	3.023,46	1.795,97	2.612,32	2.938,86	1.686,34	2.537,12	2.854,26	1.574,60	2.462,00	2.769,75	1.462,74	2.386,80	2.685,15	1.350,88	2.311,60	2.600,55	1.239,02	2.236,40	2.515,95
	V	39.768	2.187,24	3.181,44	3.579,12																		
	VI	40.299	2.216,44	3.223,92	3.626,91																		
18.727,99 (Ost)	I	33.688	1.852,84	2.695,04	3.031,92	1.697,53	2.544,64	2.862,72	1.473,81	2.394,24	2.693,52	1.250,09	2.243,84	2.524,32	1.026,37	2.093,44	2.355,12	802,65	1.943,04	2.185,92	579,05	1.792,72	2.016,81
	II	31.899	1.708,36	2.551,92	2.870,91	1.484,64	2.401,52	2.701,71	1.260,92	2.251,12	2.532,51	1.037,20	2.100,72	2.363,31	813,48	1.950,32	2.194,11	589,76	1.799,92	2.024,91	366,04	1.649,52	1.855,71
	III	24.166	-	1.933,28	2.174,94	-	1.799,36	2.024,28	-	1.668,64	1.877,22	-	1.540,80	1.733,40	-	1.416,16	1.593,18	-	1.294,56	1.456,38	-	1.176,16	1.323,18
	IV	33.688	1.852,84	2.695,04	3.031,92	1.801,14	2.619,84	2.947,32	1.697,53	2.544,64	2.862,72	1.585,67	2.469,44	2.778,12	1.473,81	2.394,24	2.693,52	1.361,95	2.319,04	2.608,92	1.250,09	2.243,84	2.524,32
	V	39.861	2.192,35	3.188,88	3.587,49																		
	VI	40.393	2.221,61	3.231,44	3.635,37																		
18.763,99 (West)	I	33.610	1.848,55	2.688,80	3.024,90	1.688,25	2.538,40	2.855,70	1.464,53	2.388,00	2.686,50	1.240,81	2.237,60	2.517,30	1.017,09	2.087,20	2.348,10	793,37	1.936,80	2.178,90	569,65	1.786,40	2.009,70
	II	31.820	1.698,96	2.545,60	2.863,80	1.475,24	2.395,20	2.694,60	1.251,52	2.244,80	2.525,40	1.027,92	2.094,48	2.356,29	804,20	1.944,08	2.187,09	580,48	1.793,68	2.017,89	356,76	1.643,28	1.848,69
	III	24.096	-	1.927,68	2.168,64	-	1.793,92	2.018,16	-	1.663,20	1.871,10	-	1.535,52	1.727,46	-	1.411,04	1.587,42	-	1.289,60	1.450,80	-	1.171,20	1.317,60
	IV	33.610	1.848,55	2.688,80	3.024,90	1.796,85	2.613,60	2.940,30	1.688,25	2.538,40	2.855,70	1.576,39	2.463,20	2.771,10	1.464,53	2.388,00	2.686,50	1.352,67	2.312,80	2.601,90	1.240,81	2.237,60	2.517,30
	V	39.783	2.188,06	3.182,64	3.580,47																		
	VI	40.315	2.217,32	3.225,20	3.628,35																		
18.763,99 (Ost)	I	33.703	1.853,66	2.696,24	3.033,27	1.699,32	2.545,84	2.864,07	1.475,60	2.395,44	2.694,87	1.251,88	2.245,04	2.525,67	1.028,16	2.094,64	2.356,47	804,55	1.944,32	2.187,36	580,83	1.793,92	2.018,16
	II	31.914	1.710,14	2.553,12	2.872,26	1.486,42	2.402,72	2.703,06	1.262,70	2.252,32	2.533,86	1.038,98	2.101,92	2.364,66	815,26	1.951,52	2.195,46	591,54	1.801,12	2.026,26	367,82	1.650,72	1.857,06
	III	24.180	-	1.934,40	2.176,20	-	1.800,48	2.025,54	-	1.669,60	1.878,30	-	1.541,92	1.734,66	-	1.417,12	1.594,26	-	1.295,52	1.457,46	-	1.177,12	1.324,26
	IV	33.703	1.853,66	2.696,24	3.033,27	1.801,96	2.621,04	2.948,67	1.699,32	2.545,84	2.864,07	1.587,46	2.470,64	2.779,47	1.475,60	2.395,44	2.694,87	1.363,74	2.320,24	2.610,27	1.251,88	2.245,04	2.525,67
	V	39.876	2.193,18	3.190,08	3.588,84																		
	VI	40.408	2.222,44	3.232,64	3.636,72																		
18.799,99 (West)	I	33.625	1.849,37	2.690,00	3.026,25	1.690,03	2.539,60	2.857,05	1.466,31	2.389,20	2.687,85	1.242,59	2.238,80	2.518,65	1.018,87	2.088,40	2.349,45	795,15	1.938,00	2.180,25	571,43	1.787,60	2.011,05
	II	31.835	1.700,74	2.546,80	2.865,15	1.477,14	2.396,48	2.696,04	1.253,42	2.246,08	2.526,84	1.029,70	2.095,68	2.357,64	805,98	1.945,28	2.188,44	582,26	1.794,88	2.019,24	358,54	1.644,48	1.850,04
	III	24.110	-	1.928,80	2.169,90	-	1.794,88	2.019,24	-	1.664,16	1.872,18	-	1.536,48	1.728,54	-	1.412,00	1.588,50	-	1.290,56	1.451,88	-	1.172,16	1.318,68
	IV	33.625	1.849,37	2.690,00	3.026,25	1.797,67	2.614,80	2.941,65	1.690,03	2.539,60	2.857,05	1.578,17	2.464,40	2.772,45	1.466,31	2.389,20	2.687,85	1.354,45	2.314,00	2.603,25	1.242,59	2.238,80	2.518,65
	V	39.798	2.188,89	3.183,84	3.581,82																		
	VI	40.330	2.218,15	3.226,40	3.629,70																		
18.799,99 (Ost)	I	33.718	1.854,49	2.697,44	3.034,62	1.701,10	2.547,04	2.865,42	1.477,38	2.396,64	2.696,22	1.253,78	2.246,32	2.527,11	1.030,06	2.095,92	2.357,91	806,34	1.945,52	2.188,71	582,62	1.795,12	2.019,51
	II	31.929	1.711,93	2.554,32	2.873,61	1.488,21	2.403,92	2.704,41	1.264,49	2.253,52	2.535,21	1.040,77	2.103,12	2.366,01	817,05	1.952,72	2.196,81	593,33	1.802,32	2.027,61	369,73	1.652,00	1.858,50
	III	24.194	-	1.935,52	2.177,46	-	1.801,60	2.026,80	-	1.670,72	1.879,56	-	1.542,88	1.735,74	-	1.418,24	1.595,52	-	1.296,48	1.458,54	-	1.178,08	1.325,34
	IV	33.718	1.854,49	2.697,44	3.034,62	1.802,79	2.622,24	2.950,02	1.701,10	2.547,04	2.865,42	1.589,24	2.471,84	2.780,82	1.477,38	2.396,64	2.696,22	1.365,52	2.321,44	2.611,62	1.253,78	2.246,32	2.527,11
	V	39.892	2.194,06	3.191,36	3.590,28																		
	VI	40.423	2.223,26	3.233,84	3.638,07																		

SolZ/KiSt lt. Tabelle nicht für Sonstige Bezüge anwendbar.

Lohn/ Gehalt bis	Steuerklasse	Lohnsteuer	ohne Kinderfreibetrag			Anzahl Kinderfreibeträge (nur Steuerklassen I–IV)																	
						0,5			1,0			1,5			2,0			2,5			3,0		
			SolZ 5,5%	Kirchensteuer 8%	9%	SolZ 5,5%	Kirchensteuer 8%	9%	SolZ 5,5%	Kirchensteuer 8%	9%	SolZ 5,5%	Kirchensteuer 8%	9%	SolZ 5,5%	Kirchensteuer 8%	9%	SolZ 5,5%	Kirchensteuer 8%	9%	SolZ 5,5%	Kirchensteuer 8%	9%
118.835,99 (West)	I	33.640	1.850,20	2.691,20	3.027,60	1.691,82	2.540,80	2.858,40	1.468,10	2.390,40	2.689,20	1.244,38	2.240,00	2.520,00	1.020,66	2.089,60	2.350,80	796,94	1.939,20	2.181,60	573,22	1.788,80	2.012,
	II	31.851	1.702,65	2.548,08	2.866,59	1.478,93	2.397,68	2.697,39	1.255,21	2.247,28	2.528,19	1.031,49	2.096,88	2.358,99	807,77	1.946,48	2.189,79	584,05	1.796,08	2.020,59	360,33	1.645,68	1.851,
	III	24.122	-	1.929,76	2.170,98	-	1.796,00	2.020,50	-	1.665,28	1.873,44	-	1.537,60	1.729,80	-	1.412,96	1.589,58	-	1.291,52	1.452,96	-	1.173,12	1.319,
	IV	33.640	1.850,20	2.691,20	3.027,60	1.798,50	2.616,00	2.943,00	1.691,82	2.540,80	2.858,40	1.579,96	2.465,60	2.773,80	1.468,10	2.390,40	2.689,20	1.356,24	2.315,20	2.604,60	1.244,38	2.240,00	2.520,
	V	39.813	2.189,71	3.185,04	3.583,17																		
	VI	40.345	2.218,97	3.227,60	3.631,05																		
118.835,99 (Ost)	I	33.733	1.855,31	2.698,64	3.035,97	1.702,89	2.548,24	2.866,77	1.479,28	2.397,92	2.697,66	1.255,56	2.247,52	2.528,46	1.031,84	2.097,12	2.359,26	808,12	1.946,72	2.190,06	584,40	1.796,32	2.020,
	II	31.944	1.713,71	2.555,52	2.874,96	1.489,99	2.405,12	2.705,76	1.266,27	2.254,72	2.536,56	1.042,55	2.104,32	2.367,36	818,95	1.954,00	2.198,25	595,23	1.803,60	2.029,05	371,51	1.653,20	1.859,
	III	24.208	-	1.936,64	2.178,72	-	1.802,56	2.027,88	-	1.671,68	1.880,64	-	1.543,84	1.736,82	-	1.419,20	1.596,60	-	1.297,60	1.459,80	-	1.179,04	1.326,
	IV	33.733	1.855,31	2.698,64	3.035,97	1.803,61	2.623,44	2.951,37	1.702,89	2.548,24	2.866,77	1.591,14	2.473,12	2.782,26	1.479,28	2.397,92	2.697,66	1.367,42	2.322,72	2.613,06	1.255,56	2.247,52	2.528,
	V	39.907	2.194,88	3.192,56	3.591,63																		
	VI	40.438	2.224,09	3.235,04	3.639,42																		
118.871,99 (West)	I	33.655	1.851,02	2.692,40	3.028,95	1.693,60	2.542,00	2.859,75	1.469,88	2.391,60	2.690,55	1.246,16	2.241,20	2.521,35	1.022,44	2.090,80	2.352,15	798,72	1.940,40	2.182,95	575,00	1.790,00	2.013,
	II	31.866	1.704,43	2.549,28	2.867,94	1.480,71	2.398,88	2.698,74	1.256,99	2.248,48	2.529,54	1.033,27	2.098,08	2.360,34	809,55	1.947,68	2.191,14	585,83	1.797,28	2.021,94	362,11	1.646,88	1.852,
	III	24.136	-	1.930,88	2.172,24	-	1.797,12	2.021,76	-	1.666,24	1.874,52	-	1.538,56	1.730,88	-	1.413,92	1.590,66	-	1.292,48	1.454,04	-	1.174,08	1.320,
	IV	33.655	1.851,02	2.692,40	3.028,95	1.799,32	2.617,20	2.944,35	1.693,60	2.542,00	2.859,75	1.581,74	2.466,80	2.775,15	1.469,88	2.391,60	2.690,55	1.358,02	2.316,40	2.605,95	1.246,16	2.241,20	2.521,
	V	39.828	2.190,54	3.186,24	3.584,52																		
	VI	40.360	2.219,80	3.228,80	3.632,40																		
118.871,99 (Ost)	I	33.749	1.856,19	2.699,92	3.037,41	1.704,79	2.549,52	2.868,21	1.481,07	2.399,12	2.699,01	1.257,35	2.248,72	2.529,81	1.033,63	2.098,32	2.360,61	809,91	1.947,92	2.191,41	586,19	1.797,52	2.022,
	II	31.959	1.715,50	2.556,72	2.876,31	1.491,78	2.406,32	2.707,11	1.268,06	2.255,92	2.537,91	1.044,46	2.105,60	2.368,80	820,74	1.955,20	2.199,60	597,02	1.804,80	2.030,40	373,30	1.654,40	1.861,
	III	24.220	-	1.937,60	2.179,80	-	1.803,68	2.029,14	-	1.672,80	1.881,90	-	1.544,96	1.738,08	-	1.420,16	1.597,68	-	1.298,56	1.460,88	-	1.179,84	1.327,
	IV	33.749	1.856,19	2.699,92	3.037,41	1.804,49	2.624,72	2.952,81	1.704,79	2.549,52	2.868,21	1.592,93	2.474,32	2.783,61	1.481,07	2.399,12	2.699,01	1.369,21	2.323,92	2.614,41	1.257,35	2.248,72	2.529,
	V	39.922	2.195,71	3.193,76	3.592,98																		
	VI	40.454	2.224,97	3.236,32	3.640,86																		
118.907,99 (West)	I	33.670	1.851,85	2.693,60	3.030,30	1.695,39	2.543,20	2.861,10	1.471,67	2.392,80	2.691,90	1.247,95	2.242,40	2.522,70	1.024,23	2.092,00	2.353,50	800,51	1.941,60	2.184,30	576,79	1.791,20	2.015,
	II	31.881	1.706,22	2.550,48	2.869,29	1.482,50	2.400,08	2.700,09	1.258,78	2.249,68	2.530,89	1.035,06	2.099,28	2.361,69	811,34	1.948,88	2.192,49	587,62	1.798,48	2.023,29	363,90	1.648,08	1.854,
	III	24.150	-	1.932,00	2.173,50	-	1.798,08	2.022,84	-	1.667,36	1.875,78	-	1.539,68	1.732,14	-	1.415,04	1.591,92	-	1.293,44	1.455,12	-	1.175,04	1.321,
	IV	33.670	1.851,85	2.693,60	3.030,30	1.800,15	2.618,40	2.945,70	1.695,39	2.543,20	2.861,10	1.583,53	2.468,00	2.776,50	1.471,67	2.392,80	2.691,90	1.359,81	2.317,60	2.607,30	1.247,95	2.242,40	2.522,
	V	39.843	2.191,36	3.187,44	3.585,87																		
	VI	40.375	2.220,62	3.230,00	3.633,75																		
118.907,99 (Ost)	I	33.764	1.857,02	2.701,12	3.038,76	1.706,57	2.550,72	2.869,56	1.482,85	2.400,32	2.700,36	1.259,13	2.249,92	2.531,16	1.035,41	2.099,52	2.361,96	811,69	1.949,12	2.192,76	587,97	1.798,72	2.023,
	II	31.974	1.717,28	2.557,92	2.877,66	1.493,68	2.407,60	2.708,55	1.269,96	2.257,20	2.539,35	1.046,24	2.106,80	2.370,15	822,52	1.956,40	2.200,95	598,80	1.806,00	2.031,75	375,08	1.655,60	1.862,
	III	24.234	-	1.938,72	2.181,06	-	1.804,80	2.030,40	-	1.673,76	1.882,98	-	1.545,92	1.739,16	-	1.421,12	1.598,76	-	1.299,52	1.461,96	-	1.180,80	1.328,
	IV	33.764	1.857,02	2.701,12	3.038,76	1.805,32	2.625,92	2.954,16	1.706,57	2.550,72	2.869,56	1.594,71	2.475,52	2.784,96	1.482,85	2.400,32	2.700,36	1.370,99	2.325,12	2.615,76	1.259,13	2.249,92	2.531,
	V	39.937	2.196,53	3.194,96	3.594,33																		
	VI	40.469	2.225,79	3.237,52	3.642,21																		
118.943,99 (West)	I	33.685	1.852,67	2.694,80	3.031,65	1.697,17	2.544,40	2.862,45	1.473,45	2.394,00	2.693,25	1.249,73	2.243,60	2.524,05	1.026,01	2.093,20	2.354,85	802,41	1.942,88	2.185,74	578,69	1.792,48	2.016,
	II	31.896	1.708,00	2.551,68	2.870,64	1.484,28	2.401,28	2.701,44	1.260,56	2.250,88	2.532,24	1.036,84	2.100,48	2.363,04	813,12	1.950,08	2.193,84	589,40	1.799,68	2.024,64	365,68	1.649,28	1.855,
	III	24.164	-	1.933,12	2.174,76	-	1.799,20	2.024,10	-	1.668,32	1.876,86	-	1.540,64	1.733,22	-	1.416,00	1.593,00	-	1.294,40	1.456,20	-	1.176,00	1.323,
	IV	33.685	1.852,67	2.694,80	3.031,65	1.800,97	2.619,60	2.947,05	1.697,17	2.544,40	2.862,45	1.585,31	2.469,20	2.777,85	1.473,45	2.394,00	2.693,25	1.361,59	2.318,80	2.608,65	1.249,73	2.243,60	2.524,
	V	39.858	2.192,19	3.188,64	3.587,22																		
	VI	40.390	2.221,45	3.231,20	3.635,10																		
118.943,99 (Ost)	I	33.779	1.857,84	2.702,32	3.040,11	1.708,36	2.551,92	2.870,91	1.484,64	2.401,52	2.701,71	1.260,92	2.251,12	2.532,51	1.037,20	2.100,72	2.363,31	813,48	1.950,32	2.194,11	589,76	1.799,92	2.024,
	II	31.990	1.719,19	2.559,20	2.879,10	1.495,47	2.408,80	2.709,90	1.271,75	2.258,40	2.540,70	1.048,03	2.108,00	2.371,50	824,31	1.957,60	2.202,30	600,59	1.807,20	2.033,10	376,87	1.656,80	1.863,
	III	24.248	-	1.939,84	2.182,32	-	1.805,76	2.031,48	-	1.674,88	1.884,24	-	1.546,88	1.740,24	-	1.422,08	1.599,84	-	1.300,48	1.463,04	-	1.181,76	1.329,
	IV	33.779	1.857,84	2.702,32	3.040,11	1.806,14	2.627,12	2.955,51	1.708,36	2.551,92	2.870,91	1.596,50	2.476,72	2.786,31	1.484,64	2.401,52	2.701,71	1.372,78	2.326,32	2.617,11	1.260,92	2.251,12	2.532,
	V	39.952	2.197,36	3.196,16	3.595,68																		
	VI	40.484	2.226,62	3.238,72	3.643,56																		
118.979,99 (West)	I	33.700	1.853,50	2.696,00	3.033,00	1.698,96	2.545,60	2.863,80	1.475,24	2.395,20	2.694,60	1.251,52	2.244,80	2.525,40	1.027,92	2.094,48	2.356,29	804,20	1.944,08	2.187,09	580,48	1.793,68	2.017,
	II	31.911	1.709,79	2.552,88	2.871,99	1.486,07	2.402,48	2.702,79	1.262,35	2.252,08	2.533,59	1.038,63	2.101,68	2.364,39	814,91	1.951,28	2.195,19	591,19	1.800,88	2.025,99	367,59	1.650,56	1.856,
	III	24.178	-	1.934,24	2.176,02	-	1.800,16	2.025,18	-	1.669,44	1.878,12	-	1.541,60	1.734,30	-	1.416,96	1.594,08	-	1.295,36	1.457,28	-	1.176,80	1.323,
	IV	33.700	1.853,50	2.696,00	3.033,00	1.801,80	2.620,80	2.948,40	1.698,96	2.545,60	2.863,80	1.587,10	2.470,40	2.779,20	1.475,24	2.395,20	2.694,60	1.363,38	2.320,00	2.610,00	1.251,52	2.244,80	2.525,
	V	39.874	2.193,07	3.189,92	3.588,66																		
	VI	40.405	2.222,27	3.232,40	3.636,45																		
118.979,99 (Ost)	I	33.794	1.858,67	2.703,52	3.041,46	1.710,14	2.553,12	2.872,26	1.486,42	2.402,72	2.703,06	1.262,70	2.252,32	2.533,86	1.038,98	2.101,92	2.364,66	815,26	1.951,52	2.195,46	591,54	1.801,12	2.026,
	II	32.005	1.720,97	2.560,40	2.880,45	1.497,25	2.410,00	2.711,25	1.273,53	2.259,60	2.542,05	1.049,81	2.109,20	2.372,85	826,09	1.958,80	2.203,65	602,37	1.808,40	2.034,45	378,65	1.658,00	1.865,
	III	24.262	-	1.940,96	2.183,58	-	1.806,88	2.032,74	-	1.675,84	1.885,32	-	1.548,00	1.741,50	-	1.423,20	1.601,10	-	1.301,44	1.464,12	-	1.182,72	1.330,
	IV	33.794	1.858,67	2.703,52	3.041,46	1.806,97	2.628,32	2.956,86	1.710,14	2.553,12	2.872,26	1.598,28	2.477,92	2.787,66	1.486,42	2.402,72	2.703,06	1.374,56	2.327,52	2.618,46	1.262,70	2.252,32	2.533,
	V	39.967	2.198,18	3.197,36	3.597,03																		
	VI	40.499	2.227,44	3.239,92	3.644,91																		
119.015,99 (West)	I	33.715	1.854,32	2.697,20	3.034,35	1.700,74	2.546,80	2.865,15	1.477,14	2.396,48	2.696,04	1.253,42	2.246,08	2.526,84	1.029,70	2.095,68	2.357,64	805,98	1.945,28	2.188,44	582,26	1.794,88	2.019,
	II	31.926	1.711,57	2.554,08	2.873,34	1.487,85	2.403,68	2.704,14	1.264,13	2.253,28	2.534,94	1.040,41	2.102,88	2.365,74	816,69	1.952,48	2.196,54	593,09	1.802,16	2.027,43	369,37	1.651,76	1.858,
	III	24.190	-	1.935,20	2.177,10	-	1.801,28	2.026,44	-	1.670,40	1.879,20	-	1.542,72	1.735,56	-	1.417,92	1.595,16	-	1.296,32	1.458,36	-	1.177,76	1.324,
	IV	33.715	1.854,32	2.697,20	3.034,35	1.802,62	2.622,00	2.949,75	1.700,74	2.546,80	2.865,15	1.588,88	2.471,60	2.780,55	1.477,14	2.396,48	2.696,04	1.365,28	2.321,28	2.611,44	1.253,42	2.246,08	2.526,
	V	39.889	2.193,89	3.191,12	3.590,01																		
	VI	40.420	2.223,10	3.233,60	3.637,80																		
119.015,99 (Ost)	I	33.809	1.859,49	2.704,72	3.042,81	1.711,93	2.554,32	2.873,61	1.488,21	2.403,92	2.704,41	1.264,49	2.253,52	2.535,21	1.040,77	2.103,12	2.366,01	817,05	1.952,72	2.196,81	593,33	1.802,32	2.027,
	II	32.020	1.722,76	2.561,60	2.881,80	1.499,04	2.411,20	2.712,60	1.275,32	2.260,80	2.543,40	1.051,60	2.110,40	2.374,20	827,88	1.960,00	2.205,00	604,16	1.809,60	2.035,80	380,44	1.659,20	1.866,
	III	24.276	-	1.942,08	2.184,84	-	1.808,00	2.034,00	-	1.676,96	1.886,58	-	1.548,96	1.742,58	-	1.424,16	1.602,18	-	1.302,40	1.465,20	-	1.183,68	1.331,
	IV	33.809	1.859,49	2.704,72	3.042,81	1.807,79	2.629,52	2.958,21	1.711,93	2.554,32	2.873,61	1.600,07	2.479,12	2.789,01	1.488,21	2.403,92	2.704,41	1.376,35	2.328,72	2.619,81	1.264,49	2.253,52	2.535,
	V	39.982	2.199,01	3.198,56	3.598,38																		
	VI	40.514	2.228,27	3.241,12	3.646,26																		
119.051,99 (West)	I	33.730	1.855,15	2.698,40	3.035,70	1.702,65	2.548,08	2.866,59	1.478,93	2.397,68	2.697,39	1.255,21	2.247,28	2.528,19	1.031,49	2.096,88	2.358,99	807,77	1.946,48	2.189,79	584,05	1.796,08	2.020,5
	II	31.941	1.713,36	2.555,28	2.874,69	1.489,64	2.404,88	2.705,49	1.265,92	2.254,48	2.536,29	1.042,32	2.104,16	2.367,18	818,60	1.953,76	2.197,98	594,88	1.803,36	2.028,78	371,16	1.652,96	1.859,5
	III	24.204	-	1.936,32	2.178,36	-	1.802,40	2.027,70	-	1.671,52	1.880,46	-	1.543,68	1.736,64	-	1.418,88	1.596,24	-	1.297,28	1.459,44	-	1.178,72	1.326,0
	IV	33.730	1.855,15	2.698,40	3.035,70	1.803,50	2.623,28	2.951,19	1.702,65	2.548,08	2.866,59	1.590,79	2.472,88	2.781,99	1.478,93	2.397,68	2.697,39	1.367,07	2.322,48	2.612,79	1.255,21	2.247,28	2.528,1
	V	39.904	2.194,72	3.192,32	3.591,36																		
	VI	40.435	2.223,92	3.234,80	3.639,15																		
119.051,99 (Ost)	I	33.824	1.860,32	2.705,92	3.044,16	1.713,71	2.555,52	2.874,96	1.489,99	2.405,12	2.705,76	1.266,27	2.254,72	2.536,56	1.042,55	2.104,32	2.367,36	818,95	1.954,00	2.198,25	595,23	1.803,60	2.029,0
	II	32.035	1.724,54	2.562,80	2.883,15	1.500,82	2.412,40	2.713,95	1.277,10	2.262,00	2.544,75	1.053,38	2.111,60	2.375,55	829,66	1.961,20	2.206,35	605,94	1.810,80	2.037,15	382,22	1.660,40	1.867,9
	III	24.290	-	1.943,20	2.186,10	-	1.808,96	2.035,08	-	1.677,92	1.887,66	-	1.549,92	1.743,66	-	1.425,12	1.603,26	-	1.303,36	1.466,28	-	1.184,64	1.332,7
	IV	33.824	1.860,32	2.705,92	3.044,16	1.808,62	2.630,72	2.959,56	1.713,71	2.555,52	2.874,96	1.601,85	2.480,32	2.790,36	1.489,99	2.405,12	2.705,76	1.378,13	2.329,92	2.621,16	1.266,27	2.254,72	2.536,5
	V	39.997	2.199,83	3.199,76	3.599,73																		
	VI	40.529	2.229,09	3.242,32	3.647,61																		

SolZ/KiSt lt. Tabelle nicht für Sonstige Bezüge anwendbar.

Lohn/ Gehalt bis	Steuerklasse	Lohn-steuer	ohne Kinderfreibetrag SolZ 5,5%	Kirchensteuer 8%	9%	0,5 SolZ 5,5%	Kirchensteuer 8%	9%	1,0 SolZ 5,5%	Kirchensteuer 8%	9%	1,5 SolZ 5,5%	Kirchensteuer 8%	9%	2,0 SolZ 5,5%	Kirchensteuer 8%	9%	2,5 SolZ 5,5%	Kirchensteuer 8%	9%	3,0 SolZ 5,5%	Kirchensteuer 8%	9%
						Anzahl Kinderfreibeträge (nur Steuerklassen I–IV)																	
9.087,99 (West)	I	33.746	*1.856,03*	2.699,68	3.037,14	*1.704,43*	2.549,28	2.867,94	*1.480,71*	2.398,88	2.698,74	*1.256,99*	2.248,48	2.529,54	*1.033,27*	2.098,08	2.360,34	*809,55*	1.947,68	2.191,14	*585,83*	1.797,28	2.021,94
	II	31.956	*1.715,14*	2.556,48	2.876,04	*1.491,42*	2.406,08	2.706,84	*1.267,82*	2.255,76	2.537,73	*1.044,10*	2.105,36	2.368,53	*820,38*	1.954,96	2.199,33	*596,66*	1.804,56	2.030,13	*372,94*	1.654,16	1.860,93
	III	24.218	-	1.937,44	2.179,62	-	1.803,36	2.028,78	-	1.672,48	1.881,54	-	1.544,64	1.737,72	-	1.420,00	1.597,50	-	1.298,24	1.460,52	-	1.179,68	1.327,14
	IV	33.746	*1.856,03*	2.699,68	3.037,14	*1.804,33*	2.624,48	2.952,54	*1.704,43*	2.549,28	2.867,94	*1.592,57*	2.474,08	2.783,34	*1.480,71*	2.398,88	2.698,74	*1.368,85*	2.323,68	2.614,14	*1.256,99*	2.248,48	2.529,54
	V	39.919	*2.195,54*	3.193,52	3.592,71																		
	VI	40.451	*2.224,80*	3.236,08	3.640,59																		
9.087,99 (Ost)	I	33.839	*1.861,14*	2.707,12	3.045,51	*1.715,50*	2.556,72	2.876,31	*1.491,78*	2.406,32	2.707,11	*1.268,06*	2.255,92	2.537,91	*1.044,46*	2.105,60	2.368,80	*820,74*	1.955,20	2.199,60	*597,02*	1.804,80	2.030,40
	II	32.050	*1.726,33*	2.564,00	2.884,50	*1.502,61*	2.413,60	2.715,30	*1.278,89*	2.263,20	2.546,10	*1.055,17*	2.112,80	2.376,90	*831,45*	1.962,40	2.207,70	*607,73*	1.812,00	2.038,50	*384,13*	1.661,68	1.869,39
	III	24.302	-	1.944,16	2.187,18	-	1.810,08	2.036,34	-	1.679,04	1.888,92	-	1.551,04	1.744,92	-	1.426,08	1.604,34	-	1.304,32	1.467,36	-	1.185,60	1.333,80
	IV	33.839	*1.861,14*	2.707,12	3.045,51	*1.809,44*	2.631,92	2.960,91	*1.715,50*	2.556,72	2.876,31	*1.603,64*	2.481,52	2.791,71	*1.491,78*	2.406,32	2.707,11	*1.379,92*	2.331,12	2.622,51	*1.268,06*	2.255,92	2.537,91
	V	40.013	*2.200,71*	3.201,04	3.601,17																		
	VI	40.544	*2.229,92*	3.243,52	3.648,96																		
9.123,99 (West)	I	33.761	*1.856,85*	2.700,88	3.038,49	*1.706,22*	2.550,48	2.869,29	*1.482,50*	2.400,08	2.700,09	*1.258,78*	2.249,68	2.530,89	*1.035,06*	2.099,28	2.361,69	*811,34*	1.948,88	2.192,49	*587,62*	1.798,48	2.023,29
	II	31.972	*1.717,05*	2.557,76	2.877,48	*1.493,33*	2.407,36	2.708,28	*1.269,61*	2.256,96	2.539,08	*1.045,89*	2.106,56	2.369,88	*822,17*	1.956,16	2.200,68	*598,45*	1.805,76	2.031,48	*374,73*	1.655,36	1.862,28
	III	24.232	-	1.938,56	2.180,88	-	1.804,48	2.030,04	-	1.673,60	1.882,80	-	1.545,76	1.738,98	-	1.420,96	1.598,58	-	1.299,20	1.461,60	-	1.180,64	1.328,22
	IV	33.761	*1.856,85*	2.700,88	3.038,49	*1.805,15*	2.625,68	2.953,89	*1.706,22*	2.550,48	2.869,29	*1.594,36*	2.475,28	2.784,69	*1.482,50*	2.400,08	2.700,09	*1.370,64*	2.324,88	2.615,49	*1.258,78*	2.249,68	2.530,89
	V	39.934	*2.196,37*	3.194,72	3.594,06																		
	VI	40.466	*2.225,63*	3.237,28	3.641,94																		
9.123,99 (Ost)	I	33.854	*1.861,97*	2.708,32	3.046,86	*1.717,28*	2.557,92	2.877,66	*1.493,68*	2.407,60	2.708,55	*1.269,96*	2.257,20	2.539,35	*1.046,24*	2.106,80	2.370,15	*822,52*	1.956,40	2.200,95	*598,80*	1.806,00	2.031,75
	II	32.065	*1.728,11*	2.565,20	2.885,85	*1.504,39*	2.414,80	2.716,65	*1.280,67*	2.264,40	2.547,45	*1.056,95*	2.114,00	2.378,25	*833,23*	1.963,60	2.209,05	*609,63*	1.813,28	2.039,94	*385,91*	1.662,88	1.870,74
	III	24.316	-	1.945,28	2.188,44	-	1.811,20	2.037,60	-	1.680,00	1.890,00	-	1.552,00	1.746,00	-	1.427,04	1.605,42	-	1.305,28	1.468,44	-	1.186,56	1.334,88
	IV	33.854	*1.861,97*	2.708,32	3.046,86	*1.810,27*	2.633,12	2.962,26	*1.717,28*	2.557,92	2.877,66	*1.605,42*	2.482,72	2.793,06	*1.493,68*	2.407,60	2.708,55	*1.381,82*	2.332,40	2.623,95	*1.269,96*	2.257,20	2.539,35
	V	40.028	*2.201,54*	3.202,24	3.602,52																		
	VI	40.559	*2.230,74*	3.244,72	3.650,31																		
9.159,99 (West)	I	33.776	*1.857,68*	2.702,08	3.039,84	*1.708,00*	2.551,68	2.870,64	*1.484,28*	2.401,28	2.701,44	*1.260,56*	2.250,88	2.532,24	*1.036,84*	2.100,48	2.363,04	*813,12*	1.950,08	2.193,84	*589,40*	1.799,68	2.024,64
	II	31.987	*1.718,83*	2.558,96	2.878,83	*1.495,11*	2.408,56	2.709,63	*1.271,39*	2.258,16	2.540,43	*1.047,67*	2.107,76	2.371,23	*823,95*	1.957,36	2.202,03	*600,23*	1.806,96	2.032,83	*376,51*	1.656,56	1.863,63
	III	24.246	-	1.939,68	2.182,14	-	1.805,60	2.031,30	-	1.674,56	1.883,88	-	1.546,72	1.740,06	-	1.421,92	1.599,66	-	1.300,16	1.462,68	-	1.181,60	1.329,30
	IV	33.776	*1.857,68*	2.702,08	3.039,84	*1.805,98*	2.626,88	2.955,24	*1.708,00*	2.551,68	2.870,64	*1.596,14*	2.476,48	2.786,04	*1.484,28*	2.401,28	2.701,44	*1.372,42*	2.326,08	2.616,84	*1.260,56*	2.250,88	2.532,24
	V	39.949	*2.197,19*	3.195,92	3.595,41																		
	VI	40.481	*2.226,45*	3.238,48	3.643,29																		
9.159,99 (Ost)	I	33.869	*1.862,79*	2.709,52	3.048,21	*1.719,19*	2.559,20	2.879,10	*1.495,47*	2.408,80	2.709,90	*1.271,75*	2.258,40	2.540,70	*1.048,03*	2.108,00	2.371,50	*824,31*	1.957,60	2.202,30	*600,59*	1.807,20	2.033,10
	II	32.080	*1.729,90*	2.566,40	2.887,20	*1.506,18*	2.416,00	2.718,00	*1.282,46*	2.265,60	2.548,80	*1.058,86*	2.115,28	2.379,69	*835,14*	1.964,88	2.210,49	*611,42*	1.814,48	2.041,29	*387,70*	1.664,08	1.872,09
	III	24.330	-	1.946,40	2.189,70	-	1.812,16	2.038,68	-	1.681,12	1.891,26	-	1.552,96	1.747,08	-	1.428,16	1.606,68	-	1.306,24	1.469,52	-	1.187,52	1.335,96
	IV	33.869	*1.862,79*	2.709,52	3.048,21	*1.811,15*	2.634,40	2.963,70	*1.719,19*	2.559,20	2.879,10	*1.607,33*	2.484,00	2.794,50	*1.495,47*	2.408,80	2.709,90	*1.383,61*	2.333,60	2.625,30	*1.271,75*	2.258,40	2.540,70
	V	40.043	*2.202,36*	3.203,44	3.603,87																		
	VI	40.575	*2.231,62*	3.246,00	3.651,75																		
9.195,99 (West)	I	33.791	*1.858,50*	2.703,28	3.041,19	*1.709,79*	2.552,88	2.871,99	*1.486,07*	2.402,48	2.702,79	*1.262,35*	2.252,08	2.533,59	*1.038,63*	2.101,68	2.364,39	*814,91*	1.951,28	2.195,19	*591,19*	1.800,88	2.025,99
	II	32.002	*1.720,62*	2.560,16	2.880,18	*1.496,90*	2.409,76	2.710,98	*1.273,18*	2.259,36	2.541,78	*1.049,46*	2.108,96	2.372,58	*825,74*	1.958,56	2.203,38	*602,02*	1.808,16	2.034,18	*378,30*	1.657,76	1.864,98
	III	24.258	-	1.940,64	2.183,22	-	1.806,56	2.032,38	-	1.675,68	1.885,14	-	1.547,68	1.741,14	-	1.422,88	1.600,74	-	1.301,12	1.463,76	-	1.182,56	1.330,38
	IV	33.791	*1.858,50*	2.703,28	3.041,19	*1.806,80*	2.628,08	2.956,59	*1.709,79*	2.552,88	2.871,99	*1.597,93*	2.477,68	2.787,39	*1.486,07*	2.402,48	2.702,79	*1.374,21*	2.327,28	2.618,19	*1.262,35*	2.252,08	2.533,59
	V	39.964	*2.198,02*	3.197,12	3.596,76																		
	VI	40.496	*2.227,28*	3.239,68	3.644,64																		
9.195,99 (Ost)	I	33.885	*1.863,67*	2.710,80	3.049,65	*1.720,97*	2.560,40	2.880,45	*1.497,25*	2.410,00	2.711,25	*1.273,53*	2.259,60	2.542,05	*1.049,81*	2.109,20	2.372,85	*826,09*	1.958,80	2.203,65	*602,37*	1.808,40	2.034,45
	II	32.095	*1.731,68*	2.567,60	2.888,55	*1.507,96*	2.417,20	2.719,35	*1.284,36*	2.266,88	2.550,24	*1.060,64*	2.116,48	2.381,04	*836,92*	1.966,08	2.211,84	*613,20*	1.815,68	2.042,64	*389,48*	1.665,28	1.873,44
	III	24.344	-	1.947,52	2.190,96	-	1.813,28	2.039,94	-	1.682,08	1.892,34	-	1.554,08	1.748,34	-	1.429,12	1.607,76	-	1.307,20	1.470,60	-	1.188,32	1.336,86
	IV	33.885	*1.863,67*	2.710,80	3.049,65	*1.811,97*	2.635,60	2.965,05	*1.720,97*	2.560,40	2.880,45	*1.609,11*	2.485,20	2.795,85	*1.497,25*	2.410,00	2.711,25	*1.385,39*	2.334,80	2.626,65	*1.273,53*	2.259,60	2.542,05
	V	40.058	*2.203,19*	3.204,64	3.605,22																		
	VI	40.590	*2.232,45*	3.247,20	3.653,10																		
9.231,99 (West)	I	33.806	*1.859,33*	2.704,48	3.042,54	*1.711,57*	2.554,08	2.873,34	*1.487,85*	2.403,68	2.704,14	*1.264,13*	2.253,28	2.534,94	*1.040,41*	2.102,88	2.365,74	*816,69*	1.952,48	2.196,54	*593,09*	1.802,16	2.027,43
	II	32.017	*1.722,40*	2.561,36	2.881,53	*1.498,68*	2.410,96	2.712,33	*1.274,96*	2.260,56	2.543,13	*1.051,24*	2.110,16	2.373,93	*827,52*	1.959,76	2.204,73	*603,80*	1.809,36	2.035,53	*380,08*	1.658,96	1.866,33
	III	24.272	-	1.941,76	2.184,48	-	1.807,68	2.033,64	-	1.676,64	1.886,22	-	1.548,80	1.742,40	-	1.423,84	1.601,82	-	1.302,08	1.464,84	-	1.183,52	1.331,46
	IV	33.806	*1.859,33*	2.704,48	3.042,54	*1.807,63*	2.629,28	2.957,94	*1.711,57*	2.554,08	2.873,34	*1.599,71*	2.478,88	2.788,74	*1.487,85*	2.403,68	2.704,14	*1.375,99*	2.328,48	2.619,54	*1.264,13*	2.253,28	2.534,94
	V	39.979	*2.198,84*	3.198,32	3.598,11																		
	VI	40.511	*2.228,10*	3.240,88	3.645,99																		
19.231,99 (Ost)	I	33.900	*1.864,50*	2.712,00	3.051,00	*1.722,76*	2.561,60	2.881,80	*1.499,04*	2.411,20	2.712,60	*1.275,32*	2.260,80	2.543,40	*1.051,60*	2.110,40	2.374,20	*827,88*	1.960,00	2.205,00	*604,16*	1.809,60	2.035,80
	II	32.111	*1.733,59*	2.568,88	2.889,99	*1.509,87*	2.418,48	2.720,79	*1.286,15*	2.268,08	2.551,59	*1.062,43*	2.117,68	2.382,39	*838,71*	1.967,28	2.213,19	*614,99*	1.816,88	2.043,99	*391,27*	1.666,48	1.874,79
	III	24.358	-	1.948,64	2.192,22	-	1.814,40	2.041,20	-	1.683,20	1.893,60	-	1.555,04	1.749,42	-	1.430,08	1.608,84	-	1.308,16	1.471,68	-	1.189,28	1.337,94
	IV	33.900	*1.864,50*	2.712,00	3.051,00	*1.812,80*	2.636,80	2.966,40	*1.722,76*	2.561,60	2.881,80	*1.610,90*	2.486,40	2.797,20	*1.499,04*	2.411,20	2.712,60	*1.387,18*	2.336,00	2.628,00	*1.275,32*	2.260,80	2.543,40
	V	40.073	*2.204,01*	3.205,84	3.606,57																		
	VI	40.605	*2.233,27*	3.248,40	3.654,45																		
19.267,99 (West)	I	33.821	*1.860,15*	2.705,68	3.043,89	*1.713,36*	2.555,28	2.874,69	*1.489,64*	2.404,88	2.705,49	*1.265,92*	2.254,48	2.536,29	*1.042,32*	2.104,16	2.367,18	*818,60*	1.953,76	2.197,98	*594,88*	1.803,36	2.028,78
	II	32.032	*1.724,19*	2.562,56	2.882,88	*1.500,47*	2.412,16	2.713,68	*1.276,75*	2.261,76	2.544,48	*1.053,03*	2.111,36	2.375,28	*829,31*	1.960,96	2.206,08	*605,59*	1.810,56	2.036,88	*381,87*	1.660,16	1.867,68
	III	24.286	-	1.942,88	2.185,74	-	1.808,80	2.034,90	-	1.677,76	1.887,48	-	1.549,76	1.743,48	-	1.424,96	1.603,08	-	1.303,04	1.465,92	-	1.184,48	1.332,54
	IV	33.821	*1.860,15*	2.705,68	3.043,89	*1.808,45*	2.630,48	2.959,29	*1.713,36*	2.555,28	2.874,69	*1.601,50*	2.480,08	2.790,09	*1.489,64*	2.404,88	2.705,49	*1.377,78*	2.329,68	2.620,89	*1.265,92*	2.254,48	2.536,29
	V	39.994	*2.199,67*	3.199,52	3.599,46																		
	VI	40.526	*2.228,93*	3.242,08	3.647,34																		
19.267,99 (Ost)	I	33.915	*1.865,32*	2.713,20	3.052,35	*1.724,54*	2.562,80	2.883,15	*1.500,82*	2.412,40	2.713,95	*1.277,10*	2.262,00	2.544,75	*1.053,38*	2.111,60	2.375,55	*829,66*	1.961,20	2.206,35	*605,94*	1.810,80	2.037,15
	II	32.126	*1.735,37*	2.570,08	2.891,34	*1.511,65*	2.419,68	2.722,14	*1.287,93*	2.269,28	2.552,94	*1.064,21*	2.118,88	2.383,74	*840,49*	1.968,48	2.214,54	*616,77*	1.818,08	2.045,34	*393,05*	1.667,68	1.876,14
	III	24.372	-	1.949,76	2.193,48	-	1.815,36	2.042,28	-	1.684,16	1.894,68	-	1.556,16	1.750,68	-	1.431,04	1.609,92	-	1.309,12	1.472,76	-	1.190,24	1.339,02
	IV	33.915	*1.865,32*	2.713,20	3.052,35	*1.813,62*	2.638,00	2.967,75	*1.724,54*	2.562,80	2.883,15	*1.612,68*	2.487,60	2.798,55	*1.500,82*	2.412,40	2.713,95	*1.388,96*	2.337,20	2.629,35	*1.277,10*	2.262,00	2.544,75
	V	40.088	*2.204,84*	3.207,04	3.607,92																		
	VI	40.620	*2.234,10*	3.249,60	3.655,80																		
19.303,99 (West)	I	33.836	*1.860,98*	2.706,88	3.045,24	*1.715,14*	2.556,48	2.876,04	*1.491,42*	2.406,08	2.706,84	*1.267,82*	2.255,76	2.537,73	*1.044,10*	2.105,36	2.368,53	*820,38*	1.954,96	2.199,33	*596,66*	1.804,56	2.030,13
	II	32.047	*1.725,97*	2.563,76	2.884,23	*1.502,25*	2.413,36	2.715,03	*1.278,53*	2.262,96	2.545,83	*1.054,81*	2.112,56	2.376,63	*831,09*	1.962,16	2.207,43	*607,49*	1.811,84	2.038,32	*383,77*	1.661,44	1.869,12
	III	24.300	-	1.944,00	2.187,00	-	1.809,76	2.035,98	-	1.678,72	1.888,56	-	1.550,72	1.744,56	-	1.425,92	1.604,16	-	1.304,00	1.467,00	-	1.185,28	1.333,44
	IV	33.836	*1.860,98*	2.706,88	3.045,24	*1.809,28*	2.631,68	2.960,64	*1.715,14*	2.556,48	2.876,04	*1.603,28*	2.481,28	2.791,44	*1.491,42*	2.406,08	2.706,84	*1.379,68*	2.330,96	2.622,33	*1.267,82*	2.255,76	2.537,73
	V	40.010	*2.200,55*	3.200,80	3.600,90																		
	VI	40.541	*2.229,75*	3.243,28	3.648,69																		
19.303,99 (Ost)	I	33.930	*1.866,15*	2.714,40	3.053,70	*1.726,33*	2.564,00	2.884,50	*1.502,61*	2.413,60	2.715,30	*1.278,89*	2.263,20	2.546,10	*1.055,17*	2.112,80	2.376,90	*831,45*	1.962,40	2.207,70	*607,73*	1.812,00	2.038,50
	II	32.141	*1.737,16*	2.571,28	2.892,69	*1.513,44*	2.420,88	2.723,49	*1.289,72*	2.270,48	2.554,29	*1.066,00*	2.120,08	2.385,09	*842,28*	1.969,68	2.215,89	*618,56*	1.819,28	2.046,69	*394,84*	1.668,88	1.877,49
	III	24.384	-	1.950,72	2.194,56	-	1.816,48	2.043,54	-	1.685,28	1.895,94	-	1.557,12	1.751,76	-	1.432,00	1.611,00	-	1.310,08	1.473,84	-	1.191,20	1.340,10
	IV	33.930	*1.866,15*	2.714,40	3.053,70	*1.814,45*	2.639,20	2.969,10	*1.726,33*	2.564,00	2.884,50	*1.614,47*	2.488,80	2.799,90	*1.502,61*	2.413,60	2.715,30	*1.390,75*	2.338,40	2.630,70	*1.278,89*	2.263,20	2.546,10
	V	40.103	*2.205,66*	3.208,24	3.609,27																		
	VI	40.635	*2.234,92*	3.250,80	3.657,15																		

SolZ/KiSt lt. Tabelle nicht für Sonstige Bezüge anwendbar.

Lohn/ Gehalt bis	Steuerklasse	Lohn-steuer	ohne Kinderfreibetrag SolZ 5,5%	Kirchensteuer 8%	9%	0,5 SolZ 5,5%	Kirchensteuer 8%	9%	1,0 SolZ 5,5%	Kirchensteuer 8%	9%	1,5 SolZ 5,5%	Kirchensteuer 8%	9%	2,0 SolZ 5,5%	Kirchensteuer 8%	9%	2,5 SolZ 5,5%	Kirchensteuer 8%	9%	3,0 SolZ 5,5%	Kirchensteu 8%	9%
						Anzahl Kinderfreibeträge (nur Steuerklassen I–IV)																	
119.339,99 (West)	I	33.851	1.861,80	2.708,08	3.046,59	1.717,05	2.557,76	2.877,48	1.493,33	2.407,36	2.708,28	1.269,61	2.256,96	2.539,08	1.045,89	2.106,56	2.369,88	822,17	1.956,16	2.200,68	598,45	1.805,76	2.031
	II	32.062	1.727,76	2.564,96	2.885,58	1.504,04	2.414,56	2.716,38	1.280,32	2.264,16	2.547,18	1.056,60	2.113,76	2.377,98	833,00	1.963,44	2.208,87	609,28	1.813,04	2.039,67	385,56	1.662,64	1.870
	III	24.314	-	1.945,12	2.188,26	-	1.810,88	2.037,24	-	1.679,84	1.889,82	-	1.551,84	1.745,82	-	1.426,88	1.605,24	-	1.305,12	1.468,26	-	1.186,24	1.334
	IV	33.851	1.861,80	2.708,08	3.046,59	1.810,10	2.632,88	2.961,99	1.717,05	2.557,76	2.877,48	1.605,19	2.482,56	2.792,88	1.493,33	2.407,36	2.708,28	1.381,47	2.332,16	2.623,68	1.269,61	2.256,96	2.539
	V	40.025	2.201,37	3.202,00	3.602,25																		
	VI	40.556	2.230,58	3.244,48	3.650,04																		
119.339,99 (Ost)	I	33.945	1.866,97	2.715,60	3.055,05	1.728,11	2.565,20	2.885,85	1.504,39	2.414,80	2.716,65	1.280,67	2.264,40	2.547,45	1.056,95	2.114,00	2.378,25	833,23	1.963,60	2.209,05	609,63	1.813,28	2.039
	II	32.156	1.738,94	2.572,48	2.894,04	1.515,22	2.422,08	2.724,84	1.291,50	2.271,68	2.555,64	1.067,78	2.121,28	2.386,44	844,06	1.970,88	2.217,24	620,34	1.820,48	2.048,04	396,62	1.670,08	1.878
	III	24.398	-	1.951,84	2.195,82	-	1.817,60	2.044,80	-	1.686,24	1.897,02	-	1.558,08	1.752,84	-	1.433,12	1.612,26	-	1.311,04	1.474,92	-	1.192,16	1.341
	IV	33.945	1.866,97	2.715,60	3.055,05	1.815,27	2.640,40	2.970,45	1.728,11	2.565,20	2.885,85	1.616,25	2.490,00	2.801,25	1.504,39	2.414,80	2.716,65	1.392,53	2.339,60	2.632,05	1.280,67	2.264,40	2.547
	V	40.118	2.206,49	3.209,44	3.610,62																		
	VI	40.650	2.235,75	3.252,00	3.658,50																		
119.375,99 (West)	I	33.867	1.862,68	2.709,36	3.048,03	1.718,83	2.558,96	2.878,83	1.495,11	2.408,56	2.709,63	1.271,39	2.258,16	2.540,43	1.047,67	2.107,76	2.371,23	823,95	1.957,36	2.202,03	600,23	1.806,96	2.032
	II	32.077	1.729,54	2.566,16	2.886,93	1.505,82	2.415,76	2.717,73	1.282,22	2.265,44	2.548,62	1.058,50	2.115,04	2.379,42	834,78	1.964,64	2.210,22	611,06	1.814,24	2.041,02	387,34	1.663,84	1.871
	III	24.328	-	1.946,24	2.189,52	-	1.812,00	2.038,50	-	1.680,80	1.890,90	-	1.552,80	1.746,90	-	1.427,84	1.606,32	-	1.306,08	1.469,34	-	1.187,20	1.335
	IV	33.867	1.862,68	2.709,36	3.048,03	1.810,98	2.634,16	2.963,43	1.718,83	2.558,96	2.878,83	1.606,97	2.483,76	2.794,23	1.495,11	2.408,56	2.709,63	1.383,25	2.333,36	2.625,03	1.271,39	2.258,16	2.540
	V	40.040	2.202,20	3.203,20	3.603,60																		
	VI	40.572	2.231,46	3.245,76	3.651,48																		
119.375,99 (Ost)	I	33.960	1.867,80	2.716,80	3.056,40	1.729,90	2.566,40	2.887,20	1.506,18	2.416,00	2.718,00	1.282,46	2.265,60	2.548,80	1.058,86	2.115,28	2.379,69	835,14	1.964,88	2.210,49	611,42	1.814,48	2.041
	II	32.171	1.740,73	2.573,68	2.895,39	1.517,01	2.423,28	2.726,19	1.293,29	2.272,88	2.556,99	1.069,57	2.122,48	2.387,79	845,85	1.972,08	2.218,59	622,13	1.821,68	2.049,39	398,41	1.671,28	1.880
	III	24.412	-	1.952,96	2.197,08	-	1.818,56	2.045,88	-	1.687,36	1.898,28	-	1.559,20	1.754,10	-	1.434,08	1.613,34	-	1.312,00	1.476,00	-	1.193,12	1.342
	IV	33.960	1.867,80	2.716,80	3.056,40	1.816,10	2.641,60	2.971,80	1.729,90	2.566,40	2.887,20	1.618,04	2.491,20	2.802,60	1.506,18	2.416,00	2.718,00	1.394,32	2.340,80	2.633,40	1.282,46	2.265,60	2.548
	V	40.134	2.207,37	3.210,72	3.612,06																		
	VI	40.665	2.236,57	3.253,20	3.659,85																		
119.411,99 (West)	I	33.882	1.863,51	2.710,56	3.049,38	1.720,62	2.560,16	2.880,18	1.496,90	2.409,76	2.710,98	1.273,18	2.259,36	2.541,78	1.049,46	2.108,96	2.372,58	825,74	1.958,56	2.203,38	602,02	1.808,16	2.034
	II	32.092	1.731,33	2.567,36	2.888,28	1.507,73	2.417,04	2.719,17	1.284,01	2.266,64	2.549,97	1.060,29	2.116,24	2.380,77	836,57	1.965,84	2.211,57	612,85	1.815,44	2.042,37	389,13	1.665,04	1.873
	III	24.340	-	1.947,20	2.190,60	-	1.812,96	2.039,58	-	1.681,92	1.892,16	-	1.553,76	1.747,98	-	1.428,80	1.607,40	-	1.307,04	1.470,42	-	1.188,16	1.336
	IV	33.882	1.863,51	2.710,56	3.049,38	1.811,81	2.635,36	2.964,78	1.720,62	2.560,16	2.880,18	1.608,76	2.484,96	2.795,58	1.496,90	2.409,76	2.710,98	1.385,04	2.334,56	2.626,38	1.273,18	2.259,36	2.541
	V	40.055	2.203,02	3.204,40	3.604,95																		
	VI	40.587	2.232,28	3.246,96	3.652,83																		
119.411,99 (Ost)	I	33.975	1.868,62	2.718,00	3.057,75	1.731,68	2.567,60	2.888,55	1.507,96	2.417,20	2.719,35	1.284,36	2.266,88	2.550,24	1.060,64	2.116,48	2.381,04	836,92	1.966,08	2.211,84	613,20	1.815,68	2.042
	II	32.186	1.742,51	2.574,88	2.896,74	1.518,79	2.424,48	2.727,54	1.295,07	2.274,08	2.558,34	1.071,35	2.123,68	2.389,14	847,63	1.973,28	2.219,94	624,03	1.822,96	2.050,83	400,31	1.672,56	1.881
	III	24.426	-	1.954,08	2.198,34	-	1.819,68	2.047,14	-	1.688,32	1.899,36	-	1.560,16	1.755,18	-	1.435,04	1.614,42	-	1.312,96	1.477,08	-	1.194,08	1.343
	IV	33.975	1.868,62	2.718,00	3.057,75	1.816,92	2.642,80	2.973,15	1.731,68	2.567,60	2.888,55	1.619,82	2.492,40	2.803,95	1.507,96	2.417,20	2.719,35	1.396,22	2.342,08	2.634,84	1.284,36	2.266,88	2.550
	V	40.149	2.208,19	3.211,92	3.613,41																		
	VI	40.680	2.237,40	3.254,40	3.661,20																		
119.447,99 (West)	I	33.897	1.864,33	2.711,76	3.050,73	1.722,40	2.561,36	2.881,53	1.498,68	2.410,96	2.712,33	1.274,96	2.260,56	2.543,13	1.051,24	2.110,16	2.373,93	827,52	1.959,76	2.204,73	603,80	1.809,36	2.035
	II	32.108	1.733,23	2.568,64	2.889,72	1.509,51	2.418,24	2.720,52	1.285,79	2.267,84	2.551,32	1.062,07	2.117,44	2.382,12	838,35	1.967,04	2.212,92	614,63	1.816,64	2.043,72	390,91	1.666,24	1.874
	III	24.354	-	1.948,32	2.191,86	-	1.814,08	2.040,84	-	1.682,88	1.893,24	-	1.554,88	1.749,24	-	1.429,92	1.608,66	-	1.308,00	1.471,50	-	1.189,12	1.337
	IV	33.897	1.864,33	2.711,76	3.050,73	1.812,63	2.636,56	2.966,13	1.722,40	2.561,36	2.881,53	1.610,54	2.486,16	2.796,93	1.498,68	2.410,96	2.712,33	1.386,82	2.335,76	2.627,73	1.274,96	2.260,56	2.543,
	V	40.070	2.203,85	3.205,60	3.606,30																		
	VI	40.602	2.233,11	3.248,16	3.654,18																		
119.447,99 (Ost)	I	33.990	1.869,45	2.719,20	3.059,10	1.733,59	2.568,88	2.889,99	1.509,87	2.418,48	2.720,79	1.286,15	2.268,08	2.551,59	1.062,43	2.117,68	2.382,39	838,71	1.967,28	2.213,19	614,99	1.816,88	2.043,
	II	32.201	1.744,30	2.576,08	2.898,09	1.520,58	2.425,68	2.728,89	1.296,86	2.275,28	2.559,69	1.073,14	2.124,88	2.390,49	849,54	1.974,56	2.221,38	625,82	1.824,16	2.052,18	402,10	1.673,76	1.882,
	III	24.440	-	1.955,20	2.199,60	-	1.820,80	2.048,40	-	1.689,44	1.900,62	-	1.561,12	1.756,26	-	1.436,00	1.615,50	-	1.313,92	1.478,16	-	1.195,04	1.344,
	IV	33.990	1.869,45	2.719,20	3.059,10	1.817,75	2.644,00	2.974,50	1.733,59	2.568,88	2.889,99	1.621,73	2.493,68	2.805,39	1.509,87	2.418,48	2.720,79	1.398,01	2.343,28	2.636,19	1.286,15	2.268,08	2.551,
	V	40.164	2.209,02	3.213,12	3.614,76																		
	VI	40.695	2.238,22	3.255,60	3.662,55																		
119.483,99 (West)	I	33.912	1.865,16	2.712,96	3.052,08	1.724,19	2.562,56	2.882,88	1.500,47	2.412,16	2.713,68	1.276,75	2.261,76	2.544,48	1.053,03	2.111,36	2.375,28	829,31	1.960,96	2.206,08	605,59	1.810,56	2.036,
	II	32.123	1.735,02	2.569,84	2.891,07	1.511,30	2.419,44	2.721,87	1.287,58	2.269,04	2.552,67	1.063,86	2.118,64	2.383,47	840,14	1.968,24	2.214,27	616,42	1.817,84	2.045,07	392,70	1.667,44	1.875,
	III	24.368	-	1.949,44	2.193,12	-	1.815,20	2.042,10	-	1.684,00	1.894,50	-	1.555,84	1.750,32	-	1.430,88	1.609,74	-	1.308,96	1.472,58	-	1.190,08	1.338,
	IV	33.912	1.865,16	2.712,96	3.052,08	1.813,46	2.637,76	2.967,48	1.724,19	2.562,56	2.882,88	1.612,33	2.487,36	2.798,28	1.500,47	2.412,16	2.713,68	1.388,61	2.336,96	2.629,08	1.276,75	2.261,76	2.544,
	V	40.085	2.204,67	3.206,80	3.607,65																		
	VI	40.617	2.233,93	3.249,36	3.655,53																		
119.483,99 (Ost)	I	34.006	1.870,33	2.720,48	3.060,54	1.735,37	2.570,08	2.891,34	1.511,65	2.419,68	2.722,14	1.287,93	2.269,28	2.552,94	1.064,21	2.118,88	2.383,74	840,49	1.968,48	2.214,54	616,77	1.818,08	2.045,
	II	32.216	1.746,08	2.577,28	2.899,44	1.522,36	2.426,88	2.730,24	1.298,76	2.276,56	2.561,13	1.075,04	2.126,16	2.391,93	851,32	1.975,76	2.222,73	627,60	1.825,36	2.053,53	403,88	1.674,96	1.884,
	III	24.454	-	1.956,32	2.200,86	-	1.821,76	2.049,48	-	1.690,40	1.901,70	-	1.562,24	1.757,52	-	1.436,96	1.616,58	-	1.314,88	1.479,24	-	1.196,00	1.345,
	IV	34.006	1.870,33	2.720,48	3.060,54	1.818,63	2.645,28	2.975,94	1.735,37	2.570,08	2.891,34	1.623,51	2.494,88	2.806,74	1.511,65	2.419,68	2.722,14	1.399,79	2.344,48	2.637,54	1.287,93	2.269,28	2.552,
	V	40.179	2.209,84	3.214,32	3.616,11																		
	VI	40.711	2.239,10	3.256,88	3.663,99																		
119.519,99 (West)	I	33.927	1.865,98	2.714,16	3.053,43	1.725,97	2.563,76	2.884,23	1.502,25	2.413,36	2.715,03	1.278,53	2.262,96	2.545,83	1.054,81	2.112,56	2.376,63	831,09	1.962,16	2.207,43	607,49	1.811,84	2.038,
	II	32.138	1.736,80	2.571,04	2.892,42	1.513,08	2.420,64	2.723,22	1.289,36	2.270,24	2.554,02	1.065,64	2.119,84	2.384,82	841,92	1.969,44	2.215,62	618,20	1.819,04	2.046,42	394,48	1.668,64	1.877,
	III	24.382	-	1.950,56	2.194,38	-	1.816,16	2.043,18	-	1.684,96	1.895,58	-	1.556,96	1.751,58	-	1.431,84	1.610,82	-	1.309,92	1.473,66	-	1.191,04	1.339,
	IV	33.927	1.865,98	2.714,16	3.053,43	1.814,28	2.638,96	2.968,83	1.725,97	2.563,76	2.884,23	1.614,11	2.488,56	2.799,63	1.502,25	2.413,36	2.715,03	1.390,39	2.338,16	2.630,43	1.278,53	2.262,96	2.545,
	V	40.100	2.205,50	3.208,00	3.609,00																		
	VI	40.632	2.234,76	3.250,56	3.656,88																		
119.519,99 (Ost)	I	34.021	1.871,15	2.721,68	3.061,89	1.737,16	2.571,28	2.892,69	1.513,44	2.420,88	2.723,49	1.289,72	2.270,48	2.554,29	1.066,00	2.120,08	2.385,09	842,28	1.969,68	2.215,89	618,56	1.819,28	2.046,
	II	32.231	1.747,87	2.578,48	2.900,79	1.524,27	2.428,16	2.731,68	1.300,55	2.277,76	2.562,48	1.076,83	2.127,36	2.393,28	853,11	1.976,96	2.224,08	629,39	1.826,56	2.054,88	405,67	1.676,16	1.885,
	III	24.466	-	1.957,28	2.201,94	-	1.822,88	2.050,74	-	1.691,52	1.902,96	-	1.563,20	1.758,60	-	1.438,08	1.617,84	-	1.315,84	1.480,32	-	1.196,96	1.346,
	IV	34.021	1.871,15	2.721,68	3.061,89	1.819,45	2.646,48	2.977,29	1.737,16	2.571,28	2.892,69	1.625,30	2.496,08	2.808,09	1.513,44	2.420,88	2.723,49	1.401,58	2.345,68	2.638,89	1.289,72	2.270,48	2.554,
	V	40.194	2.210,67	3.215,52	3.617,46																		
	VI	40.726	2.239,93	3.258,08	3.665,34																		
119.555,99 (West)	I	33.942	1.866,81	2.715,36	3.054,78	1.727,76	2.564,96	2.885,58	1.504,04	2.414,56	2.716,38	1.280,32	2.264,16	2.547,18	1.056,60	2.113,76	2.377,98	833,00	1.963,44	2.208,87	609,28	1.813,04	2.039,
	II	32.153	1.738,59	2.572,24	2.893,77	1.514,87	2.421,84	2.724,57	1.291,15	2.271,44	2.555,37	1.067,43	2.121,04	2.386,17	843,71	1.970,64	2.216,97	619,99	1.820,24	2.047,77	396,27	1.669,84	1.878,
	III	24.396	-	1.951,68	2.195,64	-	1.817,28	2.044,44	-	1.686,08	1.896,84	-	1.557,92	1.752,66	-	1.432,80	1.611,90	-	1.310,88	1.474,74	-	1.192,00	1.341,
	IV	33.942	1.866,81	2.715,36	3.054,78	1.815,11	2.640,16	2.970,18	1.727,76	2.564,96	2.885,58	1.615,90	2.489,76	2.800,98	1.504,04	2.414,56	2.716,38	1.392,18	2.339,36	2.631,78	1.280,32	2.264,16	2.547,
	V	40.115	2.206,32	3.209,20	3.610,35																		
	VI	40.647	2.235,58	3.251,76	3.658,23																		
119.555,99 (Ost)	I	34.036	1.871,98	2.722,88	3.063,24	1.738,94	2.572,48	2.894,04	1.515,22	2.422,08	2.724,84	1.291,50	2.271,68	2.555,64	1.067,78	2.121,28	2.386,44	844,06	1.970,88	2.217,24	620,34	1.820,48	2.048,
	II	32.247	1.749,77	2.579,76	2.902,23	1.526,05	2.429,36	2.733,03	1.302,33	2.278,96	2.563,83	1.078,61	2.128,56	2.394,63	854,89	1.978,16	2.225,43	631,17	1.827,76	2.056,23	407,45	1.677,36	1.887,
	III	24.480	-	1.958,40	2.203,20	-	1.824,00	2.052,00	-	1.692,48	1.904,04	-	1.564,32	1.759,86	-	1.439,04	1.618,92	-	1.316,96	1.481,58	-	1.197,76	1.347,
	IV	34.036	1.871,98	2.722,88	3.063,24	1.820,28	2.647,68	2.978,64	1.738,94	2.572,48	2.894,04	1.627,08	2.497,28	2.809,44	1.515,22	2.422,08	2.724,84	1.403,36	2.346,88	2.640,24	1.291,50	2.271,68	2.555,6
	V	40.209	2.211,49	3.216,72	3.618,81																		
	VI	40.741	2.240,75	3.259,28	3.666,69																		

SolZ/KiSt lt. Tabelle nicht für Sonstige Bezüge anwendbar.

Allgemeine Tabelle

JAHR bis 119.807,99 €

Lohn/ Gehalt bis	Steuerklasse	Lohn-steuer	ohne Kinderfreibetrag			Anzahl Kinderfreibeträge (nur Steuerklassen I–IV) 0,5			1,0			1,5			2,0			2,5			3,0		
			SolZ 5,5%	Kirchensteuer 8%	9%	SolZ 5,5%	Kirchensteuer 8%	9%	SolZ 5,5%	Kirchensteuer 8%	9%	SolZ 5,5%	Kirchensteuer 8%	9%	SolZ 5,5%	Kirchensteuer 8%	9%	SolZ 5,5%	Kirchensteuer 8%	9%	SolZ 5,5%	Kirchensteuer 8%	9%
9.591,99	I	33.957	1.867,63	2.716,56	3.056,13	1.729,54	2.566,16	2.886,93	1.505,82	2.415,76	2.717,73	1.282,22	2.265,44	2.548,62	1.058,50	2.115,04	2.379,42	834,78	1.964,64	2.210,22	611,06	1.814,24	2.041,02
(West)	II	32.168	1.740,37	2.573,44	2.895,12	1.516,65	2.423,04	2.725,92	1.292,93	2.272,64	2.556,72	1.069,21	2.122,24	2.387,52	845,49	1.971,84	2.218,32	621,77	1.821,44	2.049,12	398,17	1.671,12	1.880,01
	III	24.408	-	1.952,64	2.196,72	-	1.818,40	2.045,70	-	1.687,04	1.897,92	-	1.558,88	1.753,74	-	1.433,76	1.612,98	-	1.311,84	1.475,82	-	1.192,96	1.342,08
	IV	33.957	1.867,63	2.716,56	3.056,13	1.815,93	2.641,36	2.971,53	1.729,54	2.566,16	2.886,93	1.617,68	2.490,96	2.802,33	1.505,82	2.415,76	2.717,73	1.393,96	2.340,56	2.633,13	1.282,22	2.265,44	2.548,62
	V	40.131	2.207,20	3.210,48	3.611,79																		
	VI	40.662	2.236,41	3.252,96	3.659,58																		
9.591,99	I	34.051	1.872,80	2.724,08	3.064,59	1.740,73	2.573,68	2.895,39	1.517,01	2.423,28	2.726,19	1.293,29	2.272,88	2.556,99	1.069,57	2.122,48	2.387,79	845,85	1.972,08	2.218,59	622,13	1.821,68	2.049,39
(Ost)	II	32.262	1.751,56	2.580,96	2.903,58	1.527,84	2.430,56	2.734,38	1.304,12	2.280,16	2.565,18	1.080,40	2.129,76	2.395,98	856,68	1.979,36	2.226,78	632,96	1.828,96	2.057,58	409,24	1.678,56	1.888,38
	III	24.494	-	1.959,52	2.204,46	-	1.824,96	2.053,08	-	1.693,60	1.905,30	-	1.565,28	1.760,94	-	1.440,00	1.620,00	-	1.317,92	1.482,66	-	1.198,72	1.348,56
	IV	34.051	1.872,80	2.724,08	3.064,59	1.821,10	2.648,88	2.979,99	1.740,73	2.573,68	2.895,39	1.628,87	2.498,48	2.810,79	1.517,01	2.423,28	2.726,19	1.405,15	2.348,08	2.641,59	1.293,29	2.272,88	2.556,99
	V	40.224	2.212,32	3.217,92	3.620,16																		
	VI	40.756	2.241,58	3.260,48	3.668,04																		
9.627,99	I	33.972	1.868,46	2.717,76	3.057,48	1.731,33	2.567,36	2.888,28	1.507,73	2.417,04	2.719,17	1.284,01	2.266,64	2.549,97	1.060,29	2.116,24	2.380,77	836,57	1.965,84	2.211,57	612,85	1.815,44	2.042,37
(West)	II	32.183	1.742,16	2.574,64	2.896,47	1.518,44	2.424,24	2.727,27	1.294,72	2.273,84	2.558,07	1.071,00	2.123,44	2.388,87	847,39	1.973,12	2.219,76	623,67	1.822,72	2.050,56	399,95	1.672,32	1.881,36
	III	24.422	-	1.953,76	2.197,98	-	1.819,36	2.046,78	-	1.688,16	1.899,18	-	1.560,00	1.755,00	-	1.434,88	1.614,24	-	1.312,80	1.476,90	-	1.193,92	1.343,16
	IV	33.972	1.868,46	2.717,76	3.057,48	1.816,76	2.642,56	2.972,88	1.731,33	2.567,36	2.888,28	1.619,59	2.492,24	2.803,77	1.507,73	2.417,04	2.719,17	1.395,87	2.341,84	2.634,57	1.284,01	2.266,64	2.549,97
	V	40.146	2.208,03	3.211,68	3.613,14																		
	VI	40.677	2.237,23	3.254,16	3.660,93																		
9.627,99	I	34.066	1.873,63	2.725,28	3.065,94	1.742,51	2.574,88	2.896,74	1.518,79	2.424,48	2.727,54	1.295,07	2.274,08	2.558,34	1.071,35	2.123,68	2.389,14	847,63	1.973,28	2.219,94	624,03	1.822,96	2.050,83
(Ost)	II	32.277	1.753,34	2.582,16	2.904,93	1.529,62	2.431,76	2.735,73	1.305,90	2.281,36	2.566,53	1.082,18	2.130,96	2.397,33	858,46	1.980,56	2.228,13	634,74	1.830,16	2.058,93	411,02	1.679,76	1.889,73
	III	24.508	-	1.960,64	2.205,72	-	1.826,08	2.054,34	-	1.694,56	1.906,38	-	1.566,24	1.762,02	-	1.440,96	1.621,08	-	1.318,88	1.483,74	-	1.199,68	1.349,64
	IV	34.066	1.873,63	2.725,28	3.065,94	1.821,93	2.650,08	2.981,34	1.742,51	2.574,88	2.896,74	1.630,65	2.499,68	2.812,14	1.518,79	2.424,48	2.727,54	1.406,93	2.349,28	2.642,94	1.295,07	2.274,08	2.558,34
	V	40.239	2.213,14	3.219,12	3.621,51																		
	VI	40.771	2.242,40	3.261,68	3.669,39																		
9.663,99	I	33.988	1.869,34	2.719,04	3.058,92	1.733,23	2.568,64	2.889,72	1.509,51	2.418,24	2.720,52	1.285,79	2.267,84	2.551,32	1.062,07	2.117,44	2.382,12	838,35	1.967,04	2.212,92	614,63	1.816,64	2.043,72
(West)	II	32.198	1.743,94	2.575,84	2.897,82	1.520,22	2.425,44	2.728,62	1.296,50	2.275,04	2.559,42	1.072,90	2.124,72	2.390,31	849,18	1.974,32	2.221,11	625,46	1.823,92	2.051,91	401,74	1.673,52	1.882,71
	III	24.436	-	1.954,88	2.199,24	-	1.820,48	2.048,04	-	1.689,12	1.900,26	-	1.560,96	1.756,08	-	1.435,84	1.615,32	-	1.313,76	1.477,98	-	1.194,72	1.344,06
	IV	33.988	1.869,34	2.719,04	3.058,92	1.817,64	2.643,84	2.974,32	1.733,23	2.568,64	2.889,72	1.621,37	2.493,44	2.805,12	1.509,51	2.418,24	2.720,52	1.397,65	2.343,04	2.635,92	1.285,79	2.267,84	2.551,32
	V	40.161	2.208,85	3.212,88	3.614,49																		
	VI	40.693	2.238,11	3.255,44	3.662,37																		
9.663,99	I	34.081	1.874,45	2.726,48	3.067,29	1.744,30	2.576,08	2.898,09	1.520,58	2.425,68	2.728,89	1.296,86	2.275,28	2.559,69	1.073,14	2.124,88	2.390,49	849,54	1.974,56	2.221,38	625,82	1.824,16	2.052,18
(Ost)	II	32.292	1.755,13	2.583,36	2.906,28	1.531,41	2.432,96	2.737,08	1.307,69	2.282,56	2.567,88	1.083,97	2.132,16	2.398,68	860,25	1.981,76	2.229,48	636,53	1.831,36	2.060,28	412,81	1.680,96	1.891,08
	III	24.522	-	1.961,76	2.206,98	-	1.827,20	2.055,60	-	1.695,68	1.907,64	-	1.567,36	1.763,28	-	1.442,08	1.622,34	-	1.319,84	1.484,82	-	1.200,64	1.350,72
	IV	34.081	1.874,45	2.726,48	3.067,29	1.822,75	2.651,28	2.982,69	1.744,30	2.576,08	2.898,09	1.632,44	2.500,88	2.813,49	1.520,58	2.425,68	2.728,89	1.408,72	2.350,48	2.644,29	1.296,86	2.275,28	2.559,69
	V	40.254	2.213,97	3.220,32	3.622,86																		
	VI	40.786	2.243,23	3.262,88	3.670,74																		
9.699,99	I	34.003	1.870,16	2.720,24	3.060,27	1.735,02	2.569,84	2.891,07	1.511,30	2.419,44	2.721,87	1.287,58	2.269,04	2.552,67	1.063,86	2.118,64	2.383,47	840,14	1.968,24	2.214,27	616,42	1.817,84	2.045,07
(West)	II	32.213	1.745,73	2.577,04	2.899,17	1.522,12	2.426,72	2.730,06	1.298,40	2.276,32	2.560,86	1.074,68	2.125,92	2.391,66	850,96	1.975,52	2.222,46	627,24	1.825,12	2.053,26	403,52	1.674,72	1.884,06
	III	24.450	-	1.956,00	2.200,50	-	1.821,60	2.049,30	-	1.690,24	1.901,52	-	1.561,92	1.757,16	-	1.436,80	1.616,40	-	1.314,72	1.479,06	-	1.195,68	1.345,14
	IV	34.003	1.870,16	2.720,24	3.060,27	1.818,46	2.645,04	2.975,67	1.735,02	2.569,84	2.891,07	1.623,16	2.494,64	2.806,47	1.511,30	2.419,44	2.721,87	1.399,44	2.344,24	2.637,27	1.287,58	2.269,04	2.552,67
	V	40.176	2.209,68	3.214,08	3.615,84																		
	VI	40.708	2.238,94	3.256,64	3.663,72																		
9.699,99	I	34.096	1.875,28	2.727,68	3.068,64	1.746,08	2.577,28	2.899,44	1.522,36	2.426,88	2.730,24	1.298,76	2.276,56	2.561,13	1.075,04	2.126,16	2.391,93	851,32	1.975,76	2.222,73	627,60	1.825,36	2.053,53
(Ost)	II	32.307	1.756,91	2.584,56	2.907,63	1.533,19	2.434,16	2.738,43	1.309,47	2.283,76	2.569,23	1.085,75	2.133,36	2.400,03	862,03	1.982,96	2.230,83	638,31	1.832,56	2.061,63	414,71	1.682,24	1.892,52
	III	24.536	-	1.962,88	2.208,24	-	1.828,16	2.056,68	-	1.696,80	1.908,90	-	1.568,32	1.764,36	-	1.443,04	1.623,42	-	1.320,80	1.485,90	-	1.201,60	1.351,80
	IV	34.096	1.875,28	2.727,68	3.068,64	1.823,58	2.652,48	2.984,04	1.746,08	2.577,28	2.899,44	1.634,22	2.502,08	2.814,84	1.522,36	2.426,88	2.730,24	1.410,50	2.351,68	2.645,64	1.298,76	2.276,56	2.561,13
	V	40.270	2.214,85	3.221,60	3.624,30																		
	VI	40.801	2.244,05	3.264,08	3.672,09																		
9.735,99	I	34.018	1.870,99	2.721,44	3.061,62	1.736,80	2.571,04	2.892,42	1.513,08	2.420,64	2.723,22	1.289,36	2.270,24	2.554,02	1.065,64	2.119,84	2.384,82	841,92	1.969,44	2.215,62	618,20	1.819,04	2.046,42
(West)	II	32.229	1.747,63	2.578,32	2.900,61	1.523,91	2.427,92	2.731,41	1.300,19	2.277,52	2.562,21	1.076,47	2.127,12	2.393,01	852,75	1.976,72	2.223,81	629,03	1.826,32	2.054,61	405,31	1.675,92	1.885,41
	III	24.464	-	1.957,12	2.201,76	-	1.822,72	2.050,56	-	1.691,20	1.902,60	-	1.563,04	1.758,42	-	1.437,76	1.617,48	-	1.315,68	1.480,14	-	1.196,64	1.346,22
	IV	34.018	1.870,99	2.721,44	3.061,62	1.819,29	2.646,24	2.977,02	1.736,80	2.571,04	2.892,42	1.624,94	2.495,84	2.807,82	1.513,08	2.420,64	2.723,22	1.401,22	2.345,44	2.638,62	1.289,36	2.270,24	2.554,02
	V	40.191	2.210,50	3.215,28	3.617,19																		
	VI	40.723	2.239,76	3.257,84	3.665,07																		
9.735,99	I	34.111	1.876,10	2.728,88	3.069,99	1.747,87	2.578,48	2.900,79	1.524,27	2.428,16	2.731,68	1.300,55	2.277,76	2.562,48	1.076,83	2.127,36	2.393,28	853,11	1.976,96	2.224,08	629,39	1.826,56	2.054,88
(Ost)	II	32.322	1.758,70	2.585,76	2.908,98	1.534,98	2.435,36	2.739,78	1.311,26	2.284,96	2.570,58	1.087,54	2.134,56	2.401,38	863,94	1.984,24	2.232,27	640,22	1.833,84	2.063,07	416,50	1.683,44	1.893,87
	III	24.548	-	1.963,84	2.209,32	-	1.829,28	2.057,94	-	1.697,76	1.909,98	-	1.569,28	1.765,44	-	1.444,00	1.624,50	-	1.321,76	1.486,98	-	1.202,56	1.352,88
	IV	34.111	1.876,10	2.728,88	3.069,99	1.824,40	2.653,68	2.985,39	1.747,87	2.578,48	2.900,79	1.636,13	2.503,36	2.816,28	1.524,27	2.428,16	2.731,68	1.412,41	2.352,96	2.647,08	1.300,55	2.277,76	2.562,48
	V	40.285	2.215,67	3.222,80	3.625,65																		
	VI	40.816	2.244,88	3.265,28	3.673,44																		
9.771,99	I	34.033	1.871,81	2.722,64	3.062,97	1.738,59	2.572,24	2.893,77	1.514,87	2.421,84	2.724,57	1.291,15	2.271,44	2.555,37	1.067,43	2.121,04	2.386,17	843,71	1.970,64	2.216,97	619,99	1.820,24	2.047,77
(West)	II	32.244	1.749,41	2.579,52	2.901,96	1.525,69	2.429,12	2.732,76	1.301,97	2.278,72	2.563,56	1.078,25	2.128,32	2.394,36	854,53	1.977,92	2.225,16	630,81	1.827,52	2.055,96	407,09	1.677,12	1.886,76
	III	24.478	-	1.958,24	2.203,02	-	1.823,68	2.051,64	-	1.692,32	1.903,86	-	1.564,00	1.759,50	-	1.438,72	1.618,56	-	1.316,64	1.481,22	-	1.197,60	1.347,30
	IV	34.033	1.871,81	2.722,64	3.062,97	1.820,11	2.647,44	2.978,37	1.738,59	2.572,24	2.893,77	1.626,73	2.497,04	2.809,17	1.514,87	2.421,84	2.724,57	1.403,01	2.346,64	2.639,97	1.291,15	2.271,44	2.555,37
	V	40.206	2.211,33	3.216,48	3.618,54																		
	VI	40.738	2.240,59	3.259,04	3.666,42																		
9.771,99	I	34.127	1.876,98	2.730,16	3.071,43	1.749,77	2.579,76	2.902,23	1.526,05	2.429,36	2.733,03	1.302,33	2.278,96	2.563,83	1.078,61	2.128,56	2.394,63	854,89	1.978,16	2.225,43	631,17	1.827,76	2.056,23
(Ost)	II	32.337	1.760,48	2.586,96	2.910,33	1.536,76	2.436,56	2.741,13	1.313,04	2.286,16	2.571,93	1.089,44	2.135,84	2.402,82	865,72	1.985,44	2.233,62	642,00	1.835,04	2.064,42	418,28	1.684,64	1.895,22
	III	24.562	-	1.964,96	2.210,58	-	1.830,40	2.059,20	-	1.698,88	1.911,24	-	1.570,40	1.766,70	-	1.444,96	1.625,58	-	1.322,72	1.488,06	-	1.203,52	1.353,96
	IV	34.127	1.876,98	2.730,16	3.071,43	1.825,28	2.654,96	2.986,83	1.749,77	2.579,76	2.902,23	1.637,91	2.504,56	2.817,63	1.526,05	2.429,36	2.733,03	1.414,19	2.354,16	2.648,43	1.302,33	2.278,96	2.563,83
	V	40.300	2.216,50	3.224,00	3.627,00																		
	VI	40.832	2.245,76	3.266,56	3.674,88																		
9.807,99	I	34.048	1.872,64	2.723,84	3.064,32	1.740,37	2.573,44	2.895,12	1.516,65	2.423,04	2.725,92	1.292,93	2.272,64	2.556,72	1.069,21	2.122,24	2.387,52	845,49	1.971,84	2.218,32	621,77	1.821,44	2.049,12
(West)	II	32.259	1.751,20	2.580,72	2.903,31	1.527,48	2.430,32	2.734,11	1.303,76	2.279,92	2.564,91	1.080,04	2.129,52	2.395,71	856,32	1.979,12	2.226,51	632,60	1.828,72	2.057,31	408,88	1.678,32	1.888,11
	III	24.492	-	1.959,36	2.204,28	-	1.824,80	2.052,90	-	1.693,44	1.905,12	-	1.564,96	1.760,58	-	1.439,84	1.619,82	-	1.317,60	1.482,30	-	1.198,56	1.348,38
	IV	34.048	1.872,64	2.723,84	3.064,32	1.820,94	2.648,64	2.979,72	1.740,37	2.573,44	2.895,12	1.628,51	2.498,24	2.810,52	1.516,65	2.423,04	2.725,92	1.404,79	2.347,84	2.641,32	1.292,93	2.272,64	2.556,72
	V	40.221	2.212,15	3.217,68	3.619,89																		
	VI	40.753	2.241,41	3.260,24	3.667,77																		
9.807,99	I	34.142	1.877,81	2.731,36	3.072,78	1.751,56	2.580,96	2.903,58	1.527,84	2.430,56	2.734,38	1.304,12	2.280,16	2.565,18	1.080,40	2.129,76	2.395,98	856,68	1.979,36	2.226,78	632,96	1.828,96	2.057,58
(Ost)	II	32.352	1.762,27	2.588,16	2.911,68	1.538,67	2.437,84	2.742,57	1.314,95	2.287,44	2.573,37	1.091,23	2.137,04	2.404,17	867,51	1.986,64	2.234,97	643,79	1.836,24	2.065,77	420,07	1.685,84	1.896,57
	III	24.576	-	1.966,08	2.211,84	-	1.831,36	2.060,28	-	1.699,84	1.912,32	-	1.571,36	1.767,78	-	1.445,92	1.626,66	-	1.323,68	1.489,14	-	1.204,48	1.355,04
	IV	34.142	1.877,81	2.731,36	3.072,78	1.826,11	2.656,16	2.988,18	1.751,56	2.580,96	2.903,58	1.639,70	2.505,76	2.818,98	1.527,84	2.430,56	2.734,38	1.415,98	2.355,36	2.649,78	1.304,12	2.280,16	2.565,18
	V	40.315	2.217,32	3.225,20	3.628,35																		
	VI	40.847	2.246,58	3.267,76	3.676,23																		

SolZ/KiSt lt. Tabelle nicht für Sonstige Bezüge anwendbar.

Lohn/ Gehalt bis	Steuerklasse	Lohnsteuer	ohne Kinderfreibetrag SolZ 5,5%	Kirchensteuer 8%	Kirchensteuer 9%	0,5 SolZ 5,5%	0,5 Kirchensteuer 8%	0,5 Kirchensteuer 9%	1,0 SolZ 5,5%	1,0 Kirchensteuer 8%	1,0 Kirchensteuer 9%	1,5 SolZ 5,5%	1,5 Kirchensteuer 8%	1,5 Kirchensteuer 9%	2,0 SolZ 5,5%	2,0 Kirchensteuer 8%	2,0 Kirchensteuer 9%	2,5 SolZ 5,5%	2,5 Kirchensteuer 8%	2,5 Kirchensteuer 9%	3,0 SolZ 5,5%	3,0 Kirchensteuer 8%	3,0 Kirchensteuer 9%
119.843,99 (West)	I	34.063	1.873,46	2.725,04	3.065,67	1.742,16	2.574,64	2.896,47	1.518,44	2.424,24	2.727,27	1.294,72	2.273,84	2.558,07	1.071,00	2.123,44	2.388,87	847,39	1.973,12	2.219,76	623,67	1.822,72	2.05
	II	32.274	1.752,98	2.581,92	2.904,66	1.529,26	2.431,52	2.735,46	1.305,54	2.281,12	2.566,26	1.081,82	2.130,72	2.397,06	858,10	1.980,32	2.227,86	634,38	1.829,92	2.058,66	410,66	1.679,52	1.88
	III	24.504	–	1.960,32	2.205,36	–	1.825,92	2.054,16	–	1.694,40	1.906,20	–	1.566,08	1.761,84	–	1.440,80	1.620,90	–	1.318,56	1.483,38	–	1.199,52	1.34
	IV	34.063	1.873,46	2.725,04	3.065,67	1.821,76	2.649,84	2.981,07	1.742,16	2.574,64	2.896,47	1.630,30	2.499,44	2.811,87	1.518,44	2.424,24	2.727,27	1.406,58	2.349,04	2.642,67	1.294,72	2.273,84	2.55
	V	40.236	2.212,98	3.218,88	3.621,24																		
	VI	40.768	2.242,24	3.261,44	3.669,12																		
119.843,99 (Ost)	I	34.157	1.878,63	2.732,56	3.074,13	1.753,34	2.582,16	2.904,93	1.529,62	2.431,76	2.735,73	1.305,90	2.281,36	2.566,53	1.082,18	2.130,96	2.397,33	858,46	1.980,56	2.228,13	634,74	1.830,16	2.05
	II	32.368	1.764,17	2.589,44	2.913,12	1.540,45	2.439,04	2.743,92	1.316,73	2.288,64	2.574,72	1.093,01	2.138,24	2.405,52	869,29	1.987,84	2.236,32	645,57	1.837,44	2.067,12	421,85	1.687,04	1.89
	III	24.590	–	1.967,20	2.213,10	–	1.832,48	2.061,54	–	1.700,96	1.913,58	–	1.572,48	1.769,04	–	1.447,04	1.627,92	–	1.324,64	1.490,22	–	1.205,44	1.35
	IV	34.157	1.878,63	2.732,56	3.074,13	1.826,93	2.657,36	2.989,53	1.753,34	2.582,16	2.904,93	1.641,48	2.506,96	2.820,33	1.529,62	2.431,76	2.735,73	1.417,76	2.356,56	2.651,13	1.305,90	2.281,36	2.56
	V	40.330	2.218,15	3.226,40	3.629,70																		
	VI	40.862	2.247,41	3.268,96	3.677,58																		
119.879,99 (West)	I	34.078	1.874,29	2.726,24	3.067,02	1.743,94	2.575,84	2.897,82	1.520,22	2.425,44	2.728,62	1.296,50	2.275,04	2.559,42	1.072,90	2.124,72	2.390,31	849,18	1.974,32	2.221,11	625,46	1.823,92	2.05
	II	32.289	1.754,77	2.583,12	2.906,01	1.531,05	2.432,72	2.736,81	1.307,33	2.282,32	2.567,61	1.083,61	2.131,92	2.398,41	859,89	1.981,52	2.229,21	636,17	1.831,12	2.060,01	412,57	1.680,80	1.89
	III	24.518	–	1.961,44	2.206,62	–	1.826,88	2.055,24	–	1.695,52	1.907,46	–	1.567,04	1.762,92	–	1.441,76	1.621,98	–	1.319,52	1.484,46	–	1.200,48	1.35
	IV	34.078	1.874,29	2.726,24	3.067,02	1.822,59	2.651,04	2.982,42	1.743,94	2.575,84	2.897,82	1.632,08	2.500,64	2.813,22	1.520,22	2.425,44	2.728,62	1.408,36	2.350,24	2.644,02	1.296,50	2.275,04	2.55
	V	40.252	2.213,86	3.220,16	3.622,68																		
	VI	40.783	2.243,06	3.262,64	3.670,47																		
119.879,99 (Ost)	I	34.172	1.879,46	2.733,76	3.075,48	1.755,13	2.583,36	2.906,28	1.531,41	2.432,96	2.737,08	1.307,69	2.282,56	2.567,88	1.083,97	2.132,16	2.398,68	860,25	1.981,76	2.229,48	636,53	1.831,36	2.06
	II	32.383	1.765,96	2.590,64	2.914,47	1.542,24	2.440,24	2.745,27	1.318,52	2.289,84	2.576,07	1.094,80	2.139,44	2.406,87	871,08	1.989,04	2.237,67	647,36	1.838,64	2.068,47	423,64	1.688,24	1.89
	III	24.604	–	1.968,32	2.214,36	–	1.833,60	2.062,80	–	1.701,92	1.914,66	–	1.573,44	1.770,12	–	1.448,00	1.629,00	–	1.325,60	1.491,30	–	1.206,40	1.35
	IV	34.172	1.879,46	2.733,76	3.075,48	1.827,76	2.658,56	2.990,88	1.755,13	2.583,36	2.906,28	1.643,27	2.508,16	2.821,68	1.531,41	2.432,96	2.737,08	1.419,55	2.357,76	2.652,48	1.307,69	2.282,56	2.56
	V	40.345	2.218,97	3.227,60	3.631,05																		
	VI	40.877	2.248,23	3.270,16	3.678,93																		
119.915,99 (West)	I	34.093	1.875,11	2.727,44	3.068,37	1.745,73	2.577,04	2.899,17	1.522,12	2.426,72	2.730,06	1.298,40	2.276,32	2.560,86	1.074,68	2.125,92	2.391,66	850,96	1.975,52	2.222,46	627,24	1.825,12	2.05
	II	32.304	1.756,55	2.584,32	2.907,36	1.532,83	2.433,92	2.738,16	1.309,11	2.283,52	2.568,96	1.085,39	2.133,12	2.399,76	861,67	1.982,72	2.230,56	638,07	1.832,40	2.061,45	414,35	1.682,00	1.89
	III	24.532	–	1.962,56	2.207,88	–	1.828,00	2.056,50	–	1.696,48	1.908,54	–	1.568,16	1.764,18	–	1.442,72	1.623,06	–	1.320,48	1.485,54	–	1.201,44	1.35
	IV	34.093	1.875,11	2.727,44	3.068,37	1.823,41	2.652,24	2.983,77	1.745,73	2.577,04	2.899,17	1.633,87	2.501,84	2.814,57	1.522,12	2.426,72	2.730,06	1.410,26	2.351,52	2.645,46	1.298,40	2.276,32	2.56
	V	40.267	2.214,68	3.221,36	3.624,03																		
	VI	40.798	2.243,89	3.263,84	3.671,82																		
119.915,99 (Ost)	I	34.187	1.880,28	2.734,96	3.076,83	1.756,91	2.584,56	2.907,63	1.533,19	2.434,16	2.738,43	1.309,47	2.283,76	2.569,23	1.085,75	2.133,36	2.400,03	862,03	1.982,96	2.230,83	638,31	1.832,56	2.06
	II	32.398	1.767,74	2.591,84	2.915,82	1.544,02	2.441,44	2.746,62	1.320,30	2.291,04	2.577,42	1.096,58	2.140,64	2.408,22	872,86	1.990,24	2.239,02	649,14	1.839,84	2.069,82	425,42	1.689,44	1.90
	III	24.618	–	1.969,44	2.215,62	–	1.834,72	2.064,06	–	1.703,04	1.915,92	–	1.574,40	1.771,20	–	1.448,96	1.630,08	–	1.326,56	1.492,38	–	1.207,36	1.35
	IV	34.187	1.880,28	2.734,96	3.076,83	1.828,58	2.659,76	2.992,23	1.756,91	2.584,56	2.907,63	1.645,05	2.509,36	2.823,03	1.533,19	2.434,16	2.738,43	1.421,33	2.358,96	2.653,83	1.309,47	2.283,76	2.56
	V	40.360	2.219,80	3.228,80	3.632,40																		
	VI	40.892	2.249,06	3.271,36	3.680,28																		
119.951,99 (West)	I	34.108	1.875,94	2.728,64	3.069,72	1.747,63	2.578,32	2.900,61	1.523,91	2.427,92	2.731,41	1.300,19	2.277,52	2.562,21	1.076,47	2.127,12	2.393,01	852,75	1.976,72	2.223,81	629,03	1.826,32	2.054
	II	32.319	1.758,34	2.585,52	2.908,71	1.534,62	2.435,12	2.739,51	1.310,90	2.284,72	2.570,31	1.087,30	2.134,40	2.401,20	863,58	1.984,00	2.232,00	639,86	1.833,60	2.062,80	416,14	1.683,20	1.893
	III	24.546	–	1.963,68	2.209,14	–	1.829,12	2.057,76	–	1.697,60	1.909,80	–	1.569,12	1.765,26	–	1.443,84	1.624,32	–	1.321,44	1.486,62	–	1.202,40	1.352
	IV	34.108	1.875,94	2.728,64	3.069,72	1.824,29	2.653,52	2.985,21	1.747,63	2.578,32	2.900,61	1.635,77	2.503,12	2.816,01	1.523,91	2.427,92	2.731,41	1.412,05	2.352,72	2.646,81	1.300,19	2.277,52	2.562
	V	40.282	2.215,51	3.222,56	3.625,38																		
	VI	40.813	2.244,71	3.265,04	3.673,17																		
119.951,99 (Ost)	I	34.202	1.881,11	2.736,16	3.078,18	1.758,70	2.585,76	2.908,98	1.534,98	2.435,36	2.739,78	1.311,26	2.284,96	2.570,58	1.087,54	2.134,56	2.401,38	863,94	1.984,24	2.232,27	640,22	1.833,84	2.063
	II	32.413	1.769,53	2.593,04	2.917,17	1.545,81	2.442,64	2.747,97	1.322,09	2.292,24	2.578,77	1.098,37	2.141,84	2.409,57	874,65	1.991,44	2.240,37	650,93	1.841,04	2.071,17	427,21	1.690,64	1.901
	III	24.630	–	1.970,40	2.216,70	–	1.835,68	2.065,14	–	1.704,00	1.917,00	–	1.575,52	1.772,46	–	1.449,92	1.631,16	–	1.327,52	1.493,46	–	1.208,16	1.359
	IV	34.202	1.881,11	2.736,16	3.078,18	1.829,41	2.660,96	2.993,58	1.758,70	2.585,76	2.908,98	1.646,84	2.510,56	2.824,38	1.534,98	2.435,36	2.739,78	1.423,12	2.360,16	2.655,18	1.311,26	2.284,96	2.570
	V	40.375	2.220,62	3.230,00	3.633,75																		
	VI	40.907	2.249,88	3.272,56	3.681,63																		
119.987,99 (West)	I	34.124	1.876,82	2.729,92	3.071,16	1.749,41	2.579,52	2.901,96	1.525,69	2.429,12	2.732,76	1.301,97	2.278,72	2.563,56	1.078,25	2.128,32	2.394,36	854,53	1.977,92	2.225,16	630,81	1.827,52	2.055
	II	32.334	1.760,12	2.586,72	2.910,06	1.536,40	2.436,32	2.740,86	1.312,80	2.286,00	2.571,75	1.089,08	2.135,60	2.402,55	865,36	1.985,20	2.233,35	641,64	1.834,80	2.064,15	417,92	1.684,40	1.894
	III	24.560	–	1.964,80	2.210,40	–	1.830,08	2.058,84	–	1.698,56	1.910,88	–	1.570,08	1.766,34	–	1.444,80	1.625,40	–	1.322,56	1.487,88	–	1.203,36	1.353
	IV	34.124	1.876,82	2.729,92	3.071,16	1.825,12	2.654,72	2.986,56	1.749,41	2.579,52	2.901,96	1.637,55	2.504,32	2.817,36	1.525,69	2.429,12	2.732,76	1.413,83	2.353,92	2.648,16	1.301,97	2.278,72	2.563
	V	40.297	2.216,33	3.223,76	3.626,73																		
	VI	40.829	2.245,59	3.266,32	3.674,61																		
119.987,99 (Ost)	I	34.217	1.881,93	2.737,36	3.079,53	1.760,48	2.586,96	2.910,33	1.536,76	2.436,56	2.741,13	1.313,04	2.286,16	2.571,93	1.089,44	2.135,84	2.402,82	865,72	1.985,44	2.233,62	642,00	1.835,04	2.064
	II	32.428	1.771,31	2.594,24	2.918,52	1.547,59	2.443,84	2.749,32	1.323,87	2.293,44	2.580,12	1.100,15	2.143,04	2.410,92	876,43	1.992,64	2.241,72	652,71	1.842,24	2.072,52	429,11	1.691,92	1.903
	III	24.644	–	1.971,52	2.217,96	–	1.836,80	2.066,40	–	1.705,12	1.918,26	–	1.576,48	1.773,54	–	1.451,04	1.632,42	–	1.328,48	1.494,54	–	1.209,12	1.360
	IV	34.217	1.881,93	2.737,36	3.079,53	1.830,23	2.662,16	2.994,93	1.760,48	2.586,96	2.910,33	1.648,62	2.511,76	2.825,73	1.536,76	2.436,56	2.741,13	1.424,90	2.361,36	2.656,53	1.313,04	2.286,16	2.571
	V	40.391	2.221,50	3.231,28	3.635,19																		
	VI	40.922	2.250,71	3.273,76	3.682,98																		
120.023,99 (West)	I	34.139	1.877,64	2.731,12	3.072,51	1.751,20	2.580,72	2.903,31	1.527,48	2.430,32	2.734,11	1.303,76	2.279,92	2.564,91	1.080,04	2.129,52	2.395,71	856,32	1.979,12	2.226,51	632,60	1.828,72	2.057
	II	32.350	1.762,03	2.588,00	2.911,50	1.538,31	2.437,60	2.742,30	1.314,59	2.287,20	2.573,10	1.090,87	2.136,80	2.403,90	867,15	1.986,40	2.234,70	643,43	1.836,00	2.065,50	419,71	1.685,60	1.896
	III	24.574	–	1.965,92	2.211,66	–	1.831,20	2.060,10	–	1.699,68	1.912,14	–	1.571,20	1.767,60	–	1.445,76	1.626,48	–	1.323,52	1.488,96	–	1.204,32	1.354
	IV	34.139	1.877,64	2.731,12	3.072,51	1.825,94	2.655,92	2.987,91	1.751,20	2.580,72	2.903,31	1.639,34	2.505,52	2.818,71	1.527,48	2.430,32	2.734,11	1.415,62	2.355,12	2.649,51	1.303,76	2.279,92	2.564
	V	40.312	2.217,16	3.224,96	3.628,08																		
	VI	40.844	2.246,42	3.267,52	3.675,96																		
120.023,99 (Ost)	I	34.232	1.882,76	2.738,56	3.080,88	1.762,27	2.588,16	2.911,68	1.538,67	2.437,84	2.742,57	1.314,95	2.287,44	2.573,37	1.091,23	2.137,04	2.404,17	867,51	1.986,64	2.234,97	643,79	1.836,24	2.065
	II	32.443	1.773,10	2.595,44	2.919,87	1.549,38	2.445,04	2.750,67	1.325,66	2.294,64	2.581,47	1.101,94	2.144,24	2.412,27	878,22	1.993,84	2.243,07	654,61	1.843,52	2.073,96	430,89	1.693,12	1.904
	III	24.658	–	1.972,64	2.219,22	–	1.837,92	2.067,66	–	1.706,08	1.919,34	–	1.577,44	1.774,62	–	1.452,00	1.633,50	–	1.329,44	1.495,62	–	1.210,08	1.361
	IV	34.232	1.882,76	2.738,56	3.080,88	1.831,06	2.663,36	2.996,28	1.762,27	2.588,16	2.911,68	1.650,41	2.512,96	2.827,08	1.538,67	2.437,84	2.742,57	1.426,81	2.362,64	2.657,97	1.314,95	2.287,44	2.573
	V	40.406	2.222,33	3.232,48	3.636,54																		
	VI	40.937	2.251,53	3.274,96	3.684,33																		
120.059,99 (West)	I	34.154	1.878,47	2.732,32	3.073,86	1.752,98	2.581,92	2.904,66	1.529,26	2.431,52	2.735,46	1.305,54	2.281,12	2.566,26	1.081,82	2.130,72	2.397,06	858,10	1.980,32	2.227,86	634,38	1.829,92	2.058
	II	32.365	1.763,81	2.589,20	2.912,85	1.540,09	2.438,80	2.743,65	1.316,37	2.288,40	2.574,45	1.092,65	2.138,00	2.405,25	868,93	1.987,60	2.236,05	645,21	1.837,20	2.066,85	421,49	1.686,80	1.897
	III	24.586	–	1.966,88	2.212,74	–	1.832,32	2.061,36	–	1.700,64	1.913,22	–	1.572,16	1.768,68	–	1.446,72	1.627,56	–	1.324,48	1.490,04	–	1.205,12	1.355,
	IV	34.154	1.878,47	2.732,32	3.073,86	1.826,77	2.657,12	2.989,26	1.752,98	2.581,92	2.904,66	1.641,12	2.506,72	2.820,06	1.529,26	2.431,52	2.735,46	1.417,40	2.356,32	2.650,86	1.305,54	2.281,12	2.566
	V	40.327	2.217,98	3.226,16	3.629,43																		
	VI	40.859	2.247,24	3.268,72	3.677,31																		
120.059,99 (Ost)	I	34.247	1.883,58	2.739,76	3.082,23	1.764,17	2.589,44	2.913,12	1.540,45	2.439,04	2.743,92	1.316,73	2.288,64	2.574,72	1.093,01	2.138,24	2.405,52	869,29	1.987,84	2.236,32	645,57	1.837,44	2.067,
	II	32.458	1.774,88	2.596,64	2.921,22	1.551,16	2.446,24	2.752,02	1.327,44	2.295,84	2.582,82	1.103,84	2.145,52	2.413,71	880,12	1.995,12	2.244,51	656,40	1.844,72	2.075,31	432,68	1.694,32	1.906,
	III	24.672	–	1.973,76	2.220,48	–	1.838,88	2.068,74	–	1.707,20	1.920,60	–	1.578,56	1.775,88	–	1.452,96	1.634,58	–	1.330,40	1.496,70	–	1.211,04	1.362,
	IV	34.247	1.883,58	2.739,76	3.082,23	1.831,94	2.664,64	2.997,72	1.764,17	2.589,44	2.913,12	1.652,31	2.514,24	2.828,52	1.540,45	2.439,04	2.743,92	1.428,59	2.363,84	2.659,32	1.316,73	2.288,64	2.574
	V	40.421	2.223,15	3.233,68	3.637,89																		
	VI	40.953	2.252,41	3.276,24	3.685,77																		

Anzahl Kinderfreibeträge (nur Steuerklassen I–IV)

SolZ/KiSt lt. Tabelle nicht für Sonstige Bezüge anwendbar.

Lohn/ Gehalt bis	Steuerklasse	Lohnsteuer	ohne Kinderfreibetrag			Anzahl Kinderfreibeträge (nur Steuerklassen I–IV)																	
						0,5			1,0			1,5			2,0			2,5			3,0		
			SolZ 5,5%	Kirchensteuer 8%	9%	SolZ 5,5%	Kirchensteuer 8%	9%	SolZ 5,5%	Kirchensteuer 8%	9%	SolZ 5,5%	Kirchensteuer 8%	9%	SolZ 5,5%	Kirchensteuer 8%	9%	SolZ 5,5%	Kirchensteuer 8%	9%	SolZ 5,5%	Kirchensteuer 8%	9%
120.095,99 (West)	I	34.169	1.879,29	2.733,52	3.075,21	1.754,77	2.583,12	2.906,01	1.531,05	2.432,72	2.736,81	1.307,33	2.282,32	2.567,61	1.083,61	2.131,92	2.398,41	859,89	1.981,52	2.229,21	636,17	1.831,12	2.060,01
	II	32.380	1.765,60	2.590,40	2.914,20	1.541,88	2.440,00	2.745,00	1.318,16	2.289,60	2.575,80	1.094,44	2.139,20	2.406,60	870,72	1.988,80	2.237,40	647,00	1.838,40	2.068,20	423,28	1.688,00	1.899,00
	III	24.600	-	1.968,00	2.214,00	-	1.833,28	2.062,44	-	1.701,76	1.914,48	-	1.573,12	1.769,76	-	1.447,68	1.628,64	-	1.325,44	1.491,12	-	1.206,08	1.356,84
	IV	34.169	1.879,29	2.733,52	3.075,21	1.827,59	2.658,32	2.990,61	1.754,77	2.583,12	2.906,01	1.642,91	2.507,92	2.821,41	1.531,05	2.432,72	2.736,81	1.419,19	2.357,52	2.652,21	1.307,33	2.282,32	2.567,61
	V	40.342	2.218,81	3.227,36	3.630,78																		
	VI	40.874	2.248,07	3.269,92	3.678,66																		
120.095,99 (Ost)	I	34.263	1.884,46	2.741,04	3.083,67	1.765,96	2.590,64	2.914,47	1.542,24	2.440,24	2.745,27	1.318,52	2.289,84	2.576,07	1.094,80	2.139,44	2.406,87	871,08	1.989,04	2.237,67	647,36	1.838,64	2.068,47
	II	32.473	1.776,67	2.597,84	2.922,57	1.552,95	2.447,44	2.753,37	1.329,34	2.297,12	2.584,26	1.105,62	2.146,72	2.415,06	881,90	1.996,32	2.245,86	658,18	1.845,92	2.076,66	434,46	1.695,52	1.907,46
	III	24.686	-	1.974,88	2.221,74	-	1.840,00	2.070,00	-	1.708,16	1.921,68	-	1.579,52	1.776,96	-	1.453,92	1.635,66	-	1.331,52	1.497,96	-	1.212,00	1.363,50
	IV	34.263	1.884,46	2.741,04	3.083,67	1.832,76	2.665,84	2.999,07	1.765,96	2.590,64	2.914,47	1.654,10	2.515,44	2.829,87	1.542,24	2.440,24	2.745,27	1.430,38	2.365,04	2.660,67	1.318,52	2.289,84	2.576,07
	V	40.436	2.223,98	3.234,88	3.639,24																		
	VI	40.968	2.253,24	3.277,44	3.687,12																		
120.131,99 (West)	I	34.184	1.880,12	2.734,72	3.076,56	1.756,55	2.584,32	2.907,36	1.532,83	2.433,92	2.738,16	1.309,11	2.283,52	2.568,96	1.085,39	2.133,12	2.399,76	861,67	1.982,72	2.230,56	638,07	1.832,40	2.061,45
	II	32.395	1.767,38	2.591,60	2.915,55	1.543,66	2.441,20	2.746,35	1.319,94	2.290,80	2.577,15	1.096,22	2.140,40	2.407,95	872,50	1.990,00	2.238,75	648,78	1.839,60	2.069,55	425,06	1.689,20	1.900,35
	III	24.614	-	1.969,12	2.215,26	-	1.834,40	2.063,70	-	1.702,72	1.915,56	-	1.574,24	1.771,02	-	1.448,80	1.629,90	-	1.326,40	1.492,20	-	1.207,04	1.357,92
	IV	34.184	1.880,12	2.734,72	3.076,56	1.828,42	2.659,52	2.991,96	1.756,55	2.584,32	2.907,36	1.644,69	2.509,12	2.822,76	1.532,83	2.433,92	2.738,16	1.420,97	2.358,72	2.653,56	1.309,11	2.283,52	2.568,96
	V	40.357	2.219,63	3.228,56	3.632,13																		
	VI	40.889	2.248,89	3.271,12	3.680,01																		
120.131,99 (Ost)	I	34.278	1.885,29	2.742,24	3.085,02	1.767,74	2.591,84	2.915,82	1.544,02	2.441,44	2.746,62	1.320,30	2.291,04	2.577,42	1.096,58	2.140,64	2.408,22	872,86	1.990,24	2.239,02	649,14	1.839,84	2.069,82
	II	32.489	1.778,57	2.599,12	2.924,01	1.554,85	2.448,72	2.754,81	1.331,13	2.298,32	2.585,61	1.107,41	2.147,92	2.416,41	883,69	1.997,52	2.247,21	659,97	1.847,12	2.078,01	436,25	1.696,72	1.908,81
	III	24.700	-	1.976,00	2.223,00	-	1.841,12	2.071,26	-	1.709,28	1.922,94	-	1.580,64	1.778,22	-	1.454,88	1.636,74	-	1.332,48	1.499,04	-	1.212,96	1.364,58
	IV	34.278	1.885,29	2.742,24	3.085,02	1.833,59	2.667,04	3.000,42	1.767,74	2.591,84	2.915,82	1.655,88	2.516,64	2.831,22	1.544,02	2.441,44	2.746,62	1.432,16	2.366,24	2.662,02	1.320,30	2.291,04	2.577,42
	V	40.451	2.224,80	3.236,08	3.640,59																		
	VI	40.983	2.254,06	3.278,64	3.688,47																		
120.167,99 (West)	I	34.199	1.880,94	2.735,92	3.077,91	1.758,34	2.585,52	2.908,71	1.534,62	2.435,12	2.739,51	1.310,90	2.284,72	2.570,31	1.087,30	2.134,40	2.401,20	863,58	1.984,00	2.232,00	639,86	1.833,60	2.062,80
	II	32.410	1.769,17	2.592,80	2.916,90	1.545,45	2.442,40	2.747,70	1.321,73	2.292,00	2.578,50	1.098,01	2.141,60	2.409,30	874,29	1.991,20	2.240,10	650,57	1.840,80	2.070,90	426,85	1.690,40	1.901,70
	III	24.628	-	1.970,24	2.216,52	-	1.835,52	2.064,96	-	1.703,84	1.916,82	-	1.575,20	1.772,10	-	1.449,76	1.630,98	-	1.327,36	1.493,28	-	1.208,00	1.359,00
	IV	34.199	1.880,94	2.735,92	3.077,91	1.829,24	2.660,72	2.993,31	1.758,34	2.585,52	2.908,71	1.646,48	2.510,32	2.824,11	1.534,62	2.435,12	2.739,51	1.422,76	2.359,92	2.654,91	1.310,90	2.284,72	2.570,31
	V	40.372	2.220,46	3.229,76	3.633,48																		
	VI	40.904	2.249,72	3.272,32	3.681,36																		
120.167,99 (Ost)	I	34.293	1.886,11	2.743,44	3.086,37	1.769,53	2.593,04	2.917,17	1.545,81	2.442,64	2.747,97	1.322,09	2.292,24	2.578,77	1.098,37	2.141,84	2.409,57	874,65	1.991,44	2.240,37	650,93	1.841,04	2.071,17
	II	32.504	1.780,35	2.600,32	2.925,36	1.556,63	2.449,92	2.756,16	1.332,91	2.299,52	2.586,96	1.109,19	2.149,12	2.417,76	885,47	1.998,72	2.248,56	661,75	1.848,32	2.079,36	438,03	1.697,92	1.910,16
	III	24.714	-	1.977,12	2.224,26	-	1.842,08	2.072,34	-	1.710,40	1.924,20	-	1.581,60	1.779,30	-	1.456,00	1.638,00	-	1.333,44	1.500,12	-	1.213,92	1.365,66
	IV	34.293	1.886,11	2.743,44	3.086,37	1.834,41	2.668,24	3.001,77	1.769,53	2.593,04	2.917,17	1.657,67	2.517,84	2.832,57	1.545,81	2.442,64	2.747,97	1.433,95	2.367,44	2.663,37	1.322,09	2.292,24	2.578,77
	V	40.466	2.225,63	3.237,28	3.641,94																		
	VI	40.998	2.254,89	3.279,84	3.689,82																		
120.203,99 (West)	I	34.214	1.881,77	2.737,12	3.079,26	1.760,12	2.586,72	2.910,06	1.536,40	2.436,32	2.740,86	1.312,80	2.286,00	2.571,75	1.089,08	2.135,60	2.402,55	865,36	1.985,20	2.233,35	641,64	1.834,80	2.064,15
	II	32.425	1.770,95	2.594,00	2.918,25	1.547,23	2.443,60	2.749,05	1.323,51	2.293,20	2.579,85	1.099,79	2.142,80	2.410,65	876,07	1.992,40	2.241,45	652,47	1.842,08	2.072,34	428,75	1.691,68	1.903,14
	III	24.642	-	1.971,36	2.217,78	-	1.836,48	2.066,04	-	1.704,80	1.917,90	-	1.576,32	1.773,36	-	1.450,72	1.632,06	-	1.328,32	1.494,36	-	1.208,96	1.360,08
	IV	34.214	1.881,77	2.737,12	3.079,26	1.830,07	2.661,92	2.994,66	1.760,12	2.586,72	2.910,06	1.648,26	2.511,52	2.825,46	1.536,40	2.436,32	2.740,86	1.424,66	2.361,20	2.656,35	1.312,80	2.286,00	2.571,75
	V	40.388	2.221,34	3.231,04	3.634,92																		
	VI	40.919	2.250,54	3.273,52	3.682,71																		
120.203,99 (Ost)	I	34.308	1.886,94	2.744,64	3.087,72	1.771,31	2.594,24	2.918,52	1.547,59	2.443,84	2.749,32	1.323,87	2.293,44	2.580,12	1.100,15	2.143,04	2.410,92	876,43	1.992,64	2.241,72	652,71	1.842,24	2.072,52
	II	32.519	1.782,14	2.601,52	2.926,71	1.558,42	2.451,12	2.757,51	1.334,70	2.300,72	2.588,31	1.110,98	2.150,32	2.419,11	887,26	1.999,92	2.249,91	663,54	1.849,52	2.080,71	439,82	1.699,12	1.911,51
	III	24.726	-	1.978,08	2.225,34	-	1.843,20	2.073,60	-	1.711,36	1.925,28	-	1.582,56	1.780,38	-	1.456,96	1.639,08	-	1.334,40	1.501,20	-	1.214,88	1.366,74
	IV	34.308	1.886,94	2.744,64	3.087,72	1.835,24	2.669,44	3.003,12	1.771,31	2.594,24	2.918,52	1.659,45	2.519,04	2.833,92	1.547,59	2.443,84	2.749,32	1.435,73	2.368,64	2.664,72	1.323,87	2.293,44	2.580,12
	V	40.481	2.226,45	3.238,48	3.643,29																		
	VI	41.013	2.255,71	3.281,04	3.691,17																		
120.239,99 (West)	I	34.229	1.882,59	2.738,32	3.080,61	1.762,03	2.588,00	2.911,50	1.538,31	2.437,60	2.742,30	1.314,59	2.287,20	2.573,10	1.090,87	2.136,80	2.403,90	867,15	1.986,40	2.234,70	643,43	1.836,00	2.065,50
	II	32.440	1.772,74	2.595,20	2.919,60	1.549,02	2.444,80	2.750,40	1.325,30	2.294,40	2.581,20	1.101,58	2.144,00	2.412,00	877,98	1.993,68	2.242,89	654,26	1.843,28	2.073,69	430,54	1.692,88	1.904,49
	III	24.656	-	1.972,48	2.219,04	-	1.837,60	2.067,30	-	1.705,92	1.919,16	-	1.577,28	1.774,44	-	1.451,68	1.633,14	-	1.329,28	1.495,44	-	1.209,92	1.361,16
	IV	34.229	1.882,59	2.738,32	3.080,61	1.830,89	2.663,12	2.996,01	1.762,03	2.588,00	2.911,50	1.650,17	2.512,80	2.826,90	1.538,31	2.437,60	2.742,30	1.426,45	2.362,40	2.657,70	1.314,59	2.287,20	2.573,10
	V	40.403	2.222,16	3.232,24	3.636,27																		
	VI	40.934	2.251,37	3.274,72	3.684,06																		
120.239,99 (Ost)	I	34.323	1.887,76	2.745,84	3.089,07	1.773,10	2.595,44	2.919,87	1.549,38	2.445,04	2.750,67	1.325,66	2.294,64	2.581,47	1.101,94	2.144,24	2.412,27	878,22	1.993,84	2.243,07	654,61	1.843,52	2.073,96
	II	32.534	1.783,92	2.602,72	2.928,06	1.560,20	2.452,32	2.758,86	1.336,48	2.301,92	2.589,66	1.112,76	2.151,52	2.420,46	889,04	2.001,12	2.251,26	665,32	1.850,72	2.082,06	441,60	1.700,32	1.912,86
	III	24.740	-	1.979,20	2.226,60	-	1.844,32	2.074,86	-	1.712,48	1.926,54	-	1.583,68	1.781,64	-	1.457,92	1.640,16	-	1.335,36	1.502,28	-	1.215,84	1.367,82
	IV	34.323	1.887,76	2.745,84	3.089,07	1.836,06	2.670,64	3.004,47	1.773,10	2.595,44	2.919,87	1.661,24	2.520,24	2.835,27	1.549,38	2.445,04	2.750,67	1.437,52	2.369,84	2.666,07	1.325,66	2.294,64	2.581,47
	V	40.496	2.227,28	3.239,68	3.644,64																		
	VI	41.028	2.256,54	3.282,24	3.692,52																		
120.275,99 (West)	I	34.245	1.883,47	2.739,60	3.082,05	1.763,81	2.589,20	2.912,85	1.540,09	2.438,80	2.743,65	1.316,37	2.288,40	2.574,45	1.092,65	2.138,00	2.405,25	868,93	1.987,60	2.236,05	645,21	1.837,20	2.066,85
	II	32.455	1.774,52	2.596,40	2.920,95	1.550,80	2.446,00	2.751,75	1.327,20	2.295,68	2.582,64	1.103,48	2.145,28	2.413,44	879,76	1.994,88	2.244,24	656,04	1.844,48	2.075,04	432,32	1.694,08	1.905,84
	III	24.670	-	1.973,60	2.220,30	-	1.838,72	2.068,56	-	1.706,88	1.920,24	-	1.578,24	1.775,52	-	1.452,80	1.634,40	-	1.330,24	1.496,52	-	1.210,88	1.362,24
	IV	34.245	1.883,47	2.739,60	3.082,05	1.831,77	2.664,40	2.997,45	1.763,81	2.589,20	2.912,85	1.651,95	2.514,00	2.828,25	1.540,09	2.438,80	2.743,65	1.428,23	2.363,60	2.659,05	1.316,37	2.288,40	2.574,45
	V	40.418	2.222,99	3.233,44	3.637,62																		
	VI	40.950	2.252,25	3.276,00	3.685,50																		
120.275,99 (Ost)	I	34.338	1.888,59	2.747,04	3.090,42	1.774,88	2.596,64	2.921,22	1.551,16	2.446,24	2.752,02	1.327,44	2.295,84	2.582,82	1.103,84	2.145,52	2.413,71	880,12	1.995,12	2.244,51	656,40	1.844,72	2.075,31
	II	32.549	1.785,71	2.603,92	2.929,41	1.561,99	2.453,52	2.760,21	1.338,27	2.303,12	2.591,01	1.114,55	2.152,72	2.421,81	890,83	2.002,32	2.252,61	667,11	1.851,92	2.083,41	443,39	1.701,52	1.914,21
	III	24.754	-	1.980,32	2.227,86	-	1.845,44	2.076,12	-	1.713,44	1.927,62	-	1.584,64	1.782,72	-	1.458,88	1.641,24	-	1.336,32	1.503,36	-	1.216,80	1.368,90
	IV	34.338	1.888,59	2.747,04	3.090,42	1.836,89	2.671,84	3.005,82	1.774,88	2.596,64	2.921,22	1.663,02	2.521,44	2.836,62	1.551,16	2.446,24	2.752,02	1.439,30	2.371,04	2.667,42	1.327,44	2.295,84	2.582,82
	V	40.512	2.228,16	3.240,96	3.646,08																		
	VI	41.043	2.257,36	3.283,44	3.693,87																		
120.311,99 (West)	I	34.260	1.884,30	2.740,80	3.083,40	1.765,60	2.590,40	2.914,20	1.541,88	2.440,00	2.745,00	1.318,16	2.289,60	2.575,80	1.094,44	2.139,20	2.406,60	870,72	1.988,80	2.237,40	647,00	1.838,40	2.068,20
	II	32.470	1.776,31	2.597,60	2.922,30	1.552,71	2.447,28	2.753,19	1.328,99	2.296,88	2.583,99	1.105,27	2.146,48	2.414,79	881,55	1.996,08	2.245,59	657,83	1.845,68	2.076,39	434,11	1.695,28	1.907,19
	III	24.682	-	1.974,56	2.221,38	-	1.839,84	2.069,82	-	1.708,00	1.921,50	-	1.579,36	1.776,78	-	1.453,76	1.635,48	-	1.331,20	1.497,60	-	1.211,84	1.363,32
	IV	34.260	1.884,30	2.740,80	3.083,40	1.832,60	2.665,60	2.998,80	1.765,60	2.590,40	2.914,20	1.653,74	2.515,20	2.829,60	1.541,88	2.440,00	2.745,00	1.430,02	2.364,80	2.660,40	1.318,16	2.289,60	2.575,80
	V	40.433	2.223,81	3.234,64	3.638,97																		
	VI	40.965	2.253,07	3.277,20	3.686,85																		
120.311,99 (Ost)	I	34.353	1.889,41	2.748,24	3.091,77	1.776,67	2.597,84	2.922,57	1.552,95	2.447,44	2.753,37	1.329,34	2.297,12	2.584,26	1.105,62	2.146,72	2.415,06	881,90	1.996,32	2.245,86	658,18	1.845,92	2.076,66
	II	32.564	1.787,49	2.605,12	2.930,76	1.563,77	2.454,72	2.761,56	1.340,05	2.304,32	2.592,36	1.116,33	2.153,92	2.423,16	892,61	2.003,52	2.253,96	669,01	1.853,20	2.084,85	445,29	1.702,80	1.915,65
	III	24.768	-	1.981,44	2.229,12	-	1.846,40	2.077,20	-	1.714,56	1.928,88	-	1.585,76	1.783,98	-	1.460,00	1.642,50	-	1.337,28	1.504,44	-	1.217,76	1.369,98
	IV	34.353	1.889,41	2.748,24	3.091,77	1.837,71	2.673,04	3.007,17	1.776,67	2.597,84	2.922,57	1.664,81	2.522,64	2.837,97	1.552,95	2.447,44	2.753,37	1.441,20	2.372,32	2.668,86	1.329,34	2.297,12	2.584,26
	V	40.527	2.228,98	3.242,16	3.647,43																		
	VI	41.058	2.258,19	3.284,64	3.695,22																		

SolZ/KiSt lt. Tabelle nicht für Sonstige Bezüge anwendbar.

Lohn/ Gehalt bis	Steuerklasse	Lohnsteuer	ohne Kinderfreibetrag SolZ 5,5%	ohne Kinderfreibetrag Kirchensteuer 8%	ohne Kinderfreibetrag Kirchensteuer 9%	0,5 SolZ 5,5%	0,5 Kirchensteuer 8%	0,5 Kirchensteuer 9%	1,0 SolZ 5,5%	1,0 Kirchensteuer 8%	1,0 Kirchensteuer 9%	1,5 SolZ 5,5%	1,5 Kirchensteuer 8%	1,5 Kirchensteuer 9%	2,0 SolZ 5,5%	2,0 Kirchensteuer 8%	2,0 Kirchensteuer 9%	2,5 SolZ 5,5%	2,5 Kirchensteuer 8%	2,5 Kirchensteuer 9%	3,0 SolZ 5,5%	3,0 Kirchensteuer 8%	3,0 Kirchensteuer 9%
120.347,99 (West)	I	34.275	1.885,12	2.742,00	3.084,75	1.767,38	2.591,60	2.915,55	1.543,66	2.441,20	2.746,35	1.319,94	2.290,80	2.577,15	1.096,22	2.140,40	2.407,95	872,50	1.990,00	2.238,75	648,78	1.839,60	2.069,
	II	32.486	1.778,21	2.598,88	2.923,74	1.554,49	2.448,48	2.754,54	1.330,77	2.298,08	2.585,34	1.107,05	2.147,68	2.416,14	883,33	1.997,28	2.246,94	659,61	1.846,88	2.077,74	435,89	1.696,48	1.908,
	III	24.696	-	1.975,68	2.222,64	-	1.840,80	2.070,90	-	1.709,12	1.922,76	-	1.580,32	1.777,86	-	1.454,72	1.636,56	-	1.332,16	1.498,68	-	1.212,80	1.364,
	IV	34.275	1.885,12	2.742,00	3.084,75	1.833,42	2.666,80	3.000,15	1.767,38	2.591,60	2.915,55	1.655,52	2.516,40	2.830,95	1.543,66	2.441,20	2.746,35	1.431,80	2.366,00	2.661,75	1.319,94	2.290,80	2.577,
	V	40.448	2.224,64	3.235,84	3.640,32																		
	VI	40.980	2.253,90	3.278,40	3.688,20																		
120.347,99 (Ost)	I	34.368	1.890,24	2.749,44	3.093,12	1.778,57	2.599,12	2.924,01	1.554,85	2.448,72	2.754,81	1.331,13	2.298,32	2.585,61	1.107,41	2.147,92	2.416,41	883,69	1.997,52	2.247,21	659,97	1.847,12	2.078
	II	32.579	1.789,28	2.606,32	2.932,11	1.565,56	2.455,92	2.762,91	1.341,84	2.305,52	2.593,71	1.118,12	2.155,12	2.424,51	894,52	2.004,80	2.255,40	670,80	1.854,40	2.086,20	447,08	1.704,00	1.917,
	III	24.782	-	1.982,56	2.230,38	-	1.847,52	2.078,46	-	1.715,52	1.929,96	-	1.586,72	1.785,06	-	1.460,96	1.643,58	-	1.338,24	1.505,52	-	1.218,72	1.371,
	IV	34.368	1.890,24	2.749,44	3.093,12	1.838,54	2.674,24	3.008,52	1.778,57	2.599,12	2.924,01	1.666,71	2.523,92	2.839,41	1.554,85	2.448,72	2.754,81	1.442,99	2.373,52	2.670,21	1.331,13	2.298,32	2.585,
	V	40.542	2.229,81	3.243,36	3.648,78																		
	VI	41.073	2.259,01	3.285,84	3.696,57																		
120.383,99 (West)	I	34.290	1.885,95	2.743,20	3.086,10	1.769,17	2.592,80	2.916,90	1.545,45	2.442,40	2.747,70	1.321,73	2.292,00	2.578,50	1.098,01	2.141,60	2.409,30	874,29	1.991,20	2.240,10	650,57	1.840,80	2.070,
	II	32.501	1.780,00	2.600,08	2.925,09	1.556,28	2.449,68	2.755,89	1.332,56	2.299,28	2.586,69	1.108,84	2.148,88	2.417,49	885,12	1.998,48	2.248,29	661,40	1.848,08	2.079,09	437,68	1.697,68	1.909,
	III	24.710	-	1.976,80	2.223,90	-	1.841,92	2.072,16	-	1.710,08	1.923,84	-	1.581,44	1.779,12	-	1.455,68	1.637,64	-	1.333,12	1.499,76	-	1.213,76	1.365,
	IV	34.290	1.885,95	2.743,20	3.086,10	1.834,25	2.668,00	3.001,50	1.769,17	2.592,80	2.916,90	1.657,31	2.517,60	2.832,30	1.545,45	2.442,40	2.747,70	1.433,59	2.367,20	2.663,10	1.321,73	2.292,00	2.578,
	V	40.463	2.225,46	3.237,04	3.641,67																		
	VI	40.995	2.254,72	3.279,60	3.689,55																		
120.383,99 (Ost)	I	34.384	1.891,12	2.750,72	3.094,56	1.780,35	2.600,32	2.925,36	1.556,63	2.449,92	2.756,16	1.332,91	2.299,52	2.586,96	1.109,19	2.149,12	2.417,76	885,47	1.998,72	2.248,56	661,75	1.848,32	2.079,
	II	32.594	1.791,06	2.607,52	2.933,46	1.567,34	2.457,12	2.764,26	1.343,74	2.306,80	2.595,15	1.120,02	2.156,40	2.425,95	896,30	2.006,00	2.256,75	672,58	1.855,60	2.087,55	448,86	1.705,20	1.918,
	III	24.796	-	1.983,68	2.231,64	-	1.848,64	2.079,72	-	1.716,64	1.931,22	-	1.587,68	1.786,14	-	1.461,92	1.644,66	-	1.339,20	1.506,60	-	1.219,68	1.372,
	IV	34.384	1.891,12	2.750,72	3.094,56	1.839,42	2.675,52	3.009,96	1.780,35	2.600,32	2.925,36	1.668,49	2.525,12	2.840,76	1.556,63	2.449,92	2.756,16	1.444,77	2.374,72	2.671,56	1.332,91	2.299,52	2.586,
	V	40.557	2.230,63	3.244,56	3.650,13																		
	VI	41.089	2.259,89	3.287,12	3.698,01																		
120.419,99 (West)	I	34.305	1.886,77	2.744,40	3.087,45	1.770,95	2.594,00	2.918,25	1.547,23	2.443,60	2.749,05	1.323,51	2.293,20	2.579,85	1.099,79	2.142,80	2.410,65	876,07	1.992,40	2.241,45	652,47	1.842,08	2.072,
	II	32.516	1.781,78	2.601,28	2.926,44	1.558,06	2.450,88	2.757,24	1.334,34	2.300,48	2.588,04	1.110,62	2.150,08	2.418,84	886,90	1.999,68	2.249,64	663,18	1.849,28	2.080,44	439,46	1.698,88	1.911,
	III	24.724	-	1.977,92	2.225,16	-	1.843,04	2.073,42	-	1.711,20	1.925,10	-	1.582,40	1.780,20	-	1.456,80	1.638,90	-	1.334,08	1.500,84	-	1.214,72	1.366,
	IV	34.305	1.886,77	2.744,40	3.087,45	1.835,07	2.669,20	3.002,85	1.770,95	2.594,00	2.918,25	1.659,09	2.518,80	2.833,65	1.547,23	2.443,60	2.749,05	1.435,37	2.368,40	2.664,45	1.323,51	2.293,20	2.579,
	V	40.478	2.226,29	3.238,24	3.643,02																		
	VI	41.010	2.255,55	3.280,80	3.690,90																		
120.419,99 (Ost)	I	34.399	1.891,94	2.751,92	3.095,91	1.782,14	2.601,52	2.926,71	1.558,42	2.451,12	2.757,51	1.334,70	2.300,72	2.588,31	1.110,98	2.150,32	2.419,11	887,26	1.999,92	2.249,91	663,54	1.849,52	2.080,
	II	32.609	1.792,85	2.608,72	2.934,81	1.569,25	2.458,40	2.765,70	1.345,53	2.308,00	2.596,50	1.121,81	2.157,60	2.427,30	898,09	2.007,20	2.258,10	674,37	1.856,80	2.088,90	450,65	1.706,40	1.919,
	III	24.810	-	1.984,80	2.232,90	-	1.849,60	2.080,80	-	1.717,60	1.932,30	-	1.588,80	1.787,40	-	1.462,88	1.645,74	-	1.340,16	1.507,68	-	1.220,64	1.373,
	IV	34.399	1.891,94	2.751,92	3.095,91	1.840,24	2.676,72	3.011,31	1.782,14	2.601,52	2.926,71	1.670,28	2.526,32	2.842,11	1.558,42	2.451,12	2.757,51	1.446,56	2.375,92	2.672,91	1.334,70	2.300,72	2.588,
	V	40.572	2.231,46	3.245,76	3.651,48																		
	VI	41.104	2.260,72	3.288,32	3.699,36																		
120.455,99 (West)	I	34.320	1.887,60	2.745,60	3.088,80	1.772,74	2.595,20	2.919,60	1.549,02	2.444,80	2.750,40	1.325,30	2.294,40	2.581,20	1.101,58	2.144,00	2.412,00	877,98	1.993,68	2.242,89	654,26	1.843,28	2.073,
	II	32.531	1.783,57	2.602,48	2.927,79	1.559,85	2.452,08	2.758,59	1.336,13	2.301,68	2.589,39	1.112,41	2.151,28	2.420,19	888,69	2.000,88	2.250,99	664,97	1.850,48	2.081,79	441,25	1.700,08	1.912,
	III	24.738	-	1.979,04	2.226,42	-	1.844,00	2.074,50	-	1.712,16	1.926,18	-	1.583,36	1.781,28	-	1.457,76	1.639,98	-	1.335,20	1.502,10	-	1.215,68	1.367,
	IV	34.320	1.887,60	2.745,60	3.088,80	1.835,90	2.670,40	3.004,20	1.772,74	2.595,20	2.919,60	1.660,88	2.520,00	2.835,00	1.549,02	2.444,80	2.750,40	1.437,16	2.369,60	2.665,80	1.325,30	2.294,40	2.581,
	V	40.493	2.227,11	3.239,44	3.644,37																		
	VI	41.025	2.256,37	3.282,00	3.692,25																		
120.455,99 (Ost)	I	34.414	1.892,77	2.753,12	3.097,26	1.783,92	2.602,72	2.928,06	1.560,20	2.452,32	2.758,86	1.336,48	2.301,92	2.589,66	1.112,76	2.151,52	2.420,46	889,04	2.001,12	2.251,26	665,32	1.850,72	2.082,
	II	32.625	1.794,37	2.610,00	2.936,25	1.571,03	2.459,60	2.767,05	1.347,31	2.309,20	2.597,85	1.123,59	2.158,80	2.428,65	899,87	2.008,40	2.259,45	676,15	1.858,00	2.090,25	452,43	1.707,60	1.921,
	III	24.824	-	1.985,92	2.234,16	-	1.850,72	2.082,06	-	1.718,72	1.933,56	-	1.589,76	1.788,48	-	1.464,00	1.647,00	-	1.341,12	1.508,76	-	1.221,60	1.374,
	IV	34.414	1.892,77	2.753,12	3.097,26	1.841,07	2.677,92	3.012,66	1.783,92	2.602,72	2.928,06	1.672,06	2.527,52	2.843,46	1.560,20	2.452,32	2.758,86	1.448,34	2.377,12	2.674,26	1.336,48	2.301,92	2.589,
	V	40.587	2.232,28	3.246,96	3.652,83																		
	VI	41.119	2.261,54	3.289,52	3.700,71																		
120.491,99 (West)	I	34.335	1.888,42	2.746,80	3.090,15	1.774,52	2.596,40	2.920,95	1.550,80	2.446,00	2.751,75	1.327,20	2.295,68	2.582,64	1.103,48	2.145,28	2.413,44	879,76	1.994,88	2.244,24	656,04	1.844,48	2.075,
	II	32.546	1.785,35	2.603,68	2.929,14	1.561,63	2.453,28	2.759,94	1.337,91	2.302,88	2.590,74	1.114,19	2.152,48	2.421,54	890,47	2.002,08	2.252,34	666,75	1.851,68	2.083,14	443,15	1.701,36	1.914,
	III	24.752	-	1.980,16	2.227,68	-	1.845,12	2.075,76	-	1.713,28	1.927,44	-	1.584,48	1.782,54	-	1.458,72	1.641,06	-	1.336,16	1.503,18	-	1.216,64	1.368,
	IV	34.335	1.888,42	2.746,80	3.090,15	1.836,72	2.671,60	3.005,55	1.774,52	2.596,40	2.920,95	1.662,66	2.521,20	2.836,35	1.550,80	2.446,00	2.751,75	1.438,94	2.370,80	2.667,15	1.327,20	2.295,68	2.582,
	V	40.509	2.227,99	3.240,72	3.645,81																		
	VI	41.040	2.257,20	3.283,20	3.693,60																		
120.491,99 (Ost)	I	34.429	1.893,59	2.754,32	3.098,61	1.785,71	2.603,92	2.929,41	1.561,99	2.453,52	2.760,21	1.338,27	2.303,12	2.591,01	1.114,55	2.152,72	2.421,81	890,83	2.002,32	2.252,61	667,11	1.851,92	2.083,
	II	32.640	1.795,20	2.611,20	2.937,60	1.572,82	2.460,80	2.768,40	1.349,10	2.310,40	2.599,20	1.125,38	2.160,00	2.430,00	901,66	2.009,60	2.260,80	677,94	1.859,20	2.091,60	454,22	1.708,80	1.922,
	III	24.836	-	1.986,88	2.235,24	-	1.851,84	2.083,32	-	1.719,84	1.934,82	-	1.590,88	1.789,74	-	1.464,96	1.648,08	-	1.342,24	1.510,02	-	1.222,40	1.375,
	IV	34.429	1.893,59	2.754,32	3.098,61	1.841,89	2.679,12	3.014,01	1.785,71	2.603,92	2.929,41	1.673,85	2.528,72	2.844,81	1.561,99	2.453,52	2.760,21	1.450,13	2.378,32	2.675,61	1.338,27	2.303,12	2.591,
	V	40.602	2.233,11	3.248,16	3.654,18																		
	VI	41.134	2.262,37	3.290,72	3.702,06																		
120.527,99 (West)	I	34.350	1.889,25	2.748,00	3.091,50	1.776,31	2.597,60	2.922,30	1.552,71	2.447,28	2.753,19	1.328,99	2.296,88	2.583,99	1.105,27	2.146,48	2.414,79	881,55	1.996,08	2.245,59	657,83	1.845,68	2.076,
	II	32.561	1.787,14	2.604,88	2.930,49	1.563,42	2.454,48	2.761,29	1.339,70	2.304,08	2.592,09	1.115,98	2.153,68	2.422,89	892,38	2.003,36	2.253,78	668,66	1.852,96	2.084,58	444,94	1.702,56	1.915,
	III	24.766	-	1.981,28	2.228,94	-	1.846,24	2.077,02	-	1.714,24	1.928,52	-	1.585,44	1.783,62	-	1.459,68	1.642,14	-	1.337,12	1.504,26	-	1.217,44	1.369,
	IV	34.350	1.889,25	2.748,00	3.091,50	1.837,55	2.672,80	3.006,90	1.776,31	2.597,60	2.922,30	1.664,57	2.522,48	2.837,79	1.552,71	2.447,28	2.753,19	1.440,85	2.372,08	2.668,59	1.328,99	2.296,88	2.583,
	V	40.524	2.228,82	3.241,92	3.647,16																		
	VI	41.055	2.258,02	3.284,40	3.694,95																		
120.527,99 (Ost)	I	34.444	1.894,42	2.755,52	3.099,96	1.787,49	2.605,12	2.930,76	1.563,77	2.454,72	2.761,56	1.340,05	2.304,32	2.592,36	1.116,33	2.153,92	2.423,16	892,61	2.003,52	2.253,96	669,01	1.853,20	2.084,
	II	32.655	1.796,02	2.612,40	2.938,95	1.574,60	2.462,00	2.769,75	1.350,88	2.311,60	2.600,55	1.127,16	2.161,20	2.431,35	903,44	2.010,80	2.262,15	679,72	1.860,40	2.092,95	456,00	1.710,00	1.923,
	III	24.850	-	1.988,00	2.236,50	-	1.852,96	2.084,58	-	1.720,80	1.935,90	-	1.591,84	1.790,82	-	1.465,92	1.649,16	-	1.343,20	1.511,10	-	1.223,36	1.376,
	IV	34.444	1.894,42	2.755,52	3.099,96	1.842,72	2.680,32	3.015,36	1.787,49	2.605,12	2.930,76	1.675,63	2.529,92	2.846,16	1.563,77	2.454,72	2.761,56	1.451,91	2.379,52	2.676,96	1.340,05	2.304,32	2.592,
	V	40.617	2.233,93	3.249,36	3.655,53																		
	VI	41.149	2.263,19	3.291,92	3.703,41																		
120.563,99 (West)	I	34.366	1.890,13	2.749,28	3.092,94	1.778,21	2.598,88	2.923,74	1.554,49	2.448,48	2.754,54	1.330,77	2.298,08	2.585,34	1.107,05	2.147,68	2.416,14	883,33	1.997,28	2.246,94	659,61	1.846,88	2.077,
	II	32.576	1.788,92	2.606,08	2.931,84	1.565,20	2.455,68	2.762,64	1.341,48	2.305,28	2.593,44	1.117,88	2.154,96	2.424,33	894,16	2.004,56	2.255,13	670,44	1.854,16	2.085,93	446,72	1.703,76	1.916,
	III	24.778	-	1.982,24	2.230,02	-	1.847,20	2.078,10	-	1.715,36	1.929,78	-	1.586,56	1.784,88	-	1.460,80	1.643,40	-	1.338,08	1.505,34	-	1.218,40	1.370,
	IV	34.366	1.890,13	2.749,28	3.092,94	1.838,43	2.674,08	3.008,34	1.778,21	2.598,88	2.923,74	1.666,35	2.523,68	2.839,14	1.554,49	2.448,48	2.754,54	1.442,63	2.373,28	2.669,94	1.330,77	2.298,08	2.585,
	V	40.539	2.229,64	3.243,12	3.648,51																		
	VI	41.071	2.258,90	3.285,68	3.696,39																		
120.563,99 (Ost)	I	34.459	1.895,24	2.756,72	3.101,31	1.789,28	2.606,32	2.932,11	1.565,56	2.455,92	2.762,91	1.341,84	2.305,52	2.593,71	1.118,12	2.155,12	2.424,51	894,52	2.004,80	2.255,40	670,80	1.854,40	2.086,
	II	32.670	1.796,85	2.613,60	2.940,30	1.576,39	2.463,20	2.771,10	1.352,67	2.312,80	2.601,90	1.128,95	2.162,40	2.432,70	905,23	2.012,00	2.263,50	681,51	1.861,60	2.094,30	457,79	1.711,20	1.925,
	III	24.864	-	1.989,12	2.237,76	-	1.853,92	2.085,66	-	1.721,92	1.937,16	-	1.592,80	1.791,90	-	1.466,88	1.650,24	-	1.344,16	1.512,18	-	1.224,32	1.377,
	IV	34.459	1.895,24	2.756,72	3.101,31	1.843,54	2.681,52	3.016,71	1.789,28	2.606,32	2.932,11	1.677,42	2.531,12	2.847,51	1.565,56	2.455,92	2.762,91	1.453,70	2.380,72	2.678,31	1.341,84	2.305,52	2.593,
	V	40.632	2.234,76	3.250,56	3.656,88																		
	VI	41.164	2.264,02	3.293,12	3.704,76																		

Anzahl Kinderfreibeträge (nur Steuerklassen I–IV)

SolZ/KiSt lt. Tabelle nicht für Sonstige Bezüge anwendbar.

Allgemeine Tabelle

JAHR bis 120.815,99 €

Lohn/ Gehalt bis	Steuerklasse	Lohn-steuer	ohne Kinderfreibetrag			Anzahl Kinderfreibeträge (nur Steuerklassen I–IV)																	
						0,5			1,0			1,5			2,0			2,5			3,0		
			SolZ 5,5%	Kirchensteuer 8%	9%	SolZ 5,5%	Kirchensteuer 8%	9%	SolZ 5,5%	Kirchensteuer 8%	9%	SolZ 5,5%	Kirchensteuer 8%	9%	SolZ 5,5%	Kirchensteuer 8%	9%	SolZ 5,5%	Kirchensteuer 8%	9%	SolZ 5,5%	Kirchensteuer 8%	9%
20.599,99 (West)	I	34.381	1.890,95	2.750,48	3.094,29	1.780,00	2.600,08	2.925,09	1.556,28	2.449,68	2.755,89	1.332,56	2.299,28	2.586,69	1.108,84	2.148,88	2.417,49	885,12	1.998,48	2.248,29	661,40	1.848,08	2.079,09
	II	32.591	1.790,71	2.607,28	2.933,19	1.567,11	2.456,96	2.764,08	1.343,39	2.306,56	2.594,88	1.119,67	2.156,16	2.425,68	895,95	2.005,76	2.256,48	672,23	1.855,36	2.087,28	448,51	1.704,96	1.918,08
	III	24.792	-	1.983,36	2.231,28	-	1.848,32	2.079,36	-	1.716,32	1.930,86	-	1.587,52	1.785,96	-	1.461,76	1.644,48	-	1.339,04	1.506,42	-	1.219,36	1.371,78
	IV	34.381	1.890,95	2.750,48	3.094,29	1.839,25	2.675,28	3.009,69	1.780,00	2.600,08	2.925,09	1.668,14	2.524,88	2.840,49	1.556,28	2.449,68	2.755,89	1.444,42	2.374,48	2.671,29	1.332,56	2.299,28	2.586,69
	V	40.554	2.230,47	3.244,32	3.649,86																		
	VI	41.086	2.259,73	3.286,88	3.697,74																		
20.599,99 (Ost)	I	34.474	1.896,07	2.757,92	3.102,66	1.791,06	2.607,52	2.933,46	1.567,34	2.457,12	2.764,26	1.343,74	2.306,80	2.595,15	1.120,02	2.156,40	2.425,95	896,30	2.006,00	2.256,75	672,58	1.855,60	2.087,55
	II	32.685	1.797,67	2.614,80	2.941,65	1.578,17	2.464,40	2.772,45	1.354,45	2.314,00	2.603,25	1.130,73	2.163,60	2.434,05	907,01	2.013,20	2.264,85	683,29	1.862,80	2.095,65	459,69	1.712,48	1.926,54
	III	24.878	-	1.990,24	2.239,02	-	1.855,04	2.086,92	-	1.722,88	1.938,24	-	1.593,92	1.793,16	-	1.468,00	1.651,50	-	1.345,12	1.513,26	-	1.225,28	1.378,44
	IV	34.474	1.896,07	2.757,92	3.102,66	1.844,37	2.682,72	3.018,06	1.791,06	2.607,52	2.933,46	1.679,20	2.532,32	2.848,86	1.567,34	2.457,12	2.764,26	1.455,48	2.381,92	2.679,66	1.343,74	2.306,80	2.595,15
	V	40.648	2.235,64	3.251,84	3.658,32																		
	VI	41.179	2.264,84	3.294,32	3.706,11																		
20.635,99 (West)	I	34.396	1.891,78	2.751,68	3.095,64	1.781,78	2.601,28	2.926,44	1.558,06	2.450,88	2.757,24	1.334,34	2.300,48	2.588,04	1.110,62	2.150,08	2.418,84	886,90	1.999,68	2.249,64	663,18	1.849,28	2.080,44
	II	32.607	1.792,61	2.608,56	2.934,63	1.568,89	2.458,16	2.765,43	1.345,17	2.307,76	2.596,23	1.121,45	2.157,36	2.427,03	897,73	2.006,96	2.257,83	674,01	1.856,56	2.088,63	450,29	1.706,16	1.919,43
	III	24.806	-	1.984,48	2.232,54	-	1.849,44	2.080,62	-	1.717,44	1.932,12	-	1.588,48	1.787,04	-	1.462,72	1.645,56	-	1.340,00	1.507,50	-	1.220,32	1.372,86
	IV	34.396	1.891,78	2.751,68	3.095,64	1.840,08	2.676,48	3.011,04	1.781,78	2.601,28	2.926,44	1.669,92	2.526,08	2.841,84	1.558,06	2.450,88	2.757,24	1.446,20	2.375,68	2.672,64	1.334,34	2.300,48	2.588,04
	V	40.569	2.231,29	3.245,52	3.651,21																		
	VI	41.101	2.260,55	3.288,08	3.699,09																		
20.635,99 (Ost)	I	34.489	1.896,89	2.759,12	3.104,01	1.792,85	2.608,72	2.934,81	1.569,25	2.458,40	2.765,70	1.345,53	2.308,00	2.596,50	1.121,81	2.157,60	2.427,30	898,09	2.007,20	2.258,10	674,37	1.856,80	2.088,90
	II	32.700	1.798,50	2.616,00	2.943,00	1.579,96	2.465,60	2.773,80	1.356,24	2.315,20	2.604,60	1.132,52	2.164,80	2.435,40	908,92	2.014,48	2.266,29	685,20	1.864,08	2.097,09	461,48	1.713,68	1.927,89
	III	24.892	-	1.991,36	2.240,28	-	1.856,16	2.088,18	-	1.724,00	1.939,50	-	1.594,88	1.794,24	-	1.468,96	1.652,58	-	1.346,08	1.514,34	-	1.226,24	1.379,52
	IV	34.489	1.896,89	2.759,12	3.104,01	1.845,19	2.683,92	3.019,41	1.792,85	2.608,72	2.934,81	1.681,11	2.533,60	2.850,30	1.569,25	2.458,40	2.765,70	1.457,39	2.383,20	2.681,10	1.345,53	2.308,00	2.596,50
	V	40.663	2.236,46	3.253,04	3.659,67																		
	VI	41.194	2.265,67	3.295,52	3.707,46																		
20.671,99 (West)	I	34.411	1.892,60	2.752,88	3.096,99	1.783,57	2.602,48	2.927,79	1.559,85	2.452,08	2.758,59	1.336,13	2.301,68	2.589,39	1.112,41	2.151,28	2.420,19	888,69	2.000,88	2.250,99	664,97	1.850,48	2.081,79
	II	32.622	1.794,21	2.609,76	2.935,98	1.570,68	2.459,36	2.766,78	1.346,96	2.308,96	2.597,58	1.123,24	2.158,56	2.428,38	899,52	2.008,16	2.259,18	675,80	1.857,76	2.089,98	452,08	1.707,36	1.920,78
	III	24.820	-	1.985,60	2.233,80	-	1.850,56	2.081,88	-	1.718,56	1.933,38	-	1.589,60	1.788,30	-	1.463,68	1.646,64	-	1.340,96	1.508,58	-	1.221,28	1.373,94
	IV	34.411	1.892,60	2.752,88	3.096,99	1.840,90	2.677,68	3.012,39	1.783,57	2.602,48	2.927,79	1.671,71	2.527,28	2.843,19	1.559,85	2.452,08	2.758,59	1.447,99	2.376,88	2.673,99	1.336,13	2.301,68	2.589,39
	V	40.584	2.232,12	3.246,72	3.652,56																		
	VI	41.116	2.261,38	3.289,28	3.700,44																		
20.671,99 (Ost)	I	34.505	1.897,77	2.760,40	3.105,45	1.794,37	2.610,00	2.936,25	1.571,03	2.459,60	2.767,05	1.347,31	2.309,20	2.597,85	1.123,59	2.158,80	2.428,65	899,87	2.008,40	2.259,45	676,15	1.858,00	2.090,25
	II	32.715	1.799,32	2.617,20	2.944,35	1.581,74	2.466,80	2.775,15	1.358,02	2.316,40	2.605,95	1.134,42	2.166,08	2.436,84	910,70	2.015,68	2.267,64	686,98	1.865,28	2.098,44	463,26	1.714,88	1.929,24
	III	24.906	-	1.992,48	2.241,54	-	1.857,12	2.089,26	-	1.724,96	1.940,58	-	1.596,00	1.795,50	-	1.469,92	1.653,66	-	1.347,04	1.515,42	-	1.227,20	1.380,60
	IV	34.505	1.897,77	2.760,40	3.105,45	1.846,07	2.685,20	3.020,85	1.794,37	2.610,00	2.936,25	1.682,89	2.534,80	2.851,65	1.571,03	2.459,60	2.767,05	1.459,17	2.384,40	2.682,45	1.347,31	2.309,20	2.597,85
	V	40.678	2.237,29	3.254,24	3.661,02																		
	VI	41.210	2.266,55	3.296,80	3.708,90																		
20.707,99 (West)	I	34.426	1.893,43	2.754,08	3.098,34	1.785,35	2.603,68	2.929,14	1.561,63	2.453,28	2.759,94	1.337,91	2.302,88	2.590,74	1.114,19	2.152,48	2.421,54	890,47	2.002,08	2.252,34	666,75	1.851,68	2.083,14
	II	32.637	1.795,03	2.610,96	2.937,33	1.572,46	2.460,56	2.768,13	1.348,74	2.310,16	2.598,93	1.125,02	2.159,76	2.429,73	901,30	2.009,36	2.260,53	677,58	1.858,96	2.091,33	453,86	1.708,56	1.922,13
	III	24.834	-	1.986,72	2.235,06	-	1.851,52	2.082,96	-	1.719,52	1.934,46	-	1.590,56	1.789,38	-	1.464,80	1.647,90	-	1.341,92	1.509,66	-	1.222,24	1.375,02
	IV	34.426	1.893,43	2.754,08	3.098,34	1.841,73	2.678,88	3.013,74	1.785,35	2.603,68	2.929,14	1.673,49	2.528,48	2.844,54	1.561,63	2.453,28	2.759,94	1.449,77	2.378,08	2.675,34	1.337,91	2.302,88	2.590,74
	V	40.599	2.232,94	3.247,92	3.653,91																		
	VI	41.131	2.262,20	3.290,48	3.701,79																		
20.707,99 (Ost)	I	34.520	1.898,60	2.761,60	3.106,80	1.795,20	2.611,20	2.937,60	1.572,82	2.460,80	2.768,40	1.349,10	2.310,40	2.599,20	1.125,38	2.160,00	2.430,00	901,66	2.009,60	2.260,80	677,94	1.859,20	2.091,60
	II	32.730	1.800,15	2.618,40	2.945,70	1.583,65	2.468,08	2.776,59	1.359,93	2.317,68	2.607,39	1.136,21	2.167,28	2.438,19	912,49	2.016,88	2.268,99	688,77	1.866,48	2.099,79	465,05	1.716,08	1.930,59
	III	24.920	-	1.993,60	2.242,80	-	1.858,24	2.090,52	-	1.726,08	1.941,84	-	1.596,96	1.796,58	-	1.470,88	1.654,74	-	1.348,00	1.516,50	-	1.228,16	1.381,68
	IV	34.520	1.898,60	2.761,60	3.106,80	1.846,90	2.686,40	3.022,20	1.795,20	2.611,20	2.937,60	1.684,68	2.536,00	2.853,00	1.572,82	2.460,80	2.768,40	1.460,96	2.385,60	2.683,80	1.349,10	2.310,40	2.599,20
	V	40.693	2.238,11	3.255,44	3.662,37																		
	VI	41.225	2.267,37	3.298,00	3.710,25																		
20.743,99 (West)	I	34.441	1.894,25	2.755,28	3.099,69	1.787,14	2.604,88	2.930,49	1.563,42	2.454,48	2.761,29	1.339,70	2.304,08	2.592,09	1.115,98	2.153,68	2.422,89	892,38	2.003,36	2.253,78	668,66	1.852,96	2.084,58
	II	32.652	1.795,86	2.612,16	2.938,68	1.574,25	2.461,76	2.769,48	1.350,53	2.311,36	2.600,28	1.126,81	2.160,96	2.431,08	903,09	2.010,56	2.261,88	679,37	1.860,16	2.092,68	455,65	1.709,76	1.923,48
	III	24.848	-	1.987,84	2.236,32	-	1.852,64	2.084,22	-	1.720,64	1.935,72	-	1.591,68	1.790,64	-	1.465,76	1.648,98	-	1.342,88	1.510,74	-	1.223,20	1.376,10
	IV	34.441	1.894,25	2.755,28	3.099,69	1.842,55	2.680,08	3.015,09	1.787,14	2.604,88	2.930,49	1.675,28	2.529,68	2.845,89	1.563,42	2.454,48	2.761,29	1.451,56	2.379,28	2.676,69	1.339,70	2.304,08	2.592,09
	V	40.614	2.233,77	3.249,12	3.655,26																		
	VI	41.146	2.263,03	3.291,68	3.703,14																		
20.743,99 (Ost)	I	34.535	1.899,42	2.762,80	3.108,15	1.796,02	2.612,40	2.938,95	1.574,60	2.462,00	2.769,75	1.350,88	2.311,60	2.600,55	1.127,16	2.161,20	2.431,35	903,44	2.010,80	2.262,15	679,72	1.860,40	2.092,95
	II	32.746	1.801,03	2.619,68	2.947,14	1.585,43	2.469,28	2.777,94	1.361,71	2.318,88	2.608,74	1.137,99	2.168,48	2.439,54	914,27	2.018,08	2.270,34	690,55	1.867,68	2.101,14	466,83	1.717,28	1.931,94
	III	24.934	-	1.994,72	2.244,06	-	1.859,36	2.091,78	-	1.727,20	1.943,10	-	1.597,92	1.797,66	-	1.472,00	1.656,00	-	1.348,96	1.517,58	-	1.229,12	1.382,76
	IV	34.535	1.899,42	2.762,80	3.108,15	1.847,72	2.687,60	3.023,55	1.796,02	2.612,40	2.938,95	1.686,46	2.537,20	2.854,35	1.574,60	2.462,00	2.769,75	1.462,74	2.386,80	2.685,15	1.350,88	2.311,60	2.600,55
	V	40.708	2.238,94	3.256,64	3.663,72																		
	VI	41.240	2.268,20	3.299,20	3.711,60																		
20.779,99 (West)	I	34.456	1.895,08	2.756,48	3.101,04	1.788,92	2.606,08	2.931,84	1.565,20	2.455,68	2.762,64	1.341,48	2.305,28	2.593,44	1.117,88	2.154,96	2.424,33	894,16	2.004,56	2.255,13	670,44	1.854,16	2.085,93
	II	32.667	1.796,68	2.613,36	2.940,03	1.576,03	2.462,96	2.770,83	1.352,31	2.312,56	2.601,63	1.128,59	2.162,16	2.432,43	904,87	2.011,76	2.263,23	681,15	1.861,36	2.094,03	457,55	1.711,04	1.924,92
	III	24.862	-	1.988,96	2.237,58	-	1.853,76	2.085,48	-	1.721,60	1.936,80	-	1.592,64	1.791,72	-	1.466,72	1.650,06	-	1.343,84	1.511,82	-	1.224,16	1.377,18
	IV	34.456	1.895,08	2.756,48	3.101,04	1.843,38	2.681,28	3.016,44	1.788,92	2.606,08	2.931,84	1.677,06	2.530,88	2.847,24	1.565,20	2.455,68	2.762,64	1.453,34	2.380,48	2.678,04	1.341,48	2.305,28	2.593,44
	V	40.630	2.234,65	3.250,40	3.656,70																		
	VI	41.161	2.263,85	3.292,88	3.704,49																		
20.779,99 (Ost)	I	34.550	1.900,25	2.764,00	3.109,50	1.796,85	2.613,60	2.940,30	1.576,39	2.463,20	2.771,10	1.352,67	2.312,80	2.601,90	1.128,95	2.162,40	2.432,70	905,23	2.012,00	2.263,50	681,51	1.861,60	2.094,30
	II	32.761	1.801,85	2.620,88	2.948,49	1.587,22	2.470,48	2.779,29	1.363,50	2.320,08	2.610,09	1.139,78	2.169,68	2.440,89	916,06	2.019,28	2.271,69	692,34	1.868,88	2.102,49	468,62	1.718,48	1.933,29
	III	24.946	-	1.995,68	2.245,14	-	1.860,48	2.093,04	-	1.728,16	1.944,18	-	1.599,04	1.798,92	-	1.472,96	1.657,08	-	1.349,92	1.518,66	-	1.230,08	1.383,84
	IV	34.550	1.900,25	2.764,00	3.109,50	1.848,55	2.688,80	3.024,90	1.796,85	2.613,60	2.940,30	1.688,25	2.538,40	2.855,70	1.576,39	2.463,20	2.771,10	1.464,53	2.388,00	2.686,50	1.352,67	2.312,80	2.601,90
	V	40.723	2.239,76	3.257,84	3.665,07																		
	VI	41.255	2.269,02	3.300,40	3.712,95																		
20.815,99 (West)	I	34.471	1.895,90	2.757,68	3.102,39	1.790,71	2.607,28	2.933,19	1.567,11	2.456,96	2.764,08	1.343,39	2.306,56	2.594,88	1.119,67	2.156,16	2.425,68	895,95	2.005,76	2.256,48	672,23	1.855,36	2.087,28
	II	32.682	1.797,51	2.614,56	2.941,38	1.577,82	2.464,16	2.772,18	1.354,10	2.313,76	2.602,98	1.130,38	2.163,36	2.433,78	906,66	2.012,96	2.264,58	683,06	1.862,64	2.095,47	459,34	1.712,24	1.926,27
	III	24.874	-	1.989,92	2.238,66	-	1.854,72	2.086,56	-	1.722,72	1.938,06	-	1.593,60	1.792,80	-	1.467,68	1.651,14	-	1.344,80	1.512,90	-	1.225,12	1.378,26
	IV	34.471	1.895,90	2.757,68	3.102,39	1.844,20	2.682,48	3.017,79	1.790,71	2.607,28	2.933,19	1.678,85	2.532,08	2.848,59	1.567,11	2.456,96	2.764,08	1.455,25	2.381,76	2.679,48	1.343,39	2.306,56	2.594,88
	V	40.645	2.235,47	3.251,60	3.658,05																		
	VI	41.176	2.264,68	3.294,08	3.705,84																		
20.815,99 (Ost)	I	34.565	1.901,07	2.765,20	3.110,85	1.797,67	2.614,80	2.941,65	1.578,17	2.464,40	2.772,45	1.354,45	2.314,00	2.603,25	1.130,73	2.163,60	2.434,05	907,01	2.013,20	2.264,85	683,29	1.862,80	2.095,65
	II	32.776	1.802,68	2.622,08	2.949,84	1.589,00	2.471,68	2.780,64	1.365,28	2.321,28	2.611,44	1.141,56	2.170,88	2.442,24	917,84	2.020,48	2.273,04	694,12	1.870,08	2.103,84	470,40	1.719,68	1.934,64
	III	24.960	-	1.996,80	2.246,40	-	1.861,44	2.094,12	-	1.729,28	1.945,44	-	1.600,00	1.800,00	-	1.473,92	1.658,16	-	1.350,88	1.519,74	-	1.231,04	1.384,92
	IV	34.565	1.901,07	2.765,20	3.110,85	1.849,37	2.690,00	3.026,25	1.797,67	2.614,80	2.941,65	1.690,03	2.539,60	2.857,05	1.578,17	2.464,40	2.772,45	1.466,31	2.389,20	2.687,85	1.354,45	2.314,00	2.603,25
	V	40.738	2.240,59	3.259,04	3.666,42																		
	VI	41.270	2.269,85	3.301,60	3.714,30																		

SolZ/KiSt lt. Tabelle nicht für Sonstige Bezüge anwendbar.

Lohn/Gehalt bis	Steuerklasse	Lohn-steuer	ohne Kinderfreibetrag SolZ 5,5%	ohne Kinderfreibetrag Kirchensteuer 8%	ohne Kinderfreibetrag Kirchensteuer 9%	0,5 SolZ 5,5%	0,5 Kirchensteuer 8%	0,5 Kirchensteuer 9%	1,0 SolZ 5,5%	1,0 Kirchensteuer 8%	1,0 Kirchensteuer 9%	1,5 SolZ 5,5%	1,5 Kirchensteuer 8%	1,5 Kirchensteuer 9%	2,0 SolZ 5,5%	2,0 Kirchensteuer 8%	2,0 Kirchensteuer 9%	2,5 SolZ 5,5%	2,5 Kirchensteuer 8%	2,5 Kirchensteuer 9%	3,0 SolZ 5,5%	3,0 Kirchensteuer 8%	3,0 Kirchensteuer 9%
						Anzahl Kinderfreibeträge (nur Steuerklassen I–IV)																	
120.851,99 (West)	I	34.486	1.896,73	2.758,88	3.103,74	1.792,61	2.608,56	2.934,63	1.568,89	2.458,16	2.765,43	1.345,17	2.307,76	2.596,23	1.121,45	2.157,36	2.427,03	897,73	2.006,96	2.257,83	674,01	1.856,56	2.088
	II	32.697	1.798,33	2.615,76	2.942,73	1.579,60	2.465,36	2.773,53	1.355,88	2.314,96	2.604,33	1.132,28	2.164,64	2.435,22	908,56	2.014,24	2.266,02	684,84	1.863,84	2.096,82	461,12	1.713,44	1.927
	III	24.888	-	1.991,04	2.239,92	-	1.855,84	2.087,82	-	1.723,68	1.939,14	-	1.594,72	1.794,06	-	1.468,80	1.652,40	-	1.345,92	1.514,16	-	1.226,08	1.379
	IV	34.486	1.896,73	2.758,88	3.103,74	1.845,08	2.683,76	3.019,23	1.792,61	2.608,56	2.934,63	1.680,75	2.533,36	2.850,03	1.568,89	2.458,16	2.765,43	1.457,03	2.382,96	2.680,83	1.345,17	2.307,76	2.596
	V	40.660	2.236,30	3.252,80	3.659,40																		
	VI	41.191	2.265,50	3.295,28	3.707,19																		
120.851,99 (Ost)	I	34.580	1.901,90	2.766,40	3.112,20	1.798,50	2.616,00	2.943,00	1.579,96	2.465,60	2.773,80	1.356,24	2.315,20	2.604,60	1.132,52	2.164,80	2.435,40	908,92	2.014,48	2.266,29	685,20	1.864,08	2.097
	II	32.791	1.803,50	2.623,28	2.951,19	1.590,79	2.472,88	2.781,99	1.367,07	2.322,48	2.612,79	1.143,35	2.172,08	2.443,59	919,63	2.021,68	2.274,39	695,91	1.871,28	2.105,19	472,19	1.720,88	1.935
	III	24.974	-	1.997,92	2.247,66	-	1.862,56	2.095,38	-	1.730,24	1.946,52	-	1.601,12	1.801,26	-	1.474,88	1.659,24	-	1.352,00	1.521,00	-	1.232,00	1.386
	IV	34.580	1.901,90	2.766,40	3.112,20	1.850,20	2.691,20	3.027,60	1.798,50	2.616,00	2.943,00	1.691,82	2.540,80	2.858,40	1.579,96	2.465,60	2.773,80	1.468,10	2.390,40	2.689,20	1.356,24	2.315,20	2.604
	V	40.753	2.241,41	3.260,24	3.667,77																		
	VI	41.285	2.270,67	3.302,80	3.715,65																		
120.887,99 (West)	I	34.502	1.897,61	2.760,16	3.105,18	1.794,21	2.609,76	2.935,98	1.570,68	2.459,36	2.766,78	1.346,96	2.308,96	2.597,58	1.123,24	2.158,56	2.428,38	899,52	2.008,16	2.259,18	675,80	1.857,76	2.089
	II	32.712	1.799,16	2.616,96	2.944,08	1.581,39	2.466,56	2.774,88	1.357,79	2.316,24	2.605,77	1.134,07	2.165,84	2.436,57	910,35	2.015,44	2.267,37	686,63	1.865,04	2.098,17	462,91	1.714,64	1.928
	III	24.902	-	1.992,16	2.241,18	-	1.856,96	2.089,08	-	1.724,80	1.940,40	-	1.595,68	1.795,14	-	1.469,76	1.653,48	-	1.346,88	1.515,24	-	1.227,04	1.380
	IV	34.502	1.897,61	2.760,16	3.105,18	1.845,91	2.684,96	3.020,58	1.794,21	2.609,76	2.935,98	1.682,54	2.534,56	2.851,38	1.570,68	2.459,36	2.766,78	1.458,82	2.384,16	2.682,18	1.346,96	2.308,96	2.597
	V	40.675	2.237,12	3.254,00	3.660,75																		
	VI	41.207	2.266,38	3.296,56	3.708,63																		
120.887,99 (Ost)	I	34.595	1.902,72	2.767,60	3.113,55	1.799,32	2.617,20	2.944,35	1.581,74	2.466,80	2.775,15	1.358,02	2.316,40	2.605,95	1.134,42	2.166,08	2.436,84	910,70	2.015,68	2.267,64	686,98	1.865,28	2.098
	II	32.806	1.804,33	2.624,48	2.952,54	1.592,57	2.474,08	2.783,34	1.368,85	2.323,68	2.614,14	1.145,13	2.173,28	2.444,94	921,41	2.022,88	2.275,74	697,69	1.872,48	2.106,54	474,09	1.722,16	1.937
	III	24.988	-	1.999,04	2.248,92	-	1.863,68	2.096,64	-	1.731,36	1.947,78	-	1.602,08	1.802,34	-	1.476,00	1.660,50	-	1.352,96	1.522,08	-	1.232,96	1.387
	IV	34.595	1.902,72	2.767,60	3.113,55	1.851,02	2.692,40	3.028,95	1.799,32	2.617,20	2.944,35	1.693,60	2.542,00	2.859,75	1.581,74	2.466,80	2.775,15	1.469,88	2.391,60	2.690,55	1.358,02	2.316,40	2.605
	V	40.769	2.242,29	3.261,52	3.669,21																		
	VI	41.300	2.271,50	3.304,00	3.717,00																		
120.923,99 (West)	I	34.517	1.898,43	2.761,36	3.106,53	1.795,03	2.610,96	2.937,33	1.572,46	2.460,56	2.768,13	1.348,74	2.310,16	2.598,93	1.125,02	2.159,76	2.429,73	901,30	2.009,36	2.260,53	677,58	1.858,96	2.091
	II	32.728	1.800,04	2.618,24	2.945,52	1.583,29	2.467,84	2.776,32	1.359,57	2.317,44	2.607,12	1.135,85	2.167,04	2.437,92	912,13	2.016,64	2.268,72	688,41	1.866,24	2.099,52	464,69	1.715,84	1.930
	III	24.916	-	1.993,28	2.242,44	-	1.858,08	2.090,34	-	1.725,76	1.941,48	-	1.596,80	1.796,40	-	1.470,72	1.654,56	-	1.347,84	1.516,32	-	1.228,00	1.381
	IV	34.517	1.898,43	2.761,36	3.106,53	1.846,73	2.686,16	3.021,93	1.795,03	2.610,96	2.937,33	1.684,32	2.535,76	2.852,73	1.572,46	2.460,56	2.768,13	1.460,60	2.385,36	2.683,53	1.348,74	2.310,16	2.598
	V	40.690	2.237,95	3.255,20	3.662,10																		
	VI	41.222	2.267,21	3.297,76	3.709,98																		
120.923,99 (Ost)	I	34.610	1.903,55	2.768,80	3.114,90	1.800,15	2.618,40	2.945,70	1.583,65	2.468,08	2.776,59	1.359,93	2.317,68	2.607,39	1.136,21	2.167,28	2.438,19	912,49	2.016,88	2.268,99	688,77	1.866,48	2.099
	II	32.821	1.805,15	2.625,68	2.953,89	1.594,36	2.475,28	2.784,69	1.370,64	2.324,88	2.615,49	1.146,92	2.174,48	2.446,29	923,20	2.024,08	2.277,09	699,60	1.873,76	2.107,98	475,88	1.723,36	1.938
	III	25.002	-	2.000,16	2.250,18	-	1.864,80	2.097,90	-	1.732,32	1.948,86	-	1.603,20	1.803,60	-	1.476,96	1.661,58	-	1.353,92	1.523,16	-	1.233,92	1.388
	IV	34.610	1.903,55	2.768,80	3.114,90	1.851,85	2.693,60	3.030,30	1.800,15	2.618,40	2.945,70	1.695,39	2.543,20	2.861,10	1.583,65	2.468,08	2.776,59	1.471,79	2.392,88	2.691,99	1.359,93	2.317,68	2.607
	V	40.784	2.243,12	3.262,72	3.670,56																		
	VI	41.315	2.272,32	3.305,20	3.718,35																		
120.959,99 (West)	I	34.532	1.899,26	2.762,56	3.107,88	1.795,86	2.612,16	2.938,68	1.574,25	2.461,76	2.769,48	1.350,53	2.311,36	2.600,28	1.126,81	2.160,96	2.431,08	903,09	2.010,56	2.261,88	679,37	1.860,16	2.092
	II	32.743	1.800,86	2.619,44	2.946,87	1.585,08	2.469,04	2.777,67	1.361,36	2.318,64	2.608,47	1.137,64	2.168,24	2.439,27	913,92	2.017,84	2.270,07	690,20	1.867,44	2.100,87	466,48	1.717,04	1.931
	III	24.930	-	1.994,40	2.243,70	-	1.859,04	2.091,42	-	1.726,88	1.942,74	-	1.597,76	1.797,48	-	1.471,68	1.655,64	-	1.348,80	1.517,40	-	1.228,96	1.382
	IV	34.532	1.899,26	2.762,56	3.107,88	1.847,56	2.687,36	3.023,28	1.795,86	2.612,16	2.938,68	1.686,11	2.536,96	2.854,08	1.574,25	2.461,76	2.769,48	1.462,39	2.386,56	2.684,88	1.350,53	2.311,36	2.600
	V	40.705	2.238,77	3.256,40	3.663,45																		
	VI	41.237	2.268,03	3.298,96	3.711,33																		
120.959,99 (Ost)	I	34.625	1.904,37	2.770,00	3.116,25	1.801,03	2.619,68	2.947,14	1.585,43	2.469,28	2.777,94	1.361,71	2.318,88	2.608,74	1.137,99	2.168,48	2.439,54	914,27	2.018,08	2.270,34	690,55	1.867,68	2.101
	II	32.836	1.805,98	2.626,88	2.955,24	1.596,14	2.476,48	2.786,04	1.372,42	2.326,08	2.616,84	1.148,82	2.175,76	2.447,73	925,10	2.025,36	2.278,53	701,38	1.874,96	2.109,33	477,66	1.724,56	1.940
	III	25.016	-	2.001,28	2.251,44	-	1.865,76	2.098,98	-	1.733,44	1.950,12	-	1.604,16	1.804,68	-	1.477,92	1.662,66	-	1.354,88	1.524,24	-	1.234,88	1.389
	IV	34.625	1.904,37	2.770,00	3.116,25	1.852,73	2.694,88	3.031,74	1.801,03	2.619,68	2.947,14	1.697,29	2.544,48	2.862,54	1.585,43	2.469,28	2.777,94	1.473,57	2.394,08	2.693,34	1.361,71	2.318,88	2.608
	V	40.799	2.243,94	3.263,92	3.671,91																		
	VI	41.331	2.273,20	3.306,48	3.719,79																		
120.995,99 (West)	I	34.547	1.900,08	2.763,76	3.109,23	1.796,68	2.613,36	2.940,03	1.576,03	2.462,96	2.770,83	1.352,31	2.312,56	2.601,63	1.128,59	2.162,16	2.432,43	904,87	2.011,76	2.263,23	681,15	1.861,36	2.094
	II	32.758	1.801,69	2.620,64	2.948,22	1.586,86	2.470,24	2.779,02	1.363,14	2.319,84	2.609,82	1.139,42	2.169,44	2.440,62	915,70	2.019,04	2.271,42	691,98	1.868,64	2.102,22	468,26	1.718,24	1.933
	III	24.944	-	1.995,52	2.244,96	-	1.860,16	2.092,68	-	1.728,00	1.944,00	-	1.598,72	1.798,56	-	1.472,80	1.656,90	-	1.349,76	1.518,48	-	1.229,92	1.383
	IV	34.547	1.900,08	2.763,76	3.109,23	1.848,38	2.688,56	3.024,63	1.796,68	2.613,36	2.940,03	1.687,89	2.538,16	2.855,43	1.576,03	2.462,96	2.770,83	1.464,17	2.387,76	2.686,23	1.352,31	2.312,56	2.601
	V	40.720	2.239,60	3.257,60	3.664,80																		
	VI	41.252	2.268,86	3.300,16	3.712,68																		
120.995,99 (Ost)	I	34.641	1.905,25	2.771,28	3.117,69	1.801,85	2.620,88	2.948,49	1.587,22	2.470,48	2.779,29	1.363,50	2.320,08	2.610,09	1.139,78	2.169,68	2.440,89	916,06	2.019,28	2.271,69	692,34	1.868,88	2.102
	II	32.851	1.806,80	2.628,08	2.956,59	1.597,93	2.477,68	2.787,39	1.374,33	2.327,36	2.618,28	1.150,61	2.176,96	2.449,08	926,89	2.026,56	2.279,88	703,17	1.876,16	2.110,68	479,45	1.725,76	1.941
	III	25.030	-	2.002,40	2.252,70	-	1.866,88	2.100,24	-	1.734,56	1.951,38	-	1.605,12	1.805,76	-	1.479,04	1.663,92	-	1.355,84	1.525,32	-	1.235,84	1.390
	IV	34.641	1.905,25	2.771,28	3.117,69	1.853,55	2.696,08	3.033,09	1.801,85	2.620,88	2.948,49	1.699,08	2.545,68	2.863,89	1.587,22	2.470,48	2.779,29	1.475,36	2.395,28	2.694,69	1.363,50	2.320,08	2.610
	V	40.814	2.244,77	3.265,12	3.673,26																		
	VI	41.346	2.274,03	3.307,68	3.721,14																		
121.031,99 (West)	I	34.562	1.900,91	2.764,96	3.110,58	1.797,51	2.614,56	2.941,38	1.577,82	2.464,16	2.772,18	1.354,10	2.313,76	2.602,98	1.130,38	2.163,36	2.433,78	906,66	2.012,96	2.264,58	683,06	1.862,64	2.095
	II	32.773	1.802,51	2.621,84	2.949,57	1.588,65	2.471,44	2.780,37	1.364,93	2.321,04	2.611,17	1.141,21	2.170,64	2.441,97	917,49	2.020,24	2.272,77	693,77	1.869,84	2.103,57	470,05	1.719,44	1.934
	III	24.958	-	1.996,64	2.246,22	-	1.861,28	2.093,94	-	1.728,96	1.945,08	-	1.599,84	1.799,82	-	1.473,76	1.657,98	-	1.350,72	1.519,56	-	1.230,88	1.384
	IV	34.562	1.900,91	2.764,96	3.110,58	1.849,21	2.689,76	3.025,98	1.797,51	2.614,56	2.941,38	1.689,68	2.539,36	2.856,78	1.577,82	2.464,16	2.772,18	1.465,96	2.388,96	2.687,58	1.354,10	2.313,76	2.602
	V	40.735	2.240,42	3.258,80	3.666,15																		
	VI	41.267	2.269,68	3.301,36	3.714,03																		
121.031,99 (Ost)	I	34.656	1.906,08	2.772,48	3.119,04	1.802,68	2.622,08	2.949,84	1.589,00	2.471,68	2.780,64	1.365,28	2.321,28	2.611,44	1.141,56	2.170,88	2.442,24	917,84	2.020,48	2.273,04	694,12	1.870,08	2.103
	II	32.867	1.807,68	2.629,36	2.958,03	1.599,83	2.478,96	2.788,83	1.376,11	2.328,56	2.619,63	1.152,39	2.178,16	2.450,43	928,67	2.027,76	2.281,23	704,95	1.877,36	2.112,03	481,23	1.726,96	1.942
	III	25.044	-	2.003,52	2.253,96	-	1.868,00	2.101,50	-	1.735,52	1.952,46	-	1.606,24	1.807,02	-	1.480,00	1.665,00	-	1.356,80	1.526,40	-	1.236,80	1.391
	IV	34.656	1.906,08	2.772,48	3.119,04	1.854,38	2.697,28	3.034,44	1.802,68	2.622,08	2.949,84	1.700,86	2.546,88	2.865,24	1.589,00	2.471,68	2.780,64	1.477,14	2.396,48	2.696,04	1.365,28	2.321,28	2.611
	V	40.829	2.245,59	3.266,32	3.674,61																		
	VI	41.361	2.274,85	3.308,88	3.722,49																		
121.067,99 (West)	I	34.577	1.901,73	2.766,16	3.111,93	1.798,33	2.615,76	2.942,73	1.579,60	2.465,36	2.773,53	1.355,88	2.314,96	2.604,33	1.132,28	2.164,64	2.435,22	908,56	2.014,24	2.266,02	684,84	1.863,84	2.096
	II	32.788	1.803,34	2.623,04	2.950,92	1.590,43	2.472,64	2.781,72	1.366,71	2.322,24	2.612,52	1.142,99	2.171,84	2.443,32	919,27	2.021,44	2.274,12	695,55	1.871,04	2.104,92	471,83	1.720,64	1.935
	III	24.972	-	1.997,76	2.247,48	-	1.862,40	2.095,20	-	1.730,08	1.946,34	-	1.600,80	1.800,90	-	1.474,72	1.659,06	-	1.351,68	1.520,64	-	1.231,84	1.385
	IV	34.577	1.901,73	2.766,16	3.111,93	1.850,03	2.690,96	3.027,33	1.798,33	2.615,76	2.942,73	1.691,46	2.540,56	2.858,13	1.579,60	2.465,36	2.773,53	1.467,74	2.390,16	2.688,93	1.355,88	2.314,96	2.604
	V	40.750	2.241,25	3.260,00	3.667,50																		
	VI	41.282	2.270,51	3.302,56	3.715,38																		
121.067,99 (Ost)	I	34.671	1.906,90	2.773,68	3.120,39	1.803,50	2.623,28	2.951,19	1.590,79	2.472,88	2.781,99	1.367,07	2.322,48	2.612,79	1.143,35	2.172,08	2.443,59	919,63	2.021,68	2.274,39	695,91	1.871,28	2.105
	II	32.882	1.808,51	2.630,56	2.959,38	1.601,62	2.480,16	2.790,18	1.377,90	2.329,76	2.620,98	1.154,18	2.179,36	2.451,78	930,46	2.028,96	2.282,58	706,74	1.878,56	2.113,38	483,02	1.728,16	1.944
	III	25.056	-	2.004,48	2.255,04	-	1.868,96	2.102,58	-	1.736,64	1.953,72	-	1.607,20	1.808,10	-	1.480,96	1.666,08	-	1.357,76	1.527,48	-	1.237,76	1.392
	IV	34.671	1.906,90	2.773,68	3.120,39	1.855,20	2.698,48	3.035,79	1.803,50	2.623,28	2.951,19	1.702,65	2.548,08	2.866,59	1.590,79	2.472,88	2.781,99	1.478,93	2.397,68	2.697,39	1.367,07	2.322,48	2.612
	V	40.844	2.246,42	3.267,52	3.675,96																		
	VI	41.376	2.275,68	3.310,08	3.723,84																		

SolZ/KiSt lt. Tabelle nicht für Sonstige Bezüge anwendbar.

Lohn/ Gehalt bis	Steuerklasse	Lohn-steuer	ohne Kinderfreibetrag SolZ 5,5%	Kirchensteuer 8%	Kirchensteuer 9%	0,5 SolZ 5,5%	0,5 Kirchensteuer 8%	0,5 Kirchensteuer 9%	1,0 SolZ 5,5%	1,0 Kirchensteuer 8%	1,0 Kirchensteuer 9%	1,5 SolZ 5,5%	1,5 Kirchensteuer 8%	1,5 Kirchensteuer 9%	2,0 SolZ 5,5%	2,0 Kirchensteuer 8%	2,0 Kirchensteuer 9%	2,5 SolZ 5,5%	2,5 Kirchensteuer 8%	2,5 Kirchensteuer 9%	3,0 SolZ 5,5%	3,0 Kirchensteuer 8%	3,0 Kirchensteuer 9%
						Anzahl Kinderfreibeträge (nur Steuerklassen I–IV)																	
1.103,99 (West)	I	34.592	1.902,56	2.767,36	3.113,28	1.799,16	2.616,96	2.944,08	1.581,39	2.466,56	2.774,88	1.357,79	2.316,24	2.605,77	1.134,07	2.165,84	2.436,57	910,35	2.015,44	2.267,37	686,63	1.865,04	2.098,17
	II	32.803	1.804,16	2.624,24	2.952,27	1.592,22	2.473,84	2.783,07	1.368,50	2.323,44	2.613,87	1.144,78	2.173,04	2.444,67	921,06	2.022,64	2.275,47	697,45	1.872,32	2.106,36	473,73	1.721,92	1.937,16
	III	24.986	-	1.998,88	2.248,74	-	1.863,36	2.096,28	-	1.731,04	1.947,42	-	1.601,92	1.802,16	-	1.475,68	1.660,14	-	1.352,64	1.521,72	-	1.232,80	1.386,90
	IV	34.592	1.902,56	2.767,36	3.113,28	1.850,86	2.692,16	3.028,68	1.799,16	2.616,96	2.944,08	1.693,25	2.541,76	2.859,48	1.581,39	2.466,56	2.774,88	1.469,65	2.391,44	2.690,37	1.357,79	2.316,24	2.605,77
	V	40.766	2.242,13	3.261,28	3.668,94																		
	VI	41.297	2.271,33	3.303,76	3.716,73																		
1.103,99 (Ost)	I	34.686	1.907,73	2.774,88	3.121,74	1.804,33	2.624,48	2.952,54	1.592,57	2.474,08	2.783,34	1.368,85	2.323,68	2.614,14	1.145,13	2.173,28	2.444,94	921,41	2.022,88	2.275,74	697,69	1.872,48	2.106,54
	II	32.897	1.809,33	2.631,76	2.960,73	1.603,40	2.481,36	2.791,53	1.379,68	2.330,96	2.622,33	1.155,96	2.180,56	2.453,13	932,24	2.030,16	2.283,93	708,52	1.879,76	2.114,73	484,80	1.729,36	1.945,53
	III	25.070	-	2.005,60	2.256,30	-	1.870,08	2.103,84	-	1.737,60	1.954,80	-	1.608,32	1.809,36	-	1.481,92	1.667,16	-	1.358,72	1.528,56	-	1.238,72	1.393,56
	IV	34.686	1.907,73	2.774,88	3.121,74	1.856,03	2.699,68	3.037,14	1.804,33	2.624,48	2.952,54	1.704,43	2.549,28	2.867,94	1.592,57	2.474,08	2.783,34	1.480,71	2.398,88	2.698,74	1.368,85	2.323,68	2.614,14
	V	40.859	2.247,24	3.268,72	3.677,31																		
	VI	41.391	2.276,50	3.311,28	3.725,19																		
1.139,99 (West)	I	34.607	1.903,38	2.768,56	3.114,63	1.800,04	2.618,24	2.945,52	1.583,29	2.467,84	2.776,32	1.359,57	2.317,44	2.607,12	1.135,85	2.167,04	2.437,92	912,13	2.016,64	2.268,72	688,41	1.866,24	2.099,52
	II	32.818	1.804,99	2.625,44	2.953,62	1.594,00	2.475,04	2.784,42	1.370,28	2.324,64	2.615,22	1.146,56	2.174,24	2.446,02	922,96	2.023,92	2.276,91	699,24	1.873,52	2.107,71	475,52	1.723,12	1.938,51
	III	24.998	-	1.999,84	2.249,82	-	1.864,48	2.097,54	-	1.732,16	1.948,68	-	1.602,88	1.803,24	-	1.476,80	1.661,40	-	1.353,60	1.522,80	-	1.233,60	1.387,80
	IV	34.607	1.903,38	2.768,56	3.114,63	1.851,68	2.693,36	3.030,03	1.800,04	2.618,24	2.945,52	1.695,15	2.543,04	2.860,92	1.583,29	2.467,84	2.776,32	1.471,43	2.392,64	2.691,72	1.359,57	2.317,44	2.607,12
	V	40.781	2.242,95	3.262,48	3.670,29																		
	VI	41.312	2.272,16	3.304,96	3.718,08																		
1.139,99 (Ost)	I	34.701	1.908,55	2.776,08	3.123,09	1.805,15	2.625,68	2.953,89	1.594,36	2.475,28	2.784,69	1.370,64	2.324,88	2.615,49	1.146,92	2.174,48	2.446,29	923,20	2.024,08	2.277,09	699,60	1.873,76	2.107,98
	II	32.912	1.810,16	2.632,96	2.962,08	1.605,19	2.482,56	2.792,88	1.381,47	2.332,16	2.623,68	1.157,75	2.181,76	2.454,48	934,03	2.031,36	2.285,28	710,31	1.880,96	2.116,08	486,59	1.730,56	1.946,88
	III	25.084	-	2.006,72	2.257,56	-	1.871,20	2.105,10	-	1.738,72	1.956,06	-	1.609,28	1.810,44	-	1.483,04	1.668,42	-	1.359,68	1.529,64	-	1.239,68	1.394,64
	IV	34.701	1.908,55	2.776,08	3.123,09	1.856,85	2.700,88	3.038,49	1.805,15	2.625,68	2.953,89	1.706,22	2.550,48	2.869,29	1.594,36	2.475,28	2.784,69	1.482,50	2.400,08	2.700,09	1.370,64	2.324,88	2.615,49
	V	40.874	2.248,07	3.269,92	3.678,66																		
	VI	41.406	2.277,33	3.312,48	3.726,54																		
1.175,99 (West)	I	34.623	1.904,26	2.769,84	3.116,07	1.800,86	2.619,44	2.946,87	1.585,08	2.469,04	2.777,67	1.361,36	2.318,64	2.608,47	1.137,64	2.168,24	2.439,27	913,92	2.017,84	2.270,07	690,20	1.867,44	2.100,87
	II	32.833	1.805,81	2.626,64	2.954,97	1.595,79	2.476,24	2.785,77	1.372,18	2.325,92	2.616,66	1.148,46	2.175,52	2.447,46	924,74	2.025,12	2.278,26	701,02	1.874,72	2.109,06	477,30	1.724,32	1.939,86
	III	25.012	-	2.000,96	2.251,08	-	1.865,60	2.098,80	-	1.733,12	1.949,76	-	1.604,00	1.804,50	-	1.477,76	1.662,48	-	1.354,72	1.524,06	-	1.234,56	1.388,88
	IV	34.623	1.904,26	2.769,84	3.116,07	1.852,56	2.694,64	3.031,47	1.800,86	2.619,44	2.946,87	1.696,94	2.544,24	2.862,27	1.585,08	2.469,04	2.777,67	1.473,22	2.393,84	2.693,07	1.361,36	2.318,64	2.608,47
	V	40.796	2.243,78	3.263,68	3.671,64																		
	VI	41.328	2.273,04	3.306,24	3.719,52																		
1.175,99 (Ost)	I	34.716	1.909,38	2.777,28	3.124,44	1.805,98	2.626,88	2.955,24	1.596,14	2.476,48	2.786,04	1.372,42	2.326,08	2.616,84	1.148,82	2.175,76	2.447,73	925,10	2.025,36	2.278,53	701,38	1.874,96	2.109,33
	II	32.927	1.810,98	2.634,16	2.963,43	1.606,97	2.483,76	2.794,23	1.383,25	2.333,36	2.625,03	1.159,53	2.182,96	2.455,83	935,81	2.032,56	2.286,63	712,09	1.882,16	2.117,43	488,37	1.731,76	1.948,23
	III	25.098	-	2.007,84	2.258,82	-	1.872,32	2.106,36	-	1.739,68	1.957,14	-	1.610,40	1.811,70	-	1.484,00	1.669,50	-	1.360,80	1.530,90	-	1.240,64	1.395,72
	IV	34.716	1.909,38	2.777,28	3.124,44	1.857,68	2.702,08	3.039,84	1.805,98	2.626,88	2.955,24	1.708,00	2.551,68	2.870,64	1.596,14	2.476,48	2.786,04	1.484,28	2.401,28	2.701,44	1.372,42	2.326,08	2.616,84
	V	40.890	2.248,95	3.271,20	3.680,10																		
	VI	41.421	2.278,15	3.313,68	3.727,89																		
1.211,99 (West)	I	34.638	1.905,09	2.771,04	3.117,42	1.801,69	2.620,64	2.948,22	1.586,86	2.470,24	2.779,02	1.363,14	2.319,84	2.609,82	1.139,42	2.169,44	2.440,62	915,70	2.019,04	2.271,42	691,98	1.868,64	2.102,22
	II	32.848	1.806,64	2.627,84	2.956,32	1.597,69	2.477,52	2.787,21	1.373,97	2.327,12	2.618,01	1.150,25	2.176,72	2.448,81	926,53	2.026,32	2.279,61	702,81	1.875,92	2.110,41	479,09	1.725,52	1.941,21
	III	25.026	-	2.002,08	2.252,34	-	1.866,56	2.099,88	-	1.734,24	1.951,02	-	1.604,96	1.805,58	-	1.478,72	1.663,56	-	1.355,68	1.525,14	-	1.235,52	1.389,96
	IV	34.638	1.905,09	2.771,04	3.117,42	1.853,39	2.695,84	3.032,82	1.801,69	2.620,64	2.948,22	1.698,72	2.545,44	2.863,62	1.586,86	2.470,24	2.779,02	1.475,00	2.395,04	2.694,42	1.363,14	2.319,84	2.609,82
	V	40.811	2.244,60	3.264,88	3.672,99																		
	VI	41.343	2.273,86	3.307,44	3.720,87																		
21.211,99 (Ost)	I	34.731	1.910,20	2.778,48	3.125,79	1.806,80	2.628,08	2.956,59	1.597,93	2.477,68	2.787,39	1.374,33	2.327,36	2.618,28	1.150,61	2.176,96	2.449,08	926,89	2.026,56	2.279,88	703,17	1.876,16	2.110,68
	II	32.942	1.811,81	2.635,36	2.964,78	1.608,76	2.484,96	2.795,58	1.385,04	2.334,56	2.626,38	1.161,32	2.184,16	2.457,18	937,60	2.033,76	2.287,98	714,00	1.883,44	2.118,87	490,28	1.733,04	1.949,67
	III	25.112	-	2.008,96	2.260,08	-	1.873,28	2.107,44	-	1.740,80	1.958,40	-	1.611,36	1.812,78	-	1.484,96	1.670,58	-	1.361,76	1.531,98	-	1.241,44	1.396,62
	IV	34.731	1.910,20	2.778,48	3.125,79	1.858,50	2.703,28	3.041,19	1.806,80	2.628,08	2.956,59	1.709,79	2.552,88	2.871,99	1.597,93	2.477,68	2.787,39	1.486,19	2.402,56	2.702,88	1.374,33	2.327,36	2.618,28
	V	40.905	2.249,77	3.272,40	3.681,45																		
	VI	41.436	2.278,98	3.314,88	3.729,24																		
1.247,99 (West)	I	34.653	1.905,91	2.772,24	3.118,77	1.802,51	2.621,84	2.949,57	1.588,65	2.471,44	2.780,37	1.364,93	2.321,04	2.611,17	1.141,21	2.170,64	2.441,97	917,49	2.020,24	2.272,77	693,77	1.869,84	2.103,57
	II	32.864	1.807,52	2.629,12	2.957,76	1.599,47	2.478,72	2.788,56	1.375,75	2.328,32	2.619,36	1.152,03	2.177,92	2.450,16	928,31	2.027,52	2.280,96	704,59	1.877,12	2.111,76	480,87	1.726,72	1.942,56
	III	25.040	-	2.003,20	2.253,60	-	1.867,68	2.101,14	-	1.735,36	1.952,28	-	1.605,92	1.806,66	-	1.479,68	1.664,64	-	1.356,64	1.526,22	-	1.236,48	1.391,04
	IV	34.653	1.905,91	2.772,24	3.118,77	1.854,21	2.697,04	3.034,17	1.802,51	2.621,84	2.949,57	1.700,51	2.546,64	2.864,97	1.588,65	2.471,44	2.780,37	1.476,79	2.396,24	2.695,77	1.364,93	2.321,04	2.611,17
	V	40.826	2.245,43	3.266,08	3.674,34																		
	VI	41.358	2.274,69	3.308,64	3.722,22																		
21.247,99 (Ost)	I	34.746	1.911,03	2.779,68	3.127,14	1.807,68	2.629,36	2.958,03	1.599,83	2.478,96	2.788,83	1.376,11	2.328,56	2.619,63	1.152,39	2.178,16	2.450,43	928,67	2.027,76	2.281,23	704,95	1.877,36	2.112,03
	II	32.957	1.812,63	2.636,56	2.966,13	1.610,54	2.486,16	2.796,93	1.386,82	2.335,76	2.627,73	1.163,10	2.185,36	2.458,53	939,50	2.035,04	2.289,42	715,78	1.884,64	2.120,22	492,06	1.734,24	1.951,02
	III	25.126	-	2.010,08	2.261,34	-	1.874,40	2.108,70	-	1.741,92	1.959,66	-	1.612,32	1.813,86	-	1.485,92	1.671,66	-	1.362,72	1.533,06	-	1.242,40	1.397,70
	IV	34.746	1.911,03	2.779,68	3.127,14	1.859,33	2.704,48	3.042,54	1.807,68	2.629,36	2.958,03	1.711,69	2.554,16	2.873,43	1.599,83	2.478,96	2.788,83	1.487,97	2.403,76	2.704,23	1.376,11	2.328,56	2.619,63
	V	40.920	2.250,60	3.273,60	3.682,80																		
	VI	41.451	2.279,80	3.316,08	3.730,59																		
21.283,99 (West)	I	34.668	1.906,74	2.773,44	3.120,12	1.803,34	2.623,04	2.950,92	1.590,43	2.472,64	2.781,72	1.366,71	2.322,24	2.612,52	1.142,99	2.171,84	2.443,32	919,27	2.021,44	2.274,12	695,55	1.871,04	2.104,92
	II	32.879	1.808,34	2.630,32	2.959,11	1.601,26	2.479,92	2.789,91	1.377,54	2.329,52	2.620,71	1.153,82	2.179,12	2.451,51	930,10	2.028,72	2.282,31	706,38	1.878,32	2.113,11	482,66	1.727,92	1.943,91
	III	25.054	-	2.004,32	2.254,86	-	1.868,80	2.102,40	-	1.736,32	1.953,36	-	1.607,04	1.807,92	-	1.480,80	1.665,90	-	1.357,60	1.527,30	-	1.237,44	1.392,12
	IV	34.668	1.906,74	2.773,44	3.120,12	1.855,04	2.698,24	3.035,52	1.803,34	2.623,04	2.950,92	1.702,29	2.547,84	2.866,32	1.590,43	2.472,64	2.781,72	1.478,57	2.397,44	2.697,12	1.366,71	2.322,24	2.612,52
	V	40.841	2.246,25	3.267,28	3.675,69																		
	VI	41.373	2.275,51	3.309,84	3.723,57																		
21.283,99 (Ost)	I	34.762	1.911,91	2.780,96	3.128,58	1.808,51	2.630,56	2.959,38	1.601,62	2.480,16	2.790,18	1.377,90	2.329,76	2.620,98	1.154,18	2.179,36	2.451,78	930,46	2.028,96	2.282,58	706,74	1.878,56	2.113,38
	II	32.972	1.813,46	2.637,76	2.967,48	1.612,33	2.487,36	2.798,28	1.388,73	2.337,04	2.629,17	1.165,01	2.186,64	2.459,97	941,29	2.036,24	2.290,77	717,57	1.885,84	2.121,57	493,85	1.735,44	1.952,37
	III	25.140	-	2.011,20	2.262,60	-	1.875,52	2.109,96	-	1.742,88	1.960,74	-	1.613,44	1.815,12	-	1.487,04	1.672,92	-	1.363,68	1.534,14	-	1.243,36	1.398,78
	IV	34.762	1.911,91	2.780,96	3.128,58	1.860,21	2.705,76	3.043,98	1.808,51	2.630,56	2.959,38	1.713,48	2.555,36	2.874,78	1.601,62	2.480,16	2.790,18	1.489,76	2.404,96	2.705,58	1.377,90	2.329,76	2.620,98
	V	40.935	2.251,42	3.274,80	3.684,15																		
	VI	41.467	2.280,68	3.317,36	3.732,03																		
21.319,99 (West)	I	34.683	1.907,56	2.774,64	3.121,47	1.804,16	2.624,24	2.952,27	1.592,22	2.473,84	2.783,07	1.368,50	2.323,44	2.613,87	1.144,78	2.173,04	2.444,67	921,06	2.022,64	2.275,47	697,45	1.872,32	2.106,36
	II	32.894	1.809,17	2.631,52	2.960,46	1.603,04	2.481,12	2.791,26	1.379,32	2.330,72	2.622,06	1.155,60	2.180,32	2.452,86	931,88	2.029,92	2.283,66	708,16	1.879,52	2.114,46	484,44	1.729,12	1.945,26
	III	25.068	-	2.005,44	2.256,12	-	1.869,92	2.103,66	-	1.737,44	1.954,62	-	1.608,00	1.809,00	-	1.481,76	1.666,98	-	1.358,56	1.528,38	-	1.238,40	1.393,20
	IV	34.683	1.907,56	2.774,64	3.121,47	1.855,86	2.699,44	3.036,87	1.804,16	2.624,24	2.952,27	1.704,08	2.549,04	2.867,67	1.592,22	2.473,84	2.783,07	1.480,36	2.398,64	2.698,47	1.368,50	2.323,44	2.613,87
	V	40.856	2.247,08	3.268,48	3.677,04																		
	VI	41.388	2.276,34	3.311,04	3.724,92																		
21.319,99 (Ost)	I	34.777	1.912,73	2.782,16	3.129,93	1.809,33	2.631,76	2.960,73	1.603,40	2.481,36	2.791,53	1.379,68	2.330,96	2.622,33	1.155,96	2.180,56	2.453,13	932,24	2.030,16	2.283,93	708,52	1.879,76	2.114,73
	II	32.987	1.814,28	2.638,96	2.968,83	1.614,23	2.488,64	2.799,72	1.390,51	2.338,24	2.630,52	1.166,79	2.187,84	2.461,32	943,07	2.037,44	2.292,12	719,35	1.887,04	2.122,92	495,63	1.736,64	1.953,72
	III	25.154	-	2.012,32	2.263,86	-	1.876,64	2.111,22	-	1.744,00	1.962,00	-	1.614,40	1.816,20	-	1.488,00	1.674,00	-	1.364,64	1.535,22	-	1.244,32	1.399,86
	IV	34.777	1.912,73	2.782,16	3.129,93	1.861,03	2.706,96	3.045,33	1.809,33	2.631,76	2.960,73	1.715,26	2.556,56	2.876,13	1.603,40	2.481,36	2.791,53	1.491,54	2.406,16	2.706,93	1.379,68	2.330,96	2.622,33
	V	40.950	2.252,25	3.276,00	3.685,50																		
	VI	41.482	2.281,51	3.318,56	3.733,38																		

SolZ/KiSt lt. Tabelle nicht für Sonstige Bezüge anwendbar.

JAHR bis 121.571,99 €

Allgemeine Tabelle

Lohn/ Gehalt bis	Steuerklasse	Lohnsteuer	ohne Kinderfreibetrag SolZ 5,5%	Kirchensteuer 8%	9%	0,5 SolZ 5,5%	Kirchensteuer 8%	9%	1,0 SolZ 5,5%	Kirchensteuer 8%	9%	1,5 SolZ 5,5%	Kirchensteuer 8%	9%	2,0 SolZ 5,5%	Kirchensteuer 8%	9%	2,5 SolZ 5,5%	Kirchensteuer 8%	9%	3,0 SolZ 5,5%	Kirchensteu 8%	9%
						Anzahl Kinderfreibeträge (nur Steuerklassen I–IV)																	
121.355,99 (West)	I	34.698	1.908,39	2.775,84	3.122,82	1.804,99	2.625,44	2.953,62	1.594,00	2.475,04	2.784,42	1.370,28	2.324,64	2.615,22	1.146,56	2.174,24	2.446,02	922,96	2.023,92	2.276,91	699,24	1.873,52	2.107
	II	32.909	1.809,99	2.632,72	2.961,81	1.604,83	2.482,32	2.792,61	1.381,11	2.331,92	2.623,41	1.157,39	2.181,52	2.454,21	933,67	2.031,12	2.285,01	709,95	1.880,72	2.115,81	486,23	1.730,32	1.946
	III	25.082	-	2.006,56	2.257,38	-	1.870,88	2.104,74	-	1.738,40	1.955,70	-	1.609,12	1.810,26	-	1.482,72	1.668,06	-	1.359,52	1.529,46	-	1.239,36	1.394
	IV	34.698	1.908,39	2.775,84	3.122,82	1.856,69	2.700,64	3.038,22	1.804,99	2.625,44	2.953,62	1.705,86	2.550,24	2.869,02	1.594,00	2.475,04	2.784,42	1.482,14	2.399,84	2.699,82	1.370,28	2.324,64	2.615
	V	40.871	2.247,90	3.269,68	3.678,39																		
	VI	41.403	2.277,16	3.312,24	3.726,27																		
121.355,99 (Ost)	I	34.792	1.913,56	2.783,36	3.131,28	1.810,16	2.632,96	2.962,08	1.605,19	2.482,56	2.792,88	1.381,47	2.332,16	2.623,68	1.157,75	2.181,76	2.454,48	934,03	2.031,36	2.285,28	710,31	1.880,96	2.116
	II	33.003	1.815,16	2.640,24	2.970,27	1.616,02	2.489,84	2.801,07	1.392,30	2.339,44	2.631,87	1.168,58	2.189,04	2.462,67	944,86	2.038,64	2.293,47	721,14	1.888,24	2.124,27	497,42	1.737,84	1.955
	III	25.168	-	2.013,44	2.265,12	-	1.877,60	2.112,30	-	1.744,96	1.963,08	-	1.615,52	1.817,46	-	1.488,96	1.675,08	-	1.365,60	1.536,30	-	1.245,28	1.400
	IV	34.792	1.913,56	2.783,36	3.131,28	1.861,86	2.708,16	3.046,68	1.810,16	2.632,96	2.962,08	1.717,05	2.557,76	2.877,48	1.605,19	2.482,56	2.792,88	1.493,33	2.407,36	2.708,28	1.381,47	2.332,16	2.623
	V	40.965	2.253,07	3.277,20	3.686,85																		
	VI	41.497	2.282,33	3.319,76	3.734,73																		
121.391,99 (West)	I	34.713	1.909,21	2.777,04	3.124,17	1.805,81	2.626,64	2.954,97	1.595,79	2.476,24	2.785,77	1.372,18	2.325,92	2.616,66	1.148,46	2.175,52	2.447,46	924,74	2.025,12	2.278,26	701,02	1.874,72	2.109
	II	32.924	1.810,82	2.633,92	2.963,16	1.606,61	2.483,52	2.793,96	1.382,89	2.333,12	2.624,76	1.159,17	2.182,72	2.455,56	935,45	2.032,32	2.286,36	711,73	1.881,92	2.117,16	488,13	1.731,60	1.948
	III	25.096	-	2.007,68	2.258,64	-	1.872,00	2.106,00	-	1.739,52	1.956,96	-	1.610,08	1.811,34	-	1.483,68	1.669,14	-	1.360,48	1.530,54	-	1.240,32	1.395
	IV	34.713	1.909,21	2.777,04	3.124,17	1.857,51	2.701,84	3.039,57	1.805,81	2.626,64	2.954,97	1.707,65	2.551,44	2.870,37	1.595,79	2.476,24	2.785,77	1.483,93	2.401,04	2.701,17	1.372,18	2.325,92	2.616
	V	40.887	2.248,78	3.270,96	3.679,83																		
	VI	41.418	2.277,99	3.313,44	3.727,62																		
121.391,99 (Ost)	I	34.807	1.914,38	2.784,56	3.132,63	1.810,98	2.634,16	2.963,43	1.606,97	2.483,76	2.794,23	1.383,25	2.333,36	2.625,03	1.159,53	2.182,96	2.455,83	935,81	2.032,56	2.286,63	712,09	1.882,16	2.117
	II	33.018	1.815,99	2.641,44	2.971,62	1.617,80	2.491,04	2.802,42	1.394,08	2.340,64	2.633,22	1.170,36	2.190,24	2.464,02	946,64	2.039,84	2.294,82	722,92	1.889,44	2.125,62	499,20	1.739,04	1.956
	III	25.182	-	2.014,56	2.266,38	-	1.878,72	2.113,56	-	1.746,08	1.964,34	-	1.616,48	1.818,54	-	1.490,08	1.676,34	-	1.366,56	1.537,38	-	1.246,24	1.402
	IV	34.807	1.914,38	2.784,56	3.132,63	1.862,68	2.709,36	3.048,03	1.810,98	2.634,16	2.963,43	1.718,83	2.558,96	2.878,83	1.606,97	2.483,76	2.794,23	1.495,11	2.408,56	2.709,63	1.383,25	2.333,36	2.625
	V	40.980	2.253,90	3.278,40	3.688,20																		
	VI	41.512	2.283,16	3.320,96	3.736,08																		
121.427,99 (West)	I	34.728	1.910,04	2.778,24	3.125,52	1.806,64	2.627,84	2.956,32	1.597,69	2.477,52	2.787,21	1.373,97	2.327,12	2.618,01	1.150,25	2.176,72	2.448,81	926,53	2.026,32	2.279,61	702,81	1.875,92	2.110
	II	32.939	1.811,64	2.635,12	2.964,51	1.608,40	2.484,72	2.795,31	1.384,68	2.334,32	2.626,11	1.160,96	2.183,92	2.456,91	937,36	2.033,60	2.287,80	713,64	1.883,20	2.118,60	489,92	1.732,80	1.949,
	III	25.110	-	2.008,80	2.259,90	-	1.873,12	2.107,26	-	1.740,64	1.958,22	-	1.611,20	1.812,60	-	1.484,80	1.670,40	-	1.361,44	1.531,62	-	1.241,28	1.396
	IV	34.728	1.910,04	2.778,24	3.125,52	1.858,34	2.703,04	3.040,92	1.806,64	2.627,84	2.956,32	1.709,55	2.552,72	2.871,81	1.597,69	2.477,52	2.787,21	1.485,83	2.402,32	2.702,61	1.373,97	2.327,12	2.618,
	V	40.902	2.249,61	3.272,16	3.681,18																		
	VI	41.433	2.278,81	3.314,64	3.728,97																		
121.427,99 (Ost)	I	34.822	1.915,21	2.785,76	3.133,98	1.811,81	2.635,36	2.964,78	1.608,76	2.484,96	2.795,58	1.385,04	2.334,56	2.626,38	1.161,32	2.184,16	2.457,18	937,60	2.033,76	2.287,98	714,00	1.883,44	2.118
	II	33.033	1.816,81	2.642,64	2.972,97	1.619,59	2.492,24	2.803,77	1.395,87	2.341,84	2.634,57	1.172,15	2.191,44	2.465,37	948,43	2.041,04	2.296,17	724,71	1.890,64	2.126,97	500,99	1.740,24	1.957
	III	25.194	-	2.015,52	2.267,46	-	1.879,84	2.114,82	-	1.747,20	1.965,60	-	1.617,60	1.819,80	-	1.491,04	1.677,42	-	1.367,52	1.538,46	-	1.247,20	1.403,
	IV	34.822	1.915,21	2.785,76	3.133,98	1.863,51	2.710,56	3.049,38	1.811,81	2.635,36	2.964,78	1.720,62	2.560,16	2.880,18	1.608,76	2.484,96	2.795,58	1.496,90	2.409,76	2.710,98	1.385,04	2.334,56	2.626,
	V	40.995	2.254,72	3.279,60	3.689,55																		
	VI	41.527	2.283,98	3.322,16	3.737,43																		
121.463,99 (West)	I	34.744	1.910,92	2.779,52	3.126,96	1.807,52	2.629,12	2.957,76	1.599,47	2.478,72	2.788,56	1.375,75	2.328,32	2.619,36	1.152,03	2.177,92	2.450,16	928,31	2.027,52	2.280,96	704,59	1.877,12	2.111,
	II	32.954	1.812,47	2.636,32	2.965,86	1.610,18	2.485,92	2.796,66	1.386,46	2.335,52	2.627,46	1.162,86	2.185,20	2.458,35	939,14	2.034,80	2.289,15	715,42	1.884,40	2.119,95	491,70	1.734,00	1.950,
	III	25.122	-	2.009,76	2.260,98	-	1.874,24	2.108,52	-	1.741,60	1.959,30	-	1.612,16	1.813,68	-	1.485,76	1.671,48	-	1.362,40	1.532,70	-	1.242,24	1.397,
	IV	34.744	1.910,92	2.779,52	3.126,96	1.859,22	2.704,32	3.042,36	1.807,52	2.629,12	2.957,76	1.711,33	2.553,92	2.873,16	1.599,47	2.478,72	2.788,56	1.487,61	2.403,52	2.703,96	1.375,75	2.328,32	2.619,
	V	40.917	2.250,43	3.273,36	3.682,53																		
	VI	41.449	2.279,69	3.315,92	3.730,41																		
121.463,99 (Ost)	I	34.837	1.916,03	2.786,96	3.135,33	1.812,63	2.636,56	2.966,13	1.610,54	2.486,16	2.796,93	1.386,82	2.335,76	2.627,73	1.163,10	2.185,36	2.458,53	939,50	2.035,04	2.289,42	715,78	1.884,64	2.120,
	II	33.048	1.817,64	2.643,84	2.974,32	1.621,37	2.493,44	2.805,12	1.397,65	2.343,04	2.635,92	1.173,93	2.192,64	2.466,72	950,21	2.042,24	2.297,52	726,49	1.891,84	2.128,32	502,77	1.741,44	1.959,
	III	25.208	-	2.016,64	2.268,72	-	1.880,96	2.116,08	-	1.748,16	1.966,68	-	1.618,56	1.820,88	-	1.492,00	1.678,50	-	1.368,64	1.539,72	-	1.248,16	1.404,
	IV	34.837	1.916,03	2.786,96	3.135,33	1.864,33	2.711,76	3.050,73	1.812,63	2.636,56	2.966,13	1.722,40	2.561,36	2.881,53	1.610,54	2.486,16	2.796,93	1.498,68	2.410,96	2.712,33	1.386,82	2.335,76	2.627
	V	41.010	2.255,55	3.280,80	3.690,90																		
	VI	41.542	2.284,81	3.323,36	3.738,78																		
121.499,99 (West)	I	34.759	1.911,74	2.780,72	3.128,31	1.808,34	2.630,32	2.959,11	1.601,26	2.479,92	2.789,91	1.377,54	2.329,52	2.620,71	1.153,82	2.179,12	2.451,51	930,10	2.028,72	2.282,31	706,38	1.878,32	2.113,
	II	32.969	1.813,29	2.637,52	2.967,21	1.612,09	2.487,20	2.798,10	1.388,37	2.336,80	2.628,90	1.164,65	2.186,40	2.459,70	940,93	2.036,00	2.290,50	717,21	1.885,60	2.121,30	493,49	1.735,20	1.952,
	III	25.136	-	2.010,88	2.262,24	-	1.875,20	2.109,60	-	1.742,72	1.960,56	-	1.613,12	1.814,76	-	1.486,72	1.672,56	-	1.363,52	1.533,96	-	1.243,20	1.398,
	IV	34.759	1.911,74	2.780,72	3.128,31	1.860,04	2.705,52	3.043,71	1.808,34	2.630,32	2.959,11	1.713,12	2.555,12	2.874,51	1.601,26	2.479,92	2.789,91	1.489,40	2.404,72	2.705,31	1.377,54	2.329,52	2.620,
	V	40.932	2.251,26	3.274,56	3.683,88																		
	VI	41.464	2.280,52	3.317,12	3.731,76																		
121.499,99 (Ost)	I	34.852	1.916,86	2.788,16	3.136,68	1.813,46	2.637,76	2.967,48	1.612,33	2.487,36	2.798,28	1.388,73	2.337,04	2.629,17	1.165,01	2.186,64	2.459,97	941,29	2.036,24	2.290,77	717,57	1.885,84	2.121,
	II	33.063	1.818,46	2.645,04	2.975,67	1.623,16	2.494,64	2.806,47	1.399,44	2.344,24	2.637,27	1.175,72	2.193,84	2.468,07	952,00	2.043,44	2.298,87	728,28	1.893,04	2.129,67	504,67	1.742,72	1.960,
	III	25.222	-	2.017,76	2.269,98	-	1.881,92	2.117,16	-	1.749,28	1.967,94	-	1.619,52	1.821,96	-	1.492,96	1.679,58	-	1.369,60	1.540,80	-	1.249,12	1.405,
	IV	34.852	1.916,86	2.788,16	3.136,68	1.865,16	2.712,96	3.052,08	1.813,46	2.637,76	2.967,48	1.724,19	2.562,56	2.882,88	1.612,33	2.487,36	2.798,28	1.500,47	2.412,16	2.713,68	1.388,73	2.337,04	2.629,
	V	41.026	2.256,43	3.282,08	3.692,34																		
	VI	41.557	2.285,63	3.324,56	3.740,13																		
121.535,99 (West)	I	34.774	1.912,57	2.781,92	3.129,66	1.809,17	2.631,52	2.960,46	1.603,04	2.481,12	2.791,26	1.379,32	2.330,72	2.622,06	1.155,60	2.180,32	2.452,86	931,88	2.029,92	2.283,66	708,16	1.879,52	2.114,
	II	32.985	1.814,17	2.638,80	2.968,65	1.613,87	2.488,40	2.799,45	1.390,15	2.338,00	2.630,25	1.166,43	2.187,60	2.461,05	942,71	2.037,20	2.291,85	718,99	1.886,80	2.122,65	495,27	1.736,40	1.953,
	III	25.150	-	2.012,00	2.263,50	-	1.876,32	2.110,86	-	1.743,68	1.961,64	-	1.614,24	1.816,02	-	1.487,84	1.673,82	-	1.364,48	1.535,04	-	1.244,16	1.399,
	IV	34.774	1.912,57	2.781,92	3.129,66	1.860,87	2.706,72	3.045,06	1.809,17	2.631,52	2.960,46	1.714,90	2.556,32	2.875,86	1.603,04	2.481,12	2.791,26	1.491,18	2.405,92	2.706,66	1.379,32	2.330,72	2.622,0
	V	40.947	2.252,08	3.275,76	3.685,23																		
	VI	41.479	2.281,34	3.318,32	3.733,11																		
121.535,99 (Ost)	I	34.867	1.917,68	2.789,36	3.138,03	1.814,28	2.638,96	2.968,83	1.614,23	2.488,64	2.799,72	1.390,51	2.338,24	2.630,52	1.166,79	2.187,84	2.461,32	943,07	2.037,44	2.292,12	719,35	1.887,04	2.122,
	II	33.078	1.819,29	2.646,24	2.977,02	1.624,94	2.495,84	2.807,82	1.401,22	2.345,44	2.638,62	1.177,50	2.195,04	2.469,42	953,90	2.044,72	2.300,31	730,18	1.894,32	2.131,11	506,46	1.743,92	1.961,
	III	25.236	-	2.018,88	2.271,24	-	1.883,04	2.118,42	-	1.750,24	1.969,02	-	1.620,64	1.823,22	-	1.494,08	1.680,84	-	1.370,56	1.541,88	-	1.250,08	1.406,
	IV	34.867	1.917,68	2.789,36	3.138,03	1.865,98	2.714,16	3.053,43	1.814,28	2.638,96	2.968,83	1.726,09	2.563,84	2.884,32	1.614,23	2.488,64	2.799,72	1.502,37	2.413,44	2.715,12	1.390,51	2.338,24	2.630,
	V	41.041	2.257,25	3.283,28	3.693,69																		
	VI	41.572	2.286,46	3.325,76	3.741,48																		
121.571,99 (West)	I	34.789	1.913,39	2.783,12	3.131,01	1.809,99	2.632,72	2.961,81	1.604,83	2.482,32	2.792,61	1.381,11	2.331,92	2.623,41	1.157,39	2.181,52	2.454,21	933,67	2.031,12	2.285,01	709,95	1.880,72	2.115,
	II	33.000	1.815,00	2.640,00	2.970,00	1.615,66	2.489,60	2.800,80	1.391,94	2.339,20	2.631,60	1.168,22	2.188,80	2.462,40	944,50	2.038,40	2.293,20	720,78	1.888,00	2.124,00	497,06	1.737,60	1.954,
	III	25.164	-	2.013,12	2.264,76	-	1.877,44	2.112,12	-	1.744,80	1.962,90	-	1.615,20	1.817,10	-	1.488,80	1.674,90	-	1.365,44	1.536,12	-	1.245,12	1.400,
	IV	34.789	1.913,39	2.783,12	3.131,01	1.861,69	2.707,92	3.046,41	1.809,99	2.632,72	2.961,81	1.716,69	2.557,52	2.877,21	1.604,83	2.482,32	2.792,61	1.492,97	2.407,12	2.708,01	1.381,11	2.331,92	2.623,
	V	40.962	2.252,91	3.276,96	3.686,58																		
	VI	41.494	2.282,17	3.319,52	3.734,46																		
121.571,99 (Ost)	I	34.883	1.918,56	2.790,64	3.139,47	1.815,16	2.640,24	2.970,27	1.616,02	2.489,84	2.801,07	1.392,30	2.339,44	2.631,87	1.168,58	2.189,04	2.462,67	944,86	2.038,64	2.293,47	721,14	1.888,24	2.124,
	II	33.093	1.820,11	2.647,44	2.978,37	1.626,73	2.497,04	2.809,17	1.403,01	2.346,64	2.639,97	1.179,40	2.196,32	2.470,86	955,68	2.045,92	2.301,66	731,96	1.895,52	2.132,46	508,24	1.745,12	1.963,
	III	25.250	-	2.020,00	2.272,50	-	1.884,16	2.119,68	-	1.751,36	1.970,28	-	1.621,60	1.824,30	-	1.495,04	1.681,92	-	1.371,52	1.542,96	-	1.251,04	1.407,
	IV	34.883	1.918,56	2.790,64	3.139,47	1.866,86	2.715,44	3.054,87	1.815,16	2.640,24	2.970,27	1.727,88	2.565,04	2.885,67	1.616,02	2.489,84	2.801,07	1.504,16	2.414,64	2.716,47	1.392,30	2.339,44	2.631,
	V	41.056	2.258,08	3.284,48	3.695,04																		
	VI	41.588	2.287,34	3.327,04	3.742,92																		

SolZ/KiSt lt. Tabelle nicht für Sonstige Bezüge anwendbar.

Lohn/ Gehalt bis	Steuerklasse	Lohn-steuer	ohne Kinderfreibetrag SolZ 5,5%	ohne Kinderfreibetrag Kirchensteuer 8%	ohne Kinderfreibetrag Kirchensteuer 9%	Anzahl Kinderfreibeträge (nur Steuerklassen I–IV) 0,5 SolZ 5,5%	0,5 Kirchensteuer 8%	0,5 Kirchensteuer 9%	1,0 SolZ 5,5%	1,0 Kirchensteuer 8%	1,0 Kirchensteuer 9%	1,5 SolZ 5,5%	1,5 Kirchensteuer 8%	1,5 Kirchensteuer 9%	2,0 SolZ 5,5%	2,0 Kirchensteuer 8%	2,0 Kirchensteuer 9%	2,5 SolZ 5,5%	2,5 Kirchensteuer 8%	2,5 Kirchensteuer 9%	3,0 SolZ 5,5%	3,0 Kirchensteuer 8%	3,0 Kirchensteuer 9%
1.607,99	I	34.804	1.914,22	2.784,32	3.132,36	1.810,82	2.633,92	2.963,16	1.606,61	2.483,52	2.793,96	1.382,89	2.333,12	2.624,76	1.159,17	2.182,72	2.455,56	935,45	2.032,32	2.286,36	711,73	1.881,92	2.117,16
(West)	II	33.015	1.815,82	2.641,20	2.971,35	1.617,44	2.490,80	2.802,15	1.393,72	2.340,40	2.632,95	1.170,00	2.190,00	2.463,75	946,28	2.039,60	2.294,55	722,56	1.889,20	2.125,35	498,84	1.738,80	1.956,15
	III	25.178	-	2.014,24	2.266,02	-	1.878,56	2.113,38	-	1.745,76	1.963,98	-	1.616,32	1.818,36	-	1.489,76	1.675,98	-	1.366,40	1.537,20	-	1.246,08	1.401,84
	IV	34.804	1.914,22	2.784,32	3.132,36	1.862,52	2.709,12	3.047,76	1.810,82	2.633,92	2.963,16	1.718,47	2.558,72	2.878,56	1.606,61	2.483,52	2.793,96	1.494,75	2.408,32	2.709,36	1.382,89	2.333,12	2.624,76
	V	40.977	2.253,73	3.278,16	3.687,93																		
	VI	41.509	2.282,99	3.320,72	3.735,81																		
1.607,99	I	34.898	1.919,39	2.791,84	3.140,82	1.815,99	2.641,44	2.971,62	1.617,80	2.491,04	2.802,42	1.394,08	2.340,64	2.633,22	1.170,36	2.190,24	2.464,02	946,64	2.039,84	2.294,82	722,92	1.889,44	2.125,62
(Ost)	II	33.108	1.820,94	2.648,64	2.979,72	1.628,63	2.498,32	2.810,61	1.404,91	2.347,92	2.641,41	1.181,19	2.197,52	2.472,21	957,47	2.047,12	2.303,01	733,75	1.896,72	2.133,81	510,03	1.746,32	1.964,61
	III	25.264	-	2.021,12	2.273,76	-	1.885,28	2.120,94	-	1.752,48	1.971,54	-	1.622,72	1.825,56	-	1.496,00	1.683,00	-	1.372,48	1.544,04	-	1.252,00	1.408,50
	IV	34.898	1.919,39	2.791,84	3.140,82	1.867,69	2.716,64	3.056,22	1.815,99	2.641,44	2.971,62	1.729,66	2.566,24	2.887,02	1.617,80	2.491,04	2.802,42	1.505,94	2.415,84	2.717,82	1.394,08	2.340,64	2.633,22
	V	41.071	2.258,90	3.285,68	3.696,39																		
	VI	41.603	2.288,16	3.328,24	3.744,27																		
1.643,99	I	34.819	1.915,04	2.785,52	3.133,71	1.811,64	2.635,12	2.964,51	1.608,40	2.484,72	2.795,31	1.384,68	2.334,32	2.626,11	1.160,96	2.183,92	2.456,91	937,36	2.033,60	2.287,80	713,64	1.883,20	2.118,60
(West)	II	33.030	1.816,65	2.642,40	2.972,70	1.619,23	2.492,00	2.803,50	1.395,51	2.341,60	2.634,30	1.171,79	2.191,20	2.465,10	948,07	2.040,80	2.295,90	724,35	1.890,40	2.126,70	500,63	1.740,00	1.957,50
	III	25.192	-	2.015,36	2.267,28	-	1.879,52	2.114,46	-	1.746,88	1.965,24	-	1.617,28	1.819,44	-	1.490,72	1.677,06	-	1.367,36	1.538,28	-	1.247,04	1.402,92
	IV	34.819	1.915,04	2.785,52	3.133,71	1.863,34	2.710,32	3.049,11	1.811,64	2.635,12	2.964,51	1.720,26	2.559,92	2.879,91	1.608,40	2.484,72	2.795,31	1.496,54	2.409,52	2.710,71	1.384,68	2.334,32	2.626,11
	V	40.992	2.254,56	3.279,36	3.689,28																		
	VI	41.524	2.283,82	3.321,92	3.737,16																		
1.643,99	I	34.913	1.920,21	2.793,04	3.142,17	1.816,81	2.642,64	2.972,97	1.619,59	2.492,24	2.803,77	1.395,87	2.341,84	2.634,57	1.172,15	2.191,44	2.465,37	948,43	2.041,04	2.296,17	724,71	1.890,64	2.126,97
(Ost)	II	33.124	1.821,82	2.649,92	2.981,16	1.630,41	2.499,52	2.811,96	1.406,69	2.349,12	2.642,76	1.182,97	2.198,72	2.473,56	959,25	2.048,32	2.304,36	735,53	1.897,92	2.135,16	511,81	1.747,52	1.965,96
	III	25.278	-	2.022,24	2.275,02	-	1.886,24	2.122,02	-	1.753,44	1.972,62	-	1.623,68	1.826,64	-	1.497,12	1.684,26	-	1.373,44	1.545,12	-	1.252,96	1.409,58
	IV	34.913	1.920,21	2.793,04	3.142,17	1.868,51	2.717,84	3.057,57	1.816,81	2.642,64	2.972,97	1.731,45	2.567,44	2.888,37	1.619,59	2.492,24	2.803,77	1.507,73	2.417,04	2.719,17	1.395,87	2.341,84	2.634,57
	V	41.086	2.259,73	3.286,88	3.697,74																		
	VI	41.618	2.288,99	3.329,44	3.745,62																		
1.679,99	I	34.834	1.915,87	2.786,72	3.135,06	1.812,47	2.636,32	2.965,86	1.610,18	2.485,92	2.796,66	1.386,46	2.335,52	2.627,46	1.162,86	2.185,20	2.458,35	939,14	2.034,80	2.289,15	715,42	1.884,40	2.119,95
(West)	II	33.045	1.817,47	2.643,60	2.974,05	1.621,01	2.493,20	2.804,85	1.397,29	2.342,80	2.635,65	1.173,57	2.192,40	2.466,45	949,85	2.042,00	2.297,25	726,13	1.891,60	2.128,05	502,53	1.741,28	1.958,94
	III	25.206	-	2.016,48	2.268,54	-	1.880,64	2.115,72	-	1.748,00	1.966,50	-	1.618,40	1.820,70	-	1.491,84	1.678,32	-	1.368,32	1.539,36	-	1.248,00	1.404,00
	IV	34.834	1.915,87	2.786,72	3.135,06	1.864,17	2.711,52	3.050,46	1.812,47	2.636,32	2.965,86	1.722,04	2.561,12	2.881,26	1.610,18	2.485,92	2.796,66	1.498,32	2.410,72	2.712,06	1.386,46	2.335,52	2.627,46
	V	41.008	2.255,44	3.280,64	3.690,72																		
	VI	41.539	2.284,64	3.323,12	3.738,51																		
1.679,99	I	34.928	1.921,04	2.794,24	3.143,52	1.817,64	2.643,84	2.974,32	1.621,37	2.493,44	2.805,12	1.397,65	2.343,04	2.635,92	1.173,93	2.192,64	2.466,72	950,21	2.042,24	2.297,52	726,49	1.891,84	2.128,32
(Ost)	II	33.139	1.822,64	2.651,12	2.982,51	1.632,20	2.500,72	2.813,31	1.408,48	2.350,32	2.644,11	1.184,76	2.199,92	2.474,91	961,04	2.049,52	2.305,71	737,32	1.899,12	2.136,51	513,60	1.748,72	1.967,31
	III	25.292	-	2.023,36	2.276,28	-	1.887,36	2.123,28	-	1.754,56	1.973,88	-	1.624,80	1.827,90	-	1.498,08	1.685,34	-	1.374,40	1.546,20	-	1.253,92	1.410,66
	IV	34.928	1.921,04	2.794,24	3.143,52	1.869,34	2.719,04	3.058,92	1.817,64	2.643,84	2.974,32	1.733,23	2.568,64	2.889,72	1.621,37	2.493,44	2.805,12	1.509,51	2.418,24	2.720,52	1.397,65	2.343,04	2.635,92
	V	41.101	2.260,55	3.288,08	3.699,09																		
	VI	41.633	2.289,81	3.330,64	3.746,97																		
1.715,99	I	34.849	1.916,69	2.787,92	3.136,41	1.813,29	2.637,52	2.967,21	1.612,09	2.487,20	2.798,10	1.388,37	2.336,80	2.628,90	1.164,65	2.186,40	2.459,70	940,93	2.036,00	2.290,50	717,21	1.885,60	2.121,30
(West)	II	33.060	1.818,30	2.644,80	2.975,40	1.622,80	2.494,40	2.806,20	1.399,08	2.344,00	2.637,00	1.175,36	2.193,60	2.467,80	951,64	2.043,20	2.298,60	728,04	1.892,88	2.129,49	504,32	1.742,48	1.960,29
	III	25.220	-	2.017,60	2.269,80	-	1.881,76	2.116,98	-	1.748,96	1.967,58	-	1.619,36	1.821,78	-	1.492,80	1.679,40	-	1.369,28	1.540,44	-	1.248,96	1.405,08
	IV	34.849	1.916,69	2.787,92	3.136,41	1.864,99	2.712,72	3.051,81	1.813,29	2.637,52	2.967,21	1.723,83	2.562,32	2.882,61	1.612,09	2.487,20	2.798,10	1.500,23	2.412,00	2.713,50	1.388,37	2.336,80	2.628,90
	V	41.023	2.256,26	3.281,84	3.692,07																		
	VI	41.554	2.285,47	3.324,32	3.739,86																		
1.715,99	I	34.943	1.921,86	2.795,44	3.144,87	1.818,46	2.645,04	2.975,67	1.623,16	2.494,64	2.806,47	1.399,44	2.344,24	2.637,27	1.175,72	2.193,84	2.468,07	952,00	2.043,44	2.298,87	728,28	1.893,04	2.129,67
(Ost)	II	33.154	1.823,47	2.652,32	2.983,86	1.633,98	2.501,92	2.814,66	1.410,26	2.351,52	2.645,46	1.186,54	2.201,12	2.476,26	962,82	2.050,72	2.307,06	739,10	1.900,32	2.137,86	515,38	1.749,92	1.968,66
	III	25.306	-	2.024,48	2.277,54	-	1.888,48	2.124,54	-	1.755,52	1.974,96	-	1.625,76	1.828,98	-	1.499,04	1.686,42	-	1.375,36	1.547,28	-	1.254,88	1.411,74
	IV	34.943	1.921,86	2.795,44	3.144,87	1.870,16	2.720,24	3.060,27	1.818,46	2.645,04	2.975,67	1.735,02	2.569,84	2.891,07	1.623,16	2.494,64	2.806,47	1.511,30	2.419,44	2.721,87	1.399,44	2.344,24	2.637,27
	V	41.116	2.261,38	3.289,28	3.700,44																		
	VI	41.648	2.290,64	3.331,84	3.748,32																		
1.751,99	I	34.864	1.917,52	2.789,12	3.137,76	1.814,17	2.638,80	2.968,65	1.613,87	2.488,40	2.799,45	1.390,15	2.338,00	2.630,25	1.166,43	2.187,60	2.461,05	942,71	2.037,20	2.291,85	718,99	1.886,80	2.122,65
(West)	II	33.075	1.819,12	2.646,00	2.976,75	1.624,58	2.495,60	2.807,55	1.400,86	2.345,20	2.638,35	1.177,26	2.194,88	2.469,24	953,54	2.044,48	2.300,04	729,82	1.894,08	2.130,84	506,10	1.743,68	1.961,64
	III	25.234	-	2.018,72	2.271,06	-	1.882,88	2.118,24	-	1.750,08	1.968,84	-	1.620,32	1.822,86	-	1.493,76	1.680,48	-	1.370,24	1.541,52	-	1.249,92	1.406,16
	IV	34.864	1.917,52	2.789,12	3.137,76	1.865,87	2.714,00	3.053,25	1.814,17	2.638,80	2.968,65	1.725,73	2.563,60	2.884,05	1.613,87	2.488,40	2.799,45	1.502,01	2.413,20	2.714,85	1.390,15	2.338,00	2.630,25
	V	41.038	2.257,09	3.283,04	3.693,42																		
	VI	41.569	2.286,29	3.325,52	3.741,21																		
1.751,99	I	34.958	1.922,69	2.796,64	3.146,22	1.819,29	2.646,24	2.977,02	1.624,94	2.495,84	2.807,82	1.401,22	2.345,44	2.638,62	1.177,50	2.195,04	2.469,42	953,90	2.044,72	2.300,31	730,18	1.894,32	2.131,11
(Ost)	II	33.169	1.824,29	2.653,52	2.985,21	1.635,77	2.503,12	2.816,01	1.412,05	2.352,72	2.646,81	1.188,33	2.202,32	2.477,61	964,61	2.051,92	2.308,41	740,89	1.901,52	2.139,21	517,17	1.751,12	1.970,01
	III	25.320	-	2.025,60	2.278,80	-	1.889,60	2.125,80	-	1.756,64	1.976,22	-	1.626,88	1.830,24	-	1.500,00	1.687,50	-	1.376,48	1.548,54	-	1.255,84	1.412,82
	IV	34.958	1.922,69	2.796,64	3.146,22	1.870,99	2.721,44	3.061,62	1.819,29	2.646,24	2.977,02	1.736,80	2.571,04	2.892,42	1.624,94	2.495,84	2.807,82	1.513,08	2.420,64	2.723,22	1.401,22	2.345,44	2.638,62
	V	41.131	2.262,20	3.290,48	3.701,79																		
	VI	41.663	2.291,46	3.333,04	3.749,67																		
1.787,99	I	34.880	1.918,40	2.790,40	3.139,20	1.815,00	2.640,00	2.970,00	1.615,66	2.489,60	2.800,80	1.391,94	2.339,20	2.631,60	1.168,22	2.188,80	2.462,40	944,50	2.038,40	2.293,20	720,78	1.888,00	2.124,00
(West)	II	33.090	1.819,95	2.647,20	2.978,10	1.626,37	2.496,80	2.808,90	1.402,77	2.346,48	2.639,79	1.179,05	2.196,08	2.470,59	955,33	2.045,68	2.301,39	731,61	1.895,28	2.132,19	507,89	1.744,88	1.962,99
	III	25.248	-	2.019,84	2.272,32	-	1.883,84	2.119,32	-	1.751,04	1.969,92	-	1.621,44	1.824,12	-	1.494,88	1.681,74	-	1.371,36	1.542,78	-	1.250,88	1.407,24
	IV	34.880	1.918,40	2.790,40	3.139,20	1.866,70	2.715,20	3.054,60	1.815,00	2.640,00	2.970,00	1.727,52	2.564,80	2.885,40	1.615,66	2.489,60	2.800,80	1.503,80	2.414,40	2.716,20	1.391,94	2.339,20	2.631,60
	V	41.053	2.257,91	3.284,24	3.694,77																		
	VI	41.585	2.287,17	3.326,80	3.742,65																		
1.787,99	I	34.973	1.923,51	2.797,84	3.147,57	1.820,11	2.647,44	2.978,37	1.626,73	2.497,04	2.809,17	1.403,01	2.346,64	2.639,97	1.179,40	2.196,32	2.470,86	955,68	2.045,92	2.301,66	731,96	1.895,52	2.132,46
(Ost)	II	33.184	1.825,12	2.654,72	2.986,56	1.637,55	2.504,32	2.817,36	1.413,83	2.353,92	2.648,16	1.190,11	2.203,52	2.478,96	966,39	2.053,12	2.309,76	742,67	1.902,72	2.140,56	519,07	1.752,40	1.971,45
	III	25.334	-	2.026,72	2.280,06	-	1.890,56	2.126,88	-	1.757,76	1.977,48	-	1.627,84	1.831,32	-	1.501,12	1.688,76	-	1.377,44	1.549,62	-	1.256,80	1.413,90
	IV	34.973	1.923,51	2.797,84	3.147,57	1.871,81	2.722,64	3.062,97	1.820,11	2.647,44	2.978,37	1.738,59	2.572,24	2.893,77	1.626,73	2.497,04	2.809,17	1.514,87	2.421,84	2.724,57	1.403,01	2.346,64	2.639,97
	V	41.147	2.263,08	3.291,76	3.703,23																		
	VI	41.678	2.292,29	3.334,24	3.751,02																		
1.823,99	I	34.895	1.919,22	2.791,60	3.140,55	1.815,82	2.641,20	2.971,35	1.617,44	2.490,80	2.802,15	1.393,72	2.340,40	2.632,95	1.170,00	2.190,00	2.463,75	946,28	2.039,60	2.294,55	722,56	1.889,20	2.125,35
(West)	II	33.106	1.820,83	2.648,48	2.979,54	1.628,27	2.498,08	2.810,34	1.404,55	2.347,68	2.641,14	1.180,83	2.197,28	2.471,94	957,11	2.046,88	2.302,74	733,39	1.896,48	2.133,54	509,67	1.746,08	1.964,34
	III	25.260	-	2.020,80	2.273,40	-	1.884,96	2.120,58	-	1.752,16	1.971,18	-	1.622,40	1.825,20	-	1.495,84	1.682,82	-	1.372,32	1.543,86	-	1.251,84	1.408,32
	IV	34.895	1.919,22	2.791,60	3.140,55	1.867,52	2.716,40	3.055,95	1.815,82	2.641,20	2.971,35	1.729,30	2.566,00	2.886,75	1.617,44	2.490,80	2.802,15	1.505,58	2.415,60	2.717,55	1.393,72	2.340,40	2.632,95
	V	41.068	2.258,74	3.285,44	3.696,12																		
	VI	41.600	2.288,00	3.328,00	3.744,00																		
1.823,99	I	34.988	1.924,34	2.799,04	3.148,92	1.820,94	2.648,64	2.979,72	1.628,63	2.498,32	2.810,61	1.404,91	2.347,92	2.641,41	1.181,19	2.197,52	2.472,21	957,47	2.047,12	2.303,01	733,75	1.896,72	2.133,81
(Ost)	II	33.199	1.825,94	2.655,92	2.987,91	1.639,34	2.505,52	2.818,71	1.415,62	2.355,12	2.649,51	1.191,90	2.204,72	2.480,31	968,18	2.054,32	2.311,11	744,58	1.904,00	2.142,00	520,86	1.753,60	1.972,80
	III	25.346	-	2.027,68	2.281,14	-	1.891,68	2.128,14	-	1.758,72	1.978,56	-	1.628,80	1.832,40	-	1.502,08	1.689,84	-	1.378,40	1.550,70	-	1.257,76	1.414,98
	IV	34.988	1.924,34	2.799,04	3.148,92	1.872,64	2.723,84	3.064,32	1.820,94	2.648,64	2.979,72	1.740,37	2.573,44	2.895,12	1.628,63	2.498,32	2.810,61	1.516,77	2.423,12	2.726,01	1.404,91	2.347,92	2.641,41
	V	41.162	2.263,91	3.292,96	3.704,58																		
	VI	41.693	2.293,11	3.335,44	3.752,37																		

SolZ/KiSt lt. Tabelle nicht für Sonstige Bezüge anwendbar.

JAHR bis 122.075,99 €

Allgemeine Tabelle

Lohn/ Gehalt bis	Steuerklasse	Lohnsteuer	ohne Kinderfreibetrag			Anzahl Kinderfreibeträge (nur Steuerklassen I–IV)																	
						0,5			1,0			1,5			2,0			2,5			3,0		
			SolZ 5,5%	Kirchensteuer 8%	Kirchensteuer 9%	SolZ 5,5%	Kirchensteuer 8%	Kirchensteuer 9%	SolZ 5,5%	Kirchensteuer 8%	Kirchensteuer 9%	SolZ 5,5%	Kirchensteuer 8%	Kirchensteuer 9%	SolZ 5,5%	Kirchensteuer 8%	Kirchensteuer 9%	SolZ 5,5%	Kirchensteuer 8%	Kirchensteuer 9%	SolZ 5,5%	Kirchensteuer 8%	Kirchensteuer 9
121.859,99 (West)	I	34.910	1.920,05	2.792,80	3.141,90	1.816,65	2.642,40	2.972,70	1.619,23	2.492,00	2.803,50	1.395,51	2.341,60	2.634,30	1.171,79	2.191,20	2.465,10	948,07	2.040,80	2.295,90	724,35	1.890,40	2.12
	II	33.121	1.821,65	2.649,68	2.980,89	1.630,06	2.499,28	2.811,69	1.406,34	2.348,88	2.642,49	1.182,62	2.198,48	2.473,29	958,90	2.048,08	2.304,09	735,18	1.897,68	2.134,89	511,46	1.747,28	1.96
	III	25.274	–	2.021,92	2.274,66	–	1.886,08	2.121,84	–	1.753,28	1.972,44	–	1.623,52	1.826,46	–	1.496,80	1.683,90	–	1.373,28	1.544,94	–	1.252,80	1.40
	IV	34.910	1.920,05	2.792,80	3.141,90	1.868,35	2.717,60	3.057,30	1.816,65	2.642,40	2.972,70	1.731,09	2.567,20	2.888,10	1.619,23	2.492,00	2.803,50	1.507,37	2.416,80	2.718,90	1.395,51	2.341,60	2.63
	V	41.083	2.259,56	3.286,64	3.697,47																		
	VI	41.615	2.288,82	3.329,20	3.745,35																		
121.859,99 (Ost)	I	35.003	1.925,16	2.800,24	3.150,27	1.821,82	2.649,92	2.981,16	1.630,41	2.499,52	2.811,96	1.406,69	2.349,12	2.642,76	1.182,97	2.198,72	2.473,56	959,25	2.048,32	2.304,36	735,53	1.897,92	2.13
	II	33.214	1.826,77	2.657,12	2.989,26	1.641,12	2.506,72	2.820,06	1.417,40	2.356,32	2.650,86	1.193,80	2.206,00	2.481,75	970,08	2.055,60	2.312,55	746,36	1.905,20	2.143,35	522,64	1.754,80	1.97
	III	25.360	–	2.028,80	2.282,40	–	1.892,80	2.129,40	–	1.759,84	1.979,82	–	1.629,92	1.833,66	–	1.503,04	1.690,92	–	1.379,36	1.551,78	–	1.258,72	1.41
	IV	35.003	1.925,16	2.800,24	3.150,27	1.873,52	2.725,12	3.065,76	1.821,82	2.649,92	2.981,16	1.742,27	2.574,72	2.896,56	1.630,41	2.499,52	2.811,96	1.518,55	2.424,32	2.727,36	1.406,69	2.349,12	2.64
	V	41.177	2.264,73	3.294,16	3.705,93																		
	VI	41.709	2.293,99	3.336,72	3.753,81																		
121.895,99 (West)	I	34.925	1.920,87	2.794,00	3.143,25	1.817,47	2.643,60	2.974,05	1.621,01	2.493,20	2.804,85	1.397,29	2.342,80	2.635,65	1.173,57	2.192,40	2.466,45	949,85	2.042,00	2.297,25	726,13	1.891,60	2.12
	II	33.136	1.822,48	2.650,88	2.982,24	1.631,84	2.500,48	2.813,04	1.408,12	2.350,08	2.643,84	1.184,40	2.199,68	2.474,64	960,68	2.049,28	2.305,44	736,96	1.898,88	2.136,24	513,24	1.748,48	1.96
	III	25.288	–	2.023,04	2.275,92	–	1.887,20	2.123,10	–	1.754,24	1.973,52	–	1.624,48	1.827,54	–	1.497,76	1.684,98	–	1.374,24	1.546,02	–	1.253,76	1.41
	IV	34.925	1.920,87	2.794,00	3.143,25	1.869,17	2.718,80	3.058,65	1.817,47	2.643,60	2.974,05	1.732,87	2.568,40	2.889,45	1.621,01	2.493,20	2.804,85	1.509,15	2.418,00	2.720,25	1.397,29	2.342,80	2.63
	V	41.098	2.260,39	3.287,84	3.698,82																		
	VI	41.630	2.289,65	3.330,40	3.746,70																		
121.895,99 (Ost)	I	35.019	1.926,04	2.801,52	3.151,71	1.822,64	2.651,12	2.982,51	1.632,20	2.500,72	2.813,31	1.408,48	2.350,32	2.644,11	1.184,76	2.199,92	2.474,91	961,04	2.049,52	2.305,71	737,32	1.899,12	2.13
	II	33.229	1.827,59	2.658,32	2.990,61	1.642,91	2.507,92	2.821,41	1.419,31	2.357,60	2.652,30	1.195,59	2.207,20	2.483,10	971,87	2.056,80	2.313,90	748,15	1.906,40	2.144,70	524,43	1.756,00	1.97
	III	25.374	–	2.029,92	2.283,66	–	1.893,92	2.130,66	–	1.760,80	1.980,90	–	1.630,88	1.834,74	–	1.504,16	1.692,18	–	1.380,32	1.552,86	–	1.259,68	1.41
	IV	35.019	1.926,04	2.801,52	3.151,71	1.874,34	2.726,32	3.067,11	1.822,64	2.651,12	2.982,51	1.744,06	2.575,92	2.897,91	1.632,20	2.500,72	2.813,31	1.520,34	2.425,52	2.728,71	1.408,48	2.350,32	2.64
	V	41.192	2.265,56	3.295,36	3.707,28																		
	VI	41.724	2.294,82	3.337,92	3.755,16																		
121.931,99 (West)	I	34.940	1.921,70	2.795,20	3.144,60	1.818,30	2.644,80	2.975,40	1.622,80	2.494,40	2.806,20	1.399,08	2.344,00	2.637,00	1.175,36	2.193,60	2.467,80	951,64	2.043,20	2.298,60	728,04	1.892,88	2.12
	II	33.151	1.823,30	2.652,08	2.983,59	1.633,63	2.501,68	2.814,39	1.409,91	2.351,28	2.645,19	1.186,19	2.200,88	2.475,99	962,47	2.050,48	2.306,79	738,75	1.900,08	2.137,59	515,03	1.749,68	1.96
	III	25.302	–	2.024,16	2.277,18	–	1.888,16	2.124,18	–	1.755,36	1.974,78	–	1.625,60	1.828,80	–	1.498,88	1.686,24	–	1.375,20	1.547,10	–	1.254,72	1.41
	IV	34.940	1.921,70	2.795,20	3.144,60	1.870,00	2.720,00	3.060,00	1.818,30	2.644,80	2.975,40	1.734,66	2.569,60	2.890,80	1.622,80	2.494,40	2.806,20	1.510,94	2.419,20	2.721,60	1.399,08	2.344,00	2.63
	V	41.113	2.261,21	3.289,04	3.700,17																		
	VI	41.645	2.290,47	3.331,60	3.748,05																		
121.931,99 (Ost)	I	35.034	1.926,87	2.802,72	3.153,06	1.823,47	2.652,32	2.983,86	1.633,98	2.501,92	2.814,66	1.410,26	2.351,52	2.645,46	1.186,54	2.201,12	2.476,26	962,82	2.050,72	2.307,06	739,10	1.900,32	2.13
	II	33.245	1.828,47	2.659,60	2.992,05	1.644,81	2.509,20	2.822,85	1.421,09	2.358,80	2.653,65	1.197,37	2.208,40	2.484,45	973,65	2.058,00	2.315,25	749,93	1.907,60	2.146,05	526,21	1.757,20	1.97
	III	25.388	–	2.031,04	2.284,92	–	1.894,88	2.131,74	–	1.761,92	1.982,16	–	1.632,00	1.836,00	–	1.505,12	1.693,26	–	1.381,28	1.553,94	–	1.260,64	1.41
	IV	35.034	1.926,87	2.802,72	3.153,06	1.875,17	2.727,52	3.068,46	1.823,47	2.652,32	2.983,86	1.745,84	2.577,12	2.899,26	1.633,98	2.501,92	2.814,66	1.522,12	2.426,72	2.730,06	1.410,26	2.351,52	2.64
	V	41.207	2.266,38	3.296,56	3.708,63																		
	VI	41.739	2.295,64	3.339,12	3.756,51																		
121.967,99 (West)	I	34.955	1.922,52	2.796,40	3.145,95	1.819,12	2.646,00	2.976,75	1.624,58	2.495,60	2.807,55	1.400,86	2.345,20	2.638,35	1.177,26	2.194,88	2.469,24	953,54	2.044,48	2.300,04	729,82	1.894,08	2.13
	II	33.166	1.824,13	2.653,28	2.984,94	1.635,41	2.502,88	2.815,74	1.411,69	2.352,48	2.646,54	1.187,97	2.202,08	2.477,34	964,25	2.051,68	2.308,14	740,53	1.901,28	2.138,94	516,81	1.750,88	1.96
	III	25.316	–	2.025,28	2.278,44	–	1.889,28	2.125,44	–	1.756,32	1.975,86	–	1.626,56	1.829,88	–	1.499,84	1.687,32	–	1.376,16	1.548,18	–	1.255,68	1.412
	IV	34.955	1.922,52	2.796,40	3.145,95	1.870,82	2.721,20	3.061,35	1.819,12	2.646,00	2.976,75	1.736,44	2.570,80	2.892,15	1.624,58	2.495,60	2.807,55	1.512,72	2.420,40	2.722,95	1.400,86	2.345,20	2.638
	V	41.128	2.262,04	3.290,24	3.701,52																		
	VI	41.660	2.291,30	3.332,80	3.749,40																		
121.967,99 (Ost)	I	35.049	1.927,69	2.803,92	3.154,41	1.824,29	2.653,52	2.985,21	1.635,77	2.503,12	2.816,01	1.412,05	2.352,72	2.646,81	1.188,33	2.202,32	2.477,61	964,61	2.051,92	2.308,41	740,89	1.901,52	2.139
	II	33.260	1.829,30	2.660,80	2.993,40	1.646,60	2.510,40	2.824,20	1.422,88	2.360,00	2.655,00	1.199,16	2.209,60	2.485,80	975,44	2.059,20	2.316,60	751,72	1.908,80	2.147,40	528,00	1.758,40	1.978
	III	25.402	–	2.032,16	2.286,18	–	1.896,00	2.133,00	–	1.763,04	1.983,42	–	1.632,96	1.837,08	–	1.506,08	1.694,34	–	1.382,24	1.555,02	–	1.261,60	1.419
	IV	35.049	1.927,69	2.803,92	3.154,41	1.875,99	2.728,72	3.069,81	1.824,29	2.653,52	2.985,21	1.747,63	2.578,32	2.900,61	1.635,77	2.503,12	2.816,01	1.523,91	2.427,92	2.731,41	1.412,05	2.352,72	2.646
	V	41.222	2.267,21	3.297,76	3.709,98																		
	VI	41.754	2.296,47	3.340,32	3.757,86																		
122.003,99 (West)	I	34.970	1.923,35	2.797,60	3.147,30	1.819,95	2.647,20	2.978,10	1.626,37	2.496,80	2.808,90	1.402,77	2.346,48	2.639,79	1.179,05	2.196,08	2.470,59	955,33	2.045,68	2.301,39	731,61	1.895,28	2.132
	II	33.181	1.824,95	2.654,48	2.986,29	1.637,20	2.504,08	2.817,09	1.413,48	2.353,68	2.647,89	1.189,76	2.203,28	2.478,69	966,04	2.052,88	2.309,49	742,44	1.902,56	2.140,38	518,72	1.752,16	1.971
	III	25.330	–	2.026,40	2.279,70	–	1.890,40	2.126,70	–	1.757,44	1.977,12	–	1.627,68	1.831,14	–	1.500,80	1.688,40	–	1.377,12	1.549,26	–	1.256,64	1.413
	IV	34.970	1.923,35	2.797,60	3.147,30	1.871,65	2.722,40	3.062,70	1.819,95	2.647,20	2.978,10	1.738,23	2.572,00	2.893,50	1.626,37	2.496,80	2.808,90	1.514,63	2.421,68	2.724,39	1.402,77	2.346,48	2.639
	V	41.144	2.262,92	3.291,52	3.702,96																		
	VI	41.675	2.292,12	3.334,00	3.750,75																		
122.003,99 (Ost)	I	35.064	1.928,52	2.805,12	3.155,76	1.825,12	2.654,72	2.986,56	1.637,55	2.504,32	2.817,36	1.413,83	2.353,92	2.648,16	1.190,11	2.203,52	2.478,96	966,39	2.053,12	2.309,76	742,67	1.902,72	2.140
	II	33.275	1.830,12	2.662,00	2.994,75	1.648,38	2.511,60	2.825,55	1.424,66	2.361,20	2.656,35	1.200,94	2.210,80	2.487,15	977,22	2.060,40	2.317,95	753,50	1.910,00	2.148,75	529,78	1.759,60	1.979
	III	25.416	–	2.033,28	2.287,44	–	1.897,12	2.134,26	–	1.764,00	1.984,50	–	1.634,08	1.838,34	–	1.507,20	1.695,60	–	1.383,36	1.556,28	–	1.262,56	1.420
	IV	35.064	1.928,52	2.805,12	3.155,76	1.876,82	2.729,92	3.071,16	1.825,12	2.654,72	2.986,56	1.749,41	2.579,52	2.901,96	1.637,55	2.504,32	2.817,36	1.525,69	2.429,12	2.732,76	1.413,83	2.353,92	2.648
	V	41.237	2.268,03	3.298,96	3.711,33																		
	VI	41.769	2.297,29	3.341,52	3.759,21																		
122.039,99 (West)	I	34.985	1.924,17	2.798,80	3.148,65	1.820,83	2.648,48	2.979,54	1.628,27	2.498,08	2.810,34	1.404,55	2.347,68	2.641,14	1.180,83	2.197,28	2.471,94	957,11	2.046,88	2.302,74	733,39	1.896,48	2.133
	II	33.196	1.825,78	2.655,68	2.987,64	1.638,98	2.505,28	2.818,44	1.415,26	2.354,88	2.649,24	1.191,54	2.204,48	2.480,04	967,94	2.054,16	2.310,93	744,22	1.903,76	2.141,73	520,50	1.753,36	1.972
	III	25.344	–	2.027,52	2.280,96	–	1.891,52	2.127,96	–	1.758,56	1.978,38	–	1.628,64	1.832,22	–	1.501,92	1.689,66	–	1.378,24	1.550,52	–	1.257,60	1.414
	IV	34.985	1.924,17	2.798,80	3.148,65	1.872,47	2.723,60	3.064,05	1.820,83	2.648,48	2.979,54	1.740,13	2.573,28	2.894,94	1.628,27	2.498,08	2.810,34	1.516,41	2.422,88	2.725,74	1.404,55	2.347,68	2.641
	V	41.159	2.263,74	3.292,72	3.704,31																		
	VI	41.690	2.292,95	3.335,20	3.752,10																		
122.039,99 (Ost)	I	35.079	1.929,34	2.806,32	3.157,11	1.825,94	2.655,92	2.987,91	1.639,34	2.505,52	2.818,71	1.415,62	2.355,12	2.649,51	1.191,90	2.204,72	2.480,31	968,18	2.054,32	2.311,11	744,58	1.904,00	2.142
	II	33.290	1.830,95	2.663,20	2.996,10	1.650,17	2.512,80	2.826,90	1.426,45	2.362,40	2.657,70	1.202,73	2.212,00	2.488,50	979,01	2.061,60	2.319,30	755,29	1.911,20	2.150,10	531,57	1.760,80	1.980,
	III	25.430	–	2.034,40	2.288,70	–	1.898,24	2.135,52	–	1.765,12	1.985,76	–	1.635,04	1.839,42	–	1.508,16	1.696,68	–	1.384,32	1.557,36	–	1.263,52	1.421,
	IV	35.079	1.929,34	2.806,32	3.157,11	1.877,64	2.731,12	3.072,51	1.825,94	2.655,92	2.987,91	1.751,20	2.580,72	2.903,31	1.639,34	2.505,52	2.818,71	1.527,48	2.430,32	2.734,11	1.415,62	2.355,12	2.649,
	V	41.252	2.268,86	3.300,16	3.712,68																		
	VI	41.784	2.298,12	3.342,72	3.760,56																		
122.075,99 (West)	I	35.001	1.925,05	2.800,08	3.150,09	1.821,65	2.649,68	2.980,89	1.630,06	2.499,28	2.811,69	1.406,34	2.348,88	2.642,49	1.182,62	2.198,48	2.473,29	958,90	2.048,08	2.304,09	735,18	1.897,68	2.134,
	II	33.211	1.826,60	2.656,88	2.988,99	1.640,77	2.506,48	2.819,79	1.417,17	2.356,16	2.650,68	1.193,45	2.205,76	2.481,48	969,73	2.055,36	2.312,28	746,01	1.904,96	2.143,08	522,29	1.754,56	1.973,
	III	25.358	–	2.028,64	2.282,22	–	1.892,48	2.129,04	–	1.759,52	1.979,46	–	1.629,60	1.833,30	–	1.502,88	1.690,74	–	1.379,20	1.551,60	–	1.258,56	1.415,
	IV	35.001	1.925,05	2.800,08	3.150,09	1.873,35	2.724,88	3.065,49	1.821,65	2.649,68	2.980,89	1.741,92	2.574,48	2.896,29	1.630,06	2.499,28	2.811,69	1.518,20	2.424,08	2.727,09	1.406,34	2.348,88	2.642,
	V	41.174	2.264,57	3.293,92	3.705,66																		
	VI	41.706	2.293,83	3.336,48	3.753,54																		
122.075,99 (Ost)	I	35.094	1.930,17	2.807,52	3.158,46	1.826,77	2.657,12	2.989,26	1.641,12	2.506,72	2.820,06	1.417,40	2.356,32	2.650,86	1.193,80	2.206,00	2.481,75	970,08	2.055,60	2.312,55	746,36	1.905,20	2.143,
	II	33.305	1.831,77	2.664,40	2.997,45	1.651,95	2.514,00	2.828,25	1.428,23	2.363,60	2.659,05	1.204,51	2.213,20	2.489,85	980,79	2.062,80	2.320,65	757,07	1.912,40	2.151,45	533,35	1.762,00	1.982,
	III	25.444	–	2.035,52	2.289,96	–	1.899,36	2.136,78	–	1.766,08	1.986,84	–	1.636,16	1.840,68	–	1.509,12	1.697,76	–	1.385,28	1.558,44	–	1.264,48	1.422,
	IV	35.094	1.930,17	2.807,52	3.158,46	1.878,47	2.732,32	3.073,86	1.826,77	2.657,12	2.989,26	1.752,98	2.581,92	2.904,66	1.641,12	2.506,72	2.820,06	1.529,26	2.431,52	2.735,46	1.417,40	2.356,32	2.650,
	V	41.268	2.269,74	3.301,44	3.714,12																		
	VI	41.799	2.298,94	3.343,92	3.761,91																		

SolZ/KiSt lt. Tabelle nicht für Sonstige Bezüge anwendbar.

Allgemeine Tabelle

JAHR bis 122.327,99 €

Lohn/ Gehalt bis	Steuerklasse	Lohn-steuer	ohne Kinderfreibetrag SolZ 5,5%	Kirchensteuer 8%	9%	0,5 SolZ 5,5%	Kirchensteuer 8%	9%	1,0 SolZ 5,5%	Kirchensteuer 8%	9%	1,5 SolZ 5,5%	Kirchensteuer 8%	9%	2,0 SolZ 5,5%	Kirchensteuer 8%	9%	2,5 SolZ 5,5%	Kirchensteuer 8%	9%	3,0 SolZ 5,5%	Kirchensteuer 8%	9%
						Anzahl Kinderfreibeträge (nur Steuerklassen I–IV)																	
22.111,99	I	35.016	1.925,88	2.801,28	3.151,44	1.822,48	2.650,88	2.982,24	1.631,84	2.500,48	2.813,04	1.408,12	2.350,08	2.643,84	1.184,40	2.199,68	2.474,64	960,68	2.049,28	2.305,44	736,96	1.898,88	2.136,24
(West)	II	33.226	1.827,43	2.658,08	2.990,34	1.642,67	2.507,76	2.821,23	1.418,95	2.357,36	2.652,03	1.195,23	2.206,96	2.482,83	971,51	2.056,56	2.313,63	747,79	1.906,16	2.144,43	524,07	1.755,76	1.975,23
	III	25.372	-	2.029,76	2.283,48	-	1.893,60	2.130,30	-	1.760,64	1.980,72	-	1.630,72	1.834,56	-	1.503,84	1.691,82	-	1.380,16	1.552,68	-	1.259,52	1.416,96
	IV	35.016	1.925,88	2.801,28	3.151,44	1.874,18	2.726,08	3.066,84	1.822,48	2.650,88	2.982,24	1.743,70	2.575,68	2.897,64	1.631,84	2.500,48	2.813,04	1.519,98	2.425,28	2.728,44	1.408,12	2.350,08	2.643,84
	V	41.189	2.265,39	3.295,12	3.707,01																		
	VI	41.721	2.294,65	3.337,68	3.754,89																		
22.111,99	I	35.109	1.930,99	2.808,72	3.159,81	1.827,59	2.658,32	2.990,61	1.642,91	2.507,92	2.821,41	1.419,31	2.357,60	2.652,30	1.195,59	2.207,20	2.483,10	971,87	2.056,80	2.313,90	748,15	1.906,40	2.144,70
(Ost)	II	33.320	1.832,60	2.665,60	2.998,80	1.653,74	2.515,20	2.829,60	1.430,02	2.364,80	2.660,40	1.206,30	2.214,40	2.491,20	982,58	2.064,00	2.322,00	758,98	1.913,68	2.152,89	535,26	1.763,28	1.983,69
	III	25.458	-	2.036,64	2.291,22	-	1.900,32	2.137,86	-	1.767,20	1.988,10	-	1.637,12	1.841,76	-	1.510,08	1.698,84	-	1.386,24	1.559,52	-	1.265,44	1.423,62
	IV	35.109	1.930,99	2.808,72	3.159,81	1.879,29	2.733,52	3.075,21	1.827,59	2.658,32	2.990,61	1.754,77	2.583,12	2.906,01	1.642,91	2.507,92	2.821,41	1.531,17	2.432,80	2.736,90	1.419,31	2.357,60	2.652,30
	V	41.283	2.270,56	3.302,64	3.715,47																		
	VI	41.814	2.299,77	3.345,12	3.763,26																		
22.147,99	I	35.031	1.926,70	2.802,48	3.152,79	1.823,30	2.652,08	2.983,59	1.633,63	2.501,68	2.814,39	1.409,91	2.351,28	2.645,19	1.186,19	2.200,88	2.475,99	962,47	2.050,48	2.306,79	738,75	1.900,08	2.137,59
(West)	II	33.242	1.828,31	2.659,36	2.991,78	1.644,46	2.508,96	2.822,58	1.420,74	2.358,56	2.653,38	1.197,02	2.208,16	2.484,18	973,30	2.057,76	2.314,98	749,58	1.907,36	2.145,78	525,86	1.756,96	1.976,58
	III	25.386	-	2.030,88	2.284,74	-	1.894,72	2.131,56	-	1.761,76	1.981,98	-	1.631,68	1.835,64	-	1.504,96	1.693,08	-	1.381,12	1.553,76	-	1.260,48	1.418,04
	IV	35.031	1.926,70	2.802,48	3.152,79	1.875,00	2.727,28	3.068,19	1.823,30	2.652,08	2.983,59	1.745,49	2.576,88	2.898,99	1.633,63	2.501,68	2.814,39	1.521,77	2.426,48	2.729,79	1.409,91	2.351,28	2.645,19
	V	41.204	2.266,22	3.296,32	3.708,36																		
	VI	41.736	2.295,48	3.338,88	3.756,24																		
22.147,99	I	35.124	1.931,82	2.809,92	3.161,16	1.828,47	2.659,60	2.992,05	1.644,81	2.509,20	2.822,85	1.421,09	2.358,80	2.653,65	1.197,37	2.208,40	2.484,45	973,65	2.058,00	2.315,25	749,93	1.907,60	2.146,05
(Ost)	II	33.335	1.833,42	2.666,80	3.000,15	1.655,52	2.516,40	2.830,95	1.431,80	2.366,00	2.661,75	1.208,08	2.215,60	2.492,55	984,48	2.065,28	2.323,44	760,76	1.914,88	2.154,24	537,04	1.764,48	1.985,04
	III	25.472	-	2.037,76	2.292,48	-	1.901,44	2.139,12	-	1.768,32	1.989,36	-	1.638,24	1.843,02	-	1.511,20	1.700,10	-	1.387,20	1.560,60	-	1.266,40	1.424,70
	IV	35.124	1.931,82	2.809,92	3.161,16	1.880,12	2.734,72	3.076,56	1.828,47	2.659,60	2.992,05	1.756,67	2.584,40	2.907,45	1.644,81	2.509,20	2.822,85	1.532,95	2.434,00	2.738,25	1.421,09	2.358,80	2.653,65
	V	41.298	2.271,39	3.303,84	3.716,82																		
	VI	41.829	2.300,59	3.346,32	3.764,61																		
22.183,99	I	35.046	1.927,53	2.803,68	3.154,14	1.824,13	2.653,28	2.984,94	1.635,41	2.502,88	2.815,74	1.411,69	2.352,48	2.646,54	1.187,97	2.202,08	2.477,34	964,25	2.051,68	2.308,14	740,53	1.901,28	2.138,94
(West)	II	33.257	1.829,13	2.660,56	2.993,13	1.646,24	2.510,16	2.823,93	1.422,52	2.359,76	2.654,73	1.198,80	2.209,36	2.485,53	975,08	2.058,96	2.316,33	751,36	1.908,56	2.147,13	527,64	1.758,16	1.977,93
	III	25.400	-	2.032,00	2.286,00	-	1.895,84	2.132,82	-	1.762,72	1.983,06	-	1.632,80	1.836,90	-	1.505,92	1.694,16	-	1.382,08	1.554,84	-	1.261,44	1.419,12
	IV	35.046	1.927,53	2.803,68	3.154,14	1.875,83	2.728,48	3.069,54	1.824,13	2.653,28	2.984,94	1.747,27	2.578,08	2.900,34	1.635,41	2.502,88	2.815,74	1.523,55	2.427,68	2.731,14	1.411,69	2.352,48	2.646,54
	V	41.219	2.267,04	3.297,52	3.709,71																		
	VI	41.751	2.296,30	3.340,08	3.757,59																		
22.183,99	I	35.140	1.932,70	2.811,20	3.162,60	1.829,30	2.660,80	2.993,40	1.646,60	2.510,40	2.824,20	1.422,88	2.360,00	2.655,00	1.199,16	2.209,60	2.485,80	975,44	2.059,20	2.316,60	751,72	1.908,80	2.147,40
(Ost)	II	33.350	1.834,25	2.668,00	3.001,50	1.657,31	2.517,60	2.832,30	1.433,71	2.367,28	2.663,19	1.209,99	2.216,88	2.493,99	986,27	2.066,48	2.324,79	762,55	1.916,08	2.155,59	538,83	1.765,68	1.986,39
	III	25.486	-	2.038,88	2.293,74	-	1.902,56	2.140,38	-	1.769,28	1.990,44	-	1.639,20	1.844,10	-	1.512,16	1.701,18	-	1.388,16	1.561,68	-	1.267,36	1.425,78
	IV	35.140	1.932,70	2.811,20	3.162,60	1.881,00	2.736,00	3.078,00	1.829,30	2.660,80	2.993,40	1.758,46	2.585,60	2.908,80	1.646,60	2.510,40	2.824,20	1.534,74	2.435,20	2.739,60	1.422,88	2.360,00	2.655,00
	V	41.313	2.272,21	3.305,04	3.718,17																		
	VI	41.845	2.301,47	3.347,60	3.766,05																		
22.219,99	I	35.061	1.928,35	2.804,88	3.155,49	1.824,95	2.654,48	2.986,29	1.637,20	2.504,08	2.817,09	1.413,48	2.353,68	2.647,89	1.189,76	2.203,28	2.478,69	966,04	2.052,88	2.309,49	742,44	1.902,56	2.140,38
(West)	II	33.272	1.829,96	2.661,76	2.994,48	1.648,03	2.511,36	2.825,28	1.424,31	2.360,96	2.656,08	1.200,59	2.210,56	2.486,88	976,87	2.060,16	2.317,68	753,15	1.909,76	2.148,48	529,43	1.759,36	1.979,28
	III	25.414	-	2.033,12	2.287,26	-	1.896,80	2.133,90	-	1.763,84	1.984,32	-	1.633,76	1.837,98	-	1.506,88	1.695,24	-	1.383,04	1.555,92	-	1.262,40	1.420,20
	IV	35.061	1.928,35	2.804,88	3.155,49	1.876,65	2.729,68	3.070,89	1.824,95	2.654,48	2.986,29	1.749,06	2.579,28	2.901,69	1.637,20	2.504,08	2.817,09	1.525,34	2.428,88	2.732,49	1.413,48	2.353,68	2.647,89
	V	41.234	2.267,87	3.298,72	3.711,06																		
	VI	41.766	2.297,13	3.341,28	3.758,94																		
22.219,99	I	35.155	1.933,52	2.812,40	3.163,95	1.830,12	2.662,00	2.994,75	1.648,38	2.511,60	2.825,55	1.424,66	2.361,20	2.656,35	1.200,94	2.210,80	2.487,15	977,22	2.060,40	2.317,95	753,50	1.910,00	2.148,75
(Ost)	II	33.365	1.835,07	2.669,20	3.002,85	1.659,21	2.518,88	2.833,74	1.435,49	2.368,48	2.664,54	1.211,77	2.218,08	2.495,34	988,05	2.067,68	2.326,14	764,33	1.917,28	2.156,94	540,61	1.766,88	1.987,74
	III	25.500	-	2.040,00	2.295,00	-	1.903,68	2.141,64	-	1.770,40	1.991,70	-	1.640,16	1.845,18	-	1.513,12	1.702,26	-	1.389,28	1.562,94	-	1.268,32	1.426,86
	IV	35.155	1.933,52	2.812,40	3.163,95	1.881,82	2.737,20	3.079,35	1.830,12	2.662,00	2.994,75	1.760,24	2.586,80	2.910,15	1.648,38	2.511,60	2.825,55	1.536,52	2.436,40	2.740,95	1.424,66	2.361,20	2.656,35
	V	41.328	2.273,04	3.306,24	3.719,52																		
	VI	41.860	2.302,30	3.348,80	3.767,40																		
22.255,99	I	35.076	1.929,18	2.806,08	3.156,84	1.825,78	2.655,68	2.987,64	1.638,98	2.505,28	2.818,44	1.415,26	2.354,88	2.649,24	1.191,54	2.204,48	2.480,04	967,94	2.054,16	2.310,93	744,22	1.903,76	2.141,73
(West)	II	33.287	1.830,78	2.662,96	2.995,83	1.649,81	2.512,56	2.826,63	1.426,09	2.362,16	2.657,43	1.202,37	2.211,76	2.488,23	978,65	2.061,36	2.319,03	754,93	1.910,96	2.149,83	531,21	1.760,56	1.980,63
	III	25.426	-	2.034,08	2.288,34	-	1.897,92	2.135,16	-	1.764,80	1.985,40	-	1.634,88	1.839,24	-	1.507,84	1.696,32	-	1.384,00	1.557,00	-	1.263,36	1.421,28
	IV	35.076	1.929,18	2.806,08	3.156,84	1.877,48	2.730,88	3.072,24	1.825,78	2.655,68	2.987,64	1.750,84	2.580,48	2.903,04	1.638,98	2.505,28	2.818,44	1.527,12	2.430,08	2.733,84	1.415,26	2.354,88	2.649,24
	V	41.249	2.268,69	3.299,92	3.712,41																		
	VI	41.781	2.297,95	3.342,48	3.760,29																		
22.255,99	I	35.170	1.934,35	2.813,60	3.165,30	1.830,95	2.663,20	2.996,10	1.650,17	2.512,80	2.826,90	1.426,45	2.362,40	2.657,70	1.202,73	2.212,00	2.488,50	979,01	2.061,60	2.319,30	755,29	1.911,20	2.150,10
(Ost)	II	33.381	1.835,95	2.670,48	3.004,29	1.661,00	2.520,08	2.835,09	1.437,28	2.369,68	2.665,89	1.213,56	2.219,28	2.496,69	989,84	2.068,88	2.327,49	766,12	1.918,48	2.158,29	542,40	1.768,08	1.989,09
	III	25.514	-	2.041,12	2.296,26	-	1.904,64	2.142,72	-	1.771,52	1.992,96	-	1.641,28	1.846,44	-	1.514,24	1.703,52	-	1.390,24	1.564,02	-	1.269,28	1.427,94
	IV	35.170	1.934,35	2.813,60	3.165,30	1.882,65	2.738,40	3.080,70	1.830,95	2.663,20	2.996,10	1.762,03	2.588,00	2.911,50	1.650,17	2.512,80	2.826,90	1.538,31	2.437,60	2.742,30	1.426,45	2.362,40	2.657,70
	V	41.343	2.273,86	3.307,44	3.720,87																		
	VI	41.875	2.303,12	3.350,00	3.768,75																		
22.291,99	I	35.091	1.930,00	2.807,28	3.158,19	1.826,60	2.656,88	2.988,99	1.640,77	2.506,48	2.819,79	1.417,17	2.356,16	2.650,68	1.193,45	2.205,76	2.481,48	969,73	2.055,36	2.312,28	746,01	1.904,96	2.143,08
(West)	II	33.302	1.831,61	2.664,16	2.997,18	1.651,60	2.513,76	2.827,98	1.427,88	2.363,36	2.658,78	1.204,16	2.212,96	2.489,58	980,44	2.062,56	2.320,38	756,72	1.912,16	2.151,18	533,12	1.761,84	1.982,07
	III	25.440	-	2.035,20	2.289,60	-	1.899,04	2.136,42	-	1.765,92	1.986,66	-	1.635,84	1.840,32	-	1.508,96	1.697,58	-	1.385,12	1.558,26	-	1.264,32	1.422,36
	IV	35.091	1.930,00	2.807,28	3.158,19	1.878,30	2.732,08	3.073,59	1.826,60	2.656,88	2.988,99	1.752,63	2.581,68	2.904,39	1.640,77	2.506,48	2.819,79	1.528,91	2.431,28	2.735,19	1.417,17	2.356,16	2.650,68
	V	41.265	2.269,57	3.301,20	3.713,85																		
	VI	41.796	2.298,78	3.343,68	3.761,64																		
22.291,99	I	35.185	1.935,17	2.814,80	3.166,65	1.831,77	2.664,40	2.997,45	1.651,95	2.514,00	2.828,25	1.428,23	2.363,60	2.659,05	1.204,51	2.213,20	2.489,85	980,79	2.062,80	2.320,65	757,07	1.912,40	2.151,45
(Ost)	II	33.396	1.836,78	2.671,68	3.005,64	1.662,78	2.521,28	2.836,44	1.439,06	2.370,88	2.667,24	1.215,34	2.220,48	2.498,04	991,62	2.070,08	2.328,84	767,90	1.919,68	2.159,64	544,18	1.769,28	1.990,44
	III	25.526	-	2.042,08	2.297,34	-	1.905,76	2.143,98	-	1.772,48	1.994,04	-	1.642,24	1.847,52	-	1.515,20	1.704,60	-	1.391,20	1.565,10	-	1.270,24	1.429,02
	IV	35.185	1.935,17	2.814,80	3.166,65	1.883,47	2.739,60	3.082,05	1.831,77	2.664,40	2.997,45	1.763,81	2.589,20	2.912,85	1.651,95	2.514,00	2.828,25	1.540,09	2.438,80	2.743,65	1.428,23	2.363,60	2.659,05
	V	41.358	2.274,69	3.308,64	3.722,22																		
	VI	41.890	2.303,95	3.351,20	3.770,10																		
22.327,99	I	35.106	1.930,83	2.808,48	3.159,54	1.827,43	2.658,08	2.990,34	1.642,67	2.507,76	2.821,23	1.418,95	2.357,36	2.652,03	1.195,23	2.206,96	2.482,83	971,51	2.056,56	2.313,63	747,79	1.906,16	2.144,43
(West)	II	33.317	1.832,43	2.665,36	2.998,53	1.653,38	2.514,96	2.829,33	1.429,66	2.364,56	2.660,13	1.205,94	2.214,16	2.490,93	982,34	2.063,84	2.321,82	758,62	1.913,44	2.152,62	534,90	1.763,04	1.983,42
	III	25.454	-	2.036,32	2.290,86	-	1.900,16	2.137,68	-	1.767,04	1.987,92	-	1.636,96	1.841,58	-	1.509,92	1.698,66	-	1.386,08	1.559,34	-	1.265,28	1.423,44
	IV	35.106	1.930,83	2.808,48	3.159,54	1.879,13	2.733,28	3.074,94	1.827,43	2.658,08	2.990,34	1.754,53	2.582,96	2.905,83	1.642,67	2.507,76	2.821,23	1.530,81	2.432,56	2.736,63	1.418,95	2.357,36	2.652,03
	V	41.280	2.270,40	3.302,40	3.715,20																		
	VI	41.811	2.299,60	3.344,88	3.762,99																		
22.327,99	I	35.200	1.936,00	2.816,00	3.168,00	1.832,60	2.665,60	2.998,80	1.653,74	2.515,20	2.829,60	1.430,02	2.364,80	2.660,40	1.206,30	2.214,40	2.491,20	982,58	2.064,00	2.322,00	758,98	1.913,68	2.152,89
(Ost)	II	33.411	1.837,60	2.672,88	3.006,99	1.664,57	2.522,48	2.837,79	1.440,85	2.372,08	2.668,59	1.217,13	2.221,68	2.499,39	993,41	2.071,28	2.330,19	769,69	1.920,88	2.160,99	545,97	1.770,48	1.991,79
	III	25.540	-	2.043,20	2.298,60	-	1.906,88	2.145,24	-	1.773,60	1.995,30	-	1.643,36	1.848,78	-	1.516,16	1.705,68	-	1.392,16	1.566,18	-	1.271,20	1.430,10
	IV	35.200	1.936,00	2.816,00	3.168,00	1.884,30	2.740,80	3.083,40	1.832,60	2.665,60	2.998,80	1.765,60	2.590,40	2.914,20	1.653,74	2.515,20	2.829,60	1.541,88	2.440,00	2.745,00	1.430,02	2.364,80	2.660,40
	V	41.373	2.275,51	3.309,84	3.723,57																		
	VI	41.905	2.304,77	3.352,40	3.771,45																		

SolZ/KiSt lt. Tabelle nicht für Sonstige Bezüge anwendbar.

Lohn/ Gehalt bis	Steuerklasse	Lohn-steuer	ohne Kinderfreibetrag SolZ 5,5%	Kirchensteuer 8%	9%	0,5 SolZ 5,5%	Kirchensteuer 8%	9%	1,0 SolZ 5,5%	Kirchensteuer 8%	9%	1,5 SolZ 5,5%	Kirchensteuer 8%	9%	2,0 SolZ 5,5%	Kirchensteuer 8%	9%	2,5 SolZ 5,5%	Kirchensteuer 8%	9%	3,0 SolZ 5,5%	Kirchensteue 8%	9%
122.363,99 (West)	I	35.122	1.931,71	2.809,76	3.160,98	1.828,31	2.659,36	2.991,78	1.644,46	2.508,96	2.822,58	1.420,74	2.358,56	2.653,38	1.197,02	2.208,16	2.484,18	973,30	2.057,76	2.314,98	749,58	1.907,36	2.145,
	II	33.332	1.833,26	2.666,56	2.999,88	1.655,17	2.516,16	2.830,68	1.431,45	2.365,76	2.661,48	1.207,85	2.215,44	2.492,37	984,13	2.065,04	2.323,17	760,41	1.914,64	2.153,97	536,69	1.764,24	1.984,
	III	25.468	-	2.037,44	2.292,12	-	1.901,28	2.138,94	-	1.768,00	1.989,00	-	1.637,92	1.842,66	-	1.510,88	1.699,74	-	1.387,04	1.560,42	-	1.266,24	1.424,
	IV	35.122	1.931,71	2.809,76	3.160,98	1.880,01	2.734,56	3.076,38	1.828,31	2.659,36	2.991,78	1.756,32	2.584,16	2.907,18	1.644,46	2.508,96	2.822,58	1.532,60	2.433,76	2.737,98	1.420,74	2.358,56	2.653,
	V	41.295	2.271,22	3.303,60	3.716,55																		
	VI	41.827	2.300,48	3.346,16	3.764,43																		
122.363,99 (Ost)	I	35.215	1.936,82	2.817,20	3.169,35	1.833,42	2.666,80	3.000,15	1.655,52	2.516,40	2.830,95	1.431,80	2.366,00	2.661,75	1.208,08	2.215,60	2.492,55	984,48	2.065,28	2.323,44	760,76	1.914,88	2.154,
	II	33.426	1.838,43	2.674,08	3.008,34	1.666,35	2.523,68	2.839,14	1.442,63	2.373,28	2.669,94	1.218,91	2.222,88	2.500,74	995,19	2.072,48	2.331,54	771,47	1.922,08	2.162,34	547,75	1.771,68	1.993,
	III	25.554	-	2.044,32	2.299,86	-	1.908,00	2.146,50	-	1.774,56	1.996,38	-	1.644,32	1.849,86	-	1.517,28	1.706,94	-	1.393,12	1.567,26	-	1.272,16	1.431,
	IV	35.215	1.936,82	2.817,20	3.169,35	1.885,12	2.742,00	3.084,75	1.833,42	2.666,80	3.000,15	1.767,38	2.591,60	2.915,55	1.655,52	2.516,40	2.830,95	1.543,66	2.441,20	2.746,35	1.431,80	2.366,00	2.661,
	V	41.388	2.276,34	3.311,04	3.724,92																		
	VI	41.920	2.305,60	3.353,60	3.772,80																		
122.399,99 (West)	I	35.137	1.932,53	2.810,96	3.162,33	1.829,13	2.660,56	2.993,13	1.646,24	2.510,16	2.823,93	1.422,52	2.359,76	2.654,73	1.198,80	2.209,36	2.485,53	975,08	2.058,96	2.316,33	751,36	1.908,56	2.147,
	II	33.347	1.834,08	2.667,76	3.001,23	1.657,07	2.517,44	2.832,12	1.433,35	2.367,04	2.662,92	1.209,63	2.216,64	2.493,72	985,91	2.066,24	2.324,52	762,19	1.915,84	2.155,32	538,47	1.765,44	1.986,
	III	25.482	-	2.038,56	2.293,38	-	1.902,24	2.140,02	-	1.769,12	1.990,26	-	1.639,04	1.843,92	-	1.512,00	1.701,00	-	1.388,00	1.561,50	-	1.267,20	1.425,
	IV	35.137	1.932,53	2.810,96	3.162,33	1.880,83	2.735,76	3.077,73	1.829,13	2.660,56	2.993,13	1.758,10	2.585,36	2.908,53	1.646,24	2.510,16	2.823,93	1.534,38	2.434,96	2.739,33	1.422,52	2.359,76	2.654,
	V	41.310	2.272,05	3.304,80	3.717,90																		
	VI	41.842	2.301,31	3.347,36	3.765,78																		
122.399,99 (Ost)	I	35.230	1.937,65	2.818,40	3.170,70	1.834,25	2.668,00	3.001,50	1.657,31	2.517,60	2.832,30	1.433,71	2.367,28	2.663,19	1.209,99	2.216,88	2.493,99	986,27	2.066,48	2.324,79	762,55	1.916,08	2.155,
	II	33.441	1.839,25	2.675,28	3.009,69	1.668,14	2.524,88	2.840,49	1.444,42	2.374,48	2.671,29	1.220,70	2.224,08	2.502,09	996,98	2.073,68	2.332,89	773,26	1.923,28	2.163,69	549,66	1.772,96	1.994,
	III	25.568	-	2.045,44	2.301,12	-	1.908,96	2.147,58	-	1.775,68	1.997,64	-	1.645,44	1.851,12	-	1.518,24	1.708,02	-	1.394,08	1.568,34	-	1.273,12	1.432,
	IV	35.230	1.937,65	2.818,40	3.170,70	1.885,95	2.743,20	3.086,10	1.834,25	2.668,00	3.001,50	1.769,17	2.592,80	2.916,90	1.657,31	2.517,60	2.832,30	1.545,45	2.442,40	2.747,70	1.433,71	2.367,28	2.663,
	V	41.404	2.277,22	3.312,32	3.726,36																		
	VI	41.935	2.306,42	3.354,80	3.774,15																		
122.435,99 (West)	I	35.152	1.933,36	2.812,16	3.163,68	1.829,96	2.661,76	2.994,48	1.648,03	2.511,36	2.825,28	1.424,31	2.360,96	2.656,08	1.200,59	2.210,56	2.486,88	976,87	2.060,16	2.317,68	753,15	1.909,76	2.148,
	II	33.363	1.834,96	2.669,04	3.002,67	1.658,86	2.518,64	2.833,47	1.435,14	2.368,24	2.664,27	1.211,42	2.217,84	2.495,07	987,70	2.067,44	2.325,87	763,98	1.917,04	2.156,67	540,26	1.766,64	1.987,
	III	25.496	-	2.039,68	2.294,64	-	1.903,36	2.141,28	-	1.770,08	1.991,34	-	1.640,00	1.845,00	-	1.512,96	1.702,08	-	1.388,96	1.562,58	-	1.268,16	1.426,
	IV	35.152	1.933,36	2.812,16	3.163,68	1.881,66	2.736,96	3.079,08	1.829,96	2.661,76	2.994,48	1.759,89	2.586,56	2.909,88	1.648,03	2.511,36	2.825,28	1.536,17	2.436,16	2.740,68	1.424,31	2.360,96	2.656,
	V	41.325	2.272,87	3.306,00	3.719,25																		
	VI	41.857	2.302,13	3.348,56	3.767,13																		
122.435,99 (Ost)	I	35.245	1.938,47	2.819,60	3.172,05	1.835,07	2.669,20	3.002,85	1.659,21	2.518,88	2.833,74	1.435,49	2.368,48	2.664,54	1.211,77	2.218,08	2.495,34	988,05	2.067,68	2.326,14	764,33	1.917,28	2.156,
	II	33.456	1.840,08	2.676,48	3.011,04	1.669,92	2.526,08	2.841,84	1.446,20	2.375,68	2.672,64	1.222,48	2.225,28	2.503,44	998,88	2.074,96	2.334,33	775,16	1.924,56	2.165,13	551,44	1.774,16	1.995,
	III	25.582	-	2.046,56	2.302,38	-	1.910,08	2.148,84	-	1.776,80	1.998,90	-	1.646,40	1.852,20	-	1.519,20	1.709,10	-	1.395,04	1.569,42	-	1.274,08	1.433,
	IV	35.245	1.938,47	2.819,60	3.172,05	1.886,77	2.744,40	3.087,45	1.835,07	2.669,20	3.002,85	1.771,07	2.594,08	2.918,34	1.659,21	2.518,88	2.833,74	1.547,35	2.443,68	2.749,14	1.435,49	2.368,48	2.664,
	V	41.419	2.278,04	3.313,52	3.727,71																		
	VI	41.950	2.307,25	3.356,00	3.775,50																		
122.471,99 (West)	I	35.167	1.934,18	2.813,36	3.165,03	1.830,78	2.662,96	2.995,83	1.649,81	2.512,56	2.826,63	1.426,09	2.362,16	2.657,43	1.202,37	2.211,76	2.488,23	978,65	2.061,36	2.319,03	754,93	1.910,96	2.149,
	II	33.378	1.835,79	2.670,24	3.004,02	1.660,64	2.519,84	2.834,82	1.436,92	2.369,44	2.665,62	1.213,20	2.219,04	2.496,42	989,48	2.068,64	2.327,22	765,76	1.918,24	2.158,02	542,04	1.767,84	1.988,
	III	25.510	-	2.040,80	2.295,90	-	1.904,48	2.142,54	-	1.771,20	1.992,60	-	1.640,96	1.846,08	-	1.513,92	1.703,16	-	1.389,92	1.563,66	-	1.269,12	1.427,
	IV	35.167	1.934,18	2.813,36	3.165,03	1.882,48	2.738,16	3.080,43	1.830,78	2.662,96	2.995,83	1.761,67	2.587,76	2.911,23	1.649,81	2.512,56	2.826,63	1.537,95	2.437,36	2.742,03	1.426,09	2.362,16	2.657,
	V	41.340	2.273,70	3.307,20	3.720,60																		
	VI	41.872	2.302,96	3.349,76	3.768,48																		
122.471,99 (Ost)	I	35.261	1.939,35	2.820,88	3.173,49	1.835,95	2.670,48	3.004,29	1.661,00	2.520,08	2.835,09	1.437,28	2.369,68	2.665,89	1.213,56	2.219,28	2.496,69	989,84	2.068,88	2.327,49	766,12	1.918,48	2.158,2
	II	33.471	1.840,90	2.677,68	3.012,39	1.671,71	2.527,28	2.843,19	1.447,99	2.376,88	2.673,99	1.224,39	2.226,56	2.504,88	1.000,67	2.076,16	2.335,68	776,95	1.925,76	2.166,48	553,23	1.775,36	1.997,2
	III	25.596	-	2.047,68	2.303,64	-	1.911,20	2.150,10	-	1.777,76	1.999,98	-	1.647,52	1.853,46	-	1.520,32	1.710,36	-	1.396,16	1.570,68	-	1.275,04	1.434,4
	IV	35.261	1.939,35	2.820,88	3.173,49	1.887,65	2.745,68	3.088,89	1.835,95	2.670,48	3.004,29	1.772,86	2.595,28	2.919,69	1.661,00	2.520,08	2.835,09	1.549,14	2.444,88	2.750,49	1.437,28	2.369,68	2.665,8
	V	41.434	2.278,87	3.314,72	3.729,06																		
	VI	41.966	2.308,13	3.357,28	3.776,94																		
122.507,99 (West)	I	35.182	1.935,01	2.814,56	3.166,38	1.831,61	2.664,16	2.997,18	1.651,60	2.513,76	2.827,98	1.427,88	2.363,36	2.658,78	1.204,16	2.212,96	2.489,58	980,44	2.062,56	2.320,38	756,72	1.912,16	2.151,1
	II	33.393	1.836,61	2.671,44	3.005,37	1.662,43	2.521,04	2.836,17	1.438,71	2.370,64	2.666,97	1.214,99	2.220,24	2.497,77	991,27	2.069,84	2.328,57	767,55	1.919,44	2.159,37	543,83	1.769,04	1.990,1
	III	25.524	-	2.041,92	2.297,16	-	1.905,60	2.143,80	-	1.772,32	1.993,86	-	1.642,08	1.847,34	-	1.515,04	1.704,42	-	1.390,88	1.564,74	-	1.270,08	1.428,8
	IV	35.182	1.935,01	2.814,56	3.166,38	1.883,31	2.739,36	3.081,78	1.831,61	2.664,16	2.997,18	1.763,46	2.588,96	2.912,58	1.651,60	2.513,76	2.827,98	1.539,74	2.438,56	2.743,38	1.427,88	2.363,36	2.658,7
	V	41.355	2.274,52	3.308,40	3.721,95																		
	VI	41.887	2.303,78	3.350,96	3.769,83																		
122.507,99 (Ost)	I	35.276	1.940,18	2.822,08	3.174,84	1.836,78	2.671,68	3.005,64	1.662,78	2.521,28	2.836,44	1.439,06	2.370,88	2.667,24	1.215,34	2.220,48	2.498,04	991,62	2.070,08	2.328,84	767,90	1.919,68	2.159,6
	II	33.486	1.841,73	2.678,88	3.013,74	1.673,61	2.528,56	2.844,63	1.449,89	2.378,16	2.675,43	1.226,17	2.227,76	2.506,23	1.002,45	2.077,36	2.337,03	778,73	1.926,96	2.167,83	555,01	1.776,56	1.998,6
	III	25.610	-	2.048,80	2.304,90	-	1.912,32	2.151,36	-	1.778,88	2.001,24	-	1.648,48	1.854,54	-	1.521,28	1.711,44	-	1.397,12	1.571,76	-	1.276,00	1.435,5
	IV	35.276	1.940,18	2.822,08	3.174,84	1.888,48	2.746,88	3.090,24	1.836,78	2.671,68	3.005,64	1.774,64	2.596,48	2.921,04	1.662,78	2.521,28	2.836,44	1.550,92	2.446,08	2.751,84	1.439,06	2.370,88	2.667,2
	V	41.449	2.279,69	3.315,92	3.730,41																		
	VI	41.981	2.308,95	3.358,48	3.778,29																		
122.543,99 (West)	I	35.197	1.935,83	2.815,76	3.167,73	1.832,43	2.665,36	2.998,53	1.653,38	2.514,96	2.829,33	1.429,66	2.364,56	2.660,13	1.205,94	2.214,16	2.490,93	982,34	2.063,84	2.321,82	758,62	1.913,44	2.152,6
	II	33.408	1.837,44	2.672,64	3.006,72	1.664,21	2.522,24	2.837,52	1.440,49	2.371,84	2.668,32	1.216,77	2.221,44	2.499,12	993,05	2.071,04	2.329,92	769,33	1.920,64	2.160,72	545,61	1.770,24	1.991,5
	III	25.538	-	2.043,04	2.298,42	-	1.906,56	2.144,88	-	1.773,28	1.994,94	-	1.643,04	1.848,42	-	1.516,00	1.705,50	-	1.392,00	1.566,00	-	1.271,04	1.429,9
	IV	35.197	1.935,83	2.815,76	3.167,73	1.884,13	2.740,56	3.083,13	1.832,43	2.665,36	2.998,53	1.765,24	2.590,16	2.913,93	1.653,38	2.514,96	2.829,33	1.541,52	2.439,76	2.744,73	1.429,66	2.364,56	2.660,1
	V	41.370	2.275,35	3.309,60	3.723,30																		
	VI	41.902	2.304,61	3.352,16	3.771,18																		
122.543,99 (Ost)	I	35.291	1.941,00	2.823,28	3.176,19	1.837,60	2.672,88	3.006,99	1.664,57	2.522,48	2.837,79	1.440,85	2.372,08	2.668,59	1.217,13	2.221,68	2.499,39	993,41	2.071,28	2.330,19	769,69	1.920,88	2.160,9
	II	33.502	1.842,61	2.680,16	3.015,18	1.675,40	2.529,76	2.845,98	1.451,68	2.379,36	2.676,78	1.227,96	2.228,96	2.507,58	1.004,24	2.078,56	2.338,38	780,52	1.928,16	2.169,18	556,80	1.777,76	1.999,9
	III	25.624	-	2.049,92	2.306,16	-	1.913,44	2.152,62	-	1.780,00	2.002,50	-	1.649,60	1.855,80	-	1.522,24	1.712,52	-	1.398,08	1.572,84	-	1.276,96	1.436,5
	IV	35.291	1.941,00	2.823,28	3.176,19	1.889,30	2.748,08	3.091,59	1.837,60	2.672,88	3.006,99	1.776,43	2.597,68	2.922,39	1.664,57	2.522,48	2.837,79	1.552,71	2.447,28	2.753,19	1.440,85	2.372,08	2.668,5
	V	41.464	2.280,52	3.317,12	3.731,76																		
	VI	41.996	2.309,78	3.359,68	3.779,64																		
122.579,99 (West)	I	35.212	1.936,66	2.816,96	3.169,08	1.833,26	2.666,56	2.999,88	1.655,17	2.516,16	2.830,68	1.431,45	2.365,76	2.661,48	1.207,85	2.215,44	2.492,37	984,13	2.065,04	2.323,17	760,41	1.914,64	2.153,9
	II	33.423	1.838,26	2.673,84	3.008,07	1.666,00	2.523,44	2.838,87	1.442,28	2.373,04	2.669,67	1.218,56	2.222,64	2.500,47	994,84	2.072,24	2.331,27	771,12	1.921,84	2.162,07	547,51	1.771,52	1.992,9
	III	25.552	-	2.044,16	2.299,68	-	1.907,68	2.146,14	-	1.774,40	1.996,20	-	1.644,16	1.849,68	-	1.516,96	1.706,58	-	1.392,96	1.567,08	-	1.272,00	1.431,0
	IV	35.212	1.936,66	2.816,96	3.169,08	1.884,96	2.741,76	3.084,48	1.833,26	2.666,56	2.999,88	1.767,03	2.591,36	2.915,28	1.655,17	2.516,16	2.830,68	1.543,31	2.440,96	2.746,08	1.431,45	2.365,76	2.661,4
	V	41.386	2.276,23	3.310,88	3.724,74																		
	VI	41.917	2.305,43	3.353,36	3.772,53																		
122.579,99 (Ost)	I	35.306	1.941,83	2.824,48	3.177,54	1.838,43	2.674,08	3.008,34	1.666,35	2.523,68	2.839,14	1.442,63	2.373,28	2.669,94	1.218,91	2.222,88	2.500,74	995,19	2.072,48	2.331,54	771,47	1.922,08	2.162,3
	II	33.517	1.843,43	2.681,36	3.016,53	1.677,18	2.530,96	2.847,33	1.453,46	2.380,56	2.678,13	1.229,74	2.230,16	2.508,93	1.006,02	2.079,76	2.339,73	782,30	1.929,36	2.170,53	558,58	1.778,96	2.001,3
	III	25.638	-	2.051,04	2.307,42	-	1.914,40	2.153,70	-	1.780,96	2.003,58	-	1.650,56	1.856,88	-	1.523,36	1.713,78	-	1.399,04	1.573,92	-	1.277,92	1.437,6
	IV	35.306	1.941,83	2.824,48	3.177,54	1.890,13	2.749,28	3.092,94	1.838,43	2.674,08	3.008,34	1.778,21	2.598,88	2.923,74	1.666,35	2.523,68	2.839,14	1.554,49	2.448,48	2.754,54	1.442,63	2.373,28	2.669,9
	V	41.479	2.281,34	3.318,32	3.733,11																		
	VI	42.011	2.310,60	3.360,88	3.780,99																		

Anzahl Kinderfreibeträge (nur Steuerklassen I–IV)

SolZ/KiSt lt. Tabelle nicht für Sonstige Bezüge anwendbar.

Lohn/Gehalt bis	Steuerklasse	Lohnsteuer	ohne Kinderfreibetrag SolZ 5,5%	Kirchensteuer 8%	9%	0,5 SolZ 5,5%	Kirchensteuer 8%	9%	1,0 SolZ 5,5%	Kirchensteuer 8%	9%	1,5 SolZ 5,5%	Kirchensteuer 8%	9%	2,0 SolZ 5,5%	Kirchensteuer 8%	9%	2,5 SolZ 5,5%	Kirchensteuer 8%	9%	3,0 SolZ 5,5%	Kirchensteuer 8%	9%
						Anzahl Kinderfreibeträge (nur Steuerklassen I–IV)																	
2.615,99 (West)	I	35.227	1.937,48	2.818,16	3.170,43	1.834,08	2.667,76	3.001,23	1.657,07	2.517,44	2.832,12	1.433,35	2.367,04	2.662,92	1.209,63	2.216,64	2.493,72	985,91	2.066,24	2.324,52	762,19	1.915,84	2.155,32
	II	33.438	1.839,09	2.675,04	3.009,42	1.667,78	2.524,64	2.840,22	1.444,06	2.374,24	2.671,02	1.220,34	2.223,84	2.501,82	996,62	2.073,44	2.332,62	773,02	1.923,12	2.163,51	549,30	1.772,72	1.994,31
	III	25.566	-	2.045,28	2.300,94	-	1.908,80	2.147,40	-	1.775,52	1.997,46	-	1.645,12	1.850,76	-	1.518,08	1.707,84	-	1.393,92	1.568,16	-	1.272,96	1.432,08
	IV	35.227	1.937,48	2.818,16	3.170,43	1.885,78	2.742,96	3.085,83	1.834,08	2.667,76	3.001,23	1.768,81	2.592,56	2.916,63	1.657,07	2.517,44	2.832,12	1.545,21	2.442,24	2.747,52	1.433,35	2.367,04	2.662,92
	V	41.401	2.277,05	3.312,08	3.726,09																		
	VI	41.932	2.306,26	3.354,56	3.773,88																		
2.615,99 (Ost)	I	35.321	1.942,65	2.825,68	3.178,89	1.839,25	2.675,28	3.009,69	1.668,14	2.524,88	2.840,49	1.444,42	2.374,48	2.671,29	1.220,70	2.224,08	2.502,09	996,98	2.073,68	2.332,89	773,26	1.923,28	2.163,69
	II	33.532	1.844,26	2.682,56	3.017,88	1.678,97	2.532,16	2.848,68	1.455,25	2.381,76	2.679,48	1.231,53	2.231,36	2.510,28	1.007,81	2.080,96	2.341,08	784,09	1.930,56	2.171,88	560,37	1.780,16	2.002,68
	III	25.652	-	2.052,16	2.308,68	-	1.915,52	2.154,96	-	1.782,08	2.004,84	-	1.651,68	1.858,14	-	1.524,32	1.714,86	-	1.400,00	1.575,00	-	1.278,88	1.438,74
	IV	35.321	1.942,65	2.825,68	3.178,89	1.890,95	2.750,48	3.094,29	1.839,25	2.675,28	3.009,69	1.780,00	2.600,08	2.925,09	1.668,14	2.524,88	2.840,49	1.556,28	2.449,68	2.755,89	1.444,42	2.374,48	2.671,29
	V	41.494	2.282,17	3.319,52	3.734,46																		
	VI	42.026	2.311,43	3.362,08	3.782,34																		
2.651,99 (West)	I	35.242	1.938,31	2.819,36	3.171,78	1.834,96	2.669,04	3.002,67	1.658,86	2.518,64	2.833,47	1.435,14	2.368,24	2.664,27	1.211,42	2.217,84	2.495,07	987,70	2.067,44	2.325,87	763,98	1.917,04	2.156,67
	II	33.453	1.839,91	2.676,24	3.010,77	1.669,57	2.525,84	2.841,57	1.445,85	2.375,44	2.672,37	1.222,24	2.225,12	2.503,26	998,52	2.074,72	2.334,06	774,80	1.924,32	2.164,86	551,08	1.773,92	1.995,66
	III	25.580	-	2.046,40	2.302,20	-	1.909,92	2.148,66	-	1.776,48	1.998,54	-	1.646,24	1.852,02	-	1.519,04	1.708,92	-	1.394,88	1.569,24	-	1.273,92	1.433,16
	IV	35.242	1.938,31	2.819,36	3.171,78	1.886,66	2.744,24	3.087,27	1.834,96	2.669,04	3.002,67	1.770,72	2.593,84	2.918,07	1.658,86	2.518,64	2.833,47	1.547,00	2.443,44	2.748,87	1.435,14	2.368,24	2.664,27
	V	41.416	2.277,88	3.313,28	3.727,44																		
	VI	41.947	2.307,08	3.355,76	3.775,23																		
2.651,99 (Ost)	I	35.336	1.943,48	2.826,88	3.180,24	1.840,08	2.676,48	3.011,04	1.669,92	2.526,08	2.841,84	1.446,20	2.375,68	2.672,64	1.222,48	2.225,28	2.503,44	998,88	2.074,96	2.334,33	775,16	1.924,56	2.165,13
	II	33.547	1.845,08	2.683,76	3.019,23	1.680,75	2.533,36	2.850,03	1.457,03	2.382,96	2.680,83	1.233,31	2.232,56	2.511,63	1.009,59	2.082,16	2.342,43	785,87	1.931,76	2.173,23	562,15	1.781,36	2.004,03
	III	25.666	-	2.053,28	2.309,94	-	1.916,64	2.156,22	-	1.783,04	2.005,92	-	1.652,64	1.859,22	-	1.525,28	1.715,94	-	1.400,96	1.576,08	-	1.279,84	1.439,82
	IV	35.336	1.943,48	2.826,88	3.180,24	1.891,78	2.751,68	3.095,64	1.840,08	2.676,48	3.011,04	1.781,78	2.601,28	2.926,44	1.669,92	2.526,08	2.841,84	1.558,06	2.450,88	2.757,24	1.446,20	2.375,68	2.672,64
	V	41.509	2.282,99	3.320,72	3.735,81																		
	VI	42.041	2.312,25	3.363,28	3.783,69																		
2.687,99 (West)	I	35.258	1.939,19	2.820,64	3.173,22	1.835,79	2.670,24	3.004,02	1.660,64	2.519,84	2.834,82	1.436,92	2.369,44	2.665,62	1.213,20	2.219,04	2.496,42	989,48	2.068,64	2.327,22	765,76	1.918,24	2.158,02
	II	33.468	1.840,74	2.677,44	3.012,12	1.671,35	2.527,04	2.842,92	1.447,75	2.376,72	2.673,81	1.224,03	2.226,32	2.504,61	1.000,31	2.075,92	2.335,41	776,59	1.925,52	2.166,21	552,87	1.775,12	1.997,01
	III	25.594	-	2.047,52	2.303,46	-	1.911,04	2.149,92	-	1.777,60	1.999,80	-	1.647,20	1.853,10	-	1.520,00	1.710,00	-	1.395,84	1.570,32	-	1.274,88	1.434,24
	IV	35.258	1.939,19	2.820,64	3.173,22	1.887,49	2.745,44	3.088,62	1.835,79	2.670,24	3.004,02	1.772,50	2.595,04	2.919,42	1.660,64	2.519,84	2.834,82	1.548,78	2.444,64	2.750,22	1.436,92	2.369,44	2.665,62
	V	41.431	2.278,70	3.314,48	3.728,79																		
	VI	41.963	2.307,96	3.357,04	3.776,67																		
2.687,99 (Ost)	I	35.351	1.944,30	2.828,08	3.181,59	1.840,90	2.677,68	3.012,39	1.671,71	2.527,28	2.843,19	1.447,99	2.376,88	2.673,99	1.224,39	2.226,56	2.504,88	1.000,67	2.076,16	2.335,68	776,95	1.925,76	2.166,48
	II	33.562	1.845,91	2.684,96	3.020,58	1.682,54	2.534,56	2.851,38	1.458,82	2.384,16	2.682,18	1.235,10	2.233,76	2.512,98	1.011,38	2.083,36	2.343,78	787,66	1.932,96	2.174,58	564,06	1.782,64	2.005,47
	III	25.680	-	2.054,40	2.311,20	-	1.917,76	2.157,48	-	1.784,16	2.007,18	-	1.653,76	1.860,48	-	1.526,24	1.717,02	-	1.402,08	1.577,34	-	1.280,80	1.440,90
	IV	35.351	1.944,30	2.828,08	3.181,59	1.892,60	2.752,88	3.096,99	1.840,90	2.677,68	3.012,39	1.783,57	2.602,48	2.927,79	1.671,71	2.527,28	2.843,19	1.559,85	2.452,08	2.758,59	1.447,99	2.376,88	2.673,99
	V	41.525	2.283,87	3.322,00	3.737,25																		
	VI	42.056	2.313,08	3.364,48	3.785,04																		
2.723,99 (West)	I	35.273	1.940,01	2.821,84	3.174,57	1.836,61	2.671,44	3.005,37	1.662,43	2.521,04	2.836,17	1.438,71	2.370,64	2.666,97	1.214,99	2.220,24	2.497,77	991,27	2.069,84	2.328,57	767,55	1.919,44	2.159,37
	II	33.484	1.841,62	2.678,72	3.013,56	1.673,25	2.528,32	2.844,36	1.449,53	2.377,92	2.675,16	1.225,81	2.227,52	2.505,96	1.002,09	2.077,12	2.336,76	778,37	1.926,72	2.167,56	554,65	1.776,32	1.998,36
	III	25.608	-	2.048,64	2.304,72	-	1.912,00	2.151,00	-	1.778,56	2.000,88	-	1.648,32	1.854,36	-	1.520,96	1.711,08	-	1.396,80	1.571,40	-	1.275,84	1.435,32
	IV	35.273	1.940,01	2.821,84	3.174,57	1.888,31	2.746,64	3.089,97	1.836,61	2.671,44	3.005,37	1.774,29	2.596,24	2.920,77	1.662,43	2.521,04	2.836,17	1.550,57	2.445,84	2.751,57	1.438,71	2.370,64	2.666,97
	V	41.446	2.279,53	3.315,68	3.730,14																		
	VI	41.978	2.308,79	3.358,24	3.778,02																		
2.723,99 (Ost)	I	35.366	1.945,13	2.829,28	3.182,94	1.841,73	2.678,88	3.013,74	1.673,61	2.528,56	2.844,63	1.449,89	2.378,16	2.675,43	1.226,17	2.227,76	2.506,23	1.002,45	2.077,36	2.337,03	778,73	1.926,96	2.167,83
	II	33.577	1.846,73	2.686,16	3.021,93	1.684,32	2.535,76	2.852,73	1.460,60	2.385,36	2.683,53	1.236,88	2.234,96	2.514,33	1.013,16	2.084,56	2.345,13	789,56	1.934,24	2.176,02	565,84	1.783,84	2.006,82
	III	25.694	-	2.055,52	2.312,46	-	1.918,88	2.158,74	-	1.785,28	2.008,44	-	1.654,72	1.861,56	-	1.527,36	1.718,28	-	1.403,04	1.578,42	-	1.281,76	1.441,98
	IV	35.366	1.945,13	2.829,28	3.182,94	1.893,43	2.754,08	3.098,34	1.841,73	2.678,88	3.013,74	1.785,35	2.603,68	2.929,14	1.673,61	2.528,56	2.844,63	1.561,75	2.453,36	2.760,03	1.449,89	2.378,16	2.675,43
	V	41.540	2.284,70	3.323,20	3.738,60																		
	VI	42.071	2.313,90	3.365,68	3.786,39																		
2.759,99 (West)	I	35.288	1.940,84	2.823,04	3.175,92	1.837,44	2.672,64	3.006,72	1.664,21	2.522,24	2.837,52	1.440,49	2.371,84	2.668,32	1.216,77	2.221,44	2.499,12	993,05	2.071,04	2.329,92	769,33	1.920,64	2.160,72
	II	33.499	1.842,44	2.679,92	3.014,91	1.675,04	2.529,52	2.845,71	1.451,32	2.379,12	2.676,51	1.227,60	2.228,72	2.507,31	1.003,88	2.078,32	2.338,11	780,16	1.927,92	2.168,91	556,44	1.777,52	1.999,71
	III	25.620	-	2.049,60	2.305,80	-	1.913,12	2.152,26	-	1.779,68	2.002,14	-	1.649,28	1.855,44	-	1.522,08	1.712,34	-	1.397,92	1.572,66	-	1.276,80	1.436,40
	IV	35.288	1.940,84	2.823,04	3.175,92	1.889,14	2.747,84	3.091,32	1.837,44	2.672,64	3.006,72	1.776,07	2.597,44	2.922,12	1.664,21	2.522,24	2.837,52	1.552,35	2.447,04	2.752,92	1.440,49	2.371,84	2.668,32
	V	41.461	2.280,35	3.316,88	3.731,49																		
	VI	41.993	2.309,61	3.359,44	3.779,37																		
2.759,99 (Ost)	I	35.381	1.945,95	2.830,48	3.184,29	1.842,61	2.680,16	3.015,18	1.675,40	2.529,76	2.845,98	1.451,68	2.379,36	2.676,78	1.227,96	2.228,96	2.507,58	1.004,24	2.078,56	2.338,38	780,52	1.928,16	2.169,18
	II	33.592	1.847,56	2.687,36	3.023,28	1.686,11	2.536,96	2.854,08	1.462,39	2.386,56	2.684,88	1.238,79	2.236,24	2.515,77	1.015,07	2.085,84	2.346,57	791,35	1.935,44	2.177,37	567,63	1.785,04	2.008,17
	III	25.708	-	2.056,64	2.313,72	-	1.919,84	2.159,82	-	1.786,24	2.009,52	-	1.655,84	1.862,82	-	1.528,32	1.719,36	-	1.404,00	1.579,50	-	1.282,72	1.443,06
	IV	35.381	1.945,95	2.830,48	3.184,29	1.894,31	2.755,36	3.099,78	1.842,61	2.680,16	3.015,18	1.787,26	2.604,96	2.930,58	1.675,40	2.529,76	2.845,98	1.563,54	2.454,56	2.761,38	1.451,68	2.379,36	2.676,78
	V	41.555	2.285,52	3.324,40	3.739,95																		
	VI	42.087	2.314,78	3.366,96	3.787,83																		
2.795,99 (West)	I	35.303	1.941,66	2.824,24	3.177,27	1.838,26	2.673,84	3.008,07	1.666,00	2.523,44	2.838,87	1.442,28	2.373,04	2.669,67	1.218,56	2.222,64	2.500,47	994,84	2.072,24	2.331,27	771,12	1.921,84	2.162,07
	II	33.514	1.843,27	2.681,12	3.016,26	1.676,82	2.530,72	2.847,06	1.453,10	2.380,32	2.677,86	1.229,38	2.229,92	2.508,66	1.005,66	2.079,52	2.339,46	781,94	1.929,12	2.170,26	558,22	1.778,72	2.001,06
	III	25.634	-	2.050,72	2.307,06	-	1.914,24	2.153,52	-	1.780,80	2.003,40	-	1.650,40	1.856,70	-	1.523,04	1.713,42	-	1.398,88	1.573,74	-	1.277,76	1.437,48
	IV	35.303	1.941,66	2.824,24	3.177,27	1.889,96	2.749,04	3.092,67	1.838,26	2.673,84	3.008,07	1.777,86	2.598,64	2.923,47	1.666,00	2.523,44	2.838,87	1.554,14	2.448,24	2.754,27	1.442,28	2.373,04	2.669,67
	V	41.476	2.281,18	3.318,08	3.732,84																		
	VI	42.008	2.310,44	3.360,64	3.780,72																		
2.795,99 (Ost)	I	35.397	1.946,83	2.831,76	3.185,73	1.843,43	2.681,36	3.016,53	1.677,18	2.530,96	2.847,33	1.453,46	2.380,56	2.678,13	1.229,74	2.230,16	2.508,93	1.006,02	2.079,76	2.339,73	782,30	1.929,36	2.170,53
	II	33.607	1.848,38	2.688,56	3.024,63	1.687,89	2.538,16	2.855,43	1.464,29	2.387,84	2.686,32	1.240,57	2.237,44	2.517,12	1.016,85	2.087,04	2.347,92	793,13	1.936,64	2.178,72	569,41	1.786,24	2.009,52
	III	25.722	-	2.057,76	2.314,98	-	1.920,96	2.161,08	-	1.787,36	2.010,78	-	1.656,80	1.863,90	-	1.529,28	1.720,44	-	1.404,96	1.580,58	-	1.283,68	1.444,14
	IV	35.397	1.946,83	2.831,76	3.185,73	1.895,13	2.756,56	3.101,13	1.843,43	2.681,36	3.016,53	1.789,04	2.606,16	2.931,93	1.677,18	2.530,96	2.847,33	1.565,32	2.455,76	2.762,73	1.453,46	2.380,56	2.678,13
	V	41.570	2.286,35	3.325,60	3.741,30																		
	VI	42.102	2.315,61	3.368,16	3.789,18																		
2.831,99 (West)	I	35.318	1.942,49	2.825,44	3.178,62	1.839,09	2.675,04	3.009,42	1.667,78	2.524,64	2.840,22	1.444,06	2.374,24	2.671,02	1.220,34	2.223,84	2.501,82	996,62	2.073,44	2.332,62	773,02	1.923,12	2.163,51
	II	33.529	1.844,09	2.682,32	3.017,61	1.678,61	2.531,92	2.848,41	1.454,89	2.381,52	2.679,21	1.231,17	2.231,12	2.510,01	1.007,45	2.080,72	2.340,81	783,73	1.930,32	2.171,61	560,01	1.779,92	2.002,41
	III	25.648	-	2.051,84	2.308,32	-	1.915,36	2.154,78	-	1.781,76	2.004,48	-	1.651,36	1.857,78	-	1.524,00	1.714,50	-	1.399,84	1.574,82	-	1.278,72	1.438,56
	IV	35.318	1.942,49	2.825,44	3.178,62	1.890,79	2.750,24	3.094,02	1.839,09	2.675,04	3.009,42	1.779,64	2.599,84	2.924,82	1.667,78	2.524,64	2.840,22	1.555,92	2.449,44	2.755,62	1.444,06	2.374,24	2.671,02
	V	41.491	2.282,00	3.319,28	3.734,19																		
	VI	42.023	2.311,26	3.361,84	3.782,07																		
2.831,99 (Ost)	I	35.412	1.947,66	2.832,96	3.187,08	1.844,26	2.682,56	3.017,88	1.678,97	2.532,16	2.848,68	1.455,25	2.381,76	2.679,48	1.231,53	2.231,36	2.510,28	1.007,81	2.080,96	2.341,08	784,09	1.930,56	2.171,88
	II	33.623	1.849,26	2.689,84	3.026,07	1.689,80	2.539,44	2.856,87	1.466,08	2.389,04	2.687,67	1.242,36	2.238,64	2.518,47	1.018,64	2.088,24	2.349,27	794,92	1.937,84	2.180,07	571,20	1.787,44	2.010,87
	III	25.736	-	2.058,88	2.316,24	-	1.922,08	2.162,34	-	1.788,48	2.012,04	-	1.657,92	1.865,16	-	1.530,40	1.721,70	-	1.405,92	1.581,66	-	1.284,64	1.445,22
	IV	35.412	1.947,66	2.832,96	3.187,08	1.895,96	2.757,76	3.102,48	1.844,26	2.682,56	3.017,88	1.790,83	2.607,36	2.933,28	1.678,97	2.532,16	2.848,68	1.567,11	2.456,96	2.764,08	1.455,25	2.381,76	2.679,48
	V	41.585	2.287,17	3.326,80	3.742,65																		
	VI	42.117	2.316,43	3.369,36	3.790,53																		

SolZ/KiSt lt. Tabelle nicht für Sonstige Bezüge anwendbar.

JAHR bis 123.083,99 €

Allgemeine Tabelle

Lohn/ Gehalt bis	Steuerklasse	Lohn-steuer	ohne Kinderfreibetrag SolZ 5,5%	Kirchensteuer 8%	9%	0,5 SolZ 5,5%	Kirchensteuer 8%	9%	1,0 SolZ 5,5%	Kirchensteuer 8%	9%	1,5 SolZ 5,5%	Kirchensteuer 8%	9%	2,0 SolZ 5,5%	Kirchensteuer 8%	9%	2,5 SolZ 5,5%	Kirchensteuer 8%	9%	3,0 SolZ 5,5%	Kirchensteue 8%	9%
122.867,99	I	35.333	*1.943,31*	2.826,64	3.179,97	*1.839,91*	2.676,24	3.010,77	*1.669,57*	2.525,84	2.841,57	*1.445,85*	2.375,44	2.672,37	*1.222,24*	2.225,12	2.503,26	*998,52*	2.074,72	2.334,06	*774,80*	1.924,32	2.164,
(West)	II	33.544	*1.844,92*	2.683,52	3.018,96	*1.680,39*	2.533,12	2.849,76	*1.456,67*	2.382,72	2.680,56	*1.232,95*	2.232,32	2.511,36	*1.009,23*	2.081,92	2.342,16	*785,51*	1.931,52	2.172,96	*561,79*	1.781,12	2.003,
	III	25.662	-	2.052,96	2.309,58	-	1.916,32	2.155,86	-	1.782,88	2.005,74	-	1.652,48	1.859,04	-	1.525,12	1.715,76	-	1.400,80	1.575,90	-	1.279,68	1.439,
	IV	35.333	*1.943,31*	2.826,64	3.179,97	*1.891,61*	2.751,44	3.095,37	*1.839,91*	2.676,24	3.010,77	*1.781,43*	2.601,04	2.926,17	*1.669,57*	2.525,84	2.841,57	*1.557,71*	2.450,64	2.756,97	*1.445,85*	2.375,44	2.672,
	V	41.506	*2.282,83*	3.320,48	3.735,54																		
	VI	42.038	*2.312,09*	3.363,04	3.783,42																		
122.867,99	I	35.427	*1.948,48*	2.834,16	3.188,43	*1.845,08*	2.683,76	3.019,23	*1.680,75*	2.533,36	2.850,03	*1.457,03*	2.382,96	2.680,83	*1.233,31*	2.232,56	2.511,63	*1.009,59*	2.082,16	2.342,43	*785,87*	1.931,76	2.173,
(Ost)	II	33.638	*1.850,09*	2.691,04	3.027,42	*1.691,58*	2.540,64	2.858,22	*1.467,86*	2.390,24	2.689,02	*1.244,14*	2.239,84	2.519,82	*1.020,42*	2.089,44	2.350,62	*796,70*	1.939,04	2.181,42	*572,98*	1.788,64	2.012,
	III	25.750	-	2.060,00	2.317,50	-	1.923,20	2.163,60	-	1.789,44	2.013,12	-	1.658,88	1.866,24	-	1.531,36	1.722,78	-	1.406,88	1.582,74	-	1.285,60	1.446,
	IV	35.427	*1.948,48*	2.834,16	3.188,43	*1.896,78*	2.758,96	3.103,83	*1.845,08*	2.683,76	3.019,23	*1.792,61*	2.608,56	2.934,63	*1.680,75*	2.533,36	2.850,03	*1.568,89*	2.458,16	2.765,43	*1.457,03*	2.382,96	2.680
	V	41.600	*2.288,00*	3.328,00	3.744,00																		
	VI	42.132	*2.317,26*	3.370,56	3.791,88																		
122.903,99	I	35.348	*1.944,14*	2.827,84	3.181,32	*1.840,74*	2.677,44	3.012,12	*1.671,35*	2.527,04	2.842,92	*1.447,75*	2.376,72	2.673,81	*1.224,03*	2.226,32	2.504,61	*1.000,31*	2.075,92	2.335,41	*776,59*	1.925,52	2.166,
(West)	II	33.559	*1.845,74*	2.684,72	3.020,31	*1.682,18*	2.534,32	2.851,11	*1.458,46*	2.383,92	2.681,91	*1.234,74*	2.233,52	2.512,71	*1.011,02*	2.083,12	2.343,51	*787,42*	1.932,80	2.174,40	*563,70*	1.782,40	2.005,
	III	25.676	-	2.054,08	2.310,84	-	1.917,44	2.157,12	-	1.784,00	2.007,00	-	1.653,44	1.860,12	-	1.526,08	1.716,84	-	1.401,76	1.576,98	-	1.280,64	1.440,
	IV	35.348	*1.944,14*	2.827,84	3.181,32	*1.892,44*	2.752,64	3.096,72	*1.840,74*	2.677,44	3.012,12	*1.783,21*	2.602,24	2.927,52	*1.671,35*	2.527,04	2.842,92	*1.559,61*	2.451,92	2.758,41	*1.447,75*	2.376,72	2.673,
	V	41.522	*2.283,71*	3.321,76	3.736,98																		
	VI	42.053	*2.312,91*	3.364,24	3.784,77																		
122.903,99	I	35.442	*1.949,31*	2.835,36	3.189,78	*1.845,91*	2.684,96	3.020,58	*1.682,54*	2.534,56	2.851,38	*1.458,82*	2.384,16	2.682,18	*1.235,10*	2.233,76	2.512,98	*1.011,38*	2.083,36	2.343,78	*787,66*	1.932,96	2.174,
(Ost)	II	33.653	*1.850,91*	2.692,24	3.028,77	*1.693,37*	2.541,84	2.859,57	*1.469,65*	2.391,44	2.690,37	*1.245,93*	2.241,04	2.521,17	*1.022,21*	2.090,64	2.351,97	*798,49*	1.940,24	2.182,77	*574,77*	1.789,84	2.013,
	III	25.764	-	2.061,12	2.318,76	-	1.924,32	2.164,86	-	1.790,56	2.014,38	-	1.660,00	1.867,50	-	1.532,32	1.723,86	-	1.408,00	1.584,00	-	1.286,56	1.447,
	IV	35.442	*1.949,31*	2.835,36	3.189,78	*1.897,61*	2.760,16	3.105,18	*1.845,91*	2.684,96	3.020,58	*1.794,21*	2.609,76	2.935,98	*1.682,54*	2.534,56	2.851,38	*1.570,68*	2.459,36	2.766,78	*1.458,82*	2.384,16	2.682,
	V	41.615	*2.288,82*	3.329,20	3.745,35																		
	VI	42.147	*2.318,08*	3.371,76	3.793,23																		
122.939,99	I	35.363	*1.944,96*	2.829,04	3.182,67	*1.841,62*	2.678,72	3.013,56	*1.673,25*	2.528,32	2.844,36	*1.449,53*	2.377,92	2.675,16	*1.225,81*	2.227,52	2.505,96	*1.002,09*	2.077,12	2.336,76	*778,37*	1.926,72	2.167,
(West)	II	33.574	*1.846,57*	2.685,92	3.021,66	*1.683,96*	2.535,52	2.852,46	*1.460,24*	2.385,12	2.683,26	*1.236,52*	2.234,72	2.514,06	*1.012,92*	2.084,40	2.344,95	*789,20*	1.934,00	2.175,75	*565,48*	1.783,60	2.006,
	III	25.690	-	2.055,20	2.312,10	-	1.918,56	2.158,38	-	1.784,96	2.008,08	-	1.654,56	1.861,38	-	1.527,04	1.717,92	-	1.402,72	1.578,06	-	1.281,60	1.441,
	IV	35.363	*1.944,96*	2.829,04	3.182,67	*1.893,26*	2.753,84	3.098,07	*1.841,62*	2.678,72	3.013,56	*1.785,11*	2.603,52	2.928,96	*1.673,25*	2.528,32	2.844,36	*1.561,39*	2.453,12	2.759,76	*1.449,53*	2.377,92	2.675,
	V	41.537	*2.284,53*	3.322,96	3.738,33																		
	VI	42.068	*2.313,74*	3.365,44	3.786,12																		
122.939,99	I	35.457	*1.950,13*	2.836,56	3.191,13	*1.846,73*	2.686,16	3.021,93	*1.684,32*	2.535,76	2.852,73	*1.460,60*	2.385,36	2.683,53	*1.236,88*	2.234,96	2.514,33	*1.013,16*	2.084,56	2.345,13	*789,56*	1.934,24	2.176,
(Ost)	II	33.668	*1.851,74*	2.693,44	3.030,12	*1.695,15*	2.543,04	2.860,92	*1.471,43*	2.392,64	2.691,72	*1.247,71*	2.242,24	2.522,52	*1.023,99*	2.091,84	2.353,32	*800,27*	1.941,44	2.184,12	*576,55*	1.791,04	2.014,
	III	25.776	-	2.062,08	2.319,84	-	1.925,28	2.165,94	-	1.791,68	2.015,64	-	1.660,96	1.868,58	-	1.533,44	1.725,12	-	1.408,96	1.585,08	-	1.287,52	1.448,
	IV	35.457	*1.950,13*	2.836,56	3.191,13	*1.898,43*	2.761,36	3.106,53	*1.846,73*	2.686,16	3.021,93	*1.795,03*	2.610,96	2.937,33	*1.684,32*	2.535,76	2.852,73	*1.572,46*	2.460,56	2.768,13	*1.460,60*	2.385,36	2.683,
	V	41.630	*2.289,65*	3.330,40	3.746,70																		
	VI	42.162	*2.318,91*	3.372,96	3.794,58																		
122.975,99	I	35.379	*1.945,84*	2.830,32	3.184,11	*1.842,44*	2.679,92	3.014,91	*1.675,04*	2.529,52	2.845,71	*1.451,32*	2.379,12	2.676,51	*1.227,60*	2.228,72	2.507,31	*1.003,88*	2.078,32	2.338,11	*780,16*	1.927,92	2.168,
(West)	II	33.589	*1.847,39*	2.687,12	3.023,01	*1.685,75*	2.536,72	2.853,81	*1.462,15*	2.386,40	2.684,70	*1.238,43*	2.236,00	2.515,50	*1.014,71*	2.085,60	2.346,30	*790,99*	1.935,20	2.177,10	*567,27*	1.784,80	2.007,
	III	25.704	-	2.056,32	2.313,36	-	1.919,68	2.159,64	-	1.786,08	2.009,34	-	1.655,52	1.862,46	-	1.528,16	1.719,18	-	1.403,84	1.579,32	-	1.282,56	1.442,
	IV	35.379	*1.945,84*	2.830,32	3.184,11	*1.894,14*	2.755,12	3.099,51	*1.842,44*	2.679,92	3.014,91	*1.786,90*	2.604,72	2.930,31	*1.675,04*	2.529,52	2.845,71	*1.563,18*	2.454,32	2.761,11	*1.451,32*	2.379,12	2.676,
	V	41.552	*2.285,36*	3.324,16	3.739,68																		
	VI	42.084	*2.314,62*	3.366,72	3.787,56																		
122.975,99	I	35.472	*1.950,96*	2.837,76	3.192,48	*1.847,56*	2.687,36	3.023,28	*1.686,11*	2.536,96	2.854,08	*1.462,39*	2.386,56	2.684,88	*1.238,79*	2.236,24	2.515,77	*1.015,07*	2.085,84	2.346,57	*791,35*	1.935,44	2.177,
(Ost)	II	33.683	*1.852,56*	2.694,64	3.031,47	*1.696,94*	2.544,24	2.862,27	*1.473,22*	2.393,84	2.693,07	*1.249,50*	2.243,44	2.523,87	*1.025,78*	2.093,04	2.354,67	*802,06*	1.942,64	2.185,47	*578,34*	1.792,24	2.016,
	III	25.790	-	2.063,20	2.321,10	-	1.926,40	2.167,20	-	1.792,64	2.016,72	-	1.662,08	1.869,84	-	1.534,40	1.726,20	-	1.409,92	1.586,16	-	1.288,48	1.449,
	IV	35.472	*1.950,96*	2.837,76	3.192,48	*1.899,26*	2.762,56	3.107,88	*1.847,56*	2.687,36	3.023,28	*1.795,86*	2.612,16	2.938,68	*1.686,11*	2.536,96	2.854,08	*1.574,25*	2.461,76	2.769,48	*1.462,39*	2.386,56	2.684,
	V	41.646	*2.290,53*	3.331,68	3.748,14																		
	VI	42.177	*2.319,73*	3.374,16	3.795,93																		
123.011,99	I	35.394	*1.946,67*	2.831,52	3.185,46	*1.843,27*	2.681,12	3.016,26	*1.676,82*	2.530,72	2.847,06	*1.453,10*	2.380,32	2.677,86	*1.229,38*	2.229,92	2.508,66	*1.005,66*	2.079,52	2.339,46	*781,94*	1.929,12	2.170,
(West)	II	33.604	*1.848,22*	2.688,32	3.024,36	*1.687,65*	2.538,00	2.855,25	*1.463,93*	2.387,60	2.686,05	*1.240,21*	2.237,20	2.516,85	*1.016,49*	2.086,80	2.347,65	*792,77*	1.936,40	2.178,45	*569,05*	1.786,00	2.009,
	III	25.718	-	2.057,44	2.314,62	-	1.920,80	2.160,90	-	1.787,04	2.010,42	-	1.656,64	1.863,72	-	1.529,12	1.720,26	-	1.404,80	1.580,40	-	1.283,52	1.443,
	IV	35.394	*1.946,67*	2.831,52	3.185,46	*1.894,97*	2.756,32	3.100,86	*1.843,27*	2.681,12	3.016,26	*1.788,68*	2.605,92	2.931,66	*1.676,82*	2.530,72	2.847,06	*1.564,96*	2.455,52	2.762,46	*1.453,10*	2.380,32	2.677,
	V	41.567	*2.286,18*	3.325,36	3.741,03																		
	VI	42.099	*2.315,44*	3.367,92	3.788,91																		
123.011,99	I	35.487	*1.951,78*	2.838,96	3.193,83	*1.848,38*	2.688,56	3.024,63	*1.687,89*	2.538,16	2.855,43	*1.464,29*	2.387,84	2.686,32	*1.240,57*	2.237,44	2.517,12	*1.016,85*	2.087,04	2.347,92	*793,13*	1.936,64	2.178,
(Ost)	II	33.698	*1.853,39*	2.695,84	3.032,82	*1.698,72*	2.545,44	2.863,62	*1.475,00*	2.395,04	2.694,42	*1.251,28*	2.244,64	2.525,22	*1.027,56*	2.094,24	2.356,02	*803,96*	1.943,92	2.186,91	*580,24*	1.793,52	2.017,
	III	25.804	-	2.064,32	2.322,36	-	1.927,52	2.168,46	-	1.793,76	2.017,98	-	1.663,04	1.870,92	-	1.535,36	1.727,28	-	1.410,88	1.587,24	-	1.289,44	1.450,
	IV	35.487	*1.951,78*	2.838,96	3.193,83	*1.900,08*	2.763,76	3.109,23	*1.848,38*	2.688,56	3.024,63	*1.796,68*	2.613,36	2.940,03	*1.687,89*	2.538,16	2.855,43	*1.576,15*	2.463,04	2.770,92	*1.464,29*	2.387,84	2.686,
	V	41.661	*2.291,35*	3.332,88	3.749,49																		
	VI	42.192	*2.320,56*	3.375,36	3.797,28																		
123.047,99	I	35.409	*1.947,49*	2.832,72	3.186,81	*1.844,09*	2.682,32	3.017,61	*1.678,61*	2.531,92	2.848,41	*1.454,89*	2.381,52	2.679,21	*1.231,17*	2.231,12	2.510,01	*1.007,45*	2.080,72	2.340,81	*783,73*	1.930,32	2.171,
(West)	II	33.620	*1.849,10*	2.689,60	3.025,80	*1.689,44*	2.539,20	2.856,60	*1.465,72*	2.388,80	2.687,40	*1.242,00*	2.238,40	2.518,20	*1.018,28*	2.088,00	2.349,00	*794,56*	1.937,60	2.179,80	*570,84*	1.787,20	2.010,
	III	25.732	-	2.058,56	2.315,88	-	1.921,76	2.161,98	-	1.788,16	2.011,68	-	1.657,60	1.864,80	-	1.530,08	1.721,34	-	1.405,76	1.581,48	-	1.284,48	1.445,
	IV	35.409	*1.947,49*	2.832,72	3.186,81	*1.895,79*	2.757,52	3.102,21	*1.844,09*	2.682,32	3.017,61	*1.790,47*	2.607,12	2.933,01	*1.678,61*	2.531,92	2.848,41	*1.566,75*	2.456,72	2.763,81	*1.454,89*	2.381,52	2.679,
	V	41.582	*2.287,01*	3.326,56	3.742,38																		
	VI	42.114	*2.316,27*	3.369,12	3.790,26																		
123.047,99	I	35.502	*1.952,61*	2.840,16	3.195,18	*1.849,26*	2.689,84	3.026,07	*1.689,80*	2.539,44	2.856,87	*1.466,08*	2.389,04	2.687,67	*1.242,36*	2.238,64	2.518,47	*1.018,64*	2.088,24	2.349,27	*794,92*	1.937,84	2.180,
(Ost)	II	33.713	*1.854,21*	2.697,04	3.034,17	*1.700,51*	2.546,64	2.864,97	*1.476,79*	2.396,24	2.695,77	*1.253,07*	2.245,84	2.526,57	*1.029,46*	2.095,52	2.357,46	*805,74*	1.945,12	2.188,26	*582,02*	1.794,72	2.019,
	III	25.818	-	2.065,44	2.323,62	-	1.928,64	2.169,72	-	1.794,72	2.019,06	-	1.664,00	1.872,00	-	1.536,48	1.728,54	-	1.411,84	1.588,32	-	1.290,40	1.451,
	IV	35.502	*1.952,61*	2.840,16	3.195,18	*1.900,91*	2.764,96	3.110,58	*1.849,26*	2.689,84	3.026,07	*1.797,56*	2.614,64	2.941,47	*1.689,80*	2.539,44	2.856,87	*1.577,94*	2.464,24	2.772,27	*1.466,08*	2.389,04	2.687,
	V	41.676	*2.292,18*	3.334,08	3.750,84																		
	VI	42.207	*2.321,38*	3.376,56	3.798,63																		
123.083,99	I	35.424	*1.948,32*	2.833,92	3.188,16	*1.844,92*	2.683,52	3.018,96	*1.680,39*	2.533,12	2.849,76	*1.456,67*	2.382,72	2.680,56	*1.232,95*	2.232,32	2.511,36	*1.009,23*	2.081,92	2.342,16	*785,51*	1.931,52	2.172,9
(West)	II	33.635	*1.849,92*	2.690,80	3.027,15	*1.691,22*	2.540,40	2.857,95	*1.467,50*	2.390,00	2.688,75	*1.243,78*	2.239,60	2.519,55	*1.020,06*	2.089,20	2.350,35	*796,34*	1.938,80	2.181,15	*572,62*	1.788,40	2.011,9
	III	25.746	-	2.059,68	2.317,14	-	1.922,88	2.163,24	-	1.789,28	2.012,94	-	1.658,72	1.866,06	-	1.531,20	1.722,60	-	1.406,72	1.582,56	-	1.285,44	1.446,1
	IV	35.424	*1.948,32*	2.833,92	3.188,16	*1.896,62*	2.758,72	3.103,56	*1.844,92*	2.683,52	3.018,96	*1.792,25*	2.608,32	2.934,36	*1.680,39*	2.533,12	2.849,76	*1.568,53*	2.457,92	2.765,16	*1.456,67*	2.382,72	2.680,5
	V	41.597	*2.287,83*	3.327,76	3.743,73																		
	VI	42.129	*2.317,09*	3.370,32	3.791,61																		
123.083,99	I	35.518	*1.953,49*	2.841,44	3.196,62	*1.850,09*	2.691,04	3.027,42	*1.691,58*	2.540,64	2.858,22	*1.467,86*	2.390,24	2.689,02	*1.244,14*	2.239,84	2.519,82	*1.020,42*	2.089,44	2.350,62	*796,70*	1.939,04	2.181,4
(Ost)	II	33.728	*1.855,04*	2.698,24	3.035,52	*1.702,29*	2.547,84	2.866,32	*1.478,69*	2.397,52	2.697,21	*1.254,97*	2.247,12	2.528,01	*1.031,25*	2.096,72	2.358,81	*807,53*	1.946,32	2.189,61	*583,81*	1.795,92	2.020,4
	III	25.832	-	2.066,56	2.324,88	-	1.929,76	2.170,98	-	1.795,84	2.020,32	-	1.665,12	1.873,26	-	1.537,44	1.729,62	-	1.412,96	1.589,58	-	1.291,36	1.452,7
	IV	35.518	*1.953,49*	2.841,44	3.196,62	*1.901,79*	2.766,24	3.112,02	*1.850,09*	2.691,04	3.027,42	*1.798,39*	2.615,84	2.942,82	*1.691,58*	2.540,64	2.858,22	*1.579,72*	2.465,44	2.773,62	*1.467,86*	2.390,24	2.689,0
	V	41.691	*2.293,00*	3.335,28	3.752,19																		
	VI	42.223	*2.322,26*	3.377,84	3.800,07																		

Anzahl Kinderfreibeträge (nur Steuerklassen I–IV)

SolZ/KiSt lt. Tabelle nicht für Sonstige Bezüge anwendbar.

Lohn/ Gehalt bis	Steuerklasse	Lohn-steuer	ohne Kinderfreibetrag			Anzahl Kinderfreibeträge (nur Steuerklassen I–IV)																	
						0,5			1,0			1,5			2,0			2,5			3,0		
			SolZ 5,5%	Kirchensteuer 8%	9%	SolZ 5,5%	Kirchensteuer 8%	9%	SolZ 5,5%	Kirchensteuer 8%	9%	SolZ 5,5%	Kirchensteuer 8%	9%	SolZ 5,5%	Kirchensteuer 8%	9%	SolZ 5,5%	Kirchensteuer 8%	9%	SolZ 5,5%	Kirchensteuer 8%	9%
23.119,99 (West)	I	35.439	1.949,14	2.835,12	3.189,51	1.845,74	2.684,72	3.020,31	1.682,18	2.534,32	2.851,11	1.458,46	2.383,92	2.681,91	1.234,74	2.233,52	2.512,71	1.011,02	2.083,12	2.343,51	787,42	1.932,80	2.174,40
	II	33.650	1.850,75	2.692,00	3.028,50	1.693,01	2.541,60	2.859,30	1.469,29	2.391,20	2.690,10	1.245,57	2.240,80	2.520,90	1.021,85	2.090,40	2.351,70	798,13	1.940,00	2.182,50	574,41	1.789,60	2.013,30
	III	25.760	-	2.060,80	2.318,40	-	1.924,00	2.164,50	-	1.790,24	2.014,02	-	1.659,68	1.867,14	-	1.532,16	1.723,68	-	1.407,68	1.583,64	-	1.286,40	1.447,20
	IV	35.439	1.949,14	2.835,12	3.189,51	1.897,44	2.759,92	3.104,91	1.845,74	2.684,72	3.020,31	1.794,04	2.609,52	2.935,71	1.682,18	2.534,32	2.851,11	1.570,32	2.459,12	2.766,51	1.458,46	2.383,92	2.681,91
	V	41.612	2.288,66	3.328,96	3.745,08																		
	VI	42.144	2.317,92	3.371,52	3.792,96																		
23.119,99 (Ost)	I	35.533	1.954,31	2.842,64	3.197,97	1.850,91	2.692,24	3.028,77	1.693,37	2.541,84	2.859,57	1.469,65	2.391,44	2.690,37	1.245,93	2.241,04	2.521,17	1.022,21	2.090,64	2.351,97	798,49	1.940,24	2.182,77
	II	33.743	1.855,86	2.699,44	3.036,87	1.704,19	2.549,12	2.867,76	1.480,47	2.398,72	2.698,56	1.256,75	2.248,32	2.529,36	1.033,03	2.097,92	2.360,16	809,31	1.947,52	2.190,96	585,59	1.797,12	2.021,76
	III	25.846	-	2.067,68	2.326,14	-	1.930,72	2.172,06	-	1.796,96	2.021,58	-	1.666,08	1.874,34	-	1.538,40	1.730,70	-	1.413,92	1.590,66	-	1.292,32	1.453,86
	IV	35.533	1.954,31	2.842,64	3.197,97	1.902,61	2.767,44	3.113,37	1.850,91	2.692,24	3.028,77	1.799,21	2.617,04	2.944,17	1.693,37	2.541,84	2.859,57	1.581,51	2.466,64	2.774,97	1.469,65	2.391,44	2.690,37
	V	41.706	2.293,83	3.336,48	3.753,54																		
	VI	42.238	2.323,09	3.379,04	3.801,42																		
23.155,99 (West)	I	35.454	1.949,97	2.836,32	3.190,86	1.846,57	2.685,92	3.021,66	1.683,96	2.535,52	2.852,46	1.460,24	2.385,12	2.683,26	1.236,52	2.234,72	2.514,06	1.012,92	2.084,40	2.344,95	789,20	1.934,00	2.175,75
	II	33.665	1.851,57	2.693,20	3.029,85	1.694,79	2.542,80	2.860,65	1.471,07	2.392,40	2.691,45	1.247,35	2.242,00	2.522,25	1.023,63	2.091,60	2.353,05	799,91	1.941,20	2.183,85	576,19	1.790,80	2.014,65
	III	25.774	-	2.061,92	2.319,66	-	1.925,12	2.165,76	-	1.791,36	2.015,28	-	1.660,80	1.868,40	-	1.533,12	1.724,76	-	1.408,64	1.584,72	-	1.287,36	1.448,28
	IV	35.454	1.949,97	2.836,32	3.190,86	1.898,27	2.761,12	3.106,26	1.846,57	2.685,92	3.021,66	1.794,87	2.610,72	2.937,06	1.683,96	2.535,52	2.852,46	1.572,10	2.460,32	2.767,86	1.460,24	2.385,12	2.683,26
	V	41.627	2.289,48	3.330,16	3.746,43																		
	VI	42.159	2.318,74	3.372,72	3.794,31																		
23.155,99 (Ost)	I	35.548	1.955,14	2.843,84	3.199,32	1.851,74	2.693,44	3.030,12	1.695,15	2.543,04	2.860,92	1.471,43	2.392,64	2.691,72	1.247,71	2.242,24	2.522,52	1.023,99	2.091,84	2.353,32	800,27	1.941,44	2.184,12
	II	33.759	1.856,74	2.700,72	3.038,31	1.705,98	2.550,32	2.869,11	1.482,26	2.399,92	2.699,91	1.258,54	2.249,52	2.530,71	1.034,82	2.099,12	2.361,51	811,10	1.948,72	2.192,31	587,38	1.798,32	2.023,11
	III	25.860	-	2.068,80	2.327,40	-	1.931,84	2.173,32	-	1.797,92	2.022,66	-	1.667,20	1.875,60	-	1.539,52	1.731,96	-	1.414,88	1.591,74	-	1.293,28	1.454,94
	IV	35.548	1.955,14	2.843,84	3.199,32	1.903,44	2.768,64	3.114,72	1.851,74	2.693,44	3.030,12	1.800,04	2.618,24	2.945,52	1.695,15	2.543,04	2.860,92	1.583,29	2.467,84	2.776,32	1.471,43	2.392,64	2.691,72
	V	41.721	2.294,65	3.337,68	3.754,89																		
	VI	42.253	2.323,91	3.380,24	3.802,77																		
23.191,99 (West)	I	35.469	1.950,79	2.837,52	3.192,21	1.847,39	2.687,12	3.023,01	1.685,75	2.536,72	2.853,81	1.462,15	2.386,40	2.684,70	1.238,43	2.236,00	2.515,50	1.014,71	2.085,60	2.346,30	790,99	1.935,20	2.177,10
	II	33.680	1.852,40	2.694,40	3.031,20	1.696,58	2.544,00	2.862,00	1.472,86	2.393,60	2.692,80	1.249,14	2.243,20	2.523,60	1.025,42	2.092,80	2.354,40	801,70	1.942,40	2.185,20	578,10	1.792,08	2.016,09
	III	25.788	-	2.063,04	2.320,92	-	1.926,24	2.167,02	-	1.792,48	2.016,54	-	1.661,76	1.869,48	-	1.534,24	1.726,02	-	1.409,76	1.585,98	-	1.288,32	1.449,36
	IV	35.469	1.950,79	2.837,52	3.192,21	1.899,09	2.762,32	3.107,61	1.847,39	2.687,12	3.023,01	1.795,69	2.611,92	2.938,41	1.685,75	2.536,72	2.853,81	1.573,89	2.461,52	2.769,21	1.462,15	2.386,40	2.684,70
	V	41.643	2.290,36	3.331,44	3.747,87																		
	VI	42.174	2.319,57	3.373,92	3.795,66																		
23.191,99 (Ost)	I	35.563	1.955,96	2.845,04	3.200,67	1.852,56	2.694,64	3.031,47	1.696,94	2.544,24	2.862,27	1.473,22	2.393,84	2.693,07	1.249,50	2.243,44	2.523,87	1.025,78	2.093,04	2.354,67	802,06	1.942,64	2.185,47
	II	33.774	1.857,57	2.701,92	3.039,66	1.707,76	2.551,52	2.870,46	1.484,04	2.401,12	2.701,26	1.260,32	2.250,72	2.532,06	1.036,60	2.100,32	2.362,86	812,88	1.949,92	2.193,66	589,16	1.799,52	2.024,46
	III	25.874	-	2.069,92	2.328,66	-	1.932,96	2.174,58	-	1.799,04	2.023,92	-	1.668,16	1.876,68	-	1.540,48	1.733,04	-	1.415,84	1.592,82	-	1.294,24	1.456,02
	IV	35.563	1.955,96	2.845,04	3.200,67	1.904,26	2.769,84	3.116,07	1.852,56	2.694,64	3.031,47	1.800,86	2.619,44	2.946,87	1.696,94	2.544,24	2.862,27	1.585,08	2.469,04	2.777,67	1.473,22	2.393,84	2.693,07
	V	41.736	2.295,48	3.338,88	3.756,24																		
	VI	42.268	2.324,74	3.381,44	3.804,12																		
23.227,99 (West)	I	35.484	1.951,62	2.838,72	3.193,56	1.848,22	2.688,32	3.024,36	1.687,65	2.538,00	2.855,25	1.463,93	2.387,60	2.686,05	1.240,21	2.237,20	2.516,85	1.016,49	2.086,80	2.347,65	792,77	1.936,40	2.178,45
	II	33.695	1.853,22	2.695,60	3.032,55	1.698,36	2.545,20	2.863,35	1.474,64	2.394,80	2.694,15	1.250,92	2.244,40	2.524,95	1.027,32	2.094,08	2.355,84	803,60	1.943,68	2.186,64	579,88	1.793,28	2.017,44
	III	25.802	-	2.064,16	2.322,18	-	1.927,20	2.168,10	-	1.793,44	2.017,62	-	1.662,88	1.870,74	-	1.535,20	1.727,10	-	1.410,72	1.587,06	-	1.289,28	1.450,44
	IV	35.484	1.951,62	2.838,72	3.193,56	1.899,92	2.763,52	3.108,96	1.848,22	2.688,32	3.024,36	1.796,57	2.613,20	2.939,85	1.687,65	2.538,00	2.855,25	1.575,79	2.462,80	2.770,65	1.463,93	2.387,60	2.686,05
	V	41.658	2.291,19	3.332,64	3.749,22																		
	VI	42.189	2.320,39	3.375,12	3.797,01																		
23.227,99 (Ost)	I	35.578	1.956,79	2.846,24	3.202,02	1.853,39	2.695,84	3.032,82	1.698,72	2.545,44	2.863,62	1.475,00	2.395,04	2.694,42	1.251,28	2.244,64	2.525,22	1.027,56	2.094,24	2.356,02	803,96	1.943,92	2.186,91
	II	33.789	1.858,39	2.703,12	3.041,01	1.709,55	2.552,72	2.871,81	1.485,83	2.402,32	2.702,61	1.262,11	2.251,92	2.533,41	1.038,39	2.101,52	2.364,21	814,67	1.951,12	2.195,01	590,95	1.800,72	2.025,81
	III	25.888	-	2.071,04	2.329,92	-	1.934,08	2.175,84	-	1.800,16	2.025,18	-	1.669,28	1.877,94	-	1.541,44	1.734,12	-	1.416,80	1.593,90	-	1.295,20	1.457,10
	IV	35.578	1.956,79	2.846,24	3.202,02	1.905,09	2.771,04	3.117,42	1.853,39	2.695,84	3.032,82	1.801,69	2.620,64	2.948,22	1.698,72	2.545,44	2.863,62	1.586,86	2.470,24	2.779,02	1.475,00	2.395,04	2.694,42
	V	41.751	2.296,30	3.340,08	3.757,59																		
	VI	42.283	2.325,56	3.382,64	3.805,47																		
23.263,99 (West)	I	35.500	1.952,50	2.840,00	3.195,00	1.849,10	2.689,60	3.025,80	1.689,44	2.539,20	2.856,60	1.465,72	2.388,80	2.687,40	1.242,00	2.238,40	2.518,20	1.018,28	2.088,00	2.349,00	794,56	1.937,60	2.179,80
	II	33.710	1.854,05	2.696,80	3.033,90	1.700,15	2.546,40	2.864,70	1.476,43	2.396,00	2.695,50	1.252,83	2.245,68	2.526,39	1.029,11	2.095,28	2.357,19	805,39	1.944,88	2.187,99	581,67	1.794,48	2.018,79
	III	25.816	-	2.065,28	2.323,44	-	1.928,32	2.169,36	-	1.794,56	2.018,88	-	1.663,84	1.871,82	-	1.536,16	1.728,18	-	1.411,68	1.588,14	-	1.290,24	1.451,52
	IV	35.500	1.952,50	2.840,00	3.195,00	1.900,80	2.764,80	3.110,40	1.849,10	2.689,60	3.025,80	1.797,40	2.614,40	2.941,20	1.689,44	2.539,20	2.856,60	1.577,58	2.464,00	2.772,00	1.465,72	2.388,80	2.687,40
	V	41.673	2.292,01	3.333,84	3.750,57																		
	VI	42.205	2.321,27	3.376,40	3.798,45																		
23.263,99 (Ost)	I	35.593	1.957,61	2.847,44	3.203,37	1.854,21	2.697,04	3.034,17	1.700,51	2.546,64	2.864,97	1.476,79	2.396,24	2.695,77	1.253,07	2.245,84	2.526,57	1.029,46	2.095,52	2.357,46	805,74	1.945,12	2.188,26
	II	33.804	1.859,22	2.704,32	3.042,36	1.711,33	2.553,92	2.873,16	1.487,61	2.403,52	2.703,96	1.263,89	2.253,12	2.534,76	1.040,17	2.102,72	2.365,56	816,45	1.952,32	2.196,36	592,73	1.801,92	2.027,16
	III	25.902	-	2.072,16	2.331,18	-	1.935,20	2.177,10	-	1.801,12	2.026,26	-	1.670,24	1.879,02	-	1.542,56	1.735,38	-	1.417,92	1.595,16	-	1.296,16	1.458,18
	IV	35.593	1.957,61	2.847,44	3.203,37	1.905,91	2.772,24	3.118,77	1.854,21	2.697,04	3.034,17	1.802,51	2.621,84	2.949,57	1.700,51	2.546,64	2.864,97	1.588,65	2.471,44	2.780,37	1.476,79	2.396,24	2.695,77
	V	41.766	2.297,13	3.341,28	3.758,94																		
	VI	42.298	2.326,39	3.383,84	3.806,82																		
23.299,99 (West)	I	35.515	1.953,32	2.841,20	3.196,35	1.849,92	2.690,80	3.027,15	1.691,22	2.540,40	2.857,95	1.467,50	2.390,00	2.688,75	1.243,78	2.239,60	2.519,55	1.020,06	2.089,20	2.350,35	796,34	1.938,80	2.181,15
	II	33.725	1.854,87	2.698,00	3.035,25	1.702,05	2.547,68	2.866,14	1.478,33	2.397,28	2.696,94	1.254,61	2.246,88	2.527,74	1.030,89	2.096,48	2.358,54	807,17	1.946,08	2.189,34	583,45	1.795,68	2.020,14
	III	25.830	-	2.066,40	2.324,70	-	1.929,44	2.170,62	-	1.795,68	2.020,14	-	1.664,96	1.873,08	-	1.537,28	1.729,44	-	1.412,64	1.589,22	-	1.291,20	1.452,60
	IV	35.515	1.953,32	2.841,20	3.196,35	1.901,62	2.766,00	3.111,75	1.849,92	2.690,80	3.027,15	1.798,22	2.615,60	2.942,55	1.691,22	2.540,40	2.857,95	1.579,36	2.465,20	2.773,35	1.467,50	2.390,00	2.688,75
	V	41.688	2.292,84	3.335,04	3.751,92																		
	VI	42.220	2.322,10	3.377,60	3.799,80																		
23.299,99 (Ost)	I	35.608	1.958,44	2.848,64	3.204,72	1.855,04	2.698,24	3.035,52	1.702,29	2.547,84	2.866,32	1.478,69	2.397,52	2.697,21	1.254,97	2.247,12	2.528,01	1.031,25	2.096,72	2.358,81	807,53	1.946,32	2.189,61
	II	33.819	1.860,04	2.705,52	3.043,71	1.713,12	2.555,12	2.874,51	1.489,40	2.404,72	2.705,31	1.265,68	2.254,32	2.536,11	1.041,96	2.103,92	2.366,91	818,24	1.953,52	2.197,71	594,64	1.803,20	2.028,60
	III	25.916	-	2.073,28	2.332,44	-	1.936,16	2.178,18	-	1.802,24	2.027,52	-	1.671,36	1.880,28	-	1.543,52	1.736,46	-	1.418,88	1.596,24	-	1.297,28	1.459,44
	IV	35.608	1.958,44	2.848,64	3.204,72	1.906,74	2.773,44	3.120,12	1.855,04	2.698,24	3.035,52	1.803,34	2.623,04	2.950,92	1.702,29	2.547,84	2.866,32	1.590,43	2.472,64	2.781,72	1.478,69	2.397,52	2.697,21
	V	41.782	2.298,01	3.342,56	3.760,38																		
	VI	42.313	2.327,21	3.385,04	3.808,17																		
23.335,99 (West)	I	35.530	1.954,15	2.842,40	3.197,70	1.850,75	2.692,00	3.028,50	1.693,01	2.541,60	2.859,30	1.469,29	2.391,20	2.690,10	1.245,57	2.240,80	2.520,90	1.021,85	2.090,40	2.351,70	798,13	1.940,00	2.182,50
	II	33.741	1.855,75	2.699,28	3.036,69	1.703,84	2.548,88	2.867,49	1.480,12	2.398,48	2.698,29	1.256,40	2.248,08	2.529,09	1.032,68	2.097,68	2.359,89	808,96	1.947,28	2.190,69	585,24	1.796,88	2.021,49
	III	25.844	-	2.067,52	2.325,96	-	1.930,56	2.171,88	-	1.796,64	2.021,22	-	1.665,92	1.874,16	-	1.538,24	1.730,52	-	1.413,60	1.590,30	-	1.292,16	1.453,68
	IV	35.530	1.954,15	2.842,40	3.197,70	1.902,45	2.767,20	3.113,10	1.850,75	2.692,00	3.028,50	1.799,05	2.616,80	2.943,90	1.693,01	2.541,60	2.859,30	1.581,15	2.466,40	2.774,70	1.469,29	2.391,20	2.690,10
	V	41.703	2.293,66	3.336,24	3.753,27																		
	VI	42.235	2.322,92	3.378,80	3.801,15																		
23.335,99 (Ost)	I	35.623	1.959,26	2.849,84	3.206,07	1.855,86	2.699,44	3.036,87	1.704,19	2.549,12	2.867,76	1.480,47	2.398,72	2.698,56	1.256,75	2.248,32	2.529,36	1.033,03	2.097,92	2.360,16	809,31	1.947,52	2.190,96
	II	33.834	1.860,87	2.706,72	3.045,06	1.714,90	2.556,32	2.875,86	1.491,18	2.405,92	2.706,66	1.267,46	2.255,52	2.537,46	1.043,86	2.105,20	2.368,35	820,14	1.954,80	2.199,15	596,42	1.804,40	2.029,95
	III	25.930	-	2.074,40	2.333,70	-	1.937,28	2.179,44	-	1.803,36	2.028,78	-	1.672,32	1.881,36	-	1.544,64	1.737,72	-	1.419,84	1.597,32	-	1.298,24	1.460,52
	IV	35.623	1.959,26	2.849,84	3.206,07	1.907,56	2.774,64	3.121,47	1.855,86	2.699,44	3.036,87	1.804,22	2.624,32	2.952,36	1.704,19	2.549,12	2.867,76	1.592,33	2.473,92	2.783,16	1.480,47	2.398,72	2.698,56
	V	41.797	2.298,83	3.343,76	3.761,73																		
	VI	42.328	2.328,04	3.386,24	3.809,52																		

SolZ/KiSt lt. Tabelle nicht für Sonstige Bezüge anwendbar.

JAHR bis 123.587,99 €

Allgemeine Tabelle

Lohn/ Gehalt bis	Steuerklasse	Lohn-steuer	ohne Kinderfreibetrag			Anzahl Kinderfreibeträge (nur Steuerklassen I–IV)																				
						0,5			1,0			1,5			2,0			2,5			3,0		
			SolZ 5,5%	Kirchensteuer 8%	9%	SolZ 5,5%	Kirchensteuer 8%	9%	SolZ 5,5%	Kirchensteuer 8%	9%	SolZ 5,5%	Kirchensteuer 8%	9%	SolZ 5,5%	Kirchensteuer 8%	9%	SolZ 5,5%	Kirchensteuer 8%	9%	SolZ 5,5%	Kirchensteue 8%	9%
123.371,99 (West)	I	35.545	1.954,97	2.843,60	3.199,05	1.851,57	2.693,20	3.029,85	1.694,79	2.542,80	2.860,65	1.471,07	2.392,40	2.691,45	1.247,35	2.242,00	2.522,25	1.023,63	2.091,60	2.353,05	799,91	1.941,20	2.183,
	II	33.756	1.856,58	2.700,48	3.038,04	1.705,62	2.550,08	2.868,84	1.481,90	2.399,68	2.699,64	1.258,18	2.249,28	2.530,44	1.034,46	2.098,88	2.361,24	810,74	1.948,48	2.192,04	587,02	1.798,08	2.022,
	III	25.858	-	2.068,64	2.327,22	-	1.931,68	2.173,14	-	1.797,76	2.022,48	-	1.667,04	1.875,42	-	1.539,20	1.731,60	-	1.414,72	1.591,56	-	1.293,12	1.454,
	IV	35.545	1.954,97	2.843,60	3.199,05	1.903,27	2.768,40	3.114,45	1.851,57	2.693,20	3.029,85	1.799,87	2.618,00	2.945,25	1.694,79	2.542,80	2.860,65	1.582,93	2.467,60	2.776,05	1.471,07	2.392,40	2.691,
	V	41.718	2.294,49	3.337,44	3.754,62																		
	VI	42.250	2.323,75	3.380,00	3.802,50																		
123.371,99 (Ost)	I	35.639	1.960,14	2.851,12	3.207,51	1.856,74	2.700,72	3.038,31	1.705,98	2.550,32	2.869,11	1.482,26	2.399,92	2.699,91	1.258,54	2.249,52	2.530,71	1.034,82	2.099,12	2.361,51	811,10	1.948,72	2.192,
	II	33.849	1.861,69	2.707,92	3.046,41	1.716,69	2.557,52	2.877,21	1.492,97	2.407,12	2.708,01	1.269,37	2.256,80	2.538,90	1.045,65	2.106,40	2.369,70	821,93	1.956,00	2.200,50	598,21	1.805,60	2.031,
	III	25.944	-	2.075,52	2.334,96	-	1.938,40	2.180,70	-	1.804,32	2.029,86	-	1.673,44	1.882,62	-	1.545,60	1.738,80	-	1.420,80	1.598,40	-	1.299,20	1.461,
	IV	35.639	1.960,14	2.851,12	3.207,51	1.908,44	2.775,92	3.122,91	1.856,74	2.700,72	3.038,31	1.805,04	2.625,52	2.953,71	1.705,98	2.550,32	2.869,11	1.594,12	2.475,12	2.784,51	1.482,26	2.399,92	2.699,
	V	41.812	2.299,66	3.344,96	3.763,08																		
	VI	42.344	2.328,92	3.387,52	3.810,96																		
123.407,99 (West)	I	35.560	1.955,80	2.844,80	3.200,40	1.852,40	2.694,40	3.031,20	1.696,58	2.544,00	2.862,00	1.472,86	2.393,60	2.692,80	1.249,14	2.243,20	2.523,60	1.025,42	2.092,80	2.354,40	801,70	1.942,40	2.185,
	II	33.771	1.857,40	2.701,68	3.039,39	1.707,41	2.551,28	2.870,19	1.483,69	2.400,88	2.700,99	1.259,97	2.250,48	2.531,79	1.036,25	2.100,08	2.362,59	812,53	1.949,68	2.193,39	588,81	1.799,28	2.024,
	III	25.872	-	2.069,76	2.328,48	-	1.932,64	2.174,22	-	1.798,88	2.023,74	-	1.668,00	1.876,50	-	1.540,32	1.732,86	-	1.415,68	1.592,64	-	1.294,08	1.455,
	IV	35.560	1.955,80	2.844,80	3.200,40	1.904,10	2.769,60	3.115,80	1.852,40	2.694,40	3.031,20	1.800,70	2.619,20	2.946,60	1.696,58	2.544,00	2.862,00	1.584,72	2.468,80	2.777,40	1.472,86	2.393,60	2.692,
	V	41.733	2.295,31	3.338,64	3.755,97																		
	VI	42.265	2.324,57	3.381,20	3.803,85																		
123.407,99 (Ost)	I	35.654	1.960,97	2.852,32	3.208,86	1.857,57	2.701,92	3.039,66	1.707,76	2.551,52	2.870,46	1.484,04	2.401,12	2.701,26	1.260,32	2.250,72	2.532,06	1.036,60	2.100,32	2.362,86	812,88	1.949,92	2.193,
	II	33.864	1.862,52	2.709,12	3.047,76	1.718,59	2.558,80	2.878,65	1.494,87	2.408,40	2.709,45	1.271,15	2.258,00	2.540,25	1.047,43	2.107,60	2.371,05	823,71	1.957,20	2.201,85	599,99	1.806,80	2.032,
	III	25.958	-	2.076,64	2.336,22	-	1.939,52	2.181,96	-	1.805,44	2.031,12	-	1.674,40	1.883,70	-	1.546,56	1.739,88	-	1.421,76	1.599,48	-	1.300,16	1.462,
	IV	35.654	1.960,97	2.852,32	3.208,86	1.909,27	2.777,12	3.124,26	1.857,57	2.701,92	3.039,66	1.805,87	2.626,72	2.955,06	1.707,76	2.551,52	2.870,46	1.595,90	2.476,32	2.785,86	1.484,04	2.401,12	2.701,
	V	41.827	2.300,48	3.346,16	3.764,43																		
	VI	42.359	2.329,74	3.388,72	3.812,31																		
123.443,99 (West)	I	35.575	1.956,62	2.846,00	3.201,75	1.853,22	2.695,60	3.032,55	1.698,36	2.545,20	2.863,35	1.474,64	2.394,80	2.694,15	1.250,92	2.244,40	2.524,95	1.027,32	2.094,08	2.355,84	803,60	1.943,68	2.186,
	II	33.786	1.858,23	2.702,88	3.040,74	1.709,19	2.552,48	2.871,54	1.485,47	2.402,08	2.702,34	1.261,75	2.251,68	2.533,14	1.038,03	2.101,28	2.363,94	814,31	1.950,88	2.194,74	590,59	1.800,48	2.025,
	III	25.886	-	2.070,88	2.329,74	-	1.933,76	2.175,48	-	1.799,84	2.024,82	-	1.669,12	1.877,76	-	1.541,28	1.733,94	-	1.416,64	1.593,72	-	1.295,04	1.456,
	IV	35.575	1.956,62	2.846,00	3.201,75	1.904,92	2.770,80	3.117,15	1.853,22	2.695,60	3.032,55	1.801,52	2.620,40	2.947,95	1.698,36	2.545,20	2.863,35	1.586,50	2.470,00	2.778,75	1.474,64	2.394,80	2.694,
	V	41.748	2.296,14	3.339,84	3.757,32																		
	VI	42.280	2.325,40	3.382,40	3.805,20																		
123.443,99 (Ost)	I	35.669	1.961,79	2.853,52	3.210,21	1.858,39	2.703,12	3.041,01	1.709,55	2.552,72	2.871,81	1.485,83	2.402,32	2.702,61	1.262,11	2.251,92	2.533,41	1.038,39	2.101,52	2.364,21	814,67	1.951,12	2.195,
	II	33.880	1.863,40	2.710,40	3.049,20	1.720,38	2.560,00	2.880,00	1.496,66	2.409,60	2.710,80	1.272,94	2.259,20	2.541,60	1.049,22	2.108,80	2.372,40	825,50	1.958,40	2.203,20	601,78	1.808,00	2.034,
	III	25.972	-	2.077,76	2.337,48	-	1.940,64	2.183,22	-	1.806,56	2.032,38	-	1.675,52	1.884,96	-	1.547,68	1.741,14	-	1.422,72	1.600,56	-	1.301,12	1.463,
	IV	35.669	1.961,79	2.853,52	3.210,21	1.910,09	2.778,32	3.125,61	1.858,39	2.703,12	3.041,01	1.806,69	2.627,92	2.956,41	1.709,55	2.552,72	2.871,81	1.597,69	2.477,52	2.787,21	1.485,83	2.402,32	2.702,
	V	41.842	2.301,31	3.347,36	3.765,78																		
	VI	42.374	2.330,57	3.389,92	3.813,66																		
123.479,99 (West)	I	35.590	1.957,45	2.847,20	3.203,10	1.854,05	2.696,80	3.033,90	1.700,15	2.546,40	2.864,70	1.476,43	2.396,00	2.695,50	1.252,83	2.245,68	2.526,39	1.029,11	2.095,28	2.357,19	805,39	1.944,88	2.187,
	II	33.801	1.859,05	2.704,08	3.042,09	1.710,98	2.553,68	2.872,89	1.487,26	2.403,28	2.703,69	1.263,54	2.252,88	2.534,49	1.039,82	2.102,48	2.365,29	816,10	1.952,08	2.196,09	592,50	1.801,76	2.026,
	III	25.900	-	2.072,00	2.331,00	-	1.934,88	2.176,74	-	1.800,96	2.026,08	-	1.670,08	1.878,84	-	1.542,24	1.735,02	-	1.417,60	1.594,80	-	1.296,00	1.458,
	IV	35.590	1.957,45	2.847,20	3.203,10	1.905,75	2.772,00	3.118,50	1.854,05	2.696,80	3.033,90	1.802,35	2.621,60	2.949,30	1.700,15	2.546,40	2.864,70	1.588,29	2.471,20	2.780,10	1.476,43	2.396,00	2.695,
	V	41.764	2.297,02	3.341,12	3.758,76																		
	VI	42.295	2.326,22	3.383,60	3.806,55																		
123.479,99 (Ost)	I	35.684	1.962,62	2.854,72	3.211,56	1.859,22	2.704,32	3.042,36	1.711,33	2.553,92	2.873,16	1.487,61	2.403,52	2.703,96	1.263,89	2.253,12	2.534,76	1.040,17	2.102,72	2.365,56	816,45	1.952,32	2.196,
	II	33.895	1.864,22	2.711,60	3.050,55	1.722,16	2.561,20	2.881,35	1.498,44	2.410,80	2.712,15	1.274,72	2.260,40	2.542,95	1.051,00	2.110,00	2.373,75	827,28	1.959,60	2.204,55	603,56	1.809,20	2.035,
	III	25.986	-	2.078,88	2.338,74	-	1.941,60	2.184,30	-	1.807,52	2.033,46	-	1.676,48	1.886,04	-	1.548,64	1.742,22	-	1.423,84	1.601,82	-	1.302,08	1.464,
	IV	35.684	1.962,62	2.854,72	3.211,56	1.910,92	2.779,52	3.126,96	1.859,22	2.704,32	3.042,36	1.807,52	2.629,12	2.957,76	1.711,33	2.553,92	2.873,16	1.599,47	2.478,72	2.788,56	1.487,61	2.403,52	2.703,
	V	41.857	2.302,13	3.348,56	3.767,13																		
	VI	42.389	2.331,39	3.391,12	3.815,01																		
123.515,99 (West)	I	35.605	1.958,27	2.848,40	3.204,45	1.854,87	2.698,00	3.035,25	1.702,05	2.547,68	2.866,14	1.478,33	2.397,28	2.696,94	1.254,61	2.246,88	2.527,74	1.030,89	2.096,48	2.358,54	807,17	1.946,08	2.189,
	II	33.816	1.859,88	2.705,28	3.043,44	1.712,76	2.554,88	2.874,24	1.489,04	2.404,48	2.705,04	1.265,32	2.254,08	2.535,84	1.041,60	2.103,68	2.366,64	818,00	1.953,36	2.197,53	594,28	1.802,96	2.028,
	III	25.914	-	2.073,12	2.332,26	-	1.936,00	2.178,00	-	1.802,08	2.027,34	-	1.671,20	1.880,10	-	1.543,36	1.736,28	-	1.418,56	1.595,88	-	1.296,96	1.459,
	IV	35.605	1.958,27	2.848,40	3.204,45	1.906,57	2.773,20	3.119,85	1.854,87	2.698,00	3.035,25	1.803,17	2.622,80	2.950,65	1.702,05	2.547,68	2.866,14	1.590,19	2.472,48	2.781,54	1.478,33	2.397,28	2.696,
	V	41.779	2.297,84	3.342,32	3.760,11																		
	VI	42.310	2.327,05	3.384,80	3.807,90																		
123.515,99 (Ost)	I	35.699	1.963,44	2.855,92	3.212,91	1.860,04	2.705,52	3.043,71	1.713,12	2.555,12	2.874,51	1.489,40	2.404,72	2.705,31	1.265,68	2.254,32	2.536,11	1.041,96	2.103,92	2.366,91	818,24	1.953,52	2.197,7
	II	33.910	1.865,05	2.712,80	3.051,90	1.723,95	2.562,40	2.882,70	1.500,23	2.412,00	2.713,50	1.276,51	2.261,60	2.544,30	1.052,79	2.111,20	2.375,10	829,07	1.960,80	2.205,90	605,35	1.810,40	2.036,7
	III	26.000	-	2.080,00	2.340,00	-	1.942,72	2.185,56	-	1.808,64	2.034,72	-	1.677,60	1.887,30	-	1.549,60	1.743,30	-	1.424,80	1.602,90	-	1.303,04	1.465,9
	IV	35.699	1.963,44	2.855,92	3.212,91	1.911,74	2.780,72	3.128,31	1.860,04	2.705,52	3.043,71	1.808,34	2.630,32	2.959,11	1.713,12	2.555,12	2.874,51	1.601,26	2.479,92	2.789,91	1.489,40	2.404,72	2.705,3
	V	41.872	2.302,96	3.349,76	3.768,48																		
	VI	42.404	2.332,22	3.392,32	3.816,36																		
123.551,99 (West)	I	35.620	1.959,10	2.849,60	3.205,80	1.855,75	2.699,28	3.036,69	1.703,84	2.548,88	2.867,49	1.480,12	2.398,48	2.698,29	1.256,40	2.248,08	2.529,09	1.032,68	2.097,68	2.359,89	808,96	1.947,28	2.190,6
	II	33.831	1.860,70	2.706,48	3.044,79	1.714,55	2.556,08	2.875,59	1.490,83	2.405,68	2.706,39	1.267,23	2.255,36	2.537,28	1.043,51	2.104,96	2.368,08	819,79	1.954,56	2.198,88	596,07	1.804,16	2.029,6
	III	25.926	-	2.074,08	2.333,34	-	1.937,12	2.179,26	-	1.803,04	2.028,42	-	1.672,16	1.881,18	-	1.544,32	1.737,36	-	1.419,68	1.597,14	-	1.297,92	1.460,1
	IV	35.620	1.959,10	2.849,60	3.205,80	1.907,45	2.774,48	3.121,29	1.855,75	2.699,28	3.036,69	1.804,05	2.624,08	2.952,09	1.703,84	2.548,88	2.867,49	1.591,98	2.473,68	2.782,89	1.480,12	2.398,48	2.698,2
	V	41.794	2.298,67	3.343,52	3.761,46																		
	VI	42.325	2.327,87	3.386,00	3.809,25																		
123.551,99 (Ost)	I	35.714	1.964,27	2.857,12	3.214,26	1.860,87	2.706,72	3.045,06	1.714,90	2.556,32	2.875,86	1.491,18	2.405,92	2.706,66	1.267,46	2.255,52	2.537,46	1.043,86	2.105,20	2.368,35	820,14	1.954,80	2.199,1
	II	33.925	1.865,87	2.714,00	3.053,25	1.725,73	2.563,60	2.884,05	1.502,01	2.413,20	2.714,85	1.278,29	2.262,80	2.545,65	1.054,57	2.112,40	2.376,45	830,85	1.962,00	2.207,25	607,13	1.811,60	2.038,0
	III	26.014	-	2.081,12	2.341,26	-	1.943,84	2.186,82	-	1.809,76	2.035,98	-	1.678,72	1.888,56	-	1.550,72	1.744,56	-	1.425,76	1.603,98	-	1.304,00	1.467,0
	IV	35.714	1.964,27	2.857,12	3.214,26	1.912,57	2.781,92	3.129,66	1.860,87	2.706,72	3.045,06	1.809,17	2.631,52	2.960,46	1.714,90	2.556,32	2.875,86	1.603,04	2.481,12	2.791,26	1.491,18	2.405,92	2.706,6
	V	41.887	2.303,78	3.350,96	3.769,83																		
	VI	42.419	2.333,04	3.393,52	3.817,71																		
123.587,99 (West)	I	35.636	1.959,98	2.850,88	3.207,24	1.856,58	2.700,48	3.038,04	1.705,62	2.550,08	2.868,84	1.481,90	2.399,68	2.699,64	1.258,18	2.249,28	2.530,44	1.034,46	2.098,88	2.361,24	810,74	1.948,48	2.192,0
	II	33.846	1.861,53	2.707,68	3.046,14	1.716,33	2.557,28	2.876,94	1.492,73	2.406,96	2.707,83	1.269,01	2.256,56	2.538,63	1.045,29	2.106,16	2.369,43	821,57	1.955,76	2.200,23	597,85	1.805,36	2.031,0
	III	25.940	-	2.075,20	2.334,60	-	1.938,24	2.180,52	-	1.804,16	2.029,68	-	1.673,28	1.882,44	-	1.545,28	1.738,44	-	1.420,64	1.598,22	-	1.298,88	1.461,2
	IV	35.636	1.959,98	2.850,88	3.207,24	1.908,28	2.775,68	3.122,64	1.856,58	2.700,48	3.038,04	1.804,88	2.625,28	2.953,44	1.705,62	2.550,08	2.868,84	1.593,76	2.474,88	2.784,24	1.481,90	2.399,68	2.699,6
	V	41.809	2.299,49	3.344,72	3.762,81																		
	VI	42.341	2.328,75	3.387,28	3.810,69																		
123.587,99 (Ost)	I	35.729	1.965,09	2.858,32	3.215,61	1.861,69	2.707,92	3.046,41	1.716,69	2.557,52	2.877,21	1.492,97	2.407,12	2.708,01	1.269,37	2.256,80	2.538,90	1.045,65	2.106,40	2.369,70	821,93	1.956,00	2.200,5
	II	33.940	1.866,70	2.715,20	3.054,60	1.727,52	2.564,80	2.885,40	1.503,80	2.414,40	2.716,20	1.280,08	2.264,00	2.547,00	1.056,36	2.113,60	2.377,80	832,64	1.963,20	2.208,60	609,04	1.812,88	2.039,4
	III	26.028	-	2.082,24	2.342,52	-	1.944,96	2.188,08	-	1.810,72	2.037,06	-	1.679,68	1.889,64	-	1.551,68	1.745,64	-	1.426,72	1.605,06	-	1.304,96	1.468,0
	IV	35.729	1.965,09	2.858,32	3.215,61	1.913,39	2.783,12	3.131,01	1.861,69	2.707,92	3.046,41	1.809,99	2.632,72	2.961,81	1.716,69	2.557,52	2.877,21	1.604,83	2.482,32	2.792,61	1.492,97	2.407,12	2.708,0
	V	41.903	2.304,66	3.352,24	3.771,27																		
	VI	42.434	2.333,87	3.394,72	3.819,06																		

SolZ/KiSt lt. Tabelle nicht für Sonstige Bezüge anwendbar.

Allgemeine Tabelle

JAHR bis 123.839,99 €

Lohn/ Gehalt bis	Steuerklasse	Lohn-steuer	ohne Kinderfreibetrag SolZ 5,5%	Kirchensteuer 8%	9%	0,5 SolZ 5,5%	Kirchensteuer 8%	9%	1,0 SolZ 5,5%	Kirchensteuer 8%	9%	1,5 SolZ 5,5%	Kirchensteuer 8%	9%	2,0 SolZ 5,5%	Kirchensteuer 8%	9%	2,5 SolZ 5,5%	Kirchensteuer 8%	9%	3,0 SolZ 5,5%	Kirchensteuer 8%	9%
						Anzahl Kinderfreibeträge (nur Steuerklassen I–IV)																	
23.623,99 (West)	I	35.651	1.960,80	2.852,08	3.208,59	1.857,40	2.701,68	3.039,39	1.707,41	2.551,28	2.870,19	1.483,69	2.400,88	2.700,99	1.259,97	2.250,48	2.531,79	1.036,25	2.100,08	2.362,59	812,53	1.949,68	2.193,39
	II	33.862	1.862,41	2.708,96	3.047,58	1.718,24	2.558,56	2.878,38	1.494,52	2.408,16	2.709,18	1.270,80	2.257,76	2.539,98	1.047,08	2.107,36	2.370,78	823,36	1.956,96	2.201,58	599,64	1.806,56	2.032,38
	III	25.954	-	2.076,32	2.335,86	-	1.939,20	2.181,60	-	1.805,28	2.030,94	-	1.674,24	1.883,52	-	1.546,40	1.739,70	-	1.421,60	1.599,30	-	1.299,84	1.462,32
	IV	35.651	1.960,80	2.852,08	3.208,59	1.909,10	2.776,88	3.123,99	1.857,40	2.701,68	3.039,39	1.805,70	2.626,48	2.954,79	1.707,41	2.551,28	2.870,19	1.595,55	2.476,08	2.785,59	1.483,69	2.400,88	2.700,99
	V	41.824	2.300,32	3.345,92	3.764,16																		
	VI	42.356	2.329,58	3.388,48	3.812,04																		
23.623,99 (Ost)	I	35.744	1.965,92	2.859,52	3.216,96	1.862,52	2.709,12	3.047,76	1.718,59	2.558,80	2.878,65	1.494,87	2.408,40	2.709,45	1.271,15	2.258,00	2.540,25	1.047,43	2.107,60	2.371,05	823,71	1.957,20	2.201,85
	II	33.955	1.867,52	2.716,40	3.055,95	1.729,30	2.566,00	2.886,75	1.505,58	2.415,60	2.717,55	1.281,86	2.265,20	2.548,35	1.058,14	2.114,80	2.379,15	834,54	1.964,48	2.210,04	610,82	1.814,08	2.040,84
	III	26.042	-	2.083,36	2.343,78	-	1.946,08	2.189,34	-	1.811,84	2.038,32	-	1.680,80	1.890,90	-	1.552,64	1.746,72	-	1.427,68	1.606,14	-	1.305,92	1.469,16
	IV	35.744	1.965,92	2.859,52	3.216,96	1.914,22	2.784,32	3.132,36	1.862,52	2.709,12	3.047,76	1.810,82	2.633,92	2.963,16	1.718,59	2.558,80	2.878,65	1.606,73	2.483,60	2.794,05	1.494,87	2.408,40	2.709,45
	V	41.918	2.305,49	3.353,44	3.772,62																		
	VI	42.449	2.334,69	3.395,92	3.820,41																		
23.659,99 (West)	I	35.666	1.961,63	2.853,28	3.209,94	1.858,23	2.702,88	3.040,74	1.709,19	2.552,48	2.871,54	1.485,47	2.402,08	2.702,34	1.261,75	2.251,68	2.533,14	1.038,03	2.101,28	2.363,94	814,31	1.950,88	2.194,74
	II	33.877	1.863,23	2.710,16	3.048,93	1.720,02	2.559,76	2.879,73	1.496,30	2.409,36	2.710,53	1.272,58	2.258,96	2.541,33	1.048,86	2.108,56	2.372,13	825,14	1.958,16	2.202,93	601,42	1.807,76	2.033,73
	III	25.968	-	2.077,44	2.337,12	-	1.940,32	2.182,86	-	1.806,24	2.032,02	-	1.675,36	1.884,78	-	1.547,36	1.740,78	-	1.422,56	1.600,38	-	1.300,80	1.463,40
	IV	35.666	1.961,63	2.853,28	3.209,94	1.909,93	2.778,08	3.125,34	1.858,23	2.702,88	3.040,74	1.806,53	2.627,68	2.956,14	1.709,19	2.552,48	2.871,54	1.597,33	2.477,28	2.786,94	1.485,47	2.402,08	2.702,34
	V	41.839	2.301,14	3.347,12	3.765,51																		
	VI	42.371	2.330,40	3.389,68	3.813,39																		
23.659,99 (Ost)	I	35.759	1.966,74	2.860,72	3.218,31	1.863,40	2.710,40	3.049,20	1.720,38	2.560,00	2.880,00	1.496,66	2.409,60	2.710,80	1.272,94	2.259,20	2.541,60	1.049,22	2.108,80	2.372,40	825,50	1.958,40	2.203,20
	II	33.970	1.868,35	2.717,60	3.057,30	1.731,09	2.567,20	2.888,10	1.507,37	2.416,80	2.718,90	1.283,77	2.266,48	2.549,79	1.060,05	2.116,08	2.380,59	836,33	1.965,68	2.211,39	612,61	1.815,28	2.042,19
	III	26.056	-	2.084,48	2.345,04	-	1.947,20	2.190,60	-	1.812,96	2.039,58	-	1.681,76	1.891,98	-	1.553,76	1.747,98	-	1.428,80	1.607,40	-	1.306,88	1.470,24
	IV	35.759	1.966,74	2.860,72	3.218,31	1.915,10	2.785,60	3.133,80	1.863,40	2.710,40	3.049,20	1.811,70	2.635,20	2.964,60	1.720,38	2.560,00	2.880,00	1.608,52	2.484,80	2.795,40	1.496,66	2.409,60	2.710,80
	V	41.933	2.306,31	3.354,64	3.773,97																		
	VI	42.465	2.335,57	3.397,20	3.821,85																		
23.695,99 (West)	I	35.681	1.962,45	2.854,48	3.211,29	1.859,05	2.704,08	3.042,09	1.710,98	2.553,68	2.872,89	1.487,26	2.403,28	2.703,69	1.263,54	2.252,88	2.534,49	1.039,82	2.102,48	2.365,29	816,10	1.952,08	2.196,09
	II	33.891	1.864,06	2.711,36	3.050,28	1.721,81	2.560,96	2.881,08	1.498,09	2.410,56	2.711,88	1.274,37	2.260,16	2.542,68	1.050,65	2.109,76	2.373,48	826,93	1.959,36	2.204,28	603,21	1.808,96	2.035,08
	III	25.982	-	2.078,56	2.338,38	-	1.941,44	2.184,12	-	1.807,36	2.033,28	-	1.676,32	1.885,86	-	1.548,48	1.742,04	-	1.423,52	1.601,46	-	1.301,76	1.464,48
	IV	35.681	1.962,45	2.854,48	3.211,29	1.910,75	2.779,28	3.126,69	1.859,05	2.704,08	3.042,09	1.807,35	2.628,88	2.957,49	1.710,98	2.553,68	2.872,89	1.599,12	2.478,48	2.788,29	1.487,26	2.403,28	2.703,69
	V	41.854	2.301,97	3.348,32	3.766,86																		
	VI	42.386	2.331,23	3.390,88	3.814,74																		
23.695,99 (Ost)	I	35.775	1.967,62	2.862,00	3.219,75	1.864,22	2.711,60	3.050,55	1.722,16	2.561,20	2.881,35	1.498,44	2.410,80	2.712,15	1.274,72	2.260,40	2.542,95	1.051,00	2.110,00	2.373,75	827,28	1.959,60	2.204,55
	II	33.985	1.869,17	2.718,80	3.058,65	1.732,87	2.568,40	2.889,45	1.509,27	2.418,08	2.720,34	1.285,55	2.267,68	2.551,14	1.061,83	2.117,28	2.381,94	838,11	1.966,88	2.212,74	614,39	1.816,48	2.043,54
	III	26.070	-	2.085,60	2.346,30	-	1.948,16	2.191,68	-	1.813,92	2.040,66	-	1.682,88	1.893,24	-	1.554,72	1.749,06	-	1.429,76	1.608,48	-	1.307,84	1.471,32
	IV	35.775	1.967,62	2.862,00	3.219,75	1.915,92	2.786,80	3.135,15	1.864,22	2.711,60	3.050,55	1.812,52	2.636,40	2.965,95	1.722,16	2.561,20	2.881,35	1.610,30	2.486,00	2.796,75	1.498,44	2.410,80	2.712,15
	V	41.948	2.307,14	3.355,84	3.775,32																		
	VI	42.480	2.336,40	3.398,40	3.823,20																		
23.731,99 (West)	I	35.696	1.963,28	2.855,68	3.212,64	1.859,88	2.705,28	3.043,44	1.712,76	2.554,88	2.874,24	1.489,04	2.404,48	2.705,04	1.265,32	2.254,08	2.535,84	1.041,60	2.103,68	2.366,64	818,00	1.953,36	2.197,53
	II	33.906	1.864,88	2.712,56	3.051,63	1.723,59	2.562,16	2.882,43	1.499,87	2.411,76	2.713,23	1.276,15	2.261,36	2.544,03	1.052,43	2.110,96	2.374,83	828,71	1.960,56	2.205,63	604,99	1.810,16	2.036,43
	III	25.996	-	2.079,68	2.339,64	-	1.942,56	2.185,38	-	1.808,48	2.034,54	-	1.677,44	1.887,12	-	1.549,44	1.743,12	-	1.424,48	1.602,54	-	1.302,72	1.465,56
	IV	35.696	1.963,28	2.855,68	3.212,64	1.911,58	2.780,48	3.128,04	1.859,88	2.705,28	3.043,44	1.808,18	2.630,08	2.958,84	1.712,76	2.554,88	2.874,24	1.600,90	2.479,68	2.789,64	1.489,04	2.404,48	2.705,04
	V	41.869	2.302,79	3.349,52	3.768,21																		
	VI	42.401	2.332,05	3.392,08	3.816,09																		
23.731,99 (Ost)	I	35.790	1.968,45	2.863,20	3.221,10	1.865,05	2.712,80	3.051,90	1.723,95	2.562,40	2.882,70	1.500,23	2.412,00	2.713,50	1.276,51	2.261,60	2.544,30	1.052,79	2.111,20	2.375,10	829,07	1.960,80	2.205,90
	II	34.001	1.870,05	2.720,08	3.060,09	1.734,78	2.569,68	2.890,89	1.511,06	2.419,28	2.721,69	1.287,34	2.268,88	2.552,49	1.063,62	2.118,48	2.383,29	839,90	1.968,08	2.214,09	616,18	1.817,68	2.044,89
	III	26.084	-	2.086,72	2.347,56	-	1.949,28	2.192,94	-	1.815,04	2.041,92	-	1.683,84	1.894,32	-	1.555,68	1.750,14	-	1.430,72	1.609,56	-	1.308,80	1.472,40
	IV	35.790	1.968,45	2.863,20	3.221,10	1.916,75	2.788,00	3.136,50	1.865,05	2.712,80	3.051,90	1.813,35	2.637,60	2.967,30	1.723,95	2.562,40	2.882,70	1.612,09	2.487,20	2.798,10	1.500,23	2.412,00	2.713,50
	V	41.963	2.307,96	3.357,04	3.776,67																		
	VI	42.495	2.337,22	3.399,60	3.824,55																		
23.767,99 (West)	I	35.711	1.964,10	2.856,88	3.213,99	1.860,70	2.706,48	3.044,79	1.714,55	2.556,08	2.875,59	1.490,83	2.405,68	2.706,39	1.267,23	2.255,36	2.537,28	1.043,51	2.104,96	2.368,08	819,79	1.954,56	2.198,88
	II	33.922	1.865,71	2.713,76	3.052,98	1.725,38	2.563,36	2.883,78	1.501,66	2.412,96	2.714,58	1.277,94	2.262,56	2.545,38	1.054,22	2.112,16	2.376,18	830,50	1.961,76	2.206,98	606,78	1.811,36	2.037,78
	III	26.010	-	2.080,80	2.340,90	-	1.943,68	2.186,64	-	1.809,44	2.035,62	-	1.678,40	1.888,20	-	1.550,40	1.744,20	-	1.425,60	1.603,80	-	1.303,68	1.466,64
	IV	35.711	1.964,10	2.856,88	3.213,99	1.912,40	2.781,68	3.129,39	1.860,70	2.706,48	3.044,79	1.809,00	2.631,28	2.960,19	1.714,55	2.556,08	2.875,59	1.602,69	2.480,88	2.790,99	1.490,83	2.405,68	2.706,39
	V	41.884	2.303,62	3.350,72	3.769,56																		
	VI	42.416	2.332,88	3.393,28	3.817,44																		
23.767,99 (Ost)	I	35.805	1.969,27	2.864,40	3.222,45	1.865,87	2.714,00	3.053,25	1.725,73	2.563,60	2.884,05	1.502,01	2.413,20	2.714,85	1.278,29	2.262,80	2.545,65	1.054,57	2.112,40	2.376,45	830,85	1.962,00	2.207,25
	II	34.016	1.870,88	2.721,28	3.061,44	1.736,56	2.570,88	2.892,24	1.512,84	2.420,48	2.723,04	1.289,12	2.270,08	2.553,84	1.065,40	2.119,68	2.384,64	841,68	1.969,28	2.215,44	617,96	1.818,88	2.046,24
	III	26.098	-	2.087,84	2.348,82	-	1.950,40	2.194,20	-	1.816,16	2.043,18	-	1.684,96	1.895,58	-	1.556,80	1.751,40	-	1.431,68	1.610,64	-	1.309,76	1.473,48
	IV	35.805	1.969,27	2.864,40	3.222,45	1.917,57	2.789,20	3.137,85	1.865,87	2.714,00	3.053,25	1.814,17	2.638,80	2.968,65	1.725,73	2.563,60	2.884,05	1.613,87	2.488,40	2.799,45	1.502,01	2.413,20	2.714,85
	V	41.978	2.308,79	3.358,24	3.778,02																		
	VI	42.510	2.338,05	3.400,80	3.825,90																		
23.803,99 (West)	I	35.726	1.964,93	2.858,08	3.215,34	1.861,53	2.707,68	3.046,14	1.716,33	2.557,28	2.876,94	1.492,73	2.406,96	2.707,83	1.269,01	2.256,56	2.538,63	1.045,29	2.106,16	2.369,43	821,57	1.955,76	2.200,23
	II	33.937	1.866,53	2.714,96	3.054,33	1.727,16	2.564,56	2.885,13	1.503,44	2.414,16	2.715,93	1.279,72	2.263,76	2.546,73	1.056,00	2.113,36	2.377,53	832,40	1.963,04	2.208,42	608,68	1.812,64	2.039,22
	III	26.024	-	2.081,92	2.342,16	-	1.944,64	2.187,72	-	1.810,56	2.036,88	-	1.679,52	1.889,46	-	1.551,52	1.745,46	-	1.426,56	1.604,88	-	1.304,64	1.467,72
	IV	35.726	1.964,93	2.858,08	3.215,34	1.913,23	2.782,88	3.130,74	1.861,53	2.707,68	3.046,14	1.809,83	2.632,48	2.961,54	1.716,33	2.557,28	2.876,94	1.604,59	2.482,16	2.792,43	1.492,73	2.406,96	2.707,83
	V	41.900	2.304,50	3.352,00	3.771,00																		
	VI	42.431	2.333,70	3.394,48	3.818,79																		
23.803,99 (Ost)	I	35.820	1.970,10	2.865,60	3.223,80	1.866,70	2.715,20	3.054,60	1.727,52	2.564,80	2.885,40	1.503,80	2.414,40	2.716,20	1.280,08	2.264,00	2.547,00	1.056,36	2.113,60	2.377,80	832,64	1.963,20	2.208,60
	II	34.031	1.871,70	2.722,48	3.062,79	1.738,35	2.572,08	2.893,59	1.514,63	2.421,68	2.724,39	1.290,91	2.271,28	2.555,19	1.067,19	2.120,88	2.385,99	843,47	1.970,48	2.216,79	619,75	1.820,08	2.047,59
	III	26.112	-	2.088,96	2.350,08	-	1.951,52	2.195,46	-	1.817,12	2.044,26	-	1.685,92	1.896,66	-	1.557,76	1.752,48	-	1.432,80	1.611,90	-	1.310,72	1.474,56
	IV	35.820	1.970,10	2.865,60	3.223,80	1.918,40	2.790,40	3.139,20	1.866,70	2.715,20	3.054,60	1.815,00	2.640,00	2.970,00	1.727,52	2.564,80	2.885,40	1.615,66	2.489,60	2.800,80	1.503,80	2.414,40	2.716,20
	V	41.993	2.309,61	3.359,44	3.779,37																		
	VI	42.525	2.338,87	3.402,00	3.827,25																		
23.839,99 (West)	I	35.741	1.965,75	2.859,28	3.216,69	1.862,41	2.708,96	3.047,58	1.718,24	2.558,56	2.878,38	1.494,52	2.408,16	2.709,18	1.270,80	2.257,76	2.539,98	1.047,08	2.107,36	2.370,78	823,36	1.956,96	2.201,58
	II	33.952	1.867,36	2.716,16	3.055,68	1.728,95	2.565,76	2.886,48	1.505,23	2.415,36	2.717,28	1.281,51	2.264,96	2.548,08	1.057,91	2.114,64	2.378,97	834,19	1.964,24	2.209,77	610,47	1.813,84	2.040,57
	III	26.038	-	2.083,04	2.343,42	-	1.945,76	2.188,98	-	1.811,68	2.038,14	-	1.680,48	1.890,54	-	1.552,48	1.746,54	-	1.427,52	1.605,96	-	1.305,76	1.468,98
	IV	35.741	1.965,75	2.859,28	3.216,69	1.914,05	2.784,08	3.132,09	1.862,41	2.708,96	3.047,58	1.810,71	2.633,76	2.962,98	1.718,24	2.558,56	2.878,38	1.606,38	2.483,36	2.793,78	1.494,52	2.408,16	2.709,18
	V	41.915	2.305,32	3.353,20	3.772,35																		
	VI	42.446	2.334,53	3.395,68	3.820,14																		
23.839,99 (Ost)	I	35.835	1.970,92	2.866,80	3.225,15	1.867,52	2.716,40	3.055,95	1.729,30	2.566,00	2.886,75	1.505,58	2.415,60	2.717,55	1.281,86	2.265,20	2.548,35	1.058,14	2.114,80	2.379,15	834,54	1.964,48	2.210,04
	II	34.046	1.872,53	2.723,68	3.064,14	1.740,13	2.573,28	2.894,94	1.516,41	2.422,88	2.725,74	1.292,69	2.272,48	2.556,54	1.068,97	2.122,08	2.387,34	845,25	1.971,68	2.218,14	621,53	1.821,28	2.048,94
	III	26.126	-	2.090,08	2.351,34	-	1.952,64	2.196,72	-	1.818,24	2.045,52	-	1.687,04	1.897,92	-	1.558,88	1.753,74	-	1.433,76	1.612,98	-	1.311,68	1.475,64
	IV	35.835	1.970,92	2.866,80	3.225,15	1.919,22	2.791,60	3.140,55	1.867,52	2.716,40	3.055,95	1.815,82	2.641,20	2.971,35	1.729,30	2.566,00	2.886,75	1.617,44	2.490,80	2.802,15	1.505,58	2.415,60	2.717,55
	V	42.008	2.310,44	3.360,64	3.780,72																		
	VI	42.540	2.339,70	3.403,20	3.828,60																		

SolZ/KiSt lt. Tabelle nicht für Sonstige Bezüge anwendbar.

Lohn/ Gehalt bis	Steuerklasse	Lohn-steuer	ohne Kinderfreibetrag			Anzahl Kinderfreibeträge (nur Steuerklassen I–IV)																	
						0,5			1,0			1,5			2,0			2,5			3,0		
			SolZ 5,5%	Kirchensteuer 8%	9%	SolZ 5,5%	Kirchensteuer 8%	9%	SolZ 5,5%	Kirchensteuer 8%	9%	SolZ 5,5%	Kirchensteuer 8%	9%	SolZ 5,5%	Kirchensteuer 8%	9%	SolZ 5,5%	Kirchensteuer 8%	9%	SolZ 5,5%	Kirchensteue 8%	9%
123.875,99	I	35.757	1.966,63	2.860,56	3.218,13	1.863,23	2.710,16	3.048,93	1.720,02	2.559,76	2.879,73	1.496,30	2.409,36	2.710,53	1.272,58	2.258,96	2.541,33	1.048,86	2.108,56	2.372,13	825,14	1.958,16	2.202,
(West)	II	33.967	1.868,18	2.717,36	3.057,03	1.730,73	2.566,96	2.887,83	1.507,13	2.416,64	2.718,72	1.283,41	2.266,24	2.549,52	1.059,69	2.115,84	2.380,32	835,97	1.965,44	2.211,12	612,25	1.815,04	2.041,
	III	26.052	-	2.084,16	2.344,68	-	1.946,88	2.190,24	-	1.812,64	2.039,22	-	1.681,60	1.891,80	-	1.553,44	1.747,62	-	1.428,48	1.607,04	-	1.306,72	1.470,
	IV	35.757	1.966,63	2.860,56	3.218,13	1.914,93	2.785,36	3.133,53	1.863,23	2.710,16	3.048,93	1.811,53	2.634,96	2.964,33	1.720,02	2.559,76	2.879,73	1.608,16	2.484,56	2.795,13	1.496,30	2.409,36	2.710,
	V	41.930	2.306,15	3.354,40	3.773,70																		
	VI	42.462	2.335,41	3.396,96	3.821,58																		
123.875,99	I	35.850	1.971,75	2.868,00	3.226,50	1.868,35	2.717,60	3.057,30	1.731,09	2.567,20	2.888,10	1.507,37	2.416,80	2.718,90	1.283,77	2.266,48	2.549,79	1.060,05	2.116,08	2.380,59	836,33	1.965,68	2.211,
(Ost)	II	34.061	1.873,35	2.724,88	3.065,49	1.741,92	2.574,48	2.896,29	1.518,20	2.424,08	2.727,09	1.294,48	2.273,68	2.557,89	1.070,76	2.123,28	2.388,69	847,04	1.972,88	2.219,49	623,32	1.822,48	2.050,
	III	26.140	-	2.091,20	2.352,60	-	1.953,76	2.197,98	-	1.819,36	2.046,78	-	1.688,00	1.899,00	-	1.559,84	1.754,82	-	1.434,72	1.614,06	-	1.312,64	1.476,
	IV	35.850	1.971,75	2.868,00	3.226,50	1.920,05	2.792,80	3.141,90	1.868,35	2.717,60	3.057,30	1.816,65	2.642,40	2.972,70	1.731,09	2.567,20	2.888,10	1.619,23	2.492,00	2.803,50	1.507,37	2.416,80	2.718,
	V	42.024	2.311,32	3.361,92	3.782,16																		
	VI	42.555	2.340,52	3.404,40	3.829,95																		
123.911,99	I	35.772	1.967,46	2.861,76	3.219,48	1.864,06	2.711,36	3.050,28	1.721,81	2.560,96	2.881,08	1.498,09	2.410,56	2.711,88	1.274,37	2.260,16	2.542,68	1.050,65	2.109,76	2.373,48	826,93	1.959,36	2.204,
(West)	II	33.982	1.869,01	2.718,56	3.058,38	1.732,64	2.568,24	2.889,27	1.508,92	2.417,84	2.720,07	1.285,20	2.267,44	2.550,87	1.061,48	2.117,04	2.381,67	837,76	1.966,64	2.212,47	614,04	1.816,24	2.043
	III	26.066	-	2.085,28	2.345,94	-	1.948,00	2.191,50	-	1.813,76	2.040,48	-	1.682,56	1.892,88	-	1.554,56	1.748,88	-	1.429,60	1.608,30	-	1.307,68	1.471,
	IV	35.772	1.967,46	2.861,76	3.219,48	1.915,76	2.786,56	3.134,88	1.864,06	2.711,36	3.050,28	1.812,36	2.636,16	2.965,68	1.721,81	2.560,96	2.881,08	1.609,95	2.485,76	2.796,48	1.498,09	2.410,56	2.711,
	V	41.945	2.306,97	3.355,60	3.775,05																		
	VI	42.477	2.336,23	3.398,16	3.822,93																		
123.911,99	I	35.865	1.972,57	2.869,20	3.227,85	1.869,17	2.718,80	3.058,65	1.732,87	2.568,40	2.889,45	1.509,27	2.418,08	2.720,34	1.285,55	2.267,68	2.551,14	1.061,83	2.117,28	2.381,94	838,11	1.966,88	2.212,
(Ost)	II	34.076	1.874,18	2.726,08	3.066,84	1.743,70	2.575,68	2.897,64	1.519,98	2.425,28	2.728,44	1.296,26	2.274,88	2.559,24	1.072,54	2.124,48	2.390,04	848,94	1.974,16	2.220,93	625,22	1.823,76	2.051,
	III	26.154	-	2.092,32	2.353,86	-	1.954,72	2.199,06	-	1.820,32	2.047,86	-	1.689,12	1.900,26	-	1.560,80	1.755,90	-	1.435,68	1.615,14	-	1.313,60	1.477,
	IV	35.865	1.972,57	2.869,20	3.227,85	1.920,87	2.794,00	3.143,25	1.869,17	2.718,80	3.058,65	1.817,47	2.643,60	2.974,05	1.732,87	2.568,40	2.889,45	1.621,13	2.493,28	2.804,94	1.509,27	2.418,08	2.720,
	V	42.039	2.312,14	3.363,12	3.783,51																		
	VI	42.570	2.341,35	3.405,60	3.831,30																		
123.947,99	I	35.787	1.968,28	2.862,96	3.220,83	1.864,88	2.712,56	3.051,63	1.723,59	2.562,16	2.882,43	1.499,87	2.411,76	2.713,23	1.276,15	2.261,36	2.544,03	1.052,43	2.110,96	2.374,83	828,71	1.960,56	2.205,
(West)	II	33.998	1.869,89	2.719,84	3.059,82	1.734,42	2.569,44	2.890,62	1.510,70	2.419,04	2.721,42	1.286,98	2.268,64	2.552,22	1.063,26	2.118,24	2.383,02	839,54	1.967,84	2.213,82	615,82	1.817,44	2.044,
	III	26.080	-	2.086,40	2.347,20	-	1.949,12	2.192,76	-	1.814,88	2.041,74	-	1.683,68	1.894,14	-	1.555,52	1.749,96	-	1.430,56	1.609,38	-	1.308,64	1.472,
	IV	35.787	1.968,28	2.862,96	3.220,83	1.916,58	2.787,76	3.136,23	1.864,88	2.712,56	3.051,63	1.813,18	2.637,36	2.967,03	1.723,59	2.562,16	2.882,43	1.611,73	2.486,96	2.797,83	1.499,87	2.411,76	2.713,
	V	41.960	2.307,80	3.356,80	3.776,40																		
	VI	42.492	2.337,06	3.399,36	3.824,28																		
123.947,99	I	35.880	1.973,40	2.870,40	3.229,20	1.870,05	2.720,08	3.060,09	1.734,78	2.569,68	2.890,89	1.511,06	2.419,28	2.721,69	1.287,34	2.268,88	2.552,49	1.063,62	2.118,48	2.383,29	839,90	1.968,08	2.214,
(Ost)	II	34.091	1.875,00	2.727,28	3.068,19	1.745,49	2.576,88	2.898,99	1.521,77	2.426,48	2.729,79	1.298,05	2.276,08	2.560,59	1.074,45	2.125,76	2.391,48	850,73	1.975,36	2.222,28	627,01	1.824,96	2.053,
	III	26.168	-	2.093,44	2.355,12	-	1.955,84	2.200,32	-	1.821,44	2.049,12	-	1.690,08	1.901,34	-	1.561,92	1.757,16	-	1.436,64	1.616,22	-	1.314,56	1.478,
	IV	35.880	1.973,40	2.870,40	3.229,20	1.921,70	2.795,20	3.144,60	1.870,05	2.720,08	3.060,09	1.818,35	2.644,88	2.975,49	1.734,78	2.569,68	2.890,89	1.622,92	2.494,48	2.806,29	1.511,06	2.419,28	2.721,
	V	42.054	2.312,97	3.364,32	3.784,86																		
	VI	42.585	2.342,17	3.406,80	3.832,65																		
123.983,99	I	35.802	1.969,11	2.864,16	3.222,18	1.865,71	2.713,76	3.052,98	1.725,38	2.563,36	2.883,78	1.501,66	2.412,96	2.714,58	1.277,94	2.262,56	2.545,38	1.054,22	2.112,16	2.376,18	830,50	1.961,76	2.206,
(West)	II	34.013	1.870,71	2.721,04	3.061,17	1.736,21	2.570,64	2.891,97	1.512,49	2.420,24	2.722,77	1.288,77	2.269,84	2.553,57	1.065,05	2.119,44	2.384,37	841,33	1.969,04	2.215,17	617,61	1.818,64	2.045,
	III	26.094	-	2.087,52	2.348,46	-	1.950,24	2.194,02	-	1.815,84	2.042,82	-	1.684,64	1.895,22	-	1.556,48	1.751,04	-	1.431,52	1.610,46	-	1.309,60	1.473,
	IV	35.802	1.969,11	2.864,16	3.222,18	1.917,41	2.788,96	3.137,58	1.865,71	2.713,76	3.052,98	1.814,01	2.638,56	2.968,38	1.725,38	2.563,36	2.883,78	1.613,52	2.488,16	2.799,18	1.501,66	2.412,96	2.714,
	V	41.975	2.308,62	3.358,00	3.777,75																		
	VI	42.507	2.337,88	3.400,56	3.825,63																		
123.983,99	I	35.896	1.974,28	2.871,68	3.230,64	1.870,88	2.721,28	3.061,44	1.736,56	2.570,88	2.892,24	1.512,84	2.420,48	2.723,04	1.289,12	2.270,08	2.553,84	1.065,40	2.119,68	2.384,64	841,68	1.969,28	2.215,
(Ost)	II	34.106	1.875,83	2.728,48	3.069,54	1.747,27	2.578,08	2.900,34	1.523,67	2.427,76	2.731,23	1.299,95	2.277,36	2.562,03	1.076,23	2.126,96	2.392,83	852,51	1.976,56	2.223,63	628,79	1.826,16	2.054,
	III	26.182	-	2.094,56	2.356,38	-	1.956,96	2.201,58	-	1.822,56	2.050,38	-	1.691,20	1.902,60	-	1.562,88	1.758,24	-	1.437,76	1.617,48	-	1.315,52	1.479,
	IV	35.896	1.974,28	2.871,68	3.230,64	1.922,58	2.796,48	3.146,04	1.870,88	2.721,28	3.061,44	1.819,18	2.646,08	2.976,84	1.736,56	2.570,88	2.892,24	1.624,70	2.495,68	2.807,64	1.512,84	2.420,48	2.723,
	V	42.069	2.313,79	3.365,52	3.786,21																		
	VI	42.601	2.343,05	3.408,08	3.834,09																		
124.019,99	I	35.817	1.969,93	2.865,36	3.223,53	1.866,53	2.714,96	3.054,33	1.727,16	2.564,56	2.885,13	1.503,44	2.414,16	2.715,93	1.279,72	2.263,76	2.546,73	1.056,00	2.113,36	2.377,53	832,40	1.963,04	2.208,
(West)	II	34.028	1.871,54	2.722,24	3.062,52	1.737,99	2.571,84	2.893,32	1.514,27	2.421,44	2.724,12	1.290,55	2.271,04	2.554,92	1.066,83	2.120,64	2.385,72	843,11	1.970,24	2.216,52	619,39	1.819,84	2.047,
	III	26.108	-	2.088,64	2.349,72	-	1.951,20	2.195,10	-	1.816,96	2.044,08	-	1.685,76	1.896,48	-	1.557,60	1.752,30	-	1.432,48	1.611,54	-	1.310,56	1.474,
	IV	35.817	1.969,93	2.865,36	3.223,53	1.918,23	2.790,16	3.138,93	1.866,53	2.714,96	3.054,33	1.814,83	2.639,76	2.969,73	1.727,16	2.564,56	2.885,13	1.615,30	2.489,36	2.800,53	1.503,44	2.414,16	2.715,
	V	41.990	2.309,45	3.359,20	3.779,10																		
	VI	42.522	2.338,71	3.401,76	3.826,98																		
124.019,99	I	35.911	1.975,10	2.872,88	3.231,99	1.871,70	2.722,48	3.062,79	1.738,35	2.572,08	2.893,59	1.514,63	2.421,68	2.724,39	1.290,91	2.271,28	2.555,19	1.067,19	2.120,88	2.385,99	843,47	1.970,48	2.216,
(Ost)	II	34.121	1.876,65	2.729,68	3.070,89	1.749,18	2.579,36	2.901,78	1.525,46	2.428,96	2.732,58	1.301,74	2.278,56	2.563,38	1.078,02	2.128,16	2.394,18	854,30	1.977,76	2.224,98	630,58	1.827,36	2.055,
	III	26.196	-	2.095,68	2.357,64	-	1.958,08	2.202,84	-	1.823,52	2.051,46	-	1.692,16	1.903,68	-	1.563,84	1.759,32	-	1.438,72	1.618,56	-	1.316,48	1.481,
	IV	35.911	1.975,10	2.872,88	3.231,99	1.923,40	2.797,68	3.147,39	1.871,70	2.722,48	3.062,79	1.820,00	2.647,28	2.978,19	1.738,35	2.572,08	2.893,59	1.626,49	2.496,88	2.808,99	1.514,63	2.421,68	2.724,
	V	42.084	2.314,62	3.366,72	3.787,56																		
	VI	42.616	2.343,88	3.409,28	3.835,44																		
124.055,99	I	35.832	1.970,76	2.866,56	3.224,88	1.867,36	2.716,16	3.055,68	1.728,95	2.565,76	2.886,48	1.505,23	2.415,36	2.717,28	1.281,51	2.264,96	2.548,08	1.057,91	2.114,64	2.378,97	834,19	1.964,24	2.209,
(West)	II	34.043	1.872,36	2.723,44	3.063,87	1.739,78	2.573,04	2.894,67	1.516,06	2.422,64	2.725,47	1.292,34	2.272,24	2.556,27	1.068,62	2.121,84	2.387,07	844,90	1.971,44	2.217,87	621,18	1.821,04	2.048,
	III	26.122	-	2.089,76	2.350,98	-	1.952,32	2.196,36	-	1.818,08	2.045,34	-	1.686,72	1.897,56	-	1.558,56	1.753,38	-	1.433,44	1.612,62	-	1.311,52	1.475,
	IV	35.832	1.970,76	2.866,56	3.224,88	1.919,06	2.791,36	3.140,28	1.867,36	2.716,16	3.055,68	1.815,66	2.640,96	2.971,08	1.728,95	2.565,76	2.886,48	1.617,09	2.490,56	2.801,88	1.505,23	2.415,36	2.717,
	V	42.005	2.310,27	3.360,40	3.780,45																		
	VI	42.537	2.339,53	3.402,96	3.828,33																		
124.055,99	I	35.926	1.975,93	2.874,08	3.233,34	1.872,53	2.723,68	3.064,14	1.740,13	2.573,28	2.894,94	1.516,41	2.422,88	2.725,74	1.292,69	2.272,48	2.556,54	1.068,97	2.122,08	2.387,34	845,25	1.971,68	2.218,
(Ost)	II	34.137	1.877,53	2.730,96	3.072,33	1.750,96	2.580,56	2.903,13	1.527,24	2.430,16	2.733,93	1.303,52	2.279,76	2.564,73	1.079,80	2.129,36	2.395,53	856,08	1.978,96	2.226,33	632,36	1.828,56	2.057,
	III	26.210	-	2.096,80	2.358,90	-	1.959,20	2.204,10	-	1.824,64	2.052,72	-	1.693,28	1.904,94	-	1.564,96	1.760,58	-	1.439,68	1.619,64	-	1.317,60	1.482,
	IV	35.926	1.975,93	2.874,08	3.233,34	1.924,23	2.798,88	3.148,74	1.872,53	2.723,68	3.064,14	1.820,83	2.648,48	2.979,54	1.740,13	2.573,28	2.894,94	1.628,27	2.498,08	2.810,34	1.516,41	2.422,88	2.725,
	V	42.099	2.315,44	3.367,92	3.788,91																		
	VI	42.631	2.344,70	3.410,48	3.836,79																		
124.091,99	I	35.847	1.971,58	2.867,76	3.226,23	1.868,18	2.717,36	3.057,03	1.730,73	2.566,96	2.887,83	1.507,13	2.416,64	2.718,72	1.283,41	2.266,24	2.549,52	1.059,69	2.115,84	2.380,32	835,97	1.965,44	2.211,
(West)	II	34.058	1.873,19	2.724,64	3.065,22	1.741,56	2.574,24	2.896,02	1.517,84	2.423,84	2.726,82	1.294,12	2.273,44	2.557,62	1.070,40	2.123,04	2.388,42	846,68	1.972,64	2.219,22	623,08	1.822,32	2.050,
	III	26.136	-	2.090,88	2.352,24	-	1.953,44	2.197,62	-	1.819,04	2.046,42	-	1.687,84	1.898,82	-	1.559,52	1.754,46	-	1.434,56	1.613,88	-	1.312,48	1.476,
	IV	35.847	1.971,58	2.867,76	3.226,23	1.919,88	2.792,56	3.141,63	1.868,18	2.717,36	3.057,03	1.816,48	2.642,16	2.972,43	1.730,73	2.566,96	2.887,83	1.618,87	2.491,76	2.803,23	1.507,13	2.416,64	2.718,
	V	42.021	2.311,15	3.361,68	3.781,89																		
	VI	42.552	2.340,36	3.404,16	3.829,68																		
124.091,99	I	35.941	1.976,75	2.875,28	3.234,69	1.873,35	2.724,88	3.065,49	1.741,92	2.574,48	2.896,29	1.518,20	2.424,08	2.727,09	1.294,48	2.273,68	2.557,89	1.070,76	2.123,28	2.388,69	847,04	1.972,88	2.219,4
(Ost)	II	34.152	1.878,36	2.732,16	3.073,68	1.752,75	2.581,76	2.904,48	1.529,03	2.431,36	2.735,28	1.305,31	2.280,96	2.566,08	1.081,59	2.130,56	2.396,88	857,87	1.980,16	2.227,68	634,15	1.829,76	2.058,4
	III	26.224	-	2.097,92	2.360,16	-	1.960,32	2.205,36	-	1.825,76	2.053,98	-	1.694,24	1.906,02	-	1.565,92	1.761,66	-	1.440,64	1.620,72	-	1.318,56	1.483,3
	IV	35.941	1.976,75	2.875,28	3.234,69	1.925,05	2.800,08	3.150,09	1.873,35	2.724,88	3.065,49	1.821,65	2.649,68	2.980,89	1.741,92	2.574,48	2.896,29	1.630,06	2.499,28	2.811,69	1.518,20	2.424,08	2.727,0
	V	42.114	2.316,27	3.369,12	3.790,26																		
	VI	42.646	2.345,53	3.411,68	3.838,14																		

SolZ/KiSt lt. Tabelle nicht für Sonstige Bezüge anwendbar.

Lohn/ Gehalt bis	Steuerklasse	Lohn- steuer	ohne Kinderfreibetrag			Anzahl Kinderfreibeträge (nur Steuerklassen I–IV)																	
						0,5			1,0			1,5			2,0			2,5			3,0		
			SolZ 5,5%	Kirchensteuer 8%	9%	SolZ 5,5%	Kirchensteuer 8%	9%	SolZ 5,5%	Kirchensteuer 8%	9%	SolZ 5,5%	Kirchensteuer 8%	9%	SolZ 5,5%	Kirchensteuer 8%	9%	SolZ 5,5%	Kirchensteuer 8%	9%	SolZ 5,5%	Kirchensteuer 8%	9%
24.127,99 (West)	I	35.862	1.972,41	2.868,96	3.227,58	1.869,01	2.718,56	3.058,38	1.732,64	2.568,24	2.889,27	1.508,92	2.417,84	2.720,07	1.285,20	2.267,44	2.550,87	1.061,48	2.117,04	2.381,67	837,76	1.966,64	2.212,47
	II	34.073	1.874,01	2.725,84	3.066,57	1.743,35	2.575,44	2.897,37	1.519,63	2.425,04	2.728,17	1.295,91	2.274,64	2.558,97	1.072,30	2.124,32	2.389,86	848,58	1.973,92	2.220,66	624,86	1.823,52	2.051,46
	III	26.150	-	2.092,00	2.353,50	-	1.954,56	2.198,88	-	1.820,16	2.047,68	-	1.688,80	1.899,90	-	1.560,64	1.755,72	-	1.435,52	1.614,96	-	1.313,44	1.477,62
	IV	35.862	1.972,41	2.868,96	3.227,58	1.920,71	2.793,76	3.142,98	1.869,01	2.718,56	3.058,38	1.817,36	2.643,44	2.973,87	1.732,64	2.568,24	2.889,27	1.620,78	2.493,04	2.804,67	1.508,92	2.417,84	2.720,07
	V	42.036	2.311,98	3.362,88	3.783,24																		
	VI	42.567	2.341,18	3.405,36	3.831,03																		
24.127,99 (Ost)	I	35.956	1.977,58	2.876,48	3.236,04	1.874,18	2.726,08	3.066,84	1.743,70	2.575,68	2.897,64	1.519,98	2.425,28	2.728,44	1.296,26	2.274,88	2.559,24	1.072,54	2.124,48	2.390,04	848,94	1.974,16	2.220,93
	II	34.167	1.879,18	2.733,36	3.075,03	1.754,53	2.582,96	2.905,83	1.530,81	2.432,56	2.736,63	1.307,09	2.282,16	2.567,43	1.083,37	2.131,76	2.398,23	859,65	1.981,36	2.229,03	635,93	1.830,96	2.059,83
	III	26.238	-	2.099,04	2.361,42	-	1.961,28	2.206,44	-	1.826,72	2.055,06	-	1.695,36	1.907,28	-	1.566,88	1.762,74	-	1.441,60	1.621,80	-	1.319,52	1.484,46
	IV	35.956	1.977,58	2.876,48	3.236,04	1.925,88	2.801,28	3.151,44	1.874,18	2.726,08	3.066,84	1.822,48	2.650,88	2.982,24	1.743,70	2.575,68	2.897,64	1.631,84	2.500,48	2.813,04	1.519,98	2.425,28	2.728,44
	V	42.129	2.317,09	3.370,32	3.791,61																		
	VI	42.661	2.346,35	3.412,88	3.839,49																		
24.163,99 (West)	I	35.878	1.973,29	2.870,24	3.229,02	1.869,89	2.719,84	3.059,82	1.734,42	2.569,44	2.890,62	1.510,70	2.419,04	2.721,42	1.286,98	2.268,64	2.552,22	1.063,26	2.118,24	2.383,02	839,54	1.967,84	2.213,82
	II	34.088	1.874,84	2.727,04	3.067,92	1.745,13	2.576,64	2.898,72	1.521,41	2.426,24	2.729,52	1.297,81	2.275,92	2.560,41	1.074,09	2.125,52	2.391,21	850,37	1.975,12	2.222,01	626,65	1.824,72	2.052,81
	III	26.164	-	2.093,12	2.354,76	-	1.955,68	2.200,14	-	1.821,28	2.048,94	-	1.689,92	1.901,16	-	1.561,60	1.756,80	-	1.436,48	1.616,04	-	1.314,40	1.478,70
	IV	35.878	1.973,29	2.870,24	3.229,02	1.921,59	2.795,04	3.144,42	1.869,89	2.719,84	3.059,82	1.818,19	2.644,64	2.975,22	1.734,42	2.569,44	2.890,62	1.622,56	2.494,24	2.806,02	1.510,70	2.419,04	2.721,42
	V	42.051	2.312,80	3.364,08	3.784,59																		
	VI	42.583	2.342,06	3.406,64	3.832,47																		
24.163,99 (Ost)	I	35.971	1.978,40	2.877,68	3.237,39	1.875,00	2.727,28	3.068,19	1.745,49	2.576,88	2.898,99	1.521,77	2.426,48	2.729,79	1.298,05	2.276,08	2.560,59	1.074,45	2.125,76	2.391,48	850,73	1.975,36	2.222,28
	II	34.182	1.880,01	2.734,56	3.076,38	1.756,32	2.584,16	2.907,18	1.532,60	2.433,76	2.737,98	1.308,88	2.283,36	2.568,78	1.085,16	2.132,96	2.399,58	861,44	1.982,56	2.230,38	637,72	1.832,16	2.061,18
	III	26.252	-	2.100,16	2.362,68	-	1.962,40	2.207,70	-	1.827,84	2.056,32	-	1.696,32	1.908,36	-	1.568,00	1.764,00	-	1.442,72	1.623,06	-	1.320,48	1.485,54
	IV	35.971	1.978,40	2.877,68	3.237,39	1.926,70	2.802,48	3.152,79	1.875,00	2.727,28	3.068,19	1.823,30	2.652,08	2.983,59	1.745,49	2.576,88	2.898,99	1.633,63	2.501,68	2.814,39	1.521,77	2.426,48	2.729,79
	V	42.144	2.317,92	3.371,52	3.792,96																		
	VI	42.676	2.347,18	3.414,08	3.840,84																		
24.199,99 (West)	I	35.893	1.974,11	2.871,44	3.230,37	1.870,71	2.721,04	3.061,17	1.736,21	2.570,64	2.891,97	1.512,49	2.420,24	2.722,77	1.288,77	2.269,84	2.553,57	1.065,05	2.119,44	2.384,37	841,33	1.969,04	2.215,17
	II	34.103	1.875,66	2.728,24	3.069,27	1.747,03	2.577,92	2.900,16	1.523,31	2.427,52	2.730,96	1.299,59	2.277,12	2.561,76	1.075,87	2.126,72	2.392,56	852,15	1.976,32	2.223,36	628,43	1.825,92	2.054,16
	III	26.178	-	2.094,24	2.356,02	-	1.956,80	2.201,40	-	1.822,24	2.050,02	-	1.690,88	1.902,24	-	1.562,72	1.758,06	-	1.437,44	1.617,12	-	1.315,36	1.479,78
	IV	35.893	1.974,11	2.871,44	3.230,37	1.922,41	2.796,24	3.145,77	1.870,71	2.721,04	3.061,17	1.819,01	2.645,84	2.976,57	1.736,21	2.570,64	2.891,97	1.624,35	2.495,44	2.807,37	1.512,49	2.420,24	2.722,77
	V	42.066	2.313,63	3.365,28	3.785,94																		
	VI	42.598	2.342,89	3.407,84	3.833,82																		
24.199,99 (Ost)	I	35.986	1.979,23	2.878,88	3.238,74	1.875,83	2.728,48	3.069,54	1.747,27	2.578,08	2.900,34	1.523,67	2.427,76	2.731,23	1.299,95	2.277,36	2.562,03	1.076,23	2.126,96	2.392,83	852,51	1.976,56	2.223,63
	II	34.197	1.880,83	2.735,76	3.077,73	1.758,10	2.585,36	2.908,53	1.534,38	2.434,96	2.739,33	1.310,66	2.284,56	2.570,13	1.086,94	2.134,16	2.400,93	863,22	1.983,76	2.231,73	639,62	1.833,44	2.062,62
	III	26.266	-	2.101,28	2.363,94	-	1.963,52	2.208,96	-	1.828,96	2.057,58	-	1.697,44	1.909,62	-	1.568,96	1.765,08	-	1.443,68	1.624,14	-	1.321,44	1.486,62
	IV	35.986	1.979,23	2.878,88	3.238,74	1.927,53	2.803,68	3.154,14	1.875,83	2.728,48	3.069,54	1.824,13	2.653,28	2.984,94	1.747,27	2.578,08	2.900,34	1.635,41	2.502,88	2.815,74	1.523,67	2.427,76	2.731,23
	V	42.160	2.318,80	3.372,80	3.794,40																		
	VI	42.691	2.348,00	3.415,28	3.842,19																		
24.235,99 (West)	I	35.908	1.974,94	2.872,64	3.231,72	1.871,54	2.722,24	3.062,52	1.737,99	2.571,84	2.893,32	1.514,27	2.421,44	2.724,12	1.290,55	2.271,04	2.554,92	1.066,83	2.120,64	2.385,72	843,11	1.970,24	2.216,52
	II	34.119	1.876,54	2.729,52	3.070,71	1.748,82	2.579,12	2.901,51	1.525,10	2.428,72	2.732,31	1.301,38	2.278,32	2.563,11	1.077,66	2.127,92	2.393,91	853,94	1.977,52	2.224,71	630,22	1.827,12	2.055,51
	III	26.192	-	2.095,36	2.357,28	-	1.957,76	2.202,48	-	1.823,36	2.051,28	-	1.692,00	1.903,50	-	1.563,68	1.759,14	-	1.438,40	1.618,20	-	1.316,32	1.480,86
	IV	35.908	1.974,94	2.872,64	3.231,72	1.923,24	2.797,44	3.147,12	1.871,54	2.722,24	3.062,52	1.819,84	2.647,04	2.977,92	1.737,99	2.571,84	2.893,32	1.626,13	2.496,64	2.808,72	1.514,27	2.421,44	2.724,12
	V	42.081	2.314,45	3.366,48	3.787,29																		
	VI	42.613	2.343,71	3.409,04	3.835,17																		
24.235,99 (Ost)	I	36.001	1.980,05	2.880,08	3.240,09	1.876,65	2.729,68	3.070,89	1.749,18	2.579,36	2.901,78	1.525,46	2.428,96	2.732,58	1.301,74	2.278,56	2.563,38	1.078,02	2.128,16	2.394,18	854,30	1.977,76	2.224,98
	II	34.212	1.881,66	2.736,96	3.079,08	1.759,89	2.586,56	2.909,88	1.536,17	2.436,16	2.740,68	1.312,45	2.285,76	2.571,48	1.088,85	2.135,44	2.402,37	865,13	1.985,04	2.233,17	641,41	1.834,64	2.063,97
	III	26.280	-	2.102,40	2.365,20	-	1.964,64	2.210,22	-	1.830,08	2.058,84	-	1.698,40	1.910,70	-	1.570,08	1.766,34	-	1.444,64	1.625,22	-	1.322,40	1.487,70
	IV	36.001	1.980,05	2.880,08	3.240,09	1.928,35	2.804,88	3.155,49	1.876,65	2.729,68	3.070,89	1.825,01	2.654,56	2.986,38	1.749,18	2.579,36	2.901,78	1.637,32	2.504,16	2.817,18	1.525,46	2.428,96	2.732,58
	V	42.175	2.319,62	3.374,00	3.795,75																		
	VI	42.706	2.348,83	3.416,48	3.843,54																		
24.271,99 (West)	I	35.923	1.975,76	2.873,84	3.233,07	1.872,36	2.723,44	3.063,87	1.739,78	2.573,04	2.894,67	1.516,06	2.422,64	2.725,47	1.292,34	2.272,24	2.556,27	1.068,62	2.121,84	2.387,07	844,90	1.971,44	2.217,87
	II	34.134	1.877,37	2.730,72	3.072,06	1.750,60	2.580,32	2.902,86	1.526,88	2.429,92	2.733,66	1.303,16	2.279,52	2.564,46	1.079,44	2.129,12	2.395,26	855,72	1.978,72	2.226,06	632,00	1.828,32	2.056,86
	III	26.206	-	2.096,48	2.358,54	-	1.958,88	2.203,74	-	1.824,48	2.052,54	-	1.692,96	1.904,58	-	1.564,64	1.760,22	-	1.439,52	1.619,46	-	1.317,28	1.481,94
	IV	35.923	1.975,76	2.873,84	3.233,07	1.924,06	2.798,64	3.148,47	1.872,36	2.723,44	3.063,87	1.820,66	2.648,24	2.979,27	1.739,78	2.573,04	2.894,67	1.627,92	2.497,84	2.810,07	1.516,06	2.422,64	2.725,47
	V	42.096	2.315,28	3.367,68	3.788,64																		
	VI	42.628	2.344,54	3.410,24	3.836,52																		
24.271,99 (Ost)	I	36.017	1.980,93	2.881,36	3.241,53	1.877,53	2.730,96	3.072,33	1.750,96	2.580,56	2.903,13	1.527,24	2.430,16	2.733,93	1.303,52	2.279,76	2.564,73	1.079,80	2.129,36	2.395,53	856,08	1.978,96	2.226,33
	II	34.227	1.882,48	2.738,16	3.080,43	1.761,67	2.587,76	2.911,23	1.537,95	2.437,36	2.742,03	1.314,35	2.287,04	2.572,92	1.090,63	2.136,64	2.403,72	866,91	1.986,24	2.234,52	643,19	1.835,84	2.065,32
	III	26.294	-	2.103,52	2.366,46	-	1.965,76	2.211,48	-	1.831,04	2.059,92	-	1.699,52	1.911,96	-	1.571,04	1.767,42	-	1.445,60	1.626,30	-	1.323,36	1.488,78
	IV	36.017	1.980,93	2.881,36	3.241,53	1.929,23	2.806,16	3.156,93	1.877,53	2.730,96	3.072,33	1.825,83	2.655,76	2.987,73	1.750,96	2.580,56	2.903,13	1.639,10	2.505,36	2.818,53	1.527,24	2.430,16	2.733,93
	V	42.190	2.320,45	3.375,20	3.797,10																		
	VI	42.722	2.349,71	3.417,76	3.844,98																		
24.307,99 (West)	I	35.938	1.976,59	2.875,04	3.234,42	1.873,19	2.724,64	3.065,22	1.741,56	2.574,24	2.896,02	1.517,84	2.423,84	2.726,82	1.294,12	2.273,44	2.557,62	1.070,40	2.123,04	2.388,42	846,68	1.972,64	2.219,22
	II	34.149	1.878,19	2.731,92	3.073,41	1.752,39	2.581,52	2.904,21	1.528,67	2.431,12	2.735,01	1.304,95	2.280,72	2.565,81	1.081,23	2.130,32	2.396,61	857,51	1.979,92	2.227,41	633,79	1.829,52	2.058,21
	III	26.220	-	2.097,60	2.359,80	-	1.960,00	2.205,00	-	1.825,44	2.053,62	-	1.694,08	1.905,84	-	1.565,76	1.761,48	-	1.440,48	1.620,54	-	1.318,24	1.483,02
	IV	35.938	1.976,59	2.875,04	3.234,42	1.924,89	2.799,84	3.149,82	1.873,19	2.724,64	3.065,22	1.821,49	2.649,44	2.980,62	1.741,56	2.574,24	2.896,02	1.629,70	2.499,04	2.811,42	1.517,84	2.423,84	2.726,82
	V	42.111	2.316,10	3.368,88	3.789,99																		
	VI	42.643	2.345,36	3.411,44	3.837,87																		
24.307,99 (Ost)	I	36.032	1.981,76	2.882,56	3.242,88	1.878,36	2.732,16	3.073,68	1.752,75	2.581,76	2.904,48	1.529,03	2.431,36	2.735,28	1.305,31	2.280,96	2.566,08	1.081,59	2.130,56	2.396,88	857,87	1.980,16	2.227,68
	II	34.242	1.883,31	2.739,36	3.081,78	1.763,58	2.589,04	2.912,67	1.539,86	2.438,64	2.743,47	1.316,14	2.288,24	2.574,27	1.092,42	2.137,84	2.405,07	868,70	1.987,44	2.235,87	644,98	1.837,04	2.066,67
	III	26.308	-	2.104,64	2.367,72	-	1.966,88	2.212,74	-	1.832,16	2.061,18	-	1.700,64	1.913,22	-	1.572,00	1.768,50	-	1.446,72	1.627,56	-	1.324,32	1.489,86
	IV	36.032	1.981,76	2.882,56	3.242,88	1.930,06	2.807,36	3.158,28	1.878,36	2.732,16	3.073,68	1.826,66	2.656,96	2.989,08	1.752,75	2.581,76	2.904,48	1.640,89	2.506,56	2.819,88	1.529,03	2.431,36	2.735,28
	V	42.205	2.321,27	3.376,40	3.798,45																		
	VI	42.737	2.350,53	3.418,96	3.846,33																		
24.343,99 (West)	I	35.953	1.977,41	2.876,24	3.235,77	1.874,01	2.725,84	3.066,57	1.743,35	2.575,44	2.897,37	1.519,63	2.425,04	2.728,17	1.295,91	2.274,64	2.558,97	1.072,30	2.124,32	2.389,86	848,58	1.973,92	2.220,66
	II	34.164	1.879,02	2.733,12	3.074,76	1.754,17	2.582,72	2.905,56	1.530,45	2.432,32	2.736,36	1.306,73	2.281,92	2.567,16	1.083,01	2.131,52	2.397,96	859,29	1.981,12	2.228,76	635,57	1.830,72	2.059,56
	III	26.234	-	2.098,72	2.361,06	-	1.961,12	2.206,26	-	1.826,56	2.054,88	-	1.695,04	1.906,92	-	1.566,72	1.762,56	-	1.441,44	1.621,62	-	1.319,20	1.484,10
	IV	35.953	1.977,41	2.876,24	3.235,77	1.925,71	2.801,04	3.151,17	1.874,01	2.725,84	3.066,57	1.822,31	2.650,64	2.981,97	1.743,35	2.575,44	2.897,37	1.631,49	2.500,24	2.812,77	1.519,63	2.425,04	2.728,17
	V	42.126	2.316,93	3.370,08	3.791,34																		
	VI	42.658	2.346,19	3.412,64	3.839,22																		
24.343,99 (Ost)	I	36.047	1.982,58	2.883,76	3.244,23	1.879,18	2.733,36	3.075,03	1.754,53	2.582,96	2.905,83	1.530,81	2.432,56	2.736,63	1.307,09	2.282,16	2.567,43	1.083,37	2.131,76	2.398,23	859,65	1.981,36	2.229,03
	II	34.258	1.884,19	2.740,64	3.083,22	1.765,36	2.590,24	2.914,02	1.541,64	2.439,84	2.744,82	1.317,92	2.289,44	2.575,62	1.094,20	2.139,04	2.406,42	870,48	1.988,64	2.237,22	646,76	1.838,24	2.068,02
	III	26.322	-	2.105,76	2.368,98	-	1.967,84	2.213,82	-	1.833,28	2.062,44	-	1.701,60	1.914,30	-	1.573,12	1.769,76	-	1.447,68	1.628,64	-	1.325,28	1.490,94
	IV	36.047	1.982,58	2.883,76	3.244,23	1.930,88	2.808,56	3.159,63	1.879,18	2.733,36	3.075,03	1.827,48	2.658,16	2.990,43	1.754,53	2.582,96	2.905,83	1.642,67	2.507,76	2.821,23	1.530,81	2.432,56	2.736,63
	V	42.220	2.322,10	3.377,60	3.799,80																		
	VI	42.752	2.351,36	3.420,16	3.847,68																		

SolZ/KiSt lt. Tabelle nicht für Sonstige Bezüge anwendbar.

Lohn/ Gehalt bis	Steuerklasse	Lohn-steuer	ohne Kinderfreibetrag SolZ 5,5%	Kirchensteuer 8%	Kirchensteuer 9%	0,5 SolZ 5,5%	0,5 Kirchensteuer 8%	0,5 Kirchensteuer 9%	1,0 SolZ 5,5%	1,0 Kirchensteuer 8%	1,0 Kirchensteuer 9%	1,5 SolZ 5,5%	1,5 Kirchensteuer 8%	1,5 Kirchensteuer 9%	2,0 SolZ 5,5%	2,0 Kirchensteuer 8%	2,0 Kirchensteuer 9%	2,5 SolZ 5,5%	2,5 Kirchensteuer 8%	2,5 Kirchensteuer 9%	3,0 SolZ 5,5%	3,0 Kirchensteuer 8%	3,0 Kirchensteuer 9%
124.379,99 (West)	I	35.968	1.978,24	2.877,44	3.237,12	1.874,84	2.727,04	3.067,92	1.745,13	2.576,64	2.898,72	1.521,41	2.426,24	2.729,52	1.297,81	2.275,92	2.560,41	1.074,09	2.125,52	2.391,21	850,37	1.975,12	2.222,0
	II	34.179	1.879,84	2.734,32	3.076,11	1.755,96	2.583,92	2.906,91	1.532,24	2.433,52	2.737,71	1.308,52	2.283,12	2.568,51	1.084,80	2.132,72	2.399,31	861,08	1.982,32	2.230,11	637,48	1.832,00	2.061,0
	III	26.248	–	2.099,84	2.362,32	–	1.962,24	2.207,52	–	1.827,68	2.056,14	–	1.696,16	1.908,18	–	1.567,68	1.763,64	–	1.442,40	1.622,70	–	1.320,16	1.485,1
	IV	35.968	1.978,24	2.877,44	3.237,12	1.926,54	2.802,24	3.152,52	1.874,84	2.727,04	3.067,92	1.823,14	2.651,84	2.983,32	1.745,13	2.576,64	2.898,72	1.633,27	2.501,44	2.814,12	1.521,41	2.426,24	2.729,5
	V	42.142	2.317,81	3.371,36	3.792,78																		
	VI	42.673	2.347,01	3.413,84	3.840,57																		
124.379,99 (Ost)	I	36.062	1.983,41	2.884,96	3.245,58	1.880,01	2.734,56	3.076,38	1.756,32	2.584,16	2.907,18	1.532,60	2.433,76	2.737,98	1.308,88	2.283,36	2.568,78	1.085,16	2.132,96	2.399,58	861,44	1.982,56	2.230,3
	II	34.273	1.885,01	2.741,84	3.084,57	1.767,15	2.591,44	2.915,37	1.543,43	2.441,04	2.746,17	1.319,71	2.290,64	2.576,97	1.095,99	2.140,24	2.407,77	872,27	1.989,84	2.238,57	648,55	1.839,44	2.069,3
	III	26.336	–	2.106,88	2.370,24	–	1.968,96	2.215,08	–	1.834,24	2.063,52	–	1.702,72	1.915,56	–	1.574,08	1.770,84	–	1.448,64	1.629,72	–	1.326,24	1.492,0
	IV	36.062	1.983,41	2.884,96	3.245,58	1.931,71	2.809,76	3.160,98	1.880,01	2.734,56	3.076,38	1.828,31	2.659,36	2.991,78	1.756,32	2.584,16	2.907,18	1.644,46	2.508,96	2.822,58	1.532,60	2.433,76	2.737,9
	V	42.235	2.322,92	3.378,80	3.801,15																		
	VI	42.767	2.352,18	3.421,36	3.849,03																		
124.415,99 (West)	I	35.983	1.979,06	2.878,64	3.238,47	1.875,66	2.728,24	3.069,27	1.747,03	2.577,92	2.900,16	1.523,31	2.427,52	2.730,96	1.299,59	2.277,12	2.561,76	1.075,87	2.126,72	2.392,56	852,15	1.976,32	2.223,3
	II	34.194	1.880,67	2.735,52	3.077,46	1.757,74	2.585,12	2.908,26	1.534,02	2.434,72	2.739,06	1.310,30	2.284,32	2.569,86	1.086,58	2.133,92	2.400,66	862,98	1.983,60	2.231,55	639,26	1.833,20	2.062,3
	III	26.262	–	2.100,96	2.363,58	–	1.963,36	2.208,78	–	1.828,64	2.057,22	–	1.697,12	1.909,26	–	1.568,80	1.764,90	–	1.443,52	1.623,96	–	1.321,12	1.486,2
	IV	35.983	1.979,06	2.878,64	3.238,47	1.927,36	2.803,44	3.153,87	1.875,66	2.728,24	3.069,27	1.823,96	2.653,04	2.984,67	1.747,03	2.577,92	2.900,16	1.635,17	2.502,72	2.815,56	1.523,31	2.427,52	2.730,9
	V	42.157	2.318,63	3.372,56	3.794,13																		
	VI	42.688	2.347,84	3.415,04	3.841,92																		
124.415,99 (Ost)	I	36.077	1.984,23	2.886,16	3.246,93	1.880,83	2.735,76	3.077,73	1.758,10	2.585,36	2.908,53	1.534,38	2.434,96	2.739,33	1.310,66	2.284,56	2.570,13	1.086,94	2.134,16	2.400,93	863,22	1.983,76	2.231,7
	II	34.288	1.885,84	2.743,04	3.085,92	1.768,93	2.592,64	2.916,72	1.545,21	2.442,24	2.747,52	1.321,49	2.291,84	2.578,32	1.097,77	2.141,44	2.409,12	874,05	1.991,04	2.239,92	650,33	1.840,64	2.070,7
	III	26.350	–	2.108,00	2.371,50	–	1.970,08	2.216,34	–	1.835,36	2.064,78	–	1.703,68	1.916,64	–	1.575,20	1.772,10	–	1.449,60	1.630,80	–	1.327,20	1.493,1
	IV	36.077	1.984,23	2.886,16	3.246,93	1.932,53	2.810,96	3.162,33	1.880,83	2.735,76	3.077,73	1.829,13	2.660,56	2.993,13	1.758,10	2.585,36	2.908,53	1.646,24	2.510,16	2.823,93	1.534,38	2.434,96	2.739,3
	V	42.250	2.323,75	3.380,00	3.802,50																		
	VI	42.782	2.353,01	3.422,56	3.850,38																		
124.451,99 (West)	I	35.998	1.979,89	2.879,84	3.239,82	1.876,54	2.729,52	3.070,71	1.748,82	2.579,12	2.901,51	1.525,10	2.428,72	2.732,31	1.301,38	2.278,32	2.563,11	1.077,66	2.127,92	2.393,91	853,94	1.977,52	2.224,7
	II	34.209	1.881,49	2.736,72	3.078,81	1.759,53	2.586,32	2.909,61	1.535,81	2.435,92	2.740,41	1.312,21	2.285,60	2.571,30	1.088,49	2.135,20	2.402,10	864,77	1.984,80	2.232,90	641,05	1.834,40	2.063,7
	III	26.276	–	2.102,08	2.364,84	–	1.964,32	2.209,86	–	1.829,76	2.058,48	–	1.698,24	1.910,52	–	1.569,76	1.765,98	–	1.444,48	1.625,04	–	1.322,24	1.487,5
	IV	35.998	1.979,89	2.879,84	3.239,82	1.928,24	2.804,72	3.155,31	1.876,54	2.729,52	3.070,71	1.824,84	2.654,32	2.986,11	1.748,82	2.579,12	2.901,51	1.636,96	2.503,92	2.816,91	1.525,10	2.428,72	2.732,3
	V	42.172	2.319,46	3.373,76	3.795,48																		
	VI	42.703	2.348,66	3.416,24	3.843,27																		
124.451,99 (Ost)	I	36.092	1.985,06	2.887,36	3.248,28	1.881,66	2.736,96	3.079,08	1.759,89	2.586,56	2.909,88	1.536,17	2.436,16	2.740,68	1.312,45	2.285,76	2.571,48	1.088,85	2.135,44	2.402,37	865,13	1.985,04	2.233,1
	II	34.303	1.886,66	2.744,24	3.087,27	1.770,72	2.593,84	2.918,07	1.547,00	2.443,44	2.748,87	1.323,28	2.293,04	2.579,67	1.099,56	2.142,64	2.410,47	875,84	1.992,24	2.241,27	652,12	1.841,84	2.072,0
	III	26.364	–	2.109,12	2.372,76	–	1.971,20	2.217,60	–	1.836,48	2.066,04	–	1.704,80	1.917,90	–	1.576,16	1.773,18	–	1.450,56	1.631,88	–	1.328,16	1.494,1
	IV	36.092	1.985,06	2.887,36	3.248,28	1.933,36	2.812,16	3.163,68	1.881,66	2.736,96	3.079,08	1.829,96	2.661,76	2.994,48	1.759,89	2.586,56	2.909,88	1.648,03	2.511,36	2.825,28	1.536,17	2.436,16	2.740,6
	V	42.265	2.324,57	3.381,20	3.803,85																		
	VI	42.797	2.353,83	3.423,76	3.851,73																		
124.487,99 (West)	I	36.014	1.980,77	2.881,12	3.241,26	1.877,37	2.730,72	3.072,06	1.750,60	2.580,32	2.902,86	1.526,88	2.429,92	2.733,66	1.303,16	2.279,52	2.564,46	1.079,44	2.129,12	2.395,26	855,72	1.978,72	2.226,0
	II	34.224	1.882,32	2.737,92	3.080,16	1.761,31	2.587,52	2.910,96	1.537,71	2.437,20	2.741,85	1.313,99	2.286,80	2.572,65	1.090,27	2.136,40	2.403,45	866,55	1.986,00	2.234,25	642,83	1.835,60	2.065,0
	III	26.290	–	2.103,20	2.366,10	–	1.965,44	2.211,12	–	1.830,88	2.059,74	–	1.699,36	1.911,78	–	1.570,88	1.767,24	–	1.445,44	1.626,12	–	1.323,20	1.488,6
	IV	36.014	1.980,77	2.881,12	3.241,26	1.929,07	2.805,92	3.156,66	1.877,37	2.730,72	3.072,06	1.825,67	2.655,52	2.987,46	1.750,60	2.580,32	2.902,86	1.638,74	2.505,12	2.818,26	1.526,88	2.429,92	2.733,6
	V	42.187	2.320,28	3.374,96	3.796,83																		
	VI	42.719	2.349,54	3.417,52	3.844,71																		
124.487,99 (Ost)	I	36.107	1.985,88	2.888,56	3.249,63	1.882,48	2.738,16	3.080,43	1.761,67	2.587,76	2.911,23	1.537,95	2.437,36	2.742,03	1.314,35	2.287,04	2.572,92	1.090,63	2.136,64	2.403,72	866,91	1.986,24	2.234,5
	II	34.318	1.887,49	2.745,44	3.088,62	1.772,50	2.595,04	2.919,42	1.548,78	2.444,64	2.750,22	1.325,06	2.294,24	2.581,02	1.101,34	2.143,84	2.411,82	877,62	1.993,44	2.242,62	654,02	1.843,12	2.073,5
	III	26.378	–	2.110,24	2.374,02	–	1.972,32	2.218,86	–	1.837,44	2.067,12	–	1.705,76	1.918,98	–	1.577,12	1.774,26	–	1.451,68	1.633,14	–	1.329,12	1.495,2
	IV	36.107	1.985,88	2.888,56	3.249,63	1.934,18	2.813,36	3.165,03	1.882,48	2.738,16	3.080,43	1.830,78	2.662,96	2.995,83	1.761,67	2.587,76	2.911,23	1.649,81	2.512,56	2.826,63	1.537,95	2.437,36	2.742,0
	V	42.281	2.325,45	3.382,48	3.805,29																		
	VI	42.812	2.354,66	3.424,96	3.853,08																		
124.523,99 (West)	I	36.029	1.981,59	2.882,32	3.242,61	1.878,19	2.731,92	3.073,41	1.752,39	2.581,52	2.904,21	1.528,67	2.431,12	2.735,01	1.304,95	2.280,72	2.565,81	1.081,23	2.130,32	2.396,61	857,51	1.979,92	2.227,4
	II	34.240	1.883,20	2.739,20	3.081,60	1.763,22	2.588,80	2.912,40	1.539,50	2.438,40	2.743,20	1.315,78	2.288,00	2.574,00	1.092,06	2.137,60	2.404,80	868,34	1.987,20	2.235,60	644,62	1.836,80	2.066,4
	III	26.304	–	2.104,32	2.367,36	–	1.966,56	2.212,38	–	1.831,84	2.060,82	–	1.700,32	1.912,86	–	1.571,84	1.768,32	–	1.446,40	1.627,20	–	1.324,16	1.489,6
	IV	36.029	1.981,59	2.882,32	3.242,61	1.929,89	2.807,12	3.158,01	1.878,19	2.731,92	3.073,41	1.826,49	2.656,72	2.988,81	1.752,39	2.581,52	2.904,21	1.640,53	2.506,32	2.819,61	1.528,67	2.431,12	2.735,0
	V	42.202	2.321,11	3.376,16	3.798,18																		
	VI	42.734	2.350,37	3.418,72	3.846,06																		
124.523,99 (Ost)	I	36.122	1.986,71	2.889,76	3.250,98	1.883,31	2.739,36	3.081,78	1.763,58	2.589,04	2.912,67	1.539,86	2.438,64	2.743,47	1.316,14	2.288,24	2.574,27	1.092,42	2.137,84	2.405,07	868,70	1.987,44	2.235,8
	II	34.333	1.888,31	2.746,64	3.089,97	1.774,29	2.596,24	2.920,77	1.550,57	2.445,84	2.751,57	1.326,85	2.295,44	2.582,37	1.103,13	2.145,04	2.413,17	879,52	1.994,72	2.244,06	655,80	1.844,32	2.074,8
	III	26.392	–	2.111,36	2.375,28	–	1.973,44	2.220,12	–	1.838,56	2.068,38	–	1.706,88	1.920,24	–	1.578,24	1.775,52	–	1.452,64	1.634,22	–	1.330,08	1.496,3
	IV	36.122	1.986,71	2.889,76	3.250,98	1.935,01	2.814,56	3.166,38	1.883,31	2.739,36	3.081,78	1.831,61	2.664,16	2.997,18	1.763,58	2.589,04	2.912,67	1.651,72	2.513,84	2.828,07	1.539,86	2.438,64	2.743,4
	V	42.296	2.326,28	3.383,68	3.806,64																		
	VI	42.827	2.355,48	3.426,16	3.854,43																		
124.559,99 (West)	I	36.044	1.982,42	2.883,52	3.243,96	1.879,02	2.733,12	3.074,76	1.754,17	2.582,72	2.905,56	1.530,45	2.432,32	2.736,36	1.306,73	2.281,92	2.567,16	1.083,01	2.131,52	2.397,96	859,29	1.981,12	2.228,7
	II	34.255	1.884,02	2.740,40	3.082,95	1.765,00	2.590,00	2.913,75	1.541,28	2.439,60	2.744,55	1.317,56	2.289,20	2.575,35	1.093,84	2.138,80	2.406,15	870,12	1.988,40	2.236,95	646,40	1.838,00	2.067,7
	III	26.318	–	2.105,44	2.368,62	–	1.967,68	2.213,64	–	1.832,96	2.062,08	–	1.701,44	1.914,12	–	1.572,80	1.769,40	–	1.447,36	1.628,28	–	1.325,12	1.490,7
	IV	36.044	1.982,42	2.883,52	3.243,96	1.930,72	2.808,32	3.159,36	1.879,02	2.733,12	3.074,76	1.827,32	2.657,92	2.990,16	1.754,17	2.582,72	2.905,56	1.642,31	2.507,52	2.820,96	1.530,45	2.432,32	2.736,3
	V	42.217	2.321,93	3.377,36	3.799,53																		
	VI	42.749	2.351,19	3.419,92	3.847,41																		
124.559,99 (Ost)	I	36.137	1.987,53	2.890,96	3.252,33	1.884,19	2.740,64	3.083,22	1.765,36	2.590,24	2.914,02	1.541,64	2.439,84	2.744,82	1.317,92	2.289,44	2.575,62	1.094,20	2.139,04	2.406,42	870,48	1.988,64	2.237,2
	II	34.348	1.889,14	2.747,84	3.091,32	1.776,07	2.597,44	2.922,12	1.552,35	2.447,04	2.752,92	1.328,75	2.296,72	2.583,81	1.105,03	2.146,32	2.414,61	881,31	1.995,92	2.245,41	657,59	1.845,52	2.076,2
	III	26.406	–	2.112,48	2.376,54	–	1.974,56	2.221,38	–	1.839,68	2.069,64	–	1.707,84	1.921,32	–	1.579,20	1.776,60	–	1.453,60	1.635,30	–	1.331,20	1.497,6
	IV	36.137	1.987,53	2.890,96	3.252,33	1.935,89	2.815,84	3.167,82	1.884,19	2.740,64	3.083,22	1.832,49	2.665,44	2.998,62	1.765,36	2.590,24	2.914,02	1.653,50	2.515,04	2.829,42	1.541,64	2.439,84	2.744,8
	V	42.311	2.327,10	3.384,88	3.807,99																		
	VI	42.843	2.356,36	3.427,44	3.855,87																		
124.595,99 (West)	I	36.059	1.983,24	2.884,72	3.245,31	1.879,84	2.734,32	3.076,11	1.755,96	2.583,92	2.906,91	1.532,24	2.433,52	2.737,71	1.308,52	2.283,12	2.568,51	1.084,80	2.132,72	2.399,31	861,08	1.982,32	2.230,11
	II	34.270	1.884,85	2.741,60	3.084,30	1.766,79	2.591,20	2.915,10	1.543,07	2.440,80	2.745,90	1.319,35	2.290,40	2.576,70	1.095,63	2.140,00	2.407,50	871,91	1.989,60	2.238,30	648,19	1.839,20	2.069,10
	III	26.332	–	2.106,56	2.369,88	–	1.968,80	2.214,90	–	1.834,08	2.063,34	–	1.702,40	1.915,20	–	1.573,92	1.770,66	–	1.448,48	1.629,54	–	1.326,08	1.491,84
	IV	36.059	1.983,24	2.884,72	3.245,31	1.931,54	2.809,52	3.160,71	1.879,84	2.734,32	3.076,11	1.828,14	2.659,12	2.991,51	1.755,96	2.583,92	2.906,91	1.644,10	2.508,72	2.822,31	1.532,24	2.433,52	2.737,71
	V	42.232	2.322,76	3.378,56	3.800,88																		
	VI	42.764	2.352,02	3.421,12	3.848,76																		
124.595,99 (Ost)	I	36.153	1.988,41	2.892,24	3.253,77	1.885,01	2.741,84	3.084,57	1.767,15	2.591,44	2.915,37	1.543,43	2.441,04	2.746,17	1.319,71	2.290,64	2.576,97	1.095,99	2.140,24	2.407,77	872,27	1.989,84	2.238,57
	II	34.363	1.889,96	2.749,04	3.092,67	1.777,86	2.598,64	2.923,47	1.554,25	2.448,32	2.754,36	1.330,53	2.297,92	2.585,16	1.106,81	2.147,52	2.415,96	883,09	1.997,12	2.246,76	659,37	1.846,72	2.077,56
	III	26.420	–	2.113,60	2.377,80	–	1.975,52	2.222,46	–	1.840,80	2.070,90	–	1.708,96	1.922,58	–	1.580,16	1.777,68	–	1.454,56	1.636,38	–	1.332,16	1.498,68
	IV	36.153	1.988,41	2.892,24	3.253,77	1.936,71	2.817,04	3.169,17	1.885,01	2.741,84	3.084,57	1.833,31	2.666,64	2.999,97	1.767,15	2.591,44	2.915,37	1.655,29	2.516,24	2.830,77	1.543,43	2.441,04	2.746,17
	V	42.326	2.327,93	3.386,08	3.809,34																		
	VI	42.858	2.357,19	3.428,64	3.857,22																		

Anzahl Kinderfreibeträge (nur Steuerklassen I–IV)

SolZ/KiSt lt. Tabelle nicht für Sonstige Bezüge anwendbar.

Lohn/ Gehalt bis	Steuerklasse	Lohn-steuer	ohne Kinderfreibetrag			Anzahl Kinderfreibeträge (nur Steuerklassen I–IV) 0,5			1,0			1,5			2,0			2,5			3,0		
			SolZ 5,5%	Kirchensteuer 8%	9%	SolZ 5,5%	Kirchensteuer 8%	9%	SolZ 5,5%	Kirchensteuer 8%	9%	SolZ 5,5%	Kirchensteuer 8%	9%	SolZ 5,5%	Kirchensteuer 8%	9%	SolZ 5,5%	Kirchensteuer 8%	9%	SolZ 5,5%	Kirchensteuer 8%	9%
24.631,99	I	36.074	1.984,07	2.885,92	3.246,66	1.880,67	2.735,52	3.077,46	1.757,74	2.585,12	2.908,26	1.534,02	2.434,72	2.739,06	1.310,30	2.284,32	2.569,86	1.086,58	2.133,92	2.400,66	862,98	1.983,60	2.231,55
(West)	II	34.285	1.885,67	2.742,80	3.085,65	1.768,57	2.592,40	2.916,45	1.544,85	2.442,00	2.747,25	1.321,13	2.291,60	2.578,05	1.097,41	2.141,20	2.408,85	873,69	1.990,80	2.239,65	649,97	1.840,40	2.070,45
	III	26.346	-	2.107,68	2.371,14	-	1.969,92	2.216,16	-	1.835,20	2.064,60	-	1.703,52	1.916,46	-	1.574,88	1.771,74	-	1.449,44	1.630,62	-	1.327,04	1.492,92
	IV	36.074	1.984,07	2.885,92	3.246,66	1.932,37	2.810,72	3.162,06	1.880,67	2.735,52	3.077,46	1.828,97	2.660,32	2.992,86	1.757,74	2.585,12	2.908,26	1.645,88	2.509,92	2.823,66	1.534,02	2.434,72	2.739,06
	V	42.247	2.323,58	3.379,76	3.802,23																		
	VI	42.779	2.352,84	3.422,32	3.850,11																		
24.631,99	I	36.168	1.989,24	2.893,44	3.255,12	1.885,84	2.743,04	3.085,92	1.768,93	2.592,64	2.916,72	1.545,21	2.442,24	2.747,52	1.321,49	2.291,84	2.578,32	1.097,77	2.141,44	2.409,12	874,05	1.991,04	2.239,92
(Ost)	II	34.379	1.890,84	2.750,32	3.094,11	1.779,76	2.599,92	2.924,91	1.556,04	2.449,52	2.755,71	1.332,32	2.299,12	2.586,51	1.108,60	2.148,72	2.417,31	884,88	1.998,32	2.248,11	661,16	1.847,92	2.078,91
	III	26.434	-	2.114,72	2.379,06	-	1.976,64	2.223,72	-	1.841,76	2.071,98	-	1.709,92	1.923,66	-	1.581,28	1.778,94	-	1.455,68	1.637,64	-	1.333,12	1.499,76
	IV	36.168	1.989,24	2.893,44	3.255,12	1.937,54	2.818,24	3.170,52	1.885,84	2.743,04	3.085,92	1.834,14	2.667,84	3.001,32	1.768,93	2.592,64	2.916,72	1.657,07	2.517,44	2.832,12	1.545,21	2.442,24	2.747,52
	V	42.341	2.328,75	3.387,28	3.810,69																		
	VI	42.873	2.358,01	3.429,84	3.858,57																		
24.667,99	I	36.089	1.984,89	2.887,12	3.248,01	1.881,49	2.736,72	3.078,81	1.759,53	2.586,32	2.909,61	1.535,81	2.435,92	2.740,41	1.312,21	2.285,60	2.571,30	1.088,49	2.135,20	2.402,10	864,77	1.984,80	2.232,90
(West)	II	34.300	1.886,50	2.744,00	3.087,00	1.770,36	2.593,60	2.917,80	1.546,64	2.443,20	2.748,60	1.322,92	2.292,80	2.579,40	1.099,20	2.142,40	2.410,20	875,48	1.992,00	2.241,00	651,76	1.841,60	2.071,80
	III	26.360	-	2.108,80	2.372,40	-	1.971,04	2.217,42	-	1.836,16	2.065,68	-	1.704,48	1.917,54	-	1.576,00	1.773,00	-	1.450,40	1.631,70	-	1.328,00	1.494,00
	IV	36.089	1.984,89	2.887,12	3.248,01	1.933,19	2.811,92	3.163,41	1.881,49	2.736,72	3.078,81	1.829,79	2.661,52	2.994,21	1.759,53	2.586,32	2.909,61	1.647,67	2.511,12	2.825,01	1.535,81	2.435,92	2.740,41
	V	42.262	2.324,41	3.380,96	3.803,58																		
	VI	42.794	2.353,67	3.423,52	3.851,46																		
24.667,99	I	36.183	1.990,06	2.894,64	3.256,47	1.886,66	2.744,24	3.087,27	1.770,72	2.593,84	2.918,07	1.547,00	2.443,44	2.748,87	1.323,28	2.293,04	2.579,67	1.099,56	2.142,64	2.410,47	875,84	1.992,24	2.241,27
(Ost)	II	34.394	1.891,67	2.751,52	3.095,46	1.781,54	2.601,12	2.926,26	1.557,82	2.450,72	2.757,06	1.334,10	2.300,32	2.587,86	1.110,38	2.149,92	2.418,66	886,66	1.999,52	2.249,46	662,94	1.849,12	2.080,26
	III	26.448	-	2.115,84	2.380,32	-	1.977,76	2.224,98	-	1.842,88	2.073,24	-	1.711,04	1.924,92	-	1.582,24	1.780,02	-	1.456,64	1.638,72	-	1.334,08	1.500,84
	IV	36.183	1.990,06	2.894,64	3.256,47	1.938,36	2.819,44	3.171,87	1.886,66	2.744,24	3.087,27	1.834,96	2.669,04	3.002,67	1.770,72	2.593,84	2.918,07	1.658,86	2.518,64	2.833,47	1.547,00	2.443,44	2.748,87
	V	42.356	2.329,58	3.388,48	3.812,04																		
	VI	42.888	2.358,84	3.431,04	3.859,92																		
24.703,99	I	36.104	1.985,72	2.888,32	3.249,36	1.882,32	2.737,92	3.080,16	1.761,31	2.587,52	2.910,96	1.537,71	2.437,20	2.741,85	1.313,99	2.286,80	2.572,65	1.090,27	2.136,40	2.403,45	866,55	1.986,00	2.234,25
(West)	II	34.315	1.887,32	2.745,20	3.088,35	1.772,14	2.594,80	2.919,15	1.548,42	2.444,40	2.749,95	1.324,70	2.294,00	2.580,75	1.100,98	2.143,60	2.411,55	877,38	1.993,28	2.242,44	653,66	1.842,88	2.073,24
	III	26.374	-	2.109,92	2.373,66	-	1.972,00	2.218,50	-	1.837,28	2.066,94	-	1.705,60	1.918,80	-	1.576,96	1.774,08	-	1.451,36	1.632,78	-	1.328,96	1.495,08
	IV	36.104	1.985,72	2.888,32	3.249,36	1.934,02	2.813,12	3.164,76	1.882,32	2.737,92	3.080,16	1.830,62	2.662,72	2.995,56	1.761,31	2.587,52	2.910,96	1.649,57	2.512,40	2.826,45	1.537,71	2.437,20	2.741,85
	V	42.278	2.325,29	3.382,24	3.805,02																		
	VI	42.809	2.354,49	3.424,72	3.852,81																		
24.703,99	I	36.198	1.990,89	2.895,84	3.257,82	1.887,49	2.745,44	3.088,62	1.772,50	2.595,04	2.919,42	1.548,78	2.444,64	2.750,22	1.325,06	2.294,24	2.581,02	1.101,34	2.143,84	2.411,82	877,62	1.993,44	2.242,62
(Ost)	II	34.409	1.892,49	2.752,72	3.096,81	1.783,33	2.602,32	2.927,61	1.559,61	2.451,92	2.758,41	1.335,89	2.301,52	2.589,21	1.112,17	2.151,12	2.420,01	888,45	2.000,72	2.250,81	664,73	1.850,32	2.081,61
	III	26.462	-	2.116,96	2.381,58	-	1.978,88	2.226,24	-	1.844,00	2.074,50	-	1.712,16	1.926,18	-	1.583,36	1.781,28	-	1.457,60	1.639,80	-	1.335,04	1.501,92
	IV	36.198	1.990,89	2.895,84	3.257,82	1.939,19	2.820,64	3.173,22	1.887,49	2.745,44	3.088,62	1.835,79	2.670,24	3.004,02	1.772,50	2.595,04	2.919,42	1.660,64	2.519,84	2.834,82	1.548,78	2.444,64	2.750,22
	V	42.371	2.330,40	3.389,68	3.813,39																		
	VI	42.903	2.359,66	3.432,24	3.861,27																		
24.739,99	I	36.119	1.986,54	2.889,52	3.250,71	1.883,20	2.739,20	3.081,60	1.763,22	2.588,80	2.912,40	1.539,50	2.438,40	2.743,20	1.315,78	2.288,00	2.574,00	1.092,06	2.137,60	2.404,80	868,34	1.987,20	2.235,60
(West)	II	34.330	1.888,15	2.746,40	3.089,70	1.773,93	2.596,00	2.920,50	1.550,21	2.445,60	2.751,30	1.326,49	2.295,20	2.582,10	1.102,89	2.144,88	2.412,99	879,17	1.994,48	2.243,79	655,45	1.844,08	2.074,59
	III	26.388	-	2.111,04	2.374,92	-	1.973,12	2.219,76	-	1.838,40	2.068,20	-	1.706,56	1.919,88	-	1.577,92	1.775,16	-	1.452,48	1.634,04	-	1.329,92	1.496,16
	IV	36.119	1.986,54	2.889,52	3.250,71	1.934,84	2.814,32	3.166,11	1.883,20	2.739,20	3.081,60	1.831,50	2.664,00	2.997,00	1.763,22	2.588,80	2.912,40	1.651,36	2.513,60	2.827,80	1.539,50	2.438,40	2.743,20
	V	42.293	2.326,11	3.383,44	3.806,37																		
	VI	42.824	2.355,32	3.425,92	3.854,16																		
24.739,99	I	36.213	1.991,71	2.897,04	3.259,17	1.888,31	2.746,64	3.089,97	1.774,29	2.596,24	2.920,77	1.550,57	2.445,84	2.751,57	1.326,85	2.295,44	2.582,37	1.103,13	2.145,04	2.413,17	879,52	1.994,72	2.244,06
(Ost)	II	34.424	1.893,32	2.753,92	3.098,16	1.785,11	2.603,52	2.928,96	1.561,39	2.453,12	2.759,76	1.337,67	2.302,72	2.590,56	1.113,95	2.152,32	2.421,36	890,23	2.001,92	2.252,16	666,51	1.851,52	2.082,96
	III	26.476	-	2.118,08	2.382,84	-	1.980,00	2.227,50	-	1.844,96	2.075,58	-	1.713,12	1.927,26	-	1.584,32	1.782,36	-	1.458,56	1.640,88	-	1.336,00	1.503,00
	IV	36.213	1.991,71	2.897,04	3.259,17	1.940,01	2.821,84	3.174,57	1.888,31	2.746,64	3.089,97	1.836,61	2.671,44	3.005,37	1.774,29	2.596,24	2.920,77	1.662,43	2.521,04	2.836,17	1.550,57	2.445,84	2.751,57
	V	42.386	2.331,23	3.390,88	3.814,74																		
	VI	42.918	2.360,49	3.433,44	3.862,62																		
24.775,99	I	36.135	1.987,42	2.890,80	3.252,15	1.884,02	2.740,40	3.082,95	1.765,00	2.590,00	2.913,75	1.541,28	2.439,60	2.744,55	1.317,56	2.289,20	2.575,35	1.093,84	2.138,80	2.406,15	870,12	1.988,40	2.236,95
(West)	II	34.345	1.888,97	2.747,60	3.091,05	1.775,71	2.597,20	2.921,85	1.552,11	2.446,88	2.752,74	1.328,39	2.296,48	2.583,54	1.104,67	2.146,08	2.414,34	880,95	1.995,68	2.245,14	657,23	1.845,28	2.075,94
	III	26.402	-	2.112,16	2.376,18	-	1.974,24	2.221,02	-	1.839,36	2.069,28	-	1.707,68	1.921,14	-	1.579,04	1.776,42	-	1.453,44	1.635,12	-	1.330,88	1.497,24
	IV	36.135	1.987,42	2.890,80	3.252,15	1.935,72	2.815,60	3.167,55	1.884,02	2.740,40	3.082,95	1.832,32	2.665,20	2.998,35	1.765,00	2.590,00	2.913,75	1.653,14	2.514,80	2.829,15	1.541,28	2.439,60	2.744,55
	V	42.308	2.326,94	3.384,64	3.807,72																		
	VI	42.840	2.356,20	3.427,20	3.855,60																		
24.775,99	I	36.228	1.992,54	2.898,24	3.260,52	1.889,14	2.747,84	3.091,32	1.776,07	2.597,44	2.922,12	1.552,35	2.447,04	2.752,92	1.328,75	2.296,72	2.583,81	1.105,03	2.146,32	2.414,61	881,31	1.995,92	2.245,41
(Ost)	II	34.439	1.894,14	2.755,12	3.099,51	1.786,90	2.604,72	2.930,31	1.563,18	2.454,32	2.761,11	1.339,46	2.303,92	2.591,91	1.115,74	2.153,52	2.422,71	892,02	2.003,12	2.253,51	668,30	1.852,72	2.084,31
	III	26.490	-	2.119,20	2.384,10	-	1.981,12	2.228,76	-	1.846,08	2.076,84	-	1.714,24	1.928,52	-	1.585,28	1.783,44	-	1.459,68	1.642,14	-	1.336,96	1.504,08
	IV	36.228	1.992,54	2.898,24	3.260,52	1.940,84	2.823,04	3.175,92	1.889,14	2.747,84	3.091,32	1.837,44	2.672,64	3.006,72	1.776,07	2.597,44	2.922,12	1.664,21	2.522,24	2.837,52	1.552,35	2.447,04	2.752,92
	V	42.402	2.332,11	3.392,16	3.816,18																		
	VI	42.933	2.361,31	3.434,64	3.863,97																		
24.811,99	I	36.150	1.988,25	2.892,00	3.253,50	1.884,85	2.741,60	3.084,30	1.766,79	2.591,20	2.915,10	1.543,07	2.440,80	2.745,90	1.319,35	2.290,40	2.576,70	1.095,63	2.140,00	2.407,50	871,91	1.989,60	2.238,30
(West)	II	34.360	1.889,80	2.748,80	3.092,40	1.777,62	2.598,48	2.923,29	1.553,90	2.448,08	2.754,09	1.330,18	2.297,68	2.584,89	1.106,46	2.147,28	2.415,69	882,74	1.996,88	2.246,49	659,02	1.846,48	2.077,29
	III	26.416	-	2.113,28	2.377,44	-	1.975,36	2.222,28	-	1.840,48	2.070,54	-	1.708,64	1.922,22	-	1.580,00	1.777,50	-	1.454,40	1.636,20	-	1.331,84	1.498,32
	IV	36.150	1.988,25	2.892,00	3.253,50	1.936,55	2.816,80	3.168,90	1.884,85	2.741,60	3.084,30	1.833,15	2.666,40	2.999,70	1.766,79	2.591,20	2.915,10	1.654,93	2.516,00	2.830,50	1.543,07	2.440,80	2.745,90
	V	42.323	2.327,76	3.385,84	3.809,07																		
	VI	42.855	2.357,02	3.428,40	3.856,95																		
24.811,99	I	36.243	1.993,36	2.899,44	3.261,87	1.889,96	2.749,04	3.092,67	1.777,86	2.598,64	2.923,47	1.554,25	2.448,32	2.754,36	1.330,53	2.297,92	2.585,16	1.106,81	2.147,52	2.415,96	883,09	1.997,12	2.246,76
(Ost)	II	34.454	1.894,97	2.756,32	3.100,86	1.788,68	2.605,92	2.931,66	1.564,96	2.455,52	2.762,46	1.341,24	2.305,12	2.593,26	1.117,52	2.154,72	2.424,06	893,92	2.004,40	2.254,95	670,20	1.854,00	2.085,75
	III	26.504	-	2.120,32	2.385,36	-	1.982,24	2.230,02	-	1.847,20	2.078,10	-	1.715,20	1.929,60	-	1.586,40	1.784,70	-	1.460,64	1.643,22	-	1.337,92	1.505,16
	IV	36.243	1.993,36	2.899,44	3.261,87	1.941,66	2.824,24	3.177,27	1.889,96	2.749,04	3.092,67	1.838,26	2.673,84	3.008,07	1.777,86	2.598,64	2.923,47	1.666,11	2.523,52	2.838,96	1.554,25	2.448,32	2.754,36
	V	42.417	2.332,93	3.393,36	3.817,53																		
	VI	42.948	2.362,14	3.435,84	3.865,32																		
24.847,99	I	36.165	1.989,07	2.893,20	3.254,85	1.885,67	2.742,80	3.085,65	1.768,57	2.592,40	2.916,45	1.544,85	2.442,00	2.747,25	1.321,13	2.291,60	2.578,05	1.097,41	2.141,20	2.408,85	873,69	1.990,80	2.239,65
(West)	II	34.376	1.890,68	2.750,08	3.093,84	1.779,40	2.599,68	2.924,64	1.555,68	2.449,28	2.755,44	1.331,96	2.298,88	2.586,24	1.108,24	2.148,48	2.417,04	884,52	1.998,08	2.247,84	660,80	1.847,68	2.078,64
	III	26.430	-	2.114,40	2.378,70	-	1.976,48	2.223,54	-	1.841,60	2.071,80	-	1.709,76	1.923,48	-	1.580,96	1.778,58	-	1.455,36	1.637,28	-	1.332,80	1.499,40
	IV	36.165	1.989,07	2.893,20	3.254,85	1.937,37	2.818,00	3.170,25	1.885,67	2.742,80	3.085,65	1.833,97	2.667,60	3.001,05	1.768,57	2.592,40	2.916,45	1.656,71	2.517,20	2.831,85	1.544,85	2.442,00	2.747,25
	V	42.338	2.328,59	3.387,04	3.810,42																		
	VI	42.870	2.357,85	3.429,60	3.858,30																		
24.847,99	I	36.258	1.994,19	2.900,64	3.263,22	1.890,84	2.750,32	3.094,11	1.779,76	2.599,92	2.924,91	1.556,04	2.449,52	2.755,71	1.332,32	2.299,12	2.586,51	1.108,60	2.148,72	2.417,31	884,88	1.998,32	2.248,11
(Ost)	II	34.469	1.895,79	2.757,52	3.102,21	1.790,47	2.607,12	2.933,01	1.566,75	2.456,72	2.763,81	1.343,03	2.306,32	2.594,61	1.119,43	2.156,00	2.425,50	895,71	2.005,60	2.256,30	671,99	1.855,20	2.087,10
	III	26.518	-	2.121,44	2.386,62	-	1.983,36	2.231,28	-	1.848,16	2.079,18	-	1.716,32	1.930,86	-	1.587,36	1.785,78	-	1.461,60	1.644,30	-	1.338,88	1.506,24
	IV	36.258	1.994,19	2.900,64	3.263,22	1.942,49	2.825,44	3.178,62	1.890,84	2.750,32	3.094,11	1.839,14	2.675,12	3.009,51	1.779,76	2.599,92	2.924,91	1.667,90	2.524,72	2.840,31	1.556,04	2.449,52	2.755,71
	V	42.432	2.333,76	3.394,56	3.818,88																		
	VI	42.963	2.362,96	3.437,04	3.866,67																		

SolZ/KiSt lt. Tabelle nicht für Sonstige Bezüge anwendbar.

JAHR bis 125.099,99 €

Allgemeine Tabelle

Lohn/ Gehalt bis	Steuerklasse	Lohn- steuer	ohne Kinderfreibetrag			Anzahl Kinderfreibeträge (nur Steuerklassen I–IV) 0,5			1,0			1,5			2,0			2,5			3,0		
			SolZ 5,5%	Kirchensteuer 8%	9%	SolZ 5,5%	Kirchensteuer 8%	9%	SolZ 5,5%	Kirchensteuer 8%	9%	SolZ 5,5%	Kirchensteuer 8%	9%	SolZ 5,5%	Kirchensteuer 8%	9%	SolZ 5,5%	Kirchensteuer 8%	9%	SolZ 5,5%	Kirchensteuer 8%	9%
124.883,99	I	**36.180**	*1.989,90*	2.894,40	3.256,20	*1.886,50*	2.744,00	3.087,00	*1.770,36*	2.593,60	2.917,80	*1.546,64*	2.443,20	2.748,60	*1.322,92*	2.292,80	2.579,40	*1.099,20*	2.142,40	2.410,20	*875,48*	1.992,00	2.241,
(West)	II	**34.391**	*1.891,50*	2.751,28	3.095,19	*1.781,19*	2.600,88	2.925,99	*1.557,47*	2.450,48	2.756,79	*1.333,75*	2.300,08	2.587,59	*1.110,03*	2.149,68	2.418,39	*886,31*	1.999,28	2.249,19	*662,59*	1.848,88	2.079,
	III	**26.444**	–	2.115,52	2.379,96	–	1.977,60	2.224,80	–	1.842,56	2.072,88	–	1.710,72	1.924,56	–	1.582,08	1.779,84	–	1.456,48	1.638,54	–	1.333,76	1.500,
	IV	**36.180**	*1.989,90*	2.894,40	3.256,20	*1.938,20*	2.819,20	3.171,60	*1.886,50*	2.744,00	3.087,00	*1.834,80*	2.668,80	3.002,40	*1.770,36*	2.593,60	2.917,80	*1.658,50*	2.518,40	2.833,20	*1.546,64*	2.443,20	2.748,
	V	**42.353**	*2.329,41*	3.388,24	3.811,77																		
	VI	**42.885**	*2.358,67*	3.430,80	3.859,65																		
124.883,99	I	**36.274**	*1.995,07*	2.901,92	3.264,66	*1.891,67*	2.751,52	3.095,46	*1.781,54*	2.601,12	2.926,26	*1.557,82*	2.450,72	2.757,06	*1.334,10*	2.300,32	2.587,86	*1.110,38*	2.149,92	2.418,66	*886,66*	1.999,52	2.249,
(Ost)	II	**34.484**	*1.896,62*	2.758,72	3.103,56	*1.792,25*	2.608,32	2.934,36	*1.568,65*	2.458,00	2.765,25	*1.344,93*	2.307,60	2.596,05	*1.121,21*	2.157,20	2.426,85	*897,49*	2.006,80	2.257,65	*673,77*	1.856,40	2.088,
	III	**26.532**	–	2.122,56	2.387,88	–	1.984,32	2.232,36	–	1.849,28	2.080,44	–	1.717,28	1.931,94	–	1.588,48	1.787,04	–	1.462,56	1.645,38	–	1.339,84	1.507,
	IV	**36.274**	*1.995,07*	2.901,92	3.264,66	*1.943,37*	2.826,72	3.180,06	*1.891,67*	2.751,52	3.095,46	*1.839,97*	2.676,32	3.010,86	*1.781,54*	2.601,12	2.926,26	*1.669,68*	2.525,92	2.841,66	*1.557,82*	2.450,72	2.757,
	V	**42.447**	*2.334,58*	3.395,76	3.820,23																		
	VI	**42.979**	*2.363,84*	3.438,32	3.868,11																		
124.919,99	I	**36.195**	*1.990,72*	2.895,60	3.257,55	*1.887,32*	2.745,20	3.088,35	*1.772,14*	2.594,80	2.919,15	*1.548,42*	2.444,40	2.749,95	*1.324,70*	2.294,00	2.580,75	*1.100,98*	2.143,60	2.411,55	*877,38*	1.993,28	2.242,
(West)	II	**34.406**	*1.892,33*	2.752,48	3.096,54	*1.782,97*	2.602,08	2.927,34	*1.559,25*	2.451,68	2.758,14	*1.335,53*	2.301,28	2.588,94	*1.111,81*	2.150,88	2.419,74	*888,09*	2.000,48	2.250,54	*664,37*	1.850,08	2.081,
	III	**26.458**	–	2.116,64	2.381,22	–	1.978,72	2.226,06	–	1.843,68	2.074,14	–	1.711,84	1.925,82	–	1.583,04	1.780,92	–	1.457,44	1.639,62	–	1.334,88	1.501,
	IV	**36.195**	*1.990,72*	2.895,60	3.257,55	*1.939,02*	2.820,40	3.172,95	*1.887,32*	2.745,20	3.088,35	*1.835,62*	2.670,00	3.003,75	*1.772,14*	2.594,80	2.919,15	*1.660,28*	2.519,60	2.834,55	*1.548,42*	2.444,40	2.749,
	V	**42.368**	*2.330,24*	3.389,44	3.813,12																		
	VI	**42.900**	*2.359,50*	3.432,00	3.861,00																		
124.919,99	I	**36.289**	*1.995,89*	2.903,12	3.266,01	*1.892,49*	2.752,72	3.096,81	*1.783,33*	2.602,32	2.927,61	*1.559,61*	2.451,92	2.758,41	*1.335,89*	2.301,52	2.589,21	*1.112,17*	2.151,12	2.420,01	*888,45*	2.000,72	2.250,
(Ost)	II	**34.499**	*1.897,44*	2.759,92	3.104,91	*1.794,10*	2.609,60	2.935,80	*1.570,44*	2.459,20	2.766,60	*1.346,72*	2.308,80	2.597,40	*1.123,00*	2.158,40	2.428,20	*899,28*	2.008,00	2.259,00	*675,56*	1.857,60	2.089,
	III	**26.546**	–	2.123,68	2.389,14	–	1.985,44	2.233,62	–	1.850,40	2.081,70	–	1.718,40	1.933,20	–	1.589,44	1.788,12	–	1.463,68	1.646,64	–	1.340,80	1.508,
	IV	**36.289**	*1.995,89*	2.903,12	3.266,01	*1.944,19*	2.827,92	3.181,41	*1.892,49*	2.752,72	3.096,81	*1.840,79*	2.677,52	3.012,21	*1.783,33*	2.602,32	2.927,61	*1.671,47*	2.527,12	2.843,01	*1.559,61*	2.451,92	2.758,
	V	**42.462**	*2.335,41*	3.396,96	3.821,58																		
	VI	**42.994**	*2.364,67*	3.439,52	3.869,46																		
124.955,99	I	**36.210**	*1.991,55*	2.896,80	3.258,90	*1.888,15*	2.746,40	3.089,70	*1.773,93*	2.596,00	2.920,50	*1.550,21*	2.445,60	2.751,30	*1.326,49*	2.295,20	2.582,10	*1.102,89*	2.144,88	2.412,99	*879,17*	1.994,48	2.243,
(West)	II	**34.421**	*1.893,15*	2.753,68	3.097,89	*1.784,76*	2.603,28	2.928,69	*1.561,04*	2.452,88	2.759,49	*1.337,32*	2.302,48	2.590,29	*1.113,60*	2.152,08	2.421,09	*889,88*	2.001,68	2.251,89	*666,16*	1.851,28	2.082,
	III	**26.472**	–	2.117,76	2.382,48	–	1.979,68	2.227,14	–	1.844,80	2.075,40	–	1.712,96	1.927,08	–	1.584,16	1.782,18	–	1.458,40	1.640,70	–	1.335,84	1.502,
	IV	**36.210**	*1.991,55*	2.896,80	3.258,90	*1.939,85*	2.821,60	3.174,30	*1.888,15*	2.746,40	3.089,70	*1.836,45*	2.671,20	3.005,10	*1.773,93*	2.596,00	2.920,50	*1.662,07*	2.520,80	2.835,90	*1.550,21*	2.445,60	2.751,
	V	**42.383**	*2.331,06*	3.390,64	3.814,47																		
	VI	**42.915**	*2.360,32*	3.433,20	3.862,35																		
124.955,99	I	**36.304**	*1.996,72*	2.904,32	3.267,36	*1.893,32*	2.753,92	3.098,16	*1.785,11*	2.603,52	2.928,96	*1.561,39*	2.453,12	2.759,76	*1.337,67*	2.302,72	2.590,56	*1.113,95*	2.152,32	2.421,36	*890,23*	2.001,92	2.252,
(Ost)	II	**34.515**	*1.898,32*	2.761,20	3.106,35	*1.794,92*	2.610,80	2.937,15	*1.572,22*	2.460,40	2.767,95	*1.348,50*	2.310,00	2.598,75	*1.124,78*	2.159,60	2.429,55	*901,06*	2.009,20	2.260,35	*677,34*	1.858,80	2.091,
	III	**26.560**	–	2.124,80	2.390,40	–	1.986,56	2.234,88	–	1.851,52	2.082,96	–	1.719,36	1.934,28	–	1.590,40	1.789,20	–	1.464,64	1.647,72	–	1.341,92	1.509,
	IV	**36.304**	*1.996,72*	2.904,32	3.267,36	*1.945,02*	2.829,12	3.182,76	*1.893,32*	2.753,92	3.098,16	*1.841,62*	2.678,72	3.013,56	*1.785,11*	2.603,52	2.928,96	*1.673,25*	2.528,32	2.844,36	*1.561,39*	2.453,12	2.759,
	V	**42.477**	*2.336,23*	3.398,16	3.822,93																		
	VI	**43.009**	*2.365,49*	3.440,72	3.870,81																		
124.991,99	I	**36.225**	*1.992,37*	2.898,00	3.260,25	*1.888,97*	2.747,60	3.091,05	*1.775,71*	2.597,20	2.921,85	*1.552,11*	2.446,88	2.752,74	*1.328,39*	2.296,48	2.583,54	*1.104,67*	2.146,08	2.414,34	*880,95*	1.995,68	2.245,
(West)	II	**34.436**	*1.893,98*	2.754,88	3.099,24	*1.786,54*	2.604,48	2.930,04	*1.562,82*	2.454,08	2.760,84	*1.339,10*	2.303,68	2.591,64	*1.115,38*	2.153,28	2.422,44	*891,66*	2.002,88	2.253,24	*668,06*	1.852,56	2.084,
	III	**26.486**	–	2.118,88	2.383,74	–	1.980,80	2.228,40	–	1.845,92	2.076,66	–	1.713,92	1.928,16	–	1.585,12	1.783,26	–	1.459,36	1.641,78	–	1.336,80	1.503,9
	IV	**36.225**	*1.992,37*	2.898,00	3.260,25	*1.940,67*	2.822,80	3.175,65	*1.888,97*	2.747,60	3.091,05	*1.837,27*	2.672,40	3.006,45	*1.775,71*	2.597,20	2.921,85	*1.663,85*	2.522,00	2.837,25	*1.552,11*	2.446,88	2.752,
	V	**42.399**	*2.331,94*	3.391,92	3.815,91																		
	VI	**42.930**	*2.361,15*	3.434,40	3.863,70																		
124.991,99	I	**36.319**	*1.997,54*	2.905,52	3.268,71	*1.894,14*	2.755,12	3.099,51	*1.786,90*	2.604,72	2.930,31	*1.563,18*	2.454,32	2.761,11	*1.339,46*	2.303,92	2.591,91	*1.115,74*	2.153,52	2.422,71	*892,02*	2.003,12	2.253,5
(Ost)	II	**34.530**	*1.899,15*	2.762,40	3.107,70	*1.795,75*	2.612,00	2.938,50	*1.574,01*	2.461,60	2.769,30	*1.350,29*	2.311,20	2.600,10	*1.126,57*	2.160,80	2.430,90	*902,85*	2.010,40	2.261,70	*679,13*	1.860,00	2.092,
	III	**26.574**	–	2.125,92	2.391,66	–	1.987,68	2.236,14	–	1.852,48	2.084,04	–	1.720,48	1.935,54	–	1.591,52	1.790,46	–	1.465,60	1.648,80	–	1.342,88	1.510,
	IV	**36.319**	*1.997,54*	2.905,52	3.268,71	*1.945,84*	2.830,32	3.184,11	*1.894,14*	2.755,12	3.099,51	*1.842,44*	2.679,92	3.014,91	*1.786,90*	2.604,72	2.930,31	*1.675,04*	2.529,52	2.845,71	*1.563,18*	2.454,32	2.761,
	V	**42.492**	*2.337,06*	3.399,36	3.824,28																		
	VI	**43.024**	*2.366,32*	3.441,92	3.872,16																		
125.027,99	I	**36.240**	*1.993,20*	2.899,20	3.261,60	*1.889,80*	2.748,80	3.092,40	*1.777,62*	2.598,48	2.923,29	*1.553,90*	2.448,08	2.754,09	*1.330,18*	2.297,68	2.584,89	*1.106,46*	2.147,28	2.415,69	*882,74*	1.996,88	2.246,
(West)	II	**34.451**	*1.894,80*	2.756,08	3.100,59	*1.788,33*	2.605,68	2.931,39	*1.564,61*	2.455,28	2.762,19	*1.340,89*	2.304,88	2.592,99	*1.117,29*	2.154,56	2.423,88	*893,57*	2.004,16	2.254,68	*669,85*	1.853,76	2.085,
	III	**26.500**	–	2.120,00	2.385,00	–	1.981,92	2.229,66	–	1.846,88	2.077,74	–	1.715,04	1.929,42	–	1.586,08	1.784,34	–	1.460,32	1.642,86	–	1.337,76	1.504,
	IV	**36.240**	*1.993,20*	2.899,20	3.261,60	*1.941,50*	2.824,00	3.177,00	*1.889,80*	2.748,80	3.092,40	*1.838,15*	2.673,68	3.007,89	*1.777,62*	2.598,48	2.923,29	*1.665,76*	2.523,28	2.838,69	*1.553,90*	2.448,08	2.754,
	V	**42.414**	*2.332,77*	3.393,12	3.817,26																		
	VI	**42.945**	*2.361,97*	3.435,60	3.865,05																		
125.027,99	I	**36.334**	*1.998,37*	2.906,72	3.270,06	*1.894,97*	2.756,32	3.100,86	*1.788,68*	2.605,92	2.931,66	*1.564,96*	2.455,52	2.762,46	*1.341,24*	2.305,12	2.593,26	*1.117,52*	2.154,72	2.424,06	*893,92*	2.004,40	2.254,
(Ost)	II	**34.545**	*1.899,97*	2.763,60	3.109,05	*1.796,57*	2.613,20	2.939,85	*1.575,79*	2.462,80	2.770,65	*1.352,07*	2.312,40	2.601,45	*1.128,35*	2.162,00	2.432,25	*904,63*	2.011,60	2.263,05	*680,91*	1.861,20	2.093,8
	III	**26.588**	–	2.127,04	2.392,92	–	1.988,80	2.237,40	–	1.853,60	2.085,30	–	1.721,60	1.936,80	–	1.592,48	1.791,54	–	1.466,56	1.649,88	–	1.343,84	1.511,8
	IV	**36.334**	*1.998,37*	2.906,72	3.270,06	*1.946,67*	2.831,52	3.185,46	*1.894,97*	2.756,32	3.100,86	*1.843,27*	2.681,12	3.016,26	*1.788,68*	2.605,92	2.931,66	*1.676,82*	2.530,72	2.847,06	*1.564,96*	2.455,52	2.762,
	V	**42.507**	*2.337,88*	3.400,56	3.825,63																		
	VI	**43.039**	*2.367,14*	3.443,12	3.873,51																		
125.063,99	I	**36.256**	*1.994,08*	2.900,48	3.263,04	*1.890,68*	2.750,08	3.093,84	*1.779,40*	2.599,68	2.924,64	*1.555,68*	2.449,28	2.755,44	*1.331,96*	2.298,88	2.586,24	*1.108,24*	2.148,48	2.417,04	*884,52*	1.998,08	2.247,8
(West)	II	**34.466**	*1.895,63*	2.757,28	3.101,94	*1.790,11*	2.606,88	2.932,74	*1.566,39*	2.456,48	2.763,54	*1.342,79*	2.306,16	2.594,43	*1.119,07*	2.155,76	2.425,23	*895,35*	2.005,36	2.256,03	*671,63*	1.854,96	2.086,8
	III	**26.514**	–	2.121,12	2.386,26	–	1.983,04	2.230,92	–	1.848,00	2.079,00	–	1.716,00	1.930,50	–	1.587,20	1.785,60	–	1.461,44	1.644,12	–	1.338,72	1.506,0
	IV	**36.256**	*1.994,08*	2.900,48	3.263,04	*1.942,38*	2.825,28	3.178,44	*1.890,68*	2.750,08	3.093,84	*1.838,98*	2.674,88	3.009,24	*1.779,40*	2.599,68	2.924,64	*1.667,54*	2.524,48	2.840,04	*1.555,68*	2.449,28	2.755,4
	V	**42.429**	*2.333,59*	3.394,32	3.818,61																		
	VI	**42.961**	*2.362,85*	3.436,88	3.866,49																		
125.063,99	I	**36.349**	*1.999,19*	2.907,92	3.271,41	*1.895,79*	2.757,52	3.102,21	*1.790,47*	2.607,12	2.933,01	*1.566,75*	2.456,72	2.763,81	*1.343,03*	2.306,32	2.594,61	*1.119,43*	2.156,00	2.425,50	*895,71*	2.005,60	2.256,3
(Ost)	II	**34.560**	*1.900,80*	2.764,80	3.110,40	*1.797,40*	2.614,40	2.941,20	*1.577,58*	2.464,00	2.772,00	*1.353,86*	2.313,60	2.602,80	*1.130,14*	2.163,20	2.433,60	*906,42*	2.012,80	2.264,40	*682,70*	1.862,40	2.095,2
	III	**26.602**	–	2.128,16	2.394,18	–	1.989,92	2.238,66	–	1.854,72	2.086,56	–	1.722,56	1.937,88	–	1.593,60	1.792,80	–	1.467,68	1.651,14	–	1.344,80	1.512,9
	IV	**36.349**	*1.999,19*	2.907,92	3.271,41	*1.947,49*	2.832,72	3.186,81	*1.895,79*	2.757,52	3.102,21	*1.844,09*	2.682,32	3.017,61	*1.790,47*	2.607,12	2.933,01	*1.678,61*	2.531,92	2.848,41	*1.566,75*	2.456,72	2.763,8
	V	**42.522**	*2.338,71*	3.401,76	3.826,98																		
	VI	**43.054**	*2.367,97*	3.444,32	3.874,86																		
125.099,99	I	**36.271**	*1.994,90*	2.901,68	3.264,39	*1.891,50*	2.751,28	3.095,19	*1.781,19*	2.600,88	2.925,99	*1.557,47*	2.450,48	2.756,79	*1.333,75*	2.300,08	2.587,59	*1.110,03*	2.149,68	2.418,39	*886,31*	1.999,28	2.249,1
(West)	II	**34.481**	*1.896,45*	2.758,48	3.103,29	*1.792,02*	2.608,16	2.934,18	*1.568,30*	2.457,76	2.764,98	*1.344,58*	2.307,36	2.595,78	*1.120,86*	2.156,96	2.426,58	*897,14*	2.006,56	2.257,38	*673,42*	1.856,16	2.088,1
	III	**26.528**	–	2.122,24	2.387,52	–	1.984,16	2.232,18	–	1.849,12	2.080,26	–	1.717,12	1.931,76	–	1.588,16	1.786,68	–	1.462,40	1.645,20	–	1.339,68	1.507,1
	IV	**36.271**	*1.994,90*	2.901,68	3.264,39	*1.943,20*	2.826,48	3.179,79	*1.891,50*	2.751,28	3.095,19	*1.839,80*	2.676,08	3.010,59	*1.781,19*	2.600,88	2.925,99	*1.669,33*	2.525,68	2.841,39	*1.557,47*	2.450,48	2.756,7
	V	**42.444**	*2.334,42*	3.395,52	3.819,96																		
	VI	**42.976**	*2.363,68*	3.438,08	3.867,84																		
125.099,99	I	**36.364**	*2.000,02*	2.909,12	3.272,76	*1.896,62*	2.758,72	3.103,56	*1.792,25*	2.608,32	2.934,36	*1.568,65*	2.458,00	2.765,25	*1.344,93*	2.307,60	2.596,05	*1.121,21*	2.157,20	2.426,85	*897,49*	2.006,80	2.257,6
(Ost)	II	**34.575**	*1.901,62*	2.766,00	3.111,75	*1.798,22*	2.615,60	2.942,55	*1.579,36*	2.465,20	2.773,35	*1.355,64*	2.314,80	2.604,15	*1.131,92*	2.164,40	2.434,95	*908,20*	2.014,00	2.265,75	*684,60*	1.863,68	2.096,6
	III	**26.616**	–	2.129,28	2.395,44	–	1.991,04	2.239,92	–	1.855,68	2.087,64	–	1.723,68	1.939,14	–	1.594,56	1.793,88	–	1.468,64	1.652,22	–	1.345,76	1.513,9
	IV	**36.364**	*2.000,02*	2.909,12	3.272,76	*1.948,32*	2.833,92	3.188,16	*1.896,62*	2.758,72	3.103,56	*1.844,92*	2.683,52	3.018,96	*1.792,25*	2.608,32	2.934,36	*1.680,39*	2.533,12	2.849,76	*1.568,65*	2.458,00	2.765,2
	V	**42.538**	*2.339,59*	3.403,04	3.828,42																		
	VI	**43.069**	*2.368,79*	3.445,52	3.876,21																		

SolZ/KiSt lt. Tabelle nicht für Sonstige Bezüge anwendbar.

Lohn/ Gehalt bis	Steuerklasse	Lohn-steuer	ohne Kinderfreibetrag SolZ 5,5%	Kirchensteuer 8%	Kirchensteuer 9%	0,5 SolZ 5,5%	Kirchensteuer 8%	Kirchensteuer 9%	1,0 SolZ 5,5%	Kirchensteuer 8%	Kirchensteuer 9%	1,5 SolZ 5,5%	Kirchensteuer 8%	Kirchensteuer 9%	2,0 SolZ 5,5%	Kirchensteuer 8%	Kirchensteuer 9%	2,5 SolZ 5,5%	Kirchensteuer 8%	Kirchensteuer 9%	3,0 SolZ 5,5%	Kirchensteuer 8%	Kirchensteuer 9%
						Anzahl Kinderfreibeträge (nur Steuerklassen I–IV)																	
25.135,99 (West)	I	36.286	1.995,73	2.902,88	3.265,74	1.892,33	2.752,48	3.096,54	1.782,97	2.602,08	2.927,34	1.559,25	2.451,68	2.758,14	1.335,53	2.301,28	2.588,94	1.111,81	2.150,88	2.419,74	888,09	2.000,48	2.250,54
	II	34.497	1.897,33	2.759,76	3.104,73	1.793,80	2.609,36	2.935,53	1.570,08	2.458,96	2.766,33	1.346,36	2.308,56	2.597,13	1.122,64	2.158,16	2.427,93	898,92	2.007,76	2.258,73	675,20	1.857,36	2.089,53
	III	26.542	-	2.123,36	2.388,78	-	1.985,28	2.233,44	-	1.850,08	2.081,34	-	1.718,08	1.932,84	-	1.589,28	1.787,94	-	1.463,36	1.646,28	-	1.340,64	1.508,22
	IV	36.286	1.995,73	2.902,88	3.265,74	1.944,03	2.827,68	3.181,14	1.892,33	2.752,48	3.096,54	1.840,63	2.677,28	3.011,94	1.782,97	2.602,08	2.927,34	1.671,11	2.526,88	2.842,74	1.559,25	2.451,68	2.758,14
	V	42.459	2.335,24	3.396,72	3.821,31																		
	VI	42.991	2.364,50	3.439,28	3.869,19																		
25.135,99 (Ost)	I	36.379	2.000,84	2.910,32	3.274,11	1.897,44	2.759,92	3.104,91	1.794,10	2.609,60	2.935,80	1.570,44	2.459,20	2.766,60	1.346,72	2.308,80	2.597,40	1.123,00	2.158,40	2.428,20	899,28	2.008,00	2.259,00
	II	34.590	1.902,45	2.767,20	3.113,10	1.799,05	2.616,80	2.943,90	1.581,15	2.466,40	2.774,70	1.357,43	2.316,00	2.605,50	1.133,83	2.165,68	2.436,39	910,11	2.015,28	2.267,19	686,39	1.864,88	2.097,99
	III	26.630	-	2.130,40	2.396,70	-	1.992,00	2.241,00	-	1.856,80	2.088,90	-	1.724,64	1.940,22	-	1.595,68	1.795,14	-	1.469,60	1.653,30	-	1.346,72	1.515,06
	IV	36.379	2.000,84	2.910,32	3.274,11	1.949,14	2.835,12	3.189,51	1.897,44	2.759,92	3.104,91	1.845,80	2.684,80	3.020,40	1.794,10	2.609,60	2.935,80	1.682,30	2.534,40	2.851,20	1.570,44	2.459,20	2.766,60
	V	42.553	2.340,41	3.404,24	3.829,77																		
	VI	43.084	2.369,62	3.446,72	3.877,56																		
25.171,99 (West)	I	36.301	1.996,55	2.904,08	3.267,09	1.893,15	2.753,68	3.097,89	1.784,76	2.603,28	2.928,69	1.561,04	2.452,88	2.759,49	1.337,32	2.302,48	2.590,29	1.113,60	2.152,08	2.421,09	889,88	2.001,68	2.251,89
	II	34.512	1.898,16	2.760,96	3.106,08	1.794,76	2.610,56	2.936,88	1.571,87	2.460,16	2.767,68	1.348,15	2.309,76	2.598,48	1.124,43	2.159,36	2.429,28	900,71	2.008,96	2.260,08	676,99	1.858,56	2.090,88
	III	26.556	-	2.124,48	2.390,04	-	1.986,40	2.234,70	-	1.851,20	2.082,60	-	1.719,20	1.934,10	-	1.590,24	1.789,02	-	1.464,32	1.647,36	-	1.341,60	1.509,30
	IV	36.301	1.996,55	2.904,08	3.267,09	1.944,85	2.828,88	3.182,49	1.893,15	2.753,68	3.097,89	1.841,45	2.678,48	3.013,29	1.784,76	2.603,28	2.928,69	1.672,90	2.528,08	2.844,09	1.561,04	2.452,88	2.759,49
	V	42.474	2.336,07	3.397,92	3.822,66																		
	VI	43.006	2.365,33	3.440,48	3.870,54																		
25.171,99 (Ost)	I	36.395	2.001,72	2.911,60	3.275,55	1.898,32	2.761,20	3.106,35	1.794,92	2.610,80	2.937,15	1.572,22	2.460,40	2.767,95	1.348,50	2.310,00	2.598,75	1.124,78	2.159,60	2.429,55	901,06	2.009,20	2.260,35
	II	34.605	1.903,27	2.768,40	3.114,45	1.799,87	2.618,00	2.945,25	1.582,93	2.467,60	2.776,05	1.359,33	2.317,28	2.606,94	1.135,61	2.166,88	2.437,74	911,89	2.016,48	2.268,54	688,17	1.866,08	2.099,34
	III	26.644	-	2.131,52	2.397,96	-	1.993,12	2.242,26	-	1.857,92	2.090,16	-	1.725,76	1.941,48	-	1.596,64	1.796,22	-	1.470,56	1.654,38	-	1.347,68	1.516,14
	IV	36.395	2.001,72	2.911,60	3.275,55	1.950,02	2.836,40	3.190,95	1.898,32	2.761,20	3.106,35	1.846,62	2.686,00	3.021,75	1.794,92	2.610,80	2.937,15	1.684,08	2.535,60	2.852,55	1.572,22	2.460,40	2.767,95
	V	42.568	2.341,24	3.405,44	3.831,12																		
	VI	43.100	2.370,50	3.448,00	3.879,00																		
25.207,99 (West)	I	36.316	1.997,38	2.905,28	3.268,44	1.893,98	2.754,88	3.099,24	1.786,54	2.604,48	2.930,04	1.562,82	2.454,08	2.760,84	1.339,10	2.303,68	2.591,64	1.115,38	2.153,28	2.422,44	891,66	2.002,88	2.253,24
	II	34.527	1.898,98	2.762,16	3.107,43	1.795,58	2.611,76	2.938,23	1.573,65	2.461,36	2.769,03	1.349,93	2.310,96	2.599,83	1.126,21	2.160,56	2.430,63	902,49	2.010,16	2.261,43	678,77	1.859,76	2.092,23
	III	26.570	-	2.125,60	2.391,30	-	1.987,36	2.235,78	-	1.852,32	2.083,86	-	1.720,16	1.935,18	-	1.591,20	1.790,10	-	1.465,44	1.648,62	-	1.342,56	1.510,38
	IV	36.316	1.997,38	2.905,28	3.268,44	1.945,68	2.830,08	3.183,84	1.893,98	2.754,88	3.099,24	1.842,28	2.679,68	3.014,64	1.786,54	2.604,48	2.930,04	1.674,68	2.529,28	2.845,44	1.562,82	2.454,08	2.760,84
	V	42.489	2.336,89	3.399,12	3.824,01																		
	VI	43.021	2.366,15	3.441,68	3.871,89																		
25.207,99 (Ost)	I	36.410	2.002,55	2.912,80	3.276,90	1.899,15	2.762,40	3.107,70	1.795,75	2.612,00	2.938,50	1.574,01	2.461,60	2.769,30	1.350,29	2.311,20	2.600,10	1.126,57	2.160,80	2.430,90	902,85	2.010,40	2.261,70
	II	34.620	1.904,10	2.769,60	3.115,80	1.800,75	2.619,28	2.946,69	1.584,84	2.468,88	2.777,49	1.361,12	2.318,48	2.608,29	1.137,40	2.168,08	2.439,09	913,68	2.017,68	2.269,89	689,96	1.867,28	2.100,69
	III	26.658	-	2.132,64	2.399,22	-	1.994,24	2.243,52	-	1.859,04	2.091,42	-	1.726,72	1.942,56	-	1.597,60	1.797,30	-	1.471,68	1.655,64	-	1.348,64	1.517,22
	IV	36.410	2.002,55	2.912,80	3.276,90	1.950,85	2.837,60	3.192,30	1.899,15	2.762,40	3.107,70	1.847,45	2.687,20	3.023,10	1.795,75	2.612,00	2.938,50	1.685,87	2.536,80	2.853,90	1.574,01	2.461,60	2.769,30
	V	42.583	2.342,06	3.406,64	3.832,47																		
	VI	43.115	2.371,32	3.449,20	3.880,35																		
25.243,99 (West)	I	36.331	1.998,20	2.906,48	3.269,79	1.894,80	2.756,08	3.100,59	1.788,33	2.605,68	2.931,39	1.564,61	2.455,28	2.762,19	1.340,89	2.304,88	2.592,99	1.117,29	2.154,56	2.423,88	893,57	2.004,16	2.254,68
	II	34.542	1.899,81	2.763,36	3.108,78	1.796,41	2.612,96	2.939,58	1.575,44	2.462,56	2.770,38	1.351,72	2.312,16	2.601,18	1.128,00	2.161,76	2.431,98	904,28	2.011,36	2.262,78	680,56	1.860,96	2.093,58
	III	26.584	-	2.126,72	2.392,56	-	1.988,48	2.237,04	-	1.853,44	2.085,12	-	1.721,28	1.936,44	-	1.592,32	1.791,36	-	1.466,40	1.649,70	-	1.343,52	1.511,46
	IV	36.331	1.998,20	2.906,48	3.269,79	1.946,50	2.831,28	3.185,19	1.894,80	2.756,08	3.100,59	1.843,10	2.680,88	3.015,99	1.788,33	2.605,68	2.931,39	1.676,47	2.530,48	2.846,79	1.564,61	2.455,28	2.762,19
	V	42.504	2.337,72	3.400,32	3.825,36																		
	VI	43.036	2.366,98	3.442,88	3.873,24																		
25.243,99 (Ost)	I	36.425	2.003,37	2.914,00	3.278,25	1.899,97	2.763,60	3.109,05	1.796,57	2.613,20	2.939,85	1.575,79	2.462,80	2.770,65	1.352,07	2.312,40	2.601,45	1.128,35	2.162,00	2.432,25	904,63	2.011,60	2.263,05
	II	34.636	1.904,98	2.770,88	3.117,24	1.801,58	2.620,48	2.948,04	1.586,62	2.470,08	2.778,84	1.362,90	2.319,68	2.609,64	1.139,18	2.169,28	2.440,44	915,46	2.018,88	2.271,24	691,74	1.868,48	2.102,04
	III	26.672	-	2.133,76	2.400,48	-	1.995,36	2.244,78	-	1.860,00	2.092,50	-	1.727,84	1.943,82	-	1.598,72	1.798,56	-	1.472,64	1.656,72	-	1.349,60	1.518,30
	IV	36.425	2.003,37	2.914,00	3.278,25	1.951,67	2.838,80	3.193,65	1.899,97	2.763,60	3.109,05	1.848,27	2.688,40	3.024,45	1.796,57	2.613,20	2.939,85	1.687,65	2.538,00	2.855,25	1.575,79	2.462,80	2.770,65
	V	42.598	2.342,89	3.407,84	3.833,82																		
	VI	43.130	2.372,15	3.450,40	3.881,70																		
25.279,99 (West)	I	36.346	1.999,03	2.907,68	3.271,14	1.895,63	2.757,28	3.101,94	1.790,11	2.606,88	2.932,74	1.566,39	2.456,48	2.763,54	1.342,79	2.306,16	2.594,43	1.119,07	2.155,76	2.425,23	895,35	2.005,36	2.256,03
	II	34.557	1.900,63	2.764,56	3.110,13	1.797,23	2.614,16	2.940,93	1.577,22	2.463,76	2.771,73	1.353,50	2.313,36	2.602,53	1.129,78	2.162,96	2.433,33	906,06	2.012,56	2.264,13	682,46	1.862,24	2.095,02
	III	26.598	-	2.127,84	2.393,82	-	1.989,60	2.238,30	-	1.854,40	2.086,20	-	1.722,40	1.937,70	-	1.593,28	1.792,44	-	1.467,36	1.650,78	-	1.344,48	1.512,54
	IV	36.346	1.999,03	2.907,68	3.271,14	1.947,33	2.832,48	3.186,54	1.895,63	2.757,28	3.101,94	1.843,93	2.682,08	3.017,34	1.790,11	2.606,88	2.932,74	1.678,25	2.531,68	2.848,14	1.566,39	2.456,48	2.763,54
	V	42.520	2.338,60	3.401,60	3.826,80																		
	VI	43.051	2.367,80	3.444,08	3.874,59																		
25.279,99 (Ost)	I	36.440	2.004,20	2.915,20	3.279,60	1.900,80	2.764,80	3.110,40	1.797,40	2.614,40	2.941,20	1.577,58	2.464,00	2.772,00	1.353,86	2.313,60	2.602,80	1.130,14	2.163,20	2.433,60	906,42	2.012,80	2.264,40
	II	34.651	1.905,80	2.772,08	3.118,59	1.802,40	2.621,68	2.949,39	1.588,41	2.471,28	2.780,19	1.364,69	2.320,88	2.610,99	1.140,97	2.170,48	2.441,79	917,25	2.020,08	2.272,59	693,53	1.869,68	2.103,39
	III	26.686	-	2.134,88	2.401,74	-	1.996,48	2.246,04	-	1.861,12	2.093,76	-	1.728,80	1.944,90	-	1.599,68	1.799,64	-	1.473,60	1.657,80	-	1.350,56	1.519,38
	IV	36.440	2.004,20	2.915,20	3.279,60	1.952,50	2.840,00	3.195,00	1.900,80	2.764,80	3.110,40	1.849,10	2.689,60	3.025,80	1.797,40	2.614,40	2.941,20	1.689,44	2.539,20	2.856,60	1.577,58	2.464,00	2.772,00
	V	42.613	2.343,71	3.409,04	3.835,17																		
	VI	43.145	2.372,97	3.451,60	3.883,05																		
25.315,99 (West)	I	36.361	1.999,85	2.908,88	3.272,49	1.896,45	2.758,48	3.103,29	1.792,02	2.608,16	2.934,18	1.568,30	2.457,76	2.764,98	1.344,58	2.307,36	2.595,78	1.120,86	2.156,96	2.426,58	897,14	2.006,56	2.257,38
	II	34.572	1.901,46	2.765,76	3.111,48	1.798,06	2.615,36	2.942,28	1.579,01	2.464,96	2.773,08	1.355,29	2.314,56	2.603,88	1.131,57	2.164,16	2.434,68	907,97	2.013,84	2.265,57	684,25	1.863,44	2.096,37
	III	26.612	-	2.128,96	2.395,08	-	1.990,72	2.239,56	-	1.855,52	2.087,46	-	1.723,36	1.938,78	-	1.594,40	1.793,70	-	1.468,32	1.651,86	-	1.345,60	1.513,80
	IV	36.361	1.999,85	2.908,88	3.272,49	1.948,15	2.833,68	3.187,89	1.896,45	2.758,48	3.103,29	1.844,75	2.683,28	3.018,69	1.792,02	2.608,16	2.934,18	1.680,16	2.532,96	2.849,58	1.568,30	2.457,76	2.764,98
	V	42.535	2.339,42	3.402,80	3.828,15																		
	VI	43.066	2.368,63	3.445,28	3.875,94																		
25.315,99 (Ost)	I	36.455	2.005,02	2.916,40	3.280,95	1.901,62	2.766,00	3.111,75	1.798,22	2.615,60	2.942,55	1.579,36	2.465,20	2.773,35	1.355,64	2.314,80	2.604,15	1.131,92	2.164,40	2.434,95	908,20	2.014,00	2.265,75
	II	34.666	1.906,63	2.773,28	3.119,94	1.803,23	2.622,88	2.950,74	1.590,19	2.472,48	2.781,54	1.366,47	2.322,08	2.612,34	1.142,75	2.171,68	2.443,14	919,03	2.021,28	2.273,94	695,31	1.870,88	2.104,74
	III	26.700	-	2.136,00	2.403,00	-	1.997,60	2.247,30	-	1.862,24	2.095,02	-	1.729,92	1.946,16	-	1.600,80	1.800,90	-	1.474,56	1.658,88	-	1.351,68	1.520,64
	IV	36.455	2.005,02	2.916,40	3.280,95	1.953,32	2.841,20	3.196,35	1.901,62	2.766,00	3.111,75	1.849,92	2.690,80	3.027,15	1.798,22	2.615,60	2.942,55	1.691,22	2.540,40	2.857,95	1.579,36	2.465,20	2.773,35
	V	42.628	2.344,54	3.410,24	3.836,52																		
	VI	43.160	2.373,80	3.452,80	3.884,40																		
25.351,99 (West)	I	36.376	2.000,68	2.910,08	3.273,84	1.897,33	2.759,76	3.104,73	1.793,80	2.609,36	2.935,53	1.570,08	2.458,96	2.766,33	1.346,36	2.308,56	2.597,13	1.122,64	2.158,16	2.427,93	898,92	2.007,76	2.258,73
	II	34.587	1.902,28	2.766,96	3.112,83	1.798,88	2.616,56	2.943,63	1.580,79	2.466,16	2.774,43	1.357,19	2.315,84	2.605,32	1.133,47	2.165,44	2.436,12	909,75	2.015,04	2.266,92	686,03	1.864,64	2.097,72
	III	26.626	-	2.130,08	2.396,34	-	1.991,84	2.240,82	-	1.856,64	2.088,72	-	1.724,48	1.940,04	-	1.595,36	1.794,78	-	1.469,44	1.653,12	-	1.346,56	1.514,88
	IV	36.376	2.000,68	2.910,08	3.273,84	1.949,03	2.834,96	3.189,33	1.897,33	2.759,76	3.104,73	1.845,63	2.684,56	3.020,13	1.793,80	2.609,36	2.935,53	1.681,94	2.534,16	2.850,93	1.570,08	2.458,96	2.766,33
	V	42.550	2.340,25	3.404,00	3.829,50																		
	VI	43.081	2.369,45	3.446,48	3.877,29																		
25.351,99 (Ost)	I	36.470	2.005,85	2.917,60	3.282,30	1.902,45	2.767,20	3.113,10	1.799,05	2.616,80	2.943,90	1.581,15	2.466,40	2.774,70	1.357,43	2.316,00	2.605,50	1.133,83	2.165,68	2.436,39	910,11	2.015,28	2.267,19
	II	34.681	1.907,45	2.774,48	3.121,29	1.804,05	2.624,08	2.952,09	1.591,98	2.473,68	2.782,89	1.368,26	2.323,28	2.613,69	1.144,54	2.172,88	2.444,49	920,82	2.022,48	2.275,29	697,10	1.872,08	2.106,09
	III	26.714	-	2.137,12	2.404,26	-	1.998,72	2.248,56	-	1.863,36	2.096,28	-	1.731,04	1.947,42	-	1.601,76	1.801,98	-	1.475,68	1.660,14	-	1.352,64	1.521,72
	IV	36.470	2.005,85	2.917,60	3.282,30	1.954,15	2.842,40	3.197,70	1.902,45	2.767,20	3.113,10	1.850,75	2.692,00	3.028,50	1.799,05	2.616,80	2.943,90	1.693,01	2.541,60	2.859,30	1.581,15	2.466,40	2.774,70
	V	42.643	2.345,36	3.411,44	3.837,87																		
	VI	43.175	2.374,62	3.454,00	3.885,75																		

SolZ/KiSt lt. Tabelle nicht für Sonstige Bezüge anwendbar.

Lohn/ Gehalt bis	Steuerklasse	Lohn-steuer	ohne Kinderfreibetrag			Anzahl Kinderfreibeträge (nur Steuerklassen I–IV) 0,5			1,0			1,5			2,0			2,5			3,0		
			SolZ 5,5%	Kirchensteuer 8%	9%	SolZ 5,5%	Kirchensteuer 8%	9%	SolZ 5,5%	Kirchensteuer 8%	9%	SolZ 5,5%	Kirchensteuer 8%	9%	SolZ 5,5%	Kirchensteuer 8%	9%	SolZ 5,5%	Kirchensteuer 8%	9%	SolZ 5,5%	Kirchensteuer 8%	9%
125.387,99 (West)	I	36.392	2.001,56	2.911,36	3.275,28	1.898,16	2.760,96	3.106,08	1.794,76	2.610,56	2.936,88	1.571,87	2.460,16	2.767,68	1.348,15	2.309,76	2.598,48	1.124,43	2.159,36	2.429,28	900,71	2.008,96	2.260,
	II	34.602	1.903,11	2.768,16	3.114,18	1.799,71	2.617,76	2.944,98	1.582,70	2.467,44	2.775,87	1.358,98	2.317,04	2.606,67	1.135,26	2.166,64	2.437,47	911,54	2.016,24	2.268,27	687,82	1.865,84	2.099,
	III	26.642	-	2.131,36	2.397,78	-	1.992,96	2.242,08	-	1.857,60	2.089,80	-	1.725,44	1.941,12	-	1.596,32	1.795,86	-	1.470,40	1.654,20	-	1.347,52	1.515,
	IV	36.392	2.001,56	2.911,36	3.275,28	1.949,86	2.836,16	3.190,68	1.898,16	2.760,96	3.106,08	1.846,46	2.685,76	3.021,48	1.794,76	2.610,56	2.936,88	1.683,73	2.535,36	2.852,28	1.571,87	2.460,16	2.767,
	V	42.565	2.341,07	3.405,20	3.830,85																		
	VI	43.097	2.370,33	3.447,76	3.878,73																		
125.387,99 (Ost)	I	36.485	2.006,67	2.918,80	3.283,65	1.903,27	2.768,40	3.114,45	1.799,87	2.618,00	2.945,25	1.582,93	2.467,60	2.776,05	1.359,33	2.317,28	2.606,94	1.135,61	2.166,88	2.437,74	911,89	2.016,48	2.268,
	II	34.696	1.908,28	2.775,68	3.122,64	1.804,88	2.625,28	2.953,44	1.593,76	2.474,88	2.784,24	1.370,04	2.324,48	2.615,04	1.146,32	2.174,08	2.445,84	922,60	2.023,68	2.276,64	699,00	1.873,36	2.107,
	III	26.728	-	2.138,24	2.405,52	-	1.999,84	2.249,82	-	1.864,32	2.097,36	-	1.732,00	1.948,50	-	1.602,72	1.803,06	-	1.476,64	1.661,22	-	1.353,60	1.522,
	IV	36.485	2.006,67	2.918,80	3.283,65	1.954,97	2.843,60	3.199,05	1.903,27	2.768,40	3.114,45	1.851,57	2.693,20	3.029,85	1.799,87	2.618,00	2.945,25	1.694,79	2.542,80	2.860,65	1.582,93	2.467,60	2.776,
	V	42.659	2.346,24	3.412,72	3.839,31																		
	VI	43.190	2.375,45	3.455,20	3.887,10																		
125.423,99 (West)	I	36.407	2.002,38	2.912,56	3.276,63	1.898,98	2.762,16	3.107,43	1.795,58	2.611,76	2.938,23	1.573,65	2.461,36	2.769,03	1.349,93	2.310,96	2.599,83	1.126,21	2.160,56	2.430,63	902,49	2.010,16	2.261,
	II	34.618	1.903,99	2.769,44	3.115,62	1.800,59	2.619,04	2.946,42	1.584,48	2.468,64	2.777,22	1.360,76	2.318,24	2.608,02	1.137,04	2.167,84	2.438,82	913,32	2.017,44	2.269,62	689,60	1.867,04	2.100,
	III	26.656	-	2.132,48	2.399,04	-	1.994,08	2.243,34	-	1.858,72	2.091,06	-	1.726,56	1.942,38	-	1.597,44	1.797,12	-	1.471,36	1.655,28	-	1.348,48	1.517,
	IV	36.407	2.002,38	2.912,56	3.276,63	1.950,68	2.837,36	3.192,03	1.898,98	2.762,16	3.107,43	1.847,28	2.686,96	3.022,83	1.795,58	2.611,76	2.938,23	1.685,51	2.536,56	2.853,63	1.573,65	2.461,36	2.769,
	V	42.580	2.341,90	3.406,40	3.832,20																		
	VI	43.112	2.371,16	3.448,96	3.880,08																		
125.423,99 (Ost)	I	36.500	2.007,50	2.920,00	3.285,00	1.904,10	2.769,60	3.115,80	1.800,75	2.619,28	2.946,69	1.584,84	2.468,88	2.777,49	1.361,12	2.318,48	2.608,29	1.137,40	2.168,08	2.439,09	913,68	2.017,68	2.269,
	II	34.711	1.909,10	2.776,88	3.123,99	1.805,70	2.626,48	2.954,79	1.595,55	2.476,08	2.785,59	1.371,83	2.325,68	2.616,39	1.148,11	2.175,28	2.447,19	924,51	2.024,96	2.278,08	700,79	1.874,56	2.108,
	III	26.742	-	2.139,36	2.406,78	-	2.000,96	2.251,08	-	1.865,44	2.098,62	-	1.733,12	1.949,76	-	1.603,84	1.804,32	-	1.477,60	1.662,30	-	1.354,56	1.523,
	IV	36.500	2.007,50	2.920,00	3.285,00	1.955,80	2.844,80	3.200,40	1.904,10	2.769,60	3.115,80	1.852,40	2.694,40	3.031,20	1.800,75	2.619,28	2.946,69	1.696,70	2.544,08	2.862,09	1.584,84	2.468,88	2.777,
	V	42.674	2.347,07	3.413,92	3.840,66																		
	VI	43.205	2.376,27	3.456,40	3.888,45																		
125.459,99 (West)	I	36.422	2.003,21	2.913,76	3.277,98	1.899,81	2.763,36	3.108,78	1.796,41	2.612,96	2.939,58	1.575,44	2.462,56	2.770,38	1.351,72	2.312,16	2.601,18	1.128,00	2.161,76	2.431,98	904,28	2.011,36	2.262,
	II	34.633	1.904,81	2.770,64	3.116,97	1.801,41	2.620,24	2.947,77	1.586,27	2.469,84	2.778,57	1.362,55	2.319,44	2.609,37	1.138,83	2.169,04	2.440,17	915,11	2.018,64	2.270,97	691,39	1.868,24	2.101,
	III	26.670	-	2.133,60	2.400,30	-	1.995,20	2.244,60	-	1.859,84	2.092,32	-	1.727,52	1.943,46	-	1.598,40	1.798,20	-	1.472,32	1.656,36	-	1.349,44	1.518,
	IV	36.422	2.003,21	2.913,76	3.277,98	1.951,51	2.838,56	3.193,38	1.899,81	2.763,36	3.108,78	1.848,11	2.688,16	3.024,18	1.796,41	2.612,96	2.939,58	1.687,30	2.537,76	2.854,98	1.575,44	2.462,56	2.770,
	V	42.595	2.342,72	3.407,60	3.833,55																		
	VI	43.127	2.371,98	3.450,16	3.881,43																		
125.459,99 (Ost)	I	36.515	2.008,32	2.921,20	3.286,35	1.904,98	2.770,88	3.117,24	1.801,58	2.620,48	2.948,04	1.586,62	2.470,08	2.778,84	1.362,90	2.319,68	2.609,64	1.139,18	2.169,28	2.440,44	915,46	2.018,88	2.271,
	II	34.726	1.909,93	2.778,08	3.125,34	1.806,53	2.627,68	2.956,14	1.597,33	2.477,28	2.786,94	1.373,73	2.326,96	2.617,83	1.150,01	2.176,56	2.448,63	926,29	2.026,16	2.279,43	702,57	1.875,76	2.110,
	III	26.756	-	2.140,48	2.408,04	-	2.001,92	2.252,16	-	1.866,56	2.099,88	-	1.734,08	1.950,84	-	1.604,80	1.805,40	-	1.478,56	1.663,38	-	1.355,52	1.524,
	IV	36.515	2.008,32	2.921,20	3.286,35	1.956,68	2.846,08	3.201,84	1.904,98	2.770,88	3.117,24	1.853,28	2.695,68	3.032,64	1.801,58	2.620,48	2.948,04	1.698,48	2.545,28	2.863,44	1.586,62	2.470,08	2.778,
	V	42.689	2.347,89	3.415,12	3.842,01																		
	VI	43.221	2.377,15	3.457,68	3.889,89																		
125.495,99 (West)	I	36.437	2.004,03	2.914,96	3.279,33	1.900,63	2.764,56	3.110,13	1.797,23	2.614,16	2.940,93	1.577,22	2.463,76	2.771,73	1.353,50	2.313,36	2.602,53	1.129,78	2.162,96	2.433,33	906,06	2.012,56	2.264,
	II	34.648	1.905,64	2.771,84	3.118,32	1.802,24	2.621,44	2.949,12	1.588,05	2.471,04	2.779,92	1.364,33	2.320,64	2.610,72	1.140,61	2.170,24	2.441,52	916,89	2.019,84	2.272,32	693,17	1.869,44	2.103,
	III	26.684	-	2.134,72	2.401,56	-	1.996,16	2.245,68	-	1.860,96	2.093,58	-	1.728,64	1.944,72	-	1.599,52	1.799,46	-	1.473,44	1.657,62	-	1.350,40	1.519,
	IV	36.437	2.004,03	2.914,96	3.279,33	1.952,33	2.839,76	3.194,73	1.900,63	2.764,56	3.110,13	1.848,93	2.689,36	3.025,53	1.797,23	2.614,16	2.940,93	1.689,08	2.538,96	2.856,33	1.577,22	2.463,76	2.771,
	V	42.610	2.343,55	3.408,80	3.834,90																		
	VI	43.142	2.372,81	3.451,36	3.882,78																		
125.495,99 (Ost)	I	36.531	2.009,20	2.922,48	3.287,79	1.905,80	2.772,08	3.118,59	1.802,40	2.621,68	2.949,39	1.588,41	2.471,28	2.780,19	1.364,69	2.320,88	2.610,99	1.140,97	2.170,48	2.441,79	917,25	2.020,08	2.272,
	II	34.741	1.910,75	2.779,28	3.126,69	1.807,35	2.628,88	2.957,49	1.599,24	2.478,56	2.788,38	1.375,52	2.328,16	2.619,18	1.151,80	2.177,76	2.449,98	928,08	2.027,36	2.280,78	704,36	1.876,96	2.111,
	III	26.770	-	2.141,60	2.409,30	-	2.003,04	2.253,42	-	1.867,52	2.100,96	-	1.735,20	1.952,10	-	1.605,92	1.806,66	-	1.479,68	1.664,64	-	1.356,48	1.526,
	IV	36.531	2.009,20	2.922,48	3.287,79	1.957,50	2.847,28	3.203,19	1.905,80	2.772,08	3.118,59	1.854,10	2.696,88	3.033,99	1.802,40	2.621,68	2.949,39	1.700,27	2.546,48	2.864,79	1.588,41	2.471,28	2.780,
	V	42.704	2.348,72	3.416,32	3.843,36																		
	VI	43.236	2.377,98	3.458,88	3.891,24																		
125.531,99 (West)	I	36.452	2.004,86	2.916,16	3.280,68	1.901,46	2.765,76	3.111,48	1.798,06	2.615,36	2.942,28	1.579,01	2.464,96	2.773,08	1.355,29	2.314,56	2.603,88	1.131,57	2.164,16	2.434,68	907,97	2.013,84	2.265,
	II	34.663	1.906,46	2.773,04	3.119,67	1.803,06	2.622,64	2.950,47	1.589,84	2.472,24	2.781,27	1.366,12	2.321,84	2.612,07	1.142,40	2.171,44	2.442,87	918,68	2.021,04	2.273,67	694,96	1.870,64	2.104,
	III	26.698	-	2.135,84	2.402,82	-	1.997,28	2.246,94	-	1.861,92	2.094,66	-	1.729,76	1.945,98	-	1.600,48	1.800,54	-	1.474,40	1.658,70	-	1.351,36	1.520,
	IV	36.452	2.004,86	2.916,16	3.280,68	1.953,16	2.840,96	3.196,08	1.901,46	2.765,76	3.111,48	1.849,76	2.690,56	3.026,88	1.798,06	2.615,36	2.942,28	1.690,87	2.540,16	2.857,68	1.579,01	2.464,96	2.773,
	V	42.625	2.344,37	3.410,00	3.836,25																		
	VI	43.157	2.373,63	3.452,56	3.884,13																		
125.531,99 (Ost)	I	36.546	2.010,03	2.923,68	3.289,14	1.906,63	2.773,28	3.119,94	1.803,23	2.622,88	2.950,74	1.590,19	2.472,48	2.781,54	1.366,47	2.322,08	2.612,34	1.142,75	2.171,68	2.443,14	919,03	2.021,28	2.273,
	II	34.757	1.911,63	2.780,56	3.128,13	1.808,23	2.630,16	2.958,93	1.601,02	2.479,76	2.789,73	1.377,30	2.329,36	2.620,53	1.153,58	2.178,96	2.451,33	929,86	2.028,56	2.282,13	706,14	1.878,16	2.112,
	III	26.784	-	2.142,72	2.410,56	-	2.004,16	2.254,68	-	1.868,64	2.102,22	-	1.736,32	1.953,36	-	1.606,88	1.807,74	-	1.480,64	1.665,72	-	1.357,44	1.527,
	IV	36.546	2.010,03	2.923,68	3.289,14	1.958,33	2.848,48	3.204,54	1.906,63	2.773,28	3.119,94	1.854,93	2.698,08	3.035,34	1.803,23	2.622,88	2.950,74	1.702,05	2.547,68	2.866,14	1.590,19	2.472,48	2.781,
	V	42.719	2.349,54	3.417,52	3.844,71																		
	VI	43.251	2.378,80	3.460,08	3.892,59																		
125.567,99 (West)	I	36.467	2.005,68	2.917,36	3.282,03	1.902,28	2.766,96	3.112,83	1.798,88	2.616,56	2.943,63	1.580,79	2.466,16	2.774,43	1.357,19	2.315,84	2.605,32	1.133,47	2.165,44	2.436,12	909,75	2.015,04	2.266,
	II	34.678	1.907,29	2.774,24	3.121,02	1.803,89	2.623,84	2.951,82	1.591,62	2.473,44	2.782,62	1.367,90	2.323,04	2.613,42	1.144,18	2.172,64	2.444,22	920,46	2.022,24	2.275,02	696,74	1.871,84	2.105,
	III	26.712	-	2.136,96	2.404,08	-	1.998,40	2.248,20	-	1.863,04	2.095,92	-	1.730,72	1.947,06	-	1.601,60	1.801,80	-	1.475,36	1.659,78	-	1.352,32	1.521,
	IV	36.467	2.005,68	2.917,36	3.282,03	1.953,98	2.842,16	3.197,43	1.902,28	2.766,96	3.112,83	1.850,58	2.691,76	3.028,23	1.798,88	2.616,56	2.943,63	1.692,65	2.541,36	2.859,03	1.580,79	2.466,16	2.774,
	V	42.640	2.345,20	3.411,20	3.837,60																		
	VI	43.172	2.374,46	3.453,76	3.885,48																		
125.567,99 (Ost)	I	36.561	2.010,85	2.924,88	3.290,49	1.907,45	2.774,48	3.121,29	1.804,05	2.624,08	2.952,09	1.591,98	2.473,68	2.782,89	1.368,26	2.323,28	2.613,69	1.144,54	2.172,88	2.444,49	920,82	2.022,48	2.275,
	II	34.772	1.912,46	2.781,76	3.129,48	1.809,06	2.631,36	2.960,28	1.602,81	2.480,96	2.791,08	1.379,09	2.330,56	2.621,88	1.155,37	2.180,16	2.452,68	931,65	2.029,76	2.283,48	707,93	1.879,36	2.114,
	III	26.800	-	2.144,00	2.412,00	-	2.005,28	2.255,94	-	1.869,76	2.103,48	-	1.737,28	1.954,44	-	1.608,00	1.809,00	-	1.481,60	1.666,80	-	1.358,40	1.528,
	IV	36.561	2.010,85	2.924,88	3.290,49	1.959,15	2.849,68	3.205,89	1.907,45	2.774,48	3.121,29	1.855,75	2.699,28	3.036,69	1.804,05	2.624,08	2.952,09	1.703,84	2.548,88	2.867,49	1.591,98	2.473,68	2.782,
	V	42.734	2.350,37	3.418,72	3.846,06																		
	VI	43.266	2.379,63	3.461,28	3.893,94																		
125.603,99 (West)	I	36.482	2.006,51	2.918,56	3.283,38	1.903,11	2.768,16	3.114,18	1.799,71	2.617,76	2.944,98	1.582,70	2.467,44	2.775,87	1.358,98	2.317,04	2.606,67	1.135,26	2.166,64	2.437,47	911,54	2.016,24	2.268,
	II	34.693	1.908,11	2.775,44	3.122,37	1.804,71	2.625,04	2.953,17	1.593,41	2.474,64	2.783,97	1.369,69	2.324,24	2.614,77	1.145,97	2.173,84	2.445,57	922,36	2.023,52	2.276,46	698,64	1.873,12	2.107,
	III	26.726	-	2.138,08	2.405,34	-	1.999,52	2.249,46	-	1.864,16	2.097,18	-	1.731,84	1.948,32	-	1.602,56	1.802,88	-	1.476,48	1.661,04	-	1.353,28	1.522,
	IV	36.482	2.006,51	2.918,56	3.283,38	1.954,81	2.843,36	3.198,78	1.903,11	2.768,16	3.114,18	1.851,41	2.692,96	3.029,58	1.799,71	2.617,76	2.944,98	1.694,56	2.542,64	2.860,47	1.582,70	2.467,44	2.775,
	V	42.656	2.346,08	3.412,48	3.839,04																		
	VI	43.187	2.375,28	3.454,96	3.886,83																		
125.603,99 (Ost)	I	36.576	2.011,68	2.926,08	3.291,84	1.908,28	2.775,68	3.122,64	1.804,88	2.625,28	2.953,44	1.593,76	2.474,88	2.784,24	1.370,04	2.324,48	2.615,04	1.146,32	2.174,08	2.445,84	922,60	2.023,68	2.276,
	II	34.787	1.913,28	2.782,96	3.130,83	1.809,88	2.632,56	2.961,63	1.604,59	2.482,16	2.792,43	1.380,87	2.331,76	2.623,23	1.157,15	2.181,36	2.454,03	933,43	2.030,96	2.284,83	709,71	1.880,56	2.115,
	III	26.814	-	2.145,12	2.413,26	-	2.006,40	2.257,20	-	1.870,88	2.104,74	-	1.738,40	1.955,70	-	1.608,96	1.810,08	-	1.482,72	1.668,06	-	1.359,36	1.529,
	IV	36.576	2.011,68	2.926,08	3.291,84	1.959,98	2.850,88	3.207,24	1.908,28	2.775,68	3.122,64	1.856,58	2.700,48	3.038,04	1.804,88	2.625,28	2.953,44	1.705,62	2.550,08	2.868,84	1.593,76	2.474,88	2.784,
	V	42.749	2.351,19	3.419,92	3.847,41																		
	VI	43.281	2.380,45	3.462,48	3.895,29																		

SolZ/KiSt lt. Tabelle nicht für Sonstige Bezüge anwendbar.

Lohn/ Gehalt bis	Steuerklasse	Lohn-steuer	ohne Kinderfreibetrag SolZ 5,5%	Kirchensteuer 8%	9%	0,5 SolZ 5,5%	Kirchensteuer 8%	9%	1,0 SolZ 5,5%	Kirchensteuer 8%	9%	1,5 SolZ 5,5%	Kirchensteuer 8%	9%	2,0 SolZ 5,5%	Kirchensteuer 8%	9%	2,5 SolZ 5,5%	Kirchensteuer 8%	9%	3,0 SolZ 5,5%	Kirchensteuer 8%	9%
						Anzahl Kinderfreibeträge (nur Steuerklassen I–IV)																	
25.639,99 (West)	I	36.497	2.007,33	2.919,76	3.284,73	1.903,99	2.769,44	3.115,62	1.800,59	2.619,04	2.946,42	1.584,48	2.468,64	2.777,22	1.360,76	2.318,24	2.608,02	1.137,04	2.167,84	2.438,82	913,32	2.017,44	2.269,62
	II	34.708	1.908,94	2.776,64	3.123,72	1.805,54	2.626,24	2.954,52	1.595,19	2.475,84	2.785,32	1.371,47	2.325,44	2.616,12	1.147,87	2.175,12	2.447,01	924,15	2.024,72	2.277,81	700,43	1.874,32	2.108,61
	III	26.740	-	2.139,20	2.406,60	-	2.000,64	2.250,72	-	1.865,28	2.098,44	-	1.732,80	1.949,40	-	1.603,52	1.803,96	-	1.477,44	1.662,12	-	1.354,24	1.523,52
	IV	36.497	2.007,33	2.919,76	3.284,73	1.955,63	2.844,56	3.200,13	1.903,99	2.769,44	3.115,62	1.852,29	2.694,24	3.031,02	1.800,59	2.619,04	2.946,42	1.696,34	2.543,84	2.861,82	1.584,48	2.468,64	2.777,22
	V	42.671	2.346,90	3.413,68	3.840,39																		
	VI	43.202	2.376,11	3.456,16	3.888,18																		
25.639,99 (Ost)	I	36.591	2.012,50	2.927,28	3.293,19	1.909,10	2.776,88	3.123,99	1.805,70	2.626,48	2.954,79	1.595,55	2.476,08	2.785,59	1.371,83	2.325,68	2.616,39	1.148,11	2.175,28	2.447,19	924,51	2.024,96	2.278,08
	II	34.802	1.914,11	2.784,16	3.132,18	1.810,71	2.633,76	2.962,98	1.606,38	2.483,36	2.793,78	1.382,66	2.332,96	2.624,58	1.158,94	2.182,56	2.455,38	935,22	2.032,16	2.286,18	711,50	1.881,76	2.116,98
	III	26.828	-	2.146,24	2.414,52	-	2.007,52	2.258,46	-	1.871,84	2.105,82	-	1.739,36	1.956,78	-	1.609,92	1.811,16	-	1.483,68	1.669,14	-	1.360,48	1.530,54
	IV	36.591	2.012,50	2.927,28	3.293,19	1.960,80	2.852,08	3.208,59	1.909,10	2.776,88	3.123,99	1.857,40	2.701,68	3.039,39	1.805,70	2.626,48	2.954,79	1.707,41	2.551,28	2.870,19	1.595,55	2.476,08	2.785,59
	V	42.764	2.352,02	3.421,12	3.848,76																		
	VI	43.296	2.381,28	3.463,68	3.896,64																		
25.675,99 (West)	I	36.513	2.008,21	2.921,04	3.286,17	1.904,81	2.770,64	3.116,97	1.801,41	2.620,24	2.947,77	1.586,27	2.469,84	2.778,57	1.362,55	2.319,44	2.609,37	1.138,83	2.169,04	2.440,17	915,11	2.018,64	2.270,97
	II	34.723	1.909,76	2.777,84	3.125,07	1.806,36	2.627,44	2.955,87	1.597,09	2.477,12	2.786,76	1.373,37	2.326,72	2.617,56	1.149,65	2.176,32	2.448,36	925,93	2.025,92	2.279,16	702,21	1.875,52	2.109,96
	III	26.754	-	2.140,32	2.407,86	-	2.001,76	2.251,98	-	1.866,24	2.099,52	-	1.733,92	1.950,66	-	1.604,64	1.805,22	-	1.478,40	1.663,20	-	1.355,36	1.524,78
	IV	36.513	2.008,21	2.921,04	3.286,17	1.956,51	2.845,84	3.201,57	1.904,81	2.770,64	3.116,97	1.853,11	2.695,44	3.032,37	1.801,41	2.620,24	2.947,77	1.698,13	2.545,04	2.863,17	1.586,27	2.469,84	2.778,57
	V	42.686	2.347,73	3.414,88	3.841,74																		
	VI	43.218	2.376,99	3.457,44	3.889,62																		
25.675,99 (Ost)	I	36.606	2.013,33	2.928,48	3.294,54	1.909,93	2.778,08	3.125,34	1.806,53	2.627,68	2.956,14	1.597,33	2.477,28	2.786,94	1.373,73	2.326,96	2.617,83	1.150,01	2.176,56	2.448,63	926,29	2.026,16	2.279,43
	II	34.817	1.914,93	2.785,36	3.133,53	1.811,53	2.634,96	2.964,33	1.608,16	2.484,56	2.795,13	1.384,44	2.334,16	2.625,93	1.160,72	2.183,76	2.456,73	937,00	2.033,36	2.287,53	713,28	1.882,96	2.118,33
	III	26.842	-	2.147,36	2.415,78	-	2.008,64	2.259,72	-	1.872,96	2.107,08	-	1.740,48	1.958,04	-	1.611,04	1.812,42	-	1.484,64	1.670,22	-	1.361,44	1.531,62
	IV	36.606	2.013,33	2.928,48	3.294,54	1.961,63	2.853,28	3.209,94	1.909,93	2.778,08	3.125,34	1.858,23	2.702,88	3.040,74	1.806,53	2.627,68	2.956,14	1.709,19	2.552,48	2.871,54	1.597,33	2.477,28	2.786,94
	V	42.780	2.352,90	3.422,40	3.850,20																		
	VI	43.311	2.382,10	3.464,88	3.897,99																		
25.711,99 (West)	I	36.528	2.009,04	2.922,24	3.287,52	1.905,64	2.771,84	3.118,32	1.802,24	2.621,44	2.949,12	1.588,05	2.471,04	2.779,92	1.364,33	2.320,64	2.610,72	1.140,61	2.170,24	2.441,52	916,89	2.019,84	2.272,32
	II	34.738	1.910,59	2.779,04	3.126,42	1.807,24	2.628,72	2.957,31	1.598,88	2.478,32	2.788,11	1.375,16	2.327,92	2.618,91	1.151,44	2.177,52	2.449,71	927,72	2.027,12	2.280,51	704,00	1.876,72	2.111,31
	III	26.768	-	2.141,44	2.409,12	-	2.002,88	2.253,24	-	1.867,36	2.100,78	-	1.734,88	1.951,74	-	1.605,60	1.806,30	-	1.479,36	1.664,28	-	1.356,32	1.525,86
	IV	36.528	2.009,04	2.922,24	3.287,52	1.957,34	2.847,04	3.202,92	1.905,64	2.771,84	3.118,32	1.853,94	2.696,64	3.033,72	1.802,24	2.621,44	2.949,12	1.699,91	2.546,24	2.864,52	1.588,05	2.471,04	2.779,92
	V	42.701	2.348,55	3.416,08	3.843,09																		
	VI	43.233	2.377,81	3.458,64	3.890,97																		
25.711,99 (Ost)	I	36.621	2.014,15	2.929,68	3.295,89	1.910,75	2.779,28	3.126,69	1.807,35	2.628,88	2.957,49	1.599,24	2.478,56	2.788,38	1.375,52	2.328,16	2.619,18	1.151,80	2.177,76	2.449,98	928,08	2.027,36	2.280,78
	II	34.832	1.915,76	2.786,56	3.134,88	1.812,36	2.636,16	2.965,68	1.609,95	2.485,76	2.796,48	1.386,23	2.335,36	2.627,28	1.162,51	2.184,96	2.458,08	938,91	2.034,64	2.288,97	715,19	1.884,24	2.119,77
	III	26.856	-	2.148,48	2.417,04	-	2.009,76	2.260,98	-	1.874,08	2.108,34	-	1.741,44	1.959,12	-	1.612,00	1.813,50	-	1.485,60	1.671,30	-	1.362,40	1.532,70
	IV	36.621	2.014,15	2.929,68	3.295,89	1.962,45	2.854,48	3.211,29	1.910,75	2.779,28	3.126,69	1.859,05	2.704,08	3.042,09	1.807,35	2.628,88	2.957,49	1.711,10	2.553,76	2.872,98	1.599,24	2.478,56	2.788,38
	V	42.795	2.353,72	3.423,60	3.851,55																		
	VI	43.326	2.382,93	3.466,08	3.899,34																		
25.747,99 (West)	I	36.543	2.009,86	2.923,44	3.288,87	1.906,46	2.773,04	3.119,67	1.803,06	2.622,64	2.950,47	1.589,84	2.472,24	2.781,27	1.366,12	2.321,84	2.612,07	1.142,40	2.171,44	2.442,87	918,68	2.021,04	2.273,67
	II	34.754	1.911,47	2.780,32	3.127,86	1.808,07	2.629,92	2.958,66	1.600,66	2.479,52	2.789,46	1.376,94	2.329,12	2.620,26	1.153,22	2.178,72	2.451,06	929,50	2.028,32	2.281,86	705,78	1.877,92	2.112,66
	III	26.782	-	2.142,56	2.410,38	-	2.004,00	2.254,50	-	1.868,48	2.102,04	-	1.736,00	1.953,00	-	1.606,72	1.807,56	-	1.480,48	1.665,54	-	1.357,28	1.526,94
	IV	36.543	2.009,86	2.923,44	3.288,87	1.958,16	2.848,24	3.204,27	1.906,46	2.773,04	3.119,67	1.854,76	2.697,84	3.035,07	1.803,06	2.622,64	2.950,47	1.701,70	2.547,44	2.865,87	1.589,84	2.472,24	2.781,27
	V	42.716	2.349,38	3.417,28	3.844,44																		
	VI	43.248	2.378,64	3.459,84	3.892,32																		
25.747,99 (Ost)	I	36.636	2.014,98	2.930,88	3.297,24	1.911,63	2.780,56	3.128,13	1.808,23	2.630,16	2.958,93	1.601,02	2.479,76	2.789,73	1.377,30	2.329,36	2.620,53	1.153,58	2.178,96	2.451,33	929,86	2.028,56	2.282,13
	II	34.847	1.916,58	2.787,76	3.136,23	1.813,18	2.637,36	2.967,03	1.611,73	2.486,96	2.797,83	1.388,01	2.336,56	2.628,63	1.164,41	2.186,24	2.459,52	940,69	2.035,84	2.290,32	716,97	1.885,44	2.121,12
	III	26.870	-	2.149,60	2.418,30	-	2.010,88	2.262,24	-	1.875,20	2.109,60	-	1.742,56	1.960,38	-	1.613,12	1.814,76	-	1.486,72	1.672,56	-	1.363,36	1.533,78
	IV	36.636	2.014,98	2.930,88	3.297,24	1.963,28	2.855,68	3.212,64	1.911,63	2.780,56	3.128,13	1.859,93	2.705,36	3.043,53	1.808,23	2.630,16	2.958,93	1.712,88	2.554,96	2.874,33	1.601,02	2.479,76	2.789,73
	V	42.810	2.354,55	3.424,80	3.852,90																		
	VI	43.341	2.383,75	3.467,28	3.900,69																		
25.783,99 (West)	I	36.558	2.010,69	2.924,64	3.290,22	1.907,29	2.774,24	3.121,02	1.803,89	2.623,84	2.951,82	1.591,62	2.473,44	2.782,62	1.367,90	2.323,04	2.613,42	1.144,18	2.172,64	2.444,22	920,46	2.022,24	2.275,02
	II	34.769	1.912,29	2.781,52	3.129,21	1.808,89	2.631,12	2.960,01	1.602,45	2.480,72	2.790,81	1.378,73	2.330,32	2.621,61	1.155,01	2.179,92	2.452,41	931,29	2.029,52	2.283,21	707,57	1.879,12	2.114,01
	III	26.796	-	2.143,68	2.411,64	-	2.005,12	2.255,76	-	1.869,44	2.103,12	-	1.737,12	1.954,26	-	1.607,68	1.808,64	-	1.481,44	1.666,62	-	1.358,24	1.528,02
	IV	36.558	2.010,69	2.924,64	3.290,22	1.958,99	2.849,44	3.205,62	1.907,29	2.774,24	3.121,02	1.855,59	2.699,04	3.036,42	1.803,89	2.623,84	2.951,82	1.703,48	2.548,64	2.867,22	1.591,62	2.473,44	2.782,62
	V	42.731	2.350,20	3.418,48	3.845,79																		
	VI	43.263	2.379,46	3.461,04	3.893,67																		
25.783,99 (Ost)	I	36.652	2.015,86	2.932,16	3.298,68	1.912,46	2.781,76	3.129,48	1.809,06	2.631,36	2.960,28	1.602,81	2.480,96	2.791,08	1.379,09	2.330,56	2.621,88	1.155,37	2.180,16	2.452,68	931,65	2.029,76	2.283,48
	II	34.862	1.917,41	2.788,96	3.137,58	1.814,01	2.638,56	2.968,38	1.613,64	2.488,24	2.799,27	1.389,92	2.337,84	2.630,07	1.166,20	2.187,44	2.460,87	942,48	2.037,04	2.291,67	718,76	1.886,64	2.122,47
	III	26.884	-	2.150,72	2.419,56	-	2.011,84	2.263,32	-	1.876,16	2.110,68	-	1.743,68	1.961,64	-	1.614,08	1.815,84	-	1.487,68	1.673,64	-	1.364,32	1.534,86
	IV	36.652	2.015,86	2.932,16	3.298,68	1.964,16	2.856,96	3.214,08	1.912,46	2.781,76	3.129,48	1.860,76	2.706,56	3.044,88	1.809,06	2.631,36	2.960,28	1.714,67	2.556,16	2.875,68	1.602,81	2.480,96	2.791,08
	V	42.825	2.355,37	3.426,00	3.854,25																		
	VI	43.357	2.384,63	3.468,56	3.902,13																		
25.819,99 (West)	I	36.573	2.011,51	2.925,84	3.291,57	1.908,11	2.775,44	3.122,37	1.804,71	2.625,04	2.953,17	1.593,41	2.474,64	2.783,97	1.369,69	2.324,24	2.614,77	1.145,97	2.173,84	2.445,57	922,36	2.023,52	2.276,46
	II	34.784	1.913,12	2.782,72	3.130,56	1.809,72	2.632,32	2.961,36	1.604,23	2.481,92	2.792,16	1.380,51	2.331,52	2.622,96	1.156,79	2.181,12	2.453,76	933,07	2.030,72	2.284,56	709,35	1.880,32	2.115,36
	III	26.810	-	2.144,80	2.412,90	-	2.006,08	2.256,84	-	1.870,56	2.104,38	-	1.738,08	1.955,34	-	1.608,80	1.809,90	-	1.482,40	1.667,70	-	1.359,20	1.529,10
	IV	36.573	2.011,51	2.925,84	3.291,57	1.959,81	2.850,64	3.206,97	1.908,11	2.775,44	3.122,37	1.856,41	2.700,24	3.037,77	1.804,71	2.625,04	2.953,17	1.705,27	2.549,84	2.868,57	1.593,41	2.474,64	2.783,97
	V	42.746	2.351,03	3.419,68	3.847,14																		
	VI	43.278	2.380,29	3.462,24	3.895,02																		
25.819,99 (Ost)	I	36.667	2.016,68	2.933,36	3.300,03	1.913,28	2.782,96	3.130,83	1.809,88	2.632,56	2.961,63	1.604,59	2.482,16	2.792,43	1.380,87	2.331,76	2.623,23	1.157,15	2.181,36	2.454,03	933,43	2.030,96	2.284,83
	II	34.877	1.918,23	2.790,16	3.138,93	1.814,89	2.639,84	2.969,82	1.615,42	2.489,44	2.800,62	1.391,70	2.339,04	2.631,42	1.167,98	2.188,64	2.462,22	944,26	2.038,24	2.293,02	720,54	1.887,84	2.123,82
	III	26.898	-	2.151,84	2.420,82	-	2.012,96	2.264,58	-	1.877,28	2.111,94	-	1.744,64	1.962,72	-	1.615,20	1.817,10	-	1.488,64	1.674,72	-	1.365,28	1.535,94
	IV	36.667	2.016,68	2.933,36	3.300,03	1.964,98	2.858,16	3.215,43	1.913,28	2.782,96	3.130,83	1.861,58	2.707,76	3.046,23	1.809,88	2.632,56	2.961,63	1.716,45	2.557,36	2.877,03	1.604,59	2.482,16	2.792,43
	V	42.840	2.356,20	3.427,20	3.855,60																		
	VI	43.372	2.385,46	3.469,76	3.903,48																		
25.855,99 (West)	I	36.588	2.012,34	2.927,04	3.292,92	1.908,94	2.776,64	3.123,72	1.805,54	2.626,24	2.954,52	1.595,19	2.475,84	2.785,32	1.371,47	2.325,44	2.616,12	1.147,87	2.175,12	2.447,01	924,15	2.024,72	2.277,81
	II	34.799	1.913,94	2.783,92	3.131,91	1.810,54	2.633,52	2.962,71	1.606,02	2.483,12	2.793,51	1.382,30	2.332,72	2.624,31	1.158,58	2.182,32	2.455,11	934,86	2.031,92	2.285,91	711,14	1.881,52	2.116,71
	III	26.824	-	2.145,92	2.414,16	-	2.007,20	2.258,10	-	1.871,68	2.105,64	-	1.739,20	1.956,60	-	1.609,76	1.810,98	-	1.483,36	1.668,78	-	1.360,16	1.530,18
	IV	36.588	2.012,34	2.927,04	3.292,92	1.960,64	2.851,84	3.208,32	1.908,94	2.776,64	3.123,72	1.857,24	2.701,44	3.039,12	1.805,54	2.626,24	2.954,52	1.707,05	2.551,04	2.869,92	1.595,19	2.475,84	2.785,32
	V	42.761	2.351,85	3.420,88	3.848,49																		
	VI	43.293	2.381,11	3.463,44	3.896,37																		
25.855,99 (Ost)	I	36.682	2.017,51	2.934,56	3.301,38	1.914,11	2.784,16	3.132,18	1.810,71	2.633,76	2.962,98	1.606,38	2.483,36	2.793,78	1.382,66	2.332,96	2.624,58	1.158,94	2.182,56	2.455,38	935,22	2.032,16	2.286,18
	II	34.893	1.919,11	2.791,44	3.140,37	1.815,71	2.641,04	2.971,17	1.617,21	2.490,64	2.801,97	1.393,49	2.340,24	2.632,77	1.169,77	2.189,84	2.463,57	946,05	2.039,44	2.294,37	722,33	1.889,04	2.125,17
	III	26.912	-	2.152,96	2.422,08	-	2.014,08	2.265,84	-	1.878,40	2.113,20	-	1.745,76	1.963,98	-	1.616,16	1.818,18	-	1.489,60	1.675,80	-	1.366,24	1.537,02
	IV	36.682	2.017,51	2.934,56	3.301,38	1.965,81	2.859,36	3.216,78	1.914,11	2.784,16	3.132,18	1.862,41	2.708,96	3.047,58	1.810,71	2.633,76	2.962,98	1.718,24	2.558,56	2.878,38	1.606,38	2.483,36	2.793,78
	V	42.855	2.357,02	3.428,40	3.856,95																		
	VI	43.387	2.386,28	3.470,96	3.904,83																		

SolZ/KiSt lt. Tabelle nicht für Sonstige Bezüge anwendbar.

Lohn/ Gehalt bis	Steuerklasse	Lohn-steuer	ohne Kinderfreibetrag SolZ 5,5%	Kirchensteuer 8%	9%	0,5 SolZ 5,5%	Kirchensteuer 8%	9%	1,0 SolZ 5,5%	Kirchensteuer 8%	9%	1,5 SolZ 5,5%	Kirchensteuer 8%	9%	2,0 SolZ 5,5%	Kirchensteuer 8%	9%	2,5 SolZ 5,5%	Kirchensteuer 8%	9%	3,0 SolZ 5,5%	Kirchensteuer 8%	9%
125.891,99	I	36.603	2.013,16	2.928,24	3.294,27	1.909,76	2.777,84	3.125,07	1.806,36	2.627,44	2.955,87	1.597,09	2.477,12	2.786,76	1.373,37	2.326,72	2.617,56	1.149,65	2.176,32	2.448,36	925,93	2.025,92	2.279,
(West)	II	34.814	1.914,77	2.785,12	3.133,26	1.811,37	2.634,72	2.964,06	1.607,80	2.484,32	2.794,86	1.384,08	2.333,92	2.625,66	1.160,36	2.183,52	2.456,46	936,64	2.033,12	2.287,26	713,04	1.882,80	2.118,
	III	26.838	-	2.147,04	2.415,42	-	2.008,32	2.259,36	-	1.872,80	2.106,90	-	1.740,16	1.957,68	-	1.610,72	1.812,06	-	1.484,48	1.670,04	-	1.361,12	1.531,
	IV	36.603	2.013,16	2.928,24	3.294,27	1.961,46	2.853,04	3.209,67	1.909,76	2.777,84	3.125,07	1.858,06	2.702,64	3.040,47	1.806,36	2.627,44	2.955,87	1.708,84	2.552,24	2.871,27	1.597,09	2.477,12	2.786,
	V	42.777	2.352,73	3.422,16	3.849,93																		
	VI	43.308	2.381,94	3.464,64	3.897,72																		
125.891,99	I	36.697	2.018,33	2.935,76	3.302,73	1.914,93	2.785,36	3.133,53	1.811,53	2.634,96	2.964,33	1.608,16	2.484,56	2.795,13	1.384,44	2.334,16	2.625,93	1.160,72	2.183,76	2.456,73	937,00	2.033,36	2.287,
(Ost)	II	34.908	1.919,94	2.792,64	3.141,72	1.816,54	2.642,24	2.972,52	1.618,99	2.491,84	2.803,32	1.395,27	2.341,44	2.634,12	1.171,55	2.191,04	2.464,92	947,83	2.040,64	2.295,72	724,11	1.890,24	2.126,
	III	26.926	-	2.154,08	2.423,34	-	2.015,20	2.267,10	-	1.879,52	2.114,46	-	1.746,72	1.965,06	-	1.617,12	1.819,26	-	1.490,72	1.677,06	-	1.367,20	1.538,
	IV	36.697	2.018,33	2.935,76	3.302,73	1.966,63	2.860,56	3.218,13	1.914,93	2.785,36	3.133,53	1.863,23	2.710,16	3.048,93	1.811,53	2.634,96	2.964,33	1.720,02	2.559,76	2.879,73	1.608,16	2.484,56	2.795,
	V	42.870	2.357,85	3.429,60	3.858,30																		
	VI	43.402	2.387,11	3.472,16	3.906,18																		
125.927,99	I	36.618	2.013,99	2.929,44	3.295,62	1.910,59	2.779,04	3.126,42	1.807,24	2.628,72	2.957,31	1.598,88	2.478,32	2.788,11	1.375,16	2.327,92	2.618,91	1.151,44	2.177,52	2.449,71	927,72	2.027,12	2.280,
(West)	II	34.829	1.915,59	2.786,32	3.134,61	1.812,19	2.635,92	2.965,41	1.609,59	2.485,52	2.796,21	1.385,87	2.335,12	2.627,01	1.162,27	2.184,80	2.457,90	938,55	2.034,40	2.288,70	714,83	1.884,00	2.119,
	III	26.852	-	2.148,16	2.416,68	-	2.009,44	2.260,62	-	1.873,76	2.107,98	-	1.741,28	1.958,94	-	1.611,84	1.813,32	-	1.485,44	1.671,12	-	1.362,08	1.532,
	IV	36.618	2.013,99	2.929,44	3.295,62	1.962,29	2.854,24	3.211,02	1.910,59	2.779,04	3.126,42	1.858,94	2.703,92	3.041,91	1.807,24	2.628,72	2.957,31	1.710,74	2.553,52	2.872,71	1.598,88	2.478,32	2.788,
	V	42.792	2.353,56	3.423,36	3.851,28																		
	VI	43.323	2.382,76	3.465,84	3.899,07																		
125.927,99	I	36.712	2.019,16	2.936,96	3.304,08	1.915,76	2.786,56	3.134,88	1.812,36	2.636,16	2.965,68	1.609,95	2.485,76	2.796,48	1.386,23	2.335,36	2.627,28	1.162,51	2.184,96	2.458,08	938,91	2.034,64	2.288,
(Ost)	II	34.923	1.920,76	2.793,84	3.143,07	1.817,36	2.643,44	2.973,87	1.620,78	2.493,04	2.804,67	1.397,06	2.342,64	2.635,47	1.173,34	2.192,24	2.466,27	949,62	2.041,84	2.297,07	725,90	1.891,44	2.127,
	III	26.940	-	2.155,20	2.424,60	-	2.016,32	2.268,36	-	1.880,48	2.115,54	-	1.747,84	1.966,32	-	1.618,24	1.820,52	-	1.491,68	1.678,14	-	1.368,16	1.539,
	IV	36.712	2.019,16	2.936,96	3.304,08	1.967,46	2.861,76	3.219,48	1.915,76	2.786,56	3.134,88	1.864,06	2.711,36	3.050,28	1.812,36	2.636,16	2.965,68	1.721,81	2.560,96	2.881,08	1.609,95	2.485,76	2.796,
	V	42.885	2.358,67	3.430,80	3.859,65																		
	VI	43.417	2.387,93	3.473,36	3.907,53																		
125.963,99	I	36.634	2.014,87	2.930,72	3.297,06	1.911,47	2.780,32	3.127,86	1.808,07	2.629,92	2.958,66	1.600,66	2.479,52	2.789,46	1.376,94	2.329,12	2.620,26	1.153,22	2.178,72	2.451,06	929,50	2.028,32	2.281,
(West)	II	34.844	1.916,42	2.787,52	3.135,96	1.813,02	2.637,12	2.966,76	1.611,37	2.486,72	2.797,56	1.387,77	2.336,40	2.628,45	1.164,05	2.186,00	2.459,25	940,33	2.035,60	2.290,05	716,61	1.885,20	2.120,
	III	26.866	-	2.149,28	2.417,94	-	2.010,56	2.261,88	-	1.874,88	2.109,24	-	1.742,40	1.960,20	-	1.612,80	1.814,40	-	1.486,40	1.672,20	-	1.363,20	1.533,
	IV	36.634	2.014,87	2.930,72	3.297,06	1.963,17	2.855,52	3.212,46	1.911,47	2.780,32	3.127,86	1.859,77	2.705,12	3.043,26	1.808,07	2.629,92	2.958,66	1.712,52	2.554,72	2.874,06	1.600,66	2.479,52	2.789,
	V	42.807	2.354,38	3.424,56	3.852,63																		
	VI	43.339	2.383,64	3.467,12	3.900,51																		
125.963,99	I	36.727	2.019,98	2.938,16	3.305,43	1.916,58	2.787,76	3.136,23	1.813,18	2.637,36	2.967,03	1.611,73	2.486,96	2.797,83	1.388,01	2.336,56	2.628,63	1.164,41	2.186,24	2.459,52	940,69	2.035,84	2.290,
(Ost)	II	34.938	1.921,59	2.795,04	3.144,42	1.818,19	2.644,64	2.975,22	1.622,56	2.494,24	2.806,02	1.398,84	2.343,84	2.636,82	1.175,12	2.193,44	2.467,62	951,40	2.043,04	2.298,42	727,68	1.892,64	2.129,
	III	26.954	-	2.156,32	2.425,86	-	2.017,44	2.269,62	-	1.881,60	2.116,80	-	1.748,96	1.967,58	-	1.619,20	1.821,60	-	1.492,64	1.679,22	-	1.369,28	1.540,
	IV	36.727	2.019,98	2.938,16	3.305,43	1.968,28	2.862,96	3.220,83	1.916,58	2.787,76	3.136,23	1.864,88	2.712,56	3.051,63	1.813,18	2.637,36	2.967,03	1.723,59	2.562,16	2.882,43	1.611,73	2.486,96	2.797,
	V	42.900	2.359,50	3.432,00	3.861,00																		
	VI	43.432	2.388,76	3.474,56	3.908,88																		
125.999,99	I	36.649	2.015,69	2.931,92	3.298,41	1.912,29	2.781,52	3.129,21	1.808,89	2.631,12	2.960,01	1.602,45	2.480,72	2.790,81	1.378,73	2.330,32	2.621,61	1.155,01	2.179,92	2.452,41	931,29	2.029,52	2.283,
(West)	II	34.859	1.917,24	2.788,72	3.137,31	1.813,90	2.638,40	2.968,20	1.613,28	2.488,00	2.799,00	1.389,56	2.337,60	2.629,80	1.165,84	2.187,20	2.460,60	942,12	2.036,80	2.291,40	718,40	1.886,40	2.122,
	III	26.880	-	2.150,40	2.419,20	-	2.011,68	2.263,14	-	1.876,00	2.110,50	-	1.743,36	1.961,28	-	1.613,92	1.815,66	-	1.487,52	1.673,46	-	1.364,16	1.534,
	IV	36.649	2.015,69	2.931,92	3.298,41	1.963,99	2.856,72	3.213,81	1.912,29	2.781,52	3.129,21	1.860,59	2.706,32	3.044,61	1.808,89	2.631,12	2.960,01	1.714,31	2.555,92	2.875,41	1.602,45	2.480,72	2.790,
	V	42.822	2.355,21	3.425,76	3.853,98																		
	VI	43.354	2.384,47	3.468,32	3.901,86																		
125.999,99	I	36.742	2.020,81	2.939,36	3.306,78	1.917,41	2.788,96	3.137,58	1.814,01	2.638,56	2.968,38	1.613,64	2.488,24	2.799,27	1.389,92	2.337,84	2.630,07	1.166,20	2.187,44	2.460,87	942,48	2.037,04	2.291,
(Ost)	II	34.953	1.922,41	2.796,24	3.145,77	1.819,01	2.645,84	2.976,57	1.624,35	2.495,44	2.807,37	1.400,63	2.345,04	2.638,17	1.176,91	2.194,64	2.468,97	953,19	2.044,24	2.299,77	729,58	1.893,92	2.130,
	III	26.968	-	2.157,44	2.427,12	-	2.018,56	2.270,88	-	1.882,72	2.118,06	-	1.749,92	1.968,66	-	1.620,32	1.822,86	-	1.493,76	1.680,48	-	1.370,24	1.541,
	IV	36.742	2.020,81	2.939,36	3.306,78	1.969,11	2.864,16	3.222,18	1.917,41	2.788,96	3.137,58	1.865,71	2.713,76	3.052,98	1.814,01	2.638,56	2.968,38	1.725,38	2.563,36	2.883,78	1.613,64	2.488,24	2.799,
	V	42.916	2.360,38	3.433,28	3.862,44																		
	VI	43.447	2.389,58	3.475,76	3.910,23																		
126.035,99	I	36.664	2.016,52	2.933,12	3.299,76	1.913,12	2.782,72	3.130,56	1.809,72	2.632,32	2.961,36	1.604,23	2.481,92	2.792,16	1.380,51	2.331,52	2.622,96	1.156,79	2.181,12	2.453,76	933,07	2.030,72	2.284,
(West)	II	34.875	1.918,12	2.790,00	3.138,75	1.814,72	2.639,60	2.969,55	1.615,06	2.489,20	2.800,35	1.391,34	2.338,80	2.631,15	1.167,62	2.188,40	2.461,95	943,90	2.038,00	2.292,75	720,18	1.887,60	2.123,
	III	26.894	-	2.151,52	2.420,46	-	2.012,80	2.264,40	-	1.877,12	2.111,76	-	1.744,48	1.962,54	-	1.614,88	1.816,74	-	1.488,48	1.674,54	-	1.365,12	1.535,
	IV	36.664	2.016,52	2.933,12	3.299,76	1.964,82	2.857,92	3.215,16	1.913,12	2.782,72	3.130,56	1.861,42	2.707,52	3.045,96	1.809,72	2.632,32	2.961,36	1.716,09	2.557,12	2.876,76	1.604,23	2.481,92	2.792,
	V	42.837	2.356,03	3.426,96	3.855,33																		
	VI	43.369	2.385,29	3.469,52	3.903,21																		
126.035,99	I	36.757	2.021,63	2.940,56	3.308,13	1.918,23	2.790,16	3.138,93	1.814,89	2.639,84	2.969,82	1.615,42	2.489,44	2.800,62	1.391,70	2.339,04	2.631,42	1.167,98	2.188,64	2.462,22	944,26	2.038,24	2.293,
(Ost)	II	34.968	1.923,24	2.797,44	3.147,12	1.819,84	2.647,04	2.977,92	1.626,13	2.496,64	2.808,72	1.402,41	2.346,24	2.639,52	1.178,81	2.195,92	2.470,41	955,09	2.045,52	2.301,21	731,37	1.895,12	2.132,
	III	26.982	-	2.158,56	2.428,38	-	2.019,68	2.272,14	-	1.883,84	2.119,32	-	1.751,04	1.969,92	-	1.621,28	1.823,94	-	1.494,72	1.681,56	-	1.371,20	1.542,
	IV	36.757	2.021,63	2.940,56	3.308,13	1.969,93	2.865,36	3.223,53	1.918,23	2.790,16	3.138,93	1.866,59	2.715,04	3.054,42	1.814,89	2.639,84	2.969,82	1.727,28	2.564,64	2.885,22	1.615,42	2.489,44	2.800,
	V	42.931	2.361,20	3.434,48	3.863,79																		
	VI	43.462	2.390,41	3.476,96	3.911,58																		
126.071,99	I	36.679	2.017,34	2.934,32	3.301,11	1.913,94	2.783,92	3.131,91	1.810,54	2.633,52	2.962,71	1.606,02	2.483,12	2.793,51	1.382,30	2.332,72	2.624,31	1.158,58	2.182,32	2.455,11	934,86	2.031,92	2.285,
(West)	II	34.890	1.918,95	2.791,20	3.140,10	1.815,55	2.640,80	2.970,90	1.616,85	2.490,40	2.801,70	1.393,13	2.340,00	2.632,50	1.169,41	2.189,60	2.463,30	945,69	2.039,20	2.294,10	721,97	1.888,80	2.124,
	III	26.908	-	2.152,64	2.421,72	-	2.013,92	2.265,66	-	1.878,08	2.112,84	-	1.745,44	1.963,62	-	1.616,00	1.818,00	-	1.489,44	1.675,62	-	1.366,08	1.536,
	IV	36.679	2.017,34	2.934,32	3.301,11	1.965,64	2.859,12	3.216,51	1.913,94	2.783,92	3.131,91	1.862,24	2.708,72	3.047,31	1.810,54	2.633,52	2.962,71	1.717,88	2.558,32	2.878,11	1.606,02	2.483,12	2.793,
	V	42.852	2.356,86	3.428,16	3.856,68																		
	VI	43.384	2.386,12	3.470,72	3.904,56																		
126.071,99	I	36.773	2.022,51	2.941,84	3.309,57	1.919,11	2.791,44	3.140,37	1.815,71	2.641,04	2.971,17	1.617,21	2.490,64	2.801,97	1.393,49	2.340,24	2.632,77	1.169,77	2.189,84	2.463,57	946,05	2.039,44	2.294,
(Ost)	II	34.983	1.924,06	2.798,64	3.148,47	1.820,66	2.648,24	2.979,27	1.627,92	2.497,84	2.810,07	1.404,31	2.347,52	2.640,96	1.180,59	2.197,12	2.471,76	956,87	2.046,72	2.302,56	733,15	1.896,32	2.133,
	III	26.996	-	2.159,68	2.429,64	-	2.020,80	2.273,40	-	1.884,80	2.120,40	-	1.752,00	1.971,00	-	1.622,40	1.825,20	-	1.495,68	1.682,64	-	1.372,16	1.543,
	IV	36.773	2.022,51	2.941,84	3.309,57	1.970,81	2.866,64	3.224,97	1.919,11	2.791,44	3.140,37	1.867,41	2.716,24	3.055,77	1.815,71	2.641,04	2.971,17	1.729,07	2.565,84	2.886,57	1.617,21	2.490,64	2.801,
	V	42.946	2.362,03	3.435,68	3.865,14																		
	VI	43.478	2.391,29	3.478,24	3.913,02																		
126.107,99	I	36.694	2.018,17	2.935,52	3.302,46	1.914,77	2.785,12	3.133,26	1.811,37	2.634,72	2.964,06	1.607,80	2.484,32	2.794,86	1.384,08	2.333,92	2.625,66	1.160,36	2.183,52	2.456,46	936,64	2.033,12	2.287,
(West)	II	34.905	1.919,77	2.792,40	3.141,45	1.816,37	2.642,00	2.972,25	1.618,63	2.491,60	2.803,05	1.394,91	2.341,20	2.633,85	1.171,19	2.190,80	2.464,65	947,47	2.040,40	2.295,45	723,75	1.890,00	2.126,
	III	26.922	-	2.153,76	2.422,98	-	2.015,04	2.266,92	-	1.879,20	2.114,10	-	1.746,56	1.964,88	-	1.616,96	1.819,08	-	1.490,40	1.676,70	-	1.367,04	1.537,
	IV	36.694	2.018,17	2.935,52	3.302,46	1.966,47	2.860,32	3.217,86	1.914,77	2.785,12	3.133,26	1.863,07	2.709,92	3.048,66	1.811,37	2.634,72	2.964,06	1.719,66	2.559,52	2.879,46	1.607,80	2.484,32	2.794,
	V	42.867	2.357,68	3.429,36	3.858,03																		
	VI	43.399	2.386,94	3.471,92	3.905,91																		
126.107,99	I	36.788	2.023,34	2.943,04	3.310,92	1.919,94	2.792,64	3.141,72	1.816,54	2.642,24	2.972,52	1.618,99	2.491,84	2.803,32	1.395,27	2.341,44	2.634,12	1.171,55	2.191,04	2.464,92	947,83	2.040,64	2.295,
(Ost)	II	34.998	1.924,89	2.799,84	3.149,82	1.821,54	2.649,52	2.980,71	1.629,82	2.499,12	2.811,51	1.406,10	2.348,72	2.642,31	1.182,38	2.198,32	2.473,11	958,66	2.047,92	2.303,91	734,94	1.897,52	2.134,
	III	27.010	-	2.160,80	2.430,90	-	2.021,92	2.274,66	-	1.885,92	2.121,66	-	1.753,12	1.972,26	-	1.623,36	1.826,28	-	1.496,64	1.683,72	-	1.373,12	1.544,
	IV	36.788	2.023,34	2.943,04	3.310,92	1.971,64	2.867,84	3.226,32	1.919,94	2.792,64	3.141,72	1.868,24	2.717,44	3.057,12	1.816,54	2.642,24	2.972,52	1.730,85	2.567,04	2.887,92	1.618,99	2.491,84	2.803,
	V	42.961	2.362,85	3.436,88	3.866,49																		
	VI	43.493	2.392,11	3.479,44	3.914,37																		

Anzahl Kinderfreibeträge (nur Steuerklassen I–IV)

SolZ/KiSt lt. Tabelle nicht für Sonstige Bezüge anwendbar.

Lohn/ Gehalt bis	Steuerklasse	Lohn- steuer	ohne Kinderfreibetrag SolZ 5,5%	ohne Kinderfreibetrag Kirchensteuer 8%	ohne Kinderfreibetrag Kirchensteuer 9%	0,5 SolZ 5,5%	0,5 Kirchensteuer 8%	0,5 Kirchensteuer 9%	1,0 SolZ 5,5%	1,0 Kirchensteuer 8%	1,0 Kirchensteuer 9%	1,5 SolZ 5,5%	1,5 Kirchensteuer 8%	1,5 Kirchensteuer 9%	2,0 SolZ 5,5%	2,0 Kirchensteuer 8%	2,0 Kirchensteuer 9%	2,5 SolZ 5,5%	2,5 Kirchensteuer 8%	2,5 Kirchensteuer 9%	3,0 SolZ 5,5%	3,0 Kirchensteuer 8%	3,0 Kirchensteuer 9%
26.143,99 (West)	I	36.709	2.018,99	2.936,72	3.303,81	1.915,59	2.786,32	3.134,61	1.812,19	2.635,92	2.965,41	1.609,59	2.485,52	2.796,21	1.385,87	2.335,12	2.627,01	1.162,27	2.184,80	2.457,90	938,55	2.034,40	2.288,70
	II	34.920	1.920,60	2.793,60	3.142,80	1.817,20	2.643,20	2.973,60	1.620,42	2.492,80	2.804,40	1.396,70	2.342,40	2.635,20	1.172,98	2.192,00	2.466,00	949,26	2.041,60	2.296,80	725,54	1.891,20	2.127,60
	III	26.936	-	2.154,88	2.424,24	-	2.016,16	2.268,18	-	1.880,32	2.115,36	-	1.747,52	1.965,96	-	1.617,92	1.820,16	-	1.491,52	1.677,96	-	1.368,00	1.539,00
	IV	36.709	2.018,99	2.936,72	3.303,81	1.967,29	2.861,52	3.219,21	1.915,59	2.786,32	3.134,61	1.863,89	2.711,12	3.050,01	1.812,19	2.635,92	2.965,41	1.721,45	2.560,72	2.880,81	1.609,59	2.485,52	2.796,21
	V	42.882	2.358,51	3.430,56	3.859,38																		
	VI	43.414	2.387,77	3.473,12	3.907,26																		
26.143,99 (Ost)	I	36.803	2.024,16	2.944,24	3.312,27	1.920,76	2.793,84	3.143,07	1.817,36	2.643,44	2.973,87	1.620,78	2.493,04	2.804,67	1.397,06	2.342,64	2.635,47	1.173,34	2.192,24	2.466,27	949,62	2.041,84	2.297,07
	II	35.014	1.925,77	2.801,12	3.151,26	1.822,37	2.650,72	2.982,06	1.631,60	2.500,32	2.812,86	1.407,88	2.349,92	2.643,66	1.184,16	2.199,52	2.474,46	960,44	2.049,12	2.305,26	736,72	1.898,72	2.136,06
	III	27.024	-	2.161,92	2.432,16	-	2.022,88	2.275,74	-	1.887,04	2.122,92	-	1.754,24	1.973,52	-	1.624,32	1.827,36	-	1.497,76	1.684,98	-	1.374,08	1.545,84
	IV	36.803	2.024,16	2.944,24	3.312,27	1.972,46	2.869,04	3.227,67	1.920,76	2.793,84	3.143,07	1.869,06	2.718,64	3.058,47	1.817,36	2.643,44	2.973,87	1.732,64	2.568,24	2.889,27	1.620,78	2.493,04	2.804,67
	V	42.976	2.363,68	3.438,08	3.867,84																		
	VI	43.508	2.392,94	3.480,64	3.915,72																		
26.179,99 (West)	I	36.724	2.019,82	2.937,92	3.305,16	1.916,42	2.787,52	3.135,96	1.813,02	2.637,12	2.966,76	1.611,37	2.486,72	2.797,56	1.387,77	2.336,40	2.628,45	1.164,05	2.186,00	2.459,25	940,33	2.035,60	2.290,05
	II	34.935	1.921,42	2.794,80	3.144,15	1.818,02	2.644,40	2.974,95	1.622,20	2.494,00	2.805,75	1.398,48	2.343,60	2.636,55	1.174,76	2.193,20	2.467,35	951,04	2.042,80	2.298,15	727,44	1.892,48	2.129,04
	III	26.952	-	2.156,16	2.425,68	-	2.017,12	2.269,26	-	1.881,44	2.116,62	-	1.748,64	1.967,22	-	1.619,04	1.821,42	-	1.492,48	1.679,04	-	1.368,96	1.540,08
	IV	36.724	2.019,82	2.937,92	3.305,16	1.968,12	2.862,72	3.220,56	1.916,42	2.787,52	3.135,96	1.864,72	2.712,32	3.051,36	1.813,02	2.637,12	2.966,76	1.723,23	2.561,92	2.882,16	1.611,37	2.486,72	2.797,56
	V	42.898	2.359,39	3.431,84	3.860,82																		
	VI	43.429	2.388,59	3.474,32	3.908,61																		
26.179,99 (Ost)	I	36.818	2.024,99	2.945,44	3.313,62	1.921,59	2.795,04	3.144,42	1.818,19	2.644,64	2.975,22	1.622,56	2.494,24	2.806,02	1.398,84	2.343,84	2.636,82	1.175,12	2.193,44	2.467,62	951,40	2.043,04	2.298,42
	II	35.029	1.926,59	2.802,32	3.152,61	1.823,19	2.651,92	2.983,41	1.633,39	2.501,52	2.814,21	1.409,67	2.351,12	2.645,01	1.185,95	2.200,72	2.475,81	962,23	2.050,32	2.306,61	738,51	1.899,92	2.137,41
	III	27.038	-	2.163,04	2.433,42	-	2.024,00	2.277,00	-	1.888,16	2.124,18	-	1.755,20	1.974,60	-	1.625,44	1.828,62	-	1.498,72	1.686,06	-	1.375,04	1.546,92
	IV	36.818	2.024,99	2.945,44	3.313,62	1.973,29	2.870,24	3.229,02	1.921,59	2.795,04	3.144,42	1.869,89	2.719,84	3.059,82	1.818,19	2.644,64	2.975,22	1.734,42	2.569,44	2.890,62	1.622,56	2.494,24	2.806,02
	V	42.991	2.364,50	3.439,28	3.869,19																		
	VI	43.523	2.393,76	3.481,84	3.917,07																		
26.215,99 (West)	I	36.739	2.020,64	2.939,12	3.306,51	1.917,24	2.788,72	3.137,31	1.813,90	2.638,40	2.968,20	1.613,28	2.488,00	2.799,00	1.389,56	2.337,60	2.629,80	1.165,84	2.187,20	2.460,60	942,12	2.036,80	2.291,40
	II	34.950	1.922,25	2.796,00	3.145,50	1.818,85	2.645,60	2.976,30	1.623,99	2.495,20	2.807,10	1.400,27	2.344,80	2.637,90	1.176,55	2.194,40	2.468,70	952,95	2.044,08	2.299,59	729,23	1.893,68	2.130,39
	III	26.966	-	2.157,28	2.426,94	-	2.018,24	2.270,52	-	1.882,40	2.117,70	-	1.749,76	1.968,48	-	1.620,00	1.822,50	-	1.493,44	1.680,12	-	1.369,92	1.541,16
	IV	36.739	2.020,64	2.939,12	3.306,51	1.968,94	2.863,92	3.221,91	1.917,24	2.788,72	3.137,31	1.865,54	2.713,52	3.052,71	1.813,90	2.638,40	2.968,20	1.725,14	2.563,20	2.883,60	1.613,28	2.488,00	2.799,00
	V	42.913	2.360,21	3.433,04	3.862,17																		
	VI	43.444	2.389,42	3.475,52	3.909,96																		
26.215,99 (Ost)	I	36.833	2.025,81	2.946,64	3.314,97	1.922,41	2.796,24	3.145,77	1.819,01	2.645,84	2.976,57	1.624,35	2.495,44	2.807,37	1.400,63	2.345,04	2.638,17	1.176,91	2.194,64	2.468,97	953,19	2.044,24	2.299,77
	II	35.044	1.927,42	2.803,52	3.153,96	1.824,02	2.653,12	2.984,76	1.635,17	2.502,72	2.815,56	1.411,45	2.352,32	2.646,36	1.187,73	2.201,92	2.477,16	964,01	2.051,52	2.307,96	740,29	1.901,12	2.138,76
	III	27.054	-	2.164,32	2.434,86	-	2.025,12	2.278,26	-	1.889,12	2.125,26	-	1.756,32	1.975,86	-	1.626,40	1.829,70	-	1.499,68	1.687,14	-	1.376,16	1.548,18
	IV	36.833	2.025,81	2.946,64	3.314,97	1.974,11	2.871,44	3.230,37	1.922,41	2.796,24	3.145,77	1.870,71	2.721,04	3.061,17	1.819,01	2.645,84	2.976,57	1.736,21	2.570,64	2.891,97	1.624,35	2.495,44	2.807,37
	V	43.006	2.365,33	3.440,48	3.870,54																		
	VI	43.538	2.394,59	3.483,04	3.918,42																		
26.251,99 (West)	I	36.754	2.021,47	2.940,32	3.307,86	1.918,12	2.790,00	3.138,75	1.814,72	2.639,60	2.969,55	1.615,06	2.489,20	2.800,35	1.391,34	2.338,80	2.631,15	1.167,62	2.188,40	2.461,95	943,90	2.038,00	2.292,75
	II	34.965	1.923,07	2.797,20	3.146,85	1.819,67	2.646,80	2.977,65	1.625,77	2.496,40	2.808,45	1.402,17	2.346,08	2.639,34	1.178,45	2.195,68	2.470,14	954,73	2.045,28	2.300,94	731,01	1.894,88	2.131,74
	III	26.980	-	2.158,40	2.428,20	-	2.019,36	2.271,78	-	1.883,52	2.118,96	-	1.750,72	1.969,56	-	1.621,12	1.823,76	-	1.494,40	1.681,20	-	1.371,04	1.542,42
	IV	36.754	2.021,47	2.940,32	3.307,86	1.969,82	2.865,20	3.223,35	1.918,12	2.790,00	3.138,75	1.866,42	2.714,80	3.054,15	1.814,72	2.639,60	2.969,55	1.726,92	2.564,40	2.884,95	1.615,06	2.489,20	2.800,35
	V	42.928	2.361,04	3.434,24	3.863,52																		
	VI	43.459	2.390,24	3.476,72	3.911,31																		
26.251,99 (Ost)	I	36.848	2.026,64	2.947,84	3.316,32	1.923,24	2.797,44	3.147,12	1.819,84	2.647,04	2.977,92	1.626,13	2.496,64	2.808,72	1.402,41	2.346,24	2.639,52	1.178,81	2.195,92	2.470,41	955,09	2.045,52	2.301,21
	II	35.059	1.928,24	2.804,72	3.155,31	1.824,84	2.654,32	2.986,11	1.636,96	2.503,92	2.816,91	1.413,24	2.353,52	2.647,71	1.189,52	2.203,12	2.478,51	965,80	2.052,72	2.309,31	742,08	1.902,32	2.140,11
	III	27.068	-	2.165,44	2.436,12	-	2.026,24	2.279,52	-	1.890,24	2.126,52	-	1.757,28	1.976,94	-	1.627,52	1.830,96	-	1.500,80	1.688,40	-	1.377,12	1.549,26
	IV	36.848	2.026,64	2.947,84	3.316,32	1.974,94	2.872,64	3.231,72	1.923,24	2.797,44	3.147,12	1.871,54	2.722,24	3.062,52	1.819,84	2.647,04	2.977,92	1.737,99	2.571,84	2.893,32	1.626,13	2.496,64	2.808,72
	V	43.021	2.366,15	3.441,68	3.871,89																		
	VI	43.553	2.395,41	3.484,24	3.919,77																		
26.287,99 (West)	I	36.770	2.022,35	2.941,60	3.309,30	1.918,95	2.791,20	3.140,10	1.815,55	2.640,80	2.970,90	1.616,85	2.490,40	2.801,70	1.393,13	2.340,00	2.632,50	1.169,41	2.189,60	2.463,30	945,69	2.039,20	2.294,10
	II	34.980	1.923,90	2.798,40	3.148,20	1.820,50	2.648,00	2.979,00	1.627,68	2.497,68	2.809,89	1.403,96	2.347,28	2.640,69	1.180,24	2.196,88	2.471,49	956,52	2.046,48	2.302,29	732,80	1.896,08	2.133,09
	III	26.994	-	2.159,52	2.429,46	-	2.020,48	2.273,04	-	1.884,64	2.120,22	-	1.751,84	1.970,82	-	1.622,08	1.824,84	-	1.495,52	1.682,46	-	1.372,00	1.543,50
	IV	36.770	2.022,35	2.941,60	3.309,30	1.970,65	2.866,40	3.224,70	1.918,95	2.791,20	3.140,10	1.867,25	2.716,00	3.055,50	1.815,55	2.640,80	2.970,90	1.728,71	2.565,60	2.886,30	1.616,85	2.490,40	2.801,70
	V	42.943	2.361,86	3.435,44	3.864,87																		
	VI	43.475	2.391,12	3.478,00	3.912,75																		
26.287,99 (Ost)	I	36.863	2.027,46	2.949,04	3.317,67	1.924,06	2.798,64	3.148,47	1.820,66	2.648,24	2.979,27	1.627,92	2.497,84	2.810,07	1.404,31	2.347,52	2.640,96	1.180,59	2.197,12	2.471,76	956,87	2.046,72	2.302,56
	II	35.074	1.929,07	2.805,92	3.156,66	1.825,67	2.655,52	2.987,46	1.638,74	2.505,12	2.818,26	1.415,02	2.354,72	2.649,06	1.191,30	2.204,32	2.479,86	967,58	2.053,92	2.310,66	743,98	1.903,60	2.141,55
	III	27.082	-	2.166,56	2.437,38	-	2.027,36	2.280,78	-	1.891,36	2.127,78	-	1.758,40	1.978,20	-	1.628,48	1.832,04	-	1.501,76	1.689,48	-	1.378,08	1.550,34
	IV	36.863	2.027,46	2.949,04	3.317,67	1.975,76	2.873,84	3.233,07	1.924,06	2.798,64	3.148,47	1.872,36	2.723,44	3.063,87	1.820,66	2.648,24	2.979,27	1.739,78	2.573,04	2.894,67	1.627,92	2.497,84	2.810,07
	V	43.037	2.367,03	3.442,96	3.873,33																		
	VI	43.568	2.396,24	3.485,44	3.921,12																		
26.323,99 (West)	I	36.785	2.023,17	2.942,80	3.310,65	1.919,77	2.792,40	3.141,45	1.816,37	2.642,00	2.972,25	1.618,63	2.491,60	2.803,05	1.394,91	2.341,20	2.633,85	1.171,19	2.190,80	2.464,65	947,47	2.040,40	2.295,45
	II	34.996	1.924,78	2.799,68	3.149,64	1.821,38	2.649,28	2.980,44	1.629,46	2.498,88	2.811,24	1.405,74	2.348,48	2.642,04	1.182,02	2.198,08	2.472,84	958,30	2.047,68	2.303,64	734,58	1.897,28	2.134,44
	III	27.008	-	2.160,64	2.430,72	-	2.021,60	2.274,30	-	1.885,76	2.121,48	-	1.752,80	1.971,90	-	1.623,20	1.826,10	-	1.496,48	1.683,54	-	1.372,96	1.544,58
	IV	36.785	2.023,17	2.942,80	3.310,65	1.971,47	2.867,60	3.226,05	1.919,77	2.792,40	3.141,45	1.868,07	2.717,20	3.056,85	1.816,37	2.642,00	2.972,25	1.730,49	2.566,80	2.887,65	1.618,63	2.491,60	2.803,05
	V	42.958	2.362,69	3.436,64	3.866,22																		
	VI	43.490	2.391,95	3.479,20	3.914,10																		
26.323,99 (Ost)	I	36.878	2.028,29	2.950,24	3.319,02	1.924,89	2.799,84	3.149,82	1.821,54	2.649,52	2.980,71	1.629,82	2.499,12	2.811,51	1.406,10	2.348,72	2.642,31	1.182,38	2.198,32	2.473,11	958,66	2.047,92	2.303,91
	II	35.089	1.929,89	2.807,12	3.158,01	1.826,49	2.656,72	2.988,81	1.640,53	2.506,32	2.819,61	1.416,81	2.355,92	2.650,41	1.193,09	2.205,52	2.481,21	969,49	2.055,20	2.312,10	745,77	1.904,80	2.142,90
	III	27.096	-	2.167,68	2.438,64	-	2.028,48	2.282,04	-	1.892,48	2.129,04	-	1.759,52	1.979,46	-	1.629,60	1.833,30	-	1.502,72	1.690,56	-	1.379,04	1.551,42
	IV	36.878	2.028,29	2.950,24	3.319,02	1.976,59	2.875,04	3.234,42	1.924,89	2.799,84	3.149,82	1.873,19	2.724,64	3.065,22	1.821,54	2.649,52	2.980,71	1.741,68	2.574,32	2.896,11	1.629,82	2.499,12	2.811,51
	V	43.052	2.367,86	3.444,16	3.874,68																		
	VI	43.583	2.397,06	3.486,64	3.922,47																		
26.359,99 (West)	I	36.800	2.024,00	2.944,00	3.312,00	1.920,60	2.793,60	3.142,80	1.817,20	2.643,20	2.973,60	1.620,42	2.492,80	2.804,40	1.396,70	2.342,40	2.635,20	1.172,98	2.192,00	2.466,00	949,26	2.041,60	2.296,80
	II	35.011	1.925,60	2.800,88	3.150,99	1.822,20	2.650,48	2.981,79	1.631,25	2.500,08	2.812,59	1.407,53	2.349,68	2.643,39	1.183,81	2.199,28	2.474,19	960,09	2.048,88	2.304,99	736,37	1.898,48	2.135,79
	III	27.022	-	2.161,76	2.431,98	-	2.022,72	2.275,56	-	1.886,72	2.122,56	-	1.753,92	1.973,16	-	1.624,16	1.827,18	-	1.497,44	1.684,62	-	1.373,92	1.545,66
	IV	36.800	2.024,00	2.944,00	3.312,00	1.972,30	2.868,80	3.227,40	1.920,60	2.793,60	3.142,80	1.868,90	2.718,40	3.058,20	1.817,20	2.643,20	2.973,60	1.732,28	2.568,00	2.889,00	1.620,42	2.492,80	2.804,40
	V	42.973	2.363,51	3.437,84	3.867,57																		
	VI	43.505	2.392,77	3.480,40	3.915,45																		
126.359,99 (Ost)	I	36.893	2.029,11	2.951,44	3.320,37	1.925,77	2.801,12	3.151,26	1.822,37	2.650,72	2.982,06	1.631,60	2.500,32	2.812,86	1.407,88	2.349,92	2.643,66	1.184,16	2.199,52	2.474,46	960,44	2.049,12	2.305,26
	II	35.104	1.930,72	2.808,32	3.159,36	1.827,32	2.657,92	2.990,16	1.642,31	2.507,52	2.820,96	1.418,71	2.357,20	2.651,85	1.194,99	2.206,80	2.482,65	971,27	2.056,40	2.313,45	747,55	1.906,00	2.144,25
	III	27.110	-	2.168,80	2.439,90	-	2.029,60	2.283,30	-	1.893,44	2.130,12	-	1.760,48	1.980,54	-	1.630,56	1.834,38	-	1.503,84	1.691,82	-	1.380,00	1.552,50
	IV	36.893	2.029,11	2.951,44	3.320,37	1.977,47	2.876,32	3.235,86	1.925,77	2.801,12	3.151,26	1.874,07	2.725,92	3.066,66	1.822,37	2.650,72	2.982,06	1.743,46	2.575,52	2.897,46	1.631,60	2.500,32	2.812,86
	V	43.067	2.368,68	3.445,36	3.876,03																		
	VI	43.599	2.397,94	3.487,92	3.923,91																		

Anzahl Kinderfreibeträge (nur Steuerklassen I–IV)

SolZ/KiSt lt. Tabelle nicht für Sonstige Bezüge anwendbar.

Lohn/ Gehalt bis	Steuerklasse	Lohn-steuer	ohne Kinderfreibetrag SolZ 5,5%	ohne Kinderfreibetrag Kirchensteuer 8%	ohne Kinderfreibetrag Kirchensteuer 9%	0,5 SolZ 5,5%	0,5 Kirchensteuer 8%	0,5 Kirchensteuer 9%	1,0 SolZ 5,5%	1,0 Kirchensteuer 8%	1,0 Kirchensteuer 9%	1,5 SolZ 5,5%	1,5 Kirchensteuer 8%	1,5 Kirchensteuer 9%	2,0 SolZ 5,5%	2,0 Kirchensteuer 8%	2,0 Kirchensteuer 9%	2,5 SolZ 5,5%	2,5 Kirchensteuer 8%	2,5 Kirchensteuer 9%	3,0 SolZ 5,5%	3,0 Kirchensteuer 8%	3,0 Kirchensteuer 9%
						Anzahl Kinderfreibeträge (nur Steuerklassen I–IV)																	
126.395,99 (West)	I	36.815	2.024,82	2.945,20	3.313,35	1.921,42	2.794,80	3.144,15	1.818,02	2.644,40	2.974,95	1.622,20	2.494,00	2.805,75	1.398,48	2.343,60	2.636,55	1.174,76	2.193,20	2.467,35	951,04	2.042,80	2.298,1
	II	35.026	1.926,43	2.802,08	3.152,34	1.823,03	2.651,68	2.983,14	1.633,03	2.501,28	2.813,94	1.409,31	2.350,88	2.644,74	1.185,59	2.200,48	2.475,54	961,87	2.050,08	2.306,34	738,15	1.899,68	2.137,1
	III	27.036	–	2.162,88	2.433,24	–	2.023,84	2.276,82	–	1.887,84	2.123,82	–	1.755,04	1.974,42	–	1.625,28	1.828,44	–	1.498,56	1.685,88	–	1.374,88	1.546,7
	IV	36.815	2.024,82	2.945,20	3.313,35	1.973,12	2.870,00	3.228,75	1.921,42	2.794,80	3.144,15	1.869,72	2.719,60	3.059,55	1.818,02	2.644,40	2.974,95	1.734,06	2.569,20	2.890,35	1.622,20	2.494,00	2.805,7
	V	42.988	2.364,34	3.439,04	3.868,92																		
	VI	43.520	2.393,60	3.481,60	3.916,80																		
126.395,99 (Ost)	I	36.909	2.029,99	2.952,72	3.321,81	1.926,59	2.802,32	3.152,61	1.823,19	2.651,92	2.983,41	1.633,39	2.501,52	2.814,21	1.409,67	2.351,12	2.645,01	1.185,95	2.200,72	2.475,81	962,23	2.050,32	2.306,6
	II	35.119	1.931,54	2.809,52	3.160,71	1.828,14	2.659,12	2.991,51	1.644,22	2.508,80	2.822,40	1.420,50	2.358,40	2.653,20	1.196,78	2.208,00	2.484,00	973,06	2.057,60	2.314,80	749,34	1.907,20	2.145,6
	III	27.124	–	2.169,92	2.441,16	–	2.030,72	2.284,56	–	1.894,56	2.131,38	–	1.761,60	1.981,80	–	1.631,68	1.835,64	–	1.504,80	1.692,90	–	1.380,96	1.553,5
	IV	36.909	2.029,99	2.952,72	3.321,81	1.978,29	2.877,52	3.237,21	1.926,59	2.802,32	3.152,61	1.874,89	2.727,12	3.068,01	1.823,19	2.651,92	2.983,41	1.745,25	2.576,72	2.898,81	1.633,39	2.501,52	2.814,2
	V	43.082	2.369,51	3.446,56	3.877,38																		
	VI	43.614	2.398,77	3.489,12	3.925,26																		
126.431,99 (West)	I	36.830	2.025,65	2.946,40	3.314,70	1.922,25	2.796,00	3.145,50	1.818,85	2.645,60	2.976,30	1.623,99	2.495,20	2.807,10	1.400,27	2.344,80	2.637,90	1.176,55	2.194,40	2.468,70	952,95	2.044,08	2.299,5
	II	35.041	1.927,25	2.803,28	3.153,69	1.823,85	2.652,88	2.984,49	1.634,82	2.502,48	2.815,29	1.411,10	2.352,08	2.646,09	1.187,38	2.201,68	2.476,89	963,66	2.051,28	2.307,69	739,94	1.900,88	2.138,4
	III	27.050	–	2.164,00	2.434,50	–	2.024,96	2.278,08	–	1.888,96	2.125,08	–	1.756,00	1.975,50	–	1.626,24	1.829,52	–	1.499,52	1.686,96	–	1.375,84	1.547,8
	IV	36.830	2.025,65	2.946,40	3.314,70	1.973,95	2.871,20	3.230,10	1.922,25	2.796,00	3.145,50	1.870,55	2.720,80	3.060,90	1.818,85	2.645,60	2.976,30	1.735,85	2.570,40	2.891,70	1.623,99	2.495,20	2.807,1
	V	43.003	2.365,16	3.440,24	3.870,27																		
	VI	43.535	2.394,42	3.482,80	3.918,15																		
126.431,99 (Ost)	I	36.924	2.030,82	2.953,92	3.323,16	1.927,42	2.803,52	3.153,96	1.824,02	2.653,12	2.984,76	1.635,17	2.502,72	2.815,56	1.411,45	2.352,32	2.646,36	1.187,73	2.201,92	2.477,16	964,01	2.051,52	2.307,9
	II	35.135	1.932,42	2.810,80	3.162,15	1.829,02	2.660,40	2.992,95	1.646,00	2.510,00	2.823,75	1.422,28	2.359,60	2.654,55	1.198,56	2.209,20	2.485,35	974,84	2.058,80	2.316,15	751,12	1.908,40	2.146,9
	III	27.138	–	2.171,04	2.442,42	–	2.031,84	2.285,82	–	1.895,68	2.132,64	–	1.762,56	1.982,88	–	1.632,64	1.836,72	–	1.505,76	1.693,98	–	1.381,92	1.554,6
	IV	36.924	2.030,82	2.953,92	3.323,16	1.979,12	2.878,72	3.238,56	1.927,42	2.803,52	3.153,96	1.875,72	2.728,32	3.069,36	1.824,02	2.653,12	2.984,76	1.747,03	2.577,92	2.900,16	1.635,17	2.502,72	2.815,5
	V	43.097	2.370,33	3.447,76	3.878,73																		
	VI	43.629	2.399,59	3.490,32	3.926,61																		
126.467,99 (West)	I	36.845	2.026,47	2.947,60	3.316,05	1.923,07	2.797,20	3.146,85	1.819,67	2.646,80	2.977,65	1.625,77	2.496,40	2.808,45	1.402,17	2.346,08	2.639,34	1.178,45	2.195,68	2.470,14	954,73	2.045,28	2.300,9
	II	35.056	1.928,08	2.804,48	3.155,04	1.824,68	2.654,08	2.985,84	1.636,60	2.503,68	2.816,64	1.412,88	2.353,28	2.647,44	1.189,16	2.202,88	2.478,24	965,44	2.052,48	2.309,04	741,72	1.902,08	2.139,8
	III	27.064	–	2.165,12	2.435,76	–	2.026,08	2.279,34	–	1.890,08	2.126,34	–	1.757,12	1.976,76	–	1.627,20	1.830,60	–	1.500,48	1.688,04	–	1.376,80	1.548,9
	IV	36.845	2.026,47	2.947,60	3.316,05	1.974,77	2.872,40	3.231,45	1.923,07	2.797,20	3.146,85	1.871,37	2.722,00	3.062,25	1.819,67	2.646,80	2.977,65	1.737,63	2.571,60	2.893,05	1.625,77	2.496,40	2.808,4
	V	43.018	2.365,99	3.441,44	3.871,62																		
	VI	43.550	2.395,25	3.484,00	3.919,50																		
126.467,99 (Ost)	I	36.939	2.031,64	2.955,12	3.324,51	1.928,24	2.804,72	3.155,31	1.824,84	2.654,32	2.986,11	1.636,96	2.503,92	2.816,91	1.413,24	2.353,52	2.647,71	1.189,52	2.203,12	2.478,51	965,80	2.052,72	2.309,3
	II	35.150	1.933,25	2.812,00	3.163,50	1.829,85	2.661,60	2.994,30	1.647,79	2.511,20	2.825,10	1.424,07	2.360,80	2.655,90	1.200,35	2.210,40	2.486,70	976,63	2.060,00	2.317,50	752,91	1.909,60	2.148,3
	III	27.152	–	2.172,16	2.443,68	–	2.032,96	2.287,08	–	1.896,80	2.133,90	–	1.763,68	1.984,14	–	1.633,76	1.837,98	–	1.506,72	1.695,06	–	1.383,04	1.555,9
	IV	36.939	2.031,64	2.955,12	3.324,51	1.979,94	2.879,92	3.239,91	1.928,24	2.804,72	3.155,31	1.876,54	2.729,52	3.070,71	1.824,84	2.654,32	2.986,11	1.748,82	2.579,12	2.901,51	1.636,96	2.503,92	2.816,9
	V	43.112	2.371,16	3.448,96	3.880,08																		
	VI	43.644	2.400,42	3.491,52	3.927,96																		
126.503,99 (West)	I	36.860	2.027,30	2.948,80	3.317,40	1.923,90	2.798,40	3.148,20	1.820,50	2.648,00	2.979,00	1.627,68	2.497,68	2.809,89	1.403,96	2.347,28	2.640,69	1.180,24	2.196,88	2.471,49	956,52	2.046,48	2.302,2
	II	35.071	1.928,90	2.805,68	3.156,39	1.825,50	2.655,28	2.987,19	1.638,39	2.504,88	2.817,99	1.414,67	2.354,48	2.648,79	1.190,95	2.204,08	2.479,59	967,35	2.053,76	2.310,48	743,63	1.903,36	2.141,2
	III	27.078	–	2.166,24	2.437,02	–	2.027,20	2.280,60	–	1.891,04	2.127,42	–	1.758,08	1.977,84	–	1.628,32	1.831,86	–	1.501,60	1.689,30	–	1.377,76	1.549,9
	IV	36.860	2.027,30	2.948,80	3.317,40	1.975,60	2.873,60	3.232,80	1.923,90	2.798,40	3.148,20	1.872,20	2.723,20	3.063,60	1.820,50	2.648,00	2.979,00	1.739,54	2.572,88	2.894,49	1.627,68	2.497,68	2.809,8
	V	43.034	2.366,87	3.442,72	3.873,06																		
	VI	43.565	2.396,07	3.485,20	3.920,85																		
126.503,99 (Ost)	I	36.954	2.032,47	2.956,32	3.325,86	1.929,07	2.805,92	3.156,66	1.825,67	2.655,52	2.987,46	1.638,74	2.505,12	2.818,26	1.415,02	2.354,72	2.649,06	1.191,30	2.204,32	2.479,86	967,58	2.053,92	2.310,6
	II	35.165	1.934,07	2.813,20	3.164,85	1.830,67	2.662,80	2.995,65	1.649,57	2.512,40	2.826,45	1.425,85	2.362,00	2.657,25	1.202,13	2.211,60	2.488,05	978,41	2.061,20	2.318,85	754,69	1.910,80	2.149,6
	III	27.166	–	2.173,28	2.444,94	–	2.034,08	2.288,34	–	1.897,76	2.134,98	–	1.764,80	1.985,40	–	1.634,72	1.839,06	–	1.507,84	1.696,32	–	1.384,00	1.557,0
	IV	36.954	2.032,47	2.956,32	3.325,86	1.980,77	2.881,12	3.241,26	1.929,07	2.805,92	3.156,66	1.877,37	2.730,72	3.072,06	1.825,67	2.655,52	2.987,46	1.750,60	2.580,32	2.902,86	1.638,74	2.505,12	2.818,2
	V	43.127	2.371,98	3.450,16	3.881,43																		
	VI	43.659	2.401,24	3.492,72	3.929,31																		
126.539,99 (West)	I	36.875	2.028,12	2.950,00	3.318,75	1.924,78	2.799,68	3.149,64	1.821,38	2.649,28	2.980,44	1.629,46	2.498,88	2.811,24	1.405,74	2.348,48	2.642,04	1.182,02	2.198,08	2.472,84	958,30	2.047,68	2.303,6
	II	35.086	1.929,73	2.806,88	3.157,74	1.826,33	2.656,48	2.988,54	1.640,17	2.506,08	2.819,34	1.416,45	2.355,68	2.650,14	1.192,85	2.205,36	2.481,03	969,13	2.054,96	2.311,83	745,41	1.904,56	2.142,6
	III	27.092	–	2.167,36	2.438,28	–	2.028,32	2.281,86	–	1.892,16	2.128,68	–	1.759,20	1.979,10	–	1.629,28	1.832,94	–	1.502,56	1.690,38	–	1.378,88	1.551,2
	IV	36.875	2.028,12	2.950,00	3.318,75	1.976,42	2.874,80	3.234,15	1.924,78	2.799,68	3.149,64	1.873,08	2.724,48	3.065,04	1.821,38	2.649,28	2.980,44	1.741,32	2.574,08	2.895,84	1.629,46	2.498,88	2.811,2
	V	43.049	2.367,69	3.443,92	3.874,41																		
	VI	43.580	2.396,90	3.486,40	3.922,20																		
126.539,99 (Ost)	I	36.969	2.033,29	2.957,52	3.327,21	1.929,89	2.807,12	3.158,01	1.826,49	2.656,72	2.988,81	1.640,53	2.506,32	2.819,61	1.416,81	2.355,92	2.650,41	1.193,09	2.205,52	2.481,21	969,49	2.055,20	2.312,1
	II	35.180	1.934,90	2.814,40	3.166,20	1.831,50	2.664,00	2.997,00	1.651,36	2.513,60	2.827,80	1.427,64	2.363,20	2.658,60	1.203,92	2.212,80	2.489,40	980,20	2.062,40	2.320,20	756,48	1.912,00	2.151,0
	III	27.180	–	2.174,40	2.446,20	–	2.035,20	2.289,60	–	1.898,88	2.136,24	–	1.765,76	1.986,48	–	1.635,68	1.840,14	–	1.508,80	1.697,40	–	1.384,96	1.558,0
	IV	36.969	2.033,29	2.957,52	3.327,21	1.981,59	2.882,32	3.242,61	1.929,89	2.807,12	3.158,01	1.878,19	2.731,92	3.073,41	1.826,49	2.656,72	2.988,81	1.752,39	2.581,52	2.904,21	1.640,53	2.506,32	2.819,6
	V	43.142	2.372,81	3.451,36	3.882,78																		
	VI	43.674	2.402,07	3.493,92	3.930,66																		
126.575,99 (West)	I	36.891	2.029,00	2.951,28	3.320,19	1.925,60	2.800,88	3.150,99	1.822,20	2.650,48	2.981,79	1.631,25	2.500,08	2.812,59	1.407,53	2.349,68	2.643,39	1.183,81	2.199,28	2.474,19	960,09	2.048,88	2.304,9
	II	35.101	1.930,55	2.808,08	3.159,09	1.827,15	2.657,68	2.989,89	1.642,08	2.507,36	2.820,78	1.418,36	2.356,96	2.651,58	1.194,64	2.206,56	2.482,38	970,92	2.056,16	2.313,18	747,20	1.905,76	2.143,9
	III	27.106	–	2.168,48	2.439,54	–	2.029,28	2.282,94	–	1.893,28	2.129,94	–	1.760,32	1.980,36	–	1.630,40	1.834,20	–	1.503,52	1.691,46	–	1.379,84	1.552,3
	IV	36.891	2.029,00	2.951,28	3.320,19	1.977,30	2.876,08	3.235,59	1.925,60	2.800,88	3.150,99	1.873,90	2.725,68	3.066,39	1.822,20	2.650,48	2.981,79	1.743,11	2.575,28	2.897,19	1.631,25	2.500,08	2.812,5
	V	43.064	2.368,52	3.445,12	3.875,76																		
	VI	43.596	2.397,78	3.487,68	3.923,64																		
126.575,99 (Ost)	I	36.984	2.034,12	2.958,72	3.328,56	1.930,72	2.808,32	3.159,36	1.827,32	2.657,92	2.990,16	1.642,31	2.507,52	2.820,96	1.418,71	2.357,20	2.651,85	1.194,99	2.206,80	2.482,65	971,27	2.056,40	2.313,4
	II	35.195	1.935,72	2.815,60	3.167,55	1.832,32	2.665,20	2.998,35	1.653,14	2.514,80	2.829,15	1.429,42	2.364,40	2.659,95	1.205,70	2.214,00	2.490,75	981,98	2.063,60	2.321,55	758,26	1.913,20	2.152,3
	III	27.194	–	2.175,52	2.447,46	–	2.036,32	2.290,86	–	1.900,00	2.137,50	–	1.766,88	1.987,74	–	1.636,80	1.841,40	–	1.509,76	1.698,48	–	1.385,92	1.559,1
	IV	36.984	2.034,12	2.958,72	3.328,56	1.982,42	2.883,52	3.243,96	1.930,72	2.808,32	3.159,36	1.879,02	2.733,12	3.074,76	1.827,32	2.657,92	2.990,16	1.754,17	2.582,72	2.905,56	1.642,31	2.507,52	2.820,9
	V	43.158	2.373,69	3.452,64	3.884,22																		
	VI	43.689	2.402,89	3.495,12	3.932,01																		
126.611,99 (West)	I	36.906	2.029,83	2.952,48	3.321,54	1.926,43	2.802,08	3.152,34	1.823,03	2.651,68	2.983,14	1.633,03	2.501,28	2.813,94	1.409,31	2.350,88	2.644,74	1.185,59	2.200,48	2.475,54	961,87	2.050,08	2.306,3
	II	35.116	1.931,38	2.809,28	3.160,44	1.828,03	2.658,96	2.991,33	1.643,86	2.508,56	2.822,13	1.420,14	2.358,16	2.652,93	1.196,42	2.207,76	2.483,73	972,70	2.057,36	2.314,53	748,98	1.906,96	2.145,3
	III	27.120	–	2.169,60	2.440,80	–	2.030,40	2.284,20	–	1.894,40	2.131,20	–	1.761,28	1.981,44	–	1.631,36	1.835,28	–	1.504,48	1.692,54	–	1.380,80	1.553,4
	IV	36.906	2.029,83	2.952,48	3.321,54	1.978,13	2.877,28	3.236,94	1.926,43	2.802,08	3.152,34	1.874,73	2.726,88	3.067,74	1.823,03	2.651,68	2.983,14	1.744,89	2.576,48	2.898,54	1.633,03	2.501,28	2.813,9
	V	43.079	2.369,34	3.446,32	3.877,11																		
	VI	43.611	2.398,60	3.488,88	3.924,99																		
126.611,99 (Ost)	I	36.999	2.034,94	2.959,92	3.329,91	1.931,54	2.809,52	3.160,71	1.828,14	2.659,12	2.991,51	1.644,22	2.508,80	2.822,40	1.420,50	2.358,40	2.653,20	1.196,78	2.208,00	2.484,00	973,06	2.057,60	2.314,8
	II	35.210	1.936,55	2.816,80	3.168,90	1.833,15	2.666,40	2.999,70	1.654,93	2.516,00	2.830,50	1.431,21	2.365,60	2.661,30	1.207,49	2.215,20	2.492,10	983,89	2.064,88	2.322,99	760,17	1.914,48	2.153,7
	III	27.208	–	2.176,64	2.448,72	–	2.037,28	2.291,94	–	1.901,12	2.138,76	–	1.767,84	1.988,82	–	1.637,76	1.842,48	–	1.510,88	1.699,74	–	1.386,88	1.560,2
	IV	36.999	2.034,94	2.959,92	3.329,91	1.983,24	2.884,72	3.245,31	1.931,54	2.809,52	3.160,71	1.879,84	2.734,32	3.076,11	1.828,14	2.659,12	2.991,51	1.756,08	2.584,00	2.907,00	1.644,22	2.508,80	2.822,4
	V	43.173	2.374,51	3.453,84	3.885,57																		
	VI	43.704	2.403,72	3.496,32	3.933,36																		

SolZ/KiSt lt. Tabelle nicht für Sonstige Bezüge anwendbar.

Allgemeine Tabelle

JAHR bis 126.863,99 €

Lohn/ Gehalt bis	Steuerklasse	Lohn- steuer	ohne Kinderfreibetrag			Anzahl Kinderfreibeträge (nur Steuerklassen I–IV) 0,5			1,0			1,5			2,0			2,5			3,0		
			SolZ 5,5%	Kirchensteuer 8%	9%	SolZ 5,5%	Kirchensteuer 8%	9%	SolZ 5,5%	Kirchensteuer 8%	9%	SolZ 5,5%	Kirchensteuer 8%	9%	SolZ 5,5%	Kirchensteuer 8%	9%	SolZ 5,5%	Kirchensteuer 8%	9%	SolZ 5,5%	Kirchensteuer 8%	9%
26.647,99	I	**36.921**	*2.030,65*	2.953,68	3.322,89	*1.927,25*	2.803,28	3.153,69	*1.823,85*	2.652,88	2.984,49	*1.634,82*	2.502,48	2.815,29	*1.411,10*	2.352,08	2.646,09	*1.187,38*	2.201,68	2.476,89	*963,66*	2.051,28	2.307,69
(West)	II	**35.132**	*1.932,26*	2.810,56	3.161,88	*1.828,86*	2.660,16	2.992,68	*1.645,65*	2.509,76	2.823,48	*1.421,93*	2.359,36	2.654,28	*1.198,21*	2.208,96	2.485,08	*974,49*	2.058,56	2.315,88	*750,77*	1.908,16	2.146,68
	III	**27.134**	–	2.170,72	2.442,06	–	2.031,52	2.285,46	–	1.895,36	2.132,28	–	1.762,40	1.982,70	–	1.632,48	1.836,54	–	1.505,60	1.693,80	–	1.381,76	1.554,48
	IV	**36.921**	*2.030,65*	2.953,68	3.322,89	*1.978,95*	2.878,48	3.238,29	*1.927,25*	2.803,28	3.153,69	*1.875,55*	2.728,08	3.069,09	*1.823,85*	2.652,88	2.984,49	*1.746,68*	2.577,68	2.899,89	*1.634,82*	2.502,48	2.815,29
	V	**43.094**	*2.370,17*	3.447,52	3.878,46																		
	VI	**43.626**	*2.399,43*	3.490,08	3.926,34																		
26.647,99	I	**37.014**	*2.035,77*	2.961,12	3.331,26	*1.932,42*	2.810,80	3.162,15	*1.829,02*	2.660,40	2.992,95	*1.646,00*	2.510,00	2.823,75	*1.422,28*	2.359,60	2.654,55	*1.198,56*	2.209,20	2.485,35	*974,84*	2.058,80	2.316,15
(Ost)	II	**35.225**	*1.937,37*	2.818,00	3.170,25	*1.833,97*	2.667,60	3.001,05	*1.656,71*	2.517,20	2.831,85	*1.432,99*	2.366,80	2.662,65	*1.209,39*	2.216,48	2.493,54	*985,67*	2.066,08	2.324,34	*761,95*	1.915,68	2.155,14
	III	**27.222**	–	2.177,76	2.449,98	–	2.038,40	2.293,20	–	1.902,24	2.140,02	–	1.768,96	1.990,08	–	1.638,88	1.843,74	–	1.511,84	1.700,82	–	1.387,84	1.561,32
	IV	**37.014**	*2.035,77*	2.961,12	3.331,26	*1.984,07*	2.885,92	3.246,66	*1.932,42*	2.810,80	3.162,15	*1.880,72*	2.735,60	3.077,55	*1.829,02*	2.660,40	2.992,95	*1.757,86*	2.585,20	2.908,35	*1.646,00*	2.510,00	2.823,75
	V	**43.188**	*2.375,34*	3.455,04	3.886,92																		
	VI	**43.719**	*2.404,54*	3.497,52	3.934,71																		
26.683,99	I	**36.936**	*2.031,48*	2.954,88	3.324,24	*1.928,08*	2.804,48	3.155,04	*1.824,68*	2.654,08	2.985,84	*1.636,60*	2.503,68	2.816,64	*1.412,88*	2.353,28	2.647,44	*1.189,16*	2.202,88	2.478,24	*965,44*	2.052,48	2.309,04
(West)	II	**35.147**	*1.933,08*	2.811,76	3.163,23	*1.829,68*	2.661,36	2.994,03	*1.647,43*	2.510,96	2.824,83	*1.423,71*	2.360,56	2.655,63	*1.199,99*	2.210,16	2.486,43	*976,27*	2.059,76	2.317,23	*752,55*	1.909,36	2.148,03
	III	**27.148**	–	2.171,84	2.443,32	–	2.032,64	2.286,72	–	1.896,48	2.133,54	–	1.763,52	1.983,96	–	1.633,44	1.837,62	–	1.506,56	1.694,88	–	1.382,72	1.555,56
	IV	**36.936**	*2.031,48*	2.954,88	3.324,24	*1.979,78*	2.879,68	3.239,64	*1.928,08*	2.804,48	3.155,04	*1.876,38*	2.729,28	3.070,44	*1.824,68*	2.654,08	2.985,84	*1.748,46*	2.578,88	2.901,24	*1.636,60*	2.503,68	2.816,64
	V	**43.109**	*2.370,99*	3.448,72	3.879,81																		
	VI	**43.641**	*2.400,25*	3.491,28	3.927,69																		
26.683,99	I	**37.030**	*2.036,65*	2.962,40	3.332,70	*1.933,25*	2.812,00	3.163,50	*1.829,85*	2.661,60	2.994,30	*1.647,79*	2.511,20	2.825,10	*1.424,07*	2.360,80	2.655,90	*1.200,35*	2.210,40	2.486,70	*976,63*	2.060,00	2.317,50
(Ost)	II	**35.240**	*1.938,20*	2.819,20	3.171,60	*1.834,80*	2.668,80	3.002,40	*1.658,62*	2.518,48	2.833,29	*1.434,90*	2.368,08	2.664,09	*1.211,18*	2.217,68	2.494,89	*987,46*	2.067,28	2.325,69	*763,74*	1.916,88	2.156,49
	III	**27.238**	–	2.179,04	2.451,42	–	2.039,52	2.294,46	–	1.903,20	2.141,10	–	1.770,08	1.991,34	–	1.639,84	1.844,82	–	1.512,80	1.701,90	–	1.388,80	1.562,40
	IV	**37.030**	*2.036,65*	2.962,40	3.332,70	*1.984,95*	2.887,20	3.248,10	*1.933,25*	2.812,00	3.163,50	*1.881,55*	2.736,80	3.078,90	*1.829,85*	2.661,60	2.994,30	*1.759,65*	2.586,40	2.909,70	*1.647,79*	2.511,20	2.825,10
	V	**43.203**	*2.376,16*	3.456,24	3.888,27																		
	VI	**43.735**	*2.405,42*	3.498,80	3.936,15																		
26.719,99	I	**36.951**	*2.032,30*	2.956,08	3.325,59	*1.928,90*	2.805,68	3.156,39	*1.825,50*	2.655,28	2.987,19	*1.638,39*	2.504,88	2.817,99	*1.414,67*	2.354,48	2.648,79	*1.190,95*	2.204,08	2.479,59	*967,35*	2.053,76	2.310,48
(West)	II	**35.162**	*1.933,91*	2.812,96	3.164,58	*1.830,51*	2.662,56	2.995,38	*1.649,22*	2.512,16	2.826,18	*1.425,50*	2.361,76	2.656,98	*1.201,78*	2.211,36	2.487,78	*978,06*	2.060,96	2.318,58	*754,34*	1.910,56	2.149,38
	III	**27.164**	–	2.173,12	2.444,76	–	2.033,76	2.287,98	–	1.897,60	2.134,80	–	1.764,48	1.985,04	–	1.634,56	1.838,88	–	1.507,52	1.695,96	–	1.383,68	1.556,64
	IV	**36.951**	*2.032,30*	2.956,08	3.325,59	*1.980,60*	2.880,88	3.240,99	*1.928,90*	2.805,68	3.156,39	*1.877,20*	2.730,48	3.071,79	*1.825,50*	2.655,28	2.987,19	*1.750,25*	2.580,08	2.902,59	*1.638,39*	2.504,88	2.817,99
	V	**43.124**	*2.371,82*	3.449,92	3.881,16																		
	VI	**43.656**	*2.401,08*	3.492,48	3.929,04																		
26.719,99	I	**37.045**	*2.037,47*	2.963,60	3.334,05	*1.934,07*	2.813,20	3.164,85	*1.830,67*	2.662,80	2.995,65	*1.649,57*	2.512,40	2.826,45	*1.425,85*	2.362,00	2.657,25	*1.202,13*	2.211,60	2.488,05	*978,41*	2.061,20	2.318,85
(Ost)	II	**35.255**	*1.939,02*	2.820,40	3.172,95	*1.835,68*	2.670,08	3.003,84	*1.660,40*	2.519,68	2.834,64	*1.436,68*	2.369,28	2.665,44	*1.212,96*	2.218,88	2.496,24	*989,24*	2.068,48	2.327,04	*765,52*	1.918,08	2.157,84
	III	**27.252**	–	2.180,16	2.452,68	–	2.040,64	2.295,72	–	1.904,32	2.142,36	–	1.771,04	1.992,42	–	1.640,96	1.846,08	–	1.513,92	1.703,16	–	1.389,92	1.563,66
	IV	**37.045**	*2.037,47*	2.963,60	3.334,05	*1.985,77*	2.888,40	3.249,45	*1.934,07*	2.813,20	3.164,85	*1.882,37*	2.738,00	3.080,25	*1.830,67*	2.662,80	2.995,65	*1.761,43*	2.587,60	2.911,05	*1.649,57*	2.512,40	2.826,45
	V	**43.218**	*2.376,99*	3.457,44	3.889,62																		
	VI	**43.750**	*2.406,25*	3.500,00	3.937,50																		
26.755,99	I	**36.966**	*2.033,13*	2.957,28	3.326,94	*1.929,73*	2.806,88	3.157,74	*1.826,33*	2.656,48	2.988,54	*1.640,17*	2.506,08	2.819,34	*1.416,45*	2.355,68	2.650,14	*1.192,85*	2.205,36	2.481,03	*969,13*	2.054,96	2.311,83
(West)	II	**35.177**	*1.934,73*	2.814,16	3.165,93	*1.831,33*	2.663,76	2.996,73	*1.651,00*	2.513,36	2.827,53	*1.427,28*	2.362,96	2.658,33	*1.203,56*	2.212,56	2.489,13	*979,84*	2.062,16	2.319,93	*756,12*	1.911,76	2.150,73
	III	**27.178**	–	2.174,24	2.446,02	–	2.034,88	2.289,24	–	1.898,72	2.136,06	–	1.765,60	1.986,30	–	1.635,52	1.839,96	–	1.508,64	1.697,22	–	1.384,64	1.557,72
	IV	**36.966**	*2.033,13*	2.957,28	3.326,94	*1.981,43*	2.882,08	3.242,34	*1.929,73*	2.806,88	3.157,74	*1.878,03*	2.731,68	3.073,14	*1.826,33*	2.656,48	2.988,54	*1.752,03*	2.581,28	2.903,94	*1.640,17*	2.506,08	2.819,34
	V	**43.139**	*2.372,64*	3.451,12	3.882,51																		
	VI	**43.671**	*2.401,90*	3.493,68	3.930,39																		
26.755,99	I	**37.060**	*2.038,30*	2.964,80	3.335,40	*1.934,90*	2.814,40	3.166,20	*1.831,50*	2.664,00	2.997,00	*1.651,36*	2.513,60	2.827,80	*1.427,64*	2.363,20	2.658,60	*1.203,92*	2.212,80	2.489,40	*980,20*	2.062,40	2.320,20
(Ost)	II	**35.271**	*1.939,90*	2.821,68	3.174,39	*1.836,50*	2.671,28	3.005,19	*1.662,19*	2.520,88	2.835,99	*1.438,47*	2.370,48	2.666,79	*1.214,75*	2.220,08	2.497,59	*991,03*	2.069,68	2.328,39	*767,31*	1.919,28	2.159,19
	III	**27.266**	–	2.181,28	2.453,94	–	2.041,76	2.296,98	–	1.905,44	2.143,62	–	1.772,16	1.993,68	–	1.641,92	1.847,16	–	1.514,88	1.704,24	–	1.390,88	1.564,74
	IV	**37.060**	*2.038,30*	2.964,80	3.335,40	*1.986,60*	2.889,60	3.250,80	*1.934,90*	2.814,40	3.166,20	*1.883,20*	2.739,20	3.081,60	*1.831,50*	2.664,00	2.997,00	*1.763,22*	2.588,80	2.912,40	*1.651,36*	2.513,60	2.827,80
	V	**43.233**	*2.377,81*	3.458,64	3.890,97																		
	VI	**43.765**	*2.407,07*	3.501,20	3.938,85																		
26.791,99	I	**36.981**	*2.033,95*	2.958,48	3.328,29	*1.930,55*	2.808,08	3.159,09	*1.827,15*	2.657,68	2.989,89	*1.642,08*	2.507,36	2.820,78	*1.418,36*	2.356,96	2.651,58	*1.194,64*	2.206,56	2.482,38	*970,92*	2.056,16	2.313,18
(West)	II	**35.192**	*1.935,56*	2.815,36	3.167,28	*1.832,16*	2.664,96	2.998,08	*1.652,79*	2.514,56	2.828,88	*1.429,07*	2.364,16	2.659,68	*1.205,35*	2.213,76	2.490,48	*981,63*	2.063,36	2.321,28	*758,03*	1.913,04	2.152,17
	III	**27.192**	–	2.175,36	2.447,28	–	2.036,00	2.290,50	–	1.899,84	2.137,32	–	1.766,56	1.987,38	–	1.636,48	1.841,04	–	1.509,60	1.698,30	–	1.385,76	1.558,98
	IV	**36.981**	*2.033,95*	2.958,48	3.328,29	*1.982,25*	2.883,28	3.243,69	*1.930,55*	2.808,08	3.159,09	*1.878,85*	2.732,88	3.074,49	*1.827,15*	2.657,68	2.989,89	*1.753,82*	2.582,48	2.905,29	*1.642,08*	2.507,36	2.820,78
	V	**43.155**	*2.373,52*	3.452,40	3.883,95																		
	VI	**43.686**	*2.402,73*	3.494,88	3.931,74																		
26.791,99	I	**37.075**	*2.039,12*	2.966,00	3.336,75	*1.935,72*	2.815,60	3.167,55	*1.832,32*	2.665,20	2.998,35	*1.653,14*	2.514,80	2.829,15	*1.429,42*	2.364,40	2.659,95	*1.205,70*	2.214,00	2.490,75	*981,98*	2.063,60	2.321,55
(Ost)	II	**35.286**	*1.940,73*	2.822,88	3.175,74	*1.837,33*	2.672,48	3.006,54	*1.663,97*	2.522,08	2.837,34	*1.440,25*	2.371,68	2.668,14	*1.216,53*	2.221,28	2.498,94	*992,81*	2.070,88	2.329,74	*769,09*	1.920,48	2.160,54
	III	**27.280**	–	2.182,40	2.455,20	–	2.042,88	2.298,24	–	1.906,56	2.144,88	–	1.773,28	1.994,94	–	1.643,04	1.848,42	–	1.515,84	1.705,32	–	1.391,84	1.565,82
	IV	**37.075**	*2.039,12*	2.966,00	3.336,75	*1.987,42*	2.890,80	3.252,15	*1.935,72*	2.815,60	3.167,55	*1.884,02*	2.740,40	3.082,95	*1.832,32*	2.665,20	2.998,35	*1.765,00*	2.590,00	2.913,75	*1.653,14*	2.514,80	2.829,15
	V	**43.248**	*2.378,64*	3.459,84	3.892,32																		
	VI	**43.780**	*2.407,90*	3.502,40	3.940,20																		
26.827,99	I	**36.996**	*2.034,78*	2.959,68	3.329,64	*1.931,38*	2.809,28	3.160,44	*1.828,03*	2.658,96	2.991,33	*1.643,86*	2.508,56	2.822,13	*1.420,14*	2.358,16	2.652,93	*1.196,42*	2.207,76	2.483,73	*972,70*	2.057,36	2.314,53
(West)	II	**35.207**	*1.936,38*	2.816,56	3.168,63	*1.832,98*	2.666,16	2.999,43	*1.654,57*	2.515,76	2.830,23	*1.430,85*	2.365,36	2.661,03	*1.207,25*	2.215,04	2.491,92	*983,53*	2.064,64	2.322,72	*759,81*	1.914,24	2.153,52
	III	**27.206**	–	2.176,48	2.448,54	–	2.037,12	2.291,76	–	1.900,80	2.138,40	–	1.767,68	1.988,64	–	1.637,60	1.842,30	–	1.510,56	1.699,38	–	1.386,72	1.560,06
	IV	**36.996**	*2.034,78*	2.959,68	3.329,64	*1.983,08*	2.884,48	3.245,04	*1.931,38*	2.809,28	3.160,44	*1.879,73*	2.734,16	3.075,93	*1.828,03*	2.658,96	2.991,33	*1.755,72*	2.583,76	2.906,73	*1.643,86*	2.508,56	2.822,13
	V	**43.170**	*2.374,35*	3.453,60	3.885,30																		
	VI	**43.701**	*2.403,55*	3.496,08	3.933,09																		
26.827,99	I	**37.090**	*2.039,95*	2.967,20	3.338,10	*1.936,55*	2.816,80	3.168,90	*1.833,15*	2.666,40	2.999,70	*1.654,93*	2.516,00	2.830,50	*1.431,21*	2.365,60	2.661,30	*1.207,49*	2.215,20	2.492,10	*983,89*	2.064,88	2.322,99
(Ost)	II	**35.301**	*1.941,55*	2.824,08	3.177,09	*1.838,15*	2.673,68	3.007,89	*1.665,76*	2.523,28	2.838,69	*1.442,04*	2.372,88	2.669,49	*1.218,32*	2.222,48	2.500,29	*994,60*	2.072,08	2.331,09	*770,88*	1.921,68	2.161,89
	III	**27.294**	–	2.183,52	2.456,46	–	2.044,00	2.299,50	–	1.907,52	2.145,96	–	1.774,24	1.996,02	–	1.644,00	1.849,50	–	1.516,80	1.706,40	–	1.392,80	1.566,90
	IV	**37.090**	*2.039,95*	2.967,20	3.338,10	*1.988,25*	2.892,00	3.253,50	*1.936,55*	2.816,80	3.168,90	*1.884,85*	2.741,60	3.084,30	*1.833,15*	2.666,40	2.999,70	*1.766,79*	2.591,20	2.915,10	*1.654,93*	2.516,00	2.830,50
	V	**43.263**	*2.379,46*	3.461,04	3.893,67																		
	VI	**43.795**	*2.408,72*	3.503,60	3.941,55																		
26.863,99	I	**37.012**	*2.035,66*	2.960,96	3.331,08	*1.932,26*	2.810,56	3.161,88	*1.828,86*	2.660,16	2.992,68	*1.645,65*	2.509,76	2.823,48	*1.421,93*	2.359,36	2.654,28	*1.198,21*	2.208,96	2.485,08	*974,49*	2.058,56	2.315,88
(West)	II	**35.222**	*1.937,21*	2.817,76	3.169,98	*1.833,81*	2.667,36	3.000,78	*1.656,36*	2.516,96	2.831,58	*1.432,76*	2.366,64	2.662,47	*1.209,04*	2.216,24	2.493,27	*985,32*	2.065,84	2.324,07	*761,60*	1.915,44	2.154,87
	III	**27.220**	–	2.177,60	2.449,80	–	2.038,24	2.293,02	–	1.901,92	2.139,66	–	1.768,80	1.989,90	–	1.638,56	1.843,38	–	1.511,68	1.700,64	–	1.387,68	1.561,14
	IV	**37.012**	*2.035,66*	2.960,96	3.331,08	*1.983,96*	2.885,76	3.246,48	*1.932,26*	2.810,56	3.161,88	*1.880,56*	2.735,36	3.077,28	*1.828,86*	2.660,16	2.992,68	*1.757,51*	2.584,96	2.908,08	*1.645,65*	2.509,76	2.823,48
	V	**43.185**	*2.375,17*	3.454,80	3.886,65																		
	VI	**43.717**	*2.404,43*	3.497,36	3.934,53																		
26.863,99	I	**37.105**	*2.040,77*	2.968,40	3.339,45	*1.937,37*	2.818,00	3.170,25	*1.833,97*	2.667,60	3.001,05	*1.656,71*	2.517,20	2.831,85	*1.432,99*	2.366,80	2.662,65	*1.209,39*	2.216,48	2.493,54	*985,67*	2.066,08	2.324,34
(Ost)	II	**35.316**	*1.942,38*	2.825,28	3.178,44	*1.838,98*	2.674,88	3.009,24	*1.667,54*	2.524,48	2.840,04	*1.443,82*	2.374,08	2.670,84	*1.220,10*	2.223,68	2.501,64	*996,38*	2.073,28	2.332,44	*772,66*	1.922,88	2.163,24
	III	**27.308**	–	2.184,64	2.457,72	–	2.045,12	2.300,76	–	1.908,64	2.147,22	–	1.775,36	1.997,28	–	1.645,12	1.850,76	–	1.517,92	1.707,66	–	1.393,76	1.567,98
	IV	**37.105**	*2.040,77*	2.968,40	3.339,45	*1.989,07*	2.893,20	3.254,85	*1.937,37*	2.818,00	3.170,25	*1.885,67*	2.742,80	3.085,65	*1.833,97*	2.667,60	3.001,05	*1.768,57*	2.592,40	2.916,45	*1.656,71*	2.517,20	2.831,85
	V	**43.278**	*2.380,29*	3.462,24	3.895,02																		
	VI	**43.810**	*2.409,55*	3.504,80	3.942,90																		

SolZ/KiSt lt. Tabelle nicht für Sonstige Bezüge anwendbar.

JAHR bis 127.115,99 €

Allgemeine Tabelle

Lohn/ Gehalt bis	Steuerklasse	Lohn-steuer	ohne Kinderfreibetrag SolZ 5,5%	Kirchensteuer 8%	9%	0,5 SolZ 5,5%	Kirchensteuer 8%	9%	1,0 SolZ 5,5%	Kirchensteuer 8%	9%	1,5 SolZ 5,5%	Kirchensteuer 8%	9%	2,0 SolZ 5,5%	Kirchensteuer 8%	9%	2,5 SolZ 5,5%	Kirchensteuer 8%	9%	3,0 SolZ 5,5%	Kirchensteuer 8%	9%
						Anzahl Kinderfreibeträge (nur Steuerklassen I–IV)																	
126.899,99 (West)	I	37.027	2.036,48	2.962,16	3.332,43	1.933,08	2.811,76	3.163,23	1.829,68	2.661,36	2.994,03	1.647,43	2.510,96	2.824,83	1.423,71	2.360,56	2.655,63	1.199,99	2.210,16	2.486,43	976,27	2.059,76	2.317,
	II	35.237	1.938,03	2.818,96	3.171,33	1.834,69	2.668,64	3.002,22	1.658,26	2.518,24	2.833,02	1.434,54	2.367,84	2.663,82	1.210,82	2.217,44	2.494,62	987,10	2.067,04	2.325,42	763,38	1.916,64	2.156,
	III	27.234	-	2.178,72	2.451,06	-	2.039,36	2.294,28	-	1.903,04	2.140,92	-	1.769,76	1.990,98	-	1.639,68	1.844,64	-	1.512,64	1.701,72	-	1.388,64	1.562,
	IV	37.027	2.036,48	2.962,16	3.332,43	1.984,78	2.886,96	3.247,83	1.933,08	2.811,76	3.163,23	1.881,38	2.736,56	3.078,63	1.829,68	2.661,36	2.994,03	1.759,29	2.586,16	2.909,43	1.647,43	2.510,96	2.824,
	V	43.200	2.376,00	3.456,00	3.888,00																		
	VI	43.732	2.405,26	3.498,56	3.935,88																		
126.899,99 (Ost)	I	37.120	2.041,60	2.969,60	3.340,80	1.938,20	2.819,20	3.171,60	1.834,80	2.668,80	3.002,40	1.658,62	2.518,48	2.833,29	1.434,90	2.368,08	2.664,09	1.211,18	2.217,68	2.494,89	987,46	2.067,28	2.325,
	II	35.331	1.943,20	2.826,48	3.179,79	1.839,80	2.676,08	3.010,59	1.669,33	2.525,68	2.841,39	1.445,61	2.375,28	2.672,19	1.221,89	2.224,88	2.502,99	998,17	2.074,48	2.333,79	774,57	1.924,16	2.164,
	III	27.322	-	2.185,76	2.458,98	-	2.046,24	2.302,02	-	1.909,76	2.148,48	-	1.776,32	1.998,36	-	1.646,08	1.851,84	-	1.518,88	1.708,74	-	1.394,72	1.569,
	IV	37.120	2.041,60	2.969,60	3.340,80	1.989,90	2.894,40	3.256,20	1.938,20	2.819,20	3.171,60	1.886,50	2.744,00	3.087,00	1.834,80	2.668,80	3.002,40	1.770,36	2.593,60	2.917,80	1.658,62	2.518,48	2.833,
	V	43.294	2.381,17	3.463,52	3.896,46																		
	VI	43.825	2.410,37	3.506,00	3.944,25																		
126.935,99 (West)	I	37.042	2.037,31	2.963,36	3.333,78	1.933,91	2.812,96	3.164,58	1.830,51	2.662,56	2.995,38	1.649,22	2.512,16	2.826,18	1.425,50	2.361,76	2.656,98	1.201,78	2.211,36	2.487,78	978,06	2.060,96	2.318,
	II	35.253	1.938,91	2.820,24	3.172,77	1.835,51	2.669,84	3.003,57	1.660,05	2.519,44	2.834,37	1.436,33	2.369,04	2.665,17	1.212,61	2.218,64	2.495,97	988,89	2.068,24	2.326,77	765,17	1.917,84	2.157,
	III	27.248	-	2.179,84	2.452,32	-	2.040,48	2.295,54	-	1.904,16	2.142,18	-	1.770,88	1.992,24	-	1.640,64	1.845,72	-	1.513,60	1.702,80	-	1.389,60	1.563,
	IV	37.042	2.037,31	2.963,36	3.333,78	1.985,61	2.888,16	3.249,18	1.933,91	2.812,96	3.164,58	1.882,21	2.737,76	3.079,98	1.830,51	2.662,56	2.995,38	1.761,08	2.587,36	2.910,78	1.649,22	2.512,16	2.826,
	V	43.215	2.376,82	3.457,20	3.889,35																		
	VI	43.747	2.406,08	3.499,76	3.937,23																		
126.935,99 (Ost)	I	37.135	2.042,42	2.970,80	3.342,15	1.939,02	2.820,40	3.172,95	1.835,68	2.670,08	3.003,84	1.660,40	2.519,68	2.834,64	1.436,68	2.369,28	2.665,44	1.212,96	2.218,88	2.496,24	989,24	2.068,48	2.327,
	II	35.346	1.944,03	2.827,68	3.181,14	1.840,63	2.677,28	3.011,94	1.671,11	2.526,88	2.842,74	1.447,39	2.376,48	2.673,54	1.223,79	2.226,16	2.504,43	1.000,07	2.075,76	2.335,23	776,35	1.925,36	2.166,
	III	27.336	-	2.186,88	2.460,24	-	2.047,36	2.303,28	-	1.910,88	2.149,74	-	1.777,44	1.999,62	-	1.647,20	1.853,10	-	1.519,84	1.709,82	-	1.395,84	1.570,
	IV	37.135	2.042,42	2.970,80	3.342,15	1.990,72	2.895,60	3.257,55	1.939,02	2.820,40	3.172,95	1.887,38	2.745,28	3.088,44	1.835,68	2.670,08	3.003,84	1.772,26	2.594,88	2.919,24	1.660,40	2.519,68	2.834,
	V	43.309	2.381,99	3.464,72	3.897,81																		
	VI	43.840	2.411,20	3.507,20	3.945,60																		
126.971,99 (West)	I	37.057	2.038,13	2.964,56	3.335,13	1.934,73	2.814,16	3.165,93	1.831,33	2.663,76	2.996,73	1.651,00	2.513,36	2.827,53	1.427,28	2.362,96	2.658,33	1.203,56	2.212,56	2.489,13	979,84	2.062,16	2.319,
	II	35.268	1.939,74	2.821,44	3.174,12	1.836,34	2.671,04	3.004,92	1.661,83	2.520,64	2.835,72	1.438,11	2.370,24	2.666,52	1.214,39	2.219,84	2.497,32	990,67	2.069,44	2.328,12	766,95	1.919,04	2.158,
	III	27.262	-	2.180,96	2.453,58	-	2.041,60	2.296,80	-	1.905,12	2.143,26	-	1.771,84	1.993,32	-	1.641,76	1.846,98	-	1.514,56	1.703,88	-	1.390,56	1.564,
	IV	37.057	2.038,13	2.964,56	3.335,13	1.986,43	2.889,36	3.250,53	1.934,73	2.814,16	3.165,93	1.883,03	2.738,96	3.081,33	1.831,33	2.663,76	2.996,73	1.762,86	2.588,56	2.912,13	1.651,00	2.513,36	2.827,
	V	43.230	2.377,65	3.458,40	3.890,70																		
	VI	43.762	2.406,91	3.500,96	3.938,58																		
126.971,99 (Ost)	I	37.151	2.043,30	2.972,08	3.343,59	1.939,90	2.821,68	3.174,39	1.836,50	2.671,28	3.005,19	1.662,19	2.520,88	2.835,99	1.438,47	2.370,48	2.666,79	1.214,75	2.220,08	2.497,59	991,03	2.069,68	2.328,
	II	35.361	1.944,85	2.828,88	3.182,49	1.841,45	2.678,48	3.013,29	1.672,90	2.528,08	2.844,09	1.449,30	2.377,76	2.674,98	1.225,58	2.227,36	2.505,78	1.001,86	2.076,96	2.336,58	778,14	1.926,56	2.167,
	III	27.350	-	2.188,00	2.461,50	-	2.048,48	2.304,54	-	1.912,00	2.151,00	-	1.778,56	2.000,88	-	1.648,16	1.854,18	-	1.520,96	1.711,08	-	1.396,80	1.571,
	IV	37.151	2.043,30	2.972,08	3.343,59	1.991,60	2.896,88	3.258,99	1.939,90	2.821,68	3.174,39	1.888,20	2.746,48	3.089,79	1.836,50	2.671,28	3.005,19	1.774,05	2.596,08	2.920,59	1.662,19	2.520,88	2.835,
	V	43.324	2.382,82	3.465,92	3.899,16																		
	VI	43.856	2.412,08	3.508,48	3.947,04																		
127.007,99 (West)	I	37.072	2.038,96	2.965,76	3.336,48	1.935,56	2.815,36	3.167,28	1.832,16	2.664,96	2.998,08	1.652,79	2.514,56	2.828,88	1.429,07	2.364,16	2.659,68	1.205,35	2.213,76	2.490,48	981,63	2.063,36	2.321,
	II	35.283	1.940,56	2.822,64	3.175,47	1.837,16	2.672,24	3.006,27	1.663,62	2.521,84	2.837,07	1.439,90	2.371,44	2.667,87	1.216,18	2.221,04	2.498,67	992,46	2.070,64	2.329,47	768,74	1.920,24	2.160,
	III	27.276	-	2.182,08	2.454,84	-	2.042,72	2.298,06	-	1.906,24	2.144,52	-	1.772,96	1.994,58	-	1.642,72	1.848,06	-	1.515,68	1.705,14	-	1.391,68	1.565,
	IV	37.072	2.038,96	2.965,76	3.336,48	1.987,26	2.890,56	3.251,88	1.935,56	2.815,36	3.167,28	1.883,86	2.740,16	3.082,68	1.832,16	2.664,96	2.998,08	1.764,65	2.589,76	2.913,48	1.652,79	2.514,56	2.828,
	V	43.245	2.378,47	3.459,60	3.892,05																		
	VI	43.777	2.407,73	3.502,16	3.939,93																		
127.007,99 (Ost)	I	37.166	2.044,13	2.973,28	3.344,94	1.940,73	2.822,88	3.175,74	1.837,33	2.672,48	3.006,54	1.663,97	2.522,08	2.837,34	1.440,25	2.371,68	2.668,14	1.216,53	2.221,28	2.498,94	992,81	2.070,88	2.329,
	II	35.376	1.945,68	2.830,08	3.183,84	1.842,33	2.679,76	3.014,73	1.674,80	2.529,36	2.845,53	1.451,08	2.378,96	2.676,33	1.227,36	2.228,56	2.507,13	1.003,64	2.078,16	2.337,93	779,92	1.927,76	2.168,
	III	27.364	-	2.189,12	2.462,76	-	2.049,60	2.305,80	-	1.912,96	2.152,08	-	1.779,52	2.001,96	-	1.649,28	1.855,44	-	1.521,92	1.712,16	-	1.397,76	1.572,
	IV	37.166	2.044,13	2.973,28	3.344,94	1.992,43	2.898,08	3.260,34	1.940,73	2.822,88	3.175,74	1.889,03	2.747,68	3.091,14	1.837,33	2.672,48	3.006,54	1.775,83	2.597,28	2.921,94	1.663,97	2.522,08	2.837,
	V	43.339	2.383,64	3.467,12	3.900,51																		
	VI	43.871	2.412,90	3.509,68	3.948,39																		
127.043,99 (West)	I	37.087	2.039,78	2.966,96	3.337,83	1.936,38	2.816,56	3.168,63	1.832,98	2.666,16	2.999,43	1.654,57	2.515,76	2.830,23	1.430,85	2.365,36	2.661,03	1.207,25	2.215,04	2.491,92	983,53	2.064,64	2.322,
	II	35.298	1.941,39	2.823,84	3.176,82	1.837,99	2.673,44	3.007,62	1.665,40	2.523,04	2.838,42	1.441,68	2.372,64	2.669,22	1.217,96	2.222,24	2.500,02	994,24	2.071,84	2.330,82	770,52	1.921,44	2.161,
	III	27.290	-	2.183,20	2.456,10	-	2.043,68	2.299,14	-	1.907,36	2.145,78	-	1.774,08	1.995,84	-	1.643,84	1.849,32	-	1.516,64	1.706,22	-	1.392,64	1.566,
	IV	37.087	2.039,78	2.966,96	3.337,83	1.988,08	2.891,76	3.253,23	1.936,38	2.816,56	3.168,63	1.884,68	2.741,36	3.084,03	1.832,98	2.666,16	2.999,43	1.766,43	2.590,96	2.914,83	1.654,57	2.515,76	2.830,
	V	43.260	2.379,30	3.460,80	3.893,40																		
	VI	43.792	2.408,56	3.503,36	3.941,28																		
127.043,99 (Ost)	I	37.181	2.044,95	2.974,48	3.346,29	1.941,55	2.824,08	3.177,09	1.838,15	2.673,68	3.007,89	1.665,76	2.523,28	2.838,69	1.442,04	2.372,88	2.669,49	1.218,32	2.222,48	2.500,29	994,60	2.072,08	2.331,
	II	35.392	1.946,56	2.831,36	3.185,28	1.843,16	2.680,96	3.016,08	1.676,59	2.530,56	2.846,88	1.452,87	2.380,16	2.677,68	1.229,15	2.229,76	2.508,48	1.005,43	2.079,36	2.339,28	781,71	1.928,96	2.170,
	III	27.378	-	2.190,24	2.464,02	-	2.050,72	2.307,06	-	1.914,08	2.153,34	-	1.780,64	2.003,22	-	1.650,24	1.856,52	-	1.522,88	1.713,24	-	1.398,72	1.573,
	IV	37.181	2.044,95	2.974,48	3.346,29	1.993,25	2.899,28	3.261,69	1.941,55	2.824,08	3.177,09	1.889,85	2.748,88	3.092,49	1.838,15	2.673,68	3.007,89	1.777,62	2.598,48	2.923,29	1.665,76	2.523,28	2.838,
	V	43.354	2.384,47	3.468,32	3.901,86																		
	VI	43.886	2.413,73	3.510,88	3.949,74																		
127.079,99 (West)	I	37.102	2.040,61	2.968,16	3.339,18	1.937,21	2.817,76	3.169,98	1.833,81	2.667,36	3.000,78	1.656,36	2.516,96	2.831,58	1.432,76	2.366,64	2.662,47	1.209,04	2.216,24	2.493,27	985,32	2.065,84	2.324,
	II	35.313	1.942,21	2.825,04	3.178,17	1.838,81	2.674,64	3.008,97	1.667,19	2.524,24	2.839,77	1.443,47	2.373,84	2.670,57	1.219,75	2.223,44	2.501,37	996,03	2.073,04	2.332,17	772,42	1.922,72	2.163,
	III	27.304	-	2.184,32	2.457,36	-	2.044,80	2.300,40	-	1.908,48	2.147,04	-	1.775,04	1.996,92	-	1.644,80	1.850,40	-	1.517,60	1.707,30	-	1.393,60	1.567,
	IV	37.102	2.040,61	2.968,16	3.339,18	1.988,91	2.892,96	3.254,58	1.937,21	2.817,76	3.169,98	1.885,51	2.742,56	3.085,38	1.833,81	2.667,36	3.000,78	1.768,22	2.592,16	2.916,18	1.656,36	2.516,96	2.831,
	V	43.276	2.380,18	3.462,08	3.894,84																		
	VI	43.807	2.409,38	3.504,56	3.942,63																		
127.079,99 (Ost)	I	37.196	2.045,78	2.975,68	3.347,64	1.942,38	2.825,28	3.178,44	1.838,98	2.674,88	3.009,24	1.667,54	2.524,48	2.840,04	1.443,82	2.374,08	2.670,84	1.220,10	2.223,68	2.501,64	996,38	2.073,28	2.332,
	II	35.407	1.947,38	2.832,56	3.186,63	1.843,98	2.682,16	3.017,43	1.678,37	2.531,76	2.848,23	1.454,65	2.381,36	2.679,03	1.230,93	2.230,96	2.509,83	1.007,21	2.080,56	2.340,63	783,49	1.930,16	2.171,
	III	27.394	-	2.191,52	2.465,46	-	2.051,84	2.308,32	-	1.915,20	2.154,60	-	1.781,76	2.004,48	-	1.651,20	1.857,60	-	1.524,00	1.714,50	-	1.399,68	1.574,
	IV	37.196	2.045,78	2.975,68	3.347,64	1.994,08	2.900,48	3.263,04	1.942,38	2.825,28	3.178,44	1.890,68	2.750,08	3.093,84	1.838,98	2.674,88	3.009,24	1.779,40	2.599,68	2.924,64	1.667,54	2.524,48	2.840,
	V	43.369	2.385,29	3.469,52	3.903,21																		
	VI	43.901	2.414,55	3.512,08	3.951,09																		
127.115,99 (West)	I	37.117	2.041,43	2.969,36	3.340,53	1.938,03	2.818,96	3.171,33	1.834,69	2.668,64	3.002,22	1.658,26	2.518,24	2.833,02	1.434,54	2.367,84	2.663,82	1.210,82	2.217,44	2.494,62	987,10	2.067,04	2.325,
	II	35.328	1.943,04	2.826,24	3.179,52	1.839,64	2.675,84	3.010,32	1.668,97	2.525,44	2.841,12	1.445,25	2.375,04	2.671,92	1.221,53	2.224,64	2.502,72	997,93	2.074,32	2.333,61	774,21	1.923,92	2.164,
	III	27.318	-	2.185,44	2.458,62	-	2.045,92	2.301,66	-	1.909,60	2.148,30	-	1.776,16	1.998,18	-	1.645,92	1.851,66	-	1.518,72	1.708,56	-	1.394,56	1.568,
	IV	37.117	2.041,43	2.969,36	3.340,53	1.989,73	2.894,16	3.255,93	1.938,03	2.818,96	3.171,33	1.886,33	2.743,76	3.086,73	1.834,69	2.668,64	3.002,22	1.770,12	2.593,44	2.917,62	1.658,26	2.518,24	2.833,
	V	43.291	2.381,00	3.463,28	3.896,19																		
	VI	43.822	2.410,21	3.505,76	3.943,98																		
127.115,99 (Ost)	I	37.211	2.046,60	2.976,88	3.348,99	1.943,20	2.826,48	3.179,79	1.839,80	2.676,08	3.010,59	1.669,33	2.525,68	2.841,39	1.445,61	2.375,28	2.672,19	1.221,89	2.224,88	2.502,99	998,17	2.074,48	2.333,
	II	35.422	1.948,21	2.833,76	3.187,98	1.844,81	2.683,36	3.018,78	1.680,16	2.532,96	2.849,58	1.456,44	2.382,56	2.680,38	1.232,72	2.232,16	2.511,18	1.009,00	2.081,76	2.341,98	785,28	1.931,36	2.172,7
	III	27.408	-	2.192,64	2.466,72	-	2.052,96	2.309,58	-	1.916,32	2.155,86	-	1.782,72	2.005,56	-	1.652,32	1.858,86	-	1.524,96	1.715,58	-	1.400,64	1.575,7
	IV	37.211	2.046,60	2.976,88	3.348,99	1.994,90	2.901,68	3.264,39	1.943,20	2.826,48	3.179,79	1.891,50	2.751,28	3.095,19	1.839,80	2.676,08	3.010,59	1.781,19	2.600,88	2.925,99	1.669,33	2.525,68	2.841,3
	V	43.384	2.386,12	3.470,72	3.904,56																		
	VI	43.916	2.415,38	3.513,28	3.952,44																		

SolZ/KiSt lt. Tabelle nicht für Sonstige Bezüge anwendbar.

Allgemeine Tabelle

JAHR bis 127.367,99 €

Lohn/ Gehalt bis	Steuerklasse	Lohn-steuer	ohne Kinderfreibetrag SolZ 5,5%	ohne Kinderfreibetrag Kirchensteuer 8%	ohne Kinderfreibetrag Kirchensteuer 9%	0,5 SolZ 5,5%	0,5 Kirchensteuer 8%	0,5 Kirchensteuer 9%	1,0 SolZ 5,5%	1,0 Kirchensteuer 8%	1,0 Kirchensteuer 9%	1,5 SolZ 5,5%	1,5 Kirchensteuer 8%	1,5 Kirchensteuer 9%	2,0 SolZ 5,5%	2,0 Kirchensteuer 8%	2,0 Kirchensteuer 9%	2,5 SolZ 5,5%	2,5 Kirchensteuer 8%	2,5 Kirchensteuer 9%	3,0 SolZ 5,5%	3,0 Kirchensteuer 8%	3,0 Kirchensteuer 9%
						Anzahl Kinderfreibeträge (nur Steuerklassen I–IV)																	
27.151,99 (West)	I	37.132	2.042,26	2.970,56	3.341,88	1.938,91	2.820,24	3.172,77	1.835,51	2.669,84	3.003,57	1.660,05	2.519,44	2.834,37	1.436,33	2.369,04	2.665,17	1.212,61	2.218,64	2.495,97	988,89	2.068,24	2.326,77
	II	35.343	1.943,86	2.827,44	3.180,87	1.840,46	2.677,04	3.011,67	1.670,76	2.526,64	2.842,47	1.447,15	2.376,32	2.673,36	1.223,43	2.225,92	2.504,16	999,71	2.075,52	2.334,96	775,99	1.925,12	2.165,76
	III	27.334	-	2.186,72	2.460,06	-	2.047,04	2.302,92	-	1.910,56	2.149,38	-	1.777,28	1.999,44	-	1.646,88	1.852,74	-	1.519,68	1.709,64	-	1.395,52	1.569,96
	IV	37.132	2.042,26	2.970,56	3.341,88	1.990,61	2.895,44	3.257,37	1.938,91	2.820,24	3.172,77	1.887,21	2.745,04	3.088,17	1.835,51	2.669,84	3.003,57	1.771,91	2.594,64	2.918,97	1.660,05	2.519,44	2.834,37
	V	43.306	2.381,83	3.464,48	3.897,54																		
	VI	43.837	2.411,03	3.506,96	3.945,33																		
27.151,99 (Ost)	I	37.226	2.047,43	2.978,08	3.350,34	1.944,03	2.827,68	3.181,14	1.840,63	2.677,28	3.011,94	1.671,11	2.526,88	2.842,74	1.447,39	2.376,48	2.673,54	1.223,79	2.226,16	2.504,43	1.000,07	2.075,76	2.335,23
	II	35.437	1.949,03	2.834,96	3.189,33	1.845,63	2.684,56	3.020,13	1.681,94	2.534,16	2.850,93	1.458,22	2.383,76	2.681,73	1.234,50	2.233,36	2.512,53	1.010,78	2.082,96	2.343,33	787,06	1.932,56	2.174,13
	III	27.422	-	2.193,76	2.467,98	-	2.053,92	2.310,66	-	1.917,44	2.157,12	-	1.783,84	2.006,82	-	1.653,28	1.859,94	-	1.525,92	1.716,66	-	1.401,76	1.576,98
	IV	37.226	2.047,43	2.978,08	3.350,34	1.995,73	2.902,88	3.265,74	1.944,03	2.827,68	3.181,14	1.892,33	2.752,48	3.096,54	1.840,63	2.677,28	3.011,94	1.782,97	2.602,08	2.927,34	1.671,11	2.526,88	2.842,74
	V	43.399	2.386,94	3.471,92	3.905,91																		
	VI	43.931	2.416,20	3.514,48	3.953,79																		
27.187,99 (West)	I	37.148	2.043,14	2.971,84	3.343,32	1.939,74	2.821,44	3.174,12	1.836,34	2.671,04	3.004,92	1.661,83	2.520,64	2.835,72	1.438,11	2.370,24	2.666,52	1.214,39	2.219,84	2.497,32	990,67	2.069,44	2.328,12
	II	35.358	1.944,69	2.828,64	3.182,22	1.841,29	2.678,24	3.013,02	1.672,66	2.527,92	2.843,91	1.448,94	2.377,52	2.674,71	1.225,22	2.227,12	2.505,51	1.001,50	2.076,72	2.336,31	777,78	1.926,32	2.167,11
	III	27.348	-	2.187,84	2.461,32	-	2.048,16	2.304,18	-	1.911,68	2.150,64	-	1.778,24	2.000,52	-	1.648,00	1.854,00	-	1.520,64	1.710,72	-	1.396,48	1.571,04
	IV	37.148	2.043,14	2.971,84	3.343,32	1.991,44	2.896,64	3.258,72	1.939,74	2.821,44	3.174,12	1.888,04	2.746,24	3.089,52	1.836,34	2.671,04	3.004,92	1.773,69	2.595,84	2.920,32	1.661,83	2.520,64	2.835,72
	V	43.321	2.382,65	3.465,68	3.898,89																		
	VI	43.853	2.411,91	3.508,24	3.946,77																		
27.187,99 (Ost)	I	37.241	2.048,25	2.979,28	3.351,69	1.944,85	2.828,88	3.182,49	1.841,45	2.678,48	3.013,29	1.672,90	2.528,08	2.844,09	1.449,30	2.377,76	2.674,98	1.225,58	2.227,36	2.505,78	1.001,86	2.076,96	2.336,58
	II	35.452	1.949,86	2.836,16	3.190,68	1.846,46	2.685,76	3.021,48	1.683,73	2.535,36	2.852,28	1.460,01	2.384,96	2.683,08	1.236,29	2.234,56	2.513,88	1.012,57	2.084,16	2.344,68	788,97	1.933,84	2.175,57
	III	27.436	-	2.194,88	2.469,24	-	2.055,04	2.311,92	-	1.918,40	2.158,20	-	1.784,80	2.007,90	-	1.654,40	1.861,20	-	1.527,04	1.717,92	-	1.402,72	1.578,06
	IV	37.241	2.048,25	2.979,28	3.351,69	1.996,55	2.904,08	3.267,09	1.944,85	2.828,88	3.182,49	1.893,15	2.753,68	3.097,89	1.841,45	2.678,48	3.013,29	1.784,76	2.603,28	2.928,69	1.672,90	2.528,08	2.844,09
	V	43.415	2.387,82	3.473,20	3.907,35																		
	VI	43.946	2.417,03	3.515,68	3.955,14																		
27.223,99 (West)	I	37.163	2.043,96	2.973,04	3.344,67	1.940,56	2.822,64	3.175,47	1.837,16	2.672,24	3.006,27	1.663,62	2.521,84	2.837,07	1.439,90	2.371,44	2.667,87	1.216,18	2.221,04	2.498,67	992,46	2.070,64	2.329,47
	II	35.374	1.945,57	2.829,92	3.183,66	1.842,17	2.679,52	3.014,46	1.674,44	2.529,12	2.845,26	1.450,72	2.378,72	2.676,06	1.227,00	2.228,32	2.506,86	1.003,28	2.077,92	2.337,66	779,56	1.927,52	2.168,46
	III	27.362	-	2.188,96	2.462,58	-	2.049,28	2.305,44	-	1.912,80	2.151,90	-	1.779,36	2.001,78	-	1.648,96	1.855,08	-	1.521,76	1.711,98	-	1.397,60	1.572,30
	IV	37.163	2.043,96	2.973,04	3.344,67	1.992,26	2.897,84	3.260,07	1.940,56	2.822,64	3.175,47	1.888,86	2.747,44	3.090,87	1.837,16	2.672,24	3.006,27	1.775,48	2.597,04	2.921,67	1.663,62	2.521,84	2.837,07
	V	43.336	2.383,48	3.466,88	3.900,24																		
	VI	43.868	2.412,74	3.509,44	3.948,12																		
27.223,99 (Ost)	I	37.256	2.049,08	2.980,48	3.353,04	1.945,68	2.830,08	3.183,84	1.842,33	2.679,76	3.014,73	1.674,80	2.529,36	2.845,53	1.451,08	2.378,96	2.676,33	1.227,36	2.228,56	2.507,13	1.003,64	2.078,16	2.337,93
	II	35.467	1.950,68	2.837,36	3.192,03	1.847,28	2.686,96	3.022,83	1.685,51	2.536,56	2.853,63	1.461,79	2.386,16	2.684,43	1.238,07	2.235,76	2.515,23	1.014,47	2.085,44	2.346,12	790,75	1.935,04	2.176,92
	III	27.450	-	2.196,00	2.470,50	-	2.056,16	2.313,18	-	1.919,52	2.159,46	-	1.785,92	2.009,16	-	1.655,36	1.862,28	-	1.528,00	1.719,00	-	1.403,68	1.579,14
	IV	37.256	2.049,08	2.980,48	3.353,04	1.997,38	2.905,28	3.268,44	1.945,68	2.830,08	3.183,84	1.893,98	2.754,88	3.099,24	1.842,33	2.679,76	3.014,73	1.786,66	2.604,56	2.930,13	1.674,80	2.529,36	2.845,53
	V	43.430	2.388,65	3.474,40	3.908,70																		
	VI	43.961	2.417,85	3.516,88	3.956,49																		
27.259,99 (West)	I	37.178	2.044,79	2.974,24	3.346,02	1.941,39	2.823,84	3.176,82	1.837,99	2.673,44	3.007,62	1.665,40	2.523,04	2.838,42	1.441,68	2.372,64	2.669,22	1.217,96	2.222,24	2.500,02	994,24	2.071,84	2.330,82
	II	35.389	1.946,39	2.831,12	3.185,01	1.842,99	2.680,72	3.015,81	1.676,23	2.530,32	2.846,61	1.452,51	2.379,92	2.677,41	1.228,79	2.229,52	2.508,21	1.005,07	2.079,12	2.339,01	781,35	1.928,72	2.169,81
	III	27.376	-	2.190,08	2.463,84	-	2.050,40	2.306,70	-	1.913,92	2.153,16	-	1.780,32	2.002,86	-	1.650,08	1.856,34	-	1.522,72	1.713,06	-	1.398,56	1.573,38
	IV	37.178	2.044,79	2.974,24	3.346,02	1.993,09	2.899,04	3.261,42	1.941,39	2.823,84	3.176,82	1.889,69	2.748,64	3.092,22	1.837,99	2.673,44	3.007,62	1.777,26	2.598,24	2.923,02	1.665,40	2.523,04	2.838,42
	V	43.351	2.384,30	3.468,08	3.901,59																		
	VI	43.883	2.413,56	3.510,64	3.949,47																		
27.259,99 (Ost)	I	37.271	2.049,90	2.981,68	3.354,39	1.946,56	2.831,36	3.185,28	1.843,16	2.680,96	3.016,08	1.676,59	2.530,56	2.846,88	1.452,87	2.380,16	2.677,68	1.229,15	2.229,76	2.508,48	1.005,43	2.079,36	2.339,28
	II	35.482	1.951,51	2.838,56	3.193,38	1.848,11	2.688,16	3.024,18	1.687,30	2.537,76	2.854,98	1.463,70	2.387,44	2.685,87	1.239,98	2.237,04	2.516,67	1.016,26	2.086,64	2.347,47	792,54	1.936,24	2.178,27
	III	27.464	-	2.197,12	2.471,76	-	2.057,28	2.314,44	-	1.920,64	2.160,72	-	1.787,04	2.010,42	-	1.656,48	1.863,54	-	1.528,96	1.720,08	-	1.404,64	1.580,22
	IV	37.271	2.049,90	2.981,68	3.354,39	1.998,26	2.906,56	3.269,88	1.946,56	2.831,36	3.185,28	1.894,86	2.756,16	3.100,68	1.843,16	2.680,96	3.016,08	1.788,45	2.605,76	2.931,48	1.676,59	2.530,56	2.846,88
	V	43.445	2.389,47	3.475,60	3.910,05																		
	VI	43.977	2.418,73	3.518,16	3.957,93																		
27.295,99 (West)	I	37.193	2.045,61	2.975,44	3.347,37	1.942,21	2.825,04	3.178,17	1.838,81	2.674,64	3.008,97	1.667,19	2.524,24	2.839,77	1.443,47	2.373,84	2.670,57	1.219,75	2.223,44	2.501,37	996,03	2.073,04	2.332,17
	II	35.404	1.947,22	2.832,32	3.186,36	1.843,82	2.681,92	3.017,16	1.678,01	2.531,52	2.847,96	1.454,29	2.381,12	2.678,76	1.230,57	2.230,72	2.509,56	1.006,85	2.080,32	2.340,36	783,13	1.929,92	2.171,16
	III	27.390	-	2.191,20	2.465,10	-	2.051,52	2.307,96	-	1.914,88	2.154,24	-	1.781,44	2.004,12	-	1.651,04	1.857,42	-	1.523,68	1.714,14	-	1.399,52	1.574,46
	IV	37.193	2.045,61	2.975,44	3.347,37	1.993,91	2.900,24	3.262,77	1.942,21	2.825,04	3.178,17	1.890,51	2.749,84	3.093,57	1.838,81	2.674,64	3.008,97	1.779,05	2.599,44	2.924,37	1.667,19	2.524,24	2.839,77
	V	43.366	2.385,13	3.469,28	3.902,94																		
	VI	43.898	2.414,39	3.511,84	3.950,82																		
27.295,99 (Ost)	I	37.287	2.050,78	2.982,96	3.355,83	1.947,38	2.832,56	3.186,63	1.843,98	2.682,16	3.017,43	1.678,37	2.531,76	2.848,23	1.454,65	2.381,36	2.679,03	1.230,93	2.230,96	2.509,83	1.007,21	2.080,56	2.340,63
	II	35.497	1.952,33	2.839,76	3.194,73	1.848,93	2.689,36	3.025,53	1.689,20	2.539,04	2.856,42	1.465,48	2.388,64	2.687,22	1.241,76	2.238,24	2.518,02	1.018,04	2.087,84	2.348,82	794,32	1.937,44	2.179,62
	III	27.478	-	2.198,24	2.473,02	-	2.058,40	2.315,70	-	1.921,76	2.161,98	-	1.788,00	2.011,50	-	1.657,44	1.864,62	-	1.530,08	1.721,34	-	1.405,60	1.581,30
	IV	37.287	2.050,78	2.982,96	3.355,83	1.999,08	2.907,76	3.271,23	1.947,38	2.832,56	3.186,63	1.895,68	2.757,36	3.102,03	1.843,98	2.682,16	3.017,43	1.790,23	2.606,96	2.932,83	1.678,37	2.531,76	2.848,23
	V	43.460	2.390,30	3.476,80	3.911,40																		
	VI	43.992	2.419,56	3.519,36	3.959,28																		
27.331,99 (West)	I	37.208	2.046,44	2.976,64	3.348,72	1.943,04	2.826,24	3.179,52	1.839,64	2.675,84	3.010,32	1.668,97	2.525,44	2.841,12	1.445,25	2.375,04	2.671,92	1.221,53	2.224,64	2.502,72	997,93	2.074,32	2.333,61
	II	35.419	1.948,04	2.833,52	3.187,71	1.844,64	2.683,12	3.018,51	1.679,80	2.532,72	2.849,31	1.456,08	2.382,32	2.680,11	1.232,36	2.231,92	2.510,91	1.008,64	2.081,52	2.341,71	784,92	1.931,12	2.172,51
	III	27.404	-	2.192,32	2.466,36	-	2.052,64	2.309,22	-	1.916,00	2.155,50	-	1.782,56	2.005,38	-	1.652,16	1.858,68	-	1.524,80	1.715,40	-	1.400,48	1.575,54
	IV	37.208	2.046,44	2.976,64	3.348,72	1.994,74	2.901,44	3.264,12	1.943,04	2.826,24	3.179,52	1.891,34	2.751,04	3.094,92	1.839,64	2.675,84	3.010,32	1.780,83	2.600,64	2.925,72	1.668,97	2.525,44	2.841,12
	V	43.381	2.385,95	3.470,48	3.904,29																		
	VI	43.913	2.415,21	3.513,04	3.952,17																		
27.331,99 (Ost)	I	37.302	2.051,61	2.984,16	3.357,18	1.948,21	2.833,76	3.187,98	1.844,81	2.683,36	3.018,78	1.680,16	2.532,96	2.849,58	1.456,44	2.382,56	2.680,38	1.232,72	2.232,16	2.511,18	1.009,00	2.081,76	2.341,98
	II	35.513	1.953,21	2.841,04	3.196,17	1.849,81	2.690,64	3.026,97	1.690,99	2.540,24	2.857,77	1.467,27	2.389,84	2.688,57	1.243,55	2.239,44	2.519,37	1.019,83	2.089,04	2.350,17	796,11	1.938,64	2.180,97
	III	27.492	-	2.199,36	2.474,28	-	2.059,52	2.316,96	-	1.922,72	2.163,06	-	1.789,12	2.012,76	-	1.658,56	1.865,88	-	1.531,04	1.722,42	-	1.406,56	1.582,38
	IV	37.302	2.051,61	2.984,16	3.357,18	1.999,91	2.908,96	3.272,58	1.948,21	2.833,76	3.187,98	1.896,51	2.758,56	3.103,38	1.844,81	2.683,36	3.018,78	1.792,02	2.608,16	2.934,18	1.680,16	2.532,96	2.849,58
	V	43.475	2.391,12	3.478,00	3.912,75																		
	VI	44.007	2.420,38	3.520,56	3.960,63																		
27.367,99 (West)	I	37.223	2.047,26	2.977,84	3.350,07	1.943,86	2.827,44	3.180,87	1.840,46	2.677,04	3.011,67	1.670,76	2.526,64	2.842,47	1.447,15	2.376,32	2.673,36	1.223,43	2.225,92	2.504,16	999,71	2.075,52	2.334,96
	II	35.434	1.948,87	2.834,72	3.189,06	1.845,47	2.684,32	3.019,86	1.681,58	2.533,92	2.850,66	1.457,86	2.383,52	2.681,46	1.234,14	2.233,12	2.512,26	1.010,42	2.082,72	2.343,06	786,70	1.932,32	2.173,86
	III	27.418	-	2.193,44	2.467,62	-	2.053,76	2.310,48	-	1.917,12	2.156,76	-	1.783,52	2.006,46	-	1.653,12	1.859,76	-	1.525,76	1.716,48	-	1.401,44	1.576,62
	IV	37.223	2.047,26	2.977,84	3.350,07	1.995,56	2.902,64	3.265,47	1.943,86	2.827,44	3.180,87	1.892,16	2.752,24	3.096,27	1.840,46	2.677,04	3.011,67	1.782,62	2.601,84	2.927,07	1.670,76	2.526,64	2.842,47
	V	43.396	2.386,78	3.471,68	3.905,64																		
	VI	43.928	2.416,04	3.514,24	3.953,52																		
27.367,99 (Ost)	I	37.317	2.052,43	2.985,36	3.358,53	1.949,03	2.834,96	3.189,33	1.845,63	2.684,56	3.020,13	1.681,94	2.534,16	2.850,93	1.458,22	2.383,76	2.681,73	1.234,50	2.233,36	2.512,53	1.010,78	2.082,96	2.343,33
	II	35.528	1.954,04	2.842,24	3.197,52	1.850,64	2.691,84	3.028,32	1.692,77	2.541,44	2.859,12	1.469,05	2.391,04	2.689,92	1.245,33	2.240,64	2.520,72	1.021,61	2.090,24	2.351,52	797,89	1.939,84	2.182,32
	III	27.506	-	2.200,48	2.475,54	-	2.060,64	2.318,22	-	1.923,84	2.164,32	-	1.790,24	2.014,02	-	1.659,52	1.866,96	-	1.532,00	1.723,50	-	1.407,68	1.583,64
	IV	37.317	2.052,43	2.985,36	3.358,53	2.000,73	2.910,16	3.273,93	1.949,03	2.834,96	3.189,33	1.897,33	2.759,76	3.104,73	1.845,63	2.684,56	3.020,13	1.793,80	2.609,36	2.935,53	1.681,94	2.534,16	2.850,93
	V	43.490	2.391,95	3.479,20	3.914,10																		
	VI	44.022	2.421,21	3.521,76	3.961,98																		

SolZ/KiSt lt. Tabelle nicht für Sonstige Bezüge anwendbar.

Lohn/ Gehalt bis	Steuerklasse	Lohn-steuer	ohne Kinderfreibetrag			Anzahl Kinderfreibeträge (nur Steuerklassen I–IV)																	
						0,5			1,0			1,5			2,0			2,5			3,0		
			SolZ 5,5%	Kirchensteuer 8%	9%	SolZ 5,5%	Kirchensteuer 8%	9%	SolZ 5,5%	Kirchensteuer 8%	9%	SolZ 5,5%	Kirchensteuer 8%	9%	SolZ 5,5%	Kirchensteuer 8%	9%	SolZ 5,5%	Kirchensteuer 8%	9%	SolZ 5,5%	Kirchensteuer 8%	9%
127.403,99 (West)	I	37.238	2.048,09	2.979,04	3.351,42	1.944,69	2.828,64	3.182,22	1.841,29	2.678,24	3.013,02	1.672,66	2.527,92	2.843,91	1.448,94	2.377,52	2.674,71	1.225,22	2.227,12	2.505,51	1.001,50	2.076,72	2.336,
	II	35.449	1.949,69	2.835,92	3.190,41	1.846,29	2.685,52	3.021,21	1.683,37	2.535,12	2.852,01	1.459,65	2.384,72	2.682,81	1.235,93	2.234,32	2.513,61	1.012,33	2.084,00	2.344,50	788,61	1.933,60	2.175,
	III	27.432	-	2.194,56	2.468,88	-	2.054,88	2.311,74	-	1.918,24	2.158,02	-	1.784,64	2.007,72	-	1.654,08	1.860,84	-	1.526,72	1.717,56	-	1.402,40	1.577,
	IV	37.238	2.048,09	2.979,04	3.351,42	1.996,39	2.903,84	3.266,82	1.944,69	2.828,64	3.182,22	1.892,99	2.753,44	3.097,62	1.841,29	2.678,24	3.013,02	1.784,52	2.603,12	2.928,51	1.672,66	2.527,92	2.843,
	V	43.412	2.387,66	3.472,96	3.907,08																		
	VI	43.943	2.416,86	3.515,44	3.954,87																		
127.403,99 (Ost)	I	37.332	2.053,26	2.986,56	3.359,88	1.949,86	2.836,16	3.190,68	1.846,46	2.685,76	3.021,48	1.683,73	2.535,36	2.852,28	1.460,01	2.384,96	2.683,08	1.236,29	2.234,56	2.513,88	1.012,57	2.084,16	2.344,
	II	35.543	1.954,86	2.843,44	3.198,87	1.851,46	2.693,04	3.029,67	1.694,56	2.542,64	2.860,47	1.470,84	2.392,24	2.691,27	1.247,12	2.241,84	2.522,07	1.023,40	2.091,44	2.352,87	799,68	1.941,04	2.183,
	III	27.520	-	2.201,60	2.476,80	-	2.061,76	2.319,48	-	1.924,96	2.165,58	-	1.791,20	2.015,10	-	1.660,64	1.868,22	-	1.533,12	1.724,76	-	1.408,64	1.584,
	IV	37.332	2.053,26	2.986,56	3.359,88	2.001,56	2.911,36	3.275,28	1.949,86	2.836,16	3.190,68	1.898,16	2.760,96	3.106,08	1.846,46	2.685,76	3.021,48	1.794,76	2.610,56	2.936,88	1.683,73	2.535,36	2.852,
	V	43.505	2.392,77	3.480,40	3.915,45																		
	VI	44.037	2.422,03	3.522,96	3.963,33																		
127.439,99 (West)	I	37.253	2.048,91	2.980,24	3.352,77	1.945,57	2.829,92	3.183,66	1.842,17	2.679,52	3.014,46	1.674,44	2.529,12	2.845,26	1.450,72	2.378,72	2.676,06	1.227,00	2.228,32	2.506,86	1.003,28	2.077,92	2.337,
	II	35.464	1.950,52	2.837,12	3.191,76	1.847,12	2.686,72	3.022,56	1.685,15	2.536,32	2.853,36	1.461,43	2.385,92	2.684,16	1.237,83	2.235,60	2.515,05	1.014,11	2.085,20	2.345,85	790,39	1.934,80	2.176,
	III	27.446	-	2.195,68	2.470,14	-	2.056,00	2.313,00	-	1.919,36	2.159,28	-	1.785,76	2.008,98	-	1.655,20	1.862,10	-	1.527,84	1.718,82	-	1.403,52	1.578,
	IV	37.253	2.048,91	2.980,24	3.352,77	1.997,21	2.905,04	3.268,17	1.945,57	2.829,92	3.183,66	1.893,87	2.754,72	3.099,06	1.842,17	2.679,52	3.014,46	1.786,30	2.604,32	2.929,86	1.674,44	2.529,12	2.845,
	V	43.427	2.388,48	3.474,16	3.908,43																		
	VI	43.958	2.417,69	3.516,64	3.956,22																		
127.439,99 (Ost)	I	37.347	2.054,08	2.987,76	3.361,23	1.950,68	2.837,36	3.192,03	1.847,28	2.686,96	3.022,83	1.685,51	2.536,56	2.853,63	1.461,79	2.386,16	2.684,43	1.238,07	2.235,76	2.515,23	1.014,47	2.085,44	2.346,
	II	35.558	1.955,69	2.844,64	3.200,22	1.852,29	2.694,24	3.031,02	1.696,34	2.543,84	2.861,82	1.472,62	2.393,44	2.692,62	1.248,90	2.243,04	2.523,42	1.025,18	2.092,64	2.354,22	801,46	1.942,24	2.185,
	III	27.536	-	2.202,88	2.478,24	-	2.062,88	2.320,74	-	1.926,08	2.166,84	-	1.792,32	2.016,36	-	1.661,60	1.869,30	-	1.534,08	1.725,84	-	1.409,60	1.585,
	IV	37.347	2.054,08	2.987,76	3.361,23	2.002,38	2.912,56	3.276,63	1.950,68	2.837,36	3.192,03	1.898,98	2.762,16	3.107,43	1.847,28	2.686,96	3.022,83	1.795,58	2.611,76	2.938,23	1.685,51	2.536,56	2.853,
	V	43.520	2.393,60	3.481,60	3.916,80																		
	VI	44.052	2.422,86	3.524,16	3.964,68																		
127.475,99 (West)	I	37.269	2.049,79	2.981,52	3.354,21	1.946,39	2.831,12	3.185,01	1.842,99	2.680,72	3.015,81	1.676,23	2.530,32	2.846,61	1.452,51	2.379,92	2.677,41	1.228,79	2.229,52	2.508,21	1.005,07	2.079,12	2.339,
	II	35.479	1.951,34	2.838,32	3.193,11	1.847,94	2.687,92	3.023,91	1.687,06	2.537,60	2.854,80	1.463,34	2.387,20	2.685,60	1.239,62	2.236,80	2.516,40	1.015,90	2.086,40	2.347,20	792,18	1.936,00	2.178,
	III	27.460	-	2.196,80	2.471,40	-	2.057,12	2.314,26	-	1.920,32	2.160,36	-	1.786,72	2.010,06	-	1.656,16	1.863,18	-	1.528,80	1.719,90	-	1.404,48	1.580,
	IV	37.269	2.049,79	2.981,52	3.354,21	1.998,09	2.906,32	3.269,61	1.946,39	2.831,12	3.185,01	1.894,69	2.755,92	3.100,41	1.842,99	2.680,72	3.015,81	1.788,09	2.605,52	2.931,21	1.676,23	2.530,32	2.846,
	V	43.442	2.389,31	3.475,36	3.909,78																		
	VI	43.974	2.418,57	3.517,92	3.957,66																		
127.475,99 (Ost)	I	37.362	2.054,91	2.988,96	3.362,58	1.951,51	2.838,56	3.193,38	1.848,11	2.688,16	3.024,18	1.687,30	2.537,76	2.854,98	1.463,70	2.387,44	2.685,87	1.239,98	2.237,04	2.516,67	1.016,26	2.086,64	2.347,
	II	35.573	1.956,51	2.845,84	3.201,57	1.853,11	2.695,44	3.032,37	1.698,13	2.545,04	2.863,17	1.474,41	2.394,64	2.693,97	1.250,69	2.244,24	2.524,77	1.026,97	2.093,84	2.355,57	803,25	1.943,44	2.186,
	III	27.550	-	2.204,00	2.479,50	-	2.064,00	2.322,00	-	1.927,20	2.168,10	-	1.793,44	2.017,62	-	1.662,72	1.870,56	-	1.535,04	1.726,92	-	1.410,56	1.586,
	IV	37.362	2.054,91	2.988,96	3.362,58	2.003,21	2.913,76	3.277,98	1.951,51	2.838,56	3.193,38	1.899,81	2.763,36	3.108,78	1.848,11	2.688,16	3.024,18	1.796,41	2.612,96	2.939,58	1.687,30	2.537,76	2.854,
	V	43.536	2.394,48	3.482,88	3.918,24																		
	VI	44.067	2.423,68	3.525,36	3.966,03																		
127.511,99 (West)	I	37.284	2.050,62	2.982,72	3.355,56	1.947,22	2.832,32	3.186,36	1.843,82	2.681,92	3.017,16	1.678,01	2.531,52	2.847,96	1.454,29	2.381,12	2.678,76	1.230,57	2.230,72	2.509,56	1.006,85	2.080,32	2.340,
	II	35.494	1.952,17	2.839,52	3.194,46	1.848,82	2.689,20	3.025,35	1.688,84	2.538,80	2.856,15	1.465,12	2.388,40	2.686,95	1.241,40	2.238,00	2.517,75	1.017,68	2.087,60	2.348,55	793,96	1.937,20	2.179,
	III	27.476	-	2.198,08	2.472,84	-	2.058,24	2.315,52	-	1.921,44	2.161,62	-	1.787,84	2.011,32	-	1.657,28	1.864,44	-	1.529,76	1.720,98	-	1.405,44	1.581,
	IV	37.284	2.050,62	2.982,72	3.355,56	1.998,92	2.907,52	3.270,96	1.947,22	2.832,32	3.186,36	1.895,52	2.757,12	3.101,76	1.843,82	2.681,92	3.017,16	1.789,87	2.606,72	2.932,56	1.678,01	2.531,52	2.847,
	V	43.457	2.390,13	3.476,56	3.911,13																		
	VI	43.989	2.419,39	3.519,12	3.959,01																		
127.511,99 (Ost)	I	37.377	2.055,73	2.990,16	3.363,93	1.952,33	2.839,76	3.194,73	1.848,93	2.689,36	3.025,53	1.689,20	2.539,04	2.856,42	1.465,48	2.388,64	2.687,22	1.241,76	2.238,24	2.518,02	1.018,04	2.087,84	2.348,
	II	35.588	1.957,34	2.847,04	3.202,92	1.853,94	2.696,64	3.033,72	1.699,91	2.546,24	2.864,52	1.476,19	2.395,84	2.695,32	1.252,47	2.245,44	2.526,12	1.028,87	2.095,12	2.357,01	805,15	1.944,72	2.187,
	III	27.564	-	2.205,12	2.480,76	-	2.065,12	2.323,26	-	1.928,16	2.169,18	-	1.794,40	2.018,70	-	1.663,68	1.871,64	-	1.536,16	1.728,18	-	1.411,52	1.587,
	IV	37.377	2.055,73	2.990,16	3.363,93	2.004,03	2.914,96	3.279,33	1.952,33	2.839,76	3.194,73	1.900,63	2.764,56	3.110,13	1.848,93	2.689,36	3.025,53	1.797,29	2.614,24	2.941,02	1.689,20	2.539,04	2.856,
	V	43.551	2.395,30	3.484,08	3.919,59																		
	VI	44.082	2.424,51	3.526,56	3.967,38																		
127.547,99 (West)	I	37.299	2.051,44	2.983,92	3.356,91	1.948,04	2.833,52	3.187,71	1.844,64	2.683,12	3.018,51	1.679,80	2.532,72	2.849,31	1.456,08	2.382,32	2.680,11	1.232,36	2.231,92	2.510,91	1.008,64	2.081,52	2.341,
	II	35.510	1.953,05	2.840,80	3.195,90	1.849,65	2.690,40	3.026,70	1.690,63	2.540,00	2.857,50	1.466,91	2.389,60	2.688,30	1.243,19	2.239,20	2.519,10	1.019,47	2.088,80	2.349,90	795,75	1.938,40	2.180,
	III	27.490	-	2.199,20	2.474,10	-	2.059,36	2.316,78	-	1.922,56	2.162,88	-	1.788,96	2.012,58	-	1.658,24	1.865,52	-	1.530,88	1.722,24	-	1.406,40	1.582,
	IV	37.299	2.051,44	2.983,92	3.356,91	1.999,74	2.908,72	3.272,31	1.948,04	2.833,52	3.187,71	1.896,34	2.758,32	3.103,11	1.844,64	2.683,12	3.018,51	1.791,66	2.607,92	2.933,91	1.679,80	2.532,72	2.849,
	V	43.472	2.390,96	3.477,76	3.912,48																		
	VI	44.004	2.420,22	3.520,32	3.960,36																		
127.547,99 (Ost)	I	37.392	2.056,56	2.991,36	3.365,28	1.953,21	2.841,04	3.196,17	1.849,81	2.690,64	3.026,97	1.690,99	2.540,24	2.857,77	1.467,27	2.389,84	2.688,57	1.243,55	2.239,44	2.519,37	1.019,83	2.089,04	2.350,
	II	35.603	1.958,16	2.848,24	3.204,27	1.854,76	2.697,84	3.035,07	1.701,70	2.547,44	2.865,87	1.477,98	2.397,04	2.696,67	1.254,37	2.246,72	2.527,56	1.030,65	2.096,32	2.358,36	806,93	1.945,92	2.189,
	III	27.578	-	2.206,24	2.482,02	-	2.066,24	2.324,52	-	1.929,28	2.170,44	-	1.795,52	2.019,96	-	1.664,80	1.872,90	-	1.537,12	1.729,26	-	1.412,64	1.589,
	IV	37.392	2.056,56	2.991,36	3.365,28	2.004,86	2.916,16	3.280,68	1.953,21	2.841,04	3.196,17	1.901,51	2.765,84	3.111,57	1.849,81	2.690,64	3.026,97	1.798,11	2.615,44	2.942,37	1.690,99	2.540,24	2.857,
	V	43.566	2.396,13	3.485,28	3.920,94																		
	VI	44.097	2.425,33	3.527,76	3.968,73																		
127.583,99 (West)	I	37.314	2.052,27	2.985,12	3.358,26	1.948,87	2.834,72	3.189,06	1.845,47	2.684,32	3.019,86	1.681,58	2.533,92	2.850,66	1.457,86	2.383,52	2.681,46	1.234,14	2.233,12	2.512,26	1.010,42	2.082,72	2.343,
	II	35.525	1.953,87	2.842,00	3.197,25	1.850,47	2.691,60	3.028,05	1.692,41	2.541,20	2.858,85	1.468,69	2.390,80	2.689,65	1.244,97	2.240,40	2.520,45	1.021,25	2.090,00	2.351,25	797,53	1.939,60	2.182,
	III	27.504	-	2.200,32	2.475,36	-	2.060,48	2.318,04	-	1.923,68	2.164,14	-	1.789,92	2.013,66	-	1.659,36	1.866,78	-	1.531,84	1.723,32	-	1.407,36	1.583,
	IV	37.314	2.052,27	2.985,12	3.358,26	2.000,57	2.909,92	3.273,66	1.948,87	2.834,72	3.189,06	1.897,17	2.759,52	3.104,46	1.845,47	2.684,32	3.019,86	1.793,44	2.609,12	2.935,26	1.681,58	2.533,92	2.850,
	V	43.487	2.391,78	3.478,96	3.913,83																		
	VI	44.019	2.421,04	3.521,52	3.961,71																		
127.583,99 (Ost)	I	37.408	2.057,44	2.992,64	3.366,72	1.954,04	2.842,24	3.197,52	1.850,64	2.691,84	3.028,32	1.692,77	2.541,44	2.859,12	1.469,05	2.391,04	2.689,92	1.245,33	2.240,64	2.520,72	1.021,61	2.090,24	2.351,
	II	35.618	1.958,99	2.849,44	3.205,62	1.855,59	2.699,04	3.036,42	1.703,60	2.548,72	2.867,31	1.479,88	2.398,32	2.698,11	1.256,16	2.247,92	2.528,91	1.032,44	2.097,52	2.359,71	808,72	1.947,12	2.190,
	III	27.592	-	2.207,36	2.483,28	-	2.067,36	2.325,78	-	1.930,40	2.171,70	-	1.796,64	2.021,22	-	1.665,76	1.873,98	-	1.538,08	1.730,34	-	1.413,60	1.590,
	IV	37.408	2.057,44	2.992,64	3.366,72	2.005,74	2.917,44	3.282,12	1.954,04	2.842,24	3.197,52	1.902,34	2.767,04	3.112,92	1.850,64	2.691,84	3.028,32	1.798,94	2.616,64	2.943,72	1.692,77	2.541,44	2.859,
	V	43.581	2.396,95	3.486,48	3.922,29																		
	VI	44.113	2.426,21	3.529,04	3.970,17																		
127.619,99 (West)	I	37.329	2.053,09	2.986,32	3.359,61	1.949,69	2.835,92	3.190,41	1.846,29	2.685,52	3.021,21	1.683,37	2.535,12	2.852,01	1.459,65	2.384,72	2.682,81	1.235,93	2.234,32	2.513,61	1.012,33	2.084,00	2.344,
	II	35.540	1.954,70	2.843,20	3.198,60	1.851,30	2.692,80	3.029,40	1.694,20	2.542,40	2.860,20	1.470,48	2.392,00	2.691,00	1.246,76	2.241,60	2.521,80	1.023,04	2.091,20	2.352,60	799,32	1.940,80	2.183,
	III	27.518	-	2.201,44	2.476,62	-	2.061,60	2.319,30	-	1.924,80	2.165,40	-	1.791,04	2.014,92	-	1.660,32	1.867,86	-	1.532,80	1.724,40	-	1.408,32	1.584,
	IV	37.329	2.053,09	2.986,32	3.359,61	2.001,39	2.911,12	3.275,01	1.949,69	2.835,92	3.190,41	1.897,99	2.760,72	3.105,81	1.846,29	2.685,52	3.021,21	1.794,59	2.610,32	2.936,61	1.683,37	2.535,12	2.852,
	V	43.502	2.392,61	3.480,16	3.915,18																		
	VI	44.034	2.421,87	3.522,72	3.963,06																		
127.619,99 (Ost)	I	37.423	2.058,26	2.993,84	3.368,07	1.954,86	2.843,44	3.198,87	1.851,46	2.693,04	3.029,67	1.694,56	2.542,64	2.860,47	1.470,84	2.392,24	2.691,27	1.247,12	2.241,84	2.522,07	1.023,40	2.091,44	2.352,
	II	35.633	1.959,81	2.850,64	3.206,97	1.856,47	2.700,32	3.037,86	1.705,38	2.549,92	2.868,66	1.481,66	2.399,52	2.699,46	1.257,94	2.249,12	2.530,26	1.034,22	2.098,72	2.361,06	810,50	1.948,32	2.191,
	III	27.606	-	2.208,48	2.484,54	-	2.068,48	2.327,04	-	1.931,52	2.172,96	-	1.797,60	2.022,30	-	1.666,88	1.875,24	-	1.539,20	1.731,60	-	1.414,56	1.591,
	IV	37.423	2.058,26	2.993,84	3.368,07	2.006,56	2.918,64	3.283,47	1.954,86	2.843,44	3.198,87	1.903,16	2.768,24	3.114,27	1.851,46	2.693,04	3.029,67	1.799,76	2.617,84	2.945,07	1.694,56	2.542,64	2.860,
	V	43.596	2.397,78	3.487,68	3.923,64																		
	VI	44.128	2.427,04	3.530,24	3.971,52																		

SolZ/KiSt lt. Tabelle nicht für Sonstige Bezüge anwendbar.

Allgemeine Tabelle

JAHR bis 127.871,99 €

Lohn/ Gehalt bis	Steuerklasse	Lohn-steuer	ohne Kinderfreibetrag SolZ 5,5%	Kirchensteuer 8%	Kirchensteuer 9%	0,5 SolZ 5,5%	0,5 Kirchensteuer 8%	0,5 Kirchensteuer 9%	1,0 SolZ 5,5%	1,0 Kirchensteuer 8%	1,0 Kirchensteuer 9%	1,5 SolZ 5,5%	1,5 Kirchensteuer 8%	1,5 Kirchensteuer 9%	2,0 SolZ 5,5%	2,0 Kirchensteuer 8%	2,0 Kirchensteuer 9%	2,5 SolZ 5,5%	2,5 Kirchensteuer 8%	2,5 Kirchensteuer 9%	3,0 SolZ 5,5%	3,0 Kirchensteuer 8%	3,0 Kirchensteuer 9%
						Anzahl Kinderfreibeträge (nur Steuerklassen I–IV)																	
27.655,99 (West)	I	37.344	2.053,92	2.987,52	3.360,96	1.950,52	2.837,12	3.191,76	1.847,12	2.686,72	3.022,56	1.685,15	2.536,32	2.853,36	1.461,43	2.385,92	2.684,16	1.237,83	2.235,60	2.515,05	1.014,11	2.085,20	2.345,85
	II	35.555	1.955,52	2.844,40	3.199,95	1.852,12	2.694,00	3.030,75	1.695,98	2.543,60	2.861,55	1.472,26	2.393,20	2.692,35	1.248,54	2.242,80	2.523,15	1.024,82	2.092,40	2.353,95	801,10	1.942,00	2.184,75
	III	27.532	-	2.202,56	2.477,88	-	2.062,72	2.320,56	-	1.925,76	2.166,48	-	1.792,00	2.016,00	-	1.661,44	1.869,12	-	1.533,92	1.725,66	-	1.409,44	1.585,62
	IV	37.344	2.053,92	2.987,52	3.360,96	2.002,22	2.912,32	3.276,36	1.950,52	2.837,12	3.191,76	1.898,82	2.761,92	3.107,16	1.847,12	2.686,72	3.022,56	1.795,42	2.611,52	2.937,96	1.685,15	2.536,32	2.853,36
	V	43.517	2.393,43	3.481,36	3.916,53																		
	VI	44.049	2.422,69	3.523,92	3.964,41																		
27.655,99 (Ost)	I	37.438	2.059,09	2.995,04	3.369,42	1.955,69	2.844,64	3.200,22	1.852,29	2.694,24	3.031,02	1.696,34	2.543,84	2.861,82	1.472,62	2.393,44	2.692,62	1.248,90	2.243,04	2.523,42	1.025,18	2.092,64	2.354,22
	II	35.649	1.960,69	2.851,92	3.208,41	1.857,29	2.701,52	3.039,21	1.707,17	2.551,12	2.870,01	1.483,45	2.400,72	2.700,81	1.259,73	2.250,32	2.531,61	1.036,01	2.099,92	2.362,41	812,29	1.949,52	2.193,21
	III	27.620	-	2.209,60	2.485,80	-	2.069,60	2.328,30	-	1.932,64	2.174,22	-	1.798,72	2.023,56	-	1.667,84	1.876,32	-	1.540,16	1.732,68	-	1.415,52	1.592,46
	IV	37.438	2.059,09	2.995,04	3.369,42	2.007,39	2.919,84	3.284,82	1.955,69	2.844,64	3.200,22	1.903,99	2.769,44	3.115,62	1.852,29	2.694,24	3.031,02	1.800,59	2.619,04	2.946,42	1.696,34	2.543,84	2.861,82
	V	43.611	2.398,60	3.488,88	3.924,99																		
	VI	44.143	2.427,86	3.531,44	3.972,87																		
27.691,99 (West)	I	37.359	2.054,74	2.988,72	3.362,31	1.951,34	2.838,32	3.193,11	1.847,94	2.687,92	3.023,91	1.687,06	2.537,60	2.854,80	1.463,34	2.387,20	2.685,60	1.239,62	2.236,80	2.516,40	1.015,90	2.086,40	2.347,20
	II	35.570	1.956,35	2.845,60	3.201,30	1.852,95	2.695,20	3.032,10	1.697,77	2.544,80	2.862,90	1.474,05	2.394,40	2.693,70	1.250,33	2.244,00	2.524,50	1.026,61	2.093,60	2.355,30	803,01	1.943,28	2.186,19
	III	27.546	-	2.203,68	2.479,14	-	2.063,84	2.321,82	-	1.926,88	2.167,74	-	1.793,12	2.017,26	-	1.662,40	1.870,20	-	1.534,88	1.726,74	-	1.410,40	1.586,70
	IV	37.359	2.054,74	2.988,72	3.362,31	2.003,04	2.913,52	3.277,71	1.951,34	2.838,32	3.193,11	1.899,64	2.763,12	3.108,51	1.847,94	2.687,92	3.023,91	1.796,24	2.612,72	2.939,31	1.687,06	2.537,60	2.854,80
	V	43.533	2.394,31	3.482,64	3.917,97																		
	VI	44.064	2.423,52	3.525,12	3.965,76																		
27.691,99 (Ost)	I	37.453	2.059,91	2.996,24	3.370,77	1.956,51	2.845,84	3.201,57	1.853,11	2.695,44	3.032,37	1.698,13	2.545,04	2.863,17	1.474,41	2.394,64	2.693,97	1.250,69	2.244,24	2.524,77	1.026,97	2.093,84	2.355,57
	II	35.664	1.961,52	2.853,12	3.209,76	1.858,12	2.702,72	3.040,56	1.708,95	2.552,32	2.871,36	1.485,23	2.401,92	2.702,16	1.261,51	2.251,52	2.532,96	1.037,79	2.101,12	2.363,76	814,07	1.950,72	2.194,56
	III	27.634	-	2.210,72	2.487,06	-	2.070,72	2.329,56	-	1.933,76	2.175,48	-	1.799,84	2.024,82	-	1.668,96	1.877,58	-	1.541,12	1.733,76	-	1.416,48	1.593,54
	IV	37.453	2.059,91	2.996,24	3.370,77	2.008,21	2.921,04	3.286,17	1.956,51	2.845,84	3.201,57	1.904,81	2.770,64	3.116,97	1.853,11	2.695,44	3.032,37	1.801,41	2.620,24	2.947,77	1.698,13	2.545,04	2.863,17
	V	43.626	2.399,43	3.490,08	3.926,34																		
	VI	44.158	2.428,69	3.532,64	3.974,22																		
27.727,99 (West)	I	37.374	2.055,57	2.989,92	3.363,66	1.952,17	2.839,52	3.194,46	1.848,82	2.689,20	3.025,35	1.688,84	2.538,80	2.856,15	1.465,12	2.388,40	2.686,95	1.241,40	2.238,00	2.517,75	1.017,68	2.087,60	2.348,55
	II	35.585	1.957,17	2.846,80	3.202,65	1.853,77	2.696,40	3.033,45	1.699,55	2.546,00	2.864,25	1.475,83	2.395,60	2.695,05	1.252,23	2.245,28	2.525,94	1.028,51	2.094,88	2.356,74	804,79	1.944,48	2.187,54
	III	27.560	-	2.204,80	2.480,40	-	2.064,80	2.322,90	-	1.928,00	2.169,00	-	1.794,24	2.018,52	-	1.663,52	1.871,46	-	1.535,84	1.727,82	-	1.411,36	1.587,78
	IV	37.374	2.055,57	2.989,92	3.363,66	2.003,87	2.914,72	3.279,06	1.952,17	2.839,52	3.194,46	1.900,52	2.764,40	3.109,95	1.848,82	2.689,20	3.025,35	1.797,12	2.614,00	2.940,75	1.688,84	2.538,80	2.856,15
	V	43.548	2.395,14	3.483,84	3.919,32																		
	VI	44.079	2.424,34	3.526,32	3.967,11																		
27.727,99 (Ost)	I	37.468	2.060,74	2.997,44	3.372,12	1.957,34	2.847,04	3.202,92	1.853,94	2.696,64	3.033,72	1.699,91	2.546,24	2.864,52	1.476,19	2.395,84	2.695,32	1.252,47	2.245,44	2.526,12	1.028,87	2.095,12	2.357,01
	II	35.679	1.962,34	2.854,32	3.211,11	1.858,94	2.703,92	3.041,91	1.710,74	2.553,52	2.872,71	1.487,02	2.403,12	2.703,51	1.263,30	2.252,72	2.534,31	1.039,58	2.102,32	2.365,11	815,86	1.951,92	2.195,91
	III	27.650	-	2.212,00	2.488,50	-	2.071,84	2.330,82	-	1.934,72	2.176,56	-	1.800,80	2.025,90	-	1.669,92	1.878,66	-	1.542,24	1.735,02	-	1.417,44	1.594,62
	IV	37.468	2.060,74	2.997,44	3.372,12	2.009,04	2.922,24	3.287,52	1.957,34	2.847,04	3.202,92	1.905,64	2.771,84	3.118,32	1.853,94	2.696,64	3.033,72	1.802,24	2.621,44	2.949,12	1.699,91	2.546,24	2.864,52
	V	43.641	2.400,25	3.491,28	3.927,69																		
	VI	44.173	2.429,51	3.533,84	3.975,57																		
27.763,99 (West)	I	37.390	2.056,45	2.991,20	3.365,10	1.953,05	2.840,80	3.195,90	1.849,65	2.690,40	3.026,70	1.690,63	2.540,00	2.857,50	1.466,91	2.389,60	2.688,30	1.243,19	2.239,20	2.519,10	1.019,47	2.088,80	2.349,90
	II	35.600	1.958,00	2.848,00	3.204,00	1.854,60	2.697,60	3.034,80	1.701,34	2.547,20	2.865,60	1.477,74	2.396,88	2.696,49	1.254,02	2.246,48	2.527,29	1.030,30	2.096,08	2.358,09	806,58	1.945,68	2.188,89
	III	27.574	-	2.205,92	2.481,66	-	2.065,92	2.324,16	-	1.929,12	2.170,26	-	1.795,20	2.019,60	-	1.664,48	1.872,54	-	1.536,96	1.729,08	-	1.412,32	1.588,86
	IV	37.390	2.056,45	2.991,20	3.365,10	2.004,75	2.916,00	3.280,50	1.953,05	2.840,80	3.195,90	1.901,35	2.765,60	3.111,30	1.849,65	2.690,40	3.026,70	1.797,95	2.615,20	2.942,10	1.690,63	2.540,00	2.857,50
	V	43.563	2.395,96	3.485,04	3.920,67																		
	VI	44.095	2.425,22	3.527,60	3.968,55																		
27.763,99 (Ost)	I	37.483	2.061,56	2.998,64	3.373,47	1.958,16	2.848,24	3.204,27	1.854,76	2.697,84	3.035,07	1.701,70	2.547,44	2.865,87	1.477,98	2.397,04	2.696,67	1.254,37	2.246,72	2.527,56	1.030,65	2.096,32	2.358,36
	II	35.694	1.963,17	2.855,52	3.212,46	1.859,77	2.705,12	3.043,26	1.712,52	2.554,72	2.874,06	1.488,80	2.404,32	2.704,86	1.265,08	2.253,92	2.535,66	1.041,36	2.103,52	2.366,46	817,64	1.953,12	2.197,26
	III	27.664	-	2.213,12	2.489,76	-	2.072,96	2.332,08	-	1.935,84	2.177,82	-	1.801,92	2.027,16	-	1.671,04	1.879,92	-	1.543,20	1.736,10	-	1.418,56	1.595,88
	IV	37.483	2.061,56	2.998,64	3.373,47	2.009,86	2.923,44	3.288,87	1.958,16	2.848,24	3.204,27	1.906,46	2.773,04	3.119,67	1.854,76	2.697,84	3.035,07	1.803,06	2.622,64	2.950,47	1.701,70	2.547,44	2.865,87
	V	43.656	2.401,08	3.492,48	3.929,04																		
	VI	44.188	2.430,34	3.535,04	3.976,92																		
27.799,99 (West)	I	37.405	2.057,27	2.992,40	3.366,45	1.953,87	2.842,00	3.197,25	1.850,47	2.691,60	3.028,05	1.692,41	2.541,20	2.858,85	1.468,69	2.390,80	2.689,65	1.244,97	2.240,40	2.520,45	1.021,25	2.090,00	2.351,25
	II	35.615	1.958,82	2.849,20	3.205,35	1.855,48	2.698,88	3.036,24	1.703,24	2.548,48	2.867,04	1.479,52	2.398,08	2.697,84	1.255,80	2.247,68	2.528,64	1.032,08	2.097,28	2.359,44	808,36	1.946,88	2.190,24
	III	27.588	-	2.207,04	2.482,92	-	2.067,04	2.325,42	-	1.930,24	2.171,52	-	1.796,32	2.020,86	-	1.665,60	1.873,80	-	1.537,92	1.730,16	-	1.413,28	1.589,94
	IV	37.405	2.057,27	2.992,40	3.366,45	2.005,57	2.917,20	3.281,85	1.953,87	2.842,00	3.197,25	1.902,17	2.766,80	3.112,65	1.850,47	2.691,60	3.028,05	1.798,77	2.616,40	2.943,45	1.692,41	2.541,20	2.858,85
	V	43.578	2.396,79	3.486,24	3.922,02																		
	VI	44.110	2.426,05	3.528,80	3.969,90																		
27.799,99 (Ost)	I	37.498	2.062,39	2.999,84	3.374,82	1.958,99	2.849,44	3.205,62	1.855,59	2.699,04	3.036,42	1.703,60	2.548,72	2.867,31	1.479,88	2.398,32	2.698,11	1.256,16	2.247,92	2.528,91	1.032,44	2.097,52	2.359,71
	II	35.709	1.963,99	2.856,72	3.213,81	1.860,59	2.706,32	3.044,61	1.714,31	2.555,92	2.875,41	1.490,59	2.405,52	2.706,21	1.266,87	2.255,12	2.537,01	1.043,15	2.104,72	2.367,81	819,55	1.954,40	2.198,70
	III	27.678	-	2.214,24	2.491,02	-	2.074,08	2.333,34	-	1.936,96	2.179,08	-	1.802,88	2.028,24	-	1.672,00	1.881,00	-	1.544,16	1.737,18	-	1.419,52	1.596,96
	IV	37.498	2.062,39	2.999,84	3.374,82	2.010,69	2.924,64	3.290,22	1.958,99	2.849,44	3.205,62	1.907,29	2.774,24	3.121,02	1.855,59	2.699,04	3.036,42	1.803,89	2.623,84	2.951,82	1.703,60	2.548,72	2.867,31
	V	43.672	2.401,96	3.493,76	3.930,48																		
	VI	44.203	2.431,16	3.536,24	3.978,27																		
27.835,99 (West)	I	37.420	2.058,10	2.993,60	3.367,80	1.954,70	2.843,20	3.198,60	1.851,30	2.692,80	3.029,40	1.694,20	2.542,40	2.860,20	1.470,48	2.392,00	2.691,00	1.246,76	2.241,60	2.521,80	1.023,04	2.091,20	2.352,60
	II	35.631	1.959,70	2.850,48	3.206,79	1.856,30	2.700,08	3.037,59	1.705,03	2.549,68	2.868,39	1.481,31	2.399,28	2.699,19	1.257,59	2.248,88	2.529,99	1.033,87	2.098,48	2.360,79	810,15	1.948,08	2.191,59
	III	27.604	-	2.208,32	2.484,36	-	2.068,16	2.326,68	-	1.931,20	2.172,60	-	1.797,44	2.022,12	-	1.666,56	1.874,88	-	1.538,88	1.731,24	-	1.414,40	1.591,20
	IV	37.420	2.058,10	2.993,60	3.367,80	2.006,40	2.918,40	3.283,20	1.954,70	2.843,20	3.198,60	1.903,00	2.768,00	3.114,00	1.851,30	2.692,80	3.029,40	1.799,60	2.617,60	2.944,80	1.694,20	2.542,40	2.860,20
	V	43.593	2.397,61	3.487,44	3.923,37																		
	VI	44.125	2.426,87	3.530,00	3.971,25																		
27.835,99 (Ost)	I	37.513	2.063,21	3.001,04	3.376,17	1.959,81	2.850,64	3.206,97	1.856,47	2.700,32	3.037,86	1.705,38	2.549,92	2.868,66	1.481,66	2.399,52	2.699,46	1.257,94	2.249,12	2.530,26	1.034,22	2.098,72	2.361,06
	II	35.724	1.964,82	2.857,92	3.215,16	1.861,42	2.707,52	3.045,96	1.716,09	2.557,12	2.876,76	1.492,37	2.406,72	2.707,56	1.268,77	2.256,40	2.538,45	1.045,05	2.106,00	2.369,25	821,33	1.955,60	2.200,05
	III	27.692	-	2.215,36	2.492,28	-	2.075,20	2.334,60	-	1.938,08	2.180,34	-	1.804,00	2.029,50	-	1.673,12	1.882,26	-	1.545,28	1.738,44	-	1.420,48	1.598,04
	IV	37.513	2.063,21	3.001,04	3.376,17	2.011,51	2.925,84	3.291,57	1.959,81	2.850,64	3.206,97	1.908,17	2.775,52	3.122,46	1.856,47	2.700,32	3.037,86	1.804,77	2.625,12	2.953,26	1.705,38	2.549,92	2.868,66
	V	43.687	2.402,78	3.494,96	3.931,83																		
	VI	44.218	2.431,99	3.537,44	3.979,62																		
27.871,99 (West)	I	37.435	2.058,92	2.994,80	3.369,15	1.955,52	2.844,40	3.199,95	1.852,12	2.694,00	3.030,75	1.695,98	2.543,60	2.861,55	1.472,26	2.393,20	2.692,35	1.248,54	2.242,80	2.523,15	1.024,82	2.092,40	2.353,95
	II	35.646	1.960,53	2.851,68	3.208,14	1.857,13	2.701,28	3.038,94	1.706,81	2.550,88	2.869,74	1.483,09	2.400,48	2.700,54	1.259,37	2.250,08	2.531,34	1.035,65	2.099,68	2.362,14	811,93	1.949,28	2.192,94
	III	27.618	-	2.209,44	2.485,62	-	2.069,28	2.327,94	-	1.932,32	2.173,86	-	1.798,40	2.023,20	-	1.667,68	1.876,14	-	1.540,00	1.732,50	-	1.415,36	1.592,28
	IV	37.435	2.058,92	2.994,80	3.369,15	2.007,22	2.919,60	3.284,55	1.955,52	2.844,40	3.199,95	1.903,82	2.769,20	3.115,35	1.852,12	2.694,00	3.030,75	1.800,42	2.618,80	2.946,15	1.695,98	2.543,60	2.861,55
	V	43.608	2.398,44	3.488,64	3.924,72																		
	VI	44.140	2.427,70	3.531,20	3.972,60																		
27.871,99 (Ost)	I	37.529	2.064,09	3.002,32	3.377,61	1.960,69	2.851,92	3.208,41	1.857,29	2.701,52	3.039,21	1.707,17	2.551,12	2.870,01	1.483,45	2.400,72	2.700,81	1.259,73	2.250,32	2.531,61	1.036,01	2.099,92	2.362,41
	II	35.739	1.965,64	2.859,12	3.216,51	1.862,24	2.708,72	3.047,31	1.717,88	2.558,32	2.878,11	1.494,28	2.408,00	2.709,00	1.270,56	2.257,60	2.539,80	1.046,84	2.107,20	2.370,60	823,12	1.956,80	2.201,40
	III	27.706	-	2.216,48	2.493,54	-	2.076,32	2.335,86	-	1.939,20	2.181,60	-	1.805,12	2.030,76	-	1.674,08	1.883,34	-	1.546,24	1.739,52	-	1.421,44	1.599,12
	IV	37.529	2.064,09	3.002,32	3.377,61	2.012,39	2.927,12	3.293,01	1.960,69	2.851,92	3.208,41	1.908,99	2.776,72	3.123,81	1.857,29	2.701,52	3.039,21	1.805,59	2.626,32	2.954,61	1.707,17	2.551,12	2.870,01
	V	43.702	2.403,61	3.496,16	3.933,18																		
	VI	44.234	2.432,87	3.538,72	3.981,06																		

SolZ/KiSt lt. Tabelle nicht für Sonstige Bezüge anwendbar.

Lohn/ Gehalt bis	Steuerklasse	Lohn-steuer	ohne Kinderfreibetrag			Anzahl Kinderfreibeträge (nur Steuerklassen I–IV) 0,5			1,0			1,5			2,0			2,5			3,0		
			SolZ 5,5%	Kirchensteuer 8%	9%	SolZ 5,5%	Kirchensteuer 8%	9%	SolZ 5,5%	Kirchensteuer 8%	9%	SolZ 5,5%	Kirchensteuer 8%	9%	SolZ 5,5%	Kirchensteuer 8%	9%	SolZ 5,5%	Kirchensteuer 8%	9%	SolZ 5,5%	Kirchensteuer 8%	9%
127.907,99 (West)	I	37.450	2.059,75	2.996,00	3.370,50	1.956,35	2.845,60	3.201,30	1.852,95	2.695,20	3.032,10	1.697,77	2.544,80	2.862,90	1.474,05	2.394,40	2.693,70	1.250,33	2.244,00	2.524,50	1.026,61	2.093,60	2.355,3
	II	35.661	1.961,35	2.852,88	3.209,49	1.857,95	2.702,48	3.040,29	1.708,60	2.552,08	2.871,09	1.484,88	2.401,68	2.701,89	1.261,16	2.251,28	2.532,69	1.037,44	2.100,88	2.363,49	813,72	1.950,48	2.194,2
	III	27.632	-	2.210,56	2.486,88	-	2.070,40	2.329,20	-	1.933,44	2.175,12	-	1.799,52	2.024,46	-	1.668,64	1.877,22	-	1.540,96	1.733,58	-	1.416,32	1.593,3
	IV	37.450	2.059,75	2.996,00	3.370,50	2.008,05	2.920,80	3.285,90	1.956,35	2.845,60	3.201,30	1.904,65	2.770,40	3.116,70	1.852,95	2.695,20	3.032,10	1.801,25	2.620,00	2.947,50	1.697,77	2.544,80	2.862,9
	V	43.623	2.399,26	3.489,84	3.926,07																		
	VI	44.155	2.428,52	3.532,40	3.973,95																		
127.907,99 (Ost)	I	37.544	2.064,92	3.003,52	3.378,96	1.961,52	2.853,12	3.209,76	1.858,12	2.702,72	3.040,56	1.708,95	2.552,32	2.871,36	1.485,23	2.401,92	2.702,16	1.261,51	2.251,52	2.532,96	1.037,79	2.101,12	2.363,7
	II	35.754	1.966,47	2.860,32	3.217,86	1.863,12	2.710,00	3.048,75	1.719,78	2.559,60	2.879,55	1.496,06	2.409,20	2.710,35	1.272,34	2.258,80	2.541,15	1.048,62	2.108,40	2.371,95	824,90	1.958,00	2.202,7
	III	27.720	-	2.217,60	2.494,80	-	2.077,44	2.337,12	-	1.940,16	2.182,68	-	1.806,08	2.031,84	-	1.675,20	1.884,60	-	1.547,20	1.740,60	-	1.422,40	1.600,2
	IV	37.544	2.064,92	3.003,52	3.378,96	2.013,22	2.928,32	3.294,36	1.961,52	2.853,12	3.209,76	1.909,82	2.777,92	3.125,16	1.858,12	2.702,72	3.040,56	1.806,42	2.627,52	2.955,96	1.708,95	2.552,32	2.871,3
	V	43.717	2.404,43	3.497,36	3.934,53																		
	VI	44.249	2.433,69	3.539,92	3.982,41																		
127.943,99 (West)	I	37.465	2.060,57	2.997,20	3.371,85	1.957,17	2.846,80	3.202,65	1.853,77	2.696,40	3.033,45	1.699,55	2.546,00	2.864,25	1.475,83	2.395,60	2.695,05	1.252,23	2.245,28	2.525,94	1.028,51	2.094,88	2.356,7
	II	35.676	1.962,18	2.854,08	3.210,84	1.858,78	2.703,68	3.041,64	1.710,38	2.553,28	2.872,44	1.486,66	2.402,88	2.703,24	1.262,94	2.252,48	2.534,04	1.039,22	2.102,08	2.364,84	815,50	1.951,68	2.195,6
	III	27.646	-	2.211,68	2.488,14	-	2.071,52	2.330,46	-	1.934,56	2.176,38	-	1.800,64	2.025,72	-	1.669,76	1.878,48	-	1.541,92	1.734,66	-	1.417,28	1.594,4
	IV	37.465	2.060,57	2.997,20	3.371,85	2.008,87	2.922,00	3.287,25	1.957,17	2.846,80	3.202,65	1.905,47	2.771,60	3.118,05	1.853,77	2.696,40	3.033,45	1.802,07	2.621,20	2.948,85	1.699,55	2.546,00	2.864,2
	V	43.638	2.400,09	3.491,04	3.927,42																		
	VI	44.170	2.429,35	3.533,60	3.975,30																		
127.943,99 (Ost)	I	37.559	2.065,74	3.004,72	3.380,31	1.962,34	2.854,32	3.211,11	1.858,94	2.703,92	3.041,91	1.710,74	2.553,52	2.872,71	1.487,02	2.403,12	2.703,51	1.263,30	2.252,72	2.534,31	1.039,58	2.102,32	2.365,1
	II	35.770	1.967,35	2.861,60	3.219,30	1.863,95	2.711,20	3.050,10	1.721,57	2.560,80	2.880,90	1.497,85	2.410,40	2.711,70	1.274,13	2.260,00	2.542,50	1.050,41	2.109,60	2.373,30	826,69	1.959,20	2.204,1
	III	27.734	-	2.218,72	2.496,06	-	2.078,56	2.338,38	-	1.941,28	2.183,94	-	1.807,20	2.033,10	-	1.676,16	1.885,68	-	1.548,32	1.741,86	-	1.423,52	1.601,4
	IV	37.559	2.065,74	3.004,72	3.380,31	2.014,04	2.929,52	3.295,71	1.962,34	2.854,32	3.211,11	1.910,64	2.779,12	3.126,51	1.858,94	2.703,92	3.041,91	1.807,24	2.628,72	2.957,31	1.710,74	2.553,52	2.872,7
	V	43.732	2.405,26	3.498,56	3.935,88																		
	VI	44.264	2.434,52	3.541,12	3.983,76																		
127.979,99 (West)	I	37.480	2.061,40	2.998,40	3.373,20	1.958,00	2.848,00	3.204,00	1.854,60	2.697,60	3.034,80	1.701,34	2.547,20	2.865,60	1.477,74	2.396,88	2.696,49	1.254,02	2.246,48	2.527,29	1.030,30	2.096,08	2.358,0
	II	35.691	1.963,00	2.855,28	3.212,19	1.859,60	2.704,88	3.042,99	1.712,17	2.554,48	2.873,79	1.488,45	2.404,08	2.704,59	1.264,73	2.253,68	2.535,39	1.041,01	2.103,28	2.366,19	817,41	1.952,96	2.197,0
	III	27.660	-	2.212,80	2.489,40	-	2.072,64	2.331,72	-	1.935,68	2.177,64	-	1.801,60	2.026,80	-	1.670,72	1.879,56	-	1.543,04	1.735,92	-	1.418,24	1.595,5
	IV	37.480	2.061,40	2.998,40	3.373,20	2.009,70	2.923,20	3.288,60	1.958,00	2.848,00	3.204,00	1.906,30	2.772,80	3.119,40	1.854,60	2.697,60	3.034,80	1.802,90	2.622,40	2.950,20	1.701,34	2.547,20	2.865,6
	V	43.654	2.400,97	3.492,32	3.928,86																		
	VI	44.185	2.430,17	3.534,80	3.976,65																		
127.979,99 (Ost)	I	37.574	2.066,57	3.005,92	3.381,66	1.963,17	2.855,52	3.212,46	1.859,77	2.705,12	3.043,26	1.712,52	2.554,72	2.874,06	1.488,80	2.404,32	2.704,86	1.265,08	2.253,92	2.535,66	1.041,36	2.103,52	2.366,4
	II	35.785	1.968,17	2.862,80	3.220,65	1.864,77	2.712,40	3.051,45	1.723,35	2.562,00	2.882,25	1.499,63	2.411,60	2.713,05	1.275,91	2.261,20	2.543,85	1.052,19	2.110,80	2.374,65	828,47	1.960,40	2.205,4
	III	27.748	-	2.219,84	2.497,32	-	2.079,68	2.339,64	-	1.942,40	2.185,20	-	1.808,32	2.034,36	-	1.677,28	1.886,94	-	1.549,28	1.742,94	-	1.424,48	1.602,5
	IV	37.574	2.066,57	3.005,92	3.381,66	2.014,87	2.930,72	3.297,06	1.963,17	2.855,52	3.212,46	1.911,47	2.780,32	3.127,86	1.859,77	2.705,12	3.043,26	1.808,07	2.629,92	2.958,66	1.712,52	2.554,72	2.874,0
	V	43.747	2.406,08	3.499,76	3.937,23																		
	VI	44.279	2.435,34	3.542,32	3.985,11																		
128.015,99 (West)	I	37.495	2.062,22	2.999,60	3.374,55	1.958,82	2.849,20	3.205,35	1.855,48	2.698,88	3.036,24	1.703,24	2.548,48	2.867,04	1.479,52	2.398,08	2.697,84	1.255,80	2.247,68	2.528,64	1.032,08	2.097,28	2.359,4
	II	35.706	1.963,83	2.856,48	3.213,54	1.860,43	2.706,08	3.044,34	1.713,95	2.555,68	2.875,14	1.490,23	2.405,28	2.705,94	1.266,51	2.254,88	2.536,74	1.042,91	2.104,56	2.367,63	819,19	1.954,16	2.198,4
	III	27.674	-	2.213,92	2.490,66	-	2.073,76	2.332,98	-	1.936,64	2.178,72	-	1.802,72	2.028,06	-	1.671,84	1.880,82	-	1.544,00	1.737,00	-	1.419,20	1.596,6
	IV	37.495	2.062,22	2.999,60	3.374,55	2.010,52	2.924,40	3.289,95	1.958,82	2.849,20	3.205,35	1.907,12	2.774,00	3.120,75	1.855,48	2.698,88	3.036,24	1.803,78	2.623,68	2.951,64	1.703,24	2.548,48	2.867,0
	V	43.669	2.401,79	3.493,52	3.930,21																		
	VI	44.200	2.431,00	3.536,00	3.978,00																		
128.015,99 (Ost)	I	37.589	2.067,39	3.007,12	3.383,01	1.963,99	2.856,72	3.213,81	1.860,59	2.706,32	3.044,61	1.714,31	2.555,92	2.875,41	1.490,59	2.405,52	2.706,21	1.266,87	2.255,12	2.537,01	1.043,15	2.104,72	2.367,8
	II	35.800	1.969,00	2.864,00	3.222,00	1.865,60	2.713,60	3.052,80	1.725,14	2.563,20	2.883,60	1.501,42	2.412,80	2.714,40	1.277,70	2.262,40	2.545,20	1.053,98	2.112,00	2.376,00	830,26	1.961,60	2.206,8
	III	27.764	-	2.221,12	2.498,76	-	2.080,80	2.340,90	-	1.943,52	2.186,46	-	1.809,28	2.035,44	-	1.678,24	1.888,02	-	1.550,40	1.744,20	-	1.425,44	1.603,6
	IV	37.589	2.067,39	3.007,12	3.383,01	2.015,69	2.931,92	3.298,41	1.963,99	2.856,72	3.213,81	1.912,29	2.781,52	3.129,21	1.860,59	2.706,32	3.044,61	1.808,89	2.631,12	2.960,01	1.714,31	2.555,92	2.875,4
	V	43.762	2.406,91	3.500,96	3.938,58																		
	VI	44.294	2.436,17	3.543,52	3.986,46																		
128.051,99 (West)	I	37.510	2.063,05	3.000,80	3.375,90	1.959,70	2.850,48	3.206,79	1.856,30	2.700,08	3.037,59	1.705,03	2.549,68	2.868,39	1.481,31	2.399,28	2.699,19	1.257,59	2.248,88	2.529,99	1.033,87	2.098,48	2.360,7
	II	35.721	1.964,65	2.857,68	3.214,89	1.861,25	2.707,28	3.045,69	1.715,74	2.556,88	2.876,49	1.492,14	2.406,56	2.707,38	1.268,42	2.256,16	2.538,18	1.044,70	2.105,76	2.368,98	820,98	1.955,36	2.199,7
	III	27.688	-	2.215,04	2.491,92	-	2.074,88	2.334,24	-	1.937,76	2.179,98	-	1.803,84	2.029,32	-	1.672,80	1.881,90	-	1.544,96	1.738,08	-	1.420,32	1.597,8
	IV	37.510	2.063,05	3.000,80	3.375,90	2.011,40	2.925,68	3.291,39	1.959,70	2.850,48	3.206,79	1.908,00	2.775,28	3.122,19	1.856,30	2.700,08	3.037,59	1.804,60	2.624,88	2.952,99	1.705,03	2.549,68	2.868,3
	V	43.684	2.402,62	3.494,72	3.931,56																		
	VI	44.215	2.431,82	3.537,20	3.979,35																		
128.051,99 (Ost)	I	37.604	2.068,22	3.008,32	3.384,36	1.964,82	2.857,92	3.215,16	1.861,42	2.707,52	3.045,96	1.716,09	2.557,12	2.876,76	1.492,37	2.406,72	2.707,56	1.268,77	2.256,40	2.538,45	1.045,05	2.106,00	2.369,2
	II	35.815	1.969,82	2.865,20	3.223,35	1.866,42	2.714,80	3.054,15	1.726,92	2.564,40	2.884,95	1.503,20	2.414,00	2.715,75	1.279,48	2.263,60	2.546,55	1.055,76	2.113,20	2.377,35	832,04	1.962,80	2.208,1
	III	27.778	-	2.222,24	2.500,02	-	2.081,92	2.342,16	-	1.944,64	2.187,72	-	1.810,40	2.036,70	-	1.679,36	1.889,28	-	1.551,36	1.745,28	-	1.426,40	1.604,7
	IV	37.604	2.068,22	3.008,32	3.384,36	2.016,52	2.933,12	3.299,76	1.964,82	2.857,92	3.215,16	1.913,12	2.782,72	3.130,56	1.861,42	2.707,52	3.045,96	1.809,72	2.632,32	2.961,36	1.716,09	2.557,12	2.876,7
	V	43.777	2.407,73	3.502,16	3.939,93																		
	VI	44.309	2.436,99	3.544,72	3.987,81																		
128.087,99 (West)	I	37.526	2.063,93	3.002,08	3.377,34	1.960,53	2.851,68	3.208,14	1.857,13	2.701,28	3.038,94	1.706,81	2.550,88	2.869,74	1.483,09	2.400,48	2.700,54	1.259,37	2.250,08	2.531,34	1.035,65	2.099,68	2.362,1
	II	35.736	1.965,48	2.858,88	3.216,24	1.862,08	2.708,48	3.047,04	1.717,64	2.558,16	2.877,93	1.493,92	2.407,76	2.708,73	1.270,20	2.257,36	2.539,53	1.046,48	2.106,96	2.370,33	822,76	1.956,56	2.201,1
	III	27.702	-	2.216,16	2.493,18	-	2.076,00	2.335,50	-	1.938,88	2.181,24	-	1.804,80	2.030,40	-	1.673,92	1.883,16	-	1.546,08	1.739,34	-	1.421,28	1.598,9
	IV	37.526	2.063,93	3.002,08	3.377,34	2.012,23	2.926,88	3.292,74	1.960,53	2.851,68	3.208,14	1.908,83	2.776,48	3.123,54	1.857,13	2.701,28	3.038,94	1.805,43	2.626,08	2.954,34	1.706,81	2.550,88	2.869,7
	V	43.699	2.403,44	3.495,92	3.932,91																		
	VI	44.231	2.432,70	3.538,48	3.980,79																		
128.087,99 (Ost)	I	37.619	2.069,04	3.009,52	3.385,71	1.965,64	2.859,12	3.216,51	1.862,24	2.708,72	3.047,31	1.717,88	2.558,32	2.878,11	1.494,28	2.408,00	2.709,00	1.270,56	2.257,60	2.539,80	1.046,84	2.107,20	2.370,6
	II	35.830	1.970,65	2.866,40	3.224,70	1.867,25	2.716,00	3.055,50	1.728,71	2.565,60	2.886,30	1.504,99	2.415,20	2.717,10	1.281,27	2.264,80	2.547,90	1.057,55	2.114,40	2.378,70	833,95	1.964,08	2.209,5
	III	27.792	-	2.223,36	2.501,28	-	2.083,04	2.343,42	-	1.945,76	2.188,98	-	1.811,52	2.037,96	-	1.680,32	1.890,36	-	1.552,32	1.746,36	-	1.427,36	1.605,7
	IV	37.619	2.069,04	3.009,52	3.385,71	2.017,34	2.934,32	3.301,11	1.965,64	2.859,12	3.216,51	1.913,94	2.783,92	3.131,91	1.862,24	2.708,72	3.047,31	1.810,54	2.633,52	2.962,71	1.717,88	2.558,32	2.878,1
	V	43.793	2.408,61	3.503,44	3.941,37																		
	VI	44.324	2.437,82	3.545,92	3.989,16																		
128.123,99 (West)	I	37.541	2.064,75	3.003,28	3.378,69	1.961,35	2.852,88	3.209,49	1.857,95	2.702,48	3.040,29	1.708,60	2.552,08	2.871,09	1.484,88	2.401,68	2.701,89	1.261,16	2.251,28	2.532,69	1.037,44	2.100,88	2.363,4
	II	35.752	1.966,36	2.860,16	3.217,68	1.862,96	2.709,76	3.048,48	1.719,43	2.559,36	2.879,28	1.495,71	2.408,96	2.710,08	1.271,99	2.258,56	2.540,88	1.048,27	2.108,16	2.371,68	824,55	1.957,76	2.202,4
	III	27.718	-	2.217,44	2.494,62	-	2.077,12	2.336,76	-	1.940,00	2.182,50	-	1.805,92	2.031,66	-	1.674,88	1.884,24	-	1.547,04	1.740,42	-	1.422,24	1.600,0
	IV	37.541	2.064,75	3.003,28	3.378,69	2.013,05	2.928,08	3.294,09	1.961,35	2.852,88	3.209,49	1.909,65	2.777,68	3.124,89	1.857,95	2.702,48	3.040,29	1.806,25	2.627,28	2.955,69	1.708,60	2.552,08	2.871,0
	V	43.714	2.404,27	3.497,12	3.934,26																		
	VI	44.246	2.433,53	3.539,68	3.982,14																		
128.123,99 (Ost)	I	37.634	2.069,87	3.010,72	3.387,06	1.966,47	2.860,32	3.217,86	1.863,12	2.710,00	3.048,75	1.719,78	2.559,60	2.879,55	1.496,06	2.409,20	2.710,35	1.272,34	2.258,80	2.541,15	1.048,62	2.108,40	2.371,9
	II	35.845	1.971,47	2.867,60	3.226,05	1.868,07	2.717,20	3.056,85	1.730,49	2.566,80	2.887,65	1.506,77	2.416,40	2.718,45	1.283,05	2.266,00	2.549,25	1.059,45	2.115,68	2.380,14	835,73	1.965,28	2.210,9
	III	27.806	-	2.224,48	2.502,54	-	2.084,00	2.344,50	-	1.946,72	2.190,06	-	1.812,48	2.039,04	-	1.681,44	1.891,62	-	1.553,44	1.747,62	-	1.428,48	1.607,0
	IV	37.634	2.069,87	3.010,72	3.387,06	2.018,17	2.935,52	3.302,46	1.966,47	2.860,32	3.217,86	1.914,77	2.785,12	3.133,26	1.863,12	2.710,00	3.048,75	1.811,42	2.634,80	2.964,15	1.719,78	2.559,60	2.879,5
	V	43.808	2.409,44	3.504,64	3.942,72																		
	VI	44.339	2.438,64	3.547,12	3.990,51																		

SolZ/KiSt lt. Tabelle nicht für Sonstige Bezüge anwendbar.

Allgemeine Tabelle

JAHR bis 128.375,99 €

Lohn/Gehalt bis	Steuerklasse	Lohnsteuer	ohne Kinderfreibetrag SolZ 5,5%	Kirchensteuer 8%	Kirchensteuer 9%	0,5 SolZ 5,5%	Kirchensteuer 8%	Kirchensteuer 9%	1,0 SolZ 5,5%	Kirchensteuer 8%	Kirchensteuer 9%	1,5 SolZ 5,5%	Kirchensteuer 8%	Kirchensteuer 9%	2,0 SolZ 5,5%	Kirchensteuer 8%	Kirchensteuer 9%	2,5 SolZ 5,5%	Kirchensteuer 8%	Kirchensteuer 9%	3,0 SolZ 5,5%	Kirchensteuer 8%	Kirchensteuer 9%
						Anzahl Kinderfreibeträge (nur Steuerklassen I–IV)																	
28.159,99	I	37.556	2.065,58	3.004,48	3.380,04	1.962,18	2.854,08	3.210,84	1.858,78	2.703,68	3.041,64	1.710,38	2.553,28	2.872,44	1.486,66	2.402,88	2.703,24	1.262,94	2.252,48	2.534,04	1.039,22	2.102,08	2.364,84
(West)	II	35.767	1.967,18	2.861,36	3.219,03	1.863,78	2.710,96	3.049,83	1.721,21	2.560,56	2.880,63	1.497,49	2.410,16	2.711,43	1.273,77	2.259,76	2.542,23	1.050,05	2.109,36	2.373,03	826,33	1.958,96	2.203,83
	III	27.732	-	2.218,56	2.495,88	-	2.078,24	2.338,02	-	1.941,12	2.183,76	-	1.807,04	2.032,92	-	1.676,00	1.885,50	-	1.548,00	1.741,50	-	1.423,20	1.601,10
	IV	37.556	2.065,58	3.004,48	3.380,04	2.013,88	2.929,28	3.295,44	1.962,18	2.854,08	3.210,84	1.910,48	2.778,88	3.126,24	1.858,78	2.703,68	3.041,64	1.807,08	2.628,48	2.957,04	1.710,38	2.553,28	2.872,44
	V	43.729	2.405,09	3.498,32	3.935,61																		
	VI	44.261	2.434,35	3.540,88	3.983,49																		
28.159,99	I	37.649	2.070,69	3.011,92	3.388,41	1.967,35	2.861,60	3.219,30	1.863,95	2.711,20	3.050,10	1.721,57	2.560,80	2.880,90	1.497,85	2.410,40	2.711,70	1.274,13	2.260,00	2.542,50	1.050,41	2.109,60	2.373,30
(Ost)	II	35.860	1.972,30	2.868,80	3.227,40	1.868,90	2.718,40	3.058,20	1.732,28	2.568,00	2.889,00	1.508,68	2.417,68	2.719,89	1.284,96	2.267,28	2.550,69	1.061,24	2.116,88	2.381,49	837,52	1.966,48	2.212,29
	III	27.820	-	2.225,60	2.503,80	-	2.085,12	2.345,76	-	1.947,84	2.191,32	-	1.813,60	2.040,30	-	1.682,40	1.892,70	-	1.554,40	1.748,70	-	1.429,44	1.608,12
	IV	37.649	2.070,69	3.011,92	3.388,41	2.019,05	2.936,80	3.303,90	1.967,35	2.861,60	3.219,30	1.915,65	2.786,40	3.134,70	1.863,95	2.711,20	3.050,10	1.812,25	2.636,00	2.965,50	1.721,57	2.560,80	2.880,90
	V	43.823	2.410,26	3.505,84	3.944,07																		
	VI	44.355	2.439,52	3.548,40	3.991,95																		
28.195,99	I	37.571	2.066,40	3.005,68	3.381,39	1.963,00	2.855,28	3.212,19	1.859,60	2.704,88	3.042,99	1.712,17	2.554,48	2.873,79	1.488,45	2.404,08	2.704,59	1.264,73	2.253,68	2.535,39	1.041,01	2.103,28	2.366,19
(West)	II	35.782	1.968,01	2.862,56	3.220,38	1.864,61	2.712,16	3.051,18	1.723,00	2.561,76	2.881,98	1.499,28	2.411,36	2.712,78	1.275,56	2.260,96	2.543,58	1.051,84	2.110,56	2.374,38	828,12	1.960,16	2.205,18
	III	27.746	-	2.219,68	2.497,14	-	2.079,36	2.339,28	-	1.942,24	2.185,02	-	1.808,00	2.034,00	-	1.676,96	1.886,58	-	1.549,12	1.742,76	-	1.424,16	1.602,18
	IV	37.571	2.066,40	3.005,68	3.381,39	2.014,70	2.930,48	3.296,79	1.963,00	2.855,28	3.212,19	1.911,30	2.780,08	3.127,59	1.859,60	2.704,88	3.042,99	1.807,90	2.629,68	2.958,39	1.712,17	2.554,48	2.873,79
	V	43.744	2.405,92	3.499,52	3.936,96																		
	VI	44.276	2.435,18	3.542,08	3.984,84																		
28.195,99	I	37.665	2.071,57	3.013,20	3.389,85	1.968,17	2.862,80	3.220,65	1.864,77	2.712,40	3.051,45	1.723,35	2.562,00	2.882,25	1.499,63	2.411,60	2.713,05	1.275,91	2.261,20	2.543,85	1.052,19	2.110,80	2.374,65
(Ost)	II	35.875	1.973,12	2.870,00	3.228,75	1.869,72	2.719,60	3.059,55	1.734,18	2.569,28	2.890,44	1.510,46	2.418,88	2.721,24	1.286,74	2.268,48	2.552,04	1.063,02	2.118,08	2.382,84	839,30	1.967,68	2.213,64
	III	27.834	-	2.226,72	2.505,06	-	2.086,24	2.347,02	-	1.948,96	2.192,58	-	1.814,72	2.041,56	-	1.683,52	1.893,96	-	1.555,36	1.749,78	-	1.430,40	1.609,20
	IV	37.665	2.071,57	3.013,20	3.389,85	2.019,87	2.938,00	3.305,25	1.968,17	2.862,80	3.220,65	1.916,47	2.787,60	3.136,05	1.864,77	2.712,40	3.051,45	1.813,07	2.637,20	2.966,85	1.723,35	2.562,00	2.882,25
	V	43.838	2.411,09	3.507,04	3.945,42																		
	VI	44.370	2.440,35	3.549,60	3.993,30																		
28.231,99	I	37.586	2.067,23	3.006,88	3.382,74	1.963,83	2.856,48	3.213,54	1.860,43	2.706,08	3.044,34	1.713,95	2.555,68	2.875,14	1.490,23	2.405,28	2.705,94	1.266,51	2.254,88	2.536,74	1.042,91	2.104,56	2.367,63
(West)	II	35.797	1.968,83	2.863,76	3.221,73	1.865,43	2.713,36	3.052,53	1.724,78	2.562,96	2.883,33	1.501,06	2.412,56	2.714,13	1.277,34	2.262,16	2.544,93	1.053,62	2.111,76	2.375,73	829,90	1.961,36	2.206,53
	III	27.760	-	2.220,80	2.498,40	-	2.080,48	2.340,54	-	1.943,20	2.186,10	-	1.809,12	2.035,26	-	1.678,08	1.887,84	-	1.550,08	1.743,84	-	1.425,28	1.603,44
	IV	37.586	2.067,23	3.006,88	3.382,74	2.015,53	2.931,68	3.298,14	1.963,83	2.856,48	3.213,54	1.912,13	2.781,28	3.128,94	1.860,43	2.706,08	3.044,34	1.808,73	2.630,88	2.959,74	1.713,95	2.555,68	2.875,14
	V	43.759	2.406,74	3.500,72	3.938,31																		
	VI	44.291	2.436,00	3.543,28	3.986,19																		
28.231,99	I	37.680	2.072,40	3.014,40	3.391,20	1.969,00	2.864,00	3.222,00	1.865,60	2.713,60	3.052,80	1.725,14	2.563,20	2.883,60	1.501,42	2.412,80	2.714,40	1.277,70	2.262,40	2.545,20	1.053,98	2.112,00	2.376,00
(Ost)	II	35.891	1.974,00	2.871,28	3.230,19	1.870,60	2.720,88	3.060,99	1.735,97	2.570,48	2.891,79	1.512,25	2.420,08	2.722,59	1.288,53	2.269,68	2.553,39	1.064,81	2.119,28	2.384,19	841,09	1.968,88	2.214,99
	III	27.848	-	2.227,84	2.506,32	-	2.087,36	2.348,28	-	1.950,08	2.193,84	-	1.815,68	2.042,64	-	1.684,48	1.895,04	-	1.556,48	1.751,04	-	1.431,36	1.610,28
	IV	37.680	2.072,40	3.014,40	3.391,20	2.020,70	2.939,20	3.306,60	1.969,00	2.864,00	3.222,00	1.917,30	2.788,80	3.137,40	1.865,60	2.713,60	3.052,80	1.813,90	2.638,40	2.968,20	1.725,14	2.563,20	2.883,60
	V	43.853	2.411,91	3.508,24	3.946,77																		
	VI	44.385	2.441,17	3.550,80	3.994,65																		
28.267,99	I	37.601	2.068,05	3.008,08	3.384,09	1.964,65	2.857,68	3.214,89	1.861,25	2.707,28	3.045,69	1.715,74	2.556,88	2.876,49	1.492,14	2.406,56	2.707,38	1.268,42	2.256,16	2.538,18	1.044,70	2.105,76	2.368,98
(West)	II	35.812	1.969,66	2.864,96	3.223,08	1.866,26	2.714,56	3.053,88	1.726,57	2.564,16	2.884,68	1.502,85	2.413,76	2.715,48	1.279,13	2.263,36	2.546,28	1.055,41	2.112,96	2.377,08	831,69	1.962,56	2.207,88
	III	27.774	-	2.221,92	2.499,66	-	2.081,60	2.341,80	-	1.944,32	2.187,36	-	1.810,24	2.036,52	-	1.679,04	1.888,92	-	1.551,04	1.744,92	-	1.426,24	1.604,52
	IV	37.601	2.068,05	3.008,08	3.384,09	2.016,35	2.932,88	3.299,49	1.964,65	2.857,68	3.214,89	1.912,95	2.782,48	3.130,29	1.861,25	2.707,28	3.045,69	1.809,55	2.632,08	2.961,09	1.715,74	2.556,88	2.876,49
	V	43.774	2.407,57	3.501,92	3.939,66																		
	VI	44.306	2.436,83	3.544,48	3.987,54																		
28.267,99	I	37.695	2.073,22	3.015,60	3.392,55	1.969,82	2.865,20	3.223,35	1.866,42	2.714,80	3.054,15	1.726,92	2.564,40	2.884,95	1.503,20	2.414,00	2.715,75	1.279,48	2.263,60	2.546,55	1.055,76	2.113,20	2.377,35
(Ost)	II	35.906	1.974,83	2.872,48	3.231,54	1.871,43	2.722,08	3.062,34	1.737,75	2.571,68	2.893,14	1.514,03	2.421,28	2.723,94	1.290,31	2.270,88	2.554,74	1.066,59	2.120,48	2.385,54	842,87	1.970,08	2.216,34
	III	27.862	-	2.228,96	2.507,58	-	2.088,48	2.349,54	-	1.951,20	2.195,10	-	1.816,80	2.043,90	-	1.685,60	1.896,30	-	1.557,44	1.752,12	-	1.432,32	1.611,36
	IV	37.695	2.073,22	3.015,60	3.392,55	2.021,52	2.940,40	3.307,95	1.969,82	2.865,20	3.223,35	1.918,12	2.790,00	3.138,75	1.866,42	2.714,80	3.054,15	1.814,72	2.639,60	2.969,55	1.726,92	2.564,40	2.884,95
	V	43.868	2.412,74	3.509,44	3.948,12																		
	VI	44.400	2.442,00	3.552,00	3.996,00																		
28.303,99	I	37.616	2.068,88	3.009,28	3.385,44	1.965,48	2.858,88	3.216,24	1.862,08	2.708,48	3.047,04	1.717,64	2.558,16	2.877,93	1.493,92	2.407,76	2.708,73	1.270,20	2.257,36	2.539,53	1.046,48	2.106,96	2.370,33
(West)	II	35.827	1.970,48	2.866,16	3.224,43	1.867,08	2.715,76	3.055,23	1.728,35	2.565,36	2.886,03	1.504,63	2.414,96	2.716,83	1.280,91	2.264,56	2.547,63	1.057,31	2.114,24	2.378,52	833,59	1.963,84	2.209,32
	III	27.788	-	2.223,04	2.500,92	-	2.082,72	2.343,06	-	1.945,44	2.188,62	-	1.811,20	2.037,60	-	1.680,16	1.890,18	-	1.552,16	1.746,18	-	1.427,20	1.605,60
	IV	37.616	2.068,88	3.009,28	3.385,44	2.017,18	2.934,08	3.300,84	1.965,48	2.858,88	3.216,24	1.913,78	2.783,68	3.131,64	1.862,08	2.708,48	3.047,04	1.810,43	2.633,36	2.962,53	1.717,64	2.558,16	2.877,93
	V	43.790	2.408,45	3.503,20	3.941,10																		
	VI	44.321	2.437,65	3.545,68	3.988,89																		
28.303,99	I	37.710	2.074,05	3.016,80	3.393,90	1.970,65	2.866,40	3.224,70	1.867,25	2.716,00	3.055,50	1.728,71	2.565,60	2.886,30	1.504,99	2.415,20	2.717,10	1.281,27	2.264,80	2.547,90	1.057,55	2.114,40	2.378,70
(Ost)	II	35.921	1.975,65	2.873,68	3.232,89	1.872,25	2.723,28	3.063,69	1.739,54	2.572,88	2.894,49	1.515,82	2.422,48	2.725,29	1.292,10	2.272,08	2.556,09	1.068,38	2.121,68	2.386,89	844,66	1.971,28	2.217,69
	III	27.878	-	2.230,24	2.509,02	-	2.089,60	2.350,80	-	1.952,16	2.196,18	-	1.817,92	2.045,16	-	1.686,56	1.897,38	-	1.558,40	1.753,20	-	1.433,44	1.612,62
	IV	37.710	2.074,05	3.016,80	3.393,90	2.022,35	2.941,60	3.309,30	1.970,65	2.866,40	3.224,70	1.918,95	2.791,20	3.140,10	1.867,25	2.716,00	3.055,50	1.815,55	2.640,80	2.970,90	1.728,71	2.565,60	2.886,30
	V	43.883	2.413,56	3.510,64	3.949,47																		
	VI	44.415	2.442,82	3.553,20	3.997,35																		
28.339,99	I	37.631	2.069,70	3.010,48	3.386,79	1.966,36	2.860,16	3.217,68	1.862,96	2.709,76	3.048,48	1.719,43	2.559,36	2.879,28	1.495,71	2.408,96	2.710,08	1.271,99	2.258,56	2.540,88	1.048,27	2.108,16	2.371,68
(West)	II	35.842	1.971,31	2.867,36	3.225,78	1.867,91	2.716,96	3.056,58	1.730,14	2.566,56	2.887,38	1.506,42	2.416,16	2.718,18	1.282,82	2.265,84	2.549,07	1.059,10	2.115,44	2.379,87	835,38	1.965,04	2.210,67
	III	27.802	-	2.224,16	2.502,18	-	2.083,84	2.344,32	-	1.946,56	2.189,88	-	1.812,32	2.038,86	-	1.681,12	1.891,26	-	1.553,12	1.747,26	-	1.428,16	1.606,68
	IV	37.631	2.069,70	3.010,48	3.386,79	2.018,00	2.935,28	3.302,19	1.966,36	2.860,16	3.217,68	1.914,66	2.784,96	3.133,08	1.862,96	2.709,76	3.048,48	1.811,26	2.634,56	2.963,88	1.719,43	2.559,36	2.879,28
	V	43.805	2.409,27	3.504,40	3.942,45																		
	VI	44.336	2.438,48	3.546,88	3.990,24																		
28.339,99	I	37.725	2.074,87	3.018,00	3.395,25	1.971,47	2.867,60	3.226,05	1.868,07	2.717,20	3.056,85	1.730,49	2.566,80	2.887,65	1.506,77	2.416,40	2.718,45	1.283,05	2.266,00	2.549,25	1.059,45	2.115,68	2.380,14
(Ost)	II	35.936	1.976,48	2.874,88	3.234,24	1.873,08	2.724,48	3.065,04	1.741,32	2.574,08	2.895,84	1.517,60	2.423,68	2.726,64	1.293,88	2.273,28	2.557,44	1.070,16	2.122,88	2.388,24	846,44	1.972,48	2.219,04
	III	27.892	-	2.231,36	2.510,28	-	2.090,72	2.352,06	-	1.953,28	2.197,44	-	1.818,88	2.046,24	-	1.687,68	1.898,64	-	1.559,52	1.754,46	-	1.434,40	1.613,70
	IV	37.725	2.074,87	3.018,00	3.395,25	2.023,17	2.942,80	3.310,65	1.971,47	2.867,60	3.226,05	1.919,77	2.792,40	3.141,45	1.868,07	2.717,20	3.056,85	1.816,37	2.642,00	2.972,25	1.730,49	2.566,80	2.887,65
	V	43.898	2.414,39	3.511,84	3.950,82																		
	VI	44.430	2.443,65	3.554,40	3.998,70																		
28.375,99	I	37.647	2.070,58	3.011,76	3.388,23	1.967,18	2.861,36	3.219,03	1.863,78	2.710,96	3.049,83	1.721,21	2.560,56	2.880,63	1.497,49	2.410,16	2.711,43	1.273,77	2.259,76	2.542,23	1.050,05	2.109,36	2.373,03
(West)	II	35.857	1.972,13	2.868,56	3.227,13	1.868,73	2.718,16	3.057,93	1.732,04	2.567,84	2.888,82	1.508,32	2.417,44	2.719,62	1.284,60	2.267,04	2.550,42	1.060,88	2.116,64	2.381,22	837,16	1.966,24	2.212,02
	III	27.816	-	2.225,28	2.503,44	-	2.084,96	2.345,58	-	1.947,68	2.191,14	-	1.813,44	2.040,12	-	1.682,24	1.892,52	-	1.554,24	1.748,52	-	1.429,12	1.607,76
	IV	37.647	2.070,58	3.011,76	3.388,23	2.018,88	2.936,56	3.303,63	1.967,18	2.861,36	3.219,03	1.915,48	2.786,16	3.134,43	1.863,78	2.710,96	3.049,83	1.812,08	2.635,76	2.965,23	1.721,21	2.560,56	2.880,63
	V	43.820	2.410,10	3.505,60	3.943,80																		
	VI	44.352	2.439,36	3.548,16	3.991,68																		
28.375,99	I	37.740	2.075,70	3.019,20	3.396,60	1.972,30	2.868,80	3.227,40	1.868,90	2.718,40	3.058,20	1.732,28	2.568,00	2.889,00	1.508,68	2.417,68	2.719,89	1.284,96	2.267,28	2.550,69	1.061,24	2.116,88	2.381,49
(Ost)	II	35.951	1.977,30	2.876,08	3.235,59	1.873,90	2.725,68	3.066,39	1.743,11	2.575,28	2.897,19	1.519,39	2.424,88	2.727,99	1.295,67	2.274,48	2.558,79	1.071,95	2.124,08	2.389,59	848,23	1.973,68	2.220,39
	III	27.906	-	2.232,48	2.511,54	-	2.091,84	2.353,32	-	1.954,40	2.198,70	-	1.820,00	2.047,50	-	1.688,80	1.899,90	-	1.560,48	1.755,54	-	1.435,36	1.614,78
	IV	37.740	2.075,70	3.019,20	3.396,60	2.024,00	2.944,00	3.312,00	1.972,30	2.868,80	3.227,40	1.920,60	2.793,60	3.142,80	1.868,90	2.718,40	3.058,20	1.817,20	2.643,20	2.973,60	1.732,28	2.568,00	2.889,00
	V	43.914	2.415,27	3.513,12	3.952,26																		
	VI	44.445	2.444,47	3.555,60	4.000,05																		

SolZ/KiSt lt. Tabelle nicht für Sonstige Bezüge anwendbar.

JAHR bis 128.627,99 €

Allgemeine Tabelle

Lohn/ Gehalt bis	Steuerklasse	Lohn- steuer	ohne Kinderfreibetrag			Anzahl Kinderfreibeträge (nur Steuerklassen I–IV)																	
						0,5			1,0			1,5			2,0			2,5			3,0		
			SolZ 5,5%	Kirchensteuer 8%	9%	SolZ 5,5%	Kirchensteuer 8%	9%	SolZ 5,5%	Kirchensteuer 8%	9%	SolZ 5,5%	Kirchensteuer 8%	9%	SolZ 5,5%	Kirchensteuer 8%	9%	SolZ 5,5%	Kirchensteuer 8%	9%	SolZ 5,5%	Kirchensteuer 8%	9%
128.411,99	I	37.662	2.071,41	3.012,96	3.389,58	1.968,01	2.862,56	3.220,38	1.864,61	2.712,16	3.051,18	1.723,00	2.561,76	2.881,98	1.499,28	2.411,36	2.712,78	1.275,56	2.260,96	2.543,58	1.051,84	2.110,56	2.374,
(West)	II	35.872	1.972,96	2.869,76	3.228,48	1.869,61	2.719,44	3.059,37	1.733,83	2.569,04	2.890,17	1.510,11	2.418,64	2.720,97	1.286,39	2.268,24	2.551,77	1.062,67	2.117,84	2.382,57	838,95	1.967,44	2.213,
	III	27.832	-	2.226,56	2.504,88	-	2.086,08	2.346,84	-	1.948,64	2.192,22	-	1.814,40	2.041,20	-	1.683,20	1.893,60	-	1.555,20	1.749,60	-	1.430,24	1.609,
	IV	37.662	2.071,41	3.012,96	3.389,58	2.019,71	2.937,76	3.304,98	1.968,01	2.862,56	3.220,38	1.916,31	2.787,36	3.135,78	1.864,61	2.712,16	3.051,18	1.812,91	2.636,96	2.966,58	1.723,00	2.561,76	2.881,
	V	43.835	2.410,92	3.506,80	3.945,15																		
	VI	44.367	2.440,18	3.549,36	3.993,03																		
128.411,99	I	37.755	2.076,52	3.020,40	3.397,95	1.973,12	2.870,00	3.228,75	1.869,72	2.719,60	3.059,55	1.734,18	2.569,28	2.890,44	1.510,46	2.418,88	2.721,24	1.286,74	2.268,48	2.552,04	1.063,02	2.118,08	2.382,
(Ost)	II	35.966	1.978,13	2.877,28	3.236,94	1.874,73	2.726,88	3.067,74	1.744,89	2.576,48	2.898,54	1.521,17	2.426,08	2.729,34	1.297,45	2.275,68	2.560,14	1.073,85	2.125,36	2.391,03	850,13	1.974,96	2.221,
	III	27.920	-	2.233,60	2.512,80	-	2.092,96	2.354,58	-	1.955,52	2.199,96	-	1.821,12	2.048,76	-	1.689,76	1.900,98	-	1.561,60	1.756,80	-	1.436,32	1.615,
	IV	37.755	2.076,52	3.020,40	3.397,95	2.024,82	2.945,20	3.313,35	1.973,12	2.870,00	3.228,75	1.921,42	2.794,80	3.144,15	1.869,72	2.719,60	3.059,55	1.818,08	2.644,48	2.975,04	1.734,18	2.569,28	2.890,
	V	43.929	2.416,09	3.514,32	3.953,61																		
	VI	44.460	2.445,30	3.556,80	4.001,40																		
128.447,99	I	37.677	2.072,23	3.014,16	3.390,93	1.968,83	2.863,76	3.221,73	1.865,43	2.713,36	3.052,53	1.724,78	2.562,96	2.883,33	1.501,06	2.412,56	2.714,13	1.277,34	2.262,16	2.544,93	1.053,62	2.111,76	2.375,
(West)	II	35.888	1.973,84	2.871,04	3.229,92	1.870,44	2.720,64	3.060,72	1.735,61	2.570,24	2.891,52	1.511,89	2.419,84	2.722,32	1.288,17	2.269,44	2.553,12	1.064,45	2.119,04	2.383,92	840,73	1.968,64	2.214,
	III	27.846	-	2.227,68	2.506,14	-	2.087,20	2.348,10	-	1.949,76	2.193,48	-	1.815,52	2.042,46	-	1.684,32	1.894,86	-	1.556,16	1.750,68	-	1.431,20	1.610,
	IV	37.677	2.072,23	3.014,16	3.390,93	2.020,53	2.938,96	3.306,33	1.968,83	2.863,76	3.221,73	1.917,13	2.788,56	3.137,13	1.865,43	2.713,36	3.052,53	1.813,73	2.638,16	2.967,93	1.724,78	2.562,96	2.883,
	V	43.850	2.411,75	3.508,00	3.946,50																		
	VI	44.382	2.441,01	3.550,56	3.994,38																		
128.447,99	I	37.770	2.077,35	3.021,60	3.399,30	1.974,00	2.871,28	3.230,19	1.870,60	2.720,88	3.060,99	1.735,97	2.570,48	2.891,79	1.512,25	2.420,08	2.722,59	1.288,53	2.269,68	2.553,39	1.064,81	2.119,28	2.384,
(Ost)	II	35.981	1.978,95	2.878,48	3.238,29	1.875,55	2.728,08	3.069,09	1.746,68	2.577,68	2.899,89	1.522,96	2.427,28	2.730,69	1.299,36	2.276,96	2.561,58	1.075,64	2.126,56	2.392,38	851,92	1.976,16	2.223,
	III	27.934	-	2.234,72	2.514,06	-	2.094,08	2.355,84	-	1.956,64	2.201,22	-	1.822,24	2.050,02	-	1.690,88	1.902,24	-	1.562,56	1.757,88	-	1.437,28	1.616,
	IV	37.770	2.077,35	3.021,60	3.399,30	2.025,65	2.946,40	3.314,70	1.974,00	2.871,28	3.230,19	1.922,30	2.796,08	3.145,59	1.870,60	2.720,88	3.060,99	1.818,90	2.645,68	2.976,39	1.735,97	2.570,48	2.891,
	V	43.944	2.416,92	3.515,52	3.954,96																		
	VI	44.475	2.446,12	3.558,00	4.002,75																		
128.483,99	I	37.692	2.073,06	3.015,36	3.392,28	1.969,66	2.864,96	3.223,08	1.866,26	2.714,56	3.053,88	1.726,57	2.564,16	2.884,68	1.502,85	2.413,76	2.715,48	1.279,13	2.263,36	2.546,28	1.055,41	2.112,96	2.377,
(West)	II	35.903	1.974,66	2.872,24	3.231,27	1.871,26	2.721,84	3.062,07	1.737,40	2.571,44	2.892,87	1.513,68	2.421,04	2.723,67	1.289,96	2.270,64	2.554,47	1.066,24	2.120,24	2.385,27	842,52	1.969,84	2.216,
	III	27.860	-	2.228,80	2.507,40	-	2.088,32	2.349,36	-	1.950,88	2.194,74	-	1.816,64	2.043,72	-	1.685,44	1.896,12	-	1.557,28	1.751,94	-	1.432,16	1.611,
	IV	37.692	2.073,06	3.015,36	3.392,28	2.021,36	2.940,16	3.307,68	1.969,66	2.864,96	3.223,08	1.917,96	2.789,76	3.138,48	1.866,26	2.714,56	3.053,88	1.814,56	2.639,36	2.969,28	1.726,57	2.564,16	2.884,
	V	43.865	2.412,57	3.509,20	3.947,85																		
	VI	44.397	2.441,83	3.551,76	3.995,73																		
128.483,99	I	37.786	2.078,23	3.022,88	3.400,74	1.974,83	2.872,48	3.231,54	1.871,43	2.722,08	3.062,34	1.737,75	2.571,68	2.893,14	1.514,03	2.421,28	2.723,94	1.290,31	2.270,88	2.554,74	1.066,59	2.120,48	2.385,
(Ost)	II	35.996	1.979,78	2.879,68	3.239,64	1.876,38	2.729,28	3.070,44	1.748,58	2.578,96	2.901,33	1.524,86	2.428,56	2.732,13	1.301,14	2.278,16	2.562,93	1.077,42	2.127,76	2.393,73	853,70	1.977,36	2.224,
	III	27.948	-	2.235,84	2.515,32	-	2.095,20	2.357,10	-	1.957,76	2.202,48	-	1.823,20	2.051,10	-	1.691,84	1.903,32	-	1.563,52	1.758,96	-	1.438,40	1.618,
	IV	37.786	2.078,23	3.022,88	3.400,74	2.026,53	2.947,68	3.316,14	1.974,83	2.872,48	3.231,54	1.923,13	2.797,28	3.146,94	1.871,43	2.722,08	3.062,34	1.819,73	2.646,88	2.977,74	1.737,75	2.571,68	2.893,
	V	43.959	2.417,74	3.516,72	3.956,31																		
	VI	44.491	2.447,00	3.559,28	4.004,19																		
128.519,99	I	37.707	2.073,88	3.016,56	3.393,63	1.970,48	2.866,16	3.224,43	1.867,08	2.715,76	3.055,23	1.728,35	2.565,36	2.886,03	1.504,63	2.414,96	2.716,83	1.280,91	2.264,56	2.547,63	1.057,31	2.114,24	2.378,
(West)	II	35.918	1.975,49	2.873,44	3.232,62	1.872,09	2.723,04	3.063,42	1.739,18	2.572,64	2.894,22	1.515,46	2.422,24	2.725,02	1.291,74	2.271,84	2.555,82	1.068,02	2.121,44	2.386,62	844,30	1.971,04	2.217,
	III	27.874	-	2.229,92	2.508,66	-	2.089,44	2.350,62	-	1.952,00	2.196,00	-	1.817,60	2.044,80	-	1.686,40	1.897,20	-	1.558,24	1.753,02	-	1.433,12	1.612,
	IV	37.707	2.073,88	3.016,56	3.393,63	2.022,18	2.941,36	3.309,03	1.970,48	2.866,16	3.224,43	1.918,78	2.790,96	3.139,83	1.867,08	2.715,76	3.055,23	1.815,38	2.640,56	2.970,63	1.728,35	2.565,36	2.886,
	V	43.880	2.413,40	3.510,40	3.949,20																		
	VI	44.412	2.442,66	3.552,96	3.997,08																		
128.519,99	I	37.801	2.079,05	3.024,08	3.402,09	1.975,65	2.873,68	3.232,89	1.872,25	2.723,28	3.063,69	1.739,54	2.572,88	2.894,49	1.515,82	2.422,48	2.725,29	1.292,10	2.272,08	2.556,09	1.068,38	2.121,68	2.386,
(Ost)	II	36.011	1.980,60	2.880,88	3.240,99	1.877,26	2.730,56	3.071,88	1.750,37	2.580,16	2.902,68	1.526,65	2.429,76	2.733,48	1.302,93	2.279,36	2.564,28	1.079,21	2.128,96	2.395,08	855,49	1.978,56	2.225,
	III	27.962	-	2.236,96	2.516,58	-	2.096,32	2.358,36	-	1.958,72	2.203,56	-	1.824,32	2.052,36	-	1.692,96	1.904,58	-	1.564,64	1.760,22	-	1.439,36	1.619,
	IV	37.801	2.079,05	3.024,08	3.402,09	2.027,35	2.948,88	3.317,49	1.975,65	2.873,68	3.232,89	1.923,95	2.798,48	3.148,29	1.872,25	2.723,28	3.063,69	1.820,55	2.648,08	2.979,09	1.739,54	2.572,88	2.894,
	V	43.974	2.418,57	3.517,92	3.957,66																		
	VI	44.506	2.447,83	3.560,48	4.005,54																		
128.555,99	I	37.722	2.074,71	3.017,76	3.394,98	1.971,31	2.867,36	3.225,78	1.867,91	2.716,96	3.056,58	1.730,14	2.566,56	2.887,38	1.506,42	2.416,16	2.718,18	1.282,82	2.265,84	2.549,07	1.059,10	2.115,44	2.379,
(West)	II	35.933	1.976,31	2.874,64	3.233,97	1.872,91	2.724,24	3.064,77	1.740,97	2.573,84	2.895,57	1.517,25	2.423,44	2.726,37	1.293,53	2.273,04	2.557,17	1.069,81	2.122,64	2.387,97	846,09	1.972,24	2.218,
	III	27.888	-	2.231,04	2.509,92	-	2.090,56	2.351,88	-	1.953,12	2.197,26	-	1.818,72	2.046,06	-	1.687,52	1.898,46	-	1.559,20	1.754,10	-	1.434,08	1.613,
	IV	37.722	2.074,71	3.017,76	3.394,98	2.023,01	2.942,56	3.310,38	1.971,31	2.867,36	3.225,78	1.919,61	2.792,16	3.141,18	1.867,91	2.716,96	3.056,58	1.816,21	2.641,76	2.971,98	1.730,14	2.566,56	2.887,
	V	43.895	2.414,22	3.511,60	3.950,55																		
	VI	44.427	2.443,48	3.554,16	3.998,43																		
128.555,99	I	37.816	2.079,88	3.025,28	3.403,44	1.976,48	2.874,88	3.234,24	1.873,08	2.724,48	3.065,04	1.741,32	2.574,08	2.895,84	1.517,60	2.423,68	2.726,64	1.293,88	2.273,28	2.557,44	1.070,16	2.122,88	2.388,
(Ost)	II	36.027	1.981,48	2.882,16	3.242,43	1.878,08	2.731,76	3.073,23	1.752,15	2.581,36	2.904,03	1.528,43	2.430,96	2.734,83	1.304,71	2.280,56	2.565,63	1.080,99	2.130,16	2.396,43	857,27	1.979,76	2.227,
	III	27.978	-	2.238,24	2.518,02	-	2.097,44	2.359,62	-	1.959,84	2.204,82	-	1.825,44	2.053,62	-	1.693,92	1.905,66	-	1.565,60	1.761,30	-	1.440,32	1.620,
	IV	37.816	2.079,88	3.025,28	3.403,44	2.028,18	2.950,08	3.318,84	1.976,48	2.874,88	3.234,24	1.924,78	2.799,68	3.149,64	1.873,08	2.724,48	3.065,04	1.821,38	2.649,28	2.980,44	1.741,32	2.574,08	2.895,
	V	43.989	2.419,39	3.519,12	3.959,01																		
	VI	44.521	2.448,65	3.561,68	4.006,89																		
128.591,99	I	37.737	2.075,53	3.018,96	3.396,33	1.972,13	2.868,56	3.227,13	1.868,73	2.718,16	3.057,93	1.732,04	2.567,84	2.888,82	1.508,32	2.417,44	2.719,62	1.284,60	2.267,04	2.550,42	1.060,88	2.116,64	2.381,
(West)	II	35.948	1.977,14	2.875,84	3.235,32	1.873,74	2.725,44	3.066,12	1.742,75	2.575,04	2.896,92	1.519,03	2.424,64	2.727,72	1.295,31	2.274,24	2.558,52	1.071,59	2.123,84	2.389,32	847,99	1.973,52	2.220,
	III	27.902	-	2.232,16	2.511,18	-	2.091,68	2.353,14	-	1.954,24	2.198,52	-	1.819,84	2.047,32	-	1.688,48	1.899,54	-	1.560,32	1.755,36	-	1.435,20	1.614,
	IV	37.737	2.075,53	3.018,96	3.396,33	2.023,83	2.943,76	3.311,73	1.972,13	2.868,56	3.227,13	1.920,43	2.793,36	3.142,53	1.868,73	2.718,16	3.057,93	1.817,03	2.642,96	2.973,33	1.732,04	2.567,84	2.888,
	V	43.911	2.415,10	3.512,88	3.951,99																		
	VI	44.442	2.444,31	3.555,36	3.999,78																		
128.591,99	I	37.831	2.080,70	3.026,48	3.404,79	1.977,30	2.876,08	3.235,59	1.873,90	2.725,68	3.066,39	1.743,11	2.575,28	2.897,19	1.519,39	2.424,88	2.727,99	1.295,67	2.274,48	2.558,79	1.071,95	2.124,08	2.389,
(Ost)	II	36.042	1.982,31	2.883,36	3.243,78	1.878,91	2.732,96	3.074,58	1.753,94	2.582,56	2.905,38	1.530,22	2.432,16	2.736,18	1.306,50	2.281,76	2.566,98	1.082,78	2.131,36	2.397,78	859,06	1.980,96	2.228,
	III	27.992	-	2.239,36	2.519,28	-	2.098,56	2.360,88	-	1.960,96	2.206,08	-	1.826,40	2.054,70	-	1.695,04	1.906,92	-	1.566,56	1.762,38	-	1.441,28	1.621,
	IV	37.831	2.080,70	3.026,48	3.404,79	2.029,00	2.951,28	3.320,19	1.977,30	2.876,08	3.235,59	1.925,60	2.800,88	3.150,99	1.873,90	2.725,68	3.066,39	1.822,20	2.650,48	2.981,79	1.743,11	2.575,28	2.897,
	V	44.004	2.420,22	3.520,32	3.960,36																		
	VI	44.536	2.449,48	3.562,88	4.008,24																		
128.627,99	I	37.752	2.076,36	3.020,16	3.397,68	1.972,96	2.869,76	3.228,48	1.869,61	2.719,44	3.059,37	1.733,83	2.569,04	2.890,17	1.510,11	2.418,64	2.720,97	1.286,39	2.268,24	2.551,77	1.062,67	2.117,84	2.382,
(West)	II	35.963	1.977,96	2.877,04	3.236,67	1.874,56	2.726,64	3.067,47	1.744,54	2.576,24	2.898,27	1.520,82	2.425,84	2.729,07	1.297,21	2.275,52	2.559,96	1.073,49	2.125,12	2.390,76	849,77	1.974,72	2.221,
	III	27.916	-	2.233,28	2.512,44	-	2.092,80	2.354,40	-	1.955,20	2.199,60	-	1.820,80	2.048,40	-	1.689,60	1.900,80	-	1.561,28	1.756,44	-	1.436,16	1.615,
	IV	37.752	2.076,36	3.020,16	3.397,68	2.024,66	2.944,96	3.313,08	1.972,96	2.869,76	3.228,48	1.921,31	2.794,64	3.143,97	1.869,61	2.719,44	3.059,37	1.817,91	2.644,24	2.974,77	1.733,83	2.569,04	2.890,
	V	43.926	2.415,93	3.514,08	3.953,34																		
	VI	44.457	2.445,13	3.556,56	4.001,13																		
128.627,99	I	37.846	2.081,53	3.027,68	3.406,14	1.978,13	2.877,28	3.236,94	1.874,73	2.726,88	3.067,74	1.744,89	2.576,48	2.898,54	1.521,17	2.426,08	2.729,34	1.297,45	2.275,68	2.560,14	1.073,85	2.125,36	2.391,
(Ost)	II	36.057	1.983,13	2.884,56	3.245,13	1.879,73	2.734,16	3.075,93	1.755,72	2.583,76	2.906,73	1.532,00	2.433,36	2.737,53	1.308,28	2.282,96	2.568,33	1.084,56	2.132,56	2.399,13	860,84	1.982,16	2.229,
	III	28.006	-	2.240,48	2.520,54	-	2.099,68	2.362,14	-	1.962,08	2.207,34	-	1.827,52	2.055,96	-	1.696,00	1.908,00	-	1.567,68	1.763,64	-	1.442,40	1.622,
	IV	37.846	2.081,53	3.027,68	3.406,14	2.029,83	2.952,48	3.321,54	1.978,13	2.877,28	3.236,94	1.926,43	2.802,08	3.152,34	1.874,73	2.726,88	3.067,74	1.823,03	2.651,68	2.983,14	1.744,89	2.576,48	2.898,
	V	44.019	2.421,04	3.521,52	3.961,71																		
	VI	44.551	2.450,30	3.564,08	4.009,59																		

SolZ/KiSt lt. Tabelle nicht für Sonstige Bezüge anwendbar.

Lohn/ Gehalt bis	Steuerklasse	Lohn-steuer	ohne Kinderfreibetrag			Anzahl Kinderfreibeträge (nur Steuerklassen I–IV) 0,5			1,0			1,5			2,0			2,5			3,0		
			SolZ 5,5%	Kirchensteuer 8%	9%	SolZ 5,5%	Kirchensteuer 8%	9%	SolZ 5,5%	Kirchensteuer 8%	9%	SolZ 5,5%	Kirchensteuer 8%	9%	SolZ 5,5%	Kirchensteuer 8%	9%	SolZ 5,5%	Kirchensteuer 8%	9%	SolZ 5,5%	Kirchensteuer 8%	9%
8.663,99 (West)	I	37.768	2.077,24	3.021,44	3.399,12	1.973,84	2.871,04	3.229,92	1.870,44	2.720,64	3.060,72	1.735,61	2.570,24	2.891,52	1.511,89	2.419,84	2.722,32	1.288,17	2.269,44	2.553,12	1.064,45	2.119,04	2.383,92
	II	35.978	1.978,79	2.878,24	3.238,02	1.875,39	2.727,84	3.068,82	1.746,32	2.577,44	2.899,62	1.522,72	2.427,12	2.730,51	1.299,00	2.276,72	2.561,31	1.075,28	2.126,32	2.392,11	851,56	1.975,92	2.222,91
	III	27.932	-	2.234,56	2.513,88	-	2.093,92	2.355,66	-	1.956,32	2.200,86	-	1.821,92	2.049,66	-	1.690,56	1.901,88	-	1.562,24	1.757,52	-	1.437,12	1.616,76
	IV	37.768	2.077,24	3.021,44	3.399,12	2.025,54	2.946,24	3.314,52	1.973,84	2.871,04	3.229,92	1.922,14	2.795,84	3.145,32	1.870,44	2.720,64	3.060,72	1.818,74	2.645,44	2.976,12	1.735,61	2.570,24	2.891,52
	V	43.941	2.416,75	3.515,28	3.954,69																		
	VI	44.473	2.446,01	3.557,84	4.002,57																		
8.663,99 (Ost)	I	37.861	2.082,35	3.028,88	3.407,49	1.978,95	2.878,48	3.238,29	1.875,55	2.728,08	3.069,09	1.746,68	2.577,68	2.899,89	1.522,96	2.427,28	2.730,69	1.299,36	2.276,96	2.561,58	1.075,64	2.126,56	2.392,38
	II	36.072	1.983,96	2.885,76	3.246,48	1.880,56	2.735,36	3.077,28	1.757,51	2.584,96	2.908,08	1.533,79	2.434,56	2.738,88	1.310,07	2.284,16	2.569,68	1.086,35	2.133,76	2.400,48	862,63	1.983,36	2.231,28
	III	28.020	-	2.241,60	2.521,80	-	2.100,80	2.363,40	-	1.963,20	2.208,60	-	1.828,64	2.057,22	-	1.697,12	1.909,26	-	1.568,64	1.764,72	-	1.443,36	1.623,78
	IV	37.861	2.082,35	3.028,88	3.407,49	2.030,65	2.953,68	3.322,89	1.978,95	2.878,48	3.238,29	1.927,25	2.803,28	3.153,69	1.875,55	2.728,08	3.069,09	1.823,85	2.652,88	2.984,49	1.746,68	2.577,68	2.899,89
	V	44.034	2.421,87	3.522,72	3.963,06																		
	VI	44.566	2.451,13	3.565,28	4.010,94																		
8.699,99 (West)	I	37.783	2.078,06	3.022,64	3.400,47	1.974,66	2.872,24	3.231,27	1.871,26	2.721,84	3.062,07	1.737,40	2.571,44	2.892,87	1.513,68	2.421,04	2.723,67	1.289,96	2.270,64	2.554,47	1.066,24	2.120,24	2.385,27
	II	35.993	1.979,61	2.879,44	3.239,37	1.876,27	2.729,12	3.070,26	1.748,22	2.578,72	2.901,06	1.524,50	2.428,32	2.731,86	1.300,78	2.277,92	2.562,66	1.077,06	2.127,52	2.393,46	853,34	1.977,12	2.224,26
	III	27.946	-	2.235,68	2.515,14	-	2.095,04	2.356,92	-	1.957,44	2.202,12	-	1.823,04	2.050,92	-	1.691,68	1.903,14	-	1.563,36	1.758,78	-	1.438,08	1.617,84
	IV	37.783	2.078,06	3.022,64	3.400,47	2.026,36	2.947,44	3.315,87	1.974,66	2.872,24	3.231,27	1.922,96	2.797,04	3.146,67	1.871,26	2.721,84	3.062,07	1.819,56	2.646,64	2.977,47	1.737,40	2.571,44	2.892,87
	V	43.956	2.417,58	3.516,48	3.956,04																		
	VI	44.488	2.446,84	3.559,04	4.003,92																		
8.699,99 (Ost)	I	37.876	2.083,18	3.030,08	3.408,84	1.979,78	2.879,68	3.239,64	1.876,38	2.729,28	3.070,44	1.748,58	2.578,96	2.901,33	1.524,86	2.428,56	2.732,13	1.301,14	2.278,16	2.562,93	1.077,42	2.127,76	2.393,73
	II	36.087	1.984,78	2.886,96	3.247,83	1.881,38	2.736,56	3.078,63	1.759,29	2.586,16	2.909,43	1.535,57	2.435,76	2.740,23	1.311,85	2.285,36	2.571,03	1.088,13	2.134,96	2.401,83	864,53	1.984,64	2.232,72
	III	28.034	-	2.242,72	2.523,06	-	2.101,92	2.364,66	-	1.964,32	2.209,86	-	1.829,60	2.058,30	-	1.698,08	1.910,34	-	1.569,76	1.765,98	-	1.444,32	1.624,86
	IV	37.876	2.083,18	3.030,08	3.408,84	2.031,48	2.954,88	3.324,24	1.979,78	2.879,68	3.239,64	1.928,08	2.804,48	3.155,04	1.876,38	2.729,28	3.070,44	1.824,68	2.654,08	2.985,84	1.748,58	2.578,96	2.901,33
	V	44.050	2.422,75	3.524,00	3.964,50																		
	VI	44.581	2.451,95	3.566,48	4.012,29																		
8.735,99 (West)	I	37.798	2.078,89	3.023,84	3.401,82	1.975,49	2.873,44	3.232,62	1.872,09	2.723,04	3.063,42	1.739,18	2.572,64	2.894,22	1.515,46	2.422,24	2.725,02	1.291,74	2.271,84	2.555,82	1.068,02	2.121,44	2.386,62
	II	36.009	1.980,49	2.880,72	3.240,81	1.877,09	2.730,32	3.071,61	1.750,01	2.579,92	2.902,41	1.526,29	2.429,52	2.733,21	1.302,57	2.279,12	2.564,01	1.078,85	2.128,72	2.394,81	855,13	1.978,32	2.225,61
	III	27.960	-	2.236,80	2.516,40	-	2.096,16	2.358,18	-	1.958,56	2.203,38	-	1.824,00	2.052,00	-	1.692,64	1.904,22	-	1.564,32	1.759,86	-	1.439,20	1.619,10
	IV	37.798	2.078,89	3.023,84	3.401,82	2.027,19	2.948,64	3.317,22	1.975,49	2.873,44	3.232,62	1.923,79	2.798,24	3.148,02	1.872,09	2.723,04	3.063,42	1.820,39	2.647,84	2.978,82	1.739,18	2.572,64	2.894,22
	V	43.971	2.418,40	3.517,68	3.957,39																		
	VI	44.503	2.447,66	3.560,24	4.005,27																		
8.735,99 (Ost)	I	37.891	2.084,00	3.031,28	3.410,19	1.980,60	2.880,88	3.240,99	1.877,26	2.730,56	3.071,88	1.750,37	2.580,16	2.902,68	1.526,65	2.429,76	2.733,48	1.302,93	2.279,36	2.564,28	1.079,21	2.128,96	2.395,08
	II	36.102	1.985,61	2.888,16	3.249,18	1.882,21	2.737,76	3.079,98	1.761,08	2.587,36	2.910,78	1.537,36	2.436,96	2.741,58	1.313,76	2.286,64	2.572,47	1.090,04	2.136,24	2.403,27	866,32	1.985,84	2.234,07
	III	28.048	-	2.243,84	2.524,32	-	2.103,04	2.365,92	-	1.965,44	2.211,12	-	1.830,72	2.059,56	-	1.699,20	1.911,60	-	1.570,72	1.767,06	-	1.445,28	1.625,94
	IV	37.891	2.084,00	3.031,28	3.410,19	2.032,30	2.956,08	3.325,59	1.980,60	2.880,88	3.240,99	1.928,96	2.805,76	3.156,48	1.877,26	2.730,56	3.071,88	1.825,56	2.655,36	2.987,28	1.750,37	2.580,16	2.902,68
	V	44.065	2.423,57	3.525,20	3.965,85																		
	VI	44.596	2.452,78	3.567,68	4.013,64																		
8.771,99 (West)	I	37.813	2.079,71	3.025,04	3.403,17	1.976,31	2.874,64	3.233,97	1.872,91	2.724,24	3.064,77	1.740,97	2.573,84	2.895,57	1.517,25	2.423,44	2.726,37	1.293,53	2.273,04	2.557,17	1.069,81	2.122,64	2.387,97
	II	36.024	1.981,32	2.881,92	3.242,16	1.877,92	2.731,52	3.072,96	1.751,79	2.581,12	2.903,76	1.528,07	2.430,72	2.734,56	1.304,35	2.280,32	2.565,36	1.080,63	2.129,92	2.396,16	856,91	1.979,52	2.226,96
	III	27.974	-	2.237,92	2.517,66	-	2.097,28	2.359,44	-	1.959,68	2.204,64	-	1.825,12	2.053,26	-	1.693,76	1.905,48	-	1.565,44	1.761,12	-	1.440,16	1.620,18
	IV	37.813	2.079,71	3.025,04	3.403,17	2.028,01	2.949,84	3.318,57	1.976,31	2.874,64	3.233,97	1.924,61	2.799,44	3.149,37	1.872,91	2.724,24	3.064,77	1.821,21	2.649,04	2.980,17	1.740,97	2.573,84	2.895,57
	V	43.986	2.419,23	3.518,88	3.958,74																		
	VI	44.518	2.448,49	3.561,44	4.006,62																		
8.771,99 (Ost)	I	37.907	2.084,88	3.032,56	3.411,63	1.981,48	2.882,16	3.242,43	1.878,08	2.731,76	3.073,23	1.752,15	2.581,36	2.904,03	1.528,43	2.430,96	2.734,83	1.304,71	2.280,56	2.565,63	1.080,99	2.130,16	2.396,43
	II	36.117	1.986,43	2.889,36	3.250,53	1.883,03	2.738,96	3.081,33	1.762,86	2.588,56	2.912,13	1.539,26	2.438,24	2.743,02	1.315,54	2.287,84	2.573,82	1.091,82	2.137,44	2.404,62	868,10	1.987,04	2.235,42
	III	28.064	-	2.245,12	2.525,76	-	2.104,16	2.367,18	-	1.966,40	2.212,20	-	1.831,84	2.060,82	-	1.700,16	1.912,68	-	1.571,68	1.768,14	-	1.446,24	1.627,02
	IV	37.907	2.084,88	3.032,56	3.411,63	2.033,18	2.957,36	3.327,03	1.981,48	2.882,16	3.242,43	1.929,78	2.806,96	3.157,83	1.878,08	2.731,76	3.073,23	1.826,38	2.656,56	2.988,63	1.752,15	2.581,36	2.904,03
	V	44.080	2.424,40	3.526,40	3.967,20																		
	VI	44.612	2.453,66	3.568,96	4.015,08																		
8.807,99 (West)	I	37.828	2.080,54	3.026,24	3.404,52	1.977,14	2.875,84	3.235,32	1.873,74	2.725,44	3.066,12	1.742,75	2.575,04	2.896,92	1.519,03	2.424,64	2.727,72	1.295,31	2.274,24	2.558,52	1.071,59	2.123,84	2.389,32
	II	36.039	1.982,14	2.883,12	3.243,51	1.878,74	2.732,72	3.074,31	1.753,58	2.582,32	2.905,11	1.529,86	2.431,92	2.735,91	1.306,14	2.281,52	2.566,71	1.082,42	2.131,12	2.397,51	858,70	1.980,72	2.228,31
	III	27.988	-	2.239,04	2.518,92	-	2.098,40	2.360,70	-	1.960,80	2.205,90	-	1.826,24	2.054,52	-	1.694,72	1.906,56	-	1.566,40	1.762,20	-	1.441,12	1.621,26
	IV	37.828	2.080,54	3.026,24	3.404,52	2.028,84	2.951,04	3.319,92	1.977,14	2.875,84	3.235,32	1.925,44	2.800,64	3.150,72	1.873,74	2.725,44	3.066,12	1.822,04	2.650,24	2.981,52	1.742,75	2.575,04	2.896,92
	V	44.001	2.420,05	3.520,08	3.960,09																		
	VI	44.533	2.449,31	3.562,64	4.007,97																		
8.807,99 (Ost)	I	37.922	2.085,71	3.033,76	3.412,98	1.982,31	2.883,36	3.243,78	1.878,91	2.732,96	3.074,58	1.753,94	2.582,56	2.905,38	1.530,22	2.432,16	2.736,18	1.306,50	2.281,76	2.566,98	1.082,78	2.131,36	2.397,78
	II	36.132	1.987,26	2.890,56	3.251,88	1.883,91	2.740,24	3.082,77	1.764,77	2.589,84	2.913,57	1.541,05	2.439,44	2.744,37	1.317,33	2.289,04	2.575,17	1.093,61	2.138,64	2.405,97	869,89	1.988,24	2.236,77
	III	28.078	-	2.246,24	2.527,02	-	2.105,28	2.368,44	-	1.967,52	2.213,46	-	1.832,80	2.061,90	-	1.701,28	1.913,94	-	1.572,80	1.769,40	-	1.447,36	1.628,28
	IV	37.922	2.085,71	3.033,76	3.412,98	2.034,01	2.958,56	3.328,38	1.982,31	2.883,36	3.243,78	1.930,61	2.808,16	3.159,18	1.878,91	2.732,96	3.074,58	1.827,21	2.657,76	2.989,98	1.753,94	2.582,56	2.905,38
	V	44.095	2.425,22	3.527,60	3.968,55																		
	VI	44.627	2.454,48	3.570,16	4.016,43																		
8.843,99 (West)	I	37.843	2.081,36	3.027,44	3.405,87	1.977,96	2.877,04	3.236,67	1.874,56	2.726,64	3.067,47	1.744,54	2.576,24	2.898,27	1.520,82	2.425,84	2.729,07	1.297,21	2.275,52	2.559,96	1.073,49	2.125,12	2.390,76
	II	36.054	1.982,97	2.884,32	3.244,86	1.879,57	2.733,92	3.075,66	1.755,36	2.583,52	2.906,46	1.531,64	2.433,12	2.737,26	1.307,92	2.282,72	2.568,06	1.084,20	2.132,32	2.398,86	860,48	1.981,92	2.229,66
	III	28.002	-	2.240,16	2.520,18	-	2.099,52	2.361,96	-	1.961,76	2.206,98	-	1.827,20	2.055,60	-	1.695,84	1.907,82	-	1.567,36	1.763,28	-	1.442,08	1.622,34
	IV	37.843	2.081,36	3.027,44	3.405,87	2.029,66	2.952,24	3.321,27	1.977,96	2.877,04	3.236,67	1.926,26	2.801,84	3.152,07	1.874,56	2.726,64	3.067,47	1.822,86	2.651,44	2.982,87	1.744,54	2.576,24	2.898,27
	V	44.016	2.420,88	3.521,28	3.961,44																		
	VI	44.548	2.450,14	3.563,84	4.009,32																		
8.843,99 (Ost)	I	37.937	2.086,53	3.034,96	3.414,33	1.983,13	2.884,56	3.245,13	1.879,73	2.734,16	3.075,93	1.755,72	2.583,76	2.906,73	1.532,00	2.433,36	2.737,53	1.308,28	2.282,96	2.568,33	1.084,56	2.132,56	2.399,13
	II	36.148	1.988,14	2.891,84	3.253,32	1.884,74	2.741,44	3.084,12	1.766,55	2.591,04	2.914,92	1.542,83	2.440,64	2.745,72	1.319,11	2.290,24	2.576,52	1.095,39	2.139,84	2.407,32	871,67	1.989,44	2.238,12
	III	28.092	-	2.247,36	2.528,28	-	2.106,40	2.369,70	-	1.968,64	2.214,72	-	1.833,92	2.063,16	-	1.702,24	1.915,02	-	1.573,76	1.770,48	-	1.448,32	1.629,36
	IV	37.937	2.086,53	3.034,96	3.414,33	2.034,83	2.959,76	3.329,73	1.983,13	2.884,56	3.245,13	1.931,43	2.809,36	3.160,53	1.879,73	2.734,16	3.075,93	1.828,03	2.658,96	2.991,33	1.755,72	2.583,76	2.906,73
	V	44.110	2.426,05	3.528,80	3.969,90																		
	VI	44.642	2.455,31	3.571,36	4.017,78																		
8.879,99 (West)	I	37.858	2.082,19	3.028,64	3.407,22	1.978,79	2.878,24	3.238,02	1.875,39	2.727,84	3.068,82	1.746,32	2.577,44	2.899,62	1.522,72	2.427,12	2.730,51	1.299,00	2.276,72	2.561,31	1.075,28	2.126,32	2.392,11
	II	36.069	1.983,79	2.885,52	3.246,21	1.880,39	2.735,12	3.077,01	1.757,15	2.584,72	2.907,81	1.533,43	2.434,32	2.738,61	1.309,71	2.283,92	2.569,41	1.085,99	2.133,52	2.400,21	862,39	1.983,20	2.231,10
	III	28.018	-	2.241,44	2.521,62	-	2.100,64	2.363,22	-	1.962,88	2.208,24	-	1.828,32	2.056,86	-	1.696,80	1.908,90	-	1.568,48	1.764,54	-	1.443,04	1.623,42
	IV	37.858	2.082,19	3.028,64	3.407,22	2.030,49	2.953,44	3.322,62	1.978,79	2.878,24	3.238,02	1.927,09	2.803,04	3.153,42	1.875,39	2.727,84	3.068,82	1.823,69	2.652,64	2.984,22	1.746,32	2.577,44	2.899,62
	V	44.032	2.421,76	3.522,56	3.962,88																		
	VI	44.563	2.450,96	3.565,04	4.010,67																		
8.879,99 (Ost)	I	37.952	2.087,36	3.036,16	3.415,68	1.983,96	2.885,76	3.246,48	1.880,56	2.735,36	3.077,28	1.757,51	2.584,96	2.908,08	1.533,79	2.434,56	2.738,88	1.310,07	2.284,16	2.569,68	1.086,35	2.133,76	2.400,48
	II	36.163	1.988,96	2.893,04	3.254,67	1.885,56	2.742,64	3.085,47	1.768,34	2.592,24	2.916,27	1.544,62	2.441,84	2.747,07	1.320,90	2.291,44	2.577,87	1.097,18	2.141,04	2.408,67	873,46	1.990,64	2.239,47
	III	28.106	-	2.248,48	2.529,54	-	2.107,52	2.370,96	-	1.969,76	2.215,98	-	1.835,04	2.064,42	-	1.703,36	1.916,28	-	1.574,72	1.771,56	-	1.449,28	1.630,44
	IV	37.952	2.087,36	3.036,16	3.415,68	2.035,66	2.960,96	3.331,08	1.983,96	2.885,76	3.246,48	1.932,26	2.810,56	3.161,88	1.880,56	2.735,36	3.077,28	1.828,86	2.660,16	2.992,68	1.757,51	2.584,96	2.908,08
	V	44.125	2.426,87	3.530,00	3.971,25																		
	VI	44.657	2.456,13	3.572,56	4.019,13																		

SolZ/KiSt lt. Tabelle nicht für Sonstige Bezüge anwendbar.

Lohn/ Gehalt bis	Steuerklasse	Lohn-steuer	ohne Kinderfreibetrag			Anzahl Kinderfreibeträge (nur Steuerklassen I–IV)																	
						0,5			1,0			1,5			2,0			2,5			3,0		
			SolZ 5,5%	Kirchensteuer 8%	9%	SolZ 5,5%	Kirchensteuer 8%	9%	SolZ 5,5%	Kirchensteuer 8%	9%	SolZ 5,5%	Kirchensteuer 8%	9%	SolZ 5,5%	Kirchensteuer 8%	9%	SolZ 5,5%	Kirchensteuer 8%	9%	SolZ 5,5%	Kirchensteuer 8%	9%
128.915,99 (West)	I	37.873	2.083,01	3.029,84	3.408,57	1.979,61	2.879,44	3.239,37	1.876,27	2.729,12	3.070,26	1.748,22	2.578,72	2.901,06	1.524,50	2.428,32	2.731,86	1.300,78	2.277,92	2.562,66	1.077,06	2.127,52	2.393,
	II	36.084	1.984,62	2.886,72	3.247,56	1.881,22	2.736,32	3.078,36	1.758,93	2.585,92	2.909,16	1.535,21	2.435,52	2.739,96	1.311,49	2.285,12	2.570,76	1.087,89	2.134,80	2.401,65	864,17	1.984,40	2.232,
	III	28.032	-	2.242,56	2.522,88	-	2.101,76	2.364,48	-	1.964,00	2.209,50	-	1.829,44	2.058,12	-	1.697,92	1.910,16	-	1.569,44	1.765,62	-	1.444,16	1.624,
	IV	37.873	2.083,01	3.029,84	3.408,57	2.031,31	2.954,64	3.323,97	1.979,61	2.879,44	3.239,37	1.927,91	2.804,24	3.154,77	1.876,27	2.729,12	3.070,26	1.824,57	2.653,92	2.985,66	1.748,22	2.578,72	2.901,
	V	44.047	2.422,58	3.523,76	3.964,23																		
	VI	44.578	2.451,79	3.566,24	4.012,02																		
128.915,99 (Ost)	I	37.967	2.088,18	3.037,36	3.417,03	1.984,78	2.886,96	3.247,83	1.881,38	2.736,56	3.078,63	1.759,29	2.586,16	2.909,43	1.535,57	2.435,76	2.740,23	1.311,85	2.285,36	2.571,03	1.088,13	2.134,96	2.401,
	II	36.178	1.989,79	2.894,24	3.256,02	1.886,39	2.743,84	3.086,82	1.770,12	2.593,44	2.917,62	1.546,40	2.443,04	2.748,42	1.322,68	2.292,64	2.579,22	1.098,96	2.142,24	2.410,02	875,24	1.991,84	2.240,
	III	28.120	-	2.249,60	2.530,80	-	2.108,64	2.372,22	-	1.970,88	2.217,24	-	1.836,00	2.065,50	-	1.704,32	1.917,36	-	1.575,84	1.772,82	-	1.450,24	1.631,
	IV	37.967	2.088,18	3.037,36	3.417,03	2.036,48	2.962,16	3.332,43	1.984,78	2.886,96	3.247,83	1.933,08	2.811,76	3.163,23	1.881,38	2.736,56	3.078,63	1.829,68	2.661,36	2.994,03	1.759,29	2.586,16	2.909,
	V	44.140	2.427,70	3.531,20	3.972,60																		
	VI	44.672	2.456,96	3.573,76	4.020,48																		
128.951,99 (West)	I	37.888	2.083,84	3.031,04	3.409,92	1.980,49	2.880,72	3.240,81	1.877,09	2.730,32	3.071,61	1.750,01	2.579,92	2.902,41	1.526,29	2.429,52	2.733,21	1.302,57	2.279,12	2.564,01	1.078,85	2.128,72	2.394,
	II	36.099	1.985,44	2.887,92	3.248,91	1.882,04	2.737,52	3.079,71	1.760,72	2.587,12	2.910,51	1.537,12	2.436,80	2.741,40	1.313,40	2.286,40	2.572,20	1.089,68	2.136,00	2.403,00	865,96	1.985,60	2.233,
	III	28.046	-	2.243,68	2.524,14	-	2.102,88	2.365,74	-	1.965,12	2.210,76	-	1.830,56	2.059,38	-	1.698,88	1.911,24	-	1.570,40	1.766,70	-	1.445,12	1.625,
	IV	37.888	2.083,84	3.031,04	3.409,92	2.032,19	2.955,92	3.325,41	1.980,49	2.880,72	3.240,81	1.928,79	2.805,52	3.156,21	1.877,09	2.730,32	3.071,61	1.825,39	2.655,12	2.987,01	1.750,01	2.579,92	2.902,
	V	44.062	2.423,41	3.524,96	3.965,58																		
	VI	44.593	2.452,61	3.567,44	4.013,37																		
128.951,99 (Ost)	I	37.982	2.089,01	3.038,56	3.418,38	1.985,61	2.888,16	3.249,18	1.882,21	2.737,76	3.079,98	1.761,08	2.587,36	2.910,78	1.537,36	2.436,96	2.741,58	1.313,76	2.286,64	2.572,47	1.090,04	2.136,24	2.403,
	II	36.193	1.990,61	2.895,44	3.257,37	1.887,21	2.745,04	3.088,17	1.771,91	2.594,64	2.918,97	1.548,19	2.444,24	2.749,77	1.324,47	2.293,84	2.580,57	1.100,75	2.143,44	2.411,37	877,03	1.993,04	2.242,
	III	28.134	-	2.250,72	2.532,06	-	2.109,76	2.373,48	-	1.972,00	2.218,50	-	1.837,12	2.066,76	-	1.705,44	1.918,62	-	1.576,80	1.773,90	-	1.451,36	1.632,
	IV	37.982	2.089,01	3.038,56	3.418,38	2.037,31	2.963,36	3.333,78	1.985,61	2.888,16	3.249,18	1.933,91	2.812,96	3.164,58	1.882,21	2.737,76	3.079,98	1.830,51	2.662,56	2.995,38	1.761,08	2.587,36	2.910,
	V	44.155	2.428,52	3.532,40	3.973,95																		
	VI	44.687	2.457,78	3.574,96	4.021,83																		
128.987,99 (West)	I	37.904	2.084,72	3.032,32	3.411,36	1.981,32	2.881,92	3.242,16	1.877,92	2.731,52	3.072,96	1.751,79	2.581,12	2.903,76	1.528,07	2.430,72	2.734,56	1.304,35	2.280,32	2.565,36	1.080,63	2.129,92	2.396,
	II	36.114	1.986,27	2.889,12	3.250,26	1.882,87	2.738,72	3.081,06	1.762,62	2.588,40	2.911,95	1.538,90	2.438,00	2.742,75	1.315,18	2.287,60	2.573,55	1.091,46	2.137,20	2.404,35	867,74	1.986,80	2.235,
	III	28.060	-	2.244,80	2.525,40	-	2.104,00	2.367,00	-	1.966,24	2.212,02	-	1.831,52	2.060,46	-	1.700,00	1.912,50	-	1.571,52	1.767,96	-	1.446,08	1.626,
	IV	37.904	2.084,72	3.032,32	3.411,36	2.033,02	2.957,12	3.326,76	1.981,32	2.881,92	3.242,16	1.929,62	2.806,72	3.157,56	1.877,92	2.731,52	3.072,96	1.826,22	2.656,32	2.988,36	1.751,79	2.581,12	2.903,
	V	44.077	2.424,23	3.526,16	3.966,93																		
	VI	44.609	2.453,49	3.568,72	4.014,81																		
128.987,99 (Ost)	I	37.997	2.089,83	3.039,76	3.419,73	1.986,43	2.889,36	3.250,53	1.883,03	2.738,96	3.081,33	1.762,86	2.588,56	2.912,13	1.539,26	2.438,24	2.743,02	1.315,54	2.287,84	2.573,82	1.091,82	2.137,44	2.404,
	II	36.208	1.991,44	2.896,64	3.258,72	1.888,04	2.746,24	3.089,52	1.773,69	2.595,84	2.920,32	1.549,97	2.445,44	2.751,12	1.326,25	2.295,04	2.581,92	1.102,53	2.144,64	2.412,72	878,93	1.994,32	2.243,
	III	28.150	-	2.252,00	2.533,50	-	2.110,88	2.374,74	-	1.972,96	2.219,58	-	1.838,24	2.068,02	-	1.706,56	1.919,88	-	1.577,92	1.775,16	-	1.452,32	1.633,
	IV	37.997	2.089,83	3.039,76	3.419,73	2.038,13	2.964,56	3.335,13	1.986,43	2.889,36	3.250,53	1.934,73	2.814,16	3.165,93	1.883,03	2.738,96	3.081,33	1.831,33	2.663,76	2.996,73	1.762,86	2.588,56	2.912,
	V	44.171	2.429,40	3.533,68	3.975,39																		
	VI	44.702	2.458,61	3.576,16	4.023,18																		
129.023,99 (West)	I	37.919	2.085,54	3.033,52	3.412,71	1.982,14	2.883,12	3.243,51	1.878,74	2.732,72	3.074,31	1.753,58	2.582,32	2.905,11	1.529,86	2.431,92	2.735,91	1.306,14	2.281,52	2.566,71	1.082,42	2.131,12	2.397,
	II	36.130	1.987,15	2.890,40	3.251,70	1.883,75	2.740,00	3.082,50	1.764,41	2.589,60	2.913,30	1.540,69	2.439,20	2.744,10	1.316,97	2.288,80	2.574,90	1.093,25	2.138,40	2.405,70	869,53	1.988,00	2.236,
	III	28.074	-	2.245,92	2.526,66	-	2.105,12	2.368,26	-	1.967,36	2.213,28	-	1.832,64	2.061,72	-	1.700,96	1.913,58	-	1.572,48	1.769,04	-	1.447,04	1.627,
	IV	37.919	2.085,54	3.033,52	3.412,71	2.033,84	2.958,32	3.328,11	1.982,14	2.883,12	3.243,51	1.930,44	2.807,92	3.158,91	1.878,74	2.732,72	3.074,31	1.827,04	2.657,52	2.989,71	1.753,58	2.582,32	2.905,
	V	44.092	2.425,06	3.527,36	3.968,28																		
	VI	44.624	2.454,32	3.569,92	4.016,16																		
129.023,99 (Ost)	I	38.012	2.090,66	3.040,96	3.421,08	1.987,26	2.890,56	3.251,88	1.883,91	2.740,24	3.082,77	1.764,77	2.589,84	2.913,57	1.541,05	2.439,44	2.744,37	1.317,33	2.289,04	2.575,17	1.093,61	2.138,64	2.405,
	II	36.223	1.992,26	2.897,84	3.260,07	1.888,86	2.747,44	3.090,87	1.775,48	2.597,04	2.921,67	1.551,76	2.446,64	2.752,47	1.328,04	2.296,24	2.583,27	1.104,43	2.145,92	2.414,16	880,71	1.995,52	2.244,
	III	28.164	-	2.253,12	2.534,76	-	2.112,00	2.376,00	-	1.974,08	2.220,84	-	1.839,36	2.069,28	-	1.707,52	1.920,96	-	1.578,88	1.776,24	-	1.453,28	1.634,
	IV	38.012	2.090,66	3.040,96	3.421,08	2.038,96	2.965,76	3.336,48	1.987,26	2.890,56	3.251,88	1.935,56	2.815,36	3.167,28	1.883,91	2.740,24	3.082,77	1.832,21	2.665,04	2.998,17	1.764,77	2.589,84	2.913,
	V	44.186	2.430,23	3.534,88	3.976,74																		
	VI	44.717	2.459,43	3.577,36	4.024,53																		
129.059,99 (West)	I	37.934	2.086,37	3.034,72	3.414,06	1.982,97	2.884,32	3.244,86	1.879,57	2.733,92	3.075,66	1.755,36	2.583,52	2.906,46	1.531,64	2.433,12	2.737,26	1.307,92	2.282,72	2.568,06	1.084,20	2.132,32	2.398,
	II	36.145	1.987,97	2.891,60	3.253,05	1.884,57	2.741,20	3.083,85	1.766,19	2.590,80	2.914,65	1.542,47	2.440,40	2.745,45	1.318,75	2.290,00	2.576,25	1.095,03	2.139,60	2.407,05	871,31	1.989,20	2.237,
	III	28.088	-	2.247,04	2.527,92	-	2.106,24	2.369,52	-	1.968,48	2.214,54	-	1.833,76	2.062,98	-	1.702,08	1.914,84	-	1.573,60	1.770,30	-	1.448,16	1.629,
	IV	37.934	2.086,37	3.034,72	3.414,06	2.034,67	2.959,52	3.329,46	1.982,97	2.884,32	3.244,86	1.931,27	2.809,12	3.160,26	1.879,57	2.733,92	3.075,66	1.827,87	2.658,72	2.991,06	1.755,36	2.583,52	2.906,
	V	44.107	2.425,88	3.528,56	3.969,63																		
	VI	44.639	2.455,14	3.571,12	4.017,51																		
129.059,99 (Ost)	I	38.027	2.091,48	3.042,16	3.422,43	1.988,14	2.891,84	3.253,32	1.884,74	2.741,44	3.084,12	1.766,55	2.591,04	2.914,92	1.542,83	2.440,64	2.745,72	1.319,11	2.290,24	2.576,52	1.095,39	2.139,84	2.407,
	II	36.238	1.993,09	2.899,04	3.261,42	1.889,69	2.748,64	3.092,22	1.777,26	2.598,24	2.923,02	1.553,66	2.447,92	2.753,91	1.329,94	2.297,52	2.584,71	1.106,22	2.147,12	2.415,51	882,50	1.996,72	2.246,
	III	28.178	-	2.254,24	2.536,02	-	2.113,12	2.377,26	-	1.975,20	2.222,10	-	1.840,32	2.070,36	-	1.708,64	1.922,22	-	1.579,84	1.777,32	-	1.454,24	1.636,
	IV	38.027	2.091,48	3.042,16	3.422,43	2.039,84	2.967,04	3.337,92	1.988,14	2.891,84	3.253,32	1.936,44	2.816,64	3.168,72	1.884,74	2.741,44	3.084,12	1.833,04	2.666,24	2.999,52	1.766,55	2.591,04	2.914,
	V	44.201	2.431,05	3.536,08	3.978,09																		
	VI	44.733	2.460,31	3.578,64	4.025,97																		
129.095,99 (West)	I	37.949	2.087,19	3.035,92	3.415,41	1.983,79	2.885,52	3.246,21	1.880,39	2.735,12	3.077,01	1.757,15	2.584,72	2.907,81	1.533,43	2.434,32	2.738,61	1.309,71	2.283,92	2.569,41	1.085,99	2.133,52	2.400,
	II	36.160	1.988,80	2.892,80	3.254,40	1.885,40	2.742,40	3.085,20	1.767,98	2.592,00	2.916,00	1.544,26	2.441,60	2.746,80	1.320,54	2.291,20	2.577,60	1.096,82	2.140,80	2.408,40	873,10	1.990,40	2.239,
	III	28.102	-	2.248,16	2.529,18	-	2.107,36	2.370,78	-	1.969,44	2.215,62	-	1.834,72	2.064,06	-	1.703,20	1.916,10	-	1.574,56	1.771,38	-	1.449,12	1.630,
	IV	37.949	2.087,19	3.035,92	3.415,41	2.035,49	2.960,72	3.330,81	1.983,79	2.885,52	3.246,21	1.932,09	2.810,32	3.161,61	1.880,39	2.735,12	3.077,01	1.828,69	2.659,92	2.992,41	1.757,15	2.584,72	2.907,
	V	44.122	2.426,71	3.529,76	3.970,98																		
	VI	44.654	2.455,97	3.572,32	4.018,86																		
129.095,99 (Ost)	I	38.043	2.092,36	3.043,44	3.423,87	1.988,96	2.893,04	3.254,67	1.885,56	2.742,64	3.085,47	1.768,34	2.592,24	2.916,27	1.544,62	2.441,84	2.747,07	1.320,90	2.291,44	2.577,87	1.097,18	2.141,04	2.408,
	II	36.253	1.993,91	2.900,24	3.262,77	1.890,51	2.749,84	3.093,57	1.779,16	2.599,52	2.924,46	1.555,44	2.449,12	2.755,26	1.331,72	2.298,72	2.586,06	1.108,00	2.148,32	2.416,86	884,28	1.997,92	2.247,
	III	28.192	-	2.255,36	2.537,28	-	2.114,24	2.378,52	-	1.976,32	2.223,36	-	1.841,44	2.071,62	-	1.709,60	1.923,30	-	1.580,96	1.778,58	-	1.455,36	1.637,
	IV	38.043	2.092,36	3.043,44	3.423,87	2.040,66	2.968,24	3.339,27	1.988,96	2.893,04	3.254,67	1.937,26	2.817,84	3.170,07	1.885,56	2.742,64	3.085,47	1.833,86	2.667,44	3.000,87	1.768,34	2.592,24	2.916,
	V	44.216	2.431,88	3.537,28	3.979,44																		
	VI	44.748	2.461,14	3.579,84	4.027,32																		
129.131,99 (West)	I	37.964	2.088,02	3.037,12	3.416,76	1.984,62	2.886,72	3.247,56	1.881,22	2.736,32	3.078,36	1.758,93	2.585,92	2.909,16	1.535,21	2.435,52	2.739,96	1.311,49	2.285,12	2.570,76	1.087,89	2.134,80	2.401,
	II	36.175	1.989,62	2.894,00	3.255,75	1.886,22	2.743,60	3.086,55	1.769,76	2.593,20	2.917,35	1.546,04	2.442,80	2.748,15	1.322,32	2.292,40	2.578,95	1.098,60	2.142,00	2.409,75	874,88	1.991,60	2.240,
	III	28.118	-	2.249,44	2.530,62	-	2.108,48	2.372,04	-	1.970,56	2.216,88	-	1.835,84	2.065,32	-	1.704,16	1.917,18	-	1.575,52	1.772,46	-	1.450,08	1.631,
	IV	37.964	2.088,02	3.037,12	3.416,76	2.036,32	2.961,92	3.332,16	1.984,62	2.886,72	3.247,56	1.932,92	2.811,52	3.162,96	1.881,22	2.736,32	3.078,36	1.829,52	2.661,12	2.993,76	1.758,93	2.585,92	2.909,
	V	44.137	2.427,53	3.530,96	3.972,33																		
	VI	44.669	2.456,79	3.573,52	4.020,21																		
129.131,99 (Ost)	I	38.058	2.093,19	3.044,64	3.425,22	1.989,79	2.894,24	3.256,02	1.886,39	2.743,84	3.086,82	1.770,12	2.593,44	2.917,62	1.546,40	2.443,04	2.748,42	1.322,68	2.292,64	2.579,22	1.098,96	2.142,24	2.410,
	II	36.269	1.994,79	2.901,52	3.264,21	1.891,39	2.751,12	3.095,01	1.780,95	2.600,72	2.925,81	1.557,23	2.450,32	2.756,61	1.333,51	2.299,92	2.587,41	1.109,79	2.149,52	2.418,21	886,07	1.999,12	2.249,
	III	28.206	-	2.256,48	2.538,54	-	2.115,36	2.379,78	-	1.977,44	2.224,62	-	1.842,56	2.072,88	-	1.710,72	1.924,56	-	1.581,92	1.779,66	-	1.456,32	1.638,
	IV	38.058	2.093,19	3.044,64	3.425,22	2.041,49	2.969,44	3.340,62	1.989,79	2.894,24	3.256,02	1.938,09	2.819,04	3.171,42	1.886,39	2.743,84	3.086,82	1.834,69	2.668,64	3.002,22	1.770,12	2.593,44	2.917,
	V	44.231	2.432,70	3.538,48	3.980,79																		
	VI	44.763	2.461,96	3.581,04	4.028,67																		

SolZ/KiSt lt. Tabelle nicht für Sonstige Bezüge anwendbar.

Allgemeine Tabelle

JAHR bis 129.383,99 €

Lohn/ Gehalt bis	Steuerklasse	Lohn-steuer	ohne Kinderfreibetrag			Anzahl Kinderfreibeträge (nur Steuerklassen I–IV)																	
						0,5			1,0			1,5			2,0			2,5			3,0		
			SolZ 5,5%	Kirchensteuer 8%	9%	SolZ 5,5%	Kirchensteuer 8%	9%	SolZ 5,5%	Kirchensteuer 8%	9%	SolZ 5,5%	Kirchensteuer 8%	9%	SolZ 5,5%	Kirchensteuer 8%	9%	SolZ 5,5%	Kirchensteuer 8%	9%	SolZ 5,5%	Kirchensteuer 8%	9%
29.167,99	I	37.979	2.088,84	3.038,32	3.418,11	1.985,44	2.887,92	3.248,91	1.882,04	2.737,52	3.079,71	1.760,72	2.587,12	2.910,51	1.537,12	2.436,80	2.741,40	1.313,40	2.286,40	2.572,20	1.089,68	2.136,00	2.403,00
(West)	II	36.190	1.990,45	2.895,20	3.257,10	1.887,05	2.744,80	3.087,90	1.771,55	2.594,40	2.918,70	1.547,83	2.444,00	2.749,50	1.324,11	2.293,60	2.580,30	1.100,39	2.143,20	2.411,10	876,67	1.992,80	2.241,90
	III	28.132	-	2.250,56	2.531,88	-	2.109,60	2.373,30	-	1.971,68	2.218,14	-	1.836,96	2.066,58	-	1.705,28	1.918,44	-	1.576,64	1.773,72	-	1.451,04	1.632,42
	IV	37.979	2.088,84	3.038,32	3.418,11	2.037,14	2.963,12	3.333,51	1.985,44	2.887,92	3.248,91	1.933,74	2.812,72	3.164,31	1.882,04	2.737,52	3.079,71	1.830,34	2.662,32	2.995,11	1.760,72	2.587,12	2.910,51
	V	44.152	2.428,36	3.532,16	3.973,68																		
	VI	44.684	2.457,62	3.574,72	4.021,56																		
29.167,99	I	38.073	2.094,01	3.045,84	3.426,57	1.990,61	2.895,44	3.257,37	1.887,21	2.745,04	3.088,17	1.771,91	2.594,64	2.918,97	1.548,19	2.444,24	2.749,77	1.324,47	2.293,84	2.580,57	1.100,75	2.143,44	2.411,37
(Ost)	II	36.284	1.995,62	2.902,72	3.265,56	1.892,22	2.752,32	3.096,36	1.782,73	2.601,92	2.927,16	1.559,01	2.451,52	2.757,96	1.335,29	2.301,12	2.588,76	1.111,57	2.150,72	2.419,56	887,85	2.000,32	2.250,36
	III	28.220	-	2.257,60	2.539,80	-	2.116,48	2.381,04	-	1.978,56	2.225,88	-	1.843,52	2.073,96	-	1.711,68	1.925,64	-	1.583,04	1.780,92	-	1.457,28	1.639,44
	IV	38.073	2.094,01	3.045,84	3.426,57	2.042,31	2.970,64	3.341,97	1.990,61	2.895,44	3.257,37	1.938,91	2.820,24	3.172,77	1.887,21	2.745,04	3.088,17	1.835,51	2.669,84	3.003,57	1.771,91	2.594,64	2.918,97
	V	44.246	2.433,53	3.539,68	3.982,14																		
	VI	44.778	2.462,79	3.582,24	4.030,02																		
29.203,99	I	37.994	2.089,67	3.039,52	3.419,46	1.986,27	2.889,12	3.250,26	1.882,87	2.738,72	3.081,06	1.762,62	2.588,40	2.911,95	1.538,90	2.438,00	2.742,75	1.315,18	2.287,60	2.573,55	1.091,46	2.137,20	2.404,35
(West)	II	36.205	1.991,27	2.896,40	3.258,45	1.887,87	2.746,00	3.089,25	1.773,33	2.595,60	2.920,05	1.549,61	2.445,20	2.750,85	1.325,89	2.294,80	2.581,65	1.102,29	2.144,48	2.412,54	878,57	1.994,08	2.243,34
	III	28.146	-	2.251,68	2.533,14	-	2.110,72	2.374,56	-	1.972,80	2.219,40	-	1.837,92	2.067,66	-	1.706,24	1.919,52	-	1.577,60	1.774,80	-	1.452,00	1.633,50
	IV	37.994	2.089,67	3.039,52	3.419,46	2.037,97	2.964,32	3.334,86	1.986,27	2.889,12	3.250,26	1.934,57	2.813,92	3.165,66	1.882,87	2.738,72	3.081,06	1.831,22	2.663,60	2.996,55	1.762,62	2.588,40	2.911,95
	V	44.168	2.429,24	3.533,44	3.975,12																		
	VI	44.699	2.458,44	3.575,92	4.022,91																		
29.203,99	I	38.088	2.094,84	3.047,04	3.427,92	1.991,44	2.896,64	3.258,72	1.888,04	2.746,24	3.089,52	1.773,69	2.595,84	2.920,32	1.549,97	2.445,44	2.751,12	1.326,25	2.295,04	2.581,92	1.102,53	2.144,64	2.412,72
(Ost)	II	36.299	1.996,44	2.903,92	3.266,91	1.893,04	2.753,52	3.097,71	1.784,52	2.603,12	2.928,51	1.560,80	2.452,72	2.759,31	1.337,08	2.302,32	2.590,11	1.113,36	2.151,92	2.420,91	889,64	2.001,52	2.251,71
	III	28.236	-	2.258,88	2.541,24	-	2.117,60	2.382,30	-	1.979,68	2.227,14	-	1.844,64	2.075,22	-	1.712,80	1.926,90	-	1.584,00	1.782,00	-	1.458,24	1.640,52
	IV	38.088	2.094,84	3.047,04	3.427,92	2.043,14	2.971,84	3.343,32	1.991,44	2.896,64	3.258,72	1.939,74	2.821,44	3.174,12	1.888,04	2.746,24	3.089,52	1.836,34	2.671,04	3.004,92	1.773,69	2.595,84	2.920,32
	V	44.261	2.434,35	3.540,88	3.983,49																		
	VI	44.793	2.463,61	3.583,44	4.031,37																		
29.239,99	I	38.009	2.090,49	3.040,72	3.420,81	1.987,15	2.890,40	3.251,70	1.883,75	2.740,00	3.082,50	1.764,41	2.589,60	2.913,30	1.540,69	2.439,20	2.744,10	1.316,97	2.288,80	2.574,90	1.093,25	2.138,40	2.405,70
(West)	II	36.220	1.992,10	2.897,60	3.259,80	1.888,70	2.747,20	3.090,60	1.775,12	2.596,80	2.921,40	1.551,40	2.446,40	2.752,20	1.327,80	2.296,08	2.583,09	1.104,08	2.145,68	2.413,89	880,36	1.995,28	2.244,69
	III	28.160	-	2.252,80	2.534,40	-	2.111,84	2.375,82	-	1.973,92	2.220,66	-	1.839,04	2.068,92	-	1.707,36	1.920,78	-	1.578,72	1.776,06	-	1.453,12	1.634,76
	IV	38.009	2.090,49	3.040,72	3.420,81	2.038,79	2.965,52	3.336,21	1.987,15	2.890,40	3.251,70	1.935,45	2.815,20	3.167,10	1.883,75	2.740,00	3.082,50	1.832,05	2.664,80	2.997,90	1.764,41	2.589,60	2.913,30
	V	44.183	2.430,06	3.534,64	3.976,47																		
	VI	44.714	2.459,27	3.577,12	4.024,26																		
29.239,99	I	38.103	2.095,66	3.048,24	3.429,27	1.992,26	2.897,84	3.260,07	1.888,86	2.747,44	3.090,87	1.775,48	2.597,04	2.921,67	1.551,76	2.446,64	2.752,47	1.328,04	2.296,24	2.583,27	1.104,43	2.145,92	2.414,16
(Ost)	II	36.314	1.997,27	2.905,12	3.268,26	1.893,87	2.754,72	3.099,06	1.786,30	2.604,32	2.929,86	1.562,58	2.453,92	2.760,66	1.338,86	2.303,52	2.591,46	1.115,14	2.153,12	2.422,26	891,42	2.002,72	2.253,06
	III	28.250	-	2.260,00	2.542,50	-	2.118,72	2.383,56	-	1.980,64	2.228,22	-	1.845,76	2.076,48	-	1.713,76	1.927,98	-	1.584,96	1.783,08	-	1.459,36	1.641,78
	IV	38.103	2.095,66	3.048,24	3.429,27	2.043,96	2.973,04	3.344,67	1.992,26	2.897,84	3.260,07	1.940,56	2.822,64	3.175,47	1.888,86	2.747,44	3.090,87	1.837,16	2.672,24	3.006,27	1.775,48	2.597,04	2.921,67
	V	44.276	2.435,18	3.542,08	3.984,84																		
	VI	44.808	2.464,44	3.584,64	4.032,72																		
29.275,99	I	38.025	2.091,37	3.042,00	3.422,25	1.987,97	2.891,60	3.253,05	1.884,57	2.741,20	3.083,85	1.766,19	2.590,80	2.914,65	1.542,47	2.440,40	2.745,45	1.318,75	2.290,00	2.576,25	1.095,03	2.139,60	2.407,05
(West)	II	36.235	1.992,92	2.898,80	3.261,15	1.889,52	2.748,40	3.091,95	1.777,02	2.598,08	2.922,84	1.553,30	2.447,68	2.753,64	1.329,58	2.297,28	2.584,44	1.105,86	2.146,88	2.415,24	882,14	1.996,48	2.246,04
	III	28.174	-	2.253,92	2.535,66	-	2.112,96	2.377,08	-	1.975,04	2.221,92	-	1.840,16	2.070,18	-	1.708,32	1.921,86	-	1.579,68	1.777,14	-	1.454,08	1.635,84
	IV	38.025	2.091,37	3.042,00	3.422,25	2.039,67	2.966,80	3.337,65	1.987,97	2.891,60	3.253,05	1.936,27	2.816,40	3.168,45	1.884,57	2.741,20	3.083,85	1.832,87	2.666,00	2.999,25	1.766,19	2.590,80	2.914,65
	V	44.198	2.430,89	3.535,84	3.977,82																		
	VI	44.730	2.460,15	3.578,40	4.025,70																		
29.275,99	I	38.118	2.096,49	3.049,44	3.430,62	1.993,09	2.899,04	3.261,42	1.889,69	2.748,64	3.092,22	1.777,26	2.598,24	2.923,02	1.553,66	2.447,92	2.753,91	1.329,94	2.297,52	2.584,71	1.106,22	2.147,12	2.415,51
(Ost)	II	36.329	1.998,09	2.906,32	3.269,61	1.894,69	2.755,92	3.100,41	1.788,09	2.605,52	2.931,21	1.564,37	2.455,12	2.762,01	1.340,65	2.304,72	2.592,81	1.116,93	2.154,32	2.423,61	893,21	2.003,92	2.254,41
	III	28.264	-	2.261,12	2.543,76	-	2.119,84	2.384,82	-	1.981,76	2.229,48	-	1.846,88	2.077,74	-	1.714,88	1.929,24	-	1.586,08	1.784,34	-	1.460,32	1.642,86
	IV	38.118	2.096,49	3.049,44	3.430,62	2.044,79	2.974,24	3.346,02	1.993,09	2.899,04	3.261,42	1.941,39	2.823,84	3.176,82	1.889,69	2.748,64	3.092,22	1.837,99	2.673,44	3.007,62	1.777,26	2.598,24	2.923,02
	V	44.292	2.436,06	3.543,36	3.986,28																		
	VI	44.823	2.465,26	3.585,84	4.034,07																		
29.311,99	I	38.040	2.092,20	3.043,20	3.423,60	1.988,80	2.892,80	3.254,40	1.885,40	2.742,40	3.085,20	1.767,98	2.592,00	2.916,00	1.544,26	2.441,60	2.746,80	1.320,54	2.291,20	2.577,60	1.096,82	2.140,80	2.408,40
(West)	II	36.250	1.993,75	2.900,00	3.262,50	1.890,40	2.749,68	3.093,39	1.778,81	2.599,28	2.924,19	1.555,09	2.448,88	2.754,99	1.331,37	2.298,48	2.585,79	1.107,65	2.148,08	2.416,59	883,93	1.997,68	2.247,39
	III	28.188	-	2.255,04	2.536,92	-	2.114,08	2.378,34	-	1.976,16	2.223,18	-	1.841,12	2.071,26	-	1.709,44	1.923,12	-	1.580,64	1.778,22	-	1.455,04	1.636,92
	IV	38.040	2.092,20	3.043,20	3.423,60	2.040,50	2.968,00	3.339,00	1.988,80	2.892,80	3.254,40	1.937,10	2.817,60	3.169,80	1.885,40	2.742,40	3.085,20	1.833,70	2.667,20	3.000,60	1.767,98	2.592,00	2.916,00
	V	44.213	2.431,71	3.537,04	3.979,17																		
	VI	44.745	2.460,97	3.579,60	4.027,05																		
29.311,99	I	38.133	2.097,31	3.050,64	3.431,97	1.993,91	2.900,24	3.262,77	1.890,51	2.749,84	3.093,57	1.779,16	2.599,52	2.924,46	1.555,44	2.449,12	2.755,26	1.331,72	2.298,72	2.586,06	1.108,00	2.148,32	2.416,86
(Ost)	II	36.344	1.998,92	2.907,52	3.270,96	1.895,52	2.757,12	3.101,76	1.789,87	2.606,72	2.932,56	1.566,15	2.456,32	2.763,36	1.342,43	2.305,92	2.594,16	1.118,83	2.155,60	2.425,05	895,11	2.005,20	2.255,85
	III	28.278	-	2.262,24	2.545,02	-	2.120,96	2.386,08	-	1.982,88	2.230,74	-	1.847,84	2.078,82	-	1.716,00	1.930,50	-	1.587,04	1.785,42	-	1.461,28	1.643,94
	IV	38.133	2.097,31	3.050,64	3.431,97	2.045,61	2.975,44	3.347,37	1.993,91	2.900,24	3.262,77	1.942,21	2.825,04	3.178,17	1.890,51	2.749,84	3.093,57	1.838,87	2.674,72	3.009,06	1.779,16	2.599,52	2.924,46
	V	44.307	2.436,88	3.544,56	3.987,63																		
	VI	44.838	2.466,09	3.587,04	4.035,42																		
29.347,99	I	38.055	2.093,02	3.044,40	3.424,95	1.989,62	2.894,00	3.255,75	1.886,22	2.743,60	3.086,55	1.769,76	2.593,20	2.917,35	1.546,04	2.442,80	2.748,15	1.322,32	2.292,40	2.578,95	1.098,60	2.142,00	2.409,75
(West)	II	36.266	1.994,63	2.901,28	3.263,94	1.891,23	2.750,88	3.094,74	1.780,59	2.600,48	2.925,54	1.556,87	2.450,08	2.756,34	1.333,15	2.299,68	2.587,14	1.109,43	2.149,28	2.417,94	885,71	1.998,88	2.248,74
	III	28.204	-	2.256,32	2.538,36	-	2.115,20	2.379,60	-	1.977,12	2.224,26	-	1.842,24	2.072,52	-	1.710,40	1.924,20	-	1.581,76	1.779,48	-	1.456,00	1.638,00
	IV	38.055	2.093,02	3.044,40	3.424,95	2.041,32	2.969,20	3.340,35	1.989,62	2.894,00	3.255,75	1.937,92	2.818,80	3.171,15	1.886,22	2.743,60	3.086,55	1.834,52	2.668,40	3.001,95	1.769,76	2.593,20	2.917,35
	V	44.228	2.432,54	3.538,24	3.980,52																		
	VI	44.760	2.461,80	3.580,80	4.028,40																		
29.347,99	I	38.148	2.098,14	3.051,84	3.433,32	1.994,79	2.901,52	3.264,21	1.891,39	2.751,12	3.095,01	1.780,95	2.600,72	2.925,81	1.557,23	2.450,32	2.756,61	1.333,51	2.299,92	2.587,41	1.109,79	2.149,52	2.418,21
(Ost)	II	36.359	1.999,74	2.908,72	3.272,31	1.896,34	2.758,32	3.103,11	1.791,66	2.607,92	2.933,91	1.567,94	2.457,52	2.764,71	1.344,34	2.307,20	2.595,60	1.120,62	2.156,80	2.426,40	896,90	2.006,40	2.257,20
	III	28.292	-	2.263,36	2.546,28	-	2.122,24	2.387,52	-	1.984,00	2.232,00	-	1.848,96	2.080,08	-	1.716,96	1.931,58	-	1.588,16	1.786,68	-	1.462,24	1.645,02
	IV	38.148	2.098,14	3.051,84	3.433,32	2.046,44	2.976,64	3.348,72	1.994,79	2.901,52	3.264,21	1.943,09	2.826,32	3.179,61	1.891,39	2.751,12	3.095,01	1.839,69	2.675,92	3.010,41	1.780,95	2.600,72	2.925,81
	V	44.322	2.437,71	3.545,76	3.988,98																		
	VI	44.853	2.466,91	3.588,24	4.036,77																		
29.383,99	I	38.070	2.093,85	3.045,60	3.426,30	1.990,45	2.895,20	3.257,10	1.887,05	2.744,80	3.087,90	1.771,55	2.594,40	2.918,70	1.547,83	2.444,00	2.749,50	1.324,11	2.293,60	2.580,30	1.100,39	2.143,20	2.411,10
(West)	II	36.281	1.995,45	2.902,48	3.265,29	1.892,05	2.752,08	3.096,09	1.782,38	2.601,68	2.926,89	1.558,66	2.451,28	2.757,69	1.334,94	2.300,88	2.588,49	1.111,22	2.150,48	2.419,29	887,50	2.000,08	2.250,09
	III	28.218	-	2.257,44	2.539,62	-	2.116,32	2.380,86	-	1.978,24	2.225,52	-	1.843,36	2.073,78	-	1.711,52	1.925,46	-	1.582,72	1.780,56	-	1.457,12	1.639,26
	IV	38.070	2.093,85	3.045,60	3.426,30	2.042,15	2.970,40	3.341,70	1.990,45	2.895,20	3.257,10	1.938,75	2.820,00	3.172,50	1.887,05	2.744,80	3.087,90	1.835,35	2.669,60	3.003,30	1.771,55	2.594,40	2.918,70
	V	44.243	2.433,36	3.539,44	3.981,87																		
	VI	44.775	2.462,62	3.582,00	4.029,75																		
29.383,99	I	38.164	2.099,02	3.053,12	3.434,76	1.995,62	2.902,72	3.265,56	1.892,22	2.752,32	3.096,36	1.782,73	2.601,92	2.927,16	1.559,01	2.451,52	2.757,96	1.335,29	2.301,12	2.588,76	1.111,57	2.150,72	2.419,56
(Ost)	II	36.374	2.000,57	2.909,92	3.273,66	1.897,17	2.759,52	3.104,46	1.793,56	2.609,20	2.935,35	1.569,84	2.458,80	2.766,15	1.346,12	2.308,40	2.596,95	1.122,40	2.158,00	2.427,75	898,68	2.007,60	2.258,55
	III	28.306	-	2.264,48	2.547,54	-	2.123,36	2.388,78	-	1.985,12	2.233,26	-	1.850,08	2.081,34	-	1.718,08	1.932,84	-	1.589,12	1.787,76	-	1.463,36	1.646,28
	IV	38.164	2.099,02	3.053,12	3.434,76	2.047,32	2.977,92	3.350,16	1.995,62	2.902,72	3.265,56	1.943,92	2.827,52	3.180,96	1.892,22	2.752,32	3.096,36	1.840,52	2.677,12	3.011,76	1.782,73	2.601,92	2.927,16
	V	44.337	2.438,53	3.546,96	3.990,33																		
	VI	44.869	2.467,79	3.589,52	4.038,21																		

SolZ/KiSt lt. Tabelle nicht für Sonstige Bezüge anwendbar.

Lohn/ Gehalt bis	Steuerklasse	Lohn-steuer	ohne Kinderfreibetrag			Anzahl Kinderfreibeträge (nur Steuerklassen I–IV)																	
						0,5			1,0			1,5			2,0			2,5			3,0		
			SolZ 5,5%	Kirchensteuer 8%	9%	SolZ 5,5%	Kirchensteuer 8%	9%	SolZ 5,5%	Kirchensteuer 8%	9%	SolZ 5,5%	Kirchensteuer 8%	9%	SolZ 5,5%	Kirchensteuer 8%	9%	SolZ 5,5%	Kirchensteuer 8%	9%	SolZ 5,5%	Kirchensteuer 8%	9%
129.419,99 (West)	I	38.085	2.094,67	3.046,80	3.427,65	1.991,27	2.896,40	3.258,45	1.887,87	2.746,00	3.089,25	1.773,33	2.595,60	2.920,05	1.549,61	2.445,20	2.750,85	1.325,89	2.294,80	2.581,65	1.102,29	2.144,48	2.412,
	II	36.296	1.996,28	2.903,68	3.266,64	1.892,88	2.753,28	3.097,44	1.784,16	2.602,88	2.928,24	1.560,44	2.452,48	2.759,04	1.336,72	2.302,08	2.589,84	1.113,00	2.151,68	2.420,64	889,28	2.001,28	2.251,
	III	28.232	-	2.258,56	2.540,88	-	2.117,44	2.382,12	-	1.979,36	2.226,78	-	1.844,48	2.075,04	-	1.712,48	1.926,54	-	1.583,84	1.781,82	-	1.458,08	1.640,
	IV	38.085	2.094,67	3.046,80	3.427,65	2.042,97	2.971,60	3.343,05	1.991,27	2.896,40	3.258,45	1.939,57	2.821,20	3.173,85	1.887,87	2.746,00	3.089,25	1.836,17	2.670,80	3.004,65	1.773,33	2.595,60	2.920,0
	V	44.258	2.434,19	3.540,64	3.983,22																		
	VI	44.790	2.463,45	3.583,20	4.031,10																		
129.419,99 (Ost)	I	38.179	2.099,84	3.054,32	3.436,11	1.996,44	2.903,92	3.266,91	1.893,04	2.753,52	3.097,71	1.784,52	2.603,12	2.928,51	1.560,80	2.452,72	2.759,31	1.337,08	2.302,32	2.590,11	1.113,36	2.151,92	2.420,9
	II	36.389	2.001,39	2.911,12	3.275,01	1.898,05	2.760,80	3.105,90	1.794,65	2.610,40	2.936,70	1.571,63	2.460,00	2.767,50	1.347,91	2.309,60	2.598,30	1.124,19	2.159,20	2.429,10	900,47	2.008,80	2.259,9
	III	28.322	-	2.265,76	2.548,98	-	2.124,48	2.390,04	-	1.986,24	2.234,52	-	1.851,04	2.082,42	-	1.719,04	1.933,92	-	1.590,08	1.788,84	-	1.464,32	1.647,
	IV	38.179	2.099,84	3.054,32	3.436,11	2.048,14	2.979,12	3.351,51	1.996,44	2.903,92	3.266,91	1.944,74	2.828,72	3.182,31	1.893,04	2.753,52	3.097,71	1.841,34	2.678,32	3.013,11	1.784,52	2.603,12	2.928,5
	V	44.352	2.439,36	3.548,16	3.991,68																		
	VI	44.884	2.468,62	3.590,72	4.039,56																		
129.455,99 (West)	I	38.100	2.095,50	3.048,00	3.429,00	1.992,10	2.897,60	3.259,80	1.888,70	2.747,20	3.090,60	1.775,12	2.596,80	2.921,40	1.551,40	2.446,40	2.752,20	1.327,80	2.296,08	2.583,09	1.104,08	2.145,68	2.413,8
	II	36.311	1.997,10	2.904,88	3.267,99	1.893,70	2.754,48	3.098,79	1.785,95	2.604,08	2.929,59	1.562,23	2.453,68	2.760,39	1.338,51	2.303,28	2.591,19	1.114,79	2.152,88	2.421,99	891,07	2.002,48	2.252,
	III	28.246	-	2.259,68	2.542,14	-	2.118,56	2.383,38	-	1.980,48	2.228,04	-	1.845,44	2.076,12	-	1.713,60	1.927,80	-	1.584,80	1.782,90	-	1.459,04	1.641,
	IV	38.100	2.095,50	3.048,00	3.429,00	2.043,80	2.972,80	3.344,40	1.992,10	2.897,60	3.259,80	1.940,40	2.822,40	3.175,20	1.888,70	2.747,20	3.090,60	1.837,00	2.672,00	3.006,00	1.775,12	2.596,80	2.921,
	V	44.273	2.435,01	3.541,84	3.984,57																		
	VI	44.805	2.464,27	3.584,40	4.032,45																		
129.455,99 (Ost)	I	38.194	2.100,67	3.055,52	3.437,46	1.997,27	2.905,12	3.268,26	1.893,87	2.754,72	3.099,06	1.786,30	2.604,32	2.929,86	1.562,58	2.453,92	2.760,66	1.338,86	2.303,52	2.591,46	1.115,14	2.153,12	2.422,2
	II	36.405	2.002,27	2.912,40	3.276,45	1.898,87	2.762,00	3.107,25	1.795,47	2.611,60	2.938,05	1.573,41	2.461,20	2.768,85	1.349,69	2.310,80	2.599,65	1.125,97	2.160,40	2.430,45	902,25	2.010,00	2.261,2
	III	28.336	-	2.266,88	2.550,24	-	2.125,60	2.391,30	-	1.987,36	2.235,78	-	1.852,16	2.083,68	-	1.720,16	1.935,18	-	1.591,20	1.790,10	-	1.465,28	1.648,
	IV	38.194	2.100,67	3.055,52	3.437,46	2.048,97	2.980,32	3.352,86	1.997,27	2.905,12	3.268,26	1.945,57	2.829,92	3.183,66	1.893,87	2.754,72	3.099,06	1.842,17	2.679,52	3.014,46	1.786,30	2.604,32	2.929,
	V	44.367	2.440,18	3.549,36	3.993,03																		
	VI	44.899	2.469,44	3.591,92	4.040,91																		
129.491,99 (West)	I	38.115	2.096,32	3.049,20	3.430,35	1.992,92	2.898,80	3.261,15	1.889,52	2.748,40	3.091,95	1.777,02	2.598,08	2.922,84	1.553,30	2.447,68	2.753,64	1.329,58	2.297,28	2.584,44	1.105,86	2.146,88	2.415,2
	II	36.326	1.997,93	2.906,08	3.269,34	1.894,53	2.755,68	3.100,14	1.787,73	2.605,28	2.930,94	1.564,01	2.454,88	2.761,74	1.340,29	2.304,48	2.592,54	1.116,57	2.154,08	2.423,34	892,97	2.003,76	2.254,2
	III	28.260	-	2.260,80	2.543,40	-	2.119,68	2.384,64	-	1.981,60	2.229,30	-	1.846,56	2.077,38	-	1.714,72	1.929,06	-	1.585,76	1.783,98	-	1.460,00	1.642,5
	IV	38.115	2.096,32	3.049,20	3.430,35	2.044,62	2.974,00	3.345,75	1.992,92	2.898,80	3.261,15	1.941,22	2.823,60	3.176,55	1.889,52	2.748,40	3.091,95	1.837,82	2.673,20	3.007,35	1.777,02	2.598,08	2.922,
	V	44.289	2.435,89	3.543,12	3.986,01																		
	VI	44.820	2.465,10	3.585,60	4.033,80																		
129.491,99 (Ost)	I	38.209	2.101,49	3.056,72	3.438,81	1.998,09	2.906,32	3.269,61	1.894,69	2.755,92	3.100,41	1.788,09	2.605,52	2.931,21	1.564,37	2.455,12	2.762,01	1.340,65	2.304,72	2.592,81	1.116,93	2.154,32	2.423,
	II	36.420	2.003,10	2.913,60	3.277,80	1.899,70	2.763,20	3.108,60	1.796,30	2.612,80	2.939,40	1.575,20	2.462,40	2.770,20	1.351,48	2.312,00	2.601,00	1.127,76	2.161,60	2.431,80	904,04	2.011,20	2.262,
	III	28.350	-	2.268,00	2.551,50	-	2.126,72	2.392,56	-	1.988,48	2.237,04	-	1.853,28	2.084,94	-	1.721,12	1.936,26	-	1.592,16	1.791,18	-	1.466,24	1.649,
	IV	38.209	2.101,49	3.056,72	3.438,81	2.049,79	2.981,52	3.354,21	1.998,09	2.906,32	3.269,61	1.946,39	2.831,12	3.185,01	1.894,69	2.755,92	3.100,41	1.842,99	2.680,72	3.015,81	1.788,09	2.605,52	2.931,2
	V	44.382	2.441,01	3.550,56	3.994,38																		
	VI	44.914	2.470,27	3.593,12	4.042,26																		
129.527,99 (West)	I	38.130	2.097,15	3.050,40	3.431,70	1.993,75	2.900,00	3.262,50	1.890,40	2.749,68	3.093,39	1.778,81	2.599,28	2.924,19	1.555,09	2.448,88	2.754,99	1.331,37	2.298,48	2.585,79	1.107,65	2.148,08	2.416,5
	II	36.341	1.998,75	2.907,28	3.270,69	1.895,35	2.756,88	3.101,49	1.789,52	2.606,48	2.932,29	1.565,80	2.456,08	2.763,09	1.342,20	2.305,76	2.593,98	1.118,48	2.155,36	2.424,78	894,76	2.004,96	2.255,5
	III	28.274	-	2.261,92	2.544,66	-	2.120,80	2.385,90	-	1.982,72	2.230,56	-	1.847,68	2.078,64	-	1.715,68	1.930,14	-	1.586,88	1.785,24	-	1.461,12	1.643,
	IV	38.130	2.097,15	3.050,40	3.431,70	2.045,45	2.975,20	3.347,10	1.993,75	2.900,00	3.262,50	1.942,10	2.824,88	3.177,99	1.890,40	2.749,68	3.093,39	1.838,70	2.674,48	3.008,79	1.778,81	2.599,28	2.924,
	V	44.304	2.436,72	3.544,32	3.987,36																		
	VI	44.835	2.465,92	3.586,80	4.035,15																		
129.527,99 (Ost)	I	38.224	2.102,32	3.057,92	3.440,16	1.998,92	2.907,52	3.270,96	1.895,52	2.757,12	3.101,76	1.789,87	2.606,72	2.932,56	1.566,15	2.456,32	2.763,36	1.342,43	2.305,92	2.594,16	1.118,83	2.155,60	2.425,
	II	36.435	2.003,92	2.914,80	3.279,15	1.900,52	2.764,40	3.109,95	1.797,12	2.614,00	2.940,75	1.576,98	2.463,60	2.771,55	1.353,26	2.313,20	2.602,35	1.129,54	2.162,80	2.433,15	905,82	2.012,40	2.263,
	III	28.364	-	2.269,12	2.552,76	-	2.127,84	2.393,82	-	1.989,44	2.238,12	-	1.854,40	2.086,20	-	1.722,24	1.937,52	-	1.593,28	1.792,44	-	1.467,36	1.650,
	IV	38.224	2.102,32	3.057,92	3.440,16	2.050,62	2.982,72	3.355,56	1.998,92	2.907,52	3.270,96	1.947,22	2.832,32	3.186,36	1.895,52	2.757,12	3.101,76	1.843,82	2.681,92	3.017,16	1.789,87	2.606,72	2.932,5
	V	44.397	2.441,83	3.551,76	3.995,73																		
	VI	44.929	2.471,09	3.594,32	4.043,61																		
129.563,99 (West)	I	38.146	2.098,03	3.051,68	3.433,14	1.994,63	2.901,28	3.263,94	1.891,23	2.750,88	3.094,74	1.780,59	2.600,48	2.925,54	1.556,87	2.450,08	2.756,34	1.333,15	2.299,68	2.587,14	1.109,43	2.149,28	2.417,
	II	36.356	1.999,58	2.908,48	3.272,04	1.896,18	2.758,08	3.102,84	1.791,30	2.607,68	2.933,64	1.567,70	2.457,36	2.764,53	1.343,98	2.306,96	2.595,33	1.120,26	2.156,56	2.426,13	896,54	2.006,16	2.256,
	III	28.290	-	2.263,20	2.546,10	-	2.121,92	2.387,16	-	1.983,84	2.231,82	-	1.848,64	2.079,72	-	1.716,80	1.931,40	-	1.587,84	1.786,32	-	1.462,08	1.644,
	IV	38.146	2.098,03	3.051,68	3.433,14	2.046,33	2.976,48	3.348,54	1.994,63	2.901,28	3.263,94	1.942,93	2.826,08	3.179,34	1.891,23	2.750,88	3.094,74	1.839,53	2.675,68	3.010,14	1.780,59	2.600,48	2.925,
	V	44.319	2.437,54	3.545,52	3.988,71																		
	VI	44.851	2.466,80	3.588,08	4.036,59																		
129.563,99 (Ost)	I	38.239	2.103,14	3.059,12	3.441,51	1.999,74	2.908,72	3.272,31	1.896,34	2.758,32	3.103,11	1.791,66	2.607,92	2.933,91	1.567,94	2.457,52	2.764,71	1.344,34	2.307,20	2.595,60	1.120,62	2.156,80	2.426,4
	II	36.450	2.004,75	2.916,00	3.280,50	1.901,35	2.765,60	3.111,30	1.797,95	2.615,20	2.942,10	1.578,77	2.464,80	2.772,90	1.355,05	2.314,40	2.603,70	1.131,33	2.164,00	2.434,50	907,61	2.013,60	2.265,
	III	28.378	-	2.270,24	2.554,02	-	2.128,96	2.395,08	-	1.990,56	2.239,38	-	1.855,36	2.087,28	-	1.723,20	1.938,60	-	1.594,24	1.793,52	-	1.468,32	1.651,
	IV	38.239	2.103,14	3.059,12	3.441,51	2.051,44	2.983,92	3.356,91	1.999,74	2.908,72	3.272,31	1.948,04	2.833,52	3.187,71	1.896,34	2.758,32	3.103,11	1.844,64	2.683,12	3.018,51	1.791,66	2.607,92	2.933,
	V	44.412	2.442,66	3.552,96	3.997,08																		
	VI	44.944	2.471,92	3.595,52	4.044,96																		
129.599,99 (West)	I	38.161	2.098,85	3.052,88	3.434,49	1.995,45	2.902,48	3.265,29	1.892,05	2.752,08	3.096,09	1.782,38	2.601,68	2.926,89	1.558,66	2.451,28	2.757,69	1.334,94	2.300,88	2.588,49	1.111,22	2.150,48	2.419,2
	II	36.371	2.000,40	2.909,68	3.273,39	1.897,06	2.759,36	3.104,28	1.793,21	2.608,96	2.935,08	1.569,49	2.458,56	2.765,88	1.345,77	2.308,16	2.596,68	1.122,05	2.157,76	2.427,48	898,33	2.007,36	2.258,
	III	28.304	-	2.264,32	2.547,36	-	2.123,04	2.388,42	-	1.984,80	2.232,90	-	1.849,76	2.080,98	-	1.717,76	1.932,48	-	1.588,96	1.787,58	-	1.463,04	1.645,9
	IV	38.161	2.098,85	3.052,88	3.434,49	2.047,15	2.977,68	3.349,89	1.995,45	2.902,48	3.265,29	1.943,75	2.827,28	3.180,69	1.892,05	2.752,08	3.096,09	1.840,35	2.676,88	3.011,49	1.782,38	2.601,68	2.926,8
	V	44.334	2.438,37	3.546,72	3.990,06																		
	VI	44.866	2.467,63	3.589,28	4.037,94																		
129.599,99 (Ost)	I	38.254	2.103,97	3.060,32	3.442,86	2.000,57	2.909,92	3.273,66	1.897,17	2.759,52	3.104,46	1.793,56	2.609,20	2.935,35	1.569,84	2.458,80	2.766,15	1.346,12	2.308,40	2.596,95	1.122,40	2.158,00	2.427,7
	II	36.465	2.005,57	2.917,20	3.281,85	1.902,17	2.766,80	3.112,65	1.798,77	2.616,40	2.943,45	1.580,55	2.466,00	2.774,25	1.356,83	2.315,60	2.605,05	1.133,11	2.165,20	2.435,85	909,51	2.014,88	2.266,7
	III	28.394	-	2.271,52	2.555,46	-	2.130,08	2.396,34	-	1.991,68	2.240,64	-	1.856,48	2.088,54	-	1.724,32	1.939,86	-	1.595,20	1.794,60	-	1.469,28	1.652,9
	IV	38.254	2.103,97	3.060,32	3.442,86	2.052,27	2.985,12	3.358,26	2.000,57	2.909,92	3.273,66	1.948,87	2.834,72	3.189,06	1.897,17	2.759,52	3.104,46	1.845,47	2.684,32	3.019,86	1.793,56	2.609,20	2.935,3
	V	44.428	2.443,54	3.554,24	3.998,52																		
	VI	44.959	2.472,74	3.596,72	4.046,31																		
129.635,99 (West)	I	38.176	2.099,68	3.054,08	3.435,84	1.996,28	2.903,68	3.266,64	1.892,88	2.753,28	3.097,44	1.784,16	2.602,88	2.928,24	1.560,44	2.452,48	2.759,04	1.336,72	2.302,08	2.589,84	1.113,00	2.151,68	2.420,6
	II	36.387	2.001,28	2.910,96	3.274,83	1.897,88	2.760,56	3.105,63	1.794,48	2.610,16	2.936,43	1.571,27	2.459,76	2.767,23	1.347,55	2.309,36	2.598,03	1.123,83	2.158,96	2.428,83	900,11	2.008,56	2.259,6
	III	28.318	-	2.265,44	2.548,62	-	2.124,16	2.389,68	-	1.985,92	2.234,16	-	1.850,88	2.082,24	-	1.718,88	1.933,74	-	1.589,92	1.788,66	-	1.464,00	1.647,0
	IV	38.176	2.099,68	3.054,08	3.435,84	2.047,98	2.978,88	3.351,24	1.996,28	2.903,68	3.266,64	1.944,58	2.828,48	3.182,04	1.892,88	2.753,28	3.097,44	1.841,18	2.678,08	3.012,84	1.784,16	2.602,88	2.928,2
	V	44.349	2.439,19	3.547,92	3.991,41																		
	VI	44.881	2.468,45	3.590,48	4.039,29																		
129.635,99 (Ost)	I	38.269	2.104,79	3.061,52	3.444,21	2.001,39	2.911,12	3.275,01	1.898,05	2.760,80	3.105,90	1.794,65	2.610,40	2.936,70	1.571,63	2.460,00	2.767,50	1.347,91	2.309,60	2.598,30	1.124,19	2.159,20	2.429,1
	II	36.480	2.006,40	2.918,40	3.283,20	1.903,00	2.768,00	3.114,00	1.799,60	2.617,60	2.944,80	1.582,34	2.467,20	2.775,60	1.358,74	2.316,88	2.606,49	1.135,02	2.166,48	2.437,29	911,30	2.016,08	2.268,0
	III	28.408	-	2.272,64	2.556,72	-	2.131,20	2.397,60	-	1.992,80	2.241,90	-	1.857,60	2.089,80	-	1.725,44	1.941,12	-	1.596,32	1.795,86	-	1.470,24	1.654,0
	IV	38.269	2.104,79	3.061,52	3.444,21	2.053,09	2.986,32	3.359,61	2.001,39	2.911,12	3.275,01	1.949,75	2.836,00	3.190,50	1.898,05	2.760,80	3.105,90	1.846,35	2.685,60	3.021,30	1.794,65	2.610,40	2.936,7
	V	44.443	2.444,36	3.555,44	3.999,87																		
	VI	44.974	2.473,57	3.597,92	4.047,66																		

SolZ/KiSt lt. Tabelle nicht für Sonstige Bezüge anwendbar.

Lohn/ Gehalt bis	Steuerklasse	Lohn-steuer	ohne Kinderfreibetrag SolZ 5,5%	Kirchensteuer 8%	9%	0,5 SolZ 5,5%	Kirchensteuer 8%	9%	1,0 SolZ 5,5%	Kirchensteuer 8%	9%	1,5 SolZ 5,5%	Kirchensteuer 8%	9%	2,0 SolZ 5,5%	Kirchensteuer 8%	9%	2,5 SolZ 5,5%	Kirchensteuer 8%	9%	3,0 SolZ 5,5%	Kirchensteuer 8%	9%
						Anzahl Kinderfreibeträge (nur Steuerklassen I–IV)																	
29.671,99 (West)	I	38.191	2.100,50	3.055,28	3.437,19	1.997,10	2.904,88	3.267,99	1.893,70	2.754,48	3.098,79	1.785,95	2.604,08	2.929,59	1.562,23	2.453,68	2.760,39	1.338,51	2.303,28	2.591,19	1.114,79	2.152,88	2.421,99
	II	36.402	2.002,11	2.912,16	3.276,18	1.898,71	2.761,76	3.106,98	1.795,31	2.611,36	2.937,78	1.573,06	2.460,96	2.768,58	1.349,34	2.310,56	2.599,38	1.125,62	2.160,16	2.430,18	901,90	2.009,76	2.260,98
	III	28.332	-	2.266,56	2.549,88	-	2.125,28	2.390,94	-	1.987,04	2.235,42	-	1.852,00	2.083,50	-	1.719,84	1.934,82	-	1.590,88	1.789,74	-	1.465,12	1.648,26
	IV	38.191	2.100,50	3.055,28	3.437,19	2.048,80	2.980,08	3.352,59	1.997,10	2.904,88	3.267,99	1.945,40	2.829,68	3.183,39	1.893,70	2.754,48	3.098,79	1.842,00	2.679,28	3.014,19	1.785,95	2.604,08	2.929,59
	V	44.364	2.440,02	3.549,12	3.992,76																		
	VI	44.896	2.469,28	3.591,68	4.040,64																		
29.671,99 (Ost)	I	38.285	2.105,67	3.062,80	3.445,65	2.002,27	2.912,40	3.276,45	1.898,87	2.762,00	3.107,25	1.795,47	2.611,60	2.938,05	1.573,41	2.461,20	2.768,85	1.349,69	2.310,80	2.599,65	1.125,97	2.160,40	2.430,45
	II	36.495	2.007,22	2.919,60	3.284,55	1.903,82	2.769,20	3.115,35	1.800,42	2.618,80	2.946,15	1.584,24	2.468,48	2.777,04	1.360,52	2.318,08	2.607,84	1.136,80	2.167,68	2.438,64	913,08	2.017,28	2.269,44
	III	28.422	-	2.273,76	2.557,98	-	2.132,32	2.398,86	-	1.993,92	2.243,16	-	1.858,56	2.090,88	-	1.726,40	1.942,20	-	1.597,28	1.796,94	-	1.471,36	1.655,28
	IV	38.285	2.105,67	3.062,80	3.445,65	2.053,97	2.987,60	3.361,05	2.002,27	2.912,40	3.276,45	1.950,57	2.837,20	3.191,85	1.898,87	2.762,00	3.107,25	1.847,17	2.686,80	3.022,65	1.795,47	2.611,60	2.938,05
	V	44.458	2.445,19	3.556,64	4.001,22																		
	VI	44.990	2.474,45	3.599,20	4.049,10																		
29.707,99 (West)	I	38.206	2.101,33	3.056,48	3.438,54	1.997,93	2.906,08	3.269,34	1.894,53	2.755,68	3.100,14	1.787,73	2.605,28	2.930,94	1.564,01	2.454,88	2.761,74	1.340,29	2.304,48	2.592,54	1.116,57	2.154,08	2.423,34
	II	36.417	2.002,93	2.913,36	3.277,53	1.899,53	2.762,96	3.108,33	1.796,13	2.612,56	2.939,13	1.574,84	2.462,16	2.769,93	1.351,12	2.311,76	2.600,73	1.127,40	2.161,36	2.431,53	903,68	2.010,96	2.262,33
	III	28.346	-	2.267,68	2.551,14	-	2.126,40	2.392,20	-	1.988,16	2.236,68	-	1.852,96	2.084,58	-	1.720,96	1.936,08	-	1.592,00	1.791,00	-	1.466,08	1.649,34
	IV	38.206	2.101,33	3.056,48	3.438,54	2.049,63	2.981,28	3.353,94	1.997,93	2.906,08	3.269,34	1.946,23	2.830,88	3.184,74	1.894,53	2.755,68	3.100,14	1.842,83	2.680,48	3.015,54	1.787,73	2.605,28	2.930,94
	V	44.379	2.440,84	3.550,32	3.994,11																		
	VI	44.911	2.470,10	3.592,88	4.041,99																		
29.707,99 (Ost)	I	38.300	2.106,50	3.064,00	3.447,00	2.003,10	2.913,60	3.277,80	1.899,70	2.763,20	3.108,60	1.796,30	2.612,80	2.939,40	1.575,20	2.462,40	2.770,20	1.351,48	2.312,00	2.601,00	1.127,76	2.161,60	2.431,80
	II	36.510	2.008,05	2.920,80	3.285,90	1.904,70	2.770,48	3.116,79	1.801,30	2.620,08	2.947,59	1.586,03	2.469,68	2.778,39	1.362,31	2.319,28	2.609,19	1.138,59	2.168,88	2.439,99	914,87	2.018,48	2.270,79
	III	28.436	-	2.274,88	2.559,24	-	2.133,44	2.400,12	-	1.995,04	2.244,42	-	1.859,68	2.092,14	-	1.727,52	1.943,46	-	1.598,40	1.798,20	-	1.472,32	1.656,36
	IV	38.300	2.106,50	3.064,00	3.447,00	2.054,80	2.988,80	3.362,40	2.003,10	2.913,60	3.277,80	1.951,40	2.838,40	3.193,20	1.899,70	2.763,20	3.108,60	1.848,00	2.688,00	3.024,00	1.796,30	2.612,80	2.939,40
	V	44.473	2.446,01	3.557,84	4.002,57																		
	VI	45.005	2.475,27	3.600,40	4.050,45																		
29.743,99 (West)	I	38.221	2.102,15	3.057,68	3.439,89	1.998,75	2.907,28	3.270,69	1.895,35	2.756,88	3.101,49	1.789,52	2.606,48	2.932,29	1.565,80	2.456,08	2.763,09	1.342,20	2.305,76	2.593,98	1.118,48	2.155,36	2.424,78
	II	36.432	2.003,76	2.914,56	3.278,88	1.900,36	2.764,16	3.109,68	1.796,96	2.613,76	2.940,48	1.576,63	2.463,36	2.771,28	1.352,91	2.312,96	2.602,08	1.129,19	2.162,56	2.432,88	905,47	2.012,16	2.263,68
	III	28.362	-	2.268,96	2.552,58	-	2.127,52	2.393,46	-	1.989,28	2.237,94	-	1.854,08	2.085,84	-	1.721,92	1.937,16	-	1.592,96	1.792,08	-	1.467,04	1.650,42
	IV	38.221	2.102,15	3.057,68	3.439,89	2.050,45	2.982,48	3.355,29	1.998,75	2.907,28	3.270,69	1.947,05	2.832,08	3.186,09	1.895,35	2.756,88	3.101,49	1.843,65	2.681,68	3.016,89	1.789,52	2.606,48	2.932,29
	V	44.394	2.441,67	3.551,52	3.995,46																		
	VI	44.926	2.470,93	3.594,08	4.043,34																		
29.743,99 (Ost)	I	38.315	2.107,32	3.065,20	3.448,35	2.003,92	2.914,80	3.279,15	1.900,52	2.764,40	3.109,95	1.797,12	2.614,00	2.940,75	1.576,98	2.463,60	2.771,55	1.353,26	2.313,20	2.602,35	1.129,54	2.162,80	2.433,15
	II	36.526	2.008,93	2.922,08	3.287,34	1.905,53	2.771,68	3.118,14	1.802,13	2.621,28	2.948,94	1.587,81	2.470,88	2.779,74	1.364,09	2.320,48	2.610,54	1.140,37	2.170,08	2.441,34	916,65	2.019,68	2.272,14
	III	28.450	-	2.276,00	2.560,50	-	2.134,56	2.401,38	-	1.996,16	2.245,68	-	1.860,88	2.093,40	-	1.728,48	1.944,54	-	1.599,36	1.799,28	-	1.473,28	1.657,44
	IV	38.315	2.107,32	3.065,20	3.448,35	2.055,62	2.990,00	3.363,75	2.003,92	2.914,80	3.279,15	1.952,22	2.839,60	3.194,55	1.900,52	2.764,40	3.109,95	1.848,82	2.689,20	3.025,35	1.797,12	2.614,00	2.940,75
	V	44.488	2.446,84	3.559,04	4.003,92																		
	VI	45.020	2.476,10	3.601,60	4.051,80																		
29.779,99 (West)	I	38.236	2.102,98	3.058,88	3.441,24	1.999,58	2.908,48	3.272,04	1.896,18	2.758,08	3.102,84	1.791,30	2.607,68	2.933,64	1.567,70	2.457,36	2.764,53	1.343,98	2.306,96	2.595,33	1.120,26	2.156,56	2.426,13
	II	36.447	2.004,58	2.915,76	3.280,23	1.901,18	2.765,36	3.111,03	1.797,78	2.614,96	2.941,83	1.578,41	2.464,56	2.772,63	1.354,69	2.314,16	2.603,43	1.130,97	2.163,76	2.434,23	907,37	2.013,44	2.265,12
	III	28.376	-	2.270,08	2.553,84	-	2.128,64	2.394,72	-	1.990,40	2.239,20	-	1.855,20	2.087,10	-	1.723,04	1.938,42	-	1.594,08	1.793,34	-	1.468,00	1.651,50
	IV	38.236	2.102,98	3.058,88	3.441,24	2.051,28	2.983,68	3.356,64	1.999,58	2.908,48	3.272,04	1.947,88	2.833,28	3.187,44	1.896,18	2.758,08	3.102,84	1.844,48	2.682,88	3.018,24	1.791,30	2.607,68	2.933,64
	V	44.410	2.442,55	3.552,80	3.996,90																		
	VI	44.941	2.471,75	3.595,28	4.044,69																		
29.779,99 (Ost)	I	38.330	2.108,15	3.066,40	3.449,70	2.004,75	2.916,00	3.280,50	1.901,35	2.765,60	3.111,30	1.797,95	2.615,20	2.942,10	1.578,77	2.464,80	2.772,90	1.355,05	2.314,40	2.603,70	1.131,33	2.164,00	2.434,50
	II	36.541	2.009,75	2.923,28	3.288,69	1.906,35	2.772,88	3.119,49	1.802,95	2.622,48	2.950,29	1.589,60	2.472,08	2.781,09	1.365,88	2.321,68	2.611,89	1.142,16	2.171,28	2.442,69	918,44	2.020,88	2.273,49
	III	28.464	-	2.277,12	2.561,76	-	2.135,68	2.402,64	-	1.997,28	2.246,94	-	1.861,92	2.094,66	-	1.729,60	1.945,80	-	1.600,32	1.800,36	-	1.474,24	1.658,52
	IV	38.330	2.108,15	3.066,40	3.449,70	2.056,45	2.991,20	3.365,10	2.004,75	2.916,00	3.280,50	1.953,05	2.840,80	3.195,90	1.901,35	2.765,60	3.111,30	1.849,65	2.690,40	3.026,70	1.797,95	2.615,20	2.942,10
	V	44.503	2.447,66	3.560,24	4.005,27																		
	VI	45.035	2.476,92	3.602,80	4.053,15																		
29.815,99 (West)	I	38.251	2.103,80	3.060,08	3.442,59	2.000,40	2.909,68	3.273,39	1.897,06	2.759,36	3.104,28	1.793,21	2.608,96	2.935,08	1.569,49	2.458,56	2.765,88	1.345,77	2.308,16	2.596,68	1.122,05	2.157,76	2.427,48
	II	36.462	2.005,41	2.916,96	3.281,58	1.902,01	2.766,56	3.112,38	1.798,61	2.616,16	2.943,18	1.580,20	2.465,76	2.773,98	1.356,48	2.315,36	2.604,78	1.132,88	2.165,04	2.435,67	909,16	2.014,64	2.266,47
	III	28.390	-	2.271,20	2.555,10	-	2.129,76	2.395,98	-	1.991,52	2.240,46	-	1.856,16	2.088,18	-	1.724,16	1.939,68	-	1.595,04	1.794,42	-	1.469,12	1.652,76
	IV	38.251	2.103,80	3.060,08	3.442,59	2.052,10	2.984,88	3.357,99	2.000,40	2.909,68	3.273,39	1.948,70	2.834,48	3.188,79	1.897,06	2.759,36	3.104,28	1.845,36	2.684,16	3.019,68	1.793,21	2.608,96	2.935,08
	V	44.425	2.443,37	3.554,00	3.998,25																		
	VI	44.956	2.472,58	3.596,48	4.046,04																		
29.815,99 (Ost)	I	38.345	2.108,97	3.067,60	3.451,05	2.005,57	2.917,20	3.281,85	1.902,17	2.766,80	3.112,65	1.798,77	2.616,40	2.943,45	1.580,55	2.466,00	2.774,25	1.356,83	2.315,60	2.605,05	1.133,11	2.165,20	2.435,85
	II	36.556	2.010,58	2.924,48	3.290,04	1.907,18	2.774,08	3.120,84	1.803,78	2.623,68	2.951,64	1.591,38	2.473,28	2.782,44	1.367,66	2.322,88	2.613,24	1.143,94	2.172,48	2.444,04	920,22	2.022,08	2.274,84
	III	28.480	-	2.278,40	2.563,20	-	2.136,80	2.403,90	-	1.998,24	2.248,02	-	1.862,88	2.095,74	-	1.730,56	1.946,88	-	1.601,44	1.801,62	-	1.475,36	1.659,78
	IV	38.345	2.108,97	3.067,60	3.451,05	2.057,27	2.992,40	3.366,45	2.005,57	2.917,20	3.281,85	1.953,87	2.842,00	3.197,25	1.902,17	2.766,80	3.112,65	1.850,47	2.691,60	3.028,05	1.798,77	2.616,40	2.943,45
	V	44.518	2.448,49	3.561,44	4.006,62																		
	VI	45.050	2.477,75	3.604,00	4.054,50																		
29.851,99 (West)	I	38.266	2.104,63	3.061,28	3.443,94	2.001,28	2.910,96	3.274,83	1.897,88	2.760,56	3.105,63	1.794,48	2.610,16	2.936,43	1.571,27	2.459,76	2.767,23	1.347,55	2.309,36	2.598,03	1.123,83	2.158,96	2.428,83
	II	36.477	2.006,23	2.918,16	3.282,93	1.902,83	2.767,76	3.113,73	1.799,43	2.617,36	2.944,53	1.582,10	2.467,04	2.775,42	1.358,38	2.316,64	2.606,22	1.134,66	2.166,24	2.437,02	910,94	2.015,84	2.267,82
	III	28.404	-	2.272,32	2.556,36	-	2.130,88	2.397,24	-	1.992,64	2.241,72	-	1.857,28	2.089,44	-	1.725,12	1.940,76	-	1.596,00	1.795,50	-	1.470,08	1.653,84
	IV	38.266	2.104,63	3.061,28	3.443,94	2.052,98	2.986,16	3.359,43	2.001,28	2.910,96	3.274,83	1.949,58	2.835,76	3.190,23	1.897,88	2.760,56	3.105,63	1.846,18	2.685,36	3.021,03	1.794,48	2.610,16	2.936,43
	V	44.440	2.444,20	3.555,20	3.999,60																		
	VI	44.971	2.473,40	3.597,68	4.047,39																		
29.851,99 (Ost)	I	38.360	2.109,80	3.068,80	3.452,40	2.006,40	2.918,40	3.283,20	1.903,00	2.768,00	3.114,00	1.799,60	2.617,60	2.944,80	1.582,34	2.467,20	2.775,60	1.358,74	2.316,88	2.606,49	1.135,02	2.166,48	2.437,29
	II	36.571	2.011,40	2.925,68	3.291,39	1.908,00	2.775,28	3.122,19	1.804,60	2.624,88	2.952,99	1.593,17	2.474,48	2.783,79	1.369,45	2.324,08	2.614,59	1.145,73	2.173,68	2.445,39	922,01	2.023,28	2.276,19
	III	28.494	-	2.279,52	2.564,46	-	2.137,92	2.405,16	-	1.999,36	2.249,28	-	1.864,00	2.097,00	-	1.731,68	1.948,14	-	1.602,40	1.802,70	-	1.476,32	1.660,86
	IV	38.360	2.109,80	3.068,80	3.452,40	2.058,10	2.993,60	3.367,80	2.006,40	2.918,40	3.283,20	1.954,70	2.843,20	3.198,60	1.903,00	2.768,00	3.114,00	1.851,30	2.692,80	3.029,40	1.799,60	2.617,60	2.944,80
	V	44.533	2.449,31	3.562,64	4.007,97																		
	VI	45.065	2.478,57	3.605,20	4.055,85																		
29.887,99 (West)	I	38.282	2.105,51	3.062,56	3.445,38	2.002,11	2.912,16	3.276,18	1.898,71	2.761,76	3.106,98	1.795,31	2.611,36	2.937,78	1.573,06	2.460,96	2.768,58	1.349,34	2.310,56	2.599,38	1.125,62	2.160,16	2.430,18
	II	36.492	2.007,06	2.919,36	3.284,28	1.903,66	2.768,96	3.115,08	1.800,31	2.618,64	2.945,97	1.583,89	2.468,24	2.776,77	1.360,17	2.317,84	2.607,57	1.136,45	2.167,44	2.438,37	912,73	2.017,04	2.269,17
	III	28.418	-	2.273,44	2.557,62	-	2.132,00	2.398,50	-	1.993,60	2.242,80	-	1.858,40	2.090,70	-	1.726,24	1.942,02	-	1.597,12	1.796,76	-	1.471,04	1.654,92
	IV	38.282	2.105,51	3.062,56	3.445,38	2.053,81	2.987,36	3.360,78	2.002,11	2.912,16	3.276,18	1.950,41	2.836,96	3.191,58	1.898,71	2.761,76	3.106,98	1.847,01	2.686,56	3.022,38	1.795,31	2.611,36	2.937,78
	V	44.455	2.445,02	3.556,40	4.000,95																		
	VI	44.987	2.474,28	3.598,96	4.048,83																		
29.887,99 (Ost)	I	38.375	2.110,62	3.070,00	3.453,75	2.007,22	2.919,60	3.284,55	1.903,82	2.769,20	3.115,35	1.800,42	2.618,80	2.946,15	1.584,24	2.468,48	2.777,04	1.360,52	2.318,08	2.607,84	1.136,80	2.167,68	2.438,64
	II	36.586	2.012,23	2.926,88	3.292,74	1.908,83	2.776,48	3.123,54	1.805,43	2.626,08	2.954,34	1.594,95	2.475,68	2.785,14	1.371,23	2.325,28	2.615,94	1.147,51	2.174,88	2.446,74	923,91	2.024,56	2.277,63
	III	28.508	-	2.280,64	2.565,72	-	2.139,04	2.406,42	-	2.000,48	2.250,54	-	1.865,12	2.098,26	-	1.732,80	1.949,40	-	1.603,52	1.803,96	-	1.477,28	1.661,94
	IV	38.375	2.110,62	3.070,00	3.453,75	2.058,92	2.994,80	3.369,15	2.007,22	2.919,60	3.284,55	1.955,52	2.844,40	3.199,95	1.903,82	2.769,20	3.115,35	1.852,12	2.694,00	3.030,75	1.800,42	2.618,80	2.946,15
	V	44.549	2.450,19	3.563,92	4.009,41																		
	VI	45.080	2.479,40	3.606,40	4.057,20																		

SolZ/KiSt lt. Tabelle nicht für Sonstige Bezüge anwendbar.

JAHR bis 130.139,99 €

Allgemeine Tabelle

Lohn/ Gehalt bis	Steuerklasse	Lohnsteuer	ohne Kinderfreibetrag			Anzahl Kinderfreibeträge (nur Steuerklassen I–IV)																	
						0,5			1,0			1,5			2,0			2,5			3,0		
			SolZ 5,5%	Kirchensteuer 8%	9%	SolZ 5,5%	Kirchensteuer 8%	9%	SolZ 5,5%	Kirchensteuer 8%	9%	SolZ 5,5%	Kirchensteuer 8%	9%	SolZ 5,5%	Kirchensteuer 8%	9%	SolZ 5,5%	Kirchensteuer 8%	9%	SolZ 5,5%	Kirchensteuer 8%	9%
129.923,99 (West)	I	38.297	2.106,33	3.063,76	3.446,73	2.002,93	2.913,36	3.277,53	1.899,53	2.762,96	3.108,33	1.796,13	2.612,56	2.939,13	1.574,84	2.462,16	2.769,93	1.351,12	2.311,76	2.600,73	1.127,40	2.161,36	2.431,5
	II	36.508	2.007,94	2.920,64	3.285,72	1.904,54	2.770,24	3.116,52	1.801,14	2.619,84	2.947,32	1.585,67	2.469,44	2.778,12	1.361,95	2.319,04	2.608,92	1.138,23	2.168,64	2.439,72	914,51	2.018,24	2.270,5
	III	28.432	-	2.274,56	2.558,88	-	2.133,12	2.399,76	-	1.994,72	2.244,06	-	1.859,52	2.091,96	-	1.727,20	1.943,10	-	1.598,08	1.797,84	-	1.472,00	1.656,0
	IV	38.297	2.106,33	3.063,76	3.446,73	2.054,63	2.988,56	3.362,13	2.002,93	2.913,36	3.277,53	1.951,23	2.838,16	3.192,93	1.899,53	2.762,96	3.108,33	1.847,83	2.687,76	3.023,73	1.796,13	2.612,56	2.939,1
	V	44.470	2.445,85	3.557,60	4.002,30																		
	VI	45.002	2.475,11	3.600,16	4.050,18																		
129.923,99 (Ost)	I	38.390	2.111,45	3.071,20	3.455,10	2.008,05	2.920,80	3.285,90	1.904,70	2.770,48	3.116,79	1.801,30	2.620,08	2.947,59	1.586,03	2.469,68	2.778,39	1.362,31	2.319,28	2.609,19	1.138,59	2.168,88	2.439,9
	II	36.601	2.013,05	2.928,08	3.294,09	1.909,65	2.777,68	3.124,89	1.806,25	2.627,28	2.955,69	1.596,74	2.476,88	2.786,49	1.373,02	2.326,48	2.617,29	1.149,42	2.176,16	2.448,18	925,70	2.025,76	2.278,9
	III	28.522	-	2.281,76	2.566,98	-	2.140,16	2.407,68	-	2.001,60	2.251,80	-	1.866,08	2.099,34	-	1.733,76	1.950,48	-	1.604,48	1.805,04	-	1.478,24	1.663,0
	IV	38.390	2.111,45	3.071,20	3.455,10	2.059,75	2.996,00	3.370,50	2.008,05	2.920,80	3.285,90	1.956,35	2.845,60	3.201,30	1.904,70	2.770,48	3.116,79	1.853,00	2.695,28	3.032,19	1.801,30	2.620,08	2.947,5
	V	44.564	2.451,02	3.565,12	4.010,76																		
	VI	45.095	2.480,22	3.607,60	4.058,55																		
129.959,99 (West)	I	38.312	2.107,16	3.064,96	3.448,08	2.003,76	2.914,56	3.278,88	1.900,36	2.764,16	3.109,68	1.796,96	2.613,76	2.940,48	1.576,63	2.463,36	2.771,28	1.352,91	2.312,96	2.602,08	1.129,19	2.162,56	2.432,8
	II	36.523	2.008,76	2.921,84	3.287,07	1.905,36	2.771,44	3.117,87	1.801,96	2.621,04	2.948,67	1.587,46	2.470,64	2.779,47	1.363,74	2.320,24	2.610,27	1.140,02	2.169,84	2.441,07	916,30	2.019,44	2.271,8
	III	28.448	-	2.275,84	2.560,32	-	2.134,24	2.401,02	-	1.995,84	2.245,32	-	1.860,48	2.093,04	-	1.728,32	1.944,36	-	1.599,20	1.799,10	-	1.473,12	1.657,2
	IV	38.312	2.107,16	3.064,96	3.448,08	2.055,46	2.989,76	3.363,48	2.003,76	2.914,56	3.278,88	1.952,06	2.839,36	3.194,28	1.900,36	2.764,16	3.109,68	1.848,66	2.688,96	3.025,08	1.796,96	2.613,76	2.940,4
	V	44.485	2.446,67	3.558,80	4.003,65																		
	VI	45.017	2.475,93	3.601,36	4.051,53																		
129.959,99 (Ost)	I	38.405	2.112,27	3.072,40	3.456,45	2.008,93	2.922,08	3.287,34	1.905,53	2.771,68	3.118,14	1.802,13	2.621,28	2.948,94	1.587,81	2.470,88	2.779,74	1.364,09	2.320,48	2.610,54	1.140,37	2.170,08	2.441,3
	II	36.616	2.013,88	2.929,28	3.295,44	1.910,48	2.778,88	3.126,24	1.807,08	2.628,48	2.957,04	1.598,64	2.478,16	2.787,93	1.374,92	2.327,76	2.618,73	1.151,20	2.177,36	2.449,53	927,48	2.026,96	2.280,3
	III	28.536	-	2.282,88	2.568,24	-	2.141,28	2.408,94	-	2.002,72	2.253,06	-	1.867,20	2.100,60	-	1.734,88	1.951,74	-	1.605,60	1.806,30	-	1.479,36	1.664,2
	IV	38.405	2.112,27	3.072,40	3.456,45	2.060,63	2.997,28	3.371,94	2.008,93	2.922,08	3.287,34	1.957,23	2.846,88	3.202,74	1.905,53	2.771,68	3.118,14	1.853,83	2.696,48	3.033,54	1.802,13	2.621,28	2.948,9
	V	44.579	2.451,84	3.566,32	4.012,11																		
	VI	45.111	2.481,10	3.608,88	4.059,99																		
129.995,99 (West)	I	38.327	2.107,98	3.066,16	3.449,43	2.004,58	2.915,76	3.280,23	1.901,18	2.765,36	3.111,03	1.797,78	2.614,96	2.941,83	1.578,41	2.464,56	2.772,63	1.354,69	2.314,16	2.603,43	1.130,97	2.163,76	2.434,2
	II	36.538	2.009,59	2.923,04	3.288,42	1.906,19	2.772,64	3.119,22	1.802,79	2.622,24	2.950,02	1.589,24	2.471,84	2.780,82	1.365,52	2.321,44	2.611,62	1.141,80	2.171,04	2.442,42	918,08	2.020,64	2.273,2
	III	28.462	-	2.276,96	2.561,58	-	2.135,36	2.402,28	-	1.996,96	2.246,58	-	1.861,60	2.094,30	-	1.729,28	1.945,44	-	1.600,16	1.800,18	-	1.474,08	1.658,3
	IV	38.327	2.107,98	3.066,16	3.449,43	2.056,28	2.990,96	3.364,83	2.004,58	2.915,76	3.280,23	1.952,88	2.840,56	3.195,63	1.901,18	2.765,36	3.111,03	1.849,48	2.690,16	3.026,43	1.797,78	2.614,96	2.941,8
	V	44.500	2.447,50	3.560,00	4.005,00																		
	VI	45.032	2.476,76	3.602,56	4.052,88																		
129.995,99 (Ost)	I	38.421	2.113,15	3.073,68	3.457,89	2.009,75	2.923,28	3.288,69	1.906,35	2.772,88	3.119,49	1.802,95	2.622,48	2.950,29	1.589,60	2.472,08	2.781,09	1.365,88	2.321,68	2.611,89	1.142,16	2.171,28	2.442,6
	II	36.631	2.014,70	2.930,48	3.296,79	1.911,30	2.780,08	3.127,59	1.807,96	2.629,76	2.958,48	1.600,43	2.479,36	2.789,28	1.376,71	2.328,96	2.620,08	1.152,99	2.178,56	2.450,88	929,27	2.028,16	2.281,6
	III	28.552	-	2.284,16	2.569,68	-	2.142,40	2.410,20	-	2.003,84	2.254,32	-	1.868,32	2.101,86	-	1.735,84	1.952,82	-	1.606,56	1.807,38	-	1.480,32	1.665,3
	IV	38.421	2.113,15	3.073,68	3.457,89	2.061,45	2.998,48	3.373,29	2.009,75	2.923,28	3.288,69	1.958,05	2.848,08	3.204,09	1.906,35	2.772,88	3.119,49	1.854,65	2.697,68	3.034,89	1.802,95	2.622,48	2.950,2
	V	44.594	2.452,67	3.567,52	4.013,46																		
	VI	45.126	2.481,93	3.610,08	4.061,34																		
130.031,99 (West)	I	38.342	2.108,81	3.067,36	3.450,78	2.005,41	2.916,96	3.281,58	1.902,01	2.766,56	3.112,38	1.798,61	2.616,16	2.943,18	1.580,20	2.465,76	2.773,98	1.356,48	2.315,36	2.604,78	1.132,88	2.165,04	2.435,6
	II	36.553	2.010,41	2.924,24	3.289,77	1.907,01	2.773,84	3.120,57	1.803,61	2.623,44	2.951,37	1.591,03	2.473,04	2.782,17	1.367,31	2.322,64	2.612,97	1.143,59	2.172,24	2.443,77	919,87	2.021,84	2.274,5
	III	28.476	-	2.278,08	2.562,84	-	2.136,48	2.403,54	-	1.998,08	2.247,84	-	1.862,72	2.095,56	-	1.730,40	1.946,70	-	1.601,12	1.801,26	-	1.475,04	1.659,4
	IV	38.342	2.108,81	3.067,36	3.450,78	2.057,11	2.992,16	3.366,18	2.005,41	2.916,96	3.281,58	1.953,71	2.841,76	3.196,98	1.902,01	2.766,56	3.112,38	1.850,31	2.691,36	3.027,78	1.798,61	2.616,16	2.943,1
	V	44.515	2.448,32	3.561,20	4.006,35																		
	VI	45.047	2.477,58	3.603,76	4.054,23																		
130.031,99 (Ost)	I	38.436	2.113,98	3.074,88	3.459,24	2.010,58	2.924,48	3.290,04	1.907,18	2.774,08	3.120,84	1.803,78	2.623,68	2.951,64	1.591,38	2.473,28	2.782,44	1.367,66	2.322,88	2.613,24	1.143,94	2.172,48	2.444,0
	II	36.647	2.015,58	2.931,76	3.298,23	1.912,18	2.781,36	3.129,03	1.808,78	2.630,96	2.959,83	1.602,21	2.480,56	2.790,63	1.378,49	2.330,16	2.621,43	1.154,77	2.179,76	2.452,23	931,05	2.029,36	2.283,0
	III	28.566	-	2.285,28	2.570,94	-	2.143,52	2.411,46	-	2.004,96	2.255,58	-	1.869,44	2.103,12	-	1.736,96	1.954,08	-	1.607,52	1.808,46	-	1.481,28	1.666,4
	IV	38.436	2.113,98	3.074,88	3.459,24	2.062,28	2.999,68	3.374,64	2.010,58	2.924,48	3.290,04	1.958,88	2.849,28	3.205,44	1.907,18	2.774,08	3.120,84	1.855,48	2.698,88	3.036,24	1.803,78	2.623,68	2.951,6
	V	44.609	2.453,49	3.568,72	4.014,81																		
	VI	45.141	2.482,75	3.611,28	4.062,69																		
130.067,99 (West)	I	38.357	2.109,63	3.068,56	3.452,13	2.006,23	2.918,16	3.282,93	1.902,83	2.767,76	3.113,73	1.799,43	2.617,36	2.944,53	1.582,10	2.467,04	2.775,42	1.358,38	2.316,64	2.606,22	1.134,66	2.166,24	2.437,0
	II	36.568	2.011,24	2.925,44	3.291,12	1.907,84	2.775,04	3.121,92	1.804,44	2.624,64	2.952,72	1.592,81	2.474,24	2.783,52	1.369,09	2.323,84	2.614,32	1.145,37	2.173,44	2.445,12	921,65	2.023,04	2.275,9
	III	28.490	-	2.279,20	2.564,10	-	2.137,60	2.404,80	-	1.999,20	2.249,10	-	1.863,84	2.096,82	-	1.731,52	1.947,96	-	1.602,24	1.802,52	-	1.476,00	1.660,5
	IV	38.357	2.109,63	3.068,56	3.452,13	2.057,93	2.993,36	3.367,53	2.006,23	2.918,16	3.282,93	1.954,53	2.842,96	3.198,33	1.902,83	2.767,76	3.113,73	1.851,13	2.692,56	3.029,13	1.799,43	2.617,36	2.944,5
	V	44.530	2.449,15	3.562,40	4.007,70																		
	VI	45.062	2.478,41	3.604,96	4.055,58																		
130.067,99 (Ost)	I	38.451	2.114,80	3.076,08	3.460,59	2.011,40	2.925,68	3.291,39	1.908,00	2.775,28	3.122,19	1.804,60	2.624,88	2.952,99	1.593,17	2.474,48	2.783,79	1.369,45	2.324,08	2.614,59	1.145,73	2.173,68	2.445,3
	II	36.662	2.016,41	2.932,96	3.299,58	1.913,01	2.782,56	3.130,38	1.809,61	2.632,16	2.961,18	1.604,00	2.481,76	2.791,98	1.380,28	2.331,36	2.622,78	1.156,56	2.180,96	2.453,58	932,84	2.030,56	2.284,3
	III	28.580	-	2.286,40	2.572,20	-	2.144,64	2.412,72	-	2.006,08	2.256,84	-	1.870,40	2.104,20	-	1.737,92	1.955,16	-	1.608,64	1.809,72	-	1.482,24	1.667,5
	IV	38.451	2.114,80	3.076,08	3.460,59	2.063,10	3.000,88	3.375,99	2.011,40	2.925,68	3.291,39	1.959,70	2.850,48	3.206,79	1.908,00	2.775,28	3.122,19	1.856,30	2.700,08	3.037,59	1.804,60	2.624,88	2.952,9
	V	44.624	2.454,32	3.569,92	4.016,16																		
	VI	45.156	2.483,58	3.612,48	4.064,04																		
130.103,99 (West)	I	38.372	2.110,46	3.069,76	3.453,48	2.007,06	2.919,36	3.284,28	1.903,66	2.768,96	3.115,08	1.800,31	2.618,64	2.945,97	1.583,89	2.468,24	2.776,77	1.360,17	2.317,84	2.607,57	1.136,45	2.167,44	2.438,3
	II	36.583	2.012,06	2.926,64	3.292,47	1.908,66	2.776,24	3.123,27	1.805,26	2.625,84	2.954,07	1.594,60	2.475,44	2.784,87	1.370,88	2.325,04	2.615,67	1.147,27	2.174,72	2.446,56	923,55	2.024,32	2.277,3
	III	28.504	-	2.280,32	2.565,36	-	2.138,72	2.406,06	-	2.000,32	2.250,36	-	1.864,80	2.097,90	-	1.732,48	1.949,04	-	1.603,20	1.803,60	-	1.477,12	1.661,7
	IV	38.372	2.110,46	3.069,76	3.453,48	2.058,76	2.994,56	3.368,88	2.007,06	2.919,36	3.284,28	1.955,36	2.844,16	3.199,68	1.903,66	2.768,96	3.115,08	1.852,01	2.693,84	3.030,57	1.800,31	2.618,64	2.945,9
	V	44.546	2.450,03	3.563,68	4.009,14																		
	VI	45.077	2.479,23	3.606,16	4.056,93																		
130.103,99 (Ost)	I	38.466	2.115,63	3.077,28	3.461,94	2.012,23	2.926,88	3.292,74	1.908,83	2.776,48	3.123,54	1.805,43	2.626,08	2.954,34	1.594,95	2.475,68	2.785,14	1.371,23	2.325,28	2.615,94	1.147,51	2.174,88	2.446,7
	II	36.677	2.017,23	2.934,16	3.300,93	1.913,83	2.783,76	3.131,73	1.810,43	2.633,36	2.962,53	1.605,78	2.482,96	2.793,33	1.382,06	2.332,56	2.624,13	1.158,34	2.182,16	2.454,93	934,62	2.031,76	2.285,7
	III	28.594	-	2.287,52	2.573,46	-	2.145,76	2.413,98	-	2.007,20	2.258,10	-	1.871,52	2.105,46	-	1.739,04	1.956,42	-	1.609,60	1.810,80	-	1.483,36	1.668,7
	IV	38.466	2.115,63	3.077,28	3.461,94	2.063,93	3.002,08	3.377,34	2.012,23	2.926,88	3.292,74	1.960,53	2.851,68	3.208,14	1.908,83	2.776,48	3.123,54	1.857,13	2.701,28	3.038,94	1.805,43	2.626,08	2.954,3
	V	44.639	2.455,14	3.571,12	4.017,51																		
	VI	45.171	2.484,40	3.613,68	4.065,39																		
130.139,99 (West)	I	38.387	2.111,28	3.070,96	3.454,83	2.007,94	2.920,64	3.285,72	1.904,54	2.770,24	3.116,52	1.801,14	2.619,84	2.947,32	1.585,67	2.469,44	2.778,12	1.361,95	2.319,04	2.608,92	1.138,23	2.168,64	2.439,7
	II	36.598	2.012,89	2.927,84	3.293,82	1.909,49	2.777,44	3.124,62	1.806,09	2.627,04	2.955,42	1.596,38	2.476,64	2.786,22	1.372,78	2.326,32	2.617,11	1.149,06	2.175,92	2.447,91	925,34	2.025,52	2.278,7
	III	28.520	-	2.281,60	2.566,80	-	2.139,84	2.407,32	-	2.001,44	2.251,62	-	1.865,92	2.099,16	-	1.733,60	1.950,30	-	1.604,32	1.804,86	-	1.478,08	1.662,8
	IV	38.387	2.111,28	3.070,96	3.454,83	2.059,58	2.995,76	3.370,23	2.007,94	2.920,64	3.285,72	1.956,24	2.845,44	3.201,12	1.904,54	2.770,24	3.116,52	1.852,84	2.695,04	3.031,92	1.801,14	2.619,84	2.947,3
	V	44.561	2.450,85	3.564,88	4.010,49																		
	VI	45.092	2.480,06	3.607,36	4.058,28																		
130.139,99 (Ost)	I	38.481	2.116,45	3.078,48	3.463,29	2.013,05	2.928,08	3.294,09	1.909,65	2.777,68	3.124,89	1.806,25	2.627,28	2.955,69	1.596,74	2.476,88	2.786,49	1.373,02	2.326,48	2.617,29	1.149,42	2.176,16	2.448,1
	II	36.692	2.018,06	2.935,36	3.302,28	1.914,66	2.784,96	3.133,08	1.811,26	2.634,56	2.963,88	1.607,57	2.484,16	2.794,68	1.383,85	2.333,76	2.625,48	1.160,13	2.183,36	2.456,28	936,41	2.032,96	2.287,0
	III	28.608	-	2.288,64	2.574,72	-	2.146,88	2.415,24	-	2.008,16	2.259,18	-	1.872,64	2.106,72	-	1.740,16	1.957,68	-	1.610,72	1.812,06	-	1.484,32	1.669,8
	IV	38.481	2.116,45	3.078,48	3.463,29	2.064,75	3.003,28	3.378,69	2.013,05	2.928,08	3.294,09	1.961,35	2.852,88	3.209,49	1.909,65	2.777,68	3.124,89	1.857,95	2.702,48	3.040,29	1.806,25	2.627,28	2.955,6
	V	44.654	2.455,97	3.572,32	4.018,86																		
	VI	45.186	2.485,23	3.614,88	4.066,74																		

SolZ/KiSt lt. Tabelle nicht für Sonstige Bezüge anwendbar.

Lohn/ Gehalt bis	Steuerklasse	Lohnsteuer	ohne Kinderfreibetrag			Anzahl Kinderfreibeträge (nur Steuerklassen I–IV) 0,5			1,0			1,5			2,0			2,5			3,0		
			SolZ 5,5%	Kirchensteuer 8%	Kirchensteuer 9%	SolZ 5,5%	Kirchensteuer 8%	Kirchensteuer 9%	SolZ 5,5%	Kirchensteuer 8%	Kirchensteuer 9%	SolZ 5,5%	Kirchensteuer 8%	Kirchensteuer 9%	SolZ 5,5%	Kirchensteuer 8%	Kirchensteuer 9%	SolZ 5,5%	Kirchensteuer 8%	Kirchensteuer 9%	SolZ 5,5%	Kirchensteuer 8%	Kirchensteuer 9%
30.175,99 (West)	I	38.403	2.112,16	3.072,24	3.456,27	2.008,76	2.921,84	3.287,07	1.905,36	2.771,44	3.117,87	1.801,96	2.621,04	2.948,67	1.587,46	2.470,64	2.779,47	1.363,74	2.320,24	2.610,27	1.140,02	2.169,84	2.441,07
	II	36.613	2.013,71	2.929,04	3.295,17	1.910,31	2.778,64	3.125,97	1.806,97	2.628,32	2.956,86	1.598,28	2.477,92	2.787,66	1.374,56	2.327,52	2.618,46	1.150,84	2.177,12	2.449,26	927,12	2.026,72	2.280,06
	III	28.534	–	2.282,72	2.568,06	–	2.141,12	2.408,76	–	2.002,40	2.252,70	–	1.867,04	2.100,42	–	1.734,56	1.951,38	–	1.605,28	1.805,94	–	1.479,04	1.663,92
	IV	38.403	2.112,16	3.072,24	3.456,27	2.060,46	2.997,04	3.371,67	2.008,76	2.921,84	3.287,07	1.957,06	2.846,64	3.202,47	1.905,36	2.771,44	3.117,87	1.853,66	2.696,24	3.033,27	1.801,96	2.621,04	2.948,67
	V	44.576	2.451,68	3.566,08	4.011,84																		
	VI	45.108	2.480,94	3.608,64	4.059,72																		
30.175,99 (Ost)	I	38.496	2.117,28	3.079,68	3.464,64	2.013,88	2.929,28	3.295,44	1.910,48	2.778,88	3.126,24	1.807,08	2.628,48	2.957,04	1.598,64	2.478,16	2.787,93	1.374,92	2.327,76	2.618,73	1.151,20	2.177,36	2.449,53
	II	36.707	2.018,88	2.936,56	3.303,63	1.915,48	2.786,16	3.134,43	1.812,08	2.635,76	2.965,23	1.609,35	2.485,36	2.796,03	1.385,63	2.334,96	2.626,83	1.161,91	2.184,56	2.457,63	938,19	2.034,16	2.288,43
	III	28.624	–	2.289,92	2.576,16	–	2.148,00	2.416,50	–	2.009,28	2.260,44	–	1.873,76	2.107,98	–	1.741,12	1.958,76	–	1.611,68	1.813,14	–	1.485,28	1.670,94
	IV	38.496	2.117,28	3.079,68	3.464,64	2.065,58	3.004,48	3.380,04	2.013,88	2.929,28	3.295,44	1.962,18	2.854,08	3.210,84	1.910,48	2.778,88	3.126,24	1.858,78	2.703,68	3.041,64	1.807,08	2.628,48	2.957,04
	V	44.670	2.456,85	3.573,60	4.020,30																		
	VI	45.201	2.486,05	3.616,08	4.068,09																		
30.211,99 (West)	I	38.418	2.112,99	3.073,44	3.457,62	2.009,59	2.923,04	3.288,42	1.906,19	2.772,64	3.119,22	1.802,79	2.622,24	2.950,02	1.589,24	2.471,84	2.780,82	1.365,52	2.321,44	2.611,62	1.141,80	2.171,04	2.442,42
	II	36.628	2.014,54	2.930,24	3.296,52	1.911,19	2.779,92	3.127,41	1.807,79	2.629,52	2.958,21	1.600,07	2.479,12	2.789,01	1.376,35	2.328,72	2.619,81	1.152,63	2.178,32	2.450,61	928,91	2.027,92	2.281,41
	III	28.548	–	2.283,84	2.569,32	–	2.142,24	2.410,02	–	2.003,52	2.253,96	–	1.868,00	2.101,50	–	1.735,68	1.952,64	–	1.606,40	1.807,20	–	1.480,16	1.665,18
	IV	38.418	2.112,99	3.073,44	3.457,62	2.061,29	2.998,24	3.373,02	2.009,59	2.923,04	3.288,42	1.957,89	2.847,84	3.203,82	1.906,19	2.772,64	3.119,22	1.854,49	2.697,44	3.034,62	1.802,79	2.622,24	2.950,02
	V	44.591	2.452,50	3.567,28	4.013,19																		
	VI	45.123	2.481,76	3.609,84	4.061,07																		
30.211,99 (Ost)	I	38.511	2.118,10	3.080,88	3.465,99	2.014,70	2.930,48	3.296,79	1.911,30	2.780,08	3.127,59	1.807,96	2.629,76	2.958,48	1.600,43	2.479,36	2.789,28	1.376,71	2.328,96	2.620,08	1.152,99	2.178,56	2.450,88
	II	36.722	2.019,71	2.937,76	3.304,98	1.916,31	2.787,36	3.135,78	1.812,91	2.636,96	2.966,58	1.611,14	2.486,56	2.797,38	1.387,42	2.336,16	2.628,18	1.163,82	2.185,84	2.459,07	940,10	2.035,44	2.289,87
	III	28.638	–	2.291,04	2.577,42	–	2.149,12	2.417,76	–	2.010,40	2.261,70	–	1.874,72	2.109,06	–	1.742,24	1.960,02	–	1.612,80	1.814,40	–	1.486,40	1.672,20
	IV	38.511	2.118,10	3.080,88	3.465,99	2.066,40	3.005,68	3.381,39	2.014,70	2.930,48	3.296,79	1.963,00	2.855,28	3.212,19	1.911,30	2.780,08	3.127,59	1.859,66	2.704,96	3.043,08	1.807,96	2.629,76	2.958,48
	V	44.685	2.457,67	3.574,80	4.021,65																		
	VI	45.216	2.486,88	3.617,28	4.069,44																		
30.247,99 (West)	I	38.433	2.113,81	3.074,64	3.458,97	2.010,41	2.924,24	3.289,77	1.907,01	2.773,84	3.120,57	1.803,61	2.623,44	2.951,37	1.591,03	2.473,04	2.782,17	1.367,31	2.322,64	2.612,97	1.143,59	2.172,24	2.443,77
	II	36.644	2.015,42	2.931,52	3.297,96	1.912,02	2.781,12	3.128,76	1.808,62	2.630,72	2.959,56	1.601,85	2.480,32	2.790,36	1.378,13	2.329,92	2.621,16	1.154,41	2.179,52	2.451,96	930,69	2.029,12	2.282,76
	III	28.562	–	2.284,96	2.570,58	–	2.143,36	2.411,28	–	2.004,64	2.255,22	–	1.869,12	2.102,76	–	1.736,64	1.953,72	–	1.607,36	1.808,28	–	1.481,12	1.666,26
	IV	38.433	2.113,81	3.074,64	3.458,97	2.062,11	2.999,44	3.374,37	2.010,41	2.924,24	3.289,77	1.958,71	2.849,04	3.205,17	1.907,01	2.773,84	3.120,57	1.855,31	2.698,64	3.035,97	1.803,61	2.623,44	2.951,37
	V	44.606	2.453,33	3.568,48	4.014,54																		
	VI	45.138	2.482,59	3.611,04	4.062,42																		
30.247,99 (Ost)	I	38.526	2.118,93	3.082,08	3.467,34	2.015,58	2.931,76	3.298,23	1.912,18	2.781,36	3.129,03	1.808,78	2.630,96	2.959,83	1.602,21	2.480,56	2.790,63	1.378,49	2.330,16	2.621,43	1.154,77	2.179,76	2.452,23
	II	36.737	2.020,53	2.938,96	3.306,33	1.917,13	2.788,56	3.137,13	1.813,73	2.638,16	2.967,93	1.612,92	2.487,76	2.798,73	1.389,32	2.337,44	2.629,62	1.165,60	2.187,04	2.460,42	941,88	2.036,64	2.291,22
	III	28.652	–	2.292,16	2.578,68	–	2.150,24	2.419,02	–	2.011,52	2.262,96	–	1.875,84	2.110,32	–	1.743,20	1.961,10	–	1.613,76	1.815,48	–	1.487,36	1.673,28
	IV	38.526	2.118,93	3.082,08	3.467,34	2.067,23	3.006,88	3.382,74	2.015,58	2.931,76	3.298,23	1.963,88	2.856,56	3.213,63	1.912,18	2.781,36	3.129,03	1.860,48	2.706,16	3.044,43	1.808,78	2.630,96	2.959,83
	V	44.700	2.458,50	3.576,00	4.023,00																		
	VI	45.231	2.487,70	3.618,48	4.070,79																		
30.283,99 (West)	I	38.448	2.114,64	3.075,84	3.460,32	2.011,24	2.925,44	3.291,12	1.907,84	2.775,04	3.121,92	1.804,44	2.624,64	2.952,72	1.592,81	2.474,24	2.783,52	1.369,09	2.323,84	2.614,32	1.145,37	2.173,44	2.445,12
	II	36.659	2.016,24	2.932,72	3.299,31	1.912,84	2.782,32	3.130,11	1.809,44	2.631,92	2.960,91	1.603,64	2.481,52	2.791,71	1.379,92	2.331,12	2.622,51	1.156,20	2.180,72	2.453,31	932,48	2.030,32	2.284,11
	III	28.576	–	2.286,08	2.571,84	–	2.144,48	2.412,54	–	2.005,76	2.256,48	–	1.870,24	2.104,02	–	1.737,76	1.954,98	–	1.608,32	1.809,36	–	1.482,08	1.667,34
	IV	38.448	2.114,64	3.075,84	3.460,32	2.062,94	3.000,64	3.375,72	2.011,24	2.925,44	3.291,12	1.959,54	2.850,24	3.206,52	1.907,84	2.775,04	3.121,92	1.856,14	2.699,84	3.037,32	1.804,44	2.624,64	2.952,72
	V	44.621	2.454,15	3.569,68	4.015,89																		
	VI	45.153	2.483,41	3.612,24	4.063,77																		
30.283,99 (Ost)	I	38.542	2.119,81	3.083,36	3.468,78	2.016,41	2.932,96	3.299,58	1.913,01	2.782,56	3.130,38	1.809,61	2.632,16	2.961,18	1.604,00	2.481,76	2.791,98	1.380,28	2.331,36	2.622,78	1.156,56	2.180,96	2.453,58
	II	36.752	2.021,36	2.940,16	3.307,68	1.917,96	2.789,76	3.138,48	1.814,61	2.639,44	2.969,37	1.614,83	2.489,04	2.800,17	1.391,11	2.338,64	2.630,97	1.167,39	2.188,24	2.461,77	943,67	2.037,84	2.292,57
	III	28.666	–	2.293,28	2.579,94	–	2.151,52	2.420,46	–	2.012,64	2.264,22	–	1.876,96	2.111,58	–	1.744,32	1.962,36	–	1.614,72	1.816,56	–	1.488,32	1.674,36
	IV	38.542	2.119,81	3.083,36	3.468,78	2.068,11	3.008,16	3.384,18	2.016,41	2.932,96	3.299,58	1.964,71	2.857,76	3.214,98	1.913,01	2.782,56	3.130,38	1.861,31	2.707,36	3.045,78	1.809,61	2.632,16	2.961,18
	V	44.715	2.459,32	3.577,20	4.024,35																		
	VI	45.247	2.488,58	3.619,76	4.072,23																		
30.319,99 (West)	I	38.463	2.115,46	3.077,04	3.461,67	2.012,06	2.926,64	3.292,47	1.908,66	2.776,24	3.123,27	1.805,26	2.625,84	2.954,07	1.594,60	2.475,44	2.784,87	1.370,88	2.325,04	2.615,67	1.147,27	2.174,72	2.446,56
	II	36.674	2.017,07	2.933,92	3.300,66	1.913,67	2.783,52	3.131,46	1.810,27	2.633,12	2.962,26	1.605,42	2.482,72	2.793,06	1.381,70	2.332,32	2.623,86	1.157,98	2.181,92	2.454,66	934,26	2.031,52	2.285,46
	III	28.592	–	2.287,36	2.573,28	–	2.145,60	2.413,80	–	2.006,88	2.257,74	–	1.871,36	2.105,28	–	1.738,88	1.956,24	–	1.609,44	1.810,62	–	1.483,04	1.668,42
	IV	38.463	2.115,46	3.077,04	3.461,67	2.063,76	3.001,84	3.377,07	2.012,06	2.926,64	3.292,47	1.960,36	2.851,44	3.207,87	1.908,66	2.776,24	3.123,27	1.856,96	2.701,04	3.038,67	1.805,26	2.625,84	2.954,07
	V	44.636	2.454,98	3.570,88	4.017,24																		
	VI	45.168	2.484,24	3.613,44	4.065,12																		
30.319,99 (Ost)	I	38.557	2.120,63	3.084,56	3.470,13	2.017,23	2.934,16	3.300,93	1.913,83	2.783,76	3.131,73	1.810,43	2.633,36	2.962,53	1.605,78	2.482,96	2.793,33	1.382,06	2.332,56	2.624,13	1.158,34	2.182,16	2.454,93
	II	36.767	2.022,18	2.941,36	3.309,03	1.918,84	2.791,04	3.139,92	1.815,44	2.640,64	2.970,72	1.616,61	2.490,24	2.801,52	1.392,89	2.339,84	2.632,32	1.169,17	2.189,44	2.463,12	945,45	2.039,04	2.293,92
	III	28.680	–	2.294,40	2.581,20	–	2.152,64	2.421,72	–	2.013,76	2.265,48	–	1.878,08	2.112,84	–	1.745,44	1.963,62	–	1.615,84	1.817,82	–	1.489,28	1.675,44
	IV	38.557	2.120,63	3.084,56	3.470,13	2.068,93	3.009,36	3.385,53	2.017,23	2.934,16	3.300,93	1.965,53	2.858,96	3.216,33	1.913,83	2.783,76	3.131,73	1.862,13	2.708,56	3.047,13	1.810,43	2.633,36	2.962,53
	V	44.730	2.460,15	3.578,40	4.025,70																		
	VI	45.262	2.489,41	3.620,96	4.073,58																		
30.355,99 (West)	I	38.478	2.116,29	3.078,24	3.463,02	2.012,89	2.927,84	3.293,82	1.909,49	2.777,44	3.124,62	1.806,09	2.627,04	2.955,42	1.596,38	2.476,64	2.786,22	1.372,78	2.326,32	2.617,11	1.149,06	2.175,92	2.447,91
	II	36.689	2.017,89	2.935,12	3.302,01	1.914,49	2.784,72	3.132,81	1.811,09	2.634,32	2.963,61	1.607,21	2.483,92	2.794,41	1.383,49	2.333,52	2.625,21	1.159,77	2.183,12	2.456,01	936,05	2.032,72	2.286,81
	III	28.606	–	2.288,48	2.574,54	–	2.146,72	2.415,06	–	2.008,00	2.259,00	–	1.872,32	2.106,36	–	1.739,84	1.957,32	–	1.610,40	1.811,70	–	1.484,16	1.669,68
	IV	38.478	2.116,29	3.078,24	3.463,02	2.064,59	3.003,04	3.378,42	2.012,89	2.927,84	3.293,82	1.961,19	2.852,64	3.209,22	1.909,49	2.777,44	3.124,62	1.857,79	2.702,24	3.040,02	1.806,09	2.627,04	2.955,42
	V	44.651	2.455,80	3.572,08	4.018,59																		
	VI	45.183	2.485,06	3.614,64	4.066,47																		
30.355,99 (Ost)	I	38.572	2.121,46	3.085,76	3.471,48	2.018,06	2.935,36	3.302,28	1.914,66	2.784,96	3.133,08	1.811,26	2.634,56	2.963,88	1.607,57	2.484,16	2.794,68	1.383,85	2.333,76	2.625,48	1.160,13	2.183,36	2.456,28
	II	36.783	2.023,06	2.942,64	3.310,47	1.919,66	2.792,24	3.141,27	1.816,26	2.641,84	2.972,07	1.618,40	2.491,44	2.802,87	1.394,68	2.341,04	2.633,67	1.170,96	2.190,64	2.464,47	947,24	2.040,24	2.295,27
	III	28.696	–	2.295,68	2.582,64	–	2.153,76	2.422,98	–	2.014,88	2.266,74	–	1.879,04	2.113,92	–	1.746,40	1.964,70	–	1.616,80	1.818,90	–	1.490,40	1.676,70
	IV	38.572	2.121,46	3.085,76	3.471,48	2.069,76	3.010,56	3.386,88	2.018,06	2.935,36	3.302,28	1.966,36	2.860,16	3.217,68	1.914,66	2.784,96	3.133,08	1.862,96	2.709,76	3.048,48	1.811,26	2.634,56	2.963,88
	V	44.745	2.460,97	3.579,60	4.027,05																		
	VI	45.277	2.490,23	3.622,16	4.074,93																		
30.391,99 (West)	I	38.493	2.117,11	3.079,44	3.464,37	2.013,71	2.929,04	3.295,17	1.910,31	2.778,64	3.125,97	1.806,97	2.628,32	2.956,86	1.598,28	2.477,92	2.787,66	1.374,56	2.327,52	2.618,46	1.150,84	2.177,12	2.449,26
	II	36.704	2.018,72	2.936,32	3.303,36	1.915,32	2.785,92	3.134,16	1.811,92	2.635,52	2.964,96	1.608,99	2.485,12	2.795,76	1.385,27	2.334,72	2.626,56	1.161,55	2.184,32	2.457,36	937,95	2.034,00	2.288,25
	III	28.620	–	2.289,60	2.575,80	–	2.147,84	2.416,32	–	2.009,12	2.260,26	–	1.873,44	2.107,62	–	1.740,96	1.958,58	–	1.611,52	1.812,96	–	1.485,12	1.670,76
	IV	38.493	2.117,11	3.079,44	3.464,37	2.065,41	3.004,24	3.379,77	2.013,71	2.929,04	3.295,17	1.962,01	2.853,84	3.210,57	1.910,31	2.778,64	3.125,97	1.858,61	2.703,44	3.041,37	1.806,97	2.628,32	2.956,86
	V	44.667	2.456,68	3.573,36	4.020,03																		
	VI	45.198	2.485,89	3.615,84	4.067,82																		
30.391,99 (Ost)	I	38.587	2.122,28	3.086,96	3.472,83	2.018,88	2.936,56	3.303,63	1.915,48	2.786,16	3.134,43	1.812,08	2.635,76	2.965,23	1.609,35	2.485,36	2.796,03	1.385,63	2.334,96	2.626,83	1.161,91	2.184,56	2.457,63
	II	36.798	2.023,89	2.943,84	3.311,82	1.920,49	2.793,44	3.142,62	1.817,09	2.643,04	2.973,42	1.620,18	2.492,64	2.804,22	1.396,46	2.342,24	2.635,02	1.172,74	2.191,84	2.465,82	949,02	2.041,44	2.296,62
	III	28.710	–	2.296,80	2.583,90	–	2.154,88	2.424,24	–	2.016,00	2.268,00	–	1.880,16	2.115,18	–	1.747,52	1.965,96	–	1.617,92	1.820,16	–	1.491,36	1.677,78
	IV	38.587	2.122,28	3.086,96	3.472,83	2.070,58	3.011,76	3.388,23	2.018,88	2.936,56	3.303,63	1.967,18	2.861,36	3.219,03	1.915,48	2.786,16	3.134,43	1.863,78	2.710,96	3.049,83	1.812,08	2.635,76	2.965,23
	V	44.760	2.461,80	3.580,80	4.028,40																		
	VI	45.292	2.491,06	3.623,36	4.076,28																		

SolZ/KiSt lt. Tabelle nicht für Sonstige Bezüge anwendbar.

Lohn/ Gehalt bis	Steuerklasse	Lohn-steuer	ohne Kinderfreibetrag SolZ 5,5%	ohne Kinderfreibetrag Kirchensteuer 8%	ohne Kinderfreibetrag Kirchensteuer 9%	0,5 SolZ 5,5%	0,5 Kirchensteuer 8%	0,5 Kirchensteuer 9%	1,0 SolZ 5,5%	1,0 Kirchensteuer 8%	1,0 Kirchensteuer 9%	1,5 SolZ 5,5%	1,5 Kirchensteuer 8%	1,5 Kirchensteuer 9%	2,0 SolZ 5,5%	2,0 Kirchensteuer 8%	2,0 Kirchensteuer 9%	2,5 SolZ 5,5%	2,5 Kirchensteuer 8%	2,5 Kirchensteuer 9%	3,0 SolZ 5,5%	3,0 Kirchensteue 8%	3,0 9%
130.427,99 (West)	I	38.508	2.117,94	3.080,64	3.465,72	2.014,54	2.930,24	3.296,52	1.911,19	2.779,92	3.127,41	1.807,79	2.629,52	2.958,21	1.600,07	2.479,12	2.789,01	1.376,35	2.328,72	2.619,81	1.152,63	2.178,32	2.450,
	II	36.719	2.019,54	2.937,52	3.304,71	1.916,14	2.787,12	3.135,51	1.812,74	2.636,72	2.966,31	1.610,78	2.486,32	2.797,11	1.387,18	2.336,00	2.628,00	1.163,46	2.185,60	2.458,80	939,74	2.035,20	2.289,
	III	28.634	-	2.290,72	2.577,06	-	2.148,96	2.417,58	-	2.010,24	2.261,52	-	1.874,56	2.108,88	-	1.741,92	1.959,66	-	1.612,48	1.814,04	-	1.486,08	1.671,
	IV	38.508	2.117,94	3.080,64	3.465,72	2.066,24	3.005,44	3.381,12	2.014,54	2.930,24	3.296,52	1.962,89	2.855,12	3.212,01	1.911,19	2.779,92	3.127,41	1.859,49	2.704,72	3.042,81	1.807,79	2.629,52	2.958,
	V	44.682	2.457,51	3.574,56	4.021,38																		
	VI	45.213	2.486,71	3.617,04	4.069,17																		
130.427,99 (Ost)	I	38.602	2.123,11	3.088,16	3.474,18	2.019,71	2.937,76	3.304,98	1.916,31	2.787,36	3.135,78	1.812,91	2.636,96	2.966,58	1.611,14	2.486,56	2.797,38	1.387,42	2.336,16	2.628,18	1.163,82	2.185,84	2.459,
	II	36.813	2.024,71	2.945,04	3.313,17	1.921,31	2.794,64	3.143,97	1.817,91	2.644,24	2.974,77	1.621,97	2.493,84	2.805,57	1.398,25	2.343,44	2.636,37	1.174,53	2.193,04	2.467,17	950,81	2.042,64	2.297,
	III	28.724	-	2.297,92	2.585,16	-	2.156,00	2.425,50	-	2.017,12	2.269,26	-	1.881,28	2.116,44	-	1.748,48	1.967,04	-	1.618,88	1.821,24	-	1.492,32	1.678,
	IV	38.602	2.123,11	3.088,16	3.474,18	2.071,41	3.012,96	3.389,58	2.019,71	2.937,76	3.304,98	1.968,01	2.862,56	3.220,38	1.916,31	2.787,36	3.135,78	1.864,61	2.712,16	3.051,18	1.812,91	2.636,96	2.966,
	V	44.775	2.462,62	3.582,00	4.029,75																		
	VI	45.307	2.491,88	3.624,56	4.077,63																		
130.463,99 (West)	I	38.524	2.118,82	3.081,92	3.467,16	2.015,42	2.931,52	3.297,96	1.912,02	2.781,12	3.128,76	1.808,62	2.630,72	2.959,56	1.601,85	2.480,32	2.790,36	1.378,13	2.329,92	2.621,16	1.154,41	2.179,52	2.451,
	II	36.734	2.020,37	2.938,72	3.306,06	1.916,97	2.788,32	3.136,86	1.813,57	2.637,92	2.967,66	1.612,68	2.487,60	2.798,55	1.388,96	2.337,20	2.629,35	1.165,24	2.186,80	2.460,15	941,52	2.036,40	2.290,
	III	28.648	-	2.291,84	2.578,32	-	2.150,08	2.418,84	-	2.011,36	2.262,78	-	1.875,68	2.110,14	-	1.743,04	1.960,92	-	1.613,60	1.815,30	-	1.487,04	1.672,
	IV	38.524	2.118,82	3.081,92	3.467,16	2.067,12	3.006,72	3.382,56	2.015,42	2.931,52	3.297,96	1.963,72	2.856,32	3.213,36	1.912,02	2.781,12	3.128,76	1.860,32	2.705,92	3.044,16	1.808,62	2.630,72	2.959
	V	44.697	2.458,33	3.575,76	4.022,73																		
	VI	45.229	2.487,59	3.618,32	4.070,61																		
130.463,99 (Ost)	I	38.617	2.123,93	3.089,36	3.475,53	2.020,53	2.938,96	3.306,33	1.917,13	2.788,56	3.137,13	1.813,73	2.638,16	2.967,93	1.612,92	2.487,76	2.798,73	1.389,32	2.337,44	2.629,62	1.165,60	2.187,04	2.460,
	II	36.828	2.025,54	2.946,24	3.314,52	1.922,14	2.795,84	3.145,32	1.818,74	2.645,44	2.976,12	1.623,75	2.495,04	2.806,92	1.400,03	2.344,64	2.637,72	1.176,31	2.194,24	2.468,52	952,59	2.043,84	2.299,
	III	28.738	-	2.299,04	2.586,42	-	2.157,12	2.426,76	-	2.018,24	2.270,52	-	1.882,40	2.117,70	-	1.749,60	1.968,30	-	1.620,00	1.822,50	-	1.493,28	1.679
	IV	38.617	2.123,93	3.089,36	3.475,53	2.072,23	3.014,16	3.390,93	2.020,53	2.938,96	3.306,33	1.968,83	2.863,76	3.221,73	1.917,13	2.788,56	3.137,13	1.865,43	2.713,36	3.052,53	1.813,73	2.638,16	2.967
	V	44.790	2.463,45	3.583,20	4.031,10																		
	VI	45.322	2.492,71	3.625,76	4.078,98																		
130.499,99 (West)	I	38.539	2.119,64	3.083,12	3.468,51	2.016,24	2.932,72	3.299,31	1.912,84	2.782,32	3.130,11	1.809,44	2.631,92	2.960,91	1.603,64	2.481,52	2.791,71	1.379,92	2.331,12	2.622,51	1.156,20	2.180,72	2.453,
	II	36.749	2.021,19	2.939,92	3.307,41	1.917,85	2.789,60	3.138,30	1.814,45	2.639,20	2.969,10	1.614,47	2.488,80	2.799,90	1.390,75	2.338,40	2.630,70	1.167,03	2.188,00	2.461,50	943,31	2.037,60	2.292,
	III	28.664	-	2.293,12	2.579,76	-	2.151,20	2.420,10	-	2.012,48	2.264,04	-	1.876,64	2.111,22	-	1.744,16	1.962,18	-	1.614,56	1.816,38	-	1.488,16	1.674,
	IV	38.539	2.119,64	3.083,12	3.468,51	2.067,94	3.007,92	3.383,91	2.016,24	2.932,72	3.299,31	1.964,54	2.857,52	3.214,71	1.912,84	2.782,32	3.130,11	1.861,14	2.707,12	3.045,51	1.809,44	2.631,92	2.960,
	V	44.712	2.459,16	3.576,96	4.024,08																		
	VI	45.244	2.488,42	3.619,52	4.071,96																		
130.499,99 (Ost)	I	38.632	2.124,76	3.090,56	3.476,88	2.021,36	2.940,16	3.307,68	1.917,96	2.789,76	3.138,48	1.814,61	2.639,44	2.969,37	1.614,83	2.489,04	2.800,17	1.391,11	2.338,64	2.630,97	1.167,39	2.188,24	2.461,
	II	36.843	2.026,36	2.947,44	3.315,87	1.922,96	2.797,04	3.146,67	1.819,56	2.646,64	2.977,47	1.625,54	2.496,24	2.808,27	1.401,82	2.345,84	2.639,07	1.178,10	2.195,44	2.469,87	954,49	2.045,12	2.300
	III	28.754	-	2.300,32	2.587,86	-	2.158,24	2.428,02	-	2.019,20	2.271,60	-	1.883,36	2.118,78	-	1.750,72	1.969,56	-	1.620,96	1.823,58	-	1.494,40	1.681,
	IV	38.632	2.124,76	3.090,56	3.476,88	2.073,06	3.015,36	3.392,28	2.021,36	2.940,16	3.307,68	1.969,66	2.864,96	3.223,08	1.917,96	2.789,76	3.138,48	1.866,26	2.714,56	3.053,88	1.814,61	2.639,44	2.969,
	V	44.806	2.464,33	3.584,48	4.032,54																		
	VI	45.337	2.493,53	3.626,96	4.080,33																		
130.535,99 (West)	I	38.554	2.120,47	3.084,32	3.469,86	2.017,07	2.933,92	3.300,66	1.913,67	2.783,52	3.131,46	1.810,27	2.633,12	2.962,26	1.605,42	2.482,72	2.793,06	1.381,70	2.332,32	2.623,86	1.157,98	2.181,92	2.454,
	II	36.765	2.022,07	2.941,20	3.308,85	1.918,67	2.790,80	3.139,65	1.815,27	2.640,40	2.970,45	1.616,25	2.490,00	2.801,25	1.392,53	2.339,60	2.632,05	1.168,81	2.189,20	2.462,85	945,09	2.038,80	2.293,
	III	28.678	-	2.294,24	2.581,02	-	2.152,32	2.421,36	-	2.013,44	2.265,12	-	1.877,76	2.112,48	-	1.745,12	1.963,26	-	1.615,52	1.817,46	-	1.489,12	1.675,
	IV	38.554	2.120,47	3.084,32	3.469,86	2.068,77	3.009,12	3.385,26	2.017,07	2.933,92	3.300,66	1.965,37	2.858,72	3.216,06	1.913,67	2.783,52	3.131,46	1.861,97	2.708,32	3.046,86	1.810,27	2.633,12	2.962,
	V	44.727	2.459,98	3.578,16	4.025,43																		
	VI	45.259	2.489,24	3.620,72	4.073,31																		
130.535,99 (Ost)	I	38.647	2.125,58	3.091,76	3.478,23	2.022,18	2.941,36	3.309,03	1.918,84	2.791,04	3.139,92	1.815,44	2.640,64	2.970,72	1.616,61	2.490,24	2.801,52	1.392,89	2.339,84	2.632,32	1.169,17	2.189,44	2.463,
	II	36.858	2.027,19	2.948,64	3.317,22	1.923,79	2.798,24	3.148,02	1.820,39	2.647,84	2.978,82	1.627,32	2.497,44	2.809,62	1.403,72	2.347,12	2.640,51	1.180,00	2.196,72	2.471,31	956,28	2.046,32	2.302,
	III	28.768	-	2.301,44	2.589,12	-	2.159,36	2.429,28	-	2.020,32	2.272,86	-	1.884,48	2.120,04	-	1.751,68	1.970,64	-	1.621,92	1.824,66	-	1.495,36	1.682,
	IV	38.647	2.125,58	3.091,76	3.478,23	2.073,88	3.016,56	3.393,63	2.022,18	2.941,36	3.309,03	1.970,54	2.866,24	3.224,52	1.918,84	2.791,04	3.139,92	1.867,14	2.715,84	3.055,32	1.815,44	2.640,64	2.970,
	V	44.821	2.465,15	3.585,68	4.033,89																		
	VI	45.352	2.494,36	3.628,16	4.081,68																		
130.571,99 (West)	I	38.569	2.121,29	3.085,52	3.471,21	2.017,89	2.935,12	3.302,01	1.914,49	2.784,72	3.132,81	1.811,09	2.634,32	2.963,61	1.607,21	2.483,92	2.794,41	1.383,49	2.333,52	2.625,21	1.159,77	2.183,12	2.456,
	II	36.780	2.022,90	2.942,40	3.310,20	1.919,50	2.792,00	3.141,00	1.816,10	2.641,60	2.971,80	1.618,04	2.491,20	2.802,60	1.394,32	2.340,80	2.633,40	1.170,60	2.190,40	2.464,20	946,88	2.040,00	2.295,
	III	28.692	-	2.295,36	2.582,28	-	2.153,44	2.422,62	-	2.014,56	2.266,38	-	1.878,88	2.113,74	-	1.746,24	1.964,52	-	1.616,64	1.818,72	-	1.490,08	1.676,
	IV	38.569	2.121,29	3.085,52	3.471,21	2.069,59	3.010,32	3.386,61	2.017,89	2.935,12	3.302,01	1.966,19	2.859,92	3.217,41	1.914,49	2.784,72	3.132,81	1.862,79	2.709,52	3.048,21	1.811,09	2.634,32	2.963,
	V	44.742	2.460,81	3.579,36	4.026,78																		
	VI	45.274	2.490,07	3.621,92	4.074,66																		
130.571,99 (Ost)	I	38.663	2.126,46	3.093,04	3.479,67	2.023,06	2.942,64	3.310,47	1.919,66	2.792,24	3.141,27	1.816,26	2.641,84	2.972,07	1.618,40	2.491,44	2.802,87	1.394,68	2.341,04	2.633,67	1.170,96	2.190,64	2.464,
	II	36.873	2.028,01	2.949,84	3.318,57	1.924,61	2.799,44	3.149,37	1.821,21	2.649,04	2.980,17	1.629,22	2.498,72	2.811,06	1.405,50	2.348,32	2.641,86	1.181,78	2.197,92	2.472,66	958,06	2.047,52	2.303,
	III	28.782	-	2.302,56	2.590,38	-	2.160,48	2.430,54	-	2.021,44	2.274,12	-	1.885,60	2.121,30	-	1.752,80	1.971,90	-	1.623,04	1.825,92	-	1.496,32	1.683,
	IV	38.663	2.126,46	3.093,04	3.479,67	2.074,76	3.017,84	3.395,07	2.023,06	2.942,64	3.310,47	1.971,36	2.867,44	3.225,87	1.919,66	2.792,24	3.141,27	1.867,96	2.717,04	3.056,67	1.816,26	2.641,84	2.972
	V	44.836	2.465,98	3.586,88	4.035,24																		
	VI	45.368	2.495,24	3.629,44	4.083,12																		
130.607,99 (West)	I	38.584	2.122,12	3.086,72	3.472,56	2.018,72	2.936,32	3.303,36	1.915,32	2.785,92	3.134,16	1.811,92	2.635,52	2.964,96	1.608,99	2.485,12	2.795,76	1.385,27	2.334,72	2.626,56	1.161,55	2.184,32	2.457,
	II	36.795	2.023,72	2.943,60	3.311,55	1.920,32	2.793,20	3.142,35	1.816,92	2.642,80	2.973,15	1.619,82	2.492,40	2.803,95	1.396,10	2.342,00	2.634,75	1.172,38	2.191,60	2.465,55	948,66	2.041,20	2.296,
	III	28.706	-	2.296,48	2.583,54	-	2.154,56	2.423,88	-	2.015,68	2.267,64	-	1.880,00	2.115,00	-	1.747,20	1.965,60	-	1.617,60	1.819,80	-	1.491,20	1.677,
	IV	38.584	2.122,12	3.086,72	3.472,56	2.070,42	3.011,52	3.387,96	2.018,72	2.936,32	3.303,36	1.967,02	2.861,12	3.218,76	1.915,32	2.785,92	3.134,16	1.863,62	2.710,72	3.049,56	1.811,92	2.635,52	2.964,
	V	44.757	2.461,63	3.580,56	4.028,13																		
	VI	45.289	2.490,89	3.623,12	4.076,01																		
130.607,99 (Ost)	I	38.678	2.127,29	3.094,24	3.481,02	2.023,89	2.943,84	3.311,82	1.920,49	2.793,44	3.142,62	1.817,09	2.643,04	2.973,42	1.620,18	2.492,64	2.804,22	1.396,46	2.342,24	2.635,02	1.172,74	2.191,84	2.465,
	II	36.888	2.028,84	2.951,04	3.319,92	1.925,49	2.800,72	3.150,81	1.822,09	2.650,32	2.981,61	1.631,01	2.499,92	2.812,41	1.407,29	2.349,52	2.643,21	1.183,57	2.199,12	2.474,01	959,85	2.048,72	2.304,
	III	28.796	-	2.303,68	2.591,64	-	2.161,60	2.431,80	-	2.022,56	2.275,38	-	1.886,72	2.122,56	-	1.753,76	1.972,98	-	1.624,00	1.827,00	-	1.497,44	1.684,
	IV	38.678	2.127,29	3.094,24	3.481,02	2.075,59	3.019,04	3.396,42	2.023,89	2.943,84	3.311,82	1.972,19	2.868,64	3.227,22	1.920,49	2.793,44	3.142,62	1.868,79	2.718,24	3.058,02	1.817,09	2.643,04	2.973,
	V	44.851	2.466,80	3.588,08	4.036,59																		
	VI	45.383	2.496,06	3.630,64	4.084,47																		
130.643,99 (West)	I	38.599	2.122,94	3.087,92	3.473,91	2.019,54	2.937,52	3.304,71	1.916,14	2.787,12	3.135,51	1.812,74	2.636,72	2.966,31	1.610,78	2.486,32	2.797,11	1.387,18	2.336,00	2.628,00	1.163,46	2.185,60	2.458,
	II	36.810	2.024,55	2.944,80	3.312,90	1.921,15	2.794,40	3.143,70	1.817,75	2.644,00	2.974,50	1.621,61	2.493,60	2.805,30	1.397,89	2.343,20	2.636,10	1.174,17	2.192,80	2.466,90	950,45	2.042,40	2.297,
	III	28.722	-	2.297,76	2.584,98	-	2.155,68	2.425,14	-	2.016,80	2.268,90	-	1.880,96	2.116,08	-	1.748,32	1.966,86	-	1.618,72	1.821,06	-	1.492,16	1.678,
	IV	38.599	2.122,94	3.087,92	3.473,91	2.071,24	3.012,72	3.389,31	2.019,54	2.937,52	3.304,71	1.967,84	2.862,32	3.220,11	1.916,14	2.787,12	3.135,51	1.864,44	2.711,92	3.050,91	1.812,74	2.636,72	2.966,
	V	44.772	2.462,46	3.581,76	4.029,48																		
	VI	45.304	2.491,72	3.624,32	4.077,36																		
130.643,99 (Ost)	I	38.693	2.128,11	3.095,44	3.482,37	2.024,71	2.945,04	3.313,17	1.921,31	2.794,64	3.143,97	1.817,91	2.644,24	2.974,77	1.621,97	2.493,84	2.805,57	1.398,25	2.343,44	2.636,37	1.174,53	2.193,04	2.467,
	II	36.904	2.029,72	2.952,32	3.321,36	1.926,32	2.801,92	3.152,16	1.822,92	2.651,52	2.982,96	1.632,79	2.501,12	2.813,76	1.409,07	2.350,72	2.644,56	1.185,35	2.200,32	2.475,36	961,63	2.049,92	2.306,
	III	28.810	-	2.304,80	2.592,90	-	2.162,72	2.433,06	-	2.023,68	2.276,64	-	1.887,68	2.123,64	-	1.754,88	1.974,24	-	1.625,12	1.828,26	-	1.498,40	1.685,
	IV	38.693	2.128,11	3.095,44	3.482,37	2.076,41	3.020,24	3.397,77	2.024,71	2.945,04	3.313,17	1.973,01	2.869,84	3.228,57	1.921,31	2.794,64	3.143,97	1.869,61	2.719,44	3.059,37	1.817,91	2.644,24	2.974,
	V	44.866	2.467,63	3.589,28	4.037,94																		
	VI	45.398	2.496,89	3.631,84	4.085,82																		

Anzahl Kinderfreibeträge (nur Steuerklassen I–IV)

SolZ/KiSt lt. Tabelle nicht für Sonstige Bezüge anwendbar.

Lohn/ Gehalt bis	Steuerklasse	Lohn-steuer	ohne Kinderfreibetrag SolZ 5,5%	Kirchensteuer 8%	Kirchensteuer 9%	0,5 SolZ 5,5%	0,5 Kirchensteuer 8%	0,5 Kirchensteuer 9%	1,0 SolZ 5,5%	1,0 Kirchensteuer 8%	1,0 Kirchensteuer 9%	1,5 SolZ 5,5%	1,5 Kirchensteuer 8%	1,5 Kirchensteuer 9%	2,0 SolZ 5,5%	2,0 Kirchensteuer 8%	2,0 Kirchensteuer 9%	2,5 SolZ 5,5%	2,5 Kirchensteuer 8%	2,5 Kirchensteuer 9%	3,0 SolZ 5,5%	3,0 Kirchensteuer 8%	3,0 Kirchensteuer 9%
						Anzahl Kinderfreibeträge (nur Steuerklassen I–IV)																	
30.679,99 (West)	I	38.614	2.123,77	3.089,12	3.475,26	2.020,37	2.938,72	3.306,06	1.916,97	2.788,32	3.136,86	1.813,57	2.637,92	2.967,66	1.612,68	2.487,60	2.798,55	1.388,96	2.337,20	2.629,35	1.165,24	2.186,80	2.460,15
	II	36.825	2.025,37	2.946,00	3.314,25	1.921,97	2.795,60	3.145,05	1.818,57	2.645,20	2.975,85	1.623,39	2.494,80	2.806,65	1.399,67	2.344,40	2.637,45	1.175,95	2.194,00	2.468,25	952,35	2.043,68	2.299,14
	III	28.736	-	2.298,88	2.586,24	-	2.156,80	2.426,40	-	2.017,92	2.270,16	-	1.882,08	2.117,34	-	1.749,28	1.967,94	-	1.619,68	1.822,14	-	1.493,12	1.679,76
	IV	38.614	2.123,77	3.089,12	3.475,26	2.072,07	3.013,92	3.390,66	2.020,37	2.938,72	3.306,06	1.968,67	2.863,52	3.221,46	1.916,97	2.788,32	3.136,86	1.865,27	2.713,12	3.052,26	1.813,57	2.637,92	2.967,66
	V	44.788	2.463,34	3.583,04	4.030,92																		
	VI	45.319	2.492,54	3.625,52	4.078,71																		
30.679,99 (Ost)	I	38.708	2.128,94	3.096,64	3.483,72	2.025,54	2.946,24	3.314,52	1.922,14	2.795,84	3.145,32	1.818,74	2.645,44	2.976,12	1.623,75	2.495,04	2.806,92	1.400,03	2.344,64	2.637,72	1.176,31	2.194,24	2.468,52
	II	36.919	2.030,54	2.953,52	3.322,71	1.927,14	2.803,12	3.153,51	1.823,74	2.652,72	2.984,31	1.634,58	2.502,32	2.815,11	1.410,86	2.351,92	2.645,91	1.187,14	2.201,52	2.476,71	963,42	2.051,12	2.307,51
	III	28.826	-	2.306,08	2.594,34	-	2.163,84	2.434,32	-	2.024,80	2.277,90	-	1.888,80	2.124,90	-	1.756,00	1.975,50	-	1.626,08	1.829,34	-	1.499,36	1.686,78
	IV	38.708	2.128,94	3.096,64	3.483,72	2.077,24	3.021,44	3.399,12	2.025,54	2.946,24	3.314,52	1.973,84	2.871,04	3.229,92	1.922,14	2.795,84	3.145,32	1.870,44	2.720,64	3.060,72	1.818,74	2.645,44	2.976,12
	V	44.881	2.468,45	3.590,48	4.039,29																		
	VI	45.413	2.497,71	3.633,04	4.087,17																		
30.715,99 (West)	I	38.629	2.124,59	3.090,32	3.476,61	2.021,19	2.939,92	3.307,41	1.917,85	2.789,60	3.138,30	1.814,45	2.639,20	2.969,10	1.614,47	2.488,80	2.799,90	1.390,75	2.338,40	2.630,70	1.167,03	2.188,00	2.461,50
	II	36.840	2.026,20	2.947,20	3.315,60	1.922,80	2.796,80	3.146,40	1.819,40	2.646,40	2.977,20	1.625,18	2.496,00	2.808,00	1.401,46	2.345,60	2.638,80	1.177,86	2.195,28	2.469,69	954,14	2.044,88	2.300,49
	III	28.750	-	2.300,00	2.587,50	-	2.157,92	2.427,66	-	2.019,04	2.271,42	-	1.883,20	2.118,60	-	1.750,40	1.969,20	-	1.620,80	1.823,40	-	1.494,08	1.680,84
	IV	38.629	2.124,59	3.090,32	3.476,61	2.072,89	3.015,12	3.392,01	2.021,19	2.939,92	3.307,41	1.969,49	2.864,72	3.222,81	1.917,85	2.789,60	3.138,30	1.866,15	2.714,40	3.053,70	1.814,45	2.639,20	2.969,10
	V	44.803	2.464,16	3.584,24	4.032,27																		
	VI	45.334	2.493,37	3.626,72	4.080,06																		
30.715,99 (Ost)	I	38.723	2.129,76	3.097,84	3.485,07	2.026,36	2.947,44	3.315,87	1.922,96	2.797,04	3.146,67	1.819,56	2.646,64	2.977,47	1.625,54	2.496,24	2.808,27	1.401,82	2.345,84	2.639,07	1.178,10	2.195,44	2.469,87
	II	36.934	2.031,37	2.954,72	3.324,06	1.927,97	2.804,32	3.154,86	1.824,57	2.653,92	2.985,66	1.636,36	2.503,52	2.816,46	1.412,64	2.353,12	2.647,26	1.188,92	2.202,72	2.478,06	965,20	2.052,32	2.308,86
	III	28.840	-	2.307,20	2.595,60	-	2.164,96	2.435,58	-	2.025,92	2.279,16	-	1.889,92	2.126,16	-	1.756,96	1.976,58	-	1.627,20	1.830,60	-	1.500,48	1.688,04
	IV	38.723	2.129,76	3.097,84	3.485,07	2.078,06	3.022,64	3.400,47	2.026,36	2.947,44	3.315,87	1.974,66	2.872,24	3.231,27	1.922,96	2.797,04	3.146,67	1.871,26	2.721,84	3.062,07	1.819,56	2.646,64	2.977,47
	V	44.896	2.469,28	3.591,68	4.040,64																		
	VI	45.428	2.498,54	3.634,24	4.088,52																		
30.751,99 (West)	I	38.644	2.125,42	3.091,52	3.477,96	2.022,07	2.941,20	3.308,85	1.918,67	2.790,80	3.139,65	1.815,27	2.640,40	2.970,45	1.616,25	2.490,00	2.801,25	1.392,53	2.339,60	2.632,05	1.168,81	2.189,20	2.462,85
	II	36.855	2.027,02	2.948,40	3.316,95	1.923,62	2.798,00	3.147,75	1.820,22	2.647,60	2.978,55	1.627,08	2.497,28	2.809,44	1.403,36	2.346,88	2.640,24	1.179,64	2.196,48	2.471,04	955,92	2.046,08	2.301,84
	III	28.764	-	2.301,12	2.588,76	-	2.159,04	2.428,92	-	2.020,16	2.272,68	-	1.884,32	2.119,86	-	1.751,52	1.970,46	-	1.621,76	1.824,48	-	1.495,20	1.682,10
	IV	38.644	2.125,42	3.091,52	3.477,96	2.073,77	3.016,40	3.393,45	2.022,07	2.941,20	3.308,85	1.970,37	2.866,00	3.224,25	1.918,67	2.790,80	3.139,65	1.866,97	2.715,60	3.055,05	1.815,27	2.640,40	2.970,45
	V	44.818	2.464,99	3.585,44	4.033,62																		
	VI	45.349	2.494,19	3.627,92	4.081,41																		
30.751,99 (Ost)	I	38.738	2.130,59	3.099,04	3.486,42	2.027,19	2.948,64	3.317,22	1.923,79	2.798,24	3.148,02	1.820,39	2.647,84	2.978,82	1.627,32	2.497,44	2.809,62	1.403,72	2.347,12	2.640,51	1.180,00	2.196,72	2.471,31
	II	36.949	2.032,19	2.955,92	3.325,41	1.928,79	2.805,52	3.156,21	1.825,39	2.655,12	2.987,01	1.638,15	2.504,72	2.817,81	1.414,43	2.354,32	2.648,61	1.190,71	2.203,92	2.479,41	966,99	2.053,52	2.310,21
	III	28.854	-	2.308,32	2.596,86	-	2.166,08	2.436,84	-	2.027,04	2.280,42	-	1.891,04	2.127,42	-	1.758,08	1.977,84	-	1.628,16	1.831,68	-	1.501,44	1.689,12
	IV	38.738	2.130,59	3.099,04	3.486,42	2.078,89	3.023,84	3.401,82	2.027,19	2.948,64	3.317,22	1.975,49	2.873,44	3.232,62	1.923,79	2.798,24	3.148,02	1.872,09	2.723,04	3.063,42	1.820,39	2.647,84	2.978,82
	V	44.911	2.470,10	3.592,88	4.041,99																		
	VI	45.443	2.499,36	3.635,44	4.089,87																		
30.787,99 (West)	I	38.660	2.126,30	3.092,80	3.479,40	2.022,90	2.942,40	3.310,20	1.919,50	2.792,00	3.141,00	1.816,10	2.641,60	2.971,80	1.618,04	2.491,20	2.802,60	1.394,32	2.340,80	2.633,40	1.170,60	2.190,40	2.464,20
	II	36.870	2.027,85	2.949,60	3.318,30	1.924,45	2.799,20	3.149,10	1.821,10	2.648,88	2.979,99	1.628,87	2.498,48	2.810,79	1.405,15	2.348,08	2.641,59	1.181,43	2.197,68	2.472,39	957,71	2.047,28	2.303,19
	III	28.778	-	2.302,24	2.590,02	-	2.160,16	2.430,18	-	2.021,28	2.273,94	-	1.885,28	2.120,94	-	1.752,48	1.971,54	-	1.622,72	1.825,56	-	1.496,16	1.683,18
	IV	38.660	2.126,30	3.092,80	3.479,40	2.074,60	3.017,60	3.394,80	2.022,90	2.942,40	3.310,20	1.971,20	2.867,20	3.225,60	1.919,50	2.792,00	3.141,00	1.867,80	2.716,80	3.056,40	1.816,10	2.641,60	2.971,80
	V	44.833	2.465,81	3.586,64	4.034,97																		
	VI	45.365	2.495,07	3.629,20	4.082,85																		
30.787,99 (Ost)	I	38.753	2.131,41	3.100,24	3.487,77	2.028,01	2.949,84	3.318,57	1.924,61	2.799,44	3.149,37	1.821,21	2.649,04	2.980,17	1.629,22	2.498,72	2.811,06	1.405,50	2.348,32	2.641,86	1.181,78	2.197,92	2.472,66
	II	36.964	2.033,02	2.957,12	3.326,76	1.929,62	2.806,72	3.157,56	1.826,22	2.656,32	2.988,36	1.639,93	2.505,92	2.819,16	1.416,21	2.355,52	2.649,96	1.192,49	2.205,12	2.480,76	968,89	2.054,80	2.311,65
	III	28.868	-	2.309,44	2.598,12	-	2.167,20	2.438,10	-	2.028,16	2.281,68	-	1.892,00	2.128,50	-	1.759,04	1.978,92	-	1.629,28	1.832,94	-	1.502,40	1.690,20
	IV	38.753	2.131,41	3.100,24	3.487,77	2.079,71	3.025,04	3.403,17	2.028,01	2.949,84	3.318,57	1.976,31	2.874,64	3.233,97	1.924,61	2.799,44	3.149,37	1.872,91	2.724,24	3.064,77	1.821,21	2.649,04	2.980,17
	V	44.927	2.470,98	3.594,16	4.043,43																		
	VI	45.458	2.500,19	3.636,64	4.091,22																		
30.823,99 (West)	I	38.675	2.127,12	3.094,00	3.480,75	2.023,72	2.943,60	3.311,55	1.920,32	2.793,20	3.142,35	1.816,92	2.642,80	2.973,15	1.619,82	2.492,40	2.803,95	1.396,10	2.342,00	2.634,75	1.172,38	2.191,60	2.465,55
	II	36.886	2.028,73	2.950,88	3.319,74	1.925,33	2.800,48	3.150,54	1.821,93	2.650,08	2.981,34	1.630,65	2.499,68	2.812,14	1.406,93	2.349,28	2.642,94	1.183,21	2.198,88	2.473,74	959,49	2.048,48	2.304,54
	III	28.794	-	2.303,52	2.591,46	-	2.161,28	2.431,44	-	2.022,40	2.275,20	-	1.886,40	2.122,20	-	1.753,60	1.972,80	-	1.623,84	1.826,82	-	1.497,12	1.684,26
	IV	38.675	2.127,12	3.094,00	3.480,75	2.075,42	3.018,80	3.396,15	2.023,72	2.943,60	3.311,55	1.972,02	2.868,40	3.226,95	1.920,32	2.793,20	3.142,35	1.868,62	2.718,00	3.057,75	1.816,92	2.642,80	2.973,15
	V	44.848	2.466,64	3.587,84	4.036,32																		
	VI	45.380	2.495,90	3.630,40	4.084,20																		
30.823,99 (Ost)	I	38.768	2.132,24	3.101,44	3.489,12	2.028,84	2.951,04	3.319,92	1.925,49	2.800,72	3.150,81	1.822,09	2.650,32	2.981,61	1.631,01	2.499,92	2.812,41	1.407,29	2.349,52	2.643,21	1.183,57	2.199,12	2.474,01
	II	36.979	2.033,84	2.958,32	3.328,11	1.930,44	2.807,92	3.158,91	1.827,04	2.657,52	2.989,71	1.641,72	2.507,12	2.820,51	1.418,00	2.356,72	2.651,31	1.194,40	2.206,40	2.482,20	970,68	2.056,00	2.313,00
	III	28.884	-	2.310,72	2.599,56	-	2.168,32	2.439,36	-	2.029,28	2.282,94	-	1.893,12	2.129,76	-	1.760,16	1.980,18	-	1.630,24	1.834,02	-	1.503,36	1.691,28
	IV	38.768	2.132,24	3.101,44	3.489,12	2.080,54	3.026,24	3.404,52	2.028,84	2.951,04	3.319,92	1.977,14	2.875,84	3.235,32	1.925,49	2.800,72	3.150,81	1.873,79	2.725,52	3.066,21	1.822,09	2.650,32	2.981,61
	V	44.942	2.471,81	3.595,36	4.044,78																		
	VI	45.473	2.501,01	3.637,84	4.092,57																		
30.859,99 (West)	I	38.690	2.127,95	3.095,20	3.482,10	2.024,55	2.944,80	3.312,90	1.921,15	2.794,40	3.143,70	1.817,75	2.644,00	2.974,50	1.621,61	2.493,60	2.805,30	1.397,89	2.343,20	2.636,10	1.174,17	2.192,80	2.466,90
	II	36.901	2.029,55	2.952,08	3.321,09	1.926,15	2.801,68	3.151,89	1.822,75	2.651,28	2.982,69	1.632,44	2.500,88	2.813,49	1.408,72	2.350,48	2.644,29	1.185,00	2.200,08	2.475,09	961,28	2.049,68	2.305,89
	III	28.808	-	2.304,64	2.592,72	-	2.162,56	2.432,88	-	2.023,52	2.276,46	-	1.887,52	2.123,46	-	1.754,56	1.973,88	-	1.624,80	1.827,90	-	1.498,24	1.685,52
	IV	38.690	2.127,95	3.095,20	3.482,10	2.076,25	3.020,00	3.397,50	2.024,55	2.944,80	3.312,90	1.972,85	2.869,60	3.228,30	1.921,15	2.794,40	3.143,70	1.869,45	2.719,20	3.059,10	1.817,75	2.644,00	2.974,50
	V	44.863	2.467,46	3.589,04	4.037,67																		
	VI	45.395	2.496,72	3.631,60	4.085,55																		
30.859,99 (Ost)	I	38.783	2.133,06	3.102,64	3.490,47	2.029,72	2.952,32	3.321,36	1.926,32	2.801,92	3.152,16	1.822,92	2.651,52	2.982,96	1.632,79	2.501,12	2.813,76	1.409,07	2.350,72	2.644,56	1.185,35	2.200,32	2.475,36
	II	36.994	2.034,67	2.959,52	3.329,46	1.931,27	2.809,12	3.160,26	1.827,87	2.658,72	2.991,06	1.643,62	2.508,40	2.821,95	1.419,90	2.358,00	2.652,75	1.196,18	2.207,60	2.483,55	972,46	2.057,20	2.314,35
	III	28.898	-	2.311,84	2.600,82	-	2.169,60	2.440,80	-	2.030,40	2.284,20	-	1.894,24	2.131,02	-	1.761,28	1.981,44	-	1.631,20	1.835,10	-	1.504,48	1.692,54
	IV	38.783	2.133,06	3.102,64	3.490,47	2.081,42	3.027,52	3.405,96	2.029,72	2.952,32	3.321,36	1.978,02	2.877,12	3.236,76	1.926,32	2.801,92	3.152,16	1.874,62	2.726,72	3.067,56	1.822,92	2.651,52	2.982,96
	V	44.957	2.472,63	3.596,56	4.046,13																		
	VI	45.489	2.501,89	3.639,12	4.094,01																		
30.895,99 (West)	I	38.705	2.128,77	3.096,40	3.483,45	2.025,37	2.946,00	3.314,25	1.921,97	2.795,60	3.145,05	1.818,57	2.645,20	2.975,85	1.623,39	2.494,80	2.806,65	1.399,67	2.344,40	2.637,45	1.175,95	2.194,00	2.468,25
	II	36.916	2.030,38	2.953,28	3.322,44	1.926,98	2.802,88	3.153,24	1.823,58	2.652,48	2.984,04	1.634,22	2.502,08	2.814,84	1.410,50	2.351,68	2.645,64	1.186,78	2.201,28	2.476,44	963,06	2.050,88	2.307,24
	III	28.822	-	2.305,76	2.593,98	-	2.163,68	2.434,14	-	2.024,48	2.277,54	-	1.888,64	2.124,72	-	1.755,68	1.975,14	-	1.625,92	1.829,16	-	1.499,20	1.686,60
	IV	38.705	2.128,77	3.096,40	3.483,45	2.077,07	3.021,20	3.398,85	2.025,37	2.946,00	3.314,25	1.973,67	2.870,80	3.229,65	1.921,97	2.795,60	3.145,05	1.870,27	2.720,40	3.060,45	1.818,57	2.645,20	2.975,85
	V	44.878	2.468,29	3.590,24	4.039,02																		
	VI	45.410	2.497,55	3.632,80	4.086,90																		
30.895,99 (Ost)	I	38.799	2.133,94	3.103,92	3.491,91	2.030,54	2.953,52	3.322,71	1.927,14	2.803,12	3.153,51	1.823,74	2.652,72	2.984,31	1.634,58	2.502,32	2.815,11	1.410,86	2.351,92	2.645,91	1.187,14	2.201,52	2.476,71
	II	37.009	2.035,49	2.960,72	3.330,81	1.932,09	2.810,32	3.161,61	1.828,75	2.660,00	2.992,50	1.645,41	2.509,60	2.823,30	1.421,69	2.359,20	2.654,10	1.197,97	2.208,80	2.484,90	974,25	2.058,40	2.315,70
	III	28.912	-	2.312,96	2.602,08	-	2.170,72	2.442,06	-	2.031,52	2.285,46	-	1.895,36	2.132,28	-	1.762,24	1.982,52	-	1.632,32	1.836,36	-	1.505,44	1.693,62
	IV	38.799	2.133,94	3.103,92	3.491,91	2.082,24	3.028,72	3.407,31	2.030,54	2.953,52	3.322,71	1.978,84	2.878,32	3.238,11	1.927,14	2.803,12	3.153,51	1.875,44	2.727,92	3.068,91	1.823,74	2.652,72	2.984,31
	V	44.972	2.473,46	3.597,76	4.047,48																		
	VI	45.504	2.502,72	3.640,32	4.095,36																		

SolZ/KiSt lt. Tabelle nicht für Sonstige Bezüge anwendbar.

Lohn/ Gehalt bis	Steuerklasse	Lohn- steuer	ohne Kinderfreibetrag SolZ 5,5%	ohne Kinderfreibetrag Kirchensteuer 8%	9%	0,5 SolZ 5,5%	0,5 Kirchensteuer 8%	9%	1,0 SolZ 5,5%	1,0 Kirchensteuer 8%	9%	1,5 SolZ 5,5%	1,5 Kirchensteuer 8%	9%	2,0 SolZ 5,5%	2,0 Kirchensteuer 8%	9%	2,5 SolZ 5,5%	2,5 Kirchensteuer 8%	9%	3,0 SolZ 5,5%	3,0 Kirchensteue 8%	9%
130.931,99 (West)	I	38.720	2.129,60	3.097,60	3.484,80	2.026,20	2.947,20	3.315,60	1.922,80	2.796,80	3.146,40	1.819,40	2.646,40	2.977,20	1.625,18	2.496,00	2.808,00	1.401,46	2.345,60	2.638,80	1.177,86	2.195,28	2.469,
	II	36.931	2.031,20	2.954,48	3.323,79	1.927,80	2.804,08	3.154,59	1.824,40	2.653,68	2.985,39	1.636,01	2.503,28	2.816,19	1.412,29	2.352,88	2.646,99	1.188,57	2.202,48	2.477,79	964,85	2.052,08	2.308,
	III	28.836	-	2.306,88	2.595,24	-	2.164,80	2.435,40	-	2.025,60	2.278,80	-	1.889,60	2.125,80	-	1.756,80	1.976,40	-	1.626,88	1.830,24	-	1.500,16	1.687,
	IV	38.720	2.129,60	3.097,60	3.484,80	2.077,90	3.022,40	3.400,20	2.026,20	2.947,20	3.315,60	1.974,50	2.872,00	3.231,00	1.922,80	2.796,80	3.146,40	1.871,10	2.721,60	3.061,80	1.819,40	2.646,40	2.977,
	V	44.893	2.469,11	3.591,44	4.040,37																		
	VI	45.425	2.498,37	3.634,00	4.088,25																		
130.931,99 (Ost)	I	38.814	2.134,77	3.105,12	3.493,26	2.031,37	2.954,72	3.324,06	1.927,97	2.804,32	3.154,86	1.824,57	2.653,92	2.985,66	1.636,36	2.503,52	2.816,46	1.412,64	2.353,12	2.647,26	1.188,92	2.202,72	2.478,
	II	37.025	2.036,37	2.962,00	3.332,25	1.932,97	2.811,60	3.163,05	1.829,57	2.661,20	2.993,85	1.647,19	2.510,80	2.824,65	1.423,47	2.360,40	2.655,45	1.199,75	2.210,00	2.486,25	976,03	2.059,60	2.317,
	III	28.926	-	2.314,08	2.603,34	-	2.171,84	2.443,32	-	2.032,48	2.286,54	-	1.896,32	2.133,36	-	1.763,36	1.983,78	-	1.633,28	1.837,44	-	1.506,40	1.694,
	IV	38.814	2.134,77	3.105,12	3.493,26	2.083,07	3.029,92	3.408,66	2.031,37	2.954,72	3.324,06	1.979,67	2.879,52	3.239,46	1.927,97	2.804,32	3.154,86	1.876,27	2.729,12	3.070,26	1.824,57	2.653,92	2.985,
	V	44.987	2.474,28	3.598,96	4.048,83																		
	VI	45.519	2.503,54	3.641,52	4.096,71																		
130.967,99 (West)	I	38.735	2.130,42	3.098,80	3.486,15	2.027,02	2.948,40	3.316,95	1.923,62	2.798,00	3.147,75	1.820,22	2.647,60	2.978,55	1.627,08	2.497,28	2.809,44	1.403,36	2.346,88	2.640,24	1.179,64	2.196,48	2.471,
	II	36.946	2.032,03	2.955,68	3.325,14	1.928,63	2.805,28	3.155,94	1.825,23	2.654,88	2.986,74	1.637,79	2.504,48	2.817,54	1.414,07	2.354,08	2.648,34	1.190,35	2.203,68	2.479,14	966,63	2.053,28	2.309,
	III	28.850	-	2.308,00	2.596,50	-	2.165,92	2.436,66	-	2.026,72	2.280,06	-	1.890,72	2.127,06	-	1.757,76	1.977,48	-	1.628,00	1.831,50	-	1.501,12	1.688,
	IV	38.735	2.130,42	3.098,80	3.486,15	2.078,72	3.023,60	3.401,55	2.027,02	2.948,40	3.316,95	1.975,32	2.873,20	3.232,35	1.923,62	2.798,00	3.147,75	1.871,92	2.722,80	3.063,15	1.820,22	2.647,60	2.978,
	V	44.908	2.469,94	3.592,64	4.041,72																		
	VI	45.440	2.499,20	3.635,20	4.089,60																		
130.967,99 (Ost)	I	38.829	2.135,59	3.106,32	3.494,61	2.032,19	2.955,92	3.325,41	1.928,79	2.805,52	3.156,21	1.825,39	2.655,12	2.987,01	1.638,15	2.504,72	2.817,81	1.414,43	2.354,32	2.648,61	1.190,71	2.203,92	2.479,
	II	37.040	2.037,20	2.963,20	3.333,60	1.933,80	2.812,80	3.164,40	1.830,40	2.662,40	2.995,20	1.648,98	2.512,00	2.826,00	1.425,26	2.361,60	2.656,80	1.201,54	2.211,20	2.487,60	977,82	2.060,80	2.318,
	III	28.940	-	2.315,20	2.604,60	-	2.172,96	2.444,58	-	2.033,60	2.287,80	-	1.897,44	2.134,62	-	1.764,32	1.984,86	-	1.634,40	1.838,70	-	1.507,52	1.695,
	IV	38.829	2.135,59	3.106,32	3.494,61	2.083,89	3.031,12	3.410,01	2.032,19	2.955,92	3.325,41	1.980,49	2.880,72	3.240,81	1.928,79	2.805,52	3.156,21	1.877,09	2.730,32	3.071,61	1.825,39	2.655,12	2.987,
	V	45.002	2.475,11	3.600,16	4.050,18																		
	VI	45.534	2.504,37	3.642,72	4.098,06																		
131.003,99 (West)	I	38.750	2.131,25	3.100,00	3.487,50	2.027,85	2.949,60	3.318,30	1.924,45	2.799,20	3.149,10	1.821,10	2.648,88	2.979,99	1.628,87	2.498,48	2.810,79	1.405,15	2.348,08	2.641,59	1.181,43	2.197,68	2.472,
	II	36.961	2.032,85	2.956,88	3.326,49	1.929,45	2.806,48	3.157,29	1.826,05	2.656,08	2.988,09	1.639,58	2.505,68	2.818,89	1.415,86	2.355,28	2.649,69	1.192,26	2.204,96	2.480,58	968,54	2.054,56	2.311,
	III	28.866	-	2.309,28	2.597,94	-	2.167,04	2.437,92	-	2.027,84	2.281,32	-	1.891,84	2.128,32	-	1.758,88	1.978,74	-	1.628,96	1.832,58	-	1.502,24	1.690,
	IV	38.750	2.131,25	3.100,00	3.487,50	2.079,55	3.024,80	3.402,90	2.027,85	2.949,60	3.318,30	1.976,15	2.874,40	3.233,70	1.924,45	2.799,20	3.149,10	1.872,80	2.724,08	3.064,59	1.821,10	2.648,88	2.979,
	V	44.924	2.470,82	3.593,92	4.043,16																		
	VI	45.455	2.500,02	3.636,40	4.090,95																		
131.003,99 (Ost)	I	38.844	2.136,42	3.107,52	3.495,96	2.033,02	2.957,12	3.326,76	1.929,62	2.806,72	3.157,56	1.826,22	2.656,32	2.988,36	1.639,93	2.505,92	2.819,16	1.416,21	2.355,52	2.649,96	1.192,49	2.205,12	2.480,
	II	37.055	2.038,02	2.964,40	3.334,95	1.934,62	2.814,00	3.165,75	1.831,22	2.663,60	2.996,55	1.650,76	2.513,20	2.827,35	1.427,04	2.362,80	2.658,15	1.203,32	2.212,40	2.488,95	979,60	2.062,00	2.319,
	III	28.956	-	2.316,48	2.606,04	-	2.174,08	2.445,84	-	2.034,72	2.289,06	-	1.898,56	2.135,88	-	1.765,44	1.986,12	-	1.635,36	1.839,78	-	1.508,48	1.697,
	IV	38.844	2.136,42	3.107,52	3.495,96	2.084,72	3.032,32	3.411,36	2.033,02	2.957,12	3.326,76	1.981,32	2.881,92	3.242,16	1.929,62	2.806,72	3.157,56	1.877,92	2.731,52	3.072,96	1.826,22	2.656,32	2.988,
	V	45.017	2.475,93	3.601,36	4.051,53																		
	VI	45.549	2.505,19	3.643,92	4.099,41																		
131.039,99 (West)	I	38.765	2.132,07	3.101,20	3.488,85	2.028,73	2.950,88	3.319,74	1.925,33	2.800,48	3.150,54	1.821,93	2.650,08	2.981,34	1.630,65	2.499,68	2.812,14	1.406,93	2.349,28	2.642,94	1.183,21	2.198,88	2.473,
	II	36.976	2.033,68	2.958,08	3.327,84	1.930,28	2.807,68	3.158,64	1.826,88	2.657,28	2.989,44	1.641,36	2.506,88	2.820,24	1.417,76	2.356,56	2.651,13	1.194,04	2.206,16	2.481,93	970,32	2.055,76	2.312,
	III	28.880	-	2.310,40	2.599,20	-	2.168,16	2.439,18	-	2.028,96	2.282,58	-	1.892,96	2.129,58	-	1.759,84	1.979,82	-	1.630,08	1.833,84	-	1.503,20	1.691,
	IV	38.765	2.132,07	3.101,20	3.488,85	2.080,37	3.026,00	3.404,25	2.028,73	2.950,88	3.319,74	1.977,03	2.875,68	3.235,14	1.925,33	2.800,48	3.150,54	1.873,63	2.725,28	3.065,94	1.821,93	2.650,08	2.981,
	V	44.939	2.471,64	3.595,12	4.044,51																		
	VI	45.470	2.500,85	3.637,60	4.092,30																		
131.039,99 (Ost)	I	38.859	2.137,24	3.108,72	3.497,31	2.033,84	2.958,32	3.328,11	1.930,44	2.807,92	3.158,91	1.827,04	2.657,52	2.989,71	1.641,72	2.507,12	2.820,51	1.418,00	2.356,72	2.651,31	1.194,40	2.206,40	2.482,
	II	37.070	2.038,85	2.965,60	3.336,30	1.935,45	2.815,20	3.167,10	1.832,05	2.664,80	2.997,90	1.652,55	2.514,40	2.828,70	1.428,83	2.364,00	2.659,50	1.205,11	2.213,60	2.490,30	981,39	2.063,20	2.321,
	III	28.970	-	2.317,60	2.607,30	-	2.175,20	2.447,10	-	2.035,84	2.290,32	-	1.899,68	2.137,14	-	1.766,56	1.987,38	-	1.636,48	1.841,04	-	1.509,44	1.698,
	IV	38.859	2.137,24	3.108,72	3.497,31	2.085,54	3.033,52	3.412,71	2.033,84	2.958,32	3.328,11	1.982,14	2.883,12	3.243,51	1.930,44	2.807,92	3.158,91	1.878,74	2.732,72	3.074,31	1.827,04	2.657,52	2.989,
	V	45.032	2.476,76	3.602,56	4.052,88																		
	VI	45.564	2.506,02	3.645,12	4.100,76																		
131.075,99 (West)	I	38.781	2.132,95	3.102,48	3.490,29	2.029,55	2.952,08	3.321,09	1.926,15	2.801,68	3.151,89	1.822,75	2.651,28	2.982,69	1.632,44	2.500,88	2.813,49	1.408,72	2.350,48	2.644,29	1.185,00	2.200,08	2.475,
	II	36.991	2.034,50	2.959,28	3.329,19	1.931,10	2.808,88	3.159,99	1.827,76	2.658,56	2.990,88	1.643,27	2.508,16	2.821,68	1.419,55	2.357,76	2.652,48	1.195,83	2.207,36	2.483,28	972,11	2.056,96	2.314,
	III	28.894	-	2.311,52	2.600,46	-	2.169,28	2.440,44	-	2.030,08	2.283,84	-	1.893,92	2.130,66	-	1.760,96	1.981,08	-	1.631,04	1.834,92	-	1.504,16	1.692,
	IV	38.781	2.132,95	3.102,48	3.490,29	2.081,25	3.027,28	3.405,69	2.029,55	2.952,08	3.321,09	1.977,85	2.876,88	3.236,49	1.926,15	2.801,68	3.151,89	1.874,45	2.726,48	3.067,29	1.822,75	2.651,28	2.982,
	V	44.954	2.472,47	3.596,32	4.045,86																		
	VI	45.486	2.501,73	3.638,88	4.093,74																		
131.075,99 (Ost)	I	38.874	2.138,07	3.109,92	3.498,66	2.034,67	2.959,52	3.329,46	1.931,27	2.809,12	3.160,26	1.827,87	2.658,72	2.991,06	1.643,62	2.508,40	2.821,95	1.419,90	2.358,00	2.652,75	1.196,18	2.207,60	2.483,
	II	37.085	2.039,67	2.966,80	3.337,65	1.936,27	2.816,40	3.168,45	1.832,87	2.666,00	2.999,25	1.654,33	2.515,60	2.830,05	1.430,61	2.365,20	2.660,85	1.206,89	2.214,80	2.491,65	983,17	2.064,40	2.322,
	III	28.984	-	2.318,72	2.608,56	-	2.176,32	2.448,36	-	2.036,96	2.291,58	-	1.900,80	2.138,40	-	1.767,52	1.988,46	-	1.637,44	1.842,12	-	1.510,56	1.699,
	IV	38.874	2.138,07	3.109,92	3.498,66	2.086,37	3.034,72	3.414,06	2.034,67	2.959,52	3.329,46	1.982,97	2.884,32	3.244,86	1.931,27	2.809,12	3.160,26	1.879,57	2.733,92	3.075,66	1.827,87	2.658,72	2.991,
	V	45.048	2.477,64	3.603,84	4.054,32																		
	VI	45.579	2.506,84	3.646,32	4.102,11																		
131.111,99 (West)	I	38.796	2.133,78	3.103,68	3.491,64	2.030,38	2.953,28	3.322,44	1.926,98	2.802,88	3.153,24	1.823,58	2.652,48	2.984,04	1.634,22	2.502,08	2.814,84	1.410,50	2.351,68	2.645,64	1.186,78	2.201,28	2.476,
	II	37.006	2.035,33	2.960,48	3.330,54	1.931,98	2.810,16	3.161,43	1.828,58	2.659,76	2.992,23	1.645,05	2.509,36	2.823,03	1.421,33	2.358,96	2.653,83	1.197,61	2.208,56	2.484,63	973,89	2.058,16	2.315,
	III	28.908	-	2.312,64	2.601,72	-	2.170,40	2.441,70	-	2.031,20	2.285,10	-	1.895,04	2.131,92	-	1.762,08	1.982,34	-	1.632,16	1.836,18	-	1.505,28	1.693,
	IV	38.796	2.133,78	3.103,68	3.491,64	2.082,08	3.028,48	3.407,04	2.030,38	2.953,28	3.322,44	1.978,68	2.878,08	3.237,84	1.926,98	2.802,88	3.153,24	1.875,28	2.727,68	3.068,64	1.823,58	2.652,48	2.984,
	V	44.969	2.473,29	3.597,52	4.047,21																		
	VI	45.501	2.502,55	3.640,08	4.095,09																		
131.111,99 (Ost)	I	38.889	2.138,89	3.111,12	3.500,01	2.035,49	2.960,72	3.330,81	1.932,09	2.810,32	3.161,61	1.828,75	2.660,00	2.992,50	1.645,41	2.509,60	2.823,30	1.421,69	2.359,20	2.654,10	1.197,97	2.208,80	2.484,
	II	37.100	2.040,50	2.968,00	3.339,00	1.937,10	2.817,60	3.169,80	1.833,70	2.667,20	3.000,60	1.656,12	2.516,80	2.831,40	1.432,40	2.366,40	2.662,20	1.208,80	2.216,08	2.493,09	985,08	2.065,68	2.323,
	III	28.998	-	2.319,84	2.609,82	-	2.177,44	2.449,62	-	2.038,08	2.292,84	-	1.901,76	2.139,48	-	1.768,64	1.989,72	-	1.638,56	1.843,38	-	1.511,52	1.700,
	IV	38.889	2.138,89	3.111,12	3.500,01	2.087,19	3.035,92	3.415,41	2.035,49	2.960,72	3.330,81	1.983,79	2.885,52	3.246,21	1.932,09	2.810,32	3.161,61	1.880,45	2.735,20	3.077,10	1.828,75	2.660,00	2.992,
	V	45.063	2.478,46	3.605,04	4.055,67																		
	VI	45.594	2.507,67	3.647,52	4.103,46																		
131.147,99 (West)	I	38.811	2.134,60	3.104,88	3.492,99	2.031,20	2.954,48	3.323,79	1.927,80	2.804,08	3.154,59	1.824,40	2.653,68	2.985,39	1.636,01	2.503,28	2.816,19	1.412,29	2.352,88	2.646,99	1.188,57	2.202,48	2.477,
	II	37.022	2.036,21	2.961,76	3.331,98	1.932,81	2.811,36	3.162,78	1.829,41	2.660,96	2.993,58	1.646,84	2.510,56	2.824,38	1.423,12	2.360,16	2.655,18	1.199,40	2.209,76	2.485,98	975,68	2.059,36	2.316,
	III	28.924	-	2.313,92	2.603,16	-	2.171,52	2.442,96	-	2.032,32	2.286,36	-	1.896,16	2.133,18	-	1.763,04	1.983,42	-	1.633,12	1.837,26	-	1.506,24	1.694,
	IV	38.811	2.134,60	3.104,88	3.492,99	2.082,90	3.029,68	3.408,39	2.031,20	2.954,48	3.323,79	1.979,50	2.879,28	3.239,19	1.927,80	2.804,08	3.154,59	1.876,10	2.728,88	3.069,99	1.824,40	2.653,68	2.985,
	V	44.984	2.474,12	3.598,72	4.048,56																		
	VI	45.516	2.503,38	3.641,28	4.096,44																		
131.147,99 (Ost)	I	38.904	2.139,72	3.112,32	3.501,36	2.036,37	2.962,00	3.332,25	1.932,97	2.811,60	3.163,05	1.829,57	2.661,20	2.993,85	1.647,19	2.510,80	2.824,65	1.423,47	2.360,40	2.655,45	1.199,75	2.210,00	2.486,
	II	37.115	2.041,32	2.969,20	3.340,35	1.937,92	2.818,80	3.171,15	1.834,52	2.668,40	3.001,95	1.657,90	2.518,00	2.832,75	1.434,30	2.367,68	2.663,64	1.210,58	2.217,28	2.494,44	986,86	2.066,88	2.325,
	III	29.014	-	2.321,12	2.611,26	-	2.178,56	2.450,88	-	2.039,20	2.294,10	-	1.902,88	2.140,74	-	1.769,60	1.990,80	-	1.639,52	1.844,46	-	1.512,48	1.701,
	IV	38.904	2.139,72	3.112,32	3.501,36	2.088,02	3.037,12	3.416,76	2.036,37	2.962,00	3.332,25	1.984,67	2.886,80	3.247,65	1.932,97	2.811,60	3.163,05	1.881,27	2.736,40	3.078,45	1.829,57	2.661,20	2.993,
	V	45.078	2.479,29	3.606,24	4.057,02																		
	VI	45.609	2.508,49	3.648,72	4.104,81																		

Anzahl Kinderfreibeträge (nur Steuerklassen I–IV)

SolZ/KiSt lt. Tabelle nicht für Sonstige Bezüge anwendbar.

Allgemeine Tabelle

JAHR bis 131.399,99 €

Lohn/ Gehalt bis	Steuerklasse	Lohnsteuer	ohne Kinderfreibetrag			Anzahl Kinderfreibeträge (nur Steuerklassen I–IV) 0,5			1,0			1,5			2,0			2,5			3,0		
			SolZ 5,5%	Kirchensteuer 8%	9%	SolZ 5,5%	Kirchensteuer 8%	9%	SolZ 5,5%	Kirchensteuer 8%	9%	SolZ 5,5%	Kirchensteuer 8%	9%	SolZ 5,5%	Kirchensteuer 8%	9%	SolZ 5,5%	Kirchensteuer 8%	9%	SolZ 5,5%	Kirchensteuer 8%	9%
131.183,99 (West)	I	38.826	2.135,43	3.106,08	3.494,34	2.032,03	2.955,68	3.325,14	1.928,63	2.805,28	3.155,94	1.825,23	2.654,88	2.986,74	1.637,79	2.504,48	2.817,54	1.414,07	2.354,08	2.648,34	1.190,35	2.203,68	2.479,14
	II	37.037	2.037,03	2.962,96	3.333,33	1.933,63	2.812,56	3.164,13	1.830,23	2.662,16	2.994,93	1.648,62	2.511,76	2.825,73	1.424,90	2.361,36	2.656,53	1.201,18	2.210,96	2.487,33	977,46	2.060,56	2.318,13
	III	28.938	-	2.315,04	2.604,42	-	2.172,64	2.444,22	-	2.033,44	2.287,62	-	1.897,28	2.134,44	-	1.764,16	1.984,68	-	1.634,08	1.838,34	-	1.507,20	1.695,60
	IV	38.826	2.135,43	3.106,08	3.494,34	2.083,73	3.030,88	3.409,74	2.032,03	2.955,68	3.325,14	1.980,33	2.880,48	3.240,54	1.928,63	2.805,28	3.155,94	1.876,93	2.730,08	3.071,34	1.825,23	2.654,88	2.986,74
	V	44.999	2.474,94	3.599,92	4.049,91																		
	VI	45.531	2.504,20	3.642,48	4.097,79																		
131.183,99 (Ost)	I	38.920	2.140,60	3.113,60	3.502,80	2.037,20	2.963,20	3.333,60	1.933,80	2.812,80	3.164,40	1.830,40	2.662,40	2.995,20	1.648,98	2.512,00	2.826,00	1.425,26	2.361,60	2.656,80	1.201,54	2.211,20	2.487,60
	II	37.130	2.042,15	2.970,40	3.341,70	1.938,75	2.820,00	3.172,50	1.835,40	2.669,68	3.003,39	1.659,81	2.519,28	2.834,19	1.436,09	2.368,88	2.664,99	1.212,37	2.218,48	2.495,79	988,65	2.068,08	2.326,59
	III	29.028	-	2.322,24	2.612,52	-	2.179,68	2.452,14	-	2.040,32	2.295,36	-	1.904,00	2.142,00	-	1.770,72	1.992,06	-	1.640,64	1.845,72	-	1.513,44	1.702,62
	IV	38.920	2.140,60	3.113,60	3.502,80	2.088,90	3.038,40	3.418,20	2.037,20	2.963,20	3.333,60	1.985,50	2.888,00	3.249,00	1.933,80	2.812,80	3.164,40	1.882,10	2.737,60	3.079,80	1.830,40	2.662,40	2.995,20
	V	45.093	2.480,11	3.607,44	4.058,37																		
	VI	45.625	2.509,37	3.650,00	4.106,25																		
131.219,99 (West)	I	38.841	2.136,25	3.107,28	3.495,69	2.032,85	2.956,88	3.326,49	1.929,45	2.806,48	3.157,29	1.826,05	2.656,08	2.988,09	1.639,58	2.505,68	2.818,89	1.415,86	2.355,28	2.649,69	1.192,26	2.204,96	2.480,58
	II	37.052	2.037,86	2.964,16	3.334,68	1.934,46	2.813,76	3.165,48	1.831,06	2.663,36	2.996,28	1.650,41	2.512,96	2.827,08	1.426,69	2.362,56	2.657,88	1.202,97	2.212,16	2.488,68	979,25	2.061,76	2.319,48
	III	28.952	-	2.316,16	2.605,68	-	2.173,76	2.445,48	-	2.034,56	2.288,88	-	1.898,24	2.135,52	-	1.765,28	1.985,94	-	1.635,20	1.839,60	-	1.508,32	1.696,86
	IV	38.841	2.136,25	3.107,28	3.495,69	2.084,55	3.032,08	3.411,09	2.032,85	2.956,88	3.326,49	1.981,15	2.881,68	3.241,89	1.929,45	2.806,48	3.157,29	1.877,75	2.731,28	3.072,69	1.826,05	2.656,08	2.988,09
	V	45.014	2.475,77	3.601,12	4.051,26																		
	VI	45.546	2.505,03	3.643,68	4.099,14																		
131.219,99 (Ost)	I	38.935	2.141,42	3.114,80	3.504,15	2.038,02	2.964,40	3.334,95	1.934,62	2.814,00	3.165,75	1.831,22	2.663,60	2.996,55	1.650,76	2.513,20	2.827,35	1.427,04	2.362,80	2.658,15	1.203,32	2.212,40	2.488,95
	II	37.145	2.042,97	2.971,60	3.343,05	1.939,63	2.821,28	3.173,94	1.836,23	2.670,88	3.004,74	1.661,59	2.520,48	2.835,54	1.437,87	2.370,08	2.666,34	1.214,15	2.219,68	2.497,14	990,43	2.069,28	2.327,94
	III	29.042	-	2.323,36	2.613,78	-	2.180,80	2.453,40	-	2.041,44	2.296,62	-	1.905,12	2.143,26	-	1.771,84	1.993,32	-	1.641,60	1.846,80	-	1.514,56	1.703,88
	IV	38.935	2.141,42	3.114,80	3.504,15	2.089,72	3.039,60	3.419,55	2.038,02	2.964,40	3.334,95	1.986,32	2.889,20	3.250,35	1.934,62	2.814,00	3.165,75	1.882,92	2.738,80	3.081,15	1.831,22	2.663,60	2.996,55
	V	45.108	2.480,94	3.608,64	4.059,72																		
	VI	45.640	2.510,20	3.651,20	4.107,60																		
131.255,99 (West)	I	38.856	2.137,08	3.108,48	3.497,04	2.033,68	2.958,08	3.327,84	1.930,28	2.807,68	3.158,64	1.826,88	2.657,28	2.989,44	1.641,36	2.506,88	2.820,24	1.417,76	2.356,56	2.651,13	1.194,04	2.206,16	2.481,93
	II	37.067	2.038,68	2.965,36	3.336,03	1.935,28	2.814,96	3.166,83	1.831,88	2.664,56	2.997,63	1.652,19	2.514,16	2.828,43	1.428,47	2.363,76	2.659,23	1.204,75	2.213,36	2.490,03	981,03	2.062,96	2.320,83
	III	28.966	-	2.317,28	2.606,94	-	2.174,88	2.446,74	-	2.035,68	2.290,14	-	1.899,36	2.136,78	-	1.766,24	1.987,02	-	1.636,16	1.840,68	-	1.509,28	1.697,94
	IV	38.856	2.137,08	3.108,48	3.497,04	2.085,38	3.033,28	3.412,44	2.033,68	2.958,08	3.327,84	1.981,98	2.882,88	3.243,24	1.930,28	2.807,68	3.158,64	1.878,58	2.732,48	3.074,04	1.826,88	2.657,28	2.989,44
	V	45.029	2.476,59	3.602,32	4.052,61																		
	VI	45.561	2.505,85	3.644,88	4.100,49																		
131.255,99 (Ost)	I	38.950	2.142,25	3.116,00	3.505,50	2.038,85	2.965,60	3.336,30	1.935,45	2.815,20	3.167,10	1.832,05	2.664,80	2.997,90	1.652,55	2.514,40	2.828,70	1.428,83	2.364,00	2.659,50	1.205,11	2.213,60	2.490,30
	II	37.161	2.043,85	2.972,88	3.344,49	1.940,45	2.822,48	3.175,29	1.837,05	2.672,08	3.006,09	1.663,38	2.521,68	2.836,89	1.439,66	2.371,28	2.667,69	1.215,94	2.220,88	2.498,49	992,22	2.070,48	2.329,29
	III	29.056	-	2.324,48	2.615,04	-	2.181,92	2.454,66	-	2.042,56	2.297,88	-	1.906,08	2.144,34	-	1.772,80	1.994,40	-	1.642,72	1.848,06	-	1.515,52	1.704,96
	IV	38.950	2.142,25	3.116,00	3.505,50	2.090,55	3.040,80	3.420,90	2.038,85	2.965,60	3.336,30	1.987,15	2.890,40	3.251,70	1.935,45	2.815,20	3.167,10	1.883,75	2.740,00	3.082,50	1.832,05	2.664,80	2.997,90
	V	45.123	2.481,76	3.609,84	4.061,07																		
	VI	45.655	2.511,02	3.652,40	4.108,95																		
131.291,99 (West)	I	38.871	2.137,90	3.109,68	3.498,39	2.034,50	2.959,28	3.329,19	1.931,10	2.808,88	3.159,99	1.827,76	2.658,56	2.990,88	1.643,27	2.508,16	2.821,68	1.419,55	2.357,76	2.652,48	1.195,83	2.207,36	2.483,28
	II	37.082	2.039,51	2.966,56	3.337,38	1.936,11	2.816,16	3.168,18	1.832,71	2.665,76	2.998,98	1.653,98	2.515,36	2.829,78	1.430,26	2.364,96	2.660,58	1.206,54	2.214,56	2.491,38	982,94	2.064,24	2.322,27
	III	28.982	-	2.318,56	2.608,38	-	2.176,00	2.448,00	-	2.036,80	2.291,40	-	1.900,48	2.138,04	-	1.767,36	1.988,28	-	1.637,28	1.841,94	-	1.510,24	1.699,02
	IV	38.871	2.137,90	3.109,68	3.498,39	2.086,20	3.034,48	3.413,79	2.034,50	2.959,28	3.329,19	1.982,80	2.884,08	3.244,59	1.931,10	2.808,88	3.159,99	1.879,40	2.733,68	3.075,39	1.827,76	2.658,56	2.990,88
	V	45.045	2.477,47	3.603,60	4.054,05																		
	VI	45.576	2.506,68	3.646,08	4.101,84																		
131.291,99 (Ost)	I	38.965	2.143,07	3.117,20	3.506,85	2.039,67	2.966,80	3.337,65	1.936,27	2.816,40	3.168,45	1.832,87	2.666,00	2.999,25	1.654,33	2.515,60	2.830,05	1.430,61	2.365,20	2.660,85	1.206,89	2.214,80	2.491,65
	II	37.176	2.044,68	2.974,08	3.345,84	1.941,28	2.823,68	3.176,64	1.837,88	2.673,28	3.007,44	1.665,16	2.522,88	2.838,24	1.441,44	2.372,48	2.669,04	1.217,72	2.222,08	2.499,84	994,00	2.071,68	2.330,64
	III	29.072	-	2.325,76	2.616,48	-	2.183,20	2.456,10	-	2.043,68	2.299,14	-	1.907,20	2.145,60	-	1.773,92	1.995,66	-	1.643,68	1.849,14	-	1.516,48	1.706,04
	IV	38.965	2.143,07	3.117,20	3.506,85	2.091,37	3.042,00	3.422,25	2.039,67	2.966,80	3.337,65	1.987,97	2.891,60	3.253,05	1.936,27	2.816,40	3.168,45	1.884,57	2.741,20	3.083,85	1.832,87	2.666,00	2.999,25
	V	45.138	2.482,59	3.611,04	4.062,42																		
	VI	45.670	2.511,85	3.653,60	4.110,30																		
131.327,99 (West)	I	38.886	2.138,73	3.110,88	3.499,74	2.035,33	2.960,48	3.330,54	1.931,98	2.810,16	3.161,43	1.828,58	2.659,76	2.992,23	1.645,05	2.509,36	2.823,03	1.421,33	2.358,96	2.653,83	1.197,61	2.208,56	2.484,63
	II	37.097	2.040,33	2.967,76	3.338,73	1.936,93	2.817,36	3.169,53	1.833,53	2.666,96	3.000,33	1.655,76	2.516,56	2.831,13	1.432,16	2.366,24	2.662,02	1.208,44	2.215,84	2.492,82	984,72	2.065,44	2.323,62
	III	28.996	-	2.319,68	2.609,64	-	2.177,28	2.449,44	-	2.037,92	2.292,66	-	1.901,60	2.139,30	-	1.768,32	1.989,36	-	1.638,24	1.843,02	-	1.511,20	1.700,10
	IV	38.886	2.138,73	3.110,88	3.499,74	2.087,03	3.035,68	3.415,14	2.035,33	2.960,48	3.330,54	1.983,68	2.885,36	3.246,03	1.931,98	2.810,16	3.161,43	1.880,28	2.734,96	3.076,83	1.828,58	2.659,76	2.992,23
	V	45.060	2.478,30	3.604,80	4.055,40																		
	VI	45.591	2.507,50	3.647,28	4.103,19																		
131.327,99 (Ost)	I	38.980	2.143,90	3.118,40	3.508,20	2.040,50	2.968,00	3.339,00	1.937,10	2.817,60	3.169,80	1.833,70	2.667,20	3.000,60	1.656,12	2.516,80	2.831,40	1.432,40	2.366,40	2.662,20	1.208,80	2.216,08	2.493,09
	II	37.191	2.045,50	2.975,28	3.347,19	1.942,10	2.824,88	3.177,99	1.838,70	2.674,48	3.008,79	1.666,95	2.524,08	2.839,59	1.443,23	2.373,68	2.670,39	1.219,51	2.223,28	2.501,19	995,79	2.072,88	2.331,99
	III	29.086	-	2.326,88	2.617,74	-	2.184,32	2.457,36	-	2.044,80	2.300,40	-	1.908,32	2.146,86	-	1.775,04	1.996,92	-	1.644,64	1.850,22	-	1.517,60	1.707,30
	IV	38.980	2.143,90	3.118,40	3.508,20	2.092,20	3.043,20	3.423,60	2.040,50	2.968,00	3.339,00	1.988,80	2.892,80	3.254,40	1.937,10	2.817,60	3.169,80	1.885,40	2.742,40	3.085,20	1.833,70	2.667,20	3.000,60
	V	45.153	2.483,41	3.612,24	4.063,77																		
	VI	45.685	2.512,67	3.654,80	4.111,65																		
131.363,99 (West)	I	38.902	2.139,61	3.112,16	3.501,18	2.036,21	2.961,76	3.331,98	1.932,81	2.811,36	3.162,78	1.829,41	2.660,96	2.993,58	1.646,84	2.510,56	2.824,38	1.423,12	2.360,16	2.655,18	1.199,40	2.209,76	2.485,98
	II	37.112	2.041,16	2.968,96	3.340,08	1.937,76	2.818,56	3.170,88	1.834,36	2.668,16	3.001,68	1.657,67	2.517,84	2.832,57	1.433,95	2.367,44	2.663,37	1.210,23	2.217,04	2.494,17	986,51	2.066,64	2.324,97
	III	29.010	-	2.320,80	2.610,90	-	2.178,40	2.450,70	-	2.038,88	2.293,74	-	1.902,72	2.140,56	-	1.769,44	1.990,62	-	1.639,36	1.844,28	-	1.512,32	1.701,36
	IV	38.902	2.139,61	3.112,16	3.501,18	2.087,91	3.036,96	3.416,58	2.036,21	2.961,76	3.331,98	1.984,51	2.886,56	3.247,38	1.932,81	2.811,36	3.162,78	1.881,11	2.736,16	3.078,18	1.829,41	2.660,96	2.993,58
	V	45.075	2.479,12	3.606,00	4.056,75																		
	VI	45.607	2.508,38	3.648,56	4.104,63																		
131.363,99 (Ost)	I	38.995	2.144,72	3.119,60	3.509,55	2.041,32	2.969,20	3.340,35	1.937,92	2.818,80	3.171,15	1.834,52	2.668,40	3.001,95	1.657,90	2.518,00	2.832,75	1.434,30	2.367,68	2.663,64	1.210,58	2.217,28	2.494,44
	II	37.206	2.046,33	2.976,48	3.348,54	1.942,93	2.826,08	3.179,34	1.839,53	2.675,68	3.010,14	1.668,73	2.525,28	2.840,94	1.445,01	2.374,88	2.671,74	1.221,29	2.224,48	2.502,54	997,57	2.074,08	2.333,34
	III	29.100	-	2.328,00	2.619,00	-	2.185,44	2.458,62	-	2.045,92	2.301,66	-	1.909,44	2.148,12	-	1.776,00	1.998,00	-	1.645,76	1.851,48	-	1.518,56	1.708,38
	IV	38.995	2.144,72	3.119,60	3.509,55	2.093,02	3.044,40	3.424,95	2.041,32	2.969,20	3.340,35	1.989,62	2.894,00	3.255,75	1.937,92	2.818,80	3.171,15	1.886,22	2.743,60	3.086,55	1.834,52	2.668,40	3.001,95
	V	45.168	2.484,24	3.613,44	4.065,12																		
	VI	45.700	2.513,50	3.656,00	4.113,00																		
131.399,99 (West)	I	38.917	2.140,43	3.113,36	3.502,53	2.037,03	2.962,96	3.333,33	1.933,63	2.812,56	3.164,13	1.830,23	2.662,16	2.994,93	1.648,62	2.511,76	2.825,73	1.424,90	2.361,36	2.656,53	1.201,18	2.210,96	2.487,33
	II	37.127	2.041,98	2.970,16	3.341,43	1.938,64	2.819,84	3.172,32	1.835,24	2.669,44	3.003,12	1.659,45	2.519,04	2.833,92	1.435,73	2.368,64	2.664,72	1.212,01	2.218,24	2.495,52	988,29	2.067,84	2.326,32
	III	29.024	-	2.321,92	2.612,16	-	2.179,52	2.451,96	-	2.040,00	2.295,00	-	1.903,68	2.141,64	-	1.770,56	1.991,88	-	1.640,32	1.845,36	-	1.513,28	1.702,44
	IV	38.917	2.140,43	3.113,36	3.502,53	2.088,73	3.038,16	3.417,93	2.037,03	2.962,96	3.333,33	1.985,33	2.887,76	3.248,73	1.933,63	2.812,56	3.164,13	1.881,93	2.737,36	3.079,53	1.830,23	2.662,16	2.994,93
	V	45.090	2.479,95	3.607,20	4.058,10																		
	VI	45.622	2.509,21	3.649,76	4.105,98																		
131.399,99 (Ost)	I	39.010	2.145,55	3.120,80	3.510,90	2.042,15	2.970,40	3.341,70	1.938,75	2.820,00	3.172,50	1.835,40	2.669,68	3.003,39	1.659,81	2.519,28	2.834,19	1.436,09	2.368,88	2.664,99	1.212,37	2.218,48	2.495,79
	II	37.221	2.047,15	2.977,68	3.349,89	1.943,75	2.827,28	3.180,69	1.840,35	2.676,88	3.011,49	1.670,52	2.526,48	2.842,29	1.446,80	2.376,08	2.673,09	1.223,08	2.225,68	2.503,89	999,48	2.075,36	2.334,78
	III	29.114	-	2.329,12	2.620,26	-	2.186,56	2.459,88	-	2.047,04	2.302,92	-	1.910,56	2.149,38	-	1.777,12	1.999,26	-	1.646,72	1.852,56	-	1.519,52	1.709,46
	IV	39.010	2.145,55	3.120,80	3.510,90	2.093,85	3.045,60	3.426,30	2.042,15	2.970,40	3.341,70	1.990,45	2.895,20	3.257,10	1.938,75	2.820,00	3.172,50	1.887,05	2.744,80	3.087,90	1.835,40	2.669,68	3.003,39
	V	45.184	2.485,12	3.614,72	4.066,56																		
	VI	45.715	2.514,32	3.657,20	4.114,35																		

SolZ/KiSt lt. Tabelle nicht für Sonstige Bezüge anwendbar.

Lohn/ Gehalt bis	Steuerklasse	Lohnsteuer	ohne Kinderfreibetrag SolZ 5,5%	Kirchensteuer 8%	Kirchensteuer 9%	0,5 SolZ 5,5%	Kirchensteuer 8%	Kirchensteuer 9%	1,0 SolZ 5,5%	Kirchensteuer 8%	Kirchensteuer 9%	1,5 SolZ 5,5%	Kirchensteuer 8%	Kirchensteuer 9%	2,0 SolZ 5,5%	Kirchensteuer 8%	Kirchensteuer 9%	2,5 SolZ 5,5%	Kirchensteuer 8%	Kirchensteuer 9%	3,0 SolZ 5,5%	Kirchensteuer 8%	Kirchensteuer 9%
131.435,99 (West)	I	38.932	2.141,26	3.114,56	3.503,88	2.037,86	2.964,16	3.334,68	1.934,46	2.813,76	3.165,48	1.831,06	2.663,36	2.996,28	1.650,41	2.512,96	2.827,08	1.426,69	2.362,56	2.657,88	1.202,97	2.212,16	2.488,
	II	37.143	2.042,86	2.971,44	3.342,87	1.939,46	2.821,04	3.173,67	1.836,06	2.670,64	3.004,47	1.661,24	2.520,24	2.835,27	1.437,52	2.369,84	2.666,07	1.213,80	2.219,44	2.496,87	990,08	2.069,04	2.327,
	III	29.040	–	2.323,20	2.613,60	–	2.180,64	2.453,22	–	2.041,12	2.296,26	–	1.904,80	2.142,90	–	1.771,52	1.992,96	–	1.641,44	1.846,62	–	1.514,24	1.703,
	IV	38.932	2.141,26	3.114,56	3.503,88	2.089,56	3.039,36	3.419,28	2.037,86	2.964,16	3.334,68	1.986,16	2.888,96	3.250,08	1.934,46	2.813,76	3.165,48	1.882,76	2.738,56	3.080,88	1.831,06	2.663,36	2.996,
	V	45.105	2.480,77	3.608,40	4.059,45																		
	VI	45.637	2.510,03	3.650,96	4.107,33																		
131.435,99 (Ost)	I	39.025	2.146,37	3.122,00	3.512,25	2.042,97	2.971,60	3.343,05	1.939,63	2.821,28	3.173,94	1.836,23	2.670,88	3.004,74	1.661,59	2.520,48	2.835,54	1.437,87	2.370,08	2.666,34	1.214,15	2.219,68	2.497,
	II	37.236	2.047,98	2.978,88	3.351,24	1.944,58	2.828,48	3.182,04	1.841,18	2.678,08	3.012,84	1.672,30	2.527,68	2.843,64	1.448,70	2.377,36	2.674,53	1.224,98	2.226,96	2.505,33	1.001,26	2.076,56	2.336,
	III	29.130	–	2.330,40	2.621,70	–	2.187,68	2.461,14	–	2.048,00	2.304,00	–	1.911,52	2.150,46	–	1.778,08	2.000,34	–	1.647,84	1.853,82	–	1.520,64	1.710,
	IV	39.025	2.146,37	3.122,00	3.512,25	2.094,67	3.046,80	3.427,65	2.042,97	2.971,60	3.343,05	1.991,33	2.896,48	3.258,54	1.939,63	2.821,28	3.173,94	1.887,93	2.746,08	3.089,34	1.836,23	2.670,88	3.004,
	V	45.199	2.485,94	3.615,92	4.067,91																		
	VI	45.730	2.515,15	3.658,40	4.115,70																		
131.471,99 (West)	I	38.947	2.142,08	3.115,76	3.505,23	2.038,68	2.965,36	3.336,03	1.935,28	2.814,96	3.166,83	1.831,88	2.664,56	2.997,63	1.652,19	2.514,16	2.828,43	1.428,47	2.363,76	2.659,23	1.204,75	2.213,36	2.490,
	II	37.158	2.043,69	2.972,64	3.344,22	1.940,29	2.822,24	3.175,02	1.836,89	2.671,84	3.005,82	1.663,02	2.521,44	2.836,62	1.439,30	2.371,04	2.667,42	1.215,58	2.220,64	2.498,22	991,86	2.070,24	2.329,
	III	29.054	–	2.324,32	2.614,86	–	2.181,76	2.454,48	–	2.042,24	2.297,52	–	1.905,92	2.144,16	–	1.772,64	1.994,22	–	1.642,40	1.847,70	–	1.515,36	1.704,
	IV	38.947	2.142,08	3.115,76	3.505,23	2.090,38	3.040,56	3.420,63	2.038,68	2.965,36	3.336,03	1.986,98	2.890,16	3.251,43	1.935,28	2.814,96	3.166,83	1.883,58	2.739,76	3.082,23	1.831,88	2.664,56	2.997,
	V	45.120	2.481,60	3.609,60	4.060,80																		
	VI	45.652	2.510,86	3.652,16	4.108,68																		
131.471,99 (Ost)	I	39.041	2.147,25	3.123,28	3.513,69	2.043,85	2.972,88	3.344,49	1.940,45	2.822,48	3.175,29	1.837,05	2.672,08	3.006,09	1.663,38	2.521,68	2.836,89	1.439,66	2.371,28	2.667,69	1.215,94	2.220,88	2.498,
	II	37.251	2.048,80	2.980,08	3.352,59	1.945,40	2.829,68	3.183,39	1.842,00	2.679,28	3.014,19	1.674,21	2.528,96	2.845,08	1.450,49	2.378,56	2.675,88	1.226,77	2.228,16	2.506,68	1.003,05	2.077,76	2.337,
	III	29.144	–	2.331,52	2.622,96	–	2.188,80	2.462,40	–	2.049,12	2.305,26	–	1.912,64	2.151,72	–	1.779,20	2.001,60	–	1.648,80	1.854,90	–	1.521,60	1.711,
	IV	39.041	2.147,25	3.123,28	3.513,69	2.095,55	3.048,08	3.429,09	2.043,85	2.972,88	3.344,49	1.992,15	2.897,68	3.259,89	1.940,45	2.822,48	3.175,29	1.888,75	2.747,28	3.090,69	1.837,05	2.672,08	3.006,
	V	45.214	2.486,77	3.617,12	4.069,26																		
	VI	45.746	2.516,03	3.659,68	4.117,14																		
131.507,99 (West)	I	38.962	2.142,91	3.116,96	3.506,58	2.039,51	2.966,56	3.337,38	1.936,11	2.816,16	3.168,18	1.832,71	2.665,76	2.998,98	1.653,98	2.515,36	2.829,78	1.430,26	2.364,96	2.660,58	1.206,54	2.214,56	2.491,
	II	37.173	2.044,51	2.973,84	3.345,57	1.941,11	2.823,44	3.176,37	1.837,71	2.673,04	3.007,17	1.664,81	2.522,64	2.837,97	1.441,09	2.372,24	2.668,77	1.217,37	2.221,84	2.499,57	993,65	2.071,44	2.330,
	III	29.068	–	2.325,44	2.616,12	–	2.182,88	2.455,74	–	2.043,36	2.298,78	–	1.907,04	2.145,42	–	1.773,60	1.995,30	–	1.643,52	1.848,96	–	1.516,32	1.705,
	IV	38.962	2.142,91	3.116,96	3.506,58	2.091,21	3.041,76	3.421,98	2.039,51	2.966,56	3.337,38	1.987,81	2.891,36	3.252,78	1.936,11	2.816,16	3.168,18	1.884,41	2.740,96	3.083,58	1.832,71	2.665,76	2.998,
	V	45.135	2.482,42	3.610,80	4.062,15																		
	VI	45.667	2.511,68	3.653,36	4.110,03																		
131.507,99 (Ost)	I	39.056	2.148,08	3.124,48	3.515,04	2.044,68	2.974,08	3.345,84	1.941,28	2.823,68	3.176,64	1.837,88	2.673,28	3.007,44	1.665,16	2.522,88	2.838,24	1.441,44	2.372,48	2.669,04	1.217,72	2.222,08	2.499,
	II	37.266	2.049,63	2.981,28	3.353,94	1.946,28	2.830,96	3.184,83	1.842,88	2.680,56	3.015,63	1.675,99	2.530,16	2.846,43	1.452,27	2.379,76	2.677,23	1.228,55	2.229,36	2.508,03	1.004,83	2.078,96	2.338,
	III	29.158	–	2.332,64	2.624,22	–	2.189,92	2.463,66	–	2.050,24	2.306,52	–	1.913,76	2.152,98	–	1.780,32	2.002,86	–	1.649,92	1.856,16	–	1.522,56	1.712,
	IV	39.056	2.148,08	3.124,48	3.515,04	2.096,38	3.049,28	3.430,44	2.044,68	2.974,08	3.345,84	1.992,98	2.898,88	3.261,24	1.941,28	2.823,68	3.176,64	1.889,58	2.748,48	3.092,04	1.837,88	2.673,28	3.007,
	V	45.229	2.487,59	3.618,32	4.070,61																		
	VI	45.761	2.516,85	3.660,88	4.118,49																		
131.543,99 (West)	I	38.977	2.143,73	3.118,16	3.507,93	2.040,33	2.967,76	3.338,73	1.936,93	2.817,36	3.169,53	1.833,53	2.666,96	3.000,33	1.655,76	2.516,56	2.831,13	1.432,16	2.366,24	2.662,02	1.208,44	2.215,84	2.492,
	II	37.188	2.045,34	2.975,04	3.346,92	1.941,94	2.824,64	3.177,72	1.838,54	2.674,24	3.008,52	1.666,59	2.523,84	2.839,32	1.442,87	2.373,44	2.670,12	1.219,15	2.223,04	2.500,92	995,43	2.072,64	2.331,
	III	29.082	–	2.326,56	2.617,38	–	2.184,00	2.457,00	–	2.044,48	2.300,04	–	1.908,00	2.146,50	–	1.774,72	1.996,56	–	1.644,48	1.850,04	–	1.517,28	1.706,
	IV	38.977	2.143,73	3.118,16	3.507,93	2.092,03	3.042,96	3.423,33	2.040,33	2.967,76	3.338,73	1.988,63	2.892,56	3.254,13	1.936,93	2.817,36	3.169,53	1.885,23	2.742,16	3.084,93	1.833,53	2.666,96	3.000,
	V	45.150	2.483,25	3.612,00	4.063,50																		
	VI	45.682	2.512,51	3.654,56	4.111,38																		
131.543,99 (Ost)	I	39.071	2.148,90	3.125,68	3.516,39	2.045,50	2.975,28	3.347,19	1.942,10	2.824,88	3.177,99	1.838,70	2.674,48	3.008,79	1.666,95	2.524,08	2.839,59	1.443,23	2.373,68	2.670,39	1.219,51	2.223,28	2.501,
	II	37.282	2.050,51	2.982,56	3.355,38	1.947,11	2.832,16	3.186,18	1.843,71	2.681,76	3.016,98	1.677,78	2.531,36	2.847,78	1.454,06	2.380,96	2.678,58	1.230,34	2.230,56	2.509,38	1.006,62	2.080,16	2.340,
	III	29.172	–	2.333,76	2.625,48	–	2.191,04	2.464,92	–	2.051,36	2.307,78	–	1.914,88	2.154,24	–	1.781,28	2.003,94	–	1.650,88	1.857,24	–	1.523,68	1.714,
	IV	39.071	2.148,90	3.125,68	3.516,39	2.097,20	3.050,48	3.431,79	2.045,50	2.975,28	3.347,19	1.993,80	2.900,08	3.262,59	1.942,10	2.824,88	3.177,99	1.890,40	2.749,68	3.093,39	1.838,70	2.674,48	3.008,
	V	45.244	2.488,42	3.619,52	4.071,96																		
	VI	45.776	2.517,68	3.662,08	4.119,84																		
131.579,99 (West)	I	38.992	2.144,56	3.119,36	3.509,28	2.041,16	2.968,96	3.340,08	1.937,76	2.818,56	3.170,88	1.834,36	2.668,16	3.001,68	1.657,67	2.517,84	2.832,57	1.433,95	2.367,44	2.663,37	1.210,23	2.217,04	2.494,
	II	37.203	2.046,16	2.976,24	3.348,27	1.942,76	2.825,84	3.179,07	1.839,36	2.675,44	3.009,87	1.668,38	2.525,04	2.840,67	1.444,66	2.374,64	2.671,47	1.220,94	2.224,24	2.502,27	997,33	2.073,92	2.333,
	III	29.098	–	2.327,84	2.618,82	–	2.185,12	2.458,26	–	2.045,60	2.301,30	–	1.909,12	2.147,76	–	1.775,84	1.997,82	–	1.645,60	1.851,30	–	1.518,40	1.708,
	IV	38.992	2.144,56	3.119,36	3.509,28	2.092,86	3.044,16	3.424,68	2.041,16	2.968,96	3.340,08	1.989,46	2.893,76	3.255,48	1.937,76	2.818,56	3.170,88	1.886,06	2.743,36	3.086,28	1.834,36	2.668,16	3.001,
	V	45.166	2.484,13	3.613,28	4.064,94																		
	VI	45.697	2.513,33	3.655,76	4.112,73																		
131.579,99 (Ost)	I	39.086	2.149,73	3.126,88	3.517,74	2.046,33	2.976,48	3.348,54	1.942,93	2.826,08	3.179,34	1.839,53	2.675,68	3.010,14	1.668,73	2.525,28	2.840,94	1.445,01	2.374,88	2.671,74	1.221,29	2.224,48	2.502,
	II	37.297	2.051,33	2.983,76	3.356,73	1.947,93	2.833,36	3.187,53	1.844,53	2.682,96	3.018,33	1.679,56	2.532,56	2.849,13	1.455,84	2.382,16	2.679,93	1.232,12	2.231,76	2.510,73	1.008,40	2.081,36	2.341,
	III	29.188	–	2.335,04	2.626,92	–	2.192,16	2.466,18	–	2.052,48	2.309,04	–	1.915,84	2.155,32	–	1.782,40	2.005,20	–	1.652,00	1.858,50	–	1.524,64	1.715,
	IV	39.086	2.149,73	3.126,88	3.517,74	2.098,03	3.051,68	3.433,14	2.046,33	2.976,48	3.348,54	1.994,63	2.901,28	3.263,94	1.942,93	2.826,08	3.179,34	1.891,23	2.750,88	3.094,74	1.839,53	2.675,68	3.010,
	V	45.259	2.489,24	3.620,72	4.073,31																		
	VI	45.791	2.518,50	3.663,28	4.121,19																		
131.615,99 (West)	I	39.007	2.145,38	3.120,56	3.510,63	2.041,98	2.970,16	3.341,43	1.938,64	2.819,84	3.172,32	1.835,24	2.669,44	3.003,12	1.659,45	2.519,04	2.833,92	1.435,73	2.368,64	2.664,72	1.212,01	2.218,24	2.495,
	II	37.218	2.046,99	2.977,44	3.349,62	1.943,59	2.827,04	3.180,42	1.840,19	2.676,64	3.011,22	1.670,16	2.526,24	2.842,02	1.446,44	2.375,84	2.672,82	1.222,84	2.225,52	2.503,71	999,12	2.075,12	2.334,
	III	29.112	–	2.328,96	2.620,08	–	2.186,24	2.459,52	–	2.046,72	2.302,56	–	1.910,24	2.149,02	–	1.776,80	1.998,90	–	1.646,56	1.852,38	–	1.519,36	1.709,
	IV	39.007	2.145,38	3.120,56	3.510,63	2.093,68	3.045,36	3.426,03	2.041,98	2.970,16	3.341,43	1.990,28	2.894,96	3.256,83	1.938,64	2.819,84	3.172,32	1.886,94	2.744,64	3.087,72	1.835,24	2.669,44	3.003,
	V	45.181	2.484,95	3.614,48	4.066,29																		
	VI	45.712	2.514,16	3.656,96	4.114,08																		
131.615,99 (Ost)	I	39.101	2.150,55	3.128,08	3.519,09	2.047,15	2.977,68	3.349,89	1.943,75	2.827,28	3.180,69	1.840,35	2.676,88	3.011,49	1.670,52	2.526,48	2.842,29	1.446,80	2.376,08	2.673,09	1.223,08	2.225,68	2.503,
	II	37.312	2.052,16	2.984,96	3.358,08	1.948,76	2.834,56	3.188,88	1.845,36	2.684,16	3.019,68	1.681,35	2.533,76	2.850,48	1.457,63	2.383,36	2.681,28	1.233,91	2.232,96	2.512,08	1.010,19	2.082,56	2.342,
	III	29.202	–	2.336,16	2.628,18	–	2.193,28	2.467,44	–	2.053,60	2.310,30	–	1.916,96	2.156,58	–	1.783,52	2.006,46	–	1.652,96	1.859,58	–	1.525,60	1.716,
	IV	39.101	2.150,55	3.128,08	3.519,09	2.098,85	3.052,88	3.434,49	2.047,15	2.977,68	3.349,89	1.995,45	2.902,48	3.265,29	1.943,75	2.827,28	3.180,69	1.892,05	2.752,08	3.096,09	1.840,35	2.676,88	3.011,
	V	45.274	2.490,07	3.621,92	4.074,66																		
	VI	45.806	2.519,33	3.664,48	4.122,54																		
131.651,99 (West)	I	39.022	2.146,21	3.121,76	3.511,98	2.042,86	2.971,44	3.342,87	1.939,46	2.821,04	3.173,67	1.836,06	2.670,64	3.004,47	1.661,24	2.520,24	2.835,27	1.437,52	2.369,84	2.666,07	1.213,80	2.219,44	2.496,
	II	37.233	2.047,81	2.978,64	3.350,97	1.944,41	2.828,24	3.181,77	1.841,01	2.677,84	3.012,57	1.672,06	2.527,52	2.843,46	1.448,34	2.377,12	2.674,26	1.224,62	2.226,72	2.505,06	1.000,90	2.076,32	2.335,
	III	29.126	–	2.330,08	2.621,34	–	2.187,36	2.460,78	–	2.047,84	2.303,82	–	1.911,36	2.150,28	–	1.777,92	2.000,16	–	1.647,52	1.853,46	–	1.520,32	1.710,
	IV	39.022	2.146,21	3.121,76	3.511,98	2.094,56	3.046,64	3.427,47	2.042,86	2.971,44	3.342,87	1.991,16	2.896,24	3.258,27	1.939,46	2.821,04	3.173,67	1.887,76	2.745,84	3.089,07	1.836,06	2.670,64	3.004,
	V	45.196	2.485,78	3.615,68	4.067,64																		
	VI	45.727	2.514,98	3.658,16	4.115,43																		
131.651,99 (Ost)	I	39.116	2.151,38	3.129,28	3.520,44	2.047,98	2.978,88	3.351,24	1.944,58	2.828,48	3.182,04	1.841,18	2.678,08	3.012,84	1.672,30	2.527,68	2.843,64	1.448,70	2.377,36	2.674,53	1.224,98	2.226,96	2.505,
	II	37.327	2.052,98	2.986,16	3.359,43	1.949,58	2.835,76	3.190,23	1.846,18	2.685,36	3.021,03	1.683,13	2.534,96	2.851,83	1.459,41	2.384,56	2.682,63	1.235,69	2.234,16	2.513,43	1.011,97	2.083,76	2.344,
	III	29.216	–	2.337,28	2.629,44	–	2.194,40	2.468,70	–	2.054,72	2.311,56	–	1.918,08	2.157,84	–	1.784,48	2.007,54	–	1.654,08	1.860,84	–	1.526,72	1.717,
	IV	39.116	2.151,38	3.129,28	3.520,44	2.099,68	3.054,08	3.435,84	2.047,98	2.978,88	3.351,24	1.996,28	2.903,68	3.266,64	1.944,58	2.828,48	3.182,04	1.892,88	2.753,28	3.097,44	1.841,18	2.678,08	3.012,
	V	45.289	2.490,89	3.623,12	4.076,01																		
	VI	45.821	2.520,15	3.665,68	4.123,89																		

SolZ/KiSt lt. Tabelle nicht für Sonstige Bezüge anwendbar.

Allgemeine Tabelle

JAHR bis 131.903,99 €

Lohn/ Gehalt bis	Steuerklasse	Lohn-steuer	ohne Kinderfreibetrag SolZ 5,5%	Kirchensteuer 8%	Kirchensteuer 9%	0,5 SolZ 5,5%	Kirchensteuer 8%	9%	1,0 SolZ 5,5%	Kirchensteuer 8%	9%	1,5 SolZ 5,5%	Kirchensteuer 8%	9%	2,0 SolZ 5,5%	Kirchensteuer 8%	9%	2,5 SolZ 5,5%	Kirchensteuer 8%	9%	3,0 SolZ 5,5%	Kirchensteuer 8%	9%
						Anzahl Kinderfreibeträge (nur Steuerklassen I–IV)																	
1.687,99	I	39.038	2.147,09	3.123,04	3.513,42	2.043,69	2.972,64	3.344,22	1.940,29	2.822,24	3.175,02	1.836,89	2.671,84	3.005,82	1.663,02	2.521,44	2.836,62	1.439,30	2.371,04	2.667,42	1.215,58	2.220,64	2.498,22
(West)	II	37.248	2.048,64	2.979,84	3.352,32	1.945,24	2.829,44	3.183,12	1.841,89	2.679,12	3.014,01	1.673,85	2.528,72	2.844,81	1.450,13	2.378,32	2.675,61	1.226,41	2.227,92	2.506,41	1.002,69	2.077,52	2.337,21
	III	29.140	-	2.331,20	2.622,60	-	2.188,48	2.462,04	-	2.048,96	2.305,08	-	1.912,48	2.151,54	-	1.779,04	2.001,42	-	1.648,64	1.854,72	-	1.521,44	1.711,62
	IV	39.038	2.147,09	3.123,04	3.513,42	2.095,39	3.047,84	3.428,82	2.043,69	2.972,64	3.344,22	1.991,99	2.897,44	3.259,62	1.940,29	2.822,24	3.175,02	1.888,59	2.747,04	3.090,42	1.836,89	2.671,84	3.005,82
	V	45.211	2.486,60	3.616,88	4.068,99																		
	VI	45.743	2.515,86	3.659,44	4.116,87																		
1.687,99	I	39.131	2.152,20	3.130,48	3.521,79	2.048,80	2.980,08	3.352,59	1.945,40	2.829,68	3.183,39	1.842,00	2.679,28	3.014,19	1.674,21	2.528,96	2.845,08	1.450,49	2.378,56	2.675,88	1.226,77	2.228,16	2.506,68
(Ost)	II	37.342	2.053,81	2.987,36	3.360,78	1.950,41	2.836,96	3.191,58	1.847,01	2.686,56	3.022,38	1.684,92	2.536,16	2.853,18	1.461,20	2.385,76	2.683,98	1.237,48	2.235,36	2.514,78	1.013,88	2.085,04	2.345,67
	III	29.230	-	2.338,40	2.630,70	-	2.195,68	2.470,14	-	2.055,84	2.312,82	-	1.919,20	2.159,10	-	1.785,60	2.008,80	-	1.655,04	1.861,92	-	1.527,68	1.718,64
	IV	39.131	2.152,20	3.130,48	3.521,79	2.100,50	3.055,28	3.437,19	2.048,80	2.980,08	3.352,59	1.997,10	2.904,88	3.267,99	1.945,40	2.829,68	3.183,39	1.893,70	2.754,48	3.098,79	1.842,00	2.679,28	3.014,19
	V	45.305	2.491,77	3.624,40	4.077,45																		
	VI	45.836	2.520,98	3.666,88	4.125,24																		
31.723,99	I	39.053	2.147,91	3.124,24	3.514,77	2.044,51	2.973,84	3.345,57	1.941,11	2.823,44	3.176,37	1.837,71	2.673,04	3.007,17	1.664,81	2.522,64	2.837,97	1.441,09	2.372,24	2.668,77	1.217,37	2.221,84	2.499,57
(West)	II	37.264	2.049,52	2.981,12	3.353,76	1.946,12	2.830,72	3.184,56	1.842,72	2.680,32	3.015,36	1.675,63	2.529,92	2.846,16	1.451,91	2.379,52	2.676,96	1.228,19	2.229,12	2.507,76	1.004,47	2.078,72	2.338,56
	III	29.156	-	2.332,48	2.624,04	-	2.189,76	2.463,48	-	2.050,08	2.306,34	-	1.913,44	2.152,62	-	1.780,00	2.002,50	-	1.649,60	1.855,80	-	1.522,40	1.712,70
	IV	39.053	2.147,91	3.124,24	3.514,77	2.096,21	3.049,04	3.430,17	2.044,51	2.973,84	3.345,57	1.992,81	2.898,64	3.260,97	1.941,11	2.823,44	3.176,37	1.889,41	2.748,24	3.091,77	1.837,71	2.673,04	3.007,17
	V	45.226	2.487,43	3.618,08	4.070,34																		
	VI	45.758	2.516,69	3.660,64	4.118,22																		
31.723,99	I	39.146	2.153,03	3.131,68	3.523,14	2.049,63	2.981,28	3.353,94	1.946,28	2.830,96	3.184,83	1.842,88	2.680,56	3.015,63	1.675,99	2.530,16	2.846,43	1.452,27	2.379,76	2.677,23	1.228,55	2.229,36	2.508,03
(Ost)	II	37.357	2.054,63	2.988,56	3.362,13	1.951,23	2.838,16	3.192,93	1.847,83	2.687,76	3.023,73	1.686,70	2.537,36	2.854,53	1.462,98	2.386,96	2.685,33	1.239,38	2.236,64	2.516,22	1.015,66	2.086,24	2.347,02
	III	29.246	-	2.339,68	2.632,14	-	2.196,80	2.471,40	-	2.056,96	2.314,08	-	1.920,32	2.160,36	-	1.786,72	2.010,06	-	1.656,16	1.863,18	-	1.528,64	1.719,72
	IV	39.146	2.153,03	3.131,68	3.523,14	2.101,33	3.056,48	3.438,54	2.049,63	2.981,28	3.353,94	1.997,93	2.906,08	3.269,34	1.946,28	2.830,96	3.184,83	1.894,58	2.755,76	3.100,23	1.842,88	2.680,56	3.015,63
	V	45.320	2.492,60	3.625,60	4.078,80																		
	VI	45.851	2.521,80	3.668,08	4.126,59																		
1.759,99	I	39.068	2.148,74	3.125,44	3.516,12	2.045,34	2.975,04	3.346,92	1.941,94	2.824,64	3.177,72	1.838,54	2.674,24	3.008,52	1.666,59	2.523,84	2.839,32	1.442,87	2.373,44	2.670,12	1.219,15	2.223,04	2.500,92
(West)	II	37.279	2.050,34	2.982,32	3.355,11	1.946,94	2.831,92	3.185,91	1.843,54	2.681,52	3.016,71	1.677,42	2.531,12	2.847,51	1.453,70	2.380,72	2.678,31	1.229,98	2.230,32	2.509,11	1.006,26	2.079,92	2.339,91
	III	29.170	-	2.333,60	2.625,30	-	2.190,88	2.464,74	-	2.051,20	2.307,60	-	1.914,56	2.153,88	-	1.781,12	2.003,76	-	1.650,72	1.857,06	-	1.523,36	1.713,78
	IV	39.068	2.148,74	3.125,44	3.516,12	2.097,04	3.050,24	3.431,52	2.045,34	2.975,04	3.346,92	1.993,64	2.899,84	3.262,32	1.941,94	2.824,64	3.177,72	1.890,24	2.749,44	3.093,12	1.838,54	2.674,24	3.008,52
	V	45.241	2.488,25	3.619,28	4.071,69																		
	VI	45.773	2.517,51	3.661,84	4.119,57																		
31.759,99	I	39.161	2.153,85	3.132,88	3.524,49	2.050,51	2.982,56	3.355,38	1.947,11	2.832,16	3.186,18	1.843,71	2.681,76	3.016,98	1.677,78	2.531,36	2.847,78	1.454,06	2.380,96	2.678,58	1.230,34	2.230,56	2.509,38
(Ost)	II	37.372	2.055,46	2.989,76	3.363,48	1.952,06	2.839,36	3.194,28	1.848,66	2.688,96	3.025,08	1.688,61	2.538,64	2.855,97	1.464,89	2.388,24	2.686,77	1.241,17	2.237,84	2.517,57	1.017,45	2.087,44	2.348,37
	III	29.260	-	2.340,80	2.633,40	-	2.197,92	2.472,66	-	2.058,08	2.315,34	-	1.921,28	2.161,44	-	1.787,68	2.011,14	-	1.657,12	1.864,26	-	1.529,76	1.720,98
	IV	39.161	2.153,85	3.132,88	3.524,49	2.102,21	3.057,76	3.439,98	2.050,51	2.982,56	3.355,38	1.998,81	2.907,36	3.270,78	1.947,11	2.832,16	3.186,18	1.895,41	2.756,96	3.101,58	1.843,71	2.681,76	3.016,98
	V	45.335	2.493,42	3.626,80	4.080,15																		
	VI	45.867	2.522,68	3.669,36	4.128,03																		
1.795,99	I	39.083	2.149,56	3.126,64	3.517,47	2.046,16	2.976,24	3.348,27	1.942,76	2.825,84	3.179,07	1.839,36	2.675,44	3.009,87	1.668,38	2.525,04	2.840,67	1.444,66	2.374,64	2.671,47	1.220,94	2.224,24	2.502,27
(West)	II	37.294	2.051,17	2.983,52	3.356,46	1.947,77	2.833,12	3.187,26	1.844,37	2.682,72	3.018,06	1.679,20	2.532,32	2.848,86	1.455,48	2.381,92	2.679,66	1.231,76	2.231,52	2.510,46	1.008,04	2.081,12	2.341,26
	III	29.184	-	2.334,72	2.626,56	-	2.192,00	2.466,00	-	2.052,32	2.308,86	-	1.915,68	2.155,14	-	1.782,24	2.005,02	-	1.651,68	1.858,14	-	1.524,48	1.715,04
	IV	39.083	2.149,56	3.126,64	3.517,47	2.097,86	3.051,44	3.432,87	2.046,16	2.976,24	3.348,27	1.994,46	2.901,04	3.263,67	1.942,76	2.825,84	3.179,07	1.891,06	2.750,64	3.094,47	1.839,36	2.675,44	3.009,87
	V	45.256	2.489,08	3.620,48	4.073,04																		
	VI	45.788	2.518,34	3.663,04	4.120,92																		
31.795,99	I	39.177	2.154,73	3.134,16	3.525,93	2.051,33	2.983,76	3.356,73	1.947,93	2.833,36	3.187,53	1.844,53	2.682,96	3.018,33	1.679,56	2.532,56	2.849,13	1.455,84	2.382,16	2.679,93	1.232,12	2.231,76	2.510,73
(Ost)	II	37.387	2.056,28	2.990,96	3.364,83	1.952,88	2.840,56	3.195,63	1.849,54	2.690,24	3.026,52	1.690,39	2.539,84	2.857,32	1.466,67	2.389,44	2.688,12	1.242,95	2.239,04	2.518,92	1.019,23	2.088,64	2.349,72
	III	29.274	-	2.341,92	2.634,66	-	2.199,04	2.473,92	-	2.059,20	2.316,60	-	1.922,40	2.162,70	-	1.788,80	2.012,40	-	1.658,24	1.865,52	-	1.530,72	1.722,06
	IV	39.177	2.154,73	3.134,16	3.525,93	2.103,03	3.058,96	3.441,33	2.051,33	2.983,76	3.356,73	1.999,63	2.908,56	3.272,13	1.947,93	2.833,36	3.187,53	1.896,23	2.758,16	3.102,93	1.844,53	2.682,96	3.018,33
	V	45.350	2.494,25	3.628,00	4.081,50																		
	VI	45.882	2.523,51	3.670,56	4.129,38																		
31.831,99	I	39.098	2.150,39	3.127,84	3.518,82	2.046,99	2.977,44	3.349,62	1.943,59	2.827,04	3.180,42	1.840,19	2.676,64	3.011,22	1.670,16	2.526,24	2.842,02	1.446,44	2.375,84	2.672,82	1.222,84	2.225,52	2.503,71
(West)	II	37.309	2.051,99	2.984,72	3.357,81	1.948,59	2.834,32	3.188,61	1.845,19	2.683,92	3.019,41	1.680,99	2.533,52	2.850,21	1.457,27	2.383,12	2.681,01	1.233,55	2.232,72	2.511,81	1.009,83	2.082,32	2.342,61
	III	29.198	-	2.335,84	2.627,82	-	2.193,12	2.467,26	-	2.053,44	2.310,12	-	1.916,80	2.156,40	-	1.783,20	2.006,10	-	1.652,80	1.859,40	-	1.525,44	1.716,12
	IV	39.098	2.150,39	3.127,84	3.518,82	2.098,69	3.052,64	3.434,22	2.046,99	2.977,44	3.349,62	1.995,29	2.902,24	3.265,02	1.943,59	2.827,04	3.180,42	1.891,89	2.751,84	3.095,82	1.840,19	2.676,64	3.011,22
	V	45.271	2.489,90	3.621,68	4.074,39																		
	VI	45.803	2.519,16	3.664,24	4.122,27																		
31.831,99	I	39.192	2.155,56	3.135,36	3.527,28	2.052,16	2.984,96	3.358,08	1.948,76	2.834,56	3.188,88	1.845,36	2.684,16	3.019,68	1.681,35	2.533,76	2.850,48	1.457,63	2.383,36	2.681,28	1.233,91	2.232,96	2.512,08
(Ost)	II	37.403	2.057,16	2.992,24	3.366,27	1.953,76	2.841,84	3.197,07	1.850,36	2.691,44	3.027,87	1.692,18	2.541,04	2.858,67	1.468,46	2.390,64	2.689,47	1.244,74	2.240,24	2.520,27	1.021,02	2.089,84	2.351,07
	III	29.288	-	2.343,04	2.635,92	-	2.200,16	2.475,18	-	2.060,32	2.317,86	-	1.923,52	2.163,96	-	1.789,76	2.013,48	-	1.659,20	1.866,60	-	1.531,68	1.723,14
	IV	39.192	2.155,56	3.135,36	3.527,28	2.103,86	3.060,16	3.442,68	2.052,16	2.984,96	3.358,08	2.000,46	2.909,76	3.273,48	1.948,76	2.834,56	3.188,88	1.897,06	2.759,36	3.104,28	1.845,36	2.684,16	3.019,68
	V	45.365	2.495,07	3.629,20	4.082,85																		
	VI	45.897	2.524,33	3.671,76	4.130,73																		
31.867,99	I	39.113	2.151,21	3.129,04	3.520,17	2.047,81	2.978,64	3.350,97	1.944,41	2.828,24	3.181,77	1.841,01	2.677,84	3.012,57	1.672,06	2.527,52	2.843,46	1.448,34	2.377,12	2.674,26	1.224,62	2.226,72	2.505,06
(West)	II	37.324	2.052,82	2.985,92	3.359,16	1.949,42	2.835,52	3.189,96	1.846,02	2.685,12	3.020,76	1.682,77	2.534,72	2.851,56	1.459,05	2.384,32	2.682,36	1.235,33	2.233,92	2.513,16	1.011,61	2.083,52	2.343,96
	III	29.214	-	2.337,12	2.629,26	-	2.194,24	2.468,52	-	2.054,56	2.311,38	-	1.917,92	2.157,66	-	1.784,32	2.007,36	-	1.653,76	1.860,48	-	1.526,40	1.717,20
	IV	39.113	2.151,21	3.129,04	3.520,17	2.099,51	3.053,84	3.435,57	2.047,81	2.978,64	3.350,97	1.996,11	2.903,44	3.266,37	1.944,41	2.828,24	3.181,77	1.892,71	2.753,04	3.097,17	1.841,01	2.677,84	3.012,57
	V	45.286	2.490,73	3.622,88	4.075,74																		
	VI	45.818	2.519,99	3.665,44	4.123,62																		
31.867,99	I	39.207	2.156,38	3.136,56	3.528,63	2.052,98	2.986,16	3.359,43	1.949,58	2.835,76	3.190,23	1.846,18	2.685,36	3.021,03	1.683,13	2.534,96	2.851,83	1.459,41	2.384,56	2.682,63	1.235,69	2.234,16	2.513,43
(Ost)	II	37.418	2.057,99	2.993,44	3.367,62	1.954,59	2.843,04	3.198,42	1.851,19	2.692,64	3.029,22	1.693,96	2.542,24	2.860,02	1.470,24	2.391,84	2.690,82	1.246,52	2.241,44	2.521,62	1.022,80	2.091,04	2.352,42
	III	29.304	-	2.344,32	2.637,36	-	2.201,28	2.476,44	-	2.061,44	2.319,12	-	1.924,64	2.165,22	-	1.790,88	2.014,74	-	1.660,32	1.867,86	-	1.532,80	1.724,40
	IV	39.207	2.156,38	3.136,56	3.528,63	2.104,68	3.061,36	3.444,03	2.052,98	2.986,16	3.359,43	2.001,28	2.910,96	3.274,83	1.949,58	2.835,76	3.190,23	1.897,88	2.760,56	3.105,63	1.846,18	2.685,36	3.021,03
	V	45.380	2.495,90	3.630,40	4.084,20																		
	VI	45.912	2.525,16	3.672,96	4.132,08																		
31.903,99	I	39.128	2.152,04	3.130,24	3.521,52	2.048,64	2.979,84	3.352,32	1.945,24	2.829,44	3.183,12	1.841,89	2.679,12	3.014,01	1.673,85	2.528,72	2.844,81	1.450,13	2.378,32	2.675,61	1.226,41	2.227,92	2.506,41
(West)	II	37.339	2.053,64	2.987,12	3.360,51	1.950,24	2.836,72	3.191,31	1.846,84	2.686,32	3.022,11	1.684,56	2.535,92	2.852,91	1.460,84	2.385,52	2.683,71	1.237,24	2.235,20	2.514,60	1.013,52	2.084,80	2.345,40
	III	29.228	-	2.338,24	2.630,52	-	2.195,36	2.469,78	-	2.055,68	2.312,64	-	1.918,88	2.158,74	-	1.785,28	2.008,44	-	1.654,88	1.861,74	-	1.527,52	1.718,46
	IV	39.128	2.152,04	3.130,24	3.521,52	2.100,34	3.055,04	3.436,92	2.048,64	2.979,84	3.352,32	1.996,94	2.904,64	3.267,72	1.945,24	2.829,44	3.183,12	1.893,59	2.754,32	3.098,61	1.841,89	2.679,12	3.014,01
	V	45.302	2.491,61	3.624,16	4.077,18																		
	VI	45.833	2.520,81	3.666,64	4.124,97																		
31.903,99	I	39.222	2.157,21	3.137,76	3.529,98	2.053,81	2.987,36	3.360,78	1.950,41	2.836,96	3.191,58	1.847,01	2.686,56	3.022,38	1.684,92	2.536,16	2.853,18	1.461,20	2.385,76	2.683,98	1.237,48	2.235,36	2.514,78
(Ost)	II	37.433	2.058,81	2.994,64	3.368,97	1.955,41	2.844,24	3.199,77	1.852,01	2.693,84	3.030,57	1.695,75	2.543,44	2.861,37	1.472,03	2.393,04	2.692,17	1.248,31	2.242,64	2.522,97	1.024,59	2.092,24	2.353,77
	III	29.318	-	2.345,44	2.638,62	-	2.202,40	2.477,70	-	2.062,56	2.320,38	-	1.925,76	2.166,48	-	1.792,00	2.016,00	-	1.661,28	1.868,94	-	1.533,76	1.725,48
	IV	39.222	2.157,21	3.137,76	3.529,98	2.105,51	3.062,56	3.445,38	2.053,81	2.987,36	3.360,78	2.002,11	2.912,16	3.276,18	1.950,41	2.836,96	3.191,58	1.898,71	2.761,76	3.106,98	1.847,01	2.686,56	3.022,38
	V	45.395	2.496,72	3.631,60	4.085,55																		
	VI	45.927	2.525,98	3.674,16	4.133,43																		

SolZ/KiSt lt. Tabelle nicht für Sonstige Bezüge anwendbar.

Lohn/ Gehalt bis	Steuerklasse	Lohn-steuer	ohne Kinderfreibetrag			Anzahl Kinderfreibeträge (nur Steuerklassen I–IV)																	
						0,5			1,0			1,5			2,0			2,5			3,0		
			SolZ 5,5%	Kirchensteuer 8%	9%	SolZ 5,5%	Kirchensteuer 8%	9%	SolZ 5,5%	Kirchensteuer 8%	9%	SolZ 5,5%	Kirchensteuer 8%	9%	SolZ 5,5%	Kirchensteuer 8%	9%	SolZ 5,5%	Kirchensteuer 8%	9%	SolZ 5,5%	Kirchensteuer 8%	9%
131.939,99 (West)	I	39.143	2.152,86	3.131,44	3.522,87	2.049,52	2.981,12	3.353,76	1.946,12	2.830,72	3.184,56	1.842,72	2.680,32	3.015,36	1.675,63	2.529,92	2.846,16	1.451,91	2.379,52	2.676,96	1.228,19	2.229,12	2.507
	II	37.354	2.054,47	2.988,32	3.361,86	1.951,07	2.837,92	3.192,66	1.847,67	2.687,52	3.023,46	1.686,34	2.537,12	2.854,26	1.462,74	2.386,80	2.685,15	1.239,02	2.236,40	2.515,95	1.015,30	2.086,00	2.346
	III	29.242	–	2.339,36	2.631,78	–	2.196,48	2.471,04	–	2.056,64	2.313,72	–	1.920,00	2.160,00	–	1.786,40	2.009,70	–	1.655,84	1.862,82	–	1.528,48	1.719
	IV	39.143	2.152,86	3.131,44	3.522,87	2.101,16	3.056,24	3.438,27	2.049,52	2.981,12	3.353,76	1.997,82	2.905,92	3.269,16	1.946,12	2.830,72	3.184,56	1.894,42	2.755,52	3.099,96	1.842,72	2.680,32	3.015
	V	45.317	2.492,43	3.625,36	4.078,53																		
	VI	45.848	2.521,64	3.667,84	4.126,32																		
131.939,99 (Ost)	I	39.237	2.158,03	3.138,96	3.531,33	2.054,63	2.988,56	3.362,13	1.951,23	2.838,16	3.192,93	1.847,83	2.687,76	3.023,73	1.686,70	2.537,36	2.854,53	1.462,98	2.386,96	2.685,33	1.239,38	2.236,64	2.516
	II	37.448	2.059,64	2.995,84	3.370,32	1.956,24	2.845,44	3.201,12	1.852,84	2.695,04	3.031,92	1.697,53	2.544,64	2.862,72	1.473,81	2.394,24	2.693,52	1.250,09	2.243,84	2.524,32	1.026,37	2.093,44	2.355
	III	29.332	–	2.346,56	2.639,88	–	2.203,52	2.478,96	–	2.063,68	2.321,64	–	1.926,72	2.167,56	–	1.792,96	2.017,08	–	1.662,40	1.870,20	–	1.534,72	1.726
	IV	39.237	2.158,03	3.138,96	3.531,33	2.106,33	3.063,76	3.446,73	2.054,63	2.988,56	3.362,13	2.002,93	2.913,36	3.277,53	1.951,23	2.838,16	3.192,93	1.899,53	2.762,96	3.108,33	1.847,83	2.687,76	3.023
	V	45.410	2.497,55	3.632,80	4.086,90																		
	VI	45.942	2.526,81	3.675,36	4.134,78																		
131.975,99 (West)	I	39.159	2.153,74	3.132,72	3.524,31	2.050,34	2.982,32	3.355,11	1.946,94	2.831,92	3.185,91	1.843,54	2.681,52	3.016,71	1.677,42	2.531,12	2.847,51	1.453,70	2.380,72	2.678,31	1.229,98	2.230,32	2.509,
	II	37.369	2.055,29	2.989,52	3.363,21	1.951,89	2.839,12	3.194,01	1.848,55	2.688,80	3.024,90	1.688,25	2.538,40	2.855,70	1.464,53	2.388,00	2.686,50	1.240,81	2.237,60	2.517,30	1.017,09	2.087,20	2.348,
	III	29.256	–	2.340,48	2.633,04	–	2.197,60	2.472,30	–	2.057,76	2.314,98	–	1.921,12	2.161,26	–	1.787,52	2.010,96	–	1.656,96	1.864,08	–	1.529,44	1.720,
	IV	39.159	2.153,74	3.132,72	3.524,31	2.102,04	3.057,52	3.439,71	2.050,34	2.982,32	3.355,11	1.998,64	2.907,12	3.270,51	1.946,94	2.831,92	3.185,91	1.895,24	2.756,72	3.101,31	1.843,54	2.681,52	3.016,
	V	45.332	2.493,26	3.626,56	4.079,88																		
	VI	45.864	2.522,52	3.669,12	4.127,76																		
131.975,99 (Ost)	I	39.252	2.158,86	3.140,16	3.532,68	2.055,46	2.989,76	3.363,48	1.952,06	2.839,36	3.194,28	1.848,66	2.688,96	3.025,08	1.688,61	2.538,64	2.855,97	1.464,89	2.388,24	2.686,77	1.241,17	2.237,84	2.517,
	II	37.463	2.060,46	2.997,04	3.371,67	1.957,06	2.846,64	3.202,47	1.853,66	2.696,24	3.033,27	1.699,32	2.545,84	2.864,07	1.475,60	2.395,44	2.694,87	1.251,88	2.245,04	2.525,67	1.028,16	2.094,64	2.356,
	III	29.348	–	2.347,84	2.641,32	–	2.204,64	2.480,22	–	2.064,80	2.322,90	–	1.927,84	2.168,82	–	1.794,08	2.018,34	–	1.663,36	1.871,28	–	1.535,84	1.727,
	IV	39.252	2.158,86	3.140,16	3.532,68	2.107,16	3.064,96	3.448,08	2.055,46	2.989,76	3.363,48	2.003,76	2.914,56	3.278,88	1.952,06	2.839,36	3.194,28	1.900,36	2.764,16	3.109,68	1.848,66	2.688,96	3.025,
	V	45.426	2.498,43	3.634,08	4.088,34																		
	VI	45.957	2.527,63	3.676,56	4.136,13																		
132.011,99 (West)	I	39.174	2.154,57	3.133,92	3.525,66	2.051,17	2.983,52	3.356,46	1.947,77	2.833,12	3.187,26	1.844,37	2.682,72	3.018,06	1.679,20	2.532,32	2.848,86	1.455,48	2.381,92	2.679,66	1.231,76	2.231,52	2.510,
	II	37.384	2.056,12	2.990,72	3.364,56	1.952,77	2.840,40	3.195,45	1.849,37	2.690,00	3.026,25	1.690,03	2.539,60	2.857,05	1.466,31	2.389,20	2.687,85	1.242,59	2.238,80	2.518,65	1.018,87	2.088,40	2.349,
	III	29.272	–	2.341,76	2.634,48	–	2.198,72	2.473,56	–	2.058,88	2.316,24	–	1.922,24	2.162,52	–	1.788,48	2.012,04	–	1.657,92	1.865,16	–	1.530,40	1.721,
	IV	39.174	2.154,57	3.133,92	3.525,66	2.102,87	3.058,72	3.441,06	2.051,17	2.983,52	3.356,46	1.999,47	2.908,32	3.271,86	1.947,77	2.833,12	3.187,26	1.896,07	2.757,92	3.102,66	1.844,37	2.682,72	3.018,
	V	45.347	2.494,08	3.627,76	4.081,23																		
	VI	45.879	2.523,34	3.670,32	4.129,11																		
132.011,99 (Ost)	I	39.267	2.159,68	3.141,36	3.534,03	2.056,28	2.990,96	3.364,83	1.952,88	2.840,56	3.195,63	1.849,54	2.690,24	3.026,52	1.690,39	2.539,84	2.857,32	1.466,67	2.389,44	2.688,12	1.242,95	2.239,04	2.518,
	II	37.478	2.061,29	2.998,24	3.373,02	1.957,89	2.847,84	3.203,82	1.854,49	2.697,44	3.034,62	1.701,10	2.547,04	2.865,42	1.477,38	2.396,64	2.696,22	1.253,78	2.246,32	2.527,11	1.030,06	2.095,92	2.357,
	III	29.362	–	2.348,96	2.642,58	–	2.205,92	2.481,66	–	2.065,92	2.324,16	–	1.928,96	2.170,08	–	1.795,20	2.019,60	–	1.664,48	1.872,54	–	1.536,80	1.728,
	IV	39.267	2.159,68	3.141,36	3.534,03	2.107,98	3.066,16	3.449,43	2.056,28	2.990,96	3.364,83	2.004,58	2.915,76	3.280,23	1.952,88	2.840,56	3.195,63	1.901,24	2.765,44	3.111,12	1.849,54	2.690,24	3.026,
	V	45.441	2.499,25	3.635,28	4.089,69																		
	VI	45.972	2.528,46	3.677,76	4.137,48																		
132.047,99 (West)	I	39.189	2.155,39	3.135,12	3.527,01	2.051,99	2.984,72	3.357,81	1.948,59	2.834,32	3.188,61	1.845,19	2.683,92	3.019,41	1.680,99	2.533,52	2.850,21	1.457,27	2.383,12	2.681,01	1.233,55	2.232,72	2.511,
	II	37.400	2.057,00	2.992,00	3.366,00	1.953,60	2.841,60	3.196,80	1.850,20	2.691,20	3.027,60	1.691,82	2.540,80	2.858,40	1.468,10	2.390,40	2.689,20	1.244,38	2.240,00	2.520,00	1.020,66	2.089,60	2.350,
	III	29.286	–	2.342,88	2.635,74	–	2.199,84	2.474,82	–	2.060,00	2.317,50	–	1.923,36	2.163,78	–	1.789,60	2.013,30	–	1.659,04	1.866,42	–	1.531,52	1.722,
	IV	39.189	2.155,39	3.135,12	3.527,01	2.103,69	3.059,92	3.442,41	2.051,99	2.984,72	3.357,81	2.000,29	2.909,52	3.273,21	1.948,59	2.834,32	3.188,61	1.896,89	2.759,12	3.104,01	1.845,19	2.683,92	3.019,
	V	45.362	2.494,91	3.628,96	4.082,58																		
	VI	45.894	2.524,17	3.671,52	4.130,46																		
132.047,99 (Ost)	I	39.282	2.160,51	3.142,56	3.535,38	2.057,16	2.992,24	3.366,27	1.953,76	2.841,84	3.197,07	1.850,36	2.691,44	3.027,87	1.692,18	2.541,04	2.858,67	1.468,46	2.390,64	2.689,47	1.244,74	2.240,24	2.520,
	II	37.493	2.062,11	2.999,44	3.374,37	1.958,71	2.849,04	3.205,17	1.855,31	2.698,64	3.035,97	1.702,89	2.548,24	2.866,77	1.479,28	2.397,92	2.697,66	1.255,56	2.247,52	2.528,46	1.031,84	2.097,12	2.359,
	III	29.376	–	2.350,08	2.643,84	–	2.207,04	2.482,92	–	2.067,04	2.325,42	–	1.930,08	2.171,34	–	1.796,16	2.020,68	–	1.665,44	1.873,62	–	1.537,76	1.729,
	IV	39.282	2.160,51	3.142,56	3.535,38	2.108,81	3.067,36	3.450,78	2.057,16	2.992,24	3.366,27	2.005,46	2.917,04	3.281,67	1.953,76	2.841,84	3.197,07	1.902,06	2.766,64	3.112,47	1.850,36	2.691,44	3.027,
	V	45.456	2.500,08	3.636,48	4.091,04																		
	VI	45.987	2.529,28	3.678,96	4.138,83																		
132.083,99 (West)	I	39.204	2.156,22	3.136,32	3.528,36	2.052,82	2.985,92	3.359,16	1.949,42	2.835,52	3.189,96	1.846,02	2.685,12	3.020,76	1.682,77	2.534,72	2.851,56	1.459,05	2.384,32	2.682,36	1.235,33	2.233,92	2.513,
	II	37.415	2.057,82	2.993,20	3.367,35	1.954,42	2.842,80	3.198,15	1.851,02	2.692,40	3.028,95	1.693,60	2.542,00	2.859,75	1.469,88	2.391,60	2.690,55	1.246,16	2.241,20	2.521,35	1.022,44	2.090,80	2.352,
	III	29.300	–	2.344,00	2.637,00	–	2.201,12	2.476,26	–	2.061,12	2.318,76	–	1.924,32	2.164,86	–	1.790,72	2.014,56	–	1.660,00	1.867,50	–	1.532,48	1.724,
	IV	39.204	2.156,22	3.136,32	3.528,36	2.104,52	3.061,12	3.443,76	2.052,82	2.985,92	3.359,16	2.001,12	2.910,72	3.274,56	1.949,42	2.835,52	3.189,96	1.897,72	2.760,32	3.105,36	1.846,02	2.685,12	3.020,
	V	45.377	2.495,73	3.630,16	4.083,93																		
	VI	45.909	2.524,99	3.672,72	4.131,81																		
132.083,99 (Ost)	I	39.298	2.161,39	3.143,84	3.536,82	2.057,99	2.993,44	3.367,62	1.954,59	2.843,04	3.198,42	1.851,19	2.692,64	3.029,22	1.693,96	2.542,24	2.860,02	1.470,24	2.391,84	2.690,82	1.246,52	2.241,44	2.521,
	II	37.508	2.062,94	3.000,64	3.375,72	1.959,54	2.850,24	3.206,52	1.856,19	2.699,92	3.037,41	1.704,79	2.549,52	2.868,21	1.481,07	2.399,12	2.699,01	1.257,35	2.248,72	2.529,81	1.033,63	2.098,32	2.360,
	III	29.390	–	2.351,20	2.645,10	–	2.208,16	2.484,18	–	2.068,16	2.326,68	–	1.931,20	2.172,60	–	1.797,28	2.021,94	–	1.666,56	1.874,88	–	1.538,88	1.731,
	IV	39.298	2.161,39	3.143,84	3.536,82	2.109,69	3.068,64	3.452,22	2.057,99	2.993,44	3.367,62	2.006,29	2.918,24	3.283,02	1.954,59	2.843,04	3.198,42	1.902,89	2.767,84	3.113,82	1.851,19	2.692,64	3.029,2
	V	45.471	2.500,90	3.637,68	4.092,39																		
	VI	46.003	2.530,16	3.680,24	4.140,27																		
132.119,99 (West)	I	39.219	2.157,04	3.137,52	3.529,71	2.053,64	2.987,12	3.360,51	1.950,24	2.836,72	3.191,31	1.846,84	2.686,32	3.022,11	1.684,56	2.535,92	2.852,91	1.460,84	2.385,52	2.683,71	1.237,24	2.235,20	2.514,
	II	37.430	2.058,65	2.994,40	3.368,70	1.955,25	2.844,00	3.199,50	1.851,85	2.693,60	3.030,30	1.695,39	2.543,20	2.861,10	1.471,67	2.392,80	2.691,90	1.247,95	2.242,40	2.522,70	1.024,23	2.092,00	2.353,
	III	29.314	–	2.345,12	2.638,26	–	2.202,24	2.477,52	–	2.062,24	2.320,02	–	1.925,44	2.166,12	–	1.791,68	2.015,64	–	1.661,12	1.868,76	–	1.533,44	1.725,
	IV	39.219	2.157,04	3.137,52	3.529,71	2.105,34	3.062,32	3.445,11	2.053,64	2.987,12	3.360,51	2.001,94	2.911,92	3.275,91	1.950,24	2.836,72	3.191,31	1.898,54	2.761,52	3.106,71	1.846,84	2.686,32	3.022,
	V	45.392	2.496,56	3.631,36	4.085,28																		
	VI	45.924	2.525,82	3.673,92	4.133,16																		
132.119,99 (Ost)	I	39.313	2.162,21	3.145,04	3.538,17	2.058,81	2.994,64	3.368,97	1.955,41	2.844,24	3.199,77	1.852,01	2.693,84	3.030,57	1.695,75	2.543,44	2.861,37	1.472,03	2.393,04	2.692,17	1.248,31	2.242,64	2.522,
	II	37.523	2.063,76	3.001,84	3.377,07	1.960,42	2.851,52	3.207,96	1.857,02	2.701,12	3.038,76	1.706,57	2.550,72	2.869,56	1.482,85	2.400,32	2.700,36	1.259,13	2.249,92	2.531,16	1.035,41	2.099,52	2.361,
	III	29.406	–	2.352,48	2.646,54	–	2.209,28	2.485,44	–	2.069,28	2.327,94	–	1.932,16	2.173,68	–	1.798,40	2.023,20	–	1.667,52	1.875,96	–	1.539,84	1.732,
	IV	39.313	2.162,21	3.145,04	3.538,17	2.110,51	3.069,84	3.453,57	2.058,81	2.994,64	3.368,97	2.007,11	2.919,44	3.284,37	1.955,41	2.844,24	3.199,77	1.903,71	2.769,04	3.115,17	1.852,01	2.693,84	3.030,5
	V	45.486	2.501,73	3.638,88	4.093,74																		
	VI	46.018	2.530,99	3.681,44	4.141,62																		
132.155,99 (West)	I	39.234	2.157,87	3.138,72	3.531,06	2.054,47	2.988,32	3.361,86	1.951,07	2.837,92	3.192,66	1.847,67	2.687,52	3.023,46	1.686,34	2.537,12	2.854,26	1.462,74	2.386,80	2.685,15	1.239,02	2.236,40	2.515,
	II	37.445	2.059,47	2.995,60	3.370,05	1.956,07	2.845,20	3.200,85	1.852,67	2.694,80	3.031,65	1.697,17	2.544,40	2.862,45	1.473,45	2.394,00	2.693,25	1.249,73	2.243,60	2.524,05	1.026,01	2.093,20	2.354,
	III	29.330	–	2.346,40	2.639,70	–	2.203,36	2.478,78	–	2.063,36	2.321,28	–	1.926,56	2.167,38	–	1.792,80	2.016,90	–	1.662,08	1.869,84	–	1.534,56	1.726,
	IV	39.234	2.157,87	3.138,72	3.531,06	2.106,17	3.063,52	3.446,46	2.054,47	2.988,32	3.361,86	2.002,77	2.913,12	3.277,26	1.951,07	2.837,92	3.192,66	1.899,37	2.762,72	3.108,06	1.847,67	2.687,52	3.023,
	V	45.407	2.497,38	3.632,56	4.086,63																		
	VI	45.939	2.526,64	3.675,12	4.134,51																		
132.155,99 (Ost)	I	39.328	2.163,04	3.146,24	3.539,52	2.059,64	2.995,84	3.370,32	1.956,24	2.845,44	3.201,12	1.852,84	2.695,04	3.031,92	1.697,53	2.544,64	2.862,72	1.473,81	2.394,24	2.693,52	1.250,09	2.243,84	2.524,
	II	37.539	2.064,64	3.003,12	3.378,51	1.961,24	2.852,72	3.209,31	1.857,84	2.702,32	3.040,11	1.708,36	2.551,92	2.870,91	1.484,64	2.401,52	2.701,71	1.260,92	2.251,12	2.532,51	1.037,20	2.100,72	2.363,
	III	29.420	–	2.353,60	2.647,80	–	2.210,40	2.486,70	–	2.070,24	2.329,02	–	1.933,28	2.174,94	–	1.799,36	2.024,28	–	1.668,64	1.877,22	–	1.540,80	1.733,
	IV	39.328	2.163,04	3.146,24	3.539,52	2.111,34	3.071,04	3.454,92	2.059,64	2.995,84	3.370,32	2.007,94	2.920,64	3.285,72	1.956,24	2.845,44	3.201,12	1.904,54	2.770,24	3.116,52	1.852,84	2.695,04	3.031,
	V	45.501	2.502,55	3.640,08	4.095,09																		
	VI	46.033	2.531,81	3.682,64	4.142,97																		

SolZ/KiSt lt. Tabelle nicht für Sonstige Bezüge anwendbar.

Lohn/ Gehalt bis	Steuerklasse	Lohn-steuer	ohne Kinderfreibetrag SolZ 5,5%	Kirchensteuer 8%	Kirchensteuer 9%	0,5 SolZ 5,5%	0,5 Kirchensteuer 8%	0,5 Kirchensteuer 9%	1,0 SolZ 5,5%	1,0 Kirchensteuer 8%	1,0 Kirchensteuer 9%	1,5 SolZ 5,5%	1,5 Kirchensteuer 8%	1,5 Kirchensteuer 9%	2,0 SolZ 5,5%	2,0 Kirchensteuer 8%	2,0 Kirchensteuer 9%	2,5 SolZ 5,5%	2,5 Kirchensteuer 8%	2,5 Kirchensteuer 9%	3,0 SolZ 5,5%	3,0 Kirchensteuer 8%	3,0 Kirchensteuer 9%
						Anzahl Kinderfreibeträge (nur Steuerklassen I–IV)																	
32.191,99 (West)	I	39.249	2.158,69	3.139,92	3.532,41	2.055,29	2.989,52	3.363,21	1.951,89	2.839,12	3.194,01	1.848,55	2.688,80	3.024,90	1.688,25	2.538,40	2.855,70	1.464,53	2.388,00	2.686,50	1.240,81	2.237,60	2.517,30
	II	37.460	2.060,30	2.996,80	3.371,40	1.956,90	2.846,40	3.202,20	1.853,50	2.696,00	3.033,00	1.698,96	2.545,60	2.863,80	1.475,24	2.395,20	2.694,60	1.251,52	2.244,80	2.525,40	1.027,92	2.094,48	2.356,29
	III	29.344	-	2.347,52	2.640,96	-	2.204,48	2.480,04	-	2.064,48	2.322,54	-	1.927,68	2.168,64	-	1.793,92	2.018,16	-	1.663,20	1.871,10	-	1.535,52	1.727,46
	IV	39.249	2.158,69	3.139,92	3.532,41	2.106,99	3.064,72	3.447,81	2.055,29	2.989,52	3.363,21	2.003,59	2.914,32	3.278,61	1.951,89	2.839,12	3.194,01	1.900,19	2.763,92	3.109,41	1.848,55	2.688,80	3.024,90
	V	45.423	2.498,26	3.633,84	4.088,07																		
	VI	45.954	2.527,47	3.676,32	4.135,86																		
32.191,99 (Ost)	I	39.343	2.163,86	3.147,44	3.540,87	2.060,46	2.997,04	3.371,67	1.957,06	2.846,64	3.202,47	1.853,66	2.696,24	3.033,27	1.699,32	2.545,84	2.864,07	1.475,60	2.395,44	2.694,87	1.251,88	2.245,04	2.525,67
	II	37.554	2.065,47	3.004,32	3.379,86	1.962,07	2.853,92	3.210,66	1.858,67	2.703,52	3.041,46	1.710,14	2.553,12	2.872,26	1.486,42	2.402,72	2.703,06	1.262,70	2.252,32	2.533,86	1.038,98	2.101,92	2.364,66
	III	29.434	-	2.354,72	2.649,06	-	2.211,52	2.487,96	-	2.071,36	2.330,28	-	1.934,40	2.176,20	-	1.800,48	2.025,54	-	1.669,60	1.878,30	-	1.541,92	1.734,66
	IV	39.343	2.163,86	3.147,44	3.540,87	2.112,16	3.072,24	3.456,27	2.060,46	2.997,04	3.371,67	2.008,76	2.921,84	3.287,07	1.957,06	2.846,64	3.202,47	1.905,36	2.771,44	3.117,87	1.853,66	2.696,24	3.033,27
	V	45.516	2.503,38	3.641,28	4.096,44																		
	VI	46.048	2.532,64	3.683,84	4.144,32																		
32.227,99 (West)	I	39.264	2.159,52	3.141,12	3.533,76	2.056,12	2.990,72	3.364,56	1.952,77	2.840,40	3.195,45	1.849,37	2.690,00	3.026,25	1.690,03	2.539,60	2.857,05	1.466,31	2.389,20	2.687,85	1.242,59	2.238,80	2.518,65
	II	37.475	2.061,12	2.998,00	3.372,75	1.957,72	2.847,60	3.203,55	1.854,32	2.697,20	3.034,35	1.700,74	2.546,80	2.865,15	1.477,14	2.396,48	2.696,04	1.253,42	2.246,08	2.526,84	1.029,70	2.095,68	2.357,64
	III	29.358	-	2.348,64	2.642,22	-	2.205,60	2.481,30	-	2.065,60	2.323,80	-	1.928,80	2.169,90	-	1.794,88	2.019,24	-	1.664,16	1.872,18	-	1.536,48	1.728,54
	IV	39.264	2.159,52	3.141,12	3.533,76	2.107,82	3.065,92	3.449,16	2.056,12	2.990,72	3.364,56	2.004,47	2.915,60	3.280,05	1.952,77	2.840,40	3.195,45	1.901,07	2.765,20	3.110,85	1.849,37	2.690,00	3.026,25
	V	45.438	2.499,09	3.635,04	4.089,42																		
	VI	45.969	2.528,29	3.677,52	4.137,21																		
32.227,99 (Ost)	I	39.358	2.164,69	3.148,64	3.542,22	2.061,29	2.998,24	3.373,02	1.957,89	2.847,84	3.203,82	1.854,49	2.697,44	3.034,62	1.701,10	2.547,04	2.865,42	1.477,38	2.396,64	2.696,22	1.253,78	2.246,32	2.527,11
	II	37.569	2.066,29	3.005,52	3.381,21	1.962,89	2.855,12	3.212,01	1.859,49	2.704,72	3.042,81	1.711,93	2.554,32	2.873,61	1.488,21	2.403,92	2.704,41	1.264,49	2.253,52	2.535,21	1.040,77	2.103,12	2.366,01
	III	29.448	-	2.355,84	2.650,32	-	2.212,64	2.489,22	-	2.072,48	2.331,54	-	1.935,52	2.177,46	-	1.801,60	2.026,80	-	1.670,72	1.879,56	-	1.542,88	1.735,74
	IV	39.358	2.164,69	3.148,64	3.542,22	2.112,99	3.073,44	3.457,62	2.061,29	2.998,24	3.373,02	2.009,59	2.923,04	3.288,42	1.957,89	2.847,84	3.203,82	1.906,19	2.772,64	3.119,22	1.854,49	2.697,44	3.034,62
	V	45.531	2.504,20	3.642,48	4.097,79																		
	VI	46.063	2.533,46	3.685,04	4.145,67																		
32.263,99 (West)	I	39.280	2.160,40	3.142,40	3.535,20	2.057,00	2.992,00	3.366,00	1.953,60	2.841,60	3.196,80	1.850,20	2.691,20	3.027,60	1.691,82	2.540,80	2.858,40	1.468,10	2.390,40	2.689,20	1.244,38	2.240,00	2.520,00
	II	37.490	2.061,95	2.999,20	3.374,10	1.958,55	2.848,80	3.204,90	1.855,15	2.698,40	3.035,70	1.702,65	2.548,08	2.866,59	1.478,93	2.397,68	2.697,39	1.255,21	2.247,28	2.528,19	1.031,49	2.096,88	2.358,99
	III	29.372	-	2.349,76	2.643,48	-	2.206,72	2.482,56	-	2.066,72	2.325,06	-	1.929,76	2.170,98	-	1.796,00	2.020,50	-	1.665,28	1.873,44	-	1.537,60	1.729,80
	IV	39.280	2.160,40	3.142,40	3.535,20	2.108,70	3.067,20	3.450,60	2.057,00	2.992,00	3.366,00	2.005,30	2.916,80	3.281,40	1.953,60	2.841,60	3.196,80	1.901,90	2.766,40	3.112,20	1.850,20	2.691,20	3.027,60
	V	45.453	2.499,91	3.636,24	4.090,77																		
	VI	45.985	2.529,17	3.678,80	4.138,65																		
32.263,99 (Ost)	I	39.373	2.165,51	3.149,84	3.543,57	2.062,11	2.999,44	3.374,37	1.958,71	2.849,04	3.205,17	1.855,31	2.698,64	3.035,97	1.702,89	2.548,24	2.866,77	1.479,28	2.397,92	2.697,66	1.255,56	2.247,52	2.528,46
	II	37.584	2.067,12	3.006,72	3.382,56	1.963,72	2.856,32	3.213,36	1.860,32	2.705,92	3.044,16	1.713,71	2.555,52	2.874,96	1.489,99	2.405,12	2.705,76	1.266,27	2.254,72	2.536,56	1.042,55	2.104,32	2.367,36
	III	29.464	-	2.357,12	2.651,76	-	2.213,76	2.490,48	-	2.073,60	2.332,80	-	1.936,64	2.178,72	-	1.802,56	2.027,88	-	1.671,68	1.880,64	-	1.543,84	1.736,82
	IV	39.373	2.165,51	3.149,84	3.543,57	2.113,81	3.074,64	3.458,97	2.062,11	2.999,44	3.374,37	2.010,41	2.924,24	3.289,77	1.958,71	2.849,04	3.205,17	1.907,01	2.773,84	3.120,57	1.855,31	2.698,64	3.035,97
	V	45.546	2.505,03	3.643,68	4.099,14																		
	VI	46.078	2.534,29	3.686,24	4.147,02																		
32.299,99 (West)	I	39.295	2.161,22	3.143,60	3.536,55	2.057,82	2.993,20	3.367,35	1.954,42	2.842,80	3.198,15	1.851,02	2.692,40	3.028,95	1.693,60	2.542,00	2.859,75	1.469,88	2.391,60	2.690,55	1.246,16	2.241,20	2.521,35
	II	37.505	2.062,77	3.000,40	3.375,45	1.959,43	2.850,08	3.206,34	1.856,03	2.699,68	3.037,14	1.704,43	2.549,28	2.867,94	1.480,71	2.398,88	2.698,74	1.256,99	2.248,48	2.529,54	1.033,27	2.098,08	2.360,34
	III	29.388	-	2.351,04	2.644,92	-	2.207,84	2.483,82	-	2.067,84	2.326,32	-	1.930,88	2.172,24	-	1.797,12	2.021,76	-	1.666,24	1.874,52	-	1.538,56	1.730,88
	IV	39.295	2.161,22	3.143,60	3.536,55	2.109,52	3.068,40	3.451,95	2.057,82	2.993,20	3.367,35	2.006,12	2.918,00	3.282,75	1.954,42	2.842,80	3.198,15	1.902,72	2.767,60	3.113,55	1.851,02	2.692,40	3.028,95
	V	45.468	2.500,74	3.637,44	4.092,12																		
	VI	46.000	2.530,00	3.680,00	4.140,00																		
32.299,99 (Ost)	I	39.388	2.166,34	3.151,04	3.544,92	2.062,94	3.000,64	3.375,72	1.959,54	2.850,24	3.206,52	1.856,19	2.699,92	3.037,41	1.704,79	2.549,52	2.868,21	1.481,07	2.399,12	2.699,01	1.257,35	2.248,72	2.529,81
	II	37.599	2.067,94	3.007,92	3.383,91	1.964,54	2.857,52	3.214,71	1.861,14	2.707,12	3.045,51	1.715,50	2.556,72	2.876,31	1.491,78	2.406,32	2.707,11	1.268,06	2.255,92	2.537,91	1.044,46	2.105,60	2.368,80
	III	29.478	-	2.358,24	2.653,02	-	2.215,04	2.491,92	-	2.074,72	2.334,06	-	1.937,60	2.179,80	-	1.803,68	2.029,14	-	1.672,80	1.881,90	-	1.544,96	1.738,08
	IV	39.388	2.166,34	3.151,04	3.544,92	2.114,64	3.075,84	3.460,32	2.062,94	3.000,64	3.375,72	2.011,24	2.925,44	3.291,12	1.959,54	2.850,24	3.206,52	1.907,84	2.775,04	3.121,92	1.856,19	2.699,92	3.037,41
	V	45.562	2.505,91	3.644,96	4.100,58																		
	VI	46.093	2.535,11	3.687,44	4.148,37																		
32.335,99 (West)	I	39.310	2.162,05	3.144,80	3.537,90	2.058,65	2.994,40	3.368,70	1.955,25	2.844,00	3.199,50	1.851,85	2.693,60	3.030,30	1.695,39	2.543,20	2.861,10	1.471,67	2.392,80	2.691,90	1.247,95	2.242,40	2.522,70
	II	37.521	2.063,65	3.001,68	3.376,89	1.960,25	2.851,28	3.207,69	1.856,85	2.700,88	3.038,49	1.706,22	2.550,48	2.869,29	1.482,50	2.400,08	2.700,09	1.258,78	2.249,68	2.530,89	1.035,06	2.099,28	2.361,69
	III	29.402	-	2.352,16	2.646,18	-	2.208,96	2.485,08	-	2.068,96	2.327,58	-	1.932,00	2.173,50	-	1.798,08	2.022,84	-	1.667,36	1.875,78	-	1.539,68	1.732,14
	IV	39.310	2.162,05	3.144,80	3.537,90	2.110,35	3.069,60	3.453,30	2.058,65	2.994,40	3.368,70	2.006,95	2.919,20	3.284,10	1.955,25	2.844,00	3.199,50	1.903,55	2.768,80	3.114,90	1.851,85	2.693,60	3.030,30
	V	45.483	2.501,56	3.638,64	4.093,47																		
	VI	46.015	2.530,82	3.681,20	4.141,35																		
32.335,99 (Ost)	I	39.403	2.167,16	3.152,24	3.546,27	2.063,76	3.001,84	3.377,07	1.960,42	2.851,52	3.207,96	1.857,02	2.701,12	3.038,76	1.706,57	2.550,72	2.869,56	1.482,85	2.400,32	2.700,36	1.259,13	2.249,92	2.531,16
	II	37.614	2.068,77	3.009,12	3.385,26	1.965,37	2.858,72	3.216,06	1.861,97	2.708,32	3.046,86	1.717,28	2.557,92	2.877,66	1.493,68	2.407,60	2.708,55	1.269,96	2.257,20	2.539,35	1.046,24	2.106,80	2.370,15
	III	29.492	-	2.359,36	2.654,28	-	2.216,16	2.493,18	-	2.075,84	2.335,32	-	1.938,72	2.181,06	-	1.804,80	2.030,40	-	1.673,76	1.882,98	-	1.545,92	1.739,16
	IV	39.403	2.167,16	3.152,24	3.546,27	2.115,46	3.077,04	3.461,67	2.063,76	3.001,84	3.377,07	2.012,12	2.926,72	3.292,56	1.960,42	2.851,52	3.207,96	1.908,72	2.776,32	3.123,36	1.857,02	2.701,12	3.038,76
	V	45.577	2.506,73	3.646,16	4.101,93																		
	VI	46.108	2.535,94	3.688,64	4.149,72																		
32.371,99 (West)	I	39.325	2.162,87	3.146,00	3.539,25	2.059,47	2.995,60	3.370,05	1.956,07	2.845,20	3.200,85	1.852,67	2.694,80	3.031,65	1.697,17	2.544,40	2.862,45	1.473,45	2.394,00	2.693,25	1.249,73	2.243,60	2.524,05
	II	37.536	2.064,48	3.002,88	3.378,24	1.961,08	2.852,48	3.209,04	1.857,68	2.702,08	3.039,84	1.708,00	2.551,68	2.870,64	1.484,28	2.401,28	2.701,44	1.260,56	2.250,88	2.532,24	1.036,84	2.100,48	2.363,04
	III	29.416	-	2.353,28	2.647,44	-	2.210,08	2.486,34	-	2.070,08	2.328,84	-	1.933,12	2.174,76	-	1.799,20	2.024,10	-	1.668,32	1.876,86	-	1.540,64	1.733,22
	IV	39.325	2.162,87	3.146,00	3.539,25	2.111,17	3.070,80	3.454,65	2.059,47	2.995,60	3.370,05	2.007,77	2.920,40	3.285,45	1.956,07	2.845,20	3.200,85	1.904,37	2.770,00	3.116,25	1.852,67	2.694,80	3.031,65
	V	45.498	2.502,39	3.639,84	4.094,82																		
	VI	46.030	2.531,65	3.682,40	4.142,70																		
32.371,99 (Ost)	I	39.419	2.168,04	3.153,52	3.547,71	2.064,64	3.003,12	3.378,51	1.961,24	2.852,72	3.209,31	1.857,84	2.702,32	3.040,11	1.708,36	2.551,92	2.870,91	1.484,64	2.401,52	2.701,71	1.260,92	2.251,12	2.532,51
	II	37.629	2.069,59	3.010,32	3.386,61	1.966,19	2.859,92	3.217,41	1.862,79	2.709,52	3.048,21	1.719,19	2.559,20	2.879,10	1.495,47	2.408,80	2.709,90	1.271,75	2.258,40	2.540,70	1.048,03	2.108,00	2.371,50
	III	29.508	-	2.360,64	2.655,72	-	2.217,28	2.494,44	-	2.076,96	2.336,58	-	1.939,84	2.182,32	-	1.805,76	2.031,48	-	1.674,88	1.884,24	-	1.546,88	1.740,24
	IV	39.419	2.168,04	3.153,52	3.547,71	2.116,34	3.078,32	3.463,11	2.064,64	3.003,12	3.378,51	2.012,94	2.927,92	3.293,91	1.961,24	2.852,72	3.209,31	1.909,54	2.777,52	3.124,71	1.857,84	2.702,32	3.040,11
	V	45.592	2.507,56	3.647,36	4.103,28																		
	VI	46.124	2.536,82	3.689,92	4.151,16																		
32.407,99 (West)	I	39.340	2.163,70	3.147,20	3.540,60	2.060,30	2.996,80	3.371,40	1.956,90	2.846,40	3.202,20	1.853,50	2.696,00	3.033,00	1.698,96	2.545,60	2.863,80	1.475,24	2.395,20	2.694,60	1.251,52	2.244,80	2.525,40
	II	37.551	2.065,30	3.004,08	3.379,59	1.961,90	2.853,68	3.210,39	1.858,50	2.703,28	3.041,19	1.709,79	2.552,88	2.871,99	1.486,07	2.402,48	2.702,79	1.262,35	2.252,08	2.533,59	1.038,63	2.101,68	2.364,39
	III	29.432	-	2.354,56	2.648,88	-	2.211,36	2.487,78	-	2.071,20	2.330,10	-	1.934,24	2.176,02	-	1.800,16	2.025,18	-	1.669,44	1.878,12	-	1.541,60	1.734,30
	IV	39.340	2.163,70	3.147,20	3.540,60	2.112,00	3.072,00	3.456,00	2.060,30	2.996,80	3.371,40	2.008,60	2.921,60	3.286,80	1.956,90	2.846,40	3.202,20	1.905,20	2.771,20	3.117,60	1.853,50	2.696,00	3.033,00
	V	45.513	2.503,21	3.641,04	4.096,17																		
	VI	46.045	2.532,47	3.683,60	4.144,05																		
32.407,99 (Ost)	I	39.434	2.168,87	3.154,72	3.549,06	2.065,47	3.004,32	3.379,86	1.962,07	2.853,92	3.210,66	1.858,67	2.703,52	3.041,46	1.710,14	2.553,12	2.872,26	1.486,42	2.402,72	2.703,06	1.262,70	2.252,32	2.533,86
	II	37.644	2.070,42	3.011,52	3.387,96	1.967,07	2.861,20	3.218,85	1.863,67	2.710,80	3.049,65	1.720,97	2.560,40	2.880,45	1.497,25	2.410,00	2.711,25	1.273,53	2.259,60	2.542,05	1.049,81	2.109,20	2.372,85
	III	29.522	-	2.361,76	2.656,98	-	2.218,40	2.495,70	-	2.078,08	2.337,84	-	1.940,96	2.183,58	-	1.806,88	2.032,74	-	1.675,84	1.885,32	-	1.548,00	1.741,50
	IV	39.434	2.168,87	3.154,72	3.549,06	2.117,17	3.079,52	3.464,46	2.065,47	3.004,32	3.379,86	2.013,77	2.929,12	3.295,26	1.962,07	2.853,92	3.210,66	1.910,37	2.778,72	3.126,06	1.858,67	2.703,52	3.041,46
	V	45.607	2.508,38	3.648,56	4.104,63																		
	VI	46.139	2.537,64	3.691,12	4.152,51																		

SolZ/KiSt lt. Tabelle nicht für Sonstige Bezüge anwendbar.

JAHR bis 132.659,99 €

Allgemeine Tabelle

Lohn/ Gehalt bis	Steuerklasse	Lohn-steuer	ohne Kinderfreibetrag SolZ 5,5%	Kirchensteuer 8%	9%	0,5 SolZ 5,5%	Kirchensteuer 8%	9%	1,0 SolZ 5,5%	Kirchensteuer 8%	9%	1,5 SolZ 5,5%	Kirchensteuer 8%	9%	2,0 SolZ 5,5%	Kirchensteuer 8%	9%	2,5 SolZ 5,5%	Kirchensteuer 8%	9%	3,0 SolZ 5,5%	Kirchensteuer 8%	9%
						Anzahl Kinderfreibeträge (nur Steuerklassen I–IV)																	
132.443,99 (West)	I	39.355	2.164,52	3.148,40	3.541,95	2.061,12	2.998,00	3.372,75	1.957,72	2.847,60	3.203,55	1.854,32	2.697,20	3.034,35	1.700,74	2.546,80	2.865,15	1.477,14	2.396,48	2.696,04	1.253,42	2.246,08	2.526,
	II	37.566	2.066,13	3.005,28	3.380,94	1.962,73	2.854,88	3.211,74	1.859,33	2.704,48	3.042,54	1.711,57	2.554,08	2.873,34	1.487,85	2.403,68	2.704,14	1.264,13	2.253,28	2.534,94	1.040,41	2.102,88	2.365,
	III	29.446	-	2.355,68	2.650,14	-	2.212,48	2.489,04	-	2.072,32	2.331,36	-	1.935,20	2.177,10	-	1.801,28	2.026,44	-	1.670,40	1.879,20	-	1.542,72	1.735,
	IV	39.355	2.164,52	3.148,40	3.541,95	2.112,82	3.073,20	3.457,35	2.061,12	2.998,00	3.372,75	2.009,42	2.922,80	3.288,15	1.957,72	2.847,60	3.203,55	1.906,02	2.772,40	3.118,95	1.854,32	2.697,20	3.034
	V	45.528	2.504,04	3.642,24	4.097,52																		
	VI	46.060	2.533,30	3.684,80	4.145,40																		
132.443,99 (Ost)	I	39.449	2.169,69	3.155,92	3.550,41	2.066,29	3.005,52	3.381,21	1.962,89	2.855,12	3.212,01	1.859,49	2.704,72	3.042,81	1.711,93	2.554,32	2.873,61	1.488,21	2.403,92	2.704,41	1.264,49	2.253,52	2.535,
	II	37.660	2.071,30	3.012,80	3.389,40	1.967,90	2.862,40	3.220,20	1.864,50	2.712,00	3.051,00	1.722,76	2.561,60	2.881,80	1.499,04	2.411,20	2.712,60	1.275,32	2.260,80	2.543,40	1.051,60	2.110,40	2.374,
	III	29.536	-	2.362,88	2.658,24	-	2.219,52	2.496,96	-	2.079,20	2.339,10	-	1.942,08	2.184,84	-	1.808,00	2.034,00	-	1.676,96	1.886,58	-	1.548,96	1.742,
	IV	39.449	2.169,69	3.155,92	3.550,41	2.117,99	3.080,72	3.465,81	2.066,29	3.005,52	3.381,21	2.014,59	2.930,32	3.296,61	1.962,89	2.855,12	3.212,01	1.911,19	2.779,92	3.127,41	1.859,49	2.704,72	3.042,
	V	45.622	2.509,21	3.649,76	4.105,98																		
	VI	46.154	2.538,47	3.692,32	4.153,86																		
132.479,99 (West)	I	39.370	2.165,35	3.149,60	3.543,30	2.061,95	2.999,20	3.374,10	1.958,55	2.848,80	3.204,90	1.855,15	2.698,40	3.035,70	1.702,65	2.548,08	2.866,59	1.478,93	2.397,68	2.697,39	1.255,21	2.247,28	2.528,
	II	37.581	2.066,95	3.006,48	3.382,29	1.963,55	2.856,08	3.213,09	1.860,15	2.705,68	3.043,89	1.713,36	2.555,28	2.874,69	1.489,64	2.404,88	2.705,49	1.265,92	2.254,48	2.536,29	1.042,32	2.104,16	2.367,
	III	29.460	-	2.356,80	2.651,40	-	2.213,60	2.490,30	-	2.073,44	2.332,62	-	1.936,32	2.178,36	-	1.802,40	2.027,70	-	1.671,52	1.880,46	-	1.543,68	1.736,
	IV	39.370	2.165,35	3.149,60	3.543,30	2.113,65	3.074,40	3.458,70	2.061,95	2.999,20	3.374,10	2.010,25	2.924,00	3.289,50	1.958,55	2.848,80	3.204,90	1.906,85	2.773,60	3.120,30	1.855,15	2.698,40	3.035,
	V	45.544	2.504,92	3.643,52	4.098,96																		
	VI	46.075	2.534,12	3.686,00	4.146,75																		
132.479,99 (Ost)	I	39.464	2.170,52	3.157,12	3.551,76	2.067,12	3.006,72	3.382,56	1.963,72	2.856,32	3.213,36	1.860,32	2.705,92	3.044,16	1.713,71	2.555,52	2.874,96	1.489,99	2.405,12	2.705,76	1.266,27	2.254,72	2.536,
	II	37.675	2.072,12	3.014,00	3.390,75	1.968,72	2.863,60	3.221,55	1.865,32	2.713,20	3.052,35	1.724,54	2.562,80	2.883,15	1.500,82	2.412,40	2.713,95	1.277,10	2.262,00	2.544,75	1.053,38	2.111,60	2.375,
	III	29.550	-	2.364,00	2.659,50	-	2.220,64	2.498,22	-	2.080,32	2.340,36	-	1.943,20	2.186,10	-	1.808,96	2.035,08	-	1.677,92	1.887,66	-	1.549,92	1.743,
	IV	39.464	2.170,52	3.157,12	3.551,76	2.118,82	3.081,92	3.467,16	2.067,12	3.006,72	3.382,56	2.015,42	2.931,52	3.297,96	1.963,72	2.856,32	3.213,36	1.912,02	2.781,12	3.128,76	1.860,32	2.705,92	3.044,
	V	45.637	2.510,03	3.650,96	4.107,33																		
	VI	46.169	2.539,29	3.693,52	4.155,21																		
132.515,99 (West)	I	39.385	2.166,17	3.150,80	3.544,65	2.062,77	3.000,40	3.375,45	1.959,43	2.850,08	3.206,34	1.856,03	2.699,68	3.037,14	1.704,43	2.549,28	2.867,94	1.480,71	2.398,88	2.698,74	1.256,99	2.248,48	2.529,
	II	37.596	2.067,78	3.007,68	3.383,64	1.964,38	2.857,28	3.214,44	1.860,98	2.706,88	3.045,24	1.715,14	2.556,48	2.876,04	1.491,42	2.406,08	2.706,84	1.267,82	2.255,76	2.537,73	1.044,10	2.105,36	2.368,
	III	29.474	-	2.357,92	2.652,66	-	2.214,72	2.491,56	-	2.074,56	2.333,88	-	1.937,44	2.179,62	-	1.803,36	2.028,78	-	1.672,48	1.881,54	-	1.544,64	1.737,
	IV	39.385	2.166,17	3.150,80	3.544,65	2.114,47	3.075,60	3.460,05	2.062,77	3.000,40	3.375,45	2.011,07	2.925,20	3.290,85	1.959,43	2.850,08	3.206,34	1.907,73	2.774,88	3.121,74	1.856,03	2.699,68	3.037,
	V	45.559	2.505,74	3.644,72	4.100,31																		
	VI	46.090	2.534,95	3.687,20	4.148,10																		
132.515,99 (Ost)	I	39.479	2.171,34	3.158,32	3.553,11	2.067,94	3.007,92	3.383,91	1.964,54	2.857,52	3.214,71	1.861,14	2.707,12	3.045,51	1.715,50	2.556,72	2.876,31	1.491,78	2.406,32	2.707,11	1.268,06	2.255,92	2.537,
	II	37.690	2.072,95	3.015,20	3.392,10	1.969,55	2.864,80	3.222,90	1.866,15	2.714,40	3.053,70	1.726,33	2.564,00	2.884,50	1.502,61	2.413,60	2.715,30	1.278,89	2.263,20	2.546,10	1.055,17	2.112,80	2.376,
	III	29.566	-	2.365,28	2.660,94	-	2.221,76	2.499,48	-	2.081,44	2.341,62	-	1.944,16	2.187,18	-	1.810,08	2.036,34	-	1.679,04	1.888,92	-	1.551,04	1.744,
	IV	39.479	2.171,34	3.158,32	3.553,11	2.119,64	3.083,12	3.468,51	2.067,94	3.007,92	3.383,91	2.016,24	2.932,72	3.299,31	1.964,54	2.857,52	3.214,71	1.912,84	2.782,32	3.130,11	1.861,14	2.707,12	3.045,
	V	45.652	2.510,86	3.652,16	4.108,68																		
	VI	46.184	2.540,12	3.694,72	4.156,56																		
132.551,99 (West)	I	39.400	2.167,00	3.152,00	3.546,00	2.063,65	3.001,68	3.376,89	1.960,25	2.851,28	3.207,69	1.856,85	2.700,88	3.038,49	1.706,22	2.550,48	2.869,29	1.482,50	2.400,08	2.700,09	1.258,78	2.249,68	2.530,
	II	37.611	2.068,60	3.008,88	3.384,99	1.965,20	2.858,48	3.215,79	1.861,80	2.708,08	3.046,59	1.717,05	2.557,76	2.877,48	1.493,33	2.407,36	2.708,28	1.269,61	2.256,96	2.539,08	1.045,89	2.106,56	2.369,
	III	29.490	-	2.359,20	2.654,10	-	2.215,84	2.492,82	-	2.075,68	2.335,14	-	1.938,56	2.180,88	-	1.804,48	2.030,04	-	1.673,60	1.882,80	-	1.545,76	1.738,
	IV	39.400	2.167,00	3.152,00	3.546,00	2.115,35	3.076,88	3.461,49	2.063,65	3.001,68	3.376,89	2.011,95	2.926,48	3.292,29	1.960,25	2.851,28	3.207,69	1.908,55	2.776,08	3.123,09	1.856,85	2.700,88	3.038,
	V	45.574	2.506,57	3.645,92	4.101,66																		
	VI	46.105	2.535,77	3.688,40	4.149,45																		
132.551,99 (Ost)	I	39.494	2.172,17	3.159,52	3.554,46	2.068,77	3.009,12	3.385,26	1.965,37	2.858,72	3.216,06	1.861,97	2.708,32	3.046,86	1.717,28	2.557,92	2.877,66	1.493,68	2.407,60	2.708,55	1.269,96	2.257,20	2.539,
	II	37.705	2.073,77	3.016,40	3.393,45	1.970,37	2.866,00	3.224,25	1.866,97	2.715,60	3.055,05	1.728,11	2.565,20	2.885,85	1.504,39	2.414,80	2.716,65	1.280,67	2.264,40	2.547,45	1.056,95	2.114,00	2.378,
	III	29.580	-	2.366,40	2.662,20	-	2.222,88	2.500,74	-	2.082,56	2.342,88	-	1.945,28	2.188,44	-	1.811,20	2.037,60	-	1.680,00	1.890,00	-	1.552,00	1.746,
	IV	39.494	2.172,17	3.159,52	3.554,46	2.120,47	3.084,32	3.469,86	2.068,77	3.009,12	3.385,26	2.017,07	2.933,92	3.300,66	1.965,37	2.858,72	3.216,06	1.913,67	2.783,52	3.131,46	1.861,97	2.708,32	3.046,
	V	45.667	2.511,68	3.653,36	4.110,03																		
	VI	46.199	2.540,94	3.695,92	4.157,91																		
132.587,99 (West)	I	39.416	2.167,88	3.153,28	3.547,44	2.064,48	3.002,88	3.378,24	1.961,08	2.852,48	3.209,04	1.857,68	2.702,08	3.039,84	1.708,00	2.551,68	2.870,64	1.484,28	2.401,28	2.701,44	1.260,56	2.250,88	2.532,2
	II	37.626	2.069,43	3.010,08	3.386,34	1.966,03	2.859,68	3.217,14	1.862,68	2.709,36	3.048,03	1.718,83	2.558,96	2.878,83	1.495,11	2.408,56	2.709,63	1.271,39	2.258,16	2.540,43	1.047,67	2.107,76	2.371,2
	III	29.504	-	2.360,32	2.655,36	-	2.216,96	2.494,08	-	2.076,80	2.336,40	-	1.939,68	2.182,14	-	1.805,60	2.031,30	-	1.674,56	1.883,88	-	1.546,72	1.740,0
	IV	39.416	2.167,88	3.153,28	3.547,44	2.116,18	3.078,08	3.462,84	2.064,48	3.002,88	3.378,24	2.012,78	2.927,68	3.293,64	1.961,08	2.852,48	3.209,04	1.909,38	2.777,28	3.124,44	1.857,68	2.702,08	3.039,
	V	45.589	2.507,39	3.647,12	4.103,01																		
	VI	46.121	2.536,65	3.689,68	4.150,89																		
132.587,99 (Ost)	I	39.509	2.172,99	3.160,72	3.555,81	2.069,59	3.010,32	3.386,61	1.966,19	2.859,92	3.217,41	1.862,79	2.709,52	3.048,21	1.719,19	2.559,20	2.879,10	1.495,47	2.408,80	2.709,90	1.271,75	2.258,40	2.540,
	II	37.720	2.074,60	3.017,60	3.394,80	1.971,20	2.867,20	3.225,60	1.867,80	2.716,80	3.056,40	1.729,90	2.566,40	2.887,20	1.506,18	2.416,00	2.718,00	1.282,46	2.265,60	2.548,80	1.058,86	2.115,28	2.379,
	III	29.594	-	2.367,52	2.663,46	-	2.224,16	2.502,18	-	2.083,68	2.344,14	-	1.946,40	2.189,70	-	1.812,16	2.038,68	-	1.681,12	1.891,26	-	1.552,96	1.747,
	IV	39.509	2.172,99	3.160,72	3.555,81	2.121,29	3.085,52	3.471,21	2.069,59	3.010,32	3.386,61	2.017,89	2.935,12	3.302,01	1.966,19	2.859,92	3.217,41	1.914,49	2.784,72	3.132,81	1.862,79	2.709,52	3.048,
	V	45.683	2.512,56	3.654,64	4.111,47																		
	VI	46.214	2.541,77	3.697,12	4.159,26																		
132.623,99 (West)	I	39.431	2.168,70	3.154,48	3.548,79	2.065,30	3.004,08	3.379,59	1.961,90	2.853,68	3.210,39	1.858,50	2.703,28	3.041,19	1.709,79	2.552,88	2.871,99	1.486,07	2.402,48	2.702,79	1.262,35	2.252,08	2.533,
	II	37.642	2.070,31	3.011,36	3.387,78	1.966,91	2.860,96	3.218,58	1.863,51	2.710,56	3.049,38	1.720,62	2.560,16	2.880,18	1.496,90	2.409,76	2.710,98	1.273,18	2.259,36	2.541,78	1.049,46	2.108,96	2.372,
	III	29.518	-	2.361,44	2.656,62	-	2.218,08	2.495,34	-	2.077,92	2.337,66	-	1.940,64	2.183,22	-	1.806,56	2.032,38	-	1.675,68	1.885,14	-	1.547,68	1.741,
	IV	39.431	2.168,70	3.154,48	3.548,79	2.117,00	3.079,28	3.464,19	2.065,30	3.004,08	3.379,59	2.013,60	2.928,88	3.294,99	1.961,90	2.853,68	3.210,39	1.910,20	2.778,48	3.125,79	1.858,50	2.703,28	3.041,
	V	45.604	2.508,22	3.648,32	4.104,36																		
	VI	46.136	2.537,48	3.690,88	4.152,24																		
132.623,99 (Ost)	I	39.524	2.173,82	3.161,92	3.557,16	2.070,42	3.011,52	3.387,96	1.967,07	2.861,20	3.218,85	1.863,67	2.710,80	3.049,65	1.720,97	2.560,40	2.880,45	1.497,25	2.410,00	2.711,25	1.273,53	2.259,60	2.542,
	II	37.735	2.075,42	3.018,80	3.396,15	1.972,02	2.868,40	3.226,95	1.868,62	2.718,00	3.057,75	1.731,68	2.567,60	2.888,55	1.507,96	2.417,20	2.719,35	1.284,36	2.266,88	2.550,24	1.060,64	2.116,48	2.381,
	III	29.610	-	2.368,80	2.664,90	-	2.225,28	2.503,44	-	2.084,80	2.345,40	-	1.947,52	2.190,96	-	1.813,28	2.039,94	-	1.682,08	1.892,34	-	1.554,08	1.748,
	IV	39.524	2.173,82	3.161,92	3.557,16	2.122,12	3.086,72	3.472,56	2.070,42	3.011,52	3.387,96	2.018,72	2.936,32	3.303,36	1.967,07	2.861,20	3.218,85	1.915,37	2.786,00	3.134,25	1.863,67	2.710,80	3.049,
	V	45.698	2.513,39	3.655,84	4.112,82																		
	VI	46.229	2.542,59	3.698,32	4.160,61																		
132.659,99 (West)	I	39.446	2.169,53	3.155,68	3.550,14	2.066,13	3.005,28	3.380,94	1.962,73	2.854,88	3.211,74	1.859,33	2.704,48	3.042,54	1.711,57	2.554,08	2.873,34	1.487,85	2.403,68	2.704,14	1.264,13	2.253,28	2.534,
	II	37.657	2.071,13	3.012,56	3.389,13	1.967,73	2.862,16	3.219,93	1.864,33	2.711,76	3.050,73	1.722,40	2.561,36	2.881,53	1.498,68	2.410,96	2.712,33	1.274,96	2.260,56	2.543,13	1.051,24	2.110,16	2.373,
	III	29.532	-	2.362,56	2.657,88	-	2.219,20	2.496,60	-	2.079,04	2.338,92	-	1.941,76	2.184,48	-	1.807,68	2.033,64	-	1.676,64	1.886,22	-	1.548,80	1.742,4
	IV	39.446	2.169,53	3.155,68	3.550,14	2.117,83	3.080,48	3.465,54	2.066,13	3.005,28	3.380,94	2.014,43	2.930,08	3.296,34	1.962,73	2.854,88	3.211,74	1.911,03	2.779,68	3.127,14	1.859,33	2.704,48	3.042,5
	V	45.619	2.509,04	3.649,52	4.105,71																		
	VI	46.151	2.538,30	3.692,08	4.155,59																		
132.659,99 (Ost)	I	39.539	2.174,64	3.163,12	3.558,51	2.071,30	3.012,80	3.389,40	1.967,90	2.862,40	3.220,20	1.864,50	2.712,00	3.051,00	1.722,76	2.561,60	2.881,80	1.499,04	2.411,20	2.712,60	1.275,32	2.260,80	2.543,4
	II	37.750	2.076,25	3.020,00	3.397,50	1.972,85	2.869,60	3.228,30	1.869,45	2.719,20	3.059,10	1.733,59	2.568,88	2.889,99	1.509,87	2.418,48	2.720,79	1.286,15	2.268,08	2.551,59	1.062,43	2.117,68	2.382,3
	III	29.624	-	2.369,92	2.666,16	-	2.226,40	2.504,70	-	2.085,92	2.346,66	-	1.948,64	2.192,22	-	1.814,40	2.041,20	-	1.683,20	1.893,60	-	1.555,04	1.749,4
	IV	39.539	2.174,64	3.163,12	3.558,51	2.123,00	3.088,00	3.474,00	2.071,30	3.012,80	3.389,40	2.019,60	2.937,60	3.304,80	1.967,90	2.862,40	3.220,20	1.916,20	2.787,20	3.135,60	1.864,50	2.712,00	3.051,0
	V	45.713	2.514,21	3.657,04	4.114,17																		
	VI	46.245	2.543,47	3.699,60	4.162,05																		

SolZ/KiSt lt. Tabelle nicht für Sonstige Bezüge anwendbar.

Allgemeine Tabelle

JAHR bis 132.911,99 €

Lohn/ Gehalt bis	Steuerklasse	Lohn-steuer	ohne Kinderfreibetrag SolZ 5,5%	Kirchensteuer 8%	9%	0,5 SolZ 5,5%	Kirchensteuer 8%	9%	1,0 SolZ 5,5%	Kirchensteuer 8%	9%	1,5 SolZ 5,5%	Kirchensteuer 8%	9%	2,0 SolZ 5,5%	Kirchensteuer 8%	9%	2,5 SolZ 5,5%	Kirchensteuer 8%	9%	3,0 SolZ 5,5%	Kirchensteuer 8%	9%
						Anzahl Kinderfreibeträge (nur Steuerklassen I–IV)																	
32.695,99 (West)	I	39.461	*2.170,35*	3.156,88	3.551,49	*2.066,95*	3.006,48	3.382,29	*1.963,55*	2.856,08	3.213,09	*1.860,15*	2.705,68	3.043,89	*1.713,36*	2.555,28	2.874,69	*1.489,64*	2.404,88	2.705,49	*1.265,92*	2.254,48	2.536,29
	II	37.672	*2.071,96*	3.013,76	3.390,48	*1.968,56*	2.863,36	3.221,28	*1.865,16*	2.712,96	3.052,08	*1.724,19*	2.562,56	2.882,88	*1.500,47*	2.412,16	2.713,68	*1.276,75*	2.261,76	2.544,48	*1.053,03*	2.111,36	2.375,28
	III	29.548	-	2.363,84	2.659,32	-	2.220,48	2.498,04	-	2.080,16	2.340,18	-	1.942,88	2.185,74	-	1.808,80	2.034,90	-	1.677,76	1.887,48	-	1.549,76	1.743,48
	IV	39.461	*2.170,35*	3.156,88	3.551,49	*2.118,65*	3.081,68	3.466,89	*2.066,95*	3.006,48	3.382,29	*2.015,25*	2.931,28	3.297,69	*1.963,55*	2.856,08	3.213,09	*1.911,85*	2.780,88	3.128,49	*1.860,15*	2.705,68	3.043,89
	V	45.634	*2.509,87*	3.650,72	4.107,06																		
	VI	46.166	*2.539,13*	3.693,28	4.154,94																		
32.695,99 (Ost)	I	39.555	*2.175,52*	3.164,40	3.559,95	*2.072,12*	3.014,00	3.390,75	*1.968,72*	2.863,60	3.221,55	*1.865,32*	2.713,20	3.052,35	*1.724,54*	2.562,80	2.883,15	*1.500,82*	2.412,40	2.713,95	*1.277,10*	2.262,00	2.544,75
	II	37.765	*2.077,07*	3.021,20	3.398,85	*1.973,67*	2.870,80	3.229,65	*1.870,33*	2.720,48	3.060,54	*1.735,37*	2.570,08	2.891,34	*1.511,65*	2.419,68	2.722,14	*1.287,93*	2.269,28	2.552,94	*1.064,21*	2.118,88	2.383,74
	III	29.638	-	2.371,04	2.667,42	-	2.227,52	2.505,96	-	2.087,04	2.347,92	-	1.949,76	2.193,48	-	1.815,36	2.042,28	-	1.684,16	1.894,68	-	1.556,16	1.750,68
	IV	39.555	*2.175,52*	3.164,40	3.559,95	*2.123,82*	3.089,20	3.475,35	*2.072,12*	3.014,00	3.390,75	*2.020,42*	2.938,80	3.306,15	*1.968,72*	2.863,60	3.221,55	*1.917,02*	2.788,40	3.136,95	*1.865,32*	2.713,20	3.052,35
	V	45.728	*2.515,04*	3.658,24	4.115,52																		
	VI	46.260	*2.544,30*	3.700,80	4.163,40																		
32.731,99 (West)	I	39.476	*2.171,18*	3.158,08	3.552,84	*2.067,78*	3.007,68	3.383,64	*1.964,38*	2.857,28	3.214,44	*1.860,98*	2.706,88	3.045,24	*1.715,14*	2.556,48	2.876,04	*1.491,42*	2.406,08	2.706,84	*1.267,82*	2.255,76	2.537,73
	II	37.687	*2.072,78*	3.014,96	3.391,83	*1.969,38*	2.864,56	3.222,63	*1.865,98*	2.714,16	3.053,43	*1.725,97*	2.563,76	2.884,23	*1.502,25*	2.413,36	2.715,03	*1.278,53*	2.262,96	2.545,83	*1.054,81*	2.112,56	2.376,63
	III	29.562	-	2.364,96	2.660,58	-	2.221,60	2.499,30	-	2.081,28	2.341,44	-	1.944,00	2.187,00	-	1.809,76	2.035,98	-	1.678,72	1.888,56	-	1.550,72	1.744,56
	IV	39.476	*2.171,18*	3.158,08	3.552,84	*2.119,48*	3.082,88	3.468,24	*2.067,78*	3.007,68	3.383,64	*2.016,08*	2.932,48	3.299,04	*1.964,38*	2.857,28	3.214,44	*1.912,68*	2.782,08	3.129,84	*1.860,98*	2.706,88	3.045,24
	V	45.649	*2.510,69*	3.651,92	4.108,41																		
	VI	46.181	*2.539,95*	3.694,48	4.156,29																		
32.731,99 (Ost)	I	39.570	*2.176,35*	3.165,60	3.561,30	*2.072,95*	3.015,20	3.392,10	*1.969,55*	2.864,80	3.222,90	*1.866,15*	2.714,40	3.053,70	*1.726,33*	2.564,00	2.884,50	*1.502,61*	2.413,60	2.715,30	*1.278,89*	2.263,20	2.546,10
	II	37.781	*2.077,95*	3.022,48	3.400,29	*1.974,55*	2.872,08	3.231,09	*1.871,15*	2.721,68	3.061,89	*1.737,16*	2.571,28	2.892,69	*1.513,44*	2.420,88	2.723,49	*1.289,72*	2.270,48	2.554,29	*1.066,00*	2.120,08	2.385,09
	III	29.652	-	2.372,16	2.668,68	-	2.228,64	2.507,22	-	2.088,16	2.349,18	-	1.950,72	2.194,56	-	1.816,48	2.043,54	-	1.685,28	1.895,94	-	1.557,12	1.751,76
	IV	39.570	*2.176,35*	3.165,60	3.561,30	*2.124,65*	3.090,40	3.476,70	*2.072,95*	3.015,20	3.392,10	*2.021,25*	2.940,00	3.307,50	*1.969,55*	2.864,80	3.222,90	*1.917,85*	2.789,60	3.138,30	*1.866,15*	2.714,40	3.053,70
	V	45.743	*2.515,86*	3.659,44	4.116,87																		
	VI	46.275	*2.545,12*	3.702,00	4.164,75																		
32.767,99 (West)	I	39.491	*2.172,00*	3.159,28	3.554,19	*2.068,60*	3.008,88	3.384,99	*1.965,20*	2.858,48	3.215,79	*1.861,80*	2.708,08	3.046,59	*1.717,05*	2.557,76	2.877,48	*1.493,33*	2.407,36	2.708,28	*1.269,61*	2.256,96	2.539,08
	II	37.702	*2.073,61*	3.016,16	3.393,18	*1.970,21*	2.865,76	3.223,98	*1.866,81*	2.715,36	3.054,78	*1.727,76*	2.564,96	2.885,58	*1.504,04*	2.414,56	2.716,38	*1.280,32*	2.264,16	2.547,18	*1.056,60*	2.113,76	2.377,98
	III	29.576	-	2.366,08	2.661,84	-	2.222,72	2.500,56	-	2.082,40	2.342,70	-	1.945,12	2.188,26	-	1.810,88	2.037,24	-	1.679,84	1.889,82	-	1.551,84	1.745,82
	IV	39.491	*2.172,00*	3.159,28	3.554,19	*2.120,30*	3.084,08	3.469,59	*2.068,60*	3.008,88	3.384,99	*2.016,90*	2.933,68	3.300,39	*1.965,20*	2.858,48	3.215,79	*1.913,50*	2.783,28	3.131,19	*1.861,80*	2.708,08	3.046,59
	V	45.664	*2.511,52*	3.653,12	4.109,76																		
	VI	46.196	*2.540,78*	3.695,68	4.157,64																		
32.767,99 (Ost)	I	39.585	*2.177,17*	3.166,80	3.562,65	*2.073,77*	3.016,40	3.393,45	*1.970,37*	2.866,00	3.224,25	*1.866,97*	2.715,60	3.055,05	*1.728,11*	2.565,20	2.885,85	*1.504,39*	2.414,80	2.716,65	*1.280,67*	2.264,40	2.547,45
	II	37.796	*2.078,78*	3.023,68	3.401,64	*1.975,38*	2.873,28	3.232,44	*1.871,98*	2.722,88	3.063,24	*1.738,94*	2.572,48	2.894,04	*1.515,22*	2.422,08	2.724,84	*1.291,50*	2.271,68	2.555,64	*1.067,78*	2.121,28	2.386,44
	III	29.668	-	2.373,44	2.670,12	-	2.229,76	2.508,48	-	2.089,28	2.350,44	-	1.951,84	2.195,82	-	1.817,60	2.044,80	-	1.686,24	1.897,02	-	1.558,08	1.752,84
	IV	39.585	*2.177,17*	3.166,80	3.562,65	*2.125,47*	3.091,60	3.478,05	*2.073,77*	3.016,40	3.393,45	*2.022,07*	2.941,20	3.308,85	*1.970,37*	2.866,00	3.224,25	*1.918,67*	2.790,80	3.139,65	*1.866,97*	2.715,60	3.055,05
	V	45.758	*2.516,69*	3.660,64	4.118,22																		
	VI	46.290	*2.545,95*	3.703,20	4.166,10																		
32.803,99 (West)	I	39.506	*2.172,83*	3.160,48	3.555,54	*2.069,43*	3.010,08	3.386,34	*1.966,03*	2.859,68	3.217,14	*1.862,68*	2.709,36	3.048,03	*1.718,83*	2.558,96	2.878,83	*1.495,11*	2.408,56	2.709,63	*1.271,39*	2.258,16	2.540,43
	II	37.717	*2.074,43*	3.017,36	3.394,53	*1.971,03*	2.866,96	3.225,33	*1.867,63*	2.716,56	3.056,13	*1.729,54*	2.566,16	2.886,93	*1.505,82*	2.415,76	2.717,73	*1.282,22*	2.265,44	2.548,62	*1.058,50*	2.115,04	2.379,42
	III	29.592	-	2.367,36	2.663,28	-	2.223,84	2.501,82	-	2.083,52	2.343,96	-	1.946,24	2.189,52	-	1.812,00	2.038,50	-	1.680,80	1.890,90	-	1.552,80	1.746,90
	IV	39.506	*2.172,83*	3.160,48	3.555,54	*2.121,13*	3.085,28	3.470,94	*2.069,43*	3.010,08	3.386,34	*2.017,73*	2.934,88	3.301,74	*1.966,03*	2.859,68	3.217,14	*1.914,38*	2.784,56	3.132,63	*1.862,68*	2.709,36	3.048,03
	V	45.680	*2.512,40*	3.654,40	4.111,20																		
	VI	46.211	*2.541,60*	3.696,88	4.158,99																		
32.803,99 (Ost)	I	39.600	*2.178,00*	3.168,00	3.564,00	*2.074,60*	3.017,60	3.394,80	*1.971,20*	2.867,20	3.225,60	*1.867,80*	2.716,80	3.056,40	*1.729,90*	2.566,40	2.887,20	*1.506,18*	2.416,00	2.718,00	*1.282,46*	2.265,60	2.548,80
	II	37.811	*2.079,60*	3.024,88	3.402,99	*1.976,20*	2.874,48	3.233,79	*1.872,80*	2.724,08	3.064,59	*1.740,73*	2.573,68	2.895,39	*1.517,01*	2.423,28	2.726,19	*1.293,29*	2.272,88	2.556,99	*1.069,57*	2.122,48	2.387,79
	III	29.682	-	2.374,56	2.671,38	-	2.230,88	2.509,74	-	2.090,40	2.351,70	-	1.952,96	2.197,08	-	1.818,56	2.045,88	-	1.687,36	1.898,28	-	1.559,20	1.754,10
	IV	39.600	*2.178,00*	3.168,00	3.564,00	*2.126,30*	3.092,80	3.479,40	*2.074,60*	3.017,60	3.394,80	*2.022,90*	2.942,40	3.310,20	*1.971,20*	2.867,20	3.225,60	*1.919,50*	2.792,00	3.141,00	*1.867,80*	2.716,80	3.056,40
	V	45.773	*2.517,51*	3.661,84	4.119,57																		
	VI	46.305	*2.546,77*	3.704,40	4.167,45																		
32.839,99 (West)	I	39.521	*2.173,65*	3.161,68	3.556,89	*2.070,31*	3.011,36	3.387,78	*1.966,91*	2.860,96	3.218,58	*1.863,51*	2.710,56	3.049,38	*1.720,62*	2.560,16	2.880,18	*1.496,90*	2.409,76	2.710,98	*1.273,18*	2.259,36	2.541,78
	II	37.732	*2.075,26*	3.018,56	3.395,88	*1.971,86*	2.868,16	3.226,68	*1.868,46*	2.717,76	3.057,48	*1.731,33*	2.567,36	2.888,28	*1.507,73*	2.417,04	2.719,17	*1.284,01*	2.266,64	2.549,97	*1.060,29*	2.116,24	2.380,77
	III	29.606	-	2.368,48	2.664,54	-	2.224,96	2.503,08	-	2.084,64	2.345,22	-	1.947,20	2.190,60	-	1.812,96	2.039,58	-	1.681,92	1.892,16	-	1.553,76	1.747,98
	IV	39.521	*2.173,65*	3.161,68	3.556,89	*2.121,95*	3.086,48	3.472,29	*2.070,31*	3.011,36	3.387,78	*2.018,61*	2.936,16	3.303,18	*1.966,91*	2.860,96	3.218,58	*1.915,21*	2.785,76	3.133,98	*1.863,51*	2.710,56	3.049,38
	V	45.695	*2.513,22*	3.655,60	4.112,55																		
	VI	46.226	*2.542,43*	3.698,08	4.160,34																		
32.839,99 (Ost)	I	39.615	*2.178,82*	3.169,20	3.565,35	*2.075,42*	3.018,80	3.396,15	*1.972,02*	2.868,40	3.226,95	*1.868,62*	2.718,00	3.057,75	*1.731,68*	2.567,60	2.888,55	*1.507,96*	2.417,20	2.719,35	*1.284,36*	2.266,88	2.550,24
	II	37.826	*2.080,43*	3.026,08	3.404,34	*1.977,03*	2.875,68	3.235,14	*1.873,63*	2.725,28	3.065,94	*1.742,51*	2.574,88	2.896,74	*1.518,79*	2.424,48	2.727,54	*1.295,07*	2.274,08	2.558,34	*1.071,35*	2.123,68	2.389,14
	III	29.696	-	2.375,68	2.672,64	-	2.232,16	2.511,18	-	2.091,52	2.352,96	-	1.954,08	2.198,34	-	1.819,68	2.047,14	-	1.688,32	1.899,36	-	1.560,16	1.755,18
	IV	39.615	*2.178,82*	3.169,20	3.565,35	*2.127,12*	3.094,00	3.480,75	*2.075,42*	3.018,80	3.396,15	*2.023,72*	2.943,60	3.311,55	*1.972,02*	2.868,40	3.226,95	*1.920,32*	2.793,20	3.142,35	*1.868,62*	2.718,00	3.057,75
	V	45.788	*2.518,34*	3.663,04	4.120,92																		
	VI	46.320	*2.547,60*	3.705,60	4.168,80																		
32.875,99 (West)	I	39.537	*2.174,53*	3.162,96	3.558,33	*2.071,13*	3.012,56	3.389,13	*1.967,73*	2.862,16	3.219,93	*1.864,33*	2.711,76	3.050,73	*1.722,40*	2.561,36	2.881,53	*1.498,68*	2.410,96	2.712,33	*1.274,96*	2.260,56	2.543,13
	II	37.747	*2.076,08*	3.019,76	3.397,23	*1.972,68*	2.869,36	3.228,03	*1.869,34*	2.719,04	3.058,92	*1.733,23*	2.568,64	2.889,72	*1.509,51*	2.418,24	2.720,52	*1.285,79*	2.267,84	2.551,32	*1.062,07*	2.117,44	2.382,12
	III	29.620	-	2.369,60	2.665,80	-	2.226,08	2.504,34	-	2.085,76	2.346,48	-	1.948,32	2.191,86	-	1.814,08	2.040,84	-	1.682,88	1.893,24	-	1.554,88	1.749,24
	IV	39.537	*2.174,53*	3.162,96	3.558,33	*2.122,83*	3.087,76	3.473,73	*2.071,13*	3.012,56	3.389,13	*2.019,43*	2.937,36	3.304,53	*1.967,73*	2.862,16	3.219,93	*1.916,03*	2.786,96	3.135,33	*1.864,33*	2.711,76	3.050,73
	V	45.710	*2.514,05*	3.656,80	4.113,90																		
	VI	46.242	*2.543,31*	3.699,36	4.161,78																		
32.875,99 (Ost)	I	39.630	*2.179,65*	3.170,40	3.566,70	*2.076,25*	3.020,00	3.397,50	*1.972,85*	2.869,60	3.228,30	*1.869,45*	2.719,20	3.059,10	*1.733,59*	2.568,88	2.889,99	*1.509,87*	2.418,48	2.720,79	*1.286,15*	2.268,08	2.551,59
	II	37.841	*2.081,25*	3.027,28	3.405,69	*1.977,85*	2.876,88	3.236,49	*1.874,45*	2.726,48	3.067,29	*1.744,30*	2.576,08	2.898,09	*1.520,58*	2.425,68	2.728,89	*1.296,86*	2.275,28	2.559,69	*1.073,14*	2.124,88	2.390,49
	III	29.712	-	2.376,96	2.674,08	-	2.233,28	2.512,44	-	2.092,64	2.354,22	-	1.955,20	2.199,60	-	1.820,80	2.048,40	-	1.689,44	1.900,62	-	1.561,12	1.756,26
	IV	39.630	*2.179,65*	3.170,40	3.566,70	*2.127,95*	3.095,20	3.482,10	*2.076,25*	3.020,00	3.397,50	*2.024,55*	2.944,80	3.312,90	*1.972,85*	2.869,60	3.228,30	*1.921,15*	2.794,40	3.143,70	*1.869,45*	2.719,20	3.059,10
	V	45.804	*2.519,22*	3.664,32	4.122,36																		
	VI	46.335	*2.548,42*	3.706,80	4.170,15																		
32.911,99 (West)	I	39.552	*2.175,36*	3.164,16	3.559,68	*2.071,96*	3.013,76	3.390,48	*1.968,56*	2.863,36	3.221,28	*1.865,16*	2.712,96	3.052,08	*1.724,19*	2.562,56	2.882,88	*1.500,47*	2.412,16	2.713,68	*1.276,75*	2.261,76	2.544,48
	II	37.762	*2.076,91*	3.020,96	3.398,58	*1.973,56*	2.870,64	3.229,47	*1.870,16*	2.720,24	3.060,27	*1.735,02*	2.569,84	2.891,07	*1.511,30*	2.419,44	2.721,87	*1.287,58*	2.269,04	2.552,67	*1.063,86*	2.118,64	2.383,47
	III	29.636	-	2.370,88	2.667,24	-	2.227,20	2.505,60	-	2.086,88	2.347,74	-	1.949,44	2.193,12	-	1.815,20	2.042,10	-	1.684,00	1.894,50	-	1.555,84	1.750,32
	IV	39.552	*2.175,36*	3.164,16	3.559,68	*2.123,66*	3.088,96	3.475,08	*2.071,96*	3.013,76	3.390,48	*2.020,26*	2.938,56	3.305,88	*1.968,56*	2.863,36	3.221,28	*1.916,86*	2.788,16	3.136,68	*1.865,16*	2.712,96	3.052,08
	V	45.725	*2.514,87*	3.658,00	4.115,25																		
	VI	46.257	*2.544,13*	3.700,56	4.163,13																		
32.911,99 (Ost)	I	39.645	*2.180,47*	3.171,60	3.568,05	*2.077,07*	3.021,20	3.398,85	*1.973,67*	2.870,80	3.229,65	*1.870,33*	2.720,48	3.060,54	*1.735,37*	2.570,08	2.891,34	*1.511,65*	2.419,68	2.722,14	*1.287,93*	2.269,28	2.552,94
	II	37.856	*2.082,08*	3.028,48	3.407,04	*1.978,68*	2.878,08	3.237,84	*1.875,28*	2.727,68	3.068,64	*1.746,08*	2.577,28	2.899,44	*1.522,36*	2.426,88	2.730,24	*1.298,76*	2.276,56	2.561,13	*1.075,04*	2.126,16	2.391,93
	III	29.726	-	2.378,08	2.675,34	-	2.234,40	2.513,70	-	2.093,76	2.355,48	-	1.956,32	2.200,86	-	1.821,76	2.049,48	-	1.690,40	1.901,70	-	1.562,24	1.757,52
	IV	39.645	*2.180,47*	3.171,60	3.568,05	*2.128,77*	3.096,40	3.483,45	*2.077,07*	3.021,20	3.398,85	*2.025,37*	2.946,00	3.314,25	*1.973,67*	2.870,80	3.229,65	*1.922,03*	2.795,68	3.145,14	*1.870,33*	2.720,48	3.060,54
	V	45.819	*2.520,04*	3.665,52	4.123,71																		
	VI	46.350	*2.549,25*	3.708,00	4.171,50																		

SolZ/KiSt lt. Tabelle nicht für Sonstige Bezüge anwendbar.

Lohn/ Gehalt bis	Steuerklasse	Lohn- steuer	ohne Kinderfreibetrag SolZ 5,5%	Kirchensteuer 8%	Kirchensteuer 9%	0,5 SolZ 5,5%	0,5 KiSt 8%	0,5 KiSt 9%	1,0 SolZ 5,5%	1,0 KiSt 8%	1,0 KiSt 9%	1,5 SolZ 5,5%	1,5 KiSt 8%	1,5 KiSt 9%	2,0 SolZ 5,5%	2,0 KiSt 8%	2,0 KiSt 9%	2,5 SolZ 5,5%	2,5 KiSt 8%	2,5 KiSt 9%	3,0 SolZ 5,5%	3,0 KiSt 8%	3,0 KiSt 9%
132.947,99 (West)	I	39.567	2.176,18	3.165,36	3.561,03	2.072,78	3.014,96	3.391,83	1.969,38	2.864,56	3.222,63	1.865,98	2.714,16	3.053,43	1.725,97	2.563,76	2.884,23	1.502,25	2.413,36	2.715,03	1.278,53	2.262,96	2.545,
	II	37.778	2.077,79	3.022,24	3.400,02	1.974,39	2.871,84	3.230,82	1.870,99	2.721,44	3.061,62	1.736,80	2.571,04	2.892,42	1.513,08	2.420,64	2.723,22	1.289,36	2.270,24	2.554,02	1.065,64	2.119,84	2.384,
	III	29.650	-	2.372,00	2.668,50	-	2.228,48	2.507,04	-	2.088,00	2.349,00	-	1.950,56	2.194,38	-	1.816,16	2.043,18	-	1.684,96	1.895,58	-	1.556,96	1.751,
	IV	39.567	2.176,18	3.165,36	3.561,03	2.124,48	3.090,16	3.476,43	2.072,78	3.014,96	3.391,83	2.021,08	2.939,76	3.307,23	1.969,38	2.864,56	3.222,63	1.917,68	2.789,36	3.138,03	1.865,98	2.714,16	3.053,
	V	45.740	2.515,70	3.659,20	4.116,60																		
	VI	46.272	2.544,96	3.701,76	4.164,48																		
132.947,99 (Ost)	I	39.660	2.181,30	3.172,80	3.569,40	2.077,95	3.022,48	3.400,29	1.974,55	2.872,08	3.231,09	1.871,15	2.721,68	3.061,89	1.737,16	2.571,28	2.892,69	1.513,44	2.420,88	2.723,49	1.289,72	2.270,48	2.554,
	II	37.871	2.082,90	3.029,68	3.408,39	1.979,50	2.879,28	3.239,19	1.876,10	2.728,88	3.069,99	1.747,87	2.578,48	2.900,79	1.524,27	2.428,16	2.731,68	1.300,55	2.277,76	2.562,48	1.076,83	2.127,36	2.393,
	III	29.740	-	2.379,20	2.676,60	-	2.235,52	2.514,96	-	2.094,88	2.356,74	-	1.957,28	2.201,94	-	1.822,88	2.050,74	-	1.691,52	1.902,96	-	1.563,20	1.758,
	IV	39.660	2.181,30	3.172,80	3.569,40	2.129,60	3.097,60	3.484,80	2.077,95	3.022,48	3.400,29	2.026,25	2.947,28	3.315,69	1.974,55	2.872,08	3.231,09	1.922,85	2.796,88	3.146,49	1.871,15	2.721,68	3.061,
	V	45.834	2.520,87	3.666,72	4.125,06																		
	VI	46.365	2.550,07	3.709,20	4.172,85																		
132.983,99 (West)	I	39.582	2.177,01	3.166,56	3.562,38	2.073,61	3.016,16	3.393,18	1.970,21	2.865,76	3.223,98	1.866,81	2.715,36	3.054,78	1.727,76	2.564,96	2.885,58	1.504,04	2.414,56	2.716,38	1.280,32	2.264,16	2.547,
	II	37.793	2.078,61	3.023,44	3.401,37	1.975,21	2.873,04	3.232,17	1.871,81	2.722,64	3.062,97	1.738,59	2.572,24	2.893,77	1.514,87	2.421,84	2.724,57	1.291,15	2.271,44	2.555,37	1.067,43	2.121,04	2.386,
	III	29.664	-	2.373,12	2.669,76	-	2.229,60	2.508,30	-	2.089,12	2.350,26	-	1.951,68	2.195,64	-	1.817,28	2.044,44	-	1.686,08	1.896,84	-	1.557,92	1.752,
	IV	39.582	2.177,01	3.166,56	3.562,38	2.125,31	3.091,36	3.477,78	2.073,61	3.016,16	3.393,18	2.021,91	2.940,96	3.308,58	1.970,21	2.865,76	3.223,98	1.918,51	2.790,56	3.139,38	1.866,81	2.715,36	3.054,
	V	45.755	2.516,52	3.660,40	4.117,95																		
	VI	46.287	2.545,78	3.702,96	4.165,83																		
132.983,99 (Ost)	I	39.676	2.182,18	3.174,08	3.570,84	2.078,78	3.023,68	3.401,64	1.975,38	2.873,28	3.232,44	1.871,98	2.722,88	3.063,24	1.738,94	2.572,48	2.894,04	1.515,22	2.422,08	2.724,84	1.291,50	2.271,68	2.555,
	II	37.886	2.083,73	3.030,88	3.409,74	1.980,33	2.880,48	3.240,54	1.876,98	2.730,16	3.071,43	1.749,77	2.579,76	2.902,23	1.526,05	2.429,36	2.733,03	1.302,33	2.278,96	2.563,83	1.078,61	2.128,56	2.394,
	III	29.756	-	2.380,48	2.678,04	-	2.236,64	2.516,22	-	2.096,00	2.358,00	-	1.958,40	2.203,20	-	1.824,00	2.052,00	-	1.692,48	1.904,04	-	1.564,32	1.759,
	IV	39.676	2.182,18	3.174,08	3.570,84	2.130,48	3.098,88	3.486,24	2.078,78	3.023,68	3.401,64	2.027,08	2.948,48	3.317,04	1.975,38	2.873,28	3.232,44	1.923,68	2.798,08	3.147,84	1.871,98	2.722,88	3.063,
	V	45.849	2.521,69	3.667,92	4.126,41																		
	VI	46.381	2.550,95	3.710,48	4.174,29																		
133.019,99 (West)	I	39.597	2.177,83	3.167,76	3.563,73	2.074,43	3.017,36	3.394,53	1.971,03	2.866,96	3.225,33	1.867,63	2.716,56	3.056,13	1.729,54	2.566,16	2.886,93	1.505,82	2.415,76	2.717,73	1.282,22	2.265,44	2.548,
	II	37.808	2.079,44	3.024,64	3.402,72	1.976,04	2.874,24	3.233,52	1.872,64	2.723,84	3.064,32	1.740,37	2.573,44	2.895,12	1.516,65	2.423,04	2.725,92	1.292,93	2.272,64	2.556,72	1.069,21	2.122,24	2.387,
	III	29.678	-	2.374,24	2.671,02	-	2.230,72	2.509,56	-	2.090,24	2.351,52	-	1.952,64	2.196,72	-	1.818,40	2.045,70	-	1.687,04	1.897,92	-	1.558,88	1.753,
	IV	39.597	2.177,83	3.167,76	3.563,73	2.126,13	3.092,56	3.479,13	2.074,43	3.017,36	3.394,53	2.022,73	2.942,16	3.309,93	1.971,03	2.866,96	3.225,33	1.919,33	2.791,76	3.140,73	1.867,63	2.716,56	3.056,
	V	45.770	2.517,35	3.661,60	4.119,30																		
	VI	46.302	2.546,61	3.704,16	4.167,18																		
133.019,99 (Ost)	I	39.691	2.183,00	3.175,28	3.572,19	2.079,60	3.024,88	3.402,99	1.976,20	2.874,48	3.233,79	1.872,80	2.724,08	3.064,59	1.740,73	2.573,68	2.895,39	1.517,01	2.423,28	2.726,19	1.293,29	2.272,88	2.556,
	II	37.901	2.084,55	3.032,08	3.411,09	1.981,21	2.881,76	3.241,98	1.877,81	2.731,36	3.072,78	1.751,56	2.580,96	2.903,58	1.527,84	2.430,56	2.734,38	1.304,12	2.280,16	2.565,18	1.080,40	2.129,76	2.395,
	III	29.770	-	2.381,60	2.679,30	-	2.237,76	2.517,48	-	2.097,12	2.359,26	-	1.959,52	2.204,46	-	1.824,96	2.053,08	-	1.693,60	1.905,30	-	1.565,28	1.760,
	IV	39.691	2.183,00	3.175,28	3.572,19	2.131,30	3.100,08	3.487,59	2.079,60	3.024,88	3.402,99	2.027,90	2.949,68	3.318,39	1.976,20	2.874,48	3.233,79	1.924,50	2.799,28	3.149,19	1.872,80	2.724,08	3.064,
	V	45.864	2.522,52	3.669,12	4.127,76																		
	VI	46.396	2.551,78	3.711,68	4.175,64																		
133.055,99 (West)	I	39.612	2.178,66	3.168,96	3.565,08	2.075,26	3.018,56	3.395,88	1.971,86	2.868,16	3.226,68	1.868,46	2.717,76	3.057,48	1.731,33	2.567,36	2.888,28	1.507,73	2.417,04	2.719,17	1.284,01	2.266,64	2.549,
	II	37.823	2.080,26	3.025,84	3.404,07	1.976,86	2.875,44	3.234,87	1.873,46	2.725,04	3.065,67	1.742,16	2.574,64	2.896,47	1.518,44	2.424,24	2.727,27	1.294,72	2.273,84	2.558,07	1.071,00	2.123,44	2.388,
	III	29.694	-	2.375,52	2.672,46	-	2.231,84	2.510,82	-	2.091,20	2.352,60	-	1.953,76	2.197,98	-	1.819,36	2.046,78	-	1.688,16	1.899,18	-	1.560,00	1.755,
	IV	39.612	2.178,66	3.168,96	3.565,08	2.126,96	3.093,76	3.480,48	2.075,26	3.018,56	3.395,88	2.023,56	2.943,36	3.311,28	1.971,86	2.868,16	3.226,68	1.920,16	2.792,96	3.142,08	1.868,46	2.717,76	3.057,
	V	45.785	2.518,17	3.662,80	4.120,65																		
	VI	46.317	2.547,43	3.705,36	4.168,53																		
133.055,99 (Ost)	I	39.706	2.183,83	3.176,48	3.573,54	2.080,43	3.026,08	3.404,34	1.977,03	2.875,68	3.235,14	1.873,63	2.725,28	3.065,94	1.742,51	2.574,88	2.896,74	1.518,79	2.424,48	2.727,54	1.295,07	2.274,08	2.558,
	II	37.917	2.085,43	3.033,36	3.412,53	1.982,03	2.882,96	3.243,33	1.878,63	2.732,56	3.074,13	1.753,34	2.582,16	2.904,93	1.529,62	2.431,76	2.735,73	1.305,90	2.281,36	2.566,53	1.082,18	2.130,96	2.397,
	III	29.784	-	2.382,72	2.680,56	-	2.238,88	2.518,74	-	2.098,24	2.360,52	-	1.960,64	2.205,72	-	1.826,08	2.054,34	-	1.694,56	1.906,38	-	1.566,24	1.762,
	IV	39.706	2.183,83	3.176,48	3.573,54	2.132,13	3.101,28	3.488,94	2.080,43	3.026,08	3.404,34	2.028,73	2.950,88	3.319,74	1.977,03	2.875,68	3.235,14	1.925,33	2.800,48	3.150,54	1.873,63	2.725,28	3.065,
	V	45.879	2.523,34	3.670,32	4.129,11																		
	VI	46.411	2.552,60	3.712,88	4.176,99																		
133.091,99 (West)	I	39.627	2.179,48	3.170,16	3.566,43	2.076,08	3.019,76	3.397,23	1.972,68	2.869,36	3.228,03	1.869,34	2.719,04	3.058,92	1.733,23	2.568,64	2.889,72	1.509,51	2.418,24	2.720,52	1.285,79	2.267,84	2.551,
	II	37.838	2.081,09	3.027,04	3.405,42	1.977,69	2.876,64	3.236,22	1.874,29	2.726,24	3.067,02	1.743,94	2.575,84	2.897,82	1.520,22	2.425,44	2.728,62	1.296,50	2.275,04	2.559,42	1.072,90	2.124,72	2.390,
	III	29.708	-	2.376,64	2.673,72	-	2.232,96	2.512,08	-	2.092,32	2.353,86	-	1.954,88	2.199,24	-	1.820,48	2.048,04	-	1.689,12	1.900,26	-	1.560,96	1.756,
	IV	39.627	2.179,48	3.170,16	3.566,43	2.127,78	3.094,96	3.481,83	2.076,08	3.019,76	3.397,23	2.024,38	2.944,56	3.312,63	1.972,68	2.869,36	3.228,03	1.920,98	2.794,16	3.143,43	1.869,34	2.719,04	3.058,
	V	45.801	2.519,05	3.664,08	4.122,09																		
	VI	46.332	2.548,26	3.706,56	4.169,88																		
133.091,99 (Ost)	I	39.721	2.184,65	3.177,68	3.574,89	2.081,25	3.027,28	3.405,69	1.977,85	2.876,88	3.236,49	1.874,45	2.726,48	3.067,29	1.744,30	2.576,08	2.898,09	1.520,58	2.425,68	2.728,89	1.296,86	2.275,28	2.559,
	II	37.932	2.086,26	3.034,56	3.413,88	1.982,86	2.884,16	3.244,68	1.879,46	2.733,76	3.075,48	1.755,13	2.583,36	2.906,28	1.531,41	2.432,96	2.737,08	1.307,69	2.282,56	2.567,88	1.083,97	2.132,16	2.398,
	III	29.798	-	2.383,84	2.681,82	-	2.240,16	2.520,18	-	2.099,36	2.361,78	-	1.961,76	2.206,98	-	1.827,20	2.055,60	-	1.695,68	1.907,64	-	1.567,36	1.763,
	IV	39.721	2.184,65	3.177,68	3.574,89	2.132,95	3.102,48	3.490,29	2.081,25	3.027,28	3.405,69	2.029,55	2.952,08	3.321,09	1.977,85	2.876,88	3.236,49	1.926,15	2.801,68	3.151,89	1.874,45	2.726,48	3.067,
	V	45.894	2.524,17	3.671,52	4.130,46																		
	VI	46.426	2.553,43	3.714,08	4.178,34																		
133.127,99 (West)	I	39.642	2.180,31	3.171,36	3.567,78	2.076,91	3.020,96	3.398,58	1.973,56	2.870,64	3.229,47	1.870,16	2.720,24	3.060,27	1.735,02	2.569,84	2.891,07	1.511,30	2.419,44	2.721,87	1.287,58	2.269,04	2.552,
	II	37.853	2.081,91	3.028,24	3.406,77	1.978,51	2.877,84	3.237,57	1.875,11	2.727,44	3.068,37	1.745,73	2.577,04	2.899,17	1.522,12	2.426,72	2.730,06	1.298,40	2.276,32	2.560,86	1.074,68	2.125,92	2.391,
	III	29.722	-	2.377,76	2.674,98	-	2.234,08	2.513,34	-	2.093,44	2.355,12	-	1.956,00	2.200,50	-	1.821,60	2.049,30	-	1.690,24	1.901,52	-	1.561,92	1.757,
	IV	39.642	2.180,31	3.171,36	3.567,78	2.128,61	3.096,16	3.483,18	2.076,91	3.020,96	3.398,58	2.025,26	2.945,84	3.314,07	1.973,56	2.870,64	3.229,47	1.921,86	2.795,44	3.144,87	1.870,16	2.720,24	3.060,
	V	45.816	2.519,88	3.665,28	4.123,44																		
	VI	46.347	2.549,08	3.707,76	4.171,23																		
133.127,99 (Ost)	I	39.736	2.185,48	3.178,88	3.576,24	2.082,08	3.028,48	3.407,04	1.978,68	2.878,08	3.237,84	1.875,28	2.727,68	3.068,64	1.746,08	2.577,28	2.899,44	1.522,36	2.426,88	2.730,24	1.298,76	2.276,56	2.561,
	II	37.947	2.087,08	3.035,76	3.415,23	1.983,68	2.885,36	3.246,03	1.880,28	2.734,96	3.076,83	1.756,91	2.584,56	2.907,63	1.533,19	2.434,16	2.738,43	1.309,47	2.283,76	2.569,23	1.085,75	2.133,36	2.400,
	III	29.814	-	2.385,12	2.683,26	-	2.241,28	2.521,44	-	2.100,48	2.363,04	-	1.962,88	2.208,24	-	1.828,16	2.056,68	-	1.696,80	1.908,90	-	1.568,32	1.764,
	IV	39.736	2.185,48	3.178,88	3.576,24	2.133,78	3.103,68	3.491,64	2.082,08	3.028,48	3.407,04	2.030,38	2.953,28	3.322,44	1.978,68	2.878,08	3.237,84	1.926,98	2.802,88	3.153,24	1.875,28	2.727,68	3.068,
	V	45.909	2.524,99	3.672,72	4.131,81																		
	VI	46.441	2.554,25	3.715,28	4.179,69																		
133.163,99 (West)	I	39.658	2.181,19	3.172,64	3.569,22	2.077,79	3.022,24	3.400,02	1.974,39	2.871,84	3.230,82	1.870,99	2.721,44	3.061,62	1.736,80	2.571,04	2.892,42	1.513,08	2.420,64	2.723,22	1.289,36	2.270,24	2.554,0
	II	37.868	2.082,74	3.029,44	3.408,12	1.979,34	2.879,04	3.238,92	1.875,94	2.728,64	3.069,72	1.747,63	2.578,32	2.900,61	1.523,91	2.427,92	2.731,41	1.300,19	2.277,52	2.562,21	1.076,47	2.127,12	2.393,0
	III	29.738	-	2.379,04	2.676,42	-	2.235,20	2.514,60	-	2.094,56	2.356,38	-	1.957,12	2.201,76	-	1.822,72	2.050,56	-	1.691,20	1.902,60	-	1.563,04	1.758,42
	IV	39.658	2.181,19	3.172,64	3.569,22	2.129,49	3.097,44	3.484,62	2.077,79	3.022,24	3.400,02	2.026,09	2.947,04	3.315,42	1.974,39	2.871,84	3.230,82	1.922,69	2.796,64	3.146,22	1.870,99	2.721,44	3.061,62
	V	45.831	2.520,70	3.666,48	4.124,79																		
	VI	46.363	2.549,96	3.709,04	4.172,67																		
133.163,99 (Ost)	I	39.751	2.186,30	3.180,08	3.577,59	2.082,90	3.029,68	3.408,39	1.979,50	2.879,28	3.239,19	1.876,10	2.728,88	3.069,99	1.747,87	2.578,48	2.900,79	1.524,27	2.428,16	2.731,68	1.300,55	2.277,76	2.562,48
	II	37.962	2.087,91	3.036,96	3.416,58	1.984,51	2.886,56	3.247,38	1.881,11	2.736,16	3.078,18	1.758,70	2.585,76	2.908,98	1.534,98	2.435,36	2.739,78	1.311,26	2.284,96	2.570,58	1.087,54	2.134,56	2.401,38
	III	29.828	-	2.386,24	2.684,52	-	2.242,40	2.522,70	-	2.101,60	2.364,30	-	1.963,84	2.209,32	-	1.829,28	2.057,94	-	1.697,76	1.909,98	-	1.569,28	1.765,44
	IV	39.751	2.186,30	3.180,08	3.577,59	2.134,60	3.104,88	3.492,99	2.082,90	3.029,68	3.408,39	2.031,20	2.954,48	3.323,79	1.979,50	2.879,28	3.239,19	1.927,80	2.804,08	3.154,59	1.876,10	2.728,88	3.069,99
	V	45.924	2.525,82	3.673,92	4.133,16																		
	VI	46.456	2.555,08	3.716,48	4.181,04																		

Anzahl Kinderfreibeträge (nur Steuerklassen I–IV)

SolZ/KiSt lt. Tabelle nicht für Sonstige Bezüge anwendbar.

Allgemeine Tabelle

JAHR bis 133.415,99 €

Lohn/ Gehalt bis	Steuerklasse	Lohn-steuer	ohne Kinderfreibetrag			Anzahl Kinderfreibeträge (nur Steuerklassen I–IV)																	
						0,5			1,0			1,5			2,0			2,5			3,0		
			SolZ 5,5%	Kirchensteuer 8%	Kirchensteuer 9%	SolZ 5,5%	Kirchensteuer 8%	Kirchensteuer 9%	SolZ 5,5%	Kirchensteuer 8%	Kirchensteuer 9%	SolZ 5,5%	Kirchensteuer 8%	Kirchensteuer 9%	SolZ 5,5%	Kirchensteuer 8%	Kirchensteuer 9%	SolZ 5,5%	Kirchensteuer 8%	Kirchensteuer 9%	SolZ 5,5%	Kirchensteuer 8%	Kirchensteuer 9%
33.199,99	I	39.673	2.182,01	3.173,84	3.570,57	2.078,61	3.023,44	3.401,37	1.975,21	2.873,04	3.232,17	1.871,81	2.722,64	3.062,97	1.738,59	2.572,24	2.893,77	1.514,87	2.421,84	2.724,57	1.291,15	2.271,44	2.555,37
(West)	II	37.883	2.083,56	3.030,64	3.409,47	1.980,22	2.880,32	3.240,36	1.876,82	2.729,92	3.071,16	1.749,41	2.579,52	2.901,96	1.525,69	2.429,12	2.732,76	1.301,97	2.278,72	2.563,56	1.078,25	2.128,32	2.394,36
	III	29.752	–	2.380,16	2.677,68	–	2.236,48	2.516,04	–	2.095,68	2.357,64	–	1.958,24	2.203,02	–	1.823,68	2.051,64	–	1.692,32	1.903,86	–	1.564,00	1.759,50
	IV	39.673	2.182,01	3.173,84	3.570,57	2.130,31	3.098,64	3.485,97	2.078,61	3.023,44	3.401,37	2.026,91	2.948,24	3.316,77	1.975,21	2.873,04	3.232,17	1.923,51	2.797,84	3.147,57	1.871,81	2.722,64	3.062,97
	V	45.846	2.521,53	3.667,68	4.126,14																		
	VI	46.378	2.550,79	3.710,24	4.174,02																		
33.199,99	I	39.766	2.187,13	3.181,28	3.578,94	2.083,73	3.030,88	3.409,74	1.980,33	2.880,48	3.240,54	1.876,98	2.730,16	3.071,43	1.749,77	2.579,76	2.902,23	1.526,05	2.429,36	2.733,03	1.302,33	2.278,96	2.563,83
(Ost)	II	37.977	2.088,73	3.038,16	3.417,93	1.985,33	2.887,76	3.248,73	1.881,93	2.737,36	3.079,53	1.760,48	2.586,96	2.910,33	1.536,76	2.436,56	2.741,13	1.313,04	2.286,16	2.571,93	1.089,44	2.135,84	2.402,82
	III	29.842	–	2.387,36	2.685,78	–	2.243,52	2.523,96	–	2.102,72	2.365,56	–	1.964,96	2.210,58	–	1.830,40	2.059,20	–	1.698,88	1.911,24	–	1.570,40	1.766,70
	IV	39.766	2.187,13	3.181,28	3.578,94	2.135,43	3.106,08	3.494,34	2.083,73	3.030,88	3.409,74	2.032,03	2.955,68	3.325,14	1.980,33	2.880,48	3.240,54	1.928,63	2.805,28	3.155,94	1.876,98	2.730,16	3.071,43
	V	45.940	2.526,70	3.675,20	4.134,60																		
	VI	46.471	2.555,90	3.717,68	4.182,39																		
33.235,99	I	39.688	2.182,84	3.175,04	3.571,92	2.079,44	3.024,64	3.402,72	1.976,04	2.874,24	3.233,52	1.872,64	2.723,84	3.064,32	1.740,37	2.573,44	2.895,12	1.516,65	2.423,04	2.725,92	1.292,93	2.272,64	2.556,72
(West)	II	37.899	2.084,44	3.031,92	3.410,91	1.981,04	2.881,52	3.241,71	1.877,64	2.731,12	3.072,51	1.751,20	2.580,72	2.903,31	1.527,48	2.430,32	2.734,11	1.303,76	2.279,92	2.564,91	1.080,04	2.129,52	2.395,71
	III	29.766	–	2.381,28	2.678,94	–	2.237,60	2.517,30	–	2.096,80	2.358,90	–	1.959,36	2.204,28	–	1.824,80	2.052,90	–	1.693,44	1.905,12	–	1.564,96	1.760,58
	IV	39.688	2.182,84	3.175,04	3.571,92	2.131,14	3.099,84	3.487,32	2.079,44	3.024,64	3.402,72	2.027,74	2.949,44	3.318,12	1.976,04	2.874,24	3.233,52	1.924,34	2.799,04	3.148,92	1.872,64	2.723,84	3.064,32
	V	45.861	2.522,35	3.668,88	4.127,49																		
	VI	46.393	2.551,61	3.711,44	4.175,37																		
33.235,99	I	39.781	2.187,95	3.182,48	3.580,29	2.084,55	3.032,08	3.411,09	1.981,21	2.881,76	3.241,98	1.877,81	2.731,36	3.072,78	1.751,56	2.580,96	2.903,58	1.527,84	2.430,56	2.734,38	1.304,12	2.280,16	2.565,18
(Ost)	II	37.992	2.089,56	3.039,36	3.419,28	1.986,16	2.888,96	3.250,08	1.882,76	2.738,56	3.080,88	1.762,27	2.588,16	2.911,68	1.538,67	2.437,84	2.742,57	1.314,95	2.287,44	2.573,37	1.091,23	2.137,04	2.404,17
	III	29.858	–	2.388,64	2.687,22	–	2.244,64	2.525,22	–	2.103,84	2.366,82	–	1.966,08	2.211,84	–	1.831,36	2.060,28	–	1.699,84	1.912,32	–	1.571,36	1.767,78
	IV	39.781	2.187,95	3.182,48	3.580,29	2.136,25	3.107,28	3.495,69	2.084,55	3.032,08	3.411,09	2.032,91	2.956,96	3.326,58	1.981,21	2.881,76	3.241,98	1.929,51	2.806,56	3.157,38	1.877,81	2.731,36	3.072,78
	V	45.955	2.527,52	3.676,40	4.135,95																		
	VI	46.486	2.556,73	3.718,88	4.183,74																		
33.271,99	I	39.703	2.183,66	3.176,24	3.573,27	2.080,26	3.025,84	3.404,07	1.976,86	2.875,44	3.234,87	1.873,46	2.725,04	3.065,67	1.742,16	2.574,64	2.896,47	1.518,44	2.424,24	2.727,27	1.294,72	2.273,84	2.558,07
(West)	II	37.914	2.085,27	3.033,12	3.412,26	1.981,87	2.882,72	3.243,06	1.878,47	2.732,32	3.073,86	1.752,98	2.581,92	2.904,66	1.529,26	2.431,52	2.735,46	1.305,54	2.281,12	2.566,26	1.081,82	2.130,72	2.397,06
	III	29.780	–	2.382,40	2.680,20	–	2.238,72	2.518,56	–	2.097,92	2.360,16	–	1.960,32	2.205,36	–	1.825,92	2.054,16	–	1.694,40	1.906,20	–	1.566,08	1.761,84
	IV	39.703	2.183,66	3.176,24	3.573,27	2.131,96	3.101,04	3.488,67	2.080,26	3.025,84	3.404,07	2.028,56	2.950,64	3.319,47	1.976,86	2.875,44	3.234,87	1.925,16	2.800,24	3.150,27	1.873,46	2.725,04	3.065,67
	V	45.876	2.523,18	3.670,08	4.128,84																		
	VI	46.408	2.552,44	3.712,64	4.176,72																		
33.271,99	I	39.797	2.188,83	3.183,76	3.581,73	2.085,43	3.033,36	3.412,53	1.982,03	2.882,96	3.243,33	1.878,63	2.732,56	3.074,13	1.753,34	2.582,16	2.904,93	1.529,62	2.431,76	2.735,73	1.305,90	2.281,36	2.566,53
(Ost)	II	38.007	2.090,38	3.040,56	3.420,63	1.986,98	2.890,16	3.251,43	1.883,58	2.739,76	3.082,23	1.764,17	2.589,44	2.913,12	1.540,45	2.439,04	2.743,92	1.316,73	2.288,64	2.574,72	1.093,01	2.138,24	2.405,52
	III	29.872	–	2.389,76	2.688,48	–	2.245,76	2.526,48	–	2.104,96	2.368,08	–	1.967,20	2.213,10	–	1.832,48	2.061,54	–	1.700,96	1.913,58	–	1.572,48	1.769,04
	IV	39.797	2.188,83	3.183,76	3.581,73	2.137,13	3.108,56	3.497,13	2.085,43	3.033,36	3.412,53	2.033,73	2.958,16	3.327,93	1.982,03	2.882,96	3.243,33	1.930,33	2.807,76	3.158,73	1.878,63	2.732,56	3.074,13
	V	45.970	2.528,35	3.677,60	4.137,30																		
	VI	46.502	2.557,61	3.720,16	4.185,18																		
33.307,99	I	39.718	2.184,49	3.177,44	3.574,62	2.081,09	3.027,04	3.405,42	1.977,69	2.876,64	3.236,22	1.874,29	2.726,24	3.067,02	1.743,94	2.575,84	2.897,82	1.520,22	2.425,44	2.728,62	1.296,50	2.275,04	2.559,42
(West)	II	37.929	2.086,09	3.034,32	3.413,61	1.982,69	2.883,92	3.244,41	1.879,29	2.733,52	3.075,21	1.754,77	2.583,12	2.906,01	1.531,05	2.432,72	2.736,81	1.307,33	2.282,32	2.567,61	1.083,61	2.131,92	2.398,41
	III	29.796	–	2.383,68	2.681,64	–	2.239,84	2.519,82	–	2.099,04	2.361,42	–	1.961,44	2.206,62	–	1.826,88	2.055,24	–	1.695,52	1.907,46	–	1.567,04	1.762,92
	IV	39.718	2.184,49	3.177,44	3.574,62	2.132,79	3.102,24	3.490,02	2.081,09	3.027,04	3.405,42	2.029,39	2.951,84	3.320,82	1.977,69	2.876,64	3.236,22	1.925,99	2.801,44	3.151,62	1.874,29	2.726,24	3.067,02
	V	45.891	2.524,00	3.671,28	4.130,19																		
	VI	46.423	2.553,26	3.713,84	4.178,07																		
33.307,99	I	39.812	2.189,66	3.184,96	3.583,08	2.086,26	3.034,56	3.413,88	1.982,86	2.884,16	3.244,68	1.879,46	2.733,76	3.075,48	1.755,13	2.583,36	2.906,28	1.531,41	2.432,96	2.737,08	1.307,69	2.282,56	2.567,88
(Ost)	II	38.022	2.091,21	3.041,76	3.421,98	1.987,86	2.891,44	3.252,87	1.884,46	2.741,04	3.083,67	1.765,96	2.590,64	2.914,47	1.542,24	2.440,24	2.745,27	1.318,52	2.289,84	2.576,07	1.094,80	2.139,44	2.406,87
	III	29.886	–	2.390,88	2.689,74	–	2.246,88	2.527,74	–	2.106,08	2.369,34	–	1.968,32	2.214,36	–	1.833,60	2.062,80	–	1.701,92	1.914,66	–	1.573,44	1.770,12
	IV	39.812	2.189,66	3.184,96	3.583,08	2.137,96	3.109,76	3.498,48	2.086,26	3.034,56	3.413,88	2.034,56	2.959,36	3.329,28	1.982,86	2.884,16	3.244,68	1.931,16	2.808,96	3.160,08	1.879,46	2.733,76	3.075,48
	V	45.985	2.529,17	3.678,80	4.138,65																		
	VI	46.517	2.558,43	3.721,36	4.186,53																		
33.343,99	I	39.733	2.185,31	3.178,64	3.575,97	2.081,91	3.028,24	3.406,77	1.978,51	2.877,84	3.237,57	1.875,11	2.727,44	3.068,37	1.745,73	2.577,04	2.899,17	1.522,12	2.426,72	2.730,06	1.298,40	2.276,32	2.560,86
(West)	II	37.944	2.086,92	3.035,52	3.414,96	1.983,52	2.885,12	3.245,76	1.880,12	2.734,72	3.076,56	1.756,55	2.584,32	2.907,36	1.532,83	2.433,92	2.738,16	1.309,11	2.283,52	2.568,96	1.085,39	2.133,12	2.399,76
	III	29.810	–	2.384,80	2.682,90	–	2.240,96	2.521,08	–	2.100,16	2.362,68	–	1.962,56	2.207,88	–	1.828,00	2.056,50	–	1.696,48	1.908,54	–	1.568,16	1.764,18
	IV	39.733	2.185,31	3.178,64	3.575,97	2.133,61	3.103,44	3.491,37	2.081,91	3.028,24	3.406,77	2.030,21	2.953,04	3.322,17	1.978,51	2.877,84	3.237,57	1.926,81	2.802,64	3.152,97	1.875,11	2.727,44	3.068,37
	V	45.906	2.524,83	3.672,48	4.131,54																		
	VI	46.438	2.554,09	3.715,04	4.179,42																		
33.343,99	I	39.827	2.190,48	3.186,16	3.584,43	2.087,08	3.035,76	3.415,23	1.983,68	2.885,36	3.246,03	1.880,28	2.734,96	3.076,83	1.756,91	2.584,56	2.907,63	1.533,19	2.434,16	2.738,43	1.309,47	2.283,76	2.569,23
(Ost)	II	38.038	2.092,09	3.043,04	3.423,42	1.988,69	2.892,64	3.254,22	1.885,29	2.742,24	3.085,02	1.767,74	2.591,84	2.915,82	1.544,02	2.441,44	2.746,62	1.320,30	2.291,04	2.577,42	1.096,58	2.140,64	2.408,22
	III	29.902	–	2.392,16	2.691,18	–	2.248,16	2.529,18	–	2.107,20	2.370,60	–	1.969,44	2.215,62	–	1.834,72	2.064,06	–	1.703,04	1.915,92	–	1.574,40	1.771,20
	IV	39.827	2.190,48	3.186,16	3.584,43	2.138,78	3.110,96	3.499,83	2.087,08	3.035,76	3.415,23	2.035,38	2.960,56	3.330,63	1.983,68	2.885,36	3.246,03	1.931,98	2.810,16	3.161,43	1.880,28	2.734,96	3.076,83
	V	46.000	2.530,00	3.680,00	4.140,00																		
	VI	46.532	2.559,26	3.722,56	4.187,88																		
33.379,99	I	39.748	2.186,14	3.179,84	3.577,32	2.082,74	3.029,44	3.408,12	1.979,34	2.879,04	3.238,92	1.875,94	2.728,64	3.069,72	1.747,63	2.578,32	2.900,61	1.523,91	2.427,92	2.731,41	1.300,19	2.277,52	2.562,21
(West)	II	37.959	2.087,74	3.036,72	3.416,31	1.984,34	2.886,32	3.247,11	1.880,94	2.735,92	3.077,91	1.758,34	2.585,52	2.908,71	1.534,62	2.435,12	2.739,51	1.310,90	2.284,72	2.570,31	1.087,30	2.134,40	2.401,20
	III	29.824	–	2.385,92	2.684,16	–	2.242,08	2.522,34	–	2.101,28	2.363,94	–	1.963,68	2.209,14	–	1.829,12	2.057,76	–	1.697,60	1.909,80	–	1.569,12	1.765,26
	IV	39.748	2.186,14	3.179,84	3.577,32	2.134,44	3.104,64	3.492,72	2.082,74	3.029,44	3.408,12	2.031,04	2.954,24	3.323,52	1.979,34	2.879,04	3.238,92	1.927,64	2.803,84	3.154,32	1.875,94	2.728,64	3.069,72
	V	45.922	2.525,71	3.673,76	4.132,98																		
	VI	46.453	2.554,91	3.716,24	4.180,77																		
33.379,99	I	39.842	2.191,31	3.187,36	3.585,78	2.087,91	3.036,96	3.416,58	1.984,51	2.886,56	3.247,38	1.881,11	2.736,16	3.078,18	1.758,70	2.585,76	2.908,98	1.534,98	2.435,36	2.739,78	1.311,26	2.284,96	2.570,58
(Ost)	II	38.053	2.092,91	3.044,24	3.424,77	1.989,51	2.893,84	3.255,57	1.886,11	2.743,44	3.086,37	1.769,53	2.593,04	2.917,17	1.545,81	2.442,64	2.747,97	1.322,09	2.292,24	2.578,77	1.098,37	2.141,84	2.409,57
	III	29.916	–	2.393,28	2.692,44	–	2.249,28	2.530,44	–	2.108,32	2.371,86	–	1.970,40	2.216,70	–	1.835,68	2.065,14	–	1.704,00	1.917,00	–	1.575,52	1.772,46
	IV	39.842	2.191,31	3.187,36	3.585,78	2.139,61	3.112,16	3.501,18	2.087,91	3.036,96	3.416,58	2.036,21	2.961,76	3.331,98	1.984,51	2.886,56	3.247,38	1.932,81	2.811,36	3.162,78	1.881,11	2.736,16	3.078,18
	V	46.015	2.530,82	3.681,20	4.141,35																		
	VI	46.547	2.560,08	3.723,76	4.189,23																		
33.415,99	I	39.763	2.186,96	3.181,04	3.578,67	2.083,56	3.030,64	3.409,47	1.980,22	2.880,32	3.240,36	1.876,82	2.729,92	3.071,16	1.749,41	2.579,52	2.901,96	1.525,69	2.429,12	2.732,76	1.301,97	2.278,72	2.563,56
(West)	II	37.974	2.088,57	3.037,92	3.417,66	1.985,17	2.887,52	3.248,46	1.881,77	2.737,12	3.079,26	1.760,12	2.586,72	2.910,06	1.536,40	2.436,32	2.740,86	1.312,80	2.286,00	2.571,75	1.089,08	2.135,60	2.402,55
	III	29.840	–	2.387,20	2.685,60	–	2.243,20	2.523,60	–	2.102,40	2.365,20	–	1.964,80	2.210,40	–	1.830,08	2.058,84	–	1.698,56	1.910,88	–	1.570,08	1.766,34
	IV	39.763	2.186,96	3.181,04	3.578,67	2.135,26	3.105,84	3.494,07	2.083,56	3.030,64	3.409,47	2.031,86	2.955,44	3.324,87	1.980,22	2.880,32	3.240,36	1.928,52	2.805,12	3.155,76	1.876,82	2.729,92	3.071,16
	V	45.937	2.526,53	3.674,96	4.134,33																		
	VI	46.468	2.555,74	3.717,44	4.182,12																		
33.415,99	I	39.857	2.192,13	3.188,56	3.587,13	2.088,73	3.038,16	3.417,93	1.985,33	2.887,76	3.248,73	1.881,93	2.737,36	3.079,53	1.760,48	2.586,96	2.910,33	1.536,76	2.436,56	2.741,13	1.313,04	2.286,16	2.571,93
(Ost)	II	38.068	2.093,74	3.045,44	3.426,12	1.990,34	2.895,04	3.256,92	1.886,94	2.744,64	3.087,72	1.771,31	2.594,24	2.918,52	1.547,59	2.443,84	2.749,32	1.323,87	2.293,44	2.580,12	1.100,15	2.143,04	2.410,92
	III	29.930	–	2.394,40	2.693,70	–	2.250,40	2.531,70	–	2.109,44	2.373,12	–	1.971,52	2.217,96	–	1.836,80	2.066,40	–	1.705,12	1.918,26	–	1.576,48	1.773,54
	IV	39.857	2.192,13	3.188,56	3.587,13	2.140,43	3.113,36	3.502,53	2.088,73	3.038,16	3.417,93	2.037,03	2.962,96	3.333,33	1.985,33	2.887,76	3.248,73	1.933,63	2.812,56	3.164,13	1.881,93	2.737,36	3.079,53
	V	46.030	2.531,65	3.682,40	4.142,70																		
	VI	46.562	2.560,91	3.724,96	4.190,58																		

SolZ/KiSt lt. Tabelle nicht für Sonstige Bezüge anwendbar.

Lohn/ Gehalt bis	Steuerklasse	Lohn-steuer	ohne Kinderfreibetrag SolZ 5,5%	Kirchensteuer 8%	9%	0,5 SolZ 5,5%	Kirchensteuer 8%	9%	1,0 SolZ 5,5%	Kirchensteuer 8%	9%	1,5 SolZ 5,5%	Kirchensteuer 8%	9%	2,0 SolZ 5,5%	Kirchensteuer 8%	9%	2,5 SolZ 5,5%	Kirchensteuer 8%	9%	3,0 SolZ 5,5%	Kirchensteuer 8%	9%
133.451,99 (West)	I	39.778	2.187,79	3.182,24	3.580,02	2.084,44	3.031,92	3.410,91	1.981,04	2.881,52	3.241,71	1.877,64	2.731,12	3.072,51	1.751,20	2.580,72	2.903,31	1.527,48	2.430,32	2.734,11	1.303,76	2.279,92	2.564,
	II	37.989	2.089,39	3.039,12	3.419,01	1.985,99	2.888,72	3.249,81	1.882,59	2.738,32	3.080,61	1.762,03	2.588,00	2.911,50	1.538,31	2.437,60	2.742,30	1.314,59	2.287,20	2.573,10	1.090,87	2.136,80	2.403,
	III	29.854	-	2.388,32	2.686,86	-	2.244,48	2.525,04	-	2.103,52	2.366,46	-	1.965,92	2.211,66	-	1.831,20	2.060,10	-	1.699,68	1.912,14	-	1.571,20	1.767,
	IV	39.778	2.187,79	3.182,24	3.580,02	2.136,14	3.107,12	3.495,51	2.084,44	3.031,92	3.410,91	2.032,74	2.956,72	3.326,31	1.981,04	2.881,52	3.241,71	1.929,34	2.806,32	3.157,11	1.877,64	2.731,12	3.072,
	V	45.952	2.527,36	3.676,16	4.135,68																		
	VI	46.483	2.556,56	3.718,64	4.183,47																		
133.451,99 (Ost)	I	39.872	2.192,96	3.189,76	3.588,48	2.089,56	3.039,36	3.419,28	1.986,16	2.888,96	3.250,08	1.882,76	2.738,56	3.080,88	1.762,27	2.588,16	2.911,68	1.538,67	2.437,84	2.742,57	1.314,95	2.287,44	2.573,
	II	38.083	2.094,56	3.046,64	3.427,47	1.991,16	2.896,24	3.258,27	1.887,76	2.745,84	3.089,07	1.773,10	2.595,44	2.919,87	1.549,38	2.445,04	2.750,67	1.325,66	2.294,64	2.581,47	1.101,94	2.144,24	2.412,
	III	29.946	-	2.395,68	2.695,14	-	2.251,52	2.532,96	-	2.110,56	2.374,38	-	1.972,64	2.219,22	-	1.837,92	2.067,66	-	1.706,08	1.919,34	-	1.577,44	1.774,
	IV	39.872	2.192,96	3.189,76	3.588,48	2.141,26	3.114,56	3.503,88	2.089,56	3.039,36	3.419,28	2.037,86	2.964,16	3.334,68	1.986,16	2.888,96	3.250,08	1.934,46	2.813,76	3.165,48	1.882,76	2.738,56	3.080,
	V	46.045	2.532,47	3.683,60	4.144,05																		
	VI	46.577	2.561,73	3.726,16	4.191,93																		
133.487,99 (West)	I	39.794	2.188,67	3.183,52	3.581,46	2.085,27	3.033,12	3.412,26	1.981,87	2.882,72	3.243,06	1.878,47	2.732,32	3.073,86	1.752,98	2.581,92	2.904,66	1.529,26	2.431,52	2.735,46	1.305,54	2.281,12	2.566,
	II	38.004	2.090,22	3.040,32	3.420,36	1.986,82	2.889,92	3.251,16	1.883,47	2.739,60	3.082,05	1.763,81	2.589,20	2.912,85	1.540,09	2.438,80	2.743,65	1.316,37	2.288,40	2.574,45	1.092,65	2.138,00	2.405,
	III	29.868	-	2.389,44	2.688,12	-	2.245,60	2.526,30	-	2.104,64	2.367,72	-	1.966,88	2.212,74	-	1.832,32	2.061,36	-	1.700,64	1.913,22	-	1.572,16	1.768,
	IV	39.794	2.188,67	3.183,52	3.581,46	2.136,97	3.108,32	3.496,86	2.085,27	3.033,12	3.412,26	2.033,57	2.957,92	3.327,66	1.981,87	2.882,72	3.243,06	1.930,17	2.807,52	3.158,46	1.878,47	2.732,32	3.073,
	V	45.967	2.528,18	3.677,36	4.137,03																		
	VI	46.499	2.557,44	3.719,92	4.184,91																		
133.487,99 (Ost)	I	39.887	2.193,78	3.190,96	3.589,83	2.090,38	3.040,56	3.420,63	1.986,98	2.890,16	3.251,43	1.883,58	2.739,76	3.082,23	1.764,17	2.589,44	2.913,12	1.540,45	2.439,04	2.743,92	1.316,73	2.288,64	2.574,
	II	38.098	2.095,39	3.047,84	3.428,82	1.991,99	2.897,44	3.259,62	1.888,59	2.747,04	3.090,42	1.774,88	2.596,64	2.921,22	1.551,16	2.446,24	2.752,02	1.327,44	2.295,84	2.582,82	1.103,84	2.145,52	2.413,
	III	29.960	-	2.396,80	2.696,40	-	2.252,64	2.534,22	-	2.111,68	2.375,64	-	1.973,76	2.220,48	-	1.838,88	2.068,74	-	1.707,20	1.920,60	-	1.578,56	1.775,
	IV	39.887	2.193,78	3.190,96	3.589,83	2.142,08	3.115,76	3.505,23	2.090,38	3.040,56	3.420,63	2.038,68	2.965,36	3.336,03	1.986,98	2.890,16	3.251,43	1.935,28	2.814,96	3.166,83	1.883,58	2.739,76	3.082,
	V	46.061	2.533,35	3.684,88	4.145,49																		
	VI	46.592	2.562,56	3.727,36	4.193,28																		
133.523,99 (West)	I	39.809	2.189,49	3.184,72	3.582,81	2.086,09	3.034,32	3.413,61	1.982,69	2.883,92	3.244,41	1.879,29	2.733,52	3.075,21	1.754,77	2.583,12	2.906,01	1.531,05	2.432,72	2.736,81	1.307,33	2.282,32	2.567,
	II	38.020	2.091,10	3.041,60	3.421,80	1.987,70	2.891,20	3.252,60	1.884,30	2.740,80	3.083,40	1.765,60	2.590,40	2.914,20	1.541,88	2.440,00	2.745,00	1.318,16	2.289,60	2.575,80	1.094,44	2.139,20	2.406,
	III	29.884	-	2.390,72	2.689,56	-	2.246,72	2.527,56	-	2.105,76	2.368,98	-	1.968,00	2.214,00	-	1.833,28	2.062,44	-	1.701,76	1.914,48	-	1.573,12	1.769,
	IV	39.809	2.189,49	3.184,72	3.582,81	2.137,79	3.109,52	3.498,21	2.086,09	3.034,32	3.413,61	2.034,39	2.959,12	3.329,01	1.982,69	2.883,92	3.244,41	1.930,99	2.808,72	3.159,81	1.879,29	2.733,52	3.075,
	V	45.982	2.529,01	3.678,56	4.138,38																		
	VI	46.514	2.558,27	3.721,12	4.186,26																		
133.523,99 (Ost)	I	39.902	2.194,61	3.192,16	3.591,18	2.091,21	3.041,76	3.421,98	1.987,86	2.891,44	3.252,87	1.884,46	2.741,04	3.083,67	1.765,96	2.590,64	2.914,47	1.542,24	2.440,24	2.745,27	1.318,52	2.289,84	2.576,
	II	38.113	2.096,21	3.049,04	3.430,17	1.992,81	2.898,64	3.260,97	1.889,41	2.748,24	3.091,77	1.776,67	2.597,84	2.922,57	1.552,95	2.447,44	2.753,37	1.329,34	2.297,12	2.584,26	1.105,62	2.146,72	2.415,
	III	29.974	-	2.397,92	2.697,66	-	2.253,76	2.535,48	-	2.112,80	2.376,90	-	1.974,88	2.221,74	-	1.840,00	2.070,00	-	1.708,16	1.921,68	-	1.579,52	1.776,
	IV	39.902	2.194,61	3.192,16	3.591,18	2.142,91	3.116,96	3.506,58	2.091,21	3.041,76	3.421,98	2.039,51	2.966,56	3.337,38	1.987,86	2.891,44	3.252,87	1.936,16	2.816,24	3.168,27	1.884,46	2.741,04	3.083,
	V	46.076	2.534,18	3.686,08	4.146,84																		
	VI	46.607	2.563,38	3.728,56	4.194,63																		
133.559,99 (West)	I	39.824	2.190,32	3.185,92	3.584,16	2.086,92	3.035,52	3.414,96	1.983,52	2.885,12	3.245,76	1.880,12	2.734,72	3.076,56	1.756,55	2.584,32	2.907,36	1.532,83	2.433,92	2.738,16	1.309,11	2.283,52	2.568,
	II	38.035	2.091,92	3.042,80	3.423,15	1.988,52	2.892,40	3.253,95	1.885,12	2.742,00	3.084,75	1.767,38	2.591,60	2.915,55	1.543,66	2.441,20	2.746,35	1.319,94	2.290,80	2.577,15	1.096,22	2.140,40	2.407,
	III	29.898	-	2.391,84	2.690,82	-	2.247,84	2.528,82	-	2.106,88	2.370,24	-	1.969,12	2.215,26	-	1.834,40	2.063,70	-	1.702,72	1.915,56	-	1.574,24	1.771,
	IV	39.824	2.190,32	3.185,92	3.584,16	2.138,62	3.110,72	3.499,56	2.086,92	3.035,52	3.414,96	2.035,22	2.960,32	3.330,36	1.983,52	2.885,12	3.245,76	1.931,82	2.809,92	3.161,16	1.880,12	2.734,72	3.076,
	V	45.997	2.529,83	3.679,76	4.139,73																		
	VI	46.529	2.559,09	3.722,32	4.187,61																		
133.559,99 (Ost)	I	39.917	2.195,43	3.193,36	3.592,53	2.092,09	3.043,04	3.423,42	1.988,69	2.892,64	3.254,22	1.885,29	2.742,24	3.085,02	1.767,74	2.591,84	2.915,82	1.544,02	2.441,44	2.746,62	1.320,30	2.291,04	2.577,
	II	38.128	2.097,04	3.050,24	3.431,52	1.993,64	2.899,84	3.262,32	1.890,24	2.749,44	3.093,12	1.778,57	2.599,12	2.924,01	1.554,85	2.448,72	2.754,81	1.331,13	2.298,32	2.585,61	1.107,41	2.147,92	2.416,
	III	29.990	-	2.399,20	2.699,10	-	2.255,04	2.536,92	-	2.113,92	2.378,16	-	1.976,00	2.223,00	-	1.841,12	2.071,26	-	1.709,28	1.922,94	-	1.580,64	1.778,
	IV	39.917	2.195,43	3.193,36	3.592,53	2.143,79	3.118,24	3.508,02	2.092,09	3.043,04	3.423,42	2.040,39	2.967,84	3.338,82	1.988,69	2.892,64	3.254,22	1.936,99	2.817,44	3.169,62	1.885,29	2.742,24	3.085,
	V	46.091	2.535,00	3.687,28	4.148,19																		
	VI	46.623	2.564,26	3.729,84	4.196,07																		
133.595,99 (West)	I	39.839	2.191,14	3.187,12	3.585,51	2.087,74	3.036,72	3.416,31	1.984,34	2.886,32	3.247,11	1.880,94	2.735,92	3.077,91	1.758,34	2.585,52	2.908,71	1.534,62	2.435,12	2.739,51	1.310,90	2.284,72	2.570,
	II	38.050	2.092,75	3.044,00	3.424,50	1.989,35	2.893,60	3.255,30	1.885,95	2.743,20	3.086,10	1.769,17	2.592,80	2.916,90	1.545,45	2.442,40	2.747,70	1.321,73	2.292,00	2.578,50	1.098,01	2.141,60	2.409,
	III	29.912	-	2.392,96	2.692,08	-	2.248,96	2.530,08	-	2.108,00	2.371,50	-	1.970,24	2.216,52	-	1.835,52	2.064,96	-	1.703,84	1.916,82	-	1.575,20	1.772,
	IV	39.839	2.191,14	3.187,12	3.585,51	2.139,44	3.111,92	3.500,91	2.087,74	3.036,72	3.416,31	2.036,04	2.961,52	3.331,71	1.984,34	2.886,32	3.247,11	1.932,64	2.811,12	3.162,51	1.880,94	2.735,92	3.077,
	V	46.012	2.530,66	3.680,96	4.141,08																		
	VI	46.544	2.559,92	3.723,52	4.188,96																		
133.595,99 (Ost)	I	39.933	2.196,31	3.194,64	3.593,97	2.092,91	3.044,24	3.424,77	1.989,51	2.893,84	3.255,57	1.886,11	2.743,44	3.086,37	1.769,53	2.593,04	2.917,17	1.545,81	2.442,64	2.747,97	1.322,09	2.292,24	2.578,
	II	38.143	2.097,86	3.051,44	3.432,87	1.994,46	2.901,04	3.263,67	1.891,12	2.750,72	3.094,56	1.780,35	2.600,32	2.925,36	1.556,63	2.449,92	2.756,16	1.332,91	2.299,52	2.586,96	1.109,19	2.149,12	2.417,
	III	30.004	-	2.400,32	2.700,36	-	2.256,16	2.538,18	-	2.115,04	2.379,42	-	1.977,12	2.224,26	-	1.842,08	2.072,34	-	1.710,40	1.924,20	-	1.581,60	1.779,
	IV	39.933	2.196,31	3.194,64	3.593,97	2.144,61	3.119,44	3.509,37	2.092,91	3.044,24	3.424,77	2.041,21	2.969,04	3.340,17	1.989,51	2.893,84	3.255,57	1.937,81	2.818,64	3.170,97	1.886,11	2.743,44	3.086,
	V	46.106	2.535,83	3.688,48	4.149,54																		
	VI	46.638	2.565,09	3.731,04	4.197,42																		
133.631,99 (West)	I	39.854	2.191,97	3.188,32	3.586,86	2.088,57	3.037,92	3.417,66	1.985,17	2.887,52	3.248,46	1.881,77	2.737,12	3.079,26	1.760,12	2.586,72	2.910,06	1.536,40	2.436,32	2.740,86	1.312,80	2.286,00	2.571,
	II	38.065	2.093,57	3.045,20	3.425,85	1.990,17	2.894,80	3.256,65	1.886,77	2.744,40	3.087,45	1.770,95	2.594,00	2.918,25	1.547,23	2.443,60	2.749,05	1.323,51	2.293,20	2.579,85	1.099,79	2.142,80	2.410,
	III	29.928	-	2.394,24	2.693,52	-	2.250,08	2.531,34	-	2.109,12	2.372,76	-	1.971,36	2.217,78	-	1.836,48	2.066,04	-	1.704,80	1.917,90	-	1.576,32	1.773,
	IV	39.854	2.191,97	3.188,32	3.586,86	2.140,27	3.113,12	3.502,26	2.088,57	3.037,92	3.417,66	2.036,87	2.962,72	3.333,06	1.985,17	2.887,52	3.248,46	1.933,47	2.812,32	3.163,86	1.881,77	2.737,12	3.079,
	V	46.027	2.531,48	3.682,16	4.142,43																		
	VI	46.559	2.560,74	3.724,72	4.190,31																		
133.631,99 (Ost)	I	39.948	2.197,14	3.195,84	3.595,32	2.093,74	3.045,44	3.426,12	1.990,34	2.895,04	3.256,92	1.886,94	2.744,64	3.087,72	1.771,31	2.594,24	2.918,52	1.547,59	2.443,84	2.749,32	1.323,87	2.293,44	2.580,
	II	38.159	2.098,74	3.052,72	3.434,31	1.995,34	2.902,32	3.265,11	1.891,94	2.751,92	3.095,91	1.782,14	2.601,52	2.926,71	1.558,42	2.451,12	2.757,51	1.334,70	2.300,72	2.588,31	1.110,98	2.150,32	2.419,
	III	30.018	-	2.401,44	2.701,62	-	2.257,28	2.539,44	-	2.116,16	2.380,68	-	1.978,08	2.225,34	-	1.843,20	2.073,60	-	1.711,36	1.925,28	-	1.582,56	1.780,
	IV	39.948	2.197,14	3.195,84	3.595,32	2.145,44	3.120,64	3.510,72	2.093,74	3.045,44	3.426,12	2.042,04	2.970,24	3.341,52	1.990,34	2.895,04	3.256,92	1.938,64	2.819,84	3.172,32	1.886,94	2.744,64	3.087,
	V	46.121	2.536,65	3.689,68	4.150,89																		
	VI	46.653	2.565,91	3.732,24	4.198,77																		
133.667,99 (West)	I	39.869	2.192,79	3.189,52	3.588,21	2.089,39	3.039,12	3.419,01	1.985,99	2.888,72	3.249,81	1.882,59	2.738,32	3.080,61	1.762,03	2.588,00	2.911,50	1.538,31	2.437,60	2.742,30	1.314,59	2.287,20	2.573,
	II	38.080	2.094,40	3.046,40	3.427,20	1.991,00	2.896,00	3.258,00	1.887,60	2.745,60	3.088,80	1.772,74	2.595,20	2.919,60	1.549,02	2.444,80	2.750,40	1.325,30	2.294,40	2.581,20	1.101,58	2.144,00	2.412,
	III	29.942	-	2.395,36	2.694,78	-	2.251,36	2.532,78	-	2.110,24	2.374,02	-	1.972,48	2.219,04	-	1.837,60	2.067,30	-	1.705,92	1.919,16	-	1.577,28	1.774,
	IV	39.869	2.192,79	3.189,52	3.588,21	2.141,09	3.114,32	3.503,61	2.089,39	3.039,12	3.419,01	2.037,69	2.963,92	3.334,41	1.985,99	2.888,72	3.249,81	1.934,29	2.813,52	3.165,21	1.882,59	2.738,32	3.080,
	V	46.042	2.532,31	3.683,36	4.143,78																		
	VI	46.574	2.561,57	3.725,92	4.191,66																		
133.667,99 (Ost)	I	39.963	2.197,96	3.197,04	3.596,67	2.094,56	3.046,64	3.427,47	1.991,16	2.896,24	3.258,27	1.887,76	2.745,84	3.089,07	1.773,10	2.595,44	2.919,87	1.549,38	2.445,04	2.750,67	1.325,66	2.294,64	2.581,
	II	38.174	2.099,57	3.053,92	3.435,66	1.996,17	2.903,52	3.266,46	1.892,77	2.753,12	3.097,26	1.783,92	2.602,72	2.928,06	1.560,20	2.452,32	2.758,86	1.336,48	2.301,92	2.589,66	1.112,76	2.151,52	2.420,
	III	30.032	-	2.402,56	2.702,88	-	2.258,40	2.540,70	-	2.117,28	2.381,94	-	1.979,20	2.226,60	-	1.844,32	2.074,86	-	1.712,48	1.926,54	-	1.583,68	1.781,
	IV	39.963	2.197,96	3.197,04	3.596,67	2.146,26	3.121,84	3.512,07	2.094,56	3.046,64	3.427,47	2.042,86	2.971,44	3.342,87	1.991,16	2.896,24	3.258,27	1.939,46	2.821,04	3.173,67	1.887,76	2.745,84	3.089,
	V	46.136	2.537,48	3.690,88	4.152,24																		
	VI	46.668	2.566,74	3.733,44	4.200,12																		

Anzahl Kinderfreibeträge (nur Steuerklassen I–IV)

SolZ/KiSt lt. Tabelle nicht für Sonstige Bezüge anwendbar.

Allgemeine Tabelle

JAHR bis 133.919,99 €

Lohn/ Gehalt bis	Steuerklasse	Lohn-steuer	ohne Kinderfreibetrag SolZ 5,5%	Kirchensteuer 8%	9%	0,5 SolZ 5,5%	Kirchensteuer 8%	9%	1,0 SolZ 5,5%	Kirchensteuer 8%	9%	1,5 SolZ 5,5%	Kirchensteuer 8%	9%	2,0 SolZ 5,5%	Kirchensteuer 8%	9%	2,5 SolZ 5,5%	Kirchensteuer 8%	9%	3,0 SolZ 5,5%	Kirchensteuer 8%	9%
						Anzahl Kinderfreibeträge (nur Steuerklassen I–IV)																	
3.703,99 (West)	I	39.884	2.193,62	3.190,72	3.589,56	2.090,22	3.040,32	3.420,36	1.986,82	2.889,92	3.251,16	1.883,47	2.739,60	3.082,05	1.763,81	2.589,20	2.912,85	1.540,09	2.438,80	2.743,65	1.316,37	2.288,40	2.574,45
	II	38.095	2.095,22	3.047,60	3.428,55	1.991,82	2.897,20	3.259,35	1.888,42	2.746,80	3.090,15	1.774,52	2.596,40	2.920,95	1.550,80	2.446,00	2.751,75	1.327,20	2.295,68	2.582,64	1.103,48	2.145,28	2.413,44
	III	29.956	-	2.396,48	2.696,04	-	2.252,48	2.534,04	-	2.111,36	2.375,28	-	1.973,60	2.220,30	-	1.838,72	2.068,56	-	1.706,88	1.920,24	-	1.578,24	1.775,52
	IV	39.884	2.193,62	3.190,72	3.589,56	2.141,92	3.115,52	3.504,96	2.090,22	3.040,32	3.420,36	2.038,52	2.965,12	3.335,76	1.986,82	2.889,92	3.251,16	1.935,17	2.814,80	3.166,65	1.883,47	2.739,60	3.082,05
	V	46.058	2.533,19	3.684,64	4.145,22																		
	VI	46.589	2.562,39	3.727,12	4.193,01																		
3.703,99 (Ost)	I	39.978	2.198,79	3.198,24	3.598,02	2.095,39	3.047,84	3.428,82	1.991,99	2.897,44	3.259,62	1.888,59	2.747,04	3.090,42	1.774,88	2.596,64	2.921,22	1.551,16	2.446,24	2.752,02	1.327,44	2.295,84	2.582,82
	II	38.189	2.100,39	3.055,12	3.437,01	1.996,99	2.904,72	3.267,81	1.893,59	2.754,32	3.098,61	1.785,71	2.603,92	2.929,41	1.561,99	2.453,52	2.760,21	1.338,27	2.303,12	2.591,01	1.114,55	2.152,72	2.421,81
	III	30.048	-	2.403,84	2.704,32	-	2.259,52	2.541,96	-	2.118,40	2.383,20	-	1.980,32	2.227,86	-	1.845,44	2.076,12	-	1.713,44	1.927,62	-	1.584,64	1.782,72
	IV	39.978	2.198,79	3.198,24	3.598,02	2.147,09	3.123,04	3.513,42	2.095,39	3.047,84	3.428,82	2.043,69	2.972,64	3.344,22	1.991,99	2.897,44	3.259,62	1.940,29	2.822,24	3.175,02	1.888,59	2.747,04	3.090,42
	V	46.151	2.538,30	3.692,08	4.153,59																		
	VI	46.683	2.567,56	3.734,64	4.201,47																		
3.739,99 (West)	I	39.899	2.194,44	3.191,92	3.590,91	2.091,10	3.041,60	3.421,80	1.987,70	2.891,20	3.252,60	1.884,30	2.740,80	3.083,40	1.765,60	2.590,40	2.914,20	1.541,88	2.440,00	2.745,00	1.318,16	2.289,60	2.575,80
	II	38.110	2.096,05	3.048,80	3.429,90	1.992,65	2.898,40	3.260,70	1.889,25	2.748,00	3.091,50	1.776,31	2.597,60	2.922,30	1.552,71	2.447,28	2.753,19	1.328,99	2.296,88	2.583,99	1.105,27	2.146,48	2.414,79
	III	29.972	-	2.397,76	2.697,48	-	2.253,60	2.535,30	-	2.112,48	2.376,54	-	1.974,56	2.221,38	-	1.839,84	2.069,82	-	1.708,00	1.921,50	-	1.579,36	1.776,78
	IV	39.899	2.194,44	3.191,92	3.590,91	2.142,74	3.116,72	3.506,31	2.091,10	3.041,60	3.421,80	2.039,40	2.966,40	3.337,20	1.987,70	2.891,20	3.252,60	1.936,00	2.816,00	3.168,00	1.884,30	2.740,80	3.083,40
	V	46.073	2.534,01	3.685,84	4.146,57																		
	VI	46.604	2.563,22	3.728,32	4.194,36																		
3.739,99 (Ost)	I	39.993	2.199,61	3.199,44	3.599,37	2.096,21	3.049,04	3.430,17	1.992,81	2.898,64	3.260,97	1.889,41	2.748,24	3.091,77	1.776,67	2.597,84	2.922,57	1.552,95	2.447,44	2.753,37	1.329,34	2.297,12	2.584,26
	II	38.204	2.101,22	3.056,32	3.438,36	1.997,82	2.905,92	3.269,16	1.894,42	2.755,52	3.099,96	1.787,49	2.605,12	2.930,76	1.563,77	2.454,72	2.761,56	1.340,05	2.304,32	2.592,36	1.116,33	2.153,92	2.423,16
	III	30.062	-	2.404,96	2.705,58	-	2.260,64	2.543,22	-	2.119,52	2.384,46	-	1.981,44	2.229,12	-	1.846,40	2.077,20	-	1.714,56	1.928,88	-	1.585,76	1.783,98
	IV	39.993	2.199,61	3.199,44	3.599,37	2.147,91	3.124,24	3.514,77	2.096,21	3.049,04	3.430,17	2.044,51	2.973,84	3.345,57	1.992,81	2.898,64	3.260,97	1.941,11	2.823,44	3.176,37	1.889,41	2.748,24	3.091,77
	V	46.166	2.539,13	3.693,28	4.154,94																		
	VI	46.698	2.568,39	3.735,84	4.202,82																		
3.775,99 (West)	I	39.915	2.195,32	3.193,20	3.592,35	2.091,92	3.042,80	3.423,15	1.988,52	2.892,40	3.253,95	1.885,12	2.742,00	3.084,75	1.767,38	2.591,60	2.915,55	1.543,66	2.441,20	2.746,35	1.319,94	2.290,80	2.577,15
	II	38.125	2.096,87	3.050,00	3.431,25	1.993,47	2.899,60	3.262,05	1.890,13	2.749,28	3.092,94	1.778,21	2.598,88	2.923,74	1.554,49	2.448,48	2.754,54	1.330,77	2.298,08	2.585,34	1.107,05	2.147,68	2.416,14
	III	29.986	-	2.398,88	2.698,74	-	2.254,72	2.536,56	-	2.113,60	2.377,80	-	1.975,68	2.222,64	-	1.840,80	2.070,90	-	1.709,12	1.922,76	-	1.580,32	1.777,86
	IV	39.915	2.195,32	3.193,20	3.592,35	2.143,62	3.118,00	3.507,75	2.091,92	3.042,80	3.423,15	2.040,22	2.967,60	3.338,55	1.988,52	2.892,40	3.253,95	1.936,82	2.817,20	3.169,35	1.885,12	2.742,00	3.084,75
	V	46.088	2.534,84	3.687,04	4.147,92																		
	VI	46.620	2.564,10	3.729,60	4.195,80																		
3.775,99 (Ost)	I	40.008	2.200,44	3.200,64	3.600,72	2.097,04	3.050,24	3.431,52	1.993,64	2.899,84	3.262,32	1.890,24	2.749,44	3.093,12	1.778,57	2.599,12	2.924,01	1.554,85	2.448,72	2.754,81	1.331,13	2.298,32	2.585,61
	II	38.219	2.102,04	3.057,52	3.439,71	1.998,64	2.907,12	3.270,51	1.895,24	2.756,72	3.101,31	1.789,28	2.606,32	2.932,11	1.565,56	2.455,92	2.762,91	1.341,84	2.305,52	2.593,71	1.118,12	2.155,12	2.424,51
	III	30.076	-	2.406,08	2.706,84	-	2.261,92	2.544,66	-	2.120,64	2.385,72	-	1.982,56	2.230,38	-	1.847,52	2.078,46	-	1.715,52	1.929,96	-	1.586,72	1.785,06
	IV	40.008	2.200,44	3.200,64	3.600,72	2.148,74	3.125,44	3.516,12	2.097,04	3.050,24	3.431,52	2.045,34	2.975,04	3.346,92	1.993,64	2.899,84	3.262,32	1.941,94	2.824,64	3.177,72	1.890,24	2.749,44	3.093,12
	V	46.182	2.540,01	3.694,56	4.156,38																		
	VI	46.713	2.569,21	3.737,04	4.204,17																		
33.811,99 (West)	I	39.930	2.196,15	3.194,40	3.593,70	2.092,75	3.044,00	3.424,50	1.989,35	2.893,60	3.255,30	1.885,95	2.743,20	3.086,10	1.769,17	2.592,80	2.916,90	1.545,45	2.442,40	2.747,70	1.321,73	2.292,00	2.578,50
	II	38.140	2.097,70	3.051,20	3.432,60	1.994,35	2.900,88	3.263,49	1.890,95	2.750,48	3.094,29	1.780,00	2.600,08	2.925,09	1.556,28	2.449,68	2.755,89	1.332,56	2.299,28	2.586,69	1.108,84	2.148,88	2.417,49
	III	30.000	-	2.400,00	2.700,00	-	2.255,84	2.537,82	-	2.114,88	2.379,24	-	1.976,80	2.223,90	-	1.841,92	2.072,16	-	1.710,08	1.923,84	-	1.581,44	1.779,12
	IV	39.930	2.196,15	3.194,40	3.593,70	2.144,45	3.119,20	3.509,10	2.092,75	3.044,00	3.424,50	2.041,05	2.968,80	3.339,90	1.989,35	2.893,60	3.255,30	1.937,65	2.818,40	3.170,70	1.885,95	2.743,20	3.086,10
	V	46.103	2.535,66	3.688,24	4.149,27																		
	VI	46.635	2.564,92	3.730,80	4.197,15																		
33.811,99 (Ost)	I	40.023	2.201,26	3.201,84	3.602,07	2.097,86	3.051,44	3.432,87	1.994,46	2.901,04	3.263,67	1.891,12	2.750,72	3.094,56	1.780,35	2.600,32	2.925,36	1.556,63	2.449,92	2.756,16	1.332,91	2.299,52	2.586,96
	II	38.234	2.102,87	3.058,72	3.441,06	1.999,47	2.908,32	3.271,86	1.896,07	2.757,92	3.102,66	1.791,06	2.607,52	2.933,46	1.567,34	2.457,12	2.764,26	1.343,74	2.306,80	2.595,15	1.120,02	2.156,40	2.425,95
	III	30.092	-	2.407,36	2.708,28	-	2.263,04	2.545,92	-	2.121,76	2.386,98	-	1.983,68	2.231,64	-	1.848,64	2.079,72	-	1.716,64	1.931,22	-	1.587,68	1.786,14
	IV	40.023	2.201,26	3.201,84	3.602,07	2.149,56	3.126,64	3.517,47	2.097,86	3.051,44	3.432,87	2.046,16	2.976,24	3.348,27	1.994,46	2.901,04	3.263,67	1.942,82	2.825,92	3.179,16	1.891,12	2.750,72	3.094,56
	V	46.197	2.540,83	3.695,76	4.157,73																		
	VI	46.728	2.570,04	3.738,24	4.205,52																		
33.847,99 (West)	I	39.945	2.196,97	3.195,60	3.595,05	2.093,57	3.045,20	3.425,85	1.990,17	2.894,80	3.256,65	1.886,77	2.744,40	3.087,45	1.770,95	2.594,00	2.918,25	1.547,23	2.443,60	2.749,05	1.323,51	2.293,20	2.579,85
	II	38.156	2.098,58	3.052,48	3.434,04	1.995,18	2.902,08	3.264,84	1.891,78	2.751,68	3.095,64	1.781,78	2.601,28	2.926,44	1.558,06	2.450,88	2.757,24	1.334,34	2.300,48	2.588,04	1.110,62	2.150,08	2.418,84
	III	30.016	-	2.401,28	2.701,44	-	2.256,96	2.539,08	-	2.116,00	2.380,50	-	1.977,92	2.225,16	-	1.843,04	2.073,42	-	1.711,20	1.925,10	-	1.582,40	1.780,20
	IV	39.945	2.196,97	3.195,60	3.595,05	2.145,27	3.120,40	3.510,45	2.093,57	3.045,20	3.425,85	2.041,87	2.970,00	3.341,25	1.990,17	2.894,80	3.256,65	1.938,47	2.819,60	3.172,05	1.886,77	2.744,40	3.087,45
	V	46.118	2.536,49	3.689,44	4.150,62																		
	VI	46.650	2.565,75	3.732,00	4.198,50																		
33.847,99 (Ost)	I	40.038	2.202,09	3.203,04	3.603,42	2.098,74	3.052,72	3.434,31	1.995,34	2.902,32	3.265,11	1.891,94	2.751,92	3.095,91	1.782,14	2.601,52	2.926,71	1.558,42	2.451,12	2.757,51	1.334,70	2.300,72	2.588,31
	II	38.249	2.103,69	3.059,92	3.442,41	2.000,29	2.909,52	3.273,21	1.896,89	2.759,12	3.104,01	1.792,85	2.608,72	2.934,81	1.569,25	2.458,40	2.765,70	1.345,53	2.308,00	2.596,50	1.121,81	2.157,60	2.427,30
	III	30.106	-	2.408,48	2.709,54	-	2.264,16	2.547,18	-	2.122,88	2.388,24	-	1.984,80	2.232,90	-	1.849,60	2.080,80	-	1.717,60	1.932,30	-	1.588,80	1.787,40
	IV	40.038	2.202,09	3.203,04	3.603,42	2.150,39	3.127,84	3.518,82	2.098,74	3.052,72	3.434,31	2.047,04	2.977,52	3.349,71	1.995,34	2.902,32	3.265,11	1.943,64	2.827,12	3.180,51	1.891,94	2.751,92	3.095,91
	V	46.212	2.541,66	3.696,96	4.159,08																		
	VI	46.743	2.570,86	3.739,44	4.206,87																		
33.883,99 (West)	I	39.960	2.197,80	3.196,80	3.596,40	2.094,40	3.046,40	3.427,20	1.991,00	2.896,00	3.258,00	1.887,60	2.745,60	3.088,80	1.772,74	2.595,20	2.919,60	1.549,02	2.444,80	2.750,40	1.325,30	2.294,40	2.581,20
	II	38.171	2.099,40	3.053,68	3.435,39	1.996,00	2.903,28	3.266,19	1.892,60	2.752,88	3.096,99	1.783,57	2.602,48	2.927,79	1.559,85	2.452,08	2.758,59	1.336,13	2.301,68	2.589,39	1.112,41	2.151,28	2.420,19
	III	30.030	-	2.402,40	2.702,70	-	2.258,24	2.540,52	-	2.117,12	2.381,76	-	1.979,04	2.226,42	-	1.844,00	2.074,50	-	1.712,16	1.926,18	-	1.583,36	1.781,28
	IV	39.960	2.197,80	3.196,80	3.596,40	2.146,10	3.121,60	3.511,80	2.094,40	3.046,40	3.427,20	2.042,70	2.971,20	3.342,60	1.991,00	2.896,00	3.258,00	1.939,30	2.820,80	3.173,40	1.887,60	2.745,60	3.088,80
	V	46.133	2.537,31	3.690,64	4.151,97																		
	VI	46.665	2.566,57	3.733,20	4.199,85																		
33.883,99 (Ost)	I	40.054	2.202,97	3.204,32	3.604,86	2.099,57	3.053,92	3.435,66	1.996,17	2.903,52	3.266,46	1.892,77	2.753,12	3.097,26	1.783,92	2.602,72	2.928,06	1.560,20	2.452,32	2.758,86	1.336,48	2.301,92	2.589,66
	II	38.264	2.104,52	3.061,12	3.443,76	2.001,12	2.910,72	3.274,56	1.897,77	2.760,40	3.105,45	1.794,37	2.610,00	2.936,25	1.571,03	2.459,60	2.767,05	1.347,31	2.309,20	2.597,85	1.123,59	2.158,80	2.428,65
	III	30.120	-	2.409,60	2.710,80	-	2.265,28	2.548,44	-	2.124,00	2.389,50	-	1.985,92	2.234,16	-	1.850,72	2.082,06	-	1.718,72	1.933,56	-	1.589,76	1.788,48
	IV	40.054	2.202,97	3.204,32	3.604,86	2.151,27	3.129,12	3.520,26	2.099,57	3.053,92	3.435,66	2.047,87	2.978,72	3.351,06	1.996,17	2.903,52	3.266,46	1.944,47	2.828,32	3.181,86	1.892,77	2.753,12	3.097,26
	V	46.227	2.542,48	3.698,16	4.160,43																		
	VI	46.759	2.571,74	3.740,72	4.208,31																		
33.919,99 (West)	I	39.975	2.198,62	3.198,00	3.597,75	2.095,22	3.047,60	3.428,55	1.991,82	2.897,20	3.259,35	1.888,42	2.746,80	3.090,15	1.774,52	2.596,40	2.920,95	1.550,80	2.446,00	2.751,75	1.327,20	2.295,68	2.582,64
	II	38.186	2.100,23	3.054,88	3.436,74	1.996,83	2.904,48	3.267,54	1.893,43	2.754,08	3.098,34	1.785,35	2.603,68	2.929,14	1.561,63	2.453,28	2.759,94	1.337,91	2.302,88	2.590,74	1.114,19	2.152,48	2.421,54
	III	30.044	-	2.403,52	2.703,96	-	2.259,36	2.541,78	-	2.118,24	2.383,02	-	1.980,16	2.227,68	-	1.845,12	2.075,76	-	1.713,28	1.927,44	-	1.584,48	1.782,54
	IV	39.975	2.198,62	3.198,00	3.597,75	2.146,92	3.122,80	3.513,15	2.095,22	3.047,60	3.428,55	2.043,52	2.972,40	3.343,95	1.991,82	2.897,20	3.259,35	1.940,12	2.822,00	3.174,75	1.888,42	2.746,80	3.090,15
	V	46.148	2.538,14	3.691,84	4.153,32																		
	VI	46.680	2.567,40	3.734,40	4.201,20																		
33.919,99 (Ost)	I	40.069	2.203,79	3.205,52	3.606,21	2.100,39	3.055,12	3.437,01	1.996,99	2.904,72	3.267,81	1.893,59	2.754,32	3.098,61	1.785,71	2.603,92	2.929,41	1.561,99	2.453,52	2.760,21	1.338,27	2.303,12	2.591,01
	II	38.279	2.105,34	3.062,32	3.445,11	2.002,00	2.912,00	3.276,00	1.898,60	2.761,60	3.106,80	1.795,20	2.611,20	2.937,60	1.572,82	2.460,80	2.768,40	1.349,10	2.310,40	2.599,20	1.125,38	2.160,00	2.430,00
	III	30.136	-	2.410,88	2.712,24	-	2.266,40	2.549,70	-	2.125,12	2.390,76	-	1.986,88	2.235,24	-	1.851,84	2.083,32	-	1.719,84	1.934,82	-	1.590,88	1.789,74
	IV	40.069	2.203,79	3.205,52	3.606,21	2.152,09	3.130,32	3.521,61	2.100,39	3.055,12	3.437,01	2.048,69	2.979,92	3.352,41	1.996,99	2.904,72	3.267,81	1.945,29	2.829,52	3.183,21	1.893,59	2.754,32	3.098,61
	V	46.242	2.543,31	3.699,36	4.161,78																		
	VI	46.774	2.572,57	3.741,92	4.209,66																		

SolZ/KiSt lt. Tabelle nicht für Sonstige Bezüge anwendbar.

JAHR bis 134.171,99 €

Allgemeine Tabelle

Lohn/ Gehalt bis	Steuerklasse	Lohn-steuer	ohne Kinderfreibetrag SolZ 5,5%	ohne Kinderfreibetrag Kirchensteuer 8%	ohne Kinderfreibetrag Kirchensteuer 9%	0,5 SolZ 5,5%	0,5 Kirchensteuer 8%	0,5 Kirchensteuer 9%	1,0 SolZ 5,5%	1,0 Kirchensteuer 8%	1,0 Kirchensteuer 9%	1,5 SolZ 5,5%	1,5 Kirchensteuer 8%	1,5 Kirchensteuer 9%	2,0 SolZ 5,5%	2,0 Kirchensteuer 8%	2,0 Kirchensteuer 9%	2,5 SolZ 5,5%	2,5 Kirchensteuer 8%	2,5 Kirchensteuer 9%	3,0 SolZ 5,5%	3,0 Kirchensteuer 8%	3,0 Kirchensteuer 9%
133.955,99 (West)	I	39.990	2.199,45	3.199,20	3.599,10	2.096,05	3.048,80	3.429,90	1.992,65	2.898,40	3.260,70	1.889,25	2.748,00	3.091,50	1.776,31	2.597,60	2.922,30	1.552,71	2.447,28	2.753,19	1.328,99	2.296,88	2.583,
	II	38.201	2.101,05	3.056,08	3.438,09	1.997,65	2.905,68	3.268,89	1.894,25	2.755,28	3.099,69	1.787,14	2.604,88	2.930,49	1.563,42	2.454,48	2.761,29	1.339,70	2.304,08	2.592,09	1.115,98	2.153,68	2.422
	III	30.060	-	2.404,80	2.705,40	-	2.260,48	2.543,04	-	2.119,36	2.384,28	-	1.981,28	2.228,94	-	1.846,24	2.077,02	-	1.714,24	1.928,52	-	1.585,44	1.783
	IV	39.990	2.199,45	3.199,20	3.599,10	2.147,75	3.124,00	3.514,50	2.096,05	3.048,80	3.429,90	2.044,35	2.973,60	3.345,30	1.992,65	2.898,40	3.260,70	1.940,95	2.823,20	3.176,10	1.889,25	2.748,00	3.091,
	V	46.163	2.538,96	3.693,04	4.154,67																		
	VI	46.695	2.568,22	3.735,60	4.202,55																		
133.955,99 (Ost)	I	40.084	2.204,62	3.206,72	3.607,56	2.101,22	3.056,32	3.438,36	1.997,82	2.905,92	3.269,16	1.894,42	2.755,52	3.099,96	1.787,49	2.605,12	2.930,76	1.563,77	2.454,72	2.761,56	1.340,05	2.304,32	2.592,
	II	38.295	2.106,22	3.063,60	3.446,55	2.002,82	2.913,20	3.277,35	1.899,42	2.762,80	3.108,15	1.796,02	2.612,40	2.938,95	1.574,60	2.462,00	2.769,75	1.350,88	2.311,60	2.600,55	1.127,16	2.161,20	2.431,
	III	30.150	-	2.412,00	2.713,50	-	2.267,68	2.551,14	-	2.126,24	2.392,02	-	1.988,00	2.236,50	-	1.852,96	2.084,58	-	1.720,80	1.935,90	-	1.591,84	1.790,
	IV	40.084	2.204,62	3.206,72	3.607,56	2.152,92	3.131,52	3.522,96	2.101,22	3.056,32	3.438,36	2.049,52	2.981,12	3.353,76	1.997,82	2.905,92	3.269,16	1.946,12	2.830,72	3.184,56	1.894,42	2.755,52	3.099,
	V	46.257	2.544,13	3.700,56	4.163,13																		
	VI	46.789	2.573,39	3.743,12	4.211,01																		
133.991,99 (West)	I	40.005	2.200,27	3.200,40	3.600,45	2.096,87	3.050,00	3.431,25	1.993,47	2.899,60	3.262,05	1.890,13	2.749,28	3.092,94	1.778,21	2.598,88	2.923,74	1.554,49	2.448,48	2.754,54	1.330,77	2.298,08	2.585,
	II	38.216	2.101,88	3.057,28	3.439,44	1.998,48	2.906,88	3.270,24	1.895,08	2.756,48	3.101,04	1.788,92	2.606,08	2.931,84	1.565,20	2.455,68	2.762,64	1.341,48	2.305,28	2.593,44	1.117,88	2.154,96	2.424,
	III	30.074	-	2.405,92	2.706,66	-	2.261,60	2.544,30	-	2.120,48	2.385,54	-	1.982,24	2.230,02	-	1.847,20	2.078,10	-	1.715,36	1.929,78	-	1.586,56	1.784,
	IV	40.005	2.200,27	3.200,40	3.600,45	2.148,57	3.125,20	3.515,85	2.096,87	3.050,00	3.431,25	2.045,17	2.974,80	3.346,65	1.993,47	2.899,60	3.262,05	1.941,77	2.824,40	3.177,45	1.890,13	2.749,28	3.092,
	V	46.179	2.539,84	3.694,32	4.156,11																		
	VI	46.710	2.569,05	3.736,80	4.203,90																		
133.991,99 (Ost)	I	40.099	2.205,44	3.207,92	3.608,91	2.102,04	3.057,52	3.439,71	1.998,64	2.907,12	3.270,51	1.895,24	2.756,72	3.101,31	1.789,28	2.606,32	2.932,11	1.565,56	2.455,92	2.762,91	1.341,84	2.305,52	2.593,
	II	38.310	2.107,05	3.064,80	3.447,90	2.003,65	2.914,40	3.278,70	1.900,25	2.764,00	3.109,50	1.796,85	2.613,60	2.940,30	1.576,39	2.463,20	2.771,10	1.352,67	2.312,80	2.601,90	1.128,95	2.162,40	2.432,
	III	30.164	-	2.413,12	2.714,76	-	2.268,80	2.552,40	-	2.127,36	2.393,28	-	1.989,12	2.237,76	-	1.853,92	2.085,66	-	1.721,92	1.937,16	-	1.592,80	1.791,
	IV	40.099	2.205,44	3.207,92	3.608,91	2.153,74	3.132,72	3.524,31	2.102,04	3.057,52	3.439,71	2.050,34	2.982,32	3.355,11	1.998,64	2.907,12	3.270,51	1.946,94	2.831,92	3.185,91	1.895,24	2.756,72	3.101,
	V	46.272	2.544,96	3.701,76	4.164,48																		
	VI	46.804	2.574,22	3.744,32	4.212,36																		
134.027,99 (West)	I	40.020	2.201,10	3.201,60	3.601,80	2.097,70	3.051,20	3.432,60	1.994,35	2.900,88	3.263,49	1.890,95	2.750,48	3.094,29	1.780,00	2.600,08	2.925,09	1.556,28	2.449,68	2.755,89	1.332,56	2.299,28	2.586,
	II	38.231	2.102,70	3.058,48	3.440,79	1.999,30	2.908,08	3.271,59	1.895,90	2.757,68	3.102,39	1.790,71	2.607,28	2.933,19	1.567,11	2.456,96	2.764,08	1.343,39	2.306,56	2.594,88	1.119,67	2.156,16	2.425,
	III	30.088	-	2.407,04	2.707,92	-	2.262,72	2.545,56	-	2.121,60	2.386,80	-	1.983,36	2.231,28	-	1.848,32	2.079,36	-	1.716,32	1.930,86	-	1.587,52	1.785,
	IV	40.020	2.201,10	3.201,60	3.601,80	2.149,40	3.126,40	3.517,20	2.097,70	3.051,20	3.432,60	2.046,05	2.976,08	3.348,09	1.994,35	2.900,88	3.263,49	1.942,65	2.825,68	3.178,89	1.890,95	2.750,48	3.094,
	V	46.194	2.540,67	3.695,52	4.157,46																		
	VI	46.725	2.569,87	3.738,00	4.205,25																		
134.027,99 (Ost)	I	40.114	2.206,27	3.209,12	3.610,26	2.102,87	3.058,72	3.441,06	1.999,47	2.908,32	3.271,86	1.896,07	2.757,92	3.102,66	1.791,06	2.607,52	2.933,46	1.567,34	2.457,12	2.764,26	1.343,74	2.306,80	2.595,
	II	38.325	2.107,87	3.066,00	3.449,25	2.004,47	2.915,60	3.280,05	1.901,07	2.765,20	3.110,85	1.797,67	2.614,80	2.941,65	1.578,17	2.464,40	2.772,45	1.354,45	2.314,00	2.603,25	1.130,73	2.163,60	2.434,
	III	30.180	-	2.414,40	2.716,20	-	2.269,92	2.553,66	-	2.128,48	2.394,54	-	1.990,24	2.239,02	-	1.855,04	2.086,92	-	1.722,88	1.938,24	-	1.593,92	1.793,
	IV	40.114	2.206,27	3.209,12	3.610,26	2.154,57	3.133,92	3.525,66	2.102,87	3.058,72	3.441,06	2.051,17	2.983,52	3.356,46	1.999,47	2.908,32	3.271,86	1.947,77	2.833,12	3.187,26	1.896,07	2.757,92	3.102,
	V	46.287	2.545,78	3.702,96	4.165,83																		
	VI	46.819	2.575,04	3.745,52	4.213,71																		
134.063,99 (West)	I	40.036	2.201,98	3.202,88	3.603,24	2.098,58	3.052,48	3.434,04	1.995,18	2.902,08	3.264,84	1.891,78	2.751,68	3.095,64	1.781,78	2.601,28	2.926,44	1.558,06	2.450,88	2.757,24	1.334,34	2.300,48	2.588,
	II	38.246	2.103,53	3.059,68	3.442,14	2.000,13	2.909,28	3.272,94	1.896,73	2.758,88	3.103,74	1.792,61	2.608,56	2.934,63	1.568,89	2.458,16	2.765,43	1.345,17	2.307,76	2.596,23	1.121,45	2.157,36	2.427,
	III	30.104	-	2.408,32	2.709,36	-	2.263,84	2.546,82	-	2.122,72	2.388,06	-	1.984,48	2.232,54	-	1.849,44	2.080,62	-	1.717,44	1.932,12	-	1.588,48	1.787,
	IV	40.036	2.201,98	3.202,88	3.603,24	2.150,28	3.127,68	3.518,64	2.098,58	3.052,48	3.434,04	2.046,88	2.977,28	3.349,44	1.995,18	2.902,08	3.264,84	1.943,48	2.826,88	3.180,24	1.891,78	2.751,68	3.095,
	V	46.209	2.541,49	3.696,72	4.158,81																		
	VI	46.741	2.570,75	3.739,28	4.206,69																		
134.063,99 (Ost)	I	40.129	2.207,09	3.210,32	3.611,61	2.103,69	3.059,92	3.442,41	2.000,29	2.909,52	3.273,21	1.896,89	2.759,12	3.104,01	1.792,85	2.608,72	2.934,81	1.569,25	2.458,40	2.765,70	1.345,53	2.308,00	2.596,
	II	38.340	2.108,70	3.067,20	3.450,60	2.005,30	2.916,80	3.281,40	1.901,90	2.766,40	3.112,20	1.798,50	2.616,00	2.943,00	1.579,96	2.465,60	2.773,80	1.356,24	2.315,20	2.604,60	1.132,52	2.164,80	2.435,
	III	30.194	-	2.415,52	2.717,46	-	2.271,04	2.554,92	-	2.129,60	2.395,80	-	1.991,36	2.240,28	-	1.856,16	2.088,18	-	1.724,00	1.939,50	-	1.594,88	1.794,
	IV	40.129	2.207,09	3.210,32	3.611,61	2.155,39	3.135,12	3.527,01	2.103,69	3.059,92	3.442,41	2.051,99	2.984,72	3.357,81	2.000,29	2.909,52	3.273,21	1.948,59	2.834,32	3.188,61	1.896,89	2.759,12	3.104,
	V	46.302	2.546,61	3.704,16	4.167,18																		
	VI	46.834	2.575,87	3.746,72	4.215,06																		
134.099,99 (West)	I	40.051	2.202,80	3.204,08	3.604,59	2.099,40	3.053,68	3.435,39	1.996,00	2.903,28	3.266,19	1.892,60	2.752,88	3.096,99	1.783,57	2.602,48	2.927,79	1.559,85	2.452,08	2.758,59	1.336,13	2.301,68	2.589,
	II	38.261	2.104,35	3.060,88	3.443,49	2.001,01	2.910,56	3.274,38	1.897,61	2.760,16	3.105,18	1.794,21	2.609,76	2.935,98	1.570,68	2.459,36	2.766,78	1.346,96	2.308,96	2.597,58	1.123,24	2.158,56	2.428,
	III	30.118	-	2.409,44	2.710,62	-	2.265,12	2.548,26	-	2.123,84	2.389,32	-	1.985,60	2.233,80	-	1.850,56	2.081,88	-	1.718,56	1.933,38	-	1.589,60	1.788,
	IV	40.051	2.202,80	3.204,08	3.604,59	2.151,10	3.128,88	3.519,99	2.099,40	3.053,68	3.435,39	2.047,70	2.978,48	3.350,79	1.996,00	2.903,28	3.266,19	1.944,30	2.828,08	3.181,59	1.892,60	2.752,88	3.096,
	V	46.224	2.542,32	3.697,92	4.160,16																		
	VI	46.756	2.571,58	3.740,48	4.208,04																		
134.099,99 (Ost)	I	40.144	2.207,92	3.211,52	3.612,96	2.104,52	3.061,12	3.443,76	2.001,12	2.910,72	3.274,56	1.897,77	2.760,40	3.105,45	1.794,37	2.610,00	2.936,25	1.571,03	2.459,60	2.767,05	1.347,31	2.309,20	2.597,
	II	38.355	2.109,52	3.068,40	3.451,95	2.006,12	2.918,00	3.282,75	1.902,72	2.767,60	3.113,55	1.799,32	2.617,20	2.944,35	1.581,74	2.466,80	2.775,15	1.358,02	2.316,40	2.605,95	1.134,42	2.166,08	2.436,
	III	30.210	-	2.416,80	2.718,90	-	2.272,16	2.556,18	-	2.130,72	2.397,06	-	1.992,48	2.241,54	-	1.857,12	2.089,26	-	1.724,96	1.940,58	-	1.596,00	1.795,
	IV	40.144	2.207,92	3.211,52	3.612,96	2.156,22	3.136,32	3.528,36	2.104,52	3.061,12	3.443,76	2.052,82	2.985,92	3.359,16	2.001,12	2.910,72	3.274,56	1.949,42	2.835,52	3.189,96	1.897,77	2.760,40	3.105,
	V	46.318	2.547,49	3.705,44	4.168,62																		
	VI	46.849	2.576,69	3.747,92	4.216,41																		
134.135,99 (West)	I	40.066	2.203,63	3.205,28	3.605,94	2.100,23	3.054,88	3.436,74	1.996,83	2.904,48	3.267,54	1.893,43	2.754,08	3.098,34	1.785,35	2.603,68	2.929,14	1.561,63	2.453,28	2.759,94	1.337,91	2.302,88	2.590,
	II	38.277	2.105,23	3.062,16	3.444,93	2.001,83	2.911,76	3.275,73	1.898,43	2.761,36	3.106,53	1.795,03	2.610,96	2.937,33	1.572,46	2.460,56	2.768,13	1.348,74	2.310,16	2.598,93	1.125,02	2.159,76	2.429,
	III	30.132	-	2.410,56	2.711,88	-	2.266,24	2.549,52	-	2.124,96	2.390,58	-	1.986,72	2.235,06	-	1.851,52	2.082,96	-	1.719,52	1.934,46	-	1.590,56	1.789,
	IV	40.066	2.203,63	3.205,28	3.605,94	2.151,93	3.130,08	3.521,34	2.100,23	3.054,88	3.436,74	2.048,53	2.979,68	3.352,14	1.996,83	2.904,48	3.267,54	1.945,13	2.829,28	3.182,94	1.893,43	2.754,08	3.098,
	V	46.239	2.543,14	3.699,12	4.161,51																		
	VI	46.771	2.572,40	3.741,68	4.209,39																		
134.135,99 (Ost)	I	40.159	2.208,74	3.212,72	3.614,31	2.105,34	3.062,32	3.445,11	2.002,00	2.912,00	3.276,00	1.898,60	2.761,60	3.106,80	1.795,20	2.611,20	2.937,60	1.572,82	2.460,80	2.768,40	1.349,10	2.310,40	2.599,
	II	38.370	2.110,35	3.069,60	3.453,30	2.006,95	2.919,20	3.284,10	1.903,55	2.768,80	3.114,90	1.800,15	2.618,40	2.945,70	1.583,65	2.468,08	2.776,59	1.359,93	2.317,68	2.607,39	1.136,21	2.167,28	2.438,
	III	30.224	-	2.417,92	2.720,16	-	2.273,28	2.557,44	-	2.131,84	2.398,32	-	1.993,60	2.242,80	-	1.858,24	2.090,52	-	1.726,08	1.941,84	-	1.596,96	1.796,
	IV	40.159	2.208,74	3.212,72	3.614,31	2.157,04	3.137,52	3.529,71	2.105,34	3.062,32	3.445,11	2.053,70	2.987,20	3.360,60	2.002,00	2.912,00	3.276,00	1.950,30	2.836,80	3.191,40	1.898,60	2.761,60	3.106,
	V	46.333	2.548,31	3.706,64	4.169,97																		
	VI	46.864	2.577,52	3.749,12	4.217,76																		
134.171,99 (West)	I	40.081	2.204,45	3.206,48	3.607,29	2.101,05	3.056,08	3.438,09	1.997,65	2.905,68	3.268,89	1.894,25	2.755,28	3.099,69	1.787,14	2.604,88	2.930,49	1.563,42	2.454,48	2.761,29	1.339,70	2.304,08	2.592,
	II	38.292	2.106,06	3.063,36	3.446,28	2.002,66	2.912,96	3.277,08	1.899,26	2.762,56	3.107,88	1.795,86	2.612,16	2.938,68	1.574,25	2.461,76	2.769,48	1.350,53	2.311,36	2.600,28	1.126,81	2.160,96	2.431,
	III	30.148	-	2.411,84	2.713,32	-	2.267,36	2.550,78	-	2.126,08	2.391,84	-	1.987,84	2.236,32	-	1.852,64	2.084,22	-	1.720,64	1.935,72	-	1.591,68	1.790,
	IV	40.081	2.204,45	3.206,48	3.607,29	2.152,75	3.131,28	3.522,69	2.101,05	3.056,08	3.438,09	2.049,35	2.980,88	3.353,49	1.997,65	2.905,68	3.268,89	1.945,95	2.830,48	3.184,29	1.894,25	2.755,28	3.099,
	V	46.254	2.543,97	3.700,32	4.162,86																		
	VI	46.786	2.573,23	3.742,88	4.210,74																		
134.171,99 (Ost)	I	40.175	2.209,62	3.214,00	3.615,75	2.106,22	3.063,60	3.446,55	2.002,82	2.913,20	3.277,35	1.899,42	2.762,80	3.108,15	1.796,02	2.612,40	2.938,95	1.574,60	2.462,00	2.769,75	1.350,88	2.311,60	2.600,
	II	38.385	2.111,17	3.070,80	3.454,65	2.007,77	2.920,40	3.285,45	1.904,37	2.770,00	3.116,25	1.801,03	2.619,68	2.947,14	1.585,43	2.469,28	2.777,94	1.361,71	2.318,88	2.608,74	1.137,99	2.168,48	2.439,
	III	30.238	-	2.419,04	2.721,42	-	2.274,56	2.558,88	-	2.132,96	2.399,58	-	1.994,72	2.244,06	-	1.859,36	2.091,78	-	1.727,20	1.943,10	-	1.597,92	1.797,
	IV	40.175	2.209,62	3.214,00	3.615,75	2.157,92	3.138,80	3.531,15	2.106,22	3.063,60	3.446,55	2.054,52	2.988,40	3.361,95	2.002,82	2.913,20	3.277,35	1.951,12	2.838,00	3.192,75	1.899,42	2.762,80	3.108,
	V	46.348	2.549,14	3.707,84	4.171,32																		
	VI	46.880	2.578,40	3.750,40	4.219,20																		

Anzahl Kinderfreibeträge (nur Steuerklassen I–IV)

SolZ/KiSt lt. Tabelle nicht für Sonstige Bezüge anwendbar.

Allgemeine Tabelle

JAHR bis 134.423,99 €

Lohn/ Gehalt bis	Steuerklasse	Lohn-steuer	ohne Kinderfreibetrag SolZ 5,5%	Kirchensteuer 8%	9%	0,5 SolZ 5,5%	Kirchensteuer 8%	9%	1,0 SolZ 5,5%	Kirchensteuer 8%	9%	1,5 SolZ 5,5%	Kirchensteuer 8%	9%	2,0 SolZ 5,5%	Kirchensteuer 8%	9%	2,5 SolZ 5,5%	Kirchensteuer 8%	9%	3,0 SolZ 5,5%	Kirchensteuer 8%	9%
134.207,99 (West)	I	40.096	2.205,28	3.207,68	3.608,64	2.101,88	3.057,28	3.439,44	1.998,48	2.906,88	3.270,24	1.895,08	2.756,48	3.101,04	1.788,92	2.606,08	2.931,84	1.565,20	2.455,68	2.762,64	1.341,48	2.305,28	2.593,44
	II	38.307	2.106,88	3.064,56	3.447,63	2.003,48	2.914,16	3.278,43	1.900,08	2.763,76	3.109,23	1.796,68	2.613,36	2.940,03	1.576,03	2.462,96	2.770,83	1.352,31	2.312,56	2.601,63	1.128,59	2.162,16	2.432,43
	III	30.162	-	2.412,96	2.714,58	-	2.268,48	2.552,04	-	2.127,20	2.393,10	-	1.988,96	2.237,58	-	1.853,76	2.085,48	-	1.721,60	1.936,80	-	1.592,64	1.791,72
	IV	40.096	2.205,28	3.207,68	3.608,64	2.153,58	3.132,48	3.524,04	2.101,88	3.057,28	3.439,44	2.050,18	2.982,08	3.354,84	1.998,48	2.906,88	3.270,24	1.946,78	2.831,68	3.185,64	1.895,08	2.756,48	3.101,04
	V	46.269	2.544,79	3.701,52	4.164,21																		
	VI	46.801	2.574,05	3.744,08	4.212,09																		
134.207,99 (Ost)	I	40.190	2.210,45	3.215,20	3.617,10	2.107,05	3.064,80	3.447,90	2.003,65	2.914,40	3.278,70	1.900,25	2.764,00	3.109,50	1.796,85	2.613,60	2.940,30	1.576,39	2.463,20	2.771,10	1.352,67	2.312,80	2.601,90
	II	38.400	2.112,00	3.072,00	3.456,00	2.008,65	2.921,68	3.286,89	1.905,25	2.771,28	3.117,69	1.801,85	2.620,88	2.948,49	1.587,22	2.470,48	2.779,29	1.363,50	2.320,08	2.610,09	1.139,78	2.169,68	2.440,89
	III	30.254	-	2.420,32	2.722,86	-	2.275,68	2.560,14	-	2.134,08	2.400,84	-	1.995,68	2.245,14	-	1.860,48	2.093,04	-	1.728,16	1.944,18	-	1.599,04	1.798,92
	IV	40.190	2.210,45	3.215,20	3.617,10	2.158,75	3.140,00	3.532,50	2.107,05	3.064,80	3.447,90	2.055,35	2.989,60	3.363,30	2.003,65	2.914,40	3.278,70	1.951,95	2.839,20	3.194,10	1.900,25	2.764,00	3.109,50
	V	46.363	2.549,96	3.709,04	4.172,67																		
	VI	46.895	2.579,22	3.751,60	4.220,55																		
134.243,99 (West)	I	40.111	2.206,10	3.208,88	3.609,99	2.102,70	3.058,48	3.440,79	1.999,30	2.908,08	3.271,59	1.895,90	2.757,68	3.102,39	1.790,71	2.607,28	2.933,19	1.567,11	2.456,96	2.764,08	1.343,39	2.306,56	2.594,88
	II	38.322	2.107,71	3.065,76	3.448,98	2.004,31	2.915,36	3.279,78	1.900,91	2.764,96	3.110,58	1.797,51	2.614,56	2.941,38	1.577,82	2.464,16	2.772,18	1.354,10	2.313,76	2.602,98	1.130,38	2.163,36	2.433,78
	III	30.176	-	2.414,08	2.715,84	-	2.269,60	2.553,30	-	2.128,32	2.394,36	-	1.989,92	2.238,66	-	1.854,72	2.086,56	-	1.722,72	1.938,06	-	1.593,60	1.792,80
	IV	40.111	2.206,10	3.208,88	3.609,99	2.154,40	3.133,68	3.525,39	2.102,70	3.058,48	3.440,79	2.051,00	2.983,28	3.356,19	1.999,30	2.908,08	3.271,59	1.947,60	2.832,88	3.186,99	1.895,90	2.757,68	3.102,39
	V	46.284	2.545,62	3.702,72	4.165,56																		
	VI	46.816	2.574,88	3.745,28	4.213,44																		
134.243,99 (Ost)	I	40.205	2.211,27	3.216,40	3.618,45	2.107,87	3.066,00	3.449,25	2.004,47	2.915,60	3.280,05	1.901,07	2.765,20	3.110,85	1.797,67	2.614,80	2.941,65	1.578,17	2.464,40	2.772,45	1.354,45	2.314,00	2.603,25
	II	38.416	2.112,88	3.073,28	3.457,44	2.009,48	2.922,88	3.288,24	1.906,08	2.772,48	3.119,04	1.802,68	2.622,08	2.949,84	1.589,00	2.471,68	2.780,64	1.365,28	2.321,28	2.611,44	1.141,56	2.170,88	2.442,24
	III	30.268	-	2.421,44	2.724,12	-	2.276,80	2.561,40	-	2.135,36	2.402,28	-	1.996,80	2.246,40	-	1.861,44	2.094,12	-	1.729,28	1.945,44	-	1.600,00	1.800,00
	IV	40.205	2.211,27	3.216,40	3.618,45	2.159,57	3.141,20	3.533,85	2.107,87	3.066,00	3.449,25	2.056,17	2.990,80	3.364,65	2.004,47	2.915,60	3.280,05	1.952,77	2.840,40	3.195,45	1.901,07	2.765,20	3.110,85
	V	46.378	2.550,79	3.710,24	4.174,02																		
	VI	46.910	2.580,05	3.752,80	4.221,90																		
134.279,99 (West)	I	40.126	2.206,93	3.210,08	3.611,34	2.103,53	3.059,68	3.442,14	2.000,13	2.909,28	3.272,94	1.896,73	2.758,88	3.103,74	1.792,61	2.608,56	2.934,63	1.568,89	2.458,16	2.765,43	1.345,17	2.307,76	2.596,23
	II	38.337	2.108,53	3.066,96	3.450,33	2.005,13	2.916,56	3.281,13	1.901,73	2.766,16	3.111,93	1.798,33	2.615,76	2.942,73	1.579,60	2.465,36	2.773,53	1.355,88	2.314,96	2.604,33	1.132,28	2.164,64	2.435,22
	III	30.192	-	2.415,36	2.717,28	-	2.270,88	2.554,74	-	2.129,44	2.395,62	-	1.991,04	2.239,92	-	1.855,84	2.087,82	-	1.723,68	1.939,14	-	1.594,72	1.794,06
	IV	40.126	2.206,93	3.210,08	3.611,34	2.155,23	3.134,88	3.526,74	2.103,53	3.059,68	3.442,14	2.051,83	2.984,48	3.357,54	2.000,13	2.909,28	3.272,94	1.948,43	2.834,08	3.188,34	1.896,73	2.758,88	3.103,74
	V	46.300	2.546,50	3.704,00	4.167,00																		
	VI	46.831	2.575,70	3.746,48	4.214,79																		
134.279,99 (Ost)	I	40.220	2.212,10	3.217,60	3.619,80	2.108,70	3.067,20	3.450,60	2.005,30	2.916,80	3.281,40	1.901,90	2.766,40	3.112,20	1.798,50	2.616,00	2.943,00	1.579,96	2.465,60	2.773,80	1.356,24	2.315,20	2.604,60
	II	38.431	2.113,70	3.074,48	3.458,79	2.010,30	2.924,08	3.289,59	1.906,90	2.773,68	3.120,39	1.803,50	2.623,28	2.951,19	1.590,79	2.472,88	2.781,99	1.367,07	2.322,48	2.612,79	1.143,35	2.172,08	2.443,59
	III	30.282	-	2.422,56	2.725,38	-	2.277,92	2.562,66	-	2.136,48	2.403,54	-	1.997,92	2.247,66	-	1.862,56	2.095,38	-	1.730,24	1.946,52	-	1.601,12	1.801,26
	IV	40.220	2.212,10	3.217,60	3.619,80	2.160,40	3.142,40	3.535,20	2.108,70	3.067,20	3.450,60	2.057,00	2.992,00	3.366,00	2.005,30	2.916,80	3.281,40	1.953,60	2.841,60	3.196,80	1.901,90	2.766,40	3.112,20
	V	46.393	2.551,61	3.711,44	4.175,37																		
	VI	46.925	2.580,87	3.754,00	4.223,25																		
134.315,99 (West)	I	40.141	2.207,75	3.211,28	3.612,69	2.104,35	3.060,88	3.443,49	2.001,01	2.910,56	3.274,38	1.897,61	2.760,16	3.105,18	1.794,21	2.609,76	2.935,98	1.570,68	2.459,36	2.766,78	1.346,96	2.308,96	2.597,58
	II	38.352	2.109,36	3.068,16	3.451,68	2.005,96	2.917,76	3.282,48	1.902,56	2.767,36	3.113,28	1.799,16	2.616,96	2.944,08	1.581,39	2.466,56	2.774,88	1.357,79	2.316,24	2.605,77	1.134,07	2.165,84	2.436,57
	III	30.206	-	2.416,48	2.718,54	-	2.272,00	2.556,00	-	2.130,56	2.396,88	-	1.992,16	2.241,18	-	1.856,96	2.089,08	-	1.724,80	1.940,40	-	1.595,68	1.795,14
	IV	40.141	2.207,75	3.211,28	3.612,69	2.156,05	3.136,08	3.528,09	2.104,35	3.060,88	3.443,49	2.052,65	2.985,68	3.358,89	2.001,01	2.910,56	3.274,38	1.949,31	2.835,36	3.189,78	1.897,61	2.760,16	3.105,18
	V	46.315	2.547,32	3.705,20	4.168,35																		
	VI	46.846	2.576,53	3.747,68	4.216,14																		
134.315,99 (Ost)	I	40.235	2.212,92	3.218,80	3.621,15	2.109,52	3.068,40	3.451,95	2.006,12	2.918,00	3.282,75	1.902,72	2.767,60	3.113,55	1.799,32	2.617,20	2.944,35	1.581,74	2.466,80	2.775,15	1.358,02	2.316,40	2.605,95
	II	38.446	2.114,53	3.075,68	3.460,14	2.011,13	2.925,28	3.290,94	1.907,73	2.774,88	3.121,74	1.804,33	2.624,48	2.952,54	1.592,57	2.474,08	2.783,34	1.368,85	2.323,68	2.614,14	1.145,13	2.173,28	2.444,94
	III	30.298	-	2.423,84	2.726,82	-	2.279,04	2.563,92	-	2.137,60	2.404,80	-	1.999,04	2.248,92	-	1.863,68	2.096,64	-	1.731,36	1.947,78	-	1.602,08	1.802,34
	IV	40.235	2.212,92	3.218,80	3.621,15	2.161,22	3.143,60	3.536,55	2.109,52	3.068,40	3.451,95	2.057,82	2.993,20	3.367,35	2.006,12	2.918,00	3.282,75	1.954,42	2.842,80	3.198,15	1.902,72	2.767,60	3.113,55
	V	46.408	2.552,44	3.712,64	4.176,72																		
	VI	46.940	2.581,70	3.755,20	4.224,60																		
134.351,99 (West)	I	40.156	2.208,58	3.212,48	3.614,04	2.105,23	3.062,16	3.444,93	2.001,83	2.911,76	3.275,73	1.898,43	2.761,36	3.106,53	1.795,03	2.610,96	2.937,33	1.572,46	2.460,56	2.768,13	1.348,74	2.310,16	2.598,93
	II	38.367	2.110,18	3.069,36	3.453,03	2.006,78	2.918,96	3.283,83	1.903,38	2.768,56	3.114,63	1.800,04	2.618,24	2.945,52	1.583,29	2.467,84	2.776,32	1.359,57	2.317,44	2.607,12	1.135,85	2.167,04	2.437,92
	III	30.220	-	2.417,60	2.719,80	-	2.273,12	2.557,26	-	2.131,68	2.398,14	-	1.993,28	2.242,44	-	1.858,08	2.090,34	-	1.725,76	1.941,48	-	1.596,80	1.796,40
	IV	40.156	2.208,58	3.212,48	3.614,04	2.156,93	3.137,36	3.529,53	2.105,23	3.062,16	3.444,93	2.053,53	2.986,96	3.360,33	2.001,83	2.911,76	3.275,73	1.950,13	2.836,56	3.191,13	1.898,43	2.761,36	3.106,53
	V	46.330	2.548,15	3.706,40	4.169,70																		
	VI	46.861	2.577,35	3.748,88	4.217,49																		
134.351,99 (Ost)	I	40.250	2.213,75	3.220,00	3.622,50	2.110,35	3.069,60	3.453,30	2.006,95	2.919,20	3.284,10	1.903,55	2.768,80	3.114,90	1.800,15	2.618,40	2.945,70	1.583,65	2.468,08	2.776,59	1.359,93	2.317,68	2.607,39
	II	38.461	2.115,35	3.076,88	3.461,49	2.011,95	2.926,48	3.292,29	1.908,55	2.776,08	3.123,09	1.805,15	2.625,68	2.953,89	1.594,36	2.475,28	2.784,69	1.370,64	2.324,88	2.615,49	1.146,92	2.174,48	2.446,29
	III	30.312	-	2.424,96	2.728,08	-	2.280,32	2.565,36	-	2.138,72	2.406,06	-	2.000,16	2.250,18	-	1.864,80	2.097,90	-	1.732,32	1.948,86	-	1.603,20	1.803,60
	IV	40.250	2.213,75	3.220,00	3.622,50	2.162,05	3.144,80	3.537,90	2.110,35	3.069,60	3.453,30	2.058,65	2.994,40	3.368,70	2.006,95	2.919,20	3.284,10	1.955,25	2.844,00	3.199,50	1.903,55	2.768,80	3.114,90
	V	46.423	2.553,26	3.713,84	4.178,07																		
	VI	46.955	2.582,52	3.756,40	4.225,95																		
134.387,99 (West)	I	40.172	2.209,46	3.213,76	3.615,48	2.106,06	3.063,36	3.446,28	2.002,66	2.912,96	3.277,08	1.899,26	2.762,56	3.107,88	1.795,86	2.612,16	2.938,68	1.574,25	2.461,76	2.769,48	1.350,53	2.311,36	2.600,28
	II	38.382	2.111,01	3.070,56	3.454,38	2.007,61	2.920,16	3.285,18	1.904,26	2.769,84	3.116,07	1.800,86	2.619,44	2.946,87	1.585,08	2.469,04	2.777,67	1.361,36	2.318,64	2.608,47	1.137,64	2.168,24	2.439,27
	III	30.236	-	2.418,88	2.721,24	-	2.274,24	2.558,52	-	2.132,80	2.399,40	-	1.994,40	2.243,70	-	1.859,04	2.091,42	-	1.726,88	1.942,74	-	1.597,76	1.797,48
	IV	40.172	2.209,46	3.213,76	3.615,48	2.157,76	3.138,56	3.530,88	2.106,06	3.063,36	3.446,28	2.054,36	2.988,16	3.361,68	2.002,66	2.912,96	3.277,08	1.950,96	2.837,76	3.192,48	1.899,26	2.762,56	3.107,88
	V	46.345	2.548,97	3.707,60	4.171,05																		
	VI	46.877	2.578,23	3.750,16	4.218,93																		
134.387,99 (Ost)	I	40.265	2.214,57	3.221,20	3.623,85	2.111,17	3.070,80	3.454,65	2.007,77	2.920,40	3.285,45	1.904,37	2.770,00	3.116,25	1.801,03	2.619,68	2.947,14	1.585,43	2.469,28	2.777,94	1.361,71	2.318,88	2.608,74
	II	38.476	2.116,18	3.078,08	3.462,84	2.012,78	2.927,68	3.293,64	1.909,38	2.777,28	3.124,44	1.805,98	2.626,88	2.955,24	1.596,14	2.476,48	2.786,04	1.372,42	2.326,08	2.616,84	1.148,82	2.175,76	2.447,73
	III	30.326	-	2.426,08	2.729,34	-	2.281,44	2.566,62	-	2.139,84	2.407,32	-	2.001,28	2.251,44	-	1.865,76	2.098,98	-	1.733,44	1.950,12	-	1.604,16	1.804,68
	IV	40.265	2.214,57	3.221,20	3.623,85	2.162,87	3.146,00	3.539,25	2.111,17	3.070,80	3.454,65	2.059,47	2.995,60	3.370,05	2.007,77	2.920,40	3.285,45	1.956,07	2.845,20	3.200,85	1.904,37	2.770,00	3.116,25
	V	46.439	2.554,14	3.715,12	4.179,51																		
	VI	46.970	2.583,35	3.757,60	4.227,30																		
134.423,99 (West)	I	40.187	2.210,28	3.214,96	3.616,83	2.106,88	3.064,56	3.447,63	2.003,48	2.914,16	3.278,43	1.900,08	2.763,76	3.109,23	1.796,68	2.613,36	2.940,03	1.576,03	2.462,96	2.770,83	1.352,31	2.312,56	2.601,63
	II	38.398	2.111,89	3.071,84	3.455,82	2.008,49	2.921,44	3.286,62	1.905,09	2.771,04	3.117,42	1.801,69	2.620,64	2.948,22	1.586,86	2.470,24	2.779,02	1.363,14	2.319,84	2.609,82	1.139,42	2.169,44	2.440,62
	III	30.250	-	2.420,00	2.722,50	-	2.275,36	2.559,78	-	2.133,92	2.400,66	-	1.995,52	2.244,96	-	1.860,16	2.092,68	-	1.728,00	1.944,00	-	1.598,72	1.798,56
	IV	40.187	2.210,28	3.214,96	3.616,83	2.158,58	3.139,76	3.532,23	2.106,88	3.064,56	3.447,63	2.055,18	2.989,36	3.363,03	2.003,48	2.914,16	3.278,43	1.951,78	2.838,96	3.193,83	1.900,08	2.763,76	3.109,23
	V	46.360	2.549,80	3.708,80	4.172,40																		
	VI	46.892	2.579,06	3.751,36	4.220,28																		
134.423,99 (Ost)	I	40.280	2.215,40	3.222,40	3.625,20	2.112,00	3.072,00	3.456,00	2.008,65	2.921,68	3.286,89	1.905,25	2.771,28	3.117,69	1.801,85	2.620,88	2.948,49	1.587,22	2.470,48	2.779,29	1.363,50	2.320,08	2.610,09
	II	38.491	2.117,00	3.079,28	3.464,19	2.013,60	2.928,88	3.294,99	1.910,20	2.778,48	3.125,79	1.806,80	2.628,08	2.956,59	1.597,93	2.477,68	2.787,39	1.374,33	2.327,36	2.618,28	1.150,61	2.176,96	2.449,08
	III	30.342	-	2.427,36	2.730,78	-	2.282,56	2.567,88	-	2.140,96	2.408,58	-	2.002,40	2.252,70	-	1.866,88	2.100,24	-	1.734,56	1.951,38	-	1.605,12	1.805,76
	IV	40.280	2.215,40	3.222,40	3.625,20	2.163,70	3.147,20	3.540,60	2.112,00	3.072,00	3.456,00	2.060,30	2.996,80	3.371,40	2.008,65	2.921,68	3.286,89	1.956,95	2.846,48	3.202,29	1.905,25	2.771,28	3.117,69
	V	46.454	2.554,97	3.716,32	4.180,86																		
	VI	46.985	2.584,17	3.758,80	4.228,65																		

Anzahl Kinderfreibeträge (nur Steuerklassen I–IV)

SolZ/KiSt lt. Tabelle nicht für Sonstige Bezüge anwendbar.

Lohn/ Gehalt bis	Steuerklasse	Lohn- steuer	ohne Kinderfreibetrag			Anzahl Kinderfreibeträge (nur Steuerklassen I–IV)																	
						0,5			1,0			1,5			2,0			2,5			3,0		
			SolZ 5,5%	Kirchensteuer 8%	9%	SolZ 5,5%	Kirchensteuer 8%	9%	SolZ 5,5%	Kirchensteuer 8%	9%	SolZ 5,5%	Kirchensteuer 8%	9%	SolZ 5,5%	Kirchensteuer 8%	9%	SolZ 5,5%	Kirchensteuer 8%	9%	SolZ 5,5%	Kirchensteuer 8%	9%
134.459,99 (West)	I	40.202	2.211,11	3.216,16	3.618,18	2.107,71	3.065,76	3.448,98	2.004,31	2.915,36	3.279,78	1.900,91	2.764,96	3.110,58	1.797,51	2.614,56	2.941,38	1.577,82	2.464,16	2.772,18	1.354,10	2.313,76	2.602,
	II	38.413	2.112,71	3.073,04	3.457,17	2.009,31	2.922,64	3.287,97	1.905,91	2.772,24	3.118,77	1.802,51	2.621,84	2.949,57	1.588,65	2.471,44	2.780,37	1.364,93	2.321,04	2.611,17	1.141,21	2.170,64	2.441,
	III	30.264	-	2.421,12	2.723,76	-	2.276,48	2.561,04	-	2.135,04	2.401,92	-	1.996,64	2.246,22	-	1.861,28	2.093,94	-	1.728,96	1.945,08	-	1.599,84	1.799,
	IV	40.202	2.211,11	3.216,16	3.618,18	2.159,41	3.140,96	3.533,58	2.107,71	3.065,76	3.448,98	2.056,01	2.990,56	3.364,38	2.004,31	2.915,36	3.279,78	1.952,61	2.840,16	3.195,18	1.900,91	2.764,96	3.110,
	V	46.375	2.550,62	3.710,00	4.173,75																		
	VI	46.907	2.579,88	3.752,56	4.221,63																		
134.459,99 (Ost)	I	40.295	2.216,22	3.223,60	3.626,55	2.112,88	3.073,28	3.457,44	2.009,48	2.922,88	3.288,24	1.906,08	2.772,48	3.119,04	1.802,68	2.622,08	2.949,84	1.589,00	2.471,68	2.780,64	1.365,28	2.321,28	2.611,
	II	38.506	2.117,83	3.080,48	3.465,54	2.014,43	2.930,08	3.296,34	1.911,03	2.779,68	3.127,14	1.807,68	2.629,36	2.958,03	1.599,83	2.478,96	2.788,83	1.376,11	2.328,56	2.619,63	1.152,39	2.178,16	2.450,
	III	30.356	-	2.428,48	2.732,04	-	2.283,68	2.569,14	-	2.142,08	2.409,84	-	2.003,52	2.253,96	-	1.868,00	2.101,50	-	1.735,52	1.952,46	-	1.606,24	1.807,
	IV	40.295	2.216,22	3.223,60	3.626,55	2.164,58	3.148,48	3.542,04	2.112,88	3.073,28	3.457,44	2.061,18	2.998,08	3.372,84	2.009,48	2.922,88	3.288,24	1.957,78	2.847,68	3.203,64	1.906,08	2.772,48	3.119,
	V	46.469	2.555,79	3.717,52	4.182,21																		
	VI	47.001	2.585,05	3.760,08	4.230,09																		
134.495,99 (West)	I	40.217	2.211,93	3.217,36	3.619,53	2.108,53	3.066,96	3.450,33	2.005,13	2.916,56	3.281,13	1.901,73	2.766,16	3.111,93	1.798,33	2.615,76	2.942,73	1.579,60	2.465,36	2.773,53	1.355,88	2.314,96	2.604,
	II	38.428	2.113,54	3.074,24	3.458,52	2.010,14	2.923,84	3.289,32	1.906,74	2.773,44	3.120,12	1.803,34	2.623,04	2.950,92	1.590,43	2.472,64	2.781,72	1.366,71	2.322,24	2.612,52	1.142,99	2.171,84	2.443,
	III	30.280	-	2.422,40	2.725,20	-	2.277,76	2.562,48	-	2.136,16	2.403,18	-	1.997,76	2.247,48	-	1.862,40	2.095,20	-	1.730,08	1.946,34	-	1.600,80	1.800,
	IV	40.217	2.211,93	3.217,36	3.619,53	2.160,23	3.142,16	3.534,93	2.108,53	3.066,96	3.450,33	2.056,83	2.991,76	3.365,73	2.005,13	2.916,56	3.281,13	1.953,43	2.841,36	3.196,53	1.901,73	2.766,16	3.111,
	V	46.390	2.551,45	3.711,20	4.175,10																		
	VI	46.922	2.580,71	3.753,76	4.222,98																		
134.495,99 (Ost)	I	40.311	2.217,10	3.224,88	3.627,99	2.113,70	3.074,48	3.458,79	2.010,30	2.924,08	3.289,59	1.906,90	2.773,68	3.120,39	1.803,50	2.623,28	2.951,19	1.590,79	2.472,88	2.781,99	1.367,07	2.322,48	2.612,
	II	38.521	2.118,65	3.081,68	3.466,89	2.015,25	2.931,28	3.297,69	1.911,91	2.780,96	3.128,58	1.808,51	2.630,56	2.959,38	1.601,62	2.480,16	2.790,18	1.377,90	2.329,76	2.620,98	1.154,18	2.179,36	2.451,
	III	30.370	-	2.429,60	2.733,30	-	2.284,80	2.570,40	-	2.143,20	2.411,10	-	2.004,48	2.255,04	-	1.868,96	2.102,58	-	1.736,64	1.953,72	-	1.607,20	1.808,
	IV	40.311	2.217,10	3.224,88	3.627,99	2.165,40	3.149,68	3.543,39	2.113,70	3.074,48	3.458,79	2.062,00	2.999,28	3.374,19	2.010,30	2.924,08	3.289,59	1.958,60	2.848,88	3.204,99	1.906,90	2.773,68	3.120,
	V	46.484	2.556,62	3.718,72	4.183,56																		
	VI	47.016	2.585,88	3.761,28	4.231,44																		
134.531,99 (West)	I	40.232	2.212,76	3.218,56	3.620,88	2.109,36	3.068,16	3.451,68	2.005,96	2.917,76	3.282,48	1.902,56	2.767,36	3.113,28	1.799,16	2.616,96	2.944,08	1.581,39	2.466,56	2.774,88	1.357,79	2.316,24	2.605,
	II	38.443	2.114,36	3.075,44	3.459,87	2.010,96	2.925,04	3.290,67	1.907,56	2.774,64	3.121,47	1.804,16	2.624,24	2.952,27	1.592,22	2.473,84	2.783,07	1.368,50	2.323,44	2.613,87	1.144,78	2.173,04	2.444,
	III	30.294	-	2.423,52	2.726,46	-	2.278,88	2.563,74	-	2.137,28	2.404,44	-	1.998,88	2.248,74	-	1.863,36	2.096,28	-	1.731,04	1.947,42	-	1.601,92	1.802,
	IV	40.232	2.212,76	3.218,56	3.620,88	2.161,06	3.143,36	3.536,28	2.109,36	3.068,16	3.451,68	2.057,66	2.992,96	3.367,08	2.005,96	2.917,76	3.282,48	1.954,26	2.842,56	3.197,88	1.902,56	2.767,36	3.113,
	V	46.405	2.552,27	3.712,40	4.176,45																		
	VI	46.937	2.581,53	3.754,96	4.224,33																		
134.531,99 (Ost)	I	40.326	2.217,93	3.226,08	3.629,34	2.114,53	3.075,68	3.460,14	2.011,13	2.925,28	3.290,94	1.907,73	2.774,88	3.121,74	1.804,33	2.624,48	2.952,54	1.592,57	2.474,08	2.783,34	1.368,85	2.323,68	2.614,
	II	38.537	2.119,53	3.082,96	3.468,33	2.016,13	2.932,56	3.299,13	1.912,73	2.782,16	3.129,93	1.809,33	2.631,76	2.960,73	1.603,40	2.481,36	2.791,53	1.379,68	2.330,96	2.622,33	1.155,96	2.180,56	2.453,
	III	30.386	-	2.430,88	2.734,74	-	2.286,08	2.571,84	-	2.144,32	2.412,36	-	2.005,60	2.256,30	-	1.870,08	2.103,84	-	1.737,60	1.954,80	-	1.608,32	1.809,
	IV	40.326	2.217,93	3.226,08	3.629,34	2.166,23	3.150,88	3.544,74	2.114,53	3.075,68	3.460,14	2.062,83	3.000,48	3.375,54	2.011,13	2.925,28	3.290,94	1.959,43	2.850,08	3.206,34	1.907,73	2.774,88	3.121,
	V	46.499	2.557,44	3.719,92	4.184,91																		
	VI	47.031	2.586,70	3.762,48	4.232,79																		
134.567,99 (West)	I	40.247	2.213,58	3.219,76	3.622,23	2.110,18	3.069,36	3.453,03	2.006,78	2.918,96	3.283,83	1.903,38	2.768,56	3.114,63	1.800,04	2.618,24	2.945,52	1.583,29	2.467,84	2.776,32	1.359,57	2.317,44	2.607,
	II	38.458	2.115,19	3.076,64	3.461,22	2.011,79	2.926,24	3.292,02	1.908,39	2.775,84	3.122,82	1.804,99	2.625,44	2.953,62	1.594,00	2.475,04	2.784,42	1.370,28	2.324,64	2.615,22	1.146,56	2.174,24	2.446,
	III	30.308	-	2.424,64	2.727,72	-	2.280,00	2.565,00	-	2.138,40	2.405,70	-	1.999,84	2.249,82	-	1.864,48	2.097,54	-	1.732,16	1.948,68	-	1.602,88	1.803,
	IV	40.247	2.213,58	3.219,76	3.622,23	2.161,88	3.144,56	3.537,63	2.110,18	3.069,36	3.453,03	2.058,48	2.994,16	3.368,43	2.006,78	2.918,96	3.283,83	1.955,08	2.843,76	3.199,23	1.903,38	2.768,56	3.114,
	V	46.420	2.553,10	3.713,60	4.177,80																		
	VI	46.952	2.582,36	3.756,16	4.225,68																		
134.567,99 (Ost)	I	40.341	2.218,75	3.227,28	3.630,69	2.115,35	3.076,88	3.461,49	2.011,95	2.926,48	3.292,29	1.908,55	2.776,08	3.123,09	1.805,15	2.625,68	2.953,89	1.594,36	2.475,28	2.784,69	1.370,64	2.324,88	2.615,
	II	38.552	2.120,36	3.084,16	3.469,68	2.016,96	2.933,76	3.300,48	1.913,56	2.783,36	3.131,28	1.810,16	2.632,96	2.962,08	1.605,19	2.482,56	2.792,88	1.381,47	2.332,16	2.623,68	1.157,75	2.181,76	2.454,
	III	30.400	-	2.432,00	2.736,00	-	2.287,20	2.573,10	-	2.145,44	2.413,62	-	2.006,72	2.257,56	-	1.871,20	2.105,10	-	1.738,72	1.956,06	-	1.609,28	1.810,
	IV	40.341	2.218,75	3.227,28	3.630,69	2.167,05	3.152,08	3.546,09	2.115,35	3.076,88	3.461,49	2.063,65	3.001,68	3.376,89	2.011,95	2.926,48	3.292,29	1.960,25	2.851,28	3.207,69	1.908,55	2.776,08	3.123,
	V	46.514	2.558,27	3.721,12	4.186,26																		
	VI	47.046	2.587,53	3.763,68	4.234,14																		
134.603,99 (West)	I	40.262	2.214,41	3.220,96	3.623,58	2.111,01	3.070,56	3.454,38	2.007,61	2.920,16	3.285,18	1.904,26	2.769,84	3.116,07	1.800,86	2.619,44	2.946,87	1.585,08	2.469,04	2.777,67	1.361,36	2.318,64	2.608,
	II	38.473	2.116,01	3.077,84	3.462,57	2.012,61	2.927,44	3.293,37	1.909,21	2.777,04	3.124,17	1.805,81	2.626,64	2.954,97	1.595,79	2.476,24	2.785,77	1.372,18	2.325,92	2.616,66	1.148,46	2.175,52	2.447,
	III	30.324	-	2.425,92	2.729,16	-	2.281,12	2.566,26	-	2.139,52	2.406,96	-	2.000,96	2.251,08	-	1.865,60	2.098,80	-	1.733,12	1.949,76	-	1.604,00	1.804,
	IV	40.262	2.214,41	3.220,96	3.623,58	2.162,71	3.145,76	3.538,98	2.111,01	3.070,56	3.454,38	2.059,31	2.995,36	3.369,78	2.007,61	2.920,16	3.285,18	1.955,96	2.845,04	3.200,67	1.904,26	2.769,84	3.116,
	V	46.436	2.553,98	3.714,88	4.179,24																		
	VI	46.967	2.583,18	3.757,36	4.227,03																		
134.603,99 (Ost)	I	40.356	2.219,58	3.228,48	3.632,04	2.116,18	3.078,08	3.462,84	2.012,78	2.927,68	3.293,64	1.909,38	2.777,28	3.124,44	1.805,98	2.626,88	2.955,24	1.596,14	2.476,48	2.786,04	1.372,42	2.326,08	2.616,
	II	38.567	2.121,18	3.085,36	3.471,03	2.017,78	2.934,96	3.301,83	1.914,38	2.784,56	3.132,63	1.810,98	2.634,16	2.963,43	1.606,97	2.483,76	2.794,23	1.383,25	2.333,36	2.625,03	1.159,53	2.182,96	2.455,
	III	30.414	-	2.433,12	2.737,26	-	2.288,32	2.574,36	-	2.146,56	2.414,88	-	2.007,84	2.258,82	-	1.872,32	2.106,36	-	1.739,68	1.957,14	-	1.610,40	1.811,
	IV	40.356	2.219,58	3.228,48	3.632,04	2.167,88	3.153,28	3.547,44	2.116,18	3.078,08	3.462,84	2.064,48	3.002,88	3.378,24	2.012,78	2.927,68	3.293,64	1.961,08	2.852,48	3.209,04	1.909,38	2.777,28	3.124,
	V	46.529	2.559,09	3.722,32	4.187,61																		
	VI	47.061	2.588,35	3.764,88	4.235,49																		
134.639,99 (West)	I	40.277	2.215,23	3.222,16	3.624,93	2.111,89	3.071,84	3.455,82	2.008,49	2.921,44	3.286,62	1.905,09	2.771,04	3.117,42	1.801,69	2.620,64	2.948,22	1.586,86	2.470,24	2.779,02	1.363,14	2.319,84	2.609,
	II	38.488	2.116,84	3.079,04	3.463,92	2.013,44	2.928,64	3.294,72	1.910,04	2.778,24	3.125,52	1.806,64	2.627,84	2.956,32	1.597,69	2.477,52	2.787,21	1.373,97	2.327,12	2.618,01	1.150,25	2.176,72	2.448,
	III	30.338	-	2.427,04	2.730,42	-	2.282,24	2.567,52	-	2.140,64	2.408,22	-	2.002,08	2.252,34	-	1.866,56	2.099,88	-	1.734,24	1.951,02	-	1.604,96	1.805,
	IV	40.277	2.215,23	3.222,16	3.624,93	2.163,53	3.146,96	3.540,33	2.111,89	3.071,84	3.455,82	2.060,19	2.996,64	3.371,22	2.008,49	2.921,44	3.286,62	1.956,79	2.846,24	3.202,02	1.905,09	2.771,04	3.117,
	V	46.451	2.554,80	3.716,08	4.180,59																		
	VI	46.982	2.584,01	3.758,56	4.228,38																		
134.639,99 (Ost)	I	40.371	2.220,40	3.229,68	3.633,39	2.117,00	3.079,28	3.464,19	2.013,60	2.928,88	3.294,99	1.910,20	2.778,48	3.125,79	1.806,80	2.628,08	2.956,59	1.597,93	2.477,68	2.787,39	1.374,33	2.327,36	2.618,
	II	38.582	2.122,01	3.086,56	3.472,38	2.018,61	2.936,16	3.303,18	1.915,21	2.785,76	3.133,98	1.811,81	2.635,36	2.964,78	1.608,76	2.484,96	2.795,58	1.385,04	2.334,56	2.626,38	1.161,32	2.184,16	2.457,
	III	30.430	-	2.434,40	2.738,70	-	2.289,44	2.575,62	-	2.147,68	2.416,14	-	2.008,96	2.260,08	-	1.873,28	2.107,44	-	1.740,80	1.958,40	-	1.611,36	1.812,
	IV	40.371	2.220,40	3.229,68	3.633,39	2.168,70	3.154,48	3.548,79	2.117,00	3.079,28	3.464,19	2.065,30	3.004,08	3.379,59	2.013,60	2.928,88	3.294,99	1.961,90	2.853,68	3.210,39	1.910,20	2.778,48	3.125,
	V	46.544	2.559,92	3.723,52	4.188,96																		
	VI	47.076	2.589,18	3.766,08	4.236,84																		
134.675,99 (West)	I	40.293	2.216,11	3.223,44	3.626,37	2.112,71	3.073,04	3.457,17	2.009,31	2.922,64	3.287,97	1.905,91	2.772,24	3.118,77	1.802,51	2.621,84	2.949,57	1.588,65	2.471,44	2.780,37	1.364,93	2.321,04	2.611,
	II	38.503	2.117,66	3.080,24	3.465,27	2.014,26	2.929,84	3.296,07	1.910,92	2.779,52	3.126,96	1.807,52	2.629,12	2.957,76	1.599,47	2.478,72	2.788,56	1.375,75	2.328,32	2.619,36	1.152,03	2.177,92	2.450,
	III	30.352	-	2.428,16	2.731,68	-	2.283,52	2.568,96	-	2.141,76	2.409,48	-	2.003,20	2.253,60	-	1.867,68	2.101,14	-	1.735,36	1.952,28	-	1.605,92	1.806,
	IV	40.293	2.216,11	3.223,44	3.626,37	2.164,41	3.148,24	3.541,77	2.112,71	3.073,04	3.457,17	2.061,01	2.997,84	3.372,57	2.009,31	2.922,64	3.287,97	1.957,61	2.847,44	3.203,37	1.905,91	2.772,24	3.118,
	V	46.466	2.555,63	3.717,28	4.181,94																		
	VI	46.998	2.584,89	3.759,84	4.229,82																		
134.675,99 (Ost)	I	40.386	2.221,23	3.230,88	3.634,74	2.117,83	3.080,48	3.465,54	2.014,43	2.930,08	3.296,34	1.911,03	2.779,68	3.127,14	1.807,68	2.629,36	2.958,03	1.599,83	2.478,96	2.788,83	1.376,11	2.328,56	2.619,
	II	38.597	2.122,83	3.087,76	3.473,73	2.019,43	2.937,36	3.304,53	1.916,03	2.786,96	3.135,33	1.812,63	2.636,56	2.966,13	1.610,54	2.486,16	2.796,93	1.386,82	2.335,76	2.627,73	1.163,10	2.185,36	2.458,
	III	30.444	-	2.435,52	2.739,96	-	2.290,56	2.576,88	-	2.148,80	2.417,40	-	2.010,08	2.261,34	-	1.874,40	2.108,70	-	1.741,92	1.959,66	-	1.612,32	1.813,
	IV	40.386	2.221,23	3.230,88	3.634,74	2.169,53	3.155,68	3.550,14	2.117,83	3.080,48	3.465,54	2.066,13	3.005,28	3.380,94	2.014,43	2.930,08	3.296,34	1.962,73	2.854,88	3.211,74	1.911,03	2.779,68	3.127,
	V	46.560	2.560,80	3.724,80	4.190,40																		
	VI	47.091	2.590,00	3.767,28	4.238,19																		

SolZ/KiSt lt. Tabelle nicht für Sonstige Bezüge anwendbar.

Lohn/ Gehalt bis	Steuerklasse	Lohn-steuer	ohne Kinderfreibetrag			Anzahl Kinderfreibeträge (nur Steuerklassen I–IV)																	
						0,5			1,0			1,5			2,0			2,5			3,0		
			SolZ 5,5%	Kirchensteuer 8%	9%	SolZ 5,5%	Kirchensteuer 8%	9%	SolZ 5,5%	Kirchensteuer 8%	9%	SolZ 5,5%	Kirchensteuer 8%	9%	SolZ 5,5%	Kirchensteuer 8%	9%	SolZ 5,5%	Kirchensteuer 8%	9%	SolZ 5,5%	Kirchensteuer 8%	9%
34.711,99 (West)	I	40.308	2.216,94	3.224,64	3.627,72	2.113,54	3.074,24	3.458,52	2.010,14	2.923,84	3.289,32	1.906,74	2.773,44	3.120,12	1.803,34	2.623,04	2.950,92	1.590,43	2.472,64	2.781,72	1.366,71	2.322,24	2.612,52
	II	38.518	2.118,49	3.081,44	3.466,62	2.015,14	2.931,12	3.297,51	1.911,74	2.780,72	3.128,31	1.808,34	2.630,32	2.959,11	1.601,26	2.479,92	2.789,91	1.377,54	2.329,52	2.620,71	1.153,82	2.179,12	2.451,51
	III	30.368	-	2.429,44	2.733,12	-	2.284,64	2.570,22	-	2.142,88	2.410,74	-	2.004,32	2.254,86	-	1.868,80	2.102,40	-	1.736,32	1.953,36	-	1.607,04	1.807,92
	IV	40.308	2.216,94	3.224,64	3.627,72	2.165,24	3.149,44	3.543,12	2.113,54	3.074,24	3.458,52	2.061,84	2.999,04	3.373,92	2.010,14	2.923,84	3.289,32	1.958,44	2.848,64	3.204,72	1.906,74	2.773,44	3.120,12
	V	46.481	2.556,45	3.718,48	4.183,29																		
	VI	47.013	2.585,71	3.761,04	4.231,17																		
34.711,99 (Ost)	I	40.401	2.222,05	3.232,08	3.636,09	2.118,65	3.081,68	3.466,89	2.015,25	2.931,28	3.297,69	1.911,91	2.780,96	3.128,58	1.808,51	2.630,56	2.959,38	1.601,62	2.480,16	2.790,18	1.377,90	2.329,76	2.620,98
	II	38.612	2.123,66	3.088,96	3.475,08	2.020,26	2.938,56	3.305,88	1.916,86	2.788,16	3.136,68	1.813,46	2.637,76	2.967,48	1.612,33	2.487,36	2.798,28	1.388,73	2.337,04	2.629,17	1.165,01	2.186,64	2.459,97
	III	30.460	-	2.436,80	2.741,40	-	2.291,84	2.578,32	-	2.149,92	2.418,66	-	2.011,20	2.262,60	-	1.875,52	2.109,96	-	1.742,88	1.960,74	-	1.613,44	1.815,12
	IV	40.401	2.222,05	3.232,08	3.636,09	2.170,35	3.156,88	3.551,49	2.118,65	3.081,68	3.466,89	2.066,95	3.006,48	3.382,29	2.015,25	2.931,28	3.297,69	1.963,61	2.856,16	3.213,18	1.911,91	2.780,96	3.128,58
	V	46.575	2.561,62	3.726,00	4.191,75																		
	VI	47.106	2.590,83	3.768,48	4.239,54																		
34.747,99 (West)	I	40.323	2.217,76	3.225,84	3.629,07	2.114,36	3.075,44	3.459,87	2.010,96	2.925,04	3.290,67	1.907,56	2.774,64	3.121,47	1.804,16	2.624,24	2.952,27	1.592,22	2.473,84	2.783,07	1.368,50	2.323,44	2.613,87
	II	38.534	2.119,37	3.082,72	3.468,06	2.015,97	2.932,32	3.298,86	1.912,57	2.781,92	3.129,66	1.809,17	2.631,52	2.960,46	1.603,04	2.481,12	2.791,26	1.379,32	2.330,72	2.622,06	1.155,60	2.180,32	2.452,86
	III	30.382	-	2.430,56	2.734,38	-	2.285,76	2.571,48	-	2.144,00	2.412,00	-	2.005,44	2.256,12	-	1.869,92	2.103,66	-	1.737,44	1.954,62	-	1.608,00	1.809,00
	IV	40.323	2.217,76	3.225,84	3.629,07	2.166,06	3.150,64	3.544,47	2.114,36	3.075,44	3.459,87	2.062,66	3.000,24	3.375,27	2.010,96	2.925,04	3.290,67	1.959,26	2.849,84	3.206,07	1.907,56	2.774,64	3.121,47
	V	46.496	2.557,28	3.719,68	4.184,64																		
	VI	47.028	2.586,54	3.762,24	4.232,52																		
34.747,99 (Ost)	I	40.416	2.222,88	3.233,28	3.637,44	2.119,53	3.082,96	3.468,33	2.016,13	2.932,56	3.299,13	1.912,73	2.782,16	3.129,93	1.809,33	2.631,76	2.960,73	1.603,40	2.481,36	2.791,53	1.379,68	2.330,96	2.622,33
	II	38.627	2.124,48	3.090,16	3.476,43	2.021,08	2.939,76	3.307,23	1.917,68	2.789,36	3.138,03	1.814,28	2.638,96	2.968,83	1.614,23	2.488,64	2.799,72	1.390,51	2.338,24	2.630,52	1.166,79	2.187,84	2.461,32
	III	30.474	-	2.437,92	2.742,66	-	2.292,96	2.579,58	-	2.151,04	2.419,92	-	2.012,32	2.263,86	-	1.876,64	2.111,22	-	1.744,00	1.962,00	-	1.614,40	1.816,20
	IV	40.416	2.222,88	3.233,28	3.637,44	2.171,18	3.158,08	3.552,84	2.119,53	3.082,96	3.468,33	2.067,83	3.007,76	3.383,73	2.016,13	2.932,56	3.299,13	1.964,43	2.857,36	3.214,53	1.912,73	2.782,16	3.129,93
	V	46.590	2.562,45	3.727,20	4.193,10																		
	VI	47.121	2.591,65	3.769,68	4.240,89																		
34.783,99 (West)	I	40.338	2.218,59	3.227,04	3.630,42	2.115,19	3.076,64	3.461,22	2.011,79	2.926,24	3.292,02	1.908,39	2.775,84	3.122,82	1.804,99	2.625,44	2.953,62	1.594,00	2.475,04	2.784,42	1.370,28	2.324,64	2.615,22
	II	38.549	2.120,19	3.083,92	3.469,41	2.016,79	2.933,52	3.300,21	1.913,39	2.783,12	3.131,01	1.809,99	2.632,72	2.961,81	1.604,83	2.482,32	2.792,61	1.381,11	2.331,92	2.623,41	1.157,39	2.181,52	2.454,21
	III	30.396	-	2.431,68	2.735,64	-	2.286,88	2.572,74	-	2.145,12	2.413,26	-	2.006,56	2.257,38	-	1.870,88	2.104,74	-	1.738,40	1.955,70	-	1.609,12	1.810,26
	IV	40.338	2.218,59	3.227,04	3.630,42	2.166,89	3.151,84	3.545,82	2.115,19	3.076,64	3.461,22	2.063,49	3.001,44	3.376,62	2.011,79	2.926,24	3.292,02	1.960,09	2.851,04	3.207,42	1.908,39	2.775,84	3.122,82
	V	46.511	2.558,10	3.720,88	4.185,99																		
	VI	47.043	2.587,36	3.763,44	4.233,87																		
34.783,99 (Ost)	I	40.432	2.223,76	3.234,56	3.638,88	2.120,36	3.084,16	3.469,68	2.016,96	2.933,76	3.300,48	1.913,56	2.783,36	3.131,28	1.810,16	2.632,96	2.962,08	1.605,19	2.482,56	2.792,88	1.381,47	2.332,16	2.623,68
	II	38.642	2.125,31	3.091,36	3.477,78	2.021,91	2.940,96	3.308,58	1.918,56	2.790,64	3.139,47	1.815,16	2.640,24	2.970,27	1.616,02	2.489,84	2.801,07	1.392,30	2.339,44	2.631,87	1.168,58	2.189,04	2.462,67
	III	30.488	-	2.439,04	2.743,92	-	2.294,08	2.580,84	-	2.152,16	2.421,18	-	2.013,44	2.265,12	-	1.877,60	2.112,30	-	1.744,96	1.963,08	-	1.615,52	1.817,46
	IV	40.432	2.223,76	3.234,56	3.638,88	2.172,06	3.159,36	3.554,28	2.120,36	3.084,16	3.469,68	2.068,66	3.008,96	3.385,08	2.016,96	2.933,76	3.300,48	1.965,26	2.858,56	3.215,88	1.913,56	2.783,36	3.131,28
	V	46.605	2.563,27	3.728,40	4.194,45																		
	VI	47.137	2.592,53	3.770,96	4.242,33																		
34.819,99 (West)	I	40.353	2.219,41	3.228,24	3.631,77	2.116,01	3.077,84	3.462,57	2.012,61	2.927,44	3.293,37	1.909,21	2.777,04	3.124,17	1.805,81	2.626,64	2.954,97	1.595,79	2.476,24	2.785,77	1.372,18	2.325,92	2.616,66
	II	38.564	2.121,02	3.085,12	3.470,76	2.017,62	2.934,72	3.301,56	1.914,22	2.784,32	3.132,36	1.810,82	2.633,92	2.963,16	1.606,61	2.483,52	2.793,96	1.382,89	2.333,12	2.624,76	1.159,17	2.182,72	2.455,56
	III	30.412	-	2.432,96	2.737,08	-	2.288,00	2.574,00	-	2.146,24	2.414,52	-	2.007,68	2.258,64	-	1.872,00	2.106,00	-	1.739,52	1.956,96	-	1.610,08	1.811,34
	IV	40.353	2.219,41	3.228,24	3.631,77	2.167,71	3.153,04	3.547,17	2.116,01	3.077,84	3.462,57	2.064,31	3.002,64	3.377,97	2.012,61	2.927,44	3.293,37	1.960,91	2.852,24	3.208,77	1.909,21	2.777,04	3.124,17
	V	46.526	2.558,93	3.722,08	4.187,34																		
	VI	47.058	2.588,19	3.764,64	4.235,22																		
34.819,99 (Ost)	I	40.447	2.224,58	3.235,76	3.640,23	2.121,18	3.085,36	3.471,03	2.017,78	2.934,96	3.301,83	1.914,38	2.784,56	3.132,63	1.810,98	2.634,16	2.963,43	1.606,97	2.483,76	2.794,23	1.383,25	2.333,36	2.625,03
	II	38.657	2.126,13	3.092,56	3.479,13	2.022,79	2.942,24	3.310,02	1.919,39	2.791,84	3.140,82	1.815,99	2.641,44	2.971,62	1.617,80	2.491,04	2.802,42	1.394,08	2.340,64	2.633,22	1.170,36	2.190,24	2.464,02
	III	30.504	-	2.440,32	2.745,36	-	2.295,20	2.582,10	-	2.153,28	2.422,44	-	2.014,56	2.266,38	-	1.878,72	2.113,56	-	1.746,08	1.964,34	-	1.616,48	1.818,54
	IV	40.447	2.224,58	3.235,76	3.640,23	2.172,88	3.160,56	3.555,63	2.121,18	3.085,36	3.471,03	2.069,48	3.010,16	3.386,43	2.017,78	2.934,96	3.301,83	1.966,08	2.859,76	3.217,23	1.914,38	2.784,56	3.132,63
	V	46.620	2.564,10	3.729,60	4.195,80																		
	VI	47.152	2.593,36	3.772,16	4.243,68																		
34.855,99 (West)	I	40.368	2.220,24	3.229,44	3.633,12	2.116,84	3.079,04	3.463,92	2.013,44	2.928,64	3.294,72	1.910,04	2.778,24	3.125,52	1.806,64	2.627,84	2.956,32	1.597,69	2.477,52	2.787,21	1.373,97	2.327,12	2.618,01
	II	38.579	2.121,84	3.086,32	3.472,11	2.018,44	2.935,92	3.302,91	1.915,04	2.785,52	3.133,71	1.811,64	2.635,12	2.964,51	1.608,40	2.484,72	2.795,31	1.384,68	2.334,32	2.626,11	1.160,96	2.183,92	2.456,91
	III	30.426	-	2.434,08	2.738,34	-	2.289,28	2.575,44	-	2.147,36	2.415,78	-	2.008,80	2.259,90	-	1.873,12	2.107,26	-	1.740,64	1.958,22	-	1.611,20	1.812,60
	IV	40.368	2.220,24	3.229,44	3.633,12	2.168,54	3.154,24	3.548,52	2.116,84	3.079,04	3.463,92	2.065,14	3.003,84	3.379,32	2.013,44	2.928,64	3.294,72	1.961,74	2.853,44	3.210,12	1.910,04	2.778,24	3.125,52
	V	46.541	2.559,75	3.723,28	4.188,69																		
	VI	47.073	2.589,01	3.765,84	4.236,57																		
34.855,99 (Ost)	I	40.462	2.225,41	3.236,96	3.641,58	2.122,01	3.086,56	3.472,38	2.018,61	2.936,16	3.303,18	1.915,21	2.785,76	3.133,98	1.811,81	2.635,36	2.964,78	1.608,76	2.484,96	2.795,58	1.385,04	2.334,56	2.626,38
	II	38.673	2.127,01	3.093,84	3.480,57	2.023,61	2.943,44	3.311,37	1.920,21	2.793,04	3.142,17	1.816,81	2.642,64	2.972,97	1.619,59	2.492,24	2.803,77	1.395,87	2.341,84	2.634,57	1.172,15	2.191,44	2.465,37
	III	30.518	-	2.441,44	2.746,62	-	2.296,48	2.583,54	-	2.154,40	2.423,70	-	2.015,52	2.267,46	-	1.879,84	2.114,82	-	1.747,20	1.965,60	-	1.617,60	1.819,80
	IV	40.462	2.225,41	3.236,96	3.641,58	2.173,71	3.161,76	3.556,98	2.122,01	3.086,56	3.472,38	2.070,31	3.011,36	3.387,78	2.018,61	2.936,16	3.303,18	1.966,91	2.860,96	3.218,58	1.915,21	2.785,76	3.133,98
	V	46.635	2.564,92	3.730,80	4.197,15																		
	VI	47.167	2.594,18	3.773,36	4.245,03																		
34.891,99 (West)	I	40.383	2.221,06	3.230,64	3.634,47	2.117,66	3.080,24	3.465,27	2.014,26	2.929,84	3.296,07	1.910,92	2.779,52	3.126,96	1.807,52	2.629,12	2.957,76	1.599,47	2.478,72	2.788,56	1.375,75	2.328,32	2.619,36
	II	38.594	2.122,67	3.087,52	3.473,46	2.019,27	2.937,12	3.304,26	1.915,87	2.786,72	3.135,06	1.812,47	2.636,32	2.965,86	1.610,18	2.485,92	2.796,66	1.386,46	2.335,52	2.627,46	1.162,86	2.185,20	2.458,35
	III	30.442	-	2.435,36	2.739,78	-	2.290,40	2.576,70	-	2.148,48	2.417,04	-	2.009,76	2.260,98	-	1.874,24	2.108,52	-	1.741,60	1.959,30	-	1.612,16	1.813,68
	IV	40.383	2.221,06	3.230,64	3.634,47	2.169,36	3.155,44	3.549,87	2.117,66	3.080,24	3.465,27	2.065,96	3.005,04	3.380,67	2.014,26	2.929,84	3.296,07	1.962,56	2.854,64	3.211,47	1.910,92	2.779,52	3.126,96
	V	46.557	2.560,63	3.724,56	4.190,13																		
	VI	47.088	2.589,84	3.767,04	4.237,92																		
34.891,99 (Ost)	I	40.477	2.226,23	3.238,16	3.642,93	2.122,83	3.087,76	3.473,73	2.019,43	2.937,36	3.304,53	1.916,03	2.786,96	3.135,33	1.812,63	2.636,56	2.966,13	1.610,54	2.486,16	2.796,93	1.386,82	2.335,76	2.627,73
	II	38.688	2.127,84	3.095,04	3.481,92	2.024,44	2.944,64	3.312,72	1.921,04	2.794,24	3.143,52	1.817,64	2.643,84	2.974,32	1.621,37	2.493,44	2.805,12	1.397,65	2.343,04	2.635,92	1.173,93	2.192,64	2.466,72
	III	30.532	-	2.442,56	2.747,88	-	2.297,60	2.584,80	-	2.155,52	2.424,96	-	2.016,64	2.268,72	-	1.880,96	2.116,08	-	1.748,16	1.966,68	-	1.618,56	1.820,88
	IV	40.477	2.226,23	3.238,16	3.642,93	2.174,53	3.162,96	3.558,33	2.122,83	3.087,76	3.473,73	2.071,13	3.012,56	3.389,13	2.019,43	2.937,36	3.304,53	1.967,73	2.862,16	3.219,93	1.916,03	2.786,96	3.135,33
	V	46.650	2.565,75	3.732,00	4.198,50																		
	VI	47.182	2.595,01	3.774,56	4.246,38																		
34.927,99 (West)	I	40.398	2.221,89	3.231,84	3.635,82	2.118,49	3.081,44	3.466,62	2.015,14	2.931,12	3.297,51	1.911,74	2.780,72	3.128,31	1.808,34	2.630,32	2.959,11	1.601,26	2.479,92	2.789,91	1.377,54	2.329,52	2.620,71
	II	38.609	2.123,49	3.088,72	3.474,81	2.020,09	2.938,32	3.305,61	1.916,69	2.787,92	3.136,41	1.813,29	2.637,52	2.967,21	1.612,09	2.487,20	2.798,10	1.388,37	2.336,80	2.628,90	1.164,65	2.186,40	2.459,70
	III	30.456	-	2.436,48	2.741,04	-	2.291,52	2.577,96	-	2.149,76	2.418,48	-	2.010,88	2.262,24	-	1.875,20	2.109,60	-	1.742,72	1.960,56	-	1.613,12	1.814,76
	IV	40.398	2.221,89	3.231,84	3.635,82	2.170,19	3.156,64	3.551,22	2.118,49	3.081,44	3.466,62	2.066,84	3.006,32	3.382,11	2.015,14	2.931,12	3.297,51	1.963,44	2.855,92	3.212,91	1.911,74	2.780,72	3.128,31
	V	46.572	2.561,46	3.725,76	4.191,48																		
	VI	47.103	2.590,66	3.768,24	4.239,27																		
34.927,99 (Ost)	I	40.492	2.227,06	3.239,36	3.644,28	2.123,66	3.088,96	3.475,08	2.020,26	2.938,56	3.305,88	1.916,86	2.788,16	3.136,68	1.813,46	2.637,76	2.967,48	1.612,33	2.487,36	2.798,28	1.388,73	2.337,04	2.629,17
	II	38.703	2.128,66	3.096,24	3.483,27	2.025,26	2.945,84	3.314,07	1.921,86	2.795,44	3.144,87	1.818,46	2.645,04	2.975,67	1.623,16	2.494,64	2.806,47	1.399,44	2.344,24	2.637,27	1.175,72	2.193,84	2.468,07
	III	30.548	-	2.443,84	2.749,32	-	2.298,72	2.586,06	-	2.156,64	2.426,22	-	2.017,76	2.269,98	-	1.881,92	2.117,16	-	1.749,28	1.967,94	-	1.619,52	1.821,96
	IV	40.492	2.227,06	3.239,36	3.644,28	2.175,36	3.164,16	3.559,68	2.123,66	3.088,96	3.475,08	2.071,96	3.013,76	3.390,48	2.020,26	2.938,56	3.305,88	1.968,56	2.863,36	3.221,28	1.916,86	2.788,16	3.136,68
	V	46.665	2.566,57	3.733,20	4.199,85																		
	VI	47.197	2.595,83	3.775,76	4.247,73																		

SolZ/KiSt lt. Tabelle nicht für Sonstige Bezüge anwendbar.

Lohn/Gehalt bis	Steuerklasse	Lohnsteuer	ohne Kinderfreibetrag SolZ 5,5%	ohne Kinderfreibetrag Kirchensteuer 8%	ohne Kinderfreibetrag Kirchensteuer 9%	0,5 SolZ 5,5%	0,5 Kirchensteuer 8%	0,5 Kirchensteuer 9%	1,0 SolZ 5,5%	1,0 Kirchensteuer 8%	1,0 Kirchensteuer 9%	1,5 SolZ 5,5%	1,5 Kirchensteuer 8%	1,5 Kirchensteuer 9%	2,0 SolZ 5,5%	2,0 Kirchensteuer 8%	2,0 Kirchensteuer 9%	2,5 SolZ 5,5%	2,5 Kirchensteuer 8%	2,5 Kirchensteuer 9%	3,0 SolZ 5,5%	3,0 Kirchensteuer 8%	3,0 Kirchensteuer 9%
						Anzahl Kinderfreibeträge (nur Steuerklassen I–IV)																	
134.963,99 (West)	I	40.414	2.222,77	3.233,12	3.637,26	2.119,37	3.082,72	3.468,06	2.015,97	2.932,32	3.298,86	1.912,57	2.781,92	3.129,66	1.809,17	2.631,52	2.960,46	1.603,04	2.481,12	2.791,26	1.379,32	2.330,72	2.622,
	II	38.624	2.124,32	3.089,92	3.476,16	2.020,92	2.939,52	3.306,96	1.917,52	2.789,12	3.137,76	1.814,17	2.638,80	2.968,65	1.613,87	2.488,40	2.799,45	1.390,15	2.338,00	2.630,25	1.166,43	2.187,60	2.461,
	III	30.470	-	2.437,60	2.742,30	-	2.292,64	2.579,22	-	2.150,88	2.419,74	-	2.012,00	2.263,50	-	1.876,32	2.110,86	-	1.743,68	1.961,64	-	1.614,24	1.816,
	IV	40.414	2.222,77	3.233,12	3.637,26	2.171,07	3.157,92	3.552,66	2.119,37	3.082,72	3.468,06	2.067,67	3.007,52	3.383,46	2.015,97	2.932,32	3.298,86	1.964,27	2.857,12	3.214,26	1.912,57	2.781,92	3.129,
	V	46.587	2.562,28	3.726,96	4.192,83																		
	VI	47.119	2.591,54	3.769,52	4.240,71																		
134.963,99 (Ost)	I	40.507	2.227,88	3.240,56	3.645,63	2.124,48	3.090,16	3.476,43	2.021,08	2.939,76	3.307,23	1.917,68	2.789,36	3.138,03	1.814,28	2.638,96	2.968,83	1.614,23	2.488,64	2.799,72	1.390,51	2.338,24	2.630,
	II	38.718	2.129,49	3.097,44	3.484,62	2.026,09	2.947,04	3.315,42	1.922,69	2.796,64	3.146,22	1.819,29	2.646,24	2.977,02	1.624,94	2.495,84	2.807,82	1.401,22	2.345,44	2.638,62	1.177,50	2.195,04	2.469,
	III	30.562	-	2.444,96	2.750,58	-	2.299,84	2.587,32	-	2.157,92	2.427,66	-	2.018,88	2.271,24	-	1.883,04	2.118,42	-	1.750,24	1.969,02	-	1.620,64	1.823,
	IV	40.507	2.227,88	3.240,56	3.645,63	2.176,18	3.165,36	3.561,03	2.124,48	3.090,16	3.476,43	2.072,78	3.014,96	3.391,83	2.021,08	2.939,76	3.307,23	1.969,38	2.864,56	3.222,63	1.917,68	2.789,36	3.138,
	V	46.680	2.567,40	3.734,40	4.201,20																		
	VI	47.212	2.596,66	3.776,96	4.249,08																		
134.999,99 (West)	I	40.429	2.223,59	3.234,32	3.638,61	2.120,19	3.083,92	3.469,41	2.016,79	2.933,52	3.300,21	1.913,39	2.783,12	3.131,01	1.809,99	2.632,72	2.961,81	1.604,83	2.482,32	2.792,61	1.381,11	2.331,92	2.623,
	II	38.639	2.125,14	3.091,12	3.477,51	2.021,80	2.940,80	3.308,40	1.918,40	2.790,40	3.139,20	1.815,00	2.640,00	2.970,00	1.615,66	2.489,60	2.800,80	1.391,94	2.339,20	2.631,60	1.168,22	2.188,80	2.462,
	III	30.486	-	2.438,88	2.743,74	-	2.293,76	2.580,48	-	2.152,00	2.421,00	-	2.013,12	2.264,76	-	1.877,44	2.112,12	-	1.744,80	1.962,90	-	1.615,20	1.817,
	IV	40.429	2.223,59	3.234,32	3.638,61	2.171,89	3.159,12	3.554,01	2.120,19	3.083,92	3.469,41	2.068,49	3.008,72	3.384,81	2.016,79	2.933,52	3.300,21	1.965,09	2.858,32	3.215,61	1.913,39	2.783,12	3.131,
	V	46.602	2.563,11	3.728,16	4.194,18																		
	VI	47.134	2.592,37	3.770,72	4.242,06																		
134.999,99 (Ost)	I	40.522	2.228,71	3.241,76	3.646,98	2.125,31	3.091,36	3.477,78	2.021,91	2.940,96	3.308,58	1.918,56	2.790,64	3.139,47	1.815,16	2.640,24	2.970,27	1.616,02	2.489,84	2.801,07	1.392,30	2.339,44	2.631,
	II	38.733	2.130,31	3.098,64	3.485,97	2.026,91	2.948,24	3.316,77	1.923,51	2.797,84	3.147,57	1.820,11	2.647,44	2.978,37	1.626,73	2.497,04	2.809,17	1.403,01	2.346,64	2.639,97	1.179,40	2.196,32	2.470,
	III	30.576	-	2.446,08	2.751,84	-	2.300,96	2.588,58	-	2.159,04	2.428,92	-	2.020,00	2.272,50	-	1.884,16	2.119,68	-	1.751,36	1.970,28	-	1.621,60	1.824,
	IV	40.522	2.228,71	3.241,76	3.646,98	2.177,01	3.166,56	3.562,38	2.125,31	3.091,36	3.477,78	2.073,61	3.016,16	3.393,18	2.021,91	2.940,96	3.308,58	1.970,21	2.865,76	3.223,98	1.918,56	2.790,64	3.139,
	V	46.696	2.568,28	3.735,68	4.202,64																		
	VI	47.227	2.597,48	3.778,16	4.250,43																		
135.035,99 (West)	I	40.444	2.224,42	3.235,52	3.639,96	2.121,02	3.085,12	3.470,76	2.017,62	2.934,72	3.301,56	1.914,22	2.784,32	3.132,36	1.810,82	2.633,92	2.963,16	1.606,61	2.483,52	2.793,96	1.382,89	2.333,12	2.624,
	II	38.655	2.126,02	3.092,40	3.478,95	2.022,62	2.942,00	3.309,75	1.919,22	2.791,60	3.140,55	1.815,82	2.641,20	2.971,35	1.617,44	2.490,80	2.802,15	1.393,72	2.340,40	2.632,95	1.170,00	2.190,00	2.463,
	III	30.500	-	2.440,00	2.745,00	-	2.295,04	2.581,92	-	2.153,12	2.422,26	-	2.014,24	2.266,02	-	1.878,56	2.113,38	-	1.745,76	1.963,98	-	1.616,32	1.818,
	IV	40.444	2.224,42	3.235,52	3.639,96	2.172,72	3.160,32	3.555,36	2.121,02	3.085,12	3.470,76	2.069,32	3.009,92	3.386,16	2.017,62	2.934,72	3.301,56	1.965,92	2.859,52	3.216,96	1.914,22	2.784,32	3.132,
	V	46.617	2.563,93	3.729,36	4.195,53																		
	VI	47.149	2.593,19	3.771,92	4.243,41																		
135.035,99 (Ost)	I	40.537	2.229,53	3.242,96	3.648,33	2.126,13	3.092,56	3.479,13	2.022,79	2.942,24	3.310,02	1.919,39	2.791,84	3.140,82	1.815,99	2.641,44	2.971,62	1.617,80	2.491,04	2.802,42	1.394,08	2.340,64	2.633,
	II	38.748	2.131,14	3.099,84	3.487,32	2.027,74	2.949,44	3.318,12	1.924,34	2.799,04	3.148,92	1.820,94	2.648,64	2.979,72	1.628,63	2.498,32	2.810,61	1.404,91	2.347,92	2.641,41	1.181,19	2.197,52	2.472,
	III	30.592	-	2.447,36	2.753,28	-	2.302,24	2.590,02	-	2.160,16	2.430,18	-	2.021,12	2.273,76	-	1.885,28	2.120,94	-	1.752,48	1.971,54	-	1.622,72	1.825,
	IV	40.537	2.229,53	3.242,96	3.648,33	2.177,83	3.167,76	3.563,73	2.126,13	3.092,56	3.479,13	2.074,49	3.017,44	3.394,62	2.022,79	2.942,24	3.310,02	1.971,09	2.867,04	3.225,42	1.919,39	2.791,84	3.140,
	V	46.711	2.569,10	3.736,88	4.203,99																		
	VI	47.242	2.598,31	3.779,36	4.251,78																		
135.071,99 (West)	I	40.459	2.225,24	3.236,72	3.641,31	2.121,84	3.086,32	3.472,11	2.018,44	2.935,92	3.302,91	1.915,04	2.785,52	3.133,71	1.811,64	2.635,12	2.964,51	1.608,40	2.484,72	2.795,31	1.384,68	2.334,32	2.626,
	II	38.670	2.126,85	3.093,60	3.480,30	2.023,45	2.943,20	3.311,10	1.920,05	2.792,80	3.141,90	1.816,65	2.642,40	2.972,70	1.619,23	2.492,00	2.803,50	1.395,51	2.341,60	2.634,30	1.171,79	2.191,20	2.465,
	III	30.514	-	2.441,12	2.746,26	-	2.296,16	2.583,18	-	2.154,24	2.423,52	-	2.015,36	2.267,28	-	1.879,52	2.114,46	-	1.746,88	1.965,24	-	1.617,28	1.819,
	IV	40.459	2.225,24	3.236,72	3.641,31	2.173,54	3.161,52	3.556,71	2.121,84	3.086,32	3.472,11	2.070,14	3.011,12	3.387,51	2.018,44	2.935,92	3.302,91	1.966,74	2.860,72	3.218,31	1.915,04	2.785,52	3.133,
	V	46.632	2.564,76	3.730,56	4.196,88																		
	VI	47.164	2.594,02	3.773,12	4.244,76																		
135.071,99 (Ost)	I	40.553	2.230,41	3.244,24	3.649,77	2.127,01	3.093,84	3.480,57	2.023,61	2.943,44	3.311,37	1.920,21	2.793,04	3.142,17	1.816,81	2.642,64	2.972,97	1.619,59	2.492,24	2.803,77	1.395,87	2.341,84	2.634,
	II	38.763	2.131,96	3.101,04	3.488,67	2.028,56	2.950,64	3.319,47	1.925,16	2.800,24	3.150,27	1.821,82	2.649,92	2.981,16	1.630,41	2.499,52	2.811,96	1.406,69	2.349,12	2.642,76	1.182,97	2.198,72	2.473,
	III	30.606	-	2.448,48	2.754,54	-	2.303,36	2.591,28	-	2.161,28	2.431,44	-	2.022,24	2.275,02	-	1.886,24	2.122,02	-	1.753,44	1.972,62	-	1.623,68	1.826,
	IV	40.553	2.230,41	3.244,24	3.649,77	2.178,71	3.169,04	3.565,17	2.127,01	3.093,84	3.480,57	2.075,31	3.018,64	3.395,97	2.023,61	2.943,44	3.311,37	1.971,91	2.868,24	3.226,77	1.920,21	2.793,04	3.142,
	V	46.726	2.569,93	3.738,08	4.205,34																		
	VI	47.258	2.599,19	3.780,64	4.253,22																		
135.107,99 (West)	I	40.474	2.226,07	3.237,92	3.642,66	2.122,67	3.087,52	3.473,46	2.019,27	2.937,12	3.304,26	1.915,87	2.786,72	3.135,06	1.812,47	2.636,32	2.965,86	1.610,18	2.485,92	2.796,66	1.386,46	2.335,52	2.627,
	II	38.685	2.127,67	3.094,80	3.481,65	2.024,27	2.944,40	3.312,45	1.920,87	2.794,00	3.143,25	1.817,47	2.643,60	2.974,05	1.621,01	2.493,20	2.804,85	1.397,29	2.342,80	2.635,65	1.173,57	2.192,40	2.466,
	III	30.530	-	2.442,40	2.747,70	-	2.297,28	2.584,44	-	2.155,36	2.424,78	-	2.016,48	2.268,54	-	1.880,64	2.115,72	-	1.748,00	1.966,50	-	1.618,40	1.820,
	IV	40.474	2.226,07	3.237,92	3.642,66	2.174,37	3.162,72	3.558,06	2.122,67	3.087,52	3.473,46	2.070,97	3.012,32	3.388,86	2.019,27	2.937,12	3.304,26	1.967,57	2.861,92	3.219,66	1.915,87	2.786,72	3.135,
	V	46.647	2.565,58	3.731,76	4.198,23																		
	VI	47.179	2.594,84	3.774,32	4.246,11																		
135.107,99 (Ost)	I	40.568	2.231,24	3.245,44	3.651,12	2.127,84	3.095,04	3.481,92	2.024,44	2.944,64	3.312,72	1.921,04	2.794,24	3.143,52	1.817,64	2.643,84	2.974,32	1.621,37	2.493,44	2.805,12	1.397,65	2.343,04	2.635,
	II	38.778	2.132,79	3.102,24	3.490,02	2.029,44	2.951,92	3.320,91	1.926,04	2.801,52	3.151,71	1.822,64	2.651,12	2.982,51	1.632,20	2.500,72	2.813,31	1.408,48	2.350,32	2.644,11	1.184,76	2.199,92	2.474,
	III	30.622	-	2.449,76	2.755,98	-	2.304,48	2.592,54	-	2.162,40	2.432,70	-	2.023,36	2.276,28	-	1.887,36	2.123,28	-	1.754,56	1.973,88	-	1.624,80	1.827,
	IV	40.568	2.231,24	3.245,44	3.651,12	2.179,54	3.170,24	3.566,52	2.127,84	3.095,04	3.481,92	2.076,14	3.019,84	3.397,32	2.024,44	2.944,64	3.312,72	1.972,74	2.869,44	3.228,12	1.921,04	2.794,24	3.143,
	V	46.741	2.570,75	3.739,28	4.206,69																		
	VI	47.273	2.600,01	3.781,84	4.254,57																		
135.143,99 (West)	I	40.489	2.226,89	3.239,12	3.644,01	2.123,49	3.088,72	3.474,81	2.020,09	2.938,32	3.305,61	1.916,69	2.787,92	3.136,41	1.813,29	2.637,52	2.967,21	1.612,09	2.487,20	2.798,10	1.388,37	2.336,80	2.628,
	II	38.700	2.128,50	3.096,00	3.483,00	2.025,10	2.945,60	3.313,80	1.921,70	2.795,20	3.144,60	1.818,30	2.644,80	2.975,40	1.622,80	2.494,40	2.806,20	1.399,08	2.344,00	2.637,00	1.175,36	2.193,60	2.467,
	III	30.544	-	2.443,52	2.748,96	-	2.298,40	2.585,70	-	2.156,48	2.426,04	-	2.017,60	2.269,80	-	1.881,76	2.116,98	-	1.748,96	1.967,58	-	1.619,36	1.821,
	IV	40.489	2.226,89	3.239,12	3.644,01	2.175,19	3.163,92	3.559,41	2.123,49	3.088,72	3.474,81	2.071,79	3.013,52	3.390,21	2.020,09	2.938,32	3.305,61	1.968,39	2.863,12	3.221,01	1.916,69	2.787,92	3.136,
	V	46.662	2.566,41	3.732,96	4.199,58																		
	VI	47.194	2.595,67	3.775,52	4.247,46																		
135.143,99 (Ost)	I	40.583	2.232,06	3.246,64	3.652,47	2.128,66	3.096,24	3.483,27	2.025,26	2.945,84	3.314,07	1.921,86	2.795,44	3.144,87	1.818,46	2.645,04	2.975,67	1.623,16	2.494,64	2.806,47	1.399,44	2.344,24	2.637,
	II	38.794	2.133,67	3.103,52	3.491,46	2.030,27	2.953,12	3.322,26	1.926,87	2.802,72	3.153,06	1.823,47	2.652,32	2.983,86	1.633,98	2.501,92	2.814,66	1.410,26	2.351,52	2.645,46	1.186,54	2.201,12	2.476,
	III	30.636	-	2.450,88	2.757,24	-	2.305,60	2.593,80	-	2.163,52	2.433,96	-	2.024,48	2.277,54	-	1.888,48	2.124,54	-	1.755,52	1.974,96	-	1.625,76	1.828,
	IV	40.583	2.232,06	3.246,64	3.652,47	2.180,36	3.171,44	3.567,87	2.128,66	3.096,24	3.483,27	2.076,96	3.021,04	3.398,67	2.025,26	2.945,84	3.314,07	1.973,56	2.870,64	3.229,47	1.921,86	2.795,44	3.144,
	V	46.756	2.571,58	3.740,48	4.208,04																		
	VI	47.288	2.600,84	3.783,04	4.255,92																		
135.179,99 (West)	I	40.504	2.227,72	3.240,32	3.645,36	2.124,32	3.089,92	3.476,16	2.020,92	2.939,52	3.306,96	1.917,52	2.789,12	3.137,76	1.814,17	2.638,80	2.968,65	1.613,87	2.488,40	2.799,45	1.390,15	2.338,00	2.630,
	II	38.715	2.129,32	3.097,20	3.484,35	2.025,92	2.946,80	3.315,15	1.922,52	2.796,40	3.145,95	1.819,12	2.646,00	2.976,75	1.624,58	2.495,60	2.807,55	1.400,86	2.345,20	2.638,35	1.177,26	2.194,88	2.469,
	III	30.558	-	2.444,64	2.750,22	-	2.299,68	2.587,14	-	2.157,60	2.427,30	-	2.018,72	2.271,06	-	1.882,88	2.118,24	-	1.750,08	1.968,84	-	1.620,32	1.822,
	IV	40.504	2.227,72	3.240,32	3.645,36	2.176,02	3.165,12	3.560,76	2.124,32	3.089,92	3.476,16	2.072,62	3.014,72	3.391,56	2.020,92	2.939,52	3.306,96	1.969,22	2.864,32	3.222,36	1.917,52	2.789,12	3.137,
	V	46.678	2.567,29	3.734,24	4.201,02																		
	VI	47.209	2.596,49	3.776,72	4.248,81																		
135.179,99 (Ost)	I	40.598	2.232,89	3.247,84	3.653,82	2.129,49	3.097,44	3.484,62	2.026,09	2.947,04	3.315,42	1.922,69	2.796,64	3.146,22	1.819,29	2.646,24	2.977,02	1.624,94	2.495,84	2.807,82	1.401,22	2.345,44	2.638,
	II	38.809	2.134,49	3.104,72	3.492,81	2.031,09	2.954,32	3.323,61	1.927,69	2.803,92	3.154,41	1.824,29	2.653,52	2.985,21	1.635,77	2.503,12	2.816,01	1.412,05	2.352,72	2.646,81	1.188,33	2.202,32	2.477,
	III	30.650	-	2.452,00	2.758,50	-	2.306,72	2.595,06	-	2.164,64	2.435,22	-	2.025,60	2.278,80	-	1.889,60	2.125,80	-	1.756,64	1.976,22	-	1.626,88	1.830,
	IV	40.598	2.232,89	3.247,84	3.653,82	2.181,19	3.172,64	3.569,22	2.129,49	3.097,44	3.484,62	2.077,79	3.022,24	3.400,02	2.026,09	2.947,04	3.315,42	1.974,39	2.871,84	3.230,82	1.922,69	2.796,64	3.146,
	V	46.771	2.572,40	3.741,68	4.209,39																		
	VI	47.303	2.601,66	3.784,24	4.257,27																		

SolZ/KiSt lt. Tabelle nicht für Sonstige Bezüge anwendbar.

Lohn/ Gehalt bis	Steuerklasse	Lohn-steuer	ohne Kinderfreibetrag			Anzahl Kinderfreibeträge (nur Steuerklassen I–IV) 0,5			1,0			1,5			2,0			2,5			3,0		
			SolZ 5,5%	Kirchensteuer 8%	9%	SolZ 5,5%	Kirchensteuer 8%	9%	SolZ 5,5%	Kirchensteuer 8%	9%	SolZ 5,5%	Kirchensteuer 8%	9%	SolZ 5,5%	Kirchensteuer 8%	9%	SolZ 5,5%	Kirchensteuer 8%	9%	SolZ 5,5%	Kirchensteuer 8%	9%
35.215,99 (West)	I	40.519	2.228,54	3.241,52	3.646,71	2.125,14	3.091,12	3.477,51	2.021,80	2.940,80	3.308,40	1.918,40	2.790,40	3.139,20	1.815,00	2.640,00	2.970,00	1.615,66	2.489,60	2.800,80	1.391,94	2.339,20	2.631,60
	II	38.730	2.130,15	3.098,40	3.485,70	2.026,75	2.948,00	3.316,50	1.923,35	2.797,60	3.147,30	1.819,95	2.647,20	2.978,10	1.626,37	2.496,80	2.808,90	1.402,77	2.346,48	2.639,79	1.179,05	2.196,08	2.470,59
	III	30.574	-	2.445,92	2.751,66	-	2.300,80	2.588,40	-	2.158,72	2.428,56	-	2.019,84	2.272,32	-	1.883,84	2.119,32	-	1.751,04	1.969,92	-	1.621,44	1.824,12
	IV	40.519	2.228,54	3.241,52	3.646,71	2.176,84	3.166,32	3.562,11	2.125,14	3.091,12	3.477,51	2.073,44	3.015,92	3.392,91	2.021,80	2.940,80	3.308,40	1.970,10	2.865,60	3.223,80	1.918,40	2.790,40	3.139,20
	V	46.693	2.568,11	3.735,44	4.202,37																		
	VI	47.224	2.597,32	3.777,92	4.250,16																		
35.215,99 (Ost)	I	40.613	2.233,71	3.249,04	3.655,17	2.130,31	3.098,64	3.485,97	2.026,91	2.948,24	3.316,77	1.923,51	2.797,84	3.147,57	1.820,11	2.647,44	2.978,37	1.626,73	2.497,04	2.809,17	1.403,01	2.346,64	2.639,97
	II	38.824	2.135,32	3.105,92	3.494,16	2.031,92	2.955,52	3.324,96	1.928,52	2.805,12	3.155,76	1.825,12	2.654,72	2.986,56	1.637,55	2.504,32	2.817,36	1.413,83	2.353,92	2.648,16	1.190,11	2.203,52	2.478,96
	III	30.666	-	2.453,28	2.759,94	-	2.308,00	2.596,50	-	2.165,76	2.436,48	-	2.026,72	2.280,06	-	1.890,56	2.126,88	-	1.757,76	1.977,48	-	1.627,84	1.831,32
	IV	40.613	2.233,71	3.249,04	3.655,17	2.182,01	3.173,84	3.570,57	2.130,31	3.098,64	3.485,97	2.078,61	3.023,44	3.401,37	2.026,91	2.948,24	3.316,77	1.975,21	2.873,04	3.232,17	1.923,51	2.797,84	3.147,57
	V	46.786	2.573,23	3.742,88	4.210,74																		
	VI	47.318	2.602,49	3.785,44	4.258,62																		
35.251,99 (West)	I	40.534	2.229,37	3.242,72	3.648,06	2.126,02	3.092,40	3.478,95	2.022,62	2.942,00	3.309,75	1.919,22	2.791,60	3.140,55	1.815,82	2.641,20	2.971,35	1.617,44	2.490,80	2.802,15	1.393,72	2.340,40	2.632,95
	II	38.745	2.130,97	3.099,60	3.487,05	2.027,57	2.949,20	3.317,85	1.924,17	2.798,80	3.148,65	1.820,83	2.648,48	2.979,54	1.628,27	2.498,08	2.810,34	1.404,55	2.347,68	2.641,14	1.180,83	2.197,28	2.471,94
	III	30.588	-	2.447,04	2.752,92	-	2.301,92	2.589,66	-	2.159,84	2.429,82	-	2.020,80	2.273,40	-	1.884,96	2.120,58	-	1.752,16	1.971,18	-	1.622,40	1.825,20
	IV	40.534	2.229,37	3.242,72	3.648,06	2.177,72	3.167,60	3.563,55	2.126,02	3.092,40	3.478,95	2.074,32	3.017,20	3.394,35	2.022,62	2.942,00	3.309,75	1.970,92	2.866,80	3.225,15	1.919,22	2.791,60	3.140,55
	V	46.708	2.568,94	3.736,64	4.203,72																		
	VI	47.239	2.598,14	3.779,12	4.251,51																		
35.251,99 (Ost)	I	40.628	2.234,54	3.250,24	3.656,52	2.131,14	3.099,84	3.487,32	2.027,74	2.949,44	3.318,12	1.924,34	2.799,04	3.148,92	1.820,94	2.648,64	2.979,72	1.628,63	2.498,32	2.810,61	1.404,91	2.347,92	2.641,41
	II	38.839	2.136,14	3.107,12	3.495,51	2.032,74	2.956,72	3.326,31	1.929,34	2.806,32	3.157,11	1.825,94	2.655,92	2.987,91	1.639,34	2.505,52	2.818,71	1.415,62	2.355,12	2.649,51	1.191,90	2.204,72	2.480,31
	III	30.680	-	2.454,40	2.761,20	-	2.309,12	2.597,76	-	2.166,88	2.437,74	-	2.027,68	2.281,14	-	1.891,68	2.128,14	-	1.758,72	1.978,56	-	1.628,80	1.832,40
	IV	40.628	2.234,54	3.250,24	3.656,52	2.182,84	3.175,04	3.571,92	2.131,14	3.099,84	3.487,32	2.079,44	3.024,64	3.402,72	2.027,74	2.949,44	3.318,12	1.976,04	2.874,24	3.233,52	1.924,34	2.799,04	3.148,92
	V	46.801	2.574,05	3.744,08	4.212,09																		
	VI	47.333	2.603,31	3.786,64	4.259,97																		
35.287,99 (West)	I	40.550	2.230,25	3.244,00	3.649,50	2.126,85	3.093,60	3.480,30	2.023,45	2.943,20	3.311,10	1.920,05	2.792,80	3.141,90	1.816,65	2.642,40	2.972,70	1.619,23	2.492,00	2.803,50	1.395,51	2.341,60	2.634,30
	II	38.760	2.131,80	3.100,80	3.488,40	2.028,40	2.950,40	3.319,20	1.925,05	2.800,08	3.150,09	1.821,65	2.649,68	2.980,89	1.630,06	2.499,28	2.811,69	1.406,34	2.348,88	2.642,49	1.182,62	2.198,48	2.473,29
	III	30.604	-	2.448,32	2.754,36	-	2.303,04	2.590,92	-	2.160,96	2.431,08	-	2.021,92	2.274,66	-	1.886,08	2.121,84	-	1.753,28	1.972,44	-	1.623,52	1.826,46
	IV	40.550	2.230,25	3.244,00	3.649,50	2.178,55	3.168,80	3.564,90	2.126,85	3.093,60	3.480,30	2.075,15	3.018,40	3.395,70	2.023,45	2.943,20	3.311,10	1.971,75	2.868,00	3.226,50	1.920,05	2.792,80	3.141,90
	V	46.723	2.569,76	3.737,84	4.205,07																		
	VI	47.255	2.599,02	3.780,40	4.252,95																		
35.287,99 (Ost)	I	40.643	2.235,36	3.251,44	3.657,87	2.131,96	3.101,04	3.488,67	2.028,56	2.950,64	3.319,47	1.925,16	2.800,24	3.150,27	1.821,82	2.649,92	2.981,16	1.630,41	2.499,52	2.811,96	1.406,69	2.349,12	2.642,76
	II	38.854	2.136,97	3.108,32	3.496,86	2.033,57	2.957,92	3.327,66	1.930,17	2.807,52	3.158,46	1.826,77	2.657,12	2.989,26	1.641,12	2.506,72	2.820,06	1.417,40	2.356,32	2.650,86	1.193,80	2.206,00	2.481,75
	III	30.694	-	2.455,52	2.762,46	-	2.310,24	2.599,02	-	2.168,00	2.439,00	-	2.028,80	2.282,40	-	1.892,80	2.129,40	-	1.759,84	1.979,82	-	1.629,92	1.833,66
	IV	40.643	2.235,36	3.251,44	3.657,87	2.183,66	3.176,24	3.573,27	2.131,96	3.101,04	3.488,67	2.080,26	3.025,84	3.404,07	2.028,56	2.950,64	3.319,47	1.976,86	2.875,44	3.234,87	1.925,16	2.800,24	3.150,27
	V	46.817	2.574,93	3.745,36	4.213,53																		
	VI	47.348	2.604,14	3.787,84	4.261,32																		
35.323,99 (West)	I	40.565	2.231,07	3.245,20	3.650,85	2.127,67	3.094,80	3.481,65	2.024,27	2.944,40	3.312,45	1.920,87	2.794,00	3.143,25	1.817,47	2.643,60	2.974,05	1.621,01	2.493,20	2.804,85	1.397,29	2.342,80	2.635,65
	II	38.776	2.132,68	3.102,08	3.489,84	2.029,28	2.951,68	3.320,64	1.925,88	2.801,28	3.151,44	1.822,48	2.650,88	2.982,24	1.631,84	2.500,48	2.813,04	1.408,12	2.350,08	2.643,84	1.184,40	2.199,68	2.474,64
	III	30.618	-	2.449,44	2.755,62	-	2.304,16	2.592,18	-	2.162,08	2.432,34	-	2.023,04	2.275,92	-	1.887,20	2.123,10	-	1.754,24	1.973,52	-	1.624,48	1.827,54
	IV	40.565	2.231,07	3.245,20	3.650,85	2.179,37	3.170,00	3.566,25	2.127,67	3.094,80	3.481,65	2.075,97	3.019,60	3.397,05	2.024,27	2.944,40	3.312,45	1.972,57	2.869,20	3.227,85	1.920,87	2.794,00	3.143,25
	V	46.738	2.570,59	3.739,04	4.206,42																		
	VI	47.270	2.599,85	3.781,60	4.254,30																		
35.323,99 (Ost)	I	40.658	2.236,19	3.252,64	3.659,22	2.132,79	3.102,24	3.490,02	2.029,44	2.951,92	3.320,91	1.926,04	2.801,52	3.151,71	1.822,64	2.651,12	2.982,51	1.632,20	2.500,72	2.813,31	1.408,48	2.350,32	2.644,11
	II	38.869	2.137,79	3.109,52	3.498,21	2.034,39	2.959,12	3.329,01	1.930,99	2.808,72	3.159,81	1.827,59	2.658,32	2.990,61	1.642,91	2.507,92	2.821,41	1.419,31	2.357,60	2.652,30	1.195,59	2.207,20	2.483,10
	III	30.710	-	2.456,80	2.763,90	-	2.311,36	2.600,28	-	2.169,12	2.440,26	-	2.029,92	2.283,66	-	1.893,92	2.130,66	-	1.760,80	1.980,90	-	1.630,88	1.834,74
	IV	40.658	2.236,19	3.252,64	3.659,22	2.184,49	3.177,44	3.574,62	2.132,79	3.102,24	3.490,02	2.081,09	3.027,04	3.405,42	2.029,44	2.951,92	3.320,91	1.977,74	2.876,72	3.236,31	1.926,04	2.801,52	3.151,71
	V	46.832	2.575,76	3.746,56	4.214,88																		
	VI	47.363	2.604,96	3.789,04	4.262,67																		
35.359,99 (West)	I	40.580	2.231,90	3.246,40	3.652,20	2.128,50	3.096,00	3.483,00	2.025,10	2.945,60	3.313,80	1.921,70	2.795,20	3.144,60	1.818,30	2.644,80	2.975,40	1.622,80	2.494,40	2.806,20	1.399,08	2.344,00	2.637,00
	II	38.791	2.133,50	3.103,28	3.491,19	2.030,10	2.952,88	3.321,99	1.926,70	2.802,48	3.152,79	1.823,30	2.652,08	2.983,59	1.633,63	2.501,68	2.814,39	1.409,91	2.351,28	2.645,19	1.186,19	2.200,88	2.475,99
	III	30.632	-	2.450,56	2.756,88	-	2.305,44	2.593,62	-	2.163,20	2.433,60	-	2.024,16	2.277,18	-	1.888,16	2.124,18	-	1.755,36	1.974,78	-	1.625,60	1.828,80
	IV	40.580	2.231,90	3.246,40	3.652,20	2.180,20	3.171,20	3.567,60	2.128,50	3.096,00	3.483,00	2.076,80	3.020,80	3.398,40	2.025,10	2.945,60	3.313,80	1.973,40	2.870,40	3.229,20	1.921,70	2.795,20	3.144,60
	V	46.753	2.571,41	3.740,24	4.207,77																		
	VI	47.285	2.600,67	3.782,80	4.255,65																		
35.359,99 (Ost)	I	40.673	2.237,01	3.253,84	3.660,57	2.133,67	3.103,52	3.491,46	2.030,27	2.953,12	3.322,26	1.926,87	2.802,72	3.153,06	1.823,47	2.652,32	2.983,86	1.633,98	2.501,92	2.814,66	1.410,26	2.351,52	2.645,46
	II	38.884	2.138,62	3.110,72	3.499,56	2.035,22	2.960,32	3.330,36	1.931,82	2.809,92	3.161,16	1.828,47	2.659,60	2.992,05	1.644,81	2.509,20	2.822,85	1.421,09	2.358,80	2.653,65	1.197,37	2.208,40	2.484,45
	III	30.724	-	2.457,92	2.765,16	-	2.312,64	2.601,72	-	2.170,24	2.441,52	-	2.031,04	2.284,92	-	1.894,88	2.131,74	-	1.761,92	1.982,16	-	1.632,00	1.836,00
	IV	40.673	2.237,01	3.253,84	3.660,57	2.185,37	3.178,72	3.576,06	2.133,67	3.103,52	3.491,46	2.081,97	3.028,32	3.406,86	2.030,27	2.953,12	3.322,26	1.978,57	2.877,92	3.237,66	1.926,87	2.802,72	3.153,06
	V	46.847	2.576,58	3.747,76	4.216,23																		
	VI	47.379	2.605,84	3.790,32	4.264,11																		
35.395,99 (West)	I	40.595	2.232,72	3.247,60	3.653,55	2.129,32	3.097,20	3.484,35	2.025,92	2.946,80	3.315,15	1.922,52	2.796,40	3.145,95	1.819,12	2.646,00	2.976,75	1.624,58	2.495,60	2.807,55	1.400,86	2.345,20	2.638,35
	II	38.806	2.134,33	3.104,48	3.492,54	2.030,93	2.954,08	3.323,34	1.927,53	2.803,68	3.154,14	1.824,13	2.653,28	2.984,94	1.635,41	2.502,88	2.815,74	1.411,69	2.352,48	2.646,54	1.187,97	2.202,08	2.477,34
	III	30.648	-	2.451,84	2.758,32	-	2.306,56	2.594,88	-	2.164,32	2.434,86	-	2.025,28	2.278,44	-	1.889,28	2.125,44	-	1.756,32	1.975,86	-	1.626,56	1.829,88
	IV	40.595	2.232,72	3.247,60	3.653,55	2.181,02	3.172,40	3.568,95	2.129,32	3.097,20	3.484,35	2.077,62	3.022,00	3.399,75	2.025,92	2.946,80	3.315,15	1.974,22	2.871,60	3.230,55	1.922,52	2.796,40	3.145,95
	V	46.768	2.572,24	3.741,44	4.209,12																		
	VI	47.300	2.601,50	3.784,00	4.257,00																		
35.395,99 (Ost)	I	40.689	2.237,89	3.255,12	3.662,01	2.134,49	3.104,72	3.492,81	2.031,09	2.954,32	3.323,61	1.927,69	2.803,92	3.154,41	1.824,29	2.653,52	2.985,21	1.635,77	2.503,12	2.816,01	1.412,05	2.352,72	2.646,81
	II	38.899	2.139,44	3.111,92	3.500,91	2.036,04	2.961,52	3.331,71	1.932,70	2.811,20	3.162,60	1.829,30	2.660,80	2.993,40	1.646,60	2.510,40	2.824,20	1.422,88	2.360,00	2.655,00	1.199,16	2.209,60	2.485,80
	III	30.740	-	2.459,20	2.766,60	-	2.313,76	2.602,98	-	2.171,36	2.442,78	-	2.032,16	2.286,18	-	1.896,00	2.133,00	-	1.763,04	1.983,42	-	1.632,96	1.837,08
	IV	40.689	2.237,89	3.255,12	3.662,01	2.186,19	3.179,92	3.577,41	2.134,49	3.104,72	3.492,81	2.082,79	3.029,52	3.408,21	2.031,09	2.954,32	3.323,61	1.979,39	2.879,12	3.239,01	1.927,69	2.803,92	3.154,41
	V	46.862	2.577,41	3.748,96	4.217,58																		
	VI	47.394	2.606,67	3.791,52	4.265,46																		
35.431,99 (West)	I	40.610	2.233,55	3.248,80	3.654,90	2.130,15	3.098,40	3.485,70	2.026,75	2.948,00	3.316,50	1.923,35	2.797,60	3.147,30	1.819,95	2.647,20	2.978,10	1.626,37	2.496,80	2.808,90	1.402,77	2.346,48	2.639,79
	II	38.821	2.135,15	3.105,68	3.493,89	2.031,75	2.955,28	3.324,69	1.928,35	2.804,88	3.155,49	1.824,95	2.654,48	2.986,29	1.637,20	2.504,08	2.817,09	1.413,48	2.353,68	2.647,89	1.189,76	2.203,28	2.478,69
	III	30.662	-	2.452,96	2.759,58	-	2.307,68	2.596,14	-	2.165,44	2.436,12	-	2.026,40	2.279,70	-	1.890,40	2.126,70	-	1.757,44	1.977,12	-	1.627,68	1.831,14
	IV	40.610	2.233,55	3.248,80	3.654,90	2.181,85	3.173,60	3.570,30	2.130,15	3.098,40	3.485,70	2.078,45	3.023,20	3.401,10	2.026,75	2.948,00	3.316,50	1.975,05	2.872,80	3.231,90	1.923,35	2.797,60	3.147,30
	V	46.783	2.573,06	3.742,64	4.210,47																		
	VI	47.315	2.602,32	3.785,20	4.258,35																		
35.431,99 (Ost)	I	40.704	2.238,72	3.256,32	3.663,36	2.135,32	3.105,92	3.494,16	2.031,92	2.955,52	3.324,96	1.928,52	2.805,12	3.155,76	1.825,12	2.654,72	2.986,56	1.637,55	2.504,32	2.817,36	1.413,83	2.353,92	2.648,16
	II	38.915	2.140,32	3.113,20	3.502,35	2.036,92	2.962,80	3.333,15	1.933,52	2.812,40	3.163,95	1.830,12	2.662,00	2.994,75	1.648,38	2.511,60	2.825,55	1.424,66	2.361,20	2.656,35	1.200,94	2.210,80	2.487,15
	III	30.754	-	2.460,32	2.767,86	-	2.314,88	2.604,24	-	2.172,48	2.444,04	-	2.033,28	2.287,44	-	1.897,12	2.134,26	-	1.764,00	1.984,50	-	1.634,08	1.838,34
	IV	40.704	2.238,72	3.256,32	3.663,36	2.187,02	3.181,12	3.578,76	2.135,32	3.105,92	3.494,16	2.083,62	3.030,72	3.409,56	2.031,92	2.955,52	3.324,96	1.980,22	2.880,32	3.240,36	1.928,52	2.805,12	3.155,76
	V	46.877	2.578,23	3.750,16	4.218,93																		
	VI	47.409	2.607,49	3.792,72	4.266,81																		

SolZ/KiSt lt. Tabelle nicht für Sonstige Bezüge anwendbar.

Lohn/ Gehalt bis	Steuerklasse	Lohn-steuer	ohne Kinderfreibetrag			Anzahl Kinderfreibeträge (nur Steuerklassen I–IV) 0,5			1,0			1,5			2,0			2,5			3,0		
			SolZ 5,5%	Kirchensteuer 8%	9%	SolZ 5,5%	Kirchensteuer 8%	9%	SolZ 5,5%	Kirchensteuer 8%	9%	SolZ 5,5%	Kirchensteuer 8%	9%	SolZ 5,5%	Kirchensteuer 8%	9%	SolZ 5,5%	Kirchensteuer 8%	9%	SolZ 5,5%	Kirchensteuer 8%	9%
135.467,99 (West)	I	40.625	2.234,37	3.250,00	3.656,25	2.130,97	3.099,60	3.487,05	2.027,57	2.949,20	3.317,85	1.924,17	2.798,80	3.148,65	1.820,83	2.648,48	2.979,54	1.628,27	2.498,08	2.810,34	1.404,55	2.347,68	2.641,1
	II	38.836	2.135,98	3.106,88	3.495,24	2.032,58	2.956,48	3.326,04	1.929,18	2.806,08	3.156,84	1.825,78	2.655,68	2.987,64	1.638,98	2.505,28	2.818,44	1.415,26	2.354,88	2.649,24	1.191,54	2.204,48	2.480,C
	III	30.676	-	2.454,08	2.760,84	-	2.308,80	2.597,40	-	2.166,56	2.437,38	-	2.027,52	2.280,96	-	1.891,52	2.127,96	-	1.758,56	1.978,38	-	1.628,64	1.832,2
	IV	40.625	2.234,37	3.250,00	3.656,25	2.182,67	3.174,80	3.571,65	2.130,97	3.099,60	3.487,05	2.079,27	3.024,40	3.402,45	2.027,57	2.949,20	3.317,85	1.975,87	2.874,00	3.233,25	1.924,17	2.798,80	3.148,6
	V	46.798	2.573,89	3.743,84	4.211,82																		
	VI	47.330	2.603,15	3.786,40	4.259,70																		
135.467,99 (Ost)	I	40.719	2.239,54	3.257,52	3.664,71	2.136,14	3.107,12	3.495,51	2.032,74	2.956,72	3.326,31	1.929,34	2.806,32	3.157,11	1.825,94	2.655,92	2.987,91	1.639,34	2.505,52	2.818,71	1.415,62	2.355,12	2.649,5
	II	38.930	2.141,15	3.114,40	3.503,70	2.037,75	2.964,00	3.334,50	1.934,35	2.813,60	3.165,30	1.830,95	2.663,20	2.996,10	1.650,17	2.512,80	2.826,90	1.426,45	2.362,40	2.657,70	1.202,73	2.212,00	2.488,5
	III	30.768	-	2.461,44	2.769,12	-	2.316,00	2.605,50	-	2.173,60	2.445,30	-	2.034,40	2.288,70	-	1.898,24	2.135,52	-	1.765,12	1.985,76	-	1.635,04	1.839,4
	IV	40.719	2.239,54	3.257,52	3.664,71	2.187,84	3.182,32	3.580,11	2.136,14	3.107,12	3.495,51	2.084,44	3.031,92	3.410,91	2.032,74	2.956,72	3.326,31	1.981,04	2.881,52	3.241,71	1.929,34	2.806,32	3.157,1
	V	46.892	2.579,06	3.751,36	4.220,28																		
	VI	47.424	2.608,32	3.793,92	4.268,16																		
135.503,99 (West)	I	40.640	2.235,20	3.251,20	3.657,60	2.131,80	3.100,80	3.488,40	2.028,40	2.950,40	3.319,20	1.925,05	2.800,08	3.150,09	1.821,65	2.649,68	2.980,89	1.630,06	2.499,28	2.811,69	1.406,34	2.348,88	2.642,4
	II	38.851	2.136,80	3.108,08	3.496,59	2.033,40	2.957,68	3.327,39	1.930,00	2.807,28	3.158,19	1.826,60	2.656,88	2.988,99	1.640,77	2.506,48	2.819,79	1.417,17	2.356,16	2.650,68	1.193,45	2.205,76	2.481,4
	III	30.692	-	2.455,36	2.762,28	-	2.310,08	2.598,84	-	2.167,84	2.438,82	-	2.028,64	2.282,22	-	1.892,48	2.129,04	-	1.759,52	1.979,46	-	1.629,60	1.833,3
	IV	40.640	2.235,20	3.251,20	3.657,60	2.183,50	3.176,00	3.573,00	2.131,80	3.100,80	3.488,40	2.080,10	3.025,60	3.403,80	2.028,40	2.950,40	3.319,20	1.976,75	2.875,28	3.234,69	1.925,05	2.800,08	3.150,0
	V	46.814	2.574,77	3.745,12	4.213,26																		
	VI	47.345	2.603,97	3.787,60	4.261,05																		
135.503,99 (Ost)	I	40.734	2.240,37	3.258,72	3.666,06	2.136,97	3.108,32	3.496,86	2.033,57	2.957,92	3.327,66	1.930,17	2.807,52	3.158,46	1.826,77	2.657,12	2.989,26	1.641,12	2.506,72	2.820,06	1.417,40	2.356,32	2.650,8
	II	38.945	2.141,97	3.115,60	3.505,05	2.038,57	2.965,20	3.335,85	1.935,17	2.814,80	3.166,65	1.831,77	2.664,40	2.997,45	1.651,95	2.514,00	2.828,25	1.428,23	2.363,60	2.659,05	1.204,51	2.213,20	2.489,8
	III	30.784	-	2.462,72	2.770,56	-	2.317,28	2.606,94	-	2.174,88	2.446,74	-	2.035,52	2.289,96	-	1.899,36	2.136,78	-	1.766,08	1.986,84	-	1.636,16	1.840,6
	IV	40.734	2.240,37	3.258,72	3.666,06	2.188,67	3.183,52	3.581,46	2.136,97	3.108,32	3.496,86	2.085,27	3.033,12	3.412,26	2.033,57	2.957,92	3.327,66	1.981,87	2.882,72	3.243,06	1.930,17	2.807,52	3.158,4
	V	46.907	2.579,88	3.752,56	4.221,63																		
	VI	47.439	2.609,14	3.795,12	4.269,51																		
135.539,99 (West)	I	40.655	2.236,02	3.252,40	3.658,95	2.132,68	3.102,08	3.489,84	2.029,28	2.951,68	3.320,64	1.925,88	2.801,28	3.151,44	1.822,48	2.650,88	2.982,24	1.631,84	2.500,48	2.813,04	1.408,12	2.350,08	2.643,8
	II	38.866	2.137,63	3.109,28	3.497,94	2.034,23	2.958,88	3.328,74	1.930,83	2.808,48	3.159,54	1.827,43	2.658,08	2.990,34	1.642,67	2.507,76	2.821,23	1.418,95	2.357,36	2.652,03	1.195,23	2.206,96	2.482,8
	III	30.706	-	2.456,48	2.763,54	-	2.311,20	2.600,10	-	2.168,96	2.440,08	-	2.029,76	2.283,48	-	1.893,60	2.130,30	-	1.760,64	1.980,72	-	1.630,72	1.834,5
	IV	40.655	2.236,02	3.252,40	3.658,95	2.184,32	3.177,20	3.574,35	2.132,68	3.102,08	3.489,84	2.080,98	3.026,88	3.405,24	2.029,28	2.951,68	3.320,64	1.977,58	2.876,48	3.236,04	1.925,88	2.801,28	3.151,4
	V	46.829	2.575,59	3.746,32	4.214,61																		
	VI	47.360	2.604,80	3.788,80	4.262,40																		
135.539,99 (Ost)	I	40.749	2.241,19	3.259,92	3.667,41	2.137,79	3.109,52	3.498,21	2.034,39	2.959,12	3.329,01	1.930,99	2.808,72	3.159,81	1.827,59	2.658,32	2.990,61	1.642,91	2.507,92	2.821,41	1.419,31	2.357,60	2.652,3
	II	38.960	2.142,80	3.116,80	3.506,40	2.039,40	2.966,40	3.337,20	1.936,00	2.816,00	3.168,00	1.832,60	2.665,60	2.998,80	1.653,74	2.515,20	2.829,60	1.430,02	2.364,80	2.660,40	1.206,30	2.214,40	2.491,2
	III	30.798	-	2.463,84	2.771,82	-	2.318,40	2.608,20	-	2.176,00	2.448,00	-	2.036,64	2.291,22	-	1.900,32	2.137,86	-	1.767,20	1.988,10	-	1.637,12	1.841,7
	IV	40.749	2.241,19	3.259,92	3.667,41	2.189,49	3.184,72	3.582,81	2.137,79	3.109,52	3.498,21	2.086,09	3.034,32	3.413,61	2.034,39	2.959,12	3.329,01	1.982,69	2.883,92	3.244,41	1.930,99	2.808,72	3.159,8
	V	46.922	2.580,71	3.753,76	4.222,98																		
	VI	47.454	2.609,97	3.796,32	4.270,86																		
135.575,99 (West)	I	40.671	2.236,90	3.253,68	3.660,39	2.133,50	3.103,28	3.491,19	2.030,10	2.952,88	3.321,99	1.926,70	2.802,48	3.152,79	1.823,30	2.652,08	2.983,59	1.633,63	2.501,68	2.814,39	1.409,91	2.351,28	2.645,1
	II	38.881	2.138,45	3.110,48	3.499,29	2.035,05	2.960,08	3.330,09	1.931,71	2.809,76	3.160,98	1.828,31	2.659,36	2.991,78	1.644,46	2.508,96	2.822,58	1.420,74	2.358,56	2.653,38	1.197,02	2.208,16	2.484,1
	III	30.722	-	2.457,76	2.764,98	-	2.312,32	2.601,36	-	2.170,08	2.441,34	-	2.030,88	2.284,74	-	1.894,72	2.131,56	-	1.761,76	1.981,98	-	1.631,68	1.835,6
	IV	40.671	2.236,90	3.253,68	3.660,39	2.185,20	3.178,48	3.575,79	2.133,50	3.103,28	3.491,19	2.081,80	3.028,08	3.406,59	2.030,10	2.952,88	3.321,99	1.978,40	2.877,68	3.237,39	1.926,70	2.802,48	3.152,7
	V	46.844	2.576,42	3.747,52	4.215,96																		
	VI	47.376	2.605,68	3.790,08	4.263,84																		
135.575,99 (Ost)	I	40.764	2.242,02	3.261,12	3.668,76	2.138,62	3.110,72	3.499,56	2.035,22	2.960,32	3.330,36	1.931,82	2.809,92	3.161,16	1.828,47	2.659,60	2.992,05	1.644,81	2.509,20	2.822,85	1.421,09	2.358,80	2.653,6
	II	38.975	2.143,62	3.118,00	3.507,75	2.040,22	2.967,60	3.338,55	1.936,82	2.817,20	3.169,35	1.833,42	2.666,80	3.000,15	1.655,52	2.516,40	2.830,95	1.431,80	2.366,00	2.661,75	1.208,08	2.215,60	2.492,5
	III	30.814	-	2.465,12	2.773,26	-	2.319,52	2.609,46	-	2.177,12	2.449,26	-	2.037,76	2.292,48	-	1.901,44	2.139,12	-	1.768,32	1.989,36	-	1.638,24	1.843,0
	IV	40.764	2.242,02	3.261,12	3.668,76	2.190,32	3.185,92	3.584,16	2.138,62	3.110,72	3.499,56	2.086,92	3.035,52	3.414,96	2.035,22	2.960,32	3.330,36	1.983,52	2.885,12	3.245,76	1.931,82	2.809,92	3.161,1
	V	46.938	2.581,59	3.755,04	4.224,42																		
	VI	47.469	2.610,79	3.797,52	4.272,21																		
135.611,99 (West)	I	40.686	2.237,73	3.254,88	3.661,74	2.134,33	3.104,48	3.492,54	2.030,93	2.954,08	3.323,34	1.927,53	2.803,68	3.154,14	1.824,13	2.653,28	2.984,94	1.635,41	2.502,88	2.815,74	1.411,69	2.352,48	2.646,5
	II	38.896	2.139,28	3.111,68	3.500,64	2.035,93	2.961,36	3.331,53	1.932,53	2.810,96	3.162,33	1.829,13	2.660,56	2.993,13	1.646,24	2.510,16	2.823,93	1.422,52	2.359,76	2.654,73	1.198,80	2.209,36	2.485,5
	III	30.736	-	2.458,88	2.766,24	-	2.313,44	2.602,62	-	2.171,20	2.442,60	-	2.032,00	2.286,00	-	1.895,84	2.132,82	-	1.762,72	1.983,06	-	1.632,80	1.836,9
	IV	40.686	2.237,73	3.254,88	3.661,74	2.186,03	3.179,68	3.577,14	2.134,33	3.104,48	3.492,54	2.082,63	3.029,28	3.407,94	2.030,93	2.954,08	3.323,34	1.979,23	2.878,88	3.238,74	1.927,53	2.803,68	3.154,1
	V	46.859	2.577,24	3.748,72	4.217,31																		
	VI	47.391	2.606,50	3.791,28	4.265,19																		
135.611,99 (Ost)	I	40.779	2.242,84	3.262,32	3.670,11	2.139,44	3.111,92	3.500,91	2.036,04	2.961,52	3.331,71	1.932,70	2.811,20	3.162,60	1.829,30	2.660,80	2.993,40	1.646,60	2.510,40	2.824,20	1.422,88	2.360,00	2.655,0
	II	38.990	2.144,45	3.119,20	3.509,10	2.041,05	2.968,80	3.339,90	1.937,65	2.818,40	3.170,70	1.834,25	2.668,00	3.001,50	1.657,31	2.517,60	2.832,30	1.433,71	2.367,28	2.663,19	1.209,99	2.216,88	2.493,9
	III	30.828	-	2.466,24	2.774,52	-	2.320,64	2.610,72	-	2.178,24	2.450,52	-	2.038,88	2.293,74	-	1.902,56	2.140,38	-	1.769,28	1.990,44	-	1.639,20	1.844,1
	IV	40.779	2.242,84	3.262,32	3.670,11	2.191,14	3.187,12	3.585,51	2.139,44	3.111,92	3.500,91	2.087,74	3.036,72	3.416,31	2.036,04	2.961,52	3.331,71	1.984,40	2.886,40	3.247,20	1.932,70	2.811,20	3.162,6
	V	46.953	2.582,41	3.756,24	4.225,77																		
	VI	47.484	2.611,62	3.798,72	4.273,56																		
135.647,99 (West)	I	40.701	2.238,55	3.256,08	3.663,09	2.135,15	3.105,68	3.493,89	2.031,75	2.955,28	3.324,69	1.928,35	2.804,88	3.155,49	1.824,95	2.654,48	2.986,29	1.637,20	2.504,08	2.817,09	1.413,48	2.353,68	2.647,8
	II	38.912	2.140,16	3.112,96	3.502,08	2.036,76	2.962,56	3.332,88	1.933,36	2.812,16	3.163,68	1.829,96	2.661,76	2.994,48	1.648,03	2.511,36	2.825,28	1.424,31	2.360,96	2.656,08	1.200,59	2.210,56	2.486,8
	III	30.750	-	2.460,00	2.767,50	-	2.314,56	2.603,88	-	2.172,32	2.443,86	-	2.033,12	2.287,26	-	1.896,80	2.133,90	-	1.763,84	1.984,32	-	1.633,76	1.837,9
	IV	40.701	2.238,55	3.256,08	3.663,09	2.186,85	3.180,88	3.578,49	2.135,15	3.105,68	3.493,89	2.083,45	3.030,48	3.409,29	2.031,75	2.955,28	3.324,69	1.980,05	2.880,08	3.240,09	1.928,35	2.804,88	3.155,4
	V	46.874	2.578,07	3.749,92	4.218,66																		
	VI	47.406	2.607,33	3.792,48	4.266,54																		
135.647,99 (Ost)	I	40.794	2.243,67	3.263,52	3.671,46	2.140,32	3.113,20	3.502,35	2.036,92	2.962,80	3.333,15	1.933,52	2.812,40	3.163,95	1.830,12	2.662,00	2.994,75	1.648,38	2.511,60	2.825,55	1.424,66	2.361,20	2.656,3
	II	39.005	2.145,27	3.120,40	3.510,45	2.041,87	2.970,00	3.341,25	1.938,47	2.819,60	3.172,05	1.835,07	2.669,20	3.002,85	1.659,21	2.518,88	2.833,74	1.435,49	2.368,48	2.664,54	1.211,77	2.218,08	2.495,3
	III	30.842	-	2.467,36	2.775,78	-	2.321,76	2.611,98	-	2.179,36	2.451,78	-	2.040,00	2.295,00	-	1.903,68	2.141,64	-	1.770,40	1.991,70	-	1.640,16	1.845,1
	IV	40.794	2.243,67	3.263,52	3.671,46	2.191,97	3.188,32	3.586,86	2.140,32	3.113,20	3.502,35	2.088,62	3.038,00	3.417,75	2.036,92	2.962,80	3.333,15	1.985,22	2.887,60	3.248,55	1.933,52	2.812,40	3.163,9
	V	46.968	2.583,24	3.757,44	4.227,12																		
	VI	47.499	2.612,44	3.799,92	4.274,91																		
135.683,99 (West)	I	40.716	2.239,38	3.257,28	3.664,44	2.135,98	3.106,88	3.495,24	2.032,58	2.956,48	3.326,04	1.929,18	2.806,08	3.156,84	1.825,78	2.655,68	2.987,64	1.638,98	2.505,28	2.818,44	1.415,26	2.354,88	2.649,2
	II	38.927	2.140,98	3.114,16	3.503,43	2.037,58	2.963,76	3.334,23	1.934,18	2.813,36	3.165,03	1.830,78	2.662,96	2.995,83	1.649,81	2.512,56	2.826,63	1.426,09	2.362,16	2.657,43	1.202,37	2.211,76	2.488,2
	III	30.766	-	2.461,28	2.768,94	-	2.315,84	2.605,32	-	2.173,44	2.445,12	-	2.034,08	2.288,34	-	1.897,92	2.135,16	-	1.764,80	1.985,40	-	1.634,88	1.839,2
	IV	40.716	2.239,38	3.257,28	3.664,44	2.187,68	3.182,08	3.579,84	2.135,98	3.106,88	3.495,24	2.084,28	3.031,68	3.410,64	2.032,58	2.956,48	3.326,04	1.980,88	2.881,28	3.241,44	1.929,18	2.806,08	3.156,8
	V	46.889	2.578,89	3.751,12	4.220,01																		
	VI	47.421	2.608,15	3.793,68	4.267,89																		
135.683,99 (Ost)	I	40.810	2.244,55	3.264,80	3.672,90	2.141,15	3.114,40	3.503,70	2.037,75	2.964,00	3.334,50	1.934,35	2.813,60	3.165,30	1.830,95	2.663,20	2.996,10	1.650,17	2.512,80	2.826,90	1.426,45	2.362,40	2.657,70
	II	39.020	2.146,10	3.121,60	3.511,80	2.042,70	2.971,20	3.342,60	1.939,35	2.820,88	3.173,49	1.835,95	2.670,48	3.004,29	1.661,00	2.520,08	2.835,09	1.437,28	2.369,68	2.665,89	1.213,56	2.219,28	2.496,69
	III	30.858	-	2.468,64	2.777,22	-	2.323,04	2.613,42	-	2.180,48	2.453,04	-	2.041,12	2.296,26	-	1.904,64	2.142,72	-	1.771,52	1.992,96	-	1.641,28	1.846,44
	IV	40.810	2.244,55	3.264,80	3.672,90	2.192,85	3.189,60	3.588,30	2.141,15	3.114,40	3.503,70	2.089,45	3.039,20	3.419,10	2.037,75	2.964,00	3.334,50	1.986,05	2.888,40	3.249,90	1.934,35	2.813,60	3.165,30
	V	46.983	2.584,06	3.758,64	4.228,47																		
	VI	47.515	2.613,32	3.801,20	4.276,35																		

SolZ/KiSt lt. Tabelle nicht für Sonstige Bezüge anwendbar.

Lohn/ Gehalt bis	Steuerklasse	Lohnsteuer	ohne Kinderfreibetrag			Anzahl Kinderfreibeträge (nur Steuerklassen I–IV)																	
						0,5			1,0			1,5			2,0			2,5			3,0		
			SolZ 5,5%	Kirchensteuer 8%	9%	SolZ 5,5%	Kirchensteuer 8%	9%	SolZ 5,5%	Kirchensteuer 8%	9%	SolZ 5,5%	Kirchensteuer 8%	9%	SolZ 5,5%	Kirchensteuer 8%	9%	SolZ 5,5%	Kirchensteuer 8%	9%	SolZ 5,5%	Kirchensteuer 8%	9%
35.719,99 (West)	I	40.731	2.240,20	3.258,48	3.665,79	2.136,80	3.108,08	3.496,59	2.033,40	2.957,68	3.327,39	1.930,00	2.807,28	3.158,19	1.826,60	2.656,88	2.988,99	1.640,77	2.506,48	2.819,79	1.417,17	2.356,16	2.650,68
	II	38.942	2.141,81	3.115,36	3.504,78	2.038,41	2.964,96	3.335,58	1.935,01	2.814,56	3.166,38	1.831,61	2.664,16	2.997,18	1.651,60	2.513,76	2.827,98	1.427,88	2.363,36	2.658,78	1.204,16	2.212,96	2.489,58
	III	30.780	-	2.462,40	2.770,20	-	2.316,96	2.606,58	-	2.174,56	2.446,38	-	2.035,20	2.289,60	-	1.899,04	2.136,42	-	1.765,92	1.986,66	-	1.635,84	1.840,32
	IV	40.731	2.240,20	3.258,48	3.665,79	2.188,50	3.183,28	3.581,19	2.136,80	3.108,08	3.496,59	2.085,10	3.032,88	3.411,99	2.033,40	2.957,68	3.327,39	1.981,70	2.882,48	3.242,79	1.930,00	2.807,28	3.158,19
	V	46.904	2.579,72	3.752,32	4.221,36																		
	VI	47.436	2.608,98	3.794,88	4.269,24																		
35.719,99 (Ost)	I	40.825	2.245,37	3.266,00	3.674,25	2.141,97	3.115,60	3.505,05	2.038,57	2.965,20	3.335,85	1.935,17	2.814,80	3.166,65	1.831,77	2.664,40	2.997,45	1.651,95	2.514,00	2.828,25	1.428,23	2.363,60	2.659,05
	II	39.035	2.146,92	3.122,80	3.513,15	2.043,58	2.972,48	3.344,04	1.940,18	2.822,08	3.174,84	1.836,78	2.671,68	3.005,64	1.662,78	2.521,28	2.836,44	1.439,06	2.370,88	2.667,24	1.215,34	2.220,48	2.498,04
	III	30.872	-	2.469,76	2.778,48	-	2.324,16	2.614,68	-	2.181,60	2.454,30	-	2.042,08	2.297,34	-	1.905,76	2.143,98	-	1.772,48	1.994,04	-	1.642,24	1.847,52
	IV	40.825	2.245,37	3.266,00	3.674,25	2.193,67	3.190,80	3.589,65	2.141,97	3.115,60	3.505,05	2.090,27	3.040,40	3.420,45	2.038,57	2.965,20	3.335,85	1.986,87	2.890,00	3.251,25	1.935,17	2.814,80	3.166,65
	V	46.998	2.584,89	3.759,84	4.229,82																		
	VI	47.530	2.614,15	3.802,40	4.277,70																		
35.755,99 (West)	I	40.746	2.241,03	3.259,68	3.667,14	2.137,63	3.109,28	3.497,94	2.034,23	2.958,88	3.328,74	1.930,83	2.808,48	3.159,54	1.827,43	2.658,08	2.990,34	1.642,67	2.507,76	2.821,23	1.418,95	2.357,36	2.652,03
	II	38.957	2.142,63	3.116,56	3.506,13	2.039,23	2.966,16	3.336,93	1.935,83	2.815,76	3.167,73	1.832,43	2.665,36	2.998,53	1.653,38	2.514,96	2.829,33	1.429,66	2.364,56	2.660,13	1.205,94	2.214,16	2.490,93
	III	30.796	-	2.463,68	2.771,64	-	2.318,08	2.607,84	-	2.175,68	2.447,64	-	2.036,32	2.290,86	-	1.900,16	2.137,68	-	1.767,04	1.987,92	-	1.636,96	1.841,58
	IV	40.746	2.241,03	3.259,68	3.667,14	2.189,33	3.184,48	3.582,54	2.137,63	3.109,28	3.497,94	2.085,93	3.034,08	3.413,34	2.034,23	2.958,88	3.328,74	1.982,53	2.883,68	3.244,14	1.930,83	2.808,48	3.159,54
	V	46.919	2.580,54	3.753,52	4.222,71																		
	VI	47.451	2.609,80	3.796,08	4.270,59																		
35.755,99 (Ost)	I	40.840	2.246,20	3.267,20	3.675,60	2.142,80	3.116,80	3.506,40	2.039,40	2.966,40	3.337,20	1.936,00	2.816,00	3.168,00	1.832,60	2.665,60	2.998,80	1.653,74	2.515,20	2.829,60	1.430,02	2.364,80	2.660,40
	II	39.051	2.147,80	3.124,08	3.514,59	2.044,40	2.973,68	3.345,39	1.941,00	2.823,28	3.176,19	1.837,60	2.672,88	3.006,99	1.664,57	2.522,48	2.837,79	1.440,85	2.372,08	2.668,59	1.217,13	2.221,68	2.499,39
	III	30.888	-	2.471,04	2.779,92	-	2.325,28	2.615,94	-	2.182,72	2.455,56	-	2.043,20	2.298,60	-	1.906,88	2.145,24	-	1.773,60	1.995,30	-	1.643,36	1.848,78
	IV	40.840	2.246,20	3.267,20	3.675,60	2.194,50	3.192,00	3.591,00	2.142,80	3.116,80	3.506,40	2.091,10	3.041,60	3.421,80	2.039,40	2.966,40	3.337,20	1.987,70	2.891,20	3.252,60	1.936,00	2.816,00	3.168,00
	V	47.013	2.585,71	3.761,04	4.231,17																		
	VI	47.545	2.614,97	3.803,60	4.279,05																		
35.791,99 (West)	I	40.761	2.241,85	3.260,88	3.668,49	2.138,45	3.110,48	3.499,29	2.035,05	2.960,08	3.330,09	1.931,71	2.809,76	3.160,98	1.828,31	2.659,36	2.991,78	1.644,46	2.508,96	2.822,58	1.420,74	2.358,56	2.653,38
	II	38.972	2.143,46	3.117,76	3.507,48	2.040,06	2.967,36	3.338,28	1.936,66	2.816,96	3.169,08	1.833,26	2.666,56	2.999,88	1.655,17	2.516,16	2.830,68	1.431,45	2.365,76	2.661,48	1.207,85	2.215,44	2.492,37
	III	30.810	-	2.464,80	2.772,90	-	2.319,20	2.609,10	-	2.176,80	2.448,90	-	2.037,44	2.292,12	-	1.901,28	2.138,94	-	1.768,00	1.989,00	-	1.637,92	1.842,66
	IV	40.761	2.241,85	3.260,88	3.668,49	2.190,15	3.185,68	3.583,89	2.138,45	3.110,48	3.499,29	2.086,75	3.035,28	3.414,69	2.035,05	2.960,08	3.330,09	1.983,35	2.884,88	3.245,49	1.931,71	2.809,76	3.160,98
	V	46.935	2.581,42	3.754,80	4.224,15																		
	VI	47.466	2.610,63	3.797,28	4.271,94																		
35.791,99 (Ost)	I	40.855	2.247,02	3.268,40	3.676,95	2.143,62	3.118,00	3.507,75	2.040,22	2.967,60	3.338,55	1.936,82	2.817,20	3.169,35	1.833,42	2.666,80	3.000,15	1.655,52	2.516,40	2.830,95	1.431,80	2.366,00	2.661,75
	II	39.066	2.148,63	3.125,28	3.515,94	2.045,23	2.974,88	3.346,74	1.941,83	2.824,48	3.177,54	1.838,43	2.674,08	3.008,34	1.666,35	2.523,68	2.839,14	1.442,63	2.373,28	2.669,94	1.218,91	2.222,88	2.500,74
	III	30.902	-	2.472,16	2.781,18	-	2.326,40	2.617,20	-	2.183,84	2.456,82	-	2.044,32	2.299,86	-	1.908,00	2.146,50	-	1.774,56	1.996,38	-	1.644,32	1.849,86
	IV	40.855	2.247,02	3.268,40	3.676,95	2.195,32	3.193,20	3.592,35	2.143,62	3.118,00	3.507,75	2.091,92	3.042,80	3.423,15	2.040,22	2.967,60	3.338,55	1.988,52	2.892,40	3.253,95	1.936,82	2.817,20	3.169,35
	V	47.028	2.586,54	3.762,24	4.232,52																		
	VI	47.560	2.615,80	3.804,80	4.280,40																		
35.827,99 (West)	I	40.776	2.242,68	3.262,08	3.669,84	2.139,28	3.111,68	3.500,64	2.035,93	2.961,36	3.331,53	1.932,53	2.810,96	3.162,33	1.829,13	2.660,56	2.993,13	1.646,24	2.510,16	2.823,93	1.422,52	2.359,76	2.654,73
	II	38.987	2.144,28	3.118,96	3.508,83	2.040,88	2.968,56	3.339,63	1.937,48	2.818,16	3.170,43	1.834,08	2.667,76	3.001,23	1.657,07	2.517,44	2.832,12	1.433,35	2.367,04	2.662,92	1.209,63	2.216,64	2.493,72
	III	30.824	-	2.465,92	2.774,16	-	2.320,48	2.610,54	-	2.177,92	2.450,16	-	2.038,56	2.293,38	-	1.902,24	2.140,02	-	1.769,12	1.990,26	-	1.639,04	1.843,92
	IV	40.776	2.242,68	3.262,08	3.669,84	2.190,98	3.186,88	3.585,24	2.139,28	3.111,68	3.500,64	2.087,63	3.036,56	3.416,13	2.035,93	2.961,36	3.331,53	1.984,23	2.886,16	3.246,93	1.932,53	2.810,96	3.162,33
	V	46.950	2.582,25	3.756,00	4.225,50																		
	VI	47.481	2.611,45	3.798,48	4.273,29																		
35.827,99 (Ost)	I	40.870	2.247,85	3.269,60	3.678,30	2.144,45	3.119,20	3.509,10	2.041,05	2.968,80	3.339,90	1.937,65	2.818,40	3.170,70	1.834,25	2.668,00	3.001,50	1.657,31	2.517,60	2.832,30	1.433,71	2.367,28	2.663,19
	II	39.081	2.149,45	3.126,48	3.517,29	2.046,05	2.976,08	3.348,09	1.942,65	2.825,68	3.178,89	1.839,25	2.675,28	3.009,69	1.668,14	2.524,88	2.840,49	1.444,42	2.374,48	2.671,29	1.220,70	2.224,08	2.502,09
	III	30.916	-	2.473,28	2.782,44	-	2.327,68	2.618,64	-	2.184,96	2.458,08	-	2.045,44	2.301,12	-	1.908,96	2.147,58	-	1.775,68	1.997,64	-	1.645,44	1.851,12
	IV	40.870	2.247,85	3.269,60	3.678,30	2.196,15	3.194,40	3.593,70	2.144,45	3.119,20	3.509,10	2.092,75	3.044,00	3.424,50	2.041,05	2.968,80	3.339,90	1.989,35	2.893,60	3.255,30	1.937,65	2.818,40	3.170,70
	V	47.043	2.587,36	3.763,44	4.233,87																		
	VI	47.575	2.616,62	3.806,00	4.281,75																		
35.863,99 (West)	I	40.792	2.243,56	3.263,36	3.671,28	2.140,16	3.112,96	3.502,08	2.036,76	2.962,56	3.332,88	1.933,36	2.812,16	3.163,68	1.829,96	2.661,76	2.994,48	1.648,03	2.511,36	2.825,28	1.424,31	2.360,96	2.656,08
	II	39.002	2.145,11	3.120,16	3.510,18	2.041,71	2.969,76	3.340,98	1.938,31	2.819,36	3.171,78	1.834,96	2.669,04	3.002,67	1.658,86	2.518,64	2.833,47	1.435,14	2.368,24	2.664,27	1.211,42	2.217,84	2.495,07
	III	30.840	-	2.467,20	2.775,60	-	2.321,60	2.611,80	-	2.179,04	2.451,42	-	2.039,68	2.294,64	-	1.903,36	2.141,28	-	1.770,08	1.991,34	-	1.640,00	1.845,00
	IV	40.792	2.243,56	3.263,36	3.671,28	2.191,86	3.188,16	3.586,68	2.140,16	3.112,96	3.502,08	2.088,46	3.037,76	3.417,48	2.036,76	2.962,56	3.332,88	1.985,06	2.887,36	3.248,28	1.933,36	2.812,16	3.163,68
	V	46.965	2.583,07	3.757,20	4.226,85																		
	VI	47.497	2.612,33	3.799,76	4.274,73																		
35.863,99 (Ost)	I	40.885	2.248,67	3.270,80	3.679,65	2.145,27	3.120,40	3.510,45	2.041,87	2.970,00	3.341,25	1.938,47	2.819,60	3.172,05	1.835,07	2.669,20	3.002,85	1.659,21	2.518,88	2.833,74	1.435,49	2.368,48	2.664,54
	II	39.096	2.150,28	3.127,68	3.518,64	2.046,88	2.977,28	3.349,44	1.943,48	2.826,88	3.180,24	1.840,08	2.676,48	3.011,04	1.669,92	2.526,08	2.841,84	1.446,20	2.375,68	2.672,64	1.222,48	2.225,28	2.503,44
	III	30.932	-	2.474,56	2.783,88	-	2.328,80	2.619,90	-	2.186,08	2.459,34	-	2.046,56	2.302,38	-	1.910,08	2.148,84	-	1.776,80	1.998,90	-	1.646,40	1.852,20
	IV	40.885	2.248,67	3.270,80	3.679,65	2.196,97	3.195,60	3.595,05	2.145,27	3.120,40	3.510,45	2.093,57	3.045,20	3.425,85	2.041,87	2.970,00	3.341,25	1.990,17	2.894,80	3.256,65	1.938,47	2.819,60	3.172,05
	V	47.058	2.588,19	3.764,64	4.235,22																		
	VI	47.590	2.617,45	3.807,20	4.283,10																		
35.899,99 (West)	I	40.807	2.244,38	3.264,56	3.672,63	2.140,98	3.114,16	3.503,43	2.037,58	2.963,76	3.334,23	1.934,18	2.813,36	3.165,03	1.830,78	2.662,96	2.995,83	1.649,81	2.512,56	2.826,63	1.426,09	2.362,16	2.657,43
	II	39.017	2.145,93	3.121,36	3.511,53	2.042,59	2.971,04	3.342,42	1.939,19	2.820,64	3.173,22	1.835,79	2.670,24	3.004,02	1.660,64	2.519,84	2.834,82	1.436,92	2.369,44	2.665,62	1.213,20	2.219,04	2.496,42
	III	30.854	-	2.468,32	2.776,86	-	2.322,72	2.613,06	-	2.180,16	2.452,68	-	2.040,80	2.295,90	-	1.904,48	2.142,54	-	1.771,20	1.992,60	-	1.640,96	1.846,08
	IV	40.807	2.244,38	3.264,56	3.672,63	2.192,68	3.189,36	3.588,03	2.140,98	3.114,16	3.503,43	2.089,28	3.038,96	3.418,83	2.037,58	2.963,76	3.334,23	1.985,88	2.888,56	3.249,63	1.934,18	2.813,36	3.165,03
	V	46.980	2.583,90	3.758,40	4.228,20																		
	VI	47.512	2.613,16	3.800,96	4.276,08																		
35.899,99 (Ost)	I	40.900	2.249,50	3.272,00	3.681,00	2.146,10	3.121,60	3.511,80	2.042,70	2.971,20	3.342,60	1.939,35	2.820,88	3.173,49	1.835,95	2.670,48	3.004,29	1.661,00	2.520,08	2.835,09	1.437,28	2.369,68	2.665,89
	II	39.111	2.151,10	3.128,88	3.519,99	2.047,70	2.978,48	3.350,79	1.944,30	2.828,08	3.181,59	1.840,90	2.677,68	3.012,39	1.671,71	2.527,28	2.843,19	1.447,99	2.376,88	2.673,99	1.224,39	2.226,56	2.504,88
	III	30.946	-	2.475,68	2.785,14	-	2.329,92	2.621,16	-	2.187,36	2.460,78	-	2.047,68	2.303,64	-	1.911,20	2.150,10	-	1.777,76	1.999,98	-	1.647,52	1.853,46
	IV	40.900	2.249,50	3.272,00	3.681,00	2.197,80	3.196,80	3.596,40	2.146,10	3.121,60	3.511,80	2.094,40	3.046,40	3.427,20	2.042,70	2.971,20	3.342,60	1.991,00	2.896,00	3.258,00	1.939,35	2.820,88	3.173,49
	V	47.074	2.589,07	3.765,92	4.236,66																		
	VI	47.605	2.618,27	3.808,40	4.284,45																		
35.935,99 (West)	I	40.822	2.245,21	3.265,76	3.673,98	2.141,81	3.115,36	3.504,78	2.038,41	2.964,96	3.335,58	1.935,01	2.814,56	3.166,38	1.831,61	2.664,16	2.997,18	1.651,60	2.513,76	2.827,98	1.427,88	2.363,36	2.658,78
	II	39.033	2.146,81	3.122,64	3.512,97	2.043,41	2.972,24	3.343,77	1.940,01	2.821,84	3.174,57	1.836,61	2.671,44	3.005,37	1.662,43	2.521,04	2.836,17	1.438,71	2.370,64	2.666,97	1.214,99	2.220,24	2.497,77
	III	30.870	-	2.469,60	2.778,30	-	2.323,84	2.614,32	-	2.181,44	2.454,12	-	2.041,92	2.297,16	-	1.905,60	2.143,80	-	1.772,32	1.993,86	-	1.642,08	1.847,34
	IV	40.822	2.245,21	3.265,76	3.673,98	2.193,51	3.190,56	3.589,38	2.141,81	3.115,36	3.504,78	2.090,11	3.040,16	3.420,18	2.038,41	2.964,96	3.335,58	1.986,71	2.889,76	3.250,98	1.935,01	2.814,56	3.166,38
	V	46.995	2.584,72	3.759,60	4.229,55																		
	VI	47.527	2.613,98	3.802,16	4.277,43																		
35.935,99 (Ost)	I	40.915	2.250,32	3.273,20	3.682,35	2.146,92	3.122,80	3.513,15	2.043,58	2.972,48	3.344,04	1.940,18	2.822,08	3.174,84	1.836,78	2.671,68	3.005,64	1.662,78	2.521,28	2.836,44	1.439,06	2.370,88	2.667,24
	II	39.126	2.151,93	3.130,08	3.521,34	2.048,53	2.979,68	3.352,14	1.945,13	2.829,28	3.182,94	1.841,73	2.678,88	3.013,74	1.673,61	2.528,56	2.844,63	1.449,89	2.378,16	2.675,43	1.226,17	2.227,76	2.506,23
	III	30.962	-	2.476,96	2.786,58	-	2.331,04	2.622,42	-	2.188,48	2.462,04	-	2.048,80	2.304,90	-	1.912,32	2.151,36	-	1.778,88	2.001,24	-	1.648,48	1.854,54
	IV	40.915	2.250,32	3.273,20	3.682,35	2.198,62	3.198,00	3.597,75	2.146,92	3.122,80	3.513,15	2.095,28	3.047,68	3.428,64	2.043,58	2.972,48	3.344,04	1.991,88	2.897,28	3.259,44	1.940,18	2.822,08	3.174,84
	V	47.089	2.589,89	3.767,12	4.238,01																		
	VI	47.620	2.619,10	3.809,60	4.285,80																		

SolZ/KiSt lt. Tabelle nicht für Sonstige Bezüge anwendbar.

JAHR bis 136.187,99 €

Allgemeine Tabelle

Lohn/ Gehalt bis	Steuerklasse	Lohn-steuer	ohne Kinderfreibetrag SolZ 5,5%	ohne Kinderfreibetrag Kirchensteuer 8%	ohne Kinderfreibetrag Kirchensteuer 9%	0,5 SolZ 5,5%	0,5 Kirchensteuer 8%	0,5 Kirchensteuer 9%	1,0 SolZ 5,5%	1,0 Kirchensteuer 8%	1,0 Kirchensteuer 9%	1,5 SolZ 5,5%	1,5 Kirchensteuer 8%	1,5 Kirchensteuer 9%	2,0 SolZ 5,5%	2,0 Kirchensteuer 8%	2,0 Kirchensteuer 9%	2,5 SolZ 5,5%	2,5 Kirchensteuer 8%	2,5 Kirchensteuer 9%	3,0 SolZ 5,5%	3,0 Kirchensteuer 8%	3,0 Kirchensteuer 9%
135.971,99 (West)	I	40.837	2.246,03	3.266,96	3.675,33	2.142,63	3.116,56	3.506,13	2.039,23	2.966,16	3.336,93	1.935,83	2.815,76	3.167,73	1.832,43	2.665,36	2.998,53	1.653,38	2.514,96	2.829,33	1.429,66	2.364,56	2.660,1
	II	39.048	2.147,64	3.123,84	3.514,32	2.044,24	2.973,44	3.345,12	1.940,84	2.823,04	3.175,92	1.837,44	2.672,64	3.006,72	1.664,21	2.522,24	2.837,52	1.440,49	2.371,84	2.668,32	1.216,77	2.221,44	2.499,1
	III	30.884	–	2.470,72	2.779,56	–	2.325,12	2.615,76	–	2.182,56	2.455,38	–	2.043,04	2.298,42	–	1.906,56	2.144,88	–	1.773,28	1.994,94	–	1.643,04	1.848,4
	IV	40.837	2.246,03	3.266,96	3.675,33	2.194,33	3.191,76	3.590,73	2.142,63	3.116,56	3.506,13	2.090,93	3.041,36	3.421,53	2.039,23	2.966,16	3.336,93	1.987,53	2.890,96	3.252,33	1.935,83	2.815,76	3.167,7
	V	47.010	2.585,55	3.760,80	4.230,90																		
	VI	47.542	2.614,81	3.803,36	4.278,78																		
135.971,99 (Ost)	I	40.931	2.251,20	3.274,48	3.683,79	2.147,80	3.124,08	3.514,59	2.044,40	2.973,68	3.345,39	1.941,00	2.823,28	3.176,19	1.837,60	2.672,88	3.006,99	1.664,57	2.522,48	2.837,79	1.440,85	2.372,08	2.668,5
	II	39.141	2.152,75	3.131,28	3.522,69	2.049,35	2.980,88	3.353,49	1.945,95	2.830,48	3.184,29	1.842,61	2.680,16	3.015,18	1.675,40	2.529,76	2.845,98	1.451,68	2.379,36	2.676,78	1.227,96	2.228,96	2.507,5
	III	30.976	–	2.478,08	2.787,84	–	2.332,32	2.623,86	–	2.189,60	2.463,30	–	2.049,92	2.306,16	–	1.913,44	2.152,62	–	1.780,00	2.002,50	–	1.649,60	1.855,8
	IV	40.931	2.251,20	3.274,48	3.683,79	2.199,50	3.199,28	3.599,19	2.147,80	3.124,08	3.514,59	2.096,10	3.048,88	3.429,99	2.044,40	2.973,68	3.345,39	1.992,70	2.898,48	3.260,79	1.941,00	2.823,28	3.176,1
	V	47.104	2.590,72	3.768,32	4.239,36																		
	VI	47.636	2.619,98	3.810,88	4.287,24																		
136.007,99 (West)	I	40.852	2.246,86	3.268,16	3.676,68	2.143,46	3.117,76	3.507,48	2.040,06	2.967,36	3.338,28	1.936,66	2.816,96	3.169,08	1.833,26	2.666,56	2.999,88	1.655,17	2.516,16	2.830,68	1.431,45	2.365,76	2.661,4
	II	39.063	2.148,46	3.125,04	3.515,67	2.045,06	2.974,64	3.346,47	1.941,66	2.824,24	3.177,27	1.838,26	2.673,84	3.008,07	1.666,00	2.523,44	2.838,87	1.442,28	2.373,04	2.669,67	1.218,56	2.222,64	2.500,4
	III	30.898	–	2.471,84	2.780,82	–	2.326,24	2.617,02	–	2.183,68	2.456,64	–	2.044,16	2.299,68	–	1.907,68	2.146,14	–	1.774,40	1.996,20	–	1.644,16	1.849,6
	IV	40.852	2.246,86	3.268,16	3.676,68	2.195,16	3.192,96	3.592,08	2.143,46	3.117,76	3.507,48	2.091,76	3.042,56	3.422,88	2.040,06	2.967,36	3.338,28	1.988,36	2.892,16	3.253,68	1.936,66	2.816,96	3.169,0
	V	47.025	2.586,37	3.762,00	4.232,25																		
	VI	47.557	2.615,63	3.804,56	4.280,13																		
136.007,99 (Ost)	I	40.946	2.252,03	3.275,68	3.685,14	2.148,63	3.125,28	3.515,94	2.045,23	2.974,88	3.346,74	1.941,83	2.824,48	3.177,54	1.838,43	2.674,08	3.008,34	1.666,35	2.523,68	2.839,14	1.442,63	2.373,28	2.669,9
	II	39.156	2.153,58	3.132,48	3.524,04	2.050,23	2.982,16	3.354,93	1.946,83	2.831,76	3.185,73	1.843,43	2.681,36	3.016,53	1.677,18	2.530,96	2.847,33	1.453,46	2.380,56	2.678,13	1.229,74	2.230,16	2.508,9
	III	30.990	–	2.479,20	2.789,10	–	2.333,44	2.625,12	–	2.190,72	2.464,56	–	2.051,04	2.307,42	–	1.914,40	2.153,70	–	1.780,96	2.003,58	–	1.650,56	1.856,8
	IV	40.946	2.252,03	3.275,68	3.685,14	2.200,33	3.200,48	3.600,54	2.148,63	3.125,28	3.515,94	2.096,93	3.050,08	3.431,34	2.045,23	2.974,88	3.346,74	1.993,53	2.899,68	3.262,14	1.941,83	2.824,48	3.177,5
	V	47.119	2.591,54	3.769,52	4.240,71																		
	VI	47.651	2.620,80	3.812,08	4.288,59																		
136.043,99 (West)	I	40.867	2.247,68	3.269,36	3.678,03	2.144,28	3.118,96	3.508,83	2.040,88	2.968,56	3.339,63	1.937,48	2.818,16	3.170,43	1.834,08	2.667,76	3.001,23	1.657,07	2.517,44	2.832,12	1.433,35	2.367,04	2.662,9
	II	39.078	2.149,29	3.126,24	3.517,02	2.045,89	2.975,84	3.347,82	1.942,49	2.825,44	3.178,62	1.839,09	2.675,04	3.009,42	1.667,78	2.524,64	2.840,22	1.444,06	2.374,24	2.671,02	1.220,34	2.223,84	2.501,8
	III	30.914	–	2.473,12	2.782,26	–	2.327,36	2.618,28	–	2.184,80	2.457,90	–	2.045,28	2.300,94	–	1.908,80	2.147,40	–	1.775,52	1.997,46	–	1.645,12	1.850,7
	IV	40.867	2.247,68	3.269,36	3.678,03	2.195,98	3.194,16	3.593,43	2.144,28	3.118,96	3.508,83	2.092,58	3.043,76	3.424,23	2.040,88	2.968,56	3.339,63	1.989,18	2.893,36	3.255,03	1.937,48	2.818,16	3.170,4
	V	47.040	2.587,20	3.763,20	4.233,60																		
	VI	47.572	2.616,46	3.805,76	4.281,48																		
136.043,99 (Ost)	I	40.961	2.252,85	3.276,88	3.686,49	2.149,45	3.126,48	3.517,29	2.046,05	2.976,08	3.348,09	1.942,65	2.825,68	3.178,89	1.839,25	2.675,28	3.009,69	1.668,14	2.524,88	2.840,49	1.444,42	2.374,48	2.671,2
	II	39.172	2.154,46	3.133,76	3.525,48	2.051,06	2.983,36	3.356,28	1.947,66	2.832,96	3.187,08	1.844,26	2.682,56	3.017,88	1.678,97	2.532,16	2.848,68	1.455,25	2.381,76	2.679,48	1.231,53	2.231,36	2.510,2
	III	31.006	–	2.480,48	2.790,54	–	2.334,56	2.626,38	–	2.191,84	2.465,82	–	2.052,16	2.308,68	–	1.915,52	2.154,96	–	1.782,08	2.004,84	–	1.651,68	1.858,1
	IV	40.961	2.252,85	3.276,88	3.686,49	2.201,15	3.201,68	3.601,89	2.149,45	3.126,48	3.517,29	2.097,75	3.051,28	3.432,69	2.046,05	2.976,08	3.348,09	1.994,35	2.900,88	3.263,49	1.942,65	2.825,68	3.178,8
	V	47.134	2.592,37	3.770,72	4.242,06																		
	VI	47.666	2.621,63	3.813,28	4.289,94																		
136.079,99 (West)	I	40.882	2.248,51	3.270,56	3.679,38	2.145,11	3.120,16	3.510,18	2.041,71	2.969,76	3.340,98	1.938,31	2.819,36	3.171,78	1.834,96	2.669,04	3.002,67	1.658,86	2.518,64	2.833,47	1.435,14	2.368,24	2.664,2
	II	39.093	2.150,11	3.127,44	3.518,37	2.046,71	2.977,04	3.349,17	1.943,31	2.826,64	3.179,97	1.839,91	2.676,24	3.010,77	1.669,57	2.525,84	2.841,57	1.445,85	2.375,44	2.672,37	1.222,24	2.225,12	2.503,2
	III	30.928	–	2.474,24	2.783,52	–	2.328,48	2.619,54	–	2.185,92	2.459,16	–	2.046,40	2.302,20	–	1.909,92	2.148,66	–	1.776,48	1.998,54	–	1.646,24	1.852,0
	IV	40.882	2.248,51	3.270,56	3.679,38	2.196,81	3.195,36	3.594,78	2.145,11	3.120,16	3.510,18	2.093,41	3.044,96	3.425,58	2.041,71	2.969,76	3.340,98	1.990,01	2.894,56	3.256,38	1.938,31	2.819,36	3.171,7
	V	47.056	2.588,08	3.764,48	4.235,04																		
	VI	47.587	2.617,28	3.806,96	4.282,83																		
136.079,99 (Ost)	I	40.976	2.253,68	3.278,08	3.687,84	2.150,28	3.127,68	3.518,64	2.046,88	2.977,28	3.349,44	1.943,48	2.826,88	3.180,24	1.840,08	2.676,48	3.011,04	1.669,92	2.526,08	2.841,84	1.446,20	2.375,68	2.672,6
	II	39.187	2.155,28	3.134,96	3.526,83	2.051,88	2.984,56	3.357,63	1.948,48	2.834,16	3.188,43	1.845,08	2.683,76	3.019,23	1.680,75	2.533,36	2.850,03	1.457,03	2.382,96	2.680,83	1.233,31	2.232,56	2.511,6
	III	31.020	–	2.481,60	2.791,80	–	2.335,68	2.627,64	–	2.192,96	2.467,08	–	2.053,28	2.309,94	–	1.916,64	2.156,22	–	1.783,04	2.005,92	–	1.652,64	1.859,2
	IV	40.976	2.253,68	3.278,08	3.687,84	2.201,98	3.202,88	3.603,24	2.150,28	3.127,68	3.518,64	2.098,58	3.052,48	3.434,04	2.046,88	2.977,28	3.349,44	1.995,18	2.902,08	3.264,84	1.943,48	2.826,88	3.180,2
	V	47.149	2.593,19	3.771,92	4.243,41																		
	VI	47.681	2.622,45	3.814,48	4.291,29																		
136.115,99 (West)	I	40.897	2.249,33	3.271,76	3.680,73	2.145,93	3.121,36	3.511,53	2.042,59	2.971,04	3.342,42	1.939,19	2.820,64	3.173,22	1.835,79	2.670,24	3.004,02	1.660,64	2.519,84	2.834,82	1.436,92	2.369,44	2.665,6
	II	39.108	2.150,94	3.128,64	3.519,72	2.047,54	2.978,24	3.350,52	1.944,14	2.827,84	3.181,32	1.840,74	2.677,44	3.012,12	1.671,35	2.527,04	2.842,92	1.447,75	2.376,72	2.673,81	1.224,03	2.226,32	2.504,6
	III	30.944	–	2.475,52	2.784,96	–	2.329,76	2.620,98	–	2.187,04	2.460,42	–	2.047,52	2.303,46	–	1.911,04	2.149,92	–	1.777,60	1.999,80	–	1.647,20	1.853,1
	IV	40.897	2.249,33	3.271,76	3.680,73	2.197,63	3.196,56	3.596,13	2.145,93	3.121,36	3.511,53	2.094,23	3.046,16	3.426,93	2.042,59	2.971,04	3.342,42	1.990,89	2.895,84	3.257,82	1.939,19	2.820,64	3.173,2
	V	47.071	2.588,90	3.765,68	4.236,39																		
	VI	47.602	2.618,11	3.808,16	4.284,18																		
136.115,99 (Ost)	I	40.991	2.254,50	3.279,28	3.689,19	2.151,10	3.128,88	3.519,99	2.047,70	2.978,48	3.350,79	1.944,30	2.828,08	3.181,59	1.840,90	2.677,68	3.012,39	1.671,71	2.527,28	2.843,19	1.447,99	2.376,88	2.673,9
	II	39.202	2.156,11	3.136,16	3.528,18	2.052,71	2.985,76	3.358,98	1.949,31	2.835,36	3.189,78	1.845,91	2.684,96	3.020,58	1.682,54	2.534,56	2.851,38	1.458,82	2.384,16	2.682,18	1.235,10	2.233,76	2.512,9
	III	31.036	–	2.482,88	2.793,24	–	2.336,96	2.629,08	–	2.194,08	2.468,34	–	2.054,40	2.311,20	–	1.917,76	2.157,48	–	1.784,16	2.007,18	–	1.653,76	1.860,4
	IV	40.991	2.254,50	3.279,28	3.689,19	2.202,80	3.204,08	3.604,59	2.151,10	3.128,88	3.519,99	2.099,40	3.053,68	3.435,39	2.047,70	2.978,48	3.350,79	1.996,00	2.903,28	3.266,19	1.944,30	2.828,08	3.181,5
	V	47.164	2.594,02	3.773,12	4.244,76																		
	VI	47.696	2.623,28	3.815,68	4.292,64																		
136.151,99 (West)	I	40.912	2.250,16	3.272,96	3.682,08	2.146,81	3.122,64	3.512,97	2.043,41	2.972,24	3.343,77	1.940,01	2.821,84	3.174,57	1.836,61	2.671,44	3.005,37	1.662,43	2.521,04	2.836,17	1.438,71	2.370,64	2.666,9
	II	39.123	2.151,76	3.129,84	3.521,07	2.048,36	2.979,44	3.351,87	1.944,96	2.829,04	3.182,67	1.841,62	2.678,72	3.013,56	1.673,25	2.528,32	2.844,36	1.449,53	2.377,92	2.675,16	1.225,81	2.227,52	2.505,9
	III	30.958	–	2.476,64	2.786,22	–	2.330,88	2.622,24	–	2.188,16	2.461,68	–	2.048,64	2.304,72	–	1.912,00	2.151,00	–	1.778,56	2.000,88	–	1.648,32	1.854,3
	IV	40.912	2.250,16	3.272,96	3.682,08	2.198,51	3.197,84	3.597,57	2.146,81	3.122,64	3.512,97	2.095,11	3.047,44	3.428,37	2.043,41	2.972,24	3.343,77	1.991,71	2.897,04	3.259,17	1.940,01	2.821,84	3.174,5
	V	47.086	2.589,73	3.766,88	4.237,74																		
	VI	47.617	2.618,93	3.809,36	4.285,53																		
136.151,99 (Ost)	I	41.006	2.255,33	3.280,48	3.690,54	2.151,93	3.130,08	3.521,34	2.048,53	2.979,68	3.352,14	1.945,13	2.829,28	3.182,94	1.841,73	2.678,88	3.013,74	1.673,61	2.528,56	2.844,63	1.449,89	2.378,16	2.675,4
	II	39.217	2.156,93	3.137,36	3.529,53	2.053,53	2.986,96	3.360,33	1.950,13	2.836,56	3.191,13	1.846,73	2.686,16	3.021,93	1.684,32	2.535,76	2.852,73	1.460,60	2.385,36	2.683,53	1.236,88	2.234,96	2.514,3
	III	31.050	–	2.484,00	2.794,50	–	2.338,08	2.630,34	–	2.195,20	2.469,60	–	2.055,52	2.312,46	–	1.918,88	2.158,74	–	1.785,28	2.008,44	–	1.654,72	1.861,5
	IV	41.006	2.255,33	3.280,48	3.690,54	2.203,63	3.205,28	3.605,94	2.151,93	3.130,08	3.521,34	2.100,23	3.054,88	3.436,74	2.048,53	2.979,68	3.352,14	1.996,83	2.904,48	3.267,54	1.945,13	2.829,28	3.182,9
	V	47.179	2.594,84	3.774,32	4.246,11																		
	VI	47.711	2.624,10	3.816,88	4.293,99																		
136.187,99 (West)	I	40.928	2.251,04	3.274,24	3.683,52	2.147,64	3.123,84	3.514,32	2.044,24	2.973,44	3.345,12	1.940,84	2.823,04	3.175,92	1.837,44	2.672,64	3.006,72	1.664,21	2.522,24	2.837,52	1.440,49	2.371,84	2.668,32
	II	39.138	2.152,59	3.131,04	3.522,42	2.049,19	2.980,64	3.353,22	1.945,84	2.830,32	3.184,11	1.842,44	2.679,92	3.014,91	1.675,04	2.529,52	2.845,71	1.451,32	2.379,12	2.676,51	1.227,60	2.228,72	2.507,31
	III	30.972	–	2.477,76	2.787,48	–	2.332,00	2.623,50	–	2.189,28	2.462,94	–	2.049,60	2.305,80	–	1.913,12	2.152,26	–	1.779,68	2.002,14	–	1.649,28	1.855,44
	IV	40.928	2.251,04	3.274,24	3.683,52	2.199,34	3.199,04	3.598,92	2.147,64	3.123,84	3.514,32	2.095,94	3.048,64	3.429,72	2.044,24	2.973,44	3.345,12	1.992,54	2.898,24	3.260,52	1.940,84	2.823,04	3.175,92
	V	47.101	2.590,55	3.768,08	4.239,09																		
	VI	47.633	2.619,81	3.810,64	4.286,97																		
136.187,99 (Ost)	I	41.021	2.256,15	3.281,68	3.691,89	2.152,75	3.131,28	3.522,69	2.049,35	2.980,88	3.353,49	1.945,95	2.830,48	3.184,29	1.842,61	2.680,16	3.015,18	1.675,40	2.529,76	2.845,98	1.451,68	2.379,36	2.676,78
	II	39.232	2.157,76	3.138,56	3.530,88	2.054,36	2.988,16	3.361,68	1.950,96	2.837,76	3.192,48	1.847,56	2.687,36	3.023,28	1.686,11	2.536,96	2.854,08	1.462,39	2.386,56	2.684,88	1.238,79	2.236,24	2.515,77
	III	31.064	–	2.485,12	2.795,76	–	2.339,20	2.631,60	–	2.196,32	2.470,86	–	2.056,64	2.313,72	–	1.919,84	2.159,82	–	1.786,24	2.009,52	–	1.655,84	1.862,82
	IV	41.021	2.256,15	3.281,68	3.691,89	2.204,45	3.206,48	3.607,29	2.152,75	3.131,28	3.522,69	2.101,05	3.056,08	3.438,09	2.049,35	2.980,88	3.353,49	1.997,65	2.905,68	3.268,89	1.945,95	2.830,48	3.184,29
	V	47.195	2.595,72	3.775,60	4.247,55																		
	VI	47.726	2.624,93	3.818,08	4.295,34																		

Anzahl Kinderfreibeträge (nur Steuerklassen I–IV)

SolZ/KiSt lt. Tabelle nicht für Sonstige Bezüge anwendbar.

Lohn/ Gehalt bis	Steuerklasse	Lohn- steuer	ohne Kinderfreibetrag SolZ 5,5%	ohne Kinderfreibetrag Kirchensteuer 8%	ohne Kinderfreibetrag Kirchensteuer 9%	0,5 SolZ 5,5%	0,5 Kirchensteuer 8%	0,5 Kirchensteuer 9%	1,0 SolZ 5,5%	1,0 Kirchensteuer 8%	1,0 Kirchensteuer 9%	1,5 SolZ 5,5%	1,5 Kirchensteuer 8%	1,5 Kirchensteuer 9%	2,0 SolZ 5,5%	2,0 Kirchensteuer 8%	2,0 Kirchensteuer 9%	2,5 SolZ 5,5%	2,5 Kirchensteuer 8%	2,5 Kirchensteuer 9%	3,0 SolZ 5,5%	3,0 Kirchensteuer 8%	3,0 Kirchensteuer 9%
						Anzahl Kinderfreibeträge (nur Steuerklassen I–IV)																	
36.223,99 (West)	I	40.943	2.251,86	3.275,44	3.684,87	2.148,46	3.125,04	3.515,67	2.045,06	2.974,64	3.346,47	1.941,66	2.824,24	3.177,27	1.838,26	2.673,84	3.008,07	1.666,00	2.523,44	2.838,87	1.442,28	2.373,04	2.669,67
	II	39.154	2.153,47	3.132,32	3.523,86	2.050,07	2.981,92	3.354,66	1.946,67	2.831,52	3.185,46	1.843,27	2.681,12	3.016,26	1.676,82	2.530,72	2.847,06	1.453,10	2.380,32	2.677,86	1.229,38	2.229,92	2.508,66
	III	30.988	-	2.479,04	2.788,92	-	2.333,12	2.624,76	-	2.190,40	2.464,20	-	2.050,72	2.307,06	-	1.914,24	2.153,52	-	1.780,80	2.003,40	-	1.650,40	1.856,70
	IV	40.943	2.251,86	3.275,44	3.684,87	2.200,16	3.200,24	3.600,27	2.148,46	3.125,04	3.515,67	2.096,76	3.049,84	3.431,07	2.045,06	2.974,64	3.346,47	1.993,36	2.899,44	3.261,87	1.941,66	2.824,24	3.177,27
	V	47.116	2.591,38	3.769,28	4.240,44																		
	VI	47.648	2.620,64	3.811,84	4.288,32																		
36.223,99 (Ost)	I	41.036	2.256,98	3.282,88	3.693,24	2.153,58	3.132,48	3.524,04	2.050,23	2.982,16	3.354,93	1.946,83	2.831,76	3.185,73	1.843,43	2.681,36	3.016,53	1.677,18	2.530,96	2.847,33	1.453,46	2.380,56	2.678,13
	II	39.247	2.158,58	3.139,76	3.532,23	2.055,18	2.989,36	3.363,03	1.951,78	2.838,96	3.193,83	1.848,38	2.688,56	3.024,63	1.687,89	2.538,16	2.855,43	1.464,29	2.387,84	2.686,32	1.240,57	2.237,44	2.517,12
	III	31.080	-	2.486,40	2.797,20	-	2.340,32	2.632,86	-	2.197,44	2.472,12	-	2.057,76	2.314,98	-	1.920,96	2.161,08	-	1.787,36	2.010,78	-	1.656,80	1.863,90
	IV	41.036	2.256,98	3.282,88	3.693,24	2.205,28	3.207,68	3.608,64	2.153,58	3.132,48	3.524,04	2.101,88	3.057,28	3.439,44	2.050,23	2.982,16	3.354,93	1.998,53	2.906,96	3.270,33	1.946,83	2.831,76	3.185,73
	V	47.210	2.596,55	3.776,80	4.248,90																		
	VI	47.741	2.625,75	3.819,28	4.296,69																		
36.259,99 (West)	I	40.958	2.252,69	3.276,64	3.686,22	2.149,29	3.126,24	3.517,02	2.045,89	2.975,84	3.347,82	1.942,49	2.825,44	3.178,62	1.839,09	2.675,04	3.009,42	1.667,78	2.524,64	2.840,22	1.444,06	2.374,24	2.671,02
	II	39.169	2.154,29	3.133,52	3.525,21	2.050,89	2.983,12	3.356,01	1.947,49	2.832,72	3.186,81	1.844,09	2.682,32	3.017,61	1.678,61	2.531,92	2.848,41	1.454,89	2.381,52	2.679,21	1.231,17	2.231,12	2.510,01
	III	31.002	-	2.480,16	2.790,18	-	2.334,40	2.626,20	-	2.191,52	2.465,46	-	2.051,84	2.308,32	-	1.915,36	2.154,78	-	1.781,76	2.004,48	-	1.651,36	1.857,78
	IV	40.958	2.252,69	3.276,64	3.686,22	2.200,99	3.201,44	3.601,62	2.149,29	3.126,24	3.517,02	2.097,59	3.051,04	3.432,42	2.045,89	2.975,84	3.347,82	1.994,19	2.900,64	3.263,22	1.942,49	2.825,44	3.178,62
	V	47.131	2.592,20	3.770,48	4.241,79																		
	VI	47.663	2.621,46	3.813,04	4.289,67																		
36.259,99 (Ost)	I	41.051	2.257,80	3.284,08	3.694,59	2.154,46	3.133,76	3.525,48	2.051,06	2.983,36	3.356,28	1.947,66	2.832,96	3.187,08	1.844,26	2.682,56	3.017,88	1.678,97	2.532,16	2.848,68	1.455,25	2.381,76	2.679,48
	II	39.262	2.159,41	3.140,96	3.533,58	2.056,01	2.990,56	3.364,38	1.952,61	2.840,16	3.195,18	1.849,26	2.689,84	3.026,07	1.689,80	2.539,44	2.856,87	1.466,08	2.389,04	2.687,67	1.242,36	2.238,64	2.518,47
	III	31.094	-	2.487,52	2.798,46	-	2.341,60	2.634,30	-	2.198,72	2.473,56	-	2.058,88	2.316,24	-	1.922,08	2.162,34	-	1.788,48	2.012,04	-	1.657,92	1.865,16
	IV	41.051	2.257,80	3.284,08	3.694,59	2.206,16	3.208,96	3.610,08	2.154,46	3.133,76	3.525,48	2.102,76	3.058,56	3.440,88	2.051,06	2.983,36	3.356,28	1.999,36	2.908,16	3.271,68	1.947,66	2.832,96	3.187,08
	V	47.225	2.597,37	3.778,00	4.250,25																		
	VI	47.757	2.626,63	3.820,56	4.298,13																		
36.295,99 (West)	I	40.973	2.253,51	3.277,84	3.687,57	2.150,11	3.127,44	3.518,37	2.046,71	2.977,04	3.349,17	1.943,31	2.826,64	3.179,97	1.839,91	2.676,24	3.010,77	1.669,57	2.525,84	2.841,57	1.445,85	2.375,44	2.672,37
	II	39.184	2.155,12	3.134,72	3.526,56	2.051,72	2.984,32	3.357,36	1.948,32	2.833,92	3.188,16	1.844,92	2.683,52	3.018,96	1.680,39	2.533,12	2.849,76	1.456,67	2.382,72	2.680,56	1.232,95	2.232,32	2.511,36
	III	31.018	-	2.481,44	2.791,62	-	2.335,60	2.627,46	-	2.192,64	2.466,72	-	2.052,96	2.309,58	-	1.916,32	2.155,86	-	1.782,88	2.005,74	-	1.652,48	1.859,04
	IV	40.973	2.253,51	3.277,84	3.687,57	2.201,81	3.202,64	3.602,97	2.150,11	3.127,44	3.518,37	2.098,41	3.052,24	3.433,77	2.046,71	2.977,04	3.349,17	1.995,01	2.901,84	3.264,57	1.943,31	2.826,64	3.179,97
	V	47.146	2.593,03	3.771,68	4.243,14																		
	VI	47.678	2.622,29	3.814,24	4.291,02																		
36.295,99 (Ost)	I	41.067	2.258,68	3.285,36	3.696,03	2.155,28	3.134,96	3.526,83	2.051,88	2.984,56	3.357,63	1.948,48	2.834,16	3.188,43	1.845,08	2.683,76	3.019,23	1.680,75	2.533,36	2.850,03	1.457,03	2.382,96	2.680,83
	II	39.277	2.160,23	3.142,16	3.534,93	2.056,83	2.991,76	3.365,73	1.953,49	2.841,44	3.196,62	1.850,09	2.691,04	3.027,42	1.691,58	2.540,64	2.858,22	1.467,86	2.390,24	2.689,02	1.244,14	2.239,84	2.519,82
	III	31.110	-	2.488,80	2.799,90	-	2.342,72	2.635,56	-	2.199,84	2.474,82	-	2.060,00	2.317,50	-	1.923,20	2.163,60	-	1.789,44	2.013,12	-	1.658,88	1.866,24
	IV	41.067	2.258,68	3.285,36	3.696,03	2.206,98	3.210,16	3.611,43	2.155,28	3.134,96	3.526,83	2.103,58	3.059,76	3.442,23	2.051,88	2.984,56	3.357,63	2.000,18	2.909,36	3.273,03	1.948,48	2.834,16	3.188,43
	V	47.240	2.598,20	3.779,20	4.251,60																		
	VI	47.772	2.627,46	3.821,76	4.299,48																		
36.331,99 (West)	I	40.988	2.254,34	3.279,04	3.688,92	2.150,94	3.128,64	3.519,72	2.047,54	2.978,24	3.350,52	1.944,14	2.827,84	3.181,32	1.840,74	2.677,44	3.012,12	1.671,35	2.527,04	2.842,92	1.447,75	2.376,72	2.673,81
	II	39.199	2.155,94	3.135,92	3.527,91	2.052,54	2.985,52	3.358,71	1.949,14	2.835,12	3.189,51	1.845,74	2.684,72	3.020,31	1.682,18	2.534,32	2.851,11	1.458,46	2.383,92	2.681,91	1.234,74	2.233,52	2.512,71
	III	31.032	-	2.482,56	2.792,88	-	2.336,64	2.628,72	-	2.193,92	2.468,16	-	2.054,08	2.310,84	-	1.917,44	2.157,12	-	1.784,00	2.007,00	-	1.653,44	1.860,12
	IV	40.988	2.254,34	3.279,04	3.688,92	2.202,64	3.203,84	3.604,32	2.150,94	3.128,64	3.519,72	2.099,24	3.053,44	3.435,12	2.047,54	2.978,24	3.350,52	1.995,84	2.903,04	3.265,92	1.944,14	2.827,84	3.181,32
	V	47.161	2.593,85	3.772,88	4.244,49																		
	VI	47.693	2.623,11	3.815,44	4.292,37																		
36.331,99 (Ost)	I	41.082	2.259,51	3.286,56	3.697,38	2.156,11	3.136,16	3.528,18	2.052,71	2.985,76	3.358,98	1.949,31	2.835,36	3.189,78	1.845,91	2.684,96	3.020,58	1.682,54	2.534,56	2.851,38	1.458,82	2.384,16	2.682,18
	II	39.293	2.161,11	3.143,44	3.536,37	2.057,71	2.993,04	3.367,17	1.954,31	2.842,64	3.197,97	1.850,91	2.692,24	3.028,77	1.693,37	2.541,84	2.859,57	1.469,65	2.391,44	2.690,37	1.245,93	2.241,04	2.521,17
	III	31.124	-	2.489,92	2.801,16	-	2.343,84	2.636,82	-	2.200,96	2.476,08	-	2.061,12	2.318,76	-	1.924,32	2.164,86	-	1.790,56	2.014,38	-	1.660,00	1.867,50
	IV	41.082	2.259,51	3.286,56	3.697,38	2.207,81	3.211,36	3.612,78	2.156,11	3.136,16	3.528,18	2.104,41	3.060,96	3.443,58	2.052,71	2.985,76	3.358,98	2.001,01	2.910,56	3.274,38	1.949,31	2.835,36	3.189,78
	V	47.255	2.599,02	3.780,40	4.252,95																		
	VI	47.787	2.628,28	3.822,96	4.300,83																		
36.367,99 (West)	I	41.003	2.255,16	3.280,24	3.690,27	2.151,76	3.129,84	3.521,07	2.048,36	2.979,44	3.351,87	1.944,96	2.829,04	3.182,67	1.841,62	2.678,72	3.013,56	1.673,25	2.528,32	2.844,36	1.449,53	2.377,92	2.675,16
	II	39.214	2.156,77	3.137,12	3.529,26	2.053,37	2.986,72	3.360,06	1.949,97	2.836,32	3.190,86	1.846,57	2.685,92	3.021,66	1.683,96	2.535,52	2.852,46	1.460,24	2.385,12	2.683,26	1.236,52	2.234,72	2.514,06
	III	31.046	-	2.483,68	2.794,14	-	2.337,76	2.629,98	-	2.195,04	2.469,42	-	2.055,20	2.312,10	-	1.918,56	2.158,38	-	1.784,96	2.008,08	-	1.654,56	1.861,38
	IV	41.003	2.255,16	3.280,24	3.690,27	2.203,46	3.205,04	3.605,67	2.151,76	3.129,84	3.521,07	2.100,06	3.054,64	3.436,47	2.048,36	2.979,44	3.351,87	1.996,66	2.904,24	3.267,27	1.944,96	2.829,04	3.182,67
	V	47.176	2.594,68	3.774,08	4.245,84																		
	VI	47.708	2.623,94	3.816,64	4.293,72																		
36.367,99 (Ost)	I	41.097	2.260,33	3.287,76	3.698,73	2.156,93	3.137,36	3.529,53	2.053,53	2.986,96	3.360,33	1.950,13	2.836,56	3.191,13	1.846,73	2.686,16	3.021,93	1.684,32	2.535,76	2.852,73	1.460,60	2.385,36	2.683,53
	II	39.308	2.161,94	3.144,64	3.537,72	2.058,54	2.994,24	3.368,52	1.955,14	2.843,84	3.199,32	1.851,74	2.693,44	3.030,12	1.695,15	2.543,04	2.860,92	1.471,43	2.392,64	2.691,72	1.247,71	2.242,24	2.522,52
	III	31.140	-	2.491,20	2.802,60	-	2.345,12	2.638,26	-	2.202,08	2.477,34	-	2.062,08	2.319,84	-	1.925,28	2.165,94	-	1.791,68	2.015,64	-	1.660,96	1.868,58
	IV	41.097	2.260,33	3.287,76	3.698,73	2.208,63	3.212,56	3.614,13	2.156,93	3.137,36	3.529,53	2.105,23	3.062,16	3.444,93	2.053,53	2.986,96	3.360,33	2.001,83	2.911,76	3.275,73	1.950,13	2.836,56	3.191,13
	V	47.270	2.599,85	3.781,60	4.254,30																		
	VI	47.802	2.629,11	3.824,16	4.302,18																		
36.403,99 (West)	I	41.018	2.255,99	3.281,44	3.691,62	2.152,59	3.131,04	3.522,42	2.049,19	2.980,64	3.353,22	1.945,84	2.830,32	3.184,11	1.842,44	2.679,92	3.014,91	1.675,04	2.529,52	2.845,71	1.451,32	2.379,12	2.676,51
	II	39.229	2.157,59	3.138,32	3.530,61	2.054,19	2.987,92	3.361,41	1.950,79	2.837,52	3.192,21	1.847,39	2.687,12	3.023,01	1.685,75	2.536,72	2.853,81	1.462,15	2.386,40	2.684,70	1.238,43	2.236,00	2.515,50
	III	31.062	-	2.484,96	2.795,58	-	2.339,04	2.631,42	-	2.196,16	2.470,68	-	2.056,32	2.313,36	-	1.919,68	2.159,64	-	1.786,08	2.009,34	-	1.655,52	1.862,46
	IV	41.018	2.255,99	3.281,44	3.691,62	2.204,29	3.206,24	3.607,02	2.152,59	3.131,04	3.522,42	2.100,89	3.055,84	3.437,82	2.049,19	2.980,64	3.353,22	1.997,54	2.905,52	3.268,71	1.945,84	2.830,32	3.184,11
	V	47.192	2.595,56	3.775,36	4.247,28																		
	VI	47.723	2.624,76	3.817,84	4.295,07																		
36.403,99 (Ost)	I	41.112	2.261,16	3.288,96	3.700,08	2.157,76	3.138,56	3.530,88	2.054,36	2.988,16	3.361,68	1.950,96	2.837,76	3.192,48	1.847,56	2.687,36	3.023,28	1.686,11	2.536,96	2.854,08	1.462,39	2.386,56	2.684,88
	II	39.323	2.162,76	3.145,84	3.539,07	2.059,36	2.995,44	3.369,87	1.955,96	2.845,04	3.200,67	1.852,56	2.694,64	3.031,47	1.696,94	2.544,24	2.862,27	1.473,22	2.393,84	2.693,07	1.249,50	2.243,44	2.523,87
	III	31.154	-	2.492,32	2.803,86	-	2.346,24	2.639,52	-	2.203,20	2.478,60	-	2.063,20	2.321,10	-	1.926,40	2.167,20	-	1.792,64	2.016,72	-	1.662,08	1.869,84
	IV	41.112	2.261,16	3.288,96	3.700,08	2.209,46	3.213,76	3.615,48	2.157,76	3.138,56	3.530,88	2.106,06	3.063,36	3.446,28	2.054,36	2.988,16	3.361,68	2.002,66	2.912,96	3.277,08	1.950,96	2.837,76	3.192,48
	V	47.285	2.600,67	3.782,80	4.255,65																		
	VI	47.817	2.629,93	3.825,36	4.303,53																		
36.439,99 (West)	I	41.033	2.256,81	3.282,64	3.692,97	2.153,47	3.132,32	3.523,86	2.050,07	2.981,92	3.354,66	1.946,67	2.831,52	3.185,46	1.843,27	2.681,12	3.016,26	1.676,82	2.530,72	2.847,06	1.453,10	2.380,32	2.677,86
	II	39.244	2.158,42	3.139,52	3.531,96	2.055,02	2.989,12	3.362,76	1.951,62	2.838,72	3.193,56	1.848,22	2.688,32	3.024,36	1.687,65	2.538,00	2.855,25	1.463,93	2.387,60	2.686,05	1.240,21	2.237,20	2.516,85
	III	31.076	-	2.486,08	2.796,84	-	2.340,16	2.632,68	-	2.197,28	2.471,94	-	2.057,44	2.314,62	-	1.920,80	2.160,90	-	1.787,04	2.010,42	-	1.656,64	1.863,72
	IV	41.033	2.256,81	3.282,64	3.692,97	2.205,11	3.207,44	3.608,37	2.153,47	3.132,32	3.523,86	2.101,77	3.057,12	3.439,26	2.050,07	2.981,92	3.354,66	1.998,37	2.906,72	3.270,06	1.946,67	2.831,52	3.185,46
	V	47.207	2.596,38	3.776,56	4.248,63																		
	VI	47.738	2.625,59	3.819,04	4.296,42																		
36.439,99 (Ost)	I	41.127	2.261,98	3.290,16	3.701,43	2.158,58	3.139,76	3.532,23	2.055,18	2.989,36	3.363,03	1.951,78	2.838,96	3.193,83	1.848,38	2.688,56	3.024,63	1.687,89	2.538,16	2.855,43	1.464,29	2.387,84	2.686,32
	II	39.338	2.163,59	3.147,04	3.540,42	2.060,19	2.996,64	3.371,22	1.956,79	2.846,24	3.202,02	1.853,39	2.695,84	3.032,82	1.698,72	2.545,44	2.863,62	1.475,00	2.395,04	2.694,42	1.251,28	2.244,64	2.525,22
	III	31.168	-	2.493,44	2.805,12	-	2.347,36	2.640,78	-	2.204,32	2.479,86	-	2.064,32	2.322,36	-	1.927,52	2.168,46	-	1.793,76	2.017,98	-	1.663,04	1.870,92
	IV	41.127	2.261,98	3.290,16	3.701,43	2.210,28	3.214,96	3.616,83	2.158,58	3.139,76	3.532,23	2.106,88	3.064,56	3.447,63	2.055,18	2.989,36	3.363,03	2.003,48	2.914,16	3.278,43	1.951,78	2.838,96	3.193,83
	V	47.300	2.601,50	3.784,00	4.257,00																		
	VI	47.832	2.630,76	3.826,56	4.304,88																		

SolZ/KiSt lt. Tabelle nicht für Sonstige Bezüge anwendbar.

Lohn/ Gehalt bis	Steuerklasse	Lohn-steuer	ohne Kinderfreibetrag			Anzahl Kinderfreibeträge (nur Steuerklassen I–IV) 0,5			1,0			1,5			2,0			2,5			3,0		
			SolZ 5,5%	Kirchensteuer 8%	9%	SolZ 5,5%	Kirchensteuer 8%	9%	SolZ 5,5%	Kirchensteuer 8%	9%	SolZ 5,5%	Kirchensteuer 8%	9%	SolZ 5,5%	Kirchensteuer 8%	9%	SolZ 5,5%	Kirchensteuer 8%	9%	SolZ 5,5%	Kirchensteuer 8%	9%
136.475,99	I	41.049	2.257,69	3.283,92	3.694,41	2.154,29	3.133,52	3.525,21	2.050,89	2.983,12	3.356,01	1.947,49	2.832,72	3.186,81	1.844,09	2.682,32	3.017,61	1.678,61	2.531,92	2.848,41	1.454,89	2.381,52	2.679,2
(West)	II	39.259	2.159,24	3.140,72	3.533,31	2.055,84	2.990,32	3.364,11	1.952,50	2.840,00	3.195,00	1.849,10	2.689,60	3.025,80	1.689,44	2.539,20	2.856,60	1.465,72	2.388,80	2.687,40	1.242,00	2.238,40	2.518,2
	III	31.092	-	2.487,36	2.798,28	-	2.341,28	2.633,94	-	2.198,40	2.473,20	-	2.058,56	2.315,88	-	1.921,76	2.161,98	-	1.788,16	2.011,68	-	1.657,60	1.864,8
	IV	41.049	2.257,69	3.283,92	3.694,41	2.205,99	3.208,72	3.609,81	2.154,29	3.133,52	3.525,21	2.102,59	3.058,32	3.440,61	2.050,89	2.983,12	3.356,01	1.999,19	2.907,92	3.271,41	1.947,49	2.832,72	3.186,8
	V	47.222	2.597,21	3.777,76	4.249,98																		
	VI	47.754	2.626,47	3.820,32	4.297,86																		
136.475,99	I	41.142	2.262,81	3.291,36	3.702,78	2.159,41	3.140,96	3.533,58	2.056,01	2.990,56	3.364,38	1.952,61	2.840,16	3.195,18	1.849,26	2.689,84	3.026,07	1.689,80	2.539,44	2.856,87	1.466,08	2.389,04	2.687,6
(Ost)	II	39.353	2.164,41	3.148,24	3.541,77	2.061,01	2.997,84	3.372,57	1.957,61	2.847,44	3.203,37	1.854,21	2.697,04	3.034,17	1.700,51	2.546,64	2.864,97	1.476,79	2.396,24	2.695,77	1.253,07	2.245,84	2.526,5
	III	31.184	-	2.494,72	2.806,56	-	2.348,48	2.642,04	-	2.205,44	2.481,12	-	2.065,44	2.323,62	-	1.928,64	2.169,72	-	1.794,72	2.019,06	-	1.664,00	1.872,0
	IV	41.142	2.262,81	3.291,36	3.702,78	2.211,11	3.216,16	3.618,18	2.159,41	3.140,96	3.533,58	2.107,71	3.065,76	3.448,98	2.056,01	2.990,56	3.364,38	2.004,31	2.915,36	3.279,78	1.952,61	2.840,16	3.195,1
	V	47.316	2.602,38	3.785,28	4.258,44																		
	VI	47.847	2.631,58	3.827,76	4.306,23																		
136.511,99	I	41.064	2.258,52	3.285,12	3.695,76	2.155,12	3.134,72	3.526,56	2.051,72	2.984,32	3.357,36	1.948,32	2.833,92	3.188,16	1.844,92	2.683,52	3.018,96	1.680,39	2.533,12	2.849,76	1.456,67	2.382,72	2.680,5
(West)	II	39.274	2.160,07	3.141,92	3.534,66	2.056,72	2.991,60	3.365,55	1.953,32	2.841,20	3.196,35	1.849,92	2.690,80	3.027,15	1.691,22	2.540,40	2.857,95	1.467,50	2.390,00	2.688,75	1.243,78	2.239,60	2.519,5
	III	31.106	-	2.488,48	2.799,54	-	2.342,40	2.635,20	-	2.199,52	2.474,46	-	2.059,68	2.317,14	-	1.922,88	2.163,24	-	1.789,28	2.012,94	-	1.658,72	1.866,0
	IV	41.064	2.258,52	3.285,12	3.695,76	2.206,82	3.209,92	3.611,16	2.155,12	3.134,72	3.526,56	2.103,42	3.059,52	3.441,96	2.051,72	2.984,32	3.357,36	2.000,02	2.909,12	3.272,76	1.948,32	2.833,92	3.188,1
	V	47.237	2.598,03	3.778,96	4.251,33																		
	VI	47.769	2.627,29	3.821,52	4.299,21																		
136.511,99	I	41.157	2.263,63	3.292,56	3.704,13	2.160,23	3.142,16	3.534,93	2.056,83	2.991,76	3.365,73	1.953,49	2.841,44	3.196,62	1.850,09	2.691,04	3.027,42	1.691,58	2.540,64	2.858,22	1.467,86	2.390,24	2.689,0
(Ost)	II	39.368	2.165,24	3.149,44	3.543,12	2.061,84	2.999,04	3.373,92	1.958,44	2.848,64	3.204,72	1.855,04	2.698,24	3.035,52	1.702,29	2.547,84	2.866,32	1.478,69	2.397,52	2.697,21	1.254,97	2.247,12	2.528,0
	III	31.198	-	2.495,84	2.807,82	-	2.349,76	2.643,48	-	2.206,56	2.482,38	-	2.066,56	2.324,88	-	1.929,76	2.170,98	-	1.795,84	2.020,32	-	1.665,12	1.873,2
	IV	41.157	2.263,63	3.292,56	3.704,13	2.211,93	3.217,36	3.619,53	2.160,23	3.142,16	3.534,93	2.108,53	3.066,96	3.450,33	2.056,83	2.991,76	3.365,73	2.005,19	2.916,64	3.281,22	1.953,49	2.841,44	3.196,6
	V	47.331	2.603,20	3.786,48	4.259,79																		
	VI	47.862	2.632,41	3.828,96	4.307,58																		
136.547,99	I	41.079	2.259,34	3.286,32	3.697,11	2.155,94	3.135,92	3.527,91	2.052,54	2.985,52	3.358,71	1.949,14	2.835,12	3.189,51	1.845,74	2.684,72	3.020,31	1.682,18	2.534,32	2.851,11	1.458,46	2.383,92	2.681,9
(West)	II	39.290	2.160,95	3.143,20	3.536,10	2.057,55	2.992,80	3.366,90	1.954,15	2.842,40	3.197,70	1.850,75	2.692,00	3.028,50	1.693,01	2.541,60	2.859,30	1.469,29	2.391,20	2.690,10	1.245,57	2.240,80	2.520,9
	III	31.120	-	2.489,60	2.800,80	-	2.343,68	2.636,64	-	2.200,64	2.475,72	-	2.060,80	2.318,40	-	1.924,00	2.164,50	-	1.790,24	2.014,02	-	1.659,68	1.867,1
	IV	41.079	2.259,34	3.286,32	3.697,11	2.207,64	3.211,12	3.612,51	2.155,94	3.135,92	3.527,91	2.104,24	3.060,72	3.443,31	2.052,54	2.985,52	3.358,71	2.000,84	2.910,32	3.274,11	1.949,14	2.835,12	3.189,5
	V	47.252	2.598,86	3.780,16	4.252,68																		
	VI	47.784	2.628,12	3.822,72	4.300,56																		
136.547,99	I	41.172	2.264,46	3.293,76	3.705,48	2.161,11	3.143,44	3.536,37	2.057,71	2.993,04	3.367,17	1.954,31	2.842,64	3.197,97	1.850,91	2.692,24	3.028,77	1.693,37	2.541,84	2.859,57	1.469,65	2.391,44	2.690,3
(Ost)	II	39.383	2.166,06	3.150,64	3.544,47	2.062,66	3.000,24	3.375,27	1.959,26	2.849,84	3.206,07	1.855,86	2.699,44	3.036,87	1.704,19	2.549,12	2.867,76	1.480,47	2.398,72	2.698,56	1.256,75	2.248,32	2.529,3
	III	31.214	-	2.497,12	2.809,26	-	2.350,88	2.644,74	-	2.207,68	2.483,64	-	2.067,68	2.326,14	-	1.930,72	2.172,06	-	1.796,96	2.021,58	-	1.666,08	1.874,3
	IV	41.172	2.264,46	3.293,76	3.705,48	2.212,76	3.218,56	3.620,88	2.161,11	3.143,44	3.536,37	2.109,41	3.068,24	3.451,77	2.057,71	2.993,04	3.367,17	2.006,01	2.917,84	3.282,57	1.954,31	2.842,64	3.197,9
	V	47.346	2.604,03	3.787,68	4.261,14																		
	VI	47.877	2.633,23	3.830,16	4.308,93																		
136.583,99	I	41.094	2.260,17	3.287,52	3.698,46	2.156,77	3.137,12	3.529,26	2.053,37	2.986,72	3.360,06	1.949,97	2.836,32	3.190,86	1.846,57	2.685,92	3.021,66	1.683,96	2.535,52	2.852,46	1.460,24	2.385,12	2.683,2
(West)	II	39.305	2.161,77	3.144,40	3.537,45	2.058,37	2.994,00	3.368,25	1.954,97	2.843,60	3.199,05	1.851,57	2.693,20	3.029,85	1.694,79	2.542,80	2.860,65	1.471,07	2.392,40	2.691,45	1.247,35	2.242,00	2.522,2
	III	31.136	-	2.490,88	2.802,24	-	2.344,80	2.637,90	-	2.201,76	2.476,98	-	2.061,92	2.319,66	-	1.925,12	2.165,76	-	1.791,36	2.015,28	-	1.660,80	1.868,4
	IV	41.094	2.260,17	3.287,52	3.698,46	2.208,47	3.212,32	3.613,86	2.156,77	3.137,12	3.529,26	2.105,07	3.061,92	3.444,66	2.053,37	2.986,72	3.360,06	2.001,67	2.911,52	3.275,46	1.949,97	2.836,32	3.190,8
	V	47.267	2.599,68	3.781,36	4.254,03																		
	VI	47.799	2.628,94	3.823,92	4.301,91																		
136.583,99	I	41.188	2.265,34	3.295,04	3.706,92	2.161,94	3.144,64	3.537,72	2.058,54	2.994,24	3.368,52	1.955,14	2.843,84	3.199,32	1.851,74	2.693,44	3.030,12	1.695,15	2.543,04	2.860,92	1.471,43	2.392,64	2.691,7
(Ost)	II	39.398	2.166,89	3.151,84	3.545,82	2.063,49	3.001,44	3.376,62	1.960,14	2.851,12	3.207,51	1.856,74	2.700,72	3.038,31	1.705,98	2.550,32	2.869,11	1.482,26	2.399,92	2.699,91	1.258,54	2.249,52	2.530,7
	III	31.228	-	2.498,24	2.810,52	-	2.352,00	2.646,00	-	2.208,96	2.485,08	-	2.068,80	2.327,40	-	1.931,84	2.173,32	-	1.797,92	2.022,66	-	1.667,20	1.875,6
	IV	41.188	2.265,34	3.295,04	3.706,92	2.213,64	3.219,84	3.622,32	2.161,94	3.144,64	3.537,72	2.110,24	3.069,44	3.453,12	2.058,54	2.994,24	3.368,52	2.006,84	2.919,04	3.283,92	1.955,14	2.843,84	3.199,3
	V	47.361	2.604,85	3.788,88	4.262,49																		
	VI	47.893	2.634,11	3.831,44	4.310,37																		
136.619,99	I	41.109	2.260,99	3.288,72	3.699,81	2.157,59	3.138,32	3.530,61	2.054,19	2.987,92	3.361,41	1.950,79	2.837,52	3.192,21	1.847,39	2.687,12	3.023,01	1.685,75	2.536,72	2.853,81	1.462,15	2.386,40	2.684,7
(West)	II	39.320	2.162,60	3.145,60	3.538,80	2.059,20	2.995,20	3.369,60	1.955,80	2.844,80	3.200,40	1.852,40	2.694,40	3.031,20	1.696,58	2.544,00	2.862,00	1.472,86	2.393,60	2.692,80	1.249,14	2.243,20	2.523,6
	III	31.150	-	2.492,00	2.803,50	-	2.345,92	2.639,16	-	2.202,88	2.478,24	-	2.063,04	2.320,92	-	1.926,24	2.167,02	-	1.792,48	2.016,54	-	1.661,76	1.869,4
	IV	41.109	2.260,99	3.288,72	3.699,81	2.209,29	3.213,52	3.615,21	2.157,59	3.138,32	3.530,61	2.105,89	3.063,12	3.446,01	2.054,19	2.987,92	3.361,41	2.002,49	2.912,72	3.276,81	1.950,79	2.837,52	3.192,2
	V	47.282	2.600,51	3.782,56	4.255,38																		
	VI	47.814	2.629,77	3.825,12	4.303,26																		
136.619,99	I	41.203	2.266,16	3.296,24	3.708,27	2.162,76	3.145,84	3.539,07	2.059,36	2.995,44	3.369,87	1.955,96	2.845,04	3.200,67	1.852,56	2.694,64	3.031,47	1.696,94	2.544,24	2.862,27	1.473,22	2.393,84	2.693,0
(Ost)	II	39.413	2.167,71	3.153,04	3.547,17	2.064,37	3.002,72	3.378,06	1.960,97	2.852,32	3.208,86	1.857,57	2.701,92	3.039,66	1.707,76	2.551,52	2.870,46	1.484,04	2.401,12	2.701,26	1.260,32	2.250,72	2.532,0
	III	31.244	-	2.499,52	2.811,96	-	2.353,12	2.647,26	-	2.210,08	2.486,34	-	2.069,92	2.328,66	-	1.932,96	2.174,58	-	1.799,04	2.023,92	-	1.668,16	1.876,6
	IV	41.203	2.266,16	3.296,24	3.708,27	2.214,46	3.221,04	3.623,67	2.162,76	3.145,84	3.539,07	2.111,06	3.070,64	3.454,47	2.059,36	2.995,44	3.369,87	2.007,66	2.920,24	3.285,27	1.955,96	2.845,04	3.200,6
	V	47.376	2.605,68	3.790,08	4.263,84																		
	VI	47.908	2.634,94	3.832,64	4.311,72																		
136.655,99	I	41.124	2.261,82	3.289,92	3.701,16	2.158,42	3.139,52	3.531,96	2.055,02	2.989,12	3.362,76	1.951,62	2.838,72	3.193,56	1.848,22	2.688,32	3.024,36	1.687,65	2.538,00	2.855,25	1.463,93	2.387,60	2.686,0
(West)	II	39.335	2.163,42	3.146,80	3.540,15	2.060,02	2.996,40	3.370,95	1.956,62	2.846,00	3.201,75	1.853,22	2.695,60	3.032,55	1.698,36	2.545,20	2.863,35	1.474,64	2.394,80	2.694,15	1.250,92	2.244,40	2.524,9
	III	31.166	-	2.493,28	2.804,94	-	2.347,04	2.640,42	-	2.204,16	2.479,68	-	2.064,16	2.322,18	-	1.927,20	2.168,10	-	1.793,44	2.017,62	-	1.662,88	1.870,7
	IV	41.124	2.261,82	3.289,92	3.701,16	2.210,12	3.214,72	3.616,56	2.158,42	3.139,52	3.531,96	2.106,72	3.064,32	3.447,36	2.055,02	2.989,12	3.362,76	2.003,32	2.913,96	3.278,16	1.951,62	2.838,72	3.193,5
	V	47.297	2.601,33	3.783,76	4.256,73																		
	VI	47.829	2.630,59	3.826,32	4.304,61																		
136.655,99	I	41.218	2.266,99	3.297,44	3.709,62	2.163,59	3.147,04	3.540,42	2.060,19	2.996,64	3.371,22	1.956,79	2.846,24	3.202,02	1.853,39	2.695,84	3.032,82	1.698,72	2.545,44	2.863,62	1.475,00	2.395,04	2.694,4
(Ost)	II	39.429	2.168,59	3.154,32	3.548,61	2.065,19	3.003,92	3.379,41	1.961,79	2.853,52	3.210,21	1.858,39	2.703,12	3.041,01	1.709,55	2.552,72	2.871,81	1.485,83	2.402,32	2.702,61	1.262,11	2.251,92	2.533,4
	III	31.258	-	2.500,64	2.813,22	-	2.354,40	2.648,70	-	2.211,20	2.487,60	-	2.071,04	2.329,92	-	1.934,08	2.175,84	-	1.800,16	2.025,18	-	1.669,28	1.877,9
	IV	41.218	2.266,99	3.297,44	3.709,62	2.215,29	3.222,24	3.625,02	2.163,59	3.147,04	3.540,42	2.111,89	3.071,84	3.455,82	2.060,19	2.996,64	3.371,22	2.008,49	2.921,44	3.286,62	1.956,79	2.846,24	3.202,0
	V	47.391	2.606,50	3.791,28	4.265,19																		
	VI	47.923	2.635,76	3.833,84	4.313,07																		
136.691,99	I	41.139	2.262,64	3.291,12	3.702,51	2.159,24	3.140,72	3.533,31	2.055,84	2.990,32	3.364,11	1.952,50	2.840,00	3.195,00	1.849,10	2.689,60	3.025,80	1.689,44	2.539,20	2.856,60	1.465,72	2.388,80	2.687,4
(West)	II	39.350	2.164,25	3.148,00	3.541,50	2.060,85	2.997,60	3.372,30	1.957,45	2.847,20	3.203,10	1.854,05	2.696,80	3.033,90	1.700,15	2.546,40	2.864,70	1.476,43	2.396,00	2.695,50	1.252,83	2.245,68	2.526,3
	III	31.180	-	2.494,40	2.806,20	-	2.348,32	2.641,86	-	2.205,28	2.480,94	-	2.065,28	2.323,44	-	1.928,32	2.169,36	-	1.794,56	2.018,88	-	1.663,84	1.871,8
	IV	41.139	2.262,64	3.291,12	3.702,51	2.210,94	3.215,92	3.617,91	2.159,24	3.140,72	3.533,31	2.107,54	3.065,52	3.448,71	2.055,84	2.990,32	3.364,11	2.004,14	2.915,12	3.279,51	1.952,50	2.840,00	3.195,0
	V	47.313	2.602,21	3.785,04	4.258,17																		
	VI	47.844	2.631,42	3.827,52	4.305,96																		
136.691,99	I	41.233	2.267,81	3.298,64	3.710,97	2.164,41	3.148,24	3.541,77	2.061,01	2.997,84	3.372,57	1.957,61	2.847,44	3.203,37	1.854,21	2.697,04	3.034,17	1.700,51	2.546,64	2.864,97	1.476,79	2.396,24	2.695,7
(Ost)	II	39.444	2.169,42	3.155,52	3.549,96	2.066,02	3.005,12	3.380,76	1.962,62	2.854,72	3.211,56	1.859,22	2.704,32	3.042,36	1.711,33	2.553,92	2.873,16	1.487,61	2.403,52	2.703,96	1.263,89	2.253,12	2.534,7
	III	31.272	-	2.501,76	2.814,48	-	2.355,52	2.649,96	-	2.212,32	2.488,86	-	2.072,16	2.331,18	-	1.935,20	2.177,10	-	1.801,12	2.026,26	-	1.670,24	1.879,0
	IV	41.233	2.267,81	3.298,64	3.710,97	2.216,11	3.223,44	3.626,37	2.164,41	3.148,24	3.541,77	2.112,71	3.073,04	3.457,17	2.061,01	2.997,84	3.372,57	2.009,31	2.922,64	3.287,97	1.957,61	2.847,44	3.203,3
	V	47.406	2.607,33	3.792,48	4.266,54																		
	VI	47.938	2.636,59	3.835,04	4.314,42																		

SolZ/KiSt lt. Tabelle nicht für Sonstige Bezüge anwendbar.

Allgemeine Tabelle

Lohn/ Gehalt bis	Steuerklasse	Lohn- steuer	ohne Kinderfreibetrag SolZ 5,5%	Kirchensteuer 8%	9%	0,5 SolZ 5,5%	Kirchensteuer 8%	9%	1,0 SolZ 5,5%	Kirchensteuer 8%	9%	1,5 SolZ 5,5%	Kirchensteuer 8%	9%	2,0 SolZ 5,5%	Kirchensteuer 8%	9%	2,5 SolZ 5,5%	Kirchensteuer 8%	9%	3,0 SolZ 5,5%	Kirchensteuer 8%	9%
36.727,99 (West)	I	41.154	2.263,47	3.292,32	3.703,86	2.160,07	3.141,92	3.534,66	2.056,72	2.991,60	3.365,55	1.953,32	2.841,20	3.196,35	1.849,92	2.690,80	3.027,15	1.691,22	2.540,40	2.857,95	1.467,50	2.390,00	2.688,75
	II	39.365	2.165,07	3.149,20	3.542,85	2.061,67	2.998,80	3.373,65	1.958,27	2.848,40	3.204,45	1.854,87	2.698,00	3.035,25	1.702,05	2.547,68	2.866,14	1.478,33	2.397,28	2.696,94	1.254,61	2.246,88	2.527,74
	III	31.196	-	2.495,68	2.807,64	-	2.349,44	2.643,12	-	2.206,40	2.482,20	-	2.066,40	2.324,70	-	1.929,44	2.170,62	-	1.795,68	2.020,14	-	1.664,96	1.873,08
	IV	41.154	2.263,47	3.292,32	3.703,86	2.211,77	3.217,12	3.619,26	2.160,07	3.141,92	3.534,66	2.108,42	3.066,80	3.450,15	2.056,72	2.991,60	3.365,55	2.005,02	2.916,40	3.280,95	1.953,32	2.841,20	3.196,35
	V	47.328	2.603,04	3.786,24	4.259,52																		
	VI	47.859	2.632,24	3.828,72	4.307,31																		
36.727,99 (Ost)	I	41.248	2.268,64	3.299,84	3.712,32	2.165,24	3.149,44	3.543,12	2.061,84	2.999,04	3.373,92	1.958,44	2.848,64	3.204,72	1.855,04	2.698,24	3.035,52	1.702,29	2.547,84	2.866,32	1.478,69	2.397,52	2.697,21
	II	39.459	2.170,24	3.156,72	3.551,31	2.066,84	3.006,32	3.382,11	1.963,44	2.855,92	3.212,91	1.860,04	2.705,52	3.043,71	1.713,12	2.555,12	2.874,51	1.489,40	2.404,72	2.705,31	1.265,68	2.254,32	2.536,11
	III	31.288	-	2.503,04	2.815,92	-	2.356,64	2.651,22	-	2.213,44	2.490,12	-	2.073,28	2.332,44	-	1.936,16	2.178,18	-	1.802,24	2.027,52	-	1.671,36	1.880,28
	IV	41.248	2.268,64	3.299,84	3.712,32	2.216,94	3.224,64	3.627,72	2.165,24	3.149,44	3.543,12	2.113,54	3.074,24	3.458,52	2.061,84	2.999,04	3.373,92	2.010,14	2.923,84	3.289,32	1.958,44	2.848,64	3.204,72
	V	47.421	2.608,15	3.793,68	4.267,89																		
	VI	47.953	2.637,41	3.836,24	4.315,77																		
36.763,99 (West)	I	41.170	2.264,35	3.293,60	3.705,30	2.160,95	3.143,20	3.536,10	2.057,55	2.992,80	3.366,90	1.954,15	2.842,40	3.197,70	1.850,75	2.692,00	3.028,50	1.693,01	2.541,60	2.859,30	1.469,29	2.391,20	2.690,10
	II	39.380	2.165,90	3.150,40	3.544,20	2.062,50	3.000,00	3.375,00	1.959,10	2.849,60	3.205,80	1.855,75	2.699,28	3.036,69	1.703,84	2.548,88	2.867,49	1.480,12	2.398,48	2.698,29	1.256,40	2.248,08	2.529,09
	III	31.210	-	2.496,80	2.808,90	-	2.350,56	2.644,38	-	2.207,52	2.483,46	-	2.067,52	2.325,96	-	1.930,56	2.171,88	-	1.796,64	2.021,22	-	1.665,92	1.874,16
	IV	41.170	2.264,35	3.293,60	3.705,30	2.212,65	3.218,40	3.620,70	2.160,95	3.143,20	3.536,10	2.109,25	3.068,00	3.451,50	2.057,55	2.992,80	3.366,90	2.005,85	2.917,60	3.282,30	1.954,15	2.842,40	3.197,70
	V	47.343	2.603,86	3.787,44	4.260,87																		
	VI	47.875	2.633,12	3.830,00	4.308,75																		
36.763,99 (Ost)	I	41.263	2.269,46	3.301,04	3.713,67	2.166,06	3.150,64	3.544,47	2.062,66	3.000,24	3.375,27	1.959,26	2.849,84	3.206,07	1.855,86	2.699,44	3.036,87	1.704,19	2.549,12	2.867,76	1.480,47	2.398,72	2.698,56
	II	39.474	2.171,07	3.157,92	3.552,66	2.067,67	3.007,52	3.383,46	1.964,27	2.857,12	3.214,26	1.860,87	2.706,72	3.045,06	1.714,90	2.556,32	2.875,86	1.491,18	2.405,92	2.706,66	1.267,46	2.255,52	2.537,46
	III	31.302	-	2.504,16	2.817,18	-	2.357,92	2.652,66	-	2.214,56	2.491,38	-	2.074,40	2.333,70	-	1.937,28	2.179,44	-	1.803,36	2.028,78	-	1.672,32	1.881,36
	IV	41.263	2.269,46	3.301,04	3.713,67	2.217,76	3.225,84	3.629,07	2.166,06	3.150,64	3.544,47	2.114,36	3.075,44	3.459,87	2.062,66	3.000,24	3.375,27	2.010,96	2.925,04	3.290,67	1.959,26	2.849,84	3.206,07
	V	47.436	2.608,98	3.794,88	4.269,24																		
	VI	47.968	2.638,24	3.837,44	4.317,12																		
36.799,99 (West)	I	41.185	2.265,17	3.294,80	3.706,65	2.161,77	3.144,40	3.537,45	2.058,37	2.994,00	3.368,25	1.954,97	2.843,60	3.199,05	1.851,57	2.693,20	3.029,85	1.694,79	2.542,80	2.860,65	1.471,07	2.392,40	2.691,45
	II	39.395	2.166,72	3.151,60	3.545,55	2.063,38	3.001,28	3.376,44	1.959,98	2.850,88	3.207,24	1.856,58	2.700,48	3.038,04	1.705,62	2.550,08	2.868,84	1.481,90	2.399,68	2.699,64	1.258,18	2.249,28	2.530,44
	III	31.224	-	2.497,92	2.810,16	-	2.351,84	2.645,82	-	2.208,64	2.484,72	-	2.068,64	2.327,22	-	1.931,68	2.173,14	-	1.797,76	2.022,48	-	1.667,04	1.875,42
	IV	41.185	2.265,17	3.294,80	3.706,65	2.213,47	3.219,60	3.622,05	2.161,77	3.144,40	3.537,45	2.110,07	3.069,20	3.452,85	2.058,37	2.994,00	3.368,25	2.006,67	2.918,80	3.283,65	1.954,97	2.843,60	3.199,05
	V	47.358	2.604,69	3.788,64	4.262,22																		
	VI	47.890	2.633,95	3.831,20	4.310,10																		
36.799,99 (Ost)	I	41.278	2.270,29	3.302,24	3.715,02	2.166,89	3.151,84	3.545,82	2.063,49	3.001,44	3.376,62	1.960,14	2.851,12	3.207,51	1.856,74	2.700,72	3.038,31	1.705,98	2.550,32	2.869,11	1.482,26	2.399,92	2.699,91
	II	39.489	2.171,89	3.159,12	3.554,01	2.068,49	3.008,72	3.384,81	1.965,09	2.858,32	3.215,61	1.861,69	2.707,92	3.046,41	1.716,69	2.557,52	2.877,21	1.492,97	2.407,12	2.708,01	1.269,37	2.256,80	2.538,90
	III	31.318	-	2.505,44	2.818,62	-	2.359,04	2.653,92	-	2.215,68	2.492,64	-	2.075,52	2.334,96	-	1.938,40	2.180,70	-	1.804,32	2.029,86	-	1.673,44	1.882,62
	IV	41.278	2.270,29	3.302,24	3.715,02	2.218,59	3.227,04	3.630,42	2.166,89	3.151,84	3.545,82	2.115,19	3.076,64	3.461,22	2.063,49	3.001,44	3.376,62	2.011,79	2.926,24	3.292,02	1.960,14	2.851,12	3.207,51
	V	47.452	2.609,86	3.796,16	4.270,68																		
	VI	47.983	2.639,06	3.838,64	4.318,47																		
36.835,99 (West)	I	41.200	2.266,00	3.296,00	3.708,00	2.162,60	3.145,60	3.538,80	2.059,20	2.995,20	3.369,60	1.955,80	2.844,80	3.200,40	1.852,40	2.694,40	3.031,20	1.696,58	2.544,00	2.862,00	1.472,86	2.393,60	2.692,80
	II	39.411	2.167,60	3.152,88	3.546,99	2.064,20	3.002,48	3.377,79	1.960,80	2.852,08	3.208,59	1.857,40	2.701,68	3.039,39	1.707,41	2.551,28	2.870,19	1.483,69	2.400,88	2.700,99	1.259,97	2.250,48	2.531,79
	III	31.240	-	2.499,20	2.811,60	-	2.352,96	2.647,08	-	2.209,76	2.485,98	-	2.069,76	2.328,48	-	1.932,64	2.174,22	-	1.798,88	2.023,74	-	1.668,00	1.876,50
	IV	41.200	2.266,00	3.296,00	3.708,00	2.214,30	3.220,80	3.623,40	2.162,60	3.145,60	3.538,80	2.110,90	3.070,40	3.454,20	2.059,20	2.995,20	3.369,60	2.007,50	2.920,00	3.285,00	1.955,80	2.844,80	3.200,40
	V	47.373	2.605,51	3.789,84	4.263,57																		
	VI	47.905	2.634,77	3.832,40	4.311,45																		
36.835,99 (Ost)	I	41.293	2.271,11	3.303,44	3.716,37	2.167,71	3.153,04	3.547,17	2.064,37	3.002,72	3.378,06	1.960,97	2.852,32	3.208,86	1.857,57	2.701,92	3.039,66	1.707,76	2.551,52	2.870,46	1.484,04	2.401,12	2.701,26
	II	39.504	2.172,72	3.160,32	3.555,36	2.069,32	3.009,92	3.386,16	1.965,92	2.859,52	3.216,96	1.862,52	2.709,12	3.047,76	1.718,59	2.558,80	2.878,65	1.494,87	2.408,40	2.709,45	1.271,15	2.258,00	2.540,25
	III	31.332	-	2.506,56	2.819,88	-	2.360,16	2.655,18	-	2.216,80	2.493,90	-	2.076,64	2.336,22	-	1.939,52	2.181,96	-	1.805,44	2.031,12	-	1.674,40	1.883,70
	IV	41.293	2.271,11	3.303,44	3.716,37	2.219,41	3.228,24	3.631,77	2.167,71	3.153,04	3.547,17	2.116,07	3.077,92	3.462,66	2.064,37	3.002,72	3.378,06	2.012,67	2.927,52	3.293,46	1.960,97	2.852,32	3.208,86
	V	47.467	2.610,68	3.797,36	4.272,03																		
	VI	47.998	2.639,89	3.839,84	4.319,82																		
36.871,99 (West)	I	41.215	2.266,82	3.297,20	3.709,35	2.163,42	3.146,80	3.540,15	2.060,02	2.996,40	3.370,95	1.956,62	2.846,00	3.201,75	1.853,22	2.695,60	3.032,55	1.698,36	2.545,20	2.863,35	1.474,64	2.394,80	2.694,15
	II	39.426	2.168,43	3.154,08	3.548,34	2.065,03	3.003,68	3.379,14	1.961,63	2.853,28	3.209,94	1.858,23	2.702,88	3.040,74	1.709,19	2.552,48	2.871,54	1.485,47	2.402,08	2.702,34	1.261,75	2.251,68	2.533,14
	III	31.254	-	2.500,32	2.812,86	-	2.354,08	2.648,34	-	2.210,88	2.487,24	-	2.070,88	2.329,74	-	1.933,76	2.175,48	-	1.799,84	2.024,82	-	1.669,12	1.877,76
	IV	41.215	2.266,82	3.297,20	3.709,35	2.215,12	3.222,00	3.624,75	2.163,42	3.146,80	3.540,15	2.111,72	3.071,60	3.455,55	2.060,02	2.996,40	3.370,95	2.008,32	2.921,20	3.286,35	1.956,62	2.846,00	3.201,75
	V	47.388	2.606,34	3.791,04	4.264,92																		
	VI	47.920	2.635,60	3.833,60	4.312,80																		
36.871,99 (Ost)	I	41.309	2.271,99	3.304,72	3.717,81	2.168,59	3.154,32	3.548,61	2.065,19	3.003,92	3.379,41	1.961,79	2.853,52	3.210,21	1.858,39	2.703,12	3.041,01	1.709,55	2.552,72	2.871,81	1.485,83	2.402,32	2.702,61
	II	39.519	2.173,54	3.161,52	3.556,71	2.070,14	3.011,12	3.387,51	1.966,74	2.860,72	3.218,31	1.863,40	2.710,40	3.049,20	1.720,38	2.560,00	2.880,00	1.496,66	2.409,60	2.710,80	1.272,94	2.259,20	2.541,60
	III	31.348	-	2.507,84	2.821,32	-	2.361,28	2.656,44	-	2.218,08	2.495,34	-	2.077,76	2.337,48	-	1.940,64	2.183,22	-	1.806,56	2.032,38	-	1.675,52	1.884,96
	IV	41.309	2.271,99	3.304,72	3.717,81	2.220,29	3.229,52	3.633,21	2.168,59	3.154,32	3.548,61	2.116,89	3.079,12	3.464,01	2.065,19	3.003,92	3.379,41	2.013,49	2.928,72	3.294,81	1.961,79	2.853,52	3.210,21
	V	47.482	2.611,51	3.798,56	4.273,38																		
	VI	48.014	2.640,77	3.841,12	4.321,26																		
36.907,99 (West)	I	41.230	2.267,65	3.298,40	3.710,70	2.164,25	3.148,00	3.541,50	2.060,85	2.997,60	3.372,30	1.957,45	2.847,20	3.203,10	1.854,05	2.696,80	3.033,90	1.700,15	2.546,40	2.864,70	1.476,43	2.396,00	2.695,50
	II	39.441	2.169,25	3.155,28	3.549,69	2.065,85	3.004,88	3.380,49	1.962,45	2.854,48	3.211,29	1.859,05	2.704,08	3.042,09	1.710,98	2.553,68	2.872,89	1.487,26	2.403,28	2.703,69	1.263,54	2.252,88	2.534,49
	III	31.270	-	2.501,60	2.814,30	-	2.355,20	2.649,60	-	2.212,00	2.488,50	-	2.072,00	2.331,00	-	1.934,88	2.176,74	-	1.800,96	2.026,08	-	1.670,08	1.878,84
	IV	41.230	2.267,65	3.298,40	3.710,70	2.215,95	3.223,20	3.626,10	2.164,25	3.148,00	3.541,50	2.112,55	3.072,80	3.456,90	2.060,85	2.997,60	3.372,30	2.009,15	2.922,40	3.287,70	1.957,45	2.847,20	3.203,10
	V	47.403	2.607,16	3.792,24	4.266,27																		
	VI	47.935	2.636,42	3.834,80	4.314,15																		
36.907,99 (Ost)	I	41.324	2.272,82	3.305,92	3.719,16	2.169,42	3.155,52	3.549,96	2.066,02	3.005,12	3.380,76	1.962,62	2.854,72	3.211,56	1.859,22	2.704,32	3.042,36	1.711,33	2.553,92	2.873,16	1.487,61	2.403,52	2.703,96
	II	39.534	2.174,37	3.162,72	3.558,06	2.071,02	3.012,40	3.388,95	1.967,62	2.862,00	3.219,75	1.864,22	2.711,60	3.050,55	1.722,16	2.561,20	2.881,35	1.498,44	2.410,80	2.712,15	1.274,72	2.260,40	2.542,95
	III	31.362	-	2.508,96	2.822,58	-	2.362,56	2.657,88	-	2.219,20	2.496,60	-	2.078,88	2.338,74	-	1.941,60	2.184,30	-	1.807,52	2.033,46	-	1.676,48	1.886,04
	IV	41.324	2.272,82	3.305,92	3.719,16	2.221,12	3.230,72	3.634,56	2.169,42	3.155,52	3.549,96	2.117,72	3.080,32	3.465,36	2.066,02	3.005,12	3.380,76	2.014,32	2.929,92	3.296,16	1.962,62	2.854,72	3.211,56
	V	47.497	2.612,33	3.799,76	4.274,73																		
	VI	48.029	2.641,59	3.842,32	4.322,61																		
36.943,99 (West)	I	41.245	2.268,47	3.299,60	3.712,05	2.165,07	3.149,20	3.542,85	2.061,67	2.998,80	3.373,65	1.958,27	2.848,40	3.204,45	1.854,87	2.698,00	3.035,25	1.702,05	2.547,68	2.866,14	1.478,33	2.397,28	2.696,94
	II	39.456	2.170,08	3.156,48	3.551,04	2.066,68	3.006,08	3.381,84	1.963,28	2.855,68	3.212,64	1.859,88	2.705,28	3.043,44	1.712,76	2.554,88	2.874,24	1.489,04	2.404,48	2.705,04	1.265,32	2.254,08	2.535,84
	III	31.284	-	2.502,72	2.815,56	-	2.356,48	2.651,04	-	2.213,12	2.489,76	-	2.073,12	2.332,26	-	1.936,00	2.178,00	-	1.802,08	2.027,34	-	1.671,20	1.880,10
	IV	41.245	2.268,47	3.299,60	3.712,05	2.216,77	3.224,40	3.627,45	2.165,07	3.149,20	3.542,85	2.113,37	3.074,00	3.458,25	2.061,67	2.998,80	3.373,65	2.009,97	2.923,60	3.289,05	1.958,27	2.848,40	3.204,45
	V	47.418	2.607,99	3.793,44	4.267,62																		
	VI	47.950	2.637,25	3.836,00	4.315,50																		
36.943,99 (Ost)	I	41.339	2.273,64	3.307,12	3.720,51	2.170,24	3.156,72	3.551,31	2.066,84	3.006,32	3.382,11	1.963,44	2.855,92	3.212,91	1.860,04	2.705,52	3.043,71	1.713,12	2.555,12	2.874,51	1.489,40	2.404,72	2.705,31
	II	39.550	2.175,25	3.164,00	3.559,50	2.071,85	3.013,60	3.390,30	1.968,45	2.863,20	3.221,10	1.865,05	2.712,80	3.051,90	1.723,95	2.562,40	2.882,70	1.500,23	2.412,00	2.713,50	1.276,51	2.261,60	2.544,30
	III	31.376	-	2.510,08	2.823,84	-	2.363,68	2.659,14	-	2.220,32	2.497,86	-	2.080,00	2.340,00	-	1.942,72	2.185,56	-	1.808,64	2.034,72	-	1.677,60	1.887,30
	IV	41.339	2.273,64	3.307,12	3.720,51	2.221,94	3.231,92	3.635,91	2.170,24	3.156,72	3.551,31	2.118,54	3.081,52	3.466,71	2.066,84	3.006,32	3.382,11	2.015,14	2.931,12	3.297,51	1.963,44	2.855,92	3.212,91
	V	47.512	2.613,16	3.800,96	4.276,08																		
	VI	48.044	2.642,42	3.843,52	4.323,96																		

Anzahl Kinderfreibeträge (nur Steuerklassen I–IV)

SolZ/KiSt lt. Tabelle nicht für Sonstige Bezüge anwendbar.

Lohn/ Gehalt bis	Steuerklasse	Lohn-steuer	ohne Kinderfreibetrag			Anzahl Kinderfreibeträge (nur Steuerklassen I–IV) 0,5			1,0			1,5			2,0			2,5			3,0		
			SolZ 5,5%	Kirchensteuer 8%	9%	SolZ 5,5%	Kirchensteuer 8%	9%	SolZ 5,5%	Kirchensteuer 8%	9%	SolZ 5,5%	Kirchensteuer 8%	9%	SolZ 5,5%	Kirchensteuer 8%	9%	SolZ 5,5%	Kirchensteuer 8%	9%	SolZ 5,5%	Kirchensteue 8%	9%
136.979,99 (West)	I	41.260	2.269,30	3.300,80	3.713,40	2.165,90	3.150,40	3.544,20	2.062,50	3.000,00	3.375,00	1.959,10	2.849,60	3.205,80	1.855,75	2.699,28	3.036,69	1.703,84	2.548,88	2.867,49	1.480,12	2.398,48	2.698,2
	II	39.471	2.170,90	3.157,68	3.552,39	2.067,50	3.007,28	3.383,19	1.964,10	2.856,88	3.213,99	1.860,70	2.706,48	3.044,79	1.714,55	2.556,08	2.875,59	1.490,83	2.405,68	2.706,39	1.267,23	2.255,36	2.537,2
	III	31.300	–	2.504,00	2.817,00	–	2.357,60	2.652,30	–	2.214,40	2.491,20	–	2.074,08	2.333,34	–	1.937,12	2.179,26	–	1.803,04	2.028,42	–	1.672,16	1.881,1
	IV	41.260	2.269,30	3.300,80	3.713,40	2.217,60	3.225,60	3.628,80	2.165,90	3.150,40	3.544,20	2.114,20	3.075,20	3.459,60	2.062,50	3.000,00	3.375,00	2.010,80	2.924,80	3.290,40	1.959,10	2.849,60	3.205,8
	V	47.434	2.608,87	3.794,72	4.269,06																		
	VI	47.965	2.638,07	3.837,20	4.316,85																		
136.979,99 (Ost)	I	41.354	2.274,47	3.308,32	3.721,86	2.171,07	3.157,92	3.552,66	2.067,67	3.007,52	3.383,46	1.964,27	2.857,12	3.214,26	1.860,87	2.706,72	3.045,06	1.714,90	2.556,32	2.875,86	1.491,18	2.405,92	2.706,6
	II	39.565	2.176,07	3.165,20	3.560,85	2.072,67	3.014,80	3.391,65	1.969,27	2.864,40	3.222,45	1.865,87	2.714,00	3.053,25	1.725,73	2.563,60	2.884,05	1.502,01	2.413,20	2.714,85	1.278,29	2.262,80	2.545,6
	III	31.392	–	2.511,36	2.825,28	–	2.364,80	2.660,40	–	2.221,44	2.499,12	–	2.081,12	2.341,26	–	1.943,84	2.186,82	–	1.809,76	2.035,98	–	1.678,72	1.888,5
	IV	41.354	2.274,47	3.308,32	3.721,86	2.222,77	3.233,12	3.637,26	2.171,07	3.157,92	3.552,66	2.119,37	3.082,72	3.468,06	2.067,67	3.007,52	3.383,46	2.015,97	2.932,32	3.298,86	1.964,27	2.857,12	3.214,2
	V	47.527	2.613,98	3.802,16	4.277,43																		
	VI	48.059	2.643,24	3.844,72	4.325,31																		
137.015,99 (West)	I	41.275	2.270,12	3.302,00	3.714,75	2.166,72	3.151,60	3.545,55	2.063,38	3.001,28	3.376,44	1.959,98	2.850,88	3.207,24	1.856,58	2.700,48	3.038,04	1.705,62	2.550,08	2.868,84	1.481,90	2.399,68	2.699,6
	II	39.486	2.171,73	3.158,88	3.553,74	2.068,33	3.008,48	3.384,54	1.964,93	2.858,08	3.215,34	1.861,53	2.707,68	3.046,14	1.716,33	2.557,28	2.876,94	1.492,73	2.406,96	2.707,83	1.269,01	2.256,56	2.538,6
	III	31.314	–	2.505,12	2.818,26	–	2.358,72	2.653,56	–	2.215,52	2.492,46	–	2.075,20	2.334,60	–	1.938,24	2.180,52	–	1.804,16	2.029,68	–	1.673,28	1.882,4
	IV	41.275	2.270,12	3.302,00	3.714,75	2.218,42	3.226,80	3.630,15	2.166,72	3.151,60	3.545,55	2.115,02	3.076,40	3.460,95	2.063,38	3.001,28	3.376,44	2.011,68	2.926,08	3.291,84	1.959,98	2.850,88	3.207,2
	V	47.449	2.609,69	3.795,92	4.270,41																		
	VI	47.980	2.638,90	3.838,40	4.318,20																		
137.015,99 (Ost)	I	41.369	2.275,29	3.309,52	3.723,21	2.171,89	3.159,12	3.554,01	2.068,49	3.008,72	3.384,81	1.965,09	2.858,32	3.215,61	1.861,69	2.707,92	3.046,41	1.716,69	2.557,52	2.877,21	1.492,97	2.407,12	2.708,0
	II	39.580	2.176,90	3.166,40	3.562,20	2.073,50	3.016,00	3.393,00	1.970,10	2.865,60	3.223,80	1.866,70	2.715,20	3.054,60	1.727,52	2.564,80	2.885,40	1.503,80	2.414,40	2.716,20	1.280,08	2.264,00	2.547,0
	III	31.406	–	2.512,48	2.826,54	–	2.366,08	2.661,84	–	2.222,56	2.500,38	–	2.082,24	2.342,52	–	1.944,96	2.188,08	–	1.810,72	2.037,06	–	1.679,68	1.889,6
	IV	41.369	2.275,29	3.309,52	3.723,21	2.223,59	3.234,32	3.638,61	2.171,89	3.159,12	3.554,01	2.120,19	3.083,92	3.469,41	2.068,49	3.008,72	3.384,81	2.016,79	2.933,52	3.300,21	1.965,09	2.858,32	3.215,6
	V	47.542	2.614,81	3.803,36	4.278,78																		
	VI	48.074	2.644,07	3.845,92	4.326,66																		
137.051,99 (West)	I	41.290	2.270,95	3.303,20	3.716,10	2.167,60	3.152,88	3.546,99	2.064,20	3.002,48	3.377,79	1.960,80	2.852,08	3.208,59	1.857,40	2.701,68	3.039,39	1.707,41	2.551,28	2.870,19	1.483,69	2.400,88	2.700,9
	II	39.501	2.172,55	3.160,08	3.555,09	2.069,15	3.009,68	3.385,89	1.965,75	2.859,28	3.216,69	1.862,41	2.708,96	3.047,58	1.718,24	2.558,56	2.878,38	1.494,52	2.408,16	2.709,18	1.270,80	2.257,76	2.539,9
	III	31.328	–	2.506,24	2.819,52	–	2.359,84	2.654,82	–	2.216,64	2.493,72	–	2.076,32	2.335,86	–	1.939,20	2.181,60	–	1.805,28	2.030,94	–	1.674,24	1.883,5
	IV	41.290	2.270,95	3.303,20	3.716,10	2.219,30	3.228,08	3.631,59	2.167,60	3.152,88	3.546,99	2.115,90	3.077,68	3.462,39	2.064,20	3.002,48	3.377,79	2.012,50	2.927,28	3.293,19	1.960,80	2.852,08	3.208,5
	V	47.464	2.610,52	3.797,12	4.271,76																		
	VI	47.995	2.639,72	3.839,60	4.319,55																		
137.051,99 (Ost)	I	41.384	2.276,12	3.310,72	3.724,56	2.172,72	3.160,32	3.555,36	2.069,32	3.009,92	3.386,16	1.965,92	2.859,52	3.216,96	1.862,52	2.709,12	3.047,76	1.718,59	2.558,80	2.878,65	1.494,87	2.408,40	2.709,4
	II	39.595	2.177,72	3.167,60	3.563,55	2.074,32	3.017,20	3.394,35	1.970,92	2.866,80	3.225,15	1.867,52	2.716,40	3.055,95	1.729,30	2.566,00	2.886,75	1.505,58	2.415,60	2.717,55	1.281,86	2.265,20	2.548,3
	III	31.422	–	2.513,76	2.827,98	–	2.367,20	2.663,10	–	2.223,68	2.501,64	–	2.083,36	2.343,78	–	1.946,08	2.189,34	–	1.811,84	2.038,32	–	1.680,80	1.890,9
	IV	41.384	2.276,12	3.310,72	3.724,56	2.224,42	3.235,52	3.639,96	2.172,72	3.160,32	3.555,36	2.121,02	3.085,12	3.470,76	2.069,32	3.009,92	3.386,16	2.017,62	2.934,72	3.301,56	1.965,92	2.859,52	3.216,9
	V	47.557	2.615,63	3.804,56	4.280,13																		
	VI	48.089	2.644,89	3.847,12	4.328,01																		
137.087,99 (West)	I	41.306	2.271,83	3.304,48	3.717,54	2.168,43	3.154,08	3.548,34	2.065,03	3.003,68	3.379,14	1.961,63	2.853,28	3.209,94	1.858,23	2.702,88	3.040,74	1.709,19	2.552,48	2.871,54	1.485,47	2.402,08	2.702,3
	II	39.516	2.173,38	3.161,28	3.556,44	2.069,98	3.010,88	3.387,24	1.966,63	2.860,56	3.218,13	1.863,23	2.710,16	3.048,93	1.720,02	2.559,76	2.879,73	1.496,30	2.409,36	2.710,53	1.272,58	2.258,96	2.541,3
	III	31.344	–	2.507,52	2.820,96	–	2.361,12	2.656,26	–	2.217,76	2.494,98	–	2.077,44	2.337,12	–	1.940,32	2.182,86	–	1.806,24	2.032,02	–	1.675,36	1.884,7
	IV	41.306	2.271,83	3.304,48	3.717,54	2.220,13	3.229,28	3.632,94	2.168,43	3.154,08	3.548,34	2.116,73	3.078,88	3.463,74	2.065,03	3.003,68	3.379,14	2.013,33	2.928,48	3.294,54	1.961,63	2.853,28	3.209,9
	V	47.479	2.611,34	3.798,32	4.273,11																		
	VI	48.011	2.640,60	3.840,88	4.320,99																		
137.087,99 (Ost)	I	41.399	2.276,94	3.311,92	3.725,91	2.173,54	3.161,52	3.556,71	2.070,14	3.011,12	3.387,51	1.966,74	2.860,72	3.218,31	1.863,40	2.710,40	3.049,20	1.720,38	2.560,00	2.880,00	1.496,66	2.409,60	2.710,8
	II	39.610	2.178,55	3.168,80	3.564,90	2.075,15	3.018,40	3.395,70	1.971,75	2.868,00	3.226,50	1.868,35	2.717,60	3.057,30	1.731,09	2.567,20	2.888,10	1.507,37	2.416,80	2.718,90	1.283,77	2.266,48	2.549,7
	III	31.436	–	2.514,88	2.829,24	–	2.368,32	2.664,36	–	2.224,80	2.502,90	–	2.084,48	2.345,04	–	1.947,20	2.190,60	–	1.812,96	2.039,58	–	1.681,76	1.891,9
	IV	41.399	2.276,94	3.311,92	3.725,91	2.225,24	3.236,72	3.641,31	2.173,54	3.161,52	3.556,71	2.121,84	3.086,32	3.472,11	2.070,14	3.011,12	3.387,51	2.018,44	2.935,92	3.302,91	1.966,74	2.860,72	3.218,3
	V	47.573	2.616,51	3.805,84	4.281,57																		
	VI	48.104	2.645,72	3.848,32	4.329,36																		
137.123,99 (West)	I	41.321	2.272,65	3.305,68	3.718,89	2.169,25	3.155,28	3.549,69	2.065,85	3.004,88	3.380,49	1.962,45	2.854,48	3.211,29	1.859,05	2.704,08	3.042,09	1.710,98	2.553,68	2.872,89	1.487,26	2.403,28	2.703,6
	II	39.532	2.174,26	3.162,56	3.557,88	2.070,86	3.012,16	3.388,68	1.967,46	2.861,76	3.219,48	1.864,06	2.711,36	3.050,28	1.721,81	2.560,96	2.881,08	1.498,09	2.410,56	2.711,88	1.274,37	2.260,16	2.542,6
	III	31.358	–	2.508,64	2.822,22	–	2.362,24	2.657,52	–	2.218,88	2.496,24	–	2.078,56	2.338,38	–	1.941,44	2.184,12	–	1.807,36	2.033,28	–	1.676,32	1.885,8
	IV	41.321	2.272,65	3.305,68	3.718,89	2.220,95	3.230,48	3.634,29	2.169,25	3.155,28	3.549,69	2.117,55	3.080,08	3.465,09	2.065,85	3.004,88	3.380,49	2.014,15	2.929,68	3.295,89	1.962,45	2.854,48	3.211,2
	V	47.494	2.612,17	3.799,52	4.274,46																		
	VI	48.026	2.641,43	3.842,08	4.322,34																		
137.123,99 (Ost)	I	41.414	2.277,77	3.313,12	3.727,26	2.174,37	3.162,72	3.558,06	2.071,02	3.012,40	3.388,95	1.967,62	2.862,00	3.219,75	1.864,22	2.711,60	3.050,55	1.722,16	2.561,20	2.881,35	1.498,44	2.410,80	2.712,1
	II	39.625	2.179,37	3.170,00	3.566,25	2.075,97	3.019,60	3.397,05	1.972,57	2.869,20	3.227,85	1.869,17	2.718,80	3.058,65	1.732,87	2.568,40	2.889,45	1.509,27	2.418,08	2.720,34	1.285,55	2.267,68	2.551,1
	III	31.452	–	2.516,16	2.830,68	–	2.369,44	2.665,62	–	2.225,92	2.504,16	–	2.085,60	2.346,30	–	1.948,16	2.191,68	–	1.813,92	2.040,66	–	1.682,88	1.893,2
	IV	41.414	2.277,77	3.313,12	3.727,26	2.226,07	3.237,92	3.642,66	2.174,37	3.162,72	3.558,06	2.122,67	3.087,52	3.473,46	2.071,02	3.012,40	3.388,95	2.019,32	2.937,20	3.304,35	1.967,62	2.862,00	3.219,7
	V	47.588	2.617,34	3.807,04	4.282,92																		
	VI	48.119	2.646,54	3.849,52	4.330,71																		
137.159,99 (West)	I	41.336	2.273,48	3.306,88	3.720,24	2.170,08	3.156,48	3.551,04	2.066,68	3.006,08	3.381,84	1.963,28	2.855,68	3.212,64	1.859,88	2.705,28	3.043,44	1.712,76	2.554,88	2.874,24	1.489,04	2.404,48	2.705,0
	II	39.547	2.175,08	3.163,76	3.559,23	2.071,68	3.013,36	3.390,03	1.968,28	2.862,96	3.220,83	1.864,88	2.712,56	3.051,63	1.723,59	2.562,16	2.882,43	1.499,87	2.411,76	2.713,23	1.276,15	2.261,36	2.544,0
	III	31.374	–	2.509,92	2.823,66	–	2.363,36	2.658,78	–	2.220,00	2.497,50	–	2.079,68	2.339,64	–	1.942,56	2.185,38	–	1.808,48	2.034,54	–	1.677,44	1.887,1
	IV	41.336	2.273,48	3.306,88	3.720,24	2.221,78	3.231,68	3.635,64	2.170,08	3.156,48	3.551,04	2.118,38	3.081,28	3.466,44	2.066,68	3.006,08	3.381,84	2.014,98	2.930,88	3.297,24	1.963,28	2.855,68	3.212,6
	V	47.509	2.612,99	3.800,72	4.275,81																		
	VI	48.041	2.642,25	3.843,28	4.323,69																		
137.159,99 (Ost)	I	41.429	2.278,59	3.314,32	3.728,61	2.175,25	3.164,00	3.559,50	2.071,85	3.013,60	3.390,30	1.968,45	2.863,20	3.221,10	1.865,05	2.712,80	3.051,90	1.723,95	2.562,40	2.882,70	1.500,23	2.412,00	2.713,5
	II	39.640	2.180,20	3.171,20	3.567,60	2.076,80	3.020,80	3.398,40	1.973,40	2.870,40	3.229,20	1.870,05	2.720,08	3.060,09	1.734,78	2.569,68	2.890,89	1.511,06	2.419,28	2.721,69	1.287,34	2.268,88	2.552,4
	III	31.466	–	2.517,28	2.831,94	–	2.370,72	2.667,06	–	2.227,20	2.505,60	–	2.086,72	2.347,56	–	1.949,28	2.192,94	–	1.815,04	2.041,92	–	1.683,84	1.894,3
	IV	41.429	2.278,59	3.314,32	3.728,61	2.226,95	3.239,20	3.644,10	2.175,25	3.164,00	3.559,50	2.123,55	3.088,80	3.474,90	2.071,85	3.013,60	3.390,30	2.020,15	2.938,40	3.305,70	1.968,45	2.863,20	3.221,1
	V	47.603	2.618,16	3.808,24	4.284,27																		
	VI	48.135	2.647,42	3.850,80	4.332,15																		
137.195,99 (West)	I	41.351	2.274,30	3.308,08	3.721,59	2.170,90	3.157,68	3.552,39	2.067,50	3.007,28	3.383,19	1.964,10	2.856,88	3.213,99	1.860,70	2.706,48	3.044,79	1.714,55	2.556,08	2.875,59	1.490,83	2.405,68	2.706,3
	II	39.562	2.175,91	3.164,96	3.560,58	2.072,51	3.014,56	3.391,38	1.969,11	2.864,16	3.222,18	1.865,71	2.713,76	3.052,98	1.725,38	2.563,36	2.883,78	1.501,66	2.412,96	2.714,58	1.277,94	2.262,56	2.545,3
	III	31.388	–	2.511,04	2.824,92	–	2.364,64	2.660,22	–	2.221,12	2.498,76	–	2.080,80	2.340,90	–	1.943,68	2.186,64	–	1.809,44	2.035,62	–	1.678,40	1.888,2
	IV	41.351	2.274,30	3.308,08	3.721,59	2.222,60	3.232,88	3.636,99	2.170,90	3.157,68	3.552,39	2.119,20	3.082,48	3.467,79	2.067,50	3.007,28	3.383,19	2.015,80	2.932,08	3.298,59	1.964,10	2.856,88	3.213,9
	V	47.524	2.613,82	3.801,92	4.277,16																		
	VI	48.056	2.643,08	3.844,48	4.325,04																		
137.195,99 (Ost)	I	41.445	2.279,47	3.315,60	3.730,05	2.176,07	3.165,20	3.560,85	2.072,67	3.014,80	3.391,65	1.969,27	2.864,40	3.222,45	1.865,87	2.714,00	3.053,25	1.725,73	2.563,60	2.884,05	1.502,01	2.413,20	2.714,8
	II	39.655	2.181,02	3.172,40	3.568,95	2.077,62	3.022,00	3.399,75	1.974,28	2.871,68	3.230,64	1.870,88	2.721,28	3.061,44	1.736,56	2.570,88	2.892,24	1.512,84	2.420,48	2.723,04	1.289,12	2.270,08	2.553,8
	III	31.482	–	2.518,56	2.833,38	–	2.371,84	2.668,32	–	2.228,32	2.506,86	–	2.087,84	2.348,82	–	1.950,40	2.194,20	–	1.816,16	2.043,18	–	1.684,96	1.895,5
	IV	41.445	2.279,47	3.315,60	3.730,05	2.227,77	3.240,40	3.645,45	2.176,07	3.165,20	3.560,85	2.124,37	3.090,00	3.476,25	2.072,67	3.014,80	3.391,65	2.020,97	2.939,60	3.307,05	1.969,27	2.864,40	3.222,4
	V	47.618	2.618,99	3.809,44	4.285,62																		
	VI	48.150	2.648,25	3.852,00	4.333,50																		

SolZ/KiSt lt. Tabelle nicht für Sonstige Bezüge anwendbar.

Lohn/ Gehalt bis	Steuerklasse	Lohn- steuer	ohne Kinderfreibetrag SolZ 5,5%	Kirchensteuer 8%	9%	0,5 SolZ 5,5%	Kirchensteuer 8%	9%	1,0 SolZ 5,5%	Kirchensteuer 8%	9%	1,5 SolZ 5,5%	Kirchensteuer 8%	9%	2,0 SolZ 5,5%	Kirchensteuer 8%	9%	2,5 SolZ 5,5%	Kirchensteuer 8%	9%	3,0 SolZ 5,5%	Kirchensteuer 8%	9%
37.231,99 (West)	I	41.366	*2.275,13*	3.309,28	3.722,94	*2.171,73*	3.158,88	3.553,74	*2.068,33*	3.008,48	3.384,54	*1.964,93*	2.858,08	3.215,34	*1.861,53*	2.707,68	3.046,14	*1.716,33*	2.557,28	2.876,94	*1.492,73*	2.406,96	2.707,83
	II	39.577	*2.176,73*	3.166,16	3.561,93	*2.073,33*	3.015,76	3.392,73	*1.969,93*	2.865,36	3.223,53	*1.866,53*	2.714,96	3.054,33	*1.727,16*	2.564,56	2.885,13	*1.503,44*	2.414,16	2.715,93	*1.279,72*	2.263,76	2.546,73
	III	31.404	-	2.512,32	2.826,36	-	2.365,76	2.661,48	-	2.222,24	2.500,02	-	2.081,92	2.342,16	-	1.944,64	2.187,72	-	1.810,56	2.036,88	-	1.679,52	1.889,46
	IV	41.366	*2.275,13*	3.309,28	3.722,94	*2.223,43*	3.234,08	3.638,34	*2.171,73*	3.158,88	3.553,74	*2.120,03*	3.083,68	3.469,14	*2.068,33*	3.008,48	3.384,54	*2.016,63*	2.933,28	3.299,94	*1.964,93*	2.858,08	3.215,34
	V	47.539	*2.614,64*	3.803,12	4.278,51																		
	VI	48.071	*2.643,90*	3.845,68	4.326,39																		
37.231,99 (Ost)	I	41.460	*2.280,30*	3.316,80	3.731,40	*2.176,90*	3.166,40	3.562,20	*2.073,50*	3.016,00	3.393,00	*1.970,10*	2.865,60	3.223,80	*1.866,70*	2.715,20	3.054,60	*1.727,52*	2.564,80	2.885,40	*1.503,80*	2.414,40	2.716,20
	II	39.671	*2.181,90*	3.173,68	3.570,39	*2.078,50*	3.023,28	3.401,19	*1.975,10*	2.872,88	3.231,99	*1.871,70*	2.722,48	3.062,79	*1.738,35*	2.572,08	2.893,59	*1.514,63*	2.421,68	2.724,39	*1.290,91*	2.271,28	2.555,19
	III	31.496	-	2.519,68	2.834,64	-	2.372,96	2.669,58	-	2.229,44	2.508,12	-	2.088,96	2.350,08	-	1.951,52	2.195,46	-	1.817,12	2.044,26	-	1.685,92	1.896,66
	IV	41.460	*2.280,30*	3.316,80	3.731,40	*2.228,60*	3.241,60	3.646,80	*2.176,90*	3.166,40	3.562,20	*2.125,20*	3.091,20	3.477,60	*2.073,50*	3.016,00	3.393,00	*2.021,80*	2.940,80	3.308,40	*1.970,10*	2.865,60	3.223,80
	V	47.633	*2.619,81*	3.810,64	4.286,97																		
	VI	48.165	*2.649,07*	3.853,20	4.334,85																		
37.267,99 (West)	I	41.381	*2.275,95*	3.310,48	3.724,29	*2.172,55*	3.160,08	3.555,09	*2.069,15*	3.009,68	3.385,89	*1.965,75*	2.859,28	3.216,69	*1.862,41*	2.708,96	3.047,58	*1.718,24*	2.558,56	2.878,38	*1.494,52*	2.408,16	2.709,18
	II	39.592	*2.177,56*	3.167,36	3.563,28	*2.074,16*	3.016,96	3.394,08	*1.970,76*	2.866,56	3.224,88	*1.867,36*	2.716,16	3.055,68	*1.728,95*	2.565,76	2.886,48	*1.505,23*	2.415,36	2.717,28	*1.281,51*	2.264,96	2.548,08
	III	31.418	-	2.513,44	2.827,62	-	2.366,88	2.662,74	-	2.223,52	2.501,46	-	2.083,04	2.343,42	-	1.945,76	2.188,98	-	1.811,68	2.038,14	-	1.680,48	1.890,54
	IV	41.381	*2.275,95*	3.310,48	3.724,29	*2.224,25*	3.235,28	3.639,69	*2.172,55*	3.160,08	3.555,09	*2.120,85*	3.084,88	3.470,49	*2.069,15*	3.009,68	3.385,89	*2.017,45*	2.934,48	3.301,29	*1.965,75*	2.859,28	3.216,69
	V	47.554	*2.615,47*	3.804,32	4.279,86																		
	VI	48.086	*2.644,73*	3.846,88	4.327,74																		
37.267,99 (Ost)	I	41.475	*2.281,12*	3.318,00	3.732,75	*2.177,72*	3.167,60	3.563,55	*2.074,32*	3.017,20	3.394,35	*1.970,92*	2.866,80	3.225,15	*1.867,52*	2.716,40	3.055,95	*1.729,30*	2.566,00	2.886,75	*1.505,58*	2.415,60	2.717,55
	II	39.686	*2.182,73*	3.174,88	3.571,74	*2.079,33*	3.024,48	3.402,54	*1.975,93*	2.874,08	3.233,34	*1.872,53*	2.723,68	3.064,14	*1.740,13*	2.573,28	2.894,94	*1.516,41*	2.422,88	2.725,74	*1.292,69*	2.272,48	2.556,54
	III	31.510	-	2.520,80	2.835,90	-	2.374,24	2.671,02	-	2.230,56	2.509,38	-	2.090,08	2.351,34	-	1.952,64	2.196,72	-	1.818,24	2.045,52	-	1.687,04	1.897,92
	IV	41.475	*2.281,12*	3.318,00	3.732,75	*2.229,42*	3.242,80	3.648,15	*2.177,72*	3.167,60	3.563,55	*2.126,02*	3.092,40	3.478,95	*2.074,32*	3.017,20	3.394,35	*2.022,62*	2.942,00	3.309,75	*1.970,92*	2.866,80	3.225,15
	V	47.648	*2.620,64*	3.811,84	4.288,32																		
	VI	48.180	*2.649,90*	3.854,40	4.336,20																		
37.303,99 (West)	I	41.396	*2.276,78*	3.311,68	3.725,64	*2.173,38*	3.161,28	3.556,44	*2.069,98*	3.010,88	3.387,24	*1.966,63*	2.860,56	3.218,13	*1.863,23*	2.710,16	3.048,93	*1.720,02*	2.559,76	2.879,73	*1.496,30*	2.409,36	2.710,53
	II	39.607	*2.178,38*	3.168,56	3.564,63	*2.074,98*	3.018,16	3.395,43	*1.971,58*	2.867,76	3.226,23	*1.868,18*	2.717,36	3.057,03	*1.730,73*	2.566,96	2.887,83	*1.507,13*	2.416,64	2.718,72	*1.283,41*	2.266,24	2.549,52
	III	31.434	-	2.514,72	2.829,06	-	2.368,00	2.664,00	-	2.224,64	2.502,72	-	2.084,16	2.344,68	-	1.946,88	2.190,24	-	1.812,64	2.039,22	-	1.681,60	1.891,80
	IV	41.396	*2.276,78*	3.311,68	3.725,64	*2.225,08*	3.236,48	3.641,04	*2.173,38*	3.161,28	3.556,44	*2.121,68*	3.086,08	3.471,84	*2.069,98*	3.010,88	3.387,24	*2.018,33*	2.935,76	3.302,73	*1.966,63*	2.860,56	3.218,13
	V	47.570	*2.616,35*	3.805,60	4.281,30																		
	VI	48.101	*2.645,55*	3.848,08	4.329,09																		
37.303,99 (Ost)	I	41.490	*2.281,95*	3.319,20	3.734,10	*2.178,55*	3.168,80	3.564,90	*2.075,15*	3.018,40	3.395,70	*1.971,75*	2.868,00	3.226,50	*1.868,35*	2.717,60	3.057,30	*1.731,09*	2.567,20	2.888,10	*1.507,37*	2.416,80	2.718,90
	II	39.701	*2.183,55*	3.176,08	3.573,09	*2.080,15*	3.025,68	3.403,89	*1.976,75*	2.875,28	3.234,69	*1.873,35*	2.724,88	3.065,49	*1.741,92*	2.574,48	2.896,29	*1.518,20*	2.424,08	2.727,09	*1.294,48*	2.273,68	2.557,89
	III	31.526	-	2.522,08	2.837,34	-	2.375,36	2.672,28	-	2.231,68	2.510,64	-	2.091,20	2.352,60	-	1.953,76	2.197,98	-	1.819,36	2.046,78	-	1.688,00	1.899,00
	IV	41.490	*2.281,95*	3.319,20	3.734,10	*2.230,25*	3.244,00	3.649,50	*2.178,55*	3.168,80	3.564,90	*2.126,85*	3.093,60	3.480,30	*2.075,15*	3.018,40	3.395,70	*2.023,45*	2.943,20	3.311,10	*1.971,75*	2.868,00	3.226,50
	V	47.663	*2.621,46*	3.813,04	4.289,67																		
	VI	48.195	*2.650,72*	3.855,60	4.337,55																		
37.339,99 (West)	I	41.411	*2.277,60*	3.312,88	3.726,99	*2.174,26*	3.162,56	3.557,88	*2.070,86*	3.012,16	3.388,68	*1.967,46*	2.861,76	3.219,48	*1.864,06*	2.711,36	3.050,28	*1.721,81*	2.560,96	2.881,08	*1.498,09*	2.410,56	2.711,88
	II	39.622	*2.179,21*	3.169,76	3.565,98	*2.075,81*	3.019,36	3.396,78	*1.972,41*	2.868,96	3.227,58	*1.869,01*	2.718,56	3.058,38	*1.732,64*	2.568,24	2.889,27	*1.508,92*	2.417,84	2.720,07	*1.285,20*	2.267,44	2.550,87
	III	31.448	-	2.515,84	2.830,32	-	2.369,28	2.665,44	-	2.225,76	2.503,98	-	2.085,28	2.345,94	-	1.948,00	2.191,50	-	1.813,76	2.040,48	-	1.682,56	1.892,88
	IV	41.411	*2.277,60*	3.312,88	3.726,99	*2.225,90*	3.237,68	3.642,39	*2.174,26*	3.162,56	3.557,88	*2.122,56*	3.087,36	3.473,28	*2.070,86*	3.012,16	3.388,68	*2.019,16*	2.936,96	3.304,08	*1.967,46*	2.861,76	3.219,48
	V	47.585	*2.617,17*	3.806,80	4.282,65																		
	VI	48.116	*2.646,38*	3.849,28	4.330,44																		
37.339,99 (Ost)	I	41.505	*2.282,77*	3.320,40	3.735,45	*2.179,37*	3.170,00	3.566,25	*2.075,97*	3.019,60	3.397,05	*1.972,57*	2.869,20	3.227,85	*1.869,17*	2.718,80	3.058,65	*1.732,87*	2.568,40	2.889,45	*1.509,27*	2.418,08	2.720,34
	II	39.716	*2.184,38*	3.177,28	3.574,44	*2.080,98*	3.026,88	3.405,24	*1.977,58*	2.876,48	3.236,04	*1.874,18*	2.726,08	3.066,84	*1.743,70*	2.575,68	2.897,64	*1.519,98*	2.425,28	2.728,44	*1.296,26*	2.274,88	2.559,24
	III	31.540	-	2.523,20	2.838,60	-	2.376,48	2.673,54	-	2.232,80	2.511,90	-	2.092,32	2.353,86	-	1.954,72	2.199,06	-	1.820,32	2.047,86	-	1.689,12	1.900,26
	IV	41.505	*2.282,77*	3.320,40	3.735,45	*2.231,07*	3.245,20	3.650,85	*2.179,37*	3.170,00	3.566,25	*2.127,67*	3.094,80	3.481,65	*2.075,97*	3.019,60	3.397,05	*2.024,27*	2.944,40	3.312,45	*1.972,57*	2.869,20	3.227,85
	V	47.678	*2.622,29*	3.814,24	4.291,02																		
	VI	48.210	*2.651,55*	3.856,80	4.338,90																		
37.375,99 (West)	I	41.427	*2.278,48*	3.314,16	3.728,43	*2.175,08*	3.163,76	3.559,23	*2.071,68*	3.013,36	3.390,03	*1.968,28*	2.862,96	3.220,83	*1.864,88*	2.712,56	3.051,63	*1.723,59*	2.562,16	2.882,43	*1.499,87*	2.411,76	2.713,23
	II	39.637	*2.180,03*	3.170,96	3.567,33	*2.076,63*	3.020,56	3.398,13	*1.973,29*	2.870,24	3.229,02	*1.869,89*	2.719,84	3.059,82	*1.734,42*	2.569,44	2.890,62	*1.510,70*	2.419,04	2.721,42	*1.286,98*	2.268,64	2.552,22
	III	31.462	-	2.516,96	2.831,58	-	2.370,40	2.666,70	-	2.226,88	2.505,24	-	2.086,40	2.347,20	-	1.949,12	2.192,76	-	1.814,88	2.041,74	-	1.683,68	1.894,14
	IV	41.427	*2.278,48*	3.314,16	3.728,43	*2.226,78*	3.238,96	3.643,83	*2.175,08*	3.163,76	3.559,23	*2.123,38*	3.088,56	3.474,63	*2.071,68*	3.013,36	3.390,03	*2.019,98*	2.938,16	3.305,43	*1.968,28*	2.862,96	3.220,83
	V	47.600	*2.618,00*	3.808,00	4.284,00																		
	VI	48.132	*2.647,26*	3.850,56	4.331,88																		
37.375,99 (Ost)	I	41.520	*2.283,60*	3.321,60	3.736,80	*2.180,20*	3.171,20	3.567,60	*2.076,80*	3.020,80	3.398,40	*1.973,40*	2.870,40	3.229,20	*1.870,05*	2.720,08	3.060,09	*1.734,78*	2.569,68	2.890,89	*1.511,06*	2.419,28	2.721,69
	II	39.731	*2.185,20*	3.178,48	3.575,79	*2.081,80*	3.028,08	3.406,59	*1.978,40*	2.877,68	3.237,39	*1.875,00*	2.727,28	3.068,19	*1.745,49*	2.576,88	2.898,99	*1.521,77*	2.426,48	2.729,79	*1.298,05*	2.276,08	2.560,59
	III	31.556	-	2.524,48	2.840,04	-	2.377,60	2.674,80	-	2.233,92	2.513,16	-	2.093,44	2.355,12	-	1.955,84	2.200,32	-	1.821,44	2.049,12	-	1.690,08	1.901,34
	IV	41.520	*2.283,60*	3.321,60	3.736,80	*2.231,90*	3.246,40	3.652,20	*2.180,20*	3.171,20	3.567,60	*2.128,50*	3.096,00	3.483,00	*2.076,80*	3.020,80	3.398,40	*2.025,10*	2.945,60	3.313,80	*1.973,40*	2.870,40	3.229,20
	V	47.694	*2.623,17*	3.815,52	4.292,46																		
	VI	48.225	*2.652,37*	3.858,00	4.340,25																		
37.411,99 (West)	I	41.442	*2.279,31*	3.315,36	3.729,78	*2.175,91*	3.164,96	3.560,58	*2.072,51*	3.014,56	3.391,38	*1.969,11*	2.864,16	3.222,18	*1.865,71*	2.713,76	3.052,98	*1.725,38*	2.563,36	2.883,78	*1.501,66*	2.412,96	2.714,58
	II	39.652	*2.180,86*	3.172,16	3.568,68	*2.077,51*	3.021,84	3.399,57	*1.974,11*	2.871,44	3.230,37	*1.870,71*	2.721,04	3.061,17	*1.736,21*	2.570,64	2.891,97	*1.512,49*	2.420,24	2.722,77	*1.288,77*	2.269,84	2.553,57
	III	31.478	-	2.518,24	2.833,02	-	2.371,52	2.667,96	-	2.228,00	2.506,50	-	2.087,52	2.348,46	-	1.950,24	2.194,02	-	1.815,84	2.042,82	-	1.684,64	1.895,22
	IV	41.442	*2.279,31*	3.315,36	3.729,78	*2.227,61*	3.240,16	3.645,18	*2.175,91*	3.164,96	3.560,58	*2.124,21*	3.089,76	3.475,98	*2.072,51*	3.014,56	3.391,38	*2.020,81*	2.939,36	3.306,78	*1.969,11*	2.864,16	3.222,18
	V	47.615	*2.618,82*	3.809,20	4.285,35																		
	VI	48.147	*2.648,08*	3.851,76	4.333,23																		
37.411,99 (Ost)	I	41.535	*2.284,42*	3.322,80	3.738,15	*2.181,02*	3.172,40	3.568,95	*2.077,62*	3.022,00	3.399,75	*1.974,28*	2.871,68	3.230,64	*1.870,88*	2.721,28	3.061,44	*1.736,56*	2.570,88	2.892,24	*1.512,84*	2.420,48	2.723,04
	II	39.746	*2.186,03*	3.179,68	3.577,14	*2.082,63*	3.029,28	3.407,94	*1.979,23*	2.878,88	3.238,74	*1.875,83*	2.728,48	3.069,54	*1.747,27*	2.578,08	2.900,34	*1.523,67*	2.427,76	2.731,23	*1.299,95*	2.277,36	2.562,03
	III	31.570	-	2.525,60	2.841,30	-	2.378,88	2.676,24	-	2.235,20	2.514,60	-	2.094,56	2.356,38	-	1.956,96	2.201,58	-	1.822,56	2.050,38	-	1.691,20	1.902,60
	IV	41.535	*2.284,42*	3.322,80	3.738,15	*2.232,72*	3.247,60	3.653,55	*2.181,02*	3.172,40	3.568,95	*2.129,32*	3.097,20	3.484,35	*2.077,62*	3.022,00	3.399,75	*2.025,98*	2.946,88	3.315,24	*1.974,28*	2.871,68	3.230,64
	V	47.709	*2.623,99*	3.816,72	4.293,81																		
	VI	48.240	*2.653,20*	3.859,20	4.341,60																		
37.447,99 (West)	I	41.457	*2.280,13*	3.316,56	3.731,13	*2.176,73*	3.166,16	3.561,93	*2.073,33*	3.015,76	3.392,73	*1.969,93*	2.865,36	3.223,53	*1.866,53*	2.714,96	3.054,33	*1.727,16*	2.564,56	2.885,13	*1.503,44*	2.414,16	2.715,93
	II	39.668	*2.181,74*	3.173,44	3.570,12	*2.078,34*	3.023,04	3.400,92	*1.974,94*	2.872,64	3.231,72	*1.871,54*	2.722,24	3.062,52	*1.737,99*	2.571,84	2.893,32	*1.514,27*	2.421,44	2.724,12	*1.290,55*	2.271,04	2.554,92
	III	31.492	-	2.519,36	2.834,28	-	2.372,80	2.669,40	-	2.229,12	2.507,76	-	2.088,64	2.349,72	-	1.951,20	2.195,10	-	1.816,96	2.044,08	-	1.685,76	1.896,48
	IV	41.457	*2.280,13*	3.316,56	3.731,13	*2.228,43*	3.241,36	3.646,53	*2.176,73*	3.166,16	3.561,93	*2.125,03*	3.090,96	3.477,33	*2.073,33*	3.015,76	3.392,73	*2.021,63*	2.940,56	3.308,13	*1.969,93*	2.865,36	3.223,53
	V	47.630	*2.619,65*	3.810,40	4.286,70																		
	VI	48.162	*2.648,91*	3.852,96	4.334,58																		
37.447,99 (Ost)	I	41.550	*2.285,25*	3.324,00	3.739,50	*2.181,90*	3.173,68	3.570,39	*2.078,50*	3.023,28	3.401,19	*1.975,10*	2.872,88	3.231,99	*1.871,70*	2.722,48	3.062,79	*1.738,35*	2.572,08	2.893,59	*1.514,63*	2.421,68	2.724,39
	II	39.761	*2.186,85*	3.180,88	3.578,49	*2.083,45*	3.030,48	3.409,29	*1.980,05*	2.880,08	3.240,09	*1.876,65*	2.729,68	3.070,89	*1.749,18*	2.579,36	2.901,78	*1.525,46*	2.428,96	2.732,58	*1.301,74*	2.278,56	2.563,38
	III	31.586	-	2.526,88	2.842,74	-	2.380,00	2.677,50	-	2.236,32	2.515,86	-	2.095,68	2.357,64	-	1.958,08	2.202,84	-	1.823,52	2.051,46	-	1.692,16	1.903,68
	IV	41.550	*2.285,25*	3.324,00	3.739,50	*2.233,55*	3.248,80	3.654,90	*2.181,90*	3.173,68	3.570,39	*2.130,20*	3.098,48	3.485,79	*2.078,50*	3.023,28	3.401,19	*2.026,80*	2.948,08	3.316,59	*1.975,10*	2.872,88	3.231,99
	V	47.724	*2.624,82*	3.817,92	4.295,16																		
	VI	48.255	*2.654,02*	3.860,40	4.342,95																		

Anzahl Kinderfreibeträge (nur Steuerklassen I–IV)

SolZ/KiSt lt. Tabelle nicht für Sonstige Bezüge anwendbar.

Lohn/ Gehalt bis	Steuerklasse	Lohn- steuer	ohne Kinderfreibetrag SolZ 5,5%	Kirchensteuer 8%	9%	0,5 SolZ 5,5%	Kirchensteuer 8%	9%	1,0 SolZ 5,5%	Kirchensteuer 8%	9%	1,5 SolZ 5,5%	Kirchensteuer 8%	9%	2,0 SolZ 5,5%	Kirchensteuer 8%	9%	2,5 SolZ 5,5%	Kirchensteuer 8%	9%	3,0 SolZ 5,5%	Kirchensteue 8%	9%
137.483,99 (West)	I	41.472	2.280,96	3.317,76	3.732,48	2.177,56	3.167,36	3.563,28	2.074,16	3.016,96	3.394,08	1.970,76	2.866,56	3.224,88	1.867,36	2.716,16	3.055,68	1.728,95	2.565,76	2.886,48	1.505,23	2.415,36	2.717,2
	II	39.683	2.182,56	3.174,64	3.571,47	2.079,16	3.024,24	3.402,27	1.975,76	2.873,84	3.233,07	1.872,36	2.723,44	3.063,87	1.739,78	2.573,04	2.894,67	1.516,06	2.422,64	2.725,47	1.292,34	2.272,24	2.556,2
	III	31.508	-	2.520,64	2.835,72	-	2.373,92	2.670,66	-	2.230,24	2.509,02	-	2.089,76	2.350,98	-	1.952,32	2.196,36	-	1.818,08	2.045,34	-	1.686,72	1.897,5
	IV	41.472	2.280,96	3.317,76	3.732,48	2.229,26	3.242,56	3.647,88	2.177,56	3.167,36	3.563,28	2.125,86	3.092,16	3.478,68	2.074,16	3.016,96	3.394,08	2.022,46	2.941,76	3.309,48	1.970,76	2.866,56	3.224,8
	V	47.645	2.620,47	3.811,60	4.288,05																		
	VI	48.177	2.649,73	3.854,16	4.335,93																		
137.483,99 (Ost)	I	41.566	2.286,13	3.325,28	3.740,94	2.182,73	3.174,88	3.571,74	2.079,33	3.024,48	3.402,54	1.975,93	2.874,08	3.233,34	1.872,53	2.723,68	3.064,14	1.740,13	2.573,28	2.894,94	1.516,41	2.422,88	2.725,7
	II	39.776	2.187,68	3.182,08	3.579,84	2.084,28	3.031,68	3.410,64	1.980,93	2.881,36	3.241,53	1.877,53	2.730,96	3.072,33	1.750,96	2.580,56	2.903,13	1.527,24	2.430,16	2.733,93	1.303,52	2.279,76	2.564,7
	III	31.600	-	2.528,00	2.844,00	-	2.381,12	2.678,76	-	2.237,44	2.517,12	-	2.096,80	2.358,90	-	1.959,20	2.204,10	-	1.824,64	2.052,72	-	1.693,28	1.904,9
	IV	41.566	2.286,13	3.325,28	3.740,94	2.234,43	3.250,08	3.656,34	2.182,73	3.174,88	3.571,74	2.131,03	3.099,68	3.487,14	2.079,33	3.024,48	3.402,54	2.027,63	2.949,28	3.317,94	1.975,93	2.874,08	3.233,3
	V	47.739	2.625,64	3.819,12	4.296,51																		
	VI	48.271	2.654,90	3.861,68	4.344,39																		
137.519,99 (West)	I	41.487	2.281,78	3.318,96	3.733,83	2.178,38	3.168,56	3.564,63	2.074,98	3.018,16	3.395,43	1.971,58	2.867,76	3.226,23	1.868,18	2.717,36	3.057,03	1.730,73	2.566,96	2.887,83	1.507,13	2.416,64	2.718,7
	II	39.698	2.183,39	3.175,84	3.572,82	2.079,99	3.025,44	3.403,62	1.976,59	2.875,04	3.234,42	1.873,19	2.724,64	3.065,22	1.741,56	2.574,24	2.896,02	1.517,84	2.423,84	2.726,82	1.294,12	2.273,44	2.557,6
	III	31.522	-	2.521,76	2.836,98	-	2.375,04	2.671,92	-	2.231,52	2.510,46	-	2.090,88	2.352,24	-	1.953,44	2.197,62	-	1.819,04	2.046,42	-	1.687,84	1.898,8
	IV	41.487	2.281,78	3.318,96	3.733,83	2.230,08	3.243,76	3.649,23	2.178,38	3.168,56	3.564,63	2.126,68	3.093,36	3.480,03	2.074,98	3.018,16	3.395,43	2.023,28	2.942,96	3.310,83	1.971,58	2.867,76	3.226,2
	V	47.660	2.621,30	3.812,80	4.289,40																		
	VI	48.192	2.650,56	3.855,36	4.337,28																		
137.519,99 (Ost)	I	41.581	2.286,95	3.326,48	3.742,29	2.183,55	3.176,08	3.573,09	2.080,15	3.025,68	3.403,89	1.976,75	2.875,28	3.234,69	1.873,35	2.724,88	3.065,49	1.741,92	2.574,48	2.896,29	1.518,20	2.424,08	2.727,0
	II	39.791	2.188,50	3.183,28	3.581,19	2.085,16	3.032,96	3.412,08	1.981,76	2.882,56	3.242,88	1.878,36	2.732,16	3.073,68	1.752,75	2.581,76	2.904,48	1.529,03	2.431,36	2.735,28	1.305,31	2.280,96	2.566,0
	III	31.616	-	2.529,28	2.845,44	-	2.382,40	2.680,20	-	2.238,56	2.518,38	-	2.097,92	2.360,16	-	1.960,32	2.205,36	-	1.825,76	2.053,98	-	1.694,24	1.906,0
	IV	41.581	2.286,95	3.326,48	3.742,29	2.235,25	3.251,28	3.657,69	2.183,55	3.176,08	3.573,09	2.131,85	3.100,88	3.488,49	2.080,15	3.025,68	3.403,89	2.028,45	2.950,48	3.319,29	1.976,75	2.875,28	3.234,6
	V	47.754	2.626,47	3.820,32	4.297,86																		
	VI	48.286	2.655,73	3.862,88	4.345,74																		
137.555,99 (West)	I	41.502	2.282,61	3.320,16	3.735,18	2.179,21	3.169,76	3.565,98	2.075,81	3.019,36	3.396,78	1.972,41	2.868,96	3.227,58	1.869,01	2.718,56	3.058,38	1.732,64	2.568,24	2.889,27	1.508,92	2.417,84	2.720,0
	II	39.713	2.184,21	3.177,04	3.574,17	2.080,81	3.026,64	3.404,97	1.977,41	2.876,24	3.235,77	1.874,01	2.725,84	3.066,57	1.743,35	2.575,44	2.897,37	1.519,63	2.425,04	2.728,17	1.295,91	2.274,64	2.558,9
	III	31.538	-	2.523,04	2.838,42	-	2.376,32	2.673,36	-	2.232,64	2.511,72	-	2.092,00	2.353,50	-	1.954,56	2.198,88	-	1.820,16	2.047,68	-	1.688,80	1.899,9
	IV	41.502	2.282,61	3.320,16	3.735,18	2.230,91	3.244,96	3.650,58	2.179,21	3.169,76	3.565,98	2.127,51	3.094,56	3.481,38	2.075,81	3.019,36	3.396,78	2.024,11	2.944,16	3.312,18	1.972,41	2.868,96	3.227,5
	V	47.675	2.622,12	3.814,00	4.290,75																		
	VI	48.207	2.651,38	3.856,56	4.338,63																		
137.555,99 (Ost)	I	41.596	2.287,78	3.327,68	3.743,64	2.184,38	3.177,28	3.574,44	2.080,98	3.026,88	3.405,24	1.977,58	2.876,48	3.236,04	1.874,18	2.726,08	3.066,84	1.743,70	2.575,68	2.897,64	1.519,98	2.425,28	2.728,4
	II	39.807	2.189,38	3.184,56	3.582,63	2.085,98	3.034,16	3.413,43	1.982,58	2.883,76	3.244,23	1.879,18	2.733,36	3.075,03	1.754,53	2.582,96	2.905,83	1.530,81	2.432,56	2.736,63	1.307,09	2.282,16	2.567,4
	III	31.630	-	2.530,40	2.846,70	-	2.383,52	2.681,46	-	2.239,68	2.519,64	-	2.099,04	2.361,42	-	1.961,28	2.206,44	-	1.826,72	2.055,06	-	1.695,36	1.907,2
	IV	41.596	2.287,78	3.327,68	3.743,64	2.236,08	3.252,48	3.659,04	2.184,38	3.177,28	3.574,44	2.132,68	3.102,08	3.489,84	2.080,98	3.026,88	3.405,24	2.029,28	2.951,68	3.320,64	1.977,58	2.876,48	3.236,0
	V	47.769	2.627,29	3.821,52	4.299,21																		
	VI	48.301	2.656,55	3.864,08	4.347,09																		
137.591,99 (West)	I	41.517	2.283,43	3.321,36	3.736,53	2.180,03	3.170,96	3.567,33	2.076,63	3.020,56	3.398,13	1.973,29	2.870,24	3.229,02	1.869,89	2.719,84	3.059,82	1.734,42	2.569,44	2.890,62	1.510,70	2.419,04	2.721,4
	II	39.728	2.185,04	3.178,24	3.575,52	2.081,64	3.027,84	3.406,32	1.978,24	2.877,44	3.237,12	1.874,84	2.727,04	3.067,92	1.745,13	2.576,64	2.898,72	1.521,41	2.426,24	2.729,52	1.297,81	2.275,92	2.560,4
	III	31.552	-	2.524,16	2.839,68	-	2.377,44	2.674,62	-	2.233,76	2.512,98	-	2.093,12	2.354,76	-	1.955,68	2.200,14	-	1.821,28	2.048,94	-	1.689,92	1.901,1
	IV	41.517	2.283,43	3.321,36	3.736,53	2.231,73	3.246,16	3.651,93	2.180,03	3.170,96	3.567,33	2.128,33	3.095,76	3.482,73	2.076,63	3.020,56	3.398,13	2.024,93	2.945,36	3.313,53	1.973,29	2.870,24	3.229,0
	V	47.691	2.623,00	3.815,28	4.292,19																		
	VI	48.222	2.652,21	3.857,76	4.339,98																		
137.591,99 (Ost)	I	41.611	2.288,60	3.328,88	3.744,99	2.185,20	3.178,48	3.575,79	2.081,80	3.028,08	3.406,59	1.978,40	2.877,68	3.237,39	1.875,00	2.727,28	3.068,19	1.745,49	2.576,88	2.898,99	1.521,77	2.426,48	2.729,7
	II	39.822	2.190,21	3.185,76	3.583,98	2.086,81	3.035,36	3.414,78	1.983,41	2.884,96	3.245,58	1.880,01	2.734,56	3.076,38	1.756,32	2.584,16	2.907,18	1.532,60	2.433,76	2.737,98	1.308,88	2.283,36	2.568,7
	III	31.646	-	2.531,68	2.848,14	-	2.384,64	2.682,72	-	2.240,80	2.520,90	-	2.100,16	2.362,68	-	1.962,40	2.207,70	-	1.827,84	2.056,32	-	1.696,32	1.908,3
	IV	41.611	2.288,60	3.328,88	3.744,99	2.236,90	3.253,68	3.660,39	2.185,20	3.178,48	3.575,79	2.133,50	3.103,28	3.491,19	2.081,80	3.028,08	3.406,59	2.030,10	2.952,88	3.321,99	1.978,40	2.877,68	3.237,3
	V	47.784	2.628,12	3.822,72	4.300,56																		
	VI	48.316	2.657,38	3.865,28	4.348,44																		
137.627,99 (West)	I	41.532	2.284,26	3.322,56	3.737,88	2.180,86	3.172,16	3.568,68	2.077,51	3.021,84	3.399,57	1.974,11	2.871,44	3.230,37	1.870,71	2.721,04	3.061,17	1.736,21	2.570,64	2.891,97	1.512,49	2.420,24	2.722,7
	II	39.743	2.185,86	3.179,44	3.576,87	2.082,46	3.029,04	3.407,67	1.979,06	2.878,64	3.238,47	1.875,66	2.728,24	3.069,27	1.747,03	2.577,92	2.900,16	1.523,31	2.427,52	2.730,96	1.299,59	2.277,12	2.561,7
	III	31.568	-	2.525,44	2.841,12	-	2.378,56	2.675,88	-	2.234,88	2.514,24	-	2.094,24	2.356,02	-	1.956,80	2.201,40	-	1.822,24	2.050,02	-	1.690,88	1.902,2
	IV	41.532	2.284,26	3.322,56	3.737,88	2.232,56	3.247,36	3.653,28	2.180,86	3.172,16	3.568,68	2.129,21	3.097,04	3.484,17	2.077,51	3.021,84	3.399,57	2.025,81	2.946,64	3.314,97	1.974,11	2.871,44	3.230,3
	V	47.706	2.623,83	3.816,48	4.293,54																		
	VI	48.237	2.653,03	3.858,96	4.341,33																		
137.627,99 (Ost)	I	41.626	2.289,43	3.330,08	3.746,34	2.186,03	3.179,68	3.577,14	2.082,63	3.029,28	3.407,94	1.979,23	2.878,88	3.238,74	1.875,83	2.728,48	3.069,54	1.747,27	2.578,08	2.900,34	1.523,67	2.427,76	2.731,2
	II	39.837	2.191,03	3.186,96	3.585,33	2.087,63	3.036,56	3.416,13	1.984,23	2.886,16	3.246,93	1.880,83	2.735,76	3.077,73	1.758,10	2.585,36	2.908,53	1.534,38	2.434,96	2.739,33	1.310,66	2.284,56	2.570,1
	III	31.660	-	2.532,80	2.849,40	-	2.385,92	2.684,16	-	2.241,92	2.522,16	-	2.101,28	2.363,94	-	1.963,52	2.208,96	-	1.828,96	2.057,58	-	1.697,44	1.909,6
	IV	41.626	2.289,43	3.330,08	3.746,34	2.237,73	3.254,88	3.661,74	2.186,03	3.179,68	3.577,14	2.134,33	3.104,48	3.492,54	2.082,63	3.029,28	3.407,94	2.030,93	2.954,08	3.323,34	1.979,23	2.878,88	3.238,7
	V	47.799	2.628,94	3.823,92	4.301,91																		
	VI	48.331	2.658,20	3.866,48	4.349,79																		
137.663,99 (West)	I	41.548	2.285,14	3.323,84	3.739,32	2.181,74	3.173,44	3.570,12	2.078,34	3.023,04	3.400,92	1.974,94	2.872,64	3.231,72	1.871,54	2.722,24	3.062,52	1.737,99	2.571,84	2.893,32	1.514,27	2.421,44	2.724,1
	II	39.758	2.186,69	3.180,64	3.578,22	2.083,29	3.030,24	3.409,02	1.979,89	2.879,84	3.239,82	1.876,54	2.729,52	3.070,71	1.748,82	2.579,12	2.901,51	1.525,10	2.428,72	2.732,31	1.301,38	2.278,32	2.563,1
	III	31.582	-	2.526,56	2.842,38	-	2.379,68	2.677,14	-	2.236,00	2.515,50	-	2.095,36	2.357,28	-	1.957,76	2.202,48	-	1.823,36	2.051,28	-	1.692,00	1.903,5
	IV	41.548	2.285,14	3.323,84	3.739,32	2.233,44	3.248,64	3.654,72	2.181,74	3.173,44	3.570,12	2.130,04	3.098,24	3.485,52	2.078,34	3.023,04	3.400,92	2.026,64	2.947,84	3.316,32	1.974,94	2.872,64	3.231,7
	V	47.721	2.624,65	3.817,68	4.294,89																		
	VI	48.253	2.653,91	3.860,24	4.342,77																		
137.663,99 (Ost)	I	41.641	2.290,25	3.331,28	3.747,69	2.186,85	3.180,88	3.578,49	2.083,45	3.030,48	3.409,29	1.980,05	2.880,08	3.240,09	1.876,65	2.729,68	3.070,89	1.749,18	2.579,36	2.901,78	1.525,46	2.428,96	2.732,5
	II	39.852	2.191,86	3.188,16	3.586,68	2.088,46	3.037,76	3.417,48	1.985,06	2.887,36	3.248,28	1.881,66	2.736,96	3.079,08	1.759,89	2.586,56	2.909,88	1.536,17	2.436,16	2.740,68	1.312,45	2.285,76	2.571,4
	III	31.674	-	2.533,92	2.850,66	-	2.387,04	2.685,42	-	2.243,20	2.523,60	-	2.102,40	2.365,20	-	1.964,64	2.210,22	-	1.830,08	2.058,84	-	1.698,40	1.910,7
	IV	41.641	2.290,25	3.331,28	3.747,69	2.238,55	3.256,08	3.663,09	2.186,85	3.180,88	3.578,49	2.135,15	3.105,68	3.493,89	2.083,45	3.030,48	3.409,29	2.031,75	2.955,28	3.324,69	1.980,05	2.880,08	3.240,0
	V	47.814	2.629,77	3.825,12	4.303,26																		
	VI	48.346	2.659,03	3.867,68	4.351,14																		
137.699,99 (West)	I	41.563	2.285,96	3.325,04	3.740,67	2.182,56	3.174,64	3.571,47	2.079,16	3.024,24	3.402,27	1.975,76	2.873,84	3.233,07	1.872,36	2.723,44	3.063,87	1.739,78	2.573,04	2.894,67	1.516,06	2.422,64	2.725,4
	II	39.773	2.187,51	3.181,84	3.579,57	2.084,17	3.031,52	3.410,46	1.980,77	2.881,12	3.241,26	1.877,37	2.730,72	3.072,06	1.750,60	2.580,32	2.902,86	1.526,88	2.429,92	2.733,66	1.303,16	2.279,52	2.564,4
	III	31.598	-	2.527,84	2.843,82	-	2.380,96	2.678,58	-	2.237,12	2.516,76	-	2.096,48	2.358,54	-	1.958,88	2.203,74	-	1.824,48	2.052,54	-	1.692,96	1.904,5
	IV	41.563	2.285,96	3.325,04	3.740,67	2.234,26	3.249,84	3.656,07	2.182,56	3.174,64	3.571,47	2.130,86	3.099,44	3.486,87	2.079,16	3.024,24	3.402,27	2.027,46	2.949,04	3.317,67	1.975,76	2.873,84	3.233,0
	V	47.736	2.625,48	3.818,88	4.296,24																		
	VI	48.268	2.654,74	3.861,44	4.344,12																		
137.699,99 (Ost)	I	41.656	2.291,08	3.332,48	3.749,04	2.187,68	3.182,08	3.579,84	2.084,28	3.031,68	3.410,64	1.980,93	2.881,36	3.241,53	1.877,53	2.730,96	3.072,33	1.750,96	2.580,56	2.903,13	1.527,24	2.430,16	2.733,9
	II	39.867	2.192,68	3.189,36	3.588,03	2.089,28	3.038,96	3.418,83	1.985,88	2.888,56	3.249,63	1.882,48	2.738,16	3.080,43	1.761,67	2.587,76	2.911,23	1.537,95	2.437,36	2.742,03	1.314,35	2.287,04	2.572,9
	III	31.690	-	2.535,20	2.852,10	-	2.388,16	2.686,68	-	2.244,32	2.524,86	-	2.103,52	2.366,46	-	1.965,76	2.211,48	-	1.831,04	2.059,92	-	1.699,52	1.911,9
	IV	41.656	2.291,08	3.332,48	3.749,04	2.239,38	3.257,28	3.664,44	2.187,68	3.182,08	3.579,84	2.135,98	3.106,88	3.495,24	2.084,28	3.031,68	3.410,64	2.032,58	2.956,48	3.326,04	1.980,93	2.881,36	3.241,5
	V	47.830	2.630,65	3.826,40	4.304,70																		
	VI	48.361	2.659,85	3.868,88	4.352,49																		

Anzahl Kinderfreibeträge (nur Steuerklassen I–IV)

SolZ/KiSt lt. Tabelle nicht für Sonstige Bezüge anwendbar.

Allgemeine Tabelle

JAHR bis 137.951,99 €

Lohn/ Gehalt bis	Steuerklasse	Lohn-steuer	ohne Kinderfreibetrag SolZ 5,5%	Kirchensteuer 8%	Kirchensteuer 9%	0,5 SolZ 5,5%	0,5 Kirchensteuer 8%	0,5 Kirchensteuer 9%	1,0 SolZ 5,5%	1,0 Kirchensteuer 8%	1,0 Kirchensteuer 9%	1,5 SolZ 5,5%	1,5 Kirchensteuer 8%	1,5 Kirchensteuer 9%	2,0 SolZ 5,5%	2,0 Kirchensteuer 8%	2,0 Kirchensteuer 9%	2,5 SolZ 5,5%	2,5 Kirchensteuer 8%	2,5 Kirchensteuer 9%	3,0 SolZ 5,5%	3,0 Kirchensteuer 8%	3,0 Kirchensteuer 9%
37.735,99 (West)	I	41.578	2.286,79	3.326,24	3.742,02	2.183,39	3.175,84	3.572,82	2.079,99	3.025,44	3.403,62	1.976,59	2.875,04	3.234,42	1.873,19	2.724,64	3.065,22	1.741,56	2.574,24	2.896,02	1.517,84	2.423,84	2.726,82
	II	39.789	2.188,39	3.183,12	3.581,01	2.084,99	3.032,72	3.411,81	1.981,59	2.882,32	3.242,61	1.878,19	2.731,92	3.073,41	1.752,39	2.581,52	2.904,21	1.528,67	2.431,12	2.735,01	1.304,95	2.280,72	2.565,81
	III	31.612	-	2.528,96	2.845,08	-	2.382,08	2.679,84	-	2.238,24	2.518,02	-	2.097,60	2.359,80	-	1.960,00	2.205,00	-	1.825,44	2.053,62	-	1.694,08	1.905,84
	IV	41.578	2.286,79	3.326,24	3.742,02	2.235,09	3.251,04	3.657,42	2.183,39	3.175,84	3.572,82	2.131,69	3.100,64	3.488,22	2.079,99	3.025,44	3.403,62	2.028,29	2.950,24	3.319,02	1.976,59	2.875,04	3.234,42
	V	47.751	2.626,30	3.820,08	4.297,59																		
	VI	48.283	2.655,56	3.862,64	4.345,47																		
37.735,99 (Ost)	I	41.671	2.291,90	3.333,68	3.750,39	2.188,50	3.183,28	3.581,19	2.085,16	3.032,96	3.412,08	1.981,76	2.882,56	3.242,88	1.878,36	2.732,16	3.073,68	1.752,75	2.581,76	2.904,48	1.529,03	2.431,36	2.735,28
	II	39.882	2.193,51	3.190,56	3.589,38	2.090,11	3.040,16	3.420,18	1.986,71	2.889,76	3.250,98	1.883,31	2.739,36	3.081,78	1.763,58	2.589,04	2.912,67	1.539,86	2.438,64	2.743,47	1.316,14	2.288,24	2.574,27
	III	31.704	-	2.536,32	2.853,36	-	2.389,44	2.688,12	-	2.245,44	2.526,12	-	2.104,64	2.367,72	-	1.966,88	2.212,74	-	1.832,16	2.061,18	-	1.700,64	1.913,22
	IV	41.671	2.291,90	3.333,68	3.750,39	2.240,20	3.258,48	3.665,79	2.188,50	3.183,28	3.581,19	2.136,86	3.108,16	3.496,68	2.085,16	3.032,96	3.412,08	2.033,46	2.957,76	3.327,48	1.981,76	2.882,56	3.242,88
	V	47.845	2.631,47	3.827,60	4.306,05																		
	VI	48.376	2.660,68	3.870,08	4.353,84																		
37.771,99 (West)	I	41.593	2.287,61	3.327,44	3.743,37	2.184,21	3.177,04	3.574,17	2.080,81	3.026,64	3.404,97	1.977,41	2.876,24	3.235,77	1.874,01	2.725,84	3.066,57	1.743,35	2.575,44	2.897,37	1.519,63	2.425,04	2.728,17
	II	39.804	2.189,22	3.184,32	3.582,36	2.085,82	3.033,92	3.413,16	1.982,42	2.883,52	3.243,96	1.879,02	2.733,12	3.074,76	1.754,17	2.582,72	2.905,56	1.530,45	2.432,32	2.736,36	1.306,73	2.281,92	2.567,16
	III	31.626	-	2.530,08	2.846,34	-	2.383,20	2.681,10	-	2.239,52	2.519,46	-	2.098,72	2.361,06	-	1.961,12	2.206,26	-	1.826,56	2.054,88	-	1.695,04	1.906,92
	IV	41.593	2.287,61	3.327,44	3.743,37	2.235,91	3.252,24	3.658,77	2.184,21	3.177,04	3.574,17	2.132,51	3.101,84	3.489,57	2.080,81	3.026,64	3.404,97	2.029,11	2.951,44	3.320,37	1.977,41	2.876,24	3.235,77
	V	47.766	2.627,13	3.821,28	4.298,94																		
	VI	48.298	2.656,39	3.863,84	4.346,82																		
37.771,99 (Ost)	I	41.687	2.292,78	3.334,96	3.751,83	2.189,38	3.184,56	3.582,63	2.085,98	3.034,16	3.413,43	1.982,58	2.883,76	3.244,23	1.879,18	2.733,36	3.075,03	1.754,53	2.582,96	2.905,83	1.530,81	2.432,56	2.736,63
	II	39.897	2.194,33	3.191,76	3.590,73	2.090,93	3.041,36	3.421,53	1.987,53	2.890,96	3.252,33	1.884,19	2.740,64	3.083,22	1.765,36	2.590,24	2.914,02	1.541,64	2.439,84	2.744,82	1.317,92	2.289,44	2.575,62
	III	31.720	-	2.537,60	2.854,80	-	2.390,56	2.689,38	-	2.246,56	2.527,38	-	2.105,76	2.368,98	-	1.967,84	2.213,82	-	1.833,28	2.062,44	-	1.701,60	1.914,30
	IV	41.687	2.292,78	3.334,96	3.751,83	2.241,08	3.259,76	3.667,23	2.189,38	3.184,56	3.582,63	2.137,68	3.109,36	3.498,03	2.085,98	3.034,16	3.413,43	2.034,28	2.958,96	3.328,83	1.982,58	2.883,76	3.244,23
	V	47.860	2.632,30	3.828,80	4.307,40																		
	VI	48.392	2.661,56	3.871,36	4.355,28																		
37.807,99 (West)	I	41.608	2.288,44	3.328,64	3.744,72	2.185,04	3.178,24	3.575,52	2.081,64	3.027,84	3.406,32	1.978,24	2.877,44	3.237,12	1.874,84	2.727,04	3.067,92	1.745,13	2.576,64	2.898,72	1.521,41	2.426,24	2.729,52
	II	39.819	2.190,04	3.185,52	3.583,71	2.086,64	3.035,12	3.414,51	1.983,24	2.884,72	3.245,31	1.879,84	2.734,32	3.076,11	1.755,96	2.583,92	2.906,91	1.532,24	2.433,52	2.737,71	1.308,52	2.283,12	2.568,51
	III	31.642	-	2.531,36	2.847,78	-	2.384,48	2.682,54	-	2.240,64	2.520,72	-	2.099,84	2.362,32	-	1.962,24	2.207,52	-	1.827,68	2.056,14	-	1.696,16	1.908,18
	IV	41.608	2.288,44	3.328,64	3.744,72	2.236,74	3.253,44	3.660,12	2.185,04	3.178,24	3.575,52	2.133,34	3.103,04	3.490,92	2.081,64	3.027,84	3.406,32	2.029,94	2.952,64	3.321,72	1.978,24	2.877,44	3.237,12
	V	47.781	2.627,95	3.822,48	4.300,29																		
	VI	48.313	2.657,21	3.865,04	4.348,17																		
37.807,99 (Ost)	I	41.702	2.293,61	3.336,16	3.753,18	2.190,21	3.185,76	3.583,98	2.086,81	3.035,36	3.414,78	1.983,41	2.884,96	3.245,58	1.880,01	2.734,56	3.076,38	1.756,32	2.584,16	2.907,18	1.532,60	2.433,76	2.737,98
	II	39.912	2.195,16	3.192,96	3.592,08	2.091,81	3.042,64	3.422,97	1.988,41	2.892,24	3.253,77	1.885,01	2.741,84	3.084,57	1.767,15	2.591,44	2.915,37	1.543,43	2.441,04	2.746,17	1.319,71	2.290,64	2.576,97
	III	31.734	-	2.538,72	2.856,06	-	2.391,68	2.690,64	-	2.247,68	2.528,64	-	2.106,88	2.370,24	-	1.968,96	2.215,08	-	1.834,24	2.063,52	-	1.702,72	1.915,56
	IV	41.702	2.293,61	3.336,16	3.753,18	2.241,91	3.260,96	3.668,58	2.190,21	3.185,76	3.583,98	2.138,51	3.110,56	3.499,38	2.086,81	3.035,36	3.414,78	2.035,11	2.960,16	3.330,18	1.983,41	2.884,96	3.245,58
	V	47.875	2.633,12	3.830,00	4.308,75																		
	VI	48.407	2.662,38	3.872,56	4.356,63																		
37.843,99 (West)	I	41.623	2.289,26	3.329,84	3.746,07	2.185,86	3.179,44	3.576,87	2.082,46	3.029,04	3.407,67	1.979,06	2.878,64	3.238,47	1.875,66	2.728,24	3.069,27	1.747,03	2.577,92	2.900,16	1.523,31	2.427,52	2.730,96
	II	39.834	2.190,87	3.186,72	3.585,06	2.087,47	3.036,32	3.415,86	1.984,07	2.885,92	3.246,66	1.880,67	2.735,52	3.077,46	1.757,74	2.585,12	2.908,26	1.534,02	2.434,72	2.739,06	1.310,30	2.284,32	2.569,86
	III	31.656	-	2.532,48	2.849,04	-	2.385,60	2.683,80	-	2.241,76	2.521,98	-	2.100,96	2.363,58	-	1.963,36	2.208,78	-	1.828,16	2.057,22	-	1.697,12	1.909,26
	IV	41.623	2.289,26	3.329,84	3.746,07	2.237,56	3.254,64	3.661,47	2.185,86	3.179,44	3.576,87	2.134,16	3.104,24	3.492,27	2.082,46	3.029,04	3.407,67	2.030,76	2.953,84	3.323,07	1.979,06	2.878,64	3.238,47
	V	47.796	2.628,78	3.823,68	4.301,64																		
	VI	48.328	2.658,04	3.866,24	4.349,52																		
37.843,99 (Ost)	I	41.717	2.294,43	3.337,36	3.754,53	2.191,03	3.186,96	3.585,33	2.087,63	3.036,56	3.416,13	1.984,23	2.886,16	3.246,93	1.880,83	2.735,76	3.077,73	1.758,10	2.585,36	2.908,53	1.534,38	2.434,96	2.739,33
	II	39.928	2.196,04	3.194,24	3.593,52	2.092,64	3.043,84	3.424,32	1.989,24	2.893,44	3.255,12	1.885,84	2.743,04	3.085,92	1.768,93	2.592,64	2.916,72	1.545,21	2.442,24	2.747,52	1.321,49	2.291,84	2.578,32
	III	31.750	-	2.540,00	2.857,50	-	2.392,80	2.691,90	-	2.248,80	2.529,90	-	2.108,00	2.371,50	-	1.970,08	2.216,34	-	1.835,36	2.064,78	-	1.703,68	1.916,64
	IV	41.717	2.294,43	3.337,36	3.754,53	2.242,73	3.262,16	3.669,93	2.191,03	3.186,96	3.585,33	2.139,33	3.111,76	3.500,73	2.087,63	3.036,56	3.416,13	2.035,93	2.961,36	3.331,53	1.984,23	2.886,16	3.246,93
	V	47.890	2.633,95	3.831,20	4.310,10																		
	VI	48.422	2.663,21	3.873,76	4.357,98																		
37.879,99 (West)	I	41.638	2.290,09	3.331,04	3.747,42	2.186,69	3.180,64	3.578,22	2.083,29	3.030,24	3.409,02	1.979,89	2.879,84	3.239,82	1.876,54	2.729,52	3.070,71	1.748,82	2.579,12	2.901,51	1.525,10	2.428,72	2.732,31
	II	39.849	2.191,69	3.187,92	3.586,41	2.088,29	3.037,52	3.417,21	1.984,89	2.887,12	3.248,01	1.881,49	2.736,72	3.078,81	1.759,53	2.586,32	2.909,61	1.535,81	2.435,92	2.740,41	1.312,21	2.285,60	2.571,30
	III	31.672	-	2.533,76	2.850,48	-	2.386,72	2.685,06	-	2.242,88	2.523,24	-	2.102,08	2.364,84	-	1.964,32	2.209,86	-	1.829,76	2.058,48	-	1.698,24	1.910,52
	IV	41.638	2.290,09	3.331,04	3.747,42	2.238,39	3.255,84	3.662,82	2.186,69	3.180,64	3.578,22	2.134,99	3.105,44	3.493,62	2.083,29	3.030,24	3.409,02	2.031,59	2.955,04	3.324,42	1.979,89	2.879,84	3.239,82
	V	47.812	2.629,66	3.824,96	4.303,08																		
	VI	48.343	2.658,86	3.867,44	4.350,87																		
37.879,99 (Ost)	I	41.732	2.295,26	3.338,56	3.755,88	2.191,86	3.188,16	3.586,68	2.088,46	3.037,76	3.417,48	1.985,06	2.887,36	3.248,28	1.881,66	2.736,96	3.079,08	1.759,89	2.586,56	2.909,88	1.536,17	2.436,16	2.740,68
	II	39.943	2.196,86	3.195,44	3.594,87	2.093,46	3.045,04	3.425,67	1.990,06	2.894,64	3.256,47	1.886,66	2.744,24	3.087,27	1.770,72	2.593,84	2.918,07	1.547,00	2.443,44	2.748,87	1.323,28	2.293,04	2.579,67
	III	31.764	-	2.541,12	2.858,76	-	2.394,08	2.693,34	-	2.250,08	2.531,34	-	2.109,12	2.372,76	-	1.971,20	2.217,60	-	1.836,48	2.066,04	-	1.704,80	1.917,90
	IV	41.732	2.295,26	3.338,56	3.755,88	2.243,56	3.263,36	3.671,28	2.191,86	3.188,16	3.586,68	2.140,16	3.112,96	3.502,08	2.088,46	3.037,76	3.417,48	2.036,76	2.962,56	3.332,88	1.985,06	2.887,36	3.248,28
	V	47.905	2.634,77	3.832,40	4.311,45																		
	VI	48.437	2.664,03	3.874,96	4.359,33																		
37.915,99 (West)	I	41.653	2.290,91	3.332,24	3.748,77	2.187,51	3.181,84	3.579,57	2.084,17	3.031,52	3.410,46	1.980,77	2.881,12	3.241,26	1.877,37	2.730,72	3.072,06	1.750,60	2.580,32	2.902,86	1.526,88	2.429,92	2.733,66
	II	39.864	2.192,52	3.189,12	3.587,76	2.089,12	3.038,72	3.418,56	1.985,72	2.888,32	3.249,36	1.882,32	2.737,92	3.080,16	1.761,31	2.587,52	2.910,96	1.537,71	2.437,20	2.741,85	1.313,99	2.286,80	2.572,65
	III	31.686	-	2.534,88	2.851,74	-	2.388,00	2.686,50	-	2.244,00	2.524,50	-	2.103,20	2.366,10	-	1.965,44	2.211,12	-	1.830,88	2.059,74	-	1.699,36	1.911,78
	IV	41.653	2.290,91	3.332,24	3.748,77	2.239,21	3.257,04	3.664,17	2.187,51	3.181,84	3.579,57	2.135,81	3.106,64	3.494,97	2.084,17	3.031,52	3.410,46	2.032,47	2.956,32	3.325,86	1.980,77	2.881,12	3.241,26
	V	47.827	2.630,48	3.826,16	4.304,43																		
	VI	48.358	2.659,69	3.868,64	4.352,22																		
37.915,99 (Ost)	I	41.747	2.296,08	3.339,76	3.757,23	2.192,68	3.189,36	3.588,03	2.089,28	3.038,96	3.418,83	1.985,88	2.888,56	3.249,63	1.882,48	2.738,16	3.080,43	1.761,67	2.587,76	2.911,23	1.537,95	2.437,36	2.742,03
	II	39.958	2.197,69	3.196,64	3.596,22	2.094,29	3.046,24	3.427,02	1.990,89	2.895,84	3.257,82	1.887,49	2.745,44	3.088,62	1.772,50	2.595,04	2.919,42	1.548,78	2.444,64	2.750,22	1.325,06	2.294,24	2.581,02
	III	31.780	-	2.542,40	2.860,20	-	2.395,20	2.694,60	-	2.251,20	2.532,60	-	2.110,24	2.374,02	-	1.972,32	2.218,86	-	1.837,44	2.067,12	-	1.705,76	1.918,98
	IV	41.747	2.296,08	3.339,76	3.757,23	2.244,38	3.264,56	3.672,63	2.192,68	3.189,36	3.588,03	2.140,98	3.114,16	3.503,43	2.089,28	3.038,96	3.418,83	2.037,58	2.963,76	3.334,23	1.985,88	2.888,56	3.249,63
	V	47.920	2.635,60	3.833,60	4.312,80																		
	VI	48.452	2.664,86	3.876,16	4.360,68																		
37.951,99 (West)	I	41.668	2.291,74	3.333,44	3.750,12	2.188,39	3.183,12	3.581,01	2.084,99	3.032,72	3.411,81	1.981,59	2.882,32	3.242,61	1.878,19	2.731,92	3.073,41	1.752,39	2.581,52	2.904,21	1.528,67	2.431,12	2.735,01
	II	39.879	2.193,34	3.190,32	3.589,11	2.089,94	3.039,92	3.419,91	1.986,54	2.889,52	3.250,71	1.883,20	2.739,20	3.081,60	1.763,22	2.588,80	2.912,40	1.539,50	2.438,40	2.743,20	1.315,78	2.288,00	2.574,00
	III	31.702	-	2.536,16	2.853,18	-	2.389,12	2.687,76	-	2.245,12	2.525,76	-	2.104,32	2.367,36	-	1.966,56	2.212,38	-	1.831,84	2.060,82	-	1.700,32	1.912,86
	IV	41.668	2.291,74	3.333,44	3.750,12	2.240,09	3.258,32	3.665,61	2.188,39	3.183,12	3.581,01	2.136,69	3.107,92	3.496,41	2.084,99	3.032,72	3.411,81	2.033,29	2.957,52	3.327,21	1.981,59	2.882,32	3.242,61
	V	47.842	2.631,31	3.827,36	4.305,78																		
	VI	48.373	2.660,51	3.869,84	4.353,57																		
37.951,99 (Ost)	I	41.762	2.296,91	3.340,96	3.758,58	2.193,51	3.190,56	3.589,38	2.090,11	3.040,16	3.420,18	1.986,71	2.889,76	3.250,98	1.883,31	2.739,36	3.081,78	1.763,58	2.589,04	2.912,67	1.539,86	2.438,64	2.743,47
	II	39.973	2.198,51	3.197,84	3.597,57	2.095,11	3.047,44	3.428,37	1.991,71	2.897,04	3.259,17	1.888,31	2.746,64	3.089,97	1.774,29	2.596,24	2.920,77	1.550,57	2.445,84	2.751,57	1.326,85	2.295,44	2.582,37
	III	31.794	-	2.543,52	2.861,46	-	2.396,32	2.695,86	-	2.252,32	2.533,86	-	2.111,36	2.375,28	-	1.973,44	2.220,12	-	1.838,56	2.068,38	-	1.706,88	1.920,24
	IV	41.762	2.296,91	3.340,96	3.758,58	2.245,21	3.265,76	3.673,98	2.193,51	3.190,56	3.589,38	2.141,81	3.115,36	3.504,78	2.090,11	3.040,16	3.420,18	2.038,41	2.964,96	3.335,58	1.986,71	2.889,76	3.250,98
	V	47.935	2.636,42	3.834,80	4.314,15																		
	VI	48.467	2.665,68	3.877,36	4.362,03																		

Anzahl Kinderfreibeträge (nur Steuerklassen I–IV)

SolZ/KiSt lt. Tabelle nicht für Sonstige Bezüge anwendbar.

Lohn/ Gehalt bis	Steuerklasse	Lohn-steuer	ohne Kinderfreibetrag			Anzahl Kinderfreibeträge (nur Steuerklassen I–IV)																	
						0,5			1,0			1,5			2,0			2,5			3,0		
			SolZ 5,5%	Kirchensteuer 8%	9%	SolZ 5,5%	Kirchensteuer 8%	9%	SolZ 5,5%	Kirchensteuer 8%	9%	SolZ 5,5%	Kirchensteuer 8%	9%	SolZ 5,5%	Kirchensteuer 8%	9%	SolZ 5,5%	Kirchensteuer 8%	9%	SolZ 5,5%	Kirchensteuer 8%	9%
137.987,99	I	41.684	2.292,62	3.334,72	3.751,56	2.189,22	3.184,32	3.582,36	2.085,82	3.033,92	3.413,16	1.982,42	2.883,52	3.243,96	1.879,02	2.733,12	3.074,76	1.754,17	2.582,72	2.905,56	1.530,45	2.432,32	2.736,3
(West)	II	39.894	2.194,17	3.191,52	3.590,46	2.090,77	3.041,12	3.421,26	1.987,42	2.890,80	3.252,15	1.884,02	2.740,40	3.082,95	1.765,00	2.590,00	2.913,75	1.541,28	2.439,60	2.744,55	1.317,56	2.289,20	2.575,3
	III	31.716	–	2.537,28	2.854,44	–	2.390,24	2.689,02	–	2.246,40	2.527,20	–	2.105,44	2.368,62	–	1.967,68	2.213,64	–	1.832,96	2.062,08	–	1.701,44	1.914,1
	IV	41.684	2.292,62	3.334,72	3.751,56	2.240,92	3.259,52	3.666,96	2.189,22	3.184,32	3.582,36	2.137,52	3.109,12	3.497,76	2.085,82	3.033,92	3.413,16	2.034,12	2.958,72	3.328,56	1.982,42	2.883,52	3.243,9
	V	47.857	2.632,13	3.828,56	4.307,13																		
	VI	48.389	2.661,39	3.871,12	4.355,01																		
137.987,99	I	41.777	2.297,73	3.342,16	3.759,93	2.194,33	3.191,76	3.590,73	2.090,93	3.041,36	3.421,53	1.987,53	2.890,96	3.252,33	1.884,19	2.740,64	3.083,22	1.765,36	2.590,24	2.914,02	1.541,64	2.439,84	2.744,8
(Ost)	II	39.988	2.199,34	3.199,04	3.598,92	2.095,94	3.048,64	3.429,72	1.992,54	2.898,24	3.260,52	1.889,14	2.747,84	3.091,32	1.776,07	2.597,44	2.922,12	1.552,35	2.447,04	2.752,92	1.328,75	2.296,72	2.583,8
	III	31.810	–	2.544,80	2.862,90	–	2.397,60	2.697,30	–	2.253,44	2.535,12	–	2.112,48	2.376,54	–	1.974,56	2.221,38	–	1.839,68	2.069,64	–	1.707,84	1.921,3
	IV	41.777	2.297,73	3.342,16	3.759,93	2.246,03	3.266,96	3.675,33	2.194,33	3.191,76	3.590,73	2.142,63	3.116,56	3.506,13	2.090,93	3.041,36	3.421,53	2.039,23	2.966,16	3.336,93	1.987,53	2.890,96	3.252,3
	V	47.951	2.637,30	3.836,08	4.315,59																		
	VI	48.482	2.666,51	3.878,56	4.363,38																		
138.023,99	I	41.699	2.293,44	3.335,92	3.752,91	2.190,04	3.185,52	3.583,71	2.086,64	3.035,12	3.414,51	1.983,24	2.884,72	3.245,31	1.879,84	2.734,32	3.076,11	1.755,96	2.583,92	2.906,91	1.532,24	2.433,52	2.737,7
(West)	II	39.910	2.195,05	3.192,80	3.591,90	2.091,65	3.042,40	3.422,70	1.988,25	2.892,00	3.253,50	1.884,85	2.741,60	3.084,30	1.766,79	2.591,20	2.915,10	1.543,07	2.440,80	2.745,90	1.319,35	2.290,40	2.576,7
	III	31.732	–	2.538,56	2.855,88	–	2.391,52	2.690,46	–	2.247,52	2.528,46	–	2.106,56	2.369,88	–	1.968,80	2.214,90	–	1.834,08	2.063,34	–	1.702,40	1.915,2
	IV	41.699	2.293,44	3.335,92	3.752,91	2.241,74	3.260,72	3.668,31	2.190,04	3.185,52	3.583,71	2.138,34	3.110,32	3.499,11	2.086,64	3.035,12	3.414,51	2.034,94	2.959,92	3.329,91	1.983,24	2.884,72	3.245,3
	V	47.872	2.632,96	3.829,76	4.308,48																		
	VI	48.404	2.662,22	3.872,32	4.356,36																		
138.023,99	I	41.792	2.298,56	3.343,36	3.761,28	2.195,16	3.192,96	3.592,08	2.091,81	3.042,64	3.422,97	1.988,41	2.892,24	3.253,77	1.885,01	2.741,84	3.084,57	1.767,15	2.591,44	2.915,37	1.543,43	2.441,04	2.746,1
(Ost)	II	40.003	2.200,16	3.200,24	3.600,27	2.096,76	3.049,84	3.431,07	1.993,36	2.899,44	3.261,87	1.889,96	2.749,04	3.092,67	1.777,86	2.598,64	2.923,47	1.554,25	2.448,32	2.754,36	1.330,53	2.297,92	2.585,1
	III	31.824	–	2.545,92	2.864,16	–	2.398,72	2.698,56	–	2.254,56	2.536,38	–	2.113,60	2.377,80	–	1.975,52	2.222,46	–	1.840,80	2.070,90	–	1.708,96	1.922,5
	IV	41.792	2.298,56	3.343,36	3.761,28	2.246,86	3.268,16	3.676,68	2.195,16	3.192,96	3.592,08	2.143,46	3.117,76	3.507,48	2.091,81	3.042,64	3.422,97	2.040,11	2.967,44	3.338,37	1.988,41	2.892,24	3.253,7
	V	47.966	2.638,13	3.837,28	4.316,94																		
	VI	48.497	2.667,33	3.879,76	4.364,73																		
138.059,99	I	41.714	2.294,27	3.337,12	3.754,26	2.190,87	3.186,72	3.585,06	2.087,47	3.036,32	3.415,86	1.984,07	2.885,92	3.246,66	1.880,67	2.735,52	3.077,46	1.757,74	2.585,12	2.908,26	1.534,02	2.434,72	2.739,0
(West)	II	39.925	2.195,87	3.194,00	3.593,25	2.092,47	3.043,60	3.424,05	1.989,07	2.893,20	3.254,85	1.885,67	2.742,80	3.085,65	1.768,57	2.592,40	2.916,45	1.544,85	2.442,00	2.747,25	1.321,13	2.291,60	2.578,0
	III	31.746	–	2.539,68	2.857,14	–	2.392,64	2.691,72	–	2.248,64	2.529,72	–	2.107,68	2.371,14	–	1.969,92	2.216,16	–	1.835,20	2.064,60	–	1.703,52	1.916,4
	IV	41.714	2.294,27	3.337,12	3.754,26	2.242,57	3.261,92	3.669,66	2.190,87	3.186,72	3.585,06	2.139,17	3.111,52	3.500,46	2.087,47	3.036,32	3.415,86	2.035,77	2.961,12	3.331,26	1.984,07	2.885,92	3.246,6
	V	47.887	2.633,78	3.830,96	4.309,83																		
	VI	48.419	2.663,04	3.873,52	4.357,71																		
138.059,99	I	41.807	2.299,38	3.344,56	3.762,63	2.196,04	3.194,24	3.593,52	2.092,64	3.043,84	3.424,32	1.989,24	2.893,44	3.255,12	1.885,84	2.743,04	3.085,92	1.768,93	2.592,64	2.916,72	1.545,21	2.442,24	2.747,5
(Ost)	II	40.018	2.200,99	3.201,44	3.601,62	2.097,59	3.051,04	3.432,42	1.994,19	2.900,64	3.263,22	1.890,84	2.750,32	3.094,11	1.779,76	2.599,92	2.924,91	1.556,04	2.449,52	2.755,71	1.332,32	2.299,12	2.586,5
	III	31.840	–	2.547,20	2.865,60	–	2.399,84	2.699,82	–	2.255,68	2.537,64	–	2.114,72	2.379,06	–	1.976,64	2.223,72	–	1.841,76	2.071,98	–	1.709,92	1.923,6
	IV	41.807	2.299,38	3.344,56	3.762,63	2.247,74	3.269,44	3.678,12	2.196,04	3.194,24	3.593,52	2.144,34	3.119,04	3.508,92	2.092,64	3.043,84	3.424,32	2.040,94	2.968,64	3.339,72	1.989,24	2.893,44	3.255,1
	V	47.981	2.638,95	3.838,48	4.318,29																		
	VI	48.513	2.668,21	3.881,04	4.366,17																		
138.095,99	I	41.729	2.295,09	3.338,32	3.755,61	2.191,69	3.187,92	3.586,41	2.088,29	3.037,52	3.417,21	1.984,89	2.887,12	3.248,01	1.881,49	2.736,72	3.078,81	1.759,53	2.586,32	2.909,61	1.535,81	2.435,92	2.740,4
(West)	II	39.940	2.196,70	3.195,20	3.594,60	2.093,30	3.044,80	3.425,40	1.989,90	2.894,40	3.256,20	1.886,50	2.744,00	3.087,00	1.770,36	2.593,60	2.917,80	1.546,64	2.443,20	2.748,60	1.322,92	2.292,80	2.579,4
	III	31.762	–	2.540,96	2.858,58	–	2.393,76	2.692,98	–	2.249,76	2.530,98	–	2.108,80	2.372,40	–	1.971,04	2.217,42	–	1.836,16	2.065,68	–	1.704,48	1.917,5
	IV	41.729	2.295,09	3.338,32	3.755,61	2.243,39	3.263,12	3.671,01	2.191,69	3.187,92	3.586,41	2.139,99	3.112,72	3.501,81	2.088,29	3.037,52	3.417,21	2.036,59	2.962,32	3.332,61	1.984,89	2.887,12	3.248,0
	V	47.902	2.634,61	3.832,16	4.311,18																		
	VI	48.434	2.663,87	3.874,72	4.359,06																		
138.095,99	I	41.823	2.300,26	3.345,84	3.764,07	2.196,86	3.195,44	3.594,87	2.093,46	3.045,04	3.425,67	1.990,06	2.894,64	3.256,47	1.886,66	2.744,24	3.087,27	1.770,72	2.593,84	2.918,07	1.547,00	2.443,44	2.748,8
(Ost)	II	40.033	2.201,81	3.202,64	3.602,97	2.098,41	3.052,24	3.433,77	1.995,07	2.901,92	3.264,66	1.891,67	2.751,52	3.095,46	1.781,54	2.601,12	2.926,26	1.557,82	2.450,72	2.757,06	1.334,10	2.300,32	2.587,8
	III	31.854	–	2.548,32	2.866,86	–	2.401,12	2.701,26	–	2.256,96	2.539,08	–	2.115,84	2.380,32	–	1.977,76	2.224,98	–	1.842,88	2.073,24	–	1.711,04	1.924,9
	IV	41.823	2.300,26	3.345,84	3.764,07	2.248,56	3.270,64	3.679,47	2.196,86	3.195,44	3.594,87	2.145,16	3.120,24	3.510,27	2.093,46	3.045,04	3.425,67	2.041,76	2.969,84	3.341,07	1.990,06	2.894,64	3.256,4
	V	47.996	2.639,78	3.839,68	4.319,64																		
	VI	48.528	2.669,04	3.882,24	4.367,52																		
138.131,99	I	41.744	2.295,92	3.339,52	3.756,96	2.192,52	3.189,12	3.587,76	2.089,12	3.038,72	3.418,56	1.985,72	2.888,32	3.249,36	1.882,32	2.737,92	3.080,16	1.761,31	2.587,52	2.910,96	1.537,71	2.437,20	2.741,8
(West)	II	39.955	2.197,52	3.196,40	3.595,95	2.094,12	3.046,00	3.426,75	1.990,72	2.895,60	3.257,55	1.887,32	2.745,20	3.088,35	1.772,14	2.594,80	2.919,15	1.548,42	2.444,40	2.749,95	1.324,70	2.294,00	2.580,7
	III	31.776	–	2.542,08	2.859,84	–	2.394,88	2.694,24	–	2.250,88	2.532,24	–	2.109,92	2.373,66	–	1.972,00	2.218,50	–	1.837,28	2.066,94	–	1.705,60	1.918,8
	IV	41.744	2.295,92	3.339,52	3.756,96	2.244,22	3.264,32	3.672,36	2.192,52	3.189,12	3.587,76	2.140,82	3.113,92	3.503,16	2.089,12	3.038,72	3.418,56	2.037,42	2.963,52	3.333,96	1.985,72	2.888,32	3.249,3
	V	47.917	2.635,43	3.833,36	4.312,53																		
	VI	48.449	2.664,69	3.875,92	4.360,41																		
138.131,99	I	41.838	2.301,09	3.347,04	3.765,42	2.197,69	3.196,64	3.596,22	2.094,29	3.046,24	3.427,02	1.990,89	2.895,84	3.257,82	1.887,49	2.745,44	3.088,62	1.772,50	2.595,04	2.919,42	1.548,78	2.444,64	2.750,2
(Ost)	II	40.049	2.202,69	3.203,92	3.604,41	2.099,29	3.053,52	3.435,21	1.995,89	2.903,12	3.266,01	1.892,49	2.752,72	3.096,81	1.783,33	2.602,32	2.927,61	1.559,61	2.451,92	2.758,41	1.335,89	2.301,52	2.589,2
	III	31.870	–	2.549,60	2.868,30	–	2.402,24	2.702,52	–	2.258,08	2.540,34	–	2.116,96	2.381,58	–	1.978,88	2.226,24	–	1.844,00	2.074,50	–	1.712,16	1.926,1
	IV	41.838	2.301,09	3.347,04	3.765,42	2.249,39	3.271,84	3.680,82	2.197,69	3.196,64	3.596,22	2.145,99	3.121,44	3.511,62	2.094,29	3.046,24	3.427,02	2.042,59	2.971,04	3.342,42	1.990,89	2.895,84	3.257,8
	V	48.011	2.640,60	3.840,88	4.320,99																		
	VI	48.543	2.669,86	3.883,44	4.368,87																		
138.167,99	I	41.759	2.296,74	3.340,72	3.758,31	2.193,34	3.190,32	3.589,11	2.089,94	3.039,92	3.419,91	1.986,54	2.889,52	3.250,71	1.883,20	2.739,20	3.081,60	1.763,22	2.588,80	2.912,40	1.539,50	2.438,40	2.743,2
(West)	II	39.970	2.198,35	3.197,60	3.597,30	2.094,95	3.047,20	3.428,10	1.991,55	2.896,80	3.258,90	1.888,15	2.746,40	3.089,70	1.773,93	2.596,00	2.920,50	1.550,21	2.445,60	2.751,30	1.326,49	2.295,20	2.582,1
	III	31.792	–	2.543,36	2.861,28	–	2.396,16	2.695,68	–	2.252,00	2.533,50	–	2.111,04	2.374,92	–	1.973,12	2.219,76	–	1.838,40	2.068,20	–	1.706,56	1.919,8
	IV	41.759	2.296,74	3.340,72	3.758,31	2.245,04	3.265,52	3.673,71	2.193,34	3.190,32	3.589,11	2.141,64	3.115,12	3.504,51	2.089,94	3.039,92	3.419,91	2.038,24	2.964,72	3.335,31	1.986,54	2.889,52	3.250,7
	V	47.932	2.636,26	3.834,56	4.313,88																		
	VI	48.464	2.665,52	3.877,12	4.361,76																		
138.167,99	I	41.853	2.301,91	3.348,24	3.766,77	2.198,51	3.197,84	3.597,57	2.095,11	3.047,44	3.428,37	1.991,71	2.897,04	3.259,17	1.888,31	2.746,64	3.089,97	1.774,29	2.596,24	2.920,77	1.550,57	2.445,84	2.751,5
(Ost)	II	40.064	2.203,52	3.205,12	3.605,76	2.100,12	3.054,72	3.436,56	1.996,72	2.904,32	3.267,36	1.893,32	2.753,92	3.098,16	1.785,11	2.603,52	2.928,96	1.561,39	2.453,12	2.759,76	1.337,67	2.302,72	2.590,5
	III	31.884	–	2.550,72	2.869,56	–	2.403,36	2.703,78	–	2.259,20	2.541,60	–	2.118,08	2.382,84	–	1.980,00	2.227,50	–	1.844,96	2.075,58	–	1.713,12	1.927,2
	IV	41.853	2.301,91	3.348,24	3.766,77	2.250,21	3.273,04	3.682,17	2.198,51	3.197,84	3.597,57	2.146,81	3.122,64	3.512,97	2.095,11	3.047,44	3.428,37	2.043,41	2.972,24	3.343,77	1.991,71	2.897,04	3.259,1
	V	48.026	2.641,43	3.842,08	4.322,34																		
	VI	48.558	2.670,69	3.884,64	4.370,22																		
138.203,99	I	41.774	2.297,57	3.341,92	3.759,66	2.194,17	3.191,52	3.590,46	2.090,77	3.041,12	3.421,26	1.987,42	2.890,80	3.252,15	1.884,02	2.740,40	3.082,95	1.765,00	2.590,00	2.913,75	1.541,28	2.439,60	2.744,5
(West)	II	39.985	2.199,17	3.198,80	3.598,65	2.095,77	3.048,40	3.429,45	1.992,37	2.898,00	3.260,25	1.888,97	2.747,60	3.091,05	1.775,71	2.597,20	2.921,85	1.552,11	2.446,88	2.752,74	1.328,39	2.296,48	2.583,5
	III	31.806	–	2.544,48	2.862,54	–	2.397,28	2.696,94	–	2.253,12	2.534,76	–	2.112,16	2.376,18	–	1.974,24	2.221,02	–	1.839,36	2.069,28	–	1.707,68	1.921,1
	IV	41.774	2.297,57	3.341,92	3.759,66	2.245,87	3.266,72	3.675,06	2.194,17	3.191,52	3.590,46	2.142,47	3.116,16	3.505,86	2.090,77	3.041,12	3.421,26	2.039,12	2.966,00	3.336,75	1.987,42	2.890,80	3.252,1
	V	47.948	2.637,14	3.835,84	4.315,32																		
	VI	48.479	2.666,34	3.878,32	4.363,11																		
138.203,99	I	41.868	2.302,74	3.349,44	3.768,12	2.199,34	3.199,04	3.598,92	2.095,94	3.048,64	3.429,72	1.992,54	2.898,24	3.260,52	1.889,14	2.747,84	3.091,32	1.776,07	2.597,44	2.922,12	1.552,35	2.447,04	2.752,9
(Ost)	II	40.079	2.204,34	3.206,32	3.607,11	2.100,94	3.055,92	3.437,91	1.997,54	2.905,52	3.268,71	1.894,14	2.755,12	3.099,51	1.786,90	2.604,72	2.930,31	1.563,18	2.454,32	2.761,11	1.339,46	2.303,92	2.591,9
	III	31.900	–	2.552,00	2.871,00	–	2.404,64	2.705,22	–	2.260,32	2.542,86	–	2.119,20	2.384,10	–	1.981,12	2.228,76	–	1.846,08	2.076,84	–	1.714,24	1.928,5
	IV	41.868	2.302,74	3.349,44	3.768,12	2.251,04	3.274,24	3.683,52	2.199,34	3.199,04	3.598,92	2.147,64	3.123,84	3.514,32	2.095,94	3.048,64	3.429,72	2.044,24	2.973,44	3.345,12	1.992,54	2.898,24	3.260,5
	V	48.041	2.642,25	3.843,28	4.323,69																		
	VI	48.573	2.671,51	3.885,84	4.371,57																		

SolZ/KiSt lt. Tabelle nicht für Sonstige Bezüge anwendbar.

Lohn/ Gehalt bis	Steuerklasse	Lohnsteuer	ohne Kinderfreibetrag SolZ 5,5%	ohne Kinderfreibetrag Kirchensteuer 8%	ohne Kinderfreibetrag Kirchensteuer 9%	0,5 SolZ 5,5%	0,5 Kirchensteuer 8%	0,5 Kirchensteuer 9%	1,0 SolZ 5,5%	1,0 Kirchensteuer 8%	1,0 Kirchensteuer 9%	1,5 SolZ 5,5%	1,5 Kirchensteuer 8%	1,5 Kirchensteuer 9%	2,0 SolZ 5,5%	2,0 Kirchensteuer 8%	2,0 Kirchensteuer 9%	2,5 SolZ 5,5%	2,5 Kirchensteuer 8%	2,5 Kirchensteuer 9%	3,0 SolZ 5,5%	3,0 Kirchensteuer 8%	3,0 Kirchensteuer 9%
38.239,99 (West)	I	41.789	2.298,39	3.343,12	3.761,01	2.195,05	3.192,80	3.591,90	2.091,65	3.042,40	3.422,70	1.988,25	2.892,00	3.253,50	1.884,85	2.741,60	3.084,30	1.766,79	2.591,20	2.915,10	1.543,07	2.440,80	2.745,90
	II	40.000	2.200,00	3.200,00	3.600,00	2.096,60	3.049,60	3.430,80	1.993,20	2.899,20	3.261,60	1.889,80	2.748,80	3.092,40	1.777,62	2.598,48	2.923,29	1.553,90	2.448,08	2.754,09	1.330,18	2.297,68	2.584,89
	III	31.822	-	2.545,76	2.863,98	-	2.398,40	2.698,20	-	2.254,40	2.536,20	-	2.113,28	2.377,44	-	1.975,36	2.222,28	-	1.840,48	2.070,54	-	1.708,64	1.922,22
	IV	41.789	2.298,39	3.343,12	3.761,01	2.246,69	3.267,92	3.676,41	2.195,05	3.192,80	3.591,90	2.143,35	3.117,60	3.507,30	2.091,65	3.042,40	3.422,70	2.039,95	2.967,20	3.338,10	1.988,25	2.892,00	3.253,50
	V	47.963	2.637,96	3.837,04	4.316,67																		
	VI	48.494	2.667,17	3.879,52	4.364,46																		
38.239,99 (Ost)	I	41.883	2.303,56	3.350,64	3.769,47	2.200,16	3.200,24	3.600,27	2.096,76	3.049,84	3.431,07	1.993,36	2.899,44	3.261,87	1.889,96	2.749,04	3.092,67	1.777,86	2.598,64	2.923,47	1.554,25	2.448,32	2.754,36
	II	40.094	2.205,17	3.207,52	3.608,46	2.101,77	3.057,12	3.439,26	1.998,37	2.906,72	3.270,06	1.894,97	2.756,32	3.100,86	1.788,68	2.605,92	2.931,66	1.564,96	2.455,52	2.762,46	1.341,24	2.305,12	2.593,26
	III	31.914	-	2.553,12	2.872,26	-	2.405,76	2.706,48	-	2.261,44	2.544,12	-	2.120,32	2.385,36	-	1.982,24	2.230,02	-	1.847,20	2.078,10	-	1.715,20	1.929,60
	IV	41.883	2.303,56	3.350,64	3.769,47	2.251,86	3.275,44	3.684,87	2.200,16	3.200,24	3.600,27	2.148,46	3.125,04	3.515,67	2.096,76	3.049,84	3.431,07	2.045,06	2.974,64	3.346,47	1.993,36	2.899,44	3.261,87
	V	48.056	2.643,08	3.844,48	4.325,04																		
	VI	48.588	2.672,34	3.887,04	4.372,92																		
38.275,99 (West)	I	41.805	2.299,27	3.344,40	3.762,45	2.195,87	3.194,00	3.593,25	2.092,47	3.043,60	3.424,05	1.989,07	2.893,20	3.254,85	1.885,67	2.742,80	3.085,65	1.768,57	2.592,40	2.916,45	1.544,85	2.442,00	2.747,25
	II	40.015	2.200,82	3.201,20	3.601,35	2.097,42	3.050,80	3.432,15	1.994,08	2.900,48	3.263,04	1.890,68	2.750,08	3.093,84	1.779,40	2.599,68	2.924,64	1.555,68	2.449,28	2.755,44	1.331,96	2.298,88	2.586,24
	III	31.836	-	2.546,88	2.865,24	-	2.399,68	2.699,64	-	2.255,52	2.537,46	-	2.114,40	2.378,70	-	1.976,48	2.223,54	-	1.841,60	2.071,80	-	1.709,76	1.923,48
	IV	41.805	2.299,27	3.344,40	3.762,45	2.247,57	3.269,20	3.677,85	2.195,87	3.194,00	3.593,25	2.144,17	3.118,80	3.508,65	2.092,47	3.043,60	3.424,05	2.040,77	2.968,40	3.339,45	1.989,07	2.893,20	3.254,85
	V	47.978	2.638,79	3.838,24	4.318,02																		
	VI	48.510	2.668,05	3.880,80	4.365,90																		
38.275,99 (Ost)	I	41.898	2.304,39	3.351,84	3.770,82	2.200,99	3.201,44	3.601,62	2.097,59	3.051,04	3.432,42	1.994,19	2.900,64	3.263,22	1.890,84	2.750,32	3.094,11	1.779,76	2.599,92	2.924,91	1.556,04	2.449,52	2.755,71
	II	40.109	2.205,99	3.208,72	3.609,81	2.102,59	3.058,32	3.440,61	1.999,19	2.907,92	3.271,41	1.895,79	2.757,52	3.102,21	1.790,47	2.607,12	2.933,01	1.566,75	2.456,72	2.763,81	1.343,03	2.306,32	2.594,61
	III	31.930	-	2.554,40	2.873,70	-	2.406,88	2.707,74	-	2.262,56	2.545,38	-	2.121,44	2.386,62	-	1.983,36	2.231,28	-	1.848,16	2.079,18	-	1.716,32	1.930,86
	IV	41.898	2.304,39	3.351,84	3.770,82	2.252,69	3.276,64	3.686,22	2.200,99	3.201,44	3.601,62	2.149,29	3.126,24	3.517,02	2.097,59	3.051,04	3.432,42	2.045,89	2.975,84	3.347,82	1.994,19	2.900,64	3.263,22
	V	48.072	2.643,96	3.845,76	4.326,48																		
	VI	48.603	2.673,16	3.888,24	4.374,27																		
38.311,99 (West)	I	41.820	2.300,10	3.345,60	3.763,80	2.196,70	3.195,20	3.594,60	2.093,30	3.044,80	3.425,40	1.989,90	2.894,40	3.256,20	1.886,50	2.744,00	3.087,00	1.770,36	2.593,60	2.917,80	1.546,64	2.443,20	2.748,60
	II	40.030	2.201,65	3.202,40	3.602,70	2.098,30	3.052,08	3.433,59	1.994,90	2.901,68	3.264,39	1.891,50	2.751,28	3.095,19	1.781,19	2.600,88	2.925,99	1.557,47	2.450,48	2.756,79	1.333,75	2.300,08	2.587,59
	III	31.852	-	2.548,16	2.866,68	-	2.400,80	2.700,90	-	2.256,64	2.538,72	-	2.115,52	2.379,96	-	1.977,60	2.224,80	-	1.842,56	2.072,88	-	1.710,72	1.924,56
	IV	41.820	2.300,10	3.345,60	3.763,80	2.248,40	3.270,40	3.679,20	2.196,70	3.195,20	3.594,60	2.145,00	3.120,00	3.510,00	2.093,30	3.044,80	3.425,40	2.041,60	2.969,60	3.340,80	1.989,90	2.894,40	3.256,20
	V	47.993	2.639,61	3.839,44	4.319,37																		
	VI	48.525	2.668,87	3.882,00	4.367,25																		
38.311,99 (Ost)	I	41.913	2.305,21	3.353,04	3.772,17	2.201,81	3.202,64	3.602,97	2.098,41	3.052,24	3.433,77	1.995,07	2.901,92	3.264,66	1.891,67	2.751,52	3.095,46	1.781,54	2.601,12	2.926,26	1.557,82	2.450,72	2.757,06
	II	40.124	2.206,82	3.209,92	3.611,16	2.103,42	3.059,52	3.441,96	2.000,02	2.909,12	3.272,76	1.896,62	2.758,72	3.103,56	1.792,25	2.608,32	2.934,36	1.568,65	2.458,00	2.765,25	1.344,93	2.307,60	2.596,05
	III	31.944	-	2.555,52	2.874,96	-	2.408,16	2.709,18	-	2.263,84	2.546,82	-	2.122,56	2.387,88	-	1.984,32	2.232,36	-	1.849,28	2.080,44	-	1.717,28	1.931,94
	IV	41.913	2.305,21	3.353,04	3.772,17	2.253,51	3.277,84	3.687,57	2.201,81	3.202,64	3.602,97	2.150,11	3.127,44	3.518,37	2.098,41	3.052,24	3.433,77	2.046,77	2.977,12	3.349,26	1.995,07	2.901,92	3.264,66
	V	48.087	2.644,78	3.846,96	4.327,83																		
	VI	48.618	2.673,99	3.889,44	4.375,62																		
38.347,99 (West)	I	41.835	2.300,92	3.346,80	3.765,15	2.197,52	3.196,40	3.595,95	2.094,12	3.046,00	3.426,75	1.990,72	2.895,60	3.257,55	1.887,32	2.745,20	3.088,35	1.772,14	2.594,80	2.919,15	1.548,42	2.444,40	2.749,95
	II	40.046	2.202,53	3.203,68	3.604,14	2.099,13	3.053,28	3.434,94	1.995,73	2.902,88	3.265,74	1.892,33	2.752,48	3.096,54	1.782,97	2.602,08	2.927,34	1.559,25	2.451,68	2.758,14	1.335,53	2.301,28	2.588,94
	III	31.866	-	2.549,28	2.867,94	-	2.401,92	2.702,16	-	2.257,76	2.539,98	-	2.116,64	2.381,22	-	1.978,72	2.226,06	-	1.843,68	2.074,14	-	1.711,84	1.925,82
	IV	41.835	2.300,92	3.346,80	3.765,15	2.249,22	3.271,60	3.680,55	2.197,52	3.196,40	3.595,95	2.145,82	3.121,20	3.511,35	2.094,12	3.046,00	3.426,75	2.042,42	2.970,80	3.342,15	1.990,72	2.895,60	3.257,55
	V	48.008	2.640,44	3.840,64	4.320,72																		
	VI	48.540	2.669,70	3.883,20	4.368,60																		
38.347,99 (Ost)	I	41.928	2.306,04	3.354,24	3.773,52	2.202,69	3.203,92	3.604,41	2.099,29	3.053,52	3.435,21	1.995,89	2.903,12	3.266,01	1.892,49	2.752,72	3.096,81	1.783,33	2.602,32	2.927,61	1.559,61	2.451,92	2.758,41
	II	40.139	2.207,64	3.211,12	3.612,51	2.104,24	3.060,72	3.443,31	2.000,84	2.910,32	3.274,11	1.897,44	2.759,92	3.104,91	1.794,10	2.609,60	2.935,80	1.570,44	2.459,20	2.766,60	1.346,72	2.308,80	2.597,40
	III	31.960	-	2.556,80	2.876,40	-	2.409,28	2.710,44	-	2.264,96	2.548,08	-	2.123,68	2.389,14	-	1.985,44	2.233,62	-	1.850,40	2.081,70	-	1.718,40	1.933,20
	IV	41.928	2.306,04	3.354,24	3.773,52	2.254,34	3.279,04	3.688,92	2.202,69	3.203,92	3.604,41	2.150,99	3.128,72	3.519,81	2.099,29	3.053,52	3.435,21	2.047,59	2.978,32	3.350,61	1.995,89	2.903,12	3.266,01
	V	48.102	2.645,61	3.848,16	4.329,18																		
	VI	48.633	2.674,81	3.890,64	4.376,97																		
38.383,99 (West)	I	41.850	2.301,75	3.348,00	3.766,50	2.198,35	3.197,60	3.597,30	2.094,95	3.047,20	3.428,10	1.991,55	2.896,80	3.258,90	1.888,15	2.746,40	3.089,70	1.773,93	2.596,00	2.920,50	1.550,21	2.445,60	2.751,30
	II	40.061	2.203,35	3.204,88	3.605,49	2.099,95	3.054,48	3.436,29	1.996,55	2.904,08	3.267,09	1.893,15	2.753,68	3.097,89	1.784,76	2.603,28	2.928,69	1.561,04	2.452,88	2.759,49	1.337,32	2.302,48	2.590,29
	III	31.880	-	2.550,40	2.869,20	-	2.403,20	2.703,60	-	2.258,88	2.541,24	-	2.117,76	2.382,48	-	1.979,68	2.227,14	-	1.844,80	2.075,40	-	1.712,96	1.927,08
	IV	41.850	2.301,75	3.348,00	3.766,50	2.250,05	3.272,80	3.681,90	2.198,35	3.197,60	3.597,30	2.146,65	3.122,40	3.512,70	2.094,95	3.047,20	3.428,10	2.043,25	2.972,00	3.343,50	1.991,55	2.896,80	3.258,90
	V	48.023	2.641,26	3.841,84	4.322,07																		
	VI	48.555	2.670,52	3.884,40	4.369,95																		
38.383,99 (Ost)	I	41.944	2.306,92	3.355,52	3.774,96	2.203,52	3.205,12	3.605,76	2.100,12	3.054,72	3.436,56	1.996,72	2.904,32	3.267,36	1.893,32	2.753,92	3.098,16	1.785,11	2.603,52	2.928,96	1.561,39	2.453,12	2.759,76
	II	40.154	2.208,47	3.212,32	3.613,86	2.105,07	3.061,92	3.444,66	2.001,72	2.911,60	3.275,55	1.898,32	2.761,20	3.106,35	1.794,92	2.610,80	2.937,15	1.572,22	2.460,40	2.767,95	1.348,50	2.310,00	2.598,75
	III	31.974	-	2.557,92	2.877,66	-	2.410,40	2.711,70	-	2.266,08	2.549,34	-	2.124,80	2.390,40	-	1.986,56	2.234,88	-	1.851,52	2.082,96	-	1.719,36	1.934,28
	IV	41.944	2.306,92	3.355,52	3.774,96	2.255,22	3.280,32	3.690,36	2.203,52	3.205,12	3.605,76	2.151,82	3.129,92	3.521,16	2.100,12	3.054,72	3.436,56	2.048,42	2.979,52	3.351,96	1.996,72	2.904,32	3.267,36
	V	48.117	2.646,43	3.849,36	4.330,53																		
	VI	48.649	2.675,69	3.891,92	4.378,41																		
38.419,99 (West)	I	41.865	2.302,57	3.349,20	3.767,85	2.199,17	3.198,80	3.598,65	2.095,77	3.048,40	3.429,45	1.992,37	2.898,00	3.260,25	1.888,97	2.747,60	3.091,05	1.775,71	2.597,20	2.921,85	1.552,11	2.446,88	2.752,74
	II	40.076	2.204,18	3.206,08	3.606,84	2.100,78	3.055,68	3.437,64	1.997,38	2.905,28	3.268,44	1.893,98	2.754,88	3.099,24	1.786,54	2.604,48	2.930,04	1.562,82	2.454,08	2.760,84	1.339,10	2.303,68	2.591,64
	III	31.896	-	2.551,68	2.870,64	-	2.404,32	2.704,86	-	2.260,16	2.542,68	-	2.118,88	2.383,74	-	1.980,80	2.228,40	-	1.845,92	2.076,66	-	1.713,92	1.928,16
	IV	41.865	2.302,57	3.349,20	3.767,85	2.250,87	3.274,00	3.683,25	2.199,17	3.198,80	3.598,65	2.147,47	3.123,60	3.514,05	2.095,77	3.048,40	3.429,45	2.044,07	2.973,20	3.344,85	1.992,37	2.898,00	3.260,25
	V	48.038	2.642,09	3.843,04	4.323,42																		
	VI	48.570	2.671,35	3.885,60	4.371,30																		
38.419,99 (Ost)	I	41.959	2.307,74	3.356,72	3.776,31	2.204,34	3.206,32	3.607,11	2.100,94	3.055,92	3.437,91	1.997,54	2.905,52	3.268,71	1.894,14	2.755,12	3.099,51	1.786,90	2.604,72	2.930,31	1.563,18	2.454,32	2.761,11
	II	40.169	2.209,29	3.213,52	3.615,21	2.105,95	3.063,20	3.446,10	2.002,55	2.912,80	3.276,90	1.899,15	2.762,40	3.107,70	1.795,75	2.612,00	2.938,50	1.574,01	2.461,60	2.769,30	1.350,29	2.311,20	2.600,10
	III	31.990	-	2.559,20	2.879,10	-	2.411,68	2.713,14	-	2.267,20	2.550,60	-	2.125,92	2.391,66	-	1.987,68	2.236,14	-	1.852,48	2.084,04	-	1.720,48	1.935,54
	IV	41.959	2.307,74	3.356,72	3.776,31	2.256,04	3.281,52	3.691,71	2.204,34	3.206,32	3.607,11	2.152,64	3.131,12	3.522,51	2.100,94	3.055,92	3.437,91	2.049,24	2.980,72	3.353,31	1.997,54	2.905,52	3.268,71
	V	48.132	2.647,26	3.850,56	4.331,88																		
	VI	48.664	2.676,52	3.893,12	4.379,76																		
38.455,99 (West)	I	41.880	2.303,40	3.350,40	3.769,20	2.200,00	3.200,00	3.600,00	2.096,60	3.049,60	3.430,80	1.993,20	2.899,20	3.261,60	1.889,80	2.748,80	3.092,40	1.777,62	2.598,48	2.923,29	1.553,90	2.448,08	2.754,09
	II	40.091	2.205,00	3.207,28	3.608,19	2.101,60	3.056,88	3.438,99	1.998,20	2.906,48	3.269,79	1.894,80	2.756,08	3.100,59	1.788,33	2.605,68	2.931,39	1.564,61	2.455,28	2.762,19	1.340,89	2.304,88	2.592,99
	III	31.910	-	2.552,80	2.871,90	-	2.405,44	2.706,12	-	2.261,28	2.543,94	-	2.120,00	2.385,00	-	1.981,92	2.229,66	-	1.846,88	2.077,74	-	1.715,04	1.929,42
	IV	41.880	2.303,40	3.350,40	3.769,20	2.251,70	3.275,20	3.684,60	2.200,00	3.200,00	3.600,00	2.148,30	3.124,80	3.515,40	2.096,60	3.049,60	3.430,80	2.044,90	2.974,40	3.346,20	1.993,20	2.899,20	3.261,60
	V	48.053	2.642,91	3.844,24	4.324,77																		
	VI	48.585	2.672,17	3.886,80	4.372,65																		
38.455,99 (Ost)	I	41.974	2.308,57	3.357,92	3.777,66	2.205,17	3.207,52	3.608,46	2.101,77	3.057,12	3.439,26	1.998,37	2.906,72	3.270,06	1.894,97	2.756,32	3.100,86	1.788,68	2.605,92	2.931,66	1.564,96	2.455,52	2.762,46
	II	40.185	2.210,17	3.214,80	3.616,65	2.106,77	3.064,40	3.447,45	2.003,37	2.914,00	3.278,25	1.899,97	2.763,60	3.109,05	1.796,57	2.613,20	2.939,85	1.575,79	2.462,80	2.770,65	1.352,07	2.312,40	2.601,45
	III	32.004	-	2.560,32	2.880,36	-	2.412,80	2.714,40	-	2.268,32	2.551,86	-	2.127,04	2.392,92	-	1.988,80	2.237,40	-	1.853,60	2.085,30	-	1.721,60	1.936,80
	IV	41.974	2.308,57	3.357,92	3.777,66	2.256,87	3.282,72	3.693,06	2.205,17	3.207,52	3.608,46	2.153,47	3.132,32	3.523,86	2.101,77	3.057,12	3.439,26	2.050,07	2.981,92	3.354,66	1.998,37	2.906,72	3.270,06
	V	48.147	2.648,08	3.851,76	4.333,23																		
	VI	48.679	2.677,34	3.894,32	4.381,11																		

Anzahl Kinderfreibeträge (nur Steuerklassen I–IV)

SolZ/KiSt lt. Tabelle nicht für Sonstige Bezüge anwendbar.

JAHR bis 138.707,99 €

Allgemeine Tabelle

Lohn/Gehalt bis	Steuerklasse	Lohnsteuer	ohne Kinderfreibetrag SolZ 5,5%	ohne Kinderfreibetrag Kirchensteuer 8%	ohne Kinderfreibetrag Kirchensteuer 9%	0,5 SolZ 5,5%	0,5 Kirchensteuer 8%	0,5 Kirchensteuer 9%	1,0 SolZ 5,5%	1,0 Kirchensteuer 8%	1,0 Kirchensteuer 9%	1,5 SolZ 5,5%	1,5 Kirchensteuer 8%	1,5 Kirchensteuer 9%	2,0 SolZ 5,5%	2,0 Kirchensteuer 8%	2,0 Kirchensteuer 9%	2,5 SolZ 5,5%	2,5 Kirchensteuer 8%	2,5 Kirchensteuer 9%	3,0 SolZ 5,5%	3,0 Kirchensteuer 8%	3,0 Kirchensteuer 9%
138.491,99 (West)	I	41.895	2.304,22	3.351,60	3.770,55	2.200,82	3.201,20	3.601,35	2.097,42	3.050,80	3.432,15	1.994,08	2.900,48	3.263,04	1.890,68	2.750,08	3.093,84	1.779,40	2.599,68	2.924,64	1.555,68	2.449,28	2.755,4
	II	40.106	2.205,83	3.208,48	3.609,54	2.102,43	3.058,08	3.440,34	1.999,03	2.907,68	3.271,14	1.895,63	2.757,28	3.101,94	1.790,11	2.606,88	2.932,74	1.566,39	2.456,48	2.763,54	1.342,79	2.306,16	2.594,4
	III	31.926	-	2.554,08	2.873,34	-	2.406,72	2.707,56	-	2.262,40	2.545,20	-	2.121,12	2.386,26	-	1.983,04	2.230,92	-	1.848,00	2.079,00	-	1.716,00	1.930,5
	IV	41.895	2.304,22	3.351,60	3.770,55	2.252,52	3.276,40	3.685,95	2.200,82	3.201,20	3.601,35	2.149,12	3.126,00	3.516,75	2.097,42	3.050,80	3.432,15	2.045,72	2.975,60	3.347,55	1.994,08	2.900,48	3.263,0
	V	48.069	2.643,79	3.845,52	4.326,21																		
	VI	48.600	2.673,00	3.888,00	4.374,00																		
138.491,99 (Ost)	I	41.989	2.309,39	3.359,12	3.779,01	2.205,99	3.208,72	3.609,81	2.102,59	3.058,32	3.440,61	1.999,19	2.907,92	3.271,41	1.895,79	2.757,52	3.102,21	1.790,47	2.607,12	2.933,01	1.566,75	2.456,72	2.763,8
	II	40.200	2.211,00	3.216,00	3.618,00	2.107,60	3.065,60	3.448,80	2.004,20	2.915,20	3.279,60	1.900,80	2.764,80	3.110,40	1.797,40	2.614,40	2.941,20	1.577,58	2.464,00	2.772,00	1.353,86	2.313,60	2.602,8
	III	32.020	-	2.561,60	2.881,80	-	2.413,92	2.715,66	-	2.269,60	2.553,30	-	2.128,16	2.394,18	-	1.989,92	2.238,66	-	1.854,72	2.086,56	-	1.722,56	1.937,8
	IV	41.989	2.309,39	3.359,12	3.779,01	2.257,69	3.283,92	3.694,41	2.205,99	3.208,72	3.609,81	2.154,29	3.133,52	3.525,21	2.102,59	3.058,32	3.440,61	2.050,89	2.983,12	3.356,01	1.999,19	2.907,92	3.271,4
	V	48.162	2.648,91	3.852,96	4.334,58																		
	VI	48.694	2.678,17	3.895,52	4.382,46																		
138.527,99 (West)	I	41.910	2.305,05	3.352,80	3.771,90	2.201,65	3.202,40	3.602,70	2.098,30	3.052,08	3.433,59	1.994,90	2.901,68	3.264,39	1.891,50	2.751,28	3.095,19	1.781,19	2.600,88	2.925,99	1.557,47	2.450,48	2.756,7
	II	40.121	2.206,65	3.209,68	3.610,89	2.103,25	3.059,28	3.441,69	1.999,85	2.908,88	3.272,49	1.896,45	2.758,48	3.103,29	1.792,02	2.608,16	2.934,18	1.568,30	2.457,76	2.764,98	1.344,58	2.307,36	2.595,7
	III	31.940	-	2.555,20	2.874,60	-	2.407,84	2.708,82	-	2.263,52	2.546,46	-	2.122,24	2.387,52	-	1.984,16	2.232,18	-	1.849,12	2.080,26	-	1.717,12	1.931,7
	IV	41.910	2.305,05	3.352,80	3.771,90	2.253,35	3.277,60	3.687,30	2.201,65	3.202,40	3.602,70	2.150,00	3.127,28	3.518,19	2.098,30	3.052,08	3.433,59	2.046,60	2.976,88	3.348,99	1.994,90	2.901,68	3.264,3
	V	48.084	2.644,62	3.846,72	4.327,56																		
	VI	48.615	2.673,82	3.889,20	4.375,35																		
138.527,99 (Ost)	I	42.004	2.310,22	3.360,32	3.780,36	2.206,82	3.209,92	3.611,16	2.103,42	3.059,52	3.441,96	2.000,02	2.909,12	3.272,76	1.896,62	2.758,72	3.103,56	1.792,25	2.608,32	2.934,36	1.568,65	2.458,00	2.765,2
	II	40.215	2.211,82	3.217,20	3.619,35	2.108,42	3.066,80	3.450,15	2.005,02	2.916,40	3.280,95	1.901,62	2.766,00	3.111,75	1.798,22	2.615,60	2.942,55	1.579,36	2.465,20	2.773,35	1.355,64	2.314,80	2.604,1
	III	32.034	-	2.562,72	2.883,06	-	2.415,20	2.717,10	-	2.270,72	2.554,56	-	2.129,28	2.395,44	-	1.991,04	2.239,92	-	1.855,68	2.087,64	-	1.723,68	1.939,1
	IV	42.004	2.310,22	3.360,32	3.780,36	2.258,52	3.285,12	3.695,76	2.206,82	3.209,92	3.611,16	2.155,12	3.134,72	3.526,56	2.103,42	3.059,52	3.441,96	2.051,72	2.984,32	3.357,36	2.000,02	2.909,12	3.272,7
	V	48.177	2.649,73	3.854,16	4.335,93																		
	VI	48.709	2.678,99	3.896,72	4.383,81																		
138.563,99 (West)	I	41.926	2.305,93	3.354,08	3.773,34	2.202,53	3.203,68	3.604,14	2.099,13	3.053,28	3.434,94	1.995,73	2.902,88	3.265,74	1.892,33	2.752,48	3.096,54	1.782,97	2.602,08	2.927,34	1.559,25	2.451,68	2.758,1
	II	40.136	2.207,48	3.210,88	3.612,24	2.104,08	3.060,48	3.443,04	2.000,68	2.910,08	3.273,84	1.897,33	2.759,76	3.104,73	1.793,80	2.609,36	2.935,53	1.570,08	2.458,96	2.766,33	1.346,36	2.308,56	2.597,1
	III	31.956	-	2.556,48	2.876,04	-	2.408,96	2.710,08	-	2.264,64	2.547,72	-	2.123,36	2.388,78	-	1.985,28	2.233,44	-	1.850,08	2.081,34	-	1.718,08	1.932,8
	IV	41.926	2.305,93	3.354,08	3.773,34	2.254,23	3.278,88	3.688,74	2.202,53	3.203,68	3.604,14	2.150,83	3.128,48	3.519,54	2.099,13	3.053,28	3.434,94	2.047,43	2.978,08	3.350,34	1.995,73	2.902,88	3.265,7
	V	48.099	2.645,44	3.847,92	4.328,91																		
	VI	48.631	2.674,70	3.890,48	4.376,79																		
138.563,99 (Ost)	I	42.019	2.311,04	3.361,52	3.781,71	2.207,64	3.211,12	3.612,51	2.104,24	3.060,72	3.443,31	2.000,84	2.910,32	3.274,11	1.897,44	2.759,92	3.104,91	1.794,10	2.609,60	2.935,80	1.570,44	2.459,20	2.766,6
	II	40.230	2.212,65	3.218,40	3.620,70	2.109,25	3.068,00	3.451,50	2.005,85	2.917,60	3.282,30	1.902,45	2.767,20	3.113,10	1.799,05	2.616,80	2.943,90	1.581,15	2.466,40	2.774,70	1.357,43	2.316,00	2.605,5
	III	32.050	-	2.564,00	2.884,50	-	2.416,32	2.718,36	-	2.271,84	2.555,82	-	2.130,40	2.396,70	-	1.992,00	2.241,00	-	1.856,80	2.088,90	-	1.724,64	1.940,2
	IV	42.019	2.311,04	3.361,52	3.781,71	2.259,34	3.286,32	3.697,11	2.207,64	3.211,12	3.612,51	2.155,94	3.135,92	3.527,91	2.104,24	3.060,72	3.443,31	2.052,54	2.985,52	3.358,71	2.000,84	2.910,32	3.274,1
	V	48.192	2.650,56	3.855,36	4.337,28																		
	VI	48.724	2.679,82	3.897,92	4.385,16																		
138.599,99 (West)	I	41.941	2.306,75	3.355,28	3.774,69	2.203,35	3.204,88	3.605,49	2.099,95	3.054,48	3.436,29	1.996,55	2.904,08	3.267,09	1.893,15	2.753,68	3.097,89	1.784,76	2.603,28	2.928,69	1.561,04	2.452,88	2.759,4
	II	40.151	2.208,30	3.212,08	3.613,59	2.104,96	3.061,76	3.444,48	2.001,56	2.911,36	3.275,28	1.898,16	2.760,96	3.106,08	1.794,76	2.610,56	2.936,88	1.571,87	2.460,16	2.767,68	1.348,15	2.309,76	2.598,4
	III	31.970	-	2.557,60	2.877,30	-	2.410,24	2.711,52	-	2.265,76	2.548,98	-	2.124,48	2.390,04	-	1.986,40	2.234,70	-	1.851,20	2.082,60	-	1.719,20	1.934,1
	IV	41.941	2.306,75	3.355,28	3.774,69	2.255,05	3.280,08	3.690,09	2.203,35	3.204,88	3.605,49	2.151,65	3.129,68	3.520,89	2.099,95	3.054,48	3.436,29	2.048,25	2.979,28	3.351,69	1.996,55	2.904,08	3.267,0
	V	48.114	2.646,27	3.849,12	4.330,26																		
	VI	48.646	2.675,53	3.891,68	4.378,14																		
138.599,99 (Ost)	I	42.034	2.311,87	3.362,72	3.783,06	2.208,47	3.212,32	3.613,86	2.105,07	3.061,92	3.444,66	2.001,72	2.911,60	3.275,55	1.898,32	2.761,20	3.106,35	1.794,92	2.610,80	2.937,15	1.572,22	2.460,40	2.767,9
	II	40.245	2.213,47	3.219,60	3.622,05	2.110,07	3.069,20	3.452,85	2.006,67	2.918,80	3.283,65	1.903,27	2.768,40	3.114,45	1.799,87	2.618,00	2.945,25	1.582,93	2.467,60	2.776,05	1.359,33	2.317,28	2.606,9
	III	32.064	-	2.565,12	2.885,76	-	2.417,44	2.719,62	-	2.272,96	2.557,08	-	2.131,52	2.397,96	-	1.993,12	2.242,26	-	1.857,92	2.090,16	-	1.725,76	1.941,4
	IV	42.034	2.311,87	3.362,72	3.783,06	2.260,17	3.287,52	3.698,46	2.208,47	3.212,32	3.613,86	2.156,77	3.137,12	3.529,26	2.105,07	3.061,92	3.444,66	2.053,37	2.986,72	3.360,06	2.001,72	2.911,60	3.275,5
	V	48.208	2.651,44	3.856,64	4.338,72																		
	VI	48.739	2.680,64	3.899,12	4.386,51																		
138.635,99 (West)	I	41.956	2.307,58	3.356,48	3.776,04	2.204,18	3.206,08	3.606,84	2.100,78	3.055,68	3.437,64	1.997,38	2.905,28	3.268,44	1.893,98	2.754,88	3.099,24	1.786,54	2.604,48	2.930,04	1.562,82	2.454,08	2.760,8
	II	40.167	2.209,18	3.213,36	3.615,03	2.105,78	3.062,96	3.445,83	2.002,38	2.912,56	3.276,63	1.898,98	2.762,16	3.107,43	1.795,58	2.611,76	2.938,23	1.573,65	2.461,36	2.769,03	1.349,93	2.310,96	2.599,8
	III	31.986	-	2.558,88	2.878,74	-	2.411,36	2.712,78	-	2.267,04	2.550,42	-	2.125,60	2.391,30	-	1.987,36	2.235,78	-	1.852,32	2.083,86	-	1.720,16	1.935,1
	IV	41.956	2.307,58	3.356,48	3.776,04	2.255,88	3.281,28	3.691,44	2.204,18	3.206,08	3.606,84	2.152,48	3.130,88	3.522,24	2.100,78	3.055,68	3.437,64	2.049,08	2.980,48	3.353,04	1.997,38	2.905,28	3.268,4
	V	48.129	2.647,09	3.850,32	4.331,61																		
	VI	48.661	2.676,35	3.892,88	4.379,49																		
138.635,99 (Ost)	I	42.049	2.312,69	3.363,92	3.784,41	2.209,29	3.213,52	3.615,21	2.105,95	3.063,20	3.446,10	2.002,55	2.912,80	3.276,90	1.899,15	2.762,40	3.107,70	1.795,75	2.612,00	2.938,50	1.574,01	2.461,60	2.769,3
	II	40.260	2.214,30	3.220,80	3.623,40	2.110,90	3.070,40	3.454,20	2.007,50	2.920,00	3.285,00	1.904,10	2.769,60	3.115,80	1.800,75	2.619,28	2.946,69	1.584,84	2.468,88	2.777,49	1.361,12	2.318,48	2.608,2
	III	32.080	-	2.566,40	2.887,20	-	2.418,72	2.721,06	-	2.274,08	2.558,34	-	2.132,64	2.399,22	-	1.994,24	2.243,52	-	1.859,04	2.091,42	-	1.726,72	1.942,5
	IV	42.049	2.312,69	3.363,92	3.784,41	2.260,99	3.288,72	3.699,81	2.209,29	3.213,52	3.615,21	2.157,65	3.138,40	3.530,70	2.105,95	3.063,20	3.446,10	2.054,25	2.988,00	3.361,50	2.002,55	2.912,80	3.276,9
	V	48.223	2.652,26	3.857,84	4.340,07																		
	VI	48.754	2.681,47	3.900,32	4.387,86																		
138.671,99 (West)	I	41.971	2.308,40	3.357,68	3.777,39	2.205,00	3.207,28	3.608,19	2.101,60	3.056,88	3.438,99	1.998,20	2.906,48	3.269,79	1.894,80	2.756,08	3.100,59	1.788,33	2.605,68	2.931,39	1.564,61	2.455,28	2.762,1
	II	40.182	2.210,01	3.214,56	3.616,38	2.106,61	3.064,16	3.447,18	2.003,21	2.913,76	3.277,98	1.899,81	2.763,36	3.108,78	1.796,41	2.612,96	2.939,58	1.575,44	2.462,56	2.770,38	1.351,72	2.312,16	2.601,1
	III	32.000	-	2.560,00	2.880,00	-	2.412,48	2.714,04	-	2.268,16	2.551,68	-	2.126,72	2.392,56	-	1.988,48	2.237,04	-	1.853,44	2.085,12	-	1.721,28	1.936,4
	IV	41.971	2.308,40	3.357,68	3.777,39	2.256,70	3.282,48	3.692,79	2.205,00	3.207,28	3.608,19	2.153,30	3.132,08	3.523,59	2.101,60	3.056,88	3.438,99	2.049,90	2.981,68	3.354,39	1.998,20	2.906,48	3.269,7
	V	48.144	2.647,92	3.851,52	4.332,96																		
	VI	48.676	2.677,18	3.894,08	4.380,84																		
138.671,99 (Ost)	I	42.065	2.313,57	3.365,20	3.785,85	2.210,17	3.214,80	3.616,65	2.106,77	3.064,40	3.447,45	2.003,37	2.914,00	3.278,25	1.899,97	2.763,60	3.109,05	1.796,57	2.613,20	2.939,85	1.575,79	2.462,80	2.770,6
	II	40.275	2.215,12	3.222,00	3.624,75	2.111,72	3.071,60	3.455,55	2.008,32	2.921,20	3.286,35	1.904,98	2.770,88	3.117,24	1.801,58	2.620,48	2.948,04	1.586,62	2.470,08	2.778,84	1.362,90	2.319,68	2.609,6
	III	32.094	-	2.567,52	2.888,46	-	2.419,84	2.722,32	-	2.275,20	2.559,60	-	2.133,76	2.400,48	-	1.995,36	2.244,78	-	1.860,00	2.092,50	-	1.727,84	1.943,8
	IV	42.065	2.313,57	3.365,20	3.785,85	2.261,87	3.290,00	3.701,25	2.210,17	3.214,80	3.616,65	2.158,47	3.139,60	3.532,05	2.106,77	3.064,40	3.447,45	2.055,07	2.989,20	3.362,85	2.003,37	2.914,00	3.278,2
	V	48.238	2.653,09	3.859,04	4.341,42																		
	VI	48.770	2.682,35	3.901,60	4.389,30																		
138.707,99 (West)	I	41.986	2.309,23	3.358,88	3.778,74	2.205,83	3.208,48	3.609,54	2.102,43	3.058,08	3.440,34	1.999,03	2.907,68	3.271,14	1.895,63	2.757,28	3.101,94	1.790,11	2.606,88	2.932,74	1.566,39	2.456,48	2.763,5
	II	40.197	2.210,83	3.215,76	3.617,73	2.107,43	3.065,36	3.448,53	2.004,03	2.914,96	3.279,33	1.900,63	2.764,56	3.110,13	1.797,23	2.614,16	2.940,93	1.577,22	2.463,76	2.771,73	1.353,50	2.313,36	2.602,5
	III	32.016	-	2.561,28	2.881,44	-	2.413,76	2.715,48	-	2.269,28	2.552,94	-	2.127,84	2.393,82	-	1.989,60	2.238,30	-	1.854,40	2.086,20	-	1.722,40	1.937,7
	IV	41.986	2.309,23	3.358,88	3.778,74	2.257,53	3.283,68	3.694,14	2.205,83	3.208,48	3.609,54	2.154,13	3.133,28	3.524,94	2.102,43	3.058,08	3.440,34	2.050,73	2.982,88	3.355,74	1.999,03	2.907,68	3.271,1
	V	48.159	2.648,74	3.852,72	4.334,31																		
	VI	48.691	2.678,00	3.895,28	4.382,19																		
138.707,99 (Ost)	I	42.080	2.314,40	3.366,40	3.787,20	2.211,00	3.216,00	3.618,00	2.107,60	3.065,60	3.448,80	2.004,20	2.915,20	3.279,60	1.900,80	2.764,80	3.110,40	1.797,40	2.614,40	2.941,20	1.577,58	2.464,00	2.772,0
	II	40.290	2.215,95	3.223,20	3.626,10	2.112,60	3.072,88	3.456,99	2.009,20	2.922,48	3.287,79	1.905,80	2.772,08	3.118,59	1.802,40	2.621,68	2.949,39	1.588,41	2.471,28	2.780,19	1.364,69	2.320,88	2.610,9
	III	32.110	-	2.568,80	2.889,90	-	2.420,96	2.723,58	-	2.276,48	2.561,04	-	2.134,88	2.401,74	-	1.996,48	2.246,04	-	1.861,12	2.093,76	-	1.728,80	1.944,9
	IV	42.080	2.314,40	3.366,40	3.787,20	2.262,70	3.291,20	3.702,60	2.211,00	3.216,00	3.618,00	2.159,30	3.140,80	3.533,40	2.107,60	3.065,60	3.448,80	2.055,90	2.990,40	3.364,20	2.004,20	2.915,20	3.279,6
	V	48.253	2.653,91	3.860,24	4.342,77																		
	VI	48.785	2.683,17	3.902,80	4.390,65																		

Anzahl Kinderfreibeträge (nur Steuerklassen I–IV)

SolZ/KiSt lt. Tabelle nicht für Sonstige Bezüge anwendbar.

Allgemeine Tabelle

JAHR bis 138.959,99 €

Lohn/ Gehalt bis	Steuerklasse	Lohnsteuer	ohne Kinderfreibetrag			Anzahl Kinderfreibeträge (nur Steuerklassen I–IV)																	
						0,5			1,0			1,5			2,0			2,5			3,0		
			SolZ 5,5%	Kirchensteuer 8%	Kirchensteuer 9%	SolZ 5,5%	Kirchensteuer 8%	Kirchensteuer 9%	SolZ 5,5%	Kirchensteuer 8%	Kirchensteuer 9%	SolZ 5,5%	Kirchensteuer 8%	Kirchensteuer 9%	SolZ 5,5%	Kirchensteuer 8%	Kirchensteuer 9%	SolZ 5,5%	Kirchensteuer 8%	Kirchensteuer 9%	SolZ 5,5%	Kirchensteuer 8%	Kirchensteuer 9%
38.743,99 (West)	I	42.001	2.310,05	3.360,08	3.780,09	2.206,65	3.209,68	3.610,89	2.103,25	3.059,28	3.441,69	1.999,85	2.908,88	3.272,49	1.896,45	2.758,48	3.103,29	1.792,02	2.608,16	2.934,18	1.568,30	2.457,76	2.764,98
	II	40.212	2.211,66	3.216,96	3.619,08	2.108,26	3.066,56	3.449,88	2.004,86	2.916,16	3.280,68	1.901,46	2.765,76	3.111,48	1.798,06	2.615,36	2.942,28	1.579,01	2.464,96	2.773,08	1.355,29	2.314,56	2.603,88
	III	32.030	-	2.562,40	2.882,70	-	2.414,88	2.716,74	-	2.270,40	2.554,20	-	2.128,96	2.395,08	-	1.990,72	2.239,56	-	1.855,52	2.087,46	-	1.723,36	1.938,78
	IV	42.001	2.310,05	3.360,08	3.780,09	2.258,35	3.284,88	3.695,49	2.206,65	3.209,68	3.610,89	2.154,95	3.134,48	3.526,29	2.103,25	3.059,28	3.441,69	2.051,55	2.984,08	3.357,09	1.999,85	2.908,88	3.272,49
	V	48.174	2.649,57	3.853,92	4.335,66																		
	VI	48.706	2.678,83	3.896,48	4.383,54																		
38.743,99 (Ost)	I	42.095	2.315,22	3.367,60	3.788,55	2.211,82	3.217,20	3.619,35	2.108,42	3.066,80	3.450,15	2.005,02	2.916,40	3.280,95	1.901,62	2.766,00	3.111,75	1.798,22	2.615,60	2.942,55	1.579,36	2.465,20	2.773,35
	II	40.306	2.216,83	3.224,48	3.627,54	2.113,43	3.074,08	3.458,34	2.010,03	2.923,68	3.289,14	1.906,63	2.773,28	3.119,94	1.803,23	2.622,88	2.950,74	1.590,19	2.472,48	2.781,54	1.366,47	2.322,08	2.612,34
	III	32.124	-	2.569,92	2.891,16	-	2.422,24	2.725,02	-	2.277,60	2.562,30	-	2.136,00	2.403,00	-	1.997,60	2.247,30	-	1.862,24	2.095,02	-	1.729,92	1.946,16
	IV	42.095	2.315,22	3.367,60	3.788,55	2.263,52	3.292,40	3.703,95	2.211,82	3.217,20	3.619,35	2.160,12	3.142,00	3.534,75	2.108,42	3.066,80	3.450,15	2.056,72	2.991,60	3.365,55	2.005,02	2.916,40	3.280,95
	V	48.268	2.654,74	3.861,44	4.344,12																		
	VI	48.800	2.684,00	3.904,00	4.392,00																		
38.779,99 (West)	I	42.016	2.310,88	3.361,28	3.781,44	2.207,48	3.210,88	3.612,24	2.104,08	3.060,48	3.443,04	2.000,68	2.910,08	3.273,84	1.897,33	2.759,76	3.104,73	1.793,80	2.609,36	2.935,53	1.570,08	2.458,96	2.766,33
	II	40.227	2.212,48	3.218,16	3.620,43	2.109,08	3.067,76	3.451,23	2.005,68	2.917,36	3.282,03	1.902,28	2.766,96	3.112,83	1.798,88	2.616,56	2.943,63	1.580,79	2.466,16	2.774,43	1.357,19	2.315,84	2.605,32
	III	32.046	-	2.563,68	2.884,14	-	2.416,00	2.718,00	-	2.271,52	2.555,46	-	2.130,08	2.396,34	-	1.991,84	2.240,82	-	1.856,64	2.088,72	-	1.724,48	1.940,04
	IV	42.016	2.310,88	3.361,28	3.781,44	2.259,18	3.286,08	3.696,84	2.207,48	3.210,88	3.612,24	2.155,78	3.135,68	3.527,64	2.104,08	3.060,48	3.443,04	2.052,38	2.985,28	3.358,44	2.000,68	2.910,08	3.273,84
	V	48.190	2.650,45	3.855,20	4.337,10																		
	VI	48.721	2.679,65	3.897,68	4.384,89																		
38.779,99 (Ost)	I	42.110	2.316,05	3.368,80	3.789,90	2.212,65	3.218,40	3.620,70	2.109,25	3.068,00	3.451,50	2.005,85	2.917,60	3.282,30	1.902,45	2.767,20	3.113,10	1.799,05	2.616,80	2.943,90	1.581,15	2.466,40	2.774,70
	II	40.321	2.217,65	3.225,68	3.628,89	2.114,25	3.075,28	3.459,69	2.010,85	2.924,88	3.290,49	1.907,45	2.774,48	3.121,29	1.804,05	2.624,08	2.952,09	1.591,98	2.473,68	2.782,89	1.368,26	2.323,28	2.613,69
	III	32.140	-	2.571,20	2.892,60	-	2.423,36	2.726,28	-	2.278,72	2.563,56	-	2.137,12	2.404,26	-	1.998,72	2.248,56	-	1.863,36	2.096,28	-	1.731,04	1.947,42
	IV	42.110	2.316,05	3.368,80	3.789,90	2.264,35	3.293,60	3.705,30	2.212,65	3.218,40	3.620,70	2.160,95	3.143,20	3.536,10	2.109,25	3.068,00	3.451,50	2.057,55	2.992,80	3.366,90	2.005,85	2.917,60	3.282,30
	V	48.283	2.655,56	3.862,64	4.345,47																		
	VI	48.815	2.684,82	3.905,20	4.393,35																		
38.815,99 (West)	I	42.031	2.311,70	3.362,48	3.782,79	2.208,30	3.212,08	3.613,59	2.104,96	3.061,76	3.444,48	2.001,56	2.911,36	3.275,28	1.898,16	2.760,96	3.106,08	1.794,76	2.610,56	2.936,88	1.571,87	2.460,16	2.767,68
	II	40.242	2.213,31	3.219,36	3.621,78	2.109,91	3.068,96	3.452,58	2.006,51	2.918,56	3.283,38	1.903,11	2.768,16	3.114,18	1.799,71	2.617,76	2.944,98	1.582,70	2.467,44	2.775,87	1.358,98	2.317,04	2.606,67
	III	32.060	-	2.564,80	2.885,40	-	2.417,28	2.719,44	-	2.272,64	2.556,72	-	2.131,36	2.397,78	-	1.992,96	2.242,08	-	1.857,60	2.089,80	-	1.725,44	1.941,12
	IV	42.031	2.311,70	3.362,48	3.782,79	2.260,00	3.287,28	3.698,19	2.208,30	3.212,08	3.613,59	2.156,60	3.136,88	3.528,99	2.104,96	3.061,76	3.444,48	2.053,26	2.986,56	3.359,88	2.001,56	2.911,36	3.275,28
	V	48.205	2.651,27	3.856,40	4.338,45																		
	VI	48.736	2.680,48	3.898,88	4.386,24																		
38.815,99 (Ost)	I	42.125	2.316,87	3.370,00	3.791,25	2.213,47	3.219,60	3.622,05	2.110,07	3.069,20	3.452,85	2.006,67	2.918,80	3.283,65	1.903,27	2.768,40	3.114,45	1.799,87	2.618,00	2.945,25	1.582,93	2.467,60	2.776,05
	II	40.336	2.218,48	3.226,88	3.630,24	2.115,08	3.076,48	3.461,04	2.011,68	2.926,08	3.291,84	1.908,28	2.775,68	3.122,64	1.804,88	2.625,28	2.953,44	1.593,76	2.474,88	2.784,24	1.370,04	2.324,48	2.615,04
	III	32.154	-	2.572,32	2.893,86	-	2.424,48	2.727,54	-	2.279,84	2.564,82	-	2.138,24	2.405,52	-	1.999,84	2.249,82	-	1.864,32	2.097,36	-	1.732,00	1.948,50
	IV	42.125	2.316,87	3.370,00	3.791,25	2.265,17	3.294,80	3.706,65	2.213,47	3.219,60	3.622,05	2.161,77	3.144,40	3.537,45	2.110,07	3.069,20	3.452,85	2.058,37	2.994,00	3.368,25	2.006,67	2.918,80	3.283,65
	V	48.298	2.656,39	3.863,84	4.346,82																		
	VI	48.830	2.685,65	3.906,40	4.394,70																		
38.851,99 (West)	I	42.046	2.312,53	3.363,68	3.784,14	2.209,18	3.213,36	3.615,03	2.105,78	3.062,96	3.445,83	2.002,38	2.912,56	3.276,63	1.898,98	2.762,16	3.107,43	1.795,58	2.611,76	2.938,23	1.573,65	2.461,36	2.769,03
	II	40.257	2.214,13	3.220,56	3.623,13	2.110,73	3.070,16	3.453,93	2.007,33	2.919,76	3.284,73	1.903,99	2.769,44	3.115,62	1.800,59	2.619,04	2.946,42	1.584,48	2.468,64	2.777,22	1.360,76	2.318,24	2.608,02
	III	32.076	-	2.566,08	2.886,84	-	2.418,40	2.720,70	-	2.273,92	2.558,16	-	2.132,48	2.399,04	-	1.994,08	2.243,34	-	1.858,72	2.091,06	-	1.726,56	1.942,38
	IV	42.046	2.312,53	3.363,68	3.784,14	2.260,88	3.288,56	3.699,63	2.209,18	3.213,36	3.615,03	2.157,48	3.138,16	3.530,43	2.105,78	3.062,96	3.445,83	2.054,08	2.987,76	3.361,23	2.002,38	2.912,56	3.276,63
	V	48.220	2.652,10	3.857,60	4.339,80																		
	VI	48.751	2.681,30	3.900,08	4.387,59																		
38.851,99 (Ost)	I	42.140	2.317,70	3.371,20	3.792,60	2.214,30	3.220,80	3.623,40	2.110,90	3.070,40	3.454,20	2.007,50	2.920,00	3.285,00	1.904,10	2.769,60	3.115,80	1.800,75	2.619,28	2.946,69	1.584,84	2.468,88	2.777,49
	II	40.351	2.219,30	3.228,08	3.631,59	2.115,90	3.077,68	3.462,39	2.012,50	2.927,28	3.293,19	1.909,10	2.776,88	3.123,99	1.805,70	2.626,48	2.954,79	1.595,55	2.476,08	2.785,59	1.371,83	2.325,68	2.616,39
	III	32.170	-	2.573,60	2.895,30	-	2.425,76	2.728,98	-	2.280,96	2.566,08	-	2.139,36	2.406,78	-	2.000,96	2.251,08	-	1.865,44	2.098,62	-	1.733,12	1.949,76
	IV	42.140	2.317,70	3.371,20	3.792,60	2.266,00	3.296,00	3.708,00	2.214,30	3.220,80	3.623,40	2.162,60	3.145,60	3.538,80	2.110,90	3.070,40	3.454,20	2.059,20	2.995,20	3.369,60	2.007,50	2.920,00	3.285,00
	V	48.313	2.657,21	3.865,04	4.348,17																		
	VI	48.845	2.686,47	3.907,60	4.396,05																		
38.887,99 (West)	I	42.062	2.313,41	3.364,96	3.785,58	2.210,01	3.214,56	3.616,38	2.106,61	3.064,16	3.447,18	2.003,21	2.913,76	3.277,98	1.899,81	2.763,36	3.108,78	1.796,41	2.612,96	2.939,58	1.575,44	2.462,56	2.770,38
	II	40.272	2.214,96	3.221,76	3.624,48	2.111,56	3.071,36	3.455,28	2.008,21	2.921,04	3.286,17	1.904,81	2.770,64	3.116,97	1.801,41	2.620,24	2.947,77	1.586,27	2.469,84	2.778,57	1.362,55	2.319,44	2.609,37
	III	32.090	-	2.567,20	2.888,10	-	2.419,52	2.721,96	-	2.275,04	2.559,42	-	2.133,60	2.400,30	-	1.995,20	2.244,60	-	1.859,84	2.092,32	-	1.727,52	1.943,46
	IV	42.062	2.313,41	3.364,96	3.785,58	2.261,71	3.289,76	3.700,98	2.210,01	3.214,56	3.616,38	2.158,31	3.139,36	3.531,78	2.106,61	3.064,16	3.447,18	2.054,91	2.988,96	3.362,58	2.003,21	2.913,76	3.277,98
	V	48.235	2.652,92	3.858,80	4.341,15																		
	VI	48.767	2.682,18	3.901,36	4.389,03																		
38.887,99 (Ost)	I	42.155	2.318,52	3.372,40	3.793,95	2.215,12	3.222,00	3.624,75	2.111,72	3.071,60	3.455,55	2.008,32	2.921,20	3.286,35	1.904,98	2.770,88	3.117,24	1.801,58	2.620,48	2.948,04	1.586,62	2.470,08	2.778,84
	II	40.366	2.220,13	3.229,28	3.632,94	2.116,73	3.078,88	3.463,74	2.013,33	2.928,48	3.294,54	1.909,93	2.778,08	3.125,34	1.806,53	2.627,68	2.956,14	1.597,33	2.477,28	2.786,94	1.373,73	2.326,96	2.617,83
	III	32.184	-	2.574,72	2.896,56	-	2.426,88	2.730,24	-	2.282,24	2.567,52	-	2.140,48	2.408,04	-	2.001,92	2.252,16	-	1.866,56	2.099,88	-	1.734,08	1.950,84
	IV	42.155	2.318,52	3.372,40	3.793,95	2.266,82	3.297,20	3.709,35	2.215,12	3.222,00	3.624,75	2.163,42	3.146,80	3.540,15	2.111,72	3.071,60	3.455,55	2.060,02	2.996,40	3.370,95	2.008,32	2.921,20	3.286,35
	V	48.329	2.658,09	3.866,32	4.349,61																		
	VI	48.860	2.687,30	3.908,80	4.397,40																		
38.923,99 (West)	I	42.077	2.314,23	3.366,16	3.786,93	2.210,83	3.215,76	3.617,73	2.107,43	3.065,36	3.448,53	2.004,03	2.914,96	3.279,33	1.900,63	2.764,56	3.110,13	1.797,23	2.614,16	2.940,93	1.577,22	2.463,76	2.771,73
	II	40.288	2.215,84	3.223,04	3.625,92	2.112,44	3.072,64	3.456,72	2.009,04	2.922,24	3.287,52	1.905,64	2.771,84	3.118,32	1.802,24	2.621,44	2.949,12	1.588,05	2.471,04	2.779,92	1.364,33	2.320,64	2.610,72
	III	32.106	-	2.568,48	2.889,54	-	2.420,80	2.723,40	-	2.276,16	2.560,68	-	2.134,72	2.401,56	-	1.996,16	2.245,68	-	1.860,96	2.093,58	-	1.728,64	1.944,72
	IV	42.077	2.314,23	3.366,16	3.786,93	2.262,53	3.290,96	3.702,33	2.210,83	3.215,76	3.617,73	2.159,13	3.140,56	3.533,13	2.107,43	3.065,36	3.448,53	2.055,73	2.990,16	3.363,93	2.004,03	2.914,96	3.279,33
	V	48.250	2.653,75	3.860,00	4.342,50																		
	VI	48.782	2.683,01	3.902,56	4.390,38																		
38.923,99 (Ost)	I	42.170	2.319,35	3.373,60	3.795,30	2.215,95	3.223,20	3.626,10	2.112,60	3.072,88	3.456,99	2.009,20	2.922,48	3.287,79	1.905,80	2.772,08	3.118,59	1.802,40	2.621,68	2.949,39	1.588,41	2.471,28	2.780,19
	II	40.381	2.220,95	3.230,48	3.634,29	2.117,55	3.080,08	3.465,09	2.014,15	2.929,68	3.295,89	1.910,75	2.779,28	3.126,69	1.807,35	2.628,88	2.957,49	1.599,24	2.478,56	2.788,38	1.375,52	2.328,16	2.619,18
	III	32.200	-	2.576,00	2.898,00	-	2.428,16	2.731,68	-	2.283,36	2.568,78	-	2.141,60	2.409,30	-	2.003,04	2.253,42	-	1.867,52	2.100,96	-	1.735,20	1.952,10
	IV	42.170	2.319,35	3.373,60	3.795,30	2.267,65	3.298,40	3.710,70	2.215,95	3.223,20	3.626,10	2.164,25	3.148,00	3.541,50	2.112,60	3.072,88	3.456,99	2.060,90	2.997,68	3.372,39	2.009,20	2.922,48	3.287,79
	V	48.344	2.658,92	3.867,52	4.350,96																		
	VI	48.875	2.688,12	3.910,00	4.398,75																		
38.959,99 (West)	I	42.092	2.315,06	3.367,36	3.788,28	2.211,66	3.216,96	3.619,08	2.108,26	3.066,56	3.449,88	2.004,86	2.916,16	3.280,68	1.901,46	2.765,76	3.111,48	1.798,06	2.615,36	2.942,28	1.579,01	2.464,96	2.773,08
	II	40.303	2.216,66	3.224,24	3.627,27	2.113,26	3.073,84	3.458,07	2.009,86	2.923,44	3.288,87	1.906,46	2.773,04	3.119,67	1.803,06	2.622,64	2.950,47	1.589,84	2.472,24	2.781,27	1.366,12	2.321,84	2.612,07
	III	32.120	-	2.569,60	2.890,80	-	2.421,92	2.724,66	-	2.277,28	2.561,94	-	2.135,84	2.402,82	-	1.997,28	2.246,94	-	1.861,92	2.094,66	-	1.729,76	1.945,98
	IV	42.092	2.315,06	3.367,36	3.788,28	2.263,36	3.292,16	3.703,68	2.211,66	3.216,96	3.619,08	2.159,96	3.141,76	3.534,48	2.108,26	3.066,56	3.449,88	2.056,56	2.991,36	3.365,28	2.004,86	2.916,16	3.280,68
	V	48.265	2.654,57	3.861,20	4.343,85																		
	VI	48.797	2.683,83	3.903,76	4.391,73																		
38.959,99 (Ost)	I	42.185	2.320,17	3.374,80	3.796,65	2.216,83	3.224,48	3.627,54	2.113,43	3.074,08	3.458,34	2.010,03	2.923,68	3.289,14	1.906,63	2.773,28	3.119,94	1.803,23	2.622,88	2.950,74	1.590,19	2.472,48	2.781,54
	II	40.396	2.221,78	3.231,68	3.635,64	2.118,38	3.081,28	3.466,44	2.014,98	2.930,88	3.297,24	1.911,63	2.780,56	3.128,13	1.808,23	2.630,16	2.958,93	1.601,02	2.479,76	2.789,73	1.377,30	2.329,36	2.620,53
	III	32.214	-	2.577,12	2.899,26	-	2.429,28	2.732,94	-	2.284,48	2.570,04	-	2.142,72	2.410,56	-	2.004,16	2.254,68	-	1.868,64	2.102,22	-	1.736,32	1.953,36
	IV	42.185	2.320,17	3.374,80	3.796,65	2.268,53	3.299,68	3.712,14	2.216,83	3.224,48	3.627,54	2.165,13	3.149,28	3.542,94	2.113,43	3.074,08	3.458,34	2.061,73	2.998,88	3.373,74	2.010,03	2.923,68	3.289,14
	V	48.359	2.659,74	3.868,72	4.352,31																		
	VI	48.891	2.689,00	3.911,28	4.400,19																		

SolZ/KiSt lt. Tabelle nicht für Sonstige Bezüge anwendbar.

Berechnung der Steuerabzugsbeträge bei höheren Jahresarbeitslöhnen*) (für Arbeitnehmer, die in der gesetzlichen Renten- und gesetzlichen Krankenversicherung versichert sind)

A. Berechnung der Lohnsteuer

Bei höheren als in der vorliegenden **Allgemeinen Jahreslohnsteuertabelle 2023** abgedruckten Jahresarbeitslöhnen ist die Lohnsteuer wie folgt zu berechnen:

1. Vom Jahreslohn sind folgende Beträge abzuziehen:
   a) ein vom Finanzamt ermittelter und bei den individuellen Lohnsteuerabzugsmerkmalen 2023 zur Verfügung gestellter Jahresfreibetrag,
   b) der Arbeitnehmer-Pauschbetrag in den Steuerklassen I bis V von .... 1 230,– €,
   c) der Sonderausgaben-Pauschbetrag
      – in den Steuerklassen I bis V .... 36,– €,
   d) die Vorsorgepauschale in allen Steuerklassen
      – bei Beitragsbemessungsgrenze West .... 13 728,– €,
      – bei Beitragsbemessungsgrenze Ost .... 13 505,– €,
   e) der Freibetrag für Alleinerziehende in der Steuerklasse II von .... 4 260,– €**)

   Der Abzug dieser Beträge ergibt das zu versteuernde Einkommen.
2. Für das sich nach Nummer 1 ergebende zu versteuernde Einkommen ist die Jahressteuer wie folgt zu ermitteln:
   a) In den Steuerklassen I, II und IV ist das zu versteuernde Einkommen zunächst auf den nächsten vollen Euro-Betrag abzurunden. Der sich ergebende Betrag ist sodann mit 0,42***) zu vervielfältigen und das Ergebnis auf den nächsten vollen Euro-Betrag abzurunden sowie um 9 972,98 €***) zu vermindern. Der sich hiernach ergebende Betrag ist die Jahressteuer.
   b) In der Steuerklasse III ist die Jahressteuer aus der Einkommensteuer-Splittingtabelle abzulesen.
      Übersteigt das zu versteuernde Einkommen 125 618 €****) , so ist es zunächst nach § 39b Abs. 2 EStG i.V.m. § 32a Abs. 5 EStG zu halbieren und auf den nächsten vollen Euro-Betrag abzurunden. Der sich ergebende Betrag ist sodann mit 0,42****) zu vervielfältigen und das Ergebnis auf den nächsten vollen Euro-Betrag abzurunden sowie um 9 972,98 €****) zu vermindern. Der sich ergebende Betrag ist zu verdoppeln und ist die Jahressteuer.

Berechnungsbeispiel

Ein Arbeitnehmer mit Beitragsbemessungsgrenze West hat für das Kalenderjahr 2023 als individuelle Lohnsteuerabzugsmerkmale die Steuerklasse III und die Zahl der Kinderfreibeträge 1,0.

Von seinem Jahresarbeitslohn von		168 000,– €
sind abzuziehen:		
a) der Arbeitnehmer-Pauschbetrag von	1 230,– €	
b) der Sonderausgaben-Pauschbetrag von ..	36,– €	
c) die Vorsorgepauschale von	13 728,– €	
		./. 14 994,– €
Es ergibt sich ein zu versteuerndes Einkommen von		153 006,– €
davon die Hälfte, da Steuerklasse III und Splitting-Verfahren		76 503,– €
abgerundet auf volle €		76 503,– €
Die Jahressteuer beträgt: 0,42 × 76 503 € =..............		32 131,26 €
Abzugsbetrag		./. 9 972,98 €
ergebender Betrag		22 158,28 €
abgerundet auf volle €		22 158,– €
Verdoppelung des sich ergebenden Betrags = Jahressteuer		44 316,– €

*) Diese Tabellen sind ab dem **1.4.2023** anzuwenden und beruhen auf dem amtlichen Programmablaufplan gemäß BMF-Schreiben vom 13.2.2023, Az.: IV C 5 – S 2361/19/10008-008 (DOK: 2023/0028419), das im Bundessteuerblatt veröffentlicht wird. Diese neuen Tabellen berücksichtigen im Vergleich zu den auf der Grundlage des mit BMF-Schreiben vom 18.11.2022, BStBl. I S. 1531, für das Jahr 2023 bekannt gegebenen Programmablaufplans erstellten alten Lohnsteuertabellen 2023 die durch das Jahressteuergesetz 2022 erfolgten Anhebungen des Arbeitnehmer-Pauschbetrags von 1200 € auf 1230 € und des Entlastungsbetrags für Alleinerziehende von 4008 € auf 4260 €. Zur Korrektur eines bereits für das Jahr 2023 nach den alten Bestimmungen durchgeführten Lohnsteuerabzugs siehe in den Erläuterungen zur Monatstabelle Abschnitt 15 Buchstabe b.

B. Berechnung des Solidaritätszuschlags und der Kirchensteuer

Zur Berechnung der Bemessungsgrundlage für den Solidaritätszuschlag und die Kirchensteuer sind vom Jahresarbeitslohn zusätzlich zu den unter A Nr. 1 Buchstaben a) bis e) genannten Beträgen die Kinderfreibeträge zuzüglich der Freibeträge für Betreuungs-, Erziehungs- und Ausbildungsbedarf (= Anzahl KFB) abzuziehen, und zwar in folgender Höhe:

Anzahl KFB	0,5	1,0	1,5	2,0	2,5	3,0
	€	€	€	€	€	€
– in den Steuerklassen I, II und III	4 476	8 952	13 428	17 904	22 380	26 856
– in der Steuerklasse IV	2 238	4 476	6 714	8 952	11 190	13 428

Für das unter A aufgeführte Berechnungsbeispiel ergibt sich hiernach folgende Bemessungsgrundlage für den Solidaritätszuschlag und die Kirchensteuer:

Jahresarbeitslohn	168 000,– €
Abzugsbeträge wie oben	./. 14 994,– €
Kinderfreibetrag und Freibetrag für Betreuungs-, Erziehungs- und Ausbildungsbedarf für den Zähler 1,0	./. 8 952,– €
verbleiben	144 054,– €
Die Bemessungsgrundlage errechnet sich wie folgt:	
Zu versteuerndes Einkommen von	144 054,– €
davon die Hälfte, da Steuerklasse III und Splitting-Verfahren	72 027,– €
abgerundet auf volle €	72 027,– €
Die Jahressteuer beträgt: 0,42 × 72 027 € = ...	30 251,34 €
Abzugsbetrag	./. 9 972,98 €
ergebender Betrag	20 278,36 €
abgerundet auf volle €	20 278,– €
Verdoppelung des sich ergebenden Betrags = Bemessungsgrundlage für den Solidaritätszuschlag und die Kirchensteuer	40 556,– €

Auf die so ermittelte Bemessungsgrundlage ist der jeweils maßgebende Prozentsatz anzuwenden:

Kirchensteuer 8 % von 40 556 € = ...	3 244,48 €
Kirchensteuer 9 % von 40 556 € = ...	3 650,04 €
Solidaritätszuschlag	650,93 €

Da die Lohnsteuer als Bemessungsgrundlage für den SolZ mehr als 35 086 € (Steuerklasse III) beträgt, ist ein SolZ zu erheben. Die Bemessungsgrundlage liegt jedoch im Übergangsbereich, sodass der SolZ nicht mit 5,5 % von 40 556 € = 2 230,58 €, sondern nach der Minderungsregelung höchstens 11,9 % von (40 556 € ./. 35 086 €) = 650,93 € beträgt (vgl. Jahrestabelle Abschnitt E „Erläuterungen zum Solidaritätszuschlag).

**) Der Kinderzuschlag bei einem Alleinerziehenden mit mehr als einem Kind wird nach Nr. 1 über den vom Finanzamt zur Verfügung gestellten Jahresfreibetrag abgezogen.

***) Übersteigt das zu versteuernde Einkommen 277 825 €, ist es statt mit 0,42 mit 0,45 zu vervielfältigen. Der Abzugsbetrag beläuft sich statt auf 9 972,98 € auf 18 307,73 €.

****) Übersteigt das zu versteuernde Einkommen 555 650 €, ist es statt mit 0,42 mit 0,45 zu vervielfältigen. Der Abzugsbetrag beläuft sich statt auf 9 972,98 € auf 18 307,73 €.

Besondere Tabelle

für nicht gesetzlich rentenversicherte Arbeitnehmer,
z. B. Beamte, Pensionäre, weiterbeschäftigte Rentner
oder beherrschende Gesellschafter-Geschäftsführer

Tabellenwerte

Monatslöhne bis	€	8.144,99
Tageslöhne bis	€	175,49
Jahreslöhne bis	€	132.299,99

Besondere Tabelle

MONAT bis 269,99 €

Lohn/ Gehalt bis	Steuerklasse	Lohnsteuer	ohne Kinderfreibetrag SolZ 5,5%	Kirchensteuer 8%	Kirchensteuer 9%
2,99	V	-	-	-	-
	VI	0,33	-	0,02	0,02
5,99	V	-	-	-	-
	VI	0,66	-	0,05	0,05
8,99	V	-	-	-	-
	VI	1,08	-	0,08	0,09
11,99	V	-	-	-	-
	VI	1,41	-	0,11	0,12
14,99	V	-	-	-	-
	VI	1,75	-	0,14	0,15
17,99	V	-	-	-	-
	VI	2,16	-	0,17	0,19
20,99	V	-	-	-	-
	VI	2,50	-	0,20	0,22
23,99	V	-	-	-	-
	VI	2,91	-	0,23	0,26
26,99	V	-	-	-	-
	VI	3,25	-	0,26	0,29
29,99	V	-	-	-	-
	VI	3,66	-	0,29	0,32
32,99	V	-	-	-	-
	VI	4,00	-	0,32	0,36
35,99	V	-	-	-	-
	VI	4,41	-	0,35	0,39
38,99	V	-	-	-	-
	VI	4,75	-	0,38	0,42
41,99	V	-	-	-	-
	VI	5,08	-	0,40	0,45
44,99	V	-	-	-	-
	VI	5,50	-	0,44	0,49
47,99	V	-	-	-	-
	VI	5,83	-	0,46	0,52
50,99	V	-	-	-	-
	VI	6,25	-	0,50	0,56
53,99	V	-	-	-	-
	VI	6,58	-	0,52	0,59
56,99	V	-	-	-	-
	VI	7,00	-	0,56	0,63
59,99	V	-	-	-	-
	VI	7,33	-	0,58	0,65
62,99	V	-	-	-	-
	VI	7,66	-	0,61	0,68
65,99	V	-	-	-	-
	VI	8,08	-	0,64	0,72
68,99	V	-	-	-	-
	VI	8,41	-	0,67	0,75
71,99	V	-	-	-	-
	VI	8,83	-	0,70	0,79
74,99	V	-	-	-	-
	VI	9,16	-	0,73	0,82
77,99	V	-	-	-	-
	VI	9,58	-	0,76	0,86
80,99	V	-	-	-	-
	VI	9,91	-	0,79	0,89
83,99	V	-	-	-	-
	VI	10,33	-	0,82	0,92
86,99	V	-	-	-	-
	VI	10,66	-	0,85	0,95
89,99	V	-	-	-	-
	VI	11,00	-	0,88	0,99
92,99	V	-	-	-	-
	VI	11,41	-	0,91	1,02
95,99	V	-	-	-	-
	VI	11,75	-	0,94	1,05
98,99	V	-	-	-	-
	VI	12,16	-	0,97	1,09
101,99	V	-	-	-	-
	VI	12,50	-	1,00	1,12
104,99	V	-	-	-	-
	VI	12,83	-	1,02	1,15
107,99	V	-	-	-	-
	VI	13,25	-	1,06	1,19
110,99	V	-	-	-	-
	VI	13,58	-	1,08	1,22
113,99	V	-	-	-	-
	VI	14,00	-	1,12	1,26
116,99	V	-	-	-	-
	VI	14,33	-	1,14	1,28
119,99	V	-	-	-	-
	VI	14,75	-	1,18	1,32
122,99	V	0,33	-	0,02	0,02
	VI	15,08	-	1,20	1,35
125,99	V	0,66	-	0,05	0,05
	VI	15,50	-	1,24	1,39
128,99	V	1,08	-	0,08	0,09
	VI	15,83	-	1,26	1,42
131,99	V	1,41	-	0,11	0,12
	VI	16,16	-	1,29	1,45
134,99	V	1,83	-	0,14	0,16
	VI	16,58	-	1,32	1,49
137,99	V	2,16	-	0,17	0,19
	VI	16,91	-	1,35	1,52
140,99	V	2,50	-	0,20	0,22
	VI	17,33	-	1,38	1,55
143,99	V	2,91	-	0,23	0,26
	VI	17,66	-	1,41	1,58
146,99	V	3,25	-	0,26	0,29
	VI	18,08	-	1,44	1,62
149,99	V	3,66	-	0,29	0,32
	VI	18,41	-	1,47	1,65
152,99	V	4,00	-	0,32	0,36
	VI	18,75	-	1,50	1,68
155,99	V	4,41	-	0,35	0,39
	VI	19,16	-	1,53	1,72
158,99	V	4,75	-	0,38	0,42
	VI	19,50	-	1,56	1,75
161,99	V	5,16	-	0,41	0,46
	VI	19,91	-	1,59	1,79
164,99	V	5,50	-	0,44	0,49
	VI	20,25	-	1,62	1,82
167,99	V	5,83	-	0,46	0,52
	VI	20,66	-	1,65	1,85
170,99	V	6,25	-	0,50	0,56
	VI	21,00	-	1,68	1,89
173,99	V	6,58	-	0,52	0,59
	VI	21,41	-	1,71	1,92
176,99	V	7,00	-	0,56	0,63
	VI	21,75	-	1,74	1,95
179,99	V	7,33	-	0,58	0,65
	VI	22,08	-	1,76	1,98
182,99	V	7,75	-	0,62	0,69
	VI	22,50	-	1,80	2,02
185,99	V	8,08	-	0,64	0,72
	VI	22,83	-	1,82	2,05
188,99	V	8,41	-	0,67	0,75
	VI	23,25	-	1,86	2,09
191,99	V	8,83	-	0,70	0,79
	VI	23,58	-	1,88	2,12
194,99	V	9,16	-	0,73	0,82
	VI	24,00	-	1,92	2,16
197,99	V	9,58	-	0,76	0,86
	VI	24,33	-	1,94	2,18
200,99	V	9,91	-	0,79	0,89
	VI	24,66	-	1,97	2,21
203,99	V	10,33	-	0,82	0,92
	VI	25,08	-	2,00	2,25
206,99	V	10,66	-	0,85	0,95
	VI	25,41	-	2,03	2,28
209,99	V	11,08	-	0,88	0,99
	VI	25,83	-	2,06	2,32
212,99	V	11,41	-	0,91	1,02
	VI	26,16	-	2,09	2,35
215,99	V	11,75	-	0,94	1,05
	VI	26,58	-	2,12	2,39
218,99	V	12,16	-	0,97	1,09
	VI	26,91	-	2,15	2,42
221,99	V	12,50	-	1,00	1,12
	VI	27,33	-	2,18	2,45
224,99	V	12,91	-	1,03	1,16
	VI	27,66	-	2,21	2,48
227,99	V	13,25	-	1,06	1,19
	VI	28,00	-	2,24	2,52
230,99	V	13,66	-	1,09	1,22
	VI	28,41	-	2,27	2,55
233,99	V	14,00	-	1,12	1,26
	VI	28,75	-	2,30	2,58
236,99	V	14,33	-	1,14	1,28
	VI	29,16	-	2,33	2,62
239,99	V	14,75	-	1,18	1,32
	VI	29,50	-	2,36	2,65
242,99	V	15,08	-	1,20	1,35
	VI	29,91	-	2,39	2,69
245,99	V	15,50	-	1,24	1,39
	VI	30,25	-	2,42	2,72
248,99	V	15,83	-	1,26	1,42
	VI	30,58	-	2,44	2,75
251,99	V	16,25	-	1,30	1,46
	VI	31,00	-	2,48	2,79
254,99	V	16,58	-	1,32	1,49
	VI	31,33	-	2,50	2,81
257,99	V	16,91	-	1,35	1,52
	VI	31,75	-	2,54	2,85
260,99	V	17,33	-	1,38	1,55
	VI	32,08	-	2,56	2,88
263,99	V	17,66	-	1,41	1,58
	VI	32,50	-	2,60	2,92
266,99	V	18,08	-	1,44	1,62
	VI	32,83	-	2,62	2,95
269,99	V	18,41	-	1,47	1,65
	VI	33,25	-	2,66	2,99

s monatlich 1.151,99 € entstehen für die Steuerklassen I bis IV keine Steuerabzüge.

MONAT bis 647,99 €

Besondere Tabelle

Lohn/ Gehalt bis	Steuerklasse	Lohnsteuer	ohne Kinderfreibetrag SolZ 5,5%	Kirchensteuer 8%	Kirchensteuer 9%
272,99	V	18,83	–	1,50	1,69
	VI	33,58	–	2,68	3,02
275,99	V	19,16	–	1,53	1,72
	VI	33,91	–	2,71	3,05
278,99	V	19,58	–	1,56	1,76
	VI	34,33	–	2,74	3,08
281,99	V	19,91	–	1,59	1,79
	VI	34,66	–	2,77	3,11
284,99	V	20,25	–	1,62	1,82
	VI	35,08	–	2,80	3,15
287,99	V	20,66	–	1,65	1,85
	VI	35,41	–	2,83	3,18
290,99	V	21,00	–	1,68	1,89
	VI	35,75	–	2,86	3,21
293,99	V	21,41	–	1,71	1,92
	VI	36,16	–	2,89	3,25
296,99	V	21,75	–	1,74	1,95
	VI	36,50	–	2,92	3,28
299,99	V	22,16	–	1,77	1,99
	VI	36,91	–	2,95	3,32
302,99	V	22,50	–	1,80	2,02
	VI	37,25	–	2,98	3,35
305,99	V	22,83	–	1,82	2,05
	VI	37,66	–	3,01	3,38
308,99	V	23,25	–	1,86	2,09
	VI	38,00	–	3,04	3,42
311,99	V	23,58	–	1,88	2,12
	VI	38,41	–	3,07	3,45
314,99	V	24,00	–	1,92	2,16
	VI	38,75	–	3,10	3,48
317,99	V	24,33	–	1,94	2,18
	VI	39,08	–	3,12	3,51
320,99	V	24,75	–	1,98	2,22
	VI	39,50	–	3,16	3,55
323,99	V	25,08	–	2,00	2,25
	VI	39,83	–	3,18	3,58
326,99	V	25,50	–	2,04	2,29
	VI	40,25	–	3,22	3,62
329,99	V	25,83	–	2,06	2,32
	VI	40,58	–	3,24	3,65
332,99	V	26,16	–	2,09	2,35
	VI	41,00	–	3,28	3,69
335,99	V	26,58	–	2,12	2,39
	VI	41,33	–	3,30	3,71
338,99	V	26,91	–	2,15	2,42
	VI	41,66	–	3,33	3,74
341,99	V	27,33	–	2,18	2,45
	VI	42,08	–	3,36	3,78
344,99	V	27,66	–	2,21	2,48
	VI	42,41	–	3,39	3,81
347,99	V	28,00	–	2,24	2,52
	VI	42,83	–	3,42	3,85
350,99	V	28,41	–	2,27	2,55
	VI	43,16	–	3,45	3,88
353,99	V	28,75	–	2,30	2,58
	VI	43,58	–	3,48	3,92
356,99	V	29,16	–	2,33	2,62
	VI	43,91	–	3,51	3,95
359,99	V	29,50	–	2,36	2,65
	VI	44,33	–	3,54	3,98
362,99	V	29,91	–	2,39	2,69
	VI	44,66	–	3,57	4,01
365,99	V	30,25	–	2,42	2,72
	VI	45,00	–	3,60	4,05
368,99	V	30,66	–	2,45	2,75
	VI	45,41	–	3,63	4,08
371,99	V	31,00	–	2,48	2,79
	VI	45,75	–	3,66	4,11
374,99	V	31,41	–	2,51	2,82
	VI	46,16	–	3,69	4,15
377,99	V	31,75	–	2,54	2,85
	VI	46,50	–	3,72	4,18
380,99	V	32,08	–	2,56	2,88
	VI	46,91	–	3,75	4,22
383,99	V	32,50	–	2,60	2,92
	VI	47,25	–	3,78	4,25
386,99	V	32,83	–	2,62	2,95
	VI	47,58	–	3,80	4,28
389,99	V	33,25	–	2,66	2,99
	VI	48,00	–	3,84	4,32
392,99	V	33,58	–	2,68	3,02
	VI	48,33	–	3,86	4,34
395,99	V	33,91	–	2,71	3,05
	VI	48,75	–	3,90	4,38
398,99	V	34,33	–	2,74	3,08
	VI	49,08	–	3,92	4,41
401,99	V	34,66	–	2,77	3,11
	VI	49,50	–	3,96	4,45
404,99	V	35,08	–	2,80	3,15
	VI	49,83	–	3,98	4,48
407,99	V	35,41	–	2,83	3,18
	VI	50,16	–	4,01	4,51
410,99	V	35,83	–	2,86	3,22
	VI	50,58	–	4,04	4,55
413,99	V	36,16	–	2,89	3,25
	VI	50,91	–	4,07	4,58
416,99	V	36,58	–	2,92	3,29
	VI	51,33	–	4,10	4,61
419,99	V	36,91	–	2,95	3,32
	VI	51,66	–	4,13	4,64
422,99	V	37,25	–	2,98	3,35
	VI	52,08	–	4,16	4,68
425,99	V	37,66	–	3,01	3,38
	VI	52,41	–	4,19	4,71
428,99	V	38,00	–	3,04	3,42
	VI	52,83	–	4,22	4,75
431,99	V	38,41	–	3,07	3,45
	VI	53,16	–	4,25	4,78
434,99	V	38,75	–	3,10	3,48
	VI	53,50	–	4,28	4,81
437,99	V	39,16	–	3,13	3,52
	VI	53,91	–	4,31	4,85
440,99	V	39,50	–	3,16	3,55
	VI	54,25	–	4,34	4,88
443,99	V	39,83	–	3,18	3,58
	VI	54,66	–	4,37	4,91
446,99	V	40,25	–	3,22	3,62
	VI	55,00	–	4,40	4,95
449,99	V	40,58	–	3,24	3,65
	VI	55,41	–	4,43	4,98
452,99	V	41,00	–	3,28	3,69
	VI	55,75	–	4,46	5,01
455,99	V	41,33	–	3,30	3,71
	VI	56,08	–	4,48	5,04
458,99	V	41,75	–	3,34	3,75
	VI	56,50	–	4,52	5,08
461,99	V	42,08	–	3,36	3,78
	VI	56,83	–	4,54	5,11
464,99	V	42,50	–	3,40	3,82
	VI	57,25	–	4,58	5,15
467,99	V	42,83	–	3,42	3,85
	VI	57,58	–	4,60	5,18
470,99	V	43,16	–	3,45	3,88
	VI	58,00	–	4,64	5,22
473,99	V	43,58	–	3,48	3,92
	VI	58,33	–	4,66	5,24
476,99	V	43,91	–	3,51	3,95
	VI	58,75	–	4,70	5,28
479,99	V	44,33	–	3,54	3,98
	VI	59,08	–	4,72	5,31
482,99	V	44,66	–	3,57	4,01
	VI	59,41	–	4,75	5,34
485,99	V	45,08	–	3,60	4,05
	VI	59,83	–	4,78	5,38
488,99	V	45,41	–	3,63	4,08
	VI	60,16	–	4,81	5,41
491,99	V	45,75	–	3,66	4,11
	VI	60,58	–	4,84	5,45
494,99	V	46,16	–	3,69	4,15
	VI	60,91	–	4,87	5,48
497,99	V	46,50	–	3,72	4,18
	VI	61,25	–	4,90	5,51
500,99	V	46,91	–	3,75	4,22
	VI	61,66	–	4,93	5,54
503,99	V	47,25	–	3,78	4,25
	VI	62,00	–	4,96	5,58
506,99	V	47,66	–	3,81	4,28
	VI	62,41	–	4,99	5,61
509,99	V	48,00	–	3,84	4,32
	VI	62,75	–	5,02	5,64
512,99	V	48,41	–	3,87	4,35
	VI	63,16	–	5,05	5,68
515,99	V	48,75	–	3,90	4,38
	VI	63,50	–	5,08	5,71
518,99	V	49,08	–	3,92	4,41
	VI	63,91	–	5,11	5,75
521,99	V	49,50	–	3,96	4,45
	VI	64,25	–	5,14	5,78
524,99	V	49,83	–	3,98	[illegible]
	VI	64,66	–	5,17	[illegible]
527,99	V	50,25	–	4,02	[illegible]
	VI	65,00	–	5,20	[illegible]
530,99	V	50,58	–	4,04	[illegible]
	VI	65,33	–	5,22	[illegible]
533,99	V	51,00	–	4,08	[illegible]
	VI	65,75	–	5,26	[illegible]
536,99	V	51,33	–	4,10	[illegible]
	VI	66,08	–	5,28	[illegible]
539,99	V	51,66	–	4,13	[illegible]
	VI	66,50	–	5,32	[illegible]
542,99	V	52,08	–	4,16	[illegible]
	VI	66,83	–	5,34	[illegible]
545,99	V	52,41	–	4,19	[illegible]
	VI	67,16	–	5,37	[illegible]
548,99	V	52,83	–	4,22	[illegible]
	VI	67,58	–	5,40	[illegible]
551,99	V	53,16	–	4,25	[illegible]
	VI	67,91	–	5,43	[illegible]
554,99	V	53,58	–	4,28	[illegible]
	VI	68,33	–	5,46	[illegible]
557,99	V	53,91	–	4,31	[illegible]
	VI	68,66	–	5,49	[illegible]
560,99	V	54,25	–	4,34	[illegible]
	VI	69,08	–	5,52	[illegible]
563,99	V	54,66	–	4,37	[illegible]
	VI	69,41	–	5,55	[illegible]
566,99	V	55,00	–	4,40	[illegible]
	VI	69,83	–	5,58	[illegible]
569,99	V	55,41	–	4,43	[illegible]
	VI	70,16	–	5,61	[illegible]
572,99	V	55,75	–	4,46	[illegible]
	VI	70,50	–	5,64	[illegible]
575,99	V	56,16	–	4,49	[illegible]
	VI	70,91	–	5,67	[illegible]
578,99	V	56,50	–	4,52	[illegible]
	VI	71,25	–	5,70	[illegible]
581,99	V	56,83	–	4,54	[illegible]
	VI	71,66	–	5,73	[illegible]
584,99	V	57,25	–	4,58	[illegible]
	VI	72,00	–	5,76	[illegible]
587,99	V	57,58	–	4,60	[illegible]
	VI	72,41	–	5,79	[illegible]
590,99	V	58,00	–	4,64	[illegible]
	VI	72,75	–	5,82	[illegible]
593,99	V	58,33	–	4,66	[illegible]
	VI	73,08	–	5,84	[illegible]
596,99	V	58,75	–	4,70	[illegible]
	VI	73,50	–	5,88	[illegible]
599,99	V	59,08	–	4,72	[illegible]
	VI	73,83	–	5,90	[illegible]
602,99	V	59,50	–	4,76	[illegible]
	VI	74,25	–	5,94	[illegible]
605,99	V	59,83	–	4,78	[illegible]
	VI	74,58	–	5,96	[illegible]
608,99	V	60,16	–	4,81	[illegible]
	VI	75,00	–	6,00	[illegible]
611,99	V	60,58	–	4,84	[illegible]
	VI	75,33	–	6,02	[illegible]
614,99	V	60,91	–	4,87	[illegible]
	VI	75,75	–	6,06	[illegible]
617,99	V	61,33	–	4,90	[illegible]
	VI	76,08	–	6,08	[illegible]
620,99	V	61,66	–	4,93	[illegible]
	VI	76,41	–	6,11	[illegible]
623,99	V	62,08	–	4,96	[illegible]
	VI	76,83	–	6,14	[illegible]
626,99	V	62,41	–	4,99	[illegible]
	VI	77,16	–	6,17	[illegible]
629,99	V	62,75	–	5,02	[illegible]
	VI	77,58	–	6,20	[illegible]
632,99	V	63,16	–	5,05	[illegible]
	VI	77,91	–	6,23	[illegible]
635,99	V	63,50	–	5,08	[illegible]
	VI	78,33	–	6,26	[illegible]
638,99	V	63,91	–	5,11	[illegible]
	VI	78,66	–	6,29	[illegible]
641,99	V	64,25	–	5,14	[illegible]
	VI	79,00	–	6,32	[illegible]
644,99	V	64,66	–	5,17	[illegible]
	VI	79,41	–	6,35	[illegible]
647,99	V	65,00	–	5,20	[illegible]
	VI	79,75	–	6,38	[illegible]

Bis monatlich 1.151,99 € entstehen für die Steuerklassen I bis IV keine Steuerabzü

Lohn/ Gehalt bis	Steuerklasse	Lohn- steuer	ohne Kinderfreibetrag		
			SolZ 5,5%	Kirchensteuer 8%	9%
650,99	V	65,33	-	5,22	5,87
	VI	80,16	-	6,41	7,21
653,99	V	65,75	-	5,26	5,91
	VI	80,50	-	6,44	7,24
656,99	V	66,08	-	5,28	5,94
	VI	80,91	-	6,47	7,28
659,99	V	66,50	-	5,32	5,98
	VI	81,25	-	6,50	7,31
662,99	V	66,83	-	5,34	6,01
	VI	81,66	-	6,53	7,34
665,99	V	67,25	-	5,38	6,05
	VI	82,00	-	6,56	7,38
668,99	V	67,58	-	5,40	6,08
	VI	82,33	-	6,58	7,40
671,99	V	68,00	-	5,44	6,12
	VI	82,75	-	6,62	7,44
674,99	V	68,33	-	5,46	6,14
	VI	83,08	-	6,64	7,47
677,99	V	68,66	-	5,49	6,17
	VI	83,50	-	6,68	7,51
680,99	V	69,08	-	5,52	6,21
	VI	83,83	-	6,70	7,54
683,99	V	69,41	-	5,55	6,24
	VI	84,25	-	6,74	7,58
686,99	V	69,83	-	5,58	6,28
	VI	84,58	-	6,76	7,61
689,99	V	70,16	-	5,61	6,31
	VI	84,91	-	6,79	7,64
692,99	V	70,58	-	5,64	6,35
	VI	85,33	-	6,82	7,67
695,99	V	70,91	-	5,67	6,38
	VI	85,66	-	6,85	7,70
698,99	V	71,25	-	5,70	6,41
	VI	86,08	-	6,88	7,74
701,99	V	71,66	-	5,73	6,44
	VI	86,41	-	6,91	7,77
704,99	V	72,00	-	5,76	6,48
	VI	86,83	-	6,94	7,81
707,99	V	72,41	-	5,79	6,51
	VI	87,16	-	6,97	7,84
710,99	V	72,75	-	5,82	6,54
	VI	87,50	-	7,00	7,87
713,99	V	73,16	-	5,85	6,58
	VI	87,91	-	7,03	7,91
716,99	V	73,50	-	5,88	6,61
	VI	88,25	-	7,06	7,94
719,99	V	73,91	-	5,91	6,65
	VI	88,66	-	7,09	7,97
722,99	V	74,25	-	5,94	6,68
	VI	89,00	-	7,12	8,01
725,99	V	74,58	-	5,96	6,71
	VI	89,41	-	7,15	8,04
728,99	V	75,00	-	6,00	6,75
	VI	89,75	-	7,18	8,07
731,99	V	75,33	-	6,02	6,77
	VI	90,08	-	7,20	8,10
734,99	V	75,75	-	6,06	6,81
	VI	90,50	-	7,24	8,14
737,99	V	76,08	-	6,08	6,84
	VI	90,83	-	7,26	8,17
740,99	V	76,41	-	6,11	6,87
	VI	91,25	-	7,30	8,21
743,99	V	76,83	-	6,14	6,91
	VI	91,58	-	7,32	8,24
746,99	V	77,16	-	6,17	6,94
	VI	92,00	-	7,36	8,28
749,99	V	77,58	-	6,20	6,98
	VI	92,33	-	7,38	8,30
752,99	V	77,91	-	6,23	7,01
	VI	92,75	-	7,42	8,34
755,99	V	78,33	-	6,26	7,04
	VI	93,08	-	7,44	8,37
758,99	V	78,66	-	6,29	7,07
	VI	93,41	-	7,47	8,40
761,99	V	79,08	-	6,32	7,11
	VI	93,83	-	7,50	8,44
764,99	V	79,41	-	6,35	7,14
	VI	94,16	-	7,53	8,47
767,99	V	79,83	-	6,38	7,18
	VI	94,58	-	7,56	8,51
770,99	V	80,16	-	6,41	7,21
	VI	94,91	-	7,59	8,54
773,99	V	80,50	-	6,44	7,24
	VI	95,33	-	7,62	8,57
776,99	V	80,91	-	6,47	7,28
	VI	95,66	-	7,65	8,60
779,99	V	81,25	-	6,50	7,31
	VI	96,00	-	7,68	8,64
782,99	V	81,66	-	6,53	7,34
	VI	96,41	-	7,71	8,67
785,99	V	82,00	-	6,56	7,38
	VI	96,75	-	7,74	8,70
788,99	V	82,33	-	6,58	7,40
	VI	97,16	-	7,77	8,74
791,99	V	82,75	-	6,62	7,44
	VI	97,50	-	7,80	8,77
794,99	V	83,08	-	6,64	7,47
	VI	97,91	-	7,83	8,81
797,99	V	83,50	-	6,68	7,51
	VI	98,25	-	7,86	8,84
800,99	V	83,83	-	6,70	7,54
	VI	98,58	-	7,88	8,87
803,99	V	84,25	-	6,74	7,58
	VI	99,00	-	7,92	8,91
806,99	V	84,58	-	6,76	7,61
	VI	99,33	-	7,94	8,93
809,99	V	85,00	-	6,80	7,65
	VI	99,75	-	7,98	8,97
812,99	V	85,33	-	6,82	7,67
	VI	100,08	-	8,00	9,00
815,99	V	85,66	-	6,85	7,70
	VI	100,50	-	8,04	9,04
818,99	V	86,08	-	6,88	7,74
	VI	100,83	-	8,06	9,07
821,99	V	86,41	-	6,91	7,77
	VI	101,25	-	8,10	9,11
824,99	V	86,83	-	6,94	7,81
	VI	101,58	-	8,12	9,14
827,99	V	87,16	-	6,97	7,84
	VI	101,91	-	8,15	9,17
830,99	V	87,58	-	7,00	7,88
	VI	102,33	-	8,18	9,20
833,99	V	87,91	-	7,03	7,91
	VI	102,66	-	8,21	9,23
836,99	V	88,25	-	7,06	7,94
	VI	103,08	-	8,24	9,27
839,99	V	88,66	-	7,09	7,97
	VI	103,41	-	8,27	9,30
842,99	V	89,00	-	7,12	8,01
	VI	103,83	-	8,30	9,34
845,99	V	89,41	-	7,15	8,04
	VI	104,16	-	8,33	9,37
848,99	V	89,75	-	7,18	8,07
	VI	104,50	-	8,36	9,40
851,99	V	90,16	-	7,21	8,11
	VI	104,91	-	8,39	9,44
854,99	V	90,50	-	7,24	8,14
	VI	105,25	-	8,42	9,47
857,99	V	90,91	-	7,27	8,18
	VI	105,66	-	8,45	9,50
860,99	V	91,25	-	7,30	8,21
	VI	106,00	-	8,48	9,54
863,99	V	91,58	-	7,32	8,24
	VI	106,41	-	8,51	9,57
866,99	V	92,00	-	7,36	8,28
	VI	106,75	-	8,54	9,60
869,99	V	92,33	-	7,38	8,30
	VI	107,16	-	8,57	9,64
872,99	V	92,75	-	7,42	8,34
	VI	107,50	-	8,60	9,67
875,99	V	93,08	-	7,44	8,37
	VI	107,83	-	8,62	9,70
878,99	V	93,50	-	7,48	8,41
	VI	108,25	-	8,66	9,74
881,99	V	93,83	-	7,50	8,44
	VI	108,58	-	8,68	9,77
884,99	V	94,16	-	7,53	8,47
	VI	109,00	-	8,72	9,81
887,99	V	94,58	-	7,56	8,51
	VI	109,33	-	8,74	9,83
890,99	V	94,91	-	7,59	8,54
	VI	109,66	-	8,77	9,86
893,99	V	95,33	-	7,62	8,57
	VI	110,08	-	8,80	9,90
896,99	V	95,66	-	7,65	8,60
	VI	110,41	-	8,83	9,93
899,99	V	96,08	-	7,68	8,64
	VI	110,83	-	8,86	9,97
902,99	I	-	-	-	-
	II	-	-	-	-
	III	-	-	-	-
	IV	-	-	-	-
	V	96,41	-	7,71	8,67
	VI	111,16	-	8,89	10,00
905,99	I	-	-	-	-
	II	-	-	-	-
	III	-	-	-	-
	IV	-	-	-	-
	V	96,83	-	7,74	8,71
	VI	111,58	-	8,92	10,04
908,99	I	-	-	-	-
	II	-	-	-	-
	III	-	-	-	-
	IV	-	-	-	-
	V	97,16	-	7,77	8,74
	VI	111,91	-	8,95	10,07
911,99	I	-	-	-	-
	II	-	-	-	-
	III	-	-	-	-
	IV	-	-	-	-
	V	97,50	-	7,80	8,77
	VI	112,33	-	8,98	10,10
914,99	I	-	-	-	-
	II	-	-	-	-
	III	-	-	-	-
	IV	-	-	-	-
	V	97,91	-	7,83	8,81
	VI	112,66	-	9,01	10,13
917,99	I	-	-	-	-
	II	-	-	-	-
	III	-	-	-	-
	IV	-	-	-	-
	V	98,25	-	7,86	8,84
	VI	113,08	-	9,04	10,17
920,99	I	-	-	-	-
	II	-	-	-	-
	III	-	-	-	-
	IV	-	-	-	-
	V	98,66	-	7,89	8,87
	VI	113,41	-	9,07	10,20
923,99	I	-	-	-	-
	II	-	-	-	-
	III	-	-	-	-
	IV	-	-	-	-
	V	99,00	-	7,92	8,91
	VI	113,75	-	9,10	10,23
926,99	I	-	-	-	-
	II	-	-	-	-
	III	-	-	-	-
	IV	-	-	-	-
	V	99,41	-	7,95	8,94
	VI	114,16	-	9,13	10,27
929,99	I	-	-	-	-
	II	-	-	-	-
	III	-	-	-	-
	IV	-	-	-	-
	V	99,75	-	7,98	8,97
	VI	114,50	-	9,16	10,30
932,99	I	-	-	-	-
	II	-	-	-	-
	III	-	-	-	-
	IV	-	-	-	-
	V	100,08	-	8,00	9,00
	VI	114,91	-	9,19	10,34
935,99	I	-	-	-	-
	II	-	-	-	-
	III	-	-	-	-
	IV	-	-	-	-
	V	100,50	-	8,04	9,04
	VI	115,25	-	9,22	10,37
938,99	I	-	-	-	-
	II	-	-	-	-
	III	-	-	-	-
	IV	-	-	-	-
	V	100,83	-	8,06	9,07
	VI	115,58	-	9,24	10,40
941,99	I	-	-	-	-
	II	-	-	-	-
	III	-	-	-	-
	IV	-	-	-	-
	V	101,25	-	8,10	9,11
	VI	116,00	-	9,28	10,44
944,99	I	-	-	-	-
	II	-	-	-	-
	III	-	-	-	-
	IV	-	-	-	-
	V	101,58	-	8,12	9,14
	VI	116,33	-	9,30	10,46

s monatlich 1.151,99 € entstehen für die Steuerklassen I bis IV keine Steuerabzüge.

Lohn/Gehalt bis	Steuerklasse	Lohnsteuer	ohne Kinderfreibetrag: SolZ 5,5%	ohne Kinderfreibetrag: Kirchensteuer 8%	ohne Kinderfreibetrag: Kirchensteuer 9%
947,99	I	-	-	-	-
	II	-	-	-	-
	III	-	-	-	-
	IV	-	-	-	-
	V	102,00	-	8,16	9,18
	VI	116,75	-	9,34	10,50
950,99	I	-	-	-	-
	II	-	-	-	-
	III	-	-	-	-
	IV	-	-	-	-
	V	102,33	-	8,18	9,20
	VI	117,08	-	9,36	10,53
953,99	I	-	-	-	-
	II	-	-	-	-
	III	-	-	-	-
	IV	-	-	-	-
	V	102,66	-	8,21	9,23
	VI	117,50	-	9,40	10,57
956,99	I	-	-	-	-
	II	-	-	-	-
	III	-	-	-	-
	IV	-	-	-	-
	V	103,08	-	8,24	9,27
	VI	117,83	-	9,42	10,60
959,99	I	-	-	-	-
	II	-	-	-	-
	III	-	-	-	-
	IV	-	-	-	-
	V	103,41	-	8,27	9,30
	VI	118,25	-	9,46	10,64
962,99	I	-	-	-	-
	II	-	-	-	-
	III	-	-	-	-
	IV	-	-	-	-
	V	103,83	-	8,30	9,34
	VI	118,58	-	9,48	10,67
965,99	I	-	-	-	-
	II	-	-	-	-
	III	-	-	-	-
	IV	-	-	-	-
	V	104,16	-	8,33	9,37
	VI	118,91	-	9,51	10,70
968,99	I	-	-	-	-
	II	-	-	-	-
	III	-	-	-	-
	IV	-	-	-	-
	V	104,58	-	8,36	9,41
	VI	119,33	-	9,54	10,73
971,99	I	-	-	-	-
	II	-	-	-	-
	III	-	-	-	-
	IV	-	-	-	-
	V	104,91	-	8,39	9,44
	VI	119,66	-	9,57	10,76
974,99	I	-	-	-	-
	II	-	-	-	-
	III	-	-	-	-
	IV	-	-	-	-
	V	105,33	-	8,42	9,47
	VI	120,08	-	9,60	10,80
977,99	I	-	-	-	-
	II	-	-	-	-
	III	-	-	-	-
	IV	-	-	-	-
	V	105,66	-	8,45	9,50
	VI	120,41	-	9,63	10,83
980,99	I	-	-	-	-
	II	-	-	-	-
	III	-	-	-	-
	IV	-	-	-	-
	V	106,00	-	8,48	9,54
	VI	120,83	-	9,66	10,87
983,99	I	-	-	-	-
	II	-	-	-	-
	III	-	-	-	-
	IV	-	-	-	-
	V	106,41	-	8,51	9,57
	VI	121,16	-	9,69	10,90
986,99	I	-	-	-	-
	II	-	-	-	-
	III	-	-	-	-
	IV	-	-	-	-
	V	106,75	-	8,54	9,60
	VI	121,50	-	9,72	10,93
989,99	I	-	-	-	-
	II	-	-	-	-
	III	-	-	-	-
	IV	-	-	-	-
	V	107,16	-	8,57	9,64
	VI	121,91	-	9,75	10,97

Lohn/Gehalt bis	Steuerklasse	Lohnsteuer	ohne Kinderfreibetrag: SolZ 5,5%	ohne Kinderfreibetrag: Kirchensteuer 8%	ohne Kinderfreibetrag: Kirchensteuer 9%
992,99	I	-	-	-	-
	II	-	-	-	-
	III	-	-	-	-
	IV	-	-	-	-
	V	107,50	-	8,60	9,67
	VI	122,25	-	9,78	11,00
995,99	I	-	-	-	-
	II	-	-	-	-
	III	-	-	-	-
	IV	-	-	-	-
	V	107,91	-	8,63	9,71
	VI	122,66	-	9,81	11,03
998,99	I	-	-	-	-
	II	-	-	-	-
	III	-	-	-	-
	IV	-	-	-	-
	V	108,25	-	8,66	9,74
	VI	123,00	-	9,84	11,07
1.001,99	I	-	-	-	-
	II	-	-	-	-
	III	-	-	-	-
	IV	-	-	-	-
	V	108,58	-	8,68	9,77
	VI	123,41	-	9,87	11,10
1.004,99	I	-	-	-	-
	II	-	-	-	-
	III	-	-	-	-
	IV	-	-	-	-
	V	109,00	-	8,72	9,81
	VI	123,75	-	9,90	11,13
1.007,99	I	-	-	-	-
	II	-	-	-	-
	III	-	-	-	-
	IV	-	-	-	-
	V	109,33	-	8,74	9,83
	VI	124,16	-	9,93	11,17
1.010,99	I	-	-	-	-
	II	-	-	-	-
	III	-	-	-	-
	IV	-	-	-	-
	V	109,75	-	8,78	9,87
	VI	124,50	-	9,96	11,20
1.013,99	I	-	-	-	-
	II	-	-	-	-
	III	-	-	-	-
	IV	-	-	-	-
	V	110,08	-	8,80	9,90
	VI	124,83	-	9,98	11,23
1.016,99	I	-	-	-	-
	II	-	-	-	-
	III	-	-	-	-
	IV	-	-	-	-
	V	110,50	-	8,84	9,94
	VI	125,25	-	10,02	11,27
1.019,99	I	-	-	-	-
	II	-	-	-	-
	III	-	-	-	-
	IV	-	-	-	-
	V	110,83	-	8,86	9,97
	VI	125,58	-	10,04	11,30
1.022,99	I	-	-	-	-
	II	-	-	-	-
	III	-	-	-	-
	IV	-	-	-	-
	V	111,16	-	8,89	10,00
	VI	126,00	-	10,08	11,34
1.025,99	I	-	-	-	-
	II	-	-	-	-
	III	-	-	-	-
	IV	-	-	-	-
	V	111,58	-	8,92	10,04
	VI	126,33	-	10,10	11,36
1.028,99	I	-	-	-	-
	II	-	-	-	-
	III	-	-	-	-
	IV	-	-	-	-
	V	111,91	-	8,95	10,07
	VI	126,75	-	10,14	11,40
1.031,99	I	-	-	-	-
	II	-	-	-	-
	III	-	-	-	-
	IV	-	-	-	-
	V	112,33	-	8,98	10,10
	VI	127,08	-	10,16	11,43
1.034,99	I	-	-	-	-
	II	-	-	-	-
	III	-	-	-	-
	IV	-	-	-	-
	V	112,66	-	9,01	10,13
	VI	127,41	-	10,19	11,46

Lohn/Gehalt bis	Steuerklasse	Lohnsteuer	ohne Kinderfreibetrag: SolZ 5,5%	ohne Kinderfreibetrag: Kirchensteuer 8%	ohne Kinderfreibetrag: Kirchensteuer 9%	mit 0,5 Kinderfreibetrag: SolZ 5,5%	mit 0,5 Kinderfreibetrag: Kirchensteue 8%	mit 0,5 Kinderfreibetrag: 9%
1.037,99	I	-	-	-	-	-	-	
	II	-	-	-	-	-	-	
	III	-	-	-	-	-	-	
	IV	-	-	-	-	-	-	
	V	113,08	-	9,04	10,17			
	VI	127,83	-	10,22	11,50			
1.040,99	I	-	-	-	-	-	-	
	II	-	-	-	-	-	-	
	III	-	-	-	-	-	-	
	IV	-	-	-	-	-	-	
	V	113,41	-	9,07	10,20			
	VI	128,16	-	10,25	11,53			
1.043,99	I	-	-	-	-	-	-	
	II	-	-	-	-	-	-	
	III	-	-	-	-	-	-	
	IV	-	-	-	-	-	-	
	V	113,75	-	9,10	10,23			
	VI	128,58	-	10,28	11,57			
1.046,99	I	-	-	-	-	-	-	
	II	-	-	-	-	-	-	
	III	-	-	-	-	-	-	
	IV	-	-	-	-	-	-	
	V	114,16	-	9,13	10,27			
	VI	128,91	-	10,31	11,60			
1.049,99	I	-	-	-	-	-	-	
	II	-	-	-	-	-	-	
	III	-	-	-	-	-	-	
	IV	-	-	-	-	-	-	
	V	114,50	-	9,16	10,30			
	VI	129,33	-	10,34	11,63			
1.052,99	I	-	-	-	-	-	-	
	II	-	-	-	-	-	-	
	III	-	-	-	-	-	-	
	IV	-	-	-	-	-	-	
	V	114,91	-	9,19	10,34			
	VI	129,66	-	10,37	11,66			
1.055,99	I	-	-	-	-	-	-	
	II	-	-	-	-	-	-	
	III	-	-	-	-	-	-	
	IV	-	-	-	-	-	-	
	V	115,25	-	9,22	10,37			
	VI	130,08	-	10,40	11,70			
1.058,99	I	-	-	-	-	-	-	
	II	-	-	-	-	-	-	
	III	-	-	-	-	-	-	
	IV	-	-	-	-	-	-	
	V	115,66	-	9,25	10,40			
	VI	130,41	-	10,43	11,73			
1.061,99	I	-	-	-	-	-	-	
	II	-	-	-	-	-	-	
	III	-	-	-	-	-	-	
	IV	-	-	-	-	-	-	
	V	116,00	-	9,28	10,44			
	VI	130,75	-	10,46	11,76			
1.064,99	I	-	-	-	-	-	-	
	II	-	-	-	-	-	-	
	III	-	-	-	-	-	-	
	IV	-	-	-	-	-	-	
	V	116,41	-	9,31	10,47			
	VI	131,16	-	10,49	11,80			
1.067,99	I	-	-	-	-	-	-	
	II	-	-	-	-	-	-	
	III	-	-	-	-	-	-	
	IV	-	-	-	-	-	-	
	V	116,75	-	9,34	10,50			
	VI	131,50	-	10,52	11,83			
1.070,99	I	-	-	-	-	-	-	
	II	-	-	-	-	-	-	
	III	-	-	-	-	-	-	
	IV	-	-	-	-	-	-	
	V	117,08	-	9,36	10,53			
	VI	131,91	-	10,55	11,87			
1.073,99	I	-	-	-	-	-	-	
	II	-	-	-	-	-	-	
	III	-	-	-	-	-	-	
	IV	-	-	-	-	-	-	
	V	117,50	-	9,40	10,57			
	VI	132,25	-	10,58	11,90			
1.076,99	I	-	-	-	-	-	-	
	II	-	-	-	-	-	-	
	III	-	-	-	-	-	-	
	IV	-	-	-	-	-	-	
	V	117,83	-	9,42	10,60			
	VI	132,66	-	10,61	11,93			
1.079,99	I	-	-	-	-	-	-	
	II	-	-	-	-	-	-	
	III	-	-	-	-	-	-	
	IV	-	-	-	-	-	-	
	V	118,25	-	9,46	10,64			
	VI	133,00	-	10,64	11,97			

Bis monatlich 1.151,99 € entstehen für die Steuerklassen I bis IV keine Steuerabzüg

Lohn/Gehalt bis	Steuerklasse	Lohnsteuer	ohne Kinderfreibetrag SolZ 5,5%	ohne Kinderfreibetrag Kirchensteuer 8%	ohne Kinderfreibetrag Kirchensteuer 9%	mit 0,5 Kinderfreibetrag SolZ 5,5%	mit 0,5 Kinderfreibetrag Kirchensteuer 8%	mit 0,5 Kinderfreibetrag Kirchensteuer 9%
1.082,99	I	-	-	-	-	-	-	-
	II	-	-	-	-	-	-	-
	III	-	-	-	-	-	-	-
	IV	-	-	-	-	-	-	-
	V	118,58	-	9,48	10,67			
	VI	133,33	-	10,66	11,99			
1.085,99	I	-	-	-	-	-	-	-
	II	-	-	-	-	-	-	-
	III	-	-	-	-	-	-	-
	IV	-	-	-	-	-	-	-
	V	119,00	-	9,52	10,71			
	VI	133,75	-	10,70	12,03			
1.088,99	I	-	-	-	-	-	-	-
	II	-	-	-	-	-	-	-
	III	-	-	-	-	-	-	-
	IV	-	-	-	-	-	-	-
	V	119,33	-	9,54	10,73			
	VI	134,08	-	10,72	12,06			
1.091,99	I	-	-	-	-	-	-	-
	II	-	-	-	-	-	-	-
	III	-	-	-	-	-	-	-
	IV	-	-	-	-	-	-	-
	V	119,66	-	9,57	10,76			
	VI	134,50	-	10,76	12,10			
1.094,99	I	-	-	-	-	-	-	-
	II	-	-	-	-	-	-	-
	III	-	-	-	-	-	-	-
	IV	-	-	-	-	-	-	-
	V	120,08	-	9,60	10,80			
	VI	134,83	-	10,78	12,13			
1.097,99	I	-	-	-	-	-	-	-
	II	-	-	-	-	-	-	-
	III	-	-	-	-	-	-	-
	IV	-	-	-	-	-	-	-
	V	120,41	-	9,63	10,83			
	VI	135,25	-	10,82	12,17			
1.100,99	I	-	-	-	-	-	-	-
	II	-	-	-	-	-	-	-
	III	-	-	-	-	-	-	-
	IV	-	-	-	-	-	-	-
	V	120,83	-	9,66	10,87			
	VI	135,58	-	10,84	12,20			
1.103,99	I	-	-	-	-	-	-	-
	II	-	-	-	-	-	-	-
	III	-	-	-	-	-	-	-
	IV	-	-	-	-	-	-	-
	V	121,16	-	9,69	10,90			
	VI	135,91	-	10,87	12,23			
1.106,99	I	-	-	-	-	-	-	-
	II	-	-	-	-	-	-	-
	III	-	-	-	-	-	-	-
	IV	-	-	-	-	-	-	-
	V	121,58	-	9,72	10,94			
	VI	136,33	-	10,90	12,26			
1.109,99	I	-	-	-	-	-	-	-
	II	-	-	-	-	-	-	-
	III	-	-	-	-	-	-	-
	IV	-	-	-	-	-	-	-
	V	121,91	-	9,75	10,97			
	VI	136,66	-	10,93	12,29			
1.112,99	I	-	-	-	-	-	-	-
	II	-	-	-	-	-	-	-
	III	-	-	-	-	-	-	-
	IV	-	-	-	-	-	-	-
	V	122,33	-	9,78	11,00			
	VI	137,08	-	10,96	12,33			
1.115,99	I	-	-	-	-	-	-	-
	II	-	-	-	-	-	-	-
	III	-	-	-	-	-	-	-
	IV	-	-	-	-	-	-	-
	V	122,66	-	9,81	11,03			
	VI	137,41	-	10,99	12,36			
1.118,99	I	-	-	-	-	-	-	-
	II	-	-	-	-	-	-	-
	III	-	-	-	-	-	-	-
	IV	-	-	-	-	-	-	-
	V	123,00	-	9,84	11,07			
	VI	137,83	-	11,02	12,40			
1.121,99	I	-	-	-	-	-	-	-
	II	-	-	-	-	-	-	-
	III	-	-	-	-	-	-	-
	IV	-	-	-	-	-	-	-
	V	123,41	-	9,87	11,10			
	VI	138,16	-	11,05	12,43			
1.124,99	I	-	-	-	-	-	-	-
	II	-	-	-	-	-	-	-
	III	-	-	-	-	-	-	-
	IV	-	-	-	-	-	-	-
	V	123,75	-	9,90	11,13			
	VI	138,58	-	11,08	12,47			
1.127,99	I	-	-	-	-	-	-	-
	II	-	-	-	-	-	-	-
	III	-	-	-	-	-	-	-
	IV	-	-	-	-	-	-	-
	V	124,16	-	9,93	11,17			
	VI	138,91	-	11,11	12,50			
1.130,99	I	-	-	-	-	-	-	-
	II	-	-	-	-	-	-	-
	III	-	-	-	-	-	-	-
	IV	-	-	-	-	-	-	-
	V	124,50	-	9,96	11,20			
	VI	139,25	-	11,14	12,53			
1.133,99	I	-	-	-	-	-	-	-
	II	-	-	-	-	-	-	-
	III	-	-	-	-	-	-	-
	IV	-	-	-	-	-	-	-
	V	124,91	-	9,99	11,24			
	VI	139,66	-	11,17	12,56			
1.136,99	I	-	-	-	-	-	-	-
	II	-	-	-	-	-	-	-
	III	-	-	-	-	-	-	-
	IV	-	-	-	-	-	-	-
	V	125,25	-	10,02	11,27			
	VI	140,00	-	11,20	12,60			
1.139,99	I	-	-	-	-	-	-	-
	II	-	-	-	-	-	-	-
	III	-	-	-	-	-	-	-
	IV	-	-	-	-	-	-	-
	V	125,58	-	10,04	11,30			
	VI	140,41	-	11,23	12,63			
1.142,99	I	-	-	-	-	-	-	-
	II	-	-	-	-	-	-	-
	III	-	-	-	-	-	-	-
	IV	-	-	-	-	-	-	-
	V	126,00	-	10,08	11,34			
	VI	140,75	-	11,26	12,66			
1.145,99	I	-	-	-	-	-	-	-
	II	-	-	-	-	-	-	-
	III	-	-	-	-	-	-	-
	IV	-	-	-	-	-	-	-
	V	126,33	-	10,10	11,36			
	VI	141,16	-	11,29	12,70			
1.148,99	I	-	-	-	-	-	-	-
	II	-	-	-	-	-	-	-
	III	-	-	-	-	-	-	-
	IV	-	-	-	-	-	-	-
	V	126,75	-	10,14	11,40			
	VI	141,50	-	11,32	12,73			
1.151,99	I	-	-	-	-	-	-	-
	II	-	-	-	-	-	-	-
	III	-	-	-	-	-	-	-
	IV	-	-	-	-	-	-	-
	V	127,08	-	10,16	11,43			
	VI	141,83	-	11,34	12,76			
1.154,99	I	0,16	-	0,01	0,01	-	-	-
	II	-	-	-	-	-	-	-
	III	-	-	-	-	-	-	-
	IV	0,16	-	0,01	0,01	-	-	-
	V	127,50	-	10,20	11,47			
	VI	142,25	-	11,38	12,80			
1.157,99	I	0,58	-	0,04	0,05	-	-	-
	II	-	-	-	-	-	-	-
	III	-	-	-	-	-	-	-
	IV	0,58	-	0,04	0,05	-	-	-
	V	127,83	-	10,22	11,50			
	VI	142,58	-	11,40	12,83			
1.160,99	I	0,91	-	0,07	0,08	-	-	-
	II	-	-	-	-	-	-	-
	III	-	-	-	-	-	-	-
	IV	0,91	-	0,07	0,08	-	-	-
	V	128,25	-	10,26	11,54			
	VI	143,00	-	11,44	12,87			
1.163,99	I	1,33	-	0,10	0,11	-	-	-
	II	-	-	-	-	-	-	-
	III	-	-	-	-	-	-	-
	IV	1,33	-	0,10	0,11	-	-	-
	V	128,58	-	10,28	11,57			
	VI	143,33	-	11,46	12,89			
1.166,99	I	1,66	-	0,13	0,14	-	-	-
	II	-	-	-	-	-	-	-
	III	-	-	-	-	-	-	-
	IV	1,66	-	0,13	0,14	-	-	-
	V	128,91	-	10,31	11,60			
	VI	143,75	-	11,50	12,93			
1.169,99	I	2,08	-	0,16	0,18	-	-	-
	II	-	-	-	-	-	-	-
	III	-	-	-	-	-	-	-
	IV	2,08	-	0,16	0,18	-	-	-
	V	129,33	-	10,34	11,63			
	VI	144,08	-	11,52	12,96			

s monatlich 1.151,99 € entstehen für die Steuerklassen I bis IV keine Steuerabzüge.

MONAT bis 1.214,99 €

Besondere Tabelle

Lohn/ Gehalt bis	Steuerklasse	Lohn- steuer	ohne Kinderfreibetrag			Anzahl Kinderfreibeträge (nur Steuerklassen I–IV)																	
						0,5			1,0			1,5			2,0			2,5			3,0		
			SolZ 5,5%	Kirchensteuer 8%	9%	SolZ 5,5%	Kirchensteuer 8%	9%	SolZ 5,5%	Kirchensteuer 8%	9%	SolZ 5,5%	Kirchensteuer 8%	9%	SolZ 5,5%	Kirchensteuer 8%	9%	SolZ 5,5%	Kirchensteuer 8%	9%	SolZ 5,5%	Kirchensteuer 8%	9%
1.172,99	I	2,41	-	0,19	0,21	-	-	-	-	-	-	-	-	-	-	-	-	-	-	-	-	-	
	II	-	-	-	-	-	-	-	-	-	-	-	-	-	-	-	-	-	-	-	-	-	
	III	-	-	-	-	-	-	-	-	-	-	-	-	-	-	-	-	-	-	-	-	-	
	IV	2,41	-	0,19	0,21	-	-	-	-	-	-	-	-	-	-	-	-	-	-	-	-	-	
	V	129,66	-	10,37	11,66																		
	VI	144,41	-	11,55	12,99																		
1.175,99	I	2,83	-	0,22	0,25	-	-	-	-	-	-	-	-	-	-	-	-	-	-	-	-	-	
	II	-	-	-	-	-	-	-	-	-	-	-	-	-	-	-	-	-	-	-	-	-	
	III	-	-	-	-	-	-	-	-	-	-	-	-	-	-	-	-	-	-	-	-	-	
	IV	2,83	-	0,22	0,25	-	-	-	-	-	-	-	-	-	-	-	-	-	-	-	-	-	
	V	130,08	-	10,40	11,70																		
	VI	144,83	-	11,58	13,03																		
1.178,99	I	3,25	-	0,26	0,29	-	-	-	-	-	-	-	-	-	-	-	-	-	-	-	-	-	
	II	-	-	-	-	-	-	-	-	-	-	-	-	-	-	-	-	-	-	-	-	-	
	III	-	-	-	-	-	-	-	-	-	-	-	-	-	-	-	-	-	-	-	-	-	
	IV	3,25	-	0,26	0,29	-	-	-	-	-	-	-	-	-	-	-	-	-	-	-	-	-	
	V	130,41	-	10,43	11,73																		
	VI	145,16	-	11,61	13,06																		
1.181,99	I	3,58	-	0,28	0,32	-	-	-	-	-	-	-	-	-	-	-	-	-	-	-	-	-	
	II	-	-	-	-	-	-	-	-	-	-	-	-	-	-	-	-	-	-	-	-	-	
	III	-	-	-	-	-	-	-	-	-	-	-	-	-	-	-	-	-	-	-	-	-	
	IV	3,58	-	0,28	0,32	-	-	-	-	-	-	-	-	-	-	-	-	-	-	-	-	-	
	V	130,75	-	10,46	11,76																		
	VI	145,58	-	11,64	13,10																		
1.184,99	I	4,00	-	0,32	0,36	-	-	-	-	-	-	-	-	-	-	-	-	-	-	-	-	-	
	II	-	-	-	-	-	-	-	-	-	-	-	-	-	-	-	-	-	-	-	-	-	
	III	-	-	-	-	-	-	-	-	-	-	-	-	-	-	-	-	-	-	-	-	-	
	IV	4,00	-	0,32	0,36	-	-	-	-	-	-	-	-	-	-	-	-	-	-	-	-	-	
	V	131,16	-	10,49	11,80																		
	VI	146,50	-	11,72	13,18																		
1.187,99	I	4,41	-	0,35	0,39	-	-	-	-	-	-	-	-	-	-	-	-	-	-	-	-	-	
	II	-	-	-	-	-	-	-	-	-	-	-	-	-	-	-	-	-	-	-	-	-	
	III	-	-	-	-	-	-	-	-	-	-	-	-	-	-	-	-	-	-	-	-	-	
	IV	4,41	-	0,35	0,39	-	-	-	-	-	-	-	-	-	-	-	-	-	-	-	-	-	
	V	131,50	-	10,52	11,83																		
	VI	147,58	-	11,80	13,28																		
1.190,99	I	4,75	-	0,38	0,42	-	-	-	-	-	-	-	-	-	-	-	-	-	-	-	-	-	
	II	-	-	-	-	-	-	-	-	-	-	-	-	-	-	-	-	-	-	-	-	-	
	III	-	-	-	-	-	-	-	-	-	-	-	-	-	-	-	-	-	-	-	-	-	
	IV	4,75	-	0,38	0,42	-	-	-	-	-	-	-	-	-	-	-	-	-	-	-	-	-	
	V	131,91	-	10,55	11,87																		
	VI	148,66	-	11,89	13,37																		
1.193,99	I	5,16	-	0,41	0,46	-	-	-	-	-	-	-	-	-	-	-	-	-	-	-	-	-	
	II	-	-	-	-	-	-	-	-	-	-	-	-	-	-	-	-	-	-	-	-	-	
	III	-	-	-	-	-	-	-	-	-	-	-	-	-	-	-	-	-	-	-	-	-	
	IV	5,16	-	0,41	0,46	-	-	-	-	-	-	-	-	-	-	-	-	-	-	-	-	-	
	V	132,25	-	10,58	11,90																		
	VI	149,83	-	11,98	13,48																		
1.196,99	I	5,58	-	0,44	0,50	-	-	-	-	-	-	-	-	-	-	-	-	-	-	-	-	-	
	II	-	-	-	-	-	-	-	-	-	-	-	-	-	-	-	-	-	-	-	-	-	
	III	-	-	-	-	-	-	-	-	-	-	-	-	-	-	-	-	-	-	-	-	-	
	IV	5,58	-	0,44	0,50	-	-	-	-	-	-	-	-	-	-	-	-	-	-	-	-	-	
	V	132,66	-	10,61	11,93																		
	VI	150,91	-	12,07	13,58																		
1.199,99	I	5,91	-	0,47	0,53	-	-	-	-	-	-	-	-	-	-	-	-	-	-	-	-	-	
	II	-	-	-	-	-	-	-	-	-	-	-	-	-	-	-	-	-	-	-	-	-	
	III	-	-	-	-	-	-	-	-	-	-	-	-	-	-	-	-	-	-	-	-	-	
	IV	5,91	-	0,47	0,53	-	-	-	-	-	-	-	-	-	-	-	-	-	-	-	-	-	
	V	133,00	-	10,64	11,97																		
	VI	152,08	-	12,16	13,68																		
1.202,99	I	6,33	-	0,50	0,56	-	-	-	-	-	-	-	-	-	-	-	-	-	-	-	-	-	
	II	-	-	-	-	-	-	-	-	-	-	-	-	-	-	-	-	-	-	-	-	-	
	III	-	-	-	-	-	-	-	-	-	-	-	-	-	-	-	-	-	-	-	-	-	
	IV	6,33	-	0,50	0,56	-	-	-	-	-	-	-	-	-	-	-	-	-	-	-	-	-	
	V	133,41	-	10,67	12,00																		
	VI	153,16	-	12,25	13,78																		
1.205,99	I	6,75	-	0,54	0,60	-	-	-	-	-	-	-	-	-	-	-	-	-	-	-	-	-	
	II	-	-	-	-	-	-	-	-	-	-	-	-	-	-	-	-	-	-	-	-	-	
	III	-	-	-	-	-	-	-	-	-	-	-	-	-	-	-	-	-	-	-	-	-	
	IV	6,75	-	0,54	0,60	-	-	-	-	-	-	-	-	-	-	-	-	-	-	-	-	-	
	V	133,75	-	10,70	12,03																		
	VI	154,25	-	12,34	13,88																		
1.208,99	I	7,16	-	0,57	0,64	-	-	-	-	-	-	-	-	-	-	-	-	-	-	-	-	-	
	II	-	-	-	-	-	-	-	-	-	-	-	-	-	-	-	-	-	-	-	-	-	
	III	-	-	-	-	-	-	-	-	-	-	-	-	-	-	-	-	-	-	-	-	-	
	IV	7,16	-	0,57	0,64	-	-	-	-	-	-	-	-	-	-	-	-	-	-	-	-	-	
	V	134,16	-	10,73	12,07																		
	VI	155,41	-	12,43	13,98																		
1.211,99	I	7,58	-	0,60	0,68	-	-	-	-	-	-	-	-	-	-	-	-	-	-	-	-	-	
	II	-	-	-	-	-	-	-	-	-	-	-	-	-	-	-	-	-	-	-	-	-	
	III	-	-	-	-	-	-	-	-	-	-	-	-	-	-	-	-	-	-	-	-	-	
	IV	7,58	-	0,60	0,68	-	-	-	-	-	-	-	-	-	-	-	-	-	-	-	-	-	
	V	134,50	-	10,76	12,10																		
	VI	156,50	-	12,52	14,08																		
1.214,99	I	7,91	-	0,63	0,71	-	-	-	-	-	-	-	-	-	-	-	-	-	-	-	-	-	
	II	-	-	-	-	-	-	-	-	-	-	-	-	-	-	-	-	-	-	-	-	-	
	III	-	-	-	-	-	-	-	-	-	-	-	-	-	-	-	-	-	-	-	-	-	
	IV	7,91	-	0,63	0,71	-	-	-	-	-	-	-	-	-	-	-	-	-	-	-	-	-	
	V	134,83	-	10,78	12,13																		
	VI	157,58	-	12,60	14,18																		

Besondere Tabelle

Lohn/ Gehalt bis	Steuerklasse	Lohn- steuer	ohne Kinderfreibetrag			Anzahl Kinderfreibeträge (nur Steuerklassen I–IV) 0,5			1,0			1,5			2,0			2,5			3,0		
			SolZ 5,5%	Kirchensteuer 8%	9%	SolZ 5,5%	Kirchensteuer 8%	9%	SolZ 5,5%	Kirchensteuer 8%	9%	SolZ 5,5%	Kirchensteuer 8%	9%	SolZ 5,5%	Kirchensteuer 8%	9%	SolZ 5,5%	Kirchensteuer 8%	9%	SolZ 5,5%	Kirchensteuer 8%	9%
1.217,99	I	8,33	-	0,66	0,74	-	-	-	-	-	-	-	-	-	-	-	-	-	-	-	-	-	-
	II	-	-	-	-	-	-	-	-	-	-	-	-	-	-	-	-	-	-	-	-	-	-
	III	-	-	-	-	-	-	-	-	-	-	-	-	-	-	-	-	-	-	-	-	-	-
	IV	8,33	-	0,66	0,74	-	-	-	-	-	-	-	-	-	-	-	-	-	-	-	-	-	-
	V	135,25	-	10,82	12,17																		
	VI	158,66	-	12,69	14,27																		
1.220,99	I	8,75	-	0,70	0,78	-	-	-	-	-	-	-	-	-	-	-	-	-	-	-	-	-	-
	II	-	-	-	-	-	-	-	-	-	-	-	-	-	-	-	-	-	-	-	-	-	-
	III	-	-	-	-	-	-	-	-	-	-	-	-	-	-	-	-	-	-	-	-	-	-
	IV	8,75	-	0,70	0,78	-	-	-	-	-	-	-	-	-	-	-	-	-	-	-	-	-	-
	V	135,58	-	10,84	12,20																		
	VI	159,75	-	12,78	14,37																		
1.223,99	I	9,16	-	0,73	0,82	-	-	-	-	-	-	-	-	-	-	-	-	-	-	-	-	-	-
	II	-	-	-	-	-	-	-	-	-	-	-	-	-	-	-	-	-	-	-	-	-	-
	III	-	-	-	-	-	-	-	-	-	-	-	-	-	-	-	-	-	-	-	-	-	-
	IV	9,16	-	0,73	0,82	-	-	-	-	-	-	-	-	-	-	-	-	-	-	-	-	-	-
	V	136,00	-	10,88	12,24																		
	VI	160,91	-	12,87	14,48																		
1.226,99	I	9,58	-	0,76	0,86	-	-	-	-	-	-	-	-	-	-	-	-	-	-	-	-	-	-
	II	-	-	-	-	-	-	-	-	-	-	-	-	-	-	-	-	-	-	-	-	-	-
	III	-	-	-	-	-	-	-	-	-	-	-	-	-	-	-	-	-	-	-	-	-	-
	IV	9,58	-	0,76	0,86	-	-	-	-	-	-	-	-	-	-	-	-	-	-	-	-	-	-
	V	136,33	-	10,90	12,26																		
	VI	162,00	-	12,96	14,58																		
1.229,99	I	10,00	-	0,80	0,90	-	-	-	-	-	-	-	-	-	-	-	-	-	-	-	-	-	-
	II	-	-	-	-	-	-	-	-	-	-	-	-	-	-	-	-	-	-	-	-	-	-
	III	-	-	-	-	-	-	-	-	-	-	-	-	-	-	-	-	-	-	-	-	-	-
	IV	10,00	-	0,80	0,90	-	-	-	-	-	-	-	-	-	-	-	-	-	-	-	-	-	-
	V	136,66	-	10,93	12,29																		
	VI	163,08	-	13,04	14,67																		
1.232,99	I	10,41	-	0,83	0,93	-	-	-	-	-	-	-	-	-	-	-	-	-	-	-	-	-	-
	II	-	-	-	-	-	-	-	-	-	-	-	-	-	-	-	-	-	-	-	-	-	-
	III	-	-	-	-	-	-	-	-	-	-	-	-	-	-	-	-	-	-	-	-	-	-
	IV	10,41	-	0,83	0,93	-	-	-	-	-	-	-	-	-	-	-	-	-	-	-	-	-	-
	V	137,08	-	10,96	12,33																		
	VI	164,25	-	13,14	14,78																		
1.235,99	I	10,83	-	0,86	0,97	-	-	-	-	-	-	-	-	-	-	-	-	-	-	-	-	-	-
	II	-	-	-	-	-	-	-	-	-	-	-	-	-	-	-	-	-	-	-	-	-	-
	III	-	-	-	-	-	-	-	-	-	-	-	-	-	-	-	-	-	-	-	-	-	-
	IV	10,83	-	0,86	0,97	-	-	-	-	-	-	-	-	-	-	-	-	-	-	-	-	-	-
	V	137,41	-	10,99	12,36																		
	VI	165,33	-	13,22	14,87																		
1.238,99	I	11,25	-	0,90	1,01	-	-	-	-	-	-	-	-	-	-	-	-	-	-	-	-	-	-
	II	-	-	-	-	-	-	-	-	-	-	-	-	-	-	-	-	-	-	-	-	-	-
	III	-	-	-	-	-	-	-	-	-	-	-	-	-	-	-	-	-	-	-	-	-	-
	IV	11,25	-	0,90	1,01	-	-	-	-	-	-	-	-	-	-	-	-	-	-	-	-	-	-
	V	137,83	-	11,02	12,40																		
	VI	166,41	-	13,31	14,97																		
1.241,99	I	11,66	-	0,93	1,04	-	-	-	-	-	-	-	-	-	-	-	-	-	-	-	-	-	-
	II	-	-	-	-	-	-	-	-	-	-	-	-	-	-	-	-	-	-	-	-	-	-
	III	-	-	-	-	-	-	-	-	-	-	-	-	-	-	-	-	-	-	-	-	-	-
	IV	11,66	-	0,93	1,04	-	-	-	-	-	-	-	-	-	-	-	-	-	-	-	-	-	-
	V	138,16	-	11,05	12,43																		
	VI	167,58	-	13,40	15,08																		
1.244,99	I	12,08	-	0,96	1,08	-	-	-	-	-	-	-	-	-	-	-	-	-	-	-	-	-	-
	II	-	-	-	-	-	-	-	-	-	-	-	-	-	-	-	-	-	-	-	-	-	-
	III	-	-	-	-	-	-	-	-	-	-	-	-	-	-	-	-	-	-	-	-	-	-
	IV	12,08	-	0,96	1,08	-	-	-	-	-	-	-	-	-	-	-	-	-	-	-	-	-	-
	V	138,58	-	11,08	12,47																		
	VI	168,66	-	13,49	15,17																		
1.247,99	I	12,50	-	1,00	1,12	-	-	-	-	-	-	-	-	-	-	-	-	-	-	-	-	-	-
	II	-	-	-	-	-	-	-	-	-	-	-	-	-	-	-	-	-	-	-	-	-	-
	III	-	-	-	-	-	-	-	-	-	-	-	-	-	-	-	-	-	-	-	-	-	-
	IV	12,50	-	1,00	1,12	-	-	-	-	-	-	-	-	-	-	-	-	-	-	-	-	-	-
	V	138,91	-	11,11	12,50																		
	VI	169,75	-	13,58	15,27																		
1.250,99	I	12,91	-	1,03	1,16	-	-	-	-	-	-	-	-	-	-	-	-	-	-	-	-	-	-
	II	-	-	-	-	-	-	-	-	-	-	-	-	-	-	-	-	-	-	-	-	-	-
	III	-	-	-	-	-	-	-	-	-	-	-	-	-	-	-	-	-	-	-	-	-	-
	IV	12,91	-	1,03	1,16	-	-	-	-	-	-	-	-	-	-	-	-	-	-	-	-	-	-
	V	139,33	-	11,14	12,53																		
	VI	170,91	-	13,67	15,38																		
1.253,99	I	13,33	-	1,06	1,19	-	-	-	-	-	-	-	-	-	-	-	-	-	-	-	-	-	-
	II	-	-	-	-	-	-	-	-	-	-	-	-	-	-	-	-	-	-	-	-	-	-
	III	-	-	-	-	-	-	-	-	-	-	-	-	-	-	-	-	-	-	-	-	-	-
	IV	13,33	-	1,06	1,19	-	-	-	-	-	-	-	-	-	-	-	-	-	-	-	-	-	-
	V	139,66	-	11,17	12,56																		
	VI	172,00	-	13,76	15,48																		
1.256,99	I	13,75	-	1,10	1,23	-	-	-	-	-	-	-	-	-	-	-	-	-	-	-	-	-	-
	II	-	-	-	-	-	-	-	-	-	-	-	-	-	-	-	-	-	-	-	-	-	-
	III	-	-	-	-	-	-	-	-	-	-	-	-	-	-	-	-	-	-	-	-	-	-
	IV	13,75	-	1,10	1,23	-	-	-	-	-	-	-	-	-	-	-	-	-	-	-	-	-	-
	V	140,00	-	11,20	12,60																		
	VI	173,08	-	13,84	15,57																		
1.259,99	I	14,16	-	1,13	1,27	-	-	-	-	-	-	-	-	-	-	-	-	-	-	-	-	-	-
	II	-	-	-	-	-	-	-	-	-	-	-	-	-	-	-	-	-	-	-	-	-	-
	III	-	-	-	-	-	-	-	-	-	-	-	-	-	-	-	-	-	-	-	-	-	-
	IV	14,16	-	1,13	1,27	-	-	-	-	-	-	-	-	-	-	-	-	-	-	-	-	-	-
	V	140,41	-	11,23	12,63																		
	VI	174,16	-	13,93	15,67																		

MONAT bis 1.304,99 €

Besondere Tabelle

Lohn/ Gehalt bis	Steuerklasse	Lohn-steuer	ohne Kinderfreibetrag			Anzahl Kinderfreibeträge (nur Steuerklassen I–IV)																	
						0,5			1,0			1,5			2,0			2,5			3,0		
			SolZ 5,5%	Kirchensteuer 8%	Kirchensteuer 9%	SolZ 5,5%	Kirchensteuer 8%	9%	SolZ 5,5%	Kirchensteuer 8%	9%	SolZ 5,5%	Kirchensteuer 8%	9%	SolZ 5,5%	Kirchensteuer 8%	9%	SolZ 5,5%	Kirchensteuer 8%	9%	SolZ 5,5%	Kirchensteuer 8%	9%
1.262,99	I	14,58	-	1,16	1,31	-	-	-	-	-	-	-	-	-	-	-	-	-	-	-	-	-	
	II	-	-	-	-	-	-	-	-	-	-	-	-	-	-	-	-	-	-	-	-	-	
	III	-	-	-	-	-	-	-	-	-	-	-	-	-	-	-	-	-	-	-	-	-	
	IV	14,58	-	1,16	1,31	-	-	-	-	-	-	-	-	-	-	-	-	-	-	-	-	-	
	V	140,75	-	11,26	12,66																		
	VI	175,33	-	14,02	15,77																		
1.265,99	I	15,00	-	1,20	1,35	-	-	-	-	-	-	-	-	-	-	-	-	-	-	-	-	-	
	II	-	-	-	-	-	-	-	-	-	-	-	-	-	-	-	-	-	-	-	-	-	
	III	-	-	-	-	-	-	-	-	-	-	-	-	-	-	-	-	-	-	-	-	-	
	IV	15,00	-	1,20	1,35	-	-	-	-	-	-	-	-	-	-	-	-	-	-	-	-	-	
	V	141,16	-	11,29	12,70																		
	VI	176,41	-	14,11	15,87																		
1.268,99	I	15,50	-	1,24	1,39	-	-	-	-	-	-	-	-	-	-	-	-	-	-	-	-	-	
	II	-	-	-	-	-	-	-	-	-	-	-	-	-	-	-	-	-	-	-	-	-	
	III	-	-	-	-	-	-	-	-	-	-	-	-	-	-	-	-	-	-	-	-	-	
	IV	15,50	-	1,24	1,39	-	-	-	-	-	-	-	-	-	-	-	-	-	-	-	-	-	
	V	141,50	-	11,32	12,73																		
	VI	177,50	-	14,20	15,97																		
1.271,99	I	15,91	-	1,27	1,43	-	-	-	-	-	-	-	-	-	-	-	-	-	-	-	-	-	
	II	-	-	-	-	-	-	-	-	-	-	-	-	-	-	-	-	-	-	-	-	-	
	III	-	-	-	-	-	-	-	-	-	-	-	-	-	-	-	-	-	-	-	-	-	
	IV	15,91	-	1,27	1,43	-	-	-	-	-	-	-	-	-	-	-	-	-	-	-	-	-	
	V	141,91	-	11,35	12,77																		
	VI	178,66	-	14,29	16,07																		
1.274,99	I	16,33	-	1,30	1,46	-	-	-	-	-	-	-	-	-	-	-	-	-	-	-	-	-	
	II	-	-	-	-	-	-	-	-	-	-	-	-	-	-	-	-	-	-	-	-	-	
	III	-	-	-	-	-	-	-	-	-	-	-	-	-	-	-	-	-	-	-	-	-	
	IV	16,33	-	1,30	1,46	-	-	-	-	-	-	-	-	-	-	-	-	-	-	-	-	-	
	V	142,25	-	11,38	12,80																		
	VI	179,75	-	14,38	16,17																		
1.277,99	I	16,75	-	1,34	1,50	-	-	-	-	-	-	-	-	-	-	-	-	-	-	-	-	-	
	II	-	-	-	-	-	-	-	-	-	-	-	-	-	-	-	-	-	-	-	-	-	
	III	-	-	-	-	-	-	-	-	-	-	-	-	-	-	-	-	-	-	-	-	-	
	IV	16,75	-	1,34	1,50	-	-	-	-	-	-	-	-	-	-	-	-	-	-	-	-	-	
	V	142,58	-	11,40	12,83																		
	VI	180,83	-	14,46	16,27																		
1.280,99	I	17,25	-	1,38	1,55	-	-	-	-	-	-	-	-	-	-	-	-	-	-	-	-	-	
	II	-	-	-	-	-	-	-	-	-	-	-	-	-	-	-	-	-	-	-	-	-	
	III	-	-	-	-	-	-	-	-	-	-	-	-	-	-	-	-	-	-	-	-	-	
	IV	17,25	-	1,38	1,55	-	-	-	-	-	-	-	-	-	-	-	-	-	-	-	-	-	
	V	143,00	-	11,44	12,87																		
	VI	182,00	-	14,56	16,38																		
1.283,99	I	17,66	-	1,41	1,58	-	-	-	-	-	-	-	-	-	-	-	-	-	-	-	-	-	
	II	-	-	-	-	-	-	-	-	-	-	-	-	-	-	-	-	-	-	-	-	-	
	III	-	-	-	-	-	-	-	-	-	-	-	-	-	-	-	-	-	-	-	-	-	
	IV	17,66	-	1,41	1,58	-	-	-	-	-	-	-	-	-	-	-	-	-	-	-	-	-	
	V	143,33	-	11,46	12,89																		
	VI	183,08	-	14,64	16,47																		
1.286,99	I	18,08	-	1,44	1,62	-	-	-	-	-	-	-	-	-	-	-	-	-	-	-	-	-	
	II	-	-	-	-	-	-	-	-	-	-	-	-	-	-	-	-	-	-	-	-	-	
	III	-	-	-	-	-	-	-	-	-	-	-	-	-	-	-	-	-	-	-	-	-	
	IV	18,08	-	1,44	1,62	-	-	-	-	-	-	-	-	-	-	-	-	-	-	-	-	-	
	V	143,75	-	11,50	12,93																		
	VI	184,16	-	14,73	16,57																		
1.289,99	I	18,58	-	1,48	1,67	-	-	-	-	-	-	-	-	-	-	-	-	-	-	-	-	-	
	II	-	-	-	-	-	-	-	-	-	-	-	-	-	-	-	-	-	-	-	-	-	
	III	-	-	-	-	-	-	-	-	-	-	-	-	-	-	-	-	-	-	-	-	-	
	IV	18,58	-	1,48	1,67	-	-	-	-	-	-	-	-	-	-	-	-	-	-	-	-	-	
	V	144,08	-	11,52	12,96																		
	VI	185,33	-	14,82	16,67																		
1.292,99	I	19,00	-	1,52	1,71	-	-	-	-	-	-	-	-	-	-	-	-	-	-	-	-	-	
	II	-	-	-	-	-	-	-	-	-	-	-	-	-	-	-	-	-	-	-	-	-	
	III	-	-	-	-	-	-	-	-	-	-	-	-	-	-	-	-	-	-	-	-	-	
	IV	19,00	-	1,52	1,71	-	-	-	-	-	-	-	-	-	-	-	-	-	-	-	-	-	
	V	144,50	-	11,56	13,00																		
	VI	186,41	-	14,91	16,77																		
1.295,99	I	19,41	-	1,55	1,74	-	-	-	-	-	-	-	-	-	-	-	-	-	-	-	-	-	
	II	-	-	-	-	-	-	-	-	-	-	-	-	-	-	-	-	-	-	-	-	-	
	III	-	-	-	-	-	-	-	-	-	-	-	-	-	-	-	-	-	-	-	-	-	
	IV	19,41	-	1,55	1,74	-	-	-	-	-	-	-	-	-	-	-	-	-	-	-	-	-	
	V	144,83	-	11,58	13,03																		
	VI	187,50	-	15,00	16,87																		
1.298,99	I	19,91	-	1,59	1,79	-	-	-	-	-	-	-	-	-	-	-	-	-	-	-	-	-	
	II	-	-	-	-	-	-	-	-	-	-	-	-	-	-	-	-	-	-	-	-	-	
	III	-	-	-	-	-	-	-	-	-	-	-	-	-	-	-	-	-	-	-	-	-	
	IV	19,91	-	1,59	1,79	-	-	-	-	-	-	-	-	-	-	-	-	-	-	-	-	-	
	V	145,25	-	11,62	13,07																		
	VI	188,66	-	15,09	16,97																		
1.301,99	I	20,33	-	1,62	1,82	-	-	-	-	-	-	-	-	-	-	-	-	-	-	-	-	-	
	II	-	-	-	-	-	-	-	-	-	-	-	-	-	-	-	-	-	-	-	-	-	
	III	-	-	-	-	-	-	-	-	-	-	-	-	-	-	-	-	-	-	-	-	-	
	IV	20,33	-	1,62	1,82	-	-	-	-	-	-	-	-	-	-	-	-	-	-	-	-	-	
	V	145,58	-	11,64	13,10																		
	VI	189,75	-	15,18	17,07																		
1.304,99	I	20,75	-	1,66	1,86	-	-	-	-	-	-	-	-	-	-	-	-	-	-	-	-	-	
	II	-	-	-	-	-	-	-	-	-	-	-	-	-	-	-	-	-	-	-	-	-	
	III	-	-	-	-	-	-	-	-	-	-	-	-	-	-	-	-	-	-	-	-	-	
	IV	20,75	-	1,66	1,86	-	-	-	-	-	-	-	-	-	-	-	-	-	-	-	-	-	
	V	146,50	-	11,72	13,18																		
	VI	190,83	-	15,26	17,17																		

Besondere Tabelle

MONAT bis 1.349,99 €

Lohn/ Gehalt bis	Steuerklasse	Lohn- steuer	ohne Kinderfreibetrag			Anzahl Kinderfreibeträge (nur Steuerklassen I–IV)																	
						0,5			1,0			1,5			2,0			2,5			3,0		
			SolZ 5,5%	Kirchensteuer 8%	9%	SolZ 5,5%	Kirchensteuer 8%	9%	SolZ 5,5%	Kirchensteuer 8%	9%	SolZ 5,5%	Kirchensteuer 8%	9%	SolZ 5,5%	Kirchensteuer 8%	9%	SolZ 5,5%	Kirchensteuer 8%	9%	SolZ 5,5%	Kirchensteuer 8%	9%
1.307,99	I	21,25	-	1,70	1,91	-	-	-	-	-	-	-	-	-	-	-	-	-	-	-	-	-	-
	II	-	-	-	-	-	-	-	-	-	-	-	-	-	-	-	-	-	-	-	-	-	-
	III	-	-	-	-	-	-	-	-	-	-	-	-	-	-	-	-	-	-	-	-	-	-
	IV	21,25	-	1,70	1,91	-	-	-	-	-	-	-	-	-	-	-	-	-	-	-	-	-	-
	V	147,66	-	11,81	13,28																		
	VI	191,91	-	15,35	17,27																		
1.310,99	I	21,66	-	1,73	1,94	-	-	-	-	-	-	-	-	-	-	-	-	-	-	-	-	-	-
	II	-	-	-	-	-	-	-	-	-	-	-	-	-	-	-	-	-	-	-	-	-	-
	III	-	-	-	-	-	-	-	-	-	-	-	-	-	-	-	-	-	-	-	-	-	-
	IV	21,66	-	1,73	1,94	-	-	-	-	-	-	-	-	-	-	-	-	-	-	-	-	-	-
	V	148,75	-	11,90	13,38																		
	VI	193,08	-	15,44	17,37																		
1.313,99	I	22,16	-	1,77	1,99	-	-	-	-	-	-	-	-	-	-	-	-	-	-	-	-	-	-
	II	-	-	-	-	-	-	-	-	-	-	-	-	-	-	-	-	-	-	-	-	-	-
	III	-	-	-	-	-	-	-	-	-	-	-	-	-	-	-	-	-	-	-	-	-	-
	IV	22,16	-	1,77	1,99	-	-	-	-	-	-	-	-	-	-	-	-	-	-	-	-	-	-
	V	149,83	-	11,98	13,48																		
	VI	194,16	-	15,53	17,47																		
1.316,99	I	22,58	-	1,80	2,03	-	-	-	-	-	-	-	-	-	-	-	-	-	-	-	-	-	-
	II	-	-	-	-	-	-	-	-	-	-	-	-	-	-	-	-	-	-	-	-	-	-
	III	-	-	-	-	-	-	-	-	-	-	-	-	-	-	-	-	-	-	-	-	-	-
	IV	22,58	-	1,80	2,03	-	-	-	-	-	-	-	-	-	-	-	-	-	-	-	-	-	-
	V	151,00	-	12,08	13,59																		
	VI	195,25	-	15,62	17,57																		
1.319,99	I	23,08	-	1,84	2,07	-	-	-	-	-	-	-	-	-	-	-	-	-	-	-	-	-	-
	II	-	-	-	-	-	-	-	-	-	-	-	-	-	-	-	-	-	-	-	-	-	-
	III	-	-	-	-	-	-	-	-	-	-	-	-	-	-	-	-	-	-	-	-	-	-
	IV	23,08	-	1,84	2,07	-	-	-	-	-	-	-	-	-	-	-	-	-	-	-	-	-	-
	V	152,08	-	12,16	13,68																		
	VI	196,41	-	15,71	17,67																		
1.322,99	I	23,58	-	1,88	2,12	-	-	-	-	-	-	-	-	-	-	-	-	-	-	-	-	-	-
	II	-	-	-	-	-	-	-	-	-	-	-	-	-	-	-	-	-	-	-	-	-	-
	III	-	-	-	-	-	-	-	-	-	-	-	-	-	-	-	-	-	-	-	-	-	-
	IV	23,58	-	1,88	2,12	-	-	-	-	-	-	-	-	-	-	-	-	-	-	-	-	-	-
	V	153,41	-	12,27	13,80																		
	VI	197,66	-	15,81	17,78																		
1.325,99	I	24,16	-	1,93	2,17	-	-	-	-	-	-	-	-	-	-	-	-	-	-	-	-	-	-
	II	-	-	-	-	-	-	-	-	-	-	-	-	-	-	-	-	-	-	-	-	-	-
	III	-	-	-	-	-	-	-	-	-	-	-	-	-	-	-	-	-	-	-	-	-	-
	IV	24,16	-	1,93	2,17	-	-	-	-	-	-	-	-	-	-	-	-	-	-	-	-	-	-
	V	154,66	-	12,37	13,91																		
	VI	198,91	-	15,91	17,90																		
1.328,99	I	24,66	-	1,97	2,21	-	-	-	-	-	-	-	-	-	-	-	-	-	-	-	-	-	-
	II	-	-	-	-	-	-	-	-	-	-	-	-	-	-	-	-	-	-	-	-	-	-
	III	-	-	-	-	-	-	-	-	-	-	-	-	-	-	-	-	-	-	-	-	-	-
	IV	24,66	-	1,97	2,21	-	-	-	-	-	-	-	-	-	-	-	-	-	-	-	-	-	-
	V	155,91	-	12,47	14,03																		
	VI	200,25	-	16,02	18,02																		
1.331,99	I	25,16	-	2,01	2,26	-	-	-	-	-	-	-	-	-	-	-	-	-	-	-	-	-	-
	II	-	-	-	-	-	-	-	-	-	-	-	-	-	-	-	-	-	-	-	-	-	-
	III	-	-	-	-	-	-	-	-	-	-	-	-	-	-	-	-	-	-	-	-	-	-
	IV	25,16	-	2,01	2,26	-	-	-	-	-	-	-	-	-	-	-	-	-	-	-	-	-	-
	V	157,16	-	12,57	14,14																		
	VI	201,50	-	16,12	18,13																		
1.334,99	I	25,75	-	2,06	2,31	-	-	-	-	-	-	-	-	-	-	-	-	-	-	-	-	-	-
	II	-	-	-	-	-	-	-	-	-	-	-	-	-	-	-	-	-	-	-	-	-	-
	III	-	-	-	-	-	-	-	-	-	-	-	-	-	-	-	-	-	-	-	-	-	-
	IV	25,75	-	2,06	2,31	-	-	-	-	-	-	-	-	-	-	-	-	-	-	-	-	-	-
	V	158,41	-	12,67	14,25																		
	VI	202,75	-	16,22	18,24																		
1.337,99	I	26,25	-	2,10	2,36	-	-	-	-	-	-	-	-	-	-	-	-	-	-	-	-	-	-
	II	-	-	-	-	-	-	-	-	-	-	-	-	-	-	-	-	-	-	-	-	-	-
	III	-	-	-	-	-	-	-	-	-	-	-	-	-	-	-	-	-	-	-	-	-	-
	IV	26,25	-	2,10	2,36	-	-	-	-	-	-	-	-	-	-	-	-	-	-	-	-	-	-
	V	159,66	-	12,77	14,36																		
	VI	204,00	-	16,32	18,36																		
1.340,99	I	26,83	-	2,14	2,41	-	-	-	-	-	-	-	-	-	-	-	-	-	-	-	-	-	-
	II	-	-	-	-	-	-	-	-	-	-	-	-	-	-	-	-	-	-	-	-	-	-
	III	-	-	-	-	-	-	-	-	-	-	-	-	-	-	-	-	-	-	-	-	-	-
	IV	26,83	-	2,14	2,41	-	-	-	-	-	-	-	-	-	-	-	-	-	-	-	-	-	-
	V	160,91	-	12,87	14,48																		
	VI	205,25	-	16,42	18,47																		
1.343,99	I	27,33	-	2,18	2,45	-	-	-	-	-	-	-	-	-	-	-	-	-	-	-	-	-	-
	II	-	-	-	-	-	-	-	-	-	-	-	-	-	-	-	-	-	-	-	-	-	-
	III	-	-	-	-	-	-	-	-	-	-	-	-	-	-	-	-	-	-	-	-	-	-
	IV	27,33	-	2,18	2,45	-	-	-	-	-	-	-	-	-	-	-	-	-	-	-	-	-	-
	V	162,16	-	12,97	14,59																		
	VI	206,50	-	16,52	18,58																		
1.346,99	I	27,91	-	2,23	2,51	-	-	-	-	-	-	-	-	-	-	-	-	-	-	-	-	-	-
	II	-	-	-	-	-	-	-	-	-	-	-	-	-	-	-	-	-	-	-	-	-	-
	III	-	-	-	-	-	-	-	-	-	-	-	-	-	-	-	-	-	-	-	-	-	-
	IV	27,91	-	2,23	2,51	-	-	-	-	-	-	-	-	-	-	-	-	-	-	-	-	-	-
	V	163,50	-	13,08	14,71																		
	VI	207,75	-	16,62	18,69																		
1.349,99	I	28,41	-	2,27	2,55	-	-	-	-	-	-	-	-	-	-	-	-	-	-	-	-	-	-
	II	-	-	-	-	-	-	-	-	-	-	-	-	-	-	-	-	-	-	-	-	-	-
	III	-	-	-	-	-	-	-	-	-	-	-	-	-	-	-	-	-	-	-	-	-	-
	IV	28,41	-	2,27	2,55	-	-	-	-	-	-	-	-	-	-	-	-	-	-	-	-	-	-
	V	164,75	-	13,18	14,82																		
	VI	209,00	-	16,72	18,81																		

MONAT bis 1.394,99 €

Besondere Tabelle

Lohn/ Gehalt bis	Steuerklasse	Lohn-steuer	ohne Kinderfreibetrag			Anzahl Kinderfreibeträge (nur Steuerklassen I–IV)																	
						0,5			1,0			1,5			2,0			2,5			3,0		
			SolZ 5,5%	Kirchensteuer 8%	Kirchensteuer 9%	SolZ 5,5%	Kirchensteuer 8%	Kirchensteuer 9%	SolZ 5,5%	Kirchensteuer 8%	Kirchensteuer 9%	SolZ 5,5%	Kirchensteuer 8%	Kirchensteuer 9%	SolZ 5,5%	Kirchensteuer 8%	Kirchensteuer 9%	SolZ 5,5%	Kirchensteuer 8%	Kirchensteuer 9%	SolZ 5,5%	Kirchensteuer 8%	9%
1.352,99	I	29,00	-	2,32	2,61	-	-	-	-	-	-	-	-	-	-	-	-	-	-	-	-	-	
	II	-	-	-	-	-	-	-	-	-	-	-	-	-	-	-	-	-	-	-	-	-	
	III	-	-	-	-	-	-	-	-	-	-	-	-	-	-	-	-	-	-	-	-	-	
	IV	29,00	-	2,32	2,61	-	-	-	-	-	-	-	-	-	-	-	-	-	-	-	-	-	
	V	166,00	-	13,28	14,94																		
	VI	210,33	-	16,82	18,92																		
1.355,99	I	29,50	-	2,36	2,65	-	-	-	-	-	-	-	-	-	-	-	-	-	-	-	-	-	
	II	-	-	-	-	-	-	-	-	-	-	-	-	-	-	-	-	-	-	-	-	-	
	III	-	-	-	-	-	-	-	-	-	-	-	-	-	-	-	-	-	-	-	-	-	
	IV	29,50	-	2,36	2,65	-	-	-	-	-	-	-	-	-	-	-	-	-	-	-	-	-	
	V	167,25	-	13,38	15,05																		
	VI	211,58	-	16,92	19,04																		
1.358,99	I	30,08	-	2,40	2,70	-	-	-	-	-	-	-	-	-	-	-	-	-	-	-	-	-	
	II	-	-	-	-	-	-	-	-	-	-	-	-	-	-	-	-	-	-	-	-	-	
	III	-	-	-	-	-	-	-	-	-	-	-	-	-	-	-	-	-	-	-	-	-	
	IV	30,08	-	2,40	2,70	-	-	-	-	-	-	-	-	-	-	-	-	-	-	-	-	-	
	V	168,50	-	13,48	15,16																		
	VI	212,83	-	17,02	19,15																		
1.361,99	I	30,66	-	2,45	2,75	-	-	-	-	-	-	-	-	-	-	-	-	-	-	-	-	-	
	II	-	-	-	-	-	-	-	-	-	-	-	-	-	-	-	-	-	-	-	-	-	
	III	-	-	-	-	-	-	-	-	-	-	-	-	-	-	-	-	-	-	-	-	-	
	IV	30,66	-	2,45	2,75	-	0,02	0,02	-	-	-	-	-	-	-	-	-	-	-	-	-	-	
	V	169,75	-	13,58	15,27																		
	VI	214,08	-	17,12	19,26																		
1.364,99	I	31,16	-	2,49	2,80	-	-	-	-	-	-	-	-	-	-	-	-	-	-	-	-	-	
	II	-	-	-	-	-	-	-	-	-	-	-	-	-	-	-	-	-	-	-	-	-	
	III	-	-	-	-	-	-	-	-	-	-	-	-	-	-	-	-	-	-	-	-	-	
	IV	31,16	-	2,49	2,80	-	0,06	0,06	-	-	-	-	-	-	-	-	-	-	-	-	-	-	
	V	171,00	-	13,68	15,39																		
	VI	215,33	-	17,22	19,37																		
1.367,99	I	31,75	-	2,54	2,85	-	-	-	-	-	-	-	-	-	-	-	-	-	-	-	-	-	
	II	-	-	-	-	-	-	-	-	-	-	-	-	-	-	-	-	-	-	-	-	-	
	III	-	-	-	-	-	-	-	-	-	-	-	-	-	-	-	-	-	-	-	-	-	
	IV	31,75	-	2,54	2,85	-	0,09	0,10	-	-	-	-	-	-	-	-	-	-	-	-	-	-	
	V	172,25	-	13,78	15,50																		
	VI	216,58	-	17,32	19,49																		
1.370,99	I	32,33	-	2,58	2,90	-	-	-	-	-	-	-	-	-	-	-	-	-	-	-	-	-	
	II	-	-	-	-	-	-	-	-	-	-	-	-	-	-	-	-	-	-	-	-	-	
	III	-	-	-	-	-	-	-	-	-	-	-	-	-	-	-	-	-	-	-	-	-	
	IV	32,33	-	2,58	2,90	-	0,12	0,14	-	-	-	-	-	-	-	-	-	-	-	-	-	-	
	V	173,58	-	13,88	15,62																		
	VI	217,83	-	17,42	19,60																		
1.373,99	I	32,83	-	2,62	2,95	-	-	-	-	-	-	-	-	-	-	-	-	-	-	-	-	-	
	II	-	-	-	-	-	-	-	-	-	-	-	-	-	-	-	-	-	-	-	-	-	
	III	-	-	-	-	-	-	-	-	-	-	-	-	-	-	-	-	-	-	-	-	-	
	IV	32,83	-	2,62	2,95	-	0,16	0,18	-	-	-	-	-	-	-	-	-	-	-	-	-	-	
	V	174,83	-	13,98	15,73																		
	VI	219,08	-	17,52	19,71																		
1.376,99	I	33,41	-	2,67	3,00	-	-	-	-	-	-	-	-	-	-	-	-	-	-	-	-	-	
	II	-	-	-	-	-	-	-	-	-	-	-	-	-	-	-	-	-	-	-	-	-	
	III	-	-	-	-	-	-	-	-	-	-	-	-	-	-	-	-	-	-	-	-	-	
	IV	33,41	-	2,67	3,00	-	0,19	0,21	-	-	-	-	-	-	-	-	-	-	-	-	-	-	
	V	176,08	-	14,08	15,84																		
	VI	220,33	-	17,62	19,82																		
1.379,99	I	34,00	-	2,72	3,06	-	-	-	-	-	-	-	-	-	-	-	-	-	-	-	-	-	
	II	-	-	-	-	-	-	-	-	-	-	-	-	-	-	-	-	-	-	-	-	-	
	III	-	-	-	-	-	-	-	-	-	-	-	-	-	-	-	-	-	-	-	-	-	
	IV	34,00	-	2,72	3,06	-	0,23	0,26	-	-	-	-	-	-	-	-	-	-	-	-	-	-	
	V	177,33	-	14,18	15,95																		
	VI	221,66	-	17,73	19,94																		
1.382,99	I	34,58	-	2,76	3,11	-	-	-	-	-	-	-	-	-	-	-	-	-	-	-	-	-	
	II	-	-	-	-	-	-	-	-	-	-	-	-	-	-	-	-	-	-	-	-	-	
	III	-	-	-	-	-	-	-	-	-	-	-	-	-	-	-	-	-	-	-	-	-	
	IV	34,58	-	2,76	3,11	-	0,26	0,29	-	-	-	-	-	-	-	-	-	-	-	-	-	-	
	V	178,58	-	14,28	16,07																		
	VI	222,91	-	17,83	20,06																		
1.385,99	I	35,16	-	2,81	3,16	-	-	-	-	-	-	-	-	-	-	-	-	-	-	-	-	-	
	II	-	-	-	-	-	-	-	-	-	-	-	-	-	-	-	-	-	-	-	-	-	
	III	-	-	-	-	-	-	-	-	-	-	-	-	-	-	-	-	-	-	-	-	-	
	IV	35,16	-	2,81	3,16	-	0,30	0,33	-	-	-	-	-	-	-	-	-	-	-	-	-	-	
	V	179,83	-	14,38	16,18																		
	VI	224,16	-	17,93	20,17																		
1.388,99	I	35,66	-	2,85	3,20	-	-	-	-	-	-	-	-	-	-	-	-	-	-	-	-	-	
	II	-	-	-	-	-	-	-	-	-	-	-	-	-	-	-	-	-	-	-	-	-	
	III	-	-	-	-	-	-	-	-	-	-	-	-	-	-	-	-	-	-	-	-	-	
	IV	35,66	-	2,85	3,20	-	0,33	0,37	-	-	-	-	-	-	-	-	-	-	-	-	-	-	
	V	181,08	-	14,48	16,29																		
	VI	225,41	-	18,03	20,28																		
1.391,99	I	36,25	-	2,90	3,26	-	-	-	-	-	-	-	-	-	-	-	-	-	-	-	-	-	
	II	-	-	-	-	-	-	-	-	-	-	-	-	-	-	-	-	-	-	-	-	-	
	III	-	-	-	-	-	-	-	-	-	-	-	-	-	-	-	-	-	-	-	-	-	
	IV	36,25	-	2,90	3,26	-	0,37	0,41	-	-	-	-	-	-	-	-	-	-	-	-	-	-	
	V	182,33	-	14,58	16,40																		
	VI	226,66	-	18,13	20,39																		
1.394,99	I	36,83	-	2,94	3,31	-	-	-	-	-	-	-	-	-	-	-	-	-	-	-	-	-	
	II	-	-	-	-	-	-	-	-	-	-	-	-	-	-	-	-	-	-	-	-	-	
	III	-	-	-	-	-	-	-	-	-	-	-	-	-	-	-	-	-	-	-	-	-	
	IV	36,83	-	2,94	3,31	-	0,40	0,45	-	-	-	-	-	-	-	-	-	-	-	-	-	-	
	V	183,58	-	14,68	16,52																		
	VI	227,91	-	18,23	20,51																		

Besondere Tabelle

MONAT bis 1.439,99 €

Lohn/ Gehalt bis	Steuerklasse	Lohn-steuer	ohne Kinderfreibetrag			Anzahl Kinderfreibeträge (nur Steuerklassen I–IV)																	
						0,5			1,0			1,5			2,0			2,5			3,0		
			SolZ 5,5%	Kirchensteuer 8%	Kirchensteuer 9%	SolZ 5,5%	Kirchensteuer 8%	Kirchensteuer 9%	SolZ 5,5%	Kirchensteuer 8%	Kirchensteuer 9%	SolZ 5,5%	Kirchensteuer 8%	Kirchensteuer 9%	SolZ 5,5%	Kirchensteuer 8%	Kirchensteuer 9%	SolZ 5,5%	Kirchensteuer 8%	Kirchensteuer 9%	SolZ 5,5%	Kirchensteuer 8%	Kirchensteuer 9%
1.397,99	I	37,41	-	2,99	3,36	-	-	-	-	-	-	-	-	-	-	-	-	-	-	-	-	-	-
	II	-	-	-	-	-	-	-	-	-	-	-	-	-	-	-	-	-	-	-	-	-	-
	III	-	-	-	-	-	-	-	-	-	-	-	-	-	-	-	-	-	-	-	-	-	-
	IV	37,41	-	2,99	3,36	-	0,44	0,49	-	-	-	-	-	-	-	-	-	-	-	-	-	-	-
	V	184,91	-	14,79	16,64																		
	VI	229,16	-	18,33	20,62																		
1.400,99	I	38,00	-	3,04	3,42	-	-	-	-	-	-	-	-	-	-	-	-	-	-	-	-	-	-
	II	-	-	-	-	-	-	-	-	-	-	-	-	-	-	-	-	-	-	-	-	-	-
	III	-	-	-	-	-	-	-	-	-	-	-	-	-	-	-	-	-	-	-	-	-	-
	IV	38,00	-	3,04	3,42	-	0,48	0,54	-	-	-	-	-	-	-	-	-	-	-	-	-	-	-
	V	186,16	-	14,89	16,75																		
	VI	230,41	-	18,43	20,73																		
1.403,99	I	38,58	-	3,08	3,47	-	-	-	-	-	-	-	-	-	-	-	-	-	-	-	-	-	-
	II	-	-	-	-	-	-	-	-	-	-	-	-	-	-	-	-	-	-	-	-	-	-
	III	-	-	-	-	-	-	-	-	-	-	-	-	-	-	-	-	-	-	-	-	-	-
	IV	38,58	-	3,08	3,47	-	0,51	0,57	-	-	-	-	-	-	-	-	-	-	-	-	-	-	-
	V	187,41	-	14,99	16,86																		
	VI	231,75	-	18,54	20,85																		
1.406,99	I	39,16	-	3,13	3,52	-	-	-	-	-	-	-	-	-	-	-	-	-	-	-	-	-	-
	II	-	-	-	-	-	-	-	-	-	-	-	-	-	-	-	-	-	-	-	-	-	-
	III	-	-	-	-	-	-	-	-	-	-	-	-	-	-	-	-	-	-	-	-	-	-
	IV	39,16	-	3,13	3,52	-	0,55	0,62	-	-	-	-	-	-	-	-	-	-	-	-	-	-	-
	V	188,66	-	15,09	16,97																		
	VI	233,00	-	18,64	20,97																		
1.409,99	I	39,75	-	3,18	3,57	-	-	-	-	-	-	-	-	-	-	-	-	-	-	-	-	-	-
	II	-	-	-	-	-	-	-	-	-	-	-	-	-	-	-	-	-	-	-	-	-	-
	III	-	-	-	-	-	-	-	-	-	-	-	-	-	-	-	-	-	-	-	-	-	-
	IV	39,75	-	3,18	3,57	-	0,58	0,65	-	-	-	-	-	-	-	-	-	-	-	-	-	-	-
	V	189,91	-	15,19	17,09																		
	VI	234,25	-	18,74	21,08																		
1.412,99	I	40,33	-	3,22	3,62	-	-	-	-	-	-	-	-	-	-	-	-	-	-	-	-	-	-
	II	-	-	-	-	-	-	-	-	-	-	-	-	-	-	-	-	-	-	-	-	-	-
	III	-	-	-	-	-	-	-	-	-	-	-	-	-	-	-	-	-	-	-	-	-	-
	IV	40,33	-	3,22	3,62	-	0,62	0,70	-	-	-	-	-	-	-	-	-	-	-	-	-	-	-
	V	191,16	-	15,29	17,20																		
	VI	235,50	-	18,84	21,19																		
1.415,99	I	40,91	-	3,27	3,68	-	-	-	-	-	-	-	-	-	-	-	-	-	-	-	-	-	-
	II	-	-	-	-	-	-	-	-	-	-	-	-	-	-	-	-	-	-	-	-	-	-
	III	-	-	-	-	-	-	-	-	-	-	-	-	-	-	-	-	-	-	-	-	-	-
	IV	40,91	-	3,27	3,68	-	0,66	0,74	-	-	-	-	-	-	-	-	-	-	-	-	-	-	-
	V	192,41	-	15,39	17,31																		
	VI	236,75	-	18,94	21,30																		
1.418,99	I	41,50	-	3,32	3,73	-	-	-	-	-	-	-	-	-	-	-	-	-	-	-	-	-	-
	II	-	-	-	-	-	-	-	-	-	-	-	-	-	-	-	-	-	-	-	-	-	-
	III	-	-	-	-	-	-	-	-	-	-	-	-	-	-	-	-	-	-	-	-	-	-
	IV	41,50	-	3,32	3,73	-	0,70	0,78	-	-	-	-	-	-	-	-	-	-	-	-	-	-	-
	V	193,66	-	15,49	17,42																		
	VI	238,00	-	19,04	21,42																		
1.421,99	I	42,08	-	3,36	3,78	-	-	-	-	-	-	-	-	-	-	-	-	-	-	-	-	-	-
	II	-	-	-	-	-	-	-	-	-	-	-	-	-	-	-	-	-	-	-	-	-	-
	III	-	-	-	-	-	-	-	-	-	-	-	-	-	-	-	-	-	-	-	-	-	-
	IV	42,08	-	3,36	3,78	-	0,73	0,82	-	-	-	-	-	-	-	-	-	-	-	-	-	-	-
	V	195,00	-	15,60	17,55																		
	VI	239,25	-	19,14	21,53																		
1.424,99	I	42,75	-	3,42	3,84	-	-	-	-	-	-	-	-	-	-	-	-	-	-	-	-	-	-
	II	-	-	-	-	-	-	-	-	-	-	-	-	-	-	-	-	-	-	-	-	-	-
	III	-	-	-	-	-	-	-	-	-	-	-	-	-	-	-	-	-	-	-	-	-	-
	IV	42,75	-	3,42	3,84	-	0,77	0,86	-	-	-	-	-	-	-	-	-	-	-	-	-	-	-
	V	196,25	-	15,70	17,66																		
	VI	240,50	-	19,24	21,64																		
1.427,99	I	43,33	-	3,46	3,89	-	-	-	-	-	-	-	-	-	-	-	-	-	-	-	-	-	-
	II	-	-	-	-	-	-	-	-	-	-	-	-	-	-	-	-	-	-	-	-	-	-
	III	-	-	-	-	-	-	-	-	-	-	-	-	-	-	-	-	-	-	-	-	-	-
	IV	43,33	-	3,46	3,89	-	0,80	0,90	-	-	-	-	-	-	-	-	-	-	-	-	-	-	-
	V	197,50	-	15,80	17,77																		
	VI	241,83	-	19,34	21,76																		
1.430,99	I	43,91	-	3,51	3,95	-	-	-	-	-	-	-	-	-	-	-	-	-	-	-	-	-	-
	II	-	-	-	-	-	-	-	-	-	-	-	-	-	-	-	-	-	-	-	-	-	-
	III	-	-	-	-	-	-	-	-	-	-	-	-	-	-	-	-	-	-	-	-	-	-
	IV	43,91	-	3,51	3,95	-	0,84	0,95	-	-	-	-	-	-	-	-	-	-	-	-	-	-	-
	V	198,75	-	15,90	17,88																		
	VI	243,08	-	19,44	21,87																		
1.433,99	I	44,50	-	3,56	4,00	-	-	-	-	-	-	-	-	-	-	-	-	-	-	-	-	-	-
	II	-	-	-	-	-	-	-	-	-	-	-	-	-	-	-	-	-	-	-	-	-	-
	III	-	-	-	-	-	-	-	-	-	-	-	-	-	-	-	-	-	-	-	-	-	-
	IV	44,50	-	3,56	4,00	-	0,88	0,99	-	-	-	-	-	-	-	-	-	-	-	-	-	-	-
	V	200,00	-	16,00	18,00																		
	VI	244,33	-	19,54	21,98																		
1.436,99	I	45,08	-	3,60	4,05	-	-	-	-	-	-	-	-	-	-	-	-	-	-	-	-	-	-
	II	-	-	-	-	-	-	-	-	-	-	-	-	-	-	-	-	-	-	-	-	-	-
	III	-	-	-	-	-	-	-	-	-	-	-	-	-	-	-	-	-	-	-	-	-	-
	IV	45,08	-	3,60	4,05	-	0,92	1,03	-	-	-	-	-	-	-	-	-	-	-	-	-	-	-
	V	201,25	-	16,10	18,11																		
	VI	245,58	-	19,64	22,10																		
1.439,99	I	45,75	-	3,66	4,11	-	-	-	-	-	-	-	-	-	-	-	-	-	-	-	-	-	-
	II	-	-	-	-	-	-	-	-	-	-	-	-	-	-	-	-	-	-	-	-	-	-
	III	-	-	-	-	-	-	-	-	-	-	-	-	-	-	-	-	-	-	-	-	-	-
	IV	45,75	-	3,66	4,11	-	0,96	1,08	-	-	-	-	-	-	-	-	-	-	-	-	-	-	-
	V	202,50	-	16,20	18,22																		
	VI	246,83	-	19,74	22,21																		

MONAT bis 1.484,99 €

Besondere Tabelle

Lohn/ Gehalt bis	Steuerklasse	Lohn-steuer	ohne Kinderfreibetrag			Anzahl Kinderfreibeträge (nur Steuerklassen I–IV)																	
						0,5			1,0			1,5			2,0			2,5			3,0		
			SolZ 5,5%	Kirchensteuer 8%	9%	SolZ 5,5%	Kirchensteuer 8%	9%	SolZ 5,5%	Kirchensteuer 8%	9%	SolZ 5,5%	Kirchensteuer 8%	9%	SolZ 5,5%	Kirchensteuer 8%	9%	SolZ 5,5%	Kirchensteuer 8%	9%	SolZ 5,5%	Kirchensteuer 8%	9%
1.442,99	I	46,33	-	3,70	4,16	-	-	-	-	-	-	-	-	-	-	-	-	-	-	-	-	-	
	II	-	-	-	-	-	-	-	-	-	-	-	-	-	-	-	-	-	-	-	-	-	
	III	-	-	-	-	-	-	-	-	-	-	-	-	-	-	-	-	-	-	-	-	-	
	IV	46,33	-	3,70	4,16	-	1,00	1,12	-	-	-	-	-	-	-	-	-	-	-	-	-	-	
	V	203,75	-	16,30	18,33																		
	VI	248,08	-	19,84	22,32																		
1.445,99	I	46,91	-	3,75	4,22	-	-	-	-	-	-	-	-	-	-	-	-	-	-	-	-	-	
	II	-	-	-	-	-	-	-	-	-	-	-	-	-	-	-	-	-	-	-	-	-	
	III	-	-	-	-	-	-	-	-	-	-	-	-	-	-	-	-	-	-	-	-	-	
	IV	46,91	-	3,75	4,22	-	1,04	1,17	-	-	-	-	-	-	-	-	-	-	-	-	-	-	
	V	205,08	-	16,40	18,45																		
	VI	249,33	-	19,94	22,43																		
1.448,99	I	47,58	-	3,80	4,28	-	-	-	-	-	-	-	-	-	-	-	-	-	-	-	-	-	
	II	-	-	-	-	-	-	-	-	-	-	-	-	-	-	-	-	-	-	-	-	-	
	III	-	-	-	-	-	-	-	-	-	-	-	-	-	-	-	-	-	-	-	-	-	
	IV	47,58	-	3,80	4,28	-	1,07	1,20	-	-	-	-	-	-	-	-	-	-	-	-	-	-	
	V	206,33	-	16,50	18,56																		
	VI	250,58	-	20,04	22,55																		
1.451,99	I	48,16	-	3,85	4,33	-	-	-	-	-	-	-	-	-	-	-	-	-	-	-	-	-	
	II	-	-	-	-	-	-	-	-	-	-	-	-	-	-	-	-	-	-	-	-	-	
	III	-	-	-	-	-	-	-	-	-	-	-	-	-	-	-	-	-	-	-	-	-	
	IV	48,16	-	3,85	4,33	-	1,11	1,25	-	-	-	-	-	-	-	-	-	-	-	-	-	-	
	V	207,58	-	16,60	18,68																		
	VI	251,83	-	20,14	22,66																		
1.454,99	I	48,83	-	3,90	4,39	-	-	-	-	-	-	-	-	-	-	-	-	-	-	-	-	-	
	II	-	-	-	-	-	-	-	-	-	-	-	-	-	-	-	-	-	-	-	-	-	
	III	-	-	-	-	-	-	-	-	-	-	-	-	-	-	-	-	-	-	-	-	-	
	IV	48,83	-	3,90	4,39	-	1,15	1,29	-	-	-	-	-	-	-	-	-	-	-	-	-	-	
	V	208,83	-	16,70	18,79																		
	VI	253,16	-	20,25	22,78																		
1.457,99	I	49,41	-	3,95	4,44	-	-	-	-	-	-	-	-	-	-	-	-	-	-	-	-	-	
	II	-	-	-	-	-	-	-	-	-	-	-	-	-	-	-	-	-	-	-	-	-	
	III	-	-	-	-	-	-	-	-	-	-	-	-	-	-	-	-	-	-	-	-	-	
	IV	49,41	-	3,95	4,44	-	1,19	1,34	-	-	-	-	-	-	-	-	-	-	-	-	-	-	
	V	210,08	-	16,80	18,90																		
	VI	254,41	-	20,35	22,89																		
1.460,99	I	50,08	-	4,00	4,50	-	-	-	-	-	-	-	-	-	-	-	-	-	-	-	-	-	
	II	-	-	-	-	-	-	-	-	-	-	-	-	-	-	-	-	-	-	-	-	-	
	III	-	-	-	-	-	-	-	-	-	-	-	-	-	-	-	-	-	-	-	-	-	
	IV	50,08	-	4,00	4,50	-	1,23	1,38	-	-	-	-	-	-	-	-	-	-	-	-	-	-	
	V	211,33	-	16,90	19,01																		
	VI	255,66	-	20,45	23,00																		
1.463,99	I	50,66	-	4,05	4,55	-	-	-	-	-	-	-	-	-	-	-	-	-	-	-	-	-	
	II	-	-	-	-	-	-	-	-	-	-	-	-	-	-	-	-	-	-	-	-	-	
	III	-	-	-	-	-	-	-	-	-	-	-	-	-	-	-	-	-	-	-	-	-	
	IV	50,66	-	4,05	4,55	-	1,27	1,43	-	-	-	-	-	-	-	-	-	-	-	-	-	-	
	V	212,58	-	17,00	19,13																		
	VI	256,91	-	20,55	23,12																		
1.466,99	I	51,33	-	4,10	4,61	-	-	-	-	-	-	-	-	-	-	-	-	-	-	-	-	-	
	II	-	-	-	-	-	-	-	-	-	-	-	-	-	-	-	-	-	-	-	-	-	
	III	-	-	-	-	-	-	-	-	-	-	-	-	-	-	-	-	-	-	-	-	-	
	IV	51,33	-	4,10	4,61	-	1,31	1,47	-	-	-	-	-	-	-	-	-	-	-	-	-	-	
	V	213,83	-	17,10	19,24																		
	VI	258,16	-	20,65	23,23																		
1.469,99	I	51,91	-	4,15	4,67	-	-	-	-	-	-	-	-	-	-	-	-	-	-	-	-	-	
	II	-	-	-	-	-	-	-	-	-	-	-	-	-	-	-	-	-	-	-	-	-	
	III	-	-	-	-	-	-	-	-	-	-	-	-	-	-	-	-	-	-	-	-	-	
	IV	51,91	-	4,15	4,67	-	1,35	1,52	-	-	-	-	-	-	-	-	-	-	-	-	-	-	
	V	215,08	-	17,20	19,35																		
	VI	259,41	-	20,75	23,34																		
1.472,99	I	52,58	-	4,20	4,73	-	-	-	-	-	-	-	-	-	-	-	-	-	-	-	-	-	
	II	-	-	-	-	-	-	-	-	-	-	-	-	-	-	-	-	-	-	-	-	-	
	III	-	-	-	-	-	-	-	-	-	-	-	-	-	-	-	-	-	-	-	-	-	
	IV	52,58	-	4,20	4,73	-	1,39	1,56	-	-	-	-	-	-	-	-	-	-	-	-	-	-	
	V	216,41	-	17,31	19,47																		
	VI	260,66	-	20,85	23,45																		
1.475,99	I	53,16	-	4,25	4,78	-	-	-	-	-	-	-	-	-	-	-	-	-	-	-	-	-	
	II	-	-	-	-	-	-	-	-	-	-	-	-	-	-	-	-	-	-	-	-	-	
	III	-	-	-	-	-	-	-	-	-	-	-	-	-	-	-	-	-	-	-	-	-	
	IV	53,16	-	4,25	4,78	-	1,43	1,61	-	-	-	-	-	-	-	-	-	-	-	-	-	-	
	V	217,66	-	17,41	19,58																		
	VI	261,91	-	20,95	23,57																		
1.478,99	I	53,83	-	4,30	4,84	-	-	-	-	-	-	-	-	-	-	-	-	-	-	-	-	-	
	II	-	-	-	-	-	-	-	-	-	-	-	-	-	-	-	-	-	-	-	-	-	
	III	-	-	-	-	-	-	-	-	-	-	-	-	-	-	-	-	-	-	-	-	-	
	IV	53,83	-	4,30	4,84	-	1,47	1,65	-	-	-	-	-	-	-	-	-	-	-	-	-	-	
	V	218,91	-	17,51	19,70																		
	VI	263,25	-	21,06	23,69																		
1.481,99	I	54,41	-	4,35	4,89	-	-	-	-	-	-	-	-	-	-	-	-	-	-	-	-	-	
	II	-	-	-	-	-	-	-	-	-	-	-	-	-	-	-	-	-	-	-	-	-	
	III	-	-	-	-	-	-	-	-	-	-	-	-	-	-	-	-	-	-	-	-	-	
	IV	54,41	-	4,35	4,89	-	1,51	1,70	-	-	-	-	-	-	-	-	-	-	-	-	-	-	
	V	220,16	-	17,61	19,81																		
	VI	264,50	-	21,16	23,80																		
1.484,99	I	55,08	-	4,40	4,95	-	-	-	-	-	-	-	-	-	-	-	-	-	-	-	-	-	
	II	-	-	-	-	-	-	-	-	-	-	-	-	-	-	-	-	-	-	-	-	-	
	III	-	-	-	-	-	-	-	-	-	-	-	-	-	-	-	-	-	-	-	-	-	
	IV	55,08	-	4,40	4,95	-	1,55	1,74	-	-	-	-	-	-	-	-	-	-	-	-	-	-	
	V	221,41	-	17,71	19,92																		
	VI	265,75	-	21,26	23,91																		

Besondere Tabelle

MONAT bis 1.529,99 €

Lohn/ Gehalt bis	Steuerklasse	Lohn-steuer	ohne Kinderfreibetrag			Anzahl Kinderfreibeträge (nur Steuerklassen I–IV) 0,5			1,0			1,5			2,0			2,5			3,0		
			SolZ 5,5%	Kirchensteuer 8%	9%	SolZ 5,5%	Kirchensteuer 8%	9%	SolZ 5,5%	Kirchensteuer 8%	9%	SolZ 5,5%	Kirchensteuer 8%	9%	SolZ 5,5%	Kirchensteuer 8%	9%	SolZ 5,5%	Kirchensteuer 8%	9%	SolZ 5,5%	Kirchensteuer 8%	9%
1.487,99	I	55,75	-	4,46	5,01	-	-	-	-	-	-	-	-	-	-	-	-	-	-	-	-	-	-
	II	-	-	-	-	-	-	-	-	-	-	-	-	-	-	-	-	-	-	-	-	-	-
	III	-	-	-	-	-	-	-	-	-	-	-	-	-	-	-	-	-	-	-	-	-	-
	IV	55,75	-	4,46	5,01	-	1,59	1,79	-	-	-	-	-	-	-	-	-	-	-	-	-	-	-
	V	222,66	-	17,81	20,03																		
	VI	267,00	-	21,36	24,03																		
1.490,99	I	56,41	-	4,51	5,07	-	-	-	-	-	-	-	-	-	-	-	-	-	-	-	-	-	-
	II	-	-	-	-	-	-	-	-	-	-	-	-	-	-	-	-	-	-	-	-	-	-
	III	-	-	-	-	-	-	-	-	-	-	-	-	-	-	-	-	-	-	-	-	-	-
	IV	56,41	-	4,51	5,07	-	1,63	1,83	-	-	-	-	-	-	-	-	-	-	-	-	-	-	-
	V	223,91	-	17,91	20,15																		
	VI	268,25	-	21,46	24,14																		
1.493,99	I	57,00	-	4,56	5,13	-	-	-	-	-	-	-	-	-	-	-	-	-	-	-	-	-	-
	II	-	-	-	-	-	-	-	-	-	-	-	-	-	-	-	-	-	-	-	-	-	-
	III	-	-	-	-	-	-	-	-	-	-	-	-	-	-	-	-	-	-	-	-	-	-
	IV	57,00	-	4,56	5,13	-	1,67	1,88	-	-	-	-	-	-	-	-	-	-	-	-	-	-	-
	V	225,16	-	18,01	20,26																		
	VI	269,50	-	21,56	24,25																		
1.496,99	I	57,66	-	4,61	5,18	-	-	-	-	-	-	-	-	-	-	-	-	-	-	-	-	-	-
	II	-	-	-	-	-	-	-	-	-	-	-	-	-	-	-	-	-	-	-	-	-	-
	III	-	-	-	-	-	-	-	-	-	-	-	-	-	-	-	-	-	-	-	-	-	-
	IV	57,66	-	4,61	5,18	-	1,71	1,92	-	-	-	-	-	-	-	-	-	-	-	-	-	-	-
	V	226,50	-	18,12	20,38																		
	VI	270,75	-	21,66	24,36																		
1.499,99	I	58,33	-	4,66	5,24	-	-	-	-	-	-	-	-	-	-	-	-	-	-	-	-	-	-
	II	-	-	-	-	-	-	-	-	-	-	-	-	-	-	-	-	-	-	-	-	-	-
	III	-	-	-	-	-	-	-	-	-	-	-	-	-	-	-	-	-	-	-	-	-	-
	IV	58,33	-	4,66	5,24	-	1,76	1,98	-	-	-	-	-	-	-	-	-	-	-	-	-	-	-
	V	227,75	-	18,22	20,49																		
	VI	272,00	-	21,76	24,48																		
1.502,99	I	59,00	-	4,72	5,31	-	-	-	-	-	-	-	-	-	-	-	-	-	-	-	-	-	-
	II	-	-	-	-	-	-	-	-	-	-	-	-	-	-	-	-	-	-	-	-	-	-
	III	-	-	-	-	-	-	-	-	-	-	-	-	-	-	-	-	-	-	-	-	-	-
	IV	59,00	-	4,72	5,31	-	1,80	2,02	-	-	-	-	-	-	-	-	-	-	-	-	-	-	-
	V	229,00	-	18,32	20,61																		
	VI	273,33	-	21,86	24,59																		
1.505,99	I	59,66	-	4,77	5,36	-	-	-	-	-	-	-	-	-	-	-	-	-	-	-	-	-	-
	II	-	-	-	-	-	-	-	-	-	-	-	-	-	-	-	-	-	-	-	-	-	-
	III	-	-	-	-	-	-	-	-	-	-	-	-	-	-	-	-	-	-	-	-	-	-
	IV	59,66	-	4,77	5,36	-	1,84	2,07	-	-	-	-	-	-	-	-	-	-	-	-	-	-	-
	V	230,25	-	18,42	20,72																		
	VI	274,58	-	21,96	24,71																		
1.508,99	I	60,25	-	4,82	5,42	-	-	-	-	-	-	-	-	-	-	-	-	-	-	-	-	-	-
	II	-	-	-	-	-	-	-	-	-	-	-	-	-	-	-	-	-	-	-	-	-	-
	III	-	-	-	-	-	-	-	-	-	-	-	-	-	-	-	-	-	-	-	-	-	-
	IV	60,25	-	4,82	5,42	-	1,88	2,11	-	-	-	-	-	-	-	-	-	-	-	-	-	-	-
	V	231,50	-	18,52	20,83																		
	VI	275,83	-	22,06	24,82																		
1.511,99	I	60,91	-	4,87	5,48	-	-	-	-	-	-	-	-	-	-	-	-	-	-	-	-	-	-
	II	-	-	-	-	-	-	-	-	-	-	-	-	-	-	-	-	-	-	-	-	-	-
	III	-	-	-	-	-	-	-	-	-	-	-	-	-	-	-	-	-	-	-	-	-	-
	IV	60,91	-	4,87	5,48	-	1,92	2,16	-	-	-	-	-	-	-	-	-	-	-	-	-	-	-
	V	232,75	-	18,62	20,94																		
	VI	277,08	-	22,16	24,93																		
1.514,99	I	61,58	-	4,92	5,54	-	-	-	-	-	-	-	-	-	-	-	-	-	-	-	-	-	-
	II	-	-	-	-	-	-	-	-	-	-	-	-	-	-	-	-	-	-	-	-	-	-
	III	-	-	-	-	-	-	-	-	-	-	-	-	-	-	-	-	-	-	-	-	-	-
	IV	61,58	-	4,92	5,54	-	1,96	2,21	-	-	-	-	-	-	-	-	-	-	-	-	-	-	-
	V	234,00	-	18,72	21,06																		
	VI	278,33	-	22,26	25,04																		
1.517,99	I	62,25	-	4,98	5,60	-	-	-	-	-	-	-	-	-	-	-	-	-	-	-	-	-	-
	II	-	-	-	-	-	-	-	-	-	-	-	-	-	-	-	-	-	-	-	-	-	-
	III	-	-	-	-	-	-	-	-	-	-	-	-	-	-	-	-	-	-	-	-	-	-
	IV	62,25	-	4,98	5,60	-	2,00	2,25	-	-	-	-	-	-	-	-	-	-	-	-	-	-	-
	V	235,25	-	18,82	21,17																		
	VI	279,58	-	22,36	25,16																		
1.520,99	I	62,91	-	5,03	5,66	-	-	-	-	-	-	-	-	-	-	-	-	-	-	-	-	-	-
	II	-	-	-	-	-	-	-	-	-	-	-	-	-	-	-	-	-	-	-	-	-	-
	III	-	-	-	-	-	-	-	-	-	-	-	-	-	-	-	-	-	-	-	-	-	-
	IV	62,91	-	5,03	5,66	-	2,05	2,30	-	-	-	-	-	-	-	-	-	-	-	-	-	-	-
	V	236,58	-	18,92	21,29																		
	VI	280,83	-	22,46	25,27																		
1.523,99	I	63,58	-	5,08	5,72	-	-	-	-	-	-	-	-	-	-	-	-	-	-	-	-	-	-
	II	-	-	-	-	-	-	-	-	-	-	-	-	-	-	-	-	-	-	-	-	-	-
	III	-	-	-	-	-	-	-	-	-	-	-	-	-	-	-	-	-	-	-	-	-	-
	IV	63,58	-	5,08	5,72	-	2,09	2,35	-	-	-	-	-	-	-	-	-	-	-	-	-	-	-
	V	237,83	-	19,02	21,40																		
	VI	282,08	-	22,56	25,38																		
1.526,99	I	64,25	-	5,14	5,78	-	-	-	-	-	-	-	-	-	-	-	-	-	-	-	-	-	-
	II	-	-	-	-	-	-	-	-	-	-	-	-	-	-	-	-	-	-	-	-	-	-
	III	-	-	-	-	-	-	-	-	-	-	-	-	-	-	-	-	-	-	-	-	-	-
	IV	64,25	-	5,14	5,78	-	2,14	2,40	-	-	-	-	-	-	-	-	-	-	-	-	-	-	-
	V	239,08	-	19,12	21,51																		
	VI	283,33	-	22,66	25,49																		
1.529,99	I	64,91	-	5,19	5,84	-	-	-	-	-	-	-	-	-	-	-	-	-	-	-	-	-	-
	II	0,25	-	0,02	0,02	-	-	-	-	-	-	-	-	-	-	-	-	-	-	-	-	-	-
	III	-	-	-	-	-	-	-	-	-	-	-	-	-	-	-	-	-	-	-	-	-	-
	IV	64,91	-	5,19	5,84	-	2,18	2,45	-	-	-	-	-	-	-	-	-	-	-	-	-	-	-
	V	240,33	-	19,22	21,62																		
	VI	284,66	-	22,77	25,61																		

MONAT bis 1.574,99 €

Lohn/ Gehalt bis	Steuerklasse	Lohnsteuer	ohne Kinderfreibetrag SolZ 5,5%	ohne Kinderfreibetrag Kirchensteuer 8%	ohne Kinderfreibetrag Kirchensteuer 9%	0,5 SolZ 5,5%	0,5 Kirchensteuer 8%	0,5 Kirchensteuer 9%	1,0 SolZ 5,5%	1,0 Kirchensteuer 8%	1,0 Kirchensteuer 9%	1,5 SolZ 5,5%	1,5 Kirchensteuer 8%	1,5 Kirchensteuer 9%	2,0 SolZ 5,5%	2,0 Kirchensteuer 8%	2,0 Kirchensteuer 9%	2,5 SolZ 5,5%	2,5 Kirchensteuer 8%	2,5 Kirchensteuer 9%	3,0 SolZ 5,5%	3,0 Kirchensteuer 8%	3,0 Kirchensteuer 9%
1.532,99	I	65,58	-	5,24	5,90	-	-	-	-	-	-	-	-	-	-	-	-	-	-	-	-	-	
	II	0,66	-	0,05	0,05	-	-	-	-	-	-	-	-	-	-	-	-	-	-	-	-	-	
	III	-	-	-	-	-	-	-	-	-	-	-	-	-	-	-	-	-	-	-	-	-	
	IV	65,58	-	5,24	5,90	-	2,22	2,50	-	-	-	-	-	-	-	-	-	-	-	-	-	-	
	V	241,58	-	19,32	21,74																		
	VI	285,91	-	22,87	25,73																		
1.535,99	I	66,25	-	5,30	5,96	-	-	-	-	-	-	-	-	-	-	-	-	-	-	-	-	-	
	II	1,08	-	0,08	0,09	-	-	-	-	-	-	-	-	-	-	-	-	-	-	-	-	-	
	III	-	-	-	-	-	-	-	-	-	-	-	-	-	-	-	-	-	-	-	-	-	
	IV	66,25	-	5,30	5,96	-	2,26	2,54	-	-	-	-	-	-	-	-	-	-	-	-	-	-	
	V	242,83	-	19,42	21,85																		
	VI	287,16	-	22,97	25,84																		
1.538,99	I	66,91	-	5,35	6,02	-	-	-	-	-	-	-	-	-	-	-	-	-	-	-	-	-	
	II	1,50	-	0,12	0,13	-	-	-	-	-	-	-	-	-	-	-	-	-	-	-	-	-	
	III	-	-	-	-	-	-	-	-	-	-	-	-	-	-	-	-	-	-	-	-	-	
	IV	66,91	-	5,35	6,02	-	2,31	2,60	-	-	-	-	-	-	-	-	-	-	-	-	-	-	
	V	244,08	-	19,52	21,96																		
	VI	288,41	-	23,07	25,95																		
1.541,99	I	67,66	-	5,41	6,08	-	-	-	-	-	-	-	-	-	-	-	-	-	-	-	-	-	
	II	1,91	-	0,15	0,17	-	-	-	-	-	-	-	-	-	-	-	-	-	-	-	-	-	
	III	-	-	-	-	-	-	-	-	-	-	-	-	-	-	-	-	-	-	-	-	-	
	IV	67,66	-	5,41	6,08	-	2,35	2,64	-	-	-	-	-	-	-	-	-	-	-	-	-	-	
	V	245,33	-	19,62	22,07																		
	VI	289,66	-	23,17	26,06																		
1.544,99	I	68,33	-	5,46	6,14	-	-	-	-	-	-	-	-	-	-	-	-	-	-	-	-	-	
	II	2,41	-	0,19	0,21	-	-	-	-	-	-	-	-	-	-	-	-	-	-	-	-	-	
	III	-	-	-	-	-	-	-	-	-	-	-	-	-	-	-	-	-	-	-	-	-	
	IV	68,33	-	5,46	6,14	-	2,40	2,70	-	-	-	-	-	-	-	-	-	-	-	-	-	-	
	V	246,58	-	19,72	22,19																		
	VI	290,91	-	23,27	26,18																		
1.547,99	I	69,00	-	5,52	6,21	-	0,02	0,02	-	-	-	-	-	-	-	-	-	-	-	-	-	-	
	II	2,83	-	0,22	0,25	-	-	-	-	-	-	-	-	-	-	-	-	-	-	-	-	-	
	III	-	-	-	-	-	-	-	-	-	-	-	-	-	-	-	-	-	-	-	-	-	
	IV	69,00	-	5,52	6,21	-	2,44	2,74	-	0,02	0,02	-	-	-	-	-	-	-	-	-	-	-	
	V	247,91	-	19,83	22,31																		
	VI	292,16	-	23,37	26,29																		
1.550,99	I	69,66	-	5,57	6,26	-	0,05	0,05	-	-	-	-	-	-	-	-	-	-	-	-	-	-	
	II	3,25	-	0,26	0,29	-	-	-	-	-	-	-	-	-	-	-	-	-	-	-	-	-	
	III	-	-	-	-	-	-	-	-	-	-	-	-	-	-	-	-	-	-	-	-	-	
	IV	69,66	-	5,57	6,26	-	2,48	2,79	-	0,05	0,05	-	-	-	-	-	-	-	-	-	-	-	
	V	249,16	-	19,93	22,42																		
	VI	293,41	-	23,47	26,40																		
1.553,99	I	70,33	-	5,62	6,32	-	0,08	0,09	-	-	-	-	-	-	-	-	-	-	-	-	-	-	
	II	3,66	-	0,29	0,32	-	-	-	-	-	-	-	-	-	-	-	-	-	-	-	-	-	
	III	-	-	-	-	-	-	-	-	-	-	-	-	-	-	-	-	-	-	-	-	-	
	IV	70,33	-	5,62	6,32	-	2,53	2,84	-	0,08	0,09	-	-	-	-	-	-	-	-	-	-	-	
	V	250,41	-	20,03	22,53																		
	VI	294,75	-	23,58	26,52																		
1.556,99	I	71,08	-	5,68	6,39	-	0,12	0,13	-	-	-	-	-	-	-	-	-	-	-	-	-	-	
	II	4,16	-	0,33	0,37	-	-	-	-	-	-	-	-	-	-	-	-	-	-	-	-	-	
	III	-	-	-	-	-	-	-	-	-	-	-	-	-	-	-	-	-	-	-	-	-	
	IV	71,08	-	5,68	6,39	-	2,57	2,89	-	0,12	0,13	-	-	-	-	-	-	-	-	-	-	-	
	V	251,66	-	20,13	22,64																		
	VI	296,00	-	23,68	26,64																		
1.559,99	I	71,75	-	5,74	6,45	-	0,15	0,17	-	-	-	-	-	-	-	-	-	-	-	-	-	-	
	II	4,58	-	0,36	0,41	-	-	-	-	-	-	-	-	-	-	-	-	-	-	-	-	-	
	III	-	-	-	-	-	-	-	-	-	-	-	-	-	-	-	-	-	-	-	-	-	
	IV	71,75	-	5,74	6,45	-	2,62	2,94	-	0,15	0,17	-	-	-	-	-	-	-	-	-	-	-	
	V	252,91	-	20,23	22,76																		
	VI	297,25	-	23,78	26,75																		
1.562,99	I	72,41	-	5,79	6,51	-	0,19	0,21	-	-	-	-	-	-	-	-	-	-	-	-	-	-	
	II	5,00	-	0,40	0,45	-	-	-	-	-	-	-	-	-	-	-	-	-	-	-	-	-	
	III	-	-	-	-	-	-	-	-	-	-	-	-	-	-	-	-	-	-	-	-	-	
	IV	72,41	-	5,79	6,51	-	2,66	2,99	-	0,19	0,21	-	-	-	-	-	-	-	-	-	-	-	
	V	254,16	-	20,33	22,87																		
	VI	298,50	-	23,88	26,86																		
1.565,99	I	73,16	-	5,85	6,58	-	0,22	0,25	-	-	-	-	-	-	-	-	-	-	-	-	-	-	
	II	5,50	-	0,44	0,49	-	-	-	-	-	-	-	-	-	-	-	-	-	-	-	-	-	
	III	-	-	-	-	-	-	-	-	-	-	-	-	-	-	-	-	-	-	-	-	-	
	IV	73,16	-	5,85	6,58	-	2,71	3,05	-	0,22	0,25	-	-	-	-	-	-	-	-	-	-	-	
	V	255,41	-	20,43	22,98																		
	VI	299,75	-	23,98	26,97																		
1.568,99	I	73,83	-	5,90	6,64	-	0,26	0,29	-	-	-	-	-	-	-	-	-	-	-	-	-	-	
	II	5,91	-	0,47	0,53	-	-	-	-	-	-	-	-	-	-	-	-	-	-	-	-	-	
	III	-	-	-	-	-	-	-	-	-	-	-	-	-	-	-	-	-	-	-	-	-	
	IV	73,83	-	5,90	6,64	-	2,76	3,10	-	0,26	0,29	-	-	-	-	-	-	-	-	-	-	-	
	V	256,66	-	20,53	23,09																		
	VI	301,00	-	24,08	27,09																		
1.571,99	I	74,58	-	5,96	6,71	-	0,29	0,32	-	-	-	-	-	-	-	-	-	-	-	-	-	-	
	II	6,33	-	0,50	0,56	-	-	-	-	-	-	-	-	-	-	-	-	-	-	-	-	-	
	III	-	-	-	-	-	-	-	-	-	-	-	-	-	-	-	-	-	-	-	-	-	
	IV	74,58	-	5,96	6,71	-	2,80	3,15	-	0,29	0,32	-	-	-	-	-	-	-	-	-	-	-	
	V	258,00	-	20,64	23,22																		
	VI	302,25	-	24,18	27,20																		
1.574,99	I	75,25	-	6,02	6,77	-	0,33	0,37	-	-	-	-	-	-	-	-	-	-	-	-	-	-	
	II	6,83	-	0,54	0,61	-	-	-	-	-	-	-	-	-	-	-	-	-	-	-	-	-	
	III	-	-	-	-	-	-	-	-	-	-	-	-	-	-	-	-	-	-	-	-	-	
	IV	75,25	-	6,02	6,77	-	2,84	3,20	-	0,33	0,37	-	-	-	-	-	-	-	-	-	-	-	
	V	259,25	-	20,74	23,33																		
	VI	303,50	-	24,28	27,31																		

Anzahl Kinderfreibeträge (nur Steuerklassen I–IV)

Lohn/ Gehalt bis	Steuerklasse	Lohn- steuer	ohne Kinderfreibetrag			Anzahl Kinderfreibeträge (nur Steuerklassen I–IV)																	
						0,5			1,0			1,5			2,0			2,5			3,0		
			SolZ 5,5%	Kirchensteuer 8%	9%	SolZ 5,5%	Kirchensteuer 8%	9%	SolZ 5,5%	Kirchensteuer 8%	9%	SolZ 5,5%	Kirchensteuer 8%	9%	SolZ 5,5%	Kirchensteuer 8%	9%	SolZ 5,5%	Kirchensteuer 8%	9%	SolZ 5,5%	Kirchensteuer 8%	9%
1.577,99	I	75,91	-	6,07	6,83	-	0,36	0,41	-	-	-	-	-	-	-	-	-	-	-	-	-	-	-
	II	7,25	-	0,58	0,65	-	-	-	-	-	-	-	-	-	-	-	-	-	-	-	-	-	-
	III	-	-	-	-	-	-	-	-	-	-	-	-	-	-	-	-	-	-	-	-	-	-
	IV	75,91	-	6,07	6,83	-	2,89	3,25	-	0,36	0,41	-	-	-	-	-	-	-	-	-	-	-	-
	V	260,50	-	20,84	23,44																		
	VI	304,83	-	24,38	27,43																		
1.580,99	I	76,66	-	6,13	6,89	-	0,40	0,45	-	-	-	-	-	-	-	-	-	-	-	-	-	-	-
	II	7,75	-	0,62	0,69	-	-	-	-	-	-	-	-	-	-	-	-	-	-	-	-	-	-
	III	-	-	-	-	-	-	-	-	-	-	-	-	-	-	-	-	-	-	-	-	-	-
	IV	76,66	-	6,13	6,89	-	2,94	3,30	-	0,40	0,45	-	-	-	-	-	-	-	-	-	-	-	-
	V	261,75	-	20,94	23,55																		
	VI	306,08	-	24,48	27,54																		
1.583,99	I	77,33	-	6,18	6,95	-	0,44	0,49	-	-	-	-	-	-	-	-	-	-	-	-	-	-	-
	II	8,16	-	0,65	0,73	-	-	-	-	-	-	-	-	-	-	-	-	-	-	-	-	-	-
	III	-	-	-	-	-	-	-	-	-	-	-	-	-	-	-	-	-	-	-	-	-	-
	IV	77,33	-	6,18	6,95	-	2,98	3,35	-	0,44	0,49	-	-	-	-	-	-	-	-	-	-	-	-
	V	263,00	-	21,04	23,67																		
	VI	307,33	-	24,58	27,65																		
1.586,99	I	78,08	-	6,24	7,02	-	0,47	0,53	-	-	-	-	-	-	-	-	-	-	-	-	-	-	-
	II	8,66	-	0,69	0,77	-	-	-	-	-	-	-	-	-	-	-	-	-	-	-	-	-	-
	III	-	-	-	-	-	-	-	-	-	-	-	-	-	-	-	-	-	-	-	-	-	-
	IV	78,08	-	6,24	7,02	-	3,03	3,41	-	0,47	0,53	-	-	-	-	-	-	-	-	-	-	-	-
	V	264,25	-	21,14	23,78																		
	VI	308,58	-	24,68	27,77																		
1.589,99	I	78,75	-	6,30	7,08	-	0,50	0,56	-	-	-	-	-	-	-	-	-	-	-	-	-	-	-
	II	9,08	-	0,72	0,81	-	-	-	-	-	-	-	-	-	-	-	-	-	-	-	-	-	-
	III	-	-	-	-	-	-	-	-	-	-	-	-	-	-	-	-	-	-	-	-	-	-
	IV	78,75	-	6,30	7,08	-	3,08	3,46	-	0,50	0,56	-	-	-	-	-	-	-	-	-	-	-	-
	V	265,50	-	21,24	23,89																		
	VI	309,83	-	24,78	27,88																		
1.592,99	I	79,50	-	6,36	7,15	-	0,54	0,61	-	-	-	-	-	-	-	-	-	-	-	-	-	-	-
	II	9,58	-	0,76	0,86	-	-	-	-	-	-	-	-	-	-	-	-	-	-	-	-	-	-
	III	-	-	-	-	-	-	-	-	-	-	-	-	-	-	-	-	-	-	-	-	-	-
	IV	79,50	-	6,36	7,15	-	3,12	3,51	-	0,54	0,61	-	-	-	-	-	-	-	-	-	-	-	-
	V	266,75	-	21,34	24,00																		
	VI	311,08	-	24,88	27,99																		
1.595,99	I	80,25	-	6,42	7,22	-	0,58	0,65	-	-	-	-	-	-	-	-	-	-	-	-	-	-	-
	II	10,00	-	0,80	0,90	-	-	-	-	-	-	-	-	-	-	-	-	-	-	-	-	-	-
	III	-	-	-	-	-	-	-	-	-	-	-	-	-	-	-	-	-	-	-	-	-	-
	IV	80,25	-	6,42	7,22	-	3,17	3,56	-	0,58	0,65	-	-	-	-	-	-	-	-	-	-	-	-
	V	268,08	-	21,44	24,12																		
	VI	312,33	-	24,98	28,10																		
1.598,99	I	80,91	-	6,47	7,28	-	0,62	0,69	-	-	-	-	-	-	-	-	-	-	-	-	-	-	-
	II	10,50	-	0,84	0,94	-	-	-	-	-	-	-	-	-	-	-	-	-	-	-	-	-	-
	III	-	-	-	-	-	-	-	-	-	-	-	-	-	-	-	-	-	-	-	-	-	-
	IV	80,91	-	6,47	7,28	-	3,22	3,62	-	0,62	0,69	-	-	-	-	-	-	-	-	-	-	-	-
	V	269,33	-	21,54	24,23																		
	VI	313,58	-	25,08	28,22																		
1.601,99	I	81,66	-	6,53	7,34	-	0,65	0,73	-	-	-	-	-	-	-	-	-	-	-	-	-	-	-
	II	11,00	-	0,88	0,99	-	-	-	-	-	-	-	-	-	-	-	-	-	-	-	-	-	-
	III	-	-	-	-	-	-	-	-	-	-	-	-	-	-	-	-	-	-	-	-	-	-
	IV	81,66	-	6,53	7,34	-	3,26	3,67	-	0,65	0,73	-	-	-	-	-	-	-	-	-	-	-	-
	V	270,58	-	21,64	24,35																		
	VI	314,83	-	25,18	28,33																		
1.604,99	I	82,41	-	6,59	7,41	-	0,69	0,77	-	-	-	-	-	-	-	-	-	-	-	-	-	-	-
	II	11,41	-	0,91	1,02	-	-	-	-	-	-	-	-	-	-	-	-	-	-	-	-	-	-
	III	-	-	-	-	-	-	-	-	-	-	-	-	-	-	-	-	-	-	-	-	-	-
	IV	82,41	-	6,59	7,41	-	3,31	3,72	-	0,69	0,77	-	-	-	-	-	-	-	-	-	-	-	-
	V	271,83	-	21,74	24,46																		
	VI	316,16	-	25,29	28,45																		
1.607,99	I	83,08	-	6,64	7,47	-	0,72	0,81	-	-	-	-	-	-	-	-	-	-	-	-	-	-	-
	II	11,91	-	0,95	1,07	-	-	-	-	-	-	-	-	-	-	-	-	-	-	-	-	-	-
	III	-	-	-	-	-	-	-	-	-	-	-	-	-	-	-	-	-	-	-	-	-	-
	IV	83,08	-	6,64	7,47	-	3,36	3,78	-	0,72	0,81	-	-	-	-	-	-	-	-	-	-	-	-
	V	273,08	-	21,84	24,57																		
	VI	317,41	-	25,39	28,56																		
1.610,99	I	83,83	-	6,70	7,54	-	0,76	0,86	-	-	-	-	-	-	-	-	-	-	-	-	-	-	-
	II	12,41	-	0,99	1,11	-	-	-	-	-	-	-	-	-	-	-	-	-	-	-	-	-	-
	III	-	-	-	-	-	-	-	-	-	-	-	-	-	-	-	-	-	-	-	-	-	-
	IV	83,83	-	6,70	7,54	-	3,40	3,83	-	0,76	0,86	-	-	-	-	-	-	-	-	-	-	-	-
	V	274,33	-	21,94	24,68																		
	VI	318,66	-	25,49	28,67																		
1.613,99	I	84,58	-	6,76	7,61	-	0,80	0,90	-	-	-	-	-	-	-	-	-	-	-	-	-	-	-
	II	12,91	-	1,03	1,16	-	-	-	-	-	-	-	-	-	-	-	-	-	-	-	-	-	-
	III	-	-	-	-	-	-	-	-	-	-	-	-	-	-	-	-	-	-	-	-	-	-
	IV	84,58	-	6,76	7,61	-	3,46	3,89	-	0,80	0,90	-	-	-	-	-	-	-	-	-	-	-	-
	V	275,58	-	22,04	24,80																		
	VI	319,91	-	25,59	28,79																		
1.616,99	I	85,25	-	6,82	7,67	-	0,84	0,94	-	-	-	-	-	-	-	-	-	-	-	-	-	-	-
	II	13,33	-	1,06	1,19	-	-	-	-	-	-	-	-	-	-	-	-	-	-	-	-	-	-
	III	-	-	-	-	-	-	-	-	-	-	-	-	-	-	-	-	-	-	-	-	-	-
	IV	85,25	-	6,82	7,67	-	3,50	3,94	-	0,84	0,94	-	-	-	-	-	-	-	-	-	-	-	-
	V	276,83	-	22,14	24,91																		
	VI	321,16	-	25,69	28,90																		
1.619,99	I	86,00	-	6,88	7,74	-	0,88	0,99	-	-	-	-	-	-	-	-	-	-	-	-	-	-	-
	II	13,83	-	1,10	1,24	-	-	-	-	-	-	-	-	-	-	-	-	-	-	-	-	-	-
	III	-	-	-	-	-	-	-	-	-	-	-	-	-	-	-	-	-	-	-	-	-	-
	IV	86,00	-	6,88	7,74	-	3,55	3,99	-	0,88	0,99	-	-	-	-	-	-	-	-	-	-	-	-
	V	278,08	-	22,24	25,02																		
	VI	322,41	-	25,79	29,01																		

MONAT bis 1.664,99 €

Besondere Tabelle

Lohn/ Gehalt bis	Steuerklasse	Lohn-steuer	ohne Kinderfreibetrag			Anzahl Kinderfreibeträge (nur Steuerklassen I–IV)																	
						0,5			1,0			1,5			2,0			2,5			3,0		
			SolZ 5,5%	Kirchensteuer 8%	9%	SolZ 5,5%	Kirchensteuer 8%	9%	SolZ 5,5%	Kirchensteuer 8%	9%	SolZ 5,5%	Kirchensteuer 8%	9%	SolZ 5,5%	Kirchensteuer 8%	9%	SolZ 5,5%	Kirchensteuer 8%	9%	SolZ 5,5%	Kirchensteuer 8%	9%
1.622,99	I	86,75	-	6,94	7,80	-	0,91	1,02	-	-	-	-	-	-	-	-	-	-	-	-	-	-	
	II	14,33	-	1,14	1,28	-	-	-	-	-	-	-	-	-	-	-	-	-	-	-	-	-	
	III	-	-	-	-	-	-	-	-	-	-	-	-	-	-	-	-	-	-	-	-	-	
	IV	86,75	-	6,94	7,80	-	3,60	4,05	-	0,91	1,02	-	-	-	-	-	-	-	-	-	-	-	
	V	279,41	-	22,35	25,14																		
	VI	323,66	-	25,89	29,12																		
1.625,99	I	87,41	-	6,99	7,86	-	0,95	1,07	-	-	-	-	-	-	-	-	-	-	-	-	-	-	
	II	14,83	-	1,18	1,33	-	-	-	-	-	-	-	-	-	-	-	-	-	-	-	-	-	
	III	-	-	-	-	-	-	-	-	-	-	-	-	-	-	-	-	-	-	-	-	-	
	IV	87,41	-	6,99	7,86	-	3,65	4,10	-	0,95	1,07	-	-	-	-	-	-	-	-	-	-	-	
	V	280,66	-	22,45	25,25																		
	VI	324,91	-	25,99	29,24																		
1.628,99	I	88,16	-	7,05	7,93	-	0,99	1,11	-	-	-	-	-	-	-	-	-	-	-	-	-	-	
	II	15,33	-	1,22	1,37	-	-	-	-	-	-	-	-	-	-	-	-	-	-	-	-	-	
	III	-	-	-	-	-	-	-	-	-	-	-	-	-	-	-	-	-	-	-	-	-	
	IV	88,16	-	7,05	7,93	-	3,70	4,16	-	0,99	1,11	-	-	-	-	-	-	-	-	-	-	-	
	V	281,91	-	22,55	25,37																		
	VI	326,25	-	26,10	29,36																		
1.631,99	I	88,91	-	7,11	8,00	-	1,03	1,16	-	-	-	-	-	-	-	-	-	-	-	-	-	-	
	II	15,83	-	1,26	1,42	-	-	-	-	-	-	-	-	-	-	-	-	-	-	-	-	-	
	III	-	-	-	-	-	-	-	-	-	-	-	-	-	-	-	-	-	-	-	-	-	
	IV	88,91	-	7,11	8,00	-	3,74	4,21	-	1,03	1,16	-	-	-	-	-	-	-	-	-	-	-	
	V	283,16	-	22,65	25,48																		
	VI	327,50	-	26,20	29,47																		
1.634,99	I	89,58	-	7,16	8,06	-	1,06	1,19	-	-	-	-	-	-	-	-	-	-	-	-	-	-	
	II	16,33	-	1,30	1,46	-	-	-	-	-	-	-	-	-	-	-	-	-	-	-	-	-	
	III	-	-	-	-	-	-	-	-	-	-	-	-	-	-	-	-	-	-	-	-	-	
	IV	89,58	-	7,16	8,06	-	3,80	4,27	-	1,06	1,19	-	-	-	-	-	-	-	-	-	-	-	
	V	284,41	-	22,75	25,59																		
	VI	328,75	-	26,30	29,58																		
1.637,99	I	90,33	-	7,22	8,12	-	1,10	1,24	-	-	-	-	-	-	-	-	-	-	-	-	-	-	
	II	16,83	-	1,34	1,51	-	-	-	-	-	-	-	-	-	-	-	-	-	-	-	-	-	
	III	-	-	-	-	-	-	-	-	-	-	-	-	-	-	-	-	-	-	-	-	-	
	IV	90,33	-	7,22	8,12	-	3,84	4,32	-	1,10	1,24	-	-	-	-	-	-	-	-	-	-	-	
	V	285,66	-	22,85	25,70																		
	VI	330,00	-	26,40	29,70																		
1.640,99	I	91,08	-	7,28	8,19	-	1,14	1,28	-	-	-	-	-	-	-	-	-	-	-	-	-	-	
	II	17,33	-	1,38	1,55	-	-	-	-	-	-	-	-	-	-	-	-	-	-	-	-	-	
	III	-	-	-	-	-	-	-	-	-	-	-	-	-	-	-	-	-	-	-	-	-	
	IV	91,08	-	7,28	8,19	-	3,89	4,37	-	1,14	1,28	-	-	-	-	-	-	-	-	-	-	-	
	V	286,91	-	22,95	25,82																		
	VI	331,25	-	26,50	29,81																		
1.643,99	I	91,75	-	7,34	8,25	-	1,18	1,33	-	-	-	-	-	-	-	-	-	-	-	-	-	-	
	II	17,83	-	1,42	1,60	-	-	-	-	-	-	-	-	-	-	-	-	-	-	-	-	-	
	III	-	-	-	-	-	-	-	-	-	-	-	-	-	-	-	-	-	-	-	-	-	
	IV	91,75	-	7,34	8,25	-	3,94	4,43	-	1,18	1,33	-	-	-	-	-	-	-	-	-	-	-	
	V	288,16	-	23,05	25,93																		
	VI	332,50	-	26,60	29,92																		
1.646,99	I	92,50	-	7,40	8,32	-	1,22	1,37	-	-	-	-	-	-	-	-	-	-	-	-	-	-	
	II	18,33	-	1,46	1,64	-	-	-	-	-	-	-	-	-	-	-	-	-	-	-	-	-	
	III	-	-	-	-	-	-	-	-	-	-	-	-	-	-	-	-	-	-	-	-	-	
	IV	92,50	-	7,40	8,32	-	3,99	4,49	-	1,22	1,37	-	-	-	-	-	-	-	-	-	-	-	
	V	289,50	-	23,16	26,05																		
	VI	333,75	-	26,70	30,03																		
1.649,99	I	93,25	-	7,46	8,39	-	1,26	1,42	-	-	-	-	-	-	-	-	-	-	-	-	-	-	
	II	18,83	-	1,50	1,69	-	-	-	-	-	-	-	-	-	-	-	-	-	-	-	-	-	
	III	-	-	-	-	-	-	-	-	-	-	-	-	-	-	-	-	-	-	-	-	-	
	IV	93,25	-	7,46	8,39	-	4,04	4,55	-	1,26	1,42	-	-	-	-	-	-	-	-	-	-	-	
	V	290,75	-	23,26	26,16																		
	VI	335,00	-	26,80	30,15																		
1.652,99	I	93,91	-	7,51	8,45	-	1,30	1,46	-	-	-	-	-	-	-	-	-	-	-	-	-	-	
	II	19,33	-	1,54	1,73	-	-	-	-	-	-	-	-	-	-	-	-	-	-	-	-	-	
	III	-	-	-	-	-	-	-	-	-	-	-	-	-	-	-	-	-	-	-	-	-	
	IV	93,91	-	7,51	8,45	-	4,09	4,60	-	1,30	1,46	-	-	-	-	-	-	-	-	-	-	-	
	V	292,00	-	23,36	26,28																		
	VI	336,33	-	26,90	30,26																		
1.655,99	I	94,66	-	7,57	8,51	-	1,34	1,51	-	-	-	-	-	-	-	-	-	-	-	-	-	-	
	II	19,83	-	1,58	1,78	-	-	-	-	-	-	-	-	-	-	-	-	-	-	-	-	-	
	III	-	-	-	-	-	-	-	-	-	-	-	-	-	-	-	-	-	-	-	-	-	
	IV	94,66	-	7,57	8,51	-	4,14	4,66	-	1,34	1,51	-	-	-	-	-	-	-	-	-	-	-	
	V	293,25	-	23,46	26,39																		
	VI	337,58	-	27,00	30,38																		
1.658,99	I	95,41	-	7,63	8,58	-	1,38	1,55	-	-	-	-	-	-	-	-	-	-	-	-	-	-	
	II	20,33	-	1,62	1,82	-	-	-	-	-	-	-	-	-	-	-	-	-	-	-	-	-	
	III	-	-	-	-	-	-	-	-	-	-	-	-	-	-	-	-	-	-	-	-	-	
	IV	95,41	-	7,63	8,58	-	4,19	4,71	-	1,38	1,55	-	-	-	-	-	-	-	-	-	-	-	
	V	294,50	-	23,56	26,50																		
	VI	338,83	-	27,10	30,49																		
1.661,99	I	96,16	-	7,69	8,65	-	1,42	1,60	-	-	-	-	-	-	-	-	-	-	-	-	-	-	
	II	20,83	-	1,66	1,87	-	-	-	-	-	-	-	-	-	-	-	-	-	-	-	-	-	
	III	-	-	-	-	-	-	-	-	-	-	-	-	-	-	-	-	-	-	-	-	-	
	IV	96,16	-	7,69	8,65	-	4,24	4,77	-	1,42	1,60	-	-	-	-	-	-	-	-	-	-	-	
	V	295,75	-	23,66	26,61																		
	VI	340,08	-	27,20	30,60																		
1.664,99	I	96,83	-	7,74	8,71	-	1,46	1,64	-	-	-	-	-	-	-	-	-	-	-	-	-	-	
	II	21,33	-	1,70	1,91	-	-	-	-	-	-	-	-	-	-	-	-	-	-	-	-	-	
	III	-	-	-	-	-	-	-	-	-	-	-	-	-	-	-	-	-	-	-	-	-	
	IV	96,83	-	7,74	8,71	-	4,30	4,83	-	1,46	1,64	-	-	-	-	-	-	-	-	-	-	-	
	V	297,00	-	23,76	26,73																		
	VI	341,33	-	27,30	30,71																		

Lohn/ Gehalt bis	Steuerklasse	Lohn-steuer	ohne Kinderfreibetrag			Anzahl Kinderfreibeträge (nur Steuerklassen I–IV)																	
						0,5			1,0			1,5			2,0			2,5			3,0		
			SolZ 5,5%	Kirchensteuer 8%	9%	SolZ 5,5%	Kirchensteuer 8%	9%	SolZ 5,5%	Kirchensteuer 8%	9%	SolZ 5,5%	Kirchensteuer 8%	9%	SolZ 5,5%	Kirchensteuer 8%	9%	SolZ 5,5%	Kirchensteuer 8%	9%	SolZ 5,5%	Kirchensteuer 8%	9%
1.667,99	I	97,58	-	7,80	8,78	-	1,50	1,69	-	-	-	-	-	-	-	-	-	-	-	-	-	-	-
	II	21,91	-	1,75	1,97	-	-	-	-	-	-	-	-	-	-	-	-	-	-	-	-	-	-
	III	-	-	-	-	-	-	-	-	-	-	-	-	-	-	-	-	-	-	-	-	-	-
	IV	97,58	-	7,80	8,78	-	4,34	4,88	-	1,50	1,69	-	-	-	-	-	-	-	-	-	-	-	-
	V	298,25	-	23,86	26,84																		
	VI	342,58	-	27,40	30,83																		
1.670,99	I	98,33	-	7,86	8,84	-	1,54	1,73	-	-	-	-	-	-	-	-	-	-	-	-	-	-	-
	II	22,41	-	1,79	2,01	-	-	-	-	-	-	-	-	-	-	-	-	-	-	-	-	-	-
	III	-	-	-	-	-	-	-	-	-	-	-	-	-	-	-	-	-	-	-	-	-	-
	IV	98,33	-	7,86	8,84	-	4,40	4,95	-	1,54	1,73	-	-	-	-	-	-	-	-	-	-	-	-
	V	299,58	-	23,96	26,96																		
	VI	343,83	-	27,50	30,94																		
1.673,99	I	99,08	-	7,92	8,91	-	1,58	1,78	-	-	-	-	-	-	-	-	-	-	-	-	-	-	-
	II	22,91	-	1,83	2,06	-	-	-	-	-	-	-	-	-	-	-	-	-	-	-	-	-	-
	III	-	-	-	-	-	-	-	-	-	-	-	-	-	-	-	-	-	-	-	-	-	-
	IV	99,08	-	7,92	8,91	-	4,45	5,00	-	1,58	1,78	-	-	-	-	-	-	-	-	-	-	-	-
	V	300,83	-	24,06	27,07																		
	VI	345,08	-	27,60	31,05																		
1.676,99	I	99,75	-	7,98	8,97	-	1,62	1,82	-	-	-	-	-	-	-	-	-	-	-	-	-	-	-
	II	23,41	-	1,87	2,10	-	-	-	-	-	-	-	-	-	-	-	-	-	-	-	-	-	-
	III	-	-	-	-	-	-	-	-	-	-	-	-	-	-	-	-	-	-	-	-	-	-
	IV	99,75	-	7,98	8,97	-	4,50	5,06	-	1,62	1,82	-	-	-	-	-	-	-	-	-	-	-	-
	V	302,08	-	24,16	27,18																		
	VI	346,33	-	27,70	31,16																		
1.679,99	I	100,50	-	8,04	9,04	-	1,66	1,87	-	-	-	-	-	-	-	-	-	-	-	-	-	-	-
	II	24,00	-	1,92	2,16	-	-	-	-	-	-	-	-	-	-	-	-	-	-	-	-	-	-
	III	-	-	-	-	-	-	-	-	-	-	-	-	-	-	-	-	-	-	-	-	-	-
	IV	100,50	-	8,04	9,04	-	4,55	5,12	-	1,66	1,87	-	-	-	-	-	-	-	-	-	-	-	-
	V	303,33	-	24,26	27,29																		
	VI	347,66	-	27,81	31,28																		
1.682,99	I	101,25	-	8,10	9,11	-	1,70	1,91	-	-	-	-	-	-	-	-	-	-	-	-	-	-	-
	II	24,50	-	1,96	2,20	-	-	-	-	-	-	-	-	-	-	-	-	-	-	-	-	-	-
	III	-	-	-	-	-	-	-	-	-	-	-	-	-	-	-	-	-	-	-	-	-	-
	IV	101,25	-	8,10	9,11	-	4,60	5,18	-	1,70	1,91	-	-	-	-	-	-	-	-	-	-	-	-
	V	304,58	-	24,36	27,41																		
	VI	348,91	-	27,91	31,40																		
1.685,99	I	102,00	-	8,16	9,18	-	1,75	1,97	-	-	-	-	-	-	-	-	-	-	-	-	-	-	-
	II	25,00	-	2,00	2,25	-	-	-	-	-	-	-	-	-	-	-	-	-	-	-	-	-	-
	III	-	-	-	-	-	-	-	-	-	-	-	-	-	-	-	-	-	-	-	-	-	-
	IV	102,00	-	8,16	9,18	-	4,66	5,24	-	1,75	1,97	-	-	-	-	-	-	-	-	-	-	-	-
	V	305,83	-	24,46	27,52																		
	VI	350,16	-	28,01	31,51																		
1.688,99	I	102,75	-	8,22	9,24	-	1,79	2,01	-	-	-	-	-	-	-	-	-	-	-	-	-	-	-
	II	25,58	-	2,04	2,30	-	-	-	-	-	-	-	-	-	-	-	-	-	-	-	-	-	-
	III	-	-	-	-	-	-	-	-	-	-	-	-	-	-	-	-	-	-	-	-	-	-
	IV	102,75	-	8,22	9,24	-	4,70	5,29	-	1,79	2,01	-	-	-	-	-	-	-	-	-	-	-	-
	V	307,08	-	24,56	27,63																		
	VI	351,41	-	28,11	31,62																		
1.691,99	I	103,41	-	8,27	9,30	-	1,83	2,06	-	-	-	-	-	-	-	-	-	-	-	-	-	-	-
	II	26,08	-	2,08	2,34	-	-	-	-	-	-	-	-	-	-	-	-	-	-	-	-	-	-
	III	-	-	-	-	-	-	-	-	-	-	-	-	-	-	-	-	-	-	-	-	-	-
	IV	103,41	-	8,27	9,30	-	4,76	5,35	-	1,83	2,06	-	-	-	-	-	-	-	-	-	-	-	-
	V	308,33	-	24,66	27,74																		
	VI	352,66	-	28,21	31,73																		
1.694,99	I	104,16	-	8,33	9,37	-	1,87	2,10	-	-	-	-	-	-	-	-	-	-	-	-	-	-	-
	II	26,66	-	2,13	2,39	-	-	-	-	-	-	-	-	-	-	-	-	-	-	-	-	-	-
	III	-	-	-	-	-	-	-	-	-	-	-	-	-	-	-	-	-	-	-	-	-	-
	IV	104,16	-	8,33	9,37	-	4,81	5,41	-	1,87	2,10	-	-	-	-	-	-	-	-	-	-	-	-
	V	309,58	-	24,76	27,86																		
	VI	353,91	-	28,31	31,85																		
1.697,99	I	104,91	-	8,39	9,44	-	1,92	2,16	-	-	-	-	-	-	-	-	-	-	-	-	-	-	-
	II	27,16	-	2,17	2,44	-	-	-	-	-	-	-	-	-	-	-	-	-	-	-	-	-	-
	III	-	-	-	-	-	-	-	-	-	-	-	-	-	-	-	-	-	-	-	-	-	-
	IV	104,91	-	8,39	9,44	-	4,86	5,47	-	1,92	2,16	-	-	-	-	-	-	-	-	-	-	-	-
	V	310,91	-	24,87	27,98																		
	VI	355,16	-	28,41	31,96																		
1.700,99	I	105,66	-	8,45	9,50	-	1,96	2,20	-	-	-	-	-	-	-	-	-	-	-	-	-	-	-
	II	27,75	-	2,22	2,49	-	-	-	-	-	-	-	-	-	-	-	-	-	-	-	-	-	-
	III	-	-	-	-	-	-	-	-	-	-	-	-	-	-	-	-	-	-	-	-	-	-
	IV	105,66	-	8,45	9,50	-	4,92	5,53	-	1,96	2,20	-	-	-	-	-	-	-	-	-	-	-	-
	V	312,16	-	24,97	28,09																		
	VI	356,41	-	28,51	32,07																		
1.703,99	I	106,33	-	8,50	9,56	-	2,00	2,25	-	-	-	-	-	-	-	-	-	-	-	-	-	-	-
	II	28,25	-	2,26	2,54	-	-	-	-	-	-	-	-	-	-	-	-	-	-	-	-	-	-
	III	-	-	-	-	-	-	-	-	-	-	-	-	-	-	-	-	-	-	-	-	-	-
	IV	106,33	-	8,50	9,56	-	4,97	5,59	-	2,00	2,25	-	-	-	-	-	-	-	-	-	-	-	-
	V	313,41	-	25,07	28,20																		
	VI	357,75	-	28,62	32,19																		
1.706,99	I	107,08	-	8,56	9,63	-	2,04	2,30	-	-	-	-	-	-	-	-	-	-	-	-	-	-	-
	II	28,83	-	2,30	2,59	-	-	-	-	-	-	-	-	-	-	-	-	-	-	-	-	-	-
	III	-	-	-	-	-	-	-	-	-	-	-	-	-	-	-	-	-	-	-	-	-	-
	IV	107,08	-	8,56	9,63	-	5,02	5,65	-	2,04	2,30	-	-	-	-	-	-	-	-	-	-	-	-
	V	314,66	-	25,17	28,31																		
	VI	359,00	-	28,72	32,31																		
1.709,99	I	107,83	-	8,62	9,70	-	2,08	2,34	-	-	-	-	-	-	-	-	-	-	-	-	-	-	-
	II	29,33	-	2,34	2,63	-	-	-	-	-	-	-	-	-	-	-	-	-	-	-	-	-	-
	III	-	-	-	-	-	-	-	-	-	-	-	-	-	-	-	-	-	-	-	-	-	-
	IV	107,83	-	8,62	9,70	-	5,08	5,71	-	2,08	2,34	-	-	-	-	-	-	-	-	-	-	-	-
	V	315,91	-	25,27	28,43																		
	VI	360,25	-	28,82	32,42																		

Lohn/ Gehalt bis	Steuerklasse	Lohnsteuer	ohne Kinderfreibetrag			Anzahl Kinderfreibeträge (nur Steuerklassen I–IV)																	
						0,5			1,0			1,5			2,0			2,5			3,0		
			SolZ 5,5%	Kirchensteuer 8%	Kirchensteuer 9%	SolZ 5,5%	Kirchensteuer 8%	Kirchensteuer 9%	SolZ 5,5%	Kirchensteuer 8%	Kirchensteuer 9%	SolZ 5,5%	Kirchensteuer 8%	Kirchensteuer 9%	SolZ 5,5%	Kirchensteuer 8%	Kirchensteuer 9%	SolZ 5,5%	Kirchensteuer 8%	Kirchensteuer 9%	SolZ 5,5%	Kirchensteuer 8%	9%
1.712,99	I	108,58	-	8,68	9,77	-	2,13	2,39	-	-	-	-	-	-	-	-	-	-	-	-	-	-	
	II	29,91	-	2,39	2,69	-	-	-	-	-	-	-	-	-	-	-	-	-	-	-	-	-	
	III	-	-	-	-	-	-	-	-	-	-	-	-	-	-	-	-	-	-	-	-	-	
	IV	108,58	-	8,68	9,77	-	5,13	5,77	-	2,13	2,39	-	-	-	-	-	-	-	-	-	-	-	
	V	317,16	-	25,37	28,54																		
	VI	361,50	-	28,92	32,53																		
1.715,99	I	109,33	-	8,74	9,83	-	2,17	2,44	-	-	-	-	-	-	-	-	-	-	-	-	-	-	
	II	30,41	-	2,43	2,73	-	-	-	-	-	-	-	-	-	-	-	-	-	-	-	-	-	
	III	-	-	-	-	-	-	-	-	-	-	-	-	-	-	-	-	-	-	-	-	-	
	IV	109,33	-	8,74	9,83	-	5,18	5,83	-	2,17	2,44	-	-	-	-	-	-	-	-	-	-	-	
	V	318,41	-	25,47	28,65																		
	VI	362,75	-	29,02	32,64																		
1.718,99	I	110,08	-	8,80	9,90	-	2,22	2,49	-	-	-	-	-	-	-	-	-	-	-	-	-	-	
	II	31,00	-	2,48	2,79	-	-	-	-	-	-	-	-	-	-	-	-	-	-	-	-	-	
	III	-	-	-	-	-	-	-	-	-	-	-	-	-	-	-	-	-	-	-	-	-	
	IV	110,08	-	8,80	9,90	-	5,24	5,89	-	2,22	2,49	-	-	-	-	-	-	-	-	-	-	-	
	V	319,66	-	25,57	28,76																		
	VI	364,00	-	29,12	32,76																		
1.721,99	I	110,75	-	8,86	9,96	-	2,26	2,54	-	-	-	-	-	-	-	-	-	-	-	-	-	-	
	II	31,58	-	2,52	2,84	-	-	-	-	-	-	-	-	-	-	-	-	-	-	-	-	-	
	III	-	-	-	-	-	-	-	-	-	-	-	-	-	-	-	-	-	-	-	-	-	
	IV	110,75	-	8,86	9,96	-	5,29	5,95	-	2,26	2,54	-	-	-	-	-	-	-	-	-	-	-	
	V	321,00	-	25,68	28,89																		
	VI	365,25	-	29,22	32,87																		
1.724,99	I	111,50	-	8,92	10,03	-	2,30	2,59	-	-	-	-	-	-	-	-	-	-	-	-	-	-	
	II	32,08	-	2,56	2,88	-	-	-	-	-	-	-	-	-	-	-	-	-	-	-	-	-	
	III	-	-	-	-	-	-	-	-	-	-	-	-	-	-	-	-	-	-	-	-	-	
	IV	111,50	-	8,92	10,03	-	5,34	6,01	-	2,30	2,59	-	-	-	-	-	-	-	-	-	-	-	
	V	322,25	-	25,78	29,00																		
	VI	366,50	-	29,32	32,98																		
1.727,99	I	112,25	-	8,98	10,10	-	2,34	2,63	-	-	-	-	-	-	-	-	-	-	-	-	-	-	
	II	32,66	-	2,61	2,93	-	-	-	-	-	-	-	-	-	-	-	-	-	-	-	-	-	
	III	-	-	-	-	-	-	-	-	-	-	-	-	-	-	-	-	-	-	-	-	-	
	IV	112,25	-	8,98	10,10	-	5,40	6,07	-	2,34	2,63	-	-	-	-	-	-	-	-	-	-	-	
	V	323,50	-	25,88	29,11																		
	VI	367,83	-	29,42	33,10																		
1.730,99	I	113,00	-	9,04	10,17	-	2,39	2,69	-	-	-	-	-	-	-	-	-	-	-	-	-	-	
	II	33,25	-	2,66	2,99	-	-	-	-	-	-	-	-	-	-	-	-	-	-	-	-	-	
	III	-	-	-	-	-	-	-	-	-	-	-	-	-	-	-	-	-	-	-	-	-	
	IV	113,00	-	9,04	10,17	-	5,45	6,13	-	2,39	2,69	-	-	-	-	-	-	-	-	-	-	-	
	V	324,75	-	25,98	29,22																		
	VI	369,08	-	29,52	33,21																		
1.733,99	I	113,75	-	9,10	10,23	-	2,43	2,73	-	-	-	-	-	-	-	-	-	-	-	-	-	-	
	II	33,83	-	2,70	3,04	-	-	-	-	-	-	-	-	-	-	-	-	-	-	-	-	-	
	III	-	-	-	-	-	-	-	-	-	-	-	-	-	-	-	-	-	-	-	-	-	
	IV	113,75	-	9,10	10,23	-	5,51	6,20	-	2,43	2,73	-	0,01	0,01	-	-	-	-	-	-	-	-	
	V	326,00	-	26,08	29,34																		
	VI	370,33	-	29,62	33,32																		
1.736,99	I	114,50	-	9,16	10,30	-	2,48	2,79	-	-	-	-	-	-	-	-	-	-	-	-	-	-	
	II	34,33	-	2,74	3,08	-	-	-	-	-	-	-	-	-	-	-	-	-	-	-	-	-	
	III	-	-	-	-	-	-	-	-	-	-	-	-	-	-	-	-	-	-	-	-	-	
	IV	114,50	-	9,16	10,30	-	5,56	6,26	-	2,48	2,79	-	0,04	0,05	-	-	-	-	-	-	-	-	
	V	327,25	-	26,18	29,45																		
	VI	371,58	-	29,72	33,44																		
1.739,99	I	115,25	-	9,22	10,37	-	2,52	2,84	-	-	-	-	-	-	-	-	-	-	-	-	-	-	
	II	34,91	-	2,79	3,14	-	-	-	-	-	-	-	-	-	-	-	-	-	-	-	-	-	
	III	-	-	-	-	-	-	-	-	-	-	-	-	-	-	-	-	-	-	-	-	-	
	IV	115,25	-	9,22	10,37	-	5,62	6,32	-	2,52	2,84	-	0,08	0,09	-	-	-	-	-	-	-	-	
	V	328,50	-	26,28	29,56																		
	VI	372,83	-	29,82	33,55																		
1.742,99	I	115,91	-	9,27	10,43	-	2,56	2,88	-	-	-	-	-	-	-	-	-	-	-	-	-	-	
	II	35,50	-	2,84	3,19	-	-	-	-	-	-	-	-	-	-	-	-	-	-	-	-	-	
	III	-	-	-	-	-	-	-	-	-	-	-	-	-	-	-	-	-	-	-	-	-	
	IV	115,91	-	9,27	10,43	-	5,67	6,38	-	2,56	2,88	-	0,11	0,12	-	-	-	-	-	-	-	-	
	V	329,75	-	26,38	29,67																		
	VI	374,08	-	29,92	33,66																		
1.745,99	I	116,66	-	9,33	10,49	-	2,61	2,93	-	-	-	-	-	-	-	-	-	-	-	-	-	-	
	II	36,08	-	2,88	3,24	-	-	-	-	-	-	-	-	-	-	-	-	-	-	-	-	-	
	III	-	-	-	-	-	-	-	-	-	-	-	-	-	-	-	-	-	-	-	-	-	
	IV	116,66	-	9,33	10,49	-	5,73	6,44	-	2,61	2,93	-	0,15	0,17	-	-	-	-	-	-	-	-	
	V	331,08	-	26,48	29,79																		
	VI	375,33	-	30,02	33,77																		
1.748,99	I	117,41	-	9,39	10,56	-	2,66	2,99	-	-	-	-	-	-	-	-	-	-	-	-	-	-	
	II	36,66	-	2,93	3,29	-	-	-	-	-	-	-	-	-	-	-	-	-	-	-	-	-	
	III	-	-	-	-	-	-	-	-	-	-	-	-	-	-	-	-	-	-	-	-	-	
	IV	117,41	-	9,39	10,56	-	5,78	6,50	-	2,66	2,99	-	0,18	0,20	-	-	-	-	-	-	-	-	
	V	332,33	-	26,58	29,90																		
	VI	376,58	-	30,12	33,89																		
1.751,99	I	118,16	-	9,45	10,63	-	2,70	3,04	-	-	-	-	-	-	-	-	-	-	-	-	-	-	
	II	37,25	-	2,98	3,35	-	-	-	-	-	-	-	-	-	-	-	-	-	-	-	-	-	
	III	-	-	-	-	-	-	-	-	-	-	-	-	-	-	-	-	-	-	-	-	-	
	IV	118,16	-	9,45	10,63	-	5,84	6,57	-	2,70	3,04	-	0,22	0,24	-	-	-	-	-	-	-	-	
	V	333,58	-	26,68	30,02																		
	VI	377,83	-	30,22	34,00																		
1.754,99	I	118,91	-	9,51	10,70	-	2,74	3,08	-	-	-	-	-	-	-	-	-	-	-	-	-	-	
	II	37,83	-	3,02	3,40	-	-	-	-	-	-	-	-	-	-	-	-	-	-	-	-	-	
	III	-	-	-	-	-	-	-	-	-	-	-	-	-	-	-	-	-	-	-	-	-	
	IV	118,91	-	9,51	10,70	-	5,90	6,63	-	2,74	3,08	-	0,25	0,28	-	-	-	-	-	-	-	-	
	V	334,83	-	26,78	30,13																		
	VI	379,16	-	30,33	34,12																		

Lohn/ Gehalt bis	Steuerklasse	Lohn-steuer	ohne Kinderfreibetrag SolZ 5,5%	Kirchensteuer 8%	Kirchensteuer 9%	Anzahl Kinderfreibeträge (nur Steuerklassen I–IV) 0,5 SolZ 5,5%	0,5 Kirchensteuer 8%	0,5 Kirchensteuer 9%	1,0 SolZ 5,5%	1,0 Kirchensteuer 8%	1,0 Kirchensteuer 9%	1,5 SolZ 5,5%	1,5 Kirchensteuer 8%	1,5 Kirchensteuer 9%	2,0 SolZ 5,5%	2,0 Kirchensteuer 8%	2,0 Kirchensteuer 9%	2,5 SolZ 5,5%	2,5 Kirchensteuer 8%	2,5 Kirchensteuer 9%	3,0 SolZ 5,5%	3,0 Kirchensteuer 8%	3,0 Kirchensteuer 9%
1.757,99	I	119,66	-	9,57	10,76	-	2,79	3,14	-	-	-	-	-	-	-	-	-	-	-	-	-	-	-
	II	38,41	-	3,07	3,45	-	-	-	-	-	-	-	-	-	-	-	-	-	-	-	-	-	-
	III	-	-	-	-	-	-	-	-	-	-	-	-	-	-	-	-	-	-	-	-	-	-
	IV	119,66	-	9,57	10,76	-	5,95	6,69	-	2,79	3,14	-	0,28	0,32	-	-	-	-	-	-	-	-	-
	V	336,08	-	26,88	30,24																		
	VI	380,41	-	30,43	34,23																		
1.760,99	I	120,41	-	9,63	10,83	-	2,84	3,19	-	-	-	-	-	-	-	-	-	-	-	-	-	-	-
	II	39,00	-	3,12	3,51	-	-	-	-	-	-	-	-	-	-	-	-	-	-	-	-	-	-
	III	-	-	-	-	-	-	-	-	-	-	-	-	-	-	-	-	-	-	-	-	-	-
	IV	120,41	-	9,63	10,83	-	6,01	6,76	-	2,84	3,19	-	0,32	0,36	-	-	-	-	-	-	-	-	-
	V	337,33	-	26,98	30,35																		
	VI	381,66	-	30,53	34,34																		
1.763,99	I	121,16	-	9,69	10,90	-	2,88	3,24	-	-	-	-	-	-	-	-	-	-	-	-	-	-	-
	II	39,58	-	3,16	3,56	-	-	-	-	-	-	-	-	-	-	-	-	-	-	-	-	-	-
	III	-	-	-	-	-	-	-	-	-	-	-	-	-	-	-	-	-	-	-	-	-	-
	IV	121,16	-	9,69	10,90	-	6,06	6,82	-	2,88	3,24	-	0,36	0,40	-	-	-	-	-	-	-	-	-
	V	338,58	-	27,08	30,47																		
	VI	382,91	-	30,63	34,46																		
1.766,99	I	121,91	-	9,75	10,97	-	2,93	3,29	-	-	-	-	-	-	-	-	-	-	-	-	-	-	-
	II	40,16	-	3,21	3,61	-	-	-	-	-	-	-	-	-	-	-	-	-	-	-	-	-	-
	III	-	-	-	-	-	-	-	-	-	-	-	-	-	-	-	-	-	-	-	-	-	-
	IV	121,91	-	9,75	10,97	-	6,12	6,88	-	2,93	3,29	-	0,39	0,44	-	-	-	-	-	-	-	-	-
	V	339,83	-	27,18	30,58																		
	VI	384,16	-	30,73	34,57																		
1.769,99	I	122,58	-	9,80	11,03	-	2,98	3,35	-	-	-	-	-	-	-	-	-	-	-	-	-	-	-
	II	40,75	-	3,26	3,66	-	-	-	-	-	-	-	-	-	-	-	-	-	-	-	-	-	-
	III	-	-	-	-	-	-	-	-	-	-	-	-	-	-	-	-	-	-	-	-	-	-
	IV	122,58	-	9,80	11,03	-	6,18	6,95	-	2,98	3,35	-	0,43	0,48	-	-	-	-	-	-	-	-	-
	V	341,08	-	27,28	30,69																		
	VI	385,41	-	30,83	34,68																		
1.772,99	I	123,33	-	9,86	11,09	-	3,02	3,40	-	-	-	-	-	-	-	-	-	-	-	-	-	-	-
	II	41,33	-	3,30	3,71	-	-	-	-	-	-	-	-	-	-	-	-	-	-	-	-	-	-
	III	-	-	-	-	-	-	-	-	-	-	-	-	-	-	-	-	-	-	-	-	-	-
	IV	123,33	-	9,86	11,09	-	6,24	7,02	-	3,02	3,40	-	0,46	0,52	-	-	-	-	-	-	-	-	-
	V	342,41	-	27,39	30,81																		
	VI	386,66	-	30,93	34,79																		
1.775,99	I	124,08	-	9,92	11,16	-	3,07	3,45	-	-	-	-	-	-	-	-	-	-	-	-	-	-	-
	II	41,91	-	3,35	3,77	-	-	-	-	-	-	-	-	-	-	-	-	-	-	-	-	-	-
	III	-	-	-	-	-	-	-	-	-	-	-	-	-	-	-	-	-	-	-	-	-	-
	IV	124,08	-	9,92	11,16	-	6,29	7,07	-	3,07	3,45	-	0,50	0,56	-	-	-	-	-	-	-	-	-
	V	343,66	-	27,49	30,92																		
	VI	387,91	-	31,03	34,91																		
1.778,99	I	124,83	-	9,98	11,23	-	3,12	3,51	-	-	-	-	-	-	-	-	-	-	-	-	-	-	-
	II	42,50	-	3,40	3,82	-	-	-	-	-	-	-	-	-	-	-	-	-	-	-	-	-	-
	III	-	-	-	-	-	-	-	-	-	-	-	-	-	-	-	-	-	-	-	-	-	-
	IV	124,83	-	9,98	11,23	-	6,35	7,14	-	3,12	3,51	-	0,54	0,60	-	-	-	-	-	-	-	-	-
	V	344,91	-	27,59	31,04																		
	VI	389,25	-	31,14	35,03																		
1.781,99	I	125,58	-	10,04	11,30	-	3,16	3,56	-	-	-	-	-	-	-	-	-	-	-	-	-	-	-
	II	43,08	-	3,44	3,87	-	-	-	-	-	-	-	-	-	-	-	-	-	-	-	-	-	-
	III	-	-	-	-	-	-	-	-	-	-	-	-	-	-	-	-	-	-	-	-	-	-
	IV	125,58	-	10,04	11,30	-	6,40	7,20	-	3,16	3,56	-	0,57	0,64	-	-	-	-	-	-	-	-	-
	V	346,16	-	27,69	31,15																		
	VI	390,50	-	31,24	35,14																		
1.784,99	I	126,33	-	10,10	11,36	-	3,21	3,61	-	-	-	-	-	-	-	-	-	-	-	-	-	-	-
	II	43,75	-	3,50	3,93	-	-	-	-	-	-	-	-	-	-	-	-	-	-	-	-	-	-
	III	-	-	-	-	-	-	-	-	-	-	-	-	-	-	-	-	-	-	-	-	-	-
	IV	126,33	-	10,10	11,36	-	6,46	7,27	-	3,21	3,61	-	0,61	0,68	-	-	-	-	-	-	-	-	-
	V	347,41	-	27,79	31,26																		
	VI	391,75	-	31,34	35,25																		
1.787,99	I	127,08	-	10,16	11,43	-	3,26	3,66	-	-	-	-	-	-	-	-	-	-	-	-	-	-	-
	II	44,33	-	3,54	3,98	-	-	-	-	-	-	-	-	-	-	-	-	-	-	-	-	-	-
	III	-	-	-	-	-	-	-	-	-	-	-	-	-	-	-	-	-	-	-	-	-	-
	IV	127,08	-	10,16	11,43	-	6,52	7,33	-	3,26	3,66	-	0,64	0,72	-	-	-	-	-	-	-	-	-
	V	348,66	-	27,89	31,37																		
	VI	393,00	-	31,44	35,37																		
1.790,99	I	127,83	-	10,22	11,50	-	3,30	3,71	-	-	-	-	-	-	-	-	-	-	-	-	-	-	-
	II	44,91	-	3,59	4,04	-	-	-	-	-	-	-	-	-	-	-	-	-	-	-	-	-	-
	III	-	-	-	-	-	-	-	-	-	-	-	-	-	-	-	-	-	-	-	-	-	-
	IV	127,83	-	10,22	11,50	-	6,58	7,40	-	3,30	3,71	-	0,68	0,77	-	-	-	-	-	-	-	-	-
	V	349,91	-	27,99	31,49																		
	VI	394,25	-	31,54	35,48																		
1.793,99	I	128,58	-	10,28	11,57	-	3,35	3,77	-	-	-	-	-	-	-	-	-	-	-	-	-	-	-
	II	45,50	-	3,64	4,09	-	-	-	-	-	-	-	-	-	-	-	-	-	-	-	-	-	-
	III	-	-	-	-	-	-	-	-	-	-	-	-	-	-	-	-	-	-	-	-	-	-
	IV	128,58	-	10,28	11,57	-	6,64	7,47	-	3,35	3,77	-	0,72	0,81	-	-	-	-	-	-	-	-	-
	V	351,16	-	28,09	31,60																		
	VI	395,50	-	31,64	35,59																		
1.796,99	I	129,33	-	10,34	11,63	-	3,40	3,82	-	-	-	-	-	-	-	-	-	-	-	-	-	-	-
	II	46,16	-	3,69	4,15	-	-	-	-	-	-	-	-	-	-	-	-	-	-	-	-	-	-
	III	-	-	-	-	-	-	-	-	-	-	-	-	-	-	-	-	-	-	-	-	-	-
	IV	129,33	-	10,34	11,63	-	6,69	7,52	-	3,40	3,82	-	0,76	0,85	-	-	-	-	-	-	-	-	-
	V	352,50	-	28,20	31,72																		
	VI	396,75	-	31,74	35,70																		
1.799,99	I	130,08	-	10,40	11,70	-	3,44	3,87	-	-	-	-	-	-	-	-	-	-	-	-	-	-	-
	II	46,75	-	3,74	4,20	-	-	-	-	-	-	-	-	-	-	-	-	-	-	-	-	-	-
	III	-	-	-	-	-	-	-	-	-	-	-	-	-	-	-	-	-	-	-	-	-	-
	IV	130,08	-	10,40	11,70	-	6,75	7,59	-	3,44	3,87	-	0,79	0,89	-	-	-	-	-	-	-	-	-
	V	353,75	-	28,30	31,83																		
	VI	398,00	-	31,84	35,82																		

Lohn/ Gehalt bis	Steuerklasse	Lohn- steuer	ohne Kinderfreibetrag			Anzahl Kinderfreibeträge (nur Steuerklassen I–IV)																	
						0,5			1,0			1,5			2,0			2,5			3,0		
			SolZ 5,5%	Kirchensteuer 8%	9%	SolZ 5,5%	Kirchensteuer 8%	9%	SolZ 5,5%	Kirchensteuer 8%	9%	SolZ 5,5%	Kirchensteuer 8%	9%	SolZ 5,5%	Kirchensteuer 8%	9%	SolZ 5,5%	Kirchensteuer 8%	9%	SolZ 5,5%	Kirchensteuer 8%	9%
1.802,99	I	130,83	-	10,46	11,77	-	3,50	3,93	-	-	-	-	-	-	-	-	-	-	-	-	-	-	
	II	47,33	-	3,78	4,25	-	-	-	-	-	-	-	-	-	-	-	-	-	-	-	-	-	
	III	-	-	-	-	-	-	-	-	-	-	-	-	-	-	-	-	-	-	-	-	-	
	IV	130,83	-	10,46	11,77	-	6,81	7,66	-	3,50	3,93	-	0,83	0,93	-	-	-	-	-	-	-	-	
	V	355,00	-	28,40	31,95																		
	VI	399,33	-	31,94	35,93																		
1.805,99	I	131,58	-	10,52	11,84	-	3,54	3,98	-	-	-	-	-	-	-	-	-	-	-	-	-	-	
	II	48,00	-	3,84	4,32	-	-	-	-	-	-	-	-	-	-	-	-	-	-	-	-	-	
	III	-	-	-	-	-	-	-	-	-	-	-	-	-	-	-	-	-	-	-	-	-	
	IV	131,58	-	10,52	11,84	-	6,86	7,72	-	3,54	3,98	-	0,87	0,98	-	-	-	-	-	-	-	-	
	V	356,25	-	28,50	32,06																		
	VI	400,58	-	32,04	36,05																		
1.808,99	I	132,33	-	10,58	11,90	-	3,59	4,04	-	-	-	-	-	-	-	-	-	-	-	-	-	-	
	II	48,58	-	3,88	4,37	-	-	-	-	-	-	-	-	-	-	-	-	-	-	-	-	-	
	III	-	-	-	-	-	-	-	-	-	-	-	-	-	-	-	-	-	-	-	-	-	
	IV	132,33	-	10,58	11,90	-	6,92	7,79	-	3,59	4,04	-	0,90	1,01	-	-	-	-	-	-	-	-	
	V	357,50	-	28,60	32,17																		
	VI	401,83	-	32,14	36,16																		
1.811,99	I	133,08	-	10,64	11,97	-	3,64	4,09	-	-	-	-	-	-	-	-	-	-	-	-	-	-	
	II	49,25	-	3,94	4,43	-	-	-	-	-	-	-	-	-	-	-	-	-	-	-	-	-	
	III	-	-	-	-	-	-	-	-	-	-	-	-	-	-	-	-	-	-	-	-	-	
	IV	133,08	-	10,64	11,97	-	6,98	7,85	-	3,64	4,09	-	0,94	1,06	-	-	-	-	-	-	-	-	
	V	358,75	-	28,70	32,28																		
	VI	403,08	-	32,24	36,27																		
1.814,99	I	133,83	-	10,70	12,04	-	3,69	4,15	-	-	-	-	-	-	-	-	-	-	-	-	-	-	
	II	49,83	-	3,98	4,48	-	-	-	-	-	-	-	-	-	-	-	-	-	-	-	-	-	
	III	-	-	-	-	-	-	-	-	-	-	-	-	-	-	-	-	-	-	-	-	-	
	IV	133,83	-	10,70	12,04	-	7,04	7,92	-	3,69	4,15	-	0,98	1,10	-	-	-	-	-	-	-	-	
	V	360,00	-	28,80	32,40																		
	VI	404,33	-	32,34	36,38																		
1.817,99	I	134,58	-	10,76	12,11	-	3,74	4,20	-	-	-	-	-	-	-	-	-	-	-	-	-	-	
	II	50,41	-	4,03	4,53	-	-	-	-	-	-	-	-	-	-	-	-	-	-	-	-	-	
	III	-	-	-	-	-	-	-	-	-	-	-	-	-	-	-	-	-	-	-	-	-	
	IV	134,58	-	10,76	12,11	-	7,10	7,98	-	3,74	4,20	-	1,02	1,15	-	-	-	-	-	-	-	-	
	V	361,25	-	28,90	32,51																		
	VI	405,58	-	32,44	36,50																		
1.820,99	I	135,33	-	10,82	12,17	-	3,78	4,25	-	-	-	-	-	-	-	-	-	-	-	-	-	-	
	II	51,08	-	4,08	4,59	-	-	-	-	-	-	-	-	-	-	-	-	-	-	-	-	-	
	III	-	-	-	-	-	-	-	-	-	-	-	-	-	-	-	-	-	-	-	-	-	
	IV	135,33	-	10,82	12,17	-	7,16	8,05	-	3,78	4,25	-	1,06	1,19	-	-	-	-	-	-	-	-	
	V	362,58	-	29,00	32,63																		
	VI	406,83	-	32,54	36,61																		
1.823,99	I	136,08	-	10,88	12,24	-	3,84	4,32	-	-	-	-	-	-	-	-	-	-	-	-	-	-	
	II	51,75	-	4,14	4,65	-	-	-	-	-	-	-	-	-	-	-	-	-	-	-	-	-	
	III	-	-	-	-	-	-	-	-	-	-	-	-	-	-	-	-	-	-	-	-	-	
	IV	136,08	-	10,88	12,24	-	7,21	8,11	-	3,84	4,32	-	1,10	1,23	-	-	-	-	-	-	-	-	
	V	363,83	-	29,10	32,74																		
	VI	408,08	-	32,64	36,72																		
1.826,99	I	136,83	-	10,94	12,31	-	3,88	4,37	-	-	-	-	-	-	-	-	-	-	-	-	-	-	
	II	52,33	-	4,18	4,70	-	-	-	-	-	-	-	-	-	-	-	-	-	-	-	-	-	
	III	-	-	-	-	-	-	-	-	-	-	-	-	-	-	-	-	-	-	-	-	-	
	IV	136,83	-	10,94	12,31	-	7,27	8,18	-	3,88	4,37	-	1,14	1,28	-	-	-	-	-	-	-	-	
	V	365,08	-	29,20	32,85																		
	VI	409,33	-	32,74	36,83																		
1.829,99	I	137,58	-	11,00	12,38	-	3,94	4,43	-	-	-	-	-	-	-	-	-	-	-	-	-	-	
	II	53,00	-	4,24	4,77	-	-	-	-	-	-	-	-	-	-	-	-	-	-	-	-	-	
	III	-	-	-	-	-	-	-	-	-	-	-	-	-	-	-	-	-	-	-	-	-	
	IV	137,58	-	11,00	12,38	-	7,33	8,24	-	3,94	4,43	-	1,18	1,32	-	-	-	-	-	-	-	-	
	V	366,33	-	29,30	32,96																		
	VI	410,66	-	32,85	36,95																		
1.832,99	I	138,33	-	11,06	12,44	-	3,98	4,48	-	-	-	-	-	-	-	-	-	-	-	-	-	-	
	II	53,58	-	4,28	4,82	-	-	-	-	-	-	-	-	-	-	-	-	-	-	-	-	-	
	III	-	-	-	-	-	-	-	-	-	-	-	-	-	-	-	-	-	-	-	-	-	
	IV	138,33	-	11,06	12,44	-	7,39	8,31	-	3,98	4,48	-	1,22	1,37	-	-	-	-	-	-	-	-	
	V	367,58	-	29,40	33,08																		
	VI	411,91	-	32,95	37,07																		
1.835,99	I	139,08	-	11,12	12,51	-	4,03	4,53	-	-	-	-	-	-	-	-	-	-	-	-	-	-	
	II	54,25	-	4,34	4,88	-	-	-	-	-	-	-	-	-	-	-	-	-	-	-	-	-	
	III	-	-	-	-	-	-	-	-	-	-	-	-	-	-	-	-	-	-	-	-	-	
	IV	139,08	-	11,12	12,51	-	7,44	8,37	-	4,03	4,53	-	1,26	1,41	-	-	-	-	-	-	-	-	
	V	368,83	-	29,50	33,19																		
	VI	413,16	-	33,05	37,18																		
1.838,99	I	139,83	-	11,18	12,58	-	4,08	4,59	-	-	-	-	-	-	-	-	-	-	-	-	-	-	
	II	54,91	-	4,39	4,94	-	-	-	-	-	-	-	-	-	-	-	-	-	-	-	-	-	
	III	-	-	-	-	-	-	-	-	-	-	-	-	-	-	-	-	-	-	-	-	-	
	IV	139,83	-	11,18	12,58	-	7,50	8,44	-	4,08	4,59	-	1,30	1,46	-	-	-	-	-	-	-	-	
	V	370,08	-	29,60	33,30																		
	VI	414,41	-	33,15	37,29																		
1.841,99	I	140,58	-	11,24	12,65	-	4,14	4,65	-	-	-	-	-	-	-	-	-	-	-	-	-	-	
	II	55,50	-	4,44	4,99	-	-	-	-	-	-	-	-	-	-	-	-	-	-	-	-	-	
	III	-	-	-	-	-	-	-	-	-	-	-	-	-	-	-	-	-	-	-	-	-	
	IV	140,58	-	11,24	12,65	-	7,56	8,51	-	4,14	4,65	-	1,34	1,50	-	-	-	-	-	-	-	-	
	V	371,33	-	29,70	33,41																		
	VI	415,66	-	33,25	37,40																		
1.844,99	I	141,33	-	11,30	12,71	-	4,18	4,70	-	-	-	-	-	-	-	-	-	-	-	-	-	-	
	II	56,16	-	4,49	5,05	-	-	-	-	-	-	-	-	-	-	-	-	-	-	-	-	-	
	III	-	-	-	-	-	-	-	-	-	-	-	-	-	-	-	-	-	-	-	-	-	
	IV	141,33	-	11,30	12,71	-	7,62	8,57	-	4,18	4,70	-	1,38	1,55	-	-	-	-	-	-	-	-	
	V	372,58	-	29,80	33,53																		
	VI	416,91	-	33,35	37,52																		

Besondere Tabelle

MONAT bis 1.889,99 €

Lohn/ Gehalt bis	Steuerklasse	Lohnsteuer	ohne Kinderfreibetrag			Anzahl Kinderfreibeträge (nur Steuerklassen I–IV) 0,5			1,0			1,5			2,0			2,5			3,0		
			SolZ 5,5%	Kirchensteuer 8%	9%	SolZ 5,5%	Kirchensteuer 8%	9%	SolZ 5,5%	Kirchensteuer 8%	9%	SolZ 5,5%	Kirchensteuer 8%	9%	SolZ 5,5%	Kirchensteuer 8%	9%	SolZ 5,5%	Kirchensteuer 8%	9%	SolZ 5,5%	Kirchensteuer 8%	9%
1.847,99	I	142,08	-	11,36	12,78	-	4,24	4,77	-	-	-	-	-	-	-	-	-	-	-	-	-	-	-
	II	56,83	-	4,54	5,11	-	-	-	-	-	-	-	-	-	-	-	-	-	-	-	-	-	-
	III	-	-	-	-	-	-	-	-	-	-	-	-	-	-	-	-	-	-	-	-	-	-
	IV	142,08	-	11,36	12,78	-	7,68	8,64	-	4,24	4,77	-	1,42	1,59	-	-	-	-	-	-	-	-	-
	V	373,91	-	29,91	33,65																		
	VI	418,16	-	33,45	37,63																		
1.850,99	I	142,83	-	11,42	12,85	-	4,28	4,82	-	-	-	-	-	-	-	-	-	-	-	-	-	-	-
	II	57,41	-	4,59	5,16	-	-	-	-	-	-	-	-	-	-	-	-	-	-	-	-	-	-
	III	-	-	-	-	-	-	-	-	-	-	-	-	-	-	-	-	-	-	-	-	-	-
	IV	142,83	-	11,42	12,85	-	7,74	8,70	-	4,28	4,82	-	1,46	1,64	-	-	-	-	-	-	-	-	-
	V	375,16	-	30,01	33,76																		
	VI	419,41	-	33,55	37,74																		
1.853,99	I	143,58	-	11,48	12,92	-	4,34	4,88	-	-	-	-	-	-	-	-	-	-	-	-	-	-	-
	II	58,08	-	4,64	5,22	-	-	-	-	-	-	-	-	-	-	-	-	-	-	-	-	-	-
	III	-	-	-	-	-	-	-	-	-	-	-	-	-	-	-	-	-	-	-	-	-	-
	IV	143,58	-	11,48	12,92	-	7,80	8,77	-	4,34	4,88	-	1,50	1,68	-	-	-	-	-	-	-	-	-
	V	376,41	-	30,11	33,87																		
	VI	420,75	-	33,66	37,86																		
1.856,99	I	144,33	-	11,54	12,98	-	4,39	4,94	-	-	-	-	-	-	-	-	-	-	-	-	-	-	-
	II	58,75	-	4,70	5,28	-	-	-	-	-	-	-	-	-	-	-	-	-	-	-	-	-	-
	III	-	-	-	-	-	-	-	-	-	-	-	-	-	-	-	-	-	-	-	-	-	-
	IV	144,33	-	11,54	12,98	-	7,85	8,83	-	4,39	4,94	-	1,54	1,73	-	-	-	-	-	-	-	-	-
	V	377,66	-	30,21	33,98																		
	VI	422,00	-	33,76	37,98																		
1.859,99	I	145,08	-	11,60	13,05	-	4,44	4,99	-	-	-	-	-	-	-	-	-	-	-	-	-	-	-
	II	59,41	-	4,75	5,34	-	-	-	-	-	-	-	-	-	-	-	-	-	-	-	-	-	-
	III	-	-	-	-	-	-	-	-	-	-	-	-	-	-	-	-	-	-	-	-	-	-
	IV	145,08	-	11,60	13,05	-	7,91	8,90	-	4,44	4,99	-	1,58	1,77	-	-	-	-	-	-	-	-	-
	V	378,91	-	30,31	34,10																		
	VI	423,25	-	33,86	38,09																		
1.862,99	I	145,83	-	11,66	13,12	-	4,49	5,05	-	-	-	-	-	-	-	-	-	-	-	-	-	-	-
	II	60,08	-	4,80	5,40	-	-	-	-	-	-	-	-	-	-	-	-	-	-	-	-	-	-
	III	-	-	-	-	-	-	-	-	-	-	-	-	-	-	-	-	-	-	-	-	-	-
	IV	145,83	-	11,66	13,12	-	7,97	8,96	-	4,49	5,05	-	1,62	1,82	-	-	-	-	-	-	-	-	-
	V	380,16	-	30,41	34,21																		
	VI	424,50	-	33,96	38,20																		
1.865,99	I	146,58	-	11,72	13,19	-	4,54	5,11	-	-	-	-	-	-	-	-	-	-	-	-	-	-	-
	II	60,75	-	4,86	5,46	-	-	-	-	-	-	-	-	-	-	-	-	-	-	-	-	-	-
	III	-	-	-	-	-	-	-	-	-	-	-	-	-	-	-	-	-	-	-	-	-	-
	IV	146,58	-	11,72	13,19	-	8,03	9,03	-	4,54	5,11	-	1,66	1,86	-	-	-	-	-	-	-	-	-
	V	381,41	-	30,51	34,32																		
	VI	425,75	-	34,06	38,31																		
1.868,99	I	147,33	-	11,78	13,25	-	4,59	5,16	-	-	-	-	-	-	-	-	-	-	-	-	-	-	-
	II	61,41	-	4,91	5,52	-	-	-	-	-	-	-	-	-	-	-	-	-	-	-	-	-	-
	III	-	-	-	-	-	-	-	-	-	-	-	-	-	-	-	-	-	-	-	-	-	-
	IV	147,33	-	11,78	13,25	-	8,09	9,10	-	4,59	5,16	-	1,70	1,91	-	-	-	-	-	-	-	-	-
	V	382,66	-	30,61	34,43																		
	VI	427,00	-	34,16	38,43																		
1.871,99	I	148,16	-	11,85	13,33	-	4,64	5,22	-	-	-	-	-	-	-	-	-	-	-	-	-	-	-
	II	62,00	-	4,96	5,58	-	-	-	-	-	-	-	-	-	-	-	-	-	-	-	-	-	-
	III	-	-	-	-	-	-	-	-	-	-	-	-	-	-	-	-	-	-	-	-	-	-
	IV	148,16	-	11,85	13,33	-	8,14	9,16	-	4,64	5,22	-	1,74	1,95	-	-	-	-	-	-	-	-	-
	V	384,00	-	30,72	34,56																		
	VI	428,25	-	34,26	38,54																		
1.874,99	I	148,91	-	11,91	13,40	-	4,70	5,28	-	-	-	-	-	-	-	-	-	-	-	-	-	-	-
	II	62,66	-	5,01	5,63	-	-	-	-	-	-	-	-	-	-	-	-	-	-	-	-	-	-
	III	-	-	-	-	-	-	-	-	-	-	-	-	-	-	-	-	-	-	-	-	-	-
	IV	148,91	-	11,91	13,40	-	8,20	9,23	-	4,70	5,28	-	1,78	2,00	-	-	-	-	-	-	-	-	-
	V	385,25	-	30,82	34,67																		
	VI	429,50	-	34,36	38,65																		
1.877,99	I	149,66	-	11,97	13,46	-	4,75	5,34	-	-	-	-	-	-	-	-	-	-	-	-	-	-	-
	II	63,33	-	5,06	5,69	-	-	-	-	-	-	-	-	-	-	-	-	-	-	-	-	-	-
	III	-	-	-	-	-	-	-	-	-	-	-	-	-	-	-	-	-	-	-	-	-	-
	IV	149,66	-	11,97	13,46	-	8,26	9,29	-	4,75	5,34	-	1,82	2,05	-	-	-	-	-	-	-	-	-
	V	386,50	-	30,92	34,78																		
	VI	430,83	-	34,46	38,77																		
1.880,99	I	150,41	-	12,03	13,53	-	4,80	5,40	-	-	-	-	-	-	-	-	-	-	-	-	-	-	-
	II	64,00	-	5,12	5,76	-	-	-	-	-	-	-	-	-	-	-	-	-	-	-	-	-	-
	III	-	-	-	-	-	-	-	-	-	-	-	-	-	-	-	-	-	-	-	-	-	-
	IV	150,41	-	12,03	13,53	-	8,32	9,36	-	4,80	5,40	-	1,86	2,09	-	-	-	-	-	-	-	-	-
	V	387,75	-	31,02	34,89																		
	VI	432,08	-	34,56	38,88																		
1.883,99	I	151,16	-	12,09	13,60	-	4,86	5,46	-	-	-	-	-	-	-	-	-	-	-	-	-	-	-
	II	64,75	-	5,18	5,82	-	-	-	-	-	-	-	-	-	-	-	-	-	-	-	-	-	-
	III	-	-	-	-	-	-	-	-	-	-	-	-	-	-	-	-	-	-	-	-	-	-
	IV	151,16	-	12,09	13,60	-	8,38	9,42	-	4,86	5,46	-	1,91	2,15	-	-	-	-	-	-	-	-	-
	V	389,00	-	31,12	35,01																		
	VI	433,33	-	34,66	38,99																		
1.886,99	I	151,91	-	12,15	13,67	-	4,91	5,52	-	-	-	-	-	-	-	-	-	-	-	-	-	-	-
	II	65,41	-	5,23	5,88	-	-	-	-	-	-	-	-	-	-	-	-	-	-	-	-	-	-
	III	-	-	-	-	-	-	-	-	-	-	-	-	-	-	-	-	-	-	-	-	-	-
	IV	151,91	-	12,15	13,67	-	8,44	9,49	-	4,91	5,52	-	1,95	2,19	-	-	-	-	-	-	-	-	-
	V	390,25	-	31,22	35,12																		
	VI	434,58	-	34,76	39,11																		
1.889,99	I	152,66	-	12,21	13,73	-	4,96	5,58	-	-	-	-	-	-	-	-	-	-	-	-	-	-	-
	II	66,08	-	5,28	5,94	-	-	-	-	-	-	-	-	-	-	-	-	-	-	-	-	-	-
	III	-	-	-	-	-	-	-	-	-	-	-	-	-	-	-	-	-	-	-	-	-	-
	IV	152,66	-	12,21	13,73	-	8,50	9,56	-	4,96	5,58	-	1,99	2,24	-	-	-	-	-	-	-	-	-
	V	391,50	-	31,32	35,23																		
	VI	435,83	-	34,86	39,22																		

MONAT bis 1.934,99 €

Besondere Tabelle

Lohn/ Gehalt bis	Steuerklasse	Lohn-steuer	ohne Kinderfreibetrag			Anzahl Kinderfreibeträge (nur Steuerklassen I–IV) 0,5			1,0			1,5			2,0			2,5			3,0		
			SolZ 5,5%	Kirchensteuer 8%	9%	SolZ 5,5%	Kirchensteuer 8%	9%	SolZ 5,5%	Kirchensteuer 8%	9%	SolZ 5,5%	Kirchensteuer 8%	9%	SolZ 5,5%	Kirchensteuer 8%	9%	SolZ 5,5%	Kirchensteuer 8%	9%	SolZ 5,5%	Kirchensteuer 8%	9%
1.892,99	I	153,41	-	12,27	13,80	-	5,01	5,63	-	-	-	-	-	-	-	-	-	-	-	-	-	-	
	II	66,75	-	5,34	6,00	-	-	-	-	-	-	-	-	-	-	-	-	-	-	-	-	-	
	III	-	-	-	-	-	-	-	-	-	-	-	-	-	-	-	-	-	-	-	-	-	
	IV	153,41	-	12,27	13,80	-	8,56	9,63	-	5,01	5,63	-	2,04	2,29	-	-	-	-	-	-	-	-	
	V	392,75	-	31,42	35,34																		
	VI	437,08	-	34,96	39,33																		
1.895,99	I	154,16	-	12,33	13,87	-	5,06	5,69	-	-	-	-	-	-	-	-	-	-	-	-	-	-	
	II	67,41	-	5,39	6,06	-	-	-	-	-	-	-	-	-	-	-	-	-	-	-	-	-	
	III	-	-	-	-	-	-	-	-	-	-	-	-	-	-	-	-	-	-	-	-	-	
	IV	154,16	-	12,33	13,87	-	8,62	9,69	-	5,06	5,69	-	2,08	2,34	-	-	-	-	-	-	-	-	
	V	394,08	-	31,52	35,46																		
	VI	438,33	-	35,06	39,44																		
1.898,99	I	154,91	-	12,39	13,94	-	5,12	5,76	-	-	-	-	-	-	-	-	-	-	-	-	-	-	
	II	68,08	-	5,44	6,12	-	-	-	-	-	-	-	-	-	-	-	-	-	-	-	-	-	
	III	-	-	-	-	-	-	-	-	-	-	-	-	-	-	-	-	-	-	-	-	-	
	IV	154,91	-	12,39	13,94	-	8,67	9,75	-	5,12	5,76	-	2,12	2,38	-	-	-	-	-	-	-	-	
	V	395,33	-	31,62	35,57																		
	VI	439,58	-	35,16	39,56																		
1.901,99	I	155,75	-	12,46	14,01	-	5,18	5,82	-	-	-	-	-	-	-	-	-	-	-	-	-	-	
	II	68,75	-	5,50	6,18	-	-	-	-	-	-	-	-	-	-	-	-	-	-	-	-	-	
	III	-	-	-	-	-	-	-	-	-	-	-	-	-	-	-	-	-	-	-	-	-	
	IV	155,75	-	12,46	14,01	-	8,73	9,82	-	5,18	5,82	-	2,16	2,43	-	-	-	-	-	-	-	-	
	V	396,58	-	31,72	35,69																		
	VI	440,83	-	35,26	39,67																		
1.904,99	I	156,50	-	12,52	14,08	-	5,23	5,88	-	-	-	-	-	-	-	-	-	-	-	-	-	-	
	II	69,41	-	5,55	6,24	-	0,04	0,04	-	-	-	-	-	-	-	-	-	-	-	-	-	-	
	III	-	-	-	-	-	-	-	-	-	-	-	-	-	-	-	-	-	-	-	-	-	
	IV	156,50	-	12,52	14,08	-	8,79	9,89	-	5,23	5,88	-	2,20	2,48	-	-	-	-	-	-	-	-	
	V	397,83	-	31,82	35,80																		
	VI	442,16	-	35,37	39,79																		
1.907,99	I	157,25	-	12,58	14,15	-	5,28	5,94	-	-	-	-	-	-	-	-	-	-	-	-	-	-	
	II	70,16	-	5,61	6,31	-	0,07	0,08	-	-	-	-	-	-	-	-	-	-	-	-	-	-	
	III	-	-	-	-	-	-	-	-	-	-	-	-	-	-	-	-	-	-	-	-	-	
	IV	157,25	-	12,58	14,15	-	8,85	9,95	-	5,28	5,94	-	2,25	2,53	-	-	-	-	-	-	-	-	
	V	399,08	-	31,92	35,91																		
	VI	443,41	-	35,47	39,90																		
1.910,99	I	158,00	-	12,64	14,22	-	5,34	6,00	-	-	-	-	-	-	-	-	-	-	-	-	-	-	
	II	70,83	-	5,66	6,37	-	0,11	0,12	-	-	-	-	-	-	-	-	-	-	-	-	-	-	
	III	-	-	-	-	-	-	-	-	-	-	-	-	-	-	-	-	-	-	-	-	-	
	IV	158,00	-	12,64	14,22	-	8,91	10,02	-	5,34	6,00	-	2,29	2,57	-	-	-	-	-	-	-	-	
	V	400,33	-	32,02	36,02																		
	VI	444,66	-	35,57	40,01																		
1.913,99	I	158,75	-	12,70	14,28	-	5,39	6,06	-	-	-	-	-	-	-	-	-	-	-	-	-	-	
	II	71,50	-	5,72	6,43	-	0,14	0,16	-	-	-	-	-	-	-	-	-	-	-	-	-	-	
	III	-	-	-	-	-	-	-	-	-	-	-	-	-	-	-	-	-	-	-	-	-	
	IV	158,75	-	12,70	14,28	-	8,97	10,09	-	5,39	6,06	-	2,34	2,63	-	-	-	-	-	-	-	-	
	V	401,58	-	32,12	36,14																		
	VI	445,91	-	35,67	40,13																		
1.916,99	I	159,50	-	12,76	14,35	-	5,44	6,12	-	-	-	-	-	-	-	-	-	-	-	-	-	-	
	II	72,25	-	5,78	6,50	-	0,18	0,20	-	-	-	-	-	-	-	-	-	-	-	-	-	-	
	III	-	-	-	-	-	-	-	-	-	-	-	-	-	-	-	-	-	-	-	-	-	
	IV	159,50	-	12,76	14,35	-	9,02	10,15	-	5,44	6,12	-	2,38	2,68	-	-	-	-	-	-	-	-	
	V	402,83	-	32,22	36,25																		
	VI	447,16	-	35,77	40,24																		
1.919,99	I	160,33	-	12,82	14,42	-	5,50	6,18	-	-	-	-	-	-	-	-	-	-	-	-	-	-	
	II	72,91	-	5,83	6,56	-	0,21	0,23	-	-	-	-	-	-	-	-	-	-	-	-	-	-	
	III	-	-	-	-	-	-	-	-	-	-	-	-	-	-	-	-	-	-	-	-	-	
	IV	160,33	-	12,82	14,42	-	9,08	10,22	-	5,50	6,18	-	2,42	2,72	-	-	-	-	-	-	-	-	
	V	404,08	-	32,32	36,36																		
	VI	448,41	-	35,87	40,35																		
1.922,99	I	161,08	-	12,88	14,49	-	5,55	6,24	-	0,04	0,04	-	-	-	-	-	-	-	-	-	-	-	
	II	73,58	-	5,88	6,62	-	0,24	0,27	-	-	-	-	-	-	-	-	-	-	-	-	-	-	
	III	-	-	-	-	-	-	-	-	-	-	-	-	-	-	-	-	-	-	-	-	-	
	IV	161,08	-	12,88	14,49	-	9,14	10,28	-	5,55	6,24	-	2,47	2,78	-	0,04	0,04	-	-	-	-	-	
	V	405,41	-	32,43	36,48																		
	VI	449,66	-	35,97	40,46																		
1.925,99	I	161,83	-	12,94	14,56	-	5,61	6,31	-	0,07	0,08	-	-	-	-	-	-	-	-	-	-	-	
	II	74,33	-	5,94	6,68	-	0,28	0,32	-	-	-	-	-	-	-	-	-	-	-	-	-	-	
	III	-	-	-	-	-	-	-	-	-	-	-	-	-	-	-	-	-	-	-	-	-	
	IV	161,83	-	12,94	14,56	-	9,20	10,35	-	5,61	6,31	-	2,52	2,83	-	0,07	0,08	-	-	-	-	-	
	V	406,66	-	32,53	36,59																		
	VI	450,91	-	36,07	40,58																		
1.928,99	I	162,58	-	13,00	14,63	-	5,66	6,37	-	0,11	0,12	-	-	-	-	-	-	-	-	-	-	-	
	II	75,00	-	6,00	6,75	-	0,32	0,36	-	-	-	-	-	-	-	-	-	-	-	-	-	-	
	III	-	-	-	-	-	-	-	-	-	-	-	-	-	-	-	-	-	-	-	-	-	
	IV	162,58	-	13,00	14,63	-	9,26	10,42	-	5,66	6,37	-	2,56	2,88	-	0,11	0,12	-	-	-	-	-	
	V	407,91	-	32,63	36,71																		
	VI	452,25	-	36,18	40,70																		
1.931,99	I	163,33	-	13,06	14,69	-	5,72	6,43	-	0,14	0,16	-	-	-	-	-	-	-	-	-	-	-	
	II	75,75	-	6,06	6,81	-	0,35	0,39	-	-	-	-	-	-	-	-	-	-	-	-	-	-	
	III	-	-	-	-	-	-	-	-	-	-	-	-	-	-	-	-	-	-	-	-	-	
	IV	163,33	-	13,06	14,69	-	9,32	10,49	-	5,72	6,43	-	2,60	2,93	-	0,14	0,16	-	-	-	-	-	
	V	409,16	-	32,73	36,82																		
	VI	453,50	-	36,28	40,81																		
1.934,99	I	164,08	-	13,12	14,76	-	5,78	6,50	-	0,18	0,20	-	-	-	-	-	-	-	-	-	-	-	
	II	76,41	-	6,11	6,87	-	0,38	0,43	-	-	-	-	-	-	-	-	-	-	-	-	-	-	
	III	-	-	-	-	-	-	-	-	-	-	-	-	-	-	-	-	-	-	-	-	-	
	IV	164,08	-	13,12	14,76	-	9,38	10,55	-	5,78	6,50	-	2,65	2,98	-	0,18	0,20	-	-	-	-	-	
	V	410,41	-	32,83	36,93																		
	VI	454,75	-	36,38	40,92																		

Besondere Tabelle

Lohn/ Gehalt bis	Steuerklasse	Lohnsteuer	ohne Kinderfreibetrag			Anzahl Kinderfreibeträge (nur Steuerklassen I–IV)																	
						0,5			1,0			1,5			2,0			2,5			3,0		
			SolZ 5,5%	Kirchensteuer 8%	9%	SolZ 5,5%	Kirchensteuer 8%	9%	SolZ 5,5%	Kirchensteuer 8%	9%	SolZ 5,5%	Kirchensteuer 8%	9%	SolZ 5,5%	Kirchensteuer 8%	9%	SolZ 5,5%	Kirchensteuer 8%	9%	SolZ 5,5%	Kirchensteuer 8%	9%
1.937,99	I	164,91	-	13,19	14,84	-	5,83	6,56	-	0,21	0,23	-	-	-	-	-	-	-	-	-	-	-	-
	II	77,16	-	6,17	6,94	-	0,42	0,47	-	-	-	-	-	-	-	-	-	-	-	-	-	-	-
	III	-	-	-	-	-	-	-	-	-	-	-	-	-	-	-	-	-	-	-	-	-	-
	IV	164,91	-	13,19	14,84	-	9,44	10,62	-	5,83	6,56	-	2,69	3,02	-	0,21	0,23	-	-	-	-	-	-
	V	411,66	-	32,93	37,04																		
	VI	456,00	-	36,48	41,04																		
1.940,99	I	165,66	-	13,25	14,90	-	5,88	6,62	-	0,24	0,27	-	-	-	-	-	-	-	-	-	-	-	-
	II	77,83	-	6,22	7,00	-	0,46	0,51	-	-	-	-	-	-	-	-	-	-	-	-	-	-	-
	III	-	-	-	-	-	-	-	-	-	-	-	-	-	-	-	-	-	-	-	-	-	-
	IV	165,66	-	13,25	14,90	-	9,50	10,68	-	5,88	6,62	-	2,74	3,08	-	0,24	0,27	-	-	-	-	-	-
	V	412,91	-	33,03	37,16																		
	VI	457,25	-	36,58	41,15																		
1.943,99	I	166,41	-	13,31	14,97	-	5,94	6,68	-	0,28	0,32	-	-	-	-	-	-	-	-	-	-	-	-
	II	78,58	-	6,28	7,07	-	0,49	0,55	-	-	-	-	-	-	-	-	-	-	-	-	-	-	-
	III	-	-	-	-	-	-	-	-	-	-	-	-	-	-	-	-	-	-	-	-	-	-
	IV	166,41	-	13,31	14,97	-	9,56	10,75	-	5,94	6,68	-	2,78	3,13	-	0,28	0,32	-	-	-	-	-	-
	V	414,16	-	33,13	37,27																		
	VI	458,50	-	36,68	41,26																		
1.946,99	I	167,16	-	13,37	15,04	-	6,00	6,75	-	0,32	0,36	-	-	-	-	-	-	-	-	-	-	-	-
	II	79,25	-	6,34	7,13	-	0,53	0,59	-	-	-	-	-	-	-	-	-	-	-	-	-	-	-
	III	-	-	-	-	-	-	-	-	-	-	-	-	-	-	-	-	-	-	-	-	-	-
	IV	167,16	-	13,37	15,04	-	9,62	10,82	-	6,00	6,75	-	2,83	3,18	-	0,32	0,36	-	-	-	-	-	-
	V	415,50	-	33,24	37,39																		
	VI	459,75	-	36,78	41,37																		
1.949,99	I	167,91	-	13,43	15,11	-	6,06	6,81	-	0,35	0,39	-	-	-	-	-	-	-	-	-	-	-	-
	II	80,00	-	6,40	7,20	-	0,56	0,63	-	-	-	-	-	-	-	-	-	-	-	-	-	-	-
	III	-	-	-	-	-	-	-	-	-	-	-	-	-	-	-	-	-	-	-	-	-	-
	IV	167,91	-	13,43	15,11	-	9,68	10,89	-	6,06	6,81	-	2,88	3,24	-	0,35	0,39	-	-	-	-	-	-
	V	416,75	-	33,34	37,50																		
	VI	461,00	-	36,88	41,49																		
1.952,99	I	168,75	-	13,50	15,18	-	6,11	6,87	-	0,38	0,43	-	-	-	-	-	-	-	-	-	-	-	-
	II	80,66	-	6,45	7,25	-	0,60	0,68	-	-	-	-	-	-	-	-	-	-	-	-	-	-	-
	III	-	-	-	-	-	-	-	-	-	-	-	-	-	-	-	-	-	-	-	-	-	-
	IV	168,75	-	13,50	15,18	-	9,74	10,95	-	6,11	6,87	-	2,92	3,29	-	0,38	0,43	-	-	-	-	-	-
	V	418,00	-	33,44	37,62																		
	VI	462,33	-	36,98	41,60																		
1.955,99	I	169,50	-	13,56	15,25	-	6,17	6,94	-	0,42	0,47	-	-	-	-	-	-	-	-	-	-	-	-
	II	81,41	-	6,51	7,32	-	0,64	0,72	-	-	-	-	-	-	-	-	-	-	-	-	-	-	-
	III	-	-	-	-	-	-	-	-	-	-	-	-	-	-	-	-	-	-	-	-	-	-
	IV	169,50	-	13,56	15,25	-	9,80	11,02	-	6,17	6,94	-	2,97	3,34	-	0,42	0,47	-	-	-	-	-	-
	V	419,25	-	33,54	37,73																		
	VI	463,58	-	37,08	41,72																		
1.958,99	I	170,25	-	13,62	15,32	-	6,22	7,00	-	0,46	0,51	-	-	-	-	-	-	-	-	-	-	-	-
	II	82,16	-	6,57	7,39	-	0,68	0,76	-	-	-	-	-	-	-	-	-	-	-	-	-	-	-
	III	-	-	-	-	-	-	-	-	-	-	-	-	-	-	-	-	-	-	-	-	-	-
	IV	170,25	-	13,62	15,32	-	9,86	11,09	-	6,22	7,00	-	3,02	3,39	-	0,46	0,51	-	-	-	-	-	-
	V	420,50	-	33,64	37,84																		
	VI	464,83	-	37,18	41,83																		
1.961,99	I	171,00	-	13,68	15,39	-	6,28	7,07	-	0,49	0,55	-	-	-	-	-	-	-	-	-	-	-	-
	II	82,83	-	6,62	7,45	-	0,71	0,80	-	-	-	-	-	-	-	-	-	-	-	-	-	-	-
	III	-	-	-	-	-	-	-	-	-	-	-	-	-	-	-	-	-	-	-	-	-	-
	IV	171,00	-	13,68	15,39	-	9,92	11,16	-	6,28	7,07	-	3,06	3,44	-	0,49	0,55	-	-	-	-	-	-
	V	421,75	-	33,74	37,95																		
	VI	466,08	-	37,28	41,94																		
1.964,99	I	171,83	-	13,74	15,46	-	6,34	7,13	-	0,53	0,59	-	-	-	-	-	-	-	-	-	-	-	-
	II	83,58	-	6,68	7,52	-	0,75	0,84	-	-	-	-	-	-	-	-	-	-	-	-	-	-	-
	III	-	-	-	-	-	-	-	-	-	-	-	-	-	-	-	-	-	-	-	-	-	-
	IV	171,83	-	13,74	15,46	-	9,98	11,22	-	6,34	7,13	-	3,11	3,50	-	0,53	0,59	-	-	-	-	-	-
	V	423,00	-	33,84	38,07																		
	VI	467,33	-	37,38	42,05																		
1.967,99	I	172,58	-	13,80	15,53	-	6,40	7,20	-	0,56	0,63	-	-	-	-	-	-	-	-	-	-	-	-
	II	84,33	-	6,74	7,58	-	0,79	0,89	-	-	-	-	-	-	-	-	-	-	-	-	-	-	-
	III	-	-	-	-	-	-	-	-	-	-	-	-	-	-	-	-	-	-	-	-	-	-
	IV	172,58	-	13,80	15,53	-	10,04	11,29	-	6,40	7,20	-	3,16	3,55	-	0,56	0,63	-	-	-	-	-	-
	V	424,25	-	33,94	38,18																		
	VI	468,58	-	37,48	42,17																		
1.970,99	I	173,33	-	13,86	15,59	-	6,45	7,25	-	0,60	0,68	-	-	-	-	-	-	-	-	-	-	-	-
	II	85,00	-	6,80	7,65	-	0,82	0,92	-	-	-	-	-	-	-	-	-	-	-	-	-	-	-
	III	-	-	-	-	-	-	-	-	-	-	-	-	-	-	-	-	-	-	-	-	-	-
	IV	173,33	-	13,86	15,59	-	10,10	11,36	-	6,45	7,25	-	3,20	3,60	-	0,60	0,68	-	-	-	-	-	-
	V	425,58	-	34,04	38,30																		
	VI	469,83	-	37,58	42,28																		
1.973,99	I	174,08	-	13,92	15,66	-	6,51	7,32	-	0,64	0,72	-	-	-	-	-	-	-	-	-	-	-	-
	II	85,75	-	6,86	7,71	-	0,86	0,97	-	-	-	-	-	-	-	-	-	-	-	-	-	-	-
	III	-	-	-	-	-	-	-	-	-	-	-	-	-	-	-	-	-	-	-	-	-	-
	IV	174,08	-	13,92	15,66	-	10,16	11,43	-	6,51	7,32	-	3,25	3,65	-	0,64	0,72	-	-	-	-	-	-
	V	426,83	-	34,14	38,41																		
	VI	471,08	-	37,68	42,39																		
1.976,99	I	174,91	-	13,99	15,74	-	6,57	7,39	-	0,68	0,76	-	-	-	-	-	-	-	-	-	-	-	-
	II	86,50	-	6,92	7,78	-	0,90	1,01	-	-	-	-	-	-	-	-	-	-	-	-	-	-	-
	III	-	-	-	-	-	-	-	-	-	-	-	-	-	-	-	-	-	-	-	-	-	-
	IV	174,91	-	13,99	15,74	-	10,21	11,48	-	6,57	7,39	-	3,30	3,71	-	0,68	0,76	-	-	-	-	-	-
	V	428,08	-	34,24	38,52																		
	VI	472,33	-	37,78	42,50																		
1.979,99	I	175,66	-	14,05	15,80	-	6,62	7,45	-	0,71	0,80	-	-	-	-	-	-	-	-	-	-	-	-
	II	87,16	-	6,97	7,84	-	0,94	1,05	-	-	-	-	-	-	-	-	-	-	-	-	-	-	-
	III	-	-	-	-	-	-	-	-	-	-	-	-	-	-	-	-	-	-	-	-	-	-
	IV	175,66	-	14,05	15,80	-	10,27	11,55	-	6,62	7,45	-	3,34	3,76	-	0,71	0,80	-	-	-	-	-	-
	V	429,33	-	34,34	38,63																		
	VI	473,66	-	37,89	42,62																		

MONAT bis 2.024,99 €

Besondere Tabelle

Lohn/ Gehalt bis	Steuerklasse	Lohn-steuer	ohne Kinderfreibetrag			Anzahl Kinderfreibeträge (nur Steuerklassen I–IV)																	
						0,5			1,0			1,5			2,0			2,5			3,0		
			SolZ 5,5%	Kirchensteuer 8%	9%	SolZ 5,5%	Kirchensteuer 8%	9%	SolZ 5,5%	Kirchensteuer 8%	9%	SolZ 5,5%	Kirchensteuer 8%	9%	SolZ 5,5%	Kirchensteuer 8%	9%	SolZ 5,5%	Kirchensteuer 8%	9%	SolZ 5,5%	Kirchensteue 8%	9%
1.982,99	I	176,41	-	14,11	15,87	-	6,68	7,52	-	0,75	0,84	-	-	-	-	-	-	-	-	-	-	-	
	II	87,91	-	7,03	7,91	-	0,98	1,10	-	-	-	-	-	-	-	-	-	-	-	-	-	-	
	III	-	-	-	-	-	-	-	-	-	-	-	-	-	-	-	-	-	-	-	-	-	
	IV	176,41	-	14,11	15,87	-	10,33	11,62	-	6,68	7,52	-	3,39	3,81	-	0,75	0,84	-	-	-	-	-	
	V	430,58	-	34,44	38,75																		
	VI	474,91	-	37,99	42,74																		
1.985,99	I	177,16	-	14,17	15,94	-	6,74	7,58	-	0,79	0,89	-	-	-	-	-	-	-	-	-	-	-	
	II	88,66	-	7,09	7,97	-	1,02	1,14	-	-	-	-	-	-	-	-	-	-	-	-	-	-	
	III	-	-	-	-	-	-	-	-	-	-	-	-	-	-	-	-	-	-	-	-	-	
	IV	177,16	-	14,17	15,94	-	10,39	11,69	-	6,74	7,58	-	3,44	3,87	-	0,79	0,89	-	-	-	-	-	
	V	431,83	-	34,54	38,86																		
	VI	476,16	-	38,09	42,85																		
1.988,99	I	178,00	-	14,24	16,02	-	6,80	7,65	-	0,82	0,92	-	-	-	-	-	-	-	-	-	-	-	
	II	89,33	-	7,14	8,03	-	1,05	1,18	-	-	-	-	-	-	-	-	-	-	-	-	-	-	
	III	-	-	-	-	-	-	-	-	-	-	-	-	-	-	-	-	-	-	-	-	-	
	IV	178,00	-	14,24	16,02	-	10,45	11,75	-	6,80	7,65	-	3,48	3,92	-	0,82	0,92	-	-	-	-	-	
	V	433,08	-	34,64	38,97																		
	VI	477,41	-	38,19	42,96																		
1.991,99	I	178,75	-	14,30	16,08	-	6,86	7,71	-	0,86	0,97	-	-	-	-	-	-	-	-	-	-	-	
	II	90,08	-	7,20	8,10	-	1,09	1,22	-	-	-	-	-	-	-	-	-	-	-	-	-	-	
	III	-	-	-	-	-	-	-	-	-	-	-	-	-	-	-	-	-	-	-	-	-	
	IV	178,75	-	14,30	16,08	-	10,51	11,82	-	6,86	7,71	-	3,54	3,98	-	0,86	0,97	-	-	-	-	-	
	V	434,33	-	34,74	39,08																		
	VI	478,66	-	38,29	43,07																		
1.994,99	I	179,50	-	14,36	16,15	-	6,92	7,78	-	0,90	1,01	-	-	-	-	-	-	-	-	-	-	-	
	II	90,83	-	7,26	8,17	-	1,13	1,27	-	-	-	-	-	-	-	-	-	-	-	-	-	-	
	III	-	-	-	-	-	-	-	-	-	-	-	-	-	-	-	-	-	-	-	-	-	
	IV	179,50	-	14,36	16,15	-	10,57	11,89	-	6,92	7,78	-	3,58	4,03	-	0,90	1,01	-	-	-	-	-	
	V	435,58	-	34,84	39,20																		
	VI	479,91	-	38,39	43,19																		
1.997,99	I	180,33	-	14,42	16,22	-	6,97	7,84	-	0,94	1,05	-	-	-	-	-	-	-	-	-	-	-	
	II	91,50	-	7,32	8,23	-	1,17	1,31	-	-	-	-	-	-	-	-	-	-	-	-	-	-	
	III	-	-	-	-	-	-	-	-	-	-	-	-	-	-	-	-	-	-	-	-	-	
	IV	180,33	-	14,42	16,22	-	10,63	11,96	-	6,97	7,84	-	3,63	4,08	-	0,94	1,05	-	-	-	-	-	
	V	436,91	-	34,95	39,32																		
	VI	481,16	-	38,49	43,30																		
2.000,99	I	181,08	-	14,48	16,29	-	7,03	7,91	-	0,98	1,10	-	-	-	-	-	-	-	-	-	-	-	
	II	92,25	-	7,38	8,30	-	1,21	1,36	-	-	-	-	-	-	-	-	-	-	-	-	-	-	
	III	-	-	-	-	-	-	-	-	-	-	-	-	-	-	-	-	-	-	-	-	-	
	IV	181,08	-	14,48	16,29	-	10,69	12,02	-	7,03	7,91	-	3,68	4,14	-	0,98	1,10	-	-	-	-	-	
	V	438,16	-	35,05	39,43																		
	VI	482,41	-	38,59	43,41																		
2.003,99	I	181,83	-	14,54	16,36	-	7,09	7,97	-	1,02	1,14	-	-	-	-	-	-	-	-	-	-	-	
	II	93,00	-	7,44	8,37	-	1,25	1,40	-	-	-	-	-	-	-	-	-	-	-	-	-	-	
	III	-	-	-	-	-	-	-	-	-	-	-	-	-	-	-	-	-	-	-	-	-	
	IV	181,83	-	14,54	16,36	-	10,75	12,09	-	7,09	7,97	-	3,73	4,19	-	1,02	1,14	-	-	-	-	-	
	V	439,41	-	35,15	39,54																		
	VI	483,75	-	38,70	43,53																		
2.006,99	I	182,58	-	14,60	16,43	-	7,14	8,03	-	1,05	1,18	-	-	-	-	-	-	-	-	-	-	-	
	II	93,75	-	7,50	8,43	-	1,29	1,45	-	-	-	-	-	-	-	-	-	-	-	-	-	-	
	III	-	-	-	-	-	-	-	-	-	-	-	-	-	-	-	-	-	-	-	-	-	
	IV	182,58	-	14,60	16,43	-	10,81	12,16	-	7,14	8,03	-	3,78	4,25	-	1,05	1,18	-	-	-	-	-	
	V	440,66	-	35,25	39,65																		
	VI	485,00	-	38,80	43,65																		
2.009,99	I	183,41	-	14,67	16,50	-	7,20	8,10	-	1,09	1,22	-	-	-	-	-	-	-	-	-	-	-	
	II	94,41	-	7,55	8,49	-	1,33	1,49	-	-	-	-	-	-	-	-	-	-	-	-	-	-	
	III	-	-	-	-	-	-	-	-	-	-	-	-	-	-	-	-	-	-	-	-	-	
	IV	183,41	-	14,67	16,50	-	10,87	12,23	-	7,20	8,10	-	3,82	4,30	-	1,09	1,22	-	-	-	-	-	
	V	441,91	-	35,35	39,77																		
	VI	486,25	-	38,90	43,76																		
2.012,99	I	184,16	-	14,73	16,57	-	7,26	8,17	-	1,13	1,27	-	-	-	-	-	-	-	-	-	-	-	
	II	95,16	-	7,61	8,56	-	1,37	1,54	-	-	-	-	-	-	-	-	-	-	-	-	-	-	
	III	-	-	-	-	-	-	-	-	-	-	-	-	-	-	-	-	-	-	-	-	-	
	IV	184,16	-	14,73	16,57	-	10,93	12,29	-	7,26	8,17	-	3,88	4,36	-	1,13	1,27	-	-	-	-	-	
	V	443,16	-	35,45	39,88																		
	VI	487,50	-	39,00	43,87																		
2.015,99	I	184,91	-	14,79	16,64	-	7,32	8,23	-	1,17	1,31	-	-	-	-	-	-	-	-	-	-	-	
	II	95,91	-	7,67	8,63	-	1,41	1,58	-	-	-	-	-	-	-	-	-	-	-	-	-	-	
	III	-	-	-	-	-	-	-	-	-	-	-	-	-	-	-	-	-	-	-	-	-	
	IV	184,91	-	14,79	16,64	-	10,99	12,36	-	7,32	8,23	-	3,92	4,41	-	1,17	1,31	-	-	-	-	-	
	V	444,41	-	35,55	39,99																		
	VI	488,75	-	39,10	43,98																		
2.018,99	I	185,75	-	14,86	16,71	-	7,38	8,30	-	1,21	1,36	-	-	-	-	-	-	-	-	-	-	-	
	II	96,66	-	7,73	8,69	-	1,45	1,63	-	-	-	-	-	-	-	-	-	-	-	-	-	-	
	III	-	-	-	-	-	-	-	-	-	-	-	-	-	-	-	-	-	-	-	-	-	
	IV	185,75	-	14,86	16,71	-	11,05	12,43	-	7,38	8,30	-	3,98	4,47	-	1,21	1,36	-	-	-	-	-	
	V	445,66	-	35,65	40,10																		
	VI	490,00	-	39,20	44,10																		
2.021,99	I	186,50	-	14,92	16,78	-	7,44	8,37	-	1,25	1,40	-	-	-	-	-	-	-	-	-	-	-	
	II	97,33	-	7,78	8,75	-	1,49	1,67	-	-	-	-	-	-	-	-	-	-	-	-	-	-	
	III	-	-	-	-	-	-	-	-	-	-	-	-	-	-	-	-	-	-	-	-	-	
	IV	186,50	-	14,92	16,78	-	11,11	12,50	-	7,44	8,37	-	4,02	4,52	-	1,25	1,40	-	-	-	-	-	
	V	447,00	-	35,76	40,23																		
	VI	491,25	-	39,30	44,21																		
2.024,99	I	187,25	-	14,98	16,85	-	7,50	8,43	-	1,29	1,45	-	-	-	-	-	-	-	-	-	-	-	
	II	98,08	-	7,84	8,82	-	1,53	1,72	-	-	-	-	-	-	-	-	-	-	-	-	-	-	
	III	-	-	-	-	-	-	-	-	-	-	-	-	-	-	-	-	-	-	-	-	-	
	IV	187,25	-	14,98	16,85	-	11,17	12,56	-	7,50	8,43	-	4,08	4,59	-	1,29	1,45	-	-	-	-	-	
	V	448,25	-	35,86	40,34																		
	VI	492,50	-	39,40	44,32																		

Lohn/ Gehalt bis	Steuerklasse	Lohn-steuer	ohne Kinderfreibetrag SolZ 5,5%	ohne Kinderfreibetrag Kirchensteuer 8%	ohne Kinderfreibetrag Kirchensteuer 9%	0,5 SolZ 5,5%	0,5 Kirchensteuer 8%	0,5 Kirchensteuer 9%	1,0 SolZ 5,5%	1,0 Kirchensteuer 8%	1,0 Kirchensteuer 9%	1,5 SolZ 5,5%	1,5 Kirchensteuer 8%	1,5 Kirchensteuer 9%	2,0 SolZ 5,5%	2,0 Kirchensteuer 8%	2,0 Kirchensteuer 9%	2,5 SolZ 5,5%	2,5 Kirchensteuer 8%	2,5 Kirchensteuer 9%	3,0 SolZ 5,5%	3,0 Kirchensteuer 8%	3,0 Kirchensteuer 9%
2.027,99	I	188,08	-	15,04	16,92	-	7,55	8,49	-	1,33	1,49	-	-	-	-	-	-	-	-	-	-	-	-
	II	98,83	-	7,90	8,89	-	1,57	1,76	-	-	-	-	-	-	-	-	-	-	-	-	-	-	-
	III	-	-	-	-	-	-	-	-	-	-	-	-	-	-	-	-	-	-	-	-	-	-
	IV	188,08	-	15,04	16,92	-	11,23	12,63	-	7,55	8,49	-	4,12	4,64	-	1,33	1,49	-	-	-	-	-	-
	V	449,50	-	35,96	40,45																		
	VI	493,83	-	39,50	44,44																		
2.030,99	I	188,83	-	15,10	16,99	-	7,61	8,56	-	1,37	1,54	-	-	-	-	-	-	-	-	-	-	-	-
	II	99,58	-	7,96	8,96	-	1,61	1,81	-	-	-	-	-	-	-	-	-	-	-	-	-	-	-
	III	-	-	-	-	-	-	-	-	-	-	-	-	-	-	-	-	-	-	-	-	-	-
	IV	188,83	-	15,10	16,99	-	11,29	12,70	-	7,61	8,56	-	4,18	4,70	-	1,37	1,54	-	-	-	-	-	-
	V	450,75	-	36,06	40,56																		
	VI	495,08	-	39,60	44,55																		
2.033,99	I	189,58	-	15,16	17,06	-	7,67	8,63	-	1,41	1,58	-	-	-	-	-	-	-	-	-	-	-	-
	II	100,25	-	8,02	9,02	-	1,65	1,85	-	-	-	-	-	-	-	-	-	-	-	-	-	-	-
	III	-	-	-	-	-	-	-	-	-	-	-	-	-	-	-	-	-	-	-	-	-	-
	IV	189,58	-	15,16	17,06	-	11,35	12,77	-	7,67	8,63	-	4,22	4,75	-	1,41	1,58	-	-	-	-	-	-
	V	452,00	-	36,16	40,68																		
	VI	496,33	-	39,70	44,66																		
2.036,99	I	190,41	-	15,23	17,13	-	7,73	8,69	-	1,45	1,63	-	-	-	-	-	-	-	-	-	-	-	-
	II	101,00	-	8,08	9,09	-	1,69	1,90	-	-	-	-	-	-	-	-	-	-	-	-	-	-	-
	III	-	-	-	-	-	-	-	-	-	-	-	-	-	-	-	-	-	-	-	-	-	-
	IV	190,41	-	15,23	17,13	-	11,42	12,84	-	7,73	8,69	-	4,28	4,81	-	1,45	1,63	-	-	-	-	-	-
	V	453,25	-	36,26	40,79																		
	VI	497,58	-	39,80	44,78																		
2.039,99	I	191,16	-	15,29	17,20	-	7,78	8,75	-	1,49	1,67	-	-	-	-	-	-	-	-	-	-	-	-
	II	101,75	-	8,14	9,15	-	1,73	1,94	-	-	-	-	-	-	-	-	-	-	-	-	-	-	-
	III	-	-	-	-	-	-	-	-	-	-	-	-	-	-	-	-	-	-	-	-	-	-
	IV	191,16	-	15,29	17,20	-	11,48	12,91	-	7,78	8,75	-	4,33	4,87	-	1,49	1,67	-	-	-	-	-	-
	V	454,50	-	36,36	40,90																		
	VI	498,66	-	39,89	44,87																		
2.042,99	I	192,00	-	15,36	17,28	-	7,84	8,82	-	1,53	1,72	-	-	-	-	-	-	-	-	-	-	-	-
	II	102,50	-	8,20	9,22	-	1,78	2,00	-	-	-	-	-	-	-	-	-	-	-	-	-	-	-
	III	-	-	-	-	-	-	-	-	-	-	-	-	-	-	-	-	-	-	-	-	-	-
	IV	192,00	-	15,36	17,28	-	11,54	12,98	-	7,84	8,82	-	4,38	4,92	-	1,53	1,72	-	-	-	-	-	-
	V	455,75	-	36,46	41,01																		
	VI	499,83	-	39,98	44,98																		
2.045,99	I	192,75	-	15,42	17,34	-	7,90	8,89	-	1,57	1,76	-	-	-	-	-	-	-	-	-	-	-	-
	II	103,16	-	8,25	9,28	-	1,82	2,04	-	-	-	-	-	-	-	-	-	-	-	-	-	-	-
	III	-	-	-	-	-	-	-	-	-	-	-	-	-	-	-	-	-	-	-	-	-	-
	IV	192,75	-	15,42	17,34	-	11,60	13,05	-	7,90	8,89	-	4,43	4,98	-	1,57	1,76	-	-	-	-	-	-
	V	457,08	-	36,56	41,13																		
	VI	500,83	-	40,06	45,07																		
2.048,99	I	193,50	-	15,48	17,41	-	7,96	8,96	-	1,61	1,81	-	-	-	-	-	-	-	-	-	-	-	-
	II	103,91	-	8,31	9,35	-	1,86	2,09	-	-	-	-	-	-	-	-	-	-	-	-	-	-	-
	III	-	-	-	-	-	-	-	-	-	-	-	-	-	-	-	-	-	-	-	-	-	-
	IV	193,50	-	15,48	17,41	-	11,66	13,11	-	7,96	8,96	-	4,48	5,04	-	1,61	1,81	-	-	-	-	-	-
	V	458,33	-	36,66	41,24																		
	VI	501,83	-	40,14	45,16																		
2.051,99	I	194,33	-	15,54	17,48	-	8,02	9,02	-	1,65	1,85	-	-	-	-	-	-	-	-	-	-	-	-
	II	104,66	-	8,37	9,41	-	1,90	2,14	-	-	-	-	-	-	-	-	-	-	-	-	-	-	-
	III	-	-	-	-	-	-	-	-	-	-	-	-	-	-	-	-	-	-	-	-	-	-
	IV	194,33	-	15,54	17,48	-	11,72	13,18	-	8,02	9,02	-	4,53	5,09	-	1,65	1,85	-	-	-	-	-	-
	V	459,58	-	36,76	41,36																		
	VI	503,00	-	40,24	45,27																		
2.054,99	I	195,08	-	15,60	17,55	-	8,08	9,09	-	1,69	1,90	-	-	-	-	-	-	-	-	-	-	-	-
	II	105,41	-	8,43	9,48	-	1,94	2,18	-	-	-	-	-	-	-	-	-	-	-	-	-	-	-
	III	-	-	-	-	-	-	-	-	-	-	-	-	-	-	-	-	-	-	-	-	-	-
	IV	195,08	-	15,60	17,55	-	11,78	13,25	-	8,08	9,09	-	4,58	5,15	-	1,69	1,90	-	-	-	-	-	-
	V	460,83	-	36,86	41,47																		
	VI	504,00	-	40,32	45,36																		
2.057,99	I	195,83	-	15,66	17,62	-	8,14	9,15	-	1,73	1,94	-	-	-	-	-	-	-	-	-	-	-	-
	II	106,16	-	8,49	9,55	-	1,98	2,23	-	-	-	-	-	-	-	-	-	-	-	-	-	-	-
	III	-	-	-	-	-	-	-	-	-	-	-	-	-	-	-	-	-	-	-	-	-	-
	IV	195,83	-	15,66	17,62	-	11,84	13,32	-	8,14	9,15	-	4,64	5,22	-	1,73	1,94	-	-	-	-	-	-
	V	462,08	-	36,96	41,58																		
	VI	505,16	-	40,41	45,46																		
2.060,99	I	196,66	-	15,73	17,69	-	8,20	9,22	-	1,78	2,00	-	-	-	-	-	-	-	-	-	-	-	-
	II	106,83	-	8,54	9,61	-	2,03	2,28	-	-	-	-	-	-	-	-	-	-	-	-	-	-	-
	III	-	-	-	-	-	-	-	-	-	-	-	-	-	-	-	-	-	-	-	-	-	-
	IV	196,66	-	15,73	17,69	-	11,90	13,38	-	8,20	9,22	-	4,69	5,27	-	1,78	2,00	-	-	-	-	-	-
	V	463,33	-	37,06	41,69																		
	VI	506,16	-	40,49	45,55																		
2.063,99	I	197,41	-	15,79	17,76	-	8,25	9,28	-	1,82	2,04	-	-	-	-	-	-	-	-	-	-	-	-
	II	107,58	-	8,60	9,68	-	2,07	2,33	-	-	-	-	-	-	-	-	-	-	-	-	-	-	-
	III	-	-	-	-	-	-	-	-	-	-	-	-	-	-	-	-	-	-	-	-	-	-
	IV	197,41	-	15,79	17,76	-	11,96	13,45	-	8,25	9,28	-	4,74	5,33	-	1,82	2,04	-	-	-	-	-	-
	V	464,58	-	37,16	41,81																		
	VI	507,16	-	40,57	45,64																		
2.066,99	I	198,25	-	15,86	17,84	-	8,31	9,35	-	1,86	2,09	-	-	-	-	-	-	-	-	-	-	-	-
	II	108,33	-	8,66	9,74	-	2,11	2,37	-	-	-	-	-	-	-	-	-	-	-	-	-	-	-
	III	-	-	-	-	-	-	-	-	-	-	-	-	-	-	-	-	-	-	-	-	-	-
	IV	198,25	-	15,86	17,84	-	12,02	13,52	-	8,31	9,35	-	4,79	5,39	-	1,86	2,09	-	-	-	-	-	-
	V	465,83	-	37,26	41,92																		
	VI	508,33	-	40,66	45,74																		
2.069,99	I	199,00	-	15,92	17,91	-	8,37	9,41	-	1,90	2,14	-	-	-	-	-	-	-	-	-	-	-	-
	II	109,08	-	8,72	9,81	-	2,16	2,43	-	-	-	-	-	-	-	-	-	-	-	-	-	-	-
	III	-	-	-	-	-	-	-	-	-	-	-	-	-	-	-	-	-	-	-	-	-	-
	IV	199,00	-	15,92	17,91	-	12,08	13,59	-	8,37	9,41	-	4,84	5,45	-	1,90	2,14	-	-	-	-	-	-
	V	467,08	-	37,36	42,03																		
	VI	509,33	-	40,74	45,83																		

Anzahl Kinderfreibeträge (nur Steuerklassen I–IV)

Lohn/Gehalt bis	Steuerklasse	Lohnsteuer	ohne Kinderfreibetrag			Anzahl Kinderfreibeträge (nur Steuerklassen I–IV) 0,5			1,0			1,5			2,0			2,5			3,0		
			SolZ 5,5%	Kirchensteuer 8%	9%	SolZ 5,5%	Kirchensteuer 8%	9%	SolZ 5,5%	Kirchensteuer 8%	9%	SolZ 5,5%	Kirchensteuer 8%	9%	SolZ 5,5%	Kirchensteuer 8%	9%	SolZ 5,5%	Kirchensteuer 8%	9%	SolZ 5,5%	Kirchensteuer 8%	9%
2.072,99	I	199,83	-	15,98	17,98	-	8,43	9,48	-	1,94	2,18	-	-	-	-	-	-	-	-	-	-	-	
	II	109,83	-	8,78	9,88	-	2,20	2,47	-	-	-	-	-	-	-	-	-	-	-	-	-	-	
	III	-	-	-	-	-	-	-	-	-	-	-	-	-	-	-	-	-	-	-	-	-	
	IV	199,83	-	15,98	17,98	-	12,14	13,65	-	8,43	9,48	-	4,90	5,51	-	1,94	2,18	-	-	-	-	-	
	V	468,41	-	37,47	42,15																		
	VI	510,50	-	40,84	45,94																		
2.075,99	I	200,58	-	16,04	18,05	-	8,49	9,55	-	1,98	2,23	-	-	-	-	-	-	-	-	-	-	-	
	II	110,50	-	8,84	9,94	-	2,24	2,52	-	-	-	-	-	-	-	-	-	-	-	-	-	-	
	III	-	-	-	-	-	-	-	-	-	-	-	-	-	-	-	-	-	-	-	-	-	
	IV	200,58	-	16,04	18,05	-	12,20	13,73	-	8,49	9,55	-	4,95	5,57	-	1,98	2,23	-	-	-	-	-	
	V	469,66	-	37,57	42,26																		
	VI	511,50	-	40,92	46,03																		
2.078,99	I	201,33	-	16,10	18,11	-	8,54	9,61	-	2,03	2,28	-	-	-	-	-	-	-	-	-	-	-	
	II	111,25	-	8,90	10,01	-	2,28	2,57	-	-	-	-	-	-	-	-	-	-	-	-	-	-	
	III	-	-	-	-	-	-	-	-	-	-	-	-	-	-	-	-	-	-	-	-	-	
	IV	201,33	-	16,10	18,11	-	12,26	13,79	-	8,54	9,61	-	5,00	5,63	-	2,03	2,28	-	-	-	-	-	
	V	470,91	-	37,67	42,38																		
	VI	512,50	-	41,00	46,12																		
2.081,99	I	202,16	-	16,17	18,19	-	8,60	9,68	-	2,07	2,33	-	-	-	-	-	-	-	-	-	-	-	
	II	112,00	-	8,96	10,08	-	2,33	2,62	-	-	-	-	-	-	-	-	-	-	-	-	-	-	
	III	-	-	-	-	-	-	-	-	-	-	-	-	-	-	-	-	-	-	-	-	-	
	IV	202,16	-	16,17	18,19	-	12,32	13,86	-	8,60	9,68	-	5,06	5,69	-	2,07	2,33	-	-	-	-	-	
	V	472,16	-	37,77	42,49																		
	VI	513,66	-	41,09	46,22																		
2.084,99	I	202,91	-	16,23	18,26	-	8,66	9,74	-	2,11	2,37	-	-	-	-	-	-	-	-	-	-	-	
	II	112,75	-	9,02	10,14	-	2,38	2,67	-	-	-	-	-	-	-	-	-	-	-	-	-	-	
	III	-	-	-	-	-	-	-	-	-	-	-	-	-	-	-	-	-	-	-	-	-	
	IV	202,91	-	16,23	18,26	-	12,38	13,93	-	8,66	9,74	-	5,11	5,75	-	2,11	2,37	-	-	-	-	-	
	V	473,41	-	37,87	42,60																		
	VI	514,66	-	41,17	46,31																		
2.087,99	I	203,75	-	16,30	18,33	-	8,72	9,81	-	2,16	2,43	-	-	-	-	-	-	-	-	-	-	-	
	II	113,50	-	9,08	10,21	-	2,42	2,72	-	-	-	-	-	-	-	-	-	-	-	-	-	-	
	III	-	-	-	-	-	-	-	-	-	-	-	-	-	-	-	-	-	-	-	-	-	
	IV	203,75	-	16,30	18,33	-	12,44	14,00	-	8,72	9,81	-	5,16	5,81	-	2,16	2,43	-	-	-	-	-	
	V	474,66	-	37,97	42,71																		
	VI	515,83	-	41,26	46,42																		
2.090,99	I	204,50	-	16,36	18,40	-	8,78	9,88	-	2,20	2,47	-	-	-	-	-	-	-	-	-	-	-	
	II	114,25	-	9,14	10,28	-	2,46	2,77	-	-	-	-	-	-	-	-	-	-	-	-	-	-	
	III	-	-	-	-	-	-	-	-	-	-	-	-	-	-	-	-	-	-	-	-	-	
	IV	204,50	-	16,36	18,40	-	12,50	14,06	-	8,78	9,88	-	5,22	5,87	-	2,20	2,47	-	-	-	-	-	
	V	475,91	-	38,07	42,83																		
	VI	516,83	-	41,34	46,51																		
2.093,99	I	205,33	-	16,42	18,47	-	8,84	9,94	-	2,24	2,52	-	-	-	-	-	-	-	-	-	-	-	
	II	115,00	-	9,20	10,35	-	2,50	2,81	-	-	-	-	-	-	-	-	-	-	-	-	-	-	
	III	-	-	-	-	-	-	-	-	-	-	-	-	-	-	-	-	-	-	-	-	-	
	IV	205,33	-	16,42	18,47	-	12,56	14,13	-	8,84	9,94	-	5,27	5,93	-	2,24	2,52	-	-	-	-	-	
	V	477,16	-	38,17	42,94																		
	VI	517,83	-	41,42	46,60																		
2.096,99	I	206,08	-	16,48	18,54	-	8,90	10,01	-	2,28	2,57	-	-	-	-	-	-	-	-	-	-	-	
	II	115,66	-	9,25	10,40	-	2,55	2,87	-	-	-	-	-	-	-	-	-	-	-	-	-	-	
	III	-	-	-	-	-	-	-	-	-	-	-	-	-	-	-	-	-	-	-	-	-	
	IV	206,08	-	16,48	18,54	-	12,63	14,21	-	8,90	10,01	-	5,32	5,99	-	2,28	2,57	-	-	-	-	-	
	V	478,50	-	38,28	43,06																		
	VI	519,00	-	41,52	46,71																		
2.099,99	I	206,91	-	16,55	18,62	-	8,96	10,08	-	2,33	2,62	-	-	-	-	-	-	-	-	-	-	-	
	II	116,41	-	9,31	10,47	-	2,60	2,92	-	-	-	-	-	-	-	-	-	-	-	-	-	-	
	III	-	-	-	-	-	-	-	-	-	-	-	-	-	-	-	-	-	-	-	-	-	
	IV	206,91	-	16,55	18,62	-	12,69	14,27	-	8,96	10,08	-	5,38	6,05	-	2,33	2,62	-	-	-	-	-	
	V	479,75	-	38,38	43,17																		
	VI	520,00	-	41,60	46,80																		
2.102,99	I	207,66	-	16,61	18,68	-	9,02	10,14	-	2,38	2,67	-	-	-	-	-	-	-	-	-	-	-	
	II	117,16	-	9,37	10,54	-	2,64	2,97	-	-	-	-	-	-	-	-	-	-	-	-	-	-	
	III	-	-	-	-	-	-	-	-	-	-	-	-	-	-	-	-	-	-	-	-	-	
	IV	207,66	-	16,61	18,68	-	12,75	14,34	-	9,02	10,14	-	5,44	6,12	-	2,38	2,67	-	-	-	-	-	
	V	481,00	-	38,48	43,29																		
	VI	521,16	-	41,69	46,90																		
2.105,99	I	208,41	-	16,67	18,75	-	9,08	10,21	-	2,42	2,72	-	-	-	-	-	-	-	-	-	-	-	
	II	117,91	-	9,43	10,61	-	2,68	3,02	-	-	-	-	-	-	-	-	-	-	-	-	-	-	
	III	-	-	-	-	-	-	-	-	-	-	-	-	-	-	-	-	-	-	-	-	-	
	IV	208,41	-	16,67	18,75	-	12,81	14,41	-	9,08	10,21	-	5,49	6,17	-	2,42	2,72	-	-	-	-	-	
	V	482,25	-	38,58	43,40																		
	VI	522,16	-	41,77	46,99																		
2.108,99	I	209,25	-	16,74	18,83	-	9,14	10,28	-	2,46	2,77	-	-	-	-	-	-	-	-	-	-	-	
	II	118,66	-	9,49	10,67	-	2,73	3,07	-	-	-	-	-	-	-	-	-	-	-	-	-	-	
	III	-	-	-	-	-	-	-	-	-	-	-	-	-	-	-	-	-	-	-	-	-	
	IV	209,25	-	16,74	18,83	-	12,87	14,48	-	9,14	10,28	-	5,54	6,23	-	2,46	2,77	-	0,04	0,04	-	-	
	V	483,50	-	38,68	43,51																		
	VI	523,16	-	41,85	47,08																		
2.111,99	I	210,00	-	16,80	18,90	-	9,20	10,35	-	2,50	2,81	-	-	-	-	-	-	-	-	-	-	-	
	II	119,41	-	9,55	10,74	-	2,78	3,12	-	-	-	-	-	-	-	-	-	-	-	-	-	-	
	III	-	-	-	-	-	-	-	-	-	-	-	-	-	-	-	-	-	-	-	-	-	
	IV	210,00	-	16,80	18,90	-	12,93	14,54	-	9,20	10,35	-	5,60	6,30	-	2,50	2,81	-	0,07	0,08	-	-	
	V	484,75	-	38,78	43,62																		
	VI	524,33	-	41,94	47,18																		
2.114,99	I	210,83	-	16,86	18,97	-	9,25	10,40	-	2,55	2,87	-	-	-	-	-	-	-	-	-	-	-	
	II	120,16	-	9,61	10,81	-	2,82	3,17	-	-	-	-	-	-	-	-	-	-	-	-	-	-	
	III	-	-	-	-	-	-	-	-	-	-	-	-	-	-	-	-	-	-	-	-	-	
	IV	210,83	-	16,86	18,97	-	13,00	14,62	-	9,25	10,40	-	5,66	6,36	-	2,55	2,87	-	0,10	0,11	-	-	
	V	486,00	-	38,88	43,74																		
	VI	525,33	-	42,02	47,27																		

Besondere Tabelle

MONAT bis 2.159,99 €

Lohn/ Gehalt bis	Steuerklasse	Lohnsteuer	ohne Kinderfreibetrag			Anzahl Kinderfreibeträge (nur Steuerklassen I–IV)																	
						0,5			1,0			1,5			2,0			2,5			3,0		
			SolZ 5,5%	Kirchensteuer 8%	Kirchensteuer 9%	SolZ 5,5%	Kirchensteuer 8%	Kirchensteuer 9%	SolZ 5,5%	Kirchensteuer 8%	Kirchensteuer 9%	SolZ 5,5%	Kirchensteuer 8%	Kirchensteuer 9%	SolZ 5,5%	Kirchensteuer 8%	Kirchensteuer 9%	SolZ 5,5%	Kirchensteuer 8%	Kirchensteuer 9%	SolZ 5,5%	Kirchensteuer 8%	Kirchensteuer 9%
2.117,99	I	211,58	-	16,92	19,04	-	9,31	10,47	-	2,60	2,92	-	-	-	-	-	-	-	-	-	-	-	-
	II	120,91	-	9,67	10,88	-	2,87	3,23	-	-	-	-	-	-	-	-	-	-	-	-	-	-	-
	III	-	-	-	-	-	-	-	-	-	-	-	-	-	-	-	-	-	-	-	-	-	-
	IV	211,58	-	16,92	19,04	-	13,06	14,69	-	9,31	10,47	-	5,71	6,42	-	2,60	2,92	-	0,14	0,15	-	-	-
	V	487,25	-	38,98	43,85																		
	VI	526,33	-	42,10	47,36																		
2.120,99	I	212,41	-	16,99	19,11	-	9,37	10,54	-	2,64	2,97	-	-	-	-	-	-	-	-	-	-	-	-
	II	121,66	-	9,73	10,94	-	2,92	3,28	-	-	-	-	-	-	-	-	-	-	-	-	-	-	-
	III	-	-	-	-	-	-	-	-	-	-	-	-	-	-	-	-	-	-	-	-	-	-
	IV	212,41	-	16,99	19,11	-	13,12	14,76	-	9,37	10,54	-	5,76	6,48	-	2,64	2,97	-	0,17	0,19	-	-	-
	V	488,58	-	39,08	43,97																		
	VI	527,50	-	42,20	47,47																		
2.123,99	I	213,16	-	17,05	19,18	-	9,43	10,61	-	2,68	3,02	-	-	-	-	-	-	-	-	-	-	-	-
	II	122,33	-	9,78	11,00	-	2,96	3,33	-	-	-	-	-	-	-	-	-	-	-	-	-	-	-
	III	-	-	-	-	-	-	-	-	-	-	-	-	-	-	-	-	-	-	-	-	-	-
	IV	213,16	-	17,05	19,18	-	13,18	14,82	-	9,43	10,61	-	5,82	6,55	-	2,68	3,02	-	0,20	0,23	-	-	-
	V	489,83	-	39,18	44,08																		
	VI	528,66	-	42,29	47,57																		
2.126,99	I	214,00	-	17,12	19,26	-	9,49	10,67	-	2,73	3,07	-	-	-	-	-	-	-	-	-	-	-	-
	II	123,08	-	9,84	11,07	-	3,00	3,38	-	-	-	-	-	-	-	-	-	-	-	-	-	-	-
	III	-	-	-	-	-	-	-	-	-	-	-	-	-	-	-	-	-	-	-	-	-	-
	IV	214,00	-	17,12	19,26	-	13,24	14,89	-	9,49	10,67	-	5,88	6,61	-	2,73	3,07	-	0,24	0,27	-	-	-
	V	491,08	-	39,28	44,19																		
	VI	529,66	-	42,37	47,66																		
2.129,99	I	214,75	-	17,18	19,32	-	9,55	10,74	-	2,78	3,12	-	-	-	-	-	-	-	-	-	-	-	-
	II	123,83	-	9,90	11,14	-	3,05	3,43	-	-	-	-	-	-	-	-	-	-	-	-	-	-	-
	III	-	-	-	-	-	-	-	-	-	-	-	-	-	-	-	-	-	-	-	-	-	-
	IV	214,75	-	17,18	19,32	-	13,30	14,96	-	9,55	10,74	-	5,93	6,67	-	2,78	3,12	-	0,28	0,31	-	-	-
	V	492,33	-	39,38	44,30																		
	VI	530,83	-	42,46	47,77																		
2.132,99	I	215,58	-	17,24	19,40	-	9,61	10,81	-	2,82	3,17	-	-	-	-	-	-	-	-	-	-	-	-
	II	124,58	-	9,96	11,21	-	3,10	3,48	-	-	-	-	-	-	-	-	-	-	-	-	-	-	-
	III	-	-	-	-	-	-	-	-	-	-	-	-	-	-	-	-	-	-	-	-	-	-
	IV	215,58	-	17,24	19,40	-	13,36	15,03	-	9,61	10,81	-	5,99	6,74	-	2,82	3,17	-	0,31	0,35	-	-	-
	V	493,58	-	39,48	44,42																		
	VI	531,83	-	42,54	47,86																		
2.135,99	I	216,33	-	17,30	19,46	-	9,67	10,88	-	2,87	3,23	-	-	-	-	-	-	-	-	-	-	-	-
	II	125,33	-	10,02	11,27	-	3,14	3,53	-	-	-	-	-	-	-	-	-	-	-	-	-	-	-
	III	-	-	-	-	-	-	-	-	-	-	-	-	-	-	-	-	-	-	-	-	-	-
	IV	216,33	-	17,30	19,46	-	13,42	15,10	-	9,67	10,88	-	6,04	6,80	-	2,87	3,23	-	0,34	0,38	-	-	-
	V	494,83	-	39,58	44,53																		
	VI	532,83	-	42,62	47,95																		
2.138,99	I	217,16	-	17,37	19,54	-	9,73	10,94	-	2,92	3,28	-	-	-	-	-	-	-	-	-	-	-	-
	II	126,08	-	10,08	11,34	-	3,19	3,59	-	-	-	-	-	-	-	-	-	-	-	-	-	-	-
	III	-	-	-	-	-	-	-	-	-	-	-	-	-	-	-	-	-	-	-	-	-	-
	IV	217,16	-	17,37	19,54	-	13,48	15,17	-	9,73	10,94	-	6,10	6,86	-	2,92	3,28	-	0,38	0,43	-	-	-
	V	496,08	-	39,68	44,64																		
	VI	534,00	-	42,72	48,06																		
2.141,99	I	218,00	-	17,44	19,62	-	9,78	11,00	-	2,96	3,33	-	-	-	-	-	-	-	-	-	-	-	-
	II	126,83	-	10,14	11,41	-	3,24	3,64	-	-	-	-	-	-	-	-	-	-	-	-	-	-	-
	III	-	-	-	-	-	-	-	-	-	-	-	-	-	-	-	-	-	-	-	-	-	-
	IV	218,00	-	17,44	19,62	-	13,54	15,23	-	9,78	11,00	-	6,16	6,93	-	2,96	3,33	-	0,42	0,47	-	-	-
	V	497,33	-	39,78	44,75																		
	VI	535,00	-	42,80	48,15																		
2.144,99	I	218,75	-	17,50	19,68	-	9,84	11,07	-	3,00	3,38	-	-	-	-	-	-	-	-	-	-	-	-
	II	127,58	-	10,20	11,48	-	3,29	3,70	-	-	-	-	-	-	-	-	-	-	-	-	-	-	-
	III	-	-	-	-	-	-	-	-	-	-	-	-	-	-	-	-	-	-	-	-	-	-
	IV	218,75	-	17,50	19,68	-	13,61	15,31	-	9,84	11,07	-	6,22	6,99	-	3,00	3,38	-	0,45	0,50	-	-	-
	V	498,50	-	39,88	44,86																		
	VI	536,16	-	42,89	48,25																		
2.147,99	I	219,58	-	17,56	19,76	-	9,90	11,14	-	3,05	3,43	-	-	-	-	-	-	-	-	-	-	-	-
	II	128,33	-	10,26	11,54	-	3,34	3,75	-	-	-	-	-	-	-	-	-	-	-	-	-	-	-
	III	-	-	-	-	-	-	-	-	-	-	-	-	-	-	-	-	-	-	-	-	-	-
	IV	219,58	-	17,56	19,76	-	13,67	15,38	-	9,90	11,14	-	6,27	7,05	-	3,05	3,43	-	0,49	0,55	-	-	-
	V	499,66	-	39,97	44,96																		
	VI	537,33	-	42,98	48,35																		
2.150,99	I	220,33	-	17,62	19,82	-	9,96	11,21	-	3,10	3,48	-	-	-	-	-	-	-	-	-	-	-	-
	II	129,08	-	10,32	11,61	-	3,38	3,80	-	-	-	-	-	-	-	-	-	-	-	-	-	-	-
	III	-	-	-	-	-	-	-	-	-	-	-	-	-	-	-	-	-	-	-	-	-	-
	IV	220,33	-	17,62	19,82	-	13,73	15,44	-	9,96	11,21	-	6,33	7,12	-	3,10	3,48	-	0,52	0,59	-	-	-
	V	500,66	-	40,05	45,05																		
	VI	538,33	-	43,06	48,44																		
2.153,99	I	221,16	-	17,69	19,90	-	10,02	11,27	-	3,14	3,53	-	-	-	-	-	-	-	-	-	-	-	-
	II	129,83	-	10,38	11,68	-	3,43	3,86	-	-	-	-	-	-	-	-	-	-	-	-	-	-	-
	III	-	-	-	-	-	-	-	-	-	-	-	-	-	-	-	-	-	-	-	-	-	-
	IV	221,16	-	17,69	19,90	-	13,79	15,51	-	10,02	11,27	-	6,38	7,18	-	3,14	3,53	-	0,56	0,63	-	-	-
	V	501,66	-	40,13	45,14																		
	VI	539,33	-	43,14	48,53																		
2.156,99	I	221,91	-	17,75	19,97	-	10,08	11,34	-	3,19	3,59	-	-	-	-	-	-	-	-	-	-	-	-
	II	130,58	-	10,44	11,75	-	3,48	3,91	-	-	-	-	-	-	-	-	-	-	-	-	-	-	-
	III	-	-	-	-	-	-	-	-	-	-	-	-	-	-	-	-	-	-	-	-	-	-
	IV	221,91	-	17,75	19,97	-	13,86	15,59	-	10,08	11,34	-	6,44	7,25	-	3,19	3,59	-	0,60	0,67	-	-	-
	V	502,83	-	40,22	45,25																		
	VI	540,50	-	43,24	48,64																		
2.159,99	I	222,75	-	17,82	20,04	-	10,14	11,41	-	3,24	3,64	-	-	-	-	-	-	-	-	-	-	-	-
	II	131,33	-	10,50	11,81	-	3,52	3,96	-	-	-	-	-	-	-	-	-	-	-	-	-	-	-
	III	-	-	-	-	-	-	-	-	-	-	-	-	-	-	-	-	-	-	-	-	-	-
	IV	222,75	-	17,82	20,04	-	13,92	15,66	-	10,14	11,41	-	6,50	7,31	-	3,24	3,64	-	0,63	0,71	-	-	-
	V	503,83	-	40,30	45,34																		
	VI	541,66	-	43,33	48,74																		

MONAT bis 2.204,99 €

Besondere Tabelle

Lohn/ Gehalt bis	Steuerklasse	Lohn- steuer	ohne Kinderfreibetrag			Anzahl Kinderfreibeträge (nur Steuerklassen I–IV)																	
						0,5			1,0			1,5			2,0			2,5			3,0		
			SolZ 5,5%	Kirchensteuer 8%	9%	SolZ 5,5%	Kirchensteuer 8%	9%	SolZ 5,5%	Kirchensteuer 8%	9%	SolZ 5,5%	Kirchensteuer 8%	9%	SolZ 5,5%	Kirchensteuer 8%	9%	SolZ 5,5%	Kirchensteuer 8%	9%	SolZ 5,5%	Kirchensteuer 8%	9%
2.162,99	I	223,50	-	17,88	20,11	-	10,20	11,48	-	3,29	3,70	-	-	-	-	-	-	-	-	-	-	-	
	II	132,08	-	10,56	11,88	-	3,58	4,02	-	-	-	-	-	-	-	-	-	-	-	-	-	-	
	III	-	-	-	-	-	-	-	-	-	-	-	-	-	-	-	-	-	-	-	-	-	
	IV	223,50	-	17,88	20,11	-	13,98	15,72	-	10,20	11,48	-	6,56	7,38	-	3,29	3,70	-	0,67	0,75	-	-	
	V	505,00	-	40,40	45,45																		
	VI	542,66	-	43,41	48,83																		
2.165,99	I	224,33	-	17,94	20,18	-	10,26	11,54	-	3,34	3,75	-	-	-	-	-	-	-	-	-	-	-	
	II	132,83	-	10,62	11,95	-	3,62	4,07	-	-	-	-	-	-	-	-	-	-	-	-	-	-	
	III	-	-	-	-	-	-	-	-	-	-	-	-	-	-	-	-	-	-	-	-	-	
	IV	224,33	-	17,94	20,18	-	14,04	15,79	-	10,26	11,54	-	6,62	7,44	-	3,34	3,75	-	0,70	0,79	-	-	
	V	505,83	-	40,46	45,52																		
	VI	543,83	-	43,50	48,94																		
2.168,99	I	225,16	-	18,01	20,26	-	10,32	11,61	-	3,38	3,80	-	-	-	-	-	-	-	-	-	-	-	
	II	133,58	-	10,68	12,02	-	3,67	4,13	-	-	-	-	-	-	-	-	-	-	-	-	-	-	
	III	-	-	-	-	-	-	-	-	-	-	-	-	-	-	-	-	-	-	-	-	-	
	IV	225,16	-	18,01	20,26	-	14,10	15,86	-	10,32	11,61	-	6,68	7,51	-	3,38	3,80	-	0,74	0,83	-	-	
	V	507,00	-	40,56	45,63																		
	VI	544,83	-	43,58	49,03																		
2.171,99	I	225,91	-	18,07	20,33	-	10,38	11,68	-	3,43	3,86	-	-	-	-	-	-	-	-	-	-	-	
	II	134,33	-	10,74	12,08	-	3,72	4,19	-	-	-	-	-	-	-	-	-	-	-	-	-	-	
	III	-	-	-	-	-	-	-	-	-	-	-	-	-	-	-	-	-	-	-	-	-	
	IV	225,91	-	18,07	20,33	-	14,16	15,93	-	10,38	11,68	-	6,73	7,57	-	3,43	3,86	-	0,78	0,88	-	-	
	V	508,00	-	40,64	45,72																		
	VI	546,00	-	43,68	49,14																		
2.174,99	I	226,75	-	18,14	20,40	-	10,44	11,75	-	3,48	3,91	-	-	-	-	-	-	-	-	-	-	-	
	II	135,08	-	10,80	12,15	-	3,77	4,24	-	-	-	-	-	-	-	-	-	-	-	-	-	-	
	III	0,16	-	0,01	0,01	-	-	-	-	-	-	-	-	-	-	-	-	-	-	-	-	-	
	IV	226,75	-	18,14	20,40	-	14,22	16,00	-	10,44	11,75	-	6,79	7,64	-	3,48	3,91	-	0,82	0,92	-	-	
	V	509,00	-	40,72	45,81																		
	VI	547,16	-	43,77	49,24																		
2.177,99	I	227,50	-	18,20	20,47	-	10,50	11,81	-	3,52	3,96	-	-	-	-	-	-	-	-	-	-	-	
	II	135,83	-	10,86	12,22	-	3,82	4,29	-	-	-	-	-	-	-	-	-	-	-	-	-	-	
	III	0,50	-	0,04	0,04	-	-	-	-	-	-	-	-	-	-	-	-	-	-	-	-	-	
	IV	227,50	-	18,20	20,47	-	14,28	16,07	-	10,50	11,81	-	6,85	7,70	-	3,52	3,96	-	0,86	0,96	-	-	
	V	510,16	-	40,81	45,91																		
	VI	548,16	-	43,85	49,33																		
2.180,99	I	228,33	-	18,26	20,54	-	10,56	11,88	-	3,58	4,02	-	-	-	-	-	-	-	-	-	-	-	
	II	136,58	-	10,92	12,29	-	3,87	4,35	-	-	-	-	-	-	-	-	-	-	-	-	-	-	
	III	1,00	-	0,08	0,09	-	-	-	-	-	-	-	-	-	-	-	-	-	-	-	-	-	
	IV	228,33	-	18,26	20,54	-	14,35	16,14	-	10,56	11,88	-	6,90	7,76	-	3,58	4,02	-	0,90	1,01	-	-	
	V	511,16	-	40,89	46,00																		
	VI	549,16	-	43,93	49,42																		
2.183,99	I	229,16	-	18,33	20,62	-	10,62	11,95	-	3,62	4,07	-	-	-	-	-	-	-	-	-	-	-	
	II	137,33	-	10,98	12,35	-	3,92	4,41	-	-	-	-	-	-	-	-	-	-	-	-	-	-	
	III	1,33	-	0,10	0,11	-	-	-	-	-	-	-	-	-	-	-	-	-	-	-	-	-	
	IV	229,16	-	18,33	20,62	-	14,41	16,21	-	10,62	11,95	-	6,96	7,83	-	3,62	4,07	-	0,93	1,04	-	-	
	V	512,33	-	40,98	46,10																		
	VI	550,50	-	44,04	49,54																		
2.186,99	I	229,91	-	18,39	20,69	-	10,68	12,02	-	3,67	4,13	-	-	-	-	-	-	-	-	-	-	-	
	II	138,08	-	11,04	12,42	-	3,97	4,46	-	-	-	-	-	-	-	-	-	-	-	-	-	-	
	III	1,83	-	0,14	0,16	-	-	-	-	-	-	-	-	-	-	-	-	-	-	-	-	-	
	IV	229,91	-	18,39	20,69	-	14,47	16,28	-	10,68	12,02	-	7,02	7,90	-	3,67	4,13	-	0,97	1,09	-	-	
	V	513,33	-	41,06	46,19																		
	VI	551,50	-	44,12	49,63																		
2.189,99	I	230,75	-	18,46	20,76	-	10,74	12,08	-	3,72	4,19	-	-	-	-	-	-	-	-	-	-	-	
	II	138,83	-	11,10	12,49	-	4,02	4,52	-	-	-	-	-	-	-	-	-	-	-	-	-	-	
	III	2,16	-	0,17	0,19	-	-	-	-	-	-	-	-	-	-	-	-	-	-	-	-	-	
	IV	230,75	-	18,46	20,76	-	14,54	16,35	-	10,74	12,08	-	7,08	7,96	-	3,72	4,19	-	1,01	1,13	-	-	
	V	514,33	-	41,14	46,28																		
	VI	552,50	-	44,20	49,72																		
2.192,99	I	231,50	-	18,52	20,83	-	10,80	12,15	-	3,77	4,24	-	-	-	-	-	-	-	-	-	-	-	
	II	139,58	-	11,16	12,56	-	4,06	4,57	-	-	-	-	-	-	-	-	-	-	-	-	-	-	
	III	2,66	-	0,21	0,23	-	-	-	-	-	-	-	-	-	-	-	-	-	-	-	-	-	
	IV	231,50	-	18,52	20,83	-	14,60	16,42	-	10,80	12,15	-	7,14	8,03	-	3,77	4,24	-	1,04	1,17	-	-	
	V	515,50	-	41,24	46,39																		
	VI	553,50	-	44,28	49,81																		
2.195,99	I	232,33	-	18,58	20,90	-	10,86	12,22	-	3,82	4,29	-	-	-	-	-	-	-	-	-	-	-	
	II	140,33	-	11,22	12,62	-	4,12	4,63	-	-	-	-	-	-	-	-	-	-	-	-	-	-	
	III	3,00	-	0,24	0,27	-	-	-	-	-	-	-	-	-	-	-	-	-	-	-	-	-	
	IV	232,33	-	18,58	20,90	-	14,66	16,49	-	10,86	12,22	-	7,20	8,10	-	3,82	4,29	-	1,08	1,22	-	-	
	V	516,50	-	41,32	46,48																		
	VI	554,83	-	44,38	49,93																		
2.198,99	I	233,16	-	18,65	20,98	-	10,92	12,29	-	3,87	4,35	-	-	-	-	-	-	-	-	-	-	-	
	II	141,08	-	11,28	12,69	-	4,17	4,69	-	-	-	-	-	-	-	-	-	-	-	-	-	-	
	III	3,50	-	0,28	0,31	-	-	-	-	-	-	-	-	-	-	-	-	-	-	-	-	-	
	IV	233,16	-	18,65	20,98	-	14,72	16,56	-	10,92	12,29	-	7,25	8,15	-	3,87	4,35	-	1,12	1,26	-	-	
	V	517,83	-	41,42	46,60																		
	VI	555,83	-	44,46	50,02																		
2.201,99	I	233,91	-	18,71	21,05	-	10,98	12,35	-	3,92	4,41	-	-	-	-	-	-	-	-	-	-	-	
	II	141,83	-	11,34	12,76	-	4,22	4,74	-	-	-	-	-	-	-	-	-	-	-	-	-	-	
	III	4,00	-	0,32	0,36	-	-	-	-	-	-	-	-	-	-	-	-	-	-	-	-	-	
	IV	233,91	-	18,71	21,05	-	14,78	16,63	-	10,98	12,35	-	7,31	8,22	-	3,92	4,41	-	1,16	1,31	-	-	
	V	518,83	-	41,50	46,69																		
	VI	556,83	-	44,54	50,11																		
2.204,99	I	234,75	-	18,78	21,12	-	11,04	12,42	-	3,97	4,46	-	-	-	-	-	-	-	-	-	-	-	
	II	142,58	-	11,40	12,83	-	4,27	4,80	-	-	-	-	-	-	-	-	-	-	-	-	-	-	
	III	4,33	-	0,34	0,38	-	-	-	-	-	-	-	-	-	-	-	-	-	-	-	-	-	
	IV	234,75	-	18,78	21,12	-	14,84	16,70	-	11,04	12,42	-	7,37	8,29	-	3,97	4,46	-	1,20	1,35	-	-	
	V	519,83	-	41,58	46,78																		
	VI	558,16	-	44,65	50,23																		

Besondere Tabelle

MONAT bis 2.249,99 €

Lohn/ Gehalt bis	Steuerklasse	Lohn-steuer	ohne Kinderfreibetrag			Anzahl Kinderfreibeträge (nur Steuerklassen I–IV) 0,5			1,0			1,5			2,0			2,5			3,0		
			SolZ 5,5%	Kirchensteuer 8%	9%	SolZ 5,5%	Kirchensteuer 8%	9%	SolZ 5,5%	Kirchensteuer 8%	9%	SolZ 5,5%	Kirchensteuer 8%	9%	SolZ 5,5%	Kirchensteuer 8%	9%	SolZ 5,5%	Kirchensteuer 8%	9%	SolZ 5,5%	Kirchensteuer 8%	9%
2.207,99	I	235,58	-	18,84	21,20	-	11,10	12,49	-	4,02	4,52	-	-	-	-	-	-	-	-	-	-	-	-
	II	143,33	-	11,46	12,89	-	4,32	4,86	-	-	-	-	-	-	-	-	-	-	-	-	-	-	-
	III	4,83	-	0,38	0,43	-	-	-	-	-	-	-	-	-	-	-	-	-	-	-	-	-	-
	IV	235,58	-	18,84	21,20	-	14,91	16,77	-	11,10	12,49	-	7,42	8,35	-	4,02	4,52	-	1,24	1,40	-	-	-
	V	521,00	-	41,68	46,89																		
	VI	559,16	-	44,73	50,32																		
2.210,99	I	236,33	-	18,90	21,26	-	11,16	12,56	-	4,06	4,57	-	-	-	-	-	-	-	-	-	-	-	-
	II	144,08	-	11,52	12,96	-	4,37	4,91	-	-	-	-	-	-	-	-	-	-	-	-	-	-	-
	III	5,16	-	0,41	0,46	-	-	-	-	-	-	-	-	-	-	-	-	-	-	-	-	-	-
	IV	236,33	-	18,90	21,26	-	14,97	16,84	-	11,16	12,56	-	7,48	8,42	-	4,06	4,57	-	1,28	1,44	-	-	-
	V	522,00	-	41,76	46,98																		
	VI	560,16	-	44,81	50,41																		
2.213,99	I	237,16	-	18,97	21,34	-	11,22	12,62	-	4,12	4,63	-	-	-	-	-	-	-	-	-	-	-	-
	II	144,83	-	11,58	13,03	-	4,42	4,97	-	-	-	-	-	-	-	-	-	-	-	-	-	-	-
	III	5,66	-	0,45	0,50	-	-	-	-	-	-	-	-	-	-	-	-	-	-	-	-	-	-
	IV	237,16	-	18,97	21,34	-	15,03	16,91	-	11,22	12,62	-	7,54	8,48	-	4,12	4,63	-	1,32	1,49	-	-	-
	V	523,00	-	41,84	47,07																		
	VI	561,33	-	44,90	50,51																		
2.216,99	I	237,91	-	19,03	21,41	-	11,28	12,69	-	4,17	4,69	-	-	-	-	-	-	-	-	-	-	-	-
	II	145,58	-	11,64	13,10	-	4,47	5,03	-	-	-	-	-	-	-	-	-	-	-	-	-	-	-
	III	6,16	-	0,49	0,55	-	-	-	-	-	-	-	-	-	-	-	-	-	-	-	-	-	-
	IV	237,91	-	19,03	21,41	-	15,10	16,98	-	11,28	12,69	-	7,60	8,55	-	4,17	4,69	-	1,36	1,53	-	-	-
	V	524,16	-	41,93	47,17																		
	VI	562,50	-	45,00	50,62																		
2.219,99	I	238,75	-	19,10	21,48	-	11,34	12,76	-	4,22	4,74	-	-	-	-	-	-	-	-	-	-	-	-
	II	146,33	-	11,70	13,16	-	4,52	5,09	-	-	-	-	-	-	-	-	-	-	-	-	-	-	-
	III	6,50	-	0,52	0,58	-	-	-	-	-	-	-	-	-	-	-	-	-	-	-	-	-	-
	IV	238,75	-	19,10	21,48	-	15,16	17,05	-	11,34	12,76	-	7,66	8,61	-	4,22	4,74	-	1,40	1,58	-	-	-
	V	525,16	-	42,01	47,26																		
	VI	563,50	-	45,08	50,71																		
2.222,99	I	239,58	-	19,16	21,56	-	11,40	12,83	-	4,27	4,80	-	-	-	-	-	-	-	-	-	-	-	-
	II	147,08	-	11,76	13,23	-	4,58	5,15	-	-	-	-	-	-	-	-	-	-	-	-	-	-	-
	III	7,00	-	0,56	0,63	-	-	-	-	-	-	-	-	-	-	-	-	-	-	-	-	-	-
	IV	239,58	-	19,16	21,56	-	15,22	17,12	-	11,40	12,83	-	7,72	8,68	-	4,27	4,80	-	1,44	1,62	-	-	-
	V	526,16	-	42,09	47,35																		
	VI	564,66	-	45,17	50,81																		
2.225,99	I	240,33	-	19,22	21,62	-	11,46	12,89	-	4,32	4,86	-	-	-	-	-	-	-	-	-	-	-	-
	II	147,83	-	11,82	13,30	-	4,63	5,21	-	-	-	-	-	-	-	-	-	-	-	-	-	-	-
	III	7,33	-	0,58	0,65	-	-	-	-	-	-	-	-	-	-	-	-	-	-	-	-	-	-
	IV	240,33	-	19,22	21,62	-	15,28	17,19	-	11,46	12,89	-	7,78	8,75	-	4,32	4,86	-	1,48	1,67	-	-	-
	V	527,33	-	42,18	47,45																		
	VI	565,66	-	45,25	50,90																		
2.228,99	I	241,16	-	19,29	21,70	-	11,52	12,96	-	4,37	4,91	-	-	-	-	-	-	-	-	-	-	-	-
	II	148,66	-	11,89	13,37	-	4,68	5,26	-	-	-	-	-	-	-	-	-	-	-	-	-	-	-
	III	7,83	-	0,62	0,70	-	-	-	-	-	-	-	-	-	-	-	-	-	-	-	-	-	-
	IV	241,16	-	19,29	21,70	-	15,34	17,26	-	11,52	12,96	-	7,84	8,82	-	4,37	4,91	-	1,52	1,71	-	-	-
	V	528,33	-	42,26	47,54																		
	VI	567,00	-	45,36	51,03																		
2.231,99	I	242,00	-	19,36	21,78	-	11,58	13,03	-	4,42	4,97	-	-	-	-	-	-	-	-	-	-	-	-
	II	149,41	-	11,95	13,44	-	4,73	5,32	-	-	-	-	-	-	-	-	-	-	-	-	-	-	-
	III	8,33	-	0,66	0,74	-	-	-	-	-	-	-	-	-	-	-	-	-	-	-	-	-	-
	IV	242,00	-	19,36	21,78	-	15,40	17,33	-	11,58	13,03	-	7,89	8,87	-	4,42	4,97	-	1,56	1,76	-	-	-
	V	529,50	-	42,36	47,65																		
	VI	568,00	-	45,44	51,12																		
2.234,99	I	242,83	-	19,42	21,85	-	11,64	13,10	-	4,47	5,03	-	-	-	-	-	-	-	-	-	-	-	-
	II	150,16	-	12,01	13,51	-	4,78	5,38	-	-	-	-	-	-	-	-	-	-	-	-	-	-	-
	III	8,66	-	0,69	0,77	-	-	-	-	-	-	-	-	-	-	-	-	-	-	-	-	-	-
	IV	242,83	-	19,42	21,85	-	15,47	17,40	-	11,64	13,10	-	7,95	8,94	-	4,47	5,03	-	1,60	1,80	-	-	-
	V	530,66	-	42,45	47,75																		
	VI	569,00	-	45,52	51,21																		
2.237,99	I	243,58	-	19,48	21,92	-	11,70	13,16	-	4,52	5,09	-	-	-	-	-	-	-	-	-	-	-	-
	II	150,91	-	12,07	13,58	-	4,84	5,44	-	-	-	-	-	-	-	-	-	-	-	-	-	-	-
	III	9,16	-	0,73	0,82	-	-	-	-	-	-	-	-	-	-	-	-	-	-	-	-	-	-
	IV	243,58	-	19,48	21,92	-	15,53	17,47	-	11,70	13,16	-	8,01	9,01	-	4,52	5,09	-	1,64	1,85	-	-	-
	V	531,66	-	42,53	47,84																		
	VI	570,16	-	45,61	51,31																		
2.240,99	I	244,41	-	19,55	21,99	-	11,76	13,23	-	4,58	5,15	-	-	-	-	-	-	-	-	-	-	-	-
	II	151,66	-	12,13	13,64	-	4,89	5,50	-	-	-	-	-	-	-	-	-	-	-	-	-	-	-
	III	9,66	-	0,77	0,86	-	-	-	-	-	-	-	-	-	-	-	-	-	-	-	-	-	-
	IV	244,41	-	19,55	21,99	-	15,60	17,55	-	11,76	13,23	-	8,07	9,08	-	4,58	5,15	-	1,68	1,89	-	-	-
	V	532,83	-	42,62	47,95																		
	VI	571,33	-	45,70	51,41																		
2.243,99	I	245,25	-	19,62	22,07	-	11,82	13,30	-	4,63	5,21	-	-	-	-	-	-	-	-	-	-	-	-
	II	152,41	-	12,19	13,71	-	4,94	5,56	-	-	-	-	-	-	-	-	-	-	-	-	-	-	-
	III	10,00	-	0,80	0,90	-	-	-	-	-	-	-	-	-	-	-	-	-	-	-	-	-	-
	IV	245,25	-	19,62	22,07	-	15,66	17,61	-	11,82	13,30	-	8,12	9,14	-	4,63	5,21	-	1,72	1,94	-	-	-
	V	533,83	-	42,70	48,04																		
	VI	572,50	-	45,80	51,52																		
2.246,99	I	246,00	-	19,68	22,14	-	11,89	13,37	-	4,68	5,26	-	-	-	-	-	-	-	-	-	-	-	-
	II	153,16	-	12,25	13,78	-	5,00	5,62	-	-	-	-	-	-	-	-	-	-	-	-	-	-	-
	III	10,50	-	0,84	0,94	-	-	-	-	-	-	-	-	-	-	-	-	-	-	-	-	-	-
	IV	246,00	-	19,68	22,14	-	15,72	17,68	-	11,89	13,37	-	8,18	9,20	-	4,68	5,26	-	1,77	1,99	-	-	-
	V	534,83	-	42,78	48,13																		
	VI	573,50	-	45,88	51,61																		
2.249,99	I	246,83	-	19,74	22,21	-	11,95	13,44	-	4,73	5,32	-	-	-	-	-	-	-	-	-	-	-	-
	II	153,91	-	12,31	13,85	-	5,05	5,68	-	-	-	-	-	-	-	-	-	-	-	-	-	-	-
	III	11,00	-	0,88	0,99	-	-	-	-	-	-	-	-	-	-	-	-	-	-	-	-	-	-
	IV	246,83	-	19,74	22,21	-	15,78	17,75	-	11,95	13,44	-	8,24	9,27	-	4,73	5,32	-	1,81	2,03	-	-	-
	V	536,00	-	42,88	48,24																		
	VI	574,66	-	45,97	51,71																		

MONAT bis 2.294,99 €

Besondere Tabelle

Lohn/ Gehalt bis	Steuerklasse	Lohnsteuer	ohne Kinderfreibetrag			Anzahl Kinderfreibeträge (nur Steuerklassen I–IV)																	
						0,5			1,0			1,5			2,0			2,5			3,0		
			SolZ 5,5%	Kirchensteuer 8%	9%	SolZ 5,5%	Kirchensteuer 8%	9%	SolZ 5,5%	Kirchensteuer 8%	9%	SolZ 5,5%	Kirchensteuer 8%	9%	SolZ 5,5%	Kirchensteuer 8%	9%	SolZ 5,5%	Kirchensteuer 8%	9%	SolZ 5,5%	Kirchensteuer 8%	9%
2.252,99	I	247,66	-	19,81	22,28	-	12,01	13,51	-	4,78	5,38	-	-	-	-	-	-	-	-	-	-	-	
	II	154,66	-	12,37	13,91	-	5,10	5,74	-	-	-	-	-	-	-	-	-	-	-	-	-	-	
	III	11,33	-	0,90	1,01	-	-	-	-	-	-	-	-	-	-	-	-	-	-	-	-	-	
	IV	247,66	-	19,81	22,28	-	15,84	17,82	-	12,01	13,51	-	8,30	9,34	-	4,78	5,38	-	1,85	2,08	-	-	
	V	537,16	-	42,97	48,34																		
	VI	575,83	-	46,06	51,82																		
2.255,99	I	248,41	-	19,87	22,35	-	12,07	13,58	-	4,84	5,44	-	-	-	-	-	-	-	-	-	-	-	
	II	155,50	-	12,44	13,99	-	5,16	5,80	-	-	-	-	-	-	-	-	-	-	-	-	-	-	
	III	11,83	-	0,94	1,06	-	-	-	-	-	-	-	-	-	-	-	-	-	-	-	-	-	
	IV	248,41	-	19,87	22,35	-	15,91	17,90	-	12,07	13,58	-	8,36	9,40	-	4,84	5,44	-	1,89	2,12	-	-	
	V	538,16	-	43,05	48,43																		
	VI	577,00	-	46,16	51,93																		
2.258,99	I	249,25	-	19,94	22,43	-	12,13	13,64	-	4,89	5,50	-	-	-	-	-	-	-	-	-	-	-	
	II	156,25	-	12,50	14,06	-	5,21	5,86	-	-	-	-	-	-	-	-	-	-	-	-	-	-	
	III	12,33	-	0,98	1,10	-	-	-	-	-	-	-	-	-	-	-	-	-	-	-	-	-	
	IV	249,25	-	19,94	22,43	-	15,97	17,96	-	12,13	13,64	-	8,42	9,47	-	4,89	5,50	-	1,94	2,18	-	-	
	V	539,33	-	43,14	48,53																		
	VI	578,00	-	46,24	52,02																		
2.261,99	I	250,08	-	20,00	22,50	-	12,19	13,71	-	4,94	5,56	-	-	-	-	-	-	-	-	-	-	-	
	II	157,00	-	12,56	14,13	-	5,26	5,92	-	-	-	-	-	-	-	-	-	-	-	-	-	-	
	III	12,66	-	1,01	1,13	-	-	-	-	-	-	-	-	-	-	-	-	-	-	-	-	-	
	IV	250,08	-	20,00	22,50	-	16,03	18,03	-	12,19	13,71	-	8,48	9,54	-	4,94	5,56	-	1,98	2,22	-	-	
	V	540,33	-	43,22	48,62																		
	VI	579,00	-	46,32	52,11																		
2.264,99	I	250,91	-	20,07	22,58	-	12,25	13,78	-	5,00	5,62	-	-	-	-	-	-	-	-	-	-	-	
	II	157,75	-	12,62	14,19	-	5,32	5,98	-	-	-	-	-	-	-	-	-	-	-	-	-	-	
	III	13,16	-	1,05	1,18	-	-	-	-	-	-	-	-	-	-	-	-	-	-	-	-	-	
	IV	250,91	-	20,07	22,58	-	16,10	18,11	-	12,25	13,78	-	8,54	9,60	-	5,00	5,62	-	2,02	2,27	-	-	
	V	541,33	-	43,30	48,71																		
	VI	580,33	-	46,42	52,22																		
2.267,99	I	251,66	-	20,13	22,64	-	12,31	13,85	-	5,05	5,68	-	-	-	-	-	-	-	-	-	-	-	
	II	158,50	-	12,68	14,26	-	5,37	6,04	-	-	-	-	-	-	-	-	-	-	-	-	-	-	
	III	13,66	-	1,09	1,22	-	-	-	-	-	-	-	-	-	-	-	-	-	-	-	-	-	
	IV	251,66	-	20,13	22,64	-	16,16	18,18	-	12,31	13,85	-	8,60	9,67	-	5,05	5,68	-	2,06	2,32	-	-	
	V	542,66	-	43,41	48,83																		
	VI	581,33	-	46,50	52,31																		
2.270,99	I	252,50	-	20,20	22,72	-	12,37	13,91	-	5,10	5,74	-	-	-	-	-	-	-	-	-	-	-	
	II	159,25	-	12,74	14,33	-	5,42	6,10	-	-	-	-	-	-	-	-	-	-	-	-	-	-	
	III	14,16	-	1,13	1,27	-	-	-	-	-	-	-	-	-	-	-	-	-	-	-	-	-	
	IV	252,50	-	20,20	22,72	-	16,22	18,25	-	12,37	13,91	-	8,66	9,74	-	5,10	5,74	-	2,10	2,36	-	-	
	V	543,66	-	43,49	48,92																		
	VI	582,50	-	46,60	52,42																		
2.273,99	I	253,33	-	20,26	22,79	-	12,44	13,99	-	5,16	5,80	-	-	-	-	-	-	-	-	-	-	-	
	II	160,00	-	12,80	14,40	-	5,48	6,17	-	-	-	-	-	-	-	-	-	-	-	-	-	-	
	III	14,50	-	1,16	1,30	-	-	-	-	-	-	-	-	-	-	-	-	-	-	-	-	-	
	IV	253,33	-	20,26	22,79	-	16,28	18,32	-	12,44	13,99	-	8,71	9,80	-	5,16	5,80	-	2,15	2,42	-	-	
	V	544,66	-	43,57	49,01																		
	VI	583,50	-	46,68	52,51																		
2.276,99	I	254,16	-	20,33	22,87	-	12,50	14,06	-	5,21	5,86	-	-	-	-	-	-	-	-	-	-	-	
	II	160,83	-	12,86	14,47	-	5,54	6,23	-	0,03	0,03	-	-	-	-	-	-	-	-	-	-	-	
	III	15,00	-	1,20	1,35	-	-	-	-	-	-	-	-	-	-	-	-	-	-	-	-	-	
	IV	254,16	-	20,33	22,87	-	16,35	18,39	-	12,50	14,06	-	8,77	9,86	-	5,21	5,86	-	2,19	2,46	-	-	
	V	545,66	-	43,65	49,10																		
	VI	584,66	-	46,77	52,61																		
2.279,99	I	254,91	-	20,39	22,94	-	12,56	14,13	-	5,26	5,92	-	-	-	-	-	-	-	-	-	-	-	
	II	161,58	-	12,92	14,54	-	5,59	6,29	-	0,06	0,07	-	-	-	-	-	-	-	-	-	-	-	
	III	15,50	-	1,24	1,39	-	-	-	-	-	-	-	-	-	-	-	-	-	-	-	-	-	
	IV	254,91	-	20,39	22,94	-	16,41	18,46	-	12,56	14,13	-	8,83	9,93	-	5,26	5,92	-	2,24	2,52	-	-	
	V	547,00	-	43,76	49,23																		
	VI	586,00	-	46,88	52,74																		
2.282,99	I	255,75	-	20,46	23,01	-	12,62	14,19	-	5,32	5,98	-	-	-	-	-	-	-	-	-	-	-	
	II	162,33	-	12,98	14,60	-	5,64	6,35	-	0,10	0,11	-	-	-	-	-	-	-	-	-	-	-	
	III	16,00	-	1,28	1,44	-	-	-	-	-	-	-	-	-	-	-	-	-	-	-	-	-	
	IV	255,75	-	20,46	23,01	-	16,47	18,53	-	12,62	14,19	-	8,89	10,00	-	5,32	5,98	-	2,28	2,56	-	-	
	V	548,00	-	43,84	49,32																		
	VI	587,00	-	46,96	52,83																		
2.285,99	I	256,58	-	20,52	23,09	-	12,68	14,26	-	5,37	6,04	-	-	-	-	-	-	-	-	-	-	-	
	II	163,08	-	13,04	14,67	-	5,70	6,41	-	0,13	0,14	-	-	-	-	-	-	-	-	-	-	-	
	III	16,33	-	1,30	1,46	-	-	-	-	-	-	-	-	-	-	-	-	-	-	-	-	-	
	IV	256,58	-	20,52	23,09	-	16,54	18,60	-	12,68	14,26	-	8,95	10,07	-	5,37	6,04	-	2,32	2,61	-	-	
	V	549,00	-	43,92	49,41																		
	VI	588,16	-	47,05	52,93																		
2.288,99	I	257,41	-	20,59	23,16	-	12,74	14,33	-	5,42	6,10	-	-	-	-	-	-	-	-	-	-	-	
	II	163,83	-	13,10	14,74	-	5,76	6,48	-	0,16	0,18	-	-	-	-	-	-	-	-	-	-	-	
	III	16,83	-	1,34	1,51	-	-	-	-	-	-	-	-	-	-	-	-	-	-	-	-	-	
	IV	257,41	-	20,59	23,16	-	16,60	18,67	-	12,74	14,33	-	9,01	10,13	-	5,42	6,10	-	2,36	2,66	-	-	
	V	550,16	-	44,01	49,51																		
	VI	589,16	-	47,13	53,02																		
2.291,99	I	258,25	-	20,66	23,24	-	12,80	14,40	-	5,48	6,17	-	-	-	-	-	-	-	-	-	-	-	
	II	164,66	-	13,17	14,81	-	5,81	6,53	-	0,20	0,22	-	-	-	-	-	-	-	-	-	-	-	
	III	17,33	-	1,38	1,55	-	-	-	-	-	-	-	-	-	-	-	-	-	-	-	-	-	
	IV	258,25	-	20,66	23,24	-	16,66	18,74	-	12,80	14,40	-	9,06	10,19	-	5,48	6,17	-	2,41	2,71	-	-	
	V	551,33	-	44,10	49,61																		
	VI	590,33	-	47,22	53,12																		
2.294,99	I	259,00	-	20,72	23,31	-	12,86	14,47	-	5,54	6,23	-	0,03	0,03	-	-	-	-	-	-	-	-	
	II	165,41	-	13,23	14,88	-	5,87	6,60	-	0,24	0,27	-	-	-	-	-	-	-	-	-	-	-	
	III	17,83	-	1,42	1,60	-	-	-	-	-	-	-	-	-	-	-	-	-	-	-	-	-	
	IV	259,00	-	20,72	23,31	-	16,72	18,81	-	12,86	14,47	-	9,12	10,26	-	5,54	6,23	-	2,46	2,76	-	0,03	0,0
	V	552,33	-	44,18	49,70																		
	VI	591,50	-	47,32	53,23																		

Besondere Tabelle

MONAT bis 2.339,99 €

Anzahl Kinderfreibeträge (nur Steuerklassen I–IV)

Lohn/ Gehalt bis	Steuerklasse	Lohn-steuer	ohne Kinderfreibetrag SolZ 5,5%	ohne Kinderfreibetrag Kirchensteuer 8%	ohne Kinderfreibetrag Kirchensteuer 9%	0,5 SolZ 5,5%	0,5 Kirchensteuer 8%	0,5 Kirchensteuer 9%	1,0 SolZ 5,5%	1,0 Kirchensteuer 8%	1,0 Kirchensteuer 9%	1,5 SolZ 5,5%	1,5 Kirchensteuer 8%	1,5 Kirchensteuer 9%	2,0 SolZ 5,5%	2,0 Kirchensteuer 8%	2,0 Kirchensteuer 9%	2,5 SolZ 5,5%	2,5 Kirchensteuer 8%	2,5 Kirchensteuer 9%	3,0 SolZ 5,5%	3,0 Kirchensteuer 8%	3,0 Kirchensteuer 9%
2.297,99	I	259,83	-	20,78	23,38	-	12,92	14,54	-	5,59	6,29	-	0,06	0,07	-	-	-	-	-	-	-	-	-
	II	166,16	-	13,29	14,95	-	5,92	6,66	-	0,27	0,30	-	-	-	-	-	-	-	-	-	-	-	-
	III	18,16	-	1,45	1,63	-	-	-	-	-	-	-	-	-	-	-	-	-	-	-	-	-	-
	IV	259,83	-	20,78	23,38	-	16,79	18,89	-	12,92	14,54	-	9,18	10,33	-	5,59	6,29	-	2,50	2,81	-	0,06	0,07
	V	553,50	-	44,28	49,81																		
	VI	592,66	-	47,41	53,33																		
2.300,99	I	260,66	-	20,85	23,45	-	12,98	14,60	-	5,64	6,35	-	0,10	0,11	-	-	-	-	-	-	-	-	-
	II	166,91	-	13,35	15,02	-	5,98	6,72	-	0,30	0,34	-	-	-	-	-	-	-	-	-	-	-	-
	III	18,66	-	1,49	1,67	-	-	-	-	-	-	-	-	-	-	-	-	-	-	-	-	-	-
	IV	260,66	-	20,85	23,45	-	16,85	18,95	-	12,98	14,60	-	9,24	10,40	-	5,64	6,35	-	2,54	2,86	-	0,10	0,11
	V	554,66	-	44,37	49,91																		
	VI	593,66	-	47,49	53,42																		
2.303,99	I	261,50	-	20,92	23,53	-	13,04	14,67	-	5,70	6,41	-	0,13	0,14	-	-	-	-	-	-	-	-	-
	II	167,66	-	13,41	15,08	-	6,04	6,79	-	0,34	0,38	-	-	-	-	-	-	-	-	-	-	-	-
	III	19,16	-	1,53	1,72	-	-	-	-	-	-	-	-	-	-	-	-	-	-	-	-	-	-
	IV	261,50	-	20,92	23,53	-	16,92	19,03	-	13,04	14,67	-	9,30	10,46	-	5,70	6,41	-	2,59	2,91	-	0,13	0,14
	V	555,66	-	44,45	50,00																		
	VI	594,83	-	47,58	53,53																		
2.306,99	I	262,33	-	20,98	23,60	-	13,10	14,74	-	5,76	6,48	-	0,16	0,18	-	-	-	-	-	-	-	-	-
	II	168,50	-	13,48	15,16	-	6,09	6,85	-	0,38	0,42	-	-	-	-	-	-	-	-	-	-	-	-
	III	19,66	-	1,57	1,76	-	-	-	-	-	-	-	-	-	-	-	-	-	-	-	-	-	-
	IV	262,33	-	20,98	23,60	-	16,98	19,10	-	13,10	14,74	-	9,36	10,53	-	5,76	6,48	-	2,63	2,96	-	0,16	0,18
	V	556,66	-	44,53	50,09																		
	VI	596,00	-	47,68	53,64																		
2.309,99	I	263,08	-	21,04	23,67	-	13,17	14,81	-	5,81	6,53	-	0,20	0,22	-	-	-	-	-	-	-	-	-
	II	169,25	-	13,54	15,23	-	6,15	6,92	-	0,41	0,46	-	-	-	-	-	-	-	-	-	-	-	-
	III	20,16	-	1,61	1,81	-	-	-	-	-	-	-	-	-	-	-	-	-	-	-	-	-	-
	IV	263,08	-	21,04	23,67	-	17,04	19,17	-	13,17	14,81	-	9,42	10,60	-	5,81	6,53	-	2,68	3,01	-	0,20	0,22
	V	557,83	-	44,62	50,20																		
	VI	597,16	-	47,77	53,74																		
2.312,99	I	263,91	-	21,11	23,75	-	13,23	14,88	-	5,87	6,60	-	0,24	0,27	-	-	-	-	-	-	-	-	-
	II	170,00	-	13,60	15,30	-	6,20	6,98	-	0,44	0,50	-	-	-	-	-	-	-	-	-	-	-	-
	III	20,50	-	1,64	1,84	-	-	-	-	-	-	-	-	-	-	-	-	-	-	-	-	-	-
	IV	263,91	-	21,11	23,75	-	17,10	19,24	-	13,23	14,88	-	9,48	10,66	-	5,87	6,60	-	2,72	3,06	-	0,24	0,27
	V	559,00	-	44,72	50,31																		
	VI	598,33	-	47,86	53,84																		
2.315,99	I	264,75	-	21,18	23,82	-	13,29	14,95	-	5,92	6,66	-	0,27	0,30	-	-	-	-	-	-	-	-	-
	II	170,75	-	13,66	15,36	-	6,26	7,04	-	0,48	0,54	-	-	-	-	-	-	-	-	-	-	-	-
	III	21,00	-	1,68	1,89	-	-	-	-	-	-	-	-	-	-	-	-	-	-	-	-	-	-
	IV	264,75	-	21,18	23,82	-	17,17	19,31	-	13,29	14,95	-	9,54	10,73	-	5,92	6,66	-	2,77	3,11	-	0,27	0,30
	V	560,00	-	44,80	50,40																		
	VI	599,33	-	47,94	53,93																		
2.318,99	I	265,58	-	21,24	23,90	-	13,35	15,02	-	5,98	6,72	-	0,30	0,34	-	-	-	-	-	-	-	-	-
	II	171,58	-	13,72	15,44	-	6,32	7,11	-	0,52	0,58	-	-	-	-	-	-	-	-	-	-	-	-
	III	21,50	-	1,72	1,93	-	-	-	-	-	-	-	-	-	-	-	-	-	-	-	-	-	-
	IV	265,58	-	21,24	23,90	-	17,23	19,38	-	13,35	15,02	-	9,60	10,80	-	5,98	6,72	-	2,82	3,17	-	0,30	0,34
	V	561,16	-	44,89	50,50																		
	VI	600,50	-	48,04	54,04																		
2.321,99	I	266,41	-	21,31	23,97	-	13,41	15,08	-	6,04	6,79	-	0,34	0,38	-	-	-	-	-	-	-	-	-
	II	172,33	-	13,78	15,50	-	6,38	7,17	-	0,56	0,63	-	-	-	-	-	-	-	-	-	-	-	-
	III	22,00	-	1,76	1,98	-	-	-	-	-	-	-	-	-	-	-	-	-	-	-	-	-	-
	IV	266,41	-	21,31	23,97	-	17,30	19,46	-	13,41	15,08	-	9,66	10,86	-	6,04	6,79	-	2,86	3,22	-	0,34	0,38
	V	562,33	-	44,98	50,60																		
	VI	601,66	-	48,13	54,14																		
2.324,99	I	267,16	-	21,37	24,04	-	13,48	15,16	-	6,09	6,85	-	0,38	0,42	-	-	-	-	-	-	-	-	-
	II	173,08	-	13,84	15,57	-	6,44	7,24	-	0,59	0,66	-	-	-	-	-	-	-	-	-	-	-	-
	III	22,50	-	1,80	2,02	-	-	-	-	-	-	-	-	-	-	-	-	-	-	-	-	-	-
	IV	267,16	-	21,37	24,04	-	17,36	19,53	-	13,48	15,16	-	9,72	10,93	-	6,09	6,85	-	2,90	3,26	-	0,38	0,42
	V	563,33	-	45,06	50,69																		
	VI	602,66	-	48,21	54,23																		
2.327,99	I	268,00	-	21,44	24,12	-	13,54	15,23	-	6,15	6,92	-	0,41	0,46	-	-	-	-	-	-	-	-	-
	II	173,83	-	13,90	15,64	-	6,49	7,30	-	0,62	0,70	-	-	-	-	-	-	-	-	-	-	-	-
	III	23,00	-	1,84	2,07	-	-	-	-	-	-	-	-	-	-	-	-	-	-	-	-	-	-
	IV	268,00	-	21,44	24,12	-	17,42	19,60	-	13,54	15,23	-	9,78	11,00	-	6,15	6,92	-	2,95	3,32	-	0,41	0,46
	V	564,50	-	45,16	50,80																		
	VI	604,00	-	48,32	54,36																		
2.330,99	I	268,83	-	21,50	24,19	-	13,60	15,30	-	6,20	6,98	-	0,44	0,50	-	-	-	-	-	-	-	-	-
	II	174,66	-	13,97	15,71	-	6,55	7,37	-	0,66	0,74	-	-	-	-	-	-	-	-	-	-	-	-
	III	23,33	-	1,86	2,09	-	-	-	-	-	-	-	-	-	-	-	-	-	-	-	-	-	-
	IV	268,83	-	21,50	24,19	-	17,48	19,67	-	13,60	15,30	-	9,84	11,07	-	6,20	6,98	-	3,00	3,37	-	0,44	0,50
	V	565,66	-	45,25	50,90																		
	VI	605,16	-	48,41	54,46																		
2.333,99	I	269,66	-	21,57	24,26	-	13,66	15,36	-	6,26	7,04	-	0,48	0,54	-	-	-	-	-	-	-	-	-
	II	175,41	-	14,03	15,78	-	6,60	7,43	-	0,70	0,79	-	-	-	-	-	-	-	-	-	-	-	-
	III	23,83	-	1,90	2,14	-	-	-	-	-	-	-	-	-	-	-	-	-	-	-	-	-	-
	IV	269,66	-	21,57	24,26	-	17,55	19,74	-	13,66	15,36	-	9,90	11,13	-	6,26	7,04	-	3,04	3,42	-	0,48	0,54
	V	566,66	-	45,33	50,99																		
	VI	606,16	-	48,49	54,55																		
2.336,99	I	270,50	-	21,64	24,34	-	13,72	15,44	-	6,32	7,11	-	0,52	0,58	-	-	-	-	-	-	-	-	-
	II	176,16	-	14,09	15,85	-	6,66	7,49	-	0,74	0,83	-	-	-	-	-	-	-	-	-	-	-	-
	III	24,33	-	1,94	2,18	-	-	-	-	-	-	-	-	-	-	-	-	-	-	-	-	-	-
	IV	270,50	-	21,64	24,34	-	17,62	19,82	-	13,72	15,44	-	9,96	11,20	-	6,32	7,11	-	3,09	3,47	-	0,52	0,58
	V	567,83	-	45,42	51,10																		
	VI	607,33	-	48,58	54,65																		
2.339,99	I	271,33	-	21,70	24,41	-	13,78	15,50	-	6,38	7,17	-	0,56	0,63	-	-	-	-	-	-	-	-	-
	II	176,91	-	14,15	15,92	-	6,72	7,56	-	0,78	0,87	-	-	-	-	-	-	-	-	-	-	-	-
	III	24,83	-	1,98	2,23	-	-	-	-	-	-	-	-	-	-	-	-	-	-	-	-	-	-
	IV	271,33	-	21,70	24,41	-	17,68	19,89	-	13,78	15,50	-	10,02	11,27	-	6,38	7,17	-	3,14	3,53	-	0,56	0,63
	V	568,83	-	45,50	51,19																		
	VI	608,50	-	48,68	54,76																		

Lohn/ Gehalt bis	Steuerklasse	Lohn- steuer	ohne Kinderfreibetrag			Anzahl Kinderfreibeträge (nur Steuerklassen I–IV)																	
						0,5			1,0			1,5			2,0			2,5			3,0		
			SolZ 5,5%	Kirchensteuer 8%	9%	SolZ 5,5%	Kirchensteuer 8%	9%	SolZ 5,5%	Kirchensteuer 8%	9%	SolZ 5,5%	Kirchensteuer 8%	9%	SolZ 5,5%	Kirchensteuer 8%	9%	SolZ 5,5%	Kirchensteuer 8%	9%	SolZ 5,5%	Kirchensteuer 8%	9%
2.342,99	I	272,16	-	21,77	24,49	-	13,84	15,57	-	6,44	7,24	-	0,59	0,66	-	-	-	-	-	-	-	-	
	II	177,75	-	14,22	15,99	-	6,78	7,62	-	0,81	0,91	-	-	-	-	-	-	-	-	-	-	-	
	III	25,33	-	2,02	2,27	-	-	-	-	-	-	-	-	-	-	-	-	-	-	-	-	-	
	IV	272,16	-	21,77	24,49	-	17,74	19,96	-	13,84	15,57	-	10,08	11,34	-	6,44	7,24	-	3,18	3,58	-	0,59	0,
	V	570,16	-	45,61	51,31																		
	VI	609,50	-	48,76	54,85																		
2.345,99	I	272,91	-	21,83	24,56	-	13,90	15,64	-	6,49	7,30	-	0,62	0,70	-	-	-	-	-	-	-	-	
	II	178,50	-	14,28	16,06	-	6,84	7,69	-	0,85	0,95	-	-	-	-	-	-	-	-	-	-	-	
	III	25,83	-	2,06	2,32	-	-	-	-	-	-	-	-	-	-	-	-	-	-	-	-	-	
	IV	272,91	-	21,83	24,56	-	17,80	20,03	-	13,90	15,64	-	10,14	11,40	-	6,49	7,30	-	3,23	3,63	-	0,62	0,
	V	571,16	-	45,69	51,40																		
	VI	610,66	-	48,85	54,95																		
2.348,99	I	273,75	-	21,90	24,63	-	13,97	15,71	-	6,55	7,37	-	0,66	0,74	-	-	-	-	-	-	-	-	
	II	179,25	-	14,34	16,13	-	6,90	7,76	-	0,89	1,00	-	-	-	-	-	-	-	-	-	-	-	
	III	26,33	-	2,10	2,36	-	-	-	-	-	-	-	-	-	-	-	-	-	-	-	-	-	
	IV	273,75	-	21,90	24,63	-	17,87	20,10	-	13,97	15,71	-	10,20	11,47	-	6,55	7,37	-	3,28	3,69	-	0,66	0,
	V	572,16	-	45,77	51,49																		
	VI	612,00	-	48,96	55,08																		
2.351,99	I	274,58	-	21,96	24,71	-	14,03	15,78	-	6,60	7,43	-	0,70	0,79	-	-	-	-	-	-	-	-	
	II	180,00	-	14,40	16,20	-	6,95	7,82	-	0,92	1,04	-	-	-	-	-	-	-	-	-	-	-	
	III	26,83	-	2,14	2,41	-	-	-	-	-	-	-	-	-	-	-	-	-	-	-	-	-	
	IV	274,58	-	21,96	24,71	-	17,93	20,17	-	14,03	15,78	-	10,25	11,53	-	6,60	7,43	-	3,32	3,74	-	0,70	0,
	V	573,33	-	45,86	51,59																		
	VI	613,00	-	49,04	55,17																		
2.354,99	I	275,41	-	22,03	24,78	-	14,09	15,85	-	6,66	7,49	-	0,74	0,83	-	-	-	-	-	-	-	-	
	II	180,83	-	14,46	16,27	-	7,01	7,88	-	0,96	1,08	-	-	-	-	-	-	-	-	-	-	-	
	III	27,16	-	2,17	2,44	-	-	-	-	-	-	-	-	-	-	-	-	-	-	-	-	-	
	IV	275,41	-	22,03	24,78	-	18,00	20,25	-	14,09	15,85	-	10,31	11,60	-	6,66	7,49	-	3,38	3,80	-	0,74	0,
	V	574,50	-	45,96	51,70																		
	VI	614,16	-	49,13	55,27																		
2.357,99	I	276,25	-	22,10	24,86	-	14,15	15,92	-	6,72	7,56	-	0,78	0,87	-	-	-	-	-	-	-	-	
	II	181,58	-	14,52	16,34	-	7,07	7,95	-	1,00	1,13	-	-	-	-	-	-	-	-	-	-	-	
	III	27,66	-	2,21	2,48	-	-	-	-	-	-	-	-	-	-	-	-	-	-	-	-	-	
	IV	276,25	-	22,10	24,86	-	18,06	20,32	-	14,15	15,92	-	10,37	11,66	-	6,72	7,56	-	3,42	3,85	-	0,78	0,
	V	575,66	-	46,05	51,80																		
	VI	615,33	-	49,22	55,37																		
2.360,99	I	277,08	-	22,16	24,93	-	14,22	15,99	-	6,78	7,62	-	0,81	0,91	-	-	-	-	-	-	-	-	
	II	182,33	-	14,58	16,40	-	7,12	8,01	-	1,04	1,17	-	-	-	-	-	-	-	-	-	-	-	
	III	28,16	-	2,25	2,53	-	-	-	-	-	-	-	-	-	-	-	-	-	-	-	-	-	
	IV	277,08	-	22,16	24,93	-	18,12	20,39	-	14,22	15,99	-	10,43	11,73	-	6,78	7,62	-	3,47	3,90	-	0,81	0,
	V	576,66	-	46,13	51,89																		
	VI	616,50	-	49,32	55,48																		
2.363,99	I	277,91	-	22,23	25,01	-	14,28	16,06	-	6,84	7,69	-	0,85	0,95	-	-	-	-	-	-	-	-	
	II	183,16	-	14,65	16,48	-	7,18	8,08	-	1,08	1,21	-	-	-	-	-	-	-	-	-	-	-	
	III	28,66	-	2,29	2,57	-	-	-	-	-	-	-	-	-	-	-	-	-	-	-	-	-	
	IV	277,91	-	22,23	25,01	-	18,19	20,46	-	14,28	16,06	-	10,49	11,80	-	6,84	7,69	-	3,52	3,96	-	0,85	0,
	V	577,83	-	46,22	52,00																		
	VI	617,50	-	49,40	55,57																		
2.366,99	I	278,75	-	22,30	25,08	-	14,34	16,13	-	6,90	7,76	-	0,89	1,00	-	-	-	-	-	-	-	-	
	II	183,91	-	14,71	16,55	-	7,24	8,15	-	1,12	1,26	-	-	-	-	-	-	-	-	-	-	-	
	III	29,16	-	2,33	2,62	-	-	-	-	-	-	-	-	-	-	-	-	-	-	-	-	-	
	IV	278,75	-	22,30	25,08	-	18,25	20,53	-	14,34	16,13	-	10,55	11,87	-	6,90	7,76	-	3,56	4,01	-	0,89	1,
	V	578,83	-	46,30	52,09																		
	VI	618,66	-	49,49	55,67																		
2.369,99	I	279,58	-	22,36	25,16	-	14,40	16,20	-	6,95	7,82	-	0,92	1,04	-	-	-	-	-	-	-	-	
	II	184,66	-	14,77	16,61	-	7,30	8,21	-	1,16	1,30	-	-	-	-	-	-	-	-	-	-	-	
	III	29,66	-	2,37	2,66	-	-	-	-	-	-	-	-	-	-	-	-	-	-	-	-	-	
	IV	279,58	-	22,36	25,16	-	18,32	20,61	-	14,40	16,20	-	10,61	11,93	-	6,95	7,82	-	3,62	4,07	-	0,92	1,
	V	580,16	-	46,41	52,21																		
	VI	620,00	-	49,60	55,80																		
2.372,99	I	280,41	-	22,43	25,23	-	14,46	16,27	-	7,01	7,88	-	0,96	1,08	-	-	-	-	-	-	-	-	
	II	185,50	-	14,84	16,69	-	7,36	8,28	-	1,20	1,35	-	-	-	-	-	-	-	-	-	-	-	
	III	30,16	-	2,41	2,71	-	-	-	-	-	-	-	-	-	-	-	-	-	-	-	-	-	
	IV	280,41	-	22,43	25,23	-	18,38	20,68	-	14,46	16,27	-	10,67	12,00	-	7,01	7,88	-	3,66	4,12	-	0,96	1,
	V	581,16	-	46,49	52,30																		
	VI	621,16	-	49,69	55,90																		
2.375,99	I	281,16	-	22,49	25,30	-	14,52	16,34	-	7,07	7,95	-	1,00	1,13	-	-	-	-	-	-	-	-	
	II	186,25	-	14,90	16,76	-	7,42	8,34	-	1,24	1,39	-	-	-	-	-	-	-	-	-	-	-	
	III	30,66	-	2,45	2,75	-	-	-	-	-	-	-	-	-	-	-	-	-	-	-	-	-	
	IV	281,16	-	22,49	25,30	-	18,44	20,75	-	14,52	16,34	-	10,73	12,07	-	7,07	7,95	-	3,71	4,17	-	1,00	1,1
	V	582,33	-	46,58	52,40																		
	VI	622,16	-	49,77	55,99																		
2.378,99	I	282,00	-	22,56	25,38	-	14,58	16,40	-	7,12	8,01	-	1,04	1,17	-	-	-	-	-	-	-	-	
	II	187,00	-	14,96	16,83	-	7,48	8,41	-	1,28	1,44	-	-	-	-	-	-	-	-	-	-	-	
	III	31,16	-	2,49	2,80	-	-	-	-	-	-	-	-	-	-	-	-	-	-	-	-	-	
	IV	282,00	-	22,56	25,38	-	18,51	20,82	-	14,58	16,40	-	10,79	12,14	-	7,12	8,01	-	3,76	4,23	-	1,04	1,1
	V	583,33	-	46,66	52,49																		
	VI	623,33	-	49,86	56,09																		
2.381,99	I	282,83	-	22,62	25,45	-	14,65	16,48	-	7,18	8,08	-	1,08	1,21	-	-	-	-	-	-	-	-	
	II	187,83	-	15,02	16,90	-	7,53	8,47	-	1,32	1,48	-	-	-	-	-	-	-	-	-	-	-	
	III	31,66	-	2,53	2,84	-	-	-	-	-	-	-	-	-	-	-	-	-	-	-	-	-	
	IV	282,83	-	22,62	25,45	-	18,57	20,89	-	14,65	16,48	-	10,85	12,20	-	7,18	8,08	-	3,81	4,28	-	1,08	1,2
	V	584,66	-	46,77	52,61																		
	VI	624,50	-	49,96	56,20																		
2.384,99	I	283,66	-	22,69	25,52	-	14,71	16,55	-	7,24	8,15	-	1,12	1,26	-	-	-	-	-	-	-	-	
	II	188,58	-	15,08	16,97	-	7,59	8,54	-	1,36	1,53	-	-	-	-	-	-	-	-	-	-	-	
	III	32,16	-	2,57	2,89	-	-	-	-	-	-	-	-	-	-	-	-	-	-	-	-	-	
	IV	283,66	-	22,69	25,52	-	18,64	20,97	-	14,71	16,55	-	10,91	12,27	-	7,24	8,15	-	3,86	4,34	-	1,12	1,2
	V	585,66	-	46,85	52,70																		
	VI	625,66	-	50,05	56,30																		

Lohn/ Gehalt bis	Steuerklasse	Lohn-steuer	ohne Kinderfreibetrag SolZ 5,5%	ohne Kinderfreibetrag Kirchensteuer 8%	ohne Kinderfreibetrag Kirchensteuer 9%	0,5 SolZ 5,5%	0,5 Kirchensteuer 8%	0,5 Kirchensteuer 9%	1,0 SolZ 5,5%	1,0 Kirchensteuer 8%	1,0 Kirchensteuer 9%	1,5 SolZ 5,5%	1,5 Kirchensteuer 8%	1,5 Kirchensteuer 9%	2,0 SolZ 5,5%	2,0 Kirchensteuer 8%	2,0 Kirchensteuer 9%	2,5 SolZ 5,5%	2,5 Kirchensteuer 8%	2,5 Kirchensteuer 9%	3,0 SolZ 5,5%	3,0 Kirchensteuer 8%	3,0 Kirchensteuer 9%
2.387,99	I	284,50	-	22,76	25,60	-	14,77	16,61	-	7,30	8,21	-	1,16	1,30	-	-	-	-	-	-	-	-	-
	II	189,33	-	15,14	17,03	-	7,65	8,60	-	1,40	1,57	-	-	-	-	-	-	-	-	-	-	-	-
	III	32,66	-	2,61	2,93	-	-	-	-	-	-	-	-	-	-	-	-	-	-	-	-	-	-
	IV	284,50	-	22,76	25,60	-	18,70	21,04	-	14,77	16,61	-	10,97	12,34	-	7,30	8,21	-	3,91	4,40	-	1,16	1,30
	V	586,83	-	46,94	52,81																		
	VI	626,83	-	50,14	56,41																		
2.390,99	I	285,33	-	22,82	25,67	-	14,84	16,69	-	7,36	8,28	-	1,20	1,35	-	-	-	-	-	-	-	-	-
	II	190,16	-	15,21	17,11	-	7,71	8,67	-	1,44	1,62	-	-	-	-	-	-	-	-	-	-	-	-
	III	33,16	-	2,65	2,98	-	-	-	-	-	-	-	-	-	-	-	-	-	-	-	-	-	-
	IV	285,33	-	22,82	25,67	-	18,76	21,11	-	14,84	16,69	-	11,03	12,41	-	7,36	8,28	-	3,96	4,45	-	1,20	1,35
	V	587,83	-	47,02	52,90																		
	VI	627,83	-	50,22	56,50																		
2.393,99	I	286,16	-	22,89	25,75	-	14,90	16,76	-	7,42	8,34	-	1,24	1,39	-	-	-	-	-	-	-	-	-
	II	190,91	-	15,27	17,18	-	7,76	8,73	-	1,48	1,66	-	-	-	-	-	-	-	-	-	-	-	-
	III	33,66	-	2,69	3,02	-	-	-	-	-	-	-	-	-	-	-	-	-	-	-	-	-	-
	IV	286,16	-	22,89	25,75	-	18,83	21,18	-	14,90	16,76	-	11,09	12,47	-	7,42	8,34	-	4,01	4,51	-	1,24	1,39
	V	589,00	-	47,12	53,01																		
	VI	629,00	-	50,32	56,61																		
2.396,99	I	287,00	-	22,96	25,83	-	14,96	16,83	-	7,48	8,41	-	1,28	1,44	-	-	-	-	-	-	-	-	-
	II	191,66	-	15,33	17,24	-	7,82	8,80	-	1,52	1,71	-	-	-	-	-	-	-	-	-	-	-	-
	III	34,16	-	2,73	3,07	-	-	-	-	-	-	-	-	-	-	-	-	-	-	-	-	-	-
	IV	287,00	-	22,96	25,83	-	18,90	21,26	-	14,96	16,83	-	11,15	12,54	-	7,48	8,41	-	4,06	4,56	-	1,28	1,44
	V	590,16	-	47,21	53,11																		
	VI	630,16	-	50,41	56,71																		
2.399,99	I	287,83	-	23,02	25,90	-	15,02	16,90	-	7,53	8,47	-	1,32	1,48	-	-	-	-	-	-	-	-	-
	II	192,50	-	15,40	17,32	-	7,88	8,87	-	1,56	1,75	-	-	-	-	-	-	-	-	-	-	-	-
	III	34,66	-	2,77	3,11	-	-	-	-	-	-	-	-	-	-	-	-	-	-	-	-	-	-
	IV	287,83	-	23,02	25,90	-	18,96	21,33	-	15,02	16,90	-	11,21	12,61	-	7,53	8,47	-	4,11	4,62	-	1,32	1,48
	V	591,33	-	47,30	53,21																		
	VI	631,50	-	50,52	56,83																		
2.402,99	I	288,66	-	23,09	25,97	-	15,08	16,97	-	7,59	8,54	-	1,36	1,53	-	-	-	-	-	-	-	-	-
	II	193,25	-	15,46	17,39	-	7,94	8,93	-	1,60	1,80	-	-	-	-	-	-	-	-	-	-	-	-
	III	35,16	-	2,81	3,16	-	-	-	-	-	-	-	-	-	-	-	-	-	-	-	-	-	-
	IV	288,66	-	23,09	25,97	-	19,02	21,40	-	15,08	16,97	-	11,27	12,68	-	7,59	8,54	-	4,16	4,68	-	1,36	1,53
	V	592,50	-	47,40	53,32																		
	VI	632,66	-	50,61	56,93																		
2.405,99	I	289,50	-	23,16	26,05	-	15,14	17,03	-	7,65	8,60	-	1,40	1,57	-	-	-	-	-	-	-	-	-
	II	194,08	-	15,52	17,46	-	8,00	9,00	-	1,64	1,84	-	-	-	-	-	-	-	-	-	-	-	-
	III	35,66	-	2,85	3,20	-	-	-	-	-	-	-	-	-	-	-	-	-	-	-	-	-	-
	IV	289,50	-	23,16	26,05	-	19,09	21,47	-	15,14	17,03	-	11,33	12,74	-	7,65	8,60	-	4,21	4,73	-	1,40	1,57
	V	593,50	-	47,48	53,41																		
	VI	633,83	-	50,70	57,04																		
2.408,99	I	290,33	-	23,22	26,12	-	15,21	17,11	-	7,71	8,67	-	1,44	1,62	-	-	-	-	-	-	-	-	-
	II	194,83	-	15,58	17,53	-	8,06	9,06	-	1,68	1,89	-	-	-	-	-	-	-	-	-	-	-	-
	III	36,16	-	2,89	3,25	-	-	-	-	-	-	-	-	-	-	-	-	-	-	-	-	-	-
	IV	290,33	-	23,22	26,12	-	19,15	21,54	-	15,21	17,11	-	11,39	12,81	-	7,71	8,67	-	4,26	4,79	-	1,44	1,62
	V	594,66	-	47,57	53,51																		
	VI	634,83	-	50,78	57,13																		
2.411,99	I	291,16	-	23,29	26,20	-	15,27	17,18	-	7,76	8,73	-	1,48	1,66	-	-	-	-	-	-	-	-	-
	II	195,58	-	15,64	17,60	-	8,12	9,13	-	1,72	1,93	-	-	-	-	-	-	-	-	-	-	-	-
	III	36,66	-	2,93	3,29	-	-	-	-	-	-	-	-	-	-	-	-	-	-	-	-	-	-
	IV	291,16	-	23,29	26,20	-	19,22	21,62	-	15,27	17,18	-	11,46	12,89	-	7,76	8,73	-	4,31	4,85	-	1,48	1,66
	V	595,66	-	47,65	53,60																		
	VI	636,00	-	50,88	57,24																		
2.414,99	I	292,00	-	23,36	26,28	-	15,33	17,24	-	7,82	8,80	-	1,52	1,71	-	-	-	-	-	-	-	-	-
	II	196,41	-	15,71	17,67	-	8,18	9,20	-	1,76	1,98	-	-	-	-	-	-	-	-	-	-	-	-
	III	37,16	-	2,97	3,34	-	-	-	-	-	-	-	-	-	-	-	-	-	-	-	-	-	-
	IV	292,00	-	23,36	26,28	-	19,28	21,69	-	15,33	17,24	-	11,52	12,96	-	7,82	8,80	-	4,36	4,91	-	1,52	1,71
	V	597,00	-	47,76	53,73																		
	VI	637,16	-	50,97	57,34																		
2.417,99	I	292,83	-	23,42	26,35	-	15,40	17,32	-	7,88	8,87	-	1,56	1,75	-	-	-	-	-	-	-	-	-
	II	197,16	-	15,77	17,74	-	8,23	9,26	-	1,80	2,03	-	-	-	-	-	-	-	-	-	-	-	-
	III	37,66	-	3,01	3,38	-	-	-	-	-	-	-	-	-	-	-	-	-	-	-	-	-	-
	IV	292,83	-	23,42	26,35	-	19,34	21,76	-	15,40	17,32	-	11,58	13,02	-	7,88	8,87	-	4,41	4,96	-	1,56	1,75
	V	598,16	-	47,85	53,83																		
	VI	638,33	-	51,06	57,44																		
2.420,99	I	293,66	-	23,49	26,42	-	15,46	17,39	-	7,94	8,93	-	1,60	1,80	-	-	-	-	-	-	-	-	-
	II	198,00	-	15,84	17,82	-	8,29	9,32	-	1,84	2,07	-	-	-	-	-	-	-	-	-	-	-	-
	III	38,16	-	3,05	3,43	-	-	-	-	-	-	-	-	-	-	-	-	-	-	-	-	-	-
	IV	293,66	-	23,49	26,42	-	19,41	21,83	-	15,46	17,39	-	11,64	13,09	-	7,94	8,93	-	4,46	5,02	-	1,60	1,80
	V	599,16	-	47,93	53,92																		
	VI	639,50	-	51,16	57,55																		
2.423,99	I	294,50	-	23,56	26,50	-	15,52	17,46	-	8,00	9,00	-	1,64	1,84	-	-	-	-	-	-	-	-	-
	II	198,75	-	15,90	17,88	-	8,35	9,39	-	1,88	2,12	-	-	-	-	-	-	-	-	-	-	-	-
	III	38,66	-	3,09	3,47	-	-	-	-	-	-	-	-	-	-	-	-	-	-	-	-	-	-
	IV	294,50	-	23,56	26,50	-	19,48	21,91	-	15,52	17,46	-	11,70	13,16	-	8,00	9,00	-	4,52	5,08	-	1,64	1,84
	V	600,33	-	48,02	54,02																		
	VI	640,66	-	51,25	57,65																		
2.426,99	I	295,33	-	23,62	26,57	-	15,58	17,53	-	8,06	9,06	-	1,68	1,89	-	-	-	-	-	-	-	-	-
	II	199,50	-	15,96	17,95	-	8,41	9,46	-	1,93	2,17	-	-	-	-	-	-	-	-	-	-	-	-
	III	39,16	-	3,13	3,52	-	-	-	-	-	-	-	-	-	-	-	-	-	-	-	-	-	-
	IV	295,33	-	23,62	26,57	-	19,54	21,98	-	15,58	17,53	-	11,76	13,23	-	8,06	9,06	-	4,57	5,14	-	1,68	1,89
	V	601,33	-	48,10	54,11																		
	VI	641,83	-	51,34	57,76																		
2.429,99	I	296,16	-	23,69	26,65	-	15,64	17,60	-	8,12	9,13	-	1,72	1,93	-	-	-	-	-	-	-	-	-
	II	200,33	-	16,02	18,02	-	8,47	9,53	-	1,97	2,21	-	-	-	-	-	-	-	-	-	-	-	-
	III	39,66	-	3,17	3,56	-	-	-	-	-	-	-	-	-	-	-	-	-	-	-	-	-	-
	IV	296,16	-	23,69	26,65	-	19,60	22,05	-	15,64	17,60	-	11,82	13,29	-	8,12	9,13	-	4,62	5,19	-	1,72	1,93
	V	602,66	-	48,21	54,23																		
	VI	643,00	-	51,44	57,87																		

Anzahl Kinderfreibeträge (nur Steuerklassen I–IV)

Lohn/ Gehalt bis	Steuerklasse	Lohn-steuer	ohne Kinderfreibetrag			Anzahl Kinderfreibeträge (nur Steuerklassen I–IV)																	
						0,5			1,0			1,5			2,0			2,5			3,0		
			SolZ 5,5%	Kirchensteuer 8%	9%	SolZ 5,5%	Kirchensteuer 8%	9%	SolZ 5,5%	Kirchensteuer 8%	9%	SolZ 5,5%	Kirchensteuer 8%	9%	SolZ 5,5%	Kirchensteuer 8%	9%	SolZ 5,5%	Kirchensteuer 8%	9%	SolZ 5,5%	Kirchensteuer 8%	9%
2.432,99	I	297,00	-	23,76	26,73	-	15,71	17,67	-	8,18	9,20	-	1,76	1,98	-	-	-	-	-	-	-	-	
	II	201,08	-	16,08	18,09	-	8,52	9,59	-	2,01	2,26	-	-	-	-	-	-	-	-	-	-	-	
	III	40,16	-	3,21	3,61	-	-	-	-	-	-	-	-	-	-	-	-	-	-	-	-	-	
	IV	297,00	-	23,76	26,73	-	19,67	22,13	-	15,71	17,67	-	11,88	13,36	-	8,18	9,20	-	4,67	5,25	-	1,76	1,9
	V	603,83	-	48,30	54,34																		
	VI	644,16	-	51,53	57,97																		
2.435,99	I	297,83	-	23,82	26,80	-	15,77	17,74	-	8,23	9,26	-	1,80	2,03	-	-	-	-	-	-	-	-	
	II	201,91	-	16,15	18,17	-	8,58	9,65	-	2,06	2,31	-	-	-	-	-	-	-	-	-	-	-	
	III	40,66	-	3,25	3,65	-	-	-	-	-	-	-	-	-	-	-	-	-	-	-	-	-	
	IV	297,83	-	23,82	26,80	-	19,73	22,19	-	15,77	17,74	-	11,94	13,43	-	8,23	9,26	-	4,72	5,31	-	1,80	2,0
	V	604,83	-	48,38	54,43																		
	VI	645,50	-	51,64	58,09																		
2.438,99	I	298,66	-	23,89	26,87	-	15,84	17,82	-	8,29	9,32	-	1,84	2,07	-	-	-	-	-	-	-	-	
	II	202,66	-	16,21	18,23	-	8,64	9,72	-	2,10	2,36	-	-	-	-	-	-	-	-	-	-	-	
	III	41,16	-	3,29	3,70	-	-	-	-	-	-	-	-	-	-	-	-	-	-	-	-	-	
	IV	298,66	-	23,89	26,87	-	19,80	22,27	-	15,84	17,82	-	12,00	13,50	-	8,29	9,32	-	4,78	5,37	-	1,84	2,0
	V	606,00	-	48,48	54,54																		
	VI	646,66	-	51,73	58,19																		
2.441,99	I	299,50	-	23,96	26,95	-	15,90	17,88	-	8,35	9,39	-	1,88	2,12	-	-	-	-	-	-	-	-	
	II	203,50	-	16,28	18,31	-	8,70	9,79	-	2,14	2,41	-	-	-	-	-	-	-	-	-	-	-	
	III	41,66	-	3,33	3,74	-	-	-	-	-	-	-	-	-	-	-	-	-	-	-	-	-	
	IV	299,50	-	23,96	26,95	-	19,86	22,34	-	15,90	17,88	-	12,06	13,56	-	8,35	9,39	-	4,83	5,43	-	1,88	2,1
	V	607,16	-	48,57	54,64																		
	VI	647,66	-	51,81	58,28																		
2.444,99	I	300,33	-	24,02	27,02	-	15,96	17,95	-	8,41	9,46	-	1,93	2,17	-	-	-	-	-	-	-	-	
	II	204,25	-	16,34	18,38	-	8,76	9,86	-	2,18	2,45	-	-	-	-	-	-	-	-	-	-	-	
	III	42,16	-	3,37	3,79	-	-	-	-	-	-	-	-	-	-	-	-	-	-	-	-	-	
	IV	300,33	-	24,02	27,02	-	19,93	22,42	-	15,96	17,95	-	12,12	13,63	-	8,41	9,46	-	4,88	5,49	-	1,93	2,1
	V	608,16	-	48,65	54,73																		
	VI	648,83	-	51,90	58,39																		
2.447,99	I	301,16	-	24,09	27,10	-	16,02	18,02	-	8,47	9,53	-	1,97	2,21	-	-	-	-	-	-	-	-	
	II	205,00	-	16,40	18,45	-	8,82	9,92	-	2,23	2,51	-	-	-	-	-	-	-	-	-	-	-	
	III	42,66	-	3,41	3,83	-	-	-	-	-	-	-	-	-	-	-	-	-	-	-	-	-	
	IV	301,16	-	24,09	27,10	-	19,99	22,49	-	16,02	18,02	-	12,18	13,70	-	8,47	9,53	-	4,94	5,55	-	1,97	2,2
	V	609,33	-	48,74	54,83																		
	VI	650,00	-	52,00	58,50																		
2.450,99	I	302,00	-	24,16	27,18	-	16,08	18,09	-	8,52	9,59	-	2,01	2,26	-	-	-	-	-	-	-	-	
	II	205,83	-	16,46	18,52	-	8,88	9,99	-	2,27	2,55	-	-	-	-	-	-	-	-	-	-	-	
	III	43,33	-	3,46	3,89	-	-	-	-	-	-	-	-	-	-	-	-	-	-	-	-	-	
	IV	302,00	-	24,16	27,18	-	20,06	22,56	-	16,08	18,09	-	12,24	13,77	-	8,52	9,59	-	4,98	5,60	-	2,01	2,2
	V	610,66	-	48,85	54,95																		
	VI	651,16	-	52,09	58,60																		
2.453,99	I	302,83	-	24,22	27,25	-	16,15	18,17	-	8,58	9,65	-	2,06	2,31	-	-	-	-	-	-	-	-	
	II	206,58	-	16,52	18,59	-	8,94	10,05	-	2,32	2,61	-	-	-	-	-	-	-	-	-	-	-	
	III	43,83	-	3,50	3,94	-	-	-	-	-	-	-	-	-	-	-	-	-	-	-	-	-	
	IV	302,83	-	24,22	27,25	-	20,12	22,64	-	16,15	18,17	-	12,30	13,84	-	8,58	9,65	-	5,04	5,67	-	2,06	2,3
	V	611,66	-	48,93	55,04																		
	VI	652,33	-	52,18	58,70																		
2.456,99	I	303,66	-	24,29	27,32	-	16,21	18,23	-	8,64	9,72	-	2,10	2,36	-	-	-	-	-	-	-	-	
	II	207,41	-	16,59	18,66	-	9,00	10,12	-	2,36	2,65	-	-	-	-	-	-	-	-	-	-	-	
	III	44,33	-	3,54	3,98	-	-	-	-	-	-	-	-	-	-	-	-	-	-	-	-	-	
	IV	303,66	-	24,29	27,32	-	20,19	22,71	-	16,21	18,23	-	12,36	13,91	-	8,64	9,72	-	5,09	5,72	-	2,10	2,3
	V	612,83	-	49,02	55,15																		
	VI	653,50	-	52,28	58,81																		
2.459,99	I	304,50	-	24,36	27,40	-	16,28	18,31	-	8,70	9,79	-	2,14	2,41	-	-	-	-	-	-	-	-	
	II	208,16	-	16,65	18,73	-	9,06	10,19	-	2,40	2,70	-	-	-	-	-	-	-	-	-	-	-	
	III	44,83	-	3,58	4,03	-	-	-	-	-	-	-	-	-	-	-	-	-	-	-	-	-	
	IV	304,50	-	24,36	27,40	-	20,25	22,78	-	16,28	18,31	-	12,42	13,97	-	8,70	9,79	-	5,14	5,78	-	2,14	2,41
	V	614,00	-	49,12	55,26																		
	VI	654,66	-	52,37	58,91																		
2.462,99	I	305,33	-	24,42	27,47	-	16,34	18,38	-	8,76	9,86	-	2,18	2,45	-	-	-	-	-	-	-	-	
	II	209,00	-	16,72	18,81	-	9,12	10,26	-	2,45	2,75	-	-	-	-	-	-	-	-	-	-	-	
	III	45,33	-	3,62	4,07	-	-	-	-	-	-	-	-	-	-	-	-	-	-	-	-	-	
	IV	305,33	-	24,42	27,47	-	20,32	22,86	-	16,34	18,38	-	12,48	14,04	-	8,76	9,86	-	5,20	5,85	-	2,18	2,45
	V	615,16	-	49,21	55,36																		
	VI	655,83	-	52,46	59,02																		
2.465,99	I	306,16	-	24,49	27,55	-	16,40	18,45	-	8,82	9,92	-	2,23	2,51	-	-	-	-	-	-	-	-	
	II	209,75	-	16,78	18,87	-	9,18	10,32	-	2,49	2,80	-	-	-	-	-	-	-	-	-	-	-	
	III	45,83	-	3,66	4,12	-	-	-	-	-	-	-	-	-	-	-	-	-	-	-	-	-	
	IV	306,16	-	24,49	27,55	-	20,38	22,93	-	16,40	18,45	-	12,54	14,11	-	8,82	9,92	-	5,26	5,91	-	2,23	2,51
	V	616,16	-	49,29	55,45																		
	VI	657,00	-	52,56	59,13																		
2.468,99	I	307,08	-	24,56	27,63	-	16,46	18,52	-	8,88	9,99	-	2,27	2,55	-	-	-	-	-	-	-	-	
	II	210,58	-	16,84	18,95	-	9,23	10,38	-	2,54	2,85	-	-	-	-	-	-	-	-	-	-	-	
	III	46,33	-	3,70	4,16	-	-	-	-	-	-	-	-	-	-	-	-	-	-	-	-	-	
	IV	307,08	-	24,56	27,63	-	20,45	23,00	-	16,46	18,52	-	12,60	14,18	-	8,88	9,99	-	5,31	5,97	-	2,27	2,55
	V	617,33	-	49,38	55,55																		
	VI	658,16	-	52,65	59,23																		
2.471,99	I	307,91	-	24,63	27,71	-	16,52	18,59	-	8,94	10,05	-	2,32	2,61	-	-	-	-	-	-	-	-	
	II	211,33	-	16,90	19,01	-	9,29	10,45	-	2,58	2,90	-	-	-	-	-	-	-	-	-	-	-	
	III	46,83	-	3,74	4,21	-	-	-	-	-	-	-	-	-	-	-	-	-	-	-	-	-	
	IV	307,91	-	24,63	27,71	-	20,51	23,07	-	16,52	18,59	-	12,67	14,25	-	8,94	10,05	-	5,36	6,03	-	2,32	2,61
	V	618,66	-	49,49	55,67																		
	VI	659,33	-	52,74	59,33																		
2.474,99	I	308,75	-	24,70	27,78	-	16,59	18,66	-	9,00	10,12	-	2,36	2,65	-	-	-	-	-	-	-	-	
	II	212,16	-	16,97	19,09	-	9,35	10,52	-	2,62	2,95	-	-	-	-	-	-	-	-	-	-	-	
	III	47,50	-	3,80	4,27	-	-	-	-	-	-	-	-	-	-	-	-	-	-	-	-	-	
	IV	308,75	-	24,70	27,78	-	20,58	23,15	-	16,59	18,66	-	12,73	14,32	-	9,00	10,12	-	5,42	6,09	-	2,36	2,65
	V	619,83	-	49,58	55,78																		
	VI	660,50	-	52,84	59,44																		

Lohn/ Gehalt bis	Steuerklasse	Lohn- steuer	ohne Kinderfreibetrag			Anzahl Kinderfreibeträge (nur Steuerklassen I–IV) 0,5			1,0			1,5			2,0			2,5			3,0		
			SolZ 5,5%	Kirchensteuer 8%	9%	SolZ 5,5%	Kirchensteuer 8%	9%	SolZ 5,5%	Kirchensteuer 8%	9%	SolZ 5,5%	Kirchensteuer 8%	9%	SolZ 5,5%	Kirchensteuer 8%	9%	SolZ 5,5%	Kirchensteuer 8%	9%	SolZ 5,5%	Kirchensteuer 8%	9%
2.477,99	I	309,58	-	24,76	27,86	-	16,65	18,73	-	9,06	10,19	-	2,40	2,70	-	-	-	-	-	-	-	-	-
	II	212,91	-	17,03	19,16	-	9,41	10,58	-	2,67	3,00	-	-	-	-	-	-	-	-	-	-	-	-
	III	48,00	-	3,84	4,32	-	-	-	-	-	-	-	-	-	-	-	-	-	-	-	-	-	-
	IV	309,58	-	24,76	27,86	-	20,64	23,22	-	16,65	18,73	-	12,79	14,39	-	9,06	10,19	-	5,47	6,15	-	2,40	2,70
	V	620,83	-	49,66	55,87																		
	VI	661,66	-	52,93	59,54																		
2.480,99	I	310,41	-	24,83	27,93	-	16,72	18,81	-	9,12	10,26	-	2,45	2,75	-	-	-	-	-	-	-	-	-
	II	213,75	-	17,10	19,23	-	9,47	10,65	-	2,72	3,06	-	-	-	-	-	-	-	-	-	-	-	-
	III	48,50	-	3,88	4,36	-	-	-	-	-	-	-	-	-	-	-	-	-	-	-	-	-	-
	IV	310,41	-	24,83	27,93	-	20,71	23,30	-	16,72	18,81	-	12,85	14,45	-	9,12	10,26	-	5,52	6,21	-	2,45	2,75
	V	622,00	-	49,76	55,98																		
	VI	662,83	-	53,02	59,65																		
2.483,99	I	311,25	-	24,90	28,01	-	16,78	18,87	-	9,18	10,32	-	2,49	2,80	-	-	-	-	-	-	-	-	-
	II	214,50	-	17,16	19,30	-	9,53	10,72	-	2,76	3,11	-	-	-	-	-	-	-	-	-	-	-	-
	III	49,00	-	3,92	4,41	-	-	-	-	-	-	-	-	-	-	-	-	-	-	-	-	-	-
	IV	311,25	-	24,90	28,01	-	20,77	23,36	-	16,78	18,87	-	12,91	14,52	-	9,18	10,32	-	5,58	6,28	-	2,49	2,80
	V	623,16	-	49,85	56,08																		
	VI	664,16	-	53,13	59,77																		
2.486,99	I	312,08	-	24,96	28,08	-	16,84	18,95	-	9,23	10,38	-	2,54	2,85	-	-	-	-	-	-	-	-	-
	II	215,33	-	17,22	19,37	-	9,59	10,79	-	2,81	3,16	-	-	-	-	-	-	-	-	-	-	-	-
	III	49,50	-	3,96	4,45	-	-	-	-	-	-	-	-	-	-	-	-	-	-	-	-	-	-
	IV	312,08	-	24,96	28,08	-	20,84	23,44	-	16,84	18,95	-	12,97	14,59	-	9,23	10,38	-	5,64	6,34	-	2,54	2,85
	V	624,33	-	49,94	56,18																		
	VI	665,33	-	53,22	59,87																		
2.489,99	I	312,91	-	25,03	28,16	-	16,90	19,01	-	9,29	10,45	-	2,58	2,90	-	-	-	-	-	-	-	-	-
	II	216,08	-	17,28	19,44	-	9,65	10,85	-	2,85	3,20	-	-	-	-	-	-	-	-	-	-	-	-
	III	50,00	-	4,00	4,50	-	-	-	-	-	-	-	-	-	-	-	-	-	-	-	-	-	-
	IV	312,91	-	25,03	28,16	-	20,90	23,51	-	16,90	19,01	-	13,04	14,67	-	9,29	10,45	-	5,69	6,40	-	2,58	2,90
	V	625,50	-	50,04	56,29																		
	VI	666,50	-	53,32	59,98																		
2.492,99	I	313,75	-	25,10	28,23	-	16,97	19,09	-	9,35	10,52	-	2,62	2,95	-	-	-	-	-	-	-	-	-
	II	216,91	-	17,35	19,52	-	9,71	10,92	-	2,90	3,26	-	-	-	-	-	-	-	-	-	-	-	-
	III	50,66	-	4,05	4,55	-	-	-	-	-	-	-	-	-	-	-	-	-	-	-	-	-	-
	IV	313,75	-	25,10	28,23	-	20,97	23,59	-	16,97	19,09	-	13,10	14,73	-	9,35	10,52	-	5,74	6,46	-	2,62	2,95
	V	626,50	-	50,12	56,38																		
	VI	667,66	-	53,41	60,08																		
2.495,99	I	314,58	-	25,16	28,31	-	17,03	19,16	-	9,41	10,58	-	2,67	3,00	-	-	-	-	-	-	-	-	-
	II	217,66	-	17,41	19,58	-	9,77	10,99	-	2,94	3,31	-	-	-	-	-	-	-	-	-	-	-	-
	III	51,16	-	4,09	4,60	-	-	-	-	-	-	-	-	-	-	-	-	-	-	-	-	-	-
	IV	314,58	-	25,16	28,31	-	21,04	23,67	-	17,03	19,16	-	13,16	14,80	-	9,41	10,58	-	5,80	6,53	-	2,67	3,00
	V	627,66	-	50,21	56,48																		
	VI	668,83	-	53,50	60,19																		
2.498,99	I	315,50	-	25,24	28,39	-	17,10	19,23	-	9,47	10,65	-	2,72	3,06	-	-	-	-	-	-	-	-	-
	II	218,50	-	17,48	19,66	-	9,82	11,05	-	2,99	3,36	-	-	-	-	-	-	-	-	-	-	-	-
	III	51,66	-	4,13	4,64	-	-	-	-	-	-	-	-	-	-	-	-	-	-	-	-	-	-
	IV	315,50	-	25,24	28,39	-	21,10	23,74	-	17,10	19,23	-	13,22	14,87	-	9,47	10,65	-	5,86	6,59	-	2,72	3,06
	V	629,00	-	50,32	56,61																		
	VI	670,00	-	53,60	60,30																		
2.501,99	I	316,33	-	25,30	28,46	-	17,16	19,30	-	9,53	10,72	-	2,76	3,11	-	-	-	-	-	-	-	-	-
	II	219,25	-	17,54	19,73	-	9,88	11,12	-	3,04	3,42	-	-	-	-	-	-	-	-	-	-	-	-
	III	52,16	-	4,17	4,69	-	-	-	-	-	-	-	-	-	-	-	-	-	-	-	-	-	-
	IV	316,33	-	25,30	28,46	-	21,16	23,81	-	17,16	19,30	-	13,28	14,94	-	9,53	10,72	-	5,92	6,66	-	2,76	3,11
	V	630,16	-	50,41	56,71																		
	VI	671,16	-	53,69	60,40																		
2.504,99	I	317,16	-	25,37	28,54	-	17,22	19,37	-	9,59	10,79	-	2,81	3,16	-	-	-	-	-	-	-	-	-
	II	220,08	-	17,60	19,80	-	9,94	11,18	-	3,08	3,47	-	-	-	-	-	-	-	-	-	-	-	-
	III	52,83	-	4,22	4,75	-	-	-	-	-	-	-	-	-	-	-	-	-	-	-	-	-	-
	IV	317,16	-	25,37	28,54	-	21,23	23,88	-	17,22	19,37	-	13,34	15,01	-	9,59	10,79	-	5,97	6,71	-	2,81	3,16
	V	631,33	-	50,50	56,81																		
	VI	672,33	-	53,78	60,50																		
2.507,99	I	318,00	-	25,44	28,62	-	17,28	19,44	-	9,65	10,85	-	2,85	3,20	-	-	-	-	-	-	-	-	-
	II	220,91	-	17,67	19,88	-	10,00	11,25	-	3,13	3,52	-	-	-	-	-	-	-	-	-	-	-	-
	III	53,33	-	4,26	4,79	-	-	-	-	-	-	-	-	-	-	-	-	-	-	-	-	-	-
	IV	318,00	-	25,44	28,62	-	21,30	23,96	-	17,28	19,44	-	13,40	15,08	-	9,65	10,85	-	6,02	6,77	-	2,85	3,20
	V	632,33	-	50,58	56,90																		
	VI	673,50	-	53,88	60,61																		
2.510,99	I	318,83	-	25,50	28,69	-	17,35	19,52	-	9,71	10,92	-	2,90	3,26	-	-	-	-	-	-	-	-	-
	II	221,66	-	17,73	19,94	-	10,06	11,32	-	3,18	3,57	-	-	-	-	-	-	-	-	-	-	-	-
	III	53,83	-	4,30	4,84	-	-	-	-	-	-	-	-	-	-	-	-	-	-	-	-	-	-
	IV	318,83	-	25,50	28,69	-	21,36	24,03	-	17,35	19,52	-	13,46	15,14	-	9,71	10,92	-	6,08	6,84	-	2,90	3,26
	V	633,50	-	50,68	57,01																		
	VI	674,66	-	53,97	60,71																		
2.513,99	I	319,66	-	25,57	28,76	-	17,41	19,58	-	9,77	10,99	-	2,94	3,31	-	-	-	-	-	-	-	-	-
	II	222,50	-	17,80	20,02	-	10,12	11,39	-	3,22	3,62	-	-	-	-	-	-	-	-	-	-	-	-
	III	54,33	-	4,34	4,88	-	-	-	-	-	-	-	-	-	-	-	-	-	-	-	-	-	-
	IV	319,66	-	25,57	28,76	-	21,43	24,11	-	17,41	19,58	-	13,52	15,21	-	9,77	10,99	-	6,14	6,90	-	2,94	3,31
	V	634,66	-	50,77	57,11																		
	VI	676,00	-	54,08	60,84																		
2.516,99	I	320,50	-	25,64	28,84	-	17,48	19,66	-	9,82	11,05	-	2,99	3,36	-	-	-	-	-	-	-	-	-
	II	223,25	-	17,86	20,09	-	10,18	11,45	-	3,27	3,68	-	-	-	-	-	-	-	-	-	-	-	-
	III	54,83	-	4,38	4,93	-	-	-	-	-	-	-	-	-	-	-	-	-	-	-	-	-	-
	IV	320,50	-	25,64	28,84	-	21,50	24,18	-	17,48	19,66	-	13,59	15,29	-	9,82	11,05	-	6,20	6,97	-	2,99	3,36
	V	635,83	-	50,86	57,22																		
	VI	677,16	-	54,17	60,94																		
2.519,99	I	321,41	-	25,71	28,92	-	17,54	19,73	-	9,88	11,12	-	3,04	3,42	-	-	-	-	-	-	-	-	-
	II	224,08	-	17,92	20,16	-	10,24	11,52	-	3,32	3,73	-	-	-	-	-	-	-	-	-	-	-	-
	III	55,50	-	4,44	4,99	-	-	-	-	-	-	-	-	-	-	-	-	-	-	-	-	-	-
	IV	321,41	-	25,71	28,92	-	21,56	24,25	-	17,54	19,73	-	13,65	15,35	-	9,88	11,12	-	6,25	7,03	-	3,04	3,42
	V	637,00	-	50,96	57,33																		
	VI	678,33	-	54,26	61,04																		

Lohn/ Gehalt bis	Steuerklasse	Lohn-steuer	ohne Kinderfreibetrag SolZ 5,5%	Kirchensteuer 8%	Kirchensteuer 9%	0,5 SolZ 5,5%	0,5 Kirchensteuer 8%	0,5 Kirchensteuer 9%	1,0 SolZ 5,5%	1,0 Kirchensteuer 8%	1,0 Kirchensteuer 9%	1,5 SolZ 5,5%	1,5 Kirchensteuer 8%	1,5 Kirchensteuer 9%	2,0 SolZ 5,5%	2,0 Kirchensteuer 8%	2,0 Kirchensteuer 9%	2,5 SolZ 5,5%	2,5 Kirchensteuer 8%	2,5 Kirchensteuer 9%	3,0 SolZ 5,5%	3,0 Kirchensteuer 8%	3,0 Kirchensteuer 9%
2.522,99	I	322,25	-	25,78	29,00	-	17,60	19,80	-	9,94	11,18	-	3,08	3,47	-	-	-	-	-	-	-	-	
	II	224,83	-	17,98	20,23	-	10,30	11,59	-	3,36	3,78	-	-	-	-	-	-	-	-	-	-	-	
	III	56,00	-	4,48	5,04	-	-	-	-	-	-	-	-	-	-	-	-	-	-	-	-	-	
	IV	322,25	-	25,78	29,00	-	21,62	24,32	-	17,60	19,80	-	13,71	15,42	-	9,94	11,18	-	6,31	7,10	-	3,08	3,4
	V	638,16	-	51,05	57,43																		
	VI	679,50	-	54,36	61,15																		
2.525,99	I	323,08	-	25,84	29,07	-	17,67	19,88	-	10,00	11,25	-	3,13	3,52	-	-	-	-	-	-	-	-	
	II	225,66	-	18,05	20,30	-	10,36	11,66	-	3,42	3,84	-	-	-	-	-	-	-	-	-	-	-	
	III	56,50	-	4,52	5,08	-	-	-	-	-	-	-	-	-	-	-	-	-	-	-	-	-	
	IV	323,08	-	25,84	29,07	-	21,69	24,40	-	17,67	19,88	-	13,77	15,49	-	10,00	11,25	-	6,36	7,16	-	3,13	3,5
	V	639,33	-	51,14	57,53																		
	VI	680,66	-	54,45	61,25																		
2.528,99	I	323,91	-	25,91	29,15	-	17,73	19,94	-	10,06	11,32	-	3,18	3,57	-	-	-	-	-	-	-	-	
	II	226,50	-	18,12	20,38	-	10,42	11,72	-	3,46	3,89	-	-	-	-	-	-	-	-	-	-	-	
	III	57,00	-	4,56	5,13	-	-	-	-	-	-	-	-	-	-	-	-	-	-	-	-	-	
	IV	323,91	-	25,91	29,15	-	21,76	24,48	-	17,73	19,94	-	13,83	15,56	-	10,06	11,32	-	6,42	7,22	-	3,18	3,5
	V	640,50	-	51,24	57,64																		
	VI	681,83	-	54,54	61,36																		
2.531,99	I	324,75	-	25,98	29,22	-	17,80	20,02	-	10,12	11,39	-	3,22	3,62	-	-	-	-	-	-	-	-	
	II	227,25	-	18,18	20,45	-	10,48	11,79	-	3,51	3,95	-	-	-	-	-	-	-	-	-	-	-	
	III	57,66	-	4,61	5,18	-	-	-	-	-	-	-	-	-	-	-	-	-	-	-	-	-	
	IV	324,75	-	25,98	29,22	-	21,82	24,55	-	17,80	20,02	-	13,90	15,63	-	10,12	11,39	-	6,48	7,29	-	3,22	3,6
	V	641,50	-	51,32	57,73																		
	VI	683,16	-	54,65	61,48																		
2.534,99	I	325,66	-	26,05	29,30	-	17,86	20,09	-	10,18	11,45	-	3,27	3,68	-	-	-	-	-	-	-	-	
	II	228,08	-	18,24	20,52	-	10,54	11,86	-	3,56	4,00	-	-	-	-	-	-	-	-	-	-	-	
	III	58,16	-	4,65	5,23	-	-	-	-	-	-	-	-	-	-	-	-	-	-	-	-	-	
	IV	325,66	-	26,05	29,30	-	21,89	24,62	-	17,86	20,09	-	13,96	15,70	-	10,18	11,45	-	6,54	7,35	-	3,27	3,6
	V	642,83	-	51,42	57,85																		
	VI	684,33	-	54,74	61,58																		
2.537,99	I	326,50	-	26,12	29,38	-	17,92	20,16	-	10,24	11,52	-	3,32	3,73	-	-	-	-	-	-	-	-	
	II	228,83	-	18,30	20,59	-	10,60	11,93	-	3,60	4,05	-	-	-	-	-	-	-	-	-	-	-	
	III	58,66	-	4,69	5,27	-	-	-	-	-	-	-	-	-	-	-	-	-	-	-	-	-	
	IV	326,50	-	26,12	29,38	-	21,96	24,70	-	17,92	20,16	-	14,02	15,77	-	10,24	11,52	-	6,60	7,42	-	3,32	3,7
	V	644,00	-	51,52	57,96																		
	VI	685,50	-	54,84	61,69																		
2.540,99	I	327,33	-	26,18	29,45	-	17,98	20,23	-	10,30	11,59	-	3,36	3,78	-	-	-	-	-	-	-	-	
	II	229,66	-	18,37	20,66	-	10,66	11,99	-	3,66	4,11	-	-	-	-	-	-	-	-	-	-	-	
	III	59,33	-	4,74	5,33	-	-	-	-	-	-	-	-	-	-	-	-	-	-	-	-	-	
	IV	327,33	-	26,18	29,45	-	22,02	24,77	-	17,98	20,23	-	14,08	15,84	-	10,30	11,59	-	6,66	7,49	-	3,36	3,7
	V	645,16	-	51,61	58,06																		
	VI	686,66	-	54,93	61,79																		
2.543,99	I	328,16	-	26,25	29,53	-	18,05	20,30	-	10,36	11,66	-	3,42	3,84	-	-	-	-	-	-	-	-	
	II	230,50	-	18,44	20,74	-	10,72	12,06	-	3,70	4,16	-	-	-	-	-	-	-	-	-	-	-	
	III	59,83	-	4,78	5,38	-	-	-	-	-	-	-	-	-	-	-	-	-	-	-	-	-	
	IV	328,16	-	26,25	29,53	-	22,08	24,84	-	18,05	20,30	-	14,14	15,91	-	10,36	11,66	-	6,71	7,55	-	3,42	3,8
	V	646,33	-	51,70	58,16																		
	VI	687,83	-	55,02	61,90																		
2.546,99	I	329,00	-	26,32	29,61	-	18,12	20,38	-	10,42	11,72	-	3,46	3,89	-	-	-	-	-	-	-	-	
	II	231,25	-	18,50	20,81	-	10,78	12,13	-	3,75	4,22	-	-	-	-	-	-	-	-	-	-	-	
	III	60,33	-	4,82	5,42	-	-	-	-	-	-	-	-	-	-	-	-	-	-	-	-	-	
	IV	329,00	-	26,32	29,61	-	22,15	24,92	-	18,12	20,38	-	14,20	15,98	-	10,42	11,72	-	6,77	7,61	-	3,46	3,89
	V	647,50	-	51,80	58,27																		
	VI	689,16	-	55,13	62,02																		
2.549,99	I	329,91	-	26,39	29,69	-	18,18	20,45	-	10,48	11,79	-	3,51	3,95	-	-	-	-	-	-	-	-	
	II	232,08	-	18,56	20,88	-	10,84	12,20	-	3,80	4,28	-	-	-	-	-	-	-	-	-	-	-	
	III	61,00	-	4,88	5,49	-	0,02	0,02	-	-	-	-	-	-	-	-	-	-	-	-	-	-	
	IV	329,91	-	26,39	29,69	-	22,22	24,99	-	18,18	20,45	-	14,26	16,04	-	10,48	11,79	-	6,83	7,68	-	3,51	3,95
	V	648,66	-	51,89	58,37																		
	VI	690,33	-	55,22	62,12																		
2.552,99	I	330,75	-	26,46	29,76	-	18,24	20,52	-	10,54	11,86	-	3,56	4,00	-	-	-	-	-	-	-	-	
	II	232,83	-	18,62	20,95	-	10,90	12,26	-	3,85	4,33	-	-	-	-	-	-	-	-	-	-	-	
	III	61,50	-	4,92	5,53	-	0,06	0,07	-	-	-	-	-	-	-	-	-	-	-	-	-	-	
	IV	330,75	-	26,46	29,76	-	22,28	25,07	-	18,24	20,52	-	14,33	16,12	-	10,54	11,86	-	6,88	7,74	-	3,56	4,00
	V	649,83	-	51,98	58,48																		
	VI	691,50	-	55,32	62,23																		
2.555,99	I	331,58	-	26,52	29,84	-	18,30	20,59	-	10,60	11,93	-	3,60	4,05	-	-	-	-	-	-	-	-	
	II	233,66	-	18,69	21,02	-	10,96	12,33	-	3,90	4,39	-	-	-	-	-	-	-	-	-	-	-	
	III	62,00	-	4,96	5,58	-	0,09	0,10	-	-	-	-	-	-	-	-	-	-	-	-	-	-	
	IV	331,58	-	26,52	29,84	-	22,35	25,14	-	18,30	20,59	-	14,39	16,19	-	10,60	11,93	-	6,94	7,81	-	3,60	4,05
	V	651,00	-	52,08	58,59																		
	VI	692,66	-	55,41	62,33																		
2.558,99	I	332,41	-	26,59	29,91	-	18,37	20,66	-	10,66	11,99	-	3,66	4,11	-	-	-	-	-	-	-	-	
	II	234,50	-	18,76	21,10	-	11,02	12,40	-	3,95	4,44	-	-	-	-	-	-	-	-	-	-	-	
	III	62,66	-	5,01	5,63	-	0,13	0,14	-	-	-	-	-	-	-	-	-	-	-	-	-	-	
	IV	332,41	-	26,59	29,91	-	22,42	25,22	-	18,37	20,66	-	14,45	16,25	-	10,66	11,99	-	7,00	7,88	-	3,66	4,11
	V	652,16	-	52,17	58,69																		
	VI	693,83	-	55,50	62,44																		
2.561,99	I	333,25	-	26,66	29,99	-	18,44	20,74	-	10,72	12,06	-	3,70	4,16	-	-	-	-	-	-	-	-	
	II	235,25	-	18,82	21,17	-	11,08	12,47	-	4,00	4,50	-	-	-	-	-	-	-	-	-	-	-	
	III	63,16	-	5,05	5,68	-	0,16	0,18	-	-	-	-	-	-	-	-	-	-	-	-	-	-	
	IV	333,25	-	26,66	29,99	-	22,48	25,29	-	18,44	20,74	-	14,51	16,32	-	10,72	12,06	-	7,06	7,94	-	3,70	4,16
	V	653,33	-	52,26	58,79																		
	VI	695,16	-	55,61	62,56																		
2.564,99	I	334,16	-	26,73	30,07	-	18,50	20,81	-	10,78	12,13	-	3,75	4,22	-	-	-	-	-	-	-	-	
	II	236,08	-	18,88	21,24	-	11,14	12,53	-	4,05	4,55	-	-	-	-	-	-	-	-	-	-	-	
	III	63,66	-	5,09	5,72	-	0,20	0,22	-	-	-	-	-	-	-	-	-	-	-	-	-	-	
	IV	334,16	-	26,73	30,07	-	22,55	25,37	-	18,50	20,81	-	14,58	16,40	-	10,78	12,13	-	7,12	8,01	-	3,75	4,22
	V	654,50	-	52,36	58,90																		
	VI	696,33	-	55,70	62,66																		

Besondere Tabelle

MONAT bis 2.609,99 €

Lohn/ Gehalt bis	Steuerklasse	Lohn- steuer	ohne Kinderfreibetrag			Anzahl Kinderfreibeträge (nur Steuerklassen I–IV)																	
						0,5			1,0			1,5			2,0			2,5			3,0		
			SolZ 5,5%	Kirchensteuer 8%	9%	SolZ 5,5%	Kirchensteuer 8%	9%	SolZ 5,5%	Kirchensteuer 8%	9%	SolZ 5,5%	Kirchensteuer 8%	9%	SolZ 5,5%	Kirchensteuer 8%	9%	SolZ 5,5%	Kirchensteuer 8%	9%	SolZ 5,5%	Kirchensteuer 8%	9%
2.567,99	I	335,00	-	26,80	30,15	-	18,56	20,88	-	10,84	12,20	-	3,80	4,28	-	-	-	-	-	-	-	-	-
	II	236,91	-	18,95	21,32	-	11,20	12,60	-	4,10	4,61	-	-	-	-	-	-	-	-	-	-	-	-
	III	64,33	-	5,14	5,78	-	0,24	0,27	-	-	-	-	-	-	-	-	-	-	-	-	-	-	-
	IV	335,00	-	26,80	30,15	-	22,62	25,44	-	18,56	20,88	-	14,64	16,47	-	10,84	12,20	-	7,18	8,07	-	3,80	4,28
	V	655,66	-	52,45	59,00																		
	VI	697,33	-	55,78	62,75																		
2.570,99	I	335,83	-	26,86	30,22	-	18,62	20,95	-	10,90	12,26	-	3,85	4,33	-	-	-	-	-	-	-	-	-
	II	237,66	-	19,01	21,38	-	11,26	12,67	-	4,15	4,67	-	-	-	-	-	-	-	-	-	-	-	-
	III	64,83	-	5,18	5,83	-	0,26	0,29	-	-	-	-	-	-	-	-	-	-	-	-	-	-	-
	IV	335,83	-	26,86	30,22	-	22,68	25,52	-	18,62	20,95	-	14,70	16,53	-	10,90	12,26	-	7,23	8,13	-	3,85	4,33
	V	656,83	-	52,54	59,11																		
	VI	698,66	-	55,89	62,87																		
2.573,99	I	336,66	-	26,93	30,29	-	18,69	21,02	-	10,96	12,33	-	3,90	4,39	-	-	-	-	-	-	-	-	-
	II	238,50	-	19,08	21,46	-	11,32	12,74	-	4,20	4,73	-	-	-	-	-	-	-	-	-	-	-	-
	III	65,33	-	5,22	5,87	-	0,30	0,34	-	-	-	-	-	-	-	-	-	-	-	-	-	-	-
	IV	336,66	-	26,93	30,29	-	22,75	25,59	-	18,69	21,02	-	14,76	16,61	-	10,96	12,33	-	7,29	8,20	-	3,90	4,39
	V	658,00	-	52,64	59,22																		
	VI	699,83	-	55,98	62,98																		
2.576,99	I	337,58	-	27,00	30,38	-	18,76	21,10	-	11,02	12,40	-	3,95	4,44	-	-	-	-	-	-	-	-	-
	II	239,33	-	19,14	21,53	-	11,38	12,80	-	4,25	4,78	-	-	-	-	-	-	-	-	-	-	-	-
	III	66,00	-	5,28	5,94	-	0,33	0,37	-	-	-	-	-	-	-	-	-	-	-	-	-	-	-
	IV	337,58	-	27,00	30,38	-	22,82	25,67	-	18,76	21,10	-	14,82	16,67	-	11,02	12,40	-	7,35	8,27	-	3,95	4,44
	V	659,16	-	52,73	59,32																		
	VI	701,00	-	56,08	63,09																		
2.579,99	I	338,41	-	27,07	30,45	-	18,82	21,17	-	11,08	12,47	-	4,00	4,50	-	-	-	-	-	-	-	-	-
	II	240,08	-	19,20	21,60	-	11,44	12,87	-	4,30	4,84	-	-	-	-	-	-	-	-	-	-	-	-
	III	66,50	-	5,32	5,98	-	0,37	0,41	-	-	-	-	-	-	-	-	-	-	-	-	-	-	-
	IV	338,41	-	27,07	30,45	-	22,88	25,74	-	18,82	21,17	-	14,88	16,74	-	11,08	12,47	-	7,41	8,33	-	4,00	4,50
	V	660,33	-	52,82	59,42																		
	VI	702,16	-	56,17	63,19																		
2.582,99	I	339,25	-	27,14	30,53	-	18,88	21,24	-	11,14	12,53	-	4,05	4,55	-	-	-	-	-	-	-	-	-
	II	240,91	-	19,27	21,68	-	11,50	12,94	-	4,35	4,89	-	-	-	-	-	-	-	-	-	-	-	-
	III	67,00	-	5,36	6,03	-	0,40	0,45	-	-	-	-	-	-	-	-	-	-	-	-	-	-	-
	IV	339,25	-	27,14	30,53	-	22,94	25,81	-	18,88	21,24	-	14,95	16,82	-	11,14	12,53	-	7,46	8,39	-	4,05	4,55
	V	661,50	-	52,92	59,53																		
	VI	703,50	-	56,28	63,31																		
2.585,99	I	340,08	-	27,20	30,60	-	18,95	21,32	-	11,20	12,60	-	4,10	4,61	-	-	-	-	-	-	-	-	-
	II	241,75	-	19,34	21,75	-	11,56	13,01	-	4,40	4,95	-	-	-	-	-	-	-	-	-	-	-	-
	III	67,66	-	5,41	6,08	-	0,44	0,49	-	-	-	-	-	-	-	-	-	-	-	-	-	-	-
	IV	340,08	-	27,20	30,60	-	23,01	25,88	-	18,95	21,32	-	15,01	16,88	-	11,20	12,60	-	7,52	8,46	-	4,10	4,61
	V	662,66	-	53,01	59,63																		
	VI	704,66	-	56,37	63,41																		
2.588,99	I	341,00	-	27,28	30,69	-	19,01	21,38	-	11,26	12,67	-	4,15	4,67	-	-	-	-	-	-	-	-	-
	II	242,50	-	19,40	21,82	-	11,62	13,07	-	4,46	5,01	-	-	-	-	-	-	-	-	-	-	-	-
	III	68,16	-	5,45	6,13	-	0,48	0,54	-	-	-	-	-	-	-	-	-	-	-	-	-	-	-
	IV	341,00	-	27,28	30,69	-	23,08	25,96	-	19,01	21,38	-	15,07	16,95	-	11,26	12,67	-	7,58	8,53	-	4,15	4,67
	V	663,83	-	53,10	59,74																		
	VI	705,83	-	56,46	63,52																		
2.591,99	I	341,83	-	27,34	30,76	-	19,08	21,46	-	11,32	12,74	-	4,20	4,73	-	-	-	-	-	-	-	-	-
	II	243,33	-	19,46	21,89	-	11,68	13,14	-	4,51	5,07	-	-	-	-	-	-	-	-	-	-	-	-
	III	68,83	-	5,50	6,19	-	0,50	0,56	-	-	-	-	-	-	-	-	-	-	-	-	-	-	-
	IV	341,83	-	27,34	30,76	-	23,14	26,03	-	19,08	21,46	-	15,14	17,03	-	11,32	12,74	-	7,64	8,59	-	4,20	4,73
	V	665,00	-	53,20	59,85																		
	VI	707,16	-	56,57	63,64																		
2.594,99	I	342,66	-	27,41	30,83	-	19,14	21,53	-	11,38	12,80	-	4,25	4,78	-	-	-	-	-	-	-	-	-
	II	244,16	-	19,53	21,97	-	11,74	13,21	-	4,56	5,13	-	-	-	-	-	-	-	-	-	-	-	-
	III	69,33	-	5,54	6,23	-	0,54	0,61	-	-	-	-	-	-	-	-	-	-	-	-	-	-	-
	IV	342,66	-	27,41	30,83	-	23,21	26,11	-	19,14	21,53	-	15,20	17,10	-	11,38	12,80	-	7,70	8,66	-	4,25	4,78
	V	666,16	-	53,29	59,95																		
	VI	708,33	-	56,66	63,74																		
2.597,99	I	343,58	-	27,48	30,92	-	19,20	21,60	-	11,44	12,87	-	4,30	4,84	-	-	-	-	-	-	-	-	-
	II	244,91	-	19,59	22,04	-	11,80	13,28	-	4,61	5,18	-	-	-	-	-	-	-	-	-	-	-	-
	III	69,83	-	5,58	6,28	-	0,58	0,65	-	-	-	-	-	-	-	-	-	-	-	-	-	-	-
	IV	343,58	-	27,48	30,92	-	23,28	26,19	-	19,20	21,60	-	15,26	17,16	-	11,44	12,87	-	7,76	8,73	-	4,30	4,84
	V	667,33	-	53,38	60,05																		
	VI	709,50	-	56,76	63,85																		
2.600,99	I	344,41	-	27,55	30,99	-	19,27	21,68	-	11,50	12,94	-	4,35	4,89	-	-	-	-	-	-	-	-	-
	II	245,75	-	19,66	22,11	-	11,87	13,35	-	4,66	5,24	-	-	-	-	-	-	-	-	-	-	-	-
	III	70,50	-	5,64	6,34	-	0,61	0,68	-	-	-	-	-	-	-	-	-	-	-	-	-	-	-
	IV	344,41	-	27,55	30,99	-	23,34	26,26	-	19,27	21,68	-	15,32	17,24	-	11,50	12,94	-	7,82	8,79	-	4,35	4,89
	V	668,50	-	53,48	60,16																		
	VI	710,83	-	56,86	63,97																		
2.603,99	I	345,25	-	27,62	31,07	-	19,34	21,75	-	11,56	13,01	-	4,40	4,95	-	-	-	-	-	-	-	-	-
	II	246,58	-	19,72	22,19	-	11,93	13,42	-	4,72	5,31	-	-	-	-	-	-	-	-	-	-	-	-
	III	71,00	-	5,68	6,39	-	0,65	0,73	-	-	-	-	-	-	-	-	-	-	-	-	-	-	-
	IV	345,25	-	27,62	31,07	-	23,41	26,33	-	19,34	21,75	-	15,38	17,30	-	11,56	13,01	-	7,87	8,85	-	4,40	4,95
	V	669,83	-	53,58	60,28																		
	VI	711,83	-	56,94	64,06																		
2.606,99	I	346,16	-	27,69	31,15	-	19,40	21,82	-	11,62	13,07	-	4,46	5,01	-	-	-	-	-	-	-	-	-
	II	247,41	-	19,79	22,26	-	11,99	13,49	-	4,77	5,36	-	-	-	-	-	-	-	-	-	-	-	-
	III	71,66	-	5,73	6,44	-	0,68	0,76	-	-	-	-	-	-	-	-	-	-	-	-	-	-	-
	IV	346,16	-	27,69	31,15	-	23,48	26,41	-	19,40	21,82	-	15,45	17,38	-	11,62	13,07	-	7,93	8,92	-	4,46	5,01
	V	671,00	-	53,68	60,39																		
	VI	713,16	-	57,05	64,18																		
2.609,99	I	347,00	-	27,76	31,23	-	19,46	21,89	-	11,68	13,14	-	4,51	5,07	-	-	-	-	-	-	-	-	-
	II	248,16	-	19,85	22,33	-	12,05	13,55	-	4,82	5,42	-	-	-	-	-	-	-	-	-	-	-	-
	III	72,16	-	5,77	6,49	-	0,72	0,81	-	-	-	-	-	-	-	-	-	-	-	-	-	-	-
	IV	347,00	-	27,76	31,23	-	23,54	26,48	-	19,46	21,89	-	15,51	17,45	-	11,68	13,14	-	7,99	8,99	-	4,51	5,07
	V	672,16	-	53,77	60,49																		
	VI	714,33	-	57,14	64,28																		

MONAT bis 2.654,99 €

Besondere Tabelle

Lohn/ Gehalt bis	Steuerklasse	Lohn-steuer	ohne Kinderfreibetrag SolZ 5,5%	Kirchensteuer 8%	9%	0,5 SolZ 5,5%	Kirchensteuer 8%	9%	1,0 SolZ 5,5%	Kirchensteuer 8%	9%	1,5 SolZ 5,5%	Kirchensteuer 8%	9%	2,0 SolZ 5,5%	Kirchensteuer 8%	9%	2,5 SolZ 5,5%	Kirchensteuer 8%	9%	3,0 SolZ 5,5%	Kirchensteuer 8%	9%
						Anzahl Kinderfreibeträge (nur Steuerklassen I–IV)																	
2.612,99	I	347,83	-	27,82	31,30	-	19,53	21,97	-	11,74	13,21	-	4,56	5,13	-	-	-	-	-	-	-	-	-
	II	249,00	-	19,92	22,41	-	12,11	13,62	-	4,87	5,48	-	-	-	-	-	-	-	-	-	-	-	-
	III	72,83	-	5,82	6,55	-	0,76	0,85	-	-	-	-	-	-	-	-	-	-	-	-	-	-	-
	IV	347,83	-	27,82	31,30	-	23,61	26,56	-	19,53	21,97	-	15,57	17,51	-	11,74	13,21	-	8,05	9,05	-	4,56	5,1
	V	673,33	-	53,86	60,59																		
	VI	715,50	-	57,24	64,39																		
2.615,99	I	348,66	-	27,89	31,37	-	19,59	22,04	-	11,80	13,28	-	4,61	5,18	-	-	-	-	-	-	-	-	-
	II	249,83	-	19,98	22,48	-	12,17	13,69	-	4,92	5,54	-	-	-	-	-	-	-	-	-	-	-	-
	III	73,33	-	5,86	6,59	-	0,78	0,88	-	-	-	-	-	-	-	-	-	-	-	-	-	-	-
	IV	348,66	-	27,89	31,37	-	23,68	26,64	-	19,59	22,04	-	15,64	17,59	-	11,80	13,28	-	8,10	9,11	-	4,61	5,1
	V	674,50	-	53,96	60,70																		
	VI	716,83	-	57,34	64,51																		
2.618,99	I	349,58	-	27,96	31,46	-	19,66	22,11	-	11,87	13,35	-	4,66	5,24	-	-	-	-	-	-	-	-	-
	II	250,58	-	20,04	22,55	-	12,23	13,76	-	4,98	5,60	-	-	-	-	-	-	-	-	-	-	-	-
	III	73,83	-	5,90	6,64	-	0,82	0,92	-	-	-	-	-	-	-	-	-	-	-	-	-	-	-
	IV	349,58	-	27,96	31,46	-	23,74	26,71	-	19,66	22,11	-	15,70	17,66	-	11,87	13,35	-	8,16	9,18	-	4,66	5,2
	V	675,66	-	54,05	60,80																		
	VI	718,00	-	57,44	64,62																		
2.621,99	I	350,41	-	28,03	31,53	-	19,72	22,19	-	11,93	13,42	-	4,72	5,31	-	-	-	-	-	-	-	-	-
	II	251,41	-	20,11	22,62	-	12,29	13,82	-	5,03	5,66	-	-	-	-	-	-	-	-	-	-	-	-
	III	74,50	-	5,96	6,70	-	0,86	0,97	-	-	-	-	-	-	-	-	-	-	-	-	-	-	-
	IV	350,41	-	28,03	31,53	-	23,81	26,78	-	19,72	22,19	-	15,76	17,73	-	11,93	13,42	-	8,22	9,25	-	4,72	5,3
	V	676,83	-	54,14	60,91																		
	VI	719,33	-	57,54	64,73																		
2.624,99	I	351,25	-	28,10	31,61	-	19,79	22,26	-	11,99	13,49	-	4,77	5,36	-	-	-	-	-	-	-	-	-
	II	252,25	-	20,18	22,70	-	12,35	13,89	-	5,08	5,72	-	-	-	-	-	-	-	-	-	-	-	-
	III	75,00	-	6,00	6,75	-	0,89	1,00	-	-	-	-	-	-	-	-	-	-	-	-	-	-	-
	IV	351,25	-	28,10	31,61	-	23,88	26,86	-	19,79	22,26	-	15,82	17,80	-	11,99	13,49	-	8,28	9,32	-	4,77	5,3
	V	678,00	-	54,24	61,02																		
	VI	720,50	-	57,64	64,84																		
2.627,99	I	352,16	-	28,17	31,69	-	19,85	22,33	-	12,05	13,55	-	4,82	5,42	-	-	-	-	-	-	-	-	-
	II	253,08	-	20,24	22,77	-	12,42	13,97	-	5,14	5,78	-	-	-	-	-	-	-	-	-	-	-	-
	III	75,66	-	6,05	6,80	-	0,93	1,04	-	-	-	-	-	-	-	-	-	-	-	-	-	-	-
	IV	352,16	-	28,17	31,69	-	23,94	26,93	-	19,85	22,33	-	15,88	17,87	-	12,05	13,55	-	8,34	9,38	-	4,82	5,4
	V	679,33	-	54,34	61,13																		
	VI	721,66	-	57,73	64,94																		
2.630,99	I	353,00	-	28,24	31,77	-	19,92	22,41	-	12,11	13,62	-	4,87	5,48	-	-	-	-	-	-	-	-	-
	II	253,83	-	20,30	22,84	-	12,48	14,04	-	5,19	5,84	-	-	-	-	-	-	-	-	-	-	-	-
	III	76,16	-	6,09	6,85	-	0,97	1,09	-	-	-	-	-	-	-	-	-	-	-	-	-	-	-
	IV	353,00	-	28,24	31,77	-	24,01	27,01	-	19,92	22,41	-	15,95	17,94	-	12,11	13,62	-	8,40	9,45	-	4,87	5,4
	V	680,50	-	54,44	61,24																		
	VI	722,83	-	57,82	65,05																		
2.633,99	I	353,91	-	28,31	31,85	-	19,98	22,48	-	12,17	13,69	-	4,92	5,54	-	-	-	-	-	-	-	-	-
	II	254,66	-	20,37	22,91	-	12,54	14,10	-	5,24	5,90	-	-	-	-	-	-	-	-	-	-	-	-
	III	76,83	-	6,14	6,91	-	1,01	1,13	-	-	-	-	-	-	-	-	-	-	-	-	-	-	-
	IV	353,91	-	28,31	31,85	-	24,08	27,09	-	19,98	22,48	-	16,01	18,01	-	12,17	13,69	-	8,46	9,51	-	4,92	5,5
	V	681,66	-	54,53	61,34																		
	VI	724,00	-	57,92	65,16																		
2.636,99	I	354,75	-	28,38	31,92	-	20,04	22,55	-	12,23	13,76	-	4,98	5,60	-	-	-	-	-	-	-	-	-
	II	255,50	-	20,44	22,99	-	12,60	14,17	-	5,30	5,96	-	-	-	-	-	-	-	-	-	-	-	-
	III	77,33	-	6,18	6,95	-	1,04	1,17	-	-	-	-	-	-	-	-	-	-	-	-	-	-	-
	IV	354,75	-	28,38	31,92	-	24,15	27,17	-	20,04	22,55	-	16,08	18,09	-	12,23	13,76	-	8,52	9,58	-	4,98	5,60
	V	682,83	-	54,62	61,45																		
	VI	725,33	-	58,02	65,27																		
2.639,99	I	355,58	-	28,44	32,00	-	20,11	22,62	-	12,29	13,82	-	5,03	5,66	-	-	-	-	-	-	-	-	-
	II	256,33	-	20,50	23,06	-	12,66	14,24	-	5,35	6,02	-	-	-	-	-	-	-	-	-	-	-	-
	III	78,00	-	6,24	7,02	-	1,08	1,21	-	-	-	-	-	-	-	-	-	-	-	-	-	-	-
	IV	355,58	-	28,44	32,00	-	24,22	27,24	-	20,11	22,62	-	16,14	18,15	-	12,29	13,82	-	8,58	9,65	-	5,03	5,66
	V	684,00	-	54,72	61,56																		
	VI	726,50	-	58,12	65,38																		
2.642,99	I	356,50	-	28,52	32,08	-	20,18	22,70	-	12,35	13,89	-	5,08	5,72	-	-	-	-	-	-	-	-	-
	II	257,08	-	20,56	23,13	-	12,72	14,31	-	5,41	6,08	-	-	-	-	-	-	-	-	-	-	-	-
	III	78,50	-	6,28	7,06	-	1,12	1,26	-	-	-	-	-	-	-	-	-	-	-	-	-	-	-
	IV	356,50	-	28,52	32,08	-	24,28	27,32	-	20,18	22,70	-	16,20	18,23	-	12,35	13,89	-	8,64	9,72	-	5,08	5,72
	V	685,33	-	54,82	61,67																		
	VI	727,83	-	58,22	65,50																		
2.645,99	I	357,33	-	28,58	32,15	-	20,24	22,77	-	12,42	13,97	-	5,14	5,78	-	-	-	-	-	-	-	-	-
	II	257,91	-	20,63	23,21	-	12,78	14,37	-	5,46	6,14	-	-	-	-	-	-	-	-	-	-	-	-
	III	79,16	-	6,33	7,12	-	1,14	1,28	-	-	-	-	-	-	-	-	-	-	-	-	-	-	-
	IV	357,33	-	28,58	32,15	-	24,35	27,39	-	20,24	22,77	-	16,26	18,29	-	12,42	13,97	-	8,69	9,77	-	5,14	5,78
	V	686,50	-	54,92	61,78																		
	VI	729,00	-	58,32	65,61																		
2.648,99	I	358,16	-	28,65	32,23	-	20,30	22,84	-	12,48	14,04	-	5,19	5,84	-	-	-	-	-	-	-	-	-
	II	258,75	-	20,70	23,28	-	12,84	14,45	-	5,52	6,21	-	0,02	0,02	-	-	-	-	-	-	-	-	-
	III	79,66	-	6,37	7,16	-	1,18	1,33	-	-	-	-	-	-	-	-	-	-	-	-	-	-	-
	IV	358,16	-	28,65	32,23	-	24,42	27,47	-	20,30	22,84	-	16,32	18,36	-	12,48	14,04	-	8,75	9,84	-	5,19	5,84
	V	687,66	-	55,01	61,88																		
	VI	730,33	-	58,42	65,72																		
2.651,99	I	359,08	-	28,72	32,31	-	20,37	22,91	-	12,54	14,10	-	5,24	5,90	-	-	-	-	-	-	-	-	-
	II	259,58	-	20,76	23,36	-	12,90	14,51	-	5,57	6,26	-	0,05	0,05	-	-	-	-	-	-	-	-	-
	III	80,33	-	6,42	7,22	-	1,22	1,37	-	-	-	-	-	-	-	-	-	-	-	-	-	-	-
	IV	359,08	-	28,72	32,31	-	24,48	27,54	-	20,37	22,91	-	16,39	18,44	-	12,54	14,10	-	8,81	9,91	-	5,24	5,90
	V	688,83	-	55,10	61,99																		
	VI	731,50	-	58,52	65,83																		
2.654,99	I	359,91	-	28,79	32,39	-	20,44	22,99	-	12,60	14,17	-	5,30	5,96	-	-	-	-	-	-	-	-	-
	II	260,41	-	20,83	23,43	-	12,96	14,58	-	5,62	6,32	-	0,08	0,09	-	-	-	-	-	-	-	-	-
	III	80,83	-	6,46	7,27	-	1,26	1,42	-	-	-	-	-	-	-	-	-	-	-	-	-	-	-
	IV	359,91	-	28,79	32,39	-	24,55	27,62	-	20,44	22,99	-	16,45	18,50	-	12,60	14,17	-	8,87	9,98	-	5,30	5,96
	V	690,00	-	55,20	62,10																		
	VI	732,66	-	58,61	65,93																		

Lohn/ Gehalt bis	Steuerklasse	Lohn-steuer	ohne Kinderfreibetrag			Anzahl Kinderfreibeträge (nur Steuerklassen I–IV)																	
						0,5			1,0			1,5			2,0			2,5			3,0		
			SolZ 5,5%	Kirchensteuer 8%	9%	SolZ 5,5%	Kirchensteuer 8%	9%	SolZ 5,5%	Kirchensteuer 8%	9%	SolZ 5,5%	Kirchensteuer 8%	9%	SolZ 5,5%	Kirchensteuer 8%	9%	SolZ 5,5%	Kirchensteuer 8%	9%	SolZ 5,5%	Kirchensteuer 8%	9%
2.657,99	I	360,83	-	28,86	32,47	-	20,50	23,06	-	12,66	14,24	-	5,35	6,02	-	-	-	-	-	-	-	-	-
	II	261,16	-	20,89	23,50	-	13,02	14,65	-	5,68	6,39	-	0,12	0,13	-	-	-	-	-	-	-	-	-
	III	81,50	-	6,52	7,33	-	1,29	1,45	-	-	-	-	-	-	-	-	-	-	-	-	-	-	-
	IV	360,83	-	28,86	32,47	-	24,62	27,69	-	20,50	23,06	-	16,52	18,58	-	12,66	14,24	-	8,93	10,04	-	5,35	6,02
	V	691,33	-	55,30	62,21																		
	VI	733,83	-	58,70	66,04																		
2.660,99	I	361,66	-	28,93	32,54	-	20,56	23,13	-	12,72	14,31	-	5,41	6,08	-	-	-	-	-	-	-	-	-
	II	262,00	-	20,96	23,58	-	13,08	14,72	-	5,74	6,45	-	0,15	0,17	-	-	-	-	-	-	-	-	-
	III	82,16	-	6,57	7,39	-	1,33	1,49	-	-	-	-	-	-	-	-	-	-	-	-	-	-	-
	IV	361,66	-	28,93	32,54	-	24,68	27,77	-	20,56	23,13	-	16,58	18,65	-	12,72	14,31	-	8,99	10,11	-	5,41	6,08
	V	692,50	-	55,40	62,32																		
	VI	735,16	-	58,81	66,16																		
2.663,99	I	362,50	-	29,00	32,62	-	20,63	23,21	-	12,78	14,37	-	5,46	6,14	-	-	-	-	-	-	-	-	-
	II	262,83	-	21,02	23,65	-	13,14	14,78	-	5,79	6,51	-	0,19	0,21	-	-	-	-	-	-	-	-	-
	III	82,66	-	6,61	7,43	-	1,37	1,54	-	-	-	-	-	-	-	-	-	-	-	-	-	-	-
	IV	362,50	-	29,00	32,62	-	24,75	27,84	-	20,63	23,21	-	16,64	18,72	-	12,78	14,37	-	9,04	10,17	-	5,46	6,14
	V	693,66	-	55,49	62,42																		
	VI	736,33	-	58,90	66,26																		
2.666,99	I	363,41	-	29,07	32,70	-	20,70	23,28	-	12,84	14,45	-	5,52	6,21	-	0,02	0,02	-	-	-	-	-	-
	II	263,66	-	21,09	23,72	-	13,21	14,86	-	5,85	6,58	-	0,22	0,25	-	-	-	-	-	-	-	-	-
	III	83,33	-	6,66	7,49	-	1,41	1,58	-	-	-	-	-	-	-	-	-	-	-	-	-	-	-
	IV	363,41	-	29,07	32,70	-	24,82	27,92	-	20,70	23,28	-	16,70	18,79	-	12,84	14,45	-	9,10	10,24	-	5,52	6,21
	V	694,83	-	55,58	62,53																		
	VI	737,66	-	59,01	66,38																		
2.669,99	I	364,25	-	29,14	32,78	-	20,76	23,36	-	12,90	14,51	-	5,57	6,26	-	0,05	0,05	-	-	-	-	-	-
	II	264,50	-	21,16	23,80	-	13,27	14,93	-	5,90	6,64	-	0,26	0,29	-	-	-	-	-	-	-	-	-
	III	83,83	-	6,70	7,54	-	1,44	1,62	-	-	-	-	-	-	-	-	-	-	-	-	-	-	-
	IV	364,25	-	29,14	32,78	-	24,88	27,99	-	20,76	23,36	-	16,77	18,86	-	12,90	14,51	-	9,16	10,31	-	5,57	6,26
	V	696,16	-	55,69	62,65																		
	VI	738,83	-	59,10	66,49																		
2.672,99	I	365,16	-	29,21	32,86	-	20,83	23,43	-	12,96	14,58	-	5,62	6,32	-	0,08	0,09	-	-	-	-	-	-
	II	265,33	-	21,22	23,87	-	13,33	14,99	-	5,96	6,71	-	0,29	0,32	-	-	-	-	-	-	-	-	-
	III	84,50	-	6,76	7,60	-	1,48	1,66	-	-	-	-	-	-	-	-	-	-	-	-	-	-	-
	IV	365,16	-	29,21	32,86	-	24,95	28,07	-	20,83	23,43	-	16,83	18,93	-	12,96	14,58	-	9,22	10,37	-	5,62	6,32
	V	697,33	-	55,78	62,75																		
	VI	740,16	-	59,21	66,61																		
2.675,99	I	366,00	-	29,28	32,94	-	20,89	23,50	-	13,02	14,65	-	5,68	6,39	-	0,12	0,13	-	-	-	-	-	-
	II	266,08	-	21,28	23,94	-	13,39	15,06	-	6,02	6,77	-	0,33	0,37	-	-	-	-	-	-	-	-	-
	III	85,00	-	6,80	7,65	-	1,52	1,71	-	-	-	-	-	-	-	-	-	-	-	-	-	-	-
	IV	366,00	-	29,28	32,94	-	25,02	28,15	-	20,89	23,50	-	16,90	19,01	-	13,02	14,65	-	9,28	10,44	-	5,68	6,39
	V	698,50	-	55,88	62,86																		
	VI	741,16	-	59,29	66,70																		
2.678,99	I	366,83	-	29,34	33,01	-	20,96	23,58	-	13,08	14,72	-	5,74	6,45	-	0,15	0,17	-	-	-	-	-	-
	II	266,91	-	21,35	24,02	-	13,46	15,14	-	6,07	6,83	-	0,36	0,41	-	-	-	-	-	-	-	-	-
	III	85,66	-	6,85	7,70	-	1,56	1,75	-	-	-	-	-	-	-	-	-	-	-	-	-	-	-
	IV	366,83	-	29,34	33,01	-	25,09	28,22	-	20,96	23,58	-	16,96	19,08	-	13,08	14,72	-	9,34	10,51	-	5,74	6,45
	V	699,50	-	55,96	62,95																		
	VI	742,50	-	59,40	66,82																		
2.681,99	I	367,75	-	29,42	33,09	-	21,02	23,65	-	13,14	14,78	-	5,79	6,51	-	0,19	0,21	-	-	-	-	-	-
	II	267,75	-	21,42	24,09	-	13,52	15,21	-	6,13	6,89	-	0,40	0,45	-	-	-	-	-	-	-	-	-
	III	86,33	-	6,90	7,76	-	1,60	1,80	-	-	-	-	-	-	-	-	-	-	-	-	-	-	-
	IV	367,75	-	29,42	33,09	-	25,16	28,30	-	21,02	23,65	-	17,02	19,15	-	13,14	14,78	-	9,40	10,58	-	5,79	6,51
	V	700,83	-	56,06	63,07																		
	VI	743,66	-	59,49	66,92																		
2.684,99	I	368,58	-	29,48	33,17	-	21,09	23,72	-	13,21	14,86	-	5,85	6,58	-	0,22	0,25	-	-	-	-	-	-
	II	268,58	-	21,48	24,17	-	13,58	15,27	-	6,18	6,95	-	0,44	0,49	-	-	-	-	-	-	-	-	-
	III	86,83	-	6,94	7,81	-	1,62	1,82	-	-	-	-	-	-	-	-	-	-	-	-	-	-	-
	IV	368,58	-	29,48	33,17	-	25,22	28,37	-	21,09	23,72	-	17,08	19,22	-	13,21	14,86	-	9,46	10,64	-	5,85	6,58
	V	702,00	-	56,16	63,18																		
	VI	745,00	-	59,60	67,05																		
2.687,99	I	369,50	-	29,56	33,25	-	21,16	23,80	-	13,27	14,93	-	5,90	6,64	-	0,26	0,29	-	-	-	-	-	-
	II	269,41	-	21,55	24,24	-	13,64	15,34	-	6,24	7,02	-	0,47	0,53	-	-	-	-	-	-	-	-	-
	III	87,50	-	7,00	7,87	-	1,66	1,87	-	-	-	-	-	-	-	-	-	-	-	-	-	-	-
	IV	369,50	-	29,56	33,25	-	25,29	28,45	-	21,16	23,80	-	17,15	19,29	-	13,27	14,93	-	9,52	10,71	-	5,90	6,64
	V	703,16	-	56,25	63,28																		
	VI	746,33	-	59,70	67,16																		
2.690,99	I	370,33	-	29,62	33,32	-	21,22	23,87	-	13,33	14,99	-	5,96	6,71	-	0,29	0,32	-	-	-	-	-	-
	II	270,25	-	21,62	24,32	-	13,70	15,41	-	6,30	7,08	-	0,50	0,56	-	-	-	-	-	-	-	-	-
	III	88,00	-	7,04	7,92	-	1,70	1,91	-	-	-	-	-	-	-	-	-	-	-	-	-	-	-
	IV	370,33	-	29,62	33,32	-	25,36	28,53	-	21,22	23,87	-	17,21	19,36	-	13,33	14,99	-	9,58	10,77	-	5,96	6,71
	V	704,50	-	56,36	63,40																		
	VI	747,33	-	59,78	67,25																		
2.693,99	I	371,25	-	29,70	33,41	-	21,28	23,94	-	13,39	15,06	-	6,02	6,77	-	0,33	0,37	-	-	-	-	-	-
	II	271,00	-	21,68	24,39	-	13,76	15,48	-	6,36	7,15	-	0,54	0,61	-	-	-	-	-	-	-	-	-
	III	88,66	-	7,09	7,97	-	1,74	1,96	-	-	-	-	-	-	-	-	-	-	-	-	-	-	-
	IV	371,25	-	29,70	33,41	-	25,42	28,60	-	21,28	23,94	-	17,28	19,44	-	13,39	15,06	-	9,64	10,84	-	6,02	6,77
	V	705,66	-	56,45	63,50																		
	VI	748,66	-	59,89	67,37																		
2.696,99	I	372,08	-	29,76	33,48	-	21,35	24,02	-	13,46	15,14	-	6,07	6,83	-	0,36	0,41	-	-	-	-	-	-
	II	271,83	-	21,74	24,46	-	13,82	15,55	-	6,42	7,22	-	0,58	0,65	-	-	-	-	-	-	-	-	-
	III	89,33	-	7,14	8,03	-	1,78	2,00	-	-	-	-	-	-	-	-	-	-	-	-	-	-	-
	IV	372,08	-	29,76	33,48	-	25,49	28,67	-	21,35	24,02	-	17,34	19,50	-	13,46	15,14	-	9,70	10,91	-	6,07	6,83
	V	706,83	-	56,54	63,61																		
	VI	749,83	-	59,98	67,48																		
2.699,99	I	373,00	-	29,84	33,57	-	21,42	24,09	-	13,52	15,21	-	6,13	6,89	-	0,40	0,45	-	-	-	-	-	-
	II	272,66	-	21,81	24,53	-	13,88	15,62	-	6,47	7,28	-	0,62	0,69	-	-	-	-	-	-	-	-	-
	III	89,83	-	7,18	8,08	-	1,82	2,05	-	-	-	-	-	-	-	-	-	-	-	-	-	-	-
	IV	373,00	-	29,84	33,57	-	25,56	28,76	-	21,42	24,09	-	17,40	19,58	-	13,52	15,21	-	9,76	10,98	-	6,13	6,89
	V	708,16	-	56,65	63,73																		
	VI	751,16	-	60,09	67,60																		

Lohn/ Gehalt bis	Steuerklasse	Lohn-steuer	ohne Kinderfreibetrag			Anzahl Kinderfreibeträge (nur Steuerklassen I–IV)																	
						0,5			1,0			1,5			2,0			2,5			3,0		
			SolZ 5,5%	Kirchensteuer 8%	9%	SolZ 5,5%	Kirchensteuer 8%	9%	SolZ 5,5%	Kirchensteuer 8%	9%	SolZ 5,5%	Kirchensteuer 8%	9%	SolZ 5,5%	Kirchensteuer 8%	9%	SolZ 5,5%	Kirchensteuer 8%	9%	SolZ 5,5%	Kirchensteuer 8%	9%
2.702,99	I	373,83	-	29,90	33,64	-	21,48	24,17	-	13,58	15,27	-	6,18	6,95	-	0,44	0,49	-	-	-	-	-	
	II	273,50	-	21,88	24,61	-	13,94	15,68	-	6,53	7,34	-	0,65	0,73	-	-	-	-	-	-	-	-	
	III	90,50	-	7,24	8,14	-	1,85	2,08	-	-	-	-	-	-	-	-	-	-	-	-	-	-	
	IV	373,83	-	29,90	33,64	-	25,63	28,83	-	21,48	24,17	-	17,46	19,64	-	13,58	15,27	-	9,82	11,04	-	6,18	6,9
	V	709,33	-	56,74	63,83																		
	VI	752,50	-	60,20	67,72																		
2.705,99	I	374,66	-	29,97	33,71	-	21,55	24,24	-	13,64	15,34	-	6,24	7,02	-	0,47	0,53	-	-	-	-	-	
	II	274,33	-	21,94	24,68	-	14,01	15,76	-	6,59	7,41	-	0,69	0,77	-	-	-	-	-	-	-	-	
	III	91,16	-	7,29	8,20	-	1,89	2,12	-	-	-	-	-	-	-	-	-	-	-	-	-	-	
	IV	374,66	-	29,97	33,71	-	25,70	28,91	-	21,55	24,24	-	17,53	19,72	-	13,64	15,34	-	9,88	11,11	-	6,24	7,0
	V	710,50	-	56,84	63,94																		
	VI	753,66	-	60,29	67,82																		
2.708,99	I	375,58	-	30,04	33,80	-	21,62	24,32	-	13,70	15,41	-	6,30	7,08	-	0,50	0,56	-	-	-	-	-	
	II	275,16	-	22,01	24,76	-	14,07	15,83	-	6,64	7,47	-	0,72	0,81	-	-	-	-	-	-	-	-	
	III	91,66	-	7,33	8,24	-	1,93	2,17	-	-	-	-	-	-	-	-	-	-	-	-	-	-	
	IV	375,58	-	30,04	33,80	-	25,76	28,98	-	21,62	24,32	-	17,59	19,79	-	13,70	15,41	-	9,94	11,18	-	6,30	7,0
	V	711,83	-	56,94	64,06																		
	VI	754,83	-	60,38	67,93																		
2.711,99	I	376,41	-	30,11	33,87	-	21,68	24,39	-	13,76	15,48	-	6,36	7,15	-	0,54	0,61	-	-	-	-	-	
	II	276,00	-	22,08	24,84	-	14,13	15,89	-	6,70	7,54	-	0,76	0,86	-	-	-	-	-	-	-	-	
	III	92,33	-	7,38	8,30	-	1,97	2,21	-	-	-	-	-	-	-	-	-	-	-	-	-	-	
	IV	376,41	-	30,11	33,87	-	25,83	29,06	-	21,68	24,39	-	17,66	19,86	-	13,76	15,48	-	10,00	11,25	-	6,36	7,1
	V	713,00	-	57,04	64,17																		
	VI	756,16	-	60,49	68,05																		
2.714,99	I	377,33	-	30,18	33,95	-	21,74	24,46	-	13,82	15,55	-	6,42	7,22	-	0,58	0,65	-	-	-	-	-	
	II	276,83	-	22,14	24,91	-	14,19	15,96	-	6,76	7,61	-	0,80	0,90	-	-	-	-	-	-	-	-	
	III	93,00	-	7,44	8,37	-	2,01	2,26	-	-	-	-	-	-	-	-	-	-	-	-	-	-	
	IV	377,33	-	30,18	33,95	-	25,90	29,13	-	21,74	24,46	-	17,72	19,93	-	13,82	15,55	-	10,06	11,31	-	6,42	7,2
	V	714,16	-	57,13	64,27																		
	VI	757,33	-	60,58	68,15																		
2.717,99	I	378,16	-	30,25	34,03	-	21,81	24,53	-	13,88	15,62	-	6,47	7,28	-	0,62	0,69	-	-	-	-	-	
	II	277,66	-	22,21	24,98	-	14,26	16,04	-	6,82	7,67	-	0,84	0,94	-	-	-	-	-	-	-	-	
	III	93,50	-	7,48	8,41	-	2,05	2,30	-	-	-	-	-	-	-	-	-	-	-	-	-	-	
	IV	378,16	-	30,25	34,03	-	25,97	29,21	-	21,81	24,53	-	17,78	20,00	-	13,88	15,62	-	10,12	11,38	-	6,47	7,2
	V	715,33	-	57,22	64,37																		
	VI	758,66	-	60,69	68,27																		
2.720,99	I	379,08	-	30,32	34,11	-	21,88	24,61	-	13,94	15,68	-	6,53	7,34	-	0,65	0,73	-	-	-	-	-	
	II	278,41	-	22,27	25,05	-	14,32	16,11	-	6,88	7,74	-	0,88	0,99	-	-	-	-	-	-	-	-	
	III	94,16	-	7,53	8,47	-	2,09	2,35	-	-	-	-	-	-	-	-	-	-	-	-	-	-	
	IV	379,08	-	30,32	34,11	-	26,04	29,29	-	21,88	24,61	-	17,85	20,08	-	13,94	15,68	-	10,18	11,45	-	6,53	7,3
	V	716,50	-	57,32	64,48																		
	VI	760,00	-	60,80	68,40																		
2.723,99	I	379,91	-	30,39	34,19	-	21,94	24,68	-	14,01	15,76	-	6,59	7,41	-	0,69	0,77	-	-	-	-	-	
	II	279,25	-	22,34	25,13	-	14,38	16,17	-	6,94	7,80	-	0,91	1,02	-	-	-	-	-	-	-	-	
	III	94,83	-	7,58	8,53	-	2,13	2,39	-	-	-	-	-	-	-	-	-	-	-	-	-	-	
	IV	379,91	-	30,39	34,19	-	26,10	29,36	-	21,94	24,68	-	17,91	20,15	-	14,01	15,76	-	10,23	11,51	-	6,59	7,4
	V	717,83	-	57,42	64,60																		
	VI	761,00	-	60,88	68,49																		
2.726,99	I	380,83	-	30,46	34,27	-	22,01	24,76	-	14,07	15,83	-	6,64	7,47	-	0,72	0,81	-	-	-	-	-	
	II	280,08	-	22,40	25,20	-	14,44	16,25	-	6,99	7,86	-	0,95	1,07	-	-	-	-	-	-	-	-	
	III	95,33	-	7,62	8,57	-	2,16	2,43	-	-	-	-	-	-	-	-	-	-	-	-	-	-	
	IV	380,83	-	30,46	34,27	-	26,17	29,44	-	22,01	24,76	-	17,98	20,22	-	14,07	15,83	-	10,29	11,57	-	6,64	7,4
	V	719,00	-	57,52	64,71																		
	VI	762,33	-	60,98	68,60																		
2.729,99	I	381,66	-	30,53	34,34	-	22,08	24,84	-	14,13	15,89	-	6,70	7,54	-	0,76	0,86	-	-	-	-	-	
	II	280,91	-	22,47	25,28	-	14,50	16,31	-	7,05	7,93	-	0,99	1,11	-	-	-	-	-	-	-	-	
	III	96,00	-	7,68	8,64	-	2,20	2,47	-	-	-	-	-	-	-	-	-	-	-	-	-	-	
	IV	381,66	-	30,53	34,34	-	26,24	29,52	-	22,08	24,84	-	18,04	20,29	-	14,13	15,89	-	10,35	11,64	-	6,70	7,5
	V	720,33	-	57,62	64,82																		
	VI	763,66	-	61,09	68,72																		
2.732,99	I	382,58	-	30,60	34,43	-	22,14	24,91	-	14,19	15,96	-	6,76	7,61	-	0,80	0,90	-	-	-	-	-	
	II	281,75	-	22,54	25,35	-	14,56	16,38	-	7,11	8,00	-	1,03	1,16	-	-	-	-	-	-	-	-	
	III	96,66	-	7,73	8,69	-	2,24	2,52	-	-	-	-	-	-	-	-	-	-	-	-	-	-	
	IV	382,58	-	30,60	34,43	-	26,31	29,60	-	22,14	24,91	-	18,10	20,36	-	14,19	15,96	-	10,41	11,71	-	6,76	7,6
	V	721,50	-	57,72	64,93																		
	VI	764,83	-	61,18	68,83																		
2.735,99	I	383,41	-	30,67	34,50	-	22,21	24,98	-	14,26	16,04	-	6,82	7,67	-	0,84	0,94	-	-	-	-	-	
	II	282,58	-	22,60	25,43	-	14,63	16,46	-	7,16	8,06	-	1,06	1,19	-	-	-	-	-	-	-	-	
	III	97,16	-	7,77	8,74	-	2,28	2,56	-	-	-	-	-	-	-	-	-	-	-	-	-	-	
	IV	383,41	-	30,67	34,50	-	26,38	29,67	-	22,21	24,98	-	18,17	20,44	-	14,26	16,04	-	10,47	11,78	-	6,82	7,67
	V	722,66	-	57,81	65,03																		
	VI	766,00	-	61,28	68,94																		
2.738,99	I	384,33	-	30,74	34,58	-	22,27	25,05	-	14,32	16,11	-	6,88	7,74	-	0,88	0,99	-	-	-	-	-	
	II	283,41	-	22,67	25,50	-	14,69	16,52	-	7,22	8,12	-	1,10	1,24	-	-	-	-	-	-	-	-	
	III	97,83	-	7,82	8,80	-	2,32	2,61	-	-	-	-	-	-	-	-	-	-	-	-	-	-	
	IV	384,33	-	30,74	34,58	-	26,44	29,75	-	22,27	25,05	-	18,23	20,51	-	14,32	16,11	-	10,53	11,84	-	6,88	7,74
	V	724,00	-	57,92	65,16																		
	VI	767,33	-	61,38	69,05																		
2.741,99	I	385,25	-	30,82	34,67	-	22,34	25,13	-	14,38	16,17	-	6,94	7,80	-	0,91	1,02	-	-	-	-	-	
	II	284,25	-	22,74	25,58	-	14,75	16,59	-	7,28	8,19	-	1,14	1,28	-	-	-	-	-	-	-	-	
	III	98,50	-	7,88	8,86	-	2,36	2,65	-	-	-	-	-	-	-	-	-	-	-	-	-	-	
	IV	385,25	-	30,82	34,67	-	26,51	29,82	-	22,34	25,13	-	18,30	20,58	-	14,38	16,17	-	10,59	11,91	-	6,94	7,80
	V	725,00	-	58,00	65,25																		
	VI	768,66	-	61,49	69,17																		
2.744,99	I	386,08	-	30,88	34,74	-	22,40	25,20	-	14,44	16,25	-	6,99	7,86	-	0,95	1,07	-	-	-	-	-	
	II	285,08	-	22,80	25,65	-	14,82	16,67	-	7,34	8,25	-	1,18	1,33	-	-	-	-	-	-	-	-	
	III	99,00	-	7,92	8,91	-	2,40	2,70	-	-	-	-	-	-	-	-	-	-	-	-	-	-	
	IV	386,08	-	30,88	34,74	-	26,58	29,90	-	22,40	25,20	-	18,36	20,65	-	14,44	16,25	-	10,65	11,98	-	6,99	7,86
	V	726,33	-	58,10	65,36																		
	VI	769,83	-	61,58	69,28																		

Lohn/Gehalt bis	Steuerklasse	Lohnsteuer	ohne Kinderfreibetrag			Anzahl Kinderfreibeträge (nur Steuerklassen I–IV)																	
						0,5			1,0			1,5			2,0			2,5			3,0		
			SolZ 5,5%	Kirchensteuer 8%	Kirchensteuer 9%	SolZ 5,5%	Kirchensteuer 8%	Kirchensteuer 9%	SolZ 5,5%	Kirchensteuer 8%	Kirchensteuer 9%	SolZ 5,5%	Kirchensteuer 8%	Kirchensteuer 9%	SolZ 5,5%	Kirchensteuer 8%	Kirchensteuer 9%	SolZ 5,5%	Kirchensteuer 8%	Kirchensteuer 9%	SolZ 5,5%	Kirchensteuer 8%	Kirchensteuer 9%
2.747,99	I	387,00	–	30,96	34,83	–	22,47	25,28	–	14,50	16,31	–	7,05	7,93	–	0,99	1,11	–	–	–	–	–	–
	II	285,91	–	22,87	25,73	–	14,88	16,74	–	7,40	8,32	–	1,22	1,37	–	–	–	–	–	–	–	–	–
	III	99,66	–	7,97	8,96	–	2,44	2,74	–	–	–	–	–	–	–	–	–	–	–	–	–	–	–
	IV	387,00	–	30,96	34,83	–	26,65	29,98	–	22,47	25,28	–	18,42	20,72	–	14,50	16,31	–	10,71	12,05	–	7,05	7,93
	V	727,50	–	58,20	65,47																		
	VI	771,16	–	61,69	69,40																		
2.750,99	I	387,83	–	31,02	34,90	–	22,54	25,35	–	14,56	16,38	–	7,11	8,00	–	1,03	1,16	–	–	–	–	–	–
	II	286,75	–	22,94	25,80	–	14,94	16,80	–	7,46	8,39	–	1,26	1,42	–	–	–	–	–	–	–	–	–
	III	100,33	–	8,02	9,02	–	2,48	2,79	–	–	–	–	–	–	–	–	–	–	–	–	–	–	–
	IV	387,83	–	31,02	34,90	–	26,72	30,06	–	22,54	25,35	–	18,49	20,80	–	14,56	16,38	–	10,77	12,11	–	7,11	8,00
	V	728,83	–	58,30	65,59																		
	VI	772,33	–	61,78	69,50																		
2.753,99	I	388,75	–	31,10	34,98	–	22,60	25,43	–	14,63	16,46	–	7,16	8,06	–	1,06	1,19	–	–	–	–	–	–
	II	287,58	–	23,00	25,88	–	15,00	16,88	–	7,51	8,45	–	1,30	1,46	–	–	–	–	–	–	–	–	–
	III	101,00	–	8,08	9,09	–	2,52	2,83	–	–	–	–	–	–	–	–	–	–	–	–	–	–	–
	IV	388,75	–	31,10	34,98	–	26,78	30,13	–	22,60	25,43	–	18,55	20,87	–	14,63	16,46	–	10,83	12,18	–	7,16	8,06
	V	730,00	–	58,40	65,70																		
	VI	773,66	–	61,89	69,62																		
2.756,99	I	389,58	–	31,16	35,06	–	22,67	25,50	–	14,69	16,52	–	7,22	8,12	–	1,10	1,24	–	–	–	–	–	–
	II	288,41	–	23,07	25,95	–	15,06	16,94	–	7,57	8,51	–	1,34	1,51	–	–	–	–	–	–	–	–	–
	III	101,50	–	8,12	9,13	–	2,56	2,88	–	–	–	–	–	–	–	–	–	–	–	–	–	–	–
	IV	389,58	–	31,16	35,06	–	26,85	30,20	–	22,67	25,50	–	18,62	20,94	–	14,69	16,52	–	10,89	12,25	–	7,22	8,12
	V	731,33	–	58,50	65,81																		
	VI	774,83	–	61,98	69,73																		
2.759,99	I	390,50	–	31,24	35,14	–	22,74	25,58	–	14,75	16,59	–	7,28	8,19	–	1,14	1,28	–	–	–	–	–	–
	II	289,25	–	23,14	26,03	–	15,12	17,01	–	7,63	8,58	–	1,38	1,55	–	–	–	–	–	–	–	–	–
	III	102,16	–	8,17	9,19	–	2,60	2,92	–	–	–	–	–	–	–	–	–	–	–	–	–	–	–
	IV	390,50	–	31,24	35,14	–	26,92	30,29	–	22,74	25,58	–	18,68	21,01	–	14,75	16,59	–	10,95	12,32	–	7,28	8,19
	V	732,50	–	58,60	65,92																		
	VI	776,16	–	62,09	69,85																		
2.762,99	I	391,33	–	31,30	35,21	–	22,80	25,65	–	14,82	16,67	–	7,34	8,25	–	1,18	1,33	–	–	–	–	–	–
	II	290,08	–	23,20	26,10	–	15,19	17,09	–	7,69	8,65	–	1,42	1,60	–	–	–	–	–	–	–	–	–
	III	102,83	–	8,22	9,25	–	2,64	2,97	–	–	–	–	–	–	–	–	–	–	–	–	–	–	–
	IV	391,33	–	31,30	35,21	–	26,99	30,36	–	22,80	25,65	–	18,74	21,08	–	14,82	16,67	–	11,01	12,38	–	7,34	8,25
	V	733,66	–	58,69	66,02																		
	VI	777,33	–	62,18	69,95																		
2.765,99	I	392,25	–	31,38	35,30	–	22,87	25,73	–	14,88	16,74	–	7,40	8,32	–	1,22	1,37	–	–	–	–	–	–
	II	290,91	–	23,27	26,18	–	15,25	17,15	–	7,74	8,71	–	1,46	1,64	–	–	–	–	–	–	–	–	–
	III	103,50	–	8,28	9,31	–	2,68	3,01	–	–	–	–	–	–	–	–	–	–	–	–	–	–	–
	IV	392,25	–	31,38	35,30	–	27,06	30,44	–	22,87	25,73	–	18,81	21,16	–	14,88	16,74	–	11,07	12,45	–	7,40	8,32
	V	734,83	–	58,78	66,13																		
	VI	778,66	–	62,29	70,07																		
2.768,99	I	393,16	–	31,45	35,38	–	22,94	25,80	–	14,94	16,80	–	7,46	8,39	–	1,26	1,42	–	–	–	–	–	–
	II	291,75	–	23,34	26,25	–	15,31	17,22	–	7,80	8,78	–	1,50	1,69	–	–	–	–	–	–	–	–	–
	III	104,16	–	8,33	9,37	–	2,72	3,06	–	–	–	–	–	–	–	–	–	–	–	–	–	–	–
	IV	393,16	–	31,45	35,38	–	27,12	30,51	–	22,94	25,80	–	18,87	21,23	–	14,94	16,80	–	11,13	12,52	–	7,46	8,39
	V	736,16	–	58,89	66,25																		
	VI	779,83	–	62,38	70,18																		
2.771,99	I	394,00	–	31,52	35,46	–	23,00	25,88	–	15,00	16,88	–	7,51	8,45	–	1,30	1,46	–	–	–	–	–	–
	II	292,58	–	23,40	26,33	–	15,38	17,30	–	7,86	8,84	–	1,54	1,73	–	–	–	–	–	–	–	–	–
	III	104,66	–	8,37	9,41	–	2,76	3,10	–	–	–	–	–	–	–	–	–	–	–	–	–	–	–
	IV	394,00	–	31,52	35,46	–	27,20	30,60	–	23,00	25,88	–	18,94	21,30	–	15,00	16,88	–	11,19	12,59	–	7,51	8,45
	V	737,33	–	58,98	66,35																		
	VI	781,16	–	62,49	70,30																		
2.774,99	I	394,91	–	31,59	35,54	–	23,07	25,95	–	15,06	16,94	–	7,57	8,51	–	1,34	1,51	–	–	–	–	–	–
	II	293,41	–	23,47	26,40	–	15,44	17,37	–	7,92	8,91	–	1,58	1,78	–	–	–	–	–	–	–	–	–
	III	105,33	–	8,42	9,47	–	2,80	3,15	–	–	–	–	–	–	–	–	–	–	–	–	–	–	–
	IV	394,91	–	31,59	35,54	–	27,26	30,67	–	23,07	25,95	–	19,00	21,38	–	15,06	16,94	–	11,25	12,65	–	7,57	8,51
	V	738,66	–	59,09	66,47																		
	VI	782,33	–	62,58	70,40																		
2.777,99	I	395,75	–	31,66	35,61	–	23,14	26,03	–	15,12	17,01	–	7,63	8,58	–	1,38	1,55	–	–	–	–	–	–
	II	294,25	–	23,54	26,48	–	15,50	17,43	–	7,98	8,97	–	1,62	1,82	–	–	–	–	–	–	–	–	–
	III	106,00	–	8,48	9,54	–	2,84	3,19	–	–	–	–	–	–	–	–	–	–	–	–	–	–	–
	IV	395,75	–	31,66	35,61	–	27,33	30,74	–	23,14	26,03	–	19,06	21,44	–	15,12	17,01	–	11,31	12,72	–	7,63	8,58
	V	739,83	–	59,18	66,58																		
	VI	783,58	–	62,68	70,52																		
2.780,99	I	396,66	–	31,73	35,69	–	23,20	26,10	–	15,19	17,09	–	7,69	8,65	–	1,42	1,60	–	–	–	–	–	–
	II	295,08	–	23,60	26,55	–	15,56	17,51	–	8,04	9,04	–	1,66	1,87	–	–	–	–	–	–	–	–	–
	III	106,66	–	8,53	9,59	–	2,88	3,24	–	–	–	–	–	–	–	–	–	–	–	–	–	–	–
	IV	396,66	–	31,73	35,69	–	27,40	30,83	–	23,20	26,10	–	19,13	21,52	–	15,19	17,09	–	11,37	12,79	–	7,69	8,65
	V	741,16	–	59,29	66,70																		
	VI	784,83	–	62,78	70,63																		
2.783,99	I	397,50	–	31,80	35,77	–	23,27	26,18	–	15,25	17,15	–	7,74	8,71	–	1,46	1,64	–	–	–	–	–	–
	II	295,91	–	23,67	26,63	–	15,62	17,57	–	8,10	9,11	–	1,70	1,91	–	–	–	–	–	–	–	–	–
	III	107,16	–	8,57	9,64	–	2,92	3,28	–	–	–	–	–	–	–	–	–	–	–	–	–	–	–
	IV	397,50	–	31,80	35,77	–	27,47	30,90	–	23,27	26,18	–	19,20	21,60	–	15,25	17,15	–	11,44	12,87	–	7,74	8,71
	V	742,16	–	59,37	66,79																		
	VI	786,08	–	62,88	70,74																		
2.786,99	I	398,41	–	31,87	35,85	–	23,34	26,25	–	15,31	17,22	–	7,80	8,78	–	1,50	1,69	–	–	–	–	–	–
	II	296,75	–	23,74	26,70	–	15,69	17,65	–	8,16	9,18	–	1,75	1,97	–	–	–	–	–	–	–	–	–
	III	107,83	–	8,62	9,70	–	2,96	3,33	–	–	–	–	–	–	–	–	–	–	–	–	–	–	–
	IV	398,41	–	31,87	35,85	–	27,54	30,98	–	23,34	26,25	–	19,26	21,66	–	15,31	17,22	–	11,50	12,93	–	7,80	8,78
	V	743,50	–	59,48	66,91																		
	VI	787,33	–	62,98	70,85																		
2.789,99	I	399,33	–	31,94	35,93	–	23,40	26,33	–	15,38	17,30	–	7,86	8,84	–	1,54	1,73	–	–	–	–	–	–
	II	297,58	–	23,80	26,78	–	15,75	17,72	–	8,22	9,24	–	1,79	2,01	–	–	–	–	–	–	–	–	–
	III	108,50	–	8,68	9,76	–	3,00	3,37	–	–	–	–	–	–	–	–	–	–	–	–	–	–	–
	IV	399,33	–	31,94	35,93	–	27,61	31,06	–	23,40	26,33	–	19,32	21,74	–	15,38	17,30	–	11,56	13,00	–	7,86	8,84
	V	744,83	–	59,58	67,03																		
	VI	788,58	–	63,08	70,97																		

MONAT bis 2.834,99 €

Besondere Tabelle

Lohn/ Gehalt bis	Steuerklasse	Lohnsteuer	ohne Kinderfreibetrag SolZ 5,5%	Kirchensteuer 8%	9%	0,5 SolZ 5,5%	Kirchensteuer 8%	9%	1,0 SolZ 5,5%	Kirchensteuer 8%	9%	1,5 SolZ 5,5%	Kirchensteuer 8%	9%	2,0 SolZ 5,5%	Kirchensteuer 8%	9%	2,5 SolZ 5,5%	Kirchensteuer 8%	9%	3,0 SolZ 5,5%	Kirchensteuer 8%	9%
						Anzahl Kinderfreibeträge (nur Steuerklassen I–IV)																	
2.792,99	I	400,16	-	32,01	36,01	-	23,47	26,40	-	15,44	17,37	-	7,92	8,91	-	1,58	1,78	-	-	-	-	-	-
	II	298,41	-	23,87	26,85	-	15,81	17,78	-	8,27	9,30	-	1,83	2,06	-	-	-	-	-	-	-	-	-
	III	109,16	-	8,73	9,82	-	3,04	3,42	-	-	-	-	-	-	-	-	-	-	-	-	-	-	-
	IV	400,16	-	32,01	36,01	-	27,68	31,14	-	23,47	26,40	-	19,39	21,81	-	15,44	17,37	-	11,62	13,07	-	7,92	8,9
	V	746,00	-	59,68	67,14																		
	VI	789,83	-	63,18	71,08																		
2.795,99	I	401,08	-	32,08	36,09	-	23,54	26,48	-	15,50	17,43	-	7,98	8,97	-	1,62	1,82	-	-	-	-	-	-
	II	299,25	-	23,94	26,93	-	15,88	17,86	-	8,33	9,37	-	1,87	2,10	-	-	-	-	-	-	-	-	-
	III	109,83	-	8,78	9,88	-	3,08	3,46	-	-	-	-	-	-	-	-	-	-	-	-	-	-	-
	IV	401,08	-	32,08	36,09	-	27,74	31,21	-	23,54	26,48	-	19,45	21,88	-	15,50	17,43	-	11,68	13,14	-	7,98	8,9
	V	747,33	-	59,78	67,25																		
	VI	791,08	-	63,28	71,19																		
2.798,99	I	402,00	-	32,16	36,18	-	23,60	26,55	-	15,56	17,51	-	8,04	9,04	-	1,66	1,87	-	-	-	-	-	-
	II	300,08	-	24,00	27,00	-	15,94	17,93	-	8,39	9,44	-	1,92	2,16	-	-	-	-	-	-	-	-	-
	III	110,50	-	8,84	9,94	-	3,12	3,51	-	-	-	-	-	-	-	-	-	-	-	-	-	-	-
	IV	402,00	-	32,16	36,18	-	27,81	31,28	-	23,60	26,55	-	19,52	21,96	-	15,56	17,51	-	11,74	13,20	-	8,04	9,0
	V	748,50	-	59,88	67,36																		
	VI	792,33	-	63,38	71,30																		
2.801,99	I	402,83	-	32,22	36,25	-	23,67	26,63	-	15,62	17,57	-	8,10	9,11	-	1,70	1,91	-	-	-	-	-	-
	II	300,91	-	24,07	27,08	-	16,00	18,00	-	8,45	9,50	-	1,96	2,20	-	-	-	-	-	-	-	-	-
	III	111,00	-	8,88	9,99	-	3,16	3,55	-	-	-	-	-	-	-	-	-	-	-	-	-	-	-
	IV	402,83	-	32,22	36,25	-	27,88	31,37	-	23,67	26,63	-	19,58	22,03	-	15,62	17,57	-	11,80	13,27	-	8,10	9,1
	V	749,66	-	59,97	67,46																		
	VI	793,58	-	63,48	71,42																		
2.804,99	I	403,75	-	32,30	36,33	-	23,74	26,70	-	15,69	17,65	-	8,16	9,18	-	1,75	1,97	-	-	-	-	-	-
	II	301,75	-	24,14	27,15	-	16,06	18,07	-	8,50	9,56	-	2,00	2,25	-	-	-	-	-	-	-	-	-
	III	111,66	-	8,93	10,04	-	3,20	3,60	-	-	-	-	-	-	-	-	-	-	-	-	-	-	-
	IV	403,75	-	32,30	36,33	-	27,95	31,44	-	23,74	26,70	-	19,64	22,10	-	15,69	17,65	-	11,86	13,34	-	8,16	9,1
	V	751,00	-	60,08	67,59																		
	VI	794,91	-	63,59	71,54																		
2.807,99	I	404,58	-	32,36	36,41	-	23,80	26,78	-	15,75	17,72	-	8,22	9,24	-	1,79	2,01	-	-	-	-	-	-
	II	302,58	-	24,20	27,23	-	16,13	18,14	-	8,56	9,63	-	2,04	2,30	-	-	-	-	-	-	-	-	-
	III	112,33	-	8,98	10,10	-	3,24	3,64	-	-	-	-	-	-	-	-	-	-	-	-	-	-	-
	IV	404,58	-	32,36	36,41	-	28,02	31,52	-	23,80	26,78	-	19,71	22,17	-	15,75	17,72	-	11,92	13,41	-	8,22	9,2
	V	752,16	-	60,17	67,69																		
	VI	796,16	-	63,69	71,65																		
2.810,99	I	405,50	-	32,44	36,49	-	23,87	26,85	-	15,81	17,78	-	8,27	9,30	-	1,83	2,06	-	-	-	-	-	-
	II	303,41	-	24,27	27,30	-	16,19	18,21	-	8,62	9,70	-	2,08	2,34	-	-	-	-	-	-	-	-	-
	III	113,00	-	9,04	10,17	-	3,28	3,69	-	-	-	-	-	-	-	-	-	-	-	-	-	-	-
	IV	405,50	-	32,44	36,49	-	28,09	31,60	-	23,87	26,85	-	19,78	22,25	-	15,81	17,78	-	11,98	13,47	-	8,27	9,3
	V	753,50	-	60,28	67,81																		
	VI	797,41	-	63,79	71,76																		
2.813,99	I	406,41	-	32,51	36,57	-	23,94	26,93	-	15,88	17,86	-	8,33	9,37	-	1,87	2,10	-	-	-	-	-	-
	II	304,25	-	24,34	27,38	-	16,25	18,28	-	8,68	9,77	-	2,13	2,39	-	-	-	-	-	-	-	-	-
	III	113,66	-	9,09	10,22	-	3,32	3,73	-	-	-	-	-	-	-	-	-	-	-	-	-	-	-
	IV	406,41	-	32,51	36,57	-	28,16	31,68	-	23,94	26,93	-	19,84	22,32	-	15,88	17,86	-	12,04	13,54	-	8,33	9,3
	V	754,83	-	60,38	67,93																		
	VI	798,66	-	63,89	71,87																		
2.816,99	I	407,25	-	32,58	36,65	-	24,00	27,00	-	15,94	17,93	-	8,39	9,44	-	1,92	2,16	-	-	-	-	-	-
	II	305,08	-	24,40	27,45	-	16,32	18,36	-	8,74	9,83	-	2,17	2,44	-	-	-	-	-	-	-	-	-
	III	114,33	-	9,14	10,28	-	3,36	3,78	-	-	-	-	-	-	-	-	-	-	-	-	-	-	-
	IV	407,25	-	32,58	36,65	-	28,22	31,75	-	24,00	27,00	-	19,90	22,39	-	15,94	17,93	-	12,10	13,61	-	8,39	9,4
	V	755,83	-	60,46	68,02																		
	VI	799,91	-	63,99	71,99																		
2.819,99	I	408,16	-	32,65	36,73	-	24,07	27,08	-	16,00	18,00	-	8,45	9,50	-	1,96	2,20	-	-	-	-	-	-
	II	305,91	-	24,47	27,53	-	16,38	18,42	-	8,80	9,90	-	2,22	2,49	-	-	-	-	-	-	-	-	-
	III	115,00	-	9,20	10,35	-	3,40	3,82	-	-	-	-	-	-	-	-	-	-	-	-	-	-	-
	IV	408,16	-	32,65	36,73	-	28,30	31,83	-	24,07	27,08	-	19,97	22,46	-	16,00	18,00	-	12,16	13,68	-	8,45	9,5
	V	757,16	-	60,57	68,14																		
	VI	801,16	-	64,09	72,10																		
2.822,99	I	409,08	-	32,72	36,81	-	24,14	27,15	-	16,06	18,07	-	8,50	9,56	-	2,00	2,25	-	-	-	-	-	-
	II	306,75	-	24,54	27,60	-	16,44	18,50	-	8,86	9,96	-	2,26	2,54	-	-	-	-	-	-	-	-	-
	III	115,66	-	9,25	10,40	-	3,45	3,88	-	-	-	-	-	-	-	-	-	-	-	-	-	-	-
	IV	409,08	-	32,72	36,81	-	28,36	31,91	-	24,14	27,15	-	20,04	22,54	-	16,06	18,07	-	12,22	13,75	-	8,50	9,5
	V	758,33	-	60,66	68,24																		
	VI	802,41	-	64,19	72,21																		
2.825,99	I	409,91	-	32,79	36,89	-	24,20	27,23	-	16,13	18,14	-	8,56	9,63	-	2,04	2,30	-	-	-	-	-	-
	II	307,58	-	24,60	27,68	-	16,50	18,56	-	8,92	10,03	-	2,30	2,59	-	-	-	-	-	-	-	-	-
	III	116,16	-	9,29	10,45	-	3,49	3,92	-	-	-	-	-	-	-	-	-	-	-	-	-	-	-
	IV	409,91	-	32,79	36,89	-	28,44	31,99	-	24,20	27,23	-	20,10	22,61	-	16,13	18,14	-	12,28	13,82	-	8,56	9,63
	V	759,66	-	60,77	68,36																		
	VI	803,66	-	64,29	72,32																		
2.828,99	I	410,83	-	32,86	36,97	-	24,27	27,30	-	16,19	18,21	-	8,62	9,70	-	2,08	2,34	-	-	-	-	-	-
	II	308,41	-	24,67	27,75	-	16,57	18,64	-	8,98	10,10	-	2,34	2,63	-	-	-	-	-	-	-	-	-
	III	116,83	-	9,34	10,51	-	3,53	3,97	-	-	-	-	-	-	-	-	-	-	-	-	-	-	-
	IV	410,83	-	32,86	36,97	-	28,50	32,06	-	24,27	27,30	-	20,16	22,68	-	16,19	18,21	-	12,34	13,88	-	8,62	9,70
	V	761,00	-	60,88	68,49																		
	VI	805,00	-	64,40	72,45																		
2.831,99	I	411,75	-	32,94	37,05	-	24,34	27,38	-	16,25	18,28	-	8,68	9,77	-	2,13	2,39	-	-	-	-	-	-
	II	309,25	-	24,74	27,83	-	16,63	18,71	-	9,04	10,17	-	2,39	2,69	-	-	-	-	-	-	-	-	-
	III	117,50	-	9,40	10,57	-	3,57	4,01	-	-	-	-	-	-	-	-	-	-	-	-	-	-	-
	IV	411,75	-	32,94	37,05	-	28,57	32,14	-	24,34	27,38	-	20,23	22,76	-	16,25	18,28	-	12,40	13,95	-	8,68	9,77
	V	762,16	-	60,97	68,59																		
	VI	806,25	-	64,50	72,56																		
2.834,99	I	412,58	-	33,00	37,13	-	24,40	27,45	-	16,32	18,36	-	8,74	9,83	-	2,17	2,44	-	-	-	-	-	-
	II	310,16	-	24,81	27,91	-	16,70	18,78	-	9,10	10,23	-	2,43	2,73	-	-	-	-	-	-	-	-	-
	III	118,16	-	9,45	10,63	-	3,61	4,06	-	-	-	-	-	-	-	-	-	-	-	-	-	-	-
	IV	412,58	-	33,00	37,13	-	28,64	32,22	-	24,40	27,45	-	20,30	22,83	-	16,32	18,36	-	12,46	14,02	-	8,74	9,83
	V	763,33	-	61,06	68,69																		
	VI	807,50	-	64,60	72,67																		

Lohn/ Gehalt bis	Steuerklasse	Lohn-steuer	ohne Kinderfreibetrag			Anzahl Kinderfreibeträge (nur Steuerklassen I–IV)																	
						0,5			1,0			1,5			2,0			2,5			3,0		
			SolZ 5,5%	Kirchensteuer 8%	9%	SolZ 5,5%	Kirchensteuer 8%	9%	SolZ 5,5%	Kirchensteuer 8%	9%	SolZ 5,5%	Kirchensteuer 8%	9%	SolZ 5,5%	Kirchensteuer 8%	9%	SolZ 5,5%	Kirchensteuer 8%	9%	SolZ 5,5%	Kirchensteuer 8%	9%
2.837,99	I	413,50	-	33,08	37,21	-	24,47	27,53	-	16,38	18,42	-	8,80	9,90	-	2,22	2,49	-	-	-	-	-	-
	II	311,00	-	24,88	27,99	-	16,76	18,85	-	9,16	10,30	-	2,48	2,79	-	-	-	-	-	-	-	-	-
	III	118,83	-	9,50	10,69	-	3,65	4,10	-	-	-	-	-	-	-	-	-	-	-	-	-	-	-
	IV	413,50	-	33,08	37,21	-	28,71	32,30	-	24,47	27,53	-	20,36	22,91	-	16,38	18,42	-	12,52	14,09	-	8,80	9,90
	V	764,66	-	61,17	68,81																		
	VI	808,75	-	64,70	72,78																		
2.840,99	I	414,41	-	33,15	37,29	-	24,54	27,60	-	16,44	18,50	-	8,86	9,96	-	2,26	2,54	-	-	-	-	-	-
	II	311,83	-	24,94	28,06	-	16,82	18,92	-	9,22	10,37	-	2,52	2,84	-	-	-	-	-	-	-	-	-
	III	119,50	-	9,56	10,75	-	3,69	4,15	-	-	-	-	-	-	-	-	-	-	-	-	-	-	-
	IV	414,41	-	33,15	37,29	-	28,78	32,37	-	24,54	27,60	-	20,42	22,97	-	16,44	18,50	-	12,58	14,15	-	8,86	9,96
	V	766,00	-	61,28	68,94																		
	VI	810,00	-	64,80	72,90																		
2.843,99	I	415,33	-	33,22	37,37	-	24,60	27,68	-	16,50	18,56	-	8,92	10,03	-	2,30	2,59	-	-	-	-	-	-
	II	312,66	-	25,01	28,13	-	16,88	18,99	-	9,27	10,43	-	2,56	2,88	-	-	-	-	-	-	-	-	-
	III	120,16	-	9,61	10,81	-	3,73	4,19	-	-	-	-	-	-	-	-	-	-	-	-	-	-	-
	IV	415,33	-	33,22	37,37	-	28,85	32,45	-	24,60	27,68	-	20,49	23,05	-	16,50	18,56	-	12,65	14,23	-	8,92	10,03
	V	767,00	-	61,36	69,03																		
	VI	811,25	-	64,90	73,01																		
2.846,99	I	416,16	-	33,29	37,45	-	24,67	27,75	-	16,57	18,64	-	8,98	10,10	-	2,34	2,63	-	-	-	-	-	-
	II	313,50	-	25,08	28,21	-	16,95	19,07	-	9,33	10,49	-	2,61	2,93	-	-	-	-	-	-	-	-	-
	III	120,83	-	9,66	10,87	-	3,78	4,25	-	-	-	-	-	-	-	-	-	-	-	-	-	-	-
	IV	416,16	-	33,29	37,45	-	28,92	32,53	-	24,67	27,75	-	20,56	23,13	-	16,57	18,64	-	12,71	14,30	-	8,98	10,10
	V	768,33	-	61,46	69,14																		
	VI	812,50	-	65,00	73,12																		
2.849,99	I	417,08	-	33,36	37,53	-	24,74	27,83	-	16,63	18,71	-	9,04	10,17	-	2,39	2,69	-	-	-	-	-	-
	II	314,33	-	25,14	28,28	-	17,01	19,13	-	9,39	10,56	-	2,66	2,99	-	-	-	-	-	-	-	-	-
	III	121,50	-	9,72	10,93	-	3,82	4,30	-	-	-	-	-	-	-	-	-	-	-	-	-	-	-
	IV	417,08	-	33,36	37,53	-	28,99	32,61	-	24,74	27,83	-	20,62	23,20	-	16,63	18,71	-	12,77	14,36	-	9,04	10,17
	V	769,66	-	61,57	69,26																		
	VI	813,75	-	65,10	73,23																		
2.852,99	I	418,00	-	33,44	37,62	-	24,81	27,91	-	16,70	18,78	-	9,10	10,23	-	2,43	2,73	-	-	-	-	-	-
	II	315,16	-	25,21	28,36	-	17,08	19,21	-	9,45	10,63	-	2,70	3,04	-	-	-	-	-	-	-	-	-
	III	122,16	-	9,77	10,99	-	3,86	4,34	-	-	-	-	-	-	-	-	-	-	-	-	-	-	-
	IV	418,00	-	33,44	37,62	-	29,06	32,69	-	24,81	27,91	-	20,68	23,27	-	16,70	18,78	-	12,83	14,43	-	9,10	10,23
	V	771,00	-	61,68	69,39																		
	VI	815,08	-	65,20	73,35																		
2.855,99	I	418,83	-	33,50	37,69	-	24,88	27,99	-	16,76	18,85	-	9,16	10,30	-	2,48	2,79	-	-	-	-	-	-
	II	316,00	-	25,28	28,44	-	17,14	19,28	-	9,51	10,70	-	2,74	3,08	-	-	-	-	-	-	-	-	-
	III	122,83	-	9,82	11,05	-	3,90	4,39	-	-	-	-	-	-	-	-	-	-	-	-	-	-	-
	IV	418,83	-	33,50	37,69	-	29,12	32,76	-	24,88	27,99	-	20,75	23,34	-	16,76	18,85	-	12,89	14,50	-	9,16	10,30
	V	772,16	-	61,77	69,49																		
	VI	816,33	-	65,30	73,46																		
2.858,99	I	419,75	-	33,58	37,77	-	24,94	28,06	-	16,82	18,92	-	9,22	10,37	-	2,52	2,84	-	-	-	-	-	-
	II	316,91	-	25,35	28,52	-	17,20	19,35	-	9,57	10,76	-	2,79	3,14	-	-	-	-	-	-	-	-	-
	III	123,50	-	9,88	11,11	-	3,94	4,43	-	-	-	-	-	-	-	-	-	-	-	-	-	-	-
	IV	419,75	-	33,58	37,77	-	29,20	32,85	-	24,94	28,06	-	20,82	23,42	-	16,82	18,92	-	12,95	14,57	-	9,22	10,37
	V	773,33	-	61,86	69,59																		
	VI	817,58	-	65,40	73,58																		
2.861,99	I	420,66	-	33,65	37,85	-	25,01	28,13	-	16,88	18,99	-	9,27	10,43	-	2,56	2,88	-	-	-	-	-	-
	II	317,75	-	25,42	28,59	-	17,26	19,42	-	9,63	10,83	-	2,84	3,19	-	-	-	-	-	-	-	-	-
	III	124,16	-	9,93	11,17	-	3,98	4,48	-	-	-	-	-	-	-	-	-	-	-	-	-	-	-
	IV	420,66	-	33,65	37,85	-	29,26	32,92	-	25,01	28,13	-	20,88	23,49	-	16,88	18,99	-	13,02	14,64	-	9,27	10,43
	V	774,66	-	61,97	69,71																		
	VI	818,83	-	65,50	73,69																		
2.864,99	I	421,58	-	33,72	37,94	-	25,08	28,21	-	16,95	19,07	-	9,33	10,49	-	2,61	2,93	-	-	-	-	-	-
	II	318,58	-	25,48	28,67	-	17,33	19,49	-	9,69	10,90	-	2,88	3,24	-	-	-	-	-	-	-	-	-
	III	124,83	-	9,98	11,23	-	4,04	4,54	-	-	-	-	-	-	-	-	-	-	-	-	-	-	-
	IV	421,58	-	33,72	37,94	-	29,34	33,00	-	25,08	28,21	-	20,95	23,57	-	16,95	19,07	-	13,08	14,71	-	9,33	10,49
	V	776,00	-	62,08	69,84																		
	VI	820,08	-	65,60	73,80																		
2.867,99	I	422,41	-	33,79	38,01	-	25,14	28,28	-	17,01	19,13	-	9,39	10,56	-	2,66	2,99	-	-	-	-	-	-
	II	319,41	-	25,55	28,74	-	17,39	19,56	-	9,75	10,97	-	2,93	3,29	-	-	-	-	-	-	-	-	-
	III	125,50	-	10,04	11,29	-	4,08	4,59	-	-	-	-	-	-	-	-	-	-	-	-	-	-	-
	IV	422,41	-	33,79	38,01	-	29,40	33,08	-	25,14	28,28	-	21,01	23,63	-	17,01	19,13	-	13,14	14,78	-	9,39	10,56
	V	777,16	-	62,17	69,94																		
	VI	821,33	-	65,70	73,91																		
2.870,99	I	423,33	-	33,86	38,09	-	25,21	28,36	-	17,08	19,21	-	9,45	10,63	-	2,70	3,04	-	-	-	-	-	-
	II	320,25	-	25,62	28,82	-	17,46	19,64	-	9,80	11,03	-	2,98	3,35	-	-	-	-	-	-	-	-	-
	III	126,16	-	10,09	11,35	-	4,12	4,63	-	-	-	-	-	-	-	-	-	-	-	-	-	-	-
	IV	423,33	-	33,86	38,09	-	29,48	33,16	-	25,21	28,36	-	21,08	23,71	-	17,08	19,21	-	13,20	14,85	-	9,45	10,63
	V	778,33	-	62,26	70,04																		
	VI	822,58	-	65,80	74,03																		
2.873,99	I	424,25	-	33,94	38,18	-	25,28	28,44	-	17,14	19,28	-	9,51	10,70	-	2,74	3,08	-	-	-	-	-	-
	II	321,08	-	25,68	28,89	-	17,52	19,71	-	9,86	11,09	-	3,02	3,40	-	-	-	-	-	-	-	-	-
	III	126,83	-	10,14	11,41	-	4,16	4,68	-	-	-	-	-	-	-	-	-	-	-	-	-	-	-
	IV	424,25	-	33,94	38,18	-	29,54	33,23	-	25,28	28,44	-	21,14	23,78	-	17,14	19,28	-	13,26	14,91	-	9,51	10,70
	V	779,66	-	62,37	70,16																		
	VI	823,83	-	65,90	74,14																		
2.876,99	I	425,16	-	34,01	38,26	-	25,35	28,52	-	17,20	19,35	-	9,57	10,76	-	2,79	3,14	-	-	-	-	-	-
	II	321,91	-	25,75	28,97	-	17,58	19,78	-	9,92	11,16	-	3,07	3,45	-	-	-	-	-	-	-	-	-
	III	127,50	-	10,20	11,47	-	4,20	4,72	-	-	-	-	-	-	-	-	-	-	-	-	-	-	-
	IV	425,16	-	34,01	38,26	-	29,61	33,31	-	25,35	28,52	-	21,21	23,86	-	17,20	19,35	-	13,32	14,99	-	9,57	10,76
	V	781,00	-	62,48	70,29																		
	VI	825,08	-	66,00	74,25																		
2.879,99	I	426,00	-	34,08	38,34	-	25,42	28,59	-	17,26	19,42	-	9,63	10,83	-	2,84	3,19	-	-	-	-	-	-
	II	322,83	-	25,82	29,05	-	17,64	19,85	-	9,98	11,23	-	3,12	3,51	-	-	-	-	-	-	-	-	-
	III	128,16	-	10,25	11,53	-	4,25	4,78	-	-	-	-	-	-	-	-	-	-	-	-	-	-	-
	IV	426,00	-	34,08	38,34	-	29,68	33,39	-	25,42	28,59	-	21,28	23,94	-	17,26	19,42	-	13,38	15,05	-	9,63	10,83
	V	782,33	-	62,58	70,40																		
	VI	826,41	-	66,11	74,37																		

MONAT bis 2.924,99 €

Besondere Tabelle

Lohn/ Gehalt bis	Steuerklasse	Lohnsteuer	ohne Kinderfreibetrag SolZ 5,5%	Kirchensteuer 8%	Kirchensteuer 9%	0,5 SolZ 5,5%	0,5 Kirchensteuer 8%	0,5 Kirchensteuer 9%	1,0 SolZ 5,5%	1,0 Kirchensteuer 8%	1,0 Kirchensteuer 9%	1,5 SolZ 5,5%	1,5 Kirchensteuer 8%	1,5 Kirchensteuer 9%	2,0 SolZ 5,5%	2,0 Kirchensteuer 8%	2,0 Kirchensteuer 9%	2,5 SolZ 5,5%	2,5 Kirchensteuer 8%	2,5 Kirchensteuer 9%	3,0 SolZ 5,5%	3,0 Kirchensteuer 8%	3,0 Kirchensteuer 9%
2.882,99	I	426,91	-	34,15	38,42	-	25,48	28,67	-	17,33	19,49	-	9,69	10,90	-	2,88	3,24	-	-	-	-	-	
	II	323,66	-	25,89	29,12	-	17,71	19,92	-	10,04	11,30	-	3,16	3,56	-	-	-	-	-	-	-	-	
	III	128,83	-	10,30	11,59	-	4,29	4,82	-	-	-	-	-	-	-	-	-	-	-	-	-	-	
	IV	426,91	-	34,15	38,42	-	29,75	33,47	-	25,48	28,67	-	21,34	24,01	-	17,33	19,49	-	13,44	15,12	-	9,69	10,9
	V	783,33	-	62,66	70,49																		
	VI	827,66	-	66,21	74,48																		
2.885,99	I	427,83	-	34,22	38,50	-	25,55	28,74	-	17,39	19,56	-	9,75	10,97	-	2,93	3,29	-	-	-	-	-	
	II	324,50	-	25,96	29,20	-	17,77	19,99	-	10,10	11,36	-	3,21	3,61	-	-	-	-	-	-	-	-	
	III	129,50	-	10,36	11,65	-	4,33	4,87	-	-	-	-	-	-	-	-	-	-	-	-	-	-	
	IV	427,83	-	34,22	38,50	-	29,82	33,55	-	25,55	28,74	-	21,40	24,08	-	17,39	19,56	-	13,50	15,19	-	9,75	10,9
	V	784,58	-	62,76	70,61																		
	VI	828,91	-	66,31	74,60																		
2.888,99	I	428,75	-	34,30	38,58	-	25,62	28,82	-	17,46	19,64	-	9,80	11,03	-	2,98	3,35	-	-	-	-	-	
	II	325,33	-	26,02	29,27	-	17,84	20,07	-	10,16	11,43	-	3,26	3,66	-	-	-	-	-	-	-	-	
	III	130,16	-	10,41	11,71	-	4,37	4,91	-	-	-	-	-	-	-	-	-	-	-	-	-	-	
	IV	428,75	-	34,30	38,58	-	29,89	33,62	-	25,62	28,82	-	21,47	24,15	-	17,46	19,64	-	13,56	15,26	-	9,80	11,0
	V	785,83	-	62,86	70,72																		
	VI	830,16	-	66,41	74,71																		
2.891,99	I	429,58	-	34,36	38,66	-	25,68	28,89	-	17,52	19,71	-	9,86	11,09	-	3,02	3,40	-	-	-	-	-	
	II	326,16	-	26,09	29,35	-	17,90	20,14	-	10,22	11,50	-	3,30	3,71	-	-	-	-	-	-	-	-	
	III	130,83	-	10,46	11,77	-	4,42	4,97	-	-	-	-	-	-	-	-	-	-	-	-	-	-	
	IV	429,58	-	34,36	38,66	-	29,96	33,71	-	25,68	28,89	-	21,54	24,23	-	17,52	19,71	-	13,63	15,33	-	9,86	11,0
	V	787,08	-	62,96	70,83																		
	VI	831,41	-	66,51	74,82																		
2.894,99	I	430,50	-	34,44	38,74	-	25,75	28,97	-	17,58	19,78	-	9,92	11,16	-	3,07	3,45	-	-	-	-	-	
	II	327,08	-	26,16	29,43	-	17,96	20,21	-	10,28	11,57	-	3,35	3,77	-	-	-	-	-	-	-	-	
	III	131,50	-	10,52	11,83	-	4,46	5,02	-	-	-	-	-	-	-	-	-	-	-	-	-	-	
	IV	430,50	-	34,44	38,74	-	30,03	33,78	-	25,75	28,97	-	21,60	24,30	-	17,58	19,78	-	13,69	15,40	-	9,92	11,1
	V	788,33	-	63,06	70,94																		
	VI	832,66	-	66,61	74,93																		
2.897,99	I	431,41	-	34,51	38,82	-	25,82	29,05	-	17,64	19,85	-	9,98	11,23	-	3,12	3,51	-	-	-	-	-	
	II	327,91	-	26,23	29,51	-	18,03	20,28	-	10,34	11,63	-	3,40	3,82	-	-	-	-	-	-	-	-	
	III	132,16	-	10,57	11,89	-	4,50	5,06	-	-	-	-	-	-	-	-	-	-	-	-	-	-	
	IV	431,41	-	34,51	38,82	-	30,10	33,86	-	25,82	29,05	-	21,67	24,38	-	17,64	19,85	-	13,75	15,47	-	9,98	11,2
	V	789,66	-	63,17	71,06																		
	VI	833,91	-	66,71	75,05																		
2.900,99	I	432,33	-	34,58	38,90	-	25,89	29,12	-	17,71	19,92	-	10,04	11,30	-	3,16	3,56	-	-	-	-	-	
	II	328,75	-	26,30	29,58	-	18,09	20,35	-	10,40	11,70	-	3,44	3,87	-	-	-	-	-	-	-	-	
	III	132,83	-	10,62	11,95	-	4,54	5,11	-	-	-	-	-	-	-	-	-	-	-	-	-	-	
	IV	432,33	-	34,58	38,90	-	30,17	33,94	-	25,89	29,12	-	21,74	24,45	-	17,71	19,92	-	13,81	15,53	-	10,04	11,3
	V	790,91	-	63,27	71,18																		
	VI	835,16	-	66,81	75,16																		
2.903,99	I	433,25	-	34,66	38,99	-	25,96	29,20	-	17,77	19,99	-	10,10	11,36	-	3,21	3,61	-	-	-	-	-	
	II	329,58	-	26,36	29,66	-	18,16	20,43	-	10,46	11,77	-	3,50	3,93	-	-	-	-	-	-	-	-	
	III	133,50	-	10,68	12,01	-	4,60	5,17	-	-	-	-	-	-	-	-	-	-	-	-	-	-	
	IV	433,25	-	34,66	38,99	-	30,24	34,02	-	25,96	29,20	-	21,80	24,53	-	17,77	19,99	-	13,88	15,61	-	10,10	11,3
	V	792,16	-	63,37	71,29																		
	VI	836,50	-	66,92	75,28																		
2.906,99	I	434,08	-	34,72	39,06	-	26,02	29,27	-	17,84	20,07	-	10,16	11,43	-	3,26	3,66	-	-	-	-	-	
	II	330,41	-	26,43	29,73	-	18,22	20,49	-	10,52	11,84	-	3,54	3,98	-	-	-	-	-	-	-	-	
	III	134,16	-	10,73	12,07	-	4,64	5,22	-	-	-	-	-	-	-	-	-	-	-	-	-	-	
	IV	434,08	-	34,72	39,06	-	30,31	34,10	-	26,02	29,27	-	21,86	24,59	-	17,84	20,07	-	13,94	15,68	-	10,16	11,4
	V	793,41	-	63,47	71,40																		
	VI	837,75	-	67,02	75,39																		
2.909,99	I	435,00	-	34,80	39,15	-	26,09	29,35	-	17,90	20,14	-	10,22	11,50	-	3,30	3,71	-	-	-	-	-	
	II	331,33	-	26,50	29,81	-	18,28	20,57	-	10,58	11,90	-	3,59	4,04	-	-	-	-	-	-	-	-	
	III	134,83	-	10,78	12,13	-	4,68	5,26	-	-	-	-	-	-	-	-	-	-	-	-	-	-	
	IV	435,00	-	34,80	39,15	-	30,38	34,18	-	26,09	29,35	-	21,93	24,67	-	17,90	20,14	-	14,00	15,75	-	10,22	11,5
	V	794,66	-	63,57	71,51																		
	VI	839,00	-	67,12	75,51																		
2.912,99	I	435,91	-	34,87	39,23	-	26,16	29,43	-	17,96	20,21	-	10,28	11,57	-	3,35	3,77	-	-	-	-	-	
	II	332,16	-	26,57	29,89	-	18,35	20,64	-	10,64	11,97	-	3,64	4,09	-	-	-	-	-	-	-	-	
	III	135,50	-	10,84	12,19	-	4,73	5,32	-	-	-	-	-	-	-	-	-	-	-	-	-	-	
	IV	435,91	-	34,87	39,23	-	30,45	34,25	-	26,16	29,43	-	22,00	24,75	-	17,96	20,21	-	14,06	15,81	-	10,28	11,5
	V	795,91	-	63,67	71,63																		
	VI	840,25	-	67,22	75,62																		
2.915,99	I	436,83	-	34,94	39,31	-	26,23	29,51	-	18,03	20,28	-	10,34	11,63	-	3,40	3,82	-	-	-	-	-	
	II	333,00	-	26,64	29,97	-	18,41	20,71	-	10,70	12,04	-	3,69	4,15	-	-	-	-	-	-	-	-	
	III	136,16	-	10,89	12,25	-	4,77	5,36	-	-	-	-	-	-	-	-	-	-	-	-	-	-	
	IV	436,83	-	34,94	39,31	-	30,52	34,34	-	26,23	29,51	-	22,06	24,82	-	18,03	20,28	-	14,12	15,89	-	10,34	11,6
	V	797,16	-	63,77	71,74																		
	VI	841,50	-	67,32	75,73																		
2.918,99	I	437,75	-	35,02	39,39	-	26,30	29,58	-	18,09	20,35	-	10,40	11,70	-	3,44	3,87	-	-	-	-	-	
	II	333,83	-	26,70	30,04	-	18,48	20,79	-	10,76	12,11	-	3,74	4,20	-	-	-	-	-	-	-	-	
	III	136,83	-	10,94	12,31	-	4,81	5,41	-	-	-	-	-	-	-	-	-	-	-	-	-	-	
	IV	437,75	-	35,02	39,39	-	30,59	34,41	-	26,30	29,58	-	22,13	24,89	-	18,09	20,35	-	14,18	15,95	-	10,40	11,7
	V	798,41	-	63,87	71,85																		
	VI	842,75	-	67,42	75,84																		
2.921,99	I	438,66	-	35,09	39,47	-	26,36	29,66	-	18,16	20,43	-	10,46	11,77	-	3,50	3,93	-	-	-	-	-	
	II	334,75	-	26,78	30,12	-	18,54	20,86	-	10,82	12,17	-	3,78	4,25	-	-	-	-	-	-	-	-	
	III	137,66	-	11,01	12,38	-	4,85	5,45	-	0,01	0,01	-	-	-	-	-	-	-	-	-	-	-	
	IV	438,66	-	35,09	39,47	-	30,66	34,49	-	26,36	29,66	-	22,20	24,97	-	18,16	20,43	-	14,24	16,02	-	10,46	11,7
	V	799,75	-	63,98	71,97																		
	VI	844,00	-	67,52	75,96																		
2.924,99	I	439,50	-	35,16	39,55	-	26,43	29,73	-	18,22	20,49	-	10,52	11,84	-	3,54	3,98	-	-	-	-	-	
	II	335,58	-	26,84	30,20	-	18,60	20,93	-	10,88	12,24	-	3,84	4,32	-	-	-	-	-	-	-	-	
	III	138,33	-	11,06	12,44	-	4,90	5,51	-	0,05	0,05	-	-	-	-	-	-	-	-	-	-	-	
	IV	439,50	-	35,16	39,55	-	30,73	34,57	-	26,43	29,73	-	22,26	25,04	-	18,22	20,49	-	14,31	16,10	-	10,52	11,84
	V	801,00	-	64,08	72,09																		
	VI	845,25	-	67,62	76,07																		

Lohn/ Gehalt bis	Steuerklasse	Lohn-steuer	ohne Kinderfreibetrag SolZ 5,5%	ohne Kinderfreibetrag Kirchensteuer 8%	ohne Kinderfreibetrag Kirchensteuer 9%	0,5 SolZ 5,5%	0,5 Kirchensteuer 8%	0,5 Kirchensteuer 9%	1,0 SolZ 5,5%	1,0 Kirchensteuer 8%	1,0 Kirchensteuer 9%	1,5 SolZ 5,5%	1,5 Kirchensteuer 8%	1,5 Kirchensteuer 9%	2,0 SolZ 5,5%	2,0 Kirchensteuer 8%	2,0 Kirchensteuer 9%	2,5 SolZ 5,5%	2,5 Kirchensteuer 8%	2,5 Kirchensteuer 9%	3,0 SolZ 5,5%	3,0 Kirchensteuer 8%	3,0 Kirchensteuer 9%
						Anzahl Kinderfreibeträge (nur Steuerklassen I–IV)																	
2.927,99	I	440,41	-	35,23	39,63	-	26,50	29,81	-	18,28	20,57	-	10,58	11,90	-	3,59	4,04	-	-	-	-	-	-
	II	336,41	-	26,91	30,27	-	18,67	21,00	-	10,94	12,31	-	3,88	4,37	-	-	-	-	-	-	-	-	-
	III	139,00	-	11,12	12,51	-	4,94	5,56	-	0,09	0,10	-	-	-	-	-	-	-	-	-	-	-	-
	IV	440,41	-	35,23	39,63	-	30,80	34,65	-	26,50	29,81	-	22,33	25,12	-	18,28	20,57	-	14,37	16,16	-	10,58	11,90
	V	802,25	-	64,18	72,20																		
	VI	846,58	-	67,72	76,19																		
2.930,99	I	441,33	-	35,30	39,71	-	26,57	29,89	-	18,35	20,64	-	10,64	11,97	-	3,64	4,09	-	-	-	-	-	-
	II	337,25	-	26,98	30,35	-	18,73	21,07	-	11,00	12,38	-	3,94	4,43	-	-	-	-	-	-	-	-	-
	III	139,66	-	11,17	12,56	-	4,98	5,60	-	0,12	0,13	-	-	-	-	-	-	-	-	-	-	-	-
	IV	441,33	-	35,30	39,71	-	30,87	34,73	-	26,57	29,89	-	22,40	25,20	-	18,35	20,64	-	14,43	16,23	-	10,64	11,97
	V	803,50	-	64,28	72,31																		
	VI	847,83	-	67,82	76,30																		
2.933,99	I	442,25	-	35,38	39,80	-	26,64	29,97	-	18,41	20,71	-	10,70	12,04	-	3,69	4,15	-	-	-	-	-	-
	II	338,16	-	27,05	30,43	-	18,80	21,15	-	11,06	12,44	-	3,98	4,48	-	-	-	-	-	-	-	-	-
	III	140,33	-	11,22	12,62	-	5,04	5,67	-	0,16	0,18	-	-	-	-	-	-	-	-	-	-	-	-
	IV	442,25	-	35,38	39,80	-	30,94	34,81	-	26,64	29,97	-	22,46	25,27	-	18,41	20,71	-	14,49	16,30	-	10,70	12,04
	V	804,75	-	64,38	72,42																		
	VI	849,08	-	67,92	76,41																		
2.936,99	I	443,16	-	35,45	39,88	-	26,70	30,04	-	18,48	20,79	-	10,76	12,11	-	3,74	4,20	-	-	-	-	-	-
	II	339,00	-	27,12	30,51	-	18,86	21,22	-	11,12	12,51	-	4,03	4,53	-	-	-	-	-	-	-	-	-
	III	141,00	-	11,28	12,69	-	5,08	5,71	-	0,18	0,20	-	-	-	-	-	-	-	-	-	-	-	-
	IV	443,16	-	35,45	39,88	-	31,01	34,88	-	26,70	30,04	-	22,52	25,34	-	18,48	20,79	-	14,56	16,38	-	10,76	12,11
	V	806,00	-	64,48	72,54																		
	VI	850,33	-	68,02	76,52																		
2.939,99	I	444,08	-	35,52	39,96	-	26,78	30,12	-	18,54	20,86	-	10,82	12,17	-	3,78	4,25	-	-	-	-	-	-
	II	339,83	-	27,18	30,58	-	18,92	21,29	-	11,18	12,58	-	4,08	4,59	-	-	-	-	-	-	-	-	-
	III	141,66	-	11,33	12,74	-	5,12	5,76	-	0,22	0,25	-	-	-	-	-	-	-	-	-	-	-	-
	IV	444,08	-	35,52	39,96	-	31,08	34,97	-	26,78	30,12	-	22,59	25,41	-	18,54	20,86	-	14,62	16,44	-	10,82	12,17
	V	807,25	-	64,58	72,65																		
	VI	851,58	-	68,12	76,64																		
2.942,99	I	445,00	-	35,60	40,05	-	26,84	30,20	-	18,60	20,93	-	10,88	12,24	-	3,84	4,32	-	-	-	-	-	-
	II	340,66	-	27,25	30,65	-	18,99	21,36	-	11,24	12,65	-	4,14	4,65	-	-	-	-	-	-	-	-	-
	III	142,33	-	11,38	12,80	-	5,17	5,81	-	0,25	0,28	-	-	-	-	-	-	-	-	-	-	-	-
	IV	445,00	-	35,60	40,05	-	31,15	35,04	-	26,84	30,20	-	22,66	25,49	-	18,60	20,93	-	14,68	16,51	-	10,88	12,24
	V	808,50	-	64,68	72,76																		
	VI	852,83	-	68,22	76,75																		
2.945,99	I	445,83	-	35,66	40,12	-	26,91	30,27	-	18,67	21,00	-	10,94	12,31	-	3,88	4,37	-	-	-	-	-	-
	II	341,58	-	27,32	30,74	-	19,06	21,44	-	11,30	12,71	-	4,18	4,70	-	-	-	-	-	-	-	-	-
	III	143,16	-	11,45	12,88	-	5,21	5,86	-	0,29	0,32	-	-	-	-	-	-	-	-	-	-	-	-
	IV	445,83	-	35,66	40,12	-	31,22	35,12	-	26,91	30,27	-	22,72	25,56	-	18,67	21,00	-	14,74	16,58	-	10,94	12,31
	V	809,83	-	64,78	72,88																		
	VI	854,08	-	68,32	76,86																		
2.948,99	I	446,75	-	35,74	40,20	-	26,98	30,35	-	18,73	21,07	-	11,00	12,38	-	3,94	4,43	-	-	-	-	-	-
	II	342,41	-	27,39	30,81	-	19,12	21,51	-	11,36	12,78	-	4,24	4,77	-	-	-	-	-	-	-	-	-
	III	143,83	-	11,50	12,94	-	5,26	5,92	-	0,32	0,36	-	-	-	-	-	-	-	-	-	-	-	-
	IV	446,75	-	35,74	40,20	-	31,30	35,21	-	26,98	30,35	-	22,79	25,64	-	18,73	21,07	-	14,80	16,65	-	11,00	12,38
	V	811,08	-	64,88	72,99																		
	VI	855,33	-	68,42	76,97																		
2.951,99	I	447,66	-	35,81	40,28	-	27,05	30,43	-	18,80	21,15	-	11,06	12,44	-	3,98	4,48	-	-	-	-	-	-
	II	343,25	-	27,46	30,89	-	19,18	21,58	-	11,42	12,85	-	4,28	4,82	-	-	-	-	-	-	-	-	-
	III	144,50	-	11,56	13,00	-	5,30	5,96	-	0,36	0,40	-	-	-	-	-	-	-	-	-	-	-	-
	IV	447,66	-	35,81	40,28	-	31,36	35,28	-	27,05	30,43	-	22,86	25,71	-	18,80	21,15	-	14,86	16,72	-	11,06	12,44
	V	812,33	-	64,98	73,10																		
	VI	856,58	-	68,52	77,09																		
2.954,99	I	448,58	-	35,88	40,37	-	27,12	30,51	-	18,86	21,22	-	11,12	12,51	-	4,03	4,53	-	-	-	-	-	-
	II	344,08	-	27,52	30,96	-	19,25	21,65	-	11,48	12,92	-	4,34	4,88	-	-	-	-	-	-	-	-	-
	III	145,16	-	11,61	13,06	-	5,34	6,01	-	0,40	0,45	-	-	-	-	-	-	-	-	-	-	-	-
	IV	448,58	-	35,88	40,37	-	31,44	35,37	-	27,12	30,51	-	22,92	25,79	-	18,86	21,22	-	14,93	16,79	-	11,12	12,51
	V	813,58	-	65,08	73,22																		
	VI	857,91	-	68,63	77,21																		
2.957,99	I	449,50	-	35,96	40,45	-	27,18	30,58	-	18,92	21,29	-	11,18	12,58	-	4,08	4,59	-	-	-	-	-	-
	II	345,00	-	27,60	31,05	-	19,31	21,72	-	11,54	12,98	-	4,39	4,94	-	-	-	-	-	-	-	-	-
	III	145,83	-	11,66	13,12	-	5,40	6,07	-	0,42	0,47	-	-	-	-	-	-	-	-	-	-	-	-
	IV	449,50	-	35,96	40,45	-	31,50	35,44	-	27,18	30,58	-	22,99	25,86	-	18,92	21,29	-	14,99	16,86	-	11,18	12,58
	V	814,83	-	65,18	73,33																		
	VI	859,16	-	68,73	77,32																		
2.960,99	I	450,41	-	36,03	40,53	-	27,25	30,65	-	18,99	21,36	-	11,24	12,65	-	4,14	4,65	-	-	-	-	-	-
	II	345,83	-	27,66	31,12	-	19,38	21,80	-	11,60	13,05	-	4,44	4,99	-	-	-	-	-	-	-	-	-
	III	146,50	-	11,72	13,18	-	5,44	6,12	-	0,46	0,52	-	-	-	-	-	-	-	-	-	-	-	-
	IV	450,41	-	36,03	40,53	-	31,58	35,52	-	27,25	30,65	-	23,06	25,94	-	18,99	21,36	-	15,05	16,93	-	11,24	12,65
	V	816,08	-	65,28	73,44																		
	VI	860,41	-	68,83	77,43																		
2.963,99	I	451,33	-	36,10	40,61	-	27,32	30,74	-	19,06	21,44	-	11,30	12,71	-	4,18	4,70	-	-	-	-	-	-
	II	346,66	-	27,73	31,19	-	19,44	21,87	-	11,66	13,12	-	4,49	5,05	-	-	-	-	-	-	-	-	-
	III	147,33	-	11,78	13,25	-	5,48	6,16	-	0,49	0,55	-	-	-	-	-	-	-	-	-	-	-	-
	IV	451,33	-	36,10	40,61	-	31,65	35,60	-	27,32	30,74	-	23,12	26,01	-	19,06	21,44	-	15,12	17,01	-	11,30	12,71
	V	817,33	-	65,38	73,55																		
	VI	861,66	-	68,93	77,54																		
2.966,99	I	452,25	-	36,18	40,70	-	27,39	30,81	-	19,12	21,51	-	11,36	12,78	-	4,24	4,77	-	-	-	-	-	-
	II	347,58	-	27,80	31,28	-	19,50	21,94	-	11,72	13,19	-	4,54	5,11	-	-	-	-	-	-	-	-	-
	III	148,00	-	11,84	13,32	-	5,53	6,22	-	0,53	0,59	-	-	-	-	-	-	-	-	-	-	-	-
	IV	452,25	-	36,18	40,70	-	31,72	35,68	-	27,39	30,81	-	23,19	26,09	-	19,12	21,51	-	15,18	17,07	-	11,36	12,78
	V	818,58	-	65,48	73,67																		
	VI	862,91	-	69,03	77,66																		
2.969,99	I	453,16	-	36,25	40,78	-	27,46	30,89	-	19,18	21,58	-	11,42	12,85	-	4,28	4,82	-	-	-	-	-	-
	II	348,41	-	27,87	31,35	-	19,57	22,01	-	11,78	13,25	-	4,59	5,16	-	-	-	-	-	-	-	-	-
	III	148,66	-	11,89	13,37	-	5,57	6,26	-	0,57	0,64	-	-	-	-	-	-	-	-	-	-	-	-
	IV	453,16	-	36,25	40,78	-	31,79	35,76	-	27,46	30,89	-	23,26	26,16	-	19,18	21,58	-	15,24	17,14	-	11,42	12,85
	V	819,83	-	65,58	73,78																		
	VI	864,16	-	69,13	77,77																		

Lohn/Gehalt bis	Steuerklasse	Lohnsteuer	ohne Kinderfreibetrag			Anzahl Kinderfreibeträge (nur Steuerklassen I–IV)																	
						0,5			1,0			1,5			2,0			2,5			3,0		
			SolZ 5,5%	Kirchensteuer 8%	Kirchensteuer 9%	SolZ 5,5%	Kirchensteuer 8%	Kirchensteuer 9%	SolZ 5,5%	Kirchensteuer 8%	Kirchensteuer 9%	SolZ 5,5%	Kirchensteuer 8%	Kirchensteuer 9%	SolZ 5,5%	Kirchensteuer 8%	Kirchensteuer 9%	SolZ 5,5%	Kirchensteuer 8%	Kirchensteuer 9%	SolZ 5,5%	Kirchensteuer 8%	Kirchensteuer 9%
2.972,99	I	454,00	-	36,32	40,86	-	27,52	30,96	-	19,25	21,65	-	11,48	12,92	-	4,34	4,88	-	-	-	-	-	-
	II	349,25	-	27,94	31,43	-	19,64	22,09	-	11,85	13,33	-	4,64	5,22	-	-	-	-	-	-	-	-	-
	III	149,33	-	11,94	13,43	-	5,62	6,32	-	0,60	0,67	-	-	-	-	-	-	-	-	-	-	-	-
	IV	454,00	-	36,32	40,86	-	31,86	35,84	-	27,52	30,96	-	23,32	26,24	-	19,25	21,65	-	15,30	17,21	-	11,48	12,9
	V	821,16	-	65,69	73,90																		
	VI	865,41	-	69,23	77,88																		
2.975,99	I	454,91	-	36,39	40,94	-	27,60	31,05	-	19,31	21,72	-	11,54	12,98	-	4,39	4,94	-	-	-	-	-	-
	II	350,16	-	28,01	31,51	-	19,70	22,16	-	11,91	13,40	-	4,70	5,28	-	-	-	-	-	-	-	-	-
	III	150,00	-	12,00	13,50	-	5,66	6,37	-	0,64	0,72	-	-	-	-	-	-	-	-	-	-	-	-
	IV	454,91	-	36,39	40,94	-	31,93	35,92	-	27,60	31,05	-	23,39	26,31	-	19,31	21,72	-	15,36	17,28	-	11,54	12,9
	V	822,41	-	65,79	74,01																		
	VI	866,66	-	69,33	77,99																		
2.978,99	I	455,83	-	36,46	41,02	-	27,66	31,12	-	19,38	21,80	-	11,60	13,05	-	4,44	4,99	-	-	-	-	-	-
	II	351,00	-	28,08	31,59	-	19,76	22,23	-	11,97	13,46	-	4,75	5,34	-	-	-	-	-	-	-	-	-
	III	150,83	-	12,06	13,57	-	5,72	6,43	-	0,68	0,76	-	-	-	-	-	-	-	-	-	-	-	-
	IV	455,83	-	36,46	41,02	-	32,00	36,00	-	27,66	31,12	-	23,46	26,39	-	19,38	21,80	-	15,42	17,35	-	11,60	13,0
	V	823,66	-	65,89	74,12																		
	VI	868,00	-	69,44	78,12																		
2.981,99	I	456,75	-	36,54	41,10	-	27,73	31,19	-	19,44	21,87	-	11,66	13,12	-	4,49	5,05	-	-	-	-	-	-
	II	351,83	-	28,14	31,66	-	19,83	22,31	-	12,03	13,53	-	4,80	5,40	-	-	-	-	-	-	-	-	-
	III	151,50	-	12,12	13,63	-	5,76	6,48	-	0,70	0,79	-	-	-	-	-	-	-	-	-	-	-	-
	IV	456,75	-	36,54	41,10	-	32,07	36,08	-	27,73	31,19	-	23,52	26,46	-	19,44	21,87	-	15,49	17,42	-	11,66	13,1
	V	824,91	-	65,99	74,24																		
	VI	869,25	-	69,54	78,23																		
2.984,99	I	457,66	-	36,61	41,18	-	27,80	31,28	-	19,50	21,94	-	11,72	13,19	-	4,54	5,11	-	-	-	-	-	-
	II	352,75	-	28,22	31,74	-	19,90	22,38	-	12,09	13,60	-	4,86	5,46	-	-	-	-	-	-	-	-	-
	III	152,16	-	12,17	13,69	-	5,80	6,52	-	0,74	0,83	-	-	-	-	-	-	-	-	-	-	-	-
	IV	457,66	-	36,61	41,18	-	32,14	36,16	-	27,80	31,28	-	23,59	26,54	-	19,50	21,94	-	15,55	17,49	-	11,72	13,1
	V	826,16	-	66,09	74,35																		
	VI	870,50	-	69,64	78,34																		
2.987,99	I	458,58	-	36,68	41,27	-	27,87	31,35	-	19,57	22,01	-	11,78	13,25	-	4,59	5,16	-	-	-	-	-	-
	II	353,58	-	28,28	31,82	-	19,96	22,45	-	12,15	13,67	-	4,91	5,52	-	-	-	-	-	-	-	-	-
	III	152,83	-	12,22	13,75	-	5,85	6,58	-	0,78	0,88	-	-	-	-	-	-	-	-	-	-	-	-
	IV	458,58	-	36,68	41,27	-	32,21	36,23	-	27,87	31,35	-	23,66	26,61	-	19,57	22,01	-	15,62	17,57	-	11,78	13,2
	V	827,41	-	66,19	74,46																		
	VI	871,75	-	69,74	78,45																		
2.990,99	I	459,50	-	36,76	41,35	-	27,94	31,43	-	19,64	22,09	-	11,85	13,33	-	4,64	5,22	-	-	-	-	-	-
	II	354,41	-	28,35	31,89	-	20,02	22,52	-	12,21	13,73	-	4,96	5,58	-	-	-	-	-	-	-	-	-
	III	153,66	-	12,29	13,82	-	5,89	6,62	-	0,81	0,91	-	-	-	-	-	-	-	-	-	-	-	-
	IV	459,50	-	36,76	41,35	-	32,28	36,32	-	27,94	31,43	-	23,72	26,69	-	19,64	22,09	-	15,68	17,64	-	11,85	13,3
	V	828,66	-	66,29	74,57																		
	VI	873,00	-	69,84	78,57																		
2.993,99	I	460,41	-	36,83	41,43	-	28,01	31,51	-	19,70	22,16	-	11,91	13,40	-	4,70	5,28	-	-	-	-	-	-
	II	355,33	-	28,42	31,97	-	20,09	22,60	-	12,27	13,80	-	5,01	5,63	-	-	-	-	-	-	-	-	-
	III	154,33	-	12,34	13,88	-	5,94	6,68	-	0,85	0,95	-	-	-	-	-	-	-	-	-	-	-	-
	IV	460,41	-	36,83	41,43	-	32,36	36,40	-	28,01	31,51	-	23,79	26,76	-	19,70	22,16	-	15,74	17,70	-	11,91	13,4
	V	829,91	-	66,39	74,69																		
	VI	874,25	-	69,94	78,68																		
2.996,99	I	461,33	-	36,90	41,51	-	28,08	31,59	-	19,76	22,23	-	11,97	13,46	-	4,75	5,34	-	-	-	-	-	-
	II	356,16	-	28,49	32,05	-	20,16	22,68	-	12,33	13,87	-	5,06	5,69	-	-	-	-	-	-	-	-	-
	III	155,00	-	12,40	13,95	-	5,98	6,73	-	0,89	1,00	-	-	-	-	-	-	-	-	-	-	-	-
	IV	461,33	-	36,90	41,51	-	32,42	36,47	-	28,08	31,59	-	23,86	26,84	-	19,76	22,23	-	15,80	17,78	-	11,97	13,46
	V	831,25	-	66,50	74,81																		
	VI	875,50	-	70,04	78,79																		
2.999,99	I	462,25	-	36,98	41,60	-	28,14	31,66	-	19,83	22,31	-	12,03	13,53	-	4,80	5,40	-	-	-	-	-	-
	II	357,08	-	28,56	32,13	-	20,22	22,74	-	12,39	13,94	-	5,12	5,76	-	-	-	-	-	-	-	-	-
	III	155,66	-	12,45	14,00	-	6,04	6,79	-	0,92	1,03	-	-	-	-	-	-	-	-	-	-	-	-
	IV	462,25	-	36,98	41,60	-	32,50	36,56	-	28,14	31,66	-	23,92	26,91	-	19,83	22,31	-	15,86	17,84	-	12,03	13,53
	V	832,50	-	66,60	74,92																		
	VI	876,75	-	70,14	78,90																		
3.002,99	I	463,16	-	37,05	41,68	-	28,22	31,74	-	19,90	22,38	-	12,09	13,60	-	4,86	5,46	-	-	-	-	-	-
	II	357,91	-	28,63	32,21	-	20,28	22,82	-	12,46	14,01	-	5,18	5,82	-	-	-	-	-	-	-	-	-
	III	156,50	-	12,52	14,08	-	6,08	6,84	-	0,96	1,08	-	-	-	-	-	-	-	-	-	-	-	-
	IV	463,16	-	37,05	41,68	-	32,57	36,64	-	28,22	31,74	-	23,99	26,99	-	19,90	22,38	-	15,93	17,92	-	12,09	13,60
	V	833,75	-	66,70	75,03																		
	VI	878,08	-	70,24	79,02																		
3.005,99	I	464,08	-	37,12	41,76	-	28,28	31,82	-	19,96	22,45	-	12,15	13,67	-	4,91	5,52	-	-	-	-	-	-
	II	358,75	-	28,70	32,28	-	20,35	22,89	-	12,52	14,08	-	5,23	5,88	-	-	-	-	-	-	-	-	-
	III	157,16	-	12,57	14,14	-	6,13	6,89	-	1,00	1,12	-	-	-	-	-	-	-	-	-	-	-	-
	IV	464,08	-	37,12	41,76	-	32,64	36,72	-	28,28	31,82	-	24,06	27,06	-	19,96	22,45	-	15,99	17,99	-	12,15	13,67
	V	835,00	-	66,80	75,15																		
	VI	879,33	-	70,34	79,13																		
3.008,99	I	465,00	-	37,20	41,85	-	28,35	31,89	-	20,02	22,52	-	12,21	13,73	-	4,96	5,58	-	-	-	-	-	-
	II	359,66	-	28,77	32,36	-	20,42	22,97	-	12,58	14,15	-	5,28	5,94	-	-	-	-	-	-	-	-	-
	III	157,83	-	12,62	14,20	-	6,17	6,94	-	1,02	1,15	-	-	-	-	-	-	-	-	-	-	-	-
	IV	465,00	-	37,20	41,85	-	32,71	36,80	-	28,35	31,89	-	24,12	27,14	-	20,02	22,52	-	16,06	18,06	-	12,21	13,73
	V	836,25	-	66,90	75,26																		
	VI	880,58	-	70,44	79,25																		
3.011,99	I	465,91	-	37,27	41,93	-	28,42	31,97	-	20,09	22,60	-	12,27	13,80	-	5,01	5,63	-	-	-	-	-	-
	II	360,50	-	28,84	32,44	-	20,48	23,04	-	12,64	14,22	-	5,34	6,00	-	-	-	-	-	-	-	-	-
	III	158,50	-	12,68	14,26	-	6,22	7,00	-	1,06	1,19	-	-	-	-	-	-	-	-	-	-	-	-
	IV	465,91	-	37,27	41,93	-	32,78	36,88	-	28,42	31,97	-	24,19	27,21	-	20,09	22,60	-	16,12	18,13	-	12,27	13,80
	V	837,50	-	67,00	75,37																		
	VI	881,83	-	70,54	79,36																		
3.014,99	I	466,83	-	37,34	42,01	-	28,49	32,05	-	20,16	22,68	-	12,33	13,87	-	5,06	5,69	-	-	-	-	-	-
	II	361,33	-	28,90	32,51	-	20,54	23,11	-	12,70	14,28	-	5,39	6,06	-	-	-	-	-	-	-	-	-
	III	159,33	-	12,74	14,33	-	6,26	7,04	-	1,10	1,24	-	-	-	-	-	-	-	-	-	-	-	-
	IV	466,83	-	37,34	42,01	-	32,85	36,95	-	28,49	32,05	-	24,26	27,29	-	20,16	22,68	-	16,18	18,20	-	12,33	13,87
	V	838,75	-	67,10	75,48																		
	VI	883,08	-	70,64	79,47																		

Besondere Tabelle

MONAT bis 3.059,99 €

Lohn/ Gehalt bis	Steuerklasse	Lohnsteuer	ohne Kinderfreibetrag SolZ 5,5%	ohne Kinderfreibetrag Kirchensteuer 8%	ohne Kinderfreibetrag Kirchensteuer 9%	0,5 SolZ 5,5%	0,5 Kirchensteuer 8%	0,5 Kirchensteuer 9%	1,0 SolZ 5,5%	1,0 Kirchensteuer 8%	1,0 Kirchensteuer 9%	1,5 SolZ 5,5%	1,5 Kirchensteuer 8%	1,5 Kirchensteuer 9%	2,0 SolZ 5,5%	2,0 Kirchensteuer 8%	2,0 Kirchensteuer 9%	2,5 SolZ 5,5%	2,5 Kirchensteuer 8%	2,5 Kirchensteuer 9%	3,0 SolZ 5,5%	3,0 Kirchensteuer 8%	3,0 Kirchensteuer 9%
						Anzahl Kinderfreibeträge (nur Steuerklassen I–IV)																	
3.017,99	I	467,75	-	37,42	42,09	-	28,56	32,13	-	20,22	22,74	-	12,39	13,94	-	5,12	5,76	-	-	-	-	-	-
	II	362,25	-	28,98	32,60	-	20,61	23,18	-	12,76	14,35	-	5,44	6,12	-	-	-	-	-	-	-	-	-
	III	160,00	-	12,80	14,40	-	6,32	7,11	-	1,14	1,28	-	-	-	-	-	-	-	-	-	-	-	-
	IV	467,75	-	37,42	42,09	-	32,92	37,04	-	28,56	32,13	-	24,32	27,36	-	20,22	22,74	-	16,24	18,27	-	12,39	13,94
	V	840,00	-	67,20	75,60																		
	VI	884,33	-	70,74	79,58																		
3.020,99	I	468,66	-	37,49	42,17	-	28,63	32,21	-	20,28	22,82	-	12,46	14,01	-	5,18	5,82	-	-	-	-	-	-
	II	363,08	-	29,04	32,67	-	20,68	23,26	-	12,82	14,42	-	5,50	6,18	-	-	-	-	-	-	-	-	-
	III	160,66	-	12,85	14,45	-	6,36	7,15	-	1,17	1,31	-	-	-	-	-	-	-	-	-	-	-	-
	IV	468,66	-	37,49	42,17	-	33,00	37,12	-	28,63	32,21	-	24,39	27,44	-	20,28	22,82	-	16,30	18,34	-	12,46	14,01
	V	841,33	-	67,30	75,71																		
	VI	885,58	-	70,84	79,70																		
3.023,99	I	469,58	-	37,56	42,26	-	28,70	32,28	-	20,35	22,89	-	12,52	14,08	-	5,23	5,88	-	-	-	-	-	-
	II	364,00	-	29,12	32,76	-	20,74	23,33	-	12,88	14,49	-	5,55	6,24	-	0,04	0,04	-	-	-	-	-	-
	III	161,50	-	12,92	14,53	-	6,41	7,21	-	1,21	1,36	-	-	-	-	-	-	-	-	-	-	-	-
	IV	469,58	-	37,56	42,26	-	33,06	37,19	-	28,70	32,28	-	24,46	27,51	-	20,35	22,89	-	16,37	18,41	-	12,52	14,08
	V	842,58	-	67,40	75,83																		
	VI	886,83	-	70,94	79,81																		
3.026,99	I	470,50	-	37,64	42,34	-	28,77	32,36	-	20,42	22,97	-	12,58	14,15	-	5,28	5,94	-	-	-	-	-	-
	II	364,83	-	29,18	32,83	-	20,80	23,40	-	12,94	14,56	-	5,61	6,31	-	0,07	0,08	-	-	-	-	-	-
	III	162,16	-	12,97	14,59	-	6,45	7,25	-	1,25	1,40	-	-	-	-	-	-	-	-	-	-	-	-
	IV	470,50	-	37,64	42,34	-	33,14	37,28	-	28,77	32,36	-	24,53	27,59	-	20,42	22,97	-	16,43	18,48	-	12,58	14,15
	V	843,83	-	67,50	75,94																		
	VI	888,08	-	71,04	79,92																		
3.029,99	I	471,41	-	37,71	42,42	-	28,84	32,44	-	20,48	23,04	-	12,64	14,22	-	5,34	6,00	-	-	-	-	-	-
	II	365,66	-	29,25	32,90	-	20,87	23,48	-	13,00	14,63	-	5,66	6,37	-	0,11	0,12	-	-	-	-	-	-
	III	162,83	-	13,02	14,65	-	6,50	7,31	-	1,28	1,44	-	-	-	-	-	-	-	-	-	-	-	-
	IV	471,41	-	37,71	42,42	-	33,21	37,36	-	28,84	32,44	-	24,60	27,67	-	20,48	23,04	-	16,50	18,56	-	12,64	14,22
	V	845,08	-	67,60	76,05																		
	VI	889,41	-	71,15	80,04																		
3.032,99	I	472,33	-	37,78	42,50	-	28,90	32,51	-	20,54	23,11	-	12,70	14,28	-	5,39	6,06	-	-	-	-	-	-
	II	366,58	-	29,32	32,99	-	20,94	23,55	-	13,06	14,69	-	5,72	6,43	-	0,14	0,16	-	-	-	-	-	-
	III	163,66	-	13,09	14,72	-	6,54	7,36	-	1,32	1,48	-	-	-	-	-	-	-	-	-	-	-	-
	IV	472,33	-	37,78	42,50	-	33,28	37,44	-	28,90	32,51	-	24,66	27,74	-	20,54	23,11	-	16,56	18,63	-	12,70	14,28
	V	846,33	-	67,70	76,16																		
	VI	890,66	-	71,25	80,15																		
3.035,99	I	473,25	-	37,86	42,59	-	28,98	32,60	-	20,61	23,18	-	12,76	14,35	-	5,44	6,12	-	-	-	-	-	-
	II	367,41	-	29,39	33,06	-	21,00	23,63	-	13,12	14,76	-	5,78	6,50	-	0,18	0,20	-	-	-	-	-	-
	III	164,33	-	13,14	14,78	-	6,60	7,42	-	1,36	1,53	-	-	-	-	-	-	-	-	-	-	-	-
	IV	473,25	-	37,86	42,59	-	33,35	37,52	-	28,98	32,60	-	24,73	27,82	-	20,61	23,18	-	16,62	18,70	-	12,76	14,35
	V	847,58	-	67,80	76,28																		
	VI	891,91	-	71,35	80,27																		
3.038,99	I	474,16	-	37,93	42,67	-	29,04	32,67	-	20,68	23,26	-	12,82	14,42	-	5,50	6,18	-	-	-	-	-	-
	II	368,33	-	29,46	33,14	-	21,07	23,70	-	13,19	14,84	-	5,83	6,56	-	0,21	0,23	-	-	-	-	-	-
	III	165,00	-	13,20	14,85	-	6,65	7,48	-	1,40	1,57	-	-	-	-	-	-	-	-	-	-	-	-
	IV	474,16	-	37,93	42,67	-	33,42	37,60	-	29,04	32,67	-	24,80	27,90	-	20,68	23,26	-	16,68	18,77	-	12,82	14,42
	V	848,83	-	67,90	76,39																		
	VI	893,16	-	71,45	80,38																		
3.041,99	I	475,08	-	38,00	42,75	-	29,12	32,76	-	20,74	23,33	-	12,88	14,49	-	5,55	6,24	-	0,04	0,04	-	-	-
	II	369,16	-	29,53	33,22	-	21,13	23,77	-	13,25	14,90	-	5,88	6,62	-	0,24	0,27	-	-	-	-	-	-
	III	165,83	-	13,26	14,92	-	6,69	7,52	-	1,44	1,62	-	-	-	-	-	-	-	-	-	-	-	-
	IV	475,08	-	38,00	42,75	-	33,50	37,68	-	29,12	32,76	-	24,86	27,97	-	20,74	23,33	-	16,75	18,84	-	12,88	14,49
	V	850,08	-	68,00	76,50																		
	VI	894,41	-	71,55	80,49																		
3.044,99	I	476,00	-	38,08	42,84	-	29,18	32,83	-	20,80	23,40	-	12,94	14,56	-	5,61	6,31	-	0,07	0,08	-	-	-
	II	370,08	-	29,60	33,30	-	21,20	23,85	-	13,31	14,97	-	5,94	6,68	-	0,28	0,32	-	-	-	-	-	-
	III	166,50	-	13,32	14,98	-	6,74	7,58	-	1,46	1,64	-	-	-	-	-	-	-	-	-	-	-	-
	IV	476,00	-	38,08	42,84	-	33,56	37,76	-	29,18	32,83	-	24,93	28,04	-	20,80	23,40	-	16,81	18,91	-	12,94	14,56
	V	851,33	-	68,10	76,61																		
	VI	895,66	-	71,65	80,60																		
3.047,99	I	476,91	-	38,15	42,92	-	29,25	32,90	-	20,87	23,48	-	13,00	14,63	-	5,66	6,37	-	0,11	0,12	-	-	-
	II	370,91	-	29,67	33,38	-	21,26	23,92	-	13,37	15,04	-	6,00	6,75	-	0,32	0,36	-	-	-	-	-	-
	III	167,16	-	13,37	15,04	-	6,78	7,63	-	1,50	1,69	-	-	-	-	-	-	-	-	-	-	-	-
	IV	476,91	-	38,15	42,92	-	33,64	37,84	-	29,25	32,90	-	25,00	28,12	-	20,87	23,48	-	16,87	18,98	-	13,00	14,63
	V	852,66	-	68,21	76,73																		
	VI	896,91	-	71,75	80,72																		
3.050,99	I	477,83	-	38,22	43,00	-	29,32	32,99	-	20,94	23,55	-	13,06	14,69	-	5,72	6,43	-	0,14	0,16	-	-	-
	II	371,83	-	29,74	33,46	-	21,33	23,99	-	13,43	15,11	-	6,06	6,81	-	0,35	0,39	-	-	-	-	-	-
	III	168,00	-	13,44	15,12	-	6,84	7,69	-	1,54	1,73	-	-	-	-	-	-	-	-	-	-	-	-
	IV	477,83	-	38,22	43,00	-	33,71	37,92	-	29,32	32,99	-	25,06	28,19	-	20,94	23,55	-	16,94	19,05	-	13,06	14,69
	V	853,91	-	68,31	76,85																		
	VI	898,16	-	71,85	80,83																		
3.053,99	I	478,75	-	38,30	43,08	-	29,39	33,06	-	21,00	23,63	-	13,12	14,76	-	5,78	6,50	-	0,18	0,20	-	-	-
	II	372,66	-	29,81	33,53	-	21,40	24,07	-	13,50	15,18	-	6,11	6,87	-	0,38	0,43	-	-	-	-	-	-
	III	168,66	-	13,49	15,17	-	6,88	7,74	-	1,58	1,78	-	-	-	-	-	-	-	-	-	-	-	-
	IV	478,75	-	38,30	43,08	-	33,78	38,00	-	29,39	33,06	-	25,13	28,27	-	21,00	23,63	-	17,00	19,12	-	13,12	14,76
	V	855,16	-	68,41	76,96																		
	VI	899,50	-	71,96	80,95																		
3.056,99	I	479,66	-	38,37	43,16	-	29,46	33,14	-	21,07	23,70	-	13,19	14,84	-	5,83	6,56	-	0,21	0,23	-	-	-
	II	373,50	-	29,88	33,61	-	21,46	24,14	-	13,56	15,25	-	6,17	6,94	-	0,42	0,47	-	-	-	-	-	-
	III	169,33	-	13,54	15,23	-	6,93	7,79	-	1,62	1,82	-	-	-	-	-	-	-	-	-	-	-	-
	IV	479,66	-	38,37	43,16	-	33,85	38,08	-	29,46	33,14	-	25,20	28,35	-	21,07	23,70	-	17,06	19,19	-	13,19	14,84
	V	856,41	-	68,51	77,07																		
	VI	900,75	-	72,06	81,06																		
3.059,99	I	480,58	-	38,44	43,25	-	29,53	33,22	-	21,13	23,77	-	13,25	14,90	-	5,88	6,62	-	0,24	0,27	-	-	-
	II	374,41	-	29,95	33,69	-	21,52	24,21	-	13,62	15,32	-	6,22	7,00	-	0,46	0,51	-	-	-	-	-	-
	III	170,16	-	13,61	15,31	-	6,98	7,85	-	1,65	1,85	-	-	-	-	-	-	-	-	-	-	-	-
	IV	480,58	-	38,44	43,25	-	33,92	38,16	-	29,53	33,22	-	25,27	28,43	-	21,13	23,77	-	17,12	19,26	-	13,25	14,90
	V	857,66	-	68,61	77,18																		
	VI	902,00	-	72,16	81,18																		

MONAT bis 3.104,99 €

Besondere Tabelle

Lohn/ Gehalt bis	Steuerklasse	Lohn-steuer	ohne Kinderfreibetrag			Anzahl Kinderfreibeträge (nur Steuerklassen I–IV) 0,5			1,0			1,5			2,0			2,5			3,0		
			SolZ 5,5%	Kirchensteuer 8%	9%	SolZ 5,5%	Kirchensteuer 8%	9%	SolZ 5,5%	Kirchensteuer 8%	9%	SolZ 5,5%	Kirchensteuer 8%	9%	SolZ 5,5%	Kirchensteuer 8%	9%	SolZ 5,5%	Kirchensteuer 8%	9%	SolZ 5,5%	Kirchensteuer 8%	9%
3.062,99	I	481,50	-	38,52	43,33	-	29,60	33,30	-	21,20	23,85	-	13,31	14,97	-	5,94	6,68	-	0,28	0,32	-	-	
	II	375,25	-	30,02	33,77	-	21,59	24,29	-	13,68	15,39	-	6,28	7,07	-	0,49	0,55	-	-	-	-	-	
	III	170,83	-	13,66	15,37	-	7,02	7,90	-	1,69	1,90	-	-	-	-	-	-	-	-	-	-	-	
	IV	481,50	-	38,52	43,33	-	34,00	38,25	-	29,60	33,30	-	25,34	28,50	-	21,20	23,85	-	17,19	19,34	-	13,31	14,9
	V	858,91	-	68,71	77,30																		
	VI	903,25	-	72,26	81,29																		
3.065,99	I	482,41	-	38,59	43,41	-	29,67	33,38	-	21,26	23,92	-	13,37	15,04	-	6,00	6,75	-	0,32	0,36	-	-	
	II	376,16	-	30,09	33,85	-	21,66	24,36	-	13,74	15,46	-	6,34	7,13	-	0,53	0,59	-	-	-	-	-	
	III	171,50	-	13,72	15,43	-	7,08	7,96	-	1,73	1,94	-	-	-	-	-	-	-	-	-	-	-	
	IV	482,41	-	38,59	43,41	-	34,07	38,33	-	29,67	33,38	-	25,40	28,58	-	21,26	23,92	-	17,26	19,41	-	13,37	15,0
	V	860,16	-	68,81	77,41																		
	VI	904,50	-	72,36	81,40																		
3.068,99	I	483,33	-	38,66	43,49	-	29,74	33,46	-	21,33	23,99	-	13,43	15,11	-	6,06	6,81	-	0,35	0,39	-	-	
	II	377,00	-	30,16	33,93	-	21,72	24,44	-	13,80	15,53	-	6,40	7,20	-	0,56	0,63	-	-	-	-	-	
	III	172,33	-	13,78	15,50	-	7,12	8,01	-	1,77	1,99	-	-	-	-	-	-	-	-	-	-	-	
	IV	483,33	-	38,66	43,49	-	34,14	38,40	-	29,74	33,46	-	25,47	28,65	-	21,33	23,99	-	17,32	19,48	-	13,43	15,1
	V	861,41	-	68,91	77,52																		
	VI	905,75	-	72,46	81,51																		
3.071,99	I	484,25	-	38,74	43,58	-	29,81	33,53	-	21,40	24,07	-	13,50	15,18	-	6,11	6,87	-	0,38	0,43	-	-	
	II	377,91	-	30,23	34,01	-	21,79	24,51	-	13,86	15,59	-	6,45	7,25	-	0,60	0,68	-	-	-	-	-	
	III	173,00	-	13,84	15,57	-	7,17	8,06	-	1,81	2,03	-	-	-	-	-	-	-	-	-	-	-	
	IV	484,25	-	38,74	43,58	-	34,21	38,48	-	29,81	33,53	-	25,54	28,73	-	21,40	24,07	-	17,38	19,55	-	13,50	15,1
	V	862,75	-	69,02	77,64																		
	VI	907,00	-	72,56	81,63																		
3.074,99	I	485,25	-	38,82	43,67	-	29,88	33,61	-	21,46	24,14	-	13,56	15,25	-	6,17	6,94	-	0,42	0,47	-	-	
	II	378,75	-	30,30	34,08	-	21,86	24,59	-	13,92	15,66	-	6,51	7,32	-	0,64	0,72	-	-	-	-	-	
	III	173,66	-	13,89	15,62	-	7,22	8,12	-	1,84	2,07	-	-	-	-	-	-	-	-	-	-	-	
	IV	485,25	-	38,82	43,67	-	34,28	38,57	-	29,88	33,61	-	25,60	28,80	-	21,46	24,14	-	17,44	19,62	-	13,56	15,2
	V	864,00	-	69,12	77,76																		
	VI	908,25	-	72,66	81,74																		
3.077,99	I	486,16	-	38,89	43,75	-	29,95	33,69	-	21,52	24,21	-	13,62	15,32	-	6,22	7,00	-	0,46	0,51	-	-	
	II	379,66	-	30,37	34,16	-	21,92	24,66	-	13,99	15,74	-	6,57	7,39	-	0,68	0,76	-	-	-	-	-	
	III	174,50	-	13,96	15,70	-	7,26	8,17	-	1,88	2,11	-	-	-	-	-	-	-	-	-	-	-	
	IV	486,16	-	38,89	43,75	-	34,36	38,65	-	29,95	33,69	-	25,68	28,89	-	21,52	24,21	-	17,51	19,70	-	13,62	15,3
	V	865,25	-	69,22	77,87																		
	VI	909,58	-	72,76	81,86																		
3.080,99	I	487,08	-	38,96	43,83	-	30,02	33,77	-	21,59	24,29	-	13,68	15,39	-	6,28	7,07	-	0,49	0,55	-	-	
	II	380,50	-	30,44	34,24	-	21,99	24,74	-	14,05	15,80	-	6,62	7,45	-	0,71	0,80	-	-	-	-	-	
	III	175,16	-	14,01	15,76	-	7,32	8,23	-	1,92	2,16	-	-	-	-	-	-	-	-	-	-	-	
	IV	487,08	-	38,96	43,83	-	34,42	38,72	-	30,02	33,77	-	25,74	28,96	-	21,59	24,29	-	17,57	19,76	-	13,68	15,3
	V	866,50	-	69,32	77,98																		
	VI	910,83	-	72,86	81,97																		
3.083,99	I	488,00	-	39,04	43,92	-	30,09	33,85	-	21,66	24,36	-	13,74	15,46	-	6,34	7,13	-	0,53	0,59	-	-	
	II	381,41	-	30,51	34,32	-	22,05	24,80	-	14,11	15,87	-	6,68	7,52	-	0,75	0,84	-	-	-	-	-	
	III	175,83	-	14,06	15,82	-	7,37	8,29	-	1,96	2,20	-	-	-	-	-	-	-	-	-	-	-	
	IV	488,00	-	39,04	43,92	-	34,50	38,81	-	30,09	33,85	-	25,81	29,03	-	21,66	24,36	-	17,64	19,84	-	13,74	15,4
	V	867,75	-	69,42	78,09																		
	VI	912,08	-	72,96	82,08																		
3.086,99	I	488,91	-	39,11	44,00	-	30,16	33,93	-	21,72	24,44	-	13,80	15,53	-	6,40	7,20	-	0,56	0,63	-	-	
	II	382,25	-	30,58	34,40	-	22,12	24,88	-	14,17	15,94	-	6,74	7,58	-	0,79	0,89	-	-	-	-	-	
	III	176,66	-	14,13	15,89	-	7,41	8,33	-	2,00	2,25	-	-	-	-	-	-	-	-	-	-	-	
	IV	488,91	-	39,11	44,00	-	34,57	38,89	-	30,16	33,93	-	25,88	29,11	-	21,72	24,44	-	17,70	19,91	-	13,80	15,5
	V	869,00	-	69,52	78,21																		
	VI	913,33	-	73,06	82,19																		
3.089,99	I	489,83	-	39,18	44,08	-	30,23	34,01	-	21,79	24,51	-	13,86	15,59	-	6,45	7,25	-	0,60	0,68	-	-	
	II	383,16	-	30,65	34,48	-	22,18	24,95	-	14,24	16,02	-	6,80	7,65	-	0,82	0,92	-	-	-	-	-	
	III	177,33	-	14,18	15,95	-	7,46	8,39	-	2,04	2,29	-	-	-	-	-	-	-	-	-	-	-	
	IV	489,83	-	39,18	44,08	-	34,64	38,97	-	30,23	34,01	-	25,94	29,18	-	21,79	24,51	-	17,76	19,98	-	13,86	15,5
	V	870,25	-	69,62	78,32																		
	VI	914,58	-	73,16	82,31																		
3.092,99	I	490,75	-	39,26	44,16	-	30,30	34,08	-	21,86	24,59	-	13,92	15,66	-	6,51	7,32	-	0,64	0,72	-	-	
	II	384,00	-	30,72	34,56	-	22,25	25,03	-	14,30	16,08	-	6,86	7,71	-	0,86	0,97	-	-	-	-	-	
	III	178,00	-	14,24	16,02	-	7,52	8,46	-	2,08	2,34	-	-	-	-	-	-	-	-	-	-	-	
	IV	490,75	-	39,26	44,16	-	34,72	39,06	-	30,30	34,08	-	26,01	29,26	-	21,86	24,59	-	17,82	20,05	-	13,92	15,6
	V	871,50	-	69,72	78,43																		
	VI	915,83	-	73,26	82,42																		
3.095,99	I	491,66	-	39,33	44,24	-	30,37	34,16	-	21,92	24,66	-	13,99	15,74	-	6,57	7,39	-	0,68	0,76	-	-	
	II	384,91	-	30,79	34,64	-	22,32	25,11	-	14,36	16,15	-	6,92	7,78	-	0,90	1,01	-	-	-	-	-	
	III	178,83	-	14,30	16,09	-	7,56	8,50	-	2,12	2,38	-	-	-	-	-	-	-	-	-	-	-	
	IV	491,66	-	39,33	44,24	-	34,78	39,13	-	30,37	34,16	-	26,08	29,34	-	21,92	24,66	-	17,89	20,12	-	13,99	15,7
	V	872,83	-	69,82	78,55																		
	VI	917,08	-	73,36	82,53																		
3.098,99	I	492,58	-	39,40	44,33	-	30,44	34,24	-	21,99	24,74	-	14,05	15,80	-	6,62	7,45	-	0,71	0,80	-	-	
	II	385,83	-	30,86	34,72	-	22,38	25,18	-	14,42	16,22	-	6,97	7,84	-	0,94	1,05	-	-	-	-	-	
	III	179,50	-	14,36	16,15	-	7,61	8,56	-	2,14	2,41	-	-	-	-	-	-	-	-	-	-	-	
	IV	492,58	-	39,40	44,33	-	34,86	39,21	-	30,44	34,24	-	26,15	29,42	-	21,99	24,74	-	17,96	20,20	-	14,05	15,8
	V	874,08	-	69,92	78,66																		
	VI	918,33	-	73,46	82,64																		
3.101,99	I	493,58	-	39,48	44,42	-	30,51	34,32	-	22,05	24,80	-	14,11	15,87	-	6,68	7,52	-	0,75	0,84	-	-	
	II	386,66	-	30,93	34,79	-	22,45	25,25	-	14,48	16,29	-	7,03	7,91	-	0,98	1,10	-	-	-	-	-	
	III	180,16	-	14,41	16,21	-	7,66	8,62	-	2,18	2,45	-	-	-	-	-	-	-	-	-	-	-	
	IV	493,58	-	39,48	44,42	-	34,93	39,29	-	30,51	34,32	-	26,22	29,49	-	22,05	24,80	-	18,02	20,27	-	14,11	15,8
	V	875,33	-	70,02	78,77																		
	VI	919,58	-	73,56	82,76																		
3.104,99	I	494,50	-	39,56	44,50	-	30,58	34,40	-	22,12	24,88	-	14,17	15,94	-	6,74	7,58	-	0,79	0,89	-	-	
	II	387,58	-	31,00	34,88	-	22,52	25,33	-	14,54	16,36	-	7,09	7,97	-	1,02	1,14	-	-	-	-	-	
	III	181,00	-	14,48	16,29	-	7,70	8,66	-	2,22	2,50	-	-	-	-	-	-	-	-	-	-	-	
	IV	494,50	-	39,56	44,50	-	35,00	39,38	-	30,58	34,40	-	26,28	29,57	-	22,12	24,88	-	18,08	20,34	-	14,17	15,9
	V	876,58	-	70,12	78,89																		
	VI	920,91	-	73,67	82,88																		

Lohn/ Gehalt bis	Steuerklasse	Lohn-steuer	ohne Kinderfreibetrag			Anzahl Kinderfreibeträge (nur Steuerklassen I–IV) 0,5			1,0			1,5			2,0			2,5			3,0		
			SolZ 5,5%	Kirchensteuer 8%	9%	SolZ 5,5%	Kirchensteuer 8%	9%	SolZ 5,5%	Kirchensteuer 8%	9%	SolZ 5,5%	Kirchensteuer 8%	9%	SolZ 5,5%	Kirchensteuer 8%	9%	SolZ 5,5%	Kirchensteuer 8%	9%	SolZ 5,5%	Kirchensteuer 8%	9%
3.107,99	I	495,41	-	39,63	44,58	-	30,65	34,48	-	22,18	24,95	-	14,24	16,02	-	6,80	7,65	-	0,82	0,92	-	-	-
	II	388,41	-	31,07	34,95	-	22,58	25,40	-	14,60	16,43	-	7,14	8,03	-	1,05	1,18	-	-	-	-	-	-
	III	181,66	-	14,53	16,34	-	7,76	8,73	-	2,26	2,54	-	-	-	-	-	-	-	-	-	-	-	-
	IV	495,41	-	39,63	44,58	-	35,08	39,46	-	30,65	34,48	-	26,35	29,64	-	22,18	24,95	-	18,14	20,41	-	14,24	16,02
	V	877,83	-	70,22	79,00																		
	VI	922,16	-	73,77	82,99																		
3.110,99	I	496,33	-	39,70	44,66	-	30,72	34,56	-	22,25	25,03	-	14,30	16,08	-	6,86	7,71	-	0,86	0,97	-	-	-
	II	389,33	-	31,14	35,03	-	22,65	25,48	-	14,67	16,50	-	7,20	8,10	-	1,09	1,22	-	-	-	-	-	-
	III	182,33	-	14,58	16,40	-	7,81	8,78	-	2,30	2,59	-	-	-	-	-	-	-	-	-	-	-	-
	IV	496,33	-	39,70	44,66	-	35,15	39,54	-	30,72	34,56	-	26,42	29,72	-	22,25	25,03	-	18,21	20,48	-	14,30	16,08
	V	879,08	-	70,32	79,11																		
	VI	923,41	-	73,87	83,10																		
3.113,99	I	497,25	-	39,78	44,75	-	30,79	34,64	-	22,32	25,11	-	14,36	16,15	-	6,92	7,78	-	0,90	1,01	-	-	-
	II	390,16	-	31,21	35,11	-	22,72	25,56	-	14,73	16,57	-	7,26	8,17	-	1,13	1,27	-	-	-	-	-	-
	III	183,16	-	14,65	16,48	-	7,86	8,84	-	2,34	2,63	-	-	-	-	-	-	-	-	-	-	-	-
	IV	497,25	-	39,78	44,75	-	35,22	39,62	-	30,79	34,64	-	26,49	29,80	-	22,32	25,11	-	18,27	20,55	-	14,36	16,15
	V	880,33	-	70,42	79,22																		
	VI	924,66	-	73,97	83,21																		
3.116,99	I	498,16	-	39,85	44,83	-	30,86	34,72	-	22,38	25,18	-	14,42	16,22	-	6,97	7,84	-	0,94	1,05	-	-	-
	II	391,08	-	31,28	35,19	-	22,78	25,63	-	14,79	16,64	-	7,32	8,23	-	1,17	1,31	-	-	-	-	-	-
	III	183,83	-	14,70	16,54	-	7,90	8,89	-	2,38	2,68	-	-	-	-	-	-	-	-	-	-	-	-
	IV	498,16	-	39,85	44,83	-	35,29	39,70	-	30,86	34,72	-	26,56	29,88	-	22,38	25,18	-	18,34	20,63	-	14,42	16,22
	V	881,58	-	70,52	79,34																		
	VI	925,91	-	74,07	83,33																		
3.119,99	I	499,08	-	39,92	44,91	-	30,93	34,79	-	22,45	25,25	-	14,48	16,29	-	7,03	7,91	-	0,98	1,10	-	-	-
	II	391,91	-	31,35	35,27	-	22,84	25,70	-	14,86	16,71	-	7,38	8,30	-	1,21	1,36	-	-	-	-	-	-
	III	184,50	-	14,76	16,60	-	7,96	8,95	-	2,42	2,72	-	-	-	-	-	-	-	-	-	-	-	-
	IV	499,08	-	39,92	44,91	-	35,36	39,78	-	30,93	34,79	-	26,62	29,95	-	22,45	25,25	-	18,40	20,70	-	14,48	16,29
	V	882,83	-	70,62	79,45																		
	VI	927,16	-	74,17	83,44																		
3.122,99	I	500,08	-	40,00	45,00	-	31,00	34,88	-	22,52	25,33	-	14,54	16,36	-	7,09	7,97	-	1,02	1,14	-	-	-
	II	392,83	-	31,42	35,35	-	22,91	25,77	-	14,92	16,78	-	7,44	8,37	-	1,25	1,40	-	-	-	-	-	-
	III	185,33	-	14,82	16,67	-	8,01	9,01	-	2,46	2,77	-	-	-	-	-	-	-	-	-	-	-	-
	IV	500,08	-	40,00	45,00	-	35,44	39,87	-	31,00	34,88	-	26,70	30,03	-	22,52	25,33	-	18,46	20,77	-	14,54	16,36
	V	884,16	-	70,73	79,57																		
	VI	928,41	-	74,27	83,55																		
3.125,99	I	501,00	-	40,08	45,09	-	31,07	34,95	-	22,58	25,40	-	14,60	16,43	-	7,14	8,03	-	1,05	1,18	-	-	-
	II	393,75	-	31,50	35,43	-	22,98	25,85	-	14,98	16,85	-	7,50	8,43	-	1,29	1,45	-	-	-	-	-	-
	III	186,00	-	14,88	16,74	-	8,05	9,05	-	2,50	2,81	-	-	-	-	-	-	-	-	-	-	-	-
	IV	501,00	-	40,08	45,09	-	35,51	39,95	-	31,07	34,95	-	26,76	30,11	-	22,58	25,40	-	18,53	20,84	-	14,60	16,43
	V	885,41	-	70,83	79,68																		
	VI	929,66	-	74,37	83,66																		
3.128,99	I	501,91	-	40,15	45,17	-	31,14	35,03	-	22,65	25,48	-	14,67	16,50	-	7,20	8,10	-	1,09	1,22	-	-	-
	II	394,58	-	31,56	35,51	-	23,04	25,92	-	15,04	16,92	-	7,55	8,49	-	1,33	1,49	-	-	-	-	-	-
	III	186,66	-	14,93	16,79	-	8,10	9,11	-	2,54	2,86	-	-	-	-	-	-	-	-	-	-	-	-
	IV	501,91	-	40,15	45,17	-	35,58	40,03	-	31,14	35,03	-	26,83	30,18	-	22,65	25,48	-	18,60	20,92	-	14,67	16,50
	V	886,66	-	70,93	79,79																		
	VI	931,00	-	74,48	83,79																		
3.131,99	I	502,83	-	40,22	45,25	-	31,21	35,11	-	22,72	25,56	-	14,73	16,57	-	7,26	8,17	-	1,13	1,27	-	-	-
	II	395,50	-	31,64	35,59	-	23,11	26,00	-	15,10	16,99	-	7,61	8,56	-	1,37	1,54	-	-	-	-	-	-
	III	187,50	-	15,00	16,87	-	8,16	9,18	-	2,58	2,90	-	-	-	-	-	-	-	-	-	-	-	-
	IV	502,83	-	40,22	45,25	-	35,66	40,11	-	31,21	35,11	-	26,90	30,26	-	22,72	25,56	-	18,66	20,99	-	14,73	16,57
	V	887,91	-	71,03	79,91																		
	VI	932,25	-	74,58	83,90																		
3.134,99	I	503,75	-	40,30	45,33	-	31,28	35,19	-	22,78	25,63	-	14,79	16,64	-	7,32	8,23	-	1,17	1,31	-	-	-
	II	396,33	-	31,70	35,66	-	23,18	26,07	-	15,16	17,06	-	7,67	8,63	-	1,41	1,58	-	-	-	-	-	-
	III	188,16	-	15,05	16,93	-	8,21	9,23	-	2,62	2,95	-	-	-	-	-	-	-	-	-	-	-	-
	IV	503,75	-	40,30	45,33	-	35,72	40,19	-	31,28	35,19	-	26,97	30,34	-	22,78	25,63	-	18,72	21,06	-	14,79	16,64
	V	889,16	-	71,13	80,02																		
	VI	933,50	-	74,68	84,01																		
3.137,99	I	504,75	-	40,38	45,42	-	31,35	35,27	-	22,84	25,70	-	14,86	16,71	-	7,38	8,30	-	1,21	1,36	-	-	-
	II	397,25	-	31,78	35,75	-	23,24	26,15	-	15,23	17,13	-	7,73	8,69	-	1,45	1,63	-	-	-	-	-	-
	III	189,00	-	15,12	17,01	-	8,25	9,28	-	2,66	2,99	-	-	-	-	-	-	-	-	-	-	-	-
	IV	504,75	-	40,38	45,42	-	35,80	40,27	-	31,35	35,27	-	27,04	30,42	-	22,84	25,70	-	18,78	21,13	-	14,86	16,71
	V	890,41	-	71,23	80,13																		
	VI	934,75	-	74,78	84,12																		
3.140,99	I	505,66	-	40,45	45,50	-	31,42	35,35	-	22,91	25,77	-	14,92	16,78	-	7,44	8,37	-	1,25	1,40	-	-	-
	II	398,16	-	31,85	35,83	-	23,31	26,22	-	15,29	17,20	-	7,78	8,75	-	1,49	1,67	-	-	-	-	-	-
	III	189,66	-	15,17	17,06	-	8,30	9,34	-	2,70	3,04	-	-	-	-	-	-	-	-	-	-	-	-
	IV	505,66	-	40,45	45,50	-	35,87	40,35	-	31,42	35,35	-	27,10	30,49	-	22,91	25,77	-	18,85	21,20	-	14,92	16,78
	V	891,66	-	71,33	80,24																		
	VI	936,00	-	74,88	84,24																		
3.143,99	I	506,58	-	40,52	45,59	-	31,50	35,43	-	22,98	25,85	-	14,98	16,85	-	7,50	8,43	-	1,29	1,45	-	-	-
	II	399,00	-	31,92	35,91	-	23,38	26,30	-	15,36	17,28	-	7,84	8,82	-	1,53	1,72	-	-	-	-	-	-
	III	190,33	-	15,22	17,12	-	8,36	9,40	-	2,74	3,08	-	-	-	-	-	-	-	-	-	-	-	-
	IV	506,58	-	40,52	45,59	-	35,94	40,43	-	31,50	35,43	-	27,17	30,56	-	22,98	25,85	-	18,92	21,28	-	14,98	16,85
	V	892,91	-	71,43	80,36																		
	VI	937,25	-	74,98	84,35																		
3.146,99	I	507,50	-	40,60	45,67	-	31,56	35,51	-	23,04	25,92	-	15,04	16,92	-	7,55	8,49	-	1,33	1,49	-	-	-
	II	399,91	-	31,99	35,99	-	23,44	26,37	-	15,42	17,34	-	7,90	8,89	-	1,57	1,76	-	-	-	-	-	-
	III	191,16	-	15,29	17,20	-	8,41	9,46	-	2,78	3,13	-	-	-	-	-	-	-	-	-	-	-	-
	IV	507,50	-	40,60	45,67	-	36,02	40,52	-	31,56	35,51	-	27,24	30,65	-	23,04	25,92	-	18,98	21,35	-	15,04	16,92
	V	894,25	-	71,54	80,48																		
	VI	938,50	-	75,08	84,46																		
3.149,99	I	508,41	-	40,67	45,75	-	31,64	35,59	-	23,11	26,00	-	15,10	16,99	-	7,61	8,56	-	1,37	1,54	-	-	-
	II	400,75	-	32,06	36,06	-	23,51	26,45	-	15,48	17,41	-	7,96	8,96	-	1,61	1,81	-	-	-	-	-	-
	III	191,83	-	15,34	17,26	-	8,46	9,52	-	2,82	3,17	-	-	-	-	-	-	-	-	-	-	-	-
	IV	508,41	-	40,67	45,75	-	36,09	40,60	-	31,64	35,59	-	27,31	30,72	-	23,11	26,00	-	19,04	21,42	-	15,10	16,99
	V	895,50	-	71,64	80,59																		
	VI	939,75	-	75,18	84,57																		

Lohn/ Gehalt bis	Steuerklasse	Lohn- steuer	ohne Kinderfreibetrag			Anzahl Kinderfreibeträge (nur Steuerklassen I–IV)																	
						0,5			1,0			1,5			2,0			2,5			3,0		
			SolZ 5,5%	Kirchensteuer 8%	Kirchensteuer 9%	SolZ 5,5%	Kirchensteuer 8%	Kirchensteuer 9%	SolZ 5,5%	Kirchensteuer 8%	Kirchensteuer 9%	SolZ 5,5%	Kirchensteuer 8%	Kirchensteuer 9%	SolZ 5,5%	Kirchensteuer 8%	Kirchensteuer 9%	SolZ 5,5%	Kirchensteuer 8%	Kirchensteuer 9%	SolZ 5,5%	Kirchensteuer 8%	Kirchensteuer 9%
3.152,99	I	509,41	-	40,75	45,84	-	31,70	35,66	-	23,18	26,07	-	15,16	17,06	-	7,67	8,63	-	1,41	1,58	-	-	
	II	401,66	-	32,13	36,14	-	23,58	26,52	-	15,54	17,48	-	8,02	9,02	-	1,65	1,85	-	-	-	-	-	
	III	192,50	-	15,40	17,32	-	8,50	9,56	-	2,86	3,22	-	-	-	-	-	-	-	-	-	-	-	
	IV	509,41	-	40,75	45,84	-	36,16	40,68	-	31,70	35,66	-	27,38	30,80	-	23,18	26,07	-	19,11	21,50	-	15,16	17,0
	V	896,75	-	71,74	80,70																		
	VI	941,08	-	75,28	84,69																		
3.155,99	I	510,33	-	40,82	45,92	-	31,78	35,75	-	23,24	26,15	-	15,23	17,13	-	7,73	8,69	-	1,45	1,63	-	-	
	II	402,58	-	32,20	36,23	-	23,64	26,60	-	15,60	17,55	-	8,08	9,09	-	1,69	1,90	-	-	-	-	-	
	III	193,33	-	15,46	17,39	-	8,56	9,63	-	2,90	3,26	-	-	-	-	-	-	-	-	-	-	-	
	IV	510,33	-	40,82	45,92	-	36,24	40,77	-	31,78	35,75	-	27,44	30,87	-	23,24	26,15	-	19,17	21,56	-	15,23	17,1
	V	898,00	-	71,84	80,82																		
	VI	942,33	-	75,38	84,80																		
3.158,99	I	511,25	-	40,90	46,01	-	31,85	35,83	-	23,31	26,22	-	15,29	17,20	-	7,78	8,75	-	1,49	1,67	-	-	
	II	403,41	-	32,27	36,30	-	23,71	26,67	-	15,66	17,62	-	8,14	9,15	-	1,73	1,94	-	-	-	-	-	
	III	194,00	-	15,52	17,46	-	8,61	9,68	-	2,94	3,31	-	-	-	-	-	-	-	-	-	-	-	
	IV	511,25	-	40,90	46,01	-	36,31	40,85	-	31,85	35,83	-	27,52	30,96	-	23,31	26,22	-	19,24	21,64	-	15,29	17,2
	V	899,25	-	71,94	80,93																		
	VI	943,58	-	75,48	84,92																		
3.161,99	I	512,16	-	40,97	46,09	-	31,92	35,91	-	23,38	26,30	-	15,36	17,28	-	7,84	8,82	-	1,53	1,72	-	-	
	II	404,33	-	32,34	36,38	-	23,78	26,75	-	15,73	17,69	-	8,20	9,22	-	1,78	2,00	-	-	-	-	-	
	III	194,66	-	15,57	17,51	-	8,66	9,74	-	2,98	3,35	-	-	-	-	-	-	-	-	-	-	-	
	IV	512,16	-	40,97	46,09	-	36,38	40,93	-	31,92	35,91	-	27,58	31,03	-	23,38	26,30	-	19,30	21,71	-	15,36	17,2
	V	900,50	-	72,04	81,04																		
	VI	944,83	-	75,58	85,03																		
3.164,99	I	513,08	-	41,04	46,17	-	31,99	35,99	-	23,44	26,37	-	15,42	17,34	-	7,90	8,89	-	1,57	1,76	-	-	
	II	405,25	-	32,42	36,47	-	23,84	26,82	-	15,79	17,76	-	8,25	9,28	-	1,82	2,04	-	-	-	-	-	
	III	195,50	-	15,64	17,59	-	8,72	9,81	-	3,02	3,40	-	-	-	-	-	-	-	-	-	-	-	
	IV	513,08	-	41,04	46,17	-	36,45	41,00	-	31,99	35,99	-	27,65	31,10	-	23,44	26,37	-	19,36	21,78	-	15,42	17,3
	V	901,75	-	72,14	81,15																		
	VI	946,08	-	75,68	85,14																		
3.167,99	I	514,08	-	41,12	46,26	-	32,06	36,06	-	23,51	26,45	-	15,48	17,41	-	7,96	8,96	-	1,61	1,81	-	-	
	II	406,08	-	32,48	36,54	-	23,91	26,90	-	15,86	17,84	-	8,31	9,35	-	1,86	2,09	-	-	-	-	-	
	III	196,16	-	15,69	17,65	-	8,77	9,86	-	3,06	3,44	-	-	-	-	-	-	-	-	-	-	-	
	IV	514,08	-	41,12	46,26	-	36,52	41,09	-	32,06	36,06	-	27,72	31,19	-	23,51	26,45	-	19,43	21,86	-	15,48	17,4
	V	903,00	-	72,24	81,27																		
	VI	947,33	-	75,78	85,25																		
3.170,99	I	515,00	-	41,20	46,35	-	32,13	36,14	-	23,58	26,52	-	15,54	17,48	-	8,02	9,02	-	1,65	1,85	-	-	
	II	407,00	-	32,56	36,63	-	23,98	26,97	-	15,92	17,91	-	8,37	9,41	-	1,90	2,14	-	-	-	-	-	
	III	197,00	-	15,76	17,73	-	8,81	9,91	-	3,10	3,49	-	-	-	-	-	-	-	-	-	-	-	
	IV	515,00	-	41,20	46,35	-	36,60	41,17	-	32,13	36,14	-	27,79	31,26	-	23,58	26,52	-	19,50	21,93	-	15,54	17,4
	V	904,33	-	72,34	81,38																		
	VI	948,58	-	75,88	85,37																		
3.173,99	I	515,91	-	41,27	46,43	-	32,20	36,23	-	23,64	26,60	-	15,60	17,55	-	8,08	9,09	-	1,69	1,90	-	-	
	II	407,91	-	32,63	36,71	-	24,04	27,05	-	15,98	17,98	-	8,43	9,48	-	1,94	2,18	-	-	-	-	-	
	III	197,66	-	15,81	17,78	-	8,86	9,97	-	3,14	3,53	-	-	-	-	-	-	-	-	-	-	-	
	IV	515,91	-	41,27	46,43	-	36,67	41,25	-	32,20	36,23	-	27,86	31,34	-	23,64	26,60	-	19,56	22,01	-	15,60	17,5
	V	905,58	-	72,44	81,50																		
	VI	949,83	-	75,98	85,48																		
3.176,99	I	516,83	-	41,34	46,51	-	32,27	36,30	-	23,71	26,67	-	15,66	17,62	-	8,14	9,15	-	1,73	1,94	-	-	
	II	408,75	-	32,70	36,78	-	24,11	27,12	-	16,04	18,05	-	8,49	9,55	-	1,98	2,23	-	-	-	-	-	
	III	198,33	-	15,86	17,84	-	8,92	10,03	-	3,18	3,58	-	-	-	-	-	-	-	-	-	-	-	
	IV	516,83	-	41,34	46,51	-	36,74	41,33	-	32,27	36,30	-	27,93	31,42	-	23,71	26,67	-	19,62	22,07	-	15,66	17,6
	V	906,83	-	72,54	81,61																		
	VI	951,08	-	76,08	85,59																		
3.179,99	I	517,83	-	41,42	46,60	-	32,34	36,38	-	23,78	26,75	-	15,73	17,69	-	8,20	9,22	-	1,78	2,00	-	-	
	II	409,66	-	32,77	36,86	-	24,18	27,20	-	16,10	18,11	-	8,54	9,61	-	2,03	2,28	-	-	-	-	-	
	III	199,16	-	15,93	17,92	-	8,97	10,09	-	3,22	3,62	-	-	-	-	-	-	-	-	-	-	-	
	IV	517,83	-	41,42	46,60	-	36,82	41,42	-	32,34	36,38	-	28,00	31,50	-	23,78	26,75	-	19,69	22,15	-	15,73	17,6
	V	908,08	-	72,64	81,72																		
	VI	952,41	-	76,19	85,71																		
3.182,99	I	518,75	-	41,50	46,68	-	32,42	36,47	-	23,84	26,82	-	15,79	17,76	-	8,25	9,28	-	1,82	2,04	-	-	
	II	410,58	-	32,84	36,95	-	24,25	27,28	-	16,17	18,19	-	8,60	9,68	-	2,07	2,33	-	-	-	-	-	
	III	199,83	-	15,98	17,98	-	9,02	10,15	-	3,26	3,67	-	-	-	-	-	-	-	-	-	-	-	
	IV	518,75	-	41,50	46,68	-	36,89	41,50	-	32,42	36,47	-	28,06	31,57	-	23,84	26,82	-	19,76	22,23	-	15,79	17,7
	V	909,33	-	72,74	81,83																		
	VI	953,66	-	76,29	85,82																		
3.185,99	I	519,66	-	41,57	46,76	-	32,48	36,54	-	23,91	26,90	-	15,86	17,84	-	8,31	9,35	-	1,86	2,09	-	-	
	II	411,41	-	32,91	37,02	-	24,32	27,36	-	16,23	18,26	-	8,66	9,74	-	2,11	2,37	-	-	-	-	-	
	III	200,66	-	16,05	18,05	-	9,08	10,21	-	3,30	3,71	-	-	-	-	-	-	-	-	-	-	-	
	IV	519,66	-	41,57	46,76	-	36,96	41,58	-	32,48	36,54	-	28,14	31,65	-	23,91	26,90	-	19,82	22,29	-	15,86	17,84
	V	910,58	-	72,84	81,95																		
	VI	954,91	-	76,39	85,94																		
3.188,99	I	520,66	-	41,65	46,85	-	32,56	36,63	-	23,98	26,97	-	15,92	17,91	-	8,37	9,41	-	1,90	2,14	-	-	
	II	412,33	-	32,98	37,10	-	24,38	27,43	-	16,30	18,33	-	8,72	9,81	-	2,16	2,43	-	-	-	-	-	
	III	201,33	-	16,10	18,11	-	9,13	10,27	-	3,34	3,76	-	-	-	-	-	-	-	-	-	-	-	
	IV	520,66	-	41,65	46,85	-	37,04	41,67	-	32,56	36,63	-	28,20	31,73	-	23,98	26,97	-	19,88	22,37	-	15,92	17,9
	V	911,83	-	72,94	82,06																		
	VI	956,16	-	76,49	86,05																		
3.191,99	I	521,58	-	41,72	46,94	-	32,63	36,71	-	24,04	27,05	-	15,98	17,98	-	8,43	9,48	-	1,94	2,18	-	-	
	II	413,25	-	33,06	37,19	-	24,45	27,50	-	16,36	18,40	-	8,78	9,88	-	2,20	2,47	-	-	-	-	-	
	III	202,00	-	16,16	18,18	-	9,17	10,31	-	3,38	3,80	-	-	-	-	-	-	-	-	-	-	-	
	IV	521,58	-	41,72	46,94	-	37,11	41,75	-	32,63	36,71	-	28,27	31,80	-	24,04	27,05	-	19,95	22,44	-	15,98	17,9
	V	913,08	-	73,04	82,17																		
	VI	957,41	-	76,59	86,16																		
3.194,99	I	522,50	-	41,80	47,02	-	32,70	36,78	-	24,11	27,12	-	16,04	18,05	-	8,49	9,55	-	1,98	2,23	-	-	
	II	414,08	-	33,12	37,26	-	24,52	27,58	-	16,42	18,47	-	8,84	9,94	-	2,24	2,52	-	-	-	-	-	
	III	202,83	-	16,22	18,25	-	9,22	10,37	-	3,44	3,87	-	-	-	-	-	-	-	-	-	-	-	
	IV	522,50	-	41,80	47,02	-	37,18	41,83	-	32,70	36,78	-	28,34	31,88	-	24,11	27,12	-	20,02	22,52	-	16,04	18,05
	V	914,33	-	73,14	82,28																		
	VI	958,66	-	76,69	86,27																		

Besondere Tabelle

MONAT bis 3.239,99 €

Lohn/ Gehalt bis	Steuerklasse	Lohn- steuer	ohne Kinderfreibetrag SolZ 5,5%	ohne Kinderfreibetrag Kirchensteuer 8%	ohne Kinderfreibetrag Kirchensteuer 9%	Anzahl Kinderfreibeträge (nur Steuerklassen I–IV) 0,5 SolZ 5,5%	0,5 Kirchensteuer 8%	0,5 Kirchensteuer 9%	1,0 SolZ 5,5%	1,0 Kirchensteuer 8%	1,0 Kirchensteuer 9%	1,5 SolZ 5,5%	1,5 Kirchensteuer 8%	1,5 Kirchensteuer 9%	2,0 SolZ 5,5%	2,0 Kirchensteuer 8%	2,0 Kirchensteuer 9%	2,5 SolZ 5,5%	2,5 Kirchensteuer 8%	2,5 Kirchensteuer 9%	3,0 SolZ 5,5%	3,0 Kirchensteuer 8%	3,0 Kirchensteuer 9%
3.197,99	I	523,41	-	41,87	47,10	-	32,77	36,86	-	24,18	27,20	-	16,10	18,11	-	8,54	9,61	-	2,03	2,28	-	-	-
	II	415,00	-	33,20	37,35	-	24,58	27,65	-	16,48	18,54	-	8,90	10,01	-	2,28	2,57	-	-	-	-	-	-
	III	203,50	-	16,28	18,31	-	9,28	10,44	-	3,48	3,91	-	-	-	-	-	-	-	-	-	-	-	-
	IV	523,41	-	41,87	47,10	-	37,26	41,91	-	32,77	36,86	-	28,41	31,96	-	24,18	27,20	-	20,08	22,59	-	16,10	18,11
	V	915,66	-	73,25	82,40																		
	VI	959,91	-	76,79	86,39																		
3.200,99	I	524,41	-	41,95	47,19	-	32,84	36,95	-	24,25	27,28	-	16,17	18,19	-	8,60	9,68	-	2,07	2,33	-	-	-
	II	415,91	-	33,27	37,43	-	24,65	27,73	-	16,55	18,62	-	8,96	10,08	-	2,33	2,62	-	-	-	-	-	-
	III	204,16	-	16,33	18,37	-	9,33	10,49	-	3,52	3,96	-	-	-	-	-	-	-	-	-	-	-	-
	IV	524,41	-	41,95	47,19	-	37,33	41,99	-	32,84	36,95	-	28,48	32,04	-	24,25	27,28	-	20,14	22,66	-	16,17	18,19
	V	916,91	-	73,35	82,52																		
	VI	961,16	-	76,89	86,50																		
3.203,99	I	525,33	-	42,02	47,27	-	32,91	37,02	-	24,32	27,36	-	16,23	18,26	-	8,66	9,74	-	2,11	2,37	-	-	-
	II	416,75	-	33,34	37,50	-	24,72	27,81	-	16,61	18,68	-	9,02	10,14	-	2,38	2,67	-	-	-	-	-	-
	III	205,00	-	16,40	18,45	-	9,38	10,55	-	3,56	4,00	-	-	-	-	-	-	-	-	-	-	-	-
	IV	525,33	-	42,02	47,27	-	37,40	42,08	-	32,91	37,02	-	28,55	32,12	-	24,32	27,36	-	20,21	22,73	-	16,23	18,26
	V	918,16	-	73,45	82,63																		
	VI	962,50	-	77,00	86,62																		
3.206,99	I	526,25	-	42,10	47,36	-	32,98	37,10	-	24,38	27,43	-	16,30	18,33	-	8,72	9,81	-	2,16	2,43	-	-	-
	II	417,66	-	33,41	37,58	-	24,78	27,88	-	16,67	18,75	-	9,08	10,21	-	2,42	2,72	-	-	-	-	-	-
	III	205,66	-	16,45	18,50	-	9,44	10,62	-	3,60	4,05	-	-	-	-	-	-	-	-	-	-	-	-
	IV	526,25	-	42,10	47,36	-	37,48	42,16	-	32,98	37,10	-	28,62	32,19	-	24,38	27,43	-	20,28	22,81	-	16,30	18,33
	V	919,41	-	73,55	82,74																		
	VI	963,75	-	77,10	86,73																		
3.209,99	I	527,25	-	42,18	47,45	-	33,06	37,19	-	24,45	27,50	-	16,36	18,40	-	8,78	9,88	-	2,20	2,47	-	-	-
	II	418,58	-	33,48	37,67	-	24,85	27,95	-	16,74	18,83	-	9,14	10,28	-	2,46	2,77	-	-	-	-	-	-
	III	206,50	-	16,52	18,58	-	9,49	10,67	-	3,64	4,09	-	-	-	-	-	-	-	-	-	-	-	-
	IV	527,25	-	42,18	47,45	-	37,55	42,24	-	33,06	37,19	-	28,69	32,27	-	24,45	27,50	-	20,34	22,88	-	16,36	18,40
	V	920,66	-	73,65	82,85																		
	VI	965,00	-	77,20	86,85																		
3.212,99	I	528,16	-	42,25	47,53	-	33,12	37,26	-	24,52	27,58	-	16,42	18,47	-	8,84	9,94	-	2,24	2,52	-	-	-
	II	419,50	-	33,56	37,75	-	24,92	28,03	-	16,80	18,90	-	9,20	10,35	-	2,50	2,81	-	-	-	-	-	-
	III	207,16	-	16,57	18,64	-	9,54	10,73	-	3,68	4,14	-	-	-	-	-	-	-	-	-	-	-	-
	IV	528,16	-	42,25	47,53	-	37,62	42,32	-	33,12	37,26	-	28,76	32,35	-	24,52	27,58	-	20,40	22,95	-	16,42	18,47
	V	921,91	-	73,75	82,97																		
	VI	966,25	-	77,30	86,96																		
3.215,99	I	529,08	-	42,32	47,61	-	33,20	37,35	-	24,58	27,65	-	16,48	18,54	-	8,90	10,01	-	2,28	2,57	-	-	-
	II	420,33	-	33,62	37,82	-	24,99	28,11	-	16,86	18,97	-	9,25	10,40	-	2,55	2,87	-	-	-	-	-	-
	III	207,83	-	16,62	18,70	-	9,60	10,80	-	3,72	4,18	-	-	-	-	-	-	-	-	-	-	-	-
	IV	529,08	-	42,32	47,61	-	37,70	42,41	-	33,20	37,35	-	28,82	32,42	-	24,58	27,65	-	20,47	23,03	-	16,48	18,54
	V	923,16	-	73,85	83,08																		
	VI	967,50	-	77,40	87,07																		
3.218,99	I	530,08	-	42,40	47,70	-	33,27	37,43	-	24,65	27,73	-	16,55	18,62	-	8,96	10,08	-	2,33	2,62	-	-	-
	II	421,25	-	33,70	37,91	-	25,06	28,19	-	16,92	19,04	-	9,31	10,47	-	2,60	2,92	-	-	-	-	-	-
	III	208,66	-	16,69	18,77	-	9,65	10,85	-	3,77	4,24	-	-	-	-	-	-	-	-	-	-	-	-
	IV	530,08	-	42,40	47,70	-	37,77	42,49	-	33,27	37,43	-	28,90	32,51	-	24,65	27,73	-	20,54	23,10	-	16,55	18,62
	V	924,41	-	73,95	83,19																		
	VI	968,75	-	77,50	87,18																		
3.221,99	I	531,00	-	42,48	47,79	-	33,34	37,50	-	24,72	27,81	-	16,61	18,68	-	9,02	10,14	-	2,38	2,67	-	-	-
	II	422,16	-	33,77	37,99	-	25,12	28,26	-	16,99	19,11	-	9,37	10,54	-	2,64	2,97	-	-	-	-	-	-
	III	209,33	-	16,74	18,83	-	9,70	10,91	-	3,81	4,28	-	-	-	-	-	-	-	-	-	-	-	-
	IV	531,00	-	42,48	47,79	-	37,84	42,57	-	33,34	37,50	-	28,96	32,58	-	24,72	27,81	-	20,60	23,17	-	16,61	18,68
	V	925,75	-	74,06	83,31																		
	VI	970,00	-	77,60	87,30																		
3.224,99	I	531,91	-	42,55	47,87	-	33,41	37,58	-	24,78	27,88	-	16,67	18,75	-	9,08	10,21	-	2,42	2,72	-	-	-
	II	423,08	-	33,84	38,07	-	25,19	28,34	-	17,05	19,18	-	9,43	10,61	-	2,68	3,02	-	-	-	-	-	-
	III	210,16	-	16,81	18,91	-	9,76	10,98	-	3,85	4,33	-	-	-	-	-	-	-	-	-	-	-	-
	IV	531,91	-	42,55	47,87	-	37,92	42,66	-	33,41	37,58	-	29,04	32,67	-	24,78	27,88	-	20,66	23,24	-	16,67	18,75
	V	927,00	-	74,16	83,43																		
	VI	971,25	-	77,70	87,41																		
3.227,99	I	532,91	-	42,63	47,96	-	33,48	37,67	-	24,85	27,95	-	16,74	18,83	-	9,14	10,28	-	2,46	2,77	-	-	-
	II	423,91	-	33,91	38,15	-	25,26	28,41	-	17,12	19,26	-	9,49	10,67	-	2,73	3,07	-	-	-	-	-	-
	III	210,83	-	16,86	18,97	-	9,80	11,02	-	3,89	4,37	-	-	-	-	-	-	-	-	-	-	-	-
	IV	532,91	-	42,63	47,96	-	37,99	42,74	-	33,48	37,67	-	29,10	32,74	-	24,85	27,95	-	20,73	23,32	-	16,74	18,83
	V	928,25	-	74,26	83,54																		
	VI	972,58	-	77,80	87,53																		
3.230,99	I	533,83	-	42,70	48,04	-	33,56	37,75	-	24,92	28,03	-	16,80	18,90	-	9,20	10,35	-	2,50	2,81	-	-	-
	II	424,83	-	33,98	38,23	-	25,32	28,49	-	17,18	19,32	-	9,55	10,74	-	2,78	3,12	-	-	-	-	-	-
	III	211,50	-	16,92	19,03	-	9,85	11,08	-	3,93	4,42	-	-	-	-	-	-	-	-	-	-	-	-
	IV	533,83	-	42,70	48,04	-	38,06	42,82	-	33,56	37,75	-	29,17	32,81	-	24,92	28,03	-	20,80	23,40	-	16,80	18,90
	V	929,50	-	74,36	83,65																		
	VI	973,83	-	77,90	87,64																		
3.233,99	I	534,75	-	42,78	48,12	-	33,62	37,82	-	24,99	28,11	-	16,86	18,97	-	9,25	10,40	-	2,55	2,87	-	-	-
	II	425,75	-	34,06	38,31	-	25,39	28,56	-	17,24	19,40	-	9,61	10,81	-	2,82	3,17	-	-	-	-	-	-
	III	212,33	-	16,98	19,10	-	9,90	11,14	-	3,97	4,46	-	-	-	-	-	-	-	-	-	-	-	-
	IV	534,75	-	42,78	48,12	-	38,14	42,90	-	33,62	37,82	-	29,24	32,90	-	24,99	28,11	-	20,86	23,47	-	16,86	18,97
	V	930,75	-	74,46	83,76																		
	VI	975,08	-	78,00	87,75																		
3.236,99	I	535,75	-	42,86	48,21	-	33,70	37,91	-	25,06	28,19	-	16,92	19,04	-	9,31	10,47	-	2,60	2,92	-	-	-
	II	426,66	-	34,13	38,39	-	25,46	28,64	-	17,30	19,46	-	9,67	10,88	-	2,87	3,23	-	-	-	-	-	-
	III	213,00	-	17,04	19,17	-	9,96	11,20	-	4,02	4,52	-	-	-	-	-	-	-	-	-	-	-	-
	IV	535,75	-	42,86	48,21	-	38,21	42,98	-	33,70	37,91	-	29,31	32,97	-	25,06	28,19	-	20,92	23,54	-	16,92	19,04
	V	932,00	-	74,56	83,88																		
	VI	976,33	-	78,10	87,86																		
3.239,99	I	536,66	-	42,93	48,29	-	33,77	37,99	-	25,12	28,26	-	16,99	19,11	-	9,37	10,54	-	2,64	2,97	-	-	-
	II	427,50	-	34,20	38,47	-	25,53	28,72	-	17,37	19,54	-	9,73	10,94	-	2,92	3,28	-	-	-	-	-	-
	III	213,83	-	17,10	19,24	-	10,01	11,26	-	4,06	4,57	-	-	-	-	-	-	-	-	-	-	-	-
	IV	536,66	-	42,93	48,29	-	38,28	43,07	-	33,77	37,99	-	29,38	33,05	-	25,12	28,26	-	20,99	23,61	-	16,99	19,11
	V	933,25	-	74,66	83,99																		
	VI	977,58	-	78,20	87,98																		

Lohn/ Gehalt bis	Steuerklasse	Lohnsteuer	ohne Kinderfreibetrag			Anzahl Kinderfreibeträge (nur Steuerklassen I–IV) 0,5			1,0			1,5			2,0			2,5			3,0		
			SolZ 5,5%	Kirchensteuer 8%	9%	SolZ 5,5%	Kirchensteuer 8%	9%	SolZ 5,5%	Kirchensteuer 8%	9%	SolZ 5,5%	Kirchensteuer 8%	9%	SolZ 5,5%	Kirchensteuer 8%	9%	SolZ 5,5%	Kirchensteuer 8%	9%	SolZ 5,5%	Kirchensteuer 8%	9%
3.242,99	I	537,58	-	43,00	48,38	-	33,84	38,07	-	25,19	28,34	-	17,05	19,18	-	9,43	10,61	-	2,68	3,02	-	-	-
	II	428,41	-	34,27	38,55	-	25,60	28,80	-	17,44	19,62	-	9,78	11,00	-	2,96	3,33	-	-	-	-	-	-
	III	214,50	-	17,16	19,30	-	10,06	11,32	-	4,10	4,61	-	-	-	-	-	-	-	-	-	-	-	-
	IV	537,58	-	43,00	48,38	-	38,36	43,15	-	33,84	38,07	-	29,45	33,13	-	25,19	28,34	-	21,06	23,69	-	17,05	19,1
	V	934,50	-	74,76	84,10																		
	VI	978,83	-	78,30	88,09																		
3.245,99	I	538,58	-	43,08	48,47	-	33,91	38,15	-	25,26	28,41	-	17,12	19,26	-	9,49	10,67	-	2,73	3,07	-	-	-
	II	429,33	-	34,34	38,63	-	25,66	28,87	-	17,50	19,68	-	9,84	11,07	-	3,00	3,38	-	-	-	-	-	-
	III	215,16	-	17,21	19,36	-	10,12	11,38	-	4,14	4,66	-	-	-	-	-	-	-	-	-	-	-	-
	IV	538,58	-	43,08	48,47	-	38,43	43,23	-	33,91	38,15	-	29,52	33,21	-	25,26	28,41	-	21,12	23,76	-	17,12	19,2
	V	935,83	-	74,86	84,22																		
	VI	980,08	-	78,40	88,20																		
3.248,99	I	539,50	-	43,16	48,55	-	33,98	38,23	-	25,32	28,49	-	17,18	19,32	-	9,55	10,74	-	2,78	3,12	-	-	-
	II	430,25	-	34,42	38,72	-	25,73	28,94	-	17,56	19,76	-	9,90	11,14	-	3,05	3,43	-	-	-	-	-	-
	III	216,00	-	17,28	19,44	-	10,17	11,44	-	4,18	4,70	-	-	-	-	-	-	-	-	-	-	-	-
	IV	539,50	-	43,16	48,55	-	38,50	43,31	-	33,98	38,23	-	29,59	33,29	-	25,32	28,49	-	21,19	23,84	-	17,18	19,3
	V	937,08	-	74,96	84,33																		
	VI	981,33	-	78,50	88,31																		
3.251,99	I	540,41	-	43,23	48,63	-	34,06	38,31	-	25,39	28,56	-	17,24	19,40	-	9,61	10,81	-	2,82	3,17	-	-	-
	II	431,08	-	34,48	38,79	-	25,80	29,02	-	17,62	19,82	-	9,96	11,21	-	3,10	3,48	-	-	-	-	-	-
	III	216,66	-	17,33	19,49	-	10,22	11,50	-	4,24	4,77	-	-	-	-	-	-	-	-	-	-	-	-
	IV	540,41	-	43,23	48,63	-	38,58	43,40	-	34,06	38,31	-	29,66	33,36	-	25,39	28,56	-	21,25	23,90	-	17,24	19,4
	V	938,33	-	75,06	84,44																		
	VI	982,58	-	78,60	88,43																		
3.254,99	I	541,41	-	43,31	48,72	-	34,13	38,39	-	25,46	28,64	-	17,30	19,46	-	9,67	10,88	-	2,87	3,23	-	-	-
	II	432,00	-	34,56	38,88	-	25,86	29,09	-	17,69	19,90	-	10,02	11,27	-	3,14	3,53	-	-	-	-	-	-
	III	217,50	-	17,40	19,57	-	10,28	11,56	-	4,28	4,81	-	-	-	-	-	-	-	-	-	-	-	-
	IV	541,41	-	43,31	48,72	-	38,66	43,49	-	34,13	38,39	-	29,73	33,44	-	25,46	28,64	-	21,32	23,98	-	17,30	19,46
	V	939,58	-	75,16	84,56																		
	VI	983,91	-	78,71	88,55																		
3.257,99	I	542,33	-	43,38	48,80	-	34,20	38,47	-	25,53	28,72	-	17,37	19,54	-	9,73	10,94	-	2,92	3,28	-	-	-
	II	432,91	-	34,63	38,96	-	25,94	29,18	-	17,75	19,97	-	10,08	11,34	-	3,19	3,59	-	-	-	-	-	-
	III	218,16	-	17,45	19,63	-	10,33	11,62	-	4,32	4,86	-	-	-	-	-	-	-	-	-	-	-	-
	IV	542,33	-	43,38	48,80	-	38,73	43,57	-	34,20	38,47	-	29,80	33,52	-	25,53	28,72	-	21,38	24,05	-	17,37	19,54
	V	940,83	-	75,26	84,67																		
	VI	985,16	-	78,81	88,66																		
3.260,99	I	543,33	-	43,46	48,89	-	34,27	38,55	-	25,60	28,80	-	17,44	19,62	-	9,78	11,00	-	2,96	3,33	-	-	-
	II	433,83	-	34,70	39,04	-	26,00	29,25	-	17,82	20,04	-	10,14	11,41	-	3,24	3,64	-	-	-	-	-	-
	III	218,83	-	17,50	19,69	-	10,38	11,68	-	4,36	4,90	-	-	-	-	-	-	-	-	-	-	-	-
	IV	543,33	-	43,46	48,89	-	38,80	43,65	-	34,27	38,55	-	29,87	33,60	-	25,60	28,80	-	21,45	24,13	-	17,44	19,62
	V	942,08	-	75,36	84,78																		
	VI	986,41	-	78,91	88,77																		
3.263,99	I	544,25	-	43,54	48,98	-	34,34	38,63	-	25,66	28,87	-	17,50	19,68	-	9,84	11,07	-	3,00	3,38	-	-	-
	II	434,75	-	34,78	39,12	-	26,07	29,33	-	17,88	20,11	-	10,20	11,48	-	3,29	3,70	-	-	-	-	-	-
	III	219,66	-	17,57	19,76	-	10,44	11,74	-	4,41	4,96	-	-	-	-	-	-	-	-	-	-	-	-
	IV	544,25	-	43,54	48,98	-	38,88	43,74	-	34,34	38,63	-	29,94	33,68	-	25,66	28,87	-	21,52	24,21	-	17,50	19,68
	V	943,33	-	75,46	84,89																		
	VI	987,66	-	79,01	88,88																		
3.266,99	I	545,16	-	43,61	49,06	-	34,42	38,72	-	25,73	28,94	-	17,56	19,76	-	9,90	11,14	-	3,05	3,43	-	-	-
	II	435,58	-	34,84	39,20	-	26,14	29,40	-	17,94	20,18	-	10,26	11,54	-	3,34	3,75	-	-	-	-	-	-
	III	220,33	-	17,62	19,82	-	10,49	11,80	-	4,45	5,00	-	-	-	-	-	-	-	-	-	-	-	-
	IV	545,16	-	43,61	49,06	-	38,95	43,82	-	34,42	38,72	-	30,01	33,76	-	25,73	28,94	-	21,58	24,28	-	17,56	19,76
	V	944,58	-	75,56	85,01																		
	VI	988,91	-	79,11	89,00																		
3.269,99	I	546,16	-	43,69	49,15	-	34,48	38,79	-	25,80	29,02	-	17,62	19,82	-	9,96	11,21	-	3,10	3,48	-	-	-
	II	436,50	-	34,92	39,28	-	26,20	29,48	-	18,01	20,26	-	10,32	11,61	-	3,38	3,80	-	-	-	-	-	-
	III	221,16	-	17,69	19,90	-	10,56	11,88	-	4,49	5,05	-	-	-	-	-	-	-	-	-	-	-	-
	IV	546,16	-	43,69	49,15	-	39,02	43,90	-	34,48	38,79	-	30,08	33,84	-	25,80	29,02	-	21,65	24,35	-	17,62	19,82
	V	945,83	-	75,66	85,12																		
	VI	990,16	-	79,21	89,11																		
3.272,99	I	547,08	-	43,76	49,23	-	34,56	38,88	-	25,86	29,09	-	17,69	19,90	-	10,02	11,27	-	3,14	3,53	-	-	-
	II	437,41	-	34,99	39,36	-	26,28	29,56	-	18,07	20,33	-	10,38	11,68	-	3,43	3,86	-	-	-	-	-	-
	III	221,83	-	17,74	19,96	-	10,61	11,93	-	4,53	5,09	-	-	-	-	-	-	-	-	-	-	-	-
	IV	547,08	-	43,76	49,23	-	39,10	43,98	-	34,56	38,88	-	30,15	33,92	-	25,86	29,09	-	21,71	24,42	-	17,69	19,90
	V	947,16	-	75,77	85,24																		
	VI	991,41	-	79,31	89,22																		
3.275,99	I	548,08	-	43,84	49,32	-	34,63	38,96	-	25,94	29,18	-	17,75	19,97	-	10,08	11,34	-	3,19	3,59	-	-	-
	II	438,33	-	35,06	39,44	-	26,34	29,63	-	18,14	20,40	-	10,44	11,75	-	3,48	3,91	-	-	-	-	-	-
	III	222,66	-	17,81	20,03	-	10,66	11,99	-	4,58	5,15	-	-	-	-	-	-	-	-	-	-	-	-
	IV	548,08	-	43,84	49,32	-	39,17	44,06	-	34,63	38,96	-	30,22	33,99	-	25,94	29,18	-	21,78	24,50	-	17,75	19,97
	V	948,41	-	75,87	85,35																		
	VI	992,66	-	79,41	89,33																		
3.278,99	I	549,00	-	43,92	49,41	-	34,70	39,04	-	26,00	29,25	-	17,82	20,04	-	10,14	11,41	-	3,24	3,64	-	-	-
	II	439,25	-	35,14	39,53	-	26,41	29,71	-	18,20	20,47	-	10,50	11,81	-	3,52	3,96	-	-	-	-	-	-
	III	223,33	-	17,86	20,09	-	10,72	12,06	-	4,62	5,20	-	-	-	-	-	-	-	-	-	-	-	-
	IV	549,00	-	43,92	49,41	-	39,24	44,15	-	34,70	39,04	-	30,29	34,07	-	26,00	29,25	-	21,84	24,57	-	17,82	20,04
	V	949,66	-	75,97	85,46																		
	VI	994,00	-	79,52	89,46																		
3.281,99	I	550,00	-	44,00	49,50	-	34,78	39,12	-	26,07	29,33	-	17,88	20,11	-	10,20	11,48	-	3,29	3,70	-	-	-
	II	440,16	-	35,21	39,61	-	26,48	29,79	-	18,26	20,54	-	10,56	11,88	-	3,58	4,02	-	-	-	-	-	-
	III	224,00	-	17,92	20,16	-	10,77	12,11	-	4,66	5,24	-	-	-	-	-	-	-	-	-	-	-	-
	IV	550,00	-	44,00	49,50	-	39,32	44,23	-	34,78	39,12	-	30,36	34,15	-	26,07	29,33	-	21,91	24,65	-	17,88	20,11
	V	950,91	-	76,07	85,58																		
	VI	995,25	-	79,62	89,57																		
3.284,99	I	550,91	-	44,07	49,58	-	34,84	39,20	-	26,14	29,40	-	17,94	20,18	-	10,26	11,54	-	3,34	3,75	-	-	-
	II	441,00	-	35,28	39,69	-	26,54	29,86	-	18,33	20,62	-	10,62	11,95	-	3,62	4,07	-	-	-	-	-	-
	III	224,83	-	17,98	20,23	-	10,82	12,17	-	4,70	5,29	-	-	-	-	-	-	-	-	-	-	-	-
	IV	550,91	-	44,07	49,58	-	39,40	44,32	-	34,84	39,20	-	30,43	34,23	-	26,14	29,40	-	21,98	24,72	-	17,94	20,18
	V	952,16	-	76,17	85,69																		
	VI	996,50	-	79,72	89,68																		

Lohn/ Gehalt bis	Steuerklasse	Lohn- steuer	ohne Kinderfreibetrag SolZ 5,5%	ohne Kinderfreibetrag Kirchensteuer 8%	ohne Kinderfreibetrag Kirchensteuer 9%	0,5 SolZ 5,5%	0,5 Kirchensteuer 8%	0,5 Kirchensteuer 9%	1,0 SolZ 5,5%	1,0 Kirchensteuer 8%	1,0 Kirchensteuer 9%	1,5 SolZ 5,5%	1,5 Kirchensteuer 8%	1,5 Kirchensteuer 9%	2,0 SolZ 5,5%	2,0 Kirchensteuer 8%	2,0 Kirchensteuer 9%	2,5 SolZ 5,5%	2,5 Kirchensteuer 8%	2,5 Kirchensteuer 9%	3,0 SolZ 5,5%	3,0 Kirchensteuer 8%	3,0 Kirchensteuer 9%
3.287,99	I	551,83	-	44,14	49,66	-	34,92	39,28	-	26,20	29,48	-	18,01	20,26	-	10,32	11,61	-	3,38	3,80	-	-	-
	II	441,91	-	35,35	39,77	-	26,62	29,94	-	18,39	20,69	-	10,68	12,02	-	3,67	4,13	-	-	-	-	-	-
	III	225,50	-	18,04	20,29	-	10,88	12,24	-	4,76	5,35	-	-	-	-	-	-	-	-	-	-	-	-
	IV	551,83	-	44,14	49,66	-	39,47	44,40	-	34,92	39,28	-	30,50	34,31	-	26,20	29,48	-	22,04	24,80	-	18,01	20,26
	V	953,41	-	76,27	85,80																		
	VI	997,75	-	79,82	89,79																		
3.290,99	I	552,83	-	44,22	49,75	-	34,99	39,36	-	26,28	29,56	-	18,07	20,33	-	10,38	11,68	-	3,43	3,86	-	-	-
	II	442,83	-	35,42	39,85	-	26,68	30,02	-	18,46	20,76	-	10,74	12,08	-	3,72	4,19	-	-	-	-	-	-
	III	226,33	-	18,10	20,36	-	10,93	12,29	-	4,80	5,40	-	-	-	-	-	-	-	-	-	-	-	-
	IV	552,83	-	44,22	49,75	-	39,54	44,48	-	34,99	39,36	-	30,57	34,39	-	26,28	29,56	-	22,11	24,87	-	18,07	20,33
	V	954,66	-	76,37	85,91																		
	VI	999,00	-	79,92	89,91																		
3.293,99	I	553,75	-	44,30	49,83	-	35,06	39,44	-	26,34	29,63	-	18,14	20,40	-	10,44	11,75	-	3,48	3,91	-	-	-
	II	443,75	-	35,50	39,93	-	26,75	30,09	-	18,52	20,83	-	10,80	12,15	-	3,77	4,24	-	-	-	-	-	-
	III	227,00	-	18,16	20,43	-	10,98	12,35	-	4,84	5,44	-	0,01	0,01	-	-	-	-	-	-	-	-	-
	IV	553,75	-	44,30	49,83	-	39,62	44,57	-	35,06	39,44	-	30,64	34,47	-	26,34	29,63	-	22,18	24,95	-	18,14	20,40
	V	955,91	-	76,47	86,03																		
	VI	1.000,25	-	80,02	90,02																		
3.296,99	I	554,75	-	44,38	49,92	-	35,14	39,53	-	26,41	29,71	-	18,20	20,47	-	10,50	11,81	-	3,52	3,96	-	-	-
	II	444,66	-	35,57	40,01	-	26,82	30,17	-	18,58	20,90	-	10,86	12,22	-	3,82	4,29	-	-	-	-	-	-
	III	227,83	-	18,22	20,50	-	11,04	12,42	-	4,89	5,50	-	0,04	0,04	-	-	-	-	-	-	-	-	-
	IV	554,75	-	44,38	49,92	-	39,69	44,65	-	35,14	39,53	-	30,71	34,55	-	26,41	29,71	-	22,24	25,02	-	18,20	20,47
	V	957,25	-	76,58	86,15																		
	VI	1.001,50	-	80,12	90,13																		
3.299,99	I	555,66	-	44,45	50,00	-	35,21	39,61	-	26,48	29,79	-	18,26	20,54	-	10,56	11,88	-	3,58	4,02	-	-	-
	II	445,58	-	35,64	40,10	-	26,89	30,25	-	18,65	20,98	-	10,92	12,29	-	3,87	4,35	-	-	-	-	-	-
	III	228,50	-	18,28	20,56	-	11,09	12,47	-	4,93	5,54	-	0,08	0,09	-	-	-	-	-	-	-	-	-
	IV	555,66	-	44,45	50,00	-	39,76	44,73	-	35,21	39,61	-	30,78	34,62	-	26,48	29,79	-	22,30	25,09	-	18,26	20,54
	V	958,50	-	76,68	86,26																		
	VI	1.002,75	-	80,22	90,24																		
3.302,99	I	556,66	-	44,53	50,09	-	35,28	39,69	-	26,54	29,86	-	18,33	20,62	-	10,62	11,95	-	3,62	4,07	-	-	-
	II	446,50	-	35,72	40,18	-	26,96	30,33	-	18,71	21,05	-	10,98	12,35	-	3,92	4,41	-	-	-	-	-	-
	III	229,16	-	18,33	20,62	-	11,14	12,53	-	4,97	5,59	-	0,10	0,11	-	-	-	-	-	-	-	-	-
	IV	556,66	-	44,53	50,09	-	39,84	44,82	-	35,28	39,69	-	30,85	34,70	-	26,54	29,86	-	22,37	25,16	-	18,33	20,62
	V	959,75	-	76,78	86,37																		
	VI	1.004,08	-	80,32	90,36																		
3.305,99	I	557,58	-	44,60	50,18	-	35,35	39,77	-	26,62	29,94	-	18,39	20,69	-	10,68	12,02	-	3,67	4,13	-	-	-
	II	447,41	-	35,79	40,26	-	27,02	30,40	-	18,78	21,12	-	11,04	12,42	-	3,97	4,46	-	-	-	-	-	-
	III	230,00	-	18,40	20,70	-	11,21	12,61	-	5,02	5,65	-	0,14	0,16	-	-	-	-	-	-	-	-	-
	IV	557,58	-	44,60	50,18	-	39,92	44,91	-	35,35	39,77	-	30,92	34,78	-	26,62	29,94	-	22,44	25,24	-	18,39	20,69
	V	961,00	-	76,88	86,49																		
	VI	1.005,33	-	80,42	90,47																		
3.308,99	I	558,58	-	44,68	50,27	-	35,42	39,85	-	26,68	30,02	-	18,46	20,76	-	10,74	12,08	-	3,72	4,19	-	-	-
	II	448,25	-	35,86	40,34	-	27,09	30,47	-	18,84	21,20	-	11,10	12,49	-	4,02	4,52	-	-	-	-	-	-
	III	230,66	-	18,45	20,75	-	11,26	12,67	-	5,06	5,69	-	0,17	0,19	-	-	-	-	-	-	-	-	-
	IV	558,58	-	44,68	50,27	-	39,99	44,99	-	35,42	39,85	-	30,99	34,86	-	26,68	30,02	-	22,50	25,31	-	18,46	20,76
	V	962,25	-	76,98	86,60																		
	VI	1.006,58	-	80,52	90,59																		
3.311,99	I	559,50	-	44,76	50,35	-	35,50	39,93	-	26,75	30,09	-	18,52	20,83	-	10,80	12,15	-	3,77	4,24	-	-	-
	II	449,16	-	35,93	40,42	-	27,16	30,56	-	18,90	21,26	-	11,16	12,56	-	4,06	4,57	-	-	-	-	-	-
	III	231,50	-	18,52	20,83	-	11,32	12,73	-	5,10	5,74	-	0,21	0,23	-	-	-	-	-	-	-	-	-
	IV	559,50	-	44,76	50,35	-	40,06	45,07	-	35,50	39,93	-	31,06	34,94	-	26,75	30,09	-	22,57	25,39	-	18,52	20,83
	V	963,50	-	77,08	86,71																		
	VI	1.007,83	-	80,62	90,70																		
3.314,99	I	560,50	-	44,84	50,44	-	35,57	40,01	-	26,82	30,17	-	18,58	20,90	-	10,86	12,22	-	3,82	4,29	-	-	-
	II	450,08	-	36,00	40,50	-	27,23	30,63	-	18,97	21,34	-	11,22	12,62	-	4,12	4,63	-	-	-	-	-	-
	III	232,16	-	18,57	20,89	-	11,37	12,79	-	5,16	5,80	-	0,24	0,27	-	-	-	-	-	-	-	-	-
	IV	560,50	-	44,84	50,44	-	40,14	45,15	-	35,57	40,01	-	31,13	35,02	-	26,82	30,17	-	22,64	25,47	-	18,58	20,90
	V	964,75	-	77,18	86,82																		
	VI	1.009,08	-	80,72	90,81																		
3.317,99	I	561,41	-	44,91	50,52	-	35,64	40,10	-	26,89	30,25	-	18,65	20,98	-	10,92	12,29	-	3,87	4,35	-	-	-
	II	451,00	-	36,08	40,59	-	27,30	30,71	-	19,03	21,41	-	11,28	12,69	-	4,17	4,69	-	-	-	-	-	-
	III	233,00	-	18,64	20,97	-	11,42	12,85	-	5,20	5,85	-	0,28	0,31	-	-	-	-	-	-	-	-	-
	IV	561,41	-	44,91	50,52	-	40,21	45,23	-	35,64	40,10	-	31,20	35,10	-	26,89	30,25	-	22,70	25,54	-	18,65	20,98
	V	966,00	-	77,28	86,94																		
	VI	1.010,33	-	80,82	90,92																		
3.320,99	I	562,41	-	44,99	50,61	-	35,72	40,18	-	26,96	30,33	-	18,71	21,05	-	10,98	12,35	-	3,92	4,41	-	-	-
	II	451,91	-	36,15	40,67	-	27,36	30,78	-	19,10	21,48	-	11,34	12,76	-	4,22	4,74	-	-	-	-	-	-
	III	233,66	-	18,69	21,02	-	11,48	12,91	-	5,24	5,89	-	0,32	0,36	-	-	-	-	-	-	-	-	-
	IV	562,41	-	44,99	50,61	-	40,28	45,32	-	35,72	40,18	-	31,27	35,18	-	26,96	30,33	-	22,77	25,61	-	18,71	21,05
	V	967,33	-	77,38	87,05																		
	VI	1.011,58	-	80,92	91,04																		
3.323,99	I	563,33	-	45,06	50,69	-	35,79	40,26	-	27,02	30,40	-	18,78	21,12	-	11,04	12,42	-	3,97	4,46	-	-	-
	II	452,83	-	36,22	40,75	-	27,44	30,87	-	19,16	21,56	-	11,40	12,83	-	4,27	4,80	-	-	-	-	-	-
	III	234,33	-	18,74	21,08	-	11,53	12,97	-	5,29	5,95	-	0,34	0,38	-	-	-	-	-	-	-	-	-
	IV	563,33	-	45,06	50,69	-	40,36	45,41	-	35,79	40,26	-	31,34	35,26	-	27,02	30,40	-	22,84	25,69	-	18,78	21,12
	V	968,58	-	77,48	87,17																		
	VI	1.012,83	-	81,02	91,15																		
3.326,99	I	564,33	-	45,14	50,78	-	35,86	40,34	-	27,09	30,47	-	18,84	21,20	-	11,10	12,49	-	4,02	4,52	-	-	-
	II	453,75	-	36,30	40,83	-	27,50	30,94	-	19,22	21,62	-	11,46	12,89	-	4,32	4,86	-	-	-	-	-	-
	III	235,16	-	18,81	21,16	-	11,60	13,05	-	5,33	5,99	-	0,38	0,43	-	-	-	-	-	-	-	-	-
	IV	564,33	-	45,14	50,78	-	40,44	45,49	-	35,86	40,34	-	31,41	35,33	-	27,09	30,47	-	22,90	25,76	-	18,84	21,20
	V	969,83	-	77,58	87,28																		
	VI	1.014,08	-	81,12	91,26																		
3.329,99	I	565,25	-	45,22	50,87	-	35,93	40,42	-	27,16	30,56	-	18,90	21,26	-	11,16	12,56	-	4,06	4,57	-	-	-
	II	454,66	-	36,37	40,91	-	27,57	31,01	-	19,29	21,70	-	11,52	12,96	-	4,37	4,91	-	-	-	-	-	-
	III	235,83	-	18,86	21,22	-	11,65	13,10	-	5,38	6,05	-	0,41	0,46	-	-	-	-	-	-	-	-	-
	IV	565,25	-	45,22	50,87	-	40,51	45,57	-	35,93	40,42	-	31,48	35,42	-	27,16	30,56	-	22,97	25,84	-	18,90	21,26
	V	971,08	-	77,68	87,39																		
	VI	1.015,41	-	81,23	91,38																		

Anzahl Kinderfreibeträge (nur Steuerklassen I–IV)

Lohn/ Gehalt bis	Steuerklasse	Lohn- steuer	ohne Kinderfreibetrag			Anzahl Kinderfreibeträge (nur Steuerklassen I–IV) 0,5			1,0			1,5			2,0			2,5			3,0		
			SolZ 5,5%	Kirchensteuer 8%	9%	SolZ 5,5%	Kirchensteuer 8%	9%	SolZ 5,5%	Kirchensteuer 8%	9%	SolZ 5,5%	Kirchensteuer 8%	9%	SolZ 5,5%	Kirchensteuer 8%	9%	SolZ 5,5%	Kirchensteuer 8%	9%	SolZ 5,5%	Kirchensteuer 8%	9%
3.332,99	I	566,25	-	45,30	50,96	-	36,00	40,50	-	27,23	30,63	-	18,97	21,34	-	11,22	12,62	-	4,12	4,63	-	-	
	II	455,58	-	36,44	41,00	-	27,64	31,10	-	19,36	21,78	-	11,58	13,03	-	4,42	4,97	-	-	-	-	-	
	III	236,66	-	18,93	21,29	-	11,70	13,16	-	5,42	6,10	-	0,45	0,50	-	-	-	-	-	-	-	-	
	IV	566,25	-	45,30	50,96	-	40,58	45,65	-	36,00	40,50	-	31,55	35,49	-	27,23	30,63	-	23,04	25,92	-	18,97	21,3
	V	972,33	-	77,78	87,50																		
	VI	1.016,66	-	81,33	91,49																		
3.335,99	I	567,16	-	45,37	51,04	-	36,08	40,59	-	27,30	30,71	-	19,03	21,41	-	11,28	12,69	-	4,17	4,69	-	-	
	II	456,50	-	36,52	41,08	-	27,71	31,17	-	19,42	21,85	-	11,64	13,10	-	4,47	5,03	-	-	-	-	-	
	III	237,33	-	18,98	21,35	-	11,76	13,23	-	5,46	6,14	-	0,49	0,55	-	-	-	-	-	-	-	-	
	IV	567,16	-	45,37	51,04	-	40,66	45,74	-	36,08	40,59	-	31,62	35,57	-	27,30	30,71	-	23,10	25,99	-	19,03	21,4
	V	973,58	-	77,88	87,62																		
	VI	1.017,91	-	81,43	91,61																		
3.338,99	I	568,16	-	45,45	51,13	-	36,15	40,67	-	27,36	30,78	-	19,10	21,48	-	11,34	12,76	-	4,22	4,74	-	-	
	II	457,41	-	36,59	41,16	-	27,78	31,25	-	19,48	21,92	-	11,70	13,16	-	4,52	5,09	-	-	-	-	-	
	III	238,16	-	19,05	21,43	-	11,81	13,28	-	5,52	6,21	-	0,52	0,58	-	-	-	-	-	-	-	-	
	IV	568,16	-	45,45	51,13	-	40,74	45,83	-	36,15	40,67	-	31,70	35,66	-	27,36	30,78	-	23,17	26,06	-	19,10	21,4
	V	974,83	-	77,98	87,73																		
	VI	1.019,16	-	81,53	91,72																		
3.341,99	I	569,08	-	45,52	51,21	-	36,22	40,75	-	27,44	30,87	-	19,16	21,56	-	11,40	12,83	-	4,27	4,80	-	-	
	II	458,25	-	36,66	41,24	-	27,85	31,33	-	19,55	21,99	-	11,76	13,23	-	4,58	5,15	-	-	-	-	-	
	III	238,83	-	19,10	21,49	-	11,88	13,36	-	5,56	6,25	-	0,56	0,63	-	-	-	-	-	-	-	-	
	IV	569,08	-	45,52	51,21	-	40,81	45,91	-	36,22	40,75	-	31,76	35,73	-	27,44	30,87	-	23,24	26,14	-	19,16	21,5
	V	976,08	-	78,08	87,84																		
	VI	1.020,41	-	81,63	91,83																		
3.344,99	I	570,08	-	45,60	51,30	-	36,30	40,83	-	27,50	30,94	-	19,22	21,62	-	11,46	12,89	-	4,32	4,86	-	-	
	II	459,16	-	36,73	41,32	-	27,92	31,41	-	19,62	22,07	-	11,82	13,30	-	4,63	5,21	-	-	-	-	-	
	III	239,66	-	19,17	21,56	-	11,93	13,42	-	5,61	6,31	-	0,58	0,65	-	-	-	-	-	-	-	-	
	IV	570,08	-	45,60	51,30	-	40,88	45,99	-	36,30	40,83	-	31,84	35,82	-	27,50	30,94	-	23,30	26,21	-	19,22	21,6
	V	977,33	-	78,18	87,95																		
	VI	1.021,66	-	81,73	91,94																		
3.347,99	I	571,00	-	45,68	51,39	-	36,37	40,91	-	27,57	31,01	-	19,29	21,70	-	11,52	12,96	-	4,37	4,91	-	-	
	II	460,08	-	36,80	41,40	-	27,98	31,48	-	19,68	22,14	-	11,89	13,37	-	4,68	5,26	-	-	-	-	-	
	III	240,33	-	19,22	21,62	-	11,98	13,48	-	5,65	6,35	-	0,62	0,70	-	-	-	-	-	-	-	-	
	IV	571,00	-	45,68	51,39	-	40,96	46,08	-	36,37	40,91	-	31,90	35,89	-	27,57	31,01	-	23,37	26,29	-	19,29	21,7
	V	978,66	-	78,29	88,07																		
	VI	1.022,91	-	81,83	92,06																		
3.350,99	I	572,00	-	45,76	51,48	-	36,44	41,00	-	27,64	31,10	-	19,36	21,78	-	11,58	13,03	-	4,42	4,97	-	-	
	II	461,00	-	36,88	41,49	-	28,06	31,56	-	19,74	22,21	-	11,95	13,44	-	4,73	5,32	-	-	-	-	-	
	III	241,00	-	19,28	21,69	-	12,04	13,54	-	5,69	6,40	-	0,66	0,74	-	-	-	-	-	-	-	-	
	IV	572,00	-	45,76	51,48	-	41,04	46,17	-	36,44	41,00	-	31,98	35,97	-	27,64	31,10	-	23,44	26,37	-	19,36	21,7
	V	979,91	-	78,39	88,19																		
	VI	1.024,16	-	81,93	92,17																		
3.353,99	I	572,91	-	45,83	51,56	-	36,52	41,08	-	27,71	31,17	-	19,42	21,85	-	11,64	13,10	-	4,47	5,03	-	-	
	II	461,91	-	36,95	41,57	-	28,12	31,64	-	19,81	22,28	-	12,01	13,51	-	4,78	5,38	-	-	-	-	-	
	III	241,83	-	19,34	21,76	-	12,09	13,60	-	5,74	6,46	-	0,69	0,77	-	-	-	-	-	-	-	-	
	IV	572,91	-	45,83	51,56	-	41,11	46,25	-	36,52	41,08	-	32,05	36,05	-	27,71	31,17	-	23,50	26,44	-	19,42	21,8
	V	981,16	-	78,49	88,30																		
	VI	1.025,50	-	82,04	92,29																		
3.356,99	I	573,91	-	45,91	51,65	-	36,59	41,16	-	27,78	31,25	-	19,48	21,92	-	11,70	13,16	-	4,52	5,09	-	-	
	II	462,83	-	37,02	41,65	-	28,19	31,71	-	19,87	22,35	-	12,07	13,58	-	4,84	5,44	-	-	-	-	-	
	III	242,50	-	19,40	21,82	-	12,16	13,68	-	5,78	6,50	-	0,73	0,82	-	-	-	-	-	-	-	-	
	IV	573,91	-	45,91	51,65	-	41,18	46,33	-	36,59	41,16	-	32,12	36,13	-	27,78	31,25	-	23,57	26,51	-	19,48	21,9
	V	982,41	-	78,59	88,41																		
	VI	1.026,75	-	82,14	92,40																		
3.359,99	I	574,83	-	45,98	51,73	-	36,66	41,24	-	27,85	31,33	-	19,55	21,99	-	11,76	13,23	-	4,58	5,15	-	-	
	II	463,75	-	37,10	41,73	-	28,26	31,79	-	19,94	22,43	-	12,13	13,64	-	4,89	5,50	-	-	-	-	-	
	III	243,33	-	19,46	21,89	-	12,21	13,73	-	5,84	6,57	-	0,77	0,86	-	-	-	-	-	-	-	-	
	IV	574,83	-	45,98	51,73	-	41,26	46,41	-	36,66	41,24	-	32,19	36,21	-	27,85	31,33	-	23,64	26,59	-	19,55	21,9
	V	983,66	-	78,69	88,52																		
	VI	1.028,00	-	82,24	92,52																		
3.362,99	I	575,83	-	46,06	51,82	-	36,73	41,32	-	27,92	31,41	-	19,62	22,07	-	11,82	13,30	-	4,63	5,21	-	-	
	II	464,66	-	37,17	41,81	-	28,33	31,87	-	20,00	22,50	-	12,19	13,71	-	4,94	5,56	-	-	-	-	-	
	III	244,00	-	19,52	21,96	-	12,26	13,79	-	5,88	6,61	-	0,80	0,90	-	-	-	-	-	-	-	-	
	IV	575,83	-	46,06	51,82	-	41,34	46,50	-	36,73	41,32	-	32,26	36,29	-	27,92	31,41	-	23,70	26,66	-	19,62	22,0
	V	984,91	-	78,79	88,64																		
	VI	1.029,25	-	82,34	92,63																		
3.365,99	I	576,83	-	46,14	51,91	-	36,80	41,40	-	27,98	31,48	-	19,68	22,14	-	11,89	13,37	-	4,68	5,26	-	-	
	II	465,58	-	37,24	41,90	-	28,40	31,95	-	20,07	22,58	-	12,25	13,78	-	5,00	5,62	-	-	-	-	-	
	III	244,83	-	19,58	22,03	-	12,32	13,86	-	5,93	6,67	-	0,84	0,94	-	-	-	-	-	-	-	-	
	IV	576,83	-	46,14	51,91	-	41,41	46,58	-	36,80	41,40	-	32,33	36,37	-	27,98	31,48	-	23,77	26,74	-	19,68	22,1
	V	986,16	-	78,89	88,75																		
	VI	1.030,50	-	82,44	92,74																		
3.368,99	I	577,75	-	46,22	51,99	-	36,88	41,49	-	28,06	31,56	-	19,74	22,21	-	11,95	13,44	-	4,73	5,32	-	-	
	II	466,50	-	37,32	41,98	-	28,47	32,03	-	20,13	22,64	-	12,31	13,85	-	5,05	5,68	-	-	-	-	-	
	III	245,50	-	19,64	22,09	-	12,38	13,93	-	5,97	6,71	-	0,88	0,99	-	-	-	-	-	-	-	-	
	IV	577,75	-	46,22	51,99	-	41,48	46,67	-	36,88	41,49	-	32,40	36,45	-	28,06	31,56	-	23,84	26,82	-	19,74	22,2
	V	987,41	-	78,99	88,86																		
	VI	1.031,75	-	82,54	92,85																		
3.371,99	I	578,75	-	46,30	52,08	-	36,95	41,57	-	28,12	31,64	-	19,81	22,28	-	12,01	13,51	-	4,78	5,38	-	-	
	II	467,41	-	37,39	42,06	-	28,54	32,10	-	20,20	22,72	-	12,37	13,91	-	5,10	5,74	-	-	-	-	-	
	III	246,33	-	19,70	22,16	-	12,44	13,99	-	6,02	6,77	-	0,90	1,01	-	-	-	-	-	-	-	-	
	IV	578,75	-	46,30	52,08	-	41,56	46,75	-	36,95	41,57	-	32,47	36,53	-	28,12	31,64	-	23,90	26,89	-	19,81	22,2
	V	988,75	-	79,10	88,98																		
	VI	1.033,00	-	82,64	92,97																		
3.374,99	I	579,66	-	46,37	52,16	-	37,02	41,65	-	28,19	31,71	-	19,87	22,35	-	12,07	13,58	-	4,84	5,44	-	-	
	II	468,33	-	37,46	42,14	-	28,60	32,18	-	20,26	22,79	-	12,44	13,99	-	5,16	5,80	-	-	-	-	-	
	III	247,00	-	19,76	22,23	-	12,49	14,05	-	6,06	6,82	-	0,94	1,06	-	-	-	-	-	-	-	-	
	IV	579,66	-	46,37	52,16	-	41,64	46,84	-	37,02	41,65	-	32,54	36,61	-	28,19	31,71	-	23,97	26,96	-	19,87	22,3
	V	990,00	-	79,20	89,10																		
	VI	1.034,25	-	82,74	93,08																		

Besondere Tabelle

MONAT bis 3.419,99 €

Lohn/Gehalt bis	Steuerklasse	Lohnsteuer	ohne Kinderfreibetrag SolZ 5,5%	ohne Kinderfreibetrag Kirchensteuer 8%	ohne Kinderfreibetrag Kirchensteuer 9%	0,5 SolZ 5,5%	0,5 Kirchensteuer 8%	0,5 Kirchensteuer 9%	1,0 SolZ 5,5%	1,0 Kirchensteuer 8%	1,0 Kirchensteuer 9%	1,5 SolZ 5,5%	1,5 Kirchensteuer 8%	1,5 Kirchensteuer 9%	2,0 SolZ 5,5%	2,0 Kirchensteuer 8%	2,0 Kirchensteuer 9%	2,5 SolZ 5,5%	2,5 Kirchensteuer 8%	2,5 Kirchensteuer 9%	3,0 SolZ 5,5%	3,0 Kirchensteuer 8%	3,0 Kirchensteuer 9%
3.377,99	I	580,66	-	46,45	52,25	-	37,10	41,73	-	28,26	31,79	-	19,94	22,43	-	12,13	13,64	-	4,89	5,50	-	-	-
	II	469,25	-	37,54	42,23	-	28,68	32,26	-	20,33	22,87	-	12,50	14,06	-	5,21	5,86	-	-	-	-	-	-
	III	247,83	-	19,82	22,30	-	12,54	14,11	-	6,12	6,88	-	0,98	1,10	-	-	-	-	-	-	-	-	-
	IV	580,66	-	46,45	52,25	-	41,71	46,92	-	37,10	41,73	-	32,62	36,69	-	28,26	31,79	-	24,04	27,04	-	19,94	22,43
	V	991,25	-	79,30	89,21																		
	VI	1.035,58	-	82,84	93,20																		
3.380,99	I	581,66	-	46,53	52,34	-	37,17	41,81	-	28,33	31,87	-	20,00	22,50	-	12,19	13,71	-	4,94	5,56	-	-	-
	II	470,16	-	37,61	42,31	-	28,74	32,33	-	20,39	22,94	-	12,56	14,13	-	5,26	5,92	-	-	-	-	-	-
	III	248,50	-	19,88	22,36	-	12,61	14,18	-	6,16	6,93	-	1,01	1,13	-	-	-	-	-	-	-	-	-
	IV	581,66	-	46,53	52,34	-	41,78	47,00	-	37,17	41,81	-	32,68	36,77	-	28,33	31,87	-	24,10	27,11	-	20,00	22,50
	V	992,50	-	79,40	89,32																		
	VI	1.036,83	-	82,94	93,31																		
3.383,99	I	582,58	-	46,60	52,43	-	37,24	41,90	-	28,40	31,95	-	20,07	22,58	-	12,25	13,78	-	5,00	5,62	-	-	-
	II	471,08	-	37,68	42,39	-	28,82	32,42	-	20,46	23,01	-	12,62	14,19	-	5,32	5,98	-	-	-	-	-	-
	III	249,16	-	19,93	22,42	-	12,66	14,24	-	6,21	6,98	-	1,05	1,18	-	-	-	-	-	-	-	-	-
	IV	582,58	-	46,60	52,43	-	41,86	47,09	-	37,24	41,90	-	32,76	36,85	-	28,40	31,95	-	24,17	27,19	-	20,07	22,58
	V	993,75	-	79,50	89,43																		
	VI	1.038,08	-	83,04	93,42																		
3.386,99	I	583,58	-	46,68	52,52	-	37,32	41,98	-	28,47	32,03	-	20,13	22,64	-	12,31	13,85	-	5,05	5,68	-	-	-
	II	472,00	-	37,76	42,48	-	28,88	32,49	-	20,52	23,09	-	12,68	14,26	-	5,37	6,04	-	-	-	-	-	-
	III	250,00	-	20,00	22,50	-	12,72	14,31	-	6,25	7,03	-	1,09	1,22	-	-	-	-	-	-	-	-	-
	IV	583,58	-	46,68	52,52	-	41,94	47,18	-	37,32	41,98	-	32,83	36,93	-	28,47	32,03	-	24,24	27,27	-	20,13	22,64
	V	995,00	-	79,60	89,55																		
	VI	1.039,33	-	83,14	93,53																		
3.389,99	I	584,50	-	46,76	52,60	-	37,39	42,06	-	28,54	32,10	-	20,20	22,72	-	12,37	13,91	-	5,10	5,74	-	-	-
	II	472,91	-	37,83	42,56	-	28,95	32,57	-	20,59	23,16	-	12,74	14,33	-	5,42	6,10	-	-	-	-	-	-
	III	250,66	-	20,05	22,55	-	12,78	14,38	-	6,30	7,09	-	1,13	1,27	-	-	-	-	-	-	-	-	-
	IV	584,50	-	46,76	52,60	-	42,01	47,26	-	37,39	42,06	-	32,90	37,01	-	28,54	32,10	-	24,30	27,34	-	20,20	22,72
	V	996,25	-	79,70	89,66																		
	VI	1.040,58	-	83,24	93,65																		
3.392,99	I	585,50	-	46,84	52,69	-	37,46	42,14	-	28,60	32,18	-	20,26	22,79	-	12,44	13,99	-	5,16	5,80	-	-	-
	II	473,83	-	37,90	42,64	-	29,02	32,65	-	20,66	23,24	-	12,80	14,40	-	5,48	6,17	-	-	-	-	-	-
	III	251,50	-	20,12	22,63	-	12,84	14,44	-	6,34	7,13	-	1,16	1,30	-	-	-	-	-	-	-	-	-
	IV	585,50	-	46,84	52,69	-	42,08	47,34	-	37,46	42,14	-	32,97	37,09	-	28,60	32,18	-	24,37	27,41	-	20,26	22,79
	V	997,50	-	79,80	89,77																		
	VI	1.041,83	-	83,34	93,76																		
3.395,99	I	586,50	-	46,92	52,78	-	37,54	42,23	-	28,68	32,26	-	20,33	22,87	-	12,50	14,06	-	5,21	5,86	-	-	-
	II	474,75	-	37,98	42,72	-	29,09	32,72	-	20,72	23,31	-	12,86	14,47	-	5,54	6,23	-	0,03	0,03	-	-	-
	III	252,16	-	20,17	22,69	-	12,89	14,50	-	6,40	7,20	-	1,20	1,35	-	-	-	-	-	-	-	-	-
	IV	586,50	-	46,92	52,78	-	42,16	47,43	-	37,54	42,23	-	33,04	37,17	-	28,68	32,26	-	24,44	27,49	-	20,33	22,87
	V	998,83	-	79,90	89,89																		
	VI	1.043,08	-	83,44	93,87																		
3.398,99	I	587,41	-	46,99	52,86	-	37,61	42,31	-	28,74	32,33	-	20,39	22,94	-	12,56	14,13	-	5,26	5,92	-	-	-
	II	475,66	-	38,05	42,80	-	29,16	32,81	-	20,78	23,38	-	12,92	14,54	-	5,59	6,29	-	0,06	0,07	-	-	-
	III	253,00	-	20,24	22,77	-	12,96	14,58	-	6,44	7,24	-	1,24	1,39	-	-	-	-	-	-	-	-	-
	IV	587,41	-	46,99	52,86	-	42,24	47,52	-	37,61	42,31	-	33,12	37,26	-	28,74	32,33	-	24,50	27,56	-	20,39	22,94
	V	1.000,08	-	80,00	90,00																		
	VI	1.044,33	-	83,54	93,98																		
3.401,99	I	588,41	-	47,07	52,95	-	37,68	42,39	-	28,82	32,42	-	20,46	23,01	-	12,62	14,19	-	5,32	5,98	-	-	-
	II	476,58	-	38,12	42,89	-	29,23	32,88	-	20,85	23,45	-	12,98	14,60	-	5,64	6,35	-	0,10	0,11	-	-	-
	III	253,66	-	20,29	22,82	-	13,01	14,63	-	6,49	7,30	-	1,28	1,44	-	-	-	-	-	-	-	-	-
	IV	588,41	-	47,07	52,95	-	42,31	47,60	-	37,68	42,39	-	33,18	37,33	-	28,82	32,42	-	24,57	27,64	-	20,46	23,01
	V	1.001,33	-	80,10	90,11																		
	VI	1.045,58	-	83,64	94,10																		
3.404,99	I	589,33	-	47,14	53,03	-	37,76	42,48	-	28,88	32,49	-	20,52	23,09	-	12,68	14,26	-	5,37	6,04	-	-	-
	II	477,50	-	38,20	42,97	-	29,30	32,96	-	20,92	23,53	-	13,04	14,67	-	5,70	6,41	-	0,13	0,14	-	-	-
	III	254,50	-	20,36	22,90	-	13,06	14,69	-	6,53	7,34	-	1,30	1,46	-	-	-	-	-	-	-	-	-
	IV	589,33	-	47,14	53,03	-	42,39	47,69	-	37,76	42,48	-	33,26	37,41	-	28,88	32,49	-	24,64	27,72	-	20,52	23,09
	V	1.002,58	-	80,20	90,23																		
	VI	1.046,91	-	83,75	94,22																		
3.407,99	I	590,33	-	47,22	53,12	-	37,83	42,56	-	28,95	32,57	-	20,59	23,16	-	12,74	14,33	-	5,42	6,10	-	-	-
	II	478,41	-	38,27	43,05	-	29,37	33,04	-	20,98	23,60	-	13,10	14,74	-	5,76	6,48	-	0,16	0,18	-	-	-
	III	255,16	-	20,41	22,96	-	13,12	14,76	-	6,58	7,40	-	1,34	1,51	-	-	-	-	-	-	-	-	-
	IV	590,33	-	47,22	53,12	-	42,46	47,77	-	37,83	42,56	-	33,33	37,49	-	28,95	32,57	-	24,70	27,79	-	20,59	23,16
	V	1.003,83	-	80,30	90,34																		
	VI	1.048,16	-	83,85	94,33																		
3.410,99	I	591,33	-	47,30	53,21	-	37,90	42,64	-	29,02	32,65	-	20,66	23,24	-	12,80	14,40	-	5,48	6,17	-	-	-
	II	479,33	-	38,34	43,13	-	29,44	33,12	-	21,04	23,67	-	13,17	14,81	-	5,81	6,53	-	0,20	0,22	-	-	-
	III	256,00	-	20,48	23,04	-	13,18	14,83	-	6,62	7,45	-	1,38	1,55	-	-	-	-	-	-	-	-	-
	IV	591,33	-	47,30	53,21	-	42,54	47,85	-	37,90	42,64	-	33,40	37,57	-	29,02	32,65	-	24,78	27,87	-	20,66	23,24
	V	1.005,08	-	80,40	90,45																		
	VI	1.049,41	-	83,95	94,44																		
3.413,99	I	592,25	-	47,38	53,30	-	37,98	42,72	-	29,09	32,72	-	20,72	23,31	-	12,86	14,47	-	5,54	6,23	-	0,03	0,03
	II	480,25	-	38,42	43,22	-	29,51	33,20	-	21,11	23,75	-	13,23	14,88	-	5,87	6,60	-	0,24	0,27	-	-	-
	III	256,66	-	20,53	23,09	-	13,24	14,89	-	6,68	7,51	-	1,42	1,60	-	-	-	-	-	-	-	-	-
	IV	592,25	-	47,38	53,30	-	42,62	47,94	-	37,98	42,72	-	33,47	37,65	-	29,09	32,72	-	24,84	27,95	-	20,72	23,31
	V	1.006,33	-	80,50	90,56																		
	VI	1.050,66	-	84,05	94,55																		
3.416,99	I	593,25	-	47,46	53,39	-	38,05	42,80	-	29,16	32,81	-	20,78	23,38	-	12,92	14,54	-	5,59	6,29	-	0,06	0,07
	II	481,25	-	38,50	43,31	-	29,58	33,27	-	21,18	23,82	-	13,29	14,95	-	5,92	6,66	-	0,27	0,30	-	-	-
	III	257,50	-	20,60	23,17	-	13,29	14,95	-	6,72	7,56	-	1,45	1,63	-	-	-	-	-	-	-	-	-
	IV	593,25	-	47,46	53,39	-	42,69	48,02	-	38,05	42,80	-	33,54	37,73	-	29,16	32,81	-	24,91	28,02	-	20,78	23,38
	V	1.007,58	-	80,60	90,68																		
	VI	1.051,91	-	84,15	94,67																		
3.419,99	I	594,25	-	47,54	53,48	-	38,12	42,89	-	29,23	32,88	-	20,85	23,45	-	12,98	14,60	-	5,64	6,35	-	0,10	0,11
	II	482,16	-	38,57	43,39	-	29,65	33,35	-	21,24	23,90	-	13,35	15,02	-	5,98	6,72	-	0,30	0,34	-	-	-
	III	258,16	-	20,65	23,23	-	13,36	15,03	-	6,77	7,61	-	1,49	1,67	-	-	-	-	-	-	-	-	-
	IV	594,25	-	47,54	53,48	-	42,76	48,11	-	38,12	42,89	-	33,62	37,82	-	29,23	32,88	-	24,98	28,10	-	20,85	23,45
	V	1.008,83	-	80,70	90,79																		
	VI	1.053,16	-	84,25	94,78																		

Anzahl Kinderfreibeträge (nur Steuerklassen I–IV)

Lohn/Gehalt bis	Steuerklasse	Lohnsteuer	ohne Kinderfreibetrag SolZ 5,5%	ohne Kinderfreibetrag Kirchensteuer 8%	ohne Kinderfreibetrag Kirchensteuer 9%	0,5 SolZ 5,5%	0,5 Kirchensteuer 8%	0,5 Kirchensteuer 9%	1,0 SolZ 5,5%	1,0 Kirchensteuer 8%	1,0 Kirchensteuer 9%	1,5 SolZ 5,5%	1,5 Kirchensteuer 8%	1,5 Kirchensteuer 9%	2,0 SolZ 5,5%	2,0 Kirchensteuer 8%	2,0 Kirchensteuer 9%	2,5 SolZ 5,5%	2,5 Kirchensteuer 8%	2,5 Kirchensteuer 9%	3,0 SolZ 5,5%	3,0 Kirchensteuer 8%	3,0 Kirchensteuer 9%
3.422,99	I	595,16	–	47,61	53,56	–	38,20	42,97	–	29,30	32,96	–	20,92	23,53	–	13,04	14,67	–	5,70	6,41	–	0,13	0,1
	II	483,08	–	38,64	43,47	–	29,72	33,43	–	21,31	23,97	–	13,41	15,08	–	6,04	6,79	–	0,34	0,38	–	–	
	III	259,00	–	20,72	23,31	–	13,41	15,08	–	6,82	7,67	–	1,53	1,72	–	–	–	–	–	–	–	–	
	IV	595,16	–	47,61	53,56	–	42,84	48,20	–	38,20	42,97	–	33,68	37,89	–	29,30	32,96	–	25,04	28,17	–	20,92	23,5
	V	1.010,16	–	80,81	90,91																		
	VI	1.054,41	–	84,35	94,89																		
3.425,99	I	596,16	–	47,69	53,65	–	38,27	43,05	–	29,37	33,04	–	20,98	23,60	–	13,10	14,74	–	5,76	6,48	–	0,16	0,1
	II	484,00	–	38,72	43,56	–	29,79	33,51	–	21,37	24,04	–	13,48	15,16	–	6,09	6,85	–	0,38	0,42	–	–	
	III	259,66	–	20,77	23,36	–	13,46	15,14	–	6,86	7,72	–	1,57	1,76	–	–	–	–	–	–	–	–	
	IV	596,16	–	47,69	53,65	–	42,92	48,28	–	38,27	43,05	–	33,76	37,98	–	29,37	33,04	–	25,11	28,25	–	20,98	23,6
	V	1.011,41	–	80,91	91,02																		
	VI	1.055,66	–	84,45	95,00																		
3.428,99	I	597,16	–	47,77	53,74	–	38,34	43,13	–	29,44	33,12	–	21,04	23,67	–	13,17	14,81	–	5,81	6,53	–	0,20	0,2
	II	484,91	–	38,79	43,64	–	29,86	33,59	–	21,44	24,12	–	13,54	15,23	–	6,15	6,92	–	0,41	0,46	–	–	
	III	260,50	–	20,84	23,44	–	13,53	15,22	–	6,92	7,78	–	1,61	1,81	–	–	–	–	–	–	–	–	
	IV	597,16	–	47,77	53,74	–	42,99	48,36	–	38,34	43,13	–	33,83	38,06	–	29,44	33,12	–	25,18	28,32	–	21,04	23,6
	V	1.012,66	–	81,01	91,13																		
	VI	1.057,00	–	84,56	95,13																		
3.431,99	I	598,08	–	47,84	53,82	–	38,42	43,22	–	29,51	33,20	–	21,11	23,75	–	13,23	14,88	–	5,87	6,60	–	0,24	0,2
	II	485,83	–	38,86	43,72	–	29,92	33,66	–	21,50	24,19	–	13,60	15,30	–	6,20	6,98	–	0,44	0,50	–	–	
	III	261,16	–	20,89	23,50	–	13,58	15,28	–	6,96	7,83	–	1,64	1,84	–	–	–	–	–	–	–	–	
	IV	598,08	–	47,84	53,82	–	43,07	48,45	–	38,42	43,22	–	33,90	38,13	–	29,51	33,20	–	25,24	28,40	–	21,11	23,7
	V	1.013,91	–	81,11	91,25																		
	VI	1.058,25	–	84,66	95,24																		
3.434,99	I	599,08	–	47,92	53,91	–	38,50	43,31	–	29,58	33,27	–	21,18	23,82	–	13,29	14,95	–	5,92	6,66	–	0,27	0,3
	II	486,75	–	38,94	43,80	–	30,00	33,75	–	21,57	24,26	–	13,66	15,36	–	6,26	7,04	–	0,48	0,54	–	–	
	III	262,00	–	20,96	23,58	–	13,64	15,34	–	7,01	7,88	–	1,68	1,89	–	–	–	–	–	–	–	–	
	IV	599,08	–	47,92	53,91	–	43,14	48,53	–	38,50	43,31	–	33,97	38,21	–	29,58	33,27	–	25,31	28,47	–	21,18	23,8
	V	1.015,16	–	81,21	91,36																		
	VI	1.059,50	–	84,76	95,35																		
3.437,99	I	600,08	–	48,00	54,00	–	38,57	43,39	–	29,65	33,35	–	21,24	23,90	–	13,35	15,02	–	5,98	6,72	–	0,30	0,3
	II	487,66	–	39,01	43,88	–	30,06	33,82	–	21,64	24,34	–	13,72	15,44	–	6,32	7,11	–	0,52	0,58	–	–	
	III	262,66	–	21,01	23,63	–	13,70	15,41	–	7,06	7,94	–	1,72	1,93	–	–	–	–	–	–	–	–	
	IV	600,08	–	48,00	54,00	–	43,22	48,62	–	38,57	43,39	–	34,04	38,30	–	29,65	33,35	–	25,38	28,55	–	21,24	23,9
	V	1.016,41	–	81,31	91,47																		
	VI	1.060,75	–	84,86	95,46																		
3.440,99	I	601,00	–	48,08	54,09	–	38,64	43,47	–	29,72	33,43	–	21,31	23,97	–	13,41	15,08	–	6,04	6,79	–	0,34	0,3
	II	488,58	–	39,08	43,97	–	30,14	33,90	–	21,70	24,41	–	13,78	15,50	–	6,38	7,17	–	0,56	0,63	–	–	
	III	263,50	–	21,08	23,71	–	13,76	15,48	–	7,10	7,99	–	1,76	1,98	–	–	–	–	–	–	–	–	
	IV	601,00	–	48,08	54,09	–	43,30	48,71	–	38,64	43,47	–	34,12	38,38	–	29,72	33,43	–	25,45	28,63	–	21,31	23,9
	V	1.017,66	–	81,41	91,58																		
	VI	1.062,00	–	84,96	95,58																		
3.443,99	I	602,00	–	48,16	54,18	–	38,72	43,56	–	29,79	33,51	–	21,37	24,04	–	13,48	15,16	–	6,09	6,85	–	0,38	0,4
	II	489,50	–	39,16	44,05	–	30,20	33,98	–	21,77	24,49	–	13,84	15,57	–	6,44	7,24	–	0,59	0,66	–	–	
	III	264,16	–	21,13	23,77	–	13,81	15,53	–	7,16	8,05	–	1,80	2,02	–	–	–	–	–	–	–	–	
	IV	602,00	–	48,16	54,18	–	43,37	48,79	–	38,72	43,56	–	34,19	38,46	–	29,79	33,51	–	25,52	28,71	–	21,37	24,0
	V	1.018,91	–	81,51	91,70																		
	VI	1.063,25	–	85,06	95,69																		
3.446,99	I	603,00	–	48,24	54,27	–	38,79	43,64	–	29,86	33,59	–	21,44	24,12	–	13,54	15,23	–	6,15	6,92	–	0,41	0,4
	II	490,41	–	39,23	44,13	–	30,28	34,06	–	21,83	24,56	–	13,90	15,64	–	6,49	7,30	–	0,62	0,70	–	–	
	III	265,00	–	21,20	23,85	–	13,88	15,61	–	7,20	8,10	–	1,84	2,07	–	–	–	–	–	–	–	–	
	IV	603,00	–	48,24	54,27	–	43,45	48,88	–	38,79	43,64	–	34,26	38,54	–	29,86	33,59	–	25,58	28,78	–	21,44	24,1
	V	1.020,25	–	81,62	91,82																		
	VI	1.064,50	–	85,16	95,80																		
3.449,99	I	604,00	–	48,32	54,36	–	38,86	43,72	–	29,92	33,66	–	21,50	24,19	–	13,60	15,30	–	6,20	6,98	–	0,44	0,5
	II	491,41	–	39,31	44,22	–	30,34	34,13	–	21,90	24,63	–	13,97	15,71	–	6,55	7,37	–	0,66	0,74	–	–	
	III	265,66	–	21,25	23,90	–	13,93	15,67	–	7,25	8,15	–	1,86	2,09	–	–	–	–	–	–	–	–	
	IV	604,00	–	48,32	54,36	–	43,52	48,96	–	38,86	43,72	–	34,33	38,62	–	29,92	33,66	–	25,65	28,85	–	21,50	24,1
	V	1.021,50	–	81,72	91,93																		
	VI	1.065,75	–	85,26	95,91																		
3.452,99	I	604,91	–	48,39	54,44	–	38,94	43,80	–	30,00	33,75	–	21,57	24,26	–	13,66	15,36	–	6,26	7,04	–	0,48	0,5
	II	492,33	–	39,38	44,30	–	30,42	34,22	–	21,96	24,71	–	14,03	15,78	–	6,60	7,43	–	0,70	0,79	–	–	
	III	266,50	–	21,32	23,98	–	13,98	15,73	–	7,30	8,21	–	1,90	2,14	–	–	–	–	–	–	–	–	
	IV	604,91	–	48,39	54,44	–	43,60	49,05	–	38,94	43,80	–	34,40	38,70	–	30,00	33,75	–	25,72	28,93	–	21,57	24,2
	V	1.022,75	–	81,82	92,04																		
	VI	1.067,08	–	85,36	96,03																		
3.455,99	I	605,91	–	48,47	54,53	–	39,01	43,88	–	30,06	33,82	–	21,64	24,34	–	13,72	15,44	–	6,32	7,11	–	0,52	0,5
	II	493,25	–	39,46	44,39	–	30,48	34,29	–	22,03	24,78	–	14,09	15,85	–	6,66	7,49	–	0,74	0,83	–	–	
	III	267,16	–	21,37	24,04	–	14,05	15,80	–	7,34	8,26	–	1,94	2,18	–	–	–	–	–	–	–	–	
	IV	605,91	–	48,47	54,53	–	43,68	49,14	–	39,01	43,88	–	34,48	38,79	–	30,06	33,82	–	25,79	29,01	–	21,64	24,3
	V	1.024,00	–	81,92	92,16																		
	VI	1.068,33	–	85,46	96,14																		
3.458,99	I	606,91	–	48,55	54,62	–	39,08	43,97	–	30,14	33,90	–	21,70	24,41	–	13,78	15,50	–	6,38	7,17	–	0,56	0,6
	II	494,16	–	39,53	44,47	–	30,56	34,38	–	22,10	24,86	–	14,15	15,92	–	6,72	7,56	–	0,78	0,87	–	–	
	III	268,00	–	21,44	24,12	–	14,10	15,86	–	7,40	8,32	–	1,98	2,23	–	–	–	–	–	–	–	–	
	IV	606,91	–	48,55	54,62	–	43,75	49,22	–	39,08	43,97	–	34,54	38,86	–	30,14	33,90	–	25,86	29,09	–	21,70	24,4
	V	1.025,25	–	82,02	92,27																		
	VI	1.069,58	–	85,56	96,26																		
3.461,99	I	607,83	–	48,62	54,70	–	39,16	44,05	–	30,20	33,98	–	21,77	24,49	–	13,84	15,57	–	6,44	7,24	–	0,59	0,6
	II	495,08	–	39,60	44,55	–	30,62	34,45	–	22,16	24,93	–	14,22	15,99	–	6,78	7,62	–	0,81	0,91	–	–	
	III	268,66	–	21,49	24,17	–	14,16	15,93	–	7,45	8,38	–	2,02	2,27	–	–	–	–	–	–	–	–	
	IV	607,83	–	48,62	54,70	–	43,83	49,31	–	39,16	44,05	–	34,62	38,94	–	30,20	33,98	–	25,92	29,16	–	21,77	24,4
	V	1.026,50	–	82,12	92,38																		
	VI	1.070,83	–	85,66	96,37																		
3.464,99	I	608,83	–	48,70	54,79	–	39,23	44,13	–	30,28	34,06	–	21,83	24,56	–	13,90	15,64	–	6,49	7,30	–	0,62	0,7
	II	496,00	–	39,68	44,64	–	30,70	34,53	–	22,23	25,01	–	14,28	16,06	–	6,84	7,69	–	0,85	0,95	–	–	
	III	269,50	–	21,56	24,25	–	14,22	16,00	–	7,49	8,42	–	2,06	2,32	–	–	–	–	–	–	–	–	
	IV	608,83	–	48,70	54,79	–	43,90	49,39	–	39,23	44,13	–	34,69	39,02	–	30,28	34,06	–	25,99	29,24	–	21,83	24,5
	V	1.027,75	–	82,22	92,49																		
	VI	1.072,08	–	85,76	96,48																		

Anzahl Kinderfreibeträge (nur Steuerklassen I–IV)

Besondere Tabelle

Lohn/Gehalt bis	Steuerklasse	Lohnsteuer	ohne Kinderfreibetrag SolZ 5,5%	ohne Kinderfreibetrag Kirchensteuer 8%	ohne Kinderfreibetrag Kirchensteuer 9%	0,5 SolZ 5,5%	0,5 Kirchensteuer 8%	0,5 Kirchensteuer 9%	1,0 SolZ 5,5%	1,0 Kirchensteuer 8%	1,0 Kirchensteuer 9%	1,5 SolZ 5,5%	1,5 Kirchensteuer 8%	1,5 Kirchensteuer 9%	2,0 SolZ 5,5%	2,0 Kirchensteuer 8%	2,0 Kirchensteuer 9%	2,5 SolZ 5,5%	2,5 Kirchensteuer 8%	2,5 Kirchensteuer 9%	3,0 SolZ 5,5%	3,0 Kirchensteuer 8%	3,0 Kirchensteuer 9%
						Anzahl Kinderfreibeträge (nur Steuerklassen I–IV)																	
3.467,99	I	609,83	–	48,78	54,88	–	39,31	44,22	–	30,34	34,13	–	21,90	24,63	–	13,97	15,71	–	6,55	7,37	–	0,66	0,74
	II	496,91	–	39,75	44,72	–	30,76	34,61	–	22,30	25,08	–	14,34	16,13	–	6,90	7,76	–	0,89	1,00	–	–	–
	III	270,16	–	21,61	24,31	–	14,28	16,06	–	7,54	8,48	–	2,10	2,36	–	–	–	–	–	–	–	–	–
	IV	609,83	–	48,78	54,88	–	43,98	49,48	–	39,31	44,22	–	34,76	39,11	–	30,34	34,13	–	26,06	29,31	–	21,90	24,63
	V	1.029,00	–	82,32	92,61																		
	VI	1.073,33	–	85,86	96,59																		
3.470,99	I	610,83	–	48,86	54,97	–	39,38	44,30	–	30,42	34,22	–	21,96	24,71	–	14,03	15,78	–	6,60	7,43	–	0,70	0,79
	II	497,91	–	39,83	44,81	–	30,84	34,69	–	22,36	25,16	–	14,40	16,20	–	6,95	7,82	–	0,92	1,04	–	–	–
	III	271,00	–	21,68	24,39	–	14,33	16,12	–	7,60	8,55	–	2,14	2,41	–	–	–	–	–	–	–	–	–
	IV	610,83	–	48,86	54,97	–	44,06	49,56	–	39,38	44,30	–	34,84	39,19	–	30,42	34,22	–	26,12	29,39	–	21,96	24,71
	V	1.030,33	–	82,42	92,72																		
	VI	1.074,58	–	85,96	96,71																		
3.473,99	I	611,75	–	48,94	55,05	–	39,46	44,39	–	30,48	34,29	–	22,03	24,78	–	14,09	15,85	–	6,66	7,49	–	0,74	0,83
	II	498,83	–	39,90	44,89	–	30,91	34,77	–	22,43	25,23	–	14,46	16,27	–	7,01	7,88	–	0,96	1,08	–	–	–
	III	271,66	–	21,73	24,44	–	14,40	16,20	–	7,64	8,59	–	2,17	2,44	–	–	–	–	–	–	–	–	–
	IV	611,75	–	48,94	55,05	–	44,13	49,64	–	39,46	44,39	–	34,90	39,26	–	30,48	34,29	–	26,20	29,47	–	22,03	24,78
	V	1.031,58	–	82,52	92,84																		
	VI	1.075,83	–	86,06	96,82																		
3.476,99	I	612,75	–	49,02	55,14	–	39,53	44,47	–	30,56	34,38	–	22,10	24,86	–	14,15	15,92	–	6,72	7,56	–	0,78	0,87
	II	499,75	–	39,98	44,97	–	30,98	34,85	–	22,49	25,30	–	14,52	16,34	–	7,07	7,95	–	1,00	1,13	–	–	–
	III	272,50	–	21,80	24,52	–	14,45	16,25	–	7,69	8,65	–	2,21	2,48	–	–	–	–	–	–	–	–	–
	IV	612,75	–	49,02	55,14	–	44,21	49,73	–	39,53	44,47	–	34,98	39,35	–	30,56	34,38	–	26,26	29,54	–	22,10	24,86
	V	1.032,83	–	82,62	92,95																		
	VI	1.077,08	–	86,16	96,93																		
3.479,99	I	613,75	–	49,10	55,23	–	39,60	44,55	–	30,62	34,45	–	22,16	24,93	–	14,22	15,99	–	6,78	7,62	–	0,81	0,91
	II	500,66	–	40,05	45,05	–	31,05	34,93	–	22,56	25,38	–	14,58	16,40	–	7,12	8,01	–	1,04	1,17	–	–	–
	III	273,16	–	21,85	24,58	–	14,52	16,33	–	7,74	8,71	–	2,25	2,53	–	–	–	–	–	–	–	–	–
	IV	613,75	–	49,10	55,23	–	44,28	49,82	–	39,60	44,55	–	35,05	39,43	–	30,62	34,45	–	26,33	29,62	–	22,16	24,93
	V	1.034,08	–	82,72	93,06																		
	VI	1.078,41	–	86,27	97,05																		
3.482,99	I	614,75	–	49,18	55,32	–	39,68	44,64	–	30,70	34,53	–	22,23	25,01	–	14,28	16,06	–	6,84	7,69	–	0,85	0,95
	II	501,58	–	40,12	45,14	–	31,12	35,01	–	22,62	25,45	–	14,65	16,48	–	7,18	8,08	–	1,08	1,21	–	–	–
	III	274,00	–	21,92	24,66	–	14,57	16,39	–	7,80	8,77	–	2,29	2,57	–	–	–	–	–	–	–	–	–
	IV	614,75	–	49,18	55,32	–	44,36	49,91	–	39,68	44,64	–	35,12	39,51	–	30,70	34,53	–	26,40	29,70	–	22,23	25,01
	V	1.035,33	–	82,82	93,17																		
	VI	1.079,66	–	86,37	97,16																		
3.485,99	I	615,66	–	49,25	55,40	–	39,75	44,72	–	30,76	34,61	–	22,30	25,08	–	14,34	16,13	–	6,90	7,76	–	0,89	1,00
	II	502,50	–	40,20	45,22	–	31,19	35,09	–	22,69	25,52	–	14,71	16,55	–	7,24	8,15	–	1,12	1,26	–	–	–
	III	274,66	–	21,97	24,71	–	14,62	16,45	–	7,84	8,82	–	2,33	2,62	–	–	–	–	–	–	–	–	–
	IV	615,66	–	49,25	55,40	–	44,44	49,99	–	39,75	44,72	–	35,20	39,60	–	30,76	34,61	–	26,46	29,77	–	22,30	25,08
	V	1.036,58	–	82,92	93,29																		
	VI	1.080,91	–	86,47	97,28																		
3.488,99	I	616,66	–	49,33	55,49	–	39,83	44,81	–	30,84	34,69	–	22,36	25,16	–	14,40	16,20	–	6,95	7,82	–	0,92	1,04
	II	503,50	–	40,28	45,31	–	31,26	35,16	–	22,76	25,60	–	14,77	16,61	–	7,30	8,21	–	1,16	1,30	–	–	–
	III	275,50	–	22,04	24,79	–	14,69	16,52	–	7,89	8,87	–	2,37	2,66	–	–	–	–	–	–	–	–	–
	IV	616,66	–	49,33	55,49	–	44,52	50,08	–	39,83	44,81	–	35,27	39,68	–	30,84	34,69	–	26,54	29,85	–	22,36	25,16
	V	1.037,83	–	83,02	93,40																		
	VI	1.082,16	–	86,57	97,39																		
3.491,99	I	617,66	–	49,41	55,58	–	39,90	44,89	–	30,91	34,77	–	22,43	25,23	–	14,46	16,27	–	7,01	7,88	–	0,96	1,08
	II	504,41	–	40,35	45,39	–	31,33	35,24	–	22,82	25,67	–	14,84	16,69	–	7,36	8,28	–	1,20	1,35	–	–	–
	III	276,16	–	22,09	24,85	–	14,74	16,58	–	7,94	8,93	–	2,41	2,71	–	–	–	–	–	–	–	–	–
	IV	617,66	–	49,41	55,58	–	44,59	50,16	–	39,90	44,89	–	35,34	39,75	–	30,91	34,77	–	26,60	29,93	–	22,43	25,23
	V	1.039,08	–	83,12	93,51																		
	VI	1.083,41	–	86,67	97,50																		
3.494,99	I	618,66	–	49,49	55,67	–	39,98	44,97	–	30,98	34,85	–	22,49	25,30	–	14,52	16,34	–	7,07	7,95	–	1,00	1,13
	II	505,33	–	40,42	45,47	–	31,40	35,32	–	22,89	25,75	–	14,90	16,76	–	7,42	8,34	–	1,24	1,39	–	–	–
	III	277,00	–	22,16	24,93	–	14,80	16,65	–	7,98	8,98	–	2,45	2,75	–	–	–	–	–	–	–	–	–
	IV	618,66	–	49,49	55,67	–	44,67	50,25	–	39,98	44,97	–	35,41	39,83	–	30,98	34,85	–	26,67	30,00	–	22,49	25,30
	V	1.040,33	–	83,22	93,62																		
	VI	1.084,66	–	86,77	97,61																		
3.497,99	I	619,66	–	49,57	55,76	–	40,05	45,05	–	31,05	34,93	–	22,56	25,38	–	14,58	16,40	–	7,12	8,01	–	1,04	1,17
	II	506,25	–	40,50	45,56	–	31,47	35,40	–	22,96	25,83	–	14,96	16,83	–	7,48	8,41	–	1,28	1,44	–	–	–
	III	277,66	–	22,21	24,98	–	14,86	16,72	–	8,04	9,04	–	2,49	2,80	–	–	–	–	–	–	–	–	–
	IV	619,66	–	49,57	55,76	–	44,74	50,33	–	40,05	45,05	–	35,48	39,92	–	31,05	34,93	–	26,74	30,08	–	22,56	25,38
	V	1.041,66	–	83,33	93,74																		
	VI	1.085,91	–	86,87	97,73																		
3.500,99	I	620,58	–	49,64	55,85	–	40,12	45,14	–	31,12	35,01	–	22,62	25,45	–	14,65	16,48	–	7,18	8,08	–	1,08	1,21
	II	507,16	–	40,57	45,64	–	31,54	35,48	–	23,02	25,90	–	15,02	16,90	–	7,53	8,47	–	1,32	1,48	–	–	–
	III	278,50	–	22,28	25,06	–	14,92	16,78	–	8,09	9,10	–	2,53	2,84	–	–	–	–	–	–	–	–	–
	IV	620,58	–	49,64	55,85	–	44,82	50,42	–	40,12	45,14	–	35,56	40,00	–	31,12	35,01	–	26,81	30,16	–	22,62	25,45
	V	1.042,91	–	83,43	93,86																		
	VI	1.087,16	–	86,97	97,84																		
3.503,99	I	621,58	–	49,72	55,94	–	40,20	45,22	–	31,19	35,09	–	22,69	25,52	–	14,71	16,55	–	7,24	8,15	–	1,12	1,26
	II	508,16	–	40,65	45,73	–	31,61	35,56	–	23,09	25,97	–	15,08	16,97	–	7,59	8,54	–	1,36	1,53	–	–	–
	III	279,16	–	22,33	25,12	–	14,97	16,84	–	8,14	9,16	–	2,57	2,89	–	–	–	–	–	–	–	–	–
	IV	621,58	–	49,72	55,94	–	44,90	50,51	–	40,20	45,22	–	35,63	40,08	–	31,19	35,09	–	26,88	30,24	–	22,69	25,52
	V	1.044,16	–	83,53	93,97																		
	VI	1.088,50	–	87,08	97,96																		
3.506,99	I	622,58	–	49,80	56,03	–	40,28	45,31	–	31,26	35,16	–	22,76	25,60	–	14,77	16,61	–	7,30	8,21	–	1,16	1,30
	II	509,08	–	40,72	45,81	–	31,68	35,64	–	23,16	26,05	–	15,14	17,03	–	7,65	8,60	–	1,40	1,57	–	–	–
	III	280,00	–	22,40	25,20	–	15,04	16,92	–	8,18	9,20	–	2,61	2,93	–	–	–	–	–	–	–	–	–
	IV	622,58	–	49,80	56,03	–	44,98	50,60	–	40,28	45,31	–	35,70	40,16	–	31,26	35,16	–	26,94	30,31	–	22,76	25,60
	V	1.045,41	–	83,63	94,08																		
	VI	1.089,75	–	87,18	98,07																		
3.509,99	I	623,58	–	49,88	56,12	–	40,35	45,39	–	31,33	35,24	–	22,82	25,67	–	14,84	16,69	–	7,36	8,28	–	1,20	1,35
	II	510,00	–	40,80	45,90	–	31,75	35,72	–	23,22	26,12	–	15,21	17,11	–	7,71	8,67	–	1,44	1,62	–	–	–
	III	280,66	–	22,45	25,25	–	15,09	16,97	–	8,24	9,27	–	2,65	2,98	–	–	–	–	–	–	–	–	–
	IV	623,58	–	49,88	56,12	–	45,05	50,68	–	40,35	45,39	–	35,78	40,25	–	31,33	35,24	–	27,01	30,38	–	22,82	25,67
	V	1.046,66	–	83,73	94,19																		
	VI	1.091,00	–	87,28	98,19																		

MONAT bis 3.554,99 €

Besondere Tabelle

Lohn/ Gehalt bis	Steuerklasse	Lohn-steuer	ohne Kinderfreibetrag			Anzahl Kinderfreibeträge (nur Steuerklassen I–IV)																	
						0,5			1,0			1,5			2,0			2,5			3,0		
			SolZ 5,5%	Kirchensteuer 8%	9%	SolZ 5,5%	Kirchensteuer 8%	9%	SolZ 5,5%	Kirchensteuer 8%	9%	SolZ 5,5%	Kirchensteuer 8%	9%	SolZ 5,5%	Kirchensteuer 8%	9%	SolZ 5,5%	Kirchensteuer 8%	9%	SolZ 5,5%	Kirchensteuer 8%	9%
3.512,99	I	624,58	-	49,96	56,21	-	40,42	45,47	-	31,40	35,32	-	22,89	25,75	-	14,90	16,76	-	7,42	8,34	-	1,24	1,3
	II	510,91	-	40,87	45,98	-	31,82	35,80	-	23,29	26,20	-	15,27	17,18	-	7,76	8,73	-	1,48	1,66	-	-	
	III	281,50	-	22,52	25,33	-	15,14	17,03	-	8,29	9,32	-	2,69	3,02	-	-	-	-	-	-	-	-	
	IV	624,58	-	49,96	56,21	-	45,13	50,77	-	40,42	45,47	-	35,85	40,33	-	31,40	35,32	-	27,08	30,47	-	22,89	25,7
	V	1.047,91	-	83,83	94,31																		
	VI	1.092,25	-	87,38	98,30																		
3.515,99	I	625,50	-	50,04	56,29	-	40,50	45,56	-	31,47	35,40	-	22,96	25,83	-	14,96	16,83	-	7,48	8,41	-	1,28	1,4
	II	511,83	-	40,94	46,06	-	31,90	35,88	-	23,36	26,28	-	15,33	17,24	-	7,82	8,80	-	1,52	1,71	-	-	
	III	282,16	-	22,57	25,39	-	15,21	17,11	-	8,34	9,38	-	2,73	3,07	-	-	-	-	-	-	-	-	
	IV	625,50	-	50,04	56,29	-	45,20	50,85	-	40,50	45,56	-	35,92	40,41	-	31,47	35,40	-	27,15	30,54	-	22,96	25,8
	V	1.049,16	-	83,93	94,42																		
	VI	1.093,50	-	87,48	98,41																		
3.518,99	I	626,50	-	50,12	56,38	-	40,57	45,64	-	31,54	35,48	-	23,02	25,90	-	15,02	16,90	-	7,53	8,47	-	1,32	1,4
	II	512,83	-	41,02	46,15	-	31,96	35,96	-	23,42	26,35	-	15,40	17,32	-	7,88	8,87	-	1,56	1,75	-	-	
	III	283,00	-	22,64	25,47	-	15,26	17,17	-	8,40	9,45	-	2,77	3,11	-	-	-	-	-	-	-	-	
	IV	626,50	-	50,12	56,38	-	45,28	50,94	-	40,57	45,64	-	35,99	40,49	-	31,54	35,48	-	27,22	30,62	-	23,02	25,9
	V	1.050,41	-	84,03	94,53																		
	VI	1.094,75	-	87,58	98,52																		
3.521,99	I	627,50	-	50,20	56,47	-	40,65	45,73	-	31,61	35,56	-	23,09	25,97	-	15,08	16,97	-	7,59	8,54	-	1,36	1,5
	II	513,75	-	41,10	46,23	-	32,04	36,04	-	23,49	26,42	-	15,46	17,39	-	7,94	8,93	-	1,60	1,80	-	-	
	III	283,66	-	22,69	25,52	-	15,33	17,24	-	8,44	9,49	-	2,81	3,16	-	-	-	-	-	-	-	-	
	IV	627,50	-	50,20	56,47	-	45,36	51,03	-	40,65	45,73	-	36,06	40,57	-	31,61	35,56	-	27,28	30,69	-	23,09	25,9
	V	1.051,75	-	84,14	94,65																		
	VI	1.096,00	-	87,68	98,64																		
3.524,99	I	628,50	-	50,28	56,56	-	40,72	45,81	-	31,68	35,64	-	23,16	26,05	-	15,14	17,03	-	7,65	8,60	-	1,40	1,5
	II	514,66	-	41,17	46,31	-	32,10	36,11	-	23,56	26,50	-	15,52	17,46	-	8,00	9,00	-	1,64	1,84	-	-	
	III	284,50	-	22,76	25,60	-	15,38	17,30	-	8,49	9,55	-	2,85	3,20	-	-	-	-	-	-	-	-	
	IV	628,50	-	50,28	56,56	-	45,44	51,12	-	40,72	45,81	-	36,14	40,65	-	31,68	35,64	-	27,36	30,78	-	23,16	26,0
	V	1.053,00	-	84,24	94,77																		
	VI	1.097,25	-	87,78	98,75																		
3.527,99	I	629,50	-	50,36	56,65	-	40,80	45,90	-	31,75	35,72	-	23,22	26,12	-	15,21	17,11	-	7,71	8,67	-	1,44	1,6
	II	515,58	-	41,24	46,40	-	32,18	36,20	-	23,62	26,57	-	15,58	17,53	-	8,06	9,06	-	1,68	1,89	-	-	
	III	285,16	-	22,81	25,66	-	15,44	17,37	-	8,54	9,61	-	2,89	3,25	-	-	-	-	-	-	-	-	
	IV	629,50	-	50,36	56,65	-	45,51	51,20	-	40,80	45,90	-	36,21	40,73	-	31,75	35,72	-	27,42	30,85	-	23,22	26,1
	V	1.054,25	-	84,34	94,88																		
	VI	1.098,58	-	87,88	98,87																		
3.530,99	I	630,50	-	50,44	56,74	-	40,87	45,98	-	31,82	35,80	-	23,29	26,20	-	15,27	17,18	-	7,76	8,73	-	1,48	1,6
	II	516,58	-	41,32	46,49	-	32,25	36,28	-	23,69	26,65	-	15,64	17,60	-	8,12	9,13	-	1,72	1,93	-	-	
	III	286,00	-	22,88	25,74	-	15,50	17,44	-	8,60	9,67	-	2,93	3,29	-	-	-	-	-	-	-	-	
	IV	630,50	-	50,44	56,74	-	45,59	51,29	-	40,87	45,98	-	36,28	40,82	-	31,82	35,80	-	27,49	30,92	-	23,29	26,2
	V	1.055,50	-	84,44	94,99																		
	VI	1.099,83	-	87,98	98,98																		
3.533,99	I	631,41	-	50,51	56,82	-	40,94	46,06	-	31,90	35,88	-	23,36	26,28	-	15,33	17,24	-	7,82	8,80	-	1,52	1,7
	II	517,50	-	41,40	46,57	-	32,32	36,36	-	23,76	26,73	-	15,71	17,67	-	8,18	9,20	-	1,76	1,98	-	-	
	III	286,66	-	22,93	25,79	-	15,56	17,50	-	8,65	9,73	-	2,97	3,34	-	-	-	-	-	-	-	-	
	IV	631,41	-	50,51	56,82	-	45,66	51,37	-	40,94	46,06	-	36,36	40,90	-	31,90	35,88	-	27,56	31,01	-	23,36	26,2
	V	1.056,75	-	84,54	95,10																		
	VI	1.101,08	-	88,08	99,09																		
3.536,99	I	632,41	-	50,59	56,91	-	41,02	46,15	-	31,96	35,96	-	23,42	26,35	-	15,40	17,32	-	7,88	8,87	-	1,56	1,7
	II	518,41	-	41,47	46,65	-	32,39	36,44	-	23,82	26,80	-	15,77	17,74	-	8,23	9,26	-	1,80	2,03	-	-	
	III	287,50	-	23,00	25,87	-	15,61	17,56	-	8,69	9,77	-	3,01	3,38	-	-	-	-	-	-	-	-	
	IV	632,41	-	50,59	56,91	-	45,74	51,46	-	41,02	46,15	-	36,43	40,98	-	31,96	35,96	-	27,63	31,08	-	23,42	26,3
	V	1.058,00	-	84,64	95,22																		
	VI	1.102,33	-	88,18	99,20																		
3.539,99	I	633,41	-	50,67	57,00	-	41,10	46,23	-	32,04	36,04	-	23,49	26,42	-	15,46	17,39	-	7,94	8,93	-	1,60	1,8
	II	519,33	-	41,54	46,73	-	32,46	36,52	-	23,89	26,87	-	15,84	17,82	-	8,29	9,32	-	1,84	2,07	-	-	
	III	288,16	-	23,05	25,93	-	15,68	17,64	-	8,74	9,83	-	3,05	3,43	-	-	-	-	-	-	-	-	
	IV	633,41	-	50,67	57,00	-	45,82	51,54	-	41,10	46,23	-	36,50	41,06	-	32,04	36,04	-	27,70	31,16	-	23,49	26,4
	V	1.059,25	-	84,74	95,33																		
	VI	1.103,58	-	88,28	99,32																		
3.542,99	I	634,41	-	50,75	57,09	-	41,17	46,31	-	32,10	36,11	-	23,56	26,50	-	15,52	17,46	-	8,00	9,00	-	1,64	1,8
	II	520,33	-	41,62	46,82	-	32,53	36,59	-	23,96	26,95	-	15,90	17,88	-	8,35	9,39	-	1,88	2,12	-	-	
	III	289,00	-	23,12	26,01	-	15,73	17,69	-	8,80	9,90	-	3,09	3,47	-	-	-	-	-	-	-	-	
	IV	634,41	-	50,75	57,09	-	45,90	51,63	-	41,17	46,31	-	36,58	41,15	-	32,10	36,11	-	27,77	31,24	-	23,56	26,5
	V	1.060,50	-	84,84	95,44																		
	VI	1.104,83	-	88,38	99,43																		
3.545,99	I	635,41	-	50,83	57,18	-	41,24	46,40	-	32,18	36,20	-	23,62	26,57	-	15,58	17,53	-	8,06	9,06	-	1,68	1,8
	II	521,25	-	41,70	46,91	-	32,60	36,68	-	24,02	27,02	-	15,96	17,95	-	8,41	9,46	-	1,93	2,17	-	-	
	III	289,66	-	23,17	26,06	-	15,80	17,77	-	8,85	9,95	-	3,13	3,52	-	-	-	-	-	-	-	-	
	IV	635,41	-	50,83	57,18	-	45,98	51,72	-	41,24	46,40	-	36,65	41,23	-	32,18	36,20	-	27,84	31,32	-	23,62	26,5
	V	1.061,83	-	84,94	95,56																		
	VI	1.106,08	-	88,48	99,54																		
3.548,99	I	636,41	-	50,91	57,27	-	41,32	46,49	-	32,25	36,28	-	23,69	26,65	-	15,64	17,60	-	8,12	9,13	-	1,72	1,9
	II	522,16	-	41,77	46,99	-	32,68	36,76	-	24,09	27,10	-	16,02	18,02	-	8,47	9,53	-	1,97	2,21	-	-	
	III	290,50	-	23,24	26,14	-	15,85	17,83	-	8,90	10,01	-	3,17	3,56	-	-	-	-	-	-	-	-	
	IV	636,41	-	50,91	57,27	-	46,05	51,80	-	41,32	46,49	-	36,72	41,31	-	32,25	36,28	-	27,90	31,39	-	23,69	26,6
	V	1.063,08	-	85,04	95,67																		
	VI	1.107,33	-	88,58	99,65																		
3.551,99	I	637,41	-	50,99	57,36	-	41,40	46,57	-	32,32	36,36	-	23,76	26,73	-	15,71	17,67	-	8,18	9,20	-	1,76	1,9
	II	523,16	-	41,85	47,08	-	32,74	36,83	-	24,16	27,18	-	16,08	18,09	-	8,52	9,59	-	2,01	2,26	-	-	
	III	291,16	-	23,29	26,20	-	15,90	17,89	-	8,96	10,08	-	3,21	3,61	-	-	-	-	-	-	-	-	
	IV	637,41	-	50,99	57,36	-	46,13	51,89	-	41,40	46,57	-	36,80	41,40	-	32,32	36,36	-	27,98	31,47	-	23,76	26,7
	V	1.064,33	-	85,14	95,78																		
	VI	1.108,58	-	88,68	99,77																		
3.554,99	I	638,41	-	51,07	57,45	-	41,47	46,65	-	32,39	36,44	-	23,82	26,80	-	15,77	17,74	-	8,23	9,26	-	1,80	2,0
	II	524,08	-	41,92	47,16	-	32,82	36,92	-	24,22	27,25	-	16,15	18,17	-	8,58	9,65	-	2,06	2,31	-	-	
	III	292,00	-	23,36	26,28	-	15,97	17,96	-	9,00	10,12	-	3,25	3,65	-	-	-	-	-	-	-	-	
	IV	638,41	-	51,07	57,45	-	46,20	51,98	-	41,47	46,65	-	36,86	41,47	-	32,39	36,44	-	28,04	31,55	-	23,82	26,8
	V	1.065,58	-	85,24	95,90																		
	VI	1.109,91	-	88,79	99,89																		

Besondere Tabelle

Lohn/ Gehalt bis	Steuerklasse	Lohnsteuer	ohne Kinderfreibetrag SolZ 5,5%	ohne Kinderfreibetrag Kirchensteuer 8%	ohne Kinderfreibetrag Kirchensteuer 9%	0,5 SolZ 5,5%	0,5 Kirchensteuer 8%	0,5 Kirchensteuer 9%	1,0 SolZ 5,5%	1,0 Kirchensteuer 8%	1,0 Kirchensteuer 9%	1,5 SolZ 5,5%	1,5 Kirchensteuer 8%	1,5 Kirchensteuer 9%	2,0 SolZ 5,5%	2,0 Kirchensteuer 8%	2,0 Kirchensteuer 9%	2,5 SolZ 5,5%	2,5 Kirchensteuer 8%	2,5 Kirchensteuer 9%	3,0 SolZ 5,5%	3,0 Kirchensteuer 8%	3,0 Kirchensteuer 9%
						Anzahl Kinderfreibeträge (nur Steuerklassen I–IV)																	
3.557,99	I	639,33	-	51,14	57,53	-	41,54	46,73	-	32,46	36,52	-	23,89	26,87	-	15,84	17,82	-	8,29	9,32	-	1,84	2,07
	II	525,00	-	42,00	47,25	-	32,89	37,00	-	24,29	27,32	-	16,21	18,23	-	8,64	9,72	-	2,10	2,36	-	-	-
	III	292,83	-	23,42	26,35	-	16,02	18,02	-	9,05	10,18	-	3,29	3,70	-	-	-	-	-	-	-	-	-
	IV	639,33	-	51,14	57,53	-	46,28	52,07	-	41,54	46,73	-	36,94	41,55	-	32,46	36,52	-	28,11	31,62	-	23,89	26,87
	V	1.066,83	-	85,34	96,01																		
	VI	1.111,16	-	88,89	100,00																		
3.560,99	I	640,33	-	51,22	57,62	-	41,62	46,82	-	32,53	36,59	-	23,96	26,95	-	15,90	17,88	-	8,35	9,39	-	1,88	2,12
	II	526,00	-	42,08	47,34	-	32,96	37,08	-	24,36	27,40	-	16,28	18,31	-	8,70	9,79	-	2,14	2,41	-	-	-
	III	293,50	-	23,48	26,41	-	16,08	18,09	-	9,10	10,24	-	3,33	3,74	-	-	-	-	-	-	-	-	-
	IV	640,33	-	51,22	57,62	-	46,36	52,15	-	41,62	46,82	-	37,01	41,63	-	32,53	36,59	-	28,18	31,70	-	23,96	26,95
	V	1.068,08	-	85,44	96,12																		
	VI	1.112,41	-	88,99	100,11																		
3.563,99	I	641,33	-	51,30	57,71	-	41,70	46,91	-	32,60	36,68	-	24,02	27,02	-	15,96	17,95	-	8,41	9,46	-	1,93	2,17
	II	526,91	-	42,15	47,42	-	33,03	37,16	-	24,42	27,47	-	16,34	18,38	-	8,76	9,86	-	2,18	2,45	-	-	-
	III	294,33	-	23,54	26,48	-	16,14	18,16	-	9,16	10,30	-	3,37	3,79	-	-	-	-	-	-	-	-	-
	IV	641,33	-	51,30	57,71	-	46,44	52,24	-	41,70	46,91	-	37,08	41,72	-	32,60	36,68	-	28,25	31,78	-	24,02	27,02
	V	1.069,33	-	85,54	96,23																		
	VI	1.113,66	-	89,09	100,22																		
3.566,99	I	642,33	-	51,38	57,80	-	41,77	46,99	-	32,68	36,76	-	24,09	27,10	-	16,02	18,02	-	8,47	9,53	-	1,97	2,21
	II	527,83	-	42,22	47,50	-	33,10	37,24	-	24,49	27,55	-	16,40	18,45	-	8,82	9,92	-	2,23	2,51	-	-	-
	III	295,00	-	23,60	26,55	-	16,20	18,22	-	9,21	10,36	-	3,41	3,83	-	-	-	-	-	-	-	-	-
	IV	642,33	-	51,38	57,80	-	46,52	52,33	-	41,77	46,99	-	37,16	41,80	-	32,68	36,76	-	28,32	31,86	-	24,09	27,10
	V	1.070,58	-	85,64	96,35																		
	VI	1.114,91	-	89,19	100,34																		
3.569,99	I	643,33	-	51,46	57,89	-	41,85	47,08	-	32,74	36,83	-	24,16	27,18	-	16,08	18,09	-	8,52	9,59	-	2,01	2,26
	II	528,75	-	42,30	47,58	-	33,17	37,31	-	24,56	27,63	-	16,46	18,52	-	8,88	9,99	-	2,27	2,55	-	-	-
	III	295,83	-	23,66	26,62	-	16,26	18,29	-	9,26	10,42	-	3,46	3,89	-	-	-	-	-	-	-	-	-
	IV	643,33	-	51,46	57,89	-	46,59	52,41	-	41,85	47,08	-	37,23	41,88	-	32,74	36,83	-	28,39	31,94	-	24,16	27,18
	V	1.071,83	-	85,74	96,46																		
	VI	1.116,16	-	89,29	100,45																		
3.572,99	I	644,33	-	51,54	57,98	-	41,92	47,16	-	32,82	36,92	-	24,22	27,25	-	16,15	18,17	-	8,58	9,65	-	2,06	2,31
	II	529,75	-	42,38	47,67	-	33,24	37,40	-	24,63	27,71	-	16,52	18,59	-	8,94	10,05	-	2,32	2,61	-	-	-
	III	296,50	-	23,72	26,68	-	16,32	18,36	-	9,32	10,48	-	3,50	3,94	-	-	-	-	-	-	-	-	-
	IV	644,33	-	51,54	57,98	-	46,67	52,50	-	41,92	47,16	-	37,30	41,96	-	32,82	36,92	-	28,46	32,01	-	24,22	27,25
	V	1.073,16	-	85,85	96,58																		
	VI	1.117,41	-	89,39	100,56																		
3.575,99	I	645,33	-	51,62	58,07	-	42,00	47,25	-	32,89	37,00	-	24,29	27,32	-	16,21	18,23	-	8,64	9,72	-	2,10	2,36
	II	530,66	-	42,45	47,75	-	33,32	37,48	-	24,70	27,78	-	16,59	18,66	-	9,00	10,12	-	2,36	2,65	-	-	-
	III	297,33	-	23,78	26,75	-	16,37	18,41	-	9,37	10,54	-	3,54	3,98	-	-	-	-	-	-	-	-	-
	IV	645,33	-	51,62	58,07	-	46,74	52,58	-	42,00	47,25	-	37,38	42,05	-	32,89	37,00	-	28,52	32,09	-	24,29	27,32
	V	1.074,41	-	85,95	96,69																		
	VI	1.118,66	-	89,49	100,67																		
3.578,99	I	646,33	-	51,70	58,16	-	42,08	47,34	-	32,96	37,08	-	24,36	27,40	-	16,28	18,31	-	8,70	9,79	-	2,14	2,41
	II	531,58	-	42,52	47,84	-	33,39	37,56	-	24,76	27,86	-	16,65	18,73	-	9,06	10,19	-	2,40	2,70	-	-	-
	III	298,00	-	23,84	26,82	-	16,44	18,49	-	9,42	10,60	-	3,58	4,03	-	-	-	-	-	-	-	-	-
	IV	646,33	-	51,70	58,16	-	46,82	52,67	-	42,08	47,34	-	37,45	42,13	-	32,96	37,08	-	28,60	32,17	-	24,36	27,40
	V	1.075,66	-	86,05	96,80																		
	VI	1.120,00	-	89,60	100,80																		
3.581,99	I	647,33	-	51,78	58,25	-	42,15	47,42	-	33,03	37,16	-	24,42	27,47	-	16,34	18,38	-	8,76	9,86	-	2,18	2,45
	II	532,58	-	42,60	47,93	-	33,46	37,64	-	24,83	27,93	-	16,72	18,81	-	9,12	10,26	-	2,45	2,75	-	-	-
	III	298,83	-	23,90	26,89	-	16,49	18,55	-	9,46	10,64	-	3,62	4,07	-	-	-	-	-	-	-	-	-
	IV	647,33	-	51,78	58,25	-	46,90	52,76	-	42,15	47,42	-	37,52	42,21	-	33,03	37,16	-	28,66	32,24	-	24,42	27,47
	V	1.076,91	-	86,15	96,92																		
	VI	1.121,25	-	89,70	100,91																		
3.584,99	I	648,33	-	51,86	58,34	-	42,22	47,50	-	33,10	37,24	-	24,49	27,55	-	16,40	18,45	-	8,82	9,92	-	2,23	2,51
	II	533,50	-	42,68	48,01	-	33,53	37,72	-	24,90	28,01	-	16,78	18,87	-	9,18	10,32	-	2,49	2,80	-	-	-
	III	299,50	-	23,96	26,95	-	16,56	18,63	-	9,52	10,71	-	3,66	4,12	-	-	-	-	-	-	-	-	-
	IV	648,33	-	51,86	58,34	-	46,98	52,85	-	42,22	47,50	-	37,60	42,30	-	33,10	37,24	-	28,73	32,32	-	24,49	27,55
	V	1.078,16	-	86,25	97,03																		
	VI	1.122,50	-	89,80	101,02																		
3.587,99	I	649,33	-	51,94	58,43	-	42,30	47,58	-	33,17	37,31	-	24,56	27,63	-	16,46	18,52	-	8,88	9,99	-	2,27	2,55
	II	534,41	-	42,75	48,09	-	33,60	37,80	-	24,96	28,08	-	16,84	18,95	-	9,23	10,38	-	2,54	2,85	-	-	-
	III	300,33	-	24,02	27,02	-	16,61	18,68	-	9,57	10,76	-	3,70	4,16	-	-	-	-	-	-	-	-	-
	IV	649,33	-	51,94	58,43	-	47,06	52,94	-	42,30	47,58	-	37,67	42,38	-	33,17	37,31	-	28,80	32,40	-	24,56	27,63
	V	1.079,41	-	86,35	97,14																		
	VI	1.123,75	-	89,90	101,13																		
3.590,99	I	650,33	-	52,02	58,52	-	42,38	47,67	-	33,24	37,40	-	24,63	27,71	-	16,52	18,59	-	8,94	10,05	-	2,32	2,61
	II	535,41	-	42,83	48,18	-	33,67	37,88	-	25,03	28,16	-	16,90	19,01	-	9,29	10,45	-	2,58	2,90	-	-	-
	III	301,16	-	24,09	27,10	-	16,66	18,74	-	9,62	10,82	-	3,74	4,21	-	-	-	-	-	-	-	-	-
	IV	650,33	-	52,02	58,52	-	47,14	53,03	-	42,38	47,67	-	37,74	42,46	-	33,24	37,40	-	28,87	32,48	-	24,63	27,71
	V	1.080,66	-	86,45	97,25																		
	VI	1.125,00	-	90,00	101,25																		
3.593,99	I	651,33	-	52,10	58,61	-	42,45	47,75	-	33,32	37,48	-	24,70	27,78	-	16,59	18,66	-	9,00	10,12	-	2,36	2,65
	II	536,33	-	42,90	48,26	-	33,74	37,96	-	25,10	28,23	-	16,97	19,09	-	9,35	10,52	-	2,62	2,95	-	-	-
	III	301,83	-	24,14	27,16	-	16,73	18,82	-	9,68	10,89	-	3,80	4,27	-	-	-	-	-	-	-	-	-
	IV	651,33	-	52,10	58,61	-	47,21	53,11	-	42,45	47,75	-	37,82	42,54	-	33,32	37,48	-	28,94	32,56	-	24,70	27,78
	V	1.081,91	-	86,55	97,37																		
	VI	1.126,25	-	90,10	101,36																		
3.596,99	I	652,25	-	52,18	58,70	-	42,52	47,84	-	33,39	37,56	-	24,76	27,86	-	16,65	18,73	-	9,06	10,19	-	2,40	2,70
	II	537,33	-	42,98	48,35	-	33,82	38,04	-	25,16	28,31	-	17,03	19,16	-	9,41	10,58	-	2,67	3,00	-	-	-
	III	302,66	-	24,21	27,23	-	16,78	18,88	-	9,73	10,94	-	3,84	4,32	-	-	-	-	-	-	-	-	-
	IV	652,25	-	52,18	58,70	-	47,29	53,20	-	42,52	47,84	-	37,89	42,62	-	33,39	37,56	-	29,01	32,63	-	24,76	27,86
	V	1.083,25	-	86,66	97,49																		
	VI	1.127,50	-	90,20	101,47																		
3.599,99	I	653,25	-	52,26	58,79	-	42,60	47,93	-	33,46	37,64	-	24,83	27,93	-	16,72	18,81	-	9,12	10,26	-	2,45	2,75
	II	538,25	-	43,06	48,44	-	33,89	38,12	-	25,24	28,39	-	17,10	19,23	-	9,47	10,65	-	2,72	3,06	-	-	-
	III	303,33	-	24,26	27,29	-	16,85	18,95	-	9,78	11,00	-	3,88	4,36	-	-	-	-	-	-	-	-	-
	IV	653,25	-	52,26	58,79	-	47,36	53,28	-	42,60	47,93	-	37,96	42,71	-	33,46	37,64	-	29,08	32,71	-	24,83	27,93
	V	1.084,50	-	86,76	97,60																		
	VI	1.128,75	-	90,30	101,58																		

Lohn/ Gehalt bis	Steuerklasse	Lohn-steuer	ohne Kinderfreibetrag SolZ 5,5%	Kirchensteuer 8%	Kirchensteuer 9%	0,5 SolZ 5,5%	0,5 Kirchensteuer 8%	0,5 Kirchensteuer 9%	1,0 SolZ 5,5%	1,0 Kirchensteuer 8%	1,0 Kirchensteuer 9%	1,5 SolZ 5,5%	1,5 Kirchensteuer 8%	1,5 Kirchensteuer 9%	2,0 SolZ 5,5%	2,0 Kirchensteuer 8%	2,0 Kirchensteuer 9%	2,5 SolZ 5,5%	2,5 Kirchensteuer 8%	2,5 Kirchensteuer 9%	3,0 SolZ 5,5%	3,0 Kirchensteuer 8%	3,0 Kirchensteuer 9%
						Anzahl Kinderfreibeträge (nur Steuerklassen I–IV)																	
3.602,99	I	654,25	-	52,34	58,88	-	42,68	48,01	-	33,53	37,72	-	24,90	28,01	-	16,78	18,87	-	9,18	10,32	-	2,49	2,8
	II	539,16	-	43,13	48,52	-	33,96	38,20	-	25,30	28,46	-	17,16	19,30	-	9,53	10,72	-	2,76	3,11	-	-	-
	III	304,16	-	24,33	27,37	-	16,90	19,01	-	9,84	11,07	-	3,92	4,41	-	-	-	-	-	-	-	-	-
	IV	654,25	-	52,34	58,88	-	47,44	53,37	-	42,68	48,01	-	38,04	42,79	-	33,53	37,72	-	29,15	32,79	-	24,90	28,0
	V	1.085,75	-	86,86	97,71																		
	VI	1.130,08	-	90,40	101,70																		
3.605,99	I	655,25	-	52,42	58,97	-	42,75	48,09	-	33,60	37,80	-	24,96	28,08	-	16,84	18,95	-	9,23	10,38	-	2,54	2,8
	II	540,16	-	43,21	48,61	-	34,03	38,28	-	25,37	28,54	-	17,22	19,37	-	9,59	10,79	-	2,81	3,16	-	-	-
	III	304,83	-	24,38	27,43	-	16,96	19,08	-	9,89	11,12	-	3,96	4,45	-	-	-	-	-	-	-	-	-
	IV	655,25	-	52,42	58,97	-	47,52	53,46	-	42,75	48,09	-	38,11	42,87	-	33,60	37,80	-	29,22	32,87	-	24,96	28,0
	V	1.087,00	-	86,96	97,83																		
	VI	1.131,33	-	90,50	101,81																		
3.608,99	I	656,25	-	52,50	59,06	-	42,83	48,18	-	33,67	37,88	-	25,03	28,16	-	16,90	19,01	-	9,29	10,45	-	2,58	2,9
	II	541,08	-	43,28	48,69	-	34,10	38,36	-	25,44	28,62	-	17,28	19,44	-	9,65	10,85	-	2,85	3,20	-	-	-
	III	305,66	-	24,45	27,50	-	17,02	19,15	-	9,94	11,18	-	4,00	4,50	-	-	-	-	-	-	-	-	-
	IV	656,25	-	52,50	59,06	-	47,60	53,55	-	42,83	48,18	-	38,18	42,95	-	33,67	37,88	-	29,29	32,95	-	25,03	28,1
	V	1.088,25	-	87,06	97,94																		
	VI	1.132,58	-	90,60	101,93																		
3.611,99	I	657,25	-	52,58	59,15	-	42,90	48,26	-	33,74	37,96	-	25,10	28,23	-	16,97	19,09	-	9,35	10,52	-	2,62	2,9
	II	542,00	-	43,36	48,78	-	34,18	38,45	-	25,50	28,69	-	17,35	19,52	-	9,71	10,92	-	2,90	3,26	-	-	-
	III	306,33	-	24,50	27,56	-	17,08	19,21	-	10,00	11,25	-	4,05	4,55	-	-	-	-	-	-	-	-	-
	IV	657,25	-	52,58	59,15	-	47,68	53,64	-	42,90	48,26	-	38,26	43,04	-	33,74	37,96	-	29,36	33,03	-	25,10	28,2
	V	1.089,50	-	87,16	98,05																		
	VI	1.133,83	-	90,70	102,04																		
3.614,99	I	658,25	-	52,66	59,24	-	42,98	48,35	-	33,82	38,04	-	25,16	28,31	-	17,03	19,16	-	9,41	10,58	-	2,67	3,0
	II	543,00	-	43,44	48,87	-	34,24	38,52	-	25,57	28,76	-	17,41	19,58	-	9,77	10,99	-	2,94	3,31	-	-	-
	III	307,16	-	24,57	27,64	-	17,14	19,28	-	10,05	11,30	-	4,09	4,60	-	-	-	-	-	-	-	-	-
	IV	658,25	-	52,66	59,24	-	47,76	53,73	-	42,98	48,35	-	38,34	43,13	-	33,82	38,04	-	29,43	33,11	-	25,16	28,3
	V	1.090,75	-	87,26	98,16																		
	VI	1.135,08	-	90,80	102,15																		
3.617,99	I	659,25	-	52,74	59,33	-	43,06	48,44	-	33,89	38,12	-	25,24	28,39	-	17,10	19,23	-	9,47	10,65	-	2,72	3,0
	II	543,91	-	43,51	48,95	-	34,32	38,61	-	25,64	28,84	-	17,48	19,66	-	9,82	11,05	-	2,99	3,36	-	-	-
	III	308,00	-	24,64	27,72	-	17,20	19,35	-	10,10	11,36	-	4,13	4,64	-	-	-	-	-	-	-	-	-
	IV	659,25	-	52,74	59,33	-	47,83	53,81	-	43,06	48,44	-	38,41	43,21	-	33,89	38,12	-	29,50	33,18	-	25,24	28,3
	V	1.092,00	-	87,36	98,28																		
	VI	1.136,33	-	90,90	102,26																		
3.620,99	I	660,25	-	52,82	59,42	-	43,13	48,52	-	33,96	38,20	-	25,30	28,46	-	17,16	19,30	-	9,53	10,72	-	2,76	3,1
	II	544,91	-	43,59	49,04	-	34,39	38,69	-	25,71	28,92	-	17,54	19,73	-	9,88	11,12	-	3,04	3,42	-	-	-
	III	308,66	-	24,69	27,77	-	17,25	19,40	-	10,16	11,43	-	4,17	4,69	-	-	-	-	-	-	-	-	-
	IV	660,25	-	52,82	59,42	-	47,91	53,90	-	43,13	48,52	-	38,48	43,29	-	33,96	38,20	-	29,56	33,26	-	25,30	28,4
	V	1.093,33	-	87,46	98,39																		
	VI	1.137,58	-	91,00	102,38																		
3.623,99	I	661,25	-	52,90	59,51	-	43,21	48,61	-	34,03	38,28	-	25,37	28,54	-	17,22	19,37	-	9,59	10,79	-	2,81	3,1
	II	545,83	-	43,66	49,12	-	34,46	38,77	-	25,78	29,00	-	17,60	19,80	-	9,94	11,18	-	3,08	3,47	-	-	-
	III	309,50	-	24,76	27,85	-	17,32	19,48	-	10,21	11,48	-	4,22	4,75	-	-	-	-	-	-	-	-	-
	IV	661,25	-	52,90	59,51	-	47,99	53,99	-	43,21	48,61	-	38,56	43,38	-	34,03	38,28	-	29,64	33,34	-	25,37	28,5
	V	1.094,58	-	87,56	98,51																		
	VI	1.138,83	-	91,10	102,49																		
3.626,99	I	662,25	-	52,98	59,60	-	43,28	48,69	-	34,10	38,36	-	25,44	28,62	-	17,28	19,44	-	9,65	10,85	-	2,85	3,2
	II	546,75	-	43,74	49,20	-	34,54	38,85	-	25,84	29,07	-	17,67	19,88	-	10,00	11,25	-	3,13	3,52	-	-	-
	III	310,16	-	24,81	27,91	-	17,37	19,54	-	10,26	11,54	-	4,26	4,79	-	-	-	-	-	-	-	-	-
	IV	662,25	-	52,98	59,60	-	48,07	54,08	-	43,28	48,69	-	38,63	43,46	-	34,10	38,36	-	29,70	33,41	-	25,44	28,6
	V	1.095,83	-	87,66	98,62																		
	VI	1.140,08	-	91,20	102,60																		
3.629,99	I	663,25	-	53,06	59,69	-	43,36	48,78	-	34,18	38,45	-	25,50	28,69	-	17,35	19,52	-	9,71	10,92	-	2,90	3,2
	II	547,75	-	43,82	49,29	-	34,60	38,93	-	25,91	29,15	-	17,73	19,94	-	10,06	11,32	-	3,18	3,57	-	-	-
	III	311,00	-	24,88	27,99	-	17,44	19,62	-	10,32	11,61	-	4,30	4,84	-	-	-	-	-	-	-	-	-
	IV	663,25	-	53,06	59,69	-	48,14	54,16	-	43,36	48,78	-	38,70	43,54	-	34,18	38,45	-	29,78	33,50	-	25,50	28,6
	V	1.097,08	-	87,76	98,73																		
	VI	1.141,41	-	91,31	102,72																		
3.632,99	I	664,25	-	53,14	59,78	-	43,44	48,87	-	34,24	38,52	-	25,57	28,76	-	17,41	19,58	-	9,77	10,99	-	2,94	3,3
	II	548,66	-	43,89	49,37	-	34,68	39,01	-	25,98	29,22	-	17,80	20,02	-	10,12	11,39	-	3,22	3,62	-	-	-
	III	311,66	-	24,93	28,04	-	17,49	19,67	-	10,37	11,66	-	4,34	4,88	-	-	-	-	-	-	-	-	-
	IV	664,25	-	53,14	59,78	-	48,22	54,25	-	43,44	48,87	-	38,78	43,62	-	34,24	38,52	-	29,84	33,57	-	25,57	28,7
	V	1.098,33	-	87,86	98,84																		
	VI	1.142,66	-	91,41	102,83																		
3.635,99	I	665,25	-	53,22	59,87	-	43,51	48,95	-	34,32	38,61	-	25,64	28,84	-	17,48	19,66	-	9,82	11,05	-	2,99	3,3
	II	549,66	-	43,97	49,46	-	34,75	39,09	-	26,05	29,30	-	17,86	20,09	-	10,18	11,45	-	3,27	3,68	-	-	-
	III	312,50	-	25,00	28,12	-	17,54	19,73	-	10,42	11,72	-	4,38	4,93	-	-	-	-	-	-	-	-	-
	IV	665,25	-	53,22	59,87	-	48,30	54,34	-	43,51	48,95	-	38,85	43,70	-	34,32	38,61	-	29,92	33,66	-	25,64	28,8
	V	1.099,58	-	87,96	98,96																		
	VI	1.143,91	-	91,51	102,95																		
3.638,99	I	666,25	-	53,30	59,96	-	43,59	49,04	-	34,39	38,69	-	25,71	28,92	-	17,54	19,73	-	9,88	11,12	-	3,04	3,4
	II	550,58	-	44,04	49,55	-	34,82	39,17	-	26,12	29,38	-	17,92	20,16	-	10,24	11,52	-	3,32	3,73	-	-	-
	III	313,33	-	25,06	28,19	-	17,61	19,81	-	10,48	11,79	-	4,44	4,99	-	-	-	-	-	-	-	-	-
	IV	666,25	-	53,30	59,96	-	48,38	54,42	-	43,59	49,04	-	38,92	43,79	-	34,39	38,69	-	29,98	33,73	-	25,71	28,9
	V	1.100,83	-	88,06	99,07																		
	VI	1.145,16	-	91,61	103,06																		
3.641,99	I	667,25	-	53,38	60,05	-	43,66	49,12	-	34,46	38,77	-	25,78	29,00	-	17,60	19,80	-	9,94	11,18	-	3,08	3,4
	II	551,58	-	44,12	49,64	-	34,90	39,26	-	26,18	29,45	-	17,98	20,23	-	10,30	11,59	-	3,36	3,78	-	-	-
	III	314,00	-	25,12	28,26	-	17,66	19,87	-	10,53	11,84	-	4,48	5,04	-	-	-	-	-	-	-	-	-
	IV	667,25	-	53,38	60,05	-	48,46	54,51	-	43,66	49,12	-	39,00	43,87	-	34,46	38,77	-	30,06	33,81	-	25,78	29,0
	V	1.102,08	-	88,16	99,18																		
	VI	1.146,41	-	91,71	103,17																		
3.644,99	I	668,25	-	53,46	60,14	-	43,74	49,20	-	34,54	38,85	-	25,84	29,07	-	17,67	19,88	-	10,00	11,25	-	3,13	3,5
	II	552,50	-	44,20	49,72	-	34,96	39,33	-	26,25	29,53	-	18,05	20,30	-	10,36	11,66	-	3,42	3,84	-	-	-
	III	314,83	-	25,18	28,33	-	17,73	19,94	-	10,58	11,90	-	4,52	5,08	-	-	-	-	-	-	-	-	-
	IV	668,25	-	53,46	60,14	-	48,54	54,60	-	43,74	49,20	-	39,07	43,95	-	34,54	38,85	-	30,12	33,89	-	25,84	29,0
	V	1.103,33	-	88,26	99,29																		
	VI	1.147,66	-	91,81	103,28																		

Besondere Tabelle

MONAT bis 3.689,99 €

Lohn/ Gehalt bis	Steuerklasse	Lohn-steuer	ohne Kinderfreibetrag			Anzahl Kinderfreibeträge (nur Steuerklassen I–IV) 0,5			1,0			1,5			2,0			2,5			3,0		
			SolZ 5,5%	Kirchensteuer 8%	9%	SolZ 5,5%	Kirchensteuer 8%	9%	SolZ 5,5%	Kirchensteuer 8%	9%	SolZ 5,5%	Kirchensteuer 8%	9%	SolZ 5,5%	Kirchensteuer 8%	9%	SolZ 5,5%	Kirchensteuer 8%	9%	SolZ 5,5%	Kirchensteuer 8%	9%
3.647,99	I	669,25	-	53,54	60,23	-	43,82	49,29	-	34,60	38,93	-	25,91	29,15	-	17,73	19,94	-	10,06	11,32	-	3,18	3,57
	II	553,41	-	44,27	49,80	-	35,04	39,42	-	26,32	29,61	-	18,12	20,38	-	10,42	11,72	-	3,46	3,89	-	-	-
	III	315,50	-	25,24	28,39	-	17,78	20,00	-	10,64	11,97	-	4,56	5,13	-	-	-	-	-	-	-	-	-
	IV	669,25	-	53,54	60,23	-	48,62	54,69	-	43,82	49,29	-	39,15	44,04	-	34,60	38,93	-	30,20	33,97	-	25,91	29,15
	V	1.104,66	-	88,37	99,41																		
	VI	1.148,91	-	91,91	103,40																		
3.650,99	I	670,33	-	53,62	60,32	-	43,89	49,37	-	34,68	39,01	-	25,98	29,22	-	17,80	20,02	-	10,12	11,39	-	3,22	3,62
	II	554,41	-	44,35	49,89	-	35,11	39,50	-	26,39	29,69	-	18,18	20,45	-	10,48	11,79	-	3,51	3,95	-	-	-
	III	316,33	-	25,30	28,46	-	17,85	20,08	-	10,69	12,02	-	4,61	5,18	-	-	-	-	-	-	-	-	-
	IV	670,33	-	53,62	60,32	-	48,69	54,77	-	43,89	49,37	-	39,22	44,12	-	34,68	39,01	-	30,26	34,04	-	25,98	29,22
	V	1.105,91	-	88,47	99,53																		
	VI	1.150,16	-	92,01	103,51																		
3.653,99	I	671,33	-	53,70	60,41	-	43,97	49,46	-	34,75	39,09	-	26,05	29,30	-	17,86	20,09	-	10,18	11,45	-	3,27	3,68
	II	555,33	-	44,42	49,97	-	35,18	39,58	-	26,46	29,76	-	18,24	20,52	-	10,54	11,86	-	3,56	4,00	-	-	-
	III	317,00	-	25,36	28,53	-	17,90	20,14	-	10,74	12,08	-	4,65	5,23	-	-	-	-	-	-	-	-	-
	IV	671,33	-	53,70	60,41	-	48,77	54,86	-	43,97	49,46	-	39,30	44,21	-	34,75	39,09	-	30,34	34,13	-	26,05	29,30
	V	1.107,16	-	88,57	99,64																		
	VI	1.151,50	-	92,12	103,63																		
3.656,99	I	672,33	-	53,78	60,50	-	44,04	49,55	-	34,82	39,17	-	26,12	29,38	-	17,92	20,16	-	10,24	11,52	-	3,32	3,73
	II	556,33	-	44,50	50,06	-	35,26	39,66	-	26,52	29,84	-	18,30	20,59	-	10,60	11,93	-	3,60	4,05	-	-	-
	III	317,83	-	25,42	28,60	-	17,96	20,20	-	10,81	12,16	-	4,69	5,27	-	-	-	-	-	-	-	-	-
	IV	672,33	-	53,78	60,50	-	48,85	54,95	-	44,04	49,55	-	39,37	44,29	-	34,82	39,17	-	30,40	34,20	-	26,12	29,38
	V	1.108,41	-	88,67	99,75																		
	VI	1.152,75	-	92,22	103,74																		
3.659,99	I	673,33	-	53,86	60,59	-	44,12	49,64	-	34,90	39,26	-	26,18	29,45	-	17,98	20,23	-	10,30	11,59	-	3,36	3,78
	II	557,25	-	44,58	50,15	-	35,33	39,74	-	26,59	29,91	-	18,37	20,66	-	10,66	11,99	-	3,66	4,11	-	-	-
	III	318,66	-	25,49	28,67	-	18,02	20,27	-	10,86	12,22	-	4,74	5,33	-	-	-	-	-	-	-	-	-
	IV	673,33	-	53,86	60,59	-	48,92	55,04	-	44,12	49,64	-	39,44	44,37	-	34,90	39,26	-	30,48	34,29	-	26,18	29,45
	V	1.109,66	-	88,77	99,86																		
	VI	1.154,00	-	92,32	103,86																		
3.662,99	I	674,33	-	53,94	60,68	-	44,20	49,72	-	34,96	39,33	-	26,25	29,53	-	18,05	20,30	-	10,36	11,66	-	3,42	3,84
	II	558,25	-	44,66	50,24	-	35,40	39,83	-	26,66	29,99	-	18,44	20,74	-	10,72	12,06	-	3,70	4,16	-	-	-
	III	319,33	-	25,54	28,73	-	18,08	20,34	-	10,92	12,28	-	4,78	5,38	-	-	-	-	-	-	-	-	-
	IV	674,33	-	53,94	60,68	-	49,00	55,13	-	44,20	49,72	-	39,52	44,46	-	34,96	39,33	-	30,54	34,36	-	26,25	29,53
	V	1.110,91	-	88,87	99,98																		
	VI	1.155,25	-	92,42	103,97																		
3.665,99	I	675,33	-	54,02	60,77	-	44,27	49,80	-	35,04	39,42	-	26,32	29,61	-	18,12	20,38	-	10,42	11,72	-	3,46	3,89
	II	559,16	-	44,73	50,32	-	35,47	39,90	-	26,73	30,07	-	18,50	20,81	-	10,78	12,13	-	3,75	4,22	-	-	-
	III	320,16	-	25,61	28,81	-	18,14	20,41	-	10,97	12,34	-	4,82	5,42	-	-	-	-	-	-	-	-	-
	IV	675,33	-	54,02	60,77	-	49,08	55,22	-	44,27	49,80	-	39,59	44,54	-	35,04	39,42	-	30,62	34,44	-	26,32	29,61
	V	1.112,16	-	88,97	100,09																		
	VI	1.156,50	-	92,52	104,08																		
3.668,99	I	676,33	-	54,10	60,86	-	44,35	49,89	-	35,11	39,50	-	26,39	29,69	-	18,18	20,45	-	10,48	11,79	-	3,51	3,95
	II	560,16	-	44,81	50,41	-	35,54	39,98	-	26,80	30,15	-	18,56	20,88	-	10,84	12,20	-	3,80	4,28	-	-	-
	III	320,83	-	25,66	28,87	-	18,20	20,47	-	11,02	12,40	-	4,88	5,49	-	0,02	0,02	-	-	-	-	-	-
	IV	676,33	-	54,10	60,86	-	49,16	55,31	-	44,35	49,89	-	39,66	44,62	-	35,11	39,50	-	30,68	34,52	-	26,39	29,69
	V	1.113,41	-	89,07	100,20																		
	VI	1.157,75	-	92,62	104,19																		
3.671,99	I	677,33	-	54,18	60,95	-	44,42	49,97	-	35,18	39,58	-	26,46	29,76	-	18,24	20,52	-	10,54	11,86	-	3,56	4,00
	II	561,08	-	44,88	50,49	-	35,62	40,07	-	26,86	30,22	-	18,62	20,95	-	10,90	12,26	-	3,85	4,33	-	-	-
	III	321,66	-	25,73	28,94	-	18,25	20,53	-	11,08	12,46	-	4,92	5,53	-	0,06	0,07	-	-	-	-	-	-
	IV	677,33	-	54,18	60,95	-	49,24	55,40	-	44,42	49,97	-	39,74	44,71	-	35,18	39,58	-	30,76	34,60	-	26,46	29,76
	V	1.114,75	-	89,18	100,32																		
	VI	1.159,00	-	92,72	104,31																		
3.674,99	I	678,33	-	54,26	61,04	-	44,50	50,06	-	35,26	39,66	-	26,52	29,84	-	18,30	20,59	-	10,60	11,93	-	3,60	4,05
	II	562,08	-	44,96	50,58	-	35,69	40,15	-	26,93	30,29	-	18,69	21,02	-	10,96	12,33	-	3,90	4,39	-	-	-
	III	322,33	-	25,78	29,00	-	18,32	20,61	-	11,13	12,52	-	4,96	5,58	-	0,09	0,10	-	-	-	-	-	-
	IV	678,33	-	54,26	61,04	-	49,32	55,48	-	44,50	50,06	-	39,82	44,79	-	35,26	39,66	-	30,82	34,67	-	26,52	29,84
	V	1.116,00	-	89,28	100,44																		
	VI	1.160,25	-	92,82	104,42																		
3.677,99	I	679,33	-	54,34	61,13	-	44,58	50,15	-	35,33	39,74	-	26,59	29,91	-	18,37	20,66	-	10,66	11,99	-	3,66	4,11
	II	563,00	-	45,04	50,67	-	35,76	40,23	-	27,00	30,38	-	18,76	21,10	-	11,02	12,40	-	3,95	4,44	-	-	-
	III	323,16	-	25,85	29,08	-	18,37	20,66	-	11,18	12,58	-	5,01	5,63	-	0,13	0,14	-	-	-	-	-	-
	IV	679,33	-	54,34	61,13	-	49,40	55,57	-	44,58	50,15	-	39,89	44,87	-	35,33	39,74	-	30,90	34,76	-	26,59	29,91
	V	1.117,25	-	89,38	100,55																		
	VI	1.161,58	-	92,92	104,54																		
3.680,99	I	680,33	-	54,42	61,22	-	44,66	50,24	-	35,40	39,83	-	26,66	29,99	-	18,44	20,74	-	10,72	12,06	-	3,70	4,16
	II	564,00	-	45,12	50,76	-	35,84	40,32	-	27,07	30,45	-	18,82	21,17	-	11,08	12,47	-	4,00	4,50	-	-	-
	III	324,00	-	25,92	29,16	-	18,44	20,74	-	11,24	12,64	-	5,05	5,68	-	0,16	0,18	-	-	-	-	-	-
	IV	680,33	-	54,42	61,22	-	49,48	55,66	-	44,66	50,24	-	39,96	44,96	-	35,40	39,83	-	30,96	34,83	-	26,66	29,99
	V	1.118,50	-	89,48	100,66																		
	VI	1.162,83	-	93,02	104,65																		
3.683,99	I	681,33	-	54,50	61,31	-	44,73	50,32	-	35,47	39,90	-	26,73	30,07	-	18,50	20,81	-	10,78	12,13	-	3,75	4,22
	II	564,91	-	45,19	50,84	-	35,91	40,40	-	27,14	30,53	-	18,88	21,24	-	11,14	12,53	-	4,05	4,55	-	-	-
	III	324,66	-	25,97	29,21	-	18,49	20,80	-	11,29	12,70	-	5,09	5,72	-	0,20	0,22	-	-	-	-	-	-
	IV	681,33	-	54,50	61,31	-	49,56	55,75	-	44,73	50,32	-	40,04	45,04	-	35,47	39,90	-	31,04	34,92	-	26,73	30,07
	V	1.119,75	-	89,58	100,77																		
	VI	1.164,08	-	93,12	104,76																		
3.686,99	I	682,33	-	54,58	61,40	-	44,81	50,41	-	35,54	39,98	-	26,80	30,15	-	18,56	20,88	-	10,84	12,20	-	3,80	4,28
	II	565,91	-	45,27	50,93	-	35,98	40,48	-	27,20	30,60	-	18,95	21,32	-	11,20	12,60	-	4,10	4,61	-	-	-
	III	325,50	-	26,04	29,29	-	18,56	20,88	-	11,36	12,78	-	5,14	5,78	-	0,24	0,27	-	-	-	-	-	-
	IV	682,33	-	54,58	61,40	-	49,63	55,83	-	44,81	50,41	-	40,11	45,12	-	35,54	39,98	-	31,10	34,99	-	26,80	30,15
	V	1.121,00	-	89,68	100,89																		
	VI	1.165,33	-	93,22	104,87																		
3.689,99	I	683,41	-	54,67	61,50	-	44,88	50,49	-	35,62	40,07	-	26,86	30,22	-	18,62	20,95	-	10,90	12,26	-	3,85	4,33
	II	566,83	-	45,34	51,01	-	36,05	40,55	-	27,28	30,69	-	19,01	21,38	-	11,26	12,67	-	4,15	4,67	-	-	-
	III	326,16	-	26,09	29,35	-	18,61	20,93	-	11,41	12,83	-	5,18	5,83	-	0,26	0,29	-	-	-	-	-	-
	IV	683,41	-	54,67	61,50	-	49,71	55,92	-	44,88	50,49	-	40,19	45,21	-	35,62	40,07	-	31,18	35,07	-	26,86	30,22
	V	1.122,25	-	89,78	101,00																		
	VI	1.166,58	-	93,32	104,99																		

MONAT bis 3.734,99 €

Besondere Tabelle

Lohn/ Gehalt bis	Steuerklasse	Lohn-steuer	ohne Kinderfreibetrag			Anzahl Kinderfreibeträge (nur Steuerklassen I–IV)																	
						0,5			1,0			1,5			2,0			2,5			3,0		
			SolZ 5,5%	Kirchensteuer 8%	9%	SolZ 5,5%	Kirchensteuer 8%	9%	SolZ 5,5%	Kirchensteuer 8%	9%	SolZ 5,5%	Kirchensteuer 8%	9%	SolZ 5,5%	Kirchensteuer 8%	9%	SolZ 5,5%	Kirchensteuer 8%	9%	SolZ 5,5%	Kirchensteue 8%	9%
3.692,99	I	684,41	–	54,75	61,59	–	44,96	50,58	–	35,69	40,15	–	26,93	30,29	–	18,69	21,02	–	10,96	12,33	–	3,90	4,3
	II	567,83	–	45,42	51,10	–	36,12	40,64	–	27,34	30,76	–	19,08	21,46	–	11,32	12,74	–	4,20	4,73	–	–	
	III	327,00	–	26,16	29,43	–	18,68	21,01	–	11,46	12,89	–	5,22	5,87	–	0,30	0,34	–	–	–	–	–	
	IV	684,41	–	54,75	61,59	–	49,79	56,01	–	44,96	50,58	–	40,26	45,29	–	35,69	40,15	–	31,25	35,15	–	26,93	30,2
	V	1.123,50	–	89,88	101,11																		
	VI	1.167,83	–	93,42	105,10																		
3.695,99	I	685,41	–	54,83	61,68	–	45,04	50,67	–	35,76	40,23	–	27,00	30,38	–	18,76	21,10	–	11,02	12,40	–	3,95	4,4
	II	568,75	–	45,50	51,18	–	36,20	40,72	–	27,41	30,83	–	19,14	21,53	–	11,38	12,80	–	4,25	4,78	–	–	
	III	327,83	–	26,22	29,50	–	18,73	21,07	–	11,52	12,96	–	5,28	5,94	–	0,33	0,37	–	–	–	–	–	
	IV	685,41	–	54,83	61,68	–	49,87	56,10	–	45,04	50,67	–	40,34	45,38	–	35,76	40,23	–	31,32	35,23	–	27,00	30,3
	V	1.124,83	–	89,98	101,23																		
	VI	1.169,08	–	93,52	105,21																		
3.698,99	I	686,41	–	54,91	61,77	–	45,12	50,76	–	35,84	40,32	–	27,07	30,45	–	18,82	21,17	–	11,08	12,47	–	4,00	4,5
	II	569,75	–	45,58	51,27	–	36,27	40,80	–	27,48	30,92	–	19,20	21,60	–	11,44	12,87	–	4,30	4,84	–	–	
	III	328,50	–	26,28	29,56	–	18,78	21,13	–	11,57	13,01	–	5,32	5,98	–	0,37	0,41	–	–	–	–	–	
	IV	686,41	–	54,91	61,77	–	49,95	56,19	–	45,12	50,76	–	40,41	45,46	–	35,84	40,32	–	31,39	35,31	–	27,07	30,4
	V	1.126,08	–	90,08	101,34																		
	VI	1.170,33	–	93,62	105,32																		
3.701,99	I	687,41	–	54,99	61,86	–	45,19	50,84	–	35,91	40,40	–	27,14	30,53	–	18,88	21,24	–	11,14	12,53	–	4,05	4,5
	II	570,66	–	45,65	51,35	–	36,34	40,88	–	27,55	30,99	–	19,27	21,68	–	11,50	12,94	–	4,35	4,89	–	–	
	III	329,33	–	26,34	29,63	–	18,85	21,20	–	11,62	13,07	–	5,36	6,03	–	0,40	0,45	–	–	–	–	–	
	IV	687,41	–	54,99	61,86	–	50,02	56,27	–	45,19	50,84	–	40,48	45,54	–	35,91	40,40	–	31,46	35,39	–	27,14	30,5
	V	1.127,33	–	90,18	101,45																		
	VI	1.171,58	–	93,72	105,44																		
3.704,99	I	688,41	–	55,07	61,95	–	45,27	50,93	–	35,98	40,48	–	27,20	30,60	–	18,95	21,32	–	11,20	12,60	–	4,10	4,6
	II	571,66	–	45,73	51,44	–	36,42	40,97	–	27,62	31,07	–	19,34	21,75	–	11,56	13,01	–	4,40	4,95	–	–	
	III	330,00	–	26,40	29,70	–	18,90	21,26	–	11,69	13,15	–	5,41	6,08	–	0,44	0,49	–	–	–	–	–	
	IV	688,41	–	55,07	61,95	–	50,10	56,36	–	45,27	50,93	–	40,56	45,63	–	35,98	40,48	–	31,53	35,47	–	27,20	30,6
	V	1.128,58	–	90,28	101,57																		
	VI	1.172,91	–	93,83	105,56																		
3.707,99	I	689,41	–	55,15	62,04	–	45,34	51,01	–	36,05	40,55	–	27,28	30,69	–	19,01	21,38	–	11,26	12,67	–	4,15	4,6
	II	572,66	–	45,81	51,53	–	36,49	41,05	–	27,69	31,15	–	19,40	21,82	–	11,62	13,07	–	4,46	5,01	–	–	
	III	330,83	–	26,46	29,77	–	18,97	21,34	–	11,74	13,21	–	5,45	6,13	–	0,48	0,54	–	–	–	–	–	
	IV	689,41	–	55,15	62,04	–	50,18	56,45	–	45,34	51,01	–	40,64	45,72	–	36,05	40,55	–	31,60	35,55	–	27,28	30,6
	V	1.129,83	–	90,38	101,68																		
	VI	1.174,16	–	93,93	105,67																		
3.710,99	I	690,41	–	55,23	62,13	–	45,42	51,10	–	36,12	40,64	–	27,34	30,76	–	19,08	21,46	–	11,32	12,74	–	4,20	4,7
	II	573,58	–	45,88	51,62	–	36,56	41,13	–	27,76	31,23	–	19,46	21,89	–	11,68	13,14	–	4,51	5,07	–	–	
	III	331,66	–	26,53	29,84	–	19,02	21,40	–	11,80	13,27	–	5,50	6,19	–	0,50	0,56	–	–	–	–	–	
	IV	690,41	–	55,23	62,13	–	50,26	56,54	–	45,42	51,10	–	40,71	45,80	–	36,12	40,64	–	31,67	35,63	–	27,34	30,7
	V	1.131,08	–	90,48	101,79																		
	VI	1.175,41	–	94,03	105,78																		
3.713,99	I	691,50	–	55,32	62,23	–	45,50	51,18	–	36,20	40,72	–	27,41	30,83	–	19,14	21,53	–	11,38	12,80	–	4,25	4,7
	II	574,58	–	45,96	51,71	–	36,64	41,22	–	27,82	31,30	–	19,53	21,97	–	11,74	13,21	–	4,56	5,13	–	–	
	III	332,33	–	26,58	29,90	–	19,09	21,47	–	11,85	13,33	–	5,54	6,23	–	0,54	0,61	–	–	–	–	–	
	IV	691,50	–	55,32	62,23	–	50,34	56,63	–	45,50	51,18	–	40,78	45,88	–	36,20	40,72	–	31,74	35,71	–	27,41	30,8
	V	1.132,33	–	90,58	101,90																		
	VI	1.176,66	–	94,13	105,89																		
3.716,99	I	692,50	–	55,40	62,32	–	45,58	51,27	–	36,27	40,80	–	27,48	30,92	–	19,20	21,60	–	11,44	12,87	–	4,30	4,8
	II	575,50	–	46,04	51,79	–	36,71	41,30	–	27,89	31,37	–	19,59	22,04	–	11,80	13,28	–	4,61	5,18	–	–	
	III	333,16	–	26,65	29,98	–	19,14	21,53	–	11,90	13,39	–	5,58	6,28	–	0,58	0,65	–	–	–	–	–	
	IV	692,50	–	55,40	62,32	–	50,42	56,72	–	45,58	51,27	–	40,86	45,96	–	36,27	40,80	–	31,81	35,78	–	27,48	30,9
	V	1.133,58	–	90,68	102,02																		
	VI	1.177,91	–	94,23	106,01																		
3.719,99	I	693,50	–	55,48	62,41	–	45,65	51,35	–	36,34	40,88	–	27,55	30,99	–	19,27	21,68	–	11,50	12,94	–	4,35	4,8
	II	576,50	–	46,12	51,88	–	36,78	41,38	–	27,96	31,46	–	19,66	22,11	–	11,87	13,35	–	4,66	5,24	–	–	
	III	333,83	–	26,70	30,04	–	19,21	21,61	–	11,97	13,46	–	5,64	6,34	–	0,61	0,68	–	–	–	–	–	
	IV	693,50	–	55,48	62,41	–	50,50	56,81	–	45,65	51,35	–	40,94	46,05	–	36,34	40,88	–	31,88	35,87	–	27,55	30,9
	V	1.134,83	–	90,78	102,13																		
	VI	1.179,16	–	94,33	106,12																		
3.722,99	I	694,50	–	55,56	62,50	–	45,73	51,44	–	36,42	40,97	–	27,62	31,07	–	19,34	21,75	–	11,56	13,01	–	4,40	4,9
	II	577,41	–	46,19	51,96	–	36,86	41,46	–	28,03	31,53	–	19,72	22,19	–	11,93	13,42	–	4,72	5,31	–	–	
	III	334,66	–	26,77	30,11	–	19,26	21,67	–	12,02	13,52	–	5,68	6,39	–	0,65	0,73	–	–	–	–	–	
	IV	694,50	–	55,56	62,50	–	50,58	56,90	–	45,73	51,44	–	41,01	46,13	–	36,42	40,97	–	31,95	35,94	–	27,62	31,0
	V	1.136,16	–	90,89	102,25																		
	VI	1.180,41	–	94,43	106,23																		
3.725,99	I	695,50	–	55,64	62,59	–	45,81	51,53	–	36,49	41,05	–	27,69	31,15	–	19,40	21,82	–	11,62	13,07	–	4,46	5,0
	II	578,41	–	46,27	52,05	–	36,93	41,54	–	28,10	31,61	–	19,79	22,26	–	11,99	13,49	–	4,77	5,36	–	–	
	III	335,50	–	26,84	30,19	–	19,32	21,73	–	12,08	13,59	–	5,73	6,44	–	0,68	0,76	–	–	–	–	–	
	IV	695,50	–	55,64	62,59	–	50,66	56,99	–	45,81	51,53	–	41,08	46,22	–	36,49	41,05	–	32,02	36,02	–	27,69	31,1
	V	1.137,41	–	90,99	102,36																		
	VI	1.181,66	–	94,53	106,34																		
3.728,99	I	696,50	–	55,72	62,68	–	45,88	51,62	–	36,56	41,13	–	27,76	31,23	–	19,46	21,89	–	11,68	13,14	–	4,51	5,0
	II	579,33	–	46,34	52,13	–	37,00	41,63	–	28,17	31,69	–	19,85	22,33	–	12,05	13,55	–	4,82	5,42	–	–	
	III	336,16	–	26,89	30,25	–	19,38	21,80	–	12,13	13,64	–	5,77	6,49	–	0,72	0,81	–	–	–	–	–	
	IV	696,50	–	55,72	62,68	–	50,74	57,08	–	45,88	51,62	–	41,16	46,30	–	36,56	41,13	–	32,10	36,11	–	27,76	31,2
	V	1.138,66	–	91,09	102,47																		
	VI	1.183,00	–	94,64	106,47																		
3.731,99	I	697,58	–	55,80	62,78	–	45,96	51,71	–	36,64	41,22	–	27,82	31,30	–	19,53	21,97	–	11,74	13,21	–	4,56	5,1
	II	580,33	–	46,42	52,22	–	37,08	41,71	–	28,24	31,77	–	19,92	22,41	–	12,11	13,62	–	4,87	5,48	–	–	
	III	337,00	–	26,96	30,33	–	19,44	21,87	–	12,18	13,70	–	5,82	6,55	–	0,76	0,85	–	–	–	–	–	
	IV	697,58	–	55,80	62,78	–	50,82	57,17	–	45,96	51,71	–	41,24	46,39	–	36,64	41,22	–	32,16	36,18	–	27,82	31,3
	V	1.139,91	–	91,19	102,59																		
	VI	1.184,25	–	94,74	106,58																		
3.734,99	I	698,58	–	55,88	62,87	–	46,04	51,79	–	36,71	41,30	–	27,89	31,37	–	19,59	22,04	–	11,80	13,28	–	4,61	5,1
	II	581,33	–	46,50	52,31	–	37,15	41,79	–	28,31	31,85	–	19,98	22,48	–	12,17	13,69	–	4,92	5,54	–	–	
	III	337,66	–	27,01	30,38	–	19,50	21,94	–	12,25	13,78	–	5,86	6,59	–	0,78	0,88	–	–	–	–	–	
	IV	698,58	–	55,88	62,87	–	50,90	57,26	–	46,04	51,79	–	41,31	46,47	–	36,71	41,30	–	32,24	36,27	–	27,89	31,3
	V	1.141,16	–	91,29	102,70																		
	VI	1.185,50	–	94,84	106,69																		

Lohn/ Gehalt bis	Steuerklasse	Lohn- steuer	ohne Kinderfreibetrag SolZ 5,5%	ohne Kinderfreibetrag Kirchensteuer 8%	ohne Kinderfreibetrag Kirchensteuer 9%	0,5 SolZ 5,5%	0,5 Kirchensteuer 8%	0,5 Kirchensteuer 9%	1,0 SolZ 5,5%	1,0 Kirchensteuer 8%	1,0 Kirchensteuer 9%	1,5 SolZ 5,5%	1,5 Kirchensteuer 8%	1,5 Kirchensteuer 9%	2,0 SolZ 5,5%	2,0 Kirchensteuer 8%	2,0 Kirchensteuer 9%	2,5 SolZ 5,5%	2,5 Kirchensteuer 8%	2,5 Kirchensteuer 9%	3,0 SolZ 5,5%	3,0 Kirchensteuer 8%	3,0 Kirchensteuer 9%
						Anzahl Kinderfreibeträge (nur Steuerklassen I–IV)																	
3.737,99	I	699,58	–	55,96	62,96	–	46,12	51,88	–	36,78	41,38	–	27,96	31,46	–	19,66	22,11	–	11,87	13,35	–	4,66	5,24
	II	582,25	–	46,58	52,40	–	37,22	41,87	–	28,38	31,92	–	20,04	22,55	–	12,23	13,76	–	4,98	5,60	–	–	–
	III	338,50	–	27,08	30,46	–	19,56	22,00	–	12,30	13,84	–	5,90	6,64	–	0,82	0,92	–	–	–	–	–	–
	IV	699,58	–	55,96	62,96	–	50,98	57,35	–	46,12	51,88	–	41,38	46,55	–	36,78	41,38	–	32,31	36,35	–	27,96	31,46
	V	1.142,41	–	91,39	102,81																		
	VI	1.186,75	–	94,94	106,80																		
3.740,99	I	700,58	–	56,04	63,05	–	46,19	51,96	–	36,86	41,46	–	28,03	31,53	–	19,72	22,19	–	11,93	13,42	–	4,72	5,31
	II	583,25	–	46,66	52,49	–	37,29	41,95	–	28,44	32,00	–	20,11	22,62	–	12,29	13,82	–	5,03	5,66	–	–	–
	III	339,33	–	27,14	30,53	–	19,62	22,07	–	12,36	13,90	–	5,96	6,70	–	0,86	0,97	–	–	–	–	–	–
	IV	700,58	–	56,04	63,05	–	51,06	57,44	–	46,19	51,96	–	41,46	46,64	–	36,86	41,46	–	32,38	36,42	–	28,03	31,53
	V	1.143,66	–	91,49	102,92																		
	VI	1.188,00	–	95,04	106,92																		
3.743,99	I	701,58	–	56,12	63,14	–	46,27	52,05	–	36,93	41,54	–	28,10	31,61	–	19,79	22,26	–	11,99	13,49	–	4,77	5,36
	II	584,16	–	46,73	52,57	–	37,36	42,03	–	28,52	32,08	–	20,18	22,70	–	12,35	13,89	–	5,08	5,72	–	–	–
	III	340,00	–	27,20	30,60	–	19,68	22,14	–	12,41	13,96	–	6,00	6,75	–	0,89	1,00	–	–	–	–	–	–
	IV	701,58	–	56,12	63,14	–	51,13	57,52	–	46,27	52,05	–	41,54	46,73	–	36,93	41,54	–	32,45	36,50	–	28,10	31,61
	V	1.144,91	–	91,59	103,04																		
	VI	1.189,25	–	95,14	107,03																		
3.746,99	I	702,66	–	56,21	63,23	–	46,34	52,13	–	37,00	41,63	–	28,17	31,69	–	19,85	22,33	–	12,05	13,55	–	4,82	5,42
	II	585,16	–	46,81	52,66	–	37,44	42,12	–	28,58	32,15	–	20,24	22,77	–	12,42	13,97	–	5,14	5,78	–	–	–
	III	340,83	–	27,26	30,67	–	19,74	22,21	–	12,48	14,04	–	6,05	6,80	–	0,93	1,04	–	–	–	–	–	–
	IV	702,66	–	56,21	63,23	–	51,21	57,61	–	46,34	52,13	–	41,61	46,81	–	37,00	41,63	–	32,52	36,59	–	28,17	31,69
	V	1.146,25	–	91,70	103,16																		
	VI	1.190,50	–	95,24	107,14																		
3.749,99	I	703,66	–	56,29	63,32	–	46,42	52,22	–	37,08	41,71	–	28,24	31,77	–	19,92	22,41	–	12,11	13,62	–	4,87	5,48
	II	586,16	–	46,89	52,75	–	37,51	42,20	–	28,65	32,23	–	20,30	22,84	–	12,48	14,04	–	5,19	5,84	–	–	–
	III	341,66	–	27,33	30,74	–	19,80	22,27	–	12,53	14,09	–	6,09	6,85	–	0,97	1,09	–	–	–	–	–	–
	IV	703,66	–	56,29	63,32	–	51,29	57,70	–	46,42	52,22	–	41,68	46,89	–	37,08	41,71	–	32,59	36,66	–	28,24	31,77
	V	1.147,50	–	91,80	103,27																		
	VI	1.191,75	–	95,34	107,25																		
3.752,99	I	704,66	–	56,37	63,41	–	46,50	52,31	–	37,15	41,79	–	28,31	31,85	–	19,98	22,48	–	12,17	13,69	–	4,92	5,54
	II	587,08	–	46,96	52,83	–	37,58	42,28	–	28,72	32,31	–	20,37	22,91	–	12,54	14,10	–	5,24	5,90	–	–	–
	III	342,33	–	27,38	30,80	–	19,86	22,34	–	12,58	14,15	–	6,14	6,91	–	1,01	1,13	–	–	–	–	–	–
	IV	704,66	–	56,37	63,41	–	51,37	57,79	–	46,50	52,31	–	41,76	46,98	–	37,15	41,79	–	32,66	36,74	–	28,31	31,85
	V	1.148,75	–	91,90	103,38																		
	VI	1.193,08	–	95,44	107,37																		
3.755,99	I	705,66	–	56,45	63,50	–	46,58	52,40	–	37,22	41,87	–	28,38	31,92	–	20,04	22,55	–	12,23	13,76	–	4,98	5,60
	II	588,08	–	47,04	52,92	–	37,66	42,36	–	28,79	32,39	–	20,44	22,99	–	12,60	14,17	–	5,30	5,96	–	–	–
	III	343,16	–	27,45	30,88	–	19,92	22,41	–	12,65	14,23	–	6,18	6,95	–	1,04	1,17	–	–	–	–	–	–
	IV	705,66	–	56,45	63,50	–	51,45	57,88	–	46,58	52,40	–	41,84	47,07	–	37,22	41,87	–	32,74	36,83	–	28,38	31,92
	V	1.150,00	–	92,00	103,50																		
	VI	1.194,33	–	95,54	107,48																		
3.758,99	I	706,66	–	56,53	63,59	–	46,66	52,49	–	37,29	41,95	–	28,44	32,00	–	20,11	22,62	–	12,29	13,82	–	5,03	5,66
	II	589,08	–	47,12	53,01	–	37,73	42,44	–	28,86	32,47	–	20,50	23,06	–	12,66	14,24	–	5,35	6,02	–	–	–
	III	343,83	–	27,50	30,94	–	19,97	22,46	–	12,70	14,29	–	6,24	7,02	–	1,08	1,21	–	–	–	–	–	–
	IV	706,66	–	56,53	63,59	–	51,53	57,97	–	46,66	52,49	–	41,91	47,15	–	37,29	41,95	–	32,80	36,90	–	28,44	32,00
	V	1.151,25	–	92,10	103,61																		
	VI	1.195,58	–	95,64	107,60																		
3.761,99	I	707,75	–	56,62	63,69	–	46,73	52,57	–	37,36	42,03	–	28,52	32,08	–	20,18	22,70	–	12,35	13,89	–	5,08	5,72
	II	590,00	–	47,20	53,10	–	37,80	42,53	–	28,93	32,54	–	20,56	23,13	–	12,72	14,31	–	5,41	6,08	–	–	–
	III	344,66	–	27,57	31,01	–	20,04	22,54	–	12,76	14,35	–	6,28	7,06	–	1,12	1,26	–	–	–	–	–	–
	IV	707,75	–	56,62	63,69	–	51,61	58,06	–	46,73	52,57	–	41,98	47,23	–	37,36	42,03	–	32,88	36,99	–	28,52	32,08
	V	1.152,50	–	92,20	103,72																		
	VI	1.196,83	–	95,74	107,71																		
3.764,99	I	708,75	–	56,70	63,78	–	46,81	52,66	–	37,44	42,12	–	28,58	32,15	–	20,24	22,77	–	12,42	13,97	–	5,14	5,78
	II	591,00	–	47,28	53,19	–	37,88	42,62	–	29,00	32,62	–	20,63	23,21	–	12,78	14,37	–	5,46	6,14	–	–	–
	III	345,50	–	27,64	31,09	–	20,09	22,60	–	12,81	14,41	–	6,33	7,12	–	1,14	1,28	–	–	–	–	–	–
	IV	708,75	–	56,70	63,78	–	51,69	58,15	–	46,81	52,66	–	42,06	47,32	–	37,44	42,12	–	32,95	37,07	–	28,58	32,15
	V	1.153,75	–	92,30	103,83																		
	VI	1.198,08	–	95,84	107,82																		
3.767,99	I	709,75	–	56,78	63,87	–	46,89	52,75	–	37,51	42,20	–	28,65	32,23	–	20,30	22,84	–	12,48	14,04	–	5,19	5,84
	II	592,00	–	47,36	53,28	–	37,96	42,70	–	29,07	32,70	–	20,70	23,28	–	12,84	14,45	–	5,52	6,21	–	0,02	0,02
	III	346,16	–	27,69	31,15	–	20,16	22,68	–	12,88	14,49	–	6,37	7,16	–	1,18	1,33	–	–	–	–	–	–
	IV	709,75	–	56,78	63,87	–	51,77	58,24	–	46,89	52,75	–	42,14	47,40	–	37,51	42,20	–	33,02	37,14	–	28,65	32,23
	V	1.155,00	–	92,40	103,95																		
	VI	1.199,33	–	95,94	107,93																		
3.770,99	I	710,75	–	56,86	63,96	–	46,96	52,83	–	37,58	42,28	–	28,72	32,31	–	20,37	22,91	–	12,54	14,10	–	5,24	5,90
	II	592,91	–	47,43	53,36	–	38,03	42,78	–	29,14	32,78	–	20,76	23,36	–	12,90	14,51	–	5,57	6,26	–	0,05	0,05
	III	347,00	–	27,76	31,23	–	20,21	22,73	–	12,93	14,54	–	6,42	7,22	–	1,22	1,37	–	–	–	–	–	–
	IV	710,75	–	56,86	63,96	–	51,85	58,33	–	46,96	52,83	–	42,21	47,48	–	37,58	42,28	–	33,09	37,22	–	28,72	32,31
	V	1.156,33	–	92,50	104,06																		
	VI	1.200,58	–	96,04	108,05																		
3.773,99	I	711,83	–	56,94	64,06	–	47,04	52,92	–	37,66	42,36	–	28,79	32,39	–	20,44	22,99	–	12,60	14,17	–	5,30	5,96
	II	593,91	–	47,51	53,45	–	38,10	42,86	–	29,21	32,86	–	20,83	23,43	–	12,96	14,58	–	5,62	6,32	–	0,08	0,09
	III	347,83	–	27,82	31,30	–	20,28	22,81	–	12,98	14,60	–	6,46	7,27	–	1,26	1,42	–	–	–	–	–	–
	IV	711,83	–	56,94	64,06	–	51,93	58,42	–	47,04	52,92	–	42,29	47,57	–	37,66	42,36	–	33,16	37,31	–	28,79	32,39
	V	1.157,58	–	92,60	104,18																		
	VI	1.201,83	–	96,14	108,16																		
3.776,99	I	712,83	–	57,02	64,15	–	47,12	53,01	–	37,73	42,44	–	28,86	32,47	–	20,50	23,06	–	12,66	14,24	–	5,35	6,02
	II	594,83	–	47,58	53,53	–	38,18	42,95	–	29,28	32,94	–	20,89	23,50	–	13,02	14,65	–	5,68	6,39	–	0,12	0,13
	III	348,50	–	27,88	31,36	–	20,33	22,87	–	13,05	14,68	–	6,52	7,33	–	1,29	1,45	–	–	–	–	–	–
	IV	712,83	–	57,02	64,15	–	52,01	58,51	–	47,12	53,01	–	42,36	47,66	–	37,73	42,44	–	33,23	37,38	–	28,86	32,47
	V	1.158,83	–	92,70	104,29																		
	VI	1.203,08	–	96,24	108,27																		
3.779,99	I	713,83	–	57,10	64,24	–	47,20	53,10	–	37,80	42,53	–	28,93	32,54	–	20,56	23,13	–	12,72	14,31	–	5,41	6,08
	II	595,83	–	47,66	53,62	–	38,25	43,03	–	29,34	33,01	–	20,96	23,58	–	13,08	14,72	–	5,74	6,45	–	0,15	0,17
	III	349,33	–	27,94	31,43	–	20,40	22,95	–	13,10	14,74	–	6,57	7,39	–	1,33	1,49	–	–	–	–	–	–
	IV	713,83	–	57,10	64,24	–	52,09	58,60	–	47,20	53,10	–	42,44	47,74	–	37,80	42,53	–	33,30	37,46	–	28,93	32,54
	V	1.160,08	–	92,80	104,40																		
	VI	1.204,41	–	96,35	108,39																		

Lohn/Gehalt bis	Steuerklasse	Lohnsteuer	ohne Kinderfreibetrag SolZ 5,5%	Kirchensteuer 8%	Kirchensteuer 9%	0,5 SolZ 5,5%	Kirchensteuer 8%	Kirchensteuer 9%	1,0 SolZ 5,5%	Kirchensteuer 8%	Kirchensteuer 9%	1,5 SolZ 5,5%	Kirchensteuer 8%	Kirchensteuer 9%	2,0 SolZ 5,5%	Kirchensteuer 8%	Kirchensteuer 9%	2,5 SolZ 5,5%	Kirchensteuer 8%	Kirchensteuer 9%	3,0 SolZ 5,5%	Kirchensteue 8%	9%
						Anzahl Kinderfreibeträge (nur Steuerklassen I–IV)																	
3.782,99	I	714,83	–	57,18	64,33	–	47,28	53,19	–	37,88	42,62	–	29,00	32,62	–	20,63	23,21	–	12,78	14,37	–	5,46	6,1
	II	596,83	–	47,74	53,71	–	38,32	43,11	–	29,42	33,09	–	21,02	23,65	–	13,14	14,78	–	5,79	6,51	–	0,19	0,2
	III	350,00	–	28,00	31,50	–	20,45	23,00	–	13,16	14,80	–	6,61	7,43	–	1,37	1,54	–	–	–	–	–	
	IV	714,83	–	57,18	64,33	–	52,16	58,68	–	47,28	53,19	–	42,52	47,83	–	37,88	42,62	–	33,38	37,55	–	29,00	32,6
	V	1.161,33	–	92,90	104,51																		
	VI	1.205,66	–	96,45	108,50																		
3.785,99	I	715,91	–	57,27	64,43	–	47,36	53,28	–	37,96	42,70	–	29,07	32,70	–	20,70	23,28	–	12,84	14,45	–	5,52	6,2
	II	597,83	–	47,82	53,80	–	38,40	43,20	–	29,48	33,17	–	21,09	23,72	–	13,21	14,86	–	5,85	6,58	–	0,22	0,2
	III	350,83	–	28,06	31,57	–	20,52	23,08	–	13,22	14,87	–	6,66	7,49	–	1,41	1,58	–	–	–	–	–	
	IV	715,91	–	57,27	64,43	–	52,24	58,77	–	47,36	53,28	–	42,59	47,91	–	37,96	42,70	–	33,44	37,62	–	29,07	32,7
	V	1.162,58	–	93,00	104,63																		
	VI	1.206,91	–	96,55	108,62																		
3.788,99	I	716,91	–	57,35	64,52	–	47,43	53,36	–	38,03	42,78	–	29,14	32,78	–	20,76	23,36	–	12,90	14,51	–	5,57	6,2
	II	598,75	–	47,90	53,88	–	38,47	43,28	–	29,56	33,25	–	21,16	23,80	–	13,27	14,93	–	5,90	6,64	–	0,26	0,2
	III	351,66	–	28,13	31,64	–	20,57	23,14	–	13,28	14,94	–	6,70	7,54	–	1,44	1,62	–	–	–	–	–	
	IV	716,91	–	57,35	64,52	–	52,32	58,86	–	47,43	53,36	–	42,66	47,99	–	38,03	42,78	–	33,52	37,71	–	29,14	32,7
	V	1.163,83	–	93,10	104,74																		
	VI	1.208,16	–	96,65	108,73																		
3.791,99	I	717,91	–	57,43	64,61	–	47,51	53,45	–	38,10	42,86	–	29,21	32,86	–	20,83	23,43	–	12,96	14,58	–	5,62	6,3
	II	599,75	–	47,98	53,97	–	38,54	43,36	–	29,62	33,32	–	21,22	23,87	–	13,33	14,99	–	5,96	6,71	–	0,29	0,3
	III	352,33	–	28,18	31,70	–	20,64	23,22	–	13,33	14,99	–	6,76	7,60	–	1,48	1,66	–	–	–	–	–	
	IV	717,91	–	57,43	64,61	–	52,40	58,95	–	47,51	53,45	–	42,74	48,08	–	38,10	42,86	–	33,59	37,79	–	29,21	32,8
	V	1.165,08	–	93,20	104,85																		
	VI	1.209,41	–	96,75	108,84																		
3.794,99	I	719,00	–	57,52	64,71	–	47,58	53,53	–	38,18	42,95	–	29,28	32,94	–	20,89	23,50	–	13,02	14,65	–	5,68	6,3
	II	600,75	–	48,06	54,06	–	38,62	43,44	–	29,70	33,41	–	21,28	23,94	–	13,39	15,06	–	6,02	6,77	–	0,33	0,3
	III	353,16	–	28,25	31,78	–	20,69	23,27	–	13,40	15,07	–	6,80	7,65	–	1,52	1,71	–	–	–	–	–	
	IV	719,00	–	57,52	64,71	–	52,48	59,04	–	47,58	53,53	–	42,82	48,17	–	38,18	42,95	–	33,66	37,87	–	29,28	32,9
	V	1.166,33	–	93,30	104,96																		
	VI	1.210,66	–	96,85	108,95																		
3.797,99	I	720,00	–	57,60	64,80	–	47,66	53,62	–	38,25	43,03	–	29,34	33,01	–	20,96	23,58	–	13,08	14,72	–	5,74	6,4
	II	601,66	–	48,13	54,14	–	38,69	43,52	–	29,76	33,48	–	21,35	24,02	–	13,46	15,14	–	6,07	6,83	–	0,36	0,4
	III	354,00	–	28,32	31,86	–	20,76	23,35	–	13,45	15,13	–	6,85	7,70	–	1,56	1,75	–	–	–	–	–	
	IV	720,00	–	57,60	64,80	–	52,56	59,13	–	47,66	53,62	–	42,89	48,25	–	38,25	43,03	–	33,73	37,94	–	29,34	33,0
	V	1.167,66	–	93,41	105,08																		
	VI	1.211,91	–	96,95	109,07																		
3.800,99	I	721,00	–	57,68	64,89	–	47,74	53,71	–	38,32	43,11	–	29,42	33,09	–	21,02	23,65	–	13,14	14,78	–	5,79	6,5
	II	602,66	–	48,21	54,23	–	38,76	43,61	–	29,84	33,57	–	21,42	24,09	–	13,52	15,21	–	6,13	6,89	–	0,40	0,4
	III	354,66	–	28,37	31,91	–	20,81	23,41	–	13,50	15,19	–	6,90	7,76	–	1,60	1,80	–	–	–	–	–	
	IV	721,00	–	57,68	64,89	–	52,64	59,22	–	47,74	53,71	–	42,97	48,34	–	38,32	43,11	–	33,80	38,03	–	29,42	33,0
	V	1.168,91	–	93,51	105,20																		
	VI	1.213,16	–	97,05	109,18																		
3.803,99	I	722,00	–	57,76	64,98	–	47,82	53,80	–	38,40	43,20	–	29,48	33,17	–	21,09	23,72	–	13,21	14,86	–	5,85	6,5
	II	603,66	–	48,29	54,32	–	38,84	43,69	–	29,90	33,64	–	21,48	24,17	–	13,58	15,27	–	6,18	6,95	–	0,44	0,4
	III	355,50	–	28,44	31,99	–	20,88	23,49	–	13,57	15,26	–	6,94	7,81	–	1,62	1,82	–	–	–	–	–	
	IV	722,00	–	57,76	64,98	–	52,72	59,31	–	47,82	53,80	–	43,04	48,42	–	38,40	43,20	–	33,88	38,11	–	29,48	33,1
	V	1.170,16	–	93,61	105,31																		
	VI	1.214,50	–	97,16	109,30																		
3.806,99	I	723,08	–	57,84	65,07	–	47,90	53,88	–	38,47	43,28	–	29,56	33,25	–	21,16	23,80	–	13,27	14,93	–	5,90	6,6
	II	604,58	–	48,36	54,41	–	38,91	43,77	–	29,97	33,71	–	21,55	24,24	–	13,64	15,34	–	6,24	7,02	–	0,47	0,5
	III	356,16	–	28,49	32,05	–	20,93	23,54	–	13,62	15,32	–	7,00	7,87	–	1,66	1,87	–	–	–	–	–	
	IV	723,08	–	57,84	65,07	–	52,80	59,40	–	47,90	53,88	–	43,12	48,51	–	38,47	43,28	–	33,95	38,19	–	29,56	33,2
	V	1.171,41	–	93,71	105,42																		
	VI	1.215,75	–	97,26	109,41																		
3.809,99	I	724,08	–	57,92	65,16	–	47,98	53,97	–	38,54	43,36	–	29,62	33,32	–	21,22	23,87	–	13,33	14,99	–	5,96	6,7
	II	605,58	–	48,44	54,50	–	38,98	43,85	–	30,04	33,80	–	21,62	24,32	–	13,70	15,41	–	6,30	7,08	–	0,50	0,5
	III	357,00	–	28,56	32,13	–	21,00	23,62	–	13,68	15,39	–	7,04	7,92	–	1,70	1,91	–	–	–	–	–	
	IV	724,08	–	57,92	65,16	–	52,88	59,49	–	47,98	53,97	–	43,20	48,60	–	38,54	43,36	–	34,02	38,27	–	29,62	33,3
	V	1.172,66	–	93,81	105,53																		
	VI	1.217,00	–	97,36	109,53																		
3.812,99	I	725,08	–	58,00	65,25	–	48,06	54,06	–	38,62	43,44	–	29,70	33,41	–	21,28	23,94	–	13,39	15,06	–	6,02	6,7
	II	606,58	–	48,52	54,59	–	39,06	43,94	–	30,11	33,87	–	21,68	24,39	–	13,76	15,48	–	6,36	7,15	–	0,54	0,6
	III	357,83	–	28,62	32,20	–	21,05	23,68	–	13,74	15,46	–	7,09	7,97	–	1,74	1,96	–	–	–	–	–	
	IV	725,08	–	58,00	65,25	–	52,96	59,58	–	48,06	54,06	–	43,27	48,68	–	38,62	43,44	–	34,09	38,35	–	29,70	33,4
	V	1.173,91	–	93,91	105,65																		
	VI	1.218,25	–	97,46	109,64																		
3.815,99	I	726,16	–	58,09	65,35	–	48,13	54,14	–	38,69	43,52	–	29,76	33,48	–	21,35	24,02	–	13,46	15,14	–	6,07	6,8
	II	607,58	–	48,60	54,68	–	39,14	44,03	–	30,18	33,95	–	21,74	24,46	–	13,82	15,55	–	6,42	7,22	–	0,58	0,6
	III	358,50	–	28,68	32,26	–	21,12	23,76	–	13,80	15,52	–	7,14	8,03	–	1,78	2,00	–	–	–	–	–	
	IV	726,16	–	58,09	65,35	–	53,04	59,67	–	48,13	54,14	–	43,35	48,77	–	38,69	43,52	–	34,16	38,43	–	29,76	33,4
	V	1.175,16	–	94,01	105,76																		
	VI	1.219,50	–	97,56	109,75																		
3.818,99	I	727,16	–	58,17	65,44	–	48,21	54,23	–	38,76	43,61	–	29,84	33,57	–	21,42	24,09	–	13,52	15,21	–	6,13	6,8
	II	608,50	–	48,68	54,76	–	39,21	44,11	–	30,25	34,03	–	21,81	24,53	–	13,88	15,62	–	6,47	7,28	–	0,62	0,6
	III	359,33	–	28,74	32,33	–	21,17	23,81	–	13,85	15,58	–	7,18	8,08	–	1,82	2,05	–	–	–	–	–	
	IV	727,16	–	58,17	65,44	–	53,12	59,76	–	48,21	54,23	–	43,42	48,85	–	38,76	43,61	–	34,24	38,52	–	29,84	33,5
	V	1.176,41	–	94,11	105,87																		
	VI	1.220,75	–	97,66	109,86																		
3.821,99	I	728,16	–	58,25	65,53	–	48,29	54,32	–	38,84	43,69	–	29,90	33,64	–	21,48	24,17	–	13,58	15,27	–	6,18	6,9
	II	609,50	–	48,76	54,85	–	39,28	44,19	–	30,32	34,11	–	21,88	24,61	–	13,94	15,68	–	6,53	7,34	–	0,65	0,7
	III	360,16	–	28,81	32,41	–	21,24	23,89	–	13,92	15,66	–	7,24	8,14	–	1,85	2,08	–	–	–	–	–	
	IV	728,16	–	58,25	65,53	–	53,20	59,85	–	48,29	54,32	–	43,50	48,93	–	38,84	43,69	–	34,30	38,59	–	29,90	33,6
	V	1.177,75	–	94,22	105,99																		
	VI	1.222,00	–	97,76	109,98																		
3.824,99	I	729,25	–	58,34	65,63	–	48,36	54,41	–	38,91	43,77	–	29,97	33,71	–	21,55	24,24	–	13,64	15,34	–	6,24	7,0
	II	610,50	–	48,84	54,94	–	39,36	44,28	–	30,39	34,19	–	21,94	24,68	–	14,01	15,76	–	6,59	7,41	–	0,69	0,7
	III	360,83	–	28,86	32,47	–	21,29	23,95	–	13,97	15,71	–	7,29	8,20	–	1,89	2,12	–	–	–	–	–	
	IV	729,25	–	58,34	65,63	–	53,28	59,94	–	48,36	54,41	–	43,58	49,02	–	38,91	43,77	–	34,38	38,67	–	29,97	33,7
	V	1.179,00	–	94,32	106,11																		
	VI	1.223,25	–	97,86	110,09																		

Lohn/ Gehalt bis	Steuerklasse	Lohn-steuer	ohne Kinderfreibetrag			Anzahl Kinderfreibeträge (nur Steuerklassen I–IV) 0,5			1,0			1,5			2,0			2,5			3,0		
			SolZ 5,5%	Kirchensteuer 8%	9%	SolZ 5,5%	Kirchensteuer 8%	9%	SolZ 5,5%	Kirchensteuer 8%	9%	SolZ 5,5%	Kirchensteuer 8%	9%	SolZ 5,5%	Kirchensteuer 8%	9%	SolZ 5,5%	Kirchensteuer 8%	9%	SolZ 5,5%	Kirchensteuer 8%	9%
3.827,99	I	730,25	-	58,42	65,72	-	48,44	54,50	-	38,98	43,85	-	30,04	33,80	-	21,62	24,32	-	13,70	15,41	-	6,30	7,08
	II	611,50	-	48,92	55,03	-	39,43	44,36	-	30,46	34,27	-	22,01	24,76	-	14,07	15,83	-	6,64	7,47	-	0,72	0,81
	III	361,66	-	28,93	32,54	-	21,36	24,03	-	14,02	15,77	-	7,33	8,24	-	1,93	2,17	-	-	-	-	-	-
	IV	730,25	-	58,42	65,72	-	53,36	60,03	-	48,44	54,50	-	43,65	49,10	-	38,98	43,85	-	34,45	38,75	-	30,04	33,80
	V	1.180,25	-	94,42	106,22																		
	VI	1.224,58	-	97,96	110,21																		
3.830,99	I	731,25	-	58,50	65,81	-	48,52	54,59	-	39,06	43,94	-	30,11	33,87	-	21,68	24,39	-	13,76	15,48	-	6,36	7,15
	II	612,41	-	48,99	55,11	-	39,50	44,44	-	30,53	34,34	-	22,08	24,84	-	14,13	15,89	-	6,70	7,54	-	0,76	0,86
	III	362,50	-	29,00	32,62	-	21,41	24,08	-	14,09	15,85	-	7,38	8,30	-	1,97	2,21	-	-	-	-	-	-
	IV	731,25	-	58,50	65,81	-	53,44	60,12	-	48,52	54,59	-	43,73	49,19	-	39,06	43,94	-	34,52	38,84	-	30,11	33,87
	V	1.181,50	-	94,52	106,33																		
	VI	1.225,83	-	98,06	110,32																		
3.833,99	I	732,33	-	58,58	65,90	-	48,60	54,68	-	39,14	44,03	-	30,18	33,95	-	21,74	24,46	-	13,82	15,55	-	6,42	7,22
	II	613,41	-	49,07	55,20	-	39,58	44,52	-	30,60	34,43	-	22,14	24,91	-	14,19	15,96	-	6,76	7,61	-	0,80	0,90
	III	363,16	-	29,05	32,68	-	21,48	24,16	-	14,14	15,91	-	7,44	8,37	-	2,01	2,26	-	-	-	-	-	-
	IV	732,33	-	58,58	65,90	-	53,52	60,21	-	48,60	54,68	-	43,80	49,28	-	39,14	44,03	-	34,60	38,92	-	30,18	33,95
	V	1.182,75	-	94,62	106,44																		
	VI	1.227,08	-	98,16	110,43																		
3.836,99	I	733,33	-	58,66	65,99	-	48,68	54,76	-	39,21	44,11	-	30,25	34,03	-	21,81	24,53	-	13,88	15,62	-	6,47	7,28
	II	614,41	-	49,15	55,29	-	39,66	44,61	-	30,67	34,50	-	22,21	24,98	-	14,26	16,04	-	6,82	7,67	-	0,84	0,94
	III	364,00	-	29,12	32,76	-	21,53	24,22	-	14,20	15,97	-	7,48	8,41	-	2,05	2,30	-	-	-	-	-	-
	IV	733,33	-	58,66	65,99	-	53,61	60,31	-	48,68	54,76	-	43,88	49,36	-	39,21	44,11	-	34,66	38,99	-	30,25	34,03
	V	1.184,00	-	94,72	106,56																		
	VI	1.228,33	-	98,26	110,54																		
3.839,99	I	734,33	-	58,74	66,08	-	48,76	54,85	-	39,28	44,19	-	30,32	34,11	-	21,88	24,61	-	13,94	15,68	-	6,53	7,34
	II	615,41	-	49,23	55,38	-	39,73	44,69	-	30,74	34,58	-	22,27	25,05	-	14,32	16,11	-	6,88	7,74	-	0,88	0,99
	III	364,83	-	29,18	32,83	-	21,60	24,30	-	14,26	16,04	-	7,53	8,47	-	2,09	2,35	-	-	-	-	-	-
	IV	734,33	-	58,74	66,08	-	53,69	60,40	-	48,76	54,85	-	43,96	49,45	-	39,28	44,19	-	34,74	39,08	-	30,32	34,11
	V	1.185,25	-	94,82	106,67																		
	VI	1.229,58	-	98,36	110,66																		
3.842,99	I	735,41	-	58,83	66,18	-	48,84	54,94	-	39,36	44,28	-	30,39	34,19	-	21,94	24,68	-	14,01	15,76	-	6,59	7,41
	II	616,33	-	49,30	55,46	-	39,80	44,78	-	30,82	34,67	-	22,34	25,13	-	14,38	16,17	-	6,94	7,80	-	0,91	1,02
	III	365,50	-	29,24	32,89	-	21,65	24,35	-	14,32	16,11	-	7,58	8,53	-	2,13	2,39	-	-	-	-	-	-
	IV	735,41	-	58,83	66,18	-	53,77	60,49	-	48,84	54,94	-	44,03	49,53	-	39,36	44,28	-	34,81	39,16	-	30,39	34,19
	V	1.186,50	-	94,92	106,78																		
	VI	1.230,83	-	98,46	110,77																		
3.845,99	I	736,41	-	58,91	66,27	-	48,92	55,03	-	39,43	44,36	-	30,46	34,27	-	22,01	24,76	-	14,07	15,83	-	6,64	7,47
	II	617,33	-	49,38	55,55	-	39,88	44,86	-	30,88	34,74	-	22,40	25,20	-	14,44	16,25	-	6,99	7,86	-	0,95	1,07
	III	366,33	-	29,30	32,96	-	21,72	24,43	-	14,37	16,16	-	7,62	8,57	-	2,16	2,43	-	-	-	-	-	-
	IV	736,41	-	58,91	66,27	-	53,85	60,58	-	48,92	55,03	-	44,11	49,62	-	39,43	44,36	-	34,88	39,24	-	30,46	34,27
	V	1.187,83	-	95,02	106,90																		
	VI	1.232,08	-	98,56	110,88																		
3.848,99	I	737,41	-	58,99	66,36	-	48,99	55,11	-	39,50	44,44	-	30,53	34,34	-	22,08	24,84	-	14,13	15,89	-	6,70	7,54
	II	618,33	-	49,46	55,64	-	39,95	44,94	-	30,96	34,83	-	22,47	25,28	-	14,50	16,31	-	7,05	7,93	-	0,99	1,11
	III	367,16	-	29,37	33,04	-	21,77	24,49	-	14,44	16,24	-	7,68	8,64	-	2,20	2,47	-	-	-	-	-	-
	IV	737,41	-	58,99	66,36	-	53,93	60,67	-	48,99	55,11	-	44,18	49,70	-	39,50	44,44	-	34,96	39,33	-	30,53	34,34
	V	1.189,08	-	95,12	107,01																		
	VI	1.233,33	-	98,66	110,99																		
3.851,99	I	738,50	-	59,08	66,46	-	49,07	55,20	-	39,58	44,52	-	30,60	34,43	-	22,14	24,91	-	14,19	15,96	-	6,76	7,61
	II	619,33	-	49,54	55,73	-	40,02	45,02	-	31,02	34,90	-	22,54	25,35	-	14,56	16,38	-	7,11	8,00	-	1,03	1,16
	III	367,83	-	29,42	33,10	-	21,84	24,57	-	14,49	16,30	-	7,73	8,69	-	2,24	2,52	-	-	-	-	-	-
	IV	738,50	-	59,08	66,46	-	54,01	60,76	-	49,07	55,20	-	44,26	49,79	-	39,58	44,52	-	35,03	39,41	-	30,60	34,43
	V	1.190,33	-	95,22	107,12																		
	VI	1.234,58	-	98,76	111,11																		
3.854,99	I	739,50	-	59,16	66,55	-	49,15	55,29	-	39,66	44,61	-	30,67	34,50	-	22,21	24,98	-	14,26	16,04	-	6,82	7,67
	II	620,25	-	49,62	55,82	-	40,10	45,11	-	31,10	34,98	-	22,60	25,43	-	14,63	16,46	-	7,16	8,06	-	1,06	1,19
	III	368,66	-	29,49	33,17	-	21,89	24,62	-	14,54	16,36	-	7,77	8,74	-	2,28	2,56	-	-	-	-	-	-
	IV	739,50	-	59,16	66,55	-	54,09	60,85	-	49,15	55,29	-	44,34	49,88	-	39,66	44,61	-	35,10	39,48	-	30,67	34,50
	V	1.191,58	-	95,32	107,24																		
	VI	1.235,91	-	98,87	111,23																		
3.857,99	I	740,58	-	59,24	66,65	-	49,23	55,38	-	39,73	44,69	-	30,74	34,58	-	22,27	25,05	-	14,32	16,11	-	6,88	7,74
	II	621,25	-	49,70	55,91	-	40,18	45,20	-	31,16	35,06	-	22,67	25,50	-	14,69	16,52	-	7,22	8,12	-	1,10	1,24
	III	369,50	-	29,56	33,25	-	21,96	24,70	-	14,61	16,43	-	7,82	8,80	-	2,32	2,61	-	-	-	-	-	-
	IV	740,58	-	59,24	66,65	-	54,17	60,94	-	49,23	55,38	-	44,41	49,96	-	39,73	44,69	-	35,17	39,56	-	30,74	34,58
	V	1.192,83	-	95,42	107,35																		
	VI	1.237,16	-	98,97	111,34																		
3.860,99	I	741,58	-	59,32	66,74	-	49,30	55,46	-	39,80	44,78	-	30,82	34,67	-	22,34	25,13	-	14,38	16,17	-	6,94	7,80
	II	622,25	-	49,78	56,00	-	40,25	45,28	-	31,24	35,14	-	22,74	25,58	-	14,75	16,59	-	7,28	8,19	-	1,14	1,28
	III	370,16	-	29,61	33,31	-	22,01	24,76	-	14,66	16,49	-	7,88	8,86	-	2,36	2,65	-	-	-	-	-	-
	IV	741,58	-	59,32	66,74	-	54,25	61,03	-	49,30	55,46	-	44,49	50,05	-	39,80	44,78	-	35,24	39,65	-	30,82	34,67
	V	1.194,08	-	95,52	107,46																		
	VI	1.238,41	-	99,07	111,45																		
3.863,99	I	742,58	-	59,40	66,83	-	49,38	55,55	-	39,88	44,86	-	30,88	34,74	-	22,40	25,20	-	14,44	16,25	-	6,99	7,86
	II	623,25	-	49,86	56,09	-	40,32	45,36	-	31,30	35,21	-	22,80	25,65	-	14,82	16,67	-	7,34	8,25	-	1,18	1,33
	III	371,00	-	29,68	33,39	-	22,08	24,84	-	14,72	16,56	-	7,92	8,91	-	2,40	2,70	-	-	-	-	-	-
	IV	742,58	-	59,40	66,83	-	54,33	61,12	-	49,38	55,55	-	44,56	50,13	-	39,88	44,86	-	35,32	39,73	-	30,88	34,74
	V	1.195,33	-	95,62	107,57																		
	VI	1.239,66	-	99,17	111,56																		
3.866,99	I	743,66	-	59,49	66,92	-	49,46	55,64	-	39,95	44,94	-	30,96	34,83	-	22,47	25,28	-	14,50	16,31	-	7,05	7,93
	II	624,25	-	49,94	56,18	-	40,40	45,45	-	31,38	35,30	-	22,87	25,73	-	14,88	16,74	-	7,40	8,32	-	1,22	1,37
	III	371,83	-	29,74	33,46	-	22,13	24,89	-	14,78	16,63	-	7,97	8,96	-	2,44	2,74	-	-	-	-	-	-
	IV	743,66	-	59,49	66,92	-	54,41	61,21	-	49,46	55,64	-	44,64	50,22	-	39,95	44,94	-	35,39	39,81	-	30,96	34,83
	V	1.196,58	-	95,72	107,69																		
	VI	1.240,91	-	99,27	111,68																		
3.869,99	I	744,66	-	59,57	67,01	-	49,54	55,73	-	40,02	45,02	-	31,02	34,90	-	22,54	25,35	-	14,56	16,38	-	7,11	8,00
	II	625,25	-	50,02	56,27	-	40,47	45,53	-	31,45	35,38	-	22,94	25,80	-	14,94	16,80	-	7,46	8,39	-	1,26	1,42
	III	372,50	-	29,80	33,52	-	22,20	24,97	-	14,84	16,69	-	8,02	9,02	-	2,48	2,79	-	-	-	-	-	-
	IV	744,66	-	59,57	67,01	-	54,49	61,30	-	49,54	55,73	-	44,72	50,31	-	40,02	45,02	-	35,46	39,89	-	31,02	34,90
	V	1.197,83	-	95,82	107,80																		
	VI	1.242,16	-	99,37	111,79																		

Lohn/ Gehalt bis	Steuerklasse	Lohn- steuer	ohne Kinderfreibetrag SolZ 5,5%	ohne Kinderfreibetrag Kirchensteuer 8%	ohne Kinderfreibetrag Kirchensteuer 9%	Anzahl Kinderfreibeträge (nur Steuerklassen I–IV) 0,5 SolZ 5,5%	0,5 Kirchensteuer 8%	0,5 Kirchensteuer 9%	1,0 SolZ 5,5%	1,0 Kirchensteuer 8%	1,0 Kirchensteuer 9%	1,5 SolZ 5,5%	1,5 Kirchensteuer 8%	1,5 Kirchensteuer 9%	2,0 SolZ 5,5%	2,0 Kirchensteuer 8%	2,0 Kirchensteuer 9%	2,5 SolZ 5,5%	2,5 Kirchensteuer 8%	2,5 Kirchensteuer 9%	3,0 SolZ 5,5%	3,0 Kirchensteuer 8%	3,0 Kirchensteuer 9%
3.872,99	I	745,75	–	59,66	67,11	–	49,62	55,82	–	40,10	45,11	–	31,10	34,98	–	22,60	25,43	–	14,63	16,46	–	7,16	8
	II	626,16	–	50,09	56,35	–	40,55	45,62	–	31,52	35,46	–	23,00	25,88	–	15,00	16,88	–	7,51	8,45	–	1,30	1
	III	373,33	–	29,86	33,59	–	22,25	25,03	–	14,90	16,76	–	8,08	9,09	–	2,52	2,83	–	–	–	–	–	
	IV	745,75	–	59,66	67,11	–	54,57	61,39	–	49,62	55,82	–	44,80	50,40	–	40,10	45,11	–	35,53	39,97	–	31,10	34
	V	1.199,16	–	95,93	107,92																		
	VI	1.243,41	–	99,47	111,90																		
3.875,99	I	746,75	–	59,74	67,20	–	49,70	55,91	–	40,18	45,20	–	31,16	35,06	–	22,67	25,50	–	14,69	16,52	–	7,22	8
	II	627,16	–	50,17	56,44	–	40,62	45,70	–	31,59	35,54	–	23,07	25,95	–	15,06	16,94	–	7,57	8,51	–	1,34	1
	III	374,16	–	29,93	33,67	–	22,32	25,11	–	14,96	16,83	–	8,12	9,13	–	2,56	2,88	–	–	–	–	–	
	IV	746,75	–	59,74	67,20	–	54,66	61,49	–	49,70	55,91	–	44,87	50,48	–	40,18	45,20	–	35,60	40,05	–	31,16	35
	V	1.200,41	–	96,03	108,03																		
	VI	1.244,66	–	99,57	112,01																		
3.878,99	I	747,75	–	59,82	67,29	–	49,78	56,00	–	40,25	45,28	–	31,24	35,14	–	22,74	25,58	–	14,75	16,59	–	7,28	8
	II	628,16	–	50,25	56,53	–	40,70	45,78	–	31,66	35,61	–	23,14	26,03	–	15,12	17,01	–	7,63	8,58	–	1,38	1
	III	374,83	–	29,98	33,73	–	22,37	25,16	–	15,01	16,88	–	8,17	9,19	–	2,60	2,92	–	–	–	–	–	
	IV	747,75	–	59,82	67,29	–	54,74	61,58	–	49,78	56,00	–	44,95	50,57	–	40,25	45,28	–	35,68	40,14	–	31,24	35
	V	1.201,66	–	96,13	108,14																		
	VI	1.246,00	–	99,68	112,14																		
3.881,99	I	748,83	–	59,90	67,39	–	49,86	56,09	–	40,32	45,36	–	31,30	35,21	–	22,80	25,65	–	14,82	16,67	–	7,34	8
	II	629,16	–	50,33	56,62	–	40,77	45,86	–	31,73	35,69	–	23,20	26,10	–	15,19	17,09	–	7,69	8,65	–	1,42	1
	III	375,66	–	30,05	33,80	–	22,44	25,24	–	15,08	16,96	–	8,22	9,25	–	2,64	2,97	–	–	–	–	–	
	IV	748,83	–	59,90	67,39	–	54,82	61,67	–	49,86	56,09	–	45,02	50,65	–	40,32	45,36	–	35,75	40,22	–	31,30	35
	V	1.202,91	–	96,23	108,26																		
	VI	1.247,25	–	99,78	112,25																		
3.884,99	I	749,83	–	59,98	67,48	–	49,94	56,18	–	40,40	45,45	–	31,38	35,30	–	22,87	25,73	–	14,88	16,74	–	7,40	8
	II	630,16	–	50,41	56,71	–	40,84	45,95	–	31,80	35,77	–	23,27	26,18	–	15,25	17,15	–	7,74	8,71	–	1,46	1
	III	376,50	–	30,12	33,88	–	22,49	25,30	–	15,13	17,02	–	8,28	9,31	–	2,68	3,01	–	–	–	–	–	
	IV	749,83	–	59,98	67,48	–	54,90	61,76	–	49,94	56,18	–	45,10	50,74	–	40,40	45,45	–	35,82	40,30	–	31,38	35
	V	1.204,16	–	96,33	108,37																		
	VI	1.248,50	–	99,88	112,36																		
3.887,99	I	750,91	–	60,07	67,58	–	50,02	56,27	–	40,47	45,53	–	31,45	35,38	–	22,94	25,80	–	14,94	16,80	–	7,46	8
	II	631,16	–	50,49	56,80	–	40,92	46,04	–	31,87	35,85	–	23,34	26,25	–	15,31	17,22	–	7,80	8,78	–	1,50	1
	III	377,16	–	30,17	33,94	–	22,56	25,38	–	15,18	17,08	–	8,33	9,37	–	2,72	3,06	–	–	–	–	–	
	IV	750,91	–	60,07	67,58	–	54,98	61,85	–	50,02	56,27	–	45,18	50,82	–	40,47	45,53	–	35,90	40,38	–	31,45	35
	V	1.205,41	–	96,43	108,48																		
	VI	1.249,75	–	99,98	112,47																		
3.890,99	I	751,91	–	60,15	67,67	–	50,09	56,35	–	40,55	45,62	–	31,52	35,46	–	23,00	25,88	–	15,00	16,88	–	7,51	8
	II	632,08	–	50,56	56,88	–	41,00	46,12	–	31,94	35,93	–	23,40	26,33	–	15,38	17,30	–	7,86	8,84	–	1,54	1
	III	378,00	–	30,24	34,02	–	22,61	25,43	–	15,25	17,15	–	8,37	9,41	–	2,76	3,10	–	–	–	–	–	
	IV	751,91	–	60,15	67,67	–	55,06	61,94	–	50,09	56,35	–	45,26	50,91	–	40,55	45,62	–	35,97	40,46	–	31,52	35
	V	1.206,66	–	96,53	108,59																		
	VI	1.251,00	–	100,08	112,59																		
3.893,99	I	753,00	–	60,24	67,77	–	50,17	56,44	–	40,62	45,70	–	31,59	35,54	–	23,07	25,95	–	15,06	16,94	–	7,57	8
	II	633,08	–	50,64	56,97	–	41,07	46,20	–	32,01	36,01	–	23,47	26,40	–	15,44	17,37	–	7,92	8,91	–	1,58	1
	III	378,83	–	30,30	34,09	–	22,68	25,51	–	15,30	17,21	–	8,42	9,47	–	2,80	3,15	–	–	–	–	–	
	IV	753,00	–	60,24	67,77	–	55,14	62,03	–	50,17	56,44	–	45,33	50,99	–	40,62	45,70	–	36,04	40,55	–	31,59	35
	V	1.207,91	–	96,63	108,71																		
	VI	1.252,25	–	100,18	112,70																		
3.896,99	I	754,00	–	60,32	67,86	–	50,25	56,53	–	40,70	45,78	–	31,66	35,61	–	23,14	26,03	–	15,12	17,01	–	7,63	8
	II	634,08	–	50,72	57,06	–	41,14	46,28	–	32,08	36,09	–	23,54	26,48	–	15,50	17,43	–	7,98	8,97	–	1,62	1
	III	379,50	–	30,36	34,15	–	22,73	25,57	–	15,36	17,28	–	8,48	9,54	–	2,84	3,19	–	–	–	–	–	
	IV	754,00	–	60,32	67,86	–	55,22	62,12	–	50,25	56,53	–	45,41	51,08	–	40,70	45,78	–	36,12	40,63	–	31,66	35
	V	1.209,25	–	96,74	108,83																		
	VI	1.253,50	–	100,28	112,81																		
3.899,99	I	755,08	–	60,40	67,95	–	50,33	56,62	–	40,77	45,86	–	31,73	35,69	–	23,20	26,10	–	15,19	17,09	–	7,69	8
	II	635,08	–	50,80	57,15	–	41,22	46,37	–	32,16	36,18	–	23,60	26,55	–	15,56	17,51	–	8,04	9,04	–	1,66	1
	III	380,33	–	30,42	34,22	–	22,80	25,65	–	15,42	17,35	–	8,53	9,59	–	2,88	3,24	–	–	–	–	–	
	IV	755,08	–	60,40	67,95	–	55,30	62,21	–	50,33	56,62	–	45,48	51,17	–	40,77	45,86	–	36,18	40,70	–	31,73	35
	V	1.210,50	–	96,84	108,94																		
	VI	1.254,75	–	100,38	112,92																		
3.902,99	I	756,08	–	60,48	68,04	–	50,41	56,71	–	40,84	45,95	–	31,80	35,77	–	23,27	26,18	–	15,25	17,15	–	7,74	8
	II	636,08	–	50,88	57,24	–	41,30	46,46	–	32,22	36,25	–	23,67	26,63	–	15,62	17,57	–	8,10	9,11	–	1,70	1
	III	381,16	–	30,49	34,30	–	22,85	25,70	–	15,48	17,41	–	8,57	9,64	–	2,92	3,28	–	–	–	–	–	
	IV	756,08	–	60,48	68,04	–	55,38	62,30	–	50,41	56,71	–	45,56	51,26	–	40,84	45,95	–	36,26	40,79	–	31,80	35
	V	1.211,75	–	96,94	109,05																		
	VI	1.256,08	–	100,48	113,04																		
3.905,99	I	757,16	–	60,57	68,14	–	50,49	56,80	–	40,92	46,04	–	31,87	35,85	–	23,34	26,25	–	15,31	17,22	–	7,80	8
	II	637,08	–	50,96	57,33	–	41,37	46,54	–	32,30	36,33	–	23,74	26,70	–	15,69	17,65	–	8,16	9,18	–	1,75	1
	III	381,83	–	30,54	34,36	–	22,92	25,78	–	15,54	17,48	–	8,62	9,70	–	2,96	3,33	–	–	–	–	–	
	IV	757,16	–	60,57	68,14	–	55,46	62,39	–	50,49	56,80	–	45,64	51,34	–	40,92	46,04	–	36,33	40,87	–	31,87	35
	V	1.213,00	–	97,04	109,17																		
	VI	1.257,33	–	100,58	113,15																		
3.908,99	I	758,16	–	60,65	68,23	–	50,56	56,88	–	41,00	46,12	–	31,94	35,93	–	23,40	26,33	–	15,38	17,30	–	7,86	8
	II	638,08	–	51,04	57,42	–	41,44	46,62	–	32,36	36,41	–	23,80	26,78	–	15,75	17,72	–	8,22	9,24	–	1,79	2
	III	382,66	–	30,61	34,43	–	22,97	25,84	–	15,60	17,55	–	8,68	9,76	–	3,00	3,37	–	–	–	–	–	
	IV	758,16	–	60,65	68,23	–	55,54	62,48	–	50,56	56,88	–	45,72	51,43	–	41,00	46,12	–	36,40	40,95	–	31,94	35
	V	1.214,25	–	97,14	109,28																		
	VI	1.258,58	–	100,68	113,27																		
3.911,99	I	759,16	–	60,73	68,32	–	50,64	56,97	–	41,07	46,20	–	32,01	36,01	–	23,47	26,40	–	15,44	17,37	–	7,92	8
	II	639,08	–	51,12	57,51	–	41,52	46,71	–	32,44	36,49	–	23,87	26,85	–	15,81	17,78	–	8,27	9,30	–	1,83	2
	III	383,50	–	30,68	34,51	–	23,04	25,92	–	15,65	17,60	–	8,73	9,82	–	3,04	3,42	–	–	–	–	–	
	IV	759,16	–	60,73	68,32	–	55,62	62,57	–	50,64	56,97	–	45,80	51,52	–	41,07	46,20	–	36,48	41,04	–	32,01	36
	V	1.215,50	–	97,24	109,39																		
	VI	1.259,83	–	100,78	113,38																		
3.914,99	I	760,25	–	60,82	68,42	–	50,72	57,06	–	41,14	46,28	–	32,08	36,09	–	23,54	26,48	–	15,50	17,43	–	7,98	8
	II	640,00	–	51,20	57,60	–	41,60	46,80	–	32,51	36,57	–	23,94	26,93	–	15,88	17,86	–	8,33	9,37	–	1,87	2
	III	384,16	–	30,73	34,57	–	23,09	25,97	–	15,72	17,68	–	8,78	9,88	–	3,08	3,46	–	–	–	–	–	
	IV	760,25	–	60,82	68,42	–	55,70	62,66	–	50,72	57,06	–	45,87	51,60	–	41,14	46,28	–	36,55	41,12	–	32,08	36
	V	1.216,75	–	97,34	109,50																		
	VI	1.261,08	–	100,88	113,49																		

Lohn/ Gehalt bis	Steuerklasse	Lohn-steuer	ohne Kinderfreibetrag			Anzahl Kinderfreibeträge (nur Steuerklassen I–IV) 0,5			1,0			1,5			2,0			2,5			3,0		
			SolZ 5,5%	Kirchensteuer 8%	Kirchensteuer 9%	SolZ 5,5%	Kirchensteuer 8%	Kirchensteuer 9%	SolZ 5,5%	Kirchensteuer 8%	Kirchensteuer 9%	SolZ 5,5%	Kirchensteuer 8%	Kirchensteuer 9%	SolZ 5,5%	Kirchensteuer 8%	Kirchensteuer 9%	SolZ 5,5%	Kirchensteuer 8%	Kirchensteuer 9%	SolZ 5,5%	Kirchensteuer 8%	Kirchensteuer 9%
3.917,99	I	761,25	-	60,90	68,51	-	50,80	57,15	-	41,22	46,37	-	32,16	36,18	-	23,60	26,55	-	15,56	17,51	-	8,04	9,04
	II	641,00	-	51,28	57,69	-	41,67	46,88	-	32,58	36,65	-	24,00	27,00	-	15,94	17,93	-	8,39	9,44	-	1,92	2,16
	III	385,00	-	30,80	34,65	-	23,16	26,05	-	15,77	17,74	-	8,84	9,94	-	3,12	3,51	-	-	-	-	-	-
	IV	761,25	-	60,90	68,51	-	55,79	62,76	-	50,80	57,15	-	45,95	51,69	-	41,22	46,37	-	36,62	41,20	-	32,16	36,18
	V	1.218,00	-	97,44	109,62																		
	VI	1.262,33	-	100,98	113,60																		
3.920,99	I	762,33	-	60,98	68,60	-	50,88	57,24	-	41,30	46,46	-	32,22	36,25	-	23,67	26,63	-	15,62	17,57	-	8,10	9,11
	II	642,00	-	51,36	57,78	-	41,75	46,97	-	32,65	36,73	-	24,07	27,08	-	16,00	18,00	-	8,45	9,50	-	1,96	2,20
	III	385,83	-	30,86	34,72	-	23,21	26,11	-	15,82	17,80	-	8,88	9,99	-	3,16	3,55	-	-	-	-	-	-
	IV	762,33	-	60,98	68,60	-	55,87	62,85	-	50,88	57,24	-	46,02	51,77	-	41,30	46,46	-	36,70	41,28	-	32,22	36,25
	V	1.219,33	-	97,54	109,73																		
	VI	1.263,58	-	101,08	113,72																		
3.923,99	I	763,33	-	61,06	68,69	-	50,96	57,33	-	41,37	46,54	-	32,30	36,33	-	23,74	26,70	-	15,69	17,65	-	8,16	9,18
	II	643,00	-	51,44	57,87	-	41,82	47,05	-	32,72	36,81	-	24,14	27,15	-	16,06	18,07	-	8,50	9,56	-	2,00	2,25
	III	386,50	-	30,92	34,78	-	23,28	26,19	-	15,89	17,87	-	8,93	10,04	-	3,20	3,60	-	-	-	-	-	-
	IV	763,33	-	61,06	68,69	-	55,95	62,94	-	50,96	57,33	-	46,10	51,86	-	41,37	46,54	-	36,77	41,36	-	32,30	36,33
	V	1.220,58	-	97,64	109,85																		
	VI	1.264,83	-	101,18	113,83																		
3.926,99	I	764,41	-	61,15	68,79	-	51,04	57,42	-	41,44	46,62	-	32,36	36,41	-	23,80	26,78	-	15,75	17,72	-	8,22	9,24
	II	644,00	-	51,52	57,96	-	41,90	47,13	-	32,79	36,89	-	24,20	27,23	-	16,13	18,14	-	8,56	9,63	-	2,04	2,30
	III	387,33	-	30,98	34,85	-	23,34	26,26	-	15,94	17,93	-	8,98	10,10	-	3,24	3,64	-	-	-	-	-	-
	IV	764,41	-	61,15	68,79	-	56,03	63,03	-	51,04	57,42	-	46,18	51,95	-	41,44	46,62	-	36,84	41,45	-	32,36	36,41
	V	1.221,83	-	97,74	109,96																		
	VI	1.266,08	-	101,28	113,94																		
3.929,99	I	765,41	-	61,23	68,88	-	51,12	57,51	-	41,52	46,71	-	32,44	36,49	-	23,87	26,85	-	15,81	17,78	-	8,27	9,30
	II	645,00	-	51,60	58,05	-	41,97	47,21	-	32,86	36,97	-	24,27	27,30	-	16,19	18,21	-	8,62	9,70	-	2,08	2,34
	III	388,16	-	31,05	34,93	-	23,40	26,32	-	16,01	18,01	-	9,04	10,17	-	3,28	3,69	-	-	-	-	-	-
	IV	765,41	-	61,23	68,88	-	56,11	63,12	-	51,12	57,51	-	46,26	52,04	-	41,52	46,71	-	36,92	41,53	-	32,44	36,49
	V	1.223,08	-	97,84	110,07																		
	VI	1.267,41	-	101,39	114,06																		
3.932,99	I	766,50	-	61,32	68,98	-	51,20	57,60	-	41,60	46,80	-	32,51	36,57	-	23,94	26,93	-	15,88	17,86	-	8,33	9,37
	II	646,00	-	51,68	58,14	-	42,05	47,30	-	32,94	37,05	-	24,34	27,38	-	16,25	18,28	-	8,68	9,77	-	2,13	2,39
	III	389,00	-	31,12	35,01	-	23,46	26,39	-	16,06	18,07	-	9,09	10,22	-	3,32	3,73	-	-	-	-	-	-
	IV	766,50	-	61,32	68,98	-	56,20	63,22	-	51,20	57,60	-	46,34	52,13	-	41,60	46,80	-	36,99	41,61	-	32,51	36,57
	V	1.224,33	-	97,94	110,18																		
	VI	1.268,66	-	101,49	114,17																		
3.935,99	I	767,50	-	61,40	69,07	-	51,28	57,69	-	41,67	46,88	-	32,58	36,65	-	24,00	27,00	-	15,94	17,93	-	8,39	9,44
	II	647,00	-	51,76	58,23	-	42,12	47,39	-	33,00	37,13	-	24,40	27,45	-	16,32	18,36	-	8,74	9,83	-	2,17	2,44
	III	389,66	-	31,17	35,06	-	23,52	26,46	-	16,12	18,13	-	9,14	10,28	-	3,36	3,78	-	-	-	-	-	-
	IV	767,50	-	61,40	69,07	-	56,28	63,31	-	51,28	57,69	-	46,41	52,21	-	41,67	46,88	-	37,06	41,69	-	32,58	36,65
	V	1.225,58	-	98,04	110,30																		
	VI	1.269,91	-	101,59	114,29																		
3.938,99	I	768,58	-	61,48	69,17	-	51,36	57,78	-	41,75	46,97	-	32,65	36,73	-	24,07	27,08	-	16,00	18,00	-	8,45	9,50
	II	648,00	-	51,84	58,32	-	42,20	47,47	-	33,08	37,21	-	24,47	27,53	-	16,38	18,42	-	8,80	9,90	-	2,22	2,49
	III	390,50	-	31,24	35,14	-	23,58	26,53	-	16,18	18,20	-	9,20	10,35	-	3,40	3,82	-	-	-	-	-	-
	IV	768,58	-	61,48	69,17	-	56,36	63,40	-	51,36	57,78	-	46,49	52,30	-	41,75	46,97	-	37,14	41,78	-	32,65	36,73
	V	1.226,83	-	98,14	110,41																		
	VI	1.271,16	-	101,69	114,40																		
3.941,99	I	769,66	-	61,57	69,26	-	51,44	57,87	-	41,82	47,05	-	32,72	36,81	-	24,14	27,15	-	16,06	18,07	-	8,50	9,56
	II	649,00	-	51,92	58,41	-	42,28	47,56	-	33,15	37,29	-	24,54	27,60	-	16,44	18,50	-	8,86	9,96	-	2,26	2,54
	III	391,33	-	31,30	35,21	-	23,64	26,59	-	16,24	18,27	-	9,25	10,40	-	3,45	3,88	-	-	-	-	-	-
	IV	769,66	-	61,57	69,26	-	56,44	63,49	-	51,44	57,87	-	46,56	52,38	-	41,82	47,05	-	37,21	41,86	-	32,72	36,81
	V	1.228,08	-	98,24	110,52																		
	VI	1.272,41	-	101,79	114,51																		
3.944,99	I	770,66	-	61,65	69,35	-	51,52	57,96	-	41,90	47,13	-	32,79	36,89	-	24,20	27,23	-	16,13	18,14	-	8,56	9,63
	II	650,00	-	52,00	58,50	-	42,35	47,64	-	33,22	37,37	-	24,60	27,68	-	16,50	18,56	-	8,92	10,03	-	2,30	2,59
	III	392,00	-	31,36	35,28	-	23,70	26,66	-	16,30	18,34	-	9,29	10,45	-	3,49	3,92	-	-	-	-	-	-
	IV	770,66	-	61,65	69,35	-	56,52	63,58	-	51,52	57,96	-	46,64	52,47	-	41,90	47,13	-	37,28	41,94	-	32,79	36,89
	V	1.229,33	-	98,34	110,63																		
	VI	1.273,66	-	101,89	114,62																		
3.947,99	I	771,75	-	61,74	69,45	-	51,60	58,05	-	41,97	47,21	-	32,86	36,97	-	24,27	27,30	-	16,19	18,21	-	8,62	9,70
	II	651,00	-	52,08	58,59	-	42,42	47,72	-	33,29	37,45	-	24,67	27,75	-	16,57	18,64	-	8,98	10,10	-	2,34	2,63
	III	392,83	-	31,42	35,35	-	23,76	26,73	-	16,36	18,40	-	9,34	10,51	-	3,53	3,97	-	-	-	-	-	-
	IV	771,75	-	61,74	69,45	-	56,60	63,68	-	51,60	58,05	-	46,72	52,56	-	41,97	47,21	-	37,36	42,03	-	32,86	36,97
	V	1.230,66	-	98,45	110,75																		
	VI	1.274,91	-	101,99	114,74																		
3.950,99	I	772,75	-	61,82	69,54	-	51,68	58,14	-	42,05	47,30	-	32,94	37,05	-	24,34	27,38	-	16,25	18,28	-	8,68	9,77
	II	651,91	-	52,15	58,67	-	42,50	47,81	-	33,36	37,53	-	24,74	27,83	-	16,63	18,71	-	9,04	10,17	-	2,39	2,69
	III	393,66	-	31,49	35,42	-	23,82	26,80	-	16,41	18,46	-	9,40	10,57	-	3,57	4,01	-	-	-	-	-	-
	IV	772,75	-	61,82	69,54	-	56,68	63,77	-	51,68	58,14	-	46,80	52,65	-	42,05	47,30	-	37,43	42,11	-	32,94	37,05
	V	1.231,91	-	98,55	110,87																		
	VI	1.276,16	-	102,09	114,85																		
3.953,99	I	773,83	-	61,90	69,64	-	51,76	58,23	-	42,12	47,39	-	33,00	37,13	-	24,40	27,45	-	16,32	18,36	-	8,74	9,83
	II	652,91	-	52,23	58,76	-	42,58	47,90	-	33,44	37,62	-	24,81	27,91	-	16,70	18,78	-	9,10	10,23	-	2,43	2,73
	III	394,33	-	31,54	35,48	-	23,88	26,86	-	16,48	18,54	-	9,45	10,63	-	3,61	4,06	-	-	-	-	-	-
	IV	773,83	-	61,90	69,64	-	56,76	63,86	-	51,76	58,23	-	46,88	52,74	-	42,12	47,39	-	37,50	42,19	-	33,00	37,13
	V	1.233,16	-	98,65	110,98																		
	VI	1.277,50	-	102,20	114,97																		
3.956,99	I	774,83	-	61,98	69,73	-	51,84	58,32	-	42,20	47,47	-	33,08	37,21	-	24,47	27,53	-	16,38	18,42	-	8,80	9,90
	II	653,91	-	52,31	58,85	-	42,65	47,98	-	33,50	37,69	-	24,88	27,99	-	16,76	18,85	-	9,16	10,30	-	2,48	2,79
	III	395,16	-	31,61	35,56	-	23,94	26,93	-	16,53	18,59	-	9,50	10,69	-	3,65	4,10	-	-	-	-	-	-
	IV	774,83	-	61,98	69,73	-	56,84	63,95	-	51,84	58,32	-	46,95	52,82	-	42,20	47,47	-	37,58	42,27	-	33,08	37,21
	V	1.234,41	-	98,75	111,09																		
	VI	1.278,75	-	102,30	115,08																		
3.959,99	I	775,91	-	62,07	69,83	-	51,92	58,41	-	42,28	47,56	-	33,15	37,29	-	24,54	27,60	-	16,44	18,50	-	8,86	9,96
	II	654,91	-	52,39	58,94	-	42,73	48,07	-	33,58	37,77	-	24,94	28,06	-	16,82	18,92	-	9,22	10,37	-	2,52	2,84
	III	396,00	-	31,68	35,64	-	24,00	27,00	-	16,58	18,65	-	9,56	10,75	-	3,69	4,15	-	-	-	-	-	-
	IV	775,91	-	62,07	69,83	-	56,93	64,04	-	51,92	58,41	-	47,03	52,91	-	42,28	47,56	-	37,65	42,35	-	33,15	37,29
	V	1.235,66	-	98,85	111,20																		
	VI	1.280,00	-	102,40	115,20																		

Lohn/Gehalt bis	Steuerklasse	Lohnsteuer	ohne Kinderfreibetrag			Anzahl Kinderfreibeträge (nur Steuerklassen I–IV)																	
						0,5			1,0			1,5			2,0			2,5			3,0		
			SolZ 5,5%	Kirchensteuer 8%	9%	SolZ 5,5%	Kirchensteuer 8%	9%	SolZ 5,5%	Kirchensteuer 8%	9%	SolZ 5,5%	Kirchensteuer 8%	9%	SolZ 5,5%	Kirchensteuer 8%	9%	SolZ 5,5%	Kirchensteuer 8%	9%	SolZ 5,5%	Kirchensteu 8%	9%
3.962,99	I	776,91	–	62,15	69,92	–	52,00	58,50	–	42,35	47,64	–	33,22	37,37	–	24,60	27,68	–	16,50	18,56	–	8,92	10
	II	655,91	–	52,47	59,03	–	42,80	48,15	–	33,65	37,85	–	25,01	28,13	–	16,88	18,99	–	9,27	10,43	–	2,56	2
	III	396,83	–	31,74	35,71	–	24,06	27,07	–	16,65	18,73	–	9,61	10,81	–	3,73	4,19	–	–	–	–	–	
	IV	776,91	–	62,15	69,92	–	57,01	64,13	–	52,00	58,50	–	47,11	53,00	–	42,35	47,64	–	37,72	42,44	–	33,22	37
	V	1.236,91	–	98,95	111,32																		
	VI	1.281,25	–	102,50	115,31																		
3.965,99	I	778,00	–	62,24	70,02	–	52,08	58,59	–	42,42	47,72	–	33,29	37,45	–	24,67	27,75	–	16,57	18,64	–	8,98	10
	II	656,91	–	52,55	59,12	–	42,88	48,24	–	33,72	37,94	–	25,08	28,21	–	16,95	19,07	–	9,33	10,49	–	2,61	2
	III	397,50	–	31,80	35,77	–	24,13	27,14	–	16,70	18,79	–	9,66	10,87	–	3,78	4,25	–	–	–	–	–	
	IV	778,00	–	62,24	70,02	–	57,09	64,22	–	52,08	58,59	–	47,18	53,08	–	42,42	47,72	–	37,80	42,52	–	33,29	37
	V	1.238,16	–	99,05	111,43																		
	VI	1.282,50	–	102,60	115,42																		
3.968,99	I	779,08	–	62,32	70,11	–	52,15	58,67	–	42,50	47,81	–	33,36	37,53	–	24,74	27,83	–	16,63	18,71	–	9,04	10
	II	657,91	–	52,63	59,21	–	42,96	48,33	–	33,79	38,01	–	25,14	28,28	–	17,01	19,13	–	9,39	10,56	–	2,66	2
	III	398,33	–	31,86	35,84	–	24,18	27,20	–	16,77	18,86	–	9,72	10,93	–	3,82	4,30	–	–	–	–	–	
	IV	779,08	–	62,32	70,11	–	57,17	64,31	–	52,15	58,67	–	47,26	53,17	–	42,50	47,81	–	37,87	42,60	–	33,36	37
	V	1.239,41	–	99,15	111,54																		
	VI	1.283,75	–	102,70	115,53																		
3.971,99	I	780,08	–	62,40	70,20	–	52,23	58,76	–	42,58	47,90	–	33,44	37,62	–	24,81	27,91	–	16,70	18,78	–	9,10	10
	II	658,91	–	52,71	59,30	–	43,03	48,41	–	33,86	38,09	–	25,21	28,36	–	17,08	19,21	–	9,45	10,63	–	2,70	3
	III	399,16	–	31,93	35,92	–	24,25	27,28	–	16,82	18,92	–	9,77	10,99	–	3,86	4,34	–	–	–	–	–	
	IV	780,08	–	62,40	70,20	–	57,26	64,41	–	52,23	58,76	–	47,34	53,26	–	42,58	47,90	–	37,94	42,68	–	33,44	37
	V	1.240,75	–	99,26	111,66																		
	VI	1.285,00	–	102,80	115,65																		
3.974,99	I	781,16	–	62,49	70,30	–	52,31	58,85	–	42,65	47,98	–	33,50	37,69	–	24,88	27,99	–	16,76	18,85	–	9,16	10
	II	659,91	–	52,79	59,39	–	43,10	48,49	–	33,94	38,18	–	25,28	28,44	–	17,14	19,28	–	9,51	10,70	–	2,74	3
	III	399,83	–	31,98	35,98	–	24,30	27,34	–	16,88	18,99	–	9,82	11,05	–	3,90	4,39	–	–	–	–	–	
	IV	781,16	–	62,49	70,30	–	57,34	64,50	–	52,31	58,85	–	47,42	53,34	–	42,65	47,98	–	38,02	42,77	–	33,50	37
	V	1.242,00	–	99,36	111,78																		
	VI	1.286,25	–	102,90	115,76																		
3.977,99	I	782,16	–	62,57	70,39	–	52,39	58,94	–	42,73	48,07	–	33,58	37,77	–	24,94	28,06	–	16,82	18,92	–	9,22	10
	II	660,91	–	52,87	59,48	–	43,18	48,58	–	34,01	38,26	–	25,35	28,52	–	17,20	19,35	–	9,57	10,76	–	2,79	3
	III	400,66	–	32,05	36,05	–	24,37	27,41	–	16,94	19,06	–	9,88	11,11	–	3,94	4,43	–	–	–	–	–	
	IV	782,16	–	62,57	70,39	–	57,42	64,59	–	52,39	58,94	–	47,50	53,43	–	42,73	48,07	–	38,09	42,85	–	33,58	37
	V	1.243,25	–	99,46	111,89																		
	VI	1.287,58	–	103,00	115,88																		
3.980,99	I	783,25	–	62,66	70,49	–	52,47	59,03	–	42,80	48,15	–	33,65	37,85	–	25,01	28,13	–	16,88	18,99	–	9,27	10
	II	661,91	–	52,95	59,57	–	43,26	48,66	–	34,08	38,34	–	25,42	28,59	–	17,26	19,42	–	9,63	10,83	–	2,84	3
	III	401,50	–	32,12	36,13	–	24,42	27,47	–	17,00	19,12	–	9,93	11,17	–	3,98	4,48	–	–	–	–	–	
	IV	783,25	–	62,66	70,49	–	57,50	64,68	–	52,47	59,03	–	47,58	53,52	–	42,80	48,15	–	38,16	42,93	–	33,65	37
	V	1.244,50	–	99,56	112,00																		
	VI	1.288,83	–	103,10	115,99																		
3.983,99	I	784,25	–	62,74	70,58	–	52,55	59,12	–	42,88	48,24	–	33,72	37,94	–	25,08	28,21	–	16,95	19,07	–	9,33	10
	II	662,91	–	53,03	59,66	–	43,34	48,75	–	34,15	38,42	–	25,48	28,67	–	17,33	19,49	–	9,69	10,90	–	2,88	3
	III	402,16	–	32,17	36,19	–	24,49	27,55	–	17,06	19,19	–	9,98	11,23	–	4,04	4,54	–	–	–	–	–	
	IV	784,25	–	62,74	70,58	–	57,58	64,78	–	52,55	59,12	–	47,65	53,60	–	42,88	48,24	–	38,24	43,02	–	33,72	37
	V	1.245,75	–	99,66	112,11																		
	VI	1.290,08	–	103,20	116,10																		
3.986,99	I	785,33	–	62,82	70,67	–	52,63	59,21	–	42,96	48,33	–	33,79	38,01	–	25,14	28,28	–	17,01	19,13	–	9,39	10
	II	663,91	–	53,11	59,75	–	43,41	48,83	–	34,22	38,50	–	25,55	28,74	–	17,39	19,56	–	9,75	10,97	–	2,93	3
	III	403,00	–	32,24	36,27	–	24,54	27,61	–	17,12	19,26	–	10,04	11,29	–	4,08	4,59	–	–	–	–	–	
	IV	785,33	–	62,82	70,67	–	57,66	64,87	–	52,63	59,21	–	47,73	53,69	–	42,96	48,33	–	38,31	43,10	–	33,79	38
	V	1.247,00	–	99,76	112,23																		
	VI	1.291,33	–	103,30	116,21																		
3.989,99	I	786,41	–	62,91	70,77	–	52,71	59,30	–	43,03	48,41	–	33,86	38,09	–	25,21	28,36	–	17,08	19,21	–	9,45	10
	II	664,91	–	53,19	59,84	–	43,48	48,92	–	34,30	38,58	–	25,62	28,82	–	17,46	19,64	–	9,80	11,03	–	2,98	3
	III	403,83	–	32,30	36,34	–	24,61	27,68	–	17,17	19,31	–	10,09	11,35	–	4,12	4,63	–	–	–	–	–	
	IV	786,41	–	62,91	70,77	–	57,74	64,96	–	52,71	59,30	–	47,81	53,78	–	43,03	48,41	–	38,38	43,18	–	33,86	38
	V	1.248,25	–	99,86	112,34																		
	VI	1.292,58	–	103,40	116,33																		
3.992,99	I	787,41	–	62,99	70,86	–	52,79	59,39	–	43,10	48,49	–	33,94	38,18	–	25,28	28,44	–	17,14	19,28	–	9,51	10
	II	665,91	–	53,27	59,93	–	43,56	49,01	–	34,36	38,66	–	25,68	28,89	–	17,52	19,71	–	9,86	11,09	–	3,02	3
	III	404,66	–	32,37	36,41	–	24,68	27,76	–	17,24	19,39	–	10,14	11,41	–	4,16	4,68	–	–	–	–	–	
	IV	787,41	–	62,99	70,86	–	57,83	65,06	–	52,79	59,39	–	47,88	53,87	–	43,10	48,49	–	38,46	43,26	–	33,94	38
	V	1.249,50	–	99,96	112,45																		
	VI	1.293,83	–	103,50	116,44																		
3.995,99	I	788,50	–	63,08	70,96	–	52,87	59,48	–	43,18	48,58	–	34,01	38,26	–	25,35	28,52	–	17,20	19,35	–	9,57	10
	II	666,91	–	53,35	60,02	–	43,64	49,09	–	34,44	38,74	–	25,75	28,97	–	17,58	19,78	–	9,92	11,16	–	3,07	3
	III	405,33	–	32,42	36,47	–	24,73	27,82	–	17,29	19,45	–	10,20	11,47	–	4,20	4,72	–	–	–	–	–	
	IV	788,50	–	63,08	70,96	–	57,91	65,15	–	52,87	59,48	–	47,96	53,96	–	43,18	48,58	–	38,53	43,34	–	34,01	38
	V	1.250,83	–	100,06	112,57																		
	VI	1.295,08	–	103,60	116,55																		
3.998,99	I	789,58	–	63,16	71,06	–	52,95	59,57	–	43,26	48,66	–	34,08	38,34	–	25,42	28,59	–	17,26	19,42	–	9,63	10
	II	667,91	–	53,43	60,11	–	43,72	49,18	–	34,51	38,82	–	25,82	29,05	–	17,64	19,85	–	9,98	11,23	–	3,12	3
	III	406,16	–	32,49	36,55	–	24,80	27,90	–	17,36	19,53	–	10,25	11,53	–	4,25	4,78	–	–	–	–	–	
	IV	789,58	–	63,16	71,06	–	57,99	65,24	–	52,95	59,57	–	48,04	54,05	–	43,26	48,66	–	38,60	43,43	–	34,08	38
	V	1.252,08	–	100,16	112,68																		
	VI	1.296,33	–	103,70	116,66																		
4.001,99	I	790,58	–	63,24	71,15	–	53,03	59,66	–	43,34	48,75	–	34,15	38,42	–	25,48	28,67	–	17,33	19,49	–	9,69	10
	II	668,91	–	53,51	60,20	–	43,79	49,26	–	34,58	38,90	–	25,89	29,12	–	17,71	19,92	–	10,04	11,30	–	3,16	3
	III	407,00	–	32,56	36,63	–	24,85	27,95	–	17,41	19,58	–	10,30	11,59	–	4,29	4,82	–	–	–	–	–	
	IV	790,58	–	63,24	71,15	–	58,08	65,34	–	53,03	59,66	–	48,12	54,13	–	43,34	48,75	–	38,68	43,51	–	34,15	38
	V	1.253,33	–	100,26	112,79																		
	VI	1.297,58	–	103,80	116,78																		
4.004,99	I	791,66	–	63,33	71,24	–	53,11	59,75	–	43,41	48,83	–	34,22	38,50	–	25,55	28,74	–	17,39	19,56	–	9,75	10
	II	670,00	–	53,60	60,30	–	43,86	49,34	–	34,66	38,99	–	25,96	29,20	–	17,77	19,99	–	10,10	11,36	–	3,21	3
	III	407,83	–	32,62	36,70	–	24,92	28,03	–	17,48	19,66	–	10,36	11,65	–	4,33	4,87	–	–	–	–	–	
	IV	791,66	–	63,33	71,24	–	58,16	65,43	–	53,11	59,75	–	48,20	54,22	–	43,41	48,83	–	38,75	43,59	–	34,22	38
	V	1.254,58	–	100,36	112,91																		
	VI	1.298,91	–	103,91	116,90																		

Besondere Tabelle

MONAT bis 4.049,99 €

Lohn/ Gehalt bis	Steuerklasse	Lohn- steuer	ohne Kinderfreibetrag			Anzahl Kinderfreibeträge (nur Steuerklassen I–IV)																	
						0,5			1,0			1,5			2,0			2,5			3,0		
			SolZ 5,5%	Kirchensteuer 8%	9%	SolZ 5,5%	Kirchensteuer 8%	9%	SolZ 5,5%	Kirchensteuer 8%	9%	SolZ 5,5%	Kirchensteuer 8%	9%	SolZ 5,5%	Kirchensteuer 8%	9%	SolZ 5,5%	Kirchensteuer 8%	9%	SolZ 5,5%	Kirchensteuer 8%	9%
4.007,99	I	792,66	-	63,41	71,33	-	53,19	59,84	-	43,48	48,92	-	34,30	38,58	-	25,62	28,82	-	17,46	19,64	-	9,80	11,03
	II	671,00	-	53,68	60,39	-	43,94	49,43	-	34,72	39,06	-	26,02	29,27	-	17,84	20,07	-	10,16	11,43	-	3,26	3,66
	III	408,50	-	32,68	36,76	-	24,97	28,09	-	17,53	19,72	-	10,41	11,71	-	4,37	4,91	-	-	-	-	-	-
	IV	792,66	-	63,41	71,33	-	58,24	65,52	-	53,19	59,84	-	48,28	54,31	-	43,48	48,92	-	38,82	43,67	-	34,30	38,58
	V	1.255,83	-	100,46	113,02																		
	VI	1.300,16	-	104,01	117,01																		
4.010,99	I	793,75	-	63,50	71,43	-	53,27	59,93	-	43,56	49,01	-	34,36	38,66	-	25,68	28,89	-	17,52	19,71	-	9,86	11,09
	II	672,00	-	53,76	60,48	-	44,02	49,52	-	34,80	39,15	-	26,09	29,35	-	17,90	20,14	-	10,22	11,50	-	3,30	3,71
	III	409,33	-	32,74	36,83	-	25,04	28,17	-	17,58	19,78	-	10,46	11,77	-	4,42	4,97	-	-	-	-	-	-
	IV	793,75	-	63,50	71,43	-	58,32	65,61	-	53,27	59,93	-	48,35	54,39	-	43,56	49,01	-	38,90	43,76	-	34,36	38,66
	V	1.257,08	-	100,56	113,13																		
	VI	1.301,41	-	104,11	117,12																		
4.013,99	I	794,83	-	63,58	71,53	-	53,35	60,02	-	43,64	49,09	-	34,44	38,74	-	25,75	28,97	-	17,58	19,78	-	9,92	11,16
	II	673,00	-	53,84	60,57	-	44,10	49,61	-	34,87	39,23	-	26,16	29,43	-	17,96	20,21	-	10,28	11,57	-	3,35	3,77
	III	410,16	-	32,81	36,91	-	25,10	28,24	-	17,65	19,85	-	10,52	11,83	-	4,46	5,02	-	-	-	-	-	-
	IV	794,83	-	63,58	71,53	-	58,40	65,70	-	53,35	60,02	-	48,43	54,48	-	43,64	49,09	-	38,98	43,85	-	34,44	38,74
	V	1.258,33	-	100,66	113,24																		
	VI	1.302,66	-	104,21	117,23																		
4.016,99	I	795,83	-	63,66	71,62	-	53,43	60,11	-	43,72	49,18	-	34,51	38,82	-	25,82	29,05	-	17,64	19,85	-	9,98	11,23
	II	674,00	-	53,92	60,66	-	44,17	49,69	-	34,94	39,31	-	26,23	29,51	-	18,03	20,28	-	10,34	11,63	-	3,40	3,82
	III	410,83	-	32,86	36,97	-	25,16	28,30	-	17,70	19,91	-	10,57	11,89	-	4,50	5,06	-	-	-	-	-	-
	IV	795,83	-	63,66	71,62	-	58,48	65,79	-	53,43	60,11	-	48,51	54,57	-	43,72	49,18	-	39,05	43,93	-	34,51	38,82
	V	1.259,58	-	100,76	113,36																		
	VI	1.303,91	-	104,31	117,35																		
4.019,99	I	796,91	-	63,75	71,72	-	53,51	60,20	-	43,79	49,26	-	34,58	38,90	-	25,89	29,12	-	17,71	19,92	-	10,04	11,30
	II	675,00	-	54,00	60,75	-	44,25	49,78	-	35,02	39,39	-	26,30	29,58	-	18,09	20,35	-	10,40	11,70	-	3,44	3,87
	III	411,66	-	32,93	37,04	-	25,22	28,37	-	17,77	19,99	-	10,62	11,95	-	4,54	5,11	-	-	-	-	-	-
	IV	796,91	-	63,75	71,72	-	58,57	65,89	-	53,51	60,20	-	48,59	54,66	-	43,79	49,26	-	39,12	44,01	-	34,58	38,90
	V	1.260,83	-	100,86	113,47																		
	VI	1.305,16	-	104,41	117,46																		
4.022,99	I	798,00	-	63,84	71,82	-	53,60	60,30	-	43,86	49,34	-	34,66	38,99	-	25,96	29,20	-	17,77	19,99	-	10,10	11,36
	II	676,00	-	54,08	60,84	-	44,32	49,86	-	35,09	39,47	-	26,36	29,66	-	18,16	20,43	-	10,46	11,77	-	3,50	3,93
	III	412,50	-	33,00	37,12	-	25,28	28,44	-	17,82	20,05	-	10,68	12,01	-	4,60	5,17	-	-	-	-	-	-
	IV	798,00	-	63,84	71,82	-	58,65	65,98	-	53,60	60,30	-	48,66	54,74	-	43,86	49,34	-	39,20	44,10	-	34,66	38,99
	V	1.262,16	-	100,97	113,59																		
	VI	1.306,41	-	104,51	117,57																		
4.025,99	I	799,00	-	63,92	71,91	-	53,68	60,39	-	43,94	49,43	-	34,72	39,06	-	26,02	29,27	-	17,84	20,07	-	10,16	11,43
	II	677,00	-	54,16	60,93	-	44,40	49,95	-	35,16	39,55	-	26,43	29,73	-	18,22	20,49	-	10,52	11,84	-	3,54	3,98
	III	413,33	-	33,06	37,19	-	25,34	28,51	-	17,88	20,11	-	10,73	12,07	-	4,64	5,22	-	-	-	-	-	-
	IV	799,00	-	63,92	71,91	-	58,73	66,07	-	53,68	60,39	-	48,74	54,83	-	43,94	49,43	-	39,27	44,18	-	34,72	39,06
	V	1.263,41	-	101,07	113,70																		
	VI	1.307,66	-	104,61	117,68																		
4.028,99	I	800,08	-	64,00	72,00	-	53,76	60,48	-	44,02	49,52	-	34,80	39,15	-	26,09	29,35	-	17,90	20,14	-	10,22	11,50
	II	678,00	-	54,24	61,02	-	44,48	50,04	-	35,23	39,63	-	26,50	29,81	-	18,28	20,57	-	10,58	11,90	-	3,59	4,04
	III	414,00	-	33,12	37,26	-	25,40	28,57	-	17,94	20,18	-	10,78	12,13	-	4,68	5,26	-	-	-	-	-	-
	IV	800,08	-	64,00	72,00	-	58,82	66,17	-	53,76	60,48	-	48,82	54,92	-	44,02	49,52	-	39,34	44,26	-	34,80	39,15
	V	1.264,66	-	101,17	113,81																		
	VI	1.309,00	-	104,72	117,81																		
4.031,99	I	801,16	-	64,09	72,10	-	53,84	60,57	-	44,10	49,61	-	34,87	39,23	-	26,16	29,43	-	17,96	20,21	-	10,28	11,57
	II	679,00	-	54,32	61,11	-	44,56	50,13	-	35,30	39,71	-	26,57	29,89	-	18,35	20,64	-	10,64	11,97	-	3,64	4,09
	III	414,83	-	33,18	37,33	-	25,46	28,64	-	18,00	20,25	-	10,84	12,19	-	4,73	5,32	-	-	-	-	-	-
	IV	801,16	-	64,09	72,10	-	58,90	66,26	-	53,84	60,57	-	48,90	55,01	-	44,10	49,61	-	39,42	44,34	-	34,87	39,23
	V	1.265,91	-	101,27	113,93																		
	VI	1.310,25	-	104,82	117,92																		
4.034,99	I	802,16	-	64,17	72,19	-	53,92	60,66	-	44,17	49,69	-	34,94	39,31	-	26,23	29,51	-	18,03	20,28	-	10,34	11,63
	II	680,00	-	54,40	61,20	-	44,63	50,21	-	35,38	39,80	-	26,64	29,97	-	18,41	20,71	-	10,70	12,04	-	3,69	4,15
	III	415,66	-	33,25	37,40	-	25,53	28,72	-	18,06	20,32	-	10,89	12,25	-	4,77	5,36	-	-	-	-	-	-
	IV	802,16	-	64,17	72,19	-	58,98	66,35	-	53,92	60,66	-	48,98	55,10	-	44,17	49,69	-	39,49	44,42	-	34,94	39,31
	V	1.267,16	-	101,37	114,04																		
	VI	1.311,50	-	104,92	118,03																		
4.037,99	I	803,25	-	64,26	72,29	-	54,00	60,75	-	44,25	49,78	-	35,02	39,39	-	26,30	29,58	-	18,09	20,35	-	10,40	11,70
	II	681,00	-	54,48	61,29	-	44,70	50,29	-	35,45	39,88	-	26,70	30,04	-	18,48	20,79	-	10,76	12,11	-	3,74	4,20
	III	416,50	-	33,32	37,48	-	25,58	28,78	-	18,12	20,38	-	10,94	12,31	-	4,81	5,41	-	-	-	-	-	-
	IV	803,25	-	64,26	72,29	-	59,06	66,44	-	54,00	60,75	-	49,06	55,19	-	44,25	49,78	-	39,57	44,51	-	35,02	39,39
	V	1.268,41	-	101,47	114,15																		
	VI	1.312,75	-	105,02	118,14																		
4.040,99	I	804,33	-	64,34	72,38	-	54,08	60,84	-	44,32	49,86	-	35,09	39,47	-	26,36	29,66	-	18,16	20,43	-	10,46	11,77
	II	682,00	-	54,56	61,38	-	44,78	50,38	-	35,52	39,96	-	26,78	30,12	-	18,54	20,86	-	10,82	12,17	-	3,78	4,25
	III	417,16	-	33,37	37,54	-	25,65	28,85	-	18,18	20,45	-	11,01	12,38	-	4,85	5,45	-	0,01	0,01	-	-	-
	IV	804,33	-	64,34	72,38	-	59,14	66,53	-	54,08	60,84	-	49,14	55,28	-	44,32	49,86	-	39,64	44,60	-	35,09	39,47
	V	1.269,66	-	101,57	114,26																		
	VI	1.314,00	-	105,12	118,26																		
4.043,99	I	805,33	-	64,42	72,47	-	54,16	60,93	-	44,40	49,95	-	35,16	39,55	-	26,43	29,73	-	18,22	20,49	-	10,52	11,84
	II	683,08	-	54,64	61,47	-	44,86	50,46	-	35,60	40,05	-	26,84	30,20	-	18,60	20,93	-	10,88	12,24	-	3,84	4,32
	III	418,00	-	33,44	37,62	-	25,70	28,91	-	18,24	20,52	-	11,06	12,44	-	4,90	5,51	-	0,05	0,05	-	-	-
	IV	805,33	-	64,42	72,47	-	59,23	66,63	-	54,16	60,93	-	49,22	55,37	-	44,40	49,95	-	39,72	44,68	-	35,16	39,55
	V	1.270,91	-	101,67	114,38																		
	VI	1.315,25	-	105,22	118,37																		
4.046,99	I	806,41	-	64,51	72,57	-	54,24	61,02	-	44,48	50,04	-	35,23	39,63	-	26,50	29,81	-	18,28	20,57	-	10,58	11,90
	II	684,08	-	54,72	61,56	-	44,94	50,55	-	35,66	40,12	-	26,91	30,27	-	18,67	21,00	-	10,94	12,31	-	3,88	4,37
	III	418,83	-	33,50	37,69	-	25,77	28,99	-	18,29	20,57	-	11,12	12,51	-	4,94	5,56	-	0,09	0,10	-	-	-
	IV	806,41	-	64,51	72,57	-	59,31	66,72	-	54,24	61,02	-	49,29	55,45	-	44,48	50,04	-	39,79	44,76	-	35,23	39,63
	V	1.272,25	-	101,78	114,50																		
	VI	1.316,50	-	105,32	118,48																		
4.049,99	I	807,50	-	64,60	72,67	-	54,32	61,11	-	44,56	50,13	-	35,30	39,71	-	26,57	29,89	-	18,35	20,64	-	10,64	11,97
	II	685,08	-	54,80	61,65	-	45,01	50,63	-	35,74	40,20	-	26,98	30,35	-	18,73	21,07	-	11,00	12,38	-	3,94	4,43
	III	419,66	-	33,57	37,76	-	25,84	29,07	-	18,36	20,65	-	11,17	12,56	-	4,98	5,60	-	0,12	0,13	-	-	-
	IV	807,50	-	64,60	72,67	-	59,39	66,81	-	54,32	61,11	-	49,37	55,54	-	44,56	50,13	-	39,86	44,84	-	35,30	39,71
	V	1.273,50	-	101,88	114,61																		
	VI	1.317,75	-	105,42	118,59																		

Lohn/Gehalt bis	Steuerklasse	Lohnsteuer	ohne Kinderfreibetrag SolZ 5,5%	ohne Kinderfreibetrag Kirchensteuer 8%	ohne Kinderfreibetrag Kirchensteuer 9%	0,5 SolZ 5,5%	0,5 Kirchensteuer 8%	0,5 Kirchensteuer 9%	1,0 SolZ 5,5%	1,0 Kirchensteuer 8%	1,0 Kirchensteuer 9%	1,5 SolZ 5,5%	1,5 Kirchensteuer 8%	1,5 Kirchensteuer 9%	2,0 SolZ 5,5%	2,0 Kirchensteuer 8%	2,0 Kirchensteuer 9%	2,5 SolZ 5,5%	2,5 Kirchensteuer 8%	2,5 Kirchensteuer 9%	3,0 SolZ 5,5%	3,0 Kirchensteuer 8%	3,0 Kirchensteuer 9%
4.052,99	I	808,58	-	64,68	72,77	-	54,40	61,20	-	44,63	50,21	-	35,38	39,80	-	26,64	29,97	-	18,41	20,71	-	10,70	12,
	II	686,08	-	54,88	61,74	-	45,09	50,72	-	35,81	40,28	-	27,05	30,43	-	18,80	21,15	-	11,06	12,44	-	3,98	4,
	III	420,33	-	33,62	37,82	-	25,89	29,12	-	18,41	20,71	-	11,22	12,62	-	5,04	5,67	-	0,16	0,18	-	-	
	IV	808,58	-	64,68	72,77	-	59,48	66,91	-	54,40	61,20	-	49,45	55,63	-	44,63	50,21	-	39,94	44,93	-	35,38	39,
	V	1.274,75	-	101,98	114,72																		
	VI	1.319,08	-	105,52	118,71																		
4.055,99	I	809,58	-	64,76	72,86	-	54,48	61,29	-	44,70	50,29	-	35,45	39,88	-	26,70	30,04	-	18,48	20,79	-	10,76	12,
	II	687,08	-	54,96	61,83	-	45,16	50,81	-	35,88	40,37	-	27,12	30,51	-	18,86	21,22	-	11,12	12,51	-	4,03	4,
	III	421,16	-	33,69	37,90	-	25,96	29,20	-	18,48	20,79	-	11,28	12,69	-	5,08	5,71	-	0,18	0,20	-	-	
	IV	809,58	-	64,76	72,86	-	59,56	67,00	-	54,48	61,29	-	49,53	55,72	-	44,70	50,29	-	40,01	45,01	-	35,45	39,
	V	1.276,00	-	102,08	114,84																		
	VI	1.320,33	-	105,62	118,82																		
4.058,99	I	810,66	-	64,85	72,95	-	54,56	61,38	-	44,78	50,38	-	35,52	39,96	-	26,78	30,12	-	18,54	20,86	-	10,82	12,
	II	688,08	-	55,04	61,92	-	45,24	50,90	-	35,96	40,45	-	27,18	30,58	-	18,92	21,29	-	11,18	12,58	-	4,08	4,
	III	422,00	-	33,76	37,98	-	26,01	29,26	-	18,53	20,84	-	11,33	12,74	-	5,12	5,76	-	0,22	0,25	-	-	
	IV	810,66	-	64,85	72,95	-	59,64	67,10	-	54,56	61,38	-	49,61	55,81	-	44,78	50,38	-	40,09	45,10	-	35,52	39,
	V	1.277,25	-	102,18	114,95																		
	VI	1.321,58	-	105,72	118,94																		
4.061,99	I	811,75	-	64,94	73,05	-	54,64	61,47	-	44,86	50,46	-	35,60	40,05	-	26,84	30,20	-	18,60	20,93	-	10,88	12,
	II	689,08	-	55,12	62,01	-	45,32	50,98	-	36,03	40,53	-	27,25	30,65	-	18,99	21,36	-	11,24	12,65	-	4,14	4,
	III	422,66	-	33,81	38,03	-	26,08	29,34	-	18,60	20,92	-	11,38	12,80	-	5,17	5,81	-	0,25	0,28	-	-	
	IV	811,75	-	64,94	73,05	-	59,72	67,19	-	54,64	61,47	-	49,68	55,89	-	44,86	50,46	-	40,16	45,18	-	35,60	40,
	V	1.278,50	-	102,28	115,06																		
	VI	1.322,83	-	105,82	119,05																		
4.064,99	I	812,75	-	65,02	73,14	-	54,72	61,56	-	44,94	50,55	-	35,66	40,12	-	26,91	30,27	-	18,67	21,00	-	10,94	12,
	II	690,08	-	55,20	62,10	-	45,40	51,07	-	36,10	40,61	-	27,32	30,74	-	19,06	21,44	-	11,30	12,71	-	4,18	4,
	III	423,50	-	33,88	38,11	-	26,13	29,39	-	18,65	20,98	-	11,45	12,88	-	5,21	5,86	-	0,29	0,32	-	-	
	IV	812,75	-	65,02	73,14	-	59,80	67,28	-	54,72	61,56	-	49,76	55,98	-	44,94	50,55	-	40,24	45,27	-	35,66	40,
	V	1.279,75	-	102,38	115,17																		
	VI	1.324,08	-	105,92	119,16																		
4.067,99	I	813,83	-	65,10	73,24	-	54,80	61,65	-	45,01	50,63	-	35,74	40,20	-	26,98	30,35	-	18,73	21,07	-	11,00	12,
	II	691,16	-	55,29	62,20	-	45,47	51,15	-	36,18	40,70	-	27,39	30,81	-	19,12	21,51	-	11,36	12,78	-	4,24	4,
	III	424,33	-	33,94	38,18	-	26,20	29,47	-	18,70	21,04	-	11,50	12,94	-	5,26	5,92	-	0,32	0,36	-	-	
	IV	813,83	-	65,10	73,24	-	59,89	67,37	-	54,80	61,65	-	49,84	56,07	-	45,01	50,63	-	40,31	45,35	-	35,74	40,
	V	1.281,00	-	102,48	115,29																		
	VI	1.325,33	-	106,02	119,27																		
4.070,99	I	814,91	-	65,19	73,34	-	54,88	61,74	-	45,09	50,72	-	35,81	40,28	-	27,05	30,43	-	18,80	21,15	-	11,06	12,
	II	692,16	-	55,37	62,29	-	45,55	51,24	-	36,25	40,78	-	27,46	30,89	-	19,18	21,58	-	11,42	12,85	-	4,28	4,
	III	425,16	-	34,01	38,26	-	26,26	29,54	-	18,77	21,11	-	11,56	13,00	-	5,30	5,96	-	0,36	0,40	-	-	
	IV	814,91	-	65,19	73,34	-	59,97	67,46	-	54,88	61,74	-	49,92	56,16	-	45,09	50,72	-	40,38	45,43	-	35,81	40,
	V	1.282,33	-	102,58	115,40																		
	VI	1.326,58	-	106,12	119,39																		
4.073,99	I	816,00	-	65,28	73,44	-	54,96	61,83	-	45,16	50,81	-	35,88	40,37	-	27,12	30,51	-	18,86	21,22	-	11,12	12,
	II	693,16	-	55,45	62,38	-	45,63	51,33	-	36,32	40,86	-	27,52	30,96	-	19,25	21,65	-	11,48	12,92	-	4,34	4,
	III	425,83	-	34,06	38,32	-	26,32	29,61	-	18,82	21,17	-	11,61	13,06	-	5,34	6,01	-	0,40	0,45	-	-	
	IV	816,00	-	65,28	73,44	-	60,06	67,56	-	54,96	61,83	-	50,00	56,25	-	45,16	50,81	-	40,46	45,52	-	35,88	40,
	V	1.283,58	-	102,68	115,52																		
	VI	1.327,83	-	106,22	119,50																		
4.076,99	I	817,00	-	65,36	73,53	-	55,04	61,92	-	45,24	50,90	-	35,96	40,45	-	27,18	30,58	-	18,92	21,29	-	11,18	12,
	II	694,16	-	55,53	62,47	-	45,70	51,41	-	36,39	40,94	-	27,60	31,05	-	19,31	21,72	-	11,54	12,98	-	4,39	4,
	III	426,66	-	34,13	38,39	-	26,38	29,68	-	18,89	21,25	-	11,66	13,12	-	5,40	6,07	-	0,42	0,47	-	-	
	IV	817,00	-	65,36	73,53	-	60,14	67,65	-	55,04	61,92	-	50,08	56,34	-	45,24	50,90	-	40,54	45,60	-	35,96	40,
	V	1.284,83	-	102,78	115,63																		
	VI	1.329,08	-	106,32	119,61																		
4.079,99	I	818,08	-	65,44	73,62	-	55,12	62,01	-	45,32	50,98	-	36,03	40,53	-	27,25	30,65	-	18,99	21,36	-	11,24	12,
	II	695,16	-	55,61	62,56	-	45,78	51,50	-	36,46	41,02	-	27,66	31,12	-	19,38	21,80	-	11,60	13,05	-	4,44	4,
	III	427,50	-	34,20	38,47	-	26,44	29,74	-	18,94	21,31	-	11,72	13,18	-	5,44	6,12	-	0,46	0,52	-	-	
	IV	818,08	-	65,44	73,62	-	60,22	67,75	-	55,12	62,01	-	50,16	56,43	-	45,32	50,98	-	40,61	45,68	-	36,03	40,
	V	1.286,08	-	102,88	115,74																		
	VI	1.330,41	-	106,43	119,73																		
4.082,99	I	819,16	-	65,53	73,72	-	55,20	62,10	-	45,40	51,07	-	36,10	40,61	-	27,32	30,74	-	19,06	21,44	-	11,30	12,
	II	696,16	-	55,69	62,65	-	45,86	51,59	-	36,54	41,10	-	27,73	31,19	-	19,44	21,87	-	11,66	13,12	-	4,49	5,
	III	428,33	-	34,26	38,54	-	26,50	29,81	-	19,01	21,38	-	11,78	13,25	-	5,48	6,16	-	0,49	0,55	-	-	
	IV	819,16	-	65,53	73,72	-	60,30	67,84	-	55,20	62,10	-	50,24	56,52	-	45,40	51,07	-	40,68	45,77	-	36,10	40,
	V	1.287,33	-	102,98	115,85																		
	VI	1.331,66	-	106,53	119,84																		
4.085,99	I	820,25	-	65,62	73,82	-	55,29	62,20	-	45,47	51,15	-	36,18	40,70	-	27,39	30,81	-	19,12	21,51	-	11,36	12,
	II	697,25	-	55,78	62,75	-	45,94	51,68	-	36,61	41,18	-	27,80	31,28	-	19,50	21,94	-	11,72	13,19	-	4,54	5,
	III	429,16	-	34,33	38,62	-	26,57	29,89	-	19,06	21,44	-	11,84	13,32	-	5,53	6,22	-	0,53	0,59	-	-	
	IV	820,25	-	65,62	73,82	-	60,39	67,94	-	55,29	62,20	-	50,32	56,61	-	45,47	51,15	-	40,76	45,85	-	36,18	40,
	V	1.288,58	-	103,08	115,97																		
	VI	1.332,91	-	106,63	119,96																		
4.088,99	I	821,33	-	65,70	73,91	-	55,37	62,29	-	45,55	51,24	-	36,25	40,78	-	27,46	30,89	-	19,18	21,58	-	11,42	12,
	II	698,25	-	55,86	62,84	-	46,01	51,76	-	36,68	41,27	-	27,87	31,35	-	19,57	22,01	-	11,78	13,25	-	4,59	5,
	III	429,83	-	34,38	38,68	-	26,62	29,95	-	19,13	21,52	-	11,89	13,37	-	5,57	6,26	-	0,57	0,64	-	-	
	IV	821,33	-	65,70	73,91	-	60,47	68,03	-	55,37	62,29	-	50,40	56,70	-	45,55	51,24	-	40,84	45,94	-	36,25	40,
	V	1.289,83	-	103,18	116,08																		
	VI	1.334,16	-	106,73	120,07																		
4.091,99	I	822,33	-	65,78	74,00	-	55,45	62,38	-	45,63	51,33	-	36,32	40,86	-	27,52	30,96	-	19,25	21,65	-	11,48	12,
	II	699,25	-	55,94	62,93	-	46,09	51,85	-	36,76	41,35	-	27,94	31,43	-	19,64	22,09	-	11,85	13,33	-	4,64	5,
	III	430,66	-	34,45	38,75	-	26,69	30,02	-	19,18	21,58	-	11,94	13,43	-	5,62	6,32	-	0,60	0,67	-	-	
	IV	822,33	-	65,78	74,00	-	60,55	68,12	-	55,45	62,38	-	50,48	56,79	-	45,63	51,33	-	40,91	46,02	-	36,32	40,
	V	1.291,08	-	103,28	116,19																		
	VI	1.335,41	-	106,83	120,18																		
4.094,99	I	823,41	-	65,87	74,10	-	55,53	62,47	-	45,70	51,41	-	36,39	40,94	-	27,60	31,05	-	19,31	21,72	-	11,54	12,
	II	700,25	-	56,02	63,02	-	46,16	51,93	-	36,83	41,43	-	28,01	31,51	-	19,70	22,16	-	11,91	13,40	-	4,70	5,
	III	431,50	-	34,52	38,83	-	26,74	30,08	-	19,24	21,64	-	12,00	13,50	-	5,66	6,37	-	0,64	0,72	-	-	
	IV	823,41	-	65,87	74,10	-	60,64	68,22	-	55,53	62,47	-	50,55	56,87	-	45,70	51,41	-	40,98	46,10	-	36,39	40,
	V	1.292,33	-	103,38	116,30																		
	VI	1.336,66	-	106,93	120,29																		

Anzahl Kinderfreibeträge (nur Steuerklassen I–IV)

Besondere Tabelle

MONAT bis 4.139,99 €

Lohn/ Gehalt bis	Steuerklasse	Lohn- steuer	ohne Kinderfreibetrag SolZ 5,5%	Kirchensteuer 8%	Kirchensteuer 9%	0,5 SolZ 5,5%	0,5 Kirchensteuer 8%	0,5 Kirchensteuer 9%	1,0 SolZ 5,5%	1,0 Kirchensteuer 8%	1,0 Kirchensteuer 9%	1,5 SolZ 5,5%	1,5 Kirchensteuer 8%	1,5 Kirchensteuer 9%	2,0 SolZ 5,5%	2,0 Kirchensteuer 8%	2,0 Kirchensteuer 9%	2,5 SolZ 5,5%	2,5 Kirchensteuer 8%	2,5 Kirchensteuer 9%	3,0 SolZ 5,5%	3,0 Kirchensteuer 8%	3,0 Kirchensteuer 9%
						Anzahl Kinderfreibeträge (nur Steuerklassen I–IV)																	
4.097,99	I	824,50	-	65,96	74,20	-	55,61	62,56	-	45,78	51,50	-	36,46	41,02	-	27,66	31,12	-	19,38	21,80	-	11,60	13,05
	II	701,25	-	56,10	63,11	-	46,24	52,02	-	36,90	41,51	-	28,08	31,59	-	19,76	22,23	-	11,97	13,46	-	4,75	5,34
	III	432,33	-	34,58	38,90	-	26,81	30,16	-	19,30	21,71	-	12,06	13,57	-	5,72	6,43	-	0,68	0,76	-	-	-
	IV	824,50	-	65,96	74,20	-	60,72	68,31	-	55,61	62,56	-	50,63	56,96	-	45,78	51,50	-	41,06	46,19	-	36,46	41,02
	V	1.293,66	-	103,49	116,42																		
	VI	1.337,91	-	107,03	120,41																		
4.100,99	I	825,58	-	66,04	74,30	-	55,69	62,65	-	45,86	51,59	-	36,54	41,10	-	27,73	31,19	-	19,44	21,87	-	11,66	13,12
	II	702,25	-	56,18	63,20	-	46,32	52,11	-	36,98	41,60	-	28,14	31,66	-	19,83	22,31	-	12,03	13,53	-	4,80	5,40
	III	433,00	-	34,64	38,97	-	26,88	30,24	-	19,36	21,78	-	12,12	13,63	-	5,76	6,48	-	0,70	0,79	-	-	-
	IV	825,58	-	66,04	74,30	-	60,80	68,40	-	55,69	62,65	-	50,71	57,05	-	45,86	51,59	-	41,14	46,28	-	36,54	41,10
	V	1.294,91	-	103,59	116,54																		
	VI	1.339,16	-	107,13	120,52																		
4.103,99	I	826,58	-	66,12	74,39	-	55,78	62,75	-	45,94	51,68	-	36,61	41,18	-	27,80	31,28	-	19,50	21,94	-	11,72	13,19
	II	703,33	-	56,26	63,29	-	46,40	52,20	-	37,05	41,68	-	28,22	31,74	-	19,90	22,38	-	12,09	13,60	-	4,86	5,46
	III	433,83	-	34,70	39,04	-	26,93	30,29	-	19,42	21,85	-	12,17	13,69	-	5,80	6,52	-	0,74	0,83	-	-	-
	IV	826,58	-	66,12	74,39	-	60,88	68,49	-	55,78	62,75	-	50,79	57,14	-	45,94	51,68	-	41,21	46,36	-	36,61	41,18
	V	1.296,16	-	103,69	116,65																		
	VI	1.340,50	-	107,24	120,64																		
4.106,99	I	827,66	-	66,21	74,48	-	55,86	62,84	-	46,01	51,76	-	36,68	41,27	-	27,87	31,35	-	19,57	22,01	-	11,78	13,25
	II	704,33	-	56,34	63,38	-	46,48	52,29	-	37,12	41,76	-	28,28	31,82	-	19,96	22,45	-	12,15	13,67	-	4,91	5,52
	III	434,66	-	34,77	39,11	-	27,00	30,37	-	19,48	21,91	-	12,22	13,75	-	5,85	6,58	-	0,78	0,88	-	-	-
	IV	827,66	-	66,21	74,48	-	60,97	68,59	-	55,86	62,84	-	50,87	57,23	-	46,01	51,76	-	41,28	46,44	-	36,68	41,27
	V	1.297,41	-	103,79	116,76																		
	VI	1.341,75	-	107,34	120,75																		
4.109,99	I	828,75	-	66,30	74,58	-	55,94	62,93	-	46,09	51,85	-	36,76	41,35	-	27,94	31,43	-	19,64	22,09	-	11,85	13,33
	II	705,33	-	56,42	63,47	-	46,55	52,37	-	37,20	41,85	-	28,35	31,89	-	20,02	22,52	-	12,21	13,73	-	4,96	5,58
	III	435,50	-	34,84	39,19	-	27,06	30,44	-	19,54	21,98	-	12,29	13,82	-	5,89	6,62	-	0,81	0,91	-	-	-
	IV	828,75	-	66,30	74,58	-	61,05	68,68	-	55,94	62,93	-	50,95	57,32	-	46,09	51,85	-	41,36	46,53	-	36,76	41,35
	V	1.298,66	-	103,89	116,87																		
	VI	1.343,00	-	107,44	120,87																		
4.112,99	I	829,83	-	66,38	74,68	-	56,02	63,02	-	46,16	51,93	-	36,83	41,43	-	28,01	31,51	-	19,70	22,16	-	11,91	13,40
	II	706,33	-	56,50	63,56	-	46,63	52,46	-	37,27	41,93	-	28,42	31,97	-	20,09	22,60	-	12,27	13,80	-	5,01	5,63
	III	436,16	-	34,89	39,25	-	27,12	30,51	-	19,60	22,05	-	12,34	13,88	-	5,94	6,68	-	0,85	0,95	-	-	-
	IV	829,83	-	66,38	74,68	-	61,14	68,78	-	56,02	63,02	-	51,03	57,41	-	46,16	51,93	-	41,44	46,62	-	36,83	41,43
	V	1.299,91	-	103,99	116,99																		
	VI	1.344,25	-	107,54	120,98																		
4.115,99	I	830,91	-	66,47	74,78	-	56,10	63,11	-	46,24	52,02	-	36,90	41,51	-	28,08	31,59	-	19,76	22,23	-	11,97	13,46
	II	707,41	-	56,59	63,66	-	46,71	52,55	-	37,34	42,01	-	28,49	32,05	-	20,16	22,68	-	12,33	13,87	-	5,06	5,69
	III	437,00	-	34,96	39,33	-	27,18	30,58	-	19,66	22,12	-	12,40	13,95	-	5,98	6,73	-	0,89	1,00	-	-	-
	IV	830,91	-	66,47	74,78	-	61,22	68,87	-	56,10	63,11	-	51,11	57,50	-	46,24	52,02	-	41,51	46,70	-	36,90	41,51
	V	1.301,16	-	104,09	117,10																		
	VI	1.345,50	-	107,64	121,09																		
4.118,99	I	832,00	-	66,56	74,88	-	56,18	63,20	-	46,32	52,11	-	36,98	41,60	-	28,14	31,66	-	19,83	22,31	-	12,03	13,53
	II	708,41	-	56,67	63,75	-	46,78	52,63	-	37,42	42,09	-	28,56	32,13	-	20,22	22,74	-	12,39	13,94	-	5,12	5,76
	III	437,83	-	35,02	39,40	-	27,24	30,64	-	19,72	22,18	-	12,45	14,00	-	6,04	6,79	-	0,92	1,03	-	-	-
	IV	832,00	-	66,56	74,88	-	61,30	68,96	-	56,18	63,20	-	51,18	57,58	-	46,32	52,11	-	41,58	46,78	-	36,98	41,60
	V	1.302,41	-	104,19	117,21																		
	VI	1.346,75	-	107,74	121,20																		
4.121,99	I	833,00	-	66,64	74,97	-	56,26	63,29	-	46,40	52,20	-	37,05	41,68	-	28,22	31,74	-	19,90	22,38	-	12,09	13,60
	II	709,41	-	56,75	63,84	-	46,86	52,72	-	37,49	42,17	-	28,63	32,21	-	20,28	22,82	-	12,46	14,01	-	5,18	5,82
	III	438,66	-	35,09	39,47	-	27,30	30,71	-	19,78	22,25	-	12,52	14,08	-	6,08	6,84	-	0,96	1,08	-	-	-
	IV	833,00	-	66,64	74,97	-	61,38	69,05	-	56,26	63,29	-	51,26	57,67	-	46,40	52,20	-	41,66	46,86	-	37,05	41,68
	V	1.303,75	-	104,30	117,33																		
	VI	1.348,00	-	107,84	121,32																		
4.124,99	I	834,08	-	66,72	75,06	-	56,34	63,38	-	46,48	52,29	-	37,12	41,76	-	28,28	31,82	-	19,96	22,45	-	12,15	13,67
	II	710,41	-	56,83	63,93	-	46,94	52,80	-	37,56	42,26	-	28,70	32,28	-	20,35	22,89	-	12,52	14,08	-	5,23	5,88
	III	439,33	-	35,14	39,53	-	27,37	30,79	-	19,84	22,32	-	12,57	14,14	-	6,13	6,89	-	1,00	1,12	-	-	-
	IV	834,08	-	66,72	75,06	-	61,47	69,15	-	56,34	63,38	-	51,34	57,76	-	46,48	52,29	-	41,74	46,95	-	37,12	41,76
	V	1.305,00	-	104,40	117,45																		
	VI	1.349,25	-	107,94	121,43																		
4.127,99	I	835,16	-	66,81	75,16	-	56,42	63,47	-	46,55	52,37	-	37,20	41,85	-	28,35	31,89	-	20,02	22,52	-	12,21	13,73
	II	711,50	-	56,92	64,03	-	47,02	52,89	-	37,64	42,34	-	28,77	32,36	-	20,42	22,97	-	12,58	14,15	-	5,28	5,94
	III	440,16	-	35,21	39,61	-	27,42	30,85	-	19,90	22,39	-	12,62	14,20	-	6,17	6,94	-	1,02	1,15	-	-	-
	IV	835,16	-	66,81	75,16	-	61,55	69,24	-	56,42	63,47	-	51,42	57,85	-	46,55	52,37	-	41,81	47,03	-	37,20	41,85
	V	1.306,25	-	104,50	117,56																		
	VI	1.350,58	-	108,04	121,55																		
4.130,99	I	836,25	-	66,90	75,26	-	56,50	63,56	-	46,63	52,46	-	37,27	41,93	-	28,42	31,97	-	20,09	22,60	-	12,27	13,80
	II	712,50	-	57,00	64,12	-	47,10	52,98	-	37,71	42,42	-	28,84	32,44	-	20,48	23,04	-	12,64	14,22	-	5,34	6,00
	III	441,00	-	35,28	39,69	-	27,49	30,92	-	19,96	22,45	-	12,68	14,26	-	6,22	7,00	-	1,06	1,19	-	-	-
	IV	836,25	-	66,90	75,26	-	61,64	69,34	-	56,50	63,56	-	51,50	57,94	-	46,63	52,46	-	41,88	47,12	-	37,27	41,93
	V	1.307,50	-	104,60	117,67																		
	VI	1.351,83	-	108,14	121,66																		
4.133,99	I	837,33	-	66,98	75,35	-	56,59	63,66	-	46,71	52,55	-	37,34	42,01	-	28,49	32,05	-	20,16	22,68	-	12,33	13,87
	II	713,50	-	57,08	64,21	-	47,17	53,06	-	37,78	42,50	-	28,90	32,51	-	20,54	23,11	-	12,70	14,28	-	5,39	6,06
	III	441,83	-	35,34	39,76	-	27,54	30,98	-	20,01	22,51	-	12,74	14,33	-	6,26	7,04	-	1,10	1,24	-	-	-
	IV	837,33	-	66,98	75,35	-	61,72	69,44	-	56,59	63,66	-	51,58	58,03	-	46,71	52,55	-	41,96	47,21	-	37,34	42,01
	V	1.308,75	-	104,70	117,78																		
	VI	1.353,08	-	108,24	121,77																		
4.136,99	I	838,41	-	67,07	75,45	-	56,67	63,75	-	46,78	52,63	-	37,42	42,09	-	28,56	32,13	-	20,22	22,74	-	12,39	13,94
	II	714,50	-	57,16	64,30	-	47,25	53,15	-	37,86	42,59	-	28,98	32,60	-	20,61	23,18	-	12,76	14,35	-	5,44	6,12
	III	442,66	-	35,41	39,83	-	27,61	31,06	-	20,08	22,59	-	12,80	14,40	-	6,32	7,11	-	1,14	1,28	-	-	-
	IV	838,41	-	67,07	75,45	-	61,80	69,53	-	56,67	63,75	-	51,66	58,12	-	46,78	52,63	-	42,04	47,29	-	37,42	42,09
	V	1.310,00	-	104,80	117,90																		
	VI	1.354,33	-	108,34	121,88																		
4.139,99	I	839,41	-	67,15	75,54	-	56,75	63,84	-	46,86	52,72	-	37,49	42,17	-	28,63	32,21	-	20,28	22,82	-	12,46	14,01
	II	715,58	-	57,24	64,40	-	47,33	53,24	-	37,93	42,67	-	29,04	32,67	-	20,68	23,26	-	12,82	14,42	-	5,50	6,18
	III	443,33	-	35,46	39,89	-	27,68	31,14	-	20,13	22,64	-	12,85	14,45	-	6,36	7,15	-	1,17	1,31	-	-	-
	IV	839,41	-	67,15	75,54	-	61,89	69,62	-	56,75	63,84	-	51,74	58,21	-	46,86	52,72	-	42,11	47,37	-	37,49	42,17
	V	1.311,25	-	104,90	118,01																		
	VI	1.355,58	-	108,44	122,00																		

MONAT bis 4.184,99 €

Lohn/ Gehalt bis	Steuerklasse	Lohn- steuer	ohne Kinderfreibetrag SolZ 5,5%	ohne Kinderfreibetrag Kirchensteuer 8%	ohne Kinderfreibetrag Kirchensteuer 9%	0,5 SolZ 5,5%	0,5 Kirchensteuer 8%	0,5 Kirchensteuer 9%	1,0 SolZ 5,5%	1,0 Kirchensteuer 8%	1,0 Kirchensteuer 9%	1,5 SolZ 5,5%	1,5 Kirchensteuer 8%	1,5 Kirchensteuer 9%	2,0 SolZ 5,5%	2,0 Kirchensteuer 8%	2,0 Kirchensteuer 9%	2,5 SolZ 5,5%	2,5 Kirchensteuer 8%	2,5 Kirchensteuer 9%	3,0 SolZ 5,5%	3,0 Kirchensteuer 8%	3,0 Kirchensteue[r] 9%
						Anzahl Kinderfreibeträge (nur Steuerklassen I–IV)																	
4.142,99	I	840,50	-	67,24	75,64	-	56,83	63,93	-	46,94	52,80	-	37,56	42,26	-	28,70	32,28	-	20,35	22,89	-	12,52	14,
	II	716,58	-	57,32	64,49	-	47,40	53,33	-	38,00	42,75	-	29,12	32,76	-	20,74	23,33	-	12,88	14,49	-	5,55	6,
	III	444,16	-	35,53	39,97	-	27,73	31,19	-	20,20	22,72	-	12,92	14,53	-	6,41	7,21	-	1,21	1,36	-	-	
	IV	840,50	-	67,24	75,64	-	61,97	69,71	-	56,83	63,93	-	51,82	58,30	-	46,94	52,80	-	42,18	47,45	-	37,56	42,
	V	1.312,50	-	105,00	118,12																		
	VI	1.356,83	-	108,54	122,11																		
4.145,99	I	841,58	-	67,32	75,74	-	56,92	64,03	-	47,02	52,89	-	37,64	42,34	-	28,77	32,36	-	20,42	22,97	-	12,58	14,
	II	717,58	-	57,40	64,58	-	47,48	53,42	-	38,08	42,84	-	29,18	32,83	-	20,80	23,40	-	12,94	14,56	-	5,61	6,
	III	445,00	-	35,60	40,05	-	27,80	31,27	-	20,25	22,78	-	12,97	14,59	-	6,45	7,25	-	1,25	1,40	-	-	
	IV	841,58	-	67,32	75,74	-	62,06	69,81	-	56,92	64,03	-	51,90	58,39	-	47,02	52,89	-	42,26	47,54	-	37,64	42,
	V	1.313,83	-	105,10	118,24																		
	VI	1.358,08	-	108,64	122,22																		
4.148,99	I	842,66	-	67,41	75,83	-	57,00	64,12	-	47,10	52,98	-	37,71	42,42	-	28,84	32,44	-	20,48	23,04	-	12,64	14,
	II	718,58	-	57,48	64,67	-	47,56	53,51	-	38,15	42,92	-	29,25	32,90	-	20,87	23,48	-	13,00	14,63	-	5,66	6,
	III	445,83	-	35,66	40,12	-	27,86	31,34	-	20,32	22,86	-	13,02	14,65	-	6,50	7,31	-	1,28	1,44	-	-	
	IV	842,66	-	67,41	75,83	-	62,14	69,90	-	57,00	64,12	-	51,98	58,48	-	47,10	52,98	-	42,34	47,63	-	37,71	42,
	V	1.315,08	-	105,20	118,35																		
	VI	1.359,33	-	108,74	122,33																		
4.151,99	I	843,75	-	67,50	75,93	-	57,08	64,21	-	47,17	53,06	-	37,78	42,50	-	28,90	32,51	-	20,54	23,11	-	12,70	14,
	II	719,66	-	57,57	64,76	-	47,64	53,59	-	38,22	43,00	-	29,32	32,99	-	20,94	23,55	-	13,06	14,69	-	5,72	6,
	III	446,50	-	35,72	40,18	-	27,92	31,41	-	20,37	22,91	-	13,09	14,72	-	6,54	7,36	-	1,32	1,48	-	-	
	IV	843,75	-	67,50	75,93	-	62,22	70,00	-	57,08	64,21	-	52,06	58,57	-	47,17	53,06	-	42,41	47,71	-	37,78	42,
	V	1.316,33	-	105,30	118,46																		
	VI	1.360,58	-	108,84	122,45																		
4.154,99	I	844,83	-	67,58	76,03	-	57,16	64,30	-	47,25	53,15	-	37,86	42,59	-	28,98	32,60	-	20,61	23,18	-	12,76	14,
	II	720,66	-	57,65	64,85	-	47,72	53,68	-	38,30	43,08	-	29,39	33,06	-	21,00	23,63	-	13,12	14,76	-	5,78	6,
	III	447,33	-	35,78	40,25	-	27,98	31,48	-	20,44	22,99	-	13,14	14,78	-	6,60	7,42	-	1,36	1,53	-	-	
	IV	844,83	-	67,58	76,03	-	62,30	70,09	-	57,16	64,30	-	52,14	58,66	-	47,25	53,15	-	42,49	47,80	-	37,86	42,
	V	1.317,58	-	105,40	118,58																		
	VI	1.361,91	-	108,95	122,57																		
4.157,99	I	845,91	-	67,67	76,13	-	57,24	64,40	-	47,33	53,24	-	37,93	42,67	-	29,04	32,67	-	20,68	23,26	-	12,82	14,
	II	721,66	-	57,73	64,94	-	47,80	53,77	-	38,37	43,16	-	29,46	33,14	-	21,07	23,70	-	13,19	14,84	-	5,83	6,
	III	448,16	-	35,85	40,33	-	28,04	31,54	-	20,49	23,05	-	13,20	14,85	-	6,65	7,48	-	1,40	1,57	-	-	
	IV	845,91	-	67,67	76,13	-	62,39	70,19	-	57,24	64,40	-	52,22	58,74	-	47,33	53,24	-	42,56	47,88	-	37,93	42,
	V	1.318,83	-	105,50	118,69																		
	VI	1.363,16	-	109,05	122,68																		
4.160,99	I	847,00	-	67,76	76,23	-	57,32	64,49	-	47,40	53,33	-	38,00	42,75	-	29,12	32,76	-	20,74	23,33	-	12,88	14,
	II	722,75	-	57,82	65,04	-	47,87	53,85	-	38,44	43,25	-	29,53	33,22	-	21,13	23,77	-	13,25	14,90	-	5,88	6,
	III	449,00	-	35,92	40,41	-	28,10	31,61	-	20,56	23,13	-	13,26	14,92	-	6,69	7,52	-	1,44	1,62	-	-	
	IV	847,00	-	67,76	76,23	-	62,48	70,29	-	57,32	64,49	-	52,30	58,83	-	47,40	53,33	-	42,64	47,97	-	38,00	42,
	V	1.320,08	-	105,60	118,80																		
	VI	1.364,41	-	109,15	122,79																		
4.163,99	I	848,00	-	67,84	76,32	-	57,40	64,58	-	47,48	53,42	-	38,08	42,84	-	29,18	32,83	-	20,80	23,40	-	12,94	14,
	II	723,75	-	57,90	65,13	-	47,95	53,94	-	38,52	43,33	-	29,60	33,30	-	21,20	23,85	-	13,31	14,97	-	5,94	6,
	III	449,83	-	35,98	40,48	-	28,17	31,69	-	20,61	23,18	-	13,32	14,98	-	6,74	7,58	-	1,46	1,64	-	-	
	IV	848,00	-	67,84	76,32	-	62,56	70,38	-	57,40	64,58	-	52,38	58,92	-	47,48	53,42	-	42,72	48,06	-	38,08	42,
	V	1.321,33	-	105,70	118,91																		
	VI	1.365,66	-	109,25	122,90																		
4.166,99	I	849,08	-	67,92	76,41	-	57,48	64,67	-	47,56	53,51	-	38,15	42,92	-	29,25	32,90	-	20,87	23,48	-	13,00	14,
	II	724,75	-	57,98	65,22	-	48,03	54,03	-	38,59	43,41	-	29,67	33,38	-	21,26	23,92	-	13,37	15,04	-	6,00	6,
	III	450,50	-	36,04	40,54	-	28,22	31,75	-	20,68	23,26	-	13,37	15,04	-	6,78	7,63	-	1,50	1,69	-	-	
	IV	849,08	-	67,92	76,41	-	62,64	70,47	-	57,48	64,67	-	52,46	59,01	-	47,56	53,51	-	42,79	48,14	-	38,15	42,
	V	1.322,58	-	105,80	119,03																		
	VI	1.366,91	-	109,35	123,02																		
4.169,99	I	850,16	-	68,01	76,51	-	57,57	64,76	-	47,64	53,59	-	38,22	43,00	-	29,32	32,99	-	20,94	23,55	-	13,06	14,
	II	725,83	-	58,06	65,32	-	48,10	54,11	-	38,66	43,49	-	29,74	33,46	-	21,33	23,99	-	13,43	15,11	-	6,06	6,
	III	451,33	-	36,10	40,61	-	28,29	31,82	-	20,73	23,32	-	13,44	15,12	-	6,84	7,69	-	1,54	1,73	-	-	
	IV	850,16	-	68,01	76,51	-	62,72	70,56	-	57,57	64,76	-	52,54	59,10	-	47,64	53,59	-	42,86	48,22	-	38,22	43,
	V	1.323,83	-	105,90	119,14																		
	VI	1.368,16	-	109,45	123,13																		
4.172,99	I	851,25	-	68,10	76,61	-	57,65	64,85	-	47,72	53,68	-	38,30	43,08	-	29,39	33,06	-	21,00	23,63	-	13,12	14,7
	II	726,83	-	58,14	65,41	-	48,18	54,20	-	38,74	43,58	-	29,81	33,53	-	21,40	24,07	-	13,50	15,18	-	6,11	6,8
	III	452,16	-	36,17	40,69	-	28,36	31,90	-	20,80	23,40	-	13,49	15,17	-	6,88	7,74	-	1,58	1,78	-	-	
	IV	851,25	-	68,10	76,61	-	62,81	70,66	-	57,65	64,85	-	52,62	59,19	-	47,72	53,68	-	42,94	48,31	-	38,30	43,0
	V	1.325,16	-	106,01	119,26																		
	VI	1.369,41	-	109,55	123,24																		
4.175,99	I	852,33	-	68,18	76,70	-	57,73	64,94	-	47,80	53,77	-	38,37	43,16	-	29,46	33,14	-	21,07	23,70	-	13,19	14,8
	II	727,83	-	58,22	65,50	-	48,26	54,29	-	38,82	43,67	-	29,88	33,61	-	21,46	24,14	-	13,56	15,25	-	6,17	6,9
	III	453,00	-	36,24	40,77	-	28,41	31,96	-	20,85	23,45	-	13,54	15,23	-	6,93	7,79	-	1,62	1,82	-	-	
	IV	852,33	-	68,18	76,70	-	62,90	70,76	-	57,73	64,94	-	52,70	59,28	-	47,80	53,77	-	43,02	48,39	-	38,37	43,1
	V	1.326,41	-	106,11	119,37																		
	VI	1.370,66	-	109,65	123,35																		
4.178,99	I	853,41	-	68,27	76,80	-	57,82	65,04	-	47,87	53,85	-	38,44	43,25	-	29,53	33,22	-	21,13	23,77	-	13,25	14,9
	II	728,91	-	58,31	65,60	-	48,34	54,38	-	38,89	43,75	-	29,95	33,69	-	21,52	24,21	-	13,62	15,32	-	6,22	7,0
	III	453,83	-	36,30	40,84	-	28,48	32,04	-	20,92	23,53	-	13,61	15,31	-	6,98	7,85	-	1,65	1,85	-	-	
	IV	853,41	-	68,27	76,80	-	62,98	70,85	-	57,82	65,04	-	52,78	59,37	-	47,87	53,85	-	43,10	48,48	-	38,44	43,2
	V	1.327,66	-	106,21	119,48																		
	VI	1.372,00	-	109,76	123,48																		
4.181,99	I	854,50	-	68,36	76,90	-	57,90	65,13	-	47,95	53,94	-	38,52	43,33	-	29,60	33,30	-	21,20	23,85	-	13,31	14,9
	II	729,91	-	58,39	65,69	-	48,42	54,47	-	38,96	43,83	-	30,02	33,77	-	21,59	24,29	-	13,68	15,39	-	6,28	7,0
	III	454,50	-	36,36	40,90	-	28,54	32,11	-	20,97	23,59	-	13,66	15,37	-	7,02	7,90	-	1,69	1,90	-	-	
	IV	854,50	-	68,36	76,90	-	63,06	70,94	-	57,90	65,13	-	52,86	59,46	-	47,95	53,94	-	43,17	48,56	-	38,52	43,3
	V	1.328,91	-	106,31	119,60																		
	VI	1.373,25	-	109,86	123,59																		
4.184,99	I	855,58	-	68,44	77,00	-	57,98	65,22	-	48,03	54,03	-	38,59	43,41	-	29,67	33,38	-	21,26	23,92	-	13,37	15,0
	II	730,91	-	58,47	65,78	-	48,50	54,56	-	39,04	43,92	-	30,09	33,85	-	21,66	24,36	-	13,74	15,46	-	6,34	7,1
	III	455,33	-	36,42	40,97	-	28,60	32,17	-	21,04	23,67	-	13,72	15,43	-	7,08	7,96	-	1,73	1,94	-	-	
	IV	855,58	-	68,44	77,00	-	63,14	71,03	-	57,98	65,22	-	52,94	59,55	-	48,03	54,03	-	43,24	48,65	-	38,59	43,4
	V	1.330,16	-	106,41	119,71																		
	VI	1.374,50	-	109,96	123,70																		

Besondere Tabelle

Lohn/ Gehalt bis	Steuerklasse	Lohn-steuer	ohne Kinderfreibetrag SolZ 5,5%	Kirchensteuer 8%	9%	0,5 SolZ 5,5%	Kirchensteuer 8%	9%	1,0 SolZ 5,5%	Kirchensteuer 8%	9%	1,5 SolZ 5,5%	Kirchensteuer 8%	9%	2,0 SolZ 5,5%	Kirchensteuer 8%	9%	2,5 SolZ 5,5%	Kirchensteuer 8%	9%	3,0 SolZ 5,5%	Kirchensteuer 8%	9%
						Anzahl Kinderfreibeträge (nur Steuerklassen I–IV)																	
4.187,99	I	856,66	-	68,53	77,09	-	58,06	65,32	-	48,10	54,11	-	38,66	43,49	-	29,74	33,46	-	21,33	23,99	-	13,43	15,11
	II	732,00	-	58,56	65,88	-	48,58	54,65	-	39,11	44,00	-	30,16	33,93	-	21,72	24,44	-	13,80	15,53	-	6,40	7,20
	III	456,16	-	36,49	41,05	-	28,66	32,24	-	21,09	23,72	-	13,78	15,50	-	7,12	8,01	-	1,77	1,99	-	-	-
	IV	856,66	-	68,53	77,09	-	63,23	71,13	-	58,06	65,32	-	53,02	59,64	-	48,10	54,11	-	43,32	48,74	-	38,66	43,49
	V	1.331,41	-	106,51	119,82																		
	VI	1.375,75	-	110,06	123,81																		
4.190,99	I	857,75	-	68,62	77,19	-	58,14	65,41	-	48,18	54,20	-	38,74	43,58	-	29,81	33,53	-	21,40	24,07	-	13,50	15,18
	II	733,00	-	58,64	65,97	-	48,65	54,73	-	39,18	44,08	-	30,23	34,01	-	21,79	24,51	-	13,86	15,59	-	6,45	7,25
	III	457,00	-	36,56	41,13	-	28,73	32,32	-	21,16	23,80	-	13,84	15,57	-	7,17	8,06	-	1,81	2,03	-	-	-
	IV	857,75	-	68,62	77,19	-	63,32	71,23	-	58,14	65,41	-	53,10	59,73	-	48,18	54,20	-	43,40	48,82	-	38,74	43,58
	V	1.332,66	-	106,61	119,93																		
	VI	1.377,00	-	110,16	123,93																		
4.193,99	I	858,83	-	68,70	77,29	-	58,22	65,50	-	48,26	54,29	-	38,82	43,67	-	29,88	33,61	-	21,46	24,14	-	13,56	15,25
	II	734,00	-	58,72	66,06	-	48,73	54,82	-	39,26	44,16	-	30,30	34,08	-	21,86	24,59	-	13,92	15,66	-	6,51	7,32
	III	457,83	-	36,62	41,20	-	28,78	32,38	-	21,21	23,86	-	13,89	15,62	-	7,22	8,12	-	1,84	2,07	-	-	-
	IV	858,83	-	68,70	77,29	-	63,40	71,32	-	58,22	65,50	-	53,18	59,82	-	48,26	54,29	-	43,48	48,91	-	38,82	43,67
	V	1.333,91	-	106,71	120,05																		
	VI	1.378,25	-	110,26	124,04																		
4.196,99	I	859,91	-	68,79	77,39	-	58,31	65,60	-	48,34	54,38	-	38,89	43,75	-	29,95	33,69	-	21,52	24,21	-	13,62	15,32
	II	735,08	-	58,80	66,15	-	48,81	54,91	-	39,33	44,24	-	30,37	34,16	-	21,92	24,66	-	13,99	15,74	-	6,57	7,39
	III	458,50	-	36,68	41,26	-	28,85	32,45	-	21,28	23,94	-	13,96	15,70	-	7,26	8,17	-	1,88	2,11	-	-	-
	IV	859,91	-	68,79	77,39	-	63,48	71,42	-	58,31	65,60	-	53,26	59,91	-	48,34	54,38	-	43,55	48,99	-	38,89	43,75
	V	1.335,25	-	106,82	120,17																		
	VI	1.379,50	-	110,36	124,15																		
4.199,99	I	861,00	-	68,88	77,49	-	58,39	65,69	-	48,42	54,47	-	38,96	43,83	-	30,02	33,77	-	21,59	24,29	-	13,68	15,39
	II	736,08	-	58,88	66,24	-	48,89	55,00	-	39,40	44,33	-	30,44	34,24	-	21,99	24,74	-	14,05	15,80	-	6,62	7,45
	III	459,33	-	36,74	41,33	-	28,90	32,51	-	21,33	23,99	-	14,01	15,76	-	7,32	8,23	-	1,92	2,16	-	-	-
	IV	861,00	-	68,88	77,49	-	63,57	71,51	-	58,39	65,69	-	53,34	60,00	-	48,42	54,47	-	43,62	49,07	-	38,96	43,83
	V	1.336,50	-	106,92	120,28																		
	VI	1.380,75	-	110,46	124,26																		
4.202,99	I	862,08	-	68,96	77,58	-	58,47	65,78	-	48,50	54,56	-	39,04	43,92	-	30,09	33,85	-	21,66	24,36	-	13,74	15,46
	II	737,08	-	58,96	66,33	-	48,96	55,08	-	39,48	44,42	-	30,51	34,32	-	22,05	24,80	-	14,11	15,87	-	6,68	7,52
	III	460,16	-	36,81	41,41	-	28,97	32,59	-	21,40	24,07	-	14,06	15,82	-	7,37	8,29	-	1,96	2,20	-	-	-
	IV	862,08	-	68,96	77,58	-	63,65	71,60	-	58,47	65,78	-	53,42	60,09	-	48,50	54,56	-	43,70	49,16	-	39,04	43,92
	V	1.337,75	-	107,02	120,39																		
	VI	1.382,08	-	110,56	124,38																		
4.205,99	I	863,16	-	69,05	77,68	-	58,56	65,88	-	48,58	54,65	-	39,11	44,00	-	30,16	33,93	-	21,72	24,44	-	13,80	15,53
	II	738,16	-	59,05	66,43	-	49,04	55,17	-	39,56	44,50	-	30,58	34,40	-	22,12	24,88	-	14,17	15,94	-	6,74	7,58
	III	461,00	-	36,88	41,49	-	29,04	32,67	-	21,45	24,13	-	14,13	15,89	-	7,41	8,33	-	2,00	2,25	-	-	-
	IV	863,16	-	69,05	77,68	-	63,74	71,70	-	58,56	65,88	-	53,50	60,18	-	48,58	54,65	-	43,78	49,25	-	39,11	44,00
	V	1.339,00	-	107,12	120,51																		
	VI	1.383,33	-	110,66	124,49																		
4.208,99	I	864,25	-	69,14	77,78	-	58,64	65,97	-	48,65	54,73	-	39,18	44,08	-	30,23	34,01	-	21,79	24,51	-	13,86	15,59
	II	739,16	-	59,13	66,52	-	49,12	55,26	-	39,63	44,58	-	30,65	34,48	-	22,18	24,95	-	14,24	16,02	-	6,80	7,65
	III	461,83	-	36,94	41,56	-	29,09	32,72	-	21,52	24,21	-	14,18	15,95	-	7,46	8,39	-	2,04	2,29	-	-	-
	IV	864,25	-	69,14	77,78	-	63,82	71,80	-	58,64	65,97	-	53,58	60,27	-	48,65	54,73	-	43,86	49,34	-	39,18	44,08
	V	1.340,25	-	107,22	120,62																		
	VI	1.384,58	-	110,76	124,61																		
4.211,99	I	865,33	-	69,22	77,87	-	58,72	66,06	-	48,73	54,82	-	39,26	44,16	-	30,30	34,08	-	21,86	24,59	-	13,92	15,66
	II	740,16	-	59,21	66,61	-	49,20	55,35	-	39,70	44,66	-	30,72	34,56	-	22,25	25,03	-	14,30	16,08	-	6,86	7,71
	III	462,50	-	37,00	41,62	-	29,16	32,80	-	21,57	24,26	-	14,24	16,02	-	7,52	8,46	-	2,08	2,34	-	-	-
	IV	865,33	-	69,22	77,87	-	63,90	71,89	-	58,72	66,06	-	53,66	60,37	-	48,73	54,82	-	43,93	49,42	-	39,26	44,16
	V	1.341,50	-	107,32	120,73																		
	VI	1.385,83	-	110,86	124,72																		
4.214,99	I	866,41	-	69,31	77,97	-	58,80	66,15	-	48,81	54,91	-	39,33	44,24	-	30,37	34,16	-	21,92	24,66	-	13,99	15,74
	II	741,25	-	59,30	66,71	-	49,28	55,44	-	39,78	44,75	-	30,79	34,64	-	22,32	25,11	-	14,36	16,15	-	6,92	7,78
	III	463,33	-	37,06	41,69	-	29,22	32,87	-	21,64	24,34	-	14,30	16,09	-	7,56	8,50	-	2,12	2,38	-	-	-
	IV	866,41	-	69,31	77,97	-	63,99	71,99	-	58,80	66,15	-	53,74	60,46	-	48,81	54,91	-	44,00	49,50	-	39,33	44,24
	V	1.342,75	-	107,42	120,84																		
	VI	1.387,08	-	110,96	124,83																		
4.217,99	I	867,50	-	69,40	78,07	-	58,88	66,24	-	48,89	55,00	-	39,40	44,33	-	30,44	34,24	-	21,99	24,74	-	14,05	15,80
	II	742,25	-	59,38	66,80	-	49,36	55,53	-	39,85	44,83	-	30,86	34,72	-	22,38	25,18	-	14,42	16,22	-	6,97	7,84
	III	464,16	-	37,13	41,77	-	29,28	32,94	-	21,69	24,40	-	14,36	16,15	-	7,61	8,56	-	2,14	2,41	-	-	-
	IV	867,50	-	69,40	78,07	-	64,08	72,09	-	58,88	66,24	-	53,82	60,55	-	48,89	55,00	-	44,08	49,59	-	39,40	44,33
	V	1.344,00	-	107,52	120,96																		
	VI	1.388,33	-	111,06	124,94																		
4.220,99	I	868,58	-	69,48	78,17	-	58,96	66,33	-	48,96	55,08	-	39,48	44,42	-	30,51	34,32	-	22,05	24,80	-	14,11	15,87
	II	743,33	-	59,46	66,89	-	49,44	55,62	-	39,92	44,91	-	30,93	34,79	-	22,45	25,25	-	14,48	16,29	-	7,03	7,91
	III	465,00	-	37,20	41,85	-	29,34	33,01	-	21,76	24,48	-	14,41	16,21	-	7,66	8,62	-	2,18	2,45	-	-	-
	IV	868,58	-	69,48	78,17	-	64,16	72,18	-	58,96	66,33	-	53,90	60,64	-	48,96	55,08	-	44,16	49,68	-	39,48	44,42
	V	1.345,33	-	107,62	121,07																		
	VI	1.389,58	-	111,16	125,06																		
4.223,99	I	869,58	-	69,56	78,26	-	59,05	66,43	-	49,04	55,17	-	39,56	44,50	-	30,58	34,40	-	22,12	24,88	-	14,17	15,94
	II	744,33	-	59,54	66,98	-	49,52	55,71	-	40,00	45,00	-	31,00	34,88	-	22,52	25,33	-	14,54	16,36	-	7,09	7,97
	III	465,83	-	37,26	41,92	-	29,41	33,08	-	21,81	24,53	-	14,48	16,29	-	7,70	8,66	-	2,22	2,50	-	-	-
	IV	869,58	-	69,56	78,26	-	64,24	72,27	-	59,05	66,43	-	53,98	60,73	-	49,04	55,17	-	44,24	49,77	-	39,56	44,50
	V	1.346,58	-	107,72	121,19																		
	VI	1.390,83	-	111,26	125,17																		
4.226,99	I	870,75	-	69,66	78,36	-	59,13	66,52	-	49,12	55,26	-	39,63	44,58	-	30,65	34,48	-	22,18	24,95	-	14,24	16,02
	II	745,41	-	59,63	67,08	-	49,60	55,80	-	40,08	45,09	-	31,07	34,95	-	22,58	25,40	-	14,60	16,43	-	7,14	8,03
	III	466,50	-	37,32	41,98	-	29,46	33,14	-	21,88	24,61	-	14,53	16,34	-	7,76	8,73	-	2,26	2,54	-	-	-
	IV	870,75	-	69,66	78,36	-	64,33	72,37	-	59,13	66,52	-	54,06	60,82	-	49,12	55,26	-	44,31	49,85	-	39,63	44,58
	V	1.347,83	-	107,82	121,30																		
	VI	1.392,08	-	111,36	125,28																		
4.229,99	I	871,83	-	69,74	78,46	-	59,21	66,61	-	49,20	55,35	-	39,70	44,66	-	30,72	34,56	-	22,25	25,03	-	14,30	16,08
	II	746,41	-	59,71	67,17	-	49,67	55,88	-	40,15	45,17	-	31,14	35,03	-	22,65	25,48	-	14,67	16,50	-	7,20	8,10
	III	467,33	-	37,38	42,05	-	29,53	33,22	-	21,93	24,67	-	14,58	16,40	-	7,81	8,78	-	2,30	2,59	-	-	-
	IV	871,83	-	69,74	78,46	-	64,41	72,46	-	59,21	66,61	-	54,14	60,91	-	49,20	55,35	-	44,39	49,94	-	39,70	44,66
	V	1.349,08	-	107,92	121,41																		
	VI	1.393,41	-	111,47	125,40																		

Lohn/ Gehalt bis	Steuerklasse	Lohn- steuer	ohne Kinderfreibetrag			Anzahl Kinderfreibeträge (nur Steuerklassen I–IV) 0,5			1,0			1,5			2,0			2,5			3,0		
			SolZ 5,5%	Kirchensteuer 8%	9%	SolZ 5,5%	Kirchensteuer 8%	9%	SolZ 5,5%	Kirchensteuer 8%	9%	SolZ 5,5%	Kirchensteuer 8%	9%	SolZ 5,5%	Kirchensteuer 8%	9%	SolZ 5,5%	Kirchensteuer 8%	9%	SolZ 5,5%	Kirchensteuer 8%	9%
4.232,99	I	872,91	-	69,83	78,56	-	59,30	66,71	-	49,28	55,44	-	39,78	44,75	-	30,79	34,64	-	22,32	25,11	-	14,36	16
	II	747,41	-	59,79	67,26	-	49,75	55,97	-	40,22	45,25	-	31,21	35,11	-	22,72	25,56	-	14,73	16,57	-	7,26	8
	III	468,16	-	37,45	42,13	-	29,60	33,30	-	22,00	24,75	-	14,65	16,48	-	7,86	8,84	-	2,34	2,63	-	-	
	IV	872,91	-	69,83	78,56	-	64,50	72,56	-	59,30	66,71	-	54,22	61,00	-	49,28	55,44	-	44,46	50,02	-	39,78	44
	V	1.350,33	-	108,02	121,52																		
	VI	1.394,66	-	111,57	125,51																		
4.235,99	I	874,00	-	69,92	78,66	-	59,38	66,80	-	49,36	55,53	-	39,85	44,83	-	30,86	34,72	-	22,38	25,18	-	14,42	16
	II	748,50	-	59,88	67,36	-	49,83	56,06	-	40,30	45,33	-	31,28	35,19	-	22,78	25,63	-	14,79	16,64	-	7,32	8
	III	469,00	-	37,52	42,21	-	29,65	33,35	-	22,05	24,80	-	14,70	16,54	-	7,90	8,89	-	2,38	2,68	-	-	
	IV	874,00	-	69,92	78,66	-	64,58	72,65	-	59,38	66,80	-	54,30	61,09	-	49,36	55,53	-	44,54	50,11	-	39,85	44
	V	1.351,58	-	108,12	121,64																		
	VI	1.395,91	-	111,67	125,63																		
4.238,99	I	875,08	-	70,00	78,75	-	59,46	66,89	-	49,44	55,62	-	39,92	44,91	-	30,93	34,79	-	22,45	25,25	-	14,48	16
	II	749,50	-	59,96	67,45	-	49,91	56,15	-	40,38	45,42	-	31,35	35,27	-	22,84	25,70	-	14,86	16,71	-	7,38	8
	III	469,83	-	37,58	42,28	-	29,72	33,43	-	22,12	24,88	-	14,76	16,60	-	7,96	8,95	-	2,42	2,72	-	-	
	IV	875,08	-	70,00	78,75	-	64,66	72,74	-	59,46	66,89	-	54,38	61,18	-	49,44	55,62	-	44,62	50,19	-	39,92	44
	V	1.352,83	-	108,22	121,75																		
	VI	1.397,16	-	111,77	125,74																		
4.241,99	I	876,16	-	70,09	78,85	-	59,54	66,98	-	49,52	55,71	-	40,00	45,00	-	31,00	34,88	-	22,52	25,33	-	14,54	16
	II	750,58	-	60,04	67,55	-	49,99	56,24	-	40,45	45,50	-	31,42	35,35	-	22,91	25,77	-	14,92	16,78	-	7,44	8
	III	470,66	-	37,65	42,35	-	29,78	33,50	-	22,17	24,94	-	14,82	16,67	-	8,01	9,01	-	2,46	2,77	-	-	
	IV	876,16	-	70,09	78,85	-	64,75	72,84	-	59,54	66,98	-	54,46	61,27	-	49,52	55,71	-	44,70	50,28	-	40,00	45
	V	1.354,08	-	108,32	121,86																		
	VI	1.398,41	-	111,87	125,85																		
4.244,99	I	877,25	-	70,18	78,95	-	59,63	67,08	-	49,60	55,80	-	40,08	45,09	-	31,07	34,95	-	22,58	25,40	-	14,60	16
	II	751,58	-	60,12	67,64	-	50,06	56,32	-	40,52	45,59	-	31,50	35,43	-	22,98	25,85	-	14,98	16,85	-	7,50	8
	III	471,33	-	37,70	42,41	-	29,84	33,57	-	22,24	25,02	-	14,88	16,74	-	8,05	9,05	-	2,50	2,81	-	-	
	IV	877,25	-	70,18	78,95	-	64,84	72,94	-	59,63	67,08	-	54,54	61,36	-	49,60	55,80	-	44,77	50,36	-	40,08	45
	V	1.355,33	-	108,42	121,97																		
	VI	1.399,66	-	111,97	125,96																		
4.247,99	I	878,33	-	70,26	79,04	-	59,71	67,17	-	49,67	55,88	-	40,15	45,17	-	31,14	35,03	-	22,65	25,48	-	14,67	16
	II	752,66	-	60,21	67,73	-	50,14	56,41	-	40,60	45,67	-	31,56	35,51	-	23,04	25,92	-	15,04	16,92	-	7,55	8
	III	472,16	-	37,77	42,49	-	29,90	33,64	-	22,29	25,07	-	14,93	16,79	-	8,10	9,11	-	2,54	2,86	-	-	
	IV	878,33	-	70,26	79,04	-	64,92	73,04	-	59,71	67,17	-	54,62	61,45	-	49,67	55,88	-	44,85	50,45	-	40,15	45
	V	1.356,66	-	108,53	122,09																		
	VI	1.400,91	-	112,07	126,08																		
4.250,99	I	879,41	-	70,35	79,14	-	59,79	67,26	-	49,75	55,97	-	40,22	45,25	-	31,21	35,11	-	22,72	25,56	-	14,73	16
	II	753,66	-	60,29	67,82	-	50,22	56,50	-	40,67	45,75	-	31,64	35,59	-	23,11	26,00	-	15,10	16,99	-	7,61	8
	III	473,00	-	37,84	42,57	-	29,97	33,71	-	22,36	25,15	-	15,00	16,87	-	8,16	9,18	-	2,58	2,90	-	-	
	IV	879,41	-	70,35	79,14	-	65,00	73,13	-	59,79	67,26	-	54,71	61,55	-	49,75	55,97	-	44,92	50,54	-	40,22	45
	V	1.357,91	-	108,63	122,21																		
	VI	1.402,16	-	112,17	126,19																		
4.253,99	I	880,50	-	70,44	79,24	-	59,88	67,36	-	49,83	56,06	-	40,30	45,33	-	31,28	35,19	-	22,78	25,63	-	14,79	16
	II	754,66	-	60,37	67,91	-	50,30	56,59	-	40,75	45,84	-	31,70	35,66	-	23,18	26,07	-	15,16	17,06	-	7,67	8
	III	473,83	-	37,90	42,64	-	30,02	33,77	-	22,41	25,21	-	15,05	16,93	-	8,21	9,23	-	2,62	2,95	-	-	
	IV	880,50	-	70,44	79,24	-	65,09	73,22	-	59,88	67,36	-	54,79	61,64	-	49,83	56,06	-	45,00	50,62	-	40,30	45
	V	1.359,16	-	108,73	122,32																		
	VI	1.403,50	-	112,28	126,31																		
4.256,99	I	881,58	-	70,52	79,34	-	59,96	67,45	-	49,91	56,15	-	40,38	45,42	-	31,35	35,27	-	22,84	25,70	-	14,86	16
	II	755,75	-	60,46	68,01	-	50,38	56,68	-	40,82	45,92	-	31,78	35,75	-	23,24	26,15	-	15,23	17,13	-	7,73	8
	III	474,66	-	37,97	42,71	-	30,09	33,85	-	22,48	25,29	-	15,12	17,01	-	8,25	9,28	-	2,66	2,99	-	-	
	IV	881,58	-	70,52	79,34	-	65,18	73,32	-	59,96	67,45	-	54,87	61,73	-	49,91	56,15	-	45,08	50,71	-	40,38	45
	V	1.360,41	-	108,83	122,43																		
	VI	1.404,75	-	112,38	126,42																		
4.259,99	I	882,66	-	70,61	79,43	-	60,04	67,55	-	49,99	56,24	-	40,45	45,50	-	31,42	35,35	-	22,91	25,77	-	14,92	16
	II	756,75	-	60,54	68,10	-	50,46	56,77	-	40,90	46,01	-	31,85	35,83	-	23,31	26,22	-	15,29	17,20	-	7,78	8
	III	475,50	-	38,04	42,79	-	30,16	33,93	-	22,53	25,34	-	15,17	17,06	-	8,30	9,34	-	2,70	3,04	-	-	
	IV	882,66	-	70,61	79,43	-	65,26	73,42	-	60,04	67,55	-	54,95	61,82	-	49,99	56,24	-	45,16	50,80	-	40,45	45
	V	1.361,66	-	108,93	122,54																		
	VI	1.406,00	-	112,48	126,54																		
4.262,99	I	883,75	-	70,70	79,53	-	60,12	67,64	-	50,06	56,32	-	40,52	45,59	-	31,50	35,43	-	22,98	25,85	-	14,98	16,
	II	757,83	-	60,62	68,20	-	50,54	56,85	-	40,97	46,09	-	31,92	35,91	-	23,38	26,30	-	15,36	17,28	-	7,84	8
	III	476,16	-	38,09	42,85	-	30,21	33,98	-	22,60	25,42	-	15,22	17,12	-	8,36	9,40	-	2,74	3,08	-	-	
	IV	883,75	-	70,70	79,53	-	65,34	73,51	-	60,12	67,64	-	55,03	61,91	-	50,06	56,32	-	45,23	50,88	-	40,52	45
	V	1.362,91	-	109,03	122,66																		
	VI	1.407,25	-	112,58	126,65																		
4.265,99	I	884,83	-	70,78	79,63	-	60,21	67,73	-	50,14	56,41	-	40,60	45,67	-	31,56	35,51	-	23,04	25,92	-	15,04	16,
	II	758,83	-	60,70	68,29	-	50,62	56,94	-	41,04	46,17	-	31,99	35,99	-	23,44	26,37	-	15,42	17,34	-	7,90	8,
	III	477,00	-	38,16	42,93	-	30,28	34,06	-	22,65	25,48	-	15,29	17,20	-	8,41	9,46	-	2,78	3,13	-	-	
	IV	884,83	-	70,78	79,63	-	65,43	73,61	-	60,21	67,73	-	55,11	62,00	-	50,14	56,41	-	45,31	50,97	-	40,60	45,
	V	1.364,16	-	109,13	122,77																		
	VI	1.408,50	-	112,68	126,76																		
4.268,99	I	885,91	-	70,87	79,73	-	60,29	67,82	-	50,22	56,50	-	40,67	45,75	-	31,64	35,59	-	23,11	26,00	-	15,10	16,
	II	759,91	-	60,79	68,39	-	50,70	57,03	-	41,12	46,26	-	32,06	36,06	-	23,51	26,45	-	15,48	17,41	-	7,96	8,
	III	477,83	-	38,22	43,00	-	30,34	34,13	-	22,72	25,56	-	15,34	17,26	-	8,46	9,52	-	2,82	3,17	-	-	
	IV	885,91	-	70,87	79,73	-	65,52	73,71	-	60,29	67,82	-	55,19	62,09	-	50,22	56,50	-	45,38	51,05	-	40,67	45,
	V	1.365,41	-	109,23	122,88																		
	VI	1.409,75	-	112,78	126,87																		
4.271,99	I	887,00	-	70,96	79,83	-	60,37	67,91	-	50,30	56,59	-	40,75	45,84	-	31,70	35,66	-	23,18	26,07	-	15,16	17,
	II	760,91	-	60,87	68,48	-	50,78	57,12	-	41,20	46,35	-	32,13	36,14	-	23,58	26,52	-	15,54	17,48	-	8,02	9,
	III	478,66	-	38,29	43,07	-	30,40	34,20	-	22,77	25,61	-	15,40	17,32	-	8,50	9,56	-	2,86	3,22	-	-	
	IV	887,00	-	70,96	79,83	-	65,60	73,80	-	60,37	67,91	-	55,28	62,19	-	50,30	56,59	-	45,46	51,14	-	40,75	45,
	V	1.366,75	-	109,34	123,00																		
	VI	1.411,00	-	112,88	126,99																		
4.274,99	I	888,08	-	71,04	79,92	-	60,46	68,01	-	50,38	56,68	-	40,82	45,92	-	31,78	35,75	-	23,24	26,15	-	15,23	17,
	II	762,00	-	60,96	68,58	-	50,86	57,21	-	41,27	46,43	-	32,20	36,23	-	23,64	26,60	-	15,60	17,55	-	8,08	9,
	III	479,50	-	38,36	43,15	-	30,46	34,27	-	22,84	25,69	-	15,46	17,39	-	8,56	9,63	-	2,90	3,26	-	-	
	IV	888,08	-	71,04	79,92	-	65,68	73,89	-	60,46	68,01	-	55,36	62,28	-	50,38	56,68	-	45,54	51,23	-	40,82	45,
	V	1.368,00	-	109,44	123,12																		
	VI	1.412,25	-	112,98	127,10																		

Besondere Tabelle

Lohn/ Gehalt bis	Steuerklasse	Lohn- steuer	ohne Kinderfreibetrag SolZ 5,5%	ohne Kinderfreibetrag Kirchensteuer 8%	ohne Kinderfreibetrag Kirchensteuer 9%	0,5 SolZ 5,5%	0,5 Kirchensteuer 8%	0,5 Kirchensteuer 9%	1,0 SolZ 5,5%	1,0 Kirchensteuer 8%	1,0 Kirchensteuer 9%	1,5 SolZ 5,5%	1,5 Kirchensteuer 8%	1,5 Kirchensteuer 9%	2,0 SolZ 5,5%	2,0 Kirchensteuer 8%	2,0 Kirchensteuer 9%	2,5 SolZ 5,5%	2,5 Kirchensteuer 8%	2,5 Kirchensteuer 9%	3,0 SolZ 5,5%	3,0 Kirchensteuer 8%	3,0 Kirchensteuer 9%
						Anzahl Kinderfreibeträge (nur Steuerklassen I–IV)																	
4.277,99	I	889,16	-	71,13	80,02	-	60,54	68,10	-	50,46	56,77	-	40,90	46,01	-	31,85	35,83	-	23,31	26,22	-	15,29	17,20
	II	763,00	-	61,04	68,67	-	50,94	57,30	-	41,34	46,51	-	32,27	36,30	-	23,71	26,67	-	15,66	17,62	-	8,14	9,15
	III	480,33	-	38,42	43,22	-	30,53	34,34	-	22,89	25,75	-	15,52	17,46	-	8,61	9,68	-	2,94	3,31	-	-	-
	IV	889,16	-	71,13	80,02	-	65,77	73,99	-	60,54	68,10	-	55,44	62,37	-	50,46	56,77	-	45,62	51,32	-	40,90	46,01
	V	1.369,25	-	109,54	123,23																		
	VI	1.413,58	-	113,08	127,22																		
4.280,99	I	890,25	-	71,22	80,12	-	60,62	68,20	-	50,54	56,85	-	40,97	46,09	-	31,92	35,91	-	23,38	26,30	-	15,36	17,28
	II	764,08	-	61,12	68,76	-	51,02	57,39	-	41,42	46,60	-	32,34	36,38	-	23,78	26,75	-	15,73	17,69	-	8,20	9,22
	III	481,00	-	38,48	43,29	-	30,58	34,40	-	22,96	25,83	-	15,57	17,51	-	8,66	9,74	-	2,98	3,35	-	-	-
	IV	890,25	-	71,22	80,12	-	65,86	74,09	-	60,62	68,20	-	55,52	62,46	-	50,54	56,85	-	45,69	51,40	-	40,97	46,09
	V	1.370,50	-	109,64	123,34																		
	VI	1.414,83	-	113,18	127,33																		
4.283,99	I	891,41	-	71,31	80,22	-	60,70	68,29	-	50,62	56,94	-	41,04	46,17	-	31,99	35,99	-	23,44	26,37	-	15,42	17,34
	II	765,08	-	61,20	68,85	-	51,10	57,48	-	41,50	46,68	-	32,42	36,47	-	23,84	26,82	-	15,79	17,76	-	8,25	9,28
	III	481,83	-	38,54	43,36	-	30,65	34,48	-	23,01	25,88	-	15,64	17,59	-	8,72	9,81	-	3,02	3,40	-	-	-
	IV	891,41	-	71,31	80,22	-	65,94	74,18	-	60,70	68,29	-	55,60	62,55	-	50,62	56,94	-	45,77	51,49	-	41,04	46,17
	V	1.371,75	-	109,74	123,45																		
	VI	1.416,08	-	113,28	127,44																		
4.286,99	I	892,50	-	71,40	80,32	-	60,79	68,39	-	50,70	57,03	-	41,12	46,26	-	32,06	36,06	-	23,51	26,45	-	15,48	17,41
	II	766,16	-	61,29	68,95	-	51,17	57,56	-	41,57	46,76	-	32,48	36,54	-	23,91	26,90	-	15,86	17,84	-	8,31	9,35
	III	482,66	-	38,61	43,43	-	30,72	34,56	-	23,08	25,96	-	15,69	17,65	-	8,77	9,86	-	3,06	3,44	-	-	-
	IV	892,50	-	71,40	80,32	-	66,03	74,28	-	60,79	68,39	-	55,68	62,64	-	50,70	57,03	-	45,84	51,57	-	41,12	46,26
	V	1.373,00	-	109,84	123,57																		
	VI	1.417,33	-	113,38	127,55																		
4.289,99	I	893,58	-	71,48	80,42	-	60,87	68,48	-	50,78	57,12	-	41,20	46,35	-	32,13	36,14	-	23,58	26,52	-	15,54	17,48
	II	767,16	-	61,37	69,04	-	51,25	57,65	-	41,65	46,85	-	32,56	36,63	-	23,98	26,97	-	15,92	17,91	-	8,37	9,41
	III	483,50	-	38,68	43,51	-	30,77	34,61	-	23,13	26,02	-	15,76	17,73	-	8,81	9,91	-	3,10	3,49	-	-	-
	IV	893,58	-	71,48	80,42	-	66,11	74,37	-	60,87	68,48	-	55,76	62,73	-	50,78	57,12	-	45,92	51,66	-	41,20	46,35
	V	1.374,25	-	109,94	123,68																		
	VI	1.418,58	-	113,48	127,67																		
4.292,99	I	894,66	-	71,57	80,51	-	60,96	68,58	-	50,86	57,21	-	41,27	46,43	-	32,20	36,23	-	23,64	26,60	-	15,60	17,55
	II	768,25	-	61,46	69,14	-	51,33	57,74	-	41,72	46,94	-	32,63	36,71	-	24,04	27,05	-	15,98	17,98	-	8,43	9,48
	III	484,33	-	38,74	43,58	-	30,84	34,69	-	23,20	26,10	-	15,81	17,78	-	8,86	9,97	-	3,14	3,53	-	-	-
	IV	894,66	-	71,57	80,51	-	66,20	74,47	-	60,96	68,58	-	55,84	62,82	-	50,86	57,21	-	46,00	51,75	-	41,27	46,43
	V	1.375,50	-	110,04	123,79																		
	VI	1.419,83	-	113,58	127,78																		
4.295,99	I	895,75	-	71,66	80,61	-	61,04	68,67	-	50,94	57,30	-	41,34	46,51	-	32,27	36,30	-	23,71	26,67	-	15,66	17,62
	II	769,25	-	61,54	69,23	-	51,41	57,83	-	41,80	47,02	-	32,70	36,78	-	24,11	27,12	-	16,04	18,05	-	8,49	9,55
	III	485,16	-	38,81	43,66	-	30,90	34,76	-	23,25	26,15	-	15,86	17,84	-	8,92	10,03	-	3,18	3,58	-	-	-
	IV	895,75	-	71,66	80,61	-	66,28	74,57	-	61,04	68,67	-	55,92	62,91	-	50,94	57,30	-	46,08	51,84	-	41,34	46,51
	V	1.376,83	-	110,14	123,91																		
	VI	1.421,08	-	113,68	127,89																		
4.298,99	I	896,83	-	71,74	80,71	-	61,12	68,76	-	51,02	57,39	-	41,42	46,60	-	32,34	36,38	-	23,78	26,75	-	15,73	17,69
	II	770,33	-	61,62	69,32	-	51,49	57,92	-	41,87	47,10	-	32,77	36,86	-	24,18	27,20	-	16,10	18,11	-	8,54	9,61
	III	485,83	-	38,86	43,72	-	30,97	34,84	-	23,32	26,23	-	15,93	17,92	-	8,97	10,09	-	3,22	3,62	-	-	-
	IV	896,83	-	71,74	80,71	-	66,37	74,66	-	61,12	68,76	-	56,00	63,00	-	51,02	57,39	-	46,16	51,93	-	41,42	46,60
	V	1.378,08	-	110,24	124,02																		
	VI	1.422,33	-	113,78	128,00																		
4.301,99	I	897,91	-	71,83	80,81	-	61,20	68,85	-	51,10	57,48	-	41,50	46,68	-	32,42	36,47	-	23,84	26,82	-	15,79	17,76
	II	771,33	-	61,70	69,41	-	51,57	58,01	-	41,95	47,19	-	32,84	36,95	-	24,25	27,28	-	16,17	18,19	-	8,60	9,68
	III	486,66	-	38,93	43,79	-	31,02	34,90	-	23,38	26,30	-	15,98	17,98	-	9,02	10,15	-	3,26	3,67	-	-	-
	IV	897,91	-	71,83	80,81	-	66,46	74,76	-	61,20	68,85	-	56,08	63,09	-	51,10	57,48	-	46,23	52,01	-	41,50	46,68
	V	1.379,33	-	110,34	124,13																		
	VI	1.423,58	-	113,88	128,12																		
4.304,99	I	899,00	-	71,92	80,91	-	61,29	68,95	-	51,17	57,56	-	41,57	46,76	-	32,48	36,54	-	23,91	26,90	-	15,86	17,84
	II	772,41	-	61,79	69,51	-	51,65	58,10	-	42,02	47,27	-	32,91	37,02	-	24,32	27,36	-	16,23	18,26	-	8,66	9,74
	III	487,50	-	39,00	43,87	-	31,09	34,97	-	23,44	26,37	-	16,05	18,05	-	9,08	10,21	-	3,30	3,71	-	-	-
	IV	899,00	-	71,92	80,91	-	66,54	74,85	-	61,29	68,95	-	56,16	63,18	-	51,17	57,56	-	46,31	52,10	-	41,57	46,76
	V	1.380,58	-	110,44	124,25																		
	VI	1.424,91	-	113,99	128,24																		
4.307,99	I	900,08	-	72,00	81,00	-	61,37	69,04	-	51,25	57,65	-	41,65	46,85	-	32,56	36,63	-	23,98	26,97	-	15,92	17,91
	II	773,50	-	61,88	69,61	-	51,73	58,19	-	42,10	47,36	-	32,98	37,10	-	24,38	27,43	-	16,30	18,33	-	8,72	9,81
	III	488,33	-	39,06	43,94	-	31,16	35,05	-	23,50	26,44	-	16,10	18,11	-	9,13	10,27	-	3,34	3,76	-	-	-
	IV	900,08	-	72,00	81,00	-	66,62	74,95	-	61,37	69,04	-	56,25	63,28	-	51,25	57,65	-	46,38	52,18	-	41,65	46,85
	V	1.381,83	-	110,54	124,36																		
	VI	1.426,16	-	114,09	128,35																		
4.310,99	I	901,25	-	72,10	81,11	-	61,46	69,14	-	51,33	57,74	-	41,72	46,94	-	32,63	36,71	-	24,04	27,05	-	15,98	17,98
	II	774,50	-	61,96	69,70	-	51,81	58,28	-	42,18	47,45	-	33,06	37,19	-	24,45	27,50	-	16,36	18,40	-	8,78	9,88
	III	489,16	-	39,13	44,02	-	31,21	35,11	-	23,56	26,50	-	16,16	18,18	-	9,17	10,31	-	3,38	3,80	-	-	-
	IV	901,25	-	72,10	81,11	-	66,71	75,05	-	61,46	69,14	-	56,33	63,37	-	51,33	57,74	-	46,46	52,27	-	41,72	46,94
	V	1.383,08	-	110,64	124,47																		
	VI	1.427,41	-	114,19	128,46																		
4.313,99	I	902,33	-	72,18	81,20	-	61,54	69,23	-	51,41	57,83	-	41,80	47,02	-	32,70	36,78	-	24,11	27,12	-	16,04	18,05
	II	775,58	-	62,04	69,80	-	51,89	58,37	-	42,25	47,53	-	33,12	37,26	-	24,52	27,58	-	16,42	18,47	-	8,84	9,94
	III	490,00	-	39,20	44,10	-	31,28	35,19	-	23,62	26,57	-	16,22	18,25	-	9,22	10,37	-	3,44	3,87	-	-	-
	IV	902,33	-	72,18	81,20	-	66,80	75,15	-	61,54	69,23	-	56,41	63,46	-	51,41	57,83	-	46,54	52,35	-	41,80	47,02
	V	1.384,33	-	110,74	124,58																		
	VI	1.428,66	-	114,29	128,57																		
4.316,99	I	903,41	-	72,27	81,30	-	61,62	69,32	-	51,49	57,92	-	41,87	47,10	-	32,77	36,86	-	24,18	27,20	-	16,10	18,11
	II	776,58	-	62,12	69,89	-	51,97	58,46	-	42,32	47,61	-	33,20	37,35	-	24,58	27,65	-	16,48	18,54	-	8,90	10,01
	III	490,83	-	39,26	44,17	-	31,34	35,26	-	23,68	26,64	-	16,28	18,31	-	9,28	10,44	-	3,48	3,91	-	-	-
	IV	903,41	-	72,27	81,30	-	66,88	75,24	-	61,62	69,32	-	56,49	63,55	-	51,49	57,92	-	46,62	52,44	-	41,87	47,10
	V	1.385,58	-	110,84	124,70																		
	VI	1.429,91	-	114,39	128,69																		
4.319,99	I	904,50	-	72,36	81,40	-	61,70	69,41	-	51,57	58,01	-	41,95	47,19	-	32,84	36,95	-	24,25	27,28	-	16,17	18,19
	II	777,66	-	62,21	69,98	-	52,05	58,55	-	42,40	47,70	-	33,27	37,43	-	24,65	27,73	-	16,55	18,62	-	8,96	10,08
	III	491,50	-	39,32	44,23	-	31,40	35,32	-	23,74	26,71	-	16,33	18,37	-	9,33	10,49	-	3,52	3,96	-	-	-
	IV	904,50	-	72,36	81,40	-	66,97	75,34	-	61,70	69,41	-	56,58	63,65	-	51,57	58,01	-	46,70	52,53	-	41,95	47,19
	V	1.386,83	-	110,94	124,81																		
	VI	1.431,16	-	114,49	128,80																		

Lohn/ Gehalt bis	Steuerklasse	Lohn-steuer	ohne Kinderfreibetrag SolZ 5,5%	ohne Kinderfreibetrag Kirchensteuer 8%	ohne Kinderfreibetrag Kirchensteuer 9%	0,5 SolZ 5,5%	0,5 Kirchensteuer 8%	0,5 Kirchensteuer 9%	1,0 SolZ 5,5%	1,0 Kirchensteuer 8%	1,0 Kirchensteuer 9%	1,5 SolZ 5,5%	1,5 Kirchensteuer 8%	1,5 Kirchensteuer 9%	2,0 SolZ 5,5%	2,0 Kirchensteuer 8%	2,0 Kirchensteuer 9%	2,5 SolZ 5,5%	2,5 Kirchensteuer 8%	2,5 Kirchensteuer 9%	3,0 SolZ 5,5%	3,0 Kirchensteuer 8%	3,0 Kirchensteuer 9%
						Anzahl Kinderfreibeträge (nur Steuerklassen I–IV)																	
4.322,99	I	905,58	-	72,44	81,50	-	61,79	69,51	-	51,65	58,10	-	42,02	47,27	-	32,91	37,02	-	24,32	27,36	-	16,23	18
	II	778,66	-	62,29	70,07	-	52,13	58,64	-	42,48	47,79	-	33,34	37,50	-	24,72	27,81	-	16,61	18,68	-	9,02	10,
	III	492,33	-	39,38	44,30	-	31,46	35,39	-	23,80	26,77	-	16,40	18,45	-	9,38	10,55	-	3,56	4,00	-	-	
	IV	905,58	-	72,44	81,50	-	67,05	75,43	-	61,79	69,51	-	56,66	63,74	-	51,65	58,10	-	46,77	52,61	-	42,02	47,
	V	1.388,16	-	111,05	124,93																		
	VI	1.432,41	-	114,59	128,91																		
4.325,99	I	906,66	-	72,53	81,59	-	61,88	69,61	-	51,73	58,19	-	42,10	47,36	-	32,98	37,10	-	24,38	27,43	-	16,30	18,
	II	779,75	-	62,38	70,17	-	52,20	58,73	-	42,55	47,87	-	33,41	37,58	-	24,78	27,88	-	16,67	18,75	-	9,08	10
	III	493,16	-	39,45	44,38	-	31,53	35,47	-	23,86	26,84	-	16,45	18,50	-	9,44	10,62	-	3,60	4,05	-	-	
	IV	906,66	-	72,53	81,59	-	67,14	75,53	-	61,88	69,61	-	56,74	63,83	-	51,73	58,19	-	46,85	52,70	-	42,10	47,
	V	1.389,41	-	111,15	125,04																		
	VI	1.433,66	-	114,69	129,02																		
4.328,99	I	907,83	-	72,62	81,70	-	61,96	69,70	-	51,81	58,28	-	42,18	47,45	-	33,06	37,19	-	24,45	27,50	-	16,36	18
	II	780,75	-	62,46	70,26	-	52,28	58,82	-	42,63	47,96	-	33,48	37,67	-	24,85	27,95	-	16,74	18,83	-	9,14	10,
	III	494,00	-	39,52	44,46	-	31,60	35,55	-	23,92	26,91	-	16,52	18,58	-	9,49	10,67	-	3,64	4,09	-	-	
	IV	907,83	-	72,62	81,70	-	67,22	75,62	-	61,96	69,70	-	56,82	63,92	-	51,81	58,28	-	46,93	52,79	-	42,18	47
	V	1.390,66	-	111,25	125,15																		
	VI	1.435,00	-	114,80	129,15																		
4.331,99	I	908,91	-	72,71	81,80	-	62,04	69,80	-	51,89	58,37	-	42,25	47,53	-	33,12	37,26	-	24,52	27,58	-	16,42	18,
	II	781,83	-	62,54	70,36	-	52,36	58,91	-	42,70	48,04	-	33,56	37,75	-	24,92	28,03	-	16,80	18,90	-	9,20	10
	III	494,83	-	39,58	44,53	-	31,65	35,60	-	23,98	26,98	-	16,57	18,64	-	9,54	10,73	-	3,68	4,14	-	-	
	IV	908,91	-	72,71	81,80	-	67,31	75,72	-	62,04	69,80	-	56,90	64,01	-	51,89	58,37	-	47,00	52,88	-	42,25	47
	V	1.391,91	-	111,35	125,27																		
	VI	1.436,25	-	114,90	129,26																		
4.334,99	I	910,00	-	72,80	81,90	-	62,12	69,89	-	51,97	58,46	-	42,32	47,61	-	33,20	37,35	-	24,58	27,65	-	16,48	18
	II	782,91	-	62,63	70,46	-	52,44	59,00	-	42,78	48,12	-	33,62	37,82	-	24,99	28,11	-	16,86	18,97	-	9,25	10,
	III	495,66	-	39,65	44,60	-	31,72	35,68	-	24,05	27,05	-	16,62	18,70	-	9,60	10,80	-	3,72	4,18	-	-	
	IV	910,00	-	72,80	81,90	-	67,40	75,82	-	62,12	69,89	-	56,98	64,10	-	51,97	58,46	-	47,08	52,97	-	42,32	47
	V	1.393,16	-	111,45	125,38																		
	VI	1.437,50	-	115,00	129,37																		
4.337,99	I	911,08	-	72,88	81,99	-	62,21	69,98	-	52,05	58,55	-	42,40	47,70	-	33,27	37,43	-	24,65	27,73	-	16,55	18,
	II	783,91	-	62,71	70,55	-	52,52	59,09	-	42,86	48,21	-	33,70	37,91	-	25,06	28,19	-	16,92	19,04	-	9,31	10,
	III	496,50	-	39,72	44,68	-	31,78	35,75	-	24,10	27,11	-	16,69	18,77	-	9,65	10,85	-	3,77	4,24	-	-	
	IV	911,08	-	72,88	81,99	-	67,48	75,92	-	62,21	69,98	-	57,06	64,19	-	52,05	58,55	-	47,16	53,05	-	42,40	47,
	V	1.394,41	-	111,55	125,49																		
	VI	1.438,75	-	115,10	129,48																		
4.340,99	I	912,16	-	72,97	82,09	-	62,29	70,07	-	52,13	58,64	-	42,48	47,79	-	33,34	37,50	-	24,72	27,81	-	16,61	18
	II	785,00	-	62,80	70,65	-	52,60	59,18	-	42,93	48,29	-	33,77	37,99	-	25,12	28,26	-	16,99	19,11	-	9,37	10,
	III	497,16	-	39,77	44,74	-	31,84	35,82	-	24,17	27,19	-	16,74	18,83	-	9,70	10,91	-	3,81	4,28	-	-	
	IV	912,16	-	72,97	82,09	-	67,57	76,01	-	62,29	70,07	-	57,14	64,28	-	52,13	58,64	-	47,24	53,14	-	42,48	47,
	V	1.395,66	-	111,65	125,60																		
	VI	1.440,00	-	115,20	129,60																		
4.343,99	I	913,25	-	73,06	82,19	-	62,38	70,17	-	52,20	58,73	-	42,55	47,87	-	33,41	37,58	-	24,78	27,88	-	16,67	18,
	II	786,00	-	62,88	70,74	-	52,68	59,27	-	43,00	48,38	-	33,84	38,07	-	25,19	28,34	-	17,05	19,18	-	9,43	10,
	III	498,00	-	39,84	44,82	-	31,90	35,89	-	24,22	27,25	-	16,81	18,91	-	9,76	10,98	-	3,85	4,33	-	-	
	IV	913,25	-	73,06	82,19	-	67,66	76,11	-	62,38	70,17	-	57,23	64,38	-	52,20	58,73	-	47,32	53,23	-	42,55	47,
	V	1.396,91	-	111,75	125,72																		
	VI	1.441,25	-	115,30	129,71																		
4.346,99	I	914,41	-	73,15	82,29	-	62,46	70,26	-	52,28	58,82	-	42,63	47,96	-	33,48	37,67	-	24,85	27,95	-	16,74	18
	II	787,08	-	62,96	70,83	-	52,76	59,36	-	43,08	48,47	-	33,91	38,15	-	25,26	28,41	-	17,12	19,26	-	9,49	10,
	III	498,83	-	39,90	44,89	-	31,97	35,96	-	24,29	27,32	-	16,86	18,97	-	9,80	11,02	-	3,89	4,37	-	-	
	IV	914,41	-	73,15	82,29	-	67,74	76,20	-	62,46	70,26	-	57,31	64,47	-	52,28	58,82	-	47,39	53,31	-	42,63	47,
	V	1.398,25	-	111,86	125,84																		
	VI	1.442,50	-	115,40	129,82																		
4.349,99	I	915,50	-	73,24	82,39	-	62,54	70,36	-	52,36	58,91	-	42,70	48,04	-	33,56	37,75	-	24,92	28,03	-	16,80	18,
	II	788,16	-	63,05	70,93	-	52,84	59,45	-	43,16	48,55	-	33,98	38,23	-	25,32	28,49	-	17,18	19,32	-	9,55	10,
	III	499,66	-	39,97	44,96	-	32,02	36,02	-	24,34	27,38	-	16,92	19,03	-	9,85	11,08	-	3,93	4,42	-	-	
	IV	915,50	-	73,24	82,39	-	67,82	76,30	-	62,54	70,36	-	57,39	64,56	-	52,36	58,91	-	47,47	53,40	-	42,70	48,
	V	1.399,50	-	111,96	125,95																		
	VI	1.443,75	-	115,50	129,93																		
4.352,99	I	916,58	-	73,32	82,49	-	62,63	70,46	-	52,44	59,00	-	42,78	48,12	-	33,62	37,82	-	24,99	28,11	-	16,86	18,
	II	789,16	-	63,13	71,02	-	52,92	59,54	-	43,23	48,63	-	34,06	38,31	-	25,39	28,56	-	17,24	19,40	-	9,61	10,
	III	500,50	-	40,04	45,04	-	32,09	36,10	-	24,41	27,46	-	16,98	19,10	-	9,90	11,14	-	3,97	4,46	-	-	
	IV	916,58	-	73,32	82,49	-	67,91	76,40	-	62,63	70,46	-	57,47	64,65	-	52,44	59,00	-	47,55	53,49	-	42,78	48,
	V	1.400,75	-	112,06	126,06																		
	VI	1.445,08	-	115,60	130,05																		
4.355,99	I	917,66	-	73,41	82,58	-	62,71	70,55	-	52,52	59,09	-	42,86	48,21	-	33,70	37,91	-	25,06	28,19	-	16,92	19,
	II	790,25	-	63,22	71,12	-	53,00	59,63	-	43,31	48,72	-	34,13	38,39	-	25,46	28,64	-	17,30	19,46	-	9,67	10,
	III	501,33	-	40,10	45,11	-	32,16	36,18	-	24,46	27,52	-	17,04	19,17	-	9,96	11,20	-	4,02	4,52	-	-	
	IV	917,66	-	73,41	82,58	-	68,00	76,50	-	62,71	70,55	-	57,56	64,75	-	52,52	59,09	-	47,62	53,57	-	42,86	48,
	V	1.402,00	-	112,16	126,18																		
	VI	1.446,33	-	115,70	130,16																		
4.358,99	I	918,83	-	73,50	82,69	-	62,80	70,65	-	52,60	59,18	-	42,93	48,29	-	33,77	37,99	-	25,12	28,26	-	16,99	19,
	II	791,33	-	63,30	71,21	-	53,08	59,72	-	43,38	48,80	-	34,20	38,47	-	25,53	28,72	-	17,37	19,54	-	9,73	10,
	III	502,16	-	40,17	45,19	-	32,22	36,25	-	24,53	27,59	-	17,10	19,24	-	10,01	11,26	-	4,06	4,57	-	-	
	IV	918,83	-	73,50	82,69	-	68,08	76,59	-	62,80	70,65	-	57,64	64,84	-	52,60	59,18	-	47,70	53,66	-	42,93	48,
	V	1.403,25	-	112,26	126,29																		
	VI	1.447,58	-	115,80	130,28																		
4.361,99	I	919,91	-	73,59	82,79	-	62,88	70,74	-	52,68	59,27	-	43,00	48,38	-	33,84	38,07	-	25,19	28,34	-	17,05	19,
	II	792,33	-	63,38	71,30	-	53,16	59,81	-	43,46	48,89	-	34,27	38,55	-	25,60	28,80	-	17,44	19,62	-	9,78	11,
	III	502,83	-	40,22	45,25	-	32,28	36,31	-	24,60	27,67	-	17,16	19,30	-	10,06	11,32	-	4,10	4,61	-	-	
	IV	919,91	-	73,59	82,79	-	68,17	76,69	-	62,88	70,74	-	57,72	64,93	-	52,68	59,27	-	47,78	53,75	-	43,00	48,
	V	1.404,50	-	112,36	126,40																		
	VI	1.448,83	-	115,90	130,39																		
4.364,99	I	921,00	-	73,68	82,89	-	62,96	70,83	-	52,76	59,36	-	43,08	48,47	-	33,91	38,15	-	25,26	28,41	-	17,12	19,
	II	793,41	-	63,47	71,40	-	53,24	59,90	-	43,54	48,98	-	34,34	38,63	-	25,66	28,87	-	17,50	19,68	-	9,84	11,
	III	503,66	-	40,29	45,32	-	32,34	36,38	-	24,65	27,73	-	17,21	19,36	-	10,12	11,38	-	4,14	4,66	-	-	
	IV	921,00	-	73,68	82,89	-	68,26	76,79	-	62,96	70,83	-	57,80	65,03	-	52,76	59,36	-	47,86	53,84	-	43,08	48,
	V	1.405,75	-	112,46	126,51																		
	VI	1.450,08	-	116,00	130,50																		

Besondere Tabelle

Lohn/ Gehalt bis	Steuerklasse	Lohn-steuer	ohne Kinderfreibetrag SolZ 5,5%	ohne Kinderfreibetrag Kirchensteuer 8%	ohne Kinderfreibetrag Kirchensteuer 9%	0,5 SolZ 5,5%	0,5 Kirchensteuer 8%	0,5 Kirchensteuer 9%	1,0 SolZ 5,5%	1,0 Kirchensteuer 8%	1,0 Kirchensteuer 9%	1,5 SolZ 5,5%	1,5 Kirchensteuer 8%	1,5 Kirchensteuer 9%	2,0 SolZ 5,5%	2,0 Kirchensteuer 8%	2,0 Kirchensteuer 9%	2,5 SolZ 5,5%	2,5 Kirchensteuer 8%	2,5 Kirchensteuer 9%	3,0 SolZ 5,5%	3,0 Kirchensteuer 8%	3,0 Kirchensteuer 9%
						Anzahl Kinderfreibeträge (nur Steuerklassen I–IV)																	
4.367,99	I	922,08	-	73,76	82,98	-	63,05	70,93	-	52,84	59,45	-	43,16	48,55	-	33,98	38,23	-	25,32	28,49	-	17,18	19,32
	II	794,41	-	63,55	71,49	-	53,32	59,99	-	43,61	49,06	-	34,42	38,72	-	25,73	28,94	-	17,56	19,76	-	9,90	11,14
	III	504,50	-	40,36	45,40	-	32,41	36,46	-	24,72	27,81	-	17,28	19,44	-	10,17	11,44	-	4,18	4,70	-	-	-
	IV	922,08	-	73,76	82,98	-	68,34	76,88	-	63,05	70,93	-	57,88	65,12	-	52,84	59,45	-	47,94	53,93	-	43,16	48,55
	V	1.407,00	-	112,56	126,63																		
	VI	1.451,33	-	116,10	130,61																		
4.370,99	I	923,25	-	73,86	83,09	-	63,13	71,02	-	52,92	59,54	-	43,23	48,63	-	34,06	38,31	-	25,39	28,56	-	17,24	19,40
	II	795,50	-	63,64	71,59	-	53,40	60,08	-	43,69	49,15	-	34,48	38,79	-	25,80	29,02	-	17,62	19,82	-	9,96	11,21
	III	505,33	-	40,42	45,47	-	32,46	36,52	-	24,77	27,86	-	17,33	19,49	-	10,22	11,50	-	4,24	4,77	-	-	-
	IV	923,25	-	73,86	83,09	-	68,43	76,98	-	63,13	71,02	-	57,96	65,21	-	52,92	59,54	-	48,02	54,02	-	43,23	48,63
	V	1.408,33	-	112,66	126,74																		
	VI	1.452,58	-	116,20	130,73																		
4.373,99	I	924,33	-	73,94	83,18	-	63,22	71,12	-	53,00	59,63	-	43,31	48,72	-	34,13	38,39	-	25,46	28,64	-	17,30	19,46
	II	796,58	-	63,72	71,69	-	53,48	60,17	-	43,76	49,23	-	34,56	38,88	-	25,86	29,09	-	17,69	19,90	-	10,02	11,27
	III	506,16	-	40,49	45,55	-	32,53	36,59	-	24,84	27,94	-	17,40	19,57	-	10,28	11,56	-	4,28	4,81	-	-	-
	IV	924,33	-	73,94	83,18	-	68,52	77,08	-	63,22	71,12	-	58,04	65,30	-	53,00	59,63	-	48,09	54,10	-	43,31	48,72
	V	1.409,58	-	112,76	126,86																		
	VI	1.453,83	-	116,30	130,84																		
4.376,99	I	925,41	-	74,03	83,28	-	63,30	71,21	-	53,08	59,72	-	43,38	48,80	-	34,20	38,47	-	25,53	28,72	-	17,37	19,54
	II	797,58	-	63,80	71,78	-	53,56	60,26	-	43,84	49,32	-	34,63	38,96	-	25,94	29,18	-	17,75	19,97	-	10,08	11,34
	III	507,00	-	40,56	45,63	-	32,60	36,67	-	24,89	28,00	-	17,45	19,63	-	10,33	11,62	-	4,32	4,86	-	-	-
	IV	925,41	-	74,03	83,28	-	68,60	77,18	-	63,30	71,21	-	58,13	65,39	-	53,08	59,72	-	48,17	54,19	-	43,38	48,80
	V	1.410,83	-	112,86	126,97																		
	VI	1.455,08	-	116,40	130,95																		
4.379,99	I	926,50	-	74,12	83,38	-	63,38	71,30	-	53,16	59,81	-	43,46	48,89	-	34,27	38,55	-	25,60	28,80	-	17,44	19,62
	II	798,66	-	63,89	71,87	-	53,65	60,35	-	43,92	49,41	-	34,70	39,04	-	26,00	29,25	-	17,82	20,04	-	10,14	11,41
	III	507,83	-	40,62	45,70	-	32,66	36,74	-	24,96	28,08	-	17,50	19,69	-	10,38	11,68	-	4,36	4,90	-	-	-
	IV	926,50	-	74,12	83,38	-	68,69	77,27	-	63,38	71,30	-	58,21	65,48	-	53,16	59,81	-	48,25	54,28	-	43,46	48,89
	V	1.412,08	-	112,96	127,08																		
	VI	1.456,41	-	116,51	131,07																		
4.382,99	I	927,66	-	74,21	83,48	-	63,47	71,40	-	53,24	59,90	-	43,54	48,98	-	34,34	38,63	-	25,66	28,87	-	17,50	19,68
	II	799,75	-	63,98	71,97	-	53,73	60,44	-	44,00	49,50	-	34,78	39,12	-	26,07	29,33	-	17,88	20,11	-	10,20	11,48
	III	508,66	-	40,69	45,77	-	32,72	36,81	-	25,01	28,13	-	17,57	19,76	-	10,44	11,74	-	4,41	4,96	-	-	-
	IV	927,66	-	74,21	83,48	-	68,78	77,37	-	63,47	71,40	-	58,29	65,57	-	53,24	59,90	-	48,33	54,37	-	43,54	48,98
	V	1.413,33	-	113,06	127,19																		
	VI	1.457,66	-	116,61	131,18																		
4.385,99	I	928,75	-	74,30	83,58	-	63,55	71,49	-	53,32	59,99	-	43,61	49,06	-	34,42	38,72	-	25,73	28,94	-	17,56	19,76
	II	800,75	-	64,06	72,06	-	53,81	60,53	-	44,07	49,58	-	34,84	39,20	-	26,14	29,40	-	17,94	20,18	-	10,26	11,54
	III	509,33	-	40,74	45,83	-	32,78	36,88	-	25,08	28,21	-	17,62	19,82	-	10,49	11,80	-	4,45	5,00	-	-	-
	IV	928,75	-	74,30	83,58	-	68,86	77,46	-	63,55	71,49	-	58,38	65,67	-	53,32	59,99	-	48,40	54,45	-	43,61	49,06
	V	1.414,58	-	113,16	127,31																		
	VI	1.458,91	-	116,71	131,30																		
4.388,99	I	929,83	-	74,38	83,68	-	63,64	71,59	-	53,40	60,08	-	43,69	49,15	-	34,48	38,79	-	25,80	29,02	-	17,62	19,82
	II	801,83	-	64,14	72,16	-	53,89	60,62	-	44,14	49,66	-	34,92	39,28	-	26,20	29,48	-	18,01	20,26	-	10,32	11,61
	III	510,16	-	40,81	45,91	-	32,85	36,95	-	25,14	28,28	-	17,69	19,90	-	10,56	11,88	-	4,49	5,05	-	-	-
	IV	929,83	-	74,38	83,68	-	68,94	77,56	-	63,64	71,59	-	58,46	65,76	-	53,40	60,08	-	48,48	54,54	-	43,69	49,15
	V	1.415,83	-	113,26	127,42																		
	VI	1.460,16	-	116,81	131,41																		
4.391,99	I	930,91	-	74,47	83,78	-	63,72	71,69	-	53,48	60,17	-	43,76	49,23	-	34,56	38,88	-	25,86	29,09	-	17,69	19,90
	II	802,91	-	64,23	72,26	-	53,97	60,71	-	44,22	49,75	-	34,99	39,36	-	26,28	29,56	-	18,07	20,33	-	10,38	11,68
	III	511,00	-	40,88	45,99	-	32,92	37,03	-	25,20	28,35	-	17,74	19,96	-	10,61	11,93	-	4,53	5,09	-	-	-
	IV	930,91	-	74,47	83,78	-	69,03	77,66	-	63,72	71,69	-	58,54	65,85	-	53,48	60,17	-	48,56	54,63	-	43,76	49,23
	V	1.417,08	-	113,36	127,53																		
	VI	1.461,41	-	116,91	131,52																		
4.394,99	I	932,08	-	74,56	83,88	-	63,80	71,78	-	53,56	60,26	-	43,84	49,32	-	34,63	38,96	-	25,94	29,18	-	17,75	19,97
	II	804,00	-	64,32	72,36	-	54,05	60,80	-	44,30	49,83	-	35,06	39,44	-	26,34	29,63	-	18,14	20,40	-	10,44	11,75
	III	511,83	-	40,94	46,06	-	32,97	37,09	-	25,26	28,42	-	17,81	20,03	-	10,66	11,99	-	4,58	5,15	-	-	-
	IV	932,08	-	74,56	83,88	-	69,12	77,76	-	63,80	71,78	-	58,62	65,95	-	53,56	60,26	-	48,64	54,72	-	43,84	49,32
	V	1.418,33	-	113,46	127,64																		
	VI	1.462,66	0,08	117,01	131,63																		
4.397,99	I	933,16	-	74,65	83,98	-	63,89	71,87	-	53,65	60,35	-	43,92	49,41	-	34,70	39,04	-	26,00	29,25	-	17,82	20,04
	II	805,00	-	64,40	72,45	-	54,13	60,89	-	44,38	49,92	-	35,14	39,53	-	26,41	29,71	-	18,20	20,47	-	10,50	11,81
	III	512,66	-	41,01	46,13	-	33,04	37,17	-	25,32	28,48	-	17,86	20,09	-	10,72	12,06	-	4,62	5,20	-	-	-
	IV	933,16	-	74,65	83,98	-	69,20	77,85	-	63,89	71,87	-	58,70	66,04	-	53,65	60,35	-	48,72	54,81	-	43,92	49,41
	V	1.419,66	-	113,57	127,76																		
	VI	1.463,91	0,23	117,11	131,75																		
4.400,99	I	934,25	-	74,74	84,08	-	63,98	71,97	-	53,73	60,44	-	44,00	49,50	-	34,78	39,12	-	26,07	29,33	-	17,88	20,11
	II	806,08	-	64,48	72,54	-	54,21	60,98	-	44,45	50,00	-	35,21	39,61	-	26,48	29,79	-	18,26	20,54	-	10,56	11,88
	III	513,50	-	41,08	46,21	-	33,10	37,24	-	25,38	28,55	-	17,92	20,16	-	10,77	12,11	-	4,66	5,24	-	-	-
	IV	934,25	-	74,74	84,08	-	69,29	77,95	-	63,98	71,97	-	58,79	66,14	-	53,73	60,44	-	48,80	54,90	-	44,00	49,50
	V	1.420,91	-	113,67	127,88																		
	VI	1.465,16	0,38	117,21	131,86																		
4.403,99	I	935,33	-	74,82	84,17	-	64,06	72,06	-	53,81	60,53	-	44,07	49,58	-	34,84	39,20	-	26,14	29,40	-	17,94	20,18
	II	807,16	-	64,57	72,64	-	54,29	61,07	-	44,53	50,09	-	35,28	39,69	-	26,54	29,86	-	18,33	20,62	-	10,62	11,95
	III	514,33	-	41,14	46,28	-	33,16	37,30	-	25,45	28,63	-	17,98	20,23	-	10,82	12,17	-	4,70	5,29	-	-	-
	IV	935,33	-	74,82	84,17	-	69,38	78,05	-	64,06	72,06	-	58,87	66,23	-	53,81	60,53	-	48,88	54,99	-	44,07	49,58
	V	1.422,16	-	113,77	127,99																		
	VI	1.466,50	0,54	117,32	131,98																		
4.406,99	I	936,50	-	74,92	84,28	-	64,14	72,16	-	53,89	60,62	-	44,14	49,66	-	34,92	39,28	-	26,20	29,48	-	18,01	20,26
	II	808,16	-	64,65	72,73	-	54,37	61,16	-	44,60	50,18	-	35,35	39,77	-	26,62	29,94	-	18,39	20,69	-	10,68	12,02
	III	515,16	-	41,21	46,36	-	33,22	37,37	-	25,50	28,69	-	18,04	20,29	-	10,88	12,24	-	4,76	5,35	-	-	-
	IV	936,50	-	74,92	84,28	-	69,46	78,14	-	64,14	72,16	-	58,95	66,32	-	53,89	60,62	-	48,95	55,07	-	44,14	49,66
	V	1.423,41	-	113,87	128,10																		
	VI	1.467,75	0,69	117,42	132,09																		
4.409,99	I	937,58	-	75,00	84,38	-	64,23	72,26	-	53,97	60,71	-	44,22	49,75	-	34,99	39,36	-	26,28	29,56	-	18,07	20,33
	II	809,25	-	64,74	72,83	-	54,45	61,25	-	44,68	50,27	-	35,42	39,85	-	26,68	30,02	-	18,46	20,76	-	10,74	12,08
	III	516,00	-	41,28	46,44	-	33,29	37,45	-	25,57	28,76	-	18,10	20,36	-	10,93	12,29	-	4,80	5,40	-	-	-
	IV	937,58	-	75,00	84,38	-	69,55	78,24	-	64,23	72,26	-	59,04	66,42	-	53,97	60,71	-	49,03	55,16	-	44,22	49,75
	V	1.424,66	-	113,97	128,21																		
	VI	1.469,00	0,84	117,52	132,21																		

MONAT bis 4.454,99 €

Besondere Tabelle

Lohn/ Gehalt bis	Steuerklasse	Lohn-steuer	ohne Kinderfreibetrag			Anzahl Kinderfreibeträge (nur Steuerklassen I–IV)																	
						0,5			1,0			1,5			2,0			2,5			3,0		
			SolZ 5,5%	Kirchensteuer 8%	9%	SolZ 5,5%	Kirchensteuer 8%	9%	SolZ 5,5%	Kirchensteuer 8%	9%	SolZ 5,5%	Kirchensteuer 8%	9%	SolZ 5,5%	Kirchensteuer 8%	9%	SolZ 5,5%	Kirchensteuer 8%	9%	SolZ 5,5%	Kirchensteuer 8%	9%
4.412,99	I	938,66	-	75,09	84,47	-	64,32	72,36	-	54,05	60,80	-	44,30	49,83	-	35,06	39,44	-	26,34	29,63	-	18,14	20,
	II	810,33	-	64,82	72,92	-	54,53	61,34	-	44,76	50,35	-	35,50	39,93	-	26,75	30,09	-	18,52	20,83	-	10,80	12,
	III	516,66	-	41,33	46,49	-	33,36	37,53	-	25,62	28,82	-	18,16	20,43	-	10,98	12,35	-	4,84	5,44	-	0,01	0,
	IV	938,66	-	75,09	84,47	-	69,64	78,34	-	64,32	72,36	-	59,12	66,51	-	54,05	60,80	-	49,11	55,25	-	44,30	49,
	V	1.425,91	-	114,07	128,33																		
	VI	1.470,25	0,99	117,62	132,32																		
4.415,99	I	939,83	-	75,18	84,58	-	64,40	72,45	-	54,13	60,89	-	44,38	49,92	-	35,14	39,53	-	26,41	29,71	-	18,20	20,
	II	811,41	-	64,91	73,02	-	54,61	61,43	-	44,84	50,44	-	35,57	40,01	-	26,82	30,17	-	18,58	20,90	-	10,86	12,
	III	517,50	-	41,40	46,57	-	33,41	37,58	-	25,69	28,90	-	18,22	20,50	-	11,04	12,42	-	4,89	5,50	-	0,04	0,
	IV	939,83	-	75,18	84,58	-	69,72	78,44	-	64,40	72,45	-	59,20	66,60	-	54,13	60,89	-	49,19	55,34	-	44,38	49,
	V	1.427,16	-	114,17	128,44																		
	VI	1.471,50	1,14	117,72	132,43																		
4.418,99	I	940,91	-	75,27	84,68	-	64,48	72,54	-	54,21	60,98	-	44,45	50,00	-	35,21	39,61	-	26,48	29,79	-	18,26	20,
	II	812,41	-	64,99	73,11	-	54,70	61,53	-	44,91	50,52	-	35,64	40,10	-	26,89	30,25	-	18,65	20,98	-	10,92	12,
	III	518,33	-	41,46	46,64	-	33,48	37,66	-	25,74	28,96	-	18,28	20,56	-	11,09	12,47	-	4,93	5,54	-	0,08	0,
	IV	940,91	-	75,27	84,68	-	69,81	78,53	-	64,48	72,54	-	59,28	66,69	-	54,21	60,98	-	49,26	55,42	-	44,45	50,
	V	1.428,41	-	114,27	128,55																		
	VI	1.472,75	1,28	117,82	132,54																		
4.421,99	I	942,00	-	75,36	84,78	-	64,57	72,64	-	54,29	61,07	-	44,53	50,09	-	35,28	39,69	-	26,54	29,86	-	18,33	20,
	II	813,50	-	65,08	73,21	-	54,78	61,62	-	44,99	50,61	-	35,72	40,18	-	26,96	30,33	-	18,71	21,05	-	10,98	12,
	III	519,16	-	41,53	46,72	-	33,54	37,73	-	25,81	29,03	-	18,33	20,62	-	11,14	12,53	-	4,97	5,59	-	0,10	0,
	IV	942,00	-	75,36	84,78	-	69,90	78,63	-	64,57	72,64	-	59,36	66,78	-	54,29	61,07	-	49,34	55,51	-	44,53	50,
	V	1.429,75	-	114,38	128,67																		
	VI	1.474,00	1,43	117,92	132,66																		
4.424,99	I	943,16	-	75,45	84,88	-	64,65	72,73	-	54,37	61,16	-	44,60	50,18	-	35,35	39,77	-	26,62	29,94	-	18,39	20,
	II	814,58	-	65,16	73,31	-	54,86	61,71	-	45,06	50,69	-	35,79	40,26	-	27,02	30,40	-	18,78	21,12	-	11,04	12,
	III	520,00	-	41,60	46,80	-	33,61	37,81	-	25,88	29,11	-	18,40	20,70	-	11,21	12,61	-	5,02	5,65	-	0,14	0,
	IV	943,16	-	75,45	84,88	-	69,98	78,73	-	64,65	72,73	-	59,45	66,88	-	54,37	61,16	-	49,42	55,60	-	44,60	50,
	V	1.431,00	-	114,48	128,79																		
	VI	1.475,25	1,58	118,02	132,77																		
4.427,99	I	944,25	-	75,54	84,98	-	64,74	72,83	-	54,45	61,25	-	44,68	50,27	-	35,42	39,85	-	26,68	30,02	-	18,46	20,
	II	815,58	-	65,24	73,40	-	54,94	61,80	-	45,14	50,78	-	35,86	40,34	-	27,09	30,47	-	18,84	21,20	-	11,10	12,
	III	520,83	-	41,66	46,87	-	33,66	37,87	-	25,93	29,17	-	18,45	20,75	-	11,26	12,67	-	5,06	5,69	-	0,17	0,
	IV	944,25	-	75,54	84,98	-	70,07	78,83	-	64,74	72,83	-	59,53	66,97	-	54,45	61,25	-	49,50	55,69	-	44,68	50,
	V	1.432,25	-	114,58	128,90																		
	VI	1.476,58	1,74	118,12	132,89																		
4.430,99	I	945,33	-	75,62	85,07	-	64,82	72,92	-	54,53	61,34	-	44,76	50,35	-	35,50	39,93	-	26,75	30,09	-	18,52	20,
	II	816,66	-	65,33	73,49	-	55,02	61,89	-	45,22	50,87	-	35,93	40,42	-	27,16	30,56	-	18,90	21,26	-	11,16	12,
	III	521,66	-	41,73	46,94	-	33,73	37,94	-	26,00	29,25	-	18,52	20,83	-	11,32	12,73	-	5,10	5,74	-	0,21	0,
	IV	945,33	-	75,62	85,07	-	70,16	78,93	-	64,82	72,92	-	59,61	67,06	-	54,53	61,34	-	49,58	55,78	-	44,76	50,
	V	1.433,50	-	114,68	129,01																		
	VI	1.477,83	1,89	118,22	133,00																		
4.433,99	I	946,50	-	75,72	85,18	-	64,91	73,02	-	54,61	61,43	-	44,84	50,44	-	35,57	40,01	-	26,82	30,17	-	18,58	20,
	II	817,75	-	65,42	73,59	-	55,10	61,98	-	45,30	50,96	-	36,00	40,50	-	27,23	30,63	-	18,97	21,34	-	11,22	12,
	III	522,50	-	41,80	47,02	-	33,80	38,02	-	26,05	29,30	-	18,57	20,89	-	11,37	12,79	-	5,16	5,80	-	0,24	0,
	IV	946,50	-	75,72	85,18	-	70,24	79,02	-	64,91	73,02	-	59,70	67,16	-	54,61	61,43	-	49,66	55,86	-	44,84	50,
	V	1.434,75	-	114,78	129,12																		
	VI	1.479,08	2,04	118,32	133,11																		
4.436,99	I	947,58	-	75,80	85,28	-	64,99	73,11	-	54,70	61,53	-	44,91	50,52	-	35,64	40,10	-	26,89	30,25	-	18,65	20,
	II	818,83	-	65,50	73,69	-	55,18	62,07	-	45,37	51,04	-	36,08	40,59	-	27,30	30,71	-	19,03	21,41	-	11,28	12,
	III	523,33	-	41,86	47,09	-	33,86	38,09	-	26,12	29,38	-	18,64	20,97	-	11,42	12,85	-	5,20	5,85	-	0,28	0,
	IV	947,58	-	75,80	85,28	-	70,34	79,13	-	64,99	73,11	-	59,78	67,25	-	54,70	61,53	-	49,74	55,95	-	44,91	50,
	V	1.436,00	-	114,88	129,24																		
	VI	1.480,33	2,19	118,42	133,22																		
4.439,99	I	948,66	-	75,89	85,37	-	65,08	73,21	-	54,78	61,62	-	44,99	50,61	-	35,72	40,18	-	26,96	30,33	-	18,71	21,
	II	819,91	-	65,59	73,79	-	55,26	62,16	-	45,45	51,13	-	36,15	40,67	-	27,36	30,78	-	19,10	21,48	-	11,34	12,
	III	524,16	-	41,93	47,17	-	33,92	38,16	-	26,18	29,45	-	18,69	21,02	-	11,48	12,91	-	5,24	5,89	-	0,32	0,
	IV	948,66	-	75,89	85,37	-	70,42	79,22	-	65,08	73,21	-	59,86	67,34	-	54,78	61,62	-	49,82	56,04	-	44,99	50,
	V	1.437,25	-	114,98	129,35																		
	VI	1.481,58	2,34	118,52	133,34																		
4.442,99	I	949,83	-	75,98	85,48	-	65,16	73,31	-	54,86	61,71	-	45,06	50,69	-	35,79	40,26	-	27,02	30,40	-	18,78	21,
	II	820,91	-	65,67	73,88	-	55,34	62,26	-	45,52	51,21	-	36,22	40,75	-	27,44	30,87	-	19,16	21,56	-	11,40	12,
	III	524,83	-	41,98	47,23	-	33,98	38,23	-	26,24	29,52	-	18,74	21,08	-	11,53	12,97	-	5,29	5,95	-	0,34	0,
	IV	949,83	-	75,98	85,48	-	70,51	79,32	-	65,16	73,31	-	59,94	67,43	-	54,86	61,71	-	49,90	56,13	-	45,06	50,
	V	1.438,50	-	115,08	129,46																		
	VI	1.482,83	2,48	118,62	133,45																		
4.445,99	I	950,91	-	76,07	85,58	-	65,24	73,40	-	54,94	61,80	-	45,14	50,78	-	35,86	40,34	-	27,09	30,47	-	18,84	21,
	II	822,00	-	65,76	73,98	-	55,42	62,35	-	45,60	51,30	-	36,30	40,83	-	27,50	30,94	-	19,22	21,62	-	11,46	12,
	III	525,66	-	42,05	47,30	-	34,05	38,30	-	26,30	29,59	-	18,81	21,16	-	11,60	13,05	-	5,33	5,99	-	0,38	0,
	IV	950,91	-	76,07	85,58	-	70,60	79,42	-	65,24	73,40	-	60,03	67,53	-	54,94	61,80	-	49,98	56,22	-	45,14	50,
	V	1.439,83	-	115,18	129,58																		
	VI	1.484,08	2,63	118,72	133,56																		
4.448,99	I	952,08	-	76,16	85,68	-	65,33	73,49	-	55,02	61,89	-	45,22	50,87	-	35,93	40,42	-	27,16	30,56	-	18,90	21,
	II	823,08	-	65,84	74,07	-	55,50	62,44	-	45,68	51,39	-	36,37	40,91	-	27,57	31,01	-	19,29	21,70	-	11,52	12,
	III	526,50	-	42,12	47,38	-	34,12	38,38	-	26,36	29,65	-	18,86	21,22	-	11,65	13,10	-	5,38	6,05	-	0,41	0,
	IV	952,08	-	76,16	85,68	-	70,68	79,52	-	65,33	73,49	-	60,11	67,62	-	55,02	61,89	-	50,05	56,30	-	45,22	50,
	V	1.441,08	-	115,28	129,69																		
	VI	1.485,33	2,78	118,82	133,67																		
4.451,99	I	953,16	-	76,25	85,78	-	65,42	73,59	-	55,10	61,98	-	45,30	50,96	-	36,00	40,50	-	27,23	30,63	-	18,97	21,
	II	824,16	-	65,93	74,17	-	55,58	62,53	-	45,76	51,48	-	36,44	41,00	-	27,64	31,10	-	19,36	21,78	-	11,58	13,
	III	527,33	-	42,18	47,45	-	34,17	38,44	-	26,42	29,72	-	18,93	21,29	-	11,70	13,16	-	5,42	6,10	-	0,45	0,
	IV	953,16	-	76,25	85,78	-	70,77	79,61	-	65,42	73,59	-	60,19	67,71	-	55,10	61,98	-	50,13	56,39	-	45,30	50,
	V	1.442,33	-	115,38	129,80																		
	VI	1.486,58	2,93	118,92	133,79																		
4.454,99	I	954,25	-	76,34	85,88	-	65,50	73,69	-	55,18	62,07	-	45,37	51,04	-	36,08	40,59	-	27,30	30,71	-	19,03	21,
	II	825,16	-	66,01	74,26	-	55,66	62,62	-	45,83	51,56	-	36,52	41,08	-	27,71	31,17	-	19,42	21,85	-	11,64	13,
	III	528,16	-	42,25	47,53	-	34,24	38,52	-	26,49	29,80	-	18,98	21,35	-	11,76	13,23	-	5,46	6,14	-	0,49	0,
	IV	954,25	-	76,34	85,88	-	70,86	79,71	-	65,50	73,69	-	60,28	67,81	-	55,18	62,07	-	50,21	56,48	-	45,37	51,
	V	1.443,58	-	115,48	129,92																		
	VI	1.487,91	3,09	119,03	133,91																		

Lohn/ Gehalt bis	Steuerklasse	Lohnsteuer	ohne Kinderfreibetrag SolZ 5,5%	ohne Kinderfreibetrag Kirchensteuer 8%	ohne Kinderfreibetrag Kirchensteuer 9%	0,5 SolZ 5,5%	0,5 Kirchensteuer 8%	0,5 Kirchensteuer 9%	1,0 SolZ 5,5%	1,0 Kirchensteuer 8%	1,0 Kirchensteuer 9%	1,5 SolZ 5,5%	1,5 Kirchensteuer 8%	1,5 Kirchensteuer 9%	2,0 SolZ 5,5%	2,0 Kirchensteuer 8%	2,0 Kirchensteuer 9%	2,5 SolZ 5,5%	2,5 Kirchensteuer 8%	2,5 Kirchensteuer 9%	3,0 SolZ 5,5%	3,0 Kirchensteuer 8%	3,0 Kirchensteuer 9%
						Anzahl Kinderfreibeträge (nur Steuerklassen I–IV)																	
4.457,99	I	955,41	-	76,43	85,98	-	65,59	73,79	-	55,26	62,16	-	45,45	51,13	-	36,15	40,67	-	27,36	30,78	-	19,10	21,48
	II	826,25	-	66,10	74,36	-	55,74	62,71	-	45,91	51,65	-	36,59	41,16	-	27,78	31,25	-	19,48	21,92	-	11,70	13,16
	III	529,00	-	42,32	47,61	-	34,30	38,59	-	26,54	29,86	-	19,05	21,43	-	11,81	13,28	-	5,52	6,21	-	0,52	0,58
	IV	955,41	-	76,43	85,98	-	70,94	79,81	-	65,59	73,79	-	60,36	67,90	-	55,26	62,16	-	50,29	56,57	-	45,45	51,13
	V	1.444,83	-	115,58	130,03																		
	VI	1.489,16	3,24	119,13	134,02																		
4.460,99	I	956,50	-	76,52	86,08	-	65,67	73,88	-	55,34	62,26	-	45,52	51,21	-	36,22	40,75	-	27,44	30,87	-	19,16	21,56
	II	827,33	-	66,18	74,45	-	55,83	62,81	-	45,98	51,73	-	36,66	41,24	-	27,85	31,33	-	19,55	21,99	-	11,76	13,23
	III	529,83	-	42,38	47,68	-	34,37	38,66	-	26,61	29,93	-	19,10	21,49	-	11,88	13,36	-	5,56	6,25	-	0,56	0,63
	IV	956,50	-	76,52	86,08	-	71,03	79,91	-	65,67	73,88	-	60,44	68,00	-	55,34	62,26	-	50,37	56,66	-	45,52	51,21
	V	1.446,08	-	115,68	130,14																		
	VI	1.490,41	3,39	119,23	134,13																		
4.463,99	I	957,58	-	76,60	86,18	-	65,76	73,98	-	55,42	62,35	-	45,60	51,30	-	36,30	40,83	-	27,50	30,94	-	19,22	21,62
	II	828,41	-	66,27	74,55	-	55,91	62,90	-	46,06	51,82	-	36,73	41,32	-	27,92	31,41	-	19,62	22,07	-	11,82	13,30
	III	530,66	-	42,45	47,75	-	34,42	38,72	-	26,66	29,99	-	19,17	21,56	-	11,93	13,42	-	5,61	6,31	-	0,58	0,65
	IV	957,58	-	76,60	86,18	-	71,12	80,01	-	65,76	73,98	-	60,52	68,09	-	55,42	62,35	-	50,45	56,75	-	45,60	51,30
	V	1.447,33	-	115,78	130,25																		
	VI	1.491,66	3,54	119,33	134,24																		
4.466,99	I	958,75	-	76,70	86,28	-	65,84	74,07	-	55,50	62,44	-	45,68	51,39	-	36,37	40,91	-	27,57	31,01	-	19,29	21,70
	II	829,50	-	66,36	74,65	-	55,99	62,99	-	46,14	51,91	-	36,80	41,40	-	27,98	31,48	-	19,68	22,14	-	11,89	13,37
	III	531,50	-	42,52	47,83	-	34,49	38,80	-	26,73	30,07	-	19,22	21,62	-	11,98	13,48	-	5,65	6,35	-	0,62	0,70
	IV	958,75	-	76,70	86,28	-	71,20	80,10	-	65,84	74,07	-	60,61	68,18	-	55,50	62,44	-	50,52	56,84	-	45,68	51,39
	V	1.448,58	-	115,88	130,37																		
	VI	1.492,91	3,68	119,43	134,36																		
4.469,99	I	959,83	-	76,78	86,38	-	65,93	74,17	-	55,58	62,53	-	45,76	51,48	-	36,44	41,00	-	27,64	31,10	-	19,36	21,78
	II	830,50	-	66,44	74,74	-	56,07	63,08	-	46,22	51,99	-	36,88	41,49	-	28,06	31,56	-	19,74	22,21	-	11,95	13,44
	III	532,33	-	42,58	47,90	-	34,56	38,88	-	26,80	30,15	-	19,28	21,69	-	12,04	13,54	-	5,69	6,40	-	0,66	0,74
	IV	959,83	-	76,78	86,38	-	71,29	80,20	-	65,93	74,17	-	60,69	68,27	-	55,58	62,53	-	50,60	56,93	-	45,76	51,48
	V	1.449,83	-	115,98	130,48																		
	VI	1.494,16	3,83	119,53	134,47																		
4.472,99	I	961,00	-	76,88	86,49	-	66,01	74,26	-	55,66	62,62	-	45,83	51,56	-	36,52	41,08	-	27,71	31,17	-	19,42	21,85
	II	831,58	-	66,52	74,84	-	56,15	63,17	-	46,30	52,08	-	36,95	41,57	-	28,12	31,64	-	19,81	22,28	-	12,01	13,51
	III	533,16	-	42,65	47,98	-	34,62	38,95	-	26,85	30,20	-	19,34	21,76	-	12,09	13,60	-	5,74	6,46	-	0,69	0,77
	IV	961,00	-	76,88	86,49	-	71,38	80,30	-	66,01	74,26	-	60,78	68,37	-	55,66	62,62	-	50,68	57,02	-	45,83	51,56
	V	1.451,16	-	116,09	130,60																		
	VI	1.495,41	3,98	119,63	134,58																		
4.475,99	I	962,08	-	76,96	86,58	-	66,10	74,36	-	55,74	62,71	-	45,91	51,65	-	36,59	41,16	-	27,78	31,25	-	19,48	21,92
	II	832,66	-	66,61	74,93	-	56,24	63,27	-	46,37	52,16	-	37,02	41,65	-	28,19	31,71	-	19,87	22,35	-	12,07	13,58
	III	533,83	-	42,70	48,04	-	34,68	39,01	-	26,92	30,28	-	19,40	21,82	-	12,16	13,68	-	5,78	6,50	-	0,73	0,82
	IV	962,08	-	76,96	86,58	-	71,47	80,40	-	66,10	74,36	-	60,86	68,46	-	55,74	62,71	-	50,76	57,11	-	45,91	51,65
	V	1.452,41	-	116,19	130,71																		
	VI	1.496,66	4,13	119,73	134,69																		
4.478,99	I	963,25	-	77,06	86,69	-	66,18	74,45	-	55,83	62,81	-	45,98	51,73	-	36,66	41,24	-	27,85	31,33	-	19,55	21,99
	II	833,75	-	66,70	75,03	-	56,32	63,36	-	46,45	52,25	-	37,10	41,73	-	28,26	31,79	-	19,94	22,43	-	12,13	13,64
	III	534,66	-	42,77	48,11	-	34,74	39,08	-	26,97	30,34	-	19,46	21,89	-	12,21	13,73	-	5,84	6,57	-	0,77	0,86
	IV	963,25	-	77,06	86,69	-	71,56	80,50	-	66,18	74,45	-	60,94	68,56	-	55,83	62,81	-	50,84	57,20	-	45,98	51,73
	V	1.453,66	-	116,29	130,82																		
	VI	1.498,00	4,29	119,84	134,82																		
4.481,99	I	964,33	-	77,14	86,78	-	66,27	74,55	-	55,91	62,90	-	46,06	51,82	-	36,73	41,32	-	27,92	31,41	-	19,62	22,07
	II	834,83	-	66,78	75,13	-	56,40	63,45	-	46,53	52,34	-	37,17	41,81	-	28,33	31,87	-	20,00	22,50	-	12,19	13,71
	III	535,50	-	42,84	48,19	-	34,81	39,16	-	27,04	30,42	-	19,52	21,96	-	12,26	13,79	-	5,88	6,61	-	0,80	0,90
	IV	964,33	-	77,14	86,78	-	71,64	80,60	-	66,27	74,55	-	61,02	68,65	-	55,91	62,90	-	50,92	57,29	-	46,06	51,82
	V	1.454,91	-	116,39	130,94																		
	VI	1.499,25	4,44	119,94	134,93																		
4.484,99	I	965,41	-	77,23	86,88	-	66,36	74,65	-	55,99	62,99	-	46,14	51,91	-	36,80	41,40	-	27,98	31,48	-	19,68	22,14
	II	835,91	-	66,87	75,23	-	56,48	63,54	-	46,60	52,43	-	37,24	41,90	-	28,40	31,95	-	20,07	22,58	-	12,25	13,78
	III	536,33	-	42,90	48,26	-	34,88	39,24	-	27,10	30,49	-	19,58	22,03	-	12,32	13,86	-	5,93	6,67	-	0,84	0,94
	IV	965,41	-	77,23	86,88	-	71,73	80,69	-	66,36	74,65	-	61,11	68,75	-	55,99	62,99	-	51,00	57,38	-	46,14	51,91
	V	1.456,16	-	116,49	131,05																		
	VI	1.500,50	4,59	120,04	135,04																		
4.487,99	I	966,58	-	77,32	86,99	-	66,44	74,74	-	56,07	63,08	-	46,22	51,99	-	36,88	41,49	-	28,06	31,56	-	19,74	22,21
	II	836,91	-	66,95	75,32	-	56,56	63,63	-	46,68	52,52	-	37,32	41,98	-	28,47	32,03	-	20,13	22,64	-	12,31	13,85
	III	537,16	-	42,97	48,34	-	34,94	39,31	-	27,16	30,55	-	19,64	22,09	-	12,38	13,93	-	5,97	6,71	-	0,88	0,99
	IV	966,58	-	77,32	86,99	-	71,82	80,79	-	66,44	74,74	-	61,19	68,84	-	56,07	63,08	-	51,08	57,47	-	46,22	51,99
	V	1.457,41	-	116,59	131,16																		
	VI	1.501,75	4,74	120,14	135,15																		
4.490,99	I	967,66	-	77,41	87,08	-	66,52	74,84	-	56,15	63,17	-	46,30	52,08	-	36,95	41,57	-	28,12	31,64	-	19,81	22,28
	II	838,00	-	67,04	75,42	-	56,64	63,72	-	46,76	52,60	-	37,39	42,06	-	28,54	32,10	-	20,20	22,72	-	12,37	13,91
	III	538,00	-	43,04	48,42	-	35,00	39,37	-	27,22	30,62	-	19,70	22,16	-	12,44	13,99	-	6,02	6,77	-	0,90	1,01
	IV	967,66	-	77,41	87,08	-	71,90	80,89	-	66,52	74,84	-	61,28	68,94	-	56,15	63,17	-	51,16	57,55	-	46,30	52,08
	V	1.458,66	-	116,69	131,27																		
	VI	1.503,00	4,88	120,24	135,27																		
4.493,99	I	968,83	-	77,50	87,19	-	66,61	74,93	-	56,24	63,27	-	46,37	52,16	-	37,02	41,65	-	28,19	31,71	-	19,87	22,35
	II	839,08	-	67,12	75,51	-	56,72	63,81	-	46,84	52,69	-	37,46	42,14	-	28,60	32,18	-	20,26	22,79	-	12,44	13,99
	III	538,83	-	43,10	48,49	-	35,06	39,44	-	27,28	30,69	-	19,76	22,23	-	12,49	14,05	-	6,06	6,82	-	0,94	1,06
	IV	968,83	-	77,50	87,19	-	71,99	80,99	-	66,61	74,93	-	61,36	69,03	-	56,24	63,27	-	51,24	57,64	-	46,37	52,16
	V	1.459,91	-	116,79	131,39																		
	VI	1.504,25	5,03	120,34	135,38																		
4.496,99	I	969,91	-	77,59	87,29	-	66,70	75,03	-	56,32	63,36	-	46,45	52,25	-	37,10	41,73	-	28,26	31,79	-	19,94	22,43
	II	840,16	-	67,21	75,61	-	56,80	63,90	-	46,92	52,78	-	37,54	42,23	-	28,68	32,26	-	20,33	22,87	-	12,50	14,06
	III	539,66	-	43,17	48,56	-	35,13	39,52	-	27,34	30,76	-	19,82	22,30	-	12,54	14,11	-	6,12	6,88	-	0,98	1,10
	IV	969,91	-	77,59	87,29	-	72,08	81,09	-	66,70	75,03	-	61,44	69,12	-	56,32	63,36	-	51,32	57,73	-	46,45	52,25
	V	1.461,25	-	116,90	131,51																		
	VI	1.505,50	5,18	120,44	135,49																		
4.499,99	I	971,08	-	77,68	87,39	-	66,78	75,13	-	56,40	63,45	-	46,53	52,34	-	37,17	41,81	-	28,33	31,87	-	20,00	22,50
	II	841,25	-	67,30	75,71	-	56,88	63,99	-	46,99	52,86	-	37,61	42,31	-	28,74	32,33	-	20,39	22,94	-	12,56	14,13
	III	540,50	-	43,24	48,64	-	35,20	39,60	-	27,41	30,83	-	19,88	22,36	-	12,61	14,18	-	6,16	6,93	-	1,01	1,13
	IV	971,08	-	77,68	87,39	-	72,17	81,19	-	66,78	75,13	-	61,52	69,21	-	56,40	63,45	-	51,40	57,82	-	46,53	52,34
	V	1.462,50	0,06	117,00	131,62																		
	VI	1.506,75	5,33	120,54	135,60																		

MONAT bis 4.544,99 €

Besondere Tabelle

Lohn/ Gehalt bis	Steuerklasse	Lohn-steuer	ohne Kinderfreibetrag			Anzahl Kinderfreibeträge (nur Steuerklassen I–IV)																	
						0,5			1,0			1,5			2,0			2,5			3,0		
			SolZ 5,5%	Kirchensteuer 8%	9%	SolZ 5,5%	Kirchensteuer 8%	9%	SolZ 5,5%	Kirchensteuer 8%	9%	SolZ 5,5%	Kirchensteuer 8%	9%	SolZ 5,5%	Kirchensteuer 8%	9%	SolZ 5,5%	Kirchensteuer 8%	9%	SolZ 5,5%	Kirchensteuer 8%	9%
4.502,99	I	972,16	-	77,77	87,49	-	66,87	75,23	-	56,48	63,54	-	46,60	52,43	-	37,24	41,90	-	28,40	31,95	-	20,07	22,5
	II	842,33	-	67,38	75,80	-	56,97	64,09	-	47,07	52,95	-	37,68	42,39	-	28,82	32,42	-	20,46	23,01	-	12,62	14,
	III	541,33	-	43,30	48,71	-	35,25	39,65	-	27,46	30,89	-	19,93	22,42	-	12,66	14,24	-	6,21	6,98	-	1,05	1,
	IV	972,16	-	77,77	87,49	-	72,26	81,29	-	66,87	75,23	-	61,61	69,31	-	56,48	63,54	-	51,48	57,91	-	46,60	52,
	V	1.463,75	0,21	117,10	131,73																		
	VI	1.508,08	5,49	120,64	135,72																		
4.505,99	I	973,33	-	77,86	87,59	-	66,95	75,32	-	56,56	63,63	-	46,68	52,52	-	37,32	41,98	-	28,47	32,03	-	20,13	22,
	II	843,41	-	67,47	75,90	-	57,05	64,18	-	47,14	53,03	-	37,76	42,48	-	28,88	32,49	-	20,52	23,09	-	12,68	14,
	III	542,16	-	43,37	48,79	-	35,32	39,73	-	27,53	30,97	-	20,00	22,50	-	12,72	14,31	-	6,25	7,03	-	1,09	1,
	IV	973,33	-	77,86	87,59	-	72,34	81,38	-	66,95	75,32	-	61,69	69,40	-	56,56	63,63	-	51,56	58,00	-	46,68	52,5
	V	1.465,00	0,36	117,20	131,85																		
	VI	1.509,33	5,64	120,74	135,83																		
4.508,99	I	974,41	-	77,95	87,69	-	67,04	75,42	-	56,64	63,72	-	46,76	52,60	-	37,39	42,06	-	28,54	32,10	-	20,20	22,
	II	844,50	-	67,56	76,00	-	57,13	64,27	-	47,22	53,12	-	37,83	42,56	-	28,95	32,57	-	20,59	23,16	-	12,74	14,
	III	543,00	-	43,44	48,87	-	35,38	39,80	-	27,60	31,05	-	20,05	22,55	-	12,78	14,38	-	6,30	7,09	-	1,13	1,
	IV	974,41	-	77,95	87,69	-	72,43	81,48	-	67,04	75,42	-	61,78	69,50	-	56,64	63,72	-	51,64	58,09	-	46,76	52,
	V	1.466,25	0,51	117,30	131,96																		
	VI	1.510,58	5,79	120,84	135,95																		
4.511,99	I	975,58	-	78,04	87,80	-	67,12	75,51	-	56,72	63,81	-	46,84	52,69	-	37,46	42,14	-	28,60	32,18	-	20,26	22,
	II	845,50	-	67,64	76,09	-	57,21	64,36	-	47,30	53,21	-	37,90	42,64	-	29,02	32,65	-	20,66	23,24	-	12,80	14,
	III	543,83	-	43,50	48,94	-	35,45	39,88	-	27,65	31,10	-	20,12	22,63	-	12,84	14,44	-	6,34	7,13	-	1,16	1,
	IV	975,58	-	78,04	87,80	-	72,52	81,58	-	67,12	75,51	-	61,86	69,59	-	56,72	63,81	-	51,72	58,18	-	46,84	52,
	V	1.467,50	0,66	117,40	132,07																		
	VI	1.511,83	5,94	120,94	136,06																		
4.514,99	I	976,66	-	78,13	87,89	-	67,21	75,61	-	56,80	63,90	-	46,92	52,78	-	37,54	42,23	-	28,68	32,26	-	20,33	22,
	II	846,58	-	67,72	76,19	-	57,30	64,46	-	47,38	53,30	-	37,98	42,72	-	29,09	32,72	-	20,72	23,31	-	12,86	14,
	III	544,66	-	43,57	49,01	-	35,52	39,96	-	27,72	31,18	-	20,17	22,69	-	12,89	14,50	-	6,40	7,20	-	1,20	1,
	IV	976,66	-	78,13	87,89	-	72,60	81,68	-	67,21	75,61	-	61,94	69,68	-	56,80	63,90	-	51,80	58,27	-	46,92	52,
	V	1.468,75	0,81	117,50	132,18																		
	VI	1.513,08	6,08	121,04	136,17																		
4.517,99	I	977,75	-	78,22	87,99	-	67,30	75,71	-	56,88	63,99	-	46,99	52,86	-	37,61	42,31	-	28,74	32,33	-	20,39	22,
	II	847,66	-	67,81	76,28	-	57,38	64,55	-	47,46	53,39	-	38,05	42,80	-	29,16	32,81	-	20,78	23,38	-	12,92	14,5
	III	545,33	-	43,62	49,07	-	35,57	40,01	-	27,77	31,24	-	20,24	22,77	-	12,96	14,58	-	6,44	7,24	-	1,24	1,
	IV	977,75	-	78,22	87,99	-	72,70	81,78	-	67,30	75,71	-	62,03	69,78	-	56,88	63,99	-	51,88	58,36	-	46,99	52,8
	V	1.470,00	0,96	117,60	132,30																		
	VI	1.514,33	6,23	121,14	136,28																		
4.520,99	I	978,91	-	78,31	88,10	-	67,38	75,80	-	56,97	64,09	-	47,07	52,95	-	37,68	42,39	-	28,82	32,42	-	20,46	23,
	II	848,75	-	67,90	76,38	-	57,46	64,64	-	47,54	53,48	-	38,12	42,89	-	29,23	32,88	-	20,85	23,45	-	12,98	14,6
	III	546,16	-	43,69	49,15	-	35,64	40,09	-	27,84	31,32	-	20,29	22,82	-	13,01	14,63	-	6,49	7,30	-	1,28	1,4
	IV	978,91	-	78,31	88,10	-	72,78	81,88	-	67,38	75,80	-	62,11	69,87	-	56,97	64,09	-	51,96	58,45	-	47,07	52,9
	V	1.471,33	1,12	117,70	132,41																		
	VI	1.515,58	6,38	121,24	136,40																		
4.523,99	I	980,00	-	78,40	88,20	-	67,47	75,90	-	57,05	64,18	-	47,14	53,03	-	37,76	42,48	-	28,88	32,49	-	20,52	23,0
	II	849,83	-	67,98	76,48	-	57,54	64,73	-	47,61	53,56	-	38,20	42,97	-	29,30	32,96	-	20,92	23,53	-	13,04	14,6
	III	547,00	-	43,76	49,23	-	35,70	40,16	-	27,90	31,39	-	20,36	22,90	-	13,06	14,69	-	6,53	7,34	-	1,30	1,4
	IV	980,00	-	78,40	88,20	-	72,87	81,98	-	67,47	75,90	-	62,20	69,97	-	57,05	64,18	-	52,04	58,54	-	47,14	53,0
	V	1.472,58	1,26	117,80	132,53																		
	VI	1.516,83	6,53	121,34	136,51																		
4.526,99	I	981,16	-	78,49	88,30	-	67,56	76,00	-	57,13	64,27	-	47,22	53,12	-	37,83	42,56	-	28,95	32,57	-	20,59	23,1
	II	850,91	-	68,07	76,58	-	57,62	64,82	-	47,69	53,65	-	38,27	43,05	-	29,37	33,04	-	20,98	23,60	-	13,10	14,7
	III	547,83	-	43,82	49,30	-	35,77	40,24	-	27,96	31,45	-	20,41	22,96	-	13,12	14,76	-	6,58	7,40	-	1,34	1,5
	IV	981,16	-	78,49	88,30	-	72,96	82,08	-	67,56	76,00	-	62,28	70,06	-	57,13	64,27	-	52,12	58,63	-	47,22	53,1
	V	1.473,83	1,41	117,90	132,64																		
	VI	1.518,08	6,68	121,44	136,62																		
4.529,99	I	982,25	-	78,58	88,40	-	67,64	76,09	-	57,21	64,36	-	47,30	53,21	-	37,90	42,64	-	29,02	32,65	-	20,66	23,2
	II	852,00	-	68,16	76,68	-	57,70	64,91	-	47,77	53,74	-	38,34	43,13	-	29,44	33,12	-	21,04	23,67	-	13,17	14,8
	III	548,66	-	43,89	49,37	-	35,82	40,30	-	28,02	31,52	-	20,48	23,04	-	13,18	14,83	-	6,62	7,45	-	1,38	1,5
	IV	982,25	-	78,58	88,40	-	73,04	82,17	-	67,64	76,09	-	62,36	70,16	-	57,21	64,36	-	52,19	58,71	-	47,30	53,2
	V	1.475,08	1,56	118,00	132,75																		
	VI	1.519,41	6,84	121,55	136,74																		
4.532,99	I	983,41	-	78,67	88,50	-	67,72	76,19	-	57,30	64,46	-	47,38	53,30	-	37,98	42,72	-	29,09	32,72	-	20,72	23,3
	II	853,08	-	68,24	76,77	-	57,78	65,00	-	47,84	53,82	-	38,42	43,22	-	29,51	33,20	-	21,11	23,75	-	13,23	14,8
	III	549,50	-	43,96	49,45	-	35,89	40,37	-	28,09	31,60	-	20,53	23,09	-	13,24	14,89	-	6,68	7,51	-	1,42	1,6
	IV	983,41	-	78,67	88,50	-	73,14	82,28	-	67,72	76,19	-	62,44	70,25	-	57,30	64,46	-	52,27	58,80	-	47,38	53,3
	V	1.476,33	1,71	118,10	132,86																		
	VI	1.520,66	6,99	121,65	136,85																		
4.535,99	I	984,58	-	78,76	88,61	-	67,81	76,28	-	57,38	64,55	-	47,46	53,39	-	38,05	42,80	-	29,16	32,81	-	20,78	23,3
	II	854,16	-	68,33	76,87	-	57,87	65,10	-	47,92	53,91	-	38,50	43,31	-	29,58	33,27	-	21,18	23,82	-	13,29	14,9
	III	550,33	-	44,02	49,52	-	35,96	40,45	-	28,14	31,66	-	20,60	23,17	-	13,29	14,95	-	6,72	7,56	-	1,45	1,6
	IV	984,58	-	78,76	88,61	-	73,22	82,37	-	67,81	76,28	-	62,53	70,34	-	57,38	64,55	-	52,35	58,89	-	47,46	53,3
	V	1.477,58	1,86	118,20	132,98																		
	VI	1.521,91	7,14	121,75	136,97																		
4.538,99	I	985,66	-	78,85	88,70	-	67,90	76,38	-	57,46	64,64	-	47,54	53,48	-	38,12	42,89	-	29,23	32,88	-	20,85	23,4
	II	855,25	-	68,42	76,97	-	57,95	65,19	-	48,00	54,00	-	38,57	43,39	-	29,65	33,35	-	21,24	23,90	-	13,35	15,0
	III	551,16	-	44,09	49,60	-	36,02	40,52	-	28,21	31,73	-	20,65	23,23	-	13,36	15,03	-	6,77	7,61	-	1,49	1,6
	IV	985,66	-	78,85	88,70	-	73,31	82,47	-	67,90	76,38	-	62,62	70,44	-	57,46	64,64	-	52,43	58,98	-	47,54	53,48
	V	1.478,83	2,01	118,30	133,09																		
	VI	1.523,16	7,28	121,85	137,08																		
4.541,99	I	986,83	-	78,94	88,81	-	67,98	76,48	-	57,54	64,73	-	47,61	53,56	-	38,20	42,97	-	29,30	32,96	-	20,92	23,5
	II	856,33	-	68,50	77,06	-	58,03	65,28	-	48,08	54,09	-	38,64	43,47	-	29,72	33,43	-	21,31	23,97	-	13,41	15,0
	III	552,00	-	44,16	49,68	-	36,09	40,60	-	28,26	31,79	-	20,72	23,31	-	13,41	15,08	-	6,82	7,67	-	1,53	1,7
	IV	986,83	-	78,94	88,81	-	73,40	82,57	-	67,98	76,48	-	62,70	70,53	-	57,54	64,73	-	52,51	59,07	-	47,61	53,5
	V	1.480,08	2,16	118,40	133,20																		
	VI	1.524,41	7,43	121,95	137,19																		
4.544,99	I	987,91	-	79,03	88,91	-	68,07	76,58	-	57,62	64,82	-	47,69	53,65	-	38,27	43,05	-	29,37	33,04	-	20,98	23,60
	II	857,33	-	68,58	77,15	-	58,12	65,38	-	48,16	54,18	-	38,72	43,56	-	29,79	33,51	-	21,37	24,04	-	13,48	15,16
	III	552,83	-	44,22	49,75	-	36,14	40,66	-	28,33	31,87	-	20,77	23,36	-	13,46	15,14	-	6,86	7,72	-	1,57	1,76
	IV	987,91	-	79,03	88,91	-	73,48	82,67	-	68,07	76,58	-	62,78	70,63	-	57,62	64,82	-	52,59	59,16	-	47,69	53,65
	V	1.481,33	2,31	118,50	133,31																		
	VI	1.525,66	7,58	122,05	137,30																		

Lohn/ Gehalt bis	Steuerklasse	Lohn-steuer	ohne Kinderfreibetrag SolZ 5,5%	Kirchensteuer 8%	Kirchensteuer 9%	0,5 SolZ 5,5%	0,5 Kirchensteuer 8%	0,5 Kirchensteuer 9%	1,0 SolZ 5,5%	1,0 Kirchensteuer 8%	1,0 Kirchensteuer 9%	1,5 SolZ 5,5%	1,5 Kirchensteuer 8%	1,5 Kirchensteuer 9%	2,0 SolZ 5,5%	2,0 Kirchensteuer 8%	2,0 Kirchensteuer 9%	2,5 SolZ 5,5%	2,5 Kirchensteuer 8%	2,5 Kirchensteuer 9%	3,0 SolZ 5,5%	3,0 Kirchensteuer 8%	3,0 Kirchensteuer 9%
						Anzahl Kinderfreibeträge (nur Steuerklassen I–IV)																	
4.547,99	I	989,08	-	79,12	89,01	-	68,16	76,68	-	57,70	64,91	-	47,77	53,74	-	38,34	43,13	-	29,44	33,12	-	21,04	23,67
	II	858,41	-	68,67	77,25	-	58,20	65,47	-	48,24	54,27	-	38,79	43,64	-	29,86	33,59	-	21,44	24,12	-	13,54	15,23
	III	553,66	-	44,29	49,82	-	36,21	40,73	-	28,40	31,95	-	20,84	23,44	-	13,53	15,22	-	6,92	7,78	-	1,61	1,81
	IV	989,08	-	79,12	89,01	-	73,58	82,77	-	68,16	76,68	-	62,86	70,72	-	57,70	64,91	-	52,67	59,25	-	47,77	53,74
	V	1.482,66	2,46	118,61	133,43																		
	VI	1.526,91	7,73	122,15	137,42																		
4.550,99	I	990,16	-	79,21	89,11	-	68,24	76,77	-	57,78	65,00	-	47,84	53,82	-	38,42	43,22	-	29,51	33,20	-	21,11	23,75
	II	859,50	-	68,76	77,35	-	58,28	65,56	-	48,32	54,36	-	38,86	43,72	-	29,92	33,66	-	21,50	24,19	-	13,60	15,30
	III	554,50	-	44,36	49,90	-	36,28	40,81	-	28,45	32,00	-	20,89	23,50	-	13,58	15,28	-	6,96	7,83	-	1,64	1,84
	IV	990,16	-	79,21	89,11	-	73,66	82,87	-	68,24	76,77	-	62,95	70,82	-	57,78	65,00	-	52,75	59,34	-	47,84	53,82
	V	1.483,91	2,61	118,71	133,55																		
	VI	1.528,16	7,88	122,25	137,53																		
4.553,99	I	991,33	-	79,30	89,21	-	68,33	76,87	-	57,87	65,10	-	47,92	53,91	-	38,50	43,31	-	29,58	33,27	-	21,18	23,82
	II	860,58	-	68,84	77,45	-	58,36	65,66	-	48,39	54,44	-	38,94	43,80	-	30,00	33,75	-	21,57	24,26	-	13,66	15,36
	III	555,33	-	44,42	49,97	-	36,34	40,88	-	28,52	32,08	-	20,96	23,58	-	13,64	15,34	-	7,01	7,88	-	1,68	1,89
	IV	991,33	-	79,30	89,21	-	73,75	82,97	-	68,33	76,87	-	63,04	70,92	-	57,87	65,10	-	52,83	59,43	-	47,92	53,91
	V	1.485,16	2,76	118,81	133,66																		
	VI	1.529,50	8,04	122,36	137,65																		
4.556,99	I	992,41	-	79,39	89,31	-	68,42	76,97	-	57,95	65,19	-	48,00	54,00	-	38,57	43,39	-	29,65	33,35	-	21,24	23,90
	II	861,66	-	68,93	77,54	-	58,44	65,75	-	48,47	54,53	-	39,01	43,88	-	30,06	33,82	-	21,64	24,34	-	13,72	15,44
	III	556,16	-	44,49	50,05	-	36,41	40,96	-	28,58	32,15	-	21,01	23,63	-	13,70	15,41	-	7,06	7,94	-	1,72	1,93
	IV	992,41	-	79,39	89,31	-	73,84	83,07	-	68,42	76,97	-	63,12	71,01	-	57,95	65,19	-	52,91	59,52	-	48,00	54,00
	V	1.486,41	2,91	118,91	133,77																		
	VI	1.530,75	8,19	122,46	137,76																		
4.559,99	I	993,58	-	79,48	89,42	-	68,50	77,06	-	58,03	65,28	-	48,08	54,09	-	38,64	43,47	-	29,72	33,43	-	21,31	23,97
	II	862,75	-	69,02	77,64	-	58,52	65,84	-	48,55	54,62	-	39,08	43,97	-	30,14	33,90	-	21,70	24,41	-	13,78	15,50
	III	557,00	-	44,56	50,13	-	36,46	41,02	-	28,64	32,22	-	21,08	23,71	-	13,76	15,48	-	7,10	7,99	-	1,76	1,98
	IV	993,58	-	79,48	89,42	-	73,93	83,17	-	68,50	77,06	-	63,20	71,10	-	58,03	65,28	-	52,99	59,61	-	48,08	54,09
	V	1.487,66	3,06	119,01	133,88																		
	VI	1.532,00	8,33	122,56	137,88																		
4.562,99	I	994,66	-	79,57	89,51	-	68,58	77,15	-	58,12	65,38	-	48,16	54,18	-	38,72	43,56	-	29,79	33,51	-	21,37	24,04
	II	863,83	-	69,10	77,74	-	58,61	65,93	-	48,62	54,70	-	39,16	44,05	-	30,20	33,98	-	21,77	24,49	-	13,84	15,57
	III	557,83	-	44,62	50,20	-	36,53	41,09	-	28,70	32,29	-	21,13	23,77	-	13,81	15,53	-	7,16	8,05	-	1,80	2,02
	IV	994,66	-	79,57	89,51	-	74,02	83,27	-	68,58	77,15	-	63,28	71,19	-	58,12	65,38	-	53,07	59,70	-	48,16	54,18
	V	1.488,91	3,21	119,11	134,00																		
	VI	1.533,25	8,48	122,66	137,99																		
4.565,99	I	995,83	-	79,66	89,62	-	68,67	77,25	-	58,20	65,47	-	48,24	54,27	-	38,79	43,64	-	29,86	33,59	-	21,44	24,12
	II	864,91	-	69,19	77,84	-	58,69	66,02	-	48,70	54,79	-	39,23	44,13	-	30,28	34,06	-	21,83	24,56	-	13,90	15,64
	III	558,66	-	44,69	50,27	-	36,60	41,17	-	28,77	32,36	-	21,20	23,85	-	13,88	15,61	-	7,20	8,10	-	1,84	2,07
	IV	995,83	-	79,66	89,62	-	74,10	83,36	-	68,67	77,25	-	63,37	71,29	-	58,20	65,47	-	53,15	59,79	-	48,24	54,27
	V	1.490,16	3,36	119,21	134,11																		
	VI	1.534,50	8,63	122,76	138,10																		
4.568,99	I	997,00	-	79,76	89,73	-	68,76	77,35	-	58,28	65,56	-	48,32	54,36	-	38,86	43,72	-	29,92	33,66	-	21,50	24,19
	II	866,00	-	69,28	77,94	-	58,77	66,11	-	48,78	54,88	-	39,31	44,22	-	30,34	34,13	-	21,90	24,63	-	13,97	15,71
	III	559,50	-	44,76	50,35	-	36,66	41,24	-	28,82	32,42	-	21,25	23,90	-	13,93	15,67	-	7,25	8,15	-	1,86	2,09
	IV	997,00	-	79,76	89,73	-	74,19	83,46	-	68,76	77,35	-	63,46	71,39	-	58,28	65,56	-	53,23	59,88	-	48,32	54,36
	V	1.491,41	3,51	119,31	134,22																		
	VI	1.535,75	8,78	122,86	138,21																		
4.571,99	I	998,08	-	79,84	89,82	-	68,84	77,45	-	58,36	65,66	-	48,39	54,44	-	38,94	43,80	-	30,00	33,75	-	21,57	24,26
	II	867,08	-	69,36	78,03	-	58,86	66,21	-	48,86	54,97	-	39,38	44,30	-	30,42	34,22	-	21,96	24,71	-	14,03	15,78
	III	560,33	-	44,82	50,42	-	36,73	41,32	-	28,89	32,50	-	21,32	23,98	-	13,98	15,73	-	7,30	8,21	-	1,90	2,14
	IV	998,08	-	79,84	89,82	-	74,28	83,57	-	68,84	77,45	-	63,54	71,48	-	58,36	65,66	-	53,31	59,97	-	48,39	54,44
	V	1.492,75	3,66	119,42	134,34																		
	VI	1.537,00	8,93	122,96	138,33																		
4.574,99	I	999,25	-	79,94	89,93	-	68,93	77,54	-	58,44	65,75	-	48,47	54,53	-	39,01	43,88	-	30,06	33,82	-	21,64	24,34
	II	868,16	-	69,45	78,13	-	58,94	66,30	-	48,94	55,05	-	39,46	44,39	-	30,48	34,29	-	22,03	24,78	-	14,09	15,85
	III	561,00	-	44,88	50,49	-	36,78	41,38	-	28,96	32,58	-	21,37	24,04	-	14,05	15,80	-	7,34	8,26	-	1,94	2,18
	IV	999,25	-	79,94	89,93	-	74,37	83,66	-	68,93	77,54	-	63,62	71,57	-	58,44	65,75	-	53,39	60,06	-	48,47	54,53
	V	1.494,00	3,81	119,52	134,46																		
	VI	1.538,25	9,08	123,06	138,44																		
4.577,99	I	1.000,33	-	80,02	90,02	-	69,02	77,64	-	58,52	65,84	-	48,55	54,62	-	39,08	43,97	-	30,14	33,90	-	21,70	24,41
	II	869,25	-	69,54	78,23	-	59,02	66,40	-	49,02	55,14	-	39,53	44,47	-	30,56	34,38	-	22,10	24,86	-	14,15	15,92
	III	561,83	-	44,94	50,56	-	36,85	41,45	-	29,01	32,63	-	21,44	24,12	-	14,10	15,86	-	7,40	8,32	-	1,98	2,23
	IV	1.000,33	-	80,02	90,02	-	74,46	83,76	-	69,02	77,64	-	63,71	71,67	-	58,52	65,84	-	53,47	60,15	-	48,55	54,62
	V	1.495,25	3,96	119,62	134,57																		
	VI	1.539,58	9,24	123,16	138,56																		
4.580,99	I	1.001,50	-	80,12	90,13	-	69,10	77,74	-	58,61	65,93	-	48,62	54,70	-	39,16	44,05	-	30,20	33,98	-	21,77	24,49
	II	870,33	-	69,62	78,32	-	59,10	66,49	-	49,10	55,23	-	39,60	44,55	-	30,62	34,45	-	22,16	24,93	-	14,22	15,99
	III	562,66	-	45,01	50,63	-	36,92	41,53	-	29,08	32,71	-	21,49	24,17	-	14,16	15,93	-	7,45	8,38	-	2,02	2,27
	IV	1.001,50	-	80,12	90,13	-	74,54	83,86	-	69,10	77,74	-	63,79	71,76	-	58,61	65,93	-	53,55	60,24	-	48,62	54,70
	V	1.496,50	4,11	119,72	134,68																		
	VI	1.540,83	9,39	123,26	138,67																		
4.583,99	I	1.002,58	-	80,20	90,23	-	69,19	77,84	-	58,69	66,02	-	48,70	54,79	-	39,23	44,13	-	30,28	34,06	-	21,83	24,56
	II	871,41	-	69,71	78,42	-	59,18	66,58	-	49,18	55,32	-	39,68	44,64	-	30,70	34,53	-	22,23	25,01	-	14,28	16,06
	III	563,50	-	45,08	50,71	-	36,98	41,60	-	29,14	32,78	-	21,56	24,25	-	14,22	16,00	-	7,49	8,42	-	2,06	2,32
	IV	1.002,58	-	80,20	90,23	-	74,64	83,97	-	69,19	77,84	-	63,88	71,86	-	58,69	66,02	-	53,64	60,34	-	48,70	54,79
	V	1.497,75	4,26	119,82	134,79																		
	VI	1.542,08	9,53	123,36	138,78																		
4.586,99	I	1.003,75	-	80,30	90,33	-	69,28	77,94	-	58,77	66,11	-	48,78	54,88	-	39,31	44,22	-	30,34	34,13	-	21,90	24,63
	II	872,50	-	69,80	78,52	-	59,27	66,68	-	49,25	55,40	-	39,75	44,72	-	30,76	34,61	-	22,30	25,08	-	14,34	16,13
	III	564,33	-	45,14	50,78	-	37,05	41,68	-	29,20	32,85	-	21,61	24,31	-	14,28	16,06	-	7,54	8,48	-	2,10	2,36
	IV	1.003,75	-	80,30	90,33	-	74,72	84,06	-	69,28	77,94	-	63,96	71,96	-	58,77	66,11	-	53,72	60,43	-	48,78	54,88
	V	1.499,00	4,41	119,92	134,91																		
	VI	1.543,33	9,68	123,46	138,89																		
4.589,99	I	1.004,91	-	80,39	90,44	-	69,36	78,03	-	58,86	66,21	-	48,86	54,97	-	39,38	44,30	-	30,42	34,22	-	21,96	24,71
	II	873,58	-	69,88	78,62	-	59,35	66,77	-	49,33	55,49	-	39,83	44,81	-	30,84	34,69	-	22,36	25,16	-	14,40	16,20
	III	565,16	-	45,21	50,86	-	37,10	41,74	-	29,26	32,92	-	21,68	24,39	-	14,33	16,12	-	7,60	8,55	-	2,14	2,41
	IV	1.004,91	-	80,39	90,44	-	74,81	84,16	-	69,36	78,03	-	64,04	72,05	-	58,86	66,21	-	53,80	60,52	-	48,86	54,97
	V	1.500,25	4,56	120,02	135,02																		
	VI	1.544,58	9,83	123,56	139,01																		

Lohn/ Gehalt bis	Steuerklasse	Lohn-steuer	ohne Kinderfreibetrag SolZ 5,5%	ohne Kinderfreibetrag Kirchensteuer 8%	ohne Kinderfreibetrag Kirchensteuer 9%	0,5 SolZ 5,5%	0,5 Kirchensteuer 8%	0,5 Kirchensteuer 9%	1,0 SolZ 5,5%	1,0 Kirchensteuer 8%	1,0 Kirchensteuer 9%	1,5 SolZ 5,5%	1,5 Kirchensteuer 8%	1,5 Kirchensteuer 9%	2,0 SolZ 5,5%	2,0 Kirchensteuer 8%	2,0 Kirchensteuer 9%	2,5 SolZ 5,5%	2,5 Kirchensteuer 8%	2,5 Kirchensteuer 9%	3,0 SolZ 5,5%	3,0 Kirchensteuer 8%	3,0 Kirchensteuer 9%
					Anzahl Kinderfreibeträge (nur Steuerklassen I–IV)																		
4.592,99	I	1.006,00	–	80,48	90,54	–	69,45	78,13	–	58,94	66,30	–	48,94	55,05	–	39,46	44,39	–	30,48	34,29	–	22,03	24,
	II	874,66	–	69,97	78,71	–	59,44	66,87	–	49,41	55,58	–	39,90	44,89	–	30,91	34,77	–	22,43	25,23	–	14,46	16,
	III	566,00	–	45,28	50,94	–	37,17	41,81	–	29,32	32,98	–	21,73	24,44	–	14,40	16,20	–	7,64	8,59	–	2,17	2,
	IV	1.006,00	–	80,48	90,54	–	74,90	84,26	–	69,45	78,13	–	64,13	72,14	–	58,94	66,30	–	53,88	60,61	–	48,94	55,
	V	1.501,50	4,71	120,12	135,13																		
	VI	1.545,83	9,98	123,66	139,12																		
4.595,99	I	1.007,16	–	80,57	90,64	–	69,54	78,23	–	59,02	66,40	–	49,02	55,14	–	39,53	44,47	–	30,56	34,38	–	22,10	24,8
	II	875,75	–	70,06	78,81	–	59,52	66,96	–	49,49	55,67	–	39,98	44,97	–	30,98	34,85	–	22,49	25,30	–	14,52	16,
	III	566,83	–	45,34	51,01	–	37,24	41,89	–	29,38	33,05	–	21,80	24,52	–	14,45	16,25	–	7,69	8,65	–	2,21	2,
	IV	1.007,16	–	80,57	90,64	–	74,99	84,36	–	69,54	78,23	–	64,22	72,24	–	59,02	66,40	–	53,96	60,70	–	49,02	55,
	V	1.502,83	4,86	120,22	135,25																		
	VI	1.547,08	10,13	123,76	139,23																		
4.598,99	I	1.008,33	–	80,66	90,74	–	69,62	78,32	–	59,10	66,49	–	49,10	55,23	–	39,60	44,55	–	30,62	34,45	–	22,16	24,9
	II	876,83	–	70,14	78,91	–	59,60	67,05	–	49,57	55,76	–	40,05	45,05	–	31,05	34,93	–	22,56	25,38	–	14,58	16,
	III	567,66	–	45,41	51,08	–	37,30	41,96	–	29,45	33,13	–	21,85	24,58	–	14,52	16,33	–	7,74	8,71	–	2,25	2,5
	IV	1.008,33	–	80,66	90,74	–	75,08	84,46	–	69,62	78,32	–	64,30	72,33	–	59,10	66,49	–	54,04	60,79	–	49,10	55,
	V	1.504,08	5,01	120,32	135,36																		
	VI	1.548,33	10,28	123,86	139,34																		
4.601,99	I	1.009,41	–	80,75	90,84	–	69,71	78,42	–	59,18	66,58	–	49,18	55,32	–	39,68	44,64	–	30,70	34,53	–	22,23	25,0
	II	877,91	–	70,23	79,01	–	59,68	67,14	–	49,64	55,85	–	40,12	45,14	–	31,12	35,01	–	22,62	25,45	–	14,65	16,
	III	568,50	–	45,48	51,16	–	37,37	42,04	–	29,50	33,19	–	21,92	24,66	–	14,57	16,39	–	7,80	8,77	–	2,29	2,5
	IV	1.009,41	–	80,75	90,84	–	75,17	84,56	–	69,71	78,42	–	64,38	72,43	–	59,18	66,58	–	54,12	60,88	–	49,18	55,
	V	1.505,33	5,16	120,42	135,47																		
	VI	1.549,58	10,43	123,96	139,46																		
4.604,99	I	1.010,58	–	80,84	90,95	–	69,80	78,52	–	59,27	66,68	–	49,25	55,40	–	39,75	44,72	–	30,76	34,61	–	22,30	25,0
	II	879,00	–	70,32	79,11	–	59,76	67,23	–	49,72	55,94	–	40,20	45,22	–	31,19	35,09	–	22,69	25,52	–	14,71	16,5
	III	569,33	–	45,54	51,23	–	37,42	42,10	–	29,57	33,26	–	21,97	24,71	–	14,62	16,45	–	7,84	8,82	–	2,33	2,6
	IV	1.010,58	–	80,84	90,95	–	75,26	84,66	–	69,80	78,52	–	64,47	72,53	–	59,27	66,68	–	54,20	60,97	–	49,25	55,
	V	1.506,58	5,31	120,52	135,59																		
	VI	1.550,91	10,59	124,07	139,58																		
4.607,99	I	1.011,66	–	80,93	91,04	–	69,88	78,62	–	59,35	66,77	–	49,33	55,49	–	39,83	44,81	–	30,84	34,69	–	22,36	25,1
	II	880,08	–	70,40	79,20	–	59,85	67,33	–	49,80	56,03	–	40,28	45,31	–	31,26	35,16	–	22,76	25,60	–	14,77	16,6
	III	570,16	–	45,61	51,31	–	37,49	42,17	–	29,64	33,34	–	22,04	24,79	–	14,69	16,52	–	7,89	8,87	–	2,37	2,6
	IV	1.011,66	–	80,93	91,04	–	75,34	84,76	–	69,88	78,62	–	64,56	72,63	–	59,35	66,77	–	54,28	61,06	–	49,33	55,
	V	1.507,83	5,46	120,62	135,70																		
	VI	1.552,16	10,73	124,17	139,69																		
4.610,99	I	1.012,83	–	81,02	91,15	–	69,97	78,71	–	59,44	66,87	–	49,41	55,58	–	39,90	44,89	–	30,91	34,77	–	22,43	25,2
	II	881,16	–	70,49	79,30	–	59,93	67,42	–	49,88	56,12	–	40,35	45,39	–	31,33	35,24	–	22,82	25,67	–	14,84	16,6
	III	571,00	–	45,68	51,39	–	37,56	42,25	–	29,69	33,40	–	22,09	24,85	–	14,74	16,58	–	7,94	8,93	–	2,41	2,7
	IV	1.012,83	–	81,02	91,15	–	75,43	84,86	–	69,97	78,71	–	64,64	72,72	–	59,44	66,87	–	54,36	61,15	–	49,41	55,5
	V	1.509,08	5,61	120,72	135,81																		
	VI	1.553,41	10,88	124,27	139,80																		
4.613,99	I	1.014,00	–	81,12	91,26	–	70,06	78,81	–	59,52	66,96	–	49,49	55,67	–	39,98	44,97	–	30,98	34,85	–	22,49	25,3
	II	882,33	–	70,58	79,40	–	60,01	67,51	–	49,96	56,21	–	40,42	45,47	–	31,40	35,32	–	22,89	25,75	–	14,90	16,7
	III	571,83	–	45,74	51,46	–	37,62	42,32	–	29,76	33,48	–	22,16	24,93	–	14,80	16,65	–	7,98	8,98	–	2,45	2,7
	IV	1.014,00	–	81,12	91,26	–	75,52	84,96	–	70,06	78,81	–	64,72	72,81	–	59,52	66,96	–	54,44	61,24	–	49,49	55,6
	V	1.510,33	5,76	120,82	135,92																		
	VI	1.554,66	11,03	124,37	139,91																		
4.616,99	I	1.015,08	–	81,20	91,35	–	70,14	78,91	–	59,60	67,05	–	49,57	55,76	–	40,05	45,05	–	31,05	34,93	–	22,56	25,3
	II	883,41	–	70,67	79,50	–	60,10	67,61	–	50,04	56,29	–	40,50	45,56	–	31,47	35,40	–	22,96	25,83	–	14,96	16,8
	III	572,66	–	45,81	51,53	–	37,69	42,40	–	29,82	33,55	–	22,21	24,98	–	14,86	16,72	–	8,04	9,04	–	2,49	2,8
	IV	1.015,08	–	81,20	91,35	–	75,61	85,06	–	70,14	78,91	–	64,81	72,91	–	59,60	67,05	–	54,52	61,33	–	49,57	55,7
	V	1.511,58	5,91	120,92	136,04																		
	VI	1.555,91	11,18	124,47	140,03																		
4.619,99	I	1.016,25	–	81,30	91,46	–	70,23	79,01	–	59,68	67,14	–	49,64	55,85	–	40,12	45,14	–	31,12	35,01	–	22,62	25,4
	II	884,50	–	70,76	79,60	–	60,18	67,70	–	50,12	56,38	–	40,57	45,64	–	31,54	35,48	–	23,02	25,90	–	15,02	16,9
	III	573,50	–	45,88	51,61	–	37,76	42,48	–	29,88	33,61	–	22,28	25,06	–	14,92	16,78	–	8,09	9,10	–	2,53	2,8
	IV	1.016,25	–	81,30	91,46	–	75,70	85,16	–	70,23	79,01	–	64,89	73,00	–	59,68	67,14	–	54,60	61,42	–	49,64	55,8
	V	1.512,83	6,05	121,02	136,15																		
	VI	1.557,16	11,33	124,57	140,14																		
4.622,99	I	1.017,41	–	81,39	91,56	–	70,32	79,11	–	59,76	67,23	–	49,72	55,94	–	40,20	45,22	–	31,19	35,09	–	22,69	25,5
	II	885,58	–	70,84	79,70	–	60,26	67,79	–	50,20	56,47	–	40,65	45,73	–	31,61	35,56	–	23,09	25,97	–	15,08	16,9
	III	574,33	–	45,94	51,68	–	37,81	42,53	–	29,94	33,68	–	22,33	25,12	–	14,97	16,84	–	8,14	9,16	–	2,57	2,8
	IV	1.017,41	–	81,39	91,56	–	75,79	85,26	–	70,32	79,11	–	64,98	73,10	–	59,76	67,23	–	54,68	61,52	–	49,72	55,9
	V	1.514,16	6,21	121,13	136,27																		
	VI	1.558,41	11,48	124,67	140,25																		
4.625,99	I	1.018,50	–	81,48	91,66	–	70,40	79,20	–	59,85	67,33	–	49,80	56,03	–	40,28	45,31	–	31,26	35,16	–	22,76	25,6
	II	886,66	–	70,93	79,79	–	60,34	67,88	–	50,28	56,56	–	40,72	45,81	–	31,68	35,64	–	23,16	26,05	–	15,14	17,0
	III	575,16	–	46,01	51,76	–	37,88	42,61	–	30,01	33,76	–	22,40	25,20	–	15,04	16,92	–	8,18	9,20	–	2,61	2,9
	IV	1.018,50	–	81,48	91,66	–	75,88	85,36	–	70,40	79,20	–	65,06	73,19	–	59,85	67,33	–	54,76	61,61	–	49,80	56,0
	V	1.515,41	6,36	121,23	136,38																		
	VI	1.559,66	11,63	124,77	140,36																		
4.628,99	I	1.019,66	–	81,57	91,76	–	70,49	79,30	–	59,93	67,42	–	49,88	56,12	–	40,35	45,39	–	31,33	35,24	–	22,82	25,6
	II	887,75	–	71,02	79,89	–	60,43	67,98	–	50,36	56,65	–	40,80	45,90	–	31,75	35,72	–	23,22	26,12	–	15,21	17,1
	III	576,00	–	46,08	51,84	–	37,94	42,68	–	30,06	33,82	–	22,45	25,25	–	15,09	16,97	–	8,24	9,27	–	2,65	2,9
	IV	1.019,66	–	81,57	91,76	–	75,97	85,46	–	70,49	79,30	–	65,15	73,29	–	59,93	67,42	–	54,84	61,70	–	49,88	56,1
	V	1.516,66	6,51	121,33	136,49																		
	VI	1.561,00	11,79	124,88	140,49																		
4.631,99	I	1.020,83	–	81,66	91,87	–	70,58	79,40	–	60,01	67,51	–	49,96	56,21	–	40,42	45,47	–	31,40	35,32	–	22,89	25,7
	II	888,83	–	71,10	79,99	–	60,51	68,07	–	50,44	56,74	–	40,87	45,98	–	31,82	35,80	–	23,29	26,20	–	15,27	17,1
	III	576,83	–	46,14	51,91	–	38,01	42,76	–	30,13	33,89	–	22,52	25,33	–	15,14	17,03	–	8,29	9,32	–	2,69	3,0
	IV	1.020,83	–	81,66	91,87	–	76,06	85,56	–	70,58	79,40	–	65,23	73,38	–	60,01	67,51	–	54,92	61,79	–	49,96	56,2
	V	1.517,91	6,66	121,43	136,61																		
	VI	1.562,25	11,93	124,98	140,60																		
4.634,99	I	1.021,91	–	81,75	91,97	–	70,67	79,50	–	60,10	67,61	–	50,04	56,29	–	40,50	45,56	–	31,47	35,40	–	22,96	25,8
	II	889,91	–	71,19	80,09	–	60,60	68,17	–	50,51	56,82	–	40,94	46,06	–	31,90	35,88	–	23,36	26,28	–	15,33	17,2
	III	577,66	–	46,21	51,98	–	38,08	42,84	–	30,20	33,97	–	22,57	25,39	–	15,21	17,11	–	8,34	9,38	–	2,73	3,0
	IV	1.021,91	–	81,75	91,97	–	76,14	85,66	–	70,67	79,50	–	65,32	73,48	–	60,10	67,61	–	55,00	61,88	–	50,04	56,2
	V	1.519,16	6,81	121,53	136,72																		
	VI	1.563,50	12,08	125,08	140,71																		

Lohn/ Gehalt bis	Steuerklasse	Lohn-steuer	ohne Kinderfreibetrag SolZ 5,5%	Kirchensteuer 8%	Kirchensteuer 9%	0,5 SolZ 5,5%	0,5 Kirchensteuer 8%	0,5 Kirchensteuer 9%	1,0 SolZ 5,5%	1,0 Kirchensteuer 8%	1,0 Kirchensteuer 9%	1,5 SolZ 5,5%	1,5 Kirchensteuer 8%	1,5 Kirchensteuer 9%	2,0 SolZ 5,5%	2,0 Kirchensteuer 8%	2,0 Kirchensteuer 9%	2,5 SolZ 5,5%	2,5 Kirchensteuer 8%	2,5 Kirchensteuer 9%	3,0 SolZ 5,5%	3,0 Kirchensteuer 8%	3,0 Kirchensteuer 9%
						Anzahl Kinderfreibeträge (nur Steuerklassen I–IV)																	
4.637,99	I	1.023,08	-	81,84	92,07	-	70,76	79,60	-	60,18	67,70	-	50,12	56,38	-	40,57	45,64	-	31,54	35,48	-	23,02	25,90
	II	891,00	-	71,28	80,19	-	60,68	68,26	-	50,59	56,91	-	41,02	46,15	-	31,96	35,96	-	23,42	26,35	-	15,40	17,32
	III	578,50	-	46,28	52,06	-	38,14	42,91	-	30,25	34,03	-	22,64	25,47	-	15,26	17,17	-	8,40	9,45	-	2,77	3,11
	IV	1.023,08	-	81,84	92,07	-	76,24	85,77	-	70,76	79,60	-	65,40	73,58	-	60,18	67,70	-	55,08	61,97	-	50,12	56,38
	V	1.520,41	6,96	121,63	136,83																		
	VI	1.564,75	12,23	125,18	140,82																		
4.640,99	I	1.024,25	-	81,94	92,18	-	70,84	79,70	-	60,26	67,79	-	50,20	56,47	-	40,65	45,73	-	31,61	35,56	-	23,09	25,97
	II	892,08	-	71,36	80,28	-	60,76	68,36	-	50,67	57,00	-	41,10	46,23	-	32,04	36,04	-	23,49	26,42	-	15,46	17,39
	III	579,33	-	46,34	52,13	-	38,20	42,97	-	30,32	34,11	-	22,69	25,52	-	15,33	17,24	-	8,44	9,49	-	2,81	3,16
	IV	1.024,25	-	81,94	92,18	-	76,32	85,86	-	70,84	79,70	-	65,49	73,67	-	60,26	67,79	-	55,16	62,06	-	50,20	56,47
	V	1.521,66	7,11	121,73	136,94																		
	VI	1.566,00	12,38	125,28	140,94																		
4.643,99	I	1.025,33	-	82,02	92,27	-	70,93	79,79	-	60,34	67,88	-	50,28	56,56	-	40,72	45,81	-	31,68	35,64	-	23,16	26,05
	II	893,16	-	71,45	80,38	-	60,84	68,45	-	50,75	57,09	-	41,17	46,31	-	32,10	36,11	-	23,56	26,50	-	15,52	17,46
	III	580,16	-	46,41	52,21	-	38,26	43,04	-	30,38	34,18	-	22,76	25,60	-	15,38	17,30	-	8,49	9,55	-	2,85	3,20
	IV	1.025,33	-	82,02	92,27	-	76,41	85,96	-	70,93	79,79	-	65,57	73,76	-	60,34	67,88	-	55,24	62,15	-	50,28	56,56
	V	1.522,91	7,25	121,83	137,06																		
	VI	1.567,25	12,53	125,38	141,05																		
4.646,99	I	1.026,50	-	82,12	92,38	-	71,02	79,89	-	60,43	67,98	-	50,36	56,65	-	40,80	45,90	-	31,75	35,72	-	23,22	26,12
	II	894,25	-	71,54	80,48	-	60,93	68,54	-	50,83	57,18	-	41,24	46,40	-	32,18	36,20	-	23,62	26,57	-	15,58	17,53
	III	581,00	-	46,48	52,29	-	38,33	43,12	-	30,45	34,25	-	22,81	25,66	-	15,44	17,37	-	8,54	9,61	-	2,89	3,25
	IV	1.026,50	-	82,12	92,38	-	76,50	86,06	-	71,02	79,89	-	65,66	73,86	-	60,43	67,98	-	55,33	62,24	-	50,36	56,65
	V	1.524,25	7,41	121,94	137,18																		
	VI	1.568,50	12,68	125,48	141,16																		
4.649,99	I	1.027,66	-	82,21	92,48	-	71,10	79,99	-	60,51	68,07	-	50,44	56,74	-	40,87	45,98	-	31,82	35,80	-	23,29	26,20
	II	895,41	-	71,63	80,58	-	61,01	68,63	-	50,91	57,27	-	41,32	46,49	-	32,25	36,28	-	23,69	26,65	-	15,64	17,60
	III	581,83	-	46,54	52,36	-	38,40	43,20	-	30,50	34,31	-	22,88	25,74	-	15,50	17,44	-	8,60	9,67	-	2,93	3,29
	IV	1.027,66	-	82,21	92,48	-	76,59	86,16	-	71,10	79,99	-	65,74	73,96	-	60,51	68,07	-	55,41	62,33	-	50,44	56,74
	V	1.525,50	7,56	122,04	137,29																		
	VI	1.569,75	12,83	125,58	141,27																		
4.652,99	I	1.028,83	-	82,30	92,59	-	71,19	80,09	-	60,60	68,17	-	50,51	56,82	-	40,94	46,06	-	31,90	35,88	-	23,36	26,28
	II	896,50	-	71,72	80,68	-	61,10	68,73	-	50,99	57,36	-	41,40	46,57	-	32,32	36,36	-	23,76	26,73	-	15,71	17,67
	III	582,66	-	46,61	52,43	-	38,46	43,27	-	30,57	34,39	-	22,93	25,79	-	15,56	17,50	-	8,65	9,73	-	2,97	3,34
	IV	1.028,83	-	82,30	92,59	-	76,68	86,27	-	71,19	80,09	-	65,83	74,06	-	60,60	68,17	-	55,49	62,42	-	50,51	56,82
	V	1.526,75	7,71	122,14	137,40																		
	VI	1.571,08	12,99	125,68	141,39																		
4.655,99	I	1.029,91	-	82,39	92,69	-	71,28	80,19	-	60,68	68,26	-	50,59	56,91	-	41,02	46,15	-	31,96	35,96	-	23,42	26,35
	II	897,58	-	71,80	80,78	-	61,18	68,82	-	51,07	57,45	-	41,47	46,65	-	32,39	36,44	-	23,82	26,80	-	15,77	17,74
	III	583,50	-	46,68	52,51	-	38,53	43,34	-	30,64	34,47	-	23,00	25,87	-	15,61	17,56	-	8,69	9,77	-	3,01	3,38
	IV	1.029,91	-	82,39	92,69	-	76,77	86,36	-	71,28	80,19	-	65,91	74,15	-	60,68	68,26	-	55,57	62,51	-	50,59	56,91
	V	1.528,00	7,86	122,24	137,52																		
	VI	1.572,33	13,13	125,78	141,50																		
4.658,99	I	1.031,08	-	82,48	92,79	-	71,36	80,28	-	60,76	68,36	-	50,67	57,00	-	41,10	46,23	-	32,04	36,04	-	23,49	26,42
	II	898,66	-	71,89	80,87	-	61,26	68,92	-	51,14	57,53	-	41,54	46,73	-	32,46	36,52	-	23,89	26,87	-	15,84	17,82
	III	584,33	-	46,74	52,58	-	38,58	43,40	-	30,69	34,52	-	23,05	25,93	-	15,68	17,64	-	8,74	9,83	-	3,05	3,43
	IV	1.031,08	-	82,48	92,79	-	76,86	86,46	-	71,36	80,28	-	66,00	74,25	-	60,76	68,36	-	55,65	62,60	-	50,67	57,00
	V	1.529,25	8,01	122,34	137,63																		
	VI	1.573,58	13,28	125,88	141,62																		
4.661,99	I	1.032,25	-	82,58	92,90	-	71,45	80,38	-	60,84	68,45	-	50,75	57,09	-	41,17	46,31	-	32,10	36,11	-	23,56	26,50
	II	899,75	-	71,98	80,97	-	61,34	69,01	-	51,22	57,62	-	41,62	46,82	-	32,53	36,59	-	23,96	26,95	-	15,90	17,88
	III	585,16	-	46,81	52,66	-	38,65	43,48	-	30,76	34,60	-	23,12	26,01	-	15,73	17,69	-	8,80	9,90	-	3,09	3,47
	IV	1.032,25	-	82,58	92,90	-	76,95	86,57	-	71,45	80,38	-	66,08	74,34	-	60,84	68,45	-	55,73	62,69	-	50,75	57,09
	V	1.530,50	8,16	122,44	137,74																		
	VI	1.574,83	13,43	125,98	141,73																		
4.664,99	I	1.033,33	-	82,66	92,99	-	71,54	80,48	-	60,93	68,54	-	50,83	57,18	-	41,24	46,40	-	32,18	36,20	-	23,62	26,57
	II	900,83	-	72,06	81,07	-	61,43	69,11	-	51,30	57,71	-	41,70	46,91	-	32,60	36,68	-	24,02	27,02	-	15,96	17,95
	III	586,00	-	46,88	52,74	-	38,72	43,56	-	30,82	34,67	-	23,17	26,06	-	15,80	17,77	-	8,85	9,95	-	3,13	3,52
	IV	1.033,33	-	82,66	92,99	-	77,04	86,67	-	71,54	80,48	-	66,17	74,44	-	60,93	68,54	-	55,82	62,79	-	50,83	57,18
	V	1.531,75	8,31	122,54	137,85																		
	VI	1.576,08	13,58	126,08	141,84																		
4.667,99	I	1.034,50	-	82,76	93,10	-	71,63	80,58	-	61,01	68,63	-	50,91	57,27	-	41,32	46,49	-	32,25	36,28	-	23,69	26,65
	II	901,91	-	72,15	81,17	-	61,51	69,20	-	51,38	57,80	-	41,77	46,99	-	32,68	36,76	-	24,09	27,10	-	16,02	18,02
	III	586,83	-	46,94	52,81	-	38,78	43,63	-	30,88	34,74	-	23,24	26,14	-	15,85	17,83	-	8,90	10,01	-	3,17	3,56
	IV	1.034,50	-	82,76	93,10	-	77,13	86,77	-	71,63	80,58	-	66,26	74,54	-	61,01	68,63	-	55,90	62,88	-	50,91	57,27
	V	1.533,00	8,45	122,64	137,97																		
	VI	1.577,33	13,73	126,18	141,95																		
4.670,99	I	1.035,66	-	82,85	93,20	-	71,72	80,68	-	61,10	68,73	-	50,99	57,36	-	41,40	46,57	-	32,32	36,36	-	23,76	26,73
	II	903,08	-	72,24	81,27	-	61,60	69,30	-	51,46	57,89	-	41,85	47,08	-	32,74	36,83	-	24,16	27,18	-	16,08	18,09
	III	587,66	-	47,01	52,88	-	38,85	43,70	-	30,94	34,81	-	23,29	26,20	-	15,90	17,89	-	8,96	10,08	-	3,21	3,61
	IV	1.035,66	-	82,85	93,20	-	77,22	86,87	-	71,72	80,68	-	66,34	74,63	-	61,10	68,73	-	55,98	62,97	-	50,99	57,36
	V	1.534,33	8,61	122,74	138,08																		
	VI	1.578,58	13,88	126,28	142,07																		
4.673,99	I	1.036,83	-	82,94	93,31	-	71,80	80,78	-	61,18	68,82	-	51,07	57,45	-	41,47	46,65	-	32,39	36,44	-	23,82	26,80
	II	904,16	-	72,33	81,37	-	61,68	69,39	-	51,54	57,98	-	41,92	47,16	-	32,82	36,92	-	24,22	27,25	-	16,15	18,17
	III	588,50	-	47,08	52,96	-	38,92	43,78	-	31,01	34,88	-	23,36	26,28	-	15,97	17,96	-	9,00	10,12	-	3,25	3,65
	IV	1.036,83	-	82,94	93,31	-	77,31	86,97	-	71,80	80,78	-	66,42	74,72	-	61,18	68,82	-	56,06	63,06	-	51,07	57,45
	V	1.535,58	8,76	122,84	138,20																		
	VI	1.579,83	14,03	126,38	142,18																		
4.676,99	I	1.037,91	-	83,03	93,41	-	71,89	80,87	-	61,26	68,92	-	51,14	57,53	-	41,54	46,73	-	32,46	36,52	-	23,89	26,87
	II	905,25	-	72,42	81,47	-	61,76	69,48	-	51,62	58,07	-	42,00	47,25	-	32,89	37,00	-	24,29	27,32	-	16,21	18,23
	III	589,33	-	47,14	53,03	-	38,97	43,84	-	31,06	34,94	-	23,42	26,35	-	16,02	18,02	-	9,05	10,18	-	3,29	3,70
	IV	1.037,91	-	83,03	93,41	-	77,40	87,07	-	71,89	80,87	-	66,51	74,82	-	61,26	68,92	-	56,14	63,15	-	51,14	57,53
	V	1.536,83	8,91	122,94	138,31																		
	VI	1.581,08	14,18	126,48	142,29																		
4.679,99	I	1.039,08	-	83,12	93,51	-	71,98	80,97	-	61,34	69,01	-	51,22	57,62	-	41,62	46,82	-	32,53	36,59	-	23,96	26,95
	II	906,33	-	72,50	81,56	-	61,84	69,57	-	51,70	58,16	-	42,08	47,34	-	32,96	37,08	-	24,36	27,40	-	16,28	18,31
	III	590,16	-	47,21	53,11	-	39,04	43,92	-	31,13	35,02	-	23,48	26,41	-	16,08	18,09	-	9,10	10,24	-	3,33	3,74
	IV	1.039,08	-	83,12	93,51	-	77,48	87,17	-	71,98	80,97	-	66,60	74,92	-	61,34	69,01	-	56,22	63,25	-	51,22	57,62
	V	1.538,08	9,06	123,04	138,42																		
	VI	1.582,41	14,33	126,59	142,41																		

Lohn/ Gehalt bis	Steuerklasse	Lohn-steuer	ohne Kinderfreibetrag			Anzahl Kinderfreibeträge (nur Steuerklassen I–IV)																	
						0,5			1,0			1,5			2,0			2,5			3,0		
			SolZ 5,5%	Kirchensteuer 8%	9%	SolZ 5,5%	Kirchensteuer 8%	9%	SolZ 5,5%	Kirchensteuer 8%	9%	SolZ 5,5%	Kirchensteuer 8%	9%	SolZ 5,5%	Kirchensteuer 8%	9%	SolZ 5,5%	Kirchensteuer 8%	9%	SolZ 5,5%	Kirchensteue 8%	9%
4.682,99	I	1.040,25	-	83,22	93,62	-	72,06	81,07	-	61,43	69,11	-	51,30	57,71	-	41,70	46,91	-	32,60	36,68	-	24,02	27,
	II	907,41	-	72,59	81,66	-	61,93	69,67	-	51,78	58,25	-	42,15	47,42	-	33,03	37,16	-	24,42	27,47	-	16,34	18,
	III	591,00	-	47,28	53,19	-	39,10	43,99	-	31,20	35,10	-	23,54	26,48	-	16,14	18,16	-	9,16	10,30	-	3,37	3,
	IV	1.040,25	-	83,22	93,62	-	77,58	87,27	-	72,06	81,07	-	66,68	75,02	-	61,43	69,11	-	56,30	63,34	-	51,30	57,
	V	1.539,33	9,21	123,14	138,53																		
	VI	1.583,66	14,48	126,69	142,52																		
4.685,99	I	1.041,41	-	83,31	93,72	-	72,15	81,17	-	61,51	69,20	-	51,38	57,80	-	41,77	46,99	-	32,68	36,76	-	24,09	27,
	II	908,50	-	72,68	81,76	-	62,01	69,76	-	51,86	58,34	-	42,22	47,50	-	33,10	37,24	-	24,49	27,55	-	16,40	18,
	III	591,83	-	47,34	53,26	-	39,17	44,06	-	31,25	35,15	-	23,60	26,55	-	16,20	18,22	-	9,21	10,36	-	3,41	3,
	IV	1.041,41	-	83,31	93,72	-	77,66	87,37	-	72,15	81,17	-	66,77	75,11	-	61,51	69,20	-	56,38	63,43	-	51,38	57,
	V	1.540,58	9,36	123,24	138,65																		
	VI	1.584,91	14,63	126,79	142,64																		
4.688,99	I	1.042,50	-	83,40	93,82	-	72,24	81,27	-	61,60	69,30	-	51,46	57,89	-	41,85	47,08	-	32,74	36,83	-	24,16	27,
	II	909,66	-	72,77	81,86	-	62,10	69,86	-	51,94	58,43	-	42,30	47,58	-	33,17	37,31	-	24,56	27,63	-	16,46	18,
	III	592,66	-	47,41	53,33	-	39,24	44,14	-	31,32	35,23	-	23,66	26,62	-	16,26	18,29	-	9,26	10,42	-	3,46	3,
	IV	1.042,50	-	83,40	93,82	-	77,76	87,48	-	72,24	81,27	-	66,85	75,20	-	61,60	69,30	-	56,46	63,52	-	51,46	57,
	V	1.541,83	9,51	123,34	138,76																		
	VI	1.586,16	14,78	126,89	142,75																		
4.691,99	I	1.043,66	-	83,49	93,92	-	72,33	81,37	-	61,68	69,39	-	51,54	57,98	-	41,92	47,16	-	32,82	36,92	-	24,22	27,
	II	910,75	-	72,86	81,96	-	62,18	69,95	-	52,02	58,52	-	42,38	47,67	-	33,24	37,40	-	24,63	27,71	-	16,52	18,
	III	593,50	-	47,48	53,41	-	39,30	44,21	-	31,38	35,30	-	23,72	26,68	-	16,32	18,36	-	9,32	10,48	-	3,50	3,
	IV	1.043,66	-	83,49	93,92	-	77,84	87,57	-	72,33	81,37	-	66,94	75,30	-	61,68	69,39	-	56,54	63,61	-	51,54	57,
	V	1.543,08	9,65	123,44	138,87																		
	VI	1.587,41	14,93	126,99	142,86																		
4.694,99	I	1.044,83	-	83,58	94,03	-	72,42	81,47	-	61,76	69,48	-	51,62	58,07	-	42,00	47,25	-	32,89	37,00	-	24,29	27,
	II	911,83	-	72,94	82,06	-	62,26	70,04	-	52,10	58,61	-	42,45	47,75	-	33,32	37,48	-	24,70	27,78	-	16,59	18,
	III	594,33	-	47,54	53,48	-	39,37	44,29	-	31,45	35,38	-	23,78	26,75	-	16,37	18,41	-	9,37	10,54	-	3,54	3,
	IV	1.044,83	-	83,58	94,03	-	77,94	87,68	-	72,42	81,47	-	67,02	75,40	-	61,76	69,48	-	56,63	63,71	-	51,62	58,
	V	1.544,33	9,80	123,54	138,98																		
	VI	1.588,66	15,08	127,09	142,97																		
4.697,99	I	1.046,00	-	83,68	94,14	-	72,50	81,56	-	61,84	69,57	-	51,70	58,16	-	42,08	47,34	-	32,96	37,08	-	24,36	27,
	II	912,91	-	73,03	82,16	-	62,35	70,14	-	52,18	58,70	-	42,52	47,84	-	33,39	37,56	-	24,76	27,86	-	16,65	18,
	III	595,16	-	47,61	53,56	-	39,42	44,35	-	31,50	35,44	-	23,84	26,82	-	16,44	18,49	-	9,42	10,60	-	3,58	4,
	IV	1.046,00	-	83,68	94,14	-	78,02	87,77	-	72,50	81,56	-	67,11	75,50	-	61,84	69,57	-	56,71	63,80	-	51,70	58,
	V	1.545,66	9,96	123,65	139,10																		
	VI	1.589,91	15,23	127,19	143,09																		
4.700,99	I	1.047,16	-	83,77	94,24	-	72,59	81,66	-	61,93	69,67	-	51,78	58,25	-	42,15	47,42	-	33,03	37,16	-	24,42	27,
	II	914,00	-	73,12	82,26	-	62,43	70,23	-	52,26	58,79	-	42,60	47,93	-	33,46	37,64	-	24,83	27,93	-	16,72	18,
	III	596,00	-	47,68	53,64	-	39,49	44,42	-	31,57	35,51	-	23,90	26,89	-	16,49	18,55	-	9,46	10,64	-	3,62	4,
	IV	1.047,16	-	83,77	94,24	-	78,12	87,88	-	72,59	81,66	-	67,20	75,60	-	61,93	69,67	-	56,79	63,89	-	51,78	58,
	V	1.546,91	10,11	123,75	139,22																		
	VI	1.591,16	15,38	127,29	143,20																		
4.703,99	I	1.048,25	-	83,86	94,34	-	72,68	81,76	-	62,01	69,76	-	51,86	58,34	-	42,22	47,50	-	33,10	37,24	-	24,49	27,
	II	915,16	-	73,21	82,36	-	62,52	70,33	-	52,34	58,88	-	42,68	48,01	-	33,53	37,72	-	24,90	28,01	-	16,78	18,
	III	596,83	-	47,74	53,71	-	39,56	44,50	-	31,64	35,59	-	23,96	26,95	-	16,56	18,63	-	9,52	10,71	-	3,66	4,
	IV	1.048,25	-	83,86	94,34	-	78,20	87,98	-	72,68	81,76	-	67,28	75,69	-	62,01	69,76	-	56,87	63,98	-	51,86	58,
	V	1.548,16	10,26	123,85	139,33																		
	VI	1.592,50	15,53	127,40	143,32																		
4.706,99	I	1.049,41	-	83,95	94,44	-	72,77	81,86	-	62,10	69,86	-	51,94	58,43	-	42,30	47,58	-	33,17	37,31	-	24,56	27,
	II	916,25	-	73,30	82,46	-	62,60	70,42	-	52,42	58,97	-	42,75	48,09	-	33,60	37,80	-	24,96	28,08	-	16,84	18,
	III	597,66	-	47,81	53,78	-	39,62	44,57	-	31,69	35,65	-	24,02	27,02	-	16,61	18,68	-	9,57	10,76	-	3,70	4,
	IV	1.049,41	-	83,95	94,44	-	78,30	88,08	-	72,77	81,86	-	67,37	75,79	-	62,10	69,86	-	56,96	64,08	-	51,94	58,
	V	1.549,41	10,41	123,95	139,44																		
	VI	1.593,75	15,68	127,50	143,43																		
4.709,99	I	1.050,58	-	84,04	94,55	-	72,86	81,96	-	62,18	69,95	-	52,02	58,52	-	42,38	47,67	-	33,24	37,40	-	24,63	27,
	II	917,33	-	73,38	82,55	-	62,68	70,52	-	52,50	59,06	-	42,83	48,18	-	33,67	37,88	-	25,03	28,16	-	16,90	19,
	III	598,50	-	47,88	53,86	-	39,69	44,65	-	31,76	35,73	-	24,09	27,10	-	16,66	18,74	-	9,62	10,82	-	3,74	4,2
	IV	1.050,58	-	84,04	94,55	-	78,38	88,18	-	72,86	81,96	-	67,45	75,88	-	62,18	69,95	-	57,04	64,17	-	52,02	58,5
	V	1.550,66	10,56	124,05	139,55																		
	VI	1.595,00	15,83	127,60	143,55																		
4.712,99	I	1.051,75	-	84,14	94,65	-	72,94	82,06	-	62,26	70,04	-	52,10	58,61	-	42,45	47,75	-	33,32	37,48	-	24,70	27,
	II	918,41	-	73,47	82,65	-	62,77	70,61	-	52,58	59,15	-	42,90	48,26	-	33,74	37,96	-	25,10	28,23	-	16,97	19,0
	III	599,33	-	47,94	53,93	-	39,76	44,73	-	31,82	35,80	-	24,14	27,16	-	16,73	18,82	-	9,68	10,89	-	3,80	4,2
	IV	1.051,75	-	84,14	94,65	-	78,48	88,29	-	72,94	82,06	-	67,54	75,98	-	62,26	70,04	-	57,12	64,26	-	52,10	58,6
	V	1.551,91	10,71	124,15	139,67																		
	VI	1.596,25	15,98	127,70	143,66																		
4.715,99	I	1.052,91	-	84,23	94,76	-	73,03	82,16	-	62,35	70,14	-	52,18	58,70	-	42,52	47,84	-	33,39	37,56	-	24,76	27,8
	II	919,50	-	73,56	82,75	-	62,85	70,70	-	52,66	59,24	-	42,98	48,35	-	33,82	38,04	-	25,16	28,31	-	17,03	19,
	III	600,16	-	48,01	54,01	-	39,82	44,80	-	31,88	35,86	-	24,21	27,23	-	16,78	18,88	-	9,73	10,94	-	3,84	4,3
	IV	1.052,91	-	84,23	94,76	-	78,56	88,38	-	73,03	82,16	-	67,62	76,07	-	62,35	70,14	-	57,20	64,35	-	52,18	58,7
	V	1.553,16	10,85	124,25	139,78																		
	VI	1.597,50	16,13	127,80	143,77																		
4.718,99	I	1.054,00	-	84,32	94,86	-	73,12	82,26	-	62,43	70,23	-	52,26	58,79	-	42,60	47,93	-	33,46	37,64	-	24,83	27,9
	II	920,66	-	73,65	82,85	-	62,94	70,80	-	52,74	59,33	-	43,06	48,44	-	33,89	38,12	-	25,24	28,39	-	17,10	19,2
	III	601,00	-	48,08	54,09	-	39,88	44,86	-	31,94	35,93	-	24,26	27,29	-	16,85	18,95	-	9,78	11,00	-	3,88	4,3
	IV	1.054,00	-	84,32	94,86	-	78,66	88,49	-	73,12	82,26	-	67,71	76,17	-	62,43	70,23	-	57,28	64,44	-	52,26	58,7
	V	1.554,41	11,00	124,35	139,89																		
	VI	1.598,75	16,28	127,90	143,88																		
4.721,99	I	1.055,16	-	84,41	94,96	-	73,21	82,36	-	62,52	70,33	-	52,34	58,88	-	42,68	48,01	-	33,53	37,72	-	24,90	28,0
	II	921,75	-	73,74	82,95	-	63,02	70,89	-	52,82	59,42	-	43,13	48,52	-	33,96	38,20	-	25,30	28,46	-	17,16	19,3
	III	601,83	-	48,14	54,16	-	39,94	44,93	-	32,01	36,01	-	24,33	27,37	-	16,90	19,01	-	9,84	11,07	-	3,92	4,4
	IV	1.055,16	-	84,41	94,96	-	78,74	88,58	-	73,21	82,36	-	67,80	76,27	-	62,52	70,33	-	57,36	64,53	-	52,34	58,8
	V	1.555,75	11,16	124,46	140,01																		
	VI	1.600,00	16,43	128,00	144,00																		
4.724,99	I	1.056,33	-	84,50	95,06	-	73,30	82,46	-	62,60	70,42	-	52,42	58,97	-	42,75	48,09	-	33,60	37,80	-	24,96	28,0
	II	922,83	-	73,82	83,05	-	63,10	70,99	-	52,90	59,51	-	43,21	48,61	-	34,03	38,28	-	25,37	28,54	-	17,22	19,3
	III	602,66	-	48,21	54,23	-	40,01	45,01	-	32,08	36,09	-	24,38	27,43	-	16,96	19,08	-	9,89	11,12	-	3,96	4,4
	IV	1.056,33	-	84,50	95,06	-	78,84	88,69	-	73,30	82,46	-	67,88	76,37	-	62,60	70,42	-	57,44	64,62	-	52,42	58,9
	V	1.557,00	11,31	124,56	140,13																		
	VI	1.601,25	16,58	128,10	144,11																		

Lohn/ Gehalt bis	Steuerklasse	Lohn-steuer	ohne Kinderfreibetrag SolZ 5,5%	ohne Kinderfreibetrag Kirchensteuer 8%	ohne Kinderfreibetrag Kirchensteuer 9%	0,5 SolZ 5,5%	0,5 Kirchensteuer 8%	0,5 Kirchensteuer 9%	1,0 SolZ 5,5%	1,0 Kirchensteuer 8%	1,0 Kirchensteuer 9%	1,5 SolZ 5,5%	1,5 Kirchensteuer 8%	1,5 Kirchensteuer 9%	2,0 SolZ 5,5%	2,0 Kirchensteuer 8%	2,0 Kirchensteuer 9%	2,5 SolZ 5,5%	2,5 Kirchensteuer 8%	2,5 Kirchensteuer 9%	3,0 SolZ 5,5%	3,0 Kirchensteuer 8%	3,0 Kirchensteuer 9%
4.727,99	I	1.057,50	-	84,60	95,17	-	73,38	82,55	-	62,68	70,52	-	52,50	59,06	-	42,83	48,18	-	33,67	37,88	-	25,03	28,16
	II	923,91	-	73,91	83,15	-	63,19	71,09	-	52,98	59,60	-	43,28	48,69	-	34,10	38,36	-	25,44	28,62	-	17,28	19,44
	III	603,50	-	48,28	54,31	-	40,08	45,09	-	32,13	36,14	-	24,45	27,50	-	17,02	19,15	-	9,94	11,18	-	4,00	4,50
	IV	1.057,50	-	84,60	95,17	-	78,92	88,79	-	73,38	82,55	-	67,97	76,46	-	62,68	70,52	-	57,53	64,72	-	52,50	59,06
	V	1.558,25	11,46	124,66	140,24																		
	VI	1.602,58	16,73	128,20	144,23																		
4.730,99	I	1.058,66	-	84,69	95,27	-	73,47	82,65	-	62,77	70,61	-	52,58	59,15	-	42,90	48,26	-	33,74	37,96	-	25,10	28,23
	II	925,08	-	74,00	83,25	-	63,27	71,18	-	53,06	59,69	-	43,36	48,78	-	34,18	38,45	-	25,50	28,69	-	17,35	19,52
	III	604,33	-	48,34	54,38	-	40,14	45,16	-	32,20	36,22	-	24,50	27,56	-	17,08	19,21	-	10,00	11,25	-	4,05	4,55
	IV	1.058,66	-	84,69	95,27	-	79,02	88,89	-	73,47	82,65	-	68,06	76,56	-	62,77	70,61	-	57,61	64,81	-	52,58	59,15
	V	1.559,50	11,61	124,76	140,35																		
	VI	1.603,83	16,88	128,30	144,34																		
4.733,99	I	1.059,83	-	84,78	95,38	-	73,56	82,75	-	62,85	70,70	-	52,66	59,24	-	42,98	48,35	-	33,82	38,04	-	25,16	28,31
	II	926,16	-	74,09	83,35	-	63,36	71,28	-	53,14	59,78	-	43,44	48,87	-	34,24	38,52	-	25,57	28,76	-	17,41	19,58
	III	605,16	-	48,41	54,46	-	40,21	45,23	-	32,26	36,29	-	24,57	27,64	-	17,14	19,28	-	10,05	11,30	-	4,09	4,60
	IV	1.059,83	-	84,78	95,38	-	79,10	88,99	-	73,56	82,75	-	68,14	76,66	-	62,85	70,70	-	57,69	64,90	-	52,66	59,24
	V	1.560,75	11,76	124,86	140,46																		
	VI	1.605,08	17,03	128,40	144,45																		
4.736,99	I	1.061,00	-	84,88	95,49	-	73,65	82,85	-	62,94	70,80	-	52,74	59,33	-	43,06	48,44	-	33,89	38,12	-	25,24	28,39
	II	927,25	-	74,18	83,45	-	63,44	71,37	-	53,22	59,87	-	43,51	48,95	-	34,32	38,61	-	25,64	28,84	-	17,48	19,66
	III	606,00	-	48,48	54,54	-	40,28	45,31	-	32,32	36,36	-	24,64	27,72	-	17,20	19,35	-	10,10	11,36	-	4,13	4,64
	IV	1.061,00	-	84,88	95,49	-	79,20	89,10	-	73,65	82,85	-	68,23	76,76	-	62,94	70,80	-	57,77	64,99	-	52,74	59,33
	V	1.562,00	11,90	124,96	140,58																		
	VI	1.606,33	17,18	128,50	144,56																		
4.739,99	I	1.062,08	-	84,96	95,58	-	73,74	82,95	-	63,02	70,89	-	52,82	59,42	-	43,13	48,52	-	33,96	38,20	-	25,30	28,46
	II	928,33	-	74,26	83,54	-	63,52	71,46	-	53,30	59,96	-	43,59	49,04	-	34,39	38,69	-	25,71	28,92	-	17,54	19,73
	III	606,83	-	48,54	54,61	-	40,34	45,38	-	32,38	36,43	-	24,69	27,77	-	17,25	19,40	-	10,16	11,43	-	4,17	4,69
	IV	1.062,08	-	84,96	95,58	-	79,28	89,19	-	73,74	82,95	-	68,32	76,86	-	63,02	70,89	-	57,86	65,09	-	52,82	59,42
	V	1.563,25	12,05	125,06	140,69																		
	VI	1.607,58	17,33	128,60	144,68																		
4.742,99	I	1.063,25	-	85,06	95,69	-	73,82	83,05	-	63,10	70,99	-	52,90	59,51	-	43,21	48,61	-	34,03	38,28	-	25,37	28,54
	II	929,50	-	74,36	83,65	-	63,61	71,56	-	53,38	60,05	-	43,66	49,12	-	34,46	38,77	-	25,78	29,00	-	17,60	19,80
	III	607,66	-	48,61	54,68	-	40,40	45,45	-	32,45	36,50	-	24,76	27,85	-	17,32	19,48	-	10,21	11,48	-	4,22	4,75
	IV	1.063,25	-	85,06	95,69	-	79,38	89,30	-	73,82	83,05	-	68,40	76,95	-	63,10	70,99	-	57,94	65,18	-	52,90	59,51
	V	1.564,50	12,20	125,16	140,80																		
	VI	1.608,83	17,48	128,70	144,79																		
4.745,99	I	1.064,41	-	85,15	95,79	-	73,91	83,15	-	63,19	71,09	-	52,98	59,60	-	43,28	48,69	-	34,10	38,36	-	25,44	28,62
	II	930,58	-	74,44	83,75	-	63,70	71,66	-	53,46	60,14	-	43,74	49,20	-	34,54	38,85	-	25,84	29,07	-	17,67	19,88
	III	608,50	-	48,68	54,76	-	40,46	45,52	-	32,52	36,58	-	24,81	27,91	-	17,37	19,54	-	10,26	11,54	-	4,26	4,79
	IV	1.064,41	-	85,15	95,79	-	79,47	89,40	-	73,91	83,15	-	68,48	77,04	-	63,19	71,09	-	58,02	65,27	-	52,98	59,60
	V	1.565,83	12,36	125,26	140,92																		
	VI	1.610,08	17,63	128,80	144,90																		
4.748,99	I	1.065,58	-	85,24	95,90	-	74,00	83,25	-	63,27	71,18	-	53,06	59,69	-	43,36	48,78	-	34,18	38,45	-	25,50	28,69
	II	931,66	-	74,53	83,84	-	63,78	71,75	-	53,54	60,23	-	43,82	49,29	-	34,60	38,93	-	25,91	29,15	-	17,73	19,94
	III	609,33	-	48,74	54,83	-	40,53	45,59	-	32,57	36,64	-	24,88	27,99	-	17,44	19,62	-	10,32	11,61	-	4,30	4,84
	IV	1.065,58	-	85,24	95,90	-	79,56	89,50	-	74,00	83,25	-	68,57	77,14	-	63,27	71,18	-	58,10	65,36	-	53,06	59,69
	V	1.567,08	12,51	125,36	141,03																		
	VI	1.611,33	17,78	128,90	145,01																		
4.751,99	I	1.066,75	-	85,34	96,00	-	74,09	83,35	-	63,36	71,28	-	53,14	59,78	-	43,44	48,87	-	34,24	38,52	-	25,57	28,76
	II	932,75	-	74,62	83,94	-	63,86	71,84	-	53,62	60,32	-	43,89	49,37	-	34,68	39,01	-	25,98	29,22	-	17,80	20,02
	III	610,16	-	48,81	54,91	-	40,60	45,67	-	32,64	36,72	-	24,93	28,04	-	17,49	19,67	-	10,37	11,66	-	4,34	4,88
	IV	1.066,75	-	85,34	96,00	-	79,65	89,60	-	74,09	83,35	-	68,66	77,24	-	63,36	71,28	-	58,18	65,45	-	53,14	59,78
	V	1.568,33	12,66	125,46	141,14																		
	VI	1.612,58	17,92	129,00	145,13																		
4.754,99	I	1.067,91	-	85,43	96,11	-	74,18	83,45	-	63,44	71,37	-	53,22	59,87	-	43,51	48,95	-	34,32	38,61	-	25,64	28,84
	II	933,91	-	74,71	84,05	-	63,95	71,94	-	53,70	60,41	-	43,97	49,46	-	34,75	39,09	-	26,05	29,30	-	17,86	20,09
	III	611,00	-	48,88	54,99	-	40,66	45,74	-	32,70	36,79	-	25,00	28,12	-	17,54	19,73	-	10,42	11,72	-	4,38	4,93
	IV	1.067,91	-	85,43	96,11	-	79,74	89,70	-	74,18	83,45	-	68,74	77,33	-	63,44	71,37	-	58,26	65,54	-	53,22	59,87
	V	1.569,58	12,81	125,56	141,26																		
	VI	1.613,91	18,08	129,11	145,25																		
4.757,99	I	1.069,08	-	85,52	96,21	-	74,26	83,54	-	63,52	71,46	-	53,30	59,96	-	43,59	49,04	-	34,39	38,69	-	25,71	28,92
	II	935,00	-	74,80	84,15	-	64,03	72,03	-	53,78	60,50	-	44,04	49,55	-	34,82	39,17	-	26,12	29,38	-	17,92	20,16
	III	611,83	-	48,94	55,06	-	40,73	45,82	-	32,77	36,86	-	25,06	28,19	-	17,61	19,81	-	10,48	11,79	-	4,44	4,99
	IV	1.069,08	-	85,52	96,21	-	79,83	89,81	-	74,26	83,54	-	68,83	77,43	-	63,52	71,46	-	58,35	65,64	-	53,30	59,96
	V	1.570,83	12,96	125,66	141,37																		
	VI	1.615,16	18,23	129,21	145,36																		
4.760,99	I	1.070,25	-	85,62	96,32	-	74,36	83,65	-	63,61	71,56	-	53,38	60,05	-	43,66	49,12	-	34,46	38,77	-	25,78	29,00
	II	936,08	-	74,88	84,24	-	64,12	72,13	-	53,86	60,59	-	44,12	49,64	-	34,90	39,26	-	26,18	29,45	-	17,98	20,23
	III	612,66	-	49,01	55,13	-	40,80	45,90	-	32,82	36,92	-	25,12	28,26	-	17,66	19,87	-	10,53	11,84	-	4,48	5,04
	IV	1.070,25	-	85,62	96,32	-	79,92	89,91	-	74,36	83,65	-	68,92	77,53	-	63,61	71,56	-	58,43	65,73	-	53,38	60,05
	V	1.572,08	13,10	125,76	141,48																		
	VI	1.616,41	18,38	129,31	145,47																		
4.763,99	I	1.071,33	-	85,70	96,41	-	74,44	83,75	-	63,70	71,66	-	53,46	60,14	-	43,74	49,20	-	34,54	38,85	-	25,84	29,07
	II	937,25	-	74,98	84,35	-	64,20	72,23	-	53,94	60,68	-	44,20	49,72	-	34,96	39,33	-	26,25	29,53	-	18,05	20,30
	III	613,50	-	49,08	55,21	-	40,86	45,97	-	32,89	37,00	-	25,18	28,33	-	17,73	19,94	-	10,58	11,90	-	4,52	5,08
	IV	1.071,33	-	85,70	96,41	-	80,01	90,01	-	74,44	83,75	-	69,00	77,63	-	63,70	71,66	-	58,51	65,82	-	53,46	60,14
	V	1.573,33	13,25	125,86	141,59																		
	VI	1.617,66	18,53	129,41	145,58																		
4.766,99	I	1.072,50	-	85,80	96,52	-	74,53	83,84	-	63,78	71,75	-	53,54	60,23	-	43,82	49,29	-	34,60	38,93	-	25,91	29,15
	II	938,33	-	75,06	84,44	-	64,28	72,32	-	54,02	60,77	-	44,27	49,80	-	35,04	39,42	-	26,32	29,61	-	18,12	20,38
	III	614,50	-	49,16	55,30	-	40,92	46,03	-	32,96	37,08	-	25,24	28,39	-	17,78	20,00	-	10,64	11,97	-	4,56	5,13
	IV	1.072,50	-	85,80	96,52	-	80,10	90,11	-	74,53	83,84	-	69,09	77,72	-	63,78	71,75	-	58,60	65,92	-	53,54	60,23
	V	1.574,58	13,40	125,96	141,71																		
	VI	1.618,91	18,68	129,51	145,70																		
4.769,99	I	1.073,66	-	85,89	96,62	-	74,62	83,94	-	63,86	71,84	-	53,62	60,32	-	43,89	49,37	-	34,68	39,01	-	25,98	29,22
	II	939,41	-	75,15	84,54	-	64,37	72,41	-	54,10	60,86	-	44,35	49,89	-	35,11	39,50	-	26,39	29,69	-	18,18	20,45
	III	615,33	-	49,22	55,37	-	40,98	46,10	-	33,01	37,13	-	25,30	28,46	-	17,85	20,08	-	10,69	12,02	-	4,61	5,18
	IV	1.073,66	-	85,89	96,62	-	80,19	90,21	-	74,62	83,94	-	69,18	77,82	-	63,86	71,84	-	58,68	66,01	-	53,62	60,32
	V	1.575,83	13,55	126,06	141,82																		
	VI	1.620,16	18,83	129,61	145,81																		

Anzahl Kinderfreibeträge (nur Steuerklassen I–IV)

Lohn/ Gehalt bis	Steuerklasse	Lohn-steuer	ohne Kinderfreibetrag SolZ 5,5%	ohne Kinderfreibetrag Kirchensteuer 8%	ohne Kinderfreibetrag Kirchensteuer 9%	0,5 SolZ 5,5%	0,5 Kirchensteuer 8%	0,5 Kirchensteuer 9%	1,0 SolZ 5,5%	1,0 Kirchensteuer 8%	1,0 Kirchensteuer 9%	1,5 SolZ 5,5%	1,5 Kirchensteuer 8%	1,5 Kirchensteuer 9%	2,0 SolZ 5,5%	2,0 Kirchensteuer 8%	2,0 Kirchensteuer 9%	2,5 SolZ 5,5%	2,5 Kirchensteuer 8%	2,5 Kirchensteuer 9%	3,0 SolZ 5,5%	3,0 Kirchensteuer 8%	3,0 Kirchensteuer 9%
4.772,99	I	1.074,83	-	85,98	96,73	-	74,71	84,05	-	63,95	71,94	-	53,70	60,41	-	43,97	49,46	-	34,75	39,09	-	26,05	29,
	II	940,58	-	75,24	84,65	-	64,46	72,51	-	54,18	60,95	-	44,42	49,97	-	35,18	39,58	-	26,46	29,76	-	18,24	20,
	III	616,16	-	49,29	55,45	-	41,05	46,18	-	33,08	37,21	-	25,36	28,53	-	17,90	20,14	-	10,74	12,08	-	4,65	5,
	IV	1.074,83	-	85,98	96,73	-	80,28	90,32	-	74,71	84,05	-	69,26	77,92	-	63,95	71,94	-	58,76	66,10	-	53,70	60,
	V	1.577,16	*13,71*	126,17	141,94																		
	VI	1.621,41	*18,98*	129,71	145,92																		
4.775,99	I	1.076,00	-	86,08	96,84	-	74,80	84,15	-	64,03	72,03	-	53,78	60,50	-	44,04	49,55	-	34,82	39,17	-	26,12	29,
	II	941,66	-	75,33	84,74	-	64,54	72,60	-	54,26	61,04	-	44,50	50,06	-	35,26	39,66	-	26,52	29,84	-	18,30	20,
	III	617,00	-	49,36	55,53	-	41,12	46,26	-	33,14	37,28	-	25,42	28,60	-	17,96	20,20	-	10,81	12,16	-	4,69	5,
	IV	1.076,00	-	86,08	96,84	-	80,37	90,41	-	74,80	84,15	-	69,35	78,02	-	64,03	72,03	-	58,84	66,20	-	53,78	60,
	V	1.578,41	*13,86*	126,27	142,05																		
	VI	1.622,66	*19,12*	129,81	146,03																		
4.778,99	I	1.077,16	-	86,17	96,94	-	74,88	84,24	-	64,12	72,13	-	53,86	60,59	-	44,12	49,64	-	34,90	39,26	-	26,18	29,
	II	942,75	-	75,42	84,84	-	64,62	72,70	-	54,34	61,13	-	44,58	50,15	-	35,33	39,74	-	26,59	29,91	-	18,37	20
	III	617,83	-	49,42	55,60	-	41,18	46,33	-	33,21	37,36	-	25,49	28,67	-	18,02	20,27	-	10,86	12,22	-	4,74	5,
	IV	1.077,16	-	86,17	96,94	-	80,46	90,52	-	74,88	84,24	-	69,44	78,12	-	64,12	72,13	-	58,92	66,29	-	53,86	60,
	V	1.579,66	*14,01*	126,37	142,16																		
	VI	1.624,00	*19,28*	129,92	146,16																		
4.781,99	I	1.078,33	-	86,26	97,04	-	74,98	84,35	-	64,20	72,23	-	53,94	60,68	-	44,20	49,72	-	34,96	39,33	-	26,25	29,
	II	943,91	-	75,51	84,95	-	64,71	72,80	-	54,42	61,22	-	44,66	50,24	-	35,40	39,83	-	26,66	29,99	-	18,44	20,
	III	618,66	-	49,49	55,67	-	41,25	46,40	-	33,26	37,42	-	25,54	28,73	-	18,08	20,34	-	10,92	12,28	-	4,78	5,
	IV	1.078,33	-	86,26	97,04	-	80,56	90,63	-	74,98	84,35	-	69,52	78,21	-	64,20	72,23	-	59,01	66,38	-	53,94	60,
	V	1.580,91	*14,16*	126,47	142,28																		
	VI	1.625,25	*19,43*	130,02	146,27																		
4.784,99	I	1.079,50	-	86,36	97,15	-	75,06	84,44	-	64,28	72,32	-	54,02	60,77	-	44,27	49,80	-	35,04	39,42	-	26,32	29,
	II	945,00	-	75,60	85,05	-	64,80	72,90	-	54,50	61,31	-	44,73	50,32	-	35,47	39,90	-	26,73	30,07	-	18,50	20,
	III	619,50	-	49,56	55,75	-	41,32	46,48	-	33,33	37,49	-	25,61	28,81	-	18,14	20,41	-	10,97	12,34	-	4,82	5,
	IV	1.079,50	-	86,36	97,15	-	80,64	90,72	-	75,06	84,44	-	69,61	78,31	-	64,28	72,32	-	59,09	66,47	-	54,02	60,
	V	1.582,16	*14,30*	126,57	142,39																		
	VI	1.626,50	*19,58*	130,12	146,38																		
4.787,99	I	1.080,66	-	86,45	97,25	-	75,15	84,54	-	64,37	72,41	-	54,10	60,86	-	44,35	49,89	-	35,11	39,50	-	26,39	29,
	II	946,08	-	75,68	85,14	-	64,88	72,99	-	54,58	61,40	-	44,81	50,41	-	35,54	39,98	-	26,80	30,15	-	18,56	20,
	III	620,33	-	49,62	55,82	-	41,38	46,55	-	33,40	37,57	-	25,66	28,87	-	18,20	20,47	-	11,02	12,40	-	4,88	5,
	IV	1.080,66	-	86,45	97,25	-	80,74	90,83	-	75,15	84,54	-	69,70	78,41	-	64,37	72,41	-	59,17	66,56	-	54,10	60,
	V	1.583,41	*14,45*	126,67	142,50																		
	VI	1.627,75	*19,73*	130,22	146,49																		
4.790,99	I	1.081,83	-	86,54	97,36	-	75,24	84,65	-	64,46	72,51	-	54,18	60,95	-	44,42	49,97	-	35,18	39,58	-	26,46	29,
	II	947,25	-	75,78	85,25	-	64,96	73,08	-	54,67	61,50	-	44,88	50,49	-	35,62	40,07	-	26,86	30,22	-	18,62	20,
	III	621,16	-	49,69	55,90	-	41,45	46,63	-	33,46	37,64	-	25,73	28,94	-	18,25	20,53	-	11,08	12,46	-	4,92	5,
	IV	1.081,83	-	86,54	97,36	-	80,83	90,93	-	75,24	84,65	-	69,78	78,50	-	64,46	72,51	-	59,26	66,66	-	54,18	60,
	V	1.584,66	*14,60*	126,77	142,61																		
	VI	1.629,00	*19,88*	130,32	146,61																		
4.793,99	I	1.083,00	-	86,64	97,47	-	75,33	84,74	-	64,54	72,60	-	54,26	61,04	-	44,50	50,06	-	35,26	39,66	-	26,52	29,
	II	948,33	-	75,86	85,34	-	65,05	73,18	-	54,75	61,59	-	44,96	50,58	-	35,69	40,15	-	26,93	30,29	-	18,69	21,
	III	622,00	-	49,76	55,98	-	41,50	46,69	-	33,52	37,71	-	25,78	29,00	-	18,32	20,61	-	11,13	12,52	-	4,96	5,
	IV	1.083,00	-	86,64	97,47	-	80,92	91,03	-	75,33	84,74	-	69,87	78,60	-	64,54	72,60	-	59,34	66,75	-	54,26	61,
	V	1.585,91	*14,75*	126,87	142,73																		
	VI	1.630,25	*20,03*	130,42	146,72																		
4.796,99	I	1.084,16	-	86,73	97,57	-	75,42	84,84	-	64,62	72,70	-	54,34	61,13	-	44,58	50,15	-	35,33	39,74	-	26,59	29,
	II	949,41	-	75,95	85,44	-	65,13	73,27	-	54,83	61,68	-	45,04	50,67	-	35,76	40,23	-	27,00	30,38	-	18,76	21,
	III	622,83	-	49,82	56,05	-	41,57	46,76	-	33,58	37,78	-	25,85	29,08	-	18,37	20,66	-	11,18	12,58	-	5,01	5,
	IV	1.084,16	-	86,73	97,57	-	81,01	91,13	-	75,42	84,84	-	69,96	78,70	-	64,62	72,70	-	59,42	66,84	-	54,34	61,
	V	1.587,25	*14,91*	126,98	142,85																		
	VI	1.631,50	*20,18*	130,52	146,83																		
4.799,99	I	1.085,33	-	86,82	97,67	-	75,51	84,95	-	64,71	72,80	-	54,42	61,22	-	44,66	50,24	-	35,40	39,83	-	26,66	29,
	II	950,58	-	76,04	85,55	-	65,22	73,37	-	54,91	61,77	-	45,12	50,76	-	35,84	40,32	-	27,07	30,45	-	18,82	21,
	III	623,66	-	49,89	56,12	-	41,64	46,84	-	33,65	37,85	-	25,92	29,16	-	18,44	20,74	-	11,24	12,64	-	5,05	5,
	IV	1.085,33	-	86,82	97,67	-	81,10	91,23	-	75,51	84,95	-	70,04	78,80	-	64,71	72,80	-	59,50	66,94	-	54,42	61,
	V	1.588,50	*15,06*	127,08	142,96																		
	VI	1.632,75	*20,32*	130,62	146,94																		
4.802,99	I	1.086,50	-	86,92	97,78	-	75,60	85,05	-	64,80	72,90	-	54,50	61,31	-	44,73	50,32	-	35,47	39,90	-	26,73	30,
	II	951,66	-	76,13	85,64	-	65,30	73,46	-	54,99	61,86	-	45,19	50,84	-	35,91	40,40	-	27,14	30,53	-	18,88	21,
	III	624,50	-	49,96	56,20	-	41,70	46,91	-	33,72	37,93	-	25,97	29,21	-	18,49	20,80	-	11,29	12,70	-	5,09	5,
	IV	1.086,50	-	86,92	97,78	-	81,19	91,34	-	75,60	85,05	-	70,13	78,89	-	64,80	72,90	-	59,58	67,03	-	54,50	61,
	V	1.589,75	*15,21*	127,18	143,07																		
	VI	1.634,08	*20,48*	130,72	147,06																		
4.805,99	I	1.087,58	-	87,00	97,88	-	75,68	85,14	-	64,88	72,99	-	54,58	61,40	-	44,81	50,41	-	35,54	39,98	-	26,80	30,
	II	952,75	-	76,22	85,74	-	65,39	73,56	-	55,07	61,95	-	45,27	50,93	-	35,98	40,48	-	27,20	30,60	-	18,95	21,
	III	625,33	-	50,02	56,27	-	41,77	46,99	-	33,77	37,99	-	26,04	29,29	-	18,56	20,88	-	11,36	12,78	-	5,14	5,
	IV	1.087,58	-	87,00	97,88	-	81,28	91,44	-	75,68	85,14	-	70,22	78,99	-	64,88	72,99	-	59,67	67,13	-	54,58	61,
	V	1.591,00	*15,36*	127,28	143,19																		
	VI	1.635,33	*20,63*	130,82	147,17																		
4.808,99	I	1.088,75	-	87,10	97,98	-	75,78	85,25	-	64,96	73,08	-	54,67	61,50	-	44,88	50,49	-	35,62	40,07	-	26,86	30,
	II	953,91	-	76,31	85,85	-	65,47	73,65	-	55,15	62,04	-	45,34	51,01	-	36,05	40,55	-	27,28	30,69	-	19,01	21,
	III	626,16	-	50,09	56,35	-	41,84	47,07	-	33,84	38,07	-	26,09	29,35	-	18,61	20,93	-	11,41	12,83	-	5,18	5,
	IV	1.088,75	-	87,10	97,98	-	81,37	91,54	-	75,78	85,25	-	70,30	79,09	-	64,96	73,08	-	59,75	67,22	-	54,67	61,
	V	1.592,25	*15,50*	127,38	143,30																		
	VI	1.636,58	*20,78*	130,92	147,29																		
4.811,99	I	1.089,91	-	87,19	98,09	-	75,86	85,34	-	65,05	73,18	-	54,75	61,59	-	44,96	50,58	-	35,69	40,15	-	26,93	30,
	II	955,00	-	76,40	85,95	-	65,56	73,75	-	55,23	62,13	-	45,42	51,10	-	36,12	40,64	-	27,34	30,76	-	19,08	21,
	III	627,00	-	50,16	56,43	-	41,90	47,14	-	33,90	38,14	-	26,16	29,43	-	18,68	21,01	-	11,46	12,89	-	5,22	5,
	IV	1.089,91	-	87,19	98,09	-	81,46	91,64	-	75,86	85,34	-	70,39	79,19	-	65,05	73,18	-	59,84	67,32	-	54,75	61,
	V	1.593,50	*15,65*	127,48	143,41																		
	VI	1.637,83	*20,93*	131,02	147,40																		
4.814,99	I	1.091,08	-	87,28	98,19	-	75,95	85,44	-	65,13	73,27	-	54,83	61,68	-	45,04	50,67	-	35,76	40,23	-	27,00	30,
	II	956,16	-	76,49	86,05	-	65,64	73,85	-	55,32	62,23	-	45,50	51,18	-	36,20	40,72	-	27,41	30,83	-	19,14	21,
	III	627,83	-	50,22	56,50	-	41,97	47,21	-	33,97	38,21	-	26,22	29,50	-	18,73	21,07	-	11,52	12,96	-	5,28	5,
	IV	1.091,08	-	87,28	98,19	-	81,56	91,75	-	75,95	85,44	-	70,48	79,29	-	65,13	73,27	-	59,92	67,41	-	54,83	61,
	V	1.594,75	*15,80*	127,58	143,52																		
	VI	1.639,08	*21,08*	131,12	147,51																		

Lohn/ Gehalt bis	Steuerklasse	Lohn-steuer	ohne Kinderfreibetrag			Anzahl Kinderfreibeträge (nur Steuerklassen I–IV) 0,5			1,0			1,5			2,0			2,5			3,0		
			SolZ 5,5%	Kirchensteuer 8%	Kirchensteuer 9%	SolZ 5,5%	Kirchensteuer 8%	Kirchensteuer 9%	SolZ 5,5%	Kirchensteuer 8%	Kirchensteuer 9%	SolZ 5,5%	Kirchensteuer 8%	Kirchensteuer 9%	SolZ 5,5%	Kirchensteuer 8%	Kirchensteuer 9%	SolZ 5,5%	Kirchensteuer 8%	Kirchensteuer 9%	SolZ 5,5%	Kirchensteuer 8%	Kirchensteuer 9%
4.817,99	I	1.092,25	-	87,38	98,30	-	76,04	85,55	-	65,22	73,37	-	54,91	61,77	-	45,12	50,76	-	35,84	40,32	-	27,07	30,45
	II	957,25	-	76,58	86,15	-	65,73	73,94	-	55,40	62,32	-	45,58	51,27	-	36,27	40,80	-	27,48	30,92	-	19,20	21,60
	III	628,66	-	50,29	56,57	-	42,04	47,29	-	34,02	38,27	-	26,28	29,56	-	18,78	21,13	-	11,57	13,01	-	5,32	5,98
	IV	1.092,25	-	87,38	98,30	-	81,64	91,85	-	76,04	85,55	-	70,56	79,38	-	65,22	73,37	-	60,00	67,50	-	54,91	61,77
	V	1.596,00	15,95	127,68	143,64																		
	VI	1.640,33	21,23	131,22	147,62																		
4.820,99	I	1.093,41	-	87,47	98,40	-	76,13	85,64	-	65,30	73,46	-	54,99	61,86	-	45,19	50,84	-	35,91	40,40	-	27,14	30,53
	II	958,33	-	76,66	86,24	-	65,82	74,04	-	55,48	62,41	-	45,65	51,35	-	36,34	40,88	-	27,55	30,99	-	19,27	21,68
	III	629,50	-	50,36	56,65	-	42,10	47,36	-	34,09	38,35	-	26,34	29,63	-	18,85	21,20	-	11,62	13,07	-	5,36	6,03
	IV	1.093,41	-	87,47	98,40	-	81,74	91,95	-	76,13	85,64	-	70,65	79,48	-	65,30	73,46	-	60,08	67,59	-	54,99	61,86
	V	1.597,33	16,11	127,78	143,75																		
	VI	1.641,58	21,38	131,32	147,74																		
4.823,99	I	1.094,58	-	87,56	98,51	-	76,22	85,74	-	65,39	73,56	-	55,07	61,95	-	45,27	50,93	-	35,98	40,48	-	27,20	30,60
	II	959,50	-	76,76	86,35	-	65,90	74,13	-	55,56	62,50	-	45,73	51,44	-	36,42	40,97	-	27,62	31,07	-	19,34	21,75
	III	630,50	-	50,44	56,74	-	42,17	47,44	-	34,16	38,43	-	26,40	29,70	-	18,90	21,26	-	11,69	13,15	-	5,41	6,08
	IV	1.094,58	-	87,56	98,51	-	81,83	92,06	-	76,22	85,74	-	70,74	79,58	-	65,39	73,56	-	60,16	67,68	-	55,07	61,95
	V	1.598,58	16,26	127,88	143,87																		
	VI	1.642,83	21,52	131,42	147,85																		
4.826,99	I	1.095,75	-	87,66	98,61	-	76,31	85,85	-	65,47	73,65	-	55,15	62,04	-	45,34	51,01	-	36,05	40,55	-	27,28	30,69
	II	960,58	-	76,84	86,45	-	65,98	74,23	-	55,64	62,59	-	45,81	51,53	-	36,49	41,05	-	27,69	31,15	-	19,40	21,82
	III	631,33	-	50,50	56,81	-	42,22	47,50	-	34,22	38,50	-	26,46	29,77	-	18,97	21,34	-	11,74	13,21	-	5,45	6,13
	IV	1.095,75	-	87,66	98,61	-	81,92	92,16	-	76,31	85,85	-	70,83	79,68	-	65,47	73,65	-	60,25	67,78	-	55,15	62,04
	V	1.599,83	16,41	127,98	143,98																		
	VI	1.644,08	21,67	131,52	147,96																		
4.829,99	I	1.096,91	-	87,75	98,72	-	76,40	85,95	-	65,56	73,75	-	55,23	62,13	-	45,42	51,10	-	36,12	40,64	-	27,34	30,76
	II	961,75	-	76,94	86,55	-	66,07	74,33	-	55,72	62,68	-	45,88	51,62	-	36,56	41,13	-	27,76	31,23	-	19,46	21,89
	III	632,16	-	50,57	56,89	-	42,29	47,57	-	34,28	38,56	-	26,53	29,84	-	19,02	21,40	-	11,80	13,27	-	5,50	6,19
	IV	1.096,91	-	87,75	98,72	-	82,01	92,26	-	76,40	85,95	-	70,92	79,78	-	65,56	73,75	-	60,33	67,87	-	55,23	62,13
	V	1.601,08	16,56	128,08	144,09																		
	VI	1.645,41	21,83	131,63	148,08																		
4.832,99	I	1.098,08	-	87,84	98,82	-	76,49	86,05	-	65,64	73,85	-	55,32	62,23	-	45,50	51,18	-	36,20	40,72	-	27,41	30,83
	II	962,83	-	77,02	86,65	-	66,16	74,43	-	55,80	62,78	-	45,96	51,71	-	36,64	41,22	-	27,82	31,30	-	19,53	21,97
	III	633,00	-	50,64	56,97	-	42,36	47,65	-	34,34	38,63	-	26,58	29,90	-	19,09	21,47	-	11,85	13,33	-	5,54	6,23
	IV	1.098,08	-	87,84	98,82	-	82,10	92,36	-	76,49	86,05	-	71,00	79,88	-	65,64	73,85	-	60,42	67,97	-	55,32	62,23
	V	1.602,33	16,70	128,18	144,20																		
	VI	1.646,66	21,98	131,73	148,19																		
4.835,99	I	1.099,25	-	87,94	98,93	-	76,58	86,15	-	65,73	73,94	-	55,40	62,32	-	45,58	51,27	-	36,27	40,80	-	27,48	30,92
	II	963,91	-	77,11	86,75	-	66,24	74,52	-	55,88	62,87	-	46,04	51,79	-	36,71	41,30	-	27,89	31,37	-	19,59	22,04
	III	633,83	-	50,70	57,04	-	42,42	47,72	-	34,41	38,71	-	26,65	29,98	-	19,14	21,53	-	11,90	13,39	-	5,58	6,28
	IV	1.099,25	-	87,94	98,93	-	82,20	92,47	-	76,58	86,15	-	71,09	79,97	-	65,73	73,94	-	60,50	68,06	-	55,40	62,32
	V	1.603,58	16,85	128,28	144,32																		
	VI	1.647,91	22,13	131,83	148,31																		
4.838,99	I	1.100,41	-	88,03	99,03	-	76,66	86,24	-	65,82	74,04	-	55,48	62,41	-	45,65	51,35	-	36,34	40,88	-	27,55	30,99
	II	965,08	-	77,20	86,85	-	66,32	74,61	-	55,96	62,96	-	46,12	51,88	-	36,78	41,38	-	27,96	31,46	-	19,66	22,11
	III	634,66	-	50,77	57,11	-	42,49	47,80	-	34,48	38,79	-	26,70	30,04	-	19,21	21,61	-	11,97	13,46	-	5,64	6,34
	IV	1.100,41	-	88,03	99,03	-	82,28	92,57	-	76,66	86,24	-	71,18	80,07	-	65,82	74,04	-	60,58	68,15	-	55,48	62,41
	V	1.604,83	17,00	128,38	144,43																		
	VI	1.649,16	22,28	131,93	148,42																		
4.841,99	I	1.101,58	-	88,12	99,14	-	76,76	86,35	-	65,90	74,13	-	55,56	62,50	-	45,73	51,44	-	36,42	40,97	-	27,62	31,07
	II	966,16	-	77,29	86,95	-	66,41	74,71	-	56,04	63,05	-	46,19	51,96	-	36,86	41,46	-	28,03	31,53	-	19,72	22,19
	III	635,50	-	50,84	57,19	-	42,56	47,88	-	34,53	38,84	-	26,77	30,11	-	19,26	21,67	-	12,02	13,52	-	5,68	6,39
	IV	1.101,58	-	88,12	99,14	-	82,38	92,67	-	76,76	86,35	-	71,26	80,17	-	65,90	74,13	-	60,66	68,24	-	55,56	62,50
	V	1.606,08	17,15	128,48	144,54																		
	VI	1.650,41	22,43	132,03	148,53																		
4.844,99	I	1.102,75	-	88,22	99,24	-	76,84	86,45	-	65,98	74,23	-	55,64	62,59	-	45,81	51,53	-	36,49	41,05	-	27,69	31,15
	II	967,33	-	77,38	87,05	-	66,50	74,81	-	56,12	63,14	-	46,27	52,05	-	36,93	41,54	-	28,10	31,61	-	19,79	22,26
	III	636,33	-	50,90	57,26	-	42,62	47,95	-	34,60	38,92	-	26,84	30,19	-	19,32	21,73	-	12,08	13,59	-	5,73	6,44
	IV	1.102,75	-	88,22	99,24	-	82,47	92,78	-	76,84	86,45	-	71,35	80,27	-	65,98	74,23	-	60,75	68,34	-	55,64	62,59
	V	1.607,33	17,30	128,58	144,65																		
	VI	1.651,66	22,58	132,13	148,64																		
4.847,99	I	1.104,00	-	88,32	99,36	-	76,94	86,55	-	66,07	74,33	-	55,72	62,68	-	45,88	51,62	-	36,56	41,13	-	27,76	31,23
	II	968,41	-	77,47	87,15	-	66,58	74,90	-	56,21	63,23	-	46,34	52,13	-	37,00	41,63	-	28,17	31,69	-	19,85	22,33
	III	637,16	-	50,97	57,34	-	42,69	48,02	-	34,66	38,99	-	26,89	30,25	-	19,38	21,80	-	12,13	13,64	-	5,77	6,49
	IV	1.104,00	-	88,32	99,36	-	82,56	92,88	-	76,94	86,55	-	71,44	80,37	-	66,07	74,33	-	60,83	68,43	-	55,72	62,68
	V	1.608,66	17,46	128,69	144,77																		
	VI	1.652,91	22,72	132,23	148,76																		
4.850,99	I	1.105,16	-	88,41	99,46	-	77,02	86,65	-	66,16	74,43	-	55,80	62,78	-	45,96	51,71	-	36,64	41,22	-	27,82	31,30
	II	969,58	-	77,56	87,26	-	66,67	75,00	-	56,29	63,32	-	46,42	52,22	-	37,08	41,71	-	28,24	31,77	-	19,92	22,41
	III	638,00	-	51,04	57,42	-	42,76	48,10	-	34,73	39,07	-	26,96	30,33	-	19,44	21,87	-	12,18	13,70	-	5,82	6,55
	IV	1.105,16	-	88,41	99,46	-	82,65	92,98	-	77,02	86,65	-	71,52	80,46	-	66,16	74,43	-	60,92	68,53	-	55,80	62,78
	V	1.609,91	17,61	128,79	144,89																		
	VI	1.654,16	22,87	132,33	148,87																		
4.853,99	I	1.106,33	-	88,50	99,56	-	77,11	86,75	-	66,24	74,52	-	55,88	62,87	-	46,04	51,79	-	36,71	41,30	-	27,89	31,37
	II	970,66	-	77,65	87,35	-	66,75	75,09	-	56,37	63,41	-	46,50	52,31	-	37,15	41,79	-	28,31	31,85	-	19,98	22,48
	III	638,83	-	51,10	57,49	-	42,82	48,17	-	34,78	39,13	-	27,01	30,38	-	19,50	21,94	-	12,25	13,78	-	5,86	6,59
	IV	1.106,33	-	88,50	99,56	-	82,74	93,08	-	77,11	86,75	-	71,61	80,56	-	66,24	74,52	-	61,00	68,62	-	55,88	62,87
	V	1.611,16	17,76	128,89	145,00																		
	VI	1.655,50	23,03	132,44	148,99																		
4.856,99	I	1.107,50	-	88,60	99,67	-	77,20	86,85	-	66,32	74,61	-	55,96	62,96	-	46,12	51,88	-	36,78	41,38	-	27,96	31,46
	II	971,83	-	77,74	87,46	-	66,84	75,19	-	56,45	63,50	-	46,58	52,40	-	37,22	41,87	-	28,38	31,92	-	20,04	22,55
	III	639,66	-	51,17	57,56	-	42,89	48,25	-	34,85	39,20	-	27,08	30,46	-	19,56	22,00	-	12,30	13,84	-	5,90	6,64
	IV	1.107,50	-	88,60	99,67	-	82,84	93,19	-	77,20	86,85	-	71,70	80,66	-	66,32	74,61	-	61,08	68,72	-	55,96	62,96
	V	1.612,41	17,90	128,99	145,11																		
	VI	1.656,75	23,18	132,54	149,10																		
4.859,99	I	1.108,66	-	88,69	99,77	-	77,29	86,95	-	66,41	74,71	-	56,04	63,05	-	46,19	51,96	-	36,86	41,46	-	28,03	31,53
	II	972,91	-	77,83	87,56	-	66,92	75,29	-	56,53	63,59	-	46,66	52,49	-	37,29	41,95	-	28,44	32,00	-	20,11	22,62
	III	640,50	-	51,24	57,64	-	42,96	48,33	-	34,92	39,28	-	27,14	30,53	-	19,62	22,07	-	12,36	13,90	-	5,96	6,70
	IV	1.108,66	-	88,69	99,77	-	82,92	93,29	-	77,29	86,95	-	71,79	80,76	-	66,41	74,71	-	61,16	68,81	-	56,04	63,05
	V	1.613,66	18,05	129,09	145,22																		
	VI	1.658,00	23,33	132,64	149,22																		

Lohn/ Gehalt bis	Steuerklasse	Lohnsteuer	ohne Kinderfreibetrag			Anzahl Kinderfreibeträge (nur Steuerklassen I–IV)																	
						0,5			1,0			1,5			2,0			2,5			3,0		
			SolZ 5,5%	Kirchensteuer 8%	Kirchensteuer 9%	SolZ 5,5%	Kirchensteuer 8%	Kirchensteuer 9%	SolZ 5,5%	Kirchensteuer 8%	Kirchensteuer 9%	SolZ 5,5%	Kirchensteuer 8%	Kirchensteuer 9%	SolZ 5,5%	Kirchensteuer 8%	Kirchensteuer 9%	SolZ 5,5%	Kirchensteuer 8%	Kirchensteuer 9%	SolZ 5,5%	Kirchensteuer 8%	Kirchensteuer 9%
4.862,99	I	1.109,83	–	88,78	99,88	–	77,38	87,05	–	66,50	74,81	–	56,12	63,14	–	46,27	52,05	–	36,93	41,54	–	28,10	31
	II	974,08	–	77,92	87,66	–	67,01	75,38	–	56,62	63,69	–	46,73	52,57	–	37,36	42,03	–	28,52	32,08	–	20,18	22
	III	641,33	–	51,30	57,71	–	43,01	48,38	–	34,98	39,35	–	27,20	30,60	–	19,68	22,14	–	12,41	13,96	–	6,00	6
	IV	1.109,83	–	88,78	99,88	–	83,02	93,39	–	77,38	87,05	–	71,88	80,86	–	66,50	74,81	–	61,25	68,90	–	56,12	63
	V	1.614,91	*18,20*	129,19	145,34																		
	VI	1.659,25	*23,48*	132,74	149,33																		
4.865,99	I	1.111,00	–	88,88	99,99	–	77,47	87,15	–	66,58	74,90	–	56,21	63,23	–	46,34	52,13	–	37,00	41,63	–	28,17	31
	II	975,16	–	78,01	87,76	–	67,10	75,48	–	56,70	63,78	–	46,81	52,66	–	37,44	42,12	–	28,58	32,15	–	20,24	22
	III	642,33	–	51,38	57,80	–	43,08	48,46	–	35,04	39,42	–	27,26	30,67	–	19,74	22,21	–	12,48	14,04	–	6,05	6
	IV	1.111,00	–	88,88	99,99	–	83,11	93,50	–	77,47	87,15	–	71,96	80,96	–	66,58	74,90	–	61,33	68,99	–	56,21	63
	V	1.616,16	*18,35*	129,29	145,45																		
	VI	1.660,50	*23,63*	132,84	149,44																		
4.868,99	I	1.112,16	–	88,97	100,09	–	77,56	87,26	–	66,67	75,00	–	56,29	63,32	–	46,42	52,22	–	37,08	41,71	–	28,24	31
	II	976,33	–	78,10	87,86	–	67,18	75,58	–	56,78	63,87	–	46,89	52,75	–	37,51	42,20	–	28,65	32,23	–	20,30	22
	III	643,16	–	51,45	57,88	–	43,14	48,53	–	35,10	39,49	–	27,33	30,74	–	19,80	22,27	–	12,53	14,09	–	6,09	6
	IV	1.112,16	–	88,97	100,09	–	83,20	93,60	–	77,56	87,26	–	72,05	81,05	–	66,67	75,00	–	61,42	69,09	–	56,29	63
	V	1.617,41	*18,50*	129,39	145,56																		
	VI	1.661,75	*23,78*	132,94	149,55																		
4.871,99	I	1.113,33	–	89,06	100,19	–	77,65	87,35	–	66,75	75,09	–	56,37	63,41	–	46,50	52,31	–	37,15	41,79	–	28,31	31,
	II	977,41	–	78,19	87,96	–	67,27	75,68	–	56,86	63,96	–	46,96	52,83	–	37,58	42,28	–	28,72	32,31	–	20,37	22
	III	644,00	–	51,52	57,96	–	43,21	48,61	–	35,17	39,56	–	27,38	30,80	–	19,86	22,34	–	12,58	14,15	–	6,14	6
	IV	1.113,33	–	89,06	100,19	–	83,29	93,70	–	77,65	87,35	–	72,14	81,15	–	66,75	75,09	–	61,50	69,18	–	56,37	63
	V	1.618,75	*18,66*	129,50	145,68																		
	VI	1.663,00	*23,92*	133,04	149,67																		
4.874,99	I	1.114,50	–	89,16	100,30	–	77,74	87,46	–	66,84	75,19	–	56,45	63,50	–	46,58	52,40	–	37,22	41,87	–	28,38	31,
	II	978,50	–	78,28	88,06	–	67,35	75,77	–	56,94	64,06	–	47,04	52,92	–	37,66	42,36	–	28,79	32,39	–	20,44	22
	III	644,83	–	51,58	58,03	–	43,28	48,69	–	35,24	39,64	–	27,45	30,88	–	19,92	22,41	–	12,65	14,23	–	6,18	6
	IV	1.114,50	–	89,16	100,30	–	83,38	93,80	–	77,74	87,46	–	72,22	81,25	–	66,84	75,19	–	61,58	69,28	–	56,45	63,
	V	1.620,00	*18,81*	129,60	145,80																		
	VI	1.664,25	*24,07*	133,14	149,78																		
4.877,99	I	1.115,66	–	89,25	100,40	–	77,83	87,56	–	66,92	75,29	–	56,53	63,59	–	46,66	52,49	–	37,29	41,95	–	28,44	32,
	II	979,66	–	78,37	88,16	–	67,44	75,87	–	57,02	64,15	–	47,12	53,01	–	37,73	42,44	–	28,86	32,47	–	20,50	23,
	III	645,66	–	51,65	58,10	–	43,34	48,76	–	35,30	39,71	–	27,50	30,94	–	19,97	22,46	–	12,70	14,29	–	6,24	7
	IV	1.115,66	–	89,25	100,40	–	83,48	93,91	–	77,83	87,56	–	72,31	81,35	–	66,92	75,29	–	61,66	69,37	–	56,53	63
	V	1.621,25	*18,96*	129,70	145,91																		
	VI	1.665,58	*24,23*	133,24	149,90																		
4.880,99	I	1.116,83	–	89,34	100,51	–	77,92	87,66	–	67,01	75,38	–	56,62	63,69	–	46,73	52,57	–	37,36	42,03	–	28,52	32,
	II	980,75	–	78,46	88,26	–	67,52	75,96	–	57,10	64,24	–	47,20	53,10	–	37,80	42,53	–	28,93	32,54	–	20,56	23,
	III	646,50	–	51,72	58,18	–	43,41	48,83	–	35,36	39,78	–	27,57	31,01	–	20,04	22,54	–	12,76	14,35	–	6,28	7,
	IV	1.116,83	–	89,34	100,51	–	83,57	94,01	–	77,92	87,66	–	72,40	81,45	–	67,01	75,38	–	61,75	69,47	–	56,62	63,
	V	1.622,50	*19,10*	129,80	146,02																		
	VI	1.666,83	*24,38*	133,34	150,01																		
4.883,99	I	1.118,00	–	89,44	100,62	–	78,01	87,76	–	67,10	75,48	–	56,70	63,78	–	46,81	52,66	–	37,44	42,12	–	28,58	32,
	II	981,91	–	78,55	88,37	–	67,61	76,06	–	57,18	64,33	–	47,28	53,19	–	37,88	42,62	–	29,00	32,62	–	20,63	23,
	III	647,33	–	51,78	58,25	–	43,48	48,91	–	35,42	39,85	–	27,64	31,09	–	20,09	22,60	–	12,81	14,41	–	6,33	7,
	IV	1.118,00	–	89,44	100,62	–	83,66	94,12	–	78,01	87,76	–	72,49	81,55	–	67,10	75,48	–	61,83	69,56	–	56,70	63,
	V	1.623,75	*19,25*	129,90	146,13																		
	VI	1.668,08	*24,53*	133,44	150,12																		
4.886,99	I	1.119,16	–	89,53	100,72	–	78,10	87,86	–	67,18	75,58	–	56,78	63,87	–	46,89	52,75	–	37,51	42,20	–	28,65	32,
	II	983,00	–	78,64	88,47	–	67,70	76,16	–	57,27	64,43	–	47,36	53,28	–	37,96	42,70	–	29,07	32,70	–	20,70	23
	III	648,16	–	51,85	58,33	–	43,54	48,98	–	35,49	39,92	–	27,69	31,15	–	20,16	22,68	–	12,88	14,49	–	6,37	7,
	IV	1.119,16	–	89,53	100,72	–	83,75	94,22	–	78,10	87,86	–	72,58	81,65	–	67,18	75,58	–	61,92	69,66	–	56,78	63,
	V	1.625,00	*19,40*	130,00	146,25																		
	VI	1.669,33	*24,68*	133,54	150,23																		
4.889,99	I	1.120,41	–	89,63	100,83	–	78,19	87,96	–	67,27	75,68	–	56,86	63,96	–	46,96	52,83	–	37,58	42,28	–	28,72	32,
	II	984,16	–	78,73	88,57	–	67,78	76,25	–	57,35	64,52	–	47,43	53,36	–	38,03	42,78	–	29,14	32,78	–	20,76	23,
	III	649,00	–	51,92	58,41	–	43,61	49,06	–	35,56	40,00	–	27,76	31,23	–	20,21	22,73	–	12,93	14,54	–	6,42	7,
	IV	1.120,41	–	89,63	100,83	–	83,84	94,32	–	78,19	87,96	–	72,66	81,74	–	67,27	75,68	–	62,00	69,75	–	56,86	63,
	V	1.626,25	*19,55*	130,10	146,36																		
	VI	1.670,58	*24,83*	133,64	150,35																		
4.892,99	I	1.121,58	–	89,72	100,94	–	78,28	88,06	–	67,35	75,77	–	56,94	64,06	–	47,04	52,92	–	37,66	42,36	–	28,79	32,
	II	985,33	–	78,82	88,67	–	67,87	76,35	–	57,43	64,61	–	47,51	53,45	–	38,10	42,86	–	29,21	32,86	–	20,83	23,
	III	649,83	–	51,98	58,48	–	43,68	49,14	–	35,61	40,06	–	27,82	31,30	–	20,28	22,81	–	12,98	14,60	–	6,46	7,
	IV	1.121,58	–	89,72	100,94	–	83,94	94,43	–	78,28	88,06	–	72,75	81,84	–	67,35	75,77	–	62,08	69,84	–	56,94	64,
	V	1.627,50	*19,70*	130,20	146,47																		
	VI	1.671,83	*24,98*	133,74	150,46																		
4.895,99	I	1.122,75	–	89,82	101,04	–	78,37	88,16	–	67,44	75,87	–	57,02	64,15	–	47,12	53,01	–	37,73	42,44	–	28,86	32,
	II	986,41	–	78,91	88,77	–	67,96	76,45	–	57,52	64,71	–	47,58	53,53	–	38,18	42,95	–	29,28	32,94	–	20,89	23,
	III	650,66	–	52,05	58,55	–	43,74	49,21	–	35,68	40,14	–	27,88	31,36	–	20,33	22,87	–	13,05	14,68	–	6,52	7,
	IV	1.122,75	–	89,82	101,04	–	84,03	94,53	–	78,37	88,16	–	72,84	81,95	–	67,44	75,87	–	62,16	69,93	–	57,02	64,
	V	1.628,83	*19,86*	130,30	146,59																		
	VI	1.673,08	*25,12*	133,84	150,57																		
4.898,99	I	1.123,91	–	89,91	101,15	–	78,46	88,26	–	67,52	75,96	–	57,10	64,24	–	47,20	53,10	–	37,80	42,53	–	28,93	32,
	II	987,58	–	79,00	88,88	–	68,04	76,55	–	57,60	64,80	–	47,66	53,62	–	38,25	43,03	–	29,34	33,01	–	20,96	23,
	III	651,66	–	52,13	58,64	–	43,81	49,28	–	35,74	40,21	–	27,94	31,43	–	20,40	22,95	–	13,10	14,74	–	6,57	7,
	IV	1.123,91	–	89,91	101,15	–	84,12	94,64	–	78,46	88,26	–	72,93	82,04	–	67,52	75,96	–	62,25	70,03	–	57,10	64,
	V	1.630,08	*20,01*	130,40	146,70																		
	VI	1.674,33	*25,27*	133,94	150,68																		
4.901,99	I	1.125,08	–	90,00	101,25	–	78,55	88,37	–	67,61	76,06	–	57,18	64,33	–	47,28	53,19	–	37,88	42,62	–	29,00	32,
	II	988,66	–	79,09	88,97	–	68,13	76,64	–	57,68	64,89	–	47,74	53,71	–	38,32	43,11	–	29,42	33,09	–	21,02	23,
	III	652,50	–	52,20	58,72	–	43,88	49,36	–	35,81	40,28	–	28,00	31,50	–	20,45	23,00	–	13,16	14,80	–	6,61	7,
	IV	1.125,08	–	90,00	101,25	–	84,21	94,73	–	78,55	88,37	–	73,02	82,14	–	67,61	76,06	–	62,34	70,13	–	57,18	64,
	V	1.631,33	*20,16*	130,50	146,81																		
	VI	1.675,58	*25,42*	134,04	150,80																		
4.904,99	I	1.126,25	–	90,10	101,36	–	78,64	88,47	–	67,70	76,16	–	57,27	64,43	–	47,36	53,28	–	37,96	42,70	–	29,07	32,
	II	989,83	–	79,18	89,08	–	68,21	76,73	–	57,76	64,98	–	47,82	53,80	–	38,40	43,20	–	29,48	33,17	–	21,09	23,
	III	653,33	–	52,26	58,79	–	43,94	49,43	–	35,88	40,36	–	28,06	31,57	–	20,52	23,08	–	13,22	14,87	–	6,66	7,
	IV	1.126,25	–	90,10	101,36	–	84,30	94,84	–	78,64	88,47	–	73,10	82,24	–	67,70	76,16	–	62,42	70,22	–	57,27	64,
	V	1.632,58	*20,30*	130,60	146,93																		
	VI	1.676,91	*25,58*	134,15	150,92																		

Lohn/Gehalt bis	Steuerklasse	Lohnsteuer	ohne Kinderfreibetrag SolZ 5,5%	ohne Kinderfreibetrag Kirchensteuer 8%	ohne Kinderfreibetrag Kirchensteuer 9%	0,5 SolZ 5,5%	0,5 Kirchensteuer 8%	0,5 Kirchensteuer 9%	1,0 SolZ 5,5%	1,0 Kirchensteuer 8%	1,0 Kirchensteuer 9%	1,5 SolZ 5,5%	1,5 Kirchensteuer 8%	1,5 Kirchensteuer 9%	2,0 SolZ 5,5%	2,0 Kirchensteuer 8%	2,0 Kirchensteuer 9%	2,5 SolZ 5,5%	2,5 Kirchensteuer 8%	2,5 Kirchensteuer 9%	3,0 SolZ 5,5%	3,0 Kirchensteuer 8%	3,0 Kirchensteuer 9%
4.907,99	I	1.127,41	-	90,19	101,46	-	78,73	88,57	-	67,78	76,25	-	57,35	64,52	-	47,43	53,36	-	38,03	42,78	-	29,14	32,78
	II	990,91	-	79,27	89,18	-	68,30	76,83	-	57,84	65,07	-	47,90	53,88	-	38,47	43,28	-	29,56	33,25	-	21,16	23,80
	III	654,16	-	52,33	58,87	-	44,00	49,50	-	35,93	40,42	-	28,13	31,64	-	20,57	23,14	-	13,28	14,94	-	6,70	7,54
	IV	1.127,41	-	90,19	101,46	-	84,40	94,95	-	78,73	88,57	-	73,19	82,34	-	67,78	76,25	-	62,50	70,31	-	57,35	64,52
	V	1.633,83	20,45	130,70	147,04																		
	VI	1.678,16	25,73	134,25	151,03																		
4.910,99	I	1.128,58	-	90,28	101,57	-	78,82	88,67	-	67,87	76,35	-	57,43	64,61	-	47,51	53,45	-	38,10	42,86	-	29,21	32,86
	II	992,08	-	79,36	89,28	-	68,38	76,93	-	57,92	65,16	-	47,98	53,97	-	38,54	43,36	-	29,62	33,32	-	21,22	23,87
	III	655,00	-	52,40	58,95	-	44,06	49,57	-	36,00	40,50	-	28,18	31,70	-	20,64	23,22	-	13,33	14,99	-	6,76	7,60
	IV	1.128,58	-	90,28	101,57	-	84,49	95,05	-	78,82	88,67	-	73,28	82,44	-	67,87	76,35	-	62,58	70,40	-	57,43	64,61
	V	1.635,08	20,60	130,80	147,15																		
	VI	1.679,41	25,88	134,35	151,14																		
4.913,99	I	1.129,83	-	90,38	101,68	-	78,91	88,77	-	67,96	76,45	-	57,52	64,71	-	47,58	53,53	-	38,18	42,95	-	29,28	32,94
	II	993,16	-	79,45	89,38	-	68,47	77,03	-	58,00	65,25	-	48,06	54,06	-	38,62	43,44	-	29,70	33,41	-	21,28	23,94
	III	655,83	-	52,46	59,02	-	44,13	49,64	-	36,06	40,57	-	28,25	31,78	-	20,69	23,27	-	13,40	15,07	-	6,80	7,65
	IV	1.129,83	-	90,38	101,68	-	84,58	95,15	-	78,91	88,77	-	73,37	82,54	-	67,96	76,45	-	62,67	70,50	-	57,52	64,71
	V	1.636,33	20,75	130,90	147,26																		
	VI	1.680,66	26,03	134,45	151,25																		
4.916,99	I	1.131,00	-	90,48	101,79	-	79,00	88,88	-	68,04	76,55	-	57,60	64,80	-	47,66	53,62	-	38,25	43,03	-	29,34	33,01
	II	994,33	-	79,54	89,48	-	68,56	77,13	-	58,09	65,35	-	48,13	54,14	-	38,69	43,52	-	29,76	33,48	-	21,35	24,02
	III	656,66	-	52,53	59,09	-	44,20	49,72	-	36,13	40,64	-	28,32	31,86	-	20,76	23,35	-	13,45	15,13	-	6,85	7,70
	IV	1.131,00	-	90,48	101,79	-	84,68	95,26	-	79,00	88,88	-	73,46	82,64	-	68,04	76,55	-	62,76	70,60	-	57,60	64,80
	V	1.637,58	20,90	131,00	147,38																		
	VI	1.681,91	26,18	134,55	151,37																		
4.919,99	I	1.132,16	-	90,57	101,89	-	79,09	88,97	-	68,13	76,64	-	57,68	64,89	-	47,74	53,71	-	38,32	43,11	-	29,42	33,09
	II	995,41	-	79,63	89,58	-	68,64	77,22	-	58,17	65,44	-	48,21	54,23	-	38,76	43,61	-	29,84	33,57	-	21,42	24,09
	III	657,50	-	52,60	59,17	-	44,26	49,79	-	36,20	40,72	-	28,37	31,91	-	20,81	23,41	-	13,50	15,19	-	6,90	7,76
	IV	1.132,16	-	90,57	101,89	-	84,76	95,36	-	79,09	88,97	-	73,54	82,73	-	68,13	76,64	-	62,84	70,69	-	57,68	64,89
	V	1.638,83	21,05	131,10	147,49																		
	VI	1.683,16	26,32	134,65	151,48																		
4.922,99	I	1.133,33	-	90,66	101,99	-	79,18	89,08	-	68,21	76,73	-	57,76	64,98	-	47,82	53,80	-	38,40	43,20	-	29,48	33,17
	II	996,58	-	79,72	89,69	-	68,73	77,32	-	58,25	65,53	-	48,29	54,32	-	38,84	43,69	-	29,90	33,64	-	21,48	24,17
	III	658,33	-	52,66	59,24	-	44,33	49,87	-	36,25	40,78	-	28,44	31,99	-	20,88	23,49	-	13,57	15,26	-	6,94	7,81
	IV	1.133,33	-	90,66	101,99	-	84,86	95,46	-	79,18	89,08	-	73,63	82,83	-	68,21	76,73	-	62,92	70,79	-	57,76	64,98
	V	1.640,16	21,21	131,21	147,61																		
	VI	1.684,41	26,47	134,75	151,59																		
4.925,99	I	1.134,50	-	90,76	102,10	-	79,27	89,18	-	68,30	76,83	-	57,84	65,07	-	47,90	53,88	-	38,47	43,28	-	29,56	33,25
	II	997,75	-	79,82	89,79	-	68,82	77,42	-	58,34	65,63	-	48,36	54,41	-	38,91	43,77	-	29,97	33,71	-	21,55	24,24
	III	659,16	-	52,73	59,32	-	44,40	49,95	-	36,32	40,86	-	28,49	32,05	-	20,93	23,54	-	13,62	15,32	-	7,00	7,87
	IV	1.134,50	-	90,76	102,10	-	84,95	95,57	-	79,27	89,18	-	73,72	82,94	-	68,30	76,83	-	63,00	70,88	-	57,84	65,07
	V	1.641,41	21,36	131,31	147,72																		
	VI	1.685,66	26,62	134,85	151,70																		
4.928,99	I	1.135,66	-	90,85	102,20	-	79,36	89,28	-	68,38	76,93	-	57,92	65,16	-	47,98	53,97	-	38,54	43,36	-	29,62	33,32
	II	998,83	-	79,90	89,89	-	68,90	77,51	-	58,42	65,72	-	48,44	54,50	-	38,98	43,85	-	30,04	33,80	-	21,62	24,32
	III	660,16	-	52,81	59,41	-	44,46	50,02	-	36,38	40,93	-	28,56	32,13	-	21,00	23,62	-	13,68	15,39	-	7,04	7,92
	IV	1.135,66	-	90,85	102,20	-	85,04	95,67	-	79,36	89,28	-	73,81	83,03	-	68,38	76,93	-	63,09	70,97	-	57,92	65,16
	V	1.642,66	21,50	131,41	147,83																		
	VI	1.687,00	26,78	134,96	151,83																		
4.931,99	I	1.136,91	-	90,95	102,32	-	79,45	89,38	-	68,47	77,03	-	58,00	65,25	-	48,06	54,06	-	38,62	43,44	-	29,70	33,41
	II	1.000,00	-	80,00	90,00	-	68,99	77,61	-	58,50	65,81	-	48,52	54,59	-	39,06	43,94	-	30,11	33,87	-	21,68	24,39
	III	661,00	-	52,88	59,49	-	44,53	50,09	-	36,45	41,00	-	28,62	32,20	-	21,05	23,68	-	13,74	15,46	-	7,09	7,97
	IV	1.136,91	-	90,95	102,32	-	85,14	95,78	-	79,45	89,38	-	73,90	83,13	-	68,47	77,03	-	63,18	71,07	-	58,00	65,25
	V	1.643,91	21,65	131,51	147,95																		
	VI	1.688,25	26,93	135,06	151,94																		
4.934,99	I	1.138,08	-	91,04	102,42	-	79,54	89,48	-	68,56	77,13	-	58,09	65,35	-	48,13	54,14	-	38,69	43,52	-	29,76	33,48
	II	1.001,08	-	80,08	90,09	-	69,08	77,71	-	58,58	65,90	-	48,60	54,68	-	39,14	44,03	-	30,18	33,95	-	21,74	24,46
	III	661,83	-	52,94	59,56	-	44,60	50,17	-	36,52	41,08	-	28,68	32,26	-	21,12	23,76	-	13,80	15,52	-	7,14	8,03
	IV	1.138,08	-	91,04	102,42	-	85,23	95,88	-	79,54	89,48	-	73,98	83,23	-	68,56	77,13	-	63,26	71,16	-	58,09	65,35
	V	1.645,16	21,80	131,61	148,06																		
	VI	1.689,50	27,08	135,16	152,05																		
4.937,99	I	1.139,25	-	91,14	102,53	-	79,63	89,58	-	68,64	77,22	-	58,17	65,44	-	48,21	54,23	-	38,76	43,61	-	29,84	33,57
	II	1.002,25	-	80,18	90,20	-	69,16	77,81	-	58,66	65,99	-	48,68	54,76	-	39,21	44,11	-	30,25	34,03	-	21,81	24,53
	III	662,66	-	53,01	59,63	-	44,66	50,24	-	36,57	41,14	-	28,74	32,33	-	21,17	23,81	-	13,85	15,58	-	7,18	8,08
	IV	1.139,25	-	91,14	102,53	-	85,32	95,99	-	79,63	89,58	-	74,08	83,34	-	68,64	77,22	-	63,34	71,26	-	58,17	65,44
	V	1.646,41	21,95	131,71	148,17																		
	VI	1.690,75	27,23	135,26	152,16																		
4.940,99	I	1.140,41	-	91,23	102,63	-	79,72	89,69	-	68,73	77,32	-	58,25	65,53	-	48,29	54,32	-	38,84	43,69	-	29,90	33,64
	II	1.003,41	-	80,27	90,30	-	69,25	77,90	-	58,74	66,08	-	48,76	54,85	-	39,28	44,19	-	30,32	34,11	-	21,88	24,61
	III	663,50	-	53,08	59,71	-	44,73	50,32	-	36,64	41,22	-	28,81	32,41	-	21,24	23,89	-	13,92	15,66	-	7,24	8,14
	IV	1.140,41	-	91,23	102,63	-	85,41	96,08	-	79,72	89,69	-	74,16	83,43	-	68,73	77,32	-	63,43	71,36	-	58,25	65,53
	V	1.647,66	22,10	131,81	148,28																		
	VI	1.692,00	27,37	135,36	152,28																		
4.943,99	I	1.141,58	-	91,32	102,74	-	79,82	89,79	-	68,82	77,42	-	58,34	65,63	-	48,36	54,41	-	38,91	43,77	-	29,97	33,71
	II	1.004,50	-	80,36	90,40	-	69,34	78,00	-	58,83	66,18	-	48,84	54,94	-	39,36	44,28	-	30,39	34,19	-	21,94	24,68
	III	664,33	-	53,14	59,78	-	44,80	50,40	-	36,70	41,29	-	28,86	32,47	-	21,29	23,95	-	13,97	15,71	-	7,29	8,20
	IV	1.141,58	-	91,32	102,74	-	85,50	96,19	-	79,82	89,79	-	74,25	83,53	-	68,82	77,42	-	63,51	71,45	-	58,34	65,63
	V	1.648,91	22,25	131,91	148,40																		
	VI	1.693,25	27,52	135,46	152,39																		
4.946,99	I	1.142,83	-	91,42	102,85	-	79,90	89,89	-	68,90	77,51	-	58,42	65,72	-	48,44	54,50	-	38,98	43,85	-	30,04	33,80
	II	1.005,66	-	80,45	90,50	-	69,42	78,10	-	58,91	66,27	-	48,92	55,03	-	39,43	44,36	-	30,46	34,27	-	22,01	24,76
	III	665,16	-	53,21	59,86	-	44,86	50,47	-	36,77	41,36	-	28,93	32,54	-	21,36	24,03	-	14,02	15,77	-	7,33	8,24
	IV	1.142,83	-	91,42	102,85	-	85,60	96,30	-	79,90	89,89	-	74,34	83,63	-	68,90	77,51	-	63,60	71,55	-	58,42	65,72
	V	1.650,25	22,41	132,02	148,52																		
	VI	1.694,50	27,67	135,56	152,50																		
4.949,99	I	1.144,00	-	91,52	102,96	-	80,00	90,00	-	68,99	77,61	-	58,50	65,81	-	48,52	54,59	-	39,06	43,94	-	30,11	33,87
	II	1.006,75	-	80,54	90,60	-	69,51	78,20	-	58,99	66,36	-	48,99	55,11	-	39,50	44,44	-	30,53	34,34	-	22,08	24,84
	III	666,00	-	53,28	59,94	-	44,93	50,54	-	36,84	41,44	-	29,00	32,62	-	21,41	24,08	-	14,09	15,85	-	7,38	8,30
	IV	1.144,00	-	91,52	102,96	-	85,69	96,40	-	80,00	90,00	-	74,43	83,73	-	68,99	77,61	-	63,68	71,64	-	58,50	65,81
	V	1.651,50	22,56	132,12	148,63																		
	VI	1.695,75	27,82	135,66	152,61																		

Anzahl Kinderfreibeträge (nur Steuerklassen I–IV)

MONAT bis 4.994,99 €

Besondere Tabelle

Lohn/ Gehalt bis	Steuerklasse	Lohn-steuer	ohne Kinderfreibetrag SolZ 5,5%	Kirchensteuer 8%	Kirchensteuer 9%	0,5 SolZ 5,5%	0,5 Kirchensteuer 8%	0,5 Kirchensteuer 9%	1,0 SolZ 5,5%	1,0 Kirchensteuer 8%	1,0 Kirchensteuer 9%	1,5 SolZ 5,5%	1,5 Kirchensteuer 8%	1,5 Kirchensteuer 9%	2,0 SolZ 5,5%	2,0 Kirchensteuer 8%	2,0 Kirchensteuer 9%	2,5 SolZ 5,5%	2,5 Kirchensteuer 8%	2,5 Kirchensteuer 9%	3,0 SolZ 5,5%	3,0 Kirchensteuer 8%	3,0 Kirchensteuer 9%
4.952,99	I	1.145,16	-	91,61	103,06	-	80,08	90,09	-	69,08	77,71	-	58,58	65,90	-	48,60	54,68	-	39,14	44,03	-	30,18	33,9
	II	1.007,91	-	80,63	90,71	-	69,60	78,30	-	59,08	66,46	-	49,07	55,20	-	39,58	44,52	-	30,60	34,43	-	22,14	24,9
	III	666,83	-	53,34	60,01	-	45,00	50,62	-	36,89	41,50	-	29,05	32,68	-	21,48	24,16	-	14,14	15,91	-	7,44	8,3
	IV	1.145,16	-	91,61	103,06	-	85,78	96,50	-	80,08	90,09	-	74,52	83,83	-	69,08	77,71	-	63,76	71,73	-	58,58	65,9
	V	1.652,75	22,70	132,22	148,74																		
	VI	1.697,08	27,98	135,76	152,73																		
4.955,99	I	1.146,33	-	91,70	103,16	-	80,18	90,20	-	69,16	77,81	-	58,66	65,99	-	48,68	54,76	-	39,21	44,11	-	30,25	34,
	II	1.009,08	-	80,72	90,81	-	69,68	78,39	-	59,16	66,55	-	49,15	55,29	-	39,66	44,61	-	30,67	34,50	-	22,21	24,9
	III	667,83	-	53,42	60,10	-	45,06	50,69	-	36,96	41,58	-	29,12	32,76	-	21,53	24,22	-	14,20	15,97	-	7,48	8,4
	IV	1.146,33	-	91,70	103,16	-	85,88	96,61	-	80,18	90,20	-	74,60	83,93	-	69,16	77,81	-	63,85	71,83	-	58,66	65,9
	V	1.654,00	22,85	132,32	148,86																		
	VI	1.698,33	28,13	135,86	152,84																		
4.958,99	I	1.147,50	-	91,80	103,27	-	80,27	90,30	-	69,25	77,90	-	58,74	66,08	-	48,76	54,85	-	39,28	44,19	-	30,32	34,1
	II	1.010,16	-	80,81	90,91	-	69,77	78,49	-	59,24	66,65	-	49,23	55,38	-	39,73	44,69	-	30,74	34,58	-	22,27	25,
	III	668,66	-	53,49	60,17	-	45,13	50,77	-	37,02	41,65	-	29,18	32,83	-	21,60	24,30	-	14,26	16,04	-	7,53	8,
	IV	1.147,50	-	91,80	103,27	-	85,97	96,71	-	80,27	90,30	-	74,70	84,03	-	69,25	77,90	-	63,93	71,92	-	58,74	66,
	V	1.655,25	23,00	132,42	148,97																		
	VI	1.699,58	28,28	135,96	152,96																		
4.961,99	I	1.148,75	-	91,90	103,38	-	80,36	90,40	-	69,34	78,00	-	58,83	66,18	-	48,84	54,94	-	39,36	44,28	-	30,39	34,1
	II	1.011,33	-	80,90	91,01	-	69,86	78,59	-	59,32	66,74	-	49,30	55,46	-	39,80	44,78	-	30,82	34,67	-	22,34	25,1
	III	669,50	-	53,56	60,25	-	45,20	50,85	-	37,09	41,72	-	29,24	32,89	-	21,65	24,35	-	14,32	16,11	-	7,58	8,5
	IV	1.148,75	-	91,90	103,38	-	86,06	96,82	-	80,36	90,40	-	74,78	84,13	-	69,34	78,00	-	64,02	72,02	-	58,83	66,1
	V	1.656,50	23,15	132,52	149,08																		
	VI	1.700,83	28,43	136,06	153,07																		
4.964,99	I	1.149,91	-	91,99	103,49	-	80,45	90,50	-	69,42	78,10	-	58,91	66,27	-	48,92	55,03	-	39,43	44,36	-	30,46	34,2
	II	1.012,50	-	81,00	91,12	-	69,94	78,68	-	59,40	66,83	-	49,38	55,55	-	39,88	44,86	-	30,88	34,74	-	22,40	25,2
	III	670,33	-	53,62	60,32	-	45,26	50,92	-	37,16	41,80	-	29,30	32,96	-	21,72	24,43	-	14,37	16,16	-	7,62	8,5
	IV	1.149,91	-	91,99	103,49	-	86,16	96,93	-	80,45	90,50	-	74,87	84,23	-	69,42	78,10	-	64,10	72,11	-	58,91	66,2
	V	1.657,75	23,30	132,62	149,19																		
	VI	1.702,08	28,57	136,16	153,18																		
4.967,99	I	1.151,08	-	92,08	103,59	-	80,54	90,60	-	69,51	78,20	-	58,99	66,36	-	48,99	55,11	-	39,50	44,44	-	30,53	34,3
	II	1.013,58	-	81,08	91,22	-	70,03	78,78	-	59,49	66,92	-	49,46	55,64	-	39,95	44,94	-	30,96	34,83	-	22,47	25,2
	III	671,16	-	53,69	60,40	-	45,33	50,99	-	37,21	41,86	-	29,37	33,04	-	21,77	24,49	-	14,44	16,24	-	7,68	8,6
	IV	1.151,08	-	92,08	103,59	-	86,25	97,03	-	80,54	90,60	-	74,96	84,33	-	69,51	78,20	-	64,19	72,21	-	58,99	66,3
	V	1.659,00	23,45	132,72	149,31																		
	VI	1.703,33	28,72	136,26	153,29																		
4.970,99	I	1.152,25	-	92,18	103,70	-	80,63	90,71	-	69,60	78,30	-	59,08	66,46	-	49,07	55,20	-	39,58	44,52	-	30,60	34,4
	II	1.014,75	-	81,18	91,32	-	70,12	78,88	-	59,57	67,01	-	49,54	55,73	-	40,02	45,02	-	31,02	34,90	-	22,54	25,3
	III	672,00	-	53,76	60,48	-	45,40	51,07	-	37,28	41,94	-	29,42	33,10	-	21,84	24,57	-	14,49	16,30	-	7,73	8,6
	IV	1.152,25	-	92,18	103,70	-	86,34	97,13	-	80,63	90,71	-	75,05	84,43	-	69,60	78,30	-	64,27	72,30	-	59,08	66,4
	V	1.660,33	23,61	132,82	149,42																		
	VI	1.704,58	28,87	136,36	153,41																		
4.973,99	I	1.153,50	-	92,28	103,81	-	80,72	90,81	-	69,68	78,39	-	59,16	66,55	-	49,15	55,29	-	39,66	44,61	-	30,67	34,5
	II	1.015,83	-	81,26	91,42	-	70,20	78,98	-	59,66	67,11	-	49,62	55,82	-	40,10	45,11	-	31,10	34,98	-	22,60	25,4
	III	672,83	-	53,82	60,55	-	45,46	51,14	-	37,34	42,01	-	29,49	33,17	-	21,89	24,62	-	14,54	16,36	-	7,77	8,7
	IV	1.153,50	-	92,28	103,81	-	86,43	97,23	-	80,72	90,81	-	75,14	84,53	-	69,68	78,39	-	64,36	72,40	-	59,16	66,5
	V	1.661,58	23,76	132,92	149,54																		
	VI	1.705,83	29,02	136,46	153,52																		
4.976,99	I	1.154,66	-	92,37	103,91	-	80,81	90,91	-	69,77	78,49	-	59,24	66,65	-	49,23	55,38	-	39,73	44,69	-	30,74	34,5
	II	1.017,00	-	81,36	91,53	-	70,29	79,07	-	59,74	67,20	-	49,70	55,91	-	40,18	45,20	-	31,16	35,06	-	22,67	25,5
	III	673,66	-	53,89	60,62	-	45,53	51,22	-	37,41	42,08	-	29,56	33,25	-	21,96	24,70	-	14,61	16,43	-	7,82	8,8
	IV	1.154,66	-	92,37	103,91	-	86,52	97,34	-	80,81	90,91	-	75,22	84,62	-	69,77	78,49	-	64,44	72,50	-	59,24	66,6
	V	1.662,83	23,90	133,02	149,65																		
	VI	1.707,08	29,17	136,56	153,63																		
4.979,99	I	1.155,83	-	92,46	104,02	-	80,90	91,01	-	69,86	78,59	-	59,32	66,74	-	49,30	55,46	-	39,80	44,78	-	30,82	34,6
	II	1.018,16	-	81,45	91,63	-	70,38	79,17	-	59,82	67,29	-	49,78	56,00	-	40,25	45,28	-	31,24	35,14	-	22,74	25,5
	III	674,66	-	53,97	60,71	-	45,58	51,28	-	37,48	42,16	-	29,61	33,31	-	22,01	24,76	-	14,66	16,49	-	7,88	8,8
	IV	1.155,83	-	92,46	104,02	-	86,62	97,44	-	80,90	91,01	-	75,32	84,73	-	69,86	78,59	-	64,52	72,59	-	59,32	66,7
	V	1.664,08	24,05	133,12	149,76																		
	VI	1.708,41	29,33	136,67	153,75																		
4.982,99	I	1.157,00	-	92,56	104,13	-	81,00	91,12	-	69,94	78,68	-	59,40	66,83	-	49,38	55,55	-	39,88	44,86	-	30,88	34,7
	II	1.019,25	-	81,54	91,73	-	70,46	79,27	-	59,90	67,39	-	49,86	56,09	-	40,32	45,36	-	31,30	35,21	-	22,80	25,6
	III	675,50	-	54,04	60,79	-	45,65	51,35	-	37,54	42,23	-	29,68	33,39	-	22,08	24,84	-	14,72	16,56	-	7,92	8,9
	IV	1.157,00	-	92,56	104,13	-	86,71	97,55	-	81,00	91,12	-	75,40	84,83	-	69,94	78,68	-	64,61	72,68	-	59,40	66,8
	V	1.665,33	24,20	133,22	149,87																		
	VI	1.709,66	29,48	136,77	153,86																		
4.985,99	I	1.158,25	-	92,66	104,24	-	81,08	91,22	-	70,03	78,78	-	59,49	66,92	-	49,46	55,64	-	39,95	44,94	-	30,96	34,8
	II	1.020,41	-	81,63	91,83	-	70,55	79,37	-	59,98	67,48	-	49,94	56,18	-	40,40	45,45	-	31,38	35,30	-	22,87	25,7
	III	676,33	-	54,10	60,86	-	45,72	51,43	-	37,60	42,30	-	29,74	33,46	-	22,13	24,89	-	14,78	16,63	-	7,97	8,9
	IV	1.158,25	-	92,66	104,24	-	86,80	97,65	-	81,08	91,22	-	75,49	84,92	-	70,03	78,78	-	64,70	72,78	-	59,49	66,9
	V	1.666,58	24,35	133,32	149,99																		
	VI	1.710,91	29,63	136,87	153,98																		
4.988,99	I	1.159,41	-	92,75	104,34	-	81,18	91,32	-	70,12	78,88	-	59,57	67,01	-	49,54	55,73	-	40,02	45,02	-	31,02	34,9
	II	1.021,58	-	81,72	91,94	-	70,64	79,47	-	60,07	67,58	-	50,02	56,27	-	40,47	45,53	-	31,45	35,38	-	22,94	25,8
	III	677,16	-	54,17	60,94	-	45,78	51,50	-	37,66	42,37	-	29,80	33,52	-	22,20	24,97	-	14,84	16,69	-	8,02	9,02
	IV	1.159,41	-	92,75	104,34	-	86,90	97,76	-	81,18	91,32	-	75,58	85,03	-	70,12	78,88	-	64,78	72,87	-	59,57	67,01
	V	1.667,83	24,50	133,42	150,10																		
	VI	1.712,16	29,77	136,97	154,09																		
4.991,99	I	1.160,58	-	92,84	104,45	-	81,26	91,42	-	70,20	78,98	-	59,66	67,11	-	49,62	55,82	-	40,10	45,11	-	31,10	34,98
	II	1.022,66	-	81,81	92,03	-	70,72	79,56	-	60,15	67,67	-	50,09	56,35	-	40,55	45,62	-	31,52	35,46	-	23,00	25,88
	III	678,00	-	54,24	61,02	-	45,85	51,58	-	37,73	42,44	-	29,86	33,59	-	22,25	25,03	-	14,90	16,76	-	8,08	9,09
	IV	1.160,58	-	92,84	104,45	-	86,99	97,86	-	81,26	91,42	-	75,67	85,13	-	70,20	78,98	-	64,86	72,97	-	59,66	67,11
	V	1.669,08	24,65	133,52	150,21																		
	VI	1.713,41	29,92	137,07	154,20																		
4.994,99	I	1.161,75	-	92,94	104,55	-	81,36	91,53	-	70,29	79,07	-	59,74	67,20	-	49,70	55,91	-	40,18	45,20	-	31,16	35,06
	II	1.023,83	-	81,90	92,14	-	70,81	79,66	-	60,24	67,77	-	50,17	56,44	-	40,62	45,70	-	31,59	35,54	-	23,07	25,95
	III	678,83	-	54,30	61,09	-	45,92	51,66	-	37,80	42,52	-	29,93	33,67	-	22,32	25,11	-	14,96	16,83	-	8,12	9,13
	IV	1.161,75	-	92,94	104,55	-	87,08	97,97	-	81,36	91,53	-	75,76	85,23	-	70,29	79,07	-	64,95	73,07	-	59,74	67,20
	V	1.670,33	24,80	133,62	150,32																		
	VI	1.714,66	30,07	137,17	154,31																		

Anzahl Kinderfreibeträge (nur Steuerklassen I–IV)

Besondere Tabelle

MONAT bis 5.039,99 €

Lohn/ Gehalt bis	Steuerklasse	Lohn-steuer	ohne Kinderfreibetrag			Anzahl Kinderfreibeträge (nur Steuerklassen I–IV) 0,5			1,0			1,5			2,0			2,5			3,0		
			SolZ 5,5%	Kirchensteuer 8%	9%	SolZ 5,5%	Kirchensteuer 8%	9%	SolZ 5,5%	Kirchensteuer 8%	9%	SolZ 5,5%	Kirchensteuer 8%	9%	SolZ 5,5%	Kirchensteuer 8%	9%	SolZ 5,5%	Kirchensteuer 8%	9%	SolZ 5,5%	Kirchensteuer 8%	9%
4.997,99	I	1.163,00	-	93,04	104,67	-	81,45	91,63	-	70,38	79,17	-	59,82	67,29	-	49,78	56,00	-	40,25	45,28	-	31,24	35,14
	II	1.025,00	-	82,00	92,25	-	70,90	79,76	-	60,32	67,86	-	50,25	56,53	-	40,70	45,78	-	31,66	35,61	-	23,14	26,03
	III	679,66	-	54,37	61,16	-	45,98	51,73	-	37,86	42,59	-	29,98	33,73	-	22,37	25,16	-	15,01	16,88	-	8,17	9,19
	IV	1.163,00	-	93,04	104,67	-	87,18	98,07	-	81,45	91,63	-	75,85	85,33	-	70,38	79,17	-	65,04	73,17	-	59,82	67,29
	V	1.671,66	24,96	133,73	150,44																		
	VI	1.715,91	30,22	137,27	154,43																		
5.000,99	I	1.164,16	-	93,13	104,77	-	81,54	91,73	-	70,46	79,27	-	59,90	67,39	-	49,86	56,09	-	40,32	45,36	-	31,30	35,21
	II	1.026,16	-	82,09	92,35	-	70,99	79,86	-	60,40	67,95	-	50,33	56,62	-	40,77	45,86	-	31,73	35,69	-	23,20	26,10
	III	680,50	-	54,44	61,24	-	46,05	51,80	-	37,92	42,66	-	30,05	33,80	-	22,44	25,24	-	15,08	16,96	-	8,22	9,25
	IV	1.164,16	-	93,13	104,77	-	87,27	98,18	-	81,54	91,73	-	75,94	85,43	-	70,46	79,27	-	65,12	73,26	-	59,90	67,39
	V	1.672,91	25,10	133,83	150,56																		
	VI	1.717,16	30,37	137,37	154,54																		
5.003,99	I	1.165,33	-	93,22	104,87	-	81,63	91,83	-	70,55	79,37	-	59,98	67,48	-	49,94	56,18	-	40,40	45,45	-	31,38	35,30
	II	1.027,25	-	82,18	92,45	-	71,08	79,96	-	60,48	68,04	-	50,41	56,71	-	40,84	45,95	-	31,80	35,77	-	23,27	26,18
	III	681,50	-	54,52	61,33	-	46,12	51,88	-	37,98	42,73	-	30,12	33,88	-	22,49	25,30	-	15,13	17,02	-	8,28	9,31
	IV	1.165,33	-	93,22	104,87	-	87,36	98,28	-	81,63	91,83	-	76,02	85,52	-	70,55	79,37	-	65,20	73,35	-	59,98	67,48
	V	1.674,16	25,25	133,93	150,67																		
	VI	1.718,50	30,53	137,48	154,66																		
5.006,99	I	1.166,58	-	93,32	104,99	-	81,72	91,94	-	70,64	79,47	-	60,07	67,58	-	50,02	56,27	-	40,47	45,53	-	31,45	35,38
	II	1.028,41	-	82,27	92,55	-	71,16	80,06	-	60,57	68,14	-	50,49	56,80	-	40,92	46,04	-	31,87	35,85	-	23,34	26,25
	III	682,33	-	54,58	61,40	-	46,18	51,95	-	38,05	42,80	-	30,17	33,94	-	22,56	25,38	-	15,18	17,08	-	8,33	9,37
	IV	1.166,58	-	93,32	104,99	-	87,46	98,39	-	81,72	91,94	-	76,12	85,63	-	70,64	79,47	-	65,29	73,45	-	60,07	67,58
	V	1.675,41	25,40	134,03	150,78																		
	VI	1.719,75	30,68	137,58	154,77																		
5.009,99	I	1.167,75	-	93,42	105,09	-	81,81	92,03	-	70,72	79,56	-	60,15	67,67	-	50,09	56,35	-	40,55	45,62	-	31,52	35,46
	II	1.029,58	-	82,36	92,66	-	71,25	80,15	-	60,65	68,23	-	50,56	56,88	-	41,00	46,12	-	31,94	35,93	-	23,40	26,33
	III	683,16	-	54,65	61,48	-	46,25	52,03	-	38,12	42,88	-	30,24	34,02	-	22,61	25,43	-	15,25	17,15	-	8,37	9,41
	IV	1.167,75	-	93,42	105,09	-	87,55	98,49	-	81,81	92,03	-	76,20	85,73	-	70,72	79,56	-	65,38	73,55	-	60,15	67,67
	V	1.676,66	25,55	134,13	150,89																		
	VI	1.721,00	30,83	137,68	154,89																		
5.012,99	I	1.168,91	-	93,51	105,20	-	81,90	92,14	-	70,81	79,66	-	60,24	67,77	-	50,17	56,44	-	40,62	45,70	-	31,59	35,54
	II	1.030,66	-	82,45	92,75	-	71,34	80,25	-	60,73	68,32	-	50,64	56,97	-	41,07	46,20	-	32,01	36,01	-	23,47	26,40
	III	684,00	-	54,72	61,56	-	46,32	52,11	-	38,18	42,95	-	30,30	34,09	-	22,68	25,51	-	15,30	17,21	-	8,42	9,47
	IV	1.168,91	-	93,51	105,20	-	87,64	98,60	-	81,90	92,14	-	76,30	85,83	-	70,81	79,66	-	65,46	73,64	-	60,24	67,77
	V	1.677,91	25,70	134,23	151,01																		
	VI	1.722,25	30,97	137,78	155,00																		
5.015,99	I	1.170,16	-	93,61	105,31	-	82,00	92,25	-	70,90	79,76	-	60,32	67,86	-	50,25	56,53	-	40,70	45,78	-	31,66	35,61
	II	1.031,83	-	82,54	92,86	-	71,42	80,35	-	60,82	68,42	-	50,72	57,06	-	41,14	46,28	-	32,08	36,09	-	23,54	26,48
	III	684,83	-	54,78	61,63	-	46,38	52,18	-	38,25	43,03	-	30,36	34,15	-	22,73	25,57	-	15,36	17,28	-	8,48	9,54
	IV	1.170,16	-	93,61	105,31	-	87,74	98,70	-	82,00	92,25	-	76,38	85,93	-	70,90	79,76	-	65,54	73,73	-	60,32	67,86
	V	1.679,16	25,85	134,33	151,12																		
	VI	1.723,50	31,12	137,88	155,11																		
5.018,99	I	1.171,33	-	93,70	105,41	-	82,09	92,35	-	70,99	79,86	-	60,40	67,95	-	50,33	56,62	-	40,77	45,86	-	31,73	35,69
	II	1.033,00	-	82,64	92,97	-	71,51	80,45	-	60,90	68,51	-	50,80	57,15	-	41,22	46,37	-	32,16	36,18	-	23,60	26,55
	III	685,66	-	54,85	61,70	-	46,45	52,25	-	38,30	43,09	-	30,42	34,22	-	22,80	25,65	-	15,42	17,35	-	8,53	9,59
	IV	1.171,33	-	93,70	105,41	-	87,83	98,81	-	82,09	92,35	-	76,47	86,03	-	70,99	79,86	-	65,63	73,83	-	60,40	67,95
	V	1.680,41	26,00	134,43	151,23																		
	VI	1.724,75	31,27	137,98	155,22																		
5.021,99	I	1.172,50	-	93,80	105,52	-	82,18	92,45	-	71,08	79,96	-	60,48	68,04	-	50,41	56,71	-	40,84	45,95	-	31,80	35,77
	II	1.034,16	-	82,73	93,07	-	71,60	80,55	-	60,98	68,60	-	50,88	57,24	-	41,30	46,46	-	32,22	36,25	-	23,67	26,63
	III	686,50	-	54,92	61,78	-	46,52	52,33	-	38,37	43,16	-	30,49	34,30	-	22,85	25,70	-	15,48	17,41	-	8,57	9,64
	IV	1.172,50	-	93,80	105,52	-	87,92	98,91	-	82,18	92,45	-	76,56	86,13	-	71,08	79,96	-	65,72	73,93	-	60,48	68,04
	V	1.681,75	26,16	134,54	151,35																		
	VI	1.726,00	31,42	138,08	155,34																		
5.024,99	I	1.173,66	-	93,89	105,62	-	82,27	92,55	-	71,16	80,06	-	60,57	68,14	-	50,49	56,80	-	40,92	46,04	-	31,87	35,85
	II	1.035,25	-	82,82	93,17	-	71,68	80,64	-	61,06	68,69	-	50,96	57,33	-	41,37	46,54	-	32,30	36,33	-	23,74	26,70
	III	687,50	-	55,00	61,87	-	46,58	52,40	-	38,44	43,24	-	30,54	34,36	-	22,92	25,78	-	15,54	17,48	-	8,62	9,70
	IV	1.173,66	-	93,89	105,62	-	88,02	99,02	-	82,27	92,55	-	76,65	86,23	-	71,16	80,06	-	65,80	74,02	-	60,57	68,14
	V	1.683,00	26,30	134,64	151,47																		
	VI	1.727,25	31,57	138,18	155,45																		
5.027,99	I	1.174,91	-	93,99	105,74	-	82,36	92,66	-	71,25	80,15	-	60,65	68,23	-	50,56	56,88	-	41,00	46,12	-	31,94	35,93
	II	1.036,41	-	82,91	93,27	-	71,77	80,74	-	61,15	68,79	-	51,04	57,42	-	41,44	46,62	-	32,36	36,41	-	23,80	26,78
	III	688,33	-	55,06	61,94	-	46,65	52,48	-	38,50	43,31	-	30,61	34,43	-	22,97	25,84	-	15,60	17,55	-	8,68	9,76
	IV	1.174,91	-	93,99	105,74	-	88,11	99,12	-	82,36	92,66	-	76,74	86,33	-	71,25	80,15	-	65,88	74,12	-	60,65	68,23
	V	1.684,25	26,45	134,74	151,58																		
	VI	1.728,58	31,73	138,28	155,57																		
5.030,99	I	1.176,08	-	94,08	105,84	-	82,45	92,75	-	71,34	80,25	-	60,73	68,32	-	50,64	56,97	-	41,07	46,20	-	32,01	36,01
	II	1.037,58	-	83,00	93,38	-	71,86	80,84	-	61,23	68,88	-	51,12	57,51	-	41,52	46,71	-	32,44	36,49	-	23,87	26,85
	III	689,16	-	55,13	62,02	-	46,72	52,56	-	38,57	43,39	-	30,68	34,51	-	23,04	25,92	-	15,65	17,60	-	8,73	9,82
	IV	1.176,08	-	94,08	105,84	-	88,20	99,23	-	82,45	92,75	-	76,83	86,43	-	71,34	80,25	-	65,97	74,21	-	60,73	68,32
	V	1.685,50	26,60	134,84	151,69																		
	VI	1.729,83	31,88	138,38	155,68																		
5.033,99	I	1.177,33	-	94,18	105,95	-	82,54	92,86	-	71,42	80,35	-	60,82	68,42	-	50,72	57,06	-	41,14	46,28	-	32,08	36,09
	II	1.038,75	-	83,10	93,48	-	71,95	80,94	-	61,32	68,98	-	51,20	57,60	-	41,60	46,80	-	32,51	36,57	-	23,94	26,93
	III	690,00	-	55,20	62,10	-	46,78	52,63	-	38,64	43,47	-	30,73	34,57	-	23,09	25,97	-	15,72	17,68	-	8,78	9,88
	IV	1.177,33	-	94,18	105,95	-	88,30	99,33	-	82,54	92,86	-	76,92	86,53	-	71,42	80,35	-	66,06	74,31	-	60,82	68,42
	V	1.686,75	26,75	134,94	151,80																		
	VI	1.731,08	32,03	138,48	155,79																		
5.036,99	I	1.178,50	-	94,28	106,06	-	82,64	92,97	-	71,51	80,45	-	60,90	68,51	-	50,80	57,15	-	41,22	46,37	-	32,16	36,18
	II	1.039,83	-	83,18	93,58	-	72,04	81,04	-	61,40	69,07	-	51,28	57,69	-	41,67	46,88	-	32,58	36,65	-	24,00	27,00
	III	690,83	-	55,26	62,17	-	46,85	52,70	-	38,69	43,52	-	30,80	34,65	-	23,16	26,05	-	15,77	17,74	-	8,84	9,94
	IV	1.178,50	-	94,28	106,06	-	88,39	99,44	-	82,64	92,97	-	77,01	86,63	-	71,51	80,45	-	66,14	74,41	-	60,90	68,51
	V	1.688,00	26,90	135,04	151,92																		
	VI	1.732,33	32,17	138,58	155,90																		
5.039,99	I	1.179,66	-	94,37	106,16	-	82,73	93,07	-	71,60	80,55	-	60,98	68,60	-	50,88	57,24	-	41,30	46,46	-	32,22	36,25
	II	1.041,00	-	83,28	93,69	-	72,12	81,14	-	61,48	69,17	-	51,36	57,78	-	41,75	46,97	-	32,65	36,73	-	24,07	27,08
	III	691,66	-	55,33	62,24	-	46,92	52,78	-	38,76	43,60	-	30,86	34,72	-	23,21	26,11	-	15,82	17,80	-	8,88	9,99
	IV	1.179,66	-	94,37	106,16	-	88,48	99,54	-	82,73	93,07	-	77,10	86,73	-	71,60	80,55	-	66,22	74,50	-	60,98	68,60
	V	1.689,25	27,05	135,14	152,03																		
	VI	1.733,58	32,32	138,68	156,02																		

MONAT bis 5.084,99 €

Besondere Tabelle

Lohn/ Gehalt bis	Steuerklasse	Lohn-steuer	ohne Kinderfreibetrag			Anzahl Kinderfreibeträge (nur Steuerklassen I–IV)																	
						0,5			1,0			1,5			2,0			2,5			3,0		
			SolZ 5,5%	Kirchensteuer 8%	9%	SolZ 5,5%	Kirchensteuer 8%	9%	SolZ 5,5%	Kirchensteuer 8%	9%	SolZ 5,5%	Kirchensteuer 8%	9%	SolZ 5,5%	Kirchensteuer 8%	9%	SolZ 5,5%	Kirchensteuer 8%	9%	SolZ 5,5%	Kirchensteue 8%	9%
5.042,99	I	1.180,91	-	94,47	106,28	-	82,82	93,17	-	71,68	80,64	-	61,06	68,69	-	50,96	57,33	-	41,37	46,54	-	32,30	36,
	II	1.042,16	-	83,37	93,79	-	72,21	81,23	-	61,57	69,26	-	51,44	57,87	-	41,82	47,05	-	32,72	36,81	-	24,14	27,
	III	692,66	-	55,41	62,33	-	46,98	52,85	-	38,82	43,67	-	30,92	34,78	-	23,28	26,19	-	15,89	17,87	-	8,93	10,
	IV	1.180,91	-	94,47	106,28	-	88,58	99,65	-	82,82	93,17	-	77,19	86,84	-	71,68	80,64	-	66,31	74,60	-	61,06	68,
	V	1.690,50	27,20	135,24	152,14																		
	VI	1.734,83	32,47	138,78	156,13																		
5.045,99	I	1.182,08	-	94,56	106,38	-	82,91	93,27	-	71,77	80,74	-	61,15	68,79	-	51,04	57,42	-	41,44	46,62	-	32,36	36,
	II	1.043,33	-	83,46	93,89	-	72,30	81,33	-	61,65	69,35	-	51,52	57,96	-	41,90	47,13	-	32,79	36,89	-	24,20	27,
	III	693,50	-	55,48	62,41	-	47,05	52,93	-	38,89	43,75	-	30,98	34,85	-	23,34	26,26	-	15,94	17,93	-	8,98	10,
	IV	1.182,08	-	94,56	106,38	-	88,67	99,75	-	82,91	93,27	-	77,28	86,94	-	71,77	80,74	-	66,40	74,70	-	61,15	68,
	V	1.691,83	27,36	135,34	152,26																		
	VI	1.736,08	32,62	138,88	156,24																		
5.048,99	I	1.183,25	-	94,66	106,49	-	83,00	93,38	-	71,86	80,84	-	61,23	68,88	-	51,12	57,51	-	41,52	46,71	-	32,44	36,
	II	1.044,41	-	83,55	93,99	-	72,38	81,43	-	61,74	69,45	-	51,60	58,05	-	41,97	47,21	-	32,86	36,97	-	24,27	27,
	III	694,33	-	55,54	62,48	-	47,12	53,01	-	38,96	43,83	-	31,05	34,93	-	23,40	26,32	-	16,01	18,01	-	9,04	10,
	IV	1.183,25	-	94,66	106,49	-	88,76	99,86	-	83,00	93,38	-	77,37	87,04	-	71,86	80,84	-	66,48	74,79	-	61,23	68,
	V	1.693,08	27,50	135,44	152,37																		
	VI	1.737,33	32,77	138,98	156,35																		
5.051,99	I	1.184,50	-	94,76	106,60	-	83,10	93,48	-	71,95	80,94	-	61,32	68,98	-	51,20	57,60	-	41,60	46,80	-	32,51	36,
	II	1.045,58	-	83,64	94,10	-	72,48	81,54	-	61,82	69,54	-	51,68	58,14	-	42,05	47,30	-	32,94	37,05	-	24,34	27,
	III	695,16	-	55,61	62,56	-	47,18	53,08	-	39,02	43,90	-	31,12	35,01	-	23,46	26,39	-	16,06	18,07	-	9,09	10,
	IV	1.184,50	-	94,76	106,60	-	88,86	99,96	-	83,10	93,48	-	77,46	87,14	-	71,95	80,94	-	66,57	74,89	-	61,32	68,
	V	1.694,33	27,65	135,54	152,48																		
	VI	1.738,58	32,92	139,08	156,47																		
5.054,99	I	1.185,66	-	94,85	106,70	-	83,18	93,58	-	72,04	81,04	-	61,40	69,07	-	51,28	57,69	-	41,67	46,88	-	32,58	36,
	II	1.046,75	-	83,74	94,20	-	72,56	81,63	-	61,90	69,64	-	51,76	58,23	-	42,12	47,39	-	33,00	37,13	-	24,40	27,
	III	696,00	-	55,68	62,64	-	47,25	53,15	-	39,09	43,97	-	31,17	35,06	-	23,52	26,46	-	16,12	18,13	-	9,14	10,
	IV	1.185,66	-	94,85	106,70	-	88,96	100,08	-	83,18	93,58	-	77,54	87,23	-	72,04	81,04	-	66,66	74,99	-	61,40	69,
	V	1.695,58	27,80	135,64	152,60																		
	VI	1.739,91	33,08	139,19	156,59																		
5.057,99	I	1.186,83	-	94,94	106,81	-	83,28	93,69	-	72,12	81,14	-	61,48	69,17	-	51,36	57,78	-	41,75	46,97	-	32,65	36,
	II	1.047,91	-	83,83	94,31	-	72,65	81,73	-	61,98	69,73	-	51,84	58,32	-	42,20	47,47	-	33,08	37,21	-	24,47	27,
	III	696,83	-	55,74	62,71	-	47,32	53,23	-	39,14	44,03	-	31,24	35,14	-	23,58	26,53	-	16,18	18,20	-	9,20	10,
	IV	1.186,83	-	94,94	106,81	-	89,05	100,18	-	83,28	93,69	-	77,64	87,34	-	72,12	81,14	-	66,74	75,08	-	61,48	69,
	V	1.696,83	27,95	135,74	152,71																		
	VI	1.741,16	33,23	139,29	156,70																		
5.060,99	I	1.188,08	-	95,04	106,92	-	83,37	93,79	-	72,21	81,23	-	61,57	69,26	-	51,44	57,87	-	41,82	47,05	-	32,72	36,
	II	1.049,08	-	83,92	94,41	-	72,74	81,83	-	62,07	69,83	-	51,92	58,41	-	42,28	47,56	-	33,15	37,29	-	24,54	27,
	III	697,66	-	55,81	62,78	-	47,38	53,30	-	39,21	44,11	-	31,30	35,21	-	23,64	26,59	-	16,24	18,27	-	9,25	10,
	IV	1.188,08	-	95,04	106,92	-	89,14	100,28	-	83,37	93,79	-	77,72	87,44	-	72,21	81,23	-	66,82	75,17	-	61,57	69,
	V	1.698,08	28,10	135,84	152,82																		
	VI	1.742,41	33,37	139,39	156,81																		
5.063,99	I	1.189,25	-	95,14	107,03	-	83,46	93,89	-	72,30	81,33	-	61,65	69,35	-	51,52	57,96	-	41,90	47,13	-	32,79	36,8
	II	1.050,16	-	84,01	94,51	-	72,82	81,92	-	62,15	69,92	-	52,00	58,50	-	42,35	47,64	-	33,22	37,37	-	24,60	27,6
	III	698,66	-	55,89	62,87	-	47,45	53,38	-	39,28	44,19	-	31,36	35,28	-	23,70	26,66	-	16,30	18,34	-	9,29	10,4
	IV	1.189,25	-	95,14	107,03	-	89,24	100,39	-	83,46	93,89	-	77,82	87,54	-	72,30	81,33	-	66,91	75,27	-	61,65	69,3
	V	1.699,33	28,25	135,94	152,93																		
	VI	1.743,66	33,52	139,49	156,92																		
5.066,99	I	1.190,50	-	95,24	107,14	-	83,55	93,99	-	72,38	81,43	-	61,74	69,45	-	51,60	58,05	-	41,97	47,21	-	32,86	36,9
	II	1.051,33	-	84,10	94,61	-	72,92	82,03	-	62,24	70,02	-	52,08	58,59	-	42,42	47,72	-	33,29	37,45	-	24,67	27,7
	III	699,50	-	55,96	62,95	-	47,52	53,46	-	39,34	44,26	-	31,42	35,35	-	23,76	26,73	-	16,36	18,40	-	9,34	10,5
	IV	1.190,50	-	95,24	107,14	-	89,33	100,49	-	83,55	93,99	-	77,90	87,64	-	72,38	81,43	-	67,00	75,37	-	61,74	69,4
	V	1.700,58	28,40	136,04	153,05																		
	VI	1.744,91	33,67	139,59	157,04																		
5.069,99	I	1.191,66	-	95,33	107,24	-	83,64	94,10	-	72,48	81,54	-	61,82	69,54	-	51,68	58,14	-	42,05	47,30	-	32,94	37,0
	II	1.052,50	-	84,20	94,72	-	73,00	82,13	-	62,32	70,11	-	52,15	58,67	-	42,50	47,81	-	33,36	37,53	-	24,74	27,8
	III	700,33	-	56,02	63,02	-	47,58	53,53	-	39,41	44,33	-	31,49	35,42	-	23,82	26,80	-	16,41	18,46	-	9,40	10,5
	IV	1.191,66	-	95,33	107,24	-	89,42	100,60	-	83,64	94,10	-	78,00	87,75	-	72,48	81,54	-	67,08	75,47	-	61,82	69,5
	V	1.701,83	28,55	136,14	153,16																		
	VI	1.746,16	33,82	139,69	157,15																		
5.072,99	I	1.192,83	-	95,42	107,35	-	83,74	94,20	-	72,56	81,63	-	61,90	69,64	-	51,76	58,23	-	42,12	47,39	-	33,00	37,1
	II	1.053,66	-	84,29	94,82	-	73,09	82,22	-	62,40	70,20	-	52,23	58,76	-	42,58	47,90	-	33,44	37,62	-	24,81	27,9
	III	701,16	-	56,09	63,10	-	47,65	53,60	-	39,48	44,41	-	31,54	35,48	-	23,88	26,86	-	16,48	18,54	-	9,45	10,6
	IV	1.192,83	-	95,42	107,35	-	89,52	100,71	-	83,74	94,20	-	78,08	87,84	-	72,56	81,63	-	67,17	75,56	-	61,90	69,6
	V	1.703,16	28,70	136,25	153,28																		
	VI	1.747,41	33,97	139,79	157,26																		
5.075,99	I	1.194,08	-	95,52	107,46	-	83,83	94,31	-	72,65	81,73	-	61,98	69,73	-	51,84	58,32	-	42,20	47,47	-	33,08	37,2
	II	1.054,83	-	84,38	94,93	-	73,18	82,32	-	62,49	70,30	-	52,31	58,85	-	42,65	47,98	-	33,50	37,69	-	24,88	27,9
	III	702,00	-	56,16	63,18	-	47,72	53,68	-	39,54	44,48	-	31,61	35,56	-	23,94	26,93	-	16,53	18,59	-	9,50	10,6
	IV	1.194,08	-	95,52	107,46	-	89,61	100,81	-	83,83	94,31	-	78,18	87,95	-	72,65	81,73	-	67,25	75,65	-	61,98	69,7
	V	1.704,41	28,85	136,35	153,39																		
	VI	1.748,66	34,12	139,89	157,37																		
5.078,99	I	1.195,25	-	95,62	107,57	-	83,92	94,41	-	72,74	81,83	-	62,07	69,83	-	51,92	58,41	-	42,28	47,56	-	33,15	37,2
	II	1.056,00	-	84,48	95,04	-	73,26	82,42	-	62,57	70,39	-	52,39	58,94	-	42,73	48,07	-	33,58	37,77	-	24,94	28,0
	III	702,83	-	56,22	63,25	-	47,78	53,75	-	39,60	44,55	-	31,68	35,64	-	24,00	27,00	-	16,58	18,65	-	9,56	10,7
	IV	1.195,25	-	95,62	107,57	-	89,70	100,91	-	83,92	94,41	-	78,26	88,04	-	72,74	81,83	-	67,34	75,75	-	62,07	69,8
	V	1.705,66	29,00	136,45	153,50																		
	VI	1.750,00	34,28	140,00	157,50																		
5.081,99	I	1.196,50	-	95,72	107,68	-	84,01	94,51	-	72,82	81,92	-	62,15	69,92	-	52,00	58,50	-	42,35	47,64	-	33,22	37,3
	II	1.057,08	-	84,56	95,13	-	73,36	82,53	-	62,66	70,49	-	52,47	59,03	-	42,80	48,15	-	33,65	37,85	-	25,01	28,1
	III	703,83	-	56,30	63,34	-	47,85	53,83	-	39,66	44,62	-	31,74	35,71	-	24,06	27,07	-	16,65	18,73	-	9,61	10,8
	IV	1.196,50	-	95,72	107,68	-	89,80	101,02	-	84,01	94,51	-	78,36	88,15	-	72,82	81,92	-	67,42	75,85	-	62,15	69,9
	V	1.706,91	29,15	136,55	153,62																		
	VI	1.751,25	34,43	140,10	157,61																		
5.084,99	I	1.197,66	-	95,81	107,78	-	84,10	94,61	-	72,92	82,03	-	62,24	70,02	-	52,08	58,59	-	42,42	47,72	-	33,29	37,4
	II	1.058,25	-	84,66	95,24	-	73,44	82,62	-	62,74	70,58	-	52,55	59,12	-	42,88	48,24	-	33,72	37,94	-	25,08	28,2
	III	704,66	-	56,37	63,41	-	47,92	53,91	-	39,73	44,69	-	31,80	35,77	-	24,13	27,14	-	16,70	18,79	-	9,66	10,8
	IV	1.197,66	-	95,81	107,78	-	89,90	101,13	-	84,10	94,61	-	78,44	88,25	-	72,92	82,03	-	67,51	75,95	-	62,24	70,0
	V	1.708,16	29,30	136,65	153,73																		
	VI	1.752,50	34,57	140,20	157,72																		

Lohn/ Gehalt bis	Steuerklasse	Lohn-steuer	ohne Kinderfreibetrag			Anzahl Kinderfreibeträge (nur Steuerklassen I–IV)																	
						0,5			1,0			1,5			2,0			2,5			3,0		
			SolZ 5,5%	Kirchensteuer 8%	9%	SolZ 5,5%	Kirchensteuer 8%	9%	SolZ 5,5%	Kirchensteuer 8%	9%	SolZ 5,5%	Kirchensteuer 8%	9%	SolZ 5,5%	Kirchensteuer 8%	9%	SolZ 5,5%	Kirchensteuer 8%	9%	SolZ 5,5%	Kirchensteuer 8%	9%
5.087,99	I	1.198,91	-	95,91	107,90	-	84,20	94,72	-	73,00	82,13	-	62,32	70,11	-	52,15	58,67	-	42,50	47,81	-	33,36	37,53
	II	1.059,41	-	84,75	95,34	-	73,53	82,72	-	62,82	70,67	-	52,63	59,21	-	42,96	48,33	-	33,79	38,01	-	25,14	28,28
	III	705,50	-	56,44	63,49	-	47,98	53,98	-	39,80	44,77	-	31,86	35,84	-	24,18	27,20	-	16,77	18,86	-	9,72	10,93
	IV	1.198,91	-	95,91	107,90	-	89,99	101,24	-	84,20	94,72	-	78,54	88,35	-	73,00	82,13	-	67,60	76,05	-	62,32	70,11
	V	1.709,41	29,45	136,75	153,84																		
	VI	1.753,75	34,72	140,30	157,83																		
5.090,99	I	1.200,08	-	96,00	108,00	-	84,29	94,82	-	73,09	82,22	-	62,40	70,20	-	52,23	58,76	-	42,58	47,90	-	33,44	37,62
	II	1.060,58	-	84,84	95,45	-	73,62	82,82	-	62,91	70,77	-	52,71	59,30	-	43,03	48,41	-	33,86	38,09	-	25,21	28,36
	III	706,33	-	56,50	63,56	-	48,05	54,05	-	39,86	44,84	-	31,93	35,92	-	24,25	27,28	-	16,82	18,92	-	9,77	10,99
	IV	1.200,08	-	96,00	108,00	-	90,08	101,34	-	84,29	94,82	-	78,62	88,45	-	73,09	82,22	-	67,68	76,14	-	62,40	70,20
	V	1.710,66	29,60	136,85	153,95																		
	VI	1.755,00	34,87	140,40	157,95																		
5.093,99	I	1.201,25	-	96,10	108,11	-	84,38	94,93	-	73,18	82,32	-	62,49	70,30	-	52,31	58,85	-	42,65	47,98	-	33,50	37,69
	II	1.061,75	-	84,94	95,55	-	73,70	82,91	-	62,99	70,86	-	52,79	59,39	-	43,10	48,49	-	33,94	38,18	-	25,28	28,44
	III	707,16	-	56,57	63,64	-	48,12	54,13	-	39,93	44,92	-	31,98	35,98	-	24,30	27,34	-	16,88	18,99	-	9,82	11,05
	IV	1.201,25	-	96,10	108,11	-	90,18	101,45	-	84,38	94,93	-	78,72	88,56	-	73,18	82,32	-	67,77	76,24	-	62,49	70,30
	V	1.711,91	29,75	136,95	154,07																		
	VI	1.756,25	35,02	140,50	158,06																		
5.096,99	I	1.202,50	-	96,20	108,22	-	84,48	95,04	-	73,26	82,42	-	62,57	70,39	-	52,39	58,94	-	42,73	48,07	-	33,58	37,77
	II	1.062,91	-	85,03	95,66	-	73,80	83,02	-	63,08	70,96	-	52,87	59,48	-	43,18	48,58	-	34,01	38,26	-	25,35	28,52
	III	708,16	-	56,65	63,73	-	48,18	54,20	-	40,00	45,00	-	32,05	36,05	-	24,37	27,41	-	16,94	19,06	-	9,88	11,11
	IV	1.202,50	-	96,20	108,22	-	90,27	101,55	-	84,48	95,04	-	78,80	88,65	-	73,26	82,42	-	67,86	76,34	-	62,57	70,39
	V	1.713,25	29,90	137,06	154,19																		
	VI	1.757,50	35,17	140,60	158,17																		
5.099,99	I	1.203,66	-	96,29	108,32	-	84,56	95,13	-	73,36	82,53	-	62,66	70,49	-	52,47	59,03	-	42,80	48,15	-	33,65	37,85
	II	1.064,00	-	85,12	95,76	-	73,88	83,12	-	63,16	71,06	-	52,95	59,57	-	43,26	48,66	-	34,08	38,34	-	25,42	28,59
	III	709,00	-	56,72	63,81	-	48,25	54,28	-	40,05	45,05	-	32,12	36,13	-	24,42	27,47	-	17,00	19,12	-	9,93	11,17
	IV	1.203,66	-	96,29	108,32	-	90,36	101,66	-	84,56	95,13	-	78,90	88,76	-	73,36	82,53	-	67,94	76,43	-	62,66	70,49
	V	1.714,50	30,05	137,16	154,30																		
	VI	1.758,75	35,32	140,70	158,28																		
5.102,99	I	1.204,91	-	96,39	108,44	-	84,66	95,24	-	73,44	82,62	-	62,74	70,58	-	52,55	59,12	-	42,88	48,24	-	33,72	37,94
	II	1.065,16	-	85,21	95,86	-	73,97	83,21	-	63,24	71,15	-	53,03	59,66	-	43,34	48,75	-	34,15	38,42	-	25,48	28,67
	III	709,83	-	56,78	63,88	-	48,32	54,36	-	40,12	45,13	-	32,17	36,19	-	24,49	27,55	-	17,06	19,19	-	9,98	11,23
	IV	1.204,91	-	96,39	108,44	-	90,46	101,76	-	84,66	95,24	-	78,98	88,85	-	73,44	82,62	-	68,02	76,52	-	62,74	70,58
	V	1.715,75	30,20	137,26	154,41																		
	VI	1.760,08	35,48	140,80	158,40																		
5.105,99	I	1.206,08	-	96,48	108,54	-	84,75	95,34	-	73,53	82,72	-	62,82	70,67	-	52,63	59,21	-	42,96	48,33	-	33,79	38,01
	II	1.066,33	-	85,30	95,96	-	74,06	83,31	-	63,33	71,24	-	53,11	59,75	-	43,41	48,83	-	34,22	38,50	-	25,55	28,74
	III	710,66	-	56,85	63,95	-	48,38	54,43	-	40,18	45,20	-	32,24	36,27	-	24,54	27,61	-	17,12	19,26	-	10,04	11,29
	IV	1.206,08	-	96,48	108,54	-	90,56	101,88	-	84,75	95,34	-	79,08	88,96	-	73,53	82,72	-	68,11	76,62	-	62,82	70,67
	V	1.717,00	30,35	137,36	154,53																		
	VI	1.761,33	35,63	140,90	158,51																		
5.108,99	I	1.207,33	-	96,58	108,65	-	84,84	95,45	-	73,62	82,82	-	62,91	70,77	-	52,71	59,30	-	43,03	48,41	-	33,86	38,09
	II	1.067,50	-	85,40	96,07	-	74,15	83,42	-	63,41	71,33	-	53,19	59,84	-	43,48	48,92	-	34,30	38,58	-	25,62	28,82
	III	711,50	-	56,92	64,03	-	48,46	54,52	-	40,25	45,28	-	32,30	36,34	-	24,61	27,68	-	17,17	19,31	-	10,09	11,35
	IV	1.207,33	-	96,58	108,65	-	90,65	101,98	-	84,84	95,45	-	79,16	89,06	-	73,62	82,82	-	68,20	76,72	-	62,91	70,77
	V	1.718,25	30,50	137,46	154,64																		
	VI	1.762,58	35,77	141,00	158,63																		
5.111,99	I	1.208,50	-	96,68	108,76	-	84,94	95,55	-	73,70	82,91	-	62,99	70,86	-	52,79	59,39	-	43,10	48,49	-	33,94	38,18
	II	1.068,66	-	85,49	96,17	-	74,24	83,52	-	63,50	71,43	-	53,27	59,93	-	43,56	49,01	-	34,36	38,66	-	25,68	28,89
	III	712,33	-	56,98	64,10	-	48,53	54,59	-	40,32	45,36	-	32,37	36,41	-	24,68	27,76	-	17,24	19,39	-	10,14	11,41
	IV	1.208,50	-	96,68	108,76	-	90,74	102,08	-	84,94	95,55	-	79,26	89,16	-	73,70	82,91	-	68,28	76,82	-	62,99	70,86
	V	1.719,50	30,65	137,56	154,75																		
	VI	1.763,83	35,92	141,10	158,74																		
5.114,99	I	1.209,75	-	96,78	108,87	-	85,03	95,66	-	73,80	83,02	-	63,08	70,96	-	52,87	59,48	-	43,18	48,58	-	34,01	38,26
	II	1.069,83	-	85,58	96,28	-	74,32	83,61	-	63,58	71,53	-	53,35	60,02	-	43,64	49,09	-	34,44	38,74	-	25,75	28,97
	III	713,33	-	57,06	64,19	-	48,60	54,67	-	40,38	45,43	-	32,42	36,47	-	24,73	27,82	-	17,29	19,45	-	10,20	11,47
	IV	1.209,75	-	96,78	108,87	-	90,84	102,19	-	85,03	95,66	-	79,34	89,26	-	73,80	83,02	-	68,37	76,91	-	63,08	70,96
	V	1.720,75	30,80	137,66	154,86																		
	VI	1.765,08	36,07	141,20	158,85																		
5.117,99	I	1.210,91	-	96,87	108,98	-	85,12	95,76	-	73,88	83,12	-	63,16	71,06	-	52,95	59,57	-	43,26	48,66	-	34,08	38,34
	II	1.071,00	-	85,68	96,39	-	74,41	83,71	-	63,66	71,62	-	53,43	60,11	-	43,72	49,18	-	34,51	38,82	-	25,82	29,05
	III	714,16	-	57,13	64,27	-	48,66	54,74	-	40,45	45,50	-	32,49	36,55	-	24,80	27,90	-	17,36	19,53	-	10,25	11,53
	IV	1.210,91	-	96,87	108,98	-	90,93	102,29	-	85,12	95,76	-	79,44	89,37	-	73,88	83,12	-	68,46	77,01	-	63,16	71,06
	V	1.722,00	30,94	137,76	154,98																		
	VI	1.766,33	36,22	141,30	158,96																		
5.120,99	I	1.212,16	-	96,97	109,09	-	85,21	95,86	-	73,97	83,21	-	63,24	71,15	-	53,03	59,66	-	43,34	48,75	-	34,15	38,42
	II	1.072,16	-	85,77	96,49	-	74,50	83,81	-	63,75	71,72	-	53,51	60,20	-	43,79	49,26	-	34,58	38,90	-	25,89	29,12
	III	715,00	-	57,20	64,35	-	48,73	54,82	-	40,52	45,58	-	32,56	36,63	-	24,85	27,95	-	17,41	19,58	-	10,30	11,59
	IV	1.212,16	-	96,97	109,09	-	91,02	102,40	-	85,21	95,86	-	79,53	89,47	-	73,97	83,21	-	68,54	77,11	-	63,24	71,15
	V	1.723,33	31,10	137,86	155,09																		
	VI	1.767,58	36,37	141,40	159,08																		
5.123,99	I	1.213,33	-	97,06	109,19	-	85,30	95,96	-	74,06	83,31	-	63,33	71,24	-	53,11	59,75	-	43,41	48,83	-	34,22	38,50
	II	1.073,33	-	85,86	96,59	-	74,59	83,91	-	63,84	71,82	-	53,60	60,30	-	43,86	49,34	-	34,66	38,99	-	25,96	29,20
	III	715,83	-	57,26	64,42	-	48,80	54,90	-	40,57	45,64	-	32,62	36,70	-	24,92	28,03	-	17,48	19,66	-	10,36	11,65
	IV	1.213,33	-	97,06	109,19	-	91,12	102,51	-	85,30	95,96	-	79,62	89,57	-	74,06	83,31	-	68,63	77,21	-	63,33	71,24
	V	1.724,58	31,25	137,96	155,21																		
	VI	1.768,83	36,52	141,50	159,19																		
5.126,99	I	1.214,58	-	97,16	109,31	-	85,40	96,07	-	74,15	83,42	-	63,41	71,33	-	53,19	59,84	-	43,48	48,92	-	34,30	38,58
	II	1.074,41	-	85,95	96,69	-	74,68	84,01	-	63,92	71,91	-	53,68	60,39	-	43,94	49,43	-	34,72	39,06	-	26,02	29,27
	III	716,66	-	57,33	64,49	-	48,86	54,97	-	40,64	45,72	-	32,68	36,76	-	24,97	28,09	-	17,53	19,72	-	10,41	11,71
	IV	1.214,58	-	97,16	109,31	-	91,22	102,62	-	85,40	96,07	-	79,71	89,67	-	74,15	83,42	-	68,72	77,31	-	63,41	71,33
	V	1.725,83	31,40	138,06	155,32																		
	VI	1.770,08	36,67	141,60	159,30																		
5.129,99	I	1.215,75	-	97,26	109,41	-	85,49	96,17	-	74,24	83,52	-	63,50	71,43	-	53,27	59,93	-	43,56	49,01	-	34,36	38,66
	II	1.075,58	-	86,04	96,80	-	74,77	84,11	-	64,00	72,00	-	53,76	60,48	-	44,02	49,52	-	34,80	39,15	-	26,09	29,35
	III	717,66	-	57,41	64,58	-	48,93	55,04	-	40,70	45,79	-	32,74	36,83	-	25,04	28,17	-	17,58	19,78	-	10,46	11,77
	IV	1.215,75	-	97,26	109,41	-	91,31	102,72	-	85,49	96,17	-	79,80	89,77	-	74,24	83,52	-	68,80	77,40	-	63,50	71,43
	V	1.727,08	31,55	138,16	155,43																		
	VI	1.771,41	36,83	141,71	159,42																		

Lohn/Gehalt bis	Steuerklasse	Lohnsteuer	ohne Kinderfreibetrag			Anzahl Kinderfreibeträge (nur Steuerklassen I–IV) 0,5			1,0			1,5			2,0			2,5			3,0		
			SolZ 5,5%	Kirchensteuer 8%	Kirchensteuer 9%	SolZ 5,5%	Kirchensteuer 8%	Kirchensteuer 9%	SolZ 5,5%	Kirchensteuer 8%	Kirchensteuer 9%	SolZ 5,5%	Kirchensteuer 8%	Kirchensteuer 9%	SolZ 5,5%	Kirchensteuer 8%	Kirchensteuer 9%	SolZ 5,5%	Kirchensteuer 8%	Kirchensteuer 9%	SolZ 5,5%	Kirchensteuer 8%	Kirchensteuer 9%
5.132,99	I	1.217,00	-	97,36	109,53	-	85,58	96,28	-	74,32	83,61	-	63,58	71,53	-	53,35	60,02	-	43,64	49,09	-	34,44	38,
	II	1.076,75	-	86,14	96,90	-	74,86	84,21	-	64,09	72,10	-	53,84	60,57	-	44,10	49,61	-	34,87	39,23	-	26,16	29,
	III	718,50	-	57,48	64,66	-	49,00	55,12	-	40,77	45,86	-	32,81	36,91	-	25,10	28,24	-	17,65	19,85	-	10,52	11,
	IV	1.217,00	-	97,36	109,53	-	91,40	102,83	-	85,58	96,28	-	79,89	89,87	-	74,32	83,61	-	68,89	77,50	-	63,58	71,
	V	1.728,33	31,70	138,26	155,54																		
	VI	1.772,66	36,97	141,81	159,53																		
5.135,99	I	1.218,16	-	97,45	109,63	-	85,68	96,39	-	74,41	83,71	-	63,66	71,62	-	53,43	60,11	-	43,72	49,18	-	34,51	38,
	II	1.077,91	-	86,23	97,01	-	74,94	84,31	-	64,17	72,19	-	53,92	60,66	-	44,17	49,69	-	34,94	39,31	-	26,23	29,
	III	719,33	-	57,54	64,73	-	49,06	55,19	-	40,84	45,94	-	32,86	36,97	-	25,16	28,30	-	17,70	19,91	-	10,57	11,
	IV	1.218,16	-	97,45	109,63	-	91,50	102,93	-	85,68	96,39	-	79,98	89,97	-	74,41	83,71	-	68,98	77,60	-	63,66	71,
	V	1.729,58	31,85	138,36	155,66																		
	VI	1.773,91	37,12	141,91	159,65																		
5.138,99	I	1.219,41	-	97,55	109,74	-	85,77	96,49	-	74,50	83,81	-	63,75	71,72	-	53,51	60,20	-	43,79	49,26	-	34,58	38,
	II	1.079,08	-	86,32	97,11	-	75,04	84,42	-	64,26	72,29	-	54,00	60,75	-	44,25	49,78	-	35,02	39,39	-	26,30	29,
	III	720,16	-	57,61	64,81	-	49,13	55,27	-	40,90	46,01	-	32,93	37,04	-	25,22	28,37	-	17,77	19,99	-	10,62	11,
	IV	1.219,41	-	97,55	109,74	-	91,60	103,05	-	85,77	96,49	-	80,07	90,08	-	74,50	83,81	-	69,06	77,69	-	63,75	71,
	V	1.730,83	32,00	138,46	155,77																		
	VI	1.775,16	37,27	142,01	159,76																		
5.141,99	I	1.220,58	-	97,64	109,85	-	85,86	96,59	-	74,59	83,91	-	63,84	71,82	-	53,60	60,30	-	43,86	49,34	-	34,66	38,
	II	1.080,25	-	86,42	97,22	-	75,12	84,51	-	64,34	72,38	-	54,08	60,84	-	44,32	49,86	-	35,09	39,47	-	26,36	29,
	III	721,00	-	57,68	64,89	-	49,20	55,35	-	40,97	46,09	-	33,00	37,12	-	25,28	28,44	-	17,82	20,05	-	10,68	12,
	IV	1.220,58	-	97,64	109,85	-	91,69	103,15	-	85,86	96,59	-	80,16	90,18	-	74,59	83,91	-	69,15	77,79	-	63,84	71,
	V	1.732,08	32,14	138,56	155,88																		
	VI	1.776,41	37,42	142,11	159,87																		
5.144,99	I	1.221,83	-	97,74	109,96	-	85,95	96,69	-	74,68	84,01	-	63,92	71,91	-	53,68	60,39	-	43,94	49,43	-	34,72	39,
	II	1.081,41	-	86,51	97,32	-	75,21	84,61	-	64,42	72,47	-	54,16	60,93	-	44,40	49,95	-	35,16	39,55	-	26,43	29,
	III	722,00	-	57,76	64,98	-	49,26	55,42	-	41,04	46,17	-	33,06	37,19	-	25,34	28,51	-	17,88	20,11	-	10,73	12,
	IV	1.221,83	-	97,74	109,96	-	91,78	103,25	-	85,95	96,69	-	80,25	90,28	-	74,68	84,01	-	69,24	77,89	-	63,92	71,
	V	1.733,33	32,29	138,66	155,99																		
	VI	1.777,66	37,57	142,21	159,98																		
5.147,99	I	1.223,00	-	97,84	110,07	-	86,04	96,80	-	74,77	84,11	-	64,00	72,00	-	53,76	60,48	-	44,02	49,52	-	34,80	39,
	II	1.082,58	-	86,60	97,43	-	75,30	84,71	-	64,51	72,57	-	54,24	61,02	-	44,48	50,04	-	35,23	39,63	-	26,50	29,
	III	722,83	-	57,82	65,05	-	49,33	55,49	-	41,10	46,24	-	33,12	37,26	-	25,40	28,57	-	17,94	20,18	-	10,78	12,
	IV	1.223,00	-	97,84	110,07	-	91,88	103,36	-	86,04	96,80	-	80,34	90,38	-	74,77	84,11	-	69,32	77,99	-	64,00	72,
	V	1.734,66	32,45	138,77	156,11																		
	VI	1.778,91	37,72	142,31	160,10																		
5.150,99	I	1.224,25	-	97,94	110,18	-	86,14	96,90	-	74,86	84,21	-	64,09	72,10	-	53,84	60,57	-	44,10	49,61	-	34,87	39,
	II	1.083,75	-	86,70	97,53	-	75,39	84,81	-	64,60	72,67	-	54,32	61,11	-	44,56	50,13	-	35,30	39,71	-	26,57	29,
	III	723,66	-	57,89	65,12	-	49,40	55,57	-	41,16	46,30	-	33,18	37,33	-	25,46	28,64	-	18,00	20,25	-	10,84	12,
	IV	1.224,25	-	97,94	110,18	-	91,97	103,46	-	86,14	96,90	-	80,43	90,48	-	74,86	84,21	-	69,41	78,08	-	64,09	72,
	V	1.735,91	32,60	138,87	156,23																		
	VI	1.780,16	37,87	142,41	160,21																		
5.153,99	I	1.225,41	-	98,03	110,28	-	86,23	97,01	-	74,94	84,31	-	64,17	72,19	-	53,92	60,66	-	44,17	49,69	-	34,94	39,
	II	1.084,91	-	86,79	97,64	-	75,48	84,91	-	64,68	72,77	-	54,40	61,20	-	44,63	50,21	-	35,38	39,80	-	26,64	29,
	III	724,50	-	57,96	65,20	-	49,46	55,64	-	41,22	46,37	-	33,25	37,40	-	25,53	28,72	-	18,06	20,32	-	10,89	12,
	IV	1.225,41	-	98,03	110,28	-	92,07	103,58	-	86,23	97,01	-	80,52	90,59	-	74,94	84,31	-	69,50	78,18	-	64,17	72,
	V	1.737,16	32,75	138,97	156,34																		
	VI	1.781,50	38,03	142,52	160,33																		
5.156,99	I	1.226,66	-	98,13	110,39	-	86,32	97,11	-	75,04	84,42	-	64,26	72,29	-	54,00	60,75	-	44,25	49,78	-	35,02	39,
	II	1.086,08	-	86,88	97,74	-	75,56	85,01	-	64,76	72,86	-	54,48	61,29	-	44,70	50,29	-	35,45	39,88	-	26,70	30,
	III	725,33	-	58,02	65,27	-	49,53	55,72	-	41,29	46,45	-	33,32	37,48	-	25,58	28,78	-	18,12	20,38	-	10,94	12,
	IV	1.226,66	-	98,13	110,39	-	92,16	103,68	-	86,32	97,11	-	80,62	90,69	-	75,04	84,42	-	69,58	78,28	-	64,26	72,
	V	1.738,41	32,90	139,07	156,45																		
	VI	1.782,75	38,17	142,62	160,44																		
5.159,99	I	1.227,91	-	98,23	110,51	-	86,42	97,22	-	75,12	84,51	-	64,34	72,38	-	54,08	60,84	-	44,32	49,86	-	35,09	39,
	II	1.087,25	-	86,98	97,85	-	75,66	85,11	-	64,85	72,95	-	54,56	61,38	-	44,78	50,38	-	35,52	39,96	-	26,78	30,
	III	726,33	-	58,10	65,36	-	49,60	55,80	-	41,36	46,53	-	33,37	37,54	-	25,65	28,85	-	18,18	20,45	-	11,01	12,
	IV	1.227,91	-	98,23	110,51	-	92,26	103,79	-	86,42	97,22	-	80,70	90,79	-	75,12	84,51	-	69,67	78,38	-	64,34	72,
	V	1.739,66	33,05	139,17	156,56																		
	VI	1.784,00	38,32	142,72	160,56																		
5.162,99	I	1.229,08	-	98,32	110,61	-	86,51	97,32	-	75,21	84,61	-	64,42	72,47	-	54,16	60,93	-	44,40	49,95	-	35,16	39,5
	II	1.088,41	-	87,07	97,95	-	75,74	85,21	-	64,94	73,05	-	54,64	61,47	-	44,86	50,46	-	35,60	40,05	-	26,84	30,2
	III	727,16	-	58,17	65,44	-	49,66	55,87	-	41,42	46,60	-	33,44	37,62	-	25,70	28,91	-	18,24	20,52	-	11,06	12,4
	IV	1.229,08	-	98,32	110,61	-	92,35	103,89	-	86,51	97,32	-	80,80	90,90	-	75,21	84,61	-	69,76	78,48	-	64,42	72,4
	V	1.740,91	33,20	139,27	156,68																		
	VI	1.785,25	38,47	142,82	160,67																		
5.165,99	I	1.230,33	-	98,42	110,72	-	86,60	97,43	-	75,30	84,71	-	64,51	72,57	-	54,24	61,02	-	44,48	50,04	-	35,23	39,6
	II	1.089,58	-	87,16	98,06	-	75,84	85,32	-	65,02	73,14	-	54,72	61,56	-	44,94	50,55	-	35,66	40,12	-	26,91	30,2
	III	728,00	-	58,24	65,52	-	49,73	55,94	-	41,49	46,67	-	33,50	37,69	-	25,77	28,99	-	18,29	20,57	-	11,12	12,5
	IV	1.230,33	-	98,42	110,72	-	92,45	104,00	-	86,60	97,43	-	80,89	91,00	-	75,30	84,71	-	69,84	78,57	-	64,51	72,5
	V	1.742,16	33,34	139,37	156,79																		
	VI	1.786,50	38,62	142,92	160,78																		
5.168,99	I	1.231,50	-	98,52	110,83	-	86,70	97,53	-	75,39	84,81	-	64,60	72,67	-	54,32	61,11	-	44,56	50,13	-	35,30	39,7
	II	1.090,75	-	87,26	98,16	-	75,92	85,41	-	65,10	73,24	-	54,80	61,65	-	45,01	50,63	-	35,74	40,20	-	26,98	30,3
	III	728,83	-	58,30	65,59	-	49,80	56,02	-	41,56	46,75	-	33,57	37,76	-	25,84	29,07	-	18,36	20,65	-	11,17	12,5
	IV	1.231,50	-	98,52	110,83	-	92,54	104,11	-	86,70	97,53	-	80,98	91,10	-	75,39	84,81	-	69,93	78,67	-	64,60	72,6
	V	1.743,41	33,49	139,47	156,90																		
	VI	1.787,75	38,77	143,02	160,89																		
5.171,99	I	1.232,75	-	98,62	110,94	-	86,79	97,64	-	75,48	84,91	-	64,68	72,77	-	54,40	61,20	-	44,63	50,21	-	35,38	39,8
	II	1.091,91	-	87,35	98,27	-	76,01	85,51	-	65,19	73,34	-	54,88	61,74	-	45,09	50,72	-	35,81	40,28	-	27,05	30,4
	III	729,66	-	58,37	65,66	-	49,86	56,09	-	41,62	46,82	-	33,62	37,82	-	25,89	29,12	-	18,41	20,71	-	11,22	12,6
	IV	1.232,75	-	98,62	110,94	-	92,64	104,22	-	86,79	97,64	-	81,07	91,20	-	75,48	84,91	-	70,02	78,77	-	64,68	72,7
	V	1.744,75	33,65	139,58	157,02																		
	VI	1.789,00	38,92	143,12	161,01																		
5.174,99	I	1.233,91	-	98,71	111,05	-	86,88	97,74	-	75,56	85,01	-	64,76	72,86	-	54,48	61,29	-	44,70	50,29	-	35,45	39,8
	II	1.093,08	-	87,44	98,37	-	76,10	85,61	-	65,28	73,44	-	54,96	61,83	-	45,16	50,81	-	35,88	40,37	-	27,12	30,5
	III	730,66	-	58,45	65,75	-	49,93	56,17	-	41,69	46,90	-	33,69	37,90	-	25,96	29,20	-	18,48	20,79	-	11,28	12,6
	IV	1.233,91	-	98,71	111,05	-	92,73	104,32	-	86,88	97,74	-	81,16	91,31	-	75,56	85,01	-	70,10	78,86	-	64,76	72,8
	V	1.746,00	33,80	139,68	157,14																		
	VI	1.790,25	39,07	143,22	161,12																		

Lohn/ Gehalt bis	Steuerklasse	Lohn-steuer	ohne Kinderfreibetrag			Anzahl Kinderfreibeträge (nur Steuerklassen I–IV)																	
						0,5			1,0			1,5			2,0			2,5			3,0		
			SolZ 5,5%	Kirchensteuer 8%	Kirchensteuer 9%	SolZ 5,5%	Kirchensteuer 8%	Kirchensteuer 9%	SolZ 5,5%	Kirchensteuer 8%	Kirchensteuer 9%	SolZ 5,5%	Kirchensteuer 8%	Kirchensteuer 9%	SolZ 5,5%	Kirchensteuer 8%	Kirchensteuer 9%	SolZ 5,5%	Kirchensteuer 8%	Kirchensteuer 9%	SolZ 5,5%	Kirchensteuer 8%	Kirchensteuer 9%
5.177,99	I	1.235,16	-	98,81	111,16	-	86,98	97,85	-	75,66	85,11	-	64,85	72,95	-	54,56	61,38	-	44,78	50,38	-	35,52	39,96
	II	1.094,25	-	87,54	98,48	-	76,19	85,71	-	65,36	73,53	-	55,04	61,92	-	45,24	50,90	-	35,96	40,45	-	27,18	30,58
	III	731,50	-	58,52	65,83	-	50,00	56,25	-	41,74	46,96	-	33,76	37,98	-	26,01	29,26	-	18,53	20,84	-	11,33	12,74
	IV	1.235,16	-	98,81	111,16	-	92,83	104,43	-	86,98	97,85	-	81,25	91,40	-	75,66	85,11	-	70,19	78,96	-	64,85	72,95
	V	1.747,25	33,95	139,78	157,25																		
	VI	1.791,58	39,23	143,32	161,24																		
5.180,99	I	1.236,41	-	98,91	111,27	-	87,07	97,95	-	75,74	85,21	-	64,94	73,05	-	54,64	61,47	-	44,86	50,46	-	35,60	40,05
	II	1.095,41	-	87,63	98,58	-	76,28	85,81	-	65,44	73,62	-	55,12	62,01	-	45,32	50,98	-	36,03	40,53	-	27,25	30,65
	III	732,33	-	58,58	65,90	-	50,08	56,34	-	41,81	47,03	-	33,81	38,03	-	26,08	29,34	-	18,60	20,92	-	11,38	12,80
	IV	1.236,41	-	98,91	111,27	-	92,92	104,54	-	87,07	97,95	-	81,34	91,51	-	75,74	85,21	-	70,28	79,06	-	64,94	73,05
	V	1.748,50	34,10	139,88	157,36																		
	VI	1.792,83	39,37	143,42	161,35																		
5.183,99	I	1.237,58	-	99,00	111,38	-	87,16	98,06	-	75,84	85,32	-	65,02	73,14	-	54,72	61,56	-	44,94	50,55	-	35,66	40,12
	II	1.096,58	-	87,72	98,69	-	76,37	85,91	-	65,53	73,72	-	55,20	62,10	-	45,40	51,07	-	36,10	40,61	-	27,32	30,74
	III	733,16	-	58,65	65,98	-	50,14	56,41	-	41,88	47,11	-	33,88	38,11	-	26,13	29,39	-	18,65	20,98	-	11,45	12,88
	IV	1.237,58	-	99,00	111,38	-	93,02	104,64	-	87,16	98,06	-	81,44	91,62	-	75,84	85,32	-	70,36	79,16	-	65,02	73,14
	V	1.749,75	34,25	139,98	157,47																		
	VI	1.794,08	39,52	143,52	161,46																		
5.186,99	I	1.238,83	-	99,10	111,49	-	87,26	98,16	-	75,92	85,41	-	65,10	73,24	-	54,80	61,65	-	45,01	50,63	-	35,74	40,20
	II	1.097,75	-	87,82	98,79	-	76,46	86,01	-	65,62	73,82	-	55,29	62,20	-	45,47	51,15	-	36,18	40,70	-	27,39	30,81
	III	734,00	-	58,72	66,06	-	50,21	56,48	-	41,94	47,18	-	33,94	38,18	-	26,20	29,47	-	18,70	21,04	-	11,50	12,94
	IV	1.238,83	-	99,10	111,49	-	93,12	104,76	-	87,26	98,16	-	81,52	91,71	-	75,92	85,41	-	70,45	79,25	-	65,10	73,24
	V	1.751,00	34,40	140,08	157,59																		
	VI	1.795,33	39,67	143,62	161,57																		
5.189,99	I	1.240,00	-	99,20	111,60	-	87,35	98,27	-	76,01	85,51	-	65,19	73,34	-	54,88	61,74	-	45,09	50,72	-	35,81	40,28
	II	1.098,91	-	87,91	98,90	-	76,55	86,12	-	65,70	73,91	-	55,37	62,29	-	45,55	51,24	-	36,25	40,78	-	27,46	30,89
	III	735,00	-	58,80	66,15	-	50,28	56,56	-	42,01	47,26	-	34,01	38,26	-	26,26	29,54	-	18,77	21,11	-	11,56	13,00
	IV	1.240,00	-	99,20	111,60	-	93,21	104,86	-	87,35	98,27	-	81,62	91,82	-	76,01	85,51	-	70,54	79,35	-	65,19	73,34
	V	1.752,25	34,54	140,18	157,70																		
	VI	1.796,58	39,82	143,72	161,69																		
5.192,99	I	1.241,25	-	99,30	111,71	-	87,44	98,37	-	76,10	85,61	-	65,28	73,44	-	54,96	61,83	-	45,16	50,81	-	35,88	40,37
	II	1.100,08	-	88,00	99,00	-	76,64	86,22	-	65,78	74,00	-	55,45	62,38	-	45,63	51,33	-	36,32	40,86	-	27,52	30,96
	III	735,83	-	58,86	66,22	-	50,34	56,63	-	42,08	47,34	-	34,06	38,32	-	26,32	29,61	-	18,82	21,17	-	11,61	13,06
	IV	1.241,25	-	99,30	111,71	-	93,30	104,96	-	87,44	98,37	-	81,71	91,92	-	76,10	85,61	-	70,62	79,45	-	65,28	73,44
	V	1.753,50	34,69	140,28	157,81																		
	VI	1.797,83	39,97	143,82	161,80																		
5.195,99	I	1.242,50	-	99,40	111,82	-	87,54	98,48	-	76,19	85,71	-	65,36	73,53	-	55,04	61,92	-	45,24	50,90	-	35,96	40,45
	II	1.101,25	-	88,10	99,11	-	76,72	86,31	-	65,87	74,10	-	55,53	62,47	-	45,70	51,41	-	36,39	40,94	-	27,60	31,05
	III	736,66	-	58,93	66,29	-	50,41	56,71	-	42,14	47,41	-	34,13	38,39	-	26,38	29,68	-	18,89	21,25	-	11,66	13,12
	IV	1.242,50	-	99,40	111,82	-	93,40	105,07	-	87,54	98,48	-	81,80	92,02	-	76,19	85,71	-	70,71	79,55	-	65,36	73,53
	V	1.754,83	34,85	140,38	157,93																		
	VI	1.799,08	40,12	143,92	161,91																		
5.198,99	I	1.243,66	-	99,49	111,92	-	87,63	98,58	-	76,28	85,81	-	65,44	73,62	-	55,12	62,01	-	45,32	50,98	-	36,03	40,53
	II	1.102,41	-	88,19	99,21	-	76,82	86,42	-	65,96	74,20	-	55,61	62,56	-	45,78	51,50	-	36,46	41,02	-	27,66	31,12
	III	737,50	-	59,00	66,37	-	50,48	56,79	-	42,21	47,48	-	34,20	38,47	-	26,44	29,74	-	18,94	21,31	-	11,72	13,18
	IV	1.243,66	-	99,49	111,92	-	93,50	105,18	-	87,63	98,58	-	81,89	92,12	-	76,28	85,81	-	70,80	79,65	-	65,44	73,62
	V	1.756,08	35,00	140,48	158,04																		
	VI	1.800,33	40,27	144,02	162,02																		
5.201,99	I	1.244,91	-	99,59	112,04	-	87,72	98,69	-	76,37	85,91	-	65,53	73,72	-	55,20	62,10	-	45,40	51,07	-	36,10	40,61
	II	1.103,58	-	88,28	99,32	-	76,90	86,51	-	66,04	74,30	-	55,69	62,65	-	45,86	51,59	-	36,54	41,10	-	27,73	31,19
	III	738,50	-	59,08	66,46	-	50,54	56,86	-	42,28	47,56	-	34,26	38,54	-	26,50	29,81	-	19,01	21,38	-	11,78	13,25
	IV	1.244,91	-	99,59	112,04	-	93,59	105,29	-	87,72	98,69	-	81,98	92,23	-	76,37	85,91	-	70,88	79,74	-	65,53	73,72
	V	1.757,33	35,15	140,58	158,15																		
	VI	1.801,58	40,42	144,12	162,14																		
5.204,99	I	1.246,08	-	99,68	112,14	-	87,82	98,79	-	76,46	86,01	-	65,62	73,82	-	55,29	62,20	-	45,47	51,15	-	36,18	40,70
	II	1.104,75	-	88,38	99,42	-	77,00	86,62	-	66,12	74,39	-	55,78	62,75	-	45,94	51,68	-	36,61	41,18	-	27,80	31,28
	III	739,33	-	59,14	66,53	-	50,61	56,93	-	42,34	47,63	-	34,33	38,62	-	26,57	29,89	-	19,06	21,44	-	11,84	13,32
	IV	1.246,08	-	99,68	112,14	-	93,68	105,39	-	87,82	98,79	-	82,07	92,33	-	76,46	86,01	-	70,97	79,84	-	65,62	73,82
	V	1.758,58	35,30	140,68	158,27																		
	VI	1.802,91	40,57	144,23	162,26																		
5.207,99	I	1.247,33	-	99,78	112,25	-	87,91	98,90	-	76,55	86,12	-	65,70	73,91	-	55,37	62,29	-	45,55	51,24	-	36,25	40,78
	II	1.105,91	-	88,47	99,53	-	77,08	86,72	-	66,21	74,48	-	55,86	62,84	-	46,01	51,76	-	36,68	41,27	-	27,87	31,35
	III	740,16	-	59,21	66,61	-	50,68	57,01	-	42,41	47,71	-	34,38	38,68	-	26,62	29,95	-	19,13	21,52	-	11,89	13,37
	IV	1.247,33	-	99,78	112,25	-	93,78	105,50	-	87,91	98,90	-	82,16	92,43	-	76,55	86,12	-	71,06	79,94	-	65,70	73,91
	V	1.759,83	35,45	140,78	158,38																		
	VI	1.804,16	40,72	144,33	162,37																		
5.210,99	I	1.248,58	-	99,88	112,37	-	88,00	99,00	-	76,64	86,22	-	65,78	74,00	-	55,45	62,38	-	45,63	51,33	-	36,32	40,86
	II	1.107,08	-	88,56	99,63	-	77,17	86,81	-	66,30	74,58	-	55,94	62,93	-	46,09	51,85	-	36,76	41,35	-	27,94	31,43
	III	741,00	-	59,28	66,69	-	50,74	57,08	-	42,46	47,77	-	34,45	38,75	-	26,69	30,02	-	19,18	21,58	-	11,94	13,43
	IV	1.248,58	-	99,88	112,37	-	93,88	105,61	-	88,00	99,00	-	82,26	92,54	-	76,64	86,22	-	71,14	80,03	-	65,78	74,00
	V	1.761,08	35,60	140,88	158,49																		
	VI	1.805,41	40,87	144,43	162,48																		
5.213,99	I	1.249,75	-	99,98	112,47	-	88,10	99,11	-	76,72	86,31	-	65,87	74,10	-	55,53	62,47	-	45,70	51,41	-	36,39	40,94
	II	1.108,25	-	88,66	99,74	-	77,26	86,92	-	66,38	74,68	-	56,02	63,02	-	46,16	51,93	-	36,83	41,43	-	28,01	31,51
	III	741,83	-	59,34	66,76	-	50,81	57,16	-	42,53	47,84	-	34,52	38,83	-	26,74	30,08	-	19,24	21,64	-	12,00	13,50
	IV	1.249,75	-	99,98	112,47	-	93,97	105,71	-	88,10	99,11	-	82,34	92,63	-	76,72	86,31	-	71,24	80,14	-	65,87	74,10
	V	1.762,33	35,74	140,98	158,60																		
	VI	1.806,66	41,02	144,53	162,59																		
5.216,99	I	1.251,00	-	100,08	112,59	-	88,19	99,21	-	76,82	86,42	-	65,96	74,20	-	55,61	62,56	-	45,78	51,50	-	36,46	41,02
	II	1.109,41	-	88,75	99,84	-	77,35	87,02	-	66,47	74,78	-	56,10	63,11	-	46,24	52,02	-	36,90	41,51	-	28,08	31,59
	III	742,83	-	59,42	66,85	-	50,88	57,24	-	42,60	47,92	-	34,58	38,90	-	26,81	30,16	-	19,30	21,71	-	12,06	13,57
	IV	1.251,00	-	100,08	112,59	-	94,07	105,83	-	88,19	99,21	-	82,44	92,74	-	76,82	86,42	-	71,32	80,24	-	65,96	74,20
	V	1.763,58	35,89	141,08	158,72																		
	VI	1.807,91	41,17	144,63	162,71																		
5.219,99	I	1.252,25	-	100,18	112,70	-	88,28	99,32	-	76,90	86,51	-	66,04	74,30	-	55,69	62,65	-	45,86	51,59	-	36,54	41,10
	II	1.110,58	-	88,84	99,95	-	77,44	87,12	-	66,56	74,88	-	56,18	63,20	-	46,32	52,11	-	36,98	41,60	-	28,14	31,66
	III	743,66	-	59,49	66,92	-	50,94	57,31	-	42,66	47,99	-	34,64	38,97	-	26,88	30,24	-	19,36	21,78	-	12,12	13,63
	IV	1.252,25	-	100,18	112,70	-	94,16	105,93	-	88,28	99,32	-	82,53	92,84	-	76,90	86,51	-	71,41	80,33	-	66,04	74,30
	V	1.764,83	36,04	141,18	158,83																		
	VI	1.809,16	41,32	144,73	162,82																		

Lohn/ Gehalt bis	Steuerklasse	Lohn-steuer	ohne Kinderfreibetrag			Anzahl Kinderfreibeträge (nur Steuerklassen I–IV) 0,5			1,0			1,5			2,0			2,5			3,0		
			SolZ 5,5%	Kirchensteuer 8%	9%	SolZ 5,5%	Kirchensteuer 8%	9%	SolZ 5,5%	Kirchensteuer 8%	9%	SolZ 5,5%	Kirchensteuer 8%	9%	SolZ 5,5%	Kirchensteuer 8%	9%	SolZ 5,5%	Kirchensteuer 8%	9%	SolZ 5,5%	Kirchensteuer 8%	9%
5.222,99	I	1.253,41	-	100,27	112,80	-	88,38	99,42	-	77,00	86,62	-	66,12	74,39	-	55,78	62,75	-	45,94	51,68	-	36,61	41,
	II	1.111,75	-	88,94	100,05	-	77,53	87,22	-	66,64	74,97	-	56,26	63,29	-	46,40	52,20	-	37,05	41,68	-	28,22	31,
	III	744,50	-	59,56	67,00	-	51,01	57,38	-	42,73	48,07	-	34,70	39,04	-	26,93	30,29	-	19,42	21,85	-	12,17	13,
	IV	1.253,41	-	100,27	112,80	-	94,26	106,04	-	88,38	99,42	-	82,62	92,95	-	77,00	86,62	-	71,50	80,43	-	66,12	74,
	V	1.766,16	36,20	141,29	158,95																		
	VI	1.810,41	41,47	144,83	162,93																		
5.225,99	I	1.254,66	-	100,37	112,91	-	88,47	99,53	-	77,08	86,72	-	66,21	74,48	-	55,86	62,84	-	46,01	51,76	-	36,68	41,
	II	1.112,91	-	89,03	100,16	-	77,62	87,32	-	66,72	75,06	-	56,34	63,38	-	46,48	52,29	-	37,12	41,76	-	28,28	31,
	III	745,33	-	59,62	67,07	-	51,09	57,47	-	42,80	48,15	-	34,77	39,11	-	27,00	30,37	-	19,48	21,91	-	12,22	13,
	IV	1.254,66	-	100,37	112,91	-	94,36	106,15	-	88,47	99,53	-	82,71	93,05	-	77,08	86,72	-	71,58	80,53	-	66,21	74,
	V	1.767,41	36,35	141,39	159,06																		
	VI	1.811,66	41,62	144,93	163,04																		
5.228,99	I	1.255,91	-	100,47	113,03	-	88,56	99,63	-	77,17	86,81	-	66,30	74,58	-	55,94	62,93	-	46,09	51,85	-	36,76	41,
	II	1.114,08	-	89,12	100,26	-	77,71	87,42	-	66,81	75,16	-	56,42	63,47	-	46,55	52,37	-	37,20	41,85	-	28,35	31,
	III	746,33	-	59,70	67,16	-	51,16	57,55	-	42,86	48,22	-	34,84	39,19	-	27,06	30,44	-	19,54	21,98	-	12,29	13,
	IV	1.255,91	-	100,47	113,03	-	94,45	106,25	-	88,56	99,63	-	82,80	93,15	-	77,17	86,81	-	71,67	80,63	-	66,30	74,
	V	1.768,66	36,50	141,49	159,17																		
	VI	1.813,00	41,77	145,04	163,17																		
5.231,99	I	1.257,08	-	100,56	113,13	-	88,66	99,74	-	77,26	86,92	-	66,38	74,68	-	56,02	63,02	-	46,16	51,93	-	36,83	41,
	II	1.115,25	-	89,22	100,37	-	77,80	87,53	-	66,90	75,26	-	56,50	63,56	-	46,63	52,46	-	37,27	41,93	-	28,42	31,
	III	747,16	-	59,77	67,24	-	51,22	57,62	-	42,93	48,29	-	34,89	39,25	-	27,12	30,51	-	19,60	22,05	-	12,34	13,
	IV	1.257,08	-	100,56	113,13	-	94,55	106,37	-	88,66	99,74	-	82,90	93,26	-	77,26	86,92	-	71,76	80,73	-	66,38	74,
	V	1.769,91	36,65	141,59	159,29																		
	VI	1.814,25	41,92	145,14	163,28																		
5.234,99	I	1.258,33	-	100,66	113,24	-	88,75	99,84	-	77,35	87,02	-	66,47	74,78	-	56,10	63,11	-	46,24	52,02	-	36,90	41,
	II	1.116,50	-	89,32	100,48	-	77,89	87,62	-	66,98	75,35	-	56,59	63,66	-	46,71	52,55	-	37,34	42,01	-	28,49	32,
	III	748,00	-	59,84	67,32	-	51,29	57,70	-	43,00	48,37	-	34,96	39,33	-	27,18	30,58	-	19,66	22,12	-	12,40	13,
	IV	1.258,33	-	100,66	113,24	-	94,64	106,47	-	88,75	99,84	-	82,99	93,36	-	77,35	87,02	-	71,84	80,82	-	66,47	74,
	V	1.771,16	36,80	141,69	159,40																		
	VI	1.815,50	42,07	145,24	163,39																		
5.237,99	I	1.259,58	-	100,76	113,36	-	88,84	99,95	-	77,44	87,12	-	66,56	74,88	-	56,18	63,20	-	46,32	52,11	-	36,98	41,
	II	1.117,66	-	89,41	100,58	-	77,98	87,73	-	67,07	75,45	-	56,67	63,75	-	46,78	52,63	-	37,42	42,09	-	28,56	32,
	III	748,83	-	59,90	67,39	-	51,36	57,78	-	43,06	48,44	-	35,02	39,40	-	27,24	30,64	-	19,72	22,18	-	12,45	14,
	IV	1.259,58	-	100,76	113,36	-	94,74	106,58	-	88,84	99,95	-	83,08	93,46	-	77,44	87,12	-	71,94	80,93	-	66,56	74,
	V	1.772,41	36,94	141,79	159,51																		
	VI	1.816,75	42,22	145,34	163,50																		
5.240,99	I	1.260,75	-	100,86	113,46	-	88,94	100,05	-	77,53	87,22	-	66,64	74,97	-	56,26	63,29	-	46,40	52,20	-	37,05	41,
	II	1.118,83	-	89,50	100,69	-	78,07	87,83	-	67,15	75,54	-	56,75	63,84	-	46,86	52,72	-	37,49	42,17	-	28,63	32,
	III	749,66	-	59,97	67,46	-	51,42	57,85	-	43,13	48,52	-	35,09	39,47	-	27,30	30,71	-	19,78	22,25	-	12,52	14,
	IV	1.260,75	-	100,86	113,46	-	94,84	106,69	-	88,94	100,05	-	83,17	93,56	-	77,53	87,22	-	72,02	81,02	-	66,64	74,
	V	1.773,66	37,09	141,89	159,62																		
	VI	1.818,00	42,37	145,44	163,62																		
5.243,99	I	1.262,00	-	100,96	113,58	-	89,03	100,16	-	77,62	87,32	-	66,72	75,06	-	56,34	63,38	-	46,48	52,29	-	37,12	41,
	II	1.120,00	-	89,60	100,80	-	78,16	87,93	-	67,24	75,64	-	56,83	63,93	-	46,94	52,80	-	37,56	42,26	-	28,70	32,
	III	750,66	-	60,05	67,55	-	51,49	57,92	-	43,20	48,60	-	35,14	39,53	-	27,37	30,79	-	19,84	22,32	-	12,57	14,
	IV	1.262,00	-	100,96	113,58	-	94,93	106,79	-	89,03	100,16	-	83,26	93,67	-	77,62	87,32	-	72,11	81,12	-	66,72	75,
	V	1.774,91	37,24	141,99	159,74																		
	VI	1.819,25	42,52	145,54	163,73																		
5.246,99	I	1.263,25	-	101,06	113,69	-	89,12	100,26	-	77,71	87,42	-	66,81	75,16	-	56,42	63,47	-	46,55	52,37	-	37,20	41,
	II	1.121,16	-	89,69	100,90	-	78,25	88,03	-	67,32	75,74	-	56,92	64,03	-	47,02	52,89	-	37,64	42,34	-	28,77	32,
	III	751,50	-	60,12	67,63	-	51,56	58,00	-	43,26	48,67	-	35,21	39,61	-	27,42	30,85	-	19,90	22,39	-	12,62	14,
	IV	1.263,25	-	101,06	113,69	-	95,02	106,90	-	89,12	100,26	-	83,36	93,78	-	77,71	87,42	-	72,20	81,22	-	66,81	75,
	V	1.776,25	37,40	142,10	159,86																		
	VI	1.820,50	42,67	145,64	163,84																		
5.249,99	I	1.264,50	-	101,16	113,80	-	89,22	100,37	-	77,80	87,53	-	66,90	75,26	-	56,50	63,56	-	46,63	52,46	-	37,27	41,
	II	1.122,33	-	89,78	101,00	-	78,34	88,13	-	67,41	75,83	-	57,00	64,12	-	47,10	52,98	-	37,71	42,42	-	28,84	32,
	III	752,33	-	60,18	67,70	-	51,62	58,07	-	43,32	48,73	-	35,28	39,69	-	27,49	30,92	-	19,96	22,45	-	12,68	14,
	IV	1.264,50	-	101,16	113,80	-	95,12	107,01	-	89,22	100,37	-	83,44	93,87	-	77,80	87,53	-	72,28	81,32	-	66,90	75,
	V	1.777,50	37,55	142,20	159,97																		
	VI	1.821,75	42,82	145,74	163,95																		
5.252,99	I	1.265,66	-	101,25	113,90	-	89,32	100,48	-	77,89	87,62	-	66,98	75,35	-	56,59	63,66	-	46,71	52,55	-	37,34	42,
	II	1.123,50	-	89,88	101,11	-	78,43	88,23	-	67,50	75,93	-	57,08	64,21	-	47,17	53,06	-	37,78	42,50	-	28,90	32,
	III	753,16	-	60,25	67,78	-	51,69	58,15	-	43,38	48,80	-	35,34	39,76	-	27,54	30,98	-	20,01	22,51	-	12,74	14,
	IV	1.265,66	-	101,25	113,90	-	95,22	107,12	-	89,32	100,48	-	83,54	93,98	-	77,89	87,62	-	72,37	81,41	-	66,98	75,
	V	1.778,75	37,70	142,30	160,08																		
	VI	1.823,08	42,97	145,84	164,07																		
5.255,99	I	1.266,91	-	101,35	114,02	-	89,41	100,58	-	77,98	87,73	-	67,07	75,45	-	56,67	63,75	-	46,78	52,63	-	37,42	42,
	II	1.124,66	-	89,97	101,21	-	78,52	88,33	-	67,58	76,03	-	57,16	64,30	-	47,25	53,15	-	37,86	42,59	-	28,98	32,
	III	754,16	-	60,33	67,87	-	51,76	58,23	-	43,45	48,88	-	35,41	39,83	-	27,61	31,06	-	20,08	22,59	-	12,80	14,
	IV	1.266,91	-	101,35	114,02	-	95,32	107,23	-	89,41	100,58	-	83,63	94,08	-	77,98	87,73	-	72,46	81,51	-	67,07	75,
	V	1.780,00	37,85	142,40	160,20																		
	VI	1.824,33	43,12	145,94	164,18																		
5.258,99	I	1.268,16	-	101,45	114,13	-	89,50	100,69	-	78,07	87,83	-	67,15	75,54	-	56,75	63,84	-	46,86	52,72	-	37,49	42,
	II	1.125,83	-	90,06	101,32	-	78,61	88,43	-	67,67	76,13	-	57,24	64,40	-	47,33	53,24	-	37,93	42,67	-	29,04	32,
	III	755,00	-	60,40	67,95	-	51,82	58,30	-	43,52	48,96	-	35,46	39,89	-	27,68	31,14	-	20,13	22,64	-	12,85	14,
	IV	1.268,16	-	101,45	114,13	-	95,41	107,33	-	89,50	100,69	-	83,72	94,19	-	78,07	87,83	-	72,55	81,62	-	67,15	75,
	V	1.781,25	38,00	142,50	160,31																		
	VI	1.825,58	43,27	146,04	164,30																		
5.261,99	I	1.269,33	-	101,54	114,23	-	89,60	100,80	-	78,16	87,93	-	67,24	75,64	-	56,83	63,93	-	46,94	52,80	-	37,56	42,
	II	1.127,08	-	90,16	101,43	-	78,70	88,54	-	67,76	76,23	-	57,32	64,49	-	47,40	53,33	-	38,00	42,75	-	29,12	32,
	III	755,83	-	60,46	68,02	-	51,90	58,39	-	43,58	49,03	-	35,53	39,97	-	27,73	31,19	-	20,20	22,72	-	12,92	14,
	IV	1.269,33	-	101,54	114,23	-	95,50	107,44	-	89,60	100,80	-	83,82	94,29	-	78,16	87,93	-	72,64	81,72	-	67,24	75,
	V	1.782,50	38,14	142,60	160,42																		
	VI	1.826,83	43,42	146,14	164,41																		
5.264,99	I	1.270,58	-	101,64	114,35	-	89,69	100,90	-	78,25	88,03	-	67,32	75,74	-	56,92	64,03	-	47,02	52,89	-	37,64	42,
	II	1.128,25	-	90,26	101,54	-	78,79	88,64	-	67,84	76,32	-	57,40	64,58	-	47,48	53,42	-	38,08	42,84	-	29,18	32,
	III	756,66	-	60,53	68,09	-	51,97	58,46	-	43,65	49,10	-	35,60	40,05	-	27,80	31,27	-	20,25	22,78	-	12,97	14,
	IV	1.270,58	-	101,64	114,35	-	95,60	107,55	-	89,69	100,90	-	83,90	94,39	-	78,25	88,03	-	72,72	81,81	-	67,32	75,
	V	1.783,75	38,29	142,70	160,53																		
	VI	1.828,08	43,57	146,24	164,52																		

Lohn/ Gehalt bis	Steuerklasse	Lohnsteuer	ohne Kinderfreibetrag SolZ 5,5%	Kirchensteuer 8%	Kirchensteuer 9%	0,5 SolZ 5,5%	0,5 Kirchensteuer 8%	0,5 Kirchensteuer 9%	1,0 SolZ 5,5%	1,0 Kirchensteuer 8%	1,0 Kirchensteuer 9%	1,5 SolZ 5,5%	1,5 Kirchensteuer 8%	1,5 Kirchensteuer 9%	2,0 SolZ 5,5%	2,0 Kirchensteuer 8%	2,0 Kirchensteuer 9%	2,5 SolZ 5,5%	2,5 Kirchensteuer 8%	2,5 Kirchensteuer 9%	3,0 SolZ 5,5%	3,0 Kirchensteuer 8%	3,0 Kirchensteuer 9%
						Anzahl Kinderfreibeträge (nur Steuerklassen I–IV)																	
5.267,99	I	1.271,83	-	101,74	114,46	-	89,78	101,00	-	78,34	88,13	-	67,41	75,83	-	57,00	64,12	-	47,10	52,98	-	37,71	42,42
	II	1.129,41	-	90,35	101,64	-	78,88	88,74	-	67,92	76,41	-	57,48	64,67	-	47,56	53,51	-	38,15	42,92	-	29,25	32,90
	III	757,66	-	60,61	68,18	-	52,04	58,54	-	43,72	49,18	-	35,66	40,12	-	27,86	31,34	-	20,32	22,86	-	13,02	14,65
	IV	1.271,83	-	101,74	114,46	-	95,70	107,66	-	89,78	101,00	-	84,00	94,50	-	78,34	88,13	-	72,81	81,91	-	67,41	75,83
	V	1.785,00	38,44	142,80	160,65																		
	VI	1.829,33	43,72	146,34	164,63																		
5.270,99	I	1.273,08	-	101,84	114,57	-	89,88	101,11	-	78,43	88,23	-	67,50	75,93	-	57,08	64,21	-	47,17	53,06	-	37,78	42,50
	II	1.130,58	-	90,44	101,75	-	78,97	88,84	-	68,01	76,51	-	57,57	64,76	-	47,64	53,59	-	38,22	43,00	-	29,32	32,99
	III	758,50	-	60,68	68,26	-	52,10	58,61	-	43,78	49,25	-	35,72	40,18	-	27,92	31,41	-	20,37	22,91	-	13,09	14,72
	IV	1.273,08	-	101,84	114,57	-	95,80	107,77	-	89,88	101,11	-	84,09	94,60	-	78,43	88,23	-	72,90	82,01	-	67,50	75,93
	V	1.786,33	38,60	142,90	160,76																		
	VI	1.830,58	43,87	146,44	164,75																		
5.273,99	I	1.274,25	-	101,94	114,68	-	89,97	101,21	-	78,52	88,33	-	67,58	76,03	-	57,16	64,30	-	47,25	53,15	-	37,86	42,59
	II	1.131,75	-	90,54	101,85	-	79,06	88,94	-	68,10	76,61	-	57,65	64,85	-	47,72	53,68	-	38,30	43,08	-	29,39	33,06
	III	759,33	-	60,74	68,33	-	52,17	58,69	-	43,85	49,33	-	35,78	40,25	-	27,98	31,48	-	20,44	22,99	-	13,14	14,78
	IV	1.274,25	-	101,94	114,68	-	95,89	107,87	-	89,97	101,21	-	84,18	94,70	-	78,52	88,33	-	72,99	82,11	-	67,58	76,03
	V	1.787,58	38,75	143,00	160,88																		
	VI	1.831,83	44,02	146,54	164,86																		
5.276,99	I	1.275,50	-	102,04	114,79	-	90,06	101,32	-	78,61	88,43	-	67,67	76,13	-	57,24	64,40	-	47,33	53,24	-	37,93	42,67
	II	1.132,91	-	90,63	101,96	-	79,15	89,04	-	68,18	76,70	-	57,73	64,94	-	47,80	53,77	-	38,37	43,16	-	29,46	33,14
	III	760,16	-	60,81	68,41	-	52,24	58,77	-	43,92	49,41	-	35,85	40,33	-	28,04	31,54	-	20,49	23,05	-	13,20	14,85
	IV	1.275,50	-	102,04	114,79	-	95,99	107,99	-	90,06	101,32	-	84,28	94,81	-	78,61	88,43	-	73,08	82,21	-	67,67	76,13
	V	1.788,83	38,90	143,10	160,99																		
	VI	1.833,08	44,16	146,64	164,97																		
5.279,99	I	1.276,75	-	102,14	114,90	-	90,16	101,43	-	78,70	88,54	-	67,76	76,23	-	57,32	64,49	-	47,40	53,33	-	38,00	42,75
	II	1.134,08	-	90,72	102,06	-	79,24	89,15	-	68,27	76,80	-	57,82	65,04	-	47,87	53,85	-	38,44	43,25	-	29,53	33,22
	III	761,16	-	60,89	68,50	-	52,30	58,84	-	43,98	49,48	-	35,92	40,41	-	28,10	31,61	-	20,56	23,13	-	13,26	14,92
	IV	1.276,75	-	102,14	114,90	-	96,08	108,09	-	90,16	101,43	-	84,36	94,91	-	78,70	88,54	-	73,16	82,31	-	67,76	76,23
	V	1.790,08	39,05	143,20	161,10																		
	VI	1.834,41	44,32	146,75	165,09																		
5.282,99	I	1.278,00	-	102,24	115,02	-	90,26	101,54	-	78,79	88,64	-	67,84	76,32	-	57,40	64,58	-	47,48	53,42	-	38,08	42,84
	II	1.135,33	-	90,82	102,17	-	79,33	89,24	-	68,36	76,90	-	57,90	65,13	-	47,95	53,94	-	38,52	43,33	-	29,60	33,30
	III	762,00	-	60,96	68,58	-	52,37	58,91	-	44,05	49,55	-	35,98	40,48	-	28,17	31,69	-	20,61	23,18	-	13,32	14,98
	IV	1.278,00	-	102,24	115,02	-	96,18	108,20	-	90,26	101,54	-	84,46	95,01	-	78,79	88,64	-	73,25	82,40	-	67,84	76,32
	V	1.791,33	39,20	143,30	161,21																		
	VI	1.835,66	44,47	146,85	165,20																		
5.285,99	I	1.279,16	-	102,33	115,12	-	90,35	101,64	-	78,88	88,74	-	67,92	76,41	-	57,48	64,67	-	47,56	53,51	-	38,15	42,92
	II	1.136,50	-	90,92	102,28	-	79,42	89,35	-	68,44	77,00	-	57,98	65,22	-	48,03	54,03	-	38,59	43,41	-	29,67	33,38
	III	762,83	-	61,02	68,65	-	52,44	58,99	-	44,12	49,63	-	36,04	40,54	-	28,22	31,75	-	20,68	23,26	-	13,37	15,04
	IV	1.279,16	-	102,33	115,12	-	96,28	108,31	-	90,35	101,64	-	84,55	95,12	-	78,88	88,74	-	73,34	82,50	-	67,92	76,41
	V	1.792,58	39,34	143,40	161,33																		
	VI	1.836,91	44,62	146,95	165,32																		
5.288,99	I	1.280,41	-	102,43	115,23	-	90,44	101,75	-	78,97	88,84	-	68,01	76,51	-	57,57	64,76	-	47,64	53,59	-	38,22	43,00
	II	1.137,66	-	91,01	102,38	-	79,51	89,45	-	68,53	77,09	-	58,06	65,32	-	48,10	54,11	-	38,66	43,49	-	29,74	33,46
	III	763,66	-	61,09	68,72	-	52,50	59,06	-	44,18	49,70	-	36,10	40,61	-	28,29	31,82	-	20,73	23,32	-	13,44	15,12
	IV	1.280,41	-	102,43	115,23	-	96,37	108,41	-	90,44	101,75	-	84,64	95,22	-	78,97	88,84	-	73,43	82,61	-	68,01	76,51
	V	1.793,83	39,49	143,50	161,44																		
	VI	1.838,16	44,77	147,05	165,43																		
5.291,99	I	1.281,66	-	102,53	115,34	-	90,54	101,85	-	79,06	88,94	-	68,10	76,61	-	57,65	64,85	-	47,72	53,68	-	38,30	43,08
	II	1.138,83	-	91,10	102,49	-	79,60	89,55	-	68,62	77,19	-	58,14	65,41	-	48,18	54,20	-	38,74	43,58	-	29,81	33,53
	III	764,66	-	61,17	68,81	-	52,58	59,15	-	44,25	49,78	-	36,17	40,69	-	28,36	31,90	-	20,80	23,40	-	13,49	15,17
	IV	1.281,66	-	102,53	115,34	-	96,47	108,53	-	90,54	101,85	-	84,74	95,33	-	79,06	88,94	-	73,52	82,71	-	68,10	76,61
	V	1.795,08	39,64	143,60	161,55																		
	VI	1.839,41	44,92	147,15	165,54																		
5.294,99	I	1.282,91	-	102,63	115,46	-	90,63	101,96	-	79,15	89,04	-	68,18	76,70	-	57,73	64,94	-	47,80	53,77	-	38,37	43,16
	II	1.140,00	-	91,20	102,60	-	79,69	89,65	-	68,70	77,29	-	58,22	65,50	-	48,26	54,29	-	38,82	43,67	-	29,88	33,61
	III	765,50	-	61,24	68,89	-	52,65	59,23	-	44,32	49,86	-	36,24	40,77	-	28,41	31,96	-	20,85	23,45	-	13,54	15,23
	IV	1.282,91	-	102,63	115,46	-	96,56	108,63	-	90,63	101,96	-	84,83	95,43	-	79,15	89,04	-	73,60	82,80	-	68,18	76,70
	V	1.796,33	39,79	143,70	161,66																		
	VI	1.840,66	45,07	147,25	165,65																		
5.297,99	I	1.284,08	-	102,72	115,56	-	90,72	102,06	-	79,24	89,15	-	68,27	76,80	-	57,82	65,04	-	47,87	53,85	-	38,44	43,25
	II	1.141,25	-	91,30	102,71	-	79,78	89,75	-	68,79	77,39	-	58,31	65,60	-	48,34	54,38	-	38,89	43,75	-	29,95	33,69
	III	766,33	-	61,30	68,96	-	52,72	59,31	-	44,38	49,93	-	36,30	40,84	-	28,48	32,04	-	20,92	23,53	-	13,61	15,31
	IV	1.284,08	-	102,72	115,56	-	96,66	108,74	-	90,72	102,06	-	84,92	95,53	-	79,24	89,15	-	73,69	82,90	-	68,27	76,80
	V	1.797,66	39,95	143,81	161,78																		
	VI	1.841,91	45,22	147,35	165,77																		
5.300,99	I	1.285,33	-	102,82	115,67	-	90,82	102,17	-	79,33	89,24	-	68,36	76,90	-	57,90	65,13	-	47,95	53,94	-	38,52	43,33
	II	1.142,41	-	91,39	102,81	-	79,88	89,86	-	68,88	77,49	-	58,39	65,69	-	48,42	54,47	-	38,96	43,83	-	30,02	33,77
	III	767,16	-	61,37	69,04	-	52,78	59,38	-	44,44	49,99	-	36,36	40,90	-	28,54	32,11	-	20,97	23,59	-	13,66	15,37
	IV	1.285,33	-	102,82	115,67	-	96,76	108,85	-	90,82	102,17	-	85,01	95,63	-	79,33	89,24	-	73,78	83,00	-	68,36	76,90
	V	1.798,91	40,10	143,91	161,90																		
	VI	1.843,16	45,36	147,45	165,88																		
5.303,99	I	1.286,58	-	102,92	115,79	-	90,92	102,28	-	79,42	89,35	-	68,44	77,00	-	57,98	65,22	-	48,03	54,03	-	38,59	43,41
	II	1.143,58	-	91,48	102,92	-	79,96	89,96	-	68,96	77,58	-	58,47	65,78	-	48,50	54,56	-	39,04	43,92	-	30,09	33,85
	III	768,16	-	61,45	69,13	-	52,85	59,45	-	44,50	50,06	-	36,42	40,97	-	28,60	32,17	-	21,04	23,67	-	13,72	15,43
	IV	1.286,58	-	102,92	115,79	-	96,86	108,96	-	90,92	102,28	-	85,10	95,74	-	79,42	89,35	-	73,87	83,10	-	68,44	77,00
	V	1.800,16	40,25	144,01	162,01																		
	VI	1.844,50	45,52	147,56	166,00																		
5.306,99	I	1.287,83	-	103,02	115,90	-	91,01	102,38	-	79,51	89,45	-	68,53	77,09	-	58,06	65,32	-	48,10	54,11	-	38,66	43,49
	II	1.144,75	-	91,58	103,02	-	80,06	90,06	-	69,05	77,68	-	58,56	65,88	-	48,58	54,65	-	39,11	44,00	-	30,16	33,93
	III	769,00	-	61,52	69,21	-	52,92	59,53	-	44,57	50,14	-	36,49	41,05	-	28,66	32,24	-	21,09	23,72	-	13,78	15,50
	IV	1.287,83	-	103,02	115,90	-	96,95	109,07	-	91,01	102,38	-	85,20	95,85	-	79,51	89,45	-	73,96	83,20	-	68,53	77,09
	V	1.801,41	40,40	144,11	162,12																		
	VI	1.845,75	45,67	147,66	166,11																		
5.309,99	I	1.289,08	-	103,12	116,01	-	91,10	102,49	-	79,60	89,55	-	68,62	77,19	-	58,14	65,41	-	48,18	54,20	-	38,74	43,58
	II	1.145,91	-	91,67	103,13	-	80,14	90,16	-	69,14	77,78	-	58,64	65,97	-	48,65	54,73	-	39,18	44,08	-	30,23	34,01
	III	769,83	-	61,58	69,28	-	52,98	59,60	-	44,64	50,22	-	36,56	41,13	-	28,73	32,32	-	21,16	23,80	-	13,84	15,57
	IV	1.289,08	-	103,12	116,01	-	97,05	109,18	-	91,10	102,49	-	85,29	95,95	-	79,60	89,55	-	74,04	83,30	-	68,62	77,19
	V	1.802,66	40,54	144,21	162,23																		
	VI	1.847,00	45,82	147,76	166,23																		

Lohn/ Gehalt bis	Steuerklasse	Lohn-steuer	ohne Kinderfreibetrag			Anzahl Kinderfreibeträge (nur Steuerklassen I–IV)																	
						0,5			1,0			1,5			2,0			2,5			3,0		
			SolZ 5,5%	Kirchensteuer 8%	9%	SolZ 5,5%	Kirchensteuer 8%	9%	SolZ 5,5%	Kirchensteuer 8%	9%	SolZ 5,5%	Kirchensteuer 8%	9%	SolZ 5,5%	Kirchensteuer 8%	9%	SolZ 5,5%	Kirchensteuer 8%	9%	SolZ 5,5%	Kirchensteuer 8%	9%
5.312,99	I	1.290,25	-	103,22	116,12	-	91,20	102,60	-	79,69	89,65	-	68,70	77,29	-	58,22	65,50	-	48,26	54,29	-	38,82	43,67
	II	1.147,16	-	91,77	103,24	-	80,24	90,27	-	69,22	77,87	-	58,72	66,06	-	48,73	54,82	-	39,26	44,16	-	30,30	34,08
	III	770,83	-	61,66	69,37	-	53,05	59,68	-	44,70	50,29	-	36,62	41,20	-	28,78	32,38	-	21,21	23,86	-	13,89	15,62
	IV	1.290,25	-	103,22	116,12	-	97,14	109,28	-	91,20	102,60	-	85,38	96,05	-	79,69	89,65	-	74,13	83,39	-	68,70	77,29
	V	1.803,91	40,69	144,31	162,35																		
	VI	1.848,25	45,97	147,86	166,34																		
5.315,99	I	1.291,50	-	103,32	116,23	-	91,30	102,71	-	79,78	89,75	-	68,79	77,39	-	58,31	65,60	-	48,34	54,38	-	38,89	43,75
	II	1.148,33	-	91,86	103,34	-	80,33	90,37	-	69,31	77,97	-	58,80	66,15	-	48,81	54,91	-	39,33	44,24	-	30,37	34,16
	III	771,66	-	61,73	69,44	-	53,12	59,76	-	44,77	50,36	-	36,68	41,26	-	28,85	32,45	-	21,28	23,94	-	13,96	15,70
	IV	1.291,50	-	103,32	116,23	-	97,24	109,40	-	91,30	102,71	-	85,48	96,16	-	79,78	89,75	-	74,22	83,50	-	68,79	77,39
	V	1.805,16	40,84	144,41	162,46																		
	VI	1.849,50	46,12	147,96	166,45																		
5.318,99	I	1.292,75	-	103,42	116,34	-	91,39	102,81	-	79,88	89,86	-	68,88	77,49	-	58,39	65,69	-	48,42	54,47	-	38,96	43,83
	II	1.149,50	-	91,96	103,45	-	80,42	90,47	-	69,40	78,07	-	58,88	66,24	-	48,89	55,00	-	39,40	44,33	-	30,44	34,24
	III	772,50	-	61,80	69,52	-	53,18	59,83	-	44,84	50,44	-	36,74	41,33	-	28,90	32,51	-	21,33	23,99	-	14,01	15,76
	IV	1.292,75	-	103,42	116,34	-	97,34	109,50	-	91,39	102,81	-	85,57	96,26	-	79,88	89,86	-	74,31	83,60	-	68,88	77,49
	V	1.806,41	40,99	144,51	162,57																		
	VI	1.850,75	46,27	148,06	166,56																		
5.321,99	I	1.294,00	-	103,52	116,46	-	91,48	102,92	-	79,96	89,96	-	68,96	77,58	-	58,47	65,78	-	48,50	54,56	-	39,04	43,92
	II	1.150,66	-	92,05	103,55	-	80,51	90,57	-	69,48	78,17	-	58,96	66,33	-	48,96	55,08	-	39,48	44,42	-	30,51	34,32
	III	773,33	-	61,86	69,59	-	53,26	59,92	-	44,90	50,51	-	36,81	41,41	-	28,97	32,59	-	21,40	24,07	-	14,06	15,82
	IV	1.294,00	-	103,52	116,46	-	97,44	109,62	-	91,48	102,92	-	85,66	96,36	-	79,96	89,96	-	74,40	83,70	-	68,96	77,58
	V	1.807,75	41,15	144,62	162,69																		
	VI	1.852,00	46,41	148,16	166,68																		
5.324,99	I	1.295,25	-	103,62	116,57	-	91,58	103,02	-	80,06	90,06	-	69,05	77,68	-	58,56	65,88	-	48,58	54,65	-	39,11	44,00
	II	1.151,91	-	92,15	103,67	-	80,60	90,67	-	69,56	78,26	-	59,05	66,43	-	49,04	55,17	-	39,56	44,50	-	30,58	34,40
	III	774,33	-	61,94	69,68	-	53,33	59,99	-	44,97	50,59	-	36,88	41,49	-	29,04	32,67	-	21,45	24,13	-	14,13	15,89
	IV	1.295,25	-	103,62	116,57	-	97,53	109,72	-	91,58	103,02	-	85,75	96,47	-	80,06	90,06	-	74,49	83,80	-	69,05	77,68
	V	1.809,00	41,30	144,72	162,81																		
	VI	1.853,25	46,56	148,26	166,79																		
5.327,99	I	1.296,50	-	103,72	116,68	-	91,67	103,13	-	80,14	90,16	-	69,14	77,78	-	58,64	65,97	-	48,65	54,73	-	39,18	44,08
	II	1.153,08	-	92,24	103,77	-	80,69	90,77	-	69,66	78,36	-	59,13	66,52	-	49,12	55,26	-	39,63	44,58	-	30,65	34,48
	III	775,16	-	62,01	69,76	-	53,40	60,07	-	45,04	50,67	-	36,94	41,56	-	29,09	32,72	-	21,52	24,21	-	14,18	15,95
	IV	1.296,50	-	103,72	116,68	-	97,63	109,83	-	91,67	103,13	-	85,84	96,57	-	80,14	90,16	-	74,58	83,90	-	69,14	77,78
	V	1.810,25	41,45	144,82	162,92																		
	VI	1.854,58	46,72	148,36	166,91																		
5.330,99	I	1.297,66	-	103,81	116,78	-	91,77	103,24	-	80,24	90,27	-	69,22	77,87	-	58,72	66,06	-	48,73	54,82	-	39,26	44,16
	II	1.154,25	-	92,34	103,88	-	80,78	90,88	-	69,74	78,46	-	59,21	66,61	-	49,20	55,35	-	39,70	44,66	-	30,72	34,56
	III	776,00	-	62,08	69,84	-	53,46	60,14	-	45,10	50,74	-	37,00	41,62	-	29,16	32,80	-	21,57	24,26	-	14,24	16,02
	IV	1.297,66	-	103,81	116,78	-	97,72	109,94	-	91,77	103,24	-	85,94	96,68	-	80,24	90,27	-	74,66	83,99	-	69,22	77,87
	V	1.811,50	41,60	144,92	163,03																		
	VI	1.855,83	46,87	148,46	167,02																		
5.333,99	I	1.298,91	-	103,91	116,90	-	91,86	103,34	-	80,33	90,37	-	69,31	77,97	-	58,80	66,15	-	48,81	54,91	-	39,33	44,24
	II	1.155,41	-	92,43	103,98	-	80,87	90,98	-	69,83	78,56	-	59,30	66,71	-	49,28	55,44	-	39,78	44,75	-	30,79	34,64
	III	776,83	-	62,14	69,91	-	53,53	60,22	-	45,17	50,81	-	37,06	41,69	-	29,22	32,87	-	21,64	24,34	-	14,30	16,09
	IV	1.298,91	-	103,91	116,90	-	97,82	110,05	-	91,86	103,34	-	86,03	96,78	-	80,33	90,37	-	74,75	84,09	-	69,31	77,97
	V	1.812,75	41,74	145,02	163,14																		
	VI	1.857,08	47,02	148,56	167,13																		
5.336,99	I	1.300,16	-	104,01	117,01	-	91,96	103,45	-	80,42	90,47	-	69,40	78,07	-	58,88	66,24	-	48,89	55,00	-	39,40	44,33
	II	1.156,66	-	92,53	104,09	-	80,96	91,08	-	69,92	78,66	-	59,38	66,80	-	49,36	55,53	-	39,85	44,83	-	30,86	34,72
	III	777,83	-	62,22	70,00	-	53,60	60,30	-	45,24	50,89	-	37,13	41,77	-	29,28	32,94	-	21,69	24,40	-	14,36	16,15
	IV	1.300,16	-	104,01	117,01	-	97,92	110,16	-	91,96	103,45	-	86,12	96,89	-	80,42	90,47	-	74,84	84,20	-	69,40	78,07
	V	1.814,00	41,89	145,12	163,26																		
	VI	1.858,33	47,17	148,66	167,24																		
5.339,99	I	1.301,41	-	104,11	117,12	-	92,05	103,55	-	80,51	90,57	-	69,48	78,17	-	58,96	66,33	-	48,96	55,08	-	39,48	44,42
	II	1.157,83	-	92,62	104,20	-	81,06	91,19	-	70,00	78,75	-	59,46	66,89	-	49,44	55,62	-	39,92	44,91	-	30,93	34,79
	III	778,66	-	62,29	70,07	-	53,66	60,37	-	45,30	50,96	-	37,20	41,85	-	29,34	33,01	-	21,76	24,48	-	14,41	16,21
	IV	1.301,41	-	104,11	117,12	-	98,02	110,27	-	92,05	103,55	-	86,22	96,99	-	80,51	90,57	-	74,93	84,29	-	69,48	78,17
	V	1.815,25	42,04	145,22	163,37																		
	VI	1.859,58	47,32	148,76	167,36																		
5.342,99	I	1.302,66	-	104,21	117,23	-	92,15	103,67	-	80,60	90,67	-	69,56	78,26	-	59,05	66,43	-	49,04	55,17	-	39,56	44,50
	II	1.159,00	-	92,72	104,31	-	81,14	91,28	-	70,09	78,85	-	59,54	66,98	-	49,52	55,71	-	40,00	45,00	-	31,00	34,88
	III	779,50	-	62,36	70,15	-	53,73	60,44	-	45,37	51,04	-	37,26	41,92	-	29,41	33,08	-	21,81	24,53	-	14,48	16,29
	IV	1.302,66	-	104,21	117,23	-	98,12	110,38	-	92,15	103,67	-	86,31	97,10	-	80,60	90,67	-	75,02	84,39	-	69,56	78,26
	V	1.816,50	42,19	145,32	163,48																		
	VI	1.860,83	47,47	148,86	167,47																		
5.345,99	I	1.303,91	-	104,31	117,35	-	92,24	103,77	-	80,69	90,77	-	69,66	78,36	-	59,13	66,52	-	49,12	55,26	-	39,63	44,58
	II	1.160,16	-	92,81	104,41	-	81,24	91,39	-	70,18	78,95	-	59,63	67,08	-	49,60	55,80	-	40,08	45,09	-	31,07	34,95
	III	780,50	-	62,44	70,24	-	53,81	60,53	-	45,44	51,12	-	37,32	41,98	-	29,46	33,14	-	21,88	24,61	-	14,53	16,34
	IV	1.303,91	-	104,31	117,35	-	98,21	110,48	-	92,24	103,77	-	86,40	97,20	-	80,69	90,77	-	75,11	84,50	-	69,66	78,36
	V	1.817,83	42,35	145,42	163,60																		
	VI	1.862,08	47,61	148,96	167,58																		
5.348,99	I	1.305,16	-	104,41	117,46	-	92,34	103,88	-	80,78	90,88	-	69,74	78,46	-	59,21	66,61	-	49,20	55,35	-	39,70	44,66
	II	1.161,41	-	92,91	104,52	-	81,33	91,49	-	70,26	79,04	-	59,71	67,17	-	49,67	55,88	-	40,15	45,17	-	31,14	35,03
	III	781,33	-	62,50	70,31	-	53,88	60,61	-	45,50	51,19	-	37,38	42,05	-	29,53	33,22	-	21,93	24,67	-	14,58	16,40
	IV	1.305,16	-	104,41	117,46	-	98,31	110,60	-	92,34	103,88	-	86,50	97,31	-	80,78	90,88	-	75,20	84,60	-	69,74	78,46
	V	1.819,08	42,50	145,52	163,71																		
	VI	1.863,33	47,76	149,06	167,69																		
5.351,99	I	1.306,33	-	104,50	117,56	-	92,43	103,98	-	80,87	90,98	-	69,83	78,56	-	59,30	66,71	-	49,28	55,44	-	39,78	44,75
	II	1.162,58	-	93,00	104,63	-	81,42	91,59	-	70,35	79,14	-	59,79	67,26	-	49,75	55,97	-	40,22	45,25	-	31,21	35,11
	III	782,16	-	62,57	70,39	-	53,94	60,68	-	45,57	51,26	-	37,45	42,13	-	29,60	33,30	-	22,00	24,75	-	14,65	16,48
	IV	1.306,33	-	104,50	117,56	-	98,40	110,70	-	92,43	103,98	-	86,59	97,41	-	80,87	90,98	-	75,28	84,69	-	69,83	78,56
	V	1.820,33	42,65	145,62	163,82																		
	VI	1.864,58	47,91	149,16	167,81																		
5.354,99	I	1.307,58	-	104,60	117,68	-	92,53	104,09	-	80,96	91,08	-	69,92	78,66	-	59,38	66,80	-	49,36	55,53	-	39,85	44,83
	II	1.163,75	-	93,10	104,73	-	81,51	91,70	-	70,44	79,24	-	59,88	67,36	-	49,83	56,06	-	40,30	45,33	-	31,28	35,19
	III	783,00	-	62,64	70,47	-	54,01	60,76	-	45,64	51,34	-	37,52	42,21	-	29,65	33,35	-	22,05	24,80	-	14,70	16,54
	IV	1.307,58	-	104,60	117,68	-	98,50	110,81	-	92,53	104,09	-	86,68	97,52	-	80,96	91,08	-	75,38	84,80	-	69,92	78,66
	V	1.821,58	42,80	145,72	163,94																		
	VI	1.865,91	48,07	149,27	167,93																		

Besondere Tabelle

MONAT bis 5.399,99 €

Lohn/ Gehalt bis	Steuerklasse	Lohn- steuer	ohne Kinderfreibetrag SolZ 5,5%	ohne Kinderfreibetrag Kirchensteuer 8%	ohne Kinderfreibetrag Kirchensteuer 9%	0,5 SolZ 5,5%	0,5 Kirchensteuer 8%	0,5 Kirchensteuer 9%	1,0 SolZ 5,5%	1,0 Kirchensteuer 8%	1,0 Kirchensteuer 9%	1,5 SolZ 5,5%	1,5 Kirchensteuer 8%	1,5 Kirchensteuer 9%	2,0 SolZ 5,5%	2,0 Kirchensteuer 8%	2,0 Kirchensteuer 9%	2,5 SolZ 5,5%	2,5 Kirchensteuer 8%	2,5 Kirchensteuer 9%	3,0 SolZ 5,5%	3,0 Kirchensteuer 8%	3,0 Kirchensteuer 9%
						Anzahl Kinderfreibeträge (nur Steuerklassen I–IV)																	
5.357,99	I	1.308,83	-	104,70	117,79	-	92,62	104,20	-	81,06	91,19	-	70,00	78,75	-	59,46	66,89	-	49,44	55,62	-	39,92	44,91
	II	1.165,00	-	93,20	104,85	-	81,60	91,80	-	70,52	79,34	-	59,96	67,45	-	49,91	56,15	-	40,38	45,42	-	31,35	35,27
	III	784,00	-	62,72	70,56	-	54,08	60,84	-	45,70	51,41	-	37,58	42,28	-	29,72	33,43	-	22,12	24,88	-	14,76	16,60
	IV	1.308,83	-	104,70	117,79	-	98,60	110,92	-	92,62	104,20	-	86,78	97,62	-	81,06	91,19	-	75,46	84,89	-	70,00	78,75
	V	1.822,83	42,94	145,82	164,05																		
	VI	1.867,16	48,22	149,37	168,04																		
5.360,99	I	1.310,08	-	104,80	117,90	-	92,72	104,31	-	81,14	91,28	-	70,09	78,85	-	59,54	66,98	-	49,52	55,71	-	40,00	45,00
	II	1.166,16	-	93,29	104,95	-	81,69	91,90	-	70,61	79,43	-	60,04	67,55	-	49,99	56,24	-	40,45	45,50	-	31,42	35,35
	III	784,83	-	62,78	70,63	-	54,14	60,91	-	45,77	51,49	-	37,65	42,35	-	29,78	33,50	-	22,17	24,94	-	14,82	16,67
	IV	1.310,08	-	104,80	117,90	-	98,70	111,03	-	92,72	104,31	-	86,87	97,73	-	81,14	91,28	-	75,55	84,99	-	70,09	78,85
	V	1.824,08	43,09	145,92	164,16																		
	VI	1.868,41	48,37	149,47	168,15																		
5.363,99	I	1.311,33	-	104,90	118,01	-	92,81	104,41	-	81,24	91,39	-	70,18	78,95	-	59,63	67,08	-	49,60	55,80	-	40,08	45,09
	II	1.167,33	-	93,38	105,05	-	81,78	92,00	-	70,70	79,53	-	60,12	67,64	-	50,06	56,32	-	40,52	45,59	-	31,50	35,43
	III	785,66	-	62,85	70,70	-	54,21	60,98	-	45,84	51,57	-	37,70	42,41	-	29,84	33,57	-	22,24	25,02	-	14,88	16,74
	IV	1.311,33	-	104,90	118,01	-	98,80	111,15	-	92,81	104,41	-	86,96	97,83	-	81,24	91,39	-	75,64	85,10	-	70,18	78,95
	V	1.825,33	43,24	146,02	164,27																		
	VI	1.869,66	48,52	149,57	168,26																		
5.366,99	I	1.312,58	-	105,00	118,13	-	92,91	104,52	-	81,33	91,49	-	70,26	79,04	-	59,71	67,17	-	49,67	55,88	-	40,15	45,17
	II	1.168,50	-	93,48	105,16	-	81,88	92,11	-	70,78	79,63	-	60,21	67,73	-	50,14	56,41	-	40,60	45,67	-	31,56	35,51
	III	786,66	-	62,93	70,79	-	54,28	61,06	-	45,90	51,64	-	37,77	42,49	-	29,90	33,64	-	22,29	25,07	-	14,93	16,79
	IV	1.312,58	-	105,00	118,13	-	98,89	111,25	-	92,91	104,52	-	87,05	97,93	-	81,33	91,49	-	75,73	85,19	-	70,26	79,04
	V	1.826,58	43,39	146,12	164,39																		
	VI	1.870,91	48,67	149,67	168,38																		
5.369,99	I	1.313,83	-	105,10	118,24	-	93,00	104,63	-	81,42	91,59	-	70,35	79,14	-	59,79	67,26	-	49,75	55,97	-	40,22	45,25
	II	1.169,75	-	93,58	105,27	-	81,96	92,21	-	70,87	79,73	-	60,29	67,82	-	50,22	56,50	-	40,67	45,75	-	31,64	35,59
	III	787,50	-	63,00	70,87	-	54,36	61,15	-	45,97	51,71	-	37,84	42,57	-	29,97	33,71	-	22,36	25,15	-	15,00	16,87
	IV	1.313,83	-	105,10	118,24	-	98,99	111,36	-	93,00	104,63	-	87,14	98,03	-	81,42	91,59	-	75,82	85,29	-	70,35	79,14
	V	1.827,83	43,54	146,22	164,50																		
	VI	1.872,16	48,81	149,77	168,49																		
5.372,99	I	1.315,08	-	105,20	118,35	-	93,10	104,73	-	81,51	91,70	-	70,44	79,24	-	59,88	67,36	-	49,83	56,06	-	40,30	45,33
	II	1.170,91	-	93,67	105,38	-	82,06	92,31	-	70,96	79,83	-	60,37	67,91	-	50,30	56,59	-	40,75	45,84	-	31,70	35,66
	III	788,33	-	63,06	70,94	-	54,42	61,22	-	46,04	51,79	-	37,90	42,64	-	30,02	33,77	-	22,41	25,21	-	15,05	16,93
	IV	1.315,08	-	105,20	118,35	-	99,08	111,47	-	93,10	104,73	-	87,24	98,14	-	81,51	91,70	-	75,91	85,40	-	70,44	79,24
	V	1.829,16	43,70	146,33	164,62																		
	VI	1.873,41	48,96	149,87	168,60																		
5.375,99	I	1.316,33	-	105,30	118,46	-	93,20	104,85	-	81,60	91,80	-	70,52	79,34	-	59,96	67,45	-	49,91	56,15	-	40,38	45,42
	II	1.172,08	-	93,76	105,48	-	82,15	92,42	-	71,04	79,92	-	60,46	68,01	-	50,38	56,68	-	40,82	45,92	-	31,78	35,75
	III	789,16	-	63,13	71,02	-	54,49	61,30	-	46,10	51,86	-	37,97	42,71	-	30,09	33,85	-	22,48	25,29	-	15,12	17,01
	IV	1.316,33	-	105,30	118,46	-	99,18	111,58	-	93,20	104,85	-	87,33	98,24	-	81,60	91,80	-	76,00	85,50	-	70,52	79,34
	V	1.830,41	43,85	146,43	164,73																		
	VI	1.874,66	49,11	149,97	168,71																		
5.378,99	I	1.317,58	-	105,40	118,58	-	93,29	104,95	-	81,69	91,90	-	70,61	79,43	-	60,04	67,55	-	49,99	56,24	-	40,45	45,50
	II	1.173,33	-	93,86	105,59	-	82,24	92,52	-	71,13	80,02	-	60,54	68,10	-	50,46	56,77	-	40,90	46,01	-	31,85	35,83
	III	790,16	-	63,21	71,11	-	54,56	61,38	-	46,17	51,94	-	38,04	42,79	-	30,16	33,93	-	22,53	25,34	-	15,17	17,06
	IV	1.317,58	-	105,40	118,58	-	99,28	111,69	-	93,29	104,95	-	87,42	98,35	-	81,69	91,90	-	76,08	85,59	-	70,61	79,43
	V	1.831,66	44,00	146,53	164,84																		
	VI	1.876,00	49,27	150,08	168,84																		
5.381,99	I	1.318,75	-	105,50	118,68	-	93,38	105,05	-	81,78	92,00	-	70,70	79,53	-	60,12	67,64	-	50,06	56,32	-	40,52	45,59
	II	1.174,50	-	93,96	105,70	-	82,33	92,62	-	71,22	80,12	-	60,62	68,20	-	50,54	56,85	-	40,97	46,09	-	31,92	35,91
	III	791,00	-	63,28	71,19	-	54,62	61,45	-	46,24	52,02	-	38,09	42,85	-	30,21	33,98	-	22,60	25,42	-	15,22	17,12
	IV	1.318,75	-	105,50	118,68	-	99,38	111,80	-	93,38	105,05	-	87,52	98,46	-	81,78	92,00	-	76,18	85,70	-	70,70	79,53
	V	1.832,91	44,14	146,63	164,96																		
	VI	1.877,25	49,42	150,18	168,95																		
5.384,99	I	1.320,00	-	105,60	118,80	-	93,48	105,16	-	81,88	92,11	-	70,78	79,63	-	60,21	67,73	-	50,14	56,41	-	40,60	45,67
	II	1.175,66	-	94,05	105,80	-	82,42	92,72	-	71,31	80,22	-	60,70	68,29	-	50,62	56,94	-	41,04	46,17	-	31,99	35,99
	III	791,83	-	63,34	71,26	-	54,69	61,52	-	46,30	52,09	-	38,16	42,93	-	30,28	34,06	-	22,65	25,48	-	15,29	17,20
	IV	1.320,00	-	105,60	118,80	-	99,48	111,91	-	93,48	105,16	-	87,61	98,56	-	81,88	92,11	-	76,26	85,79	-	70,78	79,63
	V	1.834,16	44,29	146,73	165,07																		
	VI	1.878,50	49,57	150,28	169,06																		
5.387,99	I	1.321,25	-	105,70	118,91	-	93,58	105,27	-	81,96	92,21	-	70,87	79,73	-	60,29	67,82	-	50,22	56,50	-	40,67	45,75
	II	1.176,91	-	94,15	105,92	-	82,52	92,83	-	71,40	80,32	-	60,79	68,39	-	50,70	57,03	-	41,12	46,26	-	32,06	36,06
	III	792,83	-	63,42	71,35	-	54,76	61,60	-	46,37	52,16	-	38,22	43,00	-	30,34	34,13	-	22,72	25,56	-	15,34	17,26
	IV	1.321,25	-	105,70	118,91	-	99,57	112,01	-	93,58	105,27	-	87,70	98,66	-	81,96	92,21	-	76,36	85,90	-	70,87	79,73
	V	1.835,41	44,44	146,83	165,18																		
	VI	1.879,75	49,72	150,38	169,17																		
5.390,99	I	1.322,50	-	105,80	119,02	-	93,67	105,38	-	82,06	92,31	-	70,96	79,83	-	60,37	67,91	-	50,30	56,59	-	40,75	45,84
	II	1.178,08	-	94,24	106,02	-	82,60	92,93	-	71,48	80,42	-	60,87	68,48	-	50,78	57,12	-	41,20	46,35	-	32,13	36,14
	III	793,66	-	63,49	71,42	-	54,84	61,69	-	46,44	52,24	-	38,29	43,07	-	30,40	34,20	-	22,77	25,61	-	15,40	17,32
	IV	1.322,50	-	105,80	119,02	-	99,67	112,13	-	93,67	105,38	-	87,80	98,77	-	82,06	92,31	-	76,44	86,00	-	70,96	79,83
	V	1.836,66	44,59	146,93	165,29																		
	VI	1.881,00	49,87	150,48	169,29																		
5.393,99	I	1.323,75	-	105,90	119,13	-	93,76	105,48	-	82,15	92,42	-	71,04	79,92	-	60,46	68,01	-	50,38	56,68	-	40,82	45,92
	II	1.179,25	-	94,34	106,13	-	82,70	93,03	-	71,57	80,51	-	60,96	68,58	-	50,86	57,21	-	41,27	46,43	-	32,20	36,23
	III	794,50	-	63,56	71,50	-	54,90	61,76	-	46,50	52,31	-	38,36	43,15	-	30,46	34,27	-	22,84	25,69	-	15,46	17,39
	IV	1.323,75	-	105,90	119,13	-	99,77	112,24	-	93,76	105,48	-	87,89	98,87	-	82,15	92,42	-	76,53	86,09	-	71,04	79,92
	V	1.837,91	44,74	147,03	165,41																		
	VI	1.882,25	50,01	150,58	169,40																		
5.396,99	I	1.325,00	-	106,00	119,25	-	93,86	105,59	-	82,24	92,52	-	71,13	80,02	-	60,54	68,10	-	50,46	56,77	-	40,90	46,01
	II	1.180,50	-	94,44	106,24	-	82,79	93,14	-	71,66	80,61	-	61,04	68,67	-	50,94	57,30	-	41,34	46,51	-	32,27	36,30
	III	795,50	-	63,64	71,59	-	54,97	61,84	-	46,57	52,39	-	38,42	43,22	-	30,53	34,34	-	22,89	25,75	-	15,52	17,46
	IV	1.325,00	-	106,00	119,25	-	99,86	112,34	-	93,86	105,59	-	87,98	98,98	-	82,24	92,52	-	76,62	86,20	-	71,13	80,02
	V	1.839,25	44,90	147,14	165,53																		
	VI	1.883,50	50,16	150,68	169,51																		
5.399,99	I	1.326,25	-	106,10	119,36	-	93,96	105,70	-	82,33	92,62	-	71,22	80,12	-	60,62	68,20	-	50,54	56,85	-	40,97	46,09
	II	1.181,66	-	94,53	106,34	-	82,88	93,24	-	71,74	80,71	-	61,12	68,76	-	51,02	57,39	-	41,42	46,60	-	32,34	36,38
	III	796,33	-	63,70	71,66	-	55,04	61,92	-	46,64	52,47	-	38,48	43,29	-	30,58	34,40	-	22,96	25,83	-	15,57	17,51
	IV	1.326,25	-	106,10	119,36	-	99,96	112,46	-	93,96	105,70	-	88,08	99,09	-	82,33	92,62	-	76,71	86,30	-	71,22	80,12
	V	1.840,50	45,05	147,24	165,64																		
	VI	1.884,75	50,31	150,78	169,62																		

Lohn/ Gehalt bis	Steuerklasse	Lohn-steuer	ohne Kinderfreibetrag SolZ 5,5%	Kirchensteuer 8%	Kirchensteuer 9%	0,5 SolZ 5,5%	Kirchensteuer 8%	Kirchensteuer 9%	1,0 SolZ 5,5%	Kirchensteuer 8%	Kirchensteuer 9%	1,5 SolZ 5,5%	Kirchensteuer 8%	Kirchensteuer 9%	2,0 SolZ 5,5%	Kirchensteuer 8%	Kirchensteuer 9%	2,5 SolZ 5,5%	Kirchensteuer 8%	Kirchensteuer 9%	3,0 SolZ 5,5%	Kirchensteuer 8%	Kirchensteuer 9%
5.402,99	I	1.327,50	–	106,20	119,47	–	94,05	105,80	–	82,42	92,72	–	71,31	80,22	–	60,70	68,29	–	50,62	56,94	–	41,04	46,1
	II	1.182,91	–	94,63	106,46	–	82,97	93,34	–	71,83	80,81	–	61,20	68,85	–	51,10	57,48	–	41,50	46,68	–	32,42	36,4
	III	797,16	–	63,77	71,74	–	55,10	61,99	–	46,70	52,54	–	38,54	43,36	–	30,65	34,48	–	23,01	25,88	–	15,64	17,5
	IV	1.327,50	–	106,20	119,47	–	100,06	112,57	–	94,05	105,80	–	88,17	99,19	–	82,42	92,72	–	76,80	86,40	–	71,31	80,2
	V	1.841,75	45,20	147,34	165,75																		
	VI	1.886,08	50,47	150,88	169,74																		
5.405,99	I	1.328,75	–	106,30	119,58	–	94,15	105,92	–	82,52	92,83	–	71,40	80,32	–	60,79	68,39	–	50,70	57,03	–	41,12	46,2
	II	1.184,08	–	94,72	106,56	–	83,06	93,44	–	71,92	80,91	–	61,29	68,95	–	51,17	57,56	–	41,57	46,76	–	32,48	36,5
	III	798,00	–	63,84	71,82	–	55,17	62,06	–	46,77	52,61	–	38,61	43,43	–	30,72	34,56	–	23,08	25,96	–	15,69	17,6
	IV	1.328,75	–	106,30	119,58	–	100,16	112,68	–	94,15	105,92	–	88,27	99,30	–	82,52	92,83	–	76,89	86,50	–	71,40	80,3
	V	1.843,00	45,34	147,44	165,87																		
	VI	1.887,33	50,62	150,98	169,85																		
5.408,99	I	1.330,00	–	106,40	119,70	–	94,24	106,02	–	82,60	92,93	–	71,48	80,42	–	60,87	68,48	–	50,78	57,12	–	41,20	46,3
	II	1.185,25	–	94,82	106,67	–	83,16	93,55	–	72,00	81,00	–	61,37	69,04	–	51,25	57,65	–	41,65	46,85	–	32,56	36,6
	III	799,00	–	63,92	71,91	–	55,25	62,15	–	46,84	52,69	–	38,68	43,51	–	30,77	34,61	–	23,13	26,02	–	15,76	17,7
	IV	1.330,00	–	106,40	119,70	–	100,26	112,79	–	94,24	106,02	–	88,36	99,41	–	82,60	92,93	–	76,98	86,60	–	71,48	80,4
	V	1.844,25	45,49	147,54	165,98																		
	VI	1.888,58	50,77	151,08	169,97																		
5.411,99	I	1.331,25	–	106,50	119,81	–	94,34	106,13	–	82,70	93,03	–	71,57	80,51	–	60,96	68,58	–	50,86	57,21	–	41,27	46,4
	II	1.186,50	–	94,92	106,78	–	83,25	93,65	–	72,10	81,11	–	61,46	69,14	–	51,33	57,74	–	41,72	46,94	–	32,63	36,7
	III	799,83	–	63,98	71,98	–	55,32	62,23	–	46,90	52,76	–	38,74	43,58	–	30,84	34,69	–	23,20	26,10	–	15,81	17,7
	IV	1.331,25	–	106,50	119,81	–	100,36	112,90	–	94,34	106,13	–	88,46	99,51	–	82,70	93,03	–	77,07	86,70	–	71,57	80,5
	V	1.845,50	45,64	147,64	166,09																		
	VI	1.889,83	50,92	151,18	170,08																		
5.414,99	I	1.332,50	–	106,60	119,92	–	94,44	106,24	–	82,79	93,14	–	71,66	80,61	–	61,04	68,67	–	50,94	57,30	–	41,34	46,5
	II	1.187,66	–	95,01	106,88	–	83,34	93,75	–	72,18	81,20	–	61,54	69,23	–	51,41	57,83	–	41,80	47,02	–	32,70	36,7
	III	800,66	–	64,05	72,05	–	55,38	62,30	–	46,97	52,84	–	38,81	43,66	–	30,90	34,76	–	23,25	26,15	–	15,86	17,8
	IV	1.332,50	–	106,60	119,92	–	100,45	113,00	–	94,44	106,24	–	88,55	99,62	–	82,79	93,14	–	77,16	86,80	–	71,66	80,6
	V	1.846,75	45,79	147,74	166,20																		
	VI	1.891,08	51,07	151,28	170,19																		
5.417,99	I	1.333,75	–	106,70	120,03	–	94,53	106,34	–	82,88	93,24	–	71,74	80,71	–	61,12	68,76	–	51,02	57,39	–	41,42	46,6
	II	1.188,83	–	95,10	106,99	–	83,43	93,86	–	72,27	81,30	–	61,62	69,32	–	51,49	57,92	–	41,87	47,10	–	32,77	36,8
	III	801,66	–	64,13	72,14	–	55,45	62,38	–	47,04	52,92	–	38,86	43,72	–	30,97	34,84	–	23,32	26,23	–	15,93	17,9
	IV	1.333,75	–	106,70	120,03	–	100,55	113,12	–	94,53	106,34	–	88,64	99,72	–	82,88	93,24	–	77,25	86,90	–	71,74	80,7
	V	1.848,00	45,94	147,84	166,32																		
	VI	1.892,33	51,21	151,38	170,30																		
5.420,99	I	1.335,00	–	106,80	120,15	–	94,63	106,46	–	82,97	93,34	–	71,83	80,81	–	61,20	68,85	–	51,10	57,48	–	41,50	46,6
	II	1.190,08	–	95,20	107,10	–	83,52	93,96	–	72,36	81,40	–	61,70	69,41	–	51,57	58,01	–	41,95	47,19	–	32,84	36,9
	III	802,50	–	64,20	72,22	–	55,52	62,46	–	47,10	52,99	–	38,93	43,79	–	31,02	34,90	–	23,38	26,30	–	15,98	17,9
	IV	1.335,00	–	106,80	120,15	–	100,65	113,23	–	94,63	106,46	–	88,74	99,83	–	82,97	93,34	–	77,34	87,00	–	71,83	80,8
	V	1.849,33	46,10	147,94	166,43																		
	VI	1.893,58	51,36	151,48	170,42																		
5.423,99	I	1.336,25	–	106,90	120,26	–	94,72	106,56	–	83,06	93,44	–	71,92	80,91	–	61,29	68,95	–	51,17	57,56	–	41,57	46,7
	II	1.191,25	–	95,30	107,21	–	83,62	94,07	–	72,44	81,50	–	61,79	69,51	–	51,65	58,10	–	42,02	47,27	–	32,91	37,0
	III	803,33	–	64,26	72,29	–	55,58	62,53	–	47,17	53,06	–	39,00	43,87	–	31,09	34,97	–	23,44	26,37	–	16,05	18,0
	IV	1.336,25	–	106,90	120,26	–	100,74	113,33	–	94,72	106,56	–	88,83	99,93	–	83,06	93,44	–	77,43	87,11	–	71,92	80,9
	V	1.850,58	46,25	148,04	166,55																		
	VI	1.894,83	51,51	151,58	170,53																		
5.426,99	I	1.337,50	–	107,00	120,37	–	94,82	106,67	–	83,16	93,55	–	72,00	81,00	–	61,37	69,04	–	51,25	57,65	–	41,65	46,8
	II	1.192,50	–	95,40	107,32	–	83,70	94,16	–	72,53	81,59	–	61,88	69,61	–	51,73	58,19	–	42,10	47,36	–	32,98	37,1
	III	804,33	–	64,34	72,38	–	55,65	62,60	–	47,24	53,14	–	39,06	43,94	–	31,16	35,05	–	23,50	26,44	–	16,10	18,1
	IV	1.337,50	–	107,00	120,37	–	100,84	113,45	–	94,82	106,67	–	88,92	100,04	–	83,16	93,55	–	77,52	87,21	–	72,00	81,0
	V	1.851,83	46,40	148,14	166,66																		
	VI	1.896,08	51,66	151,68	170,64																		
5.429,99	I	1.338,75	–	107,10	120,48	–	94,92	106,78	–	83,25	93,65	–	72,10	81,11	–	61,46	69,14	–	51,33	57,74	–	41,72	46,94
	II	1.193,66	–	95,49	107,42	–	83,80	94,27	–	72,62	81,70	–	61,96	69,70	–	51,81	58,28	–	42,18	47,45	–	33,06	37,19
	III	805,16	–	64,41	72,46	–	55,73	62,69	–	47,30	53,21	–	39,13	44,02	–	31,21	35,11	–	23,56	26,50	–	16,16	18,18
	IV	1.338,75	–	107,10	120,48	–	100,94	113,56	–	94,92	106,78	–	89,02	100,14	–	83,25	93,65	–	77,60	87,30	–	72,10	81,11
	V	1.853,08	46,54	148,24	166,77																		
	VI	1.897,41	51,82	151,79	170,76																		
5.432,99	I	1.340,00	–	107,20	120,60	–	95,01	106,88	–	83,34	93,75	–	72,18	81,20	–	61,54	69,23	–	51,41	57,83	–	41,80	47,02
	II	1.194,83	–	95,58	107,53	–	83,89	94,37	–	72,71	81,80	–	62,04	69,80	–	51,89	58,37	–	42,25	47,53	–	33,12	37,26
	III	806,00	–	64,48	72,54	–	55,80	62,77	–	47,37	53,29	–	39,20	44,10	–	31,28	35,19	–	23,62	26,57	–	16,22	18,25
	IV	1.340,00	–	107,20	120,60	–	101,04	113,67	–	95,01	106,88	–	89,11	100,25	–	83,34	93,75	–	77,70	87,41	–	72,18	81,20
	V	1.854,33	46,69	148,34	166,88																		
	VI	1.898,66	51,97	151,89	170,87																		
5.435,99	I	1.341,25	–	107,30	120,71	–	95,10	106,99	–	83,43	93,86	–	72,27	81,30	–	61,62	69,32	–	51,49	57,92	–	41,87	47,10
	II	1.196,08	–	95,68	107,64	–	83,98	94,48	–	72,80	81,90	–	62,12	69,89	–	51,97	58,46	–	42,32	47,61	–	33,20	37,35
	III	807,00	–	64,56	72,63	–	55,86	62,84	–	47,44	53,37	–	39,26	44,17	–	31,34	35,26	–	23,68	26,64	–	16,28	18,31
	IV	1.341,25	–	107,30	120,71	–	101,14	113,78	–	95,10	106,99	–	89,20	100,35	–	83,43	93,86	–	77,78	87,50	–	72,27	81,30
	V	1.855,58	46,84	148,44	167,00																		
	VI	1.899,91	52,12	151,99	170,99																		
5.438,99	I	1.342,50	–	107,40	120,82	–	95,20	107,10	–	83,52	93,96	–	72,36	81,40	–	61,70	69,41	–	51,57	58,01	–	41,95	47,19
	II	1.197,25	–	95,78	107,75	–	84,08	94,59	–	72,88	81,99	–	62,21	69,98	–	52,05	58,55	–	42,40	47,70	–	33,27	37,43
	III	807,83	–	64,62	72,70	–	55,93	62,92	–	47,50	53,44	–	39,32	44,23	–	31,40	35,32	–	23,74	26,71	–	16,33	18,37
	IV	1.342,50	–	107,40	120,82	–	101,24	113,89	–	95,20	107,10	–	89,30	100,46	–	83,52	93,96	–	77,88	87,61	–	72,36	81,40
	V	1.856,83	46,99	148,54	167,11																		
	VI	1.901,16	52,27	152,09	171,10																		
5.441,99	I	1.343,75	–	107,50	120,93	–	95,30	107,21	–	83,62	94,07	–	72,44	81,50	–	61,79	69,51	–	51,65	58,10	–	42,02	47,27
	II	1.198,50	–	95,88	107,86	–	84,16	94,68	–	72,97	82,09	–	62,29	70,07	–	52,13	58,64	–	42,48	47,79	–	33,34	37,50
	III	808,66	–	64,69	72,77	–	56,00	63,00	–	47,57	53,51	–	39,38	44,30	–	31,46	35,39	–	23,80	26,77	–	16,40	18,45
	IV	1.343,75	–	107,50	120,93	–	101,33	113,99	–	95,30	107,21	–	89,39	100,56	–	83,62	94,07	–	77,96	87,71	–	72,44	81,50
	V	1.858,08	47,14	148,64	167,22																		
	VI	1.902,41	52,41	152,19	171,21																		
5.444,99	I	1.345,00	–	107,60	121,05	–	95,40	107,32	–	83,70	94,16	–	72,53	81,59	–	61,88	69,61	–	51,73	58,19	–	42,10	47,36
	II	1.199,66	–	95,97	107,96	–	84,26	94,79	–	73,06	82,19	–	62,38	70,17	–	52,20	58,73	–	42,55	47,87	–	33,41	37,58
	III	809,66	–	64,77	72,86	–	56,06	63,07	–	47,64	53,59	–	39,45	44,38	–	31,53	35,47	–	23,86	26,84	–	16,45	18,50
	IV	1.345,00	–	107,60	121,05	–	101,43	114,11	–	95,40	107,32	–	89,48	100,67	–	83,70	94,16	–	78,06	87,81	–	72,53	81,59
	V	1.859,33	47,29	148,74	167,33																		
	VI	1.903,66	52,56	152,29	171,32																		

Anzahl Kinderfreibeträge (nur Steuerklassen I–IV)

Besondere Tabelle

MONAT bis 5.489,99 €

Lohn/ Gehalt bis	Steuerklasse	Lohnsteuer	ohne Kinderfreibetrag SolZ 5,5%	ohne Kinderfreibetrag Kirchensteuer 8%	ohne Kinderfreibetrag Kirchensteuer 9%	0,5 SolZ 5,5%	0,5 Kirchensteuer 8%	0,5 Kirchensteuer 9%	1,0 SolZ 5,5%	1,0 Kirchensteuer 8%	1,0 Kirchensteuer 9%	1,5 SolZ 5,5%	1,5 Kirchensteuer 8%	1,5 Kirchensteuer 9%	2,0 SolZ 5,5%	2,0 Kirchensteuer 8%	2,0 Kirchensteuer 9%	2,5 SolZ 5,5%	2,5 Kirchensteuer 8%	2,5 Kirchensteuer 9%	3,0 SolZ 5,5%	3,0 Kirchensteuer 8%	3,0 Kirchensteuer 9%
						Anzahl Kinderfreibeträge (nur Steuerklassen I–IV)																	
5.447,99	I	1.346,25	-	107,70	121,16	-	95,49	107,42	-	83,80	94,27	-	72,62	81,70	-	61,96	69,70	-	51,81	58,28	-	42,18	47,45
	II	1.200,91	-	96,07	108,08	-	84,35	94,89	-	73,15	82,29	-	62,46	70,26	-	52,28	58,82	-	42,63	47,96	-	33,48	37,67
	III	810,50	-	64,84	72,94	-	56,14	63,16	-	47,70	53,66	-	39,52	44,46	-	31,60	35,55	-	23,92	26,91	-	16,52	18,58
	IV	1.346,25	-	107,70	121,16	-	101,53	114,22	-	95,49	107,42	-	89,58	100,77	-	83,80	94,27	-	78,14	87,91	-	72,62	81,70
	V	1.860,66	*47,45*	148,85	167,45																		
	VI	1.904,91	*52,71*	152,39	171,44																		
5.450,99	I	1.347,50	-	107,80	121,27	-	95,58	107,53	-	83,89	94,37	-	72,71	81,80	-	62,04	69,80	-	51,89	58,37	-	42,25	47,53
	II	1.202,08	-	96,16	108,18	-	84,44	95,00	-	73,24	82,39	-	62,54	70,36	-	52,36	58,91	-	42,70	48,04	-	33,56	37,75
	III	811,33	-	64,90	73,01	-	56,21	63,23	-	47,77	53,74	-	39,58	44,53	-	31,65	35,60	-	23,98	26,98	-	16,57	18,64
	IV	1.347,50	-	107,80	121,27	-	101,63	114,33	-	95,58	107,53	-	89,68	100,89	-	83,89	94,37	-	78,24	88,02	-	72,71	81,80
	V	1.861,91	*47,60*	148,95	167,57																		
	VI	1.906,16	*52,86*	152,49	171,55																		
5.453,99	I	1.348,75	-	107,90	121,38	-	95,68	107,64	-	83,98	94,48	-	72,80	81,90	-	62,12	69,89	-	51,97	58,46	-	42,32	47,61
	II	1.203,33	-	96,26	108,29	-	84,54	95,10	-	73,32	82,49	-	62,63	70,46	-	52,44	59,00	-	42,78	48,12	-	33,62	37,82
	III	812,33	-	64,98	73,10	-	56,28	63,31	-	47,84	53,82	-	39,65	44,60	-	31,72	35,68	-	24,05	27,05	-	16,62	18,70
	IV	1.348,75	-	107,90	121,38	-	101,72	114,44	-	95,68	107,64	-	89,77	100,99	-	83,98	94,48	-	78,32	88,11	-	72,80	81,90
	V	1.863,16	*47,74*	149,05	167,68																		
	VI	1.907,50	*53,02*	152,60	171,67																		
5.456,99	I	1.350,00	-	108,00	121,50	-	95,78	107,75	-	84,08	94,59	-	72,88	81,99	-	62,21	69,98	-	52,05	58,55	-	42,40	47,70
	II	1.204,50	-	96,36	108,40	-	84,63	95,21	-	73,41	82,58	-	62,71	70,55	-	52,52	59,09	-	42,86	48,21	-	33,70	37,91
	III	813,16	-	65,05	73,18	-	56,34	63,38	-	47,90	53,89	-	39,72	44,68	-	31,78	35,75	-	24,10	27,11	-	16,69	18,77
	IV	1.350,00	-	108,00	121,50	-	101,82	114,55	-	95,78	107,75	-	89,86	101,09	-	84,08	94,59	-	78,42	88,22	-	72,88	81,99
	V	1.864,41	*47,89*	149,15	167,79																		
	VI	1.908,75	*53,17*	152,70	171,78																		
5.459,99	I	1.351,25	-	108,10	121,61	-	95,88	107,86	-	84,16	94,68	-	72,97	82,09	-	62,29	70,07	-	52,13	58,64	-	42,48	47,79
	II	1.205,66	-	96,45	108,50	-	84,72	95,31	-	73,50	82,69	-	62,80	70,65	-	52,60	59,18	-	42,93	48,29	-	33,77	37,99
	III	814,00	-	65,12	73,26	-	56,41	63,46	-	47,97	53,96	-	39,77	44,74	-	31,84	35,82	-	24,17	27,19	-	16,74	18,83
	IV	1.351,25	-	108,10	121,61	-	101,92	114,66	-	95,88	107,86	-	89,96	101,20	-	84,16	94,68	-	78,50	88,31	-	72,97	82,09
	V	1.865,66	*48,04*	149,25	167,90																		
	VI	1.910,00	*53,32*	152,80	171,90																		
5.462,99	I	1.352,50	-	108,20	121,72	-	95,97	107,96	-	84,26	94,79	-	73,06	82,19	-	62,38	70,17	-	52,20	58,73	-	42,55	47,87
	II	1.206,91	-	96,55	108,62	-	84,81	95,41	-	73,59	82,79	-	62,88	70,74	-	52,68	59,27	-	43,00	48,38	-	33,84	38,07
	III	814,83	-	65,18	73,33	-	56,48	63,54	-	48,04	54,04	-	39,84	44,82	-	31,90	35,89	-	24,22	27,25	-	16,81	18,91
	IV	1.352,50	-	108,20	121,72	-	102,02	114,77	-	95,97	107,96	-	90,05	101,30	-	84,26	94,79	-	78,60	88,42	-	73,06	82,19
	V	1.866,91	*48,19*	149,35	168,02																		
	VI	1.911,25	*53,47*	152,90	172,01																		
5.465,99	I	1.353,75	-	108,30	121,83	-	96,07	108,08	-	84,35	94,89	-	73,15	82,29	-	62,46	70,26	-	52,28	58,82	-	42,63	47,96
	II	1.208,08	-	96,64	108,72	-	84,90	95,51	-	73,68	82,89	-	62,96	70,83	-	52,76	59,36	-	43,08	48,47	-	33,91	38,15
	III	815,83	-	65,26	73,42	-	56,56	63,63	-	48,10	54,11	-	39,90	44,89	-	31,97	35,96	-	24,29	27,32	-	16,86	18,97
	IV	1.353,75	-	108,30	121,83	-	102,12	114,88	-	96,07	108,08	-	90,14	101,41	-	84,35	94,89	-	78,68	88,52	-	73,15	82,29
	V	1.868,16	*48,34*	149,45	168,13																		
	VI	1.912,50	*53,61*	153,00	172,12																		
5.468,99	I	1.355,00	-	108,40	121,95	-	96,16	108,18	-	84,44	95,00	-	73,24	82,39	-	62,54	70,36	-	52,36	58,91	-	42,70	48,04
	II	1.209,33	-	96,74	108,83	-	85,00	95,62	-	73,76	82,98	-	63,05	70,93	-	52,84	59,45	-	43,16	48,55	-	33,98	38,23
	III	816,66	-	65,33	73,49	-	56,62	63,70	-	48,17	54,19	-	39,97	44,96	-	32,02	36,02	-	24,34	27,38	-	16,92	19,03
	IV	1.355,00	-	108,40	121,95	-	102,22	114,99	-	96,16	108,18	-	90,24	101,52	-	84,44	95,00	-	78,78	88,62	-	73,24	82,39
	V	1.869,41	*48,49*	149,55	168,24																		
	VI	1.913,75	*53,76*	153,10	172,23																		
5.471,99	I	1.356,33	-	108,50	122,06	-	96,26	108,29	-	84,54	95,10	-	73,32	82,49	-	62,63	70,46	-	52,44	59,00	-	42,78	48,12
	II	1.210,50	-	96,84	108,94	-	85,09	95,72	-	73,86	83,09	-	63,13	71,02	-	52,92	59,54	-	43,23	48,63	-	34,06	38,31
	III	817,50	-	65,40	73,57	-	56,69	63,77	-	48,24	54,27	-	40,04	45,04	-	32,09	36,10	-	24,41	27,46	-	16,98	19,10
	IV	1.356,33	-	108,50	122,06	-	102,32	115,11	-	96,26	108,29	-	90,34	101,63	-	84,54	95,10	-	78,86	88,72	-	73,32	82,49
	V	1.870,75	*48,65*	149,66	168,36																		
	VI	1.915,00	*53,91*	153,20	172,35																		
5.474,99	I	1.357,58	-	108,60	122,18	-	96,36	108,40	-	84,63	95,21	-	73,41	82,58	-	62,71	70,55	-	52,52	59,09	-	42,86	48,21
	II	1.211,75	-	96,94	109,05	-	85,18	95,83	-	73,94	83,18	-	63,22	71,12	-	53,00	59,63	-	43,31	48,72	-	34,13	38,39
	III	818,50	-	65,48	73,66	-	56,76	63,85	-	48,30	54,34	-	40,10	45,11	-	32,16	36,18	-	24,46	27,52	-	17,04	19,17
	IV	1.357,58	-	108,60	122,18	-	102,42	115,22	-	96,36	108,40	-	90,43	101,73	-	84,63	95,21	-	78,96	88,83	-	73,41	82,58
	V	1.872,00	*48,79*	149,76	168,48																		
	VI	1.916,25	*54,06*	153,30	172,46																		
5.477,99	I	1.358,83	-	108,70	122,29	-	96,45	108,50	-	84,72	95,31	-	73,50	82,69	-	62,80	70,65	-	52,60	59,18	-	42,93	48,29
	II	1.212,91	-	97,03	109,16	-	85,28	95,94	-	74,03	83,28	-	63,30	71,21	-	53,08	59,72	-	43,38	48,80	-	34,20	38,47
	III	819,33	-	65,54	73,73	-	56,82	63,92	-	48,37	54,41	-	40,17	45,19	-	32,22	36,25	-	24,53	27,59	-	17,10	19,24
	IV	1.358,83	-	108,70	122,29	-	102,51	115,32	-	96,45	108,50	-	90,52	101,84	-	84,72	95,31	-	79,04	88,92	-	73,50	82,69
	V	1.873,25	*48,94*	149,86	168,59																		
	VI	1.917,58	*54,22*	153,40	172,58																		
5.480,99	I	1.360,08	-	108,80	122,40	-	96,55	108,62	-	84,81	95,41	-	73,59	82,79	-	62,88	70,74	-	52,68	59,27	-	43,00	48,38
	II	1.214,16	-	97,13	109,27	-	85,36	96,03	-	74,12	83,38	-	63,38	71,30	-	53,16	59,81	-	43,46	48,89	-	34,27	38,55
	III	820,16	-	65,61	73,81	-	56,90	64,01	-	48,44	54,49	-	40,22	45,25	-	32,28	36,31	-	24,60	27,67	-	17,16	19,30
	IV	1.360,08	-	108,80	122,40	-	102,61	115,43	-	96,55	108,62	-	90,62	101,94	-	84,81	95,41	-	79,14	89,03	-	73,59	82,79
	V	1.874,50	*49,09*	149,96	168,70																		
	VI	1.918,83	*54,37*	153,50	172,69																		
5.483,99	I	1.361,33	-	108,90	122,51	-	96,64	108,72	-	84,90	95,51	-	73,68	82,89	-	62,96	70,83	-	52,76	59,36	-	43,08	48,47
	II	1.215,33	-	97,22	109,37	-	85,46	96,14	-	74,21	83,48	-	63,47	71,40	-	53,24	59,90	-	43,54	48,98	-	34,34	38,63
	III	821,16	-	65,69	73,90	-	56,97	64,09	-	48,50	54,56	-	40,29	45,32	-	32,34	36,38	-	24,65	27,73	-	17,21	19,36
	IV	1.361,33	-	108,90	122,51	-	102,71	115,55	-	96,64	108,72	-	90,71	102,05	-	84,90	95,51	-	79,22	89,12	-	73,68	82,89
	V	1.875,75	*49,24*	150,06	168,81																		
	VI	1.920,08	*54,52*	153,60	172,80																		
5.486,99	I	1.362,58	-	109,00	122,63	-	96,74	108,83	-	85,00	95,62	-	73,76	82,98	-	63,05	70,93	-	52,84	59,45	-	43,16	48,55
	II	1.216,58	-	97,32	109,49	-	85,55	96,24	-	74,30	83,58	-	63,55	71,49	-	53,32	59,99	-	43,61	49,06	-	34,42	38,72
	III	822,00	-	65,76	73,98	-	57,04	64,17	-	48,57	54,64	-	40,36	45,40	-	32,41	36,46	-	24,72	27,81	-	17,28	19,44
	IV	1.362,58	-	109,00	122,63	-	102,81	115,66	-	96,74	108,83	-	90,80	102,15	-	85,00	95,62	-	79,32	89,23	-	73,76	82,98
	V	1.877,00	*49,39*	150,16	168,93																		
	VI	1.921,33	*54,67*	153,70	172,91																		
5.489,99	I	1.363,83	-	109,10	122,74	-	96,84	108,94	-	85,09	95,72	-	73,86	83,09	-	63,13	71,02	-	52,92	59,54	-	43,23	48,63
	II	1.217,75	-	97,42	109,59	-	85,64	96,35	-	74,38	83,68	-	63,64	71,59	-	53,40	60,08	-	43,69	49,15	-	34,48	38,79
	III	823,00	-	65,84	74,07	-	57,10	64,24	-	48,64	54,72	-	40,42	45,47	-	32,46	36,52	-	24,77	27,86	-	17,33	19,49
	IV	1.363,83	-	109,10	122,74	-	102,91	115,77	-	96,84	108,94	-	90,90	102,26	-	85,09	95,72	-	79,41	89,33	-	73,86	83,09
	V	1.878,25	*49,54*	150,26	169,04																		
	VI	1.922,58	*54,81*	153,80	173,03																		

Lohn/ Gehalt bis	Steuerklasse	Lohn-steuer	ohne Kinderfreibetrag			Anzahl Kinderfreibeträge (nur Steuerklassen I–IV)																	
						0,5			1,0			1,5			2,0			2,5			3,0		
			SolZ 5,5%	Kirchensteuer 8%	9%	SolZ 5,5%	Kirchensteuer 8%	9%	SolZ 5,5%	Kirchensteuer 8%	9%	SolZ 5,5%	Kirchensteuer 8%	9%	SolZ 5,5%	Kirchensteuer 8%	9%	SolZ 5,5%	Kirchensteuer 8%	9%	SolZ 5,5%	Kirchensteue 8%	9%
5.492,99	I	1.365,08	-	109,20	122,85	-	96,94	109,05	-	85,18	95,83	-	73,94	83,18	-	63,22	71,12	-	53,00	59,63	-	43,31	48,7
	II	1.219,00	-	97,52	109,71	-	85,74	96,45	-	74,47	83,78	-	63,72	71,69	-	53,48	60,17	-	43,76	49,23	-	34,56	38,8
	III	823,83	-	65,90	74,14	-	57,17	64,31	-	48,70	54,79	-	40,49	45,55	-	32,53	36,59	-	24,84	27,94	-	17,40	19,5
	IV	1.365,08	-	109,20	122,85	-	103,00	115,88	-	96,94	109,05	-	91,00	102,37	-	85,18	95,83	-	79,50	89,43	-	73,94	83,1
	V	1.879,50	49,69	150,36	169,15																		
	VI	1.923,83	54,96	153,90	173,14																		
5.495,99	I	1.366,33	-	109,30	122,96	-	97,03	109,16	-	85,28	95,94	-	74,03	83,28	-	63,30	71,21	-	53,08	59,72	-	43,38	48,8
	II	1.220,16	-	97,61	109,81	-	85,83	96,56	-	74,56	83,88	-	63,80	71,78	-	53,56	60,26	-	43,84	49,32	-	34,63	38,9
	III	824,66	-	65,97	74,21	-	57,24	64,39	-	48,77	54,86	-	40,56	45,63	-	32,60	36,67	-	24,89	28,00	-	17,45	19,6
	IV	1.366,33	-	109,30	122,96	-	103,10	115,99	-	97,03	109,16	-	91,09	102,47	-	85,28	95,94	-	79,59	89,54	-	74,03	83,2
	V	1.880,83	49,85	150,46	169,27																		
	VI	1.925,08	55,11	154,00	173,25																		
5.498,99	I	1.367,58	-	109,40	123,08	-	97,13	109,27	-	85,36	96,03	-	74,12	83,38	-	63,38	71,30	-	53,16	59,81	-	43,46	48,8
	II	1.221,41	-	97,71	109,92	-	85,92	96,66	-	74,65	83,98	-	63,89	71,87	-	53,65	60,35	-	43,92	49,41	-	34,70	39,0
	III	825,66	-	66,05	74,30	-	57,32	64,48	-	48,84	54,94	-	40,62	45,70	-	32,66	36,74	-	24,96	28,08	-	17,50	19,6
	IV	1.367,58	-	109,40	123,08	-	103,20	116,10	-	97,13	109,27	-	91,18	102,58	-	85,36	96,03	-	79,68	89,64	-	74,12	83,3
	V	1.882,08	49,99	150,56	169,38																		
	VI	1.926,33	55,26	154,10	173,36																		
5.501,99	I	1.368,83	-	109,50	123,19	-	97,22	109,37	-	85,46	96,14	-	74,21	83,48	-	63,47	71,40	-	53,24	59,90	-	43,54	48,9
	II	1.222,58	-	97,80	110,03	-	86,02	96,77	-	74,74	84,08	-	63,98	71,97	-	53,73	60,44	-	44,00	49,50	-	34,78	39,1
	III	826,50	-	66,12	74,38	-	57,38	64,55	-	48,90	55,01	-	40,69	45,77	-	32,72	36,81	-	25,01	28,13	-	17,57	19,7
	IV	1.368,83	-	109,50	123,19	-	103,30	116,21	-	97,22	109,37	-	91,28	102,69	-	85,46	96,14	-	79,77	89,74	-	74,21	83,4
	V	1.883,33	50,14	150,66	169,49																		
	VI	1.927,58	55,41	154,20	173,48																		
5.504,99	I	1.370,16	-	109,61	123,31	-	97,32	109,49	-	85,55	96,24	-	74,30	83,58	-	63,55	71,49	-	53,32	59,99	-	43,61	49,0
	II	1.223,83	-	97,90	110,14	-	86,11	96,87	-	74,82	84,17	-	64,06	72,06	-	53,81	60,53	-	44,07	49,58	-	34,84	39,2
	III	827,33	-	66,18	74,45	-	57,45	64,63	-	48,97	55,09	-	40,74	45,83	-	32,78	36,88	-	25,08	28,21	-	17,62	19,8
	IV	1.370,16	-	109,61	123,31	-	103,40	116,33	-	97,32	109,49	-	91,37	102,79	-	85,55	96,24	-	79,86	89,84	-	74,30	83,5
	V	1.884,58	50,29	150,76	169,61																		
	VI	1.928,91	55,57	154,31	173,60																		
5.507,99	I	1.371,41	-	109,71	123,42	-	97,42	109,59	-	85,64	96,35	-	74,38	83,68	-	63,64	71,59	-	53,40	60,08	-	43,69	49,1
	II	1.225,08	-	98,00	110,25	-	86,20	96,98	-	74,92	84,28	-	64,14	72,16	-	53,89	60,62	-	44,14	49,66	-	34,92	39,2
	III	828,33	-	66,26	74,54	-	57,52	64,71	-	49,04	55,17	-	40,81	45,91	-	32,85	36,95	-	25,14	28,28	-	17,69	19,9
	IV	1.371,41	-	109,71	123,42	-	103,50	116,43	-	97,42	109,59	-	91,47	102,90	-	85,64	96,35	-	79,95	89,94	-	74,38	83,6
	V	1.885,83	50,44	150,86	169,72																		
	VI	1.930,16	55,72	154,41	173,71																		
5.510,99	I	1.372,66	-	109,81	123,53	-	97,52	109,71	-	85,74	96,45	-	74,47	83,78	-	63,72	71,69	-	53,48	60,17	-	43,76	49,2
	II	1.226,25	-	98,10	110,36	-	86,30	97,08	-	75,00	84,38	-	64,23	72,26	-	53,97	60,71	-	44,22	49,75	-	34,99	39,3
	III	829,16	-	66,33	74,62	-	57,58	64,78	-	49,10	55,24	-	40,88	45,99	-	32,92	37,03	-	25,20	28,35	-	17,74	19,9
	IV	1.372,66	-	109,81	123,53	-	103,60	116,55	-	97,52	109,71	-	91,56	103,01	-	85,74	96,45	-	80,04	90,05	-	74,47	83,7
	V	1.887,08	50,59	150,96	169,83																		
	VI	1.931,41	55,87	154,51	173,82																		
5.513,99	I	1.373,91	-	109,91	123,65	-	97,61	109,81	-	85,83	96,56	-	74,56	83,88	-	63,80	71,78	-	53,56	60,26	-	43,84	49,3
	II	1.227,50	-	98,20	110,47	-	86,38	97,18	-	75,09	84,47	-	64,32	72,36	-	54,05	60,80	-	44,30	49,83	-	35,06	39,4
	III	830,00	-	66,40	74,70	-	57,66	64,87	-	49,17	55,31	-	40,94	46,06	-	32,97	37,09	-	25,26	28,42	-	17,81	20,0
	IV	1.373,91	-	109,91	123,65	-	103,70	116,66	-	97,61	109,81	-	91,66	103,11	-	85,83	96,56	-	80,13	90,14	-	74,56	83,8
	V	1.888,33	50,74	151,06	169,94																		
	VI	1.932,66	56,01	154,61	173,93																		
5.516,99	I	1.375,16	-	110,01	123,76	-	97,71	109,92	-	85,92	96,66	-	74,65	83,98	-	63,89	71,87	-	53,65	60,35	-	43,92	49,4
	II	1.228,66	-	98,29	110,57	-	86,48	97,29	-	75,18	84,58	-	64,40	72,45	-	54,13	60,89	-	44,38	49,92	-	35,14	39,5
	III	831,00	-	66,48	74,79	-	57,73	64,94	-	49,24	55,39	-	41,01	46,13	-	33,04	37,17	-	25,32	28,48	-	17,86	20,0
	IV	1.375,16	-	110,01	123,76	-	103,80	116,77	-	97,71	109,92	-	91,75	103,22	-	85,92	96,66	-	80,22	90,25	-	74,65	83,9
	V	1.889,58	50,89	151,16	170,06																		
	VI	1.933,91	56,16	154,71	174,05																		
5.519,99	I	1.376,41	-	110,11	123,87	-	97,80	110,03	-	86,02	96,77	-	74,74	84,08	-	63,98	71,97	-	53,73	60,44	-	44,00	49,5
	II	1.229,91	-	98,39	110,69	-	86,57	97,39	-	75,27	84,68	-	64,48	72,54	-	54,21	60,98	-	44,45	50,00	-	35,21	39,6
	III	831,83	-	66,54	74,86	-	57,80	65,02	-	49,30	55,46	-	41,08	46,21	-	33,10	37,24	-	25,38	28,55	-	17,92	20,1
	IV	1.376,41	-	110,11	123,87	-	103,90	116,88	-	97,80	110,03	-	91,84	103,32	-	86,02	96,77	-	80,31	90,35	-	74,74	84,0
	V	1.890,83	51,04	151,26	170,17																		
	VI	1.935,16	56,31	154,81	174,16																		
5.522,99	I	1.377,66	-	110,21	123,98	-	97,90	110,14	-	86,11	96,87	-	74,82	84,17	-	64,06	72,06	-	53,81	60,53	-	44,07	49,5
	II	1.231,08	-	98,48	110,79	-	86,66	97,49	-	75,36	84,78	-	64,57	72,64	-	54,29	61,07	-	44,53	50,09	-	35,28	39,6
	III	832,66	-	66,61	74,93	-	57,86	65,09	-	49,37	55,54	-	41,14	46,28	-	33,16	37,30	-	25,45	28,63	-	17,98	20,2
	IV	1.377,66	-	110,21	123,98	-	104,00	117,00	-	97,90	110,14	-	91,94	103,43	-	86,11	96,87	-	80,40	90,45	-	74,82	84,1
	V	1.892,16	51,19	151,37	170,29																		
	VI	1.936,41	56,46	154,91	174,27																		
5.525,99	I	1.378,91	-	110,31	124,10	-	98,00	110,25	-	86,20	96,98	-	74,92	84,28	-	64,14	72,16	-	53,89	60,62	-	44,14	49,6
	II	1.232,33	-	98,58	110,90	-	86,76	97,60	-	75,45	84,88	-	64,65	72,73	-	54,37	61,16	-	44,60	50,18	-	35,35	39,7
	III	833,66	-	66,69	75,02	-	57,93	65,17	-	49,44	55,62	-	41,21	46,36	-	33,22	37,37	-	25,50	28,69	-	18,04	20,2
	IV	1.378,91	-	110,31	124,10	-	104,09	117,10	-	98,00	110,25	-	92,04	103,54	-	86,20	96,98	-	80,50	90,56	-	74,92	84,2
	V	1.893,41	51,34	151,47	170,40																		
	VI	1.937,66	56,61	155,01	174,38																		
5.528,99	I	1.380,25	-	110,42	124,22	-	98,10	110,36	-	86,30	97,08	-	75,00	84,38	-	64,23	72,26	-	53,97	60,71	-	44,22	49,7
	II	1.233,58	-	98,68	111,02	-	86,85	97,70	-	75,54	84,98	-	64,74	72,83	-	54,45	61,25	-	44,68	50,27	-	35,42	39,8
	III	834,50	-	66,76	75,10	-	58,01	65,26	-	49,50	55,69	-	41,28	46,44	-	33,29	37,45	-	25,57	28,76	-	18,10	20,3
	IV	1.380,25	-	110,42	124,22	-	104,19	117,21	-	98,10	110,36	-	92,13	103,64	-	86,30	97,08	-	80,58	90,65	-	75,00	84,3
	V	1.894,66	51,49	151,57	170,51																		
	VI	1.939,00	56,77	155,12	174,51																		
5.531,99	I	1.381,50	-	110,52	124,33	-	98,20	110,47	-	86,38	97,18	-	75,09	84,47	-	64,32	72,36	-	54,05	60,80	-	44,30	49,8
	II	1.234,75	-	98,78	111,12	-	86,94	97,81	-	75,62	85,07	-	64,82	72,92	-	54,53	61,34	-	44,76	50,35	-	35,50	39,9
	III	835,33	-	66,82	75,17	-	58,08	65,34	-	49,57	55,76	-	41,33	46,49	-	33,36	37,53	-	25,62	28,82	-	18,16	20,4
	IV	1.381,50	-	110,52	124,33	-	104,29	117,32	-	98,20	110,47	-	92,22	103,75	-	86,38	97,18	-	80,68	90,76	-	75,09	84,4
	V	1.895,91	51,64	151,67	170,63																		
	VI	1.940,25	56,92	155,22	174,62																		
5.534,99	I	1.382,75	-	110,62	124,44	-	98,29	110,57	-	86,48	97,29	-	75,18	84,58	-	64,40	72,45	-	54,13	60,89	-	44,38	49,92
	II	1.236,00	-	98,88	111,24	-	87,04	97,92	-	75,72	85,18	-	64,91	73,02	-	54,61	61,43	-	44,84	50,44	-	35,57	40,01
	III	836,33	-	66,90	75,26	-	58,14	65,41	-	49,65	55,85	-	41,40	46,57	-	33,41	37,58	-	25,69	28,90	-	18,22	20,50
	IV	1.382,75	-	110,62	124,44	-	104,39	117,44	-	98,29	110,57	-	92,32	103,86	-	86,48	97,29	-	80,76	90,86	-	75,18	84,58
	V	1.897,16	51,79	151,77	170,74																		
	VI	1.941,50	57,07	155,32	174,73																		

Lohn/ Gehalt bis	Steuerklasse	Lohn-steuer	ohne Kinderfreibetrag SolZ 5,5%	Kirchensteuer 8%	Kirchensteuer 9%	0,5 SolZ 5,5%	0,5 Kirchensteuer 8%	0,5 Kirchensteuer 9%	1,0 SolZ 5,5%	1,0 Kirchensteuer 8%	1,0 Kirchensteuer 9%	1,5 SolZ 5,5%	1,5 Kirchensteuer 8%	1,5 Kirchensteuer 9%	2,0 SolZ 5,5%	2,0 Kirchensteuer 8%	2,0 Kirchensteuer 9%	2,5 SolZ 5,5%	2,5 Kirchensteuer 8%	2,5 Kirchensteuer 9%	3,0 SolZ 5,5%	3,0 Kirchensteuer 8%	3,0 Kirchensteuer 9%
5.537,99	I	1.384,00	-	110,72	124,56	-	98,39	110,69	-	86,57	97,39	-	75,27	84,68	-	64,48	72,54	-	54,21	60,98	-	44,45	50,00
	II	1.237,16	-	98,97	111,34	-	87,13	98,02	-	75,80	85,28	-	64,99	73,11	-	54,70	61,53	-	44,91	50,52	-	35,64	40,10
	III	837,16	-	66,97	75,34	-	58,21	65,48	-	49,72	55,93	-	41,46	46,64	-	33,48	37,66	-	25,74	28,96	-	18,28	20,56
	IV	1.384,00	-	110,72	124,56	-	104,49	117,55	-	98,39	110,69	-	92,42	103,97	-	86,57	97,39	-	80,86	90,96	-	75,27	84,68
	V	1.898,41	51,94	151,87	170,85																		
	VI	1.942,75	57,21	155,42	174,84																		
5.540,99	I	1.385,25	-	110,82	124,67	-	98,48	110,79	-	86,66	97,49	-	75,36	84,78	-	64,57	72,64	-	54,29	61,07	-	44,53	50,09
	II	1.238,41	-	99,07	111,45	-	87,22	98,12	-	75,89	85,37	-	65,08	73,21	-	54,78	61,62	-	44,99	50,61	-	35,72	40,18
	III	838,00	-	67,04	75,42	-	58,28	65,56	-	49,78	56,00	-	41,53	46,72	-	33,54	37,73	-	25,81	29,03	-	18,33	20,62
	IV	1.385,25	-	110,82	124,67	-	104,59	117,66	-	98,48	110,79	-	92,51	104,07	-	86,66	97,49	-	80,95	91,07	-	75,36	84,78
	V	1.899,66	52,09	151,97	170,96																		
	VI	1.944,00	57,36	155,52	174,96																		
5.543,99	I	1.386,50	-	110,92	124,78	-	98,58	110,90	-	86,76	97,60	-	75,45	84,88	-	64,65	72,73	-	54,37	61,16	-	44,60	50,18
	II	1.239,58	-	99,16	111,56	-	87,32	98,23	-	75,98	85,48	-	65,16	73,31	-	54,86	61,71	-	45,06	50,69	-	35,79	40,26
	III	839,00	-	67,12	75,51	-	58,36	65,65	-	49,85	56,08	-	41,60	46,80	-	33,61	37,81	-	25,88	29,11	-	18,40	20,70
	IV	1.386,50	-	110,92	124,78	-	104,69	117,77	-	98,58	110,90	-	92,60	104,18	-	86,76	97,60	-	81,04	91,17	-	75,45	84,88
	V	1.900,91	52,24	152,07	171,08																		
	VI	1.945,25	57,51	155,62	175,07																		
5.546,99	I	1.387,75	-	111,02	124,89	-	98,68	111,02	-	86,85	97,70	-	75,54	84,98	-	64,74	72,83	-	54,45	61,25	-	44,68	50,27
	II	1.240,83	-	99,26	111,67	-	87,41	98,33	-	76,07	85,58	-	65,24	73,40	-	54,94	61,80	-	45,14	50,78	-	35,86	40,34
	III	839,83	-	67,18	75,58	-	58,42	65,72	-	49,92	56,16	-	41,66	46,87	-	33,66	37,87	-	25,93	29,17	-	18,45	20,75
	IV	1.387,75	-	111,02	124,89	-	104,79	117,89	-	98,68	111,02	-	92,70	104,29	-	86,85	97,70	-	81,13	91,27	-	75,54	84,98
	V	1.902,25	52,39	152,18	171,20																		
	VI	1.946,50	57,66	155,72	175,18																		
5.549,99	I	1.389,00	-	111,12	125,01	-	98,78	111,12	-	86,94	97,81	-	75,62	85,07	-	64,82	72,92	-	54,53	61,34	-	44,76	50,35
	II	1.242,08	-	99,36	111,78	-	87,50	98,44	-	76,16	85,68	-	65,33	73,49	-	55,02	61,89	-	45,22	50,87	-	35,93	40,42
	III	840,83	-	67,26	75,67	-	58,49	65,80	-	49,98	56,23	-	41,73	46,94	-	33,73	37,94	-	26,00	29,25	-	18,52	20,83
	IV	1.389,00	-	111,12	125,01	-	104,89	118,00	-	98,78	111,12	-	92,80	104,40	-	86,94	97,81	-	81,22	91,37	-	75,62	85,07
	V	1.903,50	52,54	152,28	171,31																		
	VI	1.947,75	57,81	155,82	175,29																		
5.552,99	I	1.390,33	-	111,22	125,12	-	98,88	111,24	-	87,04	97,92	-	75,72	85,18	-	64,91	73,02	-	54,61	61,43	-	44,84	50,44
	II	1.243,25	-	99,46	111,89	-	87,60	98,55	-	76,25	85,78	-	65,42	73,59	-	55,10	61,98	-	45,30	50,96	-	36,00	40,50
	III	841,66	-	67,33	75,74	-	58,56	65,88	-	50,05	56,30	-	41,80	47,02	-	33,80	38,02	-	26,05	29,30	-	18,57	20,89
	IV	1.390,33	-	111,22	125,12	-	104,98	118,10	-	98,88	111,24	-	92,89	104,50	-	87,04	97,92	-	81,31	91,47	-	75,72	85,18
	V	1.904,75	52,69	152,38	171,42																		
	VI	1.949,08	57,97	155,92	175,41																		
5.555,99	I	1.391,58	-	111,32	125,24	-	98,97	111,34	-	87,13	98,02	-	75,80	85,28	-	64,99	73,11	-	54,70	61,53	-	44,91	50,52
	II	1.244,50	-	99,56	112,00	-	87,69	98,65	-	76,34	85,88	-	65,50	73,69	-	55,18	62,07	-	45,37	51,04	-	36,08	40,59
	III	842,50	-	67,40	75,82	-	58,62	65,95	-	50,12	56,38	-	41,86	47,09	-	33,86	38,09	-	26,12	29,38	-	18,64	20,97
	IV	1.391,58	-	111,32	125,24	-	105,08	118,22	-	98,97	111,34	-	92,99	104,61	-	87,13	98,02	-	81,40	91,58	-	75,80	85,28
	V	1.906,00	52,84	152,48	171,54																		
	VI	1.950,33	58,12	156,02	175,52																		
5.558,99	I	1.392,83	-	111,42	125,35	-	99,07	111,45	-	87,22	98,12	-	75,89	85,37	-	65,08	73,21	-	54,78	61,62	-	44,99	50,61
	II	1.245,75	-	99,66	112,11	-	87,78	98,75	-	76,43	85,98	-	65,59	73,79	-	55,26	62,16	-	45,45	51,13	-	36,15	40,67
	III	843,50	-	67,48	75,91	-	58,70	66,04	-	50,18	56,45	-	41,93	47,17	-	33,92	38,16	-	26,18	29,45	-	18,69	21,02
	IV	1.392,83	-	111,42	125,35	-	105,18	118,33	-	99,07	111,45	-	93,08	104,72	-	87,22	98,12	-	81,50	91,68	-	75,89	85,37
	V	1.907,25	52,99	152,58	171,65																		
	VI	1.951,58	58,27	156,12	175,64																		
5.561,99	I	1.394,08	-	111,52	125,46	-	99,16	111,56	-	87,32	98,23	-	75,98	85,48	-	65,16	73,31	-	54,86	61,71	-	45,06	50,69
	II	1.246,91	-	99,75	112,22	-	87,88	98,86	-	76,52	86,08	-	65,67	73,88	-	55,34	62,26	-	45,52	51,21	-	36,22	40,75
	III	844,33	-	67,54	75,98	-	58,77	66,11	-	50,25	56,53	-	41,98	47,23	-	33,98	38,23	-	26,24	29,52	-	18,74	21,08
	IV	1.394,08	-	111,52	125,46	-	105,28	118,44	-	99,16	111,56	-	93,18	104,82	-	87,32	98,23	-	81,58	91,78	-	75,98	85,48
	V	1.908,50	53,14	152,68	171,76																		
	VI	1.952,83	58,41	156,22	175,75																		
5.564,99	I	1.395,33	-	111,62	125,57	-	99,26	111,67	-	87,41	98,33	-	76,07	85,58	-	65,24	73,40	-	54,94	61,80	-	45,14	50,78
	II	1.248,16	-	99,85	112,33	-	87,97	98,96	-	76,60	86,18	-	65,76	73,98	-	55,42	62,35	-	45,60	51,30	-	36,30	40,83
	III	845,16	-	67,61	76,06	-	58,84	66,19	-	50,32	56,61	-	42,05	47,30	-	34,05	38,30	-	26,30	29,59	-	18,81	21,16
	IV	1.395,33	-	111,62	125,57	-	105,38	118,55	-	99,26	111,67	-	93,27	104,93	-	87,41	98,33	-	81,68	91,89	-	76,07	85,58
	V	1.909,75	53,29	152,78	171,87																		
	VI	1.954,08	58,56	156,32	175,86																		
5.567,99	I	1.396,58	-	111,72	125,69	-	99,36	111,78	-	87,50	98,44	-	76,16	85,68	-	65,33	73,49	-	55,02	61,89	-	45,22	50,87
	II	1.249,33	-	99,94	112,43	-	88,06	99,07	-	76,70	86,28	-	65,84	74,07	-	55,50	62,44	-	45,68	51,39	-	36,37	40,91
	III	846,16	-	67,69	76,15	-	58,90	66,26	-	50,38	56,68	-	42,12	47,38	-	34,12	38,38	-	26,36	29,65	-	18,86	21,22
	IV	1.396,58	-	111,72	125,69	-	105,48	118,67	-	99,36	111,78	-	93,37	105,04	-	87,50	98,44	-	81,77	91,99	-	76,16	85,68
	V	1.911,00	53,44	152,88	171,99																		
	VI	1.955,33	58,71	156,42	175,97																		
5.570,99	I	1.397,83	-	111,82	125,80	-	99,46	111,89	-	87,60	98,55	-	76,25	85,78	-	65,42	73,59	-	55,10	61,98	-	45,30	50,96
	II	1.250,58	-	100,04	112,55	-	88,16	99,18	-	76,78	86,38	-	65,93	74,17	-	55,58	62,53	-	45,76	51,48	-	36,44	41,00
	III	847,00	-	67,76	76,23	-	58,98	66,35	-	50,45	56,75	-	42,18	47,45	-	34,17	38,44	-	26,42	29,72	-	18,93	21,29
	IV	1.397,83	-	111,82	125,80	-	105,58	118,78	-	99,46	111,89	-	93,46	105,14	-	87,60	98,55	-	81,86	92,09	-	76,25	85,78
	V	1.912,33	53,59	152,98	172,10																		
	VI	1.956,58	58,86	156,52	176,09																		
5.573,99	I	1.399,08	-	111,92	125,91	-	99,56	112,00	-	87,69	98,65	-	76,34	85,88	-	65,50	73,69	-	55,18	62,07	-	45,37	51,04
	II	1.251,83	-	100,14	112,66	-	88,25	99,28	-	76,88	86,49	-	66,01	74,26	-	55,66	62,62	-	45,83	51,56	-	36,52	41,08
	III	848,00	-	67,84	76,32	-	59,05	66,43	-	50,52	56,83	-	42,25	47,53	-	34,24	38,52	-	26,49	29,80	-	18,98	21,35
	IV	1.399,08	-	111,92	125,91	-	105,68	118,89	-	99,56	112,00	-	93,56	105,25	-	87,69	98,65	-	81,95	92,19	-	76,34	85,88
	V	1.913,58	53,74	153,08	172,22																		
	VI	1.957,83	59,01	156,62	176,20																		
5.576,99	I	1.400,33	-	112,02	126,02	-	99,66	112,11	-	87,78	98,75	-	76,43	85,98	-	65,59	73,79	-	55,26	62,16	-	45,45	51,13
	II	1.253,00	-	100,24	112,77	-	88,34	99,38	-	76,96	86,58	-	66,10	74,36	-	55,74	62,71	-	45,91	51,65	-	36,59	41,16
	III	848,83	-	67,90	76,39	-	59,12	66,51	-	50,58	56,90	-	42,32	47,61	-	34,30	38,59	-	26,54	29,86	-	19,05	21,43
	IV	1.400,33	-	112,02	126,02	-	105,78	119,00	-	99,66	112,11	-	93,66	105,36	-	87,78	98,75	-	82,04	92,30	-	76,43	85,98
	V	1.914,83	53,89	153,18	172,33																		
	VI	1.959,08	59,16	156,72	176,31																		
5.579,99	I	1.401,66	-	112,13	126,14	-	99,75	112,22	-	87,88	98,86	-	76,52	86,08	-	65,67	73,88	-	55,34	62,26	-	45,52	51,21
	II	1.254,25	-	100,34	112,88	-	88,44	99,49	-	77,06	86,69	-	66,18	74,45	-	55,83	62,81	-	45,98	51,73	-	36,66	41,24
	III	849,66	-	67,97	76,46	-	59,18	66,58	-	50,65	56,98	-	42,38	47,68	-	34,37	38,66	-	26,61	29,93	-	19,10	21,49
	IV	1.401,66	-	112,13	126,14	-	105,88	119,12	-	99,75	112,22	-	93,75	105,47	-	87,88	98,86	-	82,13	92,39	-	76,52	86,08
	V	1.916,08	54,04	153,28	172,44																		
	VI	1.960,41	59,32	156,83	176,43																		

MONAT bis 5.624,99 €

Lohn/ Gehalt bis	Steuerklasse	Lohnsteuer	ohne Kinderfreibetrag			Anzahl Kinderfreibeträge (nur Steuerklassen I–IV)																	
						0,5			1,0			1,5			2,0			2,5			3,0		
			SolZ 5,5%	Kirchensteuer 8%	Kirchensteuer 9%	SolZ 5,5%	Kirchensteuer 8%	Kirchensteuer 9%	SolZ 5,5%	Kirchensteuer 8%	Kirchensteuer 9%	SolZ 5,5%	Kirchensteuer 8%	Kirchensteuer 9%	SolZ 5,5%	Kirchensteuer 8%	Kirchensteuer 9%	SolZ 5,5%	Kirchensteuer 8%	Kirchensteuer 9%	SolZ 5,5%	Kirchensteuer 8%	Kirchensteuer 9%
5.582,99	I	1.402,91	-	112,23	126,26	-	99,85	112,33	-	87,97	98,96	-	76,60	86,18	-	65,76	73,98	-	55,42	62,35	-	45,60	51,
	II	1.255,50	-	100,44	112,99	-	88,53	99,59	-	77,14	86,78	-	66,27	74,55	-	55,91	62,90	-	46,06	51,82	-	36,73	41,
	III	850,66	-	68,05	76,55	-	59,25	66,65	-	50,72	57,06	-	42,45	47,75	-	34,42	38,72	-	26,66	29,99	-	19,17	21,5
	IV	1.402,91	-	112,23	126,26	-	105,98	119,23	-	99,85	112,33	-	93,84	105,57	-	87,97	98,96	-	82,22	92,50	-	76,60	86,
	V	1.917,33	54,19	153,38	172,55																		
	VI	1.961,66	59,47	156,93	176,54																		
5.585,99	I	1.404,16	-	112,33	126,37	-	99,94	112,43	-	88,06	99,07	-	76,70	86,28	-	65,84	74,07	-	55,50	62,44	-	45,68	51,
	II	1.256,66	-	100,53	113,09	-	88,62	99,70	-	77,23	86,88	-	66,36	74,65	-	55,99	62,99	-	46,14	51,91	-	36,80	41,
	III	851,50	-	68,12	76,63	-	59,33	66,74	-	50,80	57,15	-	42,52	47,83	-	34,49	38,80	-	26,73	30,07	-	19,22	21,
	IV	1.404,16	-	112,33	126,37	-	106,08	119,34	-	99,94	112,43	-	93,94	105,68	-	88,06	99,07	-	82,32	92,61	-	76,70	86,
	V	1.918,58	54,34	153,48	172,67																		
	VI	1.962,91	59,61	157,03	176,66																		
5.588,99	I	1.405,41	-	112,43	126,48	-	100,04	112,55	-	88,16	99,18	-	76,78	86,38	-	65,93	74,17	-	55,58	62,53	-	45,76	51,
	II	1.257,91	-	100,63	113,21	-	88,72	99,81	-	77,32	86,99	-	66,44	74,74	-	56,07	63,08	-	46,22	51,99	-	36,88	41,
	III	852,33	-	68,18	76,70	-	59,40	66,82	-	50,86	57,22	-	42,58	47,90	-	34,56	38,88	-	26,80	30,15	-	19,28	21,
	IV	1.405,41	-	112,43	126,48	-	106,18	119,45	-	100,04	112,55	-	94,04	105,79	-	88,16	99,18	-	82,41	92,71	-	76,78	86,
	V	1.919,83	54,49	153,58	172,78																		
	VI	1.964,16	59,76	157,13	176,77																		
5.591,99	I	1.406,66	-	112,53	126,59	-	100,14	112,66	-	88,25	99,28	-	76,88	86,49	-	66,01	74,26	-	55,66	62,62	-	45,83	51,
	II	1.259,16	-	100,73	113,32	-	88,81	99,91	-	77,41	87,08	-	66,52	74,84	-	56,15	63,17	-	46,30	52,08	-	36,95	41,
	III	853,33	-	68,26	76,79	-	59,46	66,89	-	50,93	57,29	-	42,65	47,98	-	34,62	38,95	-	26,85	30,20	-	19,34	21,
	IV	1.406,66	-	112,53	126,59	-	106,28	119,57	-	100,14	112,66	-	94,13	105,89	-	88,25	99,28	-	82,50	92,81	-	76,88	86,
	V	1.921,08	54,64	153,68	172,89																		
	VI	1.965,41	59,91	157,23	176,88																		
5.594,99	I	1.407,91	-	112,63	126,71	-	100,24	112,77	-	88,34	99,38	-	76,96	86,58	-	66,10	74,36	-	55,74	62,71	-	45,91	51,
	II	1.260,41	-	100,83	113,43	-	88,91	100,02	-	77,50	87,19	-	66,61	74,93	-	56,24	63,27	-	46,37	52,16	-	37,02	41,
	III	854,16	-	68,33	76,87	-	59,53	66,97	-	51,00	57,37	-	42,70	48,04	-	34,68	39,01	-	26,92	30,28	-	19,40	21,
	IV	1.407,91	-	112,63	126,71	-	106,38	119,68	-	100,24	112,77	-	94,23	106,01	-	88,34	99,38	-	82,59	92,91	-	76,96	86,5
	V	1.922,33	54,78	153,78	173,00																		
	VI	1.966,66	60,06	157,33	176,99																		
5.597,99	I	1.409,16	-	112,73	126,82	-	100,34	112,88	-	88,44	99,49	-	77,06	86,69	-	66,18	74,45	-	55,83	62,81	-	45,98	51,
	II	1.261,58	-	100,92	113,54	-	89,00	100,13	-	77,59	87,29	-	66,70	75,03	-	56,32	63,36	-	46,45	52,25	-	37,10	41,
	III	855,16	-	68,41	76,96	-	59,61	67,06	-	51,06	57,44	-	42,77	48,11	-	34,74	39,08	-	26,97	30,34	-	19,46	21,
	IV	1.409,16	-	112,73	126,82	-	106,48	119,79	-	100,34	112,88	-	94,32	106,11	-	88,44	99,49	-	82,68	93,02	-	77,06	86,
	V	1.923,66	54,94	153,89	173,12																		
	VI	1.967,91	60,21	157,43	177,11																		
5.600,99	I	1.410,41	-	112,83	126,93	-	100,44	112,99	-	88,53	99,59	-	77,14	86,78	-	66,27	74,55	-	55,91	62,90	-	46,06	51,
	II	1.262,83	-	101,02	113,65	-	89,10	100,23	-	77,68	87,39	-	66,78	75,13	-	56,40	63,45	-	46,53	52,34	-	37,17	41,
	III	856,00	-	68,48	77,04	-	59,68	67,14	-	51,13	57,52	-	42,84	48,19	-	34,81	39,16	-	27,04	30,42	-	19,52	21,
	IV	1.410,41	-	112,83	126,93	-	106,58	119,90	-	100,44	112,99	-	94,42	106,22	-	88,53	99,59	-	82,77	93,11	-	77,14	86,
	V	1.924,91	55,09	153,99	173,24																		
	VI	1.969,16	60,36	157,53	177,22																		
5.603,99	I	1.411,75	-	112,94	127,05	-	100,53	113,09	-	88,62	99,70	-	77,23	86,88	-	66,36	74,65	-	55,99	62,99	-	46,14	51,
	II	1.264,08	-	101,12	113,76	-	89,19	100,34	-	77,77	87,49	-	66,87	75,23	-	56,48	63,54	-	46,60	52,43	-	37,24	41,
	III	856,83	-	68,54	77,11	-	59,74	67,21	-	51,20	57,60	-	42,90	48,26	-	34,88	39,24	-	27,10	30,49	-	19,58	22,
	IV	1.411,75	-	112,94	127,05	-	106,68	120,01	-	100,53	113,09	-	94,52	106,33	-	88,62	99,70	-	82,86	93,22	-	77,23	86,
	V	1.926,16	55,24	154,09	173,35																		
	VI	1.970,50	60,52	157,64	177,34																		
5.606,99	I	1.413,00	-	113,04	127,17	-	100,63	113,21	-	88,72	99,81	-	77,32	86,99	-	66,44	74,74	-	56,07	63,08	-	46,22	51,
	II	1.265,25	-	101,22	113,87	-	89,28	100,44	-	77,86	87,59	-	66,95	75,32	-	56,56	63,63	-	46,68	52,52	-	37,32	41,
	III	857,83	-	68,62	77,20	-	59,81	67,28	-	51,26	57,67	-	42,97	48,34	-	34,94	39,31	-	27,16	30,55	-	19,64	22,
	IV	1.413,00	-	113,04	127,17	-	106,78	120,12	-	100,63	113,21	-	94,61	106,43	-	88,72	99,81	-	82,96	93,33	-	77,32	86,
	V	1.927,41	55,39	154,19	173,46																		
	VI	1.971,75	60,67	157,74	177,45																		
5.609,99	I	1.414,25	-	113,14	127,28	-	100,73	113,32	-	88,81	99,91	-	77,41	87,08	-	66,52	74,84	-	56,15	63,17	-	46,30	52,
	II	1.266,50	-	101,32	113,98	-	89,38	100,55	-	77,95	87,69	-	67,04	75,42	-	56,64	63,72	-	46,76	52,60	-	37,39	42,
	III	858,66	-	68,69	77,27	-	59,89	67,37	-	51,33	57,74	-	43,04	48,42	-	35,00	39,37	-	27,22	30,62	-	19,70	22,
	IV	1.414,25	-	113,14	127,28	-	106,88	120,24	-	100,73	113,32	-	94,70	106,54	-	88,81	99,91	-	83,05	93,43	-	77,41	87,
	V	1.928,66	55,54	154,29	173,57																		
	VI	1.973,00	60,81	157,84	177,57																		
5.612,99	I	1.415,50	-	113,24	127,39	-	100,83	113,43	-	88,91	100,02	-	77,50	87,19	-	66,61	74,93	-	56,24	63,27	-	46,37	52,
	II	1.267,75	-	101,42	114,09	-	89,47	100,65	-	78,04	87,80	-	67,12	75,51	-	56,72	63,81	-	46,84	52,69	-	37,46	42,
	III	859,66	-	68,77	77,36	-	59,96	67,45	-	51,40	57,82	-	43,10	48,49	-	35,06	39,44	-	27,28	30,69	-	19,76	22,2
	IV	1.415,50	-	113,24	127,39	-	106,98	120,35	-	100,83	113,43	-	94,80	106,65	-	88,91	100,02	-	83,14	93,53	-	77,50	87,
	V	1.929,91	55,69	154,39	173,69																		
	VI	1.974,25	60,96	157,94	177,68																		
5.615,99	I	1.416,75	-	113,34	127,50	-	100,92	113,54	-	89,00	100,13	-	77,59	87,29	-	66,70	75,03	-	56,32	63,36	-	46,45	52,2
	II	1.268,91	-	101,51	114,20	-	89,56	100,76	-	78,13	87,89	-	67,21	75,61	-	56,80	63,90	-	46,92	52,78	-	37,54	42,2
	III	860,50	-	68,84	77,44	-	60,02	67,52	-	51,46	57,89	-	43,17	48,56	-	35,13	39,52	-	27,34	30,76	-	19,82	22,3
	IV	1.416,75	-	113,34	127,50	-	107,08	120,46	-	100,92	113,54	-	94,90	106,76	-	89,00	100,13	-	83,23	93,63	-	77,59	87,2
	V	1.931,16	55,84	154,49	173,80																		
	VI	1.975,50	61,11	158,04	177,79																		
5.618,99	I	1.418,00	-	113,44	127,62	-	101,02	113,65	-	89,10	100,23	-	77,68	87,39	-	66,78	75,13	-	56,40	63,45	-	46,53	52,3
	II	1.270,16	-	101,61	114,31	-	89,66	100,86	-	78,22	87,99	-	67,30	75,71	-	56,88	63,99	-	46,99	52,86	-	37,61	42,3
	III	861,33	-	68,90	77,51	-	60,09	67,60	-	51,53	57,97	-	43,24	48,64	-	35,20	39,60	-	27,41	30,83	-	19,88	22,3
	IV	1.418,00	-	113,44	127,62	-	107,18	120,57	-	101,02	113,65	-	95,00	106,87	-	89,10	100,23	-	83,32	93,74	-	77,68	87,3
	V	1.932,41	55,98	154,59	173,91																		
	VI	1.976,75	61,26	158,14	177,90																		
5.621,99	I	1.419,25	-	113,54	127,73	-	101,12	113,76	-	89,19	100,34	-	77,77	87,49	-	66,87	75,23	-	56,48	63,54	-	46,60	52,4
	II	1.271,41	-	101,71	114,42	-	89,75	100,97	-	78,31	88,10	-	67,38	75,80	-	56,97	64,09	-	47,07	52,95	-	37,68	42,3
	III	862,33	-	68,98	77,60	-	60,16	67,68	-	51,60	58,05	-	43,30	48,71	-	35,25	39,65	-	27,46	30,89	-	19,93	22,4
	IV	1.419,25	-	113,54	127,73	-	107,28	120,69	-	101,12	113,76	-	95,09	106,97	-	89,19	100,34	-	83,42	93,84	-	77,77	87,4
	V	1.933,75	56,14	154,70	174,03																		
	VI	1.978,00	61,41	158,24	178,02																		
5.624,99	I	1.420,50	-	113,64	127,84	-	101,22	113,87	-	89,28	100,44	-	77,86	87,59	-	66,95	75,32	-	56,56	63,63	-	46,68	52,5
	II	1.272,66	-	101,81	114,53	-	89,84	101,07	-	78,40	88,20	-	67,47	75,90	-	57,05	64,18	-	47,14	53,03	-	37,76	42,4
	III	863,16	-	69,05	77,68	-	60,24	67,77	-	51,68	58,14	-	43,37	48,79	-	35,32	39,73	-	27,53	30,97	-	20,00	22,5
	IV	1.420,50	-	113,64	127,84	-	107,38	120,80	-	101,22	113,87	-	95,18	107,08	-	89,28	100,44	-	83,51	93,95	-	77,86	87,5
	V	1.935,00	56,29	154,80	174,15																		
	VI	1.979,25	61,56	158,34	178,13																		

Lohn/ Gehalt bis	Steuerklasse	Lohn-steuer	ohne Kinderfreibetrag			Anzahl Kinderfreibeträge (nur Steuerklassen I–IV)																	
						0,5			1,0			1,5			2,0			2,5			3,0		
			SolZ 5,5%	Kirchensteuer 8%	9%	SolZ 5,5%	Kirchensteuer 8%	9%	SolZ 5,5%	Kirchensteuer 8%	9%	SolZ 5,5%	Kirchensteuer 8%	9%	SolZ 5,5%	Kirchensteuer 8%	9%	SolZ 5,5%	Kirchensteuer 8%	9%	SolZ 5,5%	Kirchensteuer 8%	9%
5.627,99	I	1.421,83	-	113,74	127,96	-	101,32	113,98	-	89,38	100,55	-	77,95	87,69	-	67,04	75,42	-	56,64	63,72	-	46,76	52,60
	II	1.273,83	-	101,90	114,64	-	89,94	101,18	-	78,49	88,30	-	67,56	76,00	-	57,13	64,27	-	47,22	53,12	-	37,83	42,56
	III	864,16	-	69,13	77,77	-	60,30	67,84	-	51,74	58,21	-	43,44	48,87	-	35,38	39,80	-	27,60	31,05	-	20,05	22,55
	IV	1.421,83	-	113,74	127,96	-	107,48	120,91	-	101,32	113,98	-	95,28	107,19	-	89,38	100,55	-	83,60	94,05	-	77,95	87,69
	V	1.936,25	56,44	154,90	174,26																		
	VI	1.980,58	61,72	158,44	178,25																		
5.630,99	I	1.423,08	-	113,84	128,07	-	101,42	114,09	-	89,47	100,65	-	78,04	87,80	-	67,12	75,51	-	56,72	63,81	-	46,84	52,69
	II	1.275,08	-	102,00	114,75	-	90,04	101,29	-	78,58	88,40	-	67,64	76,09	-	57,21	64,36	-	47,30	53,21	-	37,90	42,64
	III	865,00	-	69,20	77,85	-	60,37	67,91	-	51,81	58,28	-	43,50	48,94	-	35,45	39,88	-	27,65	31,10	-	20,12	22,63
	IV	1.423,08	-	113,84	128,07	-	107,58	121,03	-	101,42	114,09	-	95,38	107,30	-	89,47	100,65	-	83,69	94,15	-	78,04	87,80
	V	1.937,50	56,59	155,00	174,37																		
	VI	1.981,83	61,87	158,54	178,36																		
5.633,99	I	1.424,33	-	113,94	128,18	-	101,51	114,20	-	89,56	100,76	-	78,13	87,89	-	67,21	75,61	-	56,80	63,90	-	46,92	52,78
	II	1.276,33	-	102,10	114,86	-	90,13	101,39	-	78,67	88,50	-	67,72	76,19	-	57,30	64,46	-	47,38	53,30	-	37,98	42,72
	III	865,83	-	69,26	77,92	-	60,44	67,99	-	51,88	58,36	-	43,57	49,01	-	35,52	39,96	-	27,72	31,18	-	20,17	22,69
	IV	1.424,33	-	113,94	128,18	-	107,68	121,14	-	101,51	114,20	-	95,48	107,41	-	89,56	100,76	-	83,78	94,25	-	78,13	87,89
	V	1.938,75	56,74	155,10	174,48																		
	VI	1.983,08	62,01	158,64	178,47																		
5.636,99	I	1.425,58	-	114,04	128,30	-	101,61	114,31	-	89,66	100,86	-	78,22	87,99	-	67,30	75,71	-	56,88	63,99	-	46,99	52,86
	II	1.277,58	-	102,20	114,98	-	90,22	101,50	-	78,76	88,61	-	67,81	76,28	-	57,38	64,55	-	47,46	53,39	-	38,05	42,80
	III	866,83	-	69,34	78,01	-	60,52	68,08	-	51,94	58,43	-	43,62	49,07	-	35,57	40,01	-	27,77	31,24	-	20,24	22,77
	IV	1.425,58	-	114,04	128,30	-	107,78	121,25	-	101,61	114,31	-	95,57	107,51	-	89,66	100,86	-	83,88	94,36	-	78,22	87,99
	V	1.940,00	56,89	155,20	174,60																		
	VI	1.984,33	62,16	158,74	178,58																		
5.639,99	I	1.426,83	-	114,14	128,41	-	101,71	114,42	-	89,75	100,97	-	78,31	88,10	-	67,38	75,80	-	56,97	64,09	-	47,07	52,95
	II	1.278,75	-	102,30	115,08	-	90,32	101,61	-	78,85	88,70	-	67,90	76,38	-	57,46	64,64	-	47,54	53,48	-	38,12	42,89
	III	867,66	-	69,41	78,08	-	60,58	68,15	-	52,01	58,51	-	43,69	49,15	-	35,64	40,09	-	27,84	31,32	-	20,29	22,82
	IV	1.426,83	-	114,14	128,41	-	107,88	121,37	-	101,71	114,42	-	95,66	107,62	-	89,75	100,97	-	83,97	94,46	-	78,31	88,10
	V	1.941,25	57,04	155,30	174,71																		
	VI	1.985,58	62,31	158,84	178,70																		
5.642,99	I	1.428,08	-	114,24	128,52	-	101,81	114,53	-	89,84	101,07	-	78,40	88,20	-	67,47	75,90	-	57,05	64,18	-	47,14	53,03
	II	1.280,00	-	102,40	115,20	-	90,41	101,71	-	78,94	88,81	-	67,98	76,48	-	57,54	64,73	-	47,61	53,56	-	38,20	42,97
	III	868,66	-	69,49	78,17	-	60,65	68,23	-	52,08	58,59	-	43,76	49,23	-	35,70	40,16	-	27,90	31,39	-	20,36	22,90
	IV	1.428,08	-	114,24	128,52	-	107,98	121,48	-	101,81	114,53	-	95,76	107,73	-	89,84	101,07	-	84,06	94,56	-	78,40	88,20
	V	1.942,50	57,18	155,40	174,82																		
	VI	1.986,83	62,46	158,94	178,81																		
5.645,99	I	1.429,33	-	114,34	128,63	-	101,90	114,64	-	89,94	101,18	-	78,49	88,30	-	67,56	76,00	-	57,13	64,27	-	47,22	53,12
	II	1.281,25	-	102,50	115,31	-	90,50	101,81	-	79,03	88,91	-	68,07	76,58	-	57,62	64,82	-	47,69	53,65	-	38,27	43,05
	III	869,50	-	69,56	78,25	-	60,72	68,31	-	52,14	58,66	-	43,82	49,30	-	35,77	40,24	-	27,96	31,45	-	20,41	22,96
	IV	1.429,33	-	114,34	128,63	-	108,08	121,59	-	101,90	114,64	-	95,86	107,84	-	89,94	101,18	-	84,15	94,67	-	78,49	88,30
	V	1.943,83	57,34	155,50	174,94																		
	VI	1.988,08	62,61	159,04	178,92																		
5.648,99	I	1.430,58	-	114,44	128,75	-	102,00	114,75	-	90,04	101,29	-	78,58	88,40	-	67,64	76,09	-	57,21	64,36	-	47,30	53,21
	II	1.282,50	-	102,60	115,42	-	90,60	101,93	-	79,12	89,01	-	68,16	76,68	-	57,70	64,91	-	47,77	53,74	-	38,34	43,13
	III	870,33	-	69,62	78,32	-	60,80	68,40	-	52,21	58,73	-	43,89	49,37	-	35,82	40,30	-	28,02	31,52	-	20,48	23,04
	IV	1.430,58	-	114,44	128,75	-	108,18	121,70	-	102,00	114,75	-	95,96	107,95	-	90,04	101,29	-	84,24	94,77	-	78,58	88,40
	V	1.945,08	57,49	155,60	175,05																		
	VI	1.989,33	62,76	159,14	179,03																		
5.651,99	I	1.431,83	-	114,54	128,86	-	102,10	114,86	-	90,13	101,39	-	78,67	88,50	-	67,72	76,19	-	57,30	64,46	-	47,38	53,30
	II	1.283,75	-	102,70	115,53	-	90,70	102,03	-	79,21	89,11	-	68,24	76,77	-	57,78	65,00	-	47,84	53,82	-	38,42	43,22
	III	871,33	-	69,70	78,41	-	60,86	68,47	-	52,28	58,81	-	43,96	49,45	-	35,89	40,37	-	28,09	31,60	-	20,53	23,09
	IV	1.431,83	-	114,54	128,86	-	108,28	121,82	-	102,10	114,86	-	96,05	108,05	-	90,13	101,39	-	84,34	94,88	-	78,67	88,50
	V	1.946,33	57,64	155,70	175,16																		
	VI	1.990,58	62,91	159,24	179,15																		
5.654,99	I	1.433,16	-	114,65	128,98	-	102,20	114,98	-	90,22	101,50	-	78,76	88,61	-	67,81	76,28	-	57,38	64,55	-	47,46	53,39
	II	1.284,91	-	102,79	115,64	-	90,79	102,14	-	79,30	89,21	-	68,33	76,87	-	57,87	65,10	-	47,92	53,91	-	38,50	43,31
	III	872,16	-	69,77	78,49	-	60,93	68,54	-	52,36	58,90	-	44,02	49,52	-	35,96	40,45	-	28,14	31,66	-	20,60	23,17
	IV	1.433,16	-	114,65	128,98	-	108,38	121,93	-	102,20	114,98	-	96,15	108,17	-	90,22	101,50	-	84,43	94,98	-	78,76	88,61
	V	1.947,58	57,79	155,80	175,28																		
	VI	1.991,91	63,07	159,35	179,27																		
5.657,99	I	1.434,41	-	114,75	129,09	-	102,30	115,08	-	90,32	101,61	-	78,85	88,70	-	67,90	76,38	-	57,46	64,64	-	47,54	53,48
	II	1.286,16	-	102,89	115,75	-	90,88	102,24	-	79,39	89,31	-	68,42	76,97	-	57,95	65,19	-	48,00	54,00	-	38,57	43,39
	III	873,16	-	69,85	78,58	-	61,00	68,62	-	52,42	58,97	-	44,09	49,60	-	36,02	40,52	-	28,21	31,73	-	20,65	23,23
	IV	1.434,41	-	114,75	129,09	-	108,48	122,04	-	102,30	115,08	-	96,24	108,27	-	90,32	101,61	-	84,52	95,08	-	78,85	88,70
	V	1.948,83	57,94	155,90	175,39																		
	VI	1.993,16	63,21	159,45	179,38																		
5.660,99	I	1.435,66	-	114,85	129,20	-	102,40	115,20	-	90,41	101,71	-	78,94	88,81	-	67,98	76,48	-	57,54	64,73	-	47,61	53,56
	II	1.287,41	-	102,99	115,86	-	90,98	102,35	-	79,48	89,42	-	68,50	77,06	-	58,03	65,28	-	48,08	54,09	-	38,64	43,47
	III	874,00	-	69,92	78,66	-	61,08	68,71	-	52,49	59,05	-	44,16	49,68	-	36,09	40,60	-	28,26	31,79	-	20,72	23,31
	IV	1.435,66	-	114,85	129,20	-	108,58	122,15	-	102,40	115,20	-	96,34	108,38	-	90,41	101,71	-	84,61	95,18	-	78,94	88,81
	V	1.950,08	58,09	156,00	175,50																		
	VI	1.994,41	63,36	159,55	179,49																		
5.663,99	I	1.436,91	-	114,95	129,32	-	102,50	115,31	-	90,50	101,81	-	79,03	88,91	-	68,07	76,58	-	57,62	64,82	-	47,69	53,65
	II	1.288,66	-	103,09	115,97	-	91,07	102,45	-	79,57	89,51	-	68,58	77,15	-	58,12	65,38	-	48,16	54,18	-	38,72	43,56
	III	874,83	-	69,98	78,73	-	61,14	68,78	-	52,56	59,13	-	44,22	49,75	-	36,14	40,66	-	28,33	31,87	-	20,77	23,36
	IV	1.436,91	-	114,95	129,32	-	108,68	122,27	-	102,50	115,31	-	96,44	108,49	-	90,50	101,81	-	84,70	95,29	-	79,03	88,91
	V	1.951,33	58,24	156,10	175,61																		
	VI	1.995,66	63,51	159,65	179,60																		
5.666,99	I	1.438,16	-	115,05	129,43	-	102,60	115,42	-	90,60	101,93	-	79,12	89,01	-	68,16	76,68	-	57,70	64,91	-	47,77	53,74
	II	1.289,91	-	103,19	116,09	-	91,17	102,56	-	79,66	89,62	-	68,67	77,25	-	58,20	65,47	-	48,24	54,27	-	38,79	43,64
	III	875,83	-	70,06	78,82	-	61,21	68,86	-	52,62	59,20	-	44,29	49,82	-	36,21	40,73	-	28,40	31,95	-	20,84	23,44
	IV	1.438,16	-	115,05	129,43	-	108,78	122,38	-	102,60	115,42	-	96,54	108,60	-	90,60	101,93	-	84,80	95,40	-	79,12	89,01
	V	1.952,58	58,38	156,20	175,73																		
	VI	1.996,91	63,66	159,75	179,72																		
5.669,99	I	1.439,41	-	115,15	129,54	-	102,70	115,53	-	90,70	102,03	-	79,21	89,11	-	68,24	76,77	-	57,78	65,00	-	47,84	53,82
	II	1.291,08	-	103,28	116,19	-	91,26	102,67	-	79,76	89,73	-	68,76	77,35	-	58,28	65,56	-	48,32	54,36	-	38,86	43,72
	III	876,66	-	70,13	78,89	-	61,28	68,94	-	52,69	59,27	-	44,36	49,90	-	36,28	40,81	-	28,45	32,00	-	20,89	23,50
	IV	1.439,41	-	115,15	129,54	-	108,88	122,49	-	102,70	115,53	-	96,63	108,71	-	90,70	102,03	-	84,89	95,50	-	79,21	89,11
	V	1.953,83	58,53	156,30	175,84																		
	VI	1.998,16	63,81	159,85	179,83																		

MONAT bis 5.714,99 €

Lohn/ Gehalt bis	Steuerklasse	Lohn-steuer	ohne Kinderfreibetrag SolZ 5,5%	ohne Kinderfreibetrag Kirchensteuer 8%	ohne Kinderfreibetrag Kirchensteuer 9%	0,5 SolZ 5,5%	0,5 Kirchensteuer 8%	0,5 Kirchensteuer 9%	1,0 SolZ 5,5%	1,0 Kirchensteuer 8%	1,0 Kirchensteuer 9%	1,5 SolZ 5,5%	1,5 Kirchensteuer 8%	1,5 Kirchensteuer 9%	2,0 SolZ 5,5%	2,0 Kirchensteuer 8%	2,0 Kirchensteuer 9%	2,5 SolZ 5,5%	2,5 Kirchensteuer 8%	2,5 Kirchensteuer 9%	3,0 SolZ 5,5%	3,0 Kirchensteuer 8%	3,0 Kirchensteuer 9%
						Anzahl Kinderfreibeträge (nur Steuerklassen I–IV)																	
5.672,99	I	1.440,66	-	115,25	129,65	-	102,79	115,64	-	90,79	102,14	-	79,30	89,21	-	68,33	76,87	-	57,87	65,10	-	47,92	53,9
	II	1.292,33	-	103,38	116,30	-	91,36	102,78	-	79,84	89,82	-	68,84	77,45	-	58,36	65,66	-	48,39	54,44	-	38,94	43,8
	III	877,66	-	70,21	78,98	-	61,36	69,03	-	52,76	59,35	-	44,42	49,97	-	36,34	40,88	-	28,52	32,08	-	20,96	23,5
	IV	1.440,66	-	115,25	129,65	-	108,98	122,60	-	102,79	115,64	-	96,72	108,81	-	90,79	102,14	-	84,98	95,60	-	79,30	89,2
	V	1.955,16	58,69	156,41	175,96																		
	VI	1.999,41	63,96	159,95	179,94																		
5.675,99	I	1.441,91	-	115,35	129,77	-	102,89	115,75	-	90,88	102,24	-	79,39	89,31	-	68,42	76,97	-	57,95	65,19	-	48,00	54,0
	II	1.293,58	-	103,48	116,42	-	91,45	102,88	-	79,94	89,93	-	68,93	77,54	-	58,44	65,75	-	48,47	54,53	-	39,01	43,8
	III	878,50	-	70,28	79,06	-	61,42	69,10	-	52,82	59,42	-	44,49	50,05	-	36,41	40,96	-	28,58	32,15	-	21,01	23,6
	IV	1.441,91	-	115,35	129,77	-	109,09	122,72	-	102,89	115,75	-	96,82	108,92	-	90,88	102,24	-	85,08	95,71	-	79,39	89,3
	V	1.956,41	58,84	156,51	176,07																		
	VI	2.000,66	64,11	160,05	180,05																		
5.678,99	I	1.443,25	-	115,46	129,89	-	102,99	115,86	-	90,98	102,35	-	79,48	89,42	-	68,50	77,06	-	58,03	65,28	-	48,08	54,0
	II	1.294,83	-	103,58	116,53	-	91,54	102,98	-	80,02	90,02	-	69,02	77,64	-	58,52	65,84	-	48,55	54,62	-	39,08	43,9
	III	879,33	-	70,34	79,13	-	61,49	69,17	-	52,89	59,50	-	44,56	50,13	-	36,46	41,02	-	28,64	32,22	-	21,08	23,7
	IV	1.443,25	-	115,46	129,89	-	109,19	122,84	-	102,99	115,86	-	96,92	109,03	-	90,98	102,35	-	85,16	95,81	-	79,48	89,4
	V	1.957,66	58,99	156,61	176,18																		
	VI	2.002,00	64,26	160,16	180,18																		
5.681,99	I	1.444,50	-	115,56	130,00	-	103,09	115,97	-	91,07	102,45	-	79,57	89,51	-	68,58	77,15	-	58,12	65,38	-	48,16	54,1
	II	1.296,08	-	103,68	116,64	-	91,64	103,10	-	80,12	90,13	-	69,10	77,74	-	58,61	65,93	-	48,62	54,70	-	39,16	44,0
	III	880,33	-	70,42	79,22	-	61,57	69,26	-	52,96	59,58	-	44,62	50,20	-	36,53	41,09	-	28,70	32,29	-	21,13	23,7
	IV	1.444,50	-	115,56	130,00	-	109,29	122,95	-	103,09	115,97	-	97,02	109,14	-	91,07	102,45	-	85,26	95,91	-	79,57	89,5
	V	1.958,91	59,14	156,71	176,30																		
	VI	2.003,25	64,41	160,26	180,29																		
5.684,99	I	1.445,75	-	115,66	130,11	-	103,19	116,09	-	91,17	102,56	-	79,66	89,62	-	68,67	77,25	-	58,20	65,47	-	48,24	54,2
	II	1.297,25	-	103,78	116,75	-	91,74	103,20	-	80,20	90,23	-	69,19	77,84	-	58,69	66,02	-	48,70	54,79	-	39,23	44,1
	III	881,16	-	70,49	79,30	-	61,64	69,34	-	53,04	59,67	-	44,69	50,27	-	36,60	41,17	-	28,77	32,36	-	21,20	23,8
	IV	1.445,75	-	115,66	130,11	-	109,39	123,06	-	103,19	116,09	-	97,11	109,25	-	91,17	102,56	-	85,35	96,02	-	79,66	89,62
	V	1.960,16	59,29	156,81	176,41																		
	VI	2.004,50	64,56	160,36	180,40																		
5.687,99	I	1.447,00	-	115,76	130,23	-	103,28	116,19	-	91,26	102,67	-	79,76	89,73	-	68,76	77,35	-	58,28	65,56	-	48,32	54,3
	II	1.298,50	-	103,88	116,86	-	91,83	103,31	-	80,30	90,33	-	69,28	77,94	-	58,77	66,11	-	48,78	54,88	-	39,31	44,2
	III	882,16	-	70,57	79,39	-	61,70	69,41	-	53,10	59,74	-	44,76	50,35	-	36,66	41,24	-	28,82	32,42	-	21,25	23,9
	IV	1.447,00	-	115,76	130,23	-	109,49	123,17	-	103,28	116,19	-	97,21	109,36	-	91,26	102,67	-	85,44	96,12	-	79,76	89,7
	V	1.961,41	59,44	156,91	176,52																		
	VI	2.005,75	64,71	160,46	180,51																		
5.690,99	I	1.448,25	-	115,86	130,34	-	103,38	116,30	-	91,36	102,78	-	79,84	89,82	-	68,84	77,45	-	58,36	65,66	-	48,39	54,4
	II	1.299,75	-	103,98	116,97	-	91,92	103,41	-	80,39	90,44	-	69,36	78,03	-	58,86	66,21	-	48,86	54,97	-	39,38	44,3
	III	883,00	-	70,64	79,47	-	61,77	69,49	-	53,17	59,81	-	44,82	50,42	-	36,73	41,32	-	28,89	32,50	-	21,32	23,9
	IV	1.448,25	-	115,86	130,34	-	109,59	123,29	-	103,38	116,30	-	97,30	109,46	-	91,36	102,78	-	85,54	96,23	-	79,84	89,82
	V	1.962,66	59,58	157,01	176,63																		
	VI	2.007,00	64,86	160,56	180,63																		
5.693,99	I	1.449,50	-	115,96	130,45	-	103,48	116,42	-	91,45	102,88	-	79,94	89,93	-	68,93	77,54	-	58,44	65,75	-	48,47	54,5
	II	1.301,00	-	104,08	117,09	-	92,02	103,52	-	80,48	90,54	-	69,45	78,13	-	58,94	66,30	-	48,94	55,05	-	39,46	44,39
	III	884,00	-	70,72	79,56	-	61,85	69,58	-	53,24	59,89	-	44,88	50,49	-	36,78	41,38	-	28,96	32,58	-	21,37	24,04
	IV	1.449,50	-	115,96	130,45	-	109,69	123,40	-	103,48	116,42	-	97,40	109,58	-	91,45	102,88	-	85,63	96,33	-	79,94	89,93
	V	1.963,91	59,73	157,11	176,75																		
	VI	2.008,25	65,01	160,66	180,74																		
5.696,99	I	1.450,75	-	116,06	130,56	-	103,58	116,53	-	91,54	102,98	-	80,02	90,02	-	69,02	77,64	-	58,52	65,84	-	48,55	54,62
	II	1.302,25	-	104,18	117,20	-	92,12	103,63	-	80,57	90,64	-	69,54	78,23	-	59,02	66,40	-	49,02	55,14	-	39,53	44,47
	III	884,83	-	70,78	79,63	-	61,92	69,66	-	53,30	59,96	-	44,94	50,56	-	36,85	41,45	-	29,01	32,63	-	21,44	24,12
	IV	1.450,75	-	116,06	130,56	-	109,79	123,51	-	103,58	116,53	-	97,50	109,68	-	91,54	102,98	-	85,72	96,44	-	80,02	90,02
	V	1.965,25	59,89	157,22	176,87																		
	VI	2.009,50	65,16	160,76	180,85																		
5.699,99	I	1.452,00	-	116,16	130,68	-	103,68	116,64	-	91,64	103,10	-	80,12	90,13	-	69,10	77,74	-	58,61	65,93	-	48,62	54,70
	II	1.303,50	-	104,28	117,31	-	92,21	103,73	-	80,66	90,74	-	69,62	78,32	-	59,10	66,49	-	49,10	55,23	-	39,60	44,55
	III	885,66	-	70,85	79,70	-	61,98	69,73	-	53,37	60,04	-	45,01	50,63	-	36,92	41,53	-	29,08	32,71	-	21,49	24,17
	IV	1.452,00	-	116,16	130,68	-	109,89	123,62	-	103,68	116,64	-	97,60	109,80	-	91,64	103,10	-	85,82	96,54	-	80,12	90,13
	V	1.966,50	60,04	157,32	176,98																		
	VI	2.010,75	65,31	160,86	180,96																		
5.702,99	I	1.453,33	-	116,26	130,79	-	103,78	116,75	-	91,74	103,20	-	80,20	90,23	-	69,19	77,84	-	58,69	66,02	-	48,70	54,79
	II	1.304,75	-	104,38	117,42	-	92,30	103,84	-	80,75	90,84	-	69,71	78,42	-	59,18	66,58	-	49,18	55,32	-	39,68	44,64
	III	886,66	-	70,93	79,79	-	62,05	69,80	-	53,44	60,12	-	45,08	50,71	-	36,98	41,60	-	29,14	32,78	-	21,56	24,25
	IV	1.453,33	-	116,26	130,79	-	110,00	123,75	-	103,78	116,75	-	97,70	109,91	-	91,74	103,20	-	85,91	96,65	-	80,20	90,23
	V	1.967,75	60,19	157,42	177,09																		
	VI	2.012,08	65,46	160,96	181,08																		
5.705,99	I	1.454,58	-	116,36	130,91	-	103,88	116,86	-	91,83	103,31	-	80,30	90,33	-	69,28	77,94	-	58,77	66,11	-	48,78	54,88
	II	1.305,91	-	104,47	117,53	-	92,40	103,95	-	80,84	90,95	-	69,80	78,52	-	59,27	66,68	-	49,25	55,40	-	39,75	44,72
	III	887,50	-	71,00	79,87	-	62,13	69,89	-	53,50	60,19	-	45,14	50,78	-	37,05	41,68	-	29,20	32,85	-	21,61	24,31
	IV	1.454,58	-	116,36	130,91	-	110,10	123,86	-	103,88	116,86	-	97,79	110,01	-	91,83	103,31	-	86,00	96,75	-	80,30	90,33
	V	1.969,00	60,34	157,52	177,21																		
	VI	2.013,33	65,61	161,06	181,19																		
5.708,99	I	1.455,83	-	116,46	131,02	-	103,98	116,97	-	91,92	103,41	-	80,39	90,44	-	69,36	78,03	-	58,86	66,21	-	48,86	54,97
	II	1.307,16	-	104,57	117,64	-	92,50	104,06	-	80,93	91,04	-	69,88	78,62	-	59,35	66,77	-	49,33	55,49	-	39,83	44,81
	III	888,50	-	71,08	79,96	-	62,20	69,97	-	53,58	60,28	-	45,21	50,86	-	37,10	41,74	-	29,26	32,92	-	21,68	24,39
	IV	1.455,83	-	116,46	131,02	-	110,20	123,97	-	103,98	116,97	-	97,89	110,12	-	91,92	103,41	-	86,09	96,85	-	80,39	90,44
	V	1.970,25	60,49	157,62	177,32																		
	VI	2.014,58	65,76	161,16	181,31																		
5.711,99	I	1.457,08	-	116,56	131,13	-	104,08	117,09	-	92,02	103,52	-	80,48	90,54	-	69,45	78,13	-	58,94	66,30	-	48,94	55,05
	II	1.308,41	-	104,67	117,75	-	92,59	104,16	-	81,02	91,15	-	69,97	78,71	-	59,44	66,87	-	49,41	55,58	-	39,90	44,89
	III	889,33	-	71,14	80,03	-	62,26	70,04	-	53,65	60,35	-	45,28	50,94	-	37,17	41,81	-	29,32	32,98	-	21,73	24,44
	IV	1.457,08	-	116,56	131,13	-	110,30	124,08	-	104,08	117,09	-	97,98	110,23	-	92,02	103,52	-	86,18	96,95	-	80,48	90,54
	V	1.971,50	60,64	157,72	177,43																		
	VI	2.015,83	65,91	161,26	181,42																		
5.714,99	I	1.458,33	-	116,66	131,24	-	104,18	117,20	-	92,12	103,63	-	80,57	90,64	-	69,54	78,23	-	59,02	66,40	-	49,02	55,14
	II	1.309,66	-	104,77	117,86	-	92,68	104,27	-	81,12	91,26	-	70,06	78,81	-	59,52	66,96	-	49,49	55,67	-	39,98	44,97
	III	890,33	-	71,22	80,12	-	62,34	70,13	-	53,72	60,43	-	45,34	51,01	-	37,24	41,89	-	29,38	33,05	-	21,80	24,52
	IV	1.458,33	-	116,66	131,24	-	110,40	124,20	-	104,18	117,20	-	98,08	110,34	-	92,12	103,63	-	86,28	97,06	-	80,57	90,64
	V	1.972,75	60,78	157,82	177,54																		
	VI	2.017,08	66,06	161,36	181,53																		

Lohn/ Gehalt bis	Steuerklasse	Lohn-steuer	ohne Kinderfreibetrag			Anzahl Kinderfreibeträge (nur Steuerklassen I–IV)																	
						0,5			1,0			1,5			2,0			2,5			3,0		
			SolZ 5,5%	Kirchensteuer 8%	9%	SolZ 5,5%	Kirchensteuer 8%	9%	SolZ 5,5%	Kirchensteuer 8%	9%	SolZ 5,5%	Kirchensteuer 8%	9%	SolZ 5,5%	Kirchensteuer 8%	9%	SolZ 5,5%	Kirchensteuer 8%	9%	SolZ 5,5%	Kirchensteuer 8%	9%
5.717,99	I	1.459,58	-	116,76	131,36	-	104,28	117,31	-	92,21	103,73	-	80,66	90,74	-	69,62	78,32	-	59,10	66,49	-	49,10	55,23
	II	1.310,91	-	104,87	117,98	-	92,78	104,38	-	81,20	91,35	-	70,14	78,91	-	59,60	67,05	-	49,57	55,76	-	40,05	45,05
	III	891,16	-	71,29	80,20	-	62,41	70,21	-	53,78	60,50	-	45,41	51,08	-	37,30	41,96	-	29,45	33,13	-	21,85	24,58
	IV	1.459,58	-	116,76	131,36	-	110,50	124,31	-	104,28	117,31	-	98,18	110,45	-	92,21	103,73	-	86,37	97,16	-	80,66	90,74
	V	1.974,00	60,93	157,92	177,66																		
	VI	2.018,33	66,21	161,46	181,64																		
5.720,99	I	1.460,83	-	116,86	131,47	-	104,38	117,42	-	92,30	103,84	-	80,75	90,84	-	69,71	78,42	-	59,18	66,58	-	49,18	55,32
	II	1.312,16	-	104,97	118,09	-	92,88	104,49	-	81,30	91,46	-	70,23	79,01	-	59,68	67,14	-	49,64	55,85	-	40,12	45,14
	III	892,00	-	71,36	80,28	-	62,48	70,29	-	53,85	60,58	-	45,48	51,16	-	37,37	42,04	-	29,50	33,19	-	21,92	24,66
	IV	1.460,83	-	116,86	131,47	-	110,60	124,42	-	104,38	117,42	-	98,28	110,56	-	92,30	103,84	-	86,46	97,27	-	80,75	90,84
	V	1.975,33	61,09	158,02	177,77																		
	VI	2.019,58	66,36	161,56	181,76																		
5.723,99	I	1.462,08	0,01	116,96	131,58	-	104,47	117,53	-	92,40	103,95	-	80,84	90,95	-	69,80	78,52	-	59,27	66,68	-	49,25	55,40
	II	1.313,41	-	105,07	118,20	-	92,97	104,59	-	81,39	91,56	-	70,32	79,11	-	59,76	67,23	-	49,72	55,94	-	40,20	45,22
	III	893,00	-	71,44	80,37	-	62,54	70,36	-	53,92	60,66	-	45,54	51,23	-	37,42	42,10	-	29,57	33,26	-	21,97	24,71
	IV	1.462,08	0,01	116,96	131,58	-	110,70	124,53	-	104,47	117,53	-	98,37	110,66	-	92,40	103,95	-	86,56	97,38	-	80,84	90,95
	V	1.976,58	61,24	158,12	177,89																		
	VI	2.020,83	66,51	161,66	181,87																		
5.726,99	I	1.463,33	0,16	117,06	131,69	-	104,57	117,64	-	92,50	104,06	-	80,93	91,04	-	69,88	78,62	-	59,35	66,77	-	49,33	55,49
	II	1.314,66	-	105,17	118,31	-	93,06	104,69	-	81,48	91,66	-	70,40	79,20	-	59,85	67,33	-	49,80	56,03	-	40,28	45,31
	III	893,83	-	71,50	80,44	-	62,62	70,45	-	53,98	60,73	-	45,61	51,31	-	37,49	42,17	-	29,64	33,34	-	22,04	24,79
	IV	1.463,33	0,16	117,06	131,69	-	110,80	124,65	-	104,57	117,64	-	98,47	110,78	-	92,50	104,06	-	86,65	97,48	-	80,93	91,04
	V	1.977,83	61,39	158,22	178,00																		
	VI	2.022,08	66,65	161,76	181,98																		
5.729,99	I	1.464,66	0,32	117,17	131,81	-	104,67	117,75	-	92,59	104,16	-	81,02	91,15	-	69,97	78,71	-	59,44	66,87	-	49,41	55,58
	II	1.315,91	-	105,27	118,43	-	93,16	104,81	-	81,57	91,76	-	70,49	79,30	-	59,93	67,42	-	49,88	56,12	-	40,35	45,39
	III	894,83	-	71,58	80,53	-	62,69	70,52	-	54,05	60,80	-	45,68	51,39	-	37,56	42,25	-	29,69	33,40	-	22,09	24,85
	IV	1.464,66	0,32	117,17	131,81	-	110,90	124,76	-	104,67	117,75	-	98,57	110,89	-	92,59	104,16	-	86,74	97,58	-	81,02	91,15
	V	1.979,08	61,54	158,32	178,11																		
	VI	2.023,41	66,81	161,87	182,10																		
5.732,99	I	1.465,91	0,47	117,27	131,93	-	104,77	117,86	-	92,68	104,27	-	81,12	91,26	-	70,06	78,81	-	59,52	66,96	-	49,49	55,67
	II	1.317,16	-	105,37	118,54	-	93,26	104,91	-	81,66	91,87	-	70,58	79,40	-	60,01	67,51	-	49,96	56,21	-	40,42	45,47
	III	895,66	-	71,65	80,60	-	62,76	70,60	-	54,13	60,89	-	45,74	51,46	-	37,62	42,32	-	29,76	33,48	-	22,16	24,93
	IV	1.465,91	0,47	117,27	131,93	-	111,00	124,88	-	104,77	117,86	-	98,66	110,99	-	92,68	104,27	-	86,84	97,69	-	81,12	91,26
	V	1.980,33	61,69	158,42	178,22																		
	VI	2.024,66	66,96	161,97	182,21																		
5.735,99	I	1.467,16	0,62	117,37	132,04	-	104,87	117,98	-	92,78	104,38	-	81,20	91,35	-	70,14	78,91	-	59,60	67,05	-	49,57	55,76
	II	1.318,33	-	105,46	118,64	-	93,35	105,02	-	81,75	91,97	-	70,67	79,50	-	60,10	67,61	-	50,04	56,29	-	40,50	45,56
	III	896,66	-	71,73	80,69	-	62,84	70,69	-	54,20	60,97	-	45,81	51,53	-	37,69	42,40	-	29,82	33,55	-	22,21	24,98
	IV	1.467,16	0,62	117,37	132,04	-	111,10	124,99	-	104,87	117,98	-	98,76	111,11	-	92,78	104,38	-	86,93	97,79	-	81,20	91,35
	V	1.981,58	61,84	158,52	178,34																		
	VI	2.025,91	67,11	162,07	182,33																		
5.738,99	I	1.468,41	0,77	117,47	132,15	-	104,97	118,09	-	92,88	104,49	-	81,30	91,46	-	70,23	79,01	-	59,68	67,14	-	49,64	55,85
	II	1.319,58	-	105,56	118,76	-	93,45	105,13	-	81,84	92,07	-	70,76	79,60	-	60,18	67,70	-	50,12	56,38	-	40,57	45,64
	III	897,50	-	71,80	80,77	-	62,90	70,76	-	54,26	61,04	-	45,88	51,61	-	37,76	42,48	-	29,88	33,61	-	22,28	25,06
	IV	1.468,41	0,77	117,47	132,15	-	111,20	125,10	-	104,97	118,09	-	98,86	111,21	-	92,88	104,49	-	87,02	97,90	-	81,30	91,46
	V	1.982,83	61,98	158,62	178,45																		
	VI	2.027,16	67,26	162,17	182,44																		
5.741,99	I	1.469,66	0,92	117,57	132,26	-	105,07	118,20	-	92,97	104,59	-	81,39	91,56	-	70,32	79,11	-	59,76	67,23	-	49,72	55,94
	II	1.320,83	-	105,66	118,87	-	93,54	105,23	-	81,94	92,18	-	70,84	79,70	-	60,26	67,79	-	50,20	56,47	-	40,65	45,73
	III	898,50	-	71,88	80,86	-	62,97	70,84	-	54,33	61,12	-	45,94	51,68	-	37,81	42,53	-	29,94	33,68	-	22,33	25,12
	IV	1.469,66	0,92	117,57	132,26	-	111,30	125,21	-	105,07	118,20	-	98,96	111,33	-	92,97	104,59	-	87,12	98,01	-	81,39	91,56
	V	1.984,08	62,13	158,72	178,56																		
	VI	2.028,41	67,41	162,27	182,55																		
5.744,99	I	1.470,91	1,07	117,67	132,38	-	105,17	118,31	-	93,06	104,69	-	81,48	91,66	-	70,40	79,20	-	59,85	67,33	-	49,80	56,03
	II	1.322,08	-	105,76	118,98	-	93,64	105,34	-	82,02	92,27	-	70,93	79,79	-	60,34	67,88	-	50,28	56,56	-	40,72	45,81
	III	899,33	-	71,94	80,93	-	63,04	70,92	-	54,40	61,20	-	46,01	51,76	-	37,88	42,61	-	30,01	33,76	-	22,40	25,20
	IV	1.470,91	1,07	117,67	132,38	-	111,40	125,33	-	105,17	118,31	-	99,05	111,43	-	93,06	104,69	-	87,21	98,11	-	81,48	91,66
	V	1.985,33	62,28	158,82	178,67																		
	VI	2.029,66	67,56	162,37	182,66																		
5.747,99	I	1.472,16	1,21	117,77	132,49	-	105,27	118,43	-	93,16	104,81	-	81,57	91,76	-	70,49	79,30	-	59,93	67,42	-	49,88	56,12
	II	1.323,33	-	105,86	119,09	-	93,74	105,45	-	82,12	92,38	-	71,02	79,89	-	60,43	67,98	-	50,36	56,65	-	40,80	45,90
	III	900,16	-	72,01	81,01	-	63,12	71,01	-	54,46	61,27	-	46,08	51,84	-	37,94	42,68	-	30,06	33,82	-	22,45	25,25
	IV	1.472,16	1,21	117,77	132,49	-	111,50	125,44	-	105,27	118,43	-	99,15	111,54	-	93,16	104,81	-	87,30	98,21	-	81,57	91,76
	V	1.986,66	62,44	158,93	178,79																		
	VI	2.030,91	67,71	162,47	182,78																		
5.750,99	I	1.473,41	1,36	117,87	132,60	-	105,37	118,54	-	93,26	104,91	-	81,66	91,87	-	70,58	79,40	-	60,01	67,51	-	49,96	56,21
	II	1.324,58	-	105,96	119,21	-	93,83	105,56	-	82,21	92,48	-	71,10	79,99	-	60,51	68,07	-	50,44	56,74	-	40,87	45,98
	III	901,16	-	72,09	81,10	-	63,18	71,08	-	54,53	61,34	-	46,14	51,91	-	38,01	42,76	-	30,13	33,89	-	22,52	25,33
	IV	1.473,41	1,36	117,87	132,60	-	111,60	125,55	-	105,37	118,54	-	99,25	111,65	-	93,26	104,91	-	87,40	98,32	-	81,66	91,87
	V	1.987,91	62,59	159,03	178,91																		
	VI	2.032,16	67,85	162,57	182,89																		
5.753,99	I	1.474,75	1,52	117,98	132,72	-	105,46	118,64	-	93,35	105,02	-	81,75	91,97	-	70,67	79,50	-	60,10	67,61	-	50,04	56,29
	II	1.325,83	-	106,06	119,32	-	93,92	105,66	-	82,30	92,59	-	71,19	80,09	-	60,60	68,17	-	50,51	56,82	-	40,94	46,06
	III	902,00	-	72,16	81,18	-	63,25	71,15	-	54,60	61,42	-	46,21	51,98	-	38,08	42,84	-	30,20	33,97	-	22,57	25,39
	IV	1.474,75	1,52	117,98	132,72	-	111,71	125,67	-	105,46	118,64	-	99,34	111,76	-	93,35	105,02	-	87,49	98,42	-	81,75	91,97
	V	1.989,16	62,74	159,13	179,02																		
	VI	2.033,50	68,01	162,68	183,01																		
5.756,99	I	1.476,00	1,67	118,08	132,84	-	105,56	118,76	-	93,45	105,13	-	81,84	92,07	-	70,76	79,60	-	60,18	67,70	-	50,12	56,38
	II	1.327,08	-	106,16	119,43	-	94,02	105,77	-	82,39	92,69	-	71,28	80,19	-	60,68	68,26	-	50,59	56,91	-	41,02	46,15
	III	903,00	-	72,24	81,27	-	63,33	71,24	-	54,68	61,51	-	46,28	52,06	-	38,14	42,91	-	30,25	34,03	-	22,64	25,47
	IV	1.476,00	1,67	118,08	132,84	-	111,81	125,78	-	105,56	118,76	-	99,44	111,87	-	93,45	105,13	-	87,58	98,53	-	81,84	92,07
	V	1.990,41	62,89	159,23	179,13																		
	VI	2.034,75	68,16	162,78	183,12																		
5.759,99	I	1.477,25	1,82	118,18	132,95	-	105,66	118,87	-	93,54	105,23	-	81,94	92,18	-	70,84	79,70	-	60,26	67,79	-	50,20	56,47
	II	1.328,33	-	106,26	119,54	-	94,12	105,88	-	82,48	92,79	-	71,36	80,28	-	60,76	68,36	-	50,67	57,00	-	41,10	46,23
	III	903,83	-	72,30	81,34	-	63,40	71,32	-	54,74	61,58	-	46,34	52,13	-	38,20	42,97	-	30,32	34,11	-	22,69	25,52
	IV	1.477,25	1,82	118,18	132,95	-	111,91	125,90	-	105,66	118,87	-	99,54	111,98	-	93,54	105,23	-	87,68	98,64	-	81,94	92,18
	V	1.991,66	63,04	159,33	179,24																		
	VI	2.036,00	68,31	162,88	183,24																		

Lohn/Gehalt bis	Steuerklasse	Lohnsteuer	ohne Kinderfreibetrag SolZ 5,5%	ohne Kinderfreibetrag Kirchensteuer 8%	ohne Kinderfreibetrag Kirchensteuer 9%	0,5 SolZ 5,5%	0,5 Kirchensteuer 8%	0,5 Kirchensteuer 9%	1,0 SolZ 5,5%	1,0 Kirchensteuer 8%	1,0 Kirchensteuer 9%	1,5 SolZ 5,5%	1,5 Kirchensteuer 8%	1,5 Kirchensteuer 9%	2,0 SolZ 5,5%	2,0 Kirchensteuer 8%	2,0 Kirchensteuer 9%	2,5 SolZ 5,5%	2,5 Kirchensteuer 8%	2,5 Kirchensteuer 9%	3,0 SolZ 5,5%	3,0 Kirchensteuer 8%	3,0 Kirchensteuer 9%
5.762,99	I	1.478,50	1,97	118,28	133,06	-	105,76	118,98	-	93,64	105,34	-	82,02	92,27	-	70,93	79,79	-	60,34	67,88	-	50,28	56,5
	II	1.329,58	-	106,36	119,66	-	94,21	105,98	-	82,58	92,90	-	71,45	80,38	-	60,84	68,45	-	50,75	57,09	-	41,17	46,3
	III	904,83	-	72,38	81,43	-	63,46	71,39	-	54,81	61,66	-	46,41	52,21	-	38,26	43,04	-	30,38	34,18	-	22,76	25,6
	IV	1.478,50	1,97	118,28	133,06	-	112,01	126,01	-	105,76	118,98	-	99,64	112,09	-	93,64	105,34	-	87,77	98,74	-	82,02	92,2
	V	1.992,91	63,18	159,43	179,36																		
	VI	2.037,25	68,46	162,98	183,35																		
5.765,99	I	1.479,75	2,12	118,38	133,17	-	105,86	119,09	-	93,74	105,45	-	82,12	92,38	-	71,02	79,89	-	60,43	67,98	-	50,36	56,6
	II	1.330,83	-	106,46	119,77	-	94,31	106,10	-	82,66	92,99	-	71,54	80,48	-	60,93	68,54	-	50,83	57,18	-	41,24	46,4
	III	905,66	-	72,45	81,50	-	63,53	71,47	-	54,88	61,74	-	46,48	52,29	-	38,33	43,12	-	30,45	34,25	-	22,81	25,6
	IV	1.479,75	2,12	118,38	133,17	-	112,11	126,12	-	105,86	119,09	-	99,74	112,20	-	93,74	105,45	-	87,86	98,84	-	82,12	92,3
	V	1.994,16	63,33	159,53	179,47																		
	VI	2.038,50	68,61	163,08	183,46																		
5.768,99	I	1.481,00	2,27	118,48	133,29	-	105,96	119,21	-	93,83	105,56	-	82,21	92,48	-	71,10	79,99	-	60,51	68,07	-	50,44	56,7
	II	1.332,08	-	106,56	119,88	-	94,40	106,20	-	82,76	93,10	-	71,63	80,58	-	61,01	68,63	-	50,91	57,27	-	41,32	46,4
	III	906,66	-	72,53	81,59	-	63,61	71,56	-	54,94	61,81	-	46,54	52,36	-	38,40	43,20	-	30,50	34,31	-	22,88	25,7
	IV	1.481,00	2,27	118,48	133,29	-	112,21	126,23	-	105,96	119,21	-	99,83	112,31	-	93,83	105,56	-	87,96	98,95	-	82,21	92,4
	V	1.995,41	63,48	159,63	179,58																		
	VI	2.039,75	68,76	163,18	183,57																		
5.771,99	I	1.482,25	2,41	118,58	133,40	-	106,06	119,32	-	93,92	105,66	-	82,30	92,59	-	71,19	80,09	-	60,60	68,17	-	50,51	56,8
	II	1.333,33	-	106,66	119,99	-	94,50	106,31	-	82,85	93,20	-	71,72	80,68	-	61,10	68,73	-	50,99	57,36	-	41,40	46,5
	III	907,50	-	72,60	81,67	-	63,68	71,64	-	55,01	61,88	-	46,61	52,43	-	38,46	43,27	-	30,57	34,39	-	22,93	25,7
	IV	1.482,25	2,41	118,58	133,40	-	112,31	126,35	-	106,06	119,32	-	99,93	112,42	-	93,92	105,66	-	88,05	99,05	-	82,30	92,5
	V	1.996,75	63,64	159,74	179,70																		
	VI	2.041,00	68,91	163,28	183,69																		
5.774,99	I	1.483,50	2,56	118,68	133,51	-	106,16	119,43	-	94,02	105,77	-	82,39	92,69	-	71,28	80,19	-	60,68	68,26	-	50,59	56,9
	II	1.334,58	-	106,76	120,11	-	94,60	106,42	-	82,94	93,31	-	71,80	80,78	-	61,18	68,82	-	51,07	57,45	-	41,47	46,6
	III	908,50	-	72,68	81,76	-	63,74	71,71	-	55,08	61,96	-	46,68	52,51	-	38,53	43,34	-	30,64	34,47	-	23,00	25,8
	IV	1.483,50	2,56	118,68	133,51	-	112,41	126,46	-	106,16	119,43	-	100,03	112,53	-	94,02	105,77	-	88,14	99,16	-	82,39	92,6
	V	1.998,00	63,79	159,84	179,82																		
	VI	2.042,25	69,05	163,38	183,80																		
5.777,99	I	1.484,83	2,72	118,78	133,63	-	106,26	119,54	-	94,12	105,88	-	82,48	92,79	-	71,36	80,28	-	60,76	68,36	-	50,67	57,0
	II	1.335,83	-	106,86	120,22	-	94,69	106,52	-	83,03	93,41	-	71,89	80,87	-	61,26	68,92	-	51,14	57,53	-	41,54	46,7
	III	909,33	-	72,74	81,83	-	63,82	71,80	-	55,16	62,05	-	46,74	52,58	-	38,58	43,40	-	30,69	34,52	-	23,05	25,9
	IV	1.484,83	2,72	118,78	133,63	-	112,52	126,58	-	106,26	119,54	-	100,12	112,64	-	94,12	105,88	-	88,24	99,27	-	82,48	92,7
	V	1.999,25	63,94	159,94	179,93																		
	VI	2.043,58	69,21	163,48	183,92																		
5.780,99	I	1.486,08	2,87	118,88	133,74	-	106,36	119,66	-	94,21	105,98	-	82,58	92,90	-	71,45	80,38	-	60,84	68,45	-	50,75	57,0
	II	1.337,08	-	106,96	120,33	-	94,78	106,63	-	83,12	93,51	-	71,98	80,97	-	61,34	69,01	-	51,22	57,62	-	41,62	46,8
	III	910,16	-	72,81	81,91	-	63,89	71,87	-	55,22	62,12	-	46,81	52,66	-	38,65	43,48	-	30,76	34,60	-	23,12	26,0
	IV	1.486,08	2,87	118,88	133,74	-	112,62	126,69	-	106,36	119,66	-	100,22	112,75	-	94,21	105,98	-	88,33	99,37	-	82,58	92,90
	V	2.000,50	64,09	160,04	180,04																		
	VI	2.044,83	69,36	163,58	184,03																		
5.783,99	I	1.487,33	3,02	118,98	133,85	-	106,46	119,77	-	94,31	106,10	-	82,66	92,99	-	71,54	80,48	-	60,93	68,54	-	50,83	57,1
	II	1.338,33	-	107,06	120,44	-	94,88	106,74	-	83,22	93,62	-	72,06	81,07	-	61,43	69,11	-	51,30	57,71	-	41,70	46,9
	III	911,16	-	72,89	82,00	-	63,96	71,95	-	55,29	62,20	-	46,88	52,74	-	38,72	43,56	-	30,82	34,67	-	23,17	26,0
	IV	1.487,33	3,02	118,98	133,85	-	112,72	126,81	-	106,46	119,77	-	100,32	112,86	-	94,31	106,10	-	88,42	99,47	-	82,66	92,9
	V	2.001,75	64,24	160,14	180,15																		
	VI	2.046,08	69,51	163,68	184,14																		
5.786,99	I	1.488,58	3,17	119,08	133,97	-	106,56	119,88	-	94,40	106,20	-	82,76	93,10	-	71,63	80,58	-	61,01	68,63	-	50,91	57,2
	II	1.339,58	-	107,16	120,56	-	94,98	106,85	-	83,31	93,72	-	72,15	81,17	-	61,51	69,20	-	51,38	57,80	-	41,77	46,9
	III	912,00	-	72,96	82,08	-	64,04	72,04	-	55,36	62,28	-	46,94	52,81	-	38,78	43,63	-	30,88	34,74	-	23,24	26,1
	IV	1.488,58	3,17	119,08	133,97	-	112,82	126,92	-	106,56	119,88	-	100,42	112,97	-	94,40	106,20	-	88,52	99,58	-	82,76	93,1
	V	2.003,00	64,38	160,24	180,27																		
	VI	2.047,33	69,66	163,78	184,25																		
5.789,99	I	1.489,83	3,32	119,18	134,08	-	106,66	119,99	-	94,50	106,31	-	82,85	93,20	-	71,72	80,68	-	61,10	68,73	-	50,99	57,3
	II	1.340,83	-	107,26	120,67	-	95,08	106,96	-	83,40	93,82	-	72,24	81,27	-	61,60	69,30	-	51,46	57,89	-	41,85	47,0
	III	913,00	-	73,04	82,17	-	64,10	72,11	-	55,42	62,35	-	47,01	52,88	-	38,85	43,70	-	30,94	34,81	-	23,29	26,2
	IV	1.489,83	3,32	119,18	134,08	-	112,92	127,03	-	106,66	119,99	-	100,52	113,08	-	94,50	106,31	-	88,61	99,68	-	82,85	93,2
	V	2.004,25	64,53	160,34	180,38																		
	VI	2.048,58	69,81	163,88	184,37																		
5.792,99	I	1.491,08	3,47	119,28	134,19	-	106,76	120,11	-	94,60	106,42	-	82,94	93,31	-	71,80	80,78	-	61,18	68,82	-	51,07	57,4
	II	1.342,08	-	107,36	120,78	-	95,17	107,06	-	83,49	93,92	-	72,33	81,37	-	61,68	69,39	-	51,54	57,98	-	41,92	47,1
	III	913,83	-	73,10	82,24	-	64,17	72,19	-	55,49	62,42	-	47,08	52,96	-	38,92	43,78	-	31,01	34,88	-	23,36	26,2
	IV	1.491,08	3,47	119,28	134,19	-	113,02	127,14	-	106,76	120,11	-	100,62	113,19	-	94,60	106,42	-	88,70	99,79	-	82,94	93,31
	V	2.005,50	64,68	160,44	180,49																		
	VI	2.049,83	69,96	163,98	184,48																		
5.795,99	I	1.492,33	3,61	119,38	134,30	-	106,86	120,22	-	94,69	106,52	-	83,03	93,41	-	71,89	80,87	-	61,26	68,92	-	51,14	57,5
	II	1.343,33	-	107,46	120,89	-	95,26	107,17	-	83,58	94,03	-	72,42	81,47	-	61,76	69,48	-	51,62	58,07	-	42,00	47,2
	III	914,83	-	73,18	82,33	-	64,25	72,28	-	55,57	62,51	-	47,14	53,03	-	38,97	43,84	-	31,06	34,94	-	23,42	26,3
	IV	1.492,33	3,61	119,38	134,30	-	113,12	127,26	-	106,86	120,22	-	100,71	113,30	-	94,69	106,52	-	88,80	99,90	-	83,03	93,41
	V	2.006,83	64,84	160,54	180,61																		
	VI	2.051,08	70,11	164,08	184,59																		
5.798,99	I	1.493,58	3,76	119,48	134,42	-	106,96	120,33	-	94,78	106,63	-	83,12	93,51	-	71,98	80,97	-	61,34	69,01	-	51,22	57,62
	II	1.344,58	-	107,56	121,01	-	95,36	107,28	-	83,68	94,14	-	72,50	81,56	-	61,84	69,57	-	51,70	58,16	-	42,08	47,34
	III	915,66	-	73,25	82,40	-	64,32	72,36	-	55,64	62,59	-	47,21	53,11	-	39,04	43,92	-	31,13	35,02	-	23,48	26,41
	IV	1.493,58	3,76	119,48	134,42	-	113,22	127,37	-	106,96	120,33	-	100,81	113,41	-	94,78	106,63	-	88,89	100,00	-	83,12	93,51
	V	2.008,08	64,99	160,64	180,72																		
	VI	2.052,33	70,25	164,18	184,70																		
5.801,99	I	1.494,83	3,91	119,58	134,53	-	107,06	120,44	-	94,88	106,74	-	83,22	93,62	-	72,06	81,07	-	61,43	69,11	-	51,30	57,71
	II	1.345,83	-	107,66	121,12	-	95,46	107,39	-	83,77	94,24	-	72,59	81,66	-	61,93	69,67	-	51,78	58,25	-	42,15	47,42
	III	916,66	-	73,33	82,49	-	64,38	72,43	-	55,70	62,66	-	47,28	53,19	-	39,10	43,99	-	31,20	35,10	-	23,54	26,48
	IV	1.494,83	3,91	119,58	134,53	-	113,32	127,49	-	107,06	120,44	-	100,91	113,52	-	94,88	106,74	-	88,98	100,10	-	83,22	93,62
	V	2.009,33	65,14	160,74	180,83																		
	VI	2.053,58	70,40	164,28	184,82																		
5.804,99	I	1.496,16	4,07	119,69	134,65	-	107,16	120,56	-	94,98	106,85	-	83,31	93,72	-	72,15	81,17	-	61,51	69,20	-	51,38	57,80
	II	1.347,08	-	107,76	121,23	-	95,56	107,50	-	83,86	94,34	-	72,68	81,76	-	62,01	69,76	-	51,86	58,34	-	42,22	47,50
	III	917,50	-	73,40	82,57	-	64,45	72,50	-	55,77	62,74	-	47,34	53,26	-	39,17	44,06	-	31,25	35,15	-	23,60	26,55
	IV	1.496,16	4,07	119,69	134,65	-	113,42	127,60	-	107,16	120,56	-	101,00	113,63	-	94,98	106,85	-	89,08	100,21	-	83,31	93,72
	V	2.010,58	65,29	160,84	180,95																		
	VI	2.054,91	70,56	164,39	184,94																		

Lohn/ Gehalt bis	Steuerklasse	Lohn- steuer	ohne Kinderfreibetrag SolZ 5,5%	ohne Kinderfreibetrag Kirchensteuer 8%	ohne Kinderfreibetrag Kirchensteuer 9%	0,5 SolZ 5,5%	0,5 Kirchensteuer 8%	0,5 Kirchensteuer 9%	1,0 SolZ 5,5%	1,0 Kirchensteuer 8%	1,0 Kirchensteuer 9%	1,5 SolZ 5,5%	1,5 Kirchensteuer 8%	1,5 Kirchensteuer 9%	2,0 SolZ 5,5%	2,0 Kirchensteuer 8%	2,0 Kirchensteuer 9%	2,5 SolZ 5,5%	2,5 Kirchensteuer 8%	2,5 Kirchensteuer 9%	3,0 SolZ 5,5%	3,0 Kirchensteuer 8%	3,0 Kirchensteuer 9%
						Anzahl Kinderfreibeträge (nur Steuerklassen I–IV)																	
5.807,99	I	1.497,41	4,22	119,79	134,76	-	107,26	120,67	-	95,08	106,96	-	83,40	93,82	-	72,24	81,27	-	61,60	69,30	-	51,46	57,89
	II	1.348,33	-	107,86	121,34	-	95,65	107,60	-	83,95	94,44	-	72,77	81,86	-	62,10	69,86	-	51,94	58,43	-	42,30	47,58
	III	918,50	-	73,48	82,66	-	64,53	72,59	-	55,84	62,82	-	47,41	53,33	-	39,24	44,14	-	31,32	35,23	-	23,66	26,62
	IV	1.497,41	4,22	119,79	134,76	-	113,52	127,71	-	107,26	120,67	-	101,10	113,74	-	95,08	106,96	-	89,17	100,31	-	83,40	93,82
	V	2.011,83	65,44	160,94	181,06																		
	VI	2.056,16	70,71	164,49	185,05																		
5.810,99	I	1.498,66	4,37	119,89	134,87	-	107,36	120,78	-	95,17	107,06	-	83,49	93,92	-	72,33	81,37	-	61,68	69,39	-	51,54	57,98
	II	1.349,58	-	107,96	121,46	-	95,75	107,72	-	84,04	94,55	-	72,86	81,96	-	62,18	69,95	-	52,02	58,52	-	42,38	47,67
	III	919,33	-	73,54	82,73	-	64,60	72,67	-	55,90	62,89	-	47,48	53,41	-	39,30	44,21	-	31,38	35,30	-	23,72	26,68
	IV	1.498,66	4,37	119,89	134,87	-	113,62	127,82	-	107,36	120,78	-	101,20	113,85	-	95,17	107,06	-	89,27	100,43	-	83,49	93,92
	V	2.013,08	65,58	161,04	181,17																		
	VI	2.057,41	70,86	164,59	185,16																		
5.813,99	I	1.499,91	4,52	119,99	134,99	-	107,46	120,89	-	95,26	107,17	-	83,58	94,03	-	72,42	81,47	-	61,76	69,48	-	51,62	58,07
	II	1.350,83	-	108,06	121,57	-	95,84	107,82	-	84,14	94,65	-	72,94	82,06	-	62,26	70,04	-	52,10	58,61	-	42,45	47,75
	III	920,33	-	73,62	82,82	-	64,66	72,74	-	55,98	62,98	-	47,54	53,48	-	39,37	44,29	-	31,45	35,38	-	23,78	26,75
	IV	1.499,91	4,52	119,99	134,99	-	113,72	127,94	-	107,46	120,89	-	101,30	113,96	-	95,26	107,17	-	89,36	100,53	-	83,58	94,03
	V	2.014,33	65,73	161,14	181,28																		
	VI	2.058,66	71,01	164,69	185,27																		
5.816,99	I	1.501,16	4,67	120,09	135,10	-	107,56	121,01	-	95,36	107,28	-	83,68	94,14	-	72,50	81,56	-	61,84	69,57	-	51,70	58,16
	II	1.352,08	-	108,16	121,68	-	95,94	107,93	-	84,23	94,76	-	73,03	82,16	-	62,35	70,14	-	52,18	58,70	-	42,52	47,84
	III	921,16	-	73,69	82,90	-	64,74	72,83	-	56,05	63,05	-	47,61	53,56	-	39,42	44,35	-	31,50	35,44	-	23,84	26,82
	IV	1.501,16	4,67	120,09	135,10	-	113,82	128,05	-	107,56	121,01	-	101,40	114,07	-	95,36	107,28	-	89,46	100,64	-	83,68	94,14
	V	2.015,58	65,88	161,24	181,40																		
	VI	2.059,91	71,16	164,79	185,39																		
5.819,99	I	1.502,41	4,81	120,19	135,21	-	107,66	121,12	-	95,46	107,39	-	83,77	94,24	-	72,59	81,66	-	61,93	69,67	-	51,78	58,25
	II	1.353,33	-	108,26	121,79	-	96,04	108,04	-	84,32	94,86	-	73,12	82,26	-	62,43	70,23	-	52,26	58,79	-	42,60	47,93
	III	922,16	-	73,77	82,99	-	64,81	72,91	-	56,12	63,13	-	47,68	53,64	-	39,49	44,42	-	31,57	35,51	-	23,90	26,89
	IV	1.502,41	4,81	120,19	135,21	-	113,92	128,16	-	107,66	121,12	-	101,50	114,18	-	95,46	107,39	-	89,55	100,74	-	83,77	94,24
	V	2.016,83	66,03	161,34	181,51																		
	VI	2.061,16	71,31	164,89	185,50																		
5.822,99	I	1.503,66	4,96	120,29	135,32	-	107,76	121,23	-	95,56	107,50	-	83,86	94,34	-	72,68	81,76	-	62,01	69,76	-	51,86	58,34
	II	1.354,58	-	108,36	121,91	-	96,13	108,14	-	84,41	94,96	-	73,21	82,36	-	62,52	70,33	-	52,34	58,88	-	42,68	48,01
	III	923,00	-	73,84	83,07	-	64,88	72,99	-	56,18	63,20	-	47,74	53,71	-	39,56	44,50	-	31,64	35,59	-	23,96	26,95
	IV	1.503,66	4,96	120,29	135,32	-	114,02	128,27	-	107,76	121,23	-	101,60	114,30	-	95,56	107,50	-	89,64	100,85	-	83,86	94,34
	V	2.018,16	66,19	161,45	181,63																		
	VI	2.062,41	71,45	164,99	185,61																		
5.825,99	I	1.504,91	5,11	120,39	135,44	-	107,86	121,34	-	95,65	107,60	-	83,95	94,44	-	72,77	81,86	-	62,10	69,86	-	51,94	58,43
	II	1.355,83	-	108,46	122,02	-	96,23	108,26	-	84,50	95,06	-	73,30	82,46	-	62,60	70,42	-	52,42	58,97	-	42,75	48,09
	III	924,00	-	73,92	83,16	-	64,96	73,08	-	56,25	63,28	-	47,81	53,78	-	39,62	44,57	-	31,69	35,65	-	24,02	27,02
	IV	1.504,91	5,11	120,39	135,44	-	114,12	128,39	-	107,86	121,34	-	101,69	114,40	-	95,65	107,60	-	89,74	100,95	-	83,95	94,44
	V	2.019,41	66,34	161,55	181,74																		
	VI	2.063,66	71,60	165,09	185,72																		
5.828,99	I	1.506,25	5,27	120,50	135,56	-	107,96	121,46	-	95,75	107,72	-	84,04	94,55	-	72,86	81,96	-	62,18	69,95	-	52,02	58,52
	II	1.357,16	-	108,57	122,14	-	96,32	108,36	-	84,60	95,17	-	73,38	82,55	-	62,68	70,52	-	52,50	59,06	-	42,83	48,18
	III	924,83	-	73,98	83,23	-	65,02	73,15	-	56,32	63,36	-	47,88	53,86	-	39,69	44,65	-	31,76	35,73	-	24,09	27,10
	IV	1.506,25	5,27	120,50	135,56	-	114,23	128,51	-	107,96	121,46	-	101,79	114,51	-	95,75	107,72	-	89,83	101,06	-	84,04	94,55
	V	2.020,66	66,49	161,65	181,85																		
	VI	2.065,00	71,76	165,20	185,85																		
5.831,99	I	1.507,50	5,42	120,60	135,67	-	108,06	121,57	-	95,84	107,82	-	84,14	94,65	-	72,94	82,06	-	62,26	70,04	-	52,10	58,61
	II	1.358,41	-	108,67	122,25	-	96,42	108,47	-	84,69	95,27	-	73,47	82,65	-	62,77	70,61	-	52,58	59,15	-	42,90	48,26
	III	925,83	-	74,06	83,32	-	65,09	73,22	-	56,40	63,45	-	47,94	53,93	-	39,76	44,73	-	31,82	35,80	-	24,14	27,16
	IV	1.507,50	5,42	120,60	135,67	-	114,33	128,62	-	108,06	121,57	-	101,89	114,62	-	95,84	107,82	-	89,92	101,16	-	84,14	94,65
	V	2.021,91	66,64	161,75	181,97																		
	VI	2.066,25	71,91	165,30	185,96																		
5.834,99	I	1.508,75	5,57	120,70	135,78	-	108,16	121,68	-	95,94	107,93	-	84,23	94,76	-	73,03	82,16	-	62,35	70,14	-	52,18	58,70
	II	1.359,66	-	108,77	122,36	-	96,52	108,58	-	84,78	95,38	-	73,56	82,75	-	62,85	70,70	-	52,66	59,24	-	42,98	48,35
	III	926,66	-	74,13	83,39	-	65,17	73,31	-	56,46	63,52	-	48,01	54,01	-	39,82	44,80	-	31,88	35,86	-	24,21	27,23
	IV	1.508,75	5,57	120,70	135,78	-	114,43	128,73	-	108,16	121,68	-	101,99	114,74	-	95,94	107,93	-	90,02	101,27	-	84,23	94,76
	V	2.023,16	66,78	161,85	182,08																		
	VI	2.067,50	72,06	165,40	186,07																		
5.837,99	I	1.510,00	5,72	120,80	135,90	-	108,26	121,79	-	96,04	108,04	-	84,32	94,86	-	73,12	82,26	-	62,43	70,23	-	52,26	58,79
	II	1.360,91	-	108,87	122,48	-	96,62	108,69	-	84,88	95,49	-	73,65	82,85	-	62,94	70,80	-	52,74	59,33	-	43,06	48,44
	III	927,50	-	74,20	83,47	-	65,24	73,39	-	56,53	63,59	-	48,08	54,09	-	39,88	44,86	-	31,94	35,93	-	24,26	27,29
	IV	1.510,00	5,72	120,80	135,90	-	114,53	128,84	-	108,26	121,79	-	102,08	114,84	-	96,04	108,04	-	90,12	101,38	-	84,32	94,86
	V	2.024,41	66,93	161,95	182,19																		
	VI	2.068,75	72,21	165,50	186,18																		
5.840,99	I	1.511,25	5,87	120,90	136,01	-	108,36	121,91	-	96,13	108,14	-	84,41	94,96	-	73,21	82,36	-	62,52	70,33	-	52,34	58,88
	II	1.362,16	-	108,97	122,59	-	96,71	108,80	-	84,96	95,58	-	73,74	82,95	-	63,02	70,89	-	52,82	59,42	-	43,13	48,52
	III	928,50	-	74,28	83,56	-	65,30	73,46	-	56,60	63,67	-	48,14	54,16	-	39,94	44,93	-	32,01	36,01	-	24,33	27,37
	IV	1.511,25	5,87	120,90	136,01	-	114,63	128,96	-	108,36	121,91	-	102,18	114,95	-	96,13	108,14	-	90,21	101,48	-	84,41	94,96
	V	2.025,66	67,08	162,05	182,30																		
	VI	2.070,00	72,36	165,60	186,30																		
5.843,99	I	1.512,50	6,01	121,00	136,12	-	108,46	122,02	-	96,23	108,26	-	84,50	95,06	-	73,30	82,46	-	62,60	70,42	-	52,42	58,97
	II	1.363,41	-	109,07	122,70	-	96,81	108,91	-	85,06	95,69	-	73,82	83,05	-	63,10	70,99	-	52,90	59,51	-	43,21	48,61
	III	929,33	-	74,34	83,63	-	65,38	73,55	-	56,66	63,74	-	48,21	54,23	-	40,01	45,01	-	32,08	36,09	-	24,38	27,43
	IV	1.512,50	6,01	121,00	136,12	-	114,73	129,07	-	108,46	122,02	-	102,28	115,07	-	96,23	108,26	-	90,30	101,59	-	84,50	95,06
	V	2.026,91	67,23	162,15	182,42																		
	VI	2.071,25	72,51	165,70	186,41																		
5.846,99	I	1.513,75	6,16	121,10	136,23	-	108,57	122,14	-	96,32	108,36	-	84,60	95,17	-	73,38	82,55	-	62,68	70,52	-	52,50	59,06
	II	1.364,66	-	109,17	122,81	-	96,90	109,01	-	85,15	95,79	-	73,91	83,15	-	63,19	71,09	-	52,98	59,60	-	43,28	48,69
	III	930,33	-	74,42	83,72	-	65,45	73,63	-	56,73	63,82	-	48,28	54,31	-	40,08	45,09	-	32,13	36,14	-	24,45	27,50
	IV	1.513,75	6,16	121,10	136,23	-	114,83	129,18	-	108,57	122,14	-	102,38	115,18	-	96,32	108,36	-	90,40	101,70	-	84,60	95,17
	V	2.028,25	67,39	162,26	182,54																		
	VI	2.072,50	72,65	165,80	186,52																		
5.849,99	I	1.515,00	6,31	121,20	136,35	-	108,67	122,25	-	96,42	108,47	-	84,69	95,27	-	73,47	82,65	-	62,77	70,61	-	52,58	59,15
	II	1.365,91	-	109,27	122,93	-	97,00	109,13	-	85,24	95,90	-	74,00	83,25	-	63,27	71,18	-	53,06	59,69	-	43,36	48,78
	III	931,16	-	74,49	83,80	-	65,52	73,71	-	56,81	63,91	-	48,34	54,38	-	40,14	45,16	-	32,20	36,22	-	24,50	27,56
	IV	1.515,00	6,31	121,20	136,35	-	114,93	129,29	-	108,67	122,25	-	102,48	115,29	-	96,42	108,47	-	90,49	101,80	-	84,69	95,27
	V	2.029,50	67,54	162,36	182,65																		
	VI	2.073,75	72,80	165,90	186,63																		

MONAT bis 5.894,99 €

Besondere Tabelle

Lohn/Gehalt bis	Steuerklasse	Lohnsteuer	ohne Kinderfreibetrag SolZ 5,5%	ohne Kinderfreibetrag Kirchensteuer 8%	ohne Kinderfreibetrag Kirchensteuer 9%	Anzahl Kinderfreibeträge (nur Steuerklassen I–IV) 0,5 SolZ 5,5%	0,5 Kirchensteuer 8%	0,5 Kirchensteuer 9%	1,0 SolZ 5,5%	1,0 Kirchensteuer 8%	1,0 Kirchensteuer 9%	1,5 SolZ 5,5%	1,5 Kirchensteuer 8%	1,5 Kirchensteuer 9%	2,0 SolZ 5,5%	2,0 Kirchensteuer 8%	2,0 Kirchensteuer 9%	2,5 SolZ 5,5%	2,5 Kirchensteuer 8%	2,5 Kirchensteuer 9%	3,0 SolZ 5,5%	3,0 Kirchensteuer 8%	3,0 Kirchensteuer 9%
5.852,99	I	1.516,33	6,47	121,30	136,46	-	108,77	122,36	-	96,52	108,58	-	84,78	95,38	-	73,56	82,75	-	62,85	70,70	-	52,66	59,2
	II	1.367,16	-	109,37	123,04	-	97,10	109,23	-	85,34	96,00	-	74,09	83,35	-	63,36	71,28	-	53,14	59,78	-	43,44	48,8
	III	932,16	-	74,57	83,89	-	65,60	73,80	-	56,88	63,99	-	48,41	54,46	-	40,21	45,23	-	32,26	36,29	-	24,57	27,6
	IV	1.516,33	6,47	121,30	136,46	-	115,04	129,42	-	108,77	122,36	-	102,58	115,40	-	96,52	108,58	-	90,58	101,90	-	84,78	95,3
	V	2.030,75	67,69	162,46	182,76																		
	VI	2.075,08	72,96	166,00	186,75																		
5.855,99	I	1.517,58	6,62	121,40	136,58	-	108,87	122,48	-	96,62	108,69	-	84,88	95,49	-	73,65	82,85	-	62,94	70,80	-	52,74	59,3
	II	1.368,41	-	109,47	123,15	-	97,20	109,35	-	85,43	96,11	-	74,18	83,45	-	63,44	71,37	-	53,22	59,87	-	43,51	48,9
	III	933,00	-	74,64	83,97	-	65,66	73,87	-	56,94	64,06	-	48,48	54,54	-	40,28	45,31	-	32,32	36,36	-	24,64	27,7
	IV	1.517,58	6,62	121,40	136,58	-	115,14	129,53	-	108,87	122,48	-	102,68	115,51	-	96,62	108,69	-	90,68	102,01	-	84,88	95,4
	V	2.032,00	67,83	162,56	182,88																		
	VI	2.076,33	73,11	166,10	186,86																		
5.858,99	I	1.518,83	6,77	121,50	136,69	-	108,97	122,59	-	96,71	108,80	-	84,96	95,58	-	73,74	82,95	-	63,02	70,89	-	52,82	59,4
	II	1.369,75	-	109,58	123,27	-	97,29	109,45	-	85,52	96,21	-	74,26	83,54	-	63,52	71,46	-	53,30	59,96	-	43,59	49,0
	III	934,00	-	74,72	84,06	-	65,73	73,94	-	57,01	64,13	-	48,54	54,61	-	40,34	45,38	-	32,38	36,43	-	24,69	27,7
	IV	1.518,83	6,77	121,50	136,69	-	115,24	129,64	-	108,97	122,59	-	102,78	115,62	-	96,71	108,80	-	90,78	102,12	-	84,96	95,5
	V	2.033,25	67,98	162,66	182,99																		
	VI	2.077,58	73,26	166,20	186,98																		
5.861,99	I	1.520,08	6,92	121,60	136,80	-	109,07	122,70	-	96,81	108,91	-	85,06	95,69	-	73,82	83,05	-	63,10	70,99	-	52,90	59,5
	II	1.371,00	-	109,68	123,39	-	97,39	109,56	-	85,62	96,32	-	74,36	83,65	-	63,61	71,56	-	53,38	60,05	-	43,66	49,1
	III	934,83	-	74,78	84,13	-	65,81	74,03	-	57,08	64,21	-	48,61	54,68	-	40,40	45,45	-	32,45	36,50	-	24,76	27,8
	IV	1.520,08	6,92	121,60	136,80	-	115,34	129,75	-	109,07	122,70	-	102,88	115,74	-	96,81	108,91	-	90,87	102,23	-	85,06	95,6
	V	2.034,50	68,13	162,76	183,10																		
	VI	2.078,83	73,41	166,30	187,09																		
5.864,99	I	1.521,33	7,07	121,70	136,91	-	109,17	122,81	-	96,90	109,01	-	85,15	95,79	-	73,91	83,15	-	63,19	71,09	-	52,98	59,6
	II	1.372,25	-	109,78	123,50	-	97,48	109,67	-	85,70	96,41	-	74,44	83,75	-	63,70	71,66	-	53,46	60,14	-	43,74	49,2
	III	935,83	-	74,86	84,22	-	65,88	74,11	-	57,16	64,30	-	48,68	54,76	-	40,46	45,52	-	32,52	36,58	-	24,81	27,9
	IV	1.521,33	7,07	121,70	136,91	-	115,44	129,87	-	109,17	122,81	-	102,97	115,84	-	96,90	109,01	-	90,96	102,33	-	85,15	95,7
	V	2.035,75	68,28	162,86	183,21																		
	VI	2.080,08	73,56	166,40	187,20																		
5.867,99	I	1.522,58	7,21	121,80	137,03	-	109,27	122,93	-	97,00	109,13	-	85,24	95,90	-	74,00	83,25	-	63,27	71,18	-	53,06	59,6
	II	1.373,50	-	109,88	123,61	-	97,58	109,78	-	85,80	96,52	-	74,53	83,84	-	63,78	71,75	-	53,54	60,23	-	43,82	49,2
	III	936,66	-	74,93	84,29	-	65,94	74,18	-	57,22	64,37	-	48,74	54,83	-	40,53	45,59	-	32,57	36,64	-	24,88	27,9
	IV	1.522,58	7,21	121,80	137,03	-	115,54	129,98	-	109,27	122,93	-	103,07	115,95	-	97,00	109,13	-	91,06	102,44	-	85,24	95,9
	V	2.037,00	68,43	162,96	183,33																		
	VI	2.081,33	73,71	166,50	187,31																		
5.870,99	I	1.523,83	7,36	121,90	137,14	-	109,37	123,04	-	97,10	109,23	-	85,34	96,00	-	74,09	83,35	-	63,36	71,28	-	53,14	59,7
	II	1.374,75	-	109,98	123,72	-	97,68	109,89	-	85,89	96,62	-	74,62	83,94	-	63,86	71,84	-	53,62	60,32	-	43,89	49,3
	III	937,66	-	75,01	84,38	-	66,02	74,27	-	57,29	64,45	-	48,81	54,91	-	40,60	45,67	-	32,64	36,72	-	24,93	28,0
	IV	1.523,83	7,36	121,90	137,14	-	115,64	130,09	-	109,37	123,04	-	103,17	116,06	-	97,10	109,23	-	91,15	102,54	-	85,34	96,0
	V	2.038,33	68,59	163,06	183,44																		
	VI	2.082,58	73,85	166,60	187,43																		
5.873,99	I	1.525,08	7,51	122,00	137,25	-	109,47	123,15	-	97,20	109,35	-	85,43	96,11	-	74,18	83,45	-	63,44	71,37	-	53,22	59,8
	II	1.376,00	-	110,08	123,84	-	97,78	110,00	-	85,98	96,73	-	74,71	84,05	-	63,95	71,94	-	53,70	60,41	-	43,97	49,4
	III	938,50	-	75,08	84,46	-	66,09	74,35	-	57,36	64,53	-	48,88	54,99	-	40,66	45,74	-	32,70	36,79	-	25,00	28,1
	IV	1.525,08	7,51	122,00	137,25	-	115,74	130,20	-	109,47	123,15	-	103,27	116,18	-	97,20	109,35	-	91,24	102,65	-	85,43	96,1
	V	2.039,58	68,74	163,16	183,56																		
	VI	2.083,83	74,00	166,70	187,54																		
5.876,99	I	1.526,33	7,66	122,10	137,36	-	109,58	123,27	-	97,29	109,45	-	85,52	96,21	-	74,26	83,54	-	63,52	71,46	-	53,30	59,9
	II	1.377,25	-	110,18	123,95	-	97,87	110,10	-	86,08	96,84	-	74,80	84,15	-	64,03	72,03	-	53,78	60,50	-	44,04	49,5
	III	939,50	-	75,16	84,55	-	66,16	74,43	-	57,42	64,60	-	48,94	55,06	-	40,73	45,82	-	32,77	36,86	-	25,06	28,1
	IV	1.526,33	7,66	122,10	137,36	-	115,84	130,32	-	109,58	123,27	-	103,37	116,29	-	97,29	109,45	-	91,34	102,76	-	85,52	96,2
	V	2.040,83	68,89	163,26	183,67																		
	VI	2.085,08	74,15	166,80	187,65																		
5.879,99	I	1.527,66	7,82	122,21	137,48	-	109,68	123,39	-	97,39	109,56	-	85,62	96,32	-	74,36	83,65	-	63,61	71,56	-	53,38	60,0
	II	1.378,50	-	110,28	124,06	-	97,97	110,21	-	86,17	96,94	-	74,88	84,24	-	64,12	72,13	-	53,86	60,59	-	44,12	49,6
	III	940,33	-	75,22	84,62	-	66,24	74,52	-	57,49	64,67	-	49,01	55,13	-	40,80	45,90	-	32,82	36,92	-	25,12	28,2
	IV	1.527,66	7,82	122,21	137,48	-	115,94	130,43	-	109,68	123,39	-	103,47	116,40	-	97,39	109,56	-	91,44	102,87	-	85,62	96,3
	V	2.042,08	69,03	163,36	183,78																		
	VI	2.086,41	74,31	166,91	187,77																		
5.882,99	I	1.528,91	7,97	122,31	137,60	-	109,78	123,50	-	97,48	109,67	-	85,70	96,41	-	74,44	83,75	-	63,70	71,66	-	53,46	60,1
	II	1.379,83	-	110,38	124,18	-	98,06	110,32	-	86,26	97,04	-	74,98	84,35	-	64,20	72,23	-	53,94	60,68	-	44,20	49,7
	III	941,33	-	75,30	84,71	-	66,30	74,59	-	57,57	64,76	-	49,08	55,21	-	40,86	45,97	-	32,89	37,00	-	25,18	28,3
	IV	1.528,91	7,97	122,31	137,60	-	116,04	130,55	-	109,78	123,50	-	103,56	116,51	-	97,48	109,67	-	91,53	102,97	-	85,70	96,4
	V	2.043,33	69,18	163,46	183,89																		
	VI	2.087,66	74,46	167,01	187,88																		
5.885,99	I	1.530,16	8,12	122,41	137,71	-	109,88	123,61	-	97,58	109,78	-	85,80	96,52	-	74,53	83,84	-	63,78	71,75	-	53,54	60,2
	II	1.381,08	-	110,48	124,29	-	98,16	110,43	-	86,36	97,15	-	75,06	84,44	-	64,28	72,32	-	54,02	60,77	-	44,27	49,8
	III	942,16	-	75,37	84,79	-	66,38	74,68	-	57,64	64,84	-	49,16	55,30	-	40,92	46,03	-	32,96	37,08	-	25,24	28,3
	IV	1.530,16	8,12	122,41	137,71	-	116,14	130,66	-	109,88	123,61	-	103,66	116,62	-	97,58	109,78	-	91,62	103,07	-	85,80	96,5
	V	2.044,58	69,33	163,56	184,01																		
	VI	2.088,91	74,61	167,11	188,00																		
5.888,99	I	1.531,41	8,27	122,51	137,82	-	109,98	123,72	-	97,68	109,89	-	85,89	96,62	-	74,62	83,94	-	63,86	71,84	-	53,62	60,3
	II	1.382,33	-	110,58	124,40	-	98,26	110,54	-	86,45	97,25	-	75,15	84,54	-	64,37	72,41	-	54,10	60,86	-	44,35	49,8
	III	943,16	-	75,45	84,88	-	66,45	74,75	-	57,70	64,91	-	49,22	55,37	-	40,98	46,10	-	33,01	37,13	-	25,30	28,4
	IV	1.531,41	8,27	122,51	137,82	-	116,24	130,77	-	109,98	123,72	-	103,76	116,73	-	97,68	109,89	-	91,72	103,19	-	85,89	96,6
	V	2.045,83	69,48	163,66	184,12																		
	VI	2.090,16	74,76	167,21	188,11																		
5.891,99	I	1.532,66	8,41	122,61	137,93	-	110,08	123,84	-	97,78	110,00	-	85,98	96,73	-	74,71	84,05	-	63,95	71,94	-	53,70	60,4
	II	1.383,58	-	110,68	124,52	-	98,36	110,65	-	86,54	97,36	-	75,24	84,65	-	64,46	72,51	-	54,18	60,95	-	44,42	49,9
	III	944,00	-	75,52	84,96	-	66,52	74,83	-	57,77	64,99	-	49,29	55,45	-	41,05	46,18	-	33,08	37,21	-	25,36	28,5
	IV	1.532,66	8,41	122,61	137,93	-	116,34	130,88	-	110,08	123,84	-	103,86	116,84	-	97,78	110,00	-	91,82	103,29	-	85,98	96,7
	V	2.047,08	69,63	163,76	184,23																		
	VI	2.091,41	74,91	167,31	188,22																		
5.894,99	I	1.533,91	8,56	122,71	138,05	-	110,18	123,95	-	97,87	110,10	-	86,08	96,84	-	74,80	84,15	-	64,03	72,03	-	53,78	60,5
	II	1.384,83	-	110,78	124,63	-	98,46	110,76	-	86,64	97,47	-	75,33	84,74	-	64,54	72,60	-	54,26	61,04	-	44,50	50,0
	III	945,00	-	75,60	85,05	-	66,60	74,92	-	57,84	65,07	-	49,36	55,53	-	41,12	46,26	-	33,14	37,28	-	25,42	28,6
	IV	1.533,91	8,56	122,71	138,05	-	116,44	131,00	-	110,18	123,95	-	103,96	116,96	-	97,87	110,10	-	91,91	103,40	-	86,08	96,8
	V	2.048,33	69,78	163,86	184,34																		
	VI	2.092,66	75,05	167,41	188,33																		

Besondere Tabelle

MONAT bis 5.939,99 €

Lohn/ Gehalt bis	Steuerklasse	Lohn-steuer	ohne Kinderfreibetrag SolZ 5,5%	Kirchensteuer 8%	9%	0,5 SolZ 5,5%	Kirchensteuer 8%	9%	1,0 SolZ 5,5%	Kirchensteuer 8%	9%	1,5 SolZ 5,5%	Kirchensteuer 8%	9%	2,0 SolZ 5,5%	Kirchensteuer 8%	9%	2,5 SolZ 5,5%	Kirchensteuer 8%	9%	3,0 SolZ 5,5%	Kirchensteuer 8%	9%
						Anzahl Kinderfreibeträge (nur Steuerklassen I–IV)																	
5.897,99	I	1.535,16	8,71	122,81	138,16	-	110,28	124,06	-	97,97	110,21	-	86,17	96,94	-	74,88	84,24	-	64,12	72,13	-	53,86	60,59
	II	1.386,08	-	110,88	124,74	-	98,55	110,87	-	86,73	97,57	-	75,42	84,84	-	64,62	72,70	-	54,34	61,13	-	44,58	50,15
	III	945,83	-	75,66	85,12	-	66,66	74,99	-	57,92	65,16	-	49,42	55,60	-	41,18	46,33	-	33,21	37,36	-	25,49	28,67
	IV	1.535,16	8,71	122,81	138,16	-	116,54	131,11	-	110,28	124,06	-	104,06	117,07	-	97,97	110,21	-	92,00	103,50	-	86,17	96,94
	V	2.049,66	69,94	163,97	184,46																		
	VI	2.093,91	75,20	167,51	188,45																		
5.900,99	I	1.536,41	8,86	122,91	138,27	-	110,38	124,18	-	98,06	110,32	-	86,26	97,04	-	74,98	84,35	-	64,20	72,23	-	53,94	60,68
	II	1.387,33	-	110,98	124,85	-	98,65	110,98	-	86,82	97,67	-	75,51	84,95	-	64,71	72,80	-	54,42	61,22	-	44,66	50,24
	III	946,83	-	75,74	85,21	-	66,73	75,07	-	57,98	65,23	-	49,49	55,67	-	41,25	46,40	-	33,26	37,42	-	25,54	28,73
	IV	1.536,41	8,86	122,91	138,27	-	116,64	131,22	-	110,38	124,18	-	104,16	117,18	-	98,06	110,32	-	92,10	103,61	-	86,26	97,04
	V	2.050,91	70,09	164,07	184,58																		
	VI	2.095,16	75,35	167,61	188,56																		
5.903,99	I	1.537,75	9,02	123,02	138,39	-	110,48	124,29	-	98,16	110,43	-	86,36	97,15	-	75,06	84,44	-	64,28	72,32	-	54,02	60,77
	II	1.388,58	-	111,08	124,97	-	98,74	111,08	-	86,92	97,78	-	75,60	85,05	-	64,80	72,90	-	54,50	61,31	-	44,73	50,32
	III	947,66	-	75,81	85,28	-	66,81	75,16	-	58,05	65,30	-	49,56	55,75	-	41,32	46,48	-	33,33	37,49	-	25,61	28,81
	IV	1.537,75	9,02	123,02	138,39	-	116,75	131,34	-	110,48	124,29	-	104,26	117,29	-	98,16	110,43	-	92,20	103,72	-	86,36	97,15
	V	2.052,16	70,23	164,17	184,69																		
	VI	2.096,50	75,51	167,72	188,68																		
5.906,99	I	1.539,00	9,17	123,12	138,51	-	110,58	124,40	-	98,26	110,54	-	86,45	97,25	-	75,15	84,54	-	64,37	72,41	-	54,10	60,86
	II	1.389,83	-	111,18	125,08	-	98,84	111,20	-	87,00	97,88	-	75,68	85,14	-	64,88	72,99	-	54,58	61,40	-	44,81	50,41
	III	948,66	-	75,89	85,37	-	66,88	75,24	-	58,12	65,38	-	49,62	55,82	-	41,38	46,55	-	33,40	37,57	-	25,66	28,87
	IV	1.539,00	9,17	123,12	138,51	-	116,85	131,45	-	110,58	124,40	-	104,36	117,40	-	98,26	110,54	-	92,29	103,82	-	86,45	97,25
	V	2.053,41	70,38	164,27	184,80																		
	VI	2.097,75	75,66	167,82	188,79																		
5.909,99	I	1.540,25	9,32	123,22	138,62	-	110,68	124,52	-	98,36	110,65	-	86,54	97,36	-	75,24	84,65	-	64,46	72,51	-	54,18	60,95
	II	1.391,16	-	111,29	125,20	-	98,94	111,30	-	87,10	97,98	-	75,78	85,25	-	64,96	73,08	-	54,67	61,50	-	44,88	50,49
	III	949,66	-	75,97	85,46	-	66,94	75,31	-	58,18	65,45	-	49,69	55,90	-	41,45	46,63	-	33,46	37,64	-	25,73	28,94
	IV	1.540,25	9,32	123,22	138,62	-	116,95	131,57	-	110,68	124,52	-	104,46	117,51	-	98,36	110,65	-	92,38	103,93	-	86,54	97,36
	V	2.054,66	70,53	164,37	184,91																		
	VI	2.099,00	75,81	167,92	188,91																		
5.912,99	I	1.541,50	9,47	123,32	138,73	-	110,78	124,63	-	98,46	110,76	-	86,64	97,47	-	75,33	84,74	-	64,54	72,60	-	54,26	61,04
	II	1.392,41	-	111,39	125,31	-	99,04	111,42	-	87,19	98,09	-	75,86	85,34	-	65,05	73,18	-	54,75	61,59	-	44,96	50,58
	III	950,50	-	76,04	85,54	-	67,02	75,40	-	58,26	65,54	-	49,76	55,98	-	41,50	46,69	-	33,52	37,71	-	25,78	29,00
	IV	1.541,50	9,47	123,32	138,73	0,14	117,05	131,68	-	110,78	124,63	-	104,56	117,63	-	98,46	110,76	-	92,48	104,04	-	86,64	97,47
	V	2.055,91	70,68	164,47	185,03																		
	VI	2.100,25	75,96	168,02	189,02																		
5.915,99	I	1.542,75	9,61	123,42	138,84	-	110,88	124,74	-	98,55	110,87	-	86,73	97,57	-	75,42	84,84	-	64,62	72,70	-	54,34	61,13
	II	1.393,66	-	111,49	125,42	-	99,14	111,53	-	87,28	98,19	-	75,95	85,44	-	65,13	73,27	-	54,83	61,68	-	45,04	50,67
	III	951,50	-	76,12	85,63	-	67,09	75,47	-	58,33	65,62	-	49,82	56,05	-	41,57	46,76	-	33,58	37,78	-	25,85	29,08
	IV	1.542,75	9,61	123,42	138,84	0,29	117,15	131,79	-	110,88	124,74	-	104,66	117,74	-	98,55	110,87	-	92,58	104,15	-	86,73	97,57
	V	2.057,16	70,83	164,57	185,14																		
	VI	2.101,50	76,11	168,12	189,13																		
5.918,99	I	1.544,00	9,76	123,52	138,96	-	110,98	124,85	-	98,65	110,98	-	86,82	97,67	-	75,51	84,95	-	64,71	72,80	-	54,42	61,22
	II	1.394,91	-	111,59	125,54	-	99,23	111,63	-	87,38	98,30	-	76,04	85,55	-	65,22	73,37	-	54,91	61,77	-	45,12	50,76
	III	952,33	-	76,18	85,70	-	67,16	75,55	-	58,40	65,70	-	49,89	56,12	-	41,64	46,84	-	33,65	37,85	-	25,92	29,16
	IV	1.544,00	9,76	123,52	138,96	0,44	117,25	131,90	-	110,98	124,85	-	104,76	117,85	-	98,65	110,98	-	92,67	104,25	-	86,82	97,67
	V	2.058,41	70,98	164,67	185,25																		
	VI	2.102,75	76,25	168,22	189,24																		
5.921,99	I	1.545,25	9,91	123,62	139,07	-	111,08	124,97	-	98,74	111,08	-	86,92	97,78	-	75,60	85,05	-	64,80	72,90	-	54,50	61,31
	II	1.396,16	-	111,69	125,65	-	99,33	111,74	-	87,47	98,40	-	76,13	85,64	-	65,30	73,46	-	54,99	61,86	-	45,19	50,84
	III	953,33	-	76,26	85,79	-	67,24	75,64	-	58,46	65,77	-	49,96	56,20	-	41,70	46,91	-	33,72	37,93	-	25,97	29,21
	IV	1.545,25	9,91	123,62	139,07	0,59	117,35	132,02	-	111,08	124,97	-	104,86	117,96	-	98,74	111,08	-	92,76	104,36	-	86,92	97,78
	V	2.059,75	71,14	164,78	185,37																		
	VI	2.104,00	76,40	168,32	189,36																		
5.924,99	I	1.546,50	10,06	123,72	139,18	-	111,18	125,08	-	98,84	111,20	-	87,00	97,88	-	75,68	85,14	-	64,88	72,99	-	54,58	61,40
	II	1.397,41	-	111,79	125,76	-	99,42	111,85	-	87,56	98,51	-	76,22	85,74	-	65,39	73,56	-	55,07	61,95	-	45,27	50,93
	III	954,16	-	76,33	85,87	-	67,30	75,71	-	58,54	65,86	-	50,02	56,27	-	41,77	46,99	-	33,77	37,99	-	26,04	29,29
	IV	1.546,50	10,06	123,72	139,18	0,74	117,45	132,13	-	111,18	125,08	-	104,95	118,07	-	98,84	111,20	-	92,86	104,47	-	87,00	97,88
	V	2.061,00	71,29	164,88	185,49																		
	VI	2.105,25	76,55	168,42	189,47																		
5.927,99	I	1.547,83	10,22	123,82	139,30	-	111,29	125,20	-	98,94	111,30	-	87,10	97,98	-	75,78	85,25	-	64,96	73,08	-	54,67	61,50
	II	1.398,66	-	111,89	125,87	-	99,52	111,96	-	87,66	98,61	-	76,31	85,85	-	65,47	73,65	-	55,15	62,04	-	45,34	51,01
	III	955,16	-	76,41	85,96	-	67,38	75,80	-	58,61	65,93	-	50,09	56,35	-	41,84	47,07	-	33,84	38,07	-	26,09	29,35
	IV	1.547,83	10,22	123,82	139,30	0,90	117,56	132,25	-	111,29	125,20	-	105,05	118,18	-	98,94	111,30	-	92,96	104,58	-	87,10	97,98
	V	2.062,25	71,43	164,98	185,60																		
	VI	2.106,58	76,71	168,52	189,59																		
5.930,99	I	1.549,08	10,37	123,92	139,41	-	111,39	125,31	-	99,04	111,42	-	87,19	98,09	-	75,86	85,34	-	65,05	73,18	-	54,75	61,59
	II	1.399,91	-	111,99	125,99	-	99,62	112,07	-	87,75	98,72	-	76,40	85,95	-	65,56	73,75	-	55,23	62,13	-	45,42	51,10
	III	956,00	-	76,48	86,04	-	67,45	75,88	-	58,68	66,01	-	50,16	56,43	-	41,90	47,14	-	33,90	38,14	-	26,16	29,43
	IV	1.549,08	10,37	123,92	139,41	1,05	117,66	132,36	-	111,39	125,31	-	105,15	118,29	-	99,04	111,42	-	93,05	104,68	-	87,19	98,09
	V	2.063,50	71,58	165,08	185,71																		
	VI	2.107,83	76,86	168,62	189,70																		
5.933,99	I	1.550,33	10,52	124,02	139,52	-	111,49	125,42	-	99,14	111,53	-	87,28	98,19	-	75,95	85,44	-	65,13	73,27	-	54,83	61,68
	II	1.401,25	-	112,10	126,11	-	99,72	112,18	-	87,84	98,82	-	76,49	86,05	-	65,64	73,85	-	55,32	62,23	-	45,50	51,18
	III	957,00	-	76,56	86,13	-	67,52	75,96	-	58,74	66,08	-	50,22	56,50	-	41,97	47,21	-	33,97	38,21	-	26,22	29,50
	IV	1.550,33	10,52	124,02	139,52	1,19	117,76	132,48	-	111,49	125,42	-	105,25	118,40	-	99,14	111,53	-	93,14	104,78	-	87,28	98,19
	V	2.064,75	71,73	165,18	185,82																		
	VI	2.109,08	77,01	168,72	189,81																		
5.936,99	I	1.551,58	10,67	124,12	139,64	-	111,59	125,54	-	99,23	111,63	-	87,38	98,30	-	76,04	85,55	-	65,22	73,37	-	54,91	61,77
	II	1.402,50	-	112,20	126,22	-	99,82	112,29	-	87,94	98,93	-	76,58	86,15	-	65,73	73,94	-	55,40	62,32	-	45,58	51,27
	III	957,83	-	76,62	86,20	-	67,60	76,05	-	58,81	66,16	-	50,29	56,57	-	42,04	47,29	-	34,02	38,27	-	26,28	29,56
	IV	1.551,58	10,67	124,12	139,64	1,34	117,86	132,59	-	111,59	125,54	-	105,35	118,52	-	99,23	111,63	-	93,24	104,90	-	87,38	98,30
	V	2.066,00	71,88	165,28	185,94																		
	VI	2.110,33	77,16	168,82	189,92																		
5.939,99	I	1.552,83	10,81	124,22	139,75	-	111,69	125,65	-	99,33	111,74	-	87,47	98,40	-	76,13	85,64	-	65,30	73,46	-	54,99	61,86
	II	1.403,75	-	112,30	126,33	-	99,92	112,41	-	88,03	99,03	-	76,66	86,24	-	65,82	74,04	-	55,48	62,41	-	45,65	51,35
	III	958,83	-	76,70	86,29	-	67,66	76,12	-	58,89	66,25	-	50,36	56,65	-	42,10	47,36	-	34,09	38,35	-	26,34	29,63
	IV	1.552,83	10,81	124,22	139,75	1,49	117,96	132,70	-	111,69	125,65	-	105,45	118,63	-	99,33	111,74	-	93,34	105,00	-	87,47	98,40
	V	2.067,25	72,03	165,38	186,05																		
	VI	2.111,58	77,31	168,92	190,04																		

MONAT bis 5.984,99 €

Besondere Tabelle

Lohn/ Gehalt bis	Steuerklasse	Lohnsteuer	ohne Kinderfreibetrag			Anzahl Kinderfreibeträge (nur Steuerklassen I–IV): 0,5			1,0			1,5			2,0			2,5			3,0		
			SolZ 5,5%	Kirchensteuer 8%	Kirchensteuer 9%	SolZ 5,5%	Kirchensteuer 8%	Kirchensteuer 9%	SolZ 5,5%	Kirchensteuer 8%	Kirchensteuer 9%	SolZ 5,5%	Kirchensteuer 8%	Kirchensteuer 9%	SolZ 5,5%	Kirchensteuer 8%	Kirchensteuer 9%	SolZ 5,5%	Kirchensteuer 8%	Kirchensteuer 9%	SolZ 5,5%	Kirchensteuer 8%	Kirchensteuer 9%
5.942,99	I	1.554,08	*10,96*	124,32	139,86	–	111,79	125,76	–	99,42	111,85	–	87,56	98,51	–	76,22	85,74	–	65,39	73,56	–	55,07	61,
	II	1.405,00	–	112,40	126,45	–	100,01	112,51	–	88,12	99,14	–	76,76	86,35	–	65,90	74,13	–	55,56	62,50	–	45,73	51,
	III	959,66	–	76,77	86,36	–	67,73	76,19	–	58,96	66,33	–	50,44	56,74	–	42,17	47,44	–	34,16	38,43	–	26,40	29,
	IV	1.554,08	*10,96*	124,32	139,86	*1,64*	118,06	132,81	–	111,79	125,76	–	105,55	118,74	–	99,42	111,85	–	93,43	105,11	–	87,56	98,
	V	2.068,50	*72,18*	165,48	186,16																		
	VI	2.112,83	*77,45*	169,02	190,15																		
5.945,99	I	1.555,33	*11,11*	124,42	139,97	–	111,89	125,87	–	99,52	111,96	–	87,66	98,61	–	76,31	85,85	–	65,47	73,65	–	55,15	62,
	II	1.406,25	–	112,50	126,56	–	100,11	112,62	–	88,22	99,24	–	76,84	86,45	–	65,98	74,23	–	55,64	62,59	–	45,81	51,
	III	960,66	–	76,85	86,45	–	67,81	76,28	–	59,02	66,40	–	50,50	56,81	–	42,22	47,50	–	34,22	38,50	–	26,46	29,
	IV	1.555,33	*11,11*	124,42	139,97	*1,79*	118,16	132,93	–	111,89	125,87	–	105,65	118,85	–	99,52	111,96	–	93,53	105,22	–	87,66	98,
	V	2.069,83	*72,34*	165,58	186,28																		
	VI	2.114,08	*77,60*	169,12	190,26																		
5.948,99	I	1.556,58	*11,26*	124,52	140,09	–	111,99	125,99	–	99,62	112,07	–	87,75	98,72	–	76,40	85,95	–	65,56	73,75	–	55,23	62,
	II	1.407,50	–	112,60	126,67	–	100,21	112,73	–	88,32	99,36	–	76,94	86,55	–	66,07	74,33	–	55,72	62,68	–	45,88	51,
	III	961,50	–	76,92	86,53	–	67,88	76,36	–	59,09	66,47	–	50,57	56,89	–	42,29	47,57	–	34,28	38,56	–	26,53	29,
	IV	1.556,58	*11,26*	124,52	140,09	*1,94*	118,26	133,04	–	111,99	125,99	–	105,75	118,97	–	99,62	112,07	–	93,62	105,32	–	87,75	98,
	V	2.071,08	*72,49*	165,68	186,39																		
	VI	2.115,33	*77,75*	169,22	190,37																		
5.951,99	I	1.557,83	*11,41*	124,62	140,20	–	112,10	126,11	–	99,72	112,18	–	87,84	98,82	–	76,49	86,05	–	65,64	73,85	–	55,32	62,
	II	1.408,75	–	112,70	126,78	–	100,30	112,84	–	88,41	99,46	–	77,02	86,65	–	66,16	74,43	–	55,80	62,78	–	45,96	51,
	III	962,50	–	77,00	86,62	–	67,96	76,45	–	59,16	66,55	–	50,64	56,97	–	42,36	47,65	–	34,34	38,63	–	26,58	29,
	IV	1.557,83	*11,41*	124,62	140,20	*2,10*	118,36	133,16	–	112,10	126,11	–	105,85	119,08	–	99,72	112,18	–	93,72	105,43	–	87,84	98,
	V	2.072,33	*72,63*	165,78	186,50																		
	VI	2.116,58	*77,90*	169,32	190,49																		
5.954,99	I	1.559,16	*11,57*	124,73	140,32	–	112,20	126,22	–	99,82	112,29	–	87,94	98,93	–	76,58	86,15	–	65,73	73,94	–	55,40	62,
	II	1.410,00	–	112,80	126,90	–	100,40	112,95	–	88,50	99,56	–	77,11	86,75	–	66,24	74,52	–	55,88	62,87	–	46,04	51,
	III	963,33	–	77,06	86,69	–	68,02	76,52	–	59,24	66,64	–	50,70	57,04	–	42,42	47,72	–	34,41	38,71	–	26,65	29,
	IV	1.559,16	*11,57*	124,73	140,32	*2,25*	118,46	133,27	–	112,20	126,22	–	105,95	119,19	–	99,82	112,29	–	93,82	105,54	–	87,94	98,
	V	2.073,58	*72,78*	165,88	186,62																		
	VI	2.117,91	*78,06*	169,43	190,61																		
5.957,99	I	1.560,41	*11,72*	124,83	140,43	–	112,30	126,33	–	99,92	112,41	–	88,03	99,03	–	76,66	86,24	–	65,82	74,04	–	55,48	62,
	II	1.411,33	–	112,90	127,01	–	100,50	113,06	–	88,60	99,67	–	77,20	86,85	–	66,32	74,61	–	55,96	62,96	–	46,12	51,
	III	964,33	–	77,14	86,78	–	68,09	76,60	–	59,30	66,71	–	50,77	57,11	–	42,49	47,80	–	34,48	38,79	–	26,70	30,
	IV	1.560,41	*11,72*	124,83	140,43	*2,39*	118,56	133,38	–	112,30	126,33	–	106,05	119,30	–	99,92	112,41	–	93,91	105,65	–	88,03	99,
	V	2.074,83	*72,93*	165,98	186,73																		
	VI	2.119,16	*78,21*	169,53	190,72																		
5.960,99	I	1.561,66	*11,87*	124,93	140,54	–	112,40	126,45	–	100,01	112,51	–	88,12	99,14	–	76,76	86,35	–	65,90	74,13	–	55,56	62,
	II	1.412,58	–	113,00	127,13	–	100,60	113,17	–	88,69	99,77	–	77,29	86,95	–	66,41	74,71	–	56,04	63,05	–	46,19	51,
	III	965,16	–	77,21	86,86	–	68,17	76,69	–	59,37	66,79	–	50,84	57,19	–	42,56	47,88	–	34,53	38,84	–	26,77	30,
	IV	1.561,66	*11,87*	124,93	140,54	*2,54*	118,66	133,49	–	112,40	126,45	–	106,15	119,42	–	100,01	112,51	–	94,00	105,75	–	88,12	99,
	V	2.076,08	*73,08*	166,08	186,84																		
	VI	2.120,41	*78,36*	169,63	190,83																		
5.963,99	I	1.562,91	*12,01*	125,03	140,66	–	112,50	126,56	–	100,11	112,62	–	88,22	99,24	–	76,84	86,45	–	65,98	74,23	–	55,64	62,
	II	1.413,83	–	113,10	127,24	–	100,70	113,28	–	88,78	99,88	–	77,38	87,05	–	66,50	74,81	–	56,12	63,14	–	46,27	52,
	III	966,16	–	77,29	86,95	–	68,24	76,77	–	59,44	66,87	–	50,90	57,26	–	42,62	47,95	–	34,60	38,92	–	26,84	30,
	IV	1.562,91	*12,01*	125,03	140,66	*2,69*	118,76	133,61	–	112,50	126,56	–	106,25	119,53	–	100,11	112,62	–	94,10	105,86	–	88,22	99,
	V	2.077,33	*73,23*	166,18	186,95																		
	VI	2.121,66	*78,51*	169,73	190,94																		
5.966,99	I	1.564,16	*12,16*	125,13	140,77	–	112,60	126,67	–	100,21	112,73	–	88,32	99,36	–	76,94	86,55	–	66,07	74,33	–	55,72	62,
	II	1.415,08	–	113,20	127,35	–	100,80	113,40	–	88,88	99,99	–	77,47	87,15	–	66,58	74,90	–	56,21	63,23	–	46,34	52,
	III	967,16	–	77,37	87,04	–	68,30	76,84	–	59,52	66,96	–	50,97	57,34	–	42,69	48,02	–	34,66	38,99	–	26,89	30,
	IV	1.564,16	*12,16*	125,13	140,77	*2,84*	118,86	133,72	–	112,60	126,67	–	106,35	119,64	–	100,21	112,73	–	94,20	105,97	–	88,32	99,
	V	2.078,58	*73,38*	166,28	187,07																		
	VI	2.122,91	*78,65*	169,83	191,06																		
5.969,99	I	1.565,41	*12,31*	125,23	140,88	–	112,70	126,78	–	100,30	112,84	–	88,41	99,46	–	77,02	86,65	–	66,16	74,43	–	55,80	62,
	II	1.416,33	–	113,30	127,46	–	100,89	113,50	–	88,97	100,09	–	77,56	87,26	–	66,67	75,00	–	56,29	63,32	–	46,42	52,
	III	968,00	–	77,44	87,12	–	68,38	76,93	–	59,58	67,03	–	51,04	57,42	–	42,76	48,10	–	34,73	39,07	–	26,96	30,
	IV	1.565,41	*12,31*	125,23	140,88	*2,99*	118,96	133,83	–	112,70	126,78	–	106,44	119,75	–	100,30	112,84	–	94,29	106,07	–	88,41	99,
	V	2.079,83	*73,53*	166,38	187,18																		
	VI	2.124,16	*78,80*	169,93	191,17																		
5.972,99	I	1.566,66	*12,46*	125,33	140,99	–	112,80	126,90	–	100,40	112,95	–	88,50	99,56	–	77,11	86,75	–	66,24	74,52	–	55,88	62,
	II	1.417,58	–	113,40	127,58	–	100,99	113,61	–	89,06	100,19	–	77,65	87,35	–	66,75	75,09	–	56,37	63,41	–	46,50	52,
	III	969,00	–	77,52	87,21	–	68,45	77,00	–	59,65	67,10	–	51,10	57,49	–	42,82	48,17	–	34,78	39,13	–	27,01	30,
	IV	1.566,66	*12,46*	125,33	140,99	*3,14*	119,06	133,94	–	112,80	126,90	–	106,54	119,86	–	100,40	112,95	–	94,39	106,19	–	88,50	99,
	V	2.081,16	*73,69*	166,49	187,30																		
	VI	2.125,41	*78,95*	170,03	191,28																		
5.975,99	I	1.567,91	*12,61*	125,43	141,11	–	112,90	127,01	–	100,50	113,06	–	88,60	99,67	–	77,20	86,85	–	66,32	74,61	–	55,96	62,
	II	1.418,83	–	113,50	127,69	–	101,09	113,72	–	89,16	100,30	–	77,74	87,46	–	66,84	75,19	–	56,45	63,50	–	46,58	52,
	III	969,83	–	77,58	87,28	–	68,53	77,09	–	59,72	67,18	–	51,17	57,56	–	42,89	48,25	–	34,85	39,20	–	27,08	30,
	IV	1.567,91	*12,61*	125,43	141,11	*3,29*	119,16	134,06	–	112,90	127,01	–	106,64	119,97	–	100,50	113,06	–	94,48	106,29	–	88,60	99,
	V	2.082,41	*73,83*	166,59	187,41																		
	VI	2.126,66	*79,10*	170,13	191,39																		
5.978,99	I	1.569,25	*12,77*	125,54	141,23	–	113,00	127,13	–	100,60	113,17	–	88,69	99,77	–	77,29	86,95	–	66,41	74,71	–	56,04	63,
	II	1.420,08	–	113,60	127,80	–	101,18	113,83	–	89,25	100,40	–	77,83	87,56	–	66,92	75,29	–	56,53	63,59	–	46,66	52,
	III	970,83	–	77,66	87,37	–	68,60	77,17	–	59,80	67,27	–	51,24	57,64	–	42,96	48,33	–	34,92	39,28	–	27,14	30,
	IV	1.569,25	*12,77*	125,54	141,23	*3,45*	119,27	134,18	–	113,00	127,13	–	106,74	120,08	–	100,60	113,17	–	94,58	106,40	–	88,69	99,
	V	2.083,66	*73,98*	166,69	187,52																		
	VI	2.128,00	*79,26*	170,24	191,52																		
5.981,99	I	1.570,50	*12,92*	125,64	141,34	–	113,10	127,24	–	100,70	113,28	–	88,78	99,88	–	77,38	87,05	–	66,50	74,81	–	56,12	63,
	II	1.421,33	–	113,70	127,91	–	101,28	113,94	–	89,34	100,51	–	77,92	87,66	–	67,01	75,38	–	56,62	63,69	–	46,73	52,
	III	971,66	–	77,73	87,44	–	68,66	77,24	–	59,86	67,34	–	51,30	57,71	–	43,01	48,38	–	34,98	39,35	–	27,20	30,
	IV	1.570,50	*12,92*	125,64	141,34	*3,59*	119,37	134,29	–	113,10	127,24	–	106,84	120,20	–	100,70	113,28	–	94,68	106,51	–	88,78	99,
	V	2.084,91	*74,13*	166,79	187,64																		
	VI	2.129,25	*79,41*	170,34	191,63																		
5.984,99	I	1.571,75	*13,07*	125,74	141,45	–	113,20	127,35	–	100,80	113,40	–	88,88	99,99	–	77,47	87,15	–	66,58	74,90	–	56,21	63,
	II	1.422,66	–	113,81	128,03	–	101,38	114,05	–	89,44	100,62	–	78,01	87,76	–	67,10	75,48	–	56,70	63,78	–	46,81	52,
	III	972,66	–	77,81	87,53	–	68,74	77,33	–	59,93	67,42	–	51,38	57,80	–	43,08	48,46	–	35,04	39,42	–	27,26	30,
	IV	1.571,75	*13,07*	125,74	141,45	*3,74*	119,47	134,40	–	113,20	127,35	–	106,94	120,31	–	100,80	113,40	–	94,77	106,61	–	88,88	99,
	V	2.086,16	*74,28*	166,89	187,75																		
	VI	2.130,50	*79,56*	170,44	191,74																		

Lohn/ Gehalt bis	Steuerklasse	Lohn-steuer	ohne Kinderfreibetrag SolZ 5,5%	ohne Kinderfreibetrag Kirchensteuer 8%	ohne Kinderfreibetrag Kirchensteuer 9%	0,5 SolZ 5,5%	0,5 Kirchensteuer 8%	0,5 Kirchensteuer 9%	1,0 SolZ 5,5%	1,0 Kirchensteuer 8%	1,0 Kirchensteuer 9%	1,5 SolZ 5,5%	1,5 Kirchensteuer 8%	1,5 Kirchensteuer 9%	2,0 SolZ 5,5%	2,0 Kirchensteuer 8%	2,0 Kirchensteuer 9%	2,5 SolZ 5,5%	2,5 Kirchensteuer 8%	2,5 Kirchensteuer 9%	3,0 SolZ 5,5%	3,0 Kirchensteuer 8%	3,0 Kirchensteuer 9%
						Anzahl Kinderfreibeträge (nur Steuerklassen I–IV)																	
5.987,99	I	1.573,00	13,21	125,84	141,57	-	113,30	127,46	-	100,89	113,50	-	88,97	100,09	-	77,56	87,26	-	66,67	75,00	-	56,29	63,32
	II	1.423,91	-	113,91	128,15	-	101,48	114,17	-	89,53	100,72	-	78,10	87,86	-	67,18	75,58	-	56,78	63,87	-	46,89	52,75
	III	973,50	-	77,88	87,61	-	68,81	77,41	-	60,00	67,50	-	51,45	57,88	-	43,14	48,53	-	35,10	39,49	-	27,33	30,74
	IV	1.573,00	13,21	125,84	141,57	3,89	119,57	134,51	-	113,30	127,46	-	107,04	120,42	-	100,89	113,50	-	94,86	106,72	-	88,97	100,09
	V	2.087,41	74,43	166,99	187,86																		
	VI	2.131,75	79,71	170,54	191,85																		
5.990,99	I	1.574,25	13,36	125,94	141,68	-	113,40	127,58	-	100,99	113,61	-	89,06	100,19	-	77,65	87,35	-	66,75	75,09	-	56,37	63,41
	II	1.425,16	-	114,01	128,26	-	101,58	114,27	-	89,63	100,83	-	78,19	87,96	-	67,27	75,68	-	56,86	63,96	-	46,96	52,83
	III	974,50	-	77,96	87,70	-	68,89	77,50	-	60,06	67,57	-	51,52	57,96	-	43,21	48,61	-	35,17	39,56	-	27,38	30,80
	IV	1.574,25	13,36	125,94	141,68	4,04	119,67	134,63	-	113,40	127,58	-	107,14	120,53	-	100,99	113,61	-	94,96	106,83	-	89,06	100,19
	V	2.088,66	74,58	167,09	187,97																		
	VI	2.133,00	79,85	170,64	191,97																		
5.993,99	I	1.575,50	13,51	126,04	141,79	-	113,50	127,69	-	101,09	113,72	-	89,16	100,30	-	77,74	87,46	-	66,84	75,19	-	56,45	63,50
	II	1.426,41	-	114,11	128,37	-	101,68	114,39	-	89,72	100,94	-	78,28	88,06	-	67,35	75,77	-	56,94	64,06	-	47,04	52,92
	III	975,33	-	78,02	87,77	-	68,96	77,58	-	60,14	67,66	-	51,58	58,03	-	43,28	48,69	-	35,24	39,64	-	27,45	30,88
	IV	1.575,50	13,51	126,04	141,79	4,19	119,77	134,74	-	113,50	127,69	-	107,24	120,65	-	101,09	113,72	-	95,06	106,94	-	89,16	100,30
	V	2.089,91	74,73	167,19	188,09																		
	VI	2.134,25	80,00	170,74	192,08																		
5.996,99	I	1.576,75	13,66	126,14	141,90	-	113,60	127,80	-	101,18	113,83	-	89,25	100,40	-	77,83	87,56	-	66,92	75,29	-	56,53	63,59
	II	1.427,66	-	114,21	128,48	-	101,78	114,50	-	89,82	101,04	-	78,37	88,16	-	67,44	75,87	-	57,02	64,15	-	47,12	53,01
	III	976,33	-	78,10	87,86	-	69,02	77,65	-	60,21	67,73	-	51,65	58,10	-	43,34	48,76	-	35,30	39,71	-	27,50	30,94
	IV	1.576,75	13,66	126,14	141,90	4,34	119,87	134,85	-	113,60	127,80	-	107,34	120,76	-	101,18	113,83	-	95,16	107,05	-	89,25	100,40
	V	2.091,25	74,89	167,30	188,21																		
	VI	2.135,50	80,15	170,84	192,19																		
5.999,99	I	1.578,00	13,81	126,24	142,02	-	113,70	127,91	-	101,28	113,94	-	89,34	100,51	-	77,92	87,66	-	67,01	75,38	-	56,62	63,69
	II	1.428,91	-	114,31	128,60	-	101,87	114,60	-	89,91	101,15	-	78,46	88,26	-	67,52	75,96	-	57,10	64,24	-	47,20	53,10
	III	977,33	-	78,18	87,95	-	69,10	77,74	-	60,28	67,81	-	51,72	58,18	-	43,41	48,83	-	35,36	39,78	-	27,57	31,01
	IV	1.578,00	13,81	126,24	142,02	4,49	119,97	134,96	-	113,70	127,91	-	107,44	120,87	-	101,28	113,94	-	95,25	107,15	-	89,34	100,51
	V	2.092,50	75,03	167,40	188,32																		
	VI	2.136,75	80,30	170,94	192,30																		
6.002,99	I	1.579,33	13,97	126,34	142,13	-	113,81	128,03	-	101,38	114,05	-	89,44	100,62	-	78,01	87,76	-	67,10	75,48	-	56,70	63,78
	II	1.430,16	-	114,41	128,71	-	101,97	114,71	-	90,00	101,25	-	78,55	88,37	-	67,61	76,06	-	57,18	64,33	-	47,28	53,19
	III	978,16	-	78,25	88,03	-	69,17	77,81	-	60,34	67,88	-	51,78	58,25	-	43,48	48,91	-	35,42	39,85	-	27,64	31,09
	IV	1.579,33	13,97	126,34	142,13	4,65	120,08	135,09	-	113,81	128,03	-	107,55	120,99	-	101,38	114,05	-	95,34	107,26	-	89,44	100,62
	V	2.093,75	75,18	167,50	188,43																		
	VI	2.138,08	80,46	171,04	192,42																		
6.005,99	I	1.580,58	14,12	126,44	142,25	-	113,91	128,15	-	101,48	114,17	-	89,53	100,72	-	78,10	87,86	-	67,18	75,58	-	56,78	63,87
	II	1.431,41	-	114,51	128,82	-	102,07	114,83	-	90,10	101,36	-	78,64	88,47	-	67,70	76,16	-	57,27	64,43	-	47,36	53,28
	III	979,16	-	78,33	88,12	-	69,25	77,90	-	60,42	67,97	-	51,85	58,33	-	43,54	48,98	-	35,49	39,92	-	27,69	31,15
	IV	1.580,58	14,12	126,44	142,25	4,79	120,18	135,20	-	113,91	128,15	-	107,65	121,10	-	101,48	114,17	-	95,44	107,37	-	89,53	100,72
	V	2.095,00	75,33	167,60	188,55																		
	VI	2.139,33	80,61	171,14	192,53																		
6.008,99	I	1.581,83	14,27	126,54	142,36	-	114,01	128,26	-	101,58	114,27	-	89,63	100,83	-	78,19	87,96	-	67,27	75,68	-	56,86	63,96
	II	1.432,75	-	114,62	128,94	-	102,17	114,94	-	90,19	101,46	-	78,73	88,57	-	67,78	76,25	-	57,35	64,52	-	47,43	53,36
	III	980,00	-	78,40	88,20	-	69,32	77,98	-	60,49	68,05	-	51,92	58,41	-	43,61	49,06	-	35,56	40,00	-	27,76	31,23
	IV	1.581,83	14,27	126,54	142,36	4,94	120,28	135,31	-	114,01	128,26	-	107,75	121,22	-	101,58	114,27	-	95,54	107,48	-	89,63	100,83
	V	2.096,25	75,48	167,70	188,66																		
	VI	2.140,58	80,76	171,24	192,65																		
6.011,99	I	1.583,08	14,41	126,64	142,47	-	114,11	128,37	-	101,68	114,39	-	89,72	100,94	-	78,28	88,06	-	67,35	75,77	-	56,94	64,06
	II	1.434,00	-	114,72	129,06	-	102,27	115,05	-	90,28	101,57	-	78,82	88,67	-	67,87	76,35	-	57,43	64,61	-	47,51	53,45
	III	981,00	-	78,48	88,29	-	69,38	78,05	-	60,56	68,13	-	51,98	58,48	-	43,68	49,14	-	35,61	40,06	-	27,82	31,30
	IV	1.583,08	14,41	126,64	142,47	5,09	120,38	135,42	-	114,11	128,37	-	107,85	121,33	-	101,68	114,39	-	95,64	107,59	-	89,72	100,94
	V	2.097,50	75,63	167,80	188,77																		
	VI	2.141,83	80,91	171,34	192,76																		
6.014,99	I	1.584,33	14,56	126,74	142,58	-	114,21	128,48	-	101,78	114,50	-	89,82	101,04	-	78,37	88,16	-	67,44	75,87	-	57,02	64,15
	II	1.435,25	-	114,82	129,17	-	102,36	115,16	-	90,38	101,68	-	78,91	88,77	-	67,96	76,45	-	57,52	64,71	-	47,58	53,53
	III	981,83	-	78,54	88,36	-	69,46	78,14	-	60,62	68,20	-	52,05	58,55	-	43,74	49,21	-	35,68	40,14	-	27,88	31,36
	IV	1.584,33	14,56	126,74	142,58	5,24	120,48	135,54	-	114,21	128,48	-	107,95	121,44	-	101,78	114,50	-	95,73	107,69	-	89,82	101,04
	V	2.098,75	75,78	167,90	188,88																		
	VI	2.143,08	81,05	171,44	192,87																		
6.017,99	I	1.585,58	14,71	126,84	142,70	-	114,31	128,60	-	101,87	114,60	-	89,91	101,15	-	78,46	88,26	-	67,52	75,96	-	57,10	64,24
	II	1.436,50	-	114,92	129,28	-	102,46	115,27	-	90,48	101,79	-	79,00	88,88	-	68,04	76,55	-	57,60	64,80	-	47,66	53,62
	III	982,83	-	78,62	88,45	-	69,53	78,22	-	60,70	68,29	-	52,13	58,64	-	43,81	49,28	-	35,74	40,21	-	27,94	31,43
	IV	1.585,58	14,71	126,84	142,70	5,39	120,58	135,65	-	114,31	128,60	-	108,05	121,55	-	101,87	114,60	-	95,83	107,81	-	89,91	101,15
	V	2.100,00	75,93	168,00	189,00																		
	VI	2.144,33	81,20	171,54	192,98																		
6.020,99	I	1.586,83	14,86	126,94	142,81	-	114,41	128,71	-	101,97	114,71	-	90,00	101,25	-	78,55	88,37	-	67,61	76,06	-	57,18	64,33
	II	1.437,75	-	115,02	129,39	-	102,56	115,38	-	90,57	101,89	-	79,09	88,97	-	68,13	76,64	-	57,68	64,89	-	47,74	53,71
	III	983,66	-	78,69	88,52	-	69,61	78,31	-	60,77	68,36	-	52,20	58,72	-	43,88	49,36	-	35,81	40,28	-	28,00	31,50
	IV	1.586,83	14,86	126,94	142,81	5,54	120,68	135,76	-	114,41	128,71	-	108,15	121,67	-	101,97	114,71	-	95,92	107,91	-	90,00	101,25
	V	2.101,33	76,09	168,10	189,11																		
	VI	2.145,58	81,35	171,64	193,10																		
6.023,99	I	1.588,08	15,01	127,04	142,92	-	114,51	128,82	-	102,07	114,83	-	90,10	101,36	-	78,64	88,47	-	67,70	76,16	-	57,27	64,43
	II	1.439,00	-	115,12	129,51	-	102,66	115,49	-	90,66	101,99	-	79,18	89,08	-	68,21	76,73	-	57,76	64,98	-	47,82	53,80
	III	984,66	-	78,77	88,61	-	69,68	78,39	-	60,84	68,44	-	52,26	58,79	-	43,94	49,43	-	35,88	40,36	-	28,06	31,57
	IV	1.588,08	15,01	127,04	142,92	5,69	120,78	135,87	-	114,51	128,82	-	108,25	121,78	-	102,07	114,83	-	96,02	108,02	-	90,10	101,36
	V	2.102,58	76,23	168,20	189,23																		
	VI	2.146,83	81,50	171,74	193,21																		
6.026,99	I	1.589,33	15,16	127,14	143,03	-	114,62	128,94	-	102,17	114,94	-	90,19	101,46	-	78,73	88,57	-	67,78	76,25	-	57,35	64,52
	II	1.440,25	-	115,22	129,62	-	102,76	115,60	-	90,76	102,10	-	79,27	89,18	-	68,30	76,83	-	57,84	65,07	-	47,90	53,88
	III	985,66	-	78,85	88,70	-	69,74	78,46	-	60,90	68,51	-	52,33	58,87	-	44,00	49,50	-	35,93	40,42	-	28,13	31,64
	IV	1.589,33	15,16	127,14	143,03	5,85	120,88	135,99	-	114,62	128,94	-	108,35	121,89	-	102,17	114,94	-	96,12	108,13	-	90,19	101,46
	V	2.103,83	76,38	168,30	189,34																		
	VI	2.148,08	81,65	171,84	193,32																		
6.029,99	I	1.590,66	15,32	127,25	143,15	-	114,72	129,06	-	102,27	115,05	-	90,28	101,57	-	78,82	88,67	-	67,87	76,35	-	57,43	64,61
	II	1.441,50	-	115,32	129,73	-	102,86	115,71	-	90,85	102,20	-	79,36	89,28	-	68,38	76,93	-	57,92	65,16	-	47,98	53,97
	III	986,50	-	78,92	88,78	-	69,82	78,55	-	60,98	68,60	-	52,40	58,95	-	44,06	49,57	-	36,00	40,50	-	28,18	31,70
	IV	1.590,66	15,32	127,25	143,15	5,99	120,98	136,10	-	114,72	129,06	-	108,45	122,00	-	102,27	115,05	-	96,21	108,23	-	90,28	101,57
	V	2.105,08	76,53	168,40	189,45																		
	VI	2.149,41	81,81	171,95	193,44																		

Lohn/ Gehalt bis	Steuerklasse	Lohnsteuer	ohne Kinderfreibetrag SolZ 5,5%	ohne Kinderfreibetrag Kirchensteuer 8%	ohne Kinderfreibetrag Kirchensteuer 9%	0,5 SolZ 5,5%	0,5 Kirchensteuer 8%	0,5 Kirchensteuer 9%	1,0 SolZ 5,5%	1,0 Kirchensteuer 8%	1,0 Kirchensteuer 9%	1,5 SolZ 5,5%	1,5 Kirchensteuer 8%	1,5 Kirchensteuer 9%	2,0 SolZ 5,5%	2,0 Kirchensteuer 8%	2,0 Kirchensteuer 9%	2,5 SolZ 5,5%	2,5 Kirchensteuer 8%	2,5 Kirchensteuer 9%	3,0 SolZ 5,5%	3,0 Kirchensteuer 8%	3,0 Kirchensteuer 9%
						Anzahl Kinderfreibeträge (nur Steuerklassen I–IV)																	
6.032,99	I	1.591,91	*15,47*	127,35	143,27	–	114,82	129,17	–	102,36	115,16	–	90,38	101,68	–	78,91	88,77	–	67,96	76,45	–	57,52	64,7
	II	1.442,83	–	115,42	129,85	–	102,96	115,83	–	90,95	102,32	–	79,45	89,38	–	68,47	77,03	–	58,00	65,25	–	48,06	54,0
	III	987,50	–	79,00	88,87	–	69,89	78,62	–	61,05	68,68	–	52,46	59,02	–	44,13	49,64	–	36,06	40,57	–	28,25	31,7
	IV	1.591,91	*15,47*	127,35	143,27	*6,14*	121,08	136,22	–	114,82	129,17	–	108,55	122,12	–	102,36	115,16	–	96,31	108,35	–	90,38	101,6
	V	2.106,33	*76,68*	168,50	189,56																		
	VI	2.150,66	*81,96*	172,05	193,55																		
6.035,99	I	1.593,16	*15,61*	127,45	143,38	–	114,92	129,28	–	102,46	115,27	–	90,48	101,79	–	79,00	88,88	–	68,04	76,55	–	57,60	64,8
	II	1.444,08	–	115,52	129,96	–	103,06	115,94	–	91,04	102,42	–	79,54	89,48	–	68,56	77,13	–	58,09	65,35	–	48,13	54,1
	III	988,33	–	79,06	88,94	–	69,97	78,71	–	61,12	68,76	–	52,53	59,09	–	44,20	49,72	–	36,13	40,64	–	28,32	31,8
	IV	1.593,16	*15,61*	127,45	143,38	*6,29*	121,18	136,33	–	114,92	129,28	–	108,65	122,23	–	102,46	115,27	–	96,40	108,45	–	90,48	101,7
	V	2.107,58	*76,83*	168,60	189,68																		
	VI	2.151,91	*82,11*	172,15	193,67																		
6.038,99	I	1.594,41	*15,76*	127,55	143,49	–	115,02	129,39	–	102,56	115,38	–	90,57	101,89	–	79,09	88,97	–	68,13	76,64	–	57,68	64,8
	II	1.445,33	–	115,62	130,07	–	103,16	116,05	–	91,14	102,53	–	79,63	89,58	–	68,64	77,22	–	58,17	65,44	–	48,21	54,2
	III	989,33	–	79,14	89,03	–	70,04	78,79	–	61,18	68,83	–	52,60	59,17	–	44,26	49,79	–	36,20	40,72	–	28,37	31,9
	IV	1.594,41	*15,76*	127,55	143,49	*6,44*	121,28	136,44	–	115,02	129,39	–	108,75	122,34	–	102,56	115,38	–	96,50	108,56	–	90,57	101,8
	V	2.108,83	*76,98*	168,70	189,79																		
	VI	2.153,16	*82,25*	172,25	193,78																		
6.041,99	I	1.595,66	*15,91*	127,65	143,60	–	115,12	129,51	–	102,66	115,49	–	90,66	101,99	–	79,18	89,08	–	68,21	76,73	–	57,76	64,9
	II	1.446,58	–	115,72	130,19	–	103,25	116,15	–	91,23	102,63	–	79,72	89,69	–	68,73	77,32	–	58,25	65,53	–	48,29	54,3
	III	990,16	–	79,21	89,11	–	70,10	78,86	–	61,26	68,92	–	52,66	59,24	–	44,33	49,87	–	36,25	40,78	–	28,44	31,9
	IV	1.595,66	*15,91*	127,65	143,60	*6,59*	121,38	136,55	–	115,12	129,51	–	108,85	122,45	–	102,66	115,49	–	96,60	108,67	–	90,66	101,9
	V	2.110,08	*77,13*	168,80	189,90																		
	VI	2.154,41	*82,40*	172,35	193,89																		
6.044,99	I	1.596,91	*16,06*	127,75	143,72	–	115,22	129,62	–	102,76	115,60	–	90,76	102,10	–	79,27	89,18	–	68,30	76,83	–	57,84	65,0
	II	1.447,83	–	115,82	130,30	–	103,35	116,27	–	91,32	102,74	–	79,82	89,79	–	68,82	77,42	–	58,34	65,63	–	48,36	54,4
	III	991,16	–	79,29	89,20	–	70,18	78,95	–	61,33	68,99	–	52,73	59,32	–	44,40	49,95	–	36,32	40,86	–	28,49	32,
	IV	1.596,91	*16,06*	127,75	143,72	*6,74*	121,48	136,67	–	115,22	129,62	–	108,95	122,57	–	102,76	115,60	–	96,70	108,78	–	90,76	102,1
	V	2.111,33	*77,28*	168,90	190,01																		
	VI	2.155,66	*82,55*	172,45	194,00																		
6.047,99	I	1.598,16	*16,21*	127,85	143,83	–	115,32	129,73	–	102,86	115,71	–	90,85	102,20	–	79,36	89,28	–	68,38	76,93	–	57,92	65,1
	II	1.449,08	–	115,92	130,41	–	103,45	116,38	–	91,42	102,85	–	79,90	89,89	–	68,90	77,51	–	58,42	65,72	–	48,44	54,5
	III	992,16	–	79,37	89,29	–	70,25	79,03	–	61,40	69,07	–	52,81	59,41	–	44,46	50,02	–	36,38	40,93	–	28,56	32,1
	IV	1.598,16	*16,21*	127,85	143,83	*6,89*	121,58	136,78	–	115,32	129,73	–	109,06	122,69	–	102,86	115,71	–	96,79	108,89	–	90,85	102,2
	V	2.112,66	*77,43*	169,01	190,13																		
	VI	2.156,91	*82,70*	172,55	194,12																		
6.050,99	I	1.599,41	*16,36*	127,95	143,94	–	115,42	129,85	–	102,96	115,83	–	90,95	102,32	–	79,45	89,38	–	68,47	77,03	–	58,00	65,2
	II	1.450,33	–	116,02	130,52	–	103,55	116,49	–	91,52	102,96	–	80,00	90,00	–	68,99	77,61	–	58,50	65,81	–	48,52	54,5
	III	993,00	–	79,44	89,37	–	70,33	79,12	–	61,48	69,16	–	52,88	59,49	–	44,53	50,09	–	36,45	41,00	–	28,62	32,2
	IV	1.599,41	*16,36*	127,95	143,94	*7,04*	121,68	136,89	–	115,42	129,85	–	109,16	122,80	–	102,96	115,83	–	96,89	109,00	–	90,95	102,3
	V	2.113,91	*77,58*	169,11	190,25																		
	VI	2.158,16	*82,85*	172,65	194,23																		
6.053,99	I	1.600,75	*16,52*	128,06	144,06	–	115,52	129,96	–	103,06	115,94	–	91,04	102,42	–	79,54	89,48	–	68,56	77,13	–	58,09	65,3
	II	1.451,58	–	116,12	130,64	–	103,65	116,60	–	91,61	103,06	–	80,08	90,09	–	69,08	77,71	–	58,58	65,90	–	48,60	54,6
	III	994,00	–	79,52	89,46	–	70,40	79,20	–	61,54	69,23	–	52,94	59,56	–	44,60	50,17	–	36,52	41,08	–	28,68	32,2
	IV	1.600,75	*16,52*	128,06	144,06	*7,19*	121,79	137,01	–	115,52	129,96	–	109,26	122,91	–	103,06	115,94	–	96,98	109,10	–	91,04	102,4
	V	2.115,16	*77,73*	169,21	190,36																		
	VI	2.159,50	*83,01*	172,76	194,35																		
6.056,99	I	1.602,00	*16,66*	128,16	144,18	–	115,62	130,07	–	103,16	116,05	–	91,14	102,53	–	79,63	89,58	–	68,64	77,22	–	58,17	65,4
	II	1.452,83	–	116,22	130,75	–	103,75	116,72	–	91,70	103,16	–	80,18	90,20	–	69,16	77,81	–	58,66	65,99	–	48,68	54,7
	III	994,83	–	79,58	89,53	–	70,48	79,29	–	61,61	69,31	–	53,01	59,63	–	44,66	50,24	–	36,57	41,14	–	28,74	32,3
	IV	1.602,00	*16,66*	128,16	144,18	*7,34*	121,89	137,12	–	115,62	130,07	–	109,36	123,03	–	103,16	116,05	–	97,08	109,22	–	91,14	102,5
	V	2.116,41	*77,88*	169,31	190,47																		
	VI	2.160,75	*83,16*	172,86	194,46																		
6.059,99	I	1.603,25	*16,81*	128,26	144,29	–	115,72	130,19	–	103,25	116,15	–	91,23	102,63	–	79,72	89,69	–	68,73	77,32	–	58,25	65,5
	II	1.454,16	–	116,33	130,87	–	103,84	116,82	–	91,80	103,27	–	80,27	90,30	–	69,25	77,90	–	58,74	66,08	–	48,76	54,8
	III	995,83	–	79,66	89,62	–	70,54	79,36	–	61,68	69,39	–	53,08	59,71	–	44,73	50,32	–	36,64	41,22	–	28,81	32,4
	IV	1.603,25	*16,81*	128,26	144,29	*7,49*	121,99	137,24	–	115,72	130,19	–	109,46	123,14	–	103,25	116,15	–	97,18	109,32	–	91,23	102,6
	V	2.117,66	*78,03*	169,41	190,58																		
	VI	2.162,00	*83,30*	172,96	194,58																		
6.062,99	I	1.604,50	*16,96*	128,36	144,40	–	115,82	130,30	–	103,35	116,27	–	91,32	102,74	–	79,82	89,79	–	68,82	77,42	–	58,34	65,6
	II	1.455,41	–	116,43	130,98	–	103,94	116,93	–	91,90	103,38	–	80,36	90,40	–	69,34	78,00	–	58,83	66,18	–	48,84	54,9
	III	996,66	–	79,73	89,69	–	70,61	79,43	–	61,76	69,48	–	53,14	59,78	–	44,80	50,40	–	36,70	41,29	–	28,86	32,4
	IV	1.604,50	*16,96*	128,36	144,40	*7,64*	122,09	137,35	–	115,82	130,30	–	109,56	123,25	–	103,35	116,27	–	97,28	109,44	–	91,32	102,7
	V	2.118,91	*78,18*	169,51	190,70																		
	VI	2.163,25	*83,45*	173,06	194,69																		
6.065,99	I	1.605,75	*17,11*	128,46	144,51	–	115,92	130,41	–	103,45	116,38	–	91,42	102,85	–	79,90	89,89	–	68,90	77,51	–	58,42	65,7
	II	1.456,66	–	116,53	131,09	–	104,04	117,05	–	91,99	103,49	–	80,45	90,50	–	69,42	78,10	–	58,91	66,27	–	48,92	55,0
	III	997,66	–	79,81	89,78	–	70,69	79,52	–	61,82	69,55	–	53,21	59,86	–	44,86	50,47	–	36,77	41,36	–	28,93	32,5
	IV	1.605,75	*17,11*	128,46	144,51	*7,79*	122,19	137,46	–	115,92	130,41	–	109,66	123,36	–	103,45	116,38	–	97,37	109,54	–	91,42	102,8
	V	2.120,16	*78,33*	169,61	190,81																		
	VI	2.164,50	*83,60*	173,16	194,80																		
6.068,99	I	1.607,00	*17,26*	128,56	144,63	–	116,02	130,52	–	103,55	116,49	–	91,52	102,96	–	80,00	90,00	–	68,99	77,61	–	58,50	65,8
	II	1.457,91	–	116,63	131,21	–	104,14	117,16	–	92,08	103,59	–	80,54	90,60	–	69,51	78,20	–	58,99	66,36	–	48,99	55,1
	III	998,66	–	79,89	89,87	–	70,76	79,60	–	61,89	69,62	–	53,28	59,94	–	44,93	50,54	–	36,84	41,44	–	29,00	32,6
	IV	1.607,00	*17,26*	128,56	144,63	*7,94*	122,29	137,57	–	116,02	130,52	–	109,76	123,48	–	103,55	116,49	–	97,47	109,65	–	91,52	102,9
	V	2.121,41	*78,48*	169,71	190,92																		
	VI	2.165,75	*83,75*	173,26	194,91																		
6.071,99	I	1.608,25	*17,41*	128,66	144,74	–	116,12	130,64	–	103,65	116,60	–	91,61	103,06	–	80,08	90,09	–	69,08	77,71	–	58,58	65,9
	II	1.459,16	–	116,73	131,32	–	104,24	117,27	–	92,18	103,70	–	80,63	90,71	–	69,60	78,30	–	59,08	66,46	–	49,07	55,2
	III	999,50	–	79,96	89,95	–	70,84	79,69	–	61,96	69,70	–	53,34	60,01	–	45,00	50,62	–	36,89	41,50	–	29,05	32,6
	IV	1.608,25	*17,41*	128,66	144,74	*8,09*	122,39	137,69	–	116,12	130,64	–	109,86	123,59	–	103,65	116,60	–	97,56	109,76	–	91,61	103,0
	V	2.122,75	*78,63*	169,82	191,04																		
	VI	2.167,00	*83,90*	173,36	195,03																		
6.074,99	I	1.609,50	*17,56*	128,76	144,85	–	116,22	130,75	–	103,75	116,72	–	91,70	103,16	–	80,18	90,20	–	69,16	77,81	–	58,66	65,9
	II	1.460,41	–	116,83	131,43	–	104,34	117,38	–	92,28	103,81	–	80,72	90,81	–	69,68	78,39	–	59,16	66,55	–	49,15	55,2
	III	1.000,50	–	80,04	90,04	–	70,90	79,76	–	62,04	69,79	–	53,42	60,10	–	45,06	50,69	–	36,96	41,58	–	29,12	32,7
	IV	1.609,50	*17,56*	128,76	144,85	*8,24*	122,49	137,80	–	116,22	130,75	–	109,96	123,71	–	103,75	116,72	–	97,66	109,87	–	91,70	103,1
	V	2.124,00	*78,78*	169,92	191,16																		
	VI	2.168,25	*84,05*	173,46	195,14																		

Besondere Tabelle

MONAT bis 6.119,99 €

Lohn/Gehalt bis	Steuerklasse	Lohnsteuer	ohne Kinderfreibetrag SolZ 5,5%	ohne Kinderfreibetrag Kirchensteuer 8%	ohne Kinderfreibetrag Kirchensteuer 9%	0,5 SolZ 5,5%	0,5 Kirchensteuer 8%	0,5 Kirchensteuer 9%	1,0 SolZ 5,5%	1,0 Kirchensteuer 8%	1,0 Kirchensteuer 9%	1,5 SolZ 5,5%	1,5 Kirchensteuer 8%	1,5 Kirchensteuer 9%	2,0 SolZ 5,5%	2,0 Kirchensteuer 8%	2,0 Kirchensteuer 9%	2,5 SolZ 5,5%	2,5 Kirchensteuer 8%	2,5 Kirchensteuer 9%	3,0 SolZ 5,5%	3,0 Kirchensteuer 8%	3,0 Kirchensteuer 9%
						Anzahl Kinderfreibeträge (nur Steuerklassen I–IV)																	
6.077,99	I	1.610,83	17,72	128,86	144,97	-	116,33	130,87	-	103,84	116,82	-	91,80	103,27	-	80,27	90,30	-	69,25	77,90	-	58,74	66,08
	II	1.461,66	-	116,93	131,54	-	104,44	117,50	-	92,37	103,91	-	80,81	90,91	-	69,77	78,49	-	59,24	66,65	-	49,23	55,38
	III	1.001,33	-	80,10	90,11	-	70,98	79,85	-	62,10	69,86	-	53,49	60,17	-	45,13	50,77	-	37,02	41,65	-	29,18	32,83
	IV	1.610,83	17,72	128,86	144,97	8,39	122,60	137,92	-	116,33	130,87	-	110,06	123,82	-	103,84	116,82	-	97,76	109,98	-	91,80	103,27
	V	2.125,25	78,93	170,02	191,27																		
	VI	2.169,58	84,21	173,56	195,26																		
6.080,99	I	1.612,08	17,86	128,96	145,08	-	116,43	130,98	-	103,94	116,93	-	91,90	103,38	-	80,36	90,40	-	69,34	78,00	-	58,83	66,18
	II	1.462,91	0,11	117,03	131,66	-	104,54	117,60	-	92,46	104,02	-	80,90	91,01	-	69,86	78,59	-	59,32	66,74	-	49,30	55,46
	III	1.002,33	-	80,18	90,20	-	71,05	79,93	-	62,17	69,94	-	53,56	60,25	-	45,20	50,85	-	37,09	41,72	-	29,24	32,89
	IV	1.612,08	17,86	128,96	145,08	8,54	122,70	138,03	-	116,43	130,98	-	110,16	123,93	-	103,94	116,93	-	97,86	110,09	-	91,90	103,38
	V	2.126,50	79,08	170,12	191,38																		
	VI	2.170,83	84,36	173,66	195,37																		
6.083,99	I	1.613,33	18,01	129,06	145,19	-	116,53	131,09	-	104,04	117,05	-	91,99	103,49	-	80,45	90,50	-	69,42	78,10	-	58,91	66,27
	II	1.464,25	0,27	117,14	131,78	-	104,64	117,72	-	92,56	104,13	-	81,00	91,12	-	69,94	78,68	-	59,40	66,83	-	49,38	55,55
	III	1.003,33	-	80,26	90,29	-	71,12	80,01	-	62,24	70,02	-	53,62	60,32	-	45,26	50,92	-	37,16	41,80	-	29,30	32,96
	IV	1.613,33	18,01	129,06	145,19	8,69	122,80	138,15	-	116,53	131,09	-	110,26	124,04	-	104,04	117,05	-	97,95	110,19	-	91,99	103,49
	V	2.127,75	79,23	170,22	191,49																		
	VI	2.172,08	84,50	173,76	195,48																		
6.086,99	I	1.614,58	18,16	129,16	145,31	-	116,63	131,21	-	104,14	117,16	-	92,08	103,59	-	80,54	90,60	-	69,51	78,20	-	58,99	66,36
	II	1.465,50	0,42	117,24	131,89	-	104,74	117,83	-	92,66	104,24	-	81,08	91,22	-	70,03	78,78	-	59,49	66,92	-	49,46	55,64
	III	1.004,16	-	80,33	90,37	-	71,20	80,10	-	62,32	70,11	-	53,69	60,40	-	45,33	50,99	-	37,21	41,86	-	29,37	33,04
	IV	1.614,58	18,16	129,16	145,31	8,84	122,90	138,26	-	116,63	131,21	-	110,36	124,16	-	104,14	117,16	-	98,05	110,30	-	92,08	103,59
	V	2.129,00	79,38	170,32	191,61																		
	VI	2.173,33	84,65	173,86	195,59																		
6.089,99	I	1.615,83	18,31	129,26	145,42	-	116,73	131,32	-	104,24	117,27	-	92,18	103,70	-	80,63	90,71	-	69,60	78,30	-	59,08	66,46
	II	1.466,75	0,57	117,34	132,00	-	104,84	117,94	-	92,75	104,34	-	81,18	91,32	-	70,12	78,88	-	59,57	67,01	-	49,54	55,73
	III	1.005,16	-	80,41	90,46	-	71,26	80,17	-	62,38	70,18	-	53,76	60,48	-	45,40	51,07	-	37,28	41,94	-	29,42	33,10
	IV	1.615,83	18,31	129,26	145,42	8,99	123,00	138,37	-	116,73	131,32	-	110,46	124,27	-	104,24	117,27	-	98,14	110,41	-	92,18	103,70
	V	2.130,25	79,53	170,42	191,72																		
	VI	2.174,58	84,80	173,96	195,71																		
6.092,99	I	1.617,08	18,46	129,36	145,53	-	116,83	131,43	-	104,34	117,38	-	92,28	103,81	-	80,72	90,81	-	69,68	78,39	-	59,16	66,55
	II	1.468,00	0,72	117,44	132,12	-	104,94	118,05	-	92,84	104,45	-	81,26	91,42	-	70,20	78,98	-	59,66	67,11	-	49,62	55,82
	III	1.006,00	-	80,48	90,54	-	71,34	80,26	-	62,45	70,25	-	53,82	60,55	-	45,46	51,14	-	37,34	42,01	-	29,49	33,17
	IV	1.617,08	18,46	129,36	145,53	9,14	123,10	138,48	-	116,83	131,43	-	110,56	124,38	-	104,34	117,38	-	98,24	110,52	-	92,28	103,81
	V	2.131,50	79,68	170,52	191,83																		
	VI	2.175,83	84,95	174,06	195,82																		
6.095,99	I	1.618,33	18,61	129,46	145,64	-	116,93	131,54	-	104,44	117,50	-	92,37	103,91	-	80,81	90,91	-	69,77	78,49	-	59,24	66,65
	II	1.469,25	0,87	117,54	132,23	-	105,04	118,17	-	92,94	104,55	-	81,36	91,53	-	70,29	79,07	-	59,74	67,20	-	49,70	55,91
	III	1.007,00	-	80,56	90,63	-	71,41	80,33	-	62,53	70,34	-	53,89	60,62	-	45,53	51,22	-	37,41	42,08	-	29,56	33,25
	IV	1.618,33	18,61	129,46	145,64	9,29	123,20	138,60	-	116,93	131,54	-	110,66	124,49	-	104,44	117,50	-	98,34	110,63	-	92,37	103,91
	V	2.132,83	79,83	170,62	191,95																		
	VI	2.177,08	85,10	174,16	195,93																		
6.098,99	I	1.619,58	18,76	129,56	145,76	0,11	117,03	131,66	-	104,54	117,60	-	92,46	104,02	-	80,90	91,01	-	69,86	78,59	-	59,32	66,74
	II	1.470,50	1,02	117,64	132,34	-	105,14	118,28	-	93,04	104,67	-	81,45	91,63	-	70,38	79,17	-	59,82	67,29	-	49,78	56,00
	III	1.007,83	-	80,62	90,70	-	71,49	80,42	-	62,60	70,42	-	53,97	60,71	-	45,58	51,28	-	37,48	42,16	-	29,61	33,31
	IV	1.619,58	18,76	129,56	145,76	9,44	123,30	138,71	0,11	117,03	131,66	-	110,76	124,61	-	104,54	117,60	-	98,44	110,74	-	92,46	104,02
	V	2.134,08	79,98	170,72	192,06																		
	VI	2.178,33	85,25	174,26	196,04																		
6.101,99	I	1.620,83	18,91	129,66	145,87	0,27	117,14	131,78	-	104,64	117,72	-	92,56	104,13	-	81,00	91,12	-	69,94	78,68	-	59,40	66,83
	II	1.471,75	1,17	117,74	132,45	-	105,24	118,39	-	93,13	104,77	-	81,54	91,73	-	70,46	79,27	-	59,90	67,39	-	49,86	56,09
	III	1.008,83	-	80,70	90,79	-	71,56	80,50	-	62,66	70,49	-	54,04	60,79	-	45,65	51,35	-	37,54	42,23	-	29,68	33,39
	IV	1.620,83	18,91	129,66	145,87	9,59	123,40	138,83	0,27	117,14	131,78	-	110,87	124,73	-	104,64	117,72	-	98,54	110,85	-	92,56	104,13
	V	2.135,33	80,13	170,82	192,17																		
	VI	2.179,58	85,40	174,36	196,16																		
6.104,99	I	1.622,16	19,06	129,77	145,99	0,42	117,24	131,89	-	104,74	117,83	-	92,66	104,24	-	81,08	91,22	-	70,03	78,78	-	59,49	66,92
	II	1.473,00	1,31	117,84	132,57	-	105,34	118,50	-	93,22	104,87	-	81,63	91,83	-	70,55	79,37	-	59,98	67,48	-	49,94	56,18
	III	1.009,83	-	80,78	90,88	-	71,62	80,57	-	62,73	70,57	-	54,10	60,86	-	45,72	51,43	-	37,60	42,30	-	29,74	33,46
	IV	1.622,16	19,06	129,77	145,99	9,74	123,50	138,94	0,42	117,24	131,89	-	110,97	124,84	-	104,74	117,83	-	98,63	110,96	-	92,66	104,24
	V	2.136,58	80,28	170,92	192,29																		
	VI	2.180,91	85,56	174,47	196,28																		
6.107,99	I	1.623,41	19,21	129,87	146,10	0,57	117,34	132,00	-	104,84	117,94	-	92,75	104,34	-	81,18	91,32	-	70,12	78,88	-	59,57	67,01
	II	1.474,33	1,47	117,94	132,68	-	105,44	118,62	-	93,32	104,99	-	81,72	91,94	-	70,64	79,47	-	60,07	67,58	-	50,02	56,27
	III	1.010,66	-	80,85	90,95	-	71,70	80,66	-	62,81	70,66	-	54,17	60,94	-	45,78	51,50	-	37,66	42,37	-	29,80	33,52
	IV	1.623,41	19,21	129,87	146,10	9,89	123,60	139,05	0,57	117,34	132,00	-	111,07	124,95	-	104,84	117,94	-	98,73	111,07	-	92,75	104,34
	V	2.137,83	80,43	171,02	192,40																		
	VI	2.182,16	85,70	174,57	196,39																		
6.110,99	I	1.624,66	19,36	129,97	146,21	0,72	117,44	132,12	-	104,94	118,05	-	92,84	104,45	-	81,26	91,42	-	70,20	78,98	-	59,66	67,11
	II	1.475,58	1,62	118,04	132,80	-	105,53	118,72	-	93,42	105,09	-	81,81	92,03	-	70,72	79,56	-	60,15	67,67	-	50,09	56,35
	III	1.011,66	-	80,93	91,04	-	71,77	80,74	-	62,88	70,74	-	54,24	61,02	-	45,85	51,58	-	37,73	42,44	-	29,86	33,59
	IV	1.624,66	19,36	129,97	146,21	10,04	123,70	139,16	0,72	117,44	132,12	-	111,17	125,06	-	104,94	118,05	-	98,82	111,17	-	92,84	104,45
	V	2.139,08	80,58	171,12	192,51																		
	VI	2.183,41	85,85	174,67	196,50																		
6.113,99	I	1.625,91	19,51	130,07	146,33	0,87	117,54	132,23	-	105,04	118,17	-	92,94	104,55	-	81,36	91,53	-	70,29	79,07	-	59,74	67,20
	II	1.476,83	1,77	118,14	132,91	-	105,63	118,83	-	93,51	105,20	-	81,90	92,14	-	70,81	79,66	-	60,24	67,77	-	50,17	56,44
	III	1.012,50	-	81,00	91,12	-	71,85	80,83	-	62,94	70,81	-	54,30	61,09	-	45,92	51,66	-	37,80	42,52	-	29,93	33,67
	IV	1.625,91	19,51	130,07	146,33	10,19	123,80	139,28	0,87	117,54	132,23	-	111,27	125,18	-	105,04	118,17	-	98,92	111,29	-	92,94	104,55
	V	2.140,33	80,73	171,22	192,62																		
	VI	2.184,66	86,00	174,77	196,61																		
6.116,99	I	1.627,16	19,66	130,17	146,44	1,02	117,64	132,34	-	105,14	118,28	-	93,04	104,67	-	81,45	91,63	-	70,38	79,17	-	59,82	67,29
	II	1.478,08	1,92	118,24	133,02	-	105,73	118,94	-	93,61	105,31	-	82,00	92,25	-	70,90	79,76	-	60,32	67,86	-	50,25	56,53
	III	1.013,50	-	81,08	91,21	-	71,92	80,91	-	63,02	70,90	-	54,37	61,16	-	45,98	51,73	-	37,86	42,59	-	29,98	33,73
	IV	1.627,16	19,66	130,17	146,44	10,34	123,90	139,39	1,02	117,64	132,34	-	111,37	125,29	-	105,14	118,28	-	99,02	111,40	-	93,04	104,67
	V	2.141,58	80,88	171,32	192,74																		
	VI	2.185,91	86,15	174,87	196,73																		
6.119,99	I	1.628,41	19,81	130,27	146,55	1,17	117,74	132,45	-	105,24	118,39	-	93,13	104,77	-	81,54	91,73	-	70,46	79,27	-	59,90	67,39
	II	1.479,33	2,07	118,34	133,13	-	105,83	119,06	-	93,70	105,41	-	82,09	92,35	-	70,99	79,86	-	60,40	67,95	-	50,33	56,62
	III	1.014,50	-	81,16	91,30	-	72,00	81,00	-	63,09	70,97	-	54,44	61,24	-	46,05	51,80	-	37,92	42,66	-	30,05	33,80
	IV	1.628,41	19,81	130,27	146,55	10,49	124,00	139,50	1,17	117,74	132,45	-	111,47	125,40	-	105,24	118,39	-	99,12	111,51	-	93,13	104,77
	V	2.142,83	81,02	171,42	192,85																		
	VI	2.187,16	86,30	174,97	196,84																		

MONAT bis 6.164,99 €

Besondere Tabelle

Lohn/ Gehalt bis	Steuerklasse	Lohn-steuer	ohne Kinderfreibetrag SolZ 5,5%	Kirchensteuer 8%	9%	0,5 SolZ 5,5%	Kirchensteuer 8%	9%	1,0 SolZ 5,5%	Kirchensteuer 8%	9%	1,5 SolZ 5,5%	Kirchensteuer 8%	9%	2,0 SolZ 5,5%	Kirchensteuer 8%	9%	2,5 SolZ 5,5%	Kirchensteuer 8%	9%	3,0 SolZ 5,5%	Kirchensteuer 8%	9%
						Anzahl Kinderfreibeträge (nur Steuerklassen I–IV)																	
6.122,99	I	1.629,66	19,96	130,37	146,66	1,31	117,84	132,57	-	105,34	118,50	-	93,22	104,87	-	81,63	91,83	-	70,55	79,37	-	59,98	67,4
	II	1.480,58	2,22	118,44	133,25	-	105,93	119,17	-	93,80	105,52	-	82,18	92,45	-	71,08	79,96	-	60,48	68,04	-	50,41	56,7
	III	1.015,33	-	81,22	91,37	-	72,06	81,07	-	63,16	71,05	-	54,52	61,33	-	46,12	51,88	-	37,98	42,73	-	30,12	33,8
	IV	1.629,66	19,96	130,37	146,66	10,64	124,10	139,61	1,31	117,84	132,57	-	111,57	125,51	-	105,34	118,50	-	99,22	111,62	-	93,22	104,8
	V	2.144,16	81,18	171,53	192,97																		
	VI	2.188,41	86,45	175,07	196,95																		
6.125,99	I	1.630,91	20,11	130,47	146,78	1,47	117,94	132,68	-	105,44	118,62	-	93,32	104,99	-	81,72	91,94	-	70,64	79,47	-	60,07	67,5
	II	1.481,83	2,37	118,54	133,36	-	106,03	119,28	-	93,89	105,62	-	82,27	92,55	-	71,16	80,06	-	60,57	68,14	-	50,49	56,8
	III	1.016,33	-	81,30	91,46	-	72,14	81,16	-	63,24	71,14	-	54,58	61,40	-	46,18	51,95	-	38,05	42,80	-	30,17	33,9
	IV	1.630,91	20,11	130,47	146,78	10,78	124,20	139,73	1,47	117,94	132,68	-	111,68	125,64	-	105,44	118,62	-	99,31	111,72	-	93,32	104,9
	V	2.145,41	81,33	171,63	193,08																		
	VI	2.189,66	86,60	175,17	197,06																		
6.128,99	I	1.632,25	20,26	130,58	146,90	1,62	118,04	132,80	-	105,53	118,72	-	93,42	105,09	-	81,81	92,03	-	70,72	79,56	-	60,15	67,6
	II	1.483,08	2,51	118,64	133,47	-	106,13	119,39	-	93,99	105,74	-	82,36	92,66	-	71,25	80,15	-	60,65	68,23	-	50,56	56,8
	III	1.017,33	-	81,38	91,55	-	72,21	81,23	-	63,30	71,21	-	54,65	61,48	-	46,25	52,03	-	38,12	42,88	-	30,24	34,0
	IV	1.632,25	20,26	130,58	146,90	10,94	124,31	139,85	1,62	118,04	132,80	-	111,78	125,75	-	105,53	118,72	-	99,41	111,83	-	93,42	105,0
	V	2.146,66	81,48	171,73	193,19																		
	VI	2.191,00	86,76	175,28	197,19																		
6.131,99	I	1.633,50	20,41	130,68	147,01	1,77	118,14	132,91	-	105,63	118,83	-	93,51	105,20	-	81,90	92,14	-	70,81	79,66	-	60,24	67,7
	II	1.484,33	2,66	118,74	133,58	-	106,23	119,51	-	94,08	105,84	-	82,45	92,75	-	71,34	80,25	-	60,73	68,32	-	50,64	56,9
	III	1.018,16	-	81,45	91,63	-	72,28	81,31	-	63,37	71,29	-	54,72	61,56	-	46,32	52,11	-	38,18	42,95	-	30,30	34,0
	IV	1.633,50	20,41	130,68	147,01	11,09	124,41	139,96	1,77	118,14	132,91	-	111,88	125,86	-	105,63	118,83	-	99,51	111,95	-	93,51	105,2
	V	2.147,91	81,63	171,83	193,31																		
	VI	2.192,25	86,90	175,38	197,30																		
6.134,99	I	1.634,75	20,56	130,78	147,12	1,92	118,24	133,02	-	105,73	118,94	-	93,61	105,31	-	82,00	92,25	-	70,90	79,76	-	60,32	67,8
	II	1.485,66	2,82	118,85	133,70	-	106,33	119,62	-	94,18	105,95	-	82,54	92,86	-	71,42	80,35	-	60,82	68,42	-	50,72	57,0
	III	1.019,16	-	81,53	91,72	-	72,36	81,40	-	63,44	71,37	-	54,78	61,63	-	46,38	52,18	-	38,25	43,03	-	30,36	34,1
	IV	1.634,75	20,56	130,78	147,12	11,24	124,51	140,07	1,92	118,24	133,02	-	111,98	125,97	-	105,73	118,94	-	99,60	112,05	-	93,61	105,3
	V	2.149,16	81,78	171,93	193,42																		
	VI	2.193,50	87,05	175,48	197,41																		
6.137,99	I	1.636,00	20,71	130,88	147,24	2,07	118,34	133,13	-	105,83	119,06	-	93,70	105,41	-	82,09	92,35	-	70,99	79,86	-	60,40	67,9
	II	1.486,91	2,97	118,95	133,82	-	106,43	119,73	-	94,28	106,06	-	82,64	92,97	-	71,51	80,45	-	60,90	68,51	-	50,80	57,1
	III	1.020,00	-	81,60	91,80	-	72,42	81,47	-	63,52	71,46	-	54,85	61,70	-	46,45	52,25	-	38,30	43,09	-	30,42	34,2
	IV	1.636,00	20,71	130,88	147,24	11,39	124,61	140,18	2,07	118,34	133,13	-	112,08	126,09	-	105,83	119,06	-	99,70	112,16	-	93,70	105,4
	V	2.150,41	81,93	172,03	193,53																		
	VI	2.194,75	87,20	175,58	197,52																		
6.140,99	I	1.637,25	20,86	130,98	147,35	2,22	118,44	133,25	-	105,93	119,17	-	93,80	105,52	-	82,18	92,45	-	71,08	79,96	-	60,48	68,0
	II	1.488,16	3,12	119,05	133,93	-	106,53	119,84	-	94,37	106,16	-	82,73	93,07	-	71,60	80,55	-	60,98	68,60	-	50,88	57,2
	III	1.021,00	-	81,68	91,89	-	72,50	81,56	-	63,58	71,53	-	54,92	61,78	-	46,52	52,33	-	38,37	43,16	-	30,49	34,3
	IV	1.637,25	20,86	130,98	147,35	11,54	124,71	140,30	2,22	118,44	133,25	-	112,18	126,20	-	105,93	119,17	-	99,80	112,28	-	93,80	105,5
	V	2.151,66	82,08	172,13	193,64																		
	VI	2.196,00	87,35	175,68	197,64																		
6.143,99	I	1.638,50	21,01	131,08	147,46	2,37	118,54	133,36	-	106,03	119,28	-	93,89	105,62	-	82,27	92,55	-	71,16	80,06	-	60,57	68,1
	II	1.489,41	3,27	119,15	134,04	-	106,63	119,96	-	94,47	106,28	-	82,82	93,17	-	71,68	80,64	-	61,06	68,69	-	50,96	57,3
	III	1.022,00	-	81,76	91,98	-	72,57	81,64	-	63,65	71,60	-	55,00	61,87	-	46,58	52,40	-	38,44	43,24	-	30,54	34,3
	IV	1.638,50	21,01	131,08	147,46	11,69	124,81	140,41	2,37	118,54	133,36	-	112,28	126,31	-	106,03	119,28	-	99,90	112,38	-	93,89	105,6
	V	2.152,91	82,22	172,23	193,76																		
	VI	2.197,25	87,50	175,78	197,75																		
6.146,99	I	1.639,75	21,16	131,18	147,57	2,51	118,64	133,47	-	106,13	119,39	-	93,99	105,74	-	82,36	92,66	-	71,25	80,15	-	60,65	68,2
	II	1.490,66	3,42	119,25	134,15	-	106,73	120,07	-	94,56	106,38	-	82,91	93,27	-	71,77	80,74	-	61,15	68,79	-	51,04	57,4
	III	1.022,83	-	81,82	92,05	-	72,65	81,73	-	63,73	71,69	-	55,06	61,94	-	46,65	52,48	-	38,50	43,31	-	30,61	34,4
	IV	1.639,75	21,16	131,18	147,57	11,84	124,91	140,52	2,51	118,64	133,47	-	112,38	126,42	-	106,13	119,39	-	100,00	112,50	-	93,99	105,7
	V	2.154,25	82,38	172,34	193,88																		
	VI	2.198,50	87,65	175,88	197,86																		
6.149,99	I	1.641,00	21,31	131,28	147,69	2,66	118,74	133,58	-	106,23	119,51	-	94,08	105,84	-	82,45	92,75	-	71,34	80,25	-	60,73	68,3
	II	1.491,91	3,57	119,35	134,27	-	106,83	120,18	-	94,66	106,49	-	83,00	93,38	-	71,86	80,84	-	61,23	68,88	-	51,12	57,5
	III	1.023,83	-	81,90	92,14	-	72,72	81,81	-	63,80	71,77	-	55,13	62,02	-	46,72	52,56	-	38,57	43,39	-	30,68	34,5
	IV	1.641,00	21,31	131,28	147,69	11,98	125,01	140,63	2,66	118,74	133,58	-	112,48	126,54	-	106,23	119,51	-	100,09	112,60	-	94,08	105,8
	V	2.155,50	82,53	172,44	193,99																		
	VI	2.199,75	87,80	175,98	197,97																		
6.152,99	I	1.642,33	21,46	131,38	147,80	2,82	118,85	133,70	-	106,33	119,62	-	94,18	105,95	-	82,54	92,86	-	71,42	80,35	-	60,82	68,4
	II	1.493,16	3,71	119,45	134,38	-	106,93	120,29	-	94,76	106,60	-	83,10	93,48	-	71,95	80,94	-	61,32	68,98	-	51,20	57,6
	III	1.024,66	-	81,97	92,21	-	72,80	81,90	-	63,86	71,84	-	55,20	62,10	-	46,78	52,63	-	38,64	43,47	-	30,73	34,5
	IV	1.642,33	21,46	131,38	147,80	12,14	125,12	140,76	2,82	118,85	133,70	-	112,58	126,65	-	106,33	119,62	-	100,19	112,71	-	94,18	105,9
	V	2.156,75	82,68	172,54	194,10																		
	VI	2.201,08	87,96	176,08	198,09																		
6.155,99	I	1.643,58	21,61	131,48	147,92	2,97	118,95	133,82	-	106,43	119,73	-	94,28	106,06	-	82,64	92,97	-	71,51	80,45	-	60,90	68,5
	II	1.494,41	3,86	119,55	134,49	-	107,03	120,41	-	94,85	106,70	-	83,18	93,58	-	72,04	81,04	-	61,40	69,07	-	51,28	57,6
	III	1.025,66	-	82,05	92,30	-	72,86	81,97	-	63,94	71,93	-	55,26	62,17	-	46,85	52,70	-	38,69	43,52	-	30,80	34,6
	IV	1.643,58	21,61	131,48	147,92	12,29	125,22	140,87	2,97	118,95	133,82	-	112,68	126,77	-	106,43	119,73	-	100,29	112,82	-	94,28	106,0
	V	2.158,00	82,83	172,64	194,22																		
	VI	2.202,33	88,10	176,18	198,20																		
6.158,99	I	1.644,83	21,76	131,58	148,03	3,12	119,05	133,93	-	106,53	119,84	-	94,37	106,16	-	82,73	93,07	-	71,60	80,55	-	60,98	68,6
	II	1.495,75	4,02	119,66	134,61	-	107,13	120,52	-	94,94	106,81	-	83,28	93,69	-	72,12	81,14	-	61,48	69,17	-	51,36	57,7
	III	1.026,66	-	82,13	92,39	-	72,94	82,06	-	64,01	72,01	-	55,33	62,24	-	46,92	52,78	-	38,76	43,60	-	30,86	34,7
	IV	1.644,83	21,76	131,58	148,03	12,44	125,32	140,98	3,12	119,05	133,93	-	112,78	126,88	-	106,53	119,84	-	100,38	112,93	-	94,37	106,1
	V	2.159,25	82,98	172,74	194,33																		
	VI	2.203,58	88,25	176,28	198,32																		
6.161,99	I	1.646,08	21,91	131,68	148,14	3,27	119,15	134,04	-	106,63	119,96	-	94,47	106,28	-	82,82	93,17	-	71,68	80,64	-	61,06	68,6
	II	1.497,00	4,17	119,76	134,73	-	107,23	120,63	-	95,04	106,92	-	83,37	93,79	-	72,21	81,23	-	61,57	69,26	-	51,44	57,8
	III	1.027,50	-	82,20	92,47	-	73,01	82,13	-	64,08	72,09	-	55,41	62,33	-	46,98	52,85	-	38,82	43,67	-	30,92	34,7
	IV	1.646,08	21,91	131,68	148,14	12,59	125,42	141,09	3,27	119,15	134,04	-	112,88	126,99	-	106,63	119,96	-	100,48	113,04	-	94,47	106,2
	V	2.160,50	83,13	172,84	194,44																		
	VI	2.204,83	88,40	176,38	198,43																		
6.164,99	I	1.647,33	22,06	131,78	148,25	3,42	119,25	134,15	-	106,73	120,07	-	94,56	106,38	-	82,91	93,27	-	71,77	80,74	-	61,15	68,7
	II	1.498,25	4,32	119,86	134,84	-	107,33	120,74	-	95,14	107,03	-	83,46	93,89	-	72,30	81,33	-	61,65	69,35	-	51,52	57,9
	III	1.028,50	-	82,28	92,56	-	73,09	82,22	-	64,14	72,16	-	55,48	62,41	-	47,05	52,93	-	38,89	43,75	-	30,98	34,8
	IV	1.647,33	22,06	131,78	148,25	12,74	125,52	141,21	3,42	119,25	134,15	-	112,98	127,10	-	106,73	120,07	-	100,58	113,15	-	94,56	106,3
	V	2.161,75	83,28	172,94	194,55																		
	VI	2.206,08	88,55	176,48	198,54																		

Lohn/ Gehalt bis	Steuerklasse	Lohn-steuer	ohne Kinderfreibetrag			Anzahl Kinderfreibeträge (nur Steuerklassen I–IV) 0,5			1,0			1,5			2,0			2,5			3,0		
			SolZ 5,5%	Kirchensteuer 8%	9%	SolZ 5,5%	Kirchensteuer 8%	9%	SolZ 5,5%	Kirchensteuer 8%	9%	SolZ 5,5%	Kirchensteuer 8%	9%	SolZ 5,5%	Kirchensteuer 8%	9%	SolZ 5,5%	Kirchensteuer 8%	9%	SolZ 5,5%	Kirchensteuer 8%	9%
6.167,99	I	1.648,58	22,21	131,88	148,37	3,57	119,35	134,27	-	106,83	120,18	-	94,66	106,49	-	83,00	93,38	-	71,86	80,84	-	61,23	68,88
	II	1.499,50	4,47	119,96	134,95	-	107,43	120,86	-	95,24	107,14	-	83,55	93,99	-	72,38	81,43	-	61,74	69,45	-	51,60	58,05
	III	1.029,33	-	82,34	92,63	-	73,16	82,30	-	64,22	72,25	-	55,54	62,48	-	47,12	53,01	-	38,96	43,83	-	31,05	34,93
	IV	1.648,58	22,21	131,88	148,37	12,89	125,62	141,32	3,57	119,35	134,27	-	113,08	127,22	-	106,83	120,18	-	100,68	113,26	-	94,66	106,49
	V	2.163,00	83,42	173,04	194,67																		
	VI	2.207,33	88,70	176,58	198,65																		
6.170,99	I	1.649,83	22,36	131,98	148,48	3,71	119,45	134,38	-	106,93	120,29	-	94,76	106,60	-	83,10	93,48	-	71,95	80,94	-	61,32	68,98
	II	1.500,75	4,62	120,06	135,06	-	107,53	120,97	-	95,33	107,24	-	83,64	94,10	-	72,48	81,54	-	61,82	69,54	-	51,68	58,14
	III	1.030,33	-	82,42	92,72	-	73,22	82,37	-	64,29	72,32	-	55,61	62,56	-	47,18	53,08	-	39,02	43,90	-	31,12	35,01
	IV	1.649,83	22,36	131,98	148,48	13,04	125,72	141,43	3,71	119,45	134,38	-	113,18	127,33	-	106,93	120,29	-	100,78	113,37	-	94,76	106,60
	V	2.164,33	83,58	173,14	194,78																		
	VI	2.208,58	88,85	176,68	198,77																		
6.173,99	I	1.651,08	22,51	132,08	148,59	3,86	119,55	134,49	-	107,03	120,41	-	94,85	106,70	-	83,18	93,58	-	72,04	81,04	-	61,40	69,07
	II	1.502,00	4,76	120,16	135,18	-	107,63	121,08	-	95,42	107,35	-	83,74	94,20	-	72,56	81,63	-	61,90	69,64	-	51,76	58,23
	III	1.031,33	-	82,50	92,81	-	73,30	82,46	-	64,36	72,40	-	55,68	62,64	-	47,25	53,15	-	39,09	43,97	-	31,17	35,06
	IV	1.651,08	22,51	132,08	148,59	13,18	125,82	141,54	3,86	119,55	134,49	-	113,28	127,44	-	107,03	120,41	-	100,88	113,49	-	94,85	106,70
	V	2.165,58	83,73	173,24	194,90																		
	VI	2.209,83	89,00	176,78	198,88																		
6.176,99	I	1.652,33	22,65	132,18	148,70	4,02	119,66	134,61	-	107,13	120,52	-	94,94	106,81	-	83,28	93,69	-	72,12	81,14	-	61,48	69,17
	II	1.503,25	4,91	120,26	135,29	-	107,73	121,19	-	95,52	107,46	-	83,83	94,31	-	72,65	81,73	-	61,98	69,73	-	51,84	58,32
	III	1.032,16	-	82,57	92,89	-	73,37	82,54	-	64,44	72,49	-	55,74	62,71	-	47,32	53,23	-	39,14	44,03	-	31,24	35,14
	IV	1.652,33	22,65	132,18	148,70	13,34	125,92	141,66	4,02	119,66	134,61	-	113,39	127,56	-	107,13	120,52	-	100,98	113,60	-	94,94	106,81
	V	2.166,83	83,88	173,34	195,01																		
	VI	2.211,08	89,15	176,88	198,99																		
6.179,99	I	1.653,66	22,81	132,29	148,82	4,17	119,76	134,73	-	107,23	120,63	-	95,04	106,92	-	83,37	93,79	-	72,21	81,23	-	61,57	69,26
	II	1.504,50	5,06	120,36	135,40	-	107,83	121,31	-	95,62	107,57	-	83,92	94,41	-	72,74	81,83	-	62,07	69,83	-	51,92	58,41
	III	1.033,16	-	82,65	92,98	-	73,45	82,63	-	64,50	72,56	-	55,81	62,78	-	47,38	53,30	-	39,21	44,11	-	31,30	35,21
	IV	1.653,66	22,81	132,29	148,82	13,49	126,02	141,77	4,17	119,76	134,73	-	113,49	127,67	-	107,23	120,63	-	101,07	113,70	-	95,04	106,92
	V	2.168,08	84,03	173,44	195,12																		
	VI	2.212,41	89,30	176,99	199,11																		
6.182,99	I	1.654,91	22,96	132,39	148,94	4,32	119,86	134,84	-	107,33	120,74	-	95,14	107,03	-	83,46	93,89	-	72,30	81,33	-	61,65	69,35
	II	1.505,83	5,22	120,46	135,52	-	107,93	121,42	-	95,72	107,68	-	84,01	94,51	-	72,82	81,92	-	62,15	69,92	-	52,00	58,50
	III	1.034,16	-	82,73	93,07	-	73,52	82,71	-	64,57	72,64	-	55,89	62,87	-	47,45	53,38	-	39,28	44,19	-	31,36	35,28
	IV	1.654,91	22,96	132,39	148,94	13,64	126,12	141,89	4,32	119,86	134,84	-	113,59	127,79	-	107,33	120,74	-	101,17	113,81	-	95,14	107,03
	V	2.169,33	84,18	173,54	195,23																		
	VI	2.213,66	89,45	177,09	199,22																		
6.185,99	I	1.656,16	23,11	132,49	149,05	4,47	119,96	134,95	-	107,43	120,86	-	95,24	107,14	-	83,55	93,99	-	72,38	81,43	-	61,74	69,45
	II	1.507,08	5,37	120,56	135,63	-	108,03	121,53	-	95,81	107,78	-	84,10	94,61	-	72,92	82,03	-	62,24	70,02	-	52,08	58,59
	III	1.035,00	-	82,80	93,15	-	73,60	82,80	-	64,65	72,73	-	55,96	62,95	-	47,52	53,46	-	39,34	44,26	-	31,42	35,35
	IV	1.656,16	23,11	132,49	149,05	13,79	126,22	142,00	4,47	119,96	134,95	-	113,69	127,90	-	107,43	120,86	-	101,27	113,93	-	95,24	107,14
	V	2.170,58	84,33	173,64	195,35																		
	VI	2.214,91	89,60	177,19	199,34																		
6.188,99	I	1.657,41	23,26	132,59	149,16	4,62	120,06	135,06	-	107,53	120,97	-	95,33	107,24	-	83,64	94,10	-	72,48	81,54	-	61,82	69,54
	II	1.508,33	5,52	120,66	135,74	-	108,13	121,64	-	95,91	107,90	-	84,20	94,72	-	73,00	82,13	-	62,32	70,11	-	52,15	58,67
	III	1.036,00	-	82,88	93,24	-	73,66	82,87	-	64,72	72,81	-	56,02	63,02	-	47,58	53,53	-	39,41	44,33	-	31,49	35,42
	IV	1.657,41	23,26	132,59	149,16	13,94	126,32	142,11	4,62	120,06	135,06	-	113,79	128,01	-	107,53	120,97	-	101,36	114,03	-	95,33	107,24
	V	2.171,83	84,48	173,74	195,46																		
	VI	2.216,16	89,75	177,29	199,45																		
6.191,99	I	1.658,66	23,41	132,69	149,27	4,76	120,16	135,18	-	107,63	121,08	-	95,42	107,35	-	83,74	94,20	-	72,56	81,63	-	61,90	69,64
	II	1.509,58	5,67	120,76	135,86	-	108,23	121,76	-	96,00	108,00	-	84,29	94,82	-	73,09	82,22	-	62,40	70,20	-	52,23	58,76
	III	1.037,00	-	82,96	93,33	-	73,74	82,96	-	64,78	72,88	-	56,09	63,10	-	47,65	53,60	-	39,48	44,41	-	31,54	35,48
	IV	1.658,66	23,41	132,69	149,27	14,09	126,42	142,22	4,76	120,16	135,18	-	113,89	128,12	-	107,63	121,08	-	101,46	114,14	-	95,42	107,35
	V	2.173,08	84,62	173,84	195,57																		
	VI	2.217,41	89,90	177,39	199,56																		
6.194,99	I	1.659,91	23,56	132,79	149,39	4,91	120,26	135,29	-	107,73	121,19	-	95,52	107,46	-	83,83	94,31	-	72,65	81,73	-	61,98	69,73
	II	1.510,83	5,82	120,86	135,97	-	108,33	121,87	-	96,10	108,11	-	84,38	94,93	-	73,18	82,32	-	62,49	70,30	-	52,31	58,85
	III	1.037,83	-	83,02	93,40	-	73,81	83,03	-	64,86	72,97	-	56,16	63,18	-	47,72	53,68	-	39,54	44,48	-	31,61	35,56
	IV	1.659,91	23,56	132,79	149,39	14,24	126,52	142,34	4,91	120,26	135,29	-	113,99	128,24	-	107,73	121,19	-	101,56	114,26	-	95,52	107,46
	V	2.174,33	84,77	173,94	195,68																		
	VI	2.218,66	90,05	177,49	199,67																		
6.197,99	I	1.661,16	23,71	132,89	149,50	5,06	120,36	135,40	-	107,83	121,31	-	95,62	107,57	-	83,92	94,41	-	72,74	81,83	-	62,07	69,83
	II	1.512,08	5,96	120,96	136,08	-	108,43	121,98	-	96,20	108,22	-	84,48	95,04	-	73,26	82,42	-	62,57	70,39	-	52,39	58,94
	III	1.038,83	-	83,10	93,49	-	73,89	83,12	-	64,93	73,04	-	56,22	63,25	-	47,78	53,75	-	39,60	44,55	-	31,68	35,64
	IV	1.661,16	23,71	132,89	149,50	14,38	126,62	142,45	5,06	120,36	135,40	-	114,09	128,35	-	107,83	121,31	-	101,66	114,37	-	95,62	107,57
	V	2.175,66	84,93	174,05	195,80																		
	VI	2.219,91	90,20	177,59	199,79																		
6.200,99	I	1.662,41	23,85	132,99	149,61	5,22	120,46	135,52	-	107,93	121,42	-	95,72	107,68	-	84,01	94,51	-	72,82	81,92	-	62,15	69,92
	II	1.513,33	6,11	121,06	136,19	-	108,54	122,10	-	96,29	108,32	-	84,56	95,13	-	73,36	82,53	-	62,66	70,49	-	52,47	59,03
	III	1.039,66	-	83,17	93,56	-	73,96	83,20	-	65,00	73,12	-	56,30	63,34	-	47,85	53,83	-	39,66	44,62	-	31,74	35,71
	IV	1.662,41	23,85	132,99	149,61	14,53	126,72	142,56	5,22	120,46	135,52	-	114,20	128,47	-	107,93	121,42	-	101,76	114,48	-	95,72	107,68
	V	2.176,91	85,08	174,15	195,92																		
	VI	2.221,16	90,35	177,69	199,90																		
6.203,99	I	1.663,75	24,01	133,10	149,73	5,37	120,56	135,63	-	108,03	121,53	-	95,81	107,78	-	84,10	94,61	-	72,92	82,03	-	62,24	70,02
	II	1.514,58	6,26	121,16	136,31	-	108,64	122,22	-	96,39	108,44	-	84,66	95,24	-	73,44	82,62	-	62,74	70,58	-	52,55	59,12
	III	1.040,66	-	83,25	93,65	-	74,04	83,29	-	65,08	73,21	-	56,37	63,41	-	47,92	53,91	-	39,73	44,69	-	31,80	35,77
	IV	1.663,75	24,01	133,10	149,73	14,69	126,83	142,68	5,37	120,56	135,63	-	114,30	128,58	-	108,03	121,53	-	101,86	114,59	-	95,81	107,78
	V	2.178,16	85,23	174,25	196,03																		
	VI	2.222,50	90,50	177,80	200,02																		
6.206,99	I	1.665,00	24,16	133,20	149,85	5,52	120,66	135,74	-	108,13	121,64	-	95,91	107,90	-	84,20	94,72	-	73,00	82,13	-	62,32	70,11
	II	1.515,83	6,41	121,26	136,42	-	108,74	122,33	-	96,48	108,54	-	84,75	95,34	-	73,53	82,72	-	62,82	70,67	-	52,63	59,21
	III	1.041,66	-	83,33	93,74	-	74,10	83,36	-	65,14	73,28	-	56,44	63,49	-	47,98	53,98	-	39,80	44,77	-	31,86	35,84
	IV	1.665,00	24,16	133,20	149,85	14,84	126,93	142,79	5,52	120,66	135,74	-	114,40	128,70	-	108,13	121,64	-	101,96	114,70	-	95,91	107,90
	V	2.179,41	85,38	174,35	196,14																		
	VI	2.223,75	90,65	177,90	200,13																		
6.209,99	I	1.666,25	24,31	133,30	149,96	5,67	120,76	135,86	-	108,23	121,76	-	96,00	108,00	-	84,29	94,82	-	73,09	82,22	-	62,40	70,20
	II	1.517,16	6,57	121,37	136,54	-	108,84	122,44	-	96,58	108,65	-	84,84	95,45	-	73,62	82,82	-	62,91	70,77	-	52,71	59,30
	III	1.042,50	-	83,40	93,82	-	74,18	83,45	-	65,21	73,36	-	56,50	63,56	-	48,05	54,05	-	39,86	44,84	-	31,93	35,92
	IV	1.666,25	24,31	133,30	149,96	14,99	127,03	142,91	5,67	120,76	135,86	-	114,50	128,81	-	108,23	121,76	-	102,06	114,81	-	96,00	108,00
	V	2.180,66	85,53	174,45	196,25																		
	VI	2.225,00	90,80	178,00	200,25																		

Lohn/ Gehalt bis	Steuerklasse	Lohn-steuer	ohne Kinderfreibetrag SolZ 5,5%	ohne Kinderfreibetrag Kirchensteuer 8%	ohne Kinderfreibetrag Kirchensteuer 9%	0,5 SolZ 5,5%	0,5 Kirchensteuer 8%	0,5 Kirchensteuer 9%	1,0 SolZ 5,5%	1,0 Kirchensteuer 8%	1,0 Kirchensteuer 9%	1,5 SolZ 5,5%	1,5 Kirchensteuer 8%	1,5 Kirchensteuer 9%	2,0 SolZ 5,5%	2,0 Kirchensteuer 8%	2,0 Kirchensteuer 9%	2,5 SolZ 5,5%	2,5 Kirchensteuer 8%	2,5 Kirchensteuer 9%	3,0 SolZ 5,5%	3,0 Kirchensteuer 8%	3,0 Kirchensteuer 9%
						Anzahl Kinderfreibeträge (nur Steuerklassen I–IV)																	
6.212,99	I	1.667,50	24,46	133,40	150,07	5,82	120,86	135,97	-	108,33	121,87	-	96,10	108,11	-	84,38	94,93	-	73,18	82,32	-	62,49	70,3
	II	1.518,41	6,72	121,47	136,65	-	108,94	122,55	-	96,68	108,76	-	84,94	95,55	-	73,70	82,91	-	62,99	70,86	-	52,79	59,3
	III	1.043,50	-	83,48	93,91	-	74,25	83,53	-	65,29	73,45	-	56,57	63,64	-	48,12	54,13	-	39,93	44,92	-	31,98	35,9
	IV	1.667,50	24,46	133,40	150,07	15,14	127,13	143,02	5,82	120,86	135,97	-	114,60	128,92	-	108,33	121,87	-	102,15	114,92	-	96,10	108,1
	V	2.181,91	85,68	174,55	196,37																		
	VI	2.226,25	90,95	178,10	200,36																		
6.215,99	I	1.668,75	24,61	133,50	150,18	5,96	120,96	136,08	-	108,43	121,98	-	96,20	108,22	-	84,48	95,04	-	73,26	82,42	-	62,57	70,3
	II	1.519,66	6,87	121,57	136,76	-	109,04	122,67	-	96,78	108,87	-	85,03	95,66	-	73,80	83,02	-	63,08	70,96	-	52,87	59,4
	III	1.044,50	-	83,56	94,00	-	74,33	83,62	-	65,36	73,53	-	56,65	63,73	-	48,18	54,20	-	40,00	45,00	-	32,05	36,0
	IV	1.668,75	24,61	133,50	150,18	15,29	127,23	143,13	5,96	120,96	136,08	-	114,70	129,03	-	108,43	121,98	-	102,25	115,03	-	96,20	108,2
	V	2.183,16	85,82	174,65	196,48																		
	VI	2.227,50	91,10	178,20	200,47																		
6.218,99	I	1.670,00	24,76	133,60	150,30	6,11	121,06	136,19	-	108,54	122,10	-	96,29	108,32	-	84,56	95,13	-	73,36	82,53	-	62,66	70,4
	II	1.520,91	7,02	121,67	136,88	-	109,14	122,78	-	96,87	108,98	-	85,12	95,76	-	73,88	83,12	-	63,16	71,06	-	52,95	59,5
	III	1.045,33	-	83,62	94,07	-	74,40	83,70	-	65,42	73,60	-	56,72	63,81	-	48,25	54,28	-	40,05	45,05	-	32,12	36,1
	IV	1.670,00	24,76	133,60	150,30	15,44	127,33	143,24	6,11	121,06	136,19	-	114,80	129,15	-	108,54	122,10	-	102,35	115,14	-	96,29	108,3
	V	2.184,41	85,97	174,75	196,59																		
	VI	2.228,75	91,25	178,30	200,58																		
6.221,99	I	1.671,25	24,91	133,70	150,41	6,26	121,16	136,31	-	108,64	122,22	-	96,39	108,44	-	84,66	95,24	-	73,44	82,62	-	62,74	70,5
	II	1.522,16	7,16	121,77	136,99	-	109,24	122,89	-	96,97	109,09	-	85,21	95,86	-	73,97	83,21	-	63,24	71,15	-	53,03	59,6
	III	1.046,33	-	83,70	94,16	-	74,48	83,79	-	65,50	73,69	-	56,78	63,88	-	48,32	54,36	-	40,12	45,13	-	32,17	36,1
	IV	1.671,25	24,91	133,70	150,41	15,58	127,43	143,36	6,26	121,16	136,31	-	114,90	129,26	-	108,64	122,22	-	102,45	115,25	-	96,39	108,4
	V	2.185,75	86,13	174,86	196,71																		
	VI	2.230,00	91,40	178,40	200,70																		
6.224,99	I	1.672,50	25,05	133,80	150,52	6,41	121,26	136,42	-	108,74	122,33	-	96,48	108,54	-	84,75	95,34	-	73,53	82,72	-	62,82	70,6
	II	1.523,41	7,31	121,87	137,10	-	109,34	123,00	-	97,06	109,19	-	85,30	95,96	-	74,06	83,31	-	63,33	71,24	-	53,11	59,7
	III	1.047,33	-	83,78	94,25	-	74,54	83,86	-	65,57	73,76	-	56,85	63,95	-	48,38	54,43	-	40,18	45,20	-	32,24	36,2
	IV	1.672,50	25,05	133,80	150,52	15,73	127,53	143,47	6,41	121,26	136,42	-	115,00	129,38	-	108,74	122,33	-	102,54	115,36	-	96,48	108,5
	V	2.187,00	86,28	174,96	196,83																		
	VI	2.231,25	91,55	178,50	200,81																		
6.227,99	I	1.673,83	25,21	133,90	150,64	6,57	121,37	136,54	-	108,84	122,44	-	96,58	108,65	-	84,84	95,45	-	73,62	82,82	-	62,91	70,7
	II	1.524,66	7,46	121,97	137,21	-	109,44	123,12	-	97,16	109,31	-	85,40	96,07	-	74,15	83,42	-	63,41	71,33	-	53,19	59,8
	III	1.048,16	-	83,85	94,33	-	74,62	83,95	-	65,64	73,84	-	56,92	64,03	-	48,46	54,52	-	40,25	45,28	-	32,30	36,3
	IV	1.673,83	25,21	133,90	150,64	15,89	127,64	143,59	6,57	121,37	136,54	-	115,10	129,49	-	108,84	122,44	-	102,64	115,47	-	96,58	108,6
	V	2.188,25	86,43	175,06	196,94																		
	VI	2.232,58	91,70	178,60	200,93																		
6.230,99	I	1.675,08	25,36	134,00	150,75	6,72	121,47	136,65	-	108,94	122,55	-	96,68	108,76	-	84,94	95,55	-	73,70	82,91	-	62,99	70,8
	II	1.525,91	7,61	122,07	137,33	-	109,54	123,23	-	97,26	109,41	-	85,49	96,17	-	74,24	83,52	-	63,50	71,43	-	53,27	59,9
	III	1.049,16	-	83,93	94,42	-	74,69	84,02	-	65,72	73,93	-	56,98	64,10	-	48,53	54,59	-	40,32	45,36	-	32,37	36,4
	IV	1.675,08	25,36	134,00	150,75	16,04	127,74	143,70	6,72	121,47	136,65	-	115,20	129,60	-	108,94	122,55	-	102,74	115,58	-	96,68	108,7
	V	2.189,50	86,58	175,16	197,05																		
	VI	2.233,83	91,85	178,70	201,04																		
6.233,99	I	1.676,33	25,51	134,10	150,86	6,87	121,57	136,76	-	109,04	122,67	-	96,78	108,87	-	85,03	95,66	-	73,80	83,02	-	63,08	70,9
	II	1.527,25	7,77	122,18	137,45	-	109,64	123,35	-	97,36	109,53	-	85,58	96,28	-	74,32	83,61	-	63,58	71,53	-	53,35	60,0
	III	1.050,16	-	84,01	94,51	-	74,77	84,11	-	65,78	74,00	-	57,06	64,19	-	48,60	54,67	-	40,38	45,43	-	32,42	36,4
	IV	1.676,33	25,51	134,10	150,86	16,19	127,84	143,82	6,87	121,57	136,76	-	115,30	129,71	-	109,04	122,67	-	102,84	115,70	-	96,78	108,8
	V	2.190,75	86,73	175,26	197,16																		
	VI	2.235,08	92,00	178,80	201,15																		
6.236,99	I	1.677,58	25,66	134,20	150,98	7,02	121,67	136,88	-	109,14	122,78	-	96,87	108,98	-	85,12	95,76	-	73,88	83,12	-	63,16	71,0
	II	1.528,50	7,92	122,28	137,56	-	109,74	123,46	-	97,45	109,63	-	85,68	96,39	-	74,41	83,71	-	63,66	71,62	-	53,43	60,1
	III	1.051,00	-	84,08	94,59	-	74,84	84,19	-	65,85	74,08	-	57,13	64,27	-	48,66	54,74	-	40,45	45,50	-	32,49	36,5
	IV	1.677,58	25,66	134,20	150,98	16,34	127,94	143,93	7,02	121,67	136,88	-	115,40	129,83	-	109,14	122,78	-	102,94	115,81	-	96,87	108,9
	V	2.192,00	86,87	175,36	197,28																		
	VI	2.236,33	92,15	178,90	201,26																		
6.239,99	I	1.678,83	25,81	134,30	151,09	7,16	121,77	136,99	-	109,24	122,89	-	96,97	109,09	-	85,21	95,86	-	73,97	83,21	-	63,24	71,1
	II	1.529,75	8,07	122,38	137,67	-	109,84	123,57	-	97,55	109,74	-	85,77	96,49	-	74,50	83,81	-	63,75	71,72	-	53,51	60,2
	III	1.052,00	-	84,16	94,68	-	74,92	84,28	-	65,93	74,17	-	57,20	64,35	-	48,73	54,82	-	40,52	45,58	-	32,56	36,6
	IV	1.678,83	25,81	134,30	151,09	16,49	128,04	144,04	7,16	121,77	136,99	-	115,50	129,94	-	109,24	122,89	-	103,04	115,92	-	96,97	109,0
	V	2.193,25	87,02	175,46	197,39																		
	VI	2.237,58	92,30	179,00	201,38																		
6.242,99	I	1.680,08	25,96	134,40	151,20	7,31	121,87	137,10	-	109,34	123,00	-	97,06	109,19	-	85,30	95,96	-	74,06	83,31	-	63,33	71,2
	II	1.531,00	8,22	122,48	137,79	-	109,94	123,68	-	97,64	109,85	-	85,86	96,59	-	74,59	83,91	-	63,84	71,82	-	53,60	60,3
	III	1.052,83	-	84,22	94,75	-	74,98	84,35	-	66,00	74,25	-	57,26	64,42	-	48,80	54,90	-	40,57	45,64	-	32,62	36,7
	IV	1.680,08	25,96	134,40	151,20	16,64	128,14	144,15	7,31	121,87	137,10	-	115,60	130,05	-	109,34	123,00	-	103,14	116,03	-	97,06	109,1
	V	2.194,50	87,17	175,56	197,50																		
	VI	2.238,83	92,45	179,10	201,49																		
6.245,99	I	1.681,33	26,11	134,50	151,31	7,46	121,97	137,21	-	109,44	123,12	-	97,16	109,31	-	85,40	96,07	-	74,15	83,42	-	63,41	71,3
	II	1.532,25	8,36	122,58	137,90	-	110,04	123,80	-	97,74	109,96	-	85,95	96,69	-	74,68	84,01	-	63,92	71,91	-	53,68	60,3
	III	1.053,83	-	84,30	94,84	-	75,06	84,44	-	66,06	74,32	-	57,33	64,49	-	48,86	54,97	-	40,64	45,72	-	32,68	36,7
	IV	1.681,33	26,11	134,50	151,31	16,78	128,24	144,27	7,46	121,97	137,21	-	115,70	130,16	-	109,44	123,12	-	103,24	116,14	-	97,16	109,3
	V	2.195,83	87,33	175,66	197,62																		
	VI	2.240,08	92,60	179,20	201,60																		
6.248,99	I	1.682,58	26,25	134,60	151,43	7,61	122,07	137,33	-	109,54	123,23	-	97,26	109,41	-	85,49	96,17	-	74,24	83,52	-	63,50	71,4
	II	1.533,50	8,51	122,68	138,01	-	110,14	123,91	-	97,84	110,07	-	86,04	96,80	-	74,77	84,11	-	64,00	72,00	-	53,76	60,4
	III	1.054,83	-	84,38	94,93	-	75,13	84,52	-	66,14	74,41	-	57,41	64,58	-	48,93	55,04	-	40,70	45,79	-	32,74	36,8
	IV	1.682,58	26,25	134,60	151,43	16,93	128,34	144,38	7,61	122,07	137,33	-	115,80	130,28	-	109,54	123,23	-	103,34	116,25	-	97,26	109,4
	V	2.197,08	87,48	175,76	197,73																		
	VI	2.241,33	92,75	179,30	201,71																		
6.251,99	I	1.683,83	26,40	134,70	151,54	7,77	122,18	137,45	-	109,64	123,35	-	97,36	109,53	-	85,58	96,28	-	74,32	83,61	-	63,58	71,5
	II	1.534,75	8,66	122,78	138,12	-	110,24	124,02	-	97,94	110,18	-	86,14	96,90	-	74,86	84,21	-	64,09	72,10	-	53,84	60,5
	III	1.055,66	-	84,45	95,00	-	75,21	84,61	-	66,21	74,48	-	57,48	64,66	-	49,00	55,12	-	40,77	45,86	-	32,81	36,9
	IV	1.683,83	26,40	134,70	151,54	17,09	128,44	144,50	7,77	122,18	137,45	-	115,91	130,40	-	109,64	123,35	-	103,44	116,37	-	97,36	109,5
	V	2.198,33	87,63	175,86	197,84																		
	VI	2.242,58	92,89	179,40	201,83																		
6.254,99	I	1.685,16	26,56	134,81	151,66	7,92	122,28	137,56	-	109,74	123,46	-	97,45	109,63	-	85,68	96,39	-	74,41	83,71	-	63,66	71,6
	II	1.536,00	8,81	122,88	138,24	-	110,34	124,13	-	98,03	110,28	-	86,23	97,01	-	74,94	84,31	-	64,17	72,19	-	53,92	60,6
	III	1.056,66	-	84,53	95,09	-	75,28	84,69	-	66,28	74,56	-	57,54	64,73	-	49,06	55,19	-	40,84	45,94	-	32,86	36,9
	IV	1.685,16	26,56	134,81	151,66	17,24	128,54	144,61	7,92	122,28	137,56	-	116,01	130,51	-	109,74	123,46	-	103,53	116,47	-	97,45	109,6
	V	2.199,58	87,78	175,96	197,96																		
	VI	2.243,91	93,05	179,51	201,95																		

Besondere Tabelle

MONAT bis 6.299,99 €

Lohn/ Gehalt bis	Steuerklasse	Lohn-steuer	ohne Kinderfreibetrag SolZ 5,5%	Kirchensteuer 8%	Kirchensteuer 9%	0,5 SolZ 5,5%	Kirchensteuer 8%	Kirchensteuer 9%	1,0 SolZ 5,5%	Kirchensteuer 8%	Kirchensteuer 9%	1,5 SolZ 5,5%	Kirchensteuer 8%	Kirchensteuer 9%	2,0 SolZ 5,5%	Kirchensteuer 8%	Kirchensteuer 9%	2,5 SolZ 5,5%	Kirchensteuer 8%	Kirchensteuer 9%	3,0 SolZ 5,5%	Kirchensteuer 8%	Kirchensteuer 9%
						Anzahl Kinderfreibeträge (nur Steuerklassen I–IV)																	
6.257,99	I	1.686,41	26,71	134,91	151,77	8,07	122,38	137,67	-	109,84	123,57	-	97,55	109,74	-	85,77	96,49	-	74,50	83,81	-	63,75	71,72
	II	1.537,33	8,97	122,98	138,35	-	110,45	124,25	-	98,13	110,39	-	86,32	97,11	-	75,04	84,42	-	64,26	72,29	-	54,00	60,75
	III	1.057,66	-	84,61	95,18	-	75,36	84,78	-	66,36	74,65	-	57,61	64,81	-	49,13	55,27	-	40,90	46,01	-	32,93	37,04
	IV	1.686,41	26,71	134,91	151,77	17,39	128,64	144,72	8,07	122,38	137,67	-	116,11	130,62	-	109,84	123,57	-	103,63	116,58	-	97,55	109,74
	V	2.200,83	87,93	176,06	198,07																		
	VI	2.245,16	93,20	179,61	202,06																		
6.260,99	I	1.687,66	26,86	135,01	151,88	8,22	122,48	137,79	-	109,94	123,68	-	97,64	109,85	-	85,86	96,59	-	74,59	83,91	-	63,84	71,82
	II	1.538,58	9,12	123,08	138,47	-	110,55	124,37	-	98,23	110,51	-	86,42	97,22	-	75,12	84,51	-	64,34	72,38	-	54,08	60,84
	III	1.058,50	-	84,68	95,26	-	75,42	84,85	-	66,42	74,72	-	57,68	64,89	-	49,20	55,35	-	40,97	46,09	-	33,00	37,12
	IV	1.687,66	26,86	135,01	151,88	17,54	128,74	144,83	8,22	122,48	137,79	-	116,21	130,73	-	109,94	123,68	-	103,73	116,69	-	97,64	109,85
	V	2.202,08	88,07	176,16	198,18																		
	VI	2.246,41	93,35	179,71	202,17																		
6.263,99	I	1.688,91	27,01	135,11	152,00	8,36	122,58	137,90	-	110,04	123,80	-	97,74	109,96	-	85,95	96,69	-	74,68	84,01	-	63,92	71,91
	II	1.539,83	9,27	123,18	138,58	-	110,65	124,48	-	98,32	110,61	-	86,51	97,32	-	75,21	84,61	-	64,42	72,47	-	54,16	60,93
	III	1.059,50	-	84,76	95,35	-	75,50	84,94	-	66,49	74,80	-	57,76	64,98	-	49,26	55,42	-	41,04	46,17	-	33,06	37,19
	IV	1.688,91	27,01	135,11	152,00	17,69	128,84	144,95	8,36	122,58	137,90	-	116,31	130,85	-	110,04	123,80	-	103,83	116,81	-	97,74	109,96
	V	2.203,33	88,22	176,26	198,29																		
	VI	2.247,66	93,50	179,81	202,28																		
6.266,99	I	1.690,16	27,16	135,21	152,11	8,51	122,68	138,01	-	110,14	123,91	-	97,84	110,07	-	86,04	96,80	-	74,77	84,11	-	64,00	72,00
	II	1.541,08	9,42	123,28	138,69	-	110,75	124,59	-	98,42	110,72	-	86,60	97,43	-	75,30	84,71	-	64,51	72,57	-	54,24	61,02
	III	1.060,50	-	84,84	95,44	-	75,57	85,01	-	66,57	74,89	-	57,82	65,05	-	49,33	55,49	-	41,10	46,24	-	33,12	37,26
	IV	1.690,16	27,16	135,21	152,11	17,84	128,94	145,06	8,51	122,68	138,01	-	116,41	130,96	-	110,14	123,91	-	103,93	116,92	-	97,84	110,07
	V	2.204,58	88,37	176,36	198,41																		
	VI	2.248,91	93,65	179,91	202,40																		
6.269,99	I	1.691,41	27,31	135,31	152,22	8,66	122,78	138,12	-	110,24	124,02	-	97,94	110,18	-	86,14	96,90	-	74,86	84,21	-	64,09	72,10
	II	1.542,33	9,56	123,38	138,80	-	110,85	124,70	-	98,52	110,83	-	86,70	97,53	-	75,39	84,81	-	64,60	72,67	-	54,32	61,11
	III	1.061,33	-	84,90	95,51	-	75,65	85,10	-	66,64	74,97	-	57,89	65,12	-	49,40	55,57	-	41,16	46,30	-	33,18	37,33
	IV	1.691,41	27,31	135,31	152,22	17,98	129,04	145,17	8,66	122,78	138,12	-	116,51	131,07	-	110,24	124,02	-	104,03	117,03	-	97,94	110,18
	V	2.205,83	88,52	176,46	198,52																		
	VI	2.250,16	93,80	180,01	202,51																		
6.272,99	I	1.692,66	27,45	135,41	152,33	8,81	122,88	138,24	-	110,34	124,13	-	98,03	110,28	-	86,23	97,01	-	74,94	84,31	-	64,17	72,19
	II	1.543,58	9,71	123,48	138,92	-	110,95	124,82	-	98,62	110,94	-	86,79	97,64	-	75,48	84,91	-	64,68	72,77	-	54,40	61,20
	III	1.062,33	-	84,98	95,60	-	75,72	85,18	-	66,70	75,04	-	57,96	65,20	-	49,46	55,64	-	41,22	46,37	-	33,25	37,40
	IV	1.692,66	27,45	135,41	152,33	18,13	129,14	145,28	8,81	122,88	138,24	-	116,61	131,18	-	110,34	124,13	-	104,12	117,14	-	98,03	110,28
	V	2.207,16	88,68	176,57	198,64																		
	VI	2.251,41	93,95	180,11	202,62																		
6.275,99	I	1.693,91	27,60	135,51	152,45	8,97	122,98	138,35	-	110,45	124,25	-	98,13	110,39	-	86,32	97,11	-	75,04	84,42	-	64,26	72,29
	II	1.544,83	9,86	123,58	139,03	-	111,05	124,93	-	98,71	111,05	-	86,88	97,74	-	75,56	85,01	-	64,76	72,86	-	54,48	61,29
	III	1.063,33	-	85,06	95,69	-	75,80	85,27	-	66,78	75,13	-	58,02	65,27	-	49,53	55,72	-	41,29	46,45	-	33,32	37,48
	IV	1.693,91	27,60	135,51	152,45	18,28	129,24	145,40	8,97	122,98	138,35	-	116,72	131,31	-	110,45	124,25	-	104,22	117,25	-	98,13	110,39
	V	2.208,41	88,83	176,67	198,75																		
	VI	2.252,66	94,09	180,21	202,73																		
6.278,99	I	1.695,25	27,76	135,62	152,57	9,12	123,08	138,47	-	110,55	124,37	-	98,23	110,51	-	86,42	97,22	-	75,12	84,51	-	64,34	72,38
	II	1.546,08	10,01	123,68	139,14	-	111,15	125,04	-	98,81	111,16	-	86,98	97,85	-	75,66	85,11	-	64,85	72,95	-	54,56	61,38
	III	1.064,16	-	85,13	95,77	-	75,86	85,34	-	66,85	75,20	-	58,10	65,36	-	49,60	55,80	-	41,36	46,53	-	33,37	37,54
	IV	1.695,25	27,76	135,62	152,57	18,44	129,35	145,52	9,12	123,08	138,47	-	116,82	131,42	-	110,55	124,37	-	104,32	117,36	-	98,23	110,51
	V	2.209,66	88,98	176,77	198,86																		
	VI	2.254,00	94,25	180,32	202,86																		
6.281,99	I	1.696,50	27,91	135,72	152,68	9,27	123,18	138,58	-	110,65	124,48	-	98,32	110,61	-	86,51	97,32	-	75,21	84,61	-	64,42	72,47
	II	1.547,33	10,16	123,78	139,25	-	111,26	125,16	-	98,91	111,27	-	87,07	97,95	-	75,74	85,21	-	64,94	73,05	-	54,64	61,47
	III	1.065,16	-	85,21	95,86	-	75,94	85,43	-	66,93	75,29	-	58,17	65,44	-	49,66	55,87	-	41,42	46,60	-	33,44	37,62
	IV	1.696,50	27,91	135,72	152,68	18,59	129,45	145,63	9,27	123,18	138,58	-	116,92	131,53	-	110,65	124,48	-	104,42	117,47	-	98,32	110,61
	V	2.210,91	89,13	176,87	198,98																		
	VI	2.255,25	94,40	180,42	202,97																		
6.284,99	I	1.697,75	28,06	135,82	152,79	9,42	123,28	138,69	-	110,75	124,59	-	98,42	110,72	-	86,60	97,43	-	75,30	84,71	-	64,51	72,57
	II	1.548,66	10,32	123,89	139,37	-	111,36	125,28	-	99,00	111,38	-	87,16	98,06	-	75,84	85,32	-	65,02	73,14	-	54,72	61,56
	III	1.066,16	-	85,29	95,95	-	76,01	85,51	-	67,00	75,37	-	58,24	65,52	-	49,73	55,94	-	41,49	46,67	-	33,50	37,69
	IV	1.697,75	28,06	135,82	152,79	18,74	129,55	145,74	9,42	123,28	138,69	0,09	117,02	131,64	-	110,75	124,59	-	104,52	117,59	-	98,42	110,72
	V	2.212,16	89,27	176,97	199,09																		
	VI	2.256,50	94,55	180,52	203,08																		
6.287,99	I	1.699,00	28,21	135,92	152,91	9,56	123,38	138,80	-	110,85	124,70	-	98,52	110,83	-	86,70	97,53	-	75,39	84,81	-	64,60	72,67
	II	1.549,91	10,47	123,99	139,49	-	111,46	125,39	-	99,10	111,49	-	87,26	98,16	-	75,92	85,41	-	65,10	73,24	-	54,80	61,65
	III	1.067,00	-	85,36	96,03	-	76,09	85,60	-	67,06	75,44	-	58,30	65,59	-	49,80	56,02	-	41,56	46,75	-	33,57	37,76
	IV	1.699,00	28,21	135,92	152,91	18,89	129,65	145,85	9,56	123,38	138,80	0,24	117,12	131,76	-	110,85	124,70	-	104,62	117,70	-	98,52	110,83
	V	2.213,41	89,42	177,07	199,20																		
	VI	2.257,75	94,70	180,62	203,19																		
6.290,99	I	1.700,25	28,36	136,02	153,02	9,71	123,48	138,92	-	110,95	124,82	-	98,62	110,94	-	86,79	97,64	-	75,48	84,91	-	64,68	72,77
	II	1.551,16	10,62	124,09	139,60	-	111,56	125,50	-	99,20	111,60	-	87,35	98,27	-	76,01	85,51	-	65,19	73,34	-	54,88	61,74
	III	1.068,00	-	85,44	96,12	-	76,16	85,68	-	67,14	75,53	-	58,37	65,66	-	49,86	56,09	-	41,62	46,82	-	33,62	37,82
	IV	1.700,25	28,36	136,02	153,02	19,04	129,75	145,97	9,71	123,48	138,92	0,39	117,22	131,87	-	110,95	124,82	-	104,72	117,81	-	98,62	110,94
	V	2.214,66	89,57	177,17	199,31																		
	VI	2.259,00	94,85	180,72	203,31																		
6.293,99	I	1.701,50	28,51	136,12	153,13	9,86	123,58	139,03	-	111,05	124,93	-	98,71	111,05	-	86,88	97,74	-	75,56	85,01	-	64,76	72,86
	II	1.552,41	10,76	124,19	139,71	-	111,66	125,61	-	99,30	111,71	-	87,44	98,37	-	76,10	85,61	-	65,28	73,44	-	54,96	61,83
	III	1.069,00	-	85,52	96,21	-	76,24	85,77	-	67,21	75,61	-	58,45	65,75	-	49,93	56,17	-	41,69	46,90	-	33,69	37,90
	IV	1.701,50	28,51	136,12	153,13	19,18	129,85	146,08	9,86	123,58	139,03	0,54	117,32	131,98	-	111,05	124,93	-	104,82	117,92	-	98,71	111,05
	V	2.215,91	89,72	177,27	199,43																		
	VI	2.260,25	95,00	180,82	203,42																		
6.296,99	I	1.702,75	28,65	136,22	153,24	10,01	123,68	139,14	-	111,15	125,04	-	98,81	111,16	-	86,98	97,85	-	75,66	85,11	-	64,85	72,95
	II	1.553,66	10,91	124,29	139,82	-	111,76	125,73	-	99,40	111,82	-	87,54	98,48	-	76,19	85,71	-	65,36	73,53	-	55,04	61,92
	III	1.069,83	-	85,58	96,28	-	76,30	85,84	-	67,28	75,69	-	58,52	65,83	-	50,00	56,25	-	41,74	46,96	-	33,76	37,98
	IV	1.702,75	28,65	136,22	153,24	19,33	129,95	146,19	10,01	123,68	139,14	0,69	117,42	132,09	-	111,15	125,04	-	104,92	118,03	-	98,81	111,16
	V	2.217,25	89,88	177,38	199,55																		
	VI	2.261,50	95,15	180,92	203,53																		
6.299,99	I	1.704,00	28,80	136,32	153,36	10,16	123,78	139,25	-	111,26	125,16	-	98,91	111,27	-	87,07	97,95	-	75,74	85,21	-	64,94	73,05
	II	1.554,91	11,06	124,39	139,94	-	111,86	125,84	-	99,49	111,92	-	87,63	98,58	-	76,28	85,81	-	65,44	73,62	-	55,12	62,01
	III	1.070,83	-	85,66	96,37	-	76,38	85,93	-	67,36	75,78	-	58,58	65,90	-	50,08	56,34	-	41,81	47,03	-	33,81	38,03
	IV	1.704,00	28,80	136,32	153,36	19,48	130,05	146,30	10,16	123,78	139,25	0,85	117,52	132,21	-	111,26	125,16	-	105,02	118,14	-	98,91	111,27
	V	2.218,50	90,03	177,48	199,66																		
	VI	2.262,75	95,29	181,02	203,64																		

MONAT bis 6.344,99 €

Besondere Tabelle

Lohn/ Gehalt bis	Steuerklasse	Lohnsteuer	ohne Kinderfreibetrag SolZ 5,5%	ohne Kinderfreibetrag Kirchensteuer 8%	ohne Kinderfreibetrag Kirchensteuer 9%	0,5 SolZ 5,5%	0,5 Kirchensteuer 8%	0,5 Kirchensteuer 9%	1,0 SolZ 5,5%	1,0 Kirchensteuer 8%	1,0 Kirchensteuer 9%	1,5 SolZ 5,5%	1,5 Kirchensteuer 8%	1,5 Kirchensteuer 9%	2,0 SolZ 5,5%	2,0 Kirchensteuer 8%	2,0 Kirchensteuer 9%	2,5 SolZ 5,5%	2,5 Kirchensteuer 8%	2,5 Kirchensteuer 9%	3,0 SolZ 5,5%	3,0 Kirchensteuer 8%	3,0 Kirchensteuer 9%
						Anzahl Kinderfreibeträge (nur Steuerklassen I–IV)																	
6.302,99	I	1.705,33	28,96	136,42	153,47	10,32	123,89	139,37	-	111,36	125,28	-	99,00	111,38	-	87,16	98,06	-	75,84	85,32	-	65,02	73,1
	II	1.556,16	11,21	124,49	140,05	-	111,96	125,95	-	99,59	112,04	-	87,72	98,69	-	76,37	85,91	-	65,53	73,72	-	55,20	62,1
	III	1.071,83	-	85,74	96,46	-	76,45	86,00	-	67,42	75,85	-	58,65	65,98	-	50,14	56,41	-	41,88	47,11	-	33,88	38,1
	IV	1.705,33	28,96	136,42	153,47	19,64	130,16	146,43	10,32	123,89	139,37	1,00	117,62	132,32	-	111,36	125,28	-	105,12	118,26	-	99,00	111,38
	V	2.219,75	90,18	177,58	199,77																		
	VI	2.264,08	95,45	181,12	203,76																		
6.305,99	I	1.706,58	29,11	136,52	153,59	10,47	123,99	139,49	-	111,46	125,39	-	99,10	111,49	-	87,26	98,16	-	75,92	85,41	-	65,10	73,2
	II	1.557,41	11,36	124,59	140,16	-	112,06	126,07	-	99,68	112,14	-	87,82	98,79	-	76,46	86,01	-	65,62	73,82	-	55,29	62,2
	III	1.072,66	-	85,81	96,53	-	76,53	86,09	-	67,49	75,92	-	58,72	66,06	-	50,21	56,48	-	41,94	47,18	-	33,94	38,1
	IV	1.706,58	29,11	136,52	153,59	19,79	130,26	146,54	10,47	123,99	139,49	1,15	117,72	132,44	-	111,46	125,39	-	105,22	118,37	-	99,10	111,4
	V	2.221,00	90,33	177,68	199,89																		
	VI	2.265,33	95,60	181,22	203,87																		
6.308,99	I	1.707,83	29,26	136,62	153,70	10,62	124,09	139,60	-	111,56	125,50	-	99,20	111,60	-	87,35	98,27	-	76,01	85,51	-	65,19	73,3
	II	1.558,75	11,52	124,70	140,28	-	112,16	126,18	-	99,78	112,25	-	87,91	98,90	-	76,55	86,12	-	65,70	73,91	-	55,37	62,2
	III	1.073,66	-	85,89	96,62	-	76,60	86,17	-	67,57	76,01	-	58,80	66,15	-	50,28	56,56	-	42,01	47,26	-	34,01	38,2
	IV	1.707,83	29,26	136,62	153,70	19,94	130,36	146,65	10,62	124,09	139,60	1,29	117,82	132,55	-	111,56	125,50	-	105,32	118,48	-	99,20	111,6
	V	2.222,25	90,47	177,78	200,00																		
	VI	2.266,58	95,75	181,32	203,99																		
6.311,99	I	1.709,08	29,41	136,72	153,81	10,76	124,19	139,71	-	111,66	125,61	-	99,30	111,71	-	87,44	98,37	-	76,10	85,61	-	65,28	73,4
	II	1.560,00	11,67	124,80	140,40	-	112,26	126,29	-	99,88	112,37	-	88,00	99,00	-	76,64	86,22	-	65,78	74,00	-	55,45	62,3
	III	1.074,66	-	85,97	96,71	-	76,68	86,26	-	67,64	76,09	-	58,86	66,22	-	50,34	56,63	-	42,08	47,34	-	34,06	38,3
	IV	1.709,08	29,41	136,72	153,81	20,09	130,46	146,76	10,76	124,19	139,71	1,44	117,92	132,66	-	111,66	125,61	-	105,42	118,59	-	99,30	111,7
	V	2.223,50	90,62	177,88	200,11																		
	VI	2.267,83	95,90	181,42	204,10																		
6.314,99	I	1.710,33	29,56	136,82	153,92	10,91	124,29	139,82	-	111,76	125,73	-	99,40	111,82	-	87,54	98,48	-	76,19	85,71	-	65,36	73,5
	II	1.561,25	11,82	124,90	140,51	-	112,36	126,41	-	99,98	112,47	-	88,10	99,11	-	76,72	86,31	-	65,87	74,10	-	55,53	62,4
	III	1.075,66	-	86,05	96,80	-	76,74	86,33	-	67,72	76,18	-	58,93	66,29	-	50,41	56,71	-	42,14	47,41	-	34,13	38,3
	IV	1.710,33	29,56	136,82	153,92	20,23	130,56	146,88	10,91	124,29	139,82	1,59	118,02	132,77	-	111,76	125,73	-	105,52	118,71	-	99,40	111,8
	V	2.224,75	90,77	177,98	200,22																		
	VI	2.269,08	96,05	181,52	204,21																		
6.317,99	I	1.711,58	29,71	136,92	154,04	11,06	124,39	139,94	-	111,86	125,84	-	99,49	111,92	-	87,63	98,58	-	76,28	85,81	-	65,44	73,6
	II	1.562,50	11,96	125,00	140,62	-	112,46	126,52	-	100,08	112,59	-	88,19	99,21	-	76,82	86,42	-	65,96	74,20	-	55,61	62,5
	III	1.076,50	-	86,12	96,88	-	76,82	86,42	-	67,78	76,25	-	59,00	66,37	-	50,48	56,79	-	42,21	47,48	-	34,20	38,4
	IV	1.711,58	29,71	136,92	154,04	20,38	130,66	146,99	11,06	124,39	139,94	1,74	118,12	132,89	-	111,86	125,84	-	105,62	118,82	-	99,49	111,9
	V	2.226,00	90,92	178,08	200,34																		
	VI	2.270,33	96,20	181,62	204,32																		
6.320,99	I	1.712,83	29,85	137,02	154,15	11,21	124,49	140,05	-	111,96	125,95	-	99,59	112,04	-	87,72	98,69	-	76,37	85,91	-	65,53	73,7
	II	1.563,75	12,11	125,10	140,73	-	112,56	126,63	-	100,18	112,70	-	88,28	99,32	-	76,90	86,51	-	66,04	74,30	-	55,69	62,6
	III	1.077,50	-	86,20	96,97	-	76,89	86,50	-	67,85	76,33	-	59,08	66,46	-	50,54	56,86	-	42,28	47,56	-	34,26	38,5
	IV	1.712,83	29,85	137,02	154,15	20,53	130,76	147,10	11,21	124,49	140,05	1,89	118,22	133,00	-	111,96	125,95	-	105,72	118,93	-	99,59	112,0
	V	2.227,33	91,08	178,18	200,45																		
	VI	2.271,58	96,35	181,72	204,44																		
6.323,99	I	1.714,08	30,00	137,12	154,26	11,36	124,59	140,16	-	112,06	126,07	-	99,68	112,14	-	87,82	98,79	-	76,46	86,01	-	65,62	73,8
	II	1.565,00	12,26	125,20	140,85	-	112,66	126,74	-	100,27	112,80	-	88,38	99,42	-	77,00	86,62	-	66,12	74,39	-	55,78	62,7
	III	1.078,50	-	86,28	97,06	-	76,97	86,59	-	67,93	76,42	-	59,14	66,53	-	50,61	56,93	-	42,34	47,63	-	34,33	38,6
	IV	1.714,08	30,00	137,12	154,26	20,68	130,86	147,21	11,36	124,59	140,16	2,04	118,32	133,11	-	112,06	126,07	-	105,82	119,04	-	99,68	112,1
	V	2.228,58	91,23	178,28	200,57																		
	VI	2.272,83	96,49	181,82	204,55																		
6.326,99	I	1.715,33	30,15	137,22	154,37	11,52	124,70	140,28	-	112,16	126,18	-	99,78	112,25	-	87,91	98,90	-	76,55	86,12	-	65,70	73,9
	II	1.566,25	12,41	125,30	140,96	-	112,76	126,86	-	100,37	112,91	-	88,47	99,53	-	77,08	86,72	-	66,21	74,48	-	55,86	62,8
	III	1.079,33	-	86,34	97,13	-	77,05	86,68	-	68,00	76,50	-	59,21	66,61	-	50,68	57,01	-	42,41	47,71	-	34,38	38,6
	IV	1.715,33	30,15	137,22	154,37	20,84	130,96	147,33	11,52	124,70	140,28	2,20	118,43	133,23	-	112,16	126,18	-	105,92	119,16	-	99,78	112,2
	V	2.229,83	91,38	178,38	200,68																		
	VI	2.274,08	96,64	181,92	204,66																		
6.329,99	I	1.716,66	30,31	137,33	154,49	11,67	124,80	140,40	-	112,26	126,29	-	99,88	112,37	-	88,00	99,00	-	76,64	86,22	-	65,78	74,0
	II	1.567,50	12,56	125,40	141,07	-	112,86	126,97	-	100,47	113,03	-	88,56	99,63	-	77,17	86,81	-	66,30	74,58	-	55,94	62,9
	III	1.080,33	-	86,42	97,22	-	77,12	86,76	-	68,06	76,57	-	59,28	66,69	-	50,74	57,08	-	42,46	47,77	-	34,45	38,7
	IV	1.716,66	30,31	137,33	154,49	20,99	131,06	147,44	11,67	124,80	140,40	2,35	118,53	133,34	-	112,26	126,29	-	106,02	119,27	-	99,88	112,3
	V	2.231,08	91,53	178,48	200,79																		
	VI	2.275,41	96,80	182,03	204,78																		
6.332,99	I	1.717,91	30,46	137,43	154,61	11,82	124,90	140,51	-	112,36	126,41	-	99,98	112,47	-	88,10	99,11	-	76,72	86,31	-	65,87	74,1
	II	1.568,83	12,72	125,50	141,19	-	112,97	127,09	-	100,56	113,13	-	88,66	99,74	-	77,26	86,92	-	66,38	74,68	-	56,02	63,0
	III	1.081,33	-	86,50	97,31	-	77,20	86,85	-	68,14	76,66	-	59,34	66,76	-	50,81	57,16	-	42,53	47,84	-	34,52	38,8
	IV	1.717,91	30,46	137,43	154,61	21,14	131,16	147,56	11,82	124,90	140,51	2,49	118,63	133,46	-	112,36	126,41	-	106,12	119,38	-	99,98	112,4
	V	2.232,33	91,67	178,58	200,90																		
	VI	2.276,66	96,95	182,13	204,89																		
6.335,99	I	1.719,16	30,61	137,53	154,72	11,96	125,00	140,62	-	112,46	126,52	-	100,08	112,59	-	88,19	99,21	-	76,82	86,42	-	65,96	74,2
	II	1.570,08	12,87	125,60	141,30	-	113,07	127,20	-	100,66	113,24	-	88,75	99,84	-	77,35	87,02	-	66,47	74,78	-	56,10	63,1
	III	1.082,16	-	86,57	97,39	-	77,26	86,92	-	68,21	76,73	-	59,42	66,85	-	50,88	57,24	-	42,60	47,92	-	34,58	38,9
	IV	1.719,16	30,61	137,53	154,72	21,29	131,26	147,67	11,96	125,00	140,62	2,64	118,73	133,57	-	112,46	126,52	-	106,22	119,49	-	100,08	112,5
	V	2.233,58	91,82	178,68	201,02																		
	VI	2.277,91	97,10	182,23	205,01																		
6.338,99	I	1.720,41	30,76	137,63	154,83	12,11	125,10	140,73	-	112,56	126,63	-	100,18	112,70	-	88,28	99,32	-	76,90	86,51	-	66,04	74,3
	II	1.571,33	13,02	125,70	141,41	-	113,17	127,31	-	100,76	113,36	-	88,84	99,95	-	77,44	87,12	-	66,56	74,88	-	56,18	63,2
	III	1.083,16	-	86,65	97,48	-	77,34	87,01	-	68,29	76,82	-	59,49	66,92	-	50,94	57,31	-	42,66	47,99	-	34,64	38,9
	IV	1.720,41	30,76	137,63	154,83	21,43	131,36	147,78	12,11	125,10	140,73	2,79	118,83	133,68	-	112,56	126,63	-	106,32	119,61	-	100,18	112,7
	V	2.234,83	91,97	178,78	201,13																		
	VI	2.279,16	97,25	182,33	205,12																		
6.341,99	I	1.721,66	30,91	137,73	154,94	12,26	125,20	140,85	-	112,66	126,74	-	100,27	112,80	-	88,38	99,42	-	77,00	86,62	-	66,12	74,3
	II	1.572,58	13,16	125,80	141,53	-	113,27	127,43	-	100,86	113,46	-	88,94	100,05	-	77,53	87,22	-	66,64	74,97	-	56,26	63,2
	III	1.084,16	-	86,73	97,57	-	77,41	87,08	-	68,36	76,90	-	59,56	67,00	-	51,01	57,38	-	42,73	48,07	-	34,70	39,0
	IV	1.721,66	30,91	137,73	154,94	21,58	131,46	147,89	12,26	125,20	140,85	2,94	118,93	133,79	-	112,66	126,74	-	106,42	119,72	-	100,27	112,8
	V	2.236,08	92,12	178,88	201,24																		
	VI	2.280,41	97,40	182,43	205,23																		
6.344,99	I	1.722,91	31,05	137,83	155,06	12,41	125,30	140,96	-	112,76	126,86	-	100,37	112,91	-	88,47	99,53	-	77,08	86,72	-	66,21	74,4
	II	1.573,83	13,31	125,90	141,64	-	113,37	127,54	-	100,96	113,58	-	89,03	100,16	-	77,62	87,32	-	66,72	75,06	-	56,34	63,3
	III	1.085,00	-	86,80	97,65	-	77,49	87,17	-	68,42	76,97	-	59,62	67,07	-	51,09	57,47	-	42,80	48,15	-	34,77	39,1
	IV	1.722,91	31,05	137,83	155,06	21,73	131,56	148,01	12,41	125,30	140,96	3,09	119,03	133,91	-	112,76	126,86	-	106,51	119,82	-	100,37	112,9
	V	2.237,33	92,27	178,98	201,35																		
	VI	2.281,66	97,55	182,53	205,34																		

Lohn/ Gehalt bis	Steuerklasse	Lohn- steuer	ohne Kinderfreibetrag			Anzahl Kinderfreibeträge (nur Steuerklassen I–IV) 0,5			1,0			1,5			2,0			2,5			3,0		
			SolZ 5,5%	Kirchensteuer 8%	9%	SolZ 5,5%	Kirchensteuer 8%	9%	SolZ 5,5%	Kirchensteuer 8%	9%	SolZ 5,5%	Kirchensteuer 8%	9%	SolZ 5,5%	Kirchensteuer 8%	9%	SolZ 5,5%	Kirchensteuer 8%	9%	SolZ 5,5%	Kirchensteuer 8%	9%
6.347,99	I	1.724,16	31,20	137,93	155,17	12,56	125,40	141,07	-	112,86	126,97	-	100,47	113,03	-	88,56	99,63	-	77,17	86,81	-	66,30	74,58
	II	1.575,08	13,46	126,00	141,75	-	113,47	127,65	-	101,06	113,69	-	89,12	100,26	-	77,71	87,42	-	66,81	75,16	-	56,42	63,47
	III	1.086,00	-	86,88	97,74	-	77,56	87,25	-	68,50	77,06	-	59,70	67,16	-	51,16	57,55	-	42,86	48,22	-	34,84	39,19
	IV	1.724,16	31,20	137,93	155,17	21,88	131,66	148,12	12,56	125,40	141,07	3,24	119,13	134,02	-	112,86	126,97	-	106,61	119,93	-	100,47	113,03
	V	2.238,66	92,43	179,09	201,47																		
	VI	2.282,91	97,69	182,63	205,46																		
6.350,99	I	1.725,41	31,35	138,03	155,28	12,72	125,50	141,19	-	112,97	127,09	-	100,56	113,13	-	88,66	99,74	-	77,26	86,92	-	66,38	74,68
	II	1.576,33	13,61	126,10	141,86	-	113,57	127,76	-	101,16	113,80	-	89,22	100,37	-	77,80	87,53	-	66,90	75,26	-	56,50	63,56
	III	1.087,00	-	86,96	97,83	-	77,64	87,34	-	68,57	77,14	-	59,77	67,24	-	51,22	57,62	-	42,93	48,29	-	34,89	39,25
	IV	1.725,41	31,35	138,03	155,28	22,03	131,76	148,23	12,72	125,50	141,19	3,40	119,24	134,14	-	112,97	127,09	-	106,71	120,05	-	100,56	113,13
	V	2.239,91	92,58	179,19	201,59																		
	VI	2.284,16	97,84	182,73	205,57																		
6.353,99	I	1.726,75	31,51	138,14	155,40	12,87	125,60	141,30	-	113,07	127,20	-	100,66	113,24	-	88,75	99,84	-	77,35	87,02	-	66,47	74,78
	II	1.577,58	13,76	126,20	141,98	-	113,67	127,88	-	101,25	113,90	-	89,32	100,48	-	77,89	87,62	-	66,98	75,35	-	56,59	63,66
	III	1.088,00	-	87,04	97,92	-	77,70	87,41	-	68,65	77,23	-	59,84	67,32	-	51,29	57,70	-	43,00	48,37	-	34,96	39,33
	IV	1.726,75	31,51	138,14	155,40	22,19	131,87	148,35	12,87	125,60	141,30	3,55	119,34	134,25	-	113,07	127,20	-	106,81	120,16	-	100,66	113,24
	V	2.241,16	92,73	179,29	201,70																		
	VI	2.285,50	98,00	182,84	205,69																		
6.356,99	I	1.728,00	31,66	138,24	155,52	13,02	125,70	141,41	-	113,17	127,31	-	100,76	113,36	-	88,84	99,95	-	77,44	87,12	-	66,56	74,88
	II	1.578,83	13,91	126,30	142,09	-	113,78	128,00	-	101,35	114,02	-	89,41	100,58	-	77,98	87,73	-	67,07	75,45	-	56,67	63,75
	III	1.088,83	-	87,10	97,99	-	77,78	87,50	-	68,72	77,31	-	59,90	67,39	-	51,36	57,78	-	43,06	48,44	-	35,02	39,40
	IV	1.728,00	31,66	138,24	155,52	22,34	131,97	148,46	13,02	125,70	141,41	3,69	119,44	134,37	-	113,17	127,31	-	106,91	120,27	-	100,76	113,36
	V	2.242,41	92,87	179,39	201,81																		
	VI	2.286,75	98,15	182,94	205,80																		
6.359,99	I	1.729,25	31,81	138,34	155,63	13,16	125,80	141,53	-	113,27	127,43	-	100,86	113,46	-	88,94	100,05	-	77,53	87,22	-	66,64	74,97
	II	1.580,16	14,07	126,41	142,21	-	113,88	128,11	-	101,45	114,13	-	89,50	100,69	-	78,07	87,83	-	67,15	75,54	-	56,75	63,84
	III	1.089,83	-	87,18	98,08	-	77,86	87,59	-	68,78	77,38	-	59,97	67,46	-	51,42	57,85	-	43,13	48,52	-	35,09	39,47
	IV	1.729,25	31,81	138,34	155,63	22,49	132,07	148,58	13,16	125,80	141,53	3,84	119,54	134,48	-	113,27	127,43	-	107,01	120,38	-	100,86	113,46
	V	2.243,66	93,02	179,49	201,92																		
	VI	2.288,00	98,30	183,04	205,92																		
6.362,99	I	1.730,50	31,96	138,44	155,74	13,31	125,90	141,64	-	113,37	127,54	-	100,96	113,58	-	89,03	100,16	-	77,62	87,32	-	66,72	75,06
	II	1.581,41	14,22	126,51	142,32	-	113,98	128,22	-	101,54	114,23	-	89,60	100,80	-	78,16	87,93	-	67,24	75,64	-	56,83	63,93
	III	1.090,83	-	87,26	98,17	-	77,93	87,67	-	68,86	77,47	-	60,05	67,55	-	51,49	57,92	-	43,20	48,60	-	35,14	39,53
	IV	1.730,50	31,96	138,44	155,74	22,63	132,17	148,69	13,31	125,90	141,64	3,99	119,64	134,59	-	113,37	127,54	-	107,11	120,50	-	100,96	113,58
	V	2.244,91	93,17	179,59	202,04																		
	VI	2.289,25	98,45	183,14	206,03																		
6.365,99	I	1.731,75	32,11	138,54	155,85	13,46	126,00	141,75	-	113,47	127,65	-	101,06	113,69	-	89,12	100,26	-	77,71	87,42	-	66,81	75,16
	II	1.582,66	14,36	126,61	142,43	-	114,08	128,34	-	101,64	114,35	-	89,69	100,90	-	78,25	88,03	-	67,32	75,74	-	56,92	64,03
	III	1.091,66	-	87,33	98,24	-	78,01	87,76	-	68,93	77,54	-	60,12	67,63	-	51,56	58,00	-	43,26	48,67	-	35,21	39,61
	IV	1.731,75	32,11	138,54	155,85	22,78	132,27	148,80	13,46	126,00	141,75	4,14	119,74	134,70	-	113,47	127,65	-	107,21	120,61	-	101,06	113,69
	V	2.246,16	93,32	179,69	202,15																		
	VI	2.290,50	98,60	183,24	206,14																		
6.368,99	I	1.733,00	32,25	138,64	155,97	13,61	126,10	141,86	-	113,57	127,76	-	101,16	113,80	-	89,22	100,37	-	77,80	87,53	-	66,90	75,26
	II	1.583,91	14,51	126,71	142,55	-	114,18	128,45	-	101,74	114,46	-	89,78	101,00	-	78,34	88,13	-	67,41	75,83	-	57,00	64,12
	III	1.092,66	-	87,41	98,33	-	78,08	87,84	-	69,01	77,63	-	60,18	67,70	-	51,62	58,07	-	43,32	48,73	-	35,28	39,69
	IV	1.733,00	32,25	138,64	155,97	22,93	132,37	148,91	13,61	126,10	141,86	4,29	119,84	134,82	-	113,57	127,76	-	107,31	120,72	-	101,16	113,80
	V	2.247,41	93,47	179,79	202,26																		
	VI	2.291,75	98,75	183,34	206,25																		
6.371,99	I	1.734,25	32,40	138,74	156,08	13,76	126,20	141,98	-	113,67	127,88	-	101,25	113,90	-	89,32	100,48	-	77,89	87,62	-	66,98	75,35
	II	1.585,16	14,66	126,81	142,66	-	114,28	128,56	-	101,84	114,57	-	89,88	101,11	-	78,43	88,23	-	67,50	75,93	-	57,08	64,21
	III	1.093,66	-	87,49	98,42	-	78,16	87,93	-	69,08	77,71	-	60,25	67,78	-	51,69	58,15	-	43,38	48,80	-	35,34	39,76
	IV	1.734,25	32,40	138,74	156,08	23,08	132,47	149,03	13,76	126,20	141,98	4,44	119,94	134,93	-	113,67	127,88	-	107,41	120,83	-	101,25	113,90
	V	2.248,75	93,63	179,90	202,38																		
	VI	2.293,00	98,89	183,44	206,37																		
6.374,99	I	1.735,50	32,55	138,84	156,19	13,91	126,30	142,09	-	113,78	128,00	-	101,35	114,02	-	89,41	100,58	-	77,98	87,73	-	67,07	75,45
	II	1.586,41	14,81	126,91	142,77	-	114,38	128,67	-	101,94	114,68	-	89,97	101,21	-	78,52	88,33	-	67,58	76,03	-	57,16	64,30
	III	1.094,50	-	87,56	98,50	-	78,22	88,00	-	69,14	77,78	-	60,33	67,87	-	51,76	58,23	-	43,45	48,88	-	35,41	39,83
	IV	1.735,50	32,55	138,84	156,19	23,23	132,57	149,14	13,91	126,30	142,09	4,60	120,04	135,05	-	113,78	128,00	-	107,52	120,96	-	101,35	114,02
	V	2.250,00	93,78	180,00	202,50																		
	VI	2.294,25	99,04	183,54	206,48																		
6.377,99	I	1.736,83	32,71	138,94	156,31	14,07	126,41	142,21	-	113,88	128,11	-	101,45	114,13	-	89,50	100,69	-	78,07	87,83	-	67,15	75,54
	II	1.587,66	14,96	127,01	142,88	-	114,48	128,79	-	102,04	114,79	-	90,06	101,32	-	78,61	88,43	-	67,67	76,13	-	57,24	64,40
	III	1.095,50	-	87,64	98,59	-	78,30	88,09	-	69,22	77,87	-	60,40	67,95	-	51,82	58,30	-	43,52	48,96	-	35,46	39,89
	IV	1.736,83	32,71	138,94	156,31	23,39	132,68	149,26	14,07	126,41	142,21	4,75	120,14	135,16	-	113,88	128,11	-	107,62	121,07	-	101,45	114,13
	V	2.251,25	93,93	180,10	202,61																		
	VI	2.295,58	99,20	183,64	206,60																		
6.380,99	I	1.738,08	32,86	139,04	156,42	14,22	126,51	142,32	-	113,98	128,22	-	101,54	114,23	-	89,60	100,80	-	78,16	87,93	-	67,24	75,64
	II	1.588,91	15,11	127,11	143,00	-	114,58	128,90	-	102,14	114,90	-	90,16	101,43	-	78,70	88,54	-	67,76	76,23	-	57,32	64,49
	III	1.096,50	-	87,72	98,68	-	78,37	88,16	-	69,29	77,95	-	60,46	68,02	-	51,90	58,39	-	43,58	49,03	-	35,53	39,97
	IV	1.738,08	32,86	139,04	156,42	23,54	132,78	149,37	14,22	126,51	142,32	4,89	120,24	135,27	-	113,98	128,22	-	107,72	121,18	-	101,54	114,23
	V	2.252,50	94,07	180,20	202,72																		
	VI	2.296,83	99,35	183,74	206,71																		
6.383,99	I	1.739,33	33,01	139,14	156,53	14,36	126,61	142,43	-	114,08	128,34	-	101,64	114,35	-	89,69	100,90	-	78,25	88,03	-	67,32	75,74
	II	1.590,25	15,27	127,22	143,12	-	114,68	129,02	-	102,24	115,02	-	90,26	101,54	-	78,79	88,64	-	67,84	76,32	-	57,40	64,58
	III	1.097,50	-	87,80	98,77	-	78,45	88,25	-	69,37	78,04	-	60,53	68,09	-	51,97	58,46	-	43,65	49,10	-	35,60	40,05
	IV	1.739,33	33,01	139,14	156,53	23,69	132,88	149,49	14,36	126,61	142,43	5,04	120,34	135,38	-	114,08	128,34	-	107,82	121,29	-	101,64	114,35
	V	2.253,75	94,22	180,30	202,83																		
	VI	2.298,08	99,50	183,84	206,82																		
6.386,99	I	1.740,58	33,16	139,24	156,65	14,51	126,71	142,55	-	114,18	128,45	-	101,74	114,46	-	89,78	101,00	-	78,34	88,13	-	67,41	75,83
	II	1.591,50	15,42	127,32	143,23	-	114,78	129,13	-	102,33	115,12	-	90,35	101,64	-	78,88	88,74	-	67,92	76,41	-	57,48	64,67
	III	1.098,33	-	87,86	98,84	-	78,52	88,33	-	69,44	78,12	-	60,61	68,18	-	52,04	58,54	-	43,72	49,18	-	35,66	40,12
	IV	1.740,58	33,16	139,24	156,65	23,83	132,98	149,60	14,51	126,71	142,55	5,19	120,44	135,50	-	114,18	128,45	-	107,92	121,41	-	101,74	114,46
	V	2.255,00	94,37	180,40	202,95																		
	VI	2.299,33	99,65	183,94	206,93																		
6.389,99	I	1.741,83	33,31	139,34	156,76	14,66	126,81	142,66	-	114,28	128,56	-	101,84	114,57	-	89,88	101,11	-	78,43	88,23	-	67,50	75,93
	II	1.592,75	15,56	127,42	143,34	-	114,88	129,24	-	102,43	115,23	-	90,44	101,75	-	78,97	88,84	-	68,01	76,51	-	57,57	64,76
	III	1.099,33	-	87,94	98,93	-	78,60	88,42	-	69,50	78,19	-	60,68	68,26	-	52,10	58,61	-	43,78	49,25	-	35,72	40,18
	IV	1.741,83	33,31	139,34	156,76	23,98	133,08	149,71	14,66	126,81	142,66	5,34	120,54	135,61	-	114,28	128,56	-	108,02	121,52	-	101,84	114,57
	V	2.256,25	94,52	180,50	203,06																		
	VI	2.300,58	99,80	184,04	207,05																		

MONAT bis 6.434,99 €

Besondere Tabelle

Lohn/ Gehalt bis	Steuerklasse	Lohnsteuer	ohne Kinderfreibetrag SolZ 5,5%	Kirchensteuer 8%	Kirchensteuer 9%	0,5 SolZ 5,5%	Kirchensteuer 8%	Kirchensteuer 9%	1,0 SolZ 5,5%	Kirchensteuer 8%	Kirchensteuer 9%	1,5 SolZ 5,5%	Kirchensteuer 8%	Kirchensteuer 9%	2,0 SolZ 5,5%	Kirchensteuer 8%	Kirchensteuer 9%	2,5 SolZ 5,5%	Kirchensteuer 8%	Kirchensteuer 9%	3,0 SolZ 5,5%	Kirchensteuer 8%	Kirchensteuer 9%
						Anzahl Kinderfreibeträge (nur Steuerklassen I–IV)																	
6.392,99	I	1.743,08	33,45	139,44	156,87	14,81	126,91	142,77	-	114,38	128,67	-	101,94	114,68	-	89,97	101,21	-	78,52	88,33	-	67,58	76,
	II	1.594,00	15,71	127,52	143,46	-	114,98	129,35	-	102,53	115,34	-	90,54	101,85	-	79,06	88,94	-	68,10	76,61	-	57,65	64,
	III	1.100,33	-	88,02	99,02	-	78,68	88,51	-	69,58	78,28	-	60,74	68,33	-	52,17	58,69	-	43,85	49,33	-	35,78	40,
	IV	1.743,08	33,45	139,44	156,87	24,13	133,18	149,82	14,81	126,91	142,77	5,49	120,64	135,72	-	114,38	128,67	-	108,12	121,63	-	101,94	114,
	V	2.257,50	94,67	180,60	203,17																		
	VI	2.301,83	99,95	184,14	207,16																		
6.395,99	I	1.744,33	33,60	139,54	156,98	14,96	127,01	142,88	-	114,48	128,79	-	102,04	114,79	-	90,06	101,32	-	78,61	88,43	-	67,67	76,
	II	1.595,25	15,86	127,62	143,57	-	115,08	129,47	-	102,63	115,46	-	90,63	101,96	-	79,15	89,04	-	68,18	76,70	-	57,73	64,
	III	1.101,16	-	88,09	99,10	-	78,74	88,58	-	69,65	78,35	-	60,81	68,41	-	52,24	58,77	-	43,92	49,41	-	35,85	40,
	IV	1.744,33	33,60	139,54	156,98	24,28	133,28	149,94	14,96	127,01	142,88	5,64	120,74	135,83	-	114,48	128,79	-	108,22	121,74	-	102,04	114,
	V	2.258,83	94,83	180,70	203,29																		
	VI	2.303,08	100,09	184,24	207,27																		
6.398,99	I	1.745,58	33,75	139,64	157,10	15,11	127,11	143,00	-	114,58	128,90	-	102,14	114,90	-	90,16	101,43	-	78,70	88,54	-	67,76	76,
	II	1.596,50	16,01	127,72	143,68	-	115,18	129,58	-	102,72	115,56	-	90,72	102,06	-	79,24	89,15	-	68,27	76,80	-	57,82	65,
	III	1.102,16	-	88,17	99,19	-	78,82	88,67	-	69,73	78,44	-	60,89	68,50	-	52,30	58,84	-	43,98	49,48	-	35,92	40,
	IV	1.745,58	33,75	139,64	157,10	24,43	133,38	150,05	15,11	127,11	143,00	5,79	120,84	135,95	-	114,58	128,90	-	108,32	121,86	-	102,14	114,
	V	2.260,08	94,98	180,80	203,40																		
	VI	2.304,33	100,24	184,34	207,38																		
6.401,99	I	1.746,83	33,90	139,74	157,21	15,27	127,22	143,12	-	114,68	129,02	-	102,24	115,02	-	90,26	101,54	-	78,79	88,64	-	67,84	76,
	II	1.597,75	16,16	127,82	143,79	-	115,28	129,69	-	102,82	115,67	-	90,82	102,17	-	79,33	89,24	-	68,36	76,90	-	57,90	65,
	III	1.103,16	-	88,25	99,28	-	78,89	88,75	-	69,80	78,52	-	60,96	68,58	-	52,37	58,91	-	44,05	49,55	-	35,98	40,
	IV	1.746,83	33,90	139,74	157,21	24,59	133,48	150,17	15,27	127,22	143,12	5,95	120,95	136,07	-	114,68	129,02	-	108,42	121,97	-	102,24	115,
	V	2.261,33	95,13	180,90	203,51																		
	VI	2.305,58	100,39	184,44	207,50																		
6.404,99	I	1.748,16	34,06	139,85	157,33	15,42	127,32	143,23	-	114,78	129,13	-	102,33	115,12	-	90,35	101,64	-	78,88	88,74	-	67,92	76,
	II	1.599,00	16,31	127,92	143,91	-	115,38	129,80	-	102,92	115,79	-	90,92	102,28	-	79,42	89,35	-	68,44	77,00	-	57,98	65,
	III	1.104,16	-	88,33	99,37	-	78,97	88,84	-	69,86	78,59	-	61,02	68,65	-	52,44	58,99	-	44,12	49,63	-	36,04	40,
	IV	1.748,16	34,06	139,85	157,33	24,74	133,58	150,28	15,42	127,32	143,23	6,09	121,05	136,18	-	114,78	129,13	-	108,52	122,08	-	102,33	115,
	V	2.262,58	95,27	181,00	203,63																		
	VI	2.306,91	100,55	184,55	207,62																		
6.407,99	I	1.749,41	34,21	139,95	157,44	15,56	127,42	143,34	-	114,88	129,24	-	102,43	115,23	-	90,44	101,75	-	78,97	88,84	-	68,01	76,
	II	1.600,33	16,47	128,02	144,02	-	115,49	129,92	-	103,02	115,90	-	91,01	102,38	-	79,51	89,45	-	68,53	77,09	-	58,06	65,
	III	1.105,00	-	88,40	99,45	-	79,04	88,92	-	69,94	78,68	-	61,09	68,72	-	52,50	59,06	-	44,18	49,70	-	36,10	40,
	IV	1.749,41	34,21	139,95	157,44	24,89	133,68	150,39	15,56	127,42	143,34	6,24	121,15	136,29	-	114,88	129,24	-	108,62	122,19	-	102,43	115,
	V	2.263,83	95,42	181,10	203,74																		
	VI	2.308,16	100,70	184,65	207,73																		
6.410,99	I	1.750,66	34,36	140,05	157,55	15,71	127,52	143,46	-	114,98	129,35	-	102,53	115,34	-	90,54	101,85	-	79,06	88,94	-	68,10	76,
	II	1.601,58	16,62	128,12	144,14	-	115,59	130,04	-	103,12	116,01	-	91,10	102,49	-	79,60	89,55	-	68,62	77,19	-	58,14	65,
	III	1.106,00	-	88,48	99,54	-	79,12	89,01	-	70,01	78,76	-	61,17	68,81	-	52,58	59,15	-	44,25	49,78	-	36,17	40,
	IV	1.750,66	34,36	140,05	157,55	25,03	133,78	150,50	15,71	127,52	143,46	6,39	121,25	136,40	-	114,98	129,35	-	108,72	122,31	-	102,53	115,
	V	2.265,08	95,57	181,20	203,85																		
	VI	2.309,41	100,85	184,75	207,84																		
6.413,99	I	1.751,91	34,51	140,15	157,67	15,86	127,62	143,57	-	115,08	129,47	-	102,63	115,46	-	90,63	101,96	-	79,15	89,04	-	68,18	76,
	II	1.602,83	16,76	128,22	144,25	-	115,69	130,15	-	103,22	116,12	-	91,20	102,60	-	79,69	89,65	-	68,70	77,29	-	58,22	65,
	III	1.107,00	-	88,56	99,63	-	79,20	89,10	-	70,09	78,85	-	61,24	68,89	-	52,65	59,23	-	44,32	49,86	-	36,24	40,
	IV	1.751,91	34,51	140,15	157,67	25,18	133,88	150,62	15,86	127,62	143,57	6,54	121,35	136,52	-	115,08	129,47	-	108,82	122,42	-	102,63	115,
	V	2.266,33	95,72	181,30	203,96																		
	VI	2.310,66	101,00	184,85	207,95																		
6.416,99	I	1.753,16	34,65	140,25	157,78	16,01	127,72	143,68	-	115,18	129,58	-	102,72	115,56	-	90,72	102,06	-	79,24	89,15	-	68,27	76,
	II	1.604,08	16,91	128,32	144,36	-	115,79	130,26	-	103,32	116,23	-	91,30	102,71	-	79,78	89,75	-	68,79	77,39	-	58,31	65,
	III	1.108,00	-	88,64	99,72	-	79,26	89,17	-	70,16	78,93	-	61,30	68,96	-	52,72	59,31	-	44,38	49,93	-	36,30	40,
	IV	1.753,16	34,65	140,25	157,78	25,33	133,98	150,73	16,01	127,72	143,68	6,69	121,45	136,63	-	115,18	129,58	-	108,92	122,53	-	102,72	115,
	V	2.267,58	95,87	181,40	204,08																		
	VI	2.311,91	101,15	184,95	208,07																		
6.419,99	I	1.754,41	34,80	140,35	157,89	16,16	127,82	143,79	-	115,28	129,69	-	102,82	115,67	-	90,82	102,17	-	79,33	89,24	-	68,36	76,
	II	1.605,33	17,06	128,42	144,47	-	115,89	130,37	-	103,42	116,34	-	91,39	102,81	-	79,88	89,86	-	68,88	77,49	-	58,39	65,
	III	1.108,83	-	88,70	99,79	-	79,34	89,26	-	70,22	79,00	-	61,37	69,04	-	52,78	59,38	-	44,44	49,99	-	36,36	40,
	IV	1.754,41	34,80	140,35	157,89	25,48	134,08	150,84	16,16	127,82	143,79	6,84	121,55	136,74	-	115,28	129,69	-	109,02	122,64	-	102,82	115,
	V	2.268,83	96,02	181,50	204,19																		
	VI	2.313,16	101,29	185,05	208,18																		
6.422,99	I	1.755,66	34,95	140,45	158,00	16,31	127,92	143,91	-	115,38	129,80	-	102,92	115,79	-	90,92	102,28	-	79,42	89,35	-	68,44	77,
	II	1.606,58	17,21	128,52	144,59	-	115,99	130,49	-	103,52	116,46	-	91,48	102,92	-	79,96	89,96	-	68,96	77,58	-	58,47	65,
	III	1.109,83	-	88,78	99,88	-	79,41	89,33	-	70,30	79,09	-	61,45	69,13	-	52,85	59,45	-	44,50	50,06	-	36,42	40,
	IV	1.755,66	34,95	140,45	158,00	25,63	134,18	150,95	16,31	127,92	143,91	6,99	121,65	136,85	-	115,38	129,80	-	109,12	122,76	-	102,92	115,
	V	2.270,16	96,18	181,61	204,31																		
	VI	2.314,41	101,44	185,15	208,29																		
6.425,99	I	1.756,91	35,10	140,55	158,12	16,47	128,02	144,02	-	115,49	129,92	-	103,02	115,90	-	91,01	102,38	-	79,51	89,45	-	68,53	77,
	II	1.607,83	17,36	128,62	144,70	-	116,09	130,60	-	103,62	116,57	-	91,58	103,02	-	80,06	90,06	-	69,05	77,68	-	58,56	65,
	III	1.110,83	-	88,86	99,97	-	79,49	89,42	-	70,37	79,16	-	61,52	69,21	-	52,92	59,53	-	44,57	50,14	-	36,49	41,
	IV	1.756,91	35,10	140,55	158,12	25,78	134,28	151,07	16,47	128,02	144,02	7,14	121,76	136,98	-	115,49	129,92	-	109,22	122,87	-	103,02	115,
	V	2.271,41	96,33	181,71	204,42																		
	VI	2.315,66	101,59	185,25	208,40																		
6.428,99	I	1.758,25	35,26	140,66	158,24	16,62	128,12	144,14	-	115,59	130,04	-	103,12	116,01	-	91,10	102,49	-	79,60	89,55	-	68,62	77,
	II	1.609,08	17,51	128,72	144,81	-	116,19	130,71	-	103,72	116,68	-	91,67	103,13	-	80,14	90,16	-	69,14	77,78	-	58,64	65,
	III	1.111,66	-	88,93	100,04	-	79,56	89,50	-	70,45	79,25	-	61,58	69,28	-	52,98	59,60	-	44,64	50,22	-	36,56	41,
	IV	1.758,25	35,26	140,66	158,24	25,94	134,39	151,19	16,62	128,12	144,14	7,29	121,86	137,09	-	115,59	130,04	-	109,32	122,99	-	103,12	116,
	V	2.272,66	96,47	181,81	204,53																		
	VI	2.317,00	101,75	185,36	208,53																		
6.431,99	I	1.759,50	35,41	140,76	158,35	16,76	128,22	144,25	-	115,69	130,15	-	103,22	116,12	-	91,20	102,60	-	79,69	89,65	-	68,70	77,
	II	1.610,33	17,66	128,82	144,92	-	116,30	130,83	-	103,81	116,78	-	91,77	103,24	-	80,24	90,27	-	69,22	77,87	-	58,72	66,
	III	1.112,66	-	89,01	100,13	-	79,64	89,59	-	70,52	79,33	-	61,66	69,37	-	53,05	59,68	-	44,70	50,29	-	36,62	41,
	IV	1.759,50	35,41	140,76	158,35	26,09	134,49	151,30	16,76	128,22	144,25	7,44	121,96	137,20	-	115,69	130,15	-	109,42	123,10	-	103,22	116,
	V	2.273,91	96,62	181,91	204,65																		
	VI	2.318,25	101,90	185,46	208,64																		
6.434,99	I	1.760,75	35,56	140,86	158,46	16,91	128,32	144,36	-	115,79	130,26	-	103,32	116,23	-	91,30	102,71	-	79,78	89,75	-	68,79	77,
	II	1.611,66	17,82	128,93	145,04	-	116,40	130,95	-	103,91	116,90	-	91,86	103,34	-	80,33	90,37	-	69,31	77,97	-	58,80	66,
	III	1.113,66	-	89,09	100,22	-	79,72	89,68	-	70,60	79,42	-	61,73	69,44	-	53,12	59,76	-	44,77	50,36	-	36,68	41,
	IV	1.760,75	35,56	140,86	158,46	26,23	134,59	151,41	16,91	128,32	144,36	7,59	122,06	137,31	-	115,79	130,26	-	109,52	123,21	-	103,32	116,
	V	2.275,16	96,77	182,01	204,76																		
	VI	2.319,50	102,05	185,56	208,75																		

Lohn/ Gehalt bis	Steuerklasse	Lohn-steuer	ohne Kinderfreibetrag SolZ 5,5%	ohne Kinderfreibetrag Kirchensteuer 8%	ohne Kinderfreibetrag Kirchensteuer 9%	0,5 SolZ 5,5%	0,5 Kirchensteuer 8%	0,5 Kirchensteuer 9%	1,0 SolZ 5,5%	1,0 Kirchensteuer 8%	1,0 Kirchensteuer 9%	1,5 SolZ 5,5%	1,5 Kirchensteuer 8%	1,5 Kirchensteuer 9%	2,0 SolZ 5,5%	2,0 Kirchensteuer 8%	2,0 Kirchensteuer 9%	2,5 SolZ 5,5%	2,5 Kirchensteuer 8%	2,5 Kirchensteuer 9%	3,0 SolZ 5,5%	3,0 Kirchensteuer 8%	3,0 Kirchensteuer 9%
6.437,99	I	1.762,00	35,70	140,96	158,58	17,06	128,42	144,47	-	115,89	130,37	-	103,42	116,34	-	91,39	102,81	-	79,88	89,86	-	68,88	77,49
	II	1.612,91	17,96	129,03	145,16	-	116,50	131,06	-	104,01	117,01	-	91,96	103,45	-	80,42	90,47	-	69,40	78,07	-	58,88	66,24
	III	1.114,66	-	89,17	100,31	-	79,78	89,75	-	70,66	79,49	-	61,80	69,52	-	53,18	59,83	-	44,84	50,44	-	36,74	41,33
	IV	1.762,00	35,70	140,96	158,58	26,38	134,69	151,52	17,06	128,42	144,47	7,74	122,16	137,43	-	115,89	130,37	-	109,62	123,32	-	103,42	116,34
	V	2.276,41	96,92	182,11	204,87																		
	VI	2.320,75	102,20	185,66	208,86																		
6.440,99	I	1.763,25	35,85	141,06	158,69	17,21	128,52	144,59	-	115,99	130,49	-	103,52	116,46	-	91,48	102,92	-	79,96	89,96	-	68,96	77,58
	II	1.614,16	18,11	129,13	145,27	-	116,60	131,17	-	104,11	117,12	-	92,05	103,55	-	80,51	90,57	-	69,48	78,17	-	58,96	66,33
	III	1.115,50	-	89,24	100,39	-	79,86	89,84	-	70,73	79,57	-	61,86	69,59	-	53,26	59,92	-	44,90	50,51	-	36,81	41,41
	IV	1.763,25	35,85	141,06	158,69	26,53	134,79	151,64	17,21	128,52	144,59	7,89	122,26	137,54	-	115,99	130,49	-	109,72	123,44	-	103,52	116,46
	V	2.277,66	97,07	182,21	204,98																		
	VI	2.322,00	102,34	185,76	208,98																		
6.443,99	I	1.764,50	36,00	141,16	158,80	17,36	128,62	144,70	-	116,09	130,60	-	103,62	116,57	-	91,58	103,02	-	80,06	90,06	-	69,05	77,68
	II	1.615,41	18,26	129,23	145,38	-	116,70	131,28	-	104,21	117,23	-	92,15	103,67	-	80,60	90,67	-	69,56	78,26	-	59,05	66,43
	III	1.116,50	-	89,32	100,48	-	79,93	89,92	-	70,81	79,66	-	61,94	69,68	-	53,33	59,99	-	44,97	50,59	-	36,88	41,49
	IV	1.764,50	36,00	141,16	158,80	26,68	134,89	151,75	17,36	128,62	144,70	8,04	122,36	137,65	-	116,09	130,60	-	109,82	123,55	-	103,62	116,57
	V	2.278,91	97,22	182,31	205,10																		
	VI	2.323,25	102,49	185,86	209,09																		
6.446,99	I	1.765,75	36,15	141,26	158,91	17,51	128,72	144,81	-	116,19	130,71	-	103,72	116,68	-	91,67	103,13	-	80,14	90,16	-	69,14	77,78
	II	1.616,66	18,41	129,33	145,49	-	116,80	131,40	-	104,31	117,35	-	92,24	103,77	-	80,69	90,77	-	69,66	78,36	-	59,13	66,52
	III	1.117,50	-	89,40	100,57	-	80,01	90,01	-	70,88	79,74	-	62,01	69,76	-	53,40	60,07	-	45,04	50,67	-	36,94	41,56
	IV	1.765,75	36,15	141,26	158,91	26,83	134,99	151,86	17,51	128,72	144,81	8,19	122,46	137,76	-	116,19	130,71	-	109,92	123,66	-	103,72	116,68
	V	2.280,25	97,38	182,42	205,22																		
	VI	2.324,50	102,64	185,96	209,20																		
6.449,99	I	1.767,00	36,30	141,36	159,03	17,66	128,82	144,92	-	116,30	130,83	-	103,81	116,78	-	91,77	103,24	-	80,24	90,27	-	69,22	77,87
	II	1.617,91	18,56	129,43	145,61	-	116,90	131,51	-	104,41	117,46	-	92,34	103,88	-	80,78	90,88	-	69,74	78,46	-	59,21	66,61
	III	1.118,50	-	89,48	100,66	-	80,09	90,10	-	70,96	79,83	-	62,08	69,84	-	53,46	60,14	-	45,10	50,74	-	37,00	41,62
	IV	1.767,00	36,30	141,36	159,03	26,98	135,09	151,97	17,66	128,82	144,92	8,34	122,56	137,88	-	116,30	130,83	-	110,03	123,78	-	103,81	116,78
	V	2.281,50	97,53	182,52	205,33																		
	VI	2.325,75	102,79	186,06	209,31																		
6.452,99	I	1.768,33	36,46	141,46	159,14	17,82	128,93	145,04	-	116,40	130,95	-	103,91	116,90	-	91,86	103,34	-	80,33	90,37	-	69,31	77,97
	II	1.619,16	18,71	129,53	145,72	0,06	117,00	131,62	-	104,50	117,56	-	92,43	103,98	-	80,87	90,98	-	69,83	78,56	-	59,30	66,71
	III	1.119,33	-	89,54	100,73	-	80,16	90,18	-	71,02	79,90	-	62,14	69,91	-	53,53	60,22	-	45,17	50,81	-	37,06	41,69
	IV	1.768,33	36,46	141,46	159,14	27,14	135,20	152,10	17,82	128,93	145,04	8,49	122,66	137,99	-	116,40	130,95	-	110,13	123,89	-	103,91	116,90
	V	2.282,75	97,67	182,62	205,44																		
	VI	2.327,08	102,95	186,16	209,43																		
6.455,99	I	1.769,58	36,61	141,56	159,26	17,96	129,03	145,16	-	116,50	131,06	-	104,01	117,01	-	91,96	103,45	-	80,42	90,47	-	69,40	78,07
	II	1.620,41	18,86	129,63	145,83	0,22	117,10	131,74	-	104,60	117,68	-	92,53	104,09	-	80,96	91,08	-	69,92	78,66	-	59,38	66,80
	III	1.120,33	-	89,62	100,82	-	80,24	90,27	-	71,10	79,99	-	62,22	70,00	-	53,60	60,30	-	45,24	50,89	-	37,13	41,77
	IV	1.769,58	36,61	141,56	159,26	27,29	135,30	152,21	17,96	129,03	145,16	8,64	122,76	138,11	-	116,50	131,06	-	110,23	124,01	-	104,01	117,01
	V	2.284,00	97,82	182,72	205,56																		
	VI	2.328,33	103,10	186,26	209,54																		
6.458,99	I	1.770,83	36,76	141,66	159,37	18,11	129,13	145,27	-	116,60	131,17	-	104,11	117,12	-	92,05	103,55	-	80,51	90,57	-	69,48	78,17
	II	1.621,75	19,02	129,74	145,95	0,37	117,20	131,85	-	104,70	117,79	-	92,62	104,20	-	81,06	91,19	-	70,00	78,75	-	59,46	66,89
	III	1.121,33	-	89,70	100,91	-	80,30	90,34	-	71,17	80,06	-	62,29	70,07	-	53,66	60,37	-	45,30	50,96	-	37,20	41,85
	IV	1.770,83	36,76	141,66	159,37	27,43	135,40	152,32	18,11	129,13	145,27	8,79	122,86	138,22	-	116,60	131,17	-	110,33	124,12	-	104,11	117,12
	V	2.285,25	97,97	182,82	205,67																		
	VI	2.329,58	103,25	186,36	209,66																		
6.461,99	I	1.772,08	36,90	141,76	159,48	18,26	129,23	145,38	-	116,70	131,28	-	104,21	117,23	-	92,15	103,67	-	80,60	90,67	-	69,56	78,26
	II	1.623,00	19,16	129,84	146,07	0,52	117,30	131,96	-	104,80	117,90	-	92,72	104,31	-	81,14	91,28	-	70,09	78,85	-	59,54	66,98
	III	1.122,33	-	89,78	101,00	-	80,38	90,43	-	71,24	80,14	-	62,36	70,15	-	53,73	60,44	-	45,37	51,04	-	37,26	41,92
	IV	1.772,08	36,90	141,76	159,48	27,58	135,50	152,43	18,26	129,23	145,38	8,94	122,96	138,33	-	116,70	131,28	-	110,43	124,23	-	104,21	117,23
	V	2.286,50	98,12	182,92	205,78																		
	VI	2.330,83	103,40	186,46	209,77																		
6.464,99	I	1.773,33	37,05	141,86	159,59	18,41	129,33	145,49	-	116,80	131,40	-	104,31	117,35	-	92,24	103,77	-	80,69	90,77	-	69,66	78,36
	II	1.624,25	19,31	129,94	146,18	0,67	117,40	132,08	-	104,90	118,01	-	92,81	104,41	-	81,24	91,39	-	70,18	78,95	-	59,63	67,08
	III	1.123,16	-	89,85	101,08	-	80,45	90,50	-	71,32	80,23	-	62,44	70,24	-	53,81	60,53	-	45,44	51,12	-	37,32	41,98
	IV	1.773,33	37,05	141,86	159,59	27,73	135,60	152,55	18,41	129,33	145,49	9,09	123,06	138,44	-	116,80	131,40	-	110,53	124,34	-	104,31	117,35
	V	2.287,75	98,27	183,02	205,89																		
	VI	2.332,08	103,54	186,56	209,88																		
6.467,99	I	1.774,58	37,20	141,96	159,71	18,56	129,43	145,61	-	116,90	131,51	-	104,41	117,46	-	92,34	103,88	-	80,78	90,88	-	69,74	78,46
	II	1.625,50	19,46	130,04	146,29	0,82	117,50	132,19	-	105,00	118,13	-	92,91	104,52	-	81,33	91,49	-	70,26	79,04	-	59,71	67,17
	III	1.124,16	-	89,93	101,17	-	80,53	90,59	-	71,38	80,30	-	62,50	70,31	-	53,88	60,61	-	45,50	51,19	-	37,38	42,05
	IV	1.774,58	37,20	141,96	159,71	27,88	135,70	152,66	18,56	129,43	145,61	9,24	123,16	138,56	-	116,90	131,51	-	110,63	124,46	-	104,41	117,46
	V	2.289,00	98,42	183,12	206,01																		
	VI	2.333,33	103,69	186,66	209,99																		
6.470,99	I	1.775,83	37,35	142,06	159,82	18,71	129,53	145,72	0,06	117,00	131,62	-	104,50	117,56	-	92,43	103,98	-	80,87	90,98	-	69,83	78,56
	II	1.626,75	19,61	130,14	146,40	0,97	117,60	132,30	-	105,10	118,24	-	93,00	104,63	-	81,42	91,59	-	70,35	79,14	-	59,79	67,26
	III	1.125,16	-	90,01	101,26	-	80,61	90,68	-	71,46	80,39	-	62,57	70,39	-	53,94	60,68	-	45,57	51,26	-	37,45	42,13
	IV	1.775,83	37,35	142,06	159,82	28,03	135,80	152,77	18,71	129,53	145,72	9,39	123,26	138,67	0,06	117,00	131,62	-	110,73	124,57	-	104,50	117,56
	V	2.290,33	98,58	183,22	206,12																		
	VI	2.334,58	103,84	186,76	210,11																		
6.473,99	I	1.777,08	37,50	142,16	159,93	18,86	129,63	145,83	0,22	117,10	131,74	-	104,60	117,68	-	92,53	104,09	-	80,96	91,08	-	69,92	78,66
	II	1.628,00	19,76	130,24	146,52	1,12	117,70	132,41	-	105,20	118,35	-	93,10	104,73	-	81,51	91,70	-	70,44	79,24	-	59,88	67,36
	III	1.126,16	-	90,09	101,35	-	80,68	90,76	-	71,53	80,47	-	62,64	70,47	-	54,01	60,76	-	45,64	51,34	-	37,52	42,21
	IV	1.777,08	37,50	142,16	159,93	28,18	135,90	152,88	18,86	129,63	145,83	9,53	123,36	138,78	0,22	117,10	131,74	-	110,84	124,69	-	104,60	117,68
	V	2.291,58	98,73	183,32	206,24																		
	VI	2.335,83	103,99	186,86	210,22																		
6.476,99	I	1.778,33	37,65	142,26	160,04	19,02	129,74	145,95	0,37	117,20	131,85	-	104,70	117,79	-	92,62	104,20	-	81,06	91,19	-	70,00	78,75
	II	1.629,25	19,91	130,34	146,63	1,26	117,80	132,53	-	105,30	118,46	-	93,20	104,85	-	81,60	91,80	-	70,52	79,34	-	59,96	67,45
	III	1.127,00	-	90,16	101,43	-	80,76	90,85	-	71,61	80,56	-	62,72	70,56	-	54,08	60,84	-	45,70	51,41	-	37,58	42,28
	IV	1.778,33	37,65	142,26	160,04	28,34	136,00	153,00	19,02	129,74	145,95	9,69	123,47	138,90	0,37	117,20	131,85	-	110,94	124,80	-	104,70	117,79
	V	2.292,83	98,87	183,42	206,35																		
	VI	2.337,08	104,14	186,96	210,33																		
6.479,99	I	1.779,66	37,81	142,37	160,16	19,16	129,84	146,07	0,52	117,30	131,96	-	104,80	117,90	-	92,72	104,31	-	81,14	91,28	-	70,09	78,85
	II	1.630,50	20,06	130,44	146,74	1,41	117,90	132,64	-	105,40	118,58	-	93,29	104,95	-	81,69	91,90	-	70,61	79,43	-	60,04	67,55
	III	1.128,00	-	90,24	101,52	-	80,82	90,92	-	71,68	80,64	-	62,78	70,63	-	54,14	60,91	-	45,77	51,49	-	37,65	42,35
	IV	1.779,66	37,81	142,37	160,16	28,49	136,10	153,11	19,16	129,84	146,07	9,84	123,57	139,01	0,52	117,30	131,96	-	111,04	124,92	-	104,80	117,90
	V	2.294,08	99,02	183,52	206,46																		
	VI	2.338,41	104,30	187,07	210,45																		

Anzahl Kinderfreibeträge (nur Steuerklassen I–IV)

MONAT bis 6.524,99 €

Besondere Tabelle

Lohn/ Gehalt bis	Steuerklasse	Lohn-steuer	ohne Kinderfreibetrag SolZ 5,5%	ohne Kinderfreibetrag Kirchensteuer 8%	ohne Kinderfreibetrag Kirchensteuer 9%	0,5 SolZ 5,5%	0,5 Kirchensteuer 8%	0,5 Kirchensteuer 9%	1,0 SolZ 5,5%	1,0 Kirchensteuer 8%	1,0 Kirchensteuer 9%	1,5 SolZ 5,5%	1,5 Kirchensteuer 8%	1,5 Kirchensteuer 9%	2,0 SolZ 5,5%	2,0 Kirchensteuer 8%	2,0 Kirchensteuer 9%	2,5 SolZ 5,5%	2,5 Kirchensteuer 8%	2,5 Kirchensteuer 9%	3,0 SolZ 5,5%	3,0 Kirchensteuer 8%	3,0 Kirchensteuer 9%
						Anzahl Kinderfreibeträge (nur Steuerklassen I–IV)																	
6.482,99	I	1.780,91	37,96	142,47	160,28	19,31	129,94	146,18	0,67	117,40	132,08	-	104,90	118,01	-	92,81	104,41	-	81,24	91,39	-	70,18	78,9
	II	1.631,83	20,22	130,54	146,86	1,57	118,01	132,76	-	105,50	118,68	-	93,38	105,05	-	81,78	92,00	-	70,70	79,53	-	60,12	67,6
	III	1.129,00	-	90,32	101,61	-	80,90	91,01	-	71,76	80,73	-	62,85	70,70	-	54,21	60,98	-	45,84	51,57	-	37,70	42,4
	IV	1.780,91	37,96	142,47	160,28	28,63	136,20	153,23	19,31	129,94	146,18	9,99	123,67	139,13	0,67	117,40	132,08	-	111,14	125,03	-	104,90	118,0
	V	2.295,33	99,17	183,62	206,57																		
	VI	2.339,66	104,45	187,17	210,56																		
6.485,99	I	1.782,16	38,10	142,57	160,39	19,46	130,04	146,29	0,82	117,50	132,19	-	105,00	118,13	-	92,91	104,52	-	81,33	91,49	-	70,26	79,0
	II	1.633,08	20,36	130,64	146,97	1,72	118,11	132,87	-	105,60	118,80	-	93,48	105,16	-	81,88	92,11	-	70,78	79,63	-	60,21	67,7
	III	1.130,00	-	90,40	101,70	-	80,98	91,10	-	71,82	80,80	-	62,93	70,79	-	54,28	61,06	-	45,90	51,64	-	37,77	42,4
	IV	1.782,16	38,10	142,57	160,39	28,78	136,30	153,34	19,46	130,04	146,29	10,14	123,77	139,24	0,82	117,50	132,19	-	111,24	125,14	-	105,00	118,1
	V	2.296,58	99,32	183,72	206,69																		
	VI	2.340,91	104,60	187,27	210,68																		
6.488,99	I	1.783,41	38,25	142,67	160,50	19,61	130,14	146,40	0,97	117,60	132,30	-	105,10	118,24	-	93,00	104,63	-	81,42	91,59	-	70,35	79,1
	II	1.634,33	20,51	130,74	147,08	1,87	118,21	132,98	-	105,70	118,91	-	93,58	105,27	-	81,96	92,21	-	70,87	79,73	-	60,29	67,8
	III	1.130,83	-	90,46	101,77	-	81,05	91,18	-	71,89	80,87	-	63,00	70,87	-	54,36	61,15	-	45,97	51,71	-	37,84	42,5
	IV	1.783,41	38,25	142,67	160,50	28,93	136,40	153,45	19,61	130,14	146,40	10,29	123,87	139,35	0,97	117,60	132,30	-	111,34	125,25	-	105,10	118,2
	V	2.297,83	99,47	183,82	206,80																		
	VI	2.342,16	104,74	187,37	210,79																		
6.491,99	I	1.784,66	38,40	142,77	160,61	19,76	130,24	146,52	1,12	117,70	132,41	-	105,20	118,35	-	93,10	104,73	-	81,51	91,70	-	70,44	79,2
	II	1.635,58	20,66	130,84	147,20	2,02	118,31	133,10	-	105,80	119,02	-	93,67	105,38	-	82,06	92,31	-	70,96	79,83	-	60,37	67,9
	III	1.131,83	-	90,54	101,86	-	81,13	91,27	-	71,97	80,96	-	63,06	70,94	-	54,42	61,22	-	46,04	51,79	-	37,90	42,6
	IV	1.784,66	38,40	142,77	160,61	29,08	136,50	153,56	19,76	130,24	146,52	10,44	123,97	139,46	1,12	117,70	132,41	-	111,44	125,37	-	105,20	118,3
	V	2.299,08	99,62	183,92	206,91																		
	VI	2.343,41	104,89	187,47	210,90																		
6.494,99	I	1.785,91	38,55	142,87	160,73	19,91	130,34	146,63	1,26	117,80	132,53	-	105,30	118,46	-	93,20	104,85	-	81,60	91,80	-	70,52	79,3
	II	1.636,83	20,81	130,94	147,31	2,17	118,41	133,21	-	105,90	119,13	-	93,76	105,48	-	82,15	92,42	-	71,04	79,92	-	60,46	68,0
	III	1.132,83	-	90,62	101,95	-	81,20	91,35	-	72,04	81,04	-	63,13	71,02	-	54,49	61,30	-	46,10	51,86	-	37,97	42,7
	IV	1.785,91	38,55	142,87	160,73	29,23	136,60	153,68	19,91	130,34	146,63	10,59	124,07	139,58	1,26	117,80	132,53	-	111,54	125,48	-	105,30	118,4
	V	2.300,33	99,77	184,02	207,02																		
	VI	2.344,66	105,04	187,57	211,01																		
6.497,99	I	1.787,16	38,70	142,97	160,84	20,06	130,44	146,74	1,41	117,90	132,64	-	105,40	118,58	-	93,29	104,95	-	81,69	91,90	-	70,61	79,4
	II	1.638,08	20,96	131,04	147,42	2,32	118,51	133,32	-	106,00	119,25	-	93,86	105,59	-	82,24	92,52	-	71,13	80,02	-	60,54	68,1
	III	1.133,83	-	90,70	102,04	-	81,28	91,44	-	72,12	81,13	-	63,21	71,11	-	54,56	61,38	-	46,17	51,94	-	38,04	42,7
	IV	1.787,16	38,70	142,97	160,84	29,38	136,70	153,79	20,06	130,44	146,74	10,73	124,17	139,69	1,41	117,90	132,64	-	111,64	125,60	-	105,40	118,5
	V	2.301,66	99,93	184,13	207,14																		
	VI	2.345,91	105,19	187,67	211,13																		
6.500,99	I	1.788,41	38,85	143,07	160,95	20,22	130,54	146,86	1,57	118,01	132,76	-	105,50	118,68	-	93,38	105,05	-	81,78	92,00	-	70,70	79,5
	II	1.639,33	21,11	131,14	147,53	2,46	118,61	133,43	-	106,10	119,36	-	93,96	105,70	-	82,33	92,62	-	71,22	80,12	-	60,62	68,2
	III	1.134,66	-	90,77	102,11	-	81,36	91,53	-	72,18	81,20	-	63,28	71,19	-	54,62	61,45	-	46,24	52,02	-	38,09	42,8
	IV	1.788,41	38,85	143,07	160,95	29,53	136,80	153,90	20,22	130,54	146,86	10,89	124,28	139,81	1,57	118,01	132,76	-	111,74	125,71	-	105,50	118,6
	V	2.302,91	100,07	184,23	207,26																		
	VI	2.347,16	105,34	187,77	211,24																		
6.503,99	I	1.789,75	39,01	143,18	161,07	20,36	130,64	146,97	1,72	118,11	132,87	-	105,60	118,80	-	93,48	105,16	-	81,88	92,11	-	70,78	79,6
	II	1.640,58	21,26	131,24	147,65	2,61	118,71	133,55	-	106,20	119,47	-	94,05	105,80	-	82,42	92,72	-	71,31	80,22	-	60,70	68,2
	III	1.135,66	-	90,85	102,20	-	81,42	91,60	-	72,26	81,29	-	63,34	71,26	-	54,69	61,52	-	46,30	52,09	-	38,16	42,9
	IV	1.789,75	39,01	143,18	161,07	29,69	136,91	154,02	20,36	130,64	146,97	11,04	124,38	139,92	1,72	118,11	132,87	-	111,84	125,82	-	105,60	118,8
	V	2.304,16	100,22	184,33	207,37																		
	VI	2.348,50	105,50	187,88	211,36																		
6.506,99	I	1.791,00	39,16	143,28	161,19	20,51	130,74	147,08	1,87	118,21	132,98	-	105,70	118,91	-	93,58	105,27	-	81,96	92,21	-	70,87	79,7
	II	1.641,83	21,41	131,34	147,76	2,77	118,82	133,67	-	106,30	119,58	-	94,15	105,92	-	82,52	92,83	-	71,40	80,32	-	60,79	68,3
	III	1.136,66	-	90,93	102,29	-	81,50	91,69	-	72,33	81,37	-	63,42	71,35	-	54,76	61,60	-	46,37	52,16	-	38,22	43,0
	IV	1.791,00	39,16	143,28	161,19	29,83	137,01	154,13	20,51	130,74	147,08	11,19	124,48	140,04	1,87	118,21	132,98	-	111,94	125,93	-	105,70	118,9
	V	2.305,41	100,37	184,43	207,48																		
	VI	2.349,75	105,65	187,98	211,47																		
6.509,99	I	1.792,25	39,30	143,38	161,30	20,66	130,84	147,20	2,02	118,31	133,10	-	105,80	119,02	-	93,67	105,38	-	82,06	92,31	-	70,96	79,8
	II	1.643,16	21,56	131,45	147,88	2,92	118,92	133,78	-	106,40	119,70	-	94,24	106,02	-	82,60	92,93	-	71,48	80,42	-	60,87	68,4
	III	1.137,66	-	91,01	102,38	-	81,57	91,76	-	72,41	81,46	-	63,49	71,42	-	54,84	61,69	-	46,44	52,24	-	38,29	43,0
	IV	1.792,25	39,30	143,38	161,30	29,98	137,11	154,25	20,66	130,84	147,20	11,34	124,58	140,15	2,02	118,31	133,10	-	112,04	126,05	-	105,80	119,0
	V	2.306,66	100,52	184,53	207,59																		
	VI	2.351,00	105,80	188,08	211,59																		
6.512,99	I	1.793,50	39,45	143,48	161,41	20,81	130,94	147,31	2,17	118,41	133,21	-	105,90	119,13	-	93,76	105,48	-	82,15	92,42	-	71,04	79,9
	II	1.644,41	21,71	131,55	147,99	3,07	119,02	133,89	-	106,50	119,81	-	94,34	106,13	-	82,70	93,03	-	71,57	80,51	-	60,96	68,5
	III	1.138,50	-	91,08	102,46	-	81,65	91,85	-	72,48	81,54	-	63,56	71,50	-	54,90	61,76	-	46,50	52,31	-	38,36	43,1
	IV	1.793,50	39,45	143,48	161,41	30,13	137,21	154,36	20,81	130,94	147,31	11,49	124,68	140,26	2,17	118,41	133,21	-	112,14	126,16	-	105,90	119,1
	V	2.307,91	100,67	184,63	207,71																		
	VI	2.352,25	105,94	188,18	211,70																		
6.515,99	I	1.794,75	39,60	143,58	161,52	20,96	131,04	147,42	2,32	118,51	133,32	-	106,00	119,25	-	93,86	105,59	-	82,24	92,52	-	71,13	80,0
	II	1.645,66	21,86	131,65	148,10	3,22	119,12	134,01	-	106,60	119,92	-	94,44	106,24	-	82,79	93,14	-	71,66	80,61	-	61,04	68,6
	III	1.139,50	-	91,16	102,55	-	81,73	91,94	-	72,54	81,61	-	63,64	71,59	-	54,97	61,84	-	46,57	52,39	-	38,42	43,2
	IV	1.794,75	39,60	143,58	161,52	30,28	137,31	154,47	20,96	131,04	147,42	11,64	124,78	140,37	2,32	118,51	133,32	-	112,24	126,27	-	106,00	119,2
	V	2.309,16	100,82	184,73	207,82																		
	VI	2.353,50	106,09	188,28	211,81																		
6.518,99	I	1.796,00	39,75	143,68	161,64	21,11	131,14	147,53	2,46	118,61	133,43	-	106,10	119,36	-	93,96	105,70	-	82,33	92,62	-	71,22	80,1
	II	1.646,91	22,01	131,75	148,22	3,37	119,22	134,12	-	106,70	120,03	-	94,53	106,34	-	82,88	93,24	-	71,74	80,71	-	61,12	68,7
	III	1.140,50	-	91,24	102,64	-	81,80	92,02	-	72,62	81,70	-	63,70	71,66	-	55,04	61,92	-	46,64	52,47	-	38,48	43,2
	IV	1.796,00	39,75	143,68	161,64	30,43	137,41	154,58	21,11	131,14	147,53	11,79	124,88	140,49	2,46	118,61	133,43	-	112,34	126,38	-	106,10	119,3
	V	2.310,41	100,97	184,83	207,93																		
	VI	2.354,75	106,24	188,38	211,92																		
6.521,99	I	1.797,25	39,90	143,78	161,75	21,26	131,24	147,65	2,61	118,71	133,55	-	106,20	119,47	-	94,05	105,80	-	82,42	92,72	-	71,31	80,2
	II	1.648,16	22,16	131,85	148,33	3,52	119,32	134,23	-	106,80	120,15	-	94,63	106,46	-	82,97	93,34	-	71,83	80,81	-	61,20	68,8
	III	1.141,50	-	91,32	102,73	-	81,88	92,11	-	72,69	81,77	-	63,77	71,74	-	55,10	61,99	-	46,70	52,54	-	38,54	43,3
	IV	1.797,25	39,90	143,78	161,75	30,58	137,51	154,70	21,26	131,24	147,65	11,93	124,98	140,60	2,61	118,71	133,55	-	112,44	126,50	-	106,20	119,4
	V	2.311,75	101,13	184,94	208,05																		
	VI	2.356,00	106,39	188,48	212,04																		
6.524,99	I	1.798,50	40,05	143,88	161,86	21,41	131,34	147,76	2,77	118,82	133,67	-	106,30	119,58	-	94,15	105,92	-	82,52	92,83	-	71,40	80,3
	II	1.649,41	22,31	131,95	148,44	3,66	119,42	134,34	-	106,90	120,26	-	94,72	106,56	-	83,06	93,44	-	71,92	80,91	-	61,29	68,9
	III	1.142,50	-	91,40	102,82	-	81,96	92,20	-	72,77	81,86	-	63,84	71,82	-	55,17	62,06	-	46,77	52,61	-	38,61	43,4
	IV	1.798,50	40,05	143,88	161,86	30,73	137,61	154,81	21,41	131,34	147,76	12,09	125,08	140,72	2,77	118,82	133,67	-	112,55	126,62	-	106,30	119,5
	V	2.313,00	101,27	185,04	208,17																		
	VI	2.357,25	106,54	188,58	212,15																		

Lohn/ Gehalt bis	Steuerklasse	Lohn-steuer	ohne Kinderfreibetrag			Anzahl Kinderfreibeträge (nur Steuerklassen I–IV)																	
						0,5			1,0			1,5			2,0			2,5			3,0		
			SolZ 5,5%	Kirchensteuer 8%	9%	SolZ 5,5%	Kirchensteuer 8%	9%	SolZ 5,5%	Kirchensteuer 8%	9%	SolZ 5,5%	Kirchensteuer 8%	9%	SolZ 5,5%	Kirchensteuer 8%	9%	SolZ 5,5%	Kirchensteuer 8%	9%	SolZ 5,5%	Kirchensteuer 8%	9%
6.527,99	I	1.799,83	40,21	143,98	161,98	21,56	131,45	147,88	2,92	118,92	133,78	-	106,40	119,70	-	94,24	106,02	-	82,60	92,93	-	71,48	80,42
	II	1.650,66	22,46	132,05	148,55	3,81	119,52	134,46	-	107,00	120,37	-	94,82	106,67	-	83,16	93,55	-	72,00	81,00	-	61,37	69,04
	III	1.143,33	-	91,46	102,89	-	82,02	92,27	-	72,84	81,94	-	63,92	71,91	-	55,25	62,15	-	46,84	52,69	-	38,68	43,51
	IV	1.799,83	40,21	143,98	161,98	30,89	137,72	154,93	21,56	131,45	147,88	12,24	125,18	140,83	2,92	118,92	133,78	-	112,65	126,73	-	106,40	119,70
	V	2.314,25	101,42	185,14	208,28																		
	VI	2.358,58	106,70	188,68	212,27																		
6.530,99	I	1.801,08	40,36	144,08	162,09	21,71	131,55	147,99	3,07	119,02	133,89	-	106,50	119,81	-	94,34	106,13	-	82,70	93,03	-	71,57	80,51
	II	1.651,91	22,61	132,15	148,67	3,97	119,62	134,57	-	107,10	120,48	-	94,92	106,78	-	83,25	93,65	-	72,10	81,11	-	61,46	69,14
	III	1.144,33	-	91,54	102,98	-	82,10	92,36	-	72,92	82,03	-	63,98	71,98	-	55,32	62,23	-	46,90	52,76	-	38,74	43,58
	IV	1.801,08	40,36	144,08	162,09	31,03	137,82	155,04	21,71	131,55	147,99	12,39	125,28	140,94	3,07	119,02	133,89	-	112,75	126,84	-	106,50	119,81
	V	2.315,50	101,57	185,24	208,39																		
	VI	2.359,83	106,85	188,78	212,38																		
6.533,99	I	1.802,33	40,50	144,18	162,20	21,86	131,65	148,10	3,22	119,12	134,01	-	106,60	119,92	-	94,44	106,24	-	82,79	93,14	-	71,66	80,61
	II	1.653,25	22,76	132,26	148,79	4,12	119,72	134,69	-	107,20	120,60	-	95,01	106,88	-	83,34	93,75	-	72,18	81,20	-	61,54	69,23
	III	1.145,33	-	91,62	103,07	-	82,17	92,44	-	72,98	82,10	-	64,05	72,05	-	55,38	62,30	-	46,97	52,84	-	38,81	43,66
	IV	1.802,33	40,50	144,18	162,20	31,18	137,92	155,16	21,86	131,65	148,10	12,54	125,38	141,05	3,22	119,12	134,01	-	112,85	126,95	-	106,60	119,92
	V	2.316,75	101,72	185,34	208,50																		
	VI	2.361,08	107,00	188,88	212,49																		
6.536,99	I	1.803,58	40,65	144,28	162,32	22,01	131,75	148,22	3,37	119,22	134,12	-	106,70	120,03	-	94,53	106,34	-	82,88	93,24	-	71,74	80,71
	II	1.654,50	22,91	132,36	148,90	4,27	119,82	134,80	-	107,30	120,71	-	95,10	106,99	-	83,43	93,86	-	72,27	81,30	-	61,62	69,32
	III	1.146,33	-	91,70	103,16	-	82,25	92,53	-	73,06	82,19	-	64,13	72,14	-	55,45	62,38	-	47,04	52,92	-	38,86	43,72
	IV	1.803,58	40,65	144,28	162,32	31,33	138,02	155,27	22,01	131,75	148,22	12,69	125,48	141,17	3,37	119,22	134,12	-	112,95	127,07	-	106,70	120,03
	V	2.318,00	101,87	185,44	208,62																		
	VI	2.362,33	107,14	188,98	212,60																		
6.539,99	I	1.804,83	40,80	144,38	162,43	22,16	131,85	148,33	3,52	119,32	134,23	-	106,80	120,15	-	94,63	106,46	-	82,97	93,34	-	71,83	80,81
	II	1.655,75	23,06	132,46	149,01	4,42	119,92	134,91	-	107,40	120,82	-	95,20	107,10	-	83,52	93,96	-	72,36	81,40	-	61,70	69,41
	III	1.147,16	-	91,77	103,24	-	82,33	92,62	-	73,13	82,27	-	64,20	72,22	-	55,52	62,46	-	47,10	52,99	-	38,93	43,79
	IV	1.804,83	40,80	144,38	162,43	31,48	138,12	155,38	22,16	131,85	148,33	12,84	125,58	141,28	3,52	119,32	134,23	-	113,05	127,18	-	106,80	120,15
	V	2.319,25	102,02	185,54	208,73																		
	VI	2.363,58	107,29	189,08	212,72																		
6.542,99	I	1.806,08	40,95	144,48	162,54	22,31	131,95	148,44	3,66	119,42	134,34	-	106,90	120,26	-	94,72	106,56	-	83,06	93,44	-	71,92	80,91
	II	1.657,00	23,21	132,56	149,13	4,57	120,02	135,02	-	107,50	120,93	-	95,30	107,21	-	83,62	94,07	-	72,44	81,50	-	61,79	69,51
	III	1.148,16	-	91,85	103,33	-	82,40	92,70	-	73,21	82,36	-	64,26	72,29	-	55,58	62,53	-	47,17	53,06	-	39,00	43,87
	IV	1.806,08	40,95	144,48	162,54	31,63	138,22	155,49	22,31	131,95	148,44	12,99	125,68	141,39	3,66	119,42	134,34	-	113,15	127,29	-	106,90	120,26
	V	2.320,50	102,17	185,64	208,84																		
	VI	2.364,83	107,44	189,18	212,83																		
6.545,99	I	1.807,33	41,10	144,58	162,65	22,46	132,05	148,55	3,81	119,52	134,46	-	107,00	120,37	-	94,82	106,67	-	83,16	93,55	-	72,00	81,00
	II	1.658,25	23,36	132,66	149,24	4,72	120,12	135,14	-	107,60	121,05	-	95,40	107,32	-	83,70	94,16	-	72,53	81,59	-	61,88	69,61
	III	1.149,16	-	91,93	103,42	-	82,48	92,79	-	73,28	82,44	-	64,34	72,38	-	55,65	62,60	-	47,24	53,14	-	39,06	43,94
	IV	1.807,33	41,10	144,58	162,65	31,78	138,32	155,61	22,46	132,05	148,55	13,13	125,78	141,50	3,81	119,52	134,46	-	113,25	127,40	-	107,00	120,37
	V	2.321,83	102,33	185,74	208,96																		
	VI	2.366,08	107,59	189,28	212,94																		
6.548,99	I	1.808,58	41,25	144,68	162,77	22,61	132,15	148,67	3,97	119,62	134,57	-	107,10	120,48	-	94,92	106,78	-	83,25	93,65	-	72,10	81,11
	II	1.659,50	23,51	132,76	149,35	4,86	120,22	135,25	-	107,70	121,16	-	95,49	107,42	-	83,80	94,27	-	72,62	81,70	-	61,96	69,70
	III	1.150,16	-	92,01	103,51	-	82,54	92,86	-	73,36	82,53	-	64,41	72,46	-	55,73	62,69	-	47,30	53,21	-	39,13	44,02
	IV	1.808,58	41,25	144,68	162,77	31,93	138,42	155,72	22,61	132,15	148,67	13,28	125,88	141,62	3,97	119,62	134,57	-	113,36	127,53	-	107,10	120,48
	V	2.323,08	102,47	185,84	209,07																		
	VI	2.367,33	107,74	189,38	213,05																		
6.551,99	I	1.809,83	41,40	144,78	162,88	22,76	132,26	148,79	4,12	119,72	134,69	-	107,20	120,60	-	95,01	106,88	-	83,34	93,75	-	72,18	81,20
	II	1.660,75	23,66	132,86	149,46	5,01	120,32	135,36	-	107,80	121,27	-	95,58	107,53	-	83,89	94,37	-	72,71	81,80	-	62,04	69,80
	III	1.151,00	-	92,08	103,59	-	82,62	92,95	-	73,42	82,60	-	64,48	72,54	-	55,80	62,77	-	47,37	53,29	-	39,20	44,10
	IV	1.809,83	41,40	144,78	162,88	32,09	138,52	155,84	22,76	132,26	148,79	13,44	125,99	141,74	4,12	119,72	134,69	-	113,46	127,64	-	107,20	120,60
	V	2.324,33	102,62	185,94	209,18																		
	VI	2.368,58	107,89	189,48	213,17																		
6.554,99	I	1.811,16	41,56	144,89	163,00	22,91	132,36	148,90	4,27	119,82	134,80	-	107,30	120,71	-	95,10	106,99	-	83,43	93,86	-	72,27	81,30
	II	1.662,00	23,80	132,96	149,58	5,16	120,42	135,47	-	107,90	121,38	-	95,68	107,64	-	83,98	94,48	-	72,80	81,90	-	62,12	69,89
	III	1.152,00	-	92,16	103,68	-	82,70	93,04	-	73,50	82,69	-	64,56	72,63	-	55,86	62,84	-	47,44	53,37	-	39,26	44,17
	IV	1.811,16	41,56	144,89	163,00	32,23	138,62	155,95	22,91	132,36	148,90	13,59	126,09	141,85	4,27	119,82	134,80	-	113,56	127,75	-	107,30	120,71
	V	2.325,58	102,77	186,04	209,30																		
	VI	2.369,91	108,05	189,59	213,29																		
6.557,99	I	1.812,41	41,70	144,99	163,11	23,06	132,46	149,01	4,42	119,92	134,91	-	107,40	120,82	-	95,20	107,10	-	83,52	93,96	-	72,36	81,40
	II	1.663,33	23,96	133,06	149,69	5,32	120,53	135,59	-	108,00	121,50	-	95,78	107,75	-	84,08	94,59	-	72,88	81,99	-	62,21	69,98
	III	1.153,00	-	92,24	103,77	-	82,77	93,11	-	73,57	82,76	-	64,62	72,70	-	55,93	62,92	-	47,50	53,44	-	39,32	44,23
	IV	1.812,41	41,70	144,99	163,11	32,38	138,72	156,06	23,06	132,46	149,01	13,74	126,19	141,96	4,42	119,92	134,91	-	113,66	127,86	-	107,40	120,82
	V	2.326,83	102,92	186,14	209,41																		
	VI	2.371,16	108,20	189,69	213,40																		
6.560,99	I	1.813,66	41,85	145,09	163,22	23,21	132,56	149,13	4,57	120,02	135,02	-	107,50	120,93	-	95,30	107,21	-	83,62	94,07	-	72,44	81,50
	II	1.664,58	24,11	133,16	149,81	5,47	120,63	135,71	-	108,10	121,61	-	95,88	107,86	-	84,16	94,68	-	72,97	82,09	-	62,29	70,07
	III	1.154,00	-	92,32	103,86	-	82,85	93,20	-	73,64	82,84	-	64,69	72,77	-	56,00	63,00	-	47,57	53,51	-	39,38	44,30
	IV	1.813,66	41,85	145,09	163,22	32,53	138,82	156,17	23,21	132,56	149,13	13,89	126,29	142,07	4,57	120,02	135,02	-	113,76	127,98	-	107,50	120,93
	V	2.328,08	103,07	186,24	209,52																		
	VI	2.372,41	108,34	189,79	213,51																		
6.563,99	I	1.814,91	42,00	145,19	163,34	23,36	132,66	149,24	4,72	120,12	135,14	-	107,60	121,05	-	95,40	107,32	-	83,70	94,16	-	72,53	81,59
	II	1.665,83	24,26	133,26	149,92	5,62	120,73	135,82	-	108,20	121,72	-	95,97	107,96	-	84,26	94,79	-	73,06	82,19	-	62,38	70,17
	III	1.155,00	-	92,40	103,95	-	82,93	93,29	-	73,72	82,93	-	64,77	72,86	-	56,06	63,07	-	47,64	53,59	-	39,45	44,38
	IV	1.814,91	42,00	145,19	163,34	32,68	138,92	156,29	23,36	132,66	149,24	14,04	126,39	142,19	4,72	120,12	135,14	-	113,86	128,09	-	107,60	121,05
	V	2.329,33	103,22	186,34	209,63																		
	VI	2.373,66	108,49	189,89	213,62																		
6.566,99	I	1.816,16	42,15	145,29	163,45	23,51	132,76	149,35	4,86	120,22	135,25	-	107,70	121,16	-	95,49	107,42	-	83,80	94,27	-	72,62	81,70
	II	1.667,08	24,41	133,36	150,03	5,77	120,83	135,93	-	108,30	121,83	-	96,07	108,08	-	84,35	94,89	-	73,15	82,29	-	62,46	70,26
	III	1.155,83	-	92,46	104,02	-	83,00	93,37	-	73,78	83,00	-	64,84	72,94	-	56,14	63,16	-	47,70	53,66	-	39,52	44,46
	IV	1.816,16	42,15	145,29	163,45	32,83	139,02	156,40	23,51	132,76	149,35	14,19	126,49	142,30	4,86	120,22	135,25	-	113,96	128,20	-	107,70	121,16
	V	2.330,58	103,37	186,44	209,75																		
	VI	2.374,91	108,64	189,99	213,74																		
6.569,99	I	1.817,41	42,30	145,39	163,56	23,66	132,86	149,46	5,01	120,32	135,36	-	107,80	121,27	-	95,58	107,53	-	83,89	94,37	-	72,71	81,80
	II	1.668,33	24,56	133,46	150,14	5,92	120,93	136,04	-	108,40	121,95	-	96,16	108,18	-	84,44	95,00	-	73,24	82,39	-	62,54	70,36
	III	1.156,83	-	92,54	104,11	-	83,08	93,46	-	73,86	83,09	-	64,90	73,01	-	56,21	63,23	-	47,77	53,74	-	39,58	44,53
	IV	1.817,41	42,30	145,39	163,56	32,98	139,12	156,51	23,66	132,86	149,46	14,33	126,59	142,41	5,01	120,32	135,36	-	114,06	128,31	-	107,80	121,27
	V	2.331,83	103,52	186,54	209,86																		
	VI	2.376,16	108,79	190,09	213,85																		

Lohn/ Gehalt bis	Steuerklasse	Lohn-steuer	ohne Kinderfreibetrag			Anzahl Kinderfreibeträge (nur Steuerklassen I–IV)																	
						0,5			1,0			1,5			2,0			2,5			3,0		
			SolZ 5,5%	Kirchensteuer 8%	9%	SolZ 5,5%	Kirchensteuer 8%	9%	SolZ 5,5%	Kirchensteuer 8%	9%	SolZ 5,5%	Kirchensteuer 8%	9%	SolZ 5,5%	Kirchensteuer 8%	9%	SolZ 5,5%	Kirchensteuer 8%	9%	SolZ 5,5%	Kirchensteuer 8%	9%
6.572,99	I	1.818,66	42,45	145,49	163,67	23,80	132,96	149,58	5,16	120,42	135,47	-	107,90	121,38	-	95,68	107,64	-	83,98	94,48	-	72,80	81,9
	II	1.669,58	24,71	133,56	150,26	6,06	121,03	136,16	-	108,50	122,06	-	96,26	108,29	-	84,54	95,10	-	73,32	82,49	-	62,63	70,4
	III	1.157,83	-	92,62	104,20	-	83,16	93,55	-	73,93	83,17	-	64,98	73,10	-	56,28	63,31	-	47,84	53,82	-	39,65	44,6
	IV	1.818,66	42,45	145,49	163,67	33,13	139,22	156,62	23,80	132,96	149,58	14,48	126,69	142,52	5,16	120,42	135,47	-	114,16	128,43	-	107,90	121,3
	V	2.333,16	103,67	186,65	209,98																		
	VI	2.377,41	108,94	190,19	213,96																		
6.575,99	I	1.819,91	42,60	145,59	163,79	23,96	133,06	149,69	5,32	120,53	135,59	-	108,00	121,50	-	95,78	107,75	-	84,08	94,59	-	72,88	81,9
	II	1.670,83	24,86	133,66	150,37	6,21	121,13	136,27	-	108,60	122,18	-	96,36	108,40	-	84,63	95,21	-	73,41	82,58	-	62,71	70,5
	III	1.158,83	-	92,70	104,29	-	83,22	93,62	-	74,01	83,26	-	65,05	73,18	-	56,34	63,38	-	47,90	53,89	-	39,72	44,6
	IV	1.819,91	42,60	145,59	163,79	33,28	139,32	156,74	23,96	133,06	149,69	14,64	126,80	142,65	5,32	120,53	135,59	-	114,26	128,54	-	108,00	121,5
	V	2.334,41	103,82	186,75	210,09																		
	VI	2.378,66	109,09	190,29	214,07																		
6.578,99	I	1.821,25	42,76	145,70	163,91	24,11	133,16	149,81	5,47	120,63	135,71	-	108,10	121,61	-	95,88	107,86	-	84,16	94,68	-	72,97	82,0
	II	1.672,08	25,00	133,76	150,48	6,36	121,23	136,38	-	108,70	122,29	-	96,45	108,50	-	84,72	95,31	-	73,50	82,69	-	62,80	70,6
	III	1.159,83	-	92,78	104,38	-	83,30	93,71	-	74,08	83,34	-	65,12	73,26	-	56,41	63,46	-	47,97	53,96	-	39,77	44,7
	IV	1.821,25	42,76	145,70	163,91	33,43	139,43	156,86	24,11	133,16	149,81	14,79	126,90	142,76	5,47	120,63	135,71	-	114,36	128,66	-	108,10	121,6
	V	2.335,66	103,97	186,85	210,20																		
	VI	2.380,00	109,25	190,40	214,20																		
6.581,99	I	1.822,50	42,90	145,80	164,02	24,26	133,26	149,92	5,62	120,73	135,82	-	108,20	121,72	-	95,97	107,96	-	84,26	94,79	-	73,06	82,1
	II	1.673,33	25,15	133,86	150,59	6,52	121,34	136,50	-	108,80	122,40	-	96,55	108,62	-	84,81	95,41	-	73,59	82,79	-	62,88	70,7
	III	1.160,66	-	92,85	104,45	-	83,37	93,79	-	74,16	83,43	-	65,18	73,33	-	56,48	63,54	-	48,04	54,04	-	39,84	44,8
	IV	1.822,50	42,90	145,80	164,02	33,58	139,53	156,97	24,26	133,26	149,92	14,94	127,00	142,87	5,62	120,73	135,82	-	114,46	128,77	-	108,20	121,7
	V	2.336,91	104,12	186,95	210,32																		
	VI	2.381,25	109,40	190,50	214,31																		
6.584,99	I	1.823,75	43,05	145,90	164,13	24,41	133,36	150,03	5,77	120,83	135,93	-	108,30	121,83	-	96,07	108,08	-	84,35	94,89	-	73,15	82,2
	II	1.674,66	25,31	133,97	150,71	6,67	121,44	136,62	-	108,90	122,51	-	96,64	108,72	-	84,90	95,51	-	73,68	82,89	-	62,96	70,8
	III	1.161,66	-	92,93	104,54	-	83,45	93,88	-	74,22	83,50	-	65,26	73,42	-	56,56	63,63	-	48,10	54,11	-	39,90	44,8
	IV	1.823,75	43,05	145,90	164,13	33,73	139,63	157,08	24,41	133,36	150,03	15,09	127,10	142,98	5,77	120,83	135,93	-	114,56	128,88	-	108,30	121,8
	V	2.338,16	104,27	187,05	210,43																		
	VI	2.382,50	109,54	190,60	214,42																		
6.587,99	I	1.825,00	43,20	146,00	164,25	24,56	133,46	150,14	5,92	120,93	136,04	-	108,40	121,95	-	96,16	108,18	-	84,44	95,00	-	73,24	82,3
	II	1.675,91	25,46	134,07	150,83	6,82	121,54	136,73	-	109,00	122,63	-	96,74	108,83	-	85,00	95,62	-	73,76	82,98	-	63,05	70,9
	III	1.162,66	-	93,01	104,63	-	83,53	93,97	-	74,30	83,59	-	65,33	73,49	-	56,62	63,70	-	48,17	54,19	-	39,97	44,9
	IV	1.825,00	43,20	146,00	164,25	33,88	139,73	157,19	24,56	133,46	150,14	15,24	127,20	143,10	5,92	120,93	136,04	-	114,66	128,99	-	108,40	121,9
	V	2.339,41	104,42	187,15	210,54																		
	VI	2.383,75	109,69	190,70	214,53																		
6.590,99	I	1.826,25	43,35	146,10	164,36	24,71	133,56	150,26	6,06	121,03	136,16	-	108,50	122,06	-	96,26	108,29	-	84,54	95,10	-	73,32	82,4
	II	1.677,16	25,61	134,17	150,94	6,97	121,64	136,84	-	109,10	122,74	-	96,84	108,94	-	85,09	95,72	-	73,86	83,09	-	63,13	71,0
	III	1.163,66	-	93,09	104,72	-	83,60	94,05	-	74,37	83,66	-	65,40	73,57	-	56,69	63,77	-	48,24	54,27	-	40,04	45,0
	IV	1.826,25	43,35	146,10	164,36	34,03	139,83	157,31	24,71	133,56	150,26	15,39	127,30	143,21	6,06	121,03	136,16	-	114,76	129,11	-	108,50	122,0
	V	2.340,66	104,57	187,25	210,65																		
	VI	2.385,00	109,84	190,80	214,65																		
6.593,99	I	1.827,50	43,50	146,20	164,47	24,86	133,66	150,37	6,21	121,13	136,27	-	108,60	122,18	-	96,36	108,40	-	84,63	95,21	-	73,41	82,5
	II	1.678,41	25,76	134,27	151,05	7,12	121,74	136,95	-	109,20	122,85	-	96,94	109,05	-	85,18	95,83	-	73,94	83,18	-	63,22	71,1
	III	1.164,66	-	93,17	104,81	-	83,68	94,14	-	74,45	83,75	-	65,48	73,66	-	56,76	63,85	-	48,30	54,34	-	40,10	45,1
	IV	1.827,50	43,50	146,20	164,47	34,18	139,93	157,42	24,86	133,66	150,37	15,53	127,40	143,32	6,21	121,13	136,27	-	114,86	129,22	-	108,60	122,1
	V	2.341,91	104,72	187,35	210,77																		
	VI	2.386,25	109,99	190,90	214,76																		
6.596,99	I	1.828,75	43,65	146,30	164,58	25,00	133,76	150,48	6,36	121,23	136,38	-	108,70	122,29	-	96,45	108,50	-	84,72	95,31	-	73,50	82,6
	II	1.679,66	25,91	134,37	151,16	7,26	121,84	137,07	-	109,30	122,96	-	97,03	109,16	-	85,28	95,94	-	74,03	83,28	-	63,30	71,2
	III	1.165,50	-	93,24	104,89	-	83,76	94,23	-	74,52	83,83	-	65,54	73,73	-	56,82	63,92	-	48,37	54,41	-	40,17	45,1
	IV	1.828,75	43,65	146,30	164,58	34,33	140,03	157,53	25,00	133,76	150,48	15,68	127,50	143,43	6,36	121,23	136,38	-	114,96	129,33	-	108,70	122,2
	V	2.343,25	104,87	187,46	210,89																		
	VI	2.387,50	110,14	191,00	214,87																		
6.599,99	I	1.830,00	43,80	146,40	164,70	25,15	133,86	150,59	6,52	121,34	136,50	-	108,80	122,40	-	96,55	108,62	-	84,81	95,41	-	73,59	82,7
	II	1.680,91	26,06	134,47	151,28	7,41	121,94	137,18	-	109,40	123,08	-	97,13	109,27	-	85,36	96,03	-	74,12	83,38	-	63,38	71,3
	III	1.166,50	-	93,32	104,98	-	83,82	94,30	-	74,60	83,92	-	65,61	73,81	-	56,90	64,01	-	48,44	54,49	-	40,22	45,2
	IV	1.830,00	43,80	146,40	164,70	34,48	140,13	157,64	25,15	133,86	150,59	15,84	127,60	143,55	6,52	121,34	136,50	-	115,07	129,45	-	108,80	122,4
	V	2.344,50	105,02	187,56	211,00																		
	VI	2.388,75	110,29	191,10	214,98																		
6.602,99	I	1.831,33	43,96	146,50	164,81	25,31	133,97	150,71	6,67	121,44	136,62	-	108,90	122,51	-	96,64	108,72	-	84,90	95,51	-	73,68	82,8
	II	1.682,16	26,20	134,57	151,39	7,56	122,04	137,29	-	109,50	123,19	-	97,22	109,37	-	85,46	96,14	-	74,21	83,48	-	63,47	71,4
	III	1.167,50	-	93,40	105,07	-	83,90	94,39	-	74,66	83,99	-	65,69	73,90	-	56,97	64,09	-	48,50	54,56	-	40,29	45,3
	IV	1.831,33	43,96	146,50	164,81	34,63	140,24	157,77	25,31	133,97	150,71	15,99	127,70	143,66	6,67	121,44	136,62	-	115,17	129,56	-	108,90	122,5
	V	2.345,75	105,17	187,66	211,11																		
	VI	2.390,08	110,45	191,20	215,10																		
6.605,99	I	1.832,58	44,10	146,60	164,93	25,46	134,07	150,83	6,82	121,54	136,73	-	109,00	122,63	-	96,74	108,83	-	85,00	95,62	-	73,76	82,9
	II	1.683,41	26,35	134,67	151,50	7,72	122,14	137,41	-	109,61	123,31	-	97,32	109,49	-	85,55	96,24	-	74,30	83,58	-	63,55	71,4
	III	1.168,50	-	93,48	105,16	-	83,98	94,48	-	74,74	84,08	-	65,76	73,98	-	57,04	64,17	-	48,57	54,64	-	40,36	45,4
	IV	1.832,58	44,10	146,60	164,93	34,78	140,34	157,88	25,46	134,07	150,83	16,14	127,80	143,78	6,82	121,54	136,73	-	115,27	129,68	-	109,00	122,6
	V	2.347,00	105,32	187,76	211,23																		
	VI	2.391,33	110,60	191,30	215,21																		
6.608,99	I	1.833,83	44,25	146,70	165,04	25,61	134,17	150,94	6,97	121,64	136,84	-	109,10	122,74	-	96,84	108,94	-	85,09	95,72	-	73,86	83,0
	II	1.684,75	26,51	134,78	151,62	7,87	122,24	137,52	-	109,71	123,42	-	97,42	109,59	-	85,64	96,35	-	74,38	83,68	-	63,64	71,5
	III	1.169,50	-	93,56	105,25	-	84,05	94,55	-	74,81	84,16	-	65,84	74,07	-	57,10	64,24	-	48,64	54,72	-	40,42	45,4
	IV	1.833,83	44,25	146,70	165,04	34,93	140,44	157,99	25,61	134,17	150,94	16,29	127,90	143,89	6,97	121,64	136,84	-	115,37	129,79	-	109,10	122,7
	V	2.348,25	105,47	187,86	211,34																		
	VI	2.392,58	110,74	191,40	215,33																		
6.611,99	I	1.835,08	44,40	146,80	165,15	25,76	134,27	151,05	7,12	121,74	136,95	-	109,20	122,85	-	96,94	109,05	-	85,18	95,83	-	73,94	83,1
	II	1.686,00	26,66	134,88	151,74	8,02	122,34	137,63	-	109,81	123,53	-	97,52	109,71	-	85,74	96,45	-	74,47	83,78	-	63,72	71,6
	III	1.170,33	-	93,62	105,32	-	84,13	94,64	-	74,89	84,25	-	65,90	74,14	-	57,17	64,31	-	48,70	54,79	-	40,49	45,5
	IV	1.835,08	44,40	146,80	165,15	35,08	140,54	158,10	25,76	134,27	151,05	16,44	128,00	144,00	7,12	121,74	136,95	-	115,47	129,90	-	109,20	122,8
	V	2.349,50	105,62	187,96	211,45																		
	VI	2.393,83	110,89	191,50	215,44																		
6.614,99	I	1.836,33	44,55	146,90	165,26	25,91	134,37	151,16	7,26	121,84	137,07	-	109,30	122,96	-	97,03	109,16	-	85,28	95,94	-	74,03	83,2
	II	1.687,25	26,81	134,98	151,85	8,17	122,44	137,75	-	109,91	123,65	-	97,61	109,81	-	85,83	96,56	-	74,56	83,88	-	63,80	71,7
	III	1.171,33	-	93,70	105,41	-	84,21	94,73	-	74,96	84,33	-	65,97	74,21	-	57,24	64,39	-	48,77	54,86	-	40,56	45,6
	IV	1.836,33	44,55	146,90	165,26	35,23	140,64	158,22	25,91	134,37	151,16	16,59	128,10	144,11	7,26	121,84	137,07	-	115,57	130,01	-	109,30	122,9
	V	2.350,75	105,77	188,06	211,56																		
	VI	2.395,08	111,04	191,60	215,55																		

Lohn/ Gehalt bis	Steuerklasse	Lohn-steuer	ohne Kinderfreibetrag			Anzahl Kinderfreibeträge (nur Steuerklassen I–IV) 0,5			1,0			1,5			2,0			2,5			3,0		
			SolZ 5,5%	Kirchensteuer 8%	9%	SolZ 5,5%	Kirchensteuer 8%	9%	SolZ 5,5%	Kirchensteuer 8%	9%	SolZ 5,5%	Kirchensteuer 8%	9%	SolZ 5,5%	Kirchensteuer 8%	9%	SolZ 5,5%	Kirchensteuer 8%	9%	SolZ 5,5%	Kirchensteuer 8%	9%
6.617,99	I	1.837,58	44,70	147,00	165,38	26,06	134,47	151,28	7,41	121,94	137,18	-	109,40	123,08	-	97,13	109,27	-	85,36	96,03	-	74,12	83,38
	II	1.688,50	26,96	135,08	151,96	8,32	122,54	137,86	-	110,01	123,76	-	97,71	109,92	-	85,92	96,66	-	74,65	83,98	-	63,89	71,87
	III	1.172,33	-	93,78	105,50	-	84,28	94,81	-	75,04	84,42	-	66,05	74,30	-	57,32	64,48	-	48,84	54,94	-	40,62	45,70
	IV	1.837,58	44,70	147,00	165,38	35,38	140,74	158,33	26,06	134,47	151,28	16,73	128,20	144,23	7,41	121,94	137,18	-	115,67	130,13	-	109,40	123,08
	V	2.352,00	105,91	188,16	211,68																		
	VI	2.396,33	111,19	191,70	215,66																		
6.620,99	I	1.838,83	44,85	147,10	165,49	26,20	134,57	151,39	7,56	122,04	137,29	-	109,50	123,19	-	97,22	109,37	-	85,46	96,14	-	74,21	83,48
	II	1.689,75	27,11	135,18	152,07	8,46	122,64	137,97	-	110,11	123,87	-	97,80	110,03	-	86,02	96,77	-	74,74	84,08	-	63,98	71,97
	III	1.173,33	-	93,86	105,59	-	84,36	94,90	-	75,10	84,49	-	66,12	74,38	-	57,38	64,55	-	48,90	55,01	-	40,69	45,77
	IV	1.838,83	44,85	147,10	165,49	35,53	140,84	158,44	26,20	134,57	151,39	16,88	128,30	144,34	7,56	122,04	137,29	-	115,77	130,24	-	109,50	123,19
	V	2.353,33	106,07	188,26	211,79																		
	VI	2.397,58	111,34	191,80	215,78																		
6.623,99	I	1.840,08	45,00	147,20	165,60	26,35	134,67	151,50	7,72	122,14	137,41	-	109,61	123,31	-	97,32	109,49	-	85,55	96,24	-	74,30	83,58
	II	1.691,00	27,26	135,28	152,19	8,61	122,74	138,08	-	110,21	123,98	-	97,90	110,14	-	86,11	96,87	-	74,82	84,17	-	64,06	72,06
	III	1.174,33	-	93,94	105,68	-	84,44	94,99	-	75,18	84,58	-	66,18	74,45	-	57,45	64,63	-	48,97	55,09	-	40,74	45,83
	IV	1.840,08	45,00	147,20	165,60	35,68	140,94	158,55	26,35	134,67	151,50	17,03	128,40	144,45	7,72	122,14	137,41	-	115,88	130,36	-	109,61	123,31
	V	2.354,58	106,22	188,36	211,91																		
	VI	2.398,83	111,49	191,90	215,89																		
6.626,99	I	1.841,33	45,15	147,30	165,71	26,51	134,78	151,62	7,87	122,24	137,52	-	109,71	123,42	-	97,42	109,59	-	85,64	96,35	-	74,38	83,68
	II	1.692,25	27,40	135,38	152,30	8,76	122,84	138,20	-	110,31	124,10	-	98,00	110,25	-	86,20	96,98	-	74,92	84,28	-	64,14	72,16
	III	1.175,16	-	94,01	105,76	-	84,50	95,06	-	75,25	84,65	-	66,26	74,54	-	57,52	64,71	-	49,04	55,17	-	40,81	45,91
	IV	1.841,33	45,15	147,30	165,71	35,83	141,04	158,67	26,51	134,78	151,62	17,19	128,51	144,57	7,87	122,24	137,52	-	115,98	130,47	-	109,71	123,42
	V	2.355,83	106,37	188,46	212,02																		
	VI	2.400,08	111,64	192,00	216,00																		
6.629,99	I	1.842,66	45,30	147,41	165,83	26,66	134,88	151,74	8,02	122,34	137,63	-	109,81	123,53	-	97,52	109,71	-	85,74	96,45	-	74,47	83,78
	II	1.693,50	27,55	135,48	152,41	8,91	122,94	138,31	-	110,42	124,22	-	98,10	110,36	-	86,30	97,08	-	75,00	84,38	-	64,23	72,26
	III	1.176,16	-	94,09	105,85	-	84,58	95,15	-	75,33	84,74	-	66,33	74,62	-	57,58	64,78	-	49,10	55,24	-	40,88	45,99
	IV	1.842,66	45,30	147,41	165,83	35,98	141,14	158,78	26,66	134,88	151,74	17,34	128,61	144,68	8,02	122,34	137,63	-	116,08	130,59	-	109,81	123,53
	V	2.357,08	106,52	188,56	212,13																		
	VI	2.401,41	111,80	192,11	216,12																		
6.632,99	I	1.843,91	45,45	147,51	165,95	26,81	134,98	151,85	8,17	122,44	137,75	-	109,91	123,65	-	97,61	109,81	-	85,83	96,56	-	74,56	83,88
	II	1.694,83	27,71	135,58	152,53	9,07	123,05	138,43	-	110,52	124,33	-	98,20	110,47	-	86,38	97,18	-	75,09	84,47	-	64,32	72,36
	III	1.177,16	-	94,17	105,94	-	84,66	95,24	-	75,40	84,82	-	66,40	74,70	-	57,66	64,87	-	49,17	55,31	-	40,94	46,06
	IV	1.843,91	45,45	147,51	165,95	36,13	141,24	158,90	26,81	134,98	151,85	17,49	128,71	144,80	8,17	122,44	137,75	-	116,18	130,70	-	109,91	123,65
	V	2.358,33	106,67	188,66	212,24																		
	VI	2.402,66	111,94	192,21	216,23																		
6.635,99	I	1.845,16	45,60	147,61	166,06	26,96	135,08	151,96	8,32	122,54	137,86	-	110,01	123,76	-	97,71	109,92	-	85,92	96,66	-	74,65	83,98
	II	1.696,08	27,86	135,68	152,64	9,22	123,15	138,54	-	110,62	124,44	-	98,29	110,57	-	86,48	97,29	-	75,18	84,58	-	64,40	72,45
	III	1.178,16	-	94,25	106,03	-	84,73	95,32	-	75,48	84,91	-	66,48	74,79	-	57,73	64,94	-	49,24	55,39	-	41,01	46,13
	IV	1.845,16	45,60	147,61	166,06	36,28	141,34	159,01	26,96	135,08	151,96	17,64	128,81	144,91	8,32	122,54	137,86	-	116,28	130,81	-	110,01	123,76
	V	2.359,58	106,82	188,76	212,36																		
	VI	2.403,91	112,09	192,31	216,35																		
6.638,99	I	1.846,41	45,75	147,71	166,17	27,11	135,18	152,07	8,46	122,64	137,97	-	110,11	123,87	-	97,80	110,03	-	86,02	96,77	-	74,74	84,08
	II	1.697,33	28,01	135,78	152,75	9,37	123,25	138,65	-	110,72	124,56	-	98,39	110,69	-	86,57	97,39	-	75,27	84,68	-	64,48	72,54
	III	1.179,16	-	94,33	106,12	-	84,81	95,41	-	75,54	84,98	-	66,54	74,86	-	57,80	65,02	-	49,30	55,46	-	41,08	46,21
	IV	1.846,41	45,75	147,71	166,17	36,43	141,44	159,12	27,11	135,18	152,07	17,79	128,91	145,02	8,46	122,64	137,97	-	116,38	130,92	-	110,11	123,87
	V	2.360,83	106,97	188,86	212,47																		
	VI	2.405,16	112,24	192,41	216,46																		
6.641,99	I	1.847,66	45,90	147,81	166,28	27,26	135,28	152,19	8,61	122,74	138,08	-	110,21	123,98	-	97,90	110,14	-	86,11	96,87	-	74,82	84,17
	II	1.698,58	28,16	135,88	152,87	9,52	123,35	138,77	-	110,82	124,67	-	98,48	110,79	-	86,66	97,49	-	75,36	84,78	-	64,57	72,64
	III	1.180,16	-	94,41	106,21	-	84,89	95,50	-	75,62	85,07	-	66,61	74,93	-	57,86	65,09	-	49,37	55,54	-	41,14	46,28
	IV	1.847,66	45,90	147,81	166,28	36,58	141,54	159,23	27,26	135,28	152,19	17,93	129,01	145,13	8,61	122,74	138,08	-	116,48	131,04	-	110,21	123,98
	V	2.362,08	107,11	188,96	212,58																		
	VI	2.406,41	112,39	192,51	216,57																		
6.644,99	I	1.848,91	46,05	147,91	166,40	27,40	135,38	152,30	8,76	122,84	138,20	-	110,31	124,10	-	98,00	110,25	-	86,20	96,98	-	74,92	84,28
	II	1.699,83	28,31	135,98	152,98	9,66	123,45	138,88	-	110,92	124,78	-	98,58	110,90	-	86,76	97,60	-	75,45	84,88	-	64,65	72,73
	III	1.181,00	-	94,48	106,29	-	84,96	95,58	-	75,69	85,15	-	66,69	75,02	-	57,93	65,17	-	49,44	55,62	-	41,21	46,36
	IV	1.848,91	46,05	147,91	166,40	36,73	141,64	159,35	27,40	135,38	152,30	18,08	129,11	145,25	8,76	122,84	138,20	-	116,58	131,15	-	110,31	124,10
	V	2.363,33	107,26	189,06	212,69																		
	VI	2.407,66	112,54	192,61	216,68																		
6.647,99	I	1.850,16	46,20	148,01	166,51	27,55	135,48	152,41	8,91	122,94	138,31	-	110,42	124,22	-	98,10	110,36	-	86,30	97,08	-	75,00	84,38
	II	1.701,08	28,46	136,08	153,09	9,81	123,55	138,99	-	111,02	124,89	-	98,68	111,02	-	86,85	97,70	-	75,54	84,98	-	64,74	72,83
	III	1.182,00	-	94,56	106,38	-	85,04	95,67	-	75,77	85,24	-	66,76	75,10	-	58,01	65,26	-	49,50	55,69	-	41,28	46,44
	IV	1.850,16	46,20	148,01	166,51	36,88	141,74	159,46	27,55	135,48	152,41	18,23	129,21	145,36	8,91	122,94	138,31	-	116,68	131,27	-	110,42	124,22
	V	2.364,66	107,42	189,17	212,81																		
	VI	2.408,91	112,69	192,71	216,80																		
6.650,99	I	1.851,41	46,35	148,11	166,62	27,71	135,58	152,53	9,07	123,05	138,43	-	110,52	124,33	-	98,20	110,47	-	86,38	97,18	-	75,09	84,47
	II	1.702,33	28,60	136,18	153,20	9,96	123,65	139,10	-	111,12	125,01	-	98,78	111,12	-	86,94	97,81	-	75,62	85,07	-	64,82	72,92
	III	1.183,00	-	94,64	106,47	-	85,12	95,76	-	75,84	85,32	-	66,82	75,17	-	58,08	65,34	-	49,57	55,76	-	41,33	46,49
	IV	1.851,41	46,35	148,11	166,62	37,02	141,84	159,57	27,71	135,58	152,53	18,39	129,32	145,48	9,07	123,05	138,43	-	116,78	131,38	-	110,52	124,33
	V	2.365,91	107,57	189,27	212,93																		
	VI	2.410,16	112,84	192,81	216,91																		
6.653,99	I	1.852,75	46,50	148,22	166,74	27,86	135,68	152,64	9,22	123,15	138,54	-	110,62	124,44	-	98,29	110,57	-	86,48	97,29	-	75,18	84,58
	II	1.703,58	28,75	136,28	153,32	10,11	123,75	139,22	-	111,22	125,12	-	98,88	111,24	-	87,04	97,92	-	75,72	85,18	-	64,91	73,02
	III	1.184,00	-	94,72	106,56	-	85,18	95,83	-	75,92	85,41	-	66,90	75,26	-	58,14	65,41	-	49,65	55,85	-	41,40	46,57
	IV	1.852,75	46,50	148,22	166,74	37,18	141,95	159,69	27,86	135,68	152,64	18,54	129,42	145,59	9,22	123,15	138,54	-	116,88	131,49	-	110,62	124,44
	V	2.367,16	107,72	189,37	213,04																		
	VI	2.411,50	113,00	192,92	217,03																		
6.656,99	I	1.854,00	46,65	148,32	166,86	28,01	135,78	152,75	9,37	123,25	138,65	-	110,72	124,56	-	98,39	110,69	-	86,57	97,39	-	75,27	84,68
	II	1.704,83	28,90	136,38	153,43	10,27	123,86	139,34	-	111,32	125,24	-	98,97	111,34	-	87,13	98,02	-	75,80	85,28	-	64,99	73,11
	III	1.185,00	-	94,80	106,65	-	85,26	95,92	-	75,98	85,48	-	66,97	75,34	-	58,21	65,48	-	49,72	55,93	-	41,46	46,64
	IV	1.854,00	46,65	148,32	166,86	37,33	142,05	159,80	28,01	135,78	152,75	18,69	129,52	145,71	9,37	123,25	138,65	0,04	116,98	131,60	-	110,72	124,56
	V	2.368,41	107,87	189,47	213,15																		
	VI	2.412,75	113,14	193,02	217,14																		
6.659,99	I	1.855,25	46,80	148,42	166,97	28,16	135,88	152,87	9,52	123,35	138,77	-	110,82	124,67	-	98,48	110,79	-	86,66	97,49	-	75,36	84,78
	II	1.706,16	29,06	136,49	153,55	10,42	123,96	139,45	-	111,42	125,35	-	99,07	111,45	-	87,22	98,12	-	75,89	85,37	-	65,08	73,21
	III	1.185,83	-	94,86	106,72	-	85,34	96,01	-	76,06	85,57	-	67,04	75,42	-	58,28	65,56	-	49,78	56,00	-	41,53	46,72
	IV	1.855,25	46,80	148,42	166,97	37,48	142,15	159,92	28,16	135,88	152,87	18,84	129,62	145,82	9,52	123,35	138,77	0,19	117,08	131,72	-	110,82	124,67
	V	2.369,66	108,02	189,57	213,26																		
	VI	2.414,00	113,29	193,12	217,26																		

Lohn/ Gehalt bis	Steuerklasse	Lohnsteuer	ohne Kinderfreibetrag SolZ 5,5%	Kirchensteuer 8%	9%	0,5 SolZ 5,5%	Kirchensteuer 8%	9%	1,0 SolZ 5,5%	Kirchensteuer 8%	9%	1,5 SolZ 5,5%	Kirchensteuer 8%	9%	2,0 SolZ 5,5%	Kirchensteuer 8%	9%	2,5 SolZ 5,5%	Kirchensteuer 8%	9%	3,0 SolZ 5,5%	Kirchensteuer 8%	9%
						Anzahl Kinderfreibeträge (nur Steuerklassen I–IV)																	
6.662,99	I	1.856,50	46,95	148,52	167,08	28,31	135,98	152,98	9,66	123,45	138,88	-	110,92	124,78	-	98,58	110,90	-	86,76	97,60	-	75,45	84,8
	II	1.707,41	29,21	136,59	153,66	10,57	124,06	139,56	-	111,52	125,46	-	99,16	111,56	-	87,32	98,23	-	75,98	85,48	-	65,16	73,3
	III	1.186,83	-	94,94	106,81	-	85,41	96,08	-	76,13	85,64	-	67,12	75,51	-	58,36	65,65	-	49,85	56,08	-	41,60	46,8
	IV	1.856,50	46,95	148,52	167,08	37,63	142,25	160,03	28,31	135,98	152,98	18,99	129,72	145,93	9,66	123,45	138,88	0,34	117,18	131,83	-	110,92	124,7
	V	2.370,91	108,17	189,67	213,38																		
	VI	2.415,25	113,44	193,22	217,37																		
6.665,99	I	1.857,75	47,10	148,62	167,19	28,46	136,08	153,09	9,81	123,55	138,99	-	111,02	124,89	-	98,68	111,02	-	86,85	97,70	-	75,54	84,9
	II	1.708,66	29,36	136,69	153,77	10,71	124,16	139,68	-	111,62	125,57	-	99,26	111,67	-	87,41	98,33	-	76,07	85,58	-	65,24	73,4
	III	1.187,83	-	95,02	106,90	-	85,49	96,17	-	76,21	85,73	-	67,18	75,58	-	58,42	65,72	-	49,92	56,16	-	41,66	46,8
	IV	1.857,75	47,10	148,62	167,19	37,78	142,35	160,14	28,46	136,08	153,09	19,13	129,82	146,04	9,81	123,55	138,99	0,49	117,28	131,94	-	111,02	124,8
	V	2.372,16	108,31	189,77	213,49																		
	VI	2.416,50	113,59	193,32	217,48																		
6.668,99	I	1.859,00	47,25	148,72	167,31	28,60	136,18	153,20	9,96	123,65	139,10	-	111,12	125,01	-	98,78	111,12	-	86,94	97,81	-	75,62	85,0
	II	1.709,91	29,51	136,79	153,89	10,86	124,26	139,79	-	111,72	125,69	-	99,36	111,78	-	87,50	98,44	-	76,16	85,68	-	65,33	73,4
	III	1.188,83	-	95,10	106,99	-	85,57	96,26	-	76,28	85,81	-	67,26	75,67	-	58,49	65,80	-	49,98	56,23	-	41,73	46,9
	IV	1.859,00	47,25	148,72	167,31	37,93	142,45	160,25	28,60	136,18	153,20	19,28	129,92	146,16	9,96	123,65	139,10	0,64	117,38	132,05	-	111,12	125,0
	V	2.373,41	108,46	189,87	213,60																		
	VI	2.417,75	113,74	193,42	217,59																		
6.671,99	I	1.860,25	47,40	148,82	167,42	28,75	136,28	153,32	10,11	123,75	139,22	-	111,22	125,12	-	98,88	111,24	-	87,04	97,92	-	75,72	85,1
	II	1.711,16	29,66	136,89	154,00	11,01	124,36	139,90	-	111,82	125,80	-	99,46	111,89	-	87,60	98,55	-	76,25	85,78	-	65,42	73,5
	III	1.189,83	-	95,18	107,08	-	85,64	96,34	-	76,36	85,90	-	67,33	75,74	-	58,56	65,88	-	50,05	56,30	-	41,80	47,0
	IV	1.860,25	47,40	148,82	167,42	38,08	142,55	160,37	28,75	136,28	153,32	19,43	130,02	146,27	10,11	123,75	139,22	0,79	117,48	132,17	-	111,22	125,1
	V	2.374,75	108,62	189,98	213,72																		
	VI	2.419,00	113,89	193,52	217,71																		
6.674,99	I	1.861,50	47,55	148,92	167,53	28,90	136,38	153,43	10,27	123,86	139,34	-	111,32	125,24	-	98,97	111,34	-	87,13	98,02	-	75,80	85,2
	II	1.712,41	29,80	136,99	154,11	11,16	124,46	140,01	-	111,92	125,91	-	99,56	112,00	-	87,69	98,65	-	76,34	85,88	-	65,50	73,6
	III	1.190,83	-	95,26	107,17	-	85,72	96,43	-	76,42	85,97	-	67,40	75,82	-	58,62	65,95	-	50,12	56,38	-	41,86	47,0
	IV	1.861,50	47,55	148,92	167,53	38,22	142,65	160,48	28,90	136,38	153,43	19,59	130,12	146,39	10,27	123,86	139,34	0,95	117,59	132,29	-	111,32	125,2
	V	2.376,00	108,77	190,08	213,84																		
	VI	2.420,25	114,04	193,62	217,82																		
6.677,99	I	1.862,83	47,70	149,02	167,65	29,06	136,49	153,55	10,42	123,96	139,45	-	111,42	125,35	-	99,07	111,45	-	87,22	98,12	-	75,89	85,3
	II	1.713,66	29,95	137,09	154,22	11,31	124,56	140,13	-	112,02	126,02	-	99,66	112,11	-	87,78	98,75	-	76,43	85,98	-	65,59	73,7
	III	1.191,66	-	95,33	107,24	-	85,80	96,52	-	76,50	86,06	-	67,48	75,91	-	58,70	66,04	-	50,18	56,45	-	41,93	47,1
	IV	1.862,83	47,70	149,02	167,65	38,38	142,76	160,60	29,06	136,49	153,55	19,74	130,22	146,50	10,42	123,96	139,45	1,10	117,69	132,40	-	111,42	125,3
	V	2.377,25	108,92	190,18	213,95																		
	VI	2.421,58	114,20	193,72	217,94																		
6.680,99	I	1.864,08	47,85	149,12	167,76	29,21	136,59	153,66	10,57	124,06	139,56	-	111,52	125,46	-	99,16	111,56	-	87,32	98,23	-	75,98	85,4
	II	1.714,91	30,10	137,19	154,34	11,47	124,66	140,24	-	112,13	126,14	-	99,75	112,22	-	87,88	98,86	-	76,52	86,08	-	65,67	73,8
	III	1.192,66	-	95,41	107,33	-	85,86	96,59	-	76,58	86,15	-	67,54	75,98	-	58,77	66,11	-	50,25	56,53	-	41,98	47,2
	IV	1.864,08	47,85	149,12	167,76	38,53	142,86	160,71	29,21	136,59	153,66	19,89	130,32	146,61	10,57	124,06	139,56	1,24	117,79	132,51	-	111,52	125,4
	V	2.378,50	109,07	190,28	214,06																		
	VI	2.422,83	114,34	193,82	218,05																		
6.683,99	I	1.865,33	48,00	149,22	167,87	29,36	136,69	153,77	10,71	124,16	139,68	-	111,62	125,57	-	99,26	111,67	-	87,41	98,33	-	76,07	85,5
	II	1.716,25	30,26	137,30	154,46	11,62	124,76	140,36	-	112,23	126,26	-	99,85	112,33	-	87,97	98,96	-	76,60	86,18	-	65,76	73,9
	III	1.193,66	-	95,49	107,42	-	85,94	96,68	-	76,65	86,23	-	67,61	76,06	-	58,84	66,19	-	50,32	56,61	-	42,05	47,3
	IV	1.865,33	48,00	149,22	167,87	38,68	142,96	160,83	29,36	136,69	153,77	20,04	130,42	146,72	10,71	124,16	139,68	1,39	117,89	132,62	-	111,62	125,5
	V	2.379,75	109,22	190,38	214,17																		
	VI	2.424,08	114,49	193,92	218,16																		
6.686,99	I	1.866,58	48,15	149,32	167,99	29,51	136,79	153,89	10,86	124,26	139,79	-	111,72	125,69	-	99,36	111,78	-	87,50	98,44	-	76,16	85,6
	II	1.717,50	30,41	137,40	154,57	11,77	124,86	140,47	-	112,33	126,37	-	99,94	112,43	-	88,06	99,07	-	76,70	86,28	-	65,84	74,0
	III	1.194,66	-	95,57	107,51	-	86,02	96,77	-	76,73	86,32	-	67,69	76,15	-	58,90	66,26	-	50,38	56,68	-	42,12	47,3
	IV	1.866,58	48,15	149,32	167,99	38,83	143,06	160,94	29,51	136,79	153,89	20,19	130,52	146,84	10,86	124,26	139,79	1,54	117,99	132,74	-	111,72	125,6
	V	2.381,00	109,37	190,48	214,29																		
	VI	2.425,33	114,64	194,02	218,27																		
6.689,99	I	1.867,83	48,30	149,42	168,10	29,66	136,89	154,00	11,01	124,36	139,90	-	111,82	125,80	-	99,46	111,89	-	87,60	98,55	-	76,25	85,7
	II	1.718,75	30,56	137,50	154,68	11,91	124,96	140,58	-	112,43	126,48	-	100,04	112,55	-	88,16	99,18	-	76,78	86,38	-	65,93	74,1
	III	1.195,66	-	95,65	107,60	-	86,09	96,85	-	76,80	86,40	-	67,76	76,23	-	58,98	66,35	-	50,45	56,75	-	42,18	47,4
	IV	1.867,83	48,30	149,42	168,10	38,98	143,16	161,05	29,66	136,89	154,00	20,33	130,62	146,95	11,01	124,36	139,90	1,69	118,09	132,85	-	111,82	125,8
	V	2.382,25	109,51	190,58	214,40																		
	VI	2.426,58	114,79	194,12	218,39																		
6.692,99	I	1.869,08	48,45	149,52	168,21	29,80	136,99	154,11	11,16	124,46	140,01	-	111,92	125,91	-	99,56	112,00	-	87,69	98,65	-	76,34	85,8
	II	1.720,00	30,71	137,60	154,80	12,06	125,06	140,69	-	112,53	126,59	-	100,14	112,66	-	88,25	99,28	-	76,88	86,49	-	66,01	74,2
	III	1.196,66	-	95,73	107,69	-	86,17	96,94	-	76,88	86,49	-	67,84	76,32	-	59,05	66,43	-	50,52	56,83	-	42,25	47,5
	IV	1.869,08	48,45	149,52	168,21	39,13	143,26	161,16	29,80	136,99	154,11	20,48	130,72	147,06	11,16	124,46	140,01	1,84	118,19	132,96	-	111,92	125,9
	V	2.383,50	109,66	190,68	214,51																		
	VI	2.427,83	114,94	194,22	218,50																		
6.695,99	I	1.870,33	48,60	149,62	168,32	29,95	137,09	154,22	11,31	124,56	140,13	-	112,02	126,02	-	99,66	112,11	-	87,78	98,75	-	76,43	85,9
	II	1.721,25	30,86	137,70	154,91	12,21	125,16	140,81	-	112,63	126,71	-	100,24	112,77	-	88,34	99,38	-	76,96	86,58	-	66,10	74,3
	III	1.197,66	-	95,81	107,78	-	86,25	97,03	-	76,94	86,56	-	67,90	76,39	-	59,12	66,51	-	50,58	56,90	-	42,32	47,6
	IV	1.870,33	48,60	149,62	168,32	39,27	143,36	161,28	29,95	137,09	154,22	20,63	130,82	147,17	11,31	124,56	140,13	1,99	118,29	133,07	-	112,02	126,0
	V	2.384,83	109,82	190,78	214,63																		
	VI	2.429,08	115,09	194,32	218,61																		
6.698,99	I	1.871,58	48,75	149,72	168,44	30,10	137,19	154,34	11,47	124,66	140,24	-	112,13	126,14	-	99,75	112,22	-	87,88	98,86	-	76,52	86,0
	II	1.722,50	31,00	137,80	155,02	12,36	125,26	140,92	-	112,73	126,82	-	100,34	112,88	-	88,44	99,49	-	77,06	86,69	-	66,18	74,4
	III	1.198,50	-	95,88	107,86	-	86,32	97,11	-	77,02	86,65	-	67,97	76,46	-	59,18	66,58	-	50,65	56,98	-	42,38	47,6
	IV	1.871,58	48,75	149,72	168,44	39,42	143,46	161,39	30,10	137,19	154,34	20,78	130,92	147,29	11,47	124,66	140,24	2,15	118,40	133,20	-	112,13	126,1
	V	2.386,08	109,97	190,88	214,74																		
	VI	2.430,33	115,24	194,42	218,72																		
6.701,99	I	1.872,83	48,89	149,82	168,55	30,26	137,30	154,46	11,62	124,76	140,36	-	112,23	126,26	-	99,85	112,33	-	87,97	98,96	-	76,60	86,1
	II	1.723,75	31,15	137,90	155,13	12,51	125,36	141,03	-	112,83	126,93	-	100,44	112,99	-	88,53	99,59	-	77,14	86,78	-	66,27	74,5
	III	1.199,50	-	95,96	107,95	-	86,40	97,20	-	77,09	86,72	-	68,05	76,55	-	59,25	66,65	-	50,72	57,06	-	42,45	47,7
	IV	1.872,83	48,89	149,82	168,55	39,58	143,56	161,51	30,26	137,30	154,46	20,94	131,03	147,41	11,62	124,76	140,36	2,30	118,50	133,31	-	112,23	126,2
	V	2.387,33	110,12	190,98	214,85																		
	VI	2.431,58	115,39	194,52	218,84																		
6.704,99	I	1.874,16	49,05	149,93	168,67	30,41	137,40	154,57	11,77	124,86	140,47	-	112,33	126,37	-	99,94	112,43	-	88,06	99,07	-	76,70	86,2
	II	1.725,00	31,30	138,00	155,25	12,66	125,46	141,14	-	112,94	127,05	-	100,53	113,09	-	88,62	99,70	-	77,23	86,88	-	66,36	74,6
	III	1.200,50	-	96,04	108,04	-	86,48	97,29	-	77,17	86,81	-	68,12	76,63	-	59,33	66,74	-	50,80	57,15	-	42,52	47,8
	IV	1.874,16	49,05	149,93	168,67	39,73	143,66	161,62	30,41	137,40	154,57	21,09	131,13	147,52	11,77	124,86	140,47	2,44	118,60	133,42	-	112,33	126,3
	V	2.388,58	110,27	191,08	214,97																		
	VI	2.432,91	115,54	194,63	218,96																		

Lohn/ Gehalt bis	Steuerklasse	Lohn-steuer	ohne Kinderfreibetrag SolZ 5,5%	Kirchensteuer 8%	9%	0,5 SolZ 5,5%	Kirchensteuer 8%	9%	1,0 SolZ 5,5%	Kirchensteuer 8%	9%	1,5 SolZ 5,5%	Kirchensteuer 8%	9%	2,0 SolZ 5,5%	Kirchensteuer 8%	9%	2,5 SolZ 5,5%	Kirchensteuer 8%	9%	3,0 SolZ 5,5%	Kirchensteuer 8%	9%
						Anzahl Kinderfreibeträge (nur Steuerklassen I–IV)																	
6.707,99	I	1.875,41	49,20	150,03	168,78	30,56	137,50	154,68	11,91	124,96	140,58	-	112,43	126,48	-	100,04	112,55	-	88,16	99,18	-	76,78	86,38
	II	1.726,33	31,46	138,10	155,36	12,82	125,57	141,26	-	113,04	127,17	-	100,63	113,21	-	88,72	99,81	-	77,32	86,99	-	66,44	74,74
	III	1.201,50	-	96,12	108,13	-	86,54	97,36	-	77,24	86,89	-	68,18	76,70	-	59,40	66,82	-	50,86	57,22	-	42,58	47,90
	IV	1.875,41	49,20	150,03	168,78	39,88	143,76	161,73	30,56	137,50	154,68	21,24	131,23	147,63	11,91	124,96	140,58	2,59	118,70	133,53	-	112,43	126,48
	V	2.389,83	110,42	191,18	215,08																		
	VI	2.434,16	115,69	194,73	219,07																		
6.710,99	I	1.876,66	49,35	150,13	168,89	30,71	137,60	154,80	12,06	125,06	140,69	-	112,53	126,59	-	100,14	112,66	-	88,25	99,28	-	76,88	86,49
	II	1.727,58	31,61	138,20	155,48	12,97	125,67	141,38	-	113,14	127,28	-	100,73	113,32	-	88,81	99,91	-	77,41	87,08	-	66,52	74,84
	III	1.202,50	-	96,20	108,22	-	86,62	97,45	-	77,32	86,98	-	68,26	76,79	-	59,46	66,89	-	50,93	57,29	-	42,65	47,98
	IV	1.876,66	49,35	150,13	168,89	40,03	143,86	161,84	30,71	137,60	154,80	21,39	131,33	147,74	12,06	125,06	140,69	2,74	118,80	133,65	-	112,53	126,59
	V	2.391,08	110,57	191,28	215,19																		
	VI	2.435,41	115,84	194,83	219,18																		
6.713,99	I	1.877,91	49,50	150,23	169,01	30,86	137,70	154,91	12,21	125,16	140,81	-	112,63	126,71	-	100,24	112,77	-	88,34	99,38	-	76,96	86,58
	II	1.728,83	31,76	138,30	155,59	13,11	125,77	141,49	-	113,24	127,39	-	100,83	113,43	-	88,91	100,02	-	77,50	87,19	-	66,61	74,93
	III	1.203,50	-	96,28	108,31	-	86,70	97,54	-	77,38	87,05	-	68,33	76,87	-	59,53	66,97	-	51,00	57,37	-	42,70	48,04
	IV	1.877,91	49,50	150,23	169,01	40,18	143,96	161,96	30,86	137,70	154,91	21,53	131,43	147,86	12,21	125,16	140,81	2,89	118,90	133,76	-	112,63	126,71
	V	2.392,33	110,71	191,38	215,30																		
	VI	2.436,66	115,99	194,93	219,29																		
6.716,99	I	1.879,16	49,65	150,33	169,12	31,00	137,80	155,02	12,36	125,26	140,92	-	112,73	126,82	-	100,34	112,88	-	88,44	99,49	-	77,06	86,69
	II	1.730,08	31,91	138,40	155,70	13,26	125,87	141,60	-	113,34	127,50	-	100,92	113,54	-	89,00	100,13	-	77,59	87,29	-	66,70	75,03
	III	1.204,33	-	96,34	108,38	-	86,78	97,63	-	77,46	87,14	-	68,41	76,96	-	59,61	67,06	-	51,06	57,44	-	42,77	48,11
	IV	1.879,16	49,65	150,33	169,12	40,33	144,06	162,07	31,00	137,80	155,02	21,68	131,53	147,97	12,36	125,26	140,92	3,04	119,00	133,87	-	112,73	126,82
	V	2.393,58	110,86	191,48	215,42																		
	VI	2.437,91	116,14	195,03	219,41																		
6.719,99	I	1.880,41	49,80	150,43	169,23	31,15	137,90	155,13	12,51	125,36	141,03	-	112,83	126,93	-	100,44	112,99	-	88,53	99,59	-	77,14	86,78
	II	1.731,33	32,06	138,50	155,81	13,41	125,97	141,71	-	113,44	127,62	-	101,02	113,65	-	89,10	100,23	-	77,68	87,39	-	66,78	75,13
	III	1.205,33	-	96,42	108,47	-	86,85	97,70	-	77,53	87,22	-	68,48	77,04	-	59,68	67,14	-	51,13	57,52	-	42,84	48,19
	IV	1.880,41	49,80	150,43	169,23	40,47	144,16	162,18	31,15	137,90	155,13	21,83	131,63	148,08	12,51	125,36	141,03	3,19	119,10	133,98	-	112,83	126,93
	V	2.394,83	111,01	191,58	215,53																		
	VI	2.439,16	116,29	195,13	219,52																		
6.722,99	I	1.881,66	49,95	150,53	169,34	31,30	138,00	155,25	12,66	125,46	141,14	-	112,94	127,05	-	100,53	113,09	-	88,62	99,70	-	77,23	86,88
	II	1.732,58	32,20	138,60	155,93	13,56	126,07	141,83	-	113,54	127,73	-	101,12	113,76	-	89,19	100,34	-	77,77	87,49	-	66,87	75,23
	III	1.206,33	-	96,50	108,56	-	86,93	97,79	-	77,61	87,31	-	68,54	77,11	-	59,74	67,21	-	51,20	57,60	-	42,90	48,26
	IV	1.881,66	49,95	150,53	169,34	40,62	144,26	162,29	31,30	138,00	155,25	21,98	131,73	148,19	12,66	125,46	141,14	3,35	119,20	134,10	-	112,94	127,05
	V	2.396,16	111,17	191,69	215,65																		
	VI	2.440,41	116,44	195,23	219,63																		
6.725,99	I	1.882,91	50,09	150,63	169,46	31,46	138,10	155,36	12,82	125,57	141,26	-	113,04	127,17	-	100,63	113,21	-	88,72	99,81	-	77,32	86,99
	II	1.733,83	32,35	138,70	156,04	13,71	126,17	141,94	-	113,64	127,84	-	101,22	113,87	-	89,28	100,44	-	77,86	87,59	-	66,95	75,32
	III	1.207,33	-	96,58	108,65	-	87,01	97,88	-	77,69	87,40	-	68,62	77,20	-	59,81	67,28	-	51,26	57,67	-	42,97	48,34
	IV	1.882,91	50,09	150,63	169,46	40,77	144,36	162,41	31,46	138,10	155,36	22,14	131,84	148,32	12,82	125,57	141,26	3,50	119,30	134,21	-	113,04	127,17
	V	2.397,41	111,32	191,79	215,76																		
	VI	2.441,66	116,59	195,33	219,74																		
6.728,99	I	1.884,25	50,25	150,74	169,58	31,61	138,20	155,48	12,97	125,67	141,38	-	113,14	127,28	-	100,73	113,32	-	88,81	99,91	-	77,41	87,08
	II	1.735,08	32,50	138,80	156,15	13,86	126,27	142,05	-	113,74	127,96	-	101,32	113,98	-	89,38	100,55	-	77,95	87,69	-	67,04	75,42
	III	1.208,33	-	96,66	108,74	-	87,08	97,96	-	77,76	87,48	-	68,69	77,27	-	59,89	67,37	-	51,33	57,74	-	43,04	48,42
	IV	1.884,25	50,25	150,74	169,58	40,93	144,47	162,53	31,61	138,20	155,48	22,29	131,94	148,43	12,97	125,67	141,38	3,64	119,40	134,33	-	113,14	127,28
	V	2.398,66	111,47	191,89	215,87																		
	VI	2.443,00	116,74	195,44	219,87																		
6.731,99	I	1.885,50	50,40	150,84	169,69	31,76	138,30	155,59	13,11	125,77	141,49	-	113,24	127,39	-	100,83	113,43	-	88,91	100,02	-	77,50	87,19
	II	1.736,33	32,65	138,90	156,26	14,02	126,38	142,17	-	113,84	128,07	-	101,42	114,09	-	89,47	100,65	-	78,04	87,80	-	67,12	75,51
	III	1.209,33	-	96,74	108,83	-	87,16	98,05	-	77,84	87,57	-	68,77	77,36	-	59,96	67,45	-	51,40	57,82	-	43,10	48,49
	IV	1.885,50	50,40	150,84	169,69	41,08	144,57	162,64	31,76	138,30	155,59	22,44	132,04	148,54	13,11	125,77	141,49	3,79	119,50	134,44	-	113,24	127,39
	V	2.399,91	111,62	191,99	215,99																		
	VI	2.444,25	116,89	195,54	219,98																		
6.734,99	I	1.886,75	50,55	150,94	169,80	31,91	138,40	155,70	13,26	125,87	141,60	-	113,34	127,50	-	100,92	113,54	-	89,00	100,13	-	77,59	87,29
	II	1.737,66	32,81	139,01	156,38	14,17	126,48	142,29	-	113,94	128,18	-	101,51	114,20	-	89,56	100,76	-	78,13	87,89	-	67,21	75,61
	III	1.210,33	-	96,82	108,92	-	87,24	98,14	-	77,90	87,64	-	68,84	77,44	-	60,02	67,52	-	51,46	57,89	-	43,17	48,56
	IV	1.886,75	50,55	150,94	169,80	41,23	144,67	162,75	31,91	138,40	155,70	22,59	132,14	148,65	13,26	125,87	141,60	3,94	119,60	134,55	-	113,34	127,50
	V	2.401,16	111,77	192,09	216,10																		
	VI	2.445,50	117,04	195,64	220,09																		
6.737,99	I	1.888,00	50,70	151,04	169,92	32,06	138,50	155,81	13,41	125,97	141,71	-	113,44	127,62	-	101,02	113,65	-	89,10	100,23	-	77,68	87,39
	II	1.738,91	32,96	139,11	156,50	14,31	126,58	142,40	-	114,04	128,30	-	101,61	114,31	-	89,66	100,86	-	78,22	87,99	-	67,30	75,71
	III	1.211,16	-	96,89	109,00	-	87,30	98,21	-	77,98	87,73	-	68,90	77,51	-	60,09	67,60	-	51,53	57,97	-	43,24	48,64
	IV	1.888,00	50,70	151,04	169,92	41,38	144,77	162,86	32,06	138,50	155,81	22,73	132,24	148,77	13,41	125,97	141,71	4,09	119,70	134,66	-	113,44	127,62
	V	2.402,41	111,91	192,19	216,21																		
	VI	2.446,75	117,19	195,74	220,20																		
6.740,99	I	1.889,25	50,85	151,14	170,03	32,20	138,60	155,93	13,56	126,07	141,83	-	113,54	127,73	-	101,12	113,76	-	89,19	100,34	-	77,77	87,49
	II	1.740,16	33,11	139,21	156,61	14,46	126,68	142,51	-	114,14	128,41	-	101,71	114,42	-	89,75	100,97	-	78,31	88,10	-	67,38	75,80
	III	1.212,16	-	96,97	109,09	-	87,38	98,30	-	78,05	87,80	-	68,98	77,60	-	60,16	67,68	-	51,60	58,05	-	43,30	48,71
	IV	1.889,25	50,85	151,14	170,03	41,53	144,87	162,98	32,20	138,60	155,93	22,88	132,34	148,88	13,56	126,07	141,83	4,24	119,80	134,78	-	113,54	127,73
	V	2.403,66	112,06	192,29	216,32																		
	VI	2.448,00	117,34	195,84	220,32																		
6.743,99	I	1.890,50	51,00	151,24	170,14	32,35	138,70	156,04	13,71	126,17	141,94	-	113,64	127,84	-	101,22	113,87	-	89,28	100,44	-	77,86	87,59
	II	1.741,41	33,26	139,31	156,72	14,61	126,78	142,62	-	114,24	128,52	-	101,81	114,53	-	89,84	101,07	-	78,40	88,20	-	67,47	75,90
	III	1.213,16	-	97,05	109,18	-	87,46	98,39	-	78,13	87,89	-	69,05	77,68	-	60,24	67,77	-	51,68	58,14	-	43,37	48,79
	IV	1.890,50	51,00	151,24	170,14	41,67	144,97	163,09	32,35	138,70	156,04	23,03	132,44	148,99	13,71	126,17	141,94	4,39	119,90	134,89	-	113,64	127,84
	V	2.404,91	112,21	192,39	216,44																		
	VI	2.449,25	117,49	195,94	220,43																		
6.746,99	I	1.891,75	51,15	151,34	170,25	32,50	138,80	156,15	13,86	126,27	142,05	-	113,74	127,96	-	101,32	113,98	-	89,38	100,55	-	77,95	87,69
	II	1.742,66	33,40	139,41	156,83	14,76	126,88	142,74	-	114,34	128,63	-	101,90	114,64	-	89,94	101,18	-	78,49	88,30	-	67,56	76,00
	III	1.214,16	-	97,13	109,27	-	87,54	98,48	-	78,20	87,97	-	69,13	77,77	-	60,30	67,84	-	51,74	58,21	-	43,44	48,87
	IV	1.891,75	51,15	151,34	170,25	41,82	145,07	163,20	32,50	138,80	156,15	23,18	132,54	149,10	13,86	126,27	142,05	4,54	120,00	135,00	-	113,74	127,96
	V	2.406,25	112,37	192,50	216,56																		
	VI	2.450,50	117,64	196,04	220,54																		
6.749,99	I	1.893,00	51,29	151,44	170,37	32,65	138,90	156,26	14,02	126,38	142,17	-	113,84	128,07	-	101,42	114,09	-	89,47	100,65	-	78,04	87,80
	II	1.743,91	33,55	139,51	156,95	14,91	126,98	142,85	-	114,44	128,75	-	102,00	114,75	-	90,04	101,29	-	78,58	88,40	-	67,64	76,09
	III	1.215,16	-	97,21	109,36	-	87,61	98,56	-	78,28	88,06	-	69,20	77,85	-	60,37	67,91	-	51,81	58,28	-	43,50	48,94
	IV	1.893,00	51,29	151,44	170,37	41,97	145,17	163,31	32,65	138,90	156,26	23,34	132,64	149,22	14,02	126,38	142,17	4,70	120,11	135,12	-	113,84	128,07
	V	2.407,50	112,52	192,60	216,67																		
	VI	2.451,75	117,79	196,14	220,65																		

MONAT bis 6.794,99 €

Besondere Tabelle

Lohn/ Gehalt bis	Steuerklasse	Lohn-steuer	ohne Kinderfreibetrag SolZ 5,5%	ohne Kinderfreibetrag Kirchensteuer 8%	ohne Kinderfreibetrag Kirchensteuer 9%	Anzahl Kinderfreibeträge (nur Steuerklassen I–IV) 0,5 SolZ 5,5%	0,5 Kirchensteuer 8%	0,5 Kirchensteuer 9%	1,0 SolZ 5,5%	1,0 Kirchensteuer 8%	1,0 Kirchensteuer 9%	1,5 SolZ 5,5%	1,5 Kirchensteuer 8%	1,5 Kirchensteuer 9%	2,0 SolZ 5,5%	2,0 Kirchensteuer 8%	2,0 Kirchensteuer 9%	2,5 SolZ 5,5%	2,5 Kirchensteuer 8%	2,5 Kirchensteuer 9%	3,0 SolZ 5,5%	3,0 Kirchensteuer 8%	3,0 Kirchensteuer 9%
6.752,99	I	1.894,33	51,45	151,54	170,48	32,81	139,01	156,38	14,17	126,48	142,29	-	113,94	128,18	-	101,51	114,20	-	89,56	100,76	-	78,13	87,8
	II	1.745,16	33,70	139,61	157,06	15,06	127,08	142,96	-	114,54	128,86	-	102,10	114,86	-	90,13	101,39	-	78,67	88,50	-	67,72	76,1
	III	1.216,16	-	97,29	109,45	-	87,69	98,65	-	78,36	88,15	-	69,26	77,92	-	60,44	67,99	-	51,88	58,36	-	43,57	49,0
	IV	1.894,33	51,45	151,54	170,48	42,13	145,28	163,44	32,81	139,01	156,38	23,49	132,74	149,33	14,17	126,48	142,29	4,84	120,21	135,23	-	113,94	128,1
	V	2.408,75	112,67	192,70	216,78																		
	VI	2.453,08	117,94	196,24	220,77																		
6.755,99	I	1.895,58	51,60	151,64	170,60	32,96	139,11	156,50	14,31	126,58	142,40	-	114,04	128,30	-	101,61	114,31	-	89,66	100,86	-	78,22	87,9
	II	1.746,41	33,85	139,71	157,17	15,22	127,18	143,08	-	114,65	128,98	-	102,20	114,98	-	90,22	101,50	-	78,76	88,61	-	67,81	76,2
	III	1.217,16	-	97,37	109,54	-	87,77	98,74	-	78,42	88,22	-	69,34	78,01	-	60,52	68,08	-	51,94	58,43	-	43,62	49,0
	IV	1.895,58	51,60	151,64	170,60	42,28	145,38	163,55	32,96	139,11	156,50	23,64	132,84	149,45	14,31	126,58	142,40	4,99	120,31	135,35	-	114,04	128,3
	V	2.410,00	112,82	192,80	216,90																		
	VI	2.454,33	118,09	196,34	220,88																		
6.758,99	I	1.896,83	51,75	151,74	170,71	33,11	139,21	156,61	14,46	126,68	142,51	-	114,14	128,41	-	101,71	114,42	-	89,75	100,97	-	78,31	88,1
	II	1.747,75	34,01	139,82	157,29	15,37	127,28	143,19	-	114,75	129,09	-	102,30	115,08	-	90,32	101,61	-	78,85	88,70	-	67,90	76,3
	III	1.218,00	-	97,44	109,62	-	87,84	98,82	-	78,50	88,31	-	69,41	78,08	-	60,58	68,15	-	52,01	58,51	-	43,69	49,1
	IV	1.896,83	51,75	151,74	170,71	42,43	145,48	163,66	33,11	139,21	156,61	23,79	132,94	149,56	14,46	126,68	142,51	5,14	120,41	135,46	-	114,14	128,4
	V	2.411,25	112,97	192,90	217,01																		
	VI	2.455,58	118,24	196,44	221,00																		
6.761,99	I	1.898,08	51,90	151,84	170,82	33,26	139,31	156,72	14,61	126,78	142,62	-	114,24	128,52	-	101,81	114,53	-	89,84	101,07	-	78,40	88,2
	II	1.749,00	34,16	139,92	157,41	15,51	127,38	143,30	-	114,85	129,20	-	102,40	115,20	-	90,41	101,71	-	78,94	88,81	-	67,98	76,4
	III	1.219,00	-	97,52	109,71	-	87,92	98,91	-	78,57	88,39	-	69,49	78,17	-	60,65	68,23	-	52,08	58,59	-	43,76	49,2
	IV	1.898,08	51,90	151,84	170,82	42,58	145,58	163,77	33,26	139,31	156,72	23,93	133,04	149,67	14,61	126,78	142,62	5,29	120,51	135,57	-	114,24	128,5
	V	2.412,50	113,11	193,00	217,12																		
	VI	2.456,83	118,39	196,54	221,11																		
6.764,99	I	1.899,33	52,05	151,94	170,93	33,40	139,41	156,83	14,76	126,88	142,74	-	114,34	128,63	-	101,90	114,64	-	89,94	101,18	-	78,49	88,3
	II	1.750,25	34,31	140,02	157,52	15,66	127,48	143,42	-	114,95	129,32	-	102,50	115,31	-	90,50	101,81	-	79,03	88,91	-	68,07	76,5
	III	1.220,00	-	97,60	109,80	-	88,00	99,00	-	78,65	88,48	-	69,56	78,25	-	60,72	68,31	-	52,14	58,66	-	43,82	49,3
	IV	1.899,33	52,05	151,94	170,93	42,73	145,68	163,89	33,40	139,41	156,83	24,08	133,14	149,78	14,76	126,88	142,74	5,44	120,61	135,68	-	114,34	128,6
	V	2.413,75	113,26	193,10	217,23																		
	VI	2.458,08	118,54	196,64	221,22																		
6.767,99	I	1.900,58	52,20	152,04	171,05	33,55	139,51	156,95	14,91	126,98	142,85	-	114,44	128,75	-	102,00	114,75	-	90,04	101,29	-	78,58	88,4
	II	1.751,50	34,46	140,12	157,63	15,81	127,58	143,53	-	115,05	129,43	-	102,60	115,42	-	90,60	101,93	-	79,12	89,01	-	68,16	76,6
	III	1.221,00	-	97,68	109,89	-	88,08	99,09	-	78,72	88,56	-	69,62	78,32	-	60,80	68,40	-	52,21	58,73	-	43,89	49,3
	IV	1.900,58	52,20	152,04	171,05	42,87	145,78	164,00	33,55	139,51	156,95	24,23	133,24	149,90	14,91	126,98	142,85	5,59	120,71	135,80	-	114,44	128,7
	V	2.415,00	113,41	193,20	217,35																		
	VI	2.459,33	118,69	196,74	221,33																		
6.770,99	I	1.901,83	52,35	152,14	171,16	33,70	139,61	157,06	15,06	127,08	142,96	-	114,54	128,86	-	102,10	114,86	-	90,13	101,39	-	78,67	88,5
	II	1.752,75	34,60	140,22	157,74	15,96	127,68	143,64	-	115,15	129,54	-	102,70	115,53	-	90,70	102,03	-	79,21	89,11	-	68,24	76,7
	III	1.222,00	-	97,76	109,98	-	88,14	99,16	-	78,80	88,65	-	69,70	78,41	-	60,86	68,47	-	52,28	58,81	-	43,96	49,4
	IV	1.901,83	52,35	152,14	171,16	43,02	145,88	164,11	33,70	139,61	157,06	24,38	133,34	150,01	15,06	127,08	142,96	5,74	120,81	135,91	-	114,54	128,8
	V	2.416,33	113,57	193,30	217,46																		
	VI	2.460,58	118,84	196,84	221,45																		
6.773,99	I	1.903,08	52,49	152,24	171,27	33,85	139,71	157,17	15,22	127,18	143,08	-	114,65	128,98	-	102,20	114,98	-	90,22	101,50	-	78,76	88,6
	II	1.754,00	34,75	140,32	157,86	16,11	127,78	143,75	-	115,25	129,65	-	102,79	115,64	-	90,79	102,14	-	79,30	89,21	-	68,33	76,8
	III	1.223,00	-	97,84	110,07	-	88,22	99,25	-	78,86	88,72	-	69,77	78,49	-	60,93	68,54	-	52,36	58,90	-	44,02	49,5
	IV	1.903,08	52,49	152,24	171,27	43,17	145,98	164,22	33,85	139,71	157,17	24,53	133,44	150,12	15,22	127,18	143,08	5,90	120,92	136,03	-	114,65	128,9
	V	2.417,58	113,72	193,40	217,58																		
	VI	2.461,83	118,99	196,94	221,56																		
6.776,99	I	1.904,33	52,64	152,34	171,38	34,01	139,82	157,29	15,37	127,28	143,19	-	114,75	129,09	-	102,30	115,08	-	90,32	101,61	-	78,85	88,7
	II	1.755,25	34,90	140,42	157,97	16,26	127,88	143,87	-	115,35	129,77	-	102,89	115,75	-	90,88	102,24	-	79,39	89,31	-	68,42	76,9
	III	1.224,00	-	97,92	110,16	-	88,30	99,34	-	78,94	88,81	-	69,85	78,58	-	61,00	68,62	-	52,42	58,97	-	44,09	49,6
	IV	1.904,33	52,64	152,34	171,38	43,33	146,08	164,34	34,01	139,82	157,29	24,69	133,55	150,24	15,37	127,28	143,19	6,04	121,02	136,14	-	114,75	129,0
	V	2.418,83	113,87	193,50	217,69																		
	VI	2.463,08	119,13	197,04	221,67																		
6.779,99	I	1.905,66	52,80	152,45	171,50	34,16	139,92	157,41	15,51	127,38	143,30	-	114,85	129,20	-	102,40	115,20	-	90,41	101,71	-	78,94	88,8
	II	1.756,50	35,05	140,52	158,08	16,41	127,98	143,98	-	115,46	129,89	-	102,99	115,86	-	90,98	102,35	-	79,48	89,42	-	68,50	77,0
	III	1.225,00	-	98,00	110,25	-	88,37	99,41	-	79,02	88,90	-	69,92	78,66	-	61,08	68,71	-	52,49	59,05	-	44,16	49,6
	IV	1.905,66	52,80	152,45	171,50	43,48	146,18	164,45	34,16	139,92	157,41	24,84	133,65	150,35	15,51	127,38	143,30	6,19	121,12	136,26	-	114,85	129,2
	V	2.420,08	114,02	193,60	217,80																		
	VI	2.464,41	119,29	197,15	221,79																		
6.782,99	I	1.906,91	52,95	152,55	171,62	34,31	140,02	157,52	15,66	127,48	143,42	-	114,95	129,32	-	102,50	115,31	-	90,50	101,81	-	79,03	88,9
	II	1.757,83	35,21	140,62	158,20	16,57	128,09	144,10	-	115,56	130,00	-	103,09	115,97	-	91,07	102,45	-	79,57	89,51	-	68,58	77,1
	III	1.225,83	-	98,06	110,32	-	88,45	99,50	-	79,09	88,97	-	69,98	78,73	-	61,14	68,78	-	52,56	59,13	-	44,22	49,7
	IV	1.906,91	52,95	152,55	171,62	43,63	146,28	164,57	34,31	140,02	157,52	24,99	133,75	150,47	15,66	127,48	143,42	6,34	121,22	136,37	-	114,95	129,3
	V	2.421,33	114,17	193,70	217,91																		
	VI	2.465,66	119,44	197,25	221,90																		
6.785,99	I	1.908,16	53,10	152,65	171,73	34,46	140,12	157,63	15,81	127,58	143,53	-	115,05	129,43	-	102,60	115,42	-	90,60	101,93	-	79,12	89,0
	II	1.759,08	35,36	140,72	158,31	16,71	128,19	144,21	-	115,66	130,11	-	103,19	116,09	-	91,17	102,56	-	79,66	89,62	-	68,67	77,2
	III	1.226,83	-	98,14	110,41	-	88,53	99,59	-	79,17	89,06	-	70,06	78,82	-	61,21	68,86	-	52,62	59,20	-	44,29	49,8
	IV	1.908,16	53,10	152,65	171,73	43,78	146,38	164,68	34,46	140,12	157,63	25,13	133,85	150,58	15,81	127,58	143,53	6,49	121,32	136,48	-	115,05	129,4
	V	2.422,58	114,31	193,80	218,03																		
	VI	2.466,91	119,59	197,35	222,02																		
6.788,99	I	1.909,41	53,25	152,75	171,84	34,60	140,22	157,74	15,96	127,68	143,64	-	115,15	129,54	-	102,70	115,53	-	90,70	102,03	-	79,21	89,1
	II	1.760,33	35,51	140,82	158,42	16,86	128,29	144,32	-	115,76	130,23	-	103,28	116,19	-	91,26	102,67	-	79,76	89,73	-	68,76	77,3
	III	1.227,83	-	98,22	110,50	-	88,61	99,68	-	79,24	89,14	-	70,13	78,89	-	61,28	68,94	-	52,69	59,27	-	44,36	49,9
	IV	1.909,41	53,25	152,75	171,84	43,93	146,48	164,79	34,60	140,22	157,74	25,28	133,95	150,69	15,96	127,68	143,64	6,64	121,42	136,59	-	115,15	129,5
	V	2.423,83	114,46	193,90	218,14																		
	VI	2.468,16	119,74	197,45	222,13																		
6.791,99	I	1.910,66	53,40	152,85	171,95	34,75	140,32	157,86	16,11	127,78	143,75	-	115,25	129,65	-	102,79	115,64	-	90,79	102,14	-	79,30	89,2
	II	1.761,58	35,66	140,92	158,54	17,01	128,39	144,44	-	115,86	130,34	-	103,38	116,30	-	91,36	102,78	-	79,84	89,82	-	68,84	77,4
	III	1.228,83	-	98,30	110,59	-	88,68	99,76	-	79,32	89,23	-	70,21	78,98	-	61,36	69,03	-	52,76	59,35	-	44,42	49,9
	IV	1.910,66	53,40	152,85	171,95	44,07	146,58	164,90	34,75	140,32	157,86	25,43	134,05	150,80	16,11	127,78	143,75	6,79	121,52	136,71	-	115,25	129,6
	V	2.425,08	114,61	194,00	218,25																		
	VI	2.469,41	119,89	197,55	222,24																		
6.794,99	I	1.911,91	53,55	152,95	172,07	34,90	140,42	157,97	16,26	127,88	143,87	-	115,35	129,77	-	102,89	115,75	-	90,88	102,24	-	79,39	89,3
	II	1.762,83	35,80	141,02	158,65	17,16	128,49	144,55	-	115,96	130,45	-	103,48	116,42	-	91,45	102,88	-	79,94	89,93	-	68,93	77,5
	III	1.229,83	-	98,38	110,68	-	88,76	99,85	-	79,38	89,30	-	70,28	79,06	-	61,42	69,10	-	52,82	59,42	-	44,49	50,0
	IV	1.911,91	53,55	152,95	172,07	44,22	146,68	165,02	34,90	140,42	157,97	25,58	134,15	150,92	16,26	127,88	143,87	6,94	121,62	136,82	-	115,35	129,7
	V	2.426,33	114,76	194,10	218,36																		
	VI	2.470,66	120,04	197,65	222,35																		

Besondere Tabelle

MONAT bis 6.839,99 €

Lohn/ Gehalt bis	Steuerklasse	Lohnsteuer	ohne Kinderfreibetrag SolZ 5,5%	ohne Kinderfreibetrag Kirchensteuer 8%	ohne Kinderfreibetrag Kirchensteuer 9%	0,5 SolZ 5,5%	0,5 Kirchensteuer 8%	0,5 Kirchensteuer 9%	1,0 SolZ 5,5%	1,0 Kirchensteuer 8%	1,0 Kirchensteuer 9%	1,5 SolZ 5,5%	1,5 Kirchensteuer 8%	1,5 Kirchensteuer 9%	2,0 SolZ 5,5%	2,0 Kirchensteuer 8%	2,0 Kirchensteuer 9%	2,5 SolZ 5,5%	2,5 Kirchensteuer 8%	2,5 Kirchensteuer 9%	3,0 SolZ 5,5%	3,0 Kirchensteuer 8%	3,0 Kirchensteuer 9%
						Anzahl Kinderfreibeträge (nur Steuerklassen I–IV)																	
6.797,99	I	1.913,16	53,69	153,05	172,18	35,05	140,52	158,08	16,41	127,98	143,98	-	115,46	129,89	-	102,99	115,86	-	90,98	102,35	-	79,48	89,42
	II	1.764,08	35,95	141,12	158,76	17,31	128,59	144,66	-	116,06	130,56	-	103,58	116,53	-	91,54	102,98	-	80,02	90,02	-	69,02	77,64
	III	1.230,83	-	98,46	110,77	-	88,84	99,94	-	79,46	89,39	-	70,34	79,13	-	61,49	69,17	-	52,89	59,50	-	44,56	50,13
	IV	1.913,16	53,69	153,05	172,18	44,37	146,78	165,13	35,05	140,52	158,08	25,73	134,25	151,03	16,41	127,98	143,98	7,10	121,72	136,94	-	115,46	129,89
	V	2.427,66	114,92	194,21	218,48																		
	VI	2.471,91	120,19	197,75	222,47																		
6.800,99	I	1.914,41	53,84	153,15	172,29	35,21	140,62	158,20	16,57	128,09	144,10	-	115,56	130,00	-	103,09	115,97	-	91,07	102,45	-	79,57	89,51
	II	1.765,33	36,10	141,22	158,87	17,46	128,69	144,77	-	116,16	130,68	-	103,68	116,64	-	91,64	103,10	-	80,12	90,13	-	69,10	77,74
	III	1.231,83	-	98,54	110,86	-	88,92	100,03	-	79,54	89,48	-	70,42	79,22	-	61,57	69,26	-	52,96	59,58	-	44,62	50,20
	IV	1.914,41	53,84	153,15	172,29	44,52	146,88	165,24	35,21	140,62	158,20	25,89	134,36	151,15	16,57	128,09	144,10	7,24	121,82	137,05	-	115,56	130,00
	V	2.428,91	115,07	194,31	218,60																		
	VI	2.473,16	120,33	197,85	222,58																		
6.803,99	I	1.915,75	54,00	153,26	172,41	35,36	140,72	158,31	16,71	128,19	144,21	-	115,66	130,11	-	103,19	116,09	-	91,17	102,56	-	79,66	89,62
	II	1.766,58	36,25	141,32	158,99	17,61	128,79	144,89	-	116,26	130,79	-	103,78	116,75	-	91,74	103,20	-	80,20	90,23	-	69,19	77,84
	III	1.232,83	-	98,62	110,95	-	88,98	100,10	-	79,61	89,56	-	70,49	79,30	-	61,64	69,34	-	53,04	59,67	-	44,69	50,27
	IV	1.915,75	54,00	153,26	172,41	44,68	146,99	165,36	35,36	140,72	158,31	26,04	134,46	151,26	16,71	128,19	144,21	7,39	121,92	137,16	-	115,66	130,11
	V	2.430,16	115,22	194,41	218,71																		
	VI	2.474,50	120,49	197,96	222,70																		
6.806,99	I	1.917,00	54,15	153,36	172,53	35,51	140,82	158,42	16,86	128,29	144,32	-	115,76	130,23	-	103,28	116,19	-	91,26	102,67	-	79,76	89,73
	II	1.767,83	36,40	141,42	159,10	17,77	128,90	145,01	-	116,36	130,91	-	103,88	116,86	-	91,83	103,31	-	80,30	90,33	-	69,28	77,94
	III	1.233,83	-	98,70	111,04	-	89,06	100,19	-	79,69	89,65	-	70,57	79,39	-	61,70	69,41	-	53,10	59,74	-	44,76	50,35
	IV	1.917,00	54,15	153,36	172,53	44,83	147,09	165,47	35,51	140,82	158,42	26,18	134,56	151,38	16,86	128,29	144,32	7,54	122,02	137,27	-	115,76	130,23
	V	2.431,41	115,37	194,51	218,82																		
	VI	2.475,75	120,64	198,06	222,81																		
6.809,99	I	1.918,25	54,30	153,46	172,64	35,66	140,92	158,54	17,01	128,39	144,44	-	115,86	130,34	-	103,38	116,30	-	91,36	102,78	-	79,84	89,82
	II	1.769,16	36,56	141,53	159,22	17,91	129,00	145,12	-	116,46	131,02	-	103,98	116,97	-	91,92	103,41	-	80,39	90,44	-	69,36	78,03
	III	1.234,66	-	98,77	111,11	-	89,14	100,28	-	79,76	89,73	-	70,64	79,47	-	61,77	69,49	-	53,17	59,81	-	44,82	50,42
	IV	1.918,25	54,30	153,46	172,64	44,98	147,19	165,59	35,66	140,92	158,54	26,33	134,66	151,49	17,01	128,39	144,44	7,69	122,12	137,39	-	115,86	130,34
	V	2.432,66	115,51	194,61	218,93																		
	VI	2.477,00	120,79	198,16	222,93																		
6.812,99	I	1.919,50	54,45	153,56	172,75	35,80	141,02	158,65	17,16	128,49	144,55	-	115,96	130,45	-	103,48	116,42	-	91,45	102,88	-	79,94	89,93
	II	1.770,41	36,71	141,63	159,33	18,06	129,10	145,23	-	116,56	131,13	-	104,08	117,09	-	92,02	103,52	-	80,48	90,54	-	69,45	78,13
	III	1.235,66	-	98,85	111,20	-	89,21	100,36	-	79,84	89,82	-	70,72	79,56	-	61,85	69,58	-	53,24	59,89	-	44,88	50,49
	IV	1.919,50	54,45	153,56	172,75	45,13	147,29	165,70	35,80	141,02	158,65	26,48	134,76	151,60	17,16	128,49	144,55	7,84	122,22	137,50	-	115,96	130,45
	V	2.433,91	115,66	194,71	219,05																		
	VI	2.478,25	120,94	198,26	223,04																		
6.815,99	I	1.920,75	54,60	153,66	172,86	35,95	141,12	158,76	17,31	128,59	144,66	-	116,06	130,56	-	103,58	116,53	-	91,54	102,98	-	80,02	90,02
	II	1.771,66	36,86	141,73	159,44	18,21	129,20	145,35	-	116,66	131,24	-	104,18	117,20	-	92,12	103,63	-	80,57	90,64	-	69,54	78,23
	III	1.236,66	-	98,93	111,29	-	89,29	100,45	-	79,90	89,89	-	70,78	79,63	-	61,92	69,66	-	53,30	59,96	-	44,94	50,56
	IV	1.920,75	54,60	153,66	172,86	45,27	147,39	165,81	35,95	141,12	158,76	26,63	134,86	151,71	17,31	128,59	144,66	7,99	122,32	137,61	-	116,06	130,56
	V	2.435,16	115,81	194,81	219,16																		
	VI	2.479,50	121,09	198,36	223,15																		
6.818,99	I	1.922,00	54,74	153,76	172,98	36,10	141,22	158,87	17,46	128,69	144,77	-	116,16	130,68	-	103,68	116,64	-	91,64	103,10	-	80,12	90,13
	II	1.772,91	37,00	141,83	159,56	18,36	129,30	145,46	-	116,76	131,36	-	104,28	117,31	-	92,21	103,73	-	80,66	90,74	-	69,62	78,32
	III	1.237,66	-	99,01	111,38	-	89,37	100,54	-	79,98	89,98	-	70,85	79,70	-	61,98	69,73	-	53,37	60,04	-	45,01	50,63
	IV	1.922,00	54,74	153,76	172,98	45,42	147,49	165,92	36,10	141,22	158,87	26,78	134,96	151,83	17,46	128,69	144,77	8,14	122,42	137,72	-	116,16	130,68
	V	2.436,41	115,96	194,91	219,27																		
	VI	2.480,75	121,24	198,46	223,26																		
6.821,99	I	1.923,25	54,89	153,86	173,09	36,25	141,32	158,99	17,61	128,79	144,89	-	116,26	130,79	-	103,78	116,75	-	91,74	103,20	-	80,20	90,23
	II	1.774,16	37,15	141,93	159,67	18,51	129,40	145,57	-	116,86	131,47	-	104,38	117,42	-	92,30	103,84	-	80,75	90,84	-	69,71	78,42
	III	1.238,66	-	99,09	111,47	-	89,45	100,63	-	80,06	90,07	-	70,93	79,79	-	62,05	69,80	-	53,44	60,12	-	45,08	50,71
	IV	1.923,25	54,89	153,86	173,09	45,57	147,59	166,04	36,25	141,32	158,99	26,93	135,06	151,94	17,61	128,79	144,89	8,29	122,52	137,84	-	116,26	130,79
	V	2.437,75	116,12	195,02	219,39																		
	VI	2.482,00	121,38	198,56	223,38																		
6.824,99	I	1.924,50	55,04	153,96	173,20	36,40	141,42	159,10	17,77	128,90	145,01	-	116,36	130,91	-	103,88	116,86	-	91,83	103,31	-	80,30	90,33
	II	1.775,41	37,30	142,03	159,78	18,66	129,50	145,68	0,01	116,96	131,58	-	104,47	117,53	-	92,40	103,95	-	80,84	90,95	-	69,80	78,52
	III	1.239,66	-	99,17	111,56	-	89,52	100,71	-	80,13	90,14	-	71,00	79,87	-	62,13	69,89	-	53,50	60,19	-	45,14	50,78
	IV	1.924,50	55,04	153,96	173,20	45,72	147,69	166,15	36,40	141,42	159,10	27,09	135,16	152,06	17,77	128,90	145,01	8,44	122,63	137,96	-	116,36	130,91
	V	2.439,00	116,27	195,12	219,51																		
	VI	2.483,25	121,53	198,66	223,49																		
6.827,99	I	1.925,83	55,20	154,06	173,32	36,56	141,53	159,22	17,91	129,00	145,12	-	116,46	131,02	-	103,98	116,97	-	91,92	103,41	-	80,39	90,44
	II	1.776,66	37,45	142,13	159,89	18,81	129,60	145,80	0,16	117,06	131,69	-	104,57	117,64	-	92,50	104,06	-	80,93	91,04	-	69,88	78,62
	III	1.240,66	-	99,25	111,65	-	89,60	100,80	-	80,21	90,23	-	71,08	79,96	-	62,20	69,97	-	53,58	60,28	-	45,21	50,86
	IV	1.925,83	55,20	154,06	173,32	45,88	147,80	166,27	36,56	141,53	159,22	27,24	135,26	152,17	17,91	129,00	145,12	8,59	122,73	138,07	-	116,46	131,02
	V	2.440,25	116,42	195,22	219,62																		
	VI	2.484,58	121,69	198,76	223,61																		
6.830,99	I	1.927,08	55,35	154,16	173,43	36,71	141,63	159,33	18,06	129,10	145,23	-	116,56	131,13	-	104,08	117,09	-	92,02	103,52	-	80,48	90,54
	II	1.777,91	37,60	142,23	160,01	18,97	129,70	145,91	0,32	117,17	131,81	-	104,67	117,75	-	92,59	104,16	-	81,02	91,15	-	69,97	78,71
	III	1.241,66	-	99,33	111,74	-	89,68	100,89	-	80,28	90,31	-	71,14	80,03	-	62,26	70,04	-	53,65	60,35	-	45,28	50,94
	IV	1.927,08	55,35	154,16	173,43	46,03	147,90	166,38	36,71	141,63	159,33	27,38	135,36	152,28	18,06	129,10	145,23	8,74	122,83	138,18	-	116,56	131,13
	V	2.441,50	116,57	195,32	219,73																		
	VI	2.485,83	121,84	198,86	223,72																		
6.833,99	I	1.928,33	55,50	154,26	173,54	36,86	141,73	159,44	18,21	129,20	145,35	-	116,66	131,24	-	104,18	117,20	-	92,12	103,63	-	80,57	90,64
	II	1.779,25	37,76	142,34	160,13	19,11	129,80	146,03	0,47	117,27	131,93	-	104,77	117,86	-	92,68	104,27	-	81,12	91,26	-	70,06	78,81
	III	1.242,66	-	99,41	111,83	-	89,76	100,98	-	80,36	90,40	-	71,22	80,12	-	62,34	70,13	-	53,72	60,43	-	45,34	51,01
	IV	1.928,33	55,50	154,26	173,54	46,18	148,00	166,50	36,86	141,73	159,44	27,53	135,46	152,39	18,21	129,20	145,35	8,89	122,93	138,29	-	116,66	131,24
	V	2.442,75	116,71	195,42	219,84																		
	VI	2.487,08	121,99	198,96	223,83																		
6.836,99	I	1.929,58	55,65	154,36	173,66	37,00	141,83	159,56	18,36	129,30	145,46	-	116,76	131,36	-	104,28	117,31	-	92,21	103,73	-	80,66	90,74
	II	1.780,50	37,91	142,44	160,24	19,26	129,90	146,14	0,62	117,37	132,04	-	104,87	117,98	-	92,78	104,38	-	81,20	91,35	-	70,14	78,91
	III	1.243,66	-	99,49	111,92	-	89,82	101,05	-	80,44	90,49	-	71,29	80,20	-	62,41	70,21	-	53,78	60,50	-	45,41	51,08
	IV	1.929,58	55,65	154,36	173,66	46,33	148,10	166,61	37,00	141,83	159,56	27,68	135,56	152,51	18,36	129,30	145,46	9,04	123,03	138,41	-	116,76	131,36
	V	2.444,00	116,86	195,52	219,96																		
	VI	2.488,33	122,14	199,06	223,94																		
6.839,99	I	1.930,83	55,80	154,46	173,77	37,15	141,93	159,67	18,51	129,40	145,57	-	116,86	131,47	-	104,38	117,42	-	92,30	103,84	-	80,75	90,84
	II	1.781,75	38,06	142,54	160,35	19,41	130,00	146,25	0,77	117,47	132,15	-	104,97	118,09	-	92,88	104,49	-	81,30	91,46	-	70,23	79,01
	III	1.244,50	-	99,56	112,00	-	89,90	101,14	-	80,50	90,56	-	71,36	80,28	-	62,48	70,29	-	53,85	60,58	-	45,48	51,16
	IV	1.930,83	55,80	154,46	173,77	46,47	148,20	166,72	37,15	141,93	159,67	27,83	135,66	152,62	18,51	129,40	145,57	9,19	123,13	138,52	-	116,86	131,47
	V	2.445,25	117,01	195,62	220,07																		
	VI	2.489,58	122,29	199,16	224,06																		

MONAT bis 6.884,99 €

Besondere Tabelle

Lohn/ Gehalt bis	Steuerklasse	Lohn-steuer	ohne Kinderfreibetrag			Anzahl Kinderfreibeträge (nur Steuerklassen I–IV)																	
						0,5			1,0			1,5			2,0			2,5			3,0		
			SolZ 5,5%	Kirchensteuer 8%	9%	SolZ 5,5%	Kirchensteuer 8%	9%	SolZ 5,5%	Kirchensteuer 8%	9%	SolZ 5,5%	Kirchensteuer 8%	9%	SolZ 5,5%	Kirchensteuer 8%	9%	SolZ 5,5%	Kirchensteuer 8%	9%	SolZ 5,5%	Kirchensteuer 8%	9%
6.842,99	I	1.932,08	55,94	154,56	173,88	37,30	142,03	159,78	18,66	129,50	145,68	0,01	116,96	131,58	-	104,47	117,53	-	92,40	103,95	-	80,84	90,9
	II	1.783,00	38,20	142,64	160,47	19,56	130,10	146,36	0,92	117,57	132,26	-	105,07	118,20	-	92,97	104,59	-	81,39	91,56	-	70,32	79,1
	III	1.245,50	-	99,64	112,09	-	89,98	101,23	-	80,58	90,65	-	71,44	80,37	-	62,54	70,36	-	53,92	60,66	-	45,54	51,2
	IV	1.932,08	55,94	154,56	173,88	46,62	148,30	166,83	37,30	142,03	159,78	27,98	135,76	152,73	18,66	129,50	145,68	9,34	123,23	138,63	0,01	116,96	131,5
	V	2.446,50	117,16	195,72	220,18																		
	VI	2.490,83	122,44	199,26	224,17																		
6.845,99	I	1.933,33	56,09	154,66	173,99	37,45	142,13	159,89	18,81	129,60	145,80	0,16	117,06	131,69	-	104,57	117,64	-	92,50	104,06	-	80,93	91,0
	II	1.784,25	38,35	142,74	160,58	19,71	130,20	146,48	1,07	117,67	132,38	-	105,17	118,31	-	93,06	104,69	-	81,48	91,66	-	70,40	79,2
	III	1.246,50	-	99,72	112,18	-	90,06	101,32	-	80,65	90,73	-	71,50	80,44	-	62,62	70,45	-	53,98	60,73	-	45,61	51,3
	IV	1.933,33	56,09	154,66	173,99	46,77	148,40	166,95	37,45	142,13	159,89	28,13	135,86	152,84	18,81	129,60	145,80	9,49	123,33	138,74	0,16	117,06	131,6
	V	2.447,83	117,32	195,82	220,30																		
	VI	2.492,08	122,58	199,36	224,28																		
6.848,99	I	1.934,58	56,24	154,76	174,11	37,60	142,23	160,01	18,97	129,70	145,91	0,32	117,17	131,81	-	104,67	117,75	-	92,59	104,16	-	81,02	91,1
	II	1.785,50	38,50	142,84	160,69	19,86	130,30	146,59	1,21	117,77	132,49	-	105,27	118,43	-	93,16	104,81	-	81,57	91,76	-	70,49	79,3
	III	1.247,50	-	99,80	112,27	-	90,13	101,39	-	80,73	90,82	-	71,58	80,53	-	62,69	70,52	-	54,05	60,80	-	45,68	51,3
	IV	1.934,58	56,24	154,76	174,11	46,92	148,50	167,06	37,60	142,23	160,01	28,28	135,96	152,96	18,97	129,70	145,91	9,64	123,44	138,87	0,32	117,17	131,8
	V	2.449,08	117,47	195,92	220,41																		
	VI	2.493,33	122,73	199,46	224,39																		
6.851,99	I	1.935,83	56,39	154,86	174,22	37,76	142,34	160,13	19,11	129,80	146,03	0,47	117,27	131,93	-	104,77	117,86	-	92,68	104,27	-	81,12	91,2
	II	1.786,75	38,65	142,94	160,80	20,01	130,40	146,70	1,36	117,87	132,60	-	105,37	118,54	-	93,26	104,91	-	81,66	91,87	-	70,58	79,4
	III	1.248,50	-	99,88	112,36	-	90,21	101,48	-	80,81	90,91	-	71,65	80,60	-	62,76	70,60	-	54,13	60,89	-	45,74	51,4
	IV	1.935,83	56,39	154,86	174,22	47,08	148,60	167,18	37,76	142,34	160,13	28,44	136,07	153,08	19,11	129,80	146,03	9,79	123,54	138,98	0,47	117,27	131,9
	V	2.450,33	117,62	196,02	220,52																		
	VI	2.494,58	122,88	199,56	224,51																		
6.854,99	I	1.937,16	56,55	154,97	174,34	37,91	142,44	160,24	19,26	129,90	146,14	0,62	117,37	132,04	-	104,87	117,98	-	92,78	104,38	-	81,20	91,3
	II	1.788,00	38,80	143,04	160,92	20,16	130,50	146,81	1,52	117,98	132,72	-	105,46	118,64	-	93,35	105,02	-	81,75	91,97	-	70,67	79,5
	III	1.249,50	-	99,96	112,45	-	90,29	101,57	-	80,88	90,99	-	71,73	80,69	-	62,84	70,69	-	54,20	60,97	-	45,81	51,5
	IV	1.937,16	56,55	154,97	174,34	47,23	148,70	167,29	37,91	142,44	160,24	28,58	136,17	153,19	19,26	129,90	146,14	9,94	123,64	139,09	0,62	117,37	132,0
	V	2.451,58	117,77	196,12	220,64																		
	VI	2.495,91	123,04	199,67	224,63																		
6.857,99	I	1.938,41	56,70	155,07	174,45	38,06	142,54	160,35	19,41	130,00	146,25	0,77	117,47	132,15	-	104,97	118,09	-	92,88	104,49	-	81,30	91,4
	II	1.789,33	38,96	143,14	161,03	20,31	130,61	146,93	1,67	118,08	132,84	-	105,56	118,76	-	93,45	105,13	-	81,84	92,07	-	70,76	79,6
	III	1.250,50	-	100,04	112,54	-	90,37	101,66	-	80,96	91,08	-	71,80	80,77	-	62,90	70,76	-	54,26	61,04	-	45,88	51,6
	IV	1.938,41	56,70	155,07	174,45	47,38	148,80	167,40	38,06	142,54	160,35	28,73	136,27	153,30	19,41	130,00	146,25	10,09	123,74	139,20	0,77	117,47	132,1
	V	2.452,83	117,91	196,22	220,75																		
	VI	2.497,16	123,19	199,77	224,74																		
6.860,99	I	1.939,66	56,85	155,17	174,56	38,20	142,64	160,47	19,56	130,10	146,36	0,92	117,57	132,26	-	105,07	118,20	-	92,97	104,59	-	81,39	91,5
	II	1.790,58	39,11	143,24	161,15	20,46	130,71	147,05	1,82	118,18	132,95	-	105,66	118,87	-	93,54	105,23	-	81,94	92,18	-	70,84	79,7
	III	1.251,50	-	100,12	112,63	-	90,44	101,74	-	81,02	91,15	-	71,88	80,86	-	62,97	70,84	-	54,33	61,12	-	45,94	51,6
	IV	1.939,66	56,85	155,17	174,56	47,53	148,90	167,51	38,20	142,64	160,47	28,88	136,37	153,41	19,56	130,10	146,36	10,24	123,84	139,32	0,92	117,57	132,2
	V	2.454,08	118,06	196,32	220,86																		
	VI	2.498,41	123,34	199,87	224,85																		
6.863,99	I	1.940,91	57,00	155,27	174,68	38,35	142,74	160,58	19,71	130,20	146,48	1,07	117,67	132,38	-	105,17	118,31	-	93,06	104,69	-	81,48	91,6
	II	1.791,83	39,26	143,34	161,26	20,61	130,81	147,16	1,97	118,28	133,06	-	105,76	118,98	-	93,64	105,34	-	82,02	92,27	-	70,93	79,7
	III	1.252,50	-	100,20	112,72	-	90,52	101,83	-	81,10	91,24	-	71,94	80,93	-	63,04	70,92	-	54,40	61,20	-	46,01	51,7
	IV	1.940,91	57,00	155,27	174,68	47,67	149,00	167,63	38,35	142,74	160,58	29,03	136,47	153,53	19,71	130,20	146,48	10,39	123,94	139,43	1,07	117,67	132,3
	V	2.455,33	118,21	196,42	220,97																		
	VI	2.499,66	123,49	199,97	224,96																		
6.866,99	I	1.942,16	57,14	155,37	174,79	38,50	142,84	160,69	19,86	130,30	146,59	1,21	117,77	132,49	-	105,27	118,43	-	93,16	104,81	-	81,57	91,7
	II	1.793,08	39,40	143,44	161,37	20,76	130,91	147,27	2,12	118,38	133,17	-	105,86	119,09	-	93,74	105,45	-	82,12	92,38	-	71,02	79,8
	III	1.253,50	-	100,28	112,81	-	90,60	101,92	-	81,18	91,33	-	72,01	81,01	-	63,12	71,01	-	54,46	61,27	-	46,08	51,8
	IV	1.942,16	57,14	155,37	174,79	47,82	149,10	167,74	38,50	142,84	160,69	29,18	136,57	153,64	19,86	130,30	146,59	10,54	124,04	139,54	1,21	117,77	132,4
	V	2.456,58	118,36	196,52	221,09																		
	VI	2.500,91	123,64	200,07	225,08																		
6.869,99	I	1.943,41	57,29	155,47	174,90	38,65	142,94	160,80	20,01	130,40	146,70	1,36	117,87	132,60	-	105,37	118,54	-	93,26	104,91	-	81,66	91,8
	II	1.794,33	39,55	143,54	161,48	20,91	131,01	147,38	2,27	118,48	133,29	-	105,96	119,21	-	93,83	105,56	-	82,21	92,48	-	71,10	79,9
	III	1.254,50	-	100,36	112,90	-	90,68	102,01	-	81,25	91,40	-	72,09	81,10	-	63,18	71,08	-	54,53	61,34	-	46,14	51,9
	IV	1.943,41	57,29	155,47	174,90	47,97	149,20	167,85	38,65	142,94	160,80	29,33	136,67	153,75	20,01	130,40	146,70	10,69	124,14	139,65	1,36	117,87	132,6
	V	2.457,83	118,51	196,62	221,20																		
	VI	2.502,16	123,78	200,17	225,19																		
6.872,99	I	1.944,66	57,44	155,57	175,01	38,80	143,04	160,92	20,16	130,50	146,81	1,52	117,98	132,72	-	105,46	118,64	-	93,35	105,02	-	81,75	91,9
	II	1.795,58	39,70	143,64	161,60	21,06	131,11	147,50	2,41	118,58	133,40	-	106,06	119,32	-	93,92	105,66	-	82,30	92,59	-	71,19	80,0
	III	1.255,33	-	100,42	112,97	-	90,74	102,08	-	81,33	91,49	-	72,16	81,18	-	63,25	71,15	-	54,60	61,42	-	46,21	51,9
	IV	1.944,66	57,44	155,57	175,01	48,12	149,30	167,96	38,80	143,04	160,92	29,48	136,77	153,86	20,16	130,50	146,81	10,84	124,24	139,77	1,52	117,98	132,7
	V	2.459,16	118,67	196,73	221,32																		
	VI	2.503,41	123,93	200,27	225,30																		
6.875,99	I	1.945,91	57,59	155,67	175,13	38,96	143,14	161,03	20,31	130,61	146,93	1,67	118,08	132,84	-	105,56	118,76	-	93,45	105,13	-	81,84	92,0
	II	1.796,83	39,85	143,74	161,71	21,21	131,21	147,61	2,56	118,68	133,51	-	106,16	119,43	-	94,02	105,77	-	82,39	92,69	-	71,28	80,1
	III	1.256,33	-	100,50	113,06	-	90,82	102,17	-	81,40	91,57	-	72,24	81,27	-	63,33	71,24	-	54,68	61,51	-	46,28	52,0
	IV	1.945,91	57,59	155,67	175,13	48,27	149,40	168,08	38,96	143,14	161,03	29,64	136,88	153,99	20,31	130,61	146,93	10,99	124,34	139,88	1,67	118,08	132,8
	V	2.460,41	118,82	196,83	221,43																		
	VI	2.504,66	124,08	200,37	225,41																		
6.878,99	I	1.947,25	57,75	155,78	175,25	39,11	143,24	161,15	20,46	130,71	147,05	1,82	118,18	132,95	-	105,66	118,87	-	93,54	105,23	-	81,94	92,1
	II	1.798,08	40,00	143,84	161,82	21,36	131,31	147,72	2,72	118,78	133,63	-	106,26	119,54	-	94,12	105,88	-	82,48	92,79	-	71,36	80,2
	III	1.257,33	-	100,58	113,15	-	90,90	102,26	-	81,48	91,66	-	72,30	81,34	-	63,40	71,32	-	54,74	61,58	-	46,34	52,1
	IV	1.947,25	57,75	155,78	175,25	48,43	149,51	168,20	39,11	143,24	161,15	29,78	136,98	154,10	20,46	130,71	147,05	11,14	124,44	140,00	1,82	118,18	132,9
	V	2.461,66	118,97	196,93	221,54																		
	VI	2.506,00	124,24	200,48	225,54																		
6.881,99	I	1.948,50	57,90	155,88	175,36	39,26	143,34	161,26	20,61	130,81	147,16	1,97	118,28	133,06	-	105,76	118,98	-	93,64	105,34	-	82,02	92,2
	II	1.799,33	40,15	143,94	161,93	21,51	131,42	147,84	2,87	118,88	133,74	-	106,36	119,66	-	94,21	105,98	-	82,58	92,90	-	71,45	80,3
	III	1.258,33	-	100,66	113,24	-	90,98	102,35	-	81,56	91,75	-	72,38	81,43	-	63,46	71,39	-	54,81	61,66	-	46,41	52,2
	IV	1.948,50	57,90	155,88	175,36	48,58	149,61	168,31	39,26	143,34	161,26	29,93	137,08	154,21	20,61	130,81	147,16	11,29	124,54	140,11	1,97	118,28	133,0
	V	2.462,91	119,11	197,03	221,66																		
	VI	2.507,25	124,39	200,58	225,65																		
6.884,99	I	1.949,75	58,05	155,98	175,47	39,40	143,44	161,37	20,76	130,91	147,27	2,12	118,38	133,17	-	105,86	119,09	-	93,74	105,45	-	82,12	92,3
	II	1.800,66	40,31	144,05	162,05	21,66	131,52	147,96	3,02	118,98	133,85	-	106,46	119,77	-	94,31	106,10	-	82,66	92,99	-	71,54	80,4
	III	1.259,33	-	100,74	113,33	-	91,06	102,44	-	81,62	91,82	-	72,45	81,50	-	63,53	71,47	-	54,88	61,74	-	46,48	52,2
	IV	1.949,75	58,05	155,98	175,47	48,73	149,71	168,42	39,40	143,44	161,37	30,08	137,18	154,32	20,76	130,91	147,27	11,44	124,64	140,22	2,12	118,38	133,1
	V	2.464,16	119,26	197,13	221,77																		
	VI	2.508,50	124,54	200,68	225,76																		

Lohn/Gehalt bis	Steuerklasse	Lohnsteuer	ohne Kinderfreibetrag SolZ 5,5%	ohne Kinderfreibetrag Kirchensteuer 8%	ohne Kinderfreibetrag Kirchensteuer 9%	0,5 SolZ 5,5%	0,5 Kirchensteuer 8%	0,5 Kirchensteuer 9%	1,0 SolZ 5,5%	1,0 Kirchensteuer 8%	1,0 Kirchensteuer 9%	1,5 SolZ 5,5%	1,5 Kirchensteuer 8%	1,5 Kirchensteuer 9%	2,0 SolZ 5,5%	2,0 Kirchensteuer 8%	2,0 Kirchensteuer 9%	2,5 SolZ 5,5%	2,5 Kirchensteuer 8%	2,5 Kirchensteuer 9%	3,0 SolZ 5,5%	3,0 Kirchensteuer 8%	3,0 Kirchensteuer 9%
						Anzahl Kinderfreibeträge (nur Steuerklassen I–IV)																	
6.887,99	I	1.951,00	58,20	156,08	175,59	39,55	143,54	161,48	20,91	131,01	147,38	2,27	118,48	133,29	-	105,96	119,21	-	93,83	105,56	-	82,21	92,48
	II	1.801,91	40,46	144,15	162,17	21,81	131,62	148,07	3,17	119,08	133,97	-	106,56	119,88	-	94,40	106,20	-	82,76	93,10	-	71,63	80,58
	III	1.260,33	-	100,82	113,42	-	91,13	102,52	-	81,70	91,91	-	72,53	81,59	-	63,61	71,56	-	54,94	61,81	-	46,54	52,36
	IV	1.951,00	58,20	156,08	175,59	48,87	149,81	168,53	39,55	143,54	161,48	30,23	137,28	154,44	20,91	131,01	147,38	11,59	124,74	140,33	2,27	118,48	133,29
	V	2.465,41	119,41	197,23	221,88																		
	VI	2.509,75	124,69	200,78	225,87																		
6.890,99	I	1.952,25	58,34	156,18	175,70	39,70	143,64	161,60	21,06	131,11	147,50	2,41	118,58	133,40	-	106,06	119,32	-	93,92	105,66	-	82,30	92,59
	II	1.803,16	40,60	144,25	162,28	21,96	131,72	148,18	3,32	119,18	134,08	-	106,66	119,99	-	94,50	106,31	-	82,85	93,20	-	71,72	80,68
	III	1.261,33	-	100,90	113,51	-	91,21	102,61	-	81,77	91,99	-	72,60	81,67	-	63,68	71,64	-	55,01	61,88	-	46,61	52,43
	IV	1.952,25	58,34	156,18	175,70	49,02	149,91	168,65	39,70	143,64	161,60	30,38	137,38	154,55	21,06	131,11	147,50	11,74	124,84	140,45	2,41	118,58	133,40
	V	2.466,66	119,56	197,33	221,99																		
	VI	2.511,00	124,84	200,88	225,99																		
6.893,99	I	1.953,50	58,49	156,28	175,81	39,85	143,74	161,71	21,21	131,21	147,61	2,56	118,68	133,51	-	106,16	119,43	-	94,02	105,77	-	82,39	92,69
	II	1.804,41	40,75	144,35	162,39	22,11	131,82	148,29	3,47	119,28	134,19	-	106,76	120,11	-	94,60	106,42	-	82,94	93,31	-	71,80	80,78
	III	1.262,33	-	100,98	113,60	-	91,29	102,70	-	81,85	92,08	-	72,68	81,76	-	63,74	71,71	-	55,08	61,96	-	46,68	52,51
	IV	1.953,50	58,49	156,28	175,81	49,17	150,01	168,76	39,85	143,74	161,71	30,53	137,48	154,66	21,21	131,21	147,61	11,89	124,94	140,56	2,56	118,68	133,51
	V	2.467,91	119,71	197,43	222,11																		
	VI	2.512,25	124,98	200,98	226,10																		
6.896,99	I	1.954,75	58,64	156,38	175,92	40,00	143,84	161,82	21,36	131,31	147,72	2,72	118,78	133,63	-	106,26	119,54	-	94,12	105,88	-	82,48	92,79
	II	1.805,66	40,90	144,45	162,50	22,26	131,92	148,41	3,61	119,38	134,30	-	106,86	120,22	-	94,69	106,52	-	83,03	93,41	-	71,89	80,87
	III	1.263,33	-	101,06	113,69	-	91,37	102,79	-	81,93	92,17	-	72,74	81,83	-	63,82	71,80	-	55,16	62,05	-	46,74	52,58
	IV	1.954,75	58,64	156,38	175,92	49,32	150,11	168,87	40,00	143,84	161,82	30,68	137,58	154,77	21,36	131,31	147,72	12,03	125,04	140,67	2,72	118,78	133,63
	V	2.469,25	119,87	197,54	222,23																		
	VI	2.513,50	125,13	201,08	226,21																		
6.899,99	I	1.956,00	58,79	156,48	176,04	40,15	143,94	161,93	21,51	131,42	147,84	2,87	118,88	133,74	-	106,36	119,66	-	94,21	105,98	-	82,58	92,90
	II	1.806,91	41,05	144,55	162,62	22,41	132,02	148,52	3,76	119,48	134,42	-	106,96	120,33	-	94,78	106,63	-	83,12	93,51	-	71,98	80,97
	III	1.264,33	-	101,14	113,78	-	91,44	102,87	-	82,00	92,25	-	72,81	81,91	-	63,89	71,87	-	55,22	62,12	-	46,81	52,66
	IV	1.956,00	58,79	156,48	176,04	49,47	150,21	168,98	40,15	143,94	161,93	30,84	137,68	154,89	21,51	131,42	147,84	12,19	125,15	140,79	2,87	118,88	133,74
	V	2.470,50	120,02	197,64	222,34																		
	VI	2.514,75	125,28	201,18	226,32																		
6.902,99	I	1.957,33	58,95	156,58	176,15	40,31	144,05	162,05	21,66	131,52	147,96	3,02	118,98	133,85	-	106,46	119,77	-	94,31	106,10	-	82,66	92,99
	II	1.808,16	41,20	144,65	162,73	22,56	132,12	148,63	3,91	119,58	134,53	-	107,06	120,44	-	94,88	106,74	-	83,22	93,62	-	72,06	81,07
	III	1.265,33	-	101,22	113,87	-	91,52	102,96	-	82,08	92,34	-	72,89	82,00	-	63,96	71,95	-	55,29	62,20	-	46,88	52,74
	IV	1.957,33	58,95	156,58	176,15	49,63	150,32	169,11	40,31	144,05	162,05	30,98	137,78	155,00	21,66	131,52	147,96	12,34	125,25	140,90	3,02	118,98	133,85
	V	2.471,75	120,17	197,74	222,45																		
	VI	2.516,08	125,44	201,28	226,44																		
6.905,99	I	1.958,58	59,10	156,68	176,27	40,46	144,15	162,17	21,81	131,62	148,07	3,17	119,08	133,97	-	106,56	119,88	-	94,40	106,20	-	82,76	93,10
	II	1.809,41	41,35	144,75	162,84	22,71	132,22	148,75	4,07	119,69	134,65	-	107,16	120,56	-	94,98	106,85	-	83,31	93,72	-	72,15	81,17
	III	1.266,33	-	101,30	113,96	-	91,60	103,05	-	82,16	92,43	-	72,96	82,08	-	64,04	72,04	-	55,36	62,28	-	46,94	52,81
	IV	1.958,58	59,10	156,68	176,27	49,78	150,42	169,22	40,46	144,15	162,17	31,13	137,88	155,12	21,81	131,62	148,07	12,49	125,35	141,02	3,17	119,08	133,97
	V	2.473,00	120,31	197,84	222,57																		
	VI	2.517,33	125,59	201,38	226,55																		
6.908,99	I	1.959,83	59,25	156,78	176,38	40,60	144,25	162,28	21,96	131,72	148,18	3,32	119,18	134,08	-	106,66	119,99	-	94,50	106,31	-	82,85	93,20
	II	1.810,75	41,51	144,86	162,96	22,86	132,32	148,86	4,22	119,79	134,76	-	107,26	120,67	-	95,08	106,96	-	83,40	93,82	-	72,24	81,27
	III	1.267,33	-	101,38	114,05	-	91,68	103,14	-	82,22	92,50	-	73,04	82,17	-	64,10	72,11	-	55,42	62,35	-	47,01	52,88
	IV	1.959,83	59,25	156,78	176,38	49,93	150,52	169,33	40,60	144,25	162,28	31,28	137,98	155,23	21,96	131,72	148,18	12,64	125,45	141,13	3,32	119,18	134,08
	V	2.474,25	120,46	197,94	222,68																		
	VI	2.518,58	125,74	201,48	226,67																		
6.911,99	I	1.961,08	59,40	156,88	176,49	40,75	144,35	162,39	22,11	131,82	148,29	3,47	119,28	134,19	-	106,76	120,11	-	94,60	106,42	-	82,94	93,31
	II	1.812,00	41,65	144,96	163,08	23,01	132,42	148,97	4,37	119,89	134,87	-	107,36	120,78	-	95,17	107,06	-	83,49	93,92	-	72,33	81,37
	III	1.268,16	-	101,45	114,13	-	91,74	103,21	-	82,30	92,59	-	73,10	82,24	-	64,17	72,19	-	55,49	62,42	-	47,08	52,96
	IV	1.961,08	59,40	156,88	176,49	50,07	150,62	169,44	40,75	144,35	162,39	31,43	138,08	155,34	22,11	131,82	148,29	12,79	125,55	141,24	3,47	119,28	134,19
	V	2.475,50	120,61	198,04	222,79																		
	VI	2.519,83	125,89	201,58	226,78																		
6.914,99	I	1.962,33	59,54	156,98	176,60	40,90	144,45	162,50	22,26	131,92	148,41	3,61	119,38	134,30	-	106,86	120,22	-	94,69	106,52	-	83,03	93,41
	II	1.813,25	41,80	145,06	163,19	23,16	132,52	149,09	4,52	119,99	134,99	-	107,46	120,89	-	95,26	107,17	-	83,58	94,03	-	72,42	81,47
	III	1.269,16	-	101,53	114,22	-	91,82	103,30	-	82,37	92,66	-	73,18	82,33	-	64,25	72,28	-	55,57	62,51	-	47,14	53,03
	IV	1.962,33	59,54	156,98	176,60	50,22	150,72	169,56	40,90	144,45	162,50	31,58	138,18	155,45	22,26	131,92	148,41	12,94	125,65	141,35	3,61	119,38	134,30
	V	2.476,75	120,76	198,14	222,90																		
	VI	2.521,08	126,04	201,68	226,89																		
6.917,99	I	1.963,58	59,69	157,08	176,72	41,05	144,55	162,62	22,41	132,02	148,52	3,76	119,48	134,42	-	106,96	120,33	-	94,78	106,63	-	83,12	93,51
	II	1.814,50	41,95	145,16	163,30	23,31	132,62	149,20	4,67	120,09	135,10	-	107,56	121,01	-	95,36	107,28	-	83,68	94,14	-	72,50	81,56
	III	1.270,16	-	101,61	114,31	-	91,90	103,39	-	82,45	92,75	-	73,25	82,40	-	64,32	72,36	-	55,64	62,59	-	47,21	53,11
	IV	1.963,58	59,69	157,08	176,72	50,37	150,82	169,67	41,05	144,55	162,62	31,73	138,28	155,57	22,41	132,02	148,52	13,09	125,75	141,47	3,76	119,48	134,42
	V	2.478,00	120,91	198,24	223,02																		
	VI	2.522,33	126,18	201,78	227,00																		
6.920,99	I	1.964,83	59,84	157,18	176,83	41,20	144,65	162,73	22,56	132,12	148,63	3,91	119,58	134,53	-	107,06	120,44	-	94,88	106,74	-	83,22	93,62
	II	1.815,75	42,10	145,26	163,41	23,46	132,72	149,31	4,81	120,19	135,21	-	107,66	121,12	-	95,46	107,39	-	83,77	94,24	-	72,59	81,66
	III	1.271,16	-	101,69	114,40	-	91,98	103,48	-	82,53	92,84	-	73,33	82,49	-	64,38	72,43	-	55,70	62,66	-	47,28	53,19
	IV	1.964,83	59,84	157,18	176,83	50,52	150,92	169,78	41,20	144,65	162,73	31,88	138,38	155,68	22,56	132,12	148,63	13,23	125,85	141,58	3,91	119,58	134,53
	V	2.479,33	121,07	198,34	223,13																		
	VI	2.523,58	126,33	201,88	227,12																		
6.923,99	I	1.966,08	59,99	157,28	176,94	41,35	144,75	162,84	22,71	132,22	148,75	4,07	119,69	134,65	-	107,16	120,56	-	94,98	106,85	-	83,31	93,72
	II	1.817,00	42,25	145,36	163,53	23,61	132,82	149,42	4,96	120,29	135,32	-	107,76	121,23	-	95,56	107,50	-	83,86	94,34	-	72,68	81,76
	III	1.272,16	-	101,77	114,49	-	92,06	103,57	-	82,60	92,92	-	73,40	82,57	-	64,45	72,50	-	55,77	62,74	-	47,34	53,26
	IV	1.966,08	59,99	157,28	176,94	50,67	151,02	169,89	41,35	144,75	162,84	32,03	138,48	155,79	22,71	132,22	148,75	13,39	125,96	141,70	4,07	119,69	134,65
	V	2.480,58	121,22	198,44	223,25																		
	VI	2.524,83	126,48	201,98	227,23																		
6.926,99	I	1.967,33	60,14	157,38	177,05	41,51	144,86	162,96	22,86	132,32	148,86	4,22	119,79	134,76	-	107,26	120,67	-	95,08	106,96	-	83,40	93,82
	II	1.818,25	42,40	145,46	163,64	23,76	132,92	149,54	5,11	120,39	135,44	-	107,86	121,34	-	95,65	107,60	-	83,95	94,44	-	72,77	81,86
	III	1.273,16	-	101,85	114,58	-	92,13	103,64	-	82,68	93,01	-	73,48	82,66	-	64,53	72,59	-	55,84	62,82	-	47,41	53,33
	IV	1.967,33	60,14	157,38	177,05	50,83	151,12	170,01	41,51	144,86	162,96	32,18	138,59	155,91	22,86	132,32	148,86	13,54	126,06	141,81	4,22	119,79	134,76
	V	2.481,83	121,37	198,54	223,36																		
	VI	2.526,08	126,63	202,08	227,34																		
6.929,99	I	1.968,66	60,30	157,49	177,17	41,65	144,96	163,08	23,01	132,42	148,97	4,37	119,89	134,87	-	107,36	120,78	-	95,17	107,06	-	83,49	93,92
	II	1.819,50	42,55	145,56	163,75	23,90	133,02	149,65	5,27	120,50	135,56	-	107,96	121,46	-	95,75	107,72	-	84,04	94,55	-	72,86	81,96
	III	1.274,16	-	101,93	114,67	-	92,21	103,73	-	82,76	93,10	-	73,54	82,73	-	64,60	72,67	-	55,90	62,89	-	47,48	53,41
	IV	1.968,66	60,30	157,49	177,17	50,98	151,22	170,12	41,65	144,96	163,08	32,33	138,69	156,02	23,01	132,42	148,97	13,69	126,16	141,93	4,37	119,89	134,87
	V	2.483,08	121,51	198,64	223,47																		
	VI	2.527,41	126,79	202,19	227,46																		

MONAT bis 6.974,99 €

Besondere Tabelle

Lohn/Gehalt bis	Steuerklasse	Lohnsteuer	ohne Kinderfreibetrag SolZ 5,5%	Kirchensteuer 8%	Kirchensteuer 9%	0,5 SolZ 5,5%	Kirchensteuer 8%	9%	1,0 SolZ 5,5%	Kirchensteuer 8%	9%	1,5 SolZ 5,5%	Kirchensteuer 8%	9%	2,0 SolZ 5,5%	Kirchensteuer 8%	9%	2,5 SolZ 5,5%	Kirchensteuer 8%	9%	3,0 SolZ 5,5%	Kirchensteue 8%	9%
						Anzahl Kinderfreibeträge (nur Steuerklassen I–IV)																	
6.932,99	I	1.969,91	60,45	157,59	177,29	41,80	145,06	163,19	23,16	132,52	149,09	4,52	119,99	134,99	-	107,46	120,89	-	95,26	107,17	-	83,58	94,0
	II	1.820,83	42,71	145,66	163,87	24,06	133,13	149,77	5,42	120,60	135,67	-	108,06	121,57	-	95,84	107,82	-	84,14	94,65	-	72,94	82,0
	III	1.275,16	-	102,01	114,76	-	92,29	103,82	-	82,82	93,17	-	73,62	82,82	-	64,66	72,74	-	55,98	62,98	-	47,54	53,4
	IV	1.969,91	60,45	157,59	177,29	51,13	151,32	170,24	41,80	145,06	163,19	32,48	138,79	156,14	23,16	132,52	149,09	13,84	126,26	142,04	4,52	119,99	134,9
	V	2.484,33	121,66	198,74	223,58																		
	VI	2.528,66	126,94	202,29	227,57																		
6.935,99	I	1.971,16	60,60	157,69	177,40	41,95	145,16	163,30	23,31	132,62	149,20	4,67	120,09	135,10	-	107,56	121,01	-	95,36	107,28	-	83,68	94,1
	II	1.822,08	42,85	145,76	163,98	24,21	133,23	149,88	5,57	120,70	135,78	-	108,16	121,68	-	95,94	107,93	-	84,23	94,76	-	73,03	82,1
	III	1.276,16	-	102,09	114,85	-	92,37	103,91	-	82,90	93,26	-	73,69	82,90	-	64,74	72,83	-	56,05	63,05	-	47,61	53,5
	IV	1.971,16	60,60	157,69	177,40	51,27	151,42	170,35	41,95	145,16	163,30	32,63	138,89	156,25	23,31	132,62	149,20	13,99	126,36	142,15	4,67	120,09	135,1
	V	2.485,58	121,81	198,84	223,70																		
	VI	2.529,91	127,09	202,39	227,69																		
6.938,99	I	1.972,41	60,74	157,79	177,51	42,10	145,26	163,41	23,46	132,72	149,31	4,81	120,19	135,21	-	107,66	121,12	-	95,46	107,39	-	83,77	94,2
	II	1.823,33	43,00	145,86	164,09	24,36	133,33	149,99	5,72	120,80	135,90	-	108,26	121,79	-	96,04	108,04	-	84,32	94,86	-	73,12	82,2
	III	1.277,16	-	102,17	114,94	-	92,44	103,99	-	82,97	93,34	-	73,77	82,99	-	64,81	72,91	-	56,12	63,13	-	47,68	53,6
	IV	1.972,41	60,74	157,79	177,51	51,42	151,52	170,46	42,10	145,26	163,41	32,78	138,99	156,36	23,46	132,72	149,31	14,14	126,46	142,26	4,81	120,19	135,2
	V	2.486,83	121,96	198,94	223,81																		
	VI	2.531,16	127,24	202,49	227,80																		
6.941,99	I	1.973,66	60,89	157,89	177,62	42,25	145,36	163,53	23,61	132,82	149,42	4,96	120,29	135,32	-	107,76	121,23	-	95,56	107,50	-	83,86	94,3
	II	1.824,58	43,15	145,96	164,21	24,51	133,43	150,11	5,87	120,90	136,01	-	108,36	121,91	-	96,13	108,14	-	84,41	94,96	-	73,21	82,3
	III	1.278,16	-	102,25	115,03	-	92,52	104,08	-	83,05	93,43	-	73,84	83,07	-	64,88	72,99	-	56,18	63,20	-	47,74	53,7
	IV	1.973,66	60,89	157,89	177,62	51,57	151,62	170,57	42,25	145,36	163,53	32,93	139,09	156,47	23,61	132,82	149,42	14,28	126,56	142,38	4,96	120,29	135,3
	V	2.488,08	122,11	199,04	223,92																		
	VI	2.532,41	127,38	202,59	227,91																		
6.944,99	I	1.974,91	61,04	157,99	177,74	42,40	145,46	163,64	23,76	132,92	149,54	5,11	120,39	135,44	-	107,86	121,34	-	95,65	107,60	-	83,95	94,4
	II	1.825,83	43,30	146,06	164,32	24,66	133,53	150,22	6,01	121,00	136,12	-	108,46	122,02	-	96,23	108,26	-	84,50	95,06	-	73,30	82,4
	III	1.279,16	-	102,33	115,12	-	92,60	104,17	-	83,13	93,52	-	73,92	83,16	-	64,96	73,08	-	56,25	63,28	-	47,81	53,7
	IV	1.974,91	61,04	157,99	177,74	51,72	151,72	170,69	42,40	145,46	163,64	33,08	139,19	156,59	23,76	132,92	149,54	14,43	126,66	142,49	5,11	120,39	135,4
	V	2.489,33	122,26	199,14	224,03																		
	VI	2.533,66	127,53	202,69	228,02																		
6.947,99	I	1.976,16	61,19	158,09	177,85	42,55	145,56	163,75	23,90	133,02	149,65	5,27	120,50	135,56	-	107,96	121,46	-	95,75	107,72	-	84,04	94,5
	II	1.827,08	43,45	146,16	164,43	24,81	133,63	150,33	6,16	121,10	136,23	-	108,57	122,14	-	96,32	108,36	-	84,60	95,17	-	73,38	82,5
	III	1.280,16	-	102,41	115,21	-	92,68	104,26	-	83,20	93,60	-	73,98	83,23	-	65,02	73,15	-	56,32	63,36	-	47,88	53,8
	IV	1.976,16	61,19	158,09	177,85	51,87	151,82	170,80	42,55	145,56	163,75	33,23	139,29	156,70	23,90	133,02	149,65	14,59	126,76	142,61	5,27	120,50	135,5
	V	2.490,66	122,42	199,25	224,15																		
	VI	2.534,91	127,68	202,79	228,14																		
6.950,99	I	1.977,41	61,34	158,19	177,96	42,71	145,66	163,87	24,06	133,13	149,77	5,42	120,60	135,67	-	108,06	121,57	-	95,84	107,82	-	84,14	94,6
	II	1.828,33	43,60	146,26	164,54	24,96	133,73	150,44	6,31	121,20	136,35	-	108,67	122,25	-	96,42	108,47	-	84,69	95,27	-	73,47	82,6
	III	1.281,16	-	102,49	115,30	-	92,76	104,35	-	83,28	93,69	-	74,06	83,32	-	65,09	73,22	-	56,40	63,45	-	47,94	53,9
	IV	1.977,41	61,34	158,19	177,96	52,02	151,92	170,91	42,71	145,66	163,87	33,38	139,40	156,82	24,06	133,13	149,77	14,74	126,86	142,72	5,42	120,60	135,6
	V	2.491,91	122,57	199,35	224,27																		
	VI	2.536,16	127,83	202,89	228,25																		
6.953,99	I	1.978,75	61,50	158,30	178,08	42,85	145,76	163,98	24,21	133,23	149,88	5,57	120,70	135,78	-	108,16	121,68	-	95,94	107,93	-	84,23	94,7
	II	1.829,58	43,75	146,36	164,66	25,10	133,83	150,56	6,47	121,30	136,46	-	108,77	122,36	-	96,52	108,58	-	84,78	95,38	-	73,56	82,7
	III	1.282,16	-	102,57	115,39	-	92,82	104,42	-	83,36	93,78	-	74,13	83,39	-	65,17	73,31	-	56,46	63,52	-	48,01	54,0
	IV	1.978,75	61,50	158,30	178,08	52,18	152,03	171,03	42,85	145,76	163,98	33,53	139,50	156,93	24,21	133,23	149,88	14,89	126,96	142,83	5,57	120,70	135,7
	V	2.493,16	122,71	199,45	224,38																		
	VI	2.537,50	127,99	203,00	228,37																		
6.956,99	I	1.980,00	61,65	158,40	178,20	43,00	145,86	164,09	24,36	133,33	149,99	5,72	120,80	135,90	-	108,26	121,79	-	96,04	108,04	-	84,32	94,8
	II	1.830,83	43,90	146,46	164,77	25,26	133,94	150,68	6,62	121,40	136,58	-	108,87	122,48	-	96,62	108,69	-	84,88	95,49	-	73,65	82,8
	III	1.283,16	-	102,65	115,48	-	92,90	104,51	-	83,42	93,85	-	74,20	83,47	-	65,24	73,39	-	56,53	63,59	-	48,08	54,0
	IV	1.980,00	61,65	158,40	178,20	52,33	152,13	171,14	43,00	145,86	164,09	33,68	139,60	157,05	24,36	133,33	149,99	15,04	127,06	142,94	5,72	120,80	135,9
	V	2.494,41	122,86	199,55	224,49																		
	VI	2.538,75	128,14	203,10	228,48																		
6.959,99	I	1.981,25	61,80	158,50	178,31	43,15	145,96	164,21	24,51	133,43	150,11	5,87	120,90	136,01	-	108,36	121,91	-	96,13	108,14	-	84,41	94,9
	II	1.832,16	44,05	146,57	164,89	25,41	134,04	150,79	6,77	121,50	136,69	-	108,97	122,59	-	96,71	108,80	-	84,96	95,58	-	73,74	82,9
	III	1.284,16	-	102,73	115,57	-	92,98	104,60	-	83,50	93,94	-	74,28	83,56	-	65,30	73,46	-	56,60	63,67	-	48,14	54,1
	IV	1.981,25	61,80	158,50	178,31	52,47	152,23	171,26	43,15	145,96	164,21	33,83	139,70	157,16	24,51	133,43	150,11	15,19	127,16	143,06	5,87	120,90	136,0
	V	2.495,66	123,01	199,65	224,60																		
	VI	2.540,00	128,29	203,20	228,60																		
6.962,99	I	1.982,50	61,94	158,60	178,42	43,30	146,06	164,32	24,66	133,53	150,22	6,01	121,00	136,12	-	108,46	122,02	-	96,23	108,26	-	84,50	95,0
	II	1.833,41	44,20	146,67	165,00	25,56	134,14	150,90	6,92	121,60	136,80	-	109,07	122,70	-	96,81	108,91	-	85,06	95,69	-	73,82	83,0
	III	1.285,00	-	102,80	115,65	-	93,06	104,69	-	83,58	94,03	-	74,34	83,63	-	65,38	73,55	-	56,66	63,74	-	48,21	54,2
	IV	1.982,50	61,94	158,60	178,42	52,62	152,33	171,37	43,30	146,06	164,32	33,98	139,80	157,27	24,66	133,53	150,22	15,34	127,26	143,17	6,01	121,00	136,1
	V	2.496,91	123,16	199,75	224,72																		
	VI	2.541,25	128,44	203,30	228,71																		
6.965,99	I	1.983,75	62,09	158,70	178,53	43,45	146,16	164,43	24,81	133,63	150,33	6,16	121,10	136,23	-	108,57	122,14	-	96,32	108,36	-	84,60	95,1
	II	1.834,66	44,35	146,77	165,11	25,71	134,24	151,02	7,07	121,70	136,91	-	109,17	122,81	-	96,90	109,01	-	85,15	95,79	-	73,91	83,1
	III	1.286,00	-	102,88	115,74	-	93,14	104,78	-	83,65	94,10	-	74,42	83,72	-	65,45	73,63	-	56,73	63,82	-	48,28	54,3
	IV	1.983,75	62,09	158,70	178,53	52,77	152,43	171,48	43,45	146,16	164,43	34,13	139,90	157,38	24,81	133,63	150,33	15,48	127,36	143,28	6,16	121,10	136,2
	V	2.498,16	123,31	199,85	224,83																		
	VI	2.542,50	128,58	203,40	228,82																		
6.968,99	I	1.985,00	62,24	158,80	178,65	43,60	146,26	164,54	24,96	133,73	150,44	6,31	121,20	136,35	-	108,67	122,25	-	96,42	108,47	-	84,69	95,2
	II	1.835,91	44,50	146,87	165,23	25,86	134,34	151,13	7,21	121,80	137,03	-	109,27	122,93	-	97,00	109,13	-	85,24	95,90	-	74,00	83,2
	III	1.287,00	-	102,96	115,83	-	93,21	104,86	-	83,73	94,19	-	74,49	83,80	-	65,52	73,71	-	56,81	63,91	-	48,34	54,3
	IV	1.985,00	62,24	158,80	178,65	52,92	152,53	171,59	43,60	146,26	164,54	34,28	140,00	157,50	24,96	133,73	150,44	15,63	127,46	143,39	6,31	121,20	136,3
	V	2.499,41	123,46	199,95	224,94																		
	VI	2.543,75	128,73	203,50	228,93																		
6.971,99	I	1.986,25	62,39	158,90	178,76	43,75	146,36	164,66	25,10	133,83	150,56	6,47	121,30	136,46	-	108,77	122,36	-	96,52	108,58	-	84,78	95,3
	II	1.837,16	44,65	146,97	165,34	26,01	134,44	151,24	7,36	121,90	137,14	-	109,37	123,04	-	97,10	109,23	-	85,34	96,00	-	74,09	83,3
	III	1.288,00	-	103,04	115,92	-	93,29	104,95	-	83,80	94,27	-	74,57	83,89	-	65,60	73,80	-	56,88	63,99	-	48,41	54,4
	IV	1.986,25	62,39	158,90	178,76	53,07	152,63	171,71	43,75	146,36	164,66	34,43	140,10	157,61	25,10	133,83	150,56	15,78	127,56	143,51	6,47	121,30	136,4
	V	2.500,75	123,62	200,06	225,06																		
	VI	2.545,00	128,88	203,60	229,05																		
6.974,99	I	1.987,50	62,54	159,00	178,87	43,90	146,46	164,77	25,26	133,94	150,68	6,62	121,40	136,58	-	108,87	122,48	-	96,62	108,69	-	84,88	95,4
	II	1.838,41	44,80	147,07	165,45	26,16	134,54	151,35	7,51	122,00	137,25	-	109,47	123,15	-	97,20	109,35	-	85,43	96,11	-	74,18	83,4
	III	1.289,00	-	103,12	116,01	-	93,37	105,04	-	83,88	94,36	-	74,64	83,97	-	65,66	73,87	-	56,94	64,06	-	48,48	54,5
	IV	1.987,50	62,54	159,00	178,87	53,22	152,73	171,82	43,90	146,46	164,77	34,58	140,20	157,73	25,26	133,94	150,68	15,94	127,67	143,63	6,62	121,40	136,5
	V	2.502,00	123,76	200,16	225,18																		
	VI	2.546,25	129,03	203,70	229,16																		

Lohn/ Gehalt bis	Steuerklasse	Lohn-steuer	ohne Kinderfreibetrag SolZ 5,5%	Kirchensteuer 8%	Kirchensteuer 9%	0,5 SolZ 5,5%	0,5 Kirchensteuer 8%	0,5 Kirchensteuer 9%	1,0 SolZ 5,5%	1,0 Kirchensteuer 8%	1,0 Kirchensteuer 9%	1,5 SolZ 5,5%	1,5 Kirchensteuer 8%	1,5 Kirchensteuer 9%	2,0 SolZ 5,5%	2,0 Kirchensteuer 8%	2,0 Kirchensteuer 9%	2,5 SolZ 5,5%	2,5 Kirchensteuer 8%	2,5 Kirchensteuer 9%	3,0 SolZ 5,5%	3,0 Kirchensteuer 8%	3,0 Kirchensteuer 9%
6.977,99	I	1.988,83	62,70	159,10	178,99	44,05	146,57	164,89	25,41	134,04	150,79	6,77	121,50	136,69	-	108,97	122,59	-	96,71	108,80	-	84,96	95,58
	II	1.839,66	44,95	147,17	165,56	26,30	134,64	151,47	7,66	122,10	137,36	-	109,58	123,27	-	97,29	109,45	-	85,52	96,21	-	74,26	83,54
	III	1.290,00	-	103,20	116,10	-	93,45	105,13	-	83,96	94,45	-	74,72	84,06	-	65,73	73,94	-	57,01	64,13	-	48,54	54,61
	IV	1.988,83	62,70	159,10	178,99	53,38	152,84	171,94	44,05	146,57	164,89	34,73	140,30	157,84	25,41	134,04	150,79	16,09	127,77	143,74	6,77	121,50	136,69
	V	2.503,25	123,91	200,26	225,29																		
	VI	2.547,58	129,19	203,80	229,28																		
6.980,99	I	1.990,08	62,85	159,20	179,10	44,20	146,67	165,00	25,56	134,14	150,90	6,92	121,60	136,80	-	109,07	122,70	-	96,81	108,91	-	85,06	95,69
	II	1.840,91	45,10	147,27	165,68	26,46	134,74	151,58	7,82	122,21	137,48	-	109,68	123,39	-	97,39	109,56	-	85,62	96,32	-	74,36	83,65
	III	1.291,00	-	103,28	116,19	-	93,53	105,22	-	84,02	94,52	-	74,78	84,13	-	65,81	74,03	-	57,08	64,21	-	48,61	54,68
	IV	1.990,08	62,85	159,20	179,10	53,53	152,94	172,05	44,20	146,67	165,00	34,88	140,40	157,95	25,56	134,14	150,90	16,24	127,87	143,85	6,92	121,60	136,80
	V	2.504,50	124,06	200,36	225,40																		
	VI	2.548,83	129,34	203,90	229,39																		
6.983,99	I	1.991,33	63,00	159,30	179,21	44,35	146,77	165,11	25,71	134,24	151,02	7,07	121,70	136,91	-	109,17	122,81	-	96,90	109,01	-	85,15	95,79
	II	1.842,25	45,25	147,38	165,80	26,61	134,84	151,70	7,97	122,31	137,60	-	109,78	123,50	-	97,48	109,67	-	85,70	96,41	-	74,44	83,75
	III	1.292,00	-	103,36	116,28	-	93,60	105,30	-	84,10	94,61	-	74,86	84,22	-	65,88	74,11	-	57,16	64,30	-	48,68	54,76
	IV	1.991,33	63,00	159,30	179,21	53,67	153,04	172,17	44,35	146,77	165,11	35,03	140,50	158,06	25,71	134,24	151,02	16,39	127,97	143,96	7,07	121,70	136,91
	V	2.505,75	124,21	200,46	225,51																		
	VI	2.550,08	129,49	204,00	229,50																		
6.986,99	I	1.992,58	63,14	159,40	179,33	44,50	146,87	165,23	25,86	134,34	151,13	7,21	121,80	137,03	-	109,27	122,93	-	97,00	109,13	-	85,24	95,90
	II	1.843,50	45,40	147,48	165,91	26,76	134,94	151,81	8,12	122,41	137,71	-	109,88	123,61	-	97,58	109,78	-	85,80	96,52	-	74,53	83,84
	III	1.293,00	-	103,44	116,37	-	93,68	105,39	-	84,18	94,70	-	74,93	84,29	-	65,94	74,18	-	57,22	64,37	-	48,74	54,83
	IV	1.992,58	63,14	159,40	179,33	53,82	153,14	172,28	44,50	146,87	165,23	35,18	140,60	158,18	25,86	134,34	151,13	16,54	128,07	144,08	7,21	121,80	137,03
	V	2.507,00	124,36	200,56	225,63																		
	VI	2.551,33	129,64	204,10	229,61																		
6.989,99	I	1.993,83	63,29	159,50	179,44	44,65	146,97	165,34	26,01	134,44	151,24	7,36	121,90	137,14	-	109,37	123,04	-	97,10	109,23	-	85,34	96,00
	II	1.844,75	45,55	147,58	166,02	26,91	135,04	151,92	8,27	122,51	137,82	-	109,98	123,72	-	97,68	109,89	-	85,89	96,62	-	74,62	83,94
	III	1.294,00	-	103,52	116,46	-	93,76	105,48	-	84,25	94,78	-	75,01	84,38	-	66,02	74,27	-	57,29	64,45	-	48,81	54,91
	IV	1.993,83	63,29	159,50	179,44	53,97	153,24	172,39	44,65	146,97	165,34	35,33	140,70	158,29	26,01	134,44	151,24	16,68	128,17	144,19	7,36	121,90	137,14
	V	2.508,25	124,51	200,66	225,74																		
	VI	2.552,58	129,78	204,20	229,73																		
6.992,99	I	1.995,08	63,44	159,60	179,55	44,80	147,07	165,45	26,16	134,54	151,35	7,51	122,00	137,25	-	109,47	123,15	-	97,20	109,35	-	85,43	96,11
	II	1.846,00	45,70	147,68	166,14	27,06	135,14	152,03	8,41	122,61	137,93	-	110,08	123,84	-	97,78	110,00	-	85,98	96,73	-	74,71	84,05
	III	1.295,00	-	103,60	116,55	-	93,84	105,57	-	84,33	94,87	-	75,08	84,46	-	66,09	74,35	-	57,36	64,53	-	48,88	54,99
	IV	1.995,08	63,44	159,60	179,55	54,12	153,34	172,50	44,80	147,07	165,45	35,48	140,80	158,40	26,16	134,54	151,35	16,83	128,27	144,30	7,51	122,00	137,25
	V	2.509,50	124,66	200,76	225,85																		
	VI	2.553,83	129,93	204,30	229,84																		
6.995,99	I	1.996,33	63,59	159,70	179,66	44,95	147,17	165,56	26,30	134,64	151,47	7,66	122,10	137,36	-	109,58	123,27	-	97,29	109,45	-	85,52	96,21
	II	1.847,25	45,85	147,78	166,25	27,21	135,24	152,15	8,56	122,71	138,05	-	110,18	123,95	-	97,87	110,10	-	86,08	96,84	-	74,80	84,15
	III	1.296,00	-	103,68	116,64	-	93,92	105,66	-	84,41	94,96	-	75,16	84,55	-	66,16	74,43	-	57,42	64,60	-	48,94	55,06
	IV	1.996,33	63,59	159,70	179,66	54,27	153,44	172,62	44,95	147,17	165,56	35,63	140,90	158,51	26,30	134,64	151,47	16,98	128,37	144,41	7,66	122,10	137,36
	V	2.510,83	124,82	200,86	225,97																		
	VI	2.555,08	130,08	204,40	229,95																		
6.998,99	I	1.997,58	63,74	159,80	179,78	45,10	147,27	165,68	26,46	134,74	151,58	7,82	122,21	137,48	-	109,68	123,39	-	97,39	109,56	-	85,62	96,32
	II	1.848,50	46,00	147,88	166,36	27,36	135,34	152,26	8,71	122,81	138,16	-	110,28	124,06	-	97,97	110,21	-	86,17	96,94	-	74,88	84,24
	III	1.297,00	-	103,76	116,73	-	94,00	105,75	-	84,48	95,04	-	75,22	84,62	-	66,24	74,52	-	57,49	64,67	-	49,01	55,13
	IV	1.997,58	63,74	159,80	179,78	54,42	153,54	172,73	45,10	147,27	165,68	35,77	141,00	158,63	26,46	134,74	151,58	17,14	128,48	144,54	7,82	122,21	137,48
	V	2.512,08	124,96	200,96	226,08																		
	VI	2.556,33	130,23	204,50	230,06																		
7.001,99	I	1.998,83	63,89	159,90	179,89	45,25	147,38	165,80	26,61	134,84	151,70	7,97	122,31	137,60	-	109,78	123,50	-	97,48	109,67	-	85,70	96,41
	II	1.849,75	46,15	147,98	166,47	27,50	135,44	152,37	8,86	122,91	138,27	-	110,38	124,18	-	98,06	110,32	-	86,26	97,04	-	74,98	84,35
	III	1.298,00	-	103,84	116,82	-	94,06	105,82	-	84,56	95,13	-	75,30	84,71	-	66,30	74,59	-	57,57	64,76	-	49,08	55,21
	IV	1.998,83	63,89	159,90	179,89	54,58	153,64	172,85	45,25	147,38	165,80	35,93	141,11	158,75	26,61	134,84	151,70	17,29	128,58	144,65	7,97	122,31	137,60
	V	2.513,33	125,11	201,06	226,19																		
	VI	2.557,58	130,38	204,60	230,18																		
7.004,99	I	2.000,16	64,05	160,01	180,01	45,40	147,48	165,91	26,76	134,94	151,81	8,12	122,41	137,71	-	109,88	123,61	-	97,58	109,78	-	85,80	96,52
	II	1.851,00	46,30	148,08	166,59	27,65	135,54	152,48	9,02	123,02	138,39	-	110,48	124,29	-	98,16	110,43	-	86,36	97,15	-	75,06	84,44
	III	1.299,00	-	103,92	116,91	-	94,14	105,91	-	84,64	95,22	-	75,37	84,79	-	66,38	74,68	-	57,64	64,84	-	49,16	55,30
	IV	2.000,16	64,05	160,01	180,01	54,73	153,74	172,96	45,40	147,48	165,91	36,08	141,21	158,86	26,76	134,94	151,81	17,44	128,68	144,76	8,12	122,41	137,71
	V	2.514,58	125,26	201,16	226,31																		
	VI	2.558,91	130,54	204,71	230,30																		
7.007,99	I	2.001,41	64,20	160,11	180,12	45,55	147,58	166,02	26,91	135,04	151,92	8,27	122,51	137,82	-	109,98	123,72	-	97,68	109,89	-	85,89	96,62
	II	1.852,33	46,45	148,18	166,70	27,81	135,65	152,60	9,17	123,12	138,51	-	110,58	124,40	-	98,26	110,54	-	86,45	97,25	-	75,15	84,54
	III	1.300,00	-	104,00	117,00	-	94,22	106,00	-	84,70	95,29	-	75,45	84,88	-	66,45	74,75	-	57,70	64,91	-	49,22	55,37
	IV	2.001,41	64,20	160,11	180,12	54,87	153,84	173,07	45,55	147,58	166,02	36,23	141,31	158,97	26,91	135,04	151,92	17,59	128,78	144,87	8,27	122,51	137,82
	V	2.515,83	125,41	201,26	226,42																		
	VI	2.560,16	130,69	204,81	230,41																		
7.010,99	I	2.002,66	64,34	160,21	180,23	45,70	147,68	166,14	27,06	135,14	152,03	8,41	122,61	137,93	-	110,08	123,84	-	97,78	110,00	-	85,98	96,73
	II	1.853,58	46,60	148,28	166,82	27,96	135,75	152,72	9,32	123,22	138,62	-	110,68	124,52	-	98,36	110,65	-	86,54	97,36	-	75,24	84,65
	III	1.301,00	-	104,08	117,09	-	94,30	106,09	-	84,78	95,38	-	75,52	84,96	-	66,52	74,83	-	57,77	64,99	-	49,29	55,45
	IV	2.002,66	64,34	160,21	180,23	55,02	153,94	173,18	45,70	147,68	166,14	36,38	141,41	159,08	27,06	135,14	152,03	17,74	128,88	144,99	8,41	122,61	137,93
	V	2.517,08	125,56	201,36	226,53																		
	VI	2.561,41	130,84	204,91	230,52																		
7.013,99	I	2.003,91	64,49	160,31	180,35	45,85	147,78	166,25	27,21	135,24	152,15	8,56	122,71	138,05	-	110,18	123,95	-	97,87	110,10	-	86,08	96,84
	II	1.854,83	46,75	148,38	166,93	28,11	135,85	152,83	9,47	123,32	138,73	-	110,78	124,63	-	98,46	110,76	-	86,64	97,47	-	75,33	84,74
	III	1.302,00	-	104,16	117,18	-	94,38	106,18	-	84,86	95,47	-	75,60	85,05	-	66,60	74,92	-	57,84	65,07	-	49,36	55,53
	IV	2.003,91	64,49	160,31	180,35	55,17	154,04	173,30	45,85	147,78	166,25	36,53	141,51	159,20	27,21	135,24	152,15	17,88	128,98	145,10	8,56	122,71	138,05
	V	2.518,33	125,71	201,46	226,64																		
	VI	2.562,66	130,98	205,01	230,63																		
7.016,99	I	2.005,16	64,64	160,41	180,46	46,00	147,88	166,36	27,36	135,34	152,26	8,71	122,81	138,16	-	110,28	124,06	-	97,97	110,21	-	86,17	96,94
	II	1.856,08	46,90	148,48	167,04	28,26	135,95	152,94	9,61	123,42	138,84	-	110,88	124,74	-	98,55	110,87	-	86,73	97,57	-	75,42	84,84
	III	1.303,00	-	104,24	117,27	-	94,45	106,25	-	84,93	95,54	-	75,66	85,12	-	66,66	74,99	-	57,92	65,16	-	49,42	55,60
	IV	2.005,16	64,64	160,41	180,46	55,32	154,14	173,41	46,00	147,88	166,36	36,68	141,61	159,31	27,36	135,34	152,26	18,03	129,08	145,21	8,71	122,81	138,16
	V	2.519,58	125,86	201,56	226,76																		
	VI	2.563,91	131,13	205,11	230,75																		
7.019,99	I	2.006,41	64,79	160,51	180,57	46,15	147,98	166,47	27,50	135,44	152,37	8,86	122,91	138,27	-	110,38	124,18	-	98,06	110,32	-	86,26	97,04
	II	1.857,33	47,05	148,58	167,15	28,41	136,05	153,05	9,76	123,52	138,96	-	110,98	124,85	-	98,65	110,98	-	86,82	97,67	-	75,51	84,95
	III	1.304,00	-	104,32	117,36	-	94,53	106,34	-	85,01	95,63	-	75,74	85,21	-	66,73	75,07	-	57,98	65,23	-	49,49	55,67
	IV	2.006,41	64,79	160,51	180,57	55,47	154,24	173,52	46,15	147,98	166,47	36,83	141,71	159,42	27,50	135,44	152,37	18,18	129,18	145,32	8,86	122,91	138,27
	V	2.520,83	126,01	201,66	226,87																		
	VI	2.565,16	131,28	205,21	230,86																		

Lohn/ Gehalt bis	Steuerklasse	Lohnsteuer	ohne Kinderfreibetrag SolZ 5,5%	ohne Kinderfreibetrag Kirchensteuer 8%	ohne Kinderfreibetrag Kirchensteuer 9%	0,5 SolZ 5,5%	0,5 Kirchensteuer 8%	0,5 Kirchensteuer 9%	1,0 SolZ 5,5%	1,0 Kirchensteuer 8%	1,0 Kirchensteuer 9%	1,5 SolZ 5,5%	1,5 Kirchensteuer 8%	1,5 Kirchensteuer 9%	2,0 SolZ 5,5%	2,0 Kirchensteuer 8%	2,0 Kirchensteuer 9%	2,5 SolZ 5,5%	2,5 Kirchensteuer 8%	2,5 Kirchensteuer 9%	3,0 SolZ 5,5%	3,0 Kirchensteuer 8%	3,0 Kirchensteue 9%
7.022,99	I	2.007,66	64,94	160,61	180,68	46,30	148,08	166,59	27,65	135,54	152,48	9,02	123,02	138,39	-	110,48	124,29	-	98,16	110,43	-	86,36	97,1
	II	1.858,58	47,20	148,68	167,27	28,56	136,15	153,17	9,91	123,62	139,07	-	111,08	124,97	-	98,74	111,08	-	86,92	97,78	-	75,60	85,0
	III	1.305,00	-	104,40	117,45	-	94,61	106,43	-	85,09	95,72	-	75,81	85,28	-	66,81	75,16	-	58,05	65,30	-	49,56	55,7
	IV	2.007,66	64,94	160,61	180,68	55,62	154,34	173,63	46,30	148,08	166,59	36,97	141,81	159,53	27,65	135,54	152,48	18,34	129,28	145,44	9,02	123,02	138,3
	V	2.522,16	126,16	201,77	226,99																		
	VI	2.566,41	131,43	205,31	230,97																		
7.025,99	I	2.008,91	65,09	160,71	180,80	46,45	148,18	166,70	27,81	135,65	152,60	9,17	123,12	138,51	-	110,58	124,40	-	98,26	110,54	-	86,45	97,2
	II	1.859,83	47,35	148,78	167,38	28,70	136,25	153,28	10,06	123,72	139,18	-	111,18	125,08	-	98,84	111,20	-	87,00	97,88	-	75,68	85,1
	III	1.306,00	-	104,48	117,54	-	94,69	106,52	-	85,16	95,80	-	75,89	85,37	-	66,88	75,24	-	58,12	65,38	-	49,62	55,8
	IV	2.008,91	65,09	160,71	180,80	55,77	154,44	173,75	46,45	148,18	166,70	37,13	141,92	159,66	27,81	135,65	152,60	18,49	129,38	145,55	9,17	123,12	138,5
	V	2.523,41	126,31	201,87	227,10																		
	VI	2.567,66	131,58	205,41	231,08																		
7.028,99	I	2.010,25	65,25	160,82	180,92	46,60	148,28	166,82	27,96	135,75	152,72	9,32	123,22	138,62	-	110,68	124,52	-	98,36	110,65	-	86,54	97,3
	II	1.861,08	47,50	148,88	167,49	28,85	136,35	153,39	10,22	123,82	139,30	-	111,29	125,20	-	98,94	111,30	-	87,10	97,98	-	75,78	85,2
	III	1.307,00	-	104,56	117,63	-	94,77	106,61	-	85,24	95,89	-	75,97	85,46	-	66,94	75,31	-	58,18	65,45	-	49,69	55,9
	IV	2.010,25	65,25	160,82	180,92	55,93	154,55	173,87	46,60	148,28	166,82	37,28	142,02	159,77	27,96	135,75	152,72	18,64	129,48	145,67	9,32	123,22	138,6
	V	2.524,66	126,46	201,97	227,21																		
	VI	2.569,00	131,74	205,52	231,21																		
7.031,99	I	2.011,50	65,40	160,92	181,03	46,75	148,38	166,93	28,11	135,85	152,83	9,47	123,32	138,73	-	110,78	124,63	-	98,46	110,76	-	86,64	97,4
	II	1.862,33	47,64	148,98	167,60	29,01	136,46	153,51	10,37	123,92	139,41	-	111,39	125,31	-	99,04	111,42	-	87,19	98,09	-	75,86	85,3
	III	1.308,00	-	104,64	117,72	-	94,85	106,70	-	85,32	95,98	-	76,04	85,54	-	67,02	75,40	-	58,26	65,54	-	49,76	55,9
	IV	2.011,50	65,40	160,92	181,03	56,07	154,65	173,98	46,75	148,38	166,93	37,43	142,12	159,88	28,11	135,85	152,83	18,79	129,58	145,78	9,47	123,32	138,7
	V	2.525,91	126,61	202,07	227,33																		
	VI	2.570,25	131,89	205,62	231,32																		
7.034,99	I	2.012,75	65,54	161,02	181,14	46,90	148,48	167,04	28,26	135,95	152,94	9,61	123,42	138,84	-	110,88	124,74	-	98,55	110,87	-	86,73	97,5
	II	1.863,66	47,80	149,09	167,72	29,16	136,56	153,63	10,52	124,02	139,52	-	111,49	125,42	-	99,14	111,53	-	87,28	98,19	-	75,95	85,4
	III	1.309,00	-	104,72	117,81	-	94,92	106,78	-	85,38	96,05	-	76,12	85,63	-	67,09	75,47	-	58,33	65,62	-	49,82	56,0
	IV	2.012,75	65,54	161,02	181,14	56,22	154,75	174,09	46,90	148,48	167,04	37,58	142,22	159,99	28,26	135,95	152,94	18,94	129,68	145,89	9,61	123,42	138,8
	V	2.527,16	126,76	202,17	227,44																		
	VI	2.571,50	132,04	205,72	231,43																		
7.037,99	I	2.014,00	65,69	161,12	181,26	47,05	148,58	167,15	28,41	136,05	153,05	9,76	123,52	138,96	-	110,98	124,85	-	98,65	110,98	-	86,82	97,6
	II	1.864,91	47,95	149,19	167,84	29,31	136,66	153,74	10,67	124,12	139,64	-	111,59	125,54	-	99,23	111,63	-	87,38	98,30	-	76,04	85,5
	III	1.310,00	-	104,80	117,90	-	95,00	106,87	-	85,46	96,14	-	76,18	85,70	-	67,16	75,55	-	58,40	65,70	-	49,89	56,1
	IV	2.014,00	65,69	161,12	181,26	56,37	154,85	174,20	47,05	148,58	167,15	37,73	142,32	160,11	28,41	136,05	153,05	19,08	129,78	146,00	9,76	123,52	138,9
	V	2.528,41	126,91	202,27	227,55																		
	VI	2.572,75	132,18	205,82	231,54																		
7.040,99	I	2.015,25	65,84	161,22	181,37	47,20	148,68	167,27	28,56	136,15	153,17	9,91	123,62	139,07	-	111,08	124,97	-	98,74	111,08	-	86,92	97,7
	II	1.866,16	48,10	149,29	167,95	29,46	136,76	153,85	10,81	124,22	139,75	-	111,69	125,65	-	99,33	111,74	-	87,47	98,40	-	76,13	85,6
	III	1.311,00	-	104,88	117,99	-	95,08	106,96	-	85,54	96,23	-	76,26	85,79	-	67,24	75,64	-	58,46	65,77	-	49,96	56,2
	IV	2.015,25	65,84	161,22	181,37	56,52	154,95	174,32	47,20	148,68	167,27	37,88	142,42	160,22	28,56	136,15	153,17	19,23	129,88	146,12	9,91	123,62	139,0
	V	2.529,66	127,06	202,37	227,66																		
	VI	2.574,00	132,33	205,92	231,66																		
7.043,99	I	2.016,50	65,99	161,32	181,48	47,35	148,78	167,38	28,70	136,25	153,28	10,06	123,72	139,18	-	111,18	125,08	-	98,84	111,20	-	87,00	97,8
	II	1.867,41	48,25	149,39	168,06	29,61	136,86	153,96	10,96	124,32	139,86	-	111,79	125,76	-	99,42	111,85	-	87,56	98,51	-	76,22	85,7
	III	1.312,00	-	104,96	118,08	-	95,16	107,05	-	85,61	96,31	-	76,33	85,87	-	67,30	75,71	-	58,54	65,86	-	50,02	56,2
	IV	2.016,50	65,99	161,32	181,48	56,67	155,05	174,43	47,35	148,78	167,38	38,03	142,52	160,33	28,70	136,25	153,28	19,38	129,98	146,23	10,06	123,72	139,1
	V	2.530,91	127,21	202,47	227,78																		
	VI	2.575,25	132,48	206,02	231,77																		
7.046,99	I	2.017,75	66,14	161,42	181,59	47,50	148,88	167,49	28,85	136,35	153,39	10,22	123,82	139,30	-	111,29	125,20	-	98,94	111,30	-	87,10	97,9
	II	1.868,66	48,40	149,49	168,17	29,75	136,96	154,08	11,11	124,42	139,97	-	111,89	125,87	-	99,52	111,96	-	87,66	98,61	-	76,31	85,8
	III	1.313,00	-	105,04	118,17	-	95,24	107,14	-	85,69	96,40	-	76,41	85,96	-	67,38	75,80	-	58,61	65,93	-	50,09	56,3
	IV	2.017,75	66,14	161,42	181,59	56,82	155,15	174,54	47,50	148,88	167,49	38,17	142,62	160,44	28,85	136,35	153,39	19,53	130,08	146,34	10,22	123,82	139,3
	V	2.532,25	127,36	202,58	227,90																		
	VI	2.576,50	132,63	206,12	231,88																		
7.049,99	I	2.019,00	66,29	161,52	181,71	47,64	148,98	167,60	29,01	136,46	153,51	10,37	123,92	139,41	-	111,39	125,31	-	99,04	111,42	-	87,19	98,0
	II	1.869,91	48,55	149,59	168,29	29,90	137,06	154,19	11,26	124,52	140,09	-	111,99	125,99	-	99,62	112,07	-	87,75	98,72	-	76,40	85,9
	III	1.314,00	-	105,12	118,26	-	95,32	107,23	-	85,77	96,49	-	76,48	86,04	-	67,45	75,88	-	58,68	66,01	-	50,16	56,4
	IV	2.019,00	66,29	161,52	181,71	56,97	155,25	174,65	47,64	148,98	167,60	38,33	142,72	160,56	29,01	136,46	153,51	19,69	130,19	146,46	10,37	123,92	139,4
	V	2.533,50	127,51	202,68	228,01																		
	VI	2.577,75	132,78	206,22	231,99																		
7.052,99	I	2.020,33	66,45	161,62	181,82	47,80	149,09	167,72	29,16	136,56	153,63	10,52	124,02	139,52	-	111,49	125,42	-	99,14	111,53	-	87,28	98,1
	II	1.871,16	48,70	149,69	168,40	30,05	137,16	154,30	11,41	124,62	140,20	-	112,10	126,11	-	99,72	112,18	-	87,84	98,82	-	76,49	86,0
	III	1.315,00	-	105,20	118,35	-	95,38	107,30	-	85,84	96,57	-	76,56	86,13	-	67,52	75,96	-	58,74	66,08	-	50,22	56,5
	IV	2.020,33	66,45	161,62	181,82	57,12	155,36	174,78	47,80	149,09	167,72	38,48	142,82	160,67	29,16	136,56	153,63	19,84	130,29	146,57	10,52	124,02	139,5
	V	2.534,75	127,66	202,78	228,12																		
	VI	2.579,08	132,94	206,32	232,11																		
7.055,99	I	2.021,58	66,60	161,72	181,94	47,95	149,19	167,84	29,31	136,66	153,74	10,67	124,12	139,64	-	111,59	125,54	-	99,23	111,63	-	87,38	98,3
	II	1.872,41	48,84	149,79	168,51	30,21	137,26	154,42	11,57	124,73	140,32	-	112,20	126,22	-	99,82	112,29	-	87,94	98,93	-	76,58	86,1
	III	1.316,00	-	105,28	118,44	-	95,46	107,39	-	85,92	96,66	-	76,62	86,20	-	67,60	76,05	-	58,81	66,16	-	50,29	56,5
	IV	2.021,58	66,60	161,72	181,94	57,27	155,46	174,89	47,95	149,19	167,84	38,63	142,92	160,79	29,31	136,66	153,74	19,99	130,39	146,69	10,67	124,12	139,6
	V	2.536,00	127,81	202,88	228,24																		
	VI	2.580,33	133,09	206,42	232,22																		
7.058,99	I	2.022,83	66,74	161,82	182,05	48,10	149,29	167,95	29,46	136,76	153,85	10,81	124,22	139,75	-	111,69	125,65	-	99,33	111,74	-	87,47	98,4
	II	1.873,75	49,00	149,90	168,63	30,36	137,36	154,53	11,72	124,83	140,43	-	112,30	126,33	-	99,92	112,41	-	88,03	99,03	-	76,66	86,2
	III	1.317,00	-	105,36	118,53	-	95,54	107,48	-	86,00	96,75	-	76,70	86,29	-	67,66	76,12	-	58,89	66,25	-	50,36	56,6
	IV	2.022,83	66,74	161,82	182,05	57,42	155,56	175,00	48,10	149,29	167,95	38,78	143,02	160,90	29,46	136,76	153,85	20,14	130,49	146,80	10,81	124,22	139,7
	V	2.537,25	127,96	202,98	228,35																		
	VI	2.581,58	133,24	206,52	232,34																		
7.061,99	I	2.024,08	66,89	161,92	182,16	48,25	149,39	168,06	29,61	136,86	153,96	10,96	124,32	139,86	-	111,79	125,76	-	99,42	111,85	-	87,56	98,5
	II	1.875,00	49,15	150,00	168,75	30,51	137,46	154,64	11,87	124,93	140,54	-	112,40	126,45	-	100,01	112,51	-	88,12	99,14	-	76,76	86,3
	III	1.318,00	-	105,44	118,62	-	95,62	107,57	-	86,06	96,82	-	76,77	86,36	-	67,73	76,19	-	58,96	66,33	-	50,44	56,7
	IV	2.024,08	66,89	161,92	182,16	57,57	155,66	175,11	48,25	149,39	168,06	38,93	143,12	161,01	29,61	136,86	153,96	20,28	130,59	146,91	10,96	124,32	139,8
	V	2.538,50	128,11	203,08	228,46																		
	VI	2.582,83	133,38	206,62	232,45																		
7.064,99	I	2.025,33	67,04	162,02	182,27	48,40	149,49	168,17	29,75	136,96	154,08	11,11	124,42	139,97	-	111,89	125,87	-	99,52	111,96	-	87,66	98,6
	II	1.876,25	49,30	150,10	168,86	30,66	137,56	154,76	12,01	125,03	140,66	-	112,50	126,56	-	100,11	112,62	-	88,22	99,24	-	76,84	86,4
	III	1.319,00	-	105,52	118,71	-	95,70	107,66	-	86,14	96,91	-	76,85	86,45	-	67,81	76,28	-	59,02	66,40	-	50,50	56,8
	IV	2.025,33	67,04	162,02	182,27	57,72	155,76	175,23	48,40	149,49	168,17	39,08	143,22	161,12	29,75	136,96	154,08	20,43	130,69	147,02	11,11	124,42	139,9
	V	2.539,75	128,26	203,18	228,57																		
	VI	2.584,08	133,53	206,72	232,56																		

Anzahl Kinderfreibeträge (nur Steuerklassen I–IV)

Lohn/ Gehalt bis	Steuerklasse	Lohn-steuer	ohne Kinderfreibetrag SolZ 5,5%	ohne Kinderfreibetrag Kirchensteuer 8%	ohne Kinderfreibetrag Kirchensteuer 9%	0,5 SolZ 5,5%	0,5 Kirchensteuer 8%	0,5 Kirchensteuer 9%	1,0 SolZ 5,5%	1,0 Kirchensteuer 8%	1,0 Kirchensteuer 9%	1,5 SolZ 5,5%	1,5 Kirchensteuer 8%	1,5 Kirchensteuer 9%	2,0 SolZ 5,5%	2,0 Kirchensteuer 8%	2,0 Kirchensteuer 9%	2,5 SolZ 5,5%	2,5 Kirchensteuer 8%	2,5 Kirchensteuer 9%	3,0 SolZ 5,5%	3,0 Kirchensteuer 8%	3,0 Kirchensteuer 9%
						Anzahl Kinderfreibeträge (nur Steuerklassen I–IV)																	
7.067,99	I	2.026,58	*67,19*	162,12	182,39	*48,55*	149,59	168,29	*29,90*	137,06	154,19	*11,26*	124,52	140,09	-	111,99	125,99	-	99,62	112,07	-	87,75	98,72
	II	1.877,50	*49,45*	150,20	168,97	*30,81*	137,66	154,87	*12,16*	125,13	140,77	-	112,60	126,67	-	100,21	112,73	-	88,32	99,36	-	76,94	86,55
	III	1.320,00	-	105,60	118,80	-	95,78	107,75	-	86,22	97,00	-	76,92	86,53	-	67,88	76,36	-	59,09	66,47	-	50,57	56,89
	IV	2.026,58	*67,19*	162,12	182,39	*57,87*	155,86	175,34	*48,55*	149,59	168,29	*39,23*	143,32	161,24	*29,90*	137,06	154,19	*20,58*	130,79	147,14	*11,26*	124,52	140,09
	V	2.541,00	*128,41*	203,28	228,69																		
	VI	2.585,33	*133,68*	206,82	232,67																		
7.070,99	I	2.027,83	*67,34*	162,22	182,50	*48,70*	149,69	168,40	*30,05*	137,16	154,30	*11,41*	124,62	140,20	-	112,10	126,11	-	99,72	112,18	-	87,84	98,82
	II	1.878,75	*49,60*	150,30	169,08	*30,95*	137,76	154,98	*12,31*	125,23	140,88	-	112,70	126,78	-	100,30	112,84	-	88,41	99,46	-	77,02	86,65
	III	1.321,00	-	105,68	118,89	-	95,85	107,83	-	86,29	97,07	-	77,00	86,62	-	67,96	76,45	-	59,16	66,55	-	50,64	56,97
	IV	2.027,83	*67,34*	162,22	182,50	*58,02*	155,96	175,45	*48,70*	149,69	168,40	*39,37*	143,42	161,35	*30,05*	137,16	154,30	*20,73*	130,89	147,25	*11,41*	124,62	140,20
	V	2.542,33	*128,56*	203,38	228,80																		
	VI	2.586,58	*133,83*	206,92	232,79																		
7.073,99	I	2.029,08	*67,49*	162,32	182,61	*48,84*	149,79	168,51	*30,21*	137,26	154,42	*11,57*	124,73	140,32	-	112,20	126,22	-	99,82	112,29	-	87,94	98,93
	II	1.880,00	*49,75*	150,40	169,20	*31,10*	137,86	155,09	*12,46*	125,33	140,99	-	112,80	126,90	-	100,40	112,95	-	88,50	99,56	-	77,11	86,75
	III	1.322,00	-	105,76	118,98	-	95,93	107,92	-	86,37	97,16	-	77,06	86,69	-	68,02	76,52	-	59,24	66,64	-	50,70	57,04
	IV	2.029,08	*67,49*	162,32	182,61	*58,17*	156,06	175,56	*48,84*	149,79	168,51	*39,52*	143,52	161,46	*30,21*	137,26	154,42	*20,89*	131,00	147,37	*11,57*	124,73	140,32
	V	2.543,58	*128,71*	203,48	228,92																		
	VI	2.587,83	*133,98*	207,02	232,90																		
7.076,99	I	2.030,33	*67,64*	162,42	182,72	*49,00*	149,90	168,63	*30,36*	137,36	154,53	*11,72*	124,83	140,43	-	112,30	126,33	-	99,92	112,41	-	88,03	99,03
	II	1.881,25	*49,90*	150,50	169,31	*31,25*	137,96	155,21	*12,61*	125,43	141,11	-	112,90	127,01	-	100,50	113,06	-	88,60	99,67	-	77,20	86,85
	III	1.323,00	-	105,84	119,07	-	96,01	108,01	-	86,45	97,25	-	77,14	86,78	-	68,09	76,60	-	59,30	66,71	-	50,77	57,11
	IV	2.030,33	*67,64*	162,42	182,72	*58,32*	156,16	175,68	*49,00*	149,90	168,63	*39,68*	143,63	161,58	*30,36*	137,36	154,53	*21,04*	131,10	147,48	*11,72*	124,83	140,43
	V	2.544,83	*128,86*	203,58	229,03																		
	VI	2.589,08	*134,13*	207,12	233,01																		
7.079,99	I	2.031,66	*67,80*	162,53	182,84	*49,15*	150,00	168,75	*30,51*	137,46	154,64	*11,87*	124,93	140,54	-	112,40	126,45	-	100,01	112,51	-	88,12	99,14
	II	1.882,50	*50,04*	150,60	169,42	*31,40*	138,06	155,32	*12,77*	125,54	141,23	-	113,00	127,13	-	100,60	113,17	-	88,69	99,77	-	77,29	86,95
	III	1.324,00	-	105,92	119,16	-	96,09	108,10	-	86,53	97,34	-	77,21	86,86	-	68,17	76,69	-	59,37	66,79	-	50,84	57,19
	IV	2.031,66	*67,80*	162,53	182,84	*58,47*	156,26	175,79	*49,15*	150,00	168,75	*39,83*	143,73	161,69	*30,51*	137,46	154,64	*21,19*	131,20	147,60	*11,87*	124,93	140,54
	V	2.546,08	*129,01*	203,68	229,14																		
	VI	2.590,41	*134,29*	207,23	233,13																		
7.082,99	I	2.032,91	*67,94*	162,63	182,96	*49,30*	150,10	168,86	*30,66*	137,56	154,76	*12,01*	125,03	140,66	-	112,50	126,56	-	100,11	112,62	-	88,22	99,24
	II	1.883,83	*50,20*	150,70	169,54	*31,56*	138,17	155,44	*12,92*	125,64	141,34	-	113,10	127,24	-	100,70	113,28	-	88,78	99,88	-	77,38	87,05
	III	1.325,00	-	106,00	119,25	-	96,17	108,19	-	86,60	97,42	-	77,29	86,95	-	68,24	76,77	-	59,44	66,87	-	50,90	57,26
	IV	2.032,91	*67,94*	162,63	182,96	*58,62*	156,36	175,91	*49,30*	150,10	168,86	*39,98*	143,83	161,81	*30,66*	137,56	154,76	*21,34*	131,30	147,71	*12,01*	125,03	140,66
	V	2.547,33	*129,16*	203,78	229,25																		
	VI	2.591,66	*134,44*	207,33	233,24																		
7.085,99	I	2.034,16	*68,09*	162,73	183,07	*49,45*	150,20	168,97	*30,81*	137,66	154,87	*12,16*	125,13	140,77	-	112,60	126,67	-	100,21	112,73	-	88,32	99,36
	II	1.885,08	*50,35*	150,80	169,65	*31,71*	138,27	155,55	*13,07*	125,74	141,45	-	113,20	127,35	-	100,80	113,40	-	88,88	99,99	-	77,47	87,15
	III	1.326,00	-	106,08	119,34	-	96,25	108,28	-	86,68	97,51	-	77,37	87,04	-	68,30	76,84	-	59,52	66,96	-	50,97	57,34
	IV	2.034,16	*68,09*	162,73	183,07	*58,77*	156,46	176,02	*49,45*	150,20	168,97	*40,13*	143,93	161,92	*30,81*	137,66	154,87	*21,48*	131,40	147,82	*12,16*	125,13	140,77
	V	2.548,58	*129,31*	203,88	229,37																		
	VI	2.592,91	*134,58*	207,43	233,36																		
7.088,99	I	2.035,41	*68,24*	162,83	183,18	*49,60*	150,30	169,08	*30,95*	137,76	154,98	*12,31*	125,23	140,88	-	112,70	126,78	-	100,30	112,84	-	88,41	99,46
	II	1.886,33	*50,50*	150,90	169,76	*31,86*	138,37	155,66	*13,21*	125,84	141,57	-	113,30	127,46	-	100,89	113,50	-	88,97	100,09	-	77,56	87,26
	III	1.327,00	-	106,16	119,43	-	96,33	108,37	-	86,76	97,60	-	77,44	87,12	-	68,38	76,93	-	59,58	67,03	-	51,04	57,42
	IV	2.035,41	*68,24*	162,83	183,18	*58,92*	156,56	176,13	*49,60*	150,30	169,08	*40,28*	144,03	162,03	*30,95*	137,76	154,98	*21,63*	131,50	147,93	*12,31*	125,23	140,88
	V	2.549,83	*129,46*	203,98	229,48																		
	VI	2.594,16	*134,73*	207,53	233,47																		
7.091,99	I	2.036,66	*68,39*	162,93	183,29	*49,75*	150,40	169,20	*31,10*	137,86	155,09	*12,46*	125,33	140,99	-	112,80	126,90	-	100,40	112,95	-	88,50	99,56
	II	1.887,58	*50,65*	151,00	169,88	*32,01*	138,47	155,78	*13,36*	125,94	141,68	-	113,40	127,58	-	100,99	113,61	-	89,06	100,19	-	77,65	87,35
	III	1.328,00	-	106,24	119,52	-	96,40	108,45	-	86,82	97,67	-	77,52	87,21	-	68,45	77,00	-	59,65	67,10	-	51,10	57,49
	IV	2.036,66	*68,39*	162,93	183,29	*59,07*	156,66	176,24	*49,75*	150,40	169,20	*40,43*	144,13	162,14	*31,10*	137,86	155,09	*21,78*	131,60	148,05	*12,46*	125,33	140,99
	V	2.551,08	*129,61*	204,08	229,59																		
	VI	2.595,41	*134,88*	207,63	233,58																		
7.094,99	I	2.037,91	*68,54*	163,03	183,41	*49,90*	150,50	169,31	*31,25*	137,96	155,21	*12,61*	125,43	141,11	-	112,90	127,01	-	100,50	113,06	-	88,60	99,67
	II	1.888,83	*50,80*	151,10	169,99	*32,15*	138,57	155,89	*13,51*	126,04	141,79	-	113,50	127,69	-	101,09	113,72	-	89,16	100,30	-	77,74	87,46
	III	1.329,00	-	106,32	119,61	-	96,48	108,54	-	86,90	97,76	-	77,58	87,28	-	68,53	77,09	-	59,72	67,18	-	51,17	57,56
	IV	2.037,91	*68,54*	163,03	183,41	*59,22*	156,76	176,36	*49,90*	150,50	169,31	*40,57*	144,23	162,26	*31,25*	137,96	155,21	*21,93*	131,70	148,16	*12,61*	125,43	141,11
	V	2.552,33	*129,75*	204,18	229,70																		
	VI	2.596,66	*135,03*	207,73	233,69																		
7.097,99	I	2.039,16	*68,69*	163,13	183,52	*50,04*	150,60	169,42	*31,40*	138,06	155,32	*12,77*	125,54	141,23	-	113,00	127,13	-	100,60	113,17	-	88,69	99,77
	II	1.890,08	*50,95*	151,20	170,10	*32,30*	138,67	156,00	*13,66*	126,14	141,90	-	113,60	127,80	-	101,18	113,83	-	89,25	100,40	-	77,83	87,56
	III	1.330,00	-	106,40	119,70	-	96,56	108,63	-	86,98	97,85	-	77,66	87,37	-	68,60	77,17	-	59,80	67,27	-	51,24	57,64
	IV	2.039,16	*68,69*	163,13	183,52	*59,37*	156,86	176,47	*50,04*	150,60	169,42	*40,72*	144,33	162,37	*31,40*	138,06	155,32	*22,09*	131,80	148,28	*12,77*	125,54	141,23
	V	2.553,66	*129,91*	204,29	229,82																		
	VI	2.597,91	*135,18*	207,83	233,81																		
7.100,99	I	2.040,41	*68,84*	163,23	183,63	*50,20*	150,70	169,54	*31,56*	138,17	155,44	*12,92*	125,64	141,34	-	113,10	127,24	-	100,70	113,28	-	88,78	99,88
	II	1.891,33	*51,10*	151,30	170,21	*32,45*	138,77	156,11	*13,81*	126,24	142,02	-	113,70	127,91	-	101,28	113,94	-	89,34	100,51	-	77,92	87,66
	III	1.331,00	-	106,48	119,79	-	96,64	108,72	-	87,05	97,93	-	77,73	87,44	-	68,66	77,24	-	59,86	67,34	-	51,30	57,71
	IV	2.040,41	*68,84*	163,23	183,63	*59,51*	156,96	176,58	*50,20*	150,70	169,54	*40,88*	144,44	162,49	*31,56*	138,17	155,44	*22,24*	131,90	148,39	*12,92*	125,64	141,34
	V	2.554,91	*130,06*	204,39	229,94																		
	VI	2.599,16	*135,33*	207,93	233,92																		
7.103,99	I	2.041,75	*69,00*	163,34	183,75	*50,35*	150,80	169,65	*31,71*	138,27	155,55	*13,07*	125,74	141,45	-	113,20	127,35	-	100,80	113,40	-	88,88	99,99
	II	1.892,58	*51,24*	151,40	170,33	*32,60*	138,87	156,23	*13,97*	126,34	142,13	-	113,81	128,03	-	101,38	114,05	-	89,44	100,62	-	78,01	87,76
	III	1.332,00	-	106,56	119,88	-	96,72	108,81	-	87,13	98,02	-	77,81	87,53	-	68,74	77,33	-	59,93	67,42	-	51,38	57,80
	IV	2.041,75	*69,00*	163,34	183,75	*59,67*	157,07	176,70	*50,35*	150,80	169,65	*41,03*	144,54	162,60	*31,71*	138,27	155,55	*22,39*	132,00	148,50	*13,07*	125,74	141,45
	V	2.556,16	*130,21*	204,49	230,05																		
	VI	2.600,50	*135,49*	208,04	234,04																		
7.106,99	I	2.043,00	*69,14*	163,44	183,87	*50,50*	150,90	169,76	*31,86*	138,37	155,66	*13,21*	125,84	141,57	-	113,30	127,46	-	100,89	113,50	-	88,97	100,09
	II	1.893,83	*51,39*	151,50	170,44	*32,76*	138,98	156,35	*14,12*	126,44	142,25	-	113,91	128,15	-	101,48	114,17	-	89,53	100,72	-	78,10	87,86
	III	1.333,00	-	106,64	119,97	-	96,80	108,90	-	87,21	98,11	-	77,88	87,61	-	68,81	77,41	-	60,00	67,50	-	51,45	57,88
	IV	2.043,00	*69,14*	163,44	183,87	*59,82*	157,17	176,81	*50,50*	150,90	169,76	*41,18*	144,64	162,72	*31,86*	138,37	155,66	*22,54*	132,10	148,61	*13,21*	125,84	141,57
	V	2.557,41	*130,36*	204,59	230,16																		
	VI	2.601,75	*135,64*	208,14	234,15																		
7.109,99	I	2.044,25	*69,29*	163,54	183,98	*50,65*	151,00	169,88	*32,01*	138,47	155,78	*13,36*	125,94	141,68	-	113,40	127,58	-	100,99	113,61	-	89,06	100,19
	II	1.895,16	*51,55*	151,61	170,56	*32,91*	139,08	156,46	*14,27*	126,54	142,36	-	114,01	128,26	-	101,58	114,27	-	89,63	100,83	-	78,19	87,96
	III	1.334,00	-	106,72	120,06	-	96,86	108,97	-	87,29	98,20	-	77,96	87,70	-	68,89	77,50	-	60,06	67,57	-	51,52	57,96
	IV	2.044,25	*69,29*	163,54	183,98	*59,97*	157,27	176,93	*50,65*	151,00	169,88	*41,33*	144,74	162,83	*32,01*	138,47	155,78	*22,68*	132,20	148,73	*13,36*	125,94	141,68
	V	2.558,66	*130,51*	204,69	230,27																		
	VI	2.603,00	*135,78*	208,24	234,27																		

MONAT bis 7.154,99 €

Lohn/ Gehalt bis	Steuerklasse	Lohnsteuer	ohne Kinderfreibetrag SolZ 5,5%	ohne Kinderfreibetrag Kirchensteuer 8%	ohne Kinderfreibetrag Kirchensteuer 9%	0,5 SolZ 5,5%	0,5 Kirchensteuer 8%	0,5 Kirchensteuer 9%	1,0 SolZ 5,5%	1,0 Kirchensteuer 8%	1,0 Kirchensteuer 9%	1,5 SolZ 5,5%	1,5 Kirchensteuer 8%	1,5 Kirchensteuer 9%	2,0 SolZ 5,5%	2,0 Kirchensteuer 8%	2,0 Kirchensteuer 9%	2,5 SolZ 5,5%	2,5 Kirchensteuer 8%	2,5 Kirchensteuer 9%	3,0 SolZ 5,5%	3,0 Kirchensteuer 8%	3,0 Kirchensteuer 9%
						Anzahl Kinderfreibeträge (nur Steuerklassen I–IV)																	
7.112,99	I	2.045,50	69,44	163,64	184,09	50,80	151,10	169,99	32,15	138,57	155,89	13,51	126,04	141,79	-	113,50	127,69	-	101,09	113,72	-	89,16	100,
	II	1.896,41	51,70	151,71	170,67	33,06	139,18	156,57	14,41	126,64	142,47	-	114,11	128,37	-	101,68	114,39	-	89,72	100,94	-	78,28	88,
	III	1.335,00	-	106,80	120,15	-	96,94	109,06	-	87,36	98,28	-	78,02	87,77	-	68,96	77,58	-	60,14	67,66	-	51,58	58,
	IV	2.045,50	69,44	163,64	184,09	60,12	157,37	177,04	50,80	151,10	169,99	41,48	144,84	162,94	32,15	138,57	155,89	22,83	132,30	148,84	13,51	126,04	141,
	V	2.559,91	130,66	204,79	230,39																		
	VI	2.604,25	135,93	208,34	234,38																		
7.115,99	I	2.046,75	69,59	163,74	184,20	50,95	151,20	170,10	32,30	138,67	156,00	13,66	126,14	141,90	-	113,60	127,80	-	101,18	113,83	-	89,25	100,
	II	1.897,66	51,85	151,81	170,78	33,21	139,28	156,69	14,56	126,74	142,58	-	114,21	128,48	-	101,78	114,50	-	89,82	101,04	-	78,37	88,
	III	1.336,00	-	106,88	120,24	-	97,02	109,15	-	87,44	98,37	-	78,10	87,86	-	69,02	77,65	-	60,21	67,73	-	51,65	58,
	IV	2.046,75	69,59	163,74	184,20	60,27	157,47	177,15	50,95	151,20	170,10	41,63	144,94	163,05	32,30	138,67	156,00	22,98	132,40	148,95	13,66	126,14	141,
	V	2.561,16	130,81	204,89	230,50																		
	VI	2.605,50	136,08	208,44	234,49																		
7.118,99	I	2.048,00	69,74	163,84	184,32	51,10	151,30	170,21	32,45	138,77	156,11	13,81	126,24	142,02	-	113,70	127,91	-	101,28	113,94	-	89,34	100,
	II	1.898,91	52,00	151,91	170,90	33,35	139,38	156,80	14,71	126,84	142,70	-	114,31	128,60	-	101,87	114,60	-	89,91	101,15	-	78,46	88,
	III	1.337,00	-	106,96	120,33	-	97,10	109,24	-	87,52	98,46	-	78,18	87,95	-	69,10	77,74	-	60,28	67,81	-	51,72	58,
	IV	2.048,00	69,74	163,84	184,32	60,42	157,57	177,26	51,10	151,30	170,21	41,77	145,04	163,17	32,45	138,77	156,11	23,13	132,50	149,06	13,81	126,24	142,
	V	2.562,41	130,95	204,99	230,61																		
	VI	2.606,75	136,23	208,54	234,60																		
7.121,99	I	2.049,25	69,89	163,94	184,43	51,24	151,40	170,33	32,60	138,87	156,23	13,97	126,34	142,13	-	113,81	128,03	-	101,38	114,05	-	89,44	100,
	II	1.900,16	52,15	152,01	171,01	33,50	139,48	156,91	14,86	126,94	142,81	-	114,41	128,71	-	101,97	114,71	-	90,00	101,25	-	78,55	88,
	III	1.338,00	-	107,04	120,42	-	97,18	109,33	-	87,58	98,53	-	78,25	88,03	-	69,17	77,81	-	60,34	67,88	-	51,78	58,
	IV	2.049,25	69,89	163,94	184,43	60,57	157,67	177,38	51,24	151,40	170,33	41,92	145,14	163,28	32,60	138,87	156,23	23,28	132,60	149,18	13,97	126,34	142,
	V	2.563,75	131,11	205,10	230,73																		
	VI	2.608,00	136,38	208,64	234,72																		
7.124,99	I	2.050,50	70,04	164,04	184,54	51,39	151,50	170,44	32,76	138,98	156,35	14,12	126,44	142,25	-	113,91	128,15	-	101,48	114,17	-	89,53	100,
	II	1.901,41	52,30	152,11	171,12	33,65	139,58	157,02	15,01	127,04	142,92	-	114,51	128,82	-	102,07	114,83	-	90,10	101,36	-	78,64	88,
	III	1.339,00	-	107,12	120,51	-	97,26	109,42	-	87,66	98,62	-	78,33	88,12	-	69,25	77,90	-	60,42	67,97	-	51,85	58,
	IV	2.050,50	70,04	164,04	184,54	60,71	157,77	177,49	51,39	151,50	170,44	42,08	145,24	163,40	32,76	138,98	156,35	23,44	132,71	149,30	14,12	126,44	142,
	V	2.565,00	131,26	205,20	230,85																		
	VI	2.609,25	136,53	208,74	234,83																		
7.127,99	I	2.051,83	70,20	164,14	184,66	51,55	151,61	170,56	32,91	139,08	156,46	14,27	126,54	142,36	-	114,01	128,26	-	101,58	114,27	-	89,63	100,
	II	1.902,66	52,44	152,21	171,23	33,80	139,68	157,14	15,16	127,14	143,03	-	114,62	128,94	-	102,17	114,94	-	90,19	101,46	-	78,73	88,
	III	1.340,00	-	107,20	120,60	-	97,34	109,51	-	87,74	98,71	-	78,40	88,20	-	69,32	77,98	-	60,49	68,05	-	51,92	58,
	IV	2.051,83	70,20	164,14	184,66	60,87	157,88	177,61	51,55	151,61	170,56	42,23	145,34	163,51	32,91	139,08	156,46	23,59	132,81	149,41	14,27	126,54	142,
	V	2.566,25	131,41	205,30	230,96																		
	VI	2.610,58	136,69	208,84	234,95																		
7.130,99	I	2.053,08	70,34	164,24	184,77	51,70	151,71	170,67	33,06	139,18	156,57	14,41	126,64	142,47	-	114,11	128,37	-	101,68	114,39	-	89,72	100,
	II	1.903,91	52,59	152,31	171,35	33,96	139,78	157,25	15,32	127,25	143,15	-	114,72	129,06	-	102,27	115,05	-	90,28	101,57	-	78,82	88,
	III	1.341,00	-	107,28	120,69	-	97,42	109,60	-	87,82	98,80	-	78,48	88,29	-	69,38	78,05	-	60,56	68,13	-	51,98	58,
	IV	2.053,08	70,34	164,24	184,77	61,02	157,98	177,72	51,70	151,71	170,67	42,38	145,44	163,62	33,06	139,18	156,57	23,74	132,91	149,52	14,41	126,64	142,
	V	2.567,50	131,56	205,40	231,07																		
	VI	2.611,83	136,84	208,94	235,06																		
7.133,99	I	2.054,33	70,49	164,34	184,88	51,85	151,81	170,78	33,21	139,28	156,69	14,56	126,74	142,58	-	114,21	128,48	-	101,78	114,50	-	89,82	101,
	II	1.905,25	52,75	152,42	171,47	34,11	139,88	157,37	15,47	127,35	143,27	-	114,82	129,17	-	102,36	115,16	-	90,38	101,68	-	78,91	88,
	III	1.342,00	-	107,36	120,78	-	97,49	109,67	-	87,89	98,87	-	78,54	88,36	-	69,46	78,14	-	60,62	68,20	-	52,05	58,
	IV	2.054,33	70,49	164,34	184,88	61,17	158,08	177,84	51,85	151,81	170,78	42,53	145,54	163,73	33,21	139,28	156,69	23,88	133,01	149,63	14,56	126,74	142,
	V	2.568,75	131,71	205,50	231,18																		
	VI	2.613,08	136,98	209,04	235,17																		
7.136,99	I	2.055,58	70,64	164,44	185,00	52,00	151,91	170,90	33,35	139,38	156,80	14,71	126,84	142,70	-	114,31	128,60	-	101,87	114,60	-	89,91	101,
	II	1.906,50	52,90	152,52	171,58	34,26	139,98	157,48	15,61	127,45	143,38	-	114,92	129,28	-	102,46	115,27	-	90,48	101,79	-	79,00	88,
	III	1.343,00	-	107,44	120,87	-	97,57	109,76	-	87,97	98,96	-	78,62	88,45	-	69,53	78,22	-	60,70	68,29	-	52,13	58,
	IV	2.055,58	70,64	164,44	185,00	61,32	158,18	177,95	52,00	151,91	170,90	42,68	145,64	163,85	33,35	139,38	156,80	24,03	133,11	149,75	14,71	126,84	142,
	V	2.570,00	131,86	205,60	231,30																		
	VI	2.614,33	137,13	209,14	235,28																		
7.139,99	I	2.056,83	70,79	164,54	185,11	52,15	152,01	171,01	33,50	139,48	156,91	14,86	126,94	142,81	-	114,41	128,71	-	101,97	114,71	-	90,00	101,
	II	1.907,75	53,05	152,62	171,69	34,41	140,08	157,59	15,76	127,55	143,49	-	115,02	129,39	-	102,56	115,38	-	90,57	101,89	-	79,09	88,
	III	1.344,00	-	107,52	120,96	-	97,65	109,85	-	88,05	99,05	-	78,69	88,52	-	69,61	78,31	-	60,77	68,36	-	52,20	58,
	IV	2.056,83	70,79	164,54	185,11	61,47	158,28	178,06	52,15	152,01	171,01	42,83	145,74	163,96	33,50	139,48	156,91	24,18	133,21	149,86	14,86	126,94	142,
	V	2.571,25	132,01	205,70	231,41																		
	VI	2.615,58	137,28	209,24	235,40																		
7.142,99	I	2.058,08	70,94	164,64	185,22	52,30	152,11	171,12	33,65	139,58	157,02	15,01	127,04	142,92	-	114,51	128,82	-	102,07	114,83	-	90,10	101,
	II	1.909,00	53,20	152,72	171,81	34,55	140,18	157,70	15,91	127,65	143,60	-	115,12	129,51	-	102,66	115,49	-	90,66	101,99	-	79,18	89,
	III	1.345,00	-	107,60	121,05	-	97,73	109,94	-	88,12	99,13	-	78,77	88,61	-	69,68	78,39	-	60,84	68,44	-	52,26	58,
	IV	2.058,08	70,94	164,64	185,22	61,62	158,38	178,17	52,30	152,11	171,12	42,97	145,84	164,07	33,65	139,58	157,02	24,33	133,31	149,97	15,01	127,04	142,
	V	2.572,50	132,15	205,80	231,52																		
	VI	2.616,83	137,43	209,34	235,51																		
7.145,99	I	2.059,33	71,09	164,74	185,33	52,44	152,21	171,23	33,80	139,68	157,14	15,16	127,14	143,03	-	114,62	128,94	-	102,17	114,94	-	90,19	101,
	II	1.910,25	53,35	152,82	171,92	34,70	140,28	157,82	16,06	127,75	143,72	-	115,22	129,62	-	102,76	115,60	-	90,76	102,10	-	79,27	89,
	III	1.346,00	-	107,68	121,14	-	97,81	110,03	-	88,20	99,22	-	78,85	88,70	-	69,74	78,46	-	60,90	68,51	-	52,33	58,
	IV	2.059,33	71,09	164,74	185,33	61,77	158,48	178,29	52,44	152,21	171,23	43,12	145,94	164,18	33,80	139,68	157,14	24,48	133,41	150,08	15,16	127,14	143,
	V	2.573,83	132,31	205,90	231,64																		
	VI	2.618,08	137,58	209,44	235,62																		
7.148,99	I	2.060,58	71,24	164,84	185,45	52,59	152,31	171,35	33,96	139,78	157,25	15,32	127,25	143,15	-	114,72	129,06	-	102,27	115,05	-	90,28	101,
	II	1.911,50	53,50	152,92	172,03	34,85	140,38	157,93	16,21	127,85	143,83	-	115,32	129,73	-	102,86	115,71	-	90,85	102,20	-	79,36	89,
	III	1.347,00	-	107,76	121,23	-	97,89	110,12	-	88,28	99,31	-	78,92	88,78	-	69,82	78,55	-	60,98	68,60	-	52,40	58,
	IV	2.060,58	71,24	164,84	185,45	61,91	158,58	178,40	52,59	152,31	171,35	43,27	146,04	164,30	33,96	139,78	157,25	24,64	133,52	150,21	15,32	127,25	143,
	V	2.575,08	132,46	206,00	231,75																		
	VI	2.619,33	137,73	209,54	235,73																		
7.151,99	I	2.061,83	71,39	164,94	185,56	52,75	152,42	171,47	34,11	139,88	157,37	15,47	127,35	143,27	-	114,82	129,17	-	102,36	115,16	-	90,38	101,
	II	1.912,75	53,64	153,02	172,14	35,00	140,48	158,04	16,36	127,95	143,94	-	115,42	129,85	-	102,96	115,83	-	90,95	102,32	-	79,45	89,
	III	1.348,00	-	107,84	121,32	-	97,97	110,21	-	88,36	99,40	-	79,00	88,87	-	69,89	78,62	-	61,05	68,68	-	52,46	59,
	IV	2.061,83	71,39	164,94	185,56	62,07	158,68	178,52	52,75	152,42	171,47	43,43	146,15	164,42	34,11	139,88	157,37	24,79	133,62	150,32	15,47	127,35	143,
	V	2.576,33	132,61	206,10	231,86																		
	VI	2.620,58	137,88	209,64	235,85																		
7.154,99	I	2.063,16	71,54	165,05	185,68	52,90	152,52	171,58	34,26	139,98	157,48	15,61	127,45	143,38	-	114,92	129,28	-	102,46	115,27	-	90,48	101,
	II	1.914,00	53,79	153,12	172,26	35,15	140,58	158,15	16,52	128,06	144,06	-	115,52	129,96	-	103,06	115,94	-	91,04	102,42	-	79,54	89,
	III	1.349,00	-	107,92	121,41	-	98,05	110,30	-	88,42	99,47	-	79,06	88,94	-	69,97	78,71	-	61,12	68,76	-	52,53	59,
	IV	2.063,16	71,54	165,05	185,68	62,22	158,78	178,63	52,90	152,52	171,58	43,58	146,25	164,53	34,26	139,98	157,48	24,94	133,72	150,43	15,61	127,45	143,
	V	2.577,58	132,76	206,20	231,98																		
	VI	2.621,91	138,04	209,75	235,97																		

Besondere Tabelle

MONAT bis 7.199,99 €

Lohn/ Gehalt bis	Steuerklasse	Lohn- steuer	ohne Kinderfreibetrag			Anzahl Kinderfreibeträge (nur Steuerklassen I–IV)																	
						0,5			1,0			1,5			2,0			2,5			3,0		
			SolZ 5,5%	Kirchensteuer 8%	Kirchensteuer 9%	SolZ 5,5%	Kirchensteuer 8%	Kirchensteuer 9%	SolZ 5,5%	Kirchensteuer 8%	Kirchensteuer 9%	SolZ 5,5%	Kirchensteuer 8%	Kirchensteuer 9%	SolZ 5,5%	Kirchensteuer 8%	Kirchensteuer 9%	SolZ 5,5%	Kirchensteuer 8%	Kirchensteuer 9%	SolZ 5,5%	Kirchensteuer 8%	Kirchensteuer 9%
7.157,99	I	2.064,41	71,69	165,15	185,79	53,05	152,62	171,69	34,41	140,08	157,59	15,76	127,55	143,49	-	115,02	129,39	-	102,56	115,38	-	90,57	101,89
	II	1.915,33	53,95	153,22	172,37	35,31	140,69	158,27	16,66	128,16	144,18	-	115,62	130,07	-	103,16	116,05	-	91,14	102,53	-	79,63	89,58
	III	1.350,00	-	108,00	121,50	-	98,12	110,38	-	88,50	99,56	-	79,14	89,03	-	70,04	78,79	-	61,18	68,83	-	52,60	59,17
	IV	2.064,41	71,69	165,15	185,79	62,37	158,88	178,74	53,05	152,62	171,69	43,73	146,35	164,64	34,41	140,08	157,59	25,08	133,82	150,54	15,76	127,55	143,49
	V	2.578,83	132,91	206,30	232,09																		
	VI	2.623,16	138,18	209,85	236,08																		
7.160,99	I	2.065,66	71,84	165,25	185,90	53,20	152,72	171,81	34,55	140,18	157,70	15,91	127,65	143,60	-	115,12	129,51	-	102,66	115,49	-	90,66	101,99
	II	1.916,58	54,10	153,32	172,49	35,46	140,79	158,39	16,81	128,26	144,29	-	115,72	130,19	-	103,25	116,15	-	91,23	102,63	-	79,72	89,69
	III	1.351,00	-	108,08	121,59	-	98,20	110,47	-	88,58	99,65	-	79,21	89,11	-	70,10	78,86	-	61,26	68,92	-	52,66	59,24
	IV	2.065,66	71,84	165,25	185,90	62,52	158,98	178,85	53,20	152,72	171,81	43,88	146,45	164,75	34,55	140,18	157,70	25,23	133,92	150,66	15,91	127,65	143,60
	V	2.580,08	133,06	206,40	232,20																		
	VI	2.624,41	138,33	209,95	236,19																		
7.163,99	I	2.066,91	71,99	165,35	186,02	53,35	152,82	171,92	34,70	140,28	157,82	16,06	127,75	143,72	-	115,22	129,62	-	102,76	115,60	-	90,76	102,10
	II	1.917,83	54,25	153,42	172,60	35,61	140,89	158,50	16,96	128,36	144,40	-	115,82	130,30	-	103,35	116,27	-	91,32	102,74	-	79,82	89,79
	III	1.352,00	-	108,16	121,68	-	98,28	110,56	-	88,65	99,73	-	79,29	89,20	-	70,18	78,95	-	61,33	68,99	-	52,73	59,32
	IV	2.066,91	71,99	165,35	186,02	62,67	159,08	178,97	53,35	152,82	171,92	44,03	146,55	164,87	34,70	140,28	157,82	25,38	134,02	150,77	16,06	127,75	143,72
	V	2.581,33	133,21	206,50	232,31																		
	VI	2.625,66	138,48	210,05	236,30																		
7.166,99	I	2.068,16	72,14	165,45	186,13	53,50	152,92	172,03	34,85	140,38	157,93	16,21	127,85	143,83	-	115,32	129,73	-	102,86	115,71	-	90,85	102,20
	II	1.919,08	54,40	153,52	172,71	35,75	140,99	158,61	17,11	128,46	144,51	-	115,92	130,41	-	103,45	116,38	-	91,42	102,85	-	79,90	89,89
	III	1.353,00	-	108,24	121,77	-	98,36	110,65	-	88,73	99,82	-	79,37	89,29	-	70,25	79,03	-	61,40	69,07	-	52,81	59,41
	IV	2.068,16	72,14	165,45	186,13	62,82	159,18	179,08	53,50	152,92	172,03	44,17	146,65	164,98	34,85	140,38	157,93	25,53	134,12	150,88	16,21	127,85	143,83
	V	2.582,58	133,35	206,60	232,43																		
	VI	2.626,91	138,63	210,15	236,42																		
7.169,99	I	2.069,41	72,29	165,55	186,24	53,64	153,02	172,14	35,00	140,48	158,04	16,36	127,95	143,94	-	115,42	129,85	-	102,96	115,83	-	90,95	102,32
	II	1.920,33	54,55	153,62	172,82	35,90	141,09	158,72	17,26	128,56	144,63	-	116,02	130,52	-	103,55	116,49	-	91,52	102,96	-	80,00	90,00
	III	1.354,00	-	108,32	121,86	-	98,44	110,74	-	88,81	99,91	-	79,44	89,37	-	70,33	79,12	-	61,48	69,16	-	52,88	59,49
	IV	2.069,41	72,29	165,55	186,24	62,97	159,28	179,19	53,64	153,02	172,14	44,32	146,75	165,09	35,00	140,48	158,04	25,68	134,22	150,99	16,36	127,95	143,94
	V	2.583,83	133,50	206,70	232,54																		
	VI	2.628,16	138,78	210,25	236,53																		
7.172,99	I	2.070,66	72,44	165,65	186,35	53,79	153,12	172,26	35,15	140,58	158,15	16,52	128,06	144,06	-	115,52	129,96	-	103,06	115,94	-	91,04	102,42
	II	1.921,58	54,70	153,72	172,94	36,05	141,19	158,84	17,41	128,66	144,74	-	116,12	130,64	-	103,65	116,60	-	91,61	103,06	-	80,08	90,09
	III	1.355,00	-	108,40	121,95	-	98,52	110,83	-	88,89	100,00	-	79,52	89,46	-	70,40	79,20	-	61,54	69,23	-	52,94	59,56
	IV	2.070,66	72,44	165,65	186,35	63,11	159,38	179,30	53,79	153,12	172,26	44,47	146,85	165,20	35,15	140,58	158,15	25,84	134,32	151,11	16,52	128,06	144,06
	V	2.585,16	133,66	206,81	232,66																		
	VI	2.629,41	138,93	210,35	236,64																		
7.175,99	I	2.071,91	72,59	165,75	186,47	53,95	153,22	172,37	35,31	140,69	158,27	16,66	128,16	144,18	-	115,62	130,07	-	103,16	116,05	-	91,14	102,53
	II	1.922,83	54,84	153,82	173,05	36,20	141,29	158,95	17,56	128,76	144,85	-	116,22	130,75	-	103,75	116,72	-	91,70	103,16	-	80,18	90,20
	III	1.356,00	-	108,48	122,04	-	98,60	110,92	-	88,96	100,08	-	79,58	89,53	-	70,48	79,29	-	61,61	69,31	-	53,01	59,63
	IV	2.071,91	72,59	165,75	186,47	63,26	159,48	179,42	53,95	153,22	172,37	44,63	146,96	165,33	35,31	140,69	158,27	25,99	134,42	151,22	16,66	128,16	144,18
	V	2.586,41	133,81	206,91	232,77																		
	VI	2.630,66	139,08	210,45	236,75																		
7.178,99	I	2.073,25	72,74	165,86	186,59	54,10	153,32	172,49	35,46	140,79	158,39	16,81	128,26	144,29	-	115,72	130,19	-	103,25	116,15	-	91,23	102,63
	II	1.924,08	54,99	153,92	173,16	36,35	141,39	159,06	17,72	128,86	144,97	-	116,33	130,87	-	103,84	116,82	-	91,80	103,27	-	80,27	90,30
	III	1.357,00	-	108,56	122,13	-	98,68	111,01	-	89,04	100,17	-	79,66	89,62	-	70,54	79,36	-	61,68	69,39	-	53,08	59,71
	IV	2.073,25	72,74	165,86	186,59	63,42	159,59	179,54	54,10	153,32	172,49	44,78	147,06	165,44	35,46	140,79	158,39	26,14	134,52	151,34	16,81	128,26	144,29
	V	2.587,66	133,96	207,01	232,88																		
	VI	2.632,00	139,23	210,56	236,88																		
7.181,99	I	2.074,50	72,89	165,96	186,70	54,25	153,42	172,60	35,61	140,89	158,50	16,96	128,36	144,40	-	115,82	130,30	-	103,35	116,27	-	91,32	102,74
	II	1.925,33	55,14	154,02	173,27	36,51	141,50	159,18	17,86	128,96	145,08	-	116,43	130,98	-	103,94	116,93	-	91,90	103,38	-	80,36	90,40
	III	1.358,00	-	108,64	122,22	-	98,74	111,08	-	89,12	100,26	-	79,73	89,69	-	70,61	79,43	-	61,76	69,48	-	53,14	59,78
	IV	2.074,50	72,89	165,96	186,70	63,57	159,69	179,65	54,25	153,42	172,60	44,93	147,16	165,55	35,61	140,89	158,50	26,28	134,62	151,45	16,96	128,36	144,40
	V	2.588,91	134,11	207,11	233,00																		
	VI	2.633,25	139,38	210,66	236,99																		
7.184,99	I	2.075,75	73,04	166,06	186,81	54,40	153,52	172,71	35,75	140,99	158,61	17,11	128,46	144,51	-	115,92	130,41	-	103,45	116,38	-	91,42	102,85
	II	1.926,66	55,30	154,13	173,39	36,66	141,60	159,30	18,01	129,06	145,19	-	116,53	131,09	-	104,04	117,05	-	91,99	103,49	-	80,45	90,50
	III	1.359,00	-	108,72	122,31	-	98,82	111,17	-	89,20	100,35	-	79,81	89,78	-	70,69	79,52	-	61,82	69,55	-	53,21	59,86
	IV	2.075,75	73,04	166,06	186,81	63,72	159,79	179,76	54,40	153,52	172,71	45,08	147,26	165,66	35,75	140,99	158,61	26,43	134,72	151,56	17,11	128,46	144,51
	V	2.590,16	134,26	207,21	233,11																		
	VI	2.634,50	139,53	210,76	237,10																		
7.187,99	I	2.077,00	73,19	166,16	186,93	54,55	153,62	172,82	35,90	141,09	158,72	17,26	128,56	144,63	-	116,02	130,52	-	103,55	116,49	-	91,52	102,96
	II	1.927,91	55,45	154,23	173,51	36,81	141,70	159,41	18,16	129,16	145,31	-	116,63	131,21	-	104,14	117,16	-	92,08	103,59	-	80,54	90,60
	III	1.360,16	-	108,81	122,41	-	98,90	111,26	-	89,26	100,42	-	79,89	89,87	-	70,76	79,60	-	61,89	69,62	-	53,28	59,94
	IV	2.077,00	73,19	166,16	186,93	63,87	159,89	179,87	54,55	153,62	172,82	45,22	147,36	165,78	35,90	141,09	158,72	26,58	134,82	151,67	17,26	128,56	144,63
	V	2.591,41	134,41	207,31	233,22																		
	VI	2.635,75	139,68	210,86	237,21																		
7.190,99	I	2.078,25	73,34	166,26	187,04	54,70	153,72	172,94	36,05	141,19	158,84	17,41	128,66	144,74	-	116,12	130,64	-	103,65	116,60	-	91,61	103,06
	II	1.929,16	55,60	154,33	173,62	36,95	141,80	159,52	18,31	129,26	145,42	-	116,73	131,32	-	104,24	117,27	-	92,18	103,70	-	80,63	90,71
	III	1.361,16	-	108,89	122,50	-	98,98	111,35	-	89,34	100,51	-	79,96	89,95	-	70,84	79,69	-	61,96	69,70	-	53,34	60,01
	IV	2.078,25	73,34	166,26	187,04	64,02	159,99	179,99	54,70	153,72	172,94	45,37	147,46	165,89	36,05	141,19	158,84	26,73	134,92	151,79	17,41	128,66	144,74
	V	2.592,66	134,55	207,41	233,33																		
	VI	2.637,00	139,83	210,96	237,33																		
7.193,99	I	2.079,50	73,49	166,36	187,15	54,84	153,82	173,05	36,20	141,29	158,95	17,56	128,76	144,85	-	116,22	130,75	-	103,75	116,72	-	91,70	103,16
	II	1.930,41	55,75	154,43	173,73	37,10	141,90	159,63	18,46	129,36	145,53	-	116,83	131,43	-	104,34	117,38	-	92,28	103,81	-	80,72	90,81
	III	1.362,16	-	108,97	122,59	-	99,06	111,44	-	89,42	100,60	-	80,04	90,04	-	70,90	79,76	-	62,04	69,79	-	53,42	60,10
	IV	2.079,50	73,49	166,36	187,15	64,17	160,09	180,10	54,84	153,82	173,05	45,52	147,56	166,00	36,20	141,29	158,95	26,88	135,02	151,90	17,56	128,76	144,85
	V	2.593,91	134,70	207,51	233,45																		
	VI	2.638,25	139,98	211,06	237,44																		
7.196,99	I	2.080,75	73,64	166,46	187,26	54,99	153,92	173,16	36,35	141,39	159,06	17,72	128,86	144,97	-	116,33	130,87	-	103,84	116,82	-	91,80	103,27
	II	1.931,66	55,90	154,53	173,84	37,25	142,00	159,75	18,61	129,46	145,64	-	116,93	131,54	-	104,44	117,50	-	92,37	103,91	-	80,81	90,91
	III	1.363,16	-	109,05	122,68	-	99,14	111,53	-	89,50	100,69	-	80,10	90,11	-	70,98	79,85	-	62,10	69,86	-	53,49	60,17
	IV	2.080,75	73,64	166,46	187,26	64,31	160,19	180,21	54,99	153,92	173,16	45,67	147,66	166,11	36,35	141,39	159,06	27,03	135,12	152,01	17,72	128,86	144,97
	V	2.595,25	134,86	207,62	233,57																		
	VI	2.639,50	140,13	211,16	237,55																		
7.199,99	I	2.082,00	73,78	166,56	187,38	55,14	154,02	173,27	36,51	141,50	159,18	17,86	128,96	145,08	-	116,43	130,98	-	103,94	116,93	-	91,90	103,38
	II	1.932,91	56,04	154,63	173,96	37,40	142,10	159,86	18,76	129,56	145,76	0,11	117,03	131,66	-	104,54	117,60	-	92,46	104,02	-	80,90	91,01
	III	1.364,16	-	109,13	122,77	-	99,22	111,62	-	89,57	100,76	-	80,18	90,20	-	71,05	79,93	-	62,17	69,94	-	53,56	60,25
	IV	2.082,00	73,78	166,56	187,38	64,46	160,29	180,32	55,14	154,02	173,27	45,83	147,76	166,23	36,51	141,50	159,18	27,19	135,23	152,13	17,86	128,96	145,08
	V	2.596,50	135,01	207,72	233,68																		
	VI	2.640,75	140,28	211,26	237,66																		

MONAT bis 7.244,99 €

Besondere Tabelle

Lohn/ Gehalt bis	Steuerklasse	Lohnsteuer	ohne Kinderfreibetrag SolZ 5,5%	Kirchensteuer 8%	9%	0,5 SolZ 5,5%	Kirchensteuer 8%	9%	1,0 SolZ 5,5%	Kirchensteuer 8%	9%	1,5 SolZ 5,5%	Kirchensteuer 8%	9%	2,0 SolZ 5,5%	Kirchensteuer 8%	9%	2,5 SolZ 5,5%	Kirchensteuer 8%	9%	3,0 SolZ 5,5%	Kirchensteuer 8%	9%
						Anzahl Kinderfreibeträge (nur Steuerklassen I–IV)																	
7.202,99	I	2.083,33	73,94	166,66	187,49	55,30	154,13	173,39	36,66	141,60	159,30	18,01	129,06	145,19	-	116,53	131,09	-	104,04	117,05	-	91,99	103,
	II	1.934,16	56,19	154,73	174,07	37,55	142,20	159,97	18,91	129,66	145,87	0,27	117,14	131,78	-	104,64	117,72	-	92,56	104,13	-	81,00	91,
	III	1.365,16	-	109,21	122,86	-	99,30	111,71	-	89,65	100,85	-	80,26	90,29	-	71,12	80,01	-	62,24	70,02	-	53,62	60,
	IV	2.083,33	73,94	166,66	187,49	64,62	160,40	180,45	55,30	154,13	173,39	45,98	147,86	166,34	36,66	141,60	159,30	27,34	135,33	152,24	18,01	129,06	145,
	V	2.597,75	135,16	207,82	233,79																		
	VI	2.642,08	140,43	211,36	237,78																		
7.205,99	I	2.084,58	74,09	166,76	187,61	55,45	154,23	173,51	36,81	141,70	159,41	18,16	129,16	145,31	-	116,63	131,21	-	104,14	117,16	-	92,08	103,
	II	1.935,41	56,34	154,83	174,18	37,71	142,30	160,09	19,06	129,77	145,99	0,42	117,24	131,89	-	104,74	117,83	-	92,66	104,24	-	81,08	91,
	III	1.366,16	-	109,29	122,95	-	99,38	111,80	-	89,73	100,94	-	80,33	90,37	-	71,20	80,10	-	62,32	70,11	-	53,69	60,
	IV	2.084,58	74,09	166,76	187,61	64,77	160,50	180,56	55,45	154,23	173,51	46,13	147,96	166,46	36,81	141,70	159,41	27,48	135,43	152,36	18,16	129,16	145,
	V	2.599,00	135,31	207,92	233,91																		
	VI	2.643,33	140,58	211,46	237,89																		
7.208,99	I	2.085,83	74,24	166,86	187,72	55,60	154,33	173,62	36,95	141,80	159,52	18,31	129,26	145,42	-	116,73	131,32	-	104,24	117,27	-	92,18	103,
	II	1.936,75	56,50	154,94	174,30	37,86	142,40	160,20	19,21	129,87	146,10	0,57	117,34	132,00	-	104,84	117,94	-	92,75	104,34	-	81,18	91,
	III	1.367,16	-	109,37	123,04	-	99,46	111,89	-	89,80	101,02	-	80,41	90,46	-	71,26	80,17	-	62,38	70,18	-	53,76	60,
	IV	2.085,83	74,24	166,86	187,72	64,92	160,60	180,67	55,60	154,33	173,62	46,28	148,06	166,57	36,95	141,80	159,52	27,63	135,53	152,47	18,31	129,26	145,
	V	2.600,25	135,46	208,02	234,02																		
	VI	2.644,58	140,73	211,56	238,01																		
7.211,99	I	2.087,08	74,39	166,96	187,83	55,75	154,43	173,73	37,10	141,90	159,63	18,46	129,36	145,53	-	116,83	131,43	-	104,34	117,38	-	92,28	103,
	II	1.938,00	56,65	155,04	174,42	38,01	142,50	160,31	19,36	129,97	146,21	0,72	117,44	132,12	-	104,94	118,05	-	92,84	104,45	-	81,26	91,
	III	1.368,16	-	109,45	123,13	-	99,53	111,97	-	89,88	101,11	-	80,48	90,54	-	71,34	80,26	-	62,45	70,25	-	53,82	60,
	IV	2.087,08	74,39	166,96	187,83	65,07	160,70	180,78	55,75	154,43	173,73	46,42	148,16	166,68	37,10	141,90	159,63	27,78	135,63	152,58	18,46	129,36	145,
	V	2.601,50	135,61	208,12	234,13																		
	VI	2.645,83	140,88	211,66	238,12																		
7.214,99	I	2.088,33	74,54	167,06	187,94	55,90	154,53	173,84	37,25	142,00	159,75	18,61	129,46	145,64	-	116,93	131,54	-	104,44	117,50	-	92,37	103,
	II	1.939,25	56,80	155,14	174,53	38,15	142,60	160,43	19,51	130,07	146,33	0,87	117,54	132,23	-	105,04	118,17	-	92,94	104,55	-	81,36	91,
	III	1.369,16	-	109,53	123,22	-	99,61	112,06	-	89,96	101,20	-	80,56	90,63	-	71,41	80,33	-	62,53	70,34	-	53,89	60,
	IV	2.088,33	74,54	167,06	187,94	65,22	160,80	180,90	55,90	154,53	173,84	46,57	148,26	166,79	37,25	142,00	159,75	27,93	135,73	152,69	18,61	129,46	145,
	V	2.602,75	135,75	208,22	234,24																		
	VI	2.647,08	141,03	211,76	238,23																		
7.217,99	I	2.089,58	74,69	167,16	188,06	56,04	154,63	173,96	37,40	142,10	159,86	18,76	129,56	145,76	0,11	117,03	131,66	-	104,54	117,60	-	92,46	104,
	II	1.940,50	56,95	155,24	174,64	38,30	142,70	160,54	19,66	130,17	146,44	1,02	117,64	132,34	-	105,14	118,28	-	93,04	104,67	-	81,45	91,
	III	1.370,16	-	109,61	123,31	-	99,69	112,15	-	90,04	101,29	-	80,62	90,70	-	71,49	80,42	-	62,60	70,42	-	53,97	60,
	IV	2.089,58	74,69	167,16	188,06	65,37	160,90	181,01	56,04	154,63	173,96	46,72	148,36	166,91	37,40	142,10	159,86	28,08	135,83	152,81	18,76	129,56	145,
	V	2.604,00	135,90	208,32	234,36																		
	VI	2.648,33	141,18	211,86	238,34																		
7.220,99	I	2.090,83	74,84	167,26	188,17	56,19	154,73	174,07	37,55	142,20	159,97	18,91	129,66	145,87	0,27	117,14	131,78	-	104,64	117,72	-	92,56	104,
	II	1.941,75	57,10	155,34	174,75	38,45	142,80	160,65	19,81	130,27	146,55	1,17	117,74	132,45	-	105,24	118,39	-	93,13	104,77	-	81,54	91,
	III	1.371,16	-	109,69	123,40	-	99,77	112,24	-	90,10	101,36	-	80,70	90,79	-	71,56	80,50	-	62,66	70,49	-	54,04	60,
	IV	2.090,83	74,84	167,26	188,17	65,51	161,00	181,12	56,19	154,73	174,07	46,87	148,46	167,02	37,55	142,20	159,97	28,23	135,93	152,92	18,91	129,66	145,
	V	2.605,33	136,06	208,42	234,47																		
	VI	2.649,58	141,33	211,96	238,46																		
7.223,99	I	2.092,08	74,98	167,36	188,28	56,34	154,83	174,18	37,71	142,30	160,09	19,06	129,77	145,99	0,42	117,24	131,89	-	104,74	117,83	-	92,66	104,
	II	1.943,00	57,24	155,44	174,87	38,60	142,90	160,76	19,96	130,37	146,66	1,31	117,84	132,57	-	105,34	118,50	-	93,22	104,87	-	81,63	91,
	III	1.372,16	-	109,77	123,49	-	99,85	112,33	-	90,18	101,45	-	80,78	90,88	-	71,62	80,57	-	62,73	70,57	-	54,10	60,
	IV	2.092,08	74,98	167,36	188,28	65,66	161,10	181,23	56,34	154,83	174,18	47,02	148,56	167,13	37,71	142,30	160,09	28,39	136,04	153,04	19,06	129,77	145,
	V	2.606,58	136,21	208,52	234,59																		
	VI	2.650,83	141,48	212,06	238,57																		
7.226,99	I	2.093,33	75,13	167,46	188,39	56,50	154,94	174,30	37,86	142,40	160,20	19,21	129,87	146,10	0,57	117,34	132,00	-	104,84	117,94	-	92,75	104,
	II	1.944,25	57,39	155,54	174,98	38,75	143,00	160,88	20,11	130,47	146,78	1,47	117,94	132,68	-	105,44	118,62	-	93,32	104,99	-	81,72	91,
	III	1.373,16	-	109,85	123,58	-	99,93	112,42	-	90,26	101,54	-	80,85	90,95	-	71,70	80,66	-	62,81	70,66	-	54,17	60,
	IV	2.093,33	75,13	167,46	188,39	65,82	161,20	181,35	56,50	154,94	174,30	47,18	148,67	167,25	37,86	142,40	160,20	28,54	136,14	153,15	19,21	129,87	146,
	V	2.607,83	136,36	208,62	234,70																		
	VI	2.652,08	141,62	212,16	238,68																		
7.229,99	I	2.094,66	75,29	167,57	188,51	56,65	155,04	174,42	38,01	142,50	160,31	19,36	129,97	146,21	0,72	117,44	132,12	-	104,94	118,05	-	92,84	104,
	II	1.945,50	57,54	155,64	175,09	38,90	143,10	160,99	20,26	130,58	146,90	1,62	118,04	132,80	-	105,53	118,72	-	93,42	105,09	-	81,81	92,
	III	1.374,16	-	109,93	123,67	-	100,01	112,51	-	90,34	101,63	-	80,93	91,04	-	71,77	80,74	-	62,88	70,74	-	54,24	61,
	IV	2.094,66	75,29	167,57	188,51	65,97	161,30	181,46	56,65	155,04	174,42	47,33	148,77	167,36	38,01	142,50	160,31	28,68	136,24	153,27	19,36	129,97	146,
	V	2.609,08	136,51	208,72	234,81																		
	VI	2.653,41	141,78	212,27	238,80																		
7.232,99	I	2.095,91	75,44	167,67	188,63	56,80	155,14	174,53	38,15	142,60	160,43	19,51	130,07	146,33	0,87	117,54	132,23	-	105,04	118,17	-	92,94	104,
	II	1.946,83	57,70	155,74	175,21	39,06	143,21	161,11	20,41	130,68	147,01	1,77	118,14	132,91	-	105,63	118,83	-	93,51	105,20	-	81,90	92,
	III	1.375,16	-	110,01	123,76	-	100,09	112,60	-	90,41	101,71	-	81,00	91,12	-	71,85	80,83	-	62,94	70,81	-	54,30	61,
	IV	2.095,91	75,44	167,67	188,63	66,12	161,40	181,58	56,80	155,14	174,53	47,48	148,87	167,48	38,15	142,60	160,43	28,83	136,34	153,38	19,51	130,07	146,
	V	2.610,33	136,66	208,82	234,92																		
	VI	2.654,66	141,93	212,37	238,91																		
7.235,99	I	2.097,16	75,59	167,77	188,74	56,95	155,24	174,64	38,30	142,70	160,54	19,66	130,17	146,44	1,02	117,64	132,34	-	105,14	118,28	-	93,04	104,
	II	1.948,08	57,85	155,84	175,32	39,21	143,31	161,22	20,56	130,78	147,12	1,92	118,24	133,02	-	105,73	118,94	-	93,61	105,31	-	82,00	92,
	III	1.376,16	-	110,09	123,85	-	100,17	112,69	-	90,49	101,80	-	81,08	91,21	-	71,92	80,91	-	63,02	70,90	-	54,37	61,
	IV	2.097,16	75,59	167,77	188,74	66,27	161,50	181,69	56,95	155,24	174,64	47,62	148,97	167,59	38,30	142,70	160,54	28,98	136,44	153,49	19,66	130,17	146,
	V	2.611,58	136,81	208,92	235,04																		
	VI	2.655,91	142,08	212,47	239,03																		
7.238,99	I	2.098,41	75,74	167,87	188,85	57,10	155,34	174,75	38,45	142,80	160,65	19,81	130,27	146,55	1,17	117,74	132,45	-	105,24	118,39	-	93,13	104,
	II	1.949,33	58,00	155,94	175,43	39,35	143,41	161,33	20,71	130,88	147,24	2,07	118,34	133,13	-	105,83	119,06	-	93,70	105,41	-	82,09	92,
	III	1.377,33	-	110,18	123,95	-	100,25	112,78	-	90,57	101,89	-	81,16	91,30	-	72,00	81,00	-	63,09	70,97	-	54,44	61,
	IV	2.098,41	75,74	167,87	188,85	66,42	161,60	181,80	57,10	155,34	174,75	47,77	149,07	167,70	38,45	142,80	160,65	29,13	136,54	153,60	19,81	130,27	146,
	V	2.612,83	136,95	209,02	235,15																		
	VI	2.657,16	142,23	212,57	239,14																		
7.241,99	I	2.099,66	75,89	167,97	188,96	57,24	155,44	174,87	38,60	142,90	160,76	19,96	130,37	146,66	1,31	117,84	132,57	-	105,34	118,50	-	93,22	104,
	II	1.950,58	58,15	156,04	175,55	39,50	143,51	161,45	20,86	130,98	147,35	2,22	118,44	133,25	-	105,93	119,17	-	93,80	105,52	-	82,18	92,
	III	1.378,33	-	110,26	124,04	-	100,33	112,87	-	90,65	101,98	-	81,22	91,37	-	72,06	81,07	-	63,16	71,05	-	54,52	61,
	IV	2.099,66	75,89	167,97	188,96	66,57	161,70	181,91	57,24	155,44	174,87	47,92	149,17	167,81	38,60	142,90	160,76	29,28	136,64	153,72	19,96	130,37	146,
	V	2.614,08	137,10	209,12	235,26																		
	VI	2.658,41	142,38	212,67	239,25																		
7.244,99	I	2.100,91	76,04	168,07	189,08	57,39	155,54	174,98	38,75	143,00	160,88	20,11	130,47	146,78	1,47	117,94	132,68	-	105,44	118,62	-	93,32	104,
	II	1.951,83	58,30	156,14	175,66	39,65	143,61	161,56	21,01	131,08	147,46	2,37	118,54	133,36	-	106,03	119,28	-	93,89	105,62	-	82,27	92,
	III	1.379,33	-	110,34	124,13	-	100,40	112,95	-	90,73	102,07	-	81,30	91,46	-	72,14	81,16	-	63,24	71,14	-	54,58	61,
	IV	2.100,91	76,04	168,07	189,08	66,71	161,80	182,03	57,39	155,54	174,98	48,07	149,27	167,93	38,75	143,00	160,88	29,43	136,74	153,83	20,11	130,47	146,
	V	2.615,33	137,25	209,22	235,37																		
	VI	2.659,66	142,53	212,77	239,36																		

Lohn/ Gehalt bis	Steuerklasse	Lohn-steuer	ohne Kinderfreibetrag SolZ 5,5%	ohne Kinderfreibetrag Kirchensteuer 8%	ohne Kinderfreibetrag Kirchensteuer 9%	0,5 SolZ 5,5%	0,5 Kirchensteuer 8%	0,5 Kirchensteuer 9%	1,0 SolZ 5,5%	1,0 Kirchensteuer 8%	1,0 Kirchensteuer 9%	1,5 SolZ 5,5%	1,5 Kirchensteuer 8%	1,5 Kirchensteuer 9%	2,0 SolZ 5,5%	2,0 Kirchensteuer 8%	2,0 Kirchensteuer 9%	2,5 SolZ 5,5%	2,5 Kirchensteuer 8%	2,5 Kirchensteuer 9%	3,0 SolZ 5,5%	3,0 Kirchensteuer 8%	3,0 Kirchensteuer 9%
						Anzahl Kinderfreibeträge (nur Steuerklassen I–IV)																	
7.247,99	I	2.102,16	76,18	168,17	189,19	57,54	155,64	175,09	38,90	143,10	160,99	20,26	130,58	146,90	1,62	118,04	132,80	-	105,53	118,72	-	93,42	105,09
	II	1.953,08	58,44	156,24	175,77	39,80	143,71	161,67	21,16	131,18	147,57	2,51	118,64	133,47	-	106,13	119,39	-	93,99	105,74	-	82,36	92,66
	III	1.380,33	-	110,42	124,22	-	100,48	113,04	-	90,80	102,15	-	81,38	91,55	-	72,21	81,23	-	63,30	71,21	-	54,65	61,48
	IV	2.102,16	76,18	168,17	189,19	66,86	161,90	182,14	57,54	155,64	175,09	48,22	149,37	168,04	38,90	143,10	160,99	29,59	136,84	153,95	20,26	130,58	146,90
	V	2.616,66	137,41	209,33	235,49																		
	VI	2.660,91	142,68	212,87	239,48																		
7.250,99	I	2.103,41	76,33	168,27	189,30	57,70	155,74	175,21	39,06	143,21	161,11	20,41	130,68	147,01	1,77	118,14	132,91	-	105,63	118,83	-	93,51	105,20
	II	1.954,33	58,59	156,34	175,88	39,95	143,81	161,78	21,31	131,28	147,69	2,66	118,74	133,58	-	106,23	119,51	-	94,08	105,84	-	82,45	92,75
	III	1.381,33	-	110,50	124,31	-	100,56	113,13	-	90,88	102,24	-	81,45	91,63	-	72,28	81,31	-	63,37	71,29	-	54,72	61,56
	IV	2.103,41	76,33	168,27	189,30	67,01	162,00	182,25	57,70	155,74	175,21	48,38	149,48	168,16	39,06	143,21	161,11	29,74	136,94	154,06	20,41	130,68	147,01
	V	2.617,91	137,56	209,43	235,61																		
	VI	2.662,16	142,82	212,97	239,59																		
7.253,99	I	2.104,75	76,49	168,38	189,42	57,85	155,84	175,32	39,21	143,31	161,22	20,56	130,78	147,12	1,92	118,24	133,02	-	105,73	118,94	-	93,61	105,31
	II	1.955,58	58,74	156,44	176,00	40,10	143,91	161,90	21,46	131,38	147,80	2,82	118,85	133,70	-	106,33	119,62	-	94,18	105,95	-	82,54	92,86
	III	1.382,33	-	110,58	124,40	-	100,64	113,22	-	90,96	102,33	-	81,53	91,72	-	72,36	81,40	-	63,44	71,37	-	54,78	61,63
	IV	2.104,75	76,49	168,38	189,42	67,17	162,11	182,37	57,85	155,84	175,32	48,53	149,58	168,27	39,21	143,31	161,22	29,88	137,04	154,17	20,56	130,78	147,12
	V	2.619,16	137,71	209,53	235,72																		
	VI	2.663,50	142,98	213,08	239,71																		
7.256,99	I	2.106,00	76,64	168,48	189,54	58,00	155,94	175,43	39,35	143,41	161,33	20,71	130,88	147,24	2,07	118,34	133,13	-	105,83	119,06	-	93,70	105,41
	II	1.956,83	58,89	156,54	176,11	40,26	144,02	162,02	21,61	131,48	147,92	2,97	118,95	133,82	-	106,43	119,73	-	94,28	106,06	-	82,64	92,97
	III	1.383,33	-	110,66	124,49	-	100,72	113,31	-	91,04	102,42	-	81,60	91,80	-	72,42	81,47	-	63,52	71,46	-	54,85	61,70
	IV	2.106,00	76,64	168,48	189,54	67,32	162,21	182,48	58,00	155,94	175,43	48,68	149,68	168,39	39,35	143,41	161,33	30,03	137,14	154,28	20,71	130,88	147,24
	V	2.620,41	137,86	209,63	235,83																		
	VI	2.664,75	143,13	213,18	239,82																		
7.259,99	I	2.107,25	76,79	168,58	189,65	58,15	156,04	175,55	39,50	143,51	161,45	20,86	130,98	147,35	2,22	118,44	133,25	-	105,93	119,17	-	93,80	105,52
	II	1.958,16	59,05	156,65	176,23	40,41	144,12	162,13	21,76	131,58	148,03	3,12	119,05	133,93	-	106,53	119,84	-	94,37	106,16	-	82,73	93,07
	III	1.384,33	-	110,74	124,58	-	100,80	113,40	-	91,10	102,49	-	81,68	91,89	-	72,50	81,56	-	63,58	71,53	-	54,92	61,78
	IV	2.107,25	76,79	168,58	189,65	67,47	162,31	182,60	58,15	156,04	175,55	48,82	149,78	168,50	39,50	143,51	161,45	30,18	137,24	154,40	20,86	130,98	147,35
	V	2.621,66	138,01	209,73	235,94																		
	VI	2.666,00	143,28	213,28	239,94																		
7.262,99	I	2.108,50	76,94	168,68	189,76	58,30	156,14	175,66	39,65	143,61	161,56	21,01	131,08	147,46	2,37	118,54	133,36	-	106,03	119,28	-	93,89	105,62
	II	1.959,41	59,20	156,75	176,34	40,55	144,22	162,24	21,91	131,68	148,14	3,27	119,15	134,04	-	106,63	119,96	-	94,47	106,28	-	82,82	93,17
	III	1.385,33	-	110,82	124,67	-	100,88	113,49	-	91,18	102,58	-	81,76	91,98	-	72,57	81,64	-	63,65	71,60	-	55,00	61,87
	IV	2.108,50	76,94	168,68	189,76	67,62	162,41	182,71	58,30	156,14	175,66	48,97	149,88	168,61	39,65	143,61	161,56	30,33	137,34	154,51	21,01	131,08	147,46
	V	2.622,91	138,15	209,83	236,06																		
	VI	2.667,25	143,43	213,38	240,05																		
7.265,99	I	2.109,75	77,09	168,78	189,87	58,44	156,24	175,77	39,80	143,71	161,67	21,16	131,18	147,57	2,51	118,64	133,47	-	106,13	119,39	-	93,99	105,74
	II	1.960,66	59,35	156,85	176,45	40,70	144,32	162,36	22,06	131,78	148,25	3,42	119,25	134,15	-	106,73	120,07	-	94,56	106,38	-	82,91	93,27
	III	1.386,33	-	110,90	124,76	-	100,96	113,58	-	91,26	102,67	-	81,82	92,05	-	72,65	81,73	-	63,73	71,69	-	55,06	61,94
	IV	2.109,75	77,09	168,78	189,87	67,77	162,51	182,82	58,44	156,24	175,77	49,12	149,98	168,72	39,80	143,71	161,67	30,48	137,44	154,62	21,16	131,18	147,57
	V	2.624,16	138,30	209,93	236,17																		
	VI	2.668,50	143,58	213,48	240,16																		
7.268,99	I	2.111,00	77,24	168,88	189,99	58,59	156,34	175,88	39,95	143,81	161,78	21,31	131,28	147,69	2,66	118,74	133,58	-	106,23	119,51	-	94,08	105,84
	II	1.961,91	59,50	156,95	176,57	40,85	144,42	162,47	22,21	131,88	148,37	3,57	119,35	134,27	-	106,83	120,18	-	94,66	106,49	-	83,00	93,38
	III	1.387,33	-	110,98	124,85	-	101,04	113,67	-	91,34	102,76	-	81,90	92,14	-	72,72	81,81	-	63,80	71,77	-	55,13	62,02
	IV	2.111,00	77,24	168,88	189,99	67,91	162,61	182,93	58,59	156,34	175,88	49,27	150,08	168,84	39,95	143,81	161,78	30,63	137,54	154,73	21,31	131,28	147,69
	V	2.625,41	138,45	210,03	236,28																		
	VI	2.669,75	143,73	213,58	240,27																		
7.271,99	I	2.112,25	77,38	168,98	190,10	58,74	156,44	176,00	40,10	143,91	161,90	21,46	131,38	147,80	2,82	118,85	133,70	-	106,33	119,62	-	94,18	105,95
	II	1.963,16	59,64	157,05	176,68	41,00	144,52	162,58	22,36	131,98	148,48	3,71	119,45	134,38	-	106,93	120,29	-	94,76	106,60	-	83,10	93,48
	III	1.388,33	-	111,06	124,94	-	101,12	113,76	-	91,41	102,83	-	81,97	92,21	-	72,80	81,90	-	63,86	71,84	-	55,20	62,10
	IV	2.112,25	77,38	168,98	190,10	68,06	162,71	183,05	58,74	156,44	176,00	49,42	150,18	168,95	40,10	143,91	161,90	30,78	137,64	154,85	21,46	131,38	147,80
	V	2.626,75	138,61	210,14	236,40																		
	VI	2.671,00	143,88	213,68	240,39																		
7.274,99	I	2.113,50	77,53	169,08	190,21	58,89	156,54	176,11	40,26	144,02	162,02	21,61	131,48	147,92	2,97	118,95	133,82	-	106,43	119,73	-	94,28	106,06
	II	1.964,41	59,79	157,15	176,79	41,15	144,62	162,69	22,51	132,08	148,59	3,86	119,55	134,49	-	107,03	120,41	-	94,85	106,70	-	83,18	93,58
	III	1.389,33	-	111,14	125,03	-	101,20	113,85	-	91,49	102,92	-	82,05	92,30	-	72,86	81,97	-	63,94	71,93	-	55,26	62,17
	IV	2.113,50	77,53	169,08	190,21	68,21	162,81	183,16	58,89	156,54	176,11	49,58	150,28	169,07	40,26	144,02	162,02	30,94	137,75	154,97	21,61	131,48	147,92
	V	2.628,00	138,76	210,24	236,52																		
	VI	2.672,25	144,02	213,78	240,50																		
7.277,99	I	2.114,83	77,69	169,18	190,33	59,05	156,65	176,23	40,41	144,12	162,13	21,76	131,58	148,03	3,12	119,05	133,93	-	106,53	119,84	-	94,37	106,16
	II	1.965,66	59,94	157,25	176,90	41,30	144,72	162,81	22,65	132,18	148,70	4,02	119,66	134,61	-	107,13	120,52	-	94,94	106,81	-	83,28	93,69
	III	1.390,50	-	111,24	125,14	-	101,28	113,94	-	91,57	103,01	-	82,13	92,39	-	72,94	82,06	-	64,01	72,01	-	55,33	62,24
	IV	2.114,83	77,69	169,18	190,33	68,37	162,92	183,28	59,05	156,65	176,23	49,73	150,38	169,18	40,41	144,12	162,13	31,08	137,85	155,08	21,76	131,58	148,03
	V	2.629,25	138,91	210,34	236,63																		
	VI	2.673,58	144,18	213,88	240,62																		
7.280,99	I	2.116,08	77,84	169,28	190,44	59,20	156,75	176,34	40,55	144,22	162,24	21,91	131,68	148,14	3,27	119,15	134,04	-	106,63	119,96	-	94,47	106,28
	II	1.966,91	60,09	157,35	177,02	41,46	144,82	162,92	22,81	132,29	148,82	4,17	119,76	134,73	-	107,23	120,63	-	95,04	106,92	-	83,37	93,79
	III	1.391,50	-	111,32	125,23	-	101,36	114,03	-	91,65	103,10	-	82,20	92,47	-	73,01	82,13	-	64,08	72,09	-	55,41	62,33
	IV	2.116,08	77,84	169,28	190,44	68,52	163,02	183,39	59,20	156,75	176,34	49,88	150,48	169,29	40,55	144,22	162,24	31,23	137,95	155,19	21,91	131,68	148,14
	V	2.630,50	139,06	210,44	236,74																		
	VI	2.674,83	144,33	213,98	240,73																		
7.283,99	I	2.117,33	77,99	169,38	190,55	59,35	156,85	176,45	40,70	144,32	162,36	22,06	131,78	148,25	3,42	119,25	134,15	-	106,73	120,07	-	94,56	106,38
	II	1.968,25	60,25	157,46	177,14	41,61	144,92	163,04	22,96	132,39	148,94	4,32	119,86	134,84	-	107,33	120,74	-	95,14	107,03	-	83,46	93,89
	III	1.392,50	-	111,40	125,32	-	101,42	114,10	-	91,73	103,19	-	82,28	92,56	-	73,09	82,22	-	64,14	72,16	-	55,48	62,41
	IV	2.117,33	77,99	169,38	190,55	68,67	163,12	183,51	59,35	156,85	176,45	50,02	150,58	169,40	40,70	144,32	162,36	31,38	138,05	155,30	22,06	131,78	148,25
	V	2.631,75	139,21	210,54	236,85																		
	VI	2.676,08	144,48	214,08	240,84																		
7.286,99	I	2.118,58	78,14	169,48	190,67	59,50	156,95	176,57	40,85	144,42	162,47	22,21	131,88	148,37	3,57	119,35	134,27	-	106,83	120,18	-	94,66	106,49
	II	1.969,50	60,40	157,56	177,25	41,75	145,02	163,15	23,11	132,49	149,05	4,47	119,96	134,95	-	107,43	120,86	-	95,24	107,14	-	83,55	93,99
	III	1.393,50	-	111,48	125,41	-	101,50	114,19	-	91,80	103,27	-	82,34	92,63	-	73,16	82,30	-	64,22	72,25	-	55,54	62,48
	IV	2.118,58	78,14	169,48	190,67	68,82	163,22	183,62	59,50	156,95	176,57	50,17	150,68	169,52	40,85	144,42	162,47	31,53	138,15	155,42	22,21	131,88	148,37
	V	2.633,00	139,35	210,64	236,97																		
	VI	2.677,33	144,63	214,18	240,95																		
7.289,99	I	2.119,83	78,29	169,58	190,78	59,64	157,05	176,68	41,00	144,52	162,58	22,36	131,98	148,48	3,71	119,45	134,38	-	106,93	120,29	-	94,76	106,60
	II	1.970,75	60,55	157,66	177,36	41,90	145,12	163,26	23,26	132,59	149,16	4,62	120,06	135,06	-	107,53	120,97	-	95,33	107,24	-	83,64	94,10
	III	1.394,50	-	111,56	125,50	-	101,58	114,28	-	91,88	103,36	-	82,42	92,72	-	73,22	82,37	-	64,29	72,32	-	55,61	62,56
	IV	2.119,83	78,29	169,58	190,78	68,97	163,32	183,73	59,64	157,05	176,68	50,32	150,78	169,63	41,00	144,52	162,58	31,68	138,25	155,53	22,36	131,98	148,48
	V	2.634,25	139,50	210,74	237,08																		
	VI	2.678,58	144,78	214,28	241,07																		

Lohn/ Gehalt bis	Steuerklasse	Lohnsteuer	ohne Kinderfreibetrag			Anzahl Kinderfreibeträge (nur Steuerklassen I–IV) 0,5			1,0			1,5			2,0			2,5			3,0		
			SolZ 5,5%	Kirchensteuer 8%	9%	*SolZ* 5,5%	Kirchensteuer 8%	9%	*SolZ* 5,5%	Kirchensteuer 8%	9%	*SolZ* 5,5%	Kirchensteuer 8%	9%	*SolZ* 5,5%	Kirchensteuer 8%	9%	*SolZ* 5,5%	Kirchensteuer 8%	9%	*SolZ* 5,5%	Kirchensteuer 8%	9%
7.292,99	I	2.121,08	78,44	169,68	190,89	59,79	157,15	176,79	41,15	144,62	162,69	22,51	132,08	148,59	3,86	119,55	134,49	–	107,03	120,41	–	94,85	106,7
	II	1.972,00	60,69	157,76	177,48	42,05	145,22	163,37	23,41	132,69	149,27	4,76	120,16	135,18	–	107,63	121,08	–	95,42	107,35	–	83,74	94,2
	III	1.395,50	–	111,64	125,59	–	101,66	114,37	–	91,96	103,45	–	82,50	92,81	–	73,30	82,46	–	64,36	72,40	–	55,68	62,6
	IV	2.121,08	78,44	169,68	190,89	69,11	163,42	183,84	59,79	157,15	176,79	50,47	150,88	169,74	41,15	144,62	162,69	31,83	138,35	155,64	22,51	132,08	148,5
	V	2.635,50	139,65	210,84	237,19																		
	VI	2.679,83	144,93	214,38	241,18																		
7.295,99	I	2.122,33	78,58	169,78	191,00	59,94	157,25	176,90	41,30	144,72	162,81	22,65	132,18	148,70	4,02	119,66	134,61	–	107,13	120,52	–	94,94	106,8
	II	1.973,25	60,84	157,86	177,59	42,20	145,32	163,49	23,56	132,79	149,39	4,91	120,26	135,29	–	107,73	121,19	–	95,52	107,46	–	83,83	94,3
	III	1.396,50	–	111,72	125,68	–	101,74	114,46	–	92,04	103,54	–	82,57	92,89	–	73,37	82,54	–	64,44	72,49	–	55,74	62,7
	IV	2.122,33	78,58	169,78	191,00	69,26	163,52	183,96	59,94	157,25	176,90	50,62	150,98	169,85	41,30	144,72	162,81	31,98	138,45	155,75	22,65	132,18	148,7
	V	2.636,83	139,81	210,94	237,31																		
	VI	2.681,08	145,08	214,48	241,29																		
7.298,99	I	2.123,58	78,73	169,88	191,12	60,09	157,35	177,02	41,46	144,82	162,92	22,81	132,29	148,82	4,17	119,76	134,73	–	107,23	120,63	–	95,04	106,9
	II	1.974,50	60,99	157,96	177,70	42,35	145,42	163,60	23,71	132,89	149,50	5,06	120,36	135,40	–	107,83	121,31	–	95,62	107,57	–	83,92	94,4
	III	1.397,50	–	111,80	125,77	–	101,82	114,55	–	92,10	103,61	–	82,65	92,98	–	73,45	82,63	–	64,50	72,56	–	55,81	62,7
	IV	2.123,58	78,73	169,88	191,12	69,41	163,62	184,07	60,09	157,35	177,02	50,77	151,08	169,97	41,46	144,82	162,92	32,13	138,56	155,88	22,81	132,29	148,8
	V	2.638,08	139,96	211,04	237,42																		
	VI	2.682,33	145,22	214,58	241,40																		
7.301,99	I	2.124,83	78,88	169,98	191,23	60,25	157,46	177,14	41,61	144,92	163,04	22,96	132,39	148,94	4,32	119,86	134,84	–	107,33	120,74	–	95,14	107,0
	II	1.975,75	61,14	158,06	177,81	42,50	145,52	163,71	23,85	132,99	149,61	5,22	120,46	135,52	–	107,93	121,42	–	95,72	107,68	–	84,01	94,5
	III	1.398,50	–	111,88	125,86	–	101,90	114,64	–	92,18	103,70	–	82,73	93,07	–	73,52	82,71	–	64,57	72,64	–	55,89	62,8
	IV	2.124,83	78,88	169,98	191,23	69,57	163,72	184,19	60,25	157,46	177,14	50,93	151,19	170,09	41,61	144,92	163,04	32,28	138,66	155,99	22,96	132,39	148,9
	V	2.639,33	140,11	211,14	237,53																		
	VI	2.683,58	145,37	214,68	241,52																		
7.304,99	I	2.126,16	79,04	170,09	191,35	60,40	157,56	177,25	41,75	145,02	163,15	23,11	132,49	149,05	4,47	119,96	134,95	–	107,43	120,86	–	95,24	107,1
	II	1.977,00	61,29	158,16	177,93	42,65	145,62	163,82	24,01	133,10	149,73	5,37	120,56	135,63	–	108,03	121,53	–	95,81	107,78	–	84,10	94,6
	III	1.399,50	–	111,96	125,95	–	101,98	114,73	–	92,26	103,79	–	82,80	93,15	–	73,60	82,80	–	64,65	72,73	–	55,96	62,9
	IV	2.126,16	79,04	170,09	191,35	69,72	163,82	184,30	60,40	157,56	177,25	51,08	151,29	170,20	41,75	145,02	163,15	32,43	138,76	156,10	23,11	132,49	149,0
	V	2.640,58	140,26	211,24	237,65																		
	VI	2.684,91	145,53	214,79	241,64																		
7.307,99	I	2.127,41	79,19	170,19	191,46	60,55	157,66	177,36	41,90	145,12	163,26	23,26	132,59	149,16	4,62	120,06	135,06	–	107,53	120,97	–	95,33	107,2
	II	1.978,33	61,45	158,26	178,04	42,81	145,73	163,94	24,16	133,20	149,85	5,52	120,66	135,74	–	108,13	121,64	–	95,91	107,90	–	84,20	94,7
	III	1.400,50	–	112,04	126,04	–	102,06	114,82	–	92,34	103,88	–	82,88	93,24	–	73,66	82,87	–	64,72	72,81	–	56,02	63,0
	IV	2.127,41	79,19	170,19	191,46	69,87	163,92	184,41	60,55	157,66	177,36	51,22	151,39	170,31	41,90	145,12	163,26	32,58	138,86	156,21	23,26	132,59	149,1
	V	2.641,83	140,41	211,34	237,76																		
	VI	2.686,16	145,68	214,89	241,75																		
7.310,99	I	2.128,66	79,34	170,29	191,57	60,69	157,76	177,48	42,05	145,22	163,37	23,41	132,69	149,27	4,76	120,16	135,18	–	107,63	121,08	–	95,42	107,3
	II	1.979,58	61,60	158,36	178,16	42,95	145,83	164,06	24,31	133,30	149,96	5,67	120,76	135,86	–	108,23	121,76	–	96,00	108,00	–	84,29	94,8
	III	1.401,66	–	112,13	126,14	–	102,14	114,91	–	92,42	103,97	–	82,96	93,33	–	73,74	82,96	–	64,78	72,88	–	56,09	63,1
	IV	2.128,66	79,34	170,29	191,57	70,02	164,02	184,52	60,69	157,76	177,48	51,37	151,49	170,42	42,05	145,22	163,37	32,73	138,96	156,33	23,41	132,69	149,2
	V	2.643,08	140,55	211,44	237,87																		
	VI	2.687,41	145,83	214,99	241,86																		
7.313,99	I	2.129,91	79,49	170,39	191,69	60,84	157,86	177,59	42,20	145,32	163,49	23,56	132,79	149,39	4,91	120,26	135,29	–	107,73	121,19	–	95,52	107,4
	II	1.980,83	61,75	158,46	178,27	43,10	145,93	164,17	24,46	133,40	150,07	5,82	120,86	135,97	–	108,33	121,87	–	96,10	108,11	–	84,38	94,9
	III	1.402,66	–	112,21	126,23	–	102,22	115,00	–	92,49	104,05	–	83,02	93,40	–	73,81	83,03	–	64,86	72,97	–	56,16	63,1
	IV	2.129,91	79,49	170,39	191,69	70,17	164,12	184,64	60,84	157,86	177,59	51,52	151,59	170,54	42,20	145,32	163,49	32,88	139,06	156,44	23,56	132,79	149,3
	V	2.644,33	140,70	211,54	237,98																		
	VI	2.688,66	145,98	215,09	241,97																		
7.316,99	I	2.131,16	79,64	170,49	191,80	60,99	157,96	177,70	42,35	145,42	163,60	23,71	132,89	149,50	5,06	120,36	135,40	–	107,83	121,31	–	95,62	107,5
	II	1.982,08	61,89	158,56	178,38	43,25	146,03	164,28	24,61	133,50	150,18	5,96	120,96	136,08	–	108,43	121,98	–	96,20	108,22	–	84,48	95,0
	III	1.403,66	–	112,29	126,32	–	102,30	115,09	–	92,57	104,14	–	83,10	93,49	–	73,89	83,12	–	64,93	73,04	–	56,22	63,2
	IV	2.131,16	79,64	170,49	191,80	70,31	164,22	184,75	60,99	157,96	177,70	51,67	151,69	170,65	42,35	145,42	163,60	33,03	139,16	156,55	23,71	132,89	149,5
	V	2.645,58	140,85	211,64	238,10																		
	VI	2.689,91	146,13	215,19	242,09																		
7.319,99	I	2.132,41	79,78	170,59	191,91	61,14	158,06	177,81	42,50	145,52	163,71	23,85	132,99	149,61	5,22	120,46	135,52	–	107,93	121,42	–	95,72	107,6
	II	1.983,33	62,04	158,66	178,49	43,40	146,13	164,39	24,76	133,60	150,30	6,11	121,06	136,19	–	108,54	122,10	–	96,29	108,32	–	84,56	95,1
	III	1.404,66	–	112,37	126,41	–	102,38	115,18	–	92,65	104,23	–	83,17	93,56	–	73,96	83,20	–	65,00	73,12	–	56,30	63,3
	IV	2.132,41	79,78	170,59	191,91	70,46	164,32	184,86	61,14	158,06	177,81	51,82	151,79	170,76	42,50	145,52	163,71	33,18	139,26	156,66	23,85	132,99	149,6
	V	2.646,83	141,00	211,74	238,21																		
	VI	2.691,16	146,28	215,29	242,20																		
7.322,99	I	2.133,66	79,93	170,69	192,02	61,29	158,16	177,93	42,65	145,62	163,82	24,01	133,10	149,73	5,37	120,56	135,63	–	108,03	121,53	–	95,81	107,7
	II	1.984,58	62,19	158,76	178,61	43,55	146,23	164,51	24,91	133,70	150,41	6,26	121,16	136,31	–	108,64	122,22	–	96,39	108,44	–	84,66	95,2
	III	1.405,66	–	112,45	126,50	–	102,46	115,27	–	92,73	104,32	–	83,25	93,65	–	74,04	83,29	–	65,08	73,21	–	56,37	63,4
	IV	2.133,66	79,93	170,69	192,02	70,61	164,42	184,97	61,29	158,16	177,93	51,97	151,89	170,87	42,65	145,62	163,82	33,33	139,36	156,78	24,01	133,10	149,7
	V	2.648,16	141,16	211,85	238,33																		
	VI	2.692,41	146,42	215,39	242,31																		
7.325,99	I	2.134,91	80,08	170,79	192,14	61,45	158,26	178,04	42,81	145,73	163,94	24,16	133,20	149,85	5,52	120,66	135,74	–	108,13	121,64	–	95,91	107,9
	II	1.985,83	62,34	158,86	178,72	43,70	146,33	164,62	25,05	133,80	150,52	6,41	121,26	136,42	–	108,74	122,33	–	96,48	108,54	–	84,75	95,3
	III	1.406,66	–	112,53	126,59	–	102,54	115,36	–	92,81	104,41	–	83,33	93,74	–	74,10	83,36	–	65,14	73,28	–	56,44	63,4
	IV	2.134,91	80,08	170,79	192,14	70,76	164,52	185,09	61,45	158,26	178,04	52,13	152,00	171,00	42,81	145,73	163,94	33,48	139,46	156,89	24,16	133,20	149,8
	V	2.649,41	141,31	211,95	238,44																		
	VI	2.693,66	146,57	215,49	242,42																		
7.328,99	I	2.136,25	80,24	170,90	192,26	61,60	158,36	178,16	42,95	145,83	164,06	24,31	133,30	149,96	5,67	120,76	135,86	–	108,23	121,76	–	96,00	108,0
	II	1.987,08	62,49	158,96	178,83	43,85	146,43	164,73	25,21	133,90	150,64	6,57	121,37	136,54	–	108,84	122,44	–	96,58	108,65	–	84,84	95,4
	III	1.407,66	–	112,61	126,68	–	102,62	115,45	–	92,88	104,49	–	83,40	93,82	–	74,18	83,45	–	65,21	73,36	–	56,50	63,5
	IV	2.136,25	80,24	170,90	192,26	70,92	164,63	185,21	61,60	158,36	178,16	52,28	152,10	171,11	42,95	145,83	164,06	33,63	139,56	157,01	24,31	133,30	149,9
	V	2.650,66	141,46	212,05	238,55																		
	VI	2.695,00	146,73	215,60	242,55																		
7.331,99	I	2.137,50	80,39	171,00	192,37	61,75	158,46	178,27	43,10	145,93	164,17	24,46	133,40	150,07	5,82	120,86	135,97	–	108,33	121,87	–	96,10	108,1
	II	1.988,33	62,64	159,06	178,94	44,01	146,54	164,85	25,36	134,00	150,75	6,72	121,47	136,65	–	108,94	122,55	–	96,68	108,76	–	84,94	95,5
	III	1.408,66	–	112,69	126,77	–	102,70	115,54	–	92,96	104,58	–	83,48	93,91	–	74,25	83,53	–	65,29	73,45	–	56,57	63,6
	IV	2.137,50	80,39	171,00	192,37	71,07	164,73	185,32	61,75	158,46	178,27	52,42	152,20	171,22	43,10	145,93	164,17	33,78	139,66	157,12	24,46	133,40	150,0
	V	2.651,91	141,61	212,15	238,67																		
	VI	2.696,25	146,88	215,70	242,66																		
7.334,99	I	2.138,75	80,54	171,10	192,48	61,89	158,56	178,38	43,25	146,03	164,28	24,61	133,50	150,18	5,96	120,96	136,08	–	108,43	121,98	–	96,20	108,2
	II	1.989,66	62,80	159,17	179,06	44,15	146,64	164,97	25,51	134,10	150,86	6,87	121,57	136,76	–	109,04	122,67	–	96,78	108,87	–	85,03	95,6
	III	1.409,66	–	112,77	126,86	–	102,77	115,61	–	93,04	104,67	–	83,56	94,00	–	74,33	83,62	–	65,36	73,53	–	56,65	63,7
	IV	2.138,75	80,54	171,10	192,48	71,22	164,83	185,43	61,89	158,56	178,38	52,57	152,30	171,33	43,25	146,03	164,28	33,93	139,76	157,23	24,61	133,50	150,1
	V	2.653,16	141,75	212,25	238,78																		
	VI	2.697,50	147,03	215,80	242,77																		

Lohn/ Gehalt bis	Steuerklasse	Lohnsteuer	ohne Kinderfreibetrag SolZ 5,5%	ohne Kinderfreibetrag Kirchensteuer 8%	ohne Kinderfreibetrag Kirchensteuer 9%	0,5 SolZ 5,5%	0,5 Kirchensteuer 8%	0,5 Kirchensteuer 9%	1,0 SolZ 5,5%	1,0 Kirchensteuer 8%	1,0 Kirchensteuer 9%	1,5 SolZ 5,5%	1,5 Kirchensteuer 8%	1,5 Kirchensteuer 9%	2,0 SolZ 5,5%	2,0 Kirchensteuer 8%	2,0 Kirchensteuer 9%	2,5 SolZ 5,5%	2,5 Kirchensteuer 8%	2,5 Kirchensteuer 9%	3,0 SolZ 5,5%	3,0 Kirchensteuer 8%	3,0 Kirchensteuer 9%
						Anzahl Kinderfreibeträge (nur Steuerklassen I–IV)																	
7.337,99	I	2.140,00	80,69	171,20	192,60	62,04	158,66	178,49	43,40	146,13	164,39	24,76	133,60	150,30	6,11	121,06	136,19	-	108,54	122,10	-	96,29	108,32
	II	1.990,91	62,95	159,27	179,18	44,30	146,74	165,08	25,66	134,20	150,98	7,02	121,67	136,88	-	109,14	122,78	-	96,87	108,98	-	85,12	95,76
	III	1.410,66	-	112,85	126,95	-	102,85	115,70	-	93,12	104,76	-	83,62	94,07	-	74,40	83,70	-	65,42	73,60	-	56,72	63,81
	IV	2.140,00	80,69	171,20	192,60	71,37	164,93	185,54	62,04	158,66	178,49	52,72	152,40	171,45	43,40	146,13	164,39	34,08	139,86	157,34	24,76	133,60	150,30
	V	2.654,41	141,90	212,35	238,89																		
	VI	2.698,75	147,18	215,90	242,88																		
7.340,99	I	2.141,25	80,84	171,30	192,71	62,19	158,76	178,61	43,55	146,23	164,51	24,91	133,70	150,41	6,26	121,16	136,31	-	108,64	122,22	-	96,39	108,44
	II	1.992,16	63,09	159,37	179,29	44,45	146,84	165,19	25,81	134,30	151,09	7,16	121,77	136,99	-	109,24	122,89	-	96,97	109,09	-	85,21	95,86
	III	1.411,83	-	112,94	127,06	-	102,93	115,79	-	93,20	104,85	-	83,70	94,16	-	74,48	83,79	-	65,50	73,69	-	56,78	63,88
	IV	2.141,25	80,84	171,30	192,71	71,51	165,03	185,66	62,19	158,76	178,61	52,87	152,50	171,56	43,55	146,23	164,51	34,23	139,96	157,46	24,91	133,70	150,41
	V	2.655,66	142,05	212,45	239,00																		
	VI	2.700,00	147,33	216,00	243,00																		
7.343,99	I	2.142,50	80,98	171,40	192,82	62,34	158,86	178,72	43,70	146,33	164,62	25,05	133,80	150,52	6,41	121,26	136,42	-	108,74	122,33	-	96,48	108,54
	II	1.993,41	63,24	159,47	179,40	44,60	146,94	165,30	25,96	134,40	151,20	7,31	121,87	137,10	-	109,34	123,00	-	97,06	109,19	-	85,30	95,96
	III	1.412,83	-	113,02	127,15	-	103,01	115,88	-	93,26	104,92	-	83,78	94,25	-	74,54	83,86	-	65,57	73,76	-	56,85	63,95
	IV	2.142,50	80,98	171,40	192,82	71,66	165,13	185,77	62,34	158,86	178,72	53,02	152,60	171,67	43,70	146,33	164,62	34,38	140,06	157,57	25,05	133,80	150,52
	V	2.656,91	142,20	212,55	239,12																		
	VI	2.701,25	147,48	216,10	243,11																		
7.346,99	I	2.143,75	81,13	171,50	192,93	62,49	158,96	178,83	43,85	146,43	164,73	25,21	133,90	150,64	6,57	121,37	136,54	-	108,84	122,44	-	96,58	108,65
	II	1.994,66	63,39	159,57	179,51	44,75	147,04	165,42	26,11	134,50	151,31	7,46	121,97	137,21	-	109,44	123,12	-	97,16	109,31	-	85,40	96,07
	III	1.413,83	-	113,10	127,24	-	103,09	115,97	-	93,34	105,01	-	83,85	94,33	-	74,62	83,95	-	65,64	73,84	-	56,92	64,03
	IV	2.143,75	81,13	171,50	192,93	71,81	165,23	185,88	62,49	158,96	178,83	53,17	152,70	171,78	43,85	146,43	164,73	34,52	140,16	157,68	25,21	133,90	150,64
	V	2.658,25	142,36	212,66	239,24																		
	VI	2.702,50	147,62	216,20	243,22																		
7.349,99	I	2.145,00	81,28	171,60	193,05	62,64	159,06	178,94	44,01	146,54	164,85	25,36	134,00	150,75	6,72	121,47	136,65	-	108,94	122,55	-	96,68	108,76
	II	1.995,91	63,54	159,67	179,63	44,90	147,14	165,53	26,25	134,60	151,43	7,61	122,07	137,33	-	109,54	123,23	-	97,26	109,41	-	85,49	96,17
	III	1.414,83	-	113,18	127,33	-	103,17	116,06	-	93,42	105,10	-	83,93	94,42	-	74,69	84,02	-	65,72	73,93	-	56,98	64,10
	IV	2.145,00	81,28	171,60	193,05	71,96	165,33	185,99	62,64	159,06	178,94	53,33	152,80	171,90	44,01	146,54	164,85	34,68	140,27	157,80	25,36	134,00	150,75
	V	2.659,50	142,51	212,76	239,35																		
	VI	2.703,75	147,77	216,30	243,33																		
7.352,99	I	2.146,33	81,44	171,70	193,16	62,80	159,17	179,06	44,15	146,64	164,97	25,51	134,10	150,86	6,87	121,57	136,76	-	109,04	122,67	-	96,78	108,87
	II	1.997,16	63,69	159,77	179,74	45,05	147,24	165,64	26,40	134,70	151,54	7,77	122,18	137,45	-	109,64	123,35	-	97,36	109,53	-	85,58	96,28
	III	1.415,83	-	113,26	127,42	-	103,25	116,15	-	93,50	105,19	-	84,01	94,51	-	74,77	84,11	-	65,78	74,00	-	57,06	64,19
	IV	2.146,33	81,44	171,70	193,16	72,12	165,44	186,12	62,80	159,17	179,06	53,48	152,90	172,01	44,15	146,64	164,97	34,83	140,37	157,91	25,51	134,10	150,86
	V	2.660,75	142,66	212,86	239,46																		
	VI	2.705,08	147,93	216,40	243,45																		
7.355,99	I	2.147,58	81,59	171,80	193,28	62,95	159,27	179,18	44,30	146,74	165,08	25,66	134,20	150,98	7,02	121,67	136,88	-	109,14	122,78	-	96,87	108,98
	II	1.998,41	63,84	159,87	179,85	45,21	147,34	165,76	26,56	134,81	151,66	7,92	122,28	137,56	-	109,74	123,46	-	97,45	109,63	-	85,68	96,39
	III	1.416,83	-	113,34	127,51	-	103,33	116,24	-	93,58	105,28	-	84,08	94,59	-	74,84	84,19	-	65,85	74,08	-	57,13	64,27
	IV	2.147,58	81,59	171,80	193,28	72,27	165,54	186,23	62,95	159,27	179,18	53,62	153,00	172,13	44,30	146,74	165,08	34,98	140,47	158,03	25,66	134,20	150,98
	V	2.662,00	142,80	212,96	239,58																		
	VI	2.706,33	148,08	216,50	243,56																		
7.358,99	I	2.148,83	81,74	171,90	193,39	63,09	159,37	179,29	44,45	146,84	165,19	25,81	134,30	151,09	7,16	121,77	136,99	-	109,24	122,89	-	96,97	109,09
	II	1.999,75	64,00	159,98	179,97	45,35	147,44	165,87	26,71	134,91	151,77	8,07	122,38	137,67	-	109,84	123,57	-	97,55	109,74	-	85,77	96,49
	III	1.417,83	-	113,42	127,60	-	103,41	116,33	-	93,65	105,35	-	84,16	94,68	-	74,92	84,28	-	65,93	74,17	-	57,20	64,35
	IV	2.148,83	81,74	171,90	193,39	72,42	165,64	186,34	63,09	159,37	179,29	53,77	153,10	172,24	44,45	146,84	165,19	35,13	140,57	158,14	25,81	134,30	151,09
	V	2.663,25	142,95	213,06	239,69																		
	VI	2.707,58	148,23	216,60	243,68																		
7.361,99	I	2.150,08	81,89	172,00	193,50	63,24	159,47	179,40	44,60	146,94	165,30	25,96	134,40	151,20	7,31	121,87	137,10	-	109,34	123,00	-	97,06	109,19
	II	2.001,00	64,15	160,08	180,09	45,50	147,54	165,98	26,86	135,01	151,88	8,22	122,48	137,79	-	109,94	123,68	-	97,64	109,85	-	85,86	96,59
	III	1.418,83	-	113,50	127,69	-	103,49	116,42	-	93,73	105,44	-	84,22	94,75	-	74,98	84,35	-	66,00	74,25	-	57,26	64,42
	IV	2.150,08	81,89	172,00	193,50	72,57	165,74	186,45	63,24	159,47	179,40	53,92	153,20	172,35	44,60	146,94	165,30	35,28	140,67	158,25	25,96	134,40	151,20
	V	2.664,50	143,10	213,16	239,80																		
	VI	2.708,83	148,38	216,70	243,79																		
7.364,99	I	2.151,33	82,04	172,10	193,61	63,39	159,57	179,51	44,75	147,04	165,42	26,11	134,50	151,31	7,46	121,97	137,21	-	109,44	123,12	-	97,16	109,31
	II	2.002,25	64,29	160,18	180,20	45,65	147,64	166,10	27,01	135,11	152,00	8,36	122,58	137,90	-	110,04	123,80	-	97,74	109,96	-	85,95	96,69
	III	1.420,00	-	113,60	127,80	-	103,57	116,51	-	93,81	105,53	-	84,30	94,84	-	75,06	84,44	-	66,06	74,32	-	57,33	64,49
	IV	2.151,33	82,04	172,10	193,61	72,71	165,84	186,57	63,39	159,57	179,51	54,07	153,30	172,46	44,75	147,04	165,42	35,43	140,77	158,36	26,11	134,50	151,31
	V	2.665,75	143,25	213,26	239,91																		
	VI	2.710,08	148,53	216,80	243,90																		
7.367,99	I	2.152,58	82,18	172,20	193,73	63,54	159,67	179,63	44,90	147,14	165,53	26,25	134,60	151,43	7,61	122,07	137,33	-	109,54	123,23	-	97,26	109,41
	II	2.003,50	64,44	160,28	180,31	45,80	147,74	166,21	27,16	135,21	152,11	8,51	122,68	138,01	-	110,14	123,91	-	97,84	110,07	-	86,04	96,80
	III	1.421,00	-	113,68	127,89	-	103,65	116,60	-	93,89	105,62	-	84,38	94,93	-	75,13	84,52	-	66,14	74,41	-	57,41	64,58
	IV	2.152,58	82,18	172,20	193,73	72,86	165,94	186,68	63,54	159,67	179,63	54,22	153,40	172,58	44,90	147,14	165,53	35,58	140,87	158,48	26,25	134,60	151,43
	V	2.667,00	143,40	213,36	240,03																		
	VI	2.711,33	148,68	216,90	244,01																		
7.370,99	I	2.153,83	82,33	172,30	193,84	63,69	159,77	179,74	45,05	147,24	165,64	26,40	134,70	151,54	7,77	122,18	137,45	-	109,64	123,35	-	97,36	109,53
	II	2.004,75	64,59	160,38	180,42	45,95	147,84	166,32	27,31	135,31	152,22	8,66	122,78	138,12	-	110,24	124,02	-	97,94	110,18	-	86,14	96,90
	III	1.422,00	-	113,76	127,98	-	103,73	116,69	-	93,97	105,71	-	84,45	95,00	-	75,21	84,61	-	66,21	74,48	-	57,48	64,66
	IV	2.153,83	82,33	172,30	193,84	73,01	166,04	186,79	63,69	159,77	179,74	54,37	153,50	172,69	45,05	147,24	165,64	35,72	140,97	158,59	26,40	134,70	151,54
	V	2.668,33	143,56	213,46	240,14																		
	VI	2.712,58	148,82	217,00	244,13																		
7.373,99	I	2.155,08	82,48	172,40	193,95	63,84	159,87	179,85	45,21	147,34	165,76	26,56	134,81	151,66	7,92	122,28	137,56	-	109,74	123,46	-	97,45	109,63
	II	2.006,00	64,74	160,48	180,54	46,10	147,94	166,43	27,45	135,41	152,33	8,81	122,88	138,24	-	110,34	124,13	-	98,03	110,28	-	86,23	97,01
	III	1.423,00	-	113,84	128,07	-	103,81	116,78	-	94,04	105,79	-	84,53	95,09	-	75,28	84,69	-	66,28	74,56	-	57,54	64,73
	IV	2.155,08	82,48	172,40	193,95	73,16	166,14	186,90	63,84	159,87	179,85	54,52	153,60	172,80	45,21	147,34	165,76	35,88	141,08	158,71	26,56	134,81	151,66
	V	2.669,58	143,71	213,56	240,26																		
	VI	2.713,83	148,97	217,10	244,24																		
7.376,99	I	2.156,33	82,63	172,50	194,06	64,00	159,98	179,97	45,35	147,44	165,87	26,71	134,91	151,77	8,07	122,38	137,67	-	109,84	123,57	-	97,55	109,74
	II	2.007,25	64,89	160,58	180,65	46,25	148,04	166,55	27,60	135,51	152,45	8,97	122,98	138,35	-	110,45	124,25	-	98,13	110,39	-	86,32	97,11
	III	1.424,00	-	113,92	128,16	-	103,89	116,87	-	94,12	105,88	-	84,61	95,18	-	75,36	84,78	-	66,36	74,65	-	57,61	64,81
	IV	2.156,33	82,63	172,50	194,06	73,32	166,24	187,02	64,00	159,98	179,97	54,68	153,71	172,92	45,35	147,44	165,87	36,03	141,18	158,82	26,71	134,91	151,77
	V	2.670,83	143,86	213,66	240,37																		
	VI	2.715,08	149,12	217,20	244,35																		
7.379,99	I	2.157,66	82,79	172,61	194,18	64,15	160,08	180,09	45,50	147,54	165,98	26,86	135,01	151,88	8,22	122,48	137,79	-	109,94	123,68	-	97,64	109,85
	II	2.008,50	65,04	160,68	180,76	46,40	148,14	166,66	27,76	135,62	152,57	9,12	123,08	138,47	-	110,55	124,37	-	98,23	110,51	-	86,42	97,22
	III	1.425,00	-	114,00	128,25	-	103,97	116,96	-	94,20	105,97	-	84,68	95,26	-	75,42	84,85	-	66,42	74,72	-	57,68	64,89
	IV	2.157,66	82,79	172,61	194,18	73,47	166,34	187,13	64,15	160,08	180,09	54,82	153,81	173,03	45,50	147,54	165,98	36,18	141,28	158,94	26,86	135,01	151,88
	V	2.672,08	144,00	213,76	240,48																		
	VI	2.716,41	149,28	217,31	244,47																		

MONAT bis 7.424,99 €

Besondere Tabelle

Lohn/ Gehalt bis	Steuerklasse	Lohn-steuer	ohne Kinderfreibetrag			Anzahl Kinderfreibeträge (nur Steuerklassen I–IV) 0,5			1,0			1,5			2,0			2,5			3,0		
			SolZ 5,5%	Kirchensteuer 8%	9%	SolZ 5,5%	Kirchensteuer 8%	9%	SolZ 5,5%	Kirchensteuer 8%	9%	SolZ 5,5%	Kirchensteuer 8%	9%	SolZ 5,5%	Kirchensteuer 8%	9%	SolZ 5,5%	Kirchensteuer 8%	9%	SolZ 5,5%	Kirchensteuer 8%	9%
7.382,99	I	2.158,91	82,94	172,71	194,30	64,29	160,18	180,20	45,65	147,64	166,10	27,01	135,11	152,00	8,36	122,58	137,90	-	110,04	123,80	-	97,74	109,9
	II	2.009,83	65,20	160,78	180,88	46,55	148,25	166,78	27,91	135,72	152,68	9,27	123,18	138,58	-	110,65	124,48	-	98,32	110,61	-	86,51	97,3
	III	1.426,00	-	114,08	128,34	-	104,05	117,05	-	94,28	106,06	-	84,76	95,35	-	75,50	84,94	-	66,49	74,80	-	57,76	64,9
	IV	2.158,91	82,94	172,71	194,30	73,62	166,44	187,25	64,29	160,18	180,20	54,97	153,91	173,15	45,65	147,64	166,10	36,33	141,38	159,05	27,01	135,11	152,0
	V	2.673,33	144,15	213,86	240,59																		
	VI	2.717,66	149,43	217,41	244,58																		
7.385,99	I	2.160,16	83,09	172,81	194,41	64,44	160,28	180,31	45,80	147,74	166,21	27,16	135,21	152,11	8,51	122,68	138,01	-	110,14	123,91	-	97,84	110,0
	II	2.011,08	65,35	160,88	180,99	46,70	148,35	166,89	28,06	135,82	152,79	9,42	123,28	138,69	-	110,75	124,59	-	98,42	110,72	-	86,60	97,4
	III	1.427,00	-	114,16	128,43	-	104,13	117,14	-	94,36	106,15	-	84,84	95,44	-	75,57	85,01	-	66,57	74,89	-	57,82	65,0
	IV	2.160,16	83,09	172,81	194,41	73,77	166,54	187,36	64,44	160,28	180,31	55,12	154,01	173,26	45,80	147,74	166,21	36,48	141,48	159,16	27,16	135,21	152,1
	V	2.674,58	144,30	213,96	240,71																		
	VI	2.718,91	149,54	217,51	244,70																		
7.388,99	I	2.161,41	83,24	172,91	194,52	64,59	160,38	180,42	45,95	147,84	166,32	27,31	135,31	152,22	8,66	122,78	138,12	-	110,24	124,02	-	97,94	110,1
	II	2.012,33	65,49	160,98	181,10	46,85	148,45	167,00	28,21	135,92	152,91	9,56	123,38	138,80	-	110,85	124,70	-	98,52	110,83	-	86,70	97,5
	III	1.428,16	-	114,25	128,53	-	104,21	117,23	-	94,42	106,22	-	84,90	95,51	-	75,65	85,10	-	66,64	74,97	-	57,89	65,1
	IV	2.161,41	83,24	172,91	194,52	73,91	166,64	187,47	64,59	160,38	180,42	55,27	154,11	173,37	45,95	147,84	166,32	36,63	141,58	159,27	27,31	135,31	152,2
	V	2.675,83	144,45	214,06	240,82																		
	VI	2.720,16	149,60	217,61	244,81																		
7.391,99	I	2.162,66	83,38	173,01	194,63	64,74	160,48	180,54	46,10	147,94	166,43	27,45	135,41	152,33	8,81	122,88	138,24	-	110,34	124,13	-	98,03	110,2
	II	2.013,58	65,64	161,08	181,22	47,00	148,55	167,12	28,36	136,02	153,02	9,71	123,48	138,92	-	110,95	124,82	-	98,62	110,94	-	86,79	97,6
	III	1.429,16	-	114,33	128,62	-	104,29	117,32	-	94,50	106,31	-	84,98	95,60	-	75,72	85,18	-	66,70	75,04	-	57,96	65,2
	IV	2.162,66	83,38	173,01	194,63	74,06	166,74	187,58	64,74	160,48	180,54	55,42	154,21	173,48	46,10	147,94	166,43	36,78	141,68	159,39	27,45	135,41	152,3
	V	2.677,08	144,60	214,16	240,93																		
	VI	2.721,41	149,67	217,71	244,92																		
7.394,99	I	2.163,91	83,53	173,11	194,75	64,89	160,58	180,65	46,25	148,04	166,55	27,60	135,51	152,45	8,97	122,98	138,35	-	110,45	124,25	-	98,13	110,3
	II	2.014,83	65,79	161,18	181,33	47,15	148,65	167,23	28,51	136,12	153,13	9,86	123,58	139,03	-	111,05	124,93	-	98,71	111,05	-	86,88	97,7
	III	1.430,16	-	114,41	128,71	-	104,37	117,41	-	94,58	106,40	-	85,06	95,69	-	75,80	85,27	-	66,78	75,13	-	58,02	65,2
	IV	2.163,91	83,53	173,11	194,75	74,21	166,84	187,70	64,89	160,58	180,65	55,57	154,31	173,60	46,25	148,04	166,55	36,92	141,78	159,50	27,60	135,51	152,4
	V	2.678,33	144,75	214,26	241,04																		
	VI	2.722,66	149,74	217,81	245,03																		
7.397,99	I	2.165,16	83,68	173,21	194,86	65,04	160,68	180,76	46,40	148,14	166,66	27,76	135,62	152,57	9,12	123,08	138,47	-	110,55	124,37	-	98,23	110,5
	II	2.016,08	65,94	161,28	181,44	47,30	148,75	167,34	28,65	136,22	153,24	10,01	123,68	139,14	-	111,15	125,04	-	98,81	111,16	-	86,98	97,8
	III	1.431,16	-	114,49	128,80	-	104,45	117,50	-	94,66	106,49	-	85,13	95,77	-	75,86	85,34	-	66,85	75,20	-	58,10	65,3
	IV	2.165,16	83,68	173,21	194,86	74,36	166,94	187,81	65,04	160,68	180,76	55,72	154,41	173,71	46,40	148,14	166,66	37,08	141,88	159,62	27,76	135,62	152,5
	V	2.679,66	144,91	214,37	241,16																		
	VI	2.723,91	149,81	217,91	245,15																		
7.400,99	I	2.166,41	83,83	173,31	194,97	65,20	160,78	180,88	46,55	148,25	166,78	27,91	135,72	152,68	9,27	123,18	138,58	-	110,65	124,48	-	98,32	110,6
	II	2.017,33	66,09	161,38	181,55	47,45	148,85	167,45	28,80	136,32	153,36	10,16	123,78	139,25	-	111,26	125,16	-	98,91	111,27	-	87,07	97,9
	III	1.432,16	-	114,57	128,89	-	104,53	117,59	-	94,74	106,58	-	85,21	95,86	-	75,94	85,43	-	66,93	75,29	-	58,17	65,4
	IV	2.166,41	83,83	173,31	194,97	74,51	167,04	187,92	65,20	160,78	180,88	55,88	154,52	173,83	46,55	148,25	166,78	37,23	141,98	159,73	27,91	135,72	152,6
	V	2.680,91	145,06	214,47	241,28																		
	VI	2.725,16	149,88	218,01	245,26																		
7.403,99	I	2.167,75	83,99	173,42	195,09	65,35	160,88	180,99	46,70	148,35	166,89	28,06	135,82	152,79	9,42	123,28	138,69	-	110,75	124,59	-	98,42	110,7
	II	2.018,58	66,24	161,48	181,67	47,60	148,95	167,57	28,96	136,42	153,47	10,32	123,89	139,37	-	111,36	125,28	-	99,00	111,38	-	87,16	98,0
	III	1.433,16	-	114,65	128,98	-	104,61	117,68	-	94,82	106,67	-	85,29	95,95	-	76,01	85,51	-	67,00	75,37	-	58,24	65,5
	IV	2.167,75	83,99	173,42	195,09	74,67	167,15	188,04	65,35	160,88	180,99	56,02	154,62	173,94	46,70	148,35	166,89	37,38	142,08	159,84	28,06	135,82	152,7
	V	2.682,16	145,20	214,57	241,39																		
	VI	2.726,50	149,95	218,12	245,38																		
7.406,99	I	2.169,00	84,14	173,52	195,21	65,49	160,98	181,10	46,85	148,45	167,00	28,21	135,92	152,91	9,56	123,38	138,80	-	110,85	124,70	-	98,52	110,8
	II	2.019,83	66,39	161,58	181,78	47,75	149,06	167,69	29,11	136,52	153,59	10,47	123,99	139,49	-	111,46	125,39	-	99,10	111,49	-	87,26	98,1
	III	1.434,16	-	114,73	129,07	-	104,69	117,77	-	94,89	106,75	-	85,36	96,03	-	76,09	85,60	-	67,06	75,44	-	58,30	65,5
	IV	2.169,00	84,14	173,52	195,21	74,82	167,25	188,15	65,49	160,98	181,10	56,17	154,72	174,06	46,85	148,45	167,00	37,53	142,18	159,95	28,21	135,92	152,9
	V	2.683,41	145,35	214,67	241,50																		
	VI	2.727,75	150,02	218,22	245,49																		
7.409,99	I	2.170,25	84,29	173,62	195,32	65,64	161,08	181,22	47,00	148,55	167,12	28,36	136,02	153,02	9,71	123,48	138,92	-	110,95	124,82	-	98,62	110,9
	II	2.021,16	66,55	161,69	181,90	47,90	149,16	167,80	29,26	136,62	153,70	10,62	124,09	139,60	-	111,56	125,50	-	99,20	111,60	-	87,35	98,2
	III	1.435,16	-	114,81	129,16	-	104,77	117,86	-	94,97	106,84	-	85,44	96,12	-	76,16	85,68	-	67,14	75,53	-	58,37	65,6
	IV	2.170,25	84,29	173,62	195,32	74,97	167,35	188,27	65,64	161,08	181,22	56,32	154,82	174,17	47,00	148,55	167,12	37,68	142,28	160,07	28,36	136,02	153,0
	V	2.684,66	145,50	214,77	241,61																		
	VI	2.729,00	150,09	218,32	245,61																		
7.412,99	I	2.171,50	84,44	173,72	195,43	65,79	161,18	181,33	47,15	148,65	167,23	28,51	136,12	153,13	9,86	123,58	139,03	-	111,05	124,93	-	98,71	111,0
	II	2.022,41	66,69	161,79	182,01	48,05	149,26	167,91	29,41	136,72	153,81	10,76	124,19	139,71	-	111,66	125,61	-	99,30	111,71	-	87,44	98,3
	III	1.436,33	-	114,90	129,26	-	104,85	117,95	-	95,05	106,93	-	85,52	96,21	-	76,24	85,77	-	67,21	75,61	-	58,45	65,7
	IV	2.171,50	84,44	173,72	195,43	75,11	167,45	188,38	65,79	161,18	181,33	56,47	154,92	174,28	47,15	148,65	167,23	37,83	142,38	160,18	28,51	136,12	153,1
	V	2.685,91	145,65	214,87	241,73																		
	VI	2.730,25	150,16	218,42	245,72																		
7.415,99	I	2.172,75	84,58	173,82	195,54	65,94	161,28	181,44	47,30	148,75	167,34	28,65	136,22	153,24	10,01	123,68	139,14	-	111,15	125,04	-	98,81	111,1
	II	2.023,66	66,84	161,89	182,12	48,20	149,36	168,03	29,56	136,82	153,92	10,91	124,29	139,82	-	111,76	125,73	-	99,40	111,82	-	87,54	98,4
	III	1.437,33	-	114,98	129,35	-	104,93	118,04	-	95,13	107,02	-	85,58	96,28	-	76,30	85,84	-	67,28	75,69	-	58,52	65,8
	IV	2.172,75	84,58	173,82	195,54	75,26	167,55	188,49	65,94	161,28	181,44	56,62	155,02	174,39	47,30	148,75	167,34	37,98	142,48	160,29	28,65	136,22	153,2
	V	2.687,16	145,80	214,97	241,84																		
	VI	2.731,50	150,23	218,52	245,83																		
7.418,99	I	2.174,00	84,73	173,92	195,66	66,09	161,38	181,55	47,45	148,85	167,45	28,80	136,32	153,36	10,16	123,78	139,25	-	111,26	125,16	-	98,91	111,2
	II	2.024,91	66,99	161,99	182,24	48,35	149,46	168,14	29,71	136,92	154,04	11,06	124,39	139,94	-	111,86	125,84	-	99,49	111,92	-	87,63	98,5
	III	1.438,33	-	115,06	129,44	-	105,01	118,13	-	95,21	107,11	-	85,66	96,37	-	76,38	85,93	-	67,36	75,78	-	58,58	65,9
	IV	2.174,00	84,73	173,92	195,66	75,41	167,65	188,60	66,09	161,38	181,55	56,77	155,12	174,51	47,45	148,85	167,45	38,12	142,58	160,40	28,80	136,32	153,3
	V	2.688,41	145,95	215,07	241,95																		
	VI	2.732,75	150,30	218,62	245,94																		
7.421,99	I	2.175,25	84,88	174,02	195,77	66,24	161,48	181,67	47,60	148,95	167,57	28,96	136,42	153,47	10,32	123,89	139,37	-	111,36	125,28	-	99,00	111,3
	II	2.026,16	67,14	162,09	182,35	48,50	149,56	168,25	29,85	137,02	154,15	11,21	124,49	140,05	-	111,96	125,95	-	99,59	112,04	-	87,72	98,6
	III	1.439,33	-	115,14	129,53	-	105,09	118,22	-	95,29	107,20	-	85,74	96,46	-	76,45	86,00	-	67,42	75,85	-	58,65	65,9
	IV	2.175,25	84,88	174,02	195,77	75,56	167,75	188,72	66,24	161,48	181,67	56,92	155,22	174,62	47,60	148,95	167,57	38,27	142,68	160,52	28,96	136,42	153,4
	V	2.689,75	146,11	215,18	242,07																		
	VI	2.734,00	150,37	218,72	246,06																		
7.424,99	I	2.176,50	85,03	174,12	195,88	66,39	161,58	181,78	47,75	149,06	167,69	29,11	136,52	153,59	10,47	123,99	139,49	-	111,46	125,39	-	99,10	111,4
	II	2.027,41	67,29	162,19	182,46	48,65	149,66	168,36	30,00	137,12	154,26	11,36	124,59	140,16	-	112,06	126,07	-	99,68	112,14	-	87,82	98,7
	III	1.440,33	-	115,22	129,62	-	105,17	118,31	-	95,36	107,28	-	85,81	96,53	-	76,53	86,09	-	67,49	75,92	-	58,72	66,0
	IV	2.176,50	85,03	174,12	195,88	75,71	167,85	188,83	66,39	161,58	181,78	57,08	155,32	174,74	47,75	149,06	167,69	38,43	142,79	160,64	29,11	136,52	153,5
	V	2.691,00	146,26	215,28	242,19																		
	VI	2.735,25	150,43	218,82	246,17																		

Besondere Tabelle

MONAT bis 7.469,99 €

Lohn/ Gehalt bis	Steuerklasse	Lohn-steuer	ohne Kinderfreibetrag			Anzahl Kinderfreibeträge (nur Steuerklassen I–IV)																	
						0,5			1,0			1,5			2,0			2,5			3,0		
			SolZ 5,5%	Kirchensteuer 8%	9%	SolZ 5,5%	Kirchensteuer 8%	9%	SolZ 5,5%	Kirchensteuer 8%	9%	SolZ 5,5%	Kirchensteuer 8%	9%	SolZ 5,5%	Kirchensteuer 8%	9%	SolZ 5,5%	Kirchensteuer 8%	9%	SolZ 5,5%	Kirchensteuer 8%	9%
7.427,99	I	2.177,83	85,19	174,22	196,00	66,55	161,69	181,90	47,90	149,16	167,80	29,26	136,62	153,70	10,62	124,09	139,60	-	111,56	125,50	-	99,20	111,60
	II	2.028,66	67,44	162,29	182,57	48,79	149,76	168,48	30,15	137,22	154,37	11,52	124,70	140,28	-	112,16	126,18	-	99,78	112,25	-	87,91	98,90
	III	1.441,33	-	115,30	129,71	-	105,25	118,40	-	95,44	107,37	-	85,89	96,62	-	76,60	86,17	-	67,57	76,01	-	58,80	66,15
	IV	2.177,83	85,19	174,22	196,00	75,87	167,96	188,95	66,55	161,69	181,90	57,22	155,42	174,85	47,90	149,16	167,80	38,58	142,89	160,75	29,26	136,62	153,70
	V	2.692,25	146,40	215,38	242,30																		
	VI	2.736,58	150,51	218,92	246,29																		
7.430,99	I	2.179,08	85,34	174,32	196,11	66,69	161,79	182,01	48,05	149,26	167,91	29,41	136,72	153,81	10,76	124,19	139,71	-	111,66	125,61	-	99,30	111,71
	II	2.029,91	67,59	162,39	182,69	48,95	149,86	168,59	30,31	137,33	154,49	11,67	124,80	140,40	-	112,26	126,29	-	99,88	112,37	-	88,00	99,00
	III	1.442,33	-	115,38	129,80	-	105,33	118,49	-	95,52	107,46	-	85,97	96,71	-	76,68	86,26	-	67,64	76,09	-	58,86	66,22
	IV	2.179,08	85,34	174,32	196,11	76,02	168,06	189,06	66,69	161,79	182,01	57,37	155,52	174,96	48,05	149,26	167,91	38,73	142,99	160,86	29,41	136,72	153,81
	V	2.693,50	146,55	215,48	242,41																		
	VI	2.737,83	150,58	219,02	246,40																		
7.433,99	I	2.180,33	85,49	174,42	196,22	66,84	161,89	182,12	48,20	149,36	168,03	29,56	136,82	153,92	10,91	124,29	139,82	-	111,76	125,73	-	99,40	111,82
	II	2.031,25	67,75	162,50	182,81	49,10	149,96	168,71	30,46	137,43	154,61	11,82	124,90	140,51	-	112,36	126,41	-	99,98	112,47	-	88,10	99,11
	III	1.443,50	-	115,48	129,91	-	105,41	118,58	-	95,60	107,55	-	86,05	96,80	-	76,74	86,33	-	67,72	76,18	-	58,93	66,29
	IV	2.180,33	85,49	174,42	196,22	76,16	168,16	189,18	66,84	161,89	182,12	57,52	155,62	175,07	48,20	149,36	168,03	38,88	143,09	160,97	29,56	136,82	153,92
	V	2.694,75	146,70	215,58	242,52																		
	VI	2.739,08	150,64	219,12	246,51																		
7.436,99	I	2.181,58	85,64	174,52	196,34	66,99	161,99	182,24	48,35	149,46	168,14	29,71	136,92	154,04	11,06	124,39	139,94	-	111,86	125,84	-	99,49	111,92
	II	2.032,50	67,89	162,60	182,92	49,25	150,06	168,82	30,61	137,53	154,72	11,96	125,00	140,62	-	112,46	126,52	-	100,08	112,59	-	88,19	99,21
	III	1.444,50	-	115,56	130,00	-	105,49	118,67	-	95,68	107,64	-	86,12	96,88	-	76,82	86,42	-	67,78	76,25	-	59,00	66,37
	IV	2.181,58	85,64	174,52	196,34	76,31	168,26	189,29	66,99	161,99	182,24	57,67	155,72	175,19	48,35	149,46	168,14	39,03	143,19	161,09	29,71	136,92	154,04
	V	2.696,00	146,85	215,68	242,64																		
	VI	2.740,33	150,71	219,22	246,62																		
7.439,99	I	2.182,83	85,78	174,62	196,45	67,14	162,09	182,35	48,50	149,56	168,25	29,85	137,02	154,15	11,21	124,49	140,05	-	111,96	125,95	-	99,59	112,04
	II	2.033,75	68,04	162,70	183,03	49,40	150,16	168,93	30,76	137,63	154,83	12,11	125,10	140,73	-	112,56	126,63	-	100,18	112,70	-	88,28	99,32
	III	1.445,50	-	115,64	130,09	-	105,57	118,76	-	95,76	107,73	-	86,20	96,97	-	76,89	86,50	-	67,85	76,33	-	59,08	66,46
	IV	2.182,83	85,78	174,62	196,45	76,46	168,36	189,40	67,14	162,09	182,35	57,82	155,82	175,30	48,50	149,56	168,25	39,18	143,29	161,20	29,85	137,02	154,15
	V	2.697,25	147,00	215,78	242,75																		
	VI	2.741,58	150,78	219,32	246,74																		
7.442,99	I	2.184,08	85,93	174,72	196,56	67,29	162,19	182,46	48,65	149,66	168,36	30,00	137,12	154,26	11,36	124,59	140,16	-	112,06	126,07	-	99,68	112,14
	II	2.035,00	68,19	162,80	183,15	49,55	150,26	169,04	30,91	137,73	154,94	12,26	125,20	140,85	-	112,66	126,74	-	100,27	112,80	-	88,38	99,42
	III	1.446,50	-	115,72	130,18	-	105,65	118,85	-	95,82	107,80	-	86,28	97,06	-	76,97	86,59	-	67,93	76,42	-	59,14	66,53
	IV	2.184,08	85,93	174,72	196,56	76,61	168,46	189,51	67,29	162,19	182,46	57,97	155,92	175,41	48,65	149,66	168,36	39,32	143,39	161,31	30,00	137,12	154,26
	V	2.698,50	147,15	215,88	242,86																		
	VI	2.742,83	150,85	219,42	246,85																		
7.445,99	I	2.185,33	86,08	174,82	196,67	67,44	162,29	182,57	48,79	149,76	168,48	30,15	137,22	154,37	11,52	124,70	140,28	-	112,16	126,18	-	99,78	112,25
	II	2.036,25	68,34	162,90	183,26	49,70	150,36	169,16	31,05	137,83	155,06	12,41	125,30	140,96	-	112,76	126,86	-	100,37	112,91	-	88,47	99,53
	III	1.447,50	-	115,80	130,27	-	105,73	118,94	-	95,90	107,89	-	86,34	97,13	-	77,05	86,68	-	68,00	76,50	-	59,21	66,61
	IV	2.185,33	86,08	174,82	196,67	76,76	168,56	189,63	67,44	162,29	182,57	58,12	156,02	175,52	48,79	149,76	168,48	39,47	143,49	161,42	30,15	137,22	154,37
	V	2.699,83	147,31	215,98	242,98																		
	VI	2.744,08	150,92	219,52	246,96																		
7.448,99	I	2.186,58	86,23	174,92	196,79	67,59	162,39	182,69	48,95	149,86	168,59	30,31	137,33	154,49	11,67	124,80	140,40	-	112,26	126,29	-	99,88	112,37
	II	2.037,50	68,49	163,00	183,37	49,85	150,46	169,27	31,20	137,93	155,17	12,56	125,40	141,07	-	112,86	126,97	-	100,47	113,03	-	88,56	99,63
	III	1.448,50	-	115,88	130,36	-	105,81	119,03	-	95,98	107,98	-	86,42	97,22	-	77,12	86,76	-	68,06	76,57	-	59,28	66,69
	IV	2.186,58	86,23	174,92	196,79	76,91	168,66	189,74	67,59	162,39	182,69	58,27	156,12	175,64	48,95	149,86	168,59	39,63	143,60	161,55	30,31	137,33	154,49
	V	2.701,08	147,46	216,08	243,09																		
	VI	2.745,33	150,99	219,62	247,07																		
7.451,99	I	2.187,83	86,38	175,02	196,90	67,75	162,50	182,81	49,10	149,96	168,71	30,46	137,43	154,61	11,82	124,90	140,51	-	112,36	126,41	-	99,98	112,47
	II	2.038,75	68,64	163,10	183,48	49,99	150,56	169,38	31,35	138,03	155,28	12,72	125,50	141,19	-	112,97	127,09	-	100,56	113,13	-	88,66	99,74
	III	1.449,66	-	115,97	130,46	-	105,89	119,12	-	96,06	108,07	-	86,50	97,31	-	77,20	86,85	-	68,14	76,66	-	59,34	66,76
	IV	2.187,83	86,38	175,02	196,90	77,07	168,76	189,86	67,75	162,50	182,81	58,42	156,23	175,76	49,10	149,96	168,71	39,78	143,70	161,66	30,46	137,43	154,61
	V	2.702,33	147,60	216,18	243,20																		
	VI	2.746,58	151,06	219,72	247,19																		
7.454,99	I	2.189,16	86,54	175,13	197,02	67,89	162,60	182,92	49,25	150,06	168,82	30,61	137,53	154,72	11,96	125,00	140,62	-	112,46	126,52	-	100,08	112,59
	II	2.040,00	68,79	163,20	183,60	50,14	150,66	169,49	31,51	138,14	155,40	12,87	125,60	141,30	-	113,07	127,20	-	100,66	113,24	-	88,75	99,84
	III	1.450,66	-	116,05	130,55	-	105,97	119,21	-	96,14	108,16	-	86,57	97,39	-	77,26	86,92	-	68,21	76,73	-	59,42	66,85
	IV	2.189,16	86,54	175,13	197,02	77,22	168,86	189,97	67,89	162,60	182,92	58,57	156,33	175,87	49,25	150,06	168,82	39,93	143,80	161,77	30,61	137,53	154,72
	V	2.703,58	147,75	216,28	243,32																		
	VI	2.747,91	151,13	219,83	247,31																		
7.457,99	I	2.190,41	86,69	175,23	197,13	68,04	162,70	183,03	49,40	150,16	168,93	30,76	137,63	154,83	12,11	125,10	140,73	-	112,56	126,63	-	100,18	112,70
	II	2.041,33	68,95	163,30	183,71	50,30	150,77	169,61	31,66	138,24	155,52	13,02	125,70	141,41	-	113,17	127,31	-	100,76	113,36	-	88,84	99,95
	III	1.451,66	-	116,13	130,64	-	106,05	119,30	-	96,22	108,25	-	86,65	97,48	-	77,34	87,01	-	68,29	76,82	-	59,49	66,92
	IV	2.190,41	86,69	175,23	197,13	77,36	168,96	190,08	68,04	162,70	183,03	58,72	156,43	175,98	49,40	150,16	168,93	40,08	143,90	161,88	30,76	137,63	154,83
	V	2.704,83	147,90	216,38	243,43																		
	VI	2.749,16	151,20	219,93	247,42																		
7.460,99	I	2.191,66	86,84	175,33	197,24	68,19	162,80	183,15	49,55	150,26	169,04	30,91	137,73	154,94	12,26	125,20	140,85	-	112,66	126,74	-	100,27	112,80
	II	2.042,58	69,09	163,40	183,83	50,45	150,87	169,73	31,81	138,34	155,63	13,16	125,80	141,53	-	113,27	127,43	-	100,86	113,46	-	88,94	100,05
	III	1.452,66	-	116,21	130,73	-	106,13	119,39	-	96,30	108,34	-	86,73	97,57	-	77,41	87,08	-	68,36	76,90	-	59,56	67,00
	IV	2.191,66	86,84	175,33	197,24	77,51	169,06	190,19	68,19	162,80	183,15	58,87	156,53	176,09	49,55	150,26	169,04	40,23	144,00	162,00	30,91	137,73	154,94
	V	2.706,08	148,05	216,48	243,54																		
	VI	2.750,41	151,27	220,03	247,53																		
7.463,99	I	2.192,91	86,98	175,43	197,36	68,34	162,90	183,26	49,70	150,36	169,16	31,05	137,83	155,06	12,41	125,30	140,96	-	112,76	126,86	-	100,37	112,91
	II	2.043,83	69,24	163,50	183,94	50,60	150,97	169,84	31,96	138,44	155,74	13,31	125,90	141,64	-	113,37	127,54	-	100,96	113,58	-	89,03	100,16
	III	1.453,66	-	116,29	130,82	-	106,21	119,48	-	96,37	108,41	-	86,80	97,65	-	77,49	87,17	-	68,42	76,97	-	59,62	67,07
	IV	2.192,91	86,98	175,43	197,36	77,66	169,16	190,31	68,34	162,90	183,26	59,02	156,63	176,21	49,70	150,36	169,16	40,38	144,10	162,11	31,05	137,83	155,06
	V	2.707,33	148,20	216,58	243,65																		
	VI	2.751,66	151,34	220,13	247,64																		
7.466,99	I	2.194,16	87,13	175,53	197,47	68,49	163,00	183,37	49,85	150,46	169,27	31,20	137,93	155,17	12,56	125,40	141,07	-	112,86	126,97	-	100,47	113,03
	II	2.045,08	69,39	163,60	184,05	50,75	151,07	169,95	32,11	138,54	155,85	13,46	126,00	141,75	-	113,47	127,65	-	101,06	113,69	-	89,12	100,26
	III	1.454,66	-	116,37	130,91	-	106,29	119,57	-	96,45	108,50	-	86,88	97,74	-	77,56	87,25	-	68,50	77,06	-	59,70	67,16
	IV	2.194,16	87,13	175,53	197,47	77,81	169,26	190,42	68,49	163,00	183,37	59,17	156,73	176,32	49,85	150,46	169,27	40,52	144,20	162,22	31,20	137,93	155,17
	V	2.708,58	148,35	216,68	243,77																		
	VI	2.752,91	151,41	220,23	247,76																		
7.469,99	I	2.195,41	87,28	175,63	197,58	68,64	163,10	183,48	49,99	150,56	169,38	31,35	138,03	155,28	12,72	125,50	141,19	-	112,97	127,09	-	100,56	113,13
	II	2.046,33	69,54	163,70	184,16	50,90	151,17	170,06	32,25	138,64	155,97	13,61	126,10	141,86	-	113,57	127,76	-	101,16	113,80	-	89,22	100,37
	III	1.455,83	-	116,46	131,02	-	106,37	119,66	-	96,53	108,59	-	86,96	97,83	-	77,64	87,34	-	68,57	77,14	-	59,77	67,24
	IV	2.195,41	87,28	175,63	197,58	77,96	169,36	190,53	68,64	163,10	183,48	59,32	156,83	176,43	49,99	150,56	169,38	40,67	144,30	162,33	31,35	138,03	155,28
	V	2.709,83	148,50	216,78	243,88																		
	VI	2.754,16	151,47	220,33	247,87																		

Lohn/ Gehalt bis	Steuerklasse	Lohn-steuer	ohne Kinderfreibetrag SolZ 5,5%	Kirchensteuer 8%	Kirchensteuer 9%	0,5 SolZ 5,5%	Kirchensteuer 8%	Kirchensteuer 9%	1,0 SolZ 5,5%	Kirchensteuer 8%	Kirchensteuer 9%	1,5 SolZ 5,5%	Kirchensteuer 8%	Kirchensteuer 9%	2,0 SolZ 5,5%	Kirchensteuer 8%	Kirchensteuer 9%	2,5 SolZ 5,5%	Kirchensteuer 8%	Kirchensteuer 9%	3,0 SolZ 5,5%	Kirchensteuer 8%	Kirchensteuer 9%
						Anzahl Kinderfreibeträge (nur Steuerklassen I–IV)																	
7.472,99	I	2.196,66	87,43	175,73	197,69	68,79	163,20	183,60	50,14	150,66	169,49	31,51	138,14	155,40	12,87	125,60	141,30	-	113,07	127,20	-	100,66	113,2
	II	2.047,58	69,69	163,80	184,28	51,05	151,27	170,18	32,40	138,74	156,08	13,76	126,20	141,98	-	113,67	127,88	-	101,25	113,90	-	89,32	100,4
	III	1.456,83	-	116,54	131,11	-	106,45	119,75	-	96,61	108,68	-	87,04	97,92	-	77,70	87,41	-	68,65	77,23	-	59,84	67,3
	IV	2.196,66	87,43	175,73	197,69	78,11	169,46	190,64	68,79	163,20	183,60	59,47	156,93	176,54	50,14	150,66	169,49	40,83	144,40	162,45	31,51	138,14	155,4
	V	2.711,16	148,66	216,89	244,00																		
	VI	2.755,41	151,54	220,43	247,98																		
7.475,99	I	2.197,91	87,58	175,83	197,81	68,95	163,30	183,71	50,30	150,77	169,61	31,66	138,24	155,52	13,02	125,70	141,41	-	113,17	127,31	-	100,76	113,3
	II	2.048,83	69,84	163,90	184,39	51,19	151,37	170,29	32,55	138,84	156,19	13,91	126,30	142,09	-	113,78	128,00	-	101,35	114,02	-	89,41	100,5
	III	1.457,83	-	116,62	131,20	-	106,53	119,84	-	96,69	108,77	-	87,10	97,99	-	77,78	87,50	-	68,72	77,31	-	59,90	67,3
	IV	2.197,91	87,58	175,83	197,81	78,26	169,56	190,76	68,95	163,30	183,71	59,62	157,04	176,67	50,30	150,77	169,61	40,98	144,50	162,56	31,66	138,24	155,5
	V	2.712,41	148,80	216,99	244,11																		
	VI	2.756,66	151,61	220,53	248,09																		
7.478,99	I	2.199,25	87,74	175,94	197,93	69,09	163,40	183,83	50,45	150,87	169,73	31,81	138,34	155,63	13,16	125,80	141,53	-	113,27	127,43	-	100,86	113,4
	II	2.050,08	69,99	164,00	184,50	51,34	151,47	170,40	32,71	138,94	156,31	14,07	126,41	142,21	-	113,88	128,11	-	101,45	114,13	-	89,50	100,6
	III	1.458,83	-	116,70	131,29	-	106,61	119,93	-	96,77	108,86	-	87,18	98,08	-	77,86	87,59	-	68,78	77,38	-	59,97	67,4
	IV	2.199,25	87,74	175,94	197,93	78,42	169,67	190,88	69,09	163,40	183,83	59,77	157,14	176,78	50,45	150,87	169,73	41,13	144,60	162,68	31,81	138,34	155,6
	V	2.713,66	148,95	217,09	244,22																		
	VI	2.758,00	151,69	220,64	248,22																		
7.481,99	I	2.200,50	87,89	176,04	198,04	69,24	163,50	183,94	50,60	150,97	169,84	31,96	138,44	155,74	13,31	125,90	141,64	-	113,37	127,54	-	100,96	113,5
	II	2.051,33	70,14	164,10	184,61	51,50	151,58	170,52	32,86	139,04	156,42	14,22	126,51	142,32	-	113,98	128,22	-	101,54	114,23	-	89,60	100,8
	III	1.459,83	-	116,78	131,38	-	106,69	120,02	-	96,85	108,95	-	87,26	98,17	-	77,93	87,67	-	68,86	77,47	-	60,05	67,5
	IV	2.200,50	87,89	176,04	198,04	78,56	169,77	190,99	69,24	163,50	183,94	59,92	157,24	176,89	50,60	150,97	169,84	41,28	144,70	162,79	31,96	138,44	155,7
	V	2.714,91	149,10	217,19	244,34																		
	VI	2.759,25	151,75	220,74	248,33																		
7.484,99	I	2.201,75	88,04	176,14	198,15	69,39	163,60	184,05	50,75	151,07	169,95	32,11	138,54	155,85	13,46	126,00	141,75	-	113,47	127,65	-	101,06	113,6
	II	2.052,66	70,29	164,21	184,73	51,65	151,68	170,64	33,01	139,14	156,53	14,36	126,61	142,43	-	114,08	128,34	-	101,64	114,35	-	89,69	100,9
	III	1.460,83	-	116,86	131,47	-	106,77	120,11	-	96,92	109,03	-	87,33	98,24	-	78,01	87,76	-	68,93	77,54	-	60,12	67,6
	IV	2.201,75	88,04	176,14	198,15	78,71	169,87	191,10	69,39	163,60	184,05	60,07	157,34	177,00	50,75	151,07	169,95	41,43	144,80	162,90	32,11	138,54	155,8
	V	2.716,16	149,25	217,29	244,45																		
	VI	2.760,50	151,82	220,84	248,44																		
7.487,99	I	2.203,00	88,18	176,24	198,27	69,54	163,70	184,16	50,90	151,17	170,06	32,25	138,64	155,97	13,61	126,10	141,86	-	113,57	127,76	-	101,16	113,8
	II	2.053,91	70,44	164,31	184,85	51,80	151,78	170,75	33,16	139,24	156,65	14,51	126,71	142,55	-	114,18	128,45	-	101,74	114,46	-	89,78	101,0
	III	1.462,00	-	116,96	131,58	-	106,85	120,20	-	97,00	109,12	-	87,41	98,33	-	78,08	87,84	-	69,01	77,63	-	60,18	67,7
	IV	2.203,00	88,18	176,24	198,27	78,86	169,97	191,21	69,54	163,70	184,16	60,22	157,44	177,12	50,90	151,17	170,06	41,58	144,90	163,01	32,25	138,64	155,9
	V	2.717,41	149,40	217,39	244,56																		
	VI	2.761,75	151,89	220,94	248,55																		
7.490,99	I	2.204,25	88,33	176,34	198,38	69,69	163,80	184,28	51,05	151,27	170,18	32,40	138,74	156,08	13,76	126,20	141,98	-	113,67	127,88	-	101,25	113,9
	II	2.055,16	70,59	164,41	184,96	51,95	151,88	170,86	33,31	139,34	156,76	14,66	126,81	142,66	-	114,28	128,56	-	101,84	114,57	-	89,88	101,1
	III	1.463,00	-	117,04	131,67	-	106,93	120,29	-	97,08	109,21	-	87,49	98,42	-	78,16	87,93	-	69,08	77,71	-	60,25	67,7
	IV	2.204,25	88,33	176,34	198,38	79,01	170,07	191,33	69,69	163,80	184,28	60,37	157,54	177,23	51,05	151,27	170,18	41,72	145,00	163,13	32,40	138,74	156,0
	V	2.718,66	149,52	217,49	244,67																		
	VI	2.763,00	151,96	221,04	248,67																		
7.493,99	I	2.205,50	88,48	176,44	198,49	69,84	163,90	184,39	51,19	151,37	170,29	32,55	138,84	156,19	13,91	126,30	142,09	-	113,78	128,00	-	101,35	114,0
	II	2.056,41	70,74	164,51	185,07	52,10	151,98	170,97	33,45	139,44	156,87	14,81	126,91	142,77	-	114,38	128,67	-	101,94	114,68	-	89,97	101,2
	III	1.464,00	-	117,12	131,76	-	107,01	120,38	-	97,16	109,30	-	87,56	98,50	-	78,22	88,00	-	69,14	77,78	-	60,33	67,8
	IV	2.205,50	88,48	176,44	198,49	79,16	170,17	191,44	69,84	163,90	184,39	60,52	157,64	177,34	51,19	151,37	170,29	41,87	145,10	163,24	32,55	138,84	156,1
	V	2.719,91	149,59	217,59	244,79																		
	VI	2.764,25	152,03	221,14	248,78																		
7.496,99	I	2.206,75	88,63	176,54	198,60	69,99	164,00	184,50	51,34	151,47	170,40	32,71	138,94	156,31	14,07	126,41	142,21	-	113,88	128,11	-	101,45	114,1
	II	2.057,66	70,89	164,61	185,18	52,25	152,08	171,09	33,60	139,54	156,98	14,96	127,01	142,88	-	114,48	128,79	-	102,04	114,79	-	90,06	101,3
	III	1.465,00	-	117,20	131,85	-	107,09	120,47	-	97,24	109,39	-	87,64	98,59	-	78,30	88,09	-	69,22	77,87	-	60,40	67,9
	IV	2.206,75	88,63	176,54	198,60	79,31	170,27	191,55	69,99	164,00	184,50	60,67	157,74	177,45	51,34	151,47	170,40	42,02	145,20	163,35	32,71	138,94	156,3
	V	2.721,25	149,66	217,70	244,91																		
	VI	2.765,50	152,10	221,24	248,89																		
7.499,99	I	2.208,00	88,78	176,64	198,72	70,14	164,10	184,61	51,50	151,58	170,52	32,86	139,04	156,42	14,22	126,51	142,32	-	113,98	128,22	-	101,54	114,2
	II	2.058,91	71,04	164,71	185,30	52,39	152,18	171,20	33,75	139,64	157,10	15,11	127,11	143,00	-	114,58	128,90	-	102,14	114,90	-	90,16	101,4
	III	1.466,00	-	117,28	131,94	-	107,17	120,56	-	97,32	109,48	-	87,72	98,68	-	78,37	88,16	-	69,29	77,95	-	60,46	68,0
	IV	2.208,00	88,78	176,64	198,72	79,46	170,37	191,66	70,14	164,10	184,61	60,82	157,84	177,57	51,50	151,58	170,52	42,18	145,31	163,47	32,86	139,04	156,4
	V	2.722,50	149,73	217,80	245,02																		
	VI	2.766,75	152,17	221,34	249,00																		
7.502,99	I	2.209,33	88,94	176,74	198,83	70,29	164,21	184,73	51,65	151,68	170,64	33,01	139,14	156,53	14,36	126,61	142,43	-	114,08	128,34	-	101,64	114,3
	II	2.060,16	71,19	164,81	185,41	52,54	152,28	171,31	33,90	139,74	157,21	15,27	127,22	143,12	-	114,68	129,02	-	102,24	115,02	-	90,26	101,5
	III	1.467,00	-	117,36	132,03	-	107,25	120,65	-	97,40	109,57	-	87,80	98,77	-	78,45	88,25	-	69,37	78,04	-	60,53	68,0
	IV	2.209,33	88,94	176,74	198,83	79,62	170,48	191,79	70,29	164,21	184,73	60,97	157,94	177,68	51,65	151,68	170,64	42,33	145,41	163,58	33,01	139,14	156,5
	V	2.723,75	149,80	217,90	245,13																		
	VI	2.768,08	152,24	221,44	249,12																		
7.505,99	I	2.210,58	89,09	176,84	198,95	70,44	164,31	184,85	51,80	151,78	170,75	33,16	139,24	156,65	14,51	126,71	142,55	-	114,18	128,45	-	101,74	114,4
	II	2.061,41	71,34	164,91	185,52	52,70	152,38	171,43	34,06	139,85	157,33	15,42	127,32	143,23	-	114,78	129,13	-	102,33	115,12	-	90,35	101,6
	III	1.468,16	-	117,45	132,13	-	107,33	120,74	-	97,46	109,64	-	87,86	98,84	-	78,52	88,33	-	69,44	78,12	-	60,61	68,1
	IV	2.210,58	89,09	176,84	198,95	79,76	170,58	191,90	70,44	164,31	184,85	61,12	158,04	177,80	51,80	151,78	170,75	42,48	145,51	163,70	33,16	139,24	156,6
	V	2.725,00	149,87	218,00	245,25																		
	VI	2.769,33	152,31	221,54	249,23																		
7.508,99	I	2.211,83	89,24	176,94	199,06	70,59	164,41	184,96	51,95	151,88	170,86	33,31	139,34	156,76	14,66	126,81	142,66	-	114,28	128,56	-	101,84	114,5
	II	2.062,75	71,49	165,02	185,64	52,85	152,48	171,54	34,21	139,95	157,44	15,56	127,42	143,34	-	114,88	129,24	-	102,43	115,23	-	90,44	101,7
	III	1.469,16	-	117,53	132,22	-	107,41	120,83	-	97,54	109,73	-	87,94	98,93	-	78,60	88,42	-	69,50	78,19	-	60,68	68,2
	IV	2.211,83	89,24	176,94	199,06	79,91	170,68	192,01	70,59	164,41	184,96	61,27	158,14	177,91	51,95	151,88	170,86	42,63	145,61	163,81	33,31	139,34	156,7
	V	2.726,25	149,94	218,10	245,36																		
	VI	2.770,58	152,38	221,64	249,35																		
7.511,99	I	2.213,08	89,38	177,04	199,17	70,74	164,51	185,07	52,10	151,98	170,97	33,45	139,44	156,87	14,81	126,91	142,77	-	114,38	128,67	-	101,94	114,6
	II	2.064,00	71,64	165,12	185,76	53,00	152,58	171,65	34,36	140,05	157,55	15,71	127,52	143,46	-	114,98	129,35	-	102,53	115,34	-	90,54	101,8
	III	1.470,16	-	117,61	132,31	-	107,49	120,92	-	97,62	109,82	-	88,02	99,02	-	78,68	88,51	-	69,58	78,28	-	60,74	68,3
	IV	2.213,08	89,38	177,04	199,17	80,06	170,78	192,12	70,74	164,51	185,07	61,42	158,24	178,02	52,10	151,98	170,97	42,78	145,71	163,92	33,45	139,44	156,8
	V	2.727,50	150,01	218,20	245,47																		
	VI	2.771,83	152,45	221,74	249,46																		
7.514,99	I	2.214,33	89,53	177,14	199,28	70,89	164,61	185,18	52,25	152,08	171,09	33,60	139,54	156,98	14,96	127,01	142,88	-	114,48	128,79	-	102,04	114,7
	II	2.065,25	71,79	165,22	185,87	53,15	152,68	171,77	34,51	140,15	157,67	15,86	127,62	143,57	-	115,08	129,47	-	102,63	115,46	-	90,63	101,9
	III	1.471,16	-	117,69	132,40	-	107,57	121,01	-	97,70	109,91	-	88,09	99,10	-	78,74	88,58	-	69,65	78,35	-	60,81	68,4
	IV	2.214,33	89,53	177,14	199,28	80,21	170,88	192,24	70,89	164,61	185,18	61,57	158,34	178,13	52,25	152,08	171,09	42,92	145,81	164,03	33,60	139,54	156,9
	V	2.728,75	150,08	218,30	245,58																		
	VI	2.773,08	152,51	221,84	249,57																		

Lohn/ Gehalt bis	Steuerklasse	Lohn- steuer	ohne Kinderfreibetrag SolZ 5,5%	Kirchensteuer 8%	9%	0,5 SolZ 5,5%	Kirchensteuer 8%	9%	1,0 SolZ 5,5%	Kirchensteuer 8%	9%	1,5 SolZ 5,5%	Kirchensteuer 8%	9%	2,0 SolZ 5,5%	Kirchensteuer 8%	9%	2,5 SolZ 5,5%	Kirchensteuer 8%	9%	3,0 SolZ 5,5%	Kirchensteuer 8%	9%
						Anzahl Kinderfreibeträge (nur Steuerklassen I–IV)																	
7.517,99	I	2.215,58	89,68	177,24	199,40	71,04	164,71	185,30	52,39	152,18	171,20	33,75	139,64	157,10	15,11	127,11	143,00	-	114,58	128,90	-	102,14	114,90
	II	2.066,50	71,94	165,32	185,98	53,30	152,78	171,88	34,65	140,25	157,78	16,01	127,72	143,68	-	115,18	129,58	-	102,72	115,56	-	90,72	102,06
	III	1.472,16	-	117,77	132,49	-	107,65	121,10	-	97,78	110,00	-	88,17	99,19	-	78,82	88,67	-	69,73	78,44	-	60,89	68,50
	IV	2.215,58	89,68	177,24	199,40	80,36	170,98	192,35	71,04	164,71	185,30	61,72	158,44	178,25	52,39	152,18	171,20	43,07	145,91	164,15	33,75	139,64	157,10
	V	2.730,00	150,15	218,40	245,70																		
	VI	2.774,33	152,58	221,94	249,68																		
7.520,99	I	2.216,83	89,83	177,34	199,51	71,19	164,81	185,41	52,54	152,28	171,31	33,90	139,74	157,21	15,27	127,22	143,12	-	114,68	129,02	-	102,24	115,02
	II	2.067,75	72,09	165,42	186,09	53,45	152,88	171,99	34,80	140,35	157,89	16,16	127,82	143,79	-	115,28	129,69	-	102,82	115,67	-	90,82	102,17
	III	1.473,33	-	117,86	132,59	-	107,73	121,19	-	97,86	110,09	-	88,25	99,28	-	78,89	88,75	-	69,80	78,52	-	60,96	68,58
	IV	2.216,83	89,83	177,34	199,51	80,51	171,08	192,46	71,19	164,81	185,41	61,87	158,54	178,36	52,54	152,28	171,31	43,22	146,01	164,26	33,90	139,74	157,21
	V	2.731,33	150,22	218,50	245,81																		
	VI	2.775,58	152,65	222,04	249,80																		
7.523,99	I	2.218,08	89,98	177,44	199,62	71,34	164,91	185,52	52,70	152,38	171,43	34,06	139,85	157,33	15,42	127,32	143,23	-	114,78	129,13	-	102,33	115,12
	II	2.069,00	72,24	165,52	186,21	53,59	152,98	172,10	34,95	140,45	158,00	16,31	127,92	143,91	-	115,38	129,80	-	102,92	115,79	-	90,92	102,28
	III	1.474,33	-	117,94	132,68	-	107,81	121,28	-	97,94	110,18	-	88,33	99,37	-	78,97	88,84	-	69,86	78,59	-	61,02	68,65
	IV	2.218,08	89,98	177,44	199,62	80,66	171,18	192,57	71,34	164,91	185,52	62,01	158,64	178,47	52,70	152,38	171,43	43,38	146,12	164,38	34,06	139,85	157,33
	V	2.732,58	150,29	218,60	245,93																		
	VI	2.776,83	152,72	222,14	249,91																		
7.526,99	I	2.219,33	90,13	177,54	199,73	71,49	165,02	185,64	52,85	152,48	171,54	34,21	139,95	157,44	15,56	127,42	143,34	-	114,88	129,24	-	102,43	115,23
	II	2.070,25	72,39	165,62	186,32	53,74	153,08	172,22	35,10	140,55	158,12	16,47	128,02	144,02	-	115,49	129,92	-	103,02	115,90	-	91,01	102,38
	III	1.475,33	-	118,02	132,77	-	107,89	121,37	-	98,02	110,27	-	88,40	99,45	-	79,04	88,92	-	69,94	78,68	-	61,09	68,72
	IV	2.219,33	90,13	177,54	199,73	80,82	171,28	192,69	71,49	165,02	185,64	62,17	158,75	178,59	52,85	152,48	171,54	43,53	146,22	164,49	34,21	139,95	157,44
	V	2.733,83	150,36	218,70	246,04																		
	VI	2.778,08	152,79	222,24	250,02																		
7.529,99	I	2.220,66	90,29	177,65	199,85	71,64	165,12	185,76	53,00	152,58	171,65	34,36	140,05	157,55	15,71	127,52	143,46	-	114,98	129,35	-	102,53	115,34
	II	2.071,50	72,54	165,72	186,43	53,89	153,18	172,33	35,26	140,66	158,24	16,62	128,12	144,14	-	115,59	130,04	-	103,12	116,01	-	91,10	102,49
	III	1.476,33	-	118,10	132,86	-	107,97	121,46	-	98,09	110,35	-	88,48	99,54	-	79,12	89,01	-	70,01	78,76	-	61,17	68,81
	IV	2.220,66	90,29	177,65	199,85	80,96	171,38	192,80	71,64	165,12	185,76	62,32	158,85	178,70	53,00	152,58	171,65	43,68	146,32	164,61	34,36	140,05	157,55
	V	2.735,08	150,42	218,80	246,15																		
	VI	2.779,41	152,86	222,35	250,14																		
7.532,99	I	2.221,91	90,44	177,75	199,97	71,79	165,22	185,87	53,15	152,68	171,77	34,51	140,15	157,67	15,86	127,62	143,57	-	115,08	129,47	-	102,63	115,46
	II	2.072,83	72,69	165,82	186,55	54,05	153,29	172,45	35,41	140,76	158,35	16,76	128,22	144,25	-	115,69	130,15	-	103,22	116,12	-	91,20	102,60
	III	1.477,33	-	118,18	132,95	-	108,05	121,55	-	98,17	110,44	-	88,56	99,63	-	79,20	89,10	-	70,09	78,85	-	61,24	68,89
	IV	2.221,91	90,44	177,75	199,97	81,11	171,48	192,92	71,79	165,22	185,87	62,47	158,95	178,82	53,15	152,68	171,77	43,83	146,42	164,72	34,51	140,15	157,67
	V	2.736,33	150,49	218,90	246,26																		
	VI	2.780,66	152,93	222,45	250,25																		
7.535,99	I	2.223,16	90,58	177,85	200,08	71,94	165,32	185,98	53,30	152,78	171,88	34,65	140,25	157,78	16,01	127,72	143,68	-	115,18	129,58	-	102,72	115,56
	II	2.074,08	72,84	165,92	186,66	54,20	153,39	172,56	35,56	140,86	158,46	16,91	128,32	144,36	-	115,79	130,26	-	103,32	116,23	-	91,30	102,71
	III	1.478,33	-	118,26	133,04	-	108,13	121,64	-	98,25	110,53	-	88,64	99,72	-	79,26	89,17	-	70,16	78,93	-	61,30	68,96
	IV	2.223,16	90,58	177,85	200,08	81,26	171,58	193,03	71,94	165,32	185,98	62,62	159,05	178,93	53,30	152,78	171,88	43,98	146,52	164,83	34,65	140,25	157,78
	V	2.737,58	150,56	219,00	246,38																		
	VI	2.781,91	153,00	222,55	250,37																		
7.538,99	I	2.224,41	90,73	177,95	200,19	72,09	165,42	186,09	53,45	152,88	171,99	34,80	140,35	157,89	16,16	127,82	143,79	-	115,28	129,69	-	102,82	115,67
	II	2.075,33	72,99	166,02	186,77	54,35	153,49	172,67	35,70	140,96	158,58	17,06	128,42	144,47	-	115,89	130,37	-	103,42	116,34	-	91,39	102,81
	III	1.479,50	-	118,36	133,15	-	108,21	121,73	-	98,33	110,62	-	88,70	99,79	-	79,34	89,26	-	70,22	79,00	-	61,37	69,04
	IV	2.224,41	90,73	177,95	200,19	81,41	171,68	193,14	72,09	165,42	186,09	62,77	159,15	179,04	53,45	152,88	171,99	44,12	146,62	164,94	34,80	140,35	157,89
	V	2.738,83	150,63	219,10	246,49																		
	VI	2.783,16	153,07	222,65	250,48																		
7.541,99	I	2.225,66	90,88	178,05	200,30	72,24	165,52	186,21	53,59	152,98	172,10	34,95	140,45	158,00	16,31	127,92	143,91	-	115,38	129,80	-	102,92	115,79
	II	2.076,58	73,14	166,12	186,89	54,50	153,59	172,79	35,85	141,06	158,69	17,21	128,52	144,59	-	115,99	130,49	-	103,52	116,46	-	91,48	102,92
	III	1.480,50	-	118,44	133,24	-	108,29	121,82	-	98,41	110,71	-	88,78	99,88	-	79,41	89,33	-	70,30	79,09	-	61,45	69,13
	IV	2.225,66	90,88	178,05	200,30	81,56	171,78	193,25	72,24	165,52	186,21	62,92	159,25	179,15	53,59	152,98	172,10	44,27	146,72	165,06	34,95	140,45	158,00
	V	2.740,08	150,70	219,20	246,60																		
	VI	2.784,41	153,14	222,75	250,59																		
7.544,99	I	2.226,91	91,03	178,15	200,42	72,39	165,62	186,32	53,74	153,08	172,22	35,10	140,55	158,12	16,47	128,02	144,02	-	115,49	129,92	-	103,02	115,90
	II	2.077,83	73,29	166,22	187,00	54,65	153,69	172,90	36,00	141,16	158,80	17,36	128,62	144,70	-	116,09	130,60	-	103,62	116,57	-	91,58	103,02
	III	1.481,50	-	118,52	133,33	-	108,37	121,91	-	98,49	110,80	-	88,86	99,97	-	79,49	89,42	-	70,37	79,16	-	61,52	69,21
	IV	2.226,91	91,03	178,15	200,42	81,71	171,88	193,37	72,39	165,62	186,32	63,07	159,35	179,27	53,74	153,08	172,22	44,42	146,82	165,17	35,10	140,55	158,12
	V	2.741,33	150,77	219,30	246,71																		
	VI	2.785,66	153,21	222,85	250,70																		
7.547,99	I	2.228,16	91,18	178,25	200,53	72,54	165,72	186,43	53,89	153,18	172,33	35,26	140,66	158,24	16,62	128,12	144,14	-	115,59	130,04	-	103,12	116,01
	II	2.079,08	73,44	166,32	187,11	54,79	153,79	173,01	36,15	141,26	158,91	17,51	128,72	144,81	-	116,19	130,71	-	103,72	116,68	-	91,67	103,13
	III	1.482,50	-	118,60	133,42	-	108,45	122,00	-	98,57	110,89	-	88,93	100,04	-	79,56	89,50	-	70,45	79,25	-	61,58	69,28
	IV	2.228,16	91,18	178,25	200,53	81,86	171,98	193,48	72,54	165,72	186,43	63,21	159,45	179,38	53,89	153,18	172,33	44,58	146,92	165,29	35,26	140,66	158,24
	V	2.742,66	150,84	219,41	246,83																		
	VI	2.786,91	153,28	222,95	250,82																		
7.550,99	I	2.229,41	91,33	178,35	200,64	72,69	165,82	186,55	54,05	153,29	172,45	35,41	140,76	158,35	16,76	128,22	144,25	-	115,69	130,15	-	103,22	116,12
	II	2.080,33	73,59	166,42	187,22	54,94	153,89	173,12	36,30	141,36	159,03	17,66	128,82	144,92	-	116,30	130,83	-	103,81	116,78	-	91,77	103,24
	III	1.483,50	-	118,68	133,51	-	108,53	122,09	-	98,65	110,98	-	89,01	100,13	-	79,64	89,59	-	70,52	79,33	-	61,66	69,37
	IV	2.229,41	91,33	178,35	200,64	82,01	172,08	193,59	72,69	165,82	186,55	63,37	159,56	179,50	54,05	153,29	172,45	44,73	147,02	165,40	35,41	140,76	158,35
	V	2.743,91	150,91	219,51	246,95																		
	VI	2.788,16	153,34	223,05	250,93																		
7.553,99	I	2.230,75	91,49	178,46	200,76	72,84	165,92	186,66	54,20	153,39	172,56	35,56	140,86	158,46	16,91	128,32	144,36	-	115,79	130,26	-	103,32	116,23
	II	2.081,58	73,74	166,52	187,34	55,09	153,99	173,24	36,46	141,46	159,14	17,82	128,93	145,04	-	116,40	130,95	-	103,91	116,90	-	91,86	103,34
	III	1.484,66	-	118,77	133,61	-	108,61	122,18	-	98,73	111,07	-	89,09	100,22	-	79,72	89,68	-	70,60	79,42	-	61,73	69,44
	IV	2.230,75	91,49	178,46	200,76	82,16	172,19	193,71	72,84	165,92	186,66	63,52	159,66	179,61	54,20	153,39	172,56	44,88	147,12	165,51	35,56	140,86	158,46
	V	2.745,16	150,98	219,61	247,06																		
	VI	2.789,50	153,42	223,16	251,05																		
7.556,99	I	2.232,00	91,63	178,56	200,88	72,99	166,02	186,77	54,35	153,49	172,67	35,70	140,96	158,58	17,06	128,42	144,47	-	115,89	130,37	-	103,42	116,34
	II	2.082,83	73,88	166,62	187,45	55,25	154,10	173,36	36,61	141,56	159,26	17,96	129,03	145,16	-	116,50	131,06	-	104,01	117,01	-	91,96	103,45
	III	1.485,66	-	118,85	133,70	-	108,69	122,27	-	98,80	111,15	-	89,17	100,31	-	79,78	89,75	-	70,66	79,49	-	61,80	69,52
	IV	2.232,00	91,63	178,56	200,88	82,31	172,29	193,82	72,99	166,02	186,77	63,67	159,76	179,73	54,35	153,49	172,67	45,03	147,22	165,62	35,70	140,96	158,58
	V	2.746,41	151,05	219,71	247,17																		
	VI	2.790,75	153,49	223,26	251,16																		
7.559,99	I	2.233,25	91,78	178,66	200,99	73,14	166,12	186,89	54,50	153,59	172,79	35,85	141,06	158,69	17,21	128,52	144,59	-	115,99	130,49	-	103,52	116,46
	II	2.084,16	74,04	166,73	187,57	55,40	154,20	173,47	36,76	141,66	159,37	18,11	129,13	145,27	-	116,60	131,17	-	104,11	117,12	-	92,05	103,55
	III	1.486,66	-	118,93	133,79	-	108,78	122,38	-	98,88	111,24	-	89,24	100,39	-	79,86	89,84	-	70,73	79,57	-	61,86	69,59
	IV	2.233,25	91,78	178,66	200,99	82,46	172,39	193,94	73,14	166,12	186,89	63,82	159,86	179,84	54,50	153,59	172,79	45,18	147,32	165,74	35,85	141,06	158,69
	V	2.747,66	151,12	219,81	247,28																		
	VI	2.792,00	153,56	223,36	251,28																		

Lohn/ Gehalt bis	Steuerklasse	Lohn-steuer	ohne Kinderfreibetrag			Anzahl Kinderfreibeträge (nur Steuerklassen I–IV) 0,5			1,0			1,5			2,0			2,5			3,0		
			SolZ 5,5%	Kirchensteuer 8%	9%	SolZ 5,5%	Kirchensteuer 8%	9%	SolZ 5,5%	Kirchensteuer 8%	9%	SolZ 5,5%	Kirchensteuer 8%	9%	SolZ 5,5%	Kirchensteuer 8%	9%	SolZ 5,5%	Kirchensteuer 8%	9%	SolZ 5,5%	Kirchensteuer 8%	9%
7.562,99	I	2.234,50	91,93	178,76	201,10	73,29	166,22	187,00	54,65	153,69	172,90	36,00	141,16	158,80	17,36	128,62	144,70	-	116,09	130,60	-	103,62	116,5
	II	2.085,41	74,19	166,83	187,68	55,55	154,30	173,58	36,90	141,76	159,48	18,26	129,23	145,38	-	116,70	131,28	-	104,21	117,23	-	92,15	103,6
	III	1.487,66	-	119,01	133,88	-	108,86	122,47	-	98,96	111,33	-	89,32	100,48	-	79,93	89,92	-	70,81	79,66	-	61,94	69,6
	IV	2.234,50	91,93	178,76	201,10	82,61	172,49	194,05	73,29	166,22	187,00	63,97	159,96	179,95	54,65	153,69	172,90	45,32	147,42	165,85	36,00	141,16	158,8
	V	2.748,91	151,19	219,91	247,40																		
	VI	2.793,25	153,62	223,46	251,39																		
7.565,99	I	2.235,75	92,08	178,86	201,21	73,44	166,32	187,11	54,79	153,79	173,01	36,15	141,26	158,91	17,51	128,72	144,81	-	116,19	130,71	-	103,72	116,6
	II	2.086,66	74,34	166,93	187,79	55,70	154,40	173,70	37,05	141,86	159,59	18,41	129,33	145,49	-	116,80	131,40	-	104,31	117,35	-	92,24	103,7
	III	1.488,66	-	119,09	133,97	-	108,94	122,56	-	99,04	111,42	-	89,40	100,57	-	80,01	90,01	-	70,88	79,74	-	62,01	69,7
	IV	2.235,75	92,08	178,86	201,21	82,76	172,59	194,16	73,44	166,32	187,11	64,12	160,06	180,06	54,79	153,79	173,01	45,47	147,52	165,96	36,15	141,26	158,9
	V	2.750,16	151,25	220,01	247,51																		
	VI	2.794,50	153,69	223,56	251,50																		
7.568,99	I	2.237,00	92,23	178,96	201,33	73,59	166,42	187,22	54,94	153,89	173,12	36,30	141,36	159,03	17,66	128,82	144,92	-	116,30	130,83	-	103,81	116,7
	II	2.087,91	74,49	167,03	187,91	55,85	154,50	173,81	37,20	141,96	159,71	18,56	129,43	145,61	-	116,90	131,51	-	104,41	117,46	-	92,34	103,8
	III	1.489,83	-	119,18	134,08	-	109,02	122,65	-	99,12	111,51	-	89,48	100,66	-	80,09	90,10	-	70,96	79,83	-	62,08	69,8
	IV	2.237,00	92,23	178,96	201,33	82,91	172,69	194,27	73,59	166,42	187,22	64,26	160,16	180,18	54,94	153,89	173,12	45,62	147,62	166,07	36,30	141,36	159,0
	V	2.751,41	151,32	220,11	247,62																		
	VI	2.795,75	153,76	223,66	251,61																		
7.571,99	I	2.238,25	92,38	179,06	201,44	73,74	166,52	187,34	55,09	153,99	173,24	36,46	141,46	159,14	17,82	128,93	145,04	-	116,40	130,95	-	103,91	116,9
	II	2.089,16	74,64	167,13	188,02	55,99	154,60	173,92	37,35	142,06	159,82	18,71	129,53	145,72	0,06	117,00	131,62	-	104,50	117,56	-	92,43	103,9
	III	1.490,83	-	119,26	134,17	-	109,10	122,74	-	99,20	111,60	-	89,54	100,73	-	80,16	90,18	-	71,02	79,90	-	62,14	69,9
	IV	2.238,25	92,38	179,06	201,44	83,06	172,79	194,39	73,74	166,52	187,34	64,41	160,26	180,29	55,09	153,99	173,24	45,77	147,72	166,19	36,46	141,46	159,1
	V	2.752,75	151,40	220,22	247,74																		
	VI	2.797,00	153,83	223,76	251,73																		
7.574,99	I	2.239,50	92,53	179,16	201,55	73,88	166,62	187,45	55,25	154,10	173,36	36,61	141,56	159,26	17,96	129,03	145,16	-	116,50	131,06	-	104,01	117,0
	II	2.090,41	74,79	167,23	188,13	56,14	154,70	174,03	37,50	142,16	159,93	18,86	129,63	145,83	0,22	117,10	131,74	-	104,60	117,68	-	92,53	104,0
	III	1.491,83	-	119,34	134,26	-	109,18	122,83	-	99,28	111,69	-	89,62	100,82	-	80,24	90,27	-	71,10	79,99	-	62,22	70,0
	IV	2.239,50	92,53	179,16	201,55	83,21	172,89	194,50	73,88	166,62	187,45	64,57	160,36	180,41	55,25	154,10	173,36	45,93	147,83	166,31	36,61	141,56	159,2
	V	2.754,00	151,47	220,32	247,86																		
	VI	2.798,25	153,90	223,86	251,84																		
7.577,99	I	2.240,83	92,69	179,26	201,67	74,04	166,73	187,57	55,40	154,20	173,47	36,76	141,66	159,37	18,11	129,13	145,27	-	116,60	131,17	-	104,11	117,1
	II	2.091,66	74,94	167,33	188,24	56,29	154,80	174,15	37,65	142,26	160,04	19,02	129,74	145,95	0,37	117,20	131,85	-	104,70	117,79	-	92,62	104,2
	III	1.492,83	-	119,42	134,35	-	109,26	122,92	-	99,36	111,78	-	89,70	100,91	-	80,30	90,34	-	71,17	80,06	-	62,29	70,0
	IV	2.240,83	92,69	179,26	201,67	83,36	173,00	194,62	74,04	166,73	187,57	64,72	160,46	180,52	55,40	154,20	173,47	46,08	147,93	166,42	36,76	141,66	159,3
	V	2.755,25	151,53	220,42	247,97																		
	VI	2.799,58	153,97	223,96	251,96																		
7.580,99	I	2.242,08	92,83	179,36	201,78	74,19	166,83	187,68	55,55	154,30	173,58	36,90	141,76	159,48	18,26	129,23	145,38	-	116,70	131,28	-	104,21	117,2
	II	2.092,91	75,08	167,43	188,36	56,45	154,90	174,26	37,81	142,37	160,16	19,16	129,84	146,07	0,52	117,30	131,96	-	104,80	117,90	-	92,72	104,3
	III	1.493,83	-	119,50	134,44	-	109,34	123,01	-	99,44	111,87	-	89,78	101,00	-	80,38	90,43	-	71,24	80,14	-	62,36	70,1
	IV	2.242,08	92,83	179,36	201,78	83,51	173,10	194,73	74,19	166,83	187,68	64,87	160,56	180,63	55,55	154,30	173,58	46,23	148,03	166,53	36,90	141,76	159,4
	V	2.756,50	151,60	220,52	248,08																		
	VI	2.800,83	154,04	224,06	252,07																		
7.583,99	I	2.243,33	92,98	179,46	201,89	74,34	166,93	187,79	55,70	154,40	173,70	37,05	141,86	159,59	18,41	129,33	145,49	-	116,80	131,40	-	104,31	117,3
	II	2.094,25	75,24	167,54	188,48	56,60	155,00	174,38	37,96	142,47	160,28	19,31	129,94	146,18	0,67	117,40	132,08	-	104,90	118,01	-	92,81	104,4
	III	1.495,00	-	119,60	134,55	-	109,42	123,10	-	99,50	111,94	-	89,85	101,08	-	80,45	90,50	-	71,32	80,23	-	62,44	70,2
	IV	2.243,33	92,98	179,46	201,89	83,66	173,20	194,85	74,34	166,93	187,79	65,02	160,66	180,74	55,70	154,40	173,70	46,38	148,13	166,64	37,05	141,86	159,5
	V	2.757,75	151,67	220,62	248,19																		
	VI	2.802,08	154,11	224,16	252,18																		
7.586,99	I	2.244,58	93,13	179,56	202,01	74,49	167,03	187,91	55,85	154,50	173,81	37,20	141,96	159,71	18,56	129,43	145,61	-	116,90	131,51	-	104,41	117,4
	II	2.095,50	75,39	167,64	188,59	56,75	155,10	174,49	38,10	142,57	160,39	19,46	130,04	146,29	0,82	117,50	132,19	-	105,00	118,13	-	92,91	104,5
	III	1.496,00	-	119,68	134,64	-	109,50	123,19	-	99,58	112,03	-	89,93	101,17	-	80,53	90,59	-	71,38	80,30	-	62,50	70,3
	IV	2.244,58	93,13	179,56	202,01	83,81	173,30	194,96	74,49	167,03	187,91	65,17	160,76	180,86	55,85	154,50	173,81	46,52	148,23	166,76	37,20	141,96	159,7
	V	2.759,00	151,74	220,72	248,31																		
	VI	2.803,33	154,18	224,26	252,29																		
7.589,99	I	2.245,83	93,28	179,66	202,12	74,64	167,13	188,02	55,99	154,60	173,92	37,35	142,06	159,82	18,71	129,53	145,72	0,06	117,00	131,62	-	104,50	117,5
	II	2.096,75	75,54	167,74	188,70	56,90	155,20	174,60	38,25	142,67	160,50	19,61	130,14	146,40	0,97	117,60	132,30	-	105,10	118,24	-	93,00	104,6
	III	1.497,00	-	119,76	134,73	-	109,58	123,28	-	99,66	112,12	-	90,01	101,26	-	80,61	90,68	-	71,46	80,39	-	62,57	70,3
	IV	2.245,83	93,28	179,66	202,12	83,96	173,40	195,07	74,64	167,13	188,02	65,32	160,86	180,97	55,99	154,60	173,92	46,67	148,33	166,87	37,35	142,06	159,8
	V	2.760,25	151,81	220,82	248,42																		
	VI	2.804,58	154,25	224,36	252,41																		
7.592,99	I	2.247,08	93,43	179,76	202,23	74,79	167,23	188,13	56,14	154,70	174,03	37,50	142,16	159,93	18,86	129,63	145,83	0,22	117,10	131,74	-	104,60	117,6
	II	2.098,00	75,69	167,84	188,82	57,05	155,30	174,71	38,40	142,77	160,61	19,76	130,24	146,52	1,12	117,70	132,41	-	105,20	118,35	-	93,10	104,7
	III	1.498,00	-	119,84	134,82	-	109,66	123,37	-	99,74	112,21	-	90,09	101,35	-	80,68	90,76	-	71,53	80,47	-	62,64	70,4
	IV	2.247,08	93,43	179,76	202,23	84,11	173,50	195,18	74,79	167,23	188,13	65,46	160,96	181,08	56,14	154,70	174,03	46,82	148,43	166,98	37,50	142,16	159,9
	V	2.761,50	151,88	220,92	248,53																		
	VI	2.805,83	154,32	224,46	252,52																		
7.595,99	I	2.248,33	93,58	179,86	202,34	74,94	167,33	188,24	56,29	154,80	174,15	37,65	142,26	160,04	19,02	129,74	145,95	0,37	117,20	131,85	-	104,70	117,7
	II	2.099,25	75,84	167,94	188,93	57,19	155,40	174,83	38,55	142,87	160,73	19,91	130,34	146,63	1,26	117,80	132,53	-	105,30	118,46	-	93,20	104,8
	III	1.499,16	-	119,93	134,92	-	109,74	123,46	-	99,82	112,30	-	90,16	101,43	-	80,76	90,85	-	71,61	80,56	-	62,72	70,5
	IV	2.248,33	93,58	179,86	202,34	84,26	173,60	195,30	74,94	167,33	188,24	65,61	161,06	181,19	56,29	154,80	174,15	46,97	148,53	167,09	37,65	142,26	160,0
	V	2.762,83	151,95	221,02	248,65																		
	VI	2.807,08	154,38	224,56	252,63																		
7.598,99	I	2.249,58	93,73	179,96	202,46	75,08	167,43	188,36	56,45	154,90	174,26	37,81	142,37	160,16	19,16	129,84	146,07	0,52	117,30	131,96	-	104,80	117,9
	II	2.100,50	75,99	168,04	189,04	57,34	155,50	174,94	38,70	142,97	160,84	20,06	130,44	146,74	1,41	117,90	132,64	-	105,40	118,58	-	93,29	104,9
	III	1.500,16	-	120,01	135,01	-	109,82	123,55	-	99,90	112,39	-	90,24	101,52	-	80,82	90,92	-	71,68	80,64	-	62,78	70,6
	IV	2.249,58	93,73	179,96	202,46	84,41	173,70	195,41	75,08	167,43	188,36	65,76	161,16	181,31	56,45	154,90	174,26	47,13	148,64	167,22	37,81	142,37	160,1
	V	2.764,08	152,02	221,12	248,76																		
	VI	2.808,33	154,45	224,66	252,74																		
7.601,99	I	2.250,83	93,88	180,06	202,57	75,24	167,54	188,48	56,60	155,00	174,38	37,96	142,47	160,28	19,31	129,94	146,18	0,67	117,40	132,08	-	104,90	118,0
	II	2.101,75	76,14	168,14	189,15	57,49	155,60	175,05	38,85	143,07	160,95	20,22	130,54	146,86	1,57	118,01	132,76	-	105,50	118,68	-	93,38	105,0
	III	1.501,16	-	120,09	135,10	-	109,90	123,64	-	99,98	112,48	-	90,32	101,61	-	80,90	91,01	-	71,76	80,73	-	62,85	70,7
	IV	2.250,83	93,88	180,06	202,57	84,56	173,80	195,53	75,24	167,54	188,48	65,92	161,27	181,43	56,60	155,00	174,38	47,28	148,74	167,33	37,96	142,47	160,2
	V	2.765,33	152,09	221,22	248,87																		
	VI	2.809,58	154,52	224,76	252,86																		
7.604,99	I	2.252,16	94,03	180,17	202,69	75,39	167,64	188,59	56,75	155,10	174,49	38,10	142,57	160,39	19,46	130,04	146,29	0,82	117,50	132,19	-	105,00	118,1
	II	2.103,00	76,28	168,24	189,27	57,64	155,70	175,16	39,01	143,18	161,07	20,36	130,64	146,97	1,72	118,11	132,87	-	105,60	118,80	-	93,48	105,1
	III	1.502,16	-	120,17	135,19	-	109,98	123,73	-	100,06	112,57	-	90,40	101,70	-	80,98	91,10	-	71,82	80,80	-	62,93	70,7
	IV	2.252,16	94,03	180,17	202,69	84,71	173,90	195,64	75,39	167,64	188,59	66,07	161,37	181,54	56,75	155,10	174,49	47,43	148,84	167,44	38,10	142,57	160,3
	V	2.766,58	152,16	221,32	248,99																		
	VI	2.810,91	154,60	224,87	252,98																		

Besondere Tabelle

Lohn/ Gehalt bis	Steuerklasse	Lohnsteuer	ohne Kinderfreibetrag SolZ 5,5%	ohne Kinderfreibetrag Kirchensteuer 8%	ohne Kinderfreibetrag Kirchensteuer 9%	0,5 SolZ 5,5%	0,5 Kirchensteuer 8%	0,5 Kirchensteuer 9%	1,0 SolZ 5,5%	1,0 Kirchensteuer 8%	1,0 Kirchensteuer 9%	1,5 SolZ 5,5%	1,5 Kirchensteuer 8%	1,5 Kirchensteuer 9%	2,0 SolZ 5,5%	2,0 Kirchensteuer 8%	2,0 Kirchensteuer 9%	2,5 SolZ 5,5%	2,5 Kirchensteuer 8%	2,5 Kirchensteuer 9%	3,0 SolZ 5,5%	3,0 Kirchensteuer 8%	3,0 Kirchensteuer 9%
						Anzahl Kinderfreibeträge (nur Steuerklassen I–IV)																	
7.607,99	I	2.253,41	*94,18*	180,27	202,80	*75,54*	167,74	188,70	*56,90*	155,20	174,60	*38,25*	142,67	160,50	*19,61*	130,14	146,40	*0,97*	117,60	132,30	-	105,10	118,24
	II	2.104,33	*76,44*	168,34	189,38	*57,80*	155,81	175,28	*39,16*	143,28	161,19	*20,51*	130,74	147,08	*1,87*	118,21	132,98	-	105,70	118,91	-	93,58	105,27
	III	1.503,16	-	120,25	135,28	-	110,06	123,82	-	100,14	112,66	-	90,46	101,77	-	81,05	91,18	-	71,89	80,87	-	63,00	70,87
	IV	2.253,41	*94,18*	180,27	202,80	*84,86*	174,00	195,75	*75,54*	167,74	188,70	*66,22*	161,47	181,65	*56,90*	155,20	174,60	*47,58*	148,94	167,55	*38,25*	142,67	160,50
	V	2.767,83	*152,23*	221,42	249,10																		
	VI	2.812,16	*154,66*	224,97	253,09																		
7.610,99	I	2.254,66	*94,33*	180,37	202,91	*75,69*	167,84	188,82	*57,05*	155,30	174,71	*38,40*	142,77	160,61	*19,76*	130,24	146,52	*1,12*	117,70	132,41	-	105,20	118,35
	II	2.105,58	*76,59*	168,44	189,50	*57,95*	155,91	175,40	*39,30*	143,38	161,30	*20,66*	130,84	147,20	*2,02*	118,31	133,10	-	105,80	119,02	-	93,67	105,38
	III	1.504,33	-	120,34	135,38	-	110,16	123,93	-	100,22	112,75	-	90,54	101,86	-	81,13	91,27	-	71,97	80,96	-	63,06	70,94
	IV	2.254,66	*94,33*	180,37	202,91	*85,01*	174,10	195,86	*75,69*	167,84	188,82	*66,37*	161,57	181,76	*57,05*	155,30	174,71	*47,72*	149,04	167,67	*38,40*	142,77	160,61
	V	2.769,08	*152,29*	221,52	249,21																		
	VI	2.813,41	*154,73*	225,07	253,20																		
7.613,99	I	2.255,91	*94,48*	180,47	203,03	*75,84*	167,94	188,93	*57,19*	155,40	174,83	*38,55*	142,87	160,73	*19,91*	130,34	146,63	*1,26*	117,80	132,53	-	105,30	118,46
	II	2.106,83	*76,74*	168,54	189,61	*58,10*	156,01	175,51	*39,45*	143,48	161,41	*20,81*	130,94	147,31	*2,17*	118,41	133,21	-	105,90	119,13	-	93,76	105,48
	III	1.505,33	-	120,42	135,47	-	110,24	124,02	-	100,30	112,84	-	90,62	101,95	-	81,20	91,35	-	72,04	81,04	-	63,13	71,02
	IV	2.255,91	*94,48*	180,47	203,03	*85,16*	174,20	195,98	*75,84*	167,94	188,93	*66,52*	161,67	181,88	*57,19*	155,40	174,83	*47,87*	149,14	167,78	*38,55*	142,87	160,73
	V	2.770,33	*152,36*	221,62	249,32																		
	VI	2.814,66	*154,80*	225,17	253,31																		
7.616,99	I	2.257,16	*94,63*	180,57	203,14	*75,99*	168,04	189,04	*57,34*	155,50	174,94	*38,70*	142,97	160,84	*20,06*	130,44	146,74	*1,41*	117,90	132,64	-	105,40	118,58
	II	2.108,08	*76,89*	168,64	189,72	*58,25*	156,11	175,62	*39,60*	143,58	161,52	*20,96*	131,04	147,42	*2,32*	118,51	133,32	-	106,00	119,25	-	93,86	105,59
	III	1.506,33	-	120,50	135,56	-	110,32	124,11	-	100,37	112,91	-	90,70	102,04	-	81,28	91,44	-	72,12	81,13	-	63,21	71,11
	IV	2.257,16	*94,63*	180,57	203,14	*85,31*	174,30	196,09	*75,99*	168,04	189,04	*66,66*	161,77	181,99	*57,34*	155,50	174,94	*48,02*	149,24	167,89	*38,70*	142,97	160,84
	V	2.771,58	*152,43*	221,72	249,44																		
	VI	2.815,91	*154,87*	225,27	253,43																		
7.619,99	I	2.258,41	*94,78*	180,67	203,25	*76,14*	168,14	189,15	*57,49*	155,60	175,05	*38,85*	143,07	160,95	*20,22*	130,54	146,86	*1,57*	118,01	132,76	-	105,50	118,68
	II	2.109,33	*77,04*	168,74	189,83	*58,39*	156,21	175,73	*39,75*	143,68	161,64	*21,11*	131,14	147,53	*2,46*	118,61	133,43	-	106,10	119,36	-	93,96	105,70
	III	1.507,33	-	120,58	135,65	-	110,40	124,20	-	100,45	113,00	-	90,77	102,11	-	81,36	91,53	-	72,18	81,20	-	63,28	71,19
	IV	2.258,41	*94,78*	180,67	203,25	*85,46*	174,40	196,20	*76,14*	168,14	189,15	*66,81*	161,87	182,10	*57,49*	155,60	175,05	*48,17*	149,34	168,00	*38,85*	143,07	160,95
	V	2.772,83	*152,50*	221,82	249,55																		
	VI	2.817,16	*154,94*	225,37	253,54																		
7.622,99	I	2.259,66	*94,93*	180,77	203,36	*76,28*	168,24	189,27	*57,64*	155,70	175,16	*39,01*	143,18	161,07	*20,36*	130,64	146,97	*1,72*	118,11	132,87	-	105,60	118,80
	II	2.110,58	*77,19*	168,84	189,95	*58,54*	156,31	175,85	*39,90*	143,78	161,75	*21,26*	131,24	147,65	*2,61*	118,71	133,55	-	106,20	119,47	-	94,05	105,80
	III	1.508,50	-	120,68	135,76	-	110,48	124,29	-	100,53	113,09	-	90,85	102,20	-	81,42	91,60	-	72,26	81,29	-	63,34	71,26
	IV	2.259,66	*94,93*	180,77	203,36	*85,61*	174,50	196,31	*76,28*	168,24	189,27	*66,96*	161,97	182,21	*57,64*	155,70	175,16	*48,33*	149,44	168,12	*39,01*	143,18	161,07
	V	2.774,16	*152,57*	221,93	249,67																		
	VI	2.818,41	*155,01*	225,47	253,65																		
7.625,99	I	2.260,91	*95,08*	180,87	203,48	*76,44*	168,34	189,38	*57,80*	155,81	175,28	*39,16*	143,28	161,19	*20,51*	130,74	147,08	*1,87*	118,21	132,98	-	105,70	118,91
	II	2.111,83	*77,34*	168,94	190,06	*58,69*	156,41	175,96	*40,05*	143,88	161,86	*21,41*	131,34	147,76	*2,77*	118,82	133,67	-	106,30	119,58	-	94,15	105,92
	III	1.509,50	-	120,76	135,85	-	110,56	124,38	-	100,61	113,18	-	90,93	102,29	-	81,50	91,69	-	72,33	81,37	-	63,42	71,35
	IV	2.260,91	*95,08*	180,87	203,48	*85,75*	174,60	196,43	*76,44*	168,34	189,38	*67,12*	162,08	182,34	*57,80*	155,81	175,28	*48,48*	149,54	168,23	*39,16*	143,28	161,19
	V	2.775,41	*152,64*	222,03	249,78																		
	VI	2.819,66	*155,08*	225,57	253,76																		
7.628,99	I	2.262,25	*95,23*	180,98	203,60	*76,59*	168,44	189,50	*57,95*	155,91	175,40	*39,30*	143,38	161,30	*20,66*	130,84	147,20	*2,02*	118,31	133,10	-	105,80	119,02
	II	2.113,08	*77,48*	169,04	190,17	*58,84*	156,51	176,07	*40,21*	143,98	161,98	*21,56*	131,45	147,88	*2,92*	118,92	133,78	-	106,40	119,70	-	94,24	106,02
	III	1.510,50	-	120,84	135,94	-	110,64	124,47	-	100,69	113,27	-	91,01	102,38	-	81,57	91,76	-	72,41	81,46	-	63,49	71,42
	IV	2.262,25	*95,23*	180,98	203,60	*85,91*	174,71	196,55	*76,59*	168,44	189,50	*67,27*	162,18	182,45	*57,95*	155,91	175,40	*48,63*	149,64	168,35	*39,30*	143,38	161,30
	V	2.776,66	*152,71*	222,13	249,89																		
	VI	2.821,00	*155,15*	225,68	253,89																		
7.631,99	I	2.263,50	*95,38*	181,08	203,71	*76,74*	168,54	189,61	*58,10*	156,01	175,51	*39,45*	143,48	161,41	*20,81*	130,94	147,31	*2,17*	118,41	133,21	-	105,90	119,13
	II	2.114,33	*77,63*	169,14	190,28	*59,00*	156,62	176,19	*40,36*	144,08	162,09	*21,71*	131,55	147,99	*3,07*	119,02	133,89	-	106,50	119,81	-	94,34	106,13
	III	1.511,50	-	120,92	136,03	-	110,72	124,56	-	100,77	113,36	-	91,08	102,46	-	81,65	91,85	-	72,48	81,54	-	63,56	71,50
	IV	2.263,50	*95,38*	181,08	203,71	*86,06*	174,81	196,66	*76,74*	168,54	189,61	*67,42*	162,28	182,56	*58,10*	156,01	175,51	*48,78*	149,74	168,46	*39,45*	143,48	161,41
	V	2.777,91	*152,78*	222,23	250,01																		
	VI	2.822,25	*155,22*	225,78	254,00																		
7.634,99	I	2.264,75	*95,53*	181,18	203,82	*76,89*	168,64	189,72	*58,25*	156,11	175,62	*39,60*	143,58	161,52	*20,96*	131,04	147,42	*2,32*	118,51	133,32	-	106,00	119,25
	II	2.115,66	*77,79*	169,25	190,40	*59,15*	156,72	176,31	*40,50*	144,18	162,20	*21,86*	131,65	148,10	*3,22*	119,12	134,01	-	106,60	119,92	-	94,44	106,24
	III	1.512,50	-	121,00	136,12	-	110,80	124,65	-	100,85	113,45	-	91,16	102,55	-	81,73	91,94	-	72,54	81,61	-	63,64	71,59
	IV	2.264,75	*95,53*	181,18	203,82	*86,21*	174,91	196,77	*76,89*	168,64	189,72	*67,57*	162,38	182,67	*58,25*	156,11	175,62	*48,92*	149,84	168,57	*39,60*	143,58	161,52
	V	2.779,16	*152,85*	222,33	250,12																		
	VI	2.823,50	*155,29*	225,88	254,11																		
7.637,99	I	2.266,00	*95,68*	181,28	203,94	*77,04*	168,74	189,83	*58,39*	156,21	175,73	*39,75*	143,68	161,64	*21,11*	131,14	147,53	*2,46*	118,61	133,43	-	106,10	119,36
	II	2.116,91	*77,94*	169,35	190,52	*59,30*	156,82	176,42	*40,65*	144,28	162,32	*22,01*	131,75	148,22	*3,37*	119,22	134,12	-	106,70	120,03	-	94,53	106,34
	III	1.513,66	-	121,09	136,22	-	110,88	124,74	-	100,93	113,54	-	91,24	102,64	-	81,80	92,02	-	72,62	81,70	-	63,70	71,66
	IV	2.266,00	*95,68*	181,28	203,94	*86,36*	175,01	196,88	*77,04*	168,74	189,83	*67,72*	162,48	182,79	*58,39*	156,21	175,73	*49,07*	149,94	168,68	*39,75*	143,68	161,64
	V	2.780,41	*152,92*	222,43	250,23																		
	VI	2.824,75	*155,36*	225,98	254,22																		
7.640,99	I	2.267,25	*95,83*	181,38	204,05	*77,19*	168,84	189,95	*58,54*	156,31	175,85	*39,90*	143,78	161,75	*21,26*	131,24	147,65	*2,61*	118,71	133,55	-	106,20	119,47
	II	2.118,16	*78,09*	169,45	190,63	*59,45*	156,92	176,53	*40,80*	144,38	162,43	*22,16*	131,85	148,33	*3,52*	119,32	134,23	-	106,80	120,15	-	94,63	106,46
	III	1.514,66	-	121,17	136,31	-	110,96	124,83	-	101,01	113,63	-	91,32	102,73	-	81,88	92,11	-	72,69	81,77	-	63,77	71,74
	IV	2.267,25	*95,83*	181,38	204,05	*86,51*	175,11	197,00	*77,19*	168,84	189,95	*67,86*	162,58	182,90	*58,54*	156,31	175,85	*49,22*	150,04	168,80	*39,90*	143,78	161,75
	V	2.781,66	*152,99*	222,53	250,34																		
	VI	2.826,00	*155,43*	226,08	254,34																		
7.643,99	I	2.268,50	*95,98*	181,48	204,16	*77,34*	168,94	190,06	*58,69*	156,41	175,96	*40,05*	143,88	161,86	*21,41*	131,34	147,76	*2,77*	118,82	133,67	-	106,30	119,58
	II	2.119,41	*78,24*	169,55	190,74	*59,59*	157,02	176,64	*40,95*	144,48	162,54	*22,31*	131,95	148,44	*3,66*	119,42	134,34	-	106,90	120,26	-	94,72	106,56
	III	1.515,66	-	121,25	136,40	-	111,04	124,92	-	101,09	113,72	-	91,40	102,82	-	81,96	92,20	-	72,77	81,86	-	63,84	71,82
	IV	2.268,50	*95,98*	181,48	204,16	*86,66*	175,21	197,11	*77,34*	168,94	190,06	*68,01*	162,68	183,01	*58,69*	156,41	175,96	*49,37*	150,14	168,91	*40,05*	143,88	161,86
	V	2.782,91	*153,06*	222,63	250,46																		
	VI	2.827,25	*155,49*	226,18	254,45																		
7.646,99	I	2.269,75	*96,13*	181,58	204,27	*77,48*	169,04	190,17	*58,84*	156,51	176,07	*40,21*	143,98	161,98	*21,56*	131,45	147,88	*2,92*	118,92	133,78	-	106,40	119,70
	II	2.120,66	*78,39*	169,65	190,85	*59,74*	157,12	176,76	*41,10*	144,58	162,65	*22,46*	132,05	148,55	*3,81*	119,52	134,46	-	107,00	120,37	-	94,82	106,67
	III	1.516,66	-	121,33	136,49	-	111,12	125,01	-	101,17	113,81	-	91,46	102,89	-	82,02	92,27	-	72,84	81,94	-	63,92	71,91
	IV	2.269,75	*96,13*	181,58	204,27	*86,81*	175,31	197,22	*77,48*	169,04	190,17	*68,16*	162,78	183,12	*58,84*	156,51	176,07	*49,52*	150,24	169,02	*40,21*	143,98	161,98
	V	2.784,25	*153,13*	222,74	250,58																		
	VI	2.828,50	*155,56*	226,28	254,56																		
7.649,99	I	2.271,00	*96,28*	181,68	204,39	*77,63*	169,14	190,28	*59,00*	156,62	176,19	*40,36*	144,08	162,09	*21,71*	131,55	147,99	*3,07*	119,02	133,89	-	106,50	119,81
	II	2.121,91	*78,54*	169,75	190,97	*59,89*	157,22	176,87	*41,25*	144,68	162,77	*22,61*	132,15	148,67	*3,97*	119,62	134,57	-	107,10	120,48	-	94,92	106,78
	III	1.517,83	-	121,42	136,60	-	111,20	125,10	-	101,25	113,90	-	91,54	102,98	-	82,10	92,36	-	72,92	82,03	-	63,98	71,98
	IV	2.271,00	*96,28*	181,68	204,39	*86,95*	175,41	197,33	*77,63*	169,14	190,28	*68,32*	162,88	183,24	*59,00*	156,62	176,19	*49,68*	150,35	169,14	*40,36*	144,08	162,09
	V	2.785,50	*153,20*	222,84	250,69																		
	VI	2.829,75	*155,63*	226,38	254,67																		

Lohn/ Gehalt bis	Steuerklasse	Lohn-steuer	ohne Kinderfreibetrag SolZ 5,5%	ohne Kinderfreibetrag Kirchensteuer 8%	ohne Kinderfreibetrag Kirchensteuer 9%	0,5 SolZ 5,5%	0,5 Kirchensteuer 8%	0,5 Kirchensteuer 9%	1,0 SolZ 5,5%	1,0 Kirchensteuer 8%	1,0 Kirchensteuer 9%	1,5 SolZ 5,5%	1,5 Kirchensteuer 8%	1,5 Kirchensteuer 9%	2,0 SolZ 5,5%	2,0 Kirchensteuer 8%	2,0 Kirchensteuer 9%	2,5 SolZ 5,5%	2,5 Kirchensteuer 8%	2,5 Kirchensteuer 9%	3,0 SolZ 5,5%	3,0 Kirchensteuer 8%	3,0 Kirchensteuer 9%
						Anzahl Kinderfreibeträge (nur Steuerklassen I–IV)																	
7.652,99	I	2.272,33	*96,43*	181,78	204,50	*77,79*	169,25	190,40	*59,15*	156,72	176,31	*40,50*	144,18	162,20	*21,86*	131,65	148,10	*3,22*	119,12	134,01	-	106,60	119,9
	II	2.123,16	*78,68*	169,85	191,08	*60,04*	157,32	176,98	*41,40*	144,78	162,88	*22,76*	132,26	148,79	*4,12*	119,72	134,69	-	107,20	120,60	-	95,01	106,8
	III	1.518,83	-	121,50	136,69	-	111,29	125,20	-	101,33	113,99	-	91,62	103,07	-	82,17	92,44	-	72,98	82,10	-	64,05	72,0
	IV	2.272,33	*96,43*	181,78	204,50	*87,11*	175,52	197,46	*77,79*	169,25	190,40	*68,47*	162,98	183,35	*59,15*	156,72	176,31	*49,83*	150,45	169,25	*40,50*	144,18	162,2
	V	2.786,75	*153,27*	222,94	250,80																		
	VI	2.831,08	*155,70*	226,48	254,79																		
7.655,99	I	2.273,58	*96,58*	181,88	204,62	*77,94*	169,35	190,52	*59,30*	156,82	176,42	*40,65*	144,28	162,32	*22,01*	131,75	148,22	*3,37*	119,22	134,12	-	106,70	120,0
	II	2.124,41	*78,83*	169,95	191,19	*60,20*	157,42	177,10	*41,56*	144,89	163,00	*22,91*	132,36	148,90	*4,27*	119,82	134,80	-	107,30	120,71	-	95,10	106,9
	III	1.519,83	-	121,58	136,78	-	111,37	125,29	-	101,40	114,07	-	91,70	103,16	-	82,25	92,53	-	73,06	82,19	-	64,13	72,1
	IV	2.273,58	*96,58*	181,88	204,62	*87,26*	175,62	197,57	*77,94*	169,35	190,52	*68,62*	163,08	183,47	*59,30*	156,82	176,42	*49,98*	150,55	169,37	*40,65*	144,28	162,3
	V	2.788,00	*153,34*	223,04	250,92																		
	VI	2.832,33	*155,77*	226,58	254,90																		
7.658,99	I	2.274,83	*96,73*	181,98	204,73	*78,09*	169,45	190,63	*59,45*	156,92	176,53	*40,80*	144,38	162,43	*22,16*	131,85	148,33	*3,52*	119,32	134,23	-	106,80	120,1
	II	2.125,75	*78,99*	170,06	191,31	*60,35*	157,52	177,21	*41,70*	144,99	163,11	*23,06*	132,46	149,01	*4,42*	119,92	134,91	-	107,40	120,82	-	95,20	107,1
	III	1.520,83	-	121,66	136,87	-	111,45	125,38	-	101,48	114,16	-	91,77	103,24	-	82,33	92,62	-	73,13	82,27	-	64,20	72,2
	IV	2.274,83	*96,73*	181,98	204,73	*87,41*	175,72	197,68	*78,09*	169,45	190,63	*68,77*	163,18	183,58	*59,45*	156,92	176,53	*50,12*	150,65	169,48	*40,80*	144,38	162,4
	V	2.789,25	*153,40*	223,14	251,03																		
	VI	2.833,58	*155,84*	226,68	255,02																		
7.661,99	I	2.276,08	*96,88*	182,08	204,84	*78,24*	169,55	190,74	*59,59*	157,02	176,64	*40,95*	144,48	162,54	*22,31*	131,95	148,44	*3,66*	119,42	134,34	-	106,90	120,2
	II	2.127,00	*79,14*	170,16	191,43	*60,50*	157,62	177,32	*41,85*	145,09	163,22	*23,21*	132,56	149,13	*4,57*	120,02	135,02	-	107,50	120,93	-	95,30	107,2
	III	1.522,00	-	121,76	136,98	-	111,53	125,47	-	101,56	114,25	-	91,85	103,33	-	82,40	92,70	-	73,21	82,36	-	64,26	72,2
	IV	2.276,08	*96,88*	182,08	204,84	*87,56*	175,82	197,79	*78,24*	169,55	190,74	*68,92*	163,28	183,69	*59,59*	157,02	176,64	*50,27*	150,75	169,59	*40,95*	144,48	162,5
	V	2.790,50	*153,47*	223,24	251,14																		
	VI	2.834,83	*155,91*	226,78	255,13																		
7.664,99	I	2.277,33	*97,03*	182,18	204,95	*78,39*	169,65	190,85	*59,74*	157,12	176,76	*41,10*	144,58	162,65	*22,46*	132,05	148,55	*3,81*	119,52	134,46	-	107,00	120,3
	II	2.128,25	*79,29*	170,26	191,54	*60,65*	157,72	177,44	*42,00*	145,19	163,34	*23,36*	132,66	149,24	*4,72*	120,12	135,14	-	107,60	121,05	-	95,40	107,3
	III	1.523,00	-	121,84	137,07	-	111,61	125,56	-	101,64	114,34	-	91,93	103,42	-	82,48	92,79	-	73,28	82,44	-	64,34	72,3
	IV	2.277,33	*97,03*	182,18	204,95	*87,71*	175,92	197,91	*78,39*	169,65	190,85	*69,06*	163,38	183,80	*59,74*	157,12	176,76	*50,42*	150,85	169,70	*41,10*	144,58	162,6
	V	2.791,75	*153,54*	223,34	251,25																		
	VI	2.836,08	*155,98*	226,88	255,24																		
7.667,99	I	2.278,58	*97,18*	182,28	205,07	*78,54*	169,75	190,97	*59,89*	157,22	176,87	*41,25*	144,68	162,77	*22,61*	132,15	148,67	*3,97*	119,62	134,57	-	107,10	120,4
	II	2.129,50	*79,44*	170,36	191,65	*60,79*	157,82	177,55	*42,15*	145,29	163,45	*23,51*	132,76	149,35	*4,86*	120,22	135,25	-	107,70	121,16	-	95,49	107,4
	III	1.524,00	-	121,92	137,16	-	111,69	125,65	-	101,72	114,43	-	92,01	103,51	-	82,54	92,86	-	73,36	82,53	-	64,41	72,4
	IV	2.278,58	*97,18*	182,28	205,07	*87,86*	176,02	198,02	*78,54*	169,75	190,97	*69,21*	163,48	183,92	*59,89*	157,22	176,87	*50,57*	150,95	169,82	*41,25*	144,68	162,7
	V	2.793,00	*153,61*	223,44	251,37																		
	VI	2.837,33	*156,05*	226,98	255,35																		
7.670,99	I	2.279,83	*97,33*	182,38	205,18	*78,68*	169,85	191,08	*60,04*	157,32	176,98	*41,40*	144,78	162,88	*22,76*	132,26	148,79	*4,12*	119,72	134,69	-	107,20	120,6
	II	2.130,75	*79,59*	170,46	191,76	*60,94*	157,92	177,66	*42,30*	145,39	163,56	*23,66*	132,86	149,46	*5,01*	120,32	135,36	-	107,80	121,27	-	95,58	107,5
	III	1.525,00	-	122,00	137,25	-	111,77	125,74	-	101,80	114,52	-	92,08	103,59	-	82,62	92,95	-	73,42	82,60	-	64,48	72,5
	IV	2.279,83	*97,33*	182,38	205,18	*88,01*	176,12	198,13	*78,68*	169,85	191,08	*69,36*	163,58	184,03	*60,04*	157,32	176,98	*50,72*	151,05	169,93	*41,40*	144,78	162,8
	V	2.794,33	*153,68*	223,54	251,48																		
	VI	2.838,58	*156,12*	227,08	255,47																		
7.673,99	I	2.281,08	*97,48*	182,48	205,29	*78,83*	169,95	191,19	*60,20*	157,42	177,10	*41,56*	144,89	163,00	*22,91*	132,36	148,90	*4,27*	119,82	134,80	-	107,30	120,7
	II	2.132,00	*79,73*	170,56	191,88	*61,09*	158,02	177,77	*42,45*	145,49	163,67	*23,80*	132,96	149,58	*5,16*	120,42	135,47	-	107,90	121,38	-	95,68	107,6
	III	1.526,16	-	122,09	137,35	-	111,85	125,83	-	101,88	114,61	-	92,16	103,68	-	82,70	93,04	-	73,50	82,69	-	64,56	72,6
	IV	2.281,08	*97,48*	182,48	205,29	*88,15*	176,22	198,24	*78,83*	169,95	191,19	*69,51*	163,68	184,14	*60,20*	157,42	177,10	*50,88*	151,16	170,05	*41,56*	144,89	163,0
	V	2.795,58	*153,75*	223,64	251,60																		
	VI	2.839,83	*156,19*	227,18	255,58																		
7.676,99	I	2.282,33	*97,62*	182,58	205,40	*78,99*	170,06	191,31	*60,35*	157,52	177,21	*41,70*	144,99	163,11	*23,06*	132,46	149,01	*4,42*	119,92	134,91	-	107,40	120,8
	II	2.133,25	*79,88*	170,66	191,99	*61,24*	158,12	177,89	*42,60*	145,59	163,79	*23,96*	133,06	149,69	*5,32*	120,53	135,59	-	108,00	121,50	-	95,78	107,7
	III	1.527,16	-	122,17	137,44	-	111,93	125,92	-	101,96	114,70	-	92,24	103,77	-	82,77	93,11	-	73,57	82,76	-	64,62	72,7
	IV	2.282,33	*97,62*	182,58	205,40	*88,31*	176,32	198,36	*78,99*	170,06	191,31	*69,67*	163,79	184,26	*60,35*	157,52	177,21	*51,03*	151,26	170,16	*41,70*	144,99	163,1
	V	2.796,83	*153,82*	223,74	251,71																		
	VI	2.841,08	*156,25*	227,28	255,69																		
7.679,99	I	2.283,66	*97,78*	182,69	205,52	*79,14*	170,16	191,43	*60,50*	157,62	177,32	*41,85*	145,09	163,22	*23,21*	132,56	149,13	*4,57*	120,02	135,02	-	107,50	120,9
	II	2.134,50	*80,03*	170,76	192,10	*61,39*	158,22	178,00	*42,76*	145,70	163,91	*24,11*	133,16	149,81	*5,47*	120,63	135,71	-	108,10	121,61	-	95,88	107,8
	III	1.528,16	-	122,25	137,53	-	112,01	126,01	-	102,04	114,79	-	92,32	103,86	-	82,85	93,20	-	73,64	82,84	-	64,69	72,7
	IV	2.283,66	*97,78*	182,69	205,52	*88,46*	176,42	198,47	*79,14*	170,16	191,43	*69,82*	163,89	184,37	*60,50*	157,62	177,32	*51,17*	151,36	170,28	*41,85*	145,09	163,2
	V	2.798,08	*153,89*	223,84	251,82																		
	VI	2.842,41	*156,33*	227,39	255,81																		
7.682,99	I	2.284,91	*97,93*	182,79	205,64	*79,29*	170,26	191,54	*60,65*	157,72	177,44	*42,00*	145,19	163,34	*23,36*	132,66	149,24	*4,72*	120,12	135,14	-	107,60	121,0
	II	2.135,83	*80,19*	170,86	192,22	*61,55*	158,33	178,12	*42,90*	145,80	164,02	*24,26*	133,26	149,92	*5,62*	120,73	135,82	-	108,20	121,72	-	95,97	107,9
	III	1.529,16	-	122,33	137,62	-	112,10	126,11	-	102,12	114,88	-	92,40	103,95	-	82,93	93,29	-	73,72	82,93	-	64,77	72,8
	IV	2.284,91	*97,93*	182,79	205,64	*88,61*	176,52	198,59	*79,29*	170,26	191,54	*69,97*	163,99	184,49	*60,65*	157,72	177,44	*51,32*	151,46	170,39	*42,00*	145,19	163,3
	V	2.799,33	*153,96*	223,94	251,93																		
	VI	2.843,66	*156,40*	227,49	255,92																		
7.685,99	I	2.286,16	*98,08*	182,89	205,75	*79,44*	170,36	191,65	*60,79*	157,82	177,55	*42,15*	145,29	163,45	*23,51*	132,76	149,35	*4,86*	120,22	135,25	-	107,70	121,1
	II	2.137,08	*80,34*	170,96	192,33	*61,70*	158,43	178,23	*43,05*	145,90	164,13	*24,41*	133,36	150,03	*5,77*	120,83	135,93	-	108,30	121,83	-	96,07	108,0
	III	1.530,33	-	122,42	137,72	-	112,18	126,20	-	102,20	114,97	-	92,46	104,02	-	83,00	93,37	-	73,78	83,00	-	64,84	72,9
	IV	2.286,16	*98,08*	182,89	205,75	*88,76*	176,62	198,70	*79,44*	170,36	191,65	*70,12*	164,09	184,60	*60,79*	157,82	177,55	*51,47*	151,56	170,50	*42,15*	145,29	163,4
	V	2.800,58	*154,03*	224,04	252,05																		
	VI	2.844,91	*156,47*	227,59	256,04																		
7.688,99	I	2.287,41	*98,23*	182,99	205,86	*79,59*	170,46	191,76	*60,94*	157,92	177,66	*42,30*	145,39	163,56	*23,66*	132,86	149,46	*5,01*	120,32	135,36	-	107,80	121,2
	II	2.138,33	*80,49*	171,06	192,44	*61,85*	158,53	178,34	*43,20*	146,00	164,25	*24,56*	133,46	150,14	*5,92*	120,93	136,04	-	108,40	121,95	-	96,16	108,1
	III	1.531,33	-	122,50	137,81	-	112,26	126,29	-	102,28	115,06	-	92,54	104,11	-	83,08	93,46	-	73,86	83,09	-	64,90	73,0
	IV	2.287,41	*98,23*	182,99	205,86	*88,91*	176,72	198,81	*79,59*	170,46	191,76	*70,26*	164,19	184,71	*60,94*	157,92	177,66	*51,62*	151,66	170,61	*42,30*	145,39	163,5
	V	2.801,83	*154,10*	224,14	252,16																		
	VI	2.846,16	*156,53*	227,69	256,15																		
7.691,99	I	2.288,66	*98,38*	183,09	205,97	*79,73*	170,56	191,88	*61,09*	158,02	177,77	*42,45*	145,49	163,67	*23,80*	132,96	149,58	*5,16*	120,42	135,47	-	107,90	121,3
	II	2.139,58	*80,64*	171,16	192,56	*61,99*	158,63	178,46	*43,35*	146,10	164,36	*24,71*	133,56	150,26	*6,06*	121,03	136,16	-	108,50	122,06	-	96,26	108,2
	III	1.532,33	-	122,58	137,90	-	112,34	126,38	-	102,36	115,15	-	92,62	104,20	-	83,16	93,55	-	73,93	83,17	-	64,98	73,1
	IV	2.288,66	*98,38*	183,09	205,97	*89,06*	176,82	198,92	*79,73*	170,56	191,88	*70,41*	164,29	184,82	*61,09*	158,02	177,77	*51,77*	151,76	170,73	*42,45*	145,49	163,6
	V	2.803,08	*154,16*	224,24	252,27																		
	VI	2.847,41	*156,60*	227,79	256,26																		
7.694,99	I	2.289,91	*98,53*	183,19	206,09	*79,88*	170,66	191,99	*61,24*	158,12	177,89	*42,60*	145,59	163,79	*23,96*	133,06	149,69	*5,32*	120,53	135,59	-	108,00	121,5
	II	2.140,83	*80,79*	171,26	192,67	*62,14*	158,73	178,57	*43,50*	146,20	164,47	*24,86*	133,66	150,37	*6,21*	121,13	136,27	-	108,60	122,18	-	96,36	108,4
	III	1.533,33	-	122,66	137,99	-	112,42	126,47	-	102,44	115,24	-	92,70	104,29	-	83,22	93,62	-	74,01	83,26	-	65,05	73,1
	IV	2.289,91	*98,53*	183,19	206,09	*89,21*	176,92	199,04	*79,88*	170,66	191,99	*70,56*	164,39	184,94	*61,24*	158,12	177,89	*51,92*	151,86	170,84	*42,60*	145,59	163,7
	V	2.804,33	*154,23*	224,34	252,38																		
	VI	2.848,66	*156,67*	227,89	256,37																		

Lohn/ Gehalt bis	Steuerklasse	Lohn-steuer	ohne Kinderfreibetrag			Anzahl Kinderfreibeträge (nur Steuerklassen I–IV)																	
						0,5			1,0			1,5			2,0			2,5			3,0		
			SolZ 5,5%	Kirchensteuer 8%	9%	SolZ 5,5%	Kirchensteuer 8%	9%	SolZ 5,5%	Kirchensteuer 8%	9%	SolZ 5,5%	Kirchensteuer 8%	9%	SolZ 5,5%	Kirchensteuer 8%	9%	SolZ 5,5%	Kirchensteuer 8%	9%	SolZ 5,5%	Kirchensteuer 8%	9%
7.697,99	I	2.291,16	98,68	183,29	206,20	80,03	170,76	192,10	61,39	158,22	178,00	42,76	145,70	163,91	24,11	133,16	149,81	5,47	120,63	135,71	-	108,10	121,61
	II	2.142,08	80,93	171,36	192,78	62,29	158,83	178,68	43,65	146,30	164,58	25,00	133,76	150,48	6,36	121,23	136,38	-	108,70	122,29	-	96,45	108,50
	III	1.534,50	-	122,76	138,10	-	112,50	126,56	-	102,52	115,33	-	92,78	104,38	-	83,30	93,71	-	74,08	83,34	-	65,12	73,26
	IV	2.291,16	98,68	183,29	206,20	89,35	177,02	199,15	80,03	170,76	192,10	70,71	164,49	185,05	61,39	158,22	178,00	52,08	151,96	170,96	42,76	145,70	163,91
	V	2.805,66	154,31	224,45	252,50																		
	VI	2.849,91	156,74	227,99	256,49																		
7.700,99	I	2.292,41	98,82	183,39	206,31	80,19	170,86	192,22	61,55	158,33	178,12	42,90	145,80	164,02	24,26	133,26	149,92	5,62	120,73	135,82	-	108,20	121,72
	II	2.143,33	81,08	171,46	192,89	62,44	158,93	178,79	43,80	146,40	164,70	25,15	133,86	150,59	6,52	121,34	136,50	-	108,80	122,40	-	96,55	108,62
	III	1.535,50	-	122,84	138,19	-	112,58	126,65	-	102,60	115,42	-	92,85	104,45	-	83,37	93,79	-	74,16	83,43	-	65,18	73,33
	IV	2.292,41	98,82	183,39	206,31	89,50	177,12	199,26	80,19	170,86	192,22	70,87	164,60	185,17	61,55	158,33	178,12	52,23	152,06	171,07	42,90	145,80	164,02
	V	2.806,91	154,38	224,55	252,62																		
	VI	2.851,16	156,81	228,09	256,60																		
7.703,99	I	2.293,75	98,98	183,50	206,43	80,34	170,96	192,33	61,70	158,43	178,23	43,05	145,90	164,13	24,41	133,36	150,03	5,77	120,83	135,93	-	108,30	121,83
	II	2.144,58	81,23	171,56	193,01	62,59	159,03	178,91	43,96	146,50	164,81	25,31	133,97	150,71	6,67	121,44	136,62	-	108,90	122,51	-	96,64	108,72
	III	1.536,50	-	122,92	138,28	-	112,66	126,74	-	102,68	115,51	-	92,93	104,54	-	83,45	93,88	-	74,22	83,50	-	65,26	73,42
	IV	2.293,75	98,98	183,50	206,43	89,66	177,23	199,38	80,34	170,96	192,33	71,02	164,70	185,28	61,70	158,43	178,23	52,37	152,16	171,18	43,05	145,90	164,13
	V	2.808,16	154,44	224,65	252,73																		
	VI	2.852,50	156,88	228,20	256,72																		
7.706,99	I	2.295,00	99,13	183,60	206,55	80,49	171,06	192,44	61,85	158,53	178,34	43,20	146,00	164,25	24,56	133,46	150,14	5,92	120,93	136,04	-	108,40	121,95
	II	2.145,83	81,38	171,66	193,12	62,75	159,14	179,03	44,10	146,60	164,93	25,46	134,07	150,83	6,82	121,54	136,73	-	109,00	122,63	-	96,74	108,83
	III	1.537,50	-	123,00	138,37	-	112,74	126,83	-	102,76	115,60	-	93,01	104,63	-	83,53	93,97	-	74,30	83,59	-	65,33	73,49
	IV	2.295,00	99,13	183,60	206,55	89,81	177,33	199,49	80,49	171,06	192,44	71,17	164,80	185,40	61,85	158,53	178,34	52,52	152,26	171,29	43,20	146,00	164,25
	V	2.809,41	154,51	224,75	252,84																		
	VI	2.853,75	156,95	228,30	256,83																		
7.709,99	I	2.296,25	99,28	183,70	206,66	80,64	171,16	192,56	61,99	158,63	178,46	43,35	146,10	164,36	24,71	133,56	150,26	6,06	121,03	136,16	-	108,50	122,06
	II	2.147,16	81,54	171,77	193,24	62,90	159,24	179,14	44,25	146,70	165,04	25,61	134,17	150,94	6,97	121,64	136,84	-	109,10	122,74	-	96,84	108,94
	III	1.538,66	-	123,09	138,47	-	112,82	126,92	-	102,82	115,67	-	93,09	104,72	-	83,60	94,05	-	74,37	83,66	-	65,40	73,57
	IV	2.296,25	99,28	183,70	206,66	89,96	177,43	199,61	80,64	171,16	192,56	71,32	164,90	185,51	61,99	158,63	178,46	52,67	152,36	171,41	43,35	146,10	164,36
	V	2.810,66	154,58	224,85	252,95																		
	VI	2.855,00	157,02	228,40	256,95																		
7.712,99	I	2.297,50	99,43	183,80	206,77	80,79	171,26	192,67	62,14	158,73	178,57	43,50	146,20	164,47	24,86	133,66	150,37	6,21	121,13	136,27	-	108,60	122,18
	II	2.148,41	81,69	171,87	193,35	63,05	159,34	179,25	44,40	146,80	165,15	25,76	134,27	151,05	7,12	121,74	136,95	-	109,20	122,85	-	96,94	109,05
	III	1.539,66	-	123,17	138,56	-	112,92	127,03	-	102,90	115,76	-	93,17	104,81	-	83,68	94,14	-	74,45	83,75	-	65,48	73,66
	IV	2.297,50	99,43	183,80	206,77	90,11	177,53	199,72	80,79	171,26	192,67	71,46	165,00	185,62	62,14	158,73	178,57	52,82	152,46	171,52	43,50	146,20	164,47
	V	2.811,91	154,65	224,95	253,07																		
	VI	2.856,25	157,09	228,50	257,06																		
7.715,99	I	2.298,75	99,58	183,90	206,88	80,93	171,36	192,78	62,29	158,83	178,68	43,65	146,30	164,58	25,00	133,76	150,48	6,36	121,23	136,38	-	108,70	122,29
	II	2.149,66	81,84	171,97	193,46	63,19	159,44	179,37	44,55	146,90	165,26	25,91	134,37	151,16	7,26	121,84	137,07	-	109,30	122,96	-	97,03	109,16
	III	1.540,66	-	123,25	138,65	-	113,00	127,12	-	102,98	115,85	-	93,24	104,89	-	83,76	94,23	-	74,52	83,83	-	65,54	73,73
	IV	2.298,75	99,58	183,90	206,88	90,26	177,63	199,83	80,93	171,36	192,78	71,61	165,10	185,73	62,29	158,83	178,68	52,97	152,56	171,63	43,65	146,30	164,58
	V	2.813,16	154,72	225,05	253,18																		
	VI	2.857,50	157,16	228,60	257,17																		
7.718,99	I	2.300,00	99,73	184,00	207,00	81,08	171,46	192,89	62,44	158,93	178,79	43,80	146,40	164,70	25,15	133,86	150,59	6,52	121,34	136,50	-	108,80	122,40
	II	2.150,91	81,99	172,07	193,58	63,34	159,54	179,48	44,70	147,00	165,38	26,06	134,47	151,28	7,41	121,94	137,18	-	109,40	123,08	-	97,13	109,27
	III	1.541,83	-	123,34	138,76	-	113,08	127,21	-	103,06	115,94	-	93,32	104,98	-	83,82	94,30	-	74,60	83,92	-	65,61	73,81
	IV	2.300,00	99,73	184,00	207,00	90,41	177,73	199,94	81,08	171,46	192,89	71,76	165,20	185,85	62,44	158,93	178,79	53,12	152,66	171,74	43,80	146,40	164,70
	V	2.814,41	154,79	225,15	253,29																		
	VI	2.858,75	157,23	228,70	257,28																		
7.721,99	I	2.301,25	99,88	184,10	207,11	81,23	171,56	193,01	62,59	159,03	178,91	43,96	146,50	164,81	25,31	133,97	150,71	6,67	121,44	136,62	-	108,90	122,51
	II	2.152,16	82,13	172,17	193,69	63,49	159,64	179,59	44,85	147,10	165,49	26,20	134,57	151,39	7,56	122,04	137,29	-	109,50	123,19	-	97,22	109,37
	III	1.542,83	-	123,42	138,85	-	113,16	127,30	-	103,14	116,03	-	93,40	105,07	-	83,90	94,39	-	74,66	83,99	-	65,69	73,90
	IV	2.301,25	99,88	184,10	207,11	90,55	177,83	200,06	81,23	171,56	193,01	71,91	165,30	185,96	62,59	159,03	178,91	53,27	152,76	171,86	43,96	146,50	164,81
	V	2.815,75	154,86	225,26	253,41																		
	VI	2.860,00	157,30	228,80	257,40																		
7.724,99	I	2.302,50	100,02	184,20	207,22	81,38	171,66	193,12	62,75	159,14	179,03	44,10	146,60	164,93	25,46	134,07	150,83	6,82	121,54	136,73	-	109,00	122,63
	II	2.153,41	82,28	172,27	193,80	63,64	159,74	179,70	45,00	147,20	165,60	26,35	134,67	151,50	7,72	122,14	137,41	-	109,61	123,31	-	97,32	109,49
	III	1.543,83	-	123,50	138,94	-	113,24	127,39	-	103,22	116,12	-	93,48	105,16	-	83,98	94,48	-	74,74	84,08	-	65,76	73,98
	IV	2.302,50	100,02	184,20	207,22	90,70	177,93	200,17	81,38	171,66	193,12	72,07	165,40	186,08	62,75	159,14	179,03	53,43	152,87	171,98	44,10	146,60	164,93
	V	2.817,00	154,93	225,36	253,53																		
	VI	2.861,25	157,36	228,90	257,51																		
7.727,99	I	2.303,83	100,18	184,30	207,34	81,54	171,77	193,24	62,90	159,24	179,14	44,25	146,70	165,04	25,61	134,17	150,94	6,97	121,64	136,84	-	109,10	122,74
	II	2.154,66	82,43	172,37	193,91	63,79	159,84	179,82	45,15	147,30	165,71	26,51	134,78	151,62	7,87	122,24	137,52	-	109,71	123,42	-	97,42	109,59
	III	1.544,83	-	123,58	139,03	-	113,32	127,48	-	103,30	116,21	-	93,56	105,25	-	84,05	94,55	-	74,81	84,16	-	65,84	74,07
	IV	2.303,83	100,18	184,30	207,34	90,86	178,04	200,29	81,54	171,77	193,24	72,22	165,50	186,19	62,90	159,24	179,14	53,57	152,97	172,09	44,25	146,70	165,04
	V	2.818,25	155,00	225,46	253,64																		
	VI	2.862,58	157,44	229,00	257,63																		
7.730,99	I	2.305,08	100,33	184,40	207,45	81,69	171,87	193,35	63,05	159,34	179,25	44,40	146,80	165,15	25,76	134,27	151,05	7,12	121,74	136,95	-	109,20	122,85
	II	2.155,91	82,58	172,47	194,03	63,95	159,94	179,93	45,30	147,41	165,83	26,66	134,88	151,74	8,02	122,34	137,63	-	109,81	123,53	-	97,52	109,71
	III	1.546,00	-	123,68	139,14	-	113,40	127,57	-	103,38	116,30	-	93,62	105,32	-	84,13	94,64	-	74,89	84,25	-	65,90	74,14
	IV	2.305,08	100,33	184,40	207,45	91,01	178,14	200,40	81,69	171,87	193,35	72,37	165,60	186,30	63,05	159,34	179,25	53,72	153,07	172,20	44,40	146,80	165,15
	V	2.819,50	155,07	225,56	253,75																		
	VI	2.863,83	157,51	229,10	257,74																		
7.733,99	I	2.306,33	100,48	184,50	207,56	81,84	171,97	193,46	63,19	159,44	179,37	44,55	146,90	165,26	25,91	134,37	151,16	7,26	121,84	137,07	-	109,30	122,96
	II	2.157,25	82,74	172,58	194,15	64,10	160,04	180,05	45,45	147,51	165,95	26,81	134,98	151,85	8,17	122,44	137,75	-	109,91	123,65	-	97,61	109,81
	III	1.547,00	-	123,76	139,23	-	113,48	127,66	-	103,46	116,39	-	93,70	105,41	-	84,21	94,73	-	74,96	84,33	-	65,97	74,21
	IV	2.306,33	100,48	184,50	207,56	91,16	178,24	200,52	81,84	171,97	193,46	72,52	165,70	186,41	63,19	159,44	179,37	53,87	153,17	172,31	44,55	146,90	165,26
	V	2.820,75	155,14	225,66	253,86																		
	VI	2.865,08	157,57	229,20	257,85																		
7.736,99	I	2.307,58	100,63	184,60	207,68	81,99	172,07	193,58	63,34	159,54	179,48	44,70	147,00	165,38	26,06	134,47	151,28	7,41	121,94	137,18	-	109,40	123,08
	II	2.158,50	82,89	172,68	194,26	64,25	160,14	180,16	45,60	147,61	166,06	26,96	135,08	151,96	8,32	122,54	137,86	-	110,01	123,76	-	97,71	109,92
	III	1.548,00	-	123,84	139,32	-	113,56	127,75	-	103,54	116,48	-	93,78	105,50	-	84,28	94,81	-	75,04	84,42	-	66,05	74,30
	IV	2.307,58	100,63	184,60	207,68	91,31	178,34	200,63	81,99	172,07	193,58	72,66	165,80	186,53	63,34	159,54	179,48	54,02	153,27	172,43	44,70	147,00	165,38
	V	2.822,00	155,21	225,76	253,98																		
	VI	2.866,33	157,64	229,30	257,96																		
7.739,99	I	2.308,83	100,78	184,70	207,79	82,13	172,17	193,69	63,49	159,64	179,59	44,85	147,10	165,49	26,20	134,57	151,39	7,56	122,04	137,29	-	109,50	123,19
	II	2.159,75	83,04	172,78	194,37	64,39	160,24	180,27	45,75	147,71	166,17	27,11	135,18	152,07	8,46	122,64	137,97	-	110,11	123,87	-	97,80	110,03
	III	1.549,00	-	123,92	139,41	-	113,65	127,85	-	103,62	116,57	-	93,86	105,59	-	84,36	94,90	-	75,10	84,49	-	66,12	74,38
	IV	2.308,83	100,78	184,70	207,79	91,46	178,44	200,74	82,13	172,17	193,69	72,81	165,90	186,64	63,49	159,64	179,59	54,17	153,37	172,54	44,85	147,10	165,49
	V	2.823,25	155,27	225,86	254,09																		
	VI	2.867,58	157,71	229,40	258,08																		

Lohn/ Gehalt bis	Steuerklasse	Lohn-steuer	ohne Kinderfreibetrag SolZ 5,5%	Kirchensteuer 8%	Kirchensteuer 9%	0,5 SolZ 5,5%	0,5 Kirchensteuer 8%	0,5 Kirchensteuer 9%	1,0 SolZ 5,5%	1,0 Kirchensteuer 8%	1,0 Kirchensteuer 9%	1,5 SolZ 5,5%	1,5 Kirchensteuer 8%	1,5 Kirchensteuer 9%	2,0 SolZ 5,5%	2,0 Kirchensteuer 8%	2,0 Kirchensteuer 9%	2,5 SolZ 5,5%	2,5 Kirchensteuer 8%	2,5 Kirchensteuer 9%	3,0 SolZ 5,5%	3,0 Kirchensteuer 8%	3,0 Kirchensteuer 9%
7.742,99	I	2.310,08	100,93	184,80	207,90	82,28	172,27	193,80	63,64	159,74	179,70	45,00	147,20	165,60	26,35	134,67	151,50	7,72	122,14	137,41	-	109,61	123,3
	II	2.161,00	83,19	172,88	194,49	64,54	160,34	180,38	45,90	147,81	166,28	27,26	135,28	152,19	8,61	122,74	138,08	-	110,21	123,98	-	97,90	110,1
	III	1.550,16	-	124,01	139,51	-	113,73	127,94	-	103,70	116,66	-	93,94	105,68	-	84,44	94,99	-	75,18	84,58	-	66,18	74,4
	IV	2.310,08	100,93	184,80	207,90	91,61	178,54	200,85	82,28	172,27	193,80	72,96	166,00	186,75	63,64	159,74	179,70	54,32	153,47	172,65	45,00	147,20	165,6
	V	2.824,50	155,34	225,96	254,20																		
	VI	2.868,83	157,78	229,50	258,19																		
7.745,99	I	2.311,33	101,08	184,90	208,01	82,43	172,37	193,91	63,79	159,84	179,82	45,15	147,30	165,71	26,51	134,78	151,62	7,87	122,24	137,52	-	109,71	123,4
	II	2.162,25	83,33	172,98	194,60	64,69	160,44	180,50	46,05	147,91	166,40	27,40	135,38	152,30	8,76	122,84	138,20	-	110,31	124,10	-	98,00	110,2
	III	1.551,16	-	124,09	139,60	-	113,81	128,03	-	103,78	116,75	-	94,01	105,76	-	84,50	95,06	-	75,25	84,65	-	66,26	74,5
	IV	2.311,33	101,08	184,90	208,01	91,75	178,64	200,97	82,43	172,37	193,91	73,11	166,10	186,86	63,79	159,84	179,82	54,47	153,57	172,76	45,15	147,30	165,7
	V	2.825,83	155,42	226,06	254,32																		
	VI	2.870,08	157,85	229,60	258,30																		
7.748,99	I	2.312,58	101,22	185,00	208,13	82,58	172,47	194,03	63,95	159,94	179,93	45,30	147,41	165,83	26,66	134,88	151,74	8,02	122,34	137,63	-	109,81	123,5
	II	2.163,50	83,48	173,08	194,71	64,84	160,54	180,61	46,20	148,01	166,51	27,55	135,48	152,41	8,91	122,94	138,31	-	110,42	124,22	-	98,10	110,3
	III	1.552,16	-	124,17	139,69	-	113,89	128,12	-	103,86	116,84	-	94,09	105,85	-	84,58	95,15	-	75,33	84,74	-	66,33	74,6
	IV	2.312,58	101,22	185,00	208,13	91,90	178,74	201,08	82,58	172,47	194,03	73,26	166,20	186,98	63,95	159,94	179,93	54,63	153,68	172,89	45,30	147,41	165,8
	V	2.827,08	155,48	226,16	254,43																		
	VI	2.871,33	157,92	229,70	258,41																		
7.751,99	I	2.313,83	101,37	185,10	208,24	82,74	172,58	194,15	64,10	160,04	180,05	45,45	147,51	165,95	26,81	134,98	151,85	8,17	122,44	137,75	-	109,91	123,6
	II	2.164,75	83,63	173,18	194,82	64,99	160,64	180,72	46,35	148,11	166,62	27,71	135,58	152,53	9,07	123,05	138,43	-	110,52	124,33	-	98,20	110,4
	III	1.553,33	-	124,26	139,79	-	113,97	128,21	-	103,94	116,93	-	94,17	105,94	-	84,66	95,24	-	75,40	84,82	-	66,40	74,7
	IV	2.313,83	101,37	185,10	208,24	92,06	178,84	201,20	82,74	172,58	194,15	73,42	166,31	187,10	64,10	160,04	180,05	54,77	153,78	173,00	45,45	147,51	165,9
	V	2.828,33	155,55	226,26	254,54																		
	VI	2.872,58	157,99	229,80	258,53																		
7.754,99	I	2.315,16	101,53	185,21	208,36	82,89	172,68	194,26	64,25	160,14	180,16	45,60	147,61	166,06	26,96	135,08	151,96	8,32	122,54	137,86	-	110,01	123,7
	II	2.166,00	83,78	173,28	194,94	65,14	160,74	180,83	46,50	148,22	166,74	27,86	135,68	152,64	9,22	123,15	138,54	-	110,62	124,44	-	98,29	110,5
	III	1.554,33	-	124,34	139,88	-	114,05	128,30	-	104,02	117,02	-	94,25	106,03	-	84,73	95,32	-	75,48	84,91	-	66,48	74,7
	IV	2.315,16	101,53	185,21	208,36	92,21	178,94	201,31	82,89	172,68	194,26	73,57	166,41	187,21	64,25	160,14	180,16	54,92	153,88	173,11	45,60	147,61	166,0
	V	2.829,58	155,62	226,36	254,66																		
	VI	2.873,91	158,06	229,91	258,65																		
7.757,99	I	2.316,41	101,68	185,31	208,47	83,04	172,78	194,37	64,39	160,24	180,27	45,75	147,71	166,17	27,11	135,18	152,07	8,46	122,64	137,97	-	110,11	123,8
	II	2.167,33	83,94	173,38	195,05	65,30	160,85	180,95	46,65	148,32	166,86	28,01	135,78	152,75	9,37	123,25	138,65	-	110,72	124,56	-	98,39	110,6
	III	1.555,33	-	124,42	139,97	-	114,13	128,39	-	104,10	117,11	-	94,33	106,12	-	84,81	95,41	-	75,54	84,98	-	66,54	74,8
	IV	2.316,41	101,68	185,31	208,47	92,36	179,04	201,42	83,04	172,78	194,37	73,72	166,51	187,32	64,39	160,24	180,27	55,07	153,98	173,22	45,75	147,71	166,1
	V	2.830,83	155,69	226,46	254,77																		
	VI	2.875,16	158,13	230,01	258,76																		
7.760,99	I	2.317,66	101,83	185,41	208,58	83,19	172,88	194,49	64,54	160,34	180,38	45,90	147,81	166,28	27,26	135,28	152,19	8,61	122,74	138,08	-	110,21	123,9
	II	2.168,58	84,09	173,48	195,17	65,45	160,95	181,07	46,80	148,42	166,97	28,16	135,88	152,87	9,52	123,35	138,77	-	110,82	124,67	-	98,48	110,7
	III	1.556,33	-	124,50	140,06	-	114,21	128,48	-	104,18	117,20	-	94,41	106,21	-	84,89	95,50	-	75,62	85,07	-	66,61	74,9
	IV	2.317,66	101,83	185,41	208,58	92,51	179,14	201,53	83,19	172,88	194,49	73,86	166,61	187,43	64,54	160,34	180,38	55,22	154,08	173,34	45,90	147,81	166,2
	V	2.832,08	155,76	226,56	254,88																		
	VI	2.876,41	158,20	230,11	258,87																		
7.763,99	I	2.318,91	101,98	185,51	208,70	83,33	172,98	194,60	64,69	160,44	180,50	46,05	147,91	166,40	27,40	135,38	152,30	8,76	122,84	138,20	-	110,31	124,1
	II	2.169,83	84,24	173,58	195,28	65,59	161,05	181,18	46,95	148,52	167,08	28,31	135,98	152,98	9,66	123,45	138,88	-	110,92	124,78	-	98,58	110,9
	III	1.557,50	-	124,60	140,17	-	114,30	128,59	-	104,26	117,29	-	94,48	106,29	-	84,96	95,58	-	75,69	85,15	-	66,69	75,0
	IV	2.318,91	101,98	185,51	208,70	92,66	179,24	201,65	83,33	172,98	194,60	74,01	166,71	187,55	64,69	160,44	180,50	55,37	154,18	173,45	46,05	147,91	166,4
	V	2.833,33	155,83	226,66	254,99																		
	VI	2.877,66	158,27	230,21	258,98																		
7.766,99	I	2.320,16	102,13	185,61	208,81	83,48	173,08	194,71	64,84	160,54	180,61	46,20	148,01	166,51	27,55	135,48	152,41	8,91	122,94	138,31	-	110,42	124,2
	II	2.171,08	84,39	173,68	195,39	65,74	161,15	181,29	47,10	148,62	167,19	28,46	136,08	153,09	9,81	123,55	138,99	-	111,02	124,89	-	98,68	111,0
	III	1.558,50	-	124,68	140,26	-	114,38	128,68	-	104,34	117,38	-	94,56	106,38	-	85,04	95,67	-	75,77	85,24	-	66,76	75,1
	IV	2.320,16	102,13	185,61	208,81	92,81	179,34	201,76	83,48	173,08	194,71	74,16	166,81	187,66	64,84	160,54	180,61	55,52	154,28	173,56	46,20	148,01	166,5
	V	2.834,58	155,90	226,76	255,11																		
	VI	2.878,91	158,34	230,31	259,10																		
7.769,99	I	2.321,41	102,28	185,71	208,92	83,63	173,18	194,82	64,99	160,64	180,72	46,35	148,11	166,62	27,71	135,58	152,53	9,07	123,05	138,43	-	110,52	124,3
	II	2.172,33	84,53	173,78	195,50	65,89	161,25	181,40	47,25	148,72	167,31	28,60	136,18	153,20	9,96	123,65	139,10	-	111,12	125,01	-	98,78	111,1
	III	1.559,50	-	124,76	140,35	-	114,46	128,77	-	104,42	117,47	-	94,64	106,47	-	85,12	95,76	-	75,84	85,32	-	66,82	75,1
	IV	2.321,41	102,28	185,71	208,92	92,95	179,44	201,87	83,63	173,18	194,82	74,31	166,91	187,77	64,99	160,64	180,72	55,67	154,38	173,67	46,35	148,11	166,6
	V	2.835,83	155,97	226,86	255,22																		
	VI	2.880,16	158,40	230,41	259,21																		
7.772,99	I	2.322,66	102,42	185,81	209,03	83,78	173,28	194,94	65,14	160,74	180,83	46,50	148,22	166,74	27,86	135,68	152,64	9,22	123,15	138,54	-	110,62	124,4
	II	2.173,58	84,68	173,88	195,62	66,04	161,35	181,52	47,40	148,82	167,42	28,75	136,28	153,32	10,11	123,75	139,22	-	111,22	125,12	-	98,88	111,2
	III	1.560,66	-	124,85	140,45	-	114,54	128,86	-	104,50	117,56	-	94,72	106,56	-	85,18	95,83	-	75,92	85,41	-	66,90	75,2
	IV	2.322,66	102,42	185,81	209,03	93,10	179,54	201,98	83,78	173,28	194,94	74,46	167,01	187,88	65,14	160,74	180,83	55,83	154,48	173,79	46,50	148,22	166,7
	V	2.837,16	156,04	226,97	255,34																		
	VI	2.881,41	158,47	230,51	259,32																		
7.775,99	I	2.323,91	102,57	185,91	209,15	83,94	173,38	195,05	65,30	160,85	180,95	46,65	148,32	166,86	28,01	135,78	152,75	9,37	123,25	138,65	-	110,72	124,5
	II	2.174,83	84,83	173,98	195,73	66,19	161,45	181,63	47,55	148,92	167,53	28,90	136,38	153,43	10,27	123,86	139,34	-	111,32	125,24	-	98,97	111,3
	III	1.561,66	-	124,93	140,54	-	114,62	128,95	-	104,58	117,65	-	94,80	106,65	-	85,26	95,92	-	75,98	85,48	-	66,97	75,3
	IV	2.323,91	102,57	185,91	209,15	93,25	179,64	202,10	83,94	173,38	195,05	74,62	167,12	188,01	65,30	160,85	180,95	55,97	154,58	173,90	46,65	148,32	166,8
	V	2.838,41	156,11	227,07	255,45																		
	VI	2.882,66	158,54	230,61	259,43																		
7.778,99	I	2.325,25	102,73	186,02	209,27	84,09	173,48	195,17	65,45	160,95	181,07	46,80	148,42	166,97	28,16	135,88	152,87	9,52	123,35	138,77	-	110,82	124,6
	II	2.176,08	84,98	174,08	195,84	66,34	161,55	181,74	47,70	149,02	167,65	29,06	136,49	153,55	10,42	123,96	139,45	-	111,42	125,35	-	99,07	111,4
	III	1.562,66	-	125,01	140,63	-	114,70	129,04	-	104,66	117,74	-	94,86	106,72	-	85,34	96,01	-	76,06	85,57	-	67,04	75,4
	IV	2.325,25	102,73	186,02	209,27	93,41	179,75	202,22	84,09	173,48	195,17	74,77	167,22	188,12	65,45	160,95	181,07	56,12	154,68	174,02	46,80	148,42	166,9
	V	2.839,66	156,18	227,17	255,56																		
	VI	2.884,00	158,62	230,72	259,56																		
7.781,99	I	2.326,50	102,88	186,12	209,38	84,24	173,58	195,28	65,59	161,05	181,18	46,95	148,52	167,08	28,31	135,98	152,98	9,66	123,45	138,88	-	110,92	124,7
	II	2.177,33	85,13	174,18	195,95	66,50	161,66	181,86	47,85	149,12	167,76	29,21	136,59	153,66	10,57	124,06	139,56	-	111,52	125,46	-	99,16	111,5
	III	1.563,66	-	125,09	140,72	-	114,78	129,13	-	104,74	117,83	-	94,94	106,81	-	85,41	96,08	-	76,13	85,64	-	67,12	75,5
	IV	2.326,50	102,88	186,12	209,38	93,56	179,85	202,33	84,24	173,58	195,28	74,92	167,32	188,23	65,59	161,05	181,18	56,27	154,78	174,13	46,95	148,52	167,0
	V	2.840,91	156,25	227,27	255,68																		
	VI	2.885,25	158,68	230,82	259,67																		
7.784,99	I	2.327,75	103,03	186,22	209,49	84,39	173,68	195,39	65,74	161,15	181,29	47,10	148,62	167,19	28,46	136,08	153,09	9,81	123,55	138,99	-	111,02	124,8
	II	2.178,66	85,29	174,29	196,07	66,64	161,76	181,98	48,00	149,22	167,87	29,36	136,69	153,77	10,71	124,16	139,68	-	111,62	125,57	-	99,26	111,6
	III	1.564,83	-	125,18	140,83	-	114,88	129,24	-	104,82	117,92	-	95,02	106,90	-	85,49	96,17	-	76,21	85,73	-	67,18	75,5
	IV	2.327,75	103,03	186,22	209,49	93,71	179,95	202,44	84,39	173,68	195,39	75,06	167,42	188,34	65,74	161,15	181,29	56,42	154,88	174,24	47,10	148,62	167,1
	V	2.842,16	156,31	227,37	255,79																		
	VI	2.886,50	158,75	230,92	259,78																		

Lohn/ Gehalt bis	Steuerklasse	Lohn-steuer	ohne Kinderfreibetrag SolZ 5,5%	Kirchensteuer 8%	Kirchensteuer 9%	0,5 SolZ 5,5%	0,5 Kirchensteuer 8%	0,5 Kirchensteuer 9%	1,0 SolZ 5,5%	1,0 Kirchensteuer 8%	1,0 Kirchensteuer 9%	1,5 SolZ 5,5%	1,5 Kirchensteuer 8%	1,5 Kirchensteuer 9%	2,0 SolZ 5,5%	2,0 Kirchensteuer 8%	2,0 Kirchensteuer 9%	2,5 SolZ 5,5%	2,5 Kirchensteuer 8%	2,5 Kirchensteuer 9%	3,0 SolZ 5,5%	3,0 Kirchensteuer 8%	3,0 Kirchensteuer 9%
						Anzahl Kinderfreibeträge (nur Steuerklassen I–IV)																	
7.787,99	I	2.329,00	103,18	186,32	209,61	84,53	173,78	195,50	65,89	161,25	181,40	47,25	148,72	167,31	28,60	136,18	153,20	9,96	123,65	139,10	-	111,12	125,01
	II	2.179,91	85,44	174,39	196,19	66,79	161,86	182,09	48,15	149,32	167,99	29,51	136,79	153,89	10,86	124,26	139,79	-	111,72	125,69	-	99,36	111,78
	III	1.565,83	-	125,26	140,92	-	114,96	129,33	-	104,90	118,01	-	95,10	106,99	-	85,57	96,26	-	76,28	85,81	-	67,26	75,67
	IV	2.329,00	103,18	186,32	209,61	93,86	180,05	202,55	84,53	173,78	195,50	75,21	167,52	188,46	65,89	161,25	181,40	56,57	154,98	174,35	47,25	148,72	167,31
	V	2.843,41	156,38	227,47	255,90																		
	VI	2.887,75	158,82	231,02	259,89																		
7.790,99	I	2.330,25	103,33	186,42	209,72	84,68	173,88	195,62	66,04	161,35	181,52	47,40	148,82	167,42	28,75	136,28	153,32	10,11	123,75	139,22	-	111,22	125,12
	II	2.181,16	85,59	174,49	196,30	66,94	161,96	182,20	48,30	149,42	168,10	29,66	136,89	154,00	11,01	124,36	139,90	-	111,82	125,80	-	99,46	111,89
	III	1.566,83	-	125,34	141,01	-	115,04	129,42	-	104,98	118,10	-	95,18	107,08	-	85,64	96,34	-	76,36	85,90	-	67,33	75,74
	IV	2.330,25	103,33	186,42	209,72	94,01	180,15	202,67	84,68	173,88	195,62	75,36	167,62	188,57	66,04	161,35	181,52	56,72	155,08	174,47	47,40	148,82	167,42
	V	2.844,66	156,45	227,57	256,01																		
	VI	2.889,00	158,89	231,12	260,01																		
7.793,99	I	2.331,50	103,48	186,52	209,83	84,83	173,98	195,73	66,19	161,45	181,63	47,55	148,92	167,53	28,90	136,38	153,43	10,27	123,86	139,34	-	111,32	125,24
	II	2.182,41	85,73	174,59	196,41	67,09	162,06	182,31	48,45	149,52	168,21	29,80	136,99	154,11	11,16	124,46	140,01	-	111,92	125,91	-	99,56	112,00
	III	1.568,00	-	125,44	141,12	-	115,12	129,51	-	105,06	118,19	-	95,26	107,17	-	85,72	96,43	-	76,42	85,97	-	67,40	75,82
	IV	2.331,50	103,48	186,52	209,83	94,15	180,25	202,78	84,83	173,98	195,73	75,51	167,72	188,68	66,19	161,45	181,63	56,87	155,18	174,58	47,55	148,92	167,53
	V	2.845,91	156,52	227,67	256,13																		
	VI	2.890,25	158,96	231,22	260,12																		
7.796,99	I	2.332,75	103,62	186,62	209,94	84,98	174,08	195,84	66,34	161,55	181,74	47,70	149,02	167,65	29,06	136,49	153,55	10,42	123,96	139,45	-	111,42	125,35
	II	2.183,66	85,88	174,69	196,52	67,24	162,16	182,43	48,60	149,62	168,32	29,95	137,09	154,22	11,31	124,56	140,13	-	112,02	126,02	-	99,66	112,11
	III	1.569,00	-	125,52	141,21	-	115,20	129,60	-	105,14	118,28	-	95,33	107,24	-	85,80	96,52	-	76,50	86,06	-	67,48	75,91
	IV	2.332,75	103,62	186,62	209,94	94,30	180,35	202,89	84,98	174,08	195,84	75,66	167,82	188,79	66,34	161,55	181,74	57,02	155,28	174,69	47,70	149,02	167,65
	V	2.847,25	156,59	227,78	256,25																		
	VI	2.891,50	159,03	231,32	260,23																		
7.799,99	I	2.334,00	103,77	186,72	210,06	85,13	174,18	195,95	66,50	161,66	181,86	47,85	149,12	167,76	29,21	136,59	153,66	10,57	124,06	139,56	-	111,52	125,46
	II	2.184,91	86,03	174,79	196,64	67,39	162,26	182,54	48,75	149,72	168,44	30,10	137,19	154,34	11,47	124,66	140,24	-	112,13	126,14	-	99,75	112,22
	III	1.570,00	-	125,60	141,30	-	115,28	129,69	-	105,22	118,37	-	95,41	107,33	-	85,86	96,59	-	76,58	86,15	-	67,54	75,98
	IV	2.334,00	103,77	186,72	210,06	94,45	180,45	203,00	85,13	174,18	195,95	75,82	167,92	188,91	66,50	161,66	181,86	57,17	155,39	174,81	47,85	149,12	167,76
	V	2.848,50	156,66	227,88	256,36																		
	VI	2.892,75	159,10	231,42	260,34																		
7.802,99	I	2.335,33	103,93	186,82	210,17	85,29	174,29	196,07	66,64	161,76	181,98	48,00	149,22	167,87	29,36	136,69	153,77	10,71	124,16	139,68	-	111,62	125,57
	II	2.186,16	86,18	174,89	196,75	67,54	162,36	182,65	48,89	149,82	168,55	30,26	137,30	154,46	11,62	124,76	140,36	-	112,23	126,26	-	99,85	112,33
	III	1.571,16	-	125,69	141,40	-	115,36	129,78	-	105,30	118,46	-	95,49	107,42	-	85,94	96,68	-	76,65	86,23	-	67,61	76,06
	IV	2.335,33	103,93	186,82	210,17	94,61	180,56	203,13	85,29	174,29	196,07	75,97	168,02	189,02	66,64	161,76	181,98	57,32	155,49	174,92	48,00	149,22	167,87
	V	2.849,75	156,73	227,98	256,47																		
	VI	2.894,08	159,17	231,52	260,46																		
7.805,99	I	2.336,58	104,08	186,92	210,29	85,44	174,39	196,19	66,79	161,86	182,09	48,15	149,32	167,99	29,51	136,79	153,89	10,86	124,26	139,79	-	111,72	125,69
	II	2.187,41	86,33	174,99	196,86	67,70	162,46	182,77	49,05	149,93	168,67	30,41	137,40	154,57	11,77	124,86	140,47	-	112,33	126,37	-	99,94	112,43
	III	1.572,16	-	125,77	141,49	-	115,45	129,88	-	105,38	118,55	-	95,57	107,51	-	86,02	96,77	-	76,73	86,32	-	67,69	76,15
	IV	2.336,58	104,08	186,92	210,29	94,76	180,66	203,24	85,44	174,39	196,19	76,12	168,12	189,14	66,79	161,86	182,09	57,47	155,59	175,04	48,15	149,32	167,99
	V	2.851,00	156,80	228,08	256,59																		
	VI	2.895,33	159,24	231,62	260,57																		
7.808,99	I	2.337,83	104,23	187,02	210,40	85,59	174,49	196,30	66,94	161,96	182,20	48,30	149,42	168,10	29,66	136,89	154,00	11,01	124,36	139,90	-	111,82	125,80
	II	2.188,75	86,49	175,10	196,98	67,84	162,56	182,88	49,20	150,03	168,78	30,56	137,50	154,68	11,91	124,96	140,58	-	112,43	126,48	-	100,04	112,55
	III	1.573,16	-	125,85	141,58	-	115,53	129,97	-	105,46	118,64	-	95,65	107,60	-	86,09	96,85	-	76,80	86,40	-	67,76	76,23
	IV	2.337,83	104,23	187,02	210,40	94,91	180,76	203,35	85,59	174,49	196,30	76,26	168,22	189,25	66,94	161,96	182,20	57,62	155,69	175,15	48,30	149,42	168,10
	V	2.852,25	156,87	228,18	256,70																		
	VI	2.896,58	159,31	231,72	260,69																		
7.811,99	I	2.339,08	104,38	187,12	210,51	85,73	174,59	196,41	67,09	162,06	182,31	48,45	149,52	168,21	29,80	136,99	154,11	11,16	124,46	140,01	-	111,92	125,91
	II	2.190,00	86,64	175,20	197,10	67,99	162,66	182,99	49,35	150,13	168,89	30,71	137,60	154,80	12,06	125,06	140,69	-	112,53	126,59	-	100,14	112,66
	III	1.574,16	-	125,93	141,67	-	115,61	130,06	-	105,54	118,73	-	95,73	107,69	-	86,17	96,94	-	76,88	86,49	-	67,84	76,32
	IV	2.339,08	104,38	187,12	210,51	95,06	180,86	203,46	85,73	174,59	196,41	76,41	168,32	189,36	67,09	162,06	182,31	57,77	155,79	175,26	48,45	149,52	168,21
	V	2.853,50	156,94	228,28	256,81																		
	VI	2.897,83	159,38	231,82	260,80																		
7.814,99	I	2.340,33	104,53	187,22	210,62	85,88	174,69	196,52	67,24	162,16	182,43	48,60	149,62	168,32	29,95	137,09	154,22	11,31	124,56	140,13	-	112,02	126,02
	II	2.191,25	86,79	175,30	197,21	68,14	162,76	183,11	49,50	150,23	169,01	30,86	137,70	154,91	12,21	125,16	140,81	-	112,63	126,71	-	100,24	112,77
	III	1.575,33	-	126,02	141,77	-	115,69	130,15	-	105,62	118,82	-	95,81	107,78	-	86,25	97,03	-	76,94	86,56	-	67,90	76,39
	IV	2.340,33	104,53	187,22	210,62	95,20	180,96	203,58	85,88	174,69	196,52	76,56	168,42	189,47	67,24	162,16	182,43	57,92	155,89	175,37	48,60	149,62	168,32
	V	2.854,75	157,01	228,38	256,92																		
	VI	2.899,08	159,44	231,92	260,91																		
7.817,99	I	2.341,58	104,68	187,32	210,74	86,03	174,79	196,64	67,39	162,26	182,54	48,75	149,72	168,44	30,10	137,19	154,34	11,47	124,66	140,24	-	112,13	126,14
	II	2.192,50	86,93	175,40	197,32	68,29	162,86	183,22	49,65	150,33	169,12	31,00	137,80	155,02	12,36	125,26	140,92	-	112,73	126,82	-	100,34	112,88
	III	1.576,33	-	126,10	141,86	-	115,77	130,24	-	105,70	118,91	-	95,88	107,86	-	86,32	97,11	-	77,02	86,65	-	67,97	76,46
	IV	2.341,58	104,68	187,32	210,74	95,35	181,06	203,69	86,03	174,79	196,64	76,71	168,52	189,59	67,39	162,26	182,54	58,07	155,99	175,49	48,75	149,72	168,44
	V	2.856,00	157,08	228,48	257,04																		
	VI	2.900,33	159,51	232,02	261,02																		
7.820,99	I	2.342,83	104,82	187,42	210,85	86,18	174,89	196,75	67,54	162,36	182,65	48,89	149,82	168,55	30,26	137,30	154,46	11,62	124,76	140,36	-	112,23	126,26
	II	2.193,75	87,08	175,50	197,43	68,44	162,96	183,33	49,80	150,43	169,23	31,15	137,90	155,13	12,51	125,36	141,03	-	112,83	126,93	-	100,44	112,99
	III	1.577,33	-	126,18	141,95	-	115,85	130,33	-	105,78	119,00	-	95,96	107,95	-	86,40	97,20	-	77,09	86,72	-	68,05	76,55
	IV	2.342,83	104,82	187,42	210,85	95,50	181,16	203,80	86,18	174,89	196,75	76,86	168,62	189,70	67,54	162,36	182,65	58,22	156,09	175,60	48,89	149,82	168,55
	V	2.857,33	157,15	228,58	257,15																		
	VI	2.901,58	159,58	232,12	261,14																		
7.823,99	I	2.344,08	104,97	187,52	210,96	86,33	174,99	196,86	67,70	162,46	182,77	49,05	149,93	168,67	30,41	137,40	154,57	11,77	124,86	140,47	-	112,33	126,37
	II	2.195,00	87,23	175,60	197,55	68,59	163,06	183,44	49,95	150,53	169,34	31,30	138,00	155,25	12,66	125,46	141,14	-	112,94	127,05	-	100,53	113,09
	III	1.578,50	-	126,28	142,06	-	115,94	130,43	-	105,86	119,09	-	96,04	108,04	-	86,48	97,29	-	77,17	86,81	-	68,12	76,63
	IV	2.344,08	104,97	187,52	210,96	95,65	181,26	203,91	86,33	174,99	196,86	77,01	168,72	189,81	67,70	162,46	182,77	58,37	156,20	175,72	49,05	149,93	168,67
	V	2.858,58	157,22	228,68	257,27																		
	VI	2.902,83	159,65	232,22	261,25																		
7.826,99	I	2.345,33	105,12	187,62	211,07	86,49	175,10	196,98	67,84	162,56	182,88	49,20	150,03	168,78	30,56	137,50	154,68	11,91	124,96	140,58	-	112,43	126,48
	II	2.196,25	87,38	175,70	197,66	68,74	163,16	183,56	50,09	150,63	169,46	31,46	138,10	155,36	12,82	125,57	141,26	-	113,04	127,17	-	100,63	113,21
	III	1.579,50	-	126,36	142,15	-	116,02	130,52	-	105,94	119,18	-	96,12	108,13	-	86,54	97,36	-	77,24	86,89	-	68,18	76,70
	IV	2.345,33	105,12	187,62	211,07	95,81	181,36	204,03	86,49	175,10	196,98	77,17	168,83	189,93	67,84	162,56	182,88	58,52	156,30	175,83	49,20	150,03	168,78
	V	2.859,83	157,29	228,78	257,38																		
	VI	2.904,08	159,72	232,32	261,36																		
7.829,99	I	2.346,66	105,28	187,73	211,19	86,64	175,20	197,10	67,99	162,66	182,99	49,35	150,13	168,89	30,71	137,60	154,80	12,06	125,06	140,69	-	112,53	126,59
	II	2.197,50	87,53	175,80	197,77	68,89	163,26	183,67	50,25	150,74	169,58	31,61	138,20	155,48	12,97	125,67	141,38	-	113,14	127,28	-	100,73	113,32
	III	1.580,50	-	126,44	142,24	-	116,10	130,61	-	106,02	119,27	-	96,20	108,22	-	86,62	97,45	-	77,32	86,98	-	68,26	76,79
	IV	2.346,66	105,28	187,73	211,19	95,96	181,46	204,14	86,64	175,20	197,10	77,32	168,93	190,04	67,99	162,66	182,99	58,67	156,40	175,95	49,35	150,13	168,89
	V	2.861,08	157,35	228,88	257,49																		
	VI	2.905,41	159,79	232,43	261,48																		

MONAT bis 7.874,99 €

Besondere Tabelle

Lohn/ Gehalt bis	Steuerklasse	Lohn-steuer	ohne Kinderfreibetrag SolZ 5,5%	ohne Kinderfreibetrag Kirchensteuer 8%	ohne Kinderfreibetrag Kirchensteuer 9%	0,5 SolZ 5,5%	0,5 Kirchensteuer 8%	0,5 Kirchensteuer 9%	1,0 SolZ 5,5%	1,0 Kirchensteuer 8%	1,0 Kirchensteuer 9%	1,5 SolZ 5,5%	1,5 Kirchensteuer 8%	1,5 Kirchensteuer 9%	2,0 SolZ 5,5%	2,0 Kirchensteuer 8%	2,0 Kirchensteuer 9%	2,5 SolZ 5,5%	2,5 Kirchensteuer 8%	2,5 Kirchensteuer 9%	3,0 SolZ 5,5%	3,0 Kirchensteuer 8%	3,0 Kirchensteuer 9%
						Anzahl Kinderfreibeträge (nur Steuerklassen I–IV)																	
7.832,99	I	2.347,91	105,43	187,83	211,31	86,79	175,30	197,21	68,14	162,76	183,11	49,50	150,23	169,01	30,86	137,70	154,91	12,21	125,16	140,81	-	112,63	126,71
	II	2.198,83	87,69	175,90	197,89	69,04	163,37	183,79	50,40	150,84	169,69	31,76	138,30	155,59	13,11	125,77	141,49	-	113,24	127,39	-	100,83	113,43
	III	1.581,66	-	126,53	142,34	-	116,18	130,70	-	106,10	119,36	-	96,28	108,31	-	86,70	97,54	-	77,38	87,05	-	68,33	76,87
	IV	2.347,91	105,43	187,83	211,31	96,11	181,56	204,26	86,79	175,30	197,21	77,46	169,03	190,16	68,14	162,76	183,11	58,82	156,50	176,06	49,50	150,23	169,01
	V	2.862,33	157,42	228,98	257,60																		
	VI	2.906,66	159,86	232,53	261,59																		
7.835,99	I	2.349,16	105,58	187,93	211,42	86,93	175,40	197,32	68,29	162,86	183,22	49,65	150,33	169,12	31,00	137,80	155,02	12,36	125,26	140,92	-	112,73	126,82
	II	2.200,08	87,84	176,00	198,00	69,19	163,47	183,90	50,55	150,94	169,80	31,91	138,40	155,70	13,26	125,87	141,60	-	113,34	127,50	-	100,92	113,54
	III	1.582,66	-	126,61	142,43	-	116,26	130,79	-	106,18	119,45	-	96,34	108,38	-	86,78	97,63	-	77,46	87,14	-	68,41	76,96
	IV	2.349,16	105,58	187,93	211,42	96,26	181,66	204,37	86,93	175,40	197,32	77,61	169,13	190,27	68,29	162,86	183,22	58,97	156,60	176,17	49,65	150,33	169,12
	V	2.863,58	157,49	229,08	257,72																		
	VI	2.907,91	159,93	232,63	261,71																		
7.838,99	I	2.350,41	105,73	188,03	211,53	87,08	175,50	197,43	68,44	162,96	183,33	49,80	150,43	169,23	31,15	137,90	155,13	12,51	125,36	141,03	-	112,83	126,93
	II	2.201,33	87,99	176,10	198,11	69,34	163,57	184,01	50,70	151,04	169,92	32,06	138,50	155,81	13,41	125,97	141,71	-	113,44	127,62	-	101,02	113,65
	III	1.583,66	-	126,69	142,52	-	116,34	130,88	-	106,26	119,54	-	96,42	108,47	-	86,85	97,70	-	77,53	87,22	-	68,48	77,04
	IV	2.350,41	105,73	188,03	211,53	96,40	181,76	204,48	87,08	175,50	197,43	77,76	169,23	190,38	68,44	162,96	183,33	59,12	156,70	176,28	49,80	150,43	169,23
	V	2.864,83	157,56	229,18	257,83																		
	VI	2.909,16	160,00	232,73	261,82																		
7.841,99	I	2.351,66	105,88	188,13	211,64	87,23	175,60	197,55	68,59	163,06	183,44	49,95	150,53	169,34	31,30	138,00	155,25	12,66	125,46	141,14	-	112,94	127,05
	II	2.202,58	88,13	176,20	198,23	69,49	163,67	184,13	50,85	151,14	170,03	32,20	138,60	155,93	13,56	126,07	141,83	-	113,54	127,73	-	101,12	113,76
	III	1.584,83	-	126,78	142,63	-	116,42	130,97	-	106,34	119,63	-	96,50	108,56	-	86,93	97,79	-	77,61	87,31	-	68,54	77,11
	IV	2.351,66	105,88	188,13	211,64	96,55	181,86	204,59	87,23	175,60	197,55	77,91	169,33	190,49	68,59	163,06	183,44	59,27	156,80	176,40	49,95	150,53	169,34
	V	2.866,08	157,63	229,28	257,94																		
	VI	2.910,41	160,07	232,83	261,93																		
7.844,99	I	2.352,91	106,02	188,23	211,76	87,38	175,70	197,66	68,74	163,16	183,56	50,09	150,63	169,46	31,46	138,10	155,36	12,82	125,57	141,26	-	113,04	127,1
	II	2.203,83	88,28	176,30	198,34	69,64	163,77	184,24	51,00	151,24	170,14	32,35	138,70	156,04	13,71	126,17	141,94	-	113,64	127,84	-	101,22	113,8
	III	1.585,83	-	126,86	142,72	-	116,52	131,08	-	106,42	119,72	-	96,58	108,65	-	87,01	97,88	-	77,69	87,40	-	68,62	77,2
	IV	2.352,91	106,02	188,23	211,76	96,70	181,96	204,71	87,38	175,70	197,66	78,06	169,43	190,61	68,74	163,16	183,56	59,42	156,90	176,51	50,09	150,63	169,4
	V	2.867,33	157,70	229,38	258,05																		
	VI	2.911,66	160,14	232,93	262,04																		
7.847,99	I	2.354,16	106,17	188,33	211,87	87,53	175,80	197,77	68,89	163,26	183,67	50,25	150,74	169,58	31,61	138,20	155,48	12,97	125,67	141,38	-	113,14	127,2
	II	2.205,08	88,43	176,40	198,45	69,79	163,87	184,35	51,15	151,34	170,25	32,50	138,80	156,15	13,86	126,27	142,05	-	113,74	127,96	-	101,32	113,9
	III	1.586,83	-	126,94	142,81	-	116,60	131,17	-	106,50	119,81	-	96,66	108,74	-	87,08	97,96	-	77,76	87,48	-	68,69	77,2
	IV	2.354,16	106,17	188,33	211,87	96,85	182,06	204,82	87,53	175,80	197,77	78,21	169,53	190,72	68,89	163,26	183,67	59,57	157,00	176,63	50,25	150,74	169,5
	V	2.868,66	157,77	229,49	258,17																		
	VI	2.912,91	160,21	233,03	262,16																		
7.850,99	I	2.355,41	106,32	188,43	211,98	87,69	175,90	197,89	69,04	163,37	183,79	50,40	150,84	169,69	31,76	138,30	155,59	13,11	125,77	141,49	-	113,24	127,3
	II	2.206,33	88,58	176,50	198,56	69,94	163,97	184,46	51,29	151,44	170,37	32,65	138,90	156,26	14,02	126,38	142,17	-	113,84	128,07	-	101,42	114,0
	III	1.588,00	-	127,04	142,92	-	116,68	131,26	-	106,58	119,90	-	96,74	108,83	-	87,16	98,05	-	77,84	87,57	-	68,77	77,3
	IV	2.355,41	106,32	188,43	211,98	97,00	182,16	204,93	87,69	175,90	197,89	78,37	169,64	190,84	69,04	163,37	183,79	59,72	157,10	176,74	50,40	150,84	169,6
	V	2.869,91	157,84	229,59	258,29																		
	VI	2.914,16	160,27	233,13	262,27																		
7.853,99	I	2.356,75	106,48	188,54	212,10	87,84	176,00	198,00	69,19	163,47	183,90	50,55	150,94	169,80	31,91	138,40	155,70	13,26	125,87	141,60	-	113,34	127,5
	II	2.207,58	88,73	176,60	198,68	70,09	164,07	184,58	51,45	151,54	170,48	32,81	139,01	156,38	14,17	126,48	142,29	-	113,94	128,18	-	101,51	114,2
	III	1.589,00	-	127,12	143,01	-	116,76	131,35	-	106,66	119,99	-	96,82	108,92	-	87,24	98,14	-	77,90	87,64	-	68,84	77,4
	IV	2.356,75	106,48	188,54	212,10	97,16	182,27	205,05	87,84	176,00	198,00	78,52	169,74	190,95	69,19	163,47	183,90	59,87	157,20	176,85	50,55	150,94	169,8
	V	2.871,16	157,91	229,69	258,40																		
	VI	2.915,50	160,35	233,24	262,39																		
7.856,99	I	2.358,00	106,63	188,64	212,22	87,99	176,10	198,11	69,34	163,57	184,01	50,70	151,04	169,92	32,06	138,50	155,81	13,41	125,97	141,71	-	113,44	127,6
	II	2.208,83	88,88	176,70	198,79	70,24	164,18	184,70	51,60	151,64	170,60	32,96	139,11	156,50	14,31	126,58	142,40	-	114,04	128,30	-	101,61	114,3
	III	1.590,00	-	127,20	143,10	-	116,84	131,44	-	106,74	120,08	-	96,89	109,00	-	87,30	98,21	-	77,98	87,73	-	68,90	77,5
	IV	2.358,00	106,63	188,64	212,22	97,31	182,37	205,16	87,99	176,10	198,11	78,66	169,84	191,07	69,34	163,57	184,01	60,02	157,30	176,96	50,70	151,04	169,9
	V	2.872,41	157,98	229,79	258,51																		
	VI	2.916,75	160,42	233,34	262,50																		
7.859,99	I	2.359,25	106,78	188,74	212,33	88,13	176,20	198,23	69,49	163,67	184,13	50,85	151,14	170,03	32,20	138,60	155,93	13,56	126,07	141,83	-	113,54	127,7
	II	2.210,16	89,04	176,81	198,91	70,39	164,28	184,81	51,75	151,74	170,71	33,11	139,21	156,61	14,46	126,68	142,51	-	114,14	128,41	-	101,71	114,4
	III	1.591,16	-	127,29	143,20	-	116,92	131,53	-	106,82	120,17	-	96,97	109,09	-	87,38	98,30	-	78,05	87,80	-	68,98	77,6
	IV	2.359,25	106,78	188,74	212,33	97,46	182,47	205,28	88,13	176,20	198,23	78,81	169,94	191,18	69,49	163,67	184,13	60,17	157,40	177,08	50,85	151,14	170,0
	V	2.873,66	158,05	229,89	258,62																		
	VI	2.918,00	160,49	233,44	262,62																		
7.862,99	I	2.360,50	106,93	188,84	212,44	88,28	176,30	198,34	69,64	163,77	184,24	51,00	151,24	170,14	32,35	138,70	156,04	13,71	126,17	141,94	-	113,64	127,8
	II	2.211,41	89,19	176,91	199,02	70,54	164,38	184,92	51,90	151,84	170,82	33,26	139,31	156,72	14,61	126,78	142,62	-	114,24	128,52	-	101,81	114,5
	III	1.592,16	-	127,37	143,29	-	117,01	131,63	-	106,90	120,26	-	97,05	109,18	-	87,46	98,39	-	78,13	87,89	-	69,05	77,6
	IV	2.360,50	106,93	188,84	212,44	97,60	182,57	205,39	88,28	176,30	198,34	78,96	170,04	191,29	69,64	163,77	184,24	60,32	157,50	177,19	51,00	151,24	170,1
	V	2.874,91	158,12	229,99	258,74																		
	VI	2.919,25	160,55	233,54	262,73																		
7.865,99	I	2.361,75	107,08	188,94	212,55	88,43	176,40	198,45	69,79	163,87	184,35	51,15	151,34	170,25	32,50	138,80	156,15	13,86	126,27	142,05	-	113,74	127,9
	II	2.212,66	89,33	177,01	199,13	70,69	164,48	185,04	52,05	151,94	170,93	33,40	139,41	156,83	14,76	126,88	142,74	-	114,34	128,63	-	101,90	114,6
	III	1.593,16	-	127,45	143,38	-	117,09	131,72	-	106,98	120,35	-	97,13	109,27	-	87,54	98,48	-	78,20	87,97	-	69,13	77,7
	IV	2.361,75	107,08	188,94	212,55	97,75	182,67	205,50	88,43	176,40	198,45	79,11	170,14	191,40	69,79	163,87	184,35	60,47	157,60	177,30	51,15	151,34	170,2
	V	2.876,16	158,18	230,09	258,85																		
	VI	2.920,50	160,62	233,64	262,84																		
7.868,99	I	2.363,00	107,22	189,04	212,67	88,58	176,50	198,56	69,94	163,97	184,46	51,29	151,44	170,37	32,65	138,90	156,26	14,02	126,38	142,17	-	113,84	128,0
	II	2.213,91	89,48	177,11	199,25	70,84	164,58	185,15	52,20	152,04	171,05	33,55	139,51	156,95	14,91	126,98	142,85	-	114,44	128,75	-	102,00	114,7
	III	1.594,16	-	127,53	143,47	-	117,17	131,81	-	107,06	120,44	-	97,21	109,36	-	87,61	98,56	-	78,28	88,06	-	69,20	77,8
	IV	2.363,00	107,22	189,04	212,67	97,90	182,77	205,61	88,58	176,50	198,56	79,26	170,24	191,52	69,94	163,97	184,46	60,62	157,70	177,41	51,29	151,44	170,3
	V	2.877,41	158,25	230,19	258,96																		
	VI	2.921,75	160,69	233,74	262,95																		
7.871,99	I	2.364,25	107,37	189,14	212,78	88,73	176,60	198,68	70,09	164,07	184,58	51,45	151,54	170,48	32,81	139,01	156,38	14,17	126,48	142,29	-	113,94	128,1
	II	2.215,16	89,63	177,21	199,36	70,99	164,68	185,26	52,35	152,14	171,16	33,70	139,61	157,06	15,06	127,08	142,96	-	114,54	128,86	-	102,10	114,8
	III	1.595,33	-	127,62	143,57	-	117,25	131,90	-	107,14	120,53	-	97,29	109,45	-	87,69	98,65	-	78,36	88,15	-	69,26	77,9
	IV	2.364,25	107,37	189,14	212,78	98,05	182,87	205,73	88,73	176,60	198,68	79,41	170,34	191,63	70,09	164,07	184,58	60,76	157,80	177,53	51,45	151,54	170,4
	V	2.878,75	158,33	230,30	259,08																		
	VI	2.923,00	160,76	233,84	263,07																		
7.874,99	I	2.365,50	107,52	189,24	212,89	88,88	176,70	198,79	70,24	164,18	184,70	51,60	151,64	170,60	32,96	139,11	156,50	14,31	126,58	142,40	-	114,04	128,3
	II	2.216,41	89,78	177,31	199,47	71,14	164,78	185,37	52,49	152,24	171,27	33,85	139,71	157,17	15,22	127,18	143,08	-	114,65	128,98	-	102,20	114,9
	III	1.596,33	-	127,70	143,66	-	117,33	131,99	-	107,22	120,62	-	97,37	109,54	-	87,77	98,74	-	78,42	88,22	-	69,34	78,0
	IV	2.365,50	107,52	189,24	212,89	98,20	182,97	205,84	88,88	176,70	198,79	79,57	170,44	191,75	70,24	164,18	184,70	60,92	157,91	177,65	51,60	151,64	170,6
	V	2.880,00	158,40	230,40	259,20																		
	VI	2.924,25	160,83	233,94	263,18																		

Lohn/ Gehalt bis	Steuerklasse	Lohn-steuer	ohne Kinderfreibetrag SolZ 5,5%	Kirchensteuer 8%	9%	Anzahl Kinderfreibeträge (nur Steuerklassen I–IV) 0,5 SolZ 5,5%	Kirchensteuer 8%	9%	1,0 SolZ 5,5%	Kirchensteuer 8%	9%	1,5 SolZ 5,5%	Kirchensteuer 8%	9%	2,0 SolZ 5,5%	Kirchensteuer 8%	9%	2,5 SolZ 5,5%	Kirchensteuer 8%	9%	3,0 SolZ 5,5%	Kirchensteuer 8%	9%
7.877,99	I	2.366,83	107,68	189,34	213,01	89,04	176,81	198,91	70,39	164,28	184,81	51,75	151,74	170,71	33,11	139,21	156,61	14,46	126,68	142,51	-	114,14	128,41
	II	2.217,66	89,93	177,41	199,58	71,29	164,88	185,49	52,64	152,34	171,38	34,01	139,82	157,29	15,37	127,28	143,19	-	114,75	129,09	-	102,30	115,08
	III	1.597,33	-	127,78	143,75	-	117,42	132,10	-	107,30	120,71	-	97,44	109,62	-	87,84	98,82	-	78,50	88,31	-	69,41	78,08
	IV	2.366,83	107,68	189,34	213,01	98,36	183,08	205,96	89,04	176,81	198,91	79,72	170,54	191,86	70,39	164,28	184,81	61,07	158,01	177,76	51,75	151,74	170,71
	V	2.881,25	158,46	230,50	259,31																		
	VI	2.925,58	160,90	234,04	263,30																		
7.880,99	I	2.368,08	107,83	189,44	213,12	89,19	176,91	199,02	70,54	164,38	184,92	51,90	151,84	170,82	33,26	139,31	156,72	14,61	126,78	142,62	-	114,24	128,52
	II	2.218,91	90,08	177,51	199,70	71,44	164,98	185,60	52,80	152,45	171,50	34,16	139,92	157,41	15,51	127,38	143,30	-	114,85	129,20	-	102,40	115,20
	III	1.598,50	-	127,88	143,86	-	117,50	132,19	-	107,38	120,80	-	97,52	109,71	-	87,92	98,91	-	78,57	88,39	-	69,49	78,17
	IV	2.368,08	107,83	189,44	213,12	98,51	183,18	206,07	89,19	176,91	199,02	79,86	170,64	191,97	70,54	164,38	184,92	61,22	158,11	177,87	51,90	151,84	170,82
	V	2.882,50	158,53	230,60	259,42																		
	VI	2.926,83	160,97	234,14	263,41																		
7.883,99	I	2.369,33	107,98	189,54	213,23	89,33	177,01	199,13	70,69	164,48	185,04	52,05	151,94	170,93	33,40	139,41	156,83	14,76	126,88	142,74	-	114,34	128,63
	II	2.220,25	90,24	177,62	199,82	71,59	165,08	185,72	52,95	152,55	171,62	34,31	140,02	157,52	15,66	127,48	143,42	-	114,95	129,32	-	102,50	115,31
	III	1.599,50	-	127,96	143,95	-	117,58	132,28	-	107,46	120,89	-	97,60	109,80	-	88,00	99,00	-	78,65	88,48	-	69,56	78,25
	IV	2.369,33	107,98	189,54	213,23	98,66	183,28	206,19	89,33	177,01	199,13	80,01	170,74	192,08	70,69	164,48	185,04	61,37	158,21	177,98	52,05	151,94	170,93
	V	2.883,75	158,60	230,70	259,53																		
	VI	2.928,08	161,04	234,24	263,52																		
7.886,99	I	2.370,58	108,13	189,64	213,35	89,48	177,11	199,25	70,84	164,58	185,15	52,20	152,04	171,05	33,55	139,51	156,95	14,91	126,98	142,85	-	114,44	128,75
	II	2.221,50	90,39	177,72	199,93	71,74	165,18	185,83	53,10	152,65	171,73	34,46	140,12	157,63	15,81	127,58	143,53	-	115,05	129,43	-	102,60	115,42
	III	1.600,50	-	128,04	144,04	-	117,66	132,37	-	107,54	120,98	-	97,68	109,89	-	88,08	99,09	-	78,72	88,56	-	69,62	78,32
	IV	2.370,58	108,13	189,64	213,35	98,80	183,38	206,30	89,48	177,11	199,25	80,16	170,84	192,20	70,84	164,58	185,15	61,52	158,31	178,10	52,20	152,04	171,05
	V	2.885,00	158,67	230,80	259,65																		
	VI	2.929,33	161,11	234,34	263,63																		
7.889,99	I	2.371,83	108,28	189,74	213,46	89,63	177,21	199,36	70,99	164,68	185,26	52,35	152,14	171,16	33,70	139,61	157,06	15,06	127,08	142,96	-	114,54	128,86
	II	2.222,75	90,53	177,82	200,04	71,89	165,28	185,94	53,25	152,75	171,84	34,60	140,22	157,74	15,96	127,68	143,64	-	115,15	129,54	-	102,70	115,53
	III	1.601,66	-	128,13	144,14	-	117,74	132,46	-	107,62	121,07	-	97,76	109,98	-	88,14	99,16	-	78,80	88,65	-	69,70	78,41
	IV	2.371,83	108,28	189,74	213,46	98,95	183,48	206,41	89,63	177,21	199,36	80,31	170,94	192,31	70,99	164,68	185,26	61,67	158,41	178,21	52,35	152,14	171,16
	V	2.886,25	158,74	230,90	259,76																		
	VI	2.930,58	161,18	234,44	263,75																		
7.892,99	I	2.373,08	108,42	189,84	213,57	89,78	177,31	199,47	71,14	164,78	185,37	52,49	152,24	171,27	33,85	139,71	157,17	15,22	127,18	143,08	-	114,65	128,98
	II	2.224,00	90,68	177,92	200,16	72,04	165,38	186,05	53,40	152,85	171,95	34,75	140,32	157,86	16,11	127,78	143,75	-	115,25	129,65	-	102,79	115,64
	III	1.602,66	-	128,21	144,23	-	117,82	132,55	-	107,70	121,16	-	97,84	110,07	-	88,22	99,25	-	78,86	88,72	-	69,77	78,49
	IV	2.373,08	108,42	189,84	213,57	99,10	183,58	206,52	89,78	177,31	199,47	80,46	171,04	192,42	71,14	164,78	185,37	61,82	158,51	178,32	52,49	152,24	171,27
	V	2.887,50	158,81	231,00	259,87																		
	VI	2.931,83	161,25	234,54	263,86																		
7.895,99	I	2.374,33	108,57	189,94	213,68	89,93	177,41	199,58	71,29	164,88	185,49	52,64	152,34	171,38	34,01	139,82	157,29	15,37	127,28	143,19	-	114,75	129,09
	II	2.225,25	90,83	178,02	200,27	72,19	165,48	186,17	53,55	152,95	172,07	34,90	140,42	157,97	16,26	127,88	143,87	-	115,35	129,77	-	102,89	115,75
	III	1.603,83	-	128,30	144,34	-	117,92	132,66	-	107,78	121,25	-	97,92	110,16	-	88,30	99,34	-	78,94	88,81	-	69,85	78,58
	IV	2.374,33	108,57	189,94	213,68	99,25	183,68	206,64	89,93	177,41	199,58	80,61	171,14	192,53	71,29	164,88	185,49	61,96	158,61	178,43	52,64	152,34	171,38
	V	2.888,83	158,88	231,10	259,99																		
	VI	2.933,08	161,31	234,64	263,97																		
7.898,99	I	2.375,58	108,72	190,04	213,80	90,08	177,51	199,70	71,44	164,98	185,60	52,80	152,45	171,50	34,16	139,92	157,41	15,51	127,38	143,30	-	114,85	129,20
	II	2.226,50	90,98	178,12	200,38	72,34	165,58	186,28	53,69	153,05	172,18	35,05	140,52	158,08	16,41	127,98	143,98	-	115,46	129,89	-	102,99	115,86
	III	1.604,83	-	128,38	144,43	-	118,00	132,75	-	107,86	121,34	-	98,00	110,25	-	88,37	99,41	-	79,02	88,90	-	69,92	78,66
	IV	2.375,58	108,72	190,04	213,80	99,40	183,78	206,75	90,08	177,51	199,70	80,76	171,24	192,65	71,44	164,98	185,60	62,12	158,72	178,56	52,80	152,45	171,50
	V	2.890,08	158,95	231,20	260,10																		
	VI	2.934,33	161,38	234,74	264,08																		
7.901,99	I	2.376,83	108,87	190,14	213,91	90,24	177,62	199,82	71,59	165,08	185,72	52,95	152,55	171,62	34,31	140,02	157,52	15,66	127,48	143,42	-	114,95	129,32
	II	2.227,75	91,13	178,22	200,49	72,49	165,68	186,39	53,84	153,15	172,29	35,21	140,62	158,20	16,57	128,09	144,10	-	115,56	130,00	-	103,09	115,97
	III	1.605,83	-	128,46	144,52	-	118,08	132,84	-	107,94	121,43	-	98,06	110,32	-	88,45	99,50	-	79,09	88,97	-	69,98	78,73
	IV	2.376,83	108,87	190,14	213,91	99,56	183,88	206,87	90,24	177,62	199,82	80,92	171,35	192,77	71,59	165,08	185,72	62,27	158,82	178,67	52,95	152,55	171,62
	V	2.891,33	159,02	231,30	260,21																		
	VI	2.935,58	161,45	234,84	264,20																		
7.904,99	I	2.378,16	109,03	190,25	214,03	90,39	177,72	199,93	71,74	165,18	185,83	53,10	152,65	171,73	34,46	140,12	157,63	15,81	127,58	143,53	-	115,05	129,43
	II	2.229,00	91,28	178,32	200,61	72,63	165,78	186,50	54,00	153,26	172,41	35,36	140,72	158,31	16,71	128,19	144,21	-	115,66	130,11	-	103,19	116,09
	III	1.607,00	-	128,56	144,63	-	118,16	132,93	-	108,02	121,52	-	98,14	110,41	-	88,53	99,59	-	79,17	89,06	-	70,06	78,82
	IV	2.378,16	109,03	190,25	214,03	99,71	183,98	206,98	90,39	177,72	199,93	81,06	171,45	192,88	71,74	165,18	185,83	62,42	158,92	178,78	53,10	152,65	171,73
	V	2.892,58	159,09	231,40	260,33																		
	VI	2.936,91	161,53	234,95	264,32																		
7.907,99	I	2.379,41	109,18	190,35	214,14	90,53	177,82	200,04	71,89	165,28	185,94	53,25	152,75	171,84	34,60	140,22	157,74	15,96	127,68	143,64	-	115,15	129,54
	II	2.230,33	91,44	178,42	200,72	72,79	165,89	186,62	54,15	153,36	172,53	35,51	140,82	158,42	16,86	128,29	144,32	-	115,76	130,23	-	103,28	116,19
	III	1.608,00	-	128,64	144,72	-	118,24	133,02	-	108,10	121,61	-	98,22	110,50	-	88,61	99,68	-	79,24	89,14	-	70,13	78,89
	IV	2.379,41	109,18	190,35	214,14	99,86	184,08	207,09	90,53	177,82	200,04	81,21	171,55	192,99	71,89	165,28	185,94	62,57	159,02	178,89	53,25	152,75	171,84
	V	2.893,83	159,16	231,50	260,44																		
	VI	2.938,16	161,59	235,05	264,43																		
7.910,99	I	2.380,66	109,33	190,45	214,25	90,68	177,92	200,16	72,04	165,38	186,05	53,40	152,85	171,95	34,75	140,32	157,86	16,11	127,78	143,75	-	115,25	129,65
	II	2.231,58	91,59	178,52	200,84	72,94	165,99	186,74	54,30	153,46	172,64	35,66	140,92	158,54	17,01	128,39	144,44	-	115,86	130,34	-	103,38	116,30
	III	1.609,00	-	128,72	144,81	-	118,33	133,12	-	108,18	121,70	-	98,30	110,59	-	88,68	99,76	-	79,32	89,23	-	70,21	78,98
	IV	2.380,66	109,33	190,45	214,25	100,00	184,18	207,20	90,68	177,92	200,16	81,36	171,65	193,10	72,04	165,38	186,05	62,72	159,12	179,01	53,40	152,85	171,95
	V	2.895,08	159,22	231,60	260,55																		
	VI	2.939,41	161,66	235,15	264,54																		
7.913,99	I	2.381,91	109,48	190,55	214,37	90,83	178,02	200,27	72,19	165,48	186,17	53,55	152,95	172,07	34,90	140,42	157,97	16,26	127,88	143,87	-	115,35	129,77
	II	2.232,83	91,73	178,62	200,95	73,09	166,09	186,85	54,45	153,56	172,75	35,80	141,02	158,65	17,16	128,49	144,55	-	115,96	130,45	-	103,48	116,42
	III	1.610,16	-	128,81	144,91	-	118,41	133,21	-	108,26	121,79	-	98,38	110,68	-	88,76	99,85	-	79,38	89,30	-	70,28	79,06
	IV	2.381,91	109,48	190,55	214,37	100,15	184,28	207,32	90,83	178,02	200,27	81,51	171,75	193,22	72,19	165,48	186,17	62,87	159,22	179,12	53,55	152,95	172,07
	V	2.896,33	159,29	231,70	260,66																		
	VI	2.940,66	161,73	235,25	264,65																		
7.916,99	I	2.383,16	109,62	190,65	214,48	90,98	178,12	200,38	72,34	165,58	186,28	53,69	153,05	172,18	35,05	140,52	158,08	16,41	127,98	143,98	-	115,46	129,89
	II	2.234,08	91,88	178,72	201,06	73,24	166,19	186,96	54,60	153,66	172,86	35,95	141,12	158,76	17,31	128,59	144,66	-	116,06	130,56	-	103,58	116,53
	III	1.611,16	-	128,89	145,00	-	118,49	133,30	-	108,34	121,88	-	98,46	110,77	-	88,84	99,94	-	79,46	89,39	-	70,34	79,13
	IV	2.383,16	109,62	190,65	214,48	100,30	184,38	207,43	90,98	178,12	200,38	81,66	171,85	193,33	72,34	165,58	186,28	63,02	159,32	179,23	53,69	153,05	172,18
	V	2.897,58	159,36	231,80	260,78																		
	VI	2.941,91	161,80	235,35	264,77																		
7.919,99	I	2.384,41	109,77	190,75	214,59	91,13	178,22	200,49	72,49	165,68	186,39	53,84	153,15	172,29	35,21	140,62	158,20	16,57	128,09	144,10	-	115,56	130,00
	II	2.235,33	92,03	178,82	201,17	73,39	166,29	187,07	54,74	153,76	172,98	36,10	141,22	158,87	17,46	128,69	144,77	-	116,16	130,68	-	103,68	116,64
	III	1.612,16	-	128,97	145,09	-	118,57	133,39	-	108,42	121,97	-	98,54	110,86	-	88,92	100,03	-	79,54	89,48	-	70,42	79,22
	IV	2.384,41	109,77	190,75	214,59	100,45	184,48	207,54	91,13	178,22	200,49	81,81	171,95	193,44	72,49	165,68	186,39	63,16	159,42	179,34	53,84	153,15	172,29
	V	2.898,83	159,43	231,90	260,89																		
	VI	2.943,16	161,87	235,45	264,88																		

MONAT bis 7.964,99 €

Lohn/ Gehalt bis	Steuerklasse	Lohnsteuer	ohne Kinderfreibetrag SolZ 5,5%	ohne Kinderfreibetrag Kirchensteuer 8%	ohne Kinderfreibetrag Kirchensteuer 9%	0,5 SolZ 5,5%	0,5 Kirchensteuer 8%	0,5 Kirchensteuer 9%	1,0 SolZ 5,5%	1,0 Kirchensteuer 8%	1,0 Kirchensteuer 9%	1,5 SolZ 5,5%	1,5 Kirchensteuer 8%	1,5 Kirchensteuer 9%	2,0 SolZ 5,5%	2,0 Kirchensteuer 8%	2,0 Kirchensteuer 9%	2,5 SolZ 5,5%	2,5 Kirchensteuer 8%	2,5 Kirchensteuer 9%	3,0 SolZ 5,5%	3,0 Kirchensteuer 8%	3,0 Kirchensteuer 9%
						Anzahl Kinderfreibeträge (nur Steuerklassen I–IV)																	
7.922,99	I	2.385,66	109,92	190,85	214,70	91,28	178,32	200,61	72,63	165,78	186,50	54,00	153,26	172,41	35,36	140,72	158,31	16,71	128,19	144,21	-	115,66	130,1
	II	2.236,58	92,18	178,92	201,29	73,54	166,39	187,19	54,89	153,86	173,09	36,25	141,32	158,99	17,61	128,79	144,89	-	116,26	130,79	-	103,78	116,7
	III	1.613,33	-	129,06	145,19	-	118,65	133,48	-	108,50	122,06	-	98,62	110,95	-	88,98	100,10	-	79,61	89,56	-	70,49	79,3
	IV	2.385,66	109,92	190,85	214,70	100,60	184,58	207,65	91,28	178,32	200,61	81,96	172,05	193,55	72,63	165,78	186,50	63,32	159,52	179,46	54,00	153,26	172,4
	V	2.900,16	159,50	232,01	261,01																		
	VI	2.944,41	161,94	235,55	264,99																		
7.925,99	I	2.386,91	110,07	190,95	214,82	91,44	178,42	200,72	72,79	165,89	186,62	54,15	153,36	172,53	35,51	140,82	158,42	16,86	128,29	144,32	-	115,76	130,2
	II	2.237,83	92,33	179,02	201,40	73,69	166,49	187,30	55,04	153,96	173,20	36,40	141,42	159,10	17,77	128,90	145,01	-	116,36	130,91	-	103,88	116,8
	III	1.614,33	-	129,14	145,28	-	118,74	133,58	-	108,58	122,15	-	98,70	111,04	-	89,06	100,19	-	79,69	89,65	-	70,57	79,3
	IV	2.386,91	110,07	190,95	214,82	100,75	184,68	207,77	91,44	178,42	200,72	82,11	172,16	193,68	72,79	165,89	186,62	63,47	159,62	179,57	54,15	153,36	172,5
	V	2.901,41	159,57	232,11	261,12																		
	VI	2.945,66	162,01	235,65	265,10																		
7.928,99	I	2.388,25	110,23	191,06	214,94	91,59	178,52	200,84	72,94	165,99	186,74	54,30	153,46	172,64	35,66	140,92	158,54	17,01	128,39	144,44	-	115,86	130,34
	II	2.239,08	92,48	179,12	201,51	73,83	166,59	187,41	55,20	154,06	173,32	36,56	141,53	159,22	17,91	129,00	145,12	-	116,46	131,02	-	103,98	116,9
	III	1.615,33	-	129,22	145,37	-	118,82	133,67	-	108,66	122,24	-	98,77	111,11	-	89,14	100,28	-	79,76	89,73	-	70,64	79,4
	IV	2.388,25	110,23	191,06	214,94	100,91	184,79	207,89	91,59	178,52	200,84	82,26	172,26	193,79	72,94	165,99	186,74	63,62	159,72	179,69	54,30	153,46	172,6
	V	2.902,66	159,64	232,21	261,23																		
	VI	2.947,00	162,08	235,76	265,23																		
7.931,99	I	2.389,50	110,38	191,16	215,05	91,73	178,62	200,95	73,09	166,09	186,85	54,45	153,56	172,75	35,80	141,02	158,65	17,16	128,49	144,55	-	115,96	130,4
	II	2.240,33	92,63	179,22	201,62	73,99	166,70	187,53	55,35	154,16	173,43	36,71	141,63	159,33	18,06	129,10	145,23	-	116,56	131,13	-	104,08	117,0
	III	1.616,50	-	129,32	145,48	-	118,90	133,76	-	108,76	122,35	-	98,85	111,20	-	89,21	100,36	-	79,84	89,82	-	70,72	79,5
	IV	2.389,50	110,38	191,16	215,05	101,06	184,89	208,00	91,73	178,62	200,95	82,41	172,36	193,90	73,09	166,09	186,85	63,77	159,82	179,80	54,45	153,56	172,7
	V	2.903,91	159,71	232,31	261,35																		
	VI	2.948,25	162,15	235,86	265,34																		
7.934,99	I	2.390,75	110,53	191,26	215,16	91,88	178,72	201,06	73,24	166,19	186,96	54,60	153,66	172,86	35,95	141,12	158,76	17,31	128,59	144,66	-	116,06	130,5
	II	2.241,66	92,79	179,33	201,74	74,14	166,80	187,65	55,50	154,26	173,54	36,86	141,73	159,44	18,21	129,20	145,35	-	116,66	131,24	-	104,18	117,2
	III	1.617,50	-	129,40	145,57	-	118,98	133,85	-	108,84	122,44	-	98,93	111,29	-	89,29	100,45	-	79,90	89,89	-	70,78	79,6
	IV	2.390,75	110,53	191,26	215,16	101,20	184,99	208,11	91,88	178,72	201,06	82,56	172,46	194,01	73,24	166,19	186,96	63,92	159,92	179,91	54,60	153,66	172,8
	V	2.905,16	159,78	232,41	261,46																		
	VI	2.949,50	162,22	235,96	265,45																		
7.937,99	I	2.392,00	110,67	191,36	215,28	92,03	178,82	201,17	73,39	166,29	187,07	54,74	153,76	172,98	36,10	141,22	158,87	17,46	128,69	144,77	-	116,16	130,6
	II	2.242,91	92,93	179,43	201,86	74,29	166,90	187,76	55,65	154,36	173,66	37,00	141,83	159,56	18,36	129,30	145,46	-	116,76	131,36	-	104,28	117,3
	III	1.618,50	-	129,48	145,66	-	119,06	133,94	-	108,92	122,53	-	99,01	111,38	-	89,37	100,54	-	79,98	89,98	-	70,85	79,7
	IV	2.392,00	110,67	191,36	215,28	101,35	185,09	208,22	92,03	178,82	201,17	82,71	172,56	194,13	73,39	166,29	187,07	64,07	160,02	180,02	54,74	153,76	172,9
	V	2.906,41	159,85	232,51	261,57																		
	VI	2.950,75	162,29	236,06	265,56																		
7.940,99	I	2.393,25	110,82	191,46	215,39	92,18	178,92	201,29	73,54	166,39	187,19	54,89	153,86	173,09	36,25	141,32	158,99	17,61	128,79	144,89	-	116,26	130,7
	II	2.244,16	93,08	179,53	201,97	74,44	167,00	187,87	55,80	154,46	173,77	37,15	141,93	159,67	18,51	129,40	145,57	-	116,86	131,47	-	104,38	117,4
	III	1.619,66	-	129,57	145,76	-	119,16	134,05	-	109,00	122,62	-	99,09	111,47	-	89,45	100,63	-	80,06	90,07	-	70,93	79,7
	IV	2.393,25	110,82	191,46	215,39	101,50	185,19	208,34	92,18	178,92	201,29	82,86	172,66	194,24	73,54	166,39	187,19	64,22	160,12	180,14	54,89	153,86	173,0
	V	2.907,66	159,92	232,61	261,68																		
	VI	2.952,00	162,36	236,16	265,68																		
7.943,99	I	2.394,50	110,97	191,56	215,50	92,33	179,02	201,40	73,69	166,49	187,30	55,04	153,96	173,20	36,40	141,42	159,10	17,77	128,90	145,01	-	116,36	130,9
	II	2.245,41	93,23	179,63	202,08	74,59	167,10	187,98	55,94	154,56	173,88	37,30	142,03	159,78	18,66	129,50	145,68	0,01	116,96	131,58	-	104,47	117,5
	III	1.620,66	-	129,65	145,85	-	119,24	134,14	-	109,08	122,71	-	99,17	111,56	-	89,52	100,71	-	80,13	90,14	-	71,00	79,8
	IV	2.394,50	110,97	191,56	215,50	101,65	185,29	208,45	92,33	179,02	201,40	83,01	172,76	194,35	73,69	166,49	187,30	64,36	160,22	180,25	55,04	153,96	173,2
	V	2.908,91	159,99	232,71	261,80																		
	VI	2.953,25	162,42	236,26	265,79																		
7.946,99	I	2.395,75	111,12	191,66	215,61	92,48	179,12	201,51	73,83	166,59	187,41	55,20	154,06	173,32	36,56	141,53	159,22	17,91	129,00	145,12	-	116,46	131,0
	II	2.246,66	93,38	179,73	202,19	74,74	167,20	188,10	56,09	154,66	173,99	37,45	142,13	159,89	18,81	129,60	145,80	0,16	117,06	131,69	-	104,57	117,6
	III	1.621,83	-	129,74	145,96	-	119,32	134,23	-	109,16	122,80	-	99,25	111,65	-	89,60	100,80	-	80,21	90,23	-	71,08	79,9
	IV	2.395,75	111,12	191,66	215,61	101,80	185,39	208,56	92,48	179,12	201,51	83,16	172,86	194,46	73,83	166,59	187,41	64,51	160,32	180,36	55,20	154,06	173,3
	V	2.910,25	160,06	232,82	261,92																		
	VI	2.954,50	162,49	236,36	265,90																		
7.949,99	I	2.397,00	111,27	191,76	215,73	92,63	179,22	201,62	73,99	166,70	187,53	55,35	154,16	173,43	36,71	141,63	159,33	18,06	129,10	145,23	-	116,56	131,1
	II	2.247,91	93,53	179,83	202,31	74,89	167,30	188,21	56,24	154,76	174,11	37,60	142,23	160,01	18,97	129,70	145,91	0,32	117,17	131,81	-	104,67	117,7
	III	1.622,83	-	129,82	146,05	-	119,40	134,32	-	109,24	122,89	-	99,33	111,74	-	89,68	100,89	-	80,28	90,31	-	71,14	80,0
	IV	2.397,00	111,27	191,76	215,73	101,95	185,49	208,67	92,63	179,22	201,62	83,31	172,96	194,58	73,99	166,70	187,53	64,67	160,43	180,48	55,35	154,16	173,4
	V	2.911,50	160,13	232,92	262,03																		
	VI	2.955,75	162,56	236,46	266,01																		
7.952,99	I	2.398,33	111,43	191,86	215,84	92,79	179,33	201,74	74,14	166,80	187,65	55,50	154,26	173,54	36,86	141,73	159,44	18,21	129,20	145,35	-	116,66	131,2
	II	2.249,16	93,68	179,93	202,42	75,03	167,40	188,32	56,39	154,86	174,22	37,76	142,34	160,13	19,11	129,80	146,03	0,47	117,27	131,93	-	104,77	117,8
	III	1.623,83	-	129,90	146,14	-	119,48	134,41	-	109,32	122,98	-	99,41	111,83	-	89,76	100,98	-	80,36	90,40	-	71,22	80,1
	IV	2.398,33	111,43	191,86	215,84	102,11	185,60	208,80	92,79	179,33	201,74	83,46	173,06	194,69	74,14	166,80	187,65	64,82	160,53	180,59	55,50	154,26	173,5
	V	2.912,75	160,20	233,02	262,14																		
	VI	2.957,08	162,63	236,56	266,13																		
7.955,99	I	2.399,58	111,58	191,96	215,96	92,93	179,43	201,86	74,29	166,90	187,76	55,65	154,36	173,66	37,00	141,83	159,56	18,36	129,30	145,46	-	116,76	131,3
	II	2.250,41	93,83	180,03	202,53	75,19	167,50	188,44	56,55	154,97	174,34	37,91	142,44	160,24	19,26	129,90	146,14	0,62	117,37	132,04	-	104,87	117,9
	III	1.625,00	-	130,00	146,25	-	119,57	134,51	-	109,40	123,07	-	99,49	111,92	-	89,82	101,05	-	80,44	90,49	-	71,29	80,2
	IV	2.399,58	111,58	191,96	215,96	102,26	185,70	208,91	92,93	179,43	201,86	83,61	173,16	194,81	74,29	166,90	187,76	64,97	160,63	180,71	55,65	154,36	173,6
	V	2.914,00	160,27	233,12	262,26																		
	VI	2.958,33	162,70	236,66	266,24																		
7.958,99	I	2.400,83	111,73	192,06	216,07	93,08	179,53	201,97	74,44	167,00	187,87	55,80	154,46	173,77	37,15	141,93	159,67	18,51	129,40	145,57	-	116,86	131,4
	II	2.251,75	93,99	180,14	202,65	75,34	167,60	188,55	56,70	155,07	174,45	38,06	142,54	160,35	19,41	130,00	146,25	0,77	117,47	132,15	-	104,97	118,0
	III	1.626,00	-	130,08	146,34	-	119,65	134,60	-	109,48	123,16	-	99,56	112,00	-	89,90	101,14	-	80,50	90,56	-	71,36	80,2
	IV	2.400,83	111,73	192,06	216,07	102,40	185,80	209,02	93,08	179,53	201,97	83,76	173,26	194,92	74,44	167,00	187,87	65,12	160,73	180,82	55,80	154,46	173,7
	V	2.915,25	160,33	233,22	262,37																		
	VI	2.959,58	162,77	236,76	266,36																		
7.961,99	I	2.402,08	111,87	192,16	216,18	93,23	179,63	202,08	74,59	167,10	187,98	55,94	154,56	173,88	37,30	142,03	159,78	18,66	129,50	145,68	0,01	116,96	131,5
	II	2.253,00	94,13	180,24	202,77	75,49	167,70	188,66	56,85	155,17	174,56	38,20	142,64	160,47	19,56	130,10	146,36	0,92	117,57	132,26	-	105,07	118,2
	III	1.627,00	-	130,16	146,43	-	119,73	134,69	-	109,56	123,25	-	99,64	112,09	-	89,98	101,23	-	80,58	90,65	-	71,44	80,3
	IV	2.402,08	111,87	192,16	216,18	102,55	185,90	209,13	93,23	179,63	202,08	83,91	173,36	195,03	74,59	167,10	187,98	65,27	160,83	180,93	55,94	154,56	173,8
	V	2.916,50	160,40	233,32	262,48																		
	VI	2.960,83	162,84	236,86	266,47																		
7.964,99	I	2.403,33	112,02	192,26	216,29	93,38	179,73	202,19	74,74	167,20	188,10	56,09	154,66	173,99	37,45	142,13	159,89	18,81	129,60	145,80	0,16	117,06	131,6
	II	2.254,25	94,28	180,34	202,88	75,64	167,80	188,78	57,00	155,27	174,68	38,35	142,74	160,58	19,71	130,20	146,48	1,07	117,67	132,38	-	105,17	118,3
	III	1.628,16	-	130,25	146,53	-	119,81	134,78	-	109,64	123,34	-	99,72	112,18	-	90,06	101,32	-	80,65	90,73	-	71,50	80,4
	IV	2.403,33	112,02	192,26	216,29	102,70	186,00	209,25	93,38	179,73	202,19	84,06	173,46	195,14	74,74	167,20	188,10	65,42	160,93	181,04	56,09	154,66	173,9
	V	2.917,75	160,47	233,42	262,59																		
	VI	2.962,08	162,91	236,96	266,58																		

Besondere Tabelle

MONAT bis 8.009,99 €

Lohn/ Gehalt bis	Steuerklasse	Lohn-steuer	ohne Kinderfreibetrag SolZ 5,5%	ohne Kinderfreibetrag Kirchensteuer 8%	ohne Kinderfreibetrag Kirchensteuer 9%	0,5 SolZ 5,5%	0,5 Kirchensteuer 8%	0,5 Kirchensteuer 9%	1,0 SolZ 5,5%	1,0 Kirchensteuer 8%	1,0 Kirchensteuer 9%	1,5 SolZ 5,5%	1,5 Kirchensteuer 8%	1,5 Kirchensteuer 9%	2,0 SolZ 5,5%	2,0 Kirchensteuer 8%	2,0 Kirchensteuer 9%	2,5 SolZ 5,5%	2,5 Kirchensteuer 8%	2,5 Kirchensteuer 9%	3,0 SolZ 5,5%	3,0 Kirchensteuer 8%	3,0 Kirchensteuer 9%
						Anzahl Kinderfreibeträge (nur Steuerklassen I–IV)																	
7.967,99	I	2.404,58	112,17	192,36	216,41	93,53	179,83	202,31	74,89	167,30	188,21	56,24	154,76	174,11	37,60	142,23	160,01	18,97	129,70	145,91	0,32	117,17	131,81
	II	2.255,50	94,43	180,44	202,99	75,79	167,90	188,89	57,14	155,37	174,79	38,50	142,84	160,69	19,86	130,30	146,59	1,21	117,77	132,49	-	105,27	118,43
	III	1.629,16	-	130,33	146,62	-	119,89	134,87	-	109,72	123,43	-	99,80	112,27	-	90,13	101,39	-	80,73	90,82	-	71,58	80,53
	IV	2.404,58	112,17	192,36	216,41	102,85	186,10	209,36	93,53	179,83	202,31	84,21	173,56	195,26	74,89	167,30	188,21	65,56	161,03	181,16	56,24	154,76	174,11
	V	2.919,00	160,54	233,52	262,71																		
	VI	2.963,33	162,98	237,06	266,69																		
7.970,99	I	2.405,83	112,32	192,46	216,52	93,68	179,93	202,42	75,03	167,40	188,32	56,39	154,86	174,22	37,76	142,34	160,13	19,11	129,80	146,03	0,47	117,27	131,93
	II	2.256,75	94,58	180,54	203,10	75,94	168,00	189,00	57,29	155,47	174,90	38,65	142,94	160,80	20,01	130,40	146,70	1,36	117,87	132,60	-	105,37	118,54
	III	1.630,16	-	130,41	146,71	-	119,98	134,98	-	109,80	123,52	-	99,88	112,36	-	90,21	101,48	-	80,81	90,91	-	71,65	80,60
	IV	2.405,83	112,32	192,46	216,52	103,00	186,20	209,47	93,68	179,93	202,42	84,36	173,66	195,37	75,03	167,40	188,32	65,71	161,13	181,27	56,39	154,86	174,22
	V	2.920,33	160,61	233,62	262,82																		
	VI	2.964,58	163,05	237,16	266,81																		
7.973,99	I	2.407,08	112,47	192,56	216,63	93,83	180,03	202,53	75,19	167,50	188,44	56,55	154,97	174,34	37,91	142,44	160,24	19,26	129,90	146,14	0,62	117,37	132,04
	II	2.258,00	94,73	180,64	203,22	76,09	168,10	189,11	57,44	155,57	175,01	38,80	143,04	160,92	20,16	130,50	146,81	1,52	117,98	132,72	-	105,46	118,64
	III	1.631,33	-	130,50	146,81	-	120,06	135,07	-	109,88	123,61	-	99,96	112,45	-	90,29	101,57	-	80,88	90,99	-	71,73	80,69
	IV	2.407,08	112,47	192,56	216,63	103,15	186,30	209,58	93,83	180,03	202,53	84,50	173,76	195,48	75,19	167,50	188,44	65,87	161,24	181,39	56,55	154,97	174,34
	V	2.921,58	160,68	233,72	262,94																		
	VI	2.965,83	163,12	237,26	266,92																		
7.976,99	I	2.408,33	112,62	192,66	216,74	93,99	180,14	202,65	75,34	167,60	188,55	56,70	155,07	174,45	38,06	142,54	160,35	19,41	130,00	146,25	0,77	117,47	132,15
	II	2.259,25	94,88	180,74	203,33	76,23	168,20	189,23	57,59	155,67	175,13	38,96	143,14	161,03	20,31	130,61	146,93	1,67	118,08	132,84	-	105,56	118,76
	III	1.632,33	-	130,58	146,90	-	120,14	135,16	-	109,96	123,70	-	100,04	112,54	-	90,37	101,66	-	80,96	91,08	-	71,80	80,77
	IV	2.408,33	112,62	192,66	216,74	103,31	186,40	209,70	93,99	180,14	202,65	84,66	173,87	195,60	75,34	167,60	188,55	66,02	161,34	181,50	56,70	155,07	174,45
	V	2.922,83	160,75	233,82	263,05																		
	VI	2.967,08	163,18	237,36	267,03																		
7.979,99	I	2.409,66	112,78	192,77	216,86	94,13	180,24	202,77	75,49	167,70	188,66	56,85	155,17	174,56	38,20	142,64	160,47	19,56	130,10	146,36	0,92	117,57	132,26
	II	2.260,50	95,03	180,84	203,44	76,38	168,30	189,34	57,75	155,78	175,25	39,11	143,24	161,15	20,46	130,71	147,05	1,82	118,18	132,95	-	105,66	118,87
	III	1.633,50	-	130,68	147,01	-	120,22	135,25	-	110,04	123,79	-	100,12	112,63	-	90,44	101,74	-	81,02	91,15	-	71,88	80,86
	IV	2.409,66	112,78	192,77	216,86	103,46	186,50	209,81	94,13	180,24	202,77	84,81	173,97	195,71	75,49	167,70	188,66	66,17	161,44	181,62	56,85	155,17	174,56
	V	2.924,08	160,82	233,92	263,16																		
	VI	2.968,41	163,26	237,47	267,15																		
7.982,99	I	2.410,91	112,93	192,87	216,98	94,28	180,34	202,88	75,64	167,80	188,78	57,00	155,27	174,68	38,35	142,74	160,58	19,71	130,20	146,48	1,07	117,67	132,38
	II	2.261,83	95,19	180,94	203,56	76,54	168,41	189,46	57,90	155,88	175,36	39,26	143,34	161,26	20,61	130,81	147,16	1,97	118,28	133,06	-	105,76	118,98
	III	1.634,50	-	130,76	147,10	-	120,32	135,36	-	110,12	123,88	-	100,20	112,72	-	90,52	101,83	-	81,10	91,24	-	71,94	80,93
	IV	2.410,91	112,93	192,87	216,98	103,60	186,60	209,93	94,28	180,34	202,88	84,96	174,07	195,83	75,64	167,80	188,78	66,32	161,54	181,73	57,00	155,27	174,68
	V	2.925,33	160,89	234,02	263,27																		
	VI	2.969,66	163,33	237,57	267,26																		
7.985,99	I	2.412,16	113,07	192,97	217,09	94,43	180,44	202,99	75,79	167,90	188,89	57,14	155,37	174,79	38,50	142,84	160,69	19,86	130,30	146,59	1,21	117,77	132,49
	II	2.263,08	95,33	181,04	203,67	76,69	168,51	189,57	58,05	155,98	175,47	39,40	143,44	161,37	20,76	130,91	147,27	2,12	118,38	133,17	-	105,86	119,09
	III	1.635,50	-	130,84	147,19	-	120,40	135,45	-	110,21	123,98	-	100,28	112,81	-	90,60	101,92	-	81,18	91,33	-	72,01	81,01
	IV	2.412,16	113,07	192,97	217,09	103,75	186,70	210,04	94,43	180,44	202,99	85,11	174,17	195,94	75,79	167,90	188,89	66,47	161,64	181,84	57,14	155,37	174,79
	V	2.926,58	160,96	234,12	263,39																		
	VI	2.970,91	163,40	237,67	267,38																		
7.988,99	I	2.413,41	113,22	193,07	217,20	94,58	180,54	203,10	75,94	168,00	189,00	57,29	155,47	174,90	38,65	142,94	160,80	20,01	130,40	146,70	1,36	117,87	132,60
	II	2.264,33	95,48	181,14	203,78	76,84	168,61	189,68	58,20	156,08	175,59	39,55	143,54	161,48	20,91	131,01	147,38	2,27	118,48	133,29	-	105,96	119,21
	III	1.636,66	-	130,93	147,29	-	120,48	135,54	-	110,29	124,07	-	100,36	112,90	-	90,68	102,01	-	81,25	91,40	-	72,09	81,10
	IV	2.413,41	113,22	193,07	217,20	103,90	186,80	210,15	94,58	180,54	203,10	85,26	174,27	196,05	75,94	168,00	189,00	66,62	161,74	181,95	57,29	155,47	174,90
	V	2.927,83	161,03	234,22	263,50																		
	VI	2.972,16	163,46	237,77	267,49																		
7.991,99	I	2.414,66	113,37	193,17	217,31	94,73	180,64	203,22	76,09	168,10	189,11	57,44	155,57	175,01	38,80	143,04	160,92	20,16	130,50	146,81	1,52	117,98	132,72
	II	2.265,58	95,63	181,24	203,90	76,99	168,71	189,80	58,34	156,18	175,70	39,70	143,64	161,60	21,06	131,11	147,50	2,41	118,58	133,40	-	106,06	119,32
	III	1.637,66	-	131,01	147,38	-	120,56	135,63	-	110,37	124,16	-	100,42	112,97	-	90,74	102,08	-	81,33	91,49	-	72,16	81,18
	IV	2.414,66	113,37	193,17	217,31	104,05	186,90	210,26	94,73	180,64	203,22	85,41	174,37	196,16	76,09	168,10	189,11	66,76	161,84	182,07	57,44	155,57	175,01
	V	2.929,08	161,09	234,32	263,61																		
	VI	2.973,41	163,53	237,87	267,60																		
7.994,99	I	2.415,91	113,52	193,27	217,43	94,88	180,74	203,33	76,23	168,20	189,23	57,59	155,67	175,13	38,96	143,14	161,03	20,31	130,61	146,93	1,67	118,08	132,84
	II	2.266,83	95,78	181,34	204,01	77,14	168,81	189,91	58,49	156,28	175,81	39,85	143,74	161,71	21,21	131,21	147,61	2,56	118,68	133,51	-	106,16	119,43
	III	1.638,66	-	131,09	147,47	-	120,64	135,72	-	110,45	124,25	-	100,50	113,06	-	90,82	102,17	-	81,40	91,57	-	72,24	81,27
	IV	2.415,91	113,52	193,27	217,43	104,20	187,00	210,38	94,88	180,74	203,33	85,56	174,47	196,28	76,23	168,20	189,23	66,91	161,94	182,18	57,59	155,67	175,13
	V	2.930,33	161,16	234,42	263,72																		
	VI	2.974,66	163,60	237,97	267,71																		
7.997,99	I	2.417,16	113,67	193,37	217,54	95,03	180,84	203,44	76,38	168,30	189,34	57,75	155,78	175,25	39,11	143,24	161,15	20,46	130,71	147,05	1,82	118,18	132,95
	II	2.268,08	95,93	181,44	204,12	77,29	168,91	190,02	58,64	156,38	175,92	40,00	143,84	161,82	21,36	131,31	147,72	2,72	118,78	133,63	-	106,26	119,54
	III	1.639,83	-	131,18	147,58	-	120,73	135,82	-	110,53	124,34	-	100,58	113,15	-	90,90	102,26	-	81,48	91,66	-	72,30	81,34
	IV	2.417,16	113,67	193,37	217,54	104,35	187,10	210,49	95,03	180,84	203,44	85,70	174,57	196,39	76,38	168,30	189,34	67,07	162,04	182,30	57,75	155,78	175,25
	V	2.931,66	161,24	234,53	263,84																		
	VI	2.975,91	163,67	238,07	267,83																		
8.000,99	I	2.418,41	113,82	193,47	217,65	95,19	180,94	203,56	76,54	168,41	189,46	57,90	155,88	175,36	39,26	143,34	161,26	20,61	130,81	147,16	1,97	118,28	133,06
	II	2.269,33	96,08	181,54	204,23	77,43	169,01	190,13	58,79	156,48	176,04	40,15	143,94	161,93	21,51	131,42	147,84	2,87	118,88	133,74	-	106,36	119,66
	III	1.640,83	-	131,26	147,67	-	120,81	135,91	-	110,61	124,43	-	100,66	113,24	-	90,98	102,35	-	81,56	91,75	-	72,38	81,43
	IV	2.418,41	113,82	193,47	217,65	104,50	187,20	210,60	95,19	180,94	203,56	85,86	174,68	196,51	76,54	168,41	189,46	67,22	162,14	182,41	57,90	155,88	175,36
	V	2.932,91	161,31	234,63	263,96																		
	VI	2.977,16	163,74	238,17	267,94																		
8.003,99	I	2.419,75	113,98	193,58	217,77	95,33	181,04	203,67	76,69	168,51	189,57	58,05	155,98	175,47	39,40	143,44	161,37	20,76	130,91	147,27	2,12	118,38	133,17
	II	2.270,58	96,23	181,64	204,35	77,58	169,11	190,25	58,95	156,58	176,15	40,31	144,05	162,05	21,66	131,52	147,96	3,02	118,98	133,85	-	106,46	119,77
	III	1.642,00	-	131,36	147,78	-	120,89	136,00	-	110,69	124,52	-	100,74	113,33	-	91,06	102,44	-	81,62	91,82	-	72,45	81,50
	IV	2.419,75	113,98	193,58	217,77	104,66	187,31	210,72	95,33	181,04	203,67	86,01	174,78	196,62	76,69	168,51	189,57	67,37	162,24	182,52	58,05	155,98	175,47
	V	2.934,16	161,37	234,73	264,07																		
	VI	2.978,50	163,81	238,28	268,06																		
8.006,99	I	2.421,00	114,13	193,68	217,89	95,48	181,14	203,78	76,84	168,61	189,68	58,20	156,08	175,59	39,55	143,54	161,48	20,91	131,01	147,38	2,27	118,48	133,29
	II	2.271,83	96,38	181,74	204,46	77,74	169,22	190,37	59,10	156,68	176,27	40,46	144,15	162,17	21,81	131,62	148,07	3,17	119,08	133,97	-	106,56	119,88
	III	1.643,00	-	131,44	147,87	-	120,97	136,09	-	110,77	124,61	-	100,82	113,42	-	91,13	102,52	-	81,70	91,91	-	72,53	81,59
	IV	2.421,00	114,13	193,68	217,89	104,80	187,41	210,83	95,48	181,14	203,78	86,16	174,88	196,74	76,84	168,61	189,68	67,52	162,34	182,63	58,20	156,08	175,59
	V	2.935,41	161,44	234,83	264,18																		
	VI	2.979,75	163,88	238,38	268,17																		
8.009,99	I	2.422,25	114,27	193,78	218,00	95,63	181,24	203,90	76,99	168,71	189,80	58,34	156,18	175,70	39,70	143,64	161,60	21,06	131,11	147,50	2,41	118,58	133,40
	II	2.273,16	96,53	181,85	204,58	77,89	169,32	190,48	59,25	156,78	176,38	40,60	144,25	162,28	21,96	131,72	148,18	3,32	119,18	134,08	-	106,66	119,99
	III	1.644,00	-	131,52	147,96	-	121,06	136,19	-	110,85	124,70	-	100,90	113,51	-	91,21	102,61	-	81,77	91,99	-	72,60	81,67
	IV	2.422,25	114,27	193,78	218,00	104,95	187,51	210,95	95,63	181,24	203,90	86,31	174,98	196,85	76,99	168,71	189,80	67,67	162,44	182,75	58,34	156,18	175,70
	V	2.936,66	161,51	234,93	264,29																		
	VI	2.981,00	163,95	238,48	268,29																		

Lohn/ Gehalt bis	Steuerklasse	Lohn-steuer	ohne Kinderfreibetrag SolZ 5,5%	Kirchensteuer 8%	9%	Anzahl Kinderfreibeträge (nur Steuerklassen I–IV) 0,5 SolZ 5,5%	0,5 Kirchensteuer 8%	9%	1,0 SolZ 5,5%	1,0 Kirchensteuer 8%	9%	1,5 SolZ 5,5%	1,5 Kirchensteuer 8%	9%	2,0 SolZ 5,5%	2,0 Kirchensteuer 8%	9%	2,5 SolZ 5,5%	2,5 Kirchensteuer 8%	9%	3,0 SolZ 5,5%	3,0 Kirchensteuer 8%	9%
8.012,99	I	2.423,50	114,42	193,88	218,11	95,78	181,34	204,01	77,14	168,81	189,91	58,49	156,28	175,81	39,85	143,74	161,71	21,21	131,21	147,61	2,56	118,68	133,5
	II	2.274,41	96,68	181,95	204,69	78,04	169,42	190,59	59,40	156,88	176,49	40,75	144,35	162,39	22,11	131,82	148,29	3,47	119,28	134,19	-	106,76	120,1
	III	1.645,16	-	131,61	148,06	-	121,14	136,28	-	110,93	124,79	-	100,98	113,60	-	91,29	102,70	-	81,85	92,08	-	72,68	81,7
	IV	2.423,50	114,42	193,88	218,11	105,10	187,61	211,06	95,78	181,34	204,01	86,46	175,08	196,96	77,14	168,81	189,91	67,82	162,54	182,86	58,49	156,28	175,8
	V	2.937,91	161,58	235,03	264,41																		
	VI	2.982,25	164,02	238,58	268,40																		
8.015,99	I	2.424,75	114,57	193,98	218,22	95,93	181,44	204,12	77,29	168,91	190,02	58,64	156,38	175,92	40,00	143,84	161,82	21,36	131,31	147,72	2,72	118,78	133,6
	II	2.275,66	96,83	182,05	204,80	78,19	169,52	190,71	59,54	156,98	176,60	40,90	144,45	162,50	22,26	131,92	148,41	3,61	119,38	134,30	-	106,86	120,2
	III	1.646,16	-	131,69	148,15	-	121,22	136,37	-	111,01	124,88	-	101,06	113,69	-	91,37	102,79	-	81,93	92,17	-	72,74	81,8
	IV	2.424,75	114,57	193,98	218,22	105,25	187,71	211,17	95,93	181,44	204,12	86,61	175,18	197,07	77,29	168,91	190,02	67,96	162,64	182,97	58,64	156,38	175,9
	V	2.939,16	161,65	235,13	264,52																		
	VI	2.983,50	164,09	238,68	268,51																		
8.018,99	I	2.426,00	114,72	194,08	218,34	96,08	181,54	204,23	77,43	169,01	190,13	58,79	156,48	176,04	40,15	143,94	161,93	21,51	131,42	147,84	2,87	118,88	133,7
	II	2.276,91	96,98	182,15	204,92	78,34	169,62	190,82	59,69	157,08	176,72	41,05	144,55	162,62	22,41	132,02	148,52	3,76	119,48	134,42	-	106,96	120,3
	III	1.647,33	-	131,78	148,25	-	121,30	136,46	-	111,09	124,97	-	101,14	113,78	-	91,44	102,87	-	82,00	92,25	-	72,81	81,9
	IV	2.426,00	114,72	194,08	218,34	105,40	187,81	211,28	96,08	181,54	204,23	86,76	175,28	197,19	77,43	169,01	190,13	68,11	162,74	183,08	58,79	156,48	176,0
	V	2.940,41	161,72	235,23	264,63																		
	VI	2.984,75	164,16	238,78	268,62																		
8.021,99	I	2.427,25	114,87	194,18	218,45	96,23	181,64	204,35	77,58	169,11	190,25	58,95	156,58	176,15	40,31	144,05	162,05	21,66	131,52	147,96	3,02	118,98	133,8
	II	2.278,16	97,13	182,25	205,03	78,49	169,72	190,93	59,84	157,18	176,83	41,20	144,65	162,73	22,56	132,12	148,63	3,91	119,58	134,53	-	107,06	120,4
	III	1.648,33	-	131,86	148,34	-	121,40	136,57	-	111,17	125,06	-	101,22	113,87	-	91,52	102,96	-	82,08	92,34	-	72,89	82,0
	IV	2.427,25	114,87	194,18	218,45	105,55	187,91	211,40	96,23	181,64	204,35	86,90	175,38	197,30	77,58	169,11	190,25	68,26	162,84	183,20	58,95	156,58	176,1
	V	2.941,75	161,79	235,34	264,75																		
	VI	2.986,00	164,23	238,88	268,74																		
8.024,99	I	2.428,50	115,02	194,28	218,56	96,38	181,74	204,46	77,74	169,22	190,37	59,10	156,68	176,27	40,46	144,15	162,17	21,81	131,62	148,07	3,17	119,08	133,9
	II	2.279,41	97,28	182,35	205,14	78,63	169,82	191,04	59,99	157,28	176,94	41,35	144,75	162,84	22,71	132,22	148,75	4,07	119,69	134,65	-	107,16	120,5
	III	1.649,33	-	131,94	148,43	-	121,48	136,66	-	111,26	125,17	-	101,30	113,96	-	91,60	103,05	-	82,16	92,43	-	72,96	82,0
	IV	2.428,50	115,02	194,28	218,56	105,70	188,01	211,51	96,38	181,74	204,46	87,06	175,48	197,42	77,74	169,22	190,37	68,42	162,95	183,32	59,10	156,68	176,2
	V	2.943,00	161,86	235,44	264,87																		
	VI	2.987,25	164,29	238,98	268,85																		
8.027,99	I	2.429,83	115,18	194,38	218,68	96,53	181,85	204,58	77,89	169,32	190,48	59,25	156,78	176,38	40,60	144,25	162,28	21,96	131,72	148,18	3,32	119,18	134,0
	II	2.280,66	97,43	182,45	205,25	78,78	169,92	191,16	60,14	157,38	177,05	41,51	144,86	162,96	22,86	132,32	148,86	4,22	119,79	134,76	-	107,26	120,6
	III	1.650,50	-	132,04	148,54	-	121,56	136,75	-	111,34	125,26	-	101,38	114,05	-	91,68	103,14	-	82,22	92,50	-	73,04	82,1
	IV	2.429,83	115,18	194,38	218,68	105,86	188,12	211,63	96,53	181,85	204,58	87,21	175,58	197,53	77,89	169,32	190,48	68,57	163,05	183,43	59,25	156,78	176,3
	V	2.944,25	161,93	235,54	264,98																		
	VI	2.988,58	164,37	239,08	268,97																		
8.030,99	I	2.431,08	115,33	194,48	218,79	96,68	181,95	204,69	78,04	169,42	190,59	59,40	156,88	176,49	40,75	144,35	162,39	22,11	131,82	148,29	3,47	119,28	134,1
	II	2.281,91	97,58	182,55	205,37	78,94	170,02	191,27	60,30	157,49	177,17	41,65	144,96	163,08	23,01	132,42	148,97	4,37	119,89	134,87	-	107,36	120,7
	III	1.651,50	-	132,12	148,63	-	121,64	136,84	-	111,42	125,35	-	101,45	114,13	-	91,74	103,21	-	82,30	92,59	-	73,10	82,2
	IV	2.431,08	115,33	194,48	218,79	106,00	188,22	211,74	96,68	181,95	204,69	87,36	175,68	197,64	78,04	169,42	190,59	68,72	163,15	183,54	59,40	156,88	176,4
	V	2.945,50	162,00	235,64	265,09																		
	VI	2.989,83	164,44	239,18	269,08																		
8.033,99	I	2.432,33	115,47	194,58	218,90	96,83	182,05	204,80	78,19	169,52	190,71	59,54	156,98	176,60	40,90	144,45	162,50	22,26	131,92	148,41	3,61	119,38	134,3
	II	2.283,25	97,73	182,66	205,49	79,09	170,12	191,39	60,45	157,59	177,29	41,80	145,06	163,19	23,16	132,52	149,09	4,52	119,99	134,99	-	107,46	120,8
	III	1.652,66	-	132,21	148,73	-	121,73	136,94	-	111,50	125,44	-	101,53	114,22	-	91,82	103,30	-	82,37	92,66	-	73,18	82,3
	IV	2.432,33	115,47	194,58	218,90	106,15	188,32	211,86	96,83	182,05	204,80	87,51	175,78	197,75	78,19	169,52	190,71	68,87	163,25	183,65	59,54	156,98	176,6
	V	2.946,75	162,07	235,74	265,20																		
	VI	2.991,08	164,50	239,28	269,19																		
8.036,99	I	2.433,58	115,62	194,68	219,02	96,98	182,15	204,92	78,34	169,62	190,82	59,69	157,08	176,72	41,05	144,55	162,62	22,41	132,02	148,52	3,76	119,48	134,4
	II	2.284,50	97,88	182,76	205,60	79,24	170,22	191,50	60,60	157,69	177,40	41,95	145,16	163,30	23,31	132,62	149,20	4,67	120,09	135,10	-	107,56	121,0
	III	1.653,66	-	132,29	148,82	-	121,81	137,03	-	111,58	125,53	-	101,61	114,31	-	91,90	103,39	-	82,45	92,75	-	73,25	82,4
	IV	2.433,58	115,62	194,68	219,02	106,30	188,42	211,97	96,98	182,15	204,92	87,66	175,88	197,87	78,34	169,62	190,82	69,02	163,35	183,77	59,69	157,08	176,7
	V	2.948,00	162,14	235,84	265,32																		
	VI	2.992,33	164,57	239,38	269,30																		
8.039,99	I	2.434,83	115,77	194,78	219,13	97,13	182,25	205,03	78,49	169,72	190,93	59,84	157,18	176,83	41,20	144,65	162,73	22,56	132,12	148,63	3,91	119,58	134,5
	II	2.285,75	98,03	182,86	205,71	79,39	170,32	191,61	60,74	157,79	177,51	42,10	145,26	163,41	23,46	132,72	149,31	4,81	120,19	135,21	-	107,66	121,1
	III	1.654,66	-	132,37	148,91	-	121,89	137,12	-	111,66	125,62	-	101,69	114,40	-	91,98	103,48	-	82,53	92,84	-	73,33	82,4
	IV	2.434,83	115,77	194,78	219,13	106,45	188,52	212,08	97,13	182,25	205,03	87,81	175,98	197,98	78,49	169,72	190,93	69,16	163,45	183,88	59,84	157,18	176,8
	V	2.949,25	162,20	235,94	265,43																		
	VI	2.993,58	164,64	239,48	269,42																		
8.042,99	I	2.436,08	115,92	194,88	219,24	97,28	182,35	205,14	78,63	169,82	191,04	59,99	157,28	176,94	41,35	144,75	162,84	22,71	132,22	148,75	4,07	119,69	134,6
	II	2.287,00	98,18	182,96	205,83	79,54	170,42	191,72	60,89	157,89	177,62	42,25	145,36	163,53	23,61	132,82	149,42	4,96	120,29	135,32	-	107,76	121,2
	III	1.655,83	-	132,46	149,02	-	121,97	137,21	-	111,74	125,71	-	101,77	114,49	-	92,06	103,57	-	82,60	92,92	-	73,40	82,5
	IV	2.436,08	115,92	194,88	219,24	106,60	188,62	212,19	97,28	182,35	205,14	87,96	176,08	198,09	78,63	169,82	191,04	69,31	163,55	183,99	59,99	157,28	176,9
	V	2.950,50	162,27	236,04	265,54																		
	VI	2.994,83	164,71	239,58	269,53																		
8.045,99	I	2.437,33	116,07	194,98	219,35	97,43	182,45	205,25	78,78	169,92	191,16	60,14	157,38	177,05	41,51	144,86	162,96	22,86	132,32	148,86	4,22	119,79	134,7
	II	2.288,25	98,33	183,06	205,94	79,69	170,52	191,84	61,04	157,99	177,74	42,40	145,46	163,64	23,76	132,92	149,54	5,11	120,39	135,44	-	107,86	121,3
	III	1.656,83	-	132,54	149,11	-	122,06	137,32	-	111,82	125,80	-	101,85	114,58	-	92,13	103,64	-	82,68	93,01	-	73,48	82,6
	IV	2.437,33	116,07	194,98	219,35	106,75	188,72	212,31	97,43	182,45	205,25	88,10	176,18	198,20	78,78	169,92	191,16	69,46	163,65	184,10	60,14	157,38	177,0
	V	2.951,83	162,35	236,14	265,66																		
	VI	2.996,08	164,78	239,68	269,64																		
8.048,99	I	2.438,58	116,22	195,08	219,47	97,58	182,55	205,37	78,94	170,02	191,27	60,30	157,49	177,17	41,65	144,96	163,08	23,01	132,42	148,97	4,37	119,89	134,8
	II	2.289,50	98,48	183,16	206,05	79,83	170,62	191,95	61,19	158,09	177,85	42,55	145,56	163,75	23,90	133,02	149,65	5,27	120,50	135,56	-	107,96	121,4
	III	1.658,00	-	132,64	149,22	-	122,14	137,41	-	111,90	125,89	-	101,93	114,67	-	92,21	103,73	-	82,76	93,10	-	73,54	82,7
	IV	2.438,58	116,22	195,08	219,47	106,90	188,82	212,42	97,58	182,55	205,37	88,25	176,28	198,32	78,94	170,02	191,27	69,62	163,76	184,23	60,30	157,49	177,1
	V	2.953,08	162,41	236,24	265,77																		
	VI	2.997,33	164,85	239,78	269,75																		
8.051,99	I	2.439,83	116,37	195,18	219,58	97,73	182,66	205,49	79,09	170,12	191,39	60,45	157,59	177,29	41,80	145,06	163,19	23,16	132,52	149,09	4,52	119,99	134,9
	II	2.290,75	98,63	183,26	206,16	79,98	170,72	192,06	61,34	158,19	177,96	42,71	145,66	163,87	24,06	133,13	149,77	5,42	120,60	135,67	-	108,06	121,5
	III	1.659,00	-	132,72	149,31	-	122,22	137,50	-	111,98	125,98	-	102,01	114,76	-	92,29	103,82	-	82,82	93,17	-	73,62	82,8
	IV	2.439,83	116,37	195,18	219,58	107,06	188,92	212,54	97,73	182,66	205,49	88,41	176,39	198,44	79,09	170,12	191,39	69,77	163,86	184,34	60,45	157,59	177,2
	V	2.954,33	162,48	236,34	265,88																		
	VI	2.998,58	164,92	239,88	269,87																		
8.054,99	I	2.441,16	116,53	195,29	219,70	97,88	182,76	205,60	79,24	170,22	191,50	60,60	157,69	177,40	41,95	145,16	163,30	23,31	132,62	149,20	4,67	120,09	135,1
	II	2.292,00	98,77	183,36	206,28	80,13	170,82	192,17	61,50	158,30	178,08	42,85	145,76	163,98	24,21	133,23	149,88	5,57	120,70	135,78	-	108,16	121,6
	III	1.660,00	-	132,80	149,40	-	122,30	137,59	-	112,06	126,07	-	102,09	114,85	-	92,37	103,91	-	82,90	93,26	-	73,69	82,9
	IV	2.441,16	116,53	195,29	219,70	107,20	189,02	212,65	97,88	182,76	205,60	88,56	176,49	198,55	79,24	170,22	191,50	69,92	163,96	184,45	60,60	157,69	177,4
	V	2.955,58	162,55	236,44	266,00																		
	VI	2.999,91	164,99	239,99	269,99																		

Lohn/ Gehalt bis	Steuerklasse	Lohn- steuer	ohne Kinderfreibetrag			Anzahl Kinderfreibeträge (nur Steuerklassen I–IV)																	
						0,5			1,0			1,5			2,0			2,5			3,0		
			SolZ 5,5%	Kirchensteuer 8%	9%	SolZ 5,5%	Kirchensteuer 8%	9%	SolZ 5,5%	Kirchensteuer 8%	9%	SolZ 5,5%	Kirchensteuer 8%	9%	SolZ 5,5%	Kirchensteuer 8%	9%	SolZ 5,5%	Kirchensteuer 8%	9%	SolZ 5,5%	Kirchensteuer 8%	9%
8.057,99	I	2.442,41	116,67	195,39	219,81	98,03	182,86	205,71	79,39	170,32	191,61	60,74	157,79	177,51	42,10	145,26	163,41	23,46	132,72	149,31	4,81	120,19	135,21
	II	2.293,33	98,93	183,46	206,39	80,29	170,93	192,29	61,65	158,40	178,20	43,00	145,86	164,09	24,36	133,33	149,99	5,72	120,80	135,90	-	108,26	121,79
	III	1.661,16	-	132,89	149,50	-	122,40	137,70	-	112,16	126,18	-	102,17	114,94	-	92,44	103,99	-	82,97	93,34	-	73,77	82,99
	IV	2.442,41	116,67	195,39	219,81	107,35	189,12	212,76	98,03	182,86	205,71	88,71	176,59	198,66	79,39	170,32	191,61	70,07	164,06	184,56	60,74	157,79	177,51
	V	2.956,83	162,62	236,54	266,11																		
	VI	3.001,16	165,06	240,09	270,10																		
8.060,99	I	2.443,66	116,82	195,49	219,92	98,18	182,96	205,83	79,54	170,42	191,72	60,89	157,89	177,62	42,25	145,36	163,53	23,61	132,82	149,42	4,96	120,29	135,32
	II	2.294,58	99,08	183,56	206,51	80,44	171,03	192,41	61,80	158,50	178,31	43,15	145,96	164,21	24,51	133,43	150,11	5,87	120,90	136,01	-	108,36	121,91
	III	1.662,16	-	132,97	149,59	-	122,48	137,79	-	112,24	126,27	-	102,25	115,03	-	92,52	104,08	-	83,05	93,43	-	73,84	83,07
	IV	2.443,66	116,82	195,49	219,92	107,50	189,22	212,87	98,18	182,96	205,83	88,86	176,69	198,77	79,54	170,42	191,72	70,21	164,16	184,68	60,89	157,89	177,62
	V	2.958,08	162,69	236,64	266,22																		
	VI	3.002,41	165,13	240,19	270,21																		
8.063,99	I	2.444,91	116,97	195,59	220,04	98,33	183,06	205,94	79,69	170,52	191,84	61,04	157,99	177,74	42,40	145,46	163,64	23,76	132,92	149,54	5,11	120,39	135,44
	II	2.295,83	99,23	183,66	206,62	80,59	171,13	192,52	61,94	158,60	178,42	43,30	146,06	164,32	24,66	133,53	150,22	6,01	121,00	136,12	-	108,46	122,02
	III	1.663,33	-	133,06	149,69	-	122,56	137,88	-	112,32	126,36	-	102,33	115,12	-	92,60	104,17	-	83,13	93,52	-	73,92	83,16
	IV	2.444,91	116,97	195,59	220,04	107,65	189,32	212,99	98,33	183,06	205,94	89,01	176,79	198,89	79,69	170,52	191,84	70,36	164,26	184,79	61,04	157,99	177,74
	V	2.959,33	162,76	236,74	266,33																		
	VI	3.003,66	165,20	240,29	270,32																		
8.066,99	I	2.446,16	117,12	195,69	220,15	98,48	183,16	206,05	79,83	170,62	191,95	61,19	158,09	177,85	42,55	145,56	163,75	23,90	133,02	149,65	5,27	120,50	135,56
	II	2.297,08	99,38	183,76	206,73	80,74	171,23	192,63	62,09	158,70	178,53	43,45	146,16	164,43	24,81	133,63	150,33	6,16	121,10	136,23	-	108,57	122,14
	III	1.664,33	-	133,14	149,78	-	122,64	137,97	-	112,40	126,45	-	102,41	115,21	-	92,68	104,26	-	83,20	93,60	-	73,98	83,23
	IV	2.446,16	117,12	195,69	220,15	107,80	189,42	213,10	98,48	183,16	206,05	89,16	176,89	199,00	79,83	170,62	191,95	70,51	164,36	184,90	61,19	158,09	177,85
	V	2.960,58	162,83	236,84	266,45																		
	VI	3.004,91	165,27	240,39	270,44																		
8.069,99	I	2.447,41	117,27	195,79	220,26	98,63	183,26	206,16	79,98	170,72	192,06	61,34	158,19	177,96	42,71	145,66	163,87	24,06	133,13	149,77	5,42	120,60	135,67
	II	2.298,33	99,53	183,86	206,84	80,89	171,33	192,74	62,24	158,80	178,65	43,60	146,26	164,54	24,96	133,73	150,44	6,31	121,20	136,35	-	108,67	122,25
	III	1.665,33	-	133,22	149,87	-	122,73	138,07	-	112,48	126,54	-	102,49	115,30	-	92,76	104,35	-	83,28	93,69	-	74,06	83,32
	IV	2.447,41	117,27	195,79	220,26	107,95	189,52	213,21	98,63	183,26	206,16	89,30	176,99	199,11	79,98	170,72	192,06	70,66	164,46	185,01	61,34	158,19	177,96
	V	2.961,83	162,90	236,94	266,56																		
	VI	3.006,16	165,33	240,49	270,55																		
8.072,99	I	2.448,66	117,42	195,89	220,37	98,77	183,36	206,28	80,13	170,82	192,17	61,50	158,30	178,08	42,85	145,76	163,98	24,21	133,23	149,88	5,57	120,70	135,78
	II	2.299,58	99,68	183,96	206,96	81,03	171,43	192,86	62,39	158,90	178,76	43,75	146,36	164,66	25,10	133,83	150,56	6,47	121,30	136,46	-	108,77	122,36
	III	1.666,50	-	133,32	149,98	-	122,81	138,16	-	112,56	126,63	-	102,57	115,39	-	92,82	104,42	-	83,36	93,78	-	74,13	83,39
	IV	2.448,66	117,42	195,89	220,37	108,10	189,62	213,32	98,77	183,36	206,28	89,45	177,09	199,22	80,13	170,82	192,17	70,82	164,56	185,13	61,50	158,30	178,08
	V	2.963,16	162,97	237,05	266,68																		
	VI	3.007,41	165,40	240,59	270,66																		
8.075,99	I	2.449,91	117,57	195,99	220,49	98,93	183,46	206,39	80,29	170,93	192,29	61,65	158,40	178,20	43,00	145,86	164,09	24,36	133,33	149,99	5,72	120,80	135,90
	II	2.300,83	99,83	184,06	207,07	81,18	171,53	192,97	62,54	159,00	178,87	43,90	146,46	164,77	25,26	133,94	150,68	6,62	121,40	136,58	-	108,87	122,48
	III	1.667,50	-	133,40	150,07	-	122,89	138,25	-	112,64	126,72	-	102,65	115,48	-	92,90	104,51	-	83,42	93,85	-	74,20	83,47
	IV	2.449,91	117,57	195,99	220,49	108,25	189,72	213,44	98,93	183,46	206,39	89,61	177,20	199,35	80,29	170,93	192,29	70,97	164,66	185,24	61,65	158,40	178,20
	V	2.964,41	163,04	237,15	266,79																		
	VI	3.008,66	165,47	240,69	270,77																		
8.078,99	I	2.451,25	117,73	196,10	220,61	99,08	183,56	206,51	80,44	171,03	192,41	61,80	158,50	178,31	43,15	145,96	164,21	24,51	133,43	150,11	5,87	120,90	136,01
	II	2.302,08	99,97	184,16	207,18	81,33	171,63	193,08	62,70	159,10	178,99	44,05	146,57	164,89	25,41	134,04	150,79	6,77	121,50	136,69	-	108,97	122,59
	III	1.668,66	-	133,49	150,17	-	122,97	138,34	-	112,72	126,81	-	102,73	115,57	-	92,98	104,60	-	83,50	93,94	-	74,28	83,56
	IV	2.451,25	117,73	196,10	220,61	108,40	189,83	213,56	99,08	183,56	206,51	89,76	177,30	199,46	80,44	171,03	192,41	71,12	164,76	185,36	61,80	158,50	178,31
	V	2.965,66	163,11	237,25	266,90																		
	VI	3.010,00	165,55	240,80	270,90																		
8.081,99	I	2.452,50	117,87	196,20	220,72	99,23	183,66	206,62	80,59	171,13	192,52	61,94	158,60	178,42	43,30	146,06	164,32	24,66	133,53	150,22	6,01	121,00	136,12
	II	2.303,33	100,12	184,26	207,29	81,49	171,74	193,20	62,85	159,20	179,10	44,20	146,67	165,00	25,56	134,14	150,90	6,92	121,60	136,80	-	109,07	122,70
	III	1.669,66	-	133,57	150,26	-	123,06	138,44	-	112,80	126,90	-	102,80	115,65	-	93,06	104,69	-	83,58	94,03	-	74,34	83,63
	IV	2.452,50	117,87	196,20	220,72	108,55	189,93	213,67	99,23	183,66	206,62	89,91	177,40	199,57	80,59	171,13	192,52	71,27	164,86	185,47	61,94	158,60	178,42
	V	2.966,91	163,18	237,35	267,02																		
	VI	3.011,25	165,61	240,90	271,01																		
8.084,99	I	2.453,75	118,02	196,30	220,83	99,38	183,76	206,73	80,74	171,23	192,63	62,09	158,70	178,53	43,45	146,16	164,43	24,81	133,63	150,33	6,16	121,10	136,23
	II	2.304,66	100,28	184,37	207,41	81,64	171,84	193,32	63,00	159,30	179,21	44,35	146,77	165,11	25,71	134,24	151,02	7,07	121,70	136,91	-	109,17	122,81
	III	1.670,83	-	133,66	150,37	-	123,14	138,53	-	112,89	127,00	-	102,88	115,74	-	93,14	104,78	-	83,65	94,10	-	74,42	83,72
	IV	2.453,75	118,02	196,30	220,83	108,70	190,03	213,78	99,38	183,76	206,73	90,06	177,50	199,68	80,74	171,23	192,63	71,41	164,96	185,58	62,09	158,70	178,53
	V	2.968,16	163,24	237,45	267,13																		
	VI	3.012,50	165,68	241,00	271,12																		
8.087,99	I	2.455,00	118,17	196,40	220,95	99,53	183,86	206,84	80,89	171,33	192,74	62,24	158,80	178,65	43,60	146,26	164,54	24,96	133,73	150,44	6,31	121,20	136,35
	II	2.305,91	100,43	184,47	207,53	81,79	171,94	193,43	63,14	159,40	179,33	44,50	146,87	165,23	25,86	134,34	151,13	7,21	121,80	137,03	-	109,27	122,93
	III	1.671,83	-	133,74	150,46	-	123,22	138,62	-	112,97	127,09	-	102,96	115,83	-	93,21	104,86	-	83,73	94,19	-	74,49	83,80
	IV	2.455,00	118,17	196,40	220,95	108,85	190,13	213,89	99,53	183,86	206,84	90,21	177,60	199,80	80,89	171,33	192,74	71,56	165,06	185,69	62,24	158,80	178,65
	V	2.969,41	163,31	237,55	267,24																		
	VI	3.013,75	165,75	241,10	271,23																		
8.090,99	I	2.456,25	118,32	196,50	221,06	99,68	183,96	206,96	81,03	171,43	192,86	62,39	158,90	178,76	43,75	146,36	164,66	25,10	133,83	150,56	6,47	121,30	136,46
	II	2.307,16	100,58	184,57	207,64	81,94	172,04	193,54	63,29	159,50	179,44	44,65	146,97	165,34	26,01	134,44	151,24	7,36	121,90	137,14	-	109,37	123,04
	III	1.672,83	-	133,82	150,55	-	123,30	138,71	-	113,05	127,18	-	103,04	115,92	-	93,29	104,95	-	83,80	94,27	-	74,57	83,89
	IV	2.456,25	118,32	196,50	221,06	109,00	190,23	214,01	99,68	183,96	206,96	90,36	177,70	199,91	81,03	171,43	192,86	71,71	165,16	185,81	62,39	158,90	178,76
	V	2.970,66	163,38	237,65	267,35																		
	VI	3.015,00	165,82	241,20	271,35																		
8.093,99	I	2.457,50	118,47	196,60	221,17	99,83	184,06	207,07	81,18	171,53	192,97	62,54	159,00	178,87	43,90	146,46	164,77	25,26	133,94	150,68	6,62	121,40	136,58
	II	2.308,41	100,73	184,67	207,75	82,09	172,14	193,65	63,44	159,60	179,55	44,80	147,07	165,45	26,16	134,54	151,35	7,51	122,00	137,25	-	109,47	123,15
	III	1.674,00	-	133,92	150,66	-	123,40	138,82	-	113,13	127,27	-	103,12	116,01	-	93,37	105,04	-	83,88	94,36	-	74,64	83,97
	IV	2.457,50	118,47	196,60	221,17	109,15	190,33	214,12	99,83	184,06	207,07	90,50	177,80	200,02	81,18	171,53	192,97	71,86	165,26	185,92	62,54	159,00	178,87
	V	2.971,91	163,45	237,75	267,47																		
	VI	3.016,25	165,89	241,30	271,46																		
8.096,99	I	2.458,75	118,62	196,70	221,28	99,97	184,16	207,18	81,33	171,63	193,08	62,70	159,10	178,99	44,05	146,57	164,89	25,41	134,04	150,79	6,77	121,50	136,69
	II	2.309,66	100,88	184,77	207,86	82,23	172,24	193,77	63,59	159,70	179,66	44,95	147,17	165,56	26,30	134,64	151,47	7,66	122,10	137,36	-	109,58	123,27
	III	1.675,00	-	134,00	150,75	-	123,48	138,91	-	113,21	127,36	-	103,20	116,10	-	93,45	105,13	-	83,96	94,45	-	74,72	84,06
	IV	2.458,75	118,62	196,70	221,28	109,30	190,43	214,23	99,97	184,16	207,18	90,65	177,90	200,13	81,33	171,63	193,08	72,01	165,36	186,03	62,70	159,10	178,99
	V	2.973,25	163,52	237,86	267,59																		
	VI	3.017,50	165,96	241,40	271,57																		
8.099,99	I	2.460,00	118,77	196,80	221,40	100,12	184,26	207,29	81,49	171,74	193,20	62,85	159,20	179,10	44,20	146,67	165,00	25,56	134,14	150,90	6,92	121,60	136,80
	II	2.310,91	101,03	184,87	207,98	82,38	172,34	193,88	63,74	159,80	179,78	45,10	147,27	165,68	26,46	134,74	151,58	7,82	122,21	137,48	-	109,68	123,39
	III	1.676,16	-	134,09	150,85	-	123,56	139,00	-	113,29	127,45	-	103,28	116,19	-	93,53	105,22	-	84,02	94,52	-	74,78	84,13
	IV	2.460,00	118,77	196,80	221,40	109,45	190,53	214,34	100,12	184,26	207,29	90,81	178,00	200,25	81,49	171,74	193,20	72,17	165,47	186,15	62,85	159,20	179,10
	V	2.974,50	163,59	237,96	267,70																		
	VI	3.018,75	166,03	241,50	271,68																		

Lohn/ Gehalt bis	Steuerklasse	Lohn-steuer	ohne Kinderfreibetrag SolZ 5,5%	ohne Kinderfreibetrag Kirchensteuer 8%	ohne Kinderfreibetrag Kirchensteuer 9%	0,5 SolZ 5,5%	0,5 Kirchensteuer 8%	0,5 Kirchensteuer 9%	1,0 SolZ 5,5%	1,0 Kirchensteuer 8%	1,0 Kirchensteuer 9%	1,5 SolZ 5,5%	1,5 Kirchensteuer 8%	1,5 Kirchensteuer 9%	2,0 SolZ 5,5%	2,0 Kirchensteuer 8%	2,0 Kirchensteuer 9%	2,5 SolZ 5,5%	2,5 Kirchensteuer 8%	2,5 Kirchensteuer 9%	3,0 SolZ 5,5%	3,0 Kirchensteuer 8%	3,0 Kirchensteuer 9%
8.102,99	I	2.461,33	118,93	196,90	221,51	100,28	184,37	207,41	81,64	171,84	193,32	63,00	159,30	179,21	44,35	146,77	165,11	25,71	134,24	151,02	7,07	121,70	136,9
	II	2.312,16	101,17	184,97	208,09	82,53	172,44	193,99	63,89	159,90	179,89	45,25	147,38	165,80	26,61	134,84	151,70	7,97	122,31	137,60	-	109,78	123,5
	III	1.677,16	-	134,17	150,94	-	123,64	139,09	-	113,37	127,54	-	103,36	116,28	-	93,60	105,30	-	84,10	94,61	-	74,86	84,2
	IV	2.461,33	118,93	196,90	221,51	109,60	190,64	214,47	100,28	184,37	207,41	90,96	178,10	200,36	81,64	171,84	193,32	72,32	165,57	186,26	63,00	159,30	179,2
	V	2.975,75	163,66	238,06	267,81																		
	VI	3.020,08	166,10	241,60	271,80																		
8.105,99	I	2.462,58	119,07	197,00	221,63	100,43	184,47	207,53	81,79	171,94	193,43	63,14	159,40	179,33	44,50	146,87	165,23	25,86	134,34	151,13	7,21	121,80	137,0
	II	2.313,41	101,32	185,07	208,20	82,69	172,54	194,11	64,05	160,01	180,01	45,40	147,48	165,91	26,76	134,94	151,81	8,12	122,41	137,71	-	109,88	123,6
	III	1.678,33	-	134,26	151,04	-	123,73	139,19	-	113,45	127,63	-	103,44	116,37	-	93,68	105,39	-	84,18	94,70	-	74,93	84,2
	IV	2.462,58	119,07	197,00	221,63	109,75	190,74	214,58	100,43	184,47	207,53	91,11	178,20	200,48	81,79	171,94	193,43	72,47	165,67	186,38	63,14	159,40	179,3
	V	2.977,00	163,73	238,16	267,93																		
	VI	3.021,33	166,17	241,70	271,91																		
8.108,99	I	2.463,83	119,22	197,10	221,74	100,58	184,57	207,64	81,94	172,04	193,54	63,29	159,50	179,44	44,65	146,97	165,34	26,01	134,44	151,24	7,36	121,90	137,1
	II	2.314,75	101,48	185,18	208,32	82,84	172,64	194,22	64,20	160,11	180,12	45,55	147,58	166,02	26,91	135,04	151,92	8,27	122,51	137,82	-	109,98	123,7
	III	1.679,33	-	134,34	151,13	-	123,81	139,28	-	113,53	127,72	-	103,52	116,46	-	93,76	105,48	-	84,25	94,78	-	75,01	84,3
	IV	2.463,83	119,22	197,10	221,74	109,90	190,84	214,69	100,58	184,57	207,64	91,26	178,30	200,59	81,94	172,04	193,54	72,61	165,77	186,49	63,29	159,50	179,4
	V	2.978,25	163,80	238,26	268,04																		
	VI	3.022,58	166,24	241,80	272,03																		
8.111,99	I	2.465,08	119,37	197,20	221,85	100,73	184,67	207,75	82,09	172,14	193,65	63,44	159,60	179,55	44,80	147,07	165,45	26,16	134,54	151,35	7,51	122,00	137,2
	II	2.316,00	101,63	185,28	208,44	82,99	172,74	194,33	64,34	160,21	180,23	45,70	147,68	166,14	27,06	135,14	152,03	8,41	122,61	137,93	-	110,08	123,8
	III	1.680,33	-	134,42	151,22	-	123,89	139,37	-	113,62	127,82	-	103,60	116,55	-	93,84	105,57	-	84,33	94,87	-	75,08	84,4
	IV	2.465,08	119,37	197,20	221,85	110,05	190,94	214,80	100,73	184,67	207,75	91,41	178,40	200,70	82,09	172,14	193,65	72,76	165,87	186,60	63,44	159,60	179,5
	V	2.979,50	163,87	238,36	268,15																		
	VI	3.023,83	166,31	241,90	272,14																		
8.114,99	I	2.466,33	119,52	197,30	221,96	100,88	184,77	207,86	82,23	172,24	193,77	63,59	159,70	179,66	44,95	147,17	165,56	26,30	134,64	151,47	7,66	122,10	137,3
	II	2.317,25	101,78	185,38	208,55	83,14	172,84	194,45	64,49	160,31	180,35	45,85	147,78	166,25	27,21	135,24	152,15	8,56	122,71	138,05	-	110,18	123,9
	III	1.681,50	-	134,52	151,33	-	123,98	139,48	-	113,70	127,91	-	103,68	116,64	-	93,92	105,66	-	84,41	94,96	-	75,16	84,5
	IV	2.466,33	119,52	197,30	221,96	110,20	191,04	214,92	100,88	184,77	207,86	91,56	178,50	200,81	82,23	172,24	193,77	72,91	165,97	186,71	63,59	159,70	179,6
	V	2.980,75	163,94	238,46	268,26																		
	VI	3.025,08	166,37	242,00	272,25																		
8.117,99	I	2.467,58	119,67	197,40	222,08	101,03	184,87	207,98	82,38	172,34	193,88	63,74	159,80	179,78	45,10	147,27	165,68	26,46	134,74	151,58	7,82	122,21	137,4
	II	2.318,50	101,93	185,48	208,66	83,29	172,94	194,56	64,64	160,41	180,46	46,00	147,88	166,36	27,36	135,34	152,26	8,71	122,81	138,16	-	110,28	124,0
	III	1.682,50	-	134,60	151,42	-	124,06	139,57	-	113,78	128,00	-	103,76	116,73	-	94,00	105,75	-	84,48	95,04	-	75,22	84,6
	IV	2.467,58	119,67	197,40	222,08	110,35	191,14	215,03	101,03	184,87	207,98	91,70	178,60	200,93	82,38	172,34	193,88	73,06	166,07	186,83	63,74	159,80	179,7
	V	2.982,00	164,01	238,56	268,38																		
	VI	3.026,33	166,44	242,10	272,36																		
8.120,99	I	2.468,83	119,82	197,50	222,19	101,17	184,97	208,09	82,53	172,44	193,99	63,89	159,90	179,89	45,25	147,38	165,80	26,61	134,84	151,70	7,97	122,31	137,6
	II	2.319,75	102,08	185,58	208,77	83,43	173,04	194,67	64,79	160,51	180,57	46,15	147,98	166,47	27,50	135,44	152,37	8,86	122,91	138,27	-	110,38	124,1
	III	1.683,66	-	134,69	151,52	-	124,14	139,66	-	113,86	128,09	-	103,84	116,82	-	94,06	105,82	-	84,56	95,13	-	75,30	84,7
	IV	2.468,83	119,82	197,50	222,19	110,50	191,24	215,14	101,17	184,97	208,09	91,85	178,70	201,04	82,53	172,44	193,99	73,21	166,17	186,94	63,89	159,90	179,8
	V	2.983,33	164,08	238,66	268,49																		
	VI	3.027,58	166,51	242,20	272,48																		
8.123,99	I	2.470,08	119,97	197,60	222,30	101,32	185,07	208,20	82,69	172,54	194,11	64,05	160,01	180,01	45,40	147,48	165,91	26,76	134,94	151,81	8,12	122,41	137,
	II	2.321,00	102,23	185,68	208,89	83,58	173,14	194,78	64,94	160,61	180,68	46,30	148,08	166,59	27,65	135,54	152,48	9,02	123,02	138,39	-	110,48	124,
	III	1.684,66	-	134,77	151,61	-	124,22	139,75	-	113,94	128,18	-	103,92	116,91	-	94,14	105,91	-	84,64	95,22	-	75,37	84,
	IV	2.470,08	119,97	197,60	222,30	110,65	191,34	215,25	101,32	185,07	208,20	92,00	178,80	201,15	82,69	172,54	194,11	73,37	166,28	187,06	64,05	160,01	180,
	V	2.984,58	164,15	238,76	268,61																		
	VI	3.028,83	166,58	242,30	272,59																		
8.126,99	I	2.471,33	120,12	197,70	222,41	101,48	185,18	208,32	82,84	172,64	194,22	64,20	160,11	180,12	45,55	147,58	166,02	26,91	135,04	151,92	8,27	122,51	137,8
	II	2.322,25	102,37	185,78	209,00	83,73	173,24	194,90	65,09	160,71	180,80	46,45	148,18	166,70	27,81	135,65	152,60	9,17	123,12	138,51	-	110,58	124,4
	III	1.685,83	-	134,86	151,72	-	124,32	139,86	-	114,02	128,27	-	104,00	117,00	-	94,22	106,00	-	84,70	95,29	-	75,45	84,8
	IV	2.471,33	120,12	197,70	222,41	110,80	191,44	215,37	101,48	185,18	208,32	92,16	178,91	201,27	82,84	172,64	194,22	73,52	166,38	187,17	64,20	160,11	180,1
	V	2.985,83	164,22	238,86	268,72																		
	VI	3.030,08	166,65	242,40	272,70																		
8.129,99	I	2.472,66	120,27	197,81	222,53	101,63	185,28	208,44	82,99	172,74	194,33	64,34	160,21	180,23	45,70	147,68	166,14	27,06	135,14	152,03	8,41	122,61	137,9
	II	2.323,50	102,52	185,88	209,11	83,88	173,34	195,01	65,25	160,82	180,92	46,60	148,28	166,82	27,96	135,75	152,72	9,32	123,22	138,62	-	110,68	124,5
	III	1.686,83	-	134,94	151,81	-	124,40	139,95	-	114,10	128,36	-	104,08	117,09	-	94,30	106,09	-	84,78	95,38	-	75,52	84,9
	IV	2.472,66	120,27	197,81	222,53	110,95	191,54	215,48	101,63	185,28	208,44	92,31	179,01	201,38	82,99	172,74	194,33	73,67	166,48	187,29	64,34	160,21	180,2
	V	2.987,08	164,28	238,96	268,83																		
	VI	3.031,41	166,72	242,51	272,82																		
8.132,99	I	2.473,91	120,42	197,91	222,65	101,78	185,38	208,55	83,14	172,84	194,45	64,49	160,31	180,35	45,85	147,78	166,25	27,21	135,24	152,15	8,56	122,71	138,0
	II	2.324,83	102,68	185,98	209,23	84,04	173,45	195,13	65,40	160,92	181,03	46,75	148,38	166,93	28,11	135,85	152,83	9,47	123,32	138,73	-	110,78	124,6
	III	1.687,83	-	135,02	151,90	-	124,48	140,04	-	114,18	128,45	-	104,16	117,18	-	94,38	106,18	-	84,86	95,47	-	75,60	85,0
	IV	2.473,91	120,42	197,91	222,65	111,10	191,64	215,60	101,78	185,38	208,55	92,46	179,11	201,50	83,14	172,84	194,45	73,81	166,58	187,40	64,49	160,31	180,3
	V	2.988,33	164,35	239,06	268,94																		
	VI	3.032,66	166,79	242,61	272,93																		
8.135,99	I	2.475,16	120,57	198,01	222,76	101,93	185,48	208,66	83,29	172,94	194,56	64,64	160,41	180,46	46,00	147,88	166,36	27,36	135,34	152,26	8,71	122,81	138,1
	II	2.326,08	102,83	186,08	209,34	84,19	173,55	195,24	65,54	161,02	181,14	46,90	148,48	167,04	28,26	135,95	152,94	9,61	123,42	138,84	-	110,88	124,7
	III	1.689,00	-	135,12	152,01	-	124,57	140,14	-	114,28	128,56	-	104,24	117,27	-	94,45	106,25	-	84,93	95,54	-	75,66	85,
	IV	2.475,16	120,57	198,01	222,76	111,25	191,74	215,71	101,93	185,48	208,66	92,61	179,21	201,61	83,29	172,94	194,56	73,96	166,68	187,51	64,64	160,41	180,4
	V	2.989,58	164,42	239,16	269,06																		
	VI	3.033,91	166,86	242,71	273,05																		
8.138,99	I	2.476,41	120,72	198,11	222,87	102,08	185,58	208,77	83,43	173,04	194,67	64,79	160,51	180,57	46,15	147,98	166,47	27,50	135,44	152,37	8,86	122,91	138,2
	II	2.327,33	102,98	186,18	209,45	84,34	173,65	195,35	65,69	161,12	181,26	47,05	148,58	167,15	28,41	136,05	153,05	9,76	123,52	138,96	-	110,98	124,8
	III	1.690,00	-	135,20	152,10	-	124,65	140,23	-	114,36	128,65	-	104,32	117,36	-	94,53	106,34	-	85,01	95,63	-	75,74	85,2
	IV	2.476,41	120,72	198,11	222,87	111,40	191,84	215,82	102,08	185,58	208,77	92,76	179,31	201,72	83,43	173,04	194,67	74,11	166,78	187,62	64,79	160,51	180,5
	V	2.990,83	164,49	239,26	269,17																		
	VI	3.035,16	166,93	242,81	273,16																		
8.141,99	I	2.477,66	120,87	198,21	222,98	102,23	185,68	208,89	83,58	173,14	194,78	64,94	160,61	180,68	46,30	148,08	166,59	27,65	135,54	152,48	9,02	123,02	138,3
	II	2.328,58	103,13	186,28	209,57	84,49	173,75	195,47	65,84	161,22	181,37	47,20	148,68	167,27	28,56	136,15	153,17	9,91	123,62	139,07	-	111,08	124,9
	III	1.691,16	-	135,29	152,20	-	124,73	140,32	-	114,44	128,74	-	104,40	117,45	-	94,61	106,43	-	85,09	95,72	-	75,81	85,
	IV	2.477,66	120,87	198,21	222,98	111,55	191,94	215,93	102,23	185,68	208,89	92,90	179,41	201,83	83,58	173,14	194,78	74,26	166,88	187,74	64,94	160,61	180,6
	V	2.992,08	164,56	239,36	269,28																		
	VI	3.036,41	167,00	242,91	273,27																		
8.144,99	I	2.478,91	121,02	198,31	223,10	102,37	185,78	209,00	83,73	173,24	194,90	65,09	160,71	180,80	46,45	148,18	166,70	27,81	135,65	152,60	9,17	123,12	138,5
	II	2.329,83	103,28	186,38	209,68	84,63	173,85	195,58	65,99	161,32	181,48	47,35	148,78	167,38	28,70	136,25	153,28	10,06	123,72	139,18	-	111,18	125,0
	III	1.692,16	-	135,37	152,29	-	124,81	140,41	-	114,52	128,83	-	104,48	117,54	-	94,69	106,52	-	85,16	95,80	-	75,89	85,3
	IV	2.478,91	121,02	198,31	223,10	111,70	192,04	216,05	102,37	185,78	209,00	93,05	179,51	201,95	83,73	173,24	194,90	74,41	166,98	187,85	65,09	160,71	180,8
	V	2.993,33	164,63	239,46	269,39																		
	VI	3.037,66	167,07	243,01	273,38																		

Lohn/ Gehalt bis	Steuerklasse	Lohnsteuer	ohne Kinderfreibetrag SolZ 5,5%	Kirchensteuer 8%	Kirchensteuer 9%
0,09	V	–	–	–	–
	VI	0,01	–	–	–
0,19	V	–	–	–	–
	VI	0,02	–	–	–
0,29	V	–	–	–	–
	VI	0,03	–	–	–
0,39	V	–	–	–	–
	VI	0,04	–	–	–
0,49	V	–	–	–	–
	VI	0,05	–	–	–
0,59	V	–	–	–	–
	VI	0,07	–	–	–
0,69	V	–	–	–	–
	VI	0,08	–	–	–
0,79	V	–	–	–	–
	VI	0,09	–	–	–
0,89	V	–	–	–	–
	VI	0,10	–	–	–
0,99	V	–	–	–	–
	VI	0,12	–	–	0,01
1,09	V	–	–	–	–
	VI	0,13	–	0,01	0,01
1,19	V	–	–	–	–
	VI	0,14	–	0,01	0,01
1,29	V	–	–	–	–
	VI	0,15	–	0,01	0,01
1,39	V	–	–	–	–
	VI	0,16	–	0,01	0,01
1,49	V	–	–	–	–
	VI	0,18	–	0,01	0,01
1,59	V	–	–	–	–
	VI	0,19	–	0,01	0,01
1,69	V	–	–	–	–
	VI	0,20	–	0,01	0,01
1,79	V	–	–	–	–
	VI	0,21	–	0,01	0,01
1,89	V	–	–	–	–
	VI	0,23	–	0,01	0,02
1,99	V	–	–	–	–
	VI	0,24	–	0,01	0,02
2,09	V	–	–	–	–
	VI	0,25	–	0,02	0,02
2,19	V	–	–	–	–
	VI	0,26	–	0,02	0,02
2,29	V	–	–	–	–
	VI	0,28	–	0,02	0,02
2,39	V	–	–	–	–
	VI	0,29	–	0,02	0,02
2,49	V	–	–	–	–
	VI	0,30	–	0,02	0,02
2,59	V	–	–	–	–
	VI	0,31	–	0,02	0,02
2,69	V	–	–	–	–
	VI	0,33	–	0,02	0,02
2,79	V	–	–	–	–
	VI	0,34	–	0,02	0,03
2,89	V	–	–	–	–
	VI	0,35	–	0,02	0,03
2,99	V	–	–	–	–
	VI	0,36	–	0,02	0,03
3,09	V	–	–	–	–
	VI	0,38	–	0,03	0,03
3,19	V	–	–	–	–
	VI	0,39	–	0,03	0,03
3,29	V	–	–	–	–
	VI	0,40	–	0,03	0,03
3,39	V	–	–	–	–
	VI	0,41	–	0,03	0,03
3,49	V	–	–	–	–
	VI	0,42	–	0,03	0,03
3,59	V	–	–	–	–
	VI	0,44	–	0,03	0,03
3,69	V	–	–	–	–
	VI	0,45	–	0,03	0,04
3,79	V	–	–	–	–
	VI	0,46	–	0,03	0,04
3,89	V	–	–	–	–
	VI	0,47	–	0,03	0,04
3,99	V	–	–	–	–
	VI	0,49	–	0,03	0,04
4,09	V	0,01	–	–	–
	VI	0,50	–	0,04	0,04
4,19	V	0,02	–	–	–
	VI	0,51	–	0,04	0,04
4,29	V	0,03	–	–	–
	VI	0,52	–	0,04	0,04
4,39	V	0,04	–	–	–
	VI	0,53	–	0,04	0,04
4,49	V	0,06	–	–	–
	VI	0,55	–	0,04	0,04
4,59	V	0,07	–	–	–
	VI	0,56	–	0,04	0,05
4,69	V	0,08	–	–	–
	VI	0,57	–	0,04	0,05
4,79	V	0,09	–	–	–
	VI	0,58	–	0,04	0,05
4,89	V	0,10	–	–	–
	VI	0,60	–	0,04	0,05
4,99	V	0,12	–	–	0,01
	VI	0,61	–	0,04	0,05
5,09	V	0,13	–	0,01	0,01
	VI	0,62	–	0,04	0,05
5,19	V	0,14	–	0,01	0,01
	VI	0,63	–	0,05	0,05
5,29	V	0,15	–	0,01	0,01
	VI	0,65	–	0,05	0,05
5,39	V	0,17	–	0,01	0,01
	VI	0,66	–	0,05	0,05
5,49	V	0,18	–	0,01	0,01
	VI	0,67	–	0,05	0,06
5,59	V	0,19	–	0,01	0,01
	VI	0,68	–	0,05	0,06
5,69	V	0,20	–	0,01	0,01
	VI	0,70	–	0,05	0,06
5,79	V	0,21	–	0,01	0,01
	VI	0,71	–	0,05	0,06
5,89	V	0,23	–	0,01	0,02
	VI	0,72	–	0,05	0,06
5,99	V	0,24	–	0,01	0,02
	VI	0,73	–	0,05	0,06
6,09	V	0,25	–	0,02	0,02
	VI	0,75	–	0,06	0,06
6,19	V	0,26	–	0,02	0,02
	VI	0,76	–	0,06	0,06
6,29	V	0,28	–	0,02	0,02
	VI	0,77	–	0,06	0,06
6,39	V	0,29	–	0,02	0,02
	VI	0,78	–	0,06	0,07
6,49	V	0,30	–	0,02	0,02
	VI	0,80	–	0,06	0,07
6,59	V	0,31	–	0,02	0,02
	VI	0,81	–	0,06	0,07
6,69	V	0,33	–	0,02	0,02
	VI	0,82	–	0,06	0,07
6,79	V	0,34	–	0,02	0,03
	VI	0,83	–	0,06	0,07
6,89	V	0,35	–	0,02	0,03
	VI	0,84	–	0,06	0,07
6,99	V	0,36	–	0,02	0,03
	VI	0,86	–	0,06	0,07
7,09	V	0,38	–	0,03	0,03
	VI	0,87	–	0,06	0,07
7,19	V	0,39	–	0,03	0,03
	VI	0,88	–	0,07	0,07
7,29	V	0,40	–	0,03	0,03
	VI	0,89	–	0,07	0,08
7,39	V	0,41	–	0,03	0,03
	VI	0,91	–	0,07	0,08
7,49	V	0,43	–	0,03	0,03
	VI	0,92	–	0,07	0,08
7,59	V	0,44	–	0,03	0,03
	VI	0,93	–	0,07	0,08
7,69	V	0,45	–	0,03	0,04
	VI	0,94	–	0,07	0,08
7,79	V	0,46	–	0,03	0,04
	VI	0,95	–	0,07	0,08
7,89	V	0,47	–	0,03	0,04
	VI	0,97	–	0,07	0,08
7,99	V	0,49	–	0,03	0,04
	VI	0,98	–	0,07	0,08
8,09	V	0,50	–	0,04	0,04
	VI	0,99	–	0,07	0,08
8,19	V	0,51	–	0,04	0,04
	VI	1,00	–	0,08	0,09
8,29	V	0,52	–	0,04	0,04
	VI	1,01	–	0,08	0,09
8,39	V	0,54	–	0,04	0,04
	VI	1,03	–	0,08	0,09
8,49	V	0,55	–	0,04	0,04
	VI	1,04	–	0,08	0,09
8,59	V	0,56	–	0,04	0,05
	VI	1,05	–	0,08	0,09
8,69	V	0,57	–	0,04	0,05
	VI	1,06	–	0,08	0,09
8,79	V	0,58	–	0,04	0,05
	VI	1,08	–	0,08	0,09
8,89	V	0,60	–	0,04	0,05
	VI	1,09	–	0,08	0,09
8,99	V	0,61	–	0,04	0,05
	VI	1,10	–	0,08	0,09

s täglich 38,49 € entstehen für die Steuerklassen I bis IV keine Steuerabzüge.

Lohn/Gehalt bis	Steuerklasse	Lohnsteuer	ohne Kinderfreibetrag SolZ 5,5%	Kirchensteuer 8%	9%
9,09	V	0,62	–	0,04	0,05
	VI	1,11	–	0,08	0,09
9,19	V	0,63	–	0,05	0,05
	VI	1,13	–	0,09	0,10
9,29	V	0,65	–	0,05	0,05
	VI	1,14	–	0,09	0,10
9,39	V	0,66	–	0,05	0,05
	VI	1,15	–	0,09	0,10
9,49	V	0,67	–	0,05	0,06
	VI	1,16	–	0,09	0,10
9,59	V	0,68	–	0,05	0,06
	VI	1,18	–	0,09	0,10
9,69	V	0,70	–	0,05	0,06
	VI	1,19	–	0,09	0,10
9,79	V	0,71	–	0,05	0,06
	VI	1,20	–	0,09	0,10
9,89	V	0,72	–	0,05	0,06
	VI	1,21	–	0,09	0,10
9,99	V	0,73	–	0,05	0,06
	VI	1,23	–	0,09	0,11
10,09	V	0,75	–	0,06	0,06
	VI	1,24	–	0,09	0,11
10,19	V	0,76	–	0,06	0,06
	VI	1,25	–	0,10	0,11
10,29	V	0,77	–	0,06	0,06
	VI	1,26	–	0,10	0,11
10,39	V	0,78	–	0,06	0,07
	VI	1,28	–	0,10	0,11
10,49	V	0,80	–	0,06	0,07
	VI	1,29	–	0,10	0,11
10,59	V	0,81	–	0,06	0,07
	VI	1,30	–	0,10	0,11
10,69	V	0,82	–	0,06	0,07
	VI	1,31	–	0,10	0,11
10,79	V	0,83	–	0,06	0,07
	VI	1,32	–	0,10	0,11
10,89	V	0,85	–	0,06	0,07
	VI	1,34	–	0,10	0,12
10,99	V	0,86	–	0,06	0,07
	VI	1,35	–	0,10	0,12
11,09	V	0,87	–	0,06	0,07
	VI	1,36	–	0,10	0,12
11,19	V	0,88	–	0,07	0,07
	VI	1,37	–	0,10	0,12
11,29	V	0,89	–	0,07	0,08
	VI	1,38	–	0,11	0,12
11,39	V	0,91	–	0,07	0,08
	VI	1,40	–	0,11	0,12
11,49	V	0,92	–	0,07	0,08
	VI	1,41	–	0,11	0,12
11,59	V	0,93	–	0,07	0,08
	VI	1,42	–	0,11	0,12
11,69	V	0,94	–	0,07	0,08
	VI	1,43	–	0,11	0,12
11,79	V	0,95	–	0,07	0,08
	VI	1,45	–	0,11	0,13
11,89	V	0,97	–	0,07	0,08
	VI	1,46	–	0,11	0,13
11,99	V	0,98	–	0,07	0,08
	VI	1,47	–	0,11	0,13
12,09	V	0,99	–	0,07	0,08
	VI	1,48	–	0,11	0,13
12,19	V	1,00	–	0,08	0,09
	VI	1,50	–	0,12	0,13
12,29	V	1,02	–	0,08	0,09
	VI	1,51	–	0,12	0,13
12,39	V	1,03	–	0,08	0,09
	VI	1,52	–	0,12	0,13
12,49	V	1,04	–	0,08	0,09
	VI	1,53	–	0,12	0,13
12,59	V	1,05	–	0,08	0,09
	VI	1,55	–	0,12	0,13
12,69	V	1,06	–	0,08	0,09
	VI	1,56	–	0,12	0,14
12,79	V	1,08	–	0,08	0,09
	VI	1,57	–	0,12	0,14
12,89	V	1,09	–	0,08	0,09
	VI	1,58	–	0,12	0,14
12,99	V	1,10	–	0,08	0,09
	VI	1,60	–	0,12	0,14
13,09	V	1,11	–	0,08	0,09
	VI	1,61	–	0,12	0,14
13,19	V	1,13	–	0,09	0,10
	VI	1,62	–	0,12	0,14

Lohn/Gehalt bis	Steuerklasse	Lohnsteuer	ohne Kinderfreibetrag SolZ 5,5%	Kirchensteuer 8%	9%
13,29	V	1,14	–	0,09	0,10
	VI	1,63	–	0,13	0,14
13,39	V	1,15	–	0,09	0,10
	VI	1,65	–	0,13	0,14
13,49	V	1,16	–	0,09	0,10
	VI	1,66	–	0,13	0,14
13,59	V	1,18	–	0,09	0,10
	VI	1,67	–	0,13	0,15
13,69	V	1,19	–	0,09	0,10
	VI	1,68	–	0,13	0,15
13,79	V	1,20	–	0,09	0,10
	VI	1,69	–	0,13	0,15
13,89	V	1,21	–	0,09	0,10
	VI	1,71	–	0,13	0,15
13,99	V	1,23	–	0,09	0,11
	VI	1,72	–	0,13	0,15
14,09	V	1,24	–	0,09	0,11
	VI	1,73	–	0,13	0,15
14,19	V	1,25	–	0,10	0,11
	VI	1,74	–	0,13	0,15
14,29	V	1,26	–	0,10	0,11
	VI	1,76	–	0,14	0,15
14,39	V	1,28	–	0,10	0,11
	VI	1,77	–	0,14	0,15
14,49	V	1,29	–	0,10	0,11
	VI	1,78	–	0,14	0,16
14,59	V	1,30	–	0,10	0,11
	VI	1,79	–	0,14	0,16
14,69	V	1,31	–	0,10	0,11
	VI	1,80	–	0,14	0,16
14,79	V	1,32	–	0,10	0,11
	VI	1,82	–	0,14	0,16
14,89	V	1,34	–	0,10	0,12
	VI	1,83	–	0,14	0,16
14,99	V	1,35	–	0,10	0,12
	VI	1,84	–	0,14	0,16
15,09	V	1,36	–	0,10	0,12
	VI	1,85	–	0,14	0,16
15,19	V	1,37	–	0,10	0,12
	VI	1,86	–	0,14	0,16
15,29	V	1,39	–	0,11	0,12
	VI	1,88	–	0,15	0,16
15,39	V	1,40	–	0,11	0,12
	VI	1,89	–	0,15	0,17
15,49	V	1,41	–	0,11	0,12
	VI	1,90	–	0,15	0,17
15,59	V	1,42	–	0,11	0,12
	VI	1,91	–	0,15	0,17
15,69	V	1,43	–	0,11	0,12
	VI	1,93	–	0,15	0,17
15,79	V	1,45	–	0,11	0,13
	VI	1,94	–	0,15	0,17
15,89	V	1,46	–	0,11	0,13
	VI	1,95	–	0,15	0,17
15,99	V	1,47	–	0,11	0,13
	VI	1,96	–	0,15	0,17
16,09	V	1,48	–	0,11	0,13
	VI	1,98	–	0,15	0,17
16,19	V	1,50	–	0,12	0,13
	VI	1,99	–	0,15	0,17
16,29	V	1,51	–	0,12	0,13
	VI	2,00	–	0,16	0,18
16,39	V	1,52	–	0,12	0,13
	VI	2,01	–	0,16	0,18
16,49	V	1,53	–	0,12	0,13
	VI	2,03	–	0,16	0,18
16,59	V	1,55	–	0,12	0,13
	VI	2,04	–	0,16	0,18
16,69	V	1,56	–	0,12	0,14
	VI	2,05	–	0,16	0,18
16,79	V	1,57	–	0,12	0,14
	VI	2,06	–	0,16	0,18
16,89	V	1,58	–	0,12	0,14
	VI	2,08	–	0,16	0,18
16,99	V	1,60	–	0,12	0,14
	VI	2,09	–	0,16	0,18
17,09	V	1,61	–	0,12	0,14
	VI	2,10	–	0,16	0,18
17,19	V	1,62	–	0,12	0,14
	VI	2,11	–	0,16	0,18
17,29	V	1,63	–	0,13	0,14
	VI	2,13	–	0,17	0,19
17,39	V	1,65	–	0,13	0,14
	VI	2,14	–	0,17	0,19

Lohn/Gehalt bis	Steuerklasse	Lohnsteuer	ohne Kinderfreibetrag SolZ 5,5%	Kirchensteue 8%	9%
17,49	V	1,66	–	0,13	
	VI	2,15	–	0,17	
17,59	V	1,67	–	0,13	
	VI	2,16	–	0,17	
17,69	V	1,68	–	0,13	
	VI	2,17	–	0,17	
17,79	V	1,70	–	0,13	
	VI	2,19	–	0,17	
17,89	V	1,71	–	0,13	
	VI	2,20	–	0,17	
17,99	V	1,72	–	0,13	
	VI	2,21	–	0,17	
18,09	V	1,73	–	0,13	
	VI	2,22	–	0,17	
18,19	V	1,74	–	0,13	
	VI	2,23	–	0,17	
18,29	V	1,76	–	0,14	
	VI	2,25	–	0,18	
18,39	V	1,77	–	0,14	
	VI	2,26	–	0,18	
18,49	V	1,78	–	0,14	
	VI	2,27	–	0,18	
18,59	V	1,79	–	0,14	
	VI	2,28	–	0,18	
18,69	V	1,80	–	0,14	
	VI	2,30	–	0,18	
18,79	V	1,82	–	0,14	
	VI	2,31	–	0,18	
18,89	V	1,83	–	0,14	
	VI	2,32	–	0,18	
18,99	V	1,84	–	0,14	
	VI	2,33	–	0,18	
19,09	V	1,85	–	0,14	
	VI	2,35	–	0,18	
19,19	V	1,87	–	0,14	
	VI	2,36	–	0,18	
19,29	V	1,88	–	0,15	
	VI	2,37	–	0,18	
19,39	V	1,89	–	0,15	
	VI	2,38	–	0,19	
19,49	V	1,90	–	0,15	
	VI	2,40	–	0,19	
19,59	V	1,91	–	0,15	
	VI	2,41	–	0,19	
19,69	V	1,93	–	0,15	
	VI	2,42	–	0,19	
19,79	V	1,94	–	0,15	
	VI	2,43	–	0,19	
19,89	V	1,95	–	0,15	
	VI	2,45	–	0,19	
19,99	V	1,96	–	0,15	
	VI	2,46	–	0,19	
20,09	V	1,98	–	0,15	
	VI	2,47	–	0,19	
20,19	V	1,99	–	0,15	
	VI	2,48	–	0,19	
20,29	V	2,00	–	0,16	
	VI	2,50	–	0,20	
20,39	V	2,01	–	0,16	
	VI	2,51	–	0,20	
20,49	V	2,03	–	0,16	
	VI	2,52	–	0,20	
20,59	V	2,04	–	0,16	
	VI	2,53	–	0,20	
20,69	V	2,05	–	0,16	
	VI	2,54	–	0,20	
20,79	V	2,06	–	0,16	
	VI	2,56	–	0,20	
20,89	V	2,08	–	0,16	
	VI	2,57	–	0,20	
20,99	V	2,09	–	0,16	
	VI	2,58	–	0,20	
21,09	V	2,10	–	0,16	
	VI	2,59	–	0,20	
21,19	V	2,11	–	0,16	
	VI	2,61	–	0,20	
21,29	V	2,13	–	0,17	
	VI	2,62	–	0,20	
21,39	V	2,14	–	0,17	
	VI	2,63	–	0,21	
21,49	V	2,15	–	0,17	
	VI	2,64	–	0,21	
21,59	V	2,16	–	0,17	
	VI	2,65	–	0,21	

Bis täglich 38,49 € entstehen für die Steuerklassen I bis IV keine Steuerabzü

Besondere Tabelle

TAG bis 31,49 €

Lohn/ Gehalt bis	Steuerklasse	Lohnsteuer	ohne Kinderfreibetrag SolZ 5,5%	Kirchensteuer 8%	Kirchensteuer 9%
21,69	V	2,17	–	0,17	0,19
	VI	2,67	–	0,21	0,24
21,79	V	2,19	–	0,17	0,19
	VI	2,68	–	0,21	0,24
21,89	V	2,20	–	0,17	0,19
	VI	2,69	–	0,21	0,24
21,99	V	2,21	–	0,17	0,19
	VI	2,70	–	0,21	0,24
22,09	V	2,22	–	0,17	0,19
	VI	2,72	–	0,21	0,24
22,19	V	2,24	–	0,17	0,20
	VI	2,73	–	0,21	0,24
22,29	V	2,25	–	0,18	0,20
	VI	2,74	–	0,21	0,24
22,39	V	2,26	–	0,18	0,20
	VI	2,75	–	0,22	0,24
22,49	V	2,27	–	0,18	0,20
	VI	2,76	–	0,22	0,24
22,59	V	2,28	–	0,18	0,20
	VI	2,78	–	0,22	0,25
22,69	V	2,30	–	0,18	0,20
	VI	2,79	–	0,22	0,25
22,79	V	2,31	–	0,18	0,20
	VI	2,80	–	0,22	0,25
22,89	V	2,32	–	0,18	0,20
	VI	2,81	–	0,22	0,25
22,99	V	2,33	–	0,18	0,20
	VI	2,83	–	0,22	0,25
23,09	V	2,35	–	0,18	0,21
	VI	2,84	–	0,22	0,25
23,19	V	2,36	–	0,18	0,21
	VI	2,85	–	0,22	0,25
23,29	V	2,37	–	0,18	0,21
	VI	2,86	–	0,22	0,25
23,39	V	2,38	–	0,19	0,21
	VI	2,88	–	0,23	0,25
23,49	V	2,40	–	0,19	0,21
	VI	2,89	–	0,23	0,26
23,59	V	2,41	–	0,19	0,21
	VI	2,90	–	0,23	0,26
23,69	V	2,42	–	0,19	0,21
	VI	2,91	–	0,23	0,26
23,79	V	2,43	–	0,19	0,21
	VI	2,93	–	0,23	0,26
23,89	V	2,45	–	0,19	0,22
	VI	2,94	–	0,23	0,26
23,99	V	2,46	–	0,19	0,22
	VI	2,95	–	0,23	0,26
24,09	V	2,47	–	0,19	0,22
	VI	2,96	–	0,23	0,26
24,19	V	2,48	–	0,19	0,22
	VI	2,98	–	0,23	0,26
24,29	V	2,50	–	0,20	0,22
	VI	2,99	–	0,23	0,26
24,39	V	2,51	–	0,20	0,22
	VI	3,00	–	0,24	0,27
24,49	V	2,52	–	0,20	0,22
	VI	3,01	–	0,24	0,27
24,59	V	2,53	–	0,20	0,22
	VI	3,02	–	0,24	0,27
24,69	V	2,54	–	0,20	0,22
	VI	3,04	–	0,24	0,27
24,79	V	2,56	–	0,20	0,23
	VI	3,05	–	0,24	0,27
24,89	V	2,57	–	0,20	0,23
	VI	3,06	–	0,24	0,27
24,99	V	2,58	–	0,20	0,23
	VI	3,07	–	0,24	0,27
25,09	V	2,59	–	0,20	0,23
	VI	3,09	–	0,24	0,27
25,19	V	2,61	–	0,20	0,23
	VI	3,10	–	0,24	0,27
25,29	V	2,62	–	0,20	0,23
	VI	3,11	–	0,24	0,27
25,39	V	2,63	–	0,21	0,23
	VI	3,12	–	0,24	0,28
25,49	V	2,64	–	0,21	0,23
	VI	3,13	–	0,25	0,28
25,59	V	2,66	–	0,21	0,23
	VI	3,15	–	0,25	0,28
25,69	V	2,67	–	0,21	0,24
	VI	3,16	–	0,25	0,28
25,79	V	2,68	–	0,21	0,24
	VI	3,17	–	0,25	0,28
25,89	V	2,69	–	0,21	0,24
	VI	3,18	–	0,25	0,28
25,99	V	2,70	–	0,21	0,24
	VI	3,20	–	0,25	0,28
26,09	V	2,72	–	0,21	0,24
	VI	3,21	–	0,25	0,28
26,19	V	2,73	–	0,21	0,24
	VI	3,22	–	0,25	0,28
26,29	V	2,74	–	0,21	0,24
	VI	3,23	–	0,25	0,29
26,39	V	2,75	–	0,22	0,24
	VI	3,25	–	0,26	0,29
26,49	V	2,76	–	0,22	0,24
	VI	3,26	–	0,26	0,29
26,59	V	2,78	–	0,22	0,25
	VI	3,27	–	0,26	0,29
26,69	V	2,79	–	0,22	0,25
	VI	3,28	–	0,26	0,29
26,79	V	2,80	–	0,22	0,25
	VI	3,30	–	0,26	0,29
26,89	V	2,81	–	0,22	0,25
	VI	3,31	–	0,26	0,29
26,99	V	2,83	–	0,22	0,25
	VI	3,32	–	0,26	0,29
27,09	V	2,84	–	0,22	0,25
	VI	3,33	–	0,26	0,29
27,19	V	2,85	–	0,22	0,25
	VI	3,35	–	0,26	0,30
27,29	V	2,86	–	0,22	0,25
	VI	3,36	–	0,26	0,30
27,39	V	2,88	–	0,23	0,25
	VI	3,37	–	0,26	0,30
27,49	V	2,89	–	0,23	0,26
	VI	3,38	–	0,27	0,30
27,59	V	2,90	–	0,23	0,26
	VI	3,39	–	0,27	0,30
27,69	V	2,91	–	0,23	0,26
	VI	3,41	–	0,27	0,30
27,79	V	2,93	–	0,23	0,26
	VI	3,42	–	0,27	0,30
27,89	V	2,94	–	0,23	0,26
	VI	3,43	–	0,27	0,30
27,99	V	2,95	–	0,23	0,26
	VI	3,44	–	0,27	0,30
28,09	V	2,96	–	0,23	0,26
	VI	3,46	–	0,27	0,31
28,19	V	2,98	–	0,23	0,26
	VI	3,47	–	0,27	0,31
28,29	V	2,99	–	0,23	0,26
	VI	3,48	–	0,27	0,31
28,39	V	3,00	–	0,24	0,27
	VI	3,49	–	0,27	0,31
28,49	V	3,01	–	0,24	0,27
	VI	3,50	–	0,28	0,31
28,59	V	3,03	–	0,24	0,27
	VI	3,52	–	0,28	0,31
28,69	V	3,04	–	0,24	0,27
	VI	3,53	–	0,28	0,31
28,79	V	3,05	–	0,24	0,27
	VI	3,54	–	0,28	0,31
28,89	V	3,06	–	0,24	0,27
	VI	3,55	–	0,28	0,31
28,99	V	3,07	–	0,24	0,27
	VI	3,57	–	0,28	0,32
29,09	V	3,09	–	0,24	0,27
	VI	3,58	–	0,28	0,32
29,19	V	3,10	–	0,24	0,27
	VI	3,59	–	0,28	0,32
29,29	V	3,11	–	0,24	0,27
	VI	3,60	–	0,28	0,32
29,39	V	3,12	–	0,24	0,28
	VI	3,61	–	0,28	0,32
29,49	V	3,13	–	0,25	0,28
	VI	3,63	–	0,29	0,32
29,59	V	3,15	–	0,25	0,28
	VI	3,64	–	0,29	0,32
29,69	V	3,16	–	0,25	0,28
	VI	3,65	–	0,29	0,32
29,79	V	3,17	–	0,25	0,28
	VI	3,66	–	0,29	0,32
29,89	V	3,18	–	0,25	0,28
	VI	3,68	–	0,29	0,33
29,99	V	3,20	–	0,25	0,28
	VI	3,69	–	0,29	0,33
30,09	I	–	–	–	–
	II	–	–	–	–
	III	–	–	–	–
	IV	–	–	–	–
	V	3,21	–	0,25	0,28
	VI	3,70	–	0,29	0,33
30,19	I	–	–	–	–
	II	–	–	–	–
	III	–	–	–	–
	IV	–	–	–	–
	V	3,22	–	0,25	0,28
	VI	3,71	–	0,29	0,33
30,29	I	–	–	–	–
	II	–	–	–	–
	III	–	–	–	–
	IV	–	–	–	–
	V	3,23	–	0,25	0,29
	VI	3,73	–	0,29	0,33
30,39	I	–	–	–	–
	II	–	–	–	–
	III	–	–	–	–
	IV	–	–	–	–
	V	3,25	–	0,26	0,29
	VI	3,74	–	0,29	0,33
30,49	I	–	–	–	–
	II	–	–	–	–
	III	–	–	–	–
	IV	–	–	–	–
	V	3,26	–	0,26	0,29
	VI	3,75	–	0,30	0,33
30,59	I	–	–	–	–
	II	–	–	–	–
	III	–	–	–	–
	IV	–	–	–	–
	V	3,27	–	0,26	0,29
	VI	3,76	–	0,30	0,33
30,69	I	–	–	–	–
	II	–	–	–	–
	III	–	–	–	–
	IV	–	–	–	–
	V	3,28	–	0,26	0,29
	VI	3,78	–	0,30	0,34
30,79	I	–	–	–	–
	II	–	–	–	–
	III	–	–	–	–
	IV	–	–	–	–
	V	3,30	–	0,26	0,29
	VI	3,79	–	0,30	0,34
30,89	I	–	–	–	–
	II	–	–	–	–
	III	–	–	–	–
	IV	–	–	–	–
	V	3,31	–	0,26	0,29
	VI	3,80	–	0,30	0,34
30,99	I	–	–	–	–
	II	–	–	–	–
	III	–	–	–	–
	IV	–	–	–	–
	V	3,32	–	0,26	0,29
	VI	3,81	–	0,30	0,34
31,09	I	–	–	–	–
	II	–	–	–	–
	III	–	–	–	–
	IV	–	–	–	–
	V	3,33	–	0,26	0,29
	VI	3,83	–	0,30	0,34
31,19	I	–	–	–	–
	II	–	–	–	–
	III	–	–	–	–
	IV	–	–	–	–
	V	3,35	–	0,26	0,30
	VI	3,84	–	0,30	0,34
31,29	I	–	–	–	–
	II	–	–	–	–
	III	–	–	–	–
	IV	–	–	–	–
	V	3,36	–	0,26	0,30
	VI	3,85	–	0,30	0,34
31,39	I	–	–	–	–
	II	–	–	–	–
	III	–	–	–	–
	IV	–	–	–	–
	V	3,37	–	0,26	0,30
	VI	3,86	–	0,30	0,34
31,49	I	–	–	–	–
	II	–	–	–	–
	III	–	–	–	–
	IV	–	–	–	–
	V	3,38	–	0,27	0,30
	VI	3,87	–	0,30	0,34

s täglich 38,49 € entstehen für die Steuerklassen I bis IV keine Steuerabzüge.

Lohn/ Gehalt bis	Steuerklasse	Lohnsteuer	ohne Kinderfreibetrag SolZ 5,5%	Kirchensteuer 8%	Kirchensteuer 9%
31,59	I	-	-	-	-
	II	-	-	-	-
	III	-	-	-	-
	IV	-	-	-	-
	V	3,40	-	0,27	0,30
	VI	3,89	-	0,31	0,35
31,69	I	-	-	-	-
	II	-	-	-	-
	III	-	-	-	-
	IV	-	-	-	-
	V	3,41	-	0,27	0,30
	VI	3,90	-	0,31	0,35
31,79	I	-	-	-	-
	II	-	-	-	-
	III	-	-	-	-
	IV	-	-	-	-
	V	3,42	-	0,27	0,30
	VI	3,91	-	0,31	0,35
31,89	I	-	-	-	-
	II	-	-	-	-
	III	-	-	-	-
	IV	-	-	-	-
	V	3,43	-	0,27	0,30
	VI	3,92	-	0,31	0,35
31,99	I	-	-	-	-
	II	-	-	-	-
	III	-	-	-	-
	IV	-	-	-	-
	V	3,44	-	0,27	0,30
	VI	3,94	-	0,31	0,35
32,09	I	-	-	-	-
	II	-	-	-	-
	III	-	-	-	-
	IV	-	-	-	-
	V	3,46	-	0,27	0,31
	VI	3,95	-	0,31	0,35
32,19	I	-	-	-	-
	II	-	-	-	-
	III	-	-	-	-
	IV	-	-	-	-
	V	3,47	-	0,27	0,31
	VI	3,96	-	0,31	0,35
32,29	I	-	-	-	-
	II	-	-	-	-
	III	-	-	-	-
	IV	-	-	-	-
	V	3,48	-	0,27	0,31
	VI	3,97	-	0,31	0,35
32,39	I	-	-	-	-
	II	-	-	-	-
	III	-	-	-	-
	IV	-	-	-	-
	V	3,49	-	0,27	0,31
	VI	3,98	-	0,31	0,35
32,49	I	-	-	-	-
	II	-	-	-	-
	III	-	-	-	-
	IV	-	-	-	-
	V	3,51	-	0,28	0,31
	VI	4,00	-	0,32	0,36
32,59	I	-	-	-	-
	II	-	-	-	-
	III	-	-	-	-
	IV	-	-	-	-
	V	3,52	-	0,28	0,31
	VI	4,01	-	0,32	0,36
32,69	I	-	-	-	-
	II	-	-	-	-
	III	-	-	-	-
	IV	-	-	-	-
	V	3,53	-	0,28	0,31
	VI	4,02	-	0,32	0,36
32,79	I	-	-	-	-
	II	-	-	-	-
	III	-	-	-	-
	IV	-	-	-	-
	V	3,54	-	0,28	0,31
	VI	4,03	-	0,32	0,36
32,89	I	-	-	-	-
	II	-	-	-	-
	III	-	-	-	-
	IV	-	-	-	-
	V	3,55	-	0,28	0,31
	VI	4,05	-	0,32	0,36
32,99	I	-	-	-	-
	II	-	-	-	-
	III	-	-	-	-
	IV	-	-	-	-
	V	3,57	-	0,28	0,32
	VI	4,06	-	0,32	0,36

Lohn/ Gehalt bis	Steuerklasse	Lohnsteuer	ohne Kinderfreibetrag SolZ 5,5%	Kirchensteuer 8%	Kirchensteuer 9%
33,09	I	-	-	-	-
	II	-	-	-	-
	III	-	-	-	-
	IV	-	-	-	-
	V	3,58	-	0,28	0,32
	VI	4,07	-	0,32	0,36
33,19	I	-	-	-	-
	II	-	-	-	-
	III	-	-	-	-
	IV	-	-	-	-
	V	3,59	-	0,28	0,32
	VI	4,08	-	0,32	0,36
33,29	I	-	-	-	-
	II	-	-	-	-
	III	-	-	-	-
	IV	-	-	-	-
	V	3,60	-	0,28	0,32
	VI	4,10	-	0,32	0,36
33,39	I	-	-	-	-
	II	-	-	-	-
	III	-	-	-	-
	IV	-	-	-	-
	V	3,61	-	0,28	0,32
	VI	4,11	-	0,32	0,36
33,49	I	-	-	-	-
	II	-	-	-	-
	III	-	-	-	-
	IV	-	-	-	-
	V	3,63	-	0,29	0,32
	VI	4,12	-	0,32	0,37
33,59	I	-	-	-	-
	II	-	-	-	-
	III	-	-	-	-
	IV	-	-	-	-
	V	3,64	-	0,29	0,32
	VI	4,13	-	0,33	0,37
33,69	I	-	-	-	-
	II	-	-	-	-
	III	-	-	-	-
	IV	-	-	-	-
	V	3,65	-	0,29	0,32
	VI	4,15	-	0,33	0,37
33,79	I	-	-	-	-
	II	-	-	-	-
	III	-	-	-	-
	IV	-	-	-	-
	V	3,66	-	0,29	0,32
	VI	4,16	-	0,33	0,37
33,89	I	-	-	-	-
	II	-	-	-	-
	III	-	-	-	-
	IV	-	-	-	-
	V	3,68	-	0,29	0,33
	VI	4,17	-	0,33	0,37
33,99	I	-	-	-	-
	II	-	-	-	-
	III	-	-	-	-
	IV	-	-	-	-
	V	3,69	-	0,29	0,33
	VI	4,18	-	0,33	0,37
34,09	I	-	-	-	-
	II	-	-	-	-
	III	-	-	-	-
	IV	-	-	-	-
	V	3,70	-	0,29	0,33
	VI	4,20	-	0,33	0,37
34,19	I	-	-	-	-
	II	-	-	-	-
	III	-	-	-	-
	IV	-	-	-	-
	V	3,71	-	0,29	0,33
	VI	4,21	-	0,33	0,37
34,29	I	-	-	-	-
	II	-	-	-	-
	III	-	-	-	-
	IV	-	-	-	-
	V	3,73	-	0,29	0,33
	VI	4,22	-	0,33	0,37
34,39	I	-	-	-	-
	II	-	-	-	-
	III	-	-	-	-
	IV	-	-	-	-
	V	3,74	-	0,29	0,33
	VI	4,23	-	0,33	0,38
34,49	I	-	-	-	-
	II	-	-	-	-
	III	-	-	-	-
	IV	-	-	-	-
	V	3,75	-	0,30	0,33
	VI	4,24	-	0,33	0,38

Lohn/ Gehalt bis	Steuerklasse	Lohnsteuer	ohne Kinderfreibetrag SolZ 5,5%	Kirchensteuer 8%	Kirchensteuer 9%	mit 0,5 Kinderfreibetrag SolZ 5,5%	Kirchensteuer 8%	Kirchensteuer 9%
34,59	I	-	-	-	-	-	-	
	II	-	-	-	-	-	-	
	III	-	-	-	-	-	-	
	IV	-	-	-	-	-	-	
	V	3,76	-	0,30	0,33			
	VI	4,26	-	0,34	0,38			
34,69	I	-	-	-	-	-	-	
	II	-	-	-	-	-	-	
	III	-	-	-	-	-	-	
	IV	-	-	-	-	-	-	
	V	3,78	-	0,30	0,34			
	VI	4,27	-	0,34	0,38			
34,79	I	-	-	-	-	-	-	
	II	-	-	-	-	-	-	
	III	-	-	-	-	-	-	
	IV	-	-	-	-	-	-	
	V	3,79	-	0,30	0,34			
	VI	4,28	-	0,34	0,38			
34,89	I	-	-	-	-	-	-	
	II	-	-	-	-	-	-	
	III	-	-	-	-	-	-	
	IV	-	-	-	-	-	-	
	V	3,80	-	0,30	0,34			
	VI	4,29	-	0,34	0,38			
34,99	I	-	-	-	-	-	-	
	II	-	-	-	-	-	-	
	III	-	-	-	-	-	-	
	IV	-	-	-	-	-	-	
	V	3,81	-	0,30	0,34			
	VI	4,31	-	0,34	0,38			
35,09	I	-	-	-	-	-	-	
	II	-	-	-	-	-	-	
	III	-	-	-	-	-	-	
	IV	-	-	-	-	-	-	
	V	3,83	-	0,30	0,34			
	VI	4,32	-	0,34	0,38			
35,19	I	-	-	-	-	-	-	
	II	-	-	-	-	-	-	
	III	-	-	-	-	-	-	
	IV	-	-	-	-	-	-	
	V	3,84	-	0,30	0,34			
	VI	4,33	-	0,34	0,38			
35,29	I	-	-	-	-	-	-	
	II	-	-	-	-	-	-	
	III	-	-	-	-	-	-	
	IV	-	-	-	-	-	-	
	V	3,85	-	0,30	0,34			
	VI	4,34	-	0,34	0,39			
35,39	I	-	-	-	-	-	-	
	II	-	-	-	-	-	-	
	III	-	-	-	-	-	-	
	IV	-	-	-	-	-	-	
	V	3,86	-	0,30	0,34			
	VI	4,35	-	0,34	0,39			
35,49	I	-	-	-	-	-	-	
	II	-	-	-	-	-	-	
	III	-	-	-	-	-	-	
	IV	-	-	-	-	-	-	
	V	3,88	-	0,31	0,34			
	VI	4,37	-	0,34	0,39			
35,59	I	-	-	-	-	-	-	
	II	-	-	-	-	-	-	
	III	-	-	-	-	-	-	
	IV	-	-	-	-	-	-	
	V	3,89	-	0,31	0,35			
	VI	4,38	-	0,35	0,39			
35,69	I	-	-	-	-	-	-	
	II	-	-	-	-	-	-	
	III	-	-	-	-	-	-	
	IV	-	-	-	-	-	-	
	V	3,90	-	0,31	0,35			
	VI	4,39	-	0,35	0,39			
35,79	I	-	-	-	-	-	-	
	II	-	-	-	-	-	-	
	III	-	-	-	-	-	-	
	IV	-	-	-	-	-	-	
	V	3,91	-	0,31	0,35			
	VI	4,40	-	0,35	0,39			
35,89	I	-	-	-	-	-	-	
	II	-	-	-	-	-	-	
	III	-	-	-	-	-	-	
	IV	-	-	-	-	-	-	
	V	3,92	-	0,31	0,35			
	VI	4,42	-	0,35	0,39			
35,99	I	-	-	-	-	-	-	
	II	-	-	-	-	-	-	
	III	-	-	-	-	-	-	
	IV	-	-	-	-	-	-	
	V	3,94	-	0,31	0,35			
	VI	4,43	-	0,35	0,39			

Bis täglich 38,49 € entstehen für die Steuerklassen I bis IV keine Steuerabzü

Lohn/ Gehalt bis	Steuerklasse	Lohn-steuer	ohne Kinderfreibetrag SolZ 5,5%	ohne Kinderfreibetrag Kirchensteuer 8%	ohne Kinderfreibetrag Kirchensteuer 9%	mit 0,5 Kinderfreibetrag SolZ 5,5%	mit 0,5 Kinderfreibetrag Kirchensteuer 8%	mit 0,5 Kinderfreibetrag Kirchensteuer 9%
36,09	I	-	-	-	-	-	-	-
	II	-	-	-	-	-	-	-
	III	-	-	-	-	-	-	-
	IV	-	-	-	-	-	-	-
	V	3,95	-	0,31	0,35			
	VI	4,44	-	0,35	0,39			
36,19	I	-	-	-	-	-	-	-
	II	-	-	-	-	-	-	-
	III	-	-	-	-	-	-	-
	IV	-	-	-	-	-	-	-
	V	3,96	-	0,31	0,35			
	VI	4,45	-	0,35	0,40			
36,29	I	-	-	-	-	-	-	-
	II	-	-	-	-	-	-	-
	III	-	-	-	-	-	-	-
	IV	-	-	-	-	-	-	-
	V	3,97	-	0,31	0,35			
	VI	4,46	-	0,35	0,40			
36,39	I	-	-	-	-	-	-	-
	II	-	-	-	-	-	-	-
	III	-	-	-	-	-	-	-
	IV	-	-	-	-	-	-	-
	V	3,98	-	0,31	0,35			
	VI	4,48	-	0,35	0,40			
36,49	I	-	-	-	-	-	-	-
	II	-	-	-	-	-	-	-
	III	-	-	-	-	-	-	-
	IV	-	-	-	-	-	-	-
	V	4,00	-	0,32	0,36			
	VI	4,49	-	0,35	0,40			
36,59	I	-	-	-	-	-	-	-
	II	-	-	-	-	-	-	-
	III	-	-	-	-	-	-	-
	IV	-	-	-	-	-	-	-
	V	4,01	-	0,32	0,36			
	VI	4,50	-	0,36	0,40			
36,69	I	-	-	-	-	-	-	-
	II	-	-	-	-	-	-	-
	III	-	-	-	-	-	-	-
	IV	-	-	-	-	-	-	-
	V	4,02	-	0,32	0,36			
	VI	4,51	-	0,36	0,40			
36,79	I	-	-	-	-	-	-	-
	II	-	-	-	-	-	-	-
	III	-	-	-	-	-	-	-
	IV	-	-	-	-	-	-	-
	V	4,03	-	0,32	0,36			
	VI	4,53	-	0,36	0,40			
36,89	I	-	-	-	-	-	-	-
	II	-	-	-	-	-	-	-
	III	-	-	-	-	-	-	-
	IV	-	-	-	-	-	-	-
	V	4,05	-	0,32	0,36			
	VI	4,54	-	0,36	0,40			
36,99	I	-	-	-	-	-	-	-
	II	-	-	-	-	-	-	-
	III	-	-	-	-	-	-	-
	IV	-	-	-	-	-	-	-
	V	4,06	-	0,32	0,36			
	VI	4,55	-	0,36	0,40			
37,09	I	-	-	-	-	-	-	-
	II	-	-	-	-	-	-	-
	III	-	-	-	-	-	-	-
	IV	-	-	-	-	-	-	-
	V	4,07	-	0,32	0,36			
	VI	4,56	-	0,36	0,41			
37,19	I	-	-	-	-	-	-	-
	II	-	-	-	-	-	-	-
	III	-	-	-	-	-	-	-
	IV	-	-	-	-	-	-	-
	V	4,08	-	0,32	0,36			
	VI	4,58	-	0,36	0,41			
37,29	I	-	-	-	-	-	-	-
	II	-	-	-	-	-	-	-
	III	-	-	-	-	-	-	-
	IV	-	-	-	-	-	-	-
	V	4,10	-	0,32	0,36			
	VI	4,59	-	0,36	0,41			
37,39	I	-	-	-	-	-	-	-
	II	-	-	-	-	-	-	-
	III	-	-	-	-	-	-	-
	IV	-	-	-	-	-	-	-
	V	4,11	-	0,32	0,36			
	VI	4,60	-	0,36	0,41			
37,49	I	-	-	-	-	-	-	-
	II	-	-	-	-	-	-	-
	III	-	-	-	-	-	-	-
	IV	-	-	-	-	-	-	-
	V	4,12	-	0,32	0,37			
	VI	4,61	-	0,36	0,41			
37,59	I	-	-	-	-	-	-	-
	II	-	-	-	-	-	-	-
	III	-	-	-	-	-	-	-
	IV	-	-	-	-	-	-	-
	V	4,13	-	0,33	0,37			
	VI	4,63	-	0,37	0,41			
37,69	I	-	-	-	-	-	-	-
	II	-	-	-	-	-	-	-
	III	-	-	-	-	-	-	-
	IV	-	-	-	-	-	-	-
	V	4,15	-	0,33	0,37			
	VI	4,64	-	0,37	0,41			
37,79	I	-	-	-	-	-	-	-
	II	-	-	-	-	-	-	-
	III	-	-	-	-	-	-	-
	IV	-	-	-	-	-	-	-
	V	4,16	-	0,33	0,37			
	VI	4,65	-	0,37	0,41			
37,89	I	-	-	-	-	-	-	-
	II	-	-	-	-	-	-	-
	III	-	-	-	-	-	-	-
	IV	-	-	-	-	-	-	-
	V	4,17	-	0,33	0,37			
	VI	4,66	-	0,37	0,41			
37,99	I	-	-	-	-	-	-	-
	II	-	-	-	-	-	-	-
	III	-	-	-	-	-	-	-
	IV	-	-	-	-	-	-	-
	V	4,18	-	0,33	0,37			
	VI	4,68	-	0,37	0,42			
38,09	I	-	-	-	-	-	-	-
	II	-	-	-	-	-	-	-
	III	-	-	-	-	-	-	-
	IV	-	-	-	-	-	-	-
	V	4,20	-	0,33	0,37			
	VI	4,69	-	0,37	0,42			
38,19	I	-	-	-	-	-	-	-
	II	-	-	-	-	-	-	-
	III	-	-	-	-	-	-	-
	IV	-	-	-	-	-	-	-
	V	4,21	-	0,33	0,37			
	VI	4,70	-	0,37	0,42			
38,29	I	-	-	-	-	-	-	-
	II	-	-	-	-	-	-	-
	III	-	-	-	-	-	-	-
	IV	-	-	-	-	-	-	-
	V	4,22	-	0,33	0,37			
	VI	4,71	-	0,37	0,42			
38,39	I	-	-	-	-	-	-	-
	II	-	-	-	-	-	-	-
	III	-	-	-	-	-	-	-
	IV	-	-	-	-	-	-	-
	V	4,23	-	0,33	0,38			
	VI	4,72	-	0,37	0,42			
38,49	I	-	-	-	-	-	-	-
	II	-	-	-	-	-	-	-
	III	-	-	-	-	-	-	-
	IV	-	-	-	-	-	-	-
	V	4,25	-	0,34	0,38			
	VI	4,74	-	0,37	0,42			
38,59	I	0,01	-	-	-	-	-	-
	II	-	-	-	-	-	-	-
	III	-	-	-	-	-	-	-
	IV	0,01	-	-	-	-	-	-
	V	4,26	-	0,34	0,38			
	VI	4,75	-	0,38	0,42			
38,69	I	0,03	-	-	-	-	-	-
	II	-	-	-	-	-	-	-
	III	-	-	-	-	-	-	-
	IV	0,03	-	-	-	-	-	-
	V	4,27	-	0,34	0,38			
	VI	4,76	-	0,38	0,42			
38,79	I	0,04	-	-	-	-	-	-
	II	-	-	-	-	-	-	-
	III	-	-	-	-	-	-	-
	IV	0,04	-	-	-	-	-	-
	V	4,28	-	0,34	0,38			
	VI	4,77	-	0,38	0,42			
38,89	I	0,05	-	-	-	-	-	-
	II	-	-	-	-	-	-	-
	III	-	-	-	-	-	-	-
	IV	0,05	-	-	-	-	-	-
	V	4,29	-	0,34	0,38			
	VI	4,79	-	0,38	0,43			
38,99	I	0,06	-	-	-	-	-	-
	II	-	-	-	-	-	-	-
	III	-	-	-	-	-	-	-
	IV	0,06	-	-	-	-	-	-
	V	4,31	-	0,34	0,38			
	VI	4,80	-	0,38	0,43			

s täglich 38,49 € entstehen für die Steuerklassen I bis IV keine Steuerabzüge.

TAG bis 40,49 €

Besondere Tabelle

Lohn/ Gehalt bis	Steuerklasse	Lohn-steuer	ohne Kinderfreibetrag			Anzahl Kinderfreibeträge (nur Steuerklassen I–IV)																	
						0,5			1,0			1,5			2,0			2,5			3,0		
			SolZ 5,5%	Kirchensteuer 8%	9%	SolZ 5,5%	Kirchensteuer 8%	9%	SolZ 5,5%	Kirchensteuer 8%	9%	SolZ 5,5%	Kirchensteuer 8%	9%	SolZ 5,5%	Kirchensteuer 8%	9%	SolZ 5,5%	Kirchensteuer 8%	9%	SolZ 5,5%	Kirchensteue[r] 8%	9%
39,09	I	0,08	-	-	-	-	-	-	-	-	-	-	-	-	-	-	-	-	-	-	-	-	
	II	-	-	-	-	-	-	-	-	-	-	-	-	-	-	-	-	-	-	-	-	-	
	III	-	-	-	-	-	-	-	-	-	-	-	-	-	-	-	-	-	-	-	-	-	
	IV	0,08	-	-	-	-	-	-	-	-	-	-	-	-	-	-	-	-	-	-	-	-	
	V	4,32	-	0,34	0,38																		
	VI	4,81	-	0,38	0,43																		
39,19	I	0,09	-	-	-	-	-	-	-	-	-	-	-	-	-	-	-	-	-	-	-	-	
	II	-	-	-	-	-	-	-	-	-	-	-	-	-	-	-	-	-	-	-	-	-	
	III	-	-	-	-	-	-	-	-	-	-	-	-	-	-	-	-	-	-	-	-	-	
	IV	0,09	-	-	-	-	-	-	-	-	-	-	-	-	-	-	-	-	-	-	-	-	
	V	4,33	-	0,34	0,38																		
	VI	4,82	-	0,38	0,43																		
39,29	I	0,10	-	-	-	-	-	-	-	-	-	-	-	-	-	-	-	-	-	-	-	-	
	II	-	-	-	-	-	-	-	-	-	-	-	-	-	-	-	-	-	-	-	-	-	
	III	-	-	-	-	-	-	-	-	-	-	-	-	-	-	-	-	-	-	-	-	-	
	IV	0,10	-	-	-	-	-	-	-	-	-	-	-	-	-	-	-	-	-	-	-	-	
	V	4,34	-	0,34	0,39																		
	VI	4,83	-	0,38	0,43																		
39,39	I	0,11	-	-	-	-	-	-	-	-	-	-	-	-	-	-	-	-	-	-	-	-	
	II	-	-	-	-	-	-	-	-	-	-	-	-	-	-	-	-	-	-	-	-	-	
	III	-	-	-	-	-	-	-	-	-	-	-	-	-	-	-	-	-	-	-	-	-	
	IV	0,11	-	-	-	-	-	-	-	-	-	-	-	-	-	-	-	-	-	-	-	-	
	V	4,35	-	0,34	0,39																		
	VI	4,85	-	0,38	0,43																		
39,49	I	0,13	-	0,01	0,01	-	-	-	-	-	-	-	-	-	-	-	-	-	-	-	-	-	
	II	-	-	-	-	-	-	-	-	-	-	-	-	-	-	-	-	-	-	-	-	-	
	III	-	-	-	-	-	-	-	-	-	-	-	-	-	-	-	-	-	-	-	-	-	
	IV	0,13	-	0,01	0,01	-	-	-	-	-	-	-	-	-	-	-	-	-	-	-	-	-	
	V	4,37	-	0,34	0,39																		
	VI	4,88	-	0,39	0,43																		
39,59	I	0,14	-	0,01	0,01	-	-	-	-	-	-	-	-	-	-	-	-	-	-	-	-	-	
	II	-	-	-	-	-	-	-	-	-	-	-	-	-	-	-	-	-	-	-	-	-	
	III	-	-	-	-	-	-	-	-	-	-	-	-	-	-	-	-	-	-	-	-	-	
	IV	0,14	-	0,01	0,01	-	-	-	-	-	-	-	-	-	-	-	-	-	-	-	-	-	
	V	4,38	-	0,35	0,39																		
	VI	4,91	-	0,39	0,44																		
39,69	I	0,15	-	0,01	0,01	-	-	-	-	-	-	-	-	-	-	-	-	-	-	-	-	-	
	II	-	-	-	-	-	-	-	-	-	-	-	-	-	-	-	-	-	-	-	-	-	
	III	-	-	-	-	-	-	-	-	-	-	-	-	-	-	-	-	-	-	-	-	-	
	IV	0,15	-	0,01	0,01	-	-	-	-	-	-	-	-	-	-	-	-	-	-	-	-	-	
	V	4,39	-	0,35	0,39																		
	VI	4,95	-	0,39	0,44																		
39,79	I	0,17	-	0,01	0,01	-	-	-	-	-	-	-	-	-	-	-	-	-	-	-	-	-	
	II	-	-	-	-	-	-	-	-	-	-	-	-	-	-	-	-	-	-	-	-	-	
	III	-	-	-	-	-	-	-	-	-	-	-	-	-	-	-	-	-	-	-	-	-	
	IV	0,17	-	0,01	0,01	-	-	-	-	-	-	-	-	-	-	-	-	-	-	-	-	-	
	V	4,40	-	0,35	0,39																		
	VI	4,99	-	0,39	0,44																		
39,89	I	0,18	-	0,01	0,01	-	-	-	-	-	-	-	-	-	-	-	-	-	-	-	-	-	
	II	-	-	-	-	-	-	-	-	-	-	-	-	-	-	-	-	-	-	-	-	-	
	III	-	-	-	-	-	-	-	-	-	-	-	-	-	-	-	-	-	-	-	-	-	
	IV	0,18	-	0,01	0,01	-	-	-	-	-	-	-	-	-	-	-	-	-	-	-	-	-	
	V	4,42	-	0,35	0,39																		
	VI	5,03	-	0,40	0,45																		
39,99	I	0,19	-	0,01	0,01	-	-	-	-	-	-	-	-	-	-	-	-	-	-	-	-	-	
	II	-	-	-	-	-	-	-	-	-	-	-	-	-	-	-	-	-	-	-	-	-	
	III	-	-	-	-	-	-	-	-	-	-	-	-	-	-	-	-	-	-	-	-	-	
	IV	0,19	-	0,01	0,01	-	-	-	-	-	-	-	-	-	-	-	-	-	-	-	-	-	
	V	4,43	-	0,35	0,39																		
	VI	5,06	-	0,40	0,45																		
40,09	I	0,21	-	0,01	0,01	-	-	-	-	-	-	-	-	-	-	-	-	-	-	-	-	-	
	II	-	-	-	-	-	-	-	-	-	-	-	-	-	-	-	-	-	-	-	-	-	
	III	-	-	-	-	-	-	-	-	-	-	-	-	-	-	-	-	-	-	-	-	-	
	IV	0,21	-	0,01	0,01	-	-	-	-	-	-	-	-	-	-	-	-	-	-	-	-	-	
	V	4,44	-	0,35	0,39																		
	VI	5,10	-	0,40	0,45																		
40,19	I	0,22	-	0,01	0,01	-	-	-	-	-	-	-	-	-	-	-	-	-	-	-	-	-	
	II	-	-	-	-	-	-	-	-	-	-	-	-	-	-	-	-	-	-	-	-	-	
	III	-	-	-	-	-	-	-	-	-	-	-	-	-	-	-	-	-	-	-	-	-	
	IV	0,22	-	0,01	0,01	-	-	-	-	-	-	-	-	-	-	-	-	-	-	-	-	-	
	V	4,45	-	0,35	0,40																		
	VI	5,14	-	0,41	0,46																		
40,29	I	0,23	-	0,01	0,02	-	-	-	-	-	-	-	-	-	-	-	-	-	-	-	-	-	
	II	-	-	-	-	-	-	-	-	-	-	-	-	-	-	-	-	-	-	-	-	-	
	III	-	-	-	-	-	-	-	-	-	-	-	-	-	-	-	-	-	-	-	-	-	
	IV	0,23	-	0,01	0,02	-	-	-	-	-	-	-	-	-	-	-	-	-	-	-	-	-	
	V	4,47	-	0,35	0,40																		
	VI	5,18	-	0,41	0,46																		
40,39	I	0,25	-	0,02	0,02	-	-	-	-	-	-	-	-	-	-	-	-	-	-	-	-	-	
	II	-	-	-	-	-	-	-	-	-	-	-	-	-	-	-	-	-	-	-	-	-	
	III	-	-	-	-	-	-	-	-	-	-	-	-	-	-	-	-	-	-	-	-	-	
	IV	0,25	-	0,02	0,02	-	-	-	-	-	-	-	-	-	-	-	-	-	-	-	-	-	
	V	4,48	-	0,35	0,40																		
	VI	5,21	-	0,41	0,46																		
40,49	I	0,26	-	0,02	0,02	-	-	-	-	-	-	-	-	-	-	-	-	-	-	-	-	-	
	II	-	-	-	-	-	-	-	-	-	-	-	-	-	-	-	-	-	-	-	-	-	
	III	-	-	-	-	-	-	-	-	-	-	-	-	-	-	-	-	-	-	-	-	-	
	IV	0,26	-	0,02	0,02	-	-	-	-	-	-	-	-	-	-	-	-	-	-	-	-	-	
	V	4,49	-	0,35	0,40																		
	VI	5,25	-	0,42	0,47																		

Lohn/ Gehalt bis	Steuerklasse	Lohn-steuer	ohne Kinderfreibetrag SolZ 5,5%	ohne Kinderfreibetrag Kirchensteuer 8%	ohne Kinderfreibetrag Kirchensteuer 9%	0,5 SolZ 5,5%	0,5 Kirchensteuer 8%	0,5 Kirchensteuer 9%	1,0 SolZ 5,5%	1,0 Kirchensteuer 8%	1,0 Kirchensteuer 9%	1,5 SolZ 5,5%	1,5 Kirchensteuer 8%	1,5 Kirchensteuer 9%	2,0 SolZ 5,5%	2,0 Kirchensteuer 8%	2,0 Kirchensteuer 9%	2,5 SolZ 5,5%	2,5 Kirchensteuer 8%	2,5 Kirchensteuer 9%	3,0 SolZ 5,5%	3,0 Kirchensteuer 8%	3,0 Kirchensteuer 9%
40,59	I	0,27	-	0,02	0,02	-	-	-	-	-	-	-	-	-	-	-	-	-	-	-	-	-	-
	II	-	-	-	-	-	-	-	-	-	-	-	-	-	-	-	-	-	-	-	-	-	-
	III	-	-	-	-	-	-	-	-	-	-	-	-	-	-	-	-	-	-	-	-	-	-
	IV	0,27	-	0,02	0,02	-	-	-	-	-	-	-	-	-	-	-	-	-	-	-	-	-	-
	V	4,50	-	0,36	0,40																		
	VI	5,28	-	0,42	0,47																		
40,69	I	0,29	-	0,02	0,02	-	-	-	-	-	-	-	-	-	-	-	-	-	-	-	-	-	-
	II	-	-	-	-	-	-	-	-	-	-	-	-	-	-	-	-	-	-	-	-	-	-
	III	-	-	-	-	-	-	-	-	-	-	-	-	-	-	-	-	-	-	-	-	-	-
	IV	0,29	-	0,02	0,02	-	-	-	-	-	-	-	-	-	-	-	-	-	-	-	-	-	-
	V	4,51	-	0,36	0,40																		
	VI	5,32	-	0,42	0,47																		
40,79	I	0,30	-	0,02	0,02	-	-	-	-	-	-	-	-	-	-	-	-	-	-	-	-	-	-
	II	-	-	-	-	-	-	-	-	-	-	-	-	-	-	-	-	-	-	-	-	-	-
	III	-	-	-	-	-	-	-	-	-	-	-	-	-	-	-	-	-	-	-	-	-	-
	IV	0,30	-	0,02	0,02	-	-	-	-	-	-	-	-	-	-	-	-	-	-	-	-	-	-
	V	4,53	-	0,36	0,40																		
	VI	5,36	-	0,42	0,48																		
40,89	I	0,31	-	0,02	0,02	-	-	-	-	-	-	-	-	-	-	-	-	-	-	-	-	-	-
	II	-	-	-	-	-	-	-	-	-	-	-	-	-	-	-	-	-	-	-	-	-	-
	III	-	-	-	-	-	-	-	-	-	-	-	-	-	-	-	-	-	-	-	-	-	-
	IV	0,31	-	0,02	0,02	-	-	-	-	-	-	-	-	-	-	-	-	-	-	-	-	-	-
	V	4,54	-	0,36	0,40																		
	VI	5,40	-	0,43	0,48																		
40,99	I	0,33	-	0,02	0,02	-	-	-	-	-	-	-	-	-	-	-	-	-	-	-	-	-	-
	II	-	-	-	-	-	-	-	-	-	-	-	-	-	-	-	-	-	-	-	-	-	-
	III	-	-	-	-	-	-	-	-	-	-	-	-	-	-	-	-	-	-	-	-	-	-
	IV	0,33	-	0,02	0,02	-	-	-	-	-	-	-	-	-	-	-	-	-	-	-	-	-	-
	V	4,55	-	0,36	0,40																		
	VI	5,43	-	0,43	0,48																		
41,09	I	0,34	-	0,02	0,03	-	-	-	-	-	-	-	-	-	-	-	-	-	-	-	-	-	-
	II	-	-	-	-	-	-	-	-	-	-	-	-	-	-	-	-	-	-	-	-	-	-
	III	-	-	-	-	-	-	-	-	-	-	-	-	-	-	-	-	-	-	-	-	-	-
	IV	0,34	-	0,02	0,03	-	-	-	-	-	-	-	-	-	-	-	-	-	-	-	-	-	-
	V	4,56	-	0,36	0,41																		
	VI	5,47	-	0,43	0,49																		
41,19	I	0,36	-	0,02	0,03	-	-	-	-	-	-	-	-	-	-	-	-	-	-	-	-	-	-
	II	-	-	-	-	-	-	-	-	-	-	-	-	-	-	-	-	-	-	-	-	-	-
	III	-	-	-	-	-	-	-	-	-	-	-	-	-	-	-	-	-	-	-	-	-	-
	IV	0,36	-	0,02	0,03	-	-	-	-	-	-	-	-	-	-	-	-	-	-	-	-	-	-
	V	4,58	-	0,36	0,41																		
	VI	5,51	-	0,44	0,49																		
41,29	I	0,37	-	0,02	0,03	-	-	-	-	-	-	-	-	-	-	-	-	-	-	-	-	-	-
	II	-	-	-	-	-	-	-	-	-	-	-	-	-	-	-	-	-	-	-	-	-	-
	III	-	-	-	-	-	-	-	-	-	-	-	-	-	-	-	-	-	-	-	-	-	-
	IV	0,37	-	0,02	0,03	-	-	-	-	-	-	-	-	-	-	-	-	-	-	-	-	-	-
	V	4,59	-	0,36	0,41																		
	VI	5,54	-	0,44	0,49																		
41,39	I	0,38	-	0,03	0,03	-	-	-	-	-	-	-	-	-	-	-	-	-	-	-	-	-	-
	II	-	-	-	-	-	-	-	-	-	-	-	-	-	-	-	-	-	-	-	-	-	-
	III	-	-	-	-	-	-	-	-	-	-	-	-	-	-	-	-	-	-	-	-	-	-
	IV	0,38	-	0,03	0,03	-	-	-	-	-	-	-	-	-	-	-	-	-	-	-	-	-	-
	V	4,60	-	0,36	0,41																		
	VI	5,58	-	0,44	0,50																		
41,49	I	0,40	-	0,03	0,03	-	-	-	-	-	-	-	-	-	-	-	-	-	-	-	-	-	-
	II	-	-	-	-	-	-	-	-	-	-	-	-	-	-	-	-	-	-	-	-	-	-
	III	-	-	-	-	-	-	-	-	-	-	-	-	-	-	-	-	-	-	-	-	-	-
	IV	0,40	-	0,03	0,03	-	-	-	-	-	-	-	-	-	-	-	-	-	-	-	-	-	-
	V	4,61	-	0,36	0,41																		
	VI	5,62	-	0,44	0,50																		
41,59	I	0,41	-	0,03	0,03	-	-	-	-	-	-	-	-	-	-	-	-	-	-	-	-	-	-
	II	-	-	-	-	-	-	-	-	-	-	-	-	-	-	-	-	-	-	-	-	-	-
	III	-	-	-	-	-	-	-	-	-	-	-	-	-	-	-	-	-	-	-	-	-	-
	IV	0,41	-	0,03	0,03	-	-	-	-	-	-	-	-	-	-	-	-	-	-	-	-	-	-
	V	4,63	-	0,37	0,41																		
	VI	5,65	-	0,45	0,50																		
41,69	I	0,43	-	0,03	0,03	-	-	-	-	-	-	-	-	-	-	-	-	-	-	-	-	-	-
	II	-	-	-	-	-	-	-	-	-	-	-	-	-	-	-	-	-	-	-	-	-	-
	III	-	-	-	-	-	-	-	-	-	-	-	-	-	-	-	-	-	-	-	-	-	-
	IV	0,43	-	0,03	0,03	-	-	-	-	-	-	-	-	-	-	-	-	-	-	-	-	-	-
	V	4,64	-	0,37	0,41																		
	VI	5,69	-	0,45	0,51																		
41,79	I	0,44	-	0,03	0,03	-	-	-	-	-	-	-	-	-	-	-	-	-	-	-	-	-	-
	II	-	-	-	-	-	-	-	-	-	-	-	-	-	-	-	-	-	-	-	-	-	-
	III	-	-	-	-	-	-	-	-	-	-	-	-	-	-	-	-	-	-	-	-	-	-
	IV	0,44	-	0,03	0,03	-	-	-	-	-	-	-	-	-	-	-	-	-	-	-	-	-	-
	V	4,65	-	0,37	0,41																		
	VI	5,73	-	0,45	0,51																		
41,89	I	0,45	-	0,03	0,04	-	-	-	-	-	-	-	-	-	-	-	-	-	-	-	-	-	-
	II	-	-	-	-	-	-	-	-	-	-	-	-	-	-	-	-	-	-	-	-	-	-
	III	-	-	-	-	-	-	-	-	-	-	-	-	-	-	-	-	-	-	-	-	-	-
	IV	0,45	-	0,03	0,04	-	-	-	-	-	-	-	-	-	-	-	-	-	-	-	-	-	-
	V	4,66	-	0,37	0,41																		
	VI	5,76	-	0,46	0,51																		
41,99	I	0,47	-	0,03	0,04	-	-	-	-	-	-	-	-	-	-	-	-	-	-	-	-	-	-
	II	-	-	-	-	-	-	-	-	-	-	-	-	-	-	-	-	-	-	-	-	-	-
	III	-	-	-	-	-	-	-	-	-	-	-	-	-	-	-	-	-	-	-	-	-	-
	IV	0,47	-	0,03	0,04	-	-	-	-	-	-	-	-	-	-	-	-	-	-	-	-	-	-
	V	4,68	-	0,37	0,42																		
	VI	5,80	-	0,46	0,52																		

TAG bis 43,49 €

Besondere Tabelle

Lohn/ Gehalt bis	Steuerklasse	Lohn-steuer	ohne Kinderfreibetrag SolZ 5,5%	ohne Kinderfreibetrag Kirchensteuer 8%	ohne Kinderfreibetrag Kirchensteuer 9%	0,5 SolZ 5,5%	0,5 Kirchensteuer 8%	0,5 Kirchensteuer 9%	1,0 SolZ 5,5%	1,0 Kirchensteuer 8%	1,0 Kirchensteuer 9%	1,5 SolZ 5,5%	1,5 Kirchensteuer 8%	1,5 Kirchensteuer 9%	2,0 SolZ 5,5%	2,0 Kirchensteuer 8%	2,0 Kirchensteuer 9%	2,5 SolZ 5,5%	2,5 Kirchensteuer 8%	2,5 Kirchensteuer 9%	3,0 SolZ 5,5%	3,0 Kirchensteuer 8%	3,0 Kirchensteuer 9%
						Anzahl Kinderfreibeträge (nur Steuerklassen I–IV)																	
42,09	I	0,48	-	0,03	0,04	-	-	-	-	-	-	-	-	-	-	-	-	-	-	-	-	-	
	II	-	-	-	-	-	-	-	-	-	-	-	-	-	-	-	-	-	-	-	-	-	
	III	-	-	-	-	-	-	-	-	-	-	-	-	-	-	-	-	-	-	-	-	-	
	IV	0,48	-	0,03	0,04	-	-	-	-	-	-	-	-	-	-	-	-	-	-	-	-	-	
	V	4,69	-	0,37	0,42																		
	VI	5,84	-	0,46	0,52																		
42,19	I	0,50	-	0,04	0,04	-	-	-	-	-	-	-	-	-	-	-	-	-	-	-	-	-	
	II	-	-	-	-	-	-	-	-	-	-	-	-	-	-	-	-	-	-	-	-	-	
	III	-	-	-	-	-	-	-	-	-	-	-	-	-	-	-	-	-	-	-	-	-	
	IV	0,50	-	0,04	0,04	-	-	-	-	-	-	-	-	-	-	-	-	-	-	-	-	-	
	V	4,70	-	0,37	0,42																		
	VI	5,88	-	0,47	0,52																		
42,29	I	0,51	-	0,04	0,04	-	-	-	-	-	-	-	-	-	-	-	-	-	-	-	-	-	
	II	-	-	-	-	-	-	-	-	-	-	-	-	-	-	-	-	-	-	-	-	-	
	III	-	-	-	-	-	-	-	-	-	-	-	-	-	-	-	-	-	-	-	-	-	
	IV	0,51	-	0,04	0,04	-	-	-	-	-	-	-	-	-	-	-	-	-	-	-	-	-	
	V	4,71	-	0,37	0,42																		
	VI	5,91	-	0,47	0,53																		
42,39	I	0,53	-	0,04	0,04	-	-	-	-	-	-	-	-	-	-	-	-	-	-	-	-	-	
	II	-	-	-	-	-	-	-	-	-	-	-	-	-	-	-	-	-	-	-	-	-	
	III	-	-	-	-	-	-	-	-	-	-	-	-	-	-	-	-	-	-	-	-	-	
	IV	0,53	-	0,04	0,04	-	-	-	-	-	-	-	-	-	-	-	-	-	-	-	-	-	
	V	4,73	-	0,37	0,42																		
	VI	5,95	-	0,47	0,53																		
42,49	I	0,54	-	0,04	0,04	-	-	-	-	-	-	-	-	-	-	-	-	-	-	-	-	-	
	II	-	-	-	-	-	-	-	-	-	-	-	-	-	-	-	-	-	-	-	-	-	
	III	-	-	-	-	-	-	-	-	-	-	-	-	-	-	-	-	-	-	-	-	-	
	IV	0,54	-	0,04	0,04	-	-	-	-	-	-	-	-	-	-	-	-	-	-	-	-	-	
	V	4,74	-	0,37	0,42																		
	VI	5,99	-	0,47	0,53																		
42,59	I	0,55	-	0,04	0,04	-	-	-	-	-	-	-	-	-	-	-	-	-	-	-	-	-	
	II	-	-	-	-	-	-	-	-	-	-	-	-	-	-	-	-	-	-	-	-	-	
	III	-	-	-	-	-	-	-	-	-	-	-	-	-	-	-	-	-	-	-	-	-	
	IV	0,55	-	0,04	0,04	-	-	-	-	-	-	-	-	-	-	-	-	-	-	-	-	-	
	V	4,75	-	0,38	0,42																		
	VI	6,02	-	0,48	0,54																		
42,69	I	0,57	-	0,04	0,05	-	-	-	-	-	-	-	-	-	-	-	-	-	-	-	-	-	
	II	-	-	-	-	-	-	-	-	-	-	-	-	-	-	-	-	-	-	-	-	-	
	III	-	-	-	-	-	-	-	-	-	-	-	-	-	-	-	-	-	-	-	-	-	
	IV	0,57	-	0,04	0,05	-	-	-	-	-	-	-	-	-	-	-	-	-	-	-	-	-	
	V	4,76	-	0,38	0,42																		
	VI	6,06	-	0,48	0,54																		
42,79	I	0,58	-	0,04	0,05	-	-	-	-	-	-	-	-	-	-	-	-	-	-	-	-	-	
	II	-	-	-	-	-	-	-	-	-	-	-	-	-	-	-	-	-	-	-	-	-	
	III	-	-	-	-	-	-	-	-	-	-	-	-	-	-	-	-	-	-	-	-	-	
	IV	0,58	-	0,04	0,05	-	-	-	-	-	-	-	-	-	-	-	-	-	-	-	-	-	
	V	4,77	-	0,38	0,42																		
	VI	6,10	-	0,48	0,54																		
42,89	I	0,60	-	0,04	0,05	-	-	-	-	-	-	-	-	-	-	-	-	-	-	-	-	-	
	II	-	-	-	-	-	-	-	-	-	-	-	-	-	-	-	-	-	-	-	-	-	
	III	-	-	-	-	-	-	-	-	-	-	-	-	-	-	-	-	-	-	-	-	-	
	IV	0,60	-	0,04	0,05	-	-	-	-	-	-	-	-	-	-	-	-	-	-	-	-	-	
	V	4,79	-	0,38	0,43																		
	VI	6,13	-	0,49	0,55																		
42,99	I	0,61	-	0,04	0,05	-	-	-	-	-	-	-	-	-	-	-	-	-	-	-	-	-	
	II	-	-	-	-	-	-	-	-	-	-	-	-	-	-	-	-	-	-	-	-	-	
	III	-	-	-	-	-	-	-	-	-	-	-	-	-	-	-	-	-	-	-	-	-	
	IV	0,61	-	0,04	0,05	-	-	-	-	-	-	-	-	-	-	-	-	-	-	-	-	-	
	V	4,80	-	0,38	0,43																		
	VI	6,17	-	0,49	0,55																		
43,09	I	0,63	-	0,05	0,05	-	-	-	-	-	-	-	-	-	-	-	-	-	-	-	-	-	
	II	-	-	-	-	-	-	-	-	-	-	-	-	-	-	-	-	-	-	-	-	-	
	III	-	-	-	-	-	-	-	-	-	-	-	-	-	-	-	-	-	-	-	-	-	
	IV	0,63	-	0,05	0,05	-	-	-	-	-	-	-	-	-	-	-	-	-	-	-	-	-	
	V	4,81	-	0,38	0,43																		
	VI	6,21	-	0,49	0,55																		
43,19	I	0,64	-	0,05	0,05	-	-	-	-	-	-	-	-	-	-	-	-	-	-	-	-	-	
	II	-	-	-	-	-	-	-	-	-	-	-	-	-	-	-	-	-	-	-	-	-	
	III	-	-	-	-	-	-	-	-	-	-	-	-	-	-	-	-	-	-	-	-	-	
	IV	0,64	-	0,05	0,05	-	-	-	-	-	-	-	-	-	-	-	-	-	-	-	-	-	
	V	4,82	-	0,38	0,43																		
	VI	6,25	-	0,50	0,56																		
43,29	I	0,66	-	0,05	0,05	-	-	-	-	-	-	-	-	-	-	-	-	-	-	-	-	-	
	II	-	-	-	-	-	-	-	-	-	-	-	-	-	-	-	-	-	-	-	-	-	
	III	-	-	-	-	-	-	-	-	-	-	-	-	-	-	-	-	-	-	-	-	-	
	IV	0,66	-	0,05	0,05	-	-	-	-	-	-	-	-	-	-	-	-	-	-	-	-	-	
	V	4,84	-	0,38	0,43																		
	VI	6,28	-	0,50	0,56																		
43,39	I	0,67	-	0,05	0,06	-	-	-	-	-	-	-	-	-	-	-	-	-	-	-	-	-	
	II	-	-	-	-	-	-	-	-	-	-	-	-	-	-	-	-	-	-	-	-	-	
	III	-	-	-	-	-	-	-	-	-	-	-	-	-	-	-	-	-	-	-	-	-	
	IV	0,67	-	0,05	0,06	-	-	-	-	-	-	-	-	-	-	-	-	-	-	-	-	-	
	V	4,85	-	0,38	0,43																		
	VI	6,32	-	0,50	0,56																		
43,49	I	0,69	-	0,05	0,06	-	-	-	-	-	-	-	-	-	-	-	-	-	-	-	-	-	
	II	-	-	-	-	-	-	-	-	-	-	-	-	-	-	-	-	-	-	-	-	-	
	III	-	-	-	-	-	-	-	-	-	-	-	-	-	-	-	-	-	-	-	-	-	
	IV	0,69	-	0,05	0,06	-	-	-	-	-	-	-	-	-	-	-	-	-	-	-	-	-	
	V	4,88	-	0,39	0,43																		
	VI	6,36	-	0,50	0,57																		

Besondere Tabelle

Lohn/Gehalt bis	Steuerklasse	Lohnsteuer	ohne Kinderfreibetrag SolZ 5,5%	ohne Kinderfreibetrag Kirchensteuer 8%	ohne Kinderfreibetrag Kirchensteuer 9%	0,5 SolZ 5,5%	0,5 Kirchensteuer 8%	0,5 Kirchensteuer 9%	1,0 SolZ 5,5%	1,0 Kirchensteuer 8%	1,0 Kirchensteuer 9%	1,5 SolZ 5,5%	1,5 Kirchensteuer 8%	1,5 Kirchensteuer 9%	2,0 SolZ 5,5%	2,0 Kirchensteuer 8%	2,0 Kirchensteuer 9%	2,5 SolZ 5,5%	2,5 Kirchensteuer 8%	2,5 Kirchensteuer 9%	3,0 SolZ 5,5%	3,0 Kirchensteuer 8%	3,0 Kirchensteuer 9%
43,59	I	0,70	-	0,05	0,06	-	-	-	-	-	-	-	-	-	-	-	-	-	-	-	-	-	-
	II	-	-	-	-	-	-	-	-	-	-	-	-	-	-	-	-	-	-	-	-	-	-
	III	-	-	-	-	-	-	-	-	-	-	-	-	-	-	-	-	-	-	-	-	-	-
	IV	0,70	-	0,05	0,06	-	-	-	-	-	-	-	-	-	-	-	-	-	-	-	-	-	-
	V	4,92	-	0,39	0,44																		
	VI	6,39	-	0,51	0,57																		
43,69	I	0,72	-	0,05	0,06	-	-	-	-	-	-	-	-	-	-	-	-	-	-	-	-	-	-
	II	-	-	-	-	-	-	-	-	-	-	-	-	-	-	-	-	-	-	-	-	-	-
	III	-	-	-	-	-	-	-	-	-	-	-	-	-	-	-	-	-	-	-	-	-	-
	IV	0,72	-	0,05	0,06	-	-	-	-	-	-	-	-	-	-	-	-	-	-	-	-	-	-
	V	4,95	-	0,39	0,44																		
	VI	6,43	-	0,51	0,57																		
43,79	I	0,73	-	0,05	0,06	-	-	-	-	-	-	-	-	-	-	-	-	-	-	-	-	-	-
	II	-	-	-	-	-	-	-	-	-	-	-	-	-	-	-	-	-	-	-	-	-	-
	III	-	-	-	-	-	-	-	-	-	-	-	-	-	-	-	-	-	-	-	-	-	-
	IV	0,73	-	0,05	0,06	-	-	-	-	-	-	-	-	-	-	-	-	-	-	-	-	-	-
	V	4,99	-	0,39	0,44																		
	VI	6,47	-	0,51	0,58																		
43,89	I	0,75	-	0,06	0,06	-	-	-	-	-	-	-	-	-	-	-	-	-	-	-	-	-	-
	II	-	-	-	-	-	-	-	-	-	-	-	-	-	-	-	-	-	-	-	-	-	-
	III	-	-	-	-	-	-	-	-	-	-	-	-	-	-	-	-	-	-	-	-	-	-
	IV	0,75	-	0,06	0,06	-	-	-	-	-	-	-	-	-	-	-	-	-	-	-	-	-	-
	V	5,03	-	0,40	0,45																		
	VI	6,50	-	0,52	0,58																		
43,99	I	0,76	-	0,06	0,06	-	-	-	-	-	-	-	-	-	-	-	-	-	-	-	-	-	-
	II	-	-	-	-	-	-	-	-	-	-	-	-	-	-	-	-	-	-	-	-	-	-
	III	-	-	-	-	-	-	-	-	-	-	-	-	-	-	-	-	-	-	-	-	-	-
	IV	0,76	-	0,06	0,06	-	-	-	-	-	-	-	-	-	-	-	-	-	-	-	-	-	-
	V	5,06	-	0,40	0,45																		
	VI	6,54	-	0,52	0,58																		
44,09	I	0,78	-	0,06	0,07	-	-	-	-	-	-	-	-	-	-	-	-	-	-	-	-	-	-
	II	-	-	-	-	-	-	-	-	-	-	-	-	-	-	-	-	-	-	-	-	-	-
	III	-	-	-	-	-	-	-	-	-	-	-	-	-	-	-	-	-	-	-	-	-	-
	IV	0,78	-	0,06	0,07	-	-	-	-	-	-	-	-	-	-	-	-	-	-	-	-	-	-
	V	5,11	-	0,40	0,45																		
	VI	6,58	-	0,52	0,59																		
44,19	I	0,80	-	0,06	0,07	-	-	-	-	-	-	-	-	-	-	-	-	-	-	-	-	-	-
	II	-	-	-	-	-	-	-	-	-	-	-	-	-	-	-	-	-	-	-	-	-	-
	III	-	-	-	-	-	-	-	-	-	-	-	-	-	-	-	-	-	-	-	-	-	-
	IV	0,80	-	0,06	0,07	-	-	-	-	-	-	-	-	-	-	-	-	-	-	-	-	-	-
	V	5,15	-	0,41	0,46																		
	VI	6,63	-	0,53	0,59																		
44,29	I	0,82	-	0,06	0,07	-	-	-	-	-	-	-	-	-	-	-	-	-	-	-	-	-	-
	II	-	-	-	-	-	-	-	-	-	-	-	-	-	-	-	-	-	-	-	-	-	-
	III	-	-	-	-	-	-	-	-	-	-	-	-	-	-	-	-	-	-	-	-	-	-
	IV	0,82	-	0,06	0,07	-	-	-	-	-	-	-	-	-	-	-	-	-	-	-	-	-	-
	V	5,19	-	0,41	0,46																		
	VI	6,67	-	0,53	0,60																		
44,39	I	0,83	-	0,06	0,07	-	-	-	-	-	-	-	-	-	-	-	-	-	-	-	-	-	-
	II	-	-	-	-	-	-	-	-	-	-	-	-	-	-	-	-	-	-	-	-	-	-
	III	-	-	-	-	-	-	-	-	-	-	-	-	-	-	-	-	-	-	-	-	-	-
	IV	0,83	-	0,06	0,07	-	-	-	-	-	-	-	-	-	-	-	-	-	-	-	-	-	-
	V	5,23	-	0,41	0,47																		
	VI	6,71	-	0,53	0,60																		
44,49	I	0,85	-	0,06	0,07	-	-	-	-	-	-	-	-	-	-	-	-	-	-	-	-	-	-
	II	-	-	-	-	-	-	-	-	-	-	-	-	-	-	-	-	-	-	-	-	-	-
	III	-	-	-	-	-	-	-	-	-	-	-	-	-	-	-	-	-	-	-	-	-	-
	IV	0,85	-	0,06	0,07	-	-	-	-	-	-	-	-	-	-	-	-	-	-	-	-	-	-
	V	5,28	-	0,42	0,47																		
	VI	6,75	-	0,54	0,60																		
44,59	I	0,87	-	0,06	0,07	-	-	-	-	-	-	-	-	-	-	-	-	-	-	-	-	-	-
	II	-	-	-	-	-	-	-	-	-	-	-	-	-	-	-	-	-	-	-	-	-	-
	III	-	-	-	-	-	-	-	-	-	-	-	-	-	-	-	-	-	-	-	-	-	-
	IV	0,87	-	0,06	0,07	-	-	-	-	-	-	-	-	-	-	-	-	-	-	-	-	-	-
	V	5,32	-	0,42	0,47																		
	VI	6,80	-	0,54	0,61																		
44,69	I	0,89	-	0,07	0,08	-	-	-	-	-	-	-	-	-	-	-	-	-	-	-	-	-	-
	II	-	-	-	-	-	-	-	-	-	-	-	-	-	-	-	-	-	-	-	-	-	-
	III	-	-	-	-	-	-	-	-	-	-	-	-	-	-	-	-	-	-	-	-	-	-
	IV	0,89	-	0,07	0,08	-	-	-	-	-	-	-	-	-	-	-	-	-	-	-	-	-	-
	V	5,36	-	0,42	0,48																		
	VI	6,84	-	0,54	0,61																		
44,79	I	0,91	-	0,07	0,08	-	-	-	-	-	-	-	-	-	-	-	-	-	-	-	-	-	-
	II	-	-	-	-	-	-	-	-	-	-	-	-	-	-	-	-	-	-	-	-	-	-
	III	-	-	-	-	-	-	-	-	-	-	-	-	-	-	-	-	-	-	-	-	-	-
	IV	0,91	-	0,07	0,08	-	-	-	-	-	-	-	-	-	-	-	-	-	-	-	-	-	-
	V	5,40	-	0,43	0,48																		
	VI	6,88	-	0,55	0,61																		
44,89	I	0,93	-	0,07	0,08	-	-	-	-	-	-	-	-	-	-	-	-	-	-	-	-	-	-
	II	-	-	-	-	-	-	-	-	-	-	-	-	-	-	-	-	-	-	-	-	-	-
	III	-	-	-	-	-	-	-	-	-	-	-	-	-	-	-	-	-	-	-	-	-	-
	IV	0,93	-	0,07	0,08	-	-	-	-	-	-	-	-	-	-	-	-	-	-	-	-	-	-
	V	5,45	-	0,43	0,49																		
	VI	6,92	-	0,55	0,62																		
44,99	I	0,94	-	0,07	0,08	-	-	-	-	-	-	-	-	-	-	-	-	-	-	-	-	-	-
	II	-	-	-	-	-	-	-	-	-	-	-	-	-	-	-	-	-	-	-	-	-	-
	III	-	-	-	-	-	-	-	-	-	-	-	-	-	-	-	-	-	-	-	-	-	-
	IV	0,94	-	0,07	0,08	-	-	-	-	-	-	-	-	-	-	-	-	-	-	-	-	-	-
	V	5,49	-	0,43	0,49																		
	VI	6,96	-	0,55	0,62																		

Lohn/ Gehalt bis	Steuerklasse	Lohnsteuer	ohne Kinderfreibetrag			Anzahl Kinderfreibeträge (nur Steuerklassen I–IV)																	
						0,5			1,0			1,5			2,0			2,5			3,0		
			SolZ 5,5%	Kirchensteuer 8%	9%	SolZ 5,5%	Kirchensteuer 8%	9%	SolZ 5,5%	Kirchensteuer 8%	9%	SolZ 5,5%	Kirchensteuer 8%	9%	SolZ 5,5%	Kirchensteuer 8%	9%	SolZ 5,5%	Kirchensteuer 8%	9%	SolZ 5,5%	Kirchensteuer 8%	9%
45,09	I	0,96	-	0,07	0,08	-	-	-	-	-	-	-	-	-	-	-	-	-	-	-	-	-	
	II	-	-	-	-	-	-	-	-	-	-	-	-	-	-	-	-	-	-	-	-	-	
	III	-	-	-	-	-	-	-	-	-	-	-	-	-	-	-	-	-	-	-	-	-	
	IV	0,96	-	0,07	0,08	-	-	-	-	-	-	-	-	-	-	-	-	-	-	-	-	-	
	V	5,53	-	0,44	0,49																		
	VI	7,01	-	0,56	0,63																		
45,19	I	0,98	-	0,07	0,08	-	-	-	-	-	-	-	-	-	-	-	-	-	-	-	-	-	
	II	-	-	-	-	-	-	-	-	-	-	-	-	-	-	-	-	-	-	-	-	-	
	III	-	-	-	-	-	-	-	-	-	-	-	-	-	-	-	-	-	-	-	-	-	
	IV	0,98	-	0,07	0,08	-	-	-	-	-	-	-	-	-	-	-	-	-	-	-	-	-	
	V	5,57	-	0,44	0,50																		
	VI	7,05	-	0,56	0,63																		
45,29	I	1,00	-	0,08	0,09	-	-	-	-	-	-	-	-	-	-	-	-	-	-	-	-	-	
	II	-	-	-	-	-	-	-	-	-	-	-	-	-	-	-	-	-	-	-	-	-	
	III	-	-	-	-	-	-	-	-	-	-	-	-	-	-	-	-	-	-	-	-	-	
	IV	1,00	-	0,08	0,09	-	-	-	-	-	-	-	-	-	-	-	-	-	-	-	-	-	
	V	5,61	-	0,44	0,50																		
	VI	7,09	-	0,56	0,63																		
45,39	I	1,02	-	0,08	0,09	-	-	-	-	-	-	-	-	-	-	-	-	-	-	-	-	-	
	II	-	-	-	-	-	-	-	-	-	-	-	-	-	-	-	-	-	-	-	-	-	
	III	-	-	-	-	-	-	-	-	-	-	-	-	-	-	-	-	-	-	-	-	-	
	IV	1,02	-	0,08	0,09	-	-	-	-	-	-	-	-	-	-	-	-	-	-	-	-	-	
	V	5,65	-	0,45	0,50																		
	VI	7,13	-	0,57	0,64																		
45,49	I	1,03	-	0,08	0,09	-	-	-	-	-	-	-	-	-	-	-	-	-	-	-	-	-	
	II	-	-	-	-	-	-	-	-	-	-	-	-	-	-	-	-	-	-	-	-	-	
	III	-	-	-	-	-	-	-	-	-	-	-	-	-	-	-	-	-	-	-	-	-	
	IV	1,03	-	0,08	0,09	-	-	-	-	-	-	-	-	-	-	-	-	-	-	-	-	-	
	V	5,70	-	0,45	0,51																		
	VI	7,17	-	0,57	0,64																		
45,59	I	1,05	-	0,08	0,09	-	-	-	-	-	-	-	-	-	-	-	-	-	-	-	-	-	
	II	-	-	-	-	-	-	-	-	-	-	-	-	-	-	-	-	-	-	-	-	-	
	III	-	-	-	-	-	-	-	-	-	-	-	-	-	-	-	-	-	-	-	-	-	
	IV	1,05	-	0,08	0,09	-	-	-	-	-	-	-	-	-	-	-	-	-	-	-	-	-	
	V	5,74	-	0,45	0,51																		
	VI	7,21	-	0,57	0,64																		
45,69	I	1,07	-	0,08	0,09	-	-	-	-	-	-	-	-	-	-	-	-	-	-	-	-	-	
	II	-	-	-	-	-	-	-	-	-	-	-	-	-	-	-	-	-	-	-	-	-	
	III	-	-	-	-	-	-	-	-	-	-	-	-	-	-	-	-	-	-	-	-	-	
	IV	1,07	-	0,08	0,09	-	-	-	-	-	-	-	-	-	-	-	-	-	-	-	-	-	
	V	5,78	-	0,46	0,52																		
	VI	7,26	-	0,58	0,65																		
45,79	I	1,09	-	0,08	0,09	-	-	-	-	-	-	-	-	-	-	-	-	-	-	-	-	-	
	II	-	-	-	-	-	-	-	-	-	-	-	-	-	-	-	-	-	-	-	-	-	
	III	-	-	-	-	-	-	-	-	-	-	-	-	-	-	-	-	-	-	-	-	-	
	IV	1,09	-	0,08	0,09	-	-	-	-	-	-	-	-	-	-	-	-	-	-	-	-	-	
	V	5,82	-	0,46	0,52																		
	VI	7,30	-	0,58	0,65																		
45,89	I	1,11	-	0,08	0,09	-	-	-	-	-	-	-	-	-	-	-	-	-	-	-	-	-	
	II	-	-	-	-	-	-	-	-	-	-	-	-	-	-	-	-	-	-	-	-	-	
	III	-	-	-	-	-	-	-	-	-	-	-	-	-	-	-	-	-	-	-	-	-	
	IV	1,11	-	0,08	0,09	-	-	-	-	-	-	-	-	-	-	-	-	-	-	-	-	-	
	V	5,86	-	0,46	0,52																		
	VI	7,34	-	0,58	0,66																		
45,99	I	1,13	-	0,09	0,10	-	-	-	-	-	-	-	-	-	-	-	-	-	-	-	-	-	
	II	-	-	-	-	-	-	-	-	-	-	-	-	-	-	-	-	-	-	-	-	-	
	III	-	-	-	-	-	-	-	-	-	-	-	-	-	-	-	-	-	-	-	-	-	
	IV	1,13	-	0,09	0,10	-	-	-	-	-	-	-	-	-	-	-	-	-	-	-	-	-	
	V	5,91	-	0,47	0,53																		
	VI	7,38	-	0,59	0,66																		
46,09	I	1,15	-	0,09	0,10	-	-	-	-	-	-	-	-	-	-	-	-	-	-	-	-	-	
	II	-	-	-	-	-	-	-	-	-	-	-	-	-	-	-	-	-	-	-	-	-	
	III	-	-	-	-	-	-	-	-	-	-	-	-	-	-	-	-	-	-	-	-	-	
	IV	1,15	-	0,09	0,10	-	-	-	-	-	-	-	-	-	-	-	-	-	-	-	-	-	
	V	5,95	-	0,47	0,53																		
	VI	7,43	-	0,59	0,66																		
46,19	I	1,17	-	0,09	0,10	-	-	-	-	-	-	-	-	-	-	-	-	-	-	-	-	-	
	II	-	-	-	-	-	-	-	-	-	-	-	-	-	-	-	-	-	-	-	-	-	
	III	-	-	-	-	-	-	-	-	-	-	-	-	-	-	-	-	-	-	-	-	-	
	IV	1,17	-	0,09	0,10	-	-	0,01	-	-	-	-	-	-	-	-	-	-	-	-	-	-	
	V	5,99	-	0,47	0,53																		
	VI	7,47	-	0,59	0,67																		
46,29	I	1,18	-	0,09	0,10	-	-	-	-	-	-	-	-	-	-	-	-	-	-	-	-	-	
	II	-	-	-	-	-	-	-	-	-	-	-	-	-	-	-	-	-	-	-	-	-	
	III	-	-	-	-	-	-	-	-	-	-	-	-	-	-	-	-	-	-	-	-	-	
	IV	1,18	-	0,09	0,10	-	0,01	0,01	-	-	-	-	-	-	-	-	-	-	-	-	-	-	
	V	6,03	-	0,48	0,54																		
	VI	7,51	-	0,60	0,67																		
46,39	I	1,20	-	0,09	0,10	-	-	-	-	-	-	-	-	-	-	-	-	-	-	-	-	-	
	II	-	-	-	-	-	-	-	-	-	-	-	-	-	-	-	-	-	-	-	-	-	
	III	-	-	-	-	-	-	-	-	-	-	-	-	-	-	-	-	-	-	-	-	-	
	IV	1,20	-	0,09	0,10	-	0,01	0,01	-	-	-	-	-	-	-	-	-	-	-	-	-	-	
	V	6,07	-	0,48	0,54																		
	VI	7,55	-	0,60	0,67																		
46,49	I	1,22	-	0,09	0,10	-	-	-	-	-	-	-	-	-	-	-	-	-	-	-	-	-	
	II	-	-	-	-	-	-	-	-	-	-	-	-	-	-	-	-	-	-	-	-	-	
	III	-	-	-	-	-	-	-	-	-	-	-	-	-	-	-	-	-	-	-	-	-	
	IV	1,22	-	0,09	0,10	-	0,01	0,01	-	-	-	-	-	-	-	-	-	-	-	-	-	-	
	V	6,11	-	0,48	0,54																		
	VI	7,59	-	0,60	0,68																		

Besondere Tabelle

TAG bis 47,99 €

Lohn/ Gehalt bis	Steuerklasse	Lohn- steuer	ohne Kinderfreibetrag			Anzahl Kinderfreibeträge (nur Steuerklassen I–IV): 0,5			1,0			1,5			2,0			2,5			3,0		
			SolZ 5,5%	Kirchensteuer 8%	9%	SolZ 5,5%	Kirchensteuer 8%	9%	SolZ 5,5%	Kirchensteuer 8%	9%	SolZ 5,5%	Kirchensteuer 8%	9%	SolZ 5,5%	Kirchensteuer 8%	9%	SolZ 5,5%	Kirchensteuer 8%	9%	SolZ 5,5%	Kirchensteuer 8%	9%
46,59	I	1,24	-	0,09	0,11	-	-	-	-	-	-	-	-	-	-	-	-	-	-	-	-	-	-
	II	-	-	-	-	-	-	-	-	-	-	-	-	-	-	-	-	-	-	-	-	-	-
	III	-	-	-	-	-	-	-	-	-	-	-	-	-	-	-	-	-	-	-	-	-	-
	IV	1,24	-	0,09	0,11	-	0,01	0,01	-	-	-	-	-	-	-	-	-	-	-	-	-	-	-
	V	6,16	-	0,49	0,55																		
	VI	7,63	-	0,61	0,68																		
46,69	I	1,26	-	0,10	0,11	-	-	-	-	-	-	-	-	-	-	-	-	-	-	-	-	-	-
	II	-	-	-	-	-	-	-	-	-	-	-	-	-	-	-	-	-	-	-	-	-	-
	III	-	-	-	-	-	-	-	-	-	-	-	-	-	-	-	-	-	-	-	-	-	-
	IV	1,26	-	0,10	0,11	-	0,01	0,01	-	-	-	-	-	-	-	-	-	-	-	-	-	-	-
	V	6,20	-	0,49	0,55																		
	VI	7,68	-	0,61	0,69																		
46,79	I	1,28	-	0,10	0,11	-	-	-	-	-	-	-	-	-	-	-	-	-	-	-	-	-	-
	II	-	-	-	-	-	-	-	-	-	-	-	-	-	-	-	-	-	-	-	-	-	-
	III	-	-	-	-	-	-	-	-	-	-	-	-	-	-	-	-	-	-	-	-	-	-
	IV	1,28	-	0,10	0,11	-	0,01	0,01	-	-	-	-	-	-	-	-	-	-	-	-	-	-	-
	V	6,24	-	0,49	0,56																		
	VI	7,72	-	0,61	0,69																		
46,89	I	1,30	-	0,10	0,11	-	-	-	-	-	-	-	-	-	-	-	-	-	-	-	-	-	-
	II	-	-	-	-	-	-	-	-	-	-	-	-	-	-	-	-	-	-	-	-	-	-
	III	-	-	-	-	-	-	-	-	-	-	-	-	-	-	-	-	-	-	-	-	-	-
	IV	1,30	-	0,10	0,11	-	0,01	0,02	-	-	-	-	-	-	-	-	-	-	-	-	-	-	-
	V	6,28	-	0,50	0,56																		
	VI	7,76	-	0,62	0,69																		
46,99	I	1,32	-	0,10	0,11	-	-	-	-	-	-	-	-	-	-	-	-	-	-	-	-	-	-
	II	-	-	-	-	-	-	-	-	-	-	-	-	-	-	-	-	-	-	-	-	-	-
	III	-	-	-	-	-	-	-	-	-	-	-	-	-	-	-	-	-	-	-	-	-	-
	IV	1,32	-	0,10	0,11	-	0,01	0,02	-	-	-	-	-	-	-	-	-	-	-	-	-	-	-
	V	6,33	-	0,50	0,56																		
	VI	7,80	-	0,62	0,70																		
47,09	I	1,34	-	0,10	0,12	-	-	-	-	-	-	-	-	-	-	-	-	-	-	-	-	-	-
	II	-	-	-	-	-	-	-	-	-	-	-	-	-	-	-	-	-	-	-	-	-	-
	III	-	-	-	-	-	-	-	-	-	-	-	-	-	-	-	-	-	-	-	-	-	-
	IV	1,34	-	0,10	0,12	-	0,02	0,02	-	-	-	-	-	-	-	-	-	-	-	-	-	-	-
	V	6,37	-	0,50	0,57																		
	VI	7,85	-	0,62	0,70																		
47,19	I	1,36	-	0,10	0,12	-	-	-	-	-	-	-	-	-	-	-	-	-	-	-	-	-	-
	II	-	-	-	-	-	-	-	-	-	-	-	-	-	-	-	-	-	-	-	-	-	-
	III	-	-	-	-	-	-	-	-	-	-	-	-	-	-	-	-	-	-	-	-	-	-
	IV	1,36	-	0,10	0,12	-	0,02	0,02	-	-	-	-	-	-	-	-	-	-	-	-	-	-	-
	V	6,41	-	0,51	0,57																		
	VI	7,89	-	0,63	0,71																		
47,29	I	1,38	-	0,11	0,12	-	-	-	-	-	-	-	-	-	-	-	-	-	-	-	-	-	-
	II	-	-	-	-	-	-	-	-	-	-	-	-	-	-	-	-	-	-	-	-	-	-
	III	-	-	-	-	-	-	-	-	-	-	-	-	-	-	-	-	-	-	-	-	-	-
	IV	1,38	-	0,11	0,12	-	0,02	0,02	-	-	-	-	-	-	-	-	-	-	-	-	-	-	-
	V	6,45	-	0,51	0,58																		
	VI	7,93	-	0,63	0,71																		
47,39	I	1,40	-	0,11	0,12	-	-	-	-	-	-	-	-	-	-	-	-	-	-	-	-	-	-
	II	-	-	-	-	-	-	-	-	-	-	-	-	-	-	-	-	-	-	-	-	-	-
	III	-	-	-	-	-	-	-	-	-	-	-	-	-	-	-	-	-	-	-	-	-	-
	IV	1,40	-	0,11	0,12	-	0,02	0,02	-	-	-	-	-	-	-	-	-	-	-	-	-	-	-
	V	6,50	-	0,52	0,58																		
	VI	7,97	-	0,63	0,71																		
47,49	I	1,42	-	0,11	0,12	-	-	-	-	-	-	-	-	-	-	-	-	-	-	-	-	-	-
	II	-	-	-	-	-	-	-	-	-	-	-	-	-	-	-	-	-	-	-	-	-	-
	III	-	-	-	-	-	-	-	-	-	-	-	-	-	-	-	-	-	-	-	-	-	-
	IV	1,42	-	0,11	0,12	-	0,02	0,02	-	-	-	-	-	-	-	-	-	-	-	-	-	-	-
	V	6,54	-	0,52	0,58																		
	VI	8,01	-	0,64	0,72																		
47,59	I	1,44	-	0,11	0,12	-	-	-	-	-	-	-	-	-	-	-	-	-	-	-	-	-	-
	II	-	-	-	-	-	-	-	-	-	-	-	-	-	-	-	-	-	-	-	-	-	-
	III	-	-	-	-	-	-	-	-	-	-	-	-	-	-	-	-	-	-	-	-	-	-
	IV	1,44	-	0,11	0,12	-	0,02	0,02	-	-	-	-	-	-	-	-	-	-	-	-	-	-	-
	V	6,58	-	0,52	0,59																		
	VI	8,06	-	0,64	0,72																		
47,69	I	1,46	-	0,11	0,13	-	-	-	-	-	-	-	-	-	-	-	-	-	-	-	-	-	-
	II	-	-	-	-	-	-	-	-	-	-	-	-	-	-	-	-	-	-	-	-	-	-
	III	-	-	-	-	-	-	-	-	-	-	-	-	-	-	-	-	-	-	-	-	-	-
	IV	1,46	-	0,11	0,13	-	0,02	0,03	-	-	-	-	-	-	-	-	-	-	-	-	-	-	-
	V	6,62	-	0,52	0,59																		
	VI	8,10	-	0,64	0,72																		
47,79	I	1,48	-	0,11	0,13	-	-	-	-	-	-	-	-	-	-	-	-	-	-	-	-	-	-
	II	-	-	-	-	-	-	-	-	-	-	-	-	-	-	-	-	-	-	-	-	-	-
	III	-	-	-	-	-	-	-	-	-	-	-	-	-	-	-	-	-	-	-	-	-	-
	IV	1,48	-	0,11	0,13	-	0,02	0,03	-	-	-	-	-	-	-	-	-	-	-	-	-	-	-
	V	6,66	-	0,53	0,59																		
	VI	8,14	-	0,65	0,73																		
47,89	I	1,50	-	0,12	0,13	-	-	-	-	-	-	-	-	-	-	-	-	-	-	-	-	-	-
	II	-	-	-	-	-	-	-	-	-	-	-	-	-	-	-	-	-	-	-	-	-	-
	III	-	-	-	-	-	-	-	-	-	-	-	-	-	-	-	-	-	-	-	-	-	-
	IV	1,50	-	0,12	0,13	-	0,03	0,03	-	-	-	-	-	-	-	-	-	-	-	-	-	-	-
	V	6,70	-	0,53	0,60																		
	VI	8,18	-	0,65	0,73																		
47,99	I	1,52	-	0,12	0,13	-	-	-	-	-	-	-	-	-	-	-	-	-	-	-	-	-	-
	II	-	-	-	-	-	-	-	-	-	-	-	-	-	-	-	-	-	-	-	-	-	-
	III	-	-	-	-	-	-	-	-	-	-	-	-	-	-	-	-	-	-	-	-	-	-
	IV	1,52	-	0,12	0,13	-	0,03	0,03	-	-	-	-	-	-	-	-	-	-	-	-	-	-	-
	V	6,75	-	0,54	0,60																		
	VI	8,22	-	0,65	0,73																		

Lohn/ Gehalt bis	Steuerklasse	Lohn- steuer	ohne Kinderfreibetrag			Anzahl Kinderfreibeträge (nur Steuerklassen I–IV)																	
						0,5			1,0			1,5			2,0			2,5			3,0		
			SolZ 5,5%	Kirchensteuer 8%	9%	SolZ 5,5%	Kirchensteuer 8%	9%	SolZ 5,5%	Kirchensteuer 8%	9%	SolZ 5,5%	Kirchensteuer 8%	9%	SolZ 5,5%	Kirchensteuer 8%	9%	SolZ 5,5%	Kirchensteuer 8%	9%	SolZ 5,5%	Kirchensteuer 8%	9%
48,09	I	1,54	-	0,12	0,13	-	-	-	-	-	-	-	-	-	-	-	-	-	-	-	-	-	
	II	-	-	-	-	-	-	-	-	-	-	-	-	-	-	-	-	-	-	-	-	-	
	III	-	-	-	-	-	-	-	-	-	-	-	-	-	-	-	-	-	-	-	-	-	
	IV	1,54	-	0,12	0,13	-	0,03	0,03	-	-	-	-	-	-	-	-	-	-	-	-	-	-	
	V	6,79	-	0,54	0,61																		
	VI	8,26	-	0,66	0,74																		
48,19	I	1,56	-	0,12	0,14	-	-	-	-	-	-	-	-	-	-	-	-	-	-	-	-	-	
	II	-	-	-	-	-	-	-	-	-	-	-	-	-	-	-	-	-	-	-	-	-	
	III	-	-	-	-	-	-	-	-	-	-	-	-	-	-	-	-	-	-	-	-	-	
	IV	1,56	-	0,12	0,14	-	0,03	0,03	-	-	-	-	-	-	-	-	-	-	-	-	-	-	
	V	6,83	-	0,54	0,61																		
	VI	8,31	-	0,66	0,74																		
48,29	I	1,58	-	0,12	0,14	-	-	-	-	-	-	-	-	-	-	-	-	-	-	-	-	-	
	II	-	-	-	-	-	-	-	-	-	-	-	-	-	-	-	-	-	-	-	-	-	
	III	-	-	-	-	-	-	-	-	-	-	-	-	-	-	-	-	-	-	-	-	-	
	IV	1,58	-	0,12	0,14	-	0,03	0,03	-	-	-	-	-	-	-	-	-	-	-	-	-	-	
	V	6,87	-	0,54	0,61																		
	VI	8,35	-	0,66	0,75																		
48,39	I	1,60	-	0,12	0,14	-	-	-	-	-	-	-	-	-	-	-	-	-	-	-	-	-	
	II	-	-	-	-	-	-	-	-	-	-	-	-	-	-	-	-	-	-	-	-	-	
	III	-	-	-	-	-	-	-	-	-	-	-	-	-	-	-	-	-	-	-	-	-	
	IV	1,60	-	0,12	0,14	-	0,03	0,04	-	-	-	-	-	-	-	-	-	-	-	-	-	-	
	V	6,91	-	0,55	0,62																		
	VI	8,39	-	0,67	0,75																		
48,49	I	1,62	-	0,12	0,14	-	-	-	-	-	-	-	-	-	-	-	-	-	-	-	-	-	
	II	-	-	-	-	-	-	-	-	-	-	-	-	-	-	-	-	-	-	-	-	-	
	III	-	-	-	-	-	-	-	-	-	-	-	-	-	-	-	-	-	-	-	-	-	
	IV	1,62	-	0,12	0,14	-	0,03	0,04	-	-	-	-	-	-	-	-	-	-	-	-	-	-	
	V	6,96	-	0,55	0,62																		
	VI	8,43	-	0,67	0,75																		
48,59	I	1,64	-	0,13	0,14	-	-	-	-	-	-	-	-	-	-	-	-	-	-	-	-	-	
	II	-	-	-	-	-	-	-	-	-	-	-	-	-	-	-	-	-	-	-	-	-	
	III	-	-	-	-	-	-	-	-	-	-	-	-	-	-	-	-	-	-	-	-	-	
	IV	1,64	-	0,13	0,14	-	0,03	0,04	-	-	-	-	-	-	-	-	-	-	-	-	-	-	
	V	7,00	-	0,56	0,63																		
	VI	8,48	-	0,67	0,76																		
48,69	I	1,66	-	0,13	0,14	-	-	-	-	-	-	-	-	-	-	-	-	-	-	-	-	-	
	II	-	-	-	-	-	-	-	-	-	-	-	-	-	-	-	-	-	-	-	-	-	
	III	-	-	-	-	-	-	-	-	-	-	-	-	-	-	-	-	-	-	-	-	-	
	IV	1,66	-	0,13	0,14	-	0,04	0,04	-	-	-	-	-	-	-	-	-	-	-	-	-	-	
	V	7,04	-	0,56	0,63																		
	VI	8,52	-	0,68	0,76																		
48,79	I	1,68	-	0,13	0,15	-	-	-	-	-	-	-	-	-	-	-	-	-	-	-	-	-	
	II	-	-	-	-	-	-	-	-	-	-	-	-	-	-	-	-	-	-	-	-	-	
	III	-	-	-	-	-	-	-	-	-	-	-	-	-	-	-	-	-	-	-	-	-	
	IV	1,68	-	0,13	0,15	-	0,04	0,04	-	-	-	-	-	-	-	-	-	-	-	-	-	-	
	V	7,08	-	0,56	0,63																		
	VI	8,56	-	0,68	0,77																		
48,89	I	1,71	-	0,13	0,15	-	-	-	-	-	-	-	-	-	-	-	-	-	-	-	-	-	
	II	-	-	-	-	-	-	-	-	-	-	-	-	-	-	-	-	-	-	-	-	-	
	III	-	-	-	-	-	-	-	-	-	-	-	-	-	-	-	-	-	-	-	-	-	
	IV	1,71	-	0,13	0,15	-	0,04	0,04	-	-	-	-	-	-	-	-	-	-	-	-	-	-	
	V	7,12	-	0,56	0,64																		
	VI	8,60	-	0,68	0,77																		
48,99	I	1,73	-	0,13	0,15	-	-	-	-	-	-	-	-	-	-	-	-	-	-	-	-	-	
	II	-	-	-	-	-	-	-	-	-	-	-	-	-	-	-	-	-	-	-	-	-	
	III	-	-	-	-	-	-	-	-	-	-	-	-	-	-	-	-	-	-	-	-	-	
	IV	1,73	-	0,13	0,15	-	0,04	0,05	-	-	-	-	-	-	-	-	-	-	-	-	-	-	
	V	7,16	-	0,57	0,64																		
	VI	8,64	-	0,69	0,77																		
49,09	I	1,75	-	0,14	0,15	-	-	-	-	-	-	-	-	-	-	-	-	-	-	-	-	-	
	II	-	-	-	-	-	-	-	-	-	-	-	-	-	-	-	-	-	-	-	-	-	
	III	-	-	-	-	-	-	-	-	-	-	-	-	-	-	-	-	-	-	-	-	-	
	IV	1,75	-	0,14	0,15	-	0,04	0,05	-	-	-	-	-	-	-	-	-	-	-	-	-	-	
	V	7,21	-	0,57	0,64																		
	VI	8,68	-	0,69	0,78																		
49,19	I	1,77	-	0,14	0,15	-	-	-	-	-	-	-	-	-	-	-	-	-	-	-	-	-	
	II	-	-	-	-	-	-	-	-	-	-	-	-	-	-	-	-	-	-	-	-	-	
	III	-	-	-	-	-	-	-	-	-	-	-	-	-	-	-	-	-	-	-	-	-	
	IV	1,77	-	0,14	0,15	-	0,04	0,05	-	-	-	-	-	-	-	-	-	-	-	-	-	-	
	V	7,25	-	0,58	0,65																		
	VI	8,73	-	0,69	0,78																		
49,29	I	1,79	-	0,14	0,16	-	-	-	-	-	-	-	-	-	-	-	-	-	-	-	-	-	
	II	-	-	-	-	-	-	-	-	-	-	-	-	-	-	-	-	-	-	-	-	-	
	III	-	-	-	-	-	-	-	-	-	-	-	-	-	-	-	-	-	-	-	-	-	
	IV	1,79	-	0,14	0,16	-	0,04	0,05	-	-	-	-	-	-	-	-	-	-	-	-	-	-	
	V	7,29	-	0,58	0,65																		
	VI	8,77	-	0,70	0,78																		
49,39	I	1,81	-	0,14	0,16	-	-	-	-	-	-	-	-	-	-	-	-	-	-	-	-	-	
	II	-	-	-	-	-	-	-	-	-	-	-	-	-	-	-	-	-	-	-	-	-	
	III	-	-	-	-	-	-	-	-	-	-	-	-	-	-	-	-	-	-	-	-	-	
	IV	1,81	-	0,14	0,16	-	0,05	0,05	-	-	-	-	-	-	-	-	-	-	-	-	-	-	
	V	7,33	-	0,58	0,65																		
	VI	8,81	-	0,70	0,79																		
49,49	I	1,83	-	0,14	0,16	-	-	-	-	-	-	-	-	-	-	-	-	-	-	-	-	-	
	II	-	-	-	-	-	-	-	-	-	-	-	-	-	-	-	-	-	-	-	-	-	
	III	-	-	-	-	-	-	-	-	-	-	-	-	-	-	-	-	-	-	-	-	-	
	IV	1,83	-	0,14	0,16	-	0,05	0,05	-	-	-	-	-	-	-	-	-	-	-	-	-	-	
	V	7,38	-	0,59	0,66																		
	VI	8,85	-	0,70	0,79																		

Besondere Tabelle

TAG bis 50,99 €

Lohn/ Gehalt bis	Steuerklasse	Lohnsteuer	ohne Kinderfreibetrag			Anzahl Kinderfreibeträge (nur Steuerklassen I–IV)																	
						0,5			1,0			1,5			2,0			2,5			3,0		
			SolZ 5,5%	Kirchensteuer 8%	Kirchensteuer 9%	SolZ 5,5%	Kirchensteuer 8%	Kirchensteuer 9%	SolZ 5,5%	Kirchensteuer 8%	Kirchensteuer 9%	SolZ 5,5%	Kirchensteuer 8%	Kirchensteuer 9%	SolZ 5,5%	Kirchensteuer 8%	Kirchensteuer 9%	SolZ 5,5%	Kirchensteuer 8%	Kirchensteuer 9%	SolZ 5,5%	Kirchensteuer 8%	Kirchensteuer 9%
49,59	I	1,85	-	0,14	0,16	-	-	-	-	-	-	-	-	-	-	-	-	-	-	-	-	-	-
	II	-	-	-	-	-	-	-	-	-	-	-	-	-	-	-	-	-	-	-	-	-	-
	III	-	-	-	-	-	-	-	-	-	-	-	-	-	-	-	-	-	-	-	-	-	-
	IV	1,85	-	0,14	0,16	-	0,05	0,05	-	-	-	-	-	-	-	-	-	-	-	-	-	-	-
	V	7,42	-	0,59	0,66																		
	VI	8,90	-	0,71	0,80																		
49,69	I	1,88	-	0,15	0,16	-	-	-	-	-	-	-	-	-	-	-	-	-	-	-	-	-	-
	II	-	-	-	-	-	-	-	-	-	-	-	-	-	-	-	-	-	-	-	-	-	-
	III	-	-	-	-	-	-	-	-	-	-	-	-	-	-	-	-	-	-	-	-	-	-
	IV	1,88	-	0,15	0,16	-	0,05	0,06	-	-	-	-	-	-	-	-	-	-	-	-	-	-	-
	V	7,46	-	0,59	0,67																		
	VI	8,94	-	0,71	0,80																		
49,79	I	1,90	-	0,15	0,17	-	-	-	-	-	-	-	-	-	-	-	-	-	-	-	-	-	-
	II	-	-	-	-	-	-	-	-	-	-	-	-	-	-	-	-	-	-	-	-	-	-
	III	-	-	-	-	-	-	-	-	-	-	-	-	-	-	-	-	-	-	-	-	-	-
	IV	1,90	-	0,15	0,17	-	0,05	0,06	-	-	-	-	-	-	-	-	-	-	-	-	-	-	-
	V	7,50	-	0,60	0,67																		
	VI	8,98	-	0,71	0,80																		
49,89	I	1,92	-	0,15	0,17	-	-	-	-	-	-	-	-	-	-	-	-	-	-	-	-	-	-
	II	-	-	-	-	-	-	-	-	-	-	-	-	-	-	-	-	-	-	-	-	-	-
	III	-	-	-	-	-	-	-	-	-	-	-	-	-	-	-	-	-	-	-	-	-	-
	IV	1,92	-	0,15	0,17	-	0,05	0,06	-	-	-	-	-	-	-	-	-	-	-	-	-	-	-
	V	7,55	-	0,60	0,67																		
	VI	9,02	-	0,72	0,81																		
49,99	I	1,94	-	0,15	0,17	-	-	-	-	-	-	-	-	-	-	-	-	-	-	-	-	-	-
	II	-	-	-	-	-	-	-	-	-	-	-	-	-	-	-	-	-	-	-	-	-	-
	III	-	-	-	-	-	-	-	-	-	-	-	-	-	-	-	-	-	-	-	-	-	-
	IV	1,94	-	0,15	0,17	-	0,05	0,06	-	-	-	-	-	-	-	-	-	-	-	-	-	-	-
	V	7,59	-	0,60	0,68																		
	VI	9,06	-	0,72	0,81																		
50,09	I	1,96	-	0,15	0,17	-	-	-	-	-	-	-	-	-	-	-	-	-	-	-	-	-	-
	II	-	-	-	-	-	-	-	-	-	-	-	-	-	-	-	-	-	-	-	-	-	-
	III	-	-	-	-	-	-	-	-	-	-	-	-	-	-	-	-	-	-	-	-	-	-
	IV	1,96	-	0,15	0,17	-	0,06	0,06	-	-	-	-	-	-	-	-	-	-	-	-	-	-	-
	V	7,63	-	0,61	0,68																		
	VI	9,11	-	0,72	0,81																		
50,19	I	1,98	-	0,15	0,17	-	-	-	-	-	-	-	-	-	-	-	-	-	-	-	-	-	-
	II	-	-	-	-	-	-	-	-	-	-	-	-	-	-	-	-	-	-	-	-	-	-
	III	-	-	-	-	-	-	-	-	-	-	-	-	-	-	-	-	-	-	-	-	-	-
	IV	1,98	-	0,15	0,17	-	0,06	0,06	-	-	-	-	-	-	-	-	-	-	-	-	-	-	-
	V	7,67	-	0,61	0,69																		
	VI	9,15	-	0,73	0,82																		
50,29	I	2,00	-	0,16	0,18	-	-	-	-	-	-	-	-	-	-	-	-	-	-	-	-	-	-
	II	-	-	-	-	-	-	-	-	-	-	-	-	-	-	-	-	-	-	-	-	-	-
	III	-	-	-	-	-	-	-	-	-	-	-	-	-	-	-	-	-	-	-	-	-	-
	IV	2,00	-	0,16	0,18	-	0,06	0,07	-	-	-	-	-	-	-	-	-	-	-	-	-	-	-
	V	7,71	-	0,61	0,69																		
	VI	9,19	-	0,73	0,82																		
50,39	I	2,03	-	0,16	0,18	-	-	-	-	-	-	-	-	-	-	-	-	-	-	-	-	-	-
	II	-	-	-	-	-	-	-	-	-	-	-	-	-	-	-	-	-	-	-	-	-	-
	III	-	-	-	-	-	-	-	-	-	-	-	-	-	-	-	-	-	-	-	-	-	-
	IV	2,03	-	0,16	0,18	-	0,06	0,07	-	-	-	-	-	-	-	-	-	-	-	-	-	-	-
	V	7,75	-	0,62	0,69																		
	VI	9,23	-	0,73	0,83																		
50,49	I	2,05	-	0,16	0,18	-	-	-	-	-	-	-	-	-	-	-	-	-	-	-	-	-	-
	II	-	-	-	-	-	-	-	-	-	-	-	-	-	-	-	-	-	-	-	-	-	-
	III	-	-	-	-	-	-	-	-	-	-	-	-	-	-	-	-	-	-	-	-	-	-
	IV	2,05	-	0,16	0,18	-	0,06	0,07	-	-	-	-	-	-	-	-	-	-	-	-	-	-	-
	V	7,80	-	0,62	0,70																		
	VI	9,27	-	0,74	0,83																		
50,59	I	2,07	-	0,16	0,18	-	-	-	-	-	-	-	-	-	-	-	-	-	-	-	-	-	-
	II	-	-	-	-	-	-	-	-	-	-	-	-	-	-	-	-	-	-	-	-	-	-
	III	-	-	-	-	-	-	-	-	-	-	-	-	-	-	-	-	-	-	-	-	-	-
	IV	2,07	-	0,16	0,18	-	0,06	0,07	-	-	-	-	-	-	-	-	-	-	-	-	-	-	-
	V	7,84	-	0,62	0,70																		
	VI	9,31	-	0,74	0,83																		
50,69	I	2,09	-	0,16	0,18	-	-	-	-	-	-	-	-	-	-	-	-	-	-	-	-	-	-
	II	-	-	-	-	-	-	-	-	-	-	-	-	-	-	-	-	-	-	-	-	-	-
	III	-	-	-	-	-	-	-	-	-	-	-	-	-	-	-	-	-	-	-	-	-	-
	IV	2,09	-	0,16	0,18	-	0,06	0,07	-	-	-	-	-	-	-	-	-	-	-	-	-	-	-
	V	7,88	-	0,63	0,70																		
	VI	9,36	-	0,74	0,84																		
50,79	I	2,11	-	0,16	0,18	-	-	-	-	-	-	-	-	-	-	-	-	-	-	-	-	-	-
	II	-	-	-	-	-	-	-	-	-	-	-	-	-	-	-	-	-	-	-	-	-	-
	III	-	-	-	-	-	-	-	-	-	-	-	-	-	-	-	-	-	-	-	-	-	-
	IV	2,11	-	0,16	0,18	-	0,06	0,07	-	-	-	-	-	-	-	-	-	-	-	-	-	-	-
	V	7,92	-	0,63	0,71																		
	VI	9,40	-	0,75	0,84																		
50,89	I	2,14	-	0,17	0,19	-	-	-	-	-	-	-	-	-	-	-	-	-	-	-	-	-	-
	II	-	-	-	-	-	-	-	-	-	-	-	-	-	-	-	-	-	-	-	-	-	-
	III	-	-	-	-	-	-	-	-	-	-	-	-	-	-	-	-	-	-	-	-	-	-
	IV	2,14	-	0,17	0,19	-	0,07	0,08	-	-	-	-	-	-	-	-	-	-	-	-	-	-	-
	V	7,96	-	0,63	0,71																		
	VI	9,44	-	0,75	0,84																		
50,99	I	2,16	-	0,17	0,19	-	-	-	-	-	-	-	-	-	-	-	-	-	-	-	-	-	-
	II	-	-	-	-	-	-	-	-	-	-	-	-	-	-	-	-	-	-	-	-	-	-
	III	-	-	-	-	-	-	-	-	-	-	-	-	-	-	-	-	-	-	-	-	-	-
	IV	2,16	-	0,17	0,19	-	0,07	0,08	-	-	-	-	-	-	-	-	-	-	-	-	-	-	-
	V	8,01	-	0,64	0,72																		
	VI	9,48	-	0,75	0,85																		

Lohn/ Gehalt bis	Steuerklasse	Lohn-steuer	ohne Kinderfreibetrag			Anzahl Kinderfreibeträge (nur Steuerklassen I–IV) 0,5			1,0			1,5			2,0			2,5			3,0		
			SolZ 5,5%	Kirchensteuer 8%	9%	SolZ 5,5%	Kirchensteuer 8%	9%	SolZ 5,5%	Kirchensteuer 8%	9%	SolZ 5,5%	Kirchensteuer 8%	9%	SolZ 5,5%	Kirchensteuer 8%	9%	SolZ 5,5%	Kirchensteuer 8%	9%	SolZ 5,5%	Kirchensteuer 8%	9%
51,09	I	2,18	-	0,17	0,19	-	-	-	-	-	-	-	-	-	-	-	-	-	-	-	-	-	
	II	0,02	-	-	-	-	-	-	-	-	-	-	-	-	-	-	-	-	-	-	-	-	
	III	-	-	-	-	-	-	-	-	-	-	-	-	-	-	-	-	-	-	-	-	-	
	IV	2,18	-	0,17	0,19	-	0,07	0,08	-	-	-	-	-	-	-	-	-	-	-	-	-	-	
	V	8,05	-	0,64	0,72																		
	VI	9,53	-	0,76	0,85																		
51,19	I	2,20	-	0,17	0,19	-	-	-	-	-	-	-	-	-	-	-	-	-	-	-	-	-	
	II	0,03	-	-	-	-	-	-	-	-	-	-	-	-	-	-	-	-	-	-	-	-	
	III	-	-	-	-	-	-	-	-	-	-	-	-	-	-	-	-	-	-	-	-	-	
	IV	2,20	-	0,17	0,19	-	0,07	0,08	-	-	-	-	-	-	-	-	-	-	-	-	-	-	
	V	8,09	-	0,64	0,72																		
	VI	9,57	-	0,76	0,86																		
51,29	I	2,23	-	0,17	0,20	-	-	-	-	-	-	-	-	-	-	-	-	-	-	-	-	-	
	II	0,05	-	-	-	-	-	-	-	-	-	-	-	-	-	-	-	-	-	-	-	-	
	III	-	-	-	-	-	-	-	-	-	-	-	-	-	-	-	-	-	-	-	-	-	
	IV	2,23	-	0,17	0,20	-	0,07	0,08	-	-	-	-	-	-	-	-	-	-	-	-	-	-	
	V	8,13	-	0,65	0,73																		
	VI	9,61	-	0,76	0,86																		
51,39	I	2,25	-	0,18	0,20	-	-	-	-	-	-	-	-	-	-	-	-	-	-	-	-	-	
	II	0,06	-	-	-	-	-	-	-	-	-	-	-	-	-	-	-	-	-	-	-	-	
	III	-	-	-	-	-	-	-	-	-	-	-	-	-	-	-	-	-	-	-	-	-	
	IV	2,25	-	0,18	0,20	-	0,07	0,08	-	-	-	-	-	-	-	-	-	-	-	-	-	-	
	V	8,17	-	0,65	0,73																		
	VI	9,65	-	0,77	0,86																		
51,49	I	2,27	-	0,18	0,20	-	-	-	-	-	-	-	-	-	-	-	-	-	-	-	-	-	
	II	0,08	-	-	-	-	-	-	-	-	-	-	-	-	-	-	-	-	-	-	-	-	
	III	-	-	-	-	-	-	-	-	-	-	-	-	-	-	-	-	-	-	-	-	-	
	IV	2,27	-	0,18	0,20	-	0,08	0,09	-	-	-	-	-	-	-	-	-	-	-	-	-	-	
	V	8,21	-	0,65	0,73																		
	VI	9,69	-	0,77	0,87																		
51,59	I	2,30	-	0,18	0,20	-	-	-	-	-	-	-	-	-	-	-	-	-	-	-	-	-	
	II	0,09	-	-	-	-	-	-	-	-	-	-	-	-	-	-	-	-	-	-	-	-	
	III	-	-	-	-	-	-	-	-	-	-	-	-	-	-	-	-	-	-	-	-	-	
	IV	2,30	-	0,18	0,20	-	0,08	0,09	-	-	-	-	-	-	-	-	-	-	-	-	-	-	
	V	8,26	-	0,66	0,74																		
	VI	9,73	-	0,77	0,87																		
51,69	I	2,32	-	0,18	0,20	-	-	-	-	-	-	-	-	-	-	-	-	-	-	-	-	-	
	II	0,10	-	-	-	-	-	-	-	-	-	-	-	-	-	-	-	-	-	-	-	-	
	III	-	-	-	-	-	-	-	-	-	-	-	-	-	-	-	-	-	-	-	-	-	
	IV	2,32	-	0,18	0,20	-	0,08	0,09	-	-	-	-	-	-	-	-	-	-	-	-	-	-	
	V	8,30	-	0,66	0,74																		
	VI	9,78	-	0,78	0,88																		
51,79	I	2,34	-	0,18	0,21	-	-	-	-	-	-	-	-	-	-	-	-	-	-	-	-	-	
	II	0,12	-	-	0,01	-	-	-	-	-	-	-	-	-	-	-	-	-	-	-	-	-	
	III	-	-	-	-	-	-	-	-	-	-	-	-	-	-	-	-	-	-	-	-	-	
	IV	2,34	-	0,18	0,21	-	0,08	0,09	-	-	-	-	-	-	-	-	-	-	-	-	-	-	
	V	8,34	-	0,66	0,75																		
	VI	9,82	-	0,78	0,88																		
51,89	I	2,36	-	0,18	0,21	-	-	-	-	-	-	-	-	-	-	-	-	-	-	-	-	-	
	II	0,13	-	0,01	0,01	-	-	-	-	-	-	-	-	-	-	-	-	-	-	-	-	-	
	III	-	-	-	-	-	-	-	-	-	-	-	-	-	-	-	-	-	-	-	-	-	
	IV	2,36	-	0,18	0,21	-	0,08	0,09	-	-	-	-	-	-	-	-	-	-	-	-	-	-	
	V	8,38	-	0,67	0,75																		
	VI	9,86	-	0,78	0,88																		
51,99	I	2,39	-	0,19	0,21	-	-	-	-	-	-	-	-	-	-	-	-	-	-	-	-	-	
	II	0,15	-	0,01	0,01	-	-	-	-	-	-	-	-	-	-	-	-	-	-	-	-	-	
	III	-	-	-	-	-	-	-	-	-	-	-	-	-	-	-	-	-	-	-	-	-	
	IV	2,39	-	0,19	0,21	-	0,08	0,09	-	-	-	-	-	-	-	-	-	-	-	-	-	-	
	V	8,43	-	0,67	0,75																		
	VI	9,90	-	0,79	0,89																		
52,09	I	2,41	-	0,19	0,21	-	-	-	-	-	-	-	-	-	-	-	-	-	-	-	-	-	
	II	0,16	-	0,01	0,01	-	-	-	-	-	-	-	-	-	-	-	-	-	-	-	-	-	
	III	-	-	-	-	-	-	-	-	-	-	-	-	-	-	-	-	-	-	-	-	-	
	IV	2,41	-	0,19	0,21	-	0,08	0,09	-	-	-	-	-	-	-	-	-	-	-	-	-	-	
	V	8,47	-	0,67	0,76																		
	VI	9,95	-	0,79	0,89																		
52,19	I	2,43	-	0,19	0,21	-	-	-	-	-	-	-	-	-	-	-	-	-	-	-	-	-	
	II	0,18	-	0,01	0,01	-	-	-	-	-	-	-	-	-	-	-	-	-	-	-	-	-	
	III	-	-	-	-	-	-	-	-	-	-	-	-	-	-	-	-	-	-	-	-	-	
	IV	2,43	-	0,19	0,21	-	0,09	0,10	-	-	-	-	-	-	-	-	-	-	-	-	-	-	
	V	8,51	-	0,68	0,76																		
	VI	9,99	-	0,79	0,89																		
52,29	I	2,46	-	0,19	0,22	-	-	-	-	-	-	-	-	-	-	-	-	-	-	-	-	-	
	II	0,19	-	0,01	0,01	-	-	-	-	-	-	-	-	-	-	-	-	-	-	-	-	-	
	III	-	-	-	-	-	-	-	-	-	-	-	-	-	-	-	-	-	-	-	-	-	
	IV	2,46	-	0,19	0,22	-	0,09	0,10	-	-	-	-	-	-	-	-	-	-	-	-	-	-	
	V	8,55	-	0,68	0,76																		
	VI	10,03	-	0,80	0,90																		
52,39	I	2,48	-	0,19	0,22	-	-	0,01	-	-	-	-	-	-	-	-	-	-	-	-	-	-	
	II	0,21	-	0,01	0,01	-	-	-	-	-	-	-	-	-	-	-	-	-	-	-	-	-	
	III	-	-	-	-	-	-	-	-	-	-	-	-	-	-	-	-	-	-	-	-	-	
	IV	2,48	-	0,19	0,22	-	0,09	0,10	-	-	0,01	-	-	-	-	-	-	-	-	-	-	-	
	V	8,60	-	0,68	0,77																		
	VI	10,07	-	0,80	0,90																		
52,49	I	2,50	-	0,20	0,22	-	0,01	0,01	-	-	-	-	-	-	-	-	-	-	-	-	-	-	
	II	0,22	-	0,01	0,01	-	-	-	-	-	-	-	-	-	-	-	-	-	-	-	-	-	
	III	-	-	-	-	-	-	-	-	-	-	-	-	-	-	-	-	-	-	-	-	-	
	IV	2,50	-	0,20	0,22	-	0,09	0,10	-	0,01	0,01	-	-	-	-	-	-	-	-	-	-	-	
	V	8,64	-	0,69	0,77																		
	VI	10,11	-	0,80	0,90																		

Lohn/ Gehalt bis	Steuerklasse	Lohn- steuer	ohne Kinderfreibetrag			Anzahl Kinderfreibeträge (nur Steuerklassen I–IV)																	
						0,5			1,0			1,5			2,0			2,5			3,0		
			SolZ 5,5%	Kirchensteuer 8%	9%	SolZ 5,5%	Kirchensteuer 8%	9%	SolZ 5,5%	Kirchensteuer 8%	9%	SolZ 5,5%	Kirchensteuer 8%	9%	SolZ 5,5%	Kirchensteuer 8%	9%	SolZ 5,5%	Kirchensteuer 8%	9%	SolZ 5,5%	Kirchensteuer 8%	9%
52,59	I	2,53	–	0,20	0,22	–	0,01	0,01	–	–	–	–	–	–	–	–	–	–	–	–	–	–	–
	II	0,24	–	0,01	0,02	–	–	–	–	–	–	–	–	–	–	–	–	–	–	–	–	–	–
	III	–	–	–	–	–	–	–	–	–	–	–	–	–	–	–	–	–	–	–	–	–	–
	IV	2,53	–	0,20	0,22	–	0,09	0,10	–	0,01	0,01	–	–	–	–	–	–	–	–	–	–	–	–
	V	8,68	–	0,69	0,78																		
	VI	10,16	–	0,81	0,91																		
52,69	I	2,55	–	0,20	0,22	–	0,01	0,01	–	–	–	–	–	–	–	–	–	–	–	–	–	–	–
	II	0,25	–	0,02	0,02	–	–	–	–	–	–	–	–	–	–	–	–	–	–	–	–	–	–
	III	–	–	–	–	–	–	–	–	–	–	–	–	–	–	–	–	–	–	–	–	–	–
	IV	2,55	–	0,20	0,22	–	0,09	0,10	–	0,01	0,01	–	–	–	–	–	–	–	–	–	–	–	–
	V	8,72	–	0,69	0,78																		
	VI	10,20	–	0,81	0,91																		
52,79	I	2,57	–	0,20	0,23	–	0,01	0,01	–	–	–	–	–	–	–	–	–	–	–	–	–	–	–
	II	0,27	–	0,02	0,02	–	–	–	–	–	–	–	–	–	–	–	–	–	–	–	–	–	–
	III	–	–	–	–	–	–	–	–	–	–	–	–	–	–	–	–	–	–	–	–	–	–
	IV	2,57	–	0,20	0,23	–	0,09	0,11	–	0,01	0,01	–	–	–	–	–	–	–	–	–	–	–	–
	V	8,76	–	0,70	0,78																		
	VI	10,24	–	0,81	0,92																		
52,89	I	2,60	–	0,20	0,23	–	0,01	0,01	–	–	–	–	–	–	–	–	–	–	–	–	–	–	–
	II	0,28	–	0,02	0,02	–	–	–	–	–	–	–	–	–	–	–	–	–	–	–	–	–	–
	III	–	–	–	–	–	–	–	–	–	–	–	–	–	–	–	–	–	–	–	–	–	–
	IV	2,60	–	0,20	0,23	–	0,10	0,11	–	0,01	0,01	–	–	–	–	–	–	–	–	–	–	–	–
	V	8,80	–	0,70	0,79																		
	VI	10,28	–	0,82	0,92																		
52,99	I	2,62	–	0,20	0,23	–	0,01	0,01	–	–	–	–	–	–	–	–	–	–	–	–	–	–	–
	II	0,30	–	0,02	0,02	–	–	–	–	–	–	–	–	–	–	–	–	–	–	–	–	–	–
	III	–	–	–	–	–	–	–	–	–	–	–	–	–	–	–	–	–	–	–	–	–	–
	IV	2,62	–	0,20	0,23	–	0,10	0,11	–	0,01	0,01	–	–	–	–	–	–	–	–	–	–	–	–
	V	8,85	–	0,70	0,79																		
	VI	10,32	–	0,82	0,92																		
53,09	I	2,65	–	0,21	0,23	–	0,01	0,01	–	–	–	–	–	–	–	–	–	–	–	–	–	–	–
	II	0,31	–	0,02	0,02	–	–	–	–	–	–	–	–	–	–	–	–	–	–	–	–	–	–
	III	–	–	–	–	–	–	–	–	–	–	–	–	–	–	–	–	–	–	–	–	–	–
	IV	2,65	–	0,21	0,23	–	0,10	0,11	–	0,01	0,01	–	–	–	–	–	–	–	–	–	–	–	–
	V	8,89	–	0,71	0,80																		
	VI	10,36	–	0,82	0,93																		
53,19	I	2,67	–	0,21	0,24	–	0,01	0,02	–	–	–	–	–	–	–	–	–	–	–	–	–	–	–
	II	0,33	–	0,02	0,02	–	–	–	–	–	–	–	–	–	–	–	–	–	–	–	–	–	–
	III	–	–	–	–	–	–	–	–	–	–	–	–	–	–	–	–	–	–	–	–	–	–
	IV	2,67	–	0,21	0,24	–	0,10	0,11	–	0,01	0,02	–	–	–	–	–	–	–	–	–	–	–	–
	V	8,93	–	0,71	0,80																		
	VI	10,41	–	0,83	0,93																		
53,29	I	2,69	–	0,21	0,24	–	0,02	0,02	–	–	–	–	–	–	–	–	–	–	–	–	–	–	–
	II	0,35	–	0,02	0,03	–	–	–	–	–	–	–	–	–	–	–	–	–	–	–	–	–	–
	III	–	–	–	–	–	–	–	–	–	–	–	–	–	–	–	–	–	–	–	–	–	–
	IV	2,69	–	0,21	0,24	–	0,10	0,12	–	0,02	0,02	–	–	–	–	–	–	–	–	–	–	–	–
	V	8,97	–	0,71	0,80																		
	VI	10,45	–	0,83	0,94																		
53,39	I	2,72	–	0,21	0,24	–	0,02	0,02	–	–	–	–	–	–	–	–	–	–	–	–	–	–	–
	II	0,36	–	0,02	0,03	–	–	–	–	–	–	–	–	–	–	–	–	–	–	–	–	–	–
	III	–	–	–	–	–	–	–	–	–	–	–	–	–	–	–	–	–	–	–	–	–	–
	IV	2,72	–	0,21	0,24	–	0,10	0,12	–	0,02	0,02	–	–	–	–	–	–	–	–	–	–	–	–
	V	9,01	–	0,72	0,81																		
	VI	10,49	–	0,83	0,94																		
53,49	I	2,74	–	0,21	0,24	–	0,02	0,02	–	–	–	–	–	–	–	–	–	–	–	–	–	–	–
	II	0,38	–	0,03	0,03	–	–	–	–	–	–	–	–	–	–	–	–	–	–	–	–	–	–
	III	–	–	–	–	–	–	–	–	–	–	–	–	–	–	–	–	–	–	–	–	–	–
	IV	2,74	–	0,21	0,24	–	0,11	0,12	–	0,02	0,02	–	–	–	–	–	–	–	–	–	–	–	–
	V	9,06	–	0,72	0,81																		
	VI	10,53	–	0,84	0,94																		
53,59	I	2,76	–	0,22	0,24	–	0,02	0,02	–	–	–	–	–	–	–	–	–	–	–	–	–	–	–
	II	0,39	–	0,03	0,03	–	–	–	–	–	–	–	–	–	–	–	–	–	–	–	–	–	–
	III	–	–	–	–	–	–	–	–	–	–	–	–	–	–	–	–	–	–	–	–	–	–
	IV	2,76	–	0,22	0,24	–	0,11	0,12	–	0,02	0,02	–	–	–	–	–	–	–	–	–	–	–	–
	V	9,10	–	0,72	0,81																		
	VI	10,58	–	0,84	0,95																		
53,69	I	2,79	–	0,22	0,25	–	0,02	0,02	–	–	–	–	–	–	–	–	–	–	–	–	–	–	–
	II	0,41	–	0,03	0,03	–	–	–	–	–	–	–	–	–	–	–	–	–	–	–	–	–	–
	III	–	–	–	–	–	–	–	–	–	–	–	–	–	–	–	–	–	–	–	–	–	–
	IV	2,79	–	0,22	0,25	–	0,11	0,12	–	0,02	0,02	–	–	–	–	–	–	–	–	–	–	–	–
	V	9,14	–	0,73	0,82																		
	VI	10,62	–	0,84	0,95																		
53,79	I	2,81	–	0,22	0,25	–	0,02	0,02	–	–	–	–	–	–	–	–	–	–	–	–	–	–	–
	II	0,43	–	0,03	0,03	–	–	–	–	–	–	–	–	–	–	–	–	–	–	–	–	–	–
	III	–	–	–	–	–	–	–	–	–	–	–	–	–	–	–	–	–	–	–	–	–	–
	IV	2,81	–	0,22	0,25	–	0,11	0,12	–	0,02	0,02	–	–	–	–	–	–	–	–	–	–	–	–
	V	9,18	–	0,73	0,82																		
	VI	10,66	–	0,85	0,95																		
53,89	I	2,84	–	0,22	0,25	–	0,02	0,03	–	–	–	–	–	–	–	–	–	–	–	–	–	–	–
	II	0,44	–	0,03	0,03	–	–	–	–	–	–	–	–	–	–	–	–	–	–	–	–	–	–
	III	–	–	–	–	–	–	–	–	–	–	–	–	–	–	–	–	–	–	–	–	–	–
	IV	2,84	–	0,22	0,25	–	0,11	0,13	–	0,02	0,03	–	–	–	–	–	–	–	–	–	–	–	–
	V	9,22	–	0,73	0,82																		
	VI	10,70	–	0,85	0,96																		
53,99	I	2,86	–	0,22	0,25	–	0,02	0,03	–	–	–	–	–	–	–	–	–	–	–	–	–	–	–
	II	0,46	–	0,03	0,04	–	–	–	–	–	–	–	–	–	–	–	–	–	–	–	–	–	–
	III	–	–	–	–	–	–	–	–	–	–	–	–	–	–	–	–	–	–	–	–	–	–
	IV	2,86	–	0,22	0,25	–	0,11	0,13	–	0,02	0,03	–	–	–	–	–	–	–	–	–	–	–	–
	V	9,26	–	0,74	0,83																		
	VI	10,74	–	0,85	0,96																		

TAG bis 55,49 €

Besondere Tabelle

Lohn/ Gehalt bis	Steuerklasse	Lohn-steuer	ohne Kinderfreibetrag SolZ 5,5%	Kirchensteuer 8%	9%	0,5 SolZ 5,5%	Kirchensteuer 8%	9%	1,0 SolZ 5,5%	Kirchensteuer 8%	9%	1,5 SolZ 5,5%	Kirchensteuer 8%	9%	2,0 SolZ 5,5%	Kirchensteuer 8%	9%	2,5 SolZ 5,5%	Kirchensteuer 8%	9%	3,0 SolZ 5,5%	Kirchensteuer 8%	9%
54,09	I	2,89	-	0,23	0,26	-	0,03	0,03	-	-	-	-	-	-	-	-	-	-	-	-	-	-	-
	II	0,47	-	0,03	0,04	-	-	-	-	-	-	-	-	-	-	-	-	-	-	-	-	-	-
	III	-	-	-	-	-	-	-	-	-	-	-	-	-	-	-	-	-	-	-	-	-	-
	IV	2,89	-	0,23	0,26	-	0,12	0,13	-	0,03	0,03	-	-	-	-	-	-	-	-	-	-	-	-
	V	9,31	-	0,74	0,83																		
	VI	10,78	-	0,86	0,97																		
54,19	I	2,91	-	0,23	0,26	-	0,03	0,03	-	-	-	-	-	-	-	-	-	-	-	-	-	-	-
	II	0,49	-	0,03	0,04	-	-	-	-	-	-	-	-	-	-	-	-	-	-	-	-	-	-
	III	-	-	-	-	-	-	-	-	-	-	-	-	-	-	-	-	-	-	-	-	-	-
	IV	2,91	-	0,23	0,26	-	0,12	0,13	-	0,03	0,03	-	-	-	-	-	-	-	-	-	-	-	-
	V	9,35	-	0,74	0,84																		
	VI	10,83	-	0,86	0,97																		
54,29	I	2,93	-	0,23	0,26	-	0,03	0,03	-	-	-	-	-	-	-	-	-	-	-	-	-	-	-
	II	0,51	-	0,04	0,04	-	-	-	-	-	-	-	-	-	-	-	-	-	-	-	-	-	-
	III	-	-	-	-	-	-	-	-	-	-	-	-	-	-	-	-	-	-	-	-	-	-
	IV	2,93	-	0,23	0,26	-	0,12	0,13	-	0,03	0,03	-	-	-	-	-	-	-	-	-	-	-	-
	V	9,39	-	0,75	0,84																		
	VI	10,87	-	0,86	0,97																		
54,39	I	2,96	-	0,23	0,26	-	0,03	0,03	-	-	-	-	-	-	-	-	-	-	-	-	-	-	-
	II	0,52	-	0,04	0,04	-	-	-	-	-	-	-	-	-	-	-	-	-	-	-	-	-	-
	III	-	-	-	-	-	-	-	-	-	-	-	-	-	-	-	-	-	-	-	-	-	-
	IV	2,96	-	0,23	0,26	-	0,12	0,14	-	0,03	0,03	-	-	-	-	-	-	-	-	-	-	-	-
	V	9,43	-	0,75	0,84																		
	VI	10,91	-	0,87	0,98																		
54,49	I	2,98	-	0,23	0,26	-	0,03	0,03	-	-	-	-	-	-	-	-	-	-	-	-	-	-	-
	II	0,54	-	0,04	0,04	-	-	-	-	-	-	-	-	-	-	-	-	-	-	-	-	-	-
	III	-	-	-	-	-	-	-	-	-	-	-	-	-	-	-	-	-	-	-	-	-	-
	IV	2,98	-	0,23	0,26	-	0,12	0,14	-	0,03	0,03	-	-	-	-	-	-	-	-	-	-	-	-
	V	9,48	-	0,75	0,85																		
	VI	10,95	-	0,87	0,98																		
54,59	I	3,01	-	0,24	0,27	-	0,03	0,04	-	-	-	-	-	-	-	-	-	-	-	-	-	-	-
	II	0,56	-	0,04	0,05	-	-	-	-	-	-	-	-	-	-	-	-	-	-	-	-	-	-
	III	-	-	-	-	-	-	-	-	-	-	-	-	-	-	-	-	-	-	-	-	-	-
	IV	3,01	-	0,24	0,27	-	0,12	0,14	-	0,03	0,04	-	-	-	-	-	-	-	-	-	-	-	-
	V	9,52	-	0,76	0,85																		
	VI	11,00	-	0,88	0,99																		
54,69	I	3,03	-	0,24	0,27	-	0,03	0,04	-	-	-	-	-	-	-	-	-	-	-	-	-	-	-
	II	0,57	-	0,04	0,05	-	-	-	-	-	-	-	-	-	-	-	-	-	-	-	-	-	-
	III	-	-	-	-	-	-	-	-	-	-	-	-	-	-	-	-	-	-	-	-	-	-
	IV	3,03	-	0,24	0,27	-	0,12	0,14	-	0,03	0,04	-	-	-	-	-	-	-	-	-	-	-	-
	V	9,56	-	0,76	0,86																		
	VI	11,04	-	0,88	0,99																		
54,79	I	3,05	-	0,24	0,27	-	0,03	0,04	-	-	-	-	-	-	-	-	-	-	-	-	-	-	-
	II	0,59	-	0,04	0,05	-	-	-	-	-	-	-	-	-	-	-	-	-	-	-	-	-	-
	III	-	-	-	-	-	-	-	-	-	-	-	-	-	-	-	-	-	-	-	-	-	-
	IV	3,05	-	0,24	0,27	-	0,13	0,14	-	0,03	0,04	-	-	-	-	-	-	-	-	-	-	-	-
	V	9,60	-	0,76	0,86																		
	VI	11,08	-	0,88	0,99																		
54,89	I	3,08	-	0,24	0,27	-	0,04	0,04	-	-	-	-	-	-	-	-	-	-	-	-	-	-	-
	II	0,61	-	0,04	0,05	-	-	-	-	-	-	-	-	-	-	-	-	-	-	-	-	-	-
	III	-	-	-	-	-	-	-	-	-	-	-	-	-	-	-	-	-	-	-	-	-	-
	IV	3,08	-	0,24	0,27	-	0,13	0,14	-	0,04	0,04	-	-	-	-	-	-	-	-	-	-	-	-
	V	9,65	-	0,77	0,86																		
	VI	11,12	-	0,88	1,00																		
54,99	I	3,10	-	0,24	0,27	-	0,04	0,04	-	-	-	-	-	-	-	-	-	-	-	-	-	-	-
	II	0,62	-	0,04	0,05	-	-	-	-	-	-	-	-	-	-	-	-	-	-	-	-	-	-
	III	-	-	-	-	-	-	-	-	-	-	-	-	-	-	-	-	-	-	-	-	-	-
	IV	3,10	-	0,24	0,27	-	0,13	0,15	-	0,04	0,04	-	-	-	-	-	-	-	-	-	-	-	-
	V	9,69	-	0,77	0,87																		
	VI	11,16	-	0,89	1,00																		
55,09	I	3,13	-	0,25	0,28	-	0,04	0,04	-	-	-	-	-	-	-	-	-	-	-	-	-	-	-
	II	0,64	-	0,05	0,05	-	-	-	-	-	-	-	-	-	-	-	-	-	-	-	-	-	-
	III	-	-	-	-	-	-	-	-	-	-	-	-	-	-	-	-	-	-	-	-	-	-
	IV	3,13	-	0,25	0,28	-	0,13	0,15	-	0,04	0,04	-	-	-	-	-	-	-	-	-	-	-	-
	V	9,73	-	0,77	0,87																		
	VI	11,21	-	0,89	1,00																		
55,19	I	3,15	-	0,25	0,28	-	0,04	0,05	-	-	-	-	-	-	-	-	-	-	-	-	-	-	-
	II	0,66	-	0,05	0,05	-	-	-	-	-	-	-	-	-	-	-	-	-	-	-	-	-	-
	III	-	-	-	-	-	-	-	-	-	-	-	-	-	-	-	-	-	-	-	-	-	-
	IV	3,15	-	0,25	0,28	-	0,13	0,15	-	0,04	0,05	-	-	-	-	-	-	-	-	-	-	-	-
	V	9,77	-	0,78	0,87																		
	VI	11,25	-	0,90	1,01																		
55,29	I	3,18	-	0,25	0,28	-	0,04	0,05	-	-	-	-	-	-	-	-	-	-	-	-	-	-	-
	II	0,67	-	0,05	0,06	-	-	-	-	-	-	-	-	-	-	-	-	-	-	-	-	-	-
	III	-	-	-	-	-	-	-	-	-	-	-	-	-	-	-	-	-	-	-	-	-	-
	IV	3,18	-	0,25	0,28	-	0,13	0,15	-	0,04	0,05	-	-	-	-	-	-	-	-	-	-	-	-
	V	9,81	-	0,78	0,88																		
	VI	11,29	-	0,90	1,01																		
55,39	I	3,20	-	0,25	0,28	-	0,04	0,05	-	-	-	-	-	-	-	-	-	-	-	-	-	-	-
	II	0,69	-	0,05	0,06	-	-	-	-	-	-	-	-	-	-	-	-	-	-	-	-	-	-
	III	-	-	-	-	-	-	-	-	-	-	-	-	-	-	-	-	-	-	-	-	-	-
	IV	3,20	-	0,25	0,28	-	0,14	0,15	-	0,04	0,05	-	-	-	-	-	-	-	-	-	-	-	-
	V	9,85	-	0,78	0,88																		
	VI	11,33	-	0,90	1,01																		
55,49	I	3,22	-	0,25	0,28	-	0,04	0,05	-	-	-	-	-	-	-	-	-	-	-	-	-	-	-
	II	0,71	-	0,05	0,06	-	-	-	-	-	-	-	-	-	-	-	-	-	-	-	-	-	-
	III	-	-	-	-	-	-	-	-	-	-	-	-	-	-	-	-	-	-	-	-	-	-
	IV	3,22	-	0,25	0,28	-	0,14	0,16	-	0,04	0,05	-	-	-	-	-	-	-	-	-	-	-	-
	V	9,90	-	0,79	0,89																		
	VI	11,37	-	0,90	1,02																		

Besondere Tabelle

Lohn/ Gehalt bis	Steuerklasse	Lohn-steuer	ohne Kinderfreibetrag			Anzahl Kinderfreibeträge (nur Steuerklassen I–IV) 0,5			1,0			1,5			2,0			2,5			3,0		
			SolZ 5,5%	Kirchensteuer 8%	Kirchensteuer 9%	SolZ 5,5%	Kirchensteuer 8%	Kirchensteuer 9%	SolZ 5,5%	Kirchensteuer 8%	Kirchensteuer 9%	SolZ 5,5%	Kirchensteuer 8%	Kirchensteuer 9%	SolZ 5,5%	Kirchensteuer 8%	Kirchensteuer 9%	SolZ 5,5%	Kirchensteuer 8%	Kirchensteuer 9%	SolZ 5,5%	Kirchensteuer 8%	Kirchensteuer 9%
55,59	I	3,25	-	0,26	0,29	-	0,04	0,05	-	-	-	-	-	-	-	-	-	-	-	-	-	-	-
	II	0,73	-	0,05	0,06	-	-	-	-	-	-	-	-	-	-	-	-	-	-	-	-	-	-
	III	-	-	-	-	-	-	-	-	-	-	-	-	-	-	-	-	-	-	-	-	-	-
	IV	3,25	-	0,26	0,29	-	0,14	0,16	-	0,04	0,05	-	-	-	-	-	-	-	-	-	-	-	-
	V	9,94	-	0,79	0,89																		
	VI	11,41	-	0,91	1,02																		
55,69	I	3,27	-	0,26	0,29	-	0,05	0,05	-	-	-	-	-	-	-	-	-	-	-	-	-	-	-
	II	0,74	-	0,05	0,06	-	-	-	-	-	-	-	-	-	-	-	-	-	-	-	-	-	-
	III	-	-	-	-	-	-	-	-	-	-	-	-	-	-	-	-	-	-	-	-	-	-
	IV	3,27	-	0,26	0,29	-	0,14	0,16	-	0,05	0,05	-	-	-	-	-	-	-	-	-	-	-	-
	V	9,98	-	0,79	0,89																		
	VI	11,46	-	0,91	1,03																		
55,79	I	3,30	-	0,26	0,29	-	0,05	0,05	-	-	-	-	-	-	-	-	-	-	-	-	-	-	-
	II	0,76	-	0,06	0,06	-	-	-	-	-	-	-	-	-	-	-	-	-	-	-	-	-	-
	III	-	-	-	-	-	-	-	-	-	-	-	-	-	-	-	-	-	-	-	-	-	-
	IV	3,30	-	0,26	0,29	-	0,14	0,16	-	0,05	0,05	-	-	-	-	-	-	-	-	-	-	-	-
	V	10,02	-	0,80	0,90																		
	VI	11,50	-	0,92	1,03																		
55,89	I	3,32	-	0,26	0,29	-	0,05	0,06	-	-	-	-	-	-	-	-	-	-	-	-	-	-	-
	II	0,78	-	0,06	0,07	-	-	-	-	-	-	-	-	-	-	-	-	-	-	-	-	-	-
	III	-	-	-	-	-	-	-	-	-	-	-	-	-	-	-	-	-	-	-	-	-	-
	IV	3,32	-	0,26	0,29	-	0,14	0,16	-	0,05	0,06	-	-	-	-	-	-	-	-	-	-	-	-
	V	10,06	-	0,80	0,90																		
	VI	11,54	-	0,92	1,03																		
55,99	I	3,35	-	0,26	0,30	-	0,05	0,06	-	-	-	-	-	-	-	-	-	-	-	-	-	-	-
	II	0,80	-	0,06	0,07	-	-	-	-	-	-	-	-	-	-	-	-	-	-	-	-	-	-
	III	-	-	-	-	-	-	-	-	-	-	-	-	-	-	-	-	-	-	-	-	-	-
	IV	3,35	-	0,26	0,30	-	0,15	0,17	-	0,05	0,06	-	-	-	-	-	-	-	-	-	-	-	-
	V	10,11	-	0,80	0,90																		
	VI	11,58	-	0,92	1,04																		
56,09	I	3,37	-	0,26	0,30	-	0,05	0,06	-	-	-	-	-	-	-	-	-	-	-	-	-	-	-
	II	0,81	-	0,06	0,07	-	-	-	-	-	-	-	-	-	-	-	-	-	-	-	-	-	-
	III	-	-	-	-	-	-	-	-	-	-	-	-	-	-	-	-	-	-	-	-	-	-
	IV	3,37	-	0,26	0,30	-	0,15	0,17	-	0,05	0,06	-	-	-	-	-	-	-	-	-	-	-	-
	V	10,15	-	0,81	0,91																		
	VI	11,63	-	0,93	1,04																		
56,19	I	3,40	-	0,27	0,30	-	0,05	0,06	-	-	-	-	-	-	-	-	-	-	-	-	-	-	-
	II	0,83	-	0,06	0,07	-	-	-	-	-	-	-	-	-	-	-	-	-	-	-	-	-	-
	III	-	-	-	-	-	-	-	-	-	-	-	-	-	-	-	-	-	-	-	-	-	-
	IV	3,40	-	0,27	0,30	-	0,15	0,17	-	0,05	0,06	-	-	-	-	-	-	-	-	-	-	-	-
	V	10,19	-	0,81	0,91																		
	VI	11,67	-	0,93	1,05																		
56,29	I	3,42	-	0,27	0,30	-	0,05	0,06	-	-	-	-	-	-	-	-	-	-	-	-	-	-	-
	II	0,85	-	0,06	0,07	-	-	-	-	-	-	-	-	-	-	-	-	-	-	-	-	-	-
	III	-	-	-	-	-	-	-	-	-	-	-	-	-	-	-	-	-	-	-	-	-	-
	IV	3,42	-	0,27	0,30	-	0,15	0,17	-	0,05	0,06	-	-	-	-	-	-	-	-	-	-	-	-
	V	10,23	-	0,81	0,92																		
	VI	11,71	-	0,93	1,05																		
56,39	I	3,44	-	0,27	0,30	-	0,06	0,06	-	-	-	-	-	-	-	-	-	-	-	-	-	-	-
	II	0,86	-	0,06	0,07	-	-	-	-	-	-	-	-	-	-	-	-	-	-	-	-	-	-
	III	-	-	-	-	-	-	-	-	-	-	-	-	-	-	-	-	-	-	-	-	-	-
	IV	3,44	-	0,27	0,30	-	0,15	0,17	-	0,06	0,06	-	-	-	-	-	-	-	-	-	-	-	-
	V	10,27	-	0,82	0,92																		
	VI	11,75	-	0,94	1,05																		
56,49	I	3,47	-	0,27	0,31	-	0,06	0,07	-	-	-	-	-	-	-	-	-	-	-	-	-	-	-
	II	0,88	-	0,07	0,07	-	-	-	-	-	-	-	-	-	-	-	-	-	-	-	-	-	-
	III	-	-	-	-	-	-	-	-	-	-	-	-	-	-	-	-	-	-	-	-	-	-
	IV	3,47	-	0,27	0,31	-	0,16	0,18	-	0,06	0,07	-	-	-	-	-	-	-	-	-	-	-	-
	V	10,31	-	0,82	0,92																		
	VI	11,79	-	0,94	1,06																		
56,59	I	3,49	-	0,27	0,31	-	0,06	0,07	-	-	-	-	-	-	-	-	-	-	-	-	-	-	-
	II	0,90	-	0,07	0,08	-	-	-	-	-	-	-	-	-	-	-	-	-	-	-	-	-	-
	III	-	-	-	-	-	-	-	-	-	-	-	-	-	-	-	-	-	-	-	-	-	-
	IV	3,49	-	0,27	0,31	-	0,16	0,18	-	0,06	0,07	-	-	-	-	-	-	-	-	-	-	-	-
	V	10,36	-	0,82	0,93																		
	VI	11,83	-	0,94	1,06																		
56,69	I	3,52	-	0,28	0,31	-	0,06	0,07	-	-	-	-	-	-	-	-	-	-	-	-	-	-	-
	II	0,92	-	0,07	0,08	-	-	-	-	-	-	-	-	-	-	-	-	-	-	-	-	-	-
	III	-	-	-	-	-	-	-	-	-	-	-	-	-	-	-	-	-	-	-	-	-	-
	IV	3,52	-	0,28	0,31	-	0,16	0,18	-	0,06	0,07	-	-	-	-	-	-	-	-	-	-	-	-
	V	10,40	-	0,83	0,93																		
	VI	11,88	-	0,95	1,06																		
56,79	I	3,54	-	0,28	0,31	-	0,06	0,07	-	-	-	-	-	-	-	-	-	-	-	-	-	-	-
	II	0,94	-	0,07	0,08	-	-	-	-	-	-	-	-	-	-	-	-	-	-	-	-	-	-
	III	-	-	-	-	-	-	-	-	-	-	-	-	-	-	-	-	-	-	-	-	-	-
	IV	3,54	-	0,28	0,31	-	0,16	0,18	-	0,06	0,07	-	-	-	-	-	-	-	-	-	-	-	-
	V	10,44	-	0,83	0,93																		
	VI	11,92	-	0,95	1,07																		
56,89	I	3,56	-	0,28	0,32	-	0,06	0,07	-	-	-	-	-	-	-	-	-	-	-	-	-	-	-
	II	0,96	-	0,07	0,08	-	-	-	-	-	-	-	-	-	-	-	-	-	-	-	-	-	-
	III	-	-	-	-	-	-	-	-	-	-	-	-	-	-	-	-	-	-	-	-	-	-
	IV	3,56	-	0,28	0,32	-	0,16	0,18	-	0,06	0,07	-	-	-	-	-	-	-	-	-	-	-	-
	V	10,48	-	0,83	0,94																		
	VI	11,96	-	0,95	1,07																		
56,99	I	3,59	-	0,28	0,32	-	0,06	0,07	-	-	-	-	-	-	-	-	-	-	-	-	-	-	-
	II	0,97	-	0,07	0,08	-	-	-	-	-	-	-	-	-	-	-	-	-	-	-	-	-	-
	III	-	-	-	-	-	-	-	-	-	-	-	-	-	-	-	-	-	-	-	-	-	-
	IV	3,59	-	0,28	0,32	-	0,16	0,18	-	0,06	0,07	-	-	-	-	-	-	-	-	-	-	-	-
	V	10,53	-	0,84	0,94																		
	VI	12,00	-	0,96	1,08																		

Lohn/ Gehalt bis	Steuerklasse	Lohn-steuer	ohne Kinderfreibetrag			Anzahl Kinderfreibeträge (nur Steuerklassen I–IV)																	
						0,5			1,0			1,5			2,0			2,5			3,0		
			SolZ 5,5%	Kirchensteuer 8%	9%	SolZ 5,5%	Kirchensteuer 8%	9%	SolZ 5,5%	Kirchensteuer 8%	9%	SolZ 5,5%	Kirchensteuer 8%	9%	SolZ 5,5%	Kirchensteuer 8%	9%	SolZ 5,5%	Kirchensteuer 8%	9%	SolZ 5,5%	Kirchensteuer 8%	9%
57,09	I	3,61	-	0,28	0,32	-	0,07	0,07	-	-	-	-	-	-	-	-	-	-	-	-	-	-	
	II	0,99	-	0,07	0,08	-	-	-	-	-	-	-	-	-	-	-	-	-	-	-	-	-	
	III	-	-	-	-	-	-	-	-	-	-	-	-	-	-	-	-	-	-	-	-	-	
	IV	3,61	-	0,28	0,32	-	0,17	0,19	-	0,07	0,07	-	-	-	-	-	-	-	-	-	-	-	
	V	10,57	-	0,84	0,95																		
	VI	12,05	-	0,96	1,08																		
57,19	I	3,64	-	0,29	0,32	-	0,07	0,08	-	-	-	-	-	-	-	-	-	-	-	-	-	-	
	II	1,01	-	0,08	0,09	-	-	-	-	-	-	-	-	-	-	-	-	-	-	-	-	-	
	III	-	-	-	-	-	-	-	-	-	-	-	-	-	-	-	-	-	-	-	-	-	
	IV	3,64	-	0,29	0,32	-	0,17	0,19	-	0,07	0,08	-	-	-	-	-	-	-	-	-	-	-	
	V	10,61	-	0,84	0,95																		
	VI	12,09	-	0,96	1,08																		
57,29	I	3,66	-	0,29	0,32	-	0,07	0,08	-	-	-	-	-	-	-	-	-	-	-	-	-	-	
	II	1,03	-	0,08	0,09	-	-	-	-	-	-	-	-	-	-	-	-	-	-	-	-	-	
	III	-	-	-	-	-	-	-	-	-	-	-	-	-	-	-	-	-	-	-	-	-	
	IV	3,66	-	0,29	0,32	-	0,17	0,19	-	0,07	0,08	-	-	-	-	-	-	-	-	-	-	-	
	V	10,65	-	0,85	0,95																		
	VI	12,13	-	0,97	1,09																		
57,39	I	3,69	-	0,29	0,33	-	0,07	0,08	-	-	-	-	-	-	-	-	-	-	-	-	-	-	
	II	1,05	-	0,08	0,09	-	-	-	-	-	-	-	-	-	-	-	-	-	-	-	-	-	
	III	-	-	-	-	-	-	-	-	-	-	-	-	-	-	-	-	-	-	-	-	-	
	IV	3,69	-	0,29	0,33	-	0,17	0,19	-	0,07	0,08	-	-	-	-	-	-	-	-	-	-	-	
	V	10,70	-	0,85	0,96																		
	VI	12,17	-	0,97	1,09																		
57,49	I	3,71	-	0,29	0,33	-	0,07	0,08	-	-	-	-	-	-	-	-	-	-	-	-	-	-	
	II	1,06	-	0,08	0,09	-	-	-	-	-	-	-	-	-	-	-	-	-	-	-	-	-	
	III	-	-	-	-	-	-	-	-	-	-	-	-	-	-	-	-	-	-	-	-	-	
	IV	3,71	-	0,29	0,33	-	0,17	0,19	-	0,07	0,08	-	-	-	-	-	-	-	-	-	-	-	
	V	10,74	-	0,85	0,96																		
	VI	12,21	-	0,97	1,09																		
57,59	I	3,74	-	0,29	0,33	-	0,07	0,08	-	-	-	-	-	-	-	-	-	-	-	-	-	-	
	II	1,08	-	0,08	0,09	-	-	-	-	-	-	-	-	-	-	-	-	-	-	-	-	-	
	III	-	-	-	-	-	-	-	-	-	-	-	-	-	-	-	-	-	-	-	-	-	
	IV	3,74	-	0,29	0,33	-	0,18	0,20	-	0,07	0,08	-	-	-	-	-	-	-	-	-	-	-	
	V	10,78	-	0,86	0,97																		
	VI	12,26	-	0,98	1,10																		
57,69	I	3,76	-	0,30	0,33	-	0,07	0,08	-	-	-	-	-	-	-	-	-	-	-	-	-	-	
	II	1,10	-	0,08	0,09	-	-	-	-	-	-	-	-	-	-	-	-	-	-	-	-	-	
	III	-	-	-	-	-	-	-	-	-	-	-	-	-	-	-	-	-	-	-	-	-	
	IV	3,76	-	0,30	0,33	-	0,18	0,20	-	0,07	0,08	-	-	-	-	-	-	-	-	-	-	-	
	V	10,82	-	0,86	0,97																		
	VI	12,30	-	0,98	1,10																		
57,79	I	3,79	-	0,30	0,34	-	0,08	0,09	-	-	-	-	-	-	-	-	-	-	-	-	-	-	
	II	1,12	-	0,08	0,10	-	-	-	-	-	-	-	-	-	-	-	-	-	-	-	-	-	
	III	-	-	-	-	-	-	-	-	-	-	-	-	-	-	-	-	-	-	-	-	-	
	IV	3,79	-	0,30	0,34	-	0,18	0,20	-	0,08	0,09	-	-	-	-	-	-	-	-	-	-	-	
	V	10,86	-	0,86	0,97																		
	VI	12,34	-	0,98	1,11																		
57,89	I	3,81	-	0,30	0,34	-	0,08	0,09	-	-	-	-	-	-	-	-	-	-	-	-	-	-	
	II	1,14	-	0,09	0,10	-	-	-	-	-	-	-	-	-	-	-	-	-	-	-	-	-	
	III	-	-	-	-	-	-	-	-	-	-	-	-	-	-	-	-	-	-	-	-	-	
	IV	3,81	-	0,30	0,34	-	0,18	0,20	-	0,08	0,09	-	-	-	-	-	-	-	-	-	-	-	
	V	10,90	-	0,87	0,98																		
	VI	12,38	-	0,99	1,11																		
57,99	I	3,84	-	0,30	0,34	-	0,08	0,09	-	-	-	-	-	-	-	-	-	-	-	-	-	-	
	II	1,16	-	0,09	0,10	-	-	-	-	-	-	-	-	-	-	-	-	-	-	-	-	-	
	III	-	-	-	-	-	-	-	-	-	-	-	-	-	-	-	-	-	-	-	-	-	
	IV	3,84	-	0,30	0,34	-	0,18	0,21	-	0,08	0,09	-	-	-	-	-	-	-	-	-	-	-	
	V	10,95	-	0,87	0,98																		
	VI	12,42	-	0,99	1,11																		
58,09	I	3,86	-	0,30	0,34	-	0,08	0,09	-	-	-	-	-	-	-	-	-	-	-	-	-	-	
	II	1,18	-	0,09	0,10	-	-	-	-	-	-	-	-	-	-	-	-	-	-	-	-	-	
	III	-	-	-	-	-	-	-	-	-	-	-	-	-	-	-	-	-	-	-	-	-	
	IV	3,86	-	0,30	0,34	-	0,18	0,21	-	0,08	0,09	-	-	-	-	-	-	-	-	-	-	-	
	V	10,99	-	0,87	0,98																		
	VI	12,46	-	0,99	1,12																		
58,19	I	3,88	-	0,31	0,34	-	0,08	0,09	-	-	-	-	-	-	-	-	-	-	-	-	-	-	
	II	1,20	-	0,09	0,10	-	-	-	-	-	-	-	-	-	-	-	-	-	-	-	-	-	
	III	-	-	-	-	-	-	-	-	-	-	-	-	-	-	-	-	-	-	-	-	-	
	IV	3,88	-	0,31	0,34	-	0,19	0,21	-	0,08	0,09	-	-	-	-	-	-	-	-	-	-	-	
	V	11,03	-	0,88	0,99																		
	VI	12,51	-	1,00	1,12																		
58,29	I	3,91	-	0,31	0,35	-	0,08	0,09	-	-	-	-	-	-	-	-	-	-	-	-	-	-	
	II	1,22	-	0,09	0,10	-	-	-	-	-	-	-	-	-	-	-	-	-	-	-	-	-	
	III	-	-	-	-	-	-	-	-	-	-	-	-	-	-	-	-	-	-	-	-	-	
	IV	3,91	-	0,31	0,35	-	0,19	0,21	-	0,08	0,09	-	-	-	-	-	-	-	-	-	-	-	
	V	11,07	-	0,88	0,99																		
	VI	12,55	-	1,00	1,12																		
58,39	I	3,93	-	0,31	0,35	-	0,08	0,10	-	-	-	-	-	-	-	-	-	-	-	-	-	-	
	II	1,24	-	0,09	0,11	-	-	-	-	-	-	-	-	-	-	-	-	-	-	-	-	-	
	III	-	-	-	-	-	-	-	-	-	-	-	-	-	-	-	-	-	-	-	-	-	
	IV	3,93	-	0,31	0,35	-	0,19	0,21	-	0,08	0,10	-	-	-	-	-	-	-	-	-	-	-	
	V	11,11	-	0,88	0,99																		
	VI	12,59	-	1,00	1,13																		
58,49	I	3,96	-	0,31	0,35	-	0,09	0,10	-	-	-	-	-	-	-	-	-	-	-	-	-	-	
	II	1,26	-	0,10	0,11	-	-	-	-	-	-	-	-	-	-	-	-	-	-	-	-	-	
	III	-	-	-	-	-	-	-	-	-	-	-	-	-	-	-	-	-	-	-	-	-	
	IV	3,96	-	0,31	0,35	-	0,19	0,22	-	0,09	0,10	-	-	-	-	-	-	-	-	-	-	-	
	V	11,16	-	0,89	1,00																		
	VI	12,63	-	1,01	1,13																		

Besondere Tabelle

TAG bis 59,99 €

Lohn/ Gehalt bis	Steuerklasse	Lohn-steuer	ohne Kinderfreibetrag			Anzahl Kinderfreibeträge (nur Steuerklassen I–IV) 0,5			1,0			1,5			2,0			2,5			3,0		
			SolZ 5,5%	Kirchensteuer 8%	9%	SolZ 5,5%	Kirchensteuer 8%	9%	SolZ 5,5%	Kirchensteuer 8%	9%	SolZ 5,5%	Kirchensteuer 8%	9%	SolZ 5,5%	Kirchensteuer 8%	9%	SolZ 5,5%	Kirchensteuer 8%	9%	SolZ 5,5%	Kirchensteuer 8%	9%
58,59	I	3,98	-	0,31	0,35	-	0,09	0,10	-	-	-	-	-	-	-	-	-	-	-	-	-	-	-
	II	1,28	-	0,10	0,11	-	-	-	-	-	-	-	-	-	-	-	-	-	-	-	-	-	-
	III	-	-	-	-	-	-	-	-	-	-	-	-	-	-	-	-	-	-	-	-	-	-
	IV	3,98	-	0,31	0,35	-	0,19	0,22	-	0,09	0,10	-	-	-	-	-	-	-	-	-	-	-	-
	V	11,20	-	0,89	1,00																		
	VI	12,68	-	1,01	1,14																		
58,69	I	4,01	-	0,32	0,36	-	0,09	0,10	-	-	-	-	-	-	-	-	-	-	-	-	-	-	-
	II	1,30	-	0,10	0,11	-	-	-	-	-	-	-	-	-	-	-	-	-	-	-	-	-	-
	III	-	-	-	-	-	-	-	-	-	-	-	-	-	-	-	-	-	-	-	-	-	-
	IV	4,01	-	0,32	0,36	-	0,20	0,22	-	0,09	0,10	-	0,01	0,01	-	-	-	-	-	-	-	-	-
	V	11,24	-	0,89	1,01																		
	VI	12,72	-	1,01	1,14																		
58,79	I	4,03	-	0,32	0,36	-	0,09	0,10	-	-	-	-	-	-	-	-	-	-	-	-	-	-	-
	II	1,31	-	0,10	0,11	-	-	-	-	-	-	-	-	-	-	-	-	-	-	-	-	-	-
	III	-	-	-	-	-	-	-	-	-	-	-	-	-	-	-	-	-	-	-	-	-	-
	IV	4,03	-	0,32	0,36	-	0,20	0,22	-	0,09	0,10	-	0,01	0,01	-	-	-	-	-	-	-	-	-
	V	11,28	-	0,90	1,01																		
	VI	12,76	-	1,02	1,14																		
58,89	I	4,06	-	0,32	0,36	-	0,09	0,10	-	-	-	-	-	-	-	-	-	-	-	-	-	-	-
	II	1,33	-	0,10	0,11	-	-	-	-	-	-	-	-	-	-	-	-	-	-	-	-	-	-
	III	-	-	-	-	-	-	-	-	-	-	-	-	-	-	-	-	-	-	-	-	-	-
	IV	4,06	-	0,32	0,36	-	0,20	0,22	-	0,09	0,10	-	0,01	0,01	-	-	-	-	-	-	-	-	-
	V	11,32	-	0,90	1,01																		
	VI	12,80	-	1,02	1,15																		
58,99	I	4,08	-	0,32	0,36	-	0,09	0,11	-	-	-	-	-	-	-	-	-	-	-	-	-	-	-
	II	1,35	-	0,10	0,12	-	-	-	-	-	-	-	-	-	-	-	-	-	-	-	-	-	-
	III	-	-	-	-	-	-	-	-	-	-	-	-	-	-	-	-	-	-	-	-	-	-
	IV	4,08	-	0,32	0,36	-	0,20	0,23	-	0,09	0,11	-	0,01	0,01	-	-	-	-	-	-	-	-	-
	V	11,36	-	0,90	1,02																		
	VI	12,84	-	1,02	1,15																		
59,09	I	4,11	-	0,32	0,36	-	0,10	0,11	-	-	-	-	-	-	-	-	-	-	-	-	-	-	-
	II	1,37	-	0,10	0,12	-	-	-	-	-	-	-	-	-	-	-	-	-	-	-	-	-	-
	III	-	-	-	-	-	-	-	-	-	-	-	-	-	-	-	-	-	-	-	-	-	-
	IV	4,11	-	0,32	0,36	-	0,20	0,23	-	0,10	0,11	-	0,01	0,01	-	-	-	-	-	-	-	-	-
	V	11,41	-	0,91	1,02																		
	VI	12,88	-	1,03	1,15																		
59,19	I	4,13	-	0,33	0,37	-	0,10	0,11	-	-	-	-	-	-	-	-	-	-	-	-	-	-	-
	II	1,39	-	0,11	0,12	-	-	-	-	-	-	-	-	-	-	-	-	-	-	-	-	-	-
	III	-	-	-	-	-	-	-	-	-	-	-	-	-	-	-	-	-	-	-	-	-	-
	IV	4,13	-	0,33	0,37	-	0,20	0,23	-	0,10	0,11	-	0,01	0,01	-	-	-	-	-	-	-	-	-
	V	11,45	-	0,91	1,03																		
	VI	12,93	-	1,03	1,16																		
59,29	I	4,16	-	0,33	0,37	-	0,10	0,11	-	-	-	-	-	-	-	-	-	-	-	-	-	-	-
	II	1,41	-	0,11	0,12	-	-	-	-	-	-	-	-	-	-	-	-	-	-	-	-	-	-
	III	-	-	-	-	-	-	-	-	-	-	-	-	-	-	-	-	-	-	-	-	-	-
	IV	4,16	-	0,33	0,37	-	0,21	0,23	-	0,10	0,11	-	0,01	0,01	-	-	-	-	-	-	-	-	-
	V	11,49	-	0,91	1,03																		
	VI	12,97	-	1,03	1,16																		
59,39	I	4,18	-	0,33	0,37	-	0,10	0,11	-	-	-	-	-	-	-	-	-	-	-	-	-	-	-
	II	1,43	-	0,11	0,12	-	-	-	-	-	-	-	-	-	-	-	-	-	-	-	-	-	-
	III	-	-	-	-	-	-	-	-	-	-	-	-	-	-	-	-	-	-	-	-	-	-
	IV	4,18	-	0,33	0,37	-	0,21	0,23	-	0,10	0,11	-	0,01	0,02	-	-	-	-	-	-	-	-	-
	V	11,53	-	0,92	1,03																		
	VI	13,01	-	1,04	1,17																		
59,49	I	4,21	-	0,33	0,37	-	0,10	0,11	-	-	-	-	-	-	-	-	-	-	-	-	-	-	-
	II	1,45	-	0,11	0,13	-	-	-	-	-	-	-	-	-	-	-	-	-	-	-	-	-	-
	III	-	-	-	-	-	-	-	-	-	-	-	-	-	-	-	-	-	-	-	-	-	-
	IV	4,21	-	0,33	0,37	-	0,21	0,24	-	0,10	0,11	-	0,02	0,02	-	-	-	-	-	-	-	-	-
	V	11,58	-	0,92	1,04																		
	VI	13,05	-	1,04	1,17																		
59,59	I	4,23	-	0,33	0,38	-	0,10	0,12	-	-	-	-	-	-	-	-	-	-	-	-	-	-	-
	II	1,47	-	0,11	0,13	-	-	-	-	-	-	-	-	-	-	-	-	-	-	-	-	-	-
	III	-	-	-	-	-	-	-	-	-	-	-	-	-	-	-	-	-	-	-	-	-	-
	IV	4,23	-	0,33	0,38	-	0,21	0,24	-	0,10	0,12	-	0,02	0,02	-	-	-	-	-	-	-	-	-
	V	11,62	-	0,92	1,04																		
	VI	13,10	-	1,04	1,17																		
59,69	I	4,26	-	0,34	0,38	-	0,10	0,12	-	-	-	-	-	-	-	-	-	-	-	-	-	-	-
	II	1,49	-	0,11	0,13	-	-	-	-	-	-	-	-	-	-	-	-	-	-	-	-	-	-
	III	-	-	-	-	-	-	-	-	-	-	-	-	-	-	-	-	-	-	-	-	-	-
	IV	4,26	-	0,34	0,38	-	0,21	0,24	-	0,10	0,12	-	0,02	0,02	-	-	-	-	-	-	-	-	-
	V	11,66	-	0,93	1,04																		
	VI	13,14	-	1,05	1,18																		
59,79	I	4,28	-	0,34	0,38	-	0,11	0,12	-	-	-	-	-	-	-	-	-	-	-	-	-	-	-
	II	1,51	-	0,12	0,13	-	-	-	-	-	-	-	-	-	-	-	-	-	-	-	-	-	-
	III	-	-	-	-	-	-	-	-	-	-	-	-	-	-	-	-	-	-	-	-	-	-
	IV	4,28	-	0,34	0,38	-	0,22	0,24	-	0,11	0,12	-	0,02	0,02	-	-	-	-	-	-	-	-	-
	V	11,70	-	0,93	1,05																		
	VI	13,18	-	1,05	1,18																		
59,89	I	4,31	-	0,34	0,38	-	0,11	0,12	-	-	-	-	-	-	-	-	-	-	-	-	-	-	-
	II	1,53	-	0,12	0,13	-	-	-	-	-	-	-	-	-	-	-	-	-	-	-	-	-	-
	III	-	-	-	-	-	-	-	-	-	-	-	-	-	-	-	-	-	-	-	-	-	-
	IV	4,31	-	0,34	0,38	-	0,22	0,25	-	0,11	0,12	-	0,02	0,02	-	-	-	-	-	-	-	-	-
	V	11,75	-	0,94	1,05																		
	VI	13,22	-	1,05	1,18																		
59,99	I	4,33	-	0,34	0,38	-	0,11	0,12	-	-	-	-	-	-	-	-	-	-	-	-	-	-	-
	II	1,55	-	0,12	0,13	-	-	-	-	-	-	-	-	-	-	-	-	-	-	-	-	-	-
	III	-	-	-	-	-	-	-	-	-	-	-	-	-	-	-	-	-	-	-	-	-	-
	IV	4,33	-	0,34	0,38	-	0,22	0,25	-	0,11	0,12	-	0,02	0,02	-	-	-	-	-	-	-	-	-
	V	11,79	-	0,94	1,06																		
	VI	13,26	-	1,06	1,19																		

Lohn/ Gehalt bis	Steuerklasse	Lohn-steuer	ohne Kinderfreibetrag			Anzahl Kinderfreibeträge (nur Steuerklassen I–IV)																	
						0,5			1,0			1,5			2,0			2,5			3,0		
			SolZ 5,5%	Kirchensteuer 8%	9%	SolZ 5,5%	Kirchensteuer 8%	9%	SolZ 5,5%	Kirchensteuer 8%	9%	SolZ 5,5%	Kirchensteuer 8%	9%	SolZ 5,5%	Kirchensteuer 8%	9%	SolZ 5,5%	Kirchensteuer 8%	9%	SolZ 5,5%	Kirchensteuer 8%	9%
60,09	I	4,36	-	0,34	0,39	-	0,11	0,13	-	-	-	-	-	-	-	-	-	-	-	-	-	-	
	II	1,57	-	0,12	0,14	-	-	-	-	-	-	-	-	-	-	-	-	-	-	-	-	-	
	III	-	-	-	-	-	-	-	-	-	-	-	-	-	-	-	-	-	-	-	-	-	
	IV	4,36	-	0,34	0,39	-	0,22	0,25	-	0,11	0,13	-	0,02	0,03	-	-	-	-	-	-	-	-	
	V	11,83	-	0,94	1,06																		
	VI	13,31	-	1,06	1,19																		
60,19	I	4,38	-	0,35	0,39	-	0,11	0,13	-	-	-	-	-	-	-	-	-	-	-	-	-	-	
	II	1,60	-	0,12	0,14	-	-	-	-	-	-	-	-	-	-	-	-	-	-	-	-	-	
	III	-	-	-	-	-	-	-	-	-	-	-	-	-	-	-	-	-	-	-	-	-	
	IV	4,38	-	0,35	0,39	-	0,22	0,25	-	0,11	0,13	-	0,02	0,03	-	-	-	-	-	-	-	-	
	V	11,87	-	0,94	1,06																		
	VI	13,35	-	1,06	1,20																		
60,29	I	4,41	-	0,35	0,39	-	0,11	0,13	-	-	-	-	-	-	-	-	-	-	-	-	-	-	
	II	1,61	-	0,12	0,14	-	-	-	-	-	-	-	-	-	-	-	-	-	-	-	-	-	
	III	-	-	-	-	-	-	-	-	-	-	-	-	-	-	-	-	-	-	-	-	-	
	IV	4,41	-	0,35	0,39	-	0,23	0,25	-	0,11	0,13	-	0,02	0,03	-	-	-	-	-	-	-	-	
	V	11,91	-	0,95	1,07																		
	VI	13,39	-	1,07	1,20																		
60,39	I	4,43	-	0,35	0,39	-	0,12	0,13	-	-	-	-	-	-	-	-	-	-	-	-	-	-	
	II	1,64	-	0,13	0,14	-	-	-	-	-	-	-	-	-	-	-	-	-	-	-	-	-	
	III	-	-	-	-	-	-	-	-	-	-	-	-	-	-	-	-	-	-	-	-	-	
	IV	4,43	-	0,35	0,39	-	0,23	0,26	-	0,12	0,13	-	0,03	0,03	-	-	-	-	-	-	-	-	
	V	11,95	-	0,95	1,07																		
	VI	13,43	-	1,07	1,20																		
60,49	I	4,46	-	0,35	0,40	-	0,12	0,13	-	-	-	-	-	-	-	-	-	-	-	-	-	-	
	II	1,66	-	0,13	0,14	-	-	-	-	-	-	-	-	-	-	-	-	-	-	-	-	-	
	III	-	-	-	-	-	-	-	-	-	-	-	-	-	-	-	-	-	-	-	-	-	
	IV	4,46	-	0,35	0,40	-	0,23	0,26	-	0,12	0,13	-	0,03	0,03	-	-	-	-	-	-	-	-	
	V	12,00	-	0,96	1,08																		
	VI	13,47	-	1,07	1,21																		
60,59	I	4,48	-	0,35	0,40	-	0,12	0,13	-	-	-	-	-	-	-	-	-	-	-	-	-	-	
	II	1,68	-	0,13	0,15	-	-	-	-	-	-	-	-	-	-	-	-	-	-	-	-	-	
	III	-	-	-	-	-	-	-	-	-	-	-	-	-	-	-	-	-	-	-	-	-	
	IV	4,48	-	0,35	0,40	-	0,23	0,26	-	0,12	0,13	-	0,03	0,03	-	-	-	-	-	-	-	-	
	V	12,04	-	0,96	1,08																		
	VI	13,51	-	1,08	1,21																		
60,69	I	4,51	-	0,36	0,40	-	0,12	0,14	-	-	-	-	-	-	-	-	-	-	-	-	-	-	
	II	1,70	-	0,13	0,15	-	-	-	-	-	-	-	-	-	-	-	-	-	-	-	-	-	
	III	-	-	-	-	-	-	-	-	-	-	-	-	-	-	-	-	-	-	-	-	-	
	IV	4,51	-	0,36	0,40	-	0,23	0,26	-	0,12	0,14	-	0,03	0,03	-	-	-	-	-	-	-	-	
	V	12,08	-	0,96	1,08																		
	VI	13,56	-	1,08	1,22																		
60,79	I	4,53	-	0,36	0,40	-	0,12	0,14	-	-	-	-	-	-	-	-	-	-	-	-	-	-	
	II	1,72	-	0,13	0,15	-	-	-	-	-	-	-	-	-	-	-	-	-	-	-	-	-	
	III	-	-	-	-	-	-	-	-	-	-	-	-	-	-	-	-	-	-	-	-	-	
	IV	4,53	-	0,36	0,40	-	0,24	0,27	-	0,12	0,14	-	0,03	0,04	-	-	-	-	-	-	-	-	
	V	12,12	-	0,96	1,09																		
	VI	13,60	-	1,08	1,22																		
60,89	I	4,56	-	0,36	0,41	-	0,12	0,14	-	-	-	-	-	-	-	-	-	-	-	-	-	-	
	II	1,74	-	0,13	0,15	-	-	-	-	-	-	-	-	-	-	-	-	-	-	-	-	-	
	III	-	-	-	-	-	-	-	-	-	-	-	-	-	-	-	-	-	-	-	-	-	
	IV	4,56	-	0,36	0,41	-	0,24	0,27	-	0,12	0,14	-	0,03	0,04	-	-	-	-	-	-	-	-	
	V	12,16	-	0,97	1,09																		
	VI	13,64	-	1,09	1,22																		
60,99	I	4,58	-	0,36	0,41	-	0,13	0,14	-	-	-	-	-	-	-	-	-	-	-	-	-	-	
	II	1,76	-	0,14	0,15	-	-	-	-	-	-	-	-	-	-	-	-	-	-	-	-	-	
	III	-	-	-	-	-	-	-	-	-	-	-	-	-	-	-	-	-	-	-	-	-	
	IV	4,58	-	0,36	0,41	-	0,24	0,27	-	0,13	0,14	-	0,03	0,04	-	-	-	-	-	-	-	-	
	V	12,21	-	0,97	1,09																		
	VI	13,68	-	1,09	1,23																		
61,09	I	4,61	-	0,36	0,41	-	0,13	0,14	-	-	-	-	-	-	-	-	-	-	-	-	-	-	
	II	1,78	-	0,14	0,16	-	-	-	-	-	-	-	-	-	-	-	-	-	-	-	-	-	
	III	-	-	-	-	-	-	-	-	-	-	-	-	-	-	-	-	-	-	-	-	-	
	IV	4,61	-	0,36	0,41	-	0,24	0,27	-	0,13	0,14	-	0,04	0,04	-	-	-	-	-	-	-	-	
	V	12,25	-	0,98	1,10																		
	VI	13,73	-	1,09	1,23																		
61,19	I	4,63	-	0,37	0,41	-	0,13	0,15	-	-	-	-	-	-	-	-	-	-	-	-	-	-	
	II	1,80	-	0,14	0,16	-	-	-	-	-	-	-	-	-	-	-	-	-	-	-	-	-	
	III	-	-	-	-	-	-	-	-	-	-	-	-	-	-	-	-	-	-	-	-	-	
	IV	4,63	-	0,37	0,41	-	0,24	0,27	-	0,13	0,15	-	0,04	0,04	-	-	-	-	-	-	-	-	
	V	12,29	-	0,98	1,10																		
	VI	13,77	-	1,10	1,23																		
61,29	I	4,66	-	0,37	0,41	-	0,13	0,15	-	-	-	-	-	-	-	-	-	-	-	-	-	-	
	II	1,83	-	0,14	0,16	-	-	-	-	-	-	-	-	-	-	-	-	-	-	-	-	-	
	III	-	-	-	-	-	-	-	-	-	-	-	-	-	-	-	-	-	-	-	-	-	
	IV	4,66	-	0,37	0,41	-	0,24	0,28	-	0,13	0,15	-	0,04	0,04	-	-	-	-	-	-	-	-	
	V	12,33	-	0,98	1,10																		
	VI	13,81	-	1,10	1,24																		
61,39	I	4,68	-	0,37	0,42	-	0,13	0,15	-	-	-	-	-	-	-	-	-	-	-	-	-	-	
	II	1,85	-	0,14	0,16	-	-	-	-	-	-	-	-	-	-	-	-	-	-	-	-	-	
	III	-	-	-	-	-	-	-	-	-	-	-	-	-	-	-	-	-	-	-	-	-	
	IV	4,68	-	0,37	0,42	-	0,25	0,28	-	0,13	0,15	-	0,04	0,04	-	-	-	-	-	-	-	-	
	V	12,37	-	0,98	1,11																		
	VI	13,85	-	1,10	1,24																		
61,49	I	4,71	-	0,37	0,42	-	0,13	0,15	-	-	-	-	-	-	-	-	-	-	-	-	-	-	
	II	1,87	-	0,14	0,16	-	-	-	-	-	-	-	-	-	-	-	-	-	-	-	-	-	
	III	-	-	-	-	-	-	-	-	-	-	-	-	-	-	-	-	-	-	-	-	-	
	IV	4,71	-	0,37	0,42	-	0,25	0,28	-	0,13	0,15	-	0,04	0,05	-	-	-	-	-	-	-	-	
	V	12,41	-	0,99	1,11																		
	VI	13,89	-	1,11	1,25																		

Besondere Tabelle

TAG bis 62,99 €

Lohn/ Gehalt bis	Steuerklasse	Lohnsteuer	ohne Kinderfreibetrag SolZ 5,5%	ohne Kinderfreibetrag Kirchensteuer 8%	ohne Kinderfreibetrag Kirchensteuer 9%	Anzahl Kinderfreibeträge (nur Steuerklassen I–IV) 0,5 SolZ 5,5%	0,5 Kirchensteuer 8%	0,5 Kirchensteuer 9%	1,0 SolZ 5,5%	1,0 Kirchensteuer 8%	1,0 Kirchensteuer 9%	1,5 SolZ 5,5%	1,5 Kirchensteuer 8%	1,5 Kirchensteuer 9%	2,0 SolZ 5,5%	2,0 Kirchensteuer 8%	2,0 Kirchensteuer 9%	2,5 SolZ 5,5%	2,5 Kirchensteuer 8%	2,5 Kirchensteuer 9%	3,0 SolZ 5,5%	3,0 Kirchensteuer 8%	3,0 Kirchensteuer 9%
61,59	I	4,73	-	0,37	0,42	-	0,14	0,15	-	-	-	-	-	-	-	-	-	-	-	-	-	-	-
	II	1,89	-	0,15	0,17	-	-	-	-	-	-	-	-	-	-	-	-	-	-	-	-	-	-
	III	-	-	-	-	-	-	-	-	-	-	-	-	-	-	-	-	-	-	-	-	-	-
	IV	4,73	-	0,37	0,42	-	0,25	0,28	-	0,14	0,15	-	0,04	0,05	-	-	-	-	-	-	-	-	-
	V	12,46	-	0,99	1,12																		
	VI	13,93	-	1,11	1,25																		
61,69	I	4,76	-	0,38	0,42	-	0,14	0,16	-	-	-	-	-	-	-	-	-	-	-	-	-	-	-
	II	1,91	-	0,15	0,17	-	-	-	-	-	-	-	-	-	-	-	-	-	-	-	-	-	-
	III	-	-	-	-	-	-	-	-	-	-	-	-	-	-	-	-	-	-	-	-	-	-
	IV	4,76	-	0,38	0,42	-	0,25	0,28	-	0,14	0,16	-	0,04	0,05	-	-	-	-	-	-	-	-	-
	V	12,50	-	1,00	1,12																		
	VI	13,98	-	1,11	1,25																		
61,79	I	4,78	-	0,38	0,43	-	0,14	0,16	-	-	-	-	-	-	-	-	-	-	-	-	-	-	-
	II	1,93	-	0,15	0,17	-	-	-	-	-	-	-	-	-	-	-	-	-	-	-	-	-	-
	III	-	-	-	-	-	-	-	-	-	-	-	-	-	-	-	-	-	-	-	-	-	-
	IV	4,78	-	0,38	0,43	-	0,26	0,29	-	0,14	0,16	-	0,04	0,05	-	-	-	-	-	-	-	-	-
	V	12,54	-	1,00	1,12																		
	VI	14,02	-	1,12	1,26																		
61,89	I	4,81	-	0,38	0,43	-	0,14	0,16	-	-	-	-	-	-	-	-	-	-	-	-	-	-	-
	II	1,95	-	0,15	0,17	-	-	-	-	-	-	-	-	-	-	-	-	-	-	-	-	-	-
	III	-	-	-	-	-	-	-	-	-	-	-	-	-	-	-	-	-	-	-	-	-	-
	IV	4,81	-	0,38	0,43	-	0,26	0,29	-	0,14	0,16	-	0,05	0,05	-	-	-	-	-	-	-	-	-
	V	12,58	-	1,00	1,13																		
	VI	14,06	-	1,12	1,26																		
61,99	I	4,83	-	0,38	0,43	-	0,14	0,16	-	-	-	-	-	-	-	-	-	-	-	-	-	-	-
	II	1,98	-	0,15	0,17	-	-	-	-	-	-	-	-	-	-	-	-	-	-	-	-	-	-
	III	-	-	-	-	-	-	-	-	-	-	-	-	-	-	-	-	-	-	-	-	-	-
	IV	4,83	-	0,38	0,43	-	0,26	0,29	-	0,14	0,16	-	0,05	0,05	-	-	-	-	-	-	-	-	-
	V	12,63	-	1,01	1,13																		
	VI	14,10	-	1,12	1,26																		
62,09	I	4,86	-	0,38	0,43	-	0,14	0,16	-	-	-	-	-	-	-	-	-	-	-	-	-	-	-
	II	2,00	-	0,16	0,18	-	-	-	-	-	-	-	-	-	-	-	-	-	-	-	-	-	-
	III	-	-	-	-	-	-	-	-	-	-	-	-	-	-	-	-	-	-	-	-	-	-
	IV	4,86	-	0,38	0,43	-	0,26	0,29	-	0,14	0,16	-	0,05	0,06	-	-	-	-	-	-	-	-	-
	V	12,67	-	1,01	1,14																		
	VI	14,15	-	1,13	1,27																		
62,19	I	4,88	-	0,39	0,43	-	0,15	0,17	-	-	-	-	-	-	-	-	-	-	-	-	-	-	-
	II	2,02	-	0,16	0,18	-	-	-	-	-	-	-	-	-	-	-	-	-	-	-	-	-	-
	III	-	-	-	-	-	-	-	-	-	-	-	-	-	-	-	-	-	-	-	-	-	-
	IV	4,88	-	0,39	0,43	-	0,26	0,30	-	0,15	0,17	-	0,05	0,06	-	-	-	-	-	-	-	-	-
	V	12,71	-	1,01	1,14																		
	VI	14,19	-	1,13	1,27																		
62,29	I	4,91	-	0,39	0,44	-	0,15	0,17	-	-	-	-	-	-	-	-	-	-	-	-	-	-	-
	II	2,04	-	0,16	0,18	-	-	-	-	-	-	-	-	-	-	-	-	-	-	-	-	-	-
	III	-	-	-	-	-	-	-	-	-	-	-	-	-	-	-	-	-	-	-	-	-	-
	IV	4,91	-	0,39	0,44	-	0,26	0,30	-	0,15	0,17	-	0,05	0,06	-	-	-	-	-	-	-	-	-
	V	12,75	-	1,02	1,14																		
	VI	14,23	-	1,13	1,28																		
62,39	I	4,93	-	0,39	0,44	-	0,15	0,17	-	-	-	-	-	-	-	-	-	-	-	-	-	-	-
	II	2,06	-	0,16	0,18	-	-	-	-	-	-	-	-	-	-	-	-	-	-	-	-	-	-
	III	-	-	-	-	-	-	-	-	-	-	-	-	-	-	-	-	-	-	-	-	-	-
	IV	4,93	-	0,39	0,44	-	0,27	0,30	-	0,15	0,17	-	0,05	0,06	-	-	-	-	-	-	-	-	-
	V	12,80	-	1,02	1,15																		
	VI	14,27	-	1,14	1,28																		
62,49	I	4,96	-	0,39	0,44	-	0,15	0,17	-	-	-	-	-	-	-	-	-	-	-	-	-	-	-
	II	2,08	-	0,16	0,18	-	-	-	-	-	-	-	-	-	-	-	-	-	-	-	-	-	-
	III	-	-	-	-	-	-	-	-	-	-	-	-	-	-	-	-	-	-	-	-	-	-
	IV	4,96	-	0,39	0,44	-	0,27	0,30	-	0,15	0,17	-	0,05	0,06	-	-	-	-	-	-	-	-	-
	V	12,84	-	1,02	1,15																		
	VI	14,31	-	1,14	1,28																		
62,59	I	4,98	-	0,39	0,44	-	0,15	0,17	-	-	-	-	-	-	-	-	-	-	-	-	-	-	-
	II	2,11	-	0,16	0,18	-	-	-	-	-	-	-	-	-	-	-	-	-	-	-	-	-	-
	III	-	-	-	-	-	-	-	-	-	-	-	-	-	-	-	-	-	-	-	-	-	-
	IV	4,98	-	0,39	0,44	-	0,27	0,30	-	0,15	0,17	-	0,06	0,06	-	-	-	-	-	-	-	-	-
	V	12,88	-	1,03	1,15																		
	VI	14,36	-	1,14	1,29																		
62,69	I	5,01	-	0,40	0,45	-	0,16	0,18	-	-	-	-	-	-	-	-	-	-	-	-	-	-	-
	II	2,13	-	0,17	0,19	-	-	-	-	-	-	-	-	-	-	-	-	-	-	-	-	-	-
	III	-	-	-	-	-	-	-	-	-	-	-	-	-	-	-	-	-	-	-	-	-	-
	IV	5,01	-	0,40	0,45	-	0,27	0,31	-	0,16	0,18	-	0,06	0,06	-	-	-	-	-	-	-	-	-
	V	12,92	-	1,03	1,16																		
	VI	14,40	-	1,15	1,29																		
62,79	I	5,03	-	0,40	0,45	-	0,16	0,18	-	-	-	-	-	-	-	-	-	-	-	-	-	-	-
	II	2,15	-	0,17	0,19	-	-	-	-	-	-	-	-	-	-	-	-	-	-	-	-	-	-
	III	-	-	-	-	-	-	-	-	-	-	-	-	-	-	-	-	-	-	-	-	-	-
	IV	5,03	-	0,40	0,45	-	0,27	0,31	-	0,16	0,18	-	0,06	0,07	-	-	-	-	-	-	-	-	-
	V	12,96	-	1,03	1,16																		
	VI	14,44	-	1,15	1,29																		
62,89	I	5,06	-	0,40	0,45	-	0,16	0,18	-	-	-	-	-	-	-	-	-	-	-	-	-	-	-
	II	2,18	-	0,17	0,19	-	-	-	-	-	-	-	-	-	-	-	-	-	-	-	-	-	-
	III	-	-	-	-	-	-	-	-	-	-	-	-	-	-	-	-	-	-	-	-	-	-
	IV	5,06	-	0,40	0,45	-	0,28	0,31	-	0,16	0,18	-	0,06	0,07	-	-	-	-	-	-	-	-	-
	V	13,00	-	1,04	1,17																		
	VI	14,48	-	1,15	1,30																		
62,99	I	5,08	-	0,40	0,45	-	0,16	0,18	-	-	-	-	-	-	-	-	-	-	-	-	-	-	-
	II	2,20	-	0,17	0,19	-	-	-	-	-	-	-	-	-	-	-	-	-	-	-	-	-	-
	III	-	-	-	-	-	-	-	-	-	-	-	-	-	-	-	-	-	-	-	-	-	-
	IV	5,08	-	0,40	0,45	-	0,28	0,31	-	0,16	0,18	-	0,06	0,07	-	-	-	-	-	-	-	-	-
	V	13,05	-	1,04	1,17																		
	VI	14,52	-	1,16	1,30																		

Lohn/ Gehalt bis	Steuerklasse	Lohn- steuer	ohne Kinderfreibetrag			Anzahl Kinderfreibeträge (nur Steuerklassen I–IV)																	
						0,5			1,0			1,5			2,0			2,5			3,0		
			SolZ 5,5%	Kirchensteuer 8%	9%	SolZ 5,5%	Kirchensteuer 8%	9%	SolZ 5,5%	Kirchensteuer 8%	9%	SolZ 5,5%	Kirchensteuer 8%	9%	SolZ 5,5%	Kirchensteuer 8%	9%	SolZ 5,5%	Kirchensteuer 8%	9%	SolZ 5,5%	Kirchensteuer 8%	9%
63,09	I	5,11	-	0,40	0,45	-	0,16	0,18	-	-	-	-	-	-	-	-	-	-	-	-	-	-	
	II	2,22	-	0,17	0,19	-	-	-	-	-	-	-	-	-	-	-	-	-	-	-	-	-	
	III	-	-	-	-	-	-	-	-	-	-	-	-	-	-	-	-	-	-	-	-	-	
	IV	5,11	-	0,40	0,45	-	0,28	0,32	-	0,16	0,18	-	0,06	0,07	-	-	-	-	-	-	-	-	
	V	13,09	-	1,04	1,17																		
	VI	14,56	-	1,16	1,31																		
63,19	I	5,13	-	0,41	0,46	-	0,16	0,18	-	-	-	-	-	-	-	-	-	-	-	-	-	-	
	II	2,24	-	0,17	0,20	-	-	-	-	-	-	-	-	-	-	-	-	-	-	-	-	-	
	III	-	-	-	-	-	-	-	-	-	-	-	-	-	-	-	-	-	-	-	-	-	
	IV	5,13	-	0,41	0,46	-	0,28	0,32	-	0,16	0,18	-	0,06	0,07	-	-	-	-	-	-	-	-	
	V	13,13	-	1,05	1,18																		
	VI	14,61	-	1,16	1,31																		
63,29	I	5,16	-	0,41	0,46	-	0,17	0,19	-	-	-	-	-	-	-	-	-	-	-	-	-	-	
	II	2,26	-	0,18	0,20	-	-	-	-	-	-	-	-	-	-	-	-	-	-	-	-	-	
	III	-	-	-	-	-	-	-	-	-	-	-	-	-	-	-	-	-	-	-	-	-	
	IV	5,16	-	0,41	0,46	-	0,28	0,32	-	0,17	0,19	-	0,07	0,07	-	-	-	-	-	-	-	-	
	V	13,17	-	1,05	1,18																		
	VI	14,65	-	1,17	1,31																		
63,39	I	5,19	-	0,41	0,46	-	0,17	0,19	-	-	-	-	-	-	-	-	-	-	-	-	-	-	
	II	2,29	-	0,18	0,20	-	-	-	-	-	-	-	-	-	-	-	-	-	-	-	-	-	
	III	-	-	-	-	-	-	-	-	-	-	-	-	-	-	-	-	-	-	-	-	-	
	IV	5,19	-	0,41	0,46	-	0,29	0,32	-	0,17	0,19	-	0,07	0,08	-	-	-	-	-	-	-	-	
	V	13,21	-	1,05	1,18																		
	VI	14,69	-	1,17	1,32																		
63,49	I	5,21	-	0,41	0,46	-	0,17	0,19	-	-	-	-	-	-	-	-	-	-	-	-	-	-	
	II	2,31	-	0,18	0,20	-	-	-	-	-	-	-	-	-	-	-	-	-	-	-	-	-	
	III	-	-	-	-	-	-	-	-	-	-	-	-	-	-	-	-	-	-	-	-	-	
	IV	5,21	-	0,41	0,46	-	0,29	0,32	-	0,17	0,19	-	0,07	0,08	-	-	-	-	-	-	-	-	
	V	13,26	-	1,06	1,19																		
	VI	14,73	-	1,17	1,32																		
63,59	I	5,24	-	0,41	0,47	-	0,17	0,19	-	-	-	-	-	-	-	-	-	-	-	-	-	-	
	II	2,33	-	0,18	0,20	-	-	-	-	-	-	-	-	-	-	-	-	-	-	-	-	-	
	III	-	-	-	-	-	-	-	-	-	-	-	-	-	-	-	-	-	-	-	-	-	
	IV	5,24	-	0,41	0,47	-	0,29	0,33	-	0,17	0,19	-	0,07	0,08	-	-	-	-	-	-	-	-	
	V	13,30	-	1,06	1,19																		
	VI	14,78	-	1,18	1,33																		
63,69	I	5,26	-	0,42	0,47	-	0,17	0,19	-	-	-	-	-	-	-	-	-	-	-	-	-	-	
	II	2,36	-	0,18	0,21	-	-	-	-	-	-	-	-	-	-	-	-	-	-	-	-	-	
	III	-	-	-	-	-	-	-	-	-	-	-	-	-	-	-	-	-	-	-	-	-	
	IV	5,26	-	0,42	0,47	-	0,29	0,33	-	0,17	0,19	-	0,07	0,08	-	-	-	-	-	-	-	-	
	V	13,34	-	1,06	1,20																		
	VI	14,82	-	1,18	1,33																		
63,79	I	5,29	-	0,42	0,47	-	0,17	0,20	-	-	-	-	-	-	-	-	-	-	-	-	-	-	
	II	2,38	-	0,19	0,21	-	-	-	-	-	-	-	-	-	-	-	-	-	-	-	-	-	
	III	-	-	-	-	-	-	-	-	-	-	-	-	-	-	-	-	-	-	-	-	-	
	IV	5,29	-	0,42	0,47	-	0,29	0,33	-	0,17	0,20	-	0,07	0,08	-	-	-	-	-	-	-	-	
	V	13,38	-	1,07	1,20																		
	VI	14,86	-	1,18	1,33																		
63,89	I	5,31	-	0,42	0,47	-	0,18	0,20	-	-	-	-	-	-	-	-	-	-	-	-	-	-	
	II	2,40	-	0,19	0,21	-	-	-	-	-	-	-	-	-	-	-	-	-	-	-	-	-	
	III	-	-	-	-	-	-	-	-	-	-	-	-	-	-	-	-	-	-	-	-	-	
	IV	5,31	-	0,42	0,47	-	0,30	0,33	-	0,18	0,20	-	0,07	0,08	-	-	-	-	-	-	-	-	
	V	13,42	-	1,07	1,20																		
	VI	14,90	-	1,19	1,34																		
63,99	I	5,34	-	0,42	0,48	-	0,18	0,20	-	-	-	-	-	-	-	-	-	-	-	-	-	-	
	II	2,43	-	0,19	0,21	-	-	-	-	-	-	-	-	-	-	-	-	-	-	-	-	-	
	III	-	-	-	-	-	-	-	-	-	-	-	-	-	-	-	-	-	-	-	-	-	
	IV	5,34	-	0,42	0,48	-	0,30	0,34	-	0,18	0,20	-	0,08	0,09	-	-	-	-	-	-	-	-	
	V	13,46	-	1,07	1,21																		
	VI	14,94	-	1,19	1,34																		
64,09	I	5,36	-	0,42	0,48	-	0,18	0,20	-	-	-	-	-	-	-	-	-	-	-	-	-	-	
	II	2,45	-	0,19	0,22	-	-	-	-	-	-	-	-	-	-	-	-	-	-	-	-	-	
	III	-	-	-	-	-	-	-	-	-	-	-	-	-	-	-	-	-	-	-	-	-	
	IV	5,36	-	0,42	0,48	-	0,30	0,34	-	0,18	0,20	-	0,08	0,09	-	-	-	-	-	-	-	-	
	V	13,51	-	1,08	1,21																		
	VI	14,98	-	1,19	1,34																		
64,19	I	5,39	-	0,43	0,48	-	0,18	0,20	-	-	-	-	-	-	-	-	-	-	-	-	-	-	
	II	2,47	-	0,19	0,22	-	-	-	-	-	-	-	-	-	-	-	-	-	-	-	-	-	
	III	-	-	-	-	-	-	-	-	-	-	-	-	-	-	-	-	-	-	-	-	-	
	IV	5,39	-	0,43	0,48	-	0,30	0,34	-	0,18	0,20	-	0,08	0,09	-	-	-	-	-	-	-	-	
	V	13,55	-	1,08	1,21																		
	VI	15,03	-	1,20	1,35																		
64,29	I	5,41	-	0,43	0,48	-	0,18	0,21	-	-	-	-	-	-	-	-	-	-	-	-	-	-	
	II	2,50	-	0,20	0,22	-	0,01	0,01	-	-	-	-	-	-	-	-	-	-	-	-	-	-	
	III	-	-	-	-	-	-	-	-	-	-	-	-	-	-	-	-	-	-	-	-	-	
	IV	5,41	-	0,43	0,48	-	0,30	0,34	-	0,18	0,21	-	0,08	0,09	-	-	-	-	-	-	-	-	
	V	13,59	-	1,08	1,22																		
	VI	15,07	-	1,20	1,35																		
64,39	I	5,44	-	0,43	0,48	-	0,19	0,21	-	-	-	-	-	-	-	-	-	-	-	-	-	-	
	II	2,52	-	0,20	0,22	-	0,01	0,01	-	-	-	-	-	-	-	-	-	-	-	-	-	-	
	III	-	-	-	-	-	-	-	-	-	-	-	-	-	-	-	-	-	-	-	-	-	
	IV	5,44	-	0,43	0,48	-	0,31	0,34	-	0,19	0,21	-	0,08	0,09	-	-	-	-	-	-	-	-	
	V	13,63	-	1,09	1,22																		
	VI	15,11	-	1,20	1,35																		
64,49	I	5,46	-	0,43	0,49	-	0,19	0,21	-	-	-	-	-	-	-	-	-	-	-	-	-	-	
	II	2,54	-	0,20	0,22	-	0,01	0,01	-	-	-	-	-	-	-	-	-	-	-	-	-	-	
	III	-	-	-	-	-	-	-	-	-	-	-	-	-	-	-	-	-	-	-	-	-	
	IV	5,46	-	0,43	0,49	-	0,31	0,35	-	0,19	0,21	-	0,08	0,09	-	-	-	-	-	-	-	-	
	V	13,68	-	1,09	1,23																		
	VI	15,15	-	1,21	1,36																		

Besondere Tabelle

Lohn/ Gehalt bis	Steuerklasse	Lohn- steuer	ohne Kinderfreibetrag SolZ 5,5%	Kirchensteuer 8%	9%	0,5 SolZ 5,5%	Kirchensteuer 8%	9%	1,0 SolZ 5,5%	Kirchensteuer 8%	9%	1,5 SolZ 5,5%	Kirchensteuer 8%	9%	2,0 SolZ 5,5%	Kirchensteuer 8%	9%	2,5 SolZ 5,5%	Kirchensteuer 8%	9%	3,0 SolZ 5,5%	Kirchensteuer 8%	9%
						Anzahl Kinderfreibeträge (nur Steuerklassen I–IV)																	
64,59	I	5,49	-	0,43	0,49	-	0,19	0,21	-	-	-	-	-	-	-	-	-	-	-	-	-	-	-
	II	2,57	-	0,20	0,23	-	0,01	0,01	-	-	-	-	-	-	-	-	-	-	-	-	-	-	-
	III	-	-	-	-	-	-	-	-	-	-	-	-	-	-	-	-	-	-	-	-	-	-
	IV	5,49	-	0,43	0,49	-	0,31	0,35	-	0,19	0,21	-	0,08	0,10	-	-	-	-	-	-	-	-	-
	V	13,72	-	1,09	1,23																		
	VI	15,20	-	1,21	1,36																		
64,69	I	5,52	-	0,44	0,49	-	0,19	0,22	-	-	-	-	-	-	-	-	-	-	-	-	-	-	-
	II	2,59	-	0,20	0,23	-	0,01	0,01	-	-	-	-	-	-	-	-	-	-	-	-	-	-	-
	III	-	-	-	-	-	-	-	-	-	-	-	-	-	-	-	-	-	-	-	-	-	-
	IV	5,52	-	0,44	0,49	-	0,31	0,35	-	0,19	0,22	-	0,09	0,10	-	-	-	-	-	-	-	-	-
	V	13,76	-	1,10	1,23																		
	VI	15,24	-	1,21	1,37																		
64,79	I	5,54	-	0,44	0,49	-	0,19	0,22	-	-	-	-	-	-	-	-	-	-	-	-	-	-	-
	II	2,61	-	0,20	0,23	-	0,01	0,01	-	-	-	-	-	-	-	-	-	-	-	-	-	-	-
	III	-	-	-	-	-	-	-	-	-	-	-	-	-	-	-	-	-	-	-	-	-	-
	IV	5,54	-	0,44	0,49	-	0,31	0,35	-	0,19	0,22	-	0,09	0,10	-	-	-	-	-	-	-	-	-
	V	13,80	-	1,10	1,24																		
	VI	15,28	-	1,22	1,37																		
64,89	I	5,57	-	0,44	0,50	-	0,20	0,22	-	0,01	0,01	-	-	-	-	-	-	-	-	-	-	-	-
	II	2,64	-	0,21	0,23	-	0,01	0,01	-	-	-	-	-	-	-	-	-	-	-	-	-	-	-
	III	-	-	-	-	-	-	-	-	-	-	-	-	-	-	-	-	-	-	-	-	-	-
	IV	5,57	-	0,44	0,50	-	0,32	0,36	-	0,20	0,22	-	0,09	0,10	-	0,01	0,01	-	-	-	-	-	-
	V	13,85	-	1,10	1,24																		
	VI	15,32	-	1,22	1,37																		
64,99	I	5,59	-	0,44	0,50	-	0,20	0,22	-	0,01	0,01	-	-	-	-	-	-	-	-	-	-	-	-
	II	2,66	-	0,21	0,23	-	0,01	0,02	-	-	-	-	-	-	-	-	-	-	-	-	-	-	-
	III	-	-	-	-	-	-	-	-	-	-	-	-	-	-	-	-	-	-	-	-	-	-
	IV	5,59	-	0,44	0,50	-	0,32	0,36	-	0,20	0,22	-	0,09	0,10	-	0,01	0,01	-	-	-	-	-	-
	V	13,89	-	1,11	1,25																		
	VI	15,36	-	1,22	1,38																		
65,09	I	5,62	-	0,44	0,50	-	0,20	0,22	-	0,01	0,01	-	-	-	-	-	-	-	-	-	-	-	-
	II	2,68	-	0,21	0,24	-	0,02	0,02	-	-	-	-	-	-	-	-	-	-	-	-	-	-	-
	III	-	-	-	-	-	-	-	-	-	-	-	-	-	-	-	-	-	-	-	-	-	-
	IV	5,62	-	0,44	0,50	-	0,32	0,36	-	0,20	0,22	-	0,09	0,10	-	0,01	0,01	-	-	-	-	-	-
	V	13,93	-	1,11	1,25																		
	VI	15,41	-	1,23	1,38																		
65,19	I	5,65	-	0,45	0,50	-	0,20	0,23	-	0,01	0,01	-	-	-	-	-	-	-	-	-	-	-	-
	II	2,71	-	0,21	0,24	-	0,02	0,02	-	-	-	-	-	-	-	-	-	-	-	-	-	-	-
	III	-	-	-	-	-	-	-	-	-	-	-	-	-	-	-	-	-	-	-	-	-	-
	IV	5,65	-	0,45	0,50	-	0,32	0,36	-	0,20	0,23	-	0,09	0,11	-	0,01	0,01	-	-	-	-	-	-
	V	13,97	-	1,11	1,25																		
	VI	15,45	-	1,23	1,39																		
65,29	I	5,67	-	0,45	0,51	-	0,20	0,23	-	0,01	0,01	-	-	-	-	-	-	-	-	-	-	-	-
	II	2,73	-	0,21	0,24	-	0,02	0,02	-	-	-	-	-	-	-	-	-	-	-	-	-	-	-
	III	-	-	-	-	-	-	-	-	-	-	-	-	-	-	-	-	-	-	-	-	-	-
	IV	5,67	-	0,45	0,51	-	0,32	0,36	-	0,20	0,23	-	0,10	0,11	-	0,01	0,01	-	-	-	-	-	-
	V	14,01	-	1,12	1,26																		
	VI	15,49	-	1,23	1,39																		
65,39	I	5,70	-	0,45	0,51	-	0,20	0,23	-	0,01	0,01	-	-	-	-	-	-	-	-	-	-	-	-
	II	2,76	-	0,22	0,24	-	0,02	0,02	-	-	-	-	-	-	-	-	-	-	-	-	-	-	-
	III	-	-	-	-	-	-	-	-	-	-	-	-	-	-	-	-	-	-	-	-	-	-
	IV	5,70	-	0,45	0,51	-	0,33	0,37	-	0,20	0,23	-	0,10	0,11	-	0,01	0,01	-	-	-	-	-	-
	V	14,05	-	1,12	1,26																		
	VI	15,53	-	1,24	1,39																		
65,49	I	5,72	-	0,45	0,51	-	0,21	0,23	-	0,01	0,01	-	-	-	-	-	-	-	-	-	-	-	-
	II	2,78	-	0,22	0,25	-	0,02	0,02	-	-	-	-	-	-	-	-	-	-	-	-	-	-	-
	III	-	-	-	-	-	-	-	-	-	-	-	-	-	-	-	-	-	-	-	-	-	-
	IV	5,72	-	0,45	0,51	-	0,33	0,37	-	0,21	0,23	-	0,10	0,11	-	0,01	0,01	-	-	-	-	-	-
	V	14,10	-	1,12	1,26																		
	VI	15,57	-	1,24	1,40																		
65,59	I	5,75	-	0,46	0,51	-	0,21	0,23	-	0,01	0,02	-	-	-	-	-	-	-	-	-	-	-	-
	II	2,81	-	0,22	0,25	-	0,02	0,02	-	-	-	-	-	-	-	-	-	-	-	-	-	-	-
	III	-	-	-	-	-	-	-	-	-	-	-	-	-	-	-	-	-	-	-	-	-	-
	IV	5,75	-	0,46	0,51	-	0,33	0,37	-	0,21	0,23	-	0,10	0,11	-	0,01	0,02	-	-	-	-	-	-
	V	14,14	-	1,13	1,27																		
	VI	15,61	-	1,24	1,40																		
65,69	I	5,77	-	0,46	0,51	-	0,21	0,24	-	0,02	0,02	-	-	-	-	-	-	-	-	-	-	-	-
	II	2,83	-	0,22	0,25	-	0,02	0,03	-	-	-	-	-	-	-	-	-	-	-	-	-	-	-
	III	-	-	-	-	-	-	-	-	-	-	-	-	-	-	-	-	-	-	-	-	-	-
	IV	5,77	-	0,46	0,51	-	0,33	0,37	-	0,21	0,24	-	0,10	0,11	-	0,02	0,02	-	-	-	-	-	-
	V	14,18	-	1,13	1,27																		
	VI	15,66	-	1,25	1,40																		
65,79	I	5,80	-	0,46	0,52	-	0,21	0,24	-	0,02	0,02	-	-	-	-	-	-	-	-	-	-	-	-
	II	2,85	-	0,22	0,25	-	0,02	0,03	-	-	-	-	-	-	-	-	-	-	-	-	-	-	-
	III	-	-	-	-	-	-	-	-	-	-	-	-	-	-	-	-	-	-	-	-	-	-
	IV	5,80	-	0,46	0,52	-	0,33	0,38	-	0,21	0,24	-	0,10	0,12	-	0,02	0,02	-	-	-	-	-	-
	V	14,22	-	1,13	1,27																		
	VI	15,70	-	1,25	1,41																		
65,89	I	5,83	-	0,46	0,52	-	0,21	0,24	-	0,02	0,02	-	-	-	-	-	-	-	-	-	-	-	-
	II	2,88	-	0,23	0,25	-	0,02	0,03	-	-	-	-	-	-	-	-	-	-	-	-	-	-	-
	III	-	-	-	-	-	-	-	-	-	-	-	-	-	-	-	-	-	-	-	-	-	-
	IV	5,83	-	0,46	0,52	-	0,34	0,38	-	0,21	0,24	-	0,10	0,12	-	0,02	0,02	-	-	-	-	-	-
	V	14,26	-	1,14	1,28																		
	VI	15,74	-	1,25	1,41																		
65,99	I	5,85	-	0,46	0,52	-	0,22	0,24	-	0,02	0,02	-	-	-	-	-	-	-	-	-	-	-	-
	II	2,90	-	0,23	0,26	-	0,03	0,03	-	-	-	-	-	-	-	-	-	-	-	-	-	-	-
	III	-	-	-	-	-	-	-	-	-	-	-	-	-	-	-	-	-	-	-	-	-	-
	IV	5,85	-	0,46	0,52	-	0,34	0,38	-	0,22	0,24	-	0,11	0,12	-	0,02	0,02	-	-	-	-	-	-
	V	14,31	-	1,14	1,28																		
	VI	15,78	-	1,26	1,42																		

Lohn/Gehalt bis	Steuerklasse	Lohnsteuer	ohne Kinderfreibetrag			Anzahl Kinderfreibeträge (nur Steuerklassen I–IV)																
						0,5			1,0			1,5			2,0			2,5			3,0	
			SolZ 5,5%	Kirchensteuer 8%	9%	SolZ 5,5%	Kirchensteuer 8%	9%	SolZ 5,5%	Kirchensteuer 8%	9%	SolZ 5,5%	Kirchensteuer 8%	9%	SolZ 5,5%	Kirchensteuer 8%	9%	SolZ 5,5%	Kirchensteuer 8%	9%	SolZ 5,5%	Kirchensteuer 8%
66,09	I	5,88	-	0,47	0,52	-	0,22	0,25	-	0,02	0,02	-	-	-	-	-	-	-	-	-	-	-
	II	2,93	-	0,23	0,26	-	0,03	0,03	-	-	-	-	-	-	-	-	-	-	-	-	-	-
	III	-	-	-	-	-	-	-	-	-	-	-	-	-	-	-	-	-	-	-	-	-
	IV	5,88	-	0,47	0,52	-	0,34	0,38	-	0,22	0,25	-	0,11	0,12	-	0,02	0,02	-	-	-	-	-
	V	14,35	-	1,14	1,29																	
	VI	15,83	-	1,26	1,42																	
66,19	I	5,90	-	0,47	0,53	-	0,22	0,25	-	0,02	0,02	-	-	-	-	-	-	-	-	-	-	-
	II	2,95	-	0,23	0,26	-	0,03	0,03	-	-	-	-	-	-	-	-	-	-	-	-	-	-
	III	-	-	-	-	-	-	-	-	-	-	-	-	-	-	-	-	-	-	-	-	-
	IV	5,90	-	0,47	0,53	-	0,34	0,38	-	0,22	0,25	-	0,11	0,12	-	0,02	0,02	-	-	-	-	-
	V	14,39	-	1,15	1,29																	
	VI	15,87	-	1,26	1,42																	
66,29	I	5,93	-	0,47	0,53	-	0,22	0,25	-	0,02	0,03	-	-	-	-	-	-	-	-	-	-	-
	II	2,97	-	0,23	0,26	-	0,03	0,03	-	-	-	-	-	-	-	-	-	-	-	-	-	-
	III	-	-	-	-	-	-	-	-	-	-	-	-	-	-	-	-	-	-	-	-	-
	IV	5,93	-	0,47	0,53	-	0,34	0,39	-	0,22	0,25	-	0,11	0,13	-	0,02	0,03	-	-	-	-	-
	V	14,43	-	1,15	1,29																	
	VI	15,91	-	1,27	1,43																	
66,39	I	5,95	-	0,47	0,53	-	0,22	0,25	-	0,02	0,03	-	-	-	-	-	-	-	-	-	-	-
	II	3,00	-	0,24	0,27	-	0,03	0,04	-	-	-	-	-	-	-	-	-	-	-	-	-	-
	III	-	-	-	-	-	-	-	-	-	-	-	-	-	-	-	-	-	-	-	-	-
	IV	5,95	-	0,47	0,53	-	0,35	0,39	-	0,22	0,25	-	0,11	0,13	-	0,02	0,03	-	-	-	-	-
	V	14,47	-	1,15	1,30																	
	VI	15,95	-	1,27	1,43																	
66,49	I	5,98	-	0,47	0,53	-	0,23	0,25	-	0,02	0,03	-	-	-	-	-	-	-	-	-	-	-
	II	3,02	-	0,24	0,27	-	0,03	0,04	-	-	-	-	-	-	-	-	-	-	-	-	-	-
	III	-	-	-	-	-	-	-	-	-	-	-	-	-	-	-	-	-	-	-	-	-
	IV	5,98	-	0,47	0,53	-	0,35	0,39	-	0,23	0,25	-	0,11	0,13	-	0,02	0,03	-	-	-	-	-
	V	14,51	-	1,16	1,30																	
	VI	15,99	-	1,27	1,43																	
66,59	I	6,01	-	0,48	0,54	-	0,23	0,26	-	0,03	0,03	-	-	-	-	-	-	-	-	-	-	-
	II	3,05	-	0,24	0,27	-	0,03	0,04	-	-	-	-	-	-	-	-	-	-	-	-	-	-
	III	-	-	-	-	-	-	-	-	-	-	-	-	-	-	-	-	-	-	-	-	-
	IV	6,01	-	0,48	0,54	-	0,35	0,39	-	0,23	0,26	-	0,12	0,13	-	0,03	0,03	-	-	-	-	-
	V	14,56	-	1,16	1,31																	
	VI	16,03	-	1,28	1,44																	
66,69	I	6,03	-	0,48	0,54	-	0,23	0,26	-	0,03	0,03	-	-	-	-	-	-	-	-	-	-	-
	II	3,07	-	0,24	0,27	-	0,04	0,04	-	-	-	-	-	-	-	-	-	-	-	-	-	-
	III	-	-	-	-	-	-	-	-	-	-	-	-	-	-	-	-	-	-	-	-	-
	IV	6,03	-	0,48	0,54	-	0,35	0,40	-	0,23	0,26	-	0,12	0,13	-	0,03	0,03	-	-	-	-	-
	V	14,60	-	1,16	1,31																	
	VI	16,08	-	1,28	1,44																	
66,79	I	6,06	-	0,48	0,54	-	0,23	0,26	-	0,03	0,03	-	-	-	-	-	-	-	-	-	-	-
	II	3,10	-	0,24	0,27	-	0,04	0,04	-	-	-	-	-	-	-	-	-	-	-	-	-	-
	III	-	-	-	-	-	-	-	-	-	-	-	-	-	-	-	-	-	-	-	-	-
	IV	6,06	-	0,48	0,54	-	0,35	0,40	-	0,23	0,26	-	0,12	0,13	-	0,03	0,03	-	-	-	-	-
	V	14,64	-	1,17	1,31																	
	VI	16,12	-	1,28	1,45																	
66,89	I	6,08	-	0,48	0,54	-	0,23	0,26	-	0,03	0,03	-	-	-	-	-	-	-	-	-	-	-
	II	3,12	-	0,24	0,28	-	0,04	0,04	-	-	-	-	-	-	-	-	-	-	-	-	-	-
	III	-	-	-	-	-	-	-	-	-	-	-	-	-	-	-	-	-	-	-	-	-
	IV	6,08	-	0,48	0,54	-	0,36	0,40	-	0,23	0,26	-	0,12	0,14	-	0,03	0,03	-	-	-	-	-
	V	14,68	-	1,17	1,32																	
	VI	16,16	-	1,29	1,45																	
66,99	I	6,11	-	0,48	0,54	-	0,24	0,27	-	0,03	0,04	-	-	-	-	-	-	-	-	-	-	-
	II	3,14	-	0,25	0,28	-	0,04	0,04	-	-	-	-	-	-	-	-	-	-	-	-	-	-
	III	-	-	-	-	-	-	-	-	-	-	-	-	-	-	-	-	-	-	-	-	-
	IV	6,11	-	0,48	0,54	-	0,36	0,40	-	0,24	0,27	-	0,12	0,14	-	0,03	0,04	-	-	-	-	-
	V	14,73	-	1,17	1,32																	
	VI	16,20	-	1,29	1,45																	
67,09	I	6,13	-	0,49	0,55	-	0,24	0,27	-	0,03	0,04	-	-	-	-	-	-	-	-	-	-	-
	II	3,17	-	0,25	0,28	-	0,04	0,05	-	-	-	-	-	-	-	-	-	-	-	-	-	-
	III	-	-	-	-	-	-	-	-	-	-	-	-	-	-	-	-	-	-	-	-	-
	IV	6,13	-	0,49	0,55	-	0,36	0,40	-	0,24	0,27	-	0,12	0,14	-	0,03	0,04	-	-	-		-
	V	14,77	-	1,18	1,32																	
	VI	16,25	-	1,30	1,46																	
67,19	I	6,16	-	0,49	0,55	-	0,24	0,27	-	0,03	0,04	-	-	-	-	-	-	-	-	-	-	-
	II	3,19	-	0,25	0,28	-	0,04	0,05	-	-	-	-	-	-	-	-	-	-	-	-	-	-
	III	-	-	-	-	-	-	-	-	-	-	-	-	-	-	-	-	-	-	-	-	-
	IV	6,16	-	0,49	0,55	-	0,36	0,41	-	0,24	0,27	-	0,13	0,14	-	0,03	0,04	-	-	-	-	-
	V	14,81	-	1,18	1,33																	
	VI	16,29	-	1,30	1,46																	
67,29	I	6,19	-	0,49	0,55	-	0,24	0,27	-	0,04	0,04	-	-	-	-	-	-	-	-	-	-	-
	II	3,22	-	0,25	0,28	-	0,04	0,05	-	-	-	-	-	-	-	-	-	-	-	-	-	-
	III	-	-	-	-	-	-	-	-	-	-	-	-	-	-	-	-	-	-	-	-	-
	IV	6,19	-	0,49	0,55	-	0,36	0,41	-	0,24	0,27	-	0,13	0,14	-	0,04	0,04	-	-	-	-	-
	V	14,85	-	1,18	1,33																	
	VI	16,33	-	1,30	1,46																	
67,39	I	6,21	-	0,49	0,55	-	0,24	0,27	-	0,04	0,04	-	-	-	-	-	-	-	-	-	-	-
	II	3,24	-	0,25	0,29	-	0,04	0,05	-	-	-	-	-	-	-	-	-	-	-	-	-	-
	III	-	-	-	-	-	-	-	-	-	-	-	-	-	-	-	-	-	-	-	-	-
	IV	6,21	-	0,49	0,55	-	0,37	0,41	-	0,24	0,27	-	0,13	0,15	-	0,04	0,04	-	-	-	-	-
	V	14,90	-	1,19	1,34																	
	VI	16,37	-	1,30	1,47																	
67,49	I	6,24	-	0,49	0,56	-	0,24	0,28	-	0,04	0,04	-	-	-	-	-	-	-	-	-	-	-
	II	3,26	-	0,26	0,29	-	0,05	0,05	-	-	-	-	-	-	-	-	-	-	-	-	-	-
	III	-	-	-	-	-	-	-	-	-	-	-	-	-	-	-	-	-	-	-	-	-
	IV	6,24	-	0,49	0,56	-	0,37	0,41	-	0,24	0,28	-	0,13	0,15	-	0,04	0,04	-	-	-	-	-
	V	14,94	-	1,19	1,34																	
	VI	16,41	-	1,31	1,47																	

Besondere Tabelle

Lohn/ Gehalt bis	Steuerklasse	Lohn-steuer	ohne Kinderfreibetrag			Anzahl Kinderfreibeträge (nur Steuerklassen I–IV): 0,5			1,0			1,5			2,0			2,5			3,0		
			SolZ 5,5%	Kirchensteuer 8%	9%	SolZ 5,5%	Kirchensteuer 8%	9%	SolZ 5,5%	Kirchensteuer 8%	9%	SolZ 5,5%	Kirchensteuer 8%	9%	SolZ 5,5%	Kirchensteuer 8%	9%	SolZ 5,5%	Kirchensteuer 8%	9%	SolZ 5,5%	Kirchensteuer 8%	9%
67,59	I	6,26	-	0,50	0,56	-	0,25	0,28	-	0,04	0,04	-	-	-	-	-	-	-	-	-	-	-	-
	II	3,29	-	0,26	0,29	-	0,05	0,05	-	-	-	-	-	-	-	-	-	-	-	-	-	-	-
	III	-	-	-	-	-	-	-	-	-	-	-	-	-	-	-	-	-	-	-	-	-	-
	IV	6,26	-	0,50	0,56	-	0,37	0,42	-	0,25	0,28	-	0,13	0,15	-	0,04	0,04	-	-	-	-	-	-
	V	14,98	-	1,19	1,34																		
	VI	16,46	-	1,31	1,48																		
67,69	I	6,29	-	0,50	0,56	-	0,25	0,28	-	0,04	0,05	-	-	-	-	-	-	-	-	-	-	-	-
	II	3,31	-	0,26	0,29	-	0,05	0,06	-	-	-	-	-	-	-	-	-	-	-	-	-	-	-
	III	-	-	-	-	-	-	-	-	-	-	-	-	-	-	-	-	-	-	-	-	-	-
	IV	6,29	-	0,50	0,56	-	0,37	0,42	-	0,25	0,28	-	0,13	0,15	-	0,04	0,05	-	-	-	-	-	-
	V	15,02	-	1,20	1,35																		
	VI	16,50	-	1,32	1,48																		
67,79	I	6,31	-	0,50	0,56	-	0,25	0,28	-	0,04	0,05	-	-	-	-	-	-	-	-	-	-	-	-
	II	3,34	-	0,26	0,30	-	0,05	0,06	-	-	-	-	-	-	-	-	-	-	-	-	-	-	-
	III	-	-	-	-	-	-	-	-	-	-	-	-	-	-	-	-	-	-	-	-	-	-
	IV	6,31	-	0,50	0,56	-	0,37	0,42	-	0,25	0,28	-	0,14	0,15	-	0,04	0,05	-	-	-	-	-	-
	V	15,06	-	1,20	1,35																		
	VI	16,54	-	1,32	1,48																		
67,89	I	6,34	-	0,50	0,57	-	0,25	0,28	-	0,04	0,05	-	-	-	-	-	-	-	-	-	-	-	-
	II	3,36	-	0,26	0,30	-	0,05	0,06	-	-	-	-	-	-	-	-	-	-	-	-	-	-	-
	III	-	-	-	-	-	-	-	-	-	-	-	-	-	-	-	-	-	-	-	-	-	-
	IV	6,34	-	0,50	0,57	-	0,38	0,42	-	0,25	0,28	-	0,14	0,16	-	0,04	0,05	-	-	-	-	-	-
	V	15,10	-	1,20	1,35																		
	VI	16,58	-	1,32	1,49																		
67,99	I	6,37	-	0,50	0,57	-	0,25	0,29	-	0,04	0,05	-	-	-	-	-	-	-	-	-	-	-	-
	II	3,39	-	0,27	0,30	-	0,05	0,06	-	-	-	-	-	-	-	-	-	-	-	-	-	-	-
	III	-	-	-	-	-	-	-	-	-	-	-	-	-	-	-	-	-	-	-	-	-	-
	IV	6,37	-	0,50	0,57	-	0,38	0,43	-	0,25	0,29	-	0,14	0,16	-	0,04	0,05	-	-	-	-	-	-
	V	15,15	-	1,21	1,36																		
	VI	16,62	-	1,32	1,49																		
68,09	I	6,40	-	0,51	0,57	-	0,26	0,29	-	0,05	0,05	-	-	-	-	-	-	-	-	-	-	-	-
	II	3,41	-	0,27	0,30	-	0,05	0,06	-	-	-	-	-	-	-	-	-	-	-	-	-	-	-
	III	-	-	-	-	-	-	-	-	-	-	-	-	-	-	-	-	-	-	-	-	-	-
	IV	6,40	-	0,51	0,57	-	0,38	0,43	-	0,26	0,29	-	0,14	0,16	-	0,05	0,05	-	-	-	-	-	-
	V	15,19	-	1,21	1,36																		
	VI	16,66	-	1,33	1,49																		
68,19	I	6,42	-	0,51	0,57	-	0,26	0,29	-	0,05	0,05	-	-	-	-	-	-	-	-	-	-	-	-
	II	3,43	-	0,27	0,30	-	0,06	0,06	-	-	-	-	-	-	-	-	-	-	-	-	-	-	-
	III	-	-	-	-	-	-	-	-	-	-	-	-	-	-	-	-	-	-	-	-	-	-
	IV	6,42	-	0,51	0,57	-	0,38	0,43	-	0,26	0,29	-	0,14	0,16	-	0,05	0,05	-	-	-	-	-	-
	V	15,23	-	1,21	1,37																		
	VI	16,69	-	1,33	1,50																		
68,29	I	6,45	-	0,51	0,58	-	0,26	0,29	-	0,05	0,06	-	-	-	-	-	-	-	-	-	-	-	-
	II	3,46	-	0,27	0,31	-	0,06	0,06	-	-	-	-	-	-	-	-	-	-	-	-	-	-	-
	III	-	-	-	-	-	-	-	-	-	-	-	-	-	-	-	-	-	-	-	-	-	-
	IV	6,45	-	0,51	0,58	-	0,38	0,43	-	0,26	0,29	-	0,14	0,16	-	0,05	0,06	-	-	-	-	-	-
	V	15,27	-	1,22	1,37																		
	VI	16,72	-	1,33	1,50																		
68,39	I	6,47	-	0,51	0,58	-	0,26	0,30	-	0,05	0,06	-	-	-	-	-	-	-	-	-	-	-	-
	II	3,48	-	0,27	0,31	-	0,06	0,07	-	-	-	-	-	-	-	-	-	-	-	-	-	-	-
	III	-	-	-	-	-	-	-	-	-	-	-	-	-	-	-	-	-	-	-	-	-	-
	IV	6,47	-	0,51	0,58	-	0,39	0,43	-	0,26	0,30	-	0,15	0,16	-	0,05	0,06	-	-	-	-	-	-
	V	15,31	-	1,22	1,37																		
	VI	16,76	-	1,34	1,50																		
68,49	I	6,50	-	0,52	0,58	-	0,26	0,30	-	0,05	0,06	-	-	-	-	-	-	-	-	-	-	-	-
	II	3,51	-	0,28	0,31	-	0,06	0,07	-	-	-	-	-	-	-	-	-	-	-	-	-	-	-
	III	-	-	-	-	-	-	-	-	-	-	-	-	-	-	-	-	-	-	-	-	-	-
	IV	6,50	-	0,52	0,58	-	0,39	0,44	-	0,26	0,30	-	0,15	0,17	-	0,05	0,06	-	-	-	-	-	-
	V	15,36	-	1,22	1,38																		
	VI	16,80	-	1,34	1,51																		
68,59	I	6,52	-	0,52	0,58	-	0,27	0,30	-	0,05	0,06	-	-	-	-	-	-	-	-	-	-	-	-
	II	3,53	-	0,28	0,31	-	0,06	0,07	-	-	-	-	-	-	-	-	-	-	-	-	-	-	-
	III	-	-	-	-	-	-	-	-	-	-	-	-	-	-	-	-	-	-	-	-	-	-
	IV	6,52	-	0,52	0,58	-	0,39	0,44	-	0,27	0,30	-	0,15	0,17	-	0,05	0,06	-	-	-	-	-	-
	V	15,40	-	1,23	1,38																		
	VI	16,83	-	1,34	1,51																		
68,69	I	6,55	-	0,52	0,58	-	0,27	0,30	-	0,05	0,06	-	-	-	-	-	-	-	-	-	-	-	-
	II	3,56	-	0,28	0,32	-	0,06	0,07	-	-	-	-	-	-	-	-	-	-	-	-	-	-	-
	III	-	-	-	-	-	-	-	-	-	-	-	-	-	-	-	-	-	-	-	-	-	-
	IV	6,55	-	0,52	0,58	-	0,39	0,44	-	0,27	0,30	-	0,15	0,17	-	0,05	0,06	-	-	-	-	-	-
	V	15,44	-	1,23	1,38																		
	VI	16,87	-	1,34	1,51																		
68,79	I	6,58	-	0,52	0,59	-	0,27	0,30	-	0,06	0,06	-	-	-	-	-	-	-	-	-	-	-	-
	II	3,58	-	0,28	0,32	-	0,06	0,07	-	-	-	-	-	-	-	-	-	-	-	-	-	-	-
	III	-	-	-	-	-	-	-	-	-	-	-	-	-	-	-	-	-	-	-	-	-	-
	IV	6,58	-	0,52	0,59	-	0,39	0,44	-	0,27	0,30	-	0,15	0,17	-	0,06	0,06	-	-	-	-	-	-
	V	15,48	-	1,23	1,39																		
	VI	16,90	-	1,35	1,52																		
68,89	I	6,60	-	0,52	0,59	-	0,27	0,31	-	0,06	0,06	-	-	-	-	-	-	-	-	-	-	-	-
	II	3,61	-	0,28	0,32	-	0,07	0,07	-	-	-	-	-	-	-	-	-	-	-	-	-	-	-
	III	-	-	-	-	-	-	-	-	-	-	-	-	-	-	-	-	-	-	-	-	-	-
	IV	6,60	-	0,52	0,59	-	0,40	0,45	-	0,27	0,31	-	0,15	0,17	-	0,06	0,06	-	-	-	-	-	-
	V	15,52	-	1,24	1,39																		
	VI	16,94	-	1,35	1,52																		
68,99	I	6,63	-	0,53	0,59	-	0,27	0,31	-	0,06	0,07	-	-	-	-	-	-	-	-	-	-	-	-
	II	3,63	-	0,29	0,32	-	0,07	0,08	-	-	-	-	-	-	-	-	-	-	-	-	-	-	-
	III	-	-	-	-	-	-	-	-	-	-	-	-	-	-	-	-	-	-	-	-	-	-
	IV	6,63	-	0,53	0,59	-	0,40	0,45	-	0,27	0,31	-	0,16	0,18	-	0,06	0,07	-	-	-	-	-	-
	V	15,56	-	1,24	1,40																		
	VI	16,97	-	1,35	1,52																		

Lohn/ Gehalt bis	Steuerklasse	Lohnsteuer	ohne Kinderfreibetrag			Anzahl Kinderfreibeträge (nur Steuerklassen I–IV)																	
						0,5			1,0			1,5			2,0			2,5			3,0		
			SolZ 5,5%	Kirchensteuer 8%	Kirchensteuer 9%	SolZ 5,5%	Kirchensteuer 8%	Kirchensteuer 9%	SolZ 5,5%	Kirchensteuer 8%	Kirchensteuer 9%	SolZ 5,5%	Kirchensteuer 8%	Kirchensteuer 9%	SolZ 5,5%	Kirchensteuer 8%	Kirchensteuer 9%	SolZ 5,5%	Kirchensteuer 8%	Kirchensteuer 9%	SolZ 5,5%	Kirchensteuer 8%	Kirchensteuer 9%
69,09	I	6,66	–	0,53	0,59	–	0,28	0,31	–	0,06	0,07	–	–	–	–	–	–	–	–	–	–	–	
	II	3,66	–	0,29	0,32	–	0,07	0,08	–	–	–	–	–	–	–	–	–	–	–	–	–	–	
	III	–	–	–	–	–	–	–	–	–	–	–	–	–	–	–	–	–	–	–	–	–	
	IV	6,66	–	0,53	0,59	–	0,40	0,45	–	0,28	0,31	–	0,16	0,18	–	0,06	0,07	–	–	–	–	–	
	V	15,61	–	1,24	1,40																		
	VI	17,01	–	1,36	1,53																		
69,19	I	6,68	–	0,53	0,60	–	0,28	0,31	–	0,06	0,07	–	–	–	–	–	–	–	–	–	–	–	
	II	3,68	–	0,29	0,33	–	0,07	0,08	–	–	–	–	–	–	–	–	–	–	–	–	–	–	
	III	–	–	–	–	–	–	–	–	–	–	–	–	–	–	–	–	–	–	–	–	–	
	IV	6,68	–	0,53	0,60	–	0,40	0,45	–	0,28	0,31	–	0,16	0,18	–	0,06	0,07	–	–	–	–	–	
	V	15,65	–	1,25	1,40																		
	VI	17,05	–	1,36	1,53																		
69,29	I	6,71	–	0,53	0,60	–	0,28	0,32	–	0,06	0,07	–	–	–	–	–	–	–	–	–	–	–	
	II	3,70	–	0,29	0,33	–	0,07	0,08	–	–	–	–	–	–	–	–	–	–	–	–	–	–	
	III	–	–	–	–	–	–	–	–	–	–	–	–	–	–	–	–	–	–	–	–	–	
	IV	6,71	–	0,53	0,60	–	0,40	0,45	–	0,28	0,32	–	0,16	0,18	–	0,06	0,07	–	–	–	–	–	
	V	15,69	–	1,25	1,41																		
	VI	17,08	–	1,36	1,53																		
69,39	I	6,73	–	0,53	0,60	–	0,28	0,32	–	0,06	0,07	–	–	–	–	–	–	–	–	–	–	–	
	II	3,73	–	0,29	0,33	–	0,07	0,08	–	–	–	–	–	–	–	–	–	–	–	–	–	–	
	III	–	–	–	–	–	–	–	–	–	–	–	–	–	–	–	–	–	–	–	–	–	
	IV	6,73	–	0,53	0,60	–	0,41	0,46	–	0,28	0,32	–	0,16	0,18	–	0,06	0,07	–	–	–	–	–	
	V	15,73	–	1,25	1,41																		
	VI	17,12	–	1,36	1,54																		
69,49	I	6,76	–	0,54	0,60	–	0,28	0,32	–	0,07	0,07	–	–	–	–	–	–	–	–	–	–	–	
	II	3,75	–	0,30	0,33	–	0,07	0,08	–	–	–	–	–	–	–	–	–	–	–	–	–	–	
	III	–	–	–	–	–	–	–	–	–	–	–	–	–	–	–	–	–	–	–	–	–	
	IV	6,76	–	0,54	0,60	–	0,41	0,46	–	0,28	0,32	–	0,17	0,19	–	0,07	0,07	–	–	–	–	–	
	V	15,78	–	1,26	1,42																		
	VI	17,15	–	1,37	1,54																		
69,59	I	6,79	–	0,54	0,61	–	0,29	0,32	–	0,07	0,08	–	–	–	–	–	–	–	–	–	–	–	
	II	3,78	–	0,30	0,34	–	0,08	0,09	–	–	–	–	–	–	–	–	–	–	–	–	–	–	
	III	–	–	–	–	–	–	–	–	–	–	–	–	–	–	–	–	–	–	–	–	–	
	IV	6,79	–	0,54	0,61	–	0,41	0,46	–	0,29	0,32	–	0,17	0,19	–	0,07	0,08	–	–	–	–	–	
	V	15,82	–	1,26	1,42																		
	VI	17,19	–	1,37	1,54																		
69,69	I	6,81	–	0,54	0,61	–	0,29	0,32	–	0,07	0,08	–	–	–	–	–	–	–	–	–	–	–	
	II	3,80	–	0,30	0,34	–	0,08	0,09	–	–	–	–	–	–	–	–	–	–	–	–	–	–	
	III	–	–	–	–	–	–	–	–	–	–	–	–	–	–	–	–	–	–	–	–	–	
	IV	6,81	–	0,54	0,61	–	0,41	0,46	–	0,29	0,32	–	0,17	0,19	–	0,07	0,08	–	–	–	–	–	
	V	15,86	–	1,26	1,42																		
	VI	17,22	–	1,37	1,54																		
69,79	I	6,84	–	0,54	0,61	–	0,29	0,33	–	0,07	0,08	–	–	–	–	–	–	–	–	–	–	–	
	II	3,83	–	0,30	0,34	–	0,08	0,09	–	–	–	–	–	–	–	–	–	–	–	–	–	–	
	III	–	–	–	–	–	–	–	–	–	–	–	–	–	–	–	–	–	–	–	–	–	
	IV	6,84	–	0,54	0,61	–	0,41	0,47	–	0,29	0,33	–	0,17	0,19	–	0,07	0,08	–	–	–	–	–	
	V	15,90	–	1,27	1,43																		
	VI	17,26	–	1,38	1,55																		
69,89	I	6,86	–	0,54	0,61	–	0,29	0,33	–	0,07	0,08	–	–	–	–	–	–	–	–	–	–	–	
	II	3,85	–	0,30	0,34	–	0,08	0,09	–	–	–	–	–	–	–	–	–	–	–	–	–	–	
	III	–	–	–	–	–	–	–	–	–	–	–	–	–	–	–	–	–	–	–	–	–	
	IV	6,86	–	0,54	0,61	–	0,42	0,47	–	0,29	0,33	–	0,17	0,19	–	0,07	0,08	–	–	–	–	–	
	V	15,95	–	1,27	1,43																		
	VI	17,30	–	1,38	1,55																		
69,99	I	6,89	–	0,55	0,62	–	0,29	0,33	–	0,07	0,08	–	–	–	–	–	–	–	–	–	–	–	
	II	3,88	–	0,31	0,34	–	0,08	0,09	–	–	–	–	–	–	–	–	–	–	–	–	–	–	
	III	–	–	–	–	–	–	–	–	–	–	–	–	–	–	–	–	–	–	–	–	–	
	IV	6,89	–	0,55	0,62	–	0,42	0,47	–	0,29	0,33	–	0,17	0,20	–	0,07	0,08	–	–	–	–	–	
	V	15,99	–	1,27	1,43																		
	VI	17,33	–	1,38	1,55																		
70,09	I	6,92	–	0,55	0,62	–	0,30	0,33	–	0,07	0,08	–	–	–	–	–	–	–	–	–	–	–	
	II	3,90	–	0,31	0,35	–	0,08	0,09	–	–	–	–	–	–	–	–	–	–	–	–	–	–	
	III	–	–	–	–	–	–	–	–	–	–	–	–	–	–	–	–	–	–	–	–	–	
	IV	6,92	–	0,55	0,62	–	0,42	0,47	–	0,30	0,33	–	0,18	0,20	–	0,07	0,08	–	–	–	–	–	
	V	16,03	–	1,28	1,44																		
	VI	17,37	–	1,38	1,56																		
70,19	I	6,94	–	0,55	0,62	–	0,30	0,34	–	0,08	0,09	–	–	–	–	–	–	–	–	–	–	–	
	II	3,93	–	0,31	0,35	–	0,08	0,09	–	–	–	–	–	–	–	–	–	–	–	–	–	–	
	III	–	–	–	–	–	–	–	–	–	–	–	–	–	–	–	–	–	–	–	–	–	
	IV	6,94	–	0,55	0,62	–	0,42	0,47	–	0,30	0,34	–	0,18	0,20	–	0,08	0,09	–	–	–	–	–	
	V	16,07	–	1,28	1,44																		
	VI	17,40	–	1,39	1,56																		
70,29	I	6,97	–	0,55	0,62	–	0,30	0,34	–	0,08	0,09	–	–	–	–	–	–	–	–	–	–	–	
	II	3,95	–	0,31	0,35	–	0,09	0,10	–	–	–	–	–	–	–	–	–	–	–	–	–	–	
	III	–	–	–	–	–	–	–	–	–	–	–	–	–	–	–	–	–	–	–	–	–	
	IV	6,97	–	0,55	0,62	–	0,42	0,48	–	0,30	0,34	–	0,18	0,20	–	0,08	0,09	–	–	–	–	–	
	V	16,11	–	1,28	1,44																		
	VI	17,43	–	1,39	1,56																		
70,39	I	7,00	–	0,56	0,63	–	0,30	0,34	–	0,08	0,09	–	–	–	–	–	–	–	–	–	–	–	
	II	3,98	–	0,31	0,35	–	0,09	0,10	–	–	–	–	–	–	–	–	–	–	–	–	–	–	
	III	–	–	–	–	–	–	–	–	–	–	–	–	–	–	–	–	–	–	–	–	–	
	IV	7,00	–	0,56	0,63	–	0,43	0,48	–	0,30	0,34	–	0,18	0,20	–	0,08	0,09	–	–	–	–	–	
	V	16,15	–	1,29	1,45																		
	VI	17,47	–	1,39	1,57																		
70,49	I	7,02	–	0,56	0,63	–	0,30	0,34	–	0,08	0,09	–	–	–	–	–	–	–	–	–	–	–	
	II	4,00	–	0,32	0,36	–	0,09	0,10	–	–	–	–	–	–	–	–	–	–	–	–	–	–	
	III	–	–	–	–	–	–	–	–	–	–	–	–	–	–	–	–	–	–	–	–	–	
	IV	7,02	–	0,56	0,63	–	0,43	0,48	–	0,30	0,34	–	0,18	0,21	–	0,08	0,09	–	–	–	–	–	
	V	16,20	–	1,29	1,45																		
	VI	17,51	–	1,40	1,57																		

Lohn/ Gehalt bis	Steuerklasse	Lohn-steuer	ohne Kinderfreibetrag SolZ 5,5%	ohne Kinderfreibetrag Kirchensteuer 8%	ohne Kinderfreibetrag Kirchensteuer 9%	0,5 SolZ 5,5%	0,5 Kirchensteuer 8%	0,5 Kirchensteuer 9%	1,0 SolZ 5,5%	1,0 Kirchensteuer 8%	1,0 Kirchensteuer 9%	1,5 SolZ 5,5%	1,5 Kirchensteuer 8%	1,5 Kirchensteuer 9%	2,0 SolZ 5,5%	2,0 Kirchensteuer 8%	2,0 Kirchensteuer 9%	2,5 SolZ 5,5%	2,5 Kirchensteuer 8%	2,5 Kirchensteuer 9%	3,0 SolZ 5,5%	3,0 Kirchensteuer 8%	3,0 Kirchensteuer 9%
70,59	I	7,05	-	0,56	0,63	-	0,31	0,34	-	0,08	0,09	-	-	-	-	-	-	-	-	-	-	-	-
	II	4,03	-	0,32	0,36	-	0,09	0,10	-	-	-	-	-	-	-	-	-	-	-	-	-	-	-
	III	-	-	-	-	-	-	-	-	-	-	-	-	-	-	-	-	-	-	-	-	-	-
	IV	7,05	-	0,56	0,63	-	0,43	0,48	-	0,31	0,34	-	0,19	0,21	-	0,08	0,09	-	-	-	-	-	-
	V	16,24	-	1,29	1,46																		
	VI	17,54	-	1,40	1,57																		
70,69	I	7,08	-	0,56	0,63	-	0,31	0,35	-	0,08	0,09	-	-	-	-	-	-	-	-	-	-	-	-
	II	4,05	-	0,32	0,36	-	0,09	0,10	-	-	-	-	-	-	-	-	-	-	-	-	-	-	-
	III	-	-	-	-	-	-	-	-	-	-	-	-	-	-	-	-	-	-	-	-	-	-
	IV	7,08	-	0,56	0,63	-	0,43	0,49	-	0,31	0,35	-	0,19	0,21	-	0,08	0,09	-	-	-	-	-	-
	V	16,28	-	1,30	1,46																		
	VI	17,58	-	1,40	1,58																		
70,79	I	7,10	-	0,56	0,63	-	0,31	0,35	-	0,08	0,09	-	-	-	-	-	-	-	-	-	-	-	-
	II	4,07	-	0,32	0,36	-	0,09	0,11	-	-	-	-	-	-	-	-	-	-	-	-	-	-	-
	III	-	-	-	-	-	-	-	-	-	-	-	-	-	-	-	-	-	-	-	-	-	-
	IV	7,10	-	0,56	0,63	-	0,43	0,49	-	0,31	0,35	-	0,19	0,21	-	0,08	0,09	-	-	-	-	-	-
	V	16,32	-	1,30	1,46																		
	VI	17,62	-	1,40	1,58																		
70,89	I	7,13	-	0,57	0,64	-	0,31	0,35	-	0,09	0,10	-	-	-	-	-	-	-	-	-	-	-	-
	II	4,10	-	0,32	0,36	-	0,10	0,11	-	-	-	-	-	-	-	-	-	-	-	-	-	-	-
	III	-	-	-	-	-	-	-	-	-	-	-	-	-	-	-	-	-	-	-	-	-	-
	IV	7,13	-	0,57	0,64	-	0,44	0,49	-	0,31	0,35	-	0,19	0,22	-	0,09	0,10	-	-	-	-	-	-
	V	16,36	-	1,30	1,47																		
	VI	17,65	-	1,41	1,58																		
70,99	I	7,15	-	0,57	0,64	-	0,31	0,35	-	0,09	0,10	-	-	-	-	-	-	-	-	-	-	-	-
	II	4,12	-	0,32	0,37	-	0,10	0,11	-	-	-	-	-	-	-	-	-	-	-	-	-	-	-
	III	-	-	-	-	-	-	-	-	-	-	-	-	-	-	-	-	-	-	-	-	-	-
	IV	7,15	-	0,57	0,64	-	0,44	0,49	-	0,31	0,35	-	0,19	0,22	-	0,09	0,10	-	-	-	-	-	-
	V	16,41	-	1,31	1,47																		
	VI	17,69	-	1,41	1,59																		
71,09	I	7,18	-	0,57	0,64	-	0,32	0,36	-	0,09	0,10	-	-	-	-	-	-	-	-	-	-	-	-
	II	4,15	-	0,33	0,37	-	0,10	0,11	-	-	-	-	-	-	-	-	-	-	-	-	-	-	-
	III	-	-	-	-	-	-	-	-	-	-	-	-	-	-	-	-	-	-	-	-	-	-
	IV	7,18	-	0,57	0,64	-	0,44	0,50	-	0,32	0,36	-	0,19	0,22	-	0,09	0,10	-	0,01	0,01	-	-	-
	V	16,45	-	1,31	1,48																		
	VI	17,72	-	1,41	1,59																		
71,19	I	7,21	-	0,57	0,64	-	0,32	0,36	-	0,09	0,10	-	-	-	-	-	-	-	-	-	-	-	-
	II	4,17	-	0,33	0,37	-	0,10	0,11	-	-	-	-	-	-	-	-	-	-	-	-	-	-	-
	III	-	-	-	-	-	-	-	-	-	-	-	-	-	-	-	-	-	-	-	-	-	-
	IV	7,21	-	0,57	0,64	-	0,44	0,50	-	0,32	0,36	-	0,20	0,22	-	0,09	0,10	-	0,01	0,01	-	-	-
	V	16,49	-	1,31	1,48																		
	VI	17,76	-	1,42	1,59																		
71,29	I	7,23	-	0,57	0,65	-	0,32	0,36	-	0,09	0,10	-	-	-	-	-	-	-	-	-	-	-	-
	II	4,20	-	0,33	0,37	-	0,10	0,11	-	-	-	-	-	-	-	-	-	-	-	-	-	-	-
	III	-	-	-	-	-	-	-	-	-	-	-	-	-	-	-	-	-	-	-	-	-	-
	IV	7,23	-	0,57	0,65	-	0,44	0,50	-	0,32	0,36	-	0,20	0,22	-	0,09	0,10	-	0,01	0,01	-	-	-
	V	16,53	-	1,32	1,48																		
	VI	17,80	-	1,42	1,60																		
71,39	I	7,26	-	0,58	0,65	-	0,32	0,36	-	0,09	0,11	-	-	-	-	-	-	-	-	-	-	-	-
	II	4,22	-	0,33	0,37	-	0,10	0,12	-	-	-	-	-	-	-	-	-	-	-	-	-	-	-
	III	-	-	-	-	-	-	-	-	-	-	-	-	-	-	-	-	-	-	-	-	-	-
	IV	7,26	-	0,58	0,65	-	0,45	0,50	-	0,32	0,36	-	0,20	0,23	-	0,09	0,11	-	0,01	0,01	-	-	-
	V	16,57	-	1,32	1,49																		
	VI	17,83	-	1,42	1,60																		
71,49	I	7,29	-	0,58	0,65	-	0,32	0,36	-	0,10	0,11	-	-	-	-	-	-	-	-	-	-	-	-
	II	4,25	-	0,34	0,38	-	0,10	0,12	-	-	-	-	-	-	-	-	-	-	-	-	-	-	-
	III	-	-	-	-	-	-	-	-	-	-	-	-	-	-	-	-	-	-	-	-	-	-
	IV	7,29	-	0,58	0,65	-	0,45	0,51	-	0,32	0,36	-	0,20	0,23	-	0,10	0,11	-	0,01	0,01	-	-	-
	V	16,61	-	1,32	1,49																		
	VI	17,87	-	1,42	1,60																		
71,59	I	7,31	-	0,58	0,65	-	0,32	0,37	-	0,10	0,11	-	-	-	-	-	-	-	-	-	-	-	-
	II	4,27	-	0,34	0,38	-	0,11	0,12	-	-	-	-	-	-	-	-	-	-	-	-	-	-	-
	III	-	-	-	-	-	-	-	-	-	-	-	-	-	-	-	-	-	-	-	-	-	-
	IV	7,31	-	0,58	0,65	-	0,45	0,51	-	0,32	0,37	-	0,20	0,23	-	0,10	0,11	-	0,01	0,01	-	-	-
	V	16,65	-	1,33	1,49																		
	VI	17,91	-	1,43	1,61																		
71,69	I	7,34	-	0,58	0,66	-	0,33	0,37	-	0,10	0,11	-	-	-	-	-	-	-	-	-	-	-	-
	II	4,30	-	0,34	0,38	-	0,11	0,12	-	-	-	-	-	-	-	-	-	-	-	-	-	-	-
	III	-	-	-	-	-	-	-	-	-	-	-	-	-	-	-	-	-	-	-	-	-	-
	IV	7,34	-	0,58	0,66	-	0,45	0,51	-	0,33	0,37	-	0,21	0,23	-	0,10	0,11	-	0,01	0,01	-	-	-
	V	16,68	-	1,33	1,50																		
	VI	17,94	-	1,43	1,61																		
71,79	I	7,37	-	0,58	0,66	-	0,33	0,37	-	0,10	0,11	-	-	-	-	-	-	-	-	-	-	-	-
	II	4,32	-	0,34	0,38	-	0,11	0,12	-	-	-	-	-	-	-	-	-	-	-	-	-	-	-
	III	-	-	-	-	-	-	-	-	-	-	-	-	-	-	-	-	-	-	-	-	-	-
	IV	7,37	-	0,58	0,66	-	0,45	0,51	-	0,33	0,37	-	0,21	0,23	-	0,10	0,11	-	0,01	0,02	-	-	-
	V	16,72	-	1,33	1,50																		
	VI	17,97	-	1,43	1,61																		
71,89	I	7,39	-	0,59	0,66	-	0,33	0,37	-	0,10	0,11	-	-	-	-	-	-	-	-	-	-	-	-
	II	4,35	-	0,34	0,39	-	0,11	0,13	-	-	-	-	-	-	-	-	-	-	-	-	-	-	-
	III	-	-	-	-	-	-	-	-	-	-	-	-	-	-	-	-	-	-	-	-	-	-
	IV	7,39	-	0,59	0,66	-	0,46	0,51	-	0,33	0,37	-	0,21	0,24	-	0,10	0,11	-	0,02	0,02	-	-	-
	V	16,76	-	1,34	1,50																		
	VI	18,01	-	1,44	1,62																		
71,99	I	7,42	-	0,59	0,66	-	0,33	0,37	-	0,10	0,12	-	-	-	-	-	-	-	-	-	-	-	-
	II	4,37	-	0,34	0,39	-	0,11	0,13	-	-	-	-	-	-	-	-	-	-	-	-	-	-	-
	III	-	-	-	-	-	-	-	-	-	-	-	-	-	-	-	-	-	-	-	-	-	-
	IV	7,42	-	0,59	0,66	-	0,46	0,52	-	0,33	0,37	-	0,21	0,24	-	0,10	0,12	-	0,02	0,02	-	-	-
	V	16,79	-	1,34	1,51																		
	VI	18,05	-	1,44	1,62																		

Anzahl Kinderfreibeträge (nur Steuerklassen I–IV)

Lohn/Gehalt bis	Steuerklasse	Lohnsteuer	ohne Kinderfreibetrag			Anzahl Kinderfreibeträge (nur Steuerklassen I–IV): 0,5			1,0			1,5			2,0			2,5			3,0		
			SolZ 5,5%	Kirchensteuer 8%	Kirchensteuer 9%	SolZ 5,5%	Kirchensteuer 8%	Kirchensteuer 9%	SolZ 5,5%	Kirchensteuer 8%	Kirchensteuer 9%	SolZ 5,5%	Kirchensteuer 8%	Kirchensteuer 9%	SolZ 5,5%	Kirchensteuer 8%	Kirchensteuer 9%	SolZ 5,5%	Kirchensteuer 8%	Kirchensteuer 9%	SolZ 5,5%	Kirchensteuer 8%	Kirchensteuer 9%
72,09	I	7,45	-	0,59	0,67	-	0,34	0,38	-	0,10	0,12	-	-	-	-	-	-	-	-	-	-	-	
	II	4,40	-	0,35	0,39	-	0,11	0,13	-	-	-	-	-	-	-	-	-	-	-	-	-	-	
	III	-	-	-	-	-	-	-	-	-	-	-	-	-	-	-	-	-	-	-	-	-	
	IV	7,45	-	0,59	0,67	-	0,46	0,52	-	0,34	0,38	-	0,21	0,24	-	0,10	0,12	-	0,02	0,02	-	-	
	V	16,83	-	1,34	1,51																		
	VI	18,08	-	1,44	1,62																		
72,19	I	7,47	-	0,59	0,67	-	0,34	0,38	-	0,11	0,12	-	-	-	-	-	-	-	-	-	-	-	
	II	4,42	-	0,35	0,39	-	0,12	0,13	-	-	-	-	-	-	-	-	-	-	-	-	-	-	
	III	-	-	-	-	-	-	-	-	-	-	-	-	-	-	-	-	-	-	-	-	-	
	IV	7,47	-	0,59	0,67	-	0,46	0,52	-	0,34	0,38	-	0,22	0,24	-	0,11	0,12	-	0,02	0,02	-	-	
	V	16,86	-	1,34	1,51																		
	VI	18,12	-	1,44	1,63																		
72,29	I	7,50	-	0,60	0,67	-	0,34	0,38	-	0,11	0,12	-	-	-	-	-	-	-	-	-	-	-	
	II	4,45	-	0,35	0,40	-	0,12	0,13	-	-	-	-	-	-	-	-	-	-	-	-	-	-	
	III	-	-	-	-	-	-	-	-	-	-	-	-	-	-	-	-	-	-	-	-	-	
	IV	7,50	-	0,60	0,67	-	0,46	0,52	-	0,34	0,38	-	0,22	0,25	-	0,11	0,12	-	0,02	0,02	-	-	
	V	16,90	-	1,35	1,52																		
	VI	18,16	-	1,45	1,63																		
72,39	I	7,53	-	0,60	0,67	-	0,34	0,38	-	0,11	0,12	-	-	-	-	-	-	-	-	-	-	-	
	II	4,47	-	0,35	0,40	-	0,12	0,13	-	-	-	-	-	-	-	-	-	-	-	-	-	-	
	III	-	-	-	-	-	-	-	-	-	-	-	-	-	-	-	-	-	-	-	-	-	
	IV	7,53	-	0,60	0,67	-	0,47	0,53	-	0,34	0,38	-	0,22	0,25	-	0,11	0,12	-	0,02	0,02	-	-	
	V	16,93	-	1,35	1,52																		
	VI	18,20	-	1,45	1,63																		
72,49	I	7,55	-	0,60	0,67	-	0,34	0,39	-	0,11	0,13	-	-	-	-	-	-	-	-	-	-	-	
	II	4,50	-	0,36	0,40	-	0,12	0,14	-	-	-	-	-	-	-	-	-	-	-	-	-	-	
	III	-	-	-	-	-	-	-	-	-	-	-	-	-	-	-	-	-	-	-	-	-	
	IV	7,55	-	0,60	0,67	-	0,47	0,53	-	0,34	0,39	-	0,22	0,25	-	0,11	0,13	-	0,02	0,03	-	-	
	V	16,96	-	1,35	1,52																		
	VI	18,23	-	1,45	1,64																		
72,59	I	7,58	-	0,60	0,68	-	0,34	0,39	-	0,11	0,13	-	-	-	-	-	-	-	-	-	-	-	
	II	4,52	-	0,36	0,40	-	0,12	0,14	-	-	-	-	-	-	-	-	-	-	-	-	-	-	
	III	0,01	-	-	-	-	-	-	-	-	-	-	-	-	-	-	-	-	-	-	-	-	
	IV	7,58	-	0,60	0,68	-	0,47	0,53	-	0,34	0,39	-	0,22	0,25	-	0,11	0,13	-	0,02	0,03	-	-	
	V	17,00	-	1,36	1,53																		
	VI	18,27	-	1,46	1,64																		
72,69	I	7,61	-	0,60	0,68	-	0,35	0,39	-	0,11	0,13	-	-	-	-	-	-	-	-	-	-	-	
	II	4,55	-	0,36	0,40	-	0,12	0,14	-	-	-	-	-	-	-	-	-	-	-	-	-	-	
	III	0,03	-	-	-	-	-	-	-	-	-	-	-	-	-	-	-	-	-	-	-	-	
	IV	7,61	-	0,60	0,68	-	0,47	0,53	-	0,35	0,39	-	0,22	0,25	-	0,11	0,13	-	0,02	0,03	-	-	
	V	17,03	-	1,36	1,53																		
	VI	18,30	-	1,46	1,64																		
72,79	I	7,63	-	0,61	0,68	-	0,35	0,39	-	0,12	0,13	-	-	-	-	-	-	-	-	-	-	-	
	II	4,57	-	0,36	0,41	-	0,13	0,14	-	-	-	-	-	-	-	-	-	-	-	-	-	-	
	III	0,04	-	-	-	-	-	-	-	-	-	-	-	-	-	-	-	-	-	-	-	-	
	IV	7,63	-	0,61	0,68	-	0,48	0,54	-	0,35	0,39	-	0,23	0,26	-	0,12	0,13	-	0,03	0,03	-	-	
	V	17,07	-	1,36	1,53																		
	VI	18,35	-	1,46	1,65																		
72,89	I	7,66	-	0,61	0,68	-	0,35	0,40	-	0,12	0,13	-	-	-	-	-	-	-	-	-	-	-	
	II	4,60	-	0,36	0,41	-	0,13	0,14	-	-	-	-	-	-	-	-	-	-	-	-	-	-	
	III	0,06	-	-	-	-	-	-	-	-	-	-	-	-	-	-	-	-	-	-	-	-	
	IV	7,66	-	0,61	0,68	-	0,48	0,54	-	0,35	0,40	-	0,23	0,26	-	0,12	0,13	-	0,03	0,03	-	-	
	V	17,11	-	1,36	1,53																		
	VI	18,38	-	1,47	1,65																		
72,99	I	7,69	-	0,61	0,69	-	0,35	0,40	-	0,12	0,13	-	-	-	-	-	-	-	-	-	-	-	
	II	4,62	-	0,36	0,41	-	0,13	0,15	-	-	-	-	-	-	-	-	-	-	-	-	-	-	
	III	0,07	-	-	-	-	-	-	-	-	-	-	-	-	-	-	-	-	-	-	-	-	
	IV	7,69	-	0,61	0,69	-	0,48	0,54	-	0,35	0,40	-	0,23	0,26	-	0,12	0,13	-	0,03	0,03	-	-	
	V	17,14	-	1,37	1,54																		
	VI	18,41	-	1,47	1,65																		
73,09	I	7,71	-	0,61	0,69	-	0,36	0,40	-	0,12	0,14	-	-	-	-	-	-	-	-	-	-	-	
	II	4,65	-	0,37	0,41	-	0,13	0,15	-	-	-	-	-	-	-	-	-	-	-	-	-	-	
	III	0,08	-	-	-	-	-	-	-	-	-	-	-	-	-	-	-	-	-	-	-	-	
	IV	7,71	-	0,61	0,69	-	0,48	0,54	-	0,36	0,40	-	0,23	0,26	-	0,12	0,14	-	0,03	0,03	-	-	
	V	17,18	-	1,37	1,54																		
	VI	18,45	-	1,47	1,66																		
73,19	I	7,74	-	0,61	0,69	-	0,36	0,40	-	0,12	0,14	-	-	-	-	-	-	-	-	-	-	-	
	II	4,67	-	0,37	0,42	-	0,13	0,15	-	-	-	-	-	-	-	-	-	-	-	-	-	-	
	III	0,10	-	-	-	-	-	-	-	-	-	-	-	-	-	-	-	-	-	-	-	-	
	IV	7,74	-	0,61	0,69	-	0,48	0,54	-	0,36	0,40	-	0,24	0,27	-	0,12	0,14	-	0,03	0,04	-	-	
	V	17,21	-	1,37	1,54																		
	VI	18,49	-	1,47	1,66																		
73,29	I	7,77	-	0,62	0,69	-	0,36	0,40	-	0,12	0,14	-	-	-	-	-	-	-	-	-	-	-	
	II	4,70	-	0,37	0,42	-	0,13	0,15	-	-	-	-	-	-	-	-	-	-	-	-	-	-	
	III	0,11	-	-	-	-	-	-	-	-	-	-	-	-	-	-	-	-	-	-	-	-	
	IV	7,77	-	0,62	0,69	-	0,49	0,55	-	0,36	0,40	-	0,24	0,27	-	0,12	0,14	-	0,03	0,04	-	-	
	V	17,26	-	1,38	1,55																		
	VI	18,52	-	1,48	1,66																		
73,39	I	7,79	-	0,62	0,70	-	0,36	0,41	-	0,13	0,14	-	-	-	-	-	-	-	-	-	-	-	
	II	4,72	-	0,37	0,42	-	0,14	0,15	-	-	-	-	-	-	-	-	-	-	-	-	-	-	
	III	0,13	-	0,01	0,01	-	-	-	-	-	-	-	-	-	-	-	-	-	-	-	-	-	
	IV	7,79	-	0,62	0,70	-	0,49	0,55	-	0,36	0,41	-	0,24	0,27	-	0,13	0,14	-	0,03	0,04	-	-	
	V	17,29	-	1,38	1,55																		
	VI	18,56	-	1,48	1,67																		
73,49	I	7,82	-	0,62	0,70	-	0,36	0,41	-	0,13	0,14	-	-	-	-	-	-	-	-	-	-	-	
	II	4,75	-	0,38	0,42	-	0,14	0,16	-	-	-	-	-	-	-	-	-	-	-	-	-	-	
	III	0,14	-	0,01	0,01	-	-	-	-	-	-	-	-	-	-	-	-	-	-	-	-	-	
	IV	7,82	-	0,62	0,70	-	0,49	0,55	-	0,36	0,41	-	0,24	0,27	-	0,13	0,14	-	0,04	0,04	-	-	
	V	17,32	-	1,38	1,55																		
	VI	18,60	-	1,48	1,67																		

Besondere Tabelle

TAG bis 74,99 €

Lohn/ Gehalt bis	Steuerklasse	Lohn-steuer	ohne Kinderfreibetrag SolZ 5,5%	Kirchensteuer 8%	9%	0,5 SolZ 5,5%	Kirchensteuer 8%	9%	1,0 SolZ 5,5%	Kirchensteuer 8%	9%	1,5 SolZ 5,5%	Kirchensteuer 8%	9%	2,0 SolZ 5,5%	Kirchensteuer 8%	9%	2,5 SolZ 5,5%	Kirchensteuer 8%	9%	3,0 SolZ 5,5%	Kirchensteuer 8%	9%
						Anzahl Kinderfreibeträge (nur Steuerklassen I–IV)																	
73,59	I	7,85	-	0,62	0,70	-	0,36	0,41	-	0,13	0,15	-	-	-	-	-	-	-	-	-	-	-	-
	II	4,77	-	0,38	0,42	-	0,14	0,16	-	-	-	-	-	-	-	-	-	-	-	-	-	-	-
	III	0,16	-	0,01	0,01	-	-	-	-	-	-	-	-	-	-	-	-	-	-	-	-	-	-
	IV	7,85	-	0,62	0,70	-	0,49	0,55	-	0,36	0,41	-	0,24	0,27	-	0,13	0,15	-	0,04	0,04	-	-	-
	V	17,36	-	1,38	1,56																		
	VI	18,63	-	1,49	1,67																		
73,69	I	7,87	-	0,62	0,70	-	0,37	0,41	-	0,13	0,15	-	-	-	-	-	-	-	-	-	-	-	-
	II	4,80	-	0,38	0,43	-	0,14	0,16	-	-	-	-	-	-	-	-	-	-	-	-	-	-	-
	III	0,17	-	0,01	0,01	-	-	-	-	-	-	-	-	-	-	-	-	-	-	-	-	-	-
	IV	7,87	-	0,62	0,70	-	0,49	0,56	-	0,37	0,41	-	0,24	0,27	-	0,13	0,15	-	0,04	0,04	-	-	-
	V	17,40	-	1,39	1,56																		
	VI	18,67	-	1,49	1,68																		
73,79	I	7,90	-	0,63	0,71	-	0,37	0,42	-	0,13	0,15	-	-	-	-	-	-	-	-	-	-	-	-
	II	4,82	-	0,38	0,43	-	0,14	0,16	-	-	-	-	-	-	-	-	-	-	-	-	-	-	-
	III	0,18	-	0,01	0,01	-	-	-	-	-	-	-	-	-	-	-	-	-	-	-	-	-	-
	IV	7,90	-	0,63	0,71	-	0,50	0,56	-	0,37	0,42	-	0,25	0,28	-	0,13	0,15	-	0,04	0,04	-	-	-
	V	17,43	-	1,39	1,56																		
	VI	18,71	-	1,49	1,68																		
73,89	I	7,93	-	0,63	0,71	-	0,37	0,42	-	0,13	0,15	-	-	-	-	-	-	-	-	-	-	-	-
	II	4,85	-	0,38	0,43	-	0,14	0,16	-	-	-	-	-	-	-	-	-	-	-	-	-	-	-
	III	0,20	-	0,01	0,01	-	-	-	-	-	-	-	-	-	-	-	-	-	-	-	-	-	-
	IV	7,93	-	0,63	0,71	-	0,50	0,56	-	0,37	0,42	-	0,25	0,28	-	0,13	0,15	-	0,04	0,05	-	-	-
	V	17,47	-	1,39	1,57																		
	VI	18,75	-	1,50	1,68																		
73,99	I	7,95	-	0,63	0,71	-	0,37	0,42	-	0,14	0,15	-	-	-	-	-	-	-	-	-	-	-	-
	II	4,87	-	0,38	0,43	-	0,15	0,16	-	-	-	-	-	-	-	-	-	-	-	-	-	-	-
	III	0,21	-	0,01	0,01	-	-	-	-	-	-	-	-	-	-	-	-	-	-	-	-	-	-
	IV	7,95	-	0,63	0,71	-	0,50	0,56	-	0,37	0,42	-	0,25	0,28	-	0,14	0,15	-	0,04	0,05	-	-	-
	V	17,50	-	1,40	1,57																		
	VI	18,78	-	1,50	1,69																		
74,09	I	7,98	-	0,63	0,71	-	0,38	0,42	-	0,14	0,16	-	-	-	-	-	-	-	-	-	-	-	-
	II	4,90	-	0,39	0,44	-	0,15	0,17	-	-	-	-	-	-	-	-	-	-	-	-	-	-	-
	III	0,23	-	0,01	0,02	-	-	-	-	-	-	-	-	-	-	-	-	-	-	-	-	-	-
	IV	7,98	-	0,63	0,71	-	0,50	0,57	-	0,38	0,42	-	0,25	0,28	-	0,14	0,16	-	0,04	0,05	-	-	-
	V	17,53	-	1,40	1,57																		
	VI	18,82	-	1,50	1,69																		
74,19	I	8,01	-	0,64	0,72	-	0,38	0,42	-	0,14	0,16	-	-	-	-	-	-	-	-	-	-	-	-
	II	4,92	-	0,39	0,44	-	0,15	0,17	-	-	-	-	-	-	-	-	-	-	-	-	-	-	-
	III	0,24	-	0,01	0,02	-	-	-	-	-	-	-	-	-	-	-	-	-	-	-	-	-	-
	IV	8,01	-	0,64	0,72	-	0,50	0,57	-	0,38	0,42	-	0,25	0,29	-	0,14	0,16	-	0,04	0,05	-	-	-
	V	17,57	-	1,40	1,58																		
	VI	18,85	-	1,50	1,69																		
74,29	I	8,03	-	0,64	0,72	-	0,38	0,43	-	0,14	0,16	-	-	-	-	-	-	-	-	-	-	-	-
	II	4,95	-	0,39	0,44	-	0,15	0,17	-	-	-	-	-	-	-	-	-	-	-	-	-	-	-
	III	0,26	-	0,02	0,02	-	-	-	-	-	-	-	-	-	-	-	-	-	-	-	-	-	-
	IV	8,03	-	0,64	0,72	-	0,51	0,57	-	0,38	0,43	-	0,26	0,29	-	0,14	0,16	-	0,05	0,05	-	-	-
	V	17,61	-	1,40	1,58																		
	VI	18,90	-	1,51	1,70																		
74,39	I	8,06	-	0,64	0,72	-	0,38	0,43	-	0,14	0,16	-	-	-	-	-	-	-	-	-	-	-	-
	II	4,98	-	0,39	0,44	-	0,15	0,17	-	-	-	-	-	-	-	-	-	-	-	-	-	-	-
	III	0,27	-	0,02	0,02	-	-	-	-	-	-	-	-	-	-	-	-	-	-	-	-	-	-
	IV	8,06	-	0,64	0,72	-	0,51	0,57	-	0,38	0,43	-	0,26	0,29	-	0,14	0,16	-	0,05	0,05	-	-	-
	V	17,65	-	1,41	1,58																		
	VI	18,93	-	1,51	1,70																		
74,49	I	8,09	-	0,64	0,72	-	0,38	0,43	-	0,14	0,16	-	-	-	-	-	-	-	-	-	-	-	-
	II	5,00	-	0,40	0,45	-	0,15	0,17	-	-	-	-	-	-	-	-	-	-	-	-	-	-	-
	III	0,28	-	0,02	0,02	-	-	-	-	-	-	-	-	-	-	-	-	-	-	-	-	-	-
	IV	8,09	-	0,64	0,72	-	0,51	0,57	-	0,38	0,43	-	0,26	0,29	-	0,14	0,16	-	0,05	0,05	-	-	-
	V	17,68	-	1,41	1,59																		
	VI	18,96	-	1,51	1,70																		
74,59	I	8,11	-	0,64	0,72	-	0,38	0,43	-	0,15	0,16	-	-	-	-	-	-	-	-	-	-	-	-
	II	5,03	-	0,40	0,45	-	0,16	0,18	-	-	-	-	-	-	-	-	-	-	-	-	-	-	-
	III	0,30	-	0,02	0,02	-	-	-	-	-	-	-	-	-	-	-	-	-	-	-	-	-	-
	IV	8,11	-	0,64	0,72	-	0,51	0,58	-	0,38	0,43	-	0,26	0,29	-	0,15	0,16	-	0,05	0,06	-	-	-
	V	17,72	-	1,41	1,59																		
	VI	19,00	-	1,52	1,71																		
74,69	I	8,14	-	0,65	0,73	-	0,39	0,44	-	0,15	0,17	-	-	-	-	-	-	-	-	-	-	-	-
	II	5,05	-	0,40	0,45	-	0,16	0,18	-	-	-	-	-	-	-	-	-	-	-	-	-	-	-
	III	0,32	-	0,02	0,02	-	-	-	-	-	-	-	-	-	-	-	-	-	-	-	-	-	-
	IV	8,14	-	0,65	0,73	-	0,52	0,58	-	0,39	0,44	-	0,26	0,30	-	0,15	0,17	-	0,05	0,06	-	-	-
	V	17,76	-	1,42	1,59																		
	VI	19,04	-	1,52	1,71																		
74,79	I	8,17	-	0,65	0,73	-	0,39	0,44	-	0,15	0,17	-	-	-	-	-	-	-	-	-	-	-	-
	II	5,08	-	0,40	0,45	-	0,16	0,18	-	-	-	-	-	-	-	-	-	-	-	-	-	-	-
	III	0,33	-	0,02	0,02	-	-	-	-	-	-	-	-	-	-	-	-	-	-	-	-	-	-
	IV	8,17	-	0,65	0,73	-	0,52	0,58	-	0,39	0,44	-	0,27	0,30	-	0,15	0,17	-	0,05	0,06	-	-	-
	V	17,79	-	1,42	1,60																		
	VI	19,08	-	1,52	1,71																		
74,89	I	8,20	-	0,65	0,73	-	0,39	0,44	-	0,15	0,17	-	-	-	-	-	-	-	-	-	-	-	-
	II	5,10	-	0,40	0,45	-	0,16	0,18	-	-	-	-	-	-	-	-	-	-	-	-	-	-	-
	III	0,35	-	0,02	0,03	-	-	-	-	-	-	-	-	-	-	-	-	-	-	-	-	-	-
	IV	8,20	-	0,65	0,73	-	0,52	0,58	-	0,39	0,44	-	0,27	0,30	-	0,15	0,17	-	0,05	0,06	-	-	-
	V	17,82	-	1,42	1,60																		
	VI	19,11	-	1,52	1,71																		
74,99	I	8,22	-	0,65	0,73	-	0,39	0,44	-	0,15	0,17	-	-	-	-	-	-	-	-	-	-	-	-
	II	5,13	-	0,41	0,46	-	0,16	0,18	-	-	-	-	-	-	-	-	-	-	-	-	-	-	-
	III	0,36	-	0,02	0,03	-	-	-	-	-	-	-	-	-	-	-	-	-	-	-	-	-	-
	IV	8,22	-	0,65	0,73	-	0,52	0,59	-	0,39	0,44	-	0,27	0,30	-	0,15	0,17	-	0,06	0,06	-	-	-
	V	17,86	-	1,42	1,60																		
	VI	19,15	-	1,53	1,72																		

Lohn/ Gehalt bis	Steuerklasse	Lohn-steuer	ohne Kinderfreibetrag SolZ 5,5%	Kirchensteuer 8%	Kirchensteuer 9%	0,5 SolZ 5,5%	0,5 Kirchensteuer 8%	0,5 Kirchensteuer 9%	1,0 SolZ 5,5%	1,0 Kirchensteuer 8%	1,0 Kirchensteuer 9%	1,5 SolZ 5,5%	1,5 Kirchensteuer 8%	1,5 Kirchensteuer 9%	2,0 SolZ 5,5%	2,0 Kirchensteuer 8%	2,0 Kirchensteuer 9%	2,5 SolZ 5,5%	2,5 Kirchensteuer 8%	2,5 Kirchensteuer 9%	3,0 SolZ 5,5%	3,0 Kirchensteuer 8%	3,0 Kirchensteuer 9%
75,09	I	8,25	-	0,66	0,74	-	0,40	0,45	-	0,15	0,17	-	-	-	-	-	-	-	-	-	-	-	
	II	5,15	-	0,41	0,46	-	0,16	0,19	-	-	-	-	-	-	-	-	-	-	-	-	-	-	
	III	0,37	-	0,02	0,03	-	-	-	-	-	-	-	-	-	-	-	-	-	-	-	-	-	
	IV	8,25	-	0,66	0,74	-	0,52	0,59	-	0,40	0,45	-	0,27	0,31	-	0,15	0,17	-	0,06	0,06	-	-	
	V	17,90	-	1,43	1,61																		
	VI	19,19	-	1,53	1,72																		
75,19	I	8,28	-	0,66	0,74	-	0,40	0,45	-	0,16	0,18	-	-	-	-	-	-	-	-	-	-	-	
	II	5,18	-	0,41	0,46	-	0,17	0,19	-	-	-	-	-	-	-	-	-	-	-	-	-	-	
	III	0,39	-	0,03	0,03	-	-	-	-	-	-	-	-	-	-	-	-	-	-	-	-	-	
	IV	8,28	-	0,66	0,74	-	0,53	0,59	-	0,40	0,45	-	0,27	0,31	-	0,16	0,18	-	0,06	0,07	-	-	
	V	17,93	-	1,43	1,61																		
	VI	19,23	-	1,53	1,73																		
75,29	I	8,30	-	0,66	0,74	-	0,40	0,45	-	0,16	0,18	-	-	-	-	-	-	-	-	-	-	-	
	II	5,20	-	0,41	0,46	-	0,17	0,19	-	-	-	-	-	-	-	-	-	-	-	-	-	-	
	III	0,41	-	0,03	0,03	-	-	-	-	-	-	-	-	-	-	-	-	-	-	-	-	-	
	IV	8,30	-	0,66	0,74	-	0,53	0,59	-	0,40	0,45	-	0,28	0,31	-	0,16	0,18	-	0,06	0,07	-	-	
	V	17,97	-	1,43	1,61																		
	VI	19,26	-	1,54	1,73																		
75,39	I	8,33	-	0,66	0,74	-	0,40	0,45	-	0,16	0,18	-	-	-	-	-	-	-	-	-	-	-	
	II	5,23	-	0,41	0,47	-	0,17	0,19	-	-	-	-	-	-	-	-	-	-	-	-	-	-	
	III	0,42	-	0,03	0,03	-	-	-	-	-	-	-	-	-	-	-	-	-	-	-	-	-	
	IV	8,33	-	0,66	0,74	-	0,53	0,60	-	0,40	0,45	-	0,28	0,31	-	0,16	0,18	-	0,06	0,07	-	-	
	V	18,01	-	1,44	1,62																		
	VI	19,30	-	1,54	1,73																		
75,49	I	8,36	-	0,66	0,75	-	0,40	0,45	-	0,16	0,18	-	-	-	-	-	-	-	-	-	-	-	
	II	5,25	-	0,42	0,47	-	0,17	0,19	-	-	-	-	-	-	-	-	-	-	-	-	-	-	
	III	0,43	-	0,03	0,03	-	-	-	-	-	-	-	-	-	-	-	-	-	-	-	-	-	
	IV	8,36	-	0,66	0,75	-	0,53	0,60	-	0,40	0,45	-	0,28	0,31	-	0,16	0,18	-	0,06	0,07	-	-	
	V	18,04	-	1,44	1,62																		
	VI	19,34	-	1,54	1,74																		
75,59	I	8,38	-	0,67	0,75	-	0,41	0,46	-	0,16	0,18	-	-	-	-	-	-	-	-	-	-	-	
	II	5,28	-	0,42	0,47	-	0,17	0,20	-	-	-	-	-	-	-	-	-	-	-	-	-	-	
	III	0,45	-	0,03	0,04	-	-	-	-	-	-	-	-	-	-	-	-	-	-	-	-	-	
	IV	8,38	-	0,67	0,75	-	0,53	0,60	-	0,41	0,46	-	0,28	0,32	-	0,16	0,18	-	0,06	0,07	-	-	
	V	18,08	-	1,44	1,62																		
	VI	19,37	-	1,54	1,74																		
75,69	I	8,41	-	0,67	0,75	-	0,41	0,46	-	0,16	0,19	-	-	-	-	-	-	-	-	-	-	-	
	II	5,30	-	0,42	0,47	-	0,18	0,20	-	-	-	-	-	-	-	-	-	-	-	-	-	-	
	III	0,47	-	0,03	0,04	-	-	-	-	-	-	-	-	-	-	-	-	-	-	-	-	-	
	IV	8,41	-	0,67	0,75	-	0,54	0,60	-	0,41	0,46	-	0,28	0,32	-	0,16	0,19	-	0,06	0,07	-	-	
	V	18,12	-	1,44	1,63																		
	VI	19,41	-	1,55	1,74																		
75,79	I	8,44	-	0,67	0,75	-	0,41	0,46	-	0,17	0,19	-	-	-	-	-	-	-	-	-	-	-	
	II	5,33	-	0,42	0,47	-	0,18	0,20	-	-	-	-	-	-	-	-	-	-	-	-	-	-	
	III	0,48	-	0,03	0,04	-	-	-	-	-	-	-	-	-	-	-	-	-	-	-	-	-	
	IV	8,44	-	0,67	0,75	-	0,54	0,61	-	0,41	0,46	-	0,29	0,32	-	0,17	0,19	-	0,07	0,08	-	-	
	V	18,15	-	1,45	1,63																		
	VI	19,45	-	1,55	1,75																		
75,89	I	8,47	-	0,67	0,76	-	0,41	0,46	-	0,17	0,19	-	-	-	-	-	-	-	-	-	-	-	
	II	5,36	-	0,42	0,48	-	0,18	0,20	-	-	-	-	-	-	-	-	-	-	-	-	-	-	
	III	0,50	-	0,04	0,04	-	-	-	-	-	-	-	-	-	-	-	-	-	-	-	-	-	
	IV	8,47	-	0,67	0,76	-	0,54	0,61	-	0,41	0,46	-	0,29	0,32	-	0,17	0,19	-	0,07	0,08	-	-	
	V	18,18	-	1,45	1,63																		
	VI	19,48	-	1,55	1,75																		
75,99	I	8,49	-	0,67	0,76	-	0,41	0,47	-	0,17	0,19	-	-	-	-	-	-	-	-	-	-	-	
	II	5,38	-	0,43	0,48	-	0,18	0,20	-	-	-	-	-	-	-	-	-	-	-	-	-	-	
	III	0,51	-	0,04	0,04	-	-	-	-	-	-	-	-	-	-	-	-	-	-	-	-	-	
	IV	8,49	-	0,67	0,76	-	0,54	0,61	-	0,41	0,47	-	0,29	0,33	-	0,17	0,19	-	0,07	0,08	-	-	
	V	18,23	-	1,45	1,64																		
	VI	19,53	-	1,56	1,75																		
76,09	I	8,52	-	0,68	0,76	-	0,42	0,47	-	0,17	0,19	-	-	-	-	-	-	-	-	-	-	-	
	II	5,41	-	0,43	0,48	-	0,18	0,21	-	-	-	-	-	-	-	-	-	-	-	-	-	-	
	III	0,53	-	0,04	0,04	-	-	-	-	-	-	-	-	-	-	-	-	-	-	-	-	-	
	IV	8,52	-	0,68	0,76	-	0,54	0,61	-	0,42	0,47	-	0,29	0,33	-	0,17	0,19	-	0,07	0,08	-	-	
	V	18,26	-	1,46	1,64																		
	VI	19,56	-	1,56	1,76																		
76,19	I	8,55	-	0,68	0,76	-	0,42	0,47	-	0,17	0,20	-	-	-	-	-	-	-	-	-	-	-	
	II	5,43	-	0,43	0,48	-	0,18	0,21	-	-	-	-	-	-	-	-	-	-	-	-	-	-	
	III	0,54	-	0,04	0,04	-	-	-	-	-	-	-	-	-	-	-	-	-	-	-	-	-	
	IV	8,55	-	0,68	0,76	-	0,55	0,62	-	0,42	0,47	-	0,29	0,33	-	0,17	0,20	-	0,07	0,08	-	-	
	V	18,30	-	1,46	1,64																		
	VI	19,60	-	1,56	1,76																		
76,29	I	8,58	-	0,68	0,77	-	0,42	0,47	-	0,18	0,20	-	-	-	-	-	-	-	-	-	-	-	
	II	5,46	-	0,43	0,49	-	0,19	0,21	-	-	-	-	-	-	-	-	-	-	-	-	-	-	
	III	0,56	-	0,04	0,05	-	-	-	-	-	-	-	-	-	-	-	-	-	-	-	-	-	
	IV	8,58	-	0,68	0,77	-	0,55	0,62	-	0,42	0,47	-	0,30	0,33	-	0,18	0,20	-	0,07	0,08	-	-	
	V	18,33	-	1,46	1,64																		
	VI	19,63	-	1,57	1,76																		
76,39	I	8,60	-	0,68	0,77	-	0,42	0,47	-	0,18	0,20	-	-	-	-	-	-	-	-	-	-	-	
	II	5,48	-	0,43	0,49	-	0,19	0,21	-	-	-	-	-	-	-	-	-	-	-	-	-	-	
	III	0,57	-	0,04	0,05	-	-	-	-	-	-	-	-	-	-	-	-	-	-	-	-	-	
	IV	8,60	-	0,68	0,77	-	0,55	0,62	-	0,42	0,47	-	0,30	0,33	-	0,18	0,20	-	0,08	0,09	-	-	
	V	18,37	-	1,46	1,65																		
	VI	19,67	-	1,57	1,77																		
76,49	I	8,63	-	0,69	0,77	-	0,42	0,48	-	0,18	0,20	-	-	-	-	-	-	-	-	-	-	-	
	II	5,51	-	0,44	0,49	-	0,19	0,21	-	-	-	-	-	-	-	-	-	-	-	-	-	-	
	III	0,59	-	0,04	0,05	-	-	-	-	-	-	-	-	-	-	-	-	-	-	-	-	-	
	IV	8,63	-	0,69	0,77	-	0,55	0,62	-	0,42	0,48	-	0,30	0,34	-	0,18	0,20	-	0,08	0,09	-	-	
	V	18,41	-	1,47	1,65																		
	VI	19,71	-	1,57	1,77																		

Anzahl Kinderfreibeträge (nur Steuerklassen I–IV)

Besondere Tabelle

Lohn/ Gehalt bis	Steuerklasse	Lohnsteuer	ohne Kinderfreibetrag			Anzahl Kinderfreibeträge (nur Steuerklassen I–IV)																	
						0,5			1,0			1,5			2,0			2,5			3,0		
			SolZ 5,5%	Kirchensteuer 8%	Kirchensteuer 9%	SolZ 5,5%	Kirchensteuer 8%	Kirchensteuer 9%	SolZ 5,5%	Kirchensteuer 8%	Kirchensteuer 9%	SolZ 5,5%	Kirchensteuer 8%	Kirchensteuer 9%	SolZ 5,5%	Kirchensteuer 8%	Kirchensteuer 9%	SolZ 5,5%	Kirchensteuer 8%	Kirchensteuer 9%	SolZ 5,5%	Kirchensteuer 8%	Kirchensteuer 9%
76,59	I	8,66	–	0,69	0,77	–	0,43	0,48	–	0,18	0,20	–	–	–	–	–	–	–	–	–	–	–	–
	II	5,53	–	0,44	0,49	–	0,19	0,22	–	–	–	–	–	–	–	–	–	–	–	–	–	–	–
	III	0,60	–	0,04	0,05	–	–	–	–	–	–	–	–	–	–	–	–	–	–	–	–	–	–
	IV	8,66	–	0,69	0,77	–	0,55	0,62	–	0,43	0,48	–	0,30	0,34	–	0,18	0,20	–	0,08	0,09	–	–	–
	V	18,45	–	1,47	1,66																		
	VI	19,75	–	1,58	1,77																		
76,69	I	8,68	–	0,69	0,78	–	0,43	0,48	–	0,18	0,21	–	–	–	–	–	–	–	–	–	–	–	–
	II	5,56	–	0,44	0,50	–	0,19	0,22	–	–	0,01	–	–	–	–	–	–	–	–	–	–	–	–
	III	0,62	–	0,04	0,05	–	–	–	–	–	–	–	–	–	–	–	–	–	–	–	–	–	–
	IV	8,68	–	0,69	0,78	–	0,56	0,63	–	0,43	0,48	–	0,30	0,34	–	0,18	0,21	–	0,08	0,09	–	–	–
	V	18,48	–	1,47	1,66																		
	VI	19,78	–	1,58	1,78																		
76,79	I	8,71	–	0,69	0,78	–	0,43	0,48	–	0,18	0,21	–	–	–	–	–	–	–	–	–	–	–	–
	II	5,58	–	0,44	0,50	–	0,20	0,22	–	0,01	0,01	–	–	–	–	–	–	–	–	–	–	–	–
	III	0,63	–	0,05	0,05	–	–	–	–	–	–	–	–	–	–	–	–	–	–	–	–	–	–
	IV	8,71	–	0,69	0,78	–	0,56	0,63	–	0,43	0,48	–	0,30	0,34	–	0,18	0,21	–	0,08	0,09	–	–	–
	V	18,52	–	1,48	1,66																		
	VI	19,82	–	1,58	1,78																		
76,89	I	8,74	–	0,69	0,78	–	0,43	0,49	–	0,19	0,21	–	–	–	–	–	–	–	–	–	–	–	–
	II	5,61	–	0,44	0,50	–	0,20	0,22	–	0,01	0,01	–	–	–	–	–	–	–	–	–	–	–	–
	III	0,65	–	0,05	0,05	–	–	–	–	–	–	–	–	–	–	–	–	–	–	–	–	–	–
	IV	8,74	–	0,69	0,78	–	0,56	0,63	–	0,43	0,49	–	0,31	0,35	–	0,19	0,21	–	0,08	0,09	–	–	–
	V	18,55	–	1,48	1,66																		
	VI	19,86	–	1,58	1,78																		
76,99	I	8,76	–	0,70	0,78	–	0,43	0,49	–	0,19	0,21	–	–	–	–	–	–	–	–	–	–	–	–
	II	5,64	–	0,45	0,50	–	0,20	0,23	–	0,01	0,01	–	–	–	–	–	–	–	–	–	–	–	–
	III	0,67	–	0,05	0,06	–	–	–	–	–	–	–	–	–	–	–	–	–	–	–	–	–	–
	IV	8,76	–	0,70	0,78	–	0,56	0,63	–	0,43	0,49	–	0,31	0,35	–	0,19	0,21	–	0,08	0,09	–	–	–
	V	18,59	–	1,48	1,67																		
	VI	19,90	–	1,59	1,79																		
77,09	I	8,79	–	0,70	0,79	–	0,44	0,49	–	0,19	0,21	–	–	–	–	–	–	–	–	–	–	–	–
	II	5,66	–	0,45	0,50	–	0,20	0,23	–	0,01	0,01	–	–	–	–	–	–	–	–	–	–	–	–
	III	0,68	–	0,05	0,06	–	–	–	–	–	–	–	–	–	–	–	–	–	–	–	–	–	–
	IV	8,79	–	0,70	0,79	–	0,56	0,64	–	0,44	0,49	–	0,31	0,35	–	0,19	0,21	–	0,09	0,10	–	–	–
	V	18,63	–	1,49	1,67																		
	VI	19,94	–	1,59	1,79																		
77,19	I	8,82	–	0,70	0,79	–	0,44	0,49	–	0,19	0,22	–	–	–	–	–	–	–	–	–	–	–	–
	II	5,69	–	0,45	0,51	–	0,20	0,23	–	0,01	0,01	–	–	–	–	–	–	–	–	–	–	–	–
	III	0,70	–	0,05	0,06	–	–	–	–	–	–	–	–	–	–	–	–	–	–	–	–	–	–
	IV	8,82	–	0,70	0,79	–	0,57	0,64	–	0,44	0,49	–	0,31	0,35	–	0,19	0,22	–	0,09	0,10	–	–	–
	V	18,66	–	1,49	1,67																		
	VI	19,97	–	1,59	1,79																		
77,29	I	8,85	–	0,70	0,79	–	0,44	0,50	–	0,19	0,22	–	–	0,01	–	–	–	–	–	–	–	–	–
	II	5,71	–	0,45	0,51	–	0,21	0,23	–	0,01	0,01	–	–	–	–	–	–	–	–	–	–	–	–
	III	0,71	–	0,05	0,06	–	–	–	–	–	–	–	–	–	–	–	–	–	–	–	–	–	–
	IV	8,85	–	0,70	0,79	–	0,57	0,64	–	0,44	0,50	–	0,32	0,36	–	0,19	0,22	–	0,09	0,10	–	–	0,01
	V	18,70	–	1,49	1,68																		
	VI	20,01	–	1,60	1,80																		
77,39	I	8,88	–	0,71	0,79	–	0,44	0,50	–	0,20	0,22	–	0,01	0,01	–	–	–	–	–	–	–	–	–
	II	5,74	–	0,45	0,51	–	0,21	0,23	–	0,01	0,02	–	–	–	–	–	–	–	–	–	–	–	–
	III	0,73	–	0,05	0,06	–	–	–	–	–	–	–	–	–	–	–	–	–	–	–	–	–	–
	IV	8,88	–	0,71	0,79	–	0,57	0,64	–	0,44	0,50	–	0,32	0,36	–	0,20	0,22	–	0,09	0,10	–	0,01	0,01
	V	18,74	–	1,49	1,68																		
	VI	20,05	–	1,60	1,80																		
77,49	I	8,90	–	0,71	0,80	–	0,44	0,50	–	0,20	0,22	–	0,01	0,01	–	–	–	–	–	–	–	–	–
	II	5,76	–	0,46	0,51	–	0,21	0,24	–	0,01	0,02	–	–	–	–	–	–	–	–	–	–	–	–
	III	0,75	–	0,06	0,06	–	–	–	–	–	–	–	–	–	–	–	–	–	–	–	–	–	–
	IV	8,90	–	0,71	0,80	–	0,57	0,65	–	0,44	0,50	–	0,32	0,36	–	0,20	0,22	–	0,09	0,10	–	0,01	0,01
	V	18,77	–	1,50	1,68																		
	VI	20,08	–	1,60	1,80																		
77,59	I	8,93	–	0,71	0,80	–	0,45	0,50	–	0,20	0,23	–	0,01	0,01	–	–	–	–	–	–	–	–	–
	II	5,79	–	0,46	0,52	–	0,21	0,24	–	0,02	0,02	–	–	–	–	–	–	–	–	–	–	–	–
	III	0,76	–	0,06	0,06	–	–	–	–	–	–	–	–	–	–	–	–	–	–	–	–	–	–
	IV	8,93	–	0,71	0,80	–	0,58	0,65	–	0,45	0,50	–	0,32	0,36	–	0,20	0,23	–	0,09	0,11	–	0,01	0,01
	V	18,81	–	1,50	1,69																		
	VI	20,13	–	1,61	1,81																		
77,69	I	8,96	–	0,71	0,80	–	0,45	0,50	–	0,20	0,23	–	0,01	0,01	–	–	–	–	–	–	–	–	–
	II	5,82	–	0,46	0,52	–	0,21	0,24	–	0,02	0,02	–	–	–	–	–	–	–	–	–	–	–	–
	III	0,77	–	0,06	0,06	–	–	–	–	–	–	–	–	–	–	–	–	–	–	–	–	–	–
	IV	8,96	–	0,71	0,80	–	0,58	0,65	–	0,45	0,50	–	0,32	0,36	–	0,20	0,23	–	0,10	0,11	–	0,01	0,01
	V	18,85	–	1,50	1,69																		
	VI	20,17	–	1,61	1,81																		
77,79	I	8,98	–	0,71	0,80	–	0,45	0,51	–	0,20	0,23	–	0,01	0,01	–	–	–	–	–	–	–	–	–
	II	5,84	–	0,46	0,52	–	0,22	0,24	–	0,02	0,02	–	–	–	–	–	–	–	–	–	–	–	–
	III	0,79	–	0,06	0,07	–	–	–	–	–	–	–	–	–	–	–	–	–	–	–	–	–	–
	IV	8,98	–	0,71	0,80	–	0,58	0,65	–	0,45	0,51	–	0,32	0,37	–	0,20	0,23	–	0,10	0,11	–	0,01	0,01
	V	18,88	–	1,51	1,69																		
	VI	20,20	–	1,61	1,81																		
77,89	I	9,01	–	0,72	0,81	–	0,45	0,51	–	0,21	0,23	–	0,01	0,01	–	–	–	–	–	–	–	–	–
	II	5,87	–	0,46	0,52	–	0,22	0,24	–	0,02	0,02	–	–	–	–	–	–	–	–	–	–	–	–
	III	0,81	–	0,06	0,07	–	–	–	–	–	–	–	–	–	–	–	–	–	–	–	–	–	–
	IV	9,01	–	0,72	0,81	–	0,58	0,66	–	0,45	0,51	–	0,33	0,37	–	0,21	0,23	–	0,10	0,11	–	0,01	0,01
	V	18,92	–	1,51	1,70																		
	VI	20,24	–	1,61	1,82																		
77,99	I	9,04	–	0,72	0,81	–	0,45	0,51	–	0,21	0,23	–	0,01	0,02	–	–	–	–	–	–	–	–	–
	II	5,89	–	0,47	0,53	–	0,22	0,25	–	0,02	0,02	–	–	–	–	–	–	–	–	–	–	–	–
	III	0,82	–	0,06	0,07	–	–	–	–	–	–	–	–	–	–	–	–	–	–	–	–	–	–
	IV	9,04	–	0,72	0,81	–	0,58	0,66	–	0,45	0,51	–	0,33	0,37	–	0,21	0,23	–	0,10	0,11	–	0,01	0,02
	V	18,96	–	1,51	1,70																		
	VI	20,28	–	1,62	1,82																		

Lohn/ Gehalt bis	Steuerklasse	Lohnsteuer	ohne Kinderfreibetrag			Anzahl Kinderfreibeträge (nur Steuerklassen I–IV) 0,5			1,0			1,5			2,0			2,5			3,0		
			SolZ 5,5%	Kirchensteuer 8%	9%	SolZ 5,5%	Kirchensteuer 8%	9%	SolZ 5,5%	Kirchensteuer 8%	9%	SolZ 5,5%	Kirchensteuer 8%	9%	SolZ 5,5%	Kirchensteuer 8%	9%	SolZ 5,5%	Kirchensteuer 8%	9%	SolZ 5,5%	Kirchensteuer 8%	9%
78,09	I	9,07	–	0,72	0,81	–	0,46	0,51	–	0,21	0,24	–	0,01	0,02	–	–	–	–	–	–	–	–	
	II	5,92	–	0,47	0,53	–	0,22	0,25	–	0,02	0,02	–	–	–	–	–	–	–	–	–	–	–	
	III	0,84	–	0,06	0,07	–	–	–	–	–	–	–	–	–	–	–	–	–	–	–	–	–	
	IV	9,07	–	0,72	0,81	–	0,59	0,66	–	0,46	0,51	–	0,33	0,37	–	0,21	0,24	–	0,10	0,11	–	0,01	0,
	V	19,00	–	1,52	1,71																		
	VI	20,31	–	1,62	1,82																		
78,19	I	9,09	–	0,72	0,81	–	0,46	0,52	–	0,21	0,24	–	0,02	0,02	–	–	–	–	–	–	–	–	
	II	5,95	–	0,47	0,53	–	0,22	0,25	–	0,02	0,03	–	–	–	–	–	–	–	–	–	–	–	
	III	0,86	–	0,06	0,07	–	–	–	–	–	–	–	–	–	–	–	–	–	–	–	–	–	
	IV	9,09	–	0,72	0,81	–	0,59	0,66	–	0,46	0,52	–	0,33	0,37	–	0,21	0,24	–	0,10	0,12	–	0,02	0,
	V	19,03	–	1,52	1,71																		
	VI	20,35	–	1,62	1,83																		
78,29	I	9,12	–	0,72	0,82	–	0,46	0,52	–	0,21	0,24	–	0,02	0,02	–	–	–	–	–	–	–	–	
	II	5,97	–	0,47	0,53	–	0,22	0,25	–	0,02	0,03	–	–	–	–	–	–	–	–	–	–	–	
	III	0,87	–	0,06	0,07	–	–	–	–	–	–	–	–	–	–	–	–	–	–	–	–	–	
	IV	9,12	–	0,72	0,82	–	0,59	0,66	–	0,46	0,52	–	0,34	0,38	–	0,21	0,24	–	0,10	0,12	–	0,02	0,
	V	19,07	–	1,52	1,71																		
	VI	20,40	–	1,63	1,83																		
78,39	I	9,15	–	0,73	0,82	–	0,46	0,52	–	0,22	0,24	–	0,02	0,02	–	–	–	–	–	–	–	–	
	II	6,00	–	0,48	0,54	–	0,23	0,26	–	0,03	0,03	–	–	–	–	–	–	–	–	–	–	–	
	III	0,89	–	0,07	0,08	–	–	–	–	–	–	–	–	–	–	–	–	–	–	–	–	–	
	IV	9,15	–	0,73	0,82	–	0,59	0,67	–	0,46	0,52	–	0,34	0,38	–	0,22	0,24	–	0,11	0,12	–	0,02	0,
	V	19,11	–	1,52	1,71																		
	VI	20,43	–	1,63	1,83																		
78,49	I	9,18	–	0,73	0,82	–	0,46	0,52	–	0,22	0,24	–	0,02	0,02	–	–	–	–	–	–	–	–	
	II	6,02	–	0,48	0,54	–	0,23	0,26	–	0,03	0,03	–	–	–	–	–	–	–	–	–	–	–	
	III	0,90	–	0,07	0,08	–	–	–	–	–	–	–	–	–	–	–	–	–	–	–	–	–	
	IV	9,18	–	0,73	0,82	–	0,60	0,67	–	0,46	0,52	–	0,34	0,38	–	0,22	0,24	–	0,11	0,12	–	0,02	0,
	V	19,15	–	1,53	1,72																		
	VI	20,47	–	1,63	1,84																		
78,59	I	9,20	–	0,73	0,82	–	0,47	0,53	–	0,22	0,25	–	0,02	0,02	–	–	–	–	–	–	–	–	
	II	6,05	–	0,48	0,54	–	0,23	0,26	–	0,03	0,03	–	–	–	–	–	–	–	–	–	–	–	
	III	0,92	–	0,07	0,08	–	–	–	–	–	–	–	–	–	–	–	–	–	–	–	–	–	
	IV	9,20	–	0,73	0,82	–	0,60	0,67	–	0,47	0,53	–	0,34	0,38	–	0,22	0,25	–	0,11	0,12	–	0,02	0,
	V	19,18	–	1,53	1,72																		
	VI	20,51	–	1,64	1,84																		
78,69	I	9,23	–	0,73	0,83	–	0,47	0,53	–	0,22	0,25	–	0,02	0,02	–	–	–	–	–	–	–	–	
	II	6,07	–	0,48	0,54	–	0,23	0,26	–	0,03	0,03	–	–	–	–	–	–	–	–	–	–	–	
	III	0,93	–	0,07	0,08	–	–	–	–	–	–	–	–	–	–	–	–	–	–	–	–	–	
	IV	9,23	–	0,73	0,83	–	0,60	0,67	–	0,47	0,53	–	0,34	0,39	–	0,22	0,25	–	0,11	0,12	–	0,02	0,
	V	19,22	–	1,53	1,72																		
	VI	20,55	–	1,64	1,84																		
78,79	I	9,26	–	0,74	0,83	–	0,47	0,53	–	0,22	0,25	–	0,02	0,03	–	–	–	–	–	–	–	–	
	II	6,10	–	0,48	0,54	–	0,23	0,26	–	0,03	0,04	–	–	–	–	–	–	–	–	–	–	–	
	III	0,95	–	0,07	0,08	–	–	–	–	–	–	–	–	–	–	–	–	–	–	–	–	–	
	IV	9,26	–	0,74	0,83	–	0,60	0,68	–	0,47	0,53	–	0,34	0,39	–	0,22	0,25	–	0,11	0,13	–	0,02	0,
	V	19,26	–	1,54	1,73																		
	VI	20,58	–	1,64	1,85																		
78,89	I	9,29	–	0,74	0,83	–	0,47	0,53	–	0,22	0,25	–	0,02	0,03	–	–	–	–	–	–	–	–	
	II	6,13	–	0,49	0,55	–	0,24	0,27	–	0,03	0,04	–	–	–	–	–	–	–	–	–	–	–	
	III	0,97	–	0,07	0,08	–	–	–	–	–	–	–	–	–	–	–	–	–	–	–	–	–	
	IV	9,29	–	0,74	0,83	–	0,60	0,68	–	0,47	0,53	–	0,35	0,39	–	0,22	0,25	–	0,11	0,13	–	0,02	0,
	V	19,29	–	1,54	1,73																		
	VI	20,62	–	1,64	1,85																		
78,99	I	9,31	–	0,74	0,83	–	0,48	0,54	–	0,23	0,26	–	0,03	0,03	–	–	–	–	–	–	–	–	
	II	6,15	–	0,49	0,55	–	0,24	0,27	–	0,03	0,04	–	–	–	–	–	–	–	–	–	–	–	
	III	0,98	–	0,07	0,08	–	–	–	–	–	–	–	–	–	–	–	–	–	–	–	–	–	
	IV	9,31	–	0,74	0,83	–	0,61	0,68	–	0,48	0,54	–	0,35	0,39	–	0,23	0,26	–	0,12	0,13	–	0,03	0,
	V	19,33	–	1,54	1,73																		
	VI	20,66	–	1,65	1,85																		
79,09	I	9,34	–	0,74	0,84	–	0,48	0,54	–	0,23	0,26	–	0,03	0,03	–	–	–	–	–	–	–	–	
	II	6,18	–	0,49	0,55	–	0,24	0,27	–	0,04	0,04	–	–	–	–	–	–	–	–	–	–	–	
	III	1,00	–	0,08	0,09	–	–	–	–	–	–	–	–	–	–	–	–	–	–	–	–	–	
	IV	9,34	–	0,74	0,84	–	0,61	0,68	–	0,48	0,54	–	0,35	0,39	–	0,23	0,26	–	0,12	0,13	–	0,03	0,
	V	19,37	–	1,54	1,74																		
	VI	20,70	–	1,65	1,86																		
79,19	I	9,37	–	0,74	0,84	–	0,48	0,54	–	0,23	0,26	–	0,03	0,03	–	–	–	–	–	–	–	–	
	II	6,20	–	0,49	0,55	–	0,24	0,27	–	0,04	0,04	–	–	–	–	–	–	–	–	–	–	–	
	III	1,02	–	0,08	0,09	–	–	–	–	–	–	–	–	–	–	–	–	–	–	–	–	–	
	IV	9,37	–	0,74	0,84	–	0,61	0,69	–	0,48	0,54	–	0,35	0,40	–	0,23	0,26	–	0,12	0,13	–	0,03	0,0
	V	19,41	–	1,55	1,74																		
	VI	20,73	–	1,65	1,86																		
79,29	I	9,40	–	0,75	0,84	–	0,48	0,54	–	0,23	0,26	–	0,03	0,03	–	–	–	–	–	–	–	–	
	II	6,23	–	0,49	0,56	–	0,24	0,27	–	0,04	0,04	–	–	–	–	–	–	–	–	–	–	–	
	III	1,03	–	0,08	0,09	–	–	–	–	–	–	–	–	–	–	–	–	–	–	–	–	–	
	IV	9,40	–	0,75	0,84	–	0,61	0,69	–	0,48	0,54	–	0,35	0,40	–	0,23	0,26	–	0,12	0,14	–	0,03	0,0
	V	19,44	–	1,55	1,74																		
	VI	20,77	–	1,66	1,86																		
79,39	I	9,42	–	0,75	0,84	–	0,48	0,54	–	0,23	0,26	–	0,03	0,04	–	–	–	–	–	–	–	–	
	II	6,26	–	0,50	0,56	–	0,25	0,28	–	0,04	0,04	–	–	–	–	–	–	–	–	–	–	–	
	III	1,05	–	0,08	0,09	–	–	–	–	–	–	–	–	–	–	–	–	–	–	–	–	–	
	IV	9,42	–	0,75	0,84	–	0,61	0,69	–	0,48	0,54	–	0,36	0,40	–	0,23	0,26	–	0,12	0,14	–	0,03	0,0
	V	19,48	–	1,55	1,75																		
	VI	20,81	–	1,66	1,87																		
79,49	I	9,45	–	0,75	0,85	–	0,49	0,55	–	0,24	0,27	–	0,03	0,04	–	–	–	–	–	–	–	–	
	II	6,28	–	0,50	0,56	–	0,25	0,28	–	0,04	0,05	–	–	–	–	–	–	–	–	–	–	–	
	III	1,07	–	0,08	0,09	–	–	–	–	–	–	–	–	–	–	–	–	–	–	–	–	–	
	IV	9,45	–	0,75	0,85	–	0,62	0,69	–	0,49	0,55	–	0,36	0,40	–	0,24	0,27	–	0,12	0,14	–	0,03	0,0
	V	19,52	–	1,56	1,75																		
	VI	20,85	–	1,66	1,87																		

Lohn/ Gehalt bis	Steuerklasse	Lohn- steuer	ohne Kinderfreibetrag			Anzahl Kinderfreibeträge (nur Steuerklassen I–IV)																	
						0,5			1,0			1,5			2,0			2,5			3,0		
			SolZ 5,5%	Kirchensteuer 8%	9%	SolZ 5,5%	Kirchensteuer 8%	9%	SolZ 5,5%	Kirchensteuer 8%	9%	SolZ 5,5%	Kirchensteuer 8%	9%	SolZ 5,5%	Kirchensteuer 8%	9%	SolZ 5,5%	Kirchensteuer 8%	9%	SolZ 5,5%	Kirchensteuer 8%	9%
79,59	I	9,48	-	0,75	0,85	-	0,49	0,55	-	0,24	0,27	-	0,03	0,04	-	-	-	-	-	-	-	-	-
	II	6,31	-	0,50	0,56	-	0,25	0,28	-	0,04	0,05	-	-	-	-	-	-	-	-	-	-	-	-
	III	1,08	-	0,08	0,09	-	-	-	-	-	-	-	-	-	-	-	-	-	-	-	-	-	-
	IV	9,48	-	0,75	0,85	-	0,62	0,70	-	0,49	0,55	-	0,36	0,41	-	0,24	0,27	-	0,13	0,14	-	0,03	0,04
	V	19,56	-	1,56	1,76																		
	VI	20,89	-	1,67	1,88																		
79,69	I	9,51	-	0,76	0,85	-	0,49	0,55	-	0,24	0,27	-	0,04	0,04	-	-	-	-	-	-	-	-	-
	II	6,33	-	0,50	0,56	-	0,25	0,28	-	0,04	0,05	-	-	-	-	-	-	-	-	-	-	-	-
	III	1,10	-	0,08	0,09	-	-	-	-	-	-	-	-	-	-	-	-	-	-	-	-	-	-
	IV	9,51	-	0,76	0,85	-	0,62	0,70	-	0,49	0,55	-	0,36	0,41	-	0,24	0,27	-	0,13	0,14	-	0,04	0,04
	V	19,59	-	1,56	1,76																		
	VI	20,92	-	1,67	1,88																		
79,79	I	9,53	-	0,76	0,85	-	0,49	0,55	-	0,24	0,27	-	0,04	0,04	-	-	-	-	-	-	-	-	-
	II	6,36	-	0,50	0,57	-	0,25	0,29	-	0,04	0,05	-	-	-	-	-	-	-	-	-	-	-	-
	III	1,12	-	0,08	0,10	-	-	-	-	-	-	-	-	-	-	-	-	-	-	-	-	-	-
	IV	9,53	-	0,76	0,85	-	0,62	0,70	-	0,49	0,55	-	0,36	0,41	-	0,24	0,27	-	0,13	0,15	-	0,04	0,04
	V	19,63	-	1,57	1,76																		
	VI	20,96	-	1,67	1,88																		
79,89	I	9,56	-	0,76	0,86	-	0,49	0,56	-	0,24	0,27	-	0,04	0,04	-	-	-	-	-	-	-	-	-
	II	6,38	-	0,51	0,57	-	0,26	0,29	-	0,05	0,05	-	-	-	-	-	-	-	-	-	-	-	-
	III	1,13	-	0,09	0,10	-	-	-	-	-	-	-	-	-	-	-	-	-	-	-	-	-	-
	IV	9,56	-	0,76	0,86	-	0,62	0,70	-	0,49	0,56	-	0,37	0,41	-	0,24	0,27	-	0,13	0,15	-	0,04	0,04
	V	19,67	-	1,57	1,77																		
	VI	21,00	-	1,68	1,89																		
79,99	I	9,59	-	0,76	0,86	-	0,50	0,56	-	0,25	0,28	-	0,04	0,04	-	-	-	-	-	-	-	-	-
	II	6,41	-	0,51	0,57	-	0,26	0,29	-	0,05	0,05	-	-	-	-	-	-	-	-	-	-	-	-
	III	1,15	-	0,09	0,10	-	-	-	-	-	-	-	-	-	-	-	-	-	-	-	-	-	-
	IV	9,59	-	0,76	0,86	-	0,63	0,71	-	0,50	0,56	-	0,37	0,42	-	0,25	0,28	-	0,13	0,15	-	0,04	0,04
	V	19,71	-	1,57	1,77																		
	VI	21,05	-	1,68	1,89																		
80,09	I	9,62	-	0,76	0,86	-	0,50	0,56	-	0,25	0,28	-	0,04	0,05	-	-	-	-	-	-	-	-	-
	II	6,44	-	0,51	0,57	-	0,26	0,29	-	0,05	0,05	-	-	-	-	-	-	-	-	-	-	-	-
	III	1,17	-	0,09	0,10	-	-	-	-	-	-	-	-	-	-	-	-	-	-	-	-	-	-
	IV	9,62	-	0,76	0,86	-	0,63	0,71	-	0,50	0,56	-	0,37	0,42	-	0,25	0,28	-	0,13	0,15	-	0,04	0,05
	V	19,75	-	1,58	1,77																		
	VI	21,08	-	1,68	1,89																		
80,19	I	9,65	-	0,77	0,86	-	0,50	0,56	-	0,25	0,28	-	0,04	0,05	-	-	-	-	-	-	-	-	-
	II	6,46	-	0,51	0,58	-	0,26	0,29	-	0,05	0,06	-	-	-	-	-	-	-	-	-	-	-	-
	III	1,18	-	0,09	0,10	-	-	-	-	-	-	-	-	-	-	-	-	-	-	-	-	-	-
	IV	9,65	-	0,77	0,86	-	0,63	0,71	-	0,50	0,56	-	0,37	0,42	-	0,25	0,28	-	0,14	0,15	-	0,04	0,05
	V	19,78	-	1,58	1,78																		
	VI	21,12	-	1,68	1,90																		
80,29	I	9,67	-	0,77	0,87	-	0,50	0,56	-	0,25	0,28	-	0,04	0,05	-	-	-	-	-	-	-	-	-
	II	6,49	-	0,51	0,58	-	0,26	0,30	-	0,05	0,06	-	-	-	-	-	-	-	-	-	-	-	-
	III	1,20	-	0,09	0,10	-	-	-	-	-	-	-	-	-	-	-	-	-	-	-	-	-	-
	IV	9,67	-	0,77	0,87	-	0,63	0,71	-	0,50	0,56	-	0,37	0,42	-	0,25	0,28	-	0,14	0,15	-	0,04	0,05
	V	19,82	-	1,58	1,78																		
	VI	21,16	-	1,69	1,90																		
80,39	I	9,70	-	0,77	0,87	-	0,50	0,57	-	0,25	0,29	-	0,04	0,05	-	-	-	-	-	-	-	-	-
	II	6,51	-	0,52	0,58	-	0,27	0,30	-	0,05	0,06	-	-	-	-	-	-	-	-	-	-	-	-
	III	1,22	-	0,09	0,10	-	-	-	-	-	-	-	-	-	-	-	-	-	-	-	-	-	-
	IV	9,70	-	0,77	0,87	-	0,64	0,72	-	0,50	0,57	-	0,38	0,42	-	0,25	0,29	-	0,14	0,16	-	0,04	0,05
	V	19,85	-	1,58	1,78																		
	VI	21,20	-	1,69	1,90																		
80,49	I	9,73	-	0,77	0,87	-	0,51	0,57	-	0,26	0,29	-	0,05	0,05	-	-	-	-	-	-	-	-	-
	II	6,54	-	0,52	0,58	-	0,27	0,30	-	0,05	0,06	-	-	-	-	-	-	-	-	-	-	-	-
	III	1,23	-	0,09	0,11	-	-	-	-	-	-	-	-	-	-	-	-	-	-	-	-	-	-
	IV	9,73	-	0,77	0,87	-	0,64	0,72	-	0,51	0,57	-	0,38	0,43	-	0,26	0,29	-	0,14	0,16	-	0,05	0,05
	V	19,90	-	1,59	1,79																		
	VI	21,23	-	1,69	1,91																		
80,59	I	9,76	-	0,78	0,87	-	0,51	0,57	-	0,26	0,29	-	0,05	0,05	-	-	-	-	-	-	-	-	-
	II	6,57	-	0,52	0,59	-	0,27	0,30	-	0,06	0,06	-	-	-	-	-	-	-	-	-	-	-	-
	III	1,25	-	0,10	0,11	-	-	-	-	-	-	-	-	-	-	-	-	-	-	-	-	-	-
	IV	9,76	-	0,78	0,87	-	0,64	0,72	-	0,51	0,57	-	0,38	0,43	-	0,26	0,29	-	0,14	0,16	-	0,05	0,05
	V	19,93	-	1,59	1,79																		
	VI	21,27	-	1,70	1,91																		
80,69	I	9,78	-	0,78	0,88	-	0,51	0,57	-	0,26	0,29	-	0,05	0,05	-	-	-	-	-	-	-	-	-
	II	6,60	-	0,52	0,59	-	0,27	0,31	-	0,06	0,06	-	-	-	-	-	-	-	-	-	-	-	-
	III	1,27	-	0,10	0,11	-	-	-	-	-	-	-	-	-	-	-	-	-	-	-	-	-	-
	IV	9,78	-	0,78	0,88	-	0,64	0,72	-	0,51	0,57	-	0,38	0,43	-	0,26	0,29	-	0,14	0,16	-	0,05	0,05
	V	19,97	-	1,59	1,79																		
	VI	21,31	-	1,70	1,91																		
80,79	I	9,81	-	0,78	0,88	-	0,51	0,58	-	0,26	0,29	-	0,05	0,06	-	-	-	-	-	-	-	-	-
	II	6,62	-	0,52	0,59	-	0,27	0,31	-	0,06	0,07	-	-	-	-	-	-	-	-	-	-	-	-
	III	1,28	-	0,10	0,11	-	-	-	-	-	-	-	-	-	-	-	-	-	-	-	-	-	-
	IV	9,81	-	0,78	0,88	-	0,64	0,72	-	0,51	0,58	-	0,38	0,43	-	0,26	0,29	-	0,15	0,16	-	0,05	0,06
	V	20,01	-	1,60	1,80																		
	VI	21,35	-	1,70	1,92																		
80,89	I	9,84	-	0,78	0,88	-	0,51	0,58	-	0,26	0,30	-	0,05	0,06	-	-	-	-	-	-	-	-	-
	II	6,65	-	0,53	0,59	-	0,28	0,31	-	0,06	0,07	-	-	-	-	-	-	-	-	-	-	-	-
	III	1,30	-	0,10	0,11	-	-	-	-	-	-	-	-	-	-	-	-	-	-	-	-	-	-
	IV	9,84	-	0,78	0,88	-	0,65	0,73	-	0,51	0,58	-	0,39	0,44	-	0,26	0,30	-	0,15	0,17	-	0,05	0,06
	V	20,04	-	1,60	1,80																		
	VI	21,39	-	1,71	1,92																		
80,99	I	9,87	-	0,78	0,88	-	0,52	0,58	-	0,27	0,30	-	0,05	0,06	-	-	-	-	-	-	-	-	-
	II	6,67	-	0,53	0,60	-	0,28	0,31	-	0,06	0,07	-	-	-	-	-	-	-	-	-	-	-	-
	III	1,32	-	0,10	0,11	-	-	-	-	-	-	-	-	-	-	-	-	-	-	-	-	-	-
	IV	9,87	-	0,78	0,88	-	0,65	0,73	-	0,52	0,58	-	0,39	0,44	-	0,27	0,30	-	0,15	0,17	-	0,05	0,06
	V	20,08	-	1,60	1,80																		
	VI	21,43	-	1,71	1,92																		

Lohn/ Gehalt bis	Steuerklasse	Lohnsteuer	ohne Kinderfreibetrag SolZ 5,5%	Kirchensteuer 8%	9%	0,5 SolZ 5,5%	Kirchensteuer 8%	9%	1,0 SolZ 5,5%	Kirchensteuer 8%	9%	1,5 SolZ 5,5%	Kirchensteuer 8%	9%	2,0 SolZ 5,5%	Kirchensteuer 8%	9%	2,5 SolZ 5,5%	Kirchensteuer 8%	9%	3,0 SolZ 5,5%	Kirchensteuer 8%	9%
81,09	I	9,90	-	0,79	0,89	-	0,52	0,58	-	0,27	0,30	-	0,05	0,06	-	-	-	-	-	-	-	-	-
	II	6,70	-	0,53	0,60	-	0,28	0,31	-	0,06	0,07	-	-	-	-	-	-	-	-	-	-	-	-
	III	1,33	-	0,10	0,11	-	-	-	-	-	-	-	-	-	-	-	-	-	-	-	-	-	-
	IV	9,90	-	0,79	0,89	-	0,65	0,73	-	0,52	0,58	-	0,39	0,44	-	0,27	0,30	-	0,15	0,17	-	0,05	0,06
	V	20,12	-	1,60	1,81																		
	VI	21,47	-	1,71	1,93																		
81,19	I	9,92	-	0,79	0,89	-	0,52	0,59	-	0,27	0,30	-	0,06	0,06	-	-	-	-	-	-	-	-	-
	II	6,73	-	0,53	0,60	-	0,28	0,32	-	0,06	0,07	-	-	-	-	-	-	-	-	-	-	-	-
	III	1,35	-	0,10	0,12	-	-	-	-	-	-	-	-	-	-	-	-	-	-	-	-	-	-
	IV	9,92	-	0,79	0,89	-	0,65	0,73	-	0,52	0,59	-	0,39	0,44	-	0,27	0,30	-	0,15	0,17	-	0,06	0,06
	V	20,16	-	1,61	1,81																		
	VI	21,51	-	1,72	1,93																		
81,29	I	9,95	-	0,79	0,89	-	0,52	0,59	-	0,27	0,31	-	0,06	0,06	-	-	-	-	-	-	-	-	-
	II	6,75	-	0,54	0,60	-	0,28	0,32	-	0,06	0,07	-	-	-	-	-	-	-	-	-	-	-	-
	III	1,37	-	0,10	0,12	-	-	-	-	-	-	-	-	-	-	-	-	-	-	-	-	-	-
	IV	9,95	-	0,79	0,89	-	0,66	0,74	-	0,52	0,59	-	0,40	0,45	-	0,27	0,31	-	0,15	0,17	-	0,06	0,06
	V	20,20	-	1,61	1,81																		
	VI	21,55	-	1,72	1,93																		
81,39	I	9,98	-	0,79	0,89	-	0,52	0,59	-	0,27	0,31	-	0,06	0,07	-	-	-	-	-	-	-	-	-
	II	6,78	-	0,54	0,61	-	0,28	0,32	-	0,07	0,08	-	-	-	-	-	-	-	-	-	-	-	-
	III	1,38	-	0,11	0,12	-	-	-	-	-	-	-	-	-	-	-	-	-	-	-	-	-	-
	IV	9,98	-	0,79	0,89	-	0,66	0,74	-	0,52	0,59	-	0,40	0,45	-	0,27	0,31	-	0,16	0,18	-	0,06	0,07
	V	20,23	-	1,61	1,82																		
	VI	21,58	-	1,72	1,94																		
81,49	I	10,01	-	0,80	0,90	-	0,53	0,59	-	0,28	0,31	-	0,06	0,07	-	-	-	-	-	-	-	-	-
	II	6,80	-	0,54	0,61	-	0,29	0,32	-	0,07	0,08	-	-	-	-	-	-	-	-	-	-	-	-
	III	1,40	-	0,11	0,12	-	-	-	-	-	-	-	-	-	-	-	-	-	-	-	-	-	-
	IV	10,01	-	0,80	0,90	-	0,66	0,74	-	0,53	0,59	-	0,40	0,45	-	0,28	0,31	-	0,16	0,18	-	0,06	0,07
	V	20,27	-	1,62	1,82																		
	VI	21,62	-	1,72	1,94																		
81,59	I	10,03	-	0,80	0,90	-	0,53	0,60	-	0,28	0,31	-	0,06	0,07	-	-	-	-	-	-	-	-	-
	II	6,83	-	0,54	0,61	-	0,29	0,33	-	0,07	0,08	-	-	-	-	-	-	-	-	-	-	-	-
	III	1,42	-	0,11	0,12	-	-	-	-	-	-	-	-	-	-	-	-	-	-	-	-	-	-
	IV	10,03	-	0,80	0,90	-	0,66	0,74	-	0,53	0,60	-	0,40	0,45	-	0,28	0,31	-	0,16	0,18	-	0,06	0,07
	V	20,31	-	1,62	1,82																		
	VI	21,66	-	1,73	1,94																		
81,69	I	10,06	-	0,80	0,90	-	0,53	0,60	-	0,28	0,31	-	0,06	0,07	-	-	-	-	-	-	-	-	-
	II	6,86	-	0,54	0,61	-	0,29	0,33	-	0,07	0,08	-	-	-	-	-	-	-	-	-	-	-	-
	III	1,44	-	0,11	0,12	-	-	-	-	-	-	-	-	-	-	-	-	-	-	-	-	-	-
	IV	10,06	-	0,80	0,90	-	0,66	0,75	-	0,53	0,60	-	0,40	0,45	-	0,28	0,31	-	0,16	0,18	-	0,06	0,07
	V	20,35	-	1,62	1,83																		
	VI	21,70	-	1,73	1,95																		
81,79	I	10,09	-	0,80	0,90	-	0,53	0,60	-	0,28	0,32	-	0,06	0,07	-	-	-	-	-	-	-	-	-
	II	6,88	-	0,55	0,61	-	0,29	0,33	-	0,07	0,08	-	-	-	-	-	-	-	-	-	-	-	-
	III	1,46	-	0,11	0,13	-	-	-	-	-	-	-	-	-	-	-	-	-	-	-	-	-	-
	IV	10,09	-	0,80	0,90	-	0,67	0,75	-	0,53	0,60	-	0,40	0,46	-	0,28	0,32	-	0,16	0,18	-	0,06	0,07
	V	20,38	-	1,63	1,83																		
	VI	21,74	-	1,73	1,95																		
81,89	I	10,12	-	0,80	0,91	-	0,54	0,60	-	0,28	0,32	-	0,06	0,07	-	-	-	-	-	-	-	-	-
	II	6,91	-	0,55	0,62	-	0,30	0,33	-	0,07	0,08	-	-	-	-	-	-	-	-	-	-	-	-
	III	1,47	-	0,11	0,13	-	-	-	-	-	-	-	-	-	-	-	-	-	-	-	-	-	-
	IV	10,12	-	0,80	0,91	-	0,67	0,75	-	0,54	0,60	-	0,41	0,46	-	0,28	0,32	-	0,16	0,19	-	0,06	0,07
	V	20,42	-	1,63	1,83																		
	VI	21,78	-	1,74	1,96																		
81,99	I	10,15	-	0,81	0,91	-	0,54	0,61	-	0,28	0,32	-	0,07	0,08	-	-	-	-	-	-	-	-	-
	II	6,93	-	0,55	0,62	-	0,30	0,33	-	0,08	0,09	-	-	-	-	-	-	-	-	-	-	-	-
	III	1,49	-	0,11	0,13	-	-	-	-	-	-	-	-	-	-	-	-	-	-	-	-	-	-
	IV	10,15	-	0,81	0,91	-	0,67	0,75	-	0,54	0,61	-	0,41	0,46	-	0,28	0,32	-	0,17	0,19	-	0,07	0,08
	V	20,46	-	1,63	1,84																		
	VI	21,82	-	1,74	1,96																		
82,09	I	10,17	-	0,81	0,91	-	0,54	0,61	-	0,29	0,32	-	0,07	0,08	-	-	-	-	-	-	-	-	-
	II	6,96	-	0,55	0,62	-	0,30	0,34	-	0,08	0,09	-	-	-	-	-	-	-	-	-	-	-	-
	III	1,51	-	0,12	0,13	-	-	-	-	-	-	-	-	-	-	-	-	-	-	-	-	-	-
	IV	10,17	-	0,81	0,91	-	0,67	0,76	-	0,54	0,61	-	0,41	0,46	-	0,29	0,32	-	0,17	0,19	-	0,07	0,08
	V	20,50	-	1,64	1,84																		
	VI	21,86	-	1,74	1,96																		
82,19	I	10,20	-	0,81	0,91	-	0,54	0,61	-	0,29	0,33	-	0,07	0,08	-	-	-	-	-	-	-	-	-
	II	6,99	-	0,55	0,62	-	0,30	0,34	-	0,08	0,09	-	-	-	-	-	-	-	-	-	-	-	-
	III	1,52	-	0,12	0,13	-	-	-	-	-	-	-	-	-	-	-	-	-	-	-	-	-	-
	IV	10,20	-	0,81	0,91	-	0,67	0,76	-	0,54	0,61	-	0,41	0,46	-	0,29	0,33	-	0,17	0,19	-	0,07	0,08
	V	20,53	-	1,64	1,84																		
	VI	21,90	-	1,75	1,97																		
82,29	I	10,23	-	0,81	0,92	-	0,54	0,61	-	0,29	0,33	-	0,07	0,08	-	-	-	-	-	-	-	-	-
	II	7,01	-	0,56	0,63	-	0,30	0,34	-	0,08	0,09	-	-	-	-	-	-	-	-	-	-	-	-
	III	1,54	-	0,12	0,13	-	-	-	-	-	-	-	-	-	-	-	-	-	-	-	-	-	-
	IV	10,23	-	0,81	0,92	-	0,68	0,76	-	0,54	0,61	-	0,42	0,47	-	0,29	0,33	-	0,17	0,19	-	0,07	0,08
	V	20,57	-	1,64	1,85																		
	VI	21,93	-	1,75	1,97																		
82,39	I	10,26	-	0,82	0,92	-	0,55	0,61	-	0,29	0,33	-	0,07	0,08	-	-	-	-	-	-	-	-	-
	II	7,04	-	0,56	0,63	-	0,30	0,34	-	0,08	0,09	-	-	-	-	-	-	-	-	-	-	-	-
	III	1,56	-	0,12	0,14	-	-	-	-	-	-	-	-	-	-	-	-	-	-	-	-	-	-
	IV	10,26	-	0,82	0,92	-	0,68	0,76	-	0,55	0,61	-	0,42	0,47	-	0,29	0,33	-	0,17	0,20	-	0,07	0,08
	V	20,62	-	1,64	1,85																		
	VI	21,97	-	1,75	1,97																		
82,49	I	10,29	-	0,82	0,92	-	0,55	0,62	-	0,30	0,33	-	0,07	0,08	-	-	-	-	-	-	-	-	-
	II	7,07	-	0,56	0,63	-	0,31	0,35	-	0,08	0,09	-	-	-	-	-	-	-	-	-	-	-	-
	III	1,58	-	0,12	0,14	-	-	-	-	-	-	-	-	-	-	-	-	-	-	-	-	-	-
	IV	10,29	-	0,82	0,92	-	0,68	0,77	-	0,55	0,62	-	0,42	0,47	-	0,30	0,33	-	0,18	0,20	-	0,07	0,08
	V	20,66	-	1,65	1,85																		
	VI	22,01	-	1,76	1,98																		

Anzahl Kinderfreibeträge (nur Steuerklassen I–IV)

Besondere Tabelle

TAG bis 83,99 €

Lohn/ Gehalt bis	Steuerklasse	Lohn- steuer	ohne Kinderfreibetrag			Anzahl Kinderfreibeträge (nur Steuerklassen I–IV) 0,5			1,0			1,5			2,0			2,5			3,0		
			SolZ 5,5%	Kirchensteuer 8%	9%	SolZ 5,5%	Kirchensteuer 8%	9%	SolZ 5,5%	Kirchensteuer 8%	9%	SolZ 5,5%	Kirchensteuer 8%	9%	SolZ 5,5%	Kirchensteuer 8%	9%	SolZ 5,5%	Kirchensteuer 8%	9%	SolZ 5,5%	Kirchensteuer 8%	9%
82,59	I	10,31	–	0,82	0,92	–	0,55	0,62	–	0,30	0,33	–	0,08	0,09	–	–	–	–	–	–	–	–	–
	II	7,09	–	0,56	0,63	–	0,31	0,35	–	0,08	0,09	–	–	–	–	–	–	–	–	–	–	–	–
	III	1,60	–	0,12	0,14	–	–	–	–	–	–	–	–	–	–	–	–	–	–	–	–	–	–
	IV	10,31	–	0,82	0,92	–	0,68	0,77	–	0,55	0,62	–	0,42	0,47	–	0,30	0,33	–	0,18	0,20	–	0,08	0,09
	V	20,69	–	1,65	1,86																		
	VI	22,05	–	1,76	1,98																		
82,69	I	10,34	–	0,82	0,93	–	0,55	0,62	–	0,30	0,34	–	0,08	0,09	–	–	–	–	–	–	–	–	–
	II	7,12	–	0,56	0,64	–	0,31	0,35	–	0,09	0,10	–	–	–	–	–	–	–	–	–	–	–	–
	III	1,61	–	0,12	0,14	–	–	–	–	–	–	–	–	–	–	–	–	–	–	–	–	–	–
	IV	10,34	–	0,82	0,93	–	0,69	0,77	–	0,55	0,62	–	0,42	0,48	–	0,30	0,34	–	0,18	0,20	–	0,08	0,09
	V	20,73	–	1,65	1,86																		
	VI	22,09	–	1,76	1,98																		
82,79	I	10,37	–	0,82	0,93	–	0,55	0,62	–	0,30	0,34	–	0,08	0,09	–	–	–	–	–	–	–	–	–
	II	7,15	–	0,57	0,64	–	0,31	0,35	–	0,09	0,10	–	–	–	–	–	–	–	–	–	–	–	–
	III	1,63	–	0,13	0,14	–	–	–	–	–	–	–	–	–	–	–	–	–	–	–	–	–	–
	IV	10,37	–	0,82	0,93	–	0,69	0,77	–	0,55	0,62	–	0,43	0,48	–	0,30	0,34	–	0,18	0,20	–	0,08	0,09
	V	20,77	–	1,66	1,86																		
	VI	22,13	–	1,77	1,99																		
82,89	I	10,40	–	0,83	0,93	–	0,56	0,63	–	0,30	0,34	–	0,08	0,09	–	–	–	–	–	–	–	–	–
	II	7,17	–	0,57	0,64	–	0,31	0,35	–	0,09	0,10	–	–	–	–	–	–	–	–	–	–	–	–
	III	1,65	–	0,13	0,14	–	–	–	–	–	–	–	–	–	–	–	–	–	–	–	–	–	–
	IV	10,40	–	0,83	0,93	–	0,69	0,78	–	0,56	0,63	–	0,43	0,48	–	0,30	0,34	–	0,18	0,21	–	0,08	0,09
	V	20,81	–	1,66	1,87																		
	VI	22,17	–	1,77	1,99																		
82,99	I	10,43	–	0,83	0,93	–	0,56	0,63	–	0,30	0,34	–	0,08	0,09	–	–	–	–	–	–	–	–	–
	II	7,20	–	0,57	0,64	–	0,32	0,36	–	0,09	0,10	–	–	–	–	–	–	–	–	–	–	–	–
	III	1,66	–	0,13	0,14	–	–	–	–	–	–	–	–	–	–	–	–	–	–	–	–	–	–
	IV	10,43	–	0,83	0,93	–	0,69	0,78	–	0,56	0,63	–	0,43	0,48	–	0,30	0,34	–	0,18	0,21	–	0,08	0,09
	V	20,85	–	1,66	1,87																		
	VI	22,21	–	1,77	1,99																		
83,09	I	10,45	–	0,83	0,94	–	0,56	0,63	–	0,31	0,35	–	0,08	0,09	–	–	–	–	–	–	–	–	–
	II	7,23	–	0,57	0,65	–	0,32	0,36	–	0,09	0,10	–	–	–	–	–	–	–	–	–	–	–	–
	III	1,68	–	0,13	0,15	–	–	–	–	–	–	–	–	–	–	–	–	–	–	–	–	–	–
	IV	10,45	–	0,83	0,94	–	0,69	0,78	–	0,56	0,63	–	0,43	0,49	–	0,31	0,35	–	0,19	0,21	–	0,08	0,09
	V	20,88	–	1,67	1,87																		
	VI	22,25	–	1,78	2,00																		
83,19	I	10,48	–	0,83	0,94	–	0,56	0,63	–	0,31	0,35	–	0,08	0,09	–	–	–	–	–	–	–	–	–
	II	7,25	–	0,58	0,65	–	0,32	0,36	–	0,09	0,10	–	–	–	–	–	–	–	–	–	–	–	–
	III	1,70	–	0,13	0,15	–	–	–	–	–	–	–	–	–	–	–	–	–	–	–	–	–	–
	IV	10,48	–	0,83	0,94	–	0,70	0,78	–	0,56	0,63	–	0,43	0,49	–	0,31	0,35	–	0,19	0,21	–	0,08	0,09
	V	20,92	–	1,67	1,88																		
	VI	22,29	–	1,78	2,00																		
83,29	I	10,51	–	0,84	0,94	–	0,56	0,64	–	0,31	0,35	–	0,09	0,10	–	–	–	–	–	–	–	–	–
	II	7,28	–	0,58	0,65	–	0,32	0,36	–	0,09	0,11	–	–	–	–	–	–	–	–	–	–	–	–
	III	1,72	–	0,13	0,15	–	–	–	–	–	–	–	–	–	–	–	–	–	–	–	–	–	–
	IV	10,51	–	0,84	0,94	–	0,70	0,79	–	0,56	0,64	–	0,44	0,49	–	0,31	0,35	–	0,19	0,21	–	0,09	0,10
	V	20,96	–	1,67	1,88																		
	VI	22,33	–	1,78	2,00																		
83,39	I	10,54	–	0,84	0,94	–	0,57	0,64	–	0,31	0,35	–	0,09	0,10	–	–	–	–	–	–	–	–	–
	II	7,30	–	0,58	0,65	–	0,32	0,36	–	0,10	0,11	–	–	–	–	–	–	–	–	–	–	–	–
	III	1,73	–	0,13	0,15	–	–	–	–	–	–	–	–	–	–	–	–	–	–	–	–	–	–
	IV	10,54	–	0,84	0,94	–	0,70	0,79	–	0,57	0,64	–	0,44	0,49	–	0,31	0,35	–	0,19	0,22	–	0,09	0,10
	V	21,00	–	1,68	1,89																		
	VI	22,37	–	1,78	2,01																		
83,49	I	10,57	–	0,84	0,95	–	0,57	0,64	–	0,31	0,35	–	0,09	0,10	–	–	–	–	–	–	–	–	–
	II	7,33	–	0,58	0,65	–	0,33	0,37	–	0,10	0,11	–	–	–	–	–	–	–	–	–	–	–	–
	III	1,76	–	0,14	0,15	–	–	–	–	–	–	–	–	–	–	–	–	–	–	–	–	–	–
	IV	10,57	–	0,84	0,95	–	0,70	0,79	–	0,57	0,64	–	0,44	0,50	–	0,31	0,35	–	0,19	0,22	–	0,09	0,10
	V	21,04	–	1,68	1,89																		
	VI	22,41	–	1,79	2,01																		
83,59	I	10,60	–	0,84	0,95	–	0,57	0,64	–	0,32	0,36	–	0,09	0,10	–	–	–	–	–	–	–	–	–
	II	7,36	–	0,58	0,66	–	0,33	0,37	–	0,10	0,11	–	–	–	–	–	–	–	–	–	–	–	–
	III	1,77	–	0,14	0,15	–	–	–	–	–	–	–	–	–	–	–	–	–	–	–	–	–	–
	IV	10,60	–	0,84	0,95	–	0,70	0,79	–	0,57	0,64	–	0,44	0,50	–	0,32	0,36	–	0,20	0,22	–	0,09	0,10
	V	21,07	–	1,68	1,89																		
	VI	22,45	–	1,79	2,02																		
83,69	I	10,62	–	0,84	0,95	–	0,57	0,65	–	0,32	0,36	–	0,09	0,10	–	–	–	–	–	–	–	–	–
	II	7,38	–	0,59	0,66	–	0,33	0,37	–	0,10	0,11	–	–	–	–	–	–	–	–	–	–	–	–
	III	1,79	–	0,14	0,16	–	–	–	–	–	–	–	–	–	–	–	–	–	–	–	–	–	–
	IV	10,62	–	0,84	0,95	–	0,71	0,80	–	0,57	0,65	–	0,44	0,50	–	0,32	0,36	–	0,20	0,22	–	0,09	0,10
	V	21,11	–	1,68	1,89																		
	VI	22,48	–	1,79	2,02																		
83,79	I	10,65	–	0,85	0,95	–	0,58	0,65	–	0,32	0,36	–	0,09	0,10	–	–	–	–	–	–	–	–	–
	II	7,41	–	0,59	0,66	–	0,33	0,37	–	0,10	0,12	–	–	–	–	–	–	–	–	–	–	–	–
	III	1,81	–	0,14	0,16	–	–	–	–	–	–	–	–	–	–	–	–	–	–	–	–	–	–
	IV	10,65	–	0,85	0,95	–	0,71	0,80	–	0,58	0,65	–	0,45	0,50	–	0,32	0,36	–	0,20	0,22	–	0,09	0,10
	V	21,15	–	1,69	1,90																		
	VI	22,53	–	1,80	2,02																		
83,89	I	10,68	–	0,85	0,96	–	0,58	0,65	–	0,32	0,36	–	0,09	0,11	–	–	–	–	–	–	–	–	–
	II	7,44	–	0,59	0,66	–	0,33	0,38	–	0,10	0,12	–	–	–	–	–	–	–	–	–	–	–	–
	III	1,82	–	0,14	0,16	–	–	–	–	–	–	–	–	–	–	–	–	–	–	–	–	–	–
	IV	10,68	–	0,85	0,96	–	0,71	0,80	–	0,58	0,65	–	0,45	0,50	–	0,32	0,36	–	0,20	0,23	–	0,09	0,11
	V	21,19	–	1,69	1,90																		
	VI	22,57	–	1,80	2,03																		
83,99	I	10,71	–	0,85	0,96	–	0,58	0,65	–	0,32	0,36	–	0,10	0,11	–	–	–	–	–	–	–	–	–
	II	7,46	–	0,59	0,67	–	0,34	0,38	–	0,11	0,12	–	–	–	–	–	–	–	–	–	–	–	–
	III	1,85	–	0,14	0,16	–	–	–	–	–	–	–	–	–	–	–	–	–	–	–	–	–	–
	IV	10,71	–	0,85	0,96	–	0,71	0,80	–	0,58	0,65	–	0,45	0,51	–	0,32	0,36	–	0,20	0,23	–	0,10	0,11
	V	21,23	–	1,69	1,91																		
	VI	22,61	–	1,80	2,03																		

TAG bis 85,49 €

Besondere Tabelle

Lohn/ Gehalt bis	Steuerklasse	Lohn-steuer	ohne Kinderfreibetrag SolZ 5,5%	ohne Kinderfreibetrag Kirchensteuer 8%	ohne Kinderfreibetrag Kirchensteuer 9%	0,5 SolZ 5,5%	0,5 Kirchensteuer 8%	0,5 Kirchensteuer 9%	1,0 SolZ 5,5%	1,0 Kirchensteuer 8%	1,0 Kirchensteuer 9%	1,5 SolZ 5,5%	1,5 Kirchensteuer 8%	1,5 Kirchensteuer 9%	2,0 SolZ 5,5%	2,0 Kirchensteuer 8%	2,0 Kirchensteuer 9%	2,5 SolZ 5,5%	2,5 Kirchensteuer 8%	2,5 Kirchensteuer 9%	3,0 SolZ 5,5%	3,0 Kirchensteuer 8%	3,0 Kirchensteuer 9%
						Anzahl Kinderfreibeträge (nur Steuerklassen I–IV)																	
84,09	I	10,74	-	0,85	0,96	-	0,58	0,65	-	0,33	0,37	-	0,10	0,11	-	-	-	-	-	-	-	-	-
	II	7,49	-	0,59	0,67	-	0,34	0,38	-	0,11	0,12	-	-	-	-	-	-	-	-	-	-	-	-
	III	1,86	-	0,14	0,16	-	-	-	-	-	-	-	-	-	-	-	-	-	-	-	-	-	-
	IV	10,74	-	0,85	0,96	-	0,72	0,81	-	0,58	0,65	-	0,45	0,51	-	0,33	0,37	-	0,21	0,23	-	0,10	0,11
	V	21,27	-	1,70	1,91																		
	VI	22,65	-	1,81	2,03																		
84,19	I	10,76	-	0,86	0,96	-	0,58	0,66	-	0,33	0,37	-	0,10	0,11	-	-	-	-	-	-	-	-	-
	II	7,52	-	0,60	0,67	-	0,34	0,38	-	0,11	0,12	-	-	-	-	-	-	-	-	-	-	-	-
	III	1,88	-	0,15	0,16	-	-	-	-	-	-	-	-	-	-	-	-	-	-	-	-	-	-
	IV	10,76	-	0,86	0,96	-	0,72	0,81	-	0,58	0,66	-	0,45	0,51	-	0,33	0,37	-	0,21	0,23	-	0,10	0,11
	V	21,31	-	1,70	1,91																		
	VI	22,68	-	1,81	2,04																		
84,29	I	10,79	-	0,86	0,97	-	0,59	0,66	-	0,33	0,37	-	0,10	0,11	-	-	-	-	-	-	-	-	-
	II	7,55	-	0,60	0,67	-	0,34	0,39	-	0,11	0,12	-	-	-	-	-	-	-	-	-	-	-	-
	III	1,90	-	0,15	0,17	-	-	-	-	-	-	-	-	-	-	-	-	-	-	-	-	-	-
	IV	10,79	-	0,86	0,97	-	0,72	0,81	-	0,59	0,66	-	0,46	0,51	-	0,33	0,37	-	0,21	0,24	-	0,10	0,11
	V	21,35	-	1,70	1,92																		
	VI	22,72	-	1,81	2,04																		
84,39	I	10,82	-	0,86	0,97	-	0,59	0,66	-	0,33	0,37	-	0,10	0,12	-	-	-	-	-	-	-	-	-
	II	7,57	-	0,60	0,68	-	0,34	0,39	-	0,11	0,13	-	-	-	-	-	-	-	-	-	-	-	-
	III	1,92	-	0,15	0,17	-	-	-	-	-	-	-	-	-	-	-	-	-	-	-	-	-	-
	IV	10,82	-	0,86	0,97	-	0,72	0,81	-	0,59	0,66	-	0,46	0,52	-	0,33	0,37	-	0,21	0,24	-	0,10	0,12
	V	21,38	-	1,71	1,92																		
	VI	22,77	-	1,82	2,04																		
84,49	I	10,85	-	0,86	0,97	-	0,59	0,66	-	0,33	0,38	-	0,10	0,12	-	-	-	-	-	-	-	-	-
	II	7,60	-	0,60	0,68	-	0,35	0,39	-	0,11	0,13	-	-	-	-	-	-	-	-	-	-	-	-
	III	1,93	-	0,15	0,17	-	-	-	-	-	-	-	-	-	-	-	-	-	-	-	-	-	-
	IV	10,85	-	0,86	0,97	-	0,72	0,82	-	0,59	0,66	-	0,46	0,52	-	0,33	0,38	-	0,21	0,24	-	0,10	0,12
	V	21,42	-	1,71	1,92																		
	VI	22,81	-	1,82	2,05																		
84,59	I	10,88	-	0,87	0,97	-	0,59	0,67	-	0,34	0,38	-	0,11	0,12	-	-	-	-	-	-	-	-	-
	II	7,62	-	0,60	0,68	-	0,35	0,39	-	0,12	0,13	-	-	-	-	-	-	-	-	-	-	-	-
	III	1,95	-	0,15	0,17	-	-	-	-	-	-	-	-	-	-	-	-	-	-	-	-	-	-
	IV	10,88	-	0,87	0,97	-	0,73	0,82	-	0,59	0,67	-	0,46	0,52	-	0,34	0,38	-	0,22	0,24	-	0,11	0,12
	V	21,46	-	1,71	1,93																		
	VI	22,85	-	1,82	2,05																		
84,69	I	10,91	-	0,87	0,98	-	0,59	0,67	-	0,34	0,38	-	0,11	0,12	-	-	-	-	-	-	-	-	-
	II	7,65	-	0,61	0,68	-	0,35	0,39	-	0,12	0,13	-	-	-	-	-	-	-	-	-	-	-	-
	III	1,97	-	0,15	0,17	-	-	-	-	-	-	-	-	-	-	-	-	-	-	-	-	-	-
	IV	10,91	-	0,87	0,98	-	0,73	0,82	-	0,59	0,67	-	0,46	0,52	-	0,34	0,38	-	0,22	0,24	-	0,11	0,12
	V	21,50	-	1,72	1,93																		
	VI	22,88	-	1,83	2,05																		
84,79	I	10,93	-	0,87	0,98	-	0,60	0,67	-	0,34	0,38	-	0,11	0,12	-	-	-	-	-	-	-	-	-
	II	7,68	-	0,61	0,69	-	0,35	0,40	-	0,12	0,13	-	-	-	-	-	-	-	-	-	-	-	-
	III	1,99	-	0,15	0,17	-	-	-	-	-	-	-	-	-	-	-	-	-	-	-	-	-	-
	IV	10,93	-	0,87	0,98	-	0,73	0,82	-	0,60	0,67	-	0,47	0,53	-	0,34	0,38	-	0,22	0,25	-	0,11	0,12
	V	21,54	-	1,72	1,93																		
	VI	22,92	-	1,83	2,06																		
84,89	I	10,96	-	0,87	0,98	-	0,60	0,67	-	0,34	0,39	-	0,11	0,12	-	-	-	-	-	-	-	-	-
	II	7,70	-	0,61	0,69	-	0,35	0,40	-	0,12	0,14	-	-	-	-	-	-	-	-	-	-	-	-
	III	2,01	-	0,16	0,18	-	-	-	-	-	-	-	-	-	-	-	-	-	-	-	-	-	-
	IV	10,96	-	0,87	0,98	-	0,73	0,83	-	0,60	0,67	-	0,47	0,53	-	0,34	0,39	-	0,22	0,25	-	0,11	0,12
	V	21,58	-	1,72	1,94																		
	VI	22,97	-	1,83	2,06																		
84,99	I	10,99	-	0,87	0,98	-	0,60	0,68	-	0,34	0,39	-	0,11	0,13	-	-	-	-	-	-	-	-	-
	II	7,73	-	0,61	0,69	-	0,36	0,40	-	0,12	0,14	-	-	-	-	-	-	-	-	-	-	-	-
	III	2,03	-	0,16	0,18	-	-	-	-	-	-	-	-	-	-	-	-	-	-	-	-	-	-
	IV	10,99	-	0,87	0,98	-	0,74	0,83	-	0,60	0,68	-	0,47	0,53	-	0,34	0,39	-	0,22	0,25	-	0,11	0,13
	V	21,62	-	1,72	1,94																		
	VI	23,01	-	1,84	2,07																		
85,09	I	11,02	-	0,88	0,99	-	0,60	0,68	-	0,35	0,39	-	0,11	0,13	-	-	-	-	-	-	-	-	-
	II	7,76	-	0,62	0,69	-	0,36	0,40	-	0,12	0,14	-	-	-	-	-	-	-	-	-	-	-	-
	III	2,05	-	0,16	0,18	-	-	-	-	-	-	-	-	-	-	-	-	-	-	-	-	-	-
	IV	11,02	-	0,88	0,99	-	0,74	0,83	-	0,60	0,68	-	0,47	0,53	-	0,35	0,39	-	0,22	0,25	-	0,11	0,13
	V	21,66	-	1,73	1,94																		
	VI	23,05	-	1,84	2,07																		
85,19	I	11,05	-	0,88	0,99	-	0,60	0,68	-	0,35	0,39	-	0,12	0,13	-	-	-	-	-	-	-	-	-
	II	7,78	-	0,62	0,70	-	0,36	0,41	-	0,12	0,14	-	-	-	-	-	-	-	-	-	-	-	-
	III	2,06	-	0,16	0,18	-	-	-	-	-	-	-	-	-	-	-	-	-	-	-	-	-	-
	IV	11,05	-	0,88	0,99	-	0,74	0,83	-	0,60	0,68	-	0,47	0,53	-	0,35	0,39	-	0,23	0,26	-	0,12	0,13
	V	21,70	-	1,73	1,95																		
	VI	23,08	-	1,84	2,07																		
85,29	I	11,08	-	0,88	0,99	-	0,61	0,68	-	0,35	0,39	-	0,12	0,13	-	-	-	-	-	-	-	-	-
	II	7,81	-	0,62	0,70	-	0,36	0,41	-	0,13	0,14	-	-	-	-	-	-	-	-	-	-	-	-
	III	2,08	-	0,16	0,18	-	-	-	-	-	-	-	-	-	-	-	-	-	-	-	-	-	-
	IV	11,08	-	0,88	0,99	-	0,74	0,84	-	0,61	0,68	-	0,48	0,54	-	0,35	0,39	-	0,23	0,26	-	0,12	0,13
	V	21,73	-	1,73	1,95																		
	VI	23,12	-	1,84	2,08																		
85,39	I	11,10	-	0,88	0,99	-	0,61	0,69	-	0,35	0,40	-	0,12	0,13	-	-	-	-	-	-	-	-	-
	II	7,84	-	0,62	0,70	-	0,36	0,41	-	0,13	0,14	-	-	-	-	-	-	-	-	-	-	-	-
	III	2,10	-	0,16	0,18	-	-	-	-	-	-	-	-	-	-	-	-	-	-	-	-	-	-
	IV	11,10	-	0,88	0,99	-	0,74	0,84	-	0,61	0,69	-	0,48	0,54	-	0,35	0,40	-	0,23	0,26	-	0,12	0,13
	V	21,77	-	1,74	1,95																		
	VI	23,17	-	1,85	2,08																		
85,49	I	11,13	-	0,89	1,00	-	0,61	0,69	-	0,35	0,40	-	0,12	0,14	-	-	-	-	-	-	-	-	-
	II	7,86	-	0,62	0,70	-	0,37	0,41	-	0,13	0,15	-	-	-	-	-	-	-	-	-	-	-	-
	III	2,12	-	0,16	0,19	-	-	-	-	-	-	-	-	-	-	-	-	-	-	-	-	-	-
	IV	11,13	-	0,89	1,00	-	0,75	0,84	-	0,61	0,69	-	0,48	0,54	-	0,35	0,40	-	0,23	0,26	-	0,12	0,14
	V	21,81	-	1,74	1,96																		
	VI	23,21	-	1,85	2,08																		

Besondere Tabelle

TAG bis 86,99 €

Lohn/ Gehalt bis	Steuerklasse	Lohnsteuer	ohne Kinderfreibetrag			Anzahl Kinderfreibeträge (nur Steuerklassen I–IV)																	
						0,5			1,0			1,5			2,0			2,5			3,0		
			SolZ 5,5%	Kirchensteuer 8%	Kirchensteuer 9%	SolZ 5,5%	Kirchensteuer 8%	Kirchensteuer 9%	SolZ 5,5%	Kirchensteuer 8%	Kirchensteuer 9%	SolZ 5,5%	Kirchensteuer 8%	Kirchensteuer 9%	SolZ 5,5%	Kirchensteuer 8%	Kirchensteuer 9%	SolZ 5,5%	Kirchensteuer 8%	Kirchensteuer 9%	SolZ 5,5%	Kirchensteuer 8%	Kirchensteuer 9%
85,59	I	11,16	-	0,89	1,00	-	0,61	0,69	-	0,36	0,40	-	0,12	0,14	-	-	-	-	-	-	-	-	-
	II	7,89	-	0,63	0,71	-	0,37	0,41	-	0,13	0,15	-	-	-	-	-	-	-	-	-	-	-	-
	III	2,14	-	0,17	0,19	-	-	-	-	-	-	-	-	-	-	-	-	-	-	-	-	-	-
	IV	11,16	-	0,89	1,00	-	0,75	0,84	-	0,61	0,69	-	0,48	0,54	-	0,36	0,40	-	0,23	0,26	-	0,12	0,14
	V	21,85	-	1,74	1,96																		
	VI	23,24	-	1,85	2,09																		
85,69	I	11,19	-	0,89	1,00	-	0,62	0,69	-	0,36	0,40	-	0,12	0,14	-	-	-	-	-	-	-	-	-
	II	7,92	-	0,63	0,71	-	0,37	0,42	-	0,13	0,15	-	-	-	-	-	-	-	-	-	-	-	-
	III	2,16	-	0,17	0,19	-	-	-	-	-	-	-	-	-	-	-	-	-	-	-	-	-	-
	IV	11,19	-	0,89	1,00	-	0,75	0,85	-	0,62	0,69	-	0,48	0,55	-	0,36	0,40	-	0,24	0,27	-	0,12	0,14
	V	21,89	-	1,75	1,97																		
	VI	23,28	-	1,86	2,09																		
85,79	I	11,22	-	0,89	1,00	-	0,62	0,70	-	0,36	0,41	-	0,12	0,14	-	-	-	-	-	-	-	-	-
	II	7,95	-	0,63	0,71	-	0,37	0,42	-	0,14	0,15	-	-	-	-	-	-	-	-	-	-	-	-
	III	2,17	-	0,17	0,19	-	-	0,01	-	-	-	-	-	-	-	-	-	-	-	-	-	-	-
	IV	11,22	-	0,89	1,00	-	0,75	0,85	-	0,62	0,70	-	0,49	0,55	-	0,36	0,41	-	0,24	0,27	-	0,12	0,14
	V	21,93	-	1,75	1,97																		
	VI	23,32	-	1,86	2,09																		
85,89	I	11,25	-	0,90	1,01	-	0,62	0,70	-	0,36	0,41	-	0,13	0,14	-	-	-	-	-	-	-	-	-
	II	7,97	-	0,63	0,71	-	0,37	0,42	-	0,14	0,15	-	-	-	-	-	-	-	-	-	-	-	-
	III	2,20	-	0,17	0,19	-	0,01	0,01	-	-	-	-	-	-	-	-	-	-	-	-	-	-	-
	IV	11,25	-	0,90	1,01	-	0,76	0,85	-	0,62	0,70	-	0,49	0,55	-	0,36	0,41	-	0,24	0,27	-	0,13	0,14
	V	21,97	-	1,75	1,97																		
	VI	23,36	-	1,86	2,10																		
85,99	I	11,28	-	0,90	1,01	-	0,62	0,70	-	0,36	0,41	-	0,13	0,14	-	-	-	-	-	-	-	-	-
	II	8,00	-	0,64	0,72	-	0,38	0,42	-	0,14	0,16	-	-	-	-	-	-	-	-	-	-	-	-
	III	2,21	-	0,17	0,19	-	0,01	0,01	-	-	-	-	-	-	-	-	-	-	-	-	-	-	-
	IV	11,28	-	0,90	1,01	-	0,76	0,85	-	0,62	0,70	-	0,49	0,55	-	0,36	0,41	-	0,24	0,27	-	0,13	0,14
	V	22,01	-	1,76	1,98																		
	VI	23,40	-	1,87	2,10																		
86,09	I	11,30	-	0,90	1,01	-	0,62	0,70	-	0,37	0,41	-	0,13	0,15	-	-	-	-	-	-	-	-	-
	II	8,03	-	0,64	0,72	-	0,38	0,43	-	0,14	0,16	-	-	-	-	-	-	-	-	-	-	-	-
	III	2,23	-	0,17	0,20	-	0,01	0,01	-	-	-	-	-	-	-	-	-	-	-	-	-	-	-
	IV	11,30	-	0,90	1,01	-	0,76	0,86	-	0,62	0,70	-	0,49	0,56	-	0,37	0,41	-	0,24	0,27	-	0,13	0,15
	V	22,05	-	1,76	1,98																		
	VI	23,45	-	1,87	2,11																		
86,19	I	11,33	-	0,90	1,01	-	0,63	0,71	-	0,37	0,41	-	0,13	0,15	-	-	-	-	-	-	-	-	-
	II	8,05	-	0,64	0,72	-	0,38	0,43	-	0,14	0,16	-	-	-	-	-	-	-	-	-	-	-	-
	III	2,25	-	0,18	0,20	-	0,01	0,01	-	-	-	-	-	-	-	-	-	-	-	-	-	-	-
	IV	11,33	-	0,90	1,01	-	0,76	0,86	-	0,63	0,71	-	0,50	0,56	-	0,37	0,41	-	0,25	0,28	-	0,13	0,15
	V	22,08	-	1,76	1,98																		
	VI	23,48	-	1,87	2,11																		
86,29	I	11,36	-	0,90	1,02	-	0,63	0,71	-	0,37	0,42	-	0,13	0,15	-	-	-	-	-	-	-	-	-
	II	8,08	-	0,64	0,72	-	0,38	0,43	-	0,14	0,16	-	-	-	-	-	-	-	-	-	-	-	-
	III	2,27	-	0,18	0,20	-	0,01	0,01	-	-	-	-	-	-	-	-	-	-	-	-	-	-	-
	IV	11,36	-	0,90	1,02	-	0,76	0,86	-	0,63	0,71	-	0,50	0,56	-	0,37	0,42	-	0,25	0,28	-	0,13	0,15
	V	22,12	-	1,76	1,99																		
	VI	23,52	-	1,88	2,11																		
86,39	I	11,39	-	0,91	1,02	-	0,63	0,71	-	0,37	0,42	-	0,14	0,15	-	-	-	-	-	-	-	-	-
	II	8,11	-	0,64	0,72	-	0,38	0,43	-	0,15	0,16	-	-	-	-	-	-	-	-	-	-	-	-
	III	2,29	-	0,18	0,20	-	0,01	0,01	-	-	-	-	-	-	-	-	-	-	-	-	-	-	-
	IV	11,39	-	0,91	1,02	-	0,77	0,86	-	0,63	0,71	-	0,50	0,56	-	0,37	0,42	-	0,25	0,28	-	0,14	0,15
	V	22,16	-	1,77	1,99																		
	VI	23,57	-	1,88	2,12																		
86,49	I	11,42	-	0,91	1,02	-	0,63	0,71	-	0,37	0,42	-	0,14	0,15	-	-	-	-	-	-	-	-	-
	II	8,13	-	0,65	0,73	-	0,39	0,44	-	0,15	0,17	-	-	-	-	-	-	-	-	-	-	-	-
	III	2,31	-	0,18	0,20	-	0,01	0,01	-	-	-	-	-	-	-	-	-	-	-	-	-	-	-
	IV	11,42	-	0,91	1,02	-	0,77	0,87	-	0,63	0,71	-	0,50	0,56	-	0,37	0,42	-	0,25	0,28	-	0,14	0,15
	V	22,20	-	1,77	1,99																		
	VI	23,61	-	1,88	2,12																		
86,59	I	11,45	-	0,91	1,03	-	0,64	0,72	-	0,38	0,42	-	0,14	0,16	-	-	-	-	-	-	-	-	-
	II	8,16	-	0,65	0,73	-	0,39	0,44	-	0,15	0,17	-	-	-	-	-	-	-	-	-	-	-	-
	III	2,32	-	0,18	0,20	-	0,01	0,02	-	-	-	-	-	-	-	-	-	-	-	-	-	-	-
	IV	11,45	-	0,91	1,03	-	0,77	0,87	-	0,64	0,72	-	0,50	0,57	-	0,38	0,42	-	0,25	0,29	-	0,14	0,16
	V	22,24	-	1,77	2,00																		
	VI	23,65	-	1,89	2,12																		
86,69	I	11,48	-	0,91	1,03	-	0,64	0,72	-	0,38	0,43	-	0,14	0,16	-	-	-	-	-	-	-	-	-
	II	8,19	-	0,65	0,73	-	0,39	0,44	-	0,15	0,17	-	-	-	-	-	-	-	-	-	-	-	-
	III	2,35	-	0,18	0,21	-	0,02	0,02	-	-	-	-	-	-	-	-	-	-	-	-	-	-	-
	IV	11,48	-	0,91	1,03	-	0,77	0,87	-	0,64	0,72	-	0,51	0,57	-	0,38	0,43	-	0,26	0,29	-	0,14	0,16
	V	22,28	-	1,78	2,00																		
	VI	23,69	-	1,89	2,13																		
86,79	I	11,50	-	0,92	1,03	-	0,64	0,72	-	0,38	0,43	-	0,14	0,16	-	-	-	-	-	-	-	-	-
	II	8,21	-	0,65	0,73	-	0,39	0,44	-	0,15	0,17	-	-	-	-	-	-	-	-	-	-	-	-
	III	2,36	-	0,18	0,21	-	0,02	0,02	-	-	-	-	-	-	-	-	-	-	-	-	-	-	-
	IV	11,50	-	0,92	1,03	-	0,78	0,87	-	0,64	0,72	-	0,51	0,57	-	0,38	0,43	-	0,26	0,29	-	0,14	0,16
	V	22,32	-	1,78	2,00																		
	VI	23,72	-	1,89	2,13																		
86,89	I	11,53	-	0,92	1,03	-	0,64	0,72	-	0,38	0,43	-	0,14	0,16	-	-	-	-	-	-	-	-	-
	II	8,24	-	0,65	0,74	-	0,39	0,44	-	0,15	0,17	-	-	-	-	-	-	-	-	-	-	-	-
	III	2,38	-	0,19	0,21	-	0,02	0,02	-	-	-	-	-	-	-	-	-	-	-	-	-	-	-
	IV	11,53	-	0,92	1,03	-	0,78	0,88	-	0,64	0,72	-	0,51	0,57	-	0,38	0,43	-	0,26	0,29	-	0,14	0,16
	V	22,36	-	1,78	2,01																		
	VI	23,77	-	1,90	2,13																		
86,99	I	11,56	-	0,92	1,04	-	0,64	0,72	-	0,38	0,43	-	0,15	0,16	-	-	-	-	-	-	-	-	-
	II	8,27	-	0,66	0,74	-	0,40	0,45	-	0,16	0,18	-	-	-	-	-	-	-	-	-	-	-	-
	III	2,40	-	0,19	0,21	-	0,02	0,02	-	-	-	-	-	-	-	-	-	-	-	-	-	-	-
	IV	11,56	-	0,92	1,04	-	0,78	0,88	-	0,64	0,72	-	0,51	0,58	-	0,38	0,43	-	0,26	0,29	-	0,15	0,16
	V	22,40	-	1,79	2,01																		
	VI	23,81	-	1,90	2,14																		

Lohn/ Gehalt bis	Steuerklasse	Lohnsteuer	ohne Kinderfreibetrag			Anzahl Kinderfreibeträge (nur Steuerklassen I–IV) 0,5			1,0			1,5			2,0			2,5			3,0		
			SolZ 5,5%	Kirchensteuer 8%	9%	SolZ 5,5%	Kirchensteuer 8%	9%	SolZ 5,5%	Kirchensteuer 8%	9%	SolZ 5,5%	Kirchensteuer 8%	9%	SolZ 5,5%	Kirchensteuer 8%	9%	SolZ 5,5%	Kirchensteuer 8%	9%	SolZ 5,5%	Kirchensteuer 8%	9%
87,09	I	11,59	-	0,92	1,04	-	0,65	0,73	-	0,39	0,44	-	0,15	0,17	-	-	-	-	-	-	-	-	-
	II	8,30	-	0,66	0,74	-	0,40	0,45	-	0,16	0,18	-	-	-	-	-	-	-	-	-	-	-	-
	III	2,42	-	0,19	0,21	-	0,02	0,02	-	-	-	-	-	-	-	-	-	-	-	-	-	-	-
	IV	11,59	-	0,92	1,04	-	0,78	0,88	-	0,65	0,73	-	0,51	0,58	-	0,39	0,44	-	0,26	0,30	-	0,15	0,1
	V	22,44	-	1,79	2,01																		
	VI	23,85	-	1,90	2,14																		
87,19	I	11,62	-	0,92	1,04	-	0,65	0,73	-	0,39	0,44	-	0,15	0,17	-	-	-	-	-	-	-	-	-
	II	8,32	-	0,66	0,74	-	0,40	0,45	-	0,16	0,18	-	-	-	-	-	-	-	-	-	-	-	-
	III	2,44	-	0,19	0,21	-	0,02	0,02	-	-	-	-	-	-	-	-	-	-	-	-	-	-	-
	IV	11,62	-	0,92	1,04	-	0,78	0,88	-	0,65	0,73	-	0,52	0,58	-	0,39	0,44	-	0,26	0,30	-	0,15	0,1
	V	22,48	-	1,79	2,02																		
	VI	23,89	-	1,91	2,15																		
87,29	I	11,65	-	0,93	1,04	-	0,65	0,73	-	0,39	0,44	-	0,15	0,17	-	-	-	-	-	-	-	-	-
	II	8,35	-	0,66	0,75	-	0,40	0,45	-	0,16	0,18	-	-	-	-	-	-	-	-	-	-	-	-
	III	2,46	-	0,19	0,22	-	0,02	0,03	-	-	-	-	-	-	-	-	-	-	-	-	-	-	-
	IV	11,65	-	0,93	1,04	-	0,79	0,89	-	0,65	0,73	-	0,52	0,58	-	0,39	0,44	-	0,27	0,30	-	0,15	0,1
	V	22,52	-	1,80	2,02																		
	VI	23,93	-	1,91	2,15																		
87,39	I	11,68	-	0,93	1,05	-	0,65	0,73	-	0,39	0,44	-	0,15	0,17	-	-	-	-	-	-	-	-	-
	II	8,38	-	0,67	0,75	-	0,40	0,46	-	0,16	0,18	-	-	-	-	-	-	-	-	-	-	-	-
	III	2,48	-	0,19	0,22	-	0,02	0,03	-	-	-	-	-	-	-	-	-	-	-	-	-	-	-
	IV	11,68	-	0,93	1,05	-	0,79	0,89	-	0,65	0,73	-	0,52	0,59	-	0,39	0,44	-	0,27	0,30	-	0,15	0,1
	V	22,56	-	1,80	2,03																		
	VI	23,97	-	1,91	2,15																		
87,49	I	11,70	-	0,93	1,05	-	0,65	0,74	-	0,39	0,44	-	0,15	0,17	-	-	-	-	-	-	-	-	-
	II	8,40	-	0,67	0,75	-	0,41	0,46	-	0,16	0,18	-	-	-	-	-	-	-	-	-	-	-	-
	III	2,50	-	0,20	0,22	-	0,02	0,03	-	-	-	-	-	-	-	-	-	-	-	-	-	-	-
	IV	11,70	-	0,93	1,05	-	0,79	0,89	-	0,65	0,74	-	0,52	0,59	-	0,39	0,44	-	0,27	0,31	-	0,15	0,1
	V	22,60	-	1,80	2,03																		
	VI	24,01	-	1,92	2,16																		
87,59	I	11,73	-	0,93	1,05	-	0,66	0,74	-	0,40	0,45	-	0,16	0,18	-	-	-	-	-	-	-	-	-
	II	8,43	-	0,67	0,75	-	0,41	0,46	-	0,17	0,19	-	-	-	-	-	-	-	-	-	-	-	-
	III	2,52	-	0,20	0,22	-	0,03	0,03	-	-	-	-	-	-	-	-	-	-	-	-	-	-	-
	IV	11,73	-	0,93	1,05	-	0,79	0,89	-	0,66	0,74	-	0,52	0,59	-	0,40	0,45	-	0,27	0,31	-	0,16	0,18
	V	22,64	-	1,81	2,03																		
	VI	24,05	-	1,92	2,16																		
87,69	I	11,76	-	0,94	1,05	-	0,66	0,74	-	0,40	0,45	-	0,16	0,18	-	-	-	-	-	-	-	-	-
	II	8,46	-	0,67	0,76	-	0,41	0,46	-	0,17	0,19	-	-	-	-	-	-	-	-	-	-	-	-
	III	2,53	-	0,20	0,22	-	0,03	0,03	-	-	-	-	-	-	-	-	-	-	-	-	-	-	-
	IV	11,76	-	0,94	1,05	-	0,80	0,90	-	0,66	0,74	-	0,53	0,59	-	0,40	0,45	-	0,28	0,31	-	0,16	0,18
	V	22,68	-	1,81	2,04																		
	VI	24,09	-	1,92	2,16																		
87,79	I	11,79	-	0,94	1,06	-	0,66	0,74	-	0,40	0,45	-	0,16	0,18	-	-	-	-	-	-	-	-	-
	II	8,48	-	0,67	0,76	-	0,41	0,46	-	0,17	0,19	-	-	-	-	-	-	-	-	-	-	-	-
	III	2,56	-	0,20	0,23	-	0,03	0,03	-	-	-	-	-	-	-	-	-	-	-	-	-	-	-
	IV	11,79	-	0,94	1,06	-	0,80	0,90	-	0,66	0,74	-	0,53	0,60	-	0,40	0,45	-	0,28	0,31	-	0,16	0,18
	V	22,72	-	1,81	2,04																		
	VI	24,13	-	1,93	2,17																		
87,89	I	11,82	-	0,94	1,06	-	0,66	0,75	-	0,40	0,45	-	0,16	0,18	-	-	-	-	-	-	-	-	-
	II	8,51	-	0,68	0,76	-	0,42	0,47	-	0,17	0,19	-	-	-	-	-	-	-	-	-	-	-	-
	III	2,57	-	0,20	0,23	-	0,03	0,03	-	-	-	-	-	-	-	-	-	-	-	-	-	-	-
	IV	11,82	-	0,94	1,06	-	0,80	0,90	-	0,66	0,75	-	0,53	0,60	-	0,40	0,45	-	0,28	0,31	-	0,16	0,18
	V	22,76	-	1,82	2,04																		
	VI	24,17	-	1,93	2,17																		
87,99	I	11,85	-	0,94	1,06	-	0,67	0,75	-	0,40	0,46	-	0,16	0,18	-	-	-	-	-	-	-	-	-
	II	8,54	-	0,68	0,76	-	0,42	0,47	-	0,17	0,20	-	-	-	-	-	-	-	-	-	-	-	-
	III	2,60	-	0,20	0,23	-	0,03	0,04	-	-	-	-	-	-	-	-	-	-	-	-	-	-	-
	IV	11,85	-	0,94	1,06	-	0,80	0,90	-	0,67	0,75	-	0,53	0,60	-	0,40	0,46	-	0,28	0,32	-	0,16	0,18
	V	22,80	-	1,82	2,05																		
	VI	24,21	-	1,93	2,17																		
88,09	I	11,88	-	0,95	1,06	-	0,67	0,75	-	0,41	0,46	-	0,16	0,18	-	-	-	-	-	-	-	-	-
	II	8,56	-	0,68	0,77	-	0,42	0,47	-	0,18	0,20	-	-	-	-	-	-	-	-	-	-	-	-
	III	2,61	-	0,20	0,23	-	0,03	0,04	-	-	-	-	-	-	-	-	-	-	-	-	-	-	-
	IV	11,88	-	0,95	1,06	-	0,80	0,90	-	0,67	0,75	-	0,54	0,60	-	0,41	0,46	-	0,28	0,32	-	0,16	0,18
	V	22,84	-	1,82	2,05																		
	VI	24,26	-	1,94	2,18																		
88,19	I	11,91	-	0,95	1,07	-	0,67	0,75	-	0,41	0,46	-	0,17	0,19	-	-	-	-	-	-	-	-	-
	II	8,59	-	0,68	0,77	-	0,42	0,47	-	0,18	0,20	-	-	-	-	-	-	-	-	-	-	-	-
	III	2,63	-	0,21	0,23	-	0,03	0,04	-	-	-	-	-	-	-	-	-	-	-	-	-	-	-
	IV	11,91	-	0,95	1,07	-	0,81	0,91	-	0,67	0,75	-	0,54	0,60	-	0,41	0,46	-	0,28	0,32	-	0,17	0,19
	V	22,88	-	1,83	2,05																		
	VI	24,30	-	1,94	2,18																		
88,29	I	11,93	-	0,95	1,07	-	0,67	0,76	-	0,41	0,46	-	0,17	0,19	-	-	-	-	-	-	-	-	-
	II	8,62	-	0,68	0,77	-	0,42	0,48	-	0,18	0,20	-	-	-	-	-	-	-	-	-	-	-	-
	III	2,65	-	0,21	0,23	-	0,03	0,04	-	-	-	-	-	-	-	-	-	-	-	-	-	-	-
	IV	11,93	-	0,95	1,07	-	0,81	0,91	-	0,67	0,76	-	0,54	0,61	-	0,41	0,46	-	0,29	0,32	-	0,17	0,19
	V	22,92	-	1,83	2,06																		
	VI	24,34	-	1,94	2,19																		
88,39	I	11,96	-	0,95	1,07	-	0,67	0,76	-	0,41	0,46	-	0,17	0,19	-	-	-	-	-	-	-	-	-
	II	8,65	-	0,69	0,77	-	0,42	0,48	-	0,18	0,20	-	-	-	-	-	-	-	-	-	-	-	-
	III	2,67	-	0,21	0,24	-	0,04	0,04	-	-	-	-	-	-	-	-	-	-	-	-	-	-	-
	IV	11,96	-	0,95	1,07	-	0,81	0,91	-	0,67	0,76	-	0,54	0,61	-	0,41	0,46	-	0,29	0,33	-	0,17	0,19
	V	22,96	-	1,83	2,06																		
	VI	24,38	-	1,95	2,19																		
88,49	I	11,99	-	0,95	1,07	-	0,68	0,76	-	0,42	0,47	-	0,17	0,19	-	-	-	-	-	-	-	-	-
	II	8,68	-	0,69	0,78	-	0,43	0,48	-	0,18	0,21	-	-	-	-	-	-	-	-	-	-	-	-
	III	2,69	-	0,21	0,24	-	0,04	0,04	-	-	-	-	-	-	-	-	-	-	-	-	-	-	-
	IV	11,99	-	0,95	1,07	-	0,81	0,92	-	0,68	0,76	-	0,54	0,61	-	0,42	0,47	-	0,29	0,33	-	0,17	0,19
	V	23,00	-	1,84	2,07																		
	VI	24,42	-	1,95	2,19																		

Lohn/Gehalt bis	Steuerklasse	Lohnsteuer	ohne Kinderfreibetrag			Anzahl Kinderfreibeträge (nur Steuerklassen I–IV) 0,5			1,0			1,5			2,0			2,5			3,0		
			SolZ 5,5%	Kirchensteuer 8%	Kirchensteuer 9%	SolZ 5,5%	Kirchensteuer 8%	Kirchensteuer 9%	SolZ 5,5%	Kirchensteuer 8%	Kirchensteuer 9%	SolZ 5,5%	Kirchensteuer 8%	Kirchensteuer 9%	SolZ 5,5%	Kirchensteuer 8%	Kirchensteuer 9%	SolZ 5,5%	Kirchensteuer 8%	Kirchensteuer 9%	SolZ 5,5%	Kirchensteuer 8%	Kirchensteuer 9%
88,59	I	12,02	–	0,96	1,08	–	0,68	0,76	–	0,42	0,47	–	0,17	0,20	–	–	–	–	–	–	–	–	–
	II	8,70	–	0,69	0,78	–	0,43	0,48	–	0,18	0,21	–	–	–	–	–	–	–	–	–	–	–	–
	III	2,71	–	0,21	0,24	–	0,04	0,04	–	–	–	–	–	–	–	–	–	–	–	–	–	–	–
	IV	12,02	–	0,96	1,08	–	0,82	0,92	–	0,68	0,76	–	0,55	0,61	–	0,42	0,47	–	0,29	0,33	–	0,17	0,20
	V	23,04	–	1,84	2,07																		
	VI	24,46	–	1,95	2,20																		
88,69	I	12,05	–	0,96	1,08	–	0,68	0,77	–	0,42	0,47	–	0,18	0,20	–	–	–	–	–	–	–	–	–
	II	8,73	–	0,69	0,78	–	0,43	0,49	–	0,19	0,21	–	–	–	–	–	–	–	–	–	–	–	–
	III	2,73	–	0,21	0,24	–	0,04	0,04	–	–	–	–	–	–	–	–	–	–	–	–	–	–	–
	IV	12,05	–	0,96	1,08	–	0,82	0,92	–	0,68	0,77	–	0,55	0,62	–	0,42	0,47	–	0,29	0,33	–	0,18	0,20
	V	23,08	–	1,84	2,07																		
	VI	24,50	–	1,96	2,20																		
88,79	I	12,08	–	0,96	1,08	–	0,68	0,77	–	0,42	0,47	–	0,18	0,20	–	–	–	–	–	–	–	–	–
	II	8,76	–	0,70	0,78	–	0,43	0,49	–	0,19	0,21	–	–	–	–	–	–	–	–	–	–	–	–
	III	2,75	–	0,22	0,24	–	0,04	0,05	–	–	–	–	–	–	–	–	–	–	–	–	–	–	–
	IV	12,08	–	0,96	1,08	–	0,82	0,92	–	0,68	0,77	–	0,55	0,62	–	0,42	0,47	–	0,30	0,33	–	0,18	0,20
	V	23,12	–	1,84	2,08																		
	VI	24,54	–	1,96	2,20																		
88,89	I	12,11	–	0,96	1,08	–	0,68	0,77	–	0,42	0,48	–	0,18	0,20	–	–	–	–	–	–	–	–	–
	II	8,78	–	0,70	0,79	–	0,44	0,49	–	0,19	0,21	–	–	–	–	–	–	–	–	–	–	–	–
	III	2,77	–	0,22	0,24	–	0,04	0,05	–	–	–	–	–	–	–	–	–	–	–	–	–	–	–
	IV	12,11	–	0,96	1,08	–	0,82	0,93	–	0,68	0,77	–	0,55	0,62	–	0,42	0,48	–	0,30	0,34	–	0,18	0,20
	V	23,16	–	1,85	2,08																		
	VI	24,58	–	1,96	2,21																		
88,99	I	12,14	–	0,97	1,09	–	0,69	0,77	–	0,42	0,48	–	0,18	0,20	–	–	–	–	–	–	–	–	–
	II	8,81	–	0,70	0,79	–	0,44	0,49	–	0,19	0,22	–	–	–	–	–	–	–	–	–	–	–	–
	III	2,79	–	0,22	0,25	–	0,04	0,05	–	–	–	–	–	–	–	–	–	–	–	–	–	–	–
	IV	12,14	–	0,97	1,09	–	0,82	0,93	–	0,69	0,77	–	0,55	0,62	–	0,42	0,48	–	0,30	0,34	–	0,18	0,20
	V	23,20	–	1,85	2,08																		
	VI	24,62	–	1,96	2,21																		
89,09	I	12,17	–	0,97	1,09	–	0,69	0,78	–	0,43	0,48	–	0,18	0,21	–	–	–	–	–	–	–	–	–
	II	8,84	–	0,70	0,79	–	0,44	0,49	–	0,19	0,22	–	–	0,01	–	–	–	–	–	–	–	–	–
	III	2,81	–	0,22	0,25	–	0,04	0,05	–	–	–	–	–	–	–	–	–	–	–	–	–	–	–
	IV	12,17	–	0,97	1,09	–	0,83	0,93	–	0,69	0,78	–	0,56	0,63	–	0,43	0,48	–	0,30	0,34	–	0,18	0,21
	V	23,24	–	1,85	2,09																		
	VI	24,67	–	1,97	2,22																		
89,19	I	12,20	–	0,97	1,09	–	0,69	0,78	–	0,43	0,48	–	0,18	0,21	–	–	–	–	–	–	–	–	–
	II	8,86	–	0,70	0,79	–	0,44	0,50	–	0,20	0,22	–	0,01	0,01	–	–	–	–	–	–	–	–	–
	III	2,83	–	0,22	0,25	–	0,05	0,05	–	–	–	–	–	–	–	–	–	–	–	–	–	–	–
	IV	12,20	–	0,97	1,09	–	0,83	0,93	–	0,69	0,78	–	0,56	0,63	–	0,43	0,48	–	0,30	0,34	–	0,18	0,21
	V	23,28	–	1,86	2,09																		
	VI	24,70	–	1,97	2,22																		
89,29	I	12,22	–	0,97	1,09	–	0,69	0,78	–	0,43	0,49	–	0,19	0,21	–	–	–	–	–	–	–	–	–
	II	8,89	–	0,71	0,80	–	0,44	0,50	–	0,20	0,22	–	0,01	0,01	–	–	–	–	–	–	–	–	–
	III	2,85	–	0,22	0,25	–	0,05	0,05	–	–	–	–	–	–	–	–	–	–	–	–	–	–	–
	IV	12,22	–	0,97	1,09	–	0,83	0,94	–	0,69	0,78	–	0,56	0,63	–	0,43	0,49	–	0,31	0,35	–	0,19	0,21
	V	23,31	–	1,86	2,09																		
	VI	24,75	–	1,98	2,22																		
89,39	I	12,25	–	0,98	1,10	–	0,70	0,78	–	0,43	0,49	–	0,19	0,21	–	–	–	–	–	–	–	–	–
	II	8,92	–	0,71	0,80	–	0,45	0,50	–	0,20	0,22	–	0,01	0,01	–	–	–	–	–	–	–	–	–
	III	2,87	–	0,22	0,25	–	0,05	0,05	–	–	–	–	–	–	–	–	–	–	–	–	–	–	–
	IV	12,25	–	0,98	1,10	–	0,83	0,94	–	0,70	0,78	–	0,56	0,63	–	0,43	0,49	–	0,31	0,35	–	0,19	0,21
	V	23,36	–	1,86	2,10																		
	VI	24,78	–	1,98	2,23																		
89,49	I	12,28	–	0,98	1,10	–	0,70	0,79	–	0,44	0,49	–	0,19	0,21	–	–	–	–	–	–	–	–	–
	II	8,95	–	0,71	0,80	–	0,45	0,50	–	0,20	0,23	–	0,01	0,01	–	–	–	–	–	–	–	–	–
	III	2,89	–	0,23	0,26	–	0,05	0,06	–	–	–	–	–	–	–	–	–	–	–	–	–	–	–
	IV	12,28	–	0,98	1,10	–	0,84	0,94	–	0,70	0,79	–	0,56	0,63	–	0,44	0,49	–	0,31	0,35	–	0,19	0,21
	V	23,40	–	1,87	2,10																		
	VI	24,83	–	1,98	2,23																		
89,59	I	12,31	–	0,98	1,10	–	0,70	0,79	–	0,44	0,49	–	0,19	0,22	–	–	–	–	–	–	–	–	–
	II	8,98	–	0,71	0,80	–	0,45	0,51	–	0,20	0,23	–	0,01	0,01	–	–	–	–	–	–	–	–	–
	III	2,91	–	0,23	0,26	–	0,05	0,06	–	–	–	–	–	–	–	–	–	–	–	–	–	–	–
	IV	12,31	–	0,98	1,10	–	0,84	0,94	–	0,70	0,79	–	0,57	0,64	–	0,44	0,49	–	0,31	0,35	–	0,19	0,22
	V	23,43	–	1,87	2,10																		
	VI	24,87	–	1,98	2,23																		
89,69	I	12,34	–	0,98	1,11	–	0,70	0,79	–	0,44	0,49	–	0,19	0,22	–	–	0,01	–	–	–	–	–	–
	II	9,00	–	0,72	0,81	–	0,45	0,51	–	0,20	0,23	–	0,01	0,01	–	–	–	–	–	–	–	–	–
	III	2,93	–	0,23	0,26	–	0,05	0,06	–	–	–	–	–	–	–	–	–	–	–	–	–	–	–
	IV	12,34	–	0,98	1,11	–	0,84	0,95	–	0,70	0,79	–	0,57	0,64	–	0,44	0,49	–	0,31	0,35	–	0,19	0,22
	V	23,48	–	1,87	2,11																		
	VI	24,91	–	1,99	2,24																		
89,79	I	12,37	–	0,98	1,11	–	0,70	0,79	–	0,44	0,50	–	0,20	0,22	–	0,01	0,01	–	–	–	–	–	–
	II	9,03	–	0,72	0,81	–	0,45	0,51	–	0,21	0,23	–	0,01	0,01	–	–	–	–	–	–	–	–	–
	III	2,95	–	0,23	0,26	–	0,05	0,06	–	–	–	–	–	–	–	–	–	–	–	–	–	–	–
	IV	12,37	–	0,98	1,11	–	0,84	0,95	–	0,70	0,79	–	0,57	0,64	–	0,44	0,50	–	0,32	0,36	–	0,20	0,22
	V	23,52	–	1,88	2,11																		
	VI	24,95	–	1,99	2,24																		
89,89	I	12,40	–	0,99	1,11	–	0,71	0,80	–	0,44	0,50	–	0,20	0,22	–	0,01	0,01	–	–	–	–	–	–
	II	9,06	–	0,72	0,81	–	0,46	0,51	–	0,21	0,24	–	0,01	0,02	–	–	–	–	–	–	–	–	–
	III	2,97	–	0,23	0,26	–	0,05	0,06	–	–	–	–	–	–	–	–	–	–	–	–	–	–	–
	IV	12,40	–	0,99	1,11	–	0,84	0,95	–	0,71	0,80	–	0,57	0,64	–	0,44	0,50	–	0,32	0,36	–	0,20	0,22
	V	23,56	–	1,88	2,12																		
	VI	24,99	–	1,99	2,24																		
89,99	I	12,43	–	0,99	1,11	–	0,71	0,80	–	0,45	0,50	–	0,20	0,22	–	0,01	0,01	–	–	–	–	–	–
	II	9,08	–	0,72	0,81	–	0,46	0,52	–	0,21	0,24	–	0,02	0,02	–	–	–	–	–	–	–	–	–
	III	2,99	–	0,23	0,26	–	0,06	0,06	–	–	–	–	–	–	–	–	–	–	–	–	–	–	–
	IV	12,43	–	0,99	1,11	–	0,85	0,95	–	0,71	0,80	–	0,58	0,65	–	0,45	0,50	–	0,32	0,36	–	0,20	0,22
	V	23,60	–	1,88	2,12																		
	VI	25,03	–	2,00	2,25																		

Lohn/Gehalt bis	Steuerklasse	Lohnsteuer	ohne Kinderfreibetrag SolZ 5,5%	ohne Kinderfreibetrag Kirchensteuer 8%	ohne Kinderfreibetrag Kirchensteuer 9%	0,5 SolZ 5,5%	0,5 Kirchensteuer 8%	0,5 Kirchensteuer 9%	1,0 SolZ 5,5%	1,0 Kirchensteuer 8%	1,0 Kirchensteuer 9%	1,5 SolZ 5,5%	1,5 Kirchensteuer 8%	1,5 Kirchensteuer 9%	2,0 SolZ 5,5%	2,0 Kirchensteuer 8%	2,0 Kirchensteuer 9%	2,5 SolZ 5,5%	2,5 Kirchensteuer 8%	2,5 Kirchensteuer 9%	3,0 SolZ 5,5%	3,0 Kirchensteuer 8%	3,0 Kirchensteuer 9%
									Anzahl Kinderfreibeträge (nur Steuerklassen I–IV)														
90,09	I	12,46	-	0,99	1,12	-	0,71	0,80	-	0,45	0,50	-	0,20	0,23	-	0,01	0,01	-	-	-	-	-	
	II	9,11	-	0,72	0,81	-	0,46	0,52	-	0,21	0,24	-	0,02	0,02	-	-	-	-	-	-	-	-	
	III	3,01	-	0,24	0,27	-	0,06	0,06	-	-	-	-	-	-	-	-	-	-	-	-	-	-	
	IV	12,46	-	0,99	1,12	-	0,85	0,96	-	0,71	0,80	-	0,58	0,65	-	0,45	0,50	-	0,32	0,36	-	0,20	0,2
	V	23,64	-	1,89	2,12																		
	VI	25,08	-	2,00	2,25																		
90,19	I	12,48	-	0,99	1,12	-	0,71	0,80	-	0,45	0,51	-	0,20	0,23	-	0,01	0,01	-	-	-	-	-	
	II	9,14	-	0,73	0,82	-	0,46	0,52	-	0,21	0,24	-	0,02	0,02	-	-	-	-	-	-	-	-	
	III	3,03	-	0,24	0,27	-	0,06	0,07	-	-	-	-	-	-	-	-	-	-	-	-	-	-	
	IV	12,48	-	0,99	1,12	-	0,85	0,96	-	0,71	0,80	-	0,58	0,65	-	0,45	0,51	-	0,32	0,36	-	0,20	0,2
	V	23,68	-	1,89	2,13																		
	VI	25,12	-	2,00	2,26																		
90,29	I	12,51	-	1,00	1,12	-	0,72	0,81	-	0,45	0,51	-	0,20	0,23	-	0,01	0,01	-	-	-	-	-	
	II	9,17	-	0,73	0,82	-	0,46	0,52	-	0,22	0,24	-	0,02	0,02	-	-	-	-	-	-	-	-	
	III	3,05	-	0,24	0,27	-	0,06	0,07	-	-	-	-	-	-	-	-	-	-	-	-	-	-	
	IV	12,51	-	1,00	1,12	-	0,85	0,96	-	0,72	0,81	-	0,58	0,65	-	0,45	0,51	-	0,33	0,37	-	0,20	0,2
	V	23,72	-	1,89	2,13																		
	VI	25,16	-	2,01	2,26																		
90,39	I	12,54	-	1,00	1,12	-	0,72	0,81	-	0,45	0,51	-	0,21	0,23	-	0,01	0,01	-	-	-	-	-	
	II	9,20	-	0,73	0,82	-	0,47	0,52	-	0,22	0,25	-	0,02	0,02	-	-	-	-	-	-	-	-	
	III	3,07	-	0,24	0,27	-	0,06	0,07	-	-	-	-	-	-	-	-	-	-	-	-	-	-	
	IV	12,54	-	1,00	1,12	-	0,86	0,96	-	0,72	0,81	-	0,58	0,66	-	0,45	0,51	-	0,33	0,37	-	0,21	0,2
	V	23,76	-	1,90	2,13																		
	VI	25,20	-	2,01	2,26																		
90,49	I	12,57	-	1,00	1,13	-	0,72	0,81	-	0,46	0,51	-	0,21	0,24	-	0,01	0,02	-	-	-	-	-	
	II	9,22	-	0,73	0,82	-	0,47	0,53	-	0,22	0,25	-	0,02	0,02	-	-	-	-	-	-	-	-	
	III	3,10	-	0,24	0,27	-	0,06	0,07	-	-	-	-	-	-	-	-	-	-	-	-	-	-	
	IV	12,57	-	1,00	1,13	-	0,86	0,97	-	0,72	0,81	-	0,59	0,66	-	0,46	0,51	-	0,33	0,37	-	0,21	0,2
	V	23,80	-	1,90	2,14																		
	VI	25,24	-	2,01	2,27																		
90,59	I	12,60	-	1,00	1,13	-	0,72	0,81	-	0,46	0,52	-	0,21	0,24	-	0,02	0,02	-	-	-	-	-	
	II	9,25	-	0,74	0,83	-	0,47	0,53	-	0,22	0,25	-	0,02	0,03	-	-	-	-	-	-	-	-	
	III	3,11	-	0,24	0,27	-	0,06	0,07	-	-	-	-	-	-	-	-	-	-	-	-	-	-	
	IV	12,60	-	1,00	1,13	-	0,86	0,97	-	0,72	0,81	-	0,59	0,66	-	0,46	0,52	-	0,33	0,37	-	0,21	0,2
	V	23,84	-	1,90	2,14																		
	VI	25,28	-	2,02	2,27																		
90,69	I	12,63	-	1,01	1,13	-	0,72	0,81	-	0,46	0,52	-	0,21	0,24	-	0,02	0,02	-	-	-	-	-	
	II	9,28	-	0,74	0,83	-	0,47	0,53	-	0,22	0,25	-	0,02	0,03	-	-	-	-	-	-	-	-	
	III	3,13	-	0,25	0,28	-	0,06	0,07	-	-	-	-	-	-	-	-	-	-	-	-	-	-	
	IV	12,63	-	1,01	1,13	-	0,86	0,97	-	0,72	0,81	-	0,59	0,66	-	0,46	0,52	-	0,33	0,38	-	0,21	0,2
	V	23,88	-	1,91	2,14																		
	VI	25,33	-	2,02	2,27																		
90,79	I	12,66	-	1,01	1,13	-	0,73	0,82	-	0,46	0,52	-	0,21	0,24	-	0,02	0,02	-	-	-	-	-	
	II	9,30	-	0,74	0,83	-	0,47	0,53	-	0,23	0,26	-	0,03	0,03	-	-	-	-	-	-	-	-	
	III	3,16	-	0,25	0,28	-	0,07	0,07	-	-	-	-	-	-	-	-	-	-	-	-	-	-	
	IV	12,66	-	1,01	1,13	-	0,86	0,97	-	0,73	0,82	-	0,59	0,67	-	0,46	0,52	-	0,34	0,38	-	0,21	0,2
	V	23,92	-	1,91	2,15																		
	VI	25,36	-	2,02	2,28																		
90,89	I	12,69	-	1,01	1,14	-	0,73	0,82	-	0,46	0,52	-	0,22	0,24	-	0,02	0,02	-	-	-	-	-	
	II	9,33	-	0,74	0,83	-	0,48	0,54	-	0,23	0,26	-	0,03	0,03	-	-	-	-	-	-	-	-	
	III	3,17	-	0,25	0,28	-	0,07	0,08	-	-	-	-	-	-	-	-	-	-	-	-	-	-	
	IV	12,69	-	1,01	1,14	-	0,87	0,98	-	0,73	0,82	-	0,59	0,67	-	0,46	0,52	-	0,34	0,38	-	0,22	0,2
	V	23,96	-	1,91	2,15																		
	VI	25,41	-	2,03	2,28																		
90,99	I	12,72	-	1,01	1,14	-	0,73	0,82	-	0,47	0,52	-	0,22	0,25	-	0,02	0,02	-	-	-	-	-	
	II	9,36	-	0,74	0,84	-	0,48	0,54	-	0,23	0,26	-	0,03	0,03	-	-	-	-	-	-	-	-	
	III	3,20	-	0,25	0,28	-	0,07	0,08	-	-	-	-	-	-	-	-	-	-	-	-	-	-	
	IV	12,72	-	1,01	1,14	-	0,87	0,98	-	0,73	0,82	-	0,60	0,67	-	0,47	0,52	-	0,34	0,38	-	0,22	0,2
	V	24,01	-	1,92	2,16																		
	VI	25,45	-	2,03	2,29																		
91,09	I	12,75	-	1,02	1,14	-	0,73	0,82	-	0,47	0,53	-	0,22	0,25	-	0,02	0,02	-	-	-	-	-	
	II	9,39	-	0,75	0,84	-	0,48	0,54	-	0,23	0,26	-	0,03	0,03	-	-	-	-	-	-	-	-	
	III	3,22	-	0,25	0,28	-	0,07	0,08	-	-	-	-	-	-	-	-	-	-	-	-	-	-	
	IV	12,75	-	1,02	1,14	-	0,87	0,98	-	0,73	0,82	-	0,60	0,67	-	0,47	0,53	-	0,34	0,38	-	0,22	0,2
	V	24,05	-	1,92	2,16																		
	VI	25,49	-	2,03	2,29																		
91,19	I	12,78	-	1,02	1,15	-	0,74	0,83	-	0,47	0,53	-	0,22	0,25	-	0,02	0,03	-	-	-	-	-	
	II	9,41	-	0,75	0,84	-	0,48	0,54	-	0,23	0,26	-	0,03	0,03	-	-	-	-	-	-	-	-	
	III	3,23	-	0,25	0,29	-	0,07	0,08	-	-	-	-	-	-	-	-	-	-	-	-	-	-	
	IV	12,78	-	1,02	1,15	-	0,87	0,98	-	0,74	0,83	-	0,60	0,68	-	0,47	0,53	-	0,34	0,39	-	0,22	0,2
	V	24,08	-	1,92	2,16																		
	VI	25,53	-	2,04	2,29																		
91,29	I	12,81	-	1,02	1,15	-	0,74	0,83	-	0,47	0,53	-	0,22	0,25	-	0,02	0,03	-	-	-	-	-	
	II	9,44	-	0,75	0,84	-	0,48	0,55	-	0,24	0,27	-	0,03	0,04	-	-	-	-	-	-	-	-	
	III	3,26	-	0,26	0,29	-	0,07	0,08	-	-	-	-	-	-	-	-	-	-	-	-	-	-	
	IV	12,81	-	1,02	1,15	-	0,88	0,99	-	0,74	0,83	-	0,60	0,68	-	0,47	0,53	-	0,35	0,39	-	0,22	0,2
	V	24,13	-	1,93	2,17																		
	VI	25,57	-	2,04	2,30																		
91,39	I	12,84	-	1,02	1,15	-	0,74	0,83	-	0,47	0,53	-	0,23	0,26	-	0,03	0,03	-	-	-	-	-	
	II	9,47	-	0,75	0,85	-	0,49	0,55	-	0,24	0,27	-	0,03	0,04	-	-	-	-	-	-	-	-	
	III	3,28	-	0,26	0,29	-	0,07	0,08	-	-	-	-	-	-	-	-	-	-	-	-	-	-	
	IV	12,84	-	1,02	1,15	-	0,88	0,99	-	0,74	0,83	-	0,60	0,68	-	0,47	0,53	-	0,35	0,39	-	0,23	0,2
	V	24,16	-	1,93	2,17																		
	VI	25,62	-	2,04	2,30																		
91,49	I	12,86	-	1,02	1,15	-	0,74	0,83	-	0,48	0,54	-	0,23	0,26	-	0,03	0,03	-	-	-	-	-	
	II	9,50	-	0,76	0,85	-	0,49	0,55	-	0,24	0,27	-	0,03	0,04	-	-	-	-	-	-	-	-	
	III	3,30	-	0,26	0,29	-	0,08	0,09	-	-	-	-	-	-	-	-	-	-	-	-	-	-	
	IV	12,86	-	1,02	1,15	-	0,88	0,99	-	0,74	0,83	-	0,61	0,68	-	0,48	0,54	-	0,35	0,39	-	0,23	0,2
	V	24,21	-	1,93	2,17																		
	VI	25,66	-	2,05	2,30																		

Besondere Tabelle

TAG bis 92,99 €

Lohn/ Gehalt bis	Steuerklasse	Lohn- steuer	ohne Kinderfreibetrag			Anzahl Kinderfreibeträge (nur Steuerklassen I–IV): 0,5			1,0			1,5			2,0			2,5			3,0		
			SolZ 5,5%	Kirchensteuer 8%	Kirchensteuer 9%	SolZ 5,5%	Kirchensteuer 8%	Kirchensteuer 9%	SolZ 5,5%	Kirchensteuer 8%	Kirchensteuer 9%	SolZ 5,5%	Kirchensteuer 8%	Kirchensteuer 9%	SolZ 5,5%	Kirchensteuer 8%	Kirchensteuer 9%	SolZ 5,5%	Kirchensteuer 8%	Kirchensteuer 9%	SolZ 5,5%	Kirchensteuer 8%	Kirchensteuer 9%
91,59	I	12,90	–	1,03	1,16	–	0,74	0,84	–	0,48	0,54	–	0,23	0,26	–	0,03	0,03	–	–	–	–	–	–
	II	9,53	–	0,76	0,85	–	0,49	0,55	–	0,24	0,27	–	0,04	0,04	–	–	–	–	–	–	–	–	–
	III	3,32	–	0,26	0,29	–	0,08	0,09	–	–	–	–	–	–	–	–	–	–	–	–	–	–	–
	IV	12,90	–	1,03	1,16	–	0,88	0,99	–	0,74	0,84	–	0,61	0,69	–	0,48	0,54	–	0,35	0,40	–	0,23	0,26
	V	24,25	–	1,94	2,18																		
	VI	25,70	–	2,05	2,31																		
91,69	I	12,92	–	1,03	1,16	–	0,75	0,84	–	0,48	0,54	–	0,23	0,26	–	0,03	0,03	–	–	–	–	–	–
	II	9,55	–	0,76	0,85	–	0,49	0,55	–	0,24	0,27	–	0,04	0,04	–	–	–	–	–	–	–	–	–
	III	3,34	–	0,26	0,30	–	0,08	0,09	–	–	–	–	–	–	–	–	–	–	–	–	–	–	–
	IV	12,92	–	1,03	1,16	–	0,89	1,00	–	0,75	0,84	–	0,61	0,69	–	0,48	0,54	–	0,35	0,40	–	0,23	0,26
	V	24,29	–	1,94	2,18																		
	VI	25,74	–	2,05	2,31																		
91,79	I	12,95	–	1,03	1,16	–	0,75	0,84	–	0,48	0,54	–	0,23	0,26	–	0,03	0,03	–	–	–	–	–	–
	II	9,58	–	0,76	0,86	–	0,50	0,56	–	0,25	0,28	–	0,04	0,04	–	–	–	–	–	–	–	–	–
	III	3,36	–	0,26	0,30	–	0,08	0,09	–	–	–	–	–	–	–	–	–	–	–	–	–	–	–
	IV	12,95	–	1,03	1,16	–	0,89	1,00	–	0,75	0,84	–	0,61	0,69	–	0,48	0,54	–	0,36	0,40	–	0,23	0,26
	V	24,33	–	1,94	2,18																		
	VI	25,78	–	2,06	2,32																		
91,89	I	12,98	–	1,03	1,16	–	0,75	0,84	–	0,48	0,55	–	0,24	0,27	–	0,03	0,04	–	–	–	–	–	–
	II	9,61	–	0,76	0,86	–	0,50	0,56	–	0,25	0,28	–	0,04	0,05	–	–	–	–	–	–	–	–	–
	III	3,38	–	0,27	0,30	–	0,08	0,09	–	–	–	–	–	–	–	–	–	–	–	–	–	–	–
	IV	12,98	–	1,03	1,16	–	0,89	1,00	–	0,75	0,84	–	0,62	0,69	–	0,48	0,55	–	0,36	0,40	–	0,24	0,27
	V	24,37	–	1,94	2,19																		
	VI	25,82	–	2,06	2,32																		
91,99	I	13,01	–	1,04	1,17	–	0,75	0,85	–	0,49	0,55	–	0,24	0,27	–	0,03	0,04	–	–	–	–	–	–
	II	9,64	–	0,77	0,86	–	0,50	0,56	–	0,25	0,28	–	0,04	0,05	–	–	–	–	–	–	–	–	–
	III	3,40	–	0,27	0,30	–	0,08	0,09	–	–	–	–	–	–	–	–	–	–	–	–	–	–	–
	IV	13,01	–	1,04	1,17	–	0,89	1,00	–	0,75	0,85	–	0,62	0,70	–	0,49	0,55	–	0,36	0,41	–	0,24	0,27
	V	24,41	–	1,95	2,19																		
	VI	25,87	–	2,06	2,32																		
92,09	I	13,04	–	1,04	1,17	–	0,76	0,85	–	0,49	0,55	–	0,24	0,27	–	0,03	0,04	–	–	–	–	–	–
	II	9,66	–	0,77	0,86	–	0,50	0,56	–	0,25	0,28	–	0,04	0,05	–	–	–	–	–	–	–	–	–
	III	3,42	–	0,27	0,30	–	0,08	0,09	–	–	–	–	–	–	–	–	–	–	–	–	–	–	–
	IV	13,04	–	1,04	1,17	–	0,89	1,01	–	0,76	0,85	–	0,62	0,70	–	0,49	0,55	–	0,36	0,41	–	0,24	0,27
	V	24,45	–	1,95	2,20																		
	VI	25,91	–	2,07	2,33																		
92,19	I	13,07	–	1,04	1,17	–	0,76	0,85	–	0,49	0,55	–	0,24	0,27	–	0,04	0,04	–	–	–	–	–	–
	II	9,69	–	0,77	0,87	–	0,50	0,57	–	0,25	0,28	–	0,04	0,05	–	–	–	–	–	–	–	–	–
	III	3,45	–	0,27	0,31	–	0,08	0,09	–	–	–	–	–	–	–	–	–	–	–	–	–	–	–
	IV	13,07	–	1,04	1,17	–	0,90	1,01	–	0,76	0,85	–	0,62	0,70	–	0,49	0,55	–	0,36	0,41	–	0,24	0,27
	V	24,49	–	1,95	2,20																		
	VI	25,95	–	2,07	2,33																		
92,29	I	13,10	–	1,04	1,17	–	0,76	0,85	–	0,49	0,55	–	0,24	0,27	–	0,04	0,04	–	–	–	–	–	–
	II	9,72	–	0,77	0,87	–	0,51	0,57	–	0,26	0,29	–	0,04	0,05	–	–	–	–	–	–	–	–	–
	III	3,47	–	0,27	0,31	–	0,09	0,10	–	–	–	–	–	–	–	–	–	–	–	–	–	–	–
	IV	13,10	–	1,04	1,17	–	0,90	1,01	–	0,76	0,85	–	0,62	0,70	–	0,49	0,55	–	0,37	0,41	–	0,24	0,27
	V	24,53	–	1,96	2,20																		
	VI	25,99	–	2,07	2,33																		
92,39	I	13,13	–	1,05	1,18	–	0,76	0,86	–	0,50	0,56	–	0,25	0,28	–	0,04	0,04	–	–	–	–	–	–
	II	9,75	–	0,78	0,87	–	0,51	0,57	–	0,26	0,29	–	0,05	0,05	–	–	–	–	–	–	–	–	–
	III	3,48	–	0,27	0,31	–	0,09	0,10	–	–	–	–	–	–	–	–	–	–	–	–	–	–	–
	IV	13,13	–	1,05	1,18	–	0,90	1,01	–	0,76	0,86	–	0,63	0,71	–	0,50	0,56	–	0,37	0,41	–	0,25	0,28
	V	24,57	–	1,96	2,21																		
	VI	26,03	–	2,08	2,34																		
92,49	I	13,16	–	1,05	1,18	–	0,76	0,86	–	0,50	0,56	–	0,25	0,28	–	0,04	0,05	–	–	–	–	–	–
	II	9,78	–	0,78	0,88	–	0,51	0,57	–	0,26	0,29	–	0,05	0,05	–	–	–	–	–	–	–	–	–
	III	3,51	–	0,28	0,31	–	0,09	0,10	–	–	–	–	–	–	–	–	–	–	–	–	–	–	–
	IV	13,16	–	1,05	1,18	–	0,90	1,02	–	0,76	0,86	–	0,63	0,71	–	0,50	0,56	–	0,37	0,42	–	0,25	0,28
	V	24,62	–	1,96	2,21																		
	VI	26,07	–	2,08	2,34																		
92,59	I	13,19	–	1,05	1,18	–	0,77	0,86	–	0,50	0,56	–	0,25	0,28	–	0,04	0,05	–	–	–	–	–	–
	II	9,80	–	0,78	0,88	–	0,51	0,58	–	0,26	0,29	–	0,05	0,06	–	–	–	–	–	–	–	–	–
	III	3,53	–	0,28	0,31	–	0,09	0,10	–	–	–	–	–	–	–	–	–	–	–	–	–	–	–
	IV	13,19	–	1,05	1,18	–	0,91	1,02	–	0,77	0,86	–	0,63	0,71	–	0,50	0,56	–	0,37	0,42	–	0,25	0,28
	V	24,66	–	1,97	2,21																		
	VI	26,11	–	2,08	2,34																		
92,69	I	13,22	–	1,05	1,18	–	0,77	0,86	–	0,50	0,56	–	0,25	0,28	–	0,04	0,05	–	–	–	–	–	–
	II	9,83	–	0,78	0,88	–	0,51	0,58	–	0,26	0,30	–	0,05	0,06	–	–	–	–	–	–	–	–	–
	III	3,55	–	0,28	0,31	–	0,09	0,10	–	–	–	–	–	–	–	–	–	–	–	–	–	–	–
	IV	13,22	–	1,05	1,18	–	0,91	1,02	–	0,77	0,86	–	0,63	0,71	–	0,50	0,56	–	0,37	0,42	–	0,25	0,28
	V	24,70	–	1,97	2,22																		
	VI	26,16	–	2,09	2,35																		
92,79	I	13,25	–	1,06	1,19	–	0,77	0,87	–	0,50	0,57	–	0,25	0,28	–	0,04	0,05	–	–	–	–	–	–
	II	9,86	–	0,78	0,88	–	0,52	0,58	–	0,26	0,30	–	0,05	0,06	–	–	–	–	–	–	–	–	–
	III	3,57	–	0,28	0,32	–	0,09	0,10	–	–	–	–	–	–	–	–	–	–	–	–	–	–	–
	IV	13,25	–	1,06	1,19	–	0,91	1,02	–	0,77	0,87	–	0,64	0,72	–	0,50	0,57	–	0,38	0,42	–	0,25	0,28
	V	24,73	–	1,97	2,22																		
	VI	26,20	–	2,09	2,35																		
92,89	I	13,28	–	1,06	1,19	–	0,77	0,87	–	0,51	0,57	–	0,26	0,29	–	0,04	0,05	–	–	–	–	–	–
	II	9,89	–	0,79	0,89	–	0,52	0,58	–	0,27	0,30	–	0,05	0,06	–	–	–	–	–	–	–	–	–
	III	3,59	–	0,28	0,32	–	0,09	0,11	–	–	–	–	–	–	–	–	–	–	–	–	–	–	–
	IV	13,28	–	1,06	1,19	–	0,91	1,03	–	0,77	0,87	–	0,64	0,72	–	0,51	0,57	–	0,38	0,43	–	0,26	0,29
	V	24,78	–	1,98	2,23																		
	VI	26,24	–	2,09	2,36																		
92,99	I	13,31	–	1,06	1,19	–	0,78	0,87	–	0,51	0,57	–	0,26	0,29	–	0,05	0,05	–	–	–	–	–	–
	II	9,91	–	0,79	0,89	–	0,52	0,59	–	0,27	0,30	–	0,05	0,06	–	–	–	–	–	–	–	–	–
	III	3,61	–	0,28	0,32	–	0,10	0,11	–	–	–	–	–	–	–	–	–	–	–	–	–	–	–
	IV	13,31	–	1,06	1,19	–	0,92	1,03	–	0,78	0,87	–	0,64	0,72	–	0,51	0,57	–	0,38	0,43	–	0,26	0,29
	V	24,82	–	1,98	2,23																		
	VI	26,28	–	2,10	2,36																		

Lohn/ Gehalt bis	Steuerklasse	Lohn- steuer	ohne Kinderfreibetrag			Anzahl Kinderfreibeträge (nur Steuerklassen I–IV) 0,5			1,0			1,5			2,0			2,5			3,0		
			SolZ 5,5%	Kirchensteuer 8%	Kirchensteuer 9%	SolZ 5,5%	Kirchensteuer 8%	Kirchensteuer 9%	SolZ 5,5%	Kirchensteuer 8%	Kirchensteuer 9%	SolZ 5,5%	Kirchensteuer 8%	Kirchensteuer 9%	SolZ 5,5%	Kirchensteuer 8%	Kirchensteuer 9%	SolZ 5,5%	Kirchensteuer 8%	Kirchensteuer 9%	SolZ 5,5%	Kirchensteuer 8%	Kirchensteuer 9%
93,09	I	13,33	-	1,06	1,19	-	0,78	0,88	-	0,51	0,57	-	0,26	0,29	-	0,05	0,05	-	-	-	-	-	-
	II	9,94	-	0,79	0,89	-	0,52	0,59	-	0,27	0,30	-	0,06	0,06	-	-	-	-	-	-	-	-	-
	III	3,63	-	0,29	0,32	-	0,10	0,11	-	-	-	-	-	-	-	-	-	-	-	-	-	-	-
	IV	13,33	-	1,06	1,19	-	0,92	1,03	-	0,78	0,88	-	0,64	0,72	-	0,51	0,57	-	0,38	0,43	-	0,26	0,29
	V	24,86	-	1,98	2,23																		
	VI	26,32	-	2,10	2,36																		
93,19	I	13,36	-	1,06	1,20	-	0,78	0,88	-	0,51	0,58	-	0,26	0,29	-	0,05	0,06	-	-	-	-	-	-
	II	9,97	-	0,79	0,89	-	0,52	0,59	-	0,27	0,31	-	0,06	0,07	-	-	-	-	-	-	-	-	-
	III	3,66	-	0,29	0,32	-	0,10	0,11	-	-	-	-	-	-	-	-	-	-	-	-	-	-	-
	IV	13,36	-	1,06	1,20	-	0,92	1,04	-	0,78	0,88	-	0,64	0,72	-	0,51	0,58	-	0,38	0,43	-	0,26	0,29
	V	24,91	-	1,99	2,24																		
	VI	26,36	-	2,10	2,37																		
93,29	I	13,40	-	1,07	1,20	-	0,78	0,88	-	0,51	0,58	-	0,26	0,30	-	0,05	0,06	-	-	-	-	-	-
	II	10,00	-	0,80	0,90	-	0,53	0,59	-	0,27	0,31	-	0,06	0,07	-	-	-	-	-	-	-	-	-
	III	3,68	-	0,29	0,33	-	0,10	0,11	-	-	-	-	-	-	-	-	-	-	-	-	-	-	-
	IV	13,40	-	1,07	1,20	-	0,92	1,04	-	0,78	0,88	-	0,65	0,73	-	0,51	0,58	-	0,39	0,44	-	0,26	0,30
	V	24,95	-	1,99	2,24																		
	VI	26,41	-	2,11	2,37																		
93,39	I	13,42	-	1,07	1,20	-	0,78	0,88	-	0,52	0,58	-	0,26	0,30	-	0,05	0,06	-	-	-	-	-	-
	II	10,03	-	0,80	0,90	-	0,53	0,59	-	0,28	0,31	-	0,06	0,07	-	-	-	-	-	-	-	-	-
	III	3,70	-	0,29	0,33	-	0,10	0,11	-	-	-	-	-	-	-	-	-	-	-	-	-	-	-
	IV	13,42	-	1,07	1,20	-	0,92	1,04	-	0,78	0,88	-	0,65	0,73	-	0,52	0,58	-	0,39	0,44	-	0,26	0,30
	V	24,98	-	1,99	2,24																		
	VI	26,45	-	2,11	2,38																		
93,49	I	13,45	-	1,07	1,21	-	0,79	0,89	-	0,52	0,58	-	0,27	0,30	-	0,05	0,06	-	-	-	-	-	-
	II	10,05	-	0,80	0,90	-	0,53	0,60	-	0,28	0,31	-	0,06	0,07	-	-	-	-	-	-	-	-	-
	III	3,72	-	0,29	0,33	-	0,10	0,11	-	-	-	-	-	-	-	-	-	-	-	-	-	-	-
	IV	13,45	-	1,07	1,21	-	0,93	1,04	-	0,79	0,89	-	0,65	0,73	-	0,52	0,58	-	0,39	0,44	-	0,27	0,30
	V	25,03	-	2,00	2,25																		
	VI	26,49	-	2,11	2,38																		
93,59	I	13,48	-	1,07	1,21	-	0,79	0,89	-	0,52	0,59	-	0,27	0,30	-	0,05	0,06	-	-	-	-	-	-
	II	10,08	-	0,80	0,90	-	0,53	0,60	-	0,28	0,32	-	0,06	0,07	-	-	-	-	-	-	-	-	-
	III	3,74	-	0,29	0,33	-	0,10	0,12	-	-	-	-	-	-	-	-	-	-	-	-	-	-	-
	IV	13,48	-	1,07	1,21	-	0,93	1,05	-	0,79	0,89	-	0,65	0,73	-	0,52	0,59	-	0,39	0,44	-	0,27	0,30
	V	25,07	-	2,00	2,25																		
	VI	26,53	-	2,12	2,38																		
93,69	I	13,51	-	1,08	1,21	-	0,79	0,89	-	0,52	0,59	-	0,27	0,30	-	0,06	0,06	-	-	-	-	-	-
	II	10,11	-	0,80	0,90	-	0,53	0,60	-	0,28	0,32	-	0,06	0,07	-	-	-	-	-	-	-	-	-
	III	3,76	-	0,30	0,33	-	0,10	0,12	-	-	-	-	-	-	-	-	-	-	-	-	-	-	-
	IV	13,51	-	1,08	1,21	-	0,93	1,05	-	0,79	0,89	-	0,65	0,74	-	0,52	0,59	-	0,39	0,44	-	0,27	0,30
	V	25,11	-	2,00	2,25																		
	VI	26,58	-	2,12	2,39																		
93,79	I	13,54	-	1,08	1,21	-	0,79	0,89	-	0,52	0,59	-	0,27	0,31	-	0,06	0,07	-	-	-	-	-	-
	II	10,14	-	0,81	0,91	-	0,54	0,60	-	0,28	0,32	-	0,07	0,07	-	-	-	-	-	-	-	-	-
	III	3,78	-	0,30	0,34	-	0,11	0,12	-	-	-	-	-	-	-	-	-	-	-	-	-	-	-
	IV	13,54	-	1,08	1,21	-	0,93	1,05	-	0,79	0,89	-	0,66	0,74	-	0,52	0,59	-	0,40	0,45	-	0,27	0,31
	V	25,16	-	2,01	2,26																		
	VI	26,62	-	2,12	2,39																		
93,89	I	13,57	-	1,08	1,22	-	0,80	0,90	-	0,53	0,59	-	0,27	0,31	-	0,06	0,07	-	-	-	-	-	-
	II	10,16	-	0,81	0,91	-	0,54	0,61	-	0,29	0,32	-	0,07	0,08	-	-	-	-	-	-	-	-	-
	III	3,81	-	0,30	0,34	-	0,11	0,12	-	-	-	-	-	-	-	-	-	-	-	-	-	-	-
	IV	13,57	-	1,08	1,22	-	0,94	1,05	-	0,80	0,90	-	0,66	0,74	-	0,53	0,59	-	0,40	0,45	-	0,27	0,31
	V	25,19	-	2,01	2,26																		
	VI	26,66	-	2,13	2,39																		
93,99	I	13,60	-	1,08	1,22	-	0,80	0,90	-	0,53	0,59	-	0,28	0,31	-	0,06	0,07	-	-	-	-	-	-
	II	10,19	-	0,81	0,91	-	0,54	0,61	-	0,29	0,32	-	0,07	0,08	-	-	-	-	-	-	-	-	-
	III	3,83	-	0,30	0,34	-	0,11	0,12	-	-	-	-	-	-	-	-	-	-	-	-	-	-	-
	IV	13,60	-	1,08	1,22	-	0,94	1,06	-	0,80	0,90	-	0,66	0,74	-	0,53	0,59	-	0,40	0,45	-	0,28	0,31
	V	25,23	-	2,01	2,27																		
	VI	26,70	-	2,13	2,40																		
94,09	I	13,63	-	1,09	1,22	-	0,80	0,90	-	0,53	0,60	-	0,28	0,31	-	0,06	0,07	-	-	-	-	-	-
	II	10,22	-	0,81	0,91	-	0,54	0,61	-	0,29	0,33	-	0,07	0,08	-	-	-	-	-	-	-	-	-
	III	3,85	-	0,30	0,34	-	0,11	0,12	-	-	-	-	-	-	-	-	-	-	-	-	-	-	-
	IV	13,63	-	1,09	1,22	-	0,94	1,06	-	0,80	0,90	-	0,66	0,75	-	0,53	0,60	-	0,40	0,45	-	0,28	0,31
	V	25,27	-	2,02	2,27																		
	VI	26,74	-	2,13	2,40																		
94,19	I	13,66	-	1,09	1,22	-	0,80	0,90	-	0,53	0,60	-	0,28	0,32	-	0,06	0,07	-	-	-	-	-	-
	II	10,25	-	0,82	0,92	-	0,54	0,61	-	0,29	0,33	-	0,07	0,08	-	-	-	-	-	-	-	-	-
	III	3,87	-	0,30	0,34	-	0,11	0,13	-	-	-	-	-	-	-	-	-	-	-	-	-	-	-
	IV	13,66	-	1,09	1,22	-	0,94	1,06	-	0,80	0,90	-	0,66	0,75	-	0,53	0,60	-	0,40	0,45	-	0,28	0,32
	V	25,32	-	2,02	2,27																		
	VI	26,78	-	2,14	2,41																		
94,29	I	13,69	-	1,09	1,23	-	0,80	0,90	-	0,53	0,60	-	0,28	0,32	-	0,06	0,07	-	-	-	-	-	-
	II	10,28	-	0,82	0,92	-	0,55	0,62	-	0,29	0,33	-	0,07	0,08	-	-	-	-	-	-	-	-	-
	III	3,89	-	0,31	0,35	-	0,11	0,13	-	-	-	-	-	-	-	-	-	-	-	-	-	-	-
	IV	13,69	-	1,09	1,23	-	0,94	1,06	-	0,80	0,90	-	0,67	0,75	-	0,53	0,60	-	0,41	0,46	-	0,28	0,32
	V	25,36	-	2,02	2,28																		
	VI	26,83	-	2,14	2,41																		
94,39	I	13,72	-	1,09	1,23	-	0,81	0,91	-	0,54	0,60	-	0,28	0,32	-	0,07	0,07	-	-	-	-	-	-
	II	10,30	-	0,82	0,92	-	0,55	0,62	-	0,30	0,33	-	0,07	0,08	-	-	-	-	-	-	-	-	-
	III	3,91	-	0,31	0,35	-	0,11	0,13	-	-	-	-	-	-	-	-	-	-	-	-	-	-	-
	IV	13,72	-	1,09	1,23	-	0,95	1,07	-	0,81	0,91	-	0,67	0,75	-	0,54	0,60	-	0,41	0,46	-	0,28	0,32
	V	25,40	-	2,03	2,28																		
	VI	26,87	-	2,14	2,41																		
94,49	I	13,75	-	1,10	1,23	-	0,81	0,91	-	0,54	0,61	-	0,29	0,32	-	0,07	0,08	-	-	-	-	-	-
	II	10,33	-	0,82	0,92	-	0,55	0,62	-	0,30	0,34	-	0,08	0,09	-	-	-	-	-	-	-	-	-
	III	3,93	-	0,31	0,35	-	0,12	0,13	-	-	-	-	-	-	-	-	-	-	-	-	-	-	-
	IV	13,75	-	1,10	1,23	-	0,95	1,07	-	0,81	0,91	-	0,67	0,76	-	0,54	0,61	-	0,41	0,46	-	0,29	0,32
	V	25,44	-	2,03	2,28																		
	VI	26,91	-	2,15	2,42																		

Lohn/ Gehalt bis	Steuerklasse	Lohn-steuer	ohne Kinderfreibetrag SolZ 5,5%	ohne Kinderfreibetrag Kirchensteuer 8%	ohne Kinderfreibetrag Kirchensteuer 9%	0,5 SolZ 5,5%	0,5 Kirchensteuer 8%	0,5 Kirchensteuer 9%	1,0 SolZ 5,5%	1,0 Kirchensteuer 8%	1,0 Kirchensteuer 9%	1,5 SolZ 5,5%	1,5 Kirchensteuer 8%	1,5 Kirchensteuer 9%	2,0 SolZ 5,5%	2,0 Kirchensteuer 8%	2,0 Kirchensteuer 9%	2,5 SolZ 5,5%	2,5 Kirchensteuer 8%	2,5 Kirchensteuer 9%	3,0 SolZ 5,5%	3,0 Kirchensteuer 8%	3,0 Kirchensteuer 9%
94,59	I	13,78	-	1,10	1,24	-	0,81	0,91	-	0,54	0,61	-	0,29	0,32	-	0,07	0,08	-	-	-	-	-	-
	II	10,36	-	0,82	0,93	-	0,55	0,62	-	0,30	0,34	-	0,08	0,09	-	-	-	-	-	-	-	-	-
	III	3,96	-	0,31	0,35	-	0,12	0,13	-	-	-	-	-	-	-	-	-	-	-	-	-	-	-
	IV	13,78	-	1,10	1,24	-	0,95	1,07	-	0,81	0,91	-	0,67	0,76	-	0,54	0,61	-	0,41	0,46	-	0,29	0,32
	V	25,48	-	2,03	2,29																		
	VI	26,95	-	2,15	2,42																		
94,69	I	13,81	-	1,10	1,24	-	0,81	0,91	-	0,54	0,61	-	0,29	0,33	-	0,07	0,08	-	-	-	-	-	-
	II	10,39	-	0,83	0,93	-	0,56	0,63	-	0,30	0,34	-	0,08	0,09	-	-	-	-	-	-	-	-	-
	III	3,98	-	0,31	0,35	-	0,12	0,13	-	-	-	-	-	-	-	-	-	-	-	-	-	-	-
	IV	13,81	-	1,10	1,24	-	0,95	1,07	-	0,81	0,91	-	0,68	0,76	-	0,54	0,61	-	0,41	0,47	-	0,29	0,33
	V	25,53	-	2,04	2,29																		
	VI	27,00	-	2,16	2,43																		
94,79	I	13,84	-	1,10	1,24	-	0,82	0,92	-	0,54	0,61	-	0,29	0,33	-	0,07	0,08	-	-	-	-	-	-
	II	10,42	-	0,83	0,93	-	0,56	0,63	-	0,30	0,34	-	0,08	0,09	-	-	-	-	-	-	-	-	-
	III	4,00	-	0,32	0,36	-	0,12	0,13	-	-	-	-	-	-	-	-	-	-	-	-	-	-	-
	IV	13,84	-	1,10	1,24	-	0,96	1,08	-	0,82	0,92	-	0,68	0,76	-	0,54	0,61	-	0,42	0,47	-	0,29	0,33
	V	25,56	-	2,04	2,30																		
	VI	27,04	-	2,16	2,43																		
94,89	I	13,87	-	1,10	1,24	-	0,82	0,92	-	0,55	0,62	-	0,29	0,33	-	0,07	0,08	-	-	-	-	-	-
	II	10,45	-	0,83	0,94	-	0,56	0,63	-	0,31	0,34	-	0,08	0,09	-	-	-	-	-	-	-	-	-
	III	4,02	-	0,32	0,36	-	0,12	0,14	-	-	-	-	-	-	-	-	-	-	-	-	-	-	-
	IV	13,87	-	1,10	1,24	-	0,96	1,08	-	0,82	0,92	-	0,68	0,77	-	0,55	0,62	-	0,42	0,47	-	0,29	0,33
	V	25,61	-	2,04	2,30																		
	VI	27,08	-	2,16	2,43																		
94,99	I	13,90	-	1,11	1,25	-	0,82	0,92	-	0,55	0,62	-	0,30	0,33	-	0,07	0,08	-	-	-	-	-	-
	II	10,47	-	0,83	0,94	-	0,56	0,63	-	0,31	0,35	-	0,08	0,09	-	-	-	-	-	-	-	-	-
	III	4,05	-	0,32	0,36	-	0,12	0,14	-	-	-	-	-	-	-	-	-	-	-	-	-	-	-
	IV	13,90	-	1,11	1,25	-	0,96	1,08	-	0,82	0,92	-	0,68	0,77	-	0,55	0,62	-	0,42	0,47	-	0,30	0,33
	V	25,65	-	2,05	2,30																		
	VI	27,12	-	2,16	2,44																		
95,09	I	13,93	-	1,11	1,25	-	0,82	0,92	-	0,55	0,62	-	0,30	0,34	-	0,08	0,09	-	-	-	-	-	-
	II	10,50	-	0,84	0,94	-	0,56	0,63	-	0,31	0,35	-	0,08	0,10	-	-	-	-	-	-	-	-	-
	III	4,07	-	0,32	0,36	-	0,12	0,14	-	-	-	-	-	-	-	-	-	-	-	-	-	-	-
	IV	13,93	-	1,11	1,25	-	0,96	1,08	-	0,82	0,92	-	0,68	0,77	-	0,55	0,62	-	0,42	0,48	-	0,30	0,34
	V	25,70	-	2,05	2,31																		
	VI	27,16	-	2,17	2,44																		
95,19	I	13,96	-	1,11	1,25	-	0,82	0,93	-	0,55	0,62	-	0,30	0,34	-	0,08	0,09	-	-	-	-	-	-
	II	10,53	-	0,84	0,94	-	0,57	0,64	-	0,31	0,35	-	0,09	0,10	-	-	-	-	-	-	-	-	-
	III	4,09	-	0,32	0,36	-	0,12	0,14	-	-	-	-	-	-	-	-	-	-	-	-	-	-	-
	IV	13,96	-	1,11	1,25	-	0,97	1,09	-	0,82	0,93	-	0,69	0,77	-	0,55	0,62	-	0,42	0,48	-	0,30	0,34
	V	25,73	-	2,05	2,31																		
	VI	27,21	-	2,17	2,44																		
95,29	I	13,99	-	1,11	1,25	-	0,83	0,93	-	0,56	0,63	-	0,30	0,34	-	0,08	0,09	-	-	-	-	-	-
	II	10,56	-	0,84	0,95	-	0,57	0,64	-	0,31	0,35	-	0,09	0,10	-	-	-	-	-	-	-	-	-
	III	4,11	-	0,32	0,36	-	0,13	0,14	-	-	-	-	-	-	-	-	-	-	-	-	-	-	-
	IV	13,99	-	1,11	1,25	-	0,97	1,09	-	0,83	0,93	-	0,69	0,78	-	0,56	0,63	-	0,43	0,48	-	0,30	0,34
	V	25,77	-	2,06	2,31																		
	VI	27,25	-	2,18	2,45																		
95,39	I	14,02	-	1,12	1,26	-	0,83	0,93	-	0,56	0,63	-	0,30	0,34	-	0,08	0,09	-	-	-	-	-	-
	II	10,59	-	0,84	0,95	-	0,57	0,64	-	0,32	0,36	-	0,09	0,10	-	-	-	-	-	-	-	-	-
	III	4,13	-	0,33	0,37	-	0,13	0,14	-	-	-	-	-	-	-	-	-	-	-	-	-	-	-
	IV	14,02	-	1,12	1,26	-	0,97	1,09	-	0,83	0,93	-	0,69	0,78	-	0,56	0,63	-	0,43	0,48	-	0,30	0,34
	V	25,82	-	2,06	2,32																		
	VI	27,29	-	2,18	2,45																		
95,49	I	14,05	-	1,12	1,26	-	0,83	0,94	-	0,56	0,63	-	0,31	0,34	-	0,08	0,09	-	-	-	-	-	-
	II	10,61	-	0,84	0,95	-	0,57	0,64	-	0,32	0,36	-	0,09	0,10	-	-	-	-	-	-	-	-	-
	III	4,16	-	0,33	0,37	-	0,13	0,15	-	-	-	-	-	-	-	-	-	-	-	-	-	-	-
	IV	14,05	-	1,12	1,26	-	0,97	1,09	-	0,83	0,94	-	0,69	0,78	-	0,56	0,63	-	0,43	0,49	-	0,31	0,34
	V	25,86	-	2,06	2,32																		
	VI	27,33	-	2,18	2,45																		
95,59	I	14,08	-	1,12	1,26	-	0,83	0,94	-	0,56	0,63	-	0,31	0,35	-	0,08	0,09	-	-	-	-	-	-
	II	10,64	-	0,85	0,95	-	0,57	0,65	-	0,32	0,36	-	0,09	0,10	-	-	-	-	-	-	-	-	-
	III	4,18	-	0,33	0,37	-	0,13	0,15	-	-	-	-	-	-	-	-	-	-	-	-	-	-	-
	IV	14,08	-	1,12	1,26	-	0,98	1,10	-	0,83	0,94	-	0,70	0,78	-	0,56	0,63	-	0,43	0,49	-	0,31	0,35
	V	25,90	-	2,07	2,33																		
	VI	27,37	-	2,18	2,46																		
95,69	I	14,11	-	1,12	1,26	-	0,84	0,94	-	0,56	0,63	-	0,31	0,35	-	0,08	0,10	-	-	-	-	-	-
	II	10,67	-	0,85	0,96	-	0,58	0,65	-	0,32	0,36	-	0,09	0,11	-	-	-	-	-	-	-	-	-
	III	4,20	-	0,33	0,37	-	0,13	0,15	-	-	-	-	-	-	-	-	-	-	-	-	-	-	-
	IV	14,11	-	1,12	1,26	-	0,98	1,10	-	0,84	0,94	-	0,70	0,79	-	0,56	0,63	-	0,44	0,49	-	0,31	0,35
	V	25,94	-	2,07	2,33																		
	VI	27,41	-	2,19	2,46																		
95,79	I	14,14	-	1,13	1,27	-	0,84	0,94	-	0,57	0,64	-	0,31	0,35	-	0,09	0,10	-	-	-	-	-	-
	II	10,70	-	0,85	0,96	-	0,58	0,65	-	0,32	0,36	-	0,10	0,11	-	-	-	-	-	-	-	-	-
	III	4,22	-	0,33	0,37	-	0,13	0,15	-	-	-	-	-	-	-	-	-	-	-	-	-	-	-
	IV	14,14	-	1,13	1,27	-	0,98	1,10	-	0,84	0,94	-	0,70	0,79	-	0,57	0,64	-	0,44	0,49	-	0,31	0,35
	V	25,98	-	2,07	2,33																		
	VI	27,46	-	2,19	2,47																		
95,89	I	14,17	-	1,13	1,27	-	0,84	0,95	-	0,57	0,64	-	0,31	0,35	-	0,09	0,10	-	-	-	-	-	-
	II	10,73	-	0,85	0,96	-	0,58	0,65	-	0,33	0,37	-	0,10	0,11	-	-	-	-	-	-	-	-	-
	III	4,25	-	0,34	0,38	-	0,14	0,15	-	-	-	-	-	-	-	-	-	-	-	-	-	-	-
	IV	14,17	-	1,13	1,27	-	0,98	1,10	-	0,84	0,95	-	0,70	0,79	-	0,57	0,64	-	0,44	0,49	-	0,31	0,35
	V	26,03	-	2,08	2,34																		
	VI	27,50	-	2,20	2,47																		
95,99	I	14,20	-	1,13	1,27	-	0,84	0,95	-	0,57	0,64	-	0,32	0,36	-	0,09	0,10	-	-	-	-	-	-
	II	10,76	-	0,86	0,96	-	0,58	0,66	-	0,33	0,37	-	0,10	0,11	-	-	-	-	-	-	-	-	-
	III	4,27	-	0,34	0,38	-	0,14	0,15	-	-	-	-	-	-	-	-	-	-	-	-	-	-	-
	IV	14,20	-	1,13	1,27	-	0,98	1,11	-	0,84	0,95	-	0,70	0,79	-	0,57	0,64	-	0,44	0,50	-	0,32	0,36
	V	26,07	-	2,08	2,34																		
	VI	27,54	-	2,20	2,47																		

Anzahl Kinderfreibeträge (nur Steuerklassen I–IV)

Lohn/ Gehalt bis	Steuerklasse	Lohn-steuer	ohne Kinderfreibetrag SolZ 5,5%	Kirchensteuer 8%	9%	0,5 SolZ 5,5%	Kirchensteuer 8%	9%	1,0 SolZ 5,5%	Kirchensteuer 8%	9%	1,5 SolZ 5,5%	Kirchensteuer 8%	9%	2,0 SolZ 5,5%	Kirchensteuer 8%	9%	2,5 SolZ 5,5%	Kirchensteuer 8%	9%	3,0 SolZ 5,5%	Kirchensteuer 8%	9%
						Anzahl Kinderfreibeträge (nur Steuerklassen I–IV)																	
96,09	I	14,23	-	1,13	1,28	-	0,84	0,95	-	0,57	0,64	-	0,32	0,36	-	0,09	0,10	-	-	-	-	-	-
	II	10,78	-	0,86	0,97	-	0,59	0,66	-	0,33	0,37	-	0,10	0,11	-	-	-	-	-	-	-	-	-
	III	4,29	-	0,34	0,38	-	0,14	0,16	-	-	-	-	-	-	-	-	-	-	-	-	-	-	-
	IV	14,23	-	1,13	1,28	-	0,99	1,11	-	0,84	0,95	-	0,71	0,80	-	0,57	0,64	-	0,44	0,50	-	0,32	0,36
	V	26,11	-	2,08	2,34																		
	VI	27,58	-	2,20	2,48																		
96,19	I	14,26	-	1,14	1,28	-	0,85	0,95	-	0,57	0,65	-	0,32	0,36	-	0,09	0,10	-	-	-	-	-	-
	II	10,81	-	0,86	0,97	-	0,59	0,66	-	0,33	0,37	-	0,10	0,11	-	-	-	-	-	-	-	-	-
	III	4,31	-	0,34	0,38	-	0,14	0,16	-	-	-	-	-	-	-	-	-	-	-	-	-	-	-
	IV	14,26	-	1,14	1,28	-	0,99	1,11	-	0,85	0,95	-	0,71	0,80	-	0,57	0,65	-	0,44	0,50	-	0,32	0,36
	V	26,15	-	2,09	2,35																		
	VI	27,63	-	2,21	2,48																		
96,29	I	14,29	-	1,14	1,28	-	0,85	0,96	-	0,58	0,65	-	0,32	0,36	-	0,09	0,11	-	-	-	-	-	-
	II	10,84	-	0,86	0,97	-	0,59	0,66	-	0,33	0,38	-	0,10	0,12	-	-	-	-	-	-	-	-	-
	III	4,33	-	0,34	0,38	-	0,14	0,16	-	-	-	-	-	-	-	-	-	-	-	-	-	-	-
	IV	14,29	-	1,14	1,28	-	0,99	1,12	-	0,85	0,96	-	0,71	0,80	-	0,58	0,65	-	0,45	0,50	-	0,32	0,36
	V	26,19	-	2,09	2,35																		
	VI	27,67	-	2,21	2,49																		
96,39	I	14,31	-	1,14	1,28	-	0,85	0,96	-	0,58	0,65	-	0,32	0,36	-	0,10	0,11	-	-	-	-	-	-
	II	10,87	-	0,86	0,97	-	0,59	0,67	-	0,34	0,38	-	0,10	0,12	-	-	-	-	-	-	-	-	-
	III	4,36	-	0,34	0,39	-	0,14	0,16	-	-	-	-	-	-	-	-	-	-	-	-	-	-	-
	IV	14,31	-	1,14	1,28	-	0,99	1,12	-	0,85	0,96	-	0,71	0,80	-	0,58	0,65	-	0,45	0,51	-	0,32	0,36
	V	26,23	-	2,09	2,36																		
	VI	27,71	-	2,21	2,49																		
96,49	I	14,35	-	1,14	1,29	-	0,85	0,96	-	0,58	0,65	-	0,33	0,37	-	0,10	0,11	-	-	-	-	-	-
	II	10,90	-	0,87	0,98	-	0,59	0,67	-	0,34	0,38	-	0,11	0,12	-	-	-	-	-	-	-	-	-
	III	4,38	-	0,35	0,39	-	0,14	0,16	-	-	-	-	-	-	-	-	-	-	-	-	-	-	-
	IV	14,35	-	1,14	1,29	-	1,00	1,12	-	0,85	0,96	-	0,72	0,81	-	0,58	0,65	-	0,45	0,51	-	0,33	0,37
	V	26,27	-	2,10	2,36																		
	VI	27,75	-	2,22	2,49																		
96,59	I	14,38	-	1,15	1,29	-	0,86	0,96	-	0,58	0,66	-	0,33	0,37	-	0,10	0,11	-	-	-	-	-	-
	II	10,93	-	0,87	0,98	-	0,60	0,67	-	0,34	0,38	-	0,11	0,12	-	-	-	-	-	-	-	-	-
	III	4,40	-	0,35	0,39	-	0,14	0,16	-	-	-	-	-	-	-	-	-	-	-	-	-	-	-
	IV	14,38	-	1,15	1,29	-	1,00	1,12	-	0,86	0,96	-	0,72	0,81	-	0,58	0,66	-	0,45	0,51	-	0,33	0,37
	V	26,32	-	2,10	2,36																		
	VI	27,79	-	2,22	2,50																		
96,69	I	14,41	-	1,15	1,29	-	0,86	0,97	-	0,59	0,66	-	0,33	0,37	-	0,10	0,11	-	-	-	-	-	-
	II	10,95	-	0,87	0,98	-	0,60	0,67	-	0,34	0,38	-	0,11	0,12	-	-	-	-	-	-	-	-	-
	III	4,42	-	0,35	0,39	-	0,15	0,17	-	-	-	-	-	-	-	-	-	-	-	-	-	-	-
	IV	14,41	-	1,15	1,29	-	1,00	1,13	-	0,86	0,97	-	0,72	0,81	-	0,59	0,66	-	0,46	0,51	-	0,33	0,37
	V	26,36	-	2,10	2,37																		
	VI	27,83	-	2,22	2,50																		
96,79	I	14,44	-	1,15	1,29	-	0,86	0,97	-	0,59	0,66	-	0,33	0,37	-	0,10	0,11	-	-	-	-	-	-
	II	10,98	-	0,87	0,98	-	0,60	0,68	-	0,34	0,39	-	0,11	0,13	-	-	-	-	-	-	-	-	-
	III	4,45	-	0,35	0,40	-	0,15	0,17	-	-	-	-	-	-	-	-	-	-	-	-	-	-	-
	IV	14,44	-	1,15	1,29	-	1,00	1,13	-	0,86	0,97	-	0,72	0,81	-	0,59	0,66	-	0,46	0,52	-	0,33	0,37
	V	26,40	-	2,11	2,37																		
	VI	27,88	-	2,23	2,50																		
96,89	I	14,46	-	1,15	1,30	-	0,86	0,97	-	0,59	0,66	-	0,33	0,38	-	0,10	0,12	-	-	-	-	-	-
	II	11,01	-	0,88	0,99	-	0,60	0,68	-	0,35	0,39	-	0,11	0,13	-	-	-	-	-	-	-	-	-
	III	4,47	-	0,35	0,40	-	0,15	0,17	-	-	-	-	-	-	-	-	-	-	-	-	-	-	-
	IV	14,46	-	1,15	1,30	-	1,01	1,13	-	0,86	0,97	-	0,72	0,81	-	0,59	0,66	-	0,46	0,52	-	0,33	0,38
	V	26,44	-	2,11	2,37																		
	VI	27,92	-	2,23	2,51																		
96,99	I	14,50	-	1,16	1,30	-	0,86	0,97	-	0,59	0,67	-	0,34	0,38	-	0,10	0,12	-	-	-	-	-	-
	II	11,04	-	0,88	0,99	-	0,60	0,68	-	0,35	0,39	-	0,11	0,13	-	-	-	-	-	-	-	-	-
	III	4,49	-	0,35	0,40	-	0,15	0,17	-	-	-	-	-	-	-	-	-	-	-	-	-	-	-
	IV	14,50	-	1,16	1,30	-	1,01	1,13	-	0,86	0,97	-	0,73	0,82	-	0,59	0,67	-	0,46	0,52	-	0,34	0,38
	V	26,48	-	2,11	2,38																		
	VI	27,96	-	2,23	2,51																		
97,09	I	14,53	-	1,16	1,30	-	0,87	0,98	-	0,59	0,67	-	0,34	0,38	-	0,11	0,12	-	-	-	-	-	-
	II	11,07	-	0,88	0,99	-	0,61	0,68	-	0,35	0,39	-	0,12	0,13	-	-	-	-	-	-	-	-	-
	III	4,51	-	0,36	0,40	-	0,15	0,17	-	-	-	-	-	-	-	-	-	-	-	-	-	-	-
	IV	14,53	-	1,16	1,30	-	1,01	1,14	-	0,87	0,98	-	0,73	0,82	-	0,59	0,67	-	0,46	0,52	-	0,34	0,38
	V	26,53	-	2,12	2,38																		
	VI	28,00	-	2,24	2,52																		
97,19	I	14,56	-	1,16	1,31	-	0,87	0,98	-	0,60	0,67	-	0,34	0,38	-	0,11	0,12	-	-	-	-	-	-
	II	11,10	-	0,88	0,99	-	0,61	0,69	-	0,35	0,40	-	0,12	0,13	-	-	-	-	-	-	-	-	-
	III	4,53	-	0,36	0,40	-	0,15	0,17	-	-	-	-	-	-	-	-	-	-	-	-	-	-	-
	IV	14,56	-	1,16	1,31	-	1,01	1,14	-	0,87	0,98	-	0,73	0,82	-	0,60	0,67	-	0,47	0,52	-	0,34	0,38
	V	26,57	-	2,12	2,39																		
	VI	28,05	-	2,24	2,52																		
97,29	I	14,59	-	1,16	1,31	-	0,87	0,98	-	0,60	0,67	-	0,34	0,38	-	0,11	0,12	-	-	-	-	-	-
	II	11,12	-	0,88	1,00	-	0,61	0,69	-	0,35	0,40	-	0,12	0,13	-	-	-	-	-	-	-	-	-
	III	4,56	-	0,36	0,41	-	0,16	0,18	-	-	-	-	-	-	-	-	-	-	-	-	-	-	-
	IV	14,59	-	1,16	1,31	-	1,01	1,14	-	0,87	0,98	-	0,73	0,82	-	0,60	0,67	-	0,47	0,53	-	0,34	0,38
	V	26,61	-	2,12	2,39																		
	VI	28,09	-	2,24	2,52																		
97,39	I	14,62	-	1,16	1,31	-	0,87	0,98	-	0,60	0,68	-	0,34	0,39	-	0,11	0,13	-	-	-	-	-	-
	II	11,15	-	0,89	1,00	-	0,61	0,69	-	0,36	0,40	-	0,12	0,14	-	-	-	-	-	-	-	-	-
	III	4,58	-	0,36	0,41	-	0,16	0,18	-	-	-	-	-	-	-	-	-	-	-	-	-	-	-
	IV	14,62	-	1,16	1,31	-	1,02	1,14	-	0,87	0,98	-	0,74	0,83	-	0,60	0,68	-	0,47	0,53	-	0,34	0,39
	V	26,65	-	2,13	2,39																		
	VI	28,13	-	2,25	2,53																		
97,49	I	14,65	-	1,17	1,31	-	0,88	0,99	-	0,60	0,68	-	0,35	0,39	-	0,11	0,13	-	-	-	-	-	-
	II	11,18	-	0,89	1,00	-	0,62	0,69	-	0,36	0,40	-	0,12	0,14	-	-	-	-	-	-	-	-	-
	III	4,61	-	0,36	0,41	-	0,16	0,18	-	-	-	-	-	-	-	-	-	-	-	-	-	-	-
	IV	14,65	-	1,17	1,31	-	1,02	1,15	-	0,88	0,99	-	0,74	0,83	-	0,60	0,68	-	0,47	0,53	-	0,35	0,39
	V	26,70	-	2,13	2,40																		
	VI	28,17	-	2,25	2,53																		

Besondere Tabelle

Lohn/ Gehalt bis	Steuerklasse	Lohn-steuer	ohne Kinderfreibetrag			Anzahl Kinderfreibeträge (nur Steuerklassen I–IV)																		
						0,5			1,0			1,5			2,0			2,5			3,0		
			SolZ 5,5%	Kirchensteuer 8%	9%	SolZ 5,5%	Kirchensteuer 8%	9%	SolZ 5,5%	Kirchensteuer 8%	9%	SolZ 5,5%	Kirchensteuer 8%	9%	SolZ 5,5%	Kirchensteuer 8%	9%	SolZ 5,5%	Kirchensteuer 8%	9%	SolZ 5,5%	Kirchensteuer 8%	9%
97,59	I	14,68	-	1,17	1,32	-	0,88	0,99	-	0,60	0,68	-	0,35	0,39	-	0,11	0,13	-	-	-	-	-	-
	II	11,21	-	0,89	1,00	-	0,62	0,70	-	0,36	0,41	-	0,12	0,14	-	-	-	-	-	-	-	-	-
	III	4,63	-	0,37	0,41	-	0,16	0,18	-	-	-	-	-	-	-	-	-	-	-	-	-	-	-
	IV	14,68	-	1,17	1,32	-	1,02	1,15	-	0,88	0,99	-	0,74	0,83	-	0,60	0,68	-	0,47	0,53	-	0,35	0,39
	V	26,74	-	2,13	2,40																		
	VI	28,21	-	2,25	2,53																		
97,69	I	14,71	-	1,17	1,32	-	0,88	0,99	-	0,61	0,68	-	0,35	0,39	-	0,12	0,13	-	-	-	-	-	-
	II	11,24	-	0,89	1,01	-	0,62	0,70	-	0,36	0,41	-	0,13	0,14	-	-	-	-	-	-	-	-	-
	III	4,65	-	0,37	0,41	-	0,16	0,18	-	-	-	-	-	-	-	-	-	-	-	-	-	-	-
	IV	14,71	-	1,17	1,32	-	1,02	1,15	-	0,88	0,99	-	0,74	0,83	-	0,61	0,68	-	0,48	0,54	-	0,35	0,39
	V	26,78	-	2,14	2,41																		
	VI	28,26	-	2,26	2,54																		
97,79	I	14,74	-	1,17	1,32	-	0,88	0,99	-	0,61	0,69	-	0,35	0,40	-	0,12	0,13	-	-	-	-	-	-
	II	11,27	-	0,90	1,01	-	0,62	0,70	-	0,36	0,41	-	0,13	0,14	-	-	-	-	-	-	-	-	-
	III	4,67	-	0,37	0,42	-	0,16	0,18	-	-	-	-	-	-	-	-	-	-	-	-	-	-	-
	IV	14,74	-	1,17	1,32	-	1,03	1,16	-	0,88	0,99	-	0,74	0,84	-	0,61	0,69	-	0,48	0,54	-	0,35	0,40
	V	26,82	-	2,14	2,41																		
	VI	28,30	-	2,26	2,54																		
97,89	I	14,77	-	1,18	1,32	-	0,88	1,00	-	0,61	0,69	-	0,35	0,40	-	0,12	0,13	-	-	-	-	-	-
	II	11,30	-	0,90	1,01	-	0,62	0,70	-	0,37	0,41	-	0,13	0,15	-	-	-	-	-	-	-	-	-
	III	4,70	-	0,37	0,42	-	0,16	0,18	-	-	-	-	-	-	-	-	-	-	-	-	-	-	-
	IV	14,77	-	1,18	1,32	-	1,03	1,16	-	0,88	1,00	-	0,75	0,84	-	0,61	0,69	-	0,48	0,54	-	0,35	0,40
	V	26,86	-	2,14	2,41																		
	VI	28,34	-	2,26	2,55																		
97,99	I	14,80	-	1,18	1,33	-	0,89	1,00	-	0,61	0,69	-	0,36	0,40	-	0,12	0,14	-	-	-	-	-	-
	II	11,32	-	0,90	1,01	-	0,63	0,70	-	0,37	0,41	-	0,13	0,15	-	-	-	-	-	-	-	-	-
	III	4,72	-	0,37	0,42	-	0,17	0,19	-	-	-	-	-	-	-	-	-	-	-	-	-	-	-
	IV	14,80	-	1,18	1,33	-	1,03	1,16	-	0,89	1,00	-	0,75	0,84	-	0,61	0,69	-	0,48	0,54	-	0,36	0,40
	V	26,90	-	2,15	2,42																		
	VI	28,38	-	2,27	2,55																		
98,09	I	14,83	-	1,18	1,33	-	0,89	1,00	-	0,62	0,69	-	0,36	0,40	-	0,12	0,14	-	-	-	-	-	-
	II	11,35	-	0,90	1,02	-	0,63	0,71	-	0,37	0,42	-	0,13	0,15	-	-	-	-	-	-	-	-	-
	III	4,74	-	0,37	0,42	-	0,17	0,19	-	-	-	-	-	-	-	-	-	-	-	-	-	-	-
	IV	14,83	-	1,18	1,33	-	1,03	1,16	-	0,89	1,00	-	0,75	0,84	-	0,62	0,69	-	0,48	0,54	-	0,36	0,40
	V	26,95	-	2,15	2,42																		
	VI	28,42	-	2,27	2,55																		
98,19	I	14,86	-	1,18	1,33	-	0,89	1,00	-	0,62	0,70	-	0,36	0,41	-	0,12	0,14	-	-	-	-	-	-
	II	11,38	-	0,91	1,02	-	0,63	0,71	-	0,37	0,42	-	0,13	0,15	-	-	-	-	-	-	-	-	-
	III	4,77	-	0,38	0,42	-	0,17	0,19	-	-	0,01	-	-	-	-	-	-	-	-	-	-	-	-
	IV	14,86	-	1,18	1,33	-	1,04	1,17	-	0,89	1,00	-	0,75	0,85	-	0,62	0,70	-	0,49	0,55	-	0,36	0,41
	V	26,99	-	2,15	2,42																		
	VI	28,46	-	2,27	2,56																		
98,29	I	14,89	-	1,19	1,34	-	0,89	1,01	-	0,62	0,70	-	0,36	0,41	-	0,13	0,14	-	-	-	-	-	-
	II	11,41	-	0,91	1,02	-	0,63	0,71	-	0,37	0,42	-	0,14	0,15	-	-	-	-	-	-	-	-	-
	III	4,79	-	0,38	0,43	-	0,17	0,19	-	0,01	0,01	-	-	-	-	-	-	-	-	-	-	-	-
	IV	14,89	-	1,19	1,34	-	1,04	1,17	-	0,89	1,01	-	0,75	0,85	-	0,62	0,70	-	0,49	0,55	-	0,36	0,41
	V	27,03	-	2,16	2,43																		
	VI	28,51	-	2,28	2,56																		
98,39	I	14,92	-	1,19	1,34	-	0,90	1,01	-	0,62	0,70	-	0,36	0,41	-	0,13	0,14	-	-	-	-	-	-
	II	11,44	-	0,91	1,02	-	0,63	0,71	-	0,38	0,42	-	0,14	0,16	-	-	-	-	-	-	-	-	-
	III	4,81	-	0,38	0,43	-	0,17	0,19	-	0,01	0,01	-	-	-	-	-	-	-	-	-	-	-	-
	IV	14,92	-	1,19	1,34	-	1,04	1,17	-	0,90	1,01	-	0,76	0,85	-	0,62	0,70	-	0,49	0,55	-	0,36	0,41
	V	27,07	-	2,16	2,43																		
	VI	28,55	-	2,28	2,56																		
98,49	I	14,95	-	1,19	1,34	-	0,90	1,01	-	0,62	0,70	-	0,37	0,41	-	0,13	0,15	-	-	-	-	-	-
	II	11,46	-	0,91	1,03	-	0,64	0,72	-	0,38	0,43	-	0,14	0,16	-	-	-	-	-	-	-	-	-
	III	4,83	-	0,38	0,43	-	0,17	0,19	-	0,01	0,01	-	-	-	-	-	-	-	-	-	-	-	-
	IV	14,95	-	1,19	1,34	-	1,04	1,17	-	0,90	1,01	-	0,76	0,85	-	0,62	0,70	-	0,49	0,55	-	0,37	0,41
	V	27,11	-	2,16	2,43																		
	VI	28,59	-	2,28	2,57																		
98,59	I	14,98	-	1,19	1,34	-	0,90	1,01	-	0,63	0,70	-	0,37	0,41	-	0,13	0,15	-	-	-	-	-	-
	II	11,50	-	0,92	1,03	-	0,64	0,72	-	0,38	0,43	-	0,14	0,16	-	-	-	-	-	-	-	-	-
	III	4,86	-	0,38	0,43	-	0,18	0,20	-	0,01	0,01	-	-	-	-	-	-	-	-	-	-	-	-
	IV	14,98	-	1,19	1,34	-	1,04	1,18	-	0,90	1,01	-	0,76	0,86	-	0,63	0,70	-	0,49	0,56	-	0,37	0,41
	V	27,16	-	2,17	2,44																		
	VI	28,63	-	2,29	2,57																		
98,69	I	15,01	-	1,20	1,35	-	0,90	1,02	-	0,63	0,71	-	0,37	0,42	-	0,13	0,15	-	-	-	-	-	-
	II	11,52	-	0,92	1,03	-	0,64	0,72	-	0,38	0,43	-	0,14	0,16	-	-	-	-	-	-	-	-	-
	III	4,88	-	0,39	0,43	-	0,18	0,20	-	0,01	0,01	-	-	-	-	-	-	-	-	-	-	-	-
	IV	15,01	-	1,20	1,35	-	1,05	1,18	-	0,90	1,02	-	0,76	0,86	-	0,63	0,71	-	0,50	0,56	-	0,37	0,42
	V	27,20	-	2,17	2,44																		
	VI	28,68	-	2,29	2,58																		
98,79	I	15,04	-	1,20	1,35	-	0,91	1,02	-	0,63	0,71	-	0,37	0,42	-	0,13	0,15	-	-	-	-	-	-
	II	11,55	-	0,92	1,03	-	0,64	0,72	-	0,38	0,43	-	0,14	0,16	-	-	-	-	-	-	-	-	-
	III	4,91	-	0,39	0,44	-	0,18	0,20	-	0,01	0,01	-	-	-	-	-	-	-	-	-	-	-	-
	IV	15,04	-	1,20	1,35	-	1,05	1,18	-	0,91	1,02	-	0,77	0,86	-	0,63	0,71	-	0,50	0,56	-	0,37	0,42
	V	27,24	-	2,17	2,45																		
	VI	28,72	-	2,29	2,58																		
98,89	I	15,07	-	1,20	1,35	-	0,91	1,02	-	0,63	0,71	-	0,37	0,42	-	0,14	0,15	-	-	-	-	-	-
	II	11,58	-	0,92	1,04	-	0,64	0,73	-	0,39	0,43	-	0,15	0,17	-	-	-	-	-	-	-	-	-
	III	4,93	-	0,39	0,44	-	0,18	0,20	-	0,01	0,01	-	-	-	-	-	-	-	-	-	-	-	-
	IV	15,07	-	1,20	1,35	-	1,05	1,18	-	0,91	1,02	-	0,77	0,86	-	0,63	0,71	-	0,50	0,56	-	0,37	0,42
	V	27,28	-	2,18	2,45																		
	VI	28,76	-	2,30	2,58																		
98,99	I	15,10	-	1,20	1,35	-	0,91	1,02	-	0,63	0,71	-	0,38	0,42	-	0,14	0,16	-	-	-	-	-	-
	II	11,61	-	0,92	1,04	-	0,65	0,73	-	0,39	0,44	-	0,15	0,17	-	-	-	-	-	-	-	-	-
	III	4,95	-	0,39	0,44	-	0,18	0,20	-	0,01	0,02	-	-	-	-	-	-	-	-	-	-	-	-
	IV	15,10	-	1,20	1,35	-	1,05	1,19	-	0,91	1,02	-	0,77	0,87	-	0,63	0,71	-	0,50	0,57	-	0,38	0,42
	V	27,32	-	2,18	2,45																		
	VI	28,80	-	2,30	2,59																		

Lohn/ Gehalt bis	Steuerklasse	Lohn- steuer	ohne Kinderfreibetrag SolZ 5,5%	Kirchensteuer 8%	Kirchensteuer 9%	0,5 SolZ 5,5%	0,5 Kirchensteuer 8%	0,5 Kirchensteuer 9%	1,0 SolZ 5,5%	1,0 Kirchensteuer 8%	1,0 Kirchensteuer 9%	1,5 SolZ 5,5%	1,5 Kirchensteuer 8%	1,5 Kirchensteuer 9%	2,0 SolZ 5,5%	2,0 Kirchensteuer 8%	2,0 Kirchensteuer 9%	2,5 SolZ 5,5%	2,5 Kirchensteuer 8%	2,5 Kirchensteuer 9%	3,0 SolZ 5,5%	3,0 Kirchensteuer 8%	3,0 Kirchensteuer 9%
						Anzahl Kinderfreibeträge (nur Steuerklassen I–IV)																	
99,09	I	15,13	-	1,21	1,36	-	0,91	1,03	-	0,64	0,72	-	0,38	0,43	-	0,14	0,16	-	-	-	-	-	-
	II	11,64	-	0,93	1,04	-	0,65	0,73	-	0,39	0,44	-	0,15	0,17	-	-	-	-	-	-	-	-	-
	III	4,97	-	0,39	0,44	-	0,18	0,21	-	0,02	0,02	-	-	-	-	-	-	-	-	-	-	-	-
	IV	15,13	-	1,21	1,36	-	1,06	1,19	-	0,91	1,03	-	0,77	0,87	-	0,64	0,72	-	0,50	0,57	-	0,38	0,43
	V	27,37	-	2,18	2,46																		
	VI	28,84	-	2,30	2,59																		
99,19	I	15,16	-	1,21	1,36	-	0,92	1,03	-	0,64	0,72	-	0,38	0,43	-	0,14	0,16	-	-	-	-	-	-
	II	11,67	-	0,93	1,05	-	0,65	0,73	-	0,39	0,44	-	0,15	0,17	-	-	-	-	-	-	-	-	-
	III	5,00	-	0,40	0,45	-	0,18	0,21	-	0,02	0,02	-	-	-	-	-	-	-	-	-	-	-	-
	IV	15,16	-	1,21	1,36	-	1,06	1,19	-	0,92	1,03	-	0,77	0,87	-	0,64	0,72	-	0,51	0,57	-	0,38	0,43
	V	27,41	-	2,19	2,46																		
	VI	28,88	-	2,31	2,59																		
99,29	I	15,19	-	1,21	1,36	-	0,92	1,03	-	0,64	0,72	-	0,38	0,43	-	0,14	0,16	-	-	-	-	-	-
	II	11,70	-	0,93	1,05	-	0,65	0,74	-	0,39	0,44	-	0,15	0,17	-	-	-	-	-	-	-	-	-
	III	5,02	-	0,40	0,45	-	0,19	0,21	-	0,02	0,02	-	-	-	-	-	-	-	-	-	-	-	-
	IV	15,19	-	1,21	1,36	-	1,06	1,19	-	0,92	1,03	-	0,78	0,87	-	0,64	0,72	-	0,51	0,57	-	0,38	0,43
	V	27,45	-	2,19	2,47																		
	VI	28,93	-	2,31	2,60																		
99,39	I	15,22	-	1,21	1,36	-	0,92	1,03	-	0,64	0,72	-	0,38	0,43	-	0,14	0,16	-	-	-	-	-	-
	II	11,72	-	0,93	1,05	-	0,66	0,74	-	0,40	0,45	-	0,16	0,18	-	-	-	-	-	-	-	-	-
	III	5,05	-	0,40	0,45	-	0,19	0,21	-	0,02	0,02	-	-	-	-	-	-	-	-	-	-	-	-
	IV	15,22	-	1,21	1,36	-	1,06	1,20	-	0,92	1,03	-	0,78	0,88	-	0,64	0,72	-	0,51	0,58	-	0,38	0,43
	V	27,49	-	2,19	2,47																		
	VI	28,97	-	2,31	2,60																		
99,49	I	15,25	-	1,22	1,37	-	0,92	1,04	-	0,64	0,73	-	0,39	0,43	-	0,15	0,17	-	-	-	-	-	-
	II	11,75	-	0,94	1,05	-	0,66	0,74	-	0,40	0,45	-	0,16	0,18	-	-	-	-	-	-	-	-	-
	III	5,07	-	0,40	0,45	-	0,19	0,21	-	0,02	0,02	-	-	-	-	-	-	-	-	-	-	-	-
	IV	15,25	-	1,22	1,37	-	1,07	1,20	-	0,92	1,04	-	0,78	0,88	-	0,64	0,73	-	0,51	0,58	-	0,39	0,4
	V	27,53	-	2,20	2,47																		
	VI	29,01	-	2,32	2,61																		
99,59	I	15,28	-	1,22	1,37	-	0,92	1,04	-	0,65	0,73	-	0,39	0,44	-	0,15	0,17	-	-	-	-	-	-
	II	11,78	-	0,94	1,06	-	0,66	0,74	-	0,40	0,45	-	0,16	0,18	-	-	-	-	-	-	-	-	-
	III	5,09	-	0,40	0,45	-	0,19	0,21	-	0,02	0,02	-	-	-	-	-	-	-	-	-	-	-	-
	IV	15,28	-	1,22	1,37	-	1,07	1,20	-	0,92	1,04	-	0,78	0,88	-	0,65	0,73	-	0,52	0,58	-	0,39	0,4
	V	27,58	-	2,20	2,48																		
	VI	29,05	-	2,32	2,61																		
99,69	I	15,31	-	1,22	1,37	-	0,93	1,04	-	0,65	0,73	-	0,39	0,44	-	0,15	0,17	-	-	-	-	-	-
	II	11,81	-	0,94	1,06	-	0,66	0,75	-	0,40	0,45	-	0,16	0,18	-	-	-	-	-	-	-	-	-
	III	5,12	-	0,40	0,46	-	0,19	0,22	-	0,02	0,02	-	-	-	-	-	-	-	-	-	-	-	-
	IV	15,31	-	1,22	1,37	-	1,07	1,21	-	0,93	1,04	-	0,79	0,88	-	0,65	0,73	-	0,52	0,58	-	0,39	0,4
	V	27,62	-	2,20	2,48																		
	VI	29,10	-	2,32	2,61																		
99,79	I	15,34	-	1,22	1,38	-	0,93	1,05	-	0,65	0,73	-	0,39	0,44	-	0,15	0,17	-	-	-	-	-	-
	II	11,84	-	0,94	1,06	-	0,66	0,75	-	0,40	0,45	-	0,16	0,18	-	-	-	-	-	-	-	-	-
	III	5,14	-	0,41	0,46	-	0,19	0,22	-	0,02	0,03	-	-	-	-	-	-	-	-	-	-	-	-
	IV	15,34	-	1,22	1,38	-	1,07	1,21	-	0,93	1,05	-	0,79	0,89	-	0,65	0,73	-	0,52	0,58	-	0,39	0,4
	V	27,66	-	2,21	2,48																		
	VI	29,14	-	2,33	2,62																		
99,89	I	15,37	-	1,22	1,38	-	0,93	1,05	-	0,65	0,74	-	0,39	0,44	-	0,15	0,17	-	-	-	-	-	-
	II	11,87	-	0,94	1,06	-	0,67	0,75	-	0,41	0,46	-	0,16	0,18	-	-	-	-	-	-	-	-	-
	III	5,16	-	0,41	0,46	-	0,19	0,22	-	0,02	0,03	-	-	-	-	-	-	-	-	-	-	-	-
	IV	15,37	-	1,22	1,38	-	1,08	1,21	-	0,93	1,05	-	0,79	0,89	-	0,65	0,74	-	0,52	0,59	-	0,39	0,4
	V	27,70	-	2,21	2,49																		
	VI	29,18	-	2,33	2,62																		
99,99	I	15,40	-	1,23	1,38	-	0,93	1,05	-	0,66	0,74	-	0,40	0,45	-	0,16	0,18	-	-	-	-	-	-
	II	11,90	-	0,95	1,07	-	0,67	0,75	-	0,41	0,46	-	0,17	0,19	-	-	-	-	-	-	-	-	-
	III	5,18	-	0,41	0,46	-	0,20	0,22	-	0,03	0,03	-	-	-	-	-	-	-	-	-	-	-	-
	IV	15,40	-	1,23	1,38	-	1,08	1,21	-	0,93	1,05	-	0,79	0,89	-	0,66	0,74	-	0,52	0,59	-	0,40	0,4
	V	27,75	-	2,22	2,49																		
	VI	29,22	-	2,33	2,62																		
100,09	I	15,43	-	1,23	1,38	-	0,94	1,05	-	0,66	0,74	-	0,40	0,45	-	0,16	0,18	-	-	-	-	-	-
	II	11,93	-	0,95	1,07	-	0,67	0,76	-	0,41	0,46	-	0,17	0,19	-	-	-	-	-	-	-	-	-
	III	5,21	-	0,41	0,46	-	0,20	0,22	-	0,03	0,03	-	-	-	-	-	-	-	-	-	-	-	-
	IV	15,43	-	1,23	1,38	-	1,08	1,22	-	0,94	1,05	-	0,79	0,89	-	0,66	0,74	-	0,53	0,59	-	0,40	0,45
	V	27,79	-	2,22	2,50																		
	VI	29,26	-	2,34	2,63																		
100,19	I	15,46	-	1,23	1,39	-	0,94	1,06	-	0,66	0,74	-	0,40	0,45	-	0,16	0,18	-	-	-	-	-	-
	II	11,95	-	0,95	1,07	-	0,67	0,76	-	0,41	0,46	-	0,17	0,19	-	-	-	-	-	-	-	-	-
	III	5,23	-	0,41	0,47	-	0,20	0,22	-	0,03	0,03	-	-	-	-	-	-	-	-	-	-	-	-
	IV	15,46	-	1,23	1,39	-	1,08	1,22	-	0,94	1,06	-	0,80	0,90	-	0,66	0,74	-	0,53	0,59	-	0,40	0,45
	V	27,83	-	2,22	2,50																		
	VI	29,31	-	2,34	2,63																		
100,29	I	15,50	-	1,24	1,39	-	0,94	1,06	-	0,66	0,75	-	0,40	0,45	-	0,16	0,18	-	-	-	-	-	-
	II	11,98	-	0,95	1,07	-	0,68	0,76	-	0,41	0,47	-	0,17	0,19	-	-	-	-	-	-	-	-	-
	III	5,26	-	0,42	0,47	-	0,20	0,23	-	0,03	0,03	-	-	-	-	-	-	-	-	-	-	-	-
	IV	15,50	-	1,24	1,39	-	1,09	1,22	-	0,94	1,06	-	0,80	0,90	-	0,66	0,75	-	0,53	0,60	-	0,40	0,45
	V	27,87	-	2,22	2,50																		
	VI	29,35	-	2,34	2,64																		
100,39	I	15,53	-	1,24	1,39	-	0,94	1,06	-	0,66	0,75	-	0,40	0,45	-	0,16	0,18	-	-	-	-	-	-
	II	12,01	-	0,96	1,08	-	0,68	0,76	-	0,42	0,47	-	0,17	0,19	-	-	-	-	-	-	-	-	-
	III	5,28	-	0,42	0,47	-	0,20	0,23	-	0,03	0,03	-	-	-	-	-	-	-	-	-	-	-	-
	IV	15,53	-	1,24	1,39	-	1,09	1,22	-	0,94	1,06	-	0,80	0,90	-	0,66	0,75	-	0,53	0,60	-	0,40	0,45
	V	27,91	-	2,23	2,51																		
	VI	29,39	-	2,35	2,64																		
100,49	I	15,56	-	1,24	1,40	-	0,94	1,06	-	0,67	0,75	-	0,41	0,46	-	0,16	0,18	-	-	-	-	-	-
	II	12,04	-	0,96	1,08	-	0,68	0,77	-	0,42	0,47	-	0,17	0,20	-	-	-	-	-	-	-	-	-
	III	5,31	-	0,42	0,47	-	0,20	0,23	-	0,03	0,04	-	-	-	-	-	-	-	-	-	-	-	-
	IV	15,56	-	1,24	1,40	-	1,09	1,23	-	0,94	1,06	-	0,80	0,90	-	0,67	0,75	-	0,53	0,60	-	0,41	0,46
	V	27,95	-	2,23	2,51																		
	VI	29,43	-	2,35	2,64																		

Lohn/ Gehalt bis	Steuerklasse	Lohn-steuer	ohne Kinderfreibetrag SolZ 5,5%	Kirchensteuer 8%	Kirchensteuer 9%	0,5 SolZ 5,5%	0,5 Kirchensteuer 8%	0,5 Kirchensteuer 9%	1,0 SolZ 5,5%	1,0 Kirchensteuer 8%	1,0 Kirchensteuer 9%	1,5 SolZ 5,5%	1,5 Kirchensteuer 8%	1,5 Kirchensteuer 9%	2,0 SolZ 5,5%	2,0 Kirchensteuer 8%	2,0 Kirchensteuer 9%	2,5 SolZ 5,5%	2,5 Kirchensteuer 8%	2,5 Kirchensteuer 9%	3,0 SolZ 5,5%	3,0 Kirchensteuer 8%	3,0 Kirchensteuer 9%
						Anzahl Kinderfreibeträge (nur Steuerklassen I–IV)																	
100,59	I	15,59	-	1,24	1,40	-	0,95	1,07	-	0,67	0,75	-	0,41	0,46	-	0,17	0,19	-	-	-	-	-	-
	II	12,07	-	0,96	1,08	-	0,68	0,77	-	0,42	0,47	-	0,18	0,20	-	-	-	-	-	-	-	-	-
	III	5,33	-	0,42	0,47	-	0,21	0,23	-	0,03	0,04	-	-	-	-	-	-	-	-	-	-	-	-
	IV	15,59	-	1,24	1,40	-	1,09	1,23	-	0,95	1,07	-	0,81	0,91	-	0,67	0,75	-	0,54	0,60	-	0,41	0,46
	V	28,00	-	2,24	2,52																		
	VI	29,47	-	2,35	2,65																		
100,69	I	15,62	-	1,24	1,40	-	0,95	1,07	-	0,67	0,76	-	0,41	0,46	-	0,17	0,19	-	-	-	-	-	-
	II	12,10	-	0,96	1,08	-	0,68	0,77	-	0,42	0,48	-	0,18	0,20	-	-	-	-	-	-	-	-	-
	III	5,35	-	0,42	0,48	-	0,21	0,23	-	0,03	0,04	-	-	-	-	-	-	-	-	-	-	-	-
	IV	15,62	-	1,24	1,40	-	1,10	1,23	-	0,95	1,07	-	0,81	0,91	-	0,67	0,76	-	0,54	0,61	-	0,41	0,46
	V	28,04	-	2,24	2,52																		
	VI	29,51	-	2,36	2,65																		
100,79	I	15,65	-	1,25	1,40	-	0,95	1,07	-	0,67	0,76	-	0,41	0,46	-	0,17	0,19	-	-	-	-	-	-
	II	12,13	-	0,97	1,09	-	0,69	0,77	-	0,42	0,48	-	0,18	0,20	-	-	-	-	-	-	-	-	-
	III	5,38	-	0,43	0,48	-	0,21	0,24	-	0,04	0,04	-	-	-	-	-	-	-	-	-	-	-	-
	IV	15,65	-	1,25	1,40	-	1,10	1,23	-	0,95	1,07	-	0,81	0,91	-	0,67	0,76	-	0,54	0,61	-	0,41	0,46
	V	28,08	-	2,24	2,52																		
	VI	29,56	-	2,36	2,66																		
100,89	I	15,68	-	1,25	1,41	-	0,95	1,07	-	0,68	0,76	-	0,41	0,47	-	0,17	0,19	-	-	-	-	-	-
	II	12,16	-	0,97	1,09	-	0,69	0,77	-	0,43	0,48	-	0,18	0,20	-	-	-	-	-	-	-	-	-
	III	5,40	-	0,43	0,48	-	0,21	0,24	-	0,04	0,04	-	-	-	-	-	-	-	-	-	-	-	-
	IV	15,68	-	1,25	1,41	-	1,10	1,24	-	0,95	1,07	-	0,81	0,91	-	0,68	0,76	-	0,54	0,61	-	0,41	0,47
	V	28,12	-	2,24	2,53																		
	VI	29,60	-	2,36	2,66																		
100,99	I	15,71	-	1,25	1,41	-	0,96	1,08	-	0,68	0,76	-	0,42	0,47	-	0,17	0,19	-	-	-	-	-	-
	II	12,18	-	0,97	1,09	-	0,69	0,78	-	0,43	0,48	-	0,18	0,21	-	-	-	-	-	-	-	-	-
	III	5,42	-	0,43	0,48	-	0,21	0,24	-	0,04	0,04	-	-	-	-	-	-	-	-	-	-	-	-
	IV	15,71	-	1,25	1,41	-	1,10	1,24	-	0,96	1,08	-	0,82	0,92	-	0,68	0,76	-	0,54	0,61	-	0,42	0,47
	V	28,16	-	2,25	2,53																		
	VI	29,64	-	2,37	2,66																		
101,09	I	15,74	-	1,25	1,41	-	0,96	1,08	-	0,68	0,77	-	0,42	0,47	-	0,17	0,20	-	-	-	-	-	-
	II	12,21	-	0,97	1,09	-	0,69	0,78	-	0,43	0,48	-	0,19	0,21	-	-	-	-	-	-	-	-	-
	III	5,45	-	0,43	0,49	-	0,21	0,24	-	0,04	0,04	-	-	-	-	-	-	-	-	-	-	-	-
	IV	15,74	-	1,25	1,41	-	1,10	1,24	-	0,96	1,08	-	0,82	0,92	-	0,68	0,77	-	0,55	0,62	-	0,42	0,47
	V	28,21	-	2,25	2,53																		
	VI	29,68	-	2,37	2,67																		
101,19	I	15,77	-	1,26	1,41	-	0,96	1,08	-	0,68	0,77	-	0,42	0,47	-	0,18	0,20	-	-	-	-	-	-
	II	12,24	-	0,97	1,10	-	0,70	0,78	-	0,43	0,49	-	0,19	0,21	-	-	-	-	-	-	-	-	-
	III	5,47	-	0,43	0,49	-	0,22	0,24	-	0,04	0,05	-	-	-	-	-	-	-	-	-	-	-	-
	IV	15,77	-	1,26	1,41	-	1,11	1,25	-	0,96	1,08	-	0,82	0,92	-	0,68	0,77	-	0,55	0,62	-	0,42	0,47
	V	28,25	-	2,26	2,54																		
	VI	29,73	-	2,37	2,67																		
101,29	I	15,80	-	1,26	1,42	-	0,96	1,08	-	0,68	0,77	-	0,42	0,48	-	0,18	0,20	-	-	-	-	-	-
	II	12,27	-	0,98	1,10	-	0,70	0,79	-	0,43	0,49	-	0,19	0,21	-	-	-	-	-	-	-	-	-
	III	5,50	-	0,44	0,49	-	0,22	0,24	-	0,04	0,05	-	-	-	-	-	-	-	-	-	-	-	-
	IV	15,80	-	1,26	1,42	-	1,11	1,25	-	0,96	1,08	-	0,82	0,92	-	0,68	0,77	-	0,55	0,62	-	0,42	0,48
	V	28,29	-	2,26	2,54																		
	VI	29,77	-	2,38	2,67																		
101,39	I	15,83	-	1,26	1,42	-	0,97	1,09	-	0,69	0,77	-	0,42	0,48	-	0,18	0,20	-	-	-	-	-	-
	II	12,30	-	0,98	1,10	-	0,70	0,79	-	0,44	0,49	-	0,19	0,22	-	-	-	-	-	-	-	-	-
	III	5,52	-	0,44	0,49	-	0,22	0,25	-	0,04	0,05	-	-	-	-	-	-	-	-	-	-	-	-
	IV	15,83	-	1,26	1,42	-	1,11	1,25	-	0,97	1,09	-	0,82	0,93	-	0,69	0,77	-	0,55	0,62	-	0,42	0,48
	V	28,33	-	2,26	2,54																		
	VI	29,81	-	2,38	2,68																		
101,49	I	15,86	-	1,26	1,42	-	0,97	1,09	-	0,69	0,77	-	0,43	0,48	-	0,18	0,20	-	-	-	-	-	-
	II	12,33	-	0,98	1,10	-	0,70	0,79	-	0,44	0,49	-	0,19	0,22	-	-	-	-	-	-	-	-	-
	III	5,55	-	0,44	0,49	-	0,22	0,25	-	0,04	0,05	-	-	-	-	-	-	-	-	-	-	-	-
	IV	15,86	-	1,26	1,42	-	1,11	1,25	-	0,97	1,09	-	0,83	0,93	-	0,69	0,77	-	0,56	0,63	-	0,43	0,48
	V	28,37	-	2,26	2,55																		
	VI	29,85	-	2,38	2,68																		
101,59	I	15,89	-	1,27	1,43	-	0,97	1,09	-	0,69	0,78	-	0,43	0,48	-	0,18	0,21	-	-	-	-	-	-
	II	12,36	-	0,98	1,11	-	0,70	0,79	-	0,44	0,50	-	0,20	0,22	-	0,01	0,01	-	-	-	-	-	-
	III	5,57	-	0,44	0,50	-	0,22	0,25	-	0,04	0,05	-	-	-	-	-	-	-	-	-	-	-	-
	IV	15,89	-	1,27	1,43	-	1,12	1,26	-	0,97	1,09	-	0,83	0,93	-	0,69	0,78	-	0,56	0,63	-	0,43	0,48
	V	28,42	-	2,27	2,55																		
	VI	29,89	-	2,39	2,69																		
101,69	I	15,92	-	1,27	1,43	-	0,97	1,09	-	0,69	0,78	-	0,43	0,48	-	0,19	0,21	-	-	-	-	-	-
	II	12,39	-	0,99	1,11	-	0,71	0,79	-	0,44	0,50	-	0,20	0,22	-	0,01	0,01	-	-	-	-	-	-
	III	5,60	-	0,44	0,50	-	0,22	0,25	-	0,05	0,05	-	-	-	-	-	-	-	-	-	-	-	-
	IV	15,92	-	1,27	1,43	-	1,12	1,26	-	0,97	1,09	-	0,83	0,93	-	0,69	0,78	-	0,56	0,63	-	0,43	0,48
	V	28,46	-	2,27	2,56																		
	VI	29,93	-	2,39	2,69																		
101,79	I	15,95	-	1,27	1,43	-	0,97	1,10	-	0,70	0,78	-	0,43	0,49	-	0,19	0,21	-	-	-	-	-	-
	II	12,42	-	0,99	1,11	-	0,71	0,80	-	0,44	0,50	-	0,20	0,22	-	0,01	0,01	-	-	-	-	-	-
	III	5,62	-	0,44	0,50	-	0,22	0,25	-	0,05	0,05	-	-	-	-	-	-	-	-	-	-	-	-
	IV	15,95	-	1,27	1,43	-	1,12	1,26	-	0,97	1,10	-	0,83	0,94	-	0,70	0,78	-	0,56	0,63	-	0,43	0,49
	V	28,50	-	2,28	2,56																		
	VI	29,98	-	2,39	2,69																		
101,89	I	15,98	-	1,27	1,43	-	0,98	1,10	-	0,70	0,79	-	0,43	0,49	-	0,19	0,21	-	-	-	-	-	-
	II	12,45	-	0,99	1,12	-	0,71	0,80	-	0,45	0,50	-	0,20	0,23	-	0,01	0,01	-	-	-	-	-	-
	III	5,64	-	0,45	0,50	-	0,23	0,25	-	0,05	0,06	-	-	-	-	-	-	-	-	-	-	-	-
	IV	15,98	-	1,27	1,43	-	1,12	1,26	-	0,98	1,10	-	0,84	0,94	-	0,70	0,79	-	0,56	0,63	-	0,43	0,49
	V	28,54	-	2,28	2,56																		
	VI	30,02	-	2,40	2,70																		
101,99	I	16,01	-	1,28	1,44	-	0,98	1,10	-	0,70	0,79	-	0,44	0,49	-	0,19	0,22	-	-	-	-	-	-
	II	12,48	-	0,99	1,12	-	0,71	0,80	-	0,45	0,51	-	0,20	0,23	-	0,01	0,01	-	-	-	-	-	-
	III	5,67	-	0,45	0,51	-	0,23	0,26	-	0,05	0,06	-	-	-	-	-	-	-	-	-	-	-	-
	IV	16,01	-	1,28	1,44	-	1,13	1,27	-	0,98	1,10	-	0,84	0,94	-	0,70	0,79	-	0,57	0,64	-	0,44	0,49
	V	28,58	-	2,28	2,57																		
	VI	30,06	-	2,40	2,70																		

Lohn/ Gehalt bis	Steuerklasse	Lohn-steuer	ohne Kinderfreibetrag			Anzahl Kinderfreibeträge (nur Steuerklassen I–IV)																	
						0,5			1,0			1,5			2,0			2,5			3,0		
			SolZ 5,5%	Kirchensteuer 8%	Kirchensteuer 9%	SolZ 5,5%	Kirchensteuer 8%	Kirchensteuer 9%	SolZ 5,5%	Kirchensteuer 8%	Kirchensteuer 9%	SolZ 5,5%	Kirchensteuer 8%	Kirchensteuer 9%	SolZ 5,5%	Kirchensteuer 8%	Kirchensteuer 9%	SolZ 5,5%	Kirchensteuer 8%	Kirchensteuer 9%	SolZ 5,5%	Kirchensteuer 8%	Kirchensteuer 9%
102,09	I	16,05	-	1,28	1,44	-	0,98	1,10	-	0,70	0,79	-	0,44	0,49	-	0,19	0,22	-	-	-	-	-	
	II	12,50	-	1,00	1,12	-	0,71	0,80	-	0,45	0,51	-	0,20	0,23	-	0,01	0,01	-	-	-	-	-	
	III	5,69	-	0,45	0,51	-	0,23	0,26	-	0,05	0,06	-	-	-	-	-	-	-	-	-	-	-	
	IV	16,05	-	1,28	1,44	-	1,13	1,27	-	0,98	1,10	-	0,84	0,94	-	0,70	0,79	-	0,57	0,64	-	0,44	0,4
	V	28,63	-	2,29	2,57																		
	VI	30,10	-	2,40	2,70																		
102,19	I	16,08	-	1,28	1,44	-	0,98	1,11	-	0,70	0,79	-	0,44	0,50	-	0,20	0,22	-	0,01	0,01	-	-	
	II	12,53	-	1,00	1,12	-	0,72	0,81	-	0,45	0,51	-	0,21	0,23	-	0,01	0,01	-	-	-	-	-	
	III	5,71	-	0,45	0,51	-	0,23	0,26	-	0,05	0,06	-	-	-	-	-	-	-	-	-	-	-	
	IV	16,08	-	1,28	1,44	-	1,13	1,27	-	0,98	1,11	-	0,84	0,95	-	0,70	0,79	-	0,57	0,64	-	0,44	0,5
	V	28,67	-	2,29	2,58																		
	VI	30,15	-	2,41	2,71																		
102,29	I	16,11	-	1,28	1,44	-	0,99	1,11	-	0,71	0,79	-	0,44	0,50	-	0,20	0,22	-	0,01	0,01	-	-	
	II	12,56	-	1,00	1,13	-	0,72	0,81	-	0,46	0,51	-	0,21	0,23	-	0,01	0,02	-	-	-	-	-	
	III	5,74	-	0,45	0,51	-	0,23	0,26	-	0,05	0,06	-	-	-	-	-	-	-	-	-	-	-	
	IV	16,11	-	1,28	1,44	-	1,13	1,27	-	0,99	1,11	-	0,84	0,95	-	0,71	0,79	-	0,57	0,64	-	0,44	0,5
	V	28,71	-	2,29	2,58																		
	VI	30,19	-	2,41	2,71																		
102,39	I	16,14	-	1,29	1,45	-	0,99	1,11	-	0,71	0,80	-	0,44	0,50	-	0,20	0,22	-	0,01	0,01	-	-	
	II	12,59	-	1,00	1,13	-	0,72	0,81	-	0,46	0,51	-	0,21	0,24	-	0,02	0,02	-	-	-	-	-	
	III	5,76	-	0,46	0,51	-	0,23	0,26	-	0,06	0,06	-	-	-	-	-	-	-	-	-	-	-	
	IV	16,14	-	1,29	1,45	-	1,14	1,28	-	0,99	1,11	-	0,85	0,95	-	0,71	0,80	-	0,57	0,65	-	0,44	0,5
	V	28,75	-	2,30	2,58																		
	VI	30,23	-	2,41	2,72																		
102,49	I	16,17	-	1,29	1,45	-	0,99	1,12	-	0,71	0,80	-	0,45	0,50	-	0,20	0,23	-	0,01	0,01	-	-	
	II	12,62	-	1,00	1,13	-	0,72	0,81	-	0,46	0,52	-	0,21	0,24	-	0,02	0,02	-	-	-	-	-	
	III	5,78	-	0,46	0,52	-	0,24	0,27	-	0,06	0,06	-	-	-	-	-	-	-	-	-	-	-	
	IV	16,17	-	1,29	1,45	-	1,14	1,28	-	0,99	1,12	-	0,85	0,95	-	0,71	0,80	-	0,58	0,65	-	0,45	0,5
	V	28,80	-	2,30	2,59																		
	VI	30,27	-	2,42	2,72																		
102,59	I	16,20	-	1,29	1,45	-	0,99	1,12	-	0,71	0,80	-	0,45	0,51	-	0,20	0,23	-	0,01	0,01	-	-	
	II	12,65	-	1,01	1,13	-	0,73	0,82	-	0,46	0,52	-	0,21	0,24	-	0,02	0,02	-	-	-	-	-	
	III	5,81	-	0,46	0,52	-	0,24	0,27	-	0,06	0,07	-	-	-	-	-	-	-	-	-	-	-	
	IV	16,20	-	1,29	1,45	-	1,14	1,28	-	0,99	1,12	-	0,85	0,96	-	0,71	0,80	-	0,58	0,65	-	0,45	0,5
	V	28,84	-	2,30	2,59																		
	VI	30,31	-	2,42	2,72																		
102,69	I	16,23	-	1,29	1,46	-	1,00	1,12	-	0,71	0,80	-	0,45	0,51	-	0,20	0,23	-	0,01	0,01	-	-	
	II	12,68	-	1,01	1,14	-	0,73	0,82	-	0,46	0,52	-	0,22	0,24	-	0,02	0,02	-	-	-	-	-	
	III	5,83	-	0,46	0,52	-	0,24	0,27	-	0,06	0,07	-	-	-	-	-	-	-	-	-	-	-	
	IV	16,23	-	1,29	1,46	-	1,14	1,29	-	1,00	1,12	-	0,85	0,96	-	0,71	0,80	-	0,58	0,65	-	0,45	0,5
	V	28,88	-	2,31	2,59																		
	VI	30,36	-	2,42	2,73																		
102,79	I	16,26	-	1,30	1,46	-	1,00	1,12	-	0,72	0,81	-	0,45	0,51	-	0,21	0,23	-	0,01	0,01	-	-	
	II	12,71	-	1,01	1,14	-	0,73	0,82	-	0,47	0,52	-	0,22	0,25	-	0,02	0,02	-	-	-	-	-	
	III	5,86	-	0,46	0,52	-	0,24	0,27	-	0,06	0,07	-	-	-	-	-	-	-	-	-	-	-	
	IV	16,26	-	1,30	1,46	-	1,14	1,29	-	1,00	1,12	-	0,86	0,96	-	0,72	0,81	-	0,58	0,66	-	0,45	0,5
	V	28,92	-	2,31	2,60																		
	VI	30,40	-	2,43	2,73																		
102,89	I	16,29	-	1,30	1,46	-	1,00	1,13	-	0,72	0,81	-	0,46	0,51	-	0,21	0,23	-	0,01	0,02	-	-	
	II	12,74	-	1,01	1,14	-	0,73	0,82	-	0,47	0,53	-	0,22	0,25	-	0,02	0,02	-	-	-	-	-	
	III	5,88	-	0,47	0,52	-	0,24	0,27	-	0,06	0,07	-	-	-	-	-	-	-	-	-	-	-	
	IV	16,29	-	1,30	1,46	-	1,15	1,29	-	1,00	1,13	-	0,86	0,97	-	0,72	0,81	-	0,58	0,66	-	0,46	0,5
	V	28,96	-	2,31	2,60																		
	VI	30,44	-	2,43	2,73																		
102,99	I	16,32	-	1,30	1,46	-	1,00	1,13	-	0,72	0,81	-	0,46	0,51	-	0,21	0,24	-	0,02	0,02	-	-	
	II	12,77	-	1,02	1,14	-	0,73	0,83	-	0,47	0,53	-	0,22	0,25	-	0,02	0,03	-	-	-	-	-	
	III	5,91	-	0,47	0,53	-	0,24	0,27	-	0,06	0,07	-	-	-	-	-	-	-	-	-	-	-	
	IV	16,32	-	1,30	1,46	-	1,15	1,29	-	1,00	1,13	-	0,86	0,97	-	0,72	0,81	-	0,59	0,66	-	0,46	0,5
	V	29,00	-	2,32	2,61																		
	VI	30,48	-	2,43	2,74																		
103,09	I	16,35	-	1,30	1,47	-	1,00	1,13	-	0,72	0,81	-	0,46	0,52	-	0,21	0,24	-	0,02	0,02	-	-	
	II	12,80	-	1,02	1,15	-	0,74	0,83	-	0,47	0,53	-	0,22	0,25	-	0,02	0,03	-	-	-	-	-	
	III	5,93	-	0,47	0,53	-	0,25	0,28	-	0,06	0,07	-	-	-	-	-	-	-	-	-	-	-	
	IV	16,35	-	1,30	1,47	-	1,15	1,30	-	1,00	1,13	-	0,86	0,97	-	0,72	0,81	-	0,59	0,66	-	0,46	0,5
	V	29,05	-	2,32	2,61																		
	VI	30,52	-	2,44	2,74																		
103,19	I	16,38	-	1,31	1,47	-	1,01	1,13	-	0,73	0,82	-	0,46	0,52	-	0,21	0,24	-	0,02	0,02	-	-	
	II	12,83	-	1,02	1,15	-	0,74	0,83	-	0,47	0,53	-	0,23	0,25	-	0,02	0,03	-	-	-	-	-	
	III	5,96	-	0,47	0,53	-	0,25	0,28	-	0,07	0,07	-	-	-	-	-	-	-	-	-	-	-	
	IV	16,38	-	1,31	1,47	-	1,15	1,30	-	1,01	1,13	-	0,86	0,97	-	0,73	0,82	-	0,59	0,67	-	0,46	0,5
	V	29,09	-	2,32	2,61																		
	VI	30,56	-	2,44	2,75																		
103,29	I	16,41	-	1,31	1,47	-	1,01	1,14	-	0,73	0,82	-	0,46	0,52	-	0,22	0,24	-	0,02	0,02	-	-	
	II	12,86	-	1,02	1,15	-	0,74	0,83	-	0,48	0,54	-	0,23	0,26	-	0,03	0,03	-	-	-	-	-	
	III	5,98	-	0,47	0,53	-	0,25	0,28	-	0,07	0,08	-	-	-	-	-	-	-	-	-	-	-	
	IV	16,41	-	1,31	1,47	-	1,16	1,30	-	1,01	1,14	-	0,87	0,98	-	0,73	0,82	-	0,59	0,67	-	0,46	0,5
	V	29,13	-	2,33	2,62																		
	VI	30,61	-	2,44	2,75																		
103,39	I	16,45	-	1,31	1,48	-	1,01	1,14	-	0,73	0,82	-	0,47	0,52	-	0,22	0,25	-	0,02	0,02	-	-	
	II	12,88	-	1,03	1,15	-	0,74	0,84	-	0,48	0,54	-	0,23	0,26	-	0,03	0,03	-	-	-	-	-	
	III	6,00	-	0,48	0,54	-	0,25	0,28	-	0,07	0,08	-	-	-	-	-	-	-	-	-	-	-	
	IV	16,45	-	1,31	1,48	-	1,16	1,30	-	1,01	1,14	-	0,87	0,98	-	0,73	0,82	-	0,60	0,67	-	0,47	0,5
	V	29,17	-	2,33	2,62																		
	VI	30,65	-	2,45	2,75																		
103,49	I	16,48	-	1,31	1,48	-	1,01	1,14	-	0,73	0,82	-	0,47	0,53	-	0,22	0,25	-	0,02	0,02	-	-	
	II	12,91	-	1,03	1,16	-	0,75	0,84	-	0,48	0,54	-	0,23	0,26	-	0,03	0,03	-	-	-	-	-	
	III	6,03	-	0,48	0,54	-	0,25	0,28	-	0,07	0,08	-	-	-	-	-	-	-	-	-	-	-	
	IV	16,48	-	1,31	1,48	-	1,16	1,31	-	1,01	1,14	-	0,87	0,98	-	0,73	0,82	-	0,60	0,67	-	0,47	0,5
	V	29,21	-	2,33	2,62																		
	VI	30,69	-	2,45	2,76																		

Lohn/ Gehalt bis	Steuerklasse	Lohn-steuer	ohne Kinderfreibetrag			Anzahl Kinderfreibeträge (nur Steuerklassen I–IV)																		
						0,5			1,0			1,5			2,0			2,5			3,0		
			SolZ 5,5%	Kirchensteuer 8%	9%	SolZ 5,5%	Kirchensteuer 8%	9%	SolZ 5,5%	Kirchensteuer 8%	9%	SolZ 5,5%	Kirchensteuer 8%	9%	SolZ 5,5%	Kirchensteuer 8%	9%	SolZ 5,5%	Kirchensteuer 8%	9%	SolZ 5,5%	Kirchensteuer 8%	9%
103,59	I	16,51	-	1,32	1,48	-	1,02	1,14	-	0,73	0,83	-	0,47	0,53	-	0,22	0,25	-	0,02	0,03	-	-	-
	II	12,94	-	1,03	1,16	-	0,75	0,84	-	0,48	0,54	-	0,23	0,26	-	0,03	0,03	-	-	-	-	-	-
	III	6,05	-	0,48	0,54	-	0,25	0,29	-	0,07	0,08	-	-	-	-	-	-	-	-	-	-	-	-
	IV	16,51	-	1,32	1,48	-	1,16	1,31	-	1,02	1,14	-	0,87	0,98	-	0,73	0,83	-	0,60	0,68	-	0,47	0,53
	V	29,26	-	2,34	2,63																		
	VI	30,73	-	2,45	2,76																		
103,69	I	16,54	-	1,32	1,48	-	1,02	1,15	-	0,74	0,83	-	0,47	0,53	-	0,22	0,25	-	0,02	0,03	-	-	-
	II	12,97	-	1,03	1,16	-	0,75	0,84	-	0,48	0,54	-	0,24	0,27	-	0,03	0,04	-	-	-	-	-	-
	III	6,07	-	0,48	0,54	-	0,26	0,29	-	0,07	0,08	-	-	-	-	-	-	-	-	-	-	-	-
	IV	16,54	-	1,32	1,48	-	1,17	1,31	-	1,02	1,15	-	0,88	0,99	-	0,74	0,83	-	0,60	0,68	-	0,47	0,53
	V	29,30	-	2,34	2,63																		
	VI	30,78	-	2,46	2,77																		
103,79	I	16,57	-	1,32	1,49	-	1,02	1,15	-	0,74	0,83	-	0,47	0,53	-	0,23	0,25	-	0,02	0,03	-	-	-
	II	13,00	-	1,04	1,17	-	0,75	0,85	-	0,49	0,55	-	0,24	0,27	-	0,03	0,04	-	-	-	-	-	-
	III	6,10	-	0,48	0,54	-	0,26	0,29	-	0,07	0,08	-	-	-	-	-	-	-	-	-	-	-	-
	IV	16,57	-	1,32	1,49	-	1,17	1,32	-	1,02	1,15	-	0,88	0,99	-	0,74	0,83	-	0,60	0,68	-	0,47	0,53
	V	29,34	-	2,34	2,64																		
	VI	30,82	-	2,46	2,77																		
103,89	I	16,60	-	1,32	1,49	-	1,02	1,15	-	0,74	0,83	-	0,48	0,54	-	0,23	0,26	-	0,03	0,03	-	-	-
	II	13,03	-	1,04	1,17	-	0,75	0,85	-	0,49	0,55	-	0,24	0,27	-	0,03	0,04	-	-	-	-	-	-
	III	6,12	-	0,48	0,55	-	0,26	0,29	-	0,07	0,08	-	-	-	-	-	-	-	-	-	-	-	-
	IV	16,60	-	1,32	1,49	-	1,17	1,32	-	1,02	1,15	-	0,88	0,99	-	0,74	0,83	-	0,61	0,68	-	0,48	0,54
	V	29,38	-	2,35	2,64																		
	VI	30,86	-	2,46	2,77																		
103,99	I	16,63	-	1,33	1,49	-	1,03	1,15	-	0,74	0,84	-	0,48	0,54	-	0,23	0,26	-	0,03	0,03	-	-	-
	II	13,06	-	1,04	1,17	-	0,76	0,85	-	0,49	0,55	-	0,24	0,27	-	0,04	0,04	-	-	-	-	-	-
	III	6,15	-	0,49	0,55	-	0,26	0,29	-	0,08	0,09	-	-	-	-	-	-	-	-	-	-	-	-
	IV	16,63	-	1,33	1,49	-	1,17	1,32	-	1,03	1,15	-	0,88	0,99	-	0,74	0,84	-	0,61	0,68	-	0,48	0,54
	V	29,42	-	2,35	2,64																		
	VI	30,90	-	2,47	2,78																		
104,09	I	16,66	-	1,33	1,49	-	1,03	1,16	-	0,75	0,84	-	0,48	0,54	-	0,23	0,26	-	0,03	0,03	-	-	-
	II	13,09	-	1,04	1,17	-	0,76	0,85	-	0,49	0,55	-	0,24	0,27	-	0,04	0,04	-	-	-	-	-	-
	III	6,17	-	0,49	0,55	-	0,26	0,29	-	0,08	0,09	-	-	-	-	-	-	-	-	-	-	-	-
	IV	16,66	-	1,33	1,49	-	1,18	1,32	-	1,03	1,16	-	0,88	1,00	-	0,75	0,84	-	0,61	0,69	-	0,48	0,54
	V	29,47	-	2,35	2,65																		
	VI	30,94	-	2,47	2,78																		
104,19	I	16,70	-	1,33	1,50	-	1,03	1,16	-	0,75	0,84	-	0,48	0,54	-	0,23	0,26	-	0,03	0,03	-	-	-
	II	13,12	-	1,04	1,18	-	0,76	0,86	-	0,49	0,56	-	0,24	0,28	-	0,04	0,04	-	-	-	-	-	-
	III	6,20	-	0,49	0,55	-	0,26	0,30	-	0,08	0,09	-	-	-	-	-	-	-	-	-	-	-	-
	IV	16,70	-	1,33	1,50	-	1,18	1,33	-	1,03	1,16	-	0,89	1,00	-	0,75	0,84	-	0,61	0,69	-	0,48	0,54
	V	29,51	-	2,36	2,65																		
	VI	30,98	-	2,47	2,78																		
104,29	I	16,73	-	1,33	1,50	-	1,03	1,16	-	0,75	0,84	-	0,48	0,54	-	0,24	0,27	-	0,03	0,04	-	-	-
	II	13,15	-	1,05	1,18	-	0,76	0,86	-	0,50	0,56	-	0,25	0,28	-	0,04	0,04	-	-	-	-	-	-
	III	6,22	-	0,49	0,55	-	0,26	0,30	-	0,08	0,09	-	-	-	-	-	-	-	-	-	-	-	-
	IV	16,73	-	1,33	1,50	-	1,18	1,33	-	1,03	1,16	-	0,89	1,00	-	0,75	0,84	-	0,62	0,69	-	0,48	0,54
	V	29,55	-	2,36	2,65																		
	VI	31,03	-	2,48	2,79																		
104,39	I	16,76	-	1,34	1,50	-	1,04	1,17	-	0,75	0,85	-	0,49	0,55	-	0,24	0,27	-	0,03	0,04	-	-	-
	II	13,18	-	1,05	1,18	-	0,77	0,86	-	0,50	0,56	-	0,25	0,28	-	0,04	0,05	-	-	-	-	-	-
	III	6,25	-	0,50	0,56	-	0,27	0,30	-	0,08	0,09	-	-	-	-	-	-	-	-	-	-	-	-
	IV	16,76	-	1,34	1,50	-	1,18	1,33	-	1,04	1,17	-	0,89	1,00	-	0,75	0,85	-	0,62	0,69	-	0,49	0,55
	V	29,59	-	2,36	2,66																		
	VI	31,07	-	2,48	2,79																		
104,49	I	16,79	-	1,34	1,51	-	1,04	1,17	-	0,75	0,85	-	0,49	0,55	-	0,24	0,27	-	0,03	0,04	-	-	-
	II	13,21	-	1,05	1,18	-	0,77	0,86	-	0,50	0,56	-	0,25	0,28	-	0,04	0,05	-	-	-	-	-	-
	III	6,27	-	0,50	0,56	-	0,27	0,30	-	0,08	0,09	-	-	-	-	-	-	-	-	-	-	-	-
	IV	16,79	-	1,34	1,51	-	1,19	1,33	-	1,04	1,17	-	0,89	1,01	-	0,75	0,85	-	0,62	0,70	-	0,49	0,55
	V	29,63	-	2,37	2,66																		
	VI	31,11	-	2,48	2,79																		
104,59	I	16,82	-	1,34	1,51	-	1,04	1,17	-	0,76	0,85	-	0,49	0,55	-	0,24	0,27	-	0,04	0,04	-	-	-
	II	13,24	-	1,05	1,19	-	0,77	0,87	-	0,50	0,57	-	0,25	0,28	-	0,04	0,05	-	-	-	-	-	-
	III	6,30	-	0,50	0,56	-	0,27	0,30	-	0,08	0,09	-	-	-	-	-	-	-	-	-	-	-	-
	IV	16,82	-	1,34	1,51	-	1,19	1,34	-	1,04	1,17	-	0,90	1,01	-	0,76	0,85	-	0,62	0,70	-	0,49	0,55
	V	29,68	-	2,37	2,67																		
	VI	31,15	-	2,49	2,80																		
104,69	I	16,85	-	1,34	1,51	-	1,04	1,17	-	0,76	0,85	-	0,49	0,55	-	0,24	0,27	-	0,04	0,04	-	-	-
	II	13,27	-	1,06	1,19	-	0,77	0,87	-	0,50	0,57	-	0,25	0,29	-	0,04	0,05	-	-	-	-	-	-
	III	6,32	-	0,50	0,56	-	0,27	0,31	-	0,08	0,10	-	-	-	-	-	-	-	-	-	-	-	-
	IV	16,85	-	1,34	1,51	-	1,19	1,34	-	1,04	1,17	-	0,90	1,01	-	0,76	0,85	-	0,62	0,70	-	0,49	0,55
	V	29,72	-	2,37	2,67																		
	VI	31,20	-	2,49	2,80																		
104,79	I	16,88	-	1,35	1,51	-	1,04	1,18	-	0,76	0,86	-	0,49	0,56	-	0,24	0,28	-	0,04	0,04	-	-	-
	II	13,30	-	1,06	1,19	-	0,77	0,87	-	0,51	0,57	-	0,26	0,29	-	0,05	0,05	-	-	-	-	-	-
	III	6,34	-	0,50	0,57	-	0,27	0,31	-	0,09	0,10	-	-	-	-	-	-	-	-	-	-	-	-
	IV	16,88	-	1,35	1,51	-	1,19	1,34	-	1,04	1,18	-	0,90	1,01	-	0,76	0,86	-	0,63	0,70	-	0,49	0,56
	V	29,76	-	2,38	2,67																		
	VI	31,24	-	2,49	2,81																		
104,89	I	16,91	-	1,35	1,52	-	1,05	1,18	-	0,76	0,86	-	0,50	0,56	-	0,25	0,28	-	0,04	0,04	-	-	-
	II	13,33	-	1,06	1,19	-	0,78	0,87	-	0,51	0,57	-	0,26	0,29	-	0,05	0,05	-	-	-	-	-	-
	III	6,37	-	0,50	0,57	-	0,28	0,31	-	0,09	0,10	-	-	-	-	-	-	-	-	-	-	-	-
	IV	16,91	-	1,35	1,52	-	1,20	1,35	-	1,05	1,18	-	0,90	1,02	-	0,76	0,86	-	0,63	0,71	-	0,50	0,56
	V	29,80	-	2,38	2,68																		
	VI	31,28	-	2,50	2,81																		
104,99	I	16,94	-	1,35	1,52	-	1,05	1,18	-	0,77	0,86	-	0,50	0,56	-	0,25	0,28	-	0,04	0,05	-	-	-
	II	13,35	-	1,06	1,20	-	0,78	0,88	-	0,51	0,58	-	0,26	0,29	-	0,05	0,06	-	-	-	-	-	-
	III	6,39	-	0,51	0,57	-	0,28	0,31	-	0,09	0,10	-	-	-	-	-	-	-	-	-	-	-	-
	IV	16,94	-	1,35	1,52	-	1,20	1,35	-	1,05	1,18	-	0,91	1,02	-	0,77	0,86	-	0,63	0,71	-	0,50	0,56
	V	29,85	-	2,38	2,68																		
	VI	31,32	-	2,50	2,81																		

Lohn/ Gehalt bis	Steuerklasse	Lohn-steuer	ohne Kinderfreibetrag			Anzahl Kinderfreibeträge (nur Steuerklassen I–IV)																	
						0,5			1,0			1,5			2,0			2,5			3,0		
			SolZ 5,5%	Kirchensteuer 8%	Kirchensteuer 9%	SolZ 5,5%	Kirchensteuer 8%	Kirchensteuer 9%	SolZ 5,5%	Kirchensteuer 8%	Kirchensteuer 9%	SolZ 5,5%	Kirchensteuer 8%	Kirchensteuer 9%	SolZ 5,5%	Kirchensteuer 8%	Kirchensteuer 9%	SolZ 5,5%	Kirchensteuer 8%	Kirchensteuer 9%	SolZ 5,5%	Kirchensteuer 8%	Kirchensteuer 9%
105,09	I	16,98	-	1,35	1,52	-	1,05	1,18	-	0,77	0,86	-	0,50	0,56	-	0,25	0,28	-	0,04	0,05	-	-	
	II	13,38	-	1,07	1,20	-	0,78	0,88	-	0,51	0,58	-	0,26	0,30	-	0,05	0,06	-	-	-	-	-	
	III	6,41	-	0,51	0,57	-	0,28	0,31	-	0,09	0,10	-	-	-	-	-	-	-	-	-	-	-	
	IV	16,98	-	1,35	1,52	-	1,20	1,35	-	1,05	1,18	-	0,91	1,02	-	0,77	0,86	-	0,63	0,71	-	0,50	0,5
	V	29,89	-	2,39	2,69																		
	VI	31,36	-	2,50	2,82																		
105,19	I	17,01	-	1,36	1,53	-	1,05	1,19	-	0,77	0,87	-	0,50	0,57	-	0,25	0,28	-	0,04	0,05	-	-	
	II	13,41	-	1,07	1,20	-	0,78	0,88	-	0,52	0,58	-	0,26	0,30	-	0,05	0,06	-	-	-	-	-	
	III	6,44	-	0,51	0,57	-	0,28	0,32	-	0,09	0,10	-	-	-	-	-	-	-	-	-	-	-	
	IV	17,01	-	1,36	1,53	-	1,20	1,35	-	1,05	1,19	-	0,91	1,02	-	0,77	0,87	-	0,63	0,71	-	0,50	0,5
	V	29,93	-	2,39	2,69																		
	VI	31,41	-	2,51	2,82																		
105,29	I	17,04	-	1,36	1,53	-	1,06	1,19	-	0,77	0,87	-	0,50	0,57	-	0,25	0,29	-	0,04	0,05	-	-	
	II	13,44	-	1,07	1,20	-	0,79	0,88	-	0,52	0,58	-	0,27	0,30	-	0,05	0,06	-	-	-	-	-	
	III	6,46	-	0,51	0,58	-	0,28	0,32	-	0,09	0,10	-	-	-	-	-	-	-	-	-	-	-	
	IV	17,04	-	1,36	1,53	-	1,21	1,36	-	1,06	1,19	-	0,91	1,03	-	0,77	0,87	-	0,64	0,72	-	0,50	0,5
	V	29,97	-	2,39	2,69																		
	VI	31,45	-	2,51	2,83																		
105,39	I	17,07	-	1,36	1,53	-	1,06	1,19	-	0,77	0,87	-	0,51	0,57	-	0,26	0,29	-	0,05	0,05	-	-	
	II	13,47	-	1,07	1,21	-	0,79	0,89	-	0,52	0,58	-	0,27	0,30	-	0,05	0,06	-	-	-	-	-	
	III	6,48	-	0,51	0,58	-	0,28	0,32	-	0,09	0,11	-	-	-	-	-	-	-	-	-	-	-	
	IV	17,07	-	1,36	1,53	-	1,21	1,36	-	1,06	1,19	-	0,91	1,03	-	0,77	0,87	-	0,64	0,72	-	0,51	0,5
	V	30,01	-	2,40	2,70																		
	VI	31,49	-	2,51	2,83																		
105,49	I	17,10	-	1,36	1,53	-	1,06	1,19	-	0,78	0,87	-	0,51	0,57	-	0,26	0,29	-	0,05	0,05	-	-	
	II	13,50	-	1,08	1,21	-	0,79	0,89	-	0,52	0,59	-	0,27	0,30	-	0,06	0,06	-	-	-	-	-	
	III	6,51	-	0,52	0,58	-	0,29	0,32	-	0,10	0,11	-	-	-	-	-	-	-	-	-	-	-	
	IV	17,10	-	1,36	1,53	-	1,21	1,36	-	1,06	1,19	-	0,92	1,03	-	0,78	0,87	-	0,64	0,72	-	0,51	0,5
	V	30,05	-	2,40	2,70																		
	VI	31,53	-	2,52	2,83																		
105,59	I	17,13	-	1,37	1,54	-	1,06	1,20	-	0,78	0,88	-	0,51	0,58	-	0,26	0,29	-	0,05	0,06	-	-	
	II	13,53	-	1,08	1,21	-	0,79	0,89	-	0,52	0,59	-	0,27	0,31	-	0,06	0,06	-	-	-	-	-	
	III	6,53	-	0,52	0,58	-	0,29	0,32	-	0,10	0,11	-	-	-	-	-	-	-	-	-	-	-	
	IV	17,13	-	1,37	1,54	-	1,21	1,36	-	1,06	1,20	-	0,92	1,03	-	0,78	0,88	-	0,64	0,72	-	0,51	0,5
	V	30,10	-	2,40	2,70																		
	VI	31,57	-	2,52	2,84																		
105,69	I	17,16	-	1,37	1,54	-	1,07	1,20	-	0,78	0,88	-	0,51	0,58	-	0,26	0,30	-	0,05	0,06	-	-	
	II	13,56	-	1,08	1,22	-	0,79	0,89	-	0,53	0,59	-	0,27	0,31	-	0,06	0,07	-	-	-	-	-	
	III	6,56	-	0,52	0,59	-	0,29	0,33	-	0,10	0,11	-	-	-	-	-	-	-	-	-	-	-	
	IV	17,16	-	1,37	1,54	-	1,22	1,37	-	1,07	1,20	-	0,92	1,04	-	0,78	0,88	-	0,64	0,73	-	0,51	0,5
	V	30,14	-	2,41	2,71																		
	VI	31,61	-	2,52	2,84																		
105,79	I	17,19	-	1,37	1,54	-	1,07	1,20	-	0,78	0,88	-	0,52	0,58	-	0,26	0,30	-	0,05	0,06	-	-	
	II	13,59	-	1,08	1,22	-	0,80	0,90	-	0,53	0,59	-	0,28	0,31	-	0,06	0,07	-	-	-	-	-	
	III	6,58	-	0,52	0,59	-	0,29	0,33	-	0,10	0,11	-	-	-	-	-	-	-	-	-	-	-	
	IV	17,19	-	1,37	1,54	-	1,22	1,37	-	1,07	1,20	-	0,92	1,04	-	0,78	0,88	-	0,65	0,73	-	0,52	0,5
	V	30,18	-	2,41	2,71																		
	VI	31,66	-	2,53	2,84																		
105,89	I	17,22	-	1,37	1,54	-	1,07	1,20	-	0,79	0,88	-	0,52	0,58	-	0,27	0,30	-	0,05	0,06	-	-	
	II	13,62	-	1,08	1,22	-	0,80	0,90	-	0,53	0,60	-	0,28	0,31	-	0,06	0,07	-	-	-	-	-	
	III	6,61	-	0,52	0,59	-	0,29	0,33	-	0,10	0,11	-	-	-	-	-	-	-	-	-	-	-	
	IV	17,22	-	1,37	1,54	-	1,22	1,37	-	1,07	1,20	-	0,93	1,04	-	0,79	0,88	-	0,65	0,73	-	0,52	0,5
	V	30,22	-	2,41	2,71																		
	VI	31,70	-	2,53	2,85																		
105,99	I	17,26	-	1,38	1,55	-	1,07	1,21	-	0,79	0,89	-	0,52	0,58	-	0,27	0,30	-	0,05	0,06	-	-	
	II	13,65	-	1,09	1,22	-	0,80	0,90	-	0,53	0,60	-	0,28	0,32	-	0,06	0,07	-	-	-	-	-	
	III	6,63	-	0,53	0,59	-	0,29	0,33	-	0,10	0,12	-	-	-	-	-	-	-	-	-	-	-	
	IV	17,26	-	1,38	1,55	-	1,22	1,38	-	1,07	1,21	-	0,93	1,04	-	0,79	0,89	-	0,65	0,73	-	0,52	0,5
	V	30,26	-	2,42	2,72																		
	VI	31,74	-	2,53	2,85																		
106,09	I	17,29	-	1,38	1,55	-	1,08	1,21	-	0,79	0,89	-	0,52	0,59	-	0,27	0,30	-	0,06	0,06	-	-	
	II	13,68	-	1,09	1,23	-	0,80	0,90	-	0,53	0,60	-	0,28	0,32	-	0,06	0,07	-	-	-	-	-	
	III	6,66	-	0,53	0,59	-	0,30	0,33	-	0,10	0,12	-	-	-	-	-	-	-	-	-	-	-	
	IV	17,29	-	1,38	1,55	-	1,22	1,38	-	1,08	1,21	-	0,93	1,05	-	0,79	0,89	-	0,65	0,74	-	0,52	0,5
	V	30,31	-	2,42	2,72																		
	VI	31,78	-	2,54	2,86																		
106,19	I	17,32	-	1,38	1,55	-	1,08	1,21	-	0,79	0,89	-	0,52	0,59	-	0,27	0,31	-	0,06	0,06	-	-	
	II	13,71	-	1,09	1,23	-	0,81	0,91	-	0,54	0,60	-	0,28	0,32	-	0,07	0,07	-	-	-	-	-	
	III	6,68	-	0,53	0,60	-	0,30	0,34	-	0,10	0,12	-	-	-	-	-	-	-	-	-	-	-	
	IV	17,32	-	1,38	1,55	-	1,23	1,38	-	1,08	1,21	-	0,93	1,05	-	0,79	0,89	-	0,66	0,74	-	0,52	0,5
	V	30,35	-	2,42	2,73																		
	VI	31,83	-	2,54	2,86																		
106,29	I	17,35	-	1,38	1,56	-	1,08	1,22	-	0,79	0,89	-	0,53	0,59	-	0,27	0,31	-	0,06	0,07	-	-	
	II	13,74	-	1,09	1,23	-	0,81	0,91	-	0,54	0,61	-	0,29	0,32	-	0,07	0,08	-	-	-	-	-	
	III	6,71	-	0,53	0,60	-	0,30	0,34	-	0,11	0,12	-	-	-	-	-	-	-	-	-	-	-	
	IV	17,35	-	1,38	1,56	-	1,23	1,38	-	1,08	1,22	-	0,94	1,05	-	0,79	0,89	-	0,66	0,74	-	0,53	0,5
	V	30,39	-	2,43	2,73																		
	VI	31,87	-	2,54	2,86																		
106,39	I	17,38	-	1,39	1,56	-	1,08	1,22	-	0,80	0,90	-	0,53	0,59	-	0,28	0,31	-	0,06	0,07	-	-	
	II	13,77	-	1,10	1,23	-	0,81	0,91	-	0,54	0,61	-	0,29	0,32	-	0,07	0,08	-	-	-	-	-	
	III	6,73	-	0,53	0,60	-	0,30	0,34	-	0,11	0,12	-	-	-	-	-	-	-	-	-	-	-	
	IV	17,38	-	1,39	1,56	-	1,23	1,39	-	1,08	1,22	-	0,94	1,06	-	0,80	0,90	-	0,66	0,74	-	0,53	0,5
	V	30,43	-	2,43	2,73																		
	VI	31,91	-	2,55	2,87																		
106,49	I	17,41	-	1,39	1,56	-	1,08	1,22	-	0,80	0,90	-	0,53	0,60	-	0,28	0,31	-	0,06	0,07	-	-	
	II	13,80	-	1,10	1,24	-	0,81	0,91	-	0,54	0,61	-	0,29	0,33	-	0,07	0,08	-	-	-	-	-	
	III	6,76	-	0,54	0,60	-	0,30	0,34	-	0,11	0,12	-	-	-	-	-	-	-	-	-	-	-	
	IV	17,41	-	1,39	1,56	-	1,23	1,39	-	1,08	1,22	-	0,94	1,06	-	0,80	0,90	-	0,66	0,75	-	0,53	0,6
	V	30,47	-	2,43	2,74																		
	VI	31,95	-	2,55	2,87																		

Lohn/ Gehalt bis	Steuerklasse	Lohn- steuer	ohne Kinderfreibetrag			Anzahl Kinderfreibeträge (nur Steuerklassen I–IV)																	
						0,5			1,0			1,5			2,0			2,5			3,0		
			SolZ 5,5%	Kirchensteuer 8%	Kirchensteuer 9%	SolZ 5,5%	Kirchensteuer 8%	Kirchensteuer 9%	SolZ 5,5%	Kirchensteuer 8%	Kirchensteuer 9%	SolZ 5,5%	Kirchensteuer 8%	Kirchensteuer 9%	SolZ 5,5%	Kirchensteuer 8%	Kirchensteuer 9%	SolZ 5,5%	Kirchensteuer 8%	Kirchensteuer 9%	SolZ 5,5%	Kirchensteuer 8%	Kirchensteuer 9%
106,59	I	17,44	–	1,39	1,56	–	1,09	1,22	–	0,80	0,90	–	0,53	0,60	–	0,28	0,32	–	0,06	0,07	–	–	–
	II	13,83	–	1,10	1,24	–	0,81	0,92	–	0,54	0,61	–	0,29	0,33	–	0,07	0,08	–	–	–	–	–	–
	III	6,78	–	0,54	0,61	–	0,30	0,34	–	0,11	0,13	–	–	–	–	–	–	–	–	–	–	–	–
	IV	17,44	–	1,39	1,56	–	1,24	1,39	–	1,09	1,22	–	0,94	1,06	–	0,80	0,90	–	0,66	0,75	–	0,53	0,60
	V	30,52	–	2,44	2,74																		
	VI	31,99	–	2,55	2,87																		
106,69	I	17,48	–	1,39	1,57	–	1,09	1,23	–	0,80	0,90	–	0,53	0,60	–	0,28	0,32	–	0,06	0,07	–	–	–
	II	13,86	–	1,10	1,24	–	0,82	0,92	–	0,55	0,62	–	0,29	0,33	–	0,07	0,08	–	–	–	–	–	–
	III	6,80	–	0,54	0,61	–	0,31	0,34	–	0,11	0,13	–	–	–	–	–	–	–	–	–	–	–	–
	IV	17,48	–	1,39	1,57	–	1,24	1,39	–	1,09	1,23	–	0,94	1,06	–	0,80	0,90	–	0,67	0,75	–	0,53	0,60
	V	30,56	–	2,44	2,75																		
	VI	32,03	–	2,56	2,88																		
106,79	I	17,51	–	1,40	1,57	–	1,09	1,23	–	0,81	0,91	–	0,54	0,60	–	0,28	0,32	–	0,07	0,07	–	–	–
	II	13,89	–	1,11	1,25	–	0,82	0,92	–	0,55	0,62	–	0,30	0,33	–	0,07	0,08	–	–	–	–	–	–
	III	6,83	–	0,54	0,61	–	0,31	0,35	–	0,11	0,13	–	–	–	–	–	–	–	–	–	–	–	–
	IV	17,51	–	1,40	1,57	–	1,24	1,40	–	1,09	1,23	–	0,95	1,07	–	0,81	0,91	–	0,67	0,75	–	0,54	0,60
	V	30,60	–	2,44	2,75																		
	VI	32,08	–	2,56	2,88																		
106,89	I	17,54	–	1,40	1,57	–	1,09	1,23	–	0,81	0,91	–	0,54	0,61	–	0,29	0,32	–	0,07	0,08	–	–	–
	II	13,92	–	1,11	1,25	–	0,82	0,92	–	0,55	0,62	–	0,30	0,34	–	0,08	0,09	–	–	–	–	–	–
	III	6,85	–	0,54	0,61	–	0,31	0,35	–	0,12	0,13	–	–	–	–	–	–	–	–	–	–	–	–
	IV	17,54	–	1,40	1,57	–	1,24	1,40	–	1,09	1,23	–	0,95	1,07	–	0,81	0,91	–	0,67	0,76	–	0,54	0,61
	V	30,64	–	2,45	2,75																		
	VI	32,12	–	2,56	2,89																		
106,99	I	17,57	–	1,40	1,58	–	1,10	1,23	–	0,81	0,91	–	0,54	0,61	–	0,29	0,32	–	0,07	0,08	–	–	–
	II	13,95	–	1,11	1,25	–	0,82	0,93	–	0,55	0,62	–	0,30	0,34	–	0,08	0,09	–	–	–	–	–	–
	III	6,88	–	0,55	0,61	–	0,31	0,35	–	0,12	0,13	–	–	–	–	–	–	–	–	–	–	–	–
	IV	17,57	–	1,40	1,58	–	1,25	1,40	–	1,10	1,23	–	0,95	1,07	–	0,81	0,91	–	0,67	0,76	–	0,54	0,61
	V	30,68	–	2,45	2,76																		
	VI	32,16	–	2,57	2,89																		
107,09	I	17,60	–	1,40	1,58	–	1,10	1,24	–	0,81	0,91	–	0,54	0,61	–	0,29	0,33	–	0,07	0,08	–	–	–
	II	13,98	–	1,11	1,25	–	0,83	0,93	–	0,56	0,63	–	0,30	0,34	–	0,08	0,09	–	–	–	–	–	–
	III	6,90	–	0,55	0,62	–	0,31	0,35	–	0,12	0,13	–	–	–	–	–	–	–	–	–	–	–	–
	IV	17,60	–	1,40	1,58	–	1,25	1,41	–	1,10	1,24	–	0,95	1,07	–	0,81	0,91	–	0,68	0,76	–	0,54	0,61
	V	30,73	–	2,45	2,76																		
	VI	32,20	–	2,57	2,89																		
107,19	I	17,63	–	1,41	1,58	–	1,10	1,24	–	0,81	0,92	–	0,54	0,61	–	0,29	0,33	–	0,07	0,08	–	–	–
	II	14,01	–	1,12	1,26	–	0,83	0,93	–	0,56	0,63	–	0,30	0,34	–	0,08	0,09	–	–	–	–	–	–
	III	6,92	–	0,55	0,62	–	0,32	0,36	–	0,12	0,13	–	–	–	–	–	–	–	–	–	–	–	–
	IV	17,63	–	1,41	1,58	–	1,25	1,41	–	1,10	1,24	–	0,96	1,08	–	0,81	0,92	–	0,68	0,76	–	0,54	0,61
	V	30,77	–	2,46	2,76																		
	VI	32,25	–	2,58	2,90																		
107,29	I	17,66	–	1,41	1,58	–	1,10	1,24	–	0,82	0,92	–	0,55	0,62	–	0,29	0,33	–	0,07	0,08	–	–	–
	II	14,04	–	1,12	1,26	–	0,83	0,93	–	0,56	0,63	–	0,31	0,34	–	0,08	0,09	–	–	–	–	–	–
	III	6,95	–	0,55	0,62	–	0,32	0,36	–	0,12	0,14	–	–	–	–	–	–	–	–	–	–	–	–
	IV	17,66	–	1,41	1,58	–	1,25	1,41	–	1,10	1,24	–	0,96	1,08	–	0,82	0,92	–	0,68	0,76	–	0,55	0,62
	V	30,81	–	2,46	2,77																		
	VI	32,29	–	2,58	2,90																		
107,39	I	17,70	–	1,41	1,59	–	1,11	1,25	–	0,82	0,92	–	0,55	0,62	–	0,30	0,33	–	0,07	0,08	–	–	–
	II	14,07	–	1,12	1,26	–	0,83	0,94	–	0,56	0,63	–	0,31	0,35	–	0,08	0,09	–	–	–	–	–	–
	III	6,97	–	0,55	0,62	–	0,32	0,36	–	0,12	0,14	–	–	–	–	–	–	–	–	–	–	–	–
	IV	17,70	–	1,41	1,59	–	1,26	1,41	–	1,11	1,25	–	0,96	1,08	–	0,82	0,92	–	0,68	0,77	–	0,55	0,62
	V	30,85	–	2,46	2,77																		
	VI	32,33	–	2,58	2,90																		
107,49	I	17,73	–	1,41	1,59	–	1,11	1,25	–	0,82	0,92	–	0,55	0,62	–	0,30	0,34	–	0,08	0,09	–	–	–
	II	14,10	–	1,12	1,26	–	0,83	0,94	–	0,56	0,63	–	0,31	0,35	–	0,08	0,09	–	–	–	–	–	–
	III	7,00	–	0,56	0,63	–	0,32	0,36	–	0,12	0,14	–	–	–	–	–	–	–	–	–	–	–	–
	IV	17,73	–	1,41	1,59	–	1,26	1,42	–	1,11	1,25	–	0,96	1,08	–	0,82	0,92	–	0,68	0,77	–	0,55	0,62
	V	30,90	–	2,47	2,78																		
	VI	32,37	–	2,58	2,91																		
107,59	I	17,76	–	1,42	1,59	–	1,11	1,25	–	0,82	0,93	–	0,55	0,62	–	0,30	0,34	–	0,08	0,09	–	–	–
	II	14,13	–	1,13	1,27	–	0,84	0,94	–	0,57	0,64	–	0,31	0,35	–	0,09	0,10	–	–	–	–	–	–
	III	7,02	–	0,56	0,63	–	0,32	0,36	–	0,12	0,14	–	–	–	–	–	–	–	–	–	–	–	–
	IV	17,76	–	1,42	1,59	–	1,26	1,42	–	1,11	1,25	–	0,96	1,09	–	0,82	0,93	–	0,69	0,77	–	0,55	0,62
	V	30,94	–	2,47	2,78																		
	VI	32,41	–	2,59	2,91																		
107,69	I	17,79	–	1,42	1,60	–	1,11	1,25	–	0,83	0,93	–	0,56	0,63	–	0,30	0,34	–	0,08	0,09	–	–	–
	II	14,16	–	1,13	1,27	–	0,84	0,94	–	0,57	0,64	–	0,31	0,35	–	0,09	0,10	–	–	–	–	–	–
	III	7,05	–	0,56	0,63	–	0,32	0,36	–	0,13	0,14	–	–	–	–	–	–	–	–	–	–	–	–
	IV	17,79	–	1,42	1,60	–	1,26	1,42	–	1,11	1,25	–	0,97	1,09	–	0,83	0,93	–	0,69	0,77	–	0,56	0,63
	V	30,98	–	2,47	2,78																		
	VI	32,46	–	2,59	2,92																		
107,79	I	17,82	–	1,42	1,60	–	1,12	1,26	–	0,83	0,93	–	0,56	0,63	–	0,30	0,34	–	0,08	0,09	–	–	–
	II	14,19	–	1,13	1,27	–	0,84	0,95	–	0,57	0,64	–	0,32	0,36	–	0,09	0,10	–	–	–	–	–	–
	III	7,07	–	0,56	0,63	–	0,32	0,37	–	0,13	0,14	–	–	–	–	–	–	–	–	–	–	–	–
	IV	17,82	–	1,42	1,60	–	1,27	1,43	–	1,12	1,26	–	0,97	1,09	–	0,83	0,93	–	0,69	0,78	–	0,56	0,63
	V	31,02	–	2,48	2,79																		
	VI	32,50	–	2,60	2,92																		
107,89	I	17,85	–	1,42	1,60	–	1,12	1,26	–	0,83	0,93	–	0,56	0,63	–	0,31	0,34	–	0,08	0,09	–	–	–
	II	14,22	–	1,13	1,27	–	0,84	0,95	–	0,57	0,64	–	0,32	0,36	–	0,09	0,10	–	–	–	–	–	–
	III	7,10	–	0,56	0,63	–	0,33	0,37	–	0,13	0,15	–	–	–	–	–	–	–	–	–	–	–	–
	IV	17,85	–	1,42	1,60	–	1,27	1,43	–	1,12	1,26	–	0,97	1,09	–	0,83	0,93	–	0,69	0,78	–	0,56	0,63
	V	31,06	–	2,48	2,79																		
	VI	32,54	–	2,60	2,92																		
107,99	I	17,88	–	1,43	1,60	–	1,12	1,26	–	0,83	0,94	–	0,56	0,63	–	0,31	0,35	–	0,08	0,09	–	–	–
	II	14,25	–	1,14	1,28	–	0,85	0,95	–	0,57	0,65	–	0,32	0,36	–	0,09	0,10	–	–	–	–	–	–
	III	7,12	–	0,56	0,64	–	0,33	0,37	–	0,13	0,15	–	–	–	–	–	–	–	–	–	–	–	–
	IV	17,88	–	1,43	1,60	–	1,27	1,43	–	1,12	1,26	–	0,97	1,10	–	0,83	0,94	–	0,69	0,78	–	0,56	0,63
	V	31,10	–	2,48	2,79																		
	VI	32,58	–	2,60	2,93																		

Lohn/ Gehalt bis	Steuerklasse	Lohnsteuer	ohne Kinderfreibetrag SolZ 5,5%	ohne Kinderfreibetrag Kirchensteuer 8%	ohne Kinderfreibetrag Kirchensteuer 9%	0,5 SolZ 5,5%	0,5 Kirchensteuer 8%	0,5 Kirchensteuer 9%	1,0 SolZ 5,5%	1,0 Kirchensteuer 8%	1,0 Kirchensteuer 9%	1,5 SolZ 5,5%	1,5 Kirchensteuer 8%	1,5 Kirchensteuer 9%	2,0 SolZ 5,5%	2,0 Kirchensteuer 8%	2,0 Kirchensteuer 9%	2,5 SolZ 5,5%	2,5 Kirchensteuer 8%	2,5 Kirchensteuer 9%	3,0 SolZ 5,5%	3,0 Kirchensteuer 8%	3,0 Kirchensteuer 9%
						Anzahl Kinderfreibeträge (nur Steuerklassen I–IV)																	
108,09	I	17,91	-	1,43	1,61	-	1,12	1,26	-	0,83	0,94	-	0,56	0,63	-	0,31	0,35	-	0,08	0,09	-	-	-
	II	14,28	-	1,14	1,28	-	0,85	0,95	-	0,58	0,65	-	0,32	0,36	-	0,09	0,11	-	-	-	-	-	-
	III	7,15	-	0,57	0,64	-	0,33	0,37	-	0,13	0,15	-	-	-	-	-	-	-	-	-	-	-	-
	IV	17,91	-	1,43	1,61	-	1,27	1,43	-	1,12	1,26	-	0,98	1,10	-	0,83	0,94	-	0,70	0,78	-	0,56	0,63
	V	31,15	-	2,49	2,80																		
	VI	32,62	-	2,60	2,93																		
108,19	I	17,95	-	1,43	1,61	-	1,13	1,27	-	0,84	0,94	-	0,57	0,64	-	0,31	0,35	-	0,09	0,10	-	-	-
	II	14,31	-	1,14	1,28	-	0,85	0,96	-	0,58	0,65	-	0,32	0,36	-	0,10	0,11	-	-	-	-	-	-
	III	7,17	-	0,57	0,64	-	0,33	0,37	-	0,13	0,15	-	-	-	-	-	-	-	-	-	-	-	-
	IV	17,95	-	1,43	1,61	-	1,28	1,44	-	1,13	1,27	-	0,98	1,10	-	0,84	0,94	-	0,70	0,79	-	0,57	0,64
	V	31,19	-	2,49	2,80																		
	VI	32,66	-	2,61	2,93																		
108,29	I	17,98	-	1,43	1,61	-	1,13	1,27	-	0,84	0,94	-	0,57	0,64	-	0,31	0,35	-	0,09	0,10	-	-	-
	II	14,34	-	1,14	1,29	-	0,85	0,96	-	0,58	0,65	-	0,32	0,37	-	0,10	0,11	-	-	-	-	-	-
	III	7,20	-	0,57	0,64	-	0,33	0,38	-	0,13	0,15	-	-	-	-	-	-	-	-	-	-	-	-
	IV	17,98	-	1,43	1,61	-	1,28	1,44	-	1,13	1,27	-	0,98	1,10	-	0,84	0,94	-	0,70	0,79	-	0,57	0,64
	V	31,23	-	2,49	2,81																		
	VI	32,71	-	2,61	2,94																		
108,39	I	18,01	-	1,44	1,62	-	1,13	1,27	-	0,84	0,95	-	0,57	0,64	-	0,32	0,36	-	0,09	0,10	-	-	-
	II	14,36	-	1,14	1,29	-	0,86	0,96	-	0,58	0,66	-	0,33	0,37	-	0,10	0,11	-	-	-	-	-	-
	III	7,22	-	0,57	0,64	-	0,34	0,38	-	0,14	0,15	-	-	-	-	-	-	-	-	-	-	-	-
	IV	18,01	-	1,44	1,62	-	1,28	1,44	-	1,13	1,27	-	0,98	1,11	-	0,84	0,95	-	0,70	0,79	-	0,57	0,64
	V	31,27	-	2,50	2,81																		
	VI	32,75	-	2,62	2,94																		
108,49	I	18,04	-	1,44	1,62	-	1,13	1,27	-	0,84	0,95	-	0,57	0,64	-	0,32	0,36	-	0,09	0,10	-	-	-
	II	14,40	-	1,15	1,29	-	0,86	0,96	-	0,58	0,66	-	0,33	0,37	-	0,10	0,11	-	-	-	-	-	-
	III	7,25	-	0,58	0,65	-	0,34	0,38	-	0,14	0,16	-	-	-	-	-	-	-	-	-	-	-	-
	IV	18,04	-	1,44	1,62	-	1,28	1,44	-	1,13	1,27	-	0,99	1,11	-	0,84	0,95	-	0,71	0,79	-	0,57	0,64
	V	31,31	-	2,50	2,81																		
	VI	32,79	-	2,62	2,95																		
108,59	I	18,07	-	1,44	1,62	-	1,14	1,28	-	0,85	0,95	-	0,57	0,65	-	0,32	0,36	-	0,09	0,10	-	-	-
	II	14,43	-	1,15	1,29	-	0,86	0,97	-	0,59	0,66	-	0,33	0,37	-	0,10	0,11	-	-	-	-	-	-
	III	7,27	-	0,58	0,65	-	0,34	0,38	-	0,14	0,16	-	-	-	-	-	-	-	-	-	-	-	-
	IV	18,07	-	1,44	1,62	-	1,29	1,45	-	1,14	1,28	-	0,99	1,11	-	0,85	0,95	-	0,71	0,80	-	0,57	0,6
	V	31,36	-	2,50	2,82																		
	VI	32,83	-	2,62	2,95																		
108,69	I	18,11	-	1,44	1,62	-	1,14	1,28	-	0,85	0,95	-	0,58	0,65	-	0,32	0,36	-	0,09	0,11	-	-	-
	II	14,46	-	1,15	1,30	-	0,86	0,97	-	0,59	0,66	-	0,33	0,37	-	0,10	0,12	-	-	-	-	-	-
	III	7,29	-	0,58	0,65	-	0,34	0,38	-	0,14	0,16	-	-	-	-	-	-	-	-	-	-	-	-
	IV	18,11	-	1,44	1,62	-	1,29	1,45	-	1,14	1,28	-	0,99	1,11	-	0,85	0,95	-	0,71	0,80	-	0,58	0,6
	V	31,40	-	2,51	2,82																		
	VI	32,88	-	2,63	2,95																		
108,79	I	18,14	-	1,45	1,63	-	1,14	1,28	-	0,85	0,96	-	0,58	0,65	-	0,32	0,36	-	0,10	0,11	-	-	-
	II	14,49	-	1,15	1,30	-	0,86	0,97	-	0,59	0,67	-	0,34	0,38	-	0,10	0,12	-	-	-	-	-	-
	III	7,32	-	0,58	0,65	-	0,34	0,39	-	0,14	0,16	-	-	-	-	-	-	-	-	-	-	-	-
	IV	18,14	-	1,45	1,63	-	1,29	1,45	-	1,14	1,28	-	0,99	1,12	-	0,85	0,96	-	0,71	0,80	-	0,58	0,65
	V	31,44	-	2,51	2,82																		
	VI	32,92	-	2,63	2,96																		
108,89	I	18,17	-	1,45	1,63	-	1,14	1,29	-	0,85	0,96	-	0,58	0,65	-	0,32	0,37	-	0,10	0,11	-	-	-
	II	14,51	-	1,16	1,30	-	0,87	0,98	-	0,59	0,67	-	0,34	0,38	-	0,11	0,12	-	-	-	-	-	-
	III	7,34	-	0,58	0,66	-	0,34	0,39	-	0,14	0,16	-	-	-	-	-	-	-	-	-	-	-	-
	IV	18,17	-	1,45	1,63	-	1,29	1,46	-	1,14	1,29	-	1,00	1,12	-	0,85	0,96	-	0,71	0,80	-	0,58	0,65
	V	31,48	-	2,51	2,83																		
	VI	32,96	-	2,63	2,96																		
108,99	I	18,20	-	1,45	1,63	-	1,14	1,29	-	0,86	0,96	-	0,58	0,66	-	0,33	0,37	-	0,10	0,11	-	-	-
	II	14,55	-	1,16	1,30	-	0,87	0,98	-	0,60	0,67	-	0,34	0,38	-	0,11	0,12	-	-	-	-	-	-
	III	7,37	-	0,58	0,66	-	0,35	0,39	-	0,14	0,16	-	-	-	-	-	-	-	-	-	-	-	-
	IV	18,20	-	1,45	1,63	-	1,30	1,46	-	1,14	1,29	-	1,00	1,12	-	0,86	0,96	-	0,72	0,81	-	0,58	0,6
	V	31,52	-	2,52	2,83																		
	VI	33,00	-	2,64	2,97																		
109,09	I	18,23	-	1,45	1,64	-	1,15	1,29	-	0,86	0,96	-	0,58	0,66	-	0,33	0,37	-	0,10	0,11	-	-	-
	II	14,58	-	1,16	1,31	-	0,87	0,98	-	0,60	0,67	-	0,34	0,38	-	0,11	0,12	-	-	-	-	-	-
	III	7,39	-	0,59	0,66	-	0,35	0,39	-	0,15	0,16	-	-	-	-	-	-	-	-	-	-	-	-
	IV	18,23	-	1,45	1,64	-	1,30	1,46	-	1,15	1,29	-	1,00	1,13	-	0,86	0,96	-	0,72	0,81	-	0,58	0,6
	V	31,57	-	2,52	2,84																		
	VI	33,04	-	2,64	2,97																		
109,19	I	18,26	-	1,46	1,64	-	1,15	1,29	-	0,86	0,97	-	0,59	0,66	-	0,33	0,37	-	0,10	0,11	-	-	-
	II	14,61	-	1,16	1,31	-	0,87	0,98	-	0,60	0,67	-	0,34	0,39	-	0,11	0,13	-	-	-	-	-	-
	III	7,42	-	0,59	0,66	-	0,35	0,39	-	0,15	0,17	-	-	-	-	-	-	-	-	-	-	-	-
	IV	18,26	-	1,46	1,64	-	1,30	1,46	-	1,15	1,29	-	1,00	1,13	-	0,86	0,97	-	0,72	0,81	-	0,59	0,6
	V	31,61	-	2,52	2,84																		
	VI	33,08	-	2,64	2,97																		
109,29	I	18,30	-	1,46	1,64	-	1,15	1,30	-	0,86	0,97	-	0,59	0,66	-	0,33	0,37	-	0,10	0,12	-	-	-
	II	14,64	-	1,17	1,31	-	0,88	0,99	-	0,60	0,68	-	0,34	0,39	-	0,11	0,13	-	-	-	-	-	-
	III	7,44	-	0,59	0,66	-	0,35	0,40	-	0,15	0,17	-	-	-	-	-	-	-	-	-	-	-	-
	IV	18,30	-	1,46	1,64	-	1,30	1,47	-	1,15	1,30	-	1,00	1,13	-	0,86	0,97	-	0,72	0,81	-	0,59	0,66
	V	31,65	-	2,53	2,84																		
	VI	33,13	-	2,65	2,98																		
109,39	I	18,33	-	1,46	1,64	-	1,15	1,30	-	0,86	0,97	-	0,59	0,67	-	0,34	0,38	-	0,10	0,12	-	-	-
	II	14,67	-	1,17	1,32	-	0,88	0,99	-	0,60	0,68	-	0,35	0,39	-	0,11	0,13	-	-	-	-	-	-
	III	7,46	-	0,59	0,67	-	0,35	0,40	-	0,15	0,17	-	-	-	-	-	-	-	-	-	-	-	-
	IV	18,33	-	1,46	1,64	-	1,31	1,47	-	1,15	1,30	-	1,01	1,13	-	0,86	0,97	-	0,73	0,82	-	0,59	0,67
	V	31,69	-	2,53	2,85																		
	VI	33,17	-	2,65	2,98																		
109,49	I	18,36	-	1,46	1,65	-	1,16	1,30	-	0,87	0,98	-	0,59	0,67	-	0,34	0,38	-	0,11	0,12	-	-	-
	II	14,70	-	1,17	1,32	-	0,88	0,99	-	0,61	0,68	-	0,35	0,39	-	0,12	0,13	-	-	-	-	-	-
	III	7,49	-	0,59	0,67	-	0,36	0,40	-	0,15	0,17	-	-	-	-	-	-	-	-	-	-	-	-
	IV	18,36	-	1,46	1,65	-	1,31	1,47	-	1,16	1,30	-	1,01	1,14	-	0,87	0,98	-	0,73	0,82	-	0,59	0,67
	V	31,73	-	2,53	2,85																		
	VI	33,21	-	2,65	2,98																		

Besondere Tabelle

Lohn/ Gehalt bis	Steuerklasse	Lohnsteuer	ohne Kinderfreibetrag			Anzahl Kinderfreibeträge (nur Steuerklassen I–IV): 0,5			1,0			1,5			2,0			2,5			3,0		
			SolZ 5,5%	Kirchensteuer 8%	Kirchensteuer 9%	SolZ 5,5%	Kirchensteuer 8%	Kirchensteuer 9%	SolZ 5,5%	Kirchensteuer 8%	Kirchensteuer 9%	SolZ 5,5%	Kirchensteuer 8%	Kirchensteuer 9%	SolZ 5,5%	Kirchensteuer 8%	Kirchensteuer 9%	SolZ 5,5%	Kirchensteuer 8%	Kirchensteuer 9%	SolZ 5,5%	Kirchensteuer 8%	Kirchensteuer 9%
109,59	I	18,39	-	1,47	1,65	-	1,16	1,30	-	0,87	0,98	-	0,60	0,67	-	0,34	0,38	-	0,11	0,12	-	-	-
	II	14,73	-	1,17	1,32	-	0,88	0,99	-	0,61	0,68	-	0,35	0,40	-	0,12	0,13	-	-	-	-	-	-
	III	7,51	-	0,60	0,67	-	0,36	0,40	-	0,15	0,17	-	-	-	-	-	-	-	-	-	-	-	-
	IV	18,39	-	1,47	1,65	-	1,31	1,47	-	1,16	1,30	-	1,01	1,14	-	0,87	0,98	-	0,73	0,82	-	0,60	0,67
	V	31,78	-	2,54	2,86																		
	VI	33,25	-	2,66	2,99																		
109,69	I	18,42	-	1,47	1,65	-	1,16	1,31	-	0,87	0,98	-	0,60	0,67	-	0,34	0,38	-	0,11	0,12	-	-	-
	II	14,76	-	1,18	1,32	-	0,88	0,99	-	0,61	0,69	-	0,35	0,40	-	0,12	0,13	-	-	-	-	-	-
	III	7,54	-	0,60	0,67	-	0,36	0,40	-	0,16	0,18	-	-	-	-	-	-	-	-	-	-	-	-
	IV	18,42	-	1,47	1,65	-	1,31	1,48	-	1,16	1,31	-	1,01	1,14	-	0,87	0,98	-	0,73	0,82	-	0,60	0,67
	V	31,82	-	2,54	2,86																		
	VI	33,30	-	2,66	2,99																		
109,79	I	18,45	-	1,47	1,66	-	1,16	1,31	-	0,87	0,98	-	0,60	0,67	-	0,34	0,39	-	0,11	0,13	-	-	-
	II	14,79	-	1,18	1,33	-	0,89	1,00	-	0,61	0,69	-	0,36	0,40	-	0,12	0,14	-	-	-	-	-	-
	III	7,56	-	0,60	0,68	-	0,36	0,41	-	0,16	0,18	-	-	-	-	-	-	-	-	-	-	-	-
	IV	18,45	-	1,47	1,66	-	1,32	1,48	-	1,16	1,31	-	1,02	1,14	-	0,87	0,98	-	0,73	0,83	-	0,60	0,67
	V	31,86	-	2,54	2,86																		
	VI	33,34	-	2,66	3,00																		
109,89	I	18,49	-	1,47	1,66	-	1,17	1,31	-	0,88	0,99	-	0,60	0,68	-	0,34	0,39	-	0,11	0,13	-	-	-
	II	14,82	-	1,18	1,33	-	0,89	1,00	-	0,61	0,69	-	0,36	0,40	-	0,12	0,14	-	-	-	-	-	-
	III	7,59	-	0,60	0,68	-	0,36	0,41	-	0,16	0,18	-	-	-	-	-	-	-	-	-	-	-	-
	IV	18,49	-	1,47	1,66	-	1,32	1,48	-	1,17	1,31	-	1,02	1,15	-	0,88	0,99	-	0,74	0,83	-	0,60	0,68
	V	31,90	-	2,55	2,87																		
	VI	33,38	-	2,67	3,00																		
109,99	I	18,52	-	1,48	1,66	-	1,17	1,32	-	0,88	0,99	-	0,60	0,68	-	0,35	0,39	-	0,11	0,13	-	-	-
	II	14,85	-	1,18	1,33	-	0,89	1,00	-	0,62	0,69	-	0,36	0,40	-	0,12	0,14	-	-	-	-	-	-
	III	7,61	-	0,60	0,68	-	0,36	0,41	-	0,16	0,18	-	-	-	-	-	-	-	-	-	-	-	-
	IV	18,52	-	1,48	1,66	-	1,32	1,49	-	1,17	1,32	-	1,02	1,15	-	0,88	0,99	-	0,74	0,83	-	0,60	0,68
	V	31,95	-	2,55	2,87																		
	VI	33,42	-	2,67	3,00																		
110,09	I	18,55	-	1,48	1,66	-	1,17	1,32	-	0,88	0,99	-	0,61	0,68	-	0,35	0,39	-	0,12	0,13	-	-	-
	II	14,88	-	1,19	1,33	-	0,89	1,01	-	0,62	0,70	-	0,36	0,41	-	0,13	0,14	-	-	-	-	-	-
	III	7,63	-	0,61	0,68	-	0,37	0,41	-	0,16	0,18	-	-	-	-	-	-	-	-	-	-	-	-
	IV	18,55	-	1,48	1,66	-	1,32	1,49	-	1,17	1,32	-	1,02	1,15	-	0,88	0,99	-	0,74	0,83	-	0,61	0,68
	V	31,99	-	2,55	2,87																		
	VI	33,46	-	2,67	3,01																		
110,19	I	18,58	-	1,48	1,67	-	1,17	1,32	-	0,88	0,99	-	0,61	0,68	-	0,35	0,40	-	0,12	0,13	-	-	-
	II	14,91	-	1,19	1,34	-	0,90	1,01	-	0,62	0,70	-	0,36	0,41	-	0,13	0,14	-	-	-	-	-	-
	III	7,66	-	0,61	0,68	-	0,37	0,42	-	0,16	0,18	-	-	-	-	-	-	-	-	-	-	-	-
	IV	18,58	-	1,48	1,67	-	1,33	1,49	-	1,17	1,32	-	1,03	1,15	-	0,88	0,99	-	0,74	0,84	-	0,61	0,68
	V	32,03	-	2,56	2,88																		
	VI	33,51	-	2,68	3,01																		
110,29	I	18,61	-	1,48	1,67	-	1,18	1,32	-	0,88	0,99	-	0,61	0,69	-	0,35	0,40	-	0,12	0,13	-	-	-
	II	14,94	-	1,19	1,34	-	0,90	1,01	-	0,62	0,70	-	0,36	0,41	-	0,13	0,15	-	-	-	-	-	-
	III	7,68	-	0,61	0,69	-	0,37	0,42	-	0,16	0,18	-	-	-	-	-	-	-	-	-	-	-	-
	IV	18,61	-	1,48	1,67	-	1,33	1,49	-	1,18	1,32	-	1,03	1,16	-	0,88	0,99	-	0,74	0,84	-	0,61	0,69
	V	32,07	-	2,56	2,88																		
	VI	33,55	-	2,68	3,01																		
110,39	I	18,65	-	1,49	1,67	-	1,18	1,33	-	0,89	1,00	-	0,61	0,69	-	0,36	0,40	-	0,12	0,14	-	-	-
	II	14,97	-	1,19	1,34	-	0,90	1,01	-	0,62	0,70	-	0,37	0,41	-	0,13	0,15	-	-	-	-	-	-
	III	7,71	-	0,61	0,69	-	0,37	0,42	-	0,16	0,19	-	-	-	-	-	-	-	-	-	-	-	-
	IV	18,65	-	1,49	1,67	-	1,33	1,50	-	1,18	1,33	-	1,03	1,16	-	0,89	1,00	-	0,75	0,84	-	0,61	0,69
	V	32,11	-	2,56	2,88																		
	VI	33,59	-	2,68	3,02																		
110,49	I	18,68	-	1,49	1,68	-	1,18	1,33	-	0,89	1,00	-	0,61	0,69	-	0,36	0,40	-	0,12	0,14	-	-	-
	II	15,00	-	1,20	1,35	-	0,90	1,02	-	0,63	0,71	-	0,37	0,42	-	0,13	0,15	-	-	-	-	-	-
	III	7,73	-	0,61	0,69	-	0,37	0,42	-	0,17	0,19	-	-	-	-	-	-	-	-	-	-	-	-
	IV	18,68	-	1,49	1,68	-	1,33	1,50	-	1,18	1,33	-	1,03	1,16	-	0,89	1,00	-	0,75	0,84	-	0,61	0,69
	V	32,15	-	2,57	2,89																		
	VI	33,63	-	2,69	3,02																		
110,59	I	18,71	-	1,49	1,68	-	1,18	1,33	-	0,89	1,00	-	0,62	0,69	-	0,36	0,40	-	0,12	0,14	-	-	-
	II	15,03	-	1,20	1,35	-	0,90	1,02	-	0,63	0,71	-	0,37	0,42	-	0,13	0,15	-	-	-	-	-	-
	III	7,76	-	0,62	0,69	-	0,38	0,42	-	0,17	0,19	-	-	-	-	-	-	-	-	-	-	-	-
	IV	18,71	-	1,49	1,68	-	1,34	1,50	-	1,18	1,33	-	1,04	1,17	-	0,89	1,00	-	0,75	0,85	-	0,62	0,69
	V	32,20	-	2,57	2,89																		
	VI	33,67	-	2,69	3,03																		
110,69	I	18,74	-	1,49	1,68	-	1,19	1,33	-	0,89	1,01	-	0,62	0,70	-	0,36	0,41	-	0,13	0,14	-	-	-
	II	15,06	-	1,20	1,35	-	0,91	1,02	-	0,63	0,71	-	0,37	0,42	-	0,14	0,15	-	-	-	-	-	-
	III	7,78	-	0,62	0,70	-	0,38	0,43	-	0,17	0,19	-	0,01	0,01	-	-	-	-	-	-	-	-	-
	IV	18,74	-	1,49	1,68	-	1,34	1,51	-	1,19	1,33	-	1,04	1,17	-	0,89	1,01	-	0,75	0,85	-	0,62	0,70
	V	32,24	-	2,57	2,90																		
	VI	33,71	-	2,69	3,03																		
110,79	I	18,77	-	1,50	1,68	-	1,19	1,34	-	0,90	1,01	-	0,62	0,70	-	0,36	0,41	-	0,13	0,14	-	-	-
	II	15,09	-	1,20	1,35	-	0,91	1,02	-	0,63	0,71	-	0,38	0,42	-	0,14	0,16	-	-	-	-	-	-
	III	7,81	-	0,62	0,70	-	0,38	0,43	-	0,17	0,19	-	0,01	0,01	-	-	-	-	-	-	-	-	-
	IV	18,77	-	1,50	1,68	-	1,34	1,51	-	1,19	1,34	-	1,04	1,17	-	0,90	1,01	-	0,76	0,85	-	0,62	0,70
	V	32,28	-	2,58	2,90																		
	VI	33,76	-	2,70	3,03																		
110,89	I	18,81	-	1,50	1,69	-	1,19	1,34	-	0,90	1,01	-	0,62	0,70	-	0,36	0,41	-	0,13	0,15	-	-	-
	II	15,12	-	1,20	1,36	-	0,91	1,03	-	0,64	0,72	-	0,38	0,42	-	0,14	0,16	-	-	-	-	-	-
	III	7,83	-	0,62	0,70	-	0,38	0,43	-	0,17	0,19	-	0,01	0,01	-	-	-	-	-	-	-	-	-
	IV	18,81	-	1,50	1,69	-	1,34	1,51	-	1,19	1,34	-	1,04	1,17	-	0,90	1,01	-	0,76	0,85	-	0,62	0,70
	V	32,32	-	2,58	2,90																		
	VI	33,80	-	2,70	3,04																		
110,99	I	18,84	-	1,50	1,69	-	1,19	1,34	-	0,90	1,01	-	0,62	0,70	-	0,37	0,41	-	0,13	0,15	-	-	-
	II	15,15	-	1,21	1,36	-	0,91	1,03	-	0,64	0,72	-	0,38	0,43	-	0,14	0,16	-	-	-	-	-	-
	III	7,86	-	0,62	0,70	-	0,38	0,43	-	0,17	0,20	-	0,01	0,01	-	-	-	-	-	-	-	-	-
	IV	18,84	-	1,50	1,69	-	1,35	1,51	-	1,19	1,34	-	1,04	1,17	-	0,90	1,01	-	0,76	0,86	-	0,62	0,70
	V	32,36	-	2,58	2,91																		
	VI	33,84	-	2,70	3,04																		

TAG bis 112,49 €

Lohn/ Gehalt bis	Steuerklasse	Lohn-steuer	ohne Kinderfreibetrag			Anzahl Kinderfreibeträge (nur Steuerklassen I–IV) 0,5			1,0			1,5			2,0			2,5			3,0		
			SolZ 5,5%	Kirchensteuer 8%	9%	SolZ 5,5%	Kirchensteuer 8%	9%	SolZ 5,5%	Kirchensteuer 8%	9%	SolZ 5,5%	Kirchensteuer 8%	9%	SolZ 5,5%	Kirchensteuer 8%	9%	SolZ 5,5%	Kirchensteuer 8%	9%	SolZ 5,5%	Kirchensteuer 8%	9%
111,09	I	18,87	–	1,50	1,69	–	1,20	1,35	–	0,90	1,02	–	0,63	0,71	–	0,37	0,42	–	0,13	0,15	–	–	–
	II	15,18	–	1,21	1,36	–	0,92	1,03	–	0,64	0,72	–	0,38	0,43	–	0,14	0,16	–	–	–	–	–	–
	III	7,88	–	0,63	0,70	–	0,38	0,43	–	0,18	0,20	–	0,01	0,01	–	–	–	–	–	–	–	–	–
	IV	18,87	–	1,50	1,69	–	1,35	1,52	–	1,20	1,35	–	1,05	1,18	–	0,90	1,02	–	0,76	0,86	–	0,63	0,71
	V	32,41	–	2,59	2,91																		
	VI	33,88	–	2,71	3,04																		
111,19	I	18,90	–	1,51	1,70	–	1,20	1,35	–	0,90	1,02	–	0,63	0,71	–	0,37	0,42	–	0,13	0,15	–	–	–
	II	15,21	–	1,21	1,36	–	0,92	1,03	–	0,64	0,72	–	0,38	0,43	–	0,14	0,16	–	–	–	–	–	–
	III	7,91	–	0,63	0,71	–	0,39	0,44	–	0,18	0,20	–	0,01	0,01	–	–	–	–	–	–	–	–	–
	IV	18,90	–	1,51	1,70	–	1,35	1,52	–	1,20	1,35	–	1,05	1,18	–	0,90	1,02	–	0,76	0,86	–	0,63	0,71
	V	32,45	–	2,59	2,92																		
	VI	33,93	–	2,71	3,05																		
111,29	I	18,93	–	1,51	1,70	–	1,20	1,35	–	0,91	1,02	–	0,63	0,71	–	0,37	0,42	–	0,14	0,15	–	–	–
	II	15,24	–	1,21	1,37	–	0,92	1,04	–	0,64	0,72	–	0,38	0,43	–	0,15	0,16	–	–	–	–	–	–
	III	7,93	–	0,63	0,71	–	0,39	0,44	–	0,18	0,20	–	0,01	0,01	–	–	–	–	–	–	–	–	–
	IV	18,93	–	1,51	1,70	–	1,35	1,52	–	1,20	1,35	–	1,05	1,18	–	0,91	1,02	–	0,77	0,86	–	0,63	0,71
	V	32,49	–	2,59	2,92																		
	VI	33,97	–	2,71	3,05																		
111,39	I	18,96	–	1,51	1,70	–	1,20	1,35	–	0,91	1,02	–	0,63	0,71	–	0,38	0,42	–	0,14	0,16	–	–	–
	II	15,27	–	1,22	1,37	–	0,92	1,04	–	0,65	0,73	–	0,39	0,44	–	0,15	0,17	–	–	–	–	–	–
	III	7,96	–	0,63	0,71	–	0,39	0,44	–	0,18	0,20	–	0,01	0,02	–	–	–	–	–	–	–	–	–
	IV	18,96	–	1,51	1,70	–	1,36	1,53	–	1,20	1,35	–	1,05	1,19	–	0,91	1,02	–	0,77	0,87	–	0,63	0,71
	V	32,53	–	2,60	2,92																		
	VI	34,01	–	2,72	3,06																		
111,49	I	19,00	–	1,52	1,71	–	1,20	1,36	–	0,91	1,03	–	0,64	0,72	–	0,38	0,42	–	0,14	0,16	–	–	–
	II	15,30	–	1,22	1,37	–	0,93	1,04	–	0,65	0,73	–	0,39	0,44	–	0,15	0,17	–	–	–	–	–	–
	III	7,98	–	0,63	0,71	–	0,39	0,44	–	0,18	0,20	–	0,01	0,02	–	–	–	–	–	–	–	–	–
	IV	19,00	–	1,52	1,71	–	1,36	1,53	–	1,20	1,36	–	1,06	1,19	–	0,91	1,03	–	0,77	0,87	–	0,64	0,72
	V	32,57	–	2,60	2,93																		
	VI	34,05	–	2,72	3,06																		
111,59	I	19,03	–	1,52	1,71	–	1,21	1,36	–	0,91	1,03	–	0,64	0,72	–	0,38	0,43	–	0,14	0,16	–	–	–
	II	15,33	–	1,22	1,37	–	0,93	1,04	–	0,65	0,73	–	0,39	0,44	–	0,15	0,17	–	–	–	–	–	–
	III	8,01	–	0,64	0,72	–	0,39	0,44	–	0,18	0,21	–	0,02	0,02	–	–	–	–	–	–	–	–	–
	IV	19,03	–	1,52	1,71	–	1,36	1,53	–	1,21	1,36	–	1,06	1,19	–	0,91	1,03	–	0,77	0,87	–	0,64	0,72
	V	32,62	–	2,60	2,93																		
	VI	34,09	–	2,72	3,06																		
111,69	I	19,06	–	1,52	1,71	–	1,21	1,36	–	0,92	1,03	–	0,64	0,72	–	0,38	0,43	–	0,14	0,16	–	–	–
	II	15,36	–	1,22	1,38	–	0,93	1,05	–	0,65	0,73	–	0,39	0,44	–	0,15	0,17	–	–	–	–	–	–
	III	8,03	–	0,64	0,72	–	0,40	0,45	–	0,18	0,21	–	0,02	0,02	–	–	–	–	–	–	–	–	–
	IV	19,06	–	1,52	1,71	–	1,36	1,53	–	1,21	1,36	–	1,06	1,19	–	0,92	1,03	–	0,78	0,87	–	0,64	0,72
	V	32,66	–	2,61	2,93																		
	VI	34,13	–	2,73	3,07																		
111,79	I	19,09	–	1,52	1,71	–	1,21	1,36	–	0,92	1,03	–	0,64	0,72	–	0,38	0,43	–	0,14	0,16	–	–	–
	II	15,39	–	1,23	1,38	–	0,93	1,05	–	0,66	0,74	–	0,40	0,45	–	0,15	0,17	–	–	–	–	–	–
	III	8,06	–	0,64	0,72	–	0,40	0,45	–	0,19	0,21	–	0,02	0,02	–	–	–	–	–	–	–	–	–
	IV	19,09	–	1,52	1,71	–	1,37	1,54	–	1,21	1,36	–	1,06	1,20	–	0,92	1,03	–	0,78	0,88	–	0,64	0,72
	V	32,70	–	2,61	2,94																		
	VI	34,18	–	2,73	3,07																		
111,89	I	19,13	–	1,53	1,72	–	1,21	1,37	–	0,92	1,04	–	0,64	0,72	–	0,38	0,43	–	0,15	0,16	–	–	–
	II	15,42	–	1,23	1,38	–	0,93	1,05	–	0,66	0,74	–	0,40	0,45	–	0,16	0,18	–	–	–	–	–	–
	III	8,08	–	0,64	0,72	–	0,40	0,45	–	0,19	0,21	–	0,02	0,02	–	–	–	–	–	–	–	–	–
	IV	19,13	–	1,53	1,72	–	1,37	1,54	–	1,21	1,37	–	1,07	1,20	–	0,92	1,04	–	0,78	0,88	–	0,64	0,72
	V	32,74	–	2,61	2,94																		
	VI	34,22	–	2,73	3,07																		
111,99	I	19,16	–	1,53	1,72	–	1,22	1,37	–	0,92	1,04	–	0,65	0,73	–	0,39	0,44	–	0,15	0,17	–	–	–
	II	15,45	–	1,23	1,39	–	0,94	1,05	–	0,66	0,74	–	0,40	0,45	–	0,16	0,18	–	–	–	–	–	–
	III	8,11	–	0,64	0,72	–	0,40	0,45	–	0,19	0,21	–	0,02	0,02	–	–	–	–	–	–	–	–	–
	IV	19,16	–	1,53	1,72	–	1,37	1,54	–	1,22	1,37	–	1,07	1,20	–	0,92	1,04	–	0,78	0,88	–	0,65	0,73
	V	32,78	–	2,62	2,95																		
	VI	34,26	–	2,74	3,08																		
112,09	I	19,19	–	1,53	1,72	–	1,22	1,37	–	0,93	1,04	–	0,65	0,73	–	0,39	0,44	–	0,15	0,17	–	–	–
	II	15,48	–	1,23	1,39	–	0,94	1,06	–	0,66	0,74	–	0,40	0,45	–	0,16	0,18	–	–	–	–	–	–
	III	8,13	–	0,65	0,73	–	0,40	0,45	–	0,19	0,22	–	0,02	0,02	–	–	–	–	–	–	–	–	–
	IV	19,19	–	1,53	1,72	–	1,37	1,54	–	1,22	1,37	–	1,07	1,20	–	0,93	1,04	–	0,78	0,88	–	0,65	0,73
	V	32,83	–	2,62	2,95																		
	VI	34,30	–	2,74	3,08																		
112,19	I	19,22	–	1,53	1,72	–	1,22	1,37	–	0,93	1,04	–	0,65	0,73	–	0,39	0,44	–	0,15	0,17	–	–	–
	II	15,51	–	1,24	1,39	–	0,94	1,06	–	0,66	0,75	–	0,40	0,45	–	0,16	0,18	–	–	–	–	–	–
	III	8,16	–	0,65	0,73	–	0,41	0,46	–	0,19	0,22	–	0,02	0,03	–	–	–	–	–	–	–	–	–
	IV	19,22	–	1,53	1,72	–	1,38	1,55	–	1,22	1,37	–	1,07	1,21	–	0,93	1,04	–	0,79	0,89	–	0,65	0,73
	V	32,87	–	2,62	2,95																		
	VI	34,35	–	2,74	3,09																		
112,29	I	19,25	–	1,54	1,73	–	1,22	1,38	–	0,93	1,05	–	0,65	0,73	–	0,39	0,44	–	0,15	0,17	–	–	–
	II	15,55	–	1,24	1,39	–	0,94	1,06	–	0,67	0,75	–	0,41	0,46	–	0,16	0,18	–	–	–	–	–	–
	III	8,18	–	0,65	0,73	–	0,41	0,46	–	0,19	0,22	–	0,02	0,03	–	–	–	–	–	–	–	–	–
	IV	19,25	–	1,54	1,73	–	1,38	1,55	–	1,22	1,38	–	1,08	1,21	–	0,93	1,05	–	0,79	0,89	–	0,65	0,73
	V	32,91	–	2,63	2,96																		
	VI	34,39	–	2,75	3,09																		
112,39	I	19,29	–	1,54	1,73	–	1,23	1,38	–	0,93	1,05	–	0,66	0,74	–	0,40	0,45	–	0,15	0,17	–	–	–
	II	15,58	–	1,24	1,40	–	0,95	1,07	–	0,67	0,75	–	0,41	0,46	–	0,16	0,19	–	–	–	–	–	–
	III	8,21	–	0,65	0,73	–	0,41	0,46	–	0,20	0,22	–	0,02	0,03	–	–	–	–	–	–	–	–	–
	IV	19,29	–	1,54	1,73	–	1,38	1,55	–	1,23	1,38	–	1,08	1,21	–	0,93	1,05	–	0,79	0,89	–	0,66	0,74
	V	32,95	–	2,63	2,96																		
	VI	34,43	–	2,75	3,09																		
112,49	I	19,32	–	1,54	1,73	–	1,23	1,38	–	0,93	1,05	–	0,66	0,74	–	0,40	0,45	–	0,16	0,18	–	–	–
	II	15,61	–	1,24	1,40	–	0,95	1,07	–	0,67	0,75	–	0,41	0,46	–	0,17	0,19	–	–	–	–	–	–
	III	8,23	–	0,65	0,74	–	0,41	0,46	–	0,20	0,22	–	0,03	0,03	–	–	–	–	–	–	–	–	–
	IV	19,32	–	1,54	1,73	–	1,38	1,56	–	1,23	1,38	–	1,08	1,22	–	0,93	1,05	–	0,79	0,89	–	0,66	0,74
	V	33,00	–	2,64	2,97																		
	VI	34,47	–	2,75	3,10																		

Lohn/ Gehalt bis	Steuerklasse	Lohn-steuer	ohne Kinderfreibetrag			Anzahl Kinderfreibeträge (nur Steuerklassen I–IV)																	
						0,5			1,0			1,5			2,0			2,5			3,0		
			SolZ 5,5%	Kirchensteuer 8%	9%	SolZ 5,5%	Kirchensteuer 8%	9%	SolZ 5,5%	Kirchensteuer 8%	9%	SolZ 5,5%	Kirchensteuer 8%	9%	SolZ 5,5%	Kirchensteuer 8%	9%	SolZ 5,5%	Kirchensteuer 8%	9%	SolZ 5,5%	Kirchensteuer 8%	9%
112,59	I	19,35	-	1,54	1,74	-	1,23	1,39	-	0,94	1,05	-	0,66	0,74	-	0,40	0,45	-	0,16	0,18	-	-	-
	II	15,64	-	1,25	1,40	-	0,95	1,07	-	0,67	0,76	-	0,41	0,46	-	0,17	0,19	-	-	-	-	-	-
	III	8,26	-	0,66	0,74	-	0,41	0,46	-	0,20	0,22	-	0,03	0,03	-	-	-	-	-	-	-	-	-
	IV	19,35	-	1,54	1,74	-	1,39	1,56	-	1,23	1,39	-	1,08	1,22	-	0,94	1,05	-	0,80	0,90	-	0,66	0,74
	V	33,04	-	2,64	2,97																		
	VI	34,51	-	2,76	3,10																		
112,69	I	19,38	-	1,55	1,74	-	1,23	1,39	-	0,94	1,06	-	0,66	0,74	-	0,40	0,45	-	0,16	0,18	-	-	-
	II	15,67	-	1,25	1,41	-	0,95	1,07	-	0,67	0,76	-	0,41	0,47	-	0,17	0,19	-	-	-	-	-	-
	III	8,28	-	0,66	0,74	-	0,42	0,47	-	0,20	0,23	-	0,03	0,03	-	-	-	-	-	-	-	-	-
	IV	19,38	-	1,55	1,74	-	1,39	1,56	-	1,23	1,39	-	1,08	1,22	-	0,94	1,06	-	0,80	0,90	-	0,66	0,74
	V	33,08	-	2,64	2,97																		
	VI	34,56	-	2,76	3,11																		
112,79	I	19,41	-	1,55	1,74	-	1,24	1,39	-	0,94	1,06	-	0,66	0,75	-	0,40	0,45	-	0,16	0,18	-	-	-
	II	15,70	-	1,25	1,41	-	0,96	1,08	-	0,68	0,76	-	0,42	0,47	-	0,17	0,19	-	-	-	-	-	-
	III	8,30	-	0,66	0,74	-	0,42	0,47	-	0,20	0,23	-	0,03	0,03	-	-	-	-	-	-	-	-	-
	IV	19,41	-	1,55	1,74	-	1,39	1,56	-	1,24	1,39	-	1,09	1,22	-	0,94	1,06	-	0,80	0,90	-	0,66	0,75
	V	33,12	-	2,64	2,98																		
	VI	34,60	-	2,76	3,11																		
112,89	I	19,45	-	1,55	1,75	-	1,24	1,39	-	0,94	1,06	-	0,67	0,75	-	0,41	0,46	-	0,16	0,18	-	-	-
	II	15,73	-	1,25	1,41	-	0,96	1,08	-	0,68	0,76	-	0,42	0,47	-	0,17	0,20	-	-	-	-	-	-
	III	8,33	-	0,66	0,74	-	0,42	0,47	-	0,20	0,23	-	0,03	0,04	-	-	-	-	-	-	-	-	-
	IV	19,45	-	1,55	1,75	-	1,39	1,57	-	1,24	1,39	-	1,09	1,23	-	0,94	1,06	-	0,80	0,90	-	0,67	0,75
	V	33,16	-	2,65	2,98																		
	VI	34,64	-	2,77	3,11																		
112,99	I	19,48	-	1,55	1,75	-	1,24	1,40	-	0,95	1,07	-	0,67	0,75	-	0,41	0,46	-	0,16	0,19	-	-	-
	II	15,76	-	1,26	1,41	-	0,96	1,08	-	0,68	0,77	-	0,42	0,47	-	0,18	0,20	-	-	-	-	-	-
	III	8,35	-	0,66	0,75	-	0,42	0,47	-	0,20	0,23	-	0,03	0,04	-	-	-	-	-	-	-	-	-
	IV	19,48	-	1,55	1,75	-	1,40	1,57	-	1,24	1,40	-	1,09	1,23	-	0,95	1,07	-	0,80	0,91	-	0,67	0,75
	V	33,20	-	2,65	2,98																		
	VI	34,68	-	2,77	3,12																		
113,09	I	19,51	-	1,56	1,75	-	1,24	1,40	-	0,95	1,07	-	0,67	0,75	-	0,41	0,46	-	0,17	0,19	-	-	-
	II	15,79	-	1,26	1,42	-	0,96	1,08	-	0,68	0,77	-	0,42	0,47	-	0,18	0,20	-	-	-	-	-	-
	III	8,38	-	0,67	0,75	-	0,42	0,48	-	0,21	0,23	-	0,03	0,04	-	-	-	-	-	-	-	-	-
	IV	19,51	-	1,56	1,75	-	1,40	1,57	-	1,24	1,40	-	1,09	1,23	-	0,95	1,07	-	0,81	0,91	-	0,67	0,75
	V	33,25	-	2,66	2,99																		
	VI	34,72	-	2,77	3,12																		
113,19	I	19,55	-	1,56	1,75	-	1,25	1,40	-	0,95	1,07	-	0,67	0,76	-	0,41	0,46	-	0,17	0,19	-	-	-
	II	15,82	-	1,26	1,42	-	0,96	1,09	-	0,69	0,77	-	0,42	0,48	-	0,18	0,20	-	-	-	-	-	-
	III	8,40	-	0,67	0,75	-	0,42	0,48	-	0,21	0,23	-	0,04	0,04	-	-	-	-	-	-	-	-	-
	IV	19,55	-	1,56	1,75	-	1,40	1,58	-	1,25	1,40	-	1,10	1,23	-	0,95	1,07	-	0,81	0,91	-	0,67	0,76
	V	33,29	-	2,66	2,99																		
	VI	34,76	-	2,78	3,12																		
113,29	I	19,58	-	1,56	1,76	-	1,25	1,41	-	0,95	1,07	-	0,67	0,76	-	0,41	0,47	-	0,17	0,19	-	-	-
	II	15,85	-	1,26	1,42	-	0,97	1,09	-	0,69	0,77	-	0,43	0,48	-	0,18	0,20	-	-	-	-	-	-
	III	8,43	-	0,67	0,75	-	0,43	0,48	-	0,21	0,24	-	0,04	0,04	-	-	-	-	-	-	-	-	-
	IV	19,58	-	1,56	1,76	-	1,40	1,58	-	1,25	1,41	-	1,10	1,24	-	0,95	1,07	-	0,81	0,91	-	0,67	0,76
	V	33,33	-	2,66	2,99																		
	VI	34,81	-	2,78	3,13																		
113,39	I	19,61	-	1,56	1,76	-	1,25	1,41	-	0,96	1,08	-	0,68	0,76	-	0,42	0,47	-	0,17	0,19	-	-	-
	II	15,88	-	1,27	1,42	-	0,97	1,09	-	0,69	0,78	-	0,43	0,48	-	0,18	0,21	-	-	-	-	-	-
	III	8,45	-	0,67	0,76	-	0,43	0,48	-	0,21	0,24	-	0,04	0,04	-	-	-	-	-	-	-	-	-
	IV	19,61	-	1,56	1,76	-	1,41	1,58	-	1,25	1,41	-	1,10	1,24	-	0,96	1,08	-	0,81	0,92	-	0,68	0,76
	V	33,37	-	2,66	3,00																		
	VI	34,85	-	2,78	3,13																		
113,49	I	19,64	-	1,57	1,76	-	1,25	1,41	-	0,96	1,08	-	0,68	0,76	-	0,42	0,47	-	0,17	0,20	-	-	-
	II	15,91	-	1,27	1,43	-	0,97	1,09	-	0,69	0,78	-	0,43	0,48	-	0,18	0,21	-	-	-	-	-	-
	III	8,48	-	0,67	0,76	-	0,43	0,48	-	0,21	0,24	-	0,04	0,04	-	-	-	-	-	-	-	-	-
	IV	19,64	-	1,57	1,76	-	1,41	1,58	-	1,25	1,41	-	1,10	1,24	-	0,96	1,08	-	0,82	0,92	-	0,68	0,76
	V	33,41	-	2,67	3,00																		
	VI	34,89	-	2,79	3,14																		
113,59	I	19,67	-	1,57	1,77	-	1,26	1,41	-	0,96	1,08	-	0,68	0,77	-	0,42	0,47	-	0,18	0,20	-	-	-
	II	15,94	-	1,27	1,43	-	0,97	1,10	-	0,69	0,78	-	0,43	0,49	-	0,19	0,21	-	-	-	-	-	-
	III	8,50	-	0,68	0,76	-	0,43	0,49	-	0,21	0,24	-	0,04	0,05	-	-	-	-	-	-	-	-	-
	IV	19,67	-	1,57	1,77	-	1,41	1,59	-	1,26	1,41	-	1,11	1,24	-	0,96	1,08	-	0,82	0,92	-	0,68	0,77
	V	33,46	-	2,67	3,01																		
	VI	34,93	-	2,79	3,14																		
113,69	I	19,71	-	1,57	1,77	-	1,26	1,42	-	0,96	1,08	-	0,68	0,77	-	0,42	0,47	-	0,18	0,20	-	-	-
	II	15,97	-	1,27	1,43	-	0,98	1,10	-	0,70	0,78	-	0,43	0,49	-	0,19	0,21	-	-	-	-	-	-
	III	8,53	-	0,68	0,76	-	0,43	0,49	-	0,22	0,24	-	0,04	0,05	-	-	-	-	-	-	-	-	-
	IV	19,71	-	1,57	1,77	-	1,41	1,59	-	1,26	1,42	-	1,11	1,25	-	0,96	1,08	-	0,82	0,92	-	0,68	0,77
	V	33,50	-	2,68	3,01																		
	VI	34,98	-	2,79	3,14																		
113,79	I	19,74	-	1,57	1,77	-	1,26	1,42	-	0,96	1,09	-	0,69	0,77	-	0,42	0,48	-	0,18	0,20	-	-	-
	II	16,00	-	1,28	1,44	-	0,98	1,10	-	0,70	0,79	-	0,44	0,49	-	0,19	0,21	-	-	-	-	-	-
	III	8,55	-	0,68	0,76	-	0,44	0,49	-	0,22	0,25	-	0,04	0,05	-	-	-	-	-	-	-	-	-
	IV	19,74	-	1,57	1,77	-	1,42	1,59	-	1,26	1,42	-	1,11	1,25	-	0,96	1,09	-	0,82	0,93	-	0,69	0,77
	V	33,54	-	2,68	3,01																		
	VI	35,02	-	2,80	3,15																		
113,89	I	19,77	-	1,58	1,77	-	1,26	1,42	-	0,97	1,09	-	0,69	0,77	-	0,43	0,48	-	0,18	0,20	-	-	-
	II	16,04	-	1,28	1,44	-	0,98	1,10	-	0,70	0,79	-	0,44	0,49	-	0,19	0,22	-	-	-	-	-	-
	III	8,58	-	0,68	0,77	-	0,44	0,49	-	0,22	0,25	-	0,04	0,05	-	-	-	-	-	-	-	-	-
	IV	19,77	-	1,58	1,77	-	1,42	1,60	-	1,26	1,42	-	1,11	1,25	-	0,97	1,09	-	0,83	0,93	-	0,69	0,77
	V	33,58	-	2,68	3,02																		
	VI	35,06	-	2,80	3,15																		
113,99	I	19,80	-	1,58	1,78	-	1,27	1,42	-	0,97	1,09	-	0,69	0,78	-	0,43	0,48	-	0,18	0,21	-	-	-
	II	16,07	-	1,28	1,44	-	0,98	1,11	-	0,70	0,79	-	0,44	0,50	-	0,19	0,22	-	-	0,01	-	-	-
	III	8,60	-	0,68	0,77	-	0,44	0,50	-	0,22	0,25	-	0,04	0,05	-	-	-	-	-	-	-	-	-
	IV	19,80	-	1,58	1,78	-	1,42	1,60	-	1,27	1,42	-	1,12	1,26	-	0,97	1,09	-	0,83	0,93	-	0,69	0,78
	V	33,62	-	2,68	3,02																		
	VI	35,10	-	2,80	3,15																		

TAG bis 115,49 €

Besondere Tabelle

Lohn/ Gehalt bis	Steuerklasse	Lohn- steuer	ohne Kinderfreibetrag			Anzahl Kinderfreibeträge (nur Steuerklassen I–IV)																	
						0,5			1,0			1,5			2,0			2,5			3,0		
			SolZ 5,5%	Kirchensteuer 8%	9%	SolZ 5,5%	Kirchensteuer 8%	9%	SolZ 5,5%	Kirchensteuer 8%	9%	SolZ 5,5%	Kirchensteuer 8%	9%	SolZ 5,5%	Kirchensteuer 8%	9%	SolZ 5,5%	Kirchensteuer 8%	9%	SolZ 5,5%	Kirchensteuer 8%	9%
114,09	I	19,83	–	1,58	1,78	–	1,27	1,43	–	0,97	1,09	–	0,69	0,78	–	0,43	0,48	–	0,18	0,21	–	–	–
	II	16,10	–	1,28	1,44	–	0,99	1,11	–	0,71	0,79	–	0,44	0,50	–	0,20	0,22	–	0,01	0,01	–	–	–
	III	8,63	–	0,69	0,77	–	0,44	0,50	–	0,22	0,25	–	0,05	0,05	–	–	–	–	–	–	–	–	–
	IV	19,83	–	1,58	1,78	–	1,42	1,60	–	1,27	1,43	–	1,12	1,26	–	0,97	1,09	–	0,83	0,93	–	0,69	0,78
	V	33,67	–	2,69	3,03																		
	VI	35,14	–	2,81	3,16																		
114,19	I	19,87	–	1,58	1,78	–	1,27	1,43	–	0,97	1,10	–	0,69	0,78	–	0,43	0,49	–	0,19	0,21	–	–	–
	II	16,13	–	1,29	1,45	–	0,99	1,11	–	0,71	0,80	–	0,44	0,50	–	0,20	0,22	–	0,01	0,01	–	–	–
	III	8,65	–	0,69	0,77	–	0,44	0,50	–	0,22	0,25	–	0,05	0,05	–	–	–	–	–	–	–	–	–
	IV	19,87	–	1,58	1,78	–	1,43	1,60	–	1,27	1,43	–	1,12	1,26	–	0,97	1,10	–	0,83	0,94	–	0,69	0,78
	V	33,71	–	2,69	3,03																		
	VI	35,18	–	2,81	3,16																		
114,29	I	19,90	–	1,59	1,79	–	1,27	1,43	–	0,98	1,10	–	0,70	0,78	–	0,43	0,49	–	0,19	0,21	–	–	–
	II	16,16	–	1,29	1,45	–	0,99	1,11	–	0,71	0,80	–	0,45	0,50	–	0,20	0,23	–	0,01	0,01	–	–	–
	III	8,68	–	0,69	0,78	–	0,45	0,50	–	0,23	0,25	–	0,05	0,06	–	–	–	–	–	–	–	–	–
	IV	19,90	–	1,59	1,79	–	1,43	1,61	–	1,27	1,43	–	1,12	1,26	–	0,98	1,10	–	0,83	0,94	–	0,70	0,78
	V	33,75	–	2,70	3,03																		
	VI	35,23	–	2,81	3,17																		
114,39	I	19,93	–	1,59	1,79	–	1,28	1,44	–	0,98	1,10	–	0,70	0,79	–	0,44	0,49	–	0,19	0,21	–	–	–
	II	16,19	–	1,29	1,45	–	0,99	1,12	–	0,71	0,80	–	0,45	0,50	–	0,20	0,23	–	0,01	0,01	–	–	–
	III	8,70	–	0,69	0,78	–	0,45	0,50	–	0,23	0,26	–	0,05	0,06	–	–	–	–	–	–	–	–	–
	IV	19,93	–	1,59	1,79	–	1,43	1,61	–	1,28	1,44	–	1,12	1,27	–	0,98	1,10	–	0,84	0,94	–	0,70	0,79
	V	33,79	–	2,70	3,04																		
	VI	35,27	–	2,82	3,17																		
114,49	I	19,96	–	1,59	1,79	–	1,28	1,44	–	0,98	1,10	–	0,70	0,79	–	0,44	0,49	–	0,19	0,22	–	–	–
	II	16,22	–	1,29	1,45	–	1,00	1,12	–	0,71	0,80	–	0,45	0,51	–	0,20	0,23	–	0,01	0,01	–	–	–
	III	8,73	–	0,69	0,78	–	0,45	0,51	–	0,23	0,26	–	0,05	0,06	–	–	–	–	–	–	–	–	–
	IV	19,96	–	1,59	1,79	–	1,43	1,61	–	1,28	1,44	–	1,13	1,27	–	0,98	1,10	–	0,84	0,94	–	0,70	0,79
	V	33,83	–	2,70	3,04																		
	VI	35,31	–	2,82	3,17																		
114,59	I	20,00	–	1,60	1,80	–	1,28	1,44	–	0,98	1,11	–	0,70	0,79	–	0,44	0,50	–	0,19	0,22	–	–	0,01
	II	16,25	–	1,30	1,46	–	1,00	1,12	–	0,72	0,81	–	0,45	0,51	–	0,21	0,23	–	0,01	0,01	–	–	–
	III	8,75	–	0,70	0,78	–	0,45	0,51	–	0,23	0,26	–	0,05	0,06	–	–	–	–	–	–	–	–	–
	IV	20,00	–	1,60	1,80	–	1,44	1,62	–	1,28	1,44	–	1,13	1,27	–	0,98	1,11	–	0,84	0,95	–	0,70	0,79
	V	33,88	–	2,71	3,04																		
	VI	35,35	–	2,82	3,18																		
114,69	I	20,03	–	1,60	1,80	–	1,28	1,44	–	0,99	1,11	–	0,71	0,79	–	0,44	0,50	–	0,20	0,22	–	0,01	0,01
	II	16,28	–	1,30	1,46	–	1,00	1,12	–	0,72	0,81	–	0,45	0,51	–	0,21	0,23	–	0,01	0,02	–	–	–
	III	8,78	–	0,70	0,79	–	0,45	0,51	–	0,23	0,26	–	0,05	0,06	–	–	–	–	–	–	–	–	–
	IV	20,03	–	1,60	1,80	–	1,44	1,62	–	1,28	1,44	–	1,13	1,27	–	0,99	1,11	–	0,84	0,95	–	0,71	0,79
	V	33,92	–	2,71	3,05																		
	VI	35,40	–	2,83	3,18																		
114,79	I	20,06	–	1,60	1,80	–	1,29	1,45	–	0,99	1,11	–	0,71	0,80	–	0,44	0,50	–	0,20	0,22	–	0,01	0,01
	II	16,31	–	1,30	1,46	–	1,00	1,13	–	0,72	0,81	–	0,46	0,51	–	0,21	0,24	–	0,01	0,02	–	–	–
	III	8,80	–	0,70	0,79	–	0,46	0,51	–	0,23	0,26	–	0,06	0,06	–	–	–	–	–	–	–	–	–
	IV	20,06	–	1,60	1,80	–	1,44	1,62	–	1,29	1,45	–	1,13	1,28	–	0,99	1,11	–	0,85	0,95	–	0,71	0,80
	V	33,96	–	2,71	3,05																		
	VI	35,44	–	2,83	3,18																		
114,89	I	20,10	–	1,60	1,80	–	1,29	1,45	–	0,99	1,11	–	0,71	0,80	–	0,45	0,50	–	0,20	0,23	–	0,01	0,01
	II	16,34	–	1,30	1,47	–	1,00	1,13	–	0,72	0,81	–	0,46	0,52	–	0,21	0,24	–	0,02	0,02	–	–	–
	III	8,83	–	0,70	0,79	–	0,46	0,52	–	0,24	0,27	–	0,06	0,06	–	–	–	–	–	–	–	–	–
	IV	20,10	–	1,60	1,80	–	1,44	1,62	–	1,29	1,45	–	1,14	1,28	–	0,99	1,11	–	0,85	0,95	–	0,71	0,80
	V	34,00	–	2,72	3,06																		
	VI	35,48	–	2,83	3,19																		
114,99	I	20,13	–	1,61	1,81	–	1,29	1,45	–	0,99	1,12	–	0,71	0,80	–	0,45	0,50	–	0,20	0,23	–	0,01	0,01
	II	16,38	–	1,31	1,47	–	1,01	1,13	–	0,72	0,82	–	0,46	0,52	–	0,21	0,24	–	0,02	0,02	–	–	–
	III	8,85	–	0,70	0,79	–	0,46	0,52	–	0,24	0,27	–	0,06	0,06	–	–	–	–	–	–	–	–	–
	IV	20,13	–	1,61	1,81	–	1,45	1,63	–	1,29	1,45	–	1,14	1,28	–	0,99	1,12	–	0,85	0,96	–	0,71	0,80
	V	34,05	–	2,72	3,06																		
	VI	35,52	–	2,84	3,19																		
115,09	I	20,16	–	1,61	1,81	–	1,29	1,45	–	1,00	1,12	–	0,71	0,80	–	0,45	0,51	–	0,20	0,23	–	0,01	0,01
	II	16,41	–	1,31	1,47	–	1,01	1,14	–	0,73	0,82	–	0,46	0,52	–	0,22	0,24	–	0,02	0,02	–	–	–
	III	8,88	–	0,71	0,79	–	0,46	0,52	–	0,24	0,27	–	0,06	0,07	–	–	–	–	–	–	–	–	–
	IV	20,16	–	1,61	1,81	–	1,45	1,63	–	1,29	1,45	–	1,14	1,28	–	1,00	1,12	–	0,85	0,96	–	0,71	0,80
	V	34,09	–	2,72	3,06																		
	VI	35,56	–	2,84	3,20																		
115,19	I	20,19	–	1,61	1,81	–	1,30	1,46	–	1,00	1,12	–	0,72	0,81	–	0,45	0,51	–	0,21	0,23	–	0,01	0,01
	II	16,44	–	1,31	1,47	–	1,01	1,14	–	0,73	0,82	–	0,46	0,52	–	0,22	0,24	–	0,02	0,02	–	–	–
	III	8,90	–	0,71	0,80	–	0,46	0,52	–	0,24	0,27	–	0,06	0,07	–	–	–	–	–	–	–	–	–
	IV	20,19	–	1,61	1,81	–	1,45	1,63	–	1,30	1,46	–	1,14	1,29	–	1,00	1,12	–	0,85	0,96	–	0,72	0,81
	V	34,13	–	2,73	3,07																		
	VI	35,61	–	2,84	3,20																		
115,29	I	20,23	–	1,61	1,82	–	1,30	1,46	–	1,00	1,12	–	0,72	0,81	–	0,45	0,51	–	0,21	0,23	–	0,01	0,02
	II	16,47	–	1,31	1,48	–	1,01	1,14	–	0,73	0,82	–	0,47	0,53	–	0,22	0,25	–	0,02	0,02	–	–	–
	III	8,93	–	0,71	0,80	–	0,46	0,52	–	0,24	0,27	–	0,06	0,07	–	–	–	–	–	–	–	–	–
	IV	20,23	–	1,61	1,82	–	1,45	1,64	–	1,30	1,46	–	1,15	1,29	–	1,00	1,12	–	0,86	0,96	–	0,72	0,81
	V	34,17	–	2,73	3,07																		
	VI	35,65	–	2,85	3,20																		
115,39	I	20,26	–	1,62	1,82	–	1,30	1,46	–	1,00	1,13	–	0,72	0,81	–	0,46	0,51	–	0,21	0,24	–	0,01	0,02
	II	16,50	–	1,32	1,48	–	1,02	1,14	–	0,73	0,83	–	0,47	0,53	–	0,22	0,25	–	0,02	0,02	–	–	–
	III	8,95	–	0,71	0,80	–	0,47	0,53	–	0,24	0,27	–	0,06	0,07	–	–	–	–	–	–	–	–	–
	IV	20,26	–	1,62	1,82	–	1,46	1,64	–	1,30	1,46	–	1,15	1,29	–	1,00	1,13	–	0,86	0,97	–	0,72	0,81
	V	34,21	–	2,73	3,07																		
	VI	35,69	–	2,85	3,21																		
115,49	I	20,29	–	1,62	1,82	–	1,30	1,47	–	1,00	1,13	–	0,72	0,81	–	0,46	0,52	–	0,21	0,24	–	0,02	0,02
	II	16,53	–	1,32	1,48	–	1,02	1,15	–	0,74	0,83	–	0,47	0,53	–	0,22	0,25	–	0,02	0,03	–	–	–
	III	8,98	–	0,71	0,80	–	0,47	0,53	–	0,24	0,28	–	0,06	0,07	–	–	–	–	–	–	–	–	–
	IV	20,29	–	1,62	1,82	–	1,46	1,64	–	1,30	1,47	–	1,15	1,30	–	1,00	1,13	–	0,86	0,97	–	0,72	0,81
	V	34,25	–	2,74	3,08																		
	VI	35,73	–	2,85	3,21																		

Besondere Tabelle

TAG bis 116,99 €

Lohn/ Gehalt bis	Steuerklasse	Lohn-steuer	ohne Kinderfreibetrag SolZ 5,5%	ohne Kinderfreibetrag Kirchensteuer 8%	ohne Kinderfreibetrag Kirchensteuer 9%	0,5 SolZ 5,5%	0,5 Kirchensteuer 8%	0,5 Kirchensteuer 9%	1,0 SolZ 5,5%	1,0 Kirchensteuer 8%	1,0 Kirchensteuer 9%	1,5 SolZ 5,5%	1,5 Kirchensteuer 8%	1,5 Kirchensteuer 9%	2,0 SolZ 5,5%	2,0 Kirchensteuer 8%	2,0 Kirchensteuer 9%	2,5 SolZ 5,5%	2,5 Kirchensteuer 8%	2,5 Kirchensteuer 9%	3,0 SolZ 5,5%	3,0 Kirchensteuer 8%	3,0 Kirchensteuer 9%
						Anzahl Kinderfreibeträge (nur Steuerklassen I–IV)																	
115,59	I	20,32	–	1,62	1,82	–	1,31	1,47	–	1,01	1,13	–	0,72	0,82	–	0,46	0,52	–	0,21	0,24	–	0,02	0,02
	II	16,56	–	1,32	1,49	–	1,02	1,15	–	0,74	0,83	–	0,47	0,53	–	0,22	0,25	–	0,02	0,03	–	–	–
	III	9,00	–	0,72	0,81	–	0,47	0,53	–	0,25	0,28	–	0,06	0,07	–	–	–	–	–	–	–	–	–
	IV	20,32	–	1,62	1,82	–	1,46	1,64	–	1,31	1,47	–	1,15	1,30	–	1,01	1,13	–	0,86	0,97	–	0,72	0,82
	V	34,30	–	2,74	3,08																		
	VI	35,77	–	2,86	3,21																		
115,69	I	20,36	–	1,62	1,83	–	1,31	1,47	–	1,01	1,14	–	0,73	0,82	–	0,46	0,52	–	0,22	0,24	–	0,02	0,02
	II	16,59	–	1,32	1,49	–	1,02	1,15	–	0,74	0,83	–	0,48	0,54	–	0,23	0,26	–	0,03	0,03	–	–	–
	III	9,03	–	0,72	0,81	–	0,47	0,53	–	0,25	0,28	–	0,07	0,08	–	–	–	–	–	–	–	–	–
	IV	20,36	–	1,62	1,83	–	1,46	1,65	–	1,31	1,47	–	1,16	1,30	–	1,01	1,14	–	0,87	0,97	–	0,73	0,82
	V	34,34	–	2,74	3,09																		
	VI	35,81	–	2,86	3,22																		
115,79	I	20,39	–	1,63	1,83	–	1,31	1,47	–	1,01	1,14	–	0,73	0,82	–	0,46	0,52	–	0,22	0,24	–	0,02	0,02
	II	16,62	–	1,32	1,49	–	1,03	1,15	–	0,74	0,84	–	0,48	0,54	–	0,23	0,26	–	0,03	0,03	–	–	–
	III	9,05	–	0,72	0,81	–	0,48	0,54	–	0,25	0,28	–	0,07	0,08	–	–	–	–	–	–	–	–	–
	IV	20,39	–	1,63	1,83	–	1,47	1,65	–	1,31	1,47	–	1,16	1,30	–	1,01	1,14	–	0,87	0,98	–	0,73	0,82
	V	34,38	–	2,75	3,09																		
	VI	35,86	–	2,86	3,22																		
115,89	I	20,42	–	1,63	1,83	–	1,31	1,48	–	1,01	1,14	–	0,73	0,82	–	0,47	0,53	–	0,22	0,25	–	0,02	0,02
	II	16,65	–	1,33	1,49	–	1,03	1,16	–	0,74	0,84	–	0,48	0,54	–	0,23	0,26	–	0,03	0,03	–	–	–
	III	9,08	–	0,72	0,81	–	0,48	0,54	–	0,25	0,28	–	0,07	0,08	–	–	–	–	–	–	–	–	–
	IV	20,42	–	1,63	1,83	–	1,47	1,65	–	1,31	1,48	–	1,16	1,31	–	1,01	1,14	–	0,87	0,98	–	0,73	0,82
	V	34,42	–	2,75	3,09																		
	VI	35,90	–	2,87	3,23																		
115,99	I	20,45	–	1,63	1,84	–	1,32	1,48	–	1,02	1,14	–	0,73	0,83	–	0,47	0,53	–	0,22	0,25	–	0,02	0,02
	II	16,68	–	1,33	1,50	–	1,03	1,16	–	0,75	0,84	–	0,48	0,54	–	0,23	0,26	–	0,03	0,03	–	–	–
	III	9,10	–	0,72	0,81	–	0,48	0,54	–	0,25	0,28	–	0,07	0,08	–	–	–	–	–	–	–	–	–
	IV	20,45	–	1,63	1,84	–	1,47	1,66	–	1,32	1,48	–	1,16	1,31	–	1,02	1,14	–	0,87	0,98	–	0,73	0,83
	V	34,46	–	2,75	3,10																		
	VI	35,94	–	2,87	3,23																		
116,09	I	20,49	–	1,63	1,84	–	1,32	1,48	–	1,02	1,15	–	0,74	0,83	–	0,47	0,53	–	0,22	0,25	–	0,02	0,03
	II	16,71	–	1,33	1,50	–	1,03	1,16	–	0,75	0,84	–	0,48	0,54	–	0,23	0,26	–	0,03	0,04	–	–	–
	III	9,13	–	0,73	0,82	–	0,48	0,54	–	0,26	0,29	–	0,07	0,08	–	–	–	–	–	–	–	–	–
	IV	20,49	–	1,63	1,84	–	1,47	1,66	–	1,32	1,48	–	1,17	1,31	–	1,02	1,15	–	0,88	0,99	–	0,74	0,83
	V	34,51	–	2,76	3,10																		
	VI	35,98	–	2,87	3,23																		
116,19	I	20,52	–	1,64	1,84	–	1,32	1,49	–	1,02	1,15	–	0,74	0,83	–	0,47	0,53	–	0,22	0,25	–	0,02	0,03
	II	16,75	–	1,34	1,50	–	1,03	1,16	–	0,75	0,85	–	0,49	0,55	–	0,24	0,27	–	0,03	0,04	–	–	–
	III	9,15	–	0,73	0,82	–	0,48	0,54	–	0,26	0,29	–	0,07	0,08	–	–	–	–	–	–	–	–	–
	IV	20,52	–	1,64	1,84	–	1,48	1,66	–	1,32	1,49	–	1,17	1,31	–	1,02	1,15	–	0,88	0,99	–	0,74	0,83
	V	34,55	–	2,76	3,10																		
	VI	36,03	–	2,88	3,24																		
116,29	I	20,55	–	1,64	1,84	–	1,32	1,49	–	1,02	1,15	–	0,74	0,83	–	0,48	0,54	–	0,23	0,26	–	0,03	0,03
	II	16,78	–	1,34	1,51	–	1,04	1,17	–	0,75	0,85	–	0,49	0,55	–	0,24	0,27	–	0,03	0,04	–	–	–
	III	9,18	–	0,73	0,82	–	0,48	0,55	–	0,26	0,29	–	0,07	0,08	–	–	–	–	–	–	–	–	–
	IV	20,55	–	1,64	1,84	–	1,48	1,66	–	1,32	1,49	–	1,17	1,32	–	1,02	1,15	–	0,88	0,99	–	0,74	0,83
	V	34,59	–	2,76	3,11																		
	VI	36,07	–	2,88	3,24																		
116,39	I	20,58	–	1,64	1,85	–	1,32	1,49	–	1,03	1,15	–	0,74	0,84	–	0,48	0,54	–	0,23	0,26	–	0,03	0,03
	II	16,81	–	1,34	1,51	–	1,04	1,17	–	0,76	0,85	–	0,49	0,55	–	0,24	0,27	–	0,04	0,04	–	–	–
	III	9,20	–	0,73	0,82	–	0,49	0,55	–	0,26	0,29	–	0,08	0,09	–	–	–	–	–	–	–	–	–
	IV	20,58	–	1,64	1,85	–	1,48	1,67	–	1,32	1,49	–	1,17	1,32	–	1,03	1,15	–	0,88	0,99	–	0,74	0,84
	V	34,63	–	2,77	3,11																		
	VI	36,11	–	2,88	3,24																		
116,49	I	20,62	–	1,64	1,85	–	1,33	1,49	–	1,03	1,16	–	0,74	0,84	–	0,48	0,54	–	0,23	0,26	–	0,03	0,03
	II	16,84	–	1,34	1,51	–	1,04	1,17	–	0,76	0,85	–	0,49	0,55	–	0,24	0,27	–	0,04	0,04	–	–	–
	III	9,23	–	0,73	0,83	–	0,49	0,55	–	0,26	0,29	–	0,08	0,09	–	–	–	–	–	–	–	–	–
	IV	20,62	–	1,64	1,85	–	1,48	1,67	–	1,33	1,49	–	1,18	1,32	–	1,03	1,16	–	0,88	0,99	–	0,74	0,84
	V	34,67	–	2,77	3,12																		
	VI	36,15	–	2,89	3,25																		
116,59	I	20,65	–	1,65	1,85	–	1,33	1,50	–	1,03	1,16	–	0,75	0,84	–	0,48	0,54	–	0,23	0,26	–	0,03	0,03
	II	16,87	–	1,34	1,51	–	1,04	1,17	–	0,76	0,86	–	0,49	0,56	–	0,24	0,27	–	0,04	0,04	–	–	–
	III	9,25	–	0,74	0,83	–	0,49	0,55	–	0,26	0,30	–	0,08	0,09	–	–	–	–	–	–	–	–	–
	IV	20,65	–	1,65	1,85	–	1,49	1,67	–	1,33	1,50	–	1,18	1,33	–	1,03	1,16	–	0,89	1,00	–	0,75	0,84
	V	34,72	–	2,77	3,12																		
	VI	36,19	–	2,89	3,25																		
116,69	I	20,68	–	1,65	1,86	–	1,33	1,50	–	1,03	1,16	–	0,75	0,84	–	0,48	0,54	–	0,23	0,26	–	0,03	0,04
	II	16,90	–	1,35	1,52	–	1,05	1,18	–	0,76	0,86	–	0,50	0,56	–	0,25	0,28	–	0,04	0,04	–	–	–
	III	9,28	–	0,74	0,83	–	0,49	0,55	–	0,26	0,30	–	0,08	0,09	–	–	–	–	–	–	–	–	–
	IV	20,68	–	1,65	1,86	–	1,49	1,68	–	1,33	1,50	–	1,18	1,33	–	1,03	1,16	–	0,89	1,00	–	0,75	0,84
	V	34,76	–	2,78	3,12																		
	VI	36,23	–	2,89	3,26																		
116,79	I	20,71	–	1,65	1,86	–	1,34	1,50	–	1,03	1,16	–	0,75	0,85	–	0,49	0,55	–	0,24	0,27	–	0,03	0,04
	II	16,93	–	1,35	1,52	–	1,05	1,18	–	0,76	0,86	–	0,50	0,56	–	0,25	0,28	–	0,04	0,05	–	–	–
	III	9,30	–	0,74	0,83	–	0,49	0,56	–	0,27	0,30	–	0,08	0,09	–	–	–	–	–	–	–	–	–
	IV	20,71	–	1,65	1,86	–	1,49	1,68	–	1,34	1,50	–	1,18	1,33	–	1,03	1,16	–	0,89	1,00	–	0,75	0,85
	V	34,80	–	2,78	3,13																		
	VI	36,28	–	2,90	3,26																		
116,89	I	20,75	–	1,66	1,86	–	1,34	1,51	–	1,04	1,17	–	0,75	0,85	–	0,49	0,55	–	0,24	0,27	–	0,03	0,04
	II	16,96	–	1,35	1,52	–	1,05	1,18	–	0,77	0,86	–	0,50	0,56	–	0,25	0,28	–	0,04	0,05	–	–	–
	III	9,33	–	0,74	0,83	–	0,50	0,56	–	0,27	0,30	–	0,08	0,09	–	–	–	–	–	–	–	–	–
	IV	20,75	–	1,66	1,86	–	1,49	1,68	–	1,34	1,51	–	1,18	1,33	–	1,04	1,17	–	0,89	1,00	–	0,75	0,85
	V	34,84	–	2,78	3,13																		
	VI	36,32	–	2,90	3,26																		
116,99	I	20,78	–	1,66	1,87	–	1,34	1,51	–	1,04	1,17	–	0,76	0,85	–	0,49	0,55	–	0,24	0,27	–	0,04	0,04
	II	17,00	–	1,36	1,53	–	1,05	1,19	–	0,77	0,87	–	0,50	0,56	–	0,25	0,28	–	0,04	0,05	–	–	–
	III	9,35	–	0,74	0,84	–	0,50	0,56	–	0,27	0,30	–	0,08	0,09	–	–	–	–	–	–	–	–	–
	IV	20,78	–	1,66	1,87	–	1,50	1,68	–	1,34	1,51	–	1,19	1,34	–	1,04	1,17	–	0,90	1,01	–	0,76	0,85
	V	34,88	–	2,79	3,13																		
	VI	36,36	–	2,90	3,27																		

TAG bis 118,49 €

Besondere Tabelle

Lohn/ Gehalt bis	Steuerklasse	Lohn-steuer	ohne Kinderfreibetrag SolZ 5,5%	Kirchensteuer 8%	Kirchensteuer 9%	0,5 SolZ 5,5%	0,5 Kirchensteuer 8%	0,5 Kirchensteuer 9%	1,0 SolZ 5,5%	1,0 Kirchensteuer 8%	1,0 Kirchensteuer 9%	1,5 SolZ 5,5%	1,5 Kirchensteuer 8%	1,5 Kirchensteuer 9%	2,0 SolZ 5,5%	2,0 Kirchensteuer 8%	2,0 Kirchensteuer 9%	2,5 SolZ 5,5%	2,5 Kirchensteuer 8%	2,5 Kirchensteuer 9%	3,0 SolZ 5,5%	3,0 Kirchensteuer 8%	3,0 Kirchensteuer 9%
						Anzahl Kinderfreibeträge (nur Steuerklassen I–IV)																	
117,09	I	20,81	-	1,66	1,87	-	1,34	1,51	-	1,04	1,17	-	0,76	0,85	-	0,49	0,55	-	0,24	0,27	-	0,04	0,0
	II	17,03	-	1,36	1,53	-	1,06	1,19	-	0,77	0,87	-	0,50	0,57	-	0,25	0,29	-	0,04	0,05	-	-	
	III	9,38	-	0,75	0,84	-	0,50	0,56	-	0,27	0,31	-	0,08	0,10	-	-	-	-	-	-	-	-	
	IV	20,81	-	1,66	1,87	-	1,50	1,69	-	1,34	1,51	-	1,19	1,34	-	1,04	1,17	-	0,90	1,01	-	0,76	0,8
	V	34,93	-	2,79	3,14																		
	VI	36,40	-	2,91	3,27																		
117,19	I	20,85	-	1,66	1,87	-	1,34	1,51	-	1,04	1,17	-	0,76	0,86	-	0,49	0,56	-	0,24	0,27	-	0,04	0,0
	II	17,06	-	1,36	1,53	-	1,06	1,19	-	0,77	0,87	-	0,51	0,57	-	0,26	0,29	-	0,05	0,05	-	-	
	III	9,40	-	0,75	0,84	-	0,50	0,56	-	0,27	0,31	-	0,09	0,10	-	-	-	-	-	-	-	-	
	IV	20,85	-	1,66	1,87	-	1,50	1,69	-	1,34	1,51	-	1,19	1,34	-	1,04	1,17	-	0,90	1,01	-	0,76	0,8
	V	34,97	-	2,79	3,14																		
	VI	36,45	-	2,91	3,28																		
117,29	I	20,88	-	1,67	1,87	-	1,35	1,52	-	1,05	1,18	-	0,76	0,86	-	0,50	0,56	-	0,25	0,28	-	0,04	0,0
	II	17,09	-	1,36	1,53	-	1,06	1,19	-	0,78	0,87	-	0,51	0,57	-	0,26	0,29	-	0,05	0,05	-	-	
	III	9,43	-	0,75	0,84	-	0,50	0,57	-	0,28	0,31	-	0,09	0,10	-	-	-	-	-	-	-	-	
	IV	20,88	-	1,67	1,87	-	1,50	1,69	-	1,35	1,52	-	1,19	1,34	-	1,05	1,18	-	0,90	1,02	-	0,76	0,8
	V	35,01	-	2,80	3,15																		
	VI	36,49	-	2,91	3,28																		
117,39	I	20,91	-	1,67	1,88	-	1,35	1,52	-	1,05	1,18	-	0,76	0,86	-	0,50	0,56	-	0,25	0,28	-	0,04	0,0
	II	17,12	-	1,36	1,54	-	1,06	1,20	-	0,78	0,88	-	0,51	0,57	-	0,26	0,29	-	0,05	0,05	-	-	
	III	9,45	-	0,75	0,85	-	0,51	0,57	-	0,28	0,31	-	0,09	0,10	-	-	-	-	-	-	-	-	
	IV	20,91	-	1,67	1,88	-	1,51	1,70	-	1,35	1,52	-	1,20	1,35	-	1,05	1,18	-	0,90	1,02	-	0,76	0,8
	V	35,05	-	2,80	3,15																		
	VI	36,53	-	2,92	3,28																		
117,49	I	20,95	-	1,67	1,88	-	1,35	1,52	-	1,05	1,18	-	0,77	0,86	-	0,50	0,56	-	0,25	0,28	-	0,04	0,0
	II	17,15	-	1,37	1,54	-	1,06	1,20	-	0,78	0,88	-	0,51	0,58	-	0,26	0,29	-	0,05	0,06	-	-	
	III	9,48	-	0,75	0,85	-	0,51	0,57	-	0,28	0,31	-	0,09	0,10	-	-	-	-	-	-	-	-	
	IV	20,95	-	1,67	1,88	-	1,51	1,70	-	1,35	1,52	-	1,20	1,35	-	1,05	1,18	-	0,91	1,02	-	0,77	0,8
	V	35,10	-	2,80	3,15																		
	VI	36,57	-	2,92	3,29																		
117,59	I	20,98	-	1,67	1,88	-	1,36	1,53	-	1,05	1,19	-	0,77	0,87	-	0,50	0,56	-	0,25	0,28	-	0,04	0,0
	II	17,18	-	1,37	1,54	-	1,07	1,20	-	0,78	0,88	-	0,51	0,58	-	0,26	0,30	-	0,05	0,06	-	-	
	III	9,50	-	0,76	0,85	-	0,51	0,57	-	0,28	0,32	-	0,09	0,10	-	-	-	-	-	-	-	-	
	IV	20,98	-	1,67	1,88	-	1,51	1,70	-	1,36	1,53	-	1,20	1,35	-	1,05	1,19	-	0,91	1,02	-	0,77	0,8
	V	35,14	-	2,81	3,16																		
	VI	36,61	-	2,92	3,29																		
117,69	I	21,01	-	1,68	1,89	-	1,36	1,53	-	1,06	1,19	-	0,77	0,87	-	0,50	0,57	-	0,25	0,29	-	0,04	0,0
	II	17,21	-	1,37	1,54	-	1,07	1,20	-	0,78	0,88	-	0,52	0,58	-	0,27	0,30	-	0,05	0,06	-	-	
	III	9,53	-	0,76	0,85	-	0,51	0,58	-	0,28	0,32	-	0,09	0,10	-	-	-	-	-	-	-	-	
	IV	21,01	-	1,68	1,89	-	1,51	1,70	-	1,36	1,53	-	1,20	1,35	-	1,06	1,19	-	0,91	1,03	-	0,77	0,8
	V	35,18	-	2,81	3,16																		
	VI	36,66	-	2,93	3,29																		
117,79	I	21,04	-	1,68	1,89	-	1,36	1,53	-	1,06	1,19	-	0,77	0,87	-	0,51	0,57	-	0,26	0,29	-	0,05	0,0
	II	17,25	-	1,38	1,55	-	1,07	1,21	-	0,79	0,89	-	0,52	0,58	-	0,27	0,30	-	0,05	0,06	-	-	
	III	9,55	-	0,76	0,85	-	0,51	0,58	-	0,28	0,32	-	0,09	0,11	-	-	-	-	-	-	-	-	
	IV	21,04	-	1,68	1,89	-	1,52	1,71	-	1,36	1,53	-	1,21	1,36	-	1,06	1,19	-	0,91	1,03	-	0,77	0,8
	V	35,22	-	2,81	3,16																		
	VI	36,70	-	2,93	3,30																		
117,89	I	21,08	-	1,68	1,89	-	1,36	1,53	-	1,06	1,19	-	0,78	0,87	-	0,51	0,57	-	0,26	0,29	-	0,05	0,0
	II	17,28	-	1,38	1,55	-	1,07	1,21	-	0,79	0,89	-	0,52	0,59	-	0,27	0,30	-	0,06	0,06	-	-	
	III	9,58	-	0,76	0,86	-	0,52	0,58	-	0,28	0,32	-	0,10	0,11	-	-	-	-	-	-	-	-	
	IV	21,08	-	1,68	1,89	-	1,52	1,71	-	1,36	1,53	-	1,21	1,36	-	1,06	1,19	-	0,92	1,03	-	0,78	0,8
	V	35,26	-	2,82	3,17																		
	VI	36,74	-	2,93	3,30																		
117,99	I	21,11	-	1,68	1,89	-	1,36	1,54	-	1,06	1,20	-	0,78	0,88	-	0,51	0,57	-	0,26	0,29	-	0,05	0,0
	II	17,31	-	1,38	1,55	-	1,08	1,21	-	0,79	0,89	-	0,52	0,59	-	0,27	0,31	-	0,06	0,06	-	-	
	III	9,60	-	0,76	0,86	-	0,52	0,58	-	0,29	0,32	-	0,10	0,11	-	-	-	-	-	-	-	-	
	IV	21,11	-	1,68	1,89	-	1,52	1,71	-	1,36	1,54	-	1,21	1,36	-	1,06	1,20	-	0,92	1,03	-	0,78	0,8
	V	35,30	-	2,82	3,17																		
	VI	36,78	-	2,94	3,31																		
118,09	I	21,14	-	1,69	1,90	-	1,37	1,54	-	1,06	1,20	-	0,78	0,88	-	0,51	0,58	-	0,26	0,29	-	0,05	0,0
	II	17,34	-	1,38	1,56	-	1,08	1,21	-	0,79	0,89	-	0,52	0,59	-	0,27	0,31	-	0,06	0,07	-	-	
	III	9,63	-	0,77	0,86	-	0,52	0,58	-	0,29	0,32	-	0,10	0,11	-	-	-	-	-	-	-	-	
	IV	21,14	-	1,69	1,90	-	1,52	1,72	-	1,37	1,54	-	1,21	1,37	-	1,06	1,20	-	0,92	1,04	-	0,78	0,8
	V	35,35	-	2,82	3,18																		
	VI	36,82	-	2,94	3,31																		
118,19	I	21,18	-	1,69	1,90	-	1,37	1,54	-	1,07	1,20	-	0,78	0,88	-	0,51	0,58	-	0,26	0,30	-	0,05	0,0
	II	17,37	-	1,38	1,56	-	1,08	1,22	-	0,80	0,90	-	0,53	0,59	-	0,28	0,31	-	0,06	0,07	-	-	
	III	9,65	-	0,77	0,86	-	0,52	0,59	-	0,29	0,33	-	0,10	0,11	-	-	-	-	-	-	-	-	
	IV	21,18	-	1,69	1,90	-	1,53	1,72	-	1,37	1,54	-	1,22	1,37	-	1,07	1,20	-	0,92	1,04	-	0,78	0,8
	V	35,39	-	2,83	3,18																		
	VI	36,86	-	2,94	3,31																		
118,29	I	21,21	-	1,69	1,90	-	1,37	1,54	-	1,07	1,20	-	0,78	0,88	-	0,52	0,58	-	0,27	0,30	-	0,05	0,0
	II	17,40	-	1,39	1,56	-	1,08	1,22	-	0,80	0,90	-	0,53	0,60	-	0,28	0,31	-	0,06	0,07	-	-	
	III	9,68	-	0,77	0,87	-	0,52	0,59	-	0,29	0,33	-	0,10	0,11	-	-	-	-	-	-	-	-	
	IV	21,21	-	1,69	1,90	-	1,53	1,72	-	1,37	1,54	-	1,22	1,37	-	1,07	1,20	-	0,92	1,04	-	0,78	0,8
	V	35,43	-	2,83	3,18																		
	VI	36,91	-	2,95	3,32																		
118,39	I	21,24	-	1,69	1,91	-	1,38	1,55	-	1,07	1,21	-	0,79	0,89	-	0,52	0,58	-	0,27	0,30	-	0,05	0,0
	II	17,43	-	1,39	1,56	-	1,09	1,22	-	0,80	0,90	-	0,53	0,60	-	0,28	0,31	-	0,06	0,07	-	-	
	III	9,70	-	0,77	0,87	-	0,52	0,59	-	0,29	0,33	-	0,10	0,11	-	-	-	-	-	-	-	-	
	IV	21,24	-	1,69	1,91	-	1,53	1,72	-	1,38	1,55	-	1,22	1,37	-	1,07	1,21	-	0,93	1,04	-	0,79	0,8
	V	35,47	-	2,83	3,19																		
	VI	36,95	-	2,95	3,32																		
118,49	I	21,28	-	1,70	1,91	-	1,38	1,55	-	1,07	1,21	-	0,79	0,89	-	0,52	0,59	-	0,27	0,30	-	0,06	0,0
	II	17,46	-	1,39	1,57	-	1,09	1,23	-	0,80	0,90	-	0,53	0,60	-	0,28	0,32	-	0,06	0,07	-	-	
	III	9,73	-	0,77	0,87	-	0,53	0,59	-	0,30	0,33	-	0,10	0,12	-	-	-	-	-	-	-	-	
	IV	21,28	-	1,70	1,91	-	1,54	1,73	-	1,38	1,55	-	1,22	1,38	-	1,07	1,21	-	0,93	1,05	-	0,79	0,8
	V	35,51	-	2,84	3,19																		
	VI	36,99	-	2,95	3,32																		

Besondere Tabelle

Lohn/ Gehalt bis	Steuerklasse	Lohnsteuer	ohne Kinderfreibetrag			Anzahl Kinderfreibeträge (nur Steuerklassen I–IV) 0,5			1,0			1,5			2,0			2,5			3,0		
			SolZ 5,5%	Kirchensteuer 8%	9%	SolZ 5,5%	Kirchensteuer 8%	9%	SolZ 5,5%	Kirchensteuer 8%	9%	SolZ 5,5%	Kirchensteuer 8%	9%	SolZ 5,5%	Kirchensteuer 8%	9%	SolZ 5,5%	Kirchensteuer 8%	9%	SolZ 5,5%	Kirchensteuer 8%	9%
118,59	I	21,31	–	1,70	1,91	–	1,38	1,55	–	1,08	1,21	–	0,79	0,89	–	0,52	0,59	–	0,27	0,31	–	0,06	0,06
	II	17,50	–	1,40	1,57	–	1,09	1,23	–	0,80	0,91	–	0,54	0,60	–	0,28	0,32	–	0,06	0,07	–	–	–
	III	9,76	–	0,78	0,87	–	0,53	0,60	–	0,30	0,33	–	0,10	0,12	–	–	–	–	–	–	–	–	–
	IV	21,31	–	1,70	1,91	–	1,54	1,73	–	1,38	1,55	–	1,23	1,38	–	1,08	1,21	–	0,93	1,05	–	0,79	0,89
	V	35,56	–	2,84	3,20																		
	VI	37,03	–	2,96	3,33																		
118,69	I	21,34	–	1,70	1,92	–	1,38	1,56	–	1,08	1,21	–	0,79	0,89	–	0,52	0,59	–	0,27	0,31	–	0,06	0,07
	II	17,53	–	1,40	1,57	–	1,09	1,23	–	0,81	0,91	–	0,54	0,61	–	0,28	0,32	–	0,07	0,08	–	–	–
	III	9,78	–	0,78	0,88	–	0,53	0,60	–	0,30	0,34	–	0,11	0,12	–	–	–	–	–	–	–	–	–
	IV	21,34	–	1,70	1,92	–	1,54	1,73	–	1,38	1,56	–	1,23	1,38	–	1,08	1,21	–	0,93	1,05	–	0,79	0,89
	V	35,60	–	2,84	3,20																		
	VI	37,08	–	2,96	3,33																		
118,79	I	21,37	–	1,70	1,92	–	1,38	1,56	–	1,08	1,22	–	0,80	0,90	–	0,53	0,59	–	0,28	0,31	–	0,06	0,07
	II	17,56	–	1,40	1,58	–	1,10	1,23	–	0,81	0,91	–	0,54	0,61	–	0,29	0,32	–	0,07	0,08	–	–	–
	III	9,81	–	0,78	0,88	–	0,53	0,60	–	0,30	0,34	–	0,11	0,12	–	–	–	–	–	–	–	–	–
	IV	21,37	–	1,70	1,92	–	1,54	1,74	–	1,38	1,56	–	1,23	1,39	–	1,08	1,22	–	0,94	1,05	–	0,80	0,90
	V	35,64	–	2,85	3,20																		
	VI	37,12	–	2,96	3,34																		
118,89	I	21,41	–	1,71	1,92	–	1,39	1,56	–	1,08	1,22	–	0,80	0,90	–	0,53	0,60	–	0,28	0,31	–	0,06	0,07
	II	17,59	–	1,40	1,58	–	1,10	1,24	–	0,81	0,91	–	0,54	0,61	–	0,29	0,33	–	0,07	0,08	–	–	–
	III	9,83	–	0,78	0,88	–	0,54	0,60	–	0,30	0,34	–	0,11	0,12	–	–	–	–	–	–	–	–	–
	IV	21,41	–	1,71	1,92	–	1,55	1,74	–	1,39	1,56	–	1,23	1,39	–	1,08	1,22	–	0,94	1,06	–	0,80	0,90
	V	35,68	–	2,85	3,21																		
	VI	37,16	–	2,97	3,34																		
118,99	I	21,44	–	1,71	1,92	–	1,39	1,56	–	1,09	1,22	–	0,80	0,90	–	0,53	0,60	–	0,28	0,31	–	0,06	0,07
	II	17,62	–	1,40	1,58	–	1,10	1,24	–	0,81	0,92	–	0,54	0,61	–	0,29	0,33	–	0,07	0,08	–	–	–
	III	9,86	–	0,78	0,88	–	0,54	0,60	–	0,30	0,34	–	0,11	0,12	–	–	–	–	–	–	–	–	–
	IV	21,44	–	1,71	1,92	–	1,55	1,74	–	1,39	1,56	–	1,24	1,39	–	1,09	1,22	–	0,94	1,06	–	0,80	0,90
	V	35,72	–	2,85	3,21																		
	VI	37,20	–	2,97	3,34																		
119,09	I	21,47	–	1,71	1,93	–	1,39	1,57	–	1,09	1,23	–	0,80	0,90	–	0,53	0,60	–	0,28	0,32	–	0,06	0,07
	II	17,65	–	1,41	1,58	–	1,10	1,24	–	0,82	0,92	–	0,55	0,61	–	0,29	0,33	–	0,07	0,08	–	–	–
	III	9,88	–	0,79	0,88	–	0,54	0,61	–	0,31	0,34	–	0,11	0,13	–	–	–	–	–	–	–	–	–
	IV	21,47	–	1,71	1,93	–	1,55	1,74	–	1,39	1,57	–	1,24	1,39	–	1,09	1,23	–	0,94	1,06	–	0,80	0,90
	V	35,77	–	2,86	3,21																		
	VI	37,24	–	2,97	3,35																		
119,19	I	21,51	–	1,72	1,93	–	1,40	1,57	–	1,09	1,23	–	0,80	0,91	–	0,54	0,60	–	0,28	0,32	–	0,06	0,07
	II	17,68	–	1,41	1,59	–	1,11	1,24	–	0,82	0,92	–	0,55	0,62	–	0,30	0,33	–	0,07	0,08	–	–	–
	III	9,91	–	0,79	0,89	–	0,54	0,61	–	0,31	0,35	–	0,11	0,13	–	–	–	–	–	–	–	–	–
	IV	21,51	–	1,72	1,93	–	1,55	1,75	–	1,40	1,57	–	1,24	1,40	–	1,09	1,23	–	0,95	1,06	–	0,80	0,91
	V	35,81	–	2,86	3,22																		
	VI	37,28	–	2,98	3,35																		
119,29	I	21,54	–	1,72	1,93	–	1,40	1,57	–	1,09	1,23	–	0,81	0,91	–	0,54	0,61	–	0,28	0,32	–	0,07	0,08
	II	17,71	–	1,41	1,59	–	1,11	1,25	–	0,82	0,92	–	0,55	0,62	–	0,30	0,33	–	0,08	0,09	–	–	–
	III	9,93	–	0,79	0,89	–	0,54	0,61	–	0,31	0,35	–	0,11	0,13	–	–	–	–	–	–	–	–	–
	IV	21,54	–	1,72	1,93	–	1,56	1,75	–	1,40	1,57	–	1,24	1,40	–	1,09	1,23	–	0,95	1,07	–	0,81	0,91
	V	35,85	–	2,86	3,22																		
	VI	37,33	–	2,98	3,35																		
119,39	I	21,57	–	1,72	1,94	–	1,40	1,58	–	1,10	1,23	–	0,81	0,91	–	0,54	0,61	–	0,29	0,32	–	0,07	0,08
	II	17,75	–	1,42	1,59	–	1,11	1,25	–	0,82	0,93	–	0,55	0,62	–	0,30	0,34	–	0,08	0,09	–	–	–
	III	9,96	–	0,79	0,89	–	0,54	0,61	–	0,31	0,35	–	0,12	0,13	–	–	–	–	–	–	–	–	–
	IV	21,57	–	1,72	1,94	–	1,56	1,75	–	1,40	1,58	–	1,25	1,40	–	1,10	1,23	–	0,95	1,07	–	0,81	0,91
	V	35,89	–	2,87	3,23																		
	VI	37,37	–	2,98	3,36																		
119,49	I	21,61	–	1,72	1,94	–	1,40	1,58	–	1,10	1,24	–	0,81	0,91	–	0,54	0,61	–	0,29	0,33	–	0,07	0,08
	II	17,78	–	1,42	1,60	–	1,11	1,25	–	0,82	0,93	–	0,55	0,62	–	0,30	0,34	–	0,08	0,09	–	–	–
	III	9,98	–	0,79	0,89	–	0,55	0,62	–	0,31	0,35	–	0,12	0,13	–	–	–	–	–	–	–	–	–
	IV	21,61	–	1,72	1,94	–	1,56	1,76	–	1,40	1,58	–	1,25	1,40	–	1,10	1,24	–	0,95	1,07	–	0,81	0,91
	V	35,93	–	2,87	3,23																		
	VI	37,41	–	2,99	3,36																		
119,59	I	21,64	–	1,73	1,94	–	1,40	1,58	–	1,10	1,24	–	0,81	0,92	–	0,54	0,61	–	0,29	0,33	–	0,07	0,08
	II	17,81	–	1,42	1,60	–	1,12	1,26	–	0,83	0,93	–	0,56	0,63	–	0,30	0,34	–	0,08	0,09	–	–	–
	III	10,01	–	0,80	0,90	–	0,55	0,62	–	0,31	0,35	–	0,12	0,13	–	–	–	–	–	–	–	–	–
	IV	21,64	–	1,73	1,94	–	1,56	1,76	–	1,40	1,58	–	1,25	1,41	–	1,10	1,24	–	0,96	1,08	–	0,81	0,92
	V	35,98	–	2,87	3,23																		
	VI	37,45	–	2,99	3,37																		
119,69	I	21,67	–	1,73	1,95	–	1,41	1,58	–	1,10	1,24	–	0,82	0,92	–	0,55	0,61	–	0,29	0,33	–	0,07	0,08
	II	17,84	–	1,42	1,60	–	1,12	1,26	–	0,83	0,93	–	0,56	0,63	–	0,30	0,34	–	0,08	0,09	–	–	–
	III	10,03	–	0,80	0,90	–	0,55	0,62	–	0,32	0,36	–	0,12	0,14	–	–	–	–	–	–	–	–	–
	IV	21,67	–	1,73	1,95	–	1,57	1,76	–	1,41	1,58	–	1,25	1,41	–	1,10	1,24	–	0,96	1,08	–	0,82	0,92
	V	36,02	–	2,88	3,24																		
	VI	37,50	–	3,00	3,37																		
119,79	I	21,71	–	1,73	1,95	–	1,41	1,59	–	1,11	1,24	–	0,82	0,92	–	0,55	0,62	–	0,30	0,33	–	0,07	0,08
	II	17,87	–	1,42	1,60	–	1,12	1,26	–	0,83	0,94	–	0,56	0,63	–	0,31	0,35	–	0,08	0,09	–	–	–
	III	10,06	–	0,80	0,90	–	0,55	0,62	–	0,32	0,36	–	0,12	0,14	–	–	–	–	–	–	–	–	–
	IV	21,71	–	1,73	1,95	–	1,57	1,77	–	1,41	1,59	–	1,26	1,41	–	1,11	1,24	–	0,96	1,08	–	0,82	0,92
	V	36,06	–	2,88	3,24																		
	VI	37,54	–	3,00	3,37																		
119,89	I	21,74	–	1,73	1,95	–	1,41	1,59	–	1,11	1,25	–	0,82	0,92	–	0,55	0,62	–	0,30	0,33	–	0,08	0,09
	II	17,91	–	1,43	1,61	–	1,12	1,26	–	0,83	0,94	–	0,56	0,63	–	0,31	0,35	–	0,08	0,09	–	–	–
	III	10,08	–	0,80	0,90	–	0,55	0,62	–	0,32	0,36	–	0,12	0,14	–	–	–	–	–	–	–	–	–
	IV	21,74	–	1,73	1,95	–	1,57	1,77	–	1,41	1,59	–	1,26	1,42	–	1,11	1,25	–	0,96	1,08	–	0,82	0,92
	V	36,10	–	2,88	3,24																		
	VI	37,58	–	3,00	3,38																		
119,99	I	21,77	–	1,74	1,95	–	1,42	1,59	–	1,11	1,25	–	0,82	0,93	–	0,55	0,62	–	0,30	0,34	–	0,08	0,09
	II	17,94	–	1,43	1,61	–	1,12	1,27	–	0,84	0,94	–	0,56	0,64	–	0,31	0,35	–	0,09	0,10	–	–	–
	III	10,11	–	0,80	0,90	–	0,56	0,63	–	0,32	0,36	–	0,12	0,14	–	–	–	–	–	–	–	–	–
	IV	21,77	–	1,74	1,95	–	1,57	1,77	–	1,42	1,59	–	1,26	1,42	–	1,11	1,25	–	0,96	1,08	–	0,82	0,93
	V	36,15	–	2,89	3,25																		
	VI	37,62	–	3,00	3,38																		

Lohn/ Gehalt bis	Steuerklasse	Lohn-steuer	ohne Kinderfreibetrag			Anzahl Kinderfreibeträge (nur Steuerklassen I–IV) 0,5			1,0			1,5			2,0			2,5			3,0		
			SolZ 5,5%	Kirchensteuer 8%	9%	SolZ 5,5%	Kirchensteuer 8%	9%	SolZ 5,5%	Kirchensteuer 8%	9%	SolZ 5,5%	Kirchensteuer 8%	9%	SolZ 5,5%	Kirchensteuer 8%	9%	SolZ 5,5%	Kirchensteuer 8%	9%	SolZ 5,5%	Kirchensteuer 8%	9%
120,09	I	21,80	-	1,74	1,96	-	1,42	1,60	-	1,11	1,25	-	0,82	0,93	-	0,55	0,62	-	0,30	0,34	-	0,08	0,09
	II	17,97	-	1,43	1,61	-	1,13	1,27	-	0,84	0,94	-	0,57	0,64	-	0,31	0,35	-	0,09	0,10	-	-	-
	III	10,13	-	0,81	0,91	-	0,56	0,63	-	0,32	0,36	-	0,13	0,14	-	-	-	-	-	-	-	-	-
	IV	21,80	-	1,74	1,96	-	1,58	1,77	-	1,42	1,60	-	1,26	1,42	-	1,11	1,25	-	0,97	1,09	-	0,82	0,93
	V	36,19	-	2,89	3,25																		
	VI	37,66	-	3,01	3,38																		
120,19	I	21,84	-	1,74	1,96	-	1,42	1,60	-	1,12	1,26	-	0,83	0,93	-	0,56	0,63	-	0,30	0,34	-	0,08	0,09
	II	18,00	-	1,44	1,62	-	1,13	1,27	-	0,84	0,95	-	0,57	0,64	-	0,31	0,35	-	0,09	0,10	-	-	-
	III	10,16	-	0,81	0,91	-	0,56	0,63	-	0,32	0,37	-	0,13	0,14	-	-	-	-	-	-	-	-	-
	IV	21,84	-	1,74	1,96	-	1,58	1,78	-	1,42	1,60	-	1,27	1,42	-	1,12	1,26	-	0,97	1,09	-	0,83	0,93
	V	36,23	-	2,89	3,26																		
	VI	37,71	-	3,01	3,39																		
120,29	I	21,87	-	1,74	1,96	-	1,42	1,60	-	1,12	1,26	-	0,83	0,93	-	0,56	0,63	-	0,30	0,34	-	0,08	0,09
	II	18,03	-	1,44	1,62	-	1,13	1,27	-	0,84	0,95	-	0,57	0,64	-	0,32	0,36	-	0,09	0,10	-	-	-
	III	10,18	-	0,81	0,91	-	0,56	0,63	-	0,33	0,37	-	0,13	0,14	-	-	-	-	-	-	-	-	-
	IV	21,87	-	1,74	1,96	-	1,58	1,78	-	1,42	1,60	-	1,27	1,43	-	1,12	1,26	-	0,97	1,09	-	0,83	0,93
	V	36,27	-	2,90	3,26																		
	VI	37,75	-	3,02	3,39																		
120,39	I	21,90	-	1,75	1,97	-	1,42	1,60	-	1,12	1,26	-	0,83	0,94	-	0,56	0,63	-	0,31	0,35	-	0,08	0,0
	II	18,06	-	1,44	1,62	-	1,13	1,28	-	0,84	0,95	-	0,57	0,65	-	0,32	0,36	-	0,09	0,10	-	-	-
	III	10,21	-	0,81	0,91	-	0,56	0,63	-	0,33	0,37	-	0,13	0,15	-	-	-	-	-	-	-	-	-
	IV	21,90	-	1,75	1,97	-	1,58	1,78	-	1,42	1,60	-	1,27	1,43	-	1,12	1,26	-	0,97	1,10	-	0,83	0,94
	V	36,31	-	2,90	3,26																		
	VI	37,79	-	3,02	3,40																		
120,49	I	21,94	-	1,75	1,97	-	1,43	1,61	-	1,12	1,26	-	0,83	0,94	-	0,56	0,63	-	0,31	0,35	-	0,08	0,0
	II	18,10	-	1,44	1,62	-	1,14	1,28	-	0,85	0,95	-	0,58	0,65	-	0,32	0,36	-	0,09	0,10	-	-	-
	III	10,23	-	0,81	0,92	-	0,57	0,64	-	0,33	0,37	-	0,13	0,15	-	-	-	-	-	-	-	-	-
	IV	21,94	-	1,75	1,97	-	1,59	1,79	-	1,43	1,61	-	1,27	1,43	-	1,12	1,26	-	0,98	1,10	-	0,83	0,9
	V	36,35	-	2,90	3,27																		
	VI	37,83	-	3,02	3,40																		
120,59	I	21,97	-	1,75	1,97	-	1,43	1,61	-	1,12	1,27	-	0,84	0,94	-	0,56	0,64	-	0,31	0,35	-	0,09	0,10
	II	18,13	-	1,45	1,63	-	1,14	1,28	-	0,85	0,96	-	0,58	0,65	-	0,32	0,36	-	0,09	0,11	-	-	-
	III	10,26	-	0,82	0,92	-	0,57	0,64	-	0,33	0,37	-	0,13	0,15	-	-	-	-	-	-	-	-	-
	IV	21,97	-	1,75	1,97	-	1,59	1,79	-	1,43	1,61	-	1,28	1,44	-	1,12	1,27	-	0,98	1,10	-	0,84	0,9
	V	36,40	-	2,91	3,27																		
	VI	37,87	-	3,02	3,40																		
120,69	I	22,00	-	1,76	1,98	-	1,43	1,61	-	1,13	1,27	-	0,84	0,94	-	0,57	0,64	-	0,31	0,35	-	0,09	0,1
	II	18,16	-	1,45	1,63	-	1,14	1,28	-	0,85	0,96	-	0,58	0,65	-	0,32	0,36	-	0,10	0,11	-	-	-
	III	10,28	-	0,82	0,92	-	0,57	0,64	-	0,33	0,38	-	0,13	0,15	-	-	-	-	-	-	-	-	-
	IV	22,00	-	1,76	1,98	-	1,59	1,79	-	1,43	1,61	-	1,28	1,44	-	1,13	1,27	-	0,98	1,10	-	0,84	0,9
	V	36,44	-	2,91	3,27																		
	VI	37,91	-	3,03	3,41																		
120,79	I	22,04	-	1,76	1,98	-	1,44	1,62	-	1,13	1,27	-	0,84	0,95	-	0,57	0,64	-	0,31	0,35	-	0,09	0,1
	II	18,19	-	1,45	1,63	-	1,14	1,29	-	0,85	0,96	-	0,58	0,65	-	0,33	0,37	-	0,10	0,11	-	-	-
	III	10,31	-	0,82	0,92	-	0,57	0,64	-	0,34	0,38	-	0,14	0,15	-	-	-	-	-	-	-	-	-
	IV	22,04	-	1,76	1,98	-	1,59	1,79	-	1,44	1,62	-	1,28	1,44	-	1,13	1,27	-	0,98	1,11	-	0,84	0,9
	V	36,48	-	2,91	3,28																		
	VI	37,96	-	3,03	3,41																		
120,89	I	22,07	-	1,76	1,98	-	1,44	1,62	-	1,13	1,27	-	0,84	0,95	-	0,57	0,64	-	0,32	0,36	-	0,09	0,1
	II	18,22	-	1,45	1,63	-	1,15	1,29	-	0,86	0,96	-	0,58	0,66	-	0,33	0,37	-	0,10	0,11	-	-	
	III	10,33	-	0,82	0,92	-	0,57	0,65	-	0,34	0,38	-	0,14	0,15	-	-	-	-	-	-	-	-	
	IV	22,07	-	1,76	1,98	-	1,60	1,80	-	1,44	1,62	-	1,28	1,44	-	1,13	1,27	-	0,98	1,11	-	0,84	0,9
	V	36,52	-	2,92	3,28																		
	VI	38,00	-	3,04	3,42																		
120,99	I	22,10	-	1,76	1,98	-	1,44	1,62	-	1,13	1,28	-	0,84	0,95	-	0,57	0,65	-	0,32	0,36	-	0,09	0,1
	II	18,25	-	1,46	1,64	-	1,15	1,29	-	0,86	0,97	-	0,59	0,66	-	0,33	0,37	-	0,10	0,11	-	-	
	III	10,36	-	0,82	0,93	-	0,58	0,65	-	0,34	0,38	-	0,14	0,16	-	-	-	-	-	-	-	-	
	IV	22,10	-	1,76	1,98	-	1,60	1,80	-	1,44	1,62	-	1,28	1,45	-	1,13	1,28	-	0,99	1,11	-	0,84	0,9
	V	36,56	-	2,92	3,29																		
	VI	38,04	-	3,04	3,42																		
121,09	I	22,14	-	1,77	1,99	-	1,44	1,62	-	1,14	1,28	-	0,85	0,95	-	0,58	0,65	-	0,32	0,36	-	0,09	0,1
	II	18,28	-	1,46	1,64	-	1,15	1,30	-	0,86	0,97	-	0,59	0,66	-	0,33	0,37	-	0,10	0,12	-	-	
	III	10,38	-	0,83	0,93	-	0,58	0,65	-	0,34	0,38	-	0,14	0,16	-	-	-	-	-	-	-	-	
	IV	22,14	-	1,77	1,99	-	1,60	1,80	-	1,44	1,62	-	1,29	1,45	-	1,14	1,28	-	0,99	1,11	-	0,85	0,9
	V	36,61	-	2,92	3,29																		
	VI	38,08	-	3,04	3,42																		
121,19	I	22,17	-	1,77	1,99	-	1,45	1,63	-	1,14	1,28	-	0,85	0,96	-	0,58	0,65	-	0,32	0,36	-	0,09	0,1
	II	18,32	-	1,46	1,64	-	1,15	1,30	-	0,86	0,97	-	0,59	0,66	-	0,33	0,38	-	0,10	0,12	-	-	
	III	10,41	-	0,83	0,93	-	0,58	0,65	-	0,34	0,39	-	0,14	0,16	-	-	-	-	-	-	-	-	
	IV	22,17	-	1,77	1,99	-	1,60	1,81	-	1,45	1,63	-	1,29	1,45	-	1,14	1,28	-	0,99	1,12	-	0,85	0,9
	V	36,65	-	2,93	3,29																		
	VI	38,13	-	3,05	3,43																		
121,29	I	22,20	-	1,77	1,99	-	1,45	1,63	-	1,14	1,28	-	0,85	0,96	-	0,58	0,65	-	0,32	0,36	-	0,10	0,1
	II	18,35	-	1,46	1,65	-	1,16	1,30	-	0,87	0,97	-	0,59	0,67	-	0,34	0,38	-	0,11	0,12	-	-	
	III	10,44	-	0,83	0,93	-	0,58	0,65	-	0,34	0,39	-	0,14	0,16	-	-	-	-	-	-	-	-	
	IV	22,20	-	1,77	1,99	-	1,61	1,81	-	1,45	1,63	-	1,29	1,45	-	1,14	1,28	-	0,99	1,12	-	0,85	0,9
	V	36,69	-	2,93	3,30																		
	VI	38,17	-	3,05	3,43																		
121,39	I	22,24	-	1,77	2,00	-	1,45	1,63	-	1,14	1,29	-	0,85	0,96	-	0,58	0,65	-	0,33	0,37	-	0,10	0,1
	II	18,38	-	1,47	1,65	-	1,16	1,30	-	0,87	0,98	-	0,59	0,67	-	0,34	0,38	-	0,11	0,12	-	-	
	III	10,46	-	0,83	0,94	-	0,58	0,66	-	0,35	0,39	-	0,14	0,16	-	-	-	-	-	-	-	-	
	IV	22,24	-	1,77	2,00	-	1,61	1,81	-	1,45	1,63	-	1,30	1,46	-	1,14	1,29	-	1,00	1,12	-	0,85	0,9
	V	36,73	-	2,93	3,30																		
	VI	38,21	-	3,05	3,43																		
121,49	I	22,27	-	1,78	2,00	-	1,45	1,63	-	1,15	1,29	-	0,86	0,96	-	0,58	0,66	-	0,33	0,37	-	0,10	0,1
	II	18,41	-	1,47	1,65	-	1,16	1,31	-	0,87	0,98	-	0,60	0,67	-	0,34	0,38	-	0,11	0,12	-	-	
	III	10,49	-	0,83	0,94	-	0,59	0,66	-	0,35	0,39	-	0,15	0,16	-	-	-	-	-	-	-	-	
	IV	22,27	-	1,78	2,00	-	1,61	1,81	-	1,45	1,63	-	1,30	1,46	-	1,15	1,29	-	1,00	1,12	-	0,86	0,9
	V	36,77	-	2,94	3,30																		
	VI	38,25	-	3,06	3,44																		

Lohn/Gehalt bis	Steuerklasse	Lohnsteuer	ohne Kinderfreibetrag SolZ 5,5%	Kirchensteuer 8%	9%	0,5 SolZ 5,5%	Kirchensteuer 8%	9%	1,0 SolZ 5,5%	Kirchensteuer 8%	9%	1,5 SolZ 5,5%	Kirchensteuer 8%	9%	2,0 SolZ 5,5%	Kirchensteuer 8%	9%	2,5 SolZ 5,5%	Kirchensteuer 8%	9%	3,0 SolZ 5,5%	Kirchensteuer 8%	9%
						Anzahl Kinderfreibeträge (nur Steuerklassen I–IV)																	
121,59	I	22,30	-	1,78	2,00	-	1,46	1,64	-	1,15	1,29	-	0,86	0,97	-	0,59	0,66	-	0,33	0,37	-	0,10	0,11
	II	18,44	-	1,47	1,65	-	1,16	1,31	-	0,87	0,98	-	0,60	0,67	-	0,34	0,39	-	0,11	0,12	-	-	-
	III	10,51	-	0,84	0,94	-	0,59	0,66	-	0,35	0,39	-	0,15	0,17	-	-	-	-	-	-	-	-	-
	IV	22,30	-	1,78	2,00	-	1,62	1,82	-	1,46	1,64	-	1,30	1,46	-	1,15	1,29	-	1,00	1,13	-	0,86	0,97
	V	36,82	-	2,94	3,31																		
	VI	38,29	-	3,06	3,44																		
121,69	I	22,34	-	1,78	2,01	-	1,46	1,64	-	1,15	1,30	-	0,86	0,97	-	0,59	0,66	-	0,33	0,37	-	0,10	0,12
	II	18,48	-	1,47	1,66	-	1,17	1,31	-	0,87	0,98	-	0,60	0,68	-	0,34	0,39	-	0,11	0,13	-	-	-
	III	10,54	-	0,84	0,94	-	0,59	0,66	-	0,35	0,40	-	0,15	0,17	-	-	-	-	-	-	-	-	-
	IV	22,34	-	1,78	2,01	-	1,62	1,82	-	1,46	1,64	-	1,30	1,47	-	1,15	1,30	-	1,00	1,13	-	0,86	0,97
	V	36,86	-	2,94	3,31																		
	VI	38,33	-	3,06	3,44																		
121,79	I	22,37	-	1,78	2,01	-	1,46	1,64	-	1,15	1,30	-	0,86	0,97	-	0,59	0,66	-	0,33	0,38	-	0,10	0,12
	II	18,51	-	1,48	1,66	-	1,17	1,31	-	0,88	0,99	-	0,60	0,68	-	0,35	0,39	-	0,11	0,13	-	-	-
	III	10,56	-	0,84	0,95	-	0,59	0,67	-	0,35	0,40	-	0,15	0,17	-	-	-	-	-	-	-	-	-
	IV	22,37	-	1,78	2,01	-	1,62	1,82	-	1,46	1,64	-	1,30	1,47	-	1,15	1,30	-	1,01	1,13	-	0,86	0,97
	V	36,90	-	2,95	3,32																		
	VI	38,38	-	3,07	3,45																		
121,89	I	22,41	-	1,79	2,01	-	1,46	1,65	-	1,16	1,30	-	0,87	0,97	-	0,59	0,67	-	0,34	0,38	-	0,11	0,12
	II	18,54	-	1,48	1,66	-	1,17	1,32	-	0,88	0,99	-	0,60	0,68	-	0,35	0,39	-	0,12	0,13	-	-	-
	III	10,59	-	0,84	0,95	-	0,59	0,67	-	0,36	0,40	-	0,15	0,17	-	-	-	-	-	-	-	-	-
	IV	22,41	-	1,79	2,01	-	1,62	1,83	-	1,46	1,65	-	1,31	1,47	-	1,16	1,30	-	1,01	1,13	-	0,87	0,97
	V	36,94	-	2,95	3,32																		
	VI	38,42	-	3,07	3,45																		
121,99	I	22,44	-	1,79	2,01	-	1,47	1,65	-	1,16	1,30	-	0,87	0,98	-	0,59	0,67	-	0,34	0,38	-	0,11	0,12
	II	18,57	-	1,48	1,67	-	1,17	1,32	-	0,88	0,99	-	0,61	0,68	-	0,35	0,39	-	0,12	0,13	-	-	-
	III	10,62	-	0,84	0,95	-	0,60	0,67	-	0,36	0,40	-	0,15	0,17	-	-	-	-	-	-	-	-	-
	IV	22,44	-	1,79	2,01	-	1,63	1,83	-	1,47	1,65	-	1,31	1,47	-	1,16	1,30	-	1,01	1,14	-	0,87	0,98
	V	36,98	-	2,95	3,32																		
	VI	38,46	-	3,07	3,46																		
122,09	I	22,47	-	1,79	2,02	-	1,47	1,65	-	1,16	1,31	-	0,87	0,98	-	0,60	0,67	-	0,34	0,38	-	0,11	0,12
	II	18,60	-	1,48	1,67	-	1,18	1,32	-	0,88	0,99	-	0,61	0,69	-	0,35	0,40	-	0,12	0,13	-	-	-
	III	10,64	-	0,85	0,95	-	0,60	0,67	-	0,36	0,40	-	0,15	0,17	-	-	-	-	-	-	-	-	-
	IV	22,47	-	1,79	2,02	-	1,63	1,83	-	1,47	1,65	-	1,31	1,48	-	1,16	1,31	-	1,01	1,14	-	0,87	0,98
	V	37,03	-	2,96	3,33																		
	VI	38,50	-	3,08	3,46																		
122,19	I	22,51	-	1,80	2,02	-	1,47	1,65	-	1,16	1,31	-	0,87	0,98	-	0,60	0,67	-	0,34	0,39	-	0,11	0,12
	II	18,63	-	1,49	1,67	-	1,18	1,33	-	0,89	1,00	-	0,61	0,69	-	0,35	0,40	-	0,12	0,14	-	-	-
	III	10,67	-	0,85	0,96	-	0,60	0,68	-	0,36	0,41	-	0,16	0,18	-	-	-	-	-	-	-	-	-
	IV	22,51	-	1,80	2,02	-	1,63	1,84	-	1,47	1,65	-	1,31	1,48	-	1,16	1,31	-	1,02	1,14	-	0,87	0,98
	V	37,07	-	2,96	3,33																		
	VI	38,55	-	3,08	3,46																		
122,29	I	22,54	-	1,80	2,02	-	1,47	1,66	-	1,17	1,31	-	0,87	0,98	-	0,60	0,68	-	0,34	0,39	-	0,11	0,13
	II	18,67	-	1,49	1,68	-	1,18	1,33	-	0,89	1,00	-	0,61	0,69	-	0,36	0,40	-	0,12	0,14	-	-	-
	III	10,69	-	0,85	0,96	-	0,60	0,68	-	0,36	0,41	-	0,16	0,18	-	-	-	-	-	-	-	-	-
	IV	22,54	-	1,80	2,02	-	1,63	1,84	-	1,47	1,66	-	1,32	1,48	-	1,17	1,31	-	1,02	1,15	-	0,87	0,98
	V	37,11	-	2,96	3,33																		
	VI	38,59	-	3,08	3,47																		
122,39	I	22,57	-	1,80	2,03	-	1,48	1,66	-	1,17	1,31	-	0,88	0,99	-	0,60	0,68	-	0,35	0,39	-	0,11	0,13
	II	18,70	-	1,49	1,68	-	1,18	1,33	-	0,89	1,00	-	0,62	0,69	-	0,36	0,40	-	0,12	0,14	-	-	-
	III	10,72	-	0,85	0,96	-	0,60	0,68	-	0,36	0,41	-	0,16	0,18	-	-	-	-	-	-	-	-	-
	IV	22,57	-	1,80	2,03	-	1,64	1,84	-	1,48	1,66	-	1,32	1,49	-	1,17	1,31	-	1,02	1,15	-	0,88	0,99
	V	37,15	-	2,97	3,34																		
	VI	38,63	-	3,09	3,47																		
122,49	I	22,61	-	1,80	2,03	-	1,48	1,66	-	1,17	1,32	-	0,88	0,99	-	0,60	0,68	-	0,35	0,39	-	0,12	0,13
	II	18,73	-	1,49	1,68	-	1,18	1,33	-	0,89	1,00	-	0,62	0,70	-	0,36	0,41	-	0,12	0,14	-	-	-
	III	10,74	-	0,85	0,96	-	0,61	0,68	-	0,37	0,41	-	0,16	0,18	-	-	-	-	-	-	-	-	-
	IV	22,61	-	1,80	2,03	-	1,64	1,84	-	1,48	1,66	-	1,32	1,49	-	1,17	1,32	-	1,02	1,15	-	0,88	0,99
	V	37,20	-	2,97	3,34																		
	VI	38,67	-	3,09	3,48																		
122,59	I	22,64	-	1,81	2,03	-	1,48	1,67	-	1,17	1,32	-	0,88	0,99	-	0,61	0,68	-	0,35	0,39	-	0,12	0,13
	II	18,76	-	1,50	1,68	-	1,19	1,34	-	0,90	1,01	-	0,62	0,70	-	0,36	0,41	-	0,13	0,14	-	-	-
	III	10,77	-	0,86	0,96	-	0,61	0,68	-	0,37	0,41	-	0,16	0,18	-	-	-	-	-	-	-	-	-
	IV	22,64	-	1,81	2,03	-	1,64	1,85	-	1,48	1,67	-	1,32	1,49	-	1,17	1,32	-	1,02	1,15	-	0,88	0,99
	V	37,24	-	2,97	3,35																		
	VI	38,71	-	3,09	3,48																		
122,69	I	22,67	-	1,81	2,04	-	1,48	1,67	-	1,18	1,32	-	0,88	0,99	-	0,61	0,69	-	0,35	0,40	-	0,12	0,13
	II	18,80	-	1,50	1,69	-	1,19	1,34	-	0,90	1,01	-	0,62	0,70	-	0,36	0,41	-	0,13	0,14	-	-	-
	III	10,80	-	0,86	0,97	-	0,61	0,69	-	0,37	0,42	-	0,16	0,18	-	-	-	-	-	-	-	-	-
	IV	22,67	-	1,81	2,04	-	1,64	1,85	-	1,48	1,67	-	1,33	1,49	-	1,18	1,32	-	1,03	1,16	-	0,88	0,99
	V	37,28	-	2,98	3,35																		
	VI	38,76	-	3,10	3,48																		
122,79	I	22,71	-	1,81	2,04	-	1,49	1,67	-	1,18	1,33	-	0,89	1,00	-	0,61	0,69	-	0,35	0,40	-	0,12	0,14
	II	18,83	-	1,50	1,69	-	1,19	1,34	-	0,90	1,01	-	0,62	0,70	-	0,37	0,41	-	0,13	0,15	-	-	-
	III	10,82	-	0,86	0,97	-	0,61	0,69	-	0,37	0,42	-	0,16	0,19	-	-	-	-	-	-	-	-	-
	IV	22,71	-	1,81	2,04	-	1,65	1,85	-	1,49	1,67	-	1,33	1,50	-	1,18	1,33	-	1,03	1,16	-	0,89	1,00
	V	37,32	-	2,98	3,35																		
	VI	38,80	-	3,10	3,49																		
122,89	I	22,74	-	1,81	2,04	-	1,49	1,68	-	1,18	1,33	-	0,89	1,00	-	0,61	0,69	-	0,36	0,40	-	0,12	0,14
	II	18,86	-	1,50	1,69	-	1,19	1,34	-	0,90	1,01	-	0,63	0,71	-	0,37	0,41	-	0,13	0,15	-	-	-
	III	10,85	-	0,86	0,97	-	0,61	0,69	-	0,37	0,42	-	0,17	0,19	-	-	-	-	-	-	-	-	-
	IV	22,74	-	1,81	2,04	-	1,65	1,86	-	1,49	1,68	-	1,33	1,50	-	1,18	1,33	-	1,03	1,16	-	0,89	1,00
	V	37,36	-	2,98	3,36																		
	VI	38,84	-	3,10	3,49																		
122,99	I	22,78	-	1,82	2,05	-	1,49	1,68	-	1,18	1,33	-	0,89	1,00	-	0,62	0,69	-	0,36	0,40	-	0,12	0,14
	II	18,89	-	1,51	1,70	-	1,20	1,35	-	0,90	1,02	-	0,63	0,71	-	0,37	0,42	-	0,13	0,15	-	-	-
	III	10,87	-	0,86	0,97	-	0,62	0,69	-	0,38	0,42	-	0,17	0,19	-	-	-	-	-	-	-	-	-
	IV	22,78	-	1,82	2,05	-	1,65	1,86	-	1,49	1,68	-	1,33	1,50	-	1,18	1,33	-	1,03	1,16	-	0,89	1,00
	V	37,40	-	2,99	3,36																		
	VI	38,88	-	3,11	3,49																		

Lohn/ Gehalt bis	Steuerklasse	Lohnsteuer	ohne Kinderfreibetrag SolZ 5,5%	ohne Kinderfreibetrag Kirchensteuer 8%	ohne Kinderfreibetrag Kirchensteuer 9%	0,5 SolZ 5,5%	0,5 Kirchensteuer 8%	0,5 Kirchensteuer 9%	1,0 SolZ 5,5%	1,0 Kirchensteuer 8%	1,0 Kirchensteuer 9%	1,5 SolZ 5,5%	1,5 Kirchensteuer 8%	1,5 Kirchensteuer 9%	2,0 SolZ 5,5%	2,0 Kirchensteuer 8%	2,0 Kirchensteuer 9%	2,5 SolZ 5,5%	2,5 Kirchensteuer 8%	2,5 Kirchensteuer 9%	3,0 SolZ 5,5%	3,0 Kirchensteuer 8%	3,0 Kirchensteuer 9%
						Anzahl Kinderfreibeträge (nur Steuerklassen I–IV)																	
123,09	I	22,81	–	1,82	2,05	–	1,49	1,68	–	1,18	1,33	–	0,89	1,00	–	0,62	0,70	–	0,36	0,41	–	0,12	0,14
	II	18,92	–	1,51	1,70	–	1,20	1,35	–	0,91	1,02	–	0,63	0,71	–	0,37	0,42	–	0,14	0,15	–	–	–
	III	10,90	–	0,87	0,98	–	0,62	0,70	–	0,38	0,42	–	0,17	0,19	–	–	0,01	–	–	–	–	–	–
	IV	22,81	–	1,82	2,05	–	1,65	1,86	–	1,49	1,68	–	1,34	1,50	–	1,18	1,33	–	1,04	1,17	–	0,89	1,0
	V	37,45	–	2,99	3,37																		
	VI	38,92	–	3,11	3,50																		
123,19	I	22,84	–	1,82	2,05	–	1,50	1,68	–	1,19	1,34	–	0,90	1,01	–	0,62	0,70	–	0,36	0,41	–	0,13	0,14
	II	18,95	–	1,51	1,70	–	1,20	1,35	–	0,91	1,02	–	0,63	0,71	–	0,37	0,42	–	0,14	0,15	–	–	–
	III	10,92	–	0,87	0,98	–	0,62	0,70	–	0,38	0,43	–	0,17	0,19	–	0,01	0,01	–	–	–	–	–	–
	IV	22,84	–	1,82	2,05	–	1,66	1,87	–	1,50	1,68	–	1,34	1,51	–	1,19	1,34	–	1,04	1,17	–	0,90	1,0
	V	37,49	–	2,99	3,37																		
	VI	38,96	–	3,11	3,50																		
123,29	I	22,88	–	1,83	2,05	–	1,50	1,69	–	1,19	1,34	–	0,90	1,01	–	0,62	0,70	–	0,36	0,41	–	0,13	0,14
	II	18,99	–	1,51	1,70	–	1,20	1,35	–	0,91	1,03	–	0,64	0,72	–	0,38	0,42	–	0,14	0,16	–	–	–
	III	10,95	–	0,87	0,98	–	0,62	0,70	–	0,38	0,43	–	0,17	0,19	–	0,01	0,01	–	–	–	–	–	–
	IV	22,88	–	1,83	2,05	–	1,66	1,87	–	1,50	1,69	–	1,34	1,51	–	1,19	1,34	–	1,04	1,17	–	0,90	1,0
	V	37,53	–	3,00	3,37																		
	VI	39,01	–	3,12	3,51																		
123,39	I	22,91	–	1,83	2,06	–	1,50	1,69	–	1,19	1,34	–	0,90	1,01	–	0,62	0,70	–	0,37	0,41	–	0,13	0,15
	II	19,02	–	1,52	1,71	–	1,21	1,36	–	0,91	1,03	–	0,64	0,72	–	0,38	0,43	–	0,14	0,16	–	–	–
	III	10,97	–	0,87	0,98	–	0,62	0,70	–	0,38	0,43	–	0,17	0,20	–	0,01	0,01	–	–	–	–	–	–
	IV	22,91	–	1,83	2,06	–	1,66	1,87	–	1,50	1,69	–	1,34	1,51	–	1,19	1,34	–	1,04	1,17	–	0,90	1,0
	V	37,57	–	3,00	3,38																		
	VI	39,05	–	3,12	3,51																		
123,49	I	22,94	–	1,83	2,06	–	1,50	1,69	–	1,19	1,34	–	0,90	1,01	–	0,63	0,71	–	0,37	0,41	–	0,13	0,15
	II	19,05	–	1,52	1,71	–	1,21	1,36	–	0,92	1,03	–	0,64	0,72	–	0,38	0,43	–	0,14	0,16	–	–	–
	III	11,00	–	0,88	0,99	–	0,62	0,70	–	0,38	0,43	–	0,18	0,20	–	0,01	0,01	–	–	–	–	–	–
	IV	22,94	–	1,83	2,06	–	1,66	1,87	–	1,50	1,69	–	1,35	1,52	–	1,19	1,34	–	1,05	1,18	–	0,90	1,0
	V	37,61	–	3,00	3,38																		
	VI	39,09	–	3,12	3,51																		
123,59	I	22,98	–	1,83	2,06	–	1,51	1,70	–	1,20	1,35	–	0,90	1,02	–	0,63	0,71	–	0,37	0,42	–	0,13	0,1
	II	19,08	–	1,52	1,71	–	1,21	1,36	–	0,92	1,03	–	0,64	0,72	–	0,38	0,43	–	0,14	0,16	–	–	–
	III	11,02	–	0,88	0,99	–	0,63	0,71	–	0,39	0,44	–	0,18	0,20	–	0,01	0,01	–	–	–	–	–	–
	IV	22,98	–	1,83	2,06	–	1,67	1,88	–	1,51	1,70	–	1,35	1,52	–	1,20	1,35	–	1,05	1,18	–	0,90	1,0
	V	37,66	–	3,01	3,38																		
	VI	39,13	–	3,13	3,52																		
123,69	I	23,01	–	1,84	2,07	–	1,51	1,70	–	1,20	1,35	–	0,91	1,02	–	0,63	0,71	–	0,37	0,42	–	0,14	0,1
	II	19,11	–	1,52	1,71	–	1,21	1,37	–	0,92	1,04	–	0,64	0,72	–	0,38	0,43	–	0,15	0,16	–	–	–
	III	11,05	–	0,88	0,99	–	0,63	0,71	–	0,39	0,44	–	0,18	0,20	–	0,01	0,01	–	–	–	–	–	–
	IV	23,01	–	1,84	2,07	–	1,67	1,88	–	1,51	1,70	–	1,35	1,52	–	1,20	1,35	–	1,05	1,18	–	0,91	1,0
	V	37,70	–	3,01	3,39																		
	VI	39,18	–	3,13	3,52																		
123,79	I	23,05	–	1,84	2,07	–	1,51	1,70	–	1,20	1,35	–	0,91	1,02	–	0,63	0,71	–	0,37	0,42	–	0,14	0,1
	II	19,15	–	1,53	1,72	–	1,22	1,37	–	0,92	1,04	–	0,65	0,73	–	0,39	0,44	–	0,15	0,17	–	–	–
	III	11,07	–	0,88	0,99	–	0,63	0,71	–	0,39	0,44	–	0,18	0,20	–	0,01	0,01	–	–	–	–	–	–
	IV	23,05	–	1,84	2,07	–	1,67	1,88	–	1,51	1,70	–	1,35	1,52	–	1,20	1,35	–	1,05	1,18	–	0,91	1,0
	V	37,74	–	3,01	3,39																		
	VI	39,22	–	3,13	3,52																		
123,89	I	23,08	–	1,84	2,07	–	1,51	1,70	–	1,20	1,35	–	0,91	1,03	–	0,64	0,72	–	0,38	0,42	–	0,14	0,1
	II	19,18	–	1,53	1,72	–	1,22	1,37	–	0,92	1,04	–	0,65	0,73	–	0,39	0,44	–	0,15	0,17	–	–	–
	III	11,10	–	0,88	0,99	–	0,63	0,71	–	0,39	0,44	–	0,18	0,20	–	0,01	0,02	–	–	–	–	–	–
	IV	23,08	–	1,84	2,07	–	1,68	1,89	–	1,51	1,70	–	1,36	1,53	–	1,20	1,35	–	1,06	1,19	–	0,91	1,0
	V	37,78	–	3,02	3,40																		
	VI	39,26	–	3,14	3,53																		
123,99	I	23,11	–	1,84	2,07	–	1,52	1,71	–	1,21	1,36	–	0,91	1,03	–	0,64	0,72	–	0,38	0,43	–	0,14	0,1
	II	19,21	–	1,53	1,72	–	1,22	1,37	–	0,93	1,04	–	0,65	0,73	–	0,39	0,44	–	0,15	0,17	–	–	–
	III	11,12	–	0,88	1,00	–	0,64	0,72	–	0,39	0,44	–	0,18	0,21	–	0,02	0,02	–	–	–	–	–	–
	IV	23,11	–	1,84	2,07	–	1,68	1,89	–	1,52	1,71	–	1,36	1,53	–	1,21	1,36	–	1,06	1,19	–	0,91	1,0
	V	37,82	–	3,02	3,40																		
	VI	39,30	–	3,14	3,53																		
124,09	I	23,15	–	1,85	2,08	–	1,52	1,71	–	1,21	1,36	–	0,92	1,03	–	0,64	0,72	–	0,38	0,43	–	0,14	0,1
	II	19,24	–	1,53	1,73	–	1,22	1,38	–	0,93	1,05	–	0,65	0,73	–	0,39	0,44	–	0,15	0,17	–	–	–
	III	11,15	–	0,89	1,00	–	0,64	0,72	–	0,40	0,45	–	0,18	0,21	–	0,02	0,02	–	–	–	–	–	–
	IV	23,15	–	1,85	2,08	–	1,68	1,89	–	1,52	1,71	–	1,36	1,53	–	1,21	1,36	–	1,06	1,19	–	0,92	1,0
	V	37,87	–	3,02	3,40																		
	VI	39,34	–	3,14	3,54																		
124,19	I	23,18	–	1,85	2,08	–	1,52	1,71	–	1,21	1,36	–	0,92	1,03	–	0,64	0,72	–	0,38	0,43	–	0,14	0,1
	II	19,28	–	1,54	1,73	–	1,23	1,38	–	0,93	1,05	–	0,65	0,74	–	0,39	0,44	–	0,15	0,17	–	–	–
	III	11,18	–	0,89	1,00	–	0,64	0,72	–	0,40	0,45	–	0,19	0,21	–	0,02	0,02	–	–	–	–	–	–
	IV	23,18	–	1,85	2,08	–	1,68	1,89	–	1,52	1,71	–	1,36	1,53	–	1,21	1,36	–	1,06	1,20	–	0,92	1,0
	V	37,91	–	3,03	3,41																		
	VI	39,38	–	3,15	3,54																		
124,29	I	23,21	–	1,85	2,08	–	1,52	1,71	–	1,21	1,37	–	0,92	1,04	–	0,64	0,72	–	0,38	0,43	–	0,15	0,1
	II	19,31	–	1,54	1,73	–	1,23	1,38	–	0,93	1,05	–	0,66	0,74	–	0,40	0,45	–	0,16	0,18	–	–	–
	III	11,20	–	0,89	1,00	–	0,64	0,72	–	0,40	0,45	–	0,19	0,21	–	0,02	0,02	–	–	–	–	–	–
	IV	23,21	–	1,85	2,08	–	1,69	1,90	–	1,52	1,71	–	1,37	1,54	–	1,21	1,37	–	1,06	1,20	–	0,92	1,0
	V	37,95	–	3,03	3,41																		
	VI	39,43	–	3,15	3,54																		
124,39	I	23,25	–	1,86	2,09	–	1,53	1,72	–	1,22	1,37	–	0,92	1,04	–	0,65	0,73	–	0,39	0,44	–	0,15	0,1
	II	19,34	–	1,54	1,74	–	1,23	1,39	–	0,94	1,05	–	0,66	0,74	–	0,40	0,45	–	0,16	0,18	–	–	–
	III	11,23	–	0,89	1,01	–	0,64	0,72	–	0,40	0,45	–	0,19	0,21	–	0,02	0,02	–	–	–	–	–	–
	IV	23,25	–	1,86	2,09	–	1,69	1,90	–	1,53	1,72	–	1,37	1,54	–	1,22	1,37	–	1,07	1,20	–	0,92	1,0
	V	37,99	–	3,03	3,41																		
	VI	39,47	–	3,15	3,55																		
124,49	I	23,28	–	1,86	2,09	–	1,53	1,72	–	1,22	1,37	–	0,92	1,04	–	0,65	0,73	–	0,39	0,44	–	0,15	0,1
	II	19,37	–	1,54	1,74	–	1,23	1,39	–	0,94	1,06	–	0,66	0,74	–	0,40	0,45	–	0,16	0,18	–	–	–
	III	11,25	–	0,90	1,01	–	0,64	0,73	–	0,40	0,45	–	0,19	0,21	–	0,02	0,02	–	–	–	–	–	–
	IV	23,28	–	1,86	2,09	–	1,69	1,90	–	1,53	1,72	–	1,37	1,54	–	1,22	1,37	–	1,07	1,20	–	0,92	1,0
	V	38,03	–	3,04	3,42																		
	VI	39,51	–	3,16	3,55																		

Besondere Tabelle

TAG bis 125,99 €

Lohn/ Gehalt bis	Steuerklasse	Lohnsteuer	ohne Kinderfreibetrag			Anzahl Kinderfreibeträge (nur Steuerklassen I–IV): 0,5			1,0			1,5			2,0			2,5			3,0		
			SolZ 5,5%	Kirchensteuer 8%	Kirchensteuer 9%	SolZ 5,5%	Kirchensteuer 8%	Kirchensteuer 9%	SolZ 5,5%	Kirchensteuer 8%	Kirchensteuer 9%	SolZ 5,5%	Kirchensteuer 8%	Kirchensteuer 9%	SolZ 5,5%	Kirchensteuer 8%	Kirchensteuer 9%	SolZ 5,5%	Kirchensteuer 8%	Kirchensteuer 9%	SolZ 5,5%	Kirchensteuer 8%	Kirchensteuer 9%
124,59	I	23,31	-	1,86	2,09	-	1,53	1,72	-	1,22	1,37	-	0,93	1,04	-	0,65	0,73	-	0,39	0,44	-	0,15	0,17
	II	19,40	-	1,55	1,74	-	1,24	1,39	-	0,94	1,06	-	0,66	0,75	-	0,40	0,45	-	0,16	0,18	-	-	-
	III	11,28	-	0,90	1,01	-	0,65	0,73	-	0,40	0,46	-	0,19	0,22	-	0,02	0,03	-	-	-	-	-	-
	IV	23,31	-	1,86	2,09	-	1,69	1,91	-	1,53	1,72	-	1,37	1,55	-	1,22	1,37	-	1,07	1,21	-	0,93	1,04
	V	38,08	-	3,04	3,42																		
	VI	39,55	-	3,16	3,55																		
124,69	I	23,35	-	1,86	2,10	-	1,53	1,73	-	1,22	1,38	-	0,93	1,05	-	0,65	0,73	-	0,39	0,44	-	0,15	0,17
	II	19,44	-	1,55	1,74	-	1,24	1,39	-	0,94	1,06	-	0,67	0,75	-	0,40	0,46	-	0,16	0,18	-	-	-
	III	11,31	-	0,90	1,01	-	0,65	0,73	-	0,41	0,46	-	0,19	0,22	-	0,02	0,03	-	-	-	-	-	-
	IV	23,35	-	1,86	2,10	-	1,70	1,91	-	1,53	1,73	-	1,38	1,55	-	1,22	1,38	-	1,07	1,21	-	0,93	1,05
	V	38,12	-	3,04	3,43																		
	VI	39,60	-	3,16	3,56																		
124,79	I	23,38	-	1,87	2,10	-	1,54	1,73	-	1,23	1,38	-	0,93	1,05	-	0,65	0,74	-	0,39	0,44	-	0,15	0,17
	II	19,47	-	1,55	1,75	-	1,24	1,40	-	0,95	1,06	-	0,67	0,75	-	0,41	0,46	-	0,16	0,18	-	-	-
	III	11,33	-	0,90	1,01	-	0,65	0,73	-	0,41	0,46	-	0,20	0,22	-	0,02	0,03	-	-	-	-	-	-
	IV	23,38	-	1,87	2,10	-	1,70	1,91	-	1,54	1,73	-	1,38	1,55	-	1,23	1,38	-	1,08	1,21	-	0,93	1,05
	V	38,16	-	3,05	3,43																		
	VI	39,64	-	3,17	3,56																		
124,89	I	23,42	-	1,87	2,10	-	1,54	1,73	-	1,23	1,38	-	0,93	1,05	-	0,66	0,74	-	0,40	0,45	-	0,16	0,18
	II	19,50	-	1,56	1,75	-	1,24	1,40	-	0,95	1,07	-	0,67	0,75	-	0,41	0,46	-	0,17	0,19	-	-	-
	III	11,36	-	0,90	1,02	-	0,65	0,73	-	0,41	0,46	-	0,20	0,22	-	0,03	0,03	-	-	-	-	-	-
	IV	23,42	-	1,87	2,10	-	1,70	1,91	-	1,54	1,73	-	1,38	1,55	-	1,23	1,38	-	1,08	1,21	-	0,93	1,05
	V	38,20	-	3,05	3,43																		
	VI	39,68	-	3,17	3,57																		
124,99	I	23,45	-	1,87	2,11	-	1,54	1,74	-	1,23	1,39	-	0,94	1,05	-	0,66	0,74	-	0,40	0,45	-	0,16	0,18
	II	19,53	-	1,56	1,75	-	1,25	1,40	-	0,95	1,07	-	0,67	0,76	-	0,41	0,46	-	0,17	0,19	-	-	-
	III	11,38	-	0,91	1,02	-	0,66	0,74	-	0,41	0,46	-	0,20	0,22	-	0,03	0,03	-	-	-	-	-	-
	IV	23,45	-	1,87	2,11	-	1,70	1,92	-	1,54	1,74	-	1,38	1,56	-	1,23	1,39	-	1,08	1,22	-	0,94	1,05
	V	38,25	-	3,06	3,44																		
	VI	39,72	-	3,17	3,57																		
125,09	I	23,48	-	1,87	2,11	-	1,54	1,74	-	1,23	1,39	-	0,94	1,06	-	0,66	0,74	-	0,40	0,45	-	0,16	0,18
	II	19,56	-	1,56	1,76	-	1,25	1,40	-	0,95	1,07	-	0,67	0,76	-	0,41	0,46	-	0,17	0,19	-	-	-
	III	11,41	-	0,91	1,02	-	0,66	0,74	-	0,41	0,47	-	0,20	0,23	-	0,03	0,03	-	-	-	-	-	-
	IV	23,48	-	1,87	2,11	-	1,71	1,92	-	1,54	1,74	-	1,39	1,56	-	1,23	1,39	-	1,08	1,22	-	0,94	1,06
	V	38,29	-	3,06	3,44																		
	VI	39,76	-	3,18	3,57																		
125,19	I	23,52	-	1,88	2,11	-	1,55	1,74	-	1,24	1,39	-	0,94	1,06	-	0,66	0,75	-	0,40	0,45	-	0,16	0,18
	II	19,60	-	1,56	1,76	-	1,25	1,41	-	0,95	1,07	-	0,68	0,76	-	0,42	0,47	-	0,17	0,19	-	-	-
	III	11,43	-	0,91	1,02	-	0,66	0,74	-	0,42	0,47	-	0,20	0,23	-	0,03	0,03	-	-	-	-	-	-
	IV	23,52	-	1,88	2,11	-	1,71	1,92	-	1,55	1,74	-	1,39	1,56	-	1,24	1,39	-	1,09	1,22	-	0,94	1,06
	V	38,33	-	3,06	3,44																		
	VI	39,81	-	3,18	3,58																		
125,29	I	23,55	-	1,88	2,11	-	1,55	1,74	-	1,24	1,39	-	0,94	1,06	-	0,67	0,75	-	0,40	0,46	-	0,16	0,18
	II	19,63	-	1,57	1,76	-	1,25	1,41	-	0,96	1,08	-	0,68	0,76	-	0,42	0,47	-	0,17	0,20	-	-	-
	III	11,46	-	0,91	1,03	-	0,66	0,74	-	0,42	0,47	-	0,20	0,23	-	0,03	0,04	-	-	-	-	-	-
	IV	23,55	-	1,88	2,11	-	1,71	1,93	-	1,55	1,74	-	1,39	1,57	-	1,24	1,39	-	1,09	1,22	-	0,94	1,06
	V	38,37	-	3,06	3,45																		
	VI	39,85	-	3,18	3,58																		
125,39	I	23,59	-	1,88	2,12	-	1,55	1,75	-	1,24	1,40	-	0,95	1,06	-	0,67	0,75	-	0,41	0,46	-	0,16	0,18
	II	19,66	-	1,57	1,76	-	1,26	1,41	-	0,96	1,08	-	0,68	0,77	-	0,42	0,47	-	0,18	0,20	-	-	-
	III	11,48	-	0,91	1,03	-	0,66	0,75	-	0,42	0,47	-	0,20	0,23	-	0,03	0,04	-	-	-	-	-	-
	IV	23,59	-	1,88	2,12	-	1,72	1,93	-	1,55	1,75	-	1,39	1,57	-	1,24	1,40	-	1,09	1,23	-	0,95	1,06
	V	38,41	-	3,07	3,45																		
	VI	39,89	-	3,19	3,59																		
125,49	I	23,62	-	1,88	2,12	-	1,56	1,75	-	1,24	1,40	-	0,95	1,07	-	0,67	0,75	-	0,41	0,46	-	0,17	0,19
	II	19,70	-	1,57	1,77	-	1,26	1,42	-	0,96	1,08	-	0,68	0,77	-	0,42	0,47	-	0,18	0,20	-	-	-
	III	11,51	-	0,92	1,03	-	0,66	0,75	-	0,42	0,47	-	0,21	0,23	-	0,03	0,04	-	-	-	-	-	-
	IV	23,62	-	1,88	2,12	-	1,72	1,93	-	1,56	1,75	-	1,40	1,57	-	1,24	1,40	-	1,09	1,23	-	0,95	1,07
	V	38,45	-	3,07	3,46																		
	VI	39,93	-	3,19	3,59																		
125,59	I	23,65	-	1,89	2,12	-	1,56	1,75	-	1,25	1,40	-	0,95	1,07	-	0,67	0,76	-	0,41	0,46	-	0,17	0,19
	II	19,73	-	1,57	1,77	-	1,26	1,42	-	0,96	1,08	-	0,68	0,77	-	0,42	0,48	-	0,18	0,20	-	-	-
	III	11,53	-	0,92	1,03	-	0,67	0,75	-	0,42	0,48	-	0,21	0,23	-	0,03	0,04	-	-	-	-	-	-
	IV	23,65	-	1,89	2,12	-	1,72	1,94	-	1,56	1,75	-	1,40	1,57	-	1,25	1,40	-	1,10	1,23	-	0,95	1,07
	V	38,50	-	3,08	3,46																		
	VI	39,97	-	3,19	3,59																		
125,69	I	23,69	-	1,89	2,13	-	1,56	1,76	-	1,25	1,40	-	0,95	1,07	-	0,67	0,76	-	0,41	0,46	-	0,17	0,19
	II	19,76	-	1,58	1,77	-	1,26	1,42	-	0,97	1,09	-	0,69	0,77	-	0,42	0,48	-	0,18	0,20	-	-	-
	III	11,56	-	0,92	1,04	-	0,67	0,75	-	0,43	0,48	-	0,21	0,24	-	0,04	0,04	-	-	-	-	-	-
	IV	23,69	-	1,89	2,13	-	1,72	1,94	-	1,56	1,76	-	1,40	1,58	-	1,25	1,40	-	1,10	1,24	-	0,95	1,07
	V	38,54	-	3,08	3,46																		
	VI	40,01	-	3,20	3,60																		
125,79	I	23,72	-	1,89	2,13	-	1,56	1,76	-	1,25	1,41	-	0,95	1,07	-	0,68	0,76	-	0,42	0,47	-	0,17	0,19
	II	19,79	-	1,58	1,78	-	1,26	1,42	-	0,97	1,09	-	0,69	0,78	-	0,43	0,48	-	0,18	0,21	-	-	-
	III	11,59	-	0,92	1,04	-	0,67	0,76	-	0,43	0,48	-	0,21	0,24	-	0,04	0,04	-	-	-	-	-	-
	IV	23,72	-	1,89	2,13	-	1,73	1,94	-	1,56	1,76	-	1,40	1,58	-	1,25	1,41	-	1,10	1,24	-	0,95	1,07
	V	38,58	-	3,08	3,47																		
	VI	40,06	-	3,20	3,60																		
125,89	I	23,76	-	1,90	2,13	-	1,57	1,76	-	1,25	1,41	-	0,96	1,08	-	0,68	0,76	-	0,42	0,47	-	0,17	0,20
	II	19,82	-	1,58	1,78	-	1,27	1,43	-	0,97	1,09	-	0,69	0,78	-	0,43	0,48	-	0,18	0,21	-	-	-
	III	11,61	-	0,92	1,04	-	0,67	0,76	-	0,43	0,48	-	0,21	0,24	-	0,04	0,04	-	-	-	-	-	-
	IV	23,76	-	1,90	2,13	-	1,73	1,95	-	1,57	1,76	-	1,41	1,58	-	1,25	1,41	-	1,10	1,24	-	0,96	1,08
	V	38,62	-	3,08	3,47																		
	VI	40,10	-	3,20	3,60																		
125,99	I	23,79	-	1,90	2,14	-	1,57	1,76	-	1,26	1,41	-	0,96	1,08	-	0,68	0,77	-	0,42	0,47	-	0,18	0,20
	II	19,86	-	1,58	1,78	-	1,27	1,43	-	0,97	1,09	-	0,69	0,78	-	0,43	0,49	-	0,19	0,21	-	-	-
	III	11,64	-	0,93	1,04	-	0,68	0,76	-	0,43	0,49	-	0,21	0,24	-	0,04	0,04	-	-	-	-	-	-
	IV	23,79	-	1,90	2,14	-	1,73	1,95	-	1,57	1,76	-	1,41	1,59	-	1,26	1,41	-	1,10	1,24	-	0,96	1,08
	V	38,66	-	3,09	3,47																		
	VI	40,14	-	3,21	3,61																		

Lohn/ Gehalt bis	Steuerklasse	Lohn-steuer	ohne Kinderfreibetrag			Anzahl Kinderfreibeträge (nur Steuerklassen I–IV) 0,5			1,0			1,5			2,0			2,5			3,0		
			SolZ 5,5%	Kirchensteuer 8%	9%	SolZ 5,5%	Kirchensteuer 8%	9%	SolZ 5,5%	Kirchensteuer 8%	9%	SolZ 5,5%	Kirchensteuer 8%	9%	SolZ 5,5%	Kirchensteuer 8%	9%	SolZ 5,5%	Kirchensteuer 8%	9%	SolZ 5,5%	Kirchensteuer 8%	9%
126,09	I	23,82	–	1,90	2,14	–	1,57	1,77	–	1,26	1,42	–	0,96	1,08	–	0,68	0,77	–	0,42	0,47	–	0,18	0,20
	II	19,89	–	1,59	1,79	–	1,27	1,43	–	0,98	1,10	–	0,70	0,78	–	0,43	0,49	–	0,19	0,21	–	–	–
	III	11,66	–	0,93	1,04	–	0,68	0,76	–	0,43	0,49	–	0,22	0,24	–	0,04	0,05	–	–	–	–	–	–
	IV	23,82	–	1,90	2,14	–	1,73	1,95	–	1,57	1,77	–	1,41	1,59	–	1,26	1,42	–	1,11	1,25	–	0,96	1,08
	V	38,71	–	3,09	3,48																		
	VI	40,18	–	3,21	3,61																		
126,19	I	23,86	–	1,90	2,14	–	1,57	1,77	–	1,26	1,42	–	0,96	1,08	–	0,68	0,77	–	0,42	0,48	–	0,18	0,20
	II	19,92	–	1,59	1,79	–	1,28	1,44	–	0,98	1,10	–	0,70	0,79	–	0,44	0,49	–	0,19	0,21	–	–	–
	III	11,69	–	0,93	1,05	–	0,68	0,76	–	0,44	0,49	–	0,22	0,24	–	0,04	0,05	–	–	–	–	–	–
	IV	23,86	–	1,90	2,14	–	1,74	1,95	–	1,57	1,77	–	1,41	1,59	–	1,26	1,42	–	1,11	1,25	–	0,96	1,08
	V	38,75	–	3,10	3,48																		
	VI	40,23	–	3,21	3,62																		
126,29	I	23,89	–	1,91	2,15	–	1,58	1,77	–	1,26	1,42	–	0,97	1,09	–	0,69	0,77	–	0,42	0,48	–	0,18	0,20
	II	19,95	–	1,59	1,79	–	1,28	1,44	–	0,98	1,10	–	0,70	0,79	–	0,44	0,49	–	0,19	0,22	–	–	–
	III	11,72	–	0,93	1,05	–	0,68	0,77	–	0,44	0,49	–	0,22	0,25	–	0,04	0,05	–	–	–	–	–	–
	IV	23,89	–	1,91	2,15	–	1,74	1,96	–	1,58	1,77	–	1,42	1,59	–	1,26	1,42	–	1,11	1,25	–	0,97	1,09
	V	38,79	–	3,10	3,49																		
	VI	40,27	–	3,22	3,62																		
126,39	I	23,93	–	1,91	2,15	–	1,58	1,78	–	1,26	1,42	–	0,97	1,09	–	0,69	0,78	–	0,43	0,48	–	0,18	0,2
	II	19,99	–	1,59	1,79	–	1,28	1,44	–	0,98	1,11	–	0,70	0,79	–	0,44	0,49	–	0,19	0,22	–	–	0,0
	III	11,74	–	0,93	1,05	–	0,68	0,77	–	0,44	0,49	–	0,22	0,25	–	0,04	0,05	–	–	–	–	–	–
	IV	23,93	–	1,91	2,15	–	1,74	1,96	–	1,58	1,78	–	1,42	1,60	–	1,26	1,42	–	1,11	1,25	–	0,97	1,09
	V	38,83	–	3,10	3,49																		
	VI	40,31	–	3,22	3,62																		
126,49	I	23,96	–	1,91	2,15	–	1,58	1,78	–	1,27	1,43	–	0,97	1,09	–	0,69	0,78	–	0,43	0,48	–	0,18	0,2
	II	20,02	–	1,60	1,80	–	1,28	1,44	–	0,98	1,11	–	0,70	0,79	–	0,44	0,50	–	0,20	0,22	–	0,01	0,0
	III	11,77	–	0,94	1,05	–	0,68	0,77	–	0,44	0,50	–	0,22	0,25	–	0,05	0,05	–	–	–	–	–	–
	IV	23,96	–	1,91	2,15	–	1,74	1,96	–	1,58	1,78	–	1,42	1,60	–	1,27	1,43	–	1,12	1,26	–	0,97	1,09
	V	38,87	–	3,10	3,49																		
	VI	40,35	–	3,22	3,63																		
126,59	I	24,00	–	1,92	2,16	–	1,58	1,78	–	1,27	1,43	–	0,97	1,09	–	0,69	0,78	–	0,43	0,49	–	0,19	0,2
	II	20,05	–	1,60	1,80	–	1,28	1,45	–	0,99	1,11	–	0,71	0,80	–	0,44	0,50	–	0,20	0,22	–	0,01	0,0
	III	11,80	–	0,94	1,06	–	0,69	0,77	–	0,44	0,50	–	0,22	0,25	–	0,05	0,05	–	–	–	–	–	–
	IV	24,00	–	1,92	2,16	–	1,75	1,97	–	1,58	1,78	–	1,42	1,60	–	1,27	1,43	–	1,12	1,26	–	0,97	1,0
	V	38,92	–	3,11	3,50																		
	VI	40,39	–	3,23	3,63																		
126,69	I	24,03	–	1,92	2,16	–	1,59	1,79	–	1,27	1,43	–	0,98	1,10	–	0,70	0,78	–	0,43	0,49	–	0,19	0,2
	II	20,08	–	1,60	1,80	–	1,29	1,45	–	0,99	1,11	–	0,71	0,80	–	0,45	0,50	–	0,20	0,22	–	0,01	0,0
	III	11,82	–	0,94	1,06	–	0,69	0,78	–	0,44	0,50	–	0,22	0,25	–	0,05	0,05	–	–	–	–	–	–
	IV	24,03	–	1,92	2,16	–	1,75	1,97	–	1,59	1,79	–	1,43	1,61	–	1,27	1,43	–	1,12	1,26	–	0,98	1,1
	V	38,96	–	3,11	3,50																		
	VI	40,43	–	3,23	3,63																		
126,79	I	24,06	–	1,92	2,16	–	1,59	1,79	–	1,28	1,44	–	0,98	1,10	–	0,70	0,79	–	0,44	0,49	–	0,19	0,2
	II	20,12	–	1,60	1,81	–	1,29	1,45	–	0,99	1,12	–	0,71	0,80	–	0,45	0,50	–	0,20	0,23	–	0,01	0,0
	III	11,85	–	0,94	1,06	–	0,69	0,78	–	0,45	0,50	–	0,23	0,26	–	0,05	0,06	–	–	–	–	–	–
	IV	24,06	–	1,92	2,16	–	1,75	1,97	–	1,59	1,79	–	1,43	1,61	–	1,28	1,44	–	1,12	1,26	–	0,98	1,1
	V	39,00	–	3,12	3,51																		
	VI	40,48	–	3,23	3,64																		
126,89	I	24,10	–	1,92	2,16	–	1,59	1,79	–	1,28	1,44	–	0,98	1,10	–	0,70	0,79	–	0,44	0,49	–	0,19	0,2
	II	20,15	–	1,61	1,81	–	1,29	1,45	–	0,99	1,12	–	0,71	0,80	–	0,45	0,51	–	0,20	0,23	–	0,01	0,0
	III	11,87	–	0,94	1,06	–	0,69	0,78	–	0,45	0,51	–	0,23	0,26	–	0,05	0,06	–	–	–	–	–	–
	IV	24,10	–	1,92	2,16	–	1,76	1,98	–	1,59	1,79	–	1,43	1,61	–	1,28	1,44	–	1,13	1,27	–	0,98	1,1
	V	39,04	–	3,12	3,51																		
	VI	40,52	–	3,24	3,64																		
126,99	I	24,13	–	1,93	2,17	–	1,59	1,79	–	1,28	1,44	–	0,98	1,11	–	0,70	0,79	–	0,44	0,49	–	0,19	0,2
	II	20,18	–	1,61	1,81	–	1,29	1,46	–	1,00	1,12	–	0,72	0,81	–	0,45	0,51	–	0,20	0,23	–	0,01	0,0
	III	11,90	–	0,95	1,07	–	0,70	0,78	–	0,45	0,51	–	0,23	0,26	–	0,05	0,06	–	–	–	–	–	–
	IV	24,13	–	1,93	2,17	–	1,76	1,98	–	1,59	1,79	–	1,44	1,62	–	1,28	1,44	–	1,13	1,27	–	0,98	1,1
	V	39,08	–	3,12	3,51																		
	VI	40,56	–	3,24	3,65																		
127,09	I	24,16	–	1,93	2,17	–	1,60	1,80	–	1,28	1,44	–	0,98	1,11	–	0,70	0,79	–	0,44	0,50	–	0,20	0,2
	II	20,21	–	1,61	1,81	–	1,30	1,46	–	1,00	1,12	–	0,72	0,81	–	0,45	0,51	–	0,21	0,23	–	0,01	0,0
	III	11,92	–	0,95	1,07	–	0,70	0,78	–	0,45	0,51	–	0,23	0,26	–	0,05	0,06	–	–	–	–	–	–
	IV	24,16	–	1,93	2,17	–	1,76	1,98	–	1,60	1,80	–	1,44	1,62	–	1,28	1,44	–	1,13	1,27	–	0,98	1,1
	V	39,13	–	3,13	3,52																		
	VI	40,60	–	3,24	3,65																		
127,19	I	24,20	–	1,93	2,17	–	1,60	1,80	–	1,28	1,45	–	0,99	1,11	–	0,71	0,80	–	0,44	0,50	–	0,20	0,2
	II	20,25	–	1,62	1,82	–	1,30	1,46	–	1,00	1,13	–	0,72	0,81	–	0,46	0,51	–	0,21	0,24	–	0,01	0,0
	III	11,95	–	0,95	1,07	–	0,70	0,79	–	0,46	0,51	–	0,23	0,26	–	0,05	0,06	–	–	–	–	–	–
	IV	24,20	–	1,93	2,17	–	1,76	1,98	–	1,60	1,80	–	1,44	1,62	–	1,28	1,45	–	1,13	1,28	–	0,99	1,1
	V	39,17	–	3,13	3,52																		
	VI	40,65	–	3,25	3,65																		
127,29	I	24,23	–	1,93	2,18	–	1,60	1,80	–	1,29	1,45	–	0,99	1,11	–	0,71	0,80	–	0,45	0,50	–	0,20	0,2
	II	20,28	–	1,62	1,82	–	1,30	1,46	–	1,00	1,13	–	0,72	0,81	–	0,46	0,52	–	0,21	0,24	–	0,02	0,0
	III	11,97	–	0,95	1,07	–	0,70	0,79	–	0,46	0,51	–	0,23	0,26	–	0,06	0,06	–	–	–	–	–	–
	IV	24,23	–	1,93	2,18	–	1,77	1,99	–	1,60	1,80	–	1,44	1,62	–	1,29	1,45	–	1,14	1,28	–	0,99	1,1
	V	39,21	–	3,13	3,52																		
	VI	40,69	–	3,25	3,66																		
127,39	I	24,27	–	1,94	2,18	–	1,60	1,81	–	1,29	1,45	–	0,99	1,12	–	0,71	0,80	–	0,45	0,50	–	0,20	0,2
	II	20,31	–	1,62	1,82	–	1,30	1,47	–	1,01	1,13	–	0,72	0,81	–	0,46	0,52	–	0,21	0,24	–	0,02	0,0
	III	12,00	–	0,96	1,08	–	0,70	0,79	–	0,46	0,52	–	0,24	0,27	–	0,06	0,06	–	–	–	–	–	–
	IV	24,27	–	1,94	2,18	–	1,77	1,99	–	1,60	1,81	–	1,44	1,63	–	1,29	1,45	–	1,14	1,28	–	0,99	1,1
	V	39,25	–	3,14	3,53																		
	VI	40,73	–	3,25	3,66																		
127,49	I	24,30	–	1,94	2,18	–	1,61	1,81	–	1,29	1,45	–	0,99	1,12	–	0,71	0,80	–	0,45	0,51	–	0,20	0,2
	II	20,35	–	1,62	1,83	–	1,31	1,47	–	1,01	1,13	–	0,73	0,82	–	0,46	0,52	–	0,21	0,24	–	0,02	0,0
	III	12,02	–	0,96	1,08	–	0,70	0,79	–	0,46	0,52	–	0,24	0,27	–	0,06	0,07	–	–	–	–	–	–
	IV	24,30	–	1,94	2,18	–	1,77	1,99	–	1,61	1,81	–	1,45	1,63	–	1,29	1,45	–	1,14	1,28	–	0,99	1,1
	V	39,30	–	3,14	3,53																		
	VI	40,77	–	3,26	3,66																		

Lohn/Gehalt bis	Steuerklasse	Lohnsteuer	ohne Kinderfreibetrag SolZ 5,5%	ohne Kinderfreibetrag Kirchensteuer 8%	ohne Kinderfreibetrag Kirchensteuer 9%	0,5 SolZ 5,5%	0,5 Kirchensteuer 8%	0,5 Kirchensteuer 9%	1,0 SolZ 5,5%	1,0 Kirchensteuer 8%	1,0 Kirchensteuer 9%	1,5 SolZ 5,5%	1,5 Kirchensteuer 8%	1,5 Kirchensteuer 9%	2,0 SolZ 5,5%	2,0 Kirchensteuer 8%	2,0 Kirchensteuer 9%	2,5 SolZ 5,5%	2,5 Kirchensteuer 8%	2,5 Kirchensteuer 9%	3,0 SolZ 5,5%	3,0 Kirchensteuer 8%	3,0 Kirchensteuer 9%
						Anzahl Kinderfreibeträge (nur Steuerklassen I–IV)																	
127,59	I	24,34	-	1,94	2,19	-	1,61	1,81	-	1,29	1,46	-	1,00	1,12	-	0,72	0,81	-	0,45	0,51	-	0,20	0,23
	II	20,38	-	1,63	1,83	-	1,31	1,47	-	1,01	1,14	-	0,73	0,82	-	0,46	0,52	-	0,22	0,24	-	0,02	0,02
	III	12,05	-	0,96	1,08	-	0,71	0,80	-	0,46	0,52	-	0,24	0,27	-	0,06	0,07	-	-	-	-	-	-
	IV	24,34	-	1,94	2,19	-	1,77	2,00	-	1,61	1,81	-	1,45	1,63	-	1,29	1,46	-	1,14	1,29	-	1,00	1,12
	V	39,34	-	3,14	3,54																		
	VI	40,81	-	3,26	3,67																		
127,69	I	24,37	-	1,94	2,19	-	1,61	1,81	-	1,30	1,46	-	1,00	1,12	-	0,72	0,81	-	0,45	0,51	-	0,21	0,23
	II	20,41	-	1,63	1,83	-	1,31	1,48	-	1,01	1,14	-	0,73	0,82	-	0,47	0,52	-	0,22	0,25	-	0,02	0,02
	III	12,08	-	0,96	1,08	-	0,71	0,80	-	0,46	0,52	-	0,24	0,27	-	0,06	0,07	-	-	-	-	-	-
	IV	24,37	-	1,94	2,19	-	1,78	2,00	-	1,61	1,81	-	1,45	1,63	-	1,30	1,46	-	1,15	1,29	-	1,00	1,12
	V	39,38	-	3,15	3,54																		
	VI	40,86	-	3,26	3,67																		
127,79	I	24,41	-	1,95	2,19	-	1,62	1,82	-	1,30	1,46	-	1,00	1,13	-	0,72	0,81	-	0,46	0,51	-	0,21	0,24
	II	20,44	-	1,63	1,83	-	1,31	1,48	-	1,02	1,14	-	0,73	0,82	-	0,47	0,53	-	0,22	0,25	-	0,02	0,02
	III	12,10	-	0,96	1,08	-	0,71	0,80	-	0,47	0,53	-	0,24	0,27	-	0,06	0,07	-	-	-	-	-	-
	IV	24,41	-	1,95	2,19	-	1,78	2,00	-	1,62	1,82	-	1,46	1,64	-	1,30	1,46	-	1,15	1,29	-	1,00	1,13
	V	39,42	-	3,15	3,54																		
	VI	40,90	-	3,27	3,68																		
127,89	I	24,44	-	1,95	2,19	-	1,62	1,82	-	1,30	1,46	-	1,00	1,13	-	0,72	0,81	-	0,46	0,52	-	0,21	0,24
	II	20,48	-	1,63	1,84	-	1,32	1,48	-	1,02	1,15	-	0,74	0,83	-	0,47	0,53	-	0,22	0,25	-	0,02	0,03
	III	12,13	-	0,97	1,09	-	0,71	0,80	-	0,47	0,53	-	0,24	0,27	-	0,06	0,07	-	-	-	-	-	-
	IV	24,44	-	1,95	2,19	-	1,78	2,00	-	1,62	1,82	-	1,46	1,64	-	1,30	1,46	-	1,15	1,29	-	1,00	1,13
	V	39,46	-	3,15	3,55																		
	VI	40,94	-	3,27	3,68																		
127,99	I	24,47	-	1,95	2,20	-	1,62	1,82	-	1,30	1,47	-	1,01	1,13	-	0,72	0,81	-	0,46	0,52	-	0,21	0,24
	II	20,51	-	1,64	1,84	-	1,32	1,48	-	1,02	1,15	-	0,74	0,83	-	0,47	0,53	-	0,22	0,25	-	0,02	0,03
	III	12,16	-	0,97	1,09	-	0,72	0,81	-	0,47	0,53	-	0,25	0,28	-	0,06	0,07	-	-	-	-	-	-
	IV	24,47	-	1,95	2,20	-	1,78	2,01	-	1,62	1,82	-	1,46	1,64	-	1,30	1,47	-	1,15	1,30	-	1,01	1,13
	V	39,50	-	3,16	3,55																		
	VI	40,98	-	3,27	3,68																		
128,09	I	24,51	-	1,96	2,20	-	1,62	1,83	-	1,31	1,47	-	1,01	1,13	-	0,73	0,82	-	0,46	0,52	-	0,21	0,24
	II	20,54	-	1,64	1,84	-	1,32	1,49	-	1,02	1,15	-	0,74	0,83	-	0,47	0,53	-	0,23	0,26	-	0,03	0,03
	III	12,18	-	0,97	1,09	-	0,72	0,81	-	0,47	0,53	-	0,25	0,28	-	0,07	0,07	-	-	-	-	-	-
	IV	24,51	-	1,96	2,20	-	1,79	2,01	-	1,62	1,83	-	1,46	1,65	-	1,31	1,47	-	1,16	1,30	-	1,01	1,13
	V	39,55	-	3,16	3,55																		
	VI	41,02	-	3,28	3,69																		
128,19	I	24,54	-	1,96	2,20	-	1,63	1,83	-	1,31	1,47	-	1,01	1,14	-	0,73	0,82	-	0,46	0,52	-	0,22	0,24
	II	20,57	-	1,64	1,85	-	1,32	1,49	-	1,02	1,15	-	0,74	0,83	-	0,48	0,54	-	0,23	0,26	-	0,03	0,03
	III	12,21	-	0,97	1,09	-	0,72	0,81	-	0,47	0,53	-	0,25	0,28	-	0,07	0,08	-	-	-	-	-	-
	IV	24,54	-	1,96	2,20	-	1,79	2,01	-	1,63	1,83	-	1,47	1,65	-	1,31	1,47	-	1,16	1,30	-	1,01	1,14
	V	39,59	-	3,16	3,56																		
	VI	41,06	-	3,28	3,69																		
128,29	I	24,58	-	1,96	2,21	-	1,63	1,83	-	1,31	1,48	-	1,01	1,14	-	0,73	0,82	-	0,47	0,52	-	0,22	0,25
	II	20,61	-	1,64	1,85	-	1,33	1,49	-	1,03	1,16	-	0,74	0,84	-	0,48	0,54	-	0,23	0,26	-	0,03	0,03
	III	12,23	-	0,97	1,10	-	0,72	0,81	-	0,48	0,54	-	0,25	0,28	-	0,07	0,08	-	-	-	-	-	-
	IV	24,58	-	1,96	2,21	-	1,79	2,02	-	1,63	1,83	-	1,47	1,65	-	1,31	1,48	-	1,16	1,31	-	1,01	1,14
	V	39,63	-	3,17	3,56																		
	VI	41,11	-	3,28	3,69																		
128,39	I	24,61	-	1,96	2,21	-	1,63	1,83	-	1,31	1,48	-	1,02	1,14	-	0,73	0,82	-	0,47	0,53	-	0,22	0,25
	II	20,64	-	1,65	1,85	-	1,33	1,50	-	1,03	1,16	-	0,75	0,84	-	0,48	0,54	-	0,23	0,26	-	0,03	0,03
	III	12,26	-	0,98	1,10	-	0,72	0,81	-	0,48	0,54	-	0,25	0,28	-	0,07	0,08	-	-	-	-	-	-
	IV	24,61	-	1,96	2,21	-	1,80	2,02	-	1,63	1,83	-	1,47	1,65	-	1,31	1,48	-	1,16	1,31	-	1,02	1,14
	V	39,67	-	3,17	3,57																		
	VI	41,15	-	3,29	3,70																		
128,49	I	24,65	-	1,97	2,21	-	1,63	1,84	-	1,32	1,48	-	1,02	1,15	-	0,74	0,83	-	0,47	0,53	-	0,22	0,25
	II	20,67	-	1,65	1,86	-	1,33	1,50	-	1,03	1,16	-	0,75	0,84	-	0,48	0,54	-	0,23	0,26	-	0,03	0,03
	III	12,28	-	0,98	1,10	-	0,72	0,82	-	0,48	0,54	-	0,25	0,29	-	0,07	0,08	-	-	-	-	-	-
	IV	24,65	-	1,97	2,21	-	1,80	2,02	-	1,63	1,84	-	1,47	1,66	-	1,32	1,48	-	1,16	1,31	-	1,02	1,15
	V	39,71	-	3,17	3,57																		
	VI	41,19	-	3,29	3,70																		
128,59	I	24,68	-	1,97	2,22	-	1,64	1,84	-	1,32	1,48	-	1,02	1,15	-	0,74	0,83	-	0,47	0,53	-	0,22	0,25
	II	20,70	-	1,65	1,86	-	1,33	1,50	-	1,03	1,16	-	0,75	0,84	-	0,48	0,55	-	0,24	0,27	-	0,03	0,04
	III	12,31	-	0,98	1,10	-	0,73	0,82	-	0,48	0,54	-	0,26	0,29	-	0,07	0,08	-	-	-	-	-	-
	IV	24,68	-	1,97	2,22	-	1,80	2,03	-	1,64	1,84	-	1,48	1,66	-	1,32	1,48	-	1,17	1,31	-	1,02	1,15
	V	39,76	-	3,18	3,57																		
	VI	41,23	-	3,29	3,71																		
128,69	I	24,71	-	1,97	2,22	-	1,64	1,84	-	1,32	1,49	-	1,02	1,15	-	0,74	0,83	-	0,47	0,53	-	0,23	0,26
	II	20,74	-	1,65	1,86	-	1,34	1,50	-	1,04	1,17	-	0,75	0,85	-	0,49	0,55	-	0,24	0,27	-	0,03	0,04
	III	12,33	-	0,98	1,10	-	0,73	0,82	-	0,48	0,54	-	0,26	0,29	-	0,07	0,08	-	-	-	-	-	-
	IV	24,71	-	1,97	2,22	-	1,80	2,03	-	1,64	1,84	-	1,48	1,66	-	1,32	1,49	-	1,17	1,32	-	1,02	1,15
	V	39,80	-	3,18	3,58																		
	VI	41,28	-	3,30	3,71																		
128,79	I	24,75	-	1,98	2,22	-	1,64	1,85	-	1,32	1,49	-	1,02	1,15	-	0,74	0,83	-	0,48	0,54	-	0,23	0,26
	II	20,77	-	1,66	1,86	-	1,34	1,51	-	1,04	1,17	-	0,76	0,85	-	0,49	0,55	-	0,24	0,27	-	0,03	0,04
	III	12,36	-	0,98	1,11	-	0,73	0,82	-	0,49	0,55	-	0,26	0,29	-	0,08	0,09	-	-	-	-	-	-
	IV	24,75	-	1,98	2,22	-	1,81	2,03	-	1,64	1,85	-	1,48	1,67	-	1,32	1,49	-	1,17	1,32	-	1,02	1,15
	V	39,84	-	3,18	3,58																		
	VI	41,32	-	3,30	3,71																		
128,89	I	24,78	-	1,98	2,23	-	1,64	1,85	-	1,33	1,49	-	1,03	1,16	-	0,74	0,84	-	0,48	0,54	-	0,23	0,26
	II	20,80	-	1,66	1,87	-	1,34	1,51	-	1,04	1,17	-	0,76	0,85	-	0,49	0,55	-	0,24	0,27	-	0,04	0,04
	III	12,39	-	0,99	1,11	-	0,73	0,82	-	0,49	0,55	-	0,26	0,29	-	0,08	0,09	-	-	-	-	-	-
	IV	24,78	-	1,98	2,23	-	1,81	2,04	-	1,64	1,85	-	1,48	1,67	-	1,33	1,49	-	1,17	1,32	-	1,03	1,16
	V	39,88	-	3,19	3,58																		
	VI	41,36	-	3,30	3,72																		
128,99	I	24,82	-	1,98	2,23	-	1,65	1,85	-	1,33	1,50	-	1,03	1,16	-	0,75	0,84	-	0,48	0,54	-	0,23	0,26
	II	20,84	-	1,66	1,87	-	1,34	1,51	-	1,04	1,17	-	0,76	0,85	-	0,49	0,55	-	0,24	0,27	-	0,04	0,04
	III	12,41	-	0,99	1,11	-	0,74	0,83	-	0,49	0,55	-	0,26	0,30	-	0,08	0,09	-	-	-	-	-	-
	IV	24,82	-	1,98	2,23	-	1,81	2,04	-	1,65	1,85	-	1,49	1,67	-	1,33	1,50	-	1,18	1,32	-	1,03	1,16
	V	39,92	-	3,19	3,59																		
	VI	41,40	-	3,31	3,72																		

TAG bis 130,49 €

Lohn/ Gehalt bis	Steuerklasse	Lohnsteuer	ohne Kinderfreibetrag			Anzahl Kinderfreibeträge (nur Steuerklassen I–IV)																	
						0,5			1,0			1,5			2,0			2,5			3,0		
			SolZ 5,5%	Kirchensteuer 8%	Kirchensteuer 9%	SolZ 5,5%	Kirchensteuer 8%	Kirchensteuer 9%	SolZ 5,5%	Kirchensteuer 8%	Kirchensteuer 9%	SolZ 5,5%	Kirchensteuer 8%	Kirchensteuer 9%	SolZ 5,5%	Kirchensteuer 8%	Kirchensteuer 9%	SolZ 5,5%	Kirchensteuer 8%	Kirchensteuer 9%	SolZ 5,5%	Kirchensteuer 8%	Kirchensteuer 9%
129,09	I	24,85	-	1,98	2,23	-	1,65	1,86	-	1,33	1,50	-	1,03	1,16	-	0,75	0,84	-	0,48	0,54	-	0,23	0,2
	II	20,87	-	1,66	1,87	-	1,35	1,52	-	1,05	1,18	-	0,76	0,86	-	0,50	0,56	-	0,25	0,28	-	0,04	0,0
	III	12,44	-	0,99	1,11	-	0,74	0,83	-	0,49	0,55	-	0,26	0,30	-	0,08	0,09	-	-	-	-	-	
	IV	24,85	-	1,98	2,23	-	1,81	2,04	-	1,65	1,86	-	1,49	1,67	-	1,33	1,50	-	1,18	1,33	-	1,03	1,1
	V	39,97	-	3,19	3,59																		
	VI	41,44	-	3,31	3,72																		
129,19	I	24,89	-	1,99	2,24	-	1,65	1,86	-	1,33	1,50	-	1,03	1,16	-	0,75	0,84	-	0,48	0,55	-	0,24	0,2
	II	20,90	-	1,67	1,88	-	1,35	1,52	-	1,05	1,18	-	0,76	0,86	-	0,50	0,56	-	0,25	0,28	-	0,04	0,0
	III	12,47	-	0,99	1,12	-	0,74	0,83	-	0,49	0,56	-	0,27	0,30	-	0,08	0,09	-	-	-	-	-	
	IV	24,89	-	1,99	2,24	-	1,82	2,04	-	1,65	1,86	-	1,49	1,68	-	1,33	1,50	-	1,18	1,33	-	1,03	1,1
	V	40,01	-	3,20	3,60																		
	VI	41,48	-	3,31	3,73																		
129,29	I	24,92	-	1,99	2,24	-	1,65	1,86	-	1,34	1,50	-	1,04	1,17	-	0,75	0,85	-	0,49	0,55	-	0,24	0,2
	II	20,93	-	1,67	1,88	-	1,35	1,52	-	1,05	1,18	-	0,77	0,86	-	0,50	0,56	-	0,25	0,28	-	0,04	0,0
	III	12,49	-	0,99	1,12	-	0,74	0,83	-	0,50	0,56	-	0,27	0,30	-	0,08	0,09	-	-	-	-	-	
	IV	24,92	-	1,99	2,24	-	1,82	2,05	-	1,65	1,86	-	1,49	1,68	-	1,34	1,50	-	1,18	1,33	-	1,04	1,1
	V	40,05	-	3,20	3,60																		
	VI	41,53	-	3,32	3,73																		
129,39	I	24,96	-	1,99	2,24	-	1,66	1,86	-	1,34	1,51	-	1,04	1,17	-	0,76	0,85	-	0,49	0,55	-	0,24	0,2
	II	20,97	-	1,67	1,88	-	1,35	1,52	-	1,05	1,18	-	0,77	0,86	-	0,50	0,56	-	0,25	0,28	-	0,04	0,0
	III	12,52	-	1,00	1,12	-	0,74	0,84	-	0,50	0,56	-	0,27	0,30	-	0,08	0,09	-	-	-	-	-	
	IV	24,96	-	1,99	2,24	-	1,82	2,05	-	1,66	1,86	-	1,50	1,68	-	1,34	1,51	-	1,19	1,34	-	1,04	1,1
	V	40,09	-	3,20	3,60																		
	VI	41,57	-	3,32	3,74																		
129,49	I	24,99	-	1,99	2,24	-	1,66	1,87	-	1,34	1,51	-	1,04	1,17	-	0,76	0,85	-	0,49	0,55	-	0,24	0,2
	II	21,00	-	1,68	1,89	-	1,36	1,53	-	1,06	1,19	-	0,77	0,87	-	0,50	0,57	-	0,25	0,28	-	0,04	0,0
	III	12,55	-	1,00	1,12	-	0,74	0,84	-	0,50	0,56	-	0,27	0,31	-	0,08	0,09	-	-	-	-	-	
	IV	24,99	-	1,99	2,24	-	1,82	2,05	-	1,66	1,87	-	1,50	1,69	-	1,34	1,51	-	1,19	1,34	-	1,04	1,1
	V	40,13	-	3,21	3,61																		
	VI	41,61	-	3,32	3,74																		
129,59	I	25,03	-	2,00	2,25	-	1,66	1,87	-	1,34	1,51	-	1,04	1,17	-	0,76	0,85	-	0,49	0,55	-	0,24	0,2
	II	21,03	-	1,68	1,89	-	1,36	1,53	-	1,06	1,19	-	0,77	0,87	-	0,51	0,57	-	0,26	0,29	-	0,04	0,0
	III	12,57	-	1,00	1,13	-	0,75	0,84	-	0,50	0,56	-	0,27	0,31	-	0,09	0,10	-	-	-	-	-	
	IV	25,03	-	2,00	2,25	-	1,83	2,06	-	1,66	1,87	-	1,50	1,69	-	1,34	1,51	-	1,19	1,34	-	1,04	1,1
	V	40,18	-	3,21	3,61																		
	VI	41,65	-	3,33	3,74																		
129,69	I	25,06	-	2,00	2,25	-	1,66	1,87	-	1,35	1,52	-	1,05	1,18	-	0,76	0,86	-	0,50	0,56	-	0,25	0,2
	II	21,06	-	1,68	1,89	-	1,36	1,53	-	1,06	1,19	-	0,78	0,87	-	0,51	0,57	-	0,26	0,29	-	0,05	0,0
	III	12,60	-	1,00	1,13	-	0,75	0,84	-	0,50	0,57	-	0,27	0,31	-	0,09	0,10	-	-	-	-	-	
	IV	25,06	-	2,00	2,25	-	1,83	2,06	-	1,66	1,87	-	1,50	1,69	-	1,35	1,52	-	1,19	1,34	-	1,05	1,1
	V	40,22	-	3,21	3,61																		
	VI	41,70	-	3,33	3,75																		
129,79	I	25,10	-	2,00	2,25	-	1,67	1,88	-	1,35	1,52	-	1,05	1,18	-	0,76	0,86	-	0,50	0,56	-	0,25	0,2
	II	21,10	-	1,68	1,89	-	1,36	1,53	-	1,06	1,19	-	0,78	0,88	-	0,51	0,57	-	0,26	0,29	-	0,05	0,0
	III	12,62	-	1,00	1,13	-	0,75	0,85	-	0,50	0,57	-	0,28	0,31	-	0,09	0,10	-	-	-	-	-	
	IV	25,10	-	2,00	2,25	-	1,83	2,06	-	1,67	1,88	-	1,51	1,69	-	1,35	1,52	-	1,20	1,35	-	1,05	1,1
	V	40,26	-	3,22	3,62																		
	VI	41,74	-	3,33	3,75																		
129,89	I	25,13	-	2,01	2,26	-	1,67	1,88	-	1,35	1,52	-	1,05	1,18	-	0,77	0,86	-	0,50	0,56	-	0,25	0,2
	II	21,13	-	1,69	1,90	-	1,37	1,54	-	1,06	1,20	-	0,78	0,88	-	0,51	0,58	-	0,26	0,29	-	0,05	0,0
	III	12,65	-	1,01	1,13	-	0,75	0,85	-	0,51	0,57	-	0,28	0,31	-	0,09	0,10	-	-	-	-	-	
	IV	25,13	-	2,01	2,26	-	1,84	2,07	-	1,67	1,88	-	1,51	1,70	-	1,35	1,52	-	1,20	1,35	-	1,05	1,1
	V	40,30	-	3,22	3,62																		
	VI	41,78	-	3,34	3,76																		
129,99	I	25,16	-	2,01	2,26	-	1,67	1,88	-	1,35	1,52	-	1,05	1,18	-	0,77	0,86	-	0,50	0,56	-	0,25	0,2
	II	21,16	-	1,69	1,90	-	1,37	1,54	-	1,07	1,20	-	0,78	0,88	-	0,51	0,58	-	0,26	0,30	-	0,05	0,0
	III	12,67	-	1,01	1,14	-	0,76	0,85	-	0,51	0,57	-	0,28	0,31	-	0,09	0,10	-	-	-	-	-	
	IV	25,16	-	2,01	2,26	-	1,84	2,07	-	1,67	1,88	-	1,51	1,70	-	1,35	1,52	-	1,20	1,35	-	1,05	1,1
	V	40,35	-	3,22	3,63																		
	VI	41,82	-	3,34	3,76																		
130,09	I	25,20	-	2,01	2,26	-	1,68	1,89	-	1,36	1,53	-	1,06	1,19	-	0,77	0,87	-	0,50	0,57	-	0,25	0,2
	II	21,20	-	1,69	1,90	-	1,37	1,54	-	1,07	1,20	-	0,78	0,88	-	0,52	0,58	-	0,26	0,30	-	0,05	0,0
	III	12,70	-	1,01	1,14	-	0,76	0,85	-	0,51	0,58	-	0,28	0,32	-	0,09	0,10	-	-	-	-	-	
	IV	25,20	-	2,01	2,26	-	1,84	2,07	-	1,68	1,89	-	1,51	1,70	-	1,36	1,53	-	1,20	1,35	-	1,06	1,1
	V	40,39	-	3,23	3,63																		
	VI	41,86	-	3,34	3,76																		
130,19	I	25,23	-	2,01	2,27	-	1,68	1,89	-	1,36	1,53	-	1,06	1,19	-	0,77	0,87	-	0,51	0,57	-	0,26	0,2
	II	21,23	-	1,69	1,91	-	1,37	1,55	-	1,07	1,21	-	0,79	0,89	-	0,52	0,58	-	0,27	0,30	-	0,05	0,0
	III	12,72	-	1,01	1,14	-	0,76	0,85	-	0,51	0,58	-	0,28	0,32	-	0,09	0,11	-	-	-	-	-	
	IV	25,23	-	2,01	2,27	-	1,84	2,07	-	1,68	1,89	-	1,52	1,71	-	1,36	1,53	-	1,21	1,36	-	1,06	1,1
	V	40,43	-	3,23	3,63																		
	VI	41,91	-	3,35	3,77																		
130,29	I	25,27	-	2,02	2,27	-	1,68	1,89	-	1,36	1,53	-	1,06	1,19	-	0,78	0,87	-	0,51	0,57	-	0,26	0,2
	II	21,26	-	1,70	1,91	-	1,38	1,55	-	1,07	1,21	-	0,79	0,89	-	0,52	0,59	-	0,27	0,30	-	0,05	0,0
	III	12,75	-	1,02	1,14	-	0,76	0,86	-	0,52	0,58	-	0,28	0,32	-	0,10	0,11	-	-	-	-	-	
	IV	25,27	-	2,02	2,27	-	1,85	2,08	-	1,68	1,89	-	1,52	1,71	-	1,36	1,53	-	1,21	1,36	-	1,06	1,1
	V	40,47	-	3,23	3,64																		
	VI	41,95	-	3,35	3,77																		
130,39	I	25,30	-	2,02	2,27	-	1,68	1,89	-	1,36	1,53	-	1,06	1,19	-	0,78	0,88	-	0,51	0,57	-	0,26	0,2
	II	21,30	-	1,70	1,91	-	1,38	1,55	-	1,08	1,21	-	0,79	0,89	-	0,52	0,59	-	0,27	0,30	-	0,06	0,0
	III	12,78	-	1,02	1,15	-	0,76	0,86	-	0,52	0,58	-	0,29	0,32	-	0,10	0,11	-	-	-	-	-	
	IV	25,30	-	2,02	2,27	-	1,85	2,08	-	1,68	1,89	-	1,52	1,71	-	1,36	1,53	-	1,21	1,36	-	1,06	1,1
	V	40,51	-	3,24	3,64																		
	VI	41,99	-	3,35	3,77																		
130,49	I	25,34	-	2,02	2,28	-	1,69	1,90	-	1,37	1,54	-	1,06	1,20	-	0,78	0,88	-	0,51	0,58	-	0,26	0,2
	II	21,33	-	1,70	1,91	-	1,38	1,55	-	1,08	1,21	-	0,79	0,89	-	0,52	0,59	-	0,27	0,31	-	0,06	0,0
	III	12,80	-	1,02	1,15	-	0,76	0,86	-	0,52	0,58	-	0,29	0,32	-	0,10	0,11	-	-	-	-	-	
	IV	25,34	-	2,02	2,28	-	1,85	2,08	-	1,69	1,90	-	1,52	1,71	-	1,37	1,54	-	1,21	1,37	-	1,06	1,2
	V	40,55	-	3,24	3,64																		
	VI	42,03	-	3,36	3,78																		

Besondere Tabelle

Lohn/ Gehalt bis	Steuerklasse	Lohn- steuer	ohne Kinderfreibetrag SolZ 5,5%	Kirchensteuer 8%	9%	0,5 SolZ 5,5%	Kirchensteuer 8%	9%	1,0 SolZ 5,5%	Kirchensteuer 8%	9%	1,5 SolZ 5,5%	Kirchensteuer 8%	9%	2,0 SolZ 5,5%	Kirchensteuer 8%	9%	2,5 SolZ 5,5%	Kirchensteuer 8%	9%	3,0 SolZ 5,5%	Kirchensteuer 8%	9%
						Anzahl Kinderfreibeträge (nur Steuerklassen I–IV)																	
130,59	I	25,37	-	2,02	2,28	-	1,69	1,90	-	1,37	1,54	-	1,07	1,20	-	0,78	0,88	-	0,51	0,58	-	0,26	0,30
	II	21,36	-	1,70	1,92	-	1,38	1,56	-	1,08	1,22	-	0,80	0,90	-	0,53	0,59	-	0,27	0,31	-	0,06	0,07
	III	12,83	-	1,02	1,15	-	0,77	0,86	-	0,52	0,59	-	0,29	0,33	-	0,10	0,11	-	-	-	-	-	-
	IV	25,37	-	2,02	2,28	-	1,85	2,09	-	1,69	1,90	-	1,53	1,72	-	1,37	1,54	-	1,22	1,37	-	1,07	1,20
	V	40,60	-	3,24	3,65																		
	VI	42,07	-	3,36	3,78																		
130,69	I	25,41	-	2,03	2,28	-	1,69	1,90	-	1,37	1,54	-	1,07	1,20	-	0,78	0,88	-	0,52	0,58	-	0,26	0,30
	II	21,40	-	1,71	1,92	-	1,39	1,56	-	1,08	1,22	-	0,80	0,90	-	0,53	0,59	-	0,28	0,31	-	0,06	0,07
	III	12,86	-	1,02	1,15	-	0,77	0,87	-	0,52	0,59	-	0,29	0,33	-	0,10	0,11	-	-	-	-	-	-
	IV	25,41	-	2,03	2,28	-	1,86	2,09	-	1,69	1,90	-	1,53	1,72	-	1,37	1,54	-	1,22	1,37	-	1,07	1,20
	V	40,64	-	3,25	3,65																		
	VI	42,11	-	3,36	3,78																		
130,79	I	25,44	-	2,03	2,28	-	1,69	1,91	-	1,37	1,55	-	1,07	1,21	-	0,79	0,89	-	0,52	0,58	-	0,27	0,30
	II	21,43	-	1,71	1,92	-	1,39	1,56	-	1,09	1,22	-	0,80	0,90	-	0,53	0,60	-	0,28	0,31	-	0,06	0,07
	III	12,88	-	1,03	1,15	-	0,77	0,87	-	0,52	0,59	-	0,29	0,33	-	0,10	0,11	-	-	-	-	-	-
	IV	25,44	-	2,03	2,28	-	1,86	2,09	-	1,69	1,91	-	1,53	1,72	-	1,37	1,55	-	1,22	1,37	-	1,07	1,21
	V	40,68	-	3,25	3,66																		
	VI	42,16	-	3,37	3,79																		
130,89	I	25,48	-	2,03	2,29	-	1,70	1,91	-	1,38	1,55	-	1,07	1,21	-	0,79	0,89	-	0,52	0,59	-	0,27	0,30
	II	21,46	-	1,71	1,93	-	1,39	1,57	-	1,09	1,22	-	0,80	0,90	-	0,53	0,60	-	0,28	0,32	-	0,06	0,07
	III	12,91	-	1,03	1,16	-	0,77	0,87	-	0,53	0,59	-	0,29	0,33	-	0,10	0,12	-	-	-	-	-	-
	IV	25,48	-	2,03	2,29	-	1,86	2,10	-	1,70	1,91	-	1,53	1,73	-	1,38	1,55	-	1,22	1,38	-	1,07	1,21
	V	40,72	-	3,25	3,66																		
	VI	42,20	-	3,37	3,79																		
130,99	I	25,51	-	2,04	2,29	-	1,70	1,91	-	1,38	1,55	-	1,08	1,21	-	0,79	0,89	-	0,52	0,59	-	0,27	0,30
	II	21,50	-	1,72	1,93	-	1,39	1,57	-	1,09	1,23	-	0,80	0,90	-	0,53	0,60	-	0,28	0,32	-	0,06	0,07
	III	12,93	-	1,03	1,16	-	0,78	0,87	-	0,53	0,60	-	0,30	0,33	-	0,10	0,12	-	-	-	-	-	-
	IV	25,51	-	2,04	2,29	-	1,87	2,10	-	1,70	1,91	-	1,54	1,73	-	1,38	1,55	-	1,23	1,38	-	1,08	1,21
	V	40,76	-	3,26	3,66																		
	VI	42,24	-	3,37	3,80																		
131,09	I	25,55	-	2,04	2,29	-	1,70	1,91	-	1,38	1,55	-	1,08	1,21	-	0,79	0,89	-	0,52	0,59	-	0,27	0,31
	II	21,53	-	1,72	1,93	-	1,40	1,57	-	1,09	1,23	-	0,81	0,91	-	0,54	0,60	-	0,28	0,32	-	0,07	0,07
	III	12,96	-	1,03	1,16	-	0,78	0,87	-	0,53	0,60	-	0,30	0,34	-	0,11	0,12	-	-	-	-	-	-
	IV	25,55	-	2,04	2,29	-	1,87	2,10	-	1,70	1,91	-	1,54	1,73	-	1,38	1,55	-	1,23	1,38	-	1,08	1,21
	V	40,81	-	3,26	3,67																		
	VI	42,28	-	3,38	3,80																		
131,19	I	25,58	-	2,04	2,30	-	1,70	1,92	-	1,38	1,56	-	1,08	1,22	-	0,80	0,90	-	0,53	0,59	-	0,27	0,31
	II	21,56	-	1,72	1,94	-	1,40	1,57	-	1,10	1,23	-	0,81	0,91	-	0,54	0,61	-	0,29	0,32	-	0,07	0,08
	III	12,98	-	1,03	1,16	-	0,78	0,88	-	0,53	0,60	-	0,30	0,34	-	0,11	0,12	-	-	-	-	-	-
	IV	25,58	-	2,04	2,30	-	1,87	2,11	-	1,70	1,92	-	1,54	1,73	-	1,38	1,56	-	1,23	1,38	-	1,08	1,22
	V	40,85	-	3,26	3,67																		
	VI	42,33	-	3,38	3,80																		
131,29	I	25,61	-	2,04	2,30	-	1,71	1,92	-	1,39	1,56	-	1,08	1,22	-	0,80	0,90	-	0,53	0,59	-	0,28	0,31
	II	21,60	-	1,72	1,94	-	1,40	1,58	-	1,10	1,24	-	0,81	0,91	-	0,54	0,61	-	0,29	0,32	-	0,07	0,08
	III	13,01	-	1,04	1,17	-	0,78	0,88	-	0,53	0,60	-	0,30	0,34	-	0,11	0,12	-	-	-	-	-	-
	IV	25,61	-	2,04	2,30	-	1,87	2,11	-	1,71	1,92	-	1,54	1,74	-	1,39	1,56	-	1,23	1,39	-	1,08	1,22
	V	40,89	-	3,27	3,68																		
	VI	42,37	-	3,38	3,81																		
131,39	I	25,65	-	2,05	2,30	-	1,71	1,92	-	1,39	1,56	-	1,09	1,22	-	0,80	0,90	-	0,53	0,60	-	0,28	0,31
	II	21,63	-	1,73	1,94	-	1,40	1,58	-	1,10	1,24	-	0,81	0,91	-	0,54	0,61	-	0,29	0,33	-	0,07	0,08
	III	13,04	-	1,04	1,17	-	0,78	0,88	-	0,54	0,60	-	0,30	0,34	-	0,11	0,12	-	-	-	-	-	-
	IV	25,65	-	2,05	2,30	-	1,88	2,11	-	1,71	1,92	-	1,55	1,74	-	1,39	1,56	-	1,24	1,39	-	1,09	1,22
	V	40,93	-	3,27	3,68																		
	VI	42,41	-	3,39	3,81																		
131,49	I	25,68	-	2,05	2,31	-	1,71	1,93	-	1,39	1,57	-	1,09	1,22	-	0,80	0,90	-	0,53	0,60	-	0,28	0,32
	II	21,66	-	1,73	1,94	-	1,41	1,58	-	1,10	1,24	-	0,82	0,92	-	0,54	0,61	-	0,29	0,33	-	0,07	0,08
	III	13,06	-	1,04	1,17	-	0,78	0,88	-	0,54	0,61	-	0,30	0,34	-	0,11	0,13	-	-	-	-	-	-
	IV	25,68	-	2,05	2,31	-	1,88	2,11	-	1,71	1,93	-	1,55	1,74	-	1,39	1,57	-	1,24	1,39	-	1,09	1,22
	V	40,97	-	3,27	3,68																		
	VI	42,45	-	3,39	3,82																		
131,59	I	25,72	-	2,05	2,31	-	1,72	1,93	-	1,39	1,57	-	1,09	1,23	-	0,80	0,90	-	0,53	0,60	-	0,28	0,32
	II	21,70	-	1,73	1,95	-	1,41	1,59	-	1,10	1,24	-	0,82	0,92	-	0,55	0,62	-	0,29	0,33	-	0,07	0,08
	III	13,09	-	1,04	1,17	-	0,79	0,89	-	0,54	0,61	-	0,31	0,35	-	0,11	0,13	-	-	-	-	-	-
	IV	25,72	-	2,05	2,31	-	1,88	2,12	-	1,72	1,93	-	1,55	1,75	-	1,39	1,57	-	1,24	1,40	-	1,09	1,23
	V	41,02	-	3,28	3,69																		
	VI	42,49	-	3,39	3,82																		
131,69	I	25,75	-	2,06	2,31	-	1,72	1,93	-	1,40	1,57	-	1,09	1,23	-	0,81	0,91	-	0,54	0,60	-	0,28	0,32
	II	21,73	-	1,73	1,95	-	1,41	1,59	-	1,11	1,25	-	0,82	0,92	-	0,55	0,62	-	0,30	0,33	-	0,07	0,08
	III	13,12	-	1,04	1,18	-	0,79	0,89	-	0,54	0,61	-	0,31	0,35	-	0,11	0,13	-	-	-	-	-	-
	IV	25,75	-	2,06	2,31	-	1,88	2,12	-	1,72	1,93	-	1,56	1,75	-	1,40	1,57	-	1,24	1,40	-	1,09	1,23
	V	41,06	-	3,28	3,69																		
	VI	42,53	-	3,40	3,82																		
131,79	I	25,79	-	2,06	2,32	-	1,72	1,94	-	1,40	1,57	-	1,10	1,23	-	0,81	0,91	-	0,54	0,61	-	0,29	0,32
	II	21,76	-	1,74	1,95	-	1,41	1,59	-	1,11	1,25	-	0,82	0,92	-	0,55	0,62	-	0,30	0,34	-	0,08	0,09
	III	13,14	-	1,05	1,18	-	0,79	0,89	-	0,54	0,61	-	0,31	0,35	-	0,12	0,13	-	-	-	-	-	-
	IV	25,79	-	2,06	2,32	-	1,89	2,12	-	1,72	1,94	-	1,56	1,75	-	1,40	1,57	-	1,24	1,40	-	1,10	1,23
	V	41,10	-	3,28	3,69																		
	VI	42,58	-	3,40	3,83																		
131,89	I	25,82	-	2,06	2,32	-	1,72	1,94	-	1,40	1,58	-	1,10	1,24	-	0,81	0,91	-	0,54	0,61	-	0,29	0,32
	II	21,79	-	1,74	1,96	-	1,42	1,59	-	1,11	1,25	-	0,82	0,93	-	0,55	0,62	-	0,30	0,34	-	0,08	0,09
	III	13,17	-	1,05	1,18	-	0,79	0,89	-	0,55	0,61	-	0,31	0,35	-	0,12	0,13	-	-	-	-	-	-
	IV	25,82	-	2,06	2,32	-	1,89	2,13	-	1,72	1,94	-	1,56	1,76	-	1,40	1,58	-	1,25	1,40	-	1,10	1,24
	V	41,14	-	3,29	3,70																		
	VI	42,62	-	3,40	3,83																		
131,99	I	25,86	-	2,06	2,32	-	1,73	1,94	-	1,40	1,58	-	1,10	1,24	-	0,81	0,91	-	0,54	0,61	-	0,29	0,33
	II	21,83	-	1,74	1,96	-	1,42	1,60	-	1,11	1,25	-	0,83	0,93	-	0,56	0,63	-	0,30	0,34	-	0,08	0,09
	III	13,20	-	1,05	1,18	-	0,80	0,90	-	0,55	0,62	-	0,31	0,35	-	0,12	0,13	-	-	-	-	-	-
	IV	25,86	-	2,06	2,32	-	1,89	2,13	-	1,73	1,94	-	1,56	1,76	-	1,40	1,58	-	1,25	1,41	-	1,10	1,24
	V	41,18	-	3,29	3,70																		
	VI	42,66	-	3,41	3,83																		

Lohn/ Gehalt bis	Steuerklasse	Lohnsteuer	ohne Kinderfreibetrag SolZ 5,5%	ohne Kinderfreibetrag Kirchensteuer 8%	ohne Kinderfreibetrag Kirchensteuer 9%	0,5 SolZ 5,5%	0,5 Kirchensteuer 8%	0,5 Kirchensteuer 9%	1,0 SolZ 5,5%	1,0 Kirchensteuer 8%	1,0 Kirchensteuer 9%	1,5 SolZ 5,5%	1,5 Kirchensteuer 8%	1,5 Kirchensteuer 9%	2,0 SolZ 5,5%	2,0 Kirchensteuer 8%	2,0 Kirchensteuer 9%	2,5 SolZ 5,5%	2,5 Kirchensteuer 8%	2,5 Kirchensteuer 9%	3,0 SolZ 5,5%	3,0 Kirchensteuer 8%	3,0 Kirchensteuer 9%
						Anzahl Kinderfreibeträge (nur Steuerklassen I–IV)																	
132,09	I	25,89	-	2,07	2,33	-	1,73	1,94	-	1,41	1,58	-	1,10	1,24	-	0,82	0,92	-	0,54	0,61	-	0,29	0,3
	II	21,86	-	1,74	1,96	-	1,42	1,60	-	1,12	1,26	-	0,83	0,93	-	0,56	0,63	-	0,30	0,34	-	0,08	0,0
	III	13,22	-	1,05	1,18	-	0,80	0,90	-	0,55	0,62	-	0,32	0,36	-	0,12	0,13	-	-	-	-	-	
	IV	25,89	-	2,07	2,33	-	1,90	2,13	-	1,73	1,94	-	1,57	1,76	-	1,41	1,58	-	1,25	1,41	-	1,10	1,2
	V	41,23	-	3,29	3,71																		
	VI	42,70	-	3,41	3,84																		
132,19	I	25,93	-	2,07	2,33	-	1,73	1,95	-	1,41	1,59	-	1,10	1,24	-	0,82	0,92	-	0,55	0,62	-	0,29	0,3
	II	21,89	-	1,75	1,97	-	1,42	1,60	-	1,12	1,26	-	0,83	0,94	-	0,56	0,63	-	0,31	0,34	-	0,08	0,0
	III	13,25	-	1,06	1,19	-	0,80	0,90	-	0,55	0,62	-	0,32	0,36	-	0,12	0,14	-	-	-	-	-	
	IV	25,93	-	2,07	2,33	-	1,90	2,14	-	1,73	1,95	-	1,57	1,76	-	1,41	1,59	-	1,26	1,41	-	1,10	1,2
	V	41,27	-	3,30	3,71																		
	VI	42,75	-	3,42	3,84																		
132,29	I	25,96	-	2,07	2,33	-	1,73	1,95	-	1,41	1,59	-	1,11	1,25	-	0,82	0,92	-	0,55	0,62	-	0,30	0,3
	II	21,93	-	1,75	1,97	-	1,43	1,61	-	1,12	1,26	-	0,83	0,94	-	0,56	0,63	-	0,31	0,35	-	0,08	0,0
	III	13,27	-	1,06	1,19	-	0,80	0,90	-	0,55	0,62	-	0,32	0,36	-	0,12	0,14	-	-	-	-	-	
	IV	25,96	-	2,07	2,33	-	1,90	2,14	-	1,73	1,95	-	1,57	1,77	-	1,41	1,59	-	1,26	1,42	-	1,11	1,2
	V	41,31	-	3,30	3,71																		
	VI	42,79	-	3,42	3,85																		
132,39	I	26,00	-	2,08	2,34	-	1,74	1,95	-	1,41	1,59	-	1,11	1,25	-	0,82	0,92	-	0,55	0,62	-	0,30	0,3
	II	21,96	-	1,75	1,97	-	1,43	1,61	-	1,12	1,26	-	0,84	0,94	-	0,56	0,63	-	0,31	0,35	-	0,08	0,1
	III	13,30	-	1,06	1,19	-	0,80	0,90	-	0,56	0,63	-	0,32	0,36	-	0,12	0,14	-	-	-	-	-	
	IV	26,00	-	2,08	2,34	-	1,90	2,14	-	1,74	1,95	-	1,57	1,77	-	1,41	1,59	-	1,26	1,42	-	1,11	1,2
	V	41,35	-	3,30	3,72																		
	VI	42,83	-	3,42	3,85																		
132,49	I	26,03	-	2,08	2,34	-	1,74	1,96	-	1,42	1,59	-	1,11	1,25	-	0,82	0,93	-	0,55	0,62	-	0,30	0,3
	II	21,99	-	1,75	1,97	-	1,43	1,61	-	1,13	1,27	-	0,84	0,94	-	0,57	0,64	-	0,31	0,35	-	0,09	0,1
	III	13,32	-	1,06	1,19	-	0,80	0,91	-	0,56	0,63	-	0,32	0,36	-	0,12	0,14	-	-	-	-	-	
	IV	26,03	-	2,08	2,34	-	1,91	2,15	-	1,74	1,96	-	1,58	1,77	-	1,42	1,59	-	1,26	1,42	-	1,11	1,2
	V	41,40	-	3,31	3,72																		
	VI	42,87	-	3,42	3,85																		
132,59	I	26,07	-	2,08	2,34	-	1,74	1,96	-	1,42	1,60	-	1,11	1,25	-	0,83	0,93	-	0,56	0,63	-	0,30	0,3
	II	22,03	-	1,76	1,98	-	1,43	1,61	-	1,13	1,27	-	0,84	0,95	-	0,57	0,64	-	0,31	0,35	-	0,09	0,1
	III	13,35	-	1,06	1,20	-	0,81	0,91	-	0,56	0,63	-	0,32	0,36	-	0,13	0,14	-	-	-	-	-	
	IV	26,07	-	2,08	2,34	-	1,91	2,15	-	1,74	1,96	-	1,58	1,78	-	1,42	1,60	-	1,26	1,42	-	1,11	1,2
	V	41,44	-	3,31	3,72																		
	VI	42,91	-	3,43	3,86																		
132,69	I	26,10	-	2,08	2,34	-	1,74	1,96	-	1,42	1,60	-	1,12	1,26	-	0,83	0,93	-	0,56	0,63	-	0,30	0,3
	II	22,06	-	1,76	1,98	-	1,44	1,62	-	1,13	1,27	-	0,84	0,95	-	0,57	0,64	-	0,32	0,36	-	0,09	0,1
	III	13,38	-	1,07	1,20	-	0,81	0,91	-	0,56	0,63	-	0,33	0,37	-	0,13	0,14	-	-	-	-	-	
	IV	26,10	-	2,08	2,34	-	1,91	2,15	-	1,74	1,96	-	1,58	1,78	-	1,42	1,60	-	1,27	1,43	-	1,12	1,2
	V	41,48	-	3,31	3,73																		
	VI	42,96	-	3,43	3,86																		
132,79	I	26,14	-	2,09	2,35	-	1,75	1,97	-	1,42	1,60	-	1,12	1,26	-	0,83	0,94	-	0,56	0,63	-	0,31	0,3
	II	22,09	-	1,76	1,98	-	1,44	1,62	-	1,13	1,28	-	0,84	0,95	-	0,57	0,64	-	0,32	0,36	-	0,09	0,1
	III	13,40	-	1,07	1,20	-	0,81	0,91	-	0,56	0,63	-	0,33	0,37	-	0,13	0,15	-	-	-	-	-	
	IV	26,14	-	2,09	2,35	-	1,91	2,15	-	1,75	1,97	-	1,58	1,78	-	1,42	1,60	-	1,27	1,43	-	1,12	1,2
	V	41,52	-	3,32	3,73																		
	VI	43,00	-	3,44	3,87																		
132,89	I	26,17	-	2,09	2,35	-	1,75	1,97	-	1,43	1,61	-	1,12	1,26	-	0,83	0,94	-	0,56	0,63	-	0,31	0,3
	II	22,13	-	1,77	1,99	-	1,44	1,62	-	1,14	1,28	-	0,85	0,95	-	0,57	0,65	-	0,32	0,36	-	0,09	0,1
	III	13,43	-	1,07	1,20	-	0,81	0,91	-	0,57	0,64	-	0,33	0,37	-	0,13	0,15	-	-	-	-	-	
	IV	26,17	-	2,09	2,35	-	1,92	2,16	-	1,75	1,97	-	1,59	1,78	-	1,43	1,61	-	1,27	1,43	-	1,12	1,2
	V	41,56	-	3,32	3,74																		
	VI	43,04	-	3,44	3,87																		
132,99	I	26,21	-	2,09	2,35	-	1,75	1,97	-	1,43	1,61	-	1,12	1,26	-	0,84	0,94	-	0,56	0,63	-	0,31	0,3
	II	22,16	-	1,77	1,99	-	1,44	1,62	-	1,14	1,28	-	0,85	0,96	-	0,58	0,65	-	0,32	0,36	-	0,09	0,1
	III	13,46	-	1,07	1,21	-	0,82	0,92	-	0,57	0,64	-	0,33	0,37	-	0,13	0,15	-	-	-	-	-	
	IV	26,21	-	2,09	2,35	-	1,92	2,16	-	1,75	1,97	-	1,59	1,79	-	1,43	1,61	-	1,27	1,43	-	1,12	1,2
	V	41,60	-	3,32	3,74																		
	VI	43,08	-	3,44	3,87																		
133,09	I	26,24	-	2,09	2,36	-	1,75	1,97	-	1,43	1,61	-	1,13	1,27	-	0,84	0,94	-	0,57	0,64	-	0,31	0,3
	II	22,19	-	1,77	1,99	-	1,45	1,63	-	1,14	1,28	-	0,85	0,96	-	0,58	0,65	-	0,32	0,36	-	0,10	0,1
	III	13,48	-	1,07	1,21	-	0,82	0,92	-	0,57	0,64	-	0,33	0,37	-	0,13	0,15	-	-	-	-	-	
	IV	26,24	-	2,09	2,36	-	1,92	2,16	-	1,75	1,97	-	1,59	1,79	-	1,43	1,61	-	1,28	1,44	-	1,13	1,2
	V	41,65	-	3,33	3,74																		
	VI	43,12	-	3,44	3,88																		
133,19	I	26,28	-	2,10	2,36	-	1,76	1,98	-	1,43	1,61	-	1,13	1,27	-	0,84	0,95	-	0,57	0,64	-	0,31	0,3
	II	22,23	-	1,77	2,00	-	1,45	1,63	-	1,14	1,29	-	0,85	0,96	-	0,58	0,65	-	0,33	0,37	-	0,10	0,1
	III	13,51	-	1,08	1,21	-	0,82	0,92	-	0,57	0,64	-	0,34	0,38	-	0,14	0,15	-	-	-	-	-	
	IV	26,28	-	2,10	2,36	-	1,93	2,17	-	1,76	1,98	-	1,59	1,79	-	1,43	1,61	-	1,28	1,44	-	1,13	1,2
	V	41,69	-	3,33	3,75																		
	VI	43,16	-	3,45	3,88																		
133,29	I	26,31	-	2,10	2,36	-	1,76	1,98	-	1,44	1,62	-	1,13	1,27	-	0,84	0,95	-	0,57	0,64	-	0,32	0,3
	II	22,26	-	1,78	2,00	-	1,45	1,63	-	1,15	1,29	-	0,86	0,96	-	0,58	0,66	-	0,33	0,37	-	0,10	0,1
	III	13,53	-	1,08	1,21	-	0,82	0,92	-	0,57	0,65	-	0,34	0,38	-	0,14	0,15	-	-	-	-	-	
	IV	26,31	-	2,10	2,36	-	1,93	2,17	-	1,76	1,98	-	1,60	1,80	-	1,44	1,62	-	1,28	1,44	-	1,13	1,2
	V	41,73	-	3,33	3,75																		
	VI	43,21	-	3,45	3,88																		
133,39	I	26,35	-	2,10	2,37	-	1,76	1,98	-	1,44	1,62	-	1,13	1,28	-	0,84	0,95	-	0,57	0,64	-	0,32	0,3
	II	22,29	-	1,78	2,00	-	1,45	1,64	-	1,15	1,29	-	0,86	0,97	-	0,59	0,66	-	0,33	0,37	-	0,10	0,1
	III	13,56	-	1,08	1,22	-	0,82	0,93	-	0,58	0,65	-	0,34	0,38	-	0,14	0,16	-	-	-	-	-	
	IV	26,35	-	2,10	2,37	-	1,93	2,17	-	1,76	1,98	-	1,60	1,80	-	1,44	1,62	-	1,28	1,44	-	1,13	1,2
	V	41,77	-	3,34	3,75																		
	VI	43,25	-	3,46	3,89																		
133,49	I	26,38	-	2,11	2,37	-	1,77	1,99	-	1,44	1,62	-	1,14	1,28	-	0,85	0,95	-	0,57	0,65	-	0,32	0,3
	II	22,33	-	1,78	2,00	-	1,46	1,64	-	1,15	1,29	-	0,86	0,97	-	0,59	0,66	-	0,33	0,37	-	0,10	0,1
	III	13,59	-	1,08	1,22	-	0,83	0,93	-	0,58	0,65	-	0,34	0,38	-	0,14	0,16	-	-	-	-	-	
	IV	26,38	-	2,11	2,37	-	1,93	2,18	-	1,77	1,99	-	1,60	1,80	-	1,44	1,62	-	1,29	1,45	-	1,14	1,2
	V	41,81	-	3,34	3,76																		
	VI	43,29	-	3,46	3,89																		

Lohn/Gehalt bis	Steuerklasse	Lohnsteuer	ohne Kinderfreibetrag SolZ 5,5%	ohne Kinderfreibetrag Kirchensteuer 8%	ohne Kinderfreibetrag Kirchensteuer 9%	0,5 SolZ 5,5%	0,5 Kirchensteuer 8%	0,5 Kirchensteuer 9%	1,0 SolZ 5,5%	1,0 Kirchensteuer 8%	1,0 Kirchensteuer 9%	1,5 SolZ 5,5%	1,5 Kirchensteuer 8%	1,5 Kirchensteuer 9%	2,0 SolZ 5,5%	2,0 Kirchensteuer 8%	2,0 Kirchensteuer 9%	2,5 SolZ 5,5%	2,5 Kirchensteuer 8%	2,5 Kirchensteuer 9%	3,0 SolZ 5,5%	3,0 Kirchensteuer 8%	3,0 Kirchensteuer 9%
133,59	I	26,42	-	2,11	2,37	-	1,77	1,99	-	1,44	1,62	-	1,14	1,28	-	0,85	0,96	-	0,58	0,65	-	0,32	0,36
	II	22,36	-	1,78	2,01	-	1,46	1,64	-	1,15	1,30	-	0,86	0,97	-	0,59	0,66	-	0,33	0,38	-	0,10	0,12
	III	13,61	-	1,08	1,22	-	0,83	0,93	-	0,58	0,65	-	0,34	0,38	-	0,14	0,16	-	-	-	-	-	-
	IV	26,42	-	2,11	2,37	-	1,94	2,18	-	1,77	1,99	-	1,60	1,80	-	1,44	1,62	-	1,29	1,45	-	1,14	1,28
	V	41,86	-	3,34	3,76																		
	VI	43,33	-	3,46	3,89																		
133,69	I	26,45	-	2,11	2,38	-	1,77	1,99	-	1,45	1,63	-	1,14	1,28	-	0,85	0,96	-	0,58	0,65	-	0,32	0,36
	II	22,40	-	1,79	2,01	-	1,46	1,65	-	1,16	1,30	-	0,86	0,97	-	0,59	0,67	-	0,34	0,38	-	0,10	0,12
	III	13,64	-	1,09	1,22	-	0,83	0,93	-	0,58	0,65	-	0,34	0,39	-	0,14	0,16	-	-	-	-	-	-
	IV	26,45	-	2,11	2,38	-	1,94	2,18	-	1,77	1,99	-	1,61	1,81	-	1,45	1,63	-	1,29	1,45	-	1,14	1,28
	V	41,90	-	3,35	3,77																		
	VI	43,38	-	3,47	3,90																		
133,79	I	26,49	-	2,11	2,38	-	1,77	2,00	-	1,45	1,63	-	1,14	1,29	-	0,85	0,96	-	0,58	0,65	-	0,33	0,37
	II	22,43	-	1,79	2,01	-	1,46	1,65	-	1,16	1,30	-	0,87	0,98	-	0,59	0,67	-	0,34	0,38	-	0,11	0,12
	III	13,67	-	1,09	1,23	-	0,83	0,94	-	0,58	0,66	-	0,35	0,39	-	0,14	0,16	-	-	-	-	-	-
	IV	26,49	-	2,11	2,38	-	1,94	2,18	-	1,77	2,00	-	1,61	1,81	-	1,45	1,63	-	1,29	1,46	-	1,14	1,29
	V	41,94	-	3,35	3,77																		
	VI	43,42	-	3,47	3,90																		
133,89	I	26,52	-	2,12	2,38	-	1,78	2,00	-	1,45	1,63	-	1,15	1,29	-	0,86	0,96	-	0,58	0,66	-	0,33	0,37
	II	22,46	-	1,79	2,02	-	1,47	1,65	-	1,16	1,31	-	0,87	0,98	-	0,60	0,67	-	0,34	0,38	-	0,11	0,12
	III	13,69	-	1,09	1,23	-	0,83	0,94	-	0,58	0,66	-	0,35	0,39	-	0,14	0,16	-	-	-	-	-	-
	IV	26,52	-	2,12	2,38	-	1,94	2,19	-	1,78	2,00	-	1,61	1,81	-	1,45	1,63	-	1,30	1,46	-	1,15	1,29
	V	41,98	-	3,35	3,77																		
	VI	43,46	-	3,47	3,91																		
133,99	I	26,56	-	2,12	2,39	-	1,78	2,00	-	1,45	1,64	-	1,15	1,29	-	0,86	0,97	-	0,59	0,66	-	0,33	0,37
	II	22,50	-	1,80	2,02	-	1,47	1,65	-	1,16	1,31	-	0,87	0,98	-	0,60	0,67	-	0,34	0,38	-	0,11	0,12
	III	13,72	-	1,09	1,23	-	0,84	0,94	-	0,59	0,66	-	0,35	0,39	-	0,15	0,17	-	-	-	-	-	-
	IV	26,56	-	2,12	2,39	-	1,95	2,19	-	1,78	2,00	-	1,61	1,82	-	1,45	1,64	-	1,30	1,46	-	1,15	1,29
	V	42,02	-	3,36	3,78																		
	VI	43,50	-	3,48	3,91																		
134,09	I	26,60	-	2,12	2,39	-	1,78	2,00	-	1,46	1,64	-	1,15	1,29	-	0,86	0,97	-	0,59	0,66	-	0,33	0,37
	II	22,53	-	1,80	2,02	-	1,47	1,66	-	1,16	1,31	-	0,87	0,98	-	0,60	0,68	-	0,34	0,39	-	0,11	0,13
	III	13,75	-	1,10	1,23	-	0,84	0,94	-	0,59	0,66	-	0,35	0,40	-	0,15	0,17	-	-	-	-	-	-
	IV	26,60	-	2,12	2,39	-	1,95	2,19	-	1,78	2,00	-	1,62	1,82	-	1,46	1,64	-	1,30	1,46	-	1,15	1,29
	V	42,07	-	3,36	3,78																		
	VI	43,54	-	3,48	3,91																		
134,19	I	26,63	-	2,13	2,39	-	1,78	2,01	-	1,46	1,64	-	1,15	1,30	-	0,86	0,97	-	0,59	0,66	-	0,33	0,38
	II	22,56	-	1,80	2,03	-	1,48	1,66	-	1,17	1,31	-	0,88	0,99	-	0,60	0,68	-	0,35	0,39	-	0,11	0,13
	III	13,77	-	1,10	1,23	-	0,84	0,95	-	0,59	0,67	-	0,35	0,40	-	0,15	0,17	-	-	-	-	-	-
	IV	26,63	-	2,13	2,39	-	1,95	2,20	-	1,78	2,01	-	1,62	1,82	-	1,46	1,64	-	1,30	1,47	-	1,15	1,30
	V	42,11	-	3,36	3,78																		
	VI	43,58	-	3,48	3,92																		
134,29	I	26,66	-	2,13	2,39	-	1,79	2,01	-	1,46	1,65	-	1,16	1,30	-	0,86	0,97	-	0,59	0,67	-	0,34	0,38
	II	22,60	-	1,80	2,03	-	1,48	1,66	-	1,17	1,32	-	0,88	0,99	-	0,60	0,68	-	0,35	0,39	-	0,11	0,13
	III	13,80	-	1,10	1,24	-	0,84	0,95	-	0,59	0,67	-	0,35	0,40	-	0,15	0,17	-	-	-	-	-	-
	IV	26,66	-	2,13	2,39	-	1,96	2,20	-	1,79	2,01	-	1,62	1,83	-	1,46	1,65	-	1,31	1,47	-	1,16	1,30
	V	42,15	-	3,37	3,79																		
	VI	43,63	-	3,49	3,92																		
134,39	I	26,70	-	2,13	2,40	-	1,79	2,01	-	1,46	1,65	-	1,16	1,30	-	0,87	0,98	-	0,59	0,67	-	0,34	0,38
	II	22,63	-	1,81	2,03	-	1,48	1,67	-	1,17	1,32	-	0,88	0,99	-	0,61	0,68	-	0,35	0,39	-	0,12	0,13
	III	13,82	-	1,10	1,24	-	0,84	0,95	-	0,60	0,67	-	0,36	0,40	-	0,15	0,17	-	-	-	-	-	-
	IV	26,70	-	2,13	2,40	-	1,96	2,20	-	1,79	2,01	-	1,62	1,83	-	1,46	1,65	-	1,31	1,47	-	1,16	1,30
	V	42,19	-	3,37	3,79																		
	VI	43,67	-	3,49	3,93																		
134,49	I	26,73	-	2,13	2,40	-	1,79	2,02	-	1,47	1,65	-	1,16	1,31	-	0,87	0,98	-	0,60	0,67	-	0,34	0,38
	II	22,66	-	1,81	2,03	-	1,48	1,67	-	1,17	1,32	-	0,88	0,99	-	0,61	0,69	-	0,35	0,40	-	0,12	0,13
	III	13,85	-	1,10	1,24	-	0,85	0,95	-	0,60	0,67	-	0,36	0,40	-	0,15	0,17	-	-	-	-	-	-
	IV	26,73	-	2,13	2,40	-	1,96	2,21	-	1,79	2,02	-	1,63	1,83	-	1,47	1,65	-	1,31	1,48	-	1,16	1,31
	V	42,23	-	3,37	3,80																		
	VI	43,71	-	3,49	3,93																		
134,59	I	26,77	-	2,14	2,40	-	1,80	2,02	-	1,47	1,65	-	1,16	1,31	-	0,87	0,98	-	0,60	0,67	-	0,34	0,38
	II	22,70	-	1,81	2,04	-	1,48	1,67	-	1,18	1,32	-	0,88	1,00	-	0,61	0,69	-	0,35	0,40	-	0,12	0,13
	III	13,88	-	1,11	1,24	-	0,85	0,95	-	0,60	0,67	-	0,36	0,41	-	0,16	0,18	-	-	-	-	-	-
	IV	26,77	-	2,14	2,40	-	1,96	2,21	-	1,80	2,02	-	1,63	1,83	-	1,47	1,65	-	1,31	1,48	-	1,16	1,31
	V	42,28	-	3,38	3,80																		
	VI	43,75	-	3,50	3,93																		
134,69	I	26,81	-	2,14	2,41	-	1,80	2,02	-	1,47	1,66	-	1,16	1,31	-	0,87	0,98	-	0,60	0,68	-	0,34	0,39
	II	22,73	-	1,81	2,04	-	1,49	1,67	-	1,18	1,33	-	0,89	1,00	-	0,61	0,69	-	0,36	0,40	-	0,12	0,14
	III	13,90	-	1,11	1,25	-	0,85	0,96	-	0,60	0,68	-	0,36	0,41	-	0,16	0,18	-	-	-	-	-	-
	IV	26,81	-	2,14	2,41	-	1,97	2,21	-	1,80	2,02	-	1,63	1,84	-	1,47	1,66	-	1,32	1,48	-	1,16	1,31
	V	42,32	-	3,38	3,80																		
	VI	43,80	-	3,50	3,94																		
134,79	I	26,84	-	2,14	2,41	-	1,80	2,03	-	1,48	1,66	-	1,17	1,31	-	0,88	0,99	-	0,60	0,68	-	0,35	0,39
	II	22,76	-	1,82	2,04	-	1,49	1,68	-	1,18	1,33	-	0,89	1,00	-	0,62	0,69	-	0,36	0,40	-	0,12	0,14
	III	13,93	-	1,11	1,25	-	0,85	0,96	-	0,60	0,68	-	0,36	0,41	-	0,16	0,18	-	-	-	-	-	-
	IV	26,84	-	2,14	2,41	-	1,97	2,22	-	1,80	2,03	-	1,64	1,84	-	1,48	1,66	-	1,32	1,48	-	1,17	1,31
	V	42,36	-	3,38	3,81																		
	VI	43,84	-	3,50	3,94																		
134,89	I	26,88	-	2,15	2,41	-	1,80	2,03	-	1,48	1,66	-	1,17	1,32	-	0,88	0,99	-	0,60	0,68	-	0,35	0,39
	II	22,80	-	1,82	2,05	-	1,49	1,68	-	1,18	1,33	-	0,89	1,00	-	0,62	0,70	-	0,36	0,41	-	0,12	0,14
	III	13,96	-	1,11	1,25	-	0,85	0,96	-	0,60	0,68	-	0,37	0,41	-	0,16	0,18	-	-	-	-	-	-
	IV	26,88	-	2,15	2,41	-	1,97	2,22	-	1,80	2,03	-	1,64	1,84	-	1,48	1,66	-	1,32	1,49	-	1,17	1,32
	V	42,40	-	3,39	3,81																		
	VI	43,88	-	3,51	3,94																		
134,99	I	26,91	-	2,15	2,42	-	1,81	2,03	-	1,48	1,67	-	1,17	1,32	-	0,88	0,99	-	0,61	0,68	-	0,35	0,39
	II	22,83	-	1,82	2,05	-	1,50	1,68	-	1,19	1,34	-	0,89	1,01	-	0,62	0,70	-	0,36	0,41	-	0,13	0,14
	III	13,98	-	1,11	1,25	-	0,86	0,96	-	0,61	0,68	-	0,37	0,41	-	0,16	0,18	-	-	-	-	-	-
	IV	26,91	-	2,15	2,42	-	1,97	2,22	-	1,81	2,03	-	1,64	1,85	-	1,48	1,67	-	1,32	1,49	-	1,17	1,32
	V	42,45	-	3,39	3,82																		
	VI	43,92	-	3,51	3,95																		

Anzahl Kinderfreibeträge (nur Steuerklassen I–IV)

Lohn/ Gehalt bis	Steuerklasse	Lohn-steuer	ohne Kinderfreibetrag			Anzahl Kinderfreibeträge (nur Steuerklassen I–IV) 0,5			1,0			1,5			2,0			2,5			3,0		
			SolZ 5,5%	Kirchensteuer 8%	9%	SolZ 5,5%	Kirchensteuer 8%	9%	SolZ 5,5%	Kirchensteuer 8%	9%	SolZ 5,5%	Kirchensteuer 8%	9%	SolZ 5,5%	Kirchensteuer 8%	9%	SolZ 5,5%	Kirchensteuer 8%	9%	SolZ 5,5%	Kirchensteuer 8%	9%
135,09	I	26,95	–	2,15	2,42	–	1,81	2,03	–	1,48	1,67	–	1,17	1,32	–	0,88	0,99	–	0,61	0,69	–	0,35	0,40
	II	22,86	–	1,82	2,05	–	1,50	1,69	–	1,19	1,34	–	0,90	1,01	–	0,62	0,70	–	0,36	0,41	–	0,13	0,14
	III	14,01	–	1,12	1,26	–	0,86	0,97	–	0,61	0,69	–	0,37	0,42	–	0,16	0,18	–	–	–	–	–	–
	IV	26,95	–	2,15	2,42	–	1,98	2,23	–	1,81	2,03	–	1,64	1,85	–	1,48	1,67	–	1,33	1,49	–	1,17	1,32
	V	42,49	–	3,39	3,82																		
	VI	43,96	–	3,51	3,95																		
135,19	I	26,98	–	2,15	2,42	–	1,81	2,04	–	1,48	1,67	–	1,18	1,32	–	0,88	1,00	–	0,61	0,69	–	0,35	0,40
	II	22,90	–	1,83	2,06	–	1,50	1,69	–	1,19	1,34	–	0,90	1,01	–	0,62	0,70	–	0,37	0,41	–	0,13	0,15
	III	14,03	–	1,12	1,26	–	0,86	0,97	–	0,61	0,69	–	0,37	0,42	–	0,16	0,18	–	–	–	–	–	–
	IV	26,98	–	2,15	2,42	–	1,98	2,23	–	1,81	2,04	–	1,65	1,85	–	1,48	1,67	–	1,33	1,50	–	1,18	1,32
	V	42,53	–	3,40	3,82																		
	VI	44,01	–	3,52	3,96																		
135,29	I	27,02	–	2,16	2,43	–	1,81	2,04	–	1,49	1,67	–	1,18	1,33	–	0,89	1,00	–	0,61	0,69	–	0,36	0,40
	II	22,93	–	1,83	2,06	–	1,50	1,69	–	1,19	1,34	–	0,90	1,01	–	0,63	0,70	–	0,37	0,41	–	0,13	0,15
	III	14,06	–	1,12	1,26	–	0,86	0,97	–	0,61	0,69	–	0,37	0,42	–	0,17	0,19	–	–	–	–	–	–
	IV	27,02	–	2,16	2,43	–	1,98	2,23	–	1,81	2,04	–	1,65	1,86	–	1,49	1,67	–	1,33	1,50	–	1,18	1,33
	V	42,57	–	3,40	3,83																		
	VI	44,05	–	3,52	3,96																		
135,39	I	27,05	–	2,16	2,43	–	1,82	2,04	–	1,49	1,68	–	1,18	1,33	–	0,89	1,00	–	0,62	0,69	–	0,36	0,40
	II	22,96	–	1,83	2,06	–	1,51	1,69	–	1,20	1,35	–	0,90	1,02	–	0,63	0,71	–	0,37	0,42	–	0,13	0,15
	III	14,08	–	1,12	1,26	–	0,86	0,97	–	0,62	0,69	–	0,37	0,42	–	0,17	0,19	–	–	–	–	–	–
	IV	27,05	–	2,16	2,43	–	1,99	2,23	–	1,82	2,04	–	1,65	1,86	–	1,49	1,68	–	1,33	1,50	–	1,18	1,33
	V	42,61	–	3,40	3,83																		
	VI	44,09	–	3,52	3,96																		
135,49	I	27,09	–	2,16	2,43	–	1,82	2,05	–	1,49	1,68	–	1,18	1,33	–	0,89	1,00	–	0,62	0,70	–	0,36	0,41
	II	23,00	–	1,84	2,07	–	1,51	1,70	–	1,20	1,35	–	0,91	1,02	–	0,63	0,71	–	0,37	0,42	–	0,13	0,15
	III	14,11	–	1,12	1,26	–	0,87	0,97	–	0,62	0,69	–	0,38	0,42	–	0,17	0,19	–	–	0,01	–	–	–
	IV	27,09	–	2,16	2,43	–	1,99	2,24	–	1,82	2,05	–	1,65	1,86	–	1,49	1,68	–	1,34	1,50	–	1,18	1,33
	V	42,65	–	3,41	3,83																		
	VI	44,13	–	3,53	3,97																		
135,59	I	27,12	–	2,16	2,44	–	1,82	2,05	–	1,50	1,68	–	1,19	1,34	–	0,89	1,01	–	0,62	0,70	–	0,36	0,41
	II	23,03	–	1,84	2,07	–	1,51	1,70	–	1,20	1,35	–	0,91	1,02	–	0,63	0,71	–	0,37	0,42	–	0,14	0,15
	III	14,14	–	1,13	1,27	–	0,87	0,98	–	0,62	0,70	–	0,38	0,43	–	0,17	0,19	–	0,01	0,01	–	–	–
	IV	27,12	–	2,16	2,44	–	1,99	2,24	–	1,82	2,05	–	1,66	1,86	–	1,50	1,68	–	1,34	1,51	–	1,19	1,34
	V	42,70	–	3,41	3,84																		
	VI	44,17	–	3,53	3,97																		
135,69	I	27,16	–	2,17	2,44	–	1,82	2,05	–	1,50	1,69	–	1,19	1,34	–	0,90	1,01	–	0,62	0,70	–	0,36	0,41
	II	23,07	–	1,84	2,07	–	1,51	1,70	–	1,20	1,35	–	0,91	1,02	–	0,63	0,71	–	0,38	0,42	–	0,14	0,16
	III	14,17	–	1,13	1,27	–	0,87	0,98	–	0,62	0,70	–	0,38	0,43	–	0,17	0,19	–	0,01	0,01	–	–	–
	IV	27,16	–	2,17	2,44	–	1,99	2,24	–	1,82	2,05	–	1,66	1,87	–	1,50	1,69	–	1,34	1,51	–	1,19	1,34
	V	42,74	–	3,41	3,84																		
	VI	44,21	–	3,53	3,97																		
135,79	I	27,20	–	2,17	2,44	–	1,83	2,06	–	1,50	1,69	–	1,19	1,34	–	0,90	1,01	–	0,62	0,70	–	0,37	0,41
	II	23,10	–	1,84	2,07	–	1,52	1,71	–	1,21	1,36	–	0,91	1,03	–	0,64	0,72	–	0,38	0,43	–	0,14	0,16
	III	14,19	–	1,13	1,27	–	0,87	0,98	–	0,62	0,70	–	0,38	0,43	–	0,17	0,19	–	0,01	0,01	–	–	–
	IV	27,20	–	2,17	2,44	–	2,00	2,25	–	1,83	2,06	–	1,66	1,87	–	1,50	1,69	–	1,34	1,51	–	1,19	1,34
	V	42,78	–	3,42	3,85																		
	VI	44,26	–	3,54	3,98																		
135,89	I	27,23	–	2,17	2,45	–	1,83	2,06	–	1,50	1,69	–	1,19	1,34	–	0,90	1,01	–	0,63	0,70	–	0,37	0,41
	II	23,13	–	1,85	2,08	–	1,52	1,71	–	1,21	1,36	–	0,92	1,03	–	0,64	0,72	–	0,38	0,43	–	0,14	0,16
	III	14,22	–	1,13	1,27	–	0,87	0,98	–	0,62	0,70	–	0,38	0,43	–	0,18	0,20	–	0,01	0,01	–	–	–
	IV	27,23	–	2,17	2,45	–	2,00	2,25	–	1,83	2,06	–	1,66	1,87	–	1,50	1,69	–	1,35	1,52	–	1,19	1,34
	V	42,82	–	3,42	3,85																		
	VI	44,30	–	3,54	3,98																		
135,99	I	27,26	–	2,18	2,45	–	1,83	2,06	–	1,51	1,69	–	1,20	1,35	–	0,90	1,02	–	0,63	0,71	–	0,37	0,42
	II	23,17	–	1,85	2,08	–	1,52	1,71	–	1,21	1,36	–	0,92	1,03	–	0,64	0,72	–	0,38	0,43	–	0,14	0,16
	III	14,25	–	1,14	1,28	–	0,88	0,99	–	0,63	0,71	–	0,39	0,43	–	0,18	0,20	–	0,01	0,01	–	–	–
	IV	27,26	–	2,18	2,45	–	2,00	2,25	–	1,83	2,06	–	1,67	1,88	–	1,51	1,69	–	1,35	1,52	–	1,20	1,35
	V	42,86	–	3,42	3,85																		
	VI	44,34	–	3,54	3,99																		
136,09	I	27,30	–	2,18	2,45	–	1,84	2,07	–	1,51	1,70	–	1,20	1,35	–	0,91	1,02	–	0,63	0,71	–	0,37	0,42
	II	23,20	–	1,85	2,08	–	1,52	1,71	–	1,21	1,36	–	0,92	1,03	–	0,64	0,72	–	0,38	0,43	–	0,14	0,16
	III	14,27	–	1,14	1,28	–	0,88	0,99	–	0,63	0,71	–	0,39	0,44	–	0,18	0,20	–	0,01	0,01	–	–	–
	IV	27,30	–	2,18	2,45	–	2,00	2,26	–	1,84	2,07	–	1,67	1,88	–	1,51	1,70	–	1,35	1,52	–	1,20	1,35
	V	42,91	–	3,43	3,86																		
	VI	44,38	–	3,55	3,99																		
136,19	I	27,34	–	2,18	2,46	–	1,84	2,07	–	1,51	1,70	–	1,20	1,35	–	0,91	1,02	–	0,63	0,71	–	0,37	0,42
	II	23,24	–	1,85	2,09	–	1,53	1,72	–	1,22	1,37	–	0,92	1,04	–	0,64	0,73	–	0,39	0,43	–	0,15	0,17
	III	14,30	–	1,14	1,28	–	0,88	0,99	–	0,63	0,71	–	0,39	0,44	–	0,18	0,20	–	0,01	0,01	–	–	–
	IV	27,34	–	2,18	2,46	–	2,01	2,26	–	1,84	2,07	–	1,67	1,88	–	1,51	1,70	–	1,35	1,52	–	1,20	1,35
	V	42,95	–	3,43	3,86																		
	VI	44,43	–	3,55	3,99																		
136,29	I	27,37	–	2,18	2,46	–	1,84	2,07	–	1,51	1,70	–	1,20	1,35	–	0,91	1,02	–	0,63	0,71	–	0,38	0,42
	II	23,27	–	1,86	2,09	–	1,53	1,72	–	1,22	1,37	–	0,92	1,04	–	0,65	0,73	–	0,39	0,44	–	0,15	0,17
	III	14,32	–	1,14	1,28	–	0,88	0,99	–	0,63	0,71	–	0,39	0,44	–	0,18	0,20	–	0,01	0,02	–	–	–
	IV	27,37	–	2,18	2,46	–	2,01	2,26	–	1,84	2,07	–	1,68	1,89	–	1,51	1,70	–	1,36	1,53	–	1,20	1,35
	V	42,99	–	3,43	3,86																		
	VI	44,47	–	3,55	4,00																		
136,39	I	27,41	–	2,19	2,46	–	1,84	2,07	–	1,52	1,71	–	1,21	1,36	–	0,91	1,03	–	0,64	0,72	–	0,38	0,43
	II	23,30	–	1,86	2,09	–	1,53	1,72	–	1,22	1,37	–	0,93	1,04	–	0,65	0,73	–	0,39	0,44	–	0,15	0,17
	III	14,35	–	1,14	1,29	–	0,88	1,00	–	0,63	0,71	–	0,39	0,44	–	0,18	0,21	–	0,02	0,02	–	–	–
	IV	27,41	–	2,19	2,46	–	2,01	2,27	–	1,84	2,07	–	1,68	1,89	–	1,52	1,71	–	1,36	1,53	–	1,21	1,36
	V	43,03	–	3,44	3,87																		
	VI	44,51	–	3,56	4,00																		
136,49	I	27,44	–	2,19	2,46	–	1,85	2,08	–	1,52	1,71	–	1,21	1,36	–	0,92	1,03	–	0,64	0,72	–	0,38	0,43
	II	23,34	–	1,86	2,10	–	1,53	1,73	–	1,22	1,38	–	0,93	1,05	–	0,65	0,73	–	0,39	0,44	–	0,15	0,17
	III	14,38	–	1,15	1,29	–	0,89	1,00	–	0,64	0,72	–	0,40	0,45	–	0,18	0,21	–	0,02	0,02	–	–	–
	IV	27,44	–	2,19	2,46	–	2,02	2,27	–	1,85	2,08	–	1,68	1,89	–	1,52	1,71	–	1,36	1,53	–	1,21	1,36
	V	43,07	–	3,44	3,87																		
	VI	44,55	–	3,56	4,00																		

Lohn/ Gehalt bis	Steuerklasse	Lohn-steuer	ohne Kinderfreibetrag SolZ 5,5%	ohne Kinderfreibetrag Kirchensteuer 8%	ohne Kinderfreibetrag Kirchensteuer 9%	0,5 SolZ 5,5%	0,5 Kirchensteuer 8%	0,5 Kirchensteuer 9%	1,0 SolZ 5,5%	1,0 Kirchensteuer 8%	1,0 Kirchensteuer 9%	1,5 SolZ 5,5%	1,5 Kirchensteuer 8%	1,5 Kirchensteuer 9%	2,0 SolZ 5,5%	2,0 Kirchensteuer 8%	2,0 Kirchensteuer 9%	2,5 SolZ 5,5%	2,5 Kirchensteuer 8%	2,5 Kirchensteuer 9%	3,0 SolZ 5,5%	3,0 Kirchensteuer 8%	3,0 Kirchensteuer 9%
						Anzahl Kinderfreibeträge (nur Steuerklassen I–IV)																	
136,59	I	27,48	-	2,19	2,47	-	1,85	2,08	-	1,52	1,71	-	1,21	1,36	-	0,92	1,03	-	0,64	0,72	-	0,38	0,43
	II	23,37	-	1,86	2,10	-	1,54	1,73	-	1,22	1,38	-	0,93	1,05	-	0,65	0,74	-	0,39	0,44	-	0,15	0,17
	III	14,41	-	1,15	1,29	-	0,89	1,00	-	0,64	0,72	-	0,40	0,45	-	0,19	0,21	-	0,02	0,02	-	-	-
	IV	27,48	-	2,19	2,47	-	2,02	2,27	-	1,85	2,08	-	1,68	1,89	-	1,52	1,71	-	1,36	1,53	-	1,21	1,36
	V	43,12	-	3,44	3,88																		
	VI	44,59	-	3,56	4,01																		
136,69	I	27,51	-	2,20	2,47	-	1,85	2,08	-	1,52	1,71	-	1,21	1,36	-	0,92	1,03	-	0,64	0,72	-	0,38	0,43
	II	23,40	-	1,87	2,10	-	1,54	1,73	-	1,23	1,38	-	0,93	1,05	-	0,66	0,74	-	0,40	0,45	-	0,16	0,18
	III	14,43	-	1,15	1,29	-	0,89	1,00	-	0,64	0,72	-	0,40	0,45	-	0,19	0,21	-	0,02	0,02	-	-	-
	IV	27,51	-	2,20	2,47	-	2,02	2,27	-	1,85	2,08	-	1,69	1,90	-	1,52	1,71	-	1,37	1,54	-	1,21	1,36
	V	43,16	-	3,45	3,88																		
	VI	44,63	-	3,57	4,01																		
136,79	I	27,55	-	2,20	2,47	-	1,85	2,09	-	1,53	1,72	-	1,22	1,37	-	0,92	1,04	-	0,64	0,73	-	0,39	0,43
	II	23,44	-	1,87	2,10	-	1,54	1,73	-	1,23	1,38	-	0,94	1,05	-	0,66	0,74	-	0,40	0,45	-	0,16	0,18
	III	14,46	-	1,15	1,30	-	0,89	1,00	-	0,64	0,72	-	0,40	0,45	-	0,19	0,21	-	0,02	0,02	-	-	-
	IV	27,55	-	2,20	2,47	-	2,02	2,28	-	1,85	2,09	-	1,69	1,90	-	1,53	1,72	-	1,37	1,54	-	1,22	1,37
	V	43,20	-	3,45	3,88																		
	VI	44,68	-	3,57	4,02																		
136,89	I	27,58	-	2,20	2,48	-	1,86	2,09	-	1,53	1,72	-	1,22	1,37	-	0,92	1,04	-	0,65	0,73	-	0,39	0,44
	II	23,47	-	1,87	2,11	-	1,54	1,74	-	1,23	1,39	-	0,94	1,06	-	0,66	0,74	-	0,40	0,45	-	0,16	0,18
	III	14,48	-	1,15	1,30	-	0,90	1,01	-	0,64	0,72	-	0,40	0,45	-	0,19	0,21	-	0,02	0,02	-	-	-
	IV	27,58	-	2,20	2,48	-	2,03	2,28	-	1,86	2,09	-	1,69	1,90	-	1,53	1,72	-	1,37	1,54	-	1,22	1,37
	V	43,24	-	3,45	3,89																		
	VI	44,72	-	3,57	4,02																		
136,99	I	27,62	-	2,20	2,48	-	1,86	2,09	-	1,53	1,72	-	1,22	1,37	-	0,93	1,04	-	0,65	0,73	-	0,39	0,44
	II	23,51	-	1,88	2,11	-	1,55	1,74	-	1,24	1,39	-	0,94	1,06	-	0,66	0,75	-	0,40	0,45	-	0,16	0,18
	III	14,51	-	1,16	1,30	-	0,90	1,01	-	0,65	0,73	-	0,40	0,46	-	0,19	0,22	-	0,02	0,02	-	-	-
	IV	27,62	-	2,20	2,48	-	2,03	2,28	-	1,86	2,09	-	1,69	1,91	-	1,53	1,72	-	1,37	1,55	-	1,22	1,37
	V	43,28	-	3,46	3,89																		
	VI	44,76	-	3,58	4,02																		
137,09	I	27,66	-	2,21	2,48	-	1,86	2,10	-	1,53	1,73	-	1,22	1,38	-	0,93	1,05	-	0,65	0,73	-	0,39	0,44
	II	23,54	-	1,88	2,11	-	1,55	1,74	-	1,24	1,39	-	0,94	1,06	-	0,66	0,75	-	0,40	0,45	-	0,16	0,18
	III	14,53	-	1,16	1,30	-	0,90	1,01	-	0,65	0,73	-	0,41	0,46	-	0,19	0,22	-	0,02	0,03	-	-	-
	IV	27,66	-	2,21	2,48	-	2,03	2,29	-	1,86	2,10	-	1,70	1,91	-	1,53	1,73	-	1,38	1,55	-	1,22	1,38
	V	43,33	-	3,46	3,89																		
	VI	44,80	-	3,58	4,03																		
137,19	I	27,69	-	2,21	2,49	-	1,86	2,10	-	1,54	1,73	-	1,22	1,38	-	0,93	1,05	-	0,65	0,74	-	0,39	0,44
	II	23,58	-	1,88	2,12	-	1,55	1,75	-	1,24	1,40	-	0,94	1,06	-	0,67	0,75	-	0,41	0,46	-	0,16	0,18
	III	14,56	-	1,16	1,31	-	0,90	1,01	-	0,65	0,73	-	0,41	0,46	-	0,19	0,22	-	0,02	0,03	-	-	-
	IV	27,69	-	2,21	2,49	-	2,04	2,29	-	1,86	2,10	-	1,70	1,91	-	1,54	1,73	-	1,38	1,55	-	1,22	1,38
	V	43,37	-	3,46	3,90																		
	VI	44,85	-	3,58	4,03																		
137,29	I	27,73	-	2,21	2,49	-	1,87	2,10	-	1,54	1,73	-	1,23	1,38	-	0,93	1,05	-	0,66	0,74	-	0,40	0,45
	II	23,61	-	1,88	2,12	-	1,55	1,75	-	1,24	1,40	-	0,95	1,07	-	0,67	0,75	-	0,41	0,46	-	0,17	0,19
	III	14,59	-	1,16	1,31	-	0,90	1,02	-	0,65	0,73	-	0,41	0,46	-	0,20	0,22	-	0,03	0,03	-	-	-
	IV	27,73	-	2,21	2,49	-	2,04	2,29	-	1,87	2,10	-	1,70	1,91	-	1,54	1,73	-	1,38	1,55	-	1,23	1,38
	V	43,41	-	3,47	3,90																		
	VI	44,89	-	3,59	4,04																		
137,39	I	27,76	-	2,22	2,49	-	1,87	2,10	-	1,54	1,73	-	1,23	1,38	-	0,94	1,05	-	0,66	0,74	-	0,40	0,45
	II	23,64	-	1,89	2,12	-	1,56	1,75	-	1,24	1,40	-	0,95	1,07	-	0,67	0,76	-	0,41	0,46	-	0,17	0,19
	III	14,62	-	1,16	1,31	-	0,90	1,02	-	0,65	0,74	-	0,41	0,46	-	0,20	0,22	-	0,03	0,03	-	-	-
	IV	27,76	-	2,22	2,49	-	2,04	2,30	-	1,87	2,10	-	1,70	1,92	-	1,54	1,73	-	1,38	1,56	-	1,23	1,38
	V	43,45	-	3,47	3,91																		
	VI	44,93	-	3,59	4,04																		
137,49	I	27,80	-	2,22	2,50	-	1,87	2,11	-	1,54	1,74	-	1,23	1,39	-	0,94	1,06	-	0,66	0,74	-	0,40	0,45
	II	23,68	-	1,89	2,13	-	1,56	1,75	-	1,25	1,40	-	0,95	1,07	-	0,67	0,76	-	0,41	0,46	-	0,17	0,19
	III	14,64	-	1,17	1,31	-	0,91	1,02	-	0,66	0,74	-	0,41	0,47	-	0,20	0,22	-	0,03	0,03	-	-	-
	IV	27,80	-	2,22	2,50	-	2,04	2,30	-	1,87	2,11	-	1,71	1,92	-	1,54	1,74	-	1,39	1,56	-	1,23	1,39
	V	43,50	-	3,48	3,91																		
	VI	44,97	-	3,59	4,04																		
137,59	I	27,83	-	2,22	2,50	-	1,88	2,11	-	1,55	1,74	-	1,24	1,39	-	0,94	1,06	-	0,66	0,75	-	0,40	0,45
	II	23,71	-	1,89	2,13	-	1,56	1,76	-	1,25	1,41	-	0,95	1,07	-	0,68	0,76	-	0,41	0,47	-	0,17	0,19
	III	14,67	-	1,17	1,32	-	0,91	1,02	-	0,66	0,74	-	0,42	0,47	-	0,20	0,23	-	0,03	0,03	-	-	-
	IV	27,83	-	2,22	2,50	-	2,05	2,30	-	1,88	2,11	-	1,71	1,92	-	1,55	1,74	-	1,39	1,56	-	1,24	1,39
	V	43,54	-	3,48	3,91																		
	VI	45,01	-	3,60	4,05																		
137,69	I	27,87	-	2,22	2,50	-	1,88	2,11	-	1,55	1,74	-	1,24	1,39	-	0,94	1,06	-	0,66	0,75	-	0,40	0,45
	II	23,75	-	1,90	2,13	-	1,56	1,76	-	1,25	1,41	-	0,96	1,08	-	0,68	0,76	-	0,42	0,47	-	0,17	0,19
	III	14,70	-	1,17	1,32	-	0,91	1,03	-	0,66	0,74	-	0,42	0,47	-	0,20	0,23	-	0,03	0,03	-	-	-
	IV	27,87	-	2,22	2,50	-	2,05	2,31	-	1,88	2,11	-	1,71	1,93	-	1,55	1,74	-	1,39	1,57	-	1,24	1,39
	V	43,58	-	3,48	3,92																		
	VI	45,06	-	3,60	4,05																		
137,79	I	27,91	-	2,23	2,51	-	1,88	2,12	-	1,55	1,75	-	1,24	1,40	-	0,94	1,06	-	0,67	0,75	-	0,41	0,46
	II	23,78	-	1,90	2,14	-	1,57	1,76	-	1,25	1,41	-	0,96	1,08	-	0,68	0,77	-	0,42	0,47	-	0,17	0,20
	III	14,72	-	1,17	1,32	-	0,91	1,03	-	0,66	0,74	-	0,42	0,47	-	0,20	0,23	-	0,03	0,04	-	-	-
	IV	27,91	-	2,23	2,51	-	2,05	2,31	-	1,88	2,12	-	1,71	1,93	-	1,55	1,75	-	1,39	1,57	-	1,24	1,40
	V	43,62	-	3,48	3,92																		
	VI	45,10	-	3,60	4,05																		
137,89	I	27,94	-	2,23	2,51	-	1,88	2,12	-	1,55	1,75	-	1,24	1,40	-	0,95	1,07	-	0,67	0,75	-	0,41	0,46
	II	23,81	-	1,90	2,14	-	1,57	1,77	-	1,26	1,41	-	0,96	1,08	-	0,68	0,77	-	0,42	0,47	-	0,18	0,20
	III	14,75	-	1,18	1,32	-	0,92	1,03	-	0,66	0,75	-	0,42	0,47	-	0,21	0,23	-	0,03	0,04	-	-	-
	IV	27,94	-	2,23	2,51	-	2,06	2,31	-	1,88	2,12	-	1,72	1,93	-	1,55	1,75	-	1,40	1,57	-	1,24	1,40
	V	43,66	-	3,49	3,92																		
	VI	45,14	-	3,61	4,06																		
137,99	I	27,98	-	2,23	2,51	-	1,89	2,12	-	1,56	1,75	-	1,24	1,40	-	0,95	1,07	-	0,67	0,76	-	0,41	0,46
	II	23,85	-	1,90	2,14	-	1,57	1,77	-	1,26	1,42	-	0,96	1,08	-	0,68	0,77	-	0,42	0,48	-	0,18	0,20
	III	14,77	-	1,18	1,32	-	0,92	1,03	-	0,67	0,75	-	0,42	0,48	-	0,21	0,23	-	0,03	0,04	-	-	-
	IV	27,98	-	2,23	2,51	-	2,06	2,32	-	1,89	2,12	-	1,72	1,94	-	1,56	1,75	-	1,40	1,57	-	1,24	1,40
	V	43,70	-	3,49	3,93																		
	VI	45,18	-	3,61	4,06																		

Lohn/ Gehalt bis	Steuerklasse	Lohn-steuer	ohne Kinderfreibetrag			Anzahl Kinderfreibeträge (nur Steuerklassen I–IV)																	
						0,5			1,0			1,5			2,0			2,5			3,0		
			SolZ 5,5%	Kirchensteuer 8%	9%	SolZ 5,5%	Kirchensteuer 8%	9%	SolZ 5,5%	Kirchensteuer 8%	9%	SolZ 5,5%	Kirchensteuer 8%	9%	SolZ 5,5%	Kirchensteuer 8%	9%	SolZ 5,5%	Kirchensteuer 8%	9%	SolZ 5,5%	Kirchensteuer 8%	9%
138,09	I	28,01	-	2,24	2,52	-	1,89	2,13	-	1,56	1,75	-	1,25	1,40	-	0,95	1,07	-	0,67	0,76	-	0,41	0,46
	II	23,88	-	1,91	2,14	-	1,58	1,77	-	1,26	1,42	-	0,97	1,09	-	0,69	0,77	-	0,42	0,48	-	0,18	0,20
	III	14,80	-	1,18	1,33	-	0,92	1,03	-	0,67	0,75	-	0,43	0,48	-	0,21	0,24	-	0,04	0,04	-	-	-
	IV	28,01	-	2,24	2,52	-	2,06	2,32	-	1,89	2,13	-	1,72	1,94	-	1,56	1,75	-	1,40	1,58	-	1,25	1,40
	V	43,75	-	3,50	3,93																		
	VI	45,22	-	3,61	4,06																		
138,19	I	28,05	-	2,24	2,52	-	1,89	2,13	-	1,56	1,76	-	1,25	1,41	-	0,95	1,07	-	0,68	0,76	-	0,41	0,47
	II	23,91	-	1,91	2,15	-	1,58	1,78	-	1,26	1,42	-	0,97	1,09	-	0,69	0,77	-	0,43	0,48	-	0,18	0,20
	III	14,83	-	1,18	1,33	-	0,92	1,04	-	0,67	0,75	-	0,43	0,48	-	0,21	0,24	-	0,04	0,04	-	-	-
	IV	28,05	-	2,24	2,52	-	2,06	2,32	-	1,89	2,13	-	1,72	1,94	-	1,56	1,76	-	1,40	1,58	-	1,25	1,41
	V	43,79	-	3,50	3,94																		
	VI	45,26	-	3,62	4,07																		
138,29	I	28,08	-	2,24	2,52	-	1,90	2,13	-	1,56	1,76	-	1,25	1,41	-	0,96	1,08	-	0,68	0,76	-	0,42	0,47
	II	23,95	-	1,91	2,15	-	1,58	1,78	-	1,27	1,43	-	0,97	1,09	-	0,69	0,78	-	0,43	0,48	-	0,18	0,21
	III	14,86	-	1,18	1,33	-	0,92	1,04	-	0,67	0,76	-	0,43	0,48	-	0,21	0,24	-	0,04	0,04	-	-	-
	IV	28,08	-	2,24	2,52	-	2,07	2,33	-	1,90	2,13	-	1,73	1,94	-	1,56	1,76	-	1,41	1,58	-	1,25	1,41
	V	43,83	-	3,50	3,94																		
	VI	45,31	-	3,62	4,07																		
138,39	I	28,12	-	2,24	2,53	-	1,90	2,14	-	1,57	1,76	-	1,25	1,41	-	0,96	1,08	-	0,68	0,77	-	0,42	0,47
	II	23,98	-	1,91	2,15	-	1,58	1,78	-	1,27	1,43	-	0,97	1,09	-	0,69	0,78	-	0,43	0,48	-	0,19	0,21
	III	14,88	-	1,19	1,33	-	0,93	1,04	-	0,67	0,76	-	0,43	0,49	-	0,21	0,24	-	0,04	0,04	-	-	-
	IV	28,12	-	2,24	2,53	-	2,07	2,33	-	1,90	2,14	-	1,73	1,95	-	1,57	1,76	-	1,41	1,59	-	1,25	1,41
	V	43,87	-	3,50	3,94																		
	VI	45,35	-	3,62	4,08																		
138,49	I	28,16	-	2,25	2,53	-	1,90	2,14	-	1,57	1,77	-	1,26	1,41	-	0,96	1,08	-	0,68	0,77	-	0,42	0,47
	II	24,02	-	1,92	2,16	-	1,59	1,78	-	1,27	1,43	-	0,97	1,10	-	0,70	0,78	-	0,43	0,49	-	0,19	0,21
	III	14,91	-	1,19	1,34	-	0,93	1,04	-	0,68	0,76	-	0,43	0,49	-	0,22	0,24	-	0,04	0,05	-	-	-
	IV	28,16	-	2,25	2,53	-	2,07	2,33	-	1,90	2,14	-	1,73	1,95	-	1,57	1,77	-	1,41	1,59	-	1,26	1,41
	V	43,91	-	3,51	3,95																		
	VI	45,39	-	3,63	4,08																		
138,59	I	28,19	-	2,25	2,53	-	1,90	2,14	-	1,57	1,77	-	1,26	1,42	-	0,96	1,08	-	0,68	0,77	-	0,42	0,48
	II	24,05	-	1,92	2,16	-	1,59	1,79	-	1,27	1,43	-	0,98	1,10	-	0,70	0,79	-	0,43	0,49	-	0,19	0,21
	III	14,93	-	1,19	1,34	-	0,93	1,05	-	0,68	0,76	-	0,44	0,49	-	0,22	0,24	-	0,04	0,05	-	-	-
	IV	28,19	-	2,25	2,53	-	2,07	2,33	-	1,90	2,14	-	1,74	1,95	-	1,57	1,77	-	1,41	1,59	-	1,26	1,42
	V	43,96	-	3,51	3,95																		
	VI	45,43	-	3,63	4,08																		
138,69	I	28,23	-	2,25	2,54	-	1,91	2,14	-	1,58	1,77	-	1,26	1,42	-	0,97	1,09	-	0,69	0,77	-	0,42	0,48
	II	24,09	-	1,92	2,16	-	1,59	1,79	-	1,28	1,44	-	0,98	1,10	-	0,70	0,79	-	0,44	0,49	-	0,19	0,22
	III	14,96	-	1,19	1,34	-	0,93	1,05	-	0,68	0,77	-	0,44	0,49	-	0,22	0,25	-	0,04	0,05	-	-	-
	IV	28,23	-	2,25	2,54	-	2,08	2,34	-	1,91	2,14	-	1,74	1,96	-	1,58	1,77	-	1,42	1,59	-	1,26	1,42
	V	44,00	-	3,52	3,96																		
	VI	45,48	-	3,63	4,09																		
138,79	I	28,26	-	2,26	2,54	-	1,91	2,15	-	1,58	1,78	-	1,26	1,42	-	0,97	1,09	-	0,69	0,77	-	0,43	0,48
	II	24,12	-	1,92	2,17	-	1,59	1,79	-	1,28	1,44	-	0,98	1,10	-	0,70	0,79	-	0,44	0,49	-	0,19	0,22
	III	14,99	-	1,19	1,34	-	0,93	1,05	-	0,68	0,77	-	0,44	0,49	-	0,22	0,25	-	0,04	0,05	-	-	-
	IV	28,26	-	2,26	2,54	-	2,08	2,34	-	1,91	2,15	-	1,74	1,96	-	1,58	1,78	-	1,42	1,60	-	1,26	1,42
	V	44,04	-	3,52	3,96																		
	VI	45,52	-	3,64	4,09																		
138,89	I	28,30	-	2,26	2,54	-	1,91	2,15	-	1,58	1,78	-	1,27	1,43	-	0,97	1,09	-	0,69	0,78	-	0,43	0,48
	II	24,15	-	1,93	2,17	-	1,60	1,80	-	1,28	1,44	-	0,98	1,11	-	0,70	0,79	-	0,44	0,50	-	0,20	0,22
	III	15,01	-	1,20	1,35	-	0,94	1,05	-	0,68	0,77	-	0,44	0,50	-	0,22	0,25	-	0,04	0,05	-	-	-
	IV	28,30	-	2,26	2,54	-	2,08	2,34	-	1,91	2,15	-	1,74	1,96	-	1,58	1,78	-	1,42	1,60	-	1,27	1,43
	V	44,08	-	3,52	3,96																		
	VI	45,56	-	3,64	4,10																		
138,99	I	28,33	-	2,26	2,54	-	1,91	2,15	-	1,58	1,78	-	1,27	1,43	-	0,97	1,09	-	0,69	0,78	-	0,43	0,48
	II	24,19	-	1,93	2,17	-	1,60	1,80	-	1,28	1,44	-	0,99	1,11	-	0,71	0,79	-	0,44	0,50	-	0,20	0,22
	III	15,04	-	1,20	1,35	-	0,94	1,06	-	0,69	0,77	-	0,44	0,50	-	0,22	0,25	-	0,05	0,05	-	-	-
	IV	28,33	-	2,26	2,54	-	2,09	2,35	-	1,91	2,15	-	1,75	1,97	-	1,58	1,78	-	1,42	1,60	-	1,27	1,43
	V	44,12	-	3,52	3,97																		
	VI	45,60	-	3,64	4,10																		
139,09	I	28,37	-	2,26	2,55	-	1,92	2,16	-	1,59	1,78	-	1,27	1,43	-	0,97	1,10	-	0,70	0,78	-	0,43	0,49
	II	24,22	-	1,93	2,17	-	1,60	1,80	-	1,29	1,45	-	0,99	1,11	-	0,71	0,80	-	0,44	0,50	-	0,20	0,22
	III	15,07	-	1,20	1,35	-	0,94	1,06	-	0,69	0,77	-	0,44	0,50	-	0,22	0,25	-	0,05	0,05	-	-	-
	IV	28,37	-	2,26	2,55	-	2,09	2,35	-	1,92	2,16	-	1,75	1,97	-	1,59	1,78	-	1,43	1,61	-	1,27	1,43
	V	44,17	-	3,53	3,97																		
	VI	45,64	-	3,65	4,10																		
139,19	I	28,41	-	2,27	2,55	-	1,92	2,16	-	1,59	1,79	-	1,27	1,43	-	0,98	1,10	-	0,70	0,79	-	0,43	0,49
	II	24,26	-	1,94	2,18	-	1,60	1,80	-	1,29	1,45	-	0,99	1,12	-	0,71	0,80	-	0,45	0,50	-	0,20	0,23
	III	15,10	-	1,20	1,35	-	0,94	1,06	-	0,69	0,78	-	0,45	0,50	-	0,23	0,25	-	0,05	0,06	-	-	-
	IV	28,41	-	2,27	2,55	-	2,09	2,35	-	1,92	2,16	-	1,75	1,97	-	1,59	1,79	-	1,43	1,61	-	1,27	1,43
	V	44,21	-	3,53	3,97																		
	VI	45,68	-	3,65	4,11																		
139,29	I	28,44	-	2,27	2,55	-	1,92	2,16	-	1,59	1,79	-	1,28	1,44	-	0,98	1,10	-	0,70	0,79	-	0,44	0,49
	II	24,29	-	1,94	2,18	-	1,61	1,81	-	1,29	1,45	-	0,99	1,12	-	0,71	0,80	-	0,45	0,51	-	0,20	0,23
	III	15,12	-	1,20	1,36	-	0,94	1,06	-	0,69	0,78	-	0,45	0,51	-	0,23	0,26	-	0,05	0,06	-	-	-
	IV	28,44	-	2,27	2,55	-	2,09	2,36	-	1,92	2,16	-	1,75	1,97	-	1,59	1,79	-	1,43	1,61	-	1,28	1,44
	V	44,25	-	3,54	3,98																		
	VI	45,73	-	3,65	4,11																		
139,39	I	28,48	-	2,27	2,56	-	1,92	2,17	-	1,59	1,79	-	1,28	1,44	-	0,98	1,10	-	0,70	0,79	-	0,44	0,49
	II	24,33	-	1,94	2,18	-	1,61	1,81	-	1,29	1,46	-	1,00	1,12	-	0,71	0,80	-	0,45	0,51	-	0,20	0,23
	III	15,15	-	1,21	1,36	-	0,95	1,07	-	0,69	0,78	-	0,45	0,51	-	0,23	0,26	-	0,05	0,06	-	-	-
	IV	28,48	-	2,27	2,56	-	2,10	2,36	-	1,92	2,17	-	1,76	1,98	-	1,59	1,79	-	1,43	1,61	-	1,28	1,44
	V	44,29	-	3,54	3,98																		
	VI	45,77	-	3,66	4,11																		
139,49	I	28,51	-	2,28	2,56	-	1,93	2,17	-	1,60	1,80	-	1,28	1,44	-	0,98	1,11	-	0,70	0,79	-	0,44	0,50
	II	24,36	-	1,94	2,19	-	1,61	1,81	-	1,30	1,46	-	1,00	1,12	-	0,72	0,81	-	0,45	0,51	-	0,21	0,23
	III	15,17	-	1,21	1,36	-	0,95	1,07	-	0,70	0,78	-	0,45	0,51	-	0,23	0,26	-	0,05	0,06	-	-	-
	IV	28,51	-	2,28	2,56	-	2,10	2,36	-	1,93	2,17	-	1,76	1,98	-	1,60	1,80	-	1,44	1,62	-	1,28	1,44
	V	44,33	-	3,54	3,98																		
	VI	45,81	-	3,66	4,12																		

Lohn/ Gehalt bis	Steuerklasse	Lohnsteuer	ohne Kinderfreibetrag			Anzahl Kinderfreibeträge (nur Steuerklassen I–IV)																	
						0,5			1,0			1,5			2,0			2,5			3,0		
			SolZ 5,5%	Kirchensteuer 8%	Kirchensteuer 9%	SolZ 5,5%	Kirchensteuer 8%	9%	SolZ 5,5%	Kirchensteuer 8%	9%	SolZ 5,5%	Kirchensteuer 8%	9%	SolZ 5,5%	Kirchensteuer 8%	9%	SolZ 5,5%	Kirchensteuer 8%	9%	SolZ 5,5%	Kirchensteuer 8%	9%
139,59	I	28,55	-	2,28	2,56	-	1,93	2,17	-	1,60	1,80	-	1,28	1,44	-	0,99	1,11	-	0,71	0,79	-	0,44	0,50
	II	24,40	-	1,95	2,19	-	1,61	1,82	-	1,30	1,46	-	1,00	1,13	-	0,72	0,81	-	0,46	0,51	-	0,21	0,23
	III	15,20	-	1,21	1,36	-	0,95	1,07	-	0,70	0,79	-	0,45	0,51	-	0,23	0,26	-	0,05	0,06	-	-	-
	IV	28,55	-	2,28	2,56	-	2,10	2,37	-	1,93	2,17	-	1,76	1,98	-	1,60	1,80	-	1,44	1,62	-	1,28	1,44
	V	44,38	-	3,55	3,99																		
	VI	45,85	-	3,66	4,12																		
139,69	I	28,59	-	2,28	2,57	-	1,93	2,17	-	1,60	1,80	-	1,29	1,45	-	0,99	1,11	-	0,71	0,80	-	0,44	0,50
	II	24,43	-	1,95	2,19	-	1,62	1,82	-	1,30	1,46	-	1,00	1,13	-	0,72	0,81	-	0,46	0,51	-	0,21	0,24
	III	15,23	-	1,21	1,37	-	0,95	1,07	-	0,70	0,79	-	0,46	0,51	-	0,23	0,26	-	0,06	0,06	-	-	-
	IV	28,59	-	2,28	2,57	-	2,11	2,37	-	1,93	2,17	-	1,76	1,99	-	1,60	1,80	-	1,44	1,62	-	1,29	1,45
	V	44,42	-	3,55	3,99																		
	VI	45,90	-	3,67	4,13																		
139,79	I	28,62	-	2,28	2,57	-	1,94	2,18	-	1,60	1,80	-	1,29	1,45	-	0,99	1,12	-	0,71	0,80	-	0,45	0,50
	II	24,46	-	1,95	2,20	-	1,62	1,82	-	1,30	1,47	-	1,00	1,13	-	0,72	0,81	-	0,46	0,52	-	0,21	0,24
	III	15,26	-	1,22	1,37	-	0,95	1,07	-	0,70	0,79	-	0,46	0,52	-	0,24	0,27	-	0,06	0,06	-	-	-
	IV	28,62	-	2,28	2,57	-	2,11	2,37	-	1,94	2,18	-	1,77	1,99	-	1,60	1,80	-	1,44	1,62	-	1,29	1,45
	V	44,46	-	3,55	4,00																		
	VI	45,94	-	3,67	4,13																		
139,89	I	28,66	-	2,29	2,57	-	1,94	2,18	-	1,61	1,81	-	1,29	1,45	-	0,99	1,12	-	0,71	0,80	-	0,45	0,51
	II	24,50	-	1,96	2,20	-	1,62	1,82	-	1,31	1,47	-	1,01	1,13	-	0,73	0,82	-	0,46	0,52	-	0,21	0,24
	III	15,28	-	1,22	1,37	-	0,96	1,08	-	0,70	0,79	-	0,46	0,52	-	0,24	0,27	-	0,06	0,07	-	-	-
	IV	28,66	-	2,29	2,57	-	2,11	2,38	-	1,94	2,18	-	1,77	1,99	-	1,61	1,81	-	1,45	1,63	-	1,29	1,45
	V	44,50	-	3,56	4,00																		
	VI	45,98	-	3,67	4,13																		
139,99	I	28,70	-	2,29	2,58	-	1,94	2,18	-	1,61	1,81	-	1,29	1,46	-	1,00	1,12	-	0,71	0,80	-	0,45	0,51
	II	24,53	-	1,96	2,20	-	1,62	1,83	-	1,31	1,47	-	1,01	1,14	-	0,73	0,82	-	0,46	0,52	-	0,22	0,24
	III	15,31	-	1,22	1,37	-	0,96	1,08	-	0,71	0,79	-	0,46	0,52	-	0,24	0,27	-	0,06	0,07	-	-	-
	IV	28,70	-	2,29	2,58	-	2,11	2,38	-	1,94	2,18	-	1,77	1,99	-	1,61	1,81	-	1,45	1,63	-	1,29	1,46
	V	44,55	-	3,56	4,00																		
	VI	46,02	-	3,68	4,14																		
140,09	I	28,73	-	2,29	2,58	-	1,94	2,19	-	1,61	1,81	-	1,30	1,46	-	1,00	1,12	-	0,72	0,81	-	0,45	0,51
	II	24,56	-	1,96	2,21	-	1,63	1,83	-	1,31	1,48	-	1,01	1,14	-	0,73	0,82	-	0,47	0,52	-	0,22	0,25
	III	15,33	-	1,22	1,37	-	0,96	1,08	-	0,71	0,80	-	0,46	0,52	-	0,24	0,27	-	0,06	0,07	-	-	-
	IV	28,73	-	2,29	2,58	-	2,12	2,38	-	1,94	2,19	-	1,78	2,00	-	1,61	1,81	-	1,45	1,63	-	1,30	1,46
	V	44,59	-	3,56	4,01																		
	VI	46,06	-	3,68	4,14																		
140,19	I	28,77	-	2,30	2,58	-	1,95	2,19	-	1,61	1,82	-	1,30	1,46	-	1,00	1,13	-	0,72	0,81	-	0,46	0,51
	II	24,60	-	1,96	2,21	-	1,63	1,83	-	1,31	1,48	-	1,01	1,14	-	0,73	0,82	-	0,47	0,53	-	0,22	0,25
	III	15,36	-	1,22	1,38	-	0,96	1,08	-	0,71	0,80	-	0,47	0,52	-	0,24	0,27	-	0,06	0,07	-	-	-
	IV	28,77	-	2,30	2,58	-	2,12	2,38	-	1,95	2,19	-	1,78	2,00	-	1,61	1,82	-	1,45	1,64	-	1,30	1,46
	V	44,63	-	3,57	4,01																		
	VI	46,11	-	3,68	4,14																		
140,29	I	28,80	-	2,30	2,59	-	1,95	2,19	-	1,62	1,82	-	1,30	1,46	-	1,00	1,13	-	0,72	0,81	-	0,46	0,51
	II	24,63	-	1,97	2,21	-	1,63	1,84	-	1,32	1,48	-	1,02	1,14	-	0,73	0,83	-	0,47	0,53	-	0,22	0,25
	III	15,39	-	1,23	1,38	-	0,96	1,09	-	0,71	0,80	-	0,47	0,53	-	0,24	0,27	-	0,06	0,07	-	-	-
	IV	28,80	-	2,30	2,59	-	2,12	2,39	-	1,95	2,19	-	1,78	2,00	-	1,62	1,82	-	1,46	1,64	-	1,30	1,46
	V	44,67	-	3,57	4,02																		
	VI	46,15	-	3,69	4,15																		
140,39	I	28,84	-	2,30	2,59	-	1,95	2,20	-	1,62	1,82	-	1,30	1,47	-	1,00	1,13	-	0,72	0,81	-	0,46	0,52
	II	24,67	-	1,97	2,22	-	1,64	1,84	-	1,32	1,48	-	1,02	1,15	-	0,74	0,83	-	0,47	0,53	-	0,22	0,25
	III	15,41	-	1,23	1,38	-	0,97	1,09	-	0,71	0,80	-	0,47	0,53	-	0,25	0,28	-	0,06	0,07	-	-	-
	IV	28,84	-	2,30	2,59	-	2,12	2,39	-	1,95	2,20	-	1,78	2,01	-	1,62	1,82	-	1,46	1,64	-	1,30	1,47
	V	44,71	-	3,57	4,02																		
	VI	46,19	-	3,69	4,15																		
140,49	I	28,88	-	2,31	2,59	-	1,96	2,20	-	1,62	1,82	-	1,31	1,47	-	1,01	1,13	-	0,73	0,82	-	0,46	0,52
	II	24,70	-	1,97	2,22	-	1,64	1,84	-	1,32	1,49	-	1,02	1,15	-	0,74	0,83	-	0,47	0,53	-	0,23	0,25
	III	15,44	-	1,23	1,38	-	0,97	1,09	-	0,72	0,81	-	0,47	0,53	-	0,25	0,28	-	0,07	0,07	-	-	-
	IV	28,88	-	2,31	2,59	-	2,13	2,39	-	1,96	2,20	-	1,79	2,01	-	1,62	1,82	-	1,46	1,64	-	1,31	1,47
	V	44,75	-	3,58	4,02																		
	VI	46,23	-	3,69	4,16																		
140,59	I	28,91	-	2,31	2,60	-	1,96	2,20	-	1,62	1,83	-	1,31	1,47	-	1,01	1,14	-	0,73	0,82	-	0,46	0,52
	II	24,74	-	1,97	2,22	-	1,64	1,85	-	1,32	1,49	-	1,02	1,15	-	0,74	0,83	-	0,48	0,54	-	0,23	0,26
	III	15,47	-	1,23	1,39	-	0,97	1,09	-	0,72	0,81	-	0,47	0,53	-	0,25	0,28	-	0,07	0,08	-	-	-
	IV	28,91	-	2,31	2,60	-	2,13	2,40	-	1,96	2,20	-	1,79	2,01	-	1,62	1,83	-	1,46	1,65	-	1,31	1,47
	V	44,80	-	3,58	4,03																		
	VI	46,27	-	3,70	4,16																		
140,69	I	28,95	-	2,31	2,60	-	1,96	2,21	-	1,63	1,83	-	1,31	1,48	-	1,01	1,14	-	0,73	0,82	-	0,47	0,52
	II	24,77	-	1,98	2,22	-	1,64	1,85	-	1,33	1,49	-	1,03	1,15	-	0,74	0,84	-	0,48	0,54	-	0,23	0,26
	III	15,50	-	1,24	1,39	-	0,97	1,09	-	0,72	0,81	-	0,48	0,54	-	0,25	0,28	-	0,07	0,08	-	-	-
	IV	28,95	-	2,31	2,60	-	2,13	2,40	-	1,96	2,21	-	1,79	2,02	-	1,63	1,83	-	1,47	1,65	-	1,31	1,48
	V	44,84	-	3,58	4,03																		
	VI	46,31	-	3,70	4,16																		
140,79	I	28,98	-	2,31	2,60	-	1,96	2,21	-	1,63	1,83	-	1,31	1,48	-	1,01	1,14	-	0,73	0,82	-	0,47	0,53
	II	24,81	-	1,98	2,23	-	1,65	1,85	-	1,33	1,49	-	1,03	1,16	-	0,75	0,84	-	0,48	0,54	-	0,23	0,26
	III	15,52	-	1,24	1,39	-	0,98	1,10	-	0,72	0,81	-	0,48	0,54	-	0,25	0,28	-	0,07	0,08	-	-	-
	IV	28,98	-	2,31	2,60	-	2,14	2,40	-	1,96	2,21	-	1,79	2,02	-	1,63	1,83	-	1,47	1,65	-	1,31	1,48
	V	44,88	-	3,59	4,03																		
	VI	46,36	-	3,70	4,17																		
140,89	I	29,02	-	2,32	2,61	-	1,97	2,21	-	1,63	1,84	-	1,32	1,48	-	1,02	1,14	-	0,73	0,83	-	0,47	0,53
	II	24,84	-	1,98	2,23	-	1,65	1,85	-	1,33	1,50	-	1,03	1,16	-	0,75	0,84	-	0,48	0,54	-	0,23	0,26
	III	15,55	-	1,24	1,39	-	0,98	1,10	-	0,72	0,81	-	0,48	0,54	-	0,25	0,29	-	0,07	0,08	-	-	-
	IV	29,02	-	2,32	2,61	-	2,14	2,41	-	1,97	2,21	-	1,80	2,02	-	1,63	1,84	-	1,47	1,66	-	1,32	1,48
	V	44,92	-	3,59	4,04																		
	VI	46,40	-	3,71	4,17																		
140,99	I	29,06	-	2,32	2,61	-	1,97	2,22	-	1,64	1,84	-	1,32	1,48	-	1,02	1,15	-	0,74	0,83	-	0,47	0,53
	II	24,88	-	1,99	2,23	-	1,65	1,86	-	1,33	1,50	-	1,03	1,16	-	0,75	0,84	-	0,48	0,54	-	0,24	0,27
	III	15,57	-	1,24	1,40	-	0,98	1,10	-	0,73	0,82	-	0,48	0,54	-	0,26	0,29	-	0,07	0,08	-	-	-
	IV	29,06	-	2,32	2,61	-	2,14	2,41	-	1,97	2,22	-	1,80	2,03	-	1,64	1,84	-	1,47	1,66	-	1,32	1,48
	V	44,96	-	3,59	4,04																		
	VI	46,44	-	3,71	4,17																		

Lohn/ Gehalt bis	Steuerklasse	Lohn-steuer	ohne Kinderfreibetrag			Anzahl Kinderfreibeträge (nur Steuerklassen I–IV) 0,5			1,0			1,5			2,0			2,5			3,0		
			SolZ 5,5%	Kirchensteuer 8%	9%	SolZ 5,5%	Kirchensteuer 8%	9%	SolZ 5,5%	Kirchensteuer 8%	9%	SolZ 5,5%	Kirchensteuer 8%	9%	SolZ 5,5%	Kirchensteuer 8%	9%	SolZ 5,5%	Kirchensteuer 8%	9%	SolZ 5,5%	Kirchensteuer 8%	9%
141,09	I	29,09	-	2,32	2,61	-	1,97	2,22	-	1,64	1,84	-	1,32	1,49	-	1,02	1,15	-	0,74	0,83	-	0,47	0,5
	II	24,91	-	1,99	2,24	-	1,65	1,86	-	1,34	1,50	-	1,04	1,17	-	0,75	0,85	-	0,49	0,55	-	0,24	0,2
	III	15,60	-	1,24	1,40	-	0,98	1,10	-	0,73	0,82	-	0,48	0,54	-	0,26	0,29	-	0,07	0,08	-	-	
	IV	29,09	-	2,32	2,61	-	2,14	2,41	-	1,97	2,22	-	1,80	2,03	-	1,64	1,84	-	1,48	1,66	-	1,32	1,4
	V	45,01	-	3,60	4,05																		
	VI	46,48	-	3,71	4,18																		
141,19	I	29,13	-	2,33	2,62	-	1,97	2,22	-	1,64	1,85	-	1,32	1,49	-	1,02	1,15	-	0,74	0,83	-	0,48	0,5
	II	24,95	-	1,99	2,24	-	1,66	1,86	-	1,34	1,51	-	1,04	1,17	-	0,75	0,85	-	0,49	0,55	-	0,24	0,2
	III	15,63	-	1,25	1,40	-	0,98	1,11	-	0,73	0,82	-	0,48	0,55	-	0,26	0,29	-	0,07	0,08	-	-	
	IV	29,13	-	2,33	2,62	-	2,15	2,42	-	1,97	2,22	-	1,80	2,03	-	1,64	1,85	-	1,48	1,67	-	1,32	1,4
	V	45,05	-	3,60	4,05																		
	VI	46,53	-	3,72	4,18																		
141,29	I	29,16	-	2,33	2,62	-	1,98	2,22	-	1,64	1,85	-	1,33	1,49	-	1,03	1,15	-	0,74	0,84	-	0,48	0,5
	II	24,98	-	1,99	2,24	-	1,66	1,87	-	1,34	1,51	-	1,04	1,17	-	0,76	0,85	-	0,49	0,55	-	0,24	0,2
	III	15,66	-	1,25	1,40	-	0,99	1,11	-	0,73	0,82	-	0,49	0,55	-	0,26	0,29	-	0,08	0,09	-	-	
	IV	29,16	-	2,33	2,62	-	2,15	2,42	-	1,98	2,22	-	1,81	2,03	-	1,64	1,85	-	1,48	1,67	-	1,33	1,4
	V	45,09	-	3,60	4,05																		
	VI	46,57	-	3,72	4,19																		
141,39	I	29,20	-	2,33	2,62	-	1,98	2,23	-	1,65	1,85	-	1,33	1,49	-	1,03	1,16	-	0,75	0,84	-	0,48	0,5
	II	25,01	-	2,00	2,25	-	1,66	1,87	-	1,34	1,51	-	1,04	1,17	-	0,76	0,85	-	0,49	0,55	-	0,24	0,2
	III	15,68	-	1,25	1,41	-	0,99	1,11	-	0,73	0,83	-	0,49	0,55	-	0,26	0,29	-	0,08	0,09	-	-	
	IV	29,20	-	2,33	2,62	-	2,15	2,42	-	1,98	2,23	-	1,81	2,04	-	1,65	1,85	-	1,48	1,67	-	1,33	1,4
	V	45,13	-	3,61	4,06																		
	VI	46,61	-	3,72	4,19																		
141,49	I	29,24	-	2,33	2,63	-	1,98	2,23	-	1,65	1,85	-	1,33	1,50	-	1,03	1,16	-	0,75	0,84	-	0,48	0,5
	II	25,05	-	2,00	2,25	-	1,66	1,87	-	1,35	1,51	-	1,04	1,18	-	0,76	0,86	-	0,49	0,56	-	0,24	0,2
	III	15,71	-	1,25	1,41	-	0,99	1,11	-	0,74	0,83	-	0,49	0,55	-	0,26	0,30	-	0,08	0,09	-	-	
	IV	29,24	-	2,33	2,63	-	2,16	2,43	-	1,98	2,23	-	1,81	2,04	-	1,65	1,85	-	1,49	1,67	-	1,33	1,5
	V	45,17	-	3,61	4,06																		
	VI	46,65	-	3,73	4,19																		
141,59	I	29,27	-	2,34	2,63	-	1,99	2,23	-	1,65	1,86	-	1,33	1,50	-	1,03	1,16	-	0,75	0,84	-	0,48	0,5
	II	25,08	-	2,00	2,25	-	1,67	1,88	-	1,35	1,52	-	1,05	1,18	-	0,76	0,86	-	0,50	0,56	-	0,25	0,2
	III	15,73	-	1,25	1,41	-	0,99	1,12	-	0,74	0,83	-	0,49	0,55	-	0,26	0,30	-	0,08	0,09	-	-	
	IV	29,27	-	2,34	2,63	-	2,16	2,43	-	1,99	2,23	-	1,82	2,04	-	1,65	1,86	-	1,49	1,68	-	1,33	1,5
	V	45,22	-	3,61	4,06																		
	VI	46,69	-	3,73	4,20																		
141,69	I	29,31	-	2,34	2,63	-	1,99	2,24	-	1,65	1,86	-	1,34	1,50	-	1,04	1,17	-	0,75	0,85	-	0,49	0,5
	II	25,12	-	2,00	2,26	-	1,67	1,88	-	1,35	1,52	-	1,05	1,18	-	0,77	0,86	-	0,50	0,56	-	0,25	0,2
	III	15,76	-	1,26	1,41	-	0,99	1,12	-	0,74	0,83	-	0,50	0,56	-	0,27	0,30	-	0,08	0,09	-	-	
	IV	29,31	-	2,34	2,63	-	2,16	2,43	-	1,99	2,24	-	1,82	2,05	-	1,65	1,86	-	1,49	1,68	-	1,34	1,5
	V	45,26	-	3,62	4,07																		
	VI	46,73	-	3,73	4,20																		
141,79	I	29,35	-	2,34	2,64	-	1,99	2,24	-	1,66	1,86	-	1,34	1,51	-	1,04	1,17	-	0,75	0,85	-	0,49	0,5
	II	25,15	-	2,01	2,26	-	1,67	1,88	-	1,35	1,52	-	1,05	1,18	-	0,77	0,86	-	0,50	0,56	-	0,25	0,2
	III	15,79	-	1,26	1,42	-	1,00	1,12	-	0,74	0,83	-	0,50	0,56	-	0,27	0,30	-	0,08	0,09	-	-	
	IV	29,35	-	2,34	2,64	-	2,16	2,44	-	1,99	2,24	-	1,82	2,05	-	1,66	1,86	-	1,50	1,68	-	1,34	1,5
	V	45,30	-	3,62	4,07																		
	VI	46,78	-	3,74	4,21																		
141,89	I	29,38	-	2,35	2,64	-	1,99	2,24	-	1,66	1,87	-	1,34	1,51	-	1,04	1,17	-	0,76	0,85	-	0,49	0,5
	II	25,19	-	2,01	2,26	-	1,67	1,88	-	1,36	1,53	-	1,05	1,19	-	0,77	0,87	-	0,50	0,57	-	0,25	0,2
	III	15,82	-	1,26	1,42	-	1,00	1,12	-	0,74	0,84	-	0,50	0,56	-	0,27	0,30	-	0,08	0,09	-	-	
	IV	29,38	-	2,35	2,64	-	2,17	2,44	-	1,99	2,24	-	1,82	2,05	-	1,66	1,87	-	1,50	1,69	-	1,34	1,5
	V	45,34	-	3,62	4,08																		
	VI	46,82	-	3,74	4,21																		
141,99	I	29,42	-	2,35	2,64	-	2,00	2,25	-	1,66	1,87	-	1,34	1,51	-	1,04	1,17	-	0,76	0,85	-	0,49	0,5
	II	25,22	-	2,01	2,26	-	1,68	1,89	-	1,36	1,53	-	1,06	1,19	-	0,77	0,87	-	0,50	0,57	-	0,25	0,2
	III	15,85	-	1,26	1,42	-	1,00	1,13	-	0,75	0,84	-	0,50	0,56	-	0,27	0,31	-	0,08	0,10	-	-	
	IV	29,42	-	2,35	2,64	-	2,17	2,44	-	2,00	2,25	-	1,83	2,06	-	1,66	1,87	-	1,50	1,69	-	1,34	1,5
	V	45,38	-	3,63	4,08																		
	VI	46,86	-	3,74	4,21																		
142,09	I	29,45	-	2,35	2,65	-	2,00	2,25	-	1,66	1,87	-	1,35	1,51	-	1,04	1,18	-	0,76	0,86	-	0,49	0,5
	II	25,26	-	2,02	2,27	-	1,68	1,89	-	1,36	1,53	-	1,06	1,19	-	0,77	0,87	-	0,51	0,57	-	0,26	0,2
	III	15,87	-	1,26	1,42	-	1,00	1,13	-	0,75	0,84	-	0,50	0,57	-	0,27	0,31	-	0,09	0,10	-	-	
	IV	29,45	-	2,35	2,65	-	2,17	2,44	-	2,00	2,25	-	1,83	2,06	-	1,66	1,87	-	1,50	1,69	-	1,35	1,5
	V	45,43	-	3,63	4,08																		
	VI	46,90	-	3,75	4,22																		
142,19	I	29,49	-	2,35	2,65	-	2,00	2,25	-	1,67	1,88	-	1,35	1,52	-	1,05	1,18	-	0,76	0,86	-	0,50	0,5
	II	25,29	-	2,02	2,27	-	1,68	1,89	-	1,36	1,53	-	1,06	1,19	-	0,78	0,87	-	0,51	0,57	-	0,26	0,2
	III	15,90	-	1,27	1,43	-	1,00	1,13	-	0,75	0,84	-	0,50	0,57	-	0,28	0,31	-	0,09	0,10	-	-	
	IV	29,49	-	2,35	2,65	-	2,18	2,45	-	2,00	2,25	-	1,83	2,06	-	1,67	1,88	-	1,51	1,69	-	1,35	1,5
	V	45,47	-	3,63	4,09																		
	VI	46,95	-	3,75	4,22																		
142,29	I	29,53	-	2,36	2,65	-	2,00	2,26	-	1,67	1,88	-	1,35	1,52	-	1,05	1,18	-	0,77	0,86	-	0,50	0,5
	II	25,33	-	2,02	2,27	-	1,68	1,90	-	1,37	1,54	-	1,06	1,20	-	0,78	0,88	-	0,51	0,58	-	0,26	0,2
	III	15,92	-	1,27	1,43	-	1,01	1,13	-	0,75	0,85	-	0,51	0,57	-	0,28	0,31	-	0,09	0,10	-	-	
	IV	29,53	-	2,36	2,65	-	2,18	2,45	-	2,00	2,26	-	1,83	2,06	-	1,67	1,88	-	1,51	1,70	-	1,35	1,5
	V	45,51	-	3,64	4,09																		
	VI	46,99	-	3,75	4,22																		
142,39	I	29,56	-	2,36	2,66	-	2,01	2,26	-	1,67	1,88	-	1,35	1,52	-	1,05	1,18	-	0,77	0,86	-	0,50	0,5
	II	25,36	-	2,02	2,28	-	1,69	1,90	-	1,37	1,54	-	1,07	1,20	-	0,78	0,88	-	0,51	0,58	-	0,26	0,3
	III	15,95	-	1,27	1,43	-	1,01	1,13	-	0,75	0,85	-	0,51	0,57	-	0,28	0,31	-	0,09	0,10	-	-	
	IV	29,56	-	2,36	2,66	-	2,18	2,45	-	2,01	2,26	-	1,84	2,07	-	1,67	1,88	-	1,51	1,70	-	1,35	1,5
	V	45,55	-	3,64	4,09																		
	VI	47,03	-	3,76	4,23																		
142,49	I	29,60	-	2,36	2,66	-	2,01	2,26	-	1,67	1,88	-	1,36	1,53	-	1,05	1,19	-	0,77	0,87	-	0,50	0,5
	II	25,40	-	2,03	2,28	-	1,69	1,90	-	1,37	1,54	-	1,07	1,20	-	0,78	0,88	-	0,52	0,58	-	0,26	0,3
	III	15,98	-	1,27	1,43	-	1,01	1,14	-	0,76	0,85	-	0,51	0,57	-	0,28	0,32	-	0,09	0,10	-	-	
	IV	29,60	-	2,36	2,66	-	2,18	2,46	-	2,01	2,26	-	1,84	2,07	-	1,67	1,88	-	1,51	1,70	-	1,36	1,5
	V	45,60	-	3,64	4,10																		
	VI	47,07	-	3,76	4,23																		

Besondere Tabelle

Lohn/ Gehalt bis	Steuerklasse	Lohnsteuer	ohne Kinderfreibetrag			Anzahl Kinderfreibeträge (nur Steuerklassen I–IV)																	
						0,5			1,0			1,5			2,0			2,5			3,0		
			SolZ 5,5%	Kirchensteuer 8%	9%	SolZ 5,5%	Kirchensteuer 8%	9%	SolZ 5,5%	Kirchensteuer 8%	9%	SolZ 5,5%	Kirchensteuer 8%	9%	SolZ 5,5%	Kirchensteuer 8%	9%	SolZ 5,5%	Kirchensteuer 8%	9%	SolZ 5,5%	Kirchensteuer 8%	9%
142,59	I	29,63	-	2,37	2,66	-	2,01	2,26	-	1,68	1,89	-	1,36	1,53	-	1,06	1,19	-	0,77	0,87	-	0,50	0,57
	II	25,43	-	2,03	2,28	-	1,69	1,90	-	1,37	1,54	-	1,07	1,20	-	0,79	0,88	-	0,52	0,58	-	0,27	0,30
	III	16,01	-	1,28	1,44	-	1,01	1,14	-	0,76	0,85	-	0,51	0,58	-	0,28	0,32	-	0,09	0,10	-	-	-
	IV	29,63	-	2,37	2,66	-	2,19	2,46	-	2,01	2,26	-	1,84	2,07	-	1,68	1,89	-	1,52	1,71	-	1,36	1,53
	V	45,64	-	3,65	4,10																		
	VI	47,11	-	3,76	4,23																		
142,69	I	29,67	-	2,37	2,67	-	2,02	2,27	-	1,68	1,89	-	1,36	1,53	-	1,06	1,19	-	0,77	0,87	-	0,51	0,57
	II	25,46	-	2,03	2,29	-	1,70	1,91	-	1,38	1,55	-	1,07	1,21	-	0,79	0,89	-	0,52	0,58	-	0,27	0,30
	III	16,03	-	1,28	1,44	-	1,01	1,14	-	0,76	0,86	-	0,51	0,58	-	0,28	0,32	-	0,09	0,11	-	-	-
	IV	29,67	-	2,37	2,67	-	2,19	2,46	-	2,02	2,27	-	1,85	2,08	-	1,68	1,89	-	1,52	1,71	-	1,36	1,53
	V	45,68	-	3,65	4,11																		
	VI	47,16	-	3,77	4,24																		
142,79	I	29,71	-	2,37	2,67	-	2,02	2,27	-	1,68	1,89	-	1,36	1,53	-	1,06	1,19	-	0,78	0,87	-	0,51	0,57
	II	25,50	-	2,04	2,29	-	1,70	1,91	-	1,38	1,55	-	1,08	1,21	-	0,79	0,89	-	0,52	0,59	-	0,27	0,30
	III	16,06	-	1,28	1,44	-	1,02	1,14	-	0,76	0,86	-	0,52	0,58	-	0,29	0,32	-	0,10	0,11	-	-	-
	IV	29,71	-	2,37	2,67	-	2,19	2,47	-	2,02	2,27	-	1,85	2,08	-	1,68	1,89	-	1,52	1,71	-	1,36	1,53
	V	45,72	-	3,65	4,11																		
	VI	47,20	-	3,77	4,24																		
142,89	I	29,75	-	2,38	2,67	-	2,02	2,27	-	1,68	1,90	-	1,37	1,54	-	1,06	1,20	-	0,78	0,88	-	0,51	0,58
	II	25,53	-	2,04	2,29	-	1,70	1,91	-	1,38	1,55	-	1,08	1,21	-	0,79	0,89	-	0,52	0,59	-	0,27	0,31
	III	16,08	-	1,28	1,44	-	1,02	1,15	-	0,76	0,86	-	0,52	0,58	-	0,29	0,32	-	0,10	0,11	-	-	-
	IV	29,75	-	2,38	2,67	-	2,20	2,47	-	2,02	2,27	-	1,85	2,08	-	1,68	1,90	-	1,52	1,71	-	1,37	1,54
	V	45,76	-	3,66	4,11																		
	VI	47,24	-	3,77	4,25																		
142,99	I	29,78	-	2,38	2,68	-	2,02	2,28	-	1,69	1,90	-	1,37	1,54	-	1,07	1,20	-	0,78	0,88	-	0,51	0,58
	II	25,57	-	2,04	2,30	-	1,70	1,92	-	1,38	1,56	-	1,08	1,22	-	0,79	0,89	-	0,53	0,59	-	0,27	0,31
	III	16,11	-	1,28	1,44	-	1,02	1,15	-	0,77	0,86	-	0,52	0,59	-	0,29	0,33	-	0,10	0,11	-	-	-
	IV	29,78	-	2,38	2,68	-	2,20	2,47	-	2,02	2,28	-	1,85	2,09	-	1,69	1,90	-	1,53	1,72	-	1,37	1,54
	V	45,80	-	3,66	4,12																		
	VI	47,28	-	3,78	4,25																		
143,09	I	29,82	-	2,38	2,68	-	2,03	2,28	-	1,69	1,90	-	1,37	1,54	-	1,07	1,20	-	0,78	0,88	-	0,52	0,58
	II	25,60	-	2,04	2,30	-	1,71	1,92	-	1,39	1,56	-	1,08	1,22	-	0,80	0,90	-	0,53	0,59	-	0,28	0,31
	III	16,14	-	1,29	1,45	-	1,02	1,15	-	0,77	0,86	-	0,52	0,59	-	0,29	0,33	-	0,10	0,11	-	-	-
	IV	29,82	-	2,38	2,68	-	2,20	2,48	-	2,03	2,28	-	1,86	2,09	-	1,69	1,90	-	1,53	1,72	-	1,37	1,54
	V	45,85	-	3,66	4,12																		
	VI	47,32	-	3,78	4,25																		
143,19	I	29,85	-	2,38	2,68	-	2,03	2,28	-	1,69	1,90	-	1,37	1,54	-	1,07	1,20	-	0,79	0,88	-	0,52	0,58
	II	25,64	-	2,05	2,30	-	1,71	1,92	-	1,39	1,56	-	1,08	1,22	-	0,80	0,90	-	0,53	0,60	-	0,28	0,31
	III	16,17	-	1,29	1,45	-	1,02	1,15	-	0,77	0,87	-	0,52	0,59	-	0,29	0,33	-	0,10	0,11	-	-	-
	IV	29,85	-	2,38	2,68	-	2,20	2,48	-	2,03	2,28	-	1,86	2,09	-	1,69	1,90	-	1,53	1,72	-	1,37	1,54
	V	45,89	-	3,67	4,13																		
	VI	47,36	-	3,78	4,26																		
143,29	I	29,89	-	2,39	2,69	-	2,03	2,29	-	1,70	1,91	-	1,38	1,55	-	1,07	1,21	-	0,79	0,89	-	0,52	0,58
	II	25,67	-	2,05	2,31	-	1,71	1,93	-	1,39	1,56	-	1,09	1,22	-	0,80	0,90	-	0,53	0,60	-	0,28	0,32
	III	16,19	-	1,29	1,45	-	1,03	1,16	-	0,77	0,87	-	0,53	0,59	-	0,29	0,33	-	0,10	0,12	-	-	-
	IV	29,89	-	2,39	2,69	-	2,21	2,48	-	2,03	2,29	-	1,86	2,09	-	1,70	1,91	-	1,53	1,73	-	1,38	1,55
	V	45,93	-	3,67	4,13																		
	VI	47,41	-	3,79	4,26																		
143,39	I	29,93	-	2,39	2,69	-	2,04	2,29	-	1,70	1,91	-	1,38	1,55	-	1,08	1,21	-	0,79	0,89	-	0,52	0,59
	II	25,71	-	2,05	2,31	-	1,71	1,93	-	1,39	1,57	-	1,09	1,23	-	0,80	0,90	-	0,53	0,60	-	0,28	0,32
	III	16,22	-	1,29	1,45	-	1,03	1,16	-	0,77	0,87	-	0,53	0,59	-	0,30	0,33	-	0,10	0,12	-	-	-
	IV	29,93	-	2,39	2,69	-	2,21	2,49	-	2,04	2,29	-	1,86	2,10	-	1,70	1,91	-	1,54	1,73	-	1,38	1,55
	V	45,97	-	3,67	4,13																		
	VI	47,45	-	3,79	4,27																		
143,49	I	29,96	-	2,39	2,69	-	2,04	2,29	-	1,70	1,91	-	1,38	1,55	-	1,08	1,21	-	0,79	0,89	-	0,52	0,59
	II	25,74	-	2,05	2,31	-	1,72	1,93	-	1,40	1,57	-	1,09	1,23	-	0,81	0,91	-	0,54	0,60	-	0,28	0,32
	III	16,25	-	1,30	1,46	-	1,03	1,16	-	0,78	0,87	-	0,53	0,60	-	0,30	0,34	-	0,10	0,12	-	-	-
	IV	29,96	-	2,39	2,69	-	2,21	2,49	-	2,04	2,29	-	1,87	2,10	-	1,70	1,91	-	1,54	1,73	-	1,38	1,55
	V	46,01	-	3,68	4,14																		
	VI	47,49	-	3,79	4,27																		
143,59	I	30,00	-	2,40	2,70	-	2,04	2,30	-	1,70	1,92	-	1,38	1,56	-	1,08	1,22	-	0,79	0,89	-	0,53	0,59
	II	25,78	-	2,06	2,32	-	1,72	1,93	-	1,40	1,57	-	1,09	1,23	-	0,81	0,91	-	0,54	0,61	-	0,29	0,32
	III	16,27	-	1,30	1,46	-	1,03	1,16	-	0,78	0,88	-	0,53	0,60	-	0,30	0,34	-	0,11	0,12	-	-	-
	IV	30,00	-	2,40	2,70	-	2,22	2,49	-	2,04	2,30	-	1,87	2,10	-	1,70	1,92	-	1,54	1,73	-	1,38	1,56
	V	46,06	-	3,68	4,14																		
	VI	47,53	-	3,80	4,27																		
143,69	I	30,04	-	2,40	2,70	-	2,04	2,30	-	1,71	1,92	-	1,39	1,56	-	1,08	1,22	-	0,80	0,90	-	0,53	0,59
	II	25,81	-	2,06	2,32	-	1,72	1,94	-	1,40	1,58	-	1,10	1,23	-	0,81	0,91	-	0,54	0,61	-	0,29	0,32
	III	16,30	-	1,30	1,46	-	1,04	1,17	-	0,78	0,88	-	0,53	0,60	-	0,30	0,34	-	0,11	0,12	-	-	-
	IV	30,04	-	2,40	2,70	-	2,22	2,50	-	2,04	2,30	-	1,87	2,11	-	1,71	1,92	-	1,54	1,74	-	1,39	1,56
	V	46,10	-	3,68	4,14																		
	VI	47,58	-	3,80	4,28																		
143,79	I	30,07	-	2,40	2,70	-	2,05	2,30	-	1,71	1,92	-	1,39	1,56	-	1,08	1,22	-	0,80	0,90	-	0,53	0,60
	II	25,85	-	2,06	2,32	-	1,72	1,94	-	1,40	1,58	-	1,10	1,24	-	0,81	0,91	-	0,54	0,61	-	0,29	0,33
	III	16,33	-	1,30	1,46	-	1,04	1,17	-	0,78	0,88	-	0,54	0,60	-	0,30	0,34	-	0,11	0,12	-	-	-
	IV	30,07	-	2,40	2,70	-	2,22	2,50	-	2,05	2,30	-	1,88	2,11	-	1,71	1,92	-	1,55	1,74	-	1,39	1,56
	V	46,14	-	3,69	4,15																		
	VI	47,62	-	3,80	4,28																		
143,89	I	30,11	-	2,40	2,70	-	2,05	2,31	-	1,71	1,93	-	1,39	1,56	-	1,09	1,22	-	0,80	0,90	-	0,53	0,60
	II	25,88	-	2,07	2,32	-	1,73	1,94	-	1,41	1,58	-	1,10	1,24	-	0,81	0,92	-	0,54	0,61	-	0,29	0,33
	III	16,36	-	1,30	1,47	-	1,04	1,17	-	0,78	0,88	-	0,54	0,61	-	0,30	0,34	-	0,11	0,13	-	-	-
	IV	30,11	-	2,40	2,70	-	2,22	2,50	-	2,05	2,31	-	1,88	2,11	-	1,71	1,93	-	1,55	1,74	-	1,39	1,56
	V	46,18	-	3,69	4,15																		
	VI	47,66	-	3,81	4,28																		
143,99	I	30,15	-	2,41	2,71	-	2,05	2,31	-	1,71	1,93	-	1,39	1,57	-	1,09	1,23	-	0,80	0,90	-	0,53	0,60
	II	25,92	-	2,07	2,33	-	1,73	1,95	-	1,41	1,58	-	1,10	1,24	-	0,82	0,92	-	0,55	0,62	-	0,29	0,33
	III	16,38	-	1,31	1,47	-	1,04	1,17	-	0,79	0,89	-	0,54	0,61	-	0,31	0,34	-	0,11	0,13	-	-	-
	IV	30,15	-	2,41	2,71	-	2,23	2,51	-	2,05	2,31	-	1,88	2,12	-	1,71	1,93	-	1,55	1,75	-	1,39	1,57
	V	46,22	-	3,69	4,15																		
	VI	47,70	-	3,81	4,29																		

Lohn/ Gehalt bis	Steuerklasse	Lohnsteuer	ohne Kinderfreibetrag SolZ 5,5%	ohne Kinderfreibetrag Kirchensteuer 8%	ohne Kinderfreibetrag Kirchensteuer 9%	0,5 SolZ 5,5%	0,5 Kirchensteuer 8%	0,5 Kirchensteuer 9%	1,0 SolZ 5,5%	1,0 Kirchensteuer 8%	1,0 Kirchensteuer 9%	1,5 SolZ 5,5%	1,5 Kirchensteuer 8%	1,5 Kirchensteuer 9%	2,0 SolZ 5,5%	2,0 Kirchensteuer 8%	2,0 Kirchensteuer 9%	2,5 SolZ 5,5%	2,5 Kirchensteuer 8%	2,5 Kirchensteuer 9%	3,0 SolZ 5,5%	3,0 Kirchensteuer 8%	3,0 Kirchensteuer 9%
144,09	I	30,18	-	2,41	2,71	-	2,05	2,31	-	1,72	1,93	-	1,40	1,57	-	1,09	1,23	-	0,81	0,91	-	0,54	0,6
	II	25,95	-	2,07	2,33	-	1,73	1,95	-	1,41	1,59	-	1,11	1,25	-	0,82	0,92	-	0,55	0,62	-	0,30	0,3
	III	16,41	-	1,31	1,47	-	1,04	1,17	-	0,79	0,89	-	0,54	0,61	-	0,31	0,35	-	0,11	0,13	-	-	
	IV	30,18	-	2,41	2,71	-	2,23	2,51	-	2,05	2,31	-	1,88	2,12	-	1,72	1,93	-	1,55	1,75	-	1,40	1,5
	V	46,27	-	3,70	4,16																		
	VI	47,74	-	3,81	4,29																		
144,19	I	30,22	-	2,41	2,71	-	2,06	2,32	-	1,72	1,93	-	1,40	1,57	-	1,09	1,23	-	0,81	0,91	-	0,54	0,6
	II	25,99	-	2,07	2,33	-	1,74	1,95	-	1,41	1,59	-	1,11	1,25	-	0,82	0,92	-	0,55	0,62	-	0,30	0,3
	III	16,43	-	1,31	1,47	-	1,05	1,18	-	0,79	0,89	-	0,54	0,61	-	0,31	0,35	-	0,12	0,13	-	-	
	IV	30,22	-	2,41	2,71	-	2,23	2,51	-	2,06	2,32	-	1,89	2,12	-	1,72	1,93	-	1,56	1,75	-	1,40	1,5
	V	46,31	-	3,70	4,16																		
	VI	47,78	-	3,82	4,30																		
144,29	I	30,26	-	2,42	2,72	-	2,06	2,32	-	1,72	1,94	-	1,40	1,58	-	1,10	1,23	-	0,81	0,91	-	0,54	0,6
	II	26,02	-	2,08	2,34	-	1,74	1,96	-	1,42	1,59	-	1,11	1,25	-	0,82	0,93	-	0,55	0,62	-	0,30	0,3
	III	16,46	-	1,31	1,48	-	1,05	1,18	-	0,79	0,89	-	0,55	0,61	-	0,31	0,35	-	0,12	0,13	-	-	
	IV	30,26	-	2,42	2,72	-	2,24	2,52	-	2,06	2,32	-	1,89	2,13	-	1,72	1,94	-	1,56	1,75	-	1,40	1,5
	V	46,35	-	3,70	4,17																		
	VI	47,83	-	3,82	4,30																		
144,39	I	30,29	-	2,42	2,72	-	2,06	2,32	-	1,72	1,94	-	1,40	1,58	-	1,10	1,24	-	0,81	0,91	-	0,54	0,6
	II	26,06	-	2,08	2,34	-	1,74	1,96	-	1,42	1,60	-	1,11	1,25	-	0,83	0,93	-	0,56	0,63	-	0,30	0,3
	III	16,49	-	1,31	1,48	-	1,05	1,18	-	0,79	0,89	-	0,55	0,62	-	0,31	0,35	-	0,12	0,13	-	-	
	IV	30,29	-	2,42	2,72	-	2,24	2,52	-	2,06	2,32	-	1,89	2,13	-	1,72	1,94	-	1,56	1,76	-	1,40	1,5
	V	46,39	-	3,71	4,17																		
	VI	47,87	-	3,82	4,30																		
144,49	I	30,33	-	2,42	2,72	-	2,07	2,32	-	1,73	1,94	-	1,41	1,58	-	1,10	1,24	-	0,81	0,92	-	0,54	0,6
	II	26,09	-	2,08	2,34	-	1,74	1,96	-	1,42	1,60	-	1,12	1,26	-	0,83	0,93	-	0,56	0,63	-	0,30	0,3
	III	16,52	-	1,32	1,48	-	1,05	1,18	-	0,80	0,90	-	0,55	0,62	-	0,32	0,36	-	0,12	0,13	-	-	
	IV	30,33	-	2,42	2,72	-	2,24	2,52	-	2,07	2,32	-	1,89	2,13	-	1,73	1,94	-	1,56	1,76	-	1,41	1,5
	V	46,43	-	3,71	4,17																		
	VI	47,91	-	3,83	4,31																		
144,59	I	30,36	-	2,42	2,73	-	2,07	2,33	-	1,73	1,95	-	1,41	1,58	-	1,10	1,24	-	0,82	0,92	-	0,55	0,6
	II	26,13	-	2,09	2,35	-	1,75	1,96	-	1,42	1,60	-	1,12	1,26	-	0,83	0,93	-	0,56	0,63	-	0,31	0,3
	III	16,55	-	1,32	1,48	-	1,05	1,19	-	0,80	0,90	-	0,55	0,62	-	0,32	0,36	-	0,12	0,14	-	-	
	IV	30,36	-	2,42	2,73	-	2,24	2,52	-	2,07	2,33	-	1,90	2,13	-	1,73	1,95	-	1,57	1,76	-	1,41	1,5
	V	46,48	-	3,71	4,18																		
	VI	47,95	-	3,83	4,31																		
144,69	I	30,40	-	2,43	2,73	-	2,07	2,33	-	1,73	1,95	-	1,41	1,59	-	1,11	1,25	-	0,82	0,92	-	0,55	0,6
	II	26,16	-	2,09	2,35	-	1,75	1,97	-	1,43	1,60	-	1,12	1,26	-	0,83	0,94	-	0,56	0,63	-	0,31	0,3
	III	16,57	-	1,32	1,49	-	1,06	1,19	-	0,80	0,90	-	0,55	0,62	-	0,32	0,36	-	0,12	0,14	-	-	
	IV	30,40	-	2,43	2,73	-	2,25	2,53	-	2,07	2,33	-	1,90	2,14	-	1,73	1,95	-	1,57	1,77	-	1,41	1,5
	V	46,52	-	3,72	4,18																		
	VI	48,00	-	3,84	4,32																		
144,79	I	30,44	-	2,43	2,73	-	2,07	2,33	-	1,74	1,95	-	1,41	1,59	-	1,11	1,25	-	0,82	0,92	-	0,55	0,6
	II	26,20	-	2,09	2,35	-	1,75	1,97	-	1,43	1,61	-	1,12	1,26	-	0,83	0,94	-	0,56	0,63	-	0,31	0,3
	III	16,60	-	1,32	1,49	-	1,06	1,19	-	0,80	0,90	-	0,56	0,63	-	0,32	0,36	-	0,12	0,14	-	-	
	IV	30,44	-	2,43	2,73	-	2,25	2,53	-	2,07	2,33	-	1,90	2,14	-	1,74	1,95	-	1,57	1,77	-	1,41	1,5
	V	46,56	-	3,72	4,19																		
	VI	48,04	-	3,84	4,32																		
144,89	I	30,48	-	2,43	2,74	-	2,08	2,34	-	1,74	1,96	-	1,42	1,59	-	1,11	1,25	-	0,82	0,93	-	0,55	0,6
	II	26,23	-	2,09	2,36	-	1,75	1,97	-	1,43	1,61	-	1,13	1,27	-	0,84	0,94	-	0,57	0,64	-	0,31	0,3
	III	16,62	-	1,32	1,49	-	1,06	1,19	-	0,80	0,91	-	0,56	0,63	-	0,32	0,36	-	0,12	0,14	-	-	
	IV	30,48	-	2,43	2,74	-	2,25	2,53	-	2,08	2,34	-	1,91	2,14	-	1,74	1,96	-	1,57	1,77	-	1,42	1,5
	V	46,60	-	3,72	4,19																		
	VI	48,08	-	3,84	4,32																		
144,99	I	30,51	-	2,44	2,74	-	2,08	2,34	-	1,74	1,96	-	1,42	1,60	-	1,11	1,25	-	0,83	0,93	-	0,56	0,6
	II	26,27	-	2,10	2,36	-	1,76	1,98	-	1,43	1,61	-	1,13	1,27	-	0,84	0,94	-	0,57	0,64	-	0,31	0,3
	III	16,65	-	1,33	1,49	-	1,06	1,20	-	0,81	0,91	-	0,56	0,63	-	0,32	0,36	-	0,13	0,14	-	-	
	IV	30,51	-	2,44	2,74	-	2,26	2,54	-	2,08	2,34	-	1,91	2,15	-	1,74	1,96	-	1,58	1,78	-	1,42	1,6
	V	46,65	-	3,73	4,19																		
	VI	48,12	-	3,84	4,33																		
145,09	I	30,55	-	2,44	2,74	-	2,08	2,34	-	1,74	1,96	-	1,42	1,60	-	1,12	1,26	-	0,83	0,93	-	0,56	0,6
	II	26,30	-	2,10	2,36	-	1,76	1,98	-	1,44	1,62	-	1,13	1,27	-	0,84	0,95	-	0,57	0,64	-	0,32	0,3
	III	16,68	-	1,33	1,50	-	1,06	1,20	-	0,81	0,91	-	0,56	0,63	-	0,32	0,37	-	0,13	0,14	-	-	
	IV	30,55	-	2,44	2,74	-	2,26	2,54	-	2,08	2,34	-	1,91	2,15	-	1,74	1,96	-	1,58	1,78	-	1,42	1,6
	V	46,69	-	3,73	4,20																		
	VI	48,16	-	3,85	4,33																		
145,19	I	30,58	-	2,44	2,75	-	2,09	2,35	-	1,75	1,96	-	1,42	1,60	-	1,12	1,26	-	0,83	0,93	-	0,56	0,6
	II	26,34	-	2,10	2,37	-	1,76	1,98	-	1,44	1,62	-	1,13	1,27	-	0,84	0,95	-	0,57	0,64	-	0,32	0,3
	III	16,71	-	1,33	1,50	-	1,07	1,20	-	0,81	0,91	-	0,56	0,63	-	0,33	0,37	-	0,13	0,15	-	-	
	IV	30,58	-	2,44	2,75	-	2,26	2,54	-	2,09	2,35	-	1,91	2,15	-	1,75	1,96	-	1,58	1,78	-	1,42	1,6
	V	46,73	-	3,73	4,20																		
	VI	48,21	-	3,85	4,33																		
145,29	I	30,62	-	2,44	2,75	-	2,09	2,35	-	1,75	1,97	-	1,43	1,60	-	1,12	1,26	-	0,83	0,94	-	0,56	0,6
	II	26,37	-	2,10	2,37	-	1,76	1,98	-	1,44	1,62	-	1,14	1,28	-	0,85	0,95	-	0,57	0,65	-	0,32	0,3
	III	16,73	-	1,33	1,50	-	1,07	1,20	-	0,81	0,91	-	0,56	0,64	-	0,33	0,37	-	0,13	0,15	-	-	
	IV	30,62	-	2,44	2,75	-	2,26	2,55	-	2,09	2,35	-	1,92	2,16	-	1,75	1,97	-	1,58	1,78	-	1,43	1,6
	V	46,77	-	3,74	4,20																		
	VI	48,25	-	3,86	4,34																		
145,39	I	30,66	-	2,45	2,75	-	2,09	2,35	-	1,75	1,97	-	1,43	1,61	-	1,12	1,26	-	0,83	0,94	-	0,56	0,6
	II	26,41	-	2,11	2,37	-	1,77	1,99	-	1,44	1,62	-	1,14	1,28	-	0,85	0,95	-	0,58	0,65	-	0,32	0,3
	III	16,76	-	1,34	1,50	-	1,07	1,21	-	0,82	0,92	-	0,57	0,64	-	0,33	0,37	-	0,13	0,15	-	-	
	IV	30,66	-	2,45	2,75	-	2,27	2,55	-	2,09	2,35	-	1,92	2,16	-	1,75	1,97	-	1,59	1,79	-	1,43	1,6
	V	46,81	-	3,74	4,21																		
	VI	48,29	-	3,86	4,34																		
145,49	I	30,70	-	2,45	2,76	-	2,09	2,36	-	1,75	1,97	-	1,43	1,61	-	1,13	1,27	-	0,84	0,94	-	0,57	0,6
	II	26,44	-	2,11	2,37	-	1,77	1,99	-	1,45	1,63	-	1,14	1,28	-	0,85	0,96	-	0,58	0,65	-	0,32	0,3
	III	16,78	-	1,34	1,51	-	1,07	1,21	-	0,82	0,92	-	0,57	0,64	-	0,33	0,37	-	0,13	0,15	-	-	
	IV	30,70	-	2,45	2,76	-	2,27	2,55	-	2,09	2,36	-	1,92	2,16	-	1,75	1,97	-	1,59	1,79	-	1,43	1,6
	V	46,85	-	3,74	4,21																		
	VI	48,33	-	3,86	4,34																		

Anzahl Kinderfreibeträge (nur Steuerklassen I–IV)

Besondere Tabelle

Lohn/ Gehalt bis	Steuerklasse	Lohnsteuer	ohne Kinderfreibetrag SolZ 5,5%	ohne Kinderfreibetrag Kirchensteuer 8%	ohne Kinderfreibetrag Kirchensteuer 9%	0,5 SolZ 5,5%	0,5 Kirchensteuer 8%	0,5 Kirchensteuer 9%	1,0 SolZ 5,5%	1,0 Kirchensteuer 8%	1,0 Kirchensteuer 9%	1,5 SolZ 5,5%	1,5 Kirchensteuer 8%	1,5 Kirchensteuer 9%	2,0 SolZ 5,5%	2,0 Kirchensteuer 8%	2,0 Kirchensteuer 9%	2,5 SolZ 5,5%	2,5 Kirchensteuer 8%	2,5 Kirchensteuer 9%	3,0 SolZ 5,5%	3,0 Kirchensteuer 8%	3,0 Kirchensteuer 9%
145,59	I	30,73	-	2,45	2,76	-	2,10	2,36	-	1,76	1,98	-	1,43	1,61	-	1,13	1,27	-	0,84	0,94	-	0,57	0,64
	II	26,48	-	2,11	2,38	-	1,77	1,99	-	1,45	1,63	-	1,14	1,29	-	0,85	0,96	-	0,58	0,65	-	0,32	0,37
	III	16,81	-	1,34	1,51	-	1,08	1,21	-	0,82	0,92	-	0,57	0,64	-	0,33	0,38	-	0,13	0,15	-	-	-
	IV	30,73	-	2,45	2,76	-	2,27	2,56	-	2,10	2,36	-	1,92	2,16	-	1,76	1,98	-	1,59	1,79	-	1,43	1,61
	V	46,90	-	3,75	4,22																		
	VI	48,37	-	3,86	4,35																		
145,69	I	30,77	-	2,46	2,76	-	2,10	2,36	-	1,76	1,98	-	1,44	1,62	-	1,13	1,27	-	0,84	0,95	-	0,57	0,64
	II	26,51	-	2,12	2,38	-	1,78	2,00	-	1,45	1,63	-	1,14	1,29	-	0,86	0,96	-	0,58	0,66	-	0,33	0,37
	III	16,84	-	1,34	1,51	-	1,08	1,21	-	0,82	0,92	-	0,57	0,64	-	0,34	0,38	-	0,14	0,15	-	-	-
	IV	30,77	-	2,46	2,76	-	2,28	2,56	-	2,10	2,36	-	1,93	2,17	-	1,76	1,98	-	1,60	1,80	-	1,44	1,62
	V	46,94	-	3,75	4,22																		
	VI	48,41	-	3,87	4,35																		
145,79	I	30,81	-	2,46	2,77	-	2,10	2,37	-	1,76	1,98	-	1,44	1,62	-	1,13	1,27	-	0,84	0,95	-	0,57	0,64
	II	26,55	-	2,12	2,38	-	1,78	2,00	-	1,45	1,64	-	1,15	1,29	-	0,86	0,96	-	0,58	0,66	-	0,33	0,37
	III	16,87	-	1,34	1,51	-	1,08	1,21	-	0,82	0,93	-	0,58	0,65	-	0,34	0,38	-	0,14	0,16	-	-	-
	IV	30,81	-	2,46	2,77	-	2,28	2,56	-	2,10	2,37	-	1,93	2,17	-	1,76	1,98	-	1,60	1,80	-	1,44	1,62
	V	46,98	-	3,75	4,22																		
	VI	48,46	-	3,87	4,36																		
145,89	I	30,84	-	2,46	2,77	-	2,10	2,37	-	1,76	1,98	-	1,44	1,62	-	1,14	1,28	-	0,85	0,95	-	0,57	0,65
	II	26,58	-	2,12	2,39	-	1,78	2,00	-	1,46	1,64	-	1,15	1,29	-	0,86	0,97	-	0,59	0,66	-	0,33	0,37
	III	16,90	-	1,35	1,52	-	1,08	1,22	-	0,82	0,93	-	0,58	0,65	-	0,34	0,38	-	0,14	0,16	-	-	-
	IV	30,84	-	2,46	2,77	-	2,28	2,57	-	2,10	2,37	-	1,93	2,17	-	1,76	1,98	-	1,60	1,80	-	1,44	1,62
	V	47,02	-	3,76	4,23																		
	VI	48,50	-	3,88	4,36																		
145,99	I	30,88	-	2,47	2,77	-	2,11	2,37	-	1,77	1,99	-	1,44	1,62	-	1,14	1,28	-	0,85	0,95	-	0,58	0,65
	II	26,62	-	2,12	2,39	-	1,78	2,01	-	1,46	1,64	-	1,15	1,30	-	0,86	0,97	-	0,59	0,66	-	0,33	0,37
	III	16,92	-	1,35	1,52	-	1,08	1,22	-	0,83	0,93	-	0,58	0,65	-	0,34	0,38	-	0,14	0,16	-	-	-
	IV	30,88	-	2,47	2,77	-	2,28	2,57	-	2,11	2,37	-	1,94	2,18	-	1,77	1,99	-	1,60	1,80	-	1,44	1,62
	V	47,06	-	3,76	4,23																		
	VI	48,54	-	3,88	4,36																		
146,09	I	30,92	-	2,47	2,78	-	2,11	2,37	-	1,77	1,99	-	1,45	1,63	-	1,14	1,28	-	0,85	0,96	-	0,58	0,65
	II	26,65	-	2,13	2,39	-	1,79	2,01	-	1,46	1,64	-	1,15	1,30	-	0,86	0,97	-	0,59	0,67	-	0,34	0,38
	III	16,95	-	1,35	1,52	-	1,09	1,22	-	0,83	0,93	-	0,58	0,65	-	0,34	0,39	-	0,14	0,16	-	-	-
	IV	30,92	-	2,47	2,78	-	2,29	2,57	-	2,11	2,37	-	1,94	2,18	-	1,77	1,99	-	1,61	1,81	-	1,45	1,63
	V	47,11	-	3,76	4,23																		
	VI	48,58	-	3,88	4,37																		
146,19	I	30,95	-	2,47	2,78	-	2,11	2,38	-	1,77	1,99	-	1,45	1,63	-	1,14	1,29	-	0,85	0,96	-	0,58	0,65
	II	26,69	-	2,13	2,40	-	1,79	2,01	-	1,46	1,65	-	1,16	1,30	-	0,87	0,98	-	0,59	0,67	-	0,34	0,38
	III	16,97	-	1,35	1,52	-	1,09	1,22	-	0,83	0,94	-	0,58	0,66	-	0,34	0,39	-	0,14	0,16	-	-	-
	IV	30,95	-	2,47	2,78	-	2,29	2,58	-	2,11	2,38	-	1,94	2,18	-	1,77	1,99	-	1,61	1,81	-	1,45	1,63
	V	47,15	-	3,77	4,24																		
	VI	48,63	-	3,89	4,37																		
146,29	I	30,99	-	2,47	2,78	-	2,12	2,38	-	1,78	2,00	-	1,45	1,63	-	1,14	1,29	-	0,86	0,96	-	0,58	0,66
	II	26,72	-	2,13	2,40	-	1,79	2,02	-	1,47	1,65	-	1,16	1,30	-	0,87	0,98	-	0,60	0,67	-	0,34	0,38
	III	17,00	-	1,36	1,53	-	1,09	1,23	-	0,83	0,94	-	0,58	0,66	-	0,35	0,39	-	0,14	0,16	-	-	-
	IV	30,99	-	2,47	2,78	-	2,29	2,58	-	2,12	2,38	-	1,94	2,19	-	1,78	2,00	-	1,61	1,81	-	1,45	1,63
	V	47,19	-	3,77	4,24																		
	VI	48,67	-	3,89	4,38																		
146,39	I	31,03	-	2,48	2,79	-	2,12	2,38	-	1,78	2,00	-	1,45	1,64	-	1,15	1,29	-	0,86	0,96	-	0,58	0,66
	II	26,76	-	2,14	2,40	-	1,79	2,02	-	1,47	1,65	-	1,16	1,31	-	0,87	0,98	-	0,60	0,67	-	0,34	0,38
	III	17,03	-	1,36	1,53	-	1,09	1,23	-	0,84	0,94	-	0,59	0,66	-	0,35	0,39	-	0,15	0,16	-	-	-
	IV	31,03	-	2,48	2,79	-	2,30	2,58	-	2,12	2,38	-	1,95	2,19	-	1,78	2,00	-	1,61	1,82	-	1,45	1,64
	V	47,23	-	3,77	4,25																		
	VI	48,71	-	3,89	4,38																		
146,49	I	31,06	-	2,48	2,79	-	2,12	2,39	-	1,78	2,00	-	1,46	1,64	-	1,15	1,29	-	0,86	0,97	-	0,59	0,66
	II	26,80	-	2,14	2,41	-	1,80	2,02	-	1,47	1,66	-	1,16	1,31	-	0,87	0,98	-	0,60	0,67	-	0,34	0,39
	III	17,06	-	1,36	1,53	-	1,09	1,23	-	0,84	0,94	-	0,59	0,66	-	0,35	0,39	-	0,15	0,17	-	-	-
	IV	31,06	-	2,48	2,79	-	2,30	2,59	-	2,12	2,39	-	1,95	2,19	-	1,78	2,00	-	1,62	1,82	-	1,46	1,64
	V	47,27	-	3,78	4,25																		
	VI	48,75	-	3,90	4,38																		
146,59	I	31,10	-	2,48	2,79	-	2,12	2,39	-	1,78	2,01	-	1,46	1,64	-	1,15	1,30	-	0,86	0,97	-	0,59	0,66
	II	26,83	-	2,14	2,41	-	1,80	2,02	-	1,47	1,66	-	1,17	1,31	-	0,88	0,99	-	0,60	0,68	-	0,34	0,39
	III	17,08	-	1,36	1,53	-	1,10	1,23	-	0,84	0,94	-	0,59	0,66	-	0,35	0,40	-	0,15	0,17	-	-	-
	IV	31,10	-	2,48	2,79	-	2,30	2,59	-	2,12	2,39	-	1,95	2,20	-	1,78	2,01	-	1,62	1,82	-	1,46	1,64
	V	47,32	-	3,78	4,25																		
	VI	48,79	-	3,90	4,39																		
146,69	I	31,14	-	2,49	2,80	-	2,13	2,39	-	1,79	2,01	-	1,46	1,64	-	1,15	1,30	-	0,86	0,97	-	0,59	0,67
	II	26,86	-	2,14	2,41	-	1,80	2,03	-	1,48	1,66	-	1,17	1,32	-	0,88	0,99	-	0,60	0,68	-	0,35	0,39
	III	17,11	-	1,36	1,53	-	1,10	1,24	-	0,84	0,95	-	0,59	0,67	-	0,35	0,40	-	0,15	0,17	-	-	-
	IV	31,14	-	2,49	2,80	-	2,30	2,59	-	2,13	2,39	-	1,95	2,20	-	1,79	2,01	-	1,62	1,82	-	1,46	1,64
	V	47,36	-	3,78	4,26																		
	VI	48,83	0,01	3,90	4,39																		
146,79	I	31,17	-	2,49	2,80	-	2,13	2,40	-	1,79	2,01	-	1,46	1,65	-	1,16	1,30	-	0,87	0,98	-	0,59	0,67
	II	26,90	-	2,15	2,42	-	1,80	2,03	-	1,48	1,66	-	1,17	1,32	-	0,88	0,99	-	0,61	0,68	-	0,35	0,39
	III	17,14	-	1,37	1,54	-	1,10	1,24	-	0,84	0,95	-	0,59	0,67	-	0,36	0,40	-	0,15	0,17	-	-	-
	IV	31,17	-	2,49	2,80	-	2,31	2,60	-	2,13	2,40	-	1,96	2,20	-	1,79	2,01	-	1,62	1,83	-	1,46	1,65
	V	47,40	-	3,79	4,26																		
	VI	48,88	0,01	3,91	4,39																		
146,89	I	31,21	-	2,49	2,80	-	2,13	2,40	-	1,79	2,02	-	1,47	1,65	-	1,16	1,30	-	0,87	0,98	-	0,60	0,67
	II	26,93	-	2,15	2,42	-	1,81	2,03	-	1,48	1,67	-	1,17	1,32	-	0,88	0,99	-	0,61	0,68	-	0,35	0,40
	III	17,17	-	1,37	1,54	-	1,10	1,24	-	0,84	0,95	-	0,60	0,67	-	0,36	0,40	-	0,15	0,17	-	-	-
	IV	31,21	-	2,49	2,80	-	2,31	2,60	-	2,13	2,40	-	1,96	2,21	-	1,79	2,02	-	1,63	1,83	-	1,47	1,65
	V	47,44	-	3,79	4,26																		
	VI	48,92	0,02	3,91	4,40																		
146,99	I	31,25	-	2,50	2,81	-	2,14	2,40	-	1,79	2,02	-	1,47	1,65	-	1,16	1,31	-	0,87	0,98	-	0,60	0,67
	II	26,97	-	2,15	2,42	-	1,81	2,04	-	1,48	1,67	-	1,18	1,32	-	0,88	0,99	-	0,61	0,69	-	0,35	0,40
	III	17,20	-	1,37	1,54	-	1,10	1,24	-	0,85	0,95	-	0,60	0,67	-	0,36	0,40	-	0,16	0,18	-	-	-
	IV	31,25	-	2,50	2,81	-	2,31	2,60	-	2,14	2,40	-	1,96	2,21	-	1,79	2,02	-	1,63	1,83	-	1,47	1,65
	V	47,48	-	3,79	4,27																		
	VI	48,96	0,02	3,91	4,40																		

Anzahl Kinderfreibeträge (nur Steuerklassen I–IV)

Lohn/ Gehalt bis	Steuerklasse	Lohnsteuer	ohne Kinderfreibetrag			Anzahl Kinderfreibeträge (nur Steuerklassen I–IV) 0,5			1,0			1,5			2,0			2,5			3,0		
			SolZ 5,5%	Kirchensteuer 8%	9%	SolZ 5,5%	Kirchensteuer 8%	9%	SolZ 5,5%	Kirchensteuer 8%	9%	SolZ 5,5%	Kirchensteuer 8%	9%	SolZ 5,5%	Kirchensteuer 8%	9%	SolZ 5,5%	Kirchensteuer 8%	9%	SolZ 5,5%	Kirchensteuer 8%	9%
147,09	I	31,28	-	2,50	2,81	-	2,14	2,41	-	1,80	2,02	-	1,47	1,66	-	1,16	1,31	-	0,87	0,98	-	0,60	0,6
	II	27,01	-	2,16	2,43	-	1,81	2,04	-	1,49	1,67	-	1,18	1,33	-	0,89	1,00	-	0,61	0,69	-	0,36	0,4
	III	17,22	-	1,37	1,54	-	1,11	1,25	-	0,85	0,96	-	0,60	0,68	-	0,36	0,41	-	0,16	0,18	-	-	
	IV	31,28	-	2,50	2,81	-	2,32	2,61	-	2,14	2,41	-	1,97	2,21	-	1,80	2,02	-	1,63	1,84	-	1,47	1,6
	V	47,53	-	3,80	4,27																		
	VI	49,00	0,03	3,92	4,41																		
147,19	I	31,32	-	2,50	2,81	-	2,14	2,41	-	1,80	2,02	-	1,47	1,66	-	1,17	1,31	-	0,88	0,99	-	0,60	0,6
	II	27,04	-	2,16	2,43	-	1,82	2,04	-	1,49	1,68	-	1,18	1,33	-	0,89	1,00	-	0,61	0,69	-	0,36	0,4
	III	17,25	-	1,38	1,55	-	1,11	1,25	-	0,85	0,96	-	0,60	0,68	-	0,36	0,41	-	0,16	0,18	-	-	
	IV	31,32	-	2,50	2,81	-	2,32	2,61	-	2,14	2,41	-	1,97	2,21	-	1,80	2,02	-	1,63	1,84	-	1,47	1,6
	V	47,57	-	3,80	4,28																		
	VI	49,05	0,03	3,92	4,41																		
147,29	I	31,36	-	2,50	2,82	-	2,14	2,41	-	1,80	2,03	-	1,48	1,66	-	1,17	1,32	-	0,88	0,99	-	0,60	0,6
	II	27,08	-	2,16	2,43	-	1,82	2,05	-	1,49	1,68	-	1,18	1,33	-	0,89	1,00	-	0,62	0,69	-	0,36	0,4
	III	17,27	-	1,38	1,55	-	1,11	1,25	-	0,85	0,96	-	0,60	0,68	-	0,36	0,41	-	0,16	0,18	-	-	
	IV	31,36	-	2,50	2,82	-	2,32	2,61	-	2,14	2,41	-	1,97	2,22	-	1,80	2,03	-	1,64	1,84	-	1,48	1,6
	V	47,61	-	3,80	4,28																		
	VI	49,09	0,04	3,92	4,41																		
147,39	I	31,40	-	2,51	2,82	-	2,15	2,42	-	1,80	2,03	-	1,48	1,66	-	1,17	1,32	-	0,88	0,99	-	0,61	0,6
	II	27,11	-	2,16	2,43	-	1,82	2,05	-	1,49	1,68	-	1,19	1,33	-	0,89	1,01	-	0,62	0,70	-	0,36	0,4
	III	17,30	-	1,38	1,55	-	1,11	1,25	-	0,86	0,96	-	0,61	0,68	-	0,37	0,41	-	0,16	0,18	-	-	
	IV	31,40	-	2,51	2,82	-	2,32	2,62	-	2,15	2,42	-	1,97	2,22	-	1,80	2,03	-	1,64	1,85	-	1,48	1,6
	V	47,65	-	3,81	4,28																		
	VI	49,13	0,04	3,93	4,42																		
147,49	I	31,43	-	2,51	2,82	-	2,15	2,42	-	1,81	2,03	-	1,48	1,67	-	1,17	1,32	-	0,88	0,99	-	0,61	0,6
	II	27,15	-	2,17	2,44	-	1,82	2,05	-	1,50	1,68	-	1,19	1,34	-	0,90	1,01	-	0,62	0,70	-	0,36	0,4
	III	17,33	-	1,38	1,55	-	1,12	1,26	-	0,86	0,97	-	0,61	0,68	-	0,37	0,42	-	0,16	0,18	-	-	
	IV	31,43	-	2,51	2,82	-	2,33	2,62	-	2,15	2,42	-	1,98	2,22	-	1,81	2,03	-	1,64	1,85	-	1,48	1,6
	V	47,70	-	3,81	4,29																		
	VI	49,17	0,05	3,93	4,42																		
147,59	I	31,47	-	2,51	2,83	-	2,15	2,42	-	1,81	2,04	-	1,48	1,67	-	1,18	1,32	-	0,88	0,99	-	0,61	0,6
	II	27,18	-	2,17	2,44	-	1,83	2,06	-	1,50	1,69	-	1,19	1,34	-	0,90	1,01	-	0,62	0,70	-	0,36	0,4
	III	17,36	-	1,38	1,56	-	1,12	1,26	-	0,86	0,97	-	0,61	0,69	-	0,37	0,42	-	0,16	0,18	-	-	
	IV	31,47	-	2,51	2,83	-	2,33	2,62	-	2,15	2,42	-	1,98	2,23	-	1,81	2,04	-	1,64	1,85	-	1,48	1,6
	V	47,74	-	3,81	4,29																		
	VI	49,21	0,05	3,93	4,42																		
147,69	I	31,51	-	2,52	2,83	-	2,16	2,43	-	1,81	2,04	-	1,49	1,67	-	1,18	1,33	-	0,89	1,00	-	0,61	0,6
	II	27,22	-	2,17	2,44	-	1,83	2,06	-	1,50	1,69	-	1,19	1,34	-	0,90	1,01	-	0,62	0,70	-	0,37	0,4
	III	17,38	-	1,39	1,56	-	1,12	1,26	-	0,86	0,97	-	0,61	0,69	-	0,37	0,42	-	0,16	0,19	-	-	
	IV	31,51	-	2,52	2,83	-	2,33	2,63	-	2,16	2,43	-	1,98	2,23	-	1,81	2,04	-	1,65	1,85	-	1,49	1,6
	V	47,78	-	3,82	4,30																		
	VI	49,26	0,06	3,94	4,43																		
147,79	I	31,55	-	2,52	2,83	-	2,16	2,43	-	1,82	2,04	-	1,49	1,68	-	1,18	1,33	-	0,89	1,00	-	0,61	0,6
	II	27,25	-	2,18	2,45	-	1,83	2,06	-	1,50	1,69	-	1,20	1,35	-	0,90	1,02	-	0,63	0,71	-	0,37	0,4
	III	17,41	-	1,39	1,56	-	1,12	1,26	-	0,86	0,97	-	0,61	0,69	-	0,37	0,42	-	0,17	0,19	-	-	
	IV	31,55	-	2,52	2,83	-	2,34	2,63	-	2,16	2,43	-	1,98	2,23	-	1,82	2,04	-	1,65	1,86	-	1,49	1,6
	V	47,82	-	3,82	4,30																		
	VI	49,30	0,06	3,94	4,43																		
147,89	I	31,58	-	2,52	2,84	-	2,16	2,43	-	1,82	2,05	-	1,49	1,68	-	1,18	1,33	-	0,89	1,00	-	0,62	0,6
	II	27,29	-	2,18	2,45	-	1,83	2,06	-	1,51	1,70	-	1,20	1,35	-	0,90	1,02	-	0,63	0,71	-	0,37	0,4
	III	17,44	-	1,39	1,56	-	1,12	1,26	-	0,87	0,97	-	0,62	0,69	-	0,38	0,42	-	0,17	0,19	-	-	
	IV	31,58	-	2,52	2,84	-	2,34	2,63	-	2,16	2,43	-	1,99	2,24	-	1,82	2,05	-	1,65	1,86	-	1,49	1,6
	V	47,86	-	3,82	4,30																		
	VI	49,34	0,07	3,94	4,44																		
147,99	I	31,62	-	2,52	2,84	-	2,16	2,43	-	1,82	2,05	-	1,49	1,68	-	1,19	1,33	-	0,89	1,01	-	0,62	0,7
	II	27,33	-	2,18	2,45	-	1,84	2,07	-	1,51	1,70	-	1,20	1,35	-	0,91	1,02	-	0,63	0,71	-	0,37	0,4
	III	17,47	-	1,39	1,57	-	1,13	1,27	-	0,87	0,98	-	0,62	0,70	-	0,38	0,43	-	0,17	0,19	-	0,01	0,0
	IV	31,62	-	2,52	2,84	-	2,34	2,64	-	2,16	2,43	-	1,99	2,24	-	1,82	2,05	-	1,66	1,86	-	1,49	1,6
	V	47,90	-	3,83	4,31																		
	VI	49,38	0,07	3,95	4,44																		
148,09	I	31,66	-	2,53	2,84	-	2,17	2,44	-	1,82	2,05	-	1,50	1,68	-	1,19	1,34	-	0,90	1,01	-	0,62	0,7
	II	27,36	-	2,18	2,46	-	1,84	2,07	-	1,51	1,70	-	1,20	1,35	-	0,91	1,02	-	0,63	0,71	-	0,38	0,4
	III	17,49	-	1,39	1,57	-	1,13	1,27	-	0,87	0,98	-	0,62	0,70	-	0,38	0,43	-	0,17	0,19	-	0,01	0,0
	IV	31,66	-	2,53	2,84	-	2,35	2,64	-	2,17	2,44	-	1,99	2,24	-	1,82	2,05	-	1,66	1,87	-	1,50	1,6
	V	47,95	-	3,83	4,31																		
	VI	49,42	0,08	3,95	4,44																		
148,19	I	31,69	-	2,53	2,85	-	2,17	2,44	-	1,83	2,06	-	1,50	1,69	-	1,19	1,34	-	0,90	1,01	-	0,62	0,7
	II	27,40	-	2,19	2,46	-	1,84	2,07	-	1,52	1,71	-	1,20	1,36	-	0,91	1,03	-	0,64	0,72	-	0,38	0,4
	III	17,52	-	1,40	1,57	-	1,13	1,27	-	0,87	0,98	-	0,62	0,70	-	0,38	0,43	-	0,17	0,19	-	0,01	0,0
	IV	31,69	-	2,53	2,85	-	2,35	2,64	-	2,17	2,44	-	2,00	2,25	-	1,83	2,06	-	1,66	1,87	-	1,50	1,6
	V	47,99	-	3,83	4,31																		
	VI	49,46	0,08	3,95	4,45																		
148,29	I	31,73	-	2,53	2,85	-	2,17	2,44	-	1,83	2,06	-	1,50	1,69	-	1,19	1,34	-	0,90	1,01	-	0,62	0,7
	II	27,43	-	2,19	2,46	-	1,84	2,08	-	1,52	1,71	-	1,21	1,36	-	0,91	1,03	-	0,64	0,72	-	0,38	0,4
	III	17,55	-	1,40	1,57	-	1,13	1,27	-	0,87	0,98	-	0,62	0,70	-	0,38	0,43	-	0,17	0,20	-	0,01	0,0
	IV	31,73	-	2,53	2,85	-	2,35	2,65	-	2,17	2,44	-	2,00	2,25	-	1,83	2,06	-	1,66	1,87	-	1,50	1,6
	V	48,03	-	3,84	4,32																		
	VI	49,51	0,09	3,96	4,45																		
148,39	I	31,77	-	2,54	2,85	-	2,18	2,45	-	1,83	2,06	-	1,50	1,69	-	1,20	1,35	-	0,90	1,02	-	0,63	0,7
	II	27,47	-	2,19	2,47	-	1,85	2,08	-	1,52	1,71	-	1,21	1,36	-	0,92	1,03	-	0,64	0,72	-	0,38	0,4
	III	17,57	-	1,40	1,58	-	1,13	1,28	-	0,88	0,99	-	0,63	0,70	-	0,38	0,43	-	0,18	0,20	-	0,01	0,0
	IV	31,77	-	2,54	2,85	-	2,35	2,65	-	2,18	2,45	-	2,00	2,25	-	1,83	2,06	-	1,67	1,87	-	1,50	1,6
	V	48,07	-	3,84	4,32																		
	VI	49,55	0,09	3,96	4,45																		
148,49	I	31,80	-	2,54	2,86	-	2,18	2,45	-	1,83	2,06	-	1,51	1,70	-	1,20	1,35	-	0,90	1,02	-	0,63	0,7
	II	27,50	-	2,20	2,47	-	1,85	2,08	-	1,52	1,71	-	1,21	1,36	-	0,92	1,03	-	0,64	0,72	-	0,38	0,4
	III	17,60	-	1,40	1,58	-	1,14	1,28	-	0,88	0,99	-	0,63	0,71	-	0,39	0,44	-	0,18	0,20	-	0,01	0,0
	IV	31,80	-	2,54	2,86	-	2,36	2,65	-	2,18	2,45	-	2,00	2,25	-	1,83	2,06	-	1,67	1,88	-	1,51	1,7
	V	48,11	-	3,84	4,32																		
	VI	49,59	0,10	3,96	4,46																		

Lohn/Gehalt bis	Steuerklasse	Lohnsteuer	ohne Kinderfreibetrag SolZ 5,5%	ohne Kinderfreibetrag Kirchensteuer 8%	ohne Kinderfreibetrag Kirchensteuer 9%	0,5 SolZ 5,5%	0,5 Kirchensteuer 8%	0,5 Kirchensteuer 9%	1,0 SolZ 5,5%	1,0 Kirchensteuer 8%	1,0 Kirchensteuer 9%	1,5 SolZ 5,5%	1,5 Kirchensteuer 8%	1,5 Kirchensteuer 9%	2,0 SolZ 5,5%	2,0 Kirchensteuer 8%	2,0 Kirchensteuer 9%	2,5 SolZ 5,5%	2,5 Kirchensteuer 8%	2,5 Kirchensteuer 9%	3,0 SolZ 5,5%	3,0 Kirchensteuer 8%	3,0 Kirchensteuer 9%
						Anzahl Kinderfreibeträge (nur Steuerklassen I–IV)																	
148,59	I	31,84	-	2,54	2,86	-	2,18	2,45	-	1,84	2,07	-	1,51	1,70	-	1,20	1,35	-	0,91	1,02	-	0,63	0,71
	II	27,54	-	2,20	2,47	-	1,85	2,08	-	1,53	1,72	-	1,21	1,37	-	0,92	1,04	-	0,64	0,72	-	0,38	0,43
	III	17,63	-	1,41	1,58	-	1,14	1,28	-	0,88	0,99	-	0,63	0,71	-	0,39	0,44	-	0,18	0,20	-	0,01	0,01
	IV	31,84	-	2,54	2,86	-	2,36	2,66	-	2,18	2,45	-	2,01	2,26	-	1,84	2,07	-	1,67	1,88	-	1,51	1,70
	V	48,16	-	3,85	4,33																		
	VI	49,63	0,10	3,97	4,46																		
148,69	I	31,88	-	2,55	2,86	-	2,18	2,46	-	1,84	2,07	-	1,51	1,70	-	1,20	1,35	-	0,91	1,02	-	0,63	0,71
	II	27,57	-	2,20	2,48	-	1,86	2,09	-	1,53	1,72	-	1,22	1,37	-	0,92	1,04	-	0,65	0,73	-	0,39	0,44
	III	17,66	-	1,41	1,58	-	1,14	1,28	-	0,88	0,99	-	0,63	0,71	-	0,39	0,44	-	0,18	0,20	-	0,01	0,02
	IV	31,88	-	2,55	2,86	-	2,36	2,66	-	2,18	2,46	-	2,01	2,26	-	1,84	2,07	-	1,67	1,88	-	1,51	1,70
	V	48,20	-	3,85	4,33																		
	VI	49,68	0,11	3,97	4,47																		
148,79	I	31,91	-	2,55	2,87	-	2,19	2,46	-	1,84	2,07	-	1,52	1,71	-	1,20	1,36	-	0,91	1,03	-	0,64	0,72
	II	27,61	-	2,20	2,48	-	1,86	2,09	-	1,53	1,72	-	1,22	1,37	-	0,93	1,04	-	0,65	0,73	-	0,39	0,44
	III	17,68	-	1,41	1,59	-	1,14	1,29	-	0,88	0,99	-	0,63	0,71	-	0,39	0,44	-	0,18	0,20	-	0,01	0,02
	IV	31,91	-	2,55	2,87	-	2,37	2,66	-	2,19	2,46	-	2,01	2,26	-	1,84	2,07	-	1,68	1,89	-	1,52	1,71
	V	48,24	-	3,85	4,34																		
	VI	49,72	0,11	3,97	4,47																		
148,89	I	31,95	-	2,55	2,87	-	2,19	2,46	-	1,84	2,08	-	1,52	1,71	-	1,21	1,36	-	0,91	1,03	-	0,64	0,72
	II	27,65	-	2,21	2,48	-	1,86	2,09	-	1,53	1,72	-	1,22	1,37	-	0,93	1,04	-	0,65	0,73	-	0,39	0,44
	III	17,71	-	1,41	1,59	-	1,14	1,29	-	0,89	1,00	-	0,64	0,72	-	0,39	0,44	-	0,18	0,21	-	0,02	0,02
	IV	31,95	-	2,55	2,87	-	2,37	2,66	-	2,19	2,46	-	2,02	2,27	-	1,84	2,08	-	1,68	1,89	-	1,52	1,71
	V	48,28	-	3,86	4,34																		
	VI	49,76	0,12	3,98	4,47																		
148,99	I	31,99	-	2,55	2,87	-	2,19	2,47	-	1,85	2,08	-	1,52	1,71	-	1,21	1,36	-	0,92	1,03	-	0,64	0,72
	II	27,68	-	2,21	2,49	-	1,86	2,10	-	1,54	1,73	-	1,22	1,38	-	0,93	1,05	-	0,65	0,73	-	0,39	0,44
	III	17,74	-	1,41	1,59	-	1,15	1,29	-	0,89	1,00	-	0,64	0,72	-	0,40	0,45	-	0,18	0,21	-	0,02	0,02
	IV	31,99	-	2,55	2,87	-	2,37	2,67	-	2,19	2,47	-	2,02	2,27	-	1,85	2,08	-	1,68	1,89	-	1,52	1,71
	V	48,32	-	3,86	4,34																		
	VI	49,80	0,12	3,98	4,48																		
149,09	I	32,03	-	2,56	2,88	-	2,20	2,47	-	1,85	2,08	-	1,52	1,71	-	1,21	1,36	-	0,92	1,03	-	0,64	0,72
	II	27,71	-	2,21	2,49	-	1,87	2,10	-	1,54	1,73	-	1,23	1,38	-	0,93	1,05	-	0,66	0,74	-	0,40	0,45
	III	17,77	-	1,42	1,59	-	1,15	1,29	-	0,89	1,00	-	0,64	0,72	-	0,40	0,45	-	0,19	0,21	-	0,02	0,02
	IV	32,03	-	2,56	2,88	-	2,37	2,67	-	2,20	2,47	-	2,02	2,27	-	1,85	2,08	-	1,68	1,89	-	1,52	1,71
	V	48,37	-	3,86	4,35																		
	VI	49,84	0,13	3,98	4,48																		
149,19	I	32,06	-	2,56	2,88	-	2,20	2,47	-	1,85	2,08	-	1,53	1,72	-	1,21	1,37	-	0,92	1,04	-	0,64	0,72
	II	27,75	-	2,22	2,49	-	1,87	2,10	-	1,54	1,73	-	1,23	1,38	-	0,93	1,05	-	0,66	0,74	-	0,40	0,45
	III	17,79	-	1,42	1,60	-	1,15	1,30	-	0,89	1,00	-	0,64	0,72	-	0,40	0,45	-	0,19	0,21	-	0,02	0,02
	IV	32,06	-	2,56	2,88	-	2,38	2,68	-	2,20	2,47	-	2,02	2,28	-	1,85	2,08	-	1,69	1,90	-	1,53	1,72
	V	48,41	-	3,87	4,35																		
	VI	49,88	0,13	3,99	4,48																		
149,29	I	32,10	-	2,56	2,88	-	2,20	2,48	-	1,86	2,09	-	1,53	1,72	-	1,22	1,37	-	0,92	1,04	-	0,65	0,73
	II	27,79	-	2,22	2,50	-	1,87	2,11	-	1,54	1,74	-	1,23	1,39	-	0,94	1,05	-	0,66	0,74	-	0,40	0,45
	III	17,82	-	1,42	1,60	-	1,15	1,30	-	0,89	1,01	-	0,64	0,72	-	0,40	0,45	-	0,19	0,21	-	0,02	0,02
	IV	32,10	-	2,56	2,88	-	2,38	2,68	-	2,20	2,48	-	2,03	2,28	-	1,86	2,09	-	1,69	1,90	-	1,53	1,72
	V	48,45	-	3,87	4,36																		
	VI	49,93	0,14	3,99	4,49																		
149,39	I	32,14	-	2,57	2,89	-	2,20	2,48	-	1,86	2,09	-	1,53	1,72	-	1,22	1,37	-	0,93	1,04	-	0,65	0,73
	II	27,82	-	2,22	2,50	-	1,88	2,11	-	1,55	1,74	-	1,23	1,39	-	0,94	1,06	-	0,66	0,74	-	0,40	0,45
	III	17,85	-	1,42	1,60	-	1,16	1,30	-	0,90	1,01	-	0,65	0,73	-	0,40	0,45	-	0,19	0,22	-	0,02	0,02
	IV	32,14	-	2,57	2,89	-	2,38	2,68	-	2,20	2,48	-	2,03	2,28	-	1,86	2,09	-	1,69	1,90	-	1,53	1,72
	V	48,49	-	3,87	4,36																		
	VI	49,97	0,14	3,99	4,49																		
149,49	I	32,18	-	2,57	2,89	-	2,21	2,48	-	1,86	2,09	-	1,53	1,72	-	1,22	1,37	-	0,93	1,04	-	0,65	0,73
	II	27,86	-	2,22	2,50	-	1,88	2,11	-	1,55	1,74	-	1,24	1,39	-	0,94	1,06	-	0,66	0,75	-	0,40	0,45
	III	17,87	-	1,42	1,60	-	1,16	1,30	-	0,90	1,01	-	0,65	0,73	-	0,41	0,46	-	0,19	0,22	-	0,02	0,03
	IV	32,18	-	2,57	2,89	-	2,39	2,68	-	2,21	2,48	-	2,03	2,29	-	1,86	2,09	-	1,70	1,91	-	1,53	1,72
	V	48,53	-	3,88	4,36																		
	VI	50,01	0,15	4,00	4,50																		
149,59	I	32,21	-	2,57	2,89	-	2,21	2,49	-	1,86	2,10	-	1,54	1,73	-	1,22	1,38	-	0,93	1,05	-	0,65	0,73
	II	27,89	-	2,23	2,51	-	1,88	2,12	-	1,55	1,75	-	1,24	1,39	-	0,94	1,06	-	0,67	0,75	-	0,41	0,46
	III	17,90	-	1,43	1,61	-	1,16	1,31	-	0,90	1,01	-	0,65	0,73	-	0,41	0,46	-	0,19	0,22	-	0,02	0,03
	IV	32,21	-	2,57	2,89	-	2,39	2,69	-	2,21	2,49	-	2,03	2,29	-	1,86	2,10	-	1,70	1,91	-	1,54	1,73
	V	48,58	-	3,88	4,37																		
	VI	50,05	0,15	4,00	4,50																		
149,69	I	32,25	-	2,58	2,90	-	2,21	2,49	-	1,87	2,10	-	1,54	1,73	-	1,23	1,38	-	0,93	1,05	-	0,66	0,74
	II	27,93	-	2,23	2,51	-	1,88	2,12	-	1,55	1,75	-	1,24	1,40	-	0,95	1,07	-	0,67	0,75	-	0,41	0,46
	III	17,93	-	1,43	1,61	-	1,16	1,31	-	0,90	1,02	-	0,65	0,73	-	0,41	0,46	-	0,20	0,22	-	0,02	0,03
	IV	32,25	-	2,58	2,90	-	2,39	2,69	-	2,21	2,49	-	2,04	2,29	-	1,87	2,10	-	1,70	1,91	-	1,54	1,73
	V	48,62	-	3,88	4,37																		
	VI	50,10	0,16	4,00	4,50																		
149,79	I	32,29	-	2,58	2,90	-	2,22	2,49	-	1,87	2,10	-	1,54	1,73	-	1,23	1,38	-	0,93	1,05	-	0,66	0,74
	II	27,96	-	2,23	2,51	-	1,89	2,12	-	1,56	1,75	-	1,24	1,40	-	0,95	1,07	-	0,67	0,75	-	0,41	0,46
	III	17,96	-	1,43	1,61	-	1,16	1,31	-	0,90	1,02	-	0,65	0,74	-	0,41	0,46	-	0,20	0,22	-	0,03	0,03
	IV	32,29	-	2,58	2,90	-	2,39	2,69	-	2,22	2,49	-	2,04	2,30	-	1,87	2,10	-	1,70	1,92	-	1,54	1,73
	V	48,66	-	3,89	4,37																		
	VI	50,14	0,16	4,01	4,51																		
149,89	I	32,33	-	2,58	2,90	-	2,22	2,50	-	1,87	2,11	-	1,54	1,74	-	1,23	1,39	-	0,94	1,05	-	0,66	0,74
	II	28,00	-	2,24	2,52	-	1,89	2,12	-	1,56	1,75	-	1,25	1,40	-	0,95	1,07	-	0,67	0,76	-	0,41	0,46
	III	17,98	-	1,43	1,61	-	1,17	1,31	-	0,91	1,02	-	0,66	0,74	-	0,41	0,46	-	0,20	0,22	-	0,03	0,03
	IV	32,33	-	2,58	2,90	-	2,40	2,70	-	2,22	2,50	-	2,04	2,30	-	1,87	2,11	-	1,71	1,92	-	1,54	1,74
	V	48,70	-	3,89	4,38																		
	VI	50,18	0,17	4,01	4,51																		
149,99	I	32,36	-	2,58	2,91	-	2,22	2,50	-	1,88	2,11	-	1,55	1,74	-	1,23	1,39	-	0,94	1,06	-	0,66	0,74
	II	28,04	-	2,24	2,52	-	1,89	2,13	-	1,56	1,76	-	1,25	1,41	-	0,95	1,07	-	0,67	0,76	-	0,41	0,47
	III	18,01	-	1,44	1,62	-	1,17	1,31	-	0,91	1,02	-	0,66	0,74	-	0,42	0,47	-	0,20	0,23	-	0,03	0,03
	IV	32,36	-	2,58	2,91	-	2,40	2,70	-	2,22	2,50	-	2,05	2,30	-	1,88	2,11	-	1,71	1,92	-	1,55	1,74
	V	48,75	-	3,90	4,38																		
	VI	50,22	0,17	4,01	4,51																		

Lohn/ Gehalt bis	Steuerklasse	Lohn- steuer	ohne Kinderfreibetrag			Anzahl Kinderfreibeträge (nur Steuerklassen I–IV)																	
						0,5			1,0			1,5			2,0			2,5			3,0		
			SolZ 5,5%	Kirchensteuer 8%	9%	SolZ 5,5%	Kirchensteuer 8%	9%	SolZ 5,5%	Kirchensteuer 8%	9%	SolZ 5,5%	Kirchensteuer 8%	9%	SolZ 5,5%	Kirchensteuer 8%	9%	SolZ 5,5%	Kirchensteuer 8%	9%	SolZ 5,5%	Kirchensteuer 8%	9%
150,09	I	32,40	-	2,59	2,91	-	2,22	2,50	-	1,88	2,11	-	1,55	1,74	-	1,24	1,39	-	0,94	1,06	-	0,66	0,7
	II	28,07	-	2,24	2,52	-	1,89	2,13	-	1,56	1,76	-	1,25	1,41	-	0,96	1,08	-	0,68	0,76	-	0,42	0,4
	III	18,04	-	1,44	1,62	-	1,17	1,32	-	0,91	1,02	-	0,66	0,74	-	0,42	0,47	-	0,20	0,23	-	0,03	0,0
	IV	32,40	-	2,59	2,91	-	2,40	2,70	-	2,22	2,50	-	2,05	2,31	-	1,88	2,11	-	1,71	1,93	-	1,55	1,7
	V	48,79	-	3,90	4,39																		
	VI	50,26	0,18	4,02	4,52																		
150,19	I	32,44	-	2,59	2,91	-	2,23	2,51	-	1,88	2,12	-	1,55	1,75	-	1,24	1,39	-	0,94	1,06	-	0,67	0,7
	II	28,11	-	2,24	2,52	-	1,90	2,13	-	1,57	1,76	-	1,25	1,41	-	0,96	1,08	-	0,68	0,76	-	0,42	0,4
	III	18,07	-	1,44	1,62	-	1,17	1,32	-	0,91	1,03	-	0,66	0,74	-	0,42	0,47	-	0,20	0,23	-	0,03	0,0
	IV	32,44	-	2,59	2,91	-	2,41	2,71	-	2,23	2,51	-	2,05	2,31	-	1,88	2,12	-	1,71	1,93	-	1,55	1,7
	V	48,83	0,01	3,90	4,39																		
	VI	50,31	0,18	4,02	4,52																		
150,29	I	32,48	-	2,59	2,92	-	2,23	2,51	-	1,88	2,12	-	1,55	1,75	-	1,24	1,40	-	0,95	1,07	-	0,67	0,7
	II	28,15	-	2,25	2,53	-	1,90	2,14	-	1,57	1,77	-	1,26	1,41	-	0,96	1,08	-	0,68	0,77	-	0,42	0,4
	III	18,10	-	1,44	1,62	-	1,17	1,32	-	0,92	1,03	-	0,66	0,75	-	0,42	0,47	-	0,20	0,23	-	0,03	0,0
	IV	32,48	-	2,59	2,92	-	2,41	2,71	-	2,23	2,51	-	2,05	2,31	-	1,88	2,12	-	1,72	1,93	-	1,55	1,7
	V	48,87	0,01	3,90	4,39																		
	VI	50,35	0,19	4,02	4,53																		
150,39	I	32,51	-	2,60	2,92	-	2,23	2,51	-	1,89	2,12	-	1,56	1,75	-	1,24	1,40	-	0,95	1,07	-	0,67	0,7
	II	28,18	-	2,25	2,53	-	1,90	2,14	-	1,57	1,77	-	1,26	1,42	-	0,96	1,08	-	0,68	0,77	-	0,42	0,4
	III	18,12	-	1,44	1,63	-	1,18	1,32	-	0,92	1,03	-	0,67	0,75	-	0,42	0,48	-	0,21	0,23	-	0,03	0,0
	IV	32,51	-	2,60	2,92	-	2,41	2,71	-	2,23	2,51	-	2,06	2,31	-	1,89	2,12	-	1,72	1,93	-	1,56	1,7
	V	48,91	0,02	3,91	4,40																		
	VI	50,39	0,19	4,03	4,53																		
150,49	I	32,55	-	2,60	2,92	-	2,24	2,52	-	1,89	2,12	-	1,56	1,75	-	1,25	1,40	-	0,95	1,07	-	0,67	0,7
	II	28,21	-	2,25	2,53	-	1,90	2,14	-	1,57	1,77	-	1,26	1,42	-	0,96	1,09	-	0,69	0,77	-	0,42	0,4
	III	18,15	-	1,45	1,63	-	1,18	1,33	-	0,92	1,03	-	0,67	0,75	-	0,42	0,48	-	0,21	0,23	-	0,04	0,0
	IV	32,55	-	2,60	2,92	-	2,42	2,72	-	2,24	2,52	-	2,06	2,32	-	1,89	2,12	-	1,72	1,94	-	1,56	1,7
	V	48,95	0,02	3,91	4,40																		
	VI	50,43	0,20	4,03	4,53																		
150,59	I	32,59	-	2,60	2,93	-	2,24	2,52	-	1,89	2,13	-	1,56	1,76	-	1,25	1,41	-	0,95	1,07	-	0,67	0,7
	II	28,25	-	2,26	2,54	-	1,91	2,15	-	1,58	1,77	-	1,26	1,42	-	0,97	1,09	-	0,69	0,77	-	0,43	0,4
	III	18,17	-	1,45	1,63	-	1,18	1,33	-	0,92	1,04	-	0,67	0,75	-	0,43	0,48	-	0,21	0,24	-	0,04	0,0
	IV	32,59	-	2,60	2,93	-	2,42	2,72	-	2,24	2,52	-	2,06	2,32	-	1,89	2,13	-	1,72	1,94	-	1,56	1,7
	V	49,00	0,03	3,92	4,41																		
	VI	50,47	0,20	4,03	4,54																		
150,69	I	32,63	-	2,61	2,93	-	2,24	2,52	-	1,89	2,13	-	1,56	1,76	-	1,25	1,41	-	0,96	1,08	-	0,68	0,7
	II	28,29	-	2,26	2,54	-	1,91	2,15	-	1,58	1,78	-	1,27	1,42	-	0,97	1,09	-	0,69	0,78	-	0,43	0,4
	III	18,20	-	1,45	1,63	-	1,18	1,33	-	0,92	1,04	-	0,67	0,76	-	0,43	0,48	-	0,21	0,24	-	0,04	0,0
	IV	32,63	-	2,61	2,93	-	2,42	2,72	-	2,24	2,52	-	2,07	2,32	-	1,89	2,13	-	1,73	1,94	-	1,56	1,7
	V	49,04	0,03	3,92	4,41																		
	VI	50,51	0,21	4,04	4,54																		
150,79	I	32,66	-	2,61	2,93	-	2,24	2,52	-	1,90	2,13	-	1,57	1,76	-	1,25	1,41	-	0,96	1,08	-	0,68	0,7
	II	28,32	-	2,26	2,54	-	1,91	2,15	-	1,58	1,78	-	1,27	1,43	-	0,97	1,09	-	0,69	0,78	-	0,43	0,4
	III	18,23	-	1,45	1,64	-	1,18	1,33	-	0,92	1,04	-	0,67	0,76	-	0,43	0,48	-	0,21	0,24	-	0,04	0,0
	IV	32,66	-	2,61	2,93	-	2,42	2,73	-	2,24	2,52	-	2,07	2,33	-	1,90	2,13	-	1,73	1,95	-	1,57	1,7
	V	49,08	0,04	3,92	4,41																		
	VI	50,56	0,21	4,04	4,55																		
150,89	I	32,70	-	2,61	2,94	-	2,25	2,53	-	1,90	2,14	-	1,57	1,77	-	1,26	1,41	-	0,96	1,08	-	0,68	0,7
	II	28,36	-	2,26	2,55	-	1,92	2,16	-	1,58	1,78	-	1,27	1,43	-	0,97	1,10	-	0,69	0,78	-	0,43	0,4
	III	18,26	-	1,46	1,64	-	1,19	1,34	-	0,93	1,04	-	0,68	0,76	-	0,43	0,49	-	0,21	0,24	-	0,04	0,0
	IV	32,70	-	2,61	2,94	-	2,43	2,73	-	2,25	2,53	-	2,07	2,33	-	1,90	2,14	-	1,73	1,95	-	1,57	1,7
	V	49,12	0,04	3,92	4,42																		
	VI	50,60	0,22	4,04	4,55																		
150,99	I	32,74	-	2,61	2,94	-	2,25	2,53	-	1,90	2,14	-	1,57	1,77	-	1,26	1,42	-	0,96	1,08	-	0,68	0,7
	II	28,40	-	2,27	2,55	-	1,92	2,16	-	1,59	1,79	-	1,27	1,43	-	0,98	1,10	-	0,70	0,78	-	0,43	0,4
	III	18,28	-	1,46	1,64	-	1,19	1,34	-	0,93	1,05	-	0,68	0,76	-	0,43	0,49	-	0,22	0,24	-	0,04	0,0
	IV	32,74	-	2,61	2,94	-	2,43	2,73	-	2,25	2,53	-	2,07	2,33	-	1,90	2,14	-	1,73	1,95	-	1,57	1,7
	V	49,16	0,05	3,93	4,42																		
	VI	50,64	0,22	4,05	4,55																		
151,09	I	32,78	-	2,62	2,95	-	2,25	2,53	-	1,90	2,14	-	1,57	1,77	-	1,26	1,42	-	0,96	1,09	-	0,69	0,7
	II	28,43	-	2,27	2,55	-	1,92	2,16	-	1,59	1,79	-	1,28	1,44	-	0,98	1,10	-	0,70	0,79	-	0,44	0,4
	III	18,31	-	1,46	1,64	-	1,19	1,34	-	0,93	1,05	-	0,68	0,76	-	0,44	0,49	-	0,22	0,25	-	0,04	0,0
	IV	32,78	-	2,62	2,95	-	2,43	2,74	-	2,25	2,53	-	2,08	2,34	-	1,90	2,14	-	1,74	1,96	-	1,57	1,7
	V	49,21	0,05	3,93	4,42																		
	VI	50,68	0,23	4,05	4,56																		
151,19	I	32,81	-	2,62	2,95	-	2,26	2,54	-	1,91	2,15	-	1,58	1,77	-	1,26	1,42	-	0,97	1,09	-	0,69	0,7
	II	28,47	-	2,27	2,56	-	1,92	2,16	-	1,59	1,79	-	1,28	1,44	-	0,98	1,10	-	0,70	0,79	-	0,44	0,4
	III	18,34	-	1,46	1,65	-	1,19	1,34	-	0,93	1,05	-	0,68	0,77	-	0,44	0,49	-	0,22	0,25	-	0,04	0,0
	IV	32,81	-	2,62	2,95	-	2,44	2,74	-	2,26	2,54	-	2,08	2,34	-	1,91	2,15	-	1,74	1,96	-	1,58	1,7
	V	49,25	0,06	3,94	4,43																		
	VI	50,73	0,23	4,05	4,56																		
151,29	I	32,85	-	2,62	2,95	-	2,26	2,54	-	1,91	2,15	-	1,58	1,78	-	1,27	1,42	-	0,97	1,09	-	0,69	0,7
	II	28,50	-	2,28	2,56	-	1,93	2,17	-	1,60	1,80	-	1,28	1,44	-	0,98	1,11	-	0,70	0,79	-	0,44	0,5
	III	18,37	-	1,46	1,65	-	1,20	1,35	-	0,94	1,05	-	0,68	0,77	-	0,44	0,50	-	0,22	0,25	-	0,04	0,0
	IV	32,85	-	2,62	2,95	-	2,44	2,74	-	2,26	2,54	-	2,08	2,34	-	1,91	2,15	-	1,74	1,96	-	1,58	1,7
	V	49,29	0,06	3,94	4,43																		
	VI	50,77	0,24	4,06	4,56																		
151,39	I	32,89	-	2,63	2,96	-	2,26	2,54	-	1,91	2,15	-	1,58	1,78	-	1,27	1,43	-	0,97	1,09	-	0,69	0,7
	II	28,54	-	2,28	2,56	-	1,93	2,17	-	1,60	1,80	-	1,28	1,44	-	0,99	1,11	-	0,71	0,79	-	0,44	0,5
	III	18,40	-	1,47	1,65	-	1,20	1,35	-	0,94	1,05	-	0,69	0,77	-	0,44	0,50	-	0,22	0,25	-	0,05	0,0
	IV	32,89	-	2,63	2,96	-	2,44	2,75	-	2,26	2,54	-	2,08	2,35	-	1,91	2,15	-	1,75	1,96	-	1,58	1,7
	V	49,33	0,07	3,94	4,43																		
	VI	50,81	0,24	4,06	4,57																		
151,49	I	32,93	-	2,63	2,96	-	2,26	2,55	-	1,92	2,16	-	1,58	1,78	-	1,27	1,43	-	0,97	1,10	-	0,69	0,7
	II	28,57	-	2,28	2,57	-	1,93	2,17	-	1,60	1,80	-	1,29	1,45	-	0,99	1,11	-	0,71	0,80	-	0,44	0,5
	III	18,42	-	1,47	1,65	-	1,20	1,35	-	0,94	1,06	-	0,69	0,77	-	0,44	0,50	-	0,22	0,25	-	0,05	0,0
	IV	32,93	-	2,63	2,96	-	2,44	2,75	-	2,26	2,55	-	2,09	2,35	-	1,92	2,16	-	1,75	1,97	-	1,58	1,7
	V	49,37	0,07	3,94	4,44																		
	VI	50,85	0,25	4,06	4,57																		

Besondere Tabelle

TAG bis 152,99 €

Lohn/ Gehalt bis	Steuerklasse	Lohn-steuer	ohne Kinderfreibetrag SolZ 5,5%	ohne Kinderfreibetrag Kirchensteuer 8%	ohne Kinderfreibetrag Kirchensteuer 9%	0,5 SolZ 5,5%	0,5 Kirchensteuer 8%	0,5 Kirchensteuer 9%	1,0 SolZ 5,5%	1,0 Kirchensteuer 8%	1,0 Kirchensteuer 9%	1,5 SolZ 5,5%	1,5 Kirchensteuer 8%	1,5 Kirchensteuer 9%	2,0 SolZ 5,5%	2,0 Kirchensteuer 8%	2,0 Kirchensteuer 9%	2,5 SolZ 5,5%	2,5 Kirchensteuer 8%	2,5 Kirchensteuer 9%	3,0 SolZ 5,5%	3,0 Kirchensteuer 8%	3,0 Kirchensteuer 9%
151,59	I	32,96	-	2,63	2,96	-	2,27	2,55	-	1,92	2,16	-	1,59	1,79	-	1,27	1,43	-	0,98	1,10	-	0,70	0,78
	II	28,61	-	2,28	2,57	-	1,94	2,18	-	1,60	1,80	-	1,29	1,45	-	0,99	1,11	-	0,71	0,80	-	0,45	0,50
	III	18,45	-	1,47	1,66	-	1,20	1,35	-	0,94	1,06	-	0,69	0,78	-	0,45	0,50	-	0,23	0,25	-	0,05	0,06
	IV	32,96	-	2,63	2,96	-	2,45	2,75	-	2,27	2,55	-	2,09	2,35	-	1,92	2,16	-	1,75	1,97	-	1,59	1,79
	V	49,42	0,08	3,95	4,44																		
	VI	50,89	0,25	4,07	4,58																		
151,69	I	33,00	-	2,64	2,97	-	2,27	2,55	-	1,92	2,16	-	1,59	1,79	-	1,28	1,44	-	0,98	1,10	-	0,70	0,79
	II	28,65	-	2,29	2,57	-	1,94	2,18	-	1,61	1,81	-	1,29	1,45	-	0,99	1,12	-	0,71	0,80	-	0,45	0,50
	III	18,48	-	1,47	1,66	-	1,20	1,35	-	0,94	1,06	-	0,69	0,78	-	0,45	0,50	-	0,23	0,26	-	0,05	0,06
	IV	33,00	-	2,64	2,97	-	2,45	2,76	-	2,27	2,55	-	2,09	2,36	-	1,92	2,16	-	1,75	1,97	-	1,59	1,79
	V	49,46	0,08	3,95	4,45																		
	VI	50,93	0,26	4,07	4,58																		
151,79	I	33,04	-	2,64	2,97	-	2,27	2,56	-	1,92	2,16	-	1,59	1,79	-	1,28	1,44	-	0,98	1,10	-	0,70	0,79
	II	28,68	-	2,29	2,58	-	1,94	2,18	-	1,61	1,81	-	1,29	1,45	-	1,00	1,12	-	0,71	0,80	-	0,45	0,51
	III	18,51	-	1,48	1,66	-	1,21	1,36	-	0,95	1,06	-	0,69	0,78	-	0,45	0,51	-	0,23	0,26	-	0,05	0,06
	IV	33,04	-	2,64	2,97	-	2,45	2,76	-	2,27	2,56	-	2,10	2,36	-	1,92	2,16	-	1,76	1,98	-	1,59	1,79
	V	49,50	0,09	3,96	4,45																		
	VI	50,98	0,26	4,07	4,58																		
151,89	I	33,08	-	2,64	2,97	-	2,28	2,56	-	1,93	2,17	-	1,60	1,80	-	1,28	1,44	-	0,98	1,11	-	0,70	0,79
	II	28,72	-	2,29	2,58	-	1,94	2,19	-	1,61	1,81	-	1,30	1,46	-	1,00	1,12	-	0,72	0,81	-	0,45	0,51
	III	18,53	-	1,48	1,66	-	1,21	1,36	-	0,95	1,07	-	0,70	0,78	-	0,45	0,51	-	0,23	0,26	-	0,05	0,06
	IV	33,08	-	2,64	2,97	-	2,46	2,76	-	2,28	2,56	-	2,10	2,36	-	1,93	2,17	-	1,76	1,98	-	1,60	1,80
	V	49,54	0,09	3,96	4,45																		
	VI	51,02	0,27	4,08	4,59																		
151,99	I	33,11	-	2,64	2,97	-	2,28	2,56	-	1,93	2,17	-	1,60	1,80	-	1,28	1,44	-	0,99	1,11	-	0,71	0,79
	II	28,75	-	2,30	2,58	-	1,95	2,19	-	1,61	1,82	-	1,30	1,46	-	1,00	1,12	-	0,72	0,81	-	0,45	0,51
	III	18,56	-	1,48	1,67	-	1,21	1,36	-	0,95	1,07	-	0,70	0,79	-	0,45	0,51	-	0,23	0,26	-	0,05	0,06
	IV	33,11	-	2,64	2,97	-	2,46	2,77	-	2,28	2,56	-	2,10	2,36	-	1,93	2,17	-	1,76	1,98	-	1,60	1,80
	V	49,58	0,10	3,96	4,46																		
	VI	51,06	0,27	4,08	4,59																		
152,09	I	33,15	-	2,65	2,98	-	2,28	2,57	-	1,93	2,17	-	1,60	1,80	-	1,29	1,45	-	0,99	1,11	-	0,71	0,80
	II	28,79	-	2,30	2,59	-	1,95	2,19	-	1,62	1,82	-	1,30	1,46	-	1,00	1,13	-	0,72	0,81	-	0,46	0,51
	III	18,59	-	1,48	1,67	-	1,21	1,36	-	0,95	1,07	-	0,70	0,79	-	0,46	0,51	-	0,23	0,26	-	0,06	0,06
	IV	33,15	-	2,65	2,98	-	2,46	2,77	-	2,28	2,57	-	2,10	2,37	-	1,93	2,17	-	1,76	1,98	-	1,60	1,80
	V	49,63	0,10	3,97	4,46																		
	VI	51,10	0,28	4,08	4,59																		
152,19	I	33,19	-	2,65	2,98	-	2,28	2,57	-	1,94	2,18	-	1,60	1,80	-	1,29	1,45	-	0,99	1,11	-	0,71	0,80
	II	28,83	-	2,30	2,59	-	1,95	2,20	-	1,62	1,82	-	1,30	1,47	-	1,00	1,13	-	0,72	0,81	-	0,46	0,52
	III	18,62	-	1,48	1,67	-	1,22	1,37	-	0,95	1,07	-	0,70	0,79	-	0,46	0,52	-	0,24	0,27	-	0,06	0,06
	IV	33,19	-	2,65	2,98	-	2,46	2,77	-	2,28	2,57	-	2,11	2,37	-	1,94	2,18	-	1,77	1,99	-	1,60	1,80
	V	49,67	0,11	3,97	4,47																		
	VI	51,15	0,28	4,09	4,60																		
152,29	I	33,23	-	2,65	2,99	-	2,29	2,57	-	1,94	2,18	-	1,61	1,81	-	1,29	1,45	-	0,99	1,12	-	0,71	0,80
	II	28,86	-	2,30	2,59	-	1,95	2,20	-	1,62	1,82	-	1,31	1,47	-	1,01	1,13	-	0,72	0,82	-	0,46	0,52
	III	18,65	-	1,49	1,67	-	1,22	1,37	-	0,96	1,08	-	0,70	0,79	-	0,46	0,52	-	0,24	0,27	-	0,06	0,06
	IV	33,23	-	2,65	2,99	-	2,47	2,78	-	2,29	2,57	-	2,11	2,37	-	1,94	2,18	-	1,77	1,99	-	1,61	1,81
	V	49,71	0,11	3,97	4,47																		
	VI	51,19	0,29	4,09	4,60																		
152,39	I	33,26	-	2,66	2,99	-	2,29	2,58	-	1,94	2,18	-	1,61	1,81	-	1,29	1,45	-	1,00	1,12	-	0,71	0,80
	II	28,90	-	2,31	2,60	-	1,96	2,20	-	1,62	1,83	-	1,31	1,47	-	1,01	1,14	-	0,73	0,82	-	0,46	0,52
	III	18,67	-	1,49	1,68	-	1,22	1,37	-	0,96	1,08	-	0,71	0,79	-	0,46	0,52	-	0,24	0,27	-	0,06	0,07
	IV	33,26	-	2,66	2,99	-	2,47	2,78	-	2,29	2,58	-	2,11	2,38	-	1,94	2,18	-	1,77	1,99	-	1,61	1,81
	V	49,75	0,12	3,98	4,47																		
	VI	51,23	0,29	4,09	4,61																		
152,49	I	33,30	-	2,66	2,99	-	2,29	2,58	-	1,94	2,19	-	1,61	1,81	-	1,30	1,46	-	1,00	1,12	-	0,72	0,81
	II	28,93	-	2,31	2,60	-	1,96	2,20	-	1,63	1,83	-	1,31	1,47	-	1,01	1,14	-	0,73	0,82	-	0,46	0,52
	III	18,70	-	1,49	1,68	-	1,22	1,37	-	0,96	1,08	-	0,71	0,80	-	0,46	0,52	-	0,24	0,27	-	0,06	0,07
	IV	33,30	-	2,66	2,99	-	2,47	2,78	-	2,29	2,58	-	2,12	2,38	-	1,94	2,19	-	1,77	2,00	-	1,61	1,81
	V	49,80	0,12	3,98	4,48																		
	VI	51,27	0,30	4,10	4,61																		
152,59	I	33,34	-	2,66	3,00	-	2,30	2,58	-	1,95	2,19	-	1,61	1,82	-	1,30	1,46	-	1,00	1,12	-	0,72	0,81
	II	28,97	-	2,31	2,60	-	1,96	2,21	-	1,63	1,83	-	1,31	1,48	-	1,01	1,14	-	0,73	0,82	-	0,47	0,53
	III	18,72	-	1,49	1,68	-	1,22	1,38	-	0,96	1,08	-	0,71	0,80	-	0,46	0,52	-	0,24	0,27	-	0,06	0,07
	IV	33,34	-	2,66	3,00	-	2,48	2,79	-	2,30	2,58	-	2,12	2,38	-	1,95	2,19	-	1,78	2,00	-	1,61	1,82
	V	49,84	0,13	3,98	4,48																		
	VI	51,31	0,30	4,10	4,61																		
152,69	I	33,38	-	2,67	3,00	-	2,30	2,59	-	1,95	2,19	-	1,62	1,82	-	1,30	1,46	-	1,00	1,13	-	0,72	0,81
	II	29,01	-	2,32	2,61	-	1,96	2,21	-	1,63	1,84	-	1,32	1,48	-	1,02	1,14	-	0,73	0,83	-	0,47	0,53
	III	18,75	-	1,50	1,68	-	1,23	1,38	-	0,96	1,08	-	0,71	0,80	-	0,47	0,53	-	0,24	0,27	-	0,06	0,07
	IV	33,38	-	2,67	3,00	-	2,48	2,79	-	2,30	2,59	-	2,12	2,39	-	1,95	2,19	-	1,78	2,00	-	1,62	1,82
	V	49,88	0,13	3,99	4,48																		
	VI	51,36	0,31	4,10	4,62																		
152,79	I	33,41	-	2,67	3,00	-	2,30	2,59	-	1,95	2,20	-	1,62	1,82	-	1,30	1,47	-	1,00	1,13	-	0,72	0,81
	II	29,04	-	2,32	2,61	-	1,97	2,21	-	1,63	1,84	-	1,32	1,48	-	1,02	1,15	-	0,74	0,83	-	0,47	0,53
	III	18,78	-	1,50	1,69	-	1,23	1,38	-	0,97	1,09	-	0,71	0,80	-	0,47	0,53	-	0,24	0,28	-	0,06	0,07
	IV	33,41	-	2,67	3,00	-	2,48	2,79	-	2,30	2,59	-	2,12	2,39	-	1,95	2,20	-	1,78	2,01	-	1,62	1,82
	V	49,92	0,14	3,99	4,49																		
	VI	51,40	0,31	4,11	4,62																		
152,89	I	33,45	-	2,67	3,01	-	2,30	2,59	-	1,95	2,20	-	1,62	1,82	-	1,31	1,47	-	1,01	1,13	-	0,72	0,82
	II	29,08	-	2,32	2,61	-	1,97	2,22	-	1,64	1,84	-	1,32	1,49	-	1,02	1,15	-	0,74	0,83	-	0,47	0,53
	III	18,81	-	1,50	1,69	-	1,23	1,38	-	0,97	1,09	-	0,72	0,81	-	0,47	0,53	-	0,25	0,28	-	0,06	0,07
	IV	33,45	-	2,67	3,01	-	2,49	2,80	-	2,30	2,59	-	2,13	2,39	-	1,95	2,20	-	1,79	2,01	-	1,62	1,82
	V	49,96	0,14	3,99	4,49																		
	VI	51,44	0,32	4,11	4,62																		
152,99	I	33,49	-	2,67	3,01	-	2,31	2,60	-	1,96	2,20	-	1,62	1,83	-	1,31	1,47	-	1,01	1,14	-	0,73	0,82
	II	29,11	-	2,32	2,61	-	1,97	2,22	-	1,64	1,84	-	1,32	1,49	-	1,02	1,15	-	0,74	0,83	-	0,48	0,54
	III	18,83	-	1,50	1,69	-	1,23	1,39	-	0,97	1,09	-	0,72	0,81	-	0,47	0,53	-	0,25	0,28	-	0,07	0,08
	IV	33,49	-	2,67	3,01	-	2,49	2,80	-	2,31	2,60	-	2,13	2,40	-	1,96	2,20	-	1,79	2,01	-	1,62	1,83
	V	50,00	0,15	4,00	4,50																		
	VI	51,48	0,32	4,11	4,63																		

Lohn/ Gehalt bis	Steuerklasse	Lohn-steuer	ohne Kinderfreibetrag			Anzahl Kinderfreibeträge (nur Steuerklassen I–IV) 0,5			1,0			1,5			2,0			2,5			3,0		
			SolZ 5,5%	Kirchensteuer 8%	Kirchensteuer 9%	SolZ 5,5%	Kirchensteuer 8%	Kirchensteuer 9%	SolZ 5,5%	Kirchensteuer 8%	Kirchensteuer 9%	SolZ 5,5%	Kirchensteuer 8%	Kirchensteuer 9%	SolZ 5,5%	Kirchensteuer 8%	Kirchensteuer 9%	SolZ 5,5%	Kirchensteuer 8%	Kirchensteuer 9%	SolZ 5,5%	Kirchensteuer 8%	Kirchensteuer 9%
153,09	I	33,53	–	2,68	3,01	–	2,31	2,60	–	1,96	2,20	–	1,63	1,83	–	1,31	1,47	–	1,01	1,14	–	0,73	0,82
	II	29,15	–	2,33	2,62	–	1,98	2,22	–	1,64	1,85	–	1,32	1,49	–	1,03	1,15	–	0,74	0,84	–	0,48	0,54
	III	18,86	–	1,50	1,69	–	1,23	1,39	–	0,97	1,09	–	0,72	0,81	–	0,48	0,54	–	0,25	0,28	–	0,07	0,08
	IV	33,53	–	2,68	3,01	–	2,49	2,80	–	2,31	2,60	–	2,13	2,40	–	1,96	2,20	–	1,79	2,02	–	1,63	1,83
	V	50,05	0,15	4,00	4,50																		
	VI	51,52	0,33	4,12	4,63																		
153,19	I	33,57	–	2,68	3,02	–	2,31	2,60	–	1,96	2,21	–	1,63	1,83	–	1,31	1,48	–	1,01	1,14	–	0,73	0,82
	II	29,19	–	2,33	2,62	–	1,98	2,23	–	1,64	1,85	–	1,33	1,49	–	1,03	1,16	–	0,74	0,84	–	0,48	0,54
	III	18,89	–	1,51	1,70	–	1,24	1,39	–	0,97	1,10	–	0,72	0,81	–	0,48	0,54	–	0,25	0,28	–	0,07	0,08
	IV	33,57	–	2,68	3,02	–	2,49	2,81	–	2,31	2,60	–	2,14	2,40	–	1,96	2,21	–	1,79	2,02	–	1,63	1,83
	V	50,09	0,16	4,00	4,50																		
	VI	51,56	0,33	4,12	4,64																		
153,29	I	33,61	–	2,68	3,02	–	2,32	2,61	–	1,96	2,21	–	1,63	1,84	–	1,32	1,48	–	1,02	1,14	–	0,73	0,83
	II	29,22	–	2,33	2,62	–	1,98	2,23	–	1,65	1,85	–	1,33	1,50	–	1,03	1,16	–	0,75	0,84	–	0,48	0,54
	III	18,92	–	1,51	1,70	–	1,24	1,39	–	0,98	1,10	–	0,72	0,81	–	0,48	0,54	–	0,25	0,28	–	0,07	0,08
	IV	33,61	–	2,68	3,02	–	2,50	2,81	–	2,32	2,61	–	2,14	2,41	–	1,96	2,21	–	1,80	2,02	–	1,63	1,84
	V	50,13	0,16	4,01	4,51																		
	VI	51,61	0,34	4,12	4,64																		
153,39	I	33,64	–	2,69	3,02	–	2,32	2,61	–	1,97	2,21	–	1,63	1,84	–	1,32	1,48	–	1,02	1,15	–	0,74	0,83
	II	29,26	–	2,34	2,63	–	1,98	2,23	–	1,65	1,86	–	1,33	1,50	–	1,03	1,16	–	0,75	0,84	–	0,48	0,54
	III	18,95	–	1,51	1,70	–	1,24	1,40	–	0,98	1,10	–	0,73	0,82	–	0,48	0,54	–	0,26	0,29	–	0,07	0,08
	IV	33,64	–	2,69	3,02	–	2,50	2,81	–	2,32	2,61	–	2,14	2,41	–	1,97	2,21	–	1,80	2,02	–	1,63	1,84
	V	50,17	0,17	4,01	4,51																		
	VI	51,65	0,34	4,13	4,64																		
153,49	I	33,68	–	2,69	3,03	–	2,32	2,61	–	1,97	2,22	–	1,64	1,84	–	1,32	1,49	–	1,02	1,15	–	0,74	0,83
	II	29,30	–	2,34	2,63	–	1,99	2,24	–	1,65	1,86	–	1,34	1,50	–	1,03	1,16	–	0,75	0,85	–	0,49	0,55
	III	18,97	–	1,51	1,70	–	1,24	1,40	–	0,98	1,10	–	0,73	0,82	–	0,48	0,54	–	0,26	0,29	–	0,07	0,08
	IV	33,68	–	2,69	3,03	–	2,50	2,82	–	2,32	2,61	–	2,14	2,41	–	1,97	2,22	–	1,80	2,03	–	1,64	1,84
	V	50,21	0,17	4,01	4,51																		
	VI	51,69	0,35	4,13	4,65																		
153,59	I	33,72	–	2,69	3,03	–	2,32	2,61	–	1,97	2,22	–	1,64	1,84	–	1,32	1,49	–	1,02	1,15	–	0,74	0,83
	II	29,33	–	2,34	2,63	–	1,99	2,24	–	1,66	1,86	–	1,34	1,51	–	1,04	1,17	–	0,75	0,85	–	0,49	0,55
	III	19,00	–	1,52	1,71	–	1,24	1,40	–	0,98	1,11	–	0,73	0,82	–	0,48	0,55	–	0,26	0,29	–	0,07	0,08
	IV	33,72	–	2,69	3,03	–	2,51	2,82	–	2,32	2,61	–	2,15	2,42	–	1,97	2,22	–	1,80	2,03	–	1,64	1,84
	V	50,26	0,18	4,02	4,52																		
	VI	51,73	0,35	4,13	4,65																		
153,69	I	33,76	–	2,70	3,03	–	2,33	2,62	–	1,98	2,22	–	1,64	1,85	–	1,32	1,49	–	1,03	1,15	–	0,74	0,84
	II	29,37	–	2,34	2,64	–	1,99	2,24	–	1,66	1,87	–	1,34	1,51	–	1,04	1,17	–	0,76	0,85	–	0,49	0,55
	III	19,03	–	1,52	1,71	–	1,25	1,40	–	0,98	1,11	–	0,73	0,82	–	0,49	0,55	–	0,26	0,29	–	0,08	0,09
	IV	33,76	–	2,70	3,03	–	2,51	2,82	–	2,33	2,62	–	2,15	2,42	–	1,98	2,22	–	1,81	2,03	–	1,64	1,85
	V	50,30	0,18	4,02	4,52																		
	VI	51,78	0,36	4,14	4,66																		
153,79	I	33,80	–	2,70	3,04	–	2,33	2,62	–	1,98	2,23	–	1,64	1,85	–	1,33	1,49	–	1,03	1,16	–	0,74	0,84
	II	29,41	–	2,35	2,64	–	2,00	2,25	–	1,66	1,87	–	1,34	1,51	–	1,04	1,17	–	0,76	0,85	–	0,49	0,55
	III	19,06	–	1,52	1,71	–	1,25	1,41	–	0,99	1,11	–	0,73	0,83	–	0,49	0,55	–	0,26	0,29	–	0,08	0,09
	IV	33,80	–	2,70	3,04	–	2,51	2,83	–	2,33	2,62	–	2,15	2,42	–	1,98	2,23	–	1,81	2,04	–	1,64	1,85
	V	50,34	0,19	4,02	4,53																		
	VI	51,82	0,36	4,14	4,66																		
153,89	I	33,83	–	2,70	3,04	–	2,33	2,62	–	1,98	2,23	–	1,65	1,85	–	1,33	1,50	–	1,03	1,16	–	0,75	0,84
	II	29,44	–	2,35	2,64	–	2,00	2,25	–	1,66	1,87	–	1,34	1,51	–	1,04	1,17	–	0,76	0,86	–	0,49	0,56
	III	19,08	–	1,52	1,71	–	1,25	1,41	–	0,99	1,11	–	0,74	0,83	–	0,49	0,55	–	0,26	0,30	–	0,08	0,09
	IV	33,83	–	2,70	3,04	–	2,52	2,83	–	2,33	2,62	–	2,16	2,43	–	1,98	2,23	–	1,81	2,04	–	1,65	1,85
	V	50,38	0,19	4,03	4,53																		
	VI	51,86	0,37	4,14	4,66																		
153,99	I	33,87	–	2,70	3,04	–	2,34	2,63	–	1,98	2,23	–	1,65	1,86	–	1,33	1,50	–	1,03	1,16	–	0,75	0,84
	II	29,48	–	2,35	2,65	–	2,00	2,25	–	1,67	1,87	–	1,35	1,52	–	1,05	1,18	–	0,76	0,86	–	0,50	0,56
	III	19,11	–	1,52	1,71	–	1,25	1,41	–	0,99	1,12	–	0,74	0,83	–	0,49	0,55	–	0,26	0,30	–	0,08	0,09
	IV	33,87	–	2,70	3,04	–	2,52	2,83	–	2,34	2,63	–	2,16	2,43	–	1,98	2,23	–	1,82	2,04	–	1,65	1,86
	V	50,42	0,20	4,03	4,53																		
	VI	51,90	0,37	4,15	4,67																		
154,09	I	33,91	–	2,71	3,05	–	2,34	2,63	–	1,99	2,24	–	1,65	1,86	–	1,34	1,50	–	1,03	1,16	–	0,75	0,85
	II	29,51	–	2,36	2,65	–	2,00	2,25	–	1,67	1,88	–	1,35	1,52	–	1,05	1,18	–	0,76	0,86	–	0,50	0,56
	III	19,14	–	1,53	1,72	–	1,26	1,41	–	0,99	1,12	–	0,74	0,83	–	0,49	0,56	–	0,27	0,30	–	0,08	0,09
	IV	33,91	–	2,71	3,05	–	2,52	2,84	–	2,34	2,63	–	2,16	2,43	–	1,99	2,24	–	1,82	2,05	–	1,65	1,86
	V	50,47	0,20	4,03	4,54																		
	VI	51,94	0,38	4,15	4,67																		
154,19	I	33,95	–	2,71	3,05	–	2,34	2,63	–	1,99	2,24	–	1,66	1,86	–	1,34	1,51	–	1,04	1,17	–	0,75	0,85
	II	29,55	–	2,36	2,65	–	2,01	2,26	–	1,67	1,88	–	1,35	1,52	–	1,05	1,18	–	0,77	0,86	–	0,50	0,56
	III	19,17	–	1,53	1,72	–	1,26	1,42	–	1,00	1,12	–	0,74	0,83	–	0,50	0,56	–	0,27	0,30	–	0,08	0,09
	IV	33,95	–	2,71	3,05	–	2,52	2,84	–	2,34	2,63	–	2,16	2,43	–	1,99	2,24	–	1,82	2,05	–	1,66	1,86
	V	50,51	0,21	4,04	4,54																		
	VI	51,98	0,38	4,15	4,67																		
154,29	I	33,98	–	2,71	3,05	–	2,34	2,64	–	1,99	2,24	–	1,66	1,87	–	1,34	1,51	–	1,04	1,17	–	0,76	0,85
	II	29,59	–	2,36	2,66	–	2,01	2,26	–	1,67	1,88	–	1,36	1,53	–	1,05	1,19	–	0,77	0,87	–	0,50	0,56
	III	19,20	–	1,53	1,72	–	1,26	1,42	–	1,00	1,12	–	0,74	0,84	–	0,50	0,56	–	0,27	0,30	–	0,08	0,09
	IV	33,98	–	2,71	3,05	–	2,53	2,84	–	2,34	2,64	–	2,17	2,44	–	1,99	2,24	–	1,82	2,05	–	1,66	1,87
	V	50,55	0,21	4,04	4,54																		
	VI	52,03	0,39	4,16	4,68																		
154,39	I	34,02	–	2,72	3,06	–	2,35	2,64	–	2,00	2,25	–	1,66	1,87	–	1,34	1,51	–	1,04	1,17	–	0,76	0,85
	II	29,62	–	2,36	2,66	–	2,01	2,26	–	1,68	1,89	–	1,36	1,53	–	1,06	1,19	–	0,77	0,87	–	0,50	0,57
	III	19,22	–	1,53	1,72	–	1,26	1,42	–	1,00	1,12	–	0,75	0,84	–	0,50	0,56	–	0,27	0,31	–	0,08	0,10
	IV	34,02	–	2,72	3,06	–	2,53	2,85	–	2,35	2,64	–	2,17	2,44	–	2,00	2,25	–	1,83	2,05	–	1,66	1,87
	V	50,59	0,22	4,04	4,55																		
	VI	52,07	0,39	4,16	4,68																		
154,49	I	34,06	–	2,72	3,06	–	2,35	2,64	–	2,00	2,25	–	1,66	1,87	–	1,34	1,51	–	1,04	1,17	–	0,76	0,86
	II	29,66	–	2,37	2,66	–	2,02	2,27	–	1,68	1,89	–	1,36	1,53	–	1,06	1,19	–	0,77	0,87	–	0,51	0,57
	III	19,25	–	1,54	1,73	–	1,26	1,42	–	1,00	1,13	–	0,75	0,84	–	0,50	0,56	–	0,27	0,31	–	0,09	0,10
	IV	34,06	–	2,72	3,06	–	2,53	2,85	–	2,35	2,64	–	2,17	2,44	–	2,00	2,25	–	1,83	2,06	–	1,66	1,87
	V	50,63	0,22	4,05	4,55																		
	VI	52,11	0,40	4,16	4,68																		

Besondere Tabelle

TAG bis 155,99 €

Lohn/Gehalt bis	Steuerklasse	Lohnsteuer	ohne Kinderfreibetrag			Anzahl Kinderfreibeträge (nur Steuerklassen I–IV)																	
						0,5			1,0			1,5			2,0			2,5			3,0		
			SolZ 5,5%	Kirchensteuer 8%	Kirchensteuer 9%	SolZ 5,5%	Kirchensteuer 8%	Kirchensteuer 9%	SolZ 5,5%	Kirchensteuer 8%	Kirchensteuer 9%	SolZ 5,5%	Kirchensteuer 8%	Kirchensteuer 9%	SolZ 5,5%	Kirchensteuer 8%	Kirchensteuer 9%	SolZ 5,5%	Kirchensteuer 8%	Kirchensteuer 9%	SolZ 5,5%	Kirchensteuer 8%	Kirchensteuer 9%
154,59	I	34,10	-	2,72	3,06	-	2,35	2,65	-	2,00	2,25	-	1,67	1,87	-	1,35	1,52	-	1,05	1,18	-	0,76	0,86
	II	29,70	-	2,37	2,67	-	2,02	2,27	-	1,68	1,89	-	1,36	1,53	-	1,06	1,19	-	0,78	0,87	-	0,51	0,57
	III	19,28	-	1,54	1,73	-	1,27	1,43	-	1,00	1,13	-	0,75	0,84	-	0,50	0,57	-	0,28	0,31	-	0,09	0,10
	IV	34,10	-	2,72	3,06	-	2,54	2,85	-	2,35	2,65	-	2,18	2,45	-	2,00	2,25	-	1,83	2,06	-	1,67	1,87
	V	50,68	0,23	4,05	4,56																		
	VI	52,15	0,40	4,17	4,69																		
154,69	I	34,14	-	2,73	3,07	-	2,36	2,65	-	2,00	2,25	-	1,67	1,88	-	1,35	1,52	-	1,05	1,18	-	0,76	0,86
	II	29,73	-	2,37	2,67	-	2,02	2,27	-	1,68	1,89	-	1,36	1,54	-	1,06	1,20	-	0,78	0,88	-	0,51	0,57
	III	19,31	-	1,54	1,73	-	1,27	1,43	-	1,01	1,13	-	0,75	0,85	-	0,51	0,57	-	0,28	0,31	-	0,09	0,10
	IV	34,14	-	2,73	3,07	-	2,54	2,86	-	2,36	2,65	-	2,18	2,45	-	2,00	2,25	-	1,83	2,06	-	1,67	1,88
	V	50,72	0,23	4,05	4,56																		
	VI	52,20	0,41	4,17	4,69																		
154,79	I	34,17	-	2,73	3,07	-	2,36	2,65	-	2,01	2,26	-	1,67	1,88	-	1,35	1,52	-	1,05	1,18	-	0,77	0,86
	II	29,77	-	2,38	2,67	-	2,02	2,28	-	1,69	1,90	-	1,37	1,54	-	1,06	1,20	-	0,78	0,88	-	0,51	0,58
	III	19,33	-	1,54	1,73	-	1,27	1,43	-	1,01	1,13	-	0,75	0,85	-	0,51	0,57	-	0,28	0,31	-	0,09	0,10
	IV	34,17	-	2,73	3,07	-	2,54	2,86	-	2,36	2,65	-	2,18	2,45	-	2,01	2,26	-	1,84	2,07	-	1,67	1,88
	V	50,76	0,24	4,06	4,56																		
	VI	52,24	0,41	4,17	4,70																		
154,89	I	34,21	-	2,73	3,07	-	2,36	2,66	-	2,01	2,26	-	1,67	1,88	-	1,36	1,53	-	1,05	1,19	-	0,77	0,87
	II	29,80	-	2,38	2,68	-	2,03	2,28	-	1,69	1,90	-	1,37	1,54	-	1,07	1,20	-	0,78	0,88	-	0,51	0,58
	III	19,36	-	1,54	1,74	-	1,27	1,43	-	1,01	1,14	-	0,76	0,85	-	0,51	0,57	-	0,28	0,32	-	0,09	0,10
	IV	34,21	-	2,73	3,07	-	2,54	2,86	-	2,36	2,66	-	2,18	2,46	-	2,01	2,26	-	1,84	2,07	-	1,67	1,88
	V	50,80	0,24	4,06	4,57																		
	VI	52,28	0,42	4,18	4,70																		
154,99	I	34,25	-	2,74	3,08	-	2,36	2,66	-	2,01	2,26	-	1,68	1,89	-	1,36	1,53	-	1,06	1,19	-	0,77	0,87
	II	29,84	-	2,38	2,68	-	2,03	2,28	-	1,69	1,90	-	1,37	1,54	-	1,07	1,20	-	0,78	0,88	-	0,52	0,58
	III	19,39	-	1,55	1,74	-	1,28	1,44	-	1,01	1,14	-	0,76	0,85	-	0,51	0,58	-	0,28	0,32	-	0,09	0,10
	IV	34,25	-	2,74	3,08	-	2,55	2,87	-	2,36	2,66	-	2,19	2,46	-	2,01	2,26	-	1,84	2,07	-	1,68	1,89
	V	50,85	0,25	4,06	4,57																		
	VI	52,32	0,42	4,18	4,70																		
155,09	I	34,29	-	2,74	3,08	-	2,37	2,66	-	2,02	2,27	-	1,68	1,89	-	1,36	1,53	-	1,06	1,19	-	0,77	0,87
	II	29,88	-	2,39	2,68	-	2,03	2,29	-	1,69	1,91	-	1,38	1,55	-	1,07	1,21	-	0,79	0,89	-	0,52	0,58
	III	19,42	-	1,55	1,74	-	1,28	1,44	-	1,01	1,14	-	0,76	0,85	-	0,51	0,58	-	0,28	0,32	-	0,09	0,11
	IV	34,29	-	2,74	3,08	-	2,55	2,87	-	2,37	2,66	-	2,19	2,46	-	2,02	2,27	-	1,84	2,08	-	1,68	1,89
	V	50,89	0,25	4,07	4,58																		
	VI	52,36	0,43	4,18	4,71																		
155,19	I	34,33	-	2,74	3,08	-	2,37	2,67	-	2,02	2,27	-	1,68	1,89	-	1,36	1,53	-	1,06	1,19	-	0,78	0,87
	II	29,91	-	2,39	2,69	-	2,03	2,29	-	1,70	1,91	-	1,38	1,55	-	1,07	1,21	-	0,79	0,89	-	0,52	0,59
	III	19,45	-	1,55	1,75	-	1,28	1,44	-	1,02	1,14	-	0,76	0,86	-	0,52	0,58	-	0,28	0,32	-	0,10	0,11
	IV	34,33	-	2,74	3,08	-	2,55	2,87	-	2,37	2,67	-	2,19	2,47	-	2,02	2,27	-	1,85	2,08	-	1,68	1,89
	V	50,93	0,26	4,07	4,58																		
	VI	52,41	0,43	4,19	4,71																		
155,29	I	34,36	-	2,74	3,09	-	2,37	2,67	-	2,02	2,27	-	1,68	1,89	-	1,36	1,54	-	1,06	1,20	-	0,78	0,88
	II	29,95	-	2,39	2,69	-	2,04	2,29	-	1,70	1,91	-	1,38	1,55	-	1,08	1,21	-	0,79	0,89	-	0,52	0,59
	III	19,47	-	1,55	1,75	-	1,28	1,44	-	1,02	1,15	-	0,76	0,86	-	0,52	0,58	-	0,29	0,32	-	0,10	0,11
	IV	34,36	-	2,74	3,09	-	2,56	2,88	-	2,37	2,67	-	2,20	2,47	-	2,02	2,27	-	1,85	2,08	-	1,68	1,89
	V	50,97	0,26	4,07	4,58																		
	VI	52,45	0,44	4,19	4,72																		
155,39	I	34,40	-	2,75	3,09	-	2,38	2,67	-	2,02	2,28	-	1,69	1,90	-	1,37	1,54	-	1,06	1,20	-	0,78	0,88
	II	29,99	-	2,39	2,69	-	2,04	2,30	-	1,70	1,92	-	1,38	1,56	-	1,08	1,21	-	0,79	0,89	-	0,52	0,59
	III	19,50	-	1,56	1,75	-	1,28	1,44	-	1,02	1,15	-	0,77	0,86	-	0,52	0,58	-	0,29	0,32	-	0,10	0,11
	IV	34,40	-	2,75	3,09	-	2,56	2,88	-	2,38	2,67	-	2,20	2,47	-	2,02	2,28	-	1,85	2,08	-	1,69	1,90
	V	51,01	0,27	4,08	4,59																		
	VI	52,49	0,44	4,19	4,72																		
155,49	I	34,44	-	2,75	3,09	-	2,38	2,68	-	2,03	2,28	-	1,69	1,90	-	1,37	1,54	-	1,07	1,20	-	0,78	0,88
	II	30,02	-	2,40	2,70	-	2,04	2,30	-	1,70	1,92	-	1,38	1,56	-	1,08	1,22	-	0,80	0,90	-	0,53	0,59
	III	19,53	-	1,56	1,75	-	1,29	1,45	-	1,02	1,15	-	0,77	0,86	-	0,52	0,59	-	0,29	0,33	-	0,10	0,11
	IV	34,44	-	2,75	3,09	-	2,56	2,88	-	2,38	2,68	-	2,20	2,48	-	2,03	2,28	-	1,86	2,09	-	1,69	1,90
	V	51,05	0,27	4,08	4,59																		
	VI	52,53	0,45	4,20	4,72																		
155,59	I	34,48	-	2,75	3,10	-	2,38	2,68	-	2,03	2,28	-	1,69	1,90	-	1,37	1,54	-	1,07	1,20	-	0,78	0,88
	II	30,06	-	2,40	2,70	-	2,05	2,30	-	1,71	1,92	-	1,39	1,56	-	1,08	1,22	-	0,80	0,90	-	0,53	0,60
	III	19,56	-	1,56	1,76	-	1,29	1,45	-	1,02	1,15	-	0,77	0,87	-	0,52	0,59	-	0,29	0,33	-	0,10	0,11
	IV	34,48	-	2,75	3,10	-	2,57	2,89	-	2,38	2,68	-	2,20	2,48	-	2,03	2,28	-	1,86	2,09	-	1,69	1,90
	V	51,10	0,28	4,08	4,59																		
	VI	52,57	0,45	4,20	4,73																		
155,69	I	34,52	-	2,76	3,10	-	2,39	2,68	-	2,03	2,29	-	1,69	1,91	-	1,38	1,55	-	1,07	1,21	-	0,79	0,89
	II	30,10	-	2,40	2,70	-	2,05	2,30	-	1,71	1,92	-	1,39	1,56	-	1,09	1,22	-	0,80	0,90	-	0,53	0,60
	III	19,58	-	1,56	1,76	-	1,29	1,45	-	1,03	1,16	-	0,77	0,87	-	0,52	0,59	-	0,29	0,33	-	0,10	0,11
	IV	34,52	-	2,76	3,10	-	2,57	2,89	-	2,39	2,68	-	2,21	2,48	-	2,03	2,29	-	1,86	2,09	-	1,69	1,91
	V	51,14	0,28	4,09	4,60																		
	VI	52,61	0,46	4,20	4,73																		
155,79	I	34,56	-	2,76	3,11	-	2,39	2,69	-	2,03	2,29	-	1,70	1,91	-	1,38	1,55	-	1,07	1,21	-	0,79	0,89
	II	30,13	-	2,41	2,71	-	2,05	2,31	-	1,71	1,93	-	1,39	1,57	-	1,09	1,23	-	0,80	0,90	-	0,53	0,60
	III	19,61	-	1,56	1,76	-	1,29	1,45	-	1,03	1,16	-	0,77	0,87	-	0,53	0,59	-	0,30	0,33	-	0,10	0,12
	IV	34,56	-	2,76	3,11	-	2,57	2,89	-	2,39	2,69	-	2,21	2,49	-	2,03	2,29	-	1,86	2,10	-	1,70	1,91
	V	51,18	0,29	4,09	4,60																		
	VI	52,66	0,46	4,21	4,73																		
155,89	I	34,59	-	2,76	3,11	-	2,39	2,69	-	2,04	2,29	-	1,70	1,91	-	1,38	1,55	-	1,08	1,21	-	0,79	0,89
	II	30,17	-	2,41	2,71	-	2,05	2,31	-	1,72	1,93	-	1,40	1,57	-	1,09	1,23	-	0,80	0,91	-	0,54	0,60
	III	19,64	-	1,57	1,76	-	1,29	1,46	-	1,03	1,16	-	0,78	0,87	-	0,53	0,60	-	0,30	0,33	-	0,10	0,12
	IV	34,59	-	2,76	3,11	-	2,58	2,90	-	2,39	2,69	-	2,21	2,49	-	2,04	2,29	-	1,87	2,10	-	1,70	1,91
	V	51,22	0,29	4,09	4,60																		
	VI	52,70	0,47	4,21	4,74																		
155,99	I	34,63	-	2,77	3,11	-	2,39	2,69	-	2,04	2,30	-	1,70	1,92	-	1,38	1,56	-	1,08	1,21	-	0,79	0,89
	II	30,21	-	2,41	2,71	-	2,06	2,31	-	1,72	1,93	-	1,40	1,57	-	1,09	1,23	-	0,81	0,91	-	0,54	0,61
	III	19,67	-	1,57	1,77	-	1,30	1,46	-	1,03	1,16	-	0,78	0,88	-	0,53	0,60	-	0,30	0,34	-	0,11	0,12
	IV	34,63	-	2,77	3,11	-	2,58	2,90	-	2,39	2,69	-	2,22	2,49	-	2,04	2,30	-	1,87	2,10	-	1,70	1,92
	V	51,26	0,30	4,10	4,61																		
	VI	52,74	0,47	4,21	4,74																		

Lohn/ Gehalt bis	Steuerklasse	Lohnsteuer	ohne Kinderfreibetrag SolZ 5,5%	ohne Kinderfreibetrag Kirchensteuer 8%	ohne Kinderfreibetrag Kirchensteuer 9%	0,5 SolZ 5,5%	0,5 Kirchensteuer 8%	0,5 Kirchensteuer 9%	1,0 SolZ 5,5%	1,0 Kirchensteuer 8%	1,0 Kirchensteuer 9%	1,5 SolZ 5,5%	1,5 Kirchensteuer 8%	1,5 Kirchensteuer 9%	2,0 SolZ 5,5%	2,0 Kirchensteuer 8%	2,0 Kirchensteuer 9%	2,5 SolZ 5,5%	2,5 Kirchensteuer 8%	2,5 Kirchensteuer 9%	3,0 SolZ 5,5%	3,0 Kirchensteuer 8%	3,0 Kirchensteuer 9%
						Anzahl Kinderfreibeträge (nur Steuerklassen I–IV)																	
156,09	I	34,67	-	2,77	3,12	-	2,40	2,70	-	2,04	2,30	-	1,70	1,92	-	1,38	1,56	-	1,08	1,22	-	0,80	0,90
	II	30,24	-	2,41	2,72	-	2,06	2,32	-	1,72	1,94	-	1,40	1,58	-	1,10	1,23	-	0,81	0,91	-	0,54	0,61
	III	19,70	-	1,57	1,77	-	1,30	1,46	-	1,04	1,17	-	0,78	0,88	-	0,53	0,60	-	0,30	0,34	-	0,11	0,12
	IV	34,67	-	2,77	3,12	-	2,58	2,90	-	2,40	2,70	-	2,22	2,50	-	2,04	2,30	-	1,87	2,11	-	1,70	1,92
	V	51,31	0,30	4,10	4,61																		
	VI	52,78	0,48	4,22	4,75																		
156,19	I	34,71	-	2,77	3,12	-	2,40	2,70	-	2,05	2,30	-	1,71	1,92	-	1,39	1,56	-	1,08	1,22	-	0,80	0,90
	II	30,28	-	2,42	2,72	-	2,06	2,32	-	1,72	1,94	-	1,40	1,58	-	1,10	1,24	-	0,81	0,91	-	0,54	0,61
	III	19,72	-	1,57	1,77	-	1,30	1,46	-	1,04	1,17	-	0,78	0,88	-	0,54	0,60	-	0,30	0,34	-	0,11	0,12
	IV	34,71	-	2,77	3,12	-	2,58	2,91	-	2,40	2,70	-	2,22	2,50	-	2,05	2,30	-	1,87	2,11	-	1,71	1,92
	V	51,35	0,31	4,10	4,62																		
	VI	52,83	0,48	4,22	4,75																		
156,29	I	34,75	-	2,78	3,12	-	2,40	2,70	-	2,05	2,30	-	1,71	1,92	-	1,39	1,56	-	1,09	1,22	-	0,80	0,90
	II	30,32	-	2,42	2,72	-	2,06	2,32	-	1,73	1,94	-	1,40	1,58	-	1,10	1,24	-	0,81	0,92	-	0,54	0,61
	III	19,75	-	1,58	1,77	-	1,30	1,47	-	1,04	1,17	-	0,78	0,88	-	0,54	0,60	-	0,30	0,34	-	0,11	0,12
	IV	34,75	-	2,78	3,12	-	2,59	2,91	-	2,40	2,70	-	2,22	2,50	-	2,05	2,30	-	1,88	2,11	-	1,71	1,92
	V	51,39	0,31	4,11	4,62																		
	VI	52,87	0,49	4,22	4,75																		
156,39	I	34,78	-	2,78	3,13	-	2,41	2,71	-	2,05	2,31	-	1,71	1,93	-	1,39	1,57	-	1,09	1,23	-	0,80	0,90
	II	30,35	-	2,42	2,73	-	2,07	2,33	-	1,73	1,95	-	1,41	1,58	-	1,10	1,24	-	0,82	0,92	-	0,55	0,61
	III	19,78	-	1,58	1,78	-	1,30	1,47	-	1,04	1,17	-	0,79	0,88	-	0,54	0,61	-	0,31	0,34	-	0,11	0,13
	IV	34,78	-	2,78	3,13	-	2,59	2,91	-	2,41	2,71	-	2,23	2,51	-	2,05	2,31	-	1,88	2,12	-	1,71	1,93
	V	51,43	0,32	4,11	4,62																		
	VI	52,91	0,49	4,23	4,76																		
156,49	I	34,82	-	2,78	3,13	-	2,41	2,71	-	2,05	2,31	-	1,72	1,93	-	1,40	1,57	-	1,09	1,23	-	0,80	0,91
	II	30,39	-	2,43	2,73	-	2,07	2,33	-	1,73	1,95	-	1,41	1,59	-	1,11	1,24	-	0,82	0,92	-	0,55	0,62
	III	19,81	-	1,58	1,78	-	1,31	1,47	-	1,04	1,17	-	0,79	0,89	-	0,54	0,61	-	0,31	0,35	-	0,11	0,13
	IV	34,82	-	2,78	3,13	-	2,59	2,92	-	2,41	2,71	-	2,23	2,51	-	2,05	2,31	-	1,88	2,12	-	1,72	1,93
	V	51,47	0,32	4,11	4,63																		
	VI	52,95	0,50	4,23	4,76																		
156,59	I	34,86	-	2,78	3,13	-	2,41	2,71	-	2,06	2,31	-	1,72	1,93	-	1,40	1,57	-	1,09	1,23	-	0,81	0,91
	II	30,43	-	2,43	2,73	-	2,07	2,33	-	1,73	1,95	-	1,41	1,59	-	1,11	1,25	-	0,82	0,92	-	0,55	0,62
	III	19,83	-	1,58	1,78	-	1,31	1,47	-	1,04	1,18	-	0,79	0,89	-	0,54	0,61	-	0,31	0,35	-	0,11	0,13
	IV	34,86	-	2,78	3,13	-	2,60	2,92	-	2,41	2,71	-	2,23	2,51	-	2,06	2,31	-	1,89	2,12	-	1,72	1,93
	V	51,52	0,33	4,12	4,63																		
	VI	52,99	0,50	4,23	4,76																		
156,69	I	34,90	-	2,79	3,14	-	2,41	2,72	-	2,06	2,32	-	1,72	1,94	-	1,40	1,58	-	1,10	1,23	-	0,81	0,91
	II	30,46	-	2,43	2,74	-	2,08	2,34	-	1,74	1,95	-	1,42	1,59	-	1,11	1,25	-	0,82	0,93	-	0,55	0,62
	III	19,86	-	1,58	1,78	-	1,31	1,48	-	1,05	1,18	-	0,79	0,89	-	0,54	0,61	-	0,31	0,35	-	0,12	0,13
	IV	34,90	-	2,79	3,14	-	2,60	2,92	-	2,41	2,72	-	2,24	2,52	-	2,06	2,32	-	1,89	2,12	-	1,72	1,94
	V	51,56	0,33	4,12	4,64																		
	VI	53,03	0,51	4,24	4,77																		
156,79	I	34,94	-	2,79	3,14	-	2,42	2,72	-	2,06	2,32	-	1,72	1,94	-	1,40	1,58	-	1,10	1,24	-	0,81	0,91
	II	30,50	-	2,44	2,74	-	2,08	2,34	-	1,74	1,96	-	1,42	1,60	-	1,11	1,25	-	0,82	0,93	-	0,55	0,62
	III	19,89	-	1,59	1,79	-	1,31	1,48	-	1,05	1,18	-	0,79	0,89	-	0,55	0,62	-	0,31	0,35	-	0,12	0,13
	IV	34,94	-	2,79	3,14	-	2,60	2,93	-	2,42	2,72	-	2,24	2,52	-	2,06	2,32	-	1,89	2,13	-	1,72	1,94
	V	51,60	0,34	4,12	4,64																		
	VI	53,08	0,51	4,24	4,77																		
156,89	I	34,98	-	2,79	3,14	-	2,42	2,72	-	2,06	2,32	-	1,73	1,94	-	1,40	1,58	-	1,10	1,24	-	0,81	0,92
	II	30,54	-	2,44	2,74	-	2,08	2,34	-	1,74	1,96	-	1,42	1,60	-	1,12	1,26	-	0,83	0,93	-	0,56	0,63
	III	19,92	-	1,59	1,79	-	1,32	1,48	-	1,05	1,18	-	0,80	0,90	-	0,55	0,62	-	0,31	0,35	-	0,12	[illegible]
	IV	34,98	-	2,79	3,14	-	2,60	2,93	-	2,42	2,72	-	2,24	2,52	-	2,06	2,32	-	1,89	2,13	-	1,73	1,94
	V	51,64	0,34	4,13	4,64																		
	VI	53,12	0,52	4,24	4,78																		
156,99	I	35,01	-	2,80	3,15	-	2,42	2,73	-	2,07	2,33	-	1,73	1,95	-	1,41	1,58	-	1,10	1,24	-	0,82	0,92
	II	30,57	-	2,44	2,75	-	2,08	2,34	-	1,74	1,96	-	1,42	1,60	-	1,12	1,26	-	0,83	0,93	-	0,56	0,63
	III	19,95	-	1,59	1,79	-	1,32	1,48	-	1,05	1,19	-	0,80	0,90	-	0,55	0,62	-	0,32	0,36	-	0,12	0,14
	IV	35,01	-	2,80	3,15	-	2,61	2,93	-	2,42	2,73	-	2,24	2,52	-	2,07	2,33	-	1,90	2,13	-	1,73	1,95
	V	51,68	0,35	4,13	4,65																		
	VI	53,16	0,52	4,25	4,78																		
157,09	I	35,05	-	2,80	3,15	-	2,43	2,73	-	2,07	2,33	-	1,73	1,95	-	1,41	1,59	-	1,11	1,24	-	0,82	0,92
	II	30,61	-	2,44	2,75	-	2,09	2,35	-	1,75	1,97	-	1,42	1,60	-	1,12	1,26	-	0,83	0,94	-	0,56	0,63
	III	19,97	-	1,59	1,79	-	1,32	1,49	-	1,06	1,19	-	0,80	0,90	-	0,55	0,62	-	0,32	0,36	-	0,12	0,14
	IV	35,05	-	2,80	3,15	-	2,61	2,94	-	2,43	2,73	-	2,25	2,53	-	2,07	2,33	-	1,90	2,14	-	1,73	1,95
	V	51,73	0,35	4,13	4,65																		
	VI	53,20	0,53	4,25	4,78																		
157,19	I	35,09	-	2,80	3,15	-	2,43	2,73	-	2,07	2,33	-	1,73	1,95	-	1,41	1,59	-	1,11	1,25	-	0,82	0,92
	II	30,65	-	2,45	2,75	-	2,09	2,35	-	1,75	1,97	-	1,43	1,61	-	1,12	1,26	-	0,83	0,94	-	0,56	0,63
	III	20,00	-	1,60	1,80	-	1,32	1,49	-	1,06	1,19	-	0,80	0,90	-	0,55	0,62	-	0,32	0,36	-	0,12	0,14
	IV	35,09	-	2,80	3,15	-	2,61	2,94	-	2,43	2,73	-	2,25	2,53	-	2,07	2,33	-	1,90	2,14	-	1,73	1,95
	V	51,77	0,36	4,14	4,65																		
	VI	53,25	0,53	4,26	4,79																		
157,29	I	35,13	-	2,81	3,16	-	2,43	2,74	-	2,08	2,34	-	1,74	1,95	-	1,42	1,59	-	1,11	1,25	-	0,82	0,93
	II	30,68	-	2,45	2,76	-	2,09	2,35	-	1,75	1,97	-	1,43	1,61	-	1,12	1,27	-	0,84	0,94	-	0,56	0,64
	III	20,03	-	1,60	1,80	-	1,32	1,49	-	1,06	1,19	-	0,80	0,90	-	0,56	0,63	-	0,32	0,36	-	0,12	0,14
	IV	35,13	-	2,81	3,16	-	2,62	2,94	-	2,43	2,74	-	2,25	2,53	-	2,08	2,34	-	1,90	2,14	-	1,74	[illegible]
	V	51,81	0,36	4,14	4,66																		
	VI	53,29	0,54	4,26	4,79																		
157,39	I	35,17	-	2,81	3,16	-	2,44	2,74	-	2,08	2,34	-	1,74	1,96	-	1,42	1,60	-	1,11	1,25	-	0,82	0,93
	II	30,72	-	2,45	2,76	-	2,10	2,36	-	1,76	1,98	-	1,43	1,61	-	1,13	1,27	-	0,84	0,94	-	0,57	0,64
	III	20,06	-	1,60	1,80	-	1,33	1,49	-	1,06	1,19	-	0,81	0,91	-	0,56	0,63	-	0,32	0,36	-	0,13	0,14
	IV	35,17	-	2,81	3,16	-	2,62	2,95	-	2,44	2,74	-	2,26	2,54	-	2,08	2,34	-	1,91	2,15	-	1,74	1,96
	V	51,85	0,37	4,14	4,66																		
	VI	53,33	0,54	4,26	4,79																		
157,49	I	35,21	-	2,81	3,16	-	2,44	2,74	-	2,08	2,34	-	1,74	1,96	-	1,42	1,60	-	1,12	1,26	-	0,83	0,93
	II	30,76	-	2,46	2,76	-	2,10	2,36	-	1,76	1,98	-	1,44	1,62	-	1,13	1,27	-	0,84	0,95	-	0,57	0,64
	III	20,08	-	1,60	1,80	-	1,33	1,50	-	1,06	1,20	-	0,81	0,91	-	0,56	0,63	-	0,32	0,37	-	0,13	0,14
	IV	35,21	-	2,81	3,16	-	2,62	2,95	-	2,44	2,74	-	2,26	2,54	-	2,08	2,34	-	1,91	2,15	-	1,74	1,96
	V	51,90	0,37	4,15	4,67																		
	VI	53,37	0,55	4,26	4,80																		

Besondere Tabelle

TAG bis 158,99 €

Lohn/ Gehalt bis	Steuerklasse	Lohn-steuer	ohne Kinderfreibetrag			Anzahl Kinderfreibeträge (nur Steuerklassen I–IV)																	
						0,5			1,0			1,5			2,0			2,5			3,0		
			SolZ 5,5%	Kirchensteuer 8%	9%	SolZ 5,5%	Kirchensteuer 8%	9%	SolZ 5,5%	Kirchensteuer 8%	9%	SolZ 5,5%	Kirchensteuer 8%	9%	SolZ 5,5%	Kirchensteuer 8%	9%	SolZ 5,5%	Kirchensteuer 8%	9%	SolZ 5,5%	Kirchensteuer 8%	9%
157,59	I	35,25	-	2,82	3,17	-	2,44	2,75	-	2,08	2,34	-	1,74	1,96	-	1,42	1,60	-	1,12	1,26	-	0,83	0,93
	II	30,79	-	2,46	2,77	-	2,10	2,36	-	1,76	1,98	-	1,44	1,62	-	1,13	1,27	-	0,84	0,95	-	0,57	0,64
	III	20,11	-	1,60	1,80	-	1,33	1,50	-	1,07	1,20	-	0,81	0,91	-	0,56	0,63	-	0,33	0,37	-	0,13	0,14
	IV	35,25	-	2,82	3,17	-	2,63	2,95	-	2,44	2,75	-	2,26	2,54	-	2,08	2,34	-	1,91	2,15	-	1,74	1,96
	V	51,94	0,38	4,15	4,67																		
	VI	53,41	0,55	4,27	4,80																		
157,69	I	35,28	-	2,82	3,17	-	2,44	2,75	-	2,09	2,35	-	1,75	1,97	-	1,42	1,60	-	1,12	1,26	-	0,83	0,94
	II	30,83	-	2,46	2,77	-	2,10	2,37	-	1,76	1,98	-	1,44	1,62	-	1,13	1,28	-	0,84	0,95	-	0,57	0,65
	III	20,14	-	1,61	1,81	-	1,33	1,50	-	1,07	1,20	-	0,81	0,91	-	0,56	0,63	-	0,33	0,37	-	0,13	0,15
	IV	35,28	-	2,82	3,17	-	2,63	2,96	-	2,44	2,75	-	2,26	2,55	-	2,09	2,35	-	1,92	2,16	-	1,75	1,97
	V	51,98	0,38	4,15	4,67																		
	VI	53,46	0,56	4,27	4,81																		
157,79	I	35,32	-	2,82	3,17	-	2,45	2,75	-	2,09	2,35	-	1,75	1,97	-	1,43	1,61	-	1,12	1,26	-	0,83	0,94
	II	30,87	-	2,46	2,77	-	2,11	2,37	-	1,77	1,99	-	1,44	1,62	-	1,14	1,28	-	0,85	0,95	-	0,58	0,65
	III	20,17	-	1,61	1,81	-	1,34	1,50	-	1,07	1,20	-	0,81	0,92	-	0,57	0,64	-	0,33	0,37	-	0,13	0,15
	IV	35,32	-	2,82	3,17	-	2,63	2,96	-	2,45	2,75	-	2,27	2,55	-	2,09	2,35	-	1,92	2,16	-	1,75	1,97
	V	52,02	0,39	4,16	4,68																		
	VI	53,50	0,56	4,28	4,81																		
157,89	I	35,36	-	2,82	3,18	-	2,45	2,76	-	2,09	2,35	-	1,75	1,97	-	1,43	1,61	-	1,12	1,27	-	0,84	0,94
	II	30,90	-	2,47	2,78	-	2,11	2,37	-	1,77	1,99	-	1,45	1,63	-	1,14	1,28	-	0,85	0,96	-	0,58	0,65
	III	20,20	-	1,61	1,81	-	1,34	1,51	-	1,07	1,21	-	0,82	0,92	-	0,57	0,64	-	0,33	0,37	-	0,13	0,15
	IV	35,36	-	2,82	3,18	-	2,64	2,97	-	2,45	2,76	-	2,27	2,55	-	2,09	2,35	-	1,92	2,16	-	1,75	1,97
	V	52,06	0,39	4,16	4,68																		
	VI	53,54	0,57	4,28	4,81																		
157,99	I	35,40	-	2,83	3,18	-	2,45	2,76	-	2,10	2,36	-	1,76	1,98	-	1,43	1,61	-	1,13	1,27	-	0,84	0,94
	II	30,94	-	2,47	2,78	-	2,11	2,38	-	1,77	1,99	-	1,45	1,63	-	1,14	1,28	-	0,85	0,96	-	0,58	0,65
	III	20,22	-	1,61	1,81	-	1,34	1,51	-	1,07	1,21	-	0,82	0,92	-	0,57	0,64	-	0,33	0,38	-	0,13	0,15
	IV	35,40	-	2,83	3,18	-	2,64	2,97	-	2,45	2,76	-	2,27	2,56	-	2,10	2,36	-	1,92	2,16	-	1,76	1,98
	V	52,10	0,40	4,16	4,68																		
	VI	53,58	0,57	4,28	4,82																		
158,09	I	35,44	-	2,83	3,18	-	2,46	2,76	-	2,10	2,36	-	1,76	1,98	-	1,44	1,62	-	1,13	1,27	-	0,84	0,95
	II	30,98	-	2,47	2,78	-	2,12	2,38	-	1,77	2,00	-	1,45	1,63	-	1,14	1,29	-	0,85	0,96	-	0,58	0,65
	III	20,25	-	1,62	1,82	-	1,34	1,51	-	1,08	1,21	-	0,82	0,92	-	0,57	0,64	-	0,34	0,38	-	0,14	0,15
	IV	35,44	-	2,83	3,18	-	2,64	2,97	-	2,46	2,76	-	2,28	2,56	-	2,10	2,36	-	1,93	2,17	-	1,76	1,98
	V	52,15	0,40	4,17	4,69																		
	VI	53,62	0,58	4,28	4,82																		
158,19	I	35,48	-	2,83	3,19	-	2,46	2,77	-	2,10	2,36	-	1,76	1,98	-	1,44	1,62	-	1,13	1,27	-	0,84	0,95
	II	31,01	-	2,48	2,79	-	2,12	2,38	-	1,78	2,00	-	1,45	1,63	-	1,15	1,29	-	0,86	0,96	-	0,58	0,66
	III	20,28	-	1,62	1,82	-	1,34	1,51	-	1,08	1,21	-	0,82	0,92	-	0,57	0,65	-	0,34	0,38	-	0,14	0,15
	IV	35,48	-	2,83	3,19	-	2,64	2,97	-	2,46	2,77	-	2,28	2,56	-	2,10	2,36	-	1,93	2,17	-	1,76	1,98
	V	52,19	0,41	4,17	4,69																		
	VI	53,66	0,58	4,29	4,82																		
158,29	I	35,51	-	2,84	3,19	-	2,46	2,77	-	2,10	2,37	-	1,76	1,98	-	1,44	1,62	-	1,13	1,28	-	0,84	0,95
	II	31,05	-	2,48	2,79	-	2,12	2,39	-	1,78	2,00	-	1,46	1,64	-	1,15	1,29	-	0,86	0,97	-	0,59	0,66
	III	20,31	-	1,62	1,82	-	1,35	1,51	-	1,08	1,22	-	0,82	0,93	-	0,58	0,65	-	0,34	0,38	-	0,14	0,16
	IV	35,51	-	2,84	3,19	-	2,65	2,98	-	2,46	2,77	-	2,28	2,57	-	2,10	2,37	-	1,93	2,17	-	1,76	1,98
	V	52,23	0,41	4,17	4,70																		
	VI	53,71	0,59	4,29	4,83																		
158,39	I	35,55	-	2,84	3,19	-	2,46	2,77	-	2,11	2,37	-	1,77	1,99	-	1,44	1,62	-	1,14	1,28	-	0,85	0,95
	II	31,09	-	2,48	2,79	-	2,12	2,39	-	1,78	2,01	-	1,46	1,64	-	1,15	1,30	-	0,86	0,97	-	0,59	0,66
	III	20,33	-	1,62	1,82	-	1,35	1,52	-	1,08	1,22	-	0,83	0,93	-	0,58	0,65	-	0,34	0,38	-	0,14	0,16
	IV	35,55	-	2,84	3,19	-	2,65	2,98	-	2,46	2,77	-	2,28	2,57	-	2,11	2,37	-	1,93	2,18	-	1,77	1,99
	V	52,27	0,42	4,18	4,70																		
	VI	53,75	0,59	4,30	4,83																		
158,49	I	35,59	-	2,84	3,20	-	2,47	2,78	-	2,11	2,37	-	1,77	1,99	-	1,45	1,63	-	1,14	1,28	-	0,85	0,96
	II	31,13	-	2,49	2,80	-	2,13	2,39	-	1,78	2,01	-	1,46	1,64	-	1,15	1,30	-	0,86	0,97	-	0,59	0,66
	III	20,36	-	1,62	1,83	-	1,35	1,52	-	1,08	1,22	-	0,83	0,93	-	0,58	0,65	-	0,34	0,39	-	0,14	0,16
	IV	35,59	-	2,84	3,20	-	2,65	2,98	-	2,47	2,78	-	2,29	2,57	-	2,11	2,37	-	1,94	2,18	-	1,77	1,99
	V	52,31	0,42	4,18	4,70																		
	VI	53,79	0,60	4,30	4,84																		
158,59	I	35,63	-	2,85	3,20	-	2,47	2,78	-	2,11	2,38	-	1,77	1,99	-	1,45	1,63	-	1,14	1,28	-	0,85	0,96
	II	31,16	-	2,49	2,80	-	2,13	2,40	-	1,79	2,01	-	1,46	1,65	-	1,16	1,30	-	0,87	0,97	-	0,59	0,67
	III	20,39	-	1,63	1,83	-	1,35	1,52	-	1,09	1,22	-	0,83	0,93	-	0,58	0,65	-	0,34	0,39	-	0,14	0,16
	IV	35,63	-	2,85	3,20	-	2,66	2,99	-	2,47	2,78	-	2,29	2,58	-	2,11	2,38	-	1,94	2,18	-	1,77	1,99
	V	52,36	0,43	4,18	4,71																		
	VI	53,83	0,60	4,30	4,84																		
158,69	I	35,67	-	2,85	3,21	-	2,47	2,78	-	2,12	2,38	-	1,77	2,00	-	1,45	1,63	-	1,14	1,29	-	0,85	0,96
	II	31,20	-	2,49	2,80	-	2,13	2,40	-	1,79	2,01	-	1,47	1,65	-	1,16	1,30	-	0,87	0,98	-	0,59	0,67
	III	20,42	-	1,63	1,83	-	1,36	1,53	-	1,09	1,23	-	0,83	0,94	-	0,58	0,66	-	0,35	0,39	-	0,14	0,16
	IV	35,67	-	2,85	3,21	-	2,66	2,99	-	2,47	2,78	-	2,29	2,58	-	2,12	2,38	-	1,94	2,19	-	1,77	2,00
	V	52,40	0,43	4,19	4,71																		
	VI	53,88	0,61	4,31	4,84																		
158,79	I	35,71	-	2,85	3,21	-	2,48	2,79	-	2,12	2,38	-	1,78	2,00	-	1,45	1,63	-	1,15	1,29	-	0,86	0,96
	II	31,24	-	2,49	2,81	-	2,14	2,40	-	1,79	2,02	-	1,47	1,65	-	1,16	1,31	-	0,87	0,98	-	0,60	0,67
	III	20,45	-	1,63	1,84	-	1,36	1,53	-	1,09	1,23	-	0,83	0,94	-	0,59	0,66	-	0,35	0,39	-	0,15	0,16
	IV	35,71	-	2,85	3,21	-	2,66	2,99	-	2,48	2,79	-	2,30	2,58	-	2,12	2,38	-	1,95	2,19	-	1,78	2,00
	V	52,44	0,44	4,19	4,71																		
	VI	53,92	0,61	4,31	4,85																		
158,89	I	35,75	-	2,86	3,21	-	2,48	2,79	-	2,12	2,39	-	1,78	2,00	-	1,46	1,64	-	1,15	1,29	-	0,86	0,97
	II	31,27	-	2,50	2,81	-	2,14	2,41	-	1,80	2,02	-	1,47	1,65	-	1,16	1,31	-	0,87	0,98	-	0,60	0,67
	III	20,48	-	1,63	1,84	-	1,36	1,53	-	1,09	1,23	-	0,84	0,94	-	0,59	0,66	-	0,35	0,39	-	0,15	0,17
	IV	35,75	-	2,86	3,21	-	2,66	3,00	-	2,48	2,79	-	2,30	2,59	-	2,12	2,39	-	1,95	2,19	-	1,78	2,00
	V	52,48	0,44	4,19	4,72																		
	VI	53,96	0,62	4,31	4,85																		
158,99	I	35,78	-	2,86	3,22	-	2,48	2,79	-	2,12	2,39	-	1,78	2,01	-	1,46	1,64	-	1,15	1,30	-	0,86	0,97
	II	31,31	-	2,50	2,81	-	2,14	2,41	-	1,80	2,02	-	1,47	1,66	-	1,17	1,31	-	0,87	0,98	-	0,60	0,68
	III	20,51	-	1,64	1,84	-	1,36	1,53	-	1,10	1,23	-	0,84	0,94	-	0,59	0,66	-	0,35	0,40	-	0,15	0,17
	IV	35,78	-	2,86	3,22	-	2,67	3,00	-	2,48	2,79	-	2,30	2,59	-	2,12	2,39	-	1,95	2,20	-	1,78	2,01
	V	52,52	0,45	4,20	4,72																		
	VI	54,00	0,62	4,32	4,86																		

Lohn/Gehalt bis	Steuerklasse	Lohnsteuer	ohne Kinderfreibetrag			Anzahl Kinderfreibeträge (nur Steuerklassen I–IV) 0,5			1,0			1,5			2,0			2,5			3,0		
			SolZ 5,5%	Kirchensteuer 8%	9%	SolZ 5,5%	Kirchensteuer 8%	9%	SolZ 5,5%	Kirchensteuer 8%	9%	SolZ 5,5%	Kirchensteuer 8%	9%	SolZ 5,5%	Kirchensteuer 8%	9%	SolZ 5,5%	Kirchensteuer 8%	9%	SolZ 5,5%	Kirchensteuer 8%	9%
159,09	I	35,82	-	2,86	3,22	-	2,49	2,80	-	2,13	2,39	-	1,78	2,01	-	1,46	1,64	-	1,15	1,30	-	0,86	0,9
	II	31,35	-	2,50	2,82	-	2,14	2,41	-	1,80	2,03	-	1,48	1,66	-	1,17	1,31	-	0,88	0,99	-	0,60	0,6
	III	20,53	-	1,64	1,84	-	1,36	1,53	-	1,10	1,24	-	0,84	0,95	-	0,59	0,67	-	0,35	0,40	-	0,15	0,1
	IV	35,82	-	2,86	3,22	-	2,67	3,01	-	2,49	2,80	-	2,30	2,59	-	2,13	2,39	-	1,95	2,20	-	1,78	2,0
	V	52,57	0,45	4,20	4,73																		
	VI	54,04	0,63	4,32	4,86																		
159,19	I	35,86	-	2,86	3,22	-	2,49	2,80	-	2,13	2,40	-	1,79	2,01	-	1,46	1,65	-	1,16	1,30	-	0,87	0,9
	II	31,38	-	2,51	2,82	-	2,15	2,42	-	1,80	2,03	-	1,48	1,66	-	1,17	1,32	-	0,88	0,99	-	0,60	0,6
	III	20,56	-	1,64	1,85	-	1,37	1,54	-	1,10	1,24	-	0,84	0,95	-	0,59	0,67	-	0,36	0,40	-	0,15	0,1
	IV	35,86	-	2,86	3,22	-	2,67	3,01	-	2,49	2,80	-	2,31	2,60	-	2,13	2,40	-	1,96	2,20	-	1,79	2,0
	V	52,61	0,46	4,20	4,73																		
	VI	54,08	0,63	4,32	4,86																		
159,29	I	35,90	-	2,87	3,23	-	2,49	2,80	-	2,13	2,40	-	1,79	2,01	-	1,47	1,65	-	1,16	1,30	-	0,87	0,9
	II	31,42	-	2,51	2,82	-	2,15	2,42	-	1,81	2,03	-	1,48	1,67	-	1,17	1,32	-	0,88	0,99	-	0,61	0,6
	III	20,59	-	1,64	1,85	-	1,37	1,54	-	1,10	1,24	-	0,84	0,95	-	0,60	0,67	-	0,36	0,40	-	0,15	0,1
	IV	35,90	-	2,87	3,23	-	2,68	3,01	-	2,49	2,80	-	2,31	2,60	-	2,13	2,40	-	1,96	2,20	-	1,79	2,0
	V	52,65	0,46	4,21	4,73																		
	VI	54,13	0,64	4,33	4,87																		
159,39	I	35,94	-	2,87	3,23	-	2,49	2,81	-	2,14	2,40	-	1,79	2,02	-	1,47	1,65	-	1,16	1,31	-	0,87	0,9
	II	31,46	-	2,51	2,83	-	2,15	2,42	-	1,81	2,04	-	1,48	1,67	-	1,18	1,32	-	0,88	0,99	-	0,61	0,6
	III	20,62	-	1,64	1,85	-	1,37	1,54	-	1,10	1,24	-	0,85	0,95	-	0,60	0,67	-	0,36	0,40	-	0,15	0,1
	IV	35,94	-	2,87	3,23	-	2,68	3,02	-	2,49	2,81	-	2,31	2,60	-	2,14	2,40	-	1,96	2,21	-	1,79	2,0
	V	52,69	0,47	4,21	4,74																		
	VI	54,17	0,64	4,33	4,87																		
159,49	I	35,98	-	2,87	3,23	-	2,50	2,81	-	2,14	2,41	-	1,80	2,02	-	1,47	1,65	-	1,16	1,31	-	0,87	0,9
	II	31,50	-	2,52	2,83	-	2,16	2,43	-	1,81	2,04	-	1,49	1,67	-	1,18	1,33	-	0,89	1,00	-	0,61	0,6
	III	20,65	-	1,65	1,85	-	1,37	1,54	-	1,11	1,24	-	0,85	0,96	-	0,60	0,68	-	0,36	0,41	-	0,16	0,1
	IV	35,98	-	2,87	3,23	-	2,68	3,02	-	2,50	2,81	-	2,32	2,61	-	2,14	2,41	-	1,96	2,21	-	1,80	2,0
	V	52,73	0,47	4,21	4,74																		
	VI	54,21	0,65	4,33	4,87																		
159,59	I	36,02	-	2,88	3,24	-	2,50	2,81	-	2,14	2,41	-	1,80	2,02	-	1,47	1,66	-	1,17	1,31	-	0,87	0,9
	II	31,53	-	2,52	2,83	-	2,16	2,43	-	1,81	2,04	-	1,49	1,68	-	1,18	1,33	-	0,89	1,00	-	0,61	0,6
	III	20,67	-	1,65	1,86	-	1,37	1,55	-	1,11	1,25	-	0,85	0,96	-	0,60	0,68	-	0,36	0,41	-	0,16	0,1
	IV	36,02	-	2,88	3,24	-	2,69	3,02	-	2,50	2,81	-	2,32	2,61	-	2,14	2,41	-	1,97	2,21	-	1,80	2,0
	V	52,78	0,48	4,22	4,75																		
	VI	54,25	0,65	4,34	4,88																		
159,69	I	36,06	-	2,88	3,24	-	2,50	2,82	-	2,14	2,41	-	1,80	2,03	-	1,48	1,66	-	1,17	1,31	-	0,88	0,9
	II	31,57	-	2,52	2,84	-	2,16	2,43	-	1,82	2,05	-	1,49	1,68	-	1,18	1,33	-	0,89	1,00	-	0,62	0,6
	III	20,70	-	1,65	1,86	-	1,38	1,55	-	1,11	1,25	-	0,85	0,96	-	0,60	0,68	-	0,36	0,41	-	0,16	0,1
	IV	36,06	-	2,88	3,24	-	2,69	3,03	-	2,50	2,82	-	2,32	2,61	-	2,14	2,41	-	1,97	2,22	-	1,80	2,0
	V	52,82	0,48	4,22	4,75																		
	VI	54,30	0,66	4,34	4,88																		
159,79	I	36,10	-	2,88	3,24	-	2,51	2,82	-	2,15	2,42	-	1,80	2,03	-	1,48	1,66	-	1,17	1,32	-	0,88	0,9
	II	31,61	-	2,52	2,84	-	2,16	2,43	-	1,82	2,05	-	1,49	1,68	-	1,18	1,33	-	0,89	1,00	-	0,62	0,
	III	20,73	-	1,65	1,86	-	1,38	1,55	-	1,11	1,25	-	0,85	0,96	-	0,61	0,68	-	0,37	0,41	-	0,16	0,
	IV	36,10	-	2,88	3,24	-	2,69	3,03	-	2,51	2,82	-	2,32	2,61	-	2,15	2,42	-	1,97	2,22	-	1,80	2,0
	V	52,86	0,49	4,22	4,75																		
	VI	54,34	0,66	4,34	4,89																		
159,89	I	36,13	-	2,89	3,25	-	2,51	2,82	-	2,15	2,42	-	1,81	2,03	-	1,48	1,67	-	1,17	1,32	-	0,88	0,9
	II	31,64	-	2,53	2,84	-	2,17	2,44	-	1,82	2,05	-	1,50	1,68	-	1,19	1,34	-	0,90	1,01	-	0,62	0,
	III	20,76	-	1,66	1,86	-	1,38	1,55	-	1,11	1,25	-	0,86	0,96	-	0,61	0,68	-	0,37	0,41	-	0,16	0,
	IV	36,13	-	2,89	3,25	-	2,70	3,03	-	2,51	2,82	-	2,33	2,62	-	2,15	2,42	-	1,98	2,22	-	1,81	2,0
	V	52,90	0,49	4,23	4,76																		
	VI	54,38	0,67	4,35	4,89																		
159,99	I	36,17	-	2,89	3,25	-	2,51	2,83	-	2,15	2,42	-	1,81	2,04	-	1,48	1,67	-	1,18	1,32	-	0,88	0,9
	II	31,68	-	2,53	2,85	-	2,17	2,44	-	1,83	2,05	-	1,50	1,69	-	1,19	1,34	-	0,90	1,01	-	0,62	0,
	III	20,78	-	1,66	1,87	-	1,38	1,56	-	1,12	1,26	-	0,86	0,97	-	0,61	0,69	-	0,37	0,42	-	0,16	0,
	IV	36,17	-	2,89	3,25	-	2,70	3,04	-	2,51	2,83	-	2,33	2,62	-	2,15	2,42	-	1,98	2,23	-	1,81	2,0
	V	52,95	0,50	4,23	4,76																		
	VI	54,42	0,67	4,35	4,89																		
160,09	I	36,21	-	2,89	3,25	-	2,52	2,83	-	2,16	2,43	-	1,81	2,04	-	1,49	1,67	-	1,18	1,33	-	0,89	1,
	II	31,72	-	2,53	2,85	-	2,17	2,44	-	1,83	2,06	-	1,50	1,69	-	1,19	1,34	-	0,90	1,01	-	0,62	0,
	III	20,81	-	1,66	1,87	-	1,38	1,56	-	1,12	1,26	-	0,86	0,97	-	0,61	0,69	-	0,37	0,42	-	0,16	0,
	IV	36,21	-	2,89	3,25	-	2,70	3,04	-	2,52	2,83	-	2,33	2,62	-	2,16	2,43	-	1,98	2,23	-	1,81	2,0
	V	52,99	0,50	4,23	4,76																		
	VI	54,46	0,68	4,35	4,90																		
160,19	I	36,25	-	2,90	3,26	-	2,52	2,83	-	2,16	2,43	-	1,81	2,04	-	1,49	1,68	-	1,18	1,33	-	0,89	1,
	II	31,75	-	2,54	2,85	-	2,17	2,45	-	1,83	2,06	-	1,50	1,69	-	1,19	1,34	-	0,90	1,01	-	0,63	0,
	III	20,84	-	1,66	1,87	-	1,39	1,56	-	1,12	1,26	-	0,86	0,97	-	0,61	0,69	-	0,37	0,42	-	0,17	0,
	IV	36,25	-	2,90	3,26	-	2,70	3,04	-	2,52	2,83	-	2,34	2,63	-	2,16	2,43	-	1,98	2,23	-	1,81	2,0
	V	53,03	0,51	4,24	4,77																		
	VI	54,51	0,68	4,36	4,90																		
160,29	I	36,29	-	2,90	3,26	-	2,52	2,84	-	2,16	2,43	-	1,82	2,05	-	1,49	1,68	-	1,18	1,33	-	0,89	1,
	II	31,79	-	2,54	2,86	-	2,18	2,45	-	1,83	2,06	-	1,51	1,70	-	1,20	1,35	-	0,90	1,02	-	0,63	0,
	III	20,87	-	1,66	1,87	-	1,39	1,56	-	1,12	1,26	-	0,86	0,97	-	0,62	0,69	-	0,38	0,42	-	0,17	0,
	IV	36,29	-	2,90	3,26	-	2,71	3,05	-	2,52	2,84	-	2,34	2,63	-	2,16	2,43	-	1,99	2,24	-	1,82	2,0
	V	53,07	0,51	4,24	4,77																		
	VI	54,55	0,69	4,36	4,90																		
160,39	I	36,33	-	2,90	3,26	-	2,52	2,84	-	2,16	2,43	-	1,82	2,05	-	1,49	1,68	-	1,18	1,33	-	0,89	1,
	II	31,83	-	2,54	2,86	-	2,18	2,45	-	1,84	2,07	-	1,51	1,70	-	1,20	1,35	-	0,91	1,02	-	0,63	0,
	III	20,90	-	1,67	1,88	-	1,39	1,57	-	1,12	1,27	-	0,87	0,98	-	0,62	0,70	-	0,38	0,42	-	0,17	0,
	IV	36,33	-	2,90	3,26	-	2,71	3,05	-	2,52	2,84	-	2,34	2,63	-	2,16	2,43	-	1,99	2,24	-	1,82	2,0
	V	53,11	0,52	4,24	4,77																		
	VI	54,59	0,69	4,36	4,91																		
160,49	I	36,36	-	2,90	3,27	-	2,53	2,84	-	2,17	2,44	-	1,82	2,05	-	1,50	1,68	-	1,19	1,34	-	0,90	1,
	II	31,87	-	2,54	2,86	-	2,18	2,46	-	1,84	2,07	-	1,51	1,70	-	1,20	1,35	-	0,91	1,02	-	0,63	0,
	III	20,92	-	1,67	1,88	-	1,39	1,57	-	1,13	1,27	-	0,87	0,98	-	0,62	0,70	-	0,38	0,43	-	0,17	0,1
	IV	36,36	-	2,90	3,27	-	2,71	3,05	-	2,53	2,84	-	2,34	2,64	-	2,17	2,44	-	1,99	2,24	-	1,82	2,0
	V	53,15	0,52	4,25	4,78																		
	VI	54,63	0,70	4,37	4,91																		

Lohn/ Gehalt bis	Steuerklasse	Lohn-steuer	ohne Kinderfreibetrag SolZ 5,5%	ohne Kinderfreibetrag Kirchensteuer 8%	ohne Kinderfreibetrag Kirchensteuer 9%	0,5 SolZ 5,5%	0,5 Kirchensteuer 8%	0,5 Kirchensteuer 9%	1,0 SolZ 5,5%	1,0 Kirchensteuer 8%	1,0 Kirchensteuer 9%	1,5 SolZ 5,5%	1,5 Kirchensteuer 8%	1,5 Kirchensteuer 9%	2,0 SolZ 5,5%	2,0 Kirchensteuer 8%	2,0 Kirchensteuer 9%	2,5 SolZ 5,5%	2,5 Kirchensteuer 8%	2,5 Kirchensteuer 9%	3,0 SolZ 5,5%	3,0 Kirchensteuer 8%	3,0 Kirchensteuer 9%
						Anzahl Kinderfreibeträge (nur Steuerklassen I–IV)																	
160,59	I	36,40	-	2,91	3,27	-	2,53	2,85	-	2,17	2,44	-	1,83	2,05	-	1,50	1,69	-	1,19	1,34	-	0,90	1,01
	II	31,90	-	2,55	2,87	-	2,19	2,46	-	1,84	2,07	-	1,51	1,70	-	1,20	1,35	-	0,91	1,03	-	0,64	0,72
	III	20,95	-	1,67	1,88	-	1,40	1,57	-	1,13	1,27	-	0,87	0,98	-	0,62	0,70	-	0,38	0,43	-	0,17	0,19
	IV	36,40	-	2,91	3,27	-	2,72	3,06	-	2,53	2,85	-	2,35	2,64	-	2,17	2,44	-	2,00	2,25	-	1,83	2,05
	V	53,20	0,53	4,25	4,78																		
	VI	54,67	0,70	4,37	4,92																		
160,69	I	36,44	-	2,91	3,27	-	2,53	2,85	-	2,17	2,44	-	1,83	2,06	-	1,50	1,69	-	1,19	1,34	-	0,90	1,01
	II	31,94	-	2,55	2,87	-	2,19	2,46	-	1,84	2,07	-	1,52	1,71	-	1,21	1,36	-	0,91	1,03	-	0,64	0,72
	III	20,98	-	1,67	1,88	-	1,40	1,57	-	1,13	1,27	-	0,87	0,98	-	0,62	0,70	-	0,38	0,43	-	0,17	0,20
	IV	36,44	-	2,91	3,27	-	2,72	3,06	-	2,53	2,85	-	2,35	2,64	-	2,17	2,44	-	2,00	2,25	-	1,83	2,06
	V	53,24	0,53	4,25	4,79																		
	VI	54,71	0,71	4,37	4,92																		
160,79	I	36,48	-	2,91	3,28	-	2,54	2,85	-	2,17	2,45	-	1,83	2,06	-	1,50	1,69	-	1,19	1,34	-	0,90	1,01
	II	31,98	-	2,55	2,87	-	2,19	2,47	-	1,85	2,08	-	1,52	1,71	-	1,21	1,36	-	0,92	1,03	-	0,64	0,72
	III	21,01	-	1,68	1,89	-	1,40	1,58	-	1,13	1,28	-	0,88	0,99	-	0,62	0,70	-	0,38	0,43	-	0,18	0,20
	IV	36,48	-	2,91	3,28	-	2,72	3,06	-	2,54	2,85	-	2,35	2,65	-	2,17	2,45	-	2,00	2,25	-	1,83	2,06
	V	53,28	0,54	4,26	4,79																		
	VI	54,76	0,71	4,38	4,92																		
160,89	I	36,52	-	2,92	3,28	-	2,54	2,86	-	2,18	2,45	-	1,83	2,06	-	1,51	1,70	-	1,20	1,35	-	0,90	1,02
	II	32,01	-	2,56	2,88	-	2,19	2,47	-	1,85	2,08	-	1,52	1,71	-	1,21	1,36	-	0,92	1,03	-	0,64	0,72
	III	21,04	-	1,68	1,89	-	1,40	1,58	-	1,14	1,28	-	0,88	0,99	-	0,63	0,71	-	0,39	0,44	-	0,18	0,20
	IV	36,52	-	2,92	3,28	-	2,73	3,07	-	2,54	2,86	-	2,36	2,65	-	2,18	2,45	-	2,00	2,25	-	1,83	2,06
	V	53,32	0,54	4,26	4,79																		
	VI	54,80	0,72	4,38	4,93																		
160,99	I	36,56	-	2,92	3,29	-	2,54	2,86	-	2,18	2,45	-	1,84	2,07	-	1,51	1,70	-	1,20	1,35	-	0,91	1,02
	II	32,05	-	2,56	2,88	-	2,20	2,47	-	1,85	2,08	-	1,52	1,71	-	1,21	1,37	-	0,92	1,04	-	0,64	0,72
	III	21,07	-	1,68	1,89	-	1,40	1,58	-	1,14	1,28	-	0,88	0,99	-	0,63	0,71	-	0,39	0,44	-	0,18	0,20
	IV	36,56	-	2,92	3,29	-	2,73	3,07	-	2,54	2,86	-	2,36	2,65	-	2,18	2,45	-	2,01	2,26	-	1,84	2,07
	V	53,36	0,55	4,26	4,80																		
	VI	54,84	0,72	4,38	4,93																		
161,09	I	36,60	-	2,92	3,29	-	2,54	2,86	-	2,18	2,46	-	1,84	2,07	-	1,51	1,70	-	1,20	1,35	-	0,91	1,02
	II	32,09	-	2,56	2,88	-	2,20	2,48	-	1,86	2,09	-	1,53	1,72	-	1,22	1,37	-	0,92	1,04	-	0,65	0,73
	III	21,10	-	1,68	1,89	-	1,41	1,58	-	1,14	1,28	-	0,88	0,99	-	0,63	0,71	-	0,39	0,44	-	0,18	0,20
	IV	36,60	-	2,92	3,29	-	2,73	3,07	-	2,54	2,86	-	2,36	2,66	-	2,18	2,46	-	2,01	2,26	-	1,84	2,07
	V	53,41	0,55	4,27	4,80																		
	VI	54,88	0,73	4,39	4,93																		
161,19	I	36,64	-	2,93	3,29	-	2,55	2,87	-	2,19	2,46	-	1,84	2,07	-	1,51	1,70	-	1,20	1,35	-	0,91	1,03
	II	32,13	-	2,57	2,89	-	2,20	2,48	-	1,86	2,09	-	1,53	1,72	-	1,22	1,37	-	0,92	1,04	-	0,65	0,73
	III	21,12	-	1,68	1,90	-	1,41	1,59	-	1,14	1,28	-	0,88	0,99	-	0,63	0,71	-	0,39	0,44	-	0,18	0,20
	IV	36,64	-	2,93	3,29	-	2,74	3,08	-	2,55	2,87	-	2,36	2,66	-	2,19	2,46	-	2,01	2,26	-	1,84	2,07
	V	53,45	0,56	4,27	4,81																		
	VI	54,93	0,73	4,39	4,94																		
161,29	I	36,68	-	2,93	3,30	-	2,55	2,87	-	2,19	2,46	-	1,84	2,07	-	1,52	1,71	-	1,21	1,36	-	0,91	1,03
	II	32,16	-	2,57	2,89	-	2,21	2,48	-	1,86	2,09	-	1,53	1,72	-	1,22	1,37	-	0,93	1,04	-	0,65	0,73
	III	21,15	-	1,69	1,90	-	1,41	1,59	-	1,14	1,29	-	0,88	1,00	-	0,64	0,72	-	0,39	0,44	-	0,18	0,21
	IV	36,68	-	2,93	3,30	-	2,74	3,08	-	2,55	2,87	-	2,37	2,66	-	2,19	2,46	-	2,01	2,27	-	1,84	2,07
	V	53,49	0,56	4,27	4,81																		
	VI	54,97	0,74	4,39	4,94																		
161,39	I	36,71	-	2,93	3,30	-	2,55	2,87	-	2,19	2,47	-	1,85	2,08	-	1,52	1,71	-	1,21	1,36	-	0,92	1,03
	II	32,20	-	2,57	2,89	-	2,21	2,49	-	1,86	2,10	-	1,53	1,73	-	1,22	1,38	-	0,93	1,05	-	0,65	0,73
	III	21,18	-	1,69	1,90	-	1,41	1,59	-	1,15	1,29	-	0,89	1,00	-	0,64	0,72	-	0,40	0,45	-	0,18	0,21
	IV	36,71	-	2,93	3,30	-	2,74	3,08	-	2,55	2,87	-	2,37	2,67	-	2,19	2,47	-	2,02	2,27	-	1,85	2,08
	V	53,53	0,57	4,28	4,81																		
	VI	55,01	0,74	4,40	4,95																		
161,49	I	36,75	-	2,94	3,30	-	2,56	2,88	-	2,19	2,47	-	1,85	2,08	-	1,52	1,71	-	1,21	1,36	-	0,92	1,03
	II	32,24	-	2,57	2,90	-	2,21	2,49	-	1,87	2,10	-	1,54	1,73	-	1,23	1,38	-	0,93	1,05	-	0,65	0,74
	III	21,21	-	1,69	1,90	-	1,42	1,59	-	1,15	1,29	-	0,89	1,00	-	0,64	0,72	-	0,40	0,45	-	0,19	0,21
	IV	36,75	-	2,94	3,30	-	2,74	3,09	-	2,56	2,88	-	2,37	2,67	-	2,19	2,47	-	2,02	2,27	-	1,85	2,08
	V	53,57	0,57	4,28	4,82																		
	VI	55,05	0,75	4,40	4,95																		
161,59	I	36,80	-	2,94	3,31	-	2,56	2,88	-	2,20	2,47	-	1,85	2,08	-	1,52	1,71	-	1,21	1,37	-	0,92	1,04
	II	32,28	-	2,58	2,90	-	2,21	2,49	-	1,87	2,10	-	1,54	1,73	-	1,23	1,38	-	0,93	1,05	-	0,66	0,74
	III	21,23	-	1,69	1,91	-	1,42	1,60	-	1,15	1,29	-	0,89	1,00	-	0,64	0,72	-	0,40	0,45	-	0,19	0,21
	IV	36,80	-	2,94	3,31	-	2,75	3,09	-	2,56	2,88	-	2,38	2,67	-	2,20	2,47	-	2,02	2,28	-	1,85	2,08
	V	53,62	0,58	4,28	4,82																		
	VI	55,09	0,75	4,40	4,95																		
161,69	I	36,83	-	2,94	3,31	-	2,56	2,88	-	2,20	2,48	-	1,86	2,09	-	1,53	1,72	-	1,22	1,37	-	0,92	1,04
	II	32,31	-	2,58	2,90	-	2,22	2,50	-	1,87	2,11	-	1,54	1,74	-	1,23	1,39	-	0,94	1,05	-	0,66	0,74
	III	21,26	-	1,70	1,91	-	1,42	1,60	-	1,15	1,30	-	0,89	1,01	-	0,64	0,72	-	0,40	0,45	-	0,19	0,21
	IV	36,83	-	2,94	3,31	-	2,75	3,09	-	2,56	2,88	-	2,38	2,68	-	2,20	2,48	-	2,03	2,28	-	1,86	2,09
	V	53,66	0,58	4,29	4,82																		
	VI	55,13	0,76	4,41	4,96																		
161,79	I	36,87	-	2,94	3,31	-	2,57	2,89	-	2,20	2,48	-	1,86	2,09	-	1,53	1,72	-	1,22	1,37	-	0,92	1,04
	II	32,35	-	2,58	2,91	-	2,22	2,50	-	1,87	2,11	-	1,54	1,74	-	1,23	1,39	-	0,94	1,06	-	0,66	0,74
	III	21,29	-	1,70	1,91	-	1,42	1,60	-	1,15	1,30	-	0,90	1,01	-	0,64	0,73	-	0,40	0,45	-	0,19	0,21
	IV	36,87	-	2,94	3,31	-	2,75	3,10	-	2,57	2,89	-	2,38	2,68	-	2,20	2,48	-	2,03	2,28	-	1,86	2,09
	V	53,70	0,59	4,29	4,83																		
	VI	55,18	0,76	4,41	4,96																		
161,89	I	36,91	-	2,95	3,32	-	2,57	2,89	-	2,21	2,48	-	1,86	2,09	-	1,53	1,72	-	1,22	1,37	-	0,93	1,04
	II	32,39	-	2,59	2,91	-	2,22	2,50	-	1,88	2,11	-	1,55	1,74	-	1,24	1,39	-	0,94	1,06	-	0,66	0,75
	III	21,32	-	1,70	1,91	-	1,42	1,60	-	1,16	1,30	-	0,90	1,01	-	0,65	0,73	-	0,40	0,46	-	0,19	0,22
	IV	36,91	-	2,95	3,32	-	2,76	3,10	-	2,57	2,89	-	2,38	2,68	-	2,21	2,48	-	2,03	2,29	-	1,86	2,09
	V	53,74	0,59	4,29	4,83																		
	VI	55,22	0,77	4,41	4,96																		
161,99	I	36,95	-	2,95	3,32	-	2,57	2,89	-	2,21	2,49	-	1,86	2,10	-	1,53	1,73	-	1,22	1,38	-	0,93	1,05
	II	32,43	-	2,59	2,91	-	2,23	2,50	-	1,88	2,11	-	1,55	1,74	-	1,24	1,39	-	0,94	1,06	-	0,67	0,75
	III	21,35	-	1,70	1,92	-	1,43	1,61	-	1,16	1,30	-	0,90	1,01	-	0,65	0,73	-	0,41	0,46	-	0,19	0,22
	IV	36,95	-	2,95	3,32	-	2,76	3,10	-	2,57	2,89	-	2,39	2,69	-	2,21	2,49	-	2,03	2,29	-	1,86	2,10
	V	53,78	0,60	4,30	4,84																		
	VI	55,26	0,77	4,42	4,97																		

Lohn/ Gehalt bis	Steuerklasse	Lohn-steuer	ohne Kinderfreibetrag SolZ 5,5%	Kirchensteuer 8%	9%	0,5 SolZ 5,5%	Kirchensteuer 8%	9%	1,0 SolZ 5,5%	Kirchensteuer 8%	9%	1,5 SolZ 5,5%	Kirchensteuer 8%	9%	2,0 SolZ 5,5%	Kirchensteuer 8%	9%	2,5 SolZ 5,5%	Kirchensteuer 8%	9%	3,0 SolZ 5,5%	Kirchensteue 8%	9%
162,09	I	36,99	-	2,95	3,32	-	2,57	2,90	-	2,21	2,49	-	1,87	2,10	-	1,54	1,73	-	1,23	1,38	-	0,93	1,
	II	32,46	-	2,59	2,92	-	2,23	2,51	-	1,88	2,12	-	1,55	1,75	-	1,24	1,40	-	0,95	1,06	-	0,67	0,
	III	21,37	-	1,70	1,92	-	1,43	1,61	-	1,16	1,31	-	0,90	1,01	-	0,65	0,73	-	0,41	0,46	-	0,20	0,
	IV	36,99	-	2,95	3,32	-	2,76	3,11	-	2,57	2,90	-	2,39	2,69	-	2,21	2,49	-	2,04	2,29	-	1,87	2,
	V	53,83	0,60	4,30	4,84																		
	VI	55,30	0,78	4,42	4,97																		
162,19	I	37,03	-	2,96	3,33	-	2,58	2,90	-	2,21	2,49	-	1,87	2,10	-	1,54	1,73	-	1,23	1,38	-	0,93	1,
	II	32,50	-	2,60	2,92	-	2,23	2,51	-	1,88	2,12	-	1,56	1,75	-	1,24	1,40	-	0,95	1,07	-	0,67	0,
	III	21,41	-	1,71	1,92	-	1,43	1,61	-	1,16	1,31	-	0,90	1,02	-	0,65	0,73	-	0,41	0,46	-	0,20	0,
	IV	37,03	-	2,96	3,33	-	2,77	3,11	-	2,58	2,90	-	2,39	2,69	-	2,21	2,49	-	2,04	2,29	-	1,87	2,
	V	53,87	0,61	4,30	4,84																		
	VI	55,35	0,78	4,42	4,98																		
162,29	I	37,07	-	2,96	3,33	-	2,58	2,90	-	2,22	2,50	-	1,87	2,11	-	1,54	1,74	-	1,23	1,39	-	0,94	1,
	II	32,54	-	2,60	2,92	-	2,23	2,51	-	1,89	2,12	-	1,56	1,75	-	1,25	1,40	-	0,95	1,07	-	0,67	0,
	III	21,43	-	1,71	1,92	-	1,43	1,61	-	1,16	1,31	-	0,91	1,02	-	0,66	0,74	-	0,41	0,46	-	0,20	0,
	IV	37,07	-	2,96	3,33	-	2,77	3,11	-	2,58	2,90	-	2,40	2,70	-	2,22	2,50	-	2,04	2,30	-	1,87	2,
	V	53,91	0,61	4,31	4,85																		
	VI	55,39	0,79	4,43	4,98																		
162,39	I	37,11	-	2,96	3,33	-	2,58	2,91	-	2,22	2,50	-	1,87	2,11	-	1,54	1,74	-	1,23	1,39	-	0,94	1,
	II	32,58	-	2,60	2,93	-	2,24	2,52	-	1,89	2,13	-	1,56	1,76	-	1,25	1,40	-	0,95	1,07	-	0,67	0,
	III	21,46	-	1,71	1,93	-	1,44	1,62	-	1,17	1,31	-	0,91	1,02	-	0,66	0,74	-	0,41	0,47	-	0,20	0,
	IV	37,11	-	2,96	3,33	-	2,77	3,12	-	2,58	2,91	-	2,40	2,70	-	2,22	2,50	-	2,04	2,30	-	1,87	2,
	V	53,95	0,62	4,31	4,85																		
	VI	55,43	0,79	4,43	4,98																		
162,49	I	37,15	-	2,97	3,34	-	2,59	2,91	-	2,22	2,50	-	1,88	2,11	-	1,55	1,74	-	1,24	1,39	-	0,94	1,
	II	32,61	-	2,60	2,93	-	2,24	2,52	-	1,89	2,13	-	1,56	1,76	-	1,25	1,41	-	0,95	1,07	-	0,68	0,
	III	21,49	-	1,71	1,93	-	1,44	1,62	-	1,17	1,32	-	0,91	1,02	-	0,66	0,74	-	0,42	0,47	-	0,20	0,
	IV	37,15	-	2,97	3,34	-	2,77	3,12	-	2,59	2,91	-	2,40	2,70	-	2,22	2,50	-	2,05	2,30	-	1,88	2,
	V	54,00	0,62	4,32	4,86																		
	VI	55,47	0,80	4,43	4,99																		
162,59	I	37,18	-	2,97	3,34	-	2,59	2,91	-	2,23	2,50	-	1,88	2,11	-	1,55	1,74	-	1,24	1,39	-	0,94	1,
	II	32,65	-	2,61	2,93	-	2,24	2,52	-	1,90	2,13	-	1,57	1,76	-	1,25	1,41	-	0,96	1,08	-	0,68	0,
	III	21,52	-	1,72	1,93	-	1,44	1,62	-	1,17	1,32	-	0,91	1,03	-	0,66	0,74	-	0,42	0,47	-	0,20	0,
	IV	37,18	-	2,97	3,34	-	2,78	3,13	-	2,59	2,91	-	2,41	2,71	-	2,23	2,50	-	2,05	2,31	-	1,88	2,
	V	54,04	0,63	4,32	4,86																		
	VI	55,51	0,80	4,44	4,99																		
162,69	I	37,22	-	2,97	3,34	-	2,59	2,92	-	2,23	2,51	-	1,88	2,12	-	1,55	1,75	-	1,24	1,40	-	0,95	1,
	II	32,69	-	2,61	2,94	-	2,25	2,53	-	1,90	2,14	-	1,57	1,76	-	1,26	1,41	-	0,96	1,08	-	0,68	0,
	III	21,55	-	1,72	1,93	-	1,44	1,62	-	1,17	1,32	-	0,91	1,03	-	0,66	0,75	-	0,42	0,47	-	0,20	0,
	IV	37,22	-	2,97	3,34	-	2,78	3,13	-	2,59	2,92	-	2,41	2,71	-	2,23	2,51	-	2,05	2,31	-	1,88	2,
	V	54,08	0,63	4,32	4,86																		
	VI	55,56	0,81	4,44	5,00																		
162,79	I	37,26	-	2,98	3,35	-	2,60	2,92	-	2,23	2,51	-	1,88	2,12	-	1,56	1,75	-	1,24	1,40	-	0,95	1,
	II	32,73	-	2,61	2,94	-	2,25	2,53	-	1,90	2,14	-	1,57	1,77	-	1,26	1,42	-	0,96	1,08	-	0,68	0,
	III	21,57	-	1,72	1,94	-	1,44	1,62	-	1,18	1,32	-	0,92	1,03	-	0,66	0,75	-	0,42	0,47	-	0,21	0,
	IV	37,26	-	2,98	3,35	-	2,78	3,13	-	2,60	2,92	-	2,41	2,71	-	2,23	2,51	-	2,06	2,31	-	1,88	2,
	V	54,12	0,64	4,32	4,87																		
	VI	55,60	0,81	4,44	5,00																		
162,89	I	37,30	-	2,98	3,35	-	2,60	2,92	-	2,23	2,51	-	1,89	2,12	-	1,56	1,75	-	1,25	1,40	-	0,95	1,
	II	32,76	-	2,62	2,94	-	2,25	2,53	-	1,90	2,14	-	1,57	1,77	-	1,26	1,42	-	0,96	1,08	-	0,68	0,
	III	21,60	-	1,72	1,94	-	1,45	1,63	-	1,18	1,33	-	0,92	1,03	-	0,67	0,75	-	0,42	0,48	-	0,21	0,
	IV	37,30	-	2,98	3,35	-	2,79	3,14	-	2,60	2,92	-	2,41	2,72	-	2,23	2,51	-	2,06	2,32	-	1,89	2,
	V	54,16	0,64	4,33	4,87																		
	VI	55,64	0,82	4,45	5,00																		
162,99	I	37,34	-	2,98	3,36	-	2,60	2,93	-	2,24	2,52	-	1,89	2,13	-	1,56	1,76	-	1,25	1,40	-	0,95	1,
	II	32,80	-	2,62	2,95	-	2,25	2,54	-	1,91	2,15	-	1,58	1,77	-	1,26	1,42	-	0,97	1,09	-	0,69	0,
	III	21,63	-	1,73	1,94	-	1,45	1,63	-	1,18	1,33	-	0,92	1,04	-	0,67	0,75	-	0,43	0,48	-	0,21	0,
	IV	37,34	-	2,98	3,36	-	2,79	3,14	-	2,60	2,93	-	2,42	2,72	-	2,24	2,52	-	2,06	2,32	-	1,89	2,
	V	54,20	0,65	4,33	4,87																		
	VI	55,68	0,82	4,45	5,01																		
163,09	I	37,38	-	2,99	3,36	-	2,60	2,93	-	2,24	2,52	-	1,89	2,13	-	1,56	1,76	-	1,25	1,41	-	0,95	1,
	II	32,84	-	2,62	2,95	-	2,26	2,54	-	1,91	2,15	-	1,58	1,78	-	1,26	1,42	-	0,97	1,09	-	0,69	0,
	III	21,66	-	1,73	1,94	-	1,45	1,63	-	1,18	1,33	-	0,92	1,04	-	0,67	0,76	-	0,43	0,48	-	0,21	0,
	IV	37,38	-	2,99	3,36	-	2,79	3,14	-	2,60	2,93	-	2,42	2,72	-	2,24	2,52	-	2,06	2,32	-	1,89	2,
	V	54,25	0,65	4,34	4,88																		
	VI	55,72	0,83	4,45	5,01																		
163,19	I	37,42	-	2,99	3,36	-	2,61	2,93	-	2,24	2,52	-	1,90	2,13	-	1,57	1,76	-	1,25	1,41	-	0,96	1,
	II	32,88	-	2,63	2,95	-	2,26	2,54	-	1,91	2,15	-	1,58	1,78	-	1,27	1,43	-	0,97	1,09	-	0,69	0,
	III	21,68	-	1,73	1,95	-	1,45	1,63	-	1,18	1,33	-	0,92	1,04	-	0,67	0,76	-	0,43	0,48	-	0,21	0,
	IV	37,42	-	2,99	3,36	-	2,80	3,15	-	2,61	2,93	-	2,42	2,73	-	2,24	2,52	-	2,07	2,33	-	1,90	2,
	V	54,29	0,66	4,34	4,88																		
	VI	55,76	0,83	4,46	5,01																		
163,29	I	37,46	-	2,99	3,37	-	2,61	2,94	-	2,25	2,53	-	1,90	2,14	-	1,57	1,76	-	1,26	1,41	-	0,96	1,
	II	32,91	-	2,63	2,96	-	2,26	2,55	-	1,92	2,16	-	1,58	1,78	-	1,27	1,43	-	0,97	1,09	-	0,69	0,
	III	21,72	-	1,73	1,95	-	1,46	1,64	-	1,19	1,34	-	0,93	1,04	-	0,68	0,76	-	0,43	0,49	-	0,21	0,
	IV	37,46	-	2,99	3,37	-	2,80	3,15	-	2,61	2,94	-	2,43	2,73	-	2,25	2,53	-	2,07	2,33	-	1,90	2,
	V	54,33	0,66	4,34	4,88																		
	VI	55,81	0,84	4,46	5,02																		
163,39	I	37,50	-	3,00	3,37	-	2,61	2,94	-	2,25	2,53	-	1,90	2,14	-	1,57	1,77	-	1,26	1,42	-	0,96	1,
	II	32,95	-	2,63	2,96	-	2,27	2,55	-	1,92	2,16	-	1,59	1,79	-	1,27	1,43	-	0,98	1,10	-	0,70	0,
	III	21,75	-	1,74	1,95	-	1,46	1,64	-	1,19	1,34	-	0,93	1,04	-	0,68	0,76	-	0,43	0,49	-	0,22	0,
	IV	37,50	-	3,00	3,37	-	2,80	3,15	-	2,61	2,94	-	2,43	2,73	-	2,25	2,53	-	2,07	2,33	-	1,90	2,
	V	54,37	0,67	4,34	4,89																		
	VI	55,85	0,84	4,46	5,02																		
163,49	I	37,54	-	3,00	3,37	-	2,62	2,94	-	2,25	2,53	-	1,90	2,14	-	1,57	1,77	-	1,26	1,42	-	0,96	1,
	II	32,99	-	2,63	2,96	-	2,27	2,55	-	1,92	2,16	-	1,59	1,79	-	1,28	1,44	-	0,98	1,10	-	0,70	0,
	III	21,77	-	1,74	1,95	-	1,46	1,64	-	1,19	1,34	-	0,93	1,05	-	0,68	0,76	-	0,44	0,49	-	0,22	0,
	IV	37,54	-	3,00	3,37	-	2,80	3,16	-	2,62	2,94	-	2,43	2,74	-	2,25	2,53	-	2,08	2,34	-	1,90	2,
	V	54,41	0,67	4,35	4,89																		
	VI	55,89	0,85	4,47	5,03																		

Anzahl Kinderfreibeträge (nur Steuerklassen I–IV)

Lohn/ Gehalt bis	Steuerklasse	Lohn-steuer	ohne Kinderfreibetrag			Anzahl Kinderfreibeträge (nur Steuerklassen I–IV)																	
						0,5			1,0			1,5			2,0			2,5			3,0		
			SolZ 5,5%	Kirchensteuer 8%	9%	SolZ 5,5%	Kirchensteuer 8%	9%	SolZ 5,5%	Kirchensteuer 8%	9%	SolZ 5,5%	Kirchensteuer 8%	9%	SolZ 5,5%	Kirchensteuer 8%	9%	SolZ 5,5%	Kirchensteuer 8%	9%	SolZ 5,5%	Kirchensteuer 8%	9%
163,59	I	37,58	-	3,00	3,38	-	2,62	2,95	-	2,25	2,54	-	1,91	2,15	-	1,58	1,77	-	1,26	1,42	-	0,97	1,09
	II	33,03	-	2,64	2,97	-	2,27	2,56	-	1,92	2,16	-	1,59	1,79	-	1,28	1,44	-	0,98	1,10	-	0,70	0,79
	III	21,80	-	1,74	1,96	-	1,46	1,64	-	1,19	1,34	-	0,93	1,05	-	0,68	0,77	-	0,44	0,49	-	0,22	0,25
	IV	37,58	-	3,00	3,38	-	2,81	3,16	-	2,62	2,95	-	2,43	2,74	-	2,25	2,54	-	2,08	2,34	-	1,91	2,15
	V	54,46	0,68	4,35	4,90																		
	VI	55,93	0,85	4,47	5,03																		
163,69	I	37,61	-	3,00	3,38	-	2,62	2,95	-	2,26	2,54	-	1,91	2,15	-	1,58	1,78	-	1,26	1,42	-	0,97	1,09
	II	33,06	-	2,64	2,97	-	2,27	2,56	-	1,93	2,17	-	1,59	1,79	-	1,28	1,44	-	0,98	1,11	-	0,70	0,79
	III	21,83	-	1,74	1,96	-	1,46	1,65	-	1,20	1,35	-	0,93	1,05	-	0,68	0,77	-	0,44	0,49	-	0,22	0,25
	IV	37,61	-	3,00	3,38	-	2,81	3,16	-	2,62	2,95	-	2,44	2,74	-	2,26	2,54	-	2,08	2,34	-	1,91	2,15
	V	54,50	0,68	4,36	4,90																		
	VI	55,98	0,86	4,47	5,03																		
163,79	I	37,66	-	3,01	3,38	-	2,63	2,95	-	2,26	2,54	-	1,91	2,15	-	1,58	1,78	-	1,27	1,43	-	0,97	1,09
	II	33,10	-	2,64	2,97	-	2,28	2,56	-	1,93	2,17	-	1,60	1,80	-	1,28	1,44	-	0,98	1,11	-	0,70	0,79
	III	21,86	-	1,74	1,96	-	1,47	1,65	-	1,20	1,35	-	0,94	1,05	-	0,68	0,77	-	0,44	0,50	-	0,22	0,25
	IV	37,66	-	3,01	3,38	-	2,81	3,17	-	2,63	2,95	-	2,44	2,75	-	2,26	2,54	-	2,08	2,34	-	1,91	2,15
	V	54,54	0,69	4,36	4,90																		
	VI	56,02	0,86	4,48	5,04																		
163,89	I	37,70	-	3,01	3,39	-	2,63	2,96	-	2,26	2,55	-	1,92	2,16	-	1,58	1,78	-	1,27	1,43	-	0,97	1,09
	II	33,14	-	2,65	2,98	-	2,28	2,57	-	1,93	2,17	-	1,60	1,80	-	1,28	1,45	-	0,99	1,11	-	0,71	0,80
	III	21,88	-	1,75	1,96	-	1,47	1,65	-	1,20	1,35	-	0,94	1,06	-	0,69	0,77	-	0,44	0,50	-	0,22	0,25
	IV	37,70	-	3,01	3,39	-	2,82	3,17	-	2,63	2,96	-	2,44	2,75	-	2,26	2,55	-	2,09	2,35	-	1,92	2,16
	V	54,58	0,69	4,36	4,91																		
	VI	56,06	0,87	4,48	5,04																		
163,99	I	37,73	-	3,01	3,39	-	2,63	2,96	-	2,27	2,55	-	1,92	2,16	-	1,59	1,79	-	1,27	1,43	-	0,98	1,10
	II	33,18	-	2,65	2,98	-	2,28	2,57	-	1,93	2,18	-	1,60	1,80	-	1,29	1,45	-	0,99	1,11	-	0,71	0,80
	III	21,91	-	1,75	1,97	-	1,47	1,65	-	1,20	1,35	-	0,94	1,06	-	0,69	0,78	-	0,44	0,50	-	0,22	0,25
	IV	37,73	-	3,01	3,39	-	2,82	3,17	-	2,63	2,96	-	2,45	2,75	-	2,27	2,55	-	2,09	2,35	-	1,92	2,16
	V	54,62	0,70	4,36	4,91																		
	VI	56,10	0,87	4,48	5,04																		
164,09	I	37,77	-	3,02	3,39	-	2,63	2,96	-	2,27	2,55	-	1,92	2,16	-	1,59	1,79	-	1,28	1,44	-	0,98	1,10
	II	33,21	-	2,65	2,98	-	2,29	2,57	-	1,94	2,18	-	1,60	1,81	-	1,29	1,45	-	0,99	1,12	-	0,71	0,80
	III	21,94	-	1,75	1,97	-	1,47	1,66	-	1,20	1,35	-	0,94	1,06	-	0,69	0,78	-	0,45	0,50	-	0,23	0,26
	IV	37,77	-	3,02	3,39	-	2,82	3,18	-	2,63	2,96	-	2,45	2,76	-	2,27	2,55	-	2,09	2,35	-	1,92	2,16
	V	54,67	0,70	4,37	4,92																		
	VI	56,14	0,88	4,49	5,05																		
164,19	I	37,81	-	3,02	3,40	-	2,64	2,97	-	2,27	2,56	-	1,92	2,16	-	1,59	1,79	-	1,28	1,44	-	0,98	1,10
	II	33,25	-	2,66	2,99	-	2,29	2,58	-	1,94	2,18	-	1,61	1,81	-	1,29	1,45	-	0,99	1,12	-	0,71	0,80
	III	21,97	-	1,75	1,97	-	1,48	1,66	-	1,21	1,36	-	0,94	1,06	-	0,69	0,78	-	0,45	0,51	-	0,23	0,26
	IV	37,81	-	3,02	3,40	-	2,83	3,18	-	2,64	2,97	-	2,45	2,76	-	2,27	2,56	-	2,10	2,36	-	1,92	2,16
	V	54,71	0,71	4,37	4,92																		
	VI	56,18	0,88	4,49	5,05																		
164,29	I	37,85	-	3,02	3,40	-	2,64	2,97	-	2,27	2,56	-	1,93	2,17	-	1,59	1,79	-	1,28	1,44	-	0,98	1,11
	II	33,29	-	2,66	2,99	-	2,29	2,58	-	1,94	2,19	-	1,61	1,81	-	1,29	1,46	-	1,00	1,12	-	0,72	0,81
	III	22,00	-	1,76	1,98	-	1,48	1,66	-	1,21	1,36	-	0,95	1,07	-	0,70	0,78	-	0,45	0,51	-	0,23	0,26
	IV	37,85	-	3,02	3,40	-	2,83	3,18	-	2,64	2,97	-	2,46	2,76	-	2,27	2,56	-	2,10	2,36	-	1,93	2,17
	V	54,75	0,71	4,38	4,92																		
	VI	56,23	0,89	4,49	5,06																		
164,39	I	37,89	-	3,03	3,41	-	2,64	2,97	-	2,28	2,56	-	1,93	2,17	-	1,60	1,80	-	1,28	1,44	-	0,98	1,11
	II	33,33	-	2,66	2,99	-	2,29	2,58	-	1,94	2,19	-	1,61	1,81	-	1,30	1,46	-	1,00	1,12	-	0,72	0,81
	III	22,03	-	1,76	1,98	-	1,48	1,66	-	1,21	1,36	-	0,95	1,07	-	0,70	0,78	-	0,45	0,51	-	0,23	0,26
	IV	37,89	-	3,03	3,41	-	2,83	3,19	-	2,64	2,97	-	2,46	2,77	-	2,28	2,56	-	2,10	2,36	-	1,93	2,17
	V	54,79	0,72	4,38	4,93																		
	VI	56,27	0,89	4,50	5,06																		
164,49	I	37,93	-	3,03	3,41	-	2,65	2,98	-	2,28	2,57	-	1,93	2,17	-	1,60	1,80	-	1,28	1,45	-	0,99	1,11
	II	33,36	-	2,66	3,00	-	2,30	2,59	-	1,95	2,19	-	1,62	1,82	-	1,30	1,46	-	1,00	1,13	-	0,72	0,81
	III	22,06	-	1,76	1,98	-	1,48	1,67	-	1,21	1,36	-	0,95	1,07	-	0,70	0,79	-	0,46	0,51	-	0,23	0,26
	IV	37,93	-	3,03	3,41	-	2,84	3,19	-	2,65	2,98	-	2,46	2,77	-	2,28	2,57	-	2,10	2,37	-	1,93	2,17
	V	54,83	0,72	4,38	4,93																		
	VI	56,31	0,90	4,50	5,06																		
164,59	I	37,97	-	3,03	3,41	-	2,65	2,98	-	2,28	2,57	-	1,93	2,18	-	1,60	1,80	-	1,29	1,45	-	0,99	1,11
	II	33,40	-	2,67	3,00	-	2,30	2,59	-	1,95	2,19	-	1,62	1,82	-	1,30	1,46	-	1,00	1,13	-	0,72	0,81
	III	22,08	-	1,76	1,98	-	1,48	1,67	-	1,21	1,37	-	0,95	1,07	-	0,70	0,79	-	0,46	0,51	-	0,23	0,26
	IV	37,97	-	3,03	3,41	-	2,84	3,19	-	2,65	2,98	-	2,46	2,77	-	2,28	2,57	-	2,11	2,37	-	1,93	2,18
	V	54,88	0,73	4,39	4,93																		
	VI	56,35	0,90	4,50	5,07																		
164,69	I	38,01	-	3,04	3,42	-	2,65	2,98	-	2,29	2,57	-	1,94	2,18	-	1,60	1,81	-	1,29	1,45	-	0,99	1,12
	II	33,44	-	2,67	3,00	-	2,30	2,59	-	1,95	2,20	-	1,62	1,82	-	1,30	1,47	-	1,01	1,13	-	0,72	0,81
	III	22,11	-	1,76	1,98	-	1,49	1,67	-	1,22	1,37	-	0,96	1,08	-	0,70	0,79	-	0,46	0,52	-	0,24	0,27
	IV	38,01	-	3,04	3,42	-	2,84	3,20	-	2,65	2,98	-	2,47	2,78	-	2,29	2,57	-	2,11	2,37	-	1,94	2,18
	V	54,92	0,73	4,39	4,94																		
	VI	56,40	0,91	4,51	5,07																		
164,79	I	38,05	-	3,04	3,42	-	2,66	2,99	-	2,29	2,58	-	1,94	2,18	-	1,61	1,81	-	1,29	1,45	-	0,99	1,12
	II	33,48	-	2,67	3,01	-	2,31	2,60	-	1,96	2,20	-	1,62	1,83	-	1,31	1,47	-	1,01	1,13	-	0,73	0,82
	III	22,14	-	1,77	1,99	-	1,49	1,67	-	1,22	1,37	-	0,96	1,08	-	0,70	0,79	-	0,46	0,52	-	0,24	0,27
	IV	38,05	-	3,04	3,42	-	2,84	3,20	-	2,66	2,99	-	2,47	2,78	-	2,29	2,58	-	2,11	2,38	-	1,94	2,18
	V	54,96	0,74	4,39	4,94																		
	VI	56,44	0,91	4,51	5,07																		
164,89	I	38,09	-	3,04	3,42	-	2,66	2,99	-	2,29	2,58	-	1,94	2,19	-	1,61	1,81	-	1,29	1,46	-	1,00	1,12
	II	33,52	-	2,68	3,01	-	2,31	2,60	-	1,96	2,20	-	1,63	1,83	-	1,31	1,47	-	1,01	1,14	-	0,73	0,82
	III	22,17	-	1,77	1,99	-	1,49	1,68	-	1,22	1,37	-	0,96	1,08	-	0,71	0,80	-	0,46	0,52	-	0,24	0,27
	IV	38,09	-	3,04	3,42	-	2,85	3,20	-	2,66	2,99	-	2,47	2,78	-	2,29	2,58	-	2,12	2,38	-	1,94	2,19
	V	55,00	0,74	4,40	4,95																		
	VI	56,48	0,92	4,51	5,08																		
164,99	I	38,13	-	3,05	3,43	-	2,66	2,99	-	2,29	2,58	-	1,94	2,19	-	1,61	1,81	-	1,30	1,46	-	1,00	1,12
	II	33,55	-	2,68	3,01	-	2,31	2,60	-	1,96	2,21	-	1,63	1,83	-	1,31	1,48	-	1,01	1,14	-	0,73	0,82
	III	22,20	-	1,77	1,99	-	1,49	1,68	-	1,22	1,38	-	0,96	1,08	-	0,71	0,80	-	0,46	0,52	-	0,24	0,27
	IV	38,13	-	3,05	3,43	-	2,85	3,21	-	2,66	2,99	-	2,48	2,79	-	2,29	2,58	-	2,12	2,38	-	1,94	2,19
	V	55,05	0,75	4,40	4,95																		
	VI	56,52	0,92	4,52	5,08																		

Lohn/Gehalt bis	Steuerklasse	Lohnsteuer	ohne Kinderfreibetrag			Anzahl Kinderfreibeträge (nur Steuerklassen I–IV) 0,5			1,0			1,5			2,0			2,5			3,0		
			SolZ 5,5%	Kirchensteuer 8%	Kirchensteuer 9%	SolZ 5,5%	Kirchensteuer 8%	Kirchensteuer 9%	SolZ 5,5%	Kirchensteuer 8%	Kirchensteuer 9%	SolZ 5,5%	Kirchensteuer 8%	Kirchensteuer 9%	SolZ 5,5%	Kirchensteuer 8%	Kirchensteuer 9%	SolZ 5,5%	Kirchensteuer 8%	Kirchensteuer 9%	SolZ 5,5%	Kirchensteuer 8%	Kirchensteuer 9%
165,09	I	38,17	-	3,05	3,43	-	2,66	3,00	-	2,30	2,59	-	1,95	2,19	-	1,62	1,82	-	1,30	1,46	-	1,00	1,1
	II	33,59	-	2,68	3,02	-	2,32	2,61	-	1,96	2,21	-	1,63	1,83	-	1,31	1,48	-	1,02	1,14	-	0,73	0,8
	III	22,22	-	1,77	1,99	-	1,50	1,68	-	1,22	1,38	-	0,96	1,08	-	0,71	0,80	-	0,47	0,53	-	0,24	0,2
	IV	38,17	-	3,05	3,43	-	2,85	3,21	-	2,66	3,00	-	2,48	2,79	-	2,30	2,59	-	2,12	2,39	-	1,95	2,1
	V	55,09	0,75	4,40	4,95																		
	VI	56,56	0,93	4,52	5,09																		
165,19	I	38,21	-	3,05	3,43	-	2,67	3,00	-	2,30	2,59	-	1,95	2,19	-	1,62	1,82	-	1,30	1,46	-	1,00	1,1
	II	33,63	-	2,69	3,02	-	2,32	2,61	-	1,97	2,21	-	1,63	1,84	-	1,32	1,48	-	1,02	1,15	-	0,74	0,8
	III	22,26	-	1,78	2,00	-	1,50	1,68	-	1,23	1,38	-	0,97	1,09	-	0,71	0,80	-	0,47	0,53	-	0,24	0,2
	IV	38,21	-	3,05	3,43	-	2,86	3,22	-	2,67	3,00	-	2,48	2,79	-	2,30	2,59	-	2,12	2,39	-	1,95	2,1
	V	55,13	0,76	4,41	4,96																		
	VI	56,61	0,93	4,52	5,09																		
165,29	I	38,25	-	3,06	3,44	-	2,67	3,00	-	2,30	2,59	-	1,95	2,20	-	1,62	1,82	-	1,30	1,47	-	1,01	1,1
	II	33,67	-	2,69	3,03	-	2,32	2,61	-	1,97	2,22	-	1,64	1,84	-	1,32	1,48	-	1,02	1,15	-	0,74	0,8
	III	22,28	-	1,78	2,00	-	1,50	1,69	-	1,23	1,38	-	0,97	1,09	-	0,72	0,81	-	0,47	0,53	-	0,25	0,2
	IV	38,25	-	3,06	3,44	-	2,86	3,22	-	2,67	3,00	-	2,48	2,80	-	2,30	2,59	-	2,13	2,39	-	1,95	2,2
	V	55,17	0,76	4,41	4,96																		
	VI	56,65	0,94	4,53	5,09																		
165,39	I	38,29	-	3,06	3,44	-	2,67	3,01	-	2,31	2,60	-	1,96	2,20	-	1,62	1,83	-	1,31	1,47	-	1,01	1,1
	II	33,71	-	2,69	3,03	-	2,32	2,61	-	1,97	2,22	-	1,64	1,84	-	1,32	1,49	-	1,02	1,15	-	0,74	0,8
	III	22,31	-	1,78	2,00	-	1,50	1,69	-	1,23	1,39	-	0,97	1,09	-	0,72	0,81	-	0,47	0,53	-	0,25	0,2
	IV	38,29	-	3,06	3,44	-	2,86	3,22	-	2,67	3,01	-	2,49	2,80	-	2,31	2,60	-	2,13	2,40	-	1,96	2,2
	V	55,21	0,77	4,41	4,96																		
	VI	56,69	0,94	4,53	5,10																		
165,49	I	38,33	-	3,06	3,44	-	2,68	3,01	-	2,31	2,60	-	1,96	2,20	-	1,63	1,83	-	1,31	1,47	-	1,01	1,1
	II	33,75	-	2,70	3,03	-	2,33	2,62	-	1,98	2,22	-	1,64	1,85	-	1,32	1,49	-	1,02	1,15	-	0,74	0,8
	III	22,34	-	1,78	2,01	-	1,50	1,69	-	1,23	1,39	-	0,97	1,09	-	0,72	0,81	-	0,47	0,53	-	0,25	0,2
	IV	38,33	-	3,06	3,44	-	2,87	3,23	-	2,68	3,01	-	2,49	2,80	-	2,31	2,60	-	2,13	2,40	-	1,96	2,2
	V	55,25	0,77	4,42	4,97																		
	VI	56,73	0,95	4,53	5,10																		
165,59	I	38,36	-	3,06	3,45	-	2,68	3,01	-	2,31	2,60	-	1,96	2,21	-	1,63	1,83	-	1,31	1,48	-	1,01	1,1
	II	33,78	-	2,70	3,04	-	2,33	2,62	-	1,98	2,23	-	1,64	1,85	-	1,33	1,49	-	1,03	1,16	-	0,74	0,8
	III	22,37	-	1,78	2,01	-	1,51	1,69	-	1,24	1,39	-	0,97	1,10	-	0,72	0,81	-	0,48	0,54	-	0,25	0,2
	IV	38,36	-	3,06	3,45	-	2,87	3,23	-	2,68	3,01	-	2,49	2,81	-	2,31	2,60	-	2,13	2,40	-	1,96	2,2
	V	55,30	0,78	4,42	4,97																		
	VI	56,77	0,95	4,54	5,10																		
165,69	I	38,40	-	3,07	3,45	-	2,68	3,02	-	2,32	2,61	-	1,96	2,21	-	1,63	1,83	-	1,31	1,48	-	1,02	1,
	II	33,82	-	2,70	3,04	-	2,33	2,62	-	1,98	2,23	-	1,65	1,85	-	1,33	1,50	-	1,03	1,16	-	0,75	0,8
	III	22,40	-	1,79	2,01	-	1,51	1,70	-	1,24	1,39	-	0,98	1,10	-	0,72	0,81	-	0,48	0,54	-	0,25	0,2
	IV	38,40	-	3,07	3,45	-	2,87	3,23	-	2,68	3,02	-	2,50	2,81	-	2,32	2,61	-	2,14	2,41	-	1,96	2,2
	V	55,34	0,78	4,42	4,98																		
	VI	56,81	0,96	4,54	5,11																		
165,79	I	38,45	-	3,07	3,46	-	2,69	3,02	-	2,32	2,61	-	1,97	2,21	-	1,63	1,84	-	1,32	1,48	-	1,02	1,
	II	33,86	-	2,70	3,04	-	2,34	2,63	-	1,98	2,23	-	1,65	1,86	-	1,33	1,50	-	1,03	1,16	-	0,75	0,8
	III	22,42	-	1,79	2,01	-	1,51	1,70	-	1,24	1,40	-	0,98	1,10	-	0,72	0,82	-	0,48	0,54	-	0,25	0,2
	IV	38,45	-	3,07	3,46	-	2,88	3,24	-	2,69	3,02	-	2,50	2,81	-	2,32	2,61	-	2,14	2,41	-	1,97	2,2
	V	55,38	0,79	4,43	4,98																		
	VI	56,86	0,96	4,54	5,11																		
165,89	I	38,48	-	3,07	3,46	-	2,69	3,03	-	2,32	2,61	-	1,97	2,22	-	1,64	1,84	-	1,32	1,48	-	1,02	1,
	II	33,90	-	2,71	3,05	-	2,34	2,63	-	1,99	2,24	-	1,65	1,86	-	1,33	1,50	-	1,03	1,16	-	0,75	0,8
	III	22,45	-	1,79	2,02	-	1,51	1,70	-	1,24	1,40	-	0,98	1,10	-	0,73	0,82	-	0,48	0,54	-	0,26	0,2
	IV	38,48	-	3,07	3,46	-	2,88	3,24	-	2,69	3,03	-	2,50	2,82	-	2,32	2,61	-	2,14	2,41	-	1,97	2,2
	V	55,42	0,79	4,43	4,98																		
	VI	56,90	0,97	4,55	5,12																		
165,99	I	38,52	-	3,08	3,46	-	2,69	3,03	-	2,32	2,61	-	1,97	2,22	-	1,64	1,84	-	1,32	1,49	-	1,02	1,
	II	33,93	-	2,71	3,05	-	2,34	2,63	-	1,99	2,24	-	1,65	1,86	-	1,34	1,50	-	1,04	1,17	-	0,75	0,
	III	22,48	-	1,79	2,02	-	1,51	1,70	-	1,24	1,40	-	0,98	1,10	-	0,73	0,82	-	0,48	0,54	-	0,26	0,
	IV	38,52	-	3,08	3,46	-	2,88	3,24	-	2,69	3,03	-	2,51	2,82	-	2,32	2,61	-	2,15	2,41	-	1,97	2,
	V	55,46	0,80	4,43	4,99																		
	VI	56,94	0,97	4,55	5,12																		
166,09	I	38,56	-	3,08	3,47	-	2,70	3,03	-	2,33	2,62	-	1,98	2,22	-	1,64	1,85	-	1,32	1,49	-	1,02	1,
	II	33,97	-	2,71	3,05	-	2,34	2,64	-	1,99	2,24	-	1,66	1,86	-	1,34	1,51	-	1,04	1,17	-	0,76	0,
	III	22,51	-	1,80	2,02	-	1,52	1,71	-	1,25	1,40	-	0,98	1,11	-	0,73	0,82	-	0,49	0,55	-	0,26	0,
	IV	38,56	-	3,08	3,47	-	2,89	3,25	-	2,70	3,03	-	2,51	2,82	-	2,33	2,62	-	2,15	2,42	-	1,98	2,
	V	55,51	0,80	4,44	4,99																		
	VI	56,98	0,98	4,55	5,12																		
166,19	I	38,60	-	3,08	3,47	-	2,70	3,04	-	2,33	2,62	-	1,98	2,23	-	1,64	1,85	-	1,33	1,49	-	1,03	1,
	II	34,01	-	2,72	3,06	-	2,35	2,64	-	1,99	2,24	-	1,66	1,87	-	1,34	1,51	-	1,04	1,17	-	0,76	0,
	III	22,54	-	1,80	2,02	-	1,52	1,71	-	1,25	1,40	-	0,99	1,11	-	0,73	0,82	-	0,49	0,55	-	0,26	0,
	IV	38,60	-	3,08	3,47	-	2,89	3,25	-	2,70	3,04	-	2,51	2,83	-	2,33	2,62	-	2,15	2,42	-	1,98	2,
	V	55,55	0,81	4,44	4,99																		
	VI	57,03	0,98	4,56	5,13																		
166,29	I	38,64	-	3,09	3,47	-	2,70	3,04	-	2,33	2,62	-	1,98	2,23	-	1,65	1,85	-	1,33	1,50	-	1,03	1,
	II	34,05	-	2,72	3,06	-	2,35	2,64	-	2,00	2,25	-	1,66	1,87	-	1,34	1,51	-	1,04	1,17	-	0,76	0,
	III	22,57	-	1,80	2,03	-	1,52	1,71	-	1,25	1,41	-	0,99	1,11	-	0,74	0,83	-	0,49	0,55	-	0,26	0,
	IV	38,64	-	3,09	3,47	-	2,89	3,25	-	2,70	3,04	-	2,51	2,83	-	2,33	2,62	-	2,15	2,42	-	1,98	2,
	V	55,59	0,81	4,44	5,00																		
	VI	57,07	0,99	4,56	5,13																		
166,39	I	38,68	-	3,09	3,48	-	2,70	3,04	-	2,34	2,63	-	1,98	2,23	-	1,65	1,86	-	1,33	1,50	-	1,03	1,
	II	34,08	-	2,72	3,06	-	2,35	2,65	-	2,00	2,25	-	1,66	1,87	-	1,35	1,52	-	1,05	1,18	-	0,76	0,
	III	22,60	-	1,80	2,03	-	1,52	1,71	-	1,25	1,41	-	0,99	1,11	-	0,74	0,83	-	0,49	0,55	-	0,26	0,
	IV	38,68	-	3,09	3,48	-	2,89	3,26	-	2,70	3,04	-	2,52	2,83	-	2,34	2,63	-	2,16	2,43	-	1,98	2,
	V	55,63	0,82	4,45	5,00																		
	VI	57,11	0,99	4,56	5,13																		
166,49	I	38,72	-	3,09	3,48	-	2,71	3,05	-	2,34	2,63	-	1,99	2,24	-	1,65	1,86	-	1,33	1,50	-	1,03	1,
	II	34,12	-	2,72	3,07	-	2,36	2,65	-	2,00	2,25	-	1,67	1,88	-	1,35	1,52	-	1,05	1,18	-	0,76	0,
	III	22,62	-	1,80	2,03	-	1,53	1,72	-	1,26	1,41	-	0,99	1,12	-	0,74	0,83	-	0,49	0,56	-	0,27	0,
	IV	38,72	-	3,09	3,48	-	2,90	3,26	-	2,71	3,05	-	2,52	2,84	-	2,34	2,63	-	2,16	2,43	-	1,99	2,
	V	55,67	0,82	4,45	5,01																		
	VI	57,15	1,00	4,57	5,14																		

Lohn/ Gehalt bis	Steuerklasse	Lohn-steuer	ohne Kinderfreibetrag SolZ 5,5%	ohne Kinderfreibetrag Kirchensteuer 8%	ohne Kinderfreibetrag Kirchensteuer 9%	0,5 SolZ 5,5%	0,5 Kirchensteuer 8%	0,5 Kirchensteuer 9%	1,0 SolZ 5,5%	1,0 Kirchensteuer 8%	1,0 Kirchensteuer 9%	1,5 SolZ 5,5%	1,5 Kirchensteuer 8%	1,5 Kirchensteuer 9%	2,0 SolZ 5,5%	2,0 Kirchensteuer 8%	2,0 Kirchensteuer 9%	2,5 SolZ 5,5%	2,5 Kirchensteuer 8%	2,5 Kirchensteuer 9%	3,0 SolZ 5,5%	3,0 Kirchensteuer 8%	3,0 Kirchensteuer 9%
						Anzahl Kinderfreibeträge (nur Steuerklassen I–IV)																	
166,59	I	38,76	-	3,10	3,48	-	2,71	3,05	-	2,34	2,63	-	1,99	2,24	-	1,65	1,86	-	1,34	1,50	-	1,04	1,17
	II	34,16	-	2,73	3,07	-	2,36	2,65	-	2,01	2,26	-	1,67	1,88	-	1,35	1,52	-	1,05	1,18	-	0,77	0,86
	III	22,65	-	1,81	2,03	-	1,53	1,72	-	1,26	1,41	-	0,99	1,12	-	0,74	0,83	-	0,50	0,56	-	0,27	0,30
	IV	38,76	-	3,10	3,48	-	2,90	3,26	-	2,71	3,05	-	2,52	2,84	-	2,34	2,63	-	2,16	2,43	-	1,99	2,24
	V	55,72	0,83	4,45	5,01																		
	VI	57,19	1,00	4,57	5,14																		
166,69	I	38,80	-	3,10	3,49	-	2,71	3,05	-	2,34	2,64	-	1,99	2,24	-	1,66	1,86	-	1,34	1,51	-	1,04	1,17
	II	34,20	-	2,73	3,07	-	2,36	2,66	-	2,01	2,26	-	1,67	1,88	-	1,35	1,52	-	1,05	1,18	-	0,77	0,86
	III	22,68	-	1,81	2,04	-	1,53	1,72	-	1,26	1,42	-	1,00	1,12	-	0,74	0,84	-	0,50	0,56	-	0,27	0,30
	IV	38,80	-	3,10	3,49	-	2,90	3,27	-	2,71	3,05	-	2,53	2,84	-	2,34	2,64	-	2,17	2,44	-	1,99	2,24
	V	55,76	0,83	4,46	5,01																		
	VI	57,23	1,01	4,57	5,15																		
166,79	I	38,84	-	3,10	3,49	-	2,72	3,06	-	2,35	2,64	-	1,99	2,24	-	1,66	1,87	-	1,34	1,51	-	1,04	1,17
	II	34,24	-	2,73	3,08	-	2,36	2,66	-	2,01	2,26	-	1,68	1,89	-	1,36	1,53	-	1,06	1,19	-	0,77	0,87
	III	22,71	-	1,81	2,04	-	1,53	1,72	-	1,26	1,42	-	1,00	1,12	-	0,74	0,84	-	0,50	0,56	-	0,27	0,31
	IV	38,84	-	3,10	3,49	-	2,91	3,27	-	2,72	3,06	-	2,53	2,85	-	2,35	2,64	-	2,17	2,44	-	1,99	2,24
	V	55,80	0,84	4,46	5,02																		
	VI	57,28	1,01	4,58	5,15																		
166,89	I	38,88	-	3,11	3,49	-	2,72	3,06	-	2,35	2,64	-	2,00	2,25	-	1,66	1,87	-	1,34	1,51	-	1,04	1,17
	II	34,28	-	2,74	3,08	-	2,37	2,66	-	2,01	2,27	-	1,68	1,89	-	1,36	1,53	-	1,06	1,19	-	0,77	0,87
	III	22,74	-	1,81	2,04	-	1,53	1,73	-	1,26	1,42	-	1,00	1,13	-	0,75	0,84	-	0,50	0,56	-	0,27	0,31
	IV	38,88	-	3,11	3,49	-	2,91	3,27	-	2,72	3,06	-	2,53	2,85	-	2,35	2,64	-	2,17	2,44	-	2,00	2,25
	V	55,84	0,84	4,46	5,02																		
	VI	57,32	1,02	4,58	5,15																		
166,99	I	38,92	-	3,11	3,50	-	2,72	3,06	-	2,35	2,65	-	2,00	2,25	-	1,66	1,87	-	1,35	1,52	-	1,05	1,18
	II	34,31	-	2,74	3,08	-	2,37	2,67	-	2,02	2,27	-	1,68	1,89	-	1,36	1,53	-	1,06	1,19	-	0,78	0,87
	III	22,77	-	1,82	2,04	-	1,54	1,73	-	1,27	1,42	-	1,00	1,13	-	0,75	0,84	-	0,50	0,57	-	0,27	0,31
	IV	38,92	-	3,11	3,50	-	2,91	3,28	-	2,72	3,06	-	2,54	2,85	-	2,35	2,65	-	2,17	2,45	-	2,00	2,25
	V	55,88	0,85	4,47	5,02																		
	VI	57,36	1,02	4,58	5,16																		
167,09	I	38,96	-	3,11	3,50	-	2,72	3,07	-	2,36	2,65	-	2,00	2,25	-	1,67	1,88	-	1,35	1,52	-	1,05	1,18
	II	34,35	-	2,74	3,09	-	2,37	2,67	-	2,02	2,27	-	1,68	1,89	-	1,36	1,53	-	1,06	1,19	-	0,78	0,88
	III	22,80	-	1,82	2,05	-	1,54	1,73	-	1,27	1,43	-	1,00	1,13	-	0,75	0,85	-	0,50	0,57	-	0,28	0,31
	IV	38,96	-	3,11	3,50	-	2,92	3,28	-	2,72	3,07	-	2,54	2,86	-	2,36	2,65	-	2,18	2,45	-	2,00	2,25
	V	55,93	0,85	4,47	5,03																		
	VI	57,40	1,03	4,59	5,16																		
167,19	I	39,00	-	3,12	3,51	-	2,73	3,07	-	2,36	2,65	-	2,01	2,26	-	1,67	1,88	-	1,35	1,52	-	1,05	1,18
	II	34,39	-	2,75	3,09	-	2,38	2,67	-	2,02	2,28	-	1,69	1,90	-	1,37	1,54	-	1,06	1,20	-	0,78	0,88
	III	22,82	-	1,82	2,05	-	1,54	1,73	-	1,27	1,43	-	1,01	1,13	-	0,75	0,85	-	0,51	0,57	-	0,28	0,31
	IV	39,00	-	3,12	3,51	-	2,92	3,28	-	2,73	3,07	-	2,54	2,86	-	2,36	2,65	-	2,18	2,45	-	2,01	2,26
	V	55,97	0,86	4,47	5,03																		
	VI	57,45	1,03	4,59	5,17																		
167,29	I	39,04	-	3,12	3,51	-	2,73	3,07	-	2,36	2,66	-	2,01	2,26	-	1,67	1,88	-	1,35	1,52	-	1,05	1,18
	II	34,43	-	2,75	3,09	-	2,38	2,68	-	2,02	2,28	-	1,69	1,90	-	1,37	1,54	-	1,07	1,20	-	0,78	0,88
	III	22,85	-	1,82	2,05	-	1,54	1,74	-	1,27	1,43	-	1,01	1,14	-	0,76	0,85	-	0,51	0,57	-	0,28	0,31
	IV	39,04	-	3,12	3,51	-	2,92	3,29	-	2,73	3,07	-	2,54	2,86	-	2,36	2,66	-	2,18	2,46	-	2,01	2,26
	V	56,01	0,86	4,48	5,04																		
	VI	57,49	1,04	4,59	5,17																		
167,39	I	39,08	-	3,12	3,51	-	2,73	3,08	-	2,36	2,66	-	2,01	2,26	-	1,68	1,89	-	1,36	1,53	-	1,06	1,19
	II	34,47	-	2,75	3,10	-	2,38	2,68	-	2,03	2,28	-	1,69	1,90	-	1,37	1,54	-	1,07	1,20	-	0,78	0,88
	III	22,88	-	1,83	2,05	-	1,55	1,74	-	1,27	1,43	-	1,01	1,14	-	0,76	0,85	-	0,51	0,58	-	0,28	0,32
	IV	39,08	-	3,12	3,51	-	2,93	3,29	-	2,73	3,08	-	2,55	2,87	-	2,36	2,66	-	2,19	2,46	-	2,01	2,26
	V	56,05	0,87	4,48	5,04																		
	VI	57,53	1,04	4,60	5,17																		
167,49	I	39,12	-	3,12	3,52	-	2,74	3,08	-	2,37	2,66	-	2,01	2,27	-	1,68	1,89	-	1,36	1,53	-	1,06	1,19
	II	34,50	-	2,76	3,10	-	2,38	2,68	-	2,03	2,28	-	1,69	1,91	-	1,37	1,55	-	1,07	1,21	-	0,79	0,89
	III	22,91	-	1,83	2,06	-	1,55	1,74	-	1,28	1,44	-	1,01	1,14	-	0,76	0,85	-	0,51	0,58	-	0,28	0,32
	IV	39,12	-	3,12	3,52	-	2,93	3,30	-	2,74	3,08	-	2,55	2,87	-	2,37	2,66	-	2,19	2,46	-	2,01	2,27
	V	56,10	0,87	4,48	5,04																		
	VI	57,57	1,05	4,60	5,18																		
167,59	I	39,16	-	3,13	3,52	-	2,74	3,08	-	2,37	2,67	-	2,02	2,27	-	1,68	1,89	-	1,36	1,53	-	1,06	1,19
	II	34,54	-	2,76	3,10	-	2,39	2,69	-	2,03	2,29	-	1,70	1,91	-	1,38	1,55	-	1,07	1,21	-	0,79	0,89
	III	22,94	-	1,83	2,06	-	1,55	1,74	-	1,28	1,44	-	1,02	1,14	-	0,76	0,86	-	0,52	0,58	-	0,28	0,32
	IV	39,16	-	3,13	3,52	-	2,93	3,30	-	2,74	3,08	-	2,55	2,87	-	2,37	2,67	-	2,19	2,47	-	2,02	2,27
	V	56,14	0,88	4,49	5,05																		
	VI	57,61	1,05	4,60	5,18																		
167,69	I	39,20	-	3,13	3,52	-	2,74	3,09	-	2,37	2,67	-	2,02	2,27	-	1,68	1,89	-	1,36	1,53	-	1,06	1,19
	II	34,58	-	2,76	3,11	-	2,39	2,69	-	2,04	2,29	-	1,70	1,91	-	1,38	1,55	-	1,08	1,21	-	0,79	0,89
	III	22,97	-	1,83	2,06	-	1,55	1,75	-	1,28	1,44	-	1,02	1,15	-	0,76	0,86	-	0,52	0,58	-	0,29	0,32
	IV	39,20	-	3,13	3,52	-	2,94	3,30	-	2,74	3,09	-	2,56	2,88	-	2,37	2,67	-	2,19	2,47	-	2,02	2,27
	V	56,18	0,88	4,49	5,05																		
	VI	57,66	1,06	4,61	5,18																		
167,79	I	39,24	-	3,13	3,53	-	2,75	3,09	-	2,38	2,67	-	2,02	2,28	-	1,69	1,90	-	1,37	1,54	-	1,06	1,20
	II	34,62	-	2,76	3,11	-	2,39	2,69	-	2,04	2,29	-	1,70	1,91	-	1,38	1,55	-	1,08	1,21	-	0,79	0,89
	III	23,00	-	1,84	2,07	-	1,55	1,75	-	1,28	1,44	-	1,02	1,15	-	0,76	0,86	-	0,52	0,58	-	0,29	0,32
	IV	39,24	-	3,13	3,53	-	2,94	3,31	-	2,75	3,09	-	2,56	2,88	-	2,38	2,67	-	2,20	2,47	-	2,02	2,28
	V	56,22	0,89	4,49	5,05																		
	VI	57,70	1,06	4,61	5,19																		
167,89	I	39,28	-	3,14	3,53	-	2,75	3,09	-	2,38	2,68	-	2,02	2,28	-	1,69	1,90	-	1,37	1,54	-	1,07	1,20
	II	34,66	-	2,77	3,11	-	2,40	2,70	-	2,04	2,30	-	1,70	1,92	-	1,38	1,56	-	1,08	1,22	-	0,80	0,90
	III	23,02	-	1,84	2,07	-	1,56	1,75	-	1,28	1,45	-	1,02	1,15	-	0,77	0,86	-	0,52	0,59	-	0,29	0,33
	IV	39,28	-	3,14	3,53	-	2,94	3,31	-	2,75	3,09	-	2,56	2,88	-	2,38	2,68	-	2,20	2,48	-	2,02	2,28
	V	56,26	0,89	4,50	5,06																		
	VI	57,74	1,07	4,61	5,19																		
167,99	I	39,32	-	3,14	3,53	-	2,75	3,10	-	2,38	2,68	-	2,03	2,28	-	1,69	1,90	-	1,37	1,54	-	1,07	1,20
	II	34,70	-	2,77	3,12	-	2,40	2,70	-	2,04	2,30	-	1,71	1,92	-	1,39	1,56	-	1,08	1,22	-	0,80	0,90
	III	23,05	-	1,84	2,07	-	1,56	1,75	-	1,29	1,45	-	1,02	1,15	-	0,77	0,87	-	0,52	0,59	-	0,29	0,33
	IV	39,32	-	3,14	3,53	-	2,94	3,31	-	2,75	3,10	-	2,56	2,89	-	2,38	2,68	-	2,20	2,48	-	2,03	2,28
	V	56,30	0,90	4,50	5,06																		
	VI	57,78	1,07	4,62	5,20																		

TAG bis 169,49 €

Lohn/ Gehalt bis	Steuerklasse	Lohnsteuer	ohne Kinderfreibetrag SolZ 5,5%	ohne Kinderfreibetrag Kirchensteuer 8%	ohne Kinderfreibetrag Kirchensteuer 9%	0,5 SolZ 5,5%	0,5 Kirchensteuer 8%	0,5 Kirchensteuer 9%	1,0 SolZ 5,5%	1,0 Kirchensteuer 8%	1,0 Kirchensteuer 9%	1,5 SolZ 5,5%	1,5 Kirchensteuer 8%	1,5 Kirchensteuer 9%	2,0 SolZ 5,5%	2,0 Kirchensteuer 8%	2,0 Kirchensteuer 9%	2,5 SolZ 5,5%	2,5 Kirchensteuer 8%	2,5 Kirchensteuer 9%	3,0 SolZ 5,5%	3,0 Kirchensteuer 8%	3,0 Kirchensteuer 9%
						Anzahl Kinderfreibeträge (nur Steuerklassen I–IV)																	
168,09	I	39,36	-	3,14	3,54	-	2,76	3,10	-	2,38	2,68	-	2,03	2,28	-	1,69	1,91	-	1,37	1,55	-	1,07	1,2
	II	34,73	-	2,77	3,12	-	2,40	2,70	-	2,05	2,30	-	1,71	1,92	-	1,39	1,56	-	1,09	1,22	-	0,80	0,9
	III	23,08	-	1,84	2,07	-	1,56	1,76	-	1,29	1,45	-	1,03	1,15	-	0,77	0,87	-	0,52	0,59	-	0,29	0,3
	IV	39,36	-	3,14	3,54	-	2,95	3,32	-	2,76	3,10	-	2,57	2,89	-	2,38	2,68	-	2,21	2,48	-	2,03	2,2
	V	56,35	0,90	4,50	5,07																		
	VI	57,82	1,08	4,62	5,20																		
168,19	I	39,40	-	3,15	3,54	-	2,76	3,10	-	2,39	2,69	-	2,03	2,29	-	1,70	1,91	-	1,38	1,55	-	1,07	1,2
	II	34,77	-	2,78	3,12	-	2,40	2,71	-	2,05	2,31	-	1,71	1,93	-	1,39	1,57	-	1,09	1,22	-	0,80	0,9
	III	23,11	-	1,84	2,07	-	1,56	1,76	-	1,29	1,45	-	1,03	1,16	-	0,77	0,87	-	0,53	0,59	-	0,29	0,3
	IV	39,40	-	3,15	3,54	-	2,95	3,32	-	2,76	3,10	-	2,57	2,89	-	2,39	2,69	-	2,21	2,48	-	2,03	2,2
	V	56,39	0,91	4,51	5,07																		
	VI	57,86	1,08	4,62	5,20																		
168,29	I	39,44	-	3,15	3,54	-	2,76	3,11	-	2,39	2,69	-	2,04	2,29	-	1,70	1,91	-	1,38	1,55	-	1,08	1,2
	II	34,81	-	2,78	3,13	-	2,41	2,71	-	2,05	2,31	-	1,72	1,93	-	1,39	1,57	-	1,09	1,23	-	0,80	0,9
	III	23,14	-	1,85	2,08	-	1,57	1,76	-	1,29	1,46	-	1,03	1,16	-	0,78	0,87	-	0,53	0,60	-	0,30	0,3
	IV	39,44	-	3,15	3,54	-	2,95	3,32	-	2,76	3,11	-	2,57	2,90	-	2,39	2,69	-	2,21	2,49	-	2,04	2,2
	V	56,43	0,91	4,51	5,07																		
	VI	57,91	1,09	4,63	5,21																		
168,39	I	39,48	-	3,15	3,55	-	2,76	3,11	-	2,39	2,69	-	2,04	2,29	-	1,70	1,91	-	1,38	1,55	-	1,08	1,2
	II	34,85	-	2,78	3,13	-	2,41	2,71	-	2,06	2,31	-	1,72	1,93	-	1,40	1,57	-	1,09	1,23	-	0,81	0,9
	III	23,17	-	1,85	2,08	-	1,57	1,76	-	1,30	1,46	-	1,03	1,16	-	0,78	0,87	-	0,53	0,60	-	0,30	0,3
	IV	39,48	-	3,15	3,55	-	2,96	3,33	-	2,76	3,11	-	2,58	2,90	-	2,39	2,69	-	2,21	2,49	-	2,04	2,2
	V	56,47	0,92	4,51	5,08																		
	VI	57,95	1,09	4,63	5,21																		
168,49	I	39,52	-	3,16	3,55	-	2,77	3,11	-	2,40	2,70	-	2,04	2,30	-	1,70	1,92	-	1,38	1,56	-	1,08	1,2
	II	34,89	-	2,79	3,14	-	2,41	2,72	-	2,06	2,32	-	1,72	1,94	-	1,40	1,57	-	1,10	1,23	-	0,81	0,9
	III	23,20	-	1,85	2,08	-	1,57	1,77	-	1,30	1,46	-	1,03	1,16	-	0,78	0,88	-	0,53	0,60	-	0,30	0,3
	IV	39,52	-	3,16	3,55	-	2,96	3,33	-	2,77	3,11	-	2,58	2,90	-	2,40	2,70	-	2,22	2,49	-	2,04	2,3
	V	56,51	0,92	4,52	5,08																		
	VI	57,99	1,10	4,63	5,21																		
168,59	I	39,56	-	3,16	3,56	-	2,77	3,12	-	2,40	2,70	-	2,04	2,30	-	1,71	1,92	-	1,39	1,56	-	1,08	1,2
	II	34,93	-	2,79	3,14	-	2,42	2,72	-	2,06	2,32	-	1,72	1,94	-	1,40	1,58	-	1,10	1,24	-	0,81	0,9
	III	23,22	-	1,85	2,08	-	1,57	1,77	-	1,30	1,46	-	1,04	1,17	-	0,78	0,88	-	0,53	0,60	-	0,30	0,3
	IV	39,56	-	3,16	3,56	-	2,96	3,33	-	2,77	3,12	-	2,58	2,91	-	2,40	2,70	-	2,22	2,50	-	2,04	2,3
	V	56,56	0,93	4,52	5,09																		
	VI	58,03	1,10	4,64	5,22																		
168,69	I	39,60	-	3,16	3,56	-	2,77	3,12	-	2,40	2,70	-	2,05	2,30	-	1,71	1,92	-	1,39	1,56	-	1,09	1,2
	II	34,96	-	2,79	3,14	-	2,42	2,72	-	2,06	2,32	-	1,73	1,94	-	1,40	1,58	-	1,10	1,24	-	0,81	0,9
	III	23,25	-	1,86	2,09	-	1,57	1,77	-	1,30	1,46	-	1,04	1,17	-	0,78	0,88	-	0,54	0,60	-	0,30	0,3
	IV	39,60	-	3,16	3,56	-	2,97	3,34	-	2,77	3,12	-	2,59	2,91	-	2,40	2,70	-	2,22	2,50	-	2,05	2,
	V	56,60	0,93	4,52	5,09																		
	VI	58,08	1,11	4,64	5,22																		
168,79	I	39,64	-	3,17	3,56	-	2,78	3,12	-	2,40	2,71	-	2,05	2,31	-	1,71	1,93	-	1,39	1,57	-	1,09	1,2
	II	35,00	-	2,80	3,15	-	2,42	2,73	-	2,07	2,33	-	1,73	1,94	-	1,41	1,58	-	1,10	1,24	-	0,82	0,9
	III	23,28	-	1,86	2,09	-	1,58	1,77	-	1,30	1,47	-	1,04	1,17	-	0,78	0,88	-	0,54	0,61	-	0,30	0,3
	IV	39,64	-	3,17	3,56	-	2,97	3,34	-	2,78	3,12	-	2,59	2,91	-	2,40	2,71	-	2,23	2,50	-	2,05	2,3
	V	56,64	0,94	4,53	5,09																		
	VI	58,12	1,11	4,64	5,23																		
168,89	I	39,68	-	3,17	3,57	-	2,78	3,13	-	2,41	2,71	-	2,05	2,31	-	1,72	1,93	-	1,39	1,57	-	1,09	1,2
	II	35,04	-	2,80	3,15	-	2,43	2,73	-	2,07	2,33	-	1,73	1,95	-	1,41	1,59	-	1,10	1,24	-	0,82	0,9
	III	23,31	-	1,86	2,09	-	1,58	1,78	-	1,31	1,47	-	1,04	1,17	-	0,79	0,89	-	0,54	0,61	-	0,31	0,3
	IV	39,68	-	3,17	3,57	-	2,97	3,34	-	2,78	3,13	-	2,59	2,92	-	2,41	2,71	-	2,23	2,51	-	2,05	2,3
	V	56,68	0,94	4,53	5,10																		
	VI	58,16	1,12	4,65	5,23																		
168,99	I	39,72	-	3,17	3,57	-	2,78	3,13	-	2,41	2,71	-	2,06	2,31	-	1,72	1,93	-	1,40	1,57	-	1,09	1,2
	II	35,08	-	2,80	3,15	-	2,43	2,73	-	2,07	2,33	-	1,73	1,95	-	1,41	1,59	-	1,11	1,25	-	0,82	0,9
	III	23,34	-	1,86	2,10	-	1,58	1,78	-	1,31	1,47	-	1,04	1,18	-	0,79	0,89	-	0,54	0,61	-	0,31	0,3
	IV	39,72	-	3,17	3,57	-	2,98	3,35	-	2,78	3,13	-	2,60	2,92	-	2,41	2,71	-	2,23	2,51	-	2,06	2,3
	V	56,72	0,95	4,53	5,10																		
	VI	58,20	1,12	4,65	5,23																		
169,09	I	39,76	-	3,18	3,57	-	2,79	3,14	-	2,41	2,72	-	2,06	2,32	-	1,72	1,94	-	1,40	1,57	-	1,10	1,2
	II	35,12	-	2,80	3,16	-	2,43	2,74	-	2,08	2,34	-	1,74	1,95	-	1,41	1,59	-	1,11	1,25	-	0,82	0,9
	III	23,37	-	1,86	2,10	-	1,58	1,78	-	1,31	1,48	-	1,05	1,18	-	0,79	0,89	-	0,54	0,61	-	0,31	0,3
	IV	39,76	-	3,18	3,57	-	2,98	3,35	-	2,79	3,14	-	2,60	2,92	-	2,41	2,72	-	2,23	2,51	-	2,06	2,
	V	56,77	0,95	4,54	5,10																		
	VI	58,24	1,13	4,65	5,24																		
169,19	I	39,80	-	3,18	3,58	-	2,79	3,14	-	2,42	2,72	-	2,06	2,32	-	1,72	1,94	-	1,40	1,58	-	1,10	1,
	II	35,16	-	2,81	3,16	-	2,43	2,74	-	2,08	2,34	-	1,74	1,96	-	1,42	1,59	-	1,11	1,25	-	0,82	0,
	III	23,40	-	1,87	2,10	-	1,59	1,78	-	1,31	1,48	-	1,05	1,18	-	0,79	0,89	-	0,55	0,61	-	0,31	0,
	IV	39,80	-	3,18	3,58	-	2,98	3,35	-	2,79	3,14	-	2,60	2,93	-	2,42	2,72	-	2,24	2,52	-	2,06	2,
	V	56,81	0,96	4,54	5,11																		
	VI	58,28	1,13	4,66	5,24																		
169,29	I	39,84	-	3,18	3,58	-	2,79	3,14	-	2,42	2,72	-	2,06	2,32	-	1,73	1,94	-	1,40	1,58	-	1,10	1,
	II	35,20	-	2,81	3,16	-	2,44	2,74	-	2,08	2,34	-	1,74	1,96	-	1,42	1,60	-	1,11	1,25	-	0,83	0,
	III	23,42	-	1,87	2,10	-	1,59	1,79	-	1,32	1,48	-	1,05	1,18	-	0,80	0,90	-	0,55	0,62	-	0,31	0,
	IV	39,84	-	3,18	3,58	-	2,98	3,36	-	2,79	3,14	-	2,60	2,93	-	2,42	2,72	-	2,24	2,52	-	2,06	2,
	V	56,85	0,96	4,54	5,11																		
	VI	58,33	1,14	4,66	5,24																		
169,39	I	39,88	-	3,19	3,58	-	2,80	3,15	-	2,42	2,73	-	2,07	2,33	-	1,73	1,94	-	1,41	1,58	-	1,10	1,
	II	35,23	-	2,81	3,17	-	2,44	2,75	-	2,08	2,34	-	1,74	1,96	-	1,42	1,60	-	1,12	1,26	-	0,83	0,
	III	23,46	-	1,87	2,11	-	1,59	1,79	-	1,32	1,48	-	1,05	1,18	-	0,80	0,90	-	0,55	0,62	-	0,32	0,
	IV	39,88	-	3,19	3,58	-	2,99	3,36	-	2,80	3,15	-	2,61	2,93	-	2,42	2,73	-	2,24	2,52	-	2,07	2,
	V	56,89	0,97	4,55	5,12																		
	VI	58,37	1,14	4,66	5,25																		
169,49	I	39,92	-	3,19	3,59	-	2,80	3,15	-	2,43	2,73	-	2,07	2,33	-	1,73	1,95	-	1,41	1,59	-	1,10	1,
	II	35,27	-	2,82	3,17	-	2,44	2,75	-	2,09	2,35	-	1,75	1,97	-	1,42	1,60	-	1,12	1,26	-	0,83	0,
	III	23,48	-	1,87	2,11	-	1,59	1,79	-	1,32	1,48	-	1,06	1,19	-	0,80	0,90	-	0,55	0,62	-	0,32	0,
	IV	39,92	-	3,19	3,59	-	2,99	3,37	-	2,80	3,15	-	2,61	2,94	-	2,43	2,73	-	2,25	2,53	-	2,07	2,
	V	56,93	0,97	4,55	5,12																		
	VI	58,41	1,15	4,67	5,25																		

Lohn/ Gehalt bis	Steuerklasse	Lohn-steuer	ohne Kinderfreibetrag SolZ 5,5%	Kirchensteuer 8%	Kirchensteuer 9%	0,5 SolZ 5,5%	0,5 Kirchensteuer 8%	0,5 Kirchensteuer 9%	1,0 SolZ 5,5%	1,0 Kirchensteuer 8%	1,0 Kirchensteuer 9%	1,5 SolZ 5,5%	1,5 Kirchensteuer 8%	1,5 Kirchensteuer 9%	2,0 SolZ 5,5%	2,0 Kirchensteuer 8%	2,0 Kirchensteuer 9%	2,5 SolZ 5,5%	2,5 Kirchensteuer 8%	2,5 Kirchensteuer 9%	3,0 SolZ 5,5%	3,0 Kirchensteuer 8%	3,0 Kirchensteuer 9%
169,59	I	39,96	-	3,19	3,59	-	2,80	3,15	-	2,43	2,73	-	2,07	2,33	-	1,73	1,95	-	1,41	1,59	-	1,11	1,25
	II	35,31	-	2,82	3,17	-	2,45	2,75	-	2,09	2,35	-	1,75	1,97	-	1,43	1,61	-	1,12	1,26	-	0,83	0,94
	III	23,51	-	1,88	2,11	-	1,59	1,79	-	1,32	1,49	-	1,06	1,19	-	0,80	0,90	-	0,55	0,62	-	0,32	0,36
	IV	39,96	-	3,19	3,59	-	2,99	3,37	-	2,80	3,15	-	2,61	2,94	-	2,43	2,73	-	2,25	2,53	-	2,07	2,33
	V	56,98	0,98	4,55	5,12																		
	VI	58,45	1,15	4,67	5,26																		
169,69	I	40,00	-	3,20	3,60	-	2,80	3,16	-	2,43	2,74	-	2,08	2,34	-	1,74	1,95	-	1,41	1,59	-	1,11	1,25
	II	35,35	-	2,82	3,18	-	2,45	2,76	-	2,09	2,35	-	1,75	1,97	-	1,43	1,61	-	1,12	1,26	-	0,84	0,94
	III	23,54	-	1,88	2,11	-	1,60	1,80	-	1,32	1,49	-	1,06	1,19	-	0,80	0,90	-	0,56	0,63	-	0,32	0,36
	IV	40,00	-	3,20	3,60	-	3,00	3,37	-	2,80	3,16	-	2,62	2,94	-	2,43	2,74	-	2,25	2,53	-	2,08	2,34
	V	57,02	0,98	4,56	5,13																		
	VI	58,50	1,16	4,68	5,26																		
169,79	I	40,04	-	3,20	3,60	-	2,81	3,16	-	2,43	2,74	-	2,08	2,34	-	1,74	1,96	-	1,42	1,59	-	1,11	1,25
	II	35,39	-	2,83	3,18	-	2,45	2,76	-	2,09	2,36	-	1,75	1,97	-	1,43	1,61	-	1,13	1,27	-	0,84	0,94
	III	23,57	-	1,88	2,12	-	1,60	1,80	-	1,33	1,49	-	1,06	1,19	-	0,80	0,91	-	0,56	0,63	-	0,32	0,36
	IV	40,04	-	3,20	3,60	-	3,00	3,38	-	2,81	3,16	-	2,62	2,95	-	2,43	2,74	-	2,25	2,54	-	2,08	2,34
	V	57,06	0,99	4,56	5,13																		
	VI	58,54	1,16	4,68	5,26																		
169,89	I	40,08	-	3,20	3,60	-	2,81	3,16	-	2,44	2,74	-	2,08	2,34	-	1,74	1,96	-	1,42	1,60	-	1,11	1,25
	II	35,43	-	2,83	3,18	-	2,46	2,76	-	2,10	2,36	-	1,76	1,98	-	1,43	1,61	-	1,13	1,27	-	0,84	0,95
	III	23,60	-	1,88	2,12	-	1,60	1,80	-	1,33	1,49	-	1,06	1,20	-	0,81	0,91	-	0,56	0,63	-	0,32	0,36
	IV	40,08	-	3,20	3,60	-	3,00	3,38	-	2,81	3,16	-	2,62	2,95	-	2,44	2,74	-	2,26	2,54	-	2,08	2,34
	V	57,10	0,99	4,56	5,13																		
	VI	58,58	1,17	4,68	5,27																		
169,99	I	40,12	-	3,20	3,61	-	2,81	3,17	-	2,44	2,75	-	2,08	2,34	-	1,74	1,96	-	1,42	1,60	-	1,12	1,26
	II	35,46	-	2,83	3,19	-	2,46	2,77	-	2,10	2,36	-	1,76	1,98	-	1,44	1,62	-	1,13	1,27	-	0,84	0,95
	III	23,63	-	1,89	2,12	-	1,60	1,80	-	1,33	1,50	-	1,07	1,20	-	0,81	0,91	-	0,56	0,63	-	0,33	0,37
	IV	40,12	-	3,20	3,61	-	3,01	3,38	-	2,81	3,17	-	2,62	2,95	-	2,44	2,75	-	2,26	2,54	-	2,08	2,34
	V	57,15	1,00	4,57	5,14																		
	VI	58,62	1,17	4,68	5,27																		
170,09	I	40,16	-	3,21	3,61	-	2,82	3,17	-	2,44	2,75	-	2,09	2,35	-	1,75	1,97	-	1,42	1,60	-	1,12	1,26
	II	35,50	-	2,84	3,19	-	2,46	2,77	-	2,10	2,37	-	1,76	1,98	-	1,44	1,62	-	1,13	1,28	-	0,84	0,95
	III	23,66	-	1,89	2,12	-	1,61	1,81	-	1,33	1,50	-	1,07	1,20	-	0,81	0,91	-	0,56	0,63	-	0,33	0,37
	IV	40,16	-	3,21	3,61	-	3,01	3,39	-	2,82	3,17	-	2,63	2,96	-	2,44	2,75	-	2,26	2,55	-	2,09	2,35
	V	57,19	1,00	4,57	5,14																		
	VI	58,66	1,18	4,69	5,27																		
170,19	I	40,20	-	3,21	3,61	-	2,82	3,17	-	2,45	2,75	-	2,09	2,35	-	1,75	1,97	-	1,43	1,61	-	1,12	1,26
	II	35,54	-	2,84	3,19	-	2,46	2,77	-	2,11	2,37	-	1,77	1,99	-	1,44	1,62	-	1,14	1,28	-	0,85	0,95
	III	23,68	-	1,89	2,13	-	1,61	1,81	-	1,33	1,50	-	1,07	1,20	-	0,81	0,91	-	0,57	0,64	-	0,33	0,37
	IV	40,20	-	3,21	3,61	-	3,01	3,39	-	2,82	3,17	-	2,63	2,96	-	2,45	2,75	-	2,27	2,55	-	2,09	2,35
	V	57,23	1,01	4,57	5,15																		
	VI	58,71	1,18	4,69	5,28																		
170,29	I	40,24	-	3,21	3,62	-	2,82	3,18	-	2,45	2,76	-	2,09	2,35	-	1,75	1,97	-	1,43	1,61	-	1,12	1,26
	II	35,58	-	2,84	3,20	-	2,47	2,78	-	2,11	2,37	-	1,77	1,99	-	1,44	1,62	-	1,14	1,28	-	0,85	0,96
	III	23,71	-	1,89	2,13	-	1,61	1,81	-	1,34	1,50	-	1,07	1,21	-	0,82	0,92	-	0,57	0,64	-	0,33	0,37
	IV	40,24	-	3,21	3,62	-	3,02	3,39	-	2,82	3,18	-	2,63	2,96	-	2,45	2,76	-	2,27	2,55	-	2,09	2,35
	V	57,27	1,01	4,58	5,15																		
	VI	58,75	1,19	4,70	5,28																		
170,39	I	40,28	-	3,22	3,62	-	2,83	3,18	-	2,45	2,76	-	2,09	2,36	-	1,75	1,97	-	1,43	1,61	-	1,13	1,27
	II	35,62	-	2,84	3,20	-	2,47	2,78	-	2,11	2,38	-	1,77	1,99	-	1,45	1,63	-	1,14	1,28	-	0,85	0,96
	III	23,74	-	1,89	2,13	-	1,61	1,81	-	1,34	1,51	-	1,07	1,21	-	0,82	0,92	-	0,57	0,64	-	0,33	0,37
	IV	40,28	-	3,22	3,62	-	3,02	3,40	-	2,83	3,18	-	2,64	2,97	-	2,45	2,76	-	2,27	2,56	-	2,09	2,36
	V	57,31	1,02	4,58	5,15																		
	VI	58,79	1,19	4,70	5,29																		
170,49	I	40,32	-	3,22	3,62	-	2,83	3,18	-	2,46	2,76	-	2,10	2,36	-	1,76	1,98	-	1,43	1,61	-	1,13	1,27
	II	35,66	-	2,85	3,20	-	2,47	2,78	-	2,11	2,38	-	1,77	2,00	-	1,45	1,63	-	1,14	1,29	-	0,85	0,96
	III	23,77	-	1,90	2,13	-	1,62	1,82	-	1,34	1,51	-	1,08	1,21	-	0,82	0,92	-	0,57	0,64	-	0,34	0,38
	IV	40,32	-	3,22	3,62	-	3,02	3,40	-	2,83	3,18	-	2,64	2,97	-	2,46	2,76	-	2,27	2,56	-	2,10	2,36
	V	57,35	1,02	4,58	5,16																		
	VI	58,83	1,20	4,70	5,29																		
170,59	I	40,36	-	3,22	3,63	-	2,83	3,19	-	2,46	2,77	-	2,10	2,36	-	1,76	1,98	-	1,44	1,62	-	1,13	1,27
	II	35,70	-	2,85	3,21	-	2,48	2,79	-	2,12	2,38	-	1,78	2,00	-	1,45	1,63	-	1,15	1,29	-	0,86	0,96
	III	23,80	-	1,90	2,14	-	1,62	1,82	-	1,34	1,51	-	1,08	1,21	-	0,82	0,92	-	0,57	0,65	-	0,34	0,38
	IV	40,36	-	3,22	3,63	-	3,03	3,40	-	2,83	3,19	-	2,64	2,97	-	2,46	2,77	-	2,28	2,56	-	2,10	2,36
	V	57,40	1,03	4,59	5,16																		
	VI	58,87	1,20	4,70	5,29																		
170,69	I	40,40	-	3,23	3,63	-	2,84	3,19	-	2,46	2,77	-	2,10	2,37	-	1,76	1,98	-	1,44	1,62	-	1,13	1,28
	II	35,73	-	2,85	3,21	-	2,48	2,79	-	2,12	2,39	-	1,78	2,00	-	1,45	1,64	-	1,15	1,29	-	0,86	0,97
	III	23,83	-	1,90	2,14	-	1,62	1,82	-	1,35	1,51	-	1,08	1,22	-	0,82	0,93	-	0,58	0,65	-	0,34	0,38
	IV	40,40	-	3,23	3,63	-	3,03	3,41	-	2,84	3,19	-	2,65	2,98	-	2,46	2,77	-	2,28	2,57	-	2,10	2,37
	V	57,44	1,03	4,59	5,16																		
	VI	58,91	1,21	4,71	5,30																		
170,79	I	40,44	-	3,23	3,63	-	2,84	3,19	-	2,46	2,77	-	2,11	2,37	-	1,77	1,99	-	1,44	1,62	-	1,14	1,28
	II	35,77	-	2,86	3,21	-	2,48	2,79	-	2,12	2,39	-	1,78	2,00	-	1,46	1,64	-	1,15	1,29	-	0,86	0,97
	III	23,86	-	1,90	2,14	-	1,62	1,82	-	1,35	1,52	-	1,08	1,22	-	0,83	0,93	-	0,58	0,65	-	0,34	0,38
	IV	40,44	-	3,23	3,63	-	3,03	3,41	-	2,84	3,19	-	2,65	2,98	-	2,46	2,77	-	2,28	2,57	-	2,11	2,37
	V	57,48	1,04	4,59	5,17																		
	VI	58,96	1,21	4,71	5,30																		
170,89	I	40,48	-	3,23	3,64	-	2,84	3,20	-	2,47	2,78	-	2,11	2,37	-	1,77	1,99	-	1,44	1,62	-	1,14	1,28
	II	35,81	-	2,86	3,22	-	2,48	2,79	-	2,13	2,39	-	1,78	2,01	-	1,46	1,64	-	1,15	1,30	-	0,86	0,97
	III	23,88	-	1,91	2,14	-	1,62	1,83	-	1,35	1,52	-	1,08	1,22	-	0,83	0,93	-	0,58	0,65	-	0,34	0,38
	IV	40,48	-	3,23	3,64	-	3,04	3,42	-	2,84	3,20	-	2,65	2,98	-	2,47	2,78	-	2,29	2,57	-	2,11	2,37
	V	57,52	1,04	4,60	5,17																		
	VI	59,00	1,22	4,72	5,31																		
170,99	I	40,52	-	3,24	3,64	-	2,84	3,20	-	2,47	2,78	-	2,11	2,38	-	1,77	1,99	-	1,45	1,63	-	1,14	1,28
	II	35,85	-	2,86	3,22	-	2,49	2,80	-	2,13	2,39	-	1,79	2,01	-	1,46	1,65	-	1,16	1,30	-	0,86	0,97
	III	23,92	-	1,91	2,15	-	1,63	1,83	-	1,35	1,52	-	1,09	1,22	-	0,83	0,93	-	0,58	0,65	-	0,34	0,39
	IV	40,52	-	3,24	3,64	-	3,04	3,42	-	2,84	3,20	-	2,66	2,99	-	2,47	2,78	-	2,29	2,57	-	2,11	2,38
	V	57,56	1,05	4,60	5,18																		
	VI	59,04	1,22	4,72	5,31																		

Anzahl Kinderfreibeträge (nur Steuerklassen I–IV)

Lohn/ Gehalt bis	Steuerklasse	Lohn- steuer	ohne Kinderfreibetrag SolZ 5,5%	Kirchensteuer 8%	Kirchensteuer 9%	Anzahl Kinderfreibeträge (nur Steuerklassen I–IV) 0,5 SolZ 5,5%	0,5 Kirchensteuer 8%	0,5 Kirchensteuer 9%	1,0 SolZ 5,5%	1,0 Kirchensteuer 8%	1,0 Kirchensteuer 9%	1,5 SolZ 5,5%	1,5 Kirchensteuer 8%	1,5 Kirchensteuer 9%	2,0 SolZ 5,5%	2,0 Kirchensteuer 8%	2,0 Kirchensteuer 9%	2,5 SolZ 5,5%	2,5 Kirchensteuer 8%	2,5 Kirchensteuer 9%	3,0 SolZ 5,5%	3,0 Kirchensteuer 8%	3,0 Kirchensteuer 9%
171,09	I	40,56	–	3,24	3,65	–	2,85	3,20	–	2,47	2,78	–	2,11	2,38	–	1,77	2,00	–	1,45	1,63	–	1,14	1,29
	II	35,89	–	2,87	3,23	–	2,49	2,80	–	2,13	2,40	–	1,79	2,01	–	1,46	1,65	–	1,16	1,30	–	0,87	0,98
	III	23,95	–	1,91	2,15	–	1,63	1,83	–	1,35	1,52	–	1,09	1,23	–	0,83	0,94	–	0,58	0,66	–	0,35	0,39
	IV	40,56	–	3,24	3,65	–	3,04	3,42	–	2,85	3,20	–	2,66	2,99	–	2,47	2,78	–	2,29	2,58	–	2,11	2,38
	V	57,61	1,05	4,60	5,18																		
	VI	59,08	1,23	4,72	5,31																		
171,19	I	40,60	–	3,24	3,65	–	2,85	3,21	–	2,48	2,79	–	2,12	2,38	–	1,78	2,00	–	1,45	1,63	–	1,15	1,29
	II	35,93	–	2,87	3,23	–	2,49	2,80	–	2,13	2,40	–	1,79	2,02	–	1,47	1,65	–	1,16	1,31	–	0,87	0,98
	III	23,97	–	1,91	2,15	–	1,63	1,83	–	1,36	1,53	–	1,09	1,23	–	0,83	0,94	–	0,58	0,66	–	0,35	0,39
	IV	40,60	–	3,24	3,65	–	3,04	3,43	–	2,85	3,21	–	2,66	2,99	–	2,48	2,79	–	2,29	2,58	–	2,12	2,38
	V	57,65	1,06	4,61	5,18																		
	VI	59,13	1,23	4,73	5,32																		
171,29	I	40,64	–	3,25	3,65	–	2,85	3,21	–	2,48	2,79	–	2,12	2,39	–	1,78	2,00	–	1,45	1,64	–	1,15	1,29
	II	35,96	–	2,87	3,23	–	2,50	2,81	–	2,14	2,40	–	1,80	2,02	–	1,47	1,65	–	1,16	1,31	–	0,87	0,98
	III	24,00	–	1,92	2,16	–	1,63	1,84	–	1,36	1,53	–	1,09	1,23	–	0,84	0,94	–	0,59	0,66	–	0,35	0,39
	IV	40,64	–	3,25	3,65	–	3,05	3,43	–	2,85	3,21	–	2,66	3,00	–	2,48	2,79	–	2,30	2,58	–	2,12	2,39
	V	57,69	1,06	4,61	5,19																		
	VI	59,17	1,24	4,73	5,32																		
171,39	I	40,68	–	3,25	3,66	–	2,86	3,21	–	2,48	2,79	–	2,12	2,39	–	1,78	2,00	–	1,46	1,64	–	1,15	1,29
	II	36,00	–	2,88	3,24	–	2,50	2,81	–	2,14	2,41	–	1,80	2,02	–	1,47	1,66	–	1,16	1,31	–	0,87	0,98
	III	24,03	–	1,92	2,16	–	1,64	1,84	–	1,36	1,53	–	1,10	1,23	–	0,84	0,94	–	0,59	0,66	–	0,35	0,40
	IV	40,68	–	3,25	3,66	–	3,05	3,43	–	2,86	3,21	–	2,67	3,00	–	2,48	2,79	–	2,30	2,59	–	2,12	2,3
	V	57,73	1,07	4,61	5,19																		
	VI	59,21	1,24	4,73	5,32																		
171,49	I	40,72	–	3,25	3,66	–	2,86	3,22	–	2,48	2,79	–	2,13	2,39	–	1,78	2,01	–	1,46	1,64	–	1,15	1,3
	II	36,04	–	2,88	3,24	–	2,50	2,81	–	2,14	2,41	–	1,80	2,03	–	1,48	1,66	–	1,17	1,31	–	0,88	0,9
	III	24,06	–	1,92	2,16	–	1,64	1,84	–	1,36	1,53	–	1,10	1,23	–	0,84	0,95	–	0,59	0,67	–	0,35	0,4
	IV	40,72	–	3,25	3,66	–	3,05	3,44	–	2,86	3,22	–	2,67	3,00	–	2,48	2,79	–	2,30	2,59	–	2,13	2,3
	V	57,77	1,07	4,62	5,19																		
	VI	59,25	1,25	4,74	5,33																		
171,59	I	40,76	–	3,26	3,66	–	2,86	3,22	–	2,49	2,80	–	2,13	2,39	–	1,79	2,01	–	1,46	1,65	–	1,16	1,3
	II	36,08	–	2,88	3,24	–	2,50	2,82	–	2,15	2,41	–	1,80	2,03	–	1,48	1,66	–	1,17	1,32	–	0,88	0,9
	III	24,09	–	1,92	2,16	–	1,64	1,84	–	1,36	1,54	–	1,10	1,24	–	0,84	0,95	–	0,59	0,67	–	0,35	0,4
	IV	40,76	–	3,26	3,66	–	3,06	3,44	–	2,86	3,22	–	2,67	3,01	–	2,49	2,80	–	2,31	2,59	–	2,13	2,3
	V	57,82	1,08	4,62	5,20																		
	VI	59,29	1,25	4,74	5,33																		
171,69	I	40,80	–	3,26	3,67	–	2,87	3,23	–	2,49	2,80	–	2,13	2,40	–	1,79	2,01	–	1,46	1,65	–	1,16	1,3
	II	36,12	–	2,88	3,25	–	2,51	2,82	–	2,15	2,42	–	1,81	2,03	–	1,48	1,67	–	1,17	1,32	–	0,88	0,9
	III	24,12	–	1,92	2,17	–	1,64	1,85	–	1,37	1,54	–	1,10	1,24	–	0,84	0,95	–	0,60	0,67	–	0,36	0,4
	IV	40,80	–	3,26	3,67	–	3,06	3,44	–	2,87	3,23	–	2,68	3,01	–	2,49	2,80	–	2,31	2,60	–	2,13	2,4
	V	57,86	1,08	4,62	5,20																		
	VI	59,33	1,26	4,74	5,33																		
171,79	I	40,84	–	3,26	3,67	–	2,87	3,23	–	2,49	2,80	–	2,13	2,40	–	1,79	2,02	–	1,47	1,65	–	1,16	1,3
	II	36,16	–	2,89	3,25	–	2,51	2,83	–	2,15	2,42	–	1,81	2,03	–	1,48	1,67	–	1,17	1,32	–	0,88	0,9
	III	24,15	–	1,93	2,17	–	1,64	1,85	–	1,37	1,54	–	1,10	1,24	–	0,85	0,95	–	0,60	0,67	–	0,36	0,4
	IV	40,84	–	3,26	3,67	–	3,06	3,45	–	2,87	3,23	–	2,68	3,01	–	2,49	2,80	–	2,31	2,60	–	2,13	2,4
	V	57,90	1,09	4,63	5,21																		
	VI	59,38	1,26	4,75	5,34																		
171,89	I	40,88	–	3,27	3,67	–	2,87	3,23	–	2,50	2,81	–	2,14	2,40	–	1,80	2,02	–	1,47	1,65	–	1,16	1,3
	II	36,20	–	2,89	3,25	–	2,51	2,83	–	2,15	2,42	–	1,81	2,04	–	1,48	1,67	–	1,18	1,32	–	0,88	1,0
	III	24,17	–	1,93	2,17	–	1,65	1,85	–	1,37	1,54	–	1,11	1,24	–	0,85	0,95	–	0,60	0,67	–	0,36	0,4
	IV	40,88	–	3,27	3,67	–	3,07	3,45	–	2,87	3,23	–	2,68	3,02	–	2,50	2,81	–	2,31	2,60	–	2,14	2,4
	V	57,94	1,09	4,63	5,21																		
	VI	59,42	1,27	4,75	5,34																		
171,99	I	40,93	–	3,27	3,68	–	2,88	3,24	–	2,50	2,81	–	2,14	2,41	–	1,80	2,02	–	1,47	1,66	–	1,16	1,3
	II	36,24	–	2,89	3,26	–	2,52	2,83	–	2,16	2,43	–	1,81	2,04	–	1,49	1,67	–	1,18	1,33	–	0,89	1,0
	III	24,21	–	1,93	2,17	–	1,65	1,85	–	1,37	1,55	–	1,11	1,25	–	0,85	0,96	–	0,60	0,68	–	0,36	0,4
	IV	40,93	–	3,27	3,68	–	3,07	3,45	–	2,88	3,24	–	2,68	3,02	–	2,50	2,81	–	2,32	2,61	–	2,14	2,4
	V	57,98	1,10	4,63	5,21																		
	VI	59,46	1,27	4,75	5,35																		
172,09	I	40,96	–	3,27	3,68	–	2,88	3,24	–	2,50	2,81	–	2,14	2,41	–	1,80	2,03	–	1,48	1,66	–	1,17	1,3
	II	36,28	–	2,90	3,26	–	2,52	2,84	–	2,16	2,43	–	1,82	2,04	–	1,49	1,68	–	1,18	1,33	–	0,89	1,0
	III	24,23	–	1,93	2,18	–	1,65	1,86	–	1,38	1,55	–	1,11	1,25	–	0,85	0,96	–	0,60	0,68	–	0,36	0,4
	IV	40,96	–	3,27	3,68	–	3,07	3,46	–	2,88	3,24	–	2,69	3,02	–	2,50	2,81	–	2,32	2,61	–	2,14	2,4
	V	58,03	1,10	4,64	5,22																		
	VI	59,50	1,28	4,76	5,35																		
172,19	I	41,01	–	3,28	3,69	–	2,88	3,24	–	2,50	2,82	–	2,15	2,41	–	1,80	2,03	–	1,48	1,66	–	1,17	1,3
	II	36,31	–	2,90	3,26	–	2,52	2,84	–	2,16	2,43	–	1,82	2,05	–	1,49	1,68	–	1,18	1,33	–	0,89	1,0
	III	24,26	–	1,94	2,18	–	1,65	1,86	–	1,38	1,55	–	1,11	1,25	–	0,85	0,96	–	0,60	0,68	–	0,37	0,4
	IV	41,01	–	3,28	3,69	–	3,08	3,46	–	2,88	3,24	–	2,69	3,03	–	2,50	2,82	–	2,32	2,61	–	2,15	2,4
	V	58,07	1,11	4,64	5,22																		
	VI	59,55	1,28	4,76	5,35																		
172,29	I	41,05	–	3,28	3,69	–	2,88	3,25	–	2,51	2,82	–	2,15	2,42	–	1,81	2,03	–	1,48	1,67	–	1,17	1,3
	II	36,35	–	2,90	3,27	–	2,53	2,84	–	2,16	2,44	–	1,82	2,05	–	1,50	1,68	–	1,19	1,34	–	0,89	1,0
	III	24,29	–	1,94	2,18	–	1,66	1,86	–	1,38	1,55	–	1,11	1,25	–	0,86	0,96	–	0,61	0,68	–	0,37	0,4
	IV	41,05	–	3,28	3,69	–	3,08	3,47	–	2,88	3,25	–	2,69	3,03	–	2,51	2,82	–	2,33	2,62	–	2,15	2,4
	V	58,11	1,11	4,64	5,22																		
	VI	59,59	1,29	4,76	5,36																		
172,39	I	41,09	–	3,28	3,69	–	2,89	3,25	–	2,51	2,83	–	2,15	2,42	–	1,81	2,03	–	1,48	1,67	–	1,17	1,3
	II	36,39	–	2,91	3,27	–	2,53	2,85	–	2,17	2,44	–	1,82	2,05	–	1,50	1,69	–	1,19	1,34	–	0,90	1,0
	III	24,32	–	1,94	2,18	–	1,66	1,86	–	1,38	1,56	–	1,12	1,26	–	0,86	0,97	–	0,61	0,69	–	0,37	0,4
	IV	41,09	–	3,28	3,69	–	3,08	3,47	–	2,89	3,25	–	2,70	3,04	–	2,51	2,83	–	2,33	2,62	–	2,15	2,4
	V	58,15	1,12	4,65	5,23																		
	VI	59,63	1,29	4,77	5,36																		
172,49	I	41,13	–	3,29	3,70	–	2,89	3,25	–	2,51	2,83	–	2,15	2,42	–	1,81	2,04	–	1,48	1,67	–	1,18	1,3
	II	36,43	–	2,91	3,27	–	2,53	2,85	–	2,17	2,44	–	1,83	2,06	–	1,50	1,69	–	1,19	1,34	–	0,90	1,0
	III	24,35	–	1,94	2,19	–	1,66	1,87	–	1,38	1,56	–	1,12	1,26	–	0,86	0,97	–	0,61	0,69	–	0,37	0,4
	IV	41,13	–	3,29	3,70	–	3,09	3,47	–	2,89	3,25	–	2,70	3,04	–	2,51	2,83	–	2,33	2,62	–	2,15	2,4
	V	58,20	1,12	4,65	5,23																		
	VI	59,67	1,30	4,77	5,37																		

Lohn/ Gehalt bis	Steuerklasse	Lohn-steuer	ohne Kinderfreibetrag SolZ 5,5%	ohne Kinderfreibetrag Kirchensteuer 8%	ohne Kinderfreibetrag Kirchensteuer 9%	0,5 SolZ 5,5%	0,5 Kirchensteuer 8%	0,5 Kirchensteuer 9%	1,0 SolZ 5,5%	1,0 Kirchensteuer 8%	1,0 Kirchensteuer 9%	1,5 SolZ 5,5%	1,5 Kirchensteuer 8%	1,5 Kirchensteuer 9%	2,0 SolZ 5,5%	2,0 Kirchensteuer 8%	2,0 Kirchensteuer 9%	2,5 SolZ 5,5%	2,5 Kirchensteuer 8%	2,5 Kirchensteuer 9%	3,0 SolZ 5,5%	3,0 Kirchensteuer 8%	3,0 Kirchensteuer 9%
172,59	I	41,17	-	3,29	3,70	-	2,89	3,26	-	2,52	2,83	-	2,16	2,43	-	1,81	2,04	-	1,49	1,67	-	1,18	1,33
	II	36,47	-	2,91	3,28	-	2,53	2,85	-	2,17	2,45	-	1,83	2,06	-	1,50	1,69	-	1,19	1,34	-	0,90	1,01
	III	24,38	-	1,95	2,19	-	1,66	1,87	-	1,39	1,56	-	1,12	1,26	-	0,86	0,97	-	0,61	0,69	-	0,37	0,42
	IV	41,17	-	3,29	3,70	-	3,09	3,48	-	2,89	3,26	-	2,70	3,04	-	2,52	2,83	-	2,33	2,63	-	2,16	2,43
	V	58,24	*1,13*	4,65	5,24																		
	VI	59,71	*1,30*	4,77	5,37																		
172,69	I	41,21	-	3,29	3,70	-	2,90	3,26	-	2,52	2,84	-	2,16	2,43	-	1,82	2,04	-	1,49	1,68	-	1,18	1,33
	II	36,51	-	2,92	3,28	-	2,54	2,86	-	2,18	2,45	-	1,83	2,06	-	1,51	1,69	-	1,20	1,35	-	0,90	1,02
	III	24,41	-	1,95	2,19	-	1,66	1,87	-	1,39	1,56	-	1,12	1,26	-	0,86	0,97	-	0,62	0,69	-	0,37	0,42
	IV	41,21	-	3,29	3,70	-	3,09	3,48	-	2,90	3,26	-	2,71	3,05	-	2,52	2,84	-	2,34	2,63	-	2,16	2,43
	V	58,28	*1,13*	4,66	5,24																		
	VI	59,76	*1,31*	4,78	5,37																		
172,79	I	41,25	-	3,30	3,71	-	2,90	3,26	-	2,52	2,84	-	2,16	2,43	-	1,82	2,05	-	1,49	1,68	-	1,18	1,33
	II	36,55	-	2,92	3,28	-	2,54	2,86	-	2,18	2,45	-	1,84	2,07	-	1,51	1,70	-	1,20	1,35	-	0,91	1,02
	III	24,43	-	1,95	2,19	-	1,67	1,88	-	1,39	1,57	-	1,12	1,26	-	0,87	0,97	-	0,62	0,69	-	0,38	0,42
	IV	41,25	-	3,30	3,71	-	3,10	3,48	-	2,90	3,26	-	2,71	3,05	-	2,52	2,84	-	2,34	2,63	-	2,16	2,43
	V	58,32	*1,14*	4,66	5,24																		
	VI	59,80	*1,31*	4,78	5,38																		
172,89	I	41,29	-	3,30	3,71	-	2,90	3,27	-	2,53	2,84	-	2,16	2,44	-	1,82	2,05	-	1,50	1,68	-	1,19	1,34
	II	36,59	-	2,92	3,29	-	2,54	2,86	-	2,18	2,46	-	1,84	2,07	-	1,51	1,70	-	1,20	1,35	-	0,91	1,02
	III	24,46	-	1,95	2,20	-	1,67	1,88	-	1,39	1,57	-	1,13	1,27	-	0,87	0,98	-	0,62	0,70	-	0,38	0,43
	IV	41,29	-	3,30	3,71	-	3,10	3,49	-	2,90	3,27	-	2,71	3,05	-	2,53	2,84	-	2,34	2,64	-	2,16	2,44
	V	58,36	*1,14*	4,66	5,25																		
	VI	59,84	*1,32*	4,78	5,38																		
172,99	I	41,33	-	3,30	3,71	-	2,91	3,27	-	2,53	2,85	-	2,17	2,44	-	1,82	2,05	-	1,50	1,69	-	1,19	1,34
	II	36,63	-	2,93	3,29	-	2,55	2,87	-	2,18	2,46	-	1,84	2,07	-	1,51	1,70	-	1,20	1,35	-	0,91	1,02
	III	24,50	-	1,96	2,20	-	1,67	1,88	-	1,40	1,57	-	1,13	1,27	-	0,87	0,98	-	0,62	0,70	-	0,38	0,43
	IV	41,33	-	3,30	3,71	-	3,10	3,49	-	2,91	3,27	-	2,72	3,06	-	2,53	2,85	-	2,35	2,64	-	2,17	2,44
	V	58,40	*1,15*	4,67	5,25																		
	VI	59,88	*1,32*	4,79	5,38																		
173,09	I	41,37	-	3,30	3,72	-	2,91	3,27	-	2,53	2,85	-	2,17	2,44	-	1,83	2,06	-	1,50	1,69	-	1,19	1,34
	II	36,66	-	2,93	3,29	-	2,55	2,87	-	2,19	2,46	-	1,84	2,07	-	1,52	1,71	-	1,21	1,36	-	0,91	1,03
	III	24,52	-	1,96	2,20	-	1,67	1,88	-	1,40	1,57	-	1,13	1,27	-	0,87	0,98	-	0,62	0,70	-	0,38	0,43
	IV	41,37	-	3,30	3,72	-	3,10	3,49	-	2,91	3,27	-	2,72	3,06	-	2,53	2,85	-	2,35	2,64	-	2,17	2,44
	V	58,45	*1,15*	4,67	5,26																		
	VI	59,92	*1,33*	4,79	5,39																		
173,19	I	41,41	-	3,31	3,72	-	2,91	3,28	-	2,53	2,85	-	2,17	2,45	-	1,83	2,06	-	1,50	1,69	-	1,19	1,34
	II	36,70	-	2,93	3,30	-	2,55	2,87	-	2,19	2,46	-	1,85	2,08	-	1,52	1,71	-	1,21	1,36	-	0,92	1,03
	III	24,55	-	1,96	2,20	-	1,68	1,89	-	1,40	1,58	-	1,13	1,27	-	0,87	0,98	-	0,62	0,70	-	0,38	0,43
	IV	41,41	-	3,31	3,72	-	3,11	3,50	-	2,91	3,28	-	2,72	3,06	-	2,53	2,85	-	2,35	2,65	-	2,17	2,45
	V	58,49	*1,16*	4,67	5,26																		
	VI	59,96	*1,33*	4,79	5,39																		
173,29	I	41,45	-	3,31	3,73	-	2,92	3,28	-	2,54	2,86	-	2,18	2,45	-	1,83	2,06	-	1,51	1,69	-	1,20	1,35
	II	36,74	-	2,93	3,30	-	2,56	2,88	-	2,19	2,47	-	1,85	2,08	-	1,52	1,71	-	1,21	1,36	-	0,92	1,03
	III	24,58	-	1,96	2,21	-	1,68	1,89	-	1,40	1,58	-	1,14	1,28	-	0,88	0,99	-	0,63	0,71	-	0,39	0,43
	IV	41,45	-	3,31	3,73	-	3,11	3,50	-	2,92	3,28	-	2,72	3,07	-	2,54	2,86	-	2,36	2,65	-	2,18	2,45
	V	58,53	*1,16*	4,68	5,26																		
	VI	60,01	*1,34*	4,80	5,40																		
173,39	I	41,49	-	3,31	3,73	-	2,92	3,28	-	2,54	2,86	-	2,18	2,45	-	1,84	2,07	-	1,51	1,70	-	1,20	1,35
	II	36,78	-	2,94	3,31	-	2,56	2,88	-	2,20	2,47	-	1,85	2,08	-	1,52	1,71	-	1,21	1,36	-	0,92	1,03
	III	24,61	-	1,96	2,21	-	1,68	1,89	-	1,40	1,58	-	1,14	1,28	-	0,88	0,99	-	0,63	0,71	-	0,39	0,44
	IV	41,49	-	3,31	3,73	-	3,11	3,50	-	2,92	3,28	-	2,73	3,07	-	2,54	2,86	-	2,36	2,65	-	2,18	2,45
	V	58,57	*1,17*	4,68	5,27																		
	VI	60,05	*1,34*	4,80	5,40																		
173,49	I	41,53	-	3,32	3,73	-	2,92	3,29	-	2,54	2,86	-	2,18	2,46	-	1,84	2,07	-	1,51	1,70	-	1,20	1,35
	II	36,82	-	2,94	3,31	-	2,56	2,88	-	2,20	2,47	-	1,85	2,09	-	1,53	1,72	-	1,22	1,37	-	0,92	1,04
	III	24,64	-	1,97	2,21	-	1,68	1,89	-	1,41	1,58	-	1,14	1,28	-	0,88	0,99	-	0,63	0,71	-	0,39	0,44
	IV	41,53	-	3,32	3,73	-	3,12	3,51	-	2,92	3,29	-	2,73	3,07	-	2,54	2,86	-	2,36	2,66	-	2,18	2,46
	V	58,61	*1,17*	4,68	5,27																		
	VI	60,09	*1,35*	4,80	5,40																		
173,59	I	41,57	-	3,32	3,74	-	2,93	3,29	-	2,55	2,87	-	2,18	2,46	-	1,84	2,07	-	1,51	1,70	-	1,20	1,35
	II	36,86	-	2,94	3,31	-	2,56	2,88	-	2,20	2,48	-	1,86	2,09	-	1,53	1,72	-	1,22	1,37	-	0,92	1,04
	III	24,67	-	1,97	2,22	-	1,68	1,89	-	1,41	1,59	-	1,14	1,28	-	0,88	0,99	-	0,63	0,71	-	0,39	0,44
	IV	41,57	-	3,32	3,74	-	3,12	3,51	-	2,93	3,29	-	2,73	3,08	-	2,55	2,87	-	2,36	2,66	-	2,18	2,46
	V	58,66	*1,18*	4,69	5,27																		
	VI	60,13	*1,35*	4,81	5,41																		
173,69	I	41,61	-	3,32	3,74	-	2,93	3,29	-	2,55	2,87	-	2,19	2,46	-	1,84	2,07	-	1,52	1,71	-	1,21	1,36
	II	36,90	-	2,95	3,32	-	2,57	2,89	-	2,20	2,48	-	1,86	2,09	-	1,53	1,72	-	1,22	1,37	-	0,93	1,04
	III	24,70	-	1,97	2,22	-	1,69	1,90	-	1,41	1,59	-	1,14	1,29	-	0,88	1,00	-	0,63	0,71	-	0,39	0,44
	IV	41,61	-	3,32	3,74	-	3,12	3,51	-	2,93	3,29	-	2,74	3,08	-	2,55	2,87	-	2,37	2,66	-	2,19	2,46
	V	58,70	*1,18*	4,69	5,28																		
	VI	60,18	*1,36*	4,81	5,41																		
173,79	I	41,65	-	3,33	3,74	-	2,93	3,30	-	2,55	2,87	-	2,19	2,46	-	1,85	2,08	-	1,52	1,71	-	1,21	1,36
	II	36,94	-	2,95	3,32	-	2,57	2,89	-	2,21	2,48	-	1,86	2,10	-	1,53	1,73	-	1,22	1,38	-	0,93	1,05
	III	24,72	-	1,97	2,22	-	1,69	1,90	-	1,41	1,59	-	1,15	1,29	-	0,89	1,00	-	0,64	0,72	-	0,40	0,45
	IV	41,65	-	3,33	3,74	-	3,13	3,52	-	2,93	3,30	-	2,74	3,08	-	2,55	2,87	-	2,37	2,67	-	2,19	2,46
	V	58,74	*1,19*	4,69	5,28																		
	VI	60,22	*1,36*	4,81	5,41																		
173,89	I	41,70	-	3,33	3,75	-	2,93	3,30	-	2,56	2,88	-	2,19	2,47	-	1,85	2,08	-	1,52	1,71	-	1,21	1,36
	II	36,98	-	2,95	3,32	-	2,57	2,90	-	2,21	2,49	-	1,86	2,10	-	1,54	1,73	-	1,22	1,38	-	0,93	1,05
	III	24,76	-	1,98	2,22	-	1,69	1,90	-	1,42	1,59	-	1,15	1,29	-	0,89	1,00	-	0,64	0,72	-	0,40	0,45
	IV	41,70	-	3,33	3,75	-	3,13	3,52	-	2,93	3,30	-	2,74	3,09	-	2,56	2,88	-	2,37	2,67	-	2,19	2,47
	V	58,78	*1,19*	4,70	5,29																		
	VI	60,26	*1,37*	4,82	5,42																		
173,99	I	41,74	-	3,33	3,75	-	2,94	3,31	-	2,56	2,88	-	2,20	2,47	-	1,85	2,08	-	1,52	1,71	-	1,21	1,36
	II	37,01	-	2,96	3,33	-	2,58	2,90	-	2,21	2,49	-	1,87	2,10	-	1,54	1,73	-	1,23	1,38	-	0,93	1,05
	III	24,78	-	1,98	2,23	-	1,69	1,90	-	1,42	1,59	-	1,15	1,29	-	0,89	1,00	-	0,64	0,72	-	0,40	0,45
	IV	41,74	-	3,33	3,75	-	3,13	3,53	-	2,94	3,31	-	2,75	3,09	-	2,56	2,88	-	2,38	2,67	-	2,20	2,47
	V	58,82	*1,20*	4,70	5,29																		
	VI	60,30	*1,37*	4,82	5,42																		

Anzahl Kinderfreibeträge (nur Steuerklassen I–IV)

Lohn/ Gehalt bis	Steuerklasse	Lohn- steuer	ohne Kinderfreibetrag			Anzahl Kinderfreibeträge (nur Steuerklassen I–IV)																	
						0,5			1,0			1,5			2,0			2,5			3,0		
			SolZ 5,5%	Kirchensteuer 8%	Kirchensteuer 9%	SolZ 5,5%	Kirchensteuer 8%	Kirchensteuer 9%	SolZ 5,5%	Kirchensteuer 8%	Kirchensteuer 9%	SolZ 5,5%	Kirchensteuer 8%	Kirchensteuer 9%	SolZ 5,5%	Kirchensteuer 8%	Kirchensteuer 9%	SolZ 5,5%	Kirchensteuer 8%	Kirchensteuer 9%	SolZ 5,5%	Kirchensteuer 8%	Kirchensteuer 9%
174,09	I	41,78	-	3,34	3,76	-	2,94	3,31	-	2,56	2,88	-	2,20	2,47	-	1,85	2,09	-	1,53	1,72	-	1,22	1,3
	II	37,05	-	2,96	3,33	-	2,58	2,90	-	2,22	2,49	-	1,87	2,10	-	1,54	1,73	-	1,23	1,38	-	0,94	1,0
	III	24,81	-	1,98	2,23	-	1,70	1,91	-	1,42	1,60	-	1,15	1,30	-	0,89	1,00	-	0,64	0,72	-	0,40	0,4
	IV	41,78	-	3,34	3,76	-	3,14	3,53	-	2,94	3,31	-	2,75	3,09	-	2,56	2,88	-	2,38	2,68	-	2,20	2,4
	V	58,87	*1,20*	4,70	5,29																		
	VI	60,34	*1,38*	4,82	5,43																		
174,19	I	41,82	-	3,34	3,76	-	2,94	3,31	-	2,56	2,88	-	2,20	2,48	-	1,86	2,09	-	1,53	1,72	-	1,22	1,3
	II	37,09	-	2,96	3,33	-	2,58	2,91	-	2,22	2,50	-	1,87	2,11	-	1,54	1,74	-	1,23	1,39	-	0,94	1,0
	III	24,84	-	1,98	2,23	-	1,70	1,91	-	1,42	1,60	-	1,15	1,30	-	0,90	1,01	-	0,64	0,72	-	0,40	0,4
	IV	41,82	-	3,34	3,76	-	3,14	3,53	-	2,94	3,31	-	2,75	3,10	-	2,56	2,88	-	2,38	2,68	-	2,20	2,4
	V	58,91	*1,21*	4,71	5,30																		
	VI	60,38	*1,38*	4,83	5,43																		
174,29	I	41,86	-	3,34	3,76	-	2,95	3,32	-	2,57	2,89	-	2,20	2,48	-	1,86	2,09	-	1,53	1,72	-	1,22	1,3
	II	37,13	-	2,97	3,34	-	2,59	2,91	-	2,22	2,50	-	1,88	2,11	-	1,55	1,74	-	1,24	1,39	-	0,94	1,0
	III	24,87	-	1,98	2,23	-	1,70	1,91	-	1,42	1,60	-	1,16	1,30	-	0,90	1,01	-	0,65	0,73	-	0,40	0,4
	IV	41,86	-	3,34	3,76	-	3,14	3,54	-	2,95	3,32	-	2,76	3,10	-	2,57	2,89	-	2,38	2,68	-	2,20	2,4
	V	58,95	*1,21*	4,71	5,30																		
	VI	60,43	*1,39*	4,83	5,43																		
174,39	I	41,90	-	3,35	3,77	-	2,95	3,32	-	2,57	2,89	-	2,21	2,48	-	1,86	2,10	-	1,53	1,73	-	1,22	1,3
	II	37,17	-	2,97	3,34	-	2,59	2,91	-	2,22	2,50	-	1,88	2,11	-	1,55	1,74	-	1,24	1,39	-	0,94	1,0
	III	24,90	-	1,99	2,24	-	1,70	1,92	-	1,43	1,60	-	1,16	1,30	-	0,90	1,01	-	0,65	0,73	-	0,41	0,4
	IV	41,90	-	3,35	3,77	-	3,15	3,54	-	2,95	3,32	-	2,76	3,10	-	2,57	2,89	-	2,39	2,69	-	2,21	2,4
	V	58,99	*1,22*	4,71	5,30																		
	VI	60,47	*1,39*	4,83	5,44																		
174,49	I	41,94	-	3,35	3,77	-	2,95	3,32	-	2,57	2,90	-	2,21	2,49	-	1,86	2,10	-	1,54	1,73	-	1,22	1,3
	II	37,21	-	2,97	3,34	-	2,59	2,92	-	2,23	2,51	-	1,88	2,12	-	1,55	1,75	-	1,24	1,40	-	0,94	1,0
	III	24,93	-	1,99	2,24	-	1,70	1,92	-	1,43	1,61	-	1,16	1,31	-	0,90	1,01	-	0,65	0,73	-	0,41	0,4
	IV	41,94	-	3,35	3,77	-	3,15	3,54	-	2,95	3,32	-	2,76	3,11	-	2,57	2,90	-	2,39	2,69	-	2,21	2,4
	V	59,03	*1,22*	4,72	5,31																		
	VI	60,51	*1,40*	4,84	5,44																		
174,59	I	41,98	-	3,35	3,77	-	2,96	3,33	-	2,58	2,90	-	2,21	2,49	-	1,87	2,10	-	1,54	1,73	-	1,23	1,3
	II	37,25	-	2,98	3,35	-	2,59	2,92	-	2,23	2,51	-	1,88	2,12	-	1,55	1,75	-	1,24	1,40	-	0,95	1,0
	III	24,96	-	1,99	2,24	-	1,71	1,92	-	1,43	1,61	-	1,16	1,31	-	0,90	1,02	-	0,65	0,73	-	0,41	0,4
	IV	41,98	-	3,35	3,77	-	3,15	3,55	-	2,96	3,33	-	2,76	3,11	-	2,58	2,90	-	2,39	2,69	-	2,21	2,4
	V	59,08	*1,23*	4,72	5,31																		
	VI	60,55	*1,40*	4,84	5,44																		
174,69	I	42,02	-	3,36	3,78	-	2,96	3,33	-	2,58	2,90	-	2,22	2,49	-	1,87	2,10	-	1,54	1,73	-	1,23	1,3
	II	37,29	-	2,98	3,35	-	2,60	2,92	-	2,23	2,51	-	1,89	2,12	-	1,56	1,75	-	1,24	1,40	-	0,95	1,0
	III	24,98	-	1,99	2,24	-	1,71	1,92	-	1,43	1,61	-	1,16	1,31	-	0,90	1,02	-	0,65	0,74	-	0,41	0,4
	IV	42,02	-	3,36	3,78	-	3,16	3,55	-	2,96	3,33	-	2,77	3,11	-	2,58	2,90	-	2,40	2,70	-	2,22	2,4
	V	59,12	*1,23*	4,72	5,32																		
	VI	60,60	*1,41*	4,84	5,45																		
174,79	I	42,06	-	3,36	3,78	-	2,96	3,33	-	2,58	2,91	-	2,22	2,50	-	1,87	2,11	-	1,54	1,74	-	1,23	1,3
	II	37,33	-	2,98	3,35	-	2,60	2,93	-	2,24	2,52	-	1,89	2,13	-	1,56	1,75	-	1,25	1,40	-	0,95	1,0
	III	25,02	-	2,00	2,25	-	1,71	1,93	-	1,44	1,62	-	1,17	1,31	-	0,91	1,02	-	0,66	0,74	-	0,41	0,4
	IV	42,06	-	3,36	3,78	-	3,16	3,55	-	2,96	3,33	-	2,77	3,12	-	2,58	2,91	-	2,40	2,70	-	2,22	2,5
	V	59,16	*1,24*	4,73	5,32																		
	VI	60,64	*1,41*	4,85	5,45																		
174,89	I	42,10	-	3,36	3,78	-	2,97	3,34	-	2,59	2,91	-	2,22	2,50	-	1,88	2,11	-	1,55	1,74	-	1,24	1,3
	II	37,37	-	2,98	3,36	-	2,60	2,93	-	2,24	2,52	-	1,89	2,13	-	1,56	1,76	-	1,25	1,41	-	0,95	1,0
	III	25,05	-	2,00	2,25	-	1,71	1,93	-	1,44	1,62	-	1,17	1,32	-	0,91	1,02	-	0,66	0,74	-	0,42	0,4
	IV	42,10	-	3,36	3,78	-	3,16	3,56	-	2,97	3,34	-	2,77	3,12	-	2,59	2,91	-	2,40	2,70	-	2,22	2,5
	V	59,20	*1,24*	4,73	5,32																		
	VI	60,68	*1,42*	4,85	5,46																		
174,99	I	42,15	-	3,37	3,79	-	2,97	3,34	-	2,59	2,91	-	2,22	2,50	-	1,88	2,11	-	1,55	1,74	-	1,24	1,3
	II	37,41	-	2,99	3,36	-	2,61	2,93	-	2,24	2,52	-	1,90	2,13	-	1,56	1,76	-	1,25	1,41	-	0,96	1,0
	III	25,07	-	2,00	2,25	-	1,72	1,93	-	1,44	1,62	-	1,17	1,32	-	0,91	1,03	-	0,66	0,74	-	0,42	0,4
	IV	42,15	-	3,37	3,79	-	3,17	3,56	-	2,97	3,34	-	2,78	3,12	-	2,59	2,91	-	2,40	2,70	-	2,22	2,5
	V	59,25	*1,25*	4,74	5,33																		
	VI	60,72	*1,42*	4,85	5,46																		
175,09	I	42,18	-	3,37	3,79	-	2,97	3,34	-	2,59	2,92	-	2,23	2,51	-	1,88	2,12	-	1,55	1,75	-	1,24	1,4
	II	37,45	-	2,99	3,37	-	2,61	2,94	-	2,24	2,53	-	1,90	2,14	-	1,57	1,76	-	1,25	1,41	-	0,96	1,0
	III	25,10	-	2,00	2,25	-	1,72	1,93	-	1,44	1,62	-	1,17	1,32	-	0,91	1,03	-	0,66	0,74	-	0,42	0,4
	IV	42,18	-	3,37	3,79	-	3,17	3,57	-	2,97	3,34	-	2,78	3,13	-	2,59	2,92	-	2,41	2,71	-	2,23	2,5
	V	59,29	*1,25*	4,74	5,33																		
	VI	60,76	*1,43*	4,86	5,46																		
175,19	I	42,23	-	3,37	3,80	-	2,98	3,35	-	2,59	2,92	-	2,23	2,51	-	1,88	2,12	-	1,55	1,75	-	1,24	1,4
	II	37,48	-	2,99	3,37	-	2,61	2,94	-	2,25	2,53	-	1,90	2,14	-	1,57	1,77	-	1,26	1,41	-	0,96	1,0
	III	25,13	-	2,01	2,26	-	1,72	1,94	-	1,44	1,62	-	1,18	1,32	-	0,92	1,03	-	0,66	0,75	-	0,42	0,4
	IV	42,23	-	3,37	3,80	-	3,17	3,57	-	2,98	3,35	-	2,78	3,13	-	2,59	2,92	-	2,41	2,71	-	2,23	2,5
	V	59,33	*1,26*	4,74	5,33																		
	VI	60,81	*1,43*	4,86	5,47																		
175,29	I	42,27	-	3,38	3,80	-	2,98	3,35	-	2,60	2,92	-	2,23	2,51	-	1,89	2,12	-	1,56	1,75	-	1,24	1,4
	II	37,52	-	3,00	3,37	-	2,62	2,94	-	2,25	2,53	-	1,90	2,14	-	1,57	1,77	-	1,26	1,42	-	0,96	1,0
	III	25,16	-	2,01	2,26	-	1,72	1,94	-	1,45	1,63	-	1,18	1,32	-	0,92	1,03	-	0,67	0,75	-	0,42	0,4
	IV	42,27	-	3,38	3,80	-	3,18	3,57	-	2,98	3,35	-	2,79	3,13	-	2,60	2,92	-	2,41	2,72	-	2,23	2,5
	V	59,37	*1,26*	4,74	5,34																		
	VI	60,85	*1,44*	4,86	5,47																		
175,39	I	42,31	-	3,38	3,80	-	2,98	3,35	-	2,60	2,93	-	2,24	2,52	-	1,89	2,13	-	1,56	1,75	-	1,25	1,4
	II	37,56	-	3,00	3,38	-	2,62	2,95	-	2,25	2,54	-	1,91	2,14	-	1,58	1,77	-	1,26	1,42	-	0,97	1,0
	III	25,19	-	2,01	2,26	-	1,72	1,94	-	1,45	1,63	-	1,18	1,33	-	0,92	1,03	-	0,67	0,75	-	0,43	0,4
	IV	42,31	-	3,38	3,80	-	3,18	3,58	-	2,98	3,35	-	2,79	3,14	-	2,60	2,93	-	2,42	2,72	-	2,24	2,5
	V	59,41	*1,27*	4,75	5,34																		
	VI	60,89	*1,44*	4,87	5,48																		
175,49	I	42,35	-	3,38	3,81	-	2,98	3,36	-	2,60	2,93	-	2,24	2,52	-	1,89	2,13	-	1,56	1,76	-	1,25	1,4
	II	37,60	-	3,00	3,38	-	2,62	2,95	-	2,26	2,54	-	1,91	2,15	-	1,58	1,78	-	1,26	1,42	-	0,97	1,0
	III	25,22	-	2,01	2,26	-	1,73	1,94	-	1,45	1,63	-	1,18	1,33	-	0,92	1,04	-	0,67	0,75	-	0,43	0,4
	IV	42,35	-	3,38	3,81	-	3,18	3,58	-	2,98	3,36	-	2,79	3,14	-	2,60	2,93	-	2,42	2,72	-	2,24	2,5
	V	59,45	*1,27*	4,75	5,35																		
	VI	60,93	*1,45*	4,87	5,48																		

Besondere Tabelle

JAHR bis 3.239,99 €

Lohn/ Gehalt bis	Steuerklasse	Lohnsteuer	ohne Kinderfreibetrag SolZ 5,5%	Kirchensteuer 8%	Kirchensteuer 9%
35,99	V	–	–	–	–
	VI	4	–	0,32	0,36
71,99	V	–	–	–	–
	VI	8	–	0,64	0,72
107,99	V	–	–	–	–
	VI	13	–	1,04	1,17
143,99	V	–	–	–	–
	VI	17	–	1,36	1,53
179,99	V	–	–	–	–
	VI	21	–	1,68	1,89
215,99	V	–	–	–	–
	VI	26	–	2,08	2,34
251,99	V	–	–	–	–
	VI	30	–	2,40	2,70
287,99	V	–	–	–	–
	VI	35	–	2,80	3,15
323,99	V	–	–	–	–
	VI	39	–	3,12	3,51
359,99	V	–	–	–	–
	VI	44	–	3,52	3,96
395,99	V	–	–	–	–
	VI	48	–	3,84	4,32
431,99	V	–	–	–	–
	VI	53	–	4,24	4,77
467,99	V	–	–	–	–
	VI	57	–	4,56	5,13
503,99	V	–	–	–	–
	VI	61	–	4,88	5,49
539,99	V	–	–	–	–
	VI	66	–	5,28	5,94
575,99	V	–	–	–	–
	VI	70	–	5,60	6,30
611,99	V	–	–	–	–
	VI	75	–	6,00	6,75
647,99	V	–	–	–	–
	VI	79	–	6,32	7,11
683,99	V	–	–	–	–
	VI	84	–	6,72	7,56
719,99	V	–	–	–	–
	VI	88	–	7,04	7,92
755,99	V	–	–	–	–
	VI	92	–	7,36	8,28
791,99	V	–	–	–	–
	VI	97	–	7,76	8,73
827,99	V	–	–	–	–
	VI	101	–	8,08	9,09
863,99	V	–	–	–	–
	VI	106	–	8,48	9,54
899,99	V	–	–	–	–
	VI	110	–	8,80	9,90
935,99	V	–	–	–	–
	VI	115	–	9,20	10,35
971,99	V	–	–	–	–
	VI	119	–	9,52	10,71
1.007,99	V	–	–	–	–
	VI	124	–	9,92	11,16
1.043,99	V	–	–	–	–
	VI	128	–	10,24	11,52
1.079,99	V	–	–	–	–
	VI	132	–	10,56	11,88
1.115,99	V	–	–	–	–
	VI	137	–	10,96	12,33
1.151,99	V	–	–	–	–
	VI	141	–	11,28	12,69
1.187,99	V	–	–	–	–
	VI	146	–	11,68	13,14
1.223,99	V	–	–	–	–
	VI	150	–	12,00	13,50
1.259,99	V	–	–	–	–
	VI	154	–	12,32	13,86
1.295,99	V	–	–	–	–
	VI	159	–	12,72	14,31
1.331,99	V	–	–	–	–
	VI	163	–	13,04	14,67
1.367,99	V	–	–	–	–
	VI	168	–	13,44	15,12
1.403,99	V	–	–	–	–
	VI	172	–	13,76	15,48
1.439,99	V	–	–	–	–
	VI	177	–	14,16	15,93
1.475,99	V	4	–	0,32	0,36
	VI	181	–	14,48	16,29
1.511,99	V	8	–	0,64	0,72
	VI	186	–	14,88	16,74
1.547,99	V	13	–	1,04	1,17
	VI	190	–	15,20	17,10
1.583,99	V	17	–	1,36	1,53
	VI	194	–	15,52	17,46
1.619,99	V	22	–	1,76	1,98
	VI	199	–	15,92	17,91
1.655,99	V	26	–	2,08	2,34
	VI	203	–	16,24	18,27
1.691,99	V	30	–	2,40	2,70
	VI	208	–	16,64	18,72
1.727,99	V	35	–	2,80	3,15
	VI	212	–	16,96	19,08
1.763,99	V	39	–	3,12	3,51
	VI	217	–	17,36	19,53
1.799,99	V	44	–	3,52	3,96
	VI	221	–	17,68	19,89
1.835,99	V	48	–	3,84	4,32
	VI	225	–	18,00	20,25
1.871,99	V	53	–	4,24	4,77
	VI	230	–	18,40	20,70
1.907,99	V	57	–	4,56	5,13
	VI	234	–	18,72	21,06
1.943,99	V	62	–	4,96	5,58
	VI	239	–	19,12	21,51
1.979,99	V	66	–	5,28	5,94
	VI	243	–	19,44	21,87
2.015,99	V	70	–	5,60	6,30
	VI	248	–	19,84	22,32
2.051,99	V	75	–	6,00	6,75
	VI	252	–	20,16	22,68
2.087,99	V	79	–	6,32	7,11
	VI	257	–	20,56	23,13
2.123,99	V	84	–	6,72	7,56
	VI	261	–	20,88	23,49
2.159,99	V	88	–	7,04	7,92
	VI	265	–	21,20	23,85
2.195,99	V	93	–	7,44	8,37
	VI	270	–	21,60	24,30
2.231,99	V	97	–	7,76	8,73
	VI	274	–	21,92	24,66
2.267,99	V	101	–	8,08	9,09
	VI	279	–	22,32	25,11
2.303,99	V	106	–	8,48	9,54
	VI	283	–	22,64	25,47
2.339,99	V	110	–	8,80	9,90
	VI	288	–	23,04	25,92
2.375,99	V	115	–	9,20	10,35
	VI	292	–	23,36	26,28
2.411,99	V	119	–	9,52	10,71
	VI	296	–	23,68	26,64
2.447,99	V	124	–	9,92	11,16
	VI	301	–	24,08	27,09
2.483,99	V	128	–	10,24	11,52
	VI	305	–	24,40	27,45
2.519,99	V	133	–	10,64	11,97
	VI	310	–	24,80	27,90
2.555,99	V	137	–	10,96	12,33
	VI	314	–	25,12	28,26
2.591,99	V	141	–	11,28	12,69
	VI	319	–	25,52	28,71
2.627,99	V	146	–	11,68	13,14
	VI	323	–	25,84	29,07
2.663,99	V	150	–	12,00	13,50
	VI	328	–	26,24	29,52
2.699,99	V	155	–	12,40	13,95
	VI	332	–	26,56	29,88
2.735,99	V	159	–	12,72	14,31
	VI	336	–	26,88	30,24
2.771,99	V	164	–	13,12	14,76
	VI	341	–	27,28	30,69
2.807,99	V	168	–	13,44	15,12
	VI	345	–	27,60	31,05
2.843,99	V	172	–	13,76	15,48
	VI	350	–	28,00	31,50
2.879,99	V	177	–	14,16	15,93
	VI	354	–	28,32	31,86
2.915,99	V	181	–	14,48	16,29
	VI	359	–	28,72	32,31
2.951,99	V	186	–	14,88	16,74
	VI	363	–	29,04	32,67
2.987,99	V	190	–	15,20	17,10
	VI	367	–	29,36	33,03
3.023,99	V	195	–	15,60	17,55
	VI	372	–	29,76	33,48
3.059,99	V	199	–	15,92	17,91
	VI	376	–	30,08	33,84
3.095,99	V	203	–	16,24	18,27
	VI	381	–	30,48	34,29
3.131,99	V	208	–	16,64	18,72
	VI	385	–	30,80	34,65
3.167,99	V	212	–	16,96	19,08
	VI	390	–	31,20	35,10
3.203,99	V	217	–	17,36	19,53
	VI	394	–	31,52	35,46
3.239,99	V	221	–	17,68	19,89
	VI	399	–	31,92	35,91

s jährlich 13.823,99 € entstehen für die Steuerklassen I bis IV keine Steuerabzüge.

SolZ/KiSt lt. Tabelle nicht für Sonstige Bezüge anwendbar.

JAHR bis 7.775,99 €

Lohn/ Gehalt bis	Steuerklasse	Lohn- steuer	ohne Kinderfreibetrag SolZ 5,5%	Kirchensteuer 8%	9%
3.275,99	V	226	-	18,08	20,34
	VI	403	-	32,24	36,27
3.311,99	V	230	-	18,40	20,70
	VI	407	-	32,56	36,63
3.347,99	V	235	-	18,80	21,15
	VI	412	-	32,96	37,08
3.383,99	V	239	-	19,12	21,51
	VI	416	-	33,28	37,44
3.419,99	V	243	-	19,44	21,87
	VI	421	-	33,68	37,89
3.455,99	V	248	-	19,84	22,32
	VI	425	-	34,00	38,25
3.491,99	V	252	-	20,16	22,68
	VI	429	-	34,32	38,61
3.527,99	V	257	-	20,56	23,13
	VI	434	-	34,72	39,06
3.563,99	V	261	-	20,88	23,49
	VI	438	-	35,04	39,42
3.599,99	V	266	-	21,28	23,94
	VI	443	-	35,44	39,87
3.635,99	V	270	-	21,60	24,30
	VI	447	-	35,76	40,23
3.671,99	V	274	-	21,92	24,66
	VI	452	-	36,16	40,68
3.707,99	V	279	-	22,32	25,11
	VI	456	-	36,48	41,04
3.743,99	V	283	-	22,64	25,47
	VI	461	-	36,88	41,49
3.779,99	V	288	-	23,04	25,92
	VI	465	-	37,20	41,85
3.815,99	V	292	-	23,36	26,28
	VI	469	-	37,52	42,21
3.851,99	V	297	-	23,76	26,73
	VI	474	-	37,92	42,66
3.887,99	V	301	-	24,08	27,09
	VI	478	-	38,24	43,02
3.923,99	V	306	-	24,48	27,54
	VI	483	-	38,64	43,47
3.959,99	V	310	-	24,80	27,90
	VI	487	-	38,96	43,83
3.995,99	V	314	-	25,12	28,26
	VI	492	-	39,36	44,28
4.031,99	V	319	-	25,52	28,71
	VI	496	-	39,68	44,64
4.067,99	V	323	-	25,84	29,07
	VI	500	-	40,00	45,00
4.103,99	V	328	-	26,24	29,52
	VI	505	-	40,40	45,45
4.139,99	V	332	-	26,56	29,88
	VI	509	-	40,72	45,81
4.175,99	V	336	-	26,88	30,24
	VI	514	-	41,12	46,26
4.211,99	V	341	-	27,28	30,69
	VI	518	-	41,44	46,62
4.247,99	V	345	-	27,60	31,05
	VI	523	-	41,84	47,07
4.283,99	V	350	-	28,00	31,50
	VI	527	-	42,16	47,43
4.319,99	V	354	-	28,32	31,86
	VI	532	-	42,56	47,88
4.355,99	V	359	-	28,72	32,31
	VI	536	-	42,88	48,24
4.391,99	V	363	-	29,04	32,67
	VI	540	-	43,20	48,60
4.427,99	V	368	-	29,44	33,12
	VI	545	-	43,60	49,05
4.463,99	V	372	-	29,76	33,48
	VI	549	-	43,92	49,41
4.499,99	V	377	-	30,16	33,93
	VI	554	-	44,32	49,86
4.535,99	V	381	-	30,48	34,29
	VI	558	-	44,64	50,22
4.571,99	V	385	-	30,80	34,65
	VI	563	-	45,04	50,67
4.607,99	V	390	-	31,20	35,10
	VI	567	-	45,36	51,03
4.643,99	V	394	-	31,52	35,46
	VI	571	-	45,68	51,39
4.679,99	V	399	-	31,92	35,91
	VI	576	-	46,08	51,84
4.715,99	V	403	-	32,24	36,27
	VI	580	-	46,40	52,20
4.751,99	V	407	-	32,56	36,63
	VI	585	-	46,80	52,65

Lohn/ Gehalt bis	Steuerklasse	Lohn- steuer	ohne Kinderfreibetrag SolZ 5,5%	Kirchensteuer 8%	9%
4.787,99	V	412	-	32,96	37,08
	VI	589	-	47,12	53,01
4.823,99	V	416	-	33,28	37,44
	VI	594	-	47,52	53,46
4.859,99	V	421	-	33,68	37,89
	VI	598	-	47,84	53,82
4.895,99	V	425	-	34,00	38,25
	VI	602	-	48,16	54,18
4.931,99	V	430	-	34,40	38,70
	VI	607	-	48,56	54,63
4.967,99	V	434	-	34,72	39,06
	VI	611	-	48,88	54,99
5.003,99	V	439	-	35,12	39,51
	VI	616	-	49,28	55,44
5.039,99	V	443	-	35,44	39,87
	VI	620	-	49,60	55,80
5.075,99	V	447	-	35,76	40,23
	VI	625	-	50,00	56,25
5.111,99	V	452	-	36,16	40,68
	VI	629	-	50,32	56,61
5.147,99	V	456	-	36,48	41,04
	VI	634	-	50,72	57,06
5.183,99	V	461	-	36,88	41,49
	VI	638	-	51,04	57,42
5.219,99	V	465	-	37,20	41,85
	VI	642	-	51,36	57,78
5.255,99	V	470	-	37,60	42,30
	VI	647	-	51,76	58,23
5.291,99	V	474	-	37,92	42,66
	VI	651	-	52,08	58,59
5.327,99	V	478	-	38,24	43,02
	VI	656	-	52,48	59,04
5.363,99	V	483	-	38,64	43,47
	VI	660	-	52,80	59,40
5.399,99	V	487	-	38,96	43,83
	VI	665	-	53,20	59,85
5.435,99	V	492	-	39,36	44,28
	VI	669	-	53,52	60,21
5.471,99	V	496	-	39,68	44,64
	VI	673	-	53,84	60,57
5.507,99	V	501	-	40,08	45,09
	VI	678	-	54,24	61,02
5.543,99	V	505	-	40,40	45,45
	VI	682	-	54,56	61,38
5.579,99	V	510	-	40,80	45,90
	VI	687	-	54,96	61,83
5.615,99	V	514	-	41,12	46,26
	VI	691	-	55,28	62,19
5.651,99	V	518	-	41,44	46,62
	VI	696	-	55,68	62,64
5.687,99	V	523	-	41,84	47,07
	VI	700	-	56,00	63,00
5.723,99	V	527	-	42,16	47,43
	VI	705	-	56,40	63,45
5.759,99	V	532	-	42,56	47,88
	VI	709	-	56,72	63,81
5.795,99	V	536	-	42,88	48,24
	VI	713	-	57,04	64,17
5.831,99	V	541	-	43,28	48,69
	VI	718	-	57,44	64,62
5.867,99	V	545	-	43,60	49,05
	VI	722	-	57,76	64,98
5.903,99	V	549	-	43,92	49,41
	VI	727	-	58,16	65,43
5.939,99	V	554	-	44,32	49,86
	VI	731	-	58,48	65,79
5.975,99	V	558	-	44,64	50,22
	VI	735	-	58,80	66,15
6.011,99	V	563	-	45,04	50,67
	VI	740	-	59,20	66,60
6.047,99	V	567	-	45,36	51,03
	VI	744	-	59,52	66,96
6.083,99	V	572	-	45,76	51,48
	VI	749	-	59,92	67,41
6.119,99	V	576	-	46,08	51,84
	VI	753	-	60,24	67,77
6.155,99	V	581	-	46,48	52,29
	VI	758	-	60,64	68,22
6.191,99	V	585	-	46,80	52,65
	VI	762	-	60,96	68,58
6.227,99	V	589	-	47,12	53,01
	VI	767	-	61,36	69,03
6.263,99	V	594	-	47,52	53,46
	VI	771	-	61,68	69,39

Besondere Tabelle

Lohn/ Gehalt bis	Steuerklasse	Lohn- steuer	ohne Kinderfreibetrag SolZ 5,5%	Kirchensteuer 8%	9%
6.299,99	V	598	-	47,84	53,8
	VI	776	-	62,08	69,8
6.335,99	V	603	-	48,24	54,2
	VI	780	-	62,40	70,2
6.371,99	V	607	-	48,56	54,6
	VI	784	-	62,72	70,5
6.407,99	V	612	-	48,96	55,0
	VI	789	-	63,12	71,0
6.443,99	V	616	-	49,28	55,4
	VI	793	-	63,44	71,3
6.479,99	V	620	-	49,60	55,8
	VI	798	-	63,84	71,8
6.515,99	V	625	-	50,00	56,2
	VI	802	-	64,16	72,
6.551,99	V	629	-	50,32	56,6
	VI	806	-	64,48	72,5
6.587,99	V	634	-	50,72	57,0
	VI	811	-	64,88	72,9
6.623,99	V	638	-	51,04	57,4
	VI	815	-	65,20	73,3
6.659,99	V	643	-	51,44	57,8
	VI	820	-	65,60	73,
6.695,99	V	647	-	51,76	58,2
	VI	824	-	65,92	74,
6.731,99	V	651	-	52,08	58,5
	VI	829	-	66,32	74,6
6.767,99	V	656	-	52,48	59,
	VI	833	-	66,64	74,9
6.803,99	V	660	-	52,80	59,4
	VI	838	-	67,04	75,4
6.839,99	V	665	-	53,20	59,8
	VI	842	-	67,36	75,
6.875,99	V	669	-	53,52	60,
	VI	846	-	67,68	76,
6.911,99	V	674	-	53,92	60,
	VI	851	-	68,08	76,5
6.947,99	V	678	-	54,24	61,
	VI	855	-	68,40	76,9
6.983,99	V	682	-	54,56	61,
	VI	860	-	68,80	77,
7.019,99	V	687	-	54,96	61,
	VI	864	-	69,12	77,
7.055,99	V	691	-	55,28	62,
	VI	869	-	69,52	78,
7.091,99	V	696	-	55,68	62,
	VI	873	-	69,84	78,
7.127,99	V	700	-	56,00	63,
	VI	877	-	70,16	78,
7.163,99	V	705	-	56,40	63,
	VI	882	-	70,56	79,
7.199,99	V	709	-	56,72	63,
	VI	886	-	70,88	79,
7.235,99	V	714	-	57,12	64,
	VI	891	-	71,28	80,
7.271,99	V	718	-	57,44	64,
	VI	895	-	71,60	80,
7.307,99	V	722	-	57,76	64,
	VI	900	-	72,00	81,
7.343,99	V	727	-	58,16	65,
	VI	904	-	72,32	81,
7.379,99	V	731	-	58,48	65,
	VI	909	-	72,72	81,
7.415,99	V	736	-	58,88	66,
	VI	913	-	73,04	82,
7.451,99	V	740	-	59,20	66,
	VI	917	-	73,36	82,
7.487,99	V	745	-	59,60	67,
	VI	922	-	73,76	82,
7.523,99	V	749	-	59,92	67,
	VI	926	-	74,08	83,
7.559,99	V	753	-	60,24	67,
	VI	931	-	74,48	83,
7.595,99	V	758	-	60,64	68,
	VI	935	-	74,80	84,
7.631,99	V	762	-	60,96	68,
	VI	940	-	75,20	84,
7.667,99	V	767	-	61,36	69,
	VI	944	-	75,52	84,
7.703,99	V	771	-	61,68	69,
	VI	948	-	75,84	85,
7.739,99	V	776	-	62,08	69,
	VI	953	-	76,24	85
7.775,99	V	780	-	62,40	70,
	VI	957	-	76,56	86,

SolZ/KiSt lt. Tabelle nicht für Sonstige Bezüge anwendbar.

Bis jährlich 13.823,99 € entstehen für die Steuerklassen I bis IV keine Steuerabzü

Besondere Tabelle

JAHR bis 11.339,99 €

Lohn/ Gehalt bis	Steuerklasse	Lohnsteuer	ohne Kinderfreibetrag SolZ 5,5%	Kirchensteuer 8%	9%
7.811,99	V	784	-	62,72	70,56
	VI	962	-	76,96	86,58
7.847,99	V	789	-	63,12	71,01
	VI	966	-	77,28	86,94
7.883,99	V	793	-	63,44	71,37
	VI	971	-	77,68	87,39
7.919,99	V	798	-	63,84	71,82
	VI	975	-	78,00	87,75
7.955,99	V	802	-	64,16	72,18
	VI	980	-	78,40	88,20
7.991,99	V	807	-	64,56	72,63
	VI	984	-	78,72	88,56
8.027,99	V	811	-	64,88	72,99
	VI	988	-	79,04	88,92
8.063,99	V	816	-	65,28	73,44
	VI	993	-	79,44	89,37
8.099,99	V	820	-	65,60	73,80
	VI	997	-	79,76	89,73
8.135,99	V	824	-	65,92	74,16
	VI	1.002	-	80,16	90,18
8.171,99	V	829	-	66,32	74,61
	VI	1.006	-	80,48	90,54
8.207,99	V	833	-	66,64	74,97
	VI	1.011	-	80,88	90,99
8.243,99	V	838	-	67,04	75,42
	VI	1.015	-	81,20	91,35
8.279,99	V	842	-	67,36	75,78
	VI	1.019	-	81,52	91,71
8.315,99	V	847	-	67,76	76,23
	VI	1.024	-	81,92	92,16
8.351,99	V	851	-	68,08	76,59
	VI	1.028	-	82,24	92,52
8.387,99	V	855	-	68,40	76,95
	VI	1.033	-	82,64	92,97
8.423,99	V	860	-	68,80	77,40
	VI	1.037	-	82,96	93,33
8.459,99	V	864	-	69,12	77,76
	VI	1.042	-	83,36	93,78
8.495,99	V	869	-	69,52	78,21
	VI	1.046	-	83,68	94,14
8.531,99	V	873	-	69,84	78,57
	VI	1.050	-	84,00	94,50
8.567,99	V	878	-	70,24	79,02
	VI	1.055	-	84,40	94,95
8.603,99	V	882	-	70,56	79,38
	VI	1.059	-	84,72	95,31
8.639,99	V	887	-	70,96	79,83
	VI	1.064	-	85,12	95,76
8.675,99	V	891	-	71,28	80,19
	VI	1.068	-	85,44	96,12
8.711,99	V	895	-	71,60	80,55
	VI	1.073	-	85,84	96,57
8.747,99	V	900	-	72,00	81,00
	VI	1.077	-	86,16	96,93
8.783,99	V	904	-	72,32	81,36
	VI	1.081	-	86,48	97,29
8.819,99	V	909	-	72,72	81,81
	VI	1.086	-	86,88	97,74
8.855,99	V	913	-	73,04	82,17
	VI	1.090	-	87,20	98,10
8.891,99	V	917	-	73,36	82,53
	VI	1.095	-	87,60	98,55
8.927,99	V	922	-	73,76	82,98
	VI	1.099	-	87,92	98,91
8.963,99	V	926	-	74,08	83,34
	VI	1.104	-	88,32	99,36
8.999,99	V	931	-	74,48	83,79
	VI	1.108	-	88,64	99,72
9.035,99	V	935	-	74,80	84,15
	VI	1.113	-	89,04	100,17
9.071,99	V	940	-	75,20	84,60
	VI	1.117	-	89,36	100,53
9.107,99	V	944	-	75,52	84,96
	VI	1.121	-	89,68	100,89
9.143,99	V	949	-	75,92	85,41
	VI	1.126	-	90,08	101,34
9.179,99	V	953	-	76,24	85,77
	VI	1.130	-	90,40	101,70
9.215,99	V	958	-	76,64	86,22
	VI	1.135	-	90,80	102,15
9.251,99	V	962	-	76,96	86,58
	VI	1.139	-	91,12	102,51
9.287,99	V	966	-	77,28	86,94
	VI	1.144	-	91,52	102,96
9.323,99	V	971	-	77,68	87,39
	VI	1.148	-	91,84	103,32
9.359,99	V	975	-	78,00	87,75
	VI	1.152	-	92,16	103,68
9.395,99	V	980	-	78,40	88,20
	VI	1.157	-	92,56	104,13
9.431,99	V	984	-	78,72	88,56
	VI	1.161	-	92,88	104,49
9.467,99	V	988	-	79,04	88,92
	VI	1.166	-	93,28	104,94
9.503,99	V	993	-	79,44	89,37
	VI	1.170	-	93,60	105,30
9.539,99	V	997	-	79,76	89,73
	VI	1.175	-	94,00	105,75
9.575,99	V	1.002	-	80,16	90,18
	VI	1.179	-	94,32	106,11
9.611,99	V	1.006	-	80,48	90,54
	VI	1.183	-	94,64	106,47
9.647,99	V	1.011	-	80,88	90,99
	VI	1.188	-	95,04	106,92
9.683,99	V	1.015	-	81,20	91,35
	VI	1.192	-	95,36	107,28
9.719,99	V	1.020	-	81,60	91,80
	VI	1.197	-	95,76	107,73
9.755,99	V	1.024	-	81,92	92,16
	VI	1.201	-	96,08	108,09
9.791,99	V	1.028	-	82,24	92,52
	VI	1.206	-	96,48	108,54
9.827,99	V	1.033	-	82,64	92,97
	VI	1.210	-	96,80	108,90
9.863,99	V	1.037	-	82,96	93,33
	VI	1.215	-	97,20	109,35
9.899,99	V	1.042	-	83,36	93,78
	VI	1.219	-	97,52	109,71
9.935,99	V	1.046	-	83,68	94,14
	VI	1.223	-	97,84	110,07
9.971,99	V	1.051	-	84,08	94,59
	VI	1.228	-	98,24	110,52
10.007,99	V	1.055	-	84,40	94,95
	VI	1.232	-	98,56	110,88
10.043,99	V	1.059	-	84,72	95,31
	VI	1.237	-	98,96	111,33
10.079,99	V	1.064	-	85,12	95,76
	VI	1.241	-	99,28	111,69
10.115,99	V	1.068	-	85,44	96,12
	VI	1.246	-	99,68	112,14
10.151,99	V	1.073	-	85,84	96,57
	VI	1.250	-	100,00	112,50
10.187,99	V	1.077	-	86,16	96,93
	VI	1.254	-	100,32	112,86
10.223,99	V	1.082	-	86,56	97,38
	VI	1.259	-	100,72	113,31
10.259,99	V	1.086	-	86,88	97,74
	VI	1.263	-	101,04	113,67
10.295,99	V	1.091	-	87,28	98,19
	VI	1.268	-	101,44	114,12
10.331,99	V	1.095	-	87,60	98,55
	VI	1.272	-	101,76	114,48
10.367,99	V	1.099	-	87,92	98,91
	VI	1.277	-	102,16	114,93
10.403,99	V	1.104	-	88,32	99,36
	VI	1.281	-	102,48	115,29
10.439,99	V	1.108	-	88,64	99,72
	VI	1.286	-	102,88	115,74
10.475,99	V	1.113	-	89,04	100,17
	VI	1.290	-	103,20	116,10
10.511,99	V	1.117	-	89,36	100,53
	VI	1.294	-	103,52	116,46
10.547,99	V	1.122	-	89,76	100,98
	VI	1.299	-	103,92	116,91
10.583,99	V	1.126	-	90,08	101,34
	VI	1.303	-	104,24	117,27
10.619,99	V	1.130	-	90,40	101,70
	VI	1.308	-	104,64	117,72
10.655,99	V	1.135	-	90,80	102,15
	VI	1.312	-	104,96	118,08
10.691,99	V	1.139	-	91,12	102,51
	VI	1.316	-	105,28	118,44
10.727,99	V	1.144	-	91,52	102,96
	VI	1.321	-	105,68	118,89
10.763,99	V	1.148	-	91,84	103,32
	VI	1.325	-	106,00	119,25
10.799,99	V	1.153	-	92,24	103,77
	VI	1.330	-	106,40	119,70
10.835,99	I	-	-	-	-
	II	-	-	-	-
	III	-	-	-	-
	IV	-	-	-	-
	V	1.157	-	92,56	104,13
	VI	1.334	-	106,72	120,06
10.871,99	I	-	-	-	-
	II	-	-	-	-
	III	-	-	-	-
	IV	-	-	-	-
	V	1.162	-	92,96	104,58
	VI	1.339	-	107,12	120,51
10.907,99	I	-	-	-	-
	II	-	-	-	-
	III	-	-	-	-
	IV	-	-	-	-
	V	1.166	-	93,28	104,94
	VI	1.343	-	107,44	120,87
10.943,99	I	-	-	-	-
	II	-	-	-	-
	III	-	-	-	-
	IV	-	-	-	-
	V	1.170	-	93,60	105,30
	VI	1.348	-	107,84	121,32
10.979,99	I	-	-	-	-
	II	-	-	-	-
	III	-	-	-	-
	IV	-	-	-	-
	V	1.175	-	94,00	105,75
	VI	1.352	-	108,16	121,68
11.015,99	I	-	-	-	-
	II	-	-	-	-
	III	-	-	-	-
	IV	-	-	-	-
	V	1.179	-	94,32	106,11
	VI	1.357	-	108,56	122,13
11.051,99	I	-	-	-	-
	II	-	-	-	-
	III	-	-	-	-
	IV	-	-	-	-
	V	1.184	-	94,72	106,56
	VI	1.361	-	108,88	122,49
11.087,99	I	-	-	-	-
	II	-	-	-	-
	III	-	-	-	-
	IV	-	-	-	-
	V	1.188	-	95,04	106,92
	VI	1.365	-	109,20	122,85
11.123,99	I	-	-	-	-
	II	-	-	-	-
	III	-	-	-	-
	IV	-	-	-	-
	V	1.193	-	95,44	107,37
	VI	1.370	-	109,60	123,30
11.159,99	I	-	-	-	-
	II	-	-	-	-
	III	-	-	-	-
	IV	-	-	-	-
	V	1.197	-	95,76	107,73
	VI	1.374	-	109,92	123,66
11.195,99	I	-	-	-	-
	II	-	-	-	-
	III	-	-	-	-
	IV	-	-	-	-
	V	1.201	-	96,08	108,09
	VI	1.379	-	110,32	124,11
11.231,99	I	-	-	-	-
	II	-	-	-	-
	III	-	-	-	-
	IV	-	-	-	-
	V	1.206	-	96,48	108,54
	VI	1.383	-	110,64	124,47
11.267,99	I	-	-	-	-
	II	-	-	-	-
	III	-	-	-	-
	IV	-	-	-	-
	V	1.210	-	96,80	108,90
	VI	1.387	-	110,96	124,83
11.303,99	I	-	-	-	-
	II	-	-	-	-
	III	-	-	-	-
	IV	-	-	-	-
	V	1.215	-	97,20	109,35
	VI	1.392	-	111,36	125,28
11.339,99	I	-	-	-	-
	II	-	-	-	-
	III	-	-	-	-
	IV	-	-	-	-
	V	1.219	-	97,52	109,71
	VI	1.396	-	111,68	125,64

s jährlich 13.823,99 € entstehen für die Steuerklassen I bis IV keine Steuerabzüge.

SolZ/KiSt lt. Tabelle nicht für Sonstige Bezüge anwendbar.

JAHR bis 12.959,99 €

Besondere Tabelle

Lohn/ Gehalt bis	Steuerklasse	Lohnsteuer	ohne Kinderfreibetrag SolZ 5,5%	Kirchensteuer 8%	Kirchensteuer 9%
11.375,99	I	-	-	-	-
	II	-	-	-	-
	III	-	-	-	-
	IV	-	-	-	-
	V	1.224	-	97,92	110,16
	VI	1.401	-	112,08	126,09
11.411,99	I	-	-	-	-
	II	-	-	-	-
	III	-	-	-	-
	IV	-	-	-	-
	V	1.228	-	98,24	110,52
	VI	1.405	-	112,40	126,45
11.447,99	I	-	-	-	-
	II	-	-	-	-
	III	-	-	-	-
	IV	-	-	-	-
	V	1.232	-	98,56	110,88
	VI	1.410	-	112,80	126,90
11.483,99	I	-	-	-	-
	II	-	-	-	-
	III	-	-	-	-
	IV	-	-	-	-
	V	1.237	-	98,96	111,33
	VI	1.414	-	113,12	127,26
11.519,99	I	-	-	-	-
	II	-	-	-	-
	III	-	-	-	-
	IV	-	-	-	-
	V	1.241	-	99,28	111,69
	VI	1.419	-	113,52	127,71
11.555,99	I	-	-	-	-
	II	-	-	-	-
	III	-	-	-	-
	IV	-	-	-	-
	V	1.246	-	99,68	112,14
	VI	1.423	-	113,84	128,07
11.591,99	I	-	-	-	-
	II	-	-	-	-
	III	-	-	-	-
	IV	-	-	-	-
	V	1.250	-	100,00	112,50
	VI	1.427	-	114,16	128,43
11.627,99	I	-	-	-	-
	II	-	-	-	-
	III	-	-	-	-
	IV	-	-	-	-
	V	1.255	-	100,40	112,95
	VI	1.432	-	114,56	128,88
11.663,99	I	-	-	-	-
	II	-	-	-	-
	III	-	-	-	-
	IV	-	-	-	-
	V	1.259	-	100,72	113,31
	VI	1.436	-	114,88	129,24
11.699,99	I	-	-	-	-
	II	-	-	-	-
	III	-	-	-	-
	IV	-	-	-	-
	V	1.264	-	101,12	113,76
	VI	1.441	-	115,28	129,69
11.735,99	I	-	-	-	-
	II	-	-	-	-
	III	-	-	-	-
	IV	-	-	-	-
	V	1.268	-	101,44	114,12
	VI	1.445	-	115,60	130,05
11.771,99	I	-	-	-	-
	II	-	-	-	-
	III	-	-	-	-
	IV	-	-	-	-
	V	1.272	-	101,76	114,48
	VI	1.450	-	116,00	130,50
11.807,99	I	-	-	-	-
	II	-	-	-	-
	III	-	-	-	-
	IV	-	-	-	-
	V	1.277	-	102,16	114,93
	VI	1.454	-	116,32	130,86
11.843,99	I	-	-	-	-
	II	-	-	-	-
	III	-	-	-	-
	IV	-	-	-	-
	V	1.281	-	102,48	115,29
	VI	1.458	-	116,64	131,22
11.879,99	I	-	-	-	-
	II	-	-	-	-
	III	-	-	-	-
	IV	-	-	-	-
	V	1.286	-	102,88	115,74
	VI	1.463	-	117,04	131,67

Lohn/ Gehalt bis	Steuerklasse	Lohnsteuer	ohne Kinderfreibetrag SolZ 5,5%	Kirchensteuer 8%	Kirchensteuer 9%
11.915,99	I	-	-	-	-
	II	-	-	-	-
	III	-	-	-	-
	IV	-	-	-	-
	V	1.290	-	103,20	116,10
	VI	1.467	-	117,36	132,03
11.951,99	I	-	-	-	-
	II	-	-	-	-
	III	-	-	-	-
	IV	-	-	-	-
	V	1.295	-	103,60	116,55
	VI	1.472	-	117,76	132,48
11.987,99	I	-	-	-	-
	II	-	-	-	-
	III	-	-	-	-
	IV	-	-	-	-
	V	1.299	-	103,92	116,91
	VI	1.476	-	118,08	132,84
12.023,99	I	-	-	-	-
	II	-	-	-	-
	III	-	-	-	-
	IV	-	-	-	-
	V	1.303	-	104,24	117,27
	VI	1.481	-	118,48	133,29
12.059,99	I	-	-	-	-
	II	-	-	-	-
	III	-	-	-	-
	IV	-	-	-	-
	V	1.308	-	104,64	117,72
	VI	1.485	-	118,80	133,65
12.095,99	I	-	-	-	-
	II	-	-	-	-
	III	-	-	-	-
	IV	-	-	-	-
	V	1.312	-	104,96	118,08
	VI	1.490	-	119,20	134,10
12.131,99	I	-	-	-	-
	II	-	-	-	-
	III	-	-	-	-
	IV	-	-	-	-
	V	1.317	-	105,36	118,53
	VI	1.494	-	119,52	134,46
12.167,99	I	-	-	-	-
	II	-	-	-	-
	III	-	-	-	-
	IV	-	-	-	-
	V	1.321	-	105,68	118,89
	VI	1.498	-	119,84	134,82
12.203,99	I	-	-	-	-
	II	-	-	-	-
	III	-	-	-	-
	IV	-	-	-	-
	V	1.326	-	106,08	119,34
	VI	1.503	-	120,24	135,27
12.239,99	I	-	-	-	-
	II	-	-	-	-
	III	-	-	-	-
	IV	-	-	-	-
	V	1.330	-	106,40	119,70
	VI	1.507	-	120,56	135,63
12.275,99	I	-	-	-	-
	II	-	-	-	-
	III	-	-	-	-
	IV	-	-	-	-
	V	1.334	-	106,72	120,06
	VI	1.512	-	120,96	136,08
12.311,99	I	-	-	-	-
	II	-	-	-	-
	III	-	-	-	-
	IV	-	-	-	-
	V	1.339	-	107,12	120,51
	VI	1.516	-	121,28	136,44
12.347,99	I	-	-	-	-
	II	-	-	-	-
	III	-	-	-	-
	IV	-	-	-	-
	V	1.343	-	107,44	120,87
	VI	1.521	-	121,68	136,89
12.383,99	I	-	-	-	-
	II	-	-	-	-
	III	-	-	-	-
	IV	-	-	-	-
	V	1.348	-	107,84	121,32
	VI	1.525	-	122,00	137,25
12.419,99	I	-	-	-	-
	II	-	-	-	-
	III	-	-	-	-
	IV	-	-	-	-
	V	1.352	-	108,16	121,68
	VI	1.529	-	122,32	137,61

Lohn/ Gehalt bis	Steuerklasse	Lohnsteuer	ohne Kinderfreibetrag SolZ 5,5%	Kirchensteuer 8%	Kirchensteuer 9%	mit 0,5 Kinderfreibetrag SolZ 5,5%	Kirchensteuer 8%	Kirchensteuer 9%
12.455,99	I	-	-	-	-	-	-	
	II	-	-	-	-	-	-	
	III	-	-	-	-	-	-	
	IV	-	-	-	-	-	-	
	V	1.357	-	108,56	122,13			
	VI	1.534	-	122,72	138,06			
12.491,99	I	-	-	-	-	-	-	
	II	-	-	-	-	-	-	
	III	-	-	-	-	-	-	
	IV	-	-	-	-	-	-	
	V	1.361	-	108,88	122,49			
	VI	1.538	-	123,04	138,42			
12.527,99	I	-	-	-	-	-	-	
	II	-	-	-	-	-	-	
	III	-	-	-	-	-	-	
	IV	-	-	-	-	-	-	
	V	1.365	-	109,20	122,85			
	VI	1.543	-	123,44	138,87			
12.563,99	I	-	-	-	-	-	-	
	II	-	-	-	-	-	-	
	III	-	-	-	-	-	-	
	IV	-	-	-	-	-	-	
	V	1.370	-	109,60	123,30			
	VI	1.547	-	123,76	139,23			
12.599,99	I	-	-	-	-	-	-	
	II	-	-	-	-	-	-	
	III	-	-	-	-	-	-	
	IV	-	-	-	-	-	-	
	V	1.374	-	109,92	123,66			
	VI	1.552	-	124,16	139,68			
12.635,99	I	-	-	-	-	-	-	
	II	-	-	-	-	-	-	
	III	-	-	-	-	-	-	
	IV	-	-	-	-	-	-	
	V	1.379	-	110,32	124,11			
	VI	1.556	-	124,48	140,04			
12.671,99	I	-	-	-	-	-	-	
	II	-	-	-	-	-	-	
	III	-	-	-	-	-	-	
	IV	-	-	-	-	-	-	
	V	1.383	-	110,64	124,47			
	VI	1.561	-	124,88	140,49			
12.707,99	I	-	-	-	-	-	-	
	II	-	-	-	-	-	-	
	III	-	-	-	-	-	-	
	IV	-	-	-	-	-	-	
	V	1.388	-	111,04	124,92			
	VI	1.565	-	125,20	140,85			
12.743,99	I	-	-	-	-	-	-	
	II	-	-	-	-	-	-	
	III	-	-	-	-	-	-	
	IV	-	-	-	-	-	-	
	V	1.392	-	111,36	125,28			
	VI	1.569	-	125,52	141,21			
12.779,99	I	-	-	-	-	-	-	
	II	-	-	-	-	-	-	
	III	-	-	-	-	-	-	
	IV	-	-	-	-	-	-	
	V	1.397	-	111,76	125,73			
	VI	1.574	-	125,92	141,66			
12.815,99	I	-	-	-	-	-	-	
	II	-	-	-	-	-	-	
	III	-	-	-	-	-	-	
	IV	-	-	-	-	-	-	
	V	1.401	-	112,08	126,09			
	VI	1.578	-	126,24	142,02			
12.851,99	I	-	-	-	-	-	-	
	II	-	-	-	-	-	-	
	III	-	-	-	-	-	-	
	IV	-	-	-	-	-	-	
	V	1.405	-	112,40	126,45			
	VI	1.583	-	126,64	142,47			
12.887,99	I	-	-	-	-	-	-	
	II	-	-	-	-	-	-	
	III	-	-	-	-	-	-	
	IV	-	-	-	-	-	-	
	V	1.410	-	112,80	126,90			
	VI	1.587	-	126,96	142,83			
12.923,99	I	-	-	-	-	-	-	
	II	-	-	-	-	-	-	
	III	-	-	-	-	-	-	
	IV	-	-	-	-	-	-	
	V	1.414	-	113,12	127,26			
	VI	1.592	-	127,36	143,28			
12.959,99	I	-	-	-	-	-	-	
	II	-	-	-	-	-	-	
	III	-	-	-	-	-	-	
	IV	-	-	-	-	-	-	
	V	1.419	-	113,52	127,71			
	VI	1.596	-	127,68	143,64			

SolZ/KiSt lt. Tabelle nicht für Sonstige Bezüge anwendbar.

Bis jährlich 13.823,99 € entstehen für die Steuerklassen I bis IV keine Steuerabzüg

Besondere Tabelle

JAHR bis 14.039,99 €

Lohn/ Gehalt bis	Steuerklasse	Lohn- steuer	ohne Kinderfreibetrag SolZ 5,5%	ohne Kinderfreibetrag Kirchensteuer 8%	ohne Kinderfreibetrag Kirchensteuer 9%	mit 0,5 Kinderfreibetrag SolZ 5,5%	mit 0,5 Kinderfreibetrag Kirchensteuer 8%	mit 0,5 Kinderfreibetrag Kirchensteuer 9%
12.995,99	I	-	-	-	-	-	-	-
	II	-	-	-	-	-	-	-
	III	-	-	-	-	-	-	-
	IV	-	-	-	-	-	-	-
	V	1.423	-	113,84	128,07			
	VI	1.600	-	128,00	144,00			
13.031,99	I	-	-	-	-	-	-	-
	II	-	-	-	-	-	-	-
	III	-	-	-	-	-	-	-
	IV	-	-	-	-	-	-	-
	V	1.428	-	114,24	128,52			
	VI	1.605	-	128,40	144,45			
13.067,99	I	-	-	-	-	-	-	-
	II	-	-	-	-	-	-	-
	III	-	-	-	-	-	-	-
	IV	-	-	-	-	-	-	-
	V	1.432	-	114,56	128,88			
	VI	1.609	-	128,72	144,81			
13.103,99	I	-	-	-	-	-	-	-
	II	-	-	-	-	-	-	-
	III	-	-	-	-	-	-	-
	IV	-	-	-	-	-	-	-
	V	1.436	-	114,88	129,24			
	VI	1.614	-	129,12	145,26			
13.139,99	I	-	-	-	-	-	-	-
	II	-	-	-	-	-	-	-
	III	-	-	-	-	-	-	-
	IV	-	-	-	-	-	-	-
	V	1.441	-	115,28	129,69			
	VI	1.618	-	129,44	145,62			
13.175,99	I	-	-	-	-	-	-	-
	II	-	-	-	-	-	-	-
	III	-	-	-	-	-	-	-
	IV	-	-	-	-	-	-	-
	V	1.445	-	115,60	130,05			
	VI	1.623	-	129,84	146,07			
13.211,99	I	-	-	-	-	-	-	-
	II	-	-	-	-	-	-	-
	III	-	-	-	-	-	-	-
	IV	-	-	-	-	-	-	-
	V	1.450	-	116,00	130,50			
	VI	1.627	-	130,16	146,43			
13.247,99	I	-	-	-	-	-	-	-
	II	-	-	-	-	-	-	-
	III	-	-	-	-	-	-	-
	IV	-	-	-	-	-	-	-
	V	1.454	-	116,32	130,86			
	VI	1.631	-	130,48	146,79			
13.283,99	I	-	-	-	-	-	-	-
	II	-	-	-	-	-	-	-
	III	-	-	-	-	-	-	-
	IV	-	-	-	-	-	-	-
	V	1.459	-	116,72	131,31			
	VI	1.636	-	130,88	147,24			
13.319,99	I	-	-	-	-	-	-	-
	II	-	-	-	-	-	-	-
	III	-	-	-	-	-	-	-
	IV	-	-	-	-	-	-	-
	V	1.463	-	117,04	131,67			
	VI	1.640	-	131,20	147,60			
13.355,99	I	-	-	-	-	-	-	-
	II	-	-	-	-	-	-	-
	III	-	-	-	-	-	-	-
	IV	-	-	-	-	-	-	-
	V	1.468	-	117,44	132,12			
	VI	1.645	-	131,60	148,05			
13.391,99	I	-	-	-	-	-	-	-
	II	-	-	-	-	-	-	-
	III	-	-	-	-	-	-	-
	IV	-	-	-	-	-	-	-
	V	1.472	-	117,76	132,48			
	VI	1.649	-	131,92	148,41			
13.427,99	I	-	-	-	-	-	-	-
	II	-	-	-	-	-	-	-
	III	-	-	-	-	-	-	-
	IV	-	-	-	-	-	-	-
	V	1.476	-	118,08	132,84			
	VI	1.654	-	132,32	148,86			
13.463,99	I	-	-	-	-	-	-	-
	II	-	-	-	-	-	-	-
	III	-	-	-	-	-	-	-
	IV	-	-	-	-	-	-	-
	V	1.481	-	118,48	133,29			
	VI	1.658	-	132,64	149,22			
13.499,99	I	-	-	-	-	-	-	-
	II	-	-	-	-	-	-	-
	III	-	-	-	-	-	-	-
	IV	-	-	-	-	-	-	-
	V	1.485	-	118,80	133,65			
	VI	1.663	-	133,04	149,67			
13.535,99	I	-	-	-	-	-	-	-
	II	-	-	-	-	-	-	-
	III	-	-	-	-	-	-	-
	IV	-	-	-	-	-	-	-
	V	1.490	-	119,20	134,10			
	VI	1.667	-	133,36	150,03			
13.571,99	I	-	-	-	-	-	-	-
	II	-	-	-	-	-	-	-
	III	-	-	-	-	-	-	-
	IV	-	-	-	-	-	-	-
	V	1.494	-	119,52	134,46			
	VI	1.671	-	133,68	150,39			
13.607,99	I	-	-	-	-	-	-	-
	II	-	-	-	-	-	-	-
	III	-	-	-	-	-	-	-
	IV	-	-	-	-	-	-	-
	V	1.499	-	119,92	134,91			
	VI	1.676	-	134,08	150,84			
13.643,99	I	-	-	-	-	-	-	-
	II	-	-	-	-	-	-	-
	III	-	-	-	-	-	-	-
	IV	-	-	-	-	-	-	-
	V	1.503	-	120,24	135,27			
	VI	1.680	-	134,40	151,20			
13.679,99	I	-	-	-	-	-	-	-
	II	-	-	-	-	-	-	-
	III	-	-	-	-	-	-	-
	IV	-	-	-	-	-	-	-
	V	1.507	-	120,56	135,63			
	VI	1.685	-	134,80	151,65			
13.715,99	I	-	-	-	-	-	-	-
	II	-	-	-	-	-	-	-
	III	-	-	-	-	-	-	-
	IV	-	-	-	-	-	-	-
	V	1.512	-	120,96	136,08			
	VI	1.689	-	135,12	152,01			
13.751,99	I	-	-	-	-	-	-	-
	II	-	-	-	-	-	-	-
	III	-	-	-	-	-	-	-
	IV	-	-	-	-	-	-	-
	V	1.516	-	121,28	136,44			
	VI	1.694	-	135,52	152,46			
13.787,99	I	-	-	-	-	-	-	-
	II	-	-	-	-	-	-	-
	III	-	-	-	-	-	-	-
	IV	-	-	-	-	-	-	-
	V	1.521	-	121,68	136,89			
	VI	1.698	-	135,84	152,82			
13.823,99	I	-	-	-	-	-	-	-
	II	-	-	-	-	-	-	-
	III	-	-	-	-	-	-	-
	IV	-	-	-	-	-	-	-
	V	1.525	-	122,00	137,25			
	VI	1.702	-	136,16	153,18			
13.859,99	I	2	-	0,16	0,18	-	-	-
	II	-	-	-	-	-	-	-
	III	-	-	-	-	-	-	-
	IV	2	-	0,16	0,18	-	-	-
	V	1.530	-	122,40	137,70			
	VI	1.707	-	136,56	153,63			
13.895,99	I	7	-	0,56	0,63	-	-	-
	II	-	-	-	-	-	-	-
	III	-	-	-	-	-	-	-
	IV	7	-	0,56	0,63	-	-	-
	V	1.534	-	122,72	138,06			
	VI	1.711	-	136,88	153,99			
13.931,99	I	11	-	0,88	0,99	-	-	-
	II	-	-	-	-	-	-	-
	III	-	-	-	-	-	-	-
	IV	11	-	0,88	0,99	-	-	-
	V	1.539	-	123,12	138,51			
	VI	1.716	-	137,28	154,44			
13.967,99	I	16	-	1,28	1,44	-	-	-
	II	-	-	-	-	-	-	-
	III	-	-	-	-	-	-	-
	IV	16	-	1,28	1,44	-	-	-
	V	1.543	-	123,44	138,87			
	VI	1.720	-	137,60	154,80			
14.003,99	I	20	-	1,60	1,80	-	-	-
	II	-	-	-	-	-	-	-
	III	-	-	-	-	-	-	-
	IV	20	-	1,60	1,80	-	-	-
	V	1.547	-	123,76	139,23			
	VI	1.725	-	138,00	155,25			
14.039,99	I	25	-	2,00	2,25	-	-	-
	II	-	-	-	-	-	-	-
	III	-	-	-	-	-	-	-
	IV	25	-	2,00	2,25	-	-	-
	V	1.552	-	124,16	139,68			
	VI	1.729	-	138,32	155,61			

s jährlich 13.823,99 € entstehen für die Steuerklassen I bis IV keine Steuerabzüge.

SolZ/KiSt lt. Tabelle nicht für Sonstige Bezüge anwendbar.

Lohn/ Gehalt bis	Steuerklasse	Lohnsteuer	ohne Kinderfreibetrag SolZ 5,5%	Kirchensteuer 8%	Kirchensteuer 9%	0,5 SolZ 5,5%	0,5 Kirchensteuer 8%	0,5 Kirchensteuer 9%	1,0 SolZ 5,5%	1,0 Kirchensteuer 8%	1,0 Kirchensteuer 9%	1,5 SolZ 5,5%	1,5 Kirchensteuer 8%	1,5 Kirchensteuer 9%	2,0 SolZ 5,5%	2,0 Kirchensteuer 8%	2,0 Kirchensteuer 9%	2,5 SolZ 5,5%	2,5 Kirchensteuer 8%	2,5 Kirchensteuer 9%	3,0 SolZ 5,5%	3,0 Kirchensteuer 8%	3,0 Kirchensteuer 9%
14.075,99	I	29	-	2,32	2,61	-	-	-	-	-	-	-	-	-	-	-	-	-	-	-	-	-	-
	II	-	-	-	-	-	-	-	-	-	-	-	-	-	-	-	-	-	-	-	-	-	-
	III	-	-	-	-	-	-	-	-	-	-	-	-	-	-	-	-	-	-	-	-	-	-
	IV	29	-	2,32	2,61	-	-	-	-	-	-	-	-	-	-	-	-	-	-	-	-	-	-
	V	1.556	-	124,48	140,04																		
	VI	1.733	-	138,64	155,97																		
14.111,99	I	34	-	2,72	3,06	-	-	-	-	-	-	-	-	-	-	-	-	-	-	-	-	-	-
	II	-	-	-	-	-	-	-	-	-	-	-	-	-	-	-	-	-	-	-	-	-	-
	III	-	-	-	-	-	-	-	-	-	-	-	-	-	-	-	-	-	-	-	-	-	-
	IV	34	-	2,72	3,06	-	-	-	-	-	-	-	-	-	-	-	-	-	-	-	-	-	-
	V	1.561	-	124,88	140,49																		
	VI	1.738	-	139,04	156,42																		
14.147,99	I	39	-	3,12	3,51	-	-	-	-	-	-	-	-	-	-	-	-	-	-	-	-	-	-
	II	-	-	-	-	-	-	-	-	-	-	-	-	-	-	-	-	-	-	-	-	-	-
	III	-	-	-	-	-	-	-	-	-	-	-	-	-	-	-	-	-	-	-	-	-	-
	IV	39	-	3,12	3,51	-	-	-	-	-	-	-	-	-	-	-	-	-	-	-	-	-	-
	V	1.565	-	125,20	140,85																		
	VI	1.742	-	139,36	156,78																		
14.183,99	I	43	-	3,44	3,87	-	-	-	-	-	-	-	-	-	-	-	-	-	-	-	-	-	-
	II	-	-	-	-	-	-	-	-	-	-	-	-	-	-	-	-	-	-	-	-	-	-
	III	-	-	-	-	-	-	-	-	-	-	-	-	-	-	-	-	-	-	-	-	-	-
	IV	43	-	3,44	3,87	-	-	-	-	-	-	-	-	-	-	-	-	-	-	-	-	-	-
	V	1.569	-	125,52	141,21																		
	VI	1.747	-	139,76	157,23																		
14.219,99	I	48	-	3,84	4,32	-	-	-	-	-	-	-	-	-	-	-	-	-	-	-	-	-	-
	II	-	-	-	-	-	-	-	-	-	-	-	-	-	-	-	-	-	-	-	-	-	-
	III	-	-	-	-	-	-	-	-	-	-	-	-	-	-	-	-	-	-	-	-	-	-
	IV	48	-	3,84	4,32	-	-	-	-	-	-	-	-	-	-	-	-	-	-	-	-	-	-
	V	1.574	-	125,92	141,66																		
	VI	1.758	-	140,64	158,22																		
14.255,99	I	53	-	4,24	4,77	-	-	-	-	-	-	-	-	-	-	-	-	-	-	-	-	-	-
	II	-	-	-	-	-	-	-	-	-	-	-	-	-	-	-	-	-	-	-	-	-	-
	III	-	-	-	-	-	-	-	-	-	-	-	-	-	-	-	-	-	-	-	-	-	-
	IV	53	-	4,24	4,77	-	-	-	-	-	-	-	-	-	-	-	-	-	-	-	-	-	-
	V	1.578	-	126,24	142,02																		
	VI	1.771	-	141,68	159,39																		
14.291,99	I	57	-	4,56	5,13	-	-	-	-	-	-	-	-	-	-	-	-	-	-	-	-	-	-
	II	-	-	-	-	-	-	-	-	-	-	-	-	-	-	-	-	-	-	-	-	-	-
	III	-	-	-	-	-	-	-	-	-	-	-	-	-	-	-	-	-	-	-	-	-	-
	IV	57	-	4,56	5,13	-	-	-	-	-	-	-	-	-	-	-	-	-	-	-	-	-	-
	V	1.583	-	126,64	142,47																		
	VI	1.784	-	142,72	160,56																		
14.327,99	I	62	-	4,96	5,58	-	-	-	-	-	-	-	-	-	-	-	-	-	-	-	-	-	-
	II	-	-	-	-	-	-	-	-	-	-	-	-	-	-	-	-	-	-	-	-	-	-
	III	-	-	-	-	-	-	-	-	-	-	-	-	-	-	-	-	-	-	-	-	-	-
	IV	62	-	4,96	5,58	-	-	-	-	-	-	-	-	-	-	-	-	-	-	-	-	-	-
	V	1.587	-	126,96	142,83																		
	VI	1.798	-	143,84	161,82																		
14.363,99	I	67	-	5,36	6,03	-	-	-	-	-	-	-	-	-	-	-	-	-	-	-	-	-	-
	II	-	-	-	-	-	-	-	-	-	-	-	-	-	-	-	-	-	-	-	-	-	-
	III	-	-	-	-	-	-	-	-	-	-	-	-	-	-	-	-	-	-	-	-	-	-
	IV	67	-	5,36	6,03	-	-	-	-	-	-	-	-	-	-	-	-	-	-	-	-	-	-
	V	1.592	-	127,36	143,28																		
	VI	1.811	-	144,88	162,99																		
14.399,99	I	71	-	5,68	6,39	-	-	-	-	-	-	-	-	-	-	-	-	-	-	-	-	-	-
	II	-	-	-	-	-	-	-	-	-	-	-	-	-	-	-	-	-	-	-	-	-	-
	III	-	-	-	-	-	-	-	-	-	-	-	-	-	-	-	-	-	-	-	-	-	-
	IV	71	-	5,68	6,39	-	-	-	-	-	-	-	-	-	-	-	-	-	-	-	-	-	-
	V	1.596	-	127,68	143,64																		
	VI	1.825	-	146,00	164,25																		
14.435,99	I	76	-	6,08	6,84	-	-	-	-	-	-	-	-	-	-	-	-	-	-	-	-	-	-
	II	-	-	-	-	-	-	-	-	-	-	-	-	-	-	-	-	-	-	-	-	-	-
	III	-	-	-	-	-	-	-	-	-	-	-	-	-	-	-	-	-	-	-	-	-	-
	IV	76	-	6,08	6,84	-	-	-	-	-	-	-	-	-	-	-	-	-	-	-	-	-	-
	V	1.601	-	128,08	144,09																		
	VI	1.838	-	147,04	165,42																		
14.471,99	I	81	-	6,48	7,29	-	-	-	-	-	-	-	-	-	-	-	-	-	-	-	-	-	-
	II	-	-	-	-	-	-	-	-	-	-	-	-	-	-	-	-	-	-	-	-	-	-
	III	-	-	-	-	-	-	-	-	-	-	-	-	-	-	-	-	-	-	-	-	-	-
	IV	81	-	6,48	7,29	-	-	-	-	-	-	-	-	-	-	-	-	-	-	-	-	-	-
	V	1.605	-	128,40	144,45																		
	VI	1.851	-	148,08	166,59																		
14.507,99	I	86	-	6,88	7,74	-	-	-	-	-	-	-	-	-	-	-	-	-	-	-	-	-	-
	II	-	-	-	-	-	-	-	-	-	-	-	-	-	-	-	-	-	-	-	-	-	-
	III	-	-	-	-	-	-	-	-	-	-	-	-	-	-	-	-	-	-	-	-	-	-
	IV	86	-	6,88	7,74	-	-	-	-	-	-	-	-	-	-	-	-	-	-	-	-	-	-
	V	1.610	-	128,80	144,90																		
	VI	1.865	-	149,20	167,85																		
14.543,99	I	91	-	7,28	8,19	-	-	-	-	-	-	-	-	-	-	-	-	-	-	-	-	-	-
	II	-	-	-	-	-	-	-	-	-	-	-	-	-	-	-	-	-	-	-	-	-	-
	III	-	-	-	-	-	-	-	-	-	-	-	-	-	-	-	-	-	-	-	-	-	-
	IV	91	-	7,28	8,19	-	-	-	-	-	-	-	-	-	-	-	-	-	-	-	-	-	-
	V	1.614	-	129,12	145,26																		
	VI	1.878	-	150,24	169,02																		
14.579,99	I	95	-	7,60	8,55	-	-	-	-	-	-	-	-	-	-	-	-	-	-	-	-	-	-
	II	-	-	-	-	-	-	-	-	-	-	-	-	-	-	-	-	-	-	-	-	-	-
	III	-	-	-	-	-	-	-	-	-	-	-	-	-	-	-	-	-	-	-	-	-	-
	IV	95	-	7,60	8,55	-	-	-	-	-	-	-	-	-	-	-	-	-	-	-	-	-	-
	V	1.618	-	129,44	145,62																		
	VI	1.891	-	151,28	170,19																		

Anzahl Kinderfreibeträge (nur Steuerklassen I–IV)

SolZ/KiSt lt. Tabelle nicht für Sonstige Bezüge anwendbar.

Lohn/ Gehalt bis	Steuerklasse	Lohn-steuer	ohne Kinderfreibetrag			Anzahl Kinderfreibeträge (nur Steuerklassen I–IV): 0,5			1,0			1,5			2,0			2,5			3,0		
			SolZ 5,5%	Kirchensteuer 8%	Kirchensteuer 9%	SolZ 5,5%	Kirchensteuer 8%	Kirchensteuer 9%	SolZ 5,5%	Kirchensteuer 8%	Kirchensteuer 9%	SolZ 5,5%	Kirchensteuer 8%	Kirchensteuer 9%	SolZ 5,5%	Kirchensteuer 8%	Kirchensteuer 9%	SolZ 5,5%	Kirchensteuer 8%	Kirchensteuer 9%	SolZ 5,5%	Kirchensteuer 8%	Kirchensteuer 9%
14.615,99	I	100	-	8,00	9,00	-	-	-	-	-	-	-	-	-	-	-	-	-	-	-	-	-	-
	II	-	-	-	-	-	-	-	-	-	-	-	-	-	-	-	-	-	-	-	-	-	-
	III	-	-	-	-	-	-	-	-	-	-	-	-	-	-	-	-	-	-	-	-	-	-
	IV	100	-	8,00	9,00	-	-	-	-	-	-	-	-	-	-	-	-	-	-	-	-	-	-
	V	1.623	-	129,84	146,07																		
	VI	1.904	-	152,32	171,36																		
14.651,99	I	105	-	8,40	9,45	-	-	-	-	-	-	-	-	-	-	-	-	-	-	-	-	-	-
	II	-	-	-	-	-	-	-	-	-	-	-	-	-	-	-	-	-	-	-	-	-	-
	III	-	-	-	-	-	-	-	-	-	-	-	-	-	-	-	-	-	-	-	-	-	-
	IV	105	-	8,40	9,45	-	-	-	-	-	-	-	-	-	-	-	-	-	-	-	-	-	-
	V	1.627	-	130,16	146,43																		
	VI	1.917	-	153,36	172,53																		
14.687,99	I	110	-	8,80	9,90	-	-	-	-	-	-	-	-	-	-	-	-	-	-	-	-	-	-
	II	-	-	-	-	-	-	-	-	-	-	-	-	-	-	-	-	-	-	-	-	-	-
	III	-	-	-	-	-	-	-	-	-	-	-	-	-	-	-	-	-	-	-	-	-	-
	IV	110	-	8,80	9,90	-	-	-	-	-	-	-	-	-	-	-	-	-	-	-	-	-	-
	V	1.632	-	130,56	146,88																		
	VI	1.931	-	154,48	173,79																		
14.723,99	I	115	-	9,20	10,35	-	-	-	-	-	-	-	-	-	-	-	-	-	-	-	-	-	-
	II	-	-	-	-	-	-	-	-	-	-	-	-	-	-	-	-	-	-	-	-	-	-
	III	-	-	-	-	-	-	-	-	-	-	-	-	-	-	-	-	-	-	-	-	-	-
	IV	115	-	9,20	10,35	-	-	-	-	-	-	-	-	-	-	-	-	-	-	-	-	-	-
	V	1.636	-	130,88	147,24																		
	VI	1.944	-	155,52	174,96																		
14.759,99	I	120	-	9,60	10,80	-	-	-	-	-	-	-	-	-	-	-	-	-	-	-	-	-	-
	II	-	-	-	-	-	-	-	-	-	-	-	-	-	-	-	-	-	-	-	-	-	-
	III	-	-	-	-	-	-	-	-	-	-	-	-	-	-	-	-	-	-	-	-	-	-
	IV	120	-	9,60	10,80	-	-	-	-	-	-	-	-	-	-	-	-	-	-	-	-	-	-
	V	1.640	-	131,20	147,60																		
	VI	1.957	-	156,56	176,13																		
14.795,99	I	125	-	10,00	11,25	-	-	-	-	-	-	-	-	-	-	-	-	-	-	-	-	-	-
	II	-	-	-	-	-	-	-	-	-	-	-	-	-	-	-	-	-	-	-	-	-	-
	III	-	-	-	-	-	-	-	-	-	-	-	-	-	-	-	-	-	-	-	-	-	-
	IV	125	-	10,00	11,25	-	-	-	-	-	-	-	-	-	-	-	-	-	-	-	-	-	-
	V	1.645	-	131,60	148,05																		
	VI	1.971	-	157,68	177,39																		
14.831,99	I	130	-	10,40	11,70	-	-	-	-	-	-	-	-	-	-	-	-	-	-	-	-	-	-
	II	-	-	-	-	-	-	-	-	-	-	-	-	-	-	-	-	-	-	-	-	-	-
	III	-	-	-	-	-	-	-	-	-	-	-	-	-	-	-	-	-	-	-	-	-	-
	IV	130	-	10,40	11,70	-	-	-	-	-	-	-	-	-	-	-	-	-	-	-	-	-	-
	V	1.649	-	131,92	148,41																		
	VI	1.984	-	158,72	178,56																		
14.867,99	I	135	-	10,80	12,15	-	-	-	-	-	-	-	-	-	-	-	-	-	-	-	-	-	-
	II	-	-	-	-	-	-	-	-	-	-	-	-	-	-	-	-	-	-	-	-	-	-
	III	-	-	-	-	-	-	-	-	-	-	-	-	-	-	-	-	-	-	-	-	-	-
	IV	135	-	10,80	12,15	-	-	-	-	-	-	-	-	-	-	-	-	-	-	-	-	-	-
	V	1.654	-	132,32	148,86																		
	VI	1.997	-	159,76	179,73																		
14.903,99	I	140	-	11,20	12,60	-	-	-	-	-	-	-	-	-	-	-	-	-	-	-	-	-	-
	II	-	-	-	-	-	-	-	-	-	-	-	-	-	-	-	-	-	-	-	-	-	-
	III	-	-	-	-	-	-	-	-	-	-	-	-	-	-	-	-	-	-	-	-	-	-
	IV	140	-	11,20	12,60	-	-	-	-	-	-	-	-	-	-	-	-	-	-	-	-	-	-
	V	1.658	-	132,64	149,22																		
	VI	2.011	-	160,88	180,99																		
14.939,99	I	145	-	11,60	13,05	-	-	-	-	-	-	-	-	-	-	-	-	-	-	-	-	-	-
	II	-	-	-	-	-	-	-	-	-	-	-	-	-	-	-	-	-	-	-	-	-	-
	III	-	-	-	-	-	-	-	-	-	-	-	-	-	-	-	-	-	-	-	-	-	-
	IV	145	-	11,60	13,05	-	-	-	-	-	-	-	-	-	-	-	-	-	-	-	-	-	-
	V	1.663	-	133,04	149,67																		
	VI	2.024	-	161,92	182,16																		
14.975,99	I	150	-	12,00	13,50	-	-	-	-	-	-	-	-	-	-	-	-	-	-	-	-	-	-
	II	-	-	-	-	-	-	-	-	-	-	-	-	-	-	-	-	-	-	-	-	-	-
	III	-	-	-	-	-	-	-	-	-	-	-	-	-	-	-	-	-	-	-	-	-	-
	IV	150	-	12,00	13,50	-	-	-	-	-	-	-	-	-	-	-	-	-	-	-	-	-	-
	V	1.667	-	133,36	150,03																		
	VI	2.037	-	162,96	183,33																		
15.011,99	I	155	-	12,40	13,95	-	-	-	-	-	-	-	-	-	-	-	-	-	-	-	-	-	-
	II	-	-	-	-	-	-	-	-	-	-	-	-	-	-	-	-	-	-	-	-	-	-
	III	-	-	-	-	-	-	-	-	-	-	-	-	-	-	-	-	-	-	-	-	-	-
	IV	155	-	12,40	13,95	-	-	-	-	-	-	-	-	-	-	-	-	-	-	-	-	-	-
	V	1.672	-	133,76	150,48																		
	VI	2.051	-	164,08	184,59																		
15.047,99	I	160	-	12,80	14,40	-	-	-	-	-	-	-	-	-	-	-	-	-	-	-	-	-	-
	II	-	-	-	-	-	-	-	-	-	-	-	-	-	-	-	-	-	-	-	-	-	-
	III	-	-	-	-	-	-	-	-	-	-	-	-	-	-	-	-	-	-	-	-	-	-
	IV	160	-	12,80	14,40	-	-	-	-	-	-	-	-	-	-	-	-	-	-	-	-	-	-
	V	1.676	-	134,08	150,84																		
	VI	2.064	-	165,12	185,76																		
15.083,99	I	165	-	13,20	14,85	-	-	-	-	-	-	-	-	-	-	-	-	-	-	-	-	-	-
	II	-	-	-	-	-	-	-	-	-	-	-	-	-	-	-	-	-	-	-	-	-	-
	III	-	-	-	-	-	-	-	-	-	-	-	-	-	-	-	-	-	-	-	-	-	-
	IV	165	-	13,20	14,85	-	-	-	-	-	-	-	-	-	-	-	-	-	-	-	-	-	-
	V	1.680	-	134,40	151,20																		
	VI	2.077	-	166,16	186,93																		
15.119,99	I	170	-	13,60	15,30	-	-	-	-	-	-	-	-	-	-	-	-	-	-	-	-	-	-
	II	-	-	-	-	-	-	-	-	-	-	-	-	-	-	-	-	-	-	-	-	-	-
	III	-	-	-	-	-	-	-	-	-	-	-	-	-	-	-	-	-	-	-	-	-	-
	IV	170	-	13,60	15,30	-	-	-	-	-	-	-	-	-	-	-	-	-	-	-	-	-	-
	V	1.685	-	134,80	151,65																		
	VI	2.090	-	167,20	188,10																		

SolZ/KiSt lt. Tabelle nicht für Sonstige Bezüge anwendbar.

Lohn/ Gehalt bis	Steuerklasse	Lohn-steuer	ohne Kinderfreibetrag			Anzahl Kinderfreibeträge (nur Steuerklassen I–IV) 0,5			1,0			1,5			2,0			2,5			3,0		
			SolZ 5,5%	Kirchensteuer 8%	9%	SolZ 5,5%	Kirchensteuer 8%	9%	SolZ 5,5%	Kirchensteuer 8%	9%	SolZ 5,5%	Kirchensteuer 8%	9%	SolZ 5,5%	Kirchensteuer 8%	9%	SolZ 5,5%	Kirchensteuer 8%	9%	SolZ 5,5%	Kirchensteuer 8%	9%
15.155,99	I	175	-	14,00	15,75	-	-	-	-	-	-	-	-	-	-	-	-	-	-	-	-	-	
	II	-	-	-	-	-	-	-	-	-	-	-	-	-	-	-	-	-	-	-	-	-	
	III	-	-	-	-	-	-	-	-	-	-	-	-	-	-	-	-	-	-	-	-	-	
	IV	175	-	14,00	15,75	-	-	-	-	-	-	-	-	-	-	-	-	-	-	-	-	-	
	V	1.689	-	135,12	152,01																		
	VI	2.104	-	168,32	189,36																		
15.191,99	I	180	-	14,40	16,20	-	-	-	-	-	-	-	-	-	-	-	-	-	-	-	-	-	
	II	-	-	-	-	-	-	-	-	-	-	-	-	-	-	-	-	-	-	-	-	-	
	III	-	-	-	-	-	-	-	-	-	-	-	-	-	-	-	-	-	-	-	-	-	
	IV	180	-	14,40	16,20	-	-	-	-	-	-	-	-	-	-	-	-	-	-	-	-	-	
	V	1.694	-	135,52	152,46																		
	VI	2.117	-	169,36	190,53																		
15.227,99	I	186	-	14,88	16,74	-	-	-	-	-	-	-	-	-	-	-	-	-	-	-	-	-	
	II	-	-	-	-	-	-	-	-	-	-	-	-	-	-	-	-	-	-	-	-	-	
	III	-	-	-	-	-	-	-	-	-	-	-	-	-	-	-	-	-	-	-	-	-	
	IV	186	-	14,88	16,74	-	-	-	-	-	-	-	-	-	-	-	-	-	-	-	-	-	
	V	1.698	-	135,84	152,82																		
	VI	2.130	-	170,40	191,70																		
15.263,99	I	191	-	15,28	17,19	-	-	-	-	-	-	-	-	-	-	-	-	-	-	-	-	-	
	II	-	-	-	-	-	-	-	-	-	-	-	-	-	-	-	-	-	-	-	-	-	
	III	-	-	-	-	-	-	-	-	-	-	-	-	-	-	-	-	-	-	-	-	-	
	IV	191	-	15,28	17,19	-	-	-	-	-	-	-	-	-	-	-	-	-	-	-	-	-	
	V	1.703	-	136,24	153,27																		
	VI	2.144	-	171,52	192,96																		
15.299,99	I	196	-	15,68	17,64	-	-	-	-	-	-	-	-	-	-	-	-	-	-	-	-	-	
	II	-	-	-	-	-	-	-	-	-	-	-	-	-	-	-	-	-	-	-	-	-	
	III	-	-	-	-	-	-	-	-	-	-	-	-	-	-	-	-	-	-	-	-	-	
	IV	196	-	15,68	17,64	-	-	-	-	-	-	-	-	-	-	-	-	-	-	-	-	-	
	V	1.707	-	136,56	153,63																		
	VI	2.157	-	172,56	194,13																		
15.335,99	I	201	-	16,08	18,09	-	-	-	-	-	-	-	-	-	-	-	-	-	-	-	-	-	
	II	-	-	-	-	-	-	-	-	-	-	-	-	-	-	-	-	-	-	-	-	-	
	III	-	-	-	-	-	-	-	-	-	-	-	-	-	-	-	-	-	-	-	-	-	
	IV	201	-	16,08	18,09	-	-	-	-	-	-	-	-	-	-	-	-	-	-	-	-	-	
	V	1.711	-	136,88	153,99																		
	VI	2.170	-	173,60	195,30																		
15.371,99	I	207	-	16,56	18,63	-	-	-	-	-	-	-	-	-	-	-	-	-	-	-	-	-	
	II	-	-	-	-	-	-	-	-	-	-	-	-	-	-	-	-	-	-	-	-	-	
	III	-	-	-	-	-	-	-	-	-	-	-	-	-	-	-	-	-	-	-	-	-	
	IV	207	-	16,56	18,63	-	-	-	-	-	-	-	-	-	-	-	-	-	-	-	-	-	
	V	1.716	-	137,28	154,44																		
	VI	2.184	-	174,72	196,56																		
15.407,99	I	212	-	16,96	19,08	-	-	-	-	-	-	-	-	-	-	-	-	-	-	-	-	-	
	II	-	-	-	-	-	-	-	-	-	-	-	-	-	-	-	-	-	-	-	-	-	
	III	-	-	-	-	-	-	-	-	-	-	-	-	-	-	-	-	-	-	-	-	-	
	IV	212	-	16,96	19,08	-	-	-	-	-	-	-	-	-	-	-	-	-	-	-	-	-	
	V	1.720	-	137,60	154,80																		
	VI	2.197	-	175,76	197,73																		
15.443,99	I	217	-	17,36	19,53	-	-	-	-	-	-	-	-	-	-	-	-	-	-	-	-	-	
	II	-	-	-	-	-	-	-	-	-	-	-	-	-	-	-	-	-	-	-	-	-	
	III	-	-	-	-	-	-	-	-	-	-	-	-	-	-	-	-	-	-	-	-	-	
	IV	217	-	17,36	19,53	-	-	-	-	-	-	-	-	-	-	-	-	-	-	-	-	-	
	V	1.725	-	138,00	155,25																		
	VI	2.210	-	176,80	198,90																		
15.479,99	I	223	-	17,84	20,07	-	-	-	-	-	-	-	-	-	-	-	-	-	-	-	-	-	
	II	-	-	-	-	-	-	-	-	-	-	-	-	-	-	-	-	-	-	-	-	-	
	III	-	-	-	-	-	-	-	-	-	-	-	-	-	-	-	-	-	-	-	-	-	
	IV	223	-	17,84	20,07	-	-	-	-	-	-	-	-	-	-	-	-	-	-	-	-	-	
	V	1.729	-	138,32	155,61																		
	VI	2.224	-	177,92	200,16																		
15.515,99	I	228	-	18,24	20,52	-	-	-	-	-	-	-	-	-	-	-	-	-	-	-	-	-	
	II	-	-	-	-	-	-	-	-	-	-	-	-	-	-	-	-	-	-	-	-	-	
	III	-	-	-	-	-	-	-	-	-	-	-	-	-	-	-	-	-	-	-	-	-	
	IV	228	-	18,24	20,52	-	-	-	-	-	-	-	-	-	-	-	-	-	-	-	-	-	
	V	1.734	-	138,72	156,06																		
	VI	2.237	-	178,96	201,33																		
15.551,99	I	233	-	18,64	20,97	-	-	-	-	-	-	-	-	-	-	-	-	-	-	-	-	-	
	II	-	-	-	-	-	-	-	-	-	-	-	-	-	-	-	-	-	-	-	-	-	
	III	-	-	-	-	-	-	-	-	-	-	-	-	-	-	-	-	-	-	-	-	-	
	IV	233	-	18,64	20,97	-	-	-	-	-	-	-	-	-	-	-	-	-	-	-	-	-	
	V	1.738	-	139,04	156,42																		
	VI	2.250	-	180,00	202,50																		
15.587,99	I	239	-	19,12	21,51	-	-	-	-	-	-	-	-	-	-	-	-	-	-	-	-	-	
	II	-	-	-	-	-	-	-	-	-	-	-	-	-	-	-	-	-	-	-	-	-	
	III	-	-	-	-	-	-	-	-	-	-	-	-	-	-	-	-	-	-	-	-	-	
	IV	239	-	19,12	21,51	-	-	-	-	-	-	-	-	-	-	-	-	-	-	-	-	-	
	V	1.743	-	139,44	156,87																		
	VI	2.264	-	181,12	203,76																		
15.623,99	I	244	-	19,52	21,96	-	-	-	-	-	-	-	-	-	-	-	-	-	-	-	-	-	
	II	-	-	-	-	-	-	-	-	-	-	-	-	-	-	-	-	-	-	-	-	-	
	III	-	-	-	-	-	-	-	-	-	-	-	-	-	-	-	-	-	-	-	-	-	
	IV	244	-	19,52	21,96	-	-	-	-	-	-	-	-	-	-	-	-	-	-	-	-	-	
	V	1.747	-	139,76	157,23																		
	VI	2.277	-	182,16	204,93																		
15.659,99	I	249	-	19,92	22,41	-	-	-	-	-	-	-	-	-	-	-	-	-	-	-	-	-	
	II	-	-	-	-	-	-	-	-	-	-	-	-	-	-	-	-	-	-	-	-	-	
	III	-	-	-	-	-	-	-	-	-	-	-	-	-	-	-	-	-	-	-	-	-	
	IV	249	-	19,92	22,41	-	-	-	-	-	-	-	-	-	-	-	-	-	-	-	-	-	
	V	1.758	-	140,64	158,22																		
	VI	2.290	-	183,20	206,10																		

SolZ/KiSt lt. Tabelle nicht für Sonstige Bezüge anwendbar.

Besondere Tabelle

JAHR bis 16.199,99 €

Lohn/ Gehalt bis	Steuerklasse	Lohn-steuer	ohne Kinderfreibetrag SolZ 5,5%	ohne Kinderfreibetrag Kirchensteuer 8%	ohne Kinderfreibetrag Kirchensteuer 9%	0,5 SolZ 5,5%	0,5 Kirchensteuer 8%	0,5 Kirchensteuer 9%	1,0 SolZ 5,5%	1,0 Kirchensteuer 8%	1,0 Kirchensteuer 9%	1,5 SolZ 5,5%	1,5 Kirchensteuer 8%	1,5 Kirchensteuer 9%	2,0 SolZ 5,5%	2,0 Kirchensteuer 8%	2,0 Kirchensteuer 9%	2,5 SolZ 5,5%	2,5 Kirchensteuer 8%	2,5 Kirchensteuer 9%	3,0 SolZ 5,5%	3,0 Kirchensteuer 8%	3,0 Kirchensteuer 9%
						Anzahl Kinderfreibeträge (nur Steuerklassen I–IV)																	
15.695,99	I	255	-	20,40	22,95	-	-	-	-	-	-	-	-	-	-	-	-	-	-	-	-	-	-
	II	-	-	-	-	-	-	-	-	-	-	-	-	-	-	-	-	-	-	-	-	-	-
	III	-	-	-	-	-	-	-	-	-	-	-	-	-	-	-	-	-	-	-	-	-	-
	IV	255	-	20,40	22,95	-	-	-	-	-	-	-	-	-	-	-	-	-	-	-	-	-	-
	V	1.772	-	141,76	159,48																		
	VI	2.303	-	184,24	207,27																		
15.731,99	I	260	-	20,80	23,40	-	-	-	-	-	-	-	-	-	-	-	-	-	-	-	-	-	-
	II	-	-	-	-	-	-	-	-	-	-	-	-	-	-	-	-	-	-	-	-	-	-
	III	-	-	-	-	-	-	-	-	-	-	-	-	-	-	-	-	-	-	-	-	-	-
	IV	260	-	20,80	23,40	-	-	-	-	-	-	-	-	-	-	-	-	-	-	-	-	-	-
	V	1.785	-	142,80	160,65																		
	VI	2.317	-	185,36	208,53																		
15.767,99	I	266	-	21,28	23,94	-	-	-	-	-	-	-	-	-	-	-	-	-	-	-	-	-	-
	II	-	-	-	-	-	-	-	-	-	-	-	-	-	-	-	-	-	-	-	-	-	-
	III	-	-	-	-	-	-	-	-	-	-	-	-	-	-	-	-	-	-	-	-	-	-
	IV	266	-	21,28	23,94	-	-	-	-	-	-	-	-	-	-	-	-	-	-	-	-	-	-
	V	1.798	-	143,84	161,82																		
	VI	2.330	-	186,40	209,70																		
15.803,99	I	271	-	21,68	24,39	-	-	-	-	-	-	-	-	-	-	-	-	-	-	-	-	-	-
	II	-	-	-	-	-	-	-	-	-	-	-	-	-	-	-	-	-	-	-	-	-	-
	III	-	-	-	-	-	-	-	-	-	-	-	-	-	-	-	-	-	-	-	-	-	-
	IV	271	-	21,68	24,39	-	-	-	-	-	-	-	-	-	-	-	-	-	-	-	-	-	-
	V	1.812	-	144,96	163,08																		
	VI	2.343	-	187,44	210,87																		
15.839,99	I	277	-	22,16	24,93	-	-	-	-	-	-	-	-	-	-	-	-	-	-	-	-	-	-
	II	-	-	-	-	-	-	-	-	-	-	-	-	-	-	-	-	-	-	-	-	-	-
	III	-	-	-	-	-	-	-	-	-	-	-	-	-	-	-	-	-	-	-	-	-	-
	IV	277	-	22,16	24,93	-	-	-	-	-	-	-	-	-	-	-	-	-	-	-	-	-	-
	V	1.825	-	146,00	164,25																		
	VI	2.357	-	188,56	212,13																		
15.875,99	I	283	-	22,64	25,47	-	-	-	-	-	-	-	-	-	-	-	-	-	-	-	-	-	-
	II	-	-	-	-	-	-	-	-	-	-	-	-	-	-	-	-	-	-	-	-	-	-
	III	-	-	-	-	-	-	-	-	-	-	-	-	-	-	-	-	-	-	-	-	-	-
	IV	283	-	22,64	25,47	-	-	-	-	-	-	-	-	-	-	-	-	-	-	-	-	-	-
	V	1.841	-	147,28	165,69																		
	VI	2.372	-	189,76	213,48																		
15.911,99	I	290	-	23,20	26,10	-	-	-	-	-	-	-	-	-	-	-	-	-	-	-	-	-	-
	II	-	-	-	-	-	-	-	-	-	-	-	-	-	-	-	-	-	-	-	-	-	-
	III	-	-	-	-	-	-	-	-	-	-	-	-	-	-	-	-	-	-	-	-	-	-
	IV	290	-	23,20	26,10	-	-	-	-	-	-	-	-	-	-	-	-	-	-	-	-	-	-
	V	1.856	-	148,48	167,04																		
	VI	2.387	-	190,96	214,83																		
15.947,99	I	296	-	23,68	26,64	-	-	-	-	-	-	-	-	-	-	-	-	-	-	-	-	-	-
	II	-	-	-	-	-	-	-	-	-	-	-	-	-	-	-	-	-	-	-	-	-	-
	III	-	-	-	-	-	-	-	-	-	-	-	-	-	-	-	-	-	-	-	-	-	-
	IV	296	-	23,68	26,64	-	-	-	-	-	-	-	-	-	-	-	-	-	-	-	-	-	-
	V	1.871	-	149,68	168,39																		
	VI	2.403	-	192,24	216,27																		
15.983,99	I	302	-	24,16	27,18	-	-	-	-	-	-	-	-	-	-	-	-	-	-	-	-	-	-
	II	-	-	-	-	-	-	-	-	-	-	-	-	-	-	-	-	-	-	-	-	-	-
	III	-	-	-	-	-	-	-	-	-	-	-	-	-	-	-	-	-	-	-	-	-	-
	IV	302	-	24,16	27,18	-	-	-	-	-	-	-	-	-	-	-	-	-	-	-	-	-	-
	V	1.886	-	150,88	169,74																		
	VI	2.418	-	193,44	217,62																		
16.019,99	I	309	-	24,72	27,81	-	-	-	-	-	-	-	-	-	-	-	-	-	-	-	-	-	-
	II	-	-	-	-	-	-	-	-	-	-	-	-	-	-	-	-	-	-	-	-	-	-
	III	-	-	-	-	-	-	-	-	-	-	-	-	-	-	-	-	-	-	-	-	-	-
	IV	309	-	24,72	27,81	-	-	-	-	-	-	-	-	-	-	-	-	-	-	-	-	-	-
	V	1.901	-	152,08	171,09																		
	VI	2.433	-	194,64	218,97																		
16.055,99	I	315	-	25,20	28,35	-	-	-	-	-	-	-	-	-	-	-	-	-	-	-	-	-	-
	II	-	-	-	-	-	-	-	-	-	-	-	-	-	-	-	-	-	-	-	-	-	-
	III	-	-	-	-	-	-	-	-	-	-	-	-	-	-	-	-	-	-	-	-	-	-
	IV	315	-	25,20	28,35	-	-	-	-	-	-	-	-	-	-	-	-	-	-	-	-	-	-
	V	1.916	-	153,28	172,44																		
	VI	2.448	-	195,84	220,32																		
16.091,99	I	322	-	25,76	28,98	-	-	-	-	-	-	-	-	-	-	-	-	-	-	-	-	-	-
	II	-	-	-	-	-	-	-	-	-	-	-	-	-	-	-	-	-	-	-	-	-	-
	III	-	-	-	-	-	-	-	-	-	-	-	-	-	-	-	-	-	-	-	-	-	-
	IV	322	-	25,76	28,98	-	-	-	-	-	-	-	-	-	-	-	-	-	-	-	-	-	-
	V	1.931	-	154,48	173,79																		
	VI	2.463	-	197,04	221,67																		
16.127,99	I	328	-	26,24	29,52	-	-	-	-	-	-	-	-	-	-	-	-	-	-	-	-	-	-
	II	-	-	-	-	-	-	-	-	-	-	-	-	-	-	-	-	-	-	-	-	-	-
	III	-	-	-	-	-	-	-	-	-	-	-	-	-	-	-	-	-	-	-	-	-	-
	IV	328	-	26,24	29,52	-	-	-	-	-	-	-	-	-	-	-	-	-	-	-	-	-	-
	V	1.946	-	155,68	175,14																		
	VI	2.478	-	198,24	223,02																		
16.163,99	I	335	-	26,80	30,15	-	-	-	-	-	-	-	-	-	-	-	-	-	-	-	-	-	-
	II	-	-	-	-	-	-	-	-	-	-	-	-	-	-	-	-	-	-	-	-	-	-
	III	-	-	-	-	-	-	-	-	-	-	-	-	-	-	-	-	-	-	-	-	-	-
	IV	335	-	26,80	30,15	-	-	-	-	-	-	-	-	-	-	-	-	-	-	-	-	-	-
	V	1.962	-	156,96	176,58																		
	VI	2.493	-	199,44	224,37																		
16.199,99	I	341	-	27,28	30,69	-	-	-	-	-	-	-	-	-	-	-	-	-	-	-	-	-	-
	II	-	-	-	-	-	-	-	-	-	-	-	-	-	-	-	-	-	-	-	-	-	-
	III	-	-	-	-	-	-	-	-	-	-	-	-	-	-	-	-	-	-	-	-	-	-
	IV	341	-	27,28	30,69	-	-	-	-	-	-	-	-	-	-	-	-	-	-	-	-	-	-
	V	1.977	-	158,16	177,93																		
	VI	2.508	-	200,64	225,72																		

SolZ/KiSt lt. Tabelle nicht für Sonstige Bezüge anwendbar.

Lohn/ Gehalt bis	Steuerklasse	Lohn- steuer	ohne Kinderfreibetrag			Anzahl Kinderfreibeträge (nur Steuerklassen I–IV) 0,5			1,0			1,5			2,0			2,5			3,0		
			SolZ 5,5%	Kirchensteuer 8%	9%	SolZ 5,5%	Kirchensteuer 8%	9%	SolZ 5,5%	Kirchensteuer 8%	9%	SolZ 5,5%	Kirchensteuer 8%	9%	SolZ 5,5%	Kirchensteuer 8%	9%	SolZ 5,5%	Kirchensteuer 8%	9%	SolZ 5,5%	Kirchensteuer 8%	9%
16.235,99	I	348	-	27,84	31,32	-	-	-	-	-	-	-	-	-	-	-	-	-	-	-	-	-	
	II	-	-	-	-	-	-	-	-	-	-	-	-	-	-	-	-	-	-	-	-	-	
	III	-	-	-	-	-	-	-	-	-	-	-	-	-	-	-	-	-	-	-	-	-	
	IV	348	-	27,84	31,32	-	-	-	-	-	-	-	-	-	-	-	-	-	-	-	-	-	
	V	1.992	-	159,36	179,28																		
	VI	2.524	-	201,92	227,16																		
16.271,99	I	354	-	28,32	31,86	-	-	-	-	-	-	-	-	-	-	-	-	-	-	-	-	-	
	II	-	-	-	-	-	-	-	-	-	-	-	-	-	-	-	-	-	-	-	-	-	
	III	-	-	-	-	-	-	-	-	-	-	-	-	-	-	-	-	-	-	-	-	-	
	IV	354	-	28,32	31,86	-	-	-	-	-	-	-	-	-	-	-	-	-	-	-	-	-	
	V	2.007	-	160,56	180,63																		
	VI	2.539	-	203,12	228,51																		
16.307,99	I	361	-	28,88	32,49	-	-	-	-	-	-	-	-	-	-	-	-	-	-	-	-	-	
	II	-	-	-	-	-	-	-	-	-	-	-	-	-	-	-	-	-	-	-	-	-	
	III	-	-	-	-	-	-	-	-	-	-	-	-	-	-	-	-	-	-	-	-	-	
	IV	361	-	28,88	32,49	-	-	-	-	-	-	-	-	-	-	-	-	-	-	-	-	-	
	V	2.022	-	161,76	181,98																		
	VI	2.554	-	204,32	229,86																		
16.343,99	I	368	-	29,44	33,12	-	-	-	-	-	-	-	-	-	-	-	-	-	-	-	-	-	
	II	-	-	-	-	-	-	-	-	-	-	-	-	-	-	-	-	-	-	-	-	-	
	III	-	-	-	-	-	-	-	-	-	-	-	-	-	-	-	-	-	-	-	-	-	
	IV	368	-	29,44	33,12	-	0,32	0,36	-	-	-	-	-	-	-	-	-	-	-	-	-	-	
	V	2.037	-	162,96	183,33																		
	VI	2.569	-	205,52	231,21																		
16.379,99	I	374	-	29,92	33,66	-	-	-	-	-	-	-	-	-	-	-	-	-	-	-	-	-	
	II	-	-	-	-	-	-	-	-	-	-	-	-	-	-	-	-	-	-	-	-	-	
	III	-	-	-	-	-	-	-	-	-	-	-	-	-	-	-	-	-	-	-	-	-	
	IV	374	-	29,92	33,66	-	0,72	0,81	-	-	-	-	-	-	-	-	-	-	-	-	-	-	
	V	2.052	-	164,16	184,68																		
	VI	2.584	-	206,72	232,56																		
16.415,99	I	381	-	30,48	34,29	-	-	-	-	-	-	-	-	-	-	-	-	-	-	-	-	-	
	II	-	-	-	-	-	-	-	-	-	-	-	-	-	-	-	-	-	-	-	-	-	
	III	-	-	-	-	-	-	-	-	-	-	-	-	-	-	-	-	-	-	-	-	-	
	IV	381	-	30,48	34,29	-	1,12	1,26	-	-	-	-	-	-	-	-	-	-	-	-	-	-	
	V	2.067	-	165,36	186,03																		
	VI	2.599	-	207,92	233,91																		
16.451,99	I	388	-	31,04	34,92	-	-	-	-	-	-	-	-	-	-	-	-	-	-	-	-	-	
	II	-	-	-	-	-	-	-	-	-	-	-	-	-	-	-	-	-	-	-	-	-	
	III	-	-	-	-	-	-	-	-	-	-	-	-	-	-	-	-	-	-	-	-	-	
	IV	388	-	31,04	34,92	-	1,52	1,71	-	-	-	-	-	-	-	-	-	-	-	-	-	-	
	V	2.083	-	166,64	187,47																		
	VI	2.614	-	209,12	235,26																		
16.487,99	I	394	-	31,52	35,46	-	-	-	-	-	-	-	-	-	-	-	-	-	-	-	-	-	
	II	-	-	-	-	-	-	-	-	-	-	-	-	-	-	-	-	-	-	-	-	-	
	III	-	-	-	-	-	-	-	-	-	-	-	-	-	-	-	-	-	-	-	-	-	
	IV	394	-	31,52	35,46	-	1,92	2,16	-	-	-	-	-	-	-	-	-	-	-	-	-	-	
	V	2.098	-	167,84	188,82																		
	VI	2.629	-	210,32	236,61																		
16.523,99	I	401	-	32,08	36,09	-	-	-	-	-	-	-	-	-	-	-	-	-	-	-	-	-	
	II	-	-	-	-	-	-	-	-	-	-	-	-	-	-	-	-	-	-	-	-	-	
	III	-	-	-	-	-	-	-	-	-	-	-	-	-	-	-	-	-	-	-	-	-	
	IV	401	-	32,08	36,09	-	2,32	2,61	-	-	-	-	-	-	-	-	-	-	-	-	-	-	
	V	2.113	-	169,04	190,17																		
	VI	2.644	-	211,52	237,96																		
16.559,99	I	408	-	32,64	36,72	-	-	-	-	-	-	-	-	-	-	-	-	-	-	-	-	-	
	II	-	-	-	-	-	-	-	-	-	-	-	-	-	-	-	-	-	-	-	-	-	
	III	-	-	-	-	-	-	-	-	-	-	-	-	-	-	-	-	-	-	-	-	-	
	IV	408	-	32,64	36,72	-	2,80	3,15	-	-	-	-	-	-	-	-	-	-	-	-	-	-	
	V	2.128	-	170,24	191,52																		
	VI	2.660	-	212,80	239,40																		
16.595,99	I	415	-	33,20	37,35	-	-	-	-	-	-	-	-	-	-	-	-	-	-	-	-	-	
	II	-	-	-	-	-	-	-	-	-	-	-	-	-	-	-	-	-	-	-	-	-	
	III	-	-	-	-	-	-	-	-	-	-	-	-	-	-	-	-	-	-	-	-	-	
	IV	415	-	33,20	37,35	-	3,20	3,60	-	-	-	-	-	-	-	-	-	-	-	-	-	-	
	V	2.143	-	171,44	192,87																		
	VI	2.675	-	214,00	240,75																		
16.631,99	I	422	-	33,76	37,98	-	-	-	-	-	-	-	-	-	-	-	-	-	-	-	-	-	
	II	-	-	-	-	-	-	-	-	-	-	-	-	-	-	-	-	-	-	-	-	-	
	III	-	-	-	-	-	-	-	-	-	-	-	-	-	-	-	-	-	-	-	-	-	
	IV	422	-	33,76	37,98	-	3,60	4,05	-	-	-	-	-	-	-	-	-	-	-	-	-	-	
	V	2.158	-	172,64	194,22																		
	VI	2.690	-	215,20	242,10																		
16.667,99	I	428	-	34,24	38,52	-	-	-	-	-	-	-	-	-	-	-	-	-	-	-	-	-	
	II	-	-	-	-	-	-	-	-	-	-	-	-	-	-	-	-	-	-	-	-	-	
	III	-	-	-	-	-	-	-	-	-	-	-	-	-	-	-	-	-	-	-	-	-	
	IV	428	-	34,24	38,52	-	4,00	4,50	-	-	-	-	-	-	-	-	-	-	-	-	-	-	
	V	2.173	-	173,84	195,57																		
	VI	2.705	-	216,40	243,45																		
16.703,99	I	435	-	34,80	39,15	-	-	-	-	-	-	-	-	-	-	-	-	-	-	-	-	-	
	II	-	-	-	-	-	-	-	-	-	-	-	-	-	-	-	-	-	-	-	-	-	
	III	-	-	-	-	-	-	-	-	-	-	-	-	-	-	-	-	-	-	-	-	-	
	IV	435	-	34,80	39,15	-	4,48	5,04	-	-	-	-	-	-	-	-	-	-	-	-	-	-	
	V	2.188	-	175,04	196,92																		
	VI	2.720	-	217,60	244,80																		
16.739,99	I	442	-	35,36	39,78	-	-	-	-	-	-	-	-	-	-	-	-	-	-	-	-	-	
	II	-	-	-	-	-	-	-	-	-	-	-	-	-	-	-	-	-	-	-	-	-	
	III	-	-	-	-	-	-	-	-	-	-	-	-	-	-	-	-	-	-	-	-	-	
	IV	442	-	35,36	39,78	-	4,88	5,49	-	-	-	-	-	-	-	-	-	-	-	-	-	-	
	V	2.203	-	176,24	198,27																		
	VI	2.735	-	218,80	246,15																		

SolZ/KiSt lt. Tabelle nicht für Sonstige Bezüge anwendbar.

Lohn/ Gehalt bis	Steuerklasse	Lohn-steuer	ohne Kinderfreibetrag			Anzahl Kinderfreibeträge (nur Steuerklassen I–IV)																	
						0,5			1,0			1,5			2,0			2,5			3,0		
			SolZ 5,5%	Kirchensteuer 8%	9%	SolZ 5,5%	Kirchensteuer 8%	9%	SolZ 5,5%	Kirchensteuer 8%	9%	SolZ 5,5%	Kirchensteuer 8%	9%	SolZ 5,5%	Kirchensteuer 8%	9%	SolZ 5,5%	Kirchensteuer 8%	9%	SolZ 5,5%	Kirchensteuer 8%	9%
16.775,99	I	449	-	35,92	40,41	-	-	-	-	-	-	-	-	-	-	-	-	-	-	-	-	-	-
	II	-	-	-	-	-	-	-	-	-	-	-	-	-	-	-	-	-	-	-	-	-	-
	III	-	-	-	-	-	-	-	-	-	-	-	-	-	-	-	-	-	-	-	-	-	-
	IV	449	-	35,92	40,41	-	5,28	5,94	-	-	-	-	-	-	-	-	-	-	-	-	-	-	-
	V	2.219	-	177,52	199,71																		
	VI	2.750	-	220,00	247,50																		
16.811,99	I	456	-	36,48	41,04	-	-	-	-	-	-	-	-	-	-	-	-	-	-	-	-	-	-
	II	-	-	-	-	-	-	-	-	-	-	-	-	-	-	-	-	-	-	-	-	-	-
	III	-	-	-	-	-	-	-	-	-	-	-	-	-	-	-	-	-	-	-	-	-	-
	IV	456	-	36,48	41,04	-	5,76	6,48	-	-	-	-	-	-	-	-	-	-	-	-	-	-	-
	V	2.234	-	178,72	201,06																		
	VI	2.765	-	221,20	248,85																		
16.847,99	I	463	-	37,04	41,67	-	-	-	-	-	-	-	-	-	-	-	-	-	-	-	-	-	-
	II	-	-	-	-	-	-	-	-	-	-	-	-	-	-	-	-	-	-	-	-	-	-
	III	-	-	-	-	-	-	-	-	-	-	-	-	-	-	-	-	-	-	-	-	-	-
	IV	463	-	37,04	41,67	-	6,16	6,93	-	-	-	-	-	-	-	-	-	-	-	-	-	-	-
	V	2.249	-	179,92	202,41																		
	VI	2.781	-	222,48	250,29																		
16.883,99	I	470	-	37,60	42,30	-	-	-	-	-	-	-	-	-	-	-	-	-	-	-	-	-	-
	II	-	-	-	-	-	-	-	-	-	-	-	-	-	-	-	-	-	-	-	-	-	-
	III	-	-	-	-	-	-	-	-	-	-	-	-	-	-	-	-	-	-	-	-	-	-
	IV	470	-	37,60	42,30	-	6,64	7,47	-	-	-	-	-	-	-	-	-	-	-	-	-	-	-
	V	2.264	-	181,12	203,76																		
	VI	2.796	-	223,68	251,64																		
16.919,99	I	477	-	38,16	42,93	-	-	-	-	-	-	-	-	-	-	-	-	-	-	-	-	-	-
	II	-	-	-	-	-	-	-	-	-	-	-	-	-	-	-	-	-	-	-	-	-	-
	III	-	-	-	-	-	-	-	-	-	-	-	-	-	-	-	-	-	-	-	-	-	-
	IV	477	-	38,16	42,93	-	7,04	7,92	-	-	-	-	-	-	-	-	-	-	-	-	-	-	-
	V	2.279	-	182,32	205,11																		
	VI	2.811	-	224,88	252,99																		
16.955,99	I	484	-	38,72	43,56	-	-	-	-	-	-	-	-	-	-	-	-	-	-	-	-	-	-
	II	-	-	-	-	-	-	-	-	-	-	-	-	-	-	-	-	-	-	-	-	-	-
	III	-	-	-	-	-	-	-	-	-	-	-	-	-	-	-	-	-	-	-	-	-	-
	IV	484	-	38,72	43,56	-	7,52	8,46	-	-	-	-	-	-	-	-	-	-	-	-	-	-	-
	V	2.294	-	183,52	206,46																		
	VI	2.826	-	226,08	254,34																		
16.991,99	I	491	-	39,28	44,19	-	-	-	-	-	-	-	-	-	-	-	-	-	-	-	-	-	-
	II	-	-	-	-	-	-	-	-	-	-	-	-	-	-	-	-	-	-	-	-	-	-
	III	-	-	-	-	-	-	-	-	-	-	-	-	-	-	-	-	-	-	-	-	-	-
	IV	491	-	39,28	44,19	-	7,92	8,91	-	-	-	-	-	-	-	-	-	-	-	-	-	-	-
	V	2.309	-	184,72	207,81																		
	VI	2.841	-	227,28	255,69																		
17.027,99	I	498	-	39,84	44,82	-	-	-	-	-	-	-	-	-	-	-	-	-	-	-	-	-	-
	II	-	-	-	-	-	-	-	-	-	-	-	-	-	-	-	-	-	-	-	-	-	-
	III	-	-	-	-	-	-	-	-	-	-	-	-	-	-	-	-	-	-	-	-	-	-
	IV	498	-	39,84	44,82	-	8,40	9,45	-	-	-	-	-	-	-	-	-	-	-	-	-	-	-
	V	2.324	-	185,92	209,16																		
	VI	2.856	-	228,48	257,04																		
17.063,99	I	505	-	40,40	45,45	-	-	-	-	-	-	-	-	-	-	-	-	-	-	-	-	-	-
	II	-	-	-	-	-	-	-	-	-	-	-	-	-	-	-	-	-	-	-	-	-	-
	III	-	-	-	-	-	-	-	-	-	-	-	-	-	-	-	-	-	-	-	-	-	-
	IV	505	-	40,40	45,45	-	8,80	9,90	-	-	-	-	-	-	-	-	-	-	-	-	-	-	-
	V	2.340	-	187,20	210,60																		
	VI	2.871	-	229,68	258,39																		
17.099,99	I	513	-	41,04	46,17	-	-	-	-	-	-	-	-	-	-	-	-	-	-	-	-	-	-
	II	-	-	-	-	-	-	-	-	-	-	-	-	-	-	-	-	-	-	-	-	-	-
	III	-	-	-	-	-	-	-	-	-	-	-	-	-	-	-	-	-	-	-	-	-	-
	IV	513	-	41,04	46,17	-	9,28	10,44	-	-	-	-	-	-	-	-	-	-	-	-	-	-	-
	V	2.355	-	188,40	211,95																		
	VI	2.886	-	230,88	259,74																		
17.135,99	I	520	-	41,60	46,80	-	-	-	-	-	-	-	-	-	-	-	-	-	-	-	-	-	-
	II	-	-	-	-	-	-	-	-	-	-	-	-	-	-	-	-	-	-	-	-	-	-
	III	-	-	-	-	-	-	-	-	-	-	-	-	-	-	-	-	-	-	-	-	-	-
	IV	520	-	41,60	46,80	-	9,68	10,89	-	-	-	-	-	-	-	-	-	-	-	-	-	-	-
	V	2.370	-	189,60	213,30																		
	VI	2.902	-	232,16	261,18																		
17.171,99	I	527	-	42,16	47,43	-	-	-	-	-	-	-	-	-	-	-	-	-	-	-	-	-	-
	II	-	-	-	-	-	-	-	-	-	-	-	-	-	-	-	-	-	-	-	-	-	-
	III	-	-	-	-	-	-	-	-	-	-	-	-	-	-	-	-	-	-	-	-	-	-
	IV	527	-	42,16	47,43	-	10,16	11,43	-	-	-	-	-	-	-	-	-	-	-	-	-	-	-
	V	2.385	-	190,80	214,65																		
	VI	2.917	-	233,36	262,53																		
17.207,99	I	534	-	42,72	48,06	-	-	-	-	-	-	-	-	-	-	-	-	-	-	-	-	-	-
	II	-	-	-	-	-	-	-	-	-	-	-	-	-	-	-	-	-	-	-	-	-	-
	III	-	-	-	-	-	-	-	-	-	-	-	-	-	-	-	-	-	-	-	-	-	-
	IV	534	-	42,72	48,06	-	10,64	11,97	-	-	-	-	-	-	-	-	-	-	-	-	-	-	-
	V	2.400	-	192,00	216,00																		
	VI	2.932	-	234,56	263,88																		
17.243,99	I	541	-	43,28	48,69	-	-	-	-	-	-	-	-	-	-	-	-	-	-	-	-	-	-
	II	-	-	-	-	-	-	-	-	-	-	-	-	-	-	-	-	-	-	-	-	-	-
	III	-	-	-	-	-	-	-	-	-	-	-	-	-	-	-	-	-	-	-	-	-	-
	IV	541	-	43,28	48,69	-	11,04	12,42	-	-	-	-	-	-	-	-	-	-	-	-	-	-	-
	V	2.415	-	193,20	217,35																		
	VI	2.947	-	235,76	265,23																		
17.279,99	I	549	-	43,92	49,41	-	-	-	-	-	-	-	-	-	-	-	-	-	-	-	-	-	-
	II	-	-	-	-	-	-	-	-	-	-	-	-	-	-	-	-	-	-	-	-	-	-
	III	-	-	-	-	-	-	-	-	-	-	-	-	-	-	-	-	-	-	-	-	-	-
	IV	549	-	43,92	49,41	-	11,52	12,96	-	-	-	-	-	-	-	-	-	-	-	-	-	-	-
	V	2.430	-	194,40	218,70																		
	VI	2.962	-	236,96	266,58																		

SolZ/KiSt lt. Tabelle nicht für Sonstige Bezüge anwendbar.

Lohn/ Gehalt bis	Steuerklasse	Lohnsteuer	ohne Kinderfreibetrag			Anzahl Kinderfreibeträge (nur Steuerklassen I–IV) 0,5			1,0			1,5			2,0			2,5			3,0		
			SolZ 5,5%	Kirchensteuer 8%	9%	SolZ 5,5%	Kirchensteuer 8%	9%	SolZ 5,5%	Kirchensteuer 8%	9%	SolZ 5,5%	Kirchensteuer 8%	9%	SolZ 5,5%	Kirchensteuer 8%	9%	SolZ 5,5%	Kirchensteuer 8%	9%	SolZ 5,5%	Kirchensteuer 8%	9%
17.315,99	I	556	-	44,48	50,04	-	-	-	-	-	-	-	-	-	-	-	-	-	-	-	-	-	
	II	-	-	-	-	-	-	-	-	-	-	-	-	-	-	-	-	-	-	-	-	-	
	III	-	-	-	-	-	-	-	-	-	-	-	-	-	-	-	-	-	-	-	-	-	
	IV	556	-	44,48	50,04	-	12,00	13,50	-	-	-	-	-	-	-	-	-	-	-	-	-	-	
	V	2.445	-	195,60	220,05																		
	VI	2.977	-	238,16	267,93																		
17.351,99	I	563	-	45,04	50,67	-	-	-	-	-	-	-	-	-	-	-	-	-	-	-	-	-	
	II	-	-	-	-	-	-	-	-	-	-	-	-	-	-	-	-	-	-	-	-	-	
	III	-	-	-	-	-	-	-	-	-	-	-	-	-	-	-	-	-	-	-	-	-	
	IV	563	-	45,04	50,67	-	12,48	14,04	-	-	-	-	-	-	-	-	-	-	-	-	-	-	
	V	2.461	-	196,88	221,49																		
	VI	2.992	-	239,36	269,28																		
17.387,99	I	571	-	45,68	51,39	-	-	-	-	-	-	-	-	-	-	-	-	-	-	-	-	-	
	II	-	-	-	-	-	-	-	-	-	-	-	-	-	-	-	-	-	-	-	-	-	
	III	-	-	-	-	-	-	-	-	-	-	-	-	-	-	-	-	-	-	-	-	-	
	IV	571	-	45,68	51,39	-	12,88	14,49	-	-	-	-	-	-	-	-	-	-	-	-	-	-	
	V	2.476	-	198,08	222,84																		
	VI	3.007	-	240,56	270,63																		
17.423,99	I	578	-	46,24	52,02	-	-	-	-	-	-	-	-	-	-	-	-	-	-	-	-	-	
	II	-	-	-	-	-	-	-	-	-	-	-	-	-	-	-	-	-	-	-	-	-	
	III	-	-	-	-	-	-	-	-	-	-	-	-	-	-	-	-	-	-	-	-	-	
	IV	578	-	46,24	52,02	-	13,36	15,03	-	-	-	-	-	-	-	-	-	-	-	-	-	-	
	V	2.491	-	199,28	224,19																		
	VI	3.022	-	241,76	271,98																		
17.459,99	I	586	-	46,88	52,74	-	-	-	-	-	-	-	-	-	-	-	-	-	-	-	-	-	
	II	-	-	-	-	-	-	-	-	-	-	-	-	-	-	-	-	-	-	-	-	-	
	III	-	-	-	-	-	-	-	-	-	-	-	-	-	-	-	-	-	-	-	-	-	
	IV	586	-	46,88	52,74	-	13,84	15,57	-	-	-	-	-	-	-	-	-	-	-	-	-	-	
	V	2.506	-	200,48	225,54																		
	VI	3.038	-	243,04	273,42																		
17.495,99	I	593	-	47,44	53,37	-	-	-	-	-	-	-	-	-	-	-	-	-	-	-	-	-	
	II	-	-	-	-	-	-	-	-	-	-	-	-	-	-	-	-	-	-	-	-	-	
	III	-	-	-	-	-	-	-	-	-	-	-	-	-	-	-	-	-	-	-	-	-	
	IV	593	-	47,44	53,37	-	14,32	16,11	-	-	-	-	-	-	-	-	-	-	-	-	-	-	
	V	2.521	-	201,68	226,89																		
	VI	3.053	-	244,24	274,77																		
17.531,99	I	601	-	48,08	54,09	-	-	-	-	-	-	-	-	-	-	-	-	-	-	-	-	-	
	II	-	-	-	-	-	-	-	-	-	-	-	-	-	-	-	-	-	-	-	-	-	
	III	-	-	-	-	-	-	-	-	-	-	-	-	-	-	-	-	-	-	-	-	-	
	IV	601	-	48,08	54,09	-	14,80	16,65	-	-	-	-	-	-	-	-	-	-	-	-	-	-	
	V	2.536	-	202,88	228,24																		
	VI	3.068	-	245,44	276,12																		
17.567,99	I	608	-	48,64	54,72	-	-	-	-	-	-	-	-	-	-	-	-	-	-	-	-	-	
	II	-	-	-	-	-	-	-	-	-	-	-	-	-	-	-	-	-	-	-	-	-	
	III	-	-	-	-	-	-	-	-	-	-	-	-	-	-	-	-	-	-	-	-	-	
	IV	608	-	48,64	54,72	-	15,28	17,19	-	-	-	-	-	-	-	-	-	-	-	-	-	-	
	V	2.551	-	204,08	229,59																		
	VI	3.083	-	246,64	277,47																		
17.603,99	I	616	-	49,28	55,44	-	-	-	-	-	-	-	-	-	-	-	-	-	-	-	-	-	
	II	-	-	-	-	-	-	-	-	-	-	-	-	-	-	-	-	-	-	-	-	-	
	III	-	-	-	-	-	-	-	-	-	-	-	-	-	-	-	-	-	-	-	-	-	
	IV	616	-	49,28	55,44	-	15,76	17,73	-	-	-	-	-	-	-	-	-	-	-	-	-	-	
	V	2.566	-	205,28	230,94																		
	VI	3.098	-	247,84	278,82																		
17.639,99	I	623	-	49,84	56,07	-	-	-	-	-	-	-	-	-	-	-	-	-	-	-	-	-	
	II	-	-	-	-	-	-	-	-	-	-	-	-	-	-	-	-	-	-	-	-	-	
	III	-	-	-	-	-	-	-	-	-	-	-	-	-	-	-	-	-	-	-	-	-	
	IV	623	-	49,84	56,07	-	16,24	18,27	-	-	-	-	-	-	-	-	-	-	-	-	-	-	
	V	2.581	-	206,48	232,29																		
	VI	3.113	-	249,04	280,17																		
17.675,99	I	631	-	50,48	56,79	-	-	-	-	-	-	-	-	-	-	-	-	-	-	-	-	-	
	II	-	-	-	-	-	-	-	-	-	-	-	-	-	-	-	-	-	-	-	-	-	
	III	-	-	-	-	-	-	-	-	-	-	-	-	-	-	-	-	-	-	-	-	-	
	IV	631	-	50,48	56,79	-	16,72	18,81	-	-	-	-	-	-	-	-	-	-	-	-	-	-	
	V	2.597	-	207,76	233,73																		
	VI	3.128	-	250,24	281,52																		
17.711,99	I	638	-	51,04	57,42	-	-	-	-	-	-	-	-	-	-	-	-	-	-	-	-	-	
	II	-	-	-	-	-	-	-	-	-	-	-	-	-	-	-	-	-	-	-	-	-	
	III	-	-	-	-	-	-	-	-	-	-	-	-	-	-	-	-	-	-	-	-	-	
	IV	638	-	51,04	57,42	-	17,20	19,35	-	-	-	-	-	-	-	-	-	-	-	-	-	-	
	V	2.612	-	208,96	235,08																		
	VI	3.143	-	251,44	282,87																		
17.747,99	I	646	-	51,68	58,14	-	-	-	-	-	-	-	-	-	-	-	-	-	-	-	-	-	
	II	-	-	-	-	-	-	-	-	-	-	-	-	-	-	-	-	-	-	-	-	-	
	III	-	-	-	-	-	-	-	-	-	-	-	-	-	-	-	-	-	-	-	-	-	
	IV	646	-	51,68	58,14	-	17,68	19,89	-	-	-	-	-	-	-	-	-	-	-	-	-	-	
	V	2.627	-	210,16	236,43																		
	VI	3.159	-	252,72	284,31																		
17.783,99	I	653	-	52,24	58,77	-	-	-	-	-	-	-	-	-	-	-	-	-	-	-	-	-	
	II	-	-	-	-	-	-	-	-	-	-	-	-	-	-	-	-	-	-	-	-	-	
	III	-	-	-	-	-	-	-	-	-	-	-	-	-	-	-	-	-	-	-	-	-	
	IV	653	-	52,24	58,77	-	18,16	20,43	-	-	-	-	-	-	-	-	-	-	-	-	-	-	
	V	2.642	-	211,36	237,78																		
	VI	3.174	-	253,92	285,66																		
17.819,99	I	661	-	52,88	59,49	-	-	-	-	-	-	-	-	-	-	-	-	-	-	-	-	-	
	II	-	-	-	-	-	-	-	-	-	-	-	-	-	-	-	-	-	-	-	-	-	
	III	-	-	-	-	-	-	-	-	-	-	-	-	-	-	-	-	-	-	-	-	-	
	IV	661	-	52,88	59,49	-	18,64	20,97	-	-	-	-	-	-	-	-	-	-	-	-	-	-	
	V	2.657	-	212,56	239,13																		
	VI	3.189	-	255,12	287,01																		

SolZ/KiSt lt. Tabelle nicht für Sonstige Bezüge anwendbar.

Besondere Tabelle

JAHR bis 18.359,99 €

Lohn/ Gehalt bis	Steuerklasse	Lohn-steuer	ohne Kinderfreibetrag			Anzahl Kinderfreibeträge (nur Steuerklassen I–IV)																	
						0,5			1,0			1,5			2,0			2,5			3,0		
			SolZ 5,5%	Kirchensteuer 8%	9%	SolZ 5,5%	Kirchensteuer 8%	9%	SolZ 5,5%	Kirchensteuer 8%	9%	SolZ 5,5%	Kirchensteuer 8%	9%	SolZ 5,5%	Kirchensteuer 8%	9%	SolZ 5,5%	Kirchensteuer 8%	9%	SolZ 5,5%	Kirchensteuer 8%	9%
17.855,99	I	669	-	53,52	60,21	-	-	-	-	-	-	-	-	-	-	-	-	-	-	-	-	-	-
	II	-	-	-	-	-	-	-	-	-	-	-	-	-	-	-	-	-	-	-	-	-	-
	III	-	-	-	-	-	-	-	-	-	-	-	-	-	-	-	-	-	-	-	-	-	-
	IV	669	-	53,52	60,21	-	19,12	21,51	-	-	-	-	-	-	-	-	-	-	-	-	-	-	-
	V	2.672	-	213,76	240,48																		
	VI	3.204	-	256,32	288,36																		
17.891,99	I	677	-	54,16	60,93	-	-	-	-	-	-	-	-	-	-	-	-	-	-	-	-	-	-
	II	-	-	-	-	-	-	-	-	-	-	-	-	-	-	-	-	-	-	-	-	-	-
	III	-	-	-	-	-	-	-	-	-	-	-	-	-	-	-	-	-	-	-	-	-	-
	IV	677	-	54,16	60,93	-	19,60	22,05	-	-	-	-	-	-	-	-	-	-	-	-	-	-	-
	V	2.687	-	214,96	241,83																		
	VI	3.219	-	257,52	289,71																		
17.927,99	I	684	-	54,72	61,56	-	-	-	-	-	-	-	-	-	-	-	-	-	-	-	-	-	-
	II	-	-	-	-	-	-	-	-	-	-	-	-	-	-	-	-	-	-	-	-	-	-
	III	-	-	-	-	-	-	-	-	-	-	-	-	-	-	-	-	-	-	-	-	-	-
	IV	684	-	54,72	61,56	-	20,08	22,59	-	-	-	-	-	-	-	-	-	-	-	-	-	-	-
	V	2.702	-	216,16	243,18																		
	VI	3.234	-	258,72	291,06																		
17.963,99	I	692	-	55,36	62,28	-	-	-	-	-	-	-	-	-	-	-	-	-	-	-	-	-	-
	II	-	-	-	-	-	-	-	-	-	-	-	-	-	-	-	-	-	-	-	-	-	-
	III	-	-	-	-	-	-	-	-	-	-	-	-	-	-	-	-	-	-	-	-	-	-
	IV	692	-	55,36	62,28	-	20,56	23,13	-	-	-	-	-	-	-	-	-	-	-	-	-	-	-
	V	2.718	-	217,44	244,62																		
	VI	3.249	-	259,92	292,41																		
17.999,99	I	700	-	56,00	63,00	-	-	-	-	-	-	-	-	-	-	-	-	-	-	-	-	-	-
	II	-	-	-	-	-	-	-	-	-	-	-	-	-	-	-	-	-	-	-	-	-	-
	III	-	-	-	-	-	-	-	-	-	-	-	-	-	-	-	-	-	-	-	-	-	-
	IV	700	-	56,00	63,00	-	21,12	23,76	-	-	-	-	-	-	-	-	-	-	-	-	-	-	-
	V	2.733	-	218,64	245,97																		
	VI	3.264	-	261,12	293,76																		
18.035,99	I	708	-	56,64	63,72	-	-	-	-	-	-	-	-	-	-	-	-	-	-	-	-	-	-
	II	-	-	-	-	-	-	-	-	-	-	-	-	-	-	-	-	-	-	-	-	-	-
	III	-	-	-	-	-	-	-	-	-	-	-	-	-	-	-	-	-	-	-	-	-	-
	IV	708	-	56,64	63,72	-	21,60	24,30	-	-	-	-	-	-	-	-	-	-	-	-	-	-	-
	V	2.748	-	219,84	247,32																		
	VI	3.280	-	262,40	295,20																		
18.071,99	I	716	-	57,28	64,44	-	-	-	-	-	-	-	-	-	-	-	-	-	-	-	-	-	-
	II	-	-	-	-	-	-	-	-	-	-	-	-	-	-	-	-	-	-	-	-	-	-
	III	-	-	-	-	-	-	-	-	-	-	-	-	-	-	-	-	-	-	-	-	-	-
	IV	716	-	57,28	64,44	-	22,08	24,84	-	-	-	-	-	-	-	-	-	-	-	-	-	-	-
	V	2.763	-	221,04	248,67																		
	VI	3.295	-	263,60	296,55																		
18.107,99	I	723	-	57,84	65,07	-	-	-	-	-	-	-	-	-	-	-	-	-	-	-	-	-	-
	II	-	-	-	-	-	-	-	-	-	-	-	-	-	-	-	-	-	-	-	-	-	-
	III	-	-	-	-	-	-	-	-	-	-	-	-	-	-	-	-	-	-	-	-	-	-
	IV	723	-	57,84	65,07	-	22,56	25,38	-	-	-	-	-	-	-	-	-	-	-	-	-	-	-
	V	2.778	-	222,24	250,02																		
	VI	3.310	-	264,80	297,90																		
18.143,99	I	731	-	58,48	65,79	-	-	-	-	-	-	-	-	-	-	-	-	-	-	-	-	-	-
	II	-	-	-	-	-	-	-	-	-	-	-	-	-	-	-	-	-	-	-	-	-	-
	III	-	-	-	-	-	-	-	-	-	-	-	-	-	-	-	-	-	-	-	-	-	-
	IV	731	-	58,48	65,79	-	23,12	26,01	-	-	-	-	-	-	-	-	-	-	-	-	-	-	-
	V	2.793	-	223,44	251,37																		
	VI	3.325	-	266,00	299,25																		
18.179,99	I	739	-	59,12	66,51	-	-	-	-	-	-	-	-	-	-	-	-	-	-	-	-	-	-
	II	-	-	-	-	-	-	-	-	-	-	-	-	-	-	-	-	-	-	-	-	-	-
	III	-	-	-	-	-	-	-	-	-	-	-	-	-	-	-	-	-	-	-	-	-	-
	IV	739	-	59,12	66,51	-	23,60	26,55	-	-	-	-	-	-	-	-	-	-	-	-	-	-	-
	V	2.808	-	224,64	252,72																		
	VI	3.340	-	267,20	300,60																		
18.215,99	I	747	-	59,76	67,23	-	-	-	-	-	-	-	-	-	-	-	-	-	-	-	-	-	-
	II	-	-	-	-	-	-	-	-	-	-	-	-	-	-	-	-	-	-	-	-	-	-
	III	-	-	-	-	-	-	-	-	-	-	-	-	-	-	-	-	-	-	-	-	-	-
	IV	747	-	59,76	67,23	-	24,08	27,09	-	-	-	-	-	-	-	-	-	-	-	-	-	-	-
	V	2.823	-	225,84	254,07																		
	VI	3.355	-	268,40	301,95																		
18.251,99	I	755	-	60,40	67,95	-	-	-	-	-	-	-	-	-	-	-	-	-	-	-	-	-	-
	II	-	-	-	-	-	-	-	-	-	-	-	-	-	-	-	-	-	-	-	-	-	-
	III	-	-	-	-	-	-	-	-	-	-	-	-	-	-	-	-	-	-	-	-	-	-
	IV	755	-	60,40	67,95	-	24,64	27,72	-	-	-	-	-	-	-	-	-	-	-	-	-	-	-
	V	2.839	-	227,12	255,51																		
	VI	3.370	-	269,60	303,30																		
18.287,99	I	763	-	61,04	68,67	-	-	-	-	-	-	-	-	-	-	-	-	-	-	-	-	-	-
	II	-	-	-	-	-	-	-	-	-	-	-	-	-	-	-	-	-	-	-	-	-	-
	III	-	-	-	-	-	-	-	-	-	-	-	-	-	-	-	-	-	-	-	-	-	-
	IV	763	-	61,04	68,67	-	25,12	28,26	-	-	-	-	-	-	-	-	-	-	-	-	-	-	-
	V	2.854	-	228,32	256,86																		
	VI	3.385	-	270,80	304,65																		
18.323,99	I	771	-	61,68	69,39	-	-	-	-	-	-	-	-	-	-	-	-	-	-	-	-	-	-
	II	-	-	-	-	-	-	-	-	-	-	-	-	-	-	-	-	-	-	-	-	-	-
	III	-	-	-	-	-	-	-	-	-	-	-	-	-	-	-	-	-	-	-	-	-	-
	IV	771	-	61,68	69,39	-	25,68	28,89	-	-	-	-	-	-	-	-	-	-	-	-	-	-	-
	V	2.869	-	229,52	258,21																		
	VI	3.400	-	272,00	306,00																		
18.359,99	I	779	-	62,32	70,11	-	-	-	-	-	-	-	-	-	-	-	-	-	-	-	-	-	-
	II	3	-	0,24	0,27	-	-	-	-	-	-	-	-	-	-	-	-	-	-	-	-	-	-
	III	-	-	-	-	-	-	-	-	-	-	-	-	-	-	-	-	-	-	-	-	-	-
	IV	779	-	62,32	70,11	-	26,16	29,43	-	-	-	-	-	-	-	-	-	-	-	-	-	-	-
	V	2.884	-	230,72	259,56																		
	VI	3.416	-	273,28	307,44																		

SolZ/KiSt lt. Tabelle nicht für Sonstige Bezüge anwendbar.

JAHR bis 18.899,99 €

Besondere Tabelle

Lohn/Gehalt bis	Steuerklasse	Lohnsteuer	ohne Kinderfreibetrag SolZ 5,5%	ohne Kinderfreibetrag Kirchensteuer 8%	ohne Kinderfreibetrag Kirchensteuer 9%	0,5 SolZ 5,5%	0,5 Kirchensteuer 8%	0,5 Kirchensteuer 9%	1,0 SolZ 5,5%	1,0 Kirchensteuer 8%	1,0 Kirchensteuer 9%	1,5 SolZ 5,5%	1,5 Kirchensteuer 8%	1,5 Kirchensteuer 9%	2,0 SolZ 5,5%	2,0 Kirchensteuer 8%	2,0 Kirchensteuer 9%	2,5 SolZ 5,5%	2,5 Kirchensteuer 8%	2,5 Kirchensteuer 9%	3,0 SolZ 5,5%	3,0 Kirchensteuer 8%	3,0 Kirchensteuer 9%
						Anzahl Kinderfreibeträge (nur Steuerklassen I–IV)																	
18.395,99	I	787	-	62,96	70,83	-	-	-	-	-	-	-	-	-	-	-	-	-	-	-	-	-	
	II	8	-	0,64	0,72	-	-	-	-	-	-	-	-	-	-	-	-	-	-	-	-	-	
	III	-	-	-	-	-	-	-	-	-	-	-	-	-	-	-	-	-	-	-	-	-	
	IV	787	-	62,96	70,83	-	26,72	30,06	-	-	-	-	-	-	-	-	-	-	-	-	-	-	
	V	2.899	-	231,92	260,91																		
	VI	3.431	-	274,48	308,79																		
18.431,99	I	795	-	63,60	71,55	-	-	-	-	-	-	-	-	-	-	-	-	-	-	-	-	-	
	II	13	-	1,04	1,17	-	-	-	-	-	-	-	-	-	-	-	-	-	-	-	-	-	
	III	-	-	-	-	-	-	-	-	-	-	-	-	-	-	-	-	-	-	-	-	-	
	IV	795	-	63,60	71,55	-	27,20	30,60	-	-	-	-	-	-	-	-	-	-	-	-	-	-	
	V	2.914	-	233,12	262,26																		
	VI	3.446	-	275,68	310,14																		
18.467,99	I	803	-	64,24	72,27	-	-	-	-	-	-	-	-	-	-	-	-	-	-	-	-	-	
	II	18	-	1,44	1,62	-	-	-	-	-	-	-	-	-	-	-	-	-	-	-	-	-	
	III	-	-	-	-	-	-	-	-	-	-	-	-	-	-	-	-	-	-	-	-	-	
	IV	803	-	64,24	72,27	-	27,76	31,23	-	-	-	-	-	-	-	-	-	-	-	-	-	-	
	V	2.929	-	234,32	263,61																		
	VI	3.461	-	276,88	311,49																		
18.503,99	I	812	-	64,96	73,08	-	-	-	-	-	-	-	-	-	-	-	-	-	-	-	-	-	
	II	23	-	1,84	2,07	-	-	-	-	-	-	-	-	-	-	-	-	-	-	-	-	-	
	III	-	-	-	-	-	-	-	-	-	-	-	-	-	-	-	-	-	-	-	-	-	
	IV	812	-	64,96	73,08	-	28,24	31,77	-	-	-	-	-	-	-	-	-	-	-	-	-	-	
	V	2.944	-	235,52	264,96																		
	VI	3.476	-	278,08	312,84																		
18.539,99	I	820	-	65,60	73,80	-	-	-	-	-	-	-	-	-	-	-	-	-	-	-	-	-	
	II	29	-	2,32	2,61	-	-	-	-	-	-	-	-	-	-	-	-	-	-	-	-	-	
	III	-	-	-	-	-	-	-	-	-	-	-	-	-	-	-	-	-	-	-	-	-	
	IV	820	-	65,60	73,80	-	28,80	32,40	-	-	-	-	-	-	-	-	-	-	-	-	-	-	
	V	2.959	-	236,72	266,31																		
	VI	3.491	-	279,28	314,19																		
18.575,99	I	828	-	66,24	74,52	-	0,24	0,27	-	-	-	-	-	-	-	-	-	-	-	-	-	-	
	II	34	-	2,72	3,06	-	-	-	-	-	-	-	-	-	-	-	-	-	-	-	-	-	
	III	-	-	-	-	-	-	-	-	-	-	-	-	-	-	-	-	-	-	-	-	-	
	IV	828	-	66,24	74,52	-	29,28	32,94	-	0,24	0,27	-	-	-	-	-	-	-	-	-	-	-	
	V	2.975	-	238,00	267,75																		
	VI	3.506	-	280,48	315,54																		
18.611,99	I	836	-	66,88	75,24	-	0,64	0,72	-	-	-	-	-	-	-	-	-	-	-	-	-	-	
	II	39	-	3,12	3,51	-	-	-	-	-	-	-	-	-	-	-	-	-	-	-	-	-	
	III	-	-	-	-	-	-	-	-	-	-	-	-	-	-	-	-	-	-	-	-	-	
	IV	836	-	66,88	75,24	-	29,84	33,57	-	0,64	0,72	-	-	-	-	-	-	-	-	-	-	-	
	V	2.990	-	239,20	269,10																		
	VI	3.521	-	281,68	316,89																		
18.647,99	I	844	-	67,52	75,96	-	1,04	1,17	-	-	-	-	-	-	-	-	-	-	-	-	-	-	
	II	44	-	3,52	3,96	-	-	-	-	-	-	-	-	-	-	-	-	-	-	-	-	-	
	III	-	-	-	-	-	-	-	-	-	-	-	-	-	-	-	-	-	-	-	-	-	
	IV	844	-	67,52	75,96	-	30,40	34,20	-	1,04	1,17	-	-	-	-	-	-	-	-	-	-	-	
	V	3.005	-	240,40	270,45																		
	VI	3.537	-	282,96	318,33																		
18.683,99	I	853	-	68,24	76,77	-	1,44	1,62	-	-	-	-	-	-	-	-	-	-	-	-	-	-	
	II	50	-	4,00	4,50	-	-	-	-	-	-	-	-	-	-	-	-	-	-	-	-	-	
	III	-	-	-	-	-	-	-	-	-	-	-	-	-	-	-	-	-	-	-	-	-	
	IV	853	-	68,24	76,77	-	30,88	34,74	-	1,44	1,62	-	-	-	-	-	-	-	-	-	-	-	
	V	3.020	-	241,60	271,80																		
	VI	3.552	-	284,16	319,68																		
18.719,99	I	861	-	68,88	77,49	-	1,84	2,07	-	-	-	-	-	-	-	-	-	-	-	-	-	-	
	II	55	-	4,40	4,95	-	-	-	-	-	-	-	-	-	-	-	-	-	-	-	-	-	
	III	-	-	-	-	-	-	-	-	-	-	-	-	-	-	-	-	-	-	-	-	-	
	IV	861	-	68,88	77,49	-	31,44	35,37	-	1,84	2,07	-	-	-	-	-	-	-	-	-	-	-	
	V	3.035	-	242,80	273,15																		
	VI	3.567	-	285,36	321,03																		
18.755,99	I	869	-	69,52	78,21	-	2,32	2,61	-	-	-	-	-	-	-	-	-	-	-	-	-	-	
	II	60	-	4,80	5,40	-	-	-	-	-	-	-	-	-	-	-	-	-	-	-	-	-	
	III	-	-	-	-	-	-	-	-	-	-	-	-	-	-	-	-	-	-	-	-	-	
	IV	869	-	69,52	78,21	-	32,00	36,00	-	2,32	2,61	-	-	-	-	-	-	-	-	-	-	-	
	V	3.050	-	244,00	274,50																		
	VI	3.582	-	286,56	322,38																		
18.791,99	I	878	-	70,24	79,02	-	2,72	3,06	-	-	-	-	-	-	-	-	-	-	-	-	-	-	
	II	66	-	5,28	5,94	-	-	-	-	-	-	-	-	-	-	-	-	-	-	-	-	-	
	III	-	-	-	-	-	-	-	-	-	-	-	-	-	-	-	-	-	-	-	-	-	
	IV	878	-	70,24	79,02	-	32,56	36,63	-	2,72	3,06	-	-	-	-	-	-	-	-	-	-	-	
	V	3.065	-	245,20	275,85																		
	VI	3.597	-	287,76	323,73																		
18.827,99	I	886	-	70,88	79,74	-	3,12	3,51	-	-	-	-	-	-	-	-	-	-	-	-	-	-	
	II	71	-	5,68	6,39	-	-	-	-	-	-	-	-	-	-	-	-	-	-	-	-	-	
	III	-	-	-	-	-	-	-	-	-	-	-	-	-	-	-	-	-	-	-	-	-	
	IV	886	-	70,88	79,74	-	33,12	37,26	-	3,12	3,51	-	-	-	-	-	-	-	-	-	-	-	
	V	3.080	-	246,40	277,20																		
	VI	3.612	-	288,96	325,08																		
18.863,99	I	895	-	71,60	80,55	-	3,52	3,96	-	-	-	-	-	-	-	-	-	-	-	-	-	-	
	II	76	-	6,08	6,84	-	-	-	-	-	-	-	-	-	-	-	-	-	-	-	-	-	
	III	-	-	-	-	-	-	-	-	-	-	-	-	-	-	-	-	-	-	-	-	-	
	IV	895	-	71,60	80,55	-	33,60	37,80	-	3,52	3,96	-	-	-	-	-	-	-	-	-	-	-	
	V	3.096	-	247,68	278,64																		
	VI	3.627	-	290,16	326,43																		
18.899,99	I	903	-	72,24	81,27	-	4,00	4,50	-	-	-	-	-	-	-	-	-	-	-	-	-	-	
	II	82	-	6,56	7,38	-	-	-	-	-	-	-	-	-	-	-	-	-	-	-	-	-	
	III	-	-	-	-	-	-	-	-	-	-	-	-	-	-	-	-	-	-	-	-	-	
	IV	903	-	72,24	81,27	-	34,16	38,43	-	4,00	4,50	-	-	-	-	-	-	-	-	-	-	-	
	V	3.111	-	248,88	279,99																		
	VI	3.642	-	291,36	327,78																		

SolZ/KiSt lt. Tabelle nicht für Sonstige Bezüge anwendbar.

Lohn/ Gehalt bis	Steuerklasse	Lohn-steuer	ohne Kinderfreibetrag SolZ 5,5%	Kirchensteuer 8%	9%	Anzahl Kinderfreibeträge (nur Steuerklassen I–IV) 0,5 SolZ 5,5%	Kirchensteuer 8%	9%	1,0 SolZ 5,5%	Kirchensteuer 8%	9%	1,5 SolZ 5,5%	Kirchensteuer 8%	9%	2,0 SolZ 5,5%	Kirchensteuer 8%	9%	2,5 SolZ 5,5%	Kirchensteuer 8%	9%	3,0 SolZ 5,5%	Kirchensteuer 8%	9%
18.935,99	I	911	-	72,88	81,99	-	4,40	4,95	-	-	-	-	-	-	-	-	-	-	-	-	-	-	-
	II	87	-	6,96	7,83	-	-	-	-	-	-	-	-	-	-	-	-	-	-	-	-	-	-
	III	-	-	-	-	-	-	-	-	-	-	-	-	-	-	-	-	-	-	-	-	-	-
	IV	911	-	72,88	81,99	-	34,72	39,06	-	4,40	4,95	-	-	-	-	-	-	-	-	-	-	-	-
	V	3.126	-	250,08	281,34																		
	VI	3.658	-	292,64	329,22																		
18.971,99	I	920	-	73,60	82,80	-	4,80	5,40	-	-	-	-	-	-	-	-	-	-	-	-	-	-	-
	II	93	-	7,44	8,37	-	-	-	-	-	-	-	-	-	-	-	-	-	-	-	-	-	-
	III	-	-	-	-	-	-	-	-	-	-	-	-	-	-	-	-	-	-	-	-	-	-
	IV	920	-	73,60	82,80	-	35,28	39,69	-	4,80	5,40	-	-	-	-	-	-	-	-	-	-	-	-
	V	3.141	-	251,28	282,69																		
	VI	3.673	-	293,84	330,57																		
19.007,99	I	928	-	74,24	83,52	-	5,28	5,94	-	-	-	-	-	-	-	-	-	-	-	-	-	-	-
	II	98	-	7,84	8,82	-	-	-	-	-	-	-	-	-	-	-	-	-	-	-	-	-	-
	III	-	-	-	-	-	-	-	-	-	-	-	-	-	-	-	-	-	-	-	-	-	-
	IV	928	-	74,24	83,52	-	35,84	40,32	-	5,28	5,94	-	-	-	-	-	-	-	-	-	-	-	-
	V	3.156	-	252,48	284,04																		
	VI	3.688	-	295,04	331,92																		
19.043,99	I	937	-	74,96	84,33	-	5,68	6,39	-	-	-	-	-	-	-	-	-	-	-	-	-	-	-
	II	104	-	8,32	9,36	-	-	-	-	-	-	-	-	-	-	-	-	-	-	-	-	-	-
	III	-	-	-	-	-	-	-	-	-	-	-	-	-	-	-	-	-	-	-	-	-	-
	IV	937	-	74,96	84,33	-	36,40	40,95	-	5,68	6,39	-	-	-	-	-	-	-	-	-	-	-	-
	V	3.171	-	253,68	285,39																		
	VI	3.703	-	296,24	333,27																		
19.079,99	I	945	-	75,60	85,05	-	6,08	6,84	-	-	-	-	-	-	-	-	-	-	-	-	-	-	-
	II	109	-	8,72	9,81	-	-	-	-	-	-	-	-	-	-	-	-	-	-	-	-	-	-
	III	-	-	-	-	-	-	-	-	-	-	-	-	-	-	-	-	-	-	-	-	-	-
	IV	945	-	75,60	85,05	-	36,96	41,58	-	6,08	6,84	-	-	-	-	-	-	-	-	-	-	-	-
	V	3.186	-	254,88	286,74																		
	VI	3.718	-	297,44	334,62																		
19.115,99	I	954	-	76,32	85,86	-	6,56	7,38	-	-	-	-	-	-	-	-	-	-	-	-	-	-	-
	II	115	-	9,20	10,35	-	-	-	-	-	-	-	-	-	-	-	-	-	-	-	-	-	-
	III	-	-	-	-	-	-	-	-	-	-	-	-	-	-	-	-	-	-	-	-	-	-
	IV	954	-	76,32	85,86	-	37,52	42,21	-	6,56	7,38	-	-	-	-	-	-	-	-	-	-	-	-
	V	3.201	-	256,08	288,09																		
	VI	3.733	-	298,64	335,97																		
19.151,99	I	963	-	77,04	86,67	-	6,96	7,83	-	-	-	-	-	-	-	-	-	-	-	-	-	-	-
	II	120	-	9,60	10,80	-	-	-	-	-	-	-	-	-	-	-	-	-	-	-	-	-	-
	III	-	-	-	-	-	-	-	-	-	-	-	-	-	-	-	-	-	-	-	-	-	-
	IV	963	-	77,04	86,67	-	38,08	42,84	-	6,96	7,83	-	-	-	-	-	-	-	-	-	-	-	-
	V	3.217	-	257,36	289,53																		
	VI	3.748	-	299,84	337,32																		
19.187,99	I	971	-	77,68	87,39	-	7,44	8,37	-	-	-	-	-	-	-	-	-	-	-	-	-	-	-
	II	126	-	10,08	11,34	-	-	-	-	-	-	-	-	-	-	-	-	-	-	-	-	-	-
	III	-	-	-	-	-	-	-	-	-	-	-	-	-	-	-	-	-	-	-	-	-	-
	IV	971	-	77,68	87,39	-	38,64	43,47	-	7,44	8,37	-	-	-	-	-	-	-	-	-	-	-	-
	V	3.232	-	258,56	290,88																		
	VI	3.763	-	301,04	338,67																		
19.223,99	I	980	-	78,40	88,20	-	7,84	8,82	-	-	-	-	-	-	-	-	-	-	-	-	-	-	-
	II	132	-	10,56	11,88	-	-	-	-	-	-	-	-	-	-	-	-	-	-	-	-	-	-
	III	-	-	-	-	-	-	-	-	-	-	-	-	-	-	-	-	-	-	-	-	-	-
	IV	980	-	78,40	88,20	-	39,20	44,10	-	7,84	8,82	-	-	-	-	-	-	-	-	-	-	-	-
	V	3.247	-	259,76	292,23																		
	VI	3.778	-	302,24	340,02																		
19.259,99	I	989	-	79,12	89,01	-	8,32	9,36	-	-	-	-	-	-	-	-	-	-	-	-	-	-	-
	II	137	-	10,96	12,33	-	-	-	-	-	-	-	-	-	-	-	-	-	-	-	-	-	-
	III	-	-	-	-	-	-	-	-	-	-	-	-	-	-	-	-	-	-	-	-	-	-
	IV	989	-	79,12	89,01	-	39,76	44,73	-	8,32	9,36	-	-	-	-	-	-	-	-	-	-	-	-
	V	3.262	-	260,96	293,58																		
	VI	3.794	-	303,52	341,46																		
19.295,99	I	997	-	79,76	89,73	-	8,72	9,81	-	-	-	-	-	-	-	-	-	-	-	-	-	-	-
	II	143	-	11,44	12,87	-	-	-	-	-	-	-	-	-	-	-	-	-	-	-	-	-	-
	III	-	-	-	-	-	-	-	-	-	-	-	-	-	-	-	-	-	-	-	-	-	-
	IV	997	-	79,76	89,73	-	40,32	45,36	-	8,72	9,81	-	-	-	-	-	-	-	-	-	-	-	-
	V	3.277	-	262,16	294,93																		
	VI	3.809	-	304,72	342,81																		
19.331,99	I	1.006	-	80,48	90,54	-	9,20	10,35	-	-	-	-	-	-	-	-	-	-	-	-	-	-	-
	II	149	-	11,92	13,41	-	-	-	-	-	-	-	-	-	-	-	-	-	-	-	-	-	-
	III	-	-	-	-	-	-	-	-	-	-	-	-	-	-	-	-	-	-	-	-	-	-
	IV	1.006	-	80,48	90,54	-	40,88	45,99	-	9,20	10,35	-	-	-	-	-	-	-	-	-	-	-	-
	V	3.292	-	263,36	296,28																		
	VI	3.824	-	305,92	344,16																		
19.367,99	I	1.015	-	81,20	91,35	-	9,60	10,80	-	-	-	-	-	-	-	-	-	-	-	-	-	-	-
	II	155	-	12,40	13,95	-	-	-	-	-	-	-	-	-	-	-	-	-	-	-	-	-	-
	III	-	-	-	-	-	-	-	-	-	-	-	-	-	-	-	-	-	-	-	-	-	-
	IV	1.015	-	81,20	91,35	-	41,52	46,71	-	9,60	10,80	-	-	-	-	-	-	-	-	-	-	-	-
	V	3.307	-	264,56	297,63																		
	VI	3.839	-	307,12	345,51																		
19.403,99	I	1.023	-	81,84	92,07	-	10,08	11,34	-	-	-	-	-	-	-	-	-	-	-	-	-	-	-
	II	160	-	12,80	14,40	-	-	-	-	-	-	-	-	-	-	-	-	-	-	-	-	-	-
	III	-	-	-	-	-	-	-	-	-	-	-	-	-	-	-	-	-	-	-	-	-	-
	IV	1.023	-	81,84	92,07	-	42,08	47,34	-	10,08	11,34	-	-	-	-	-	-	-	-	-	-	-	-
	V	3.322	-	265,76	298,98																		
	VI	3.854	-	308,32	346,86																		
19.439,99	I	1.032	-	82,56	92,88	-	10,56	11,88	-	-	-	-	-	-	-	-	-	-	-	-	-	-	-
	II	166	-	13,28	14,94	-	-	-	-	-	-	-	-	-	-	-	-	-	-	-	-	-	-
	III	-	-	-	-	-	-	-	-	-	-	-	-	-	-	-	-	-	-	-	-	-	-
	IV	1.032	-	82,56	92,88	-	42,64	47,97	-	10,56	11,88	-	-	-	-	-	-	-	-	-	-	-	-
	V	3.337	-	266,96	300,33																		
	VI	3.869	-	309,52	348,21																		

SolZ/KiSt lt. Tabelle nicht für Sonstige Bezüge anwendbar.

JAHR bis 19.979,99 €

Besondere Tabelle

Lohn/Gehalt bis	Steuerklasse	Lohn-steuer	ohne Kinderfreibetrag			Anzahl Kinderfreibeträge (nur Steuerklassen I–IV) 0,5			1,0			1,5			2,0			2,5			3,0		
			SolZ 5,5%	Kirchensteuer 8%	Kirchensteuer 9%	SolZ 5,5%	Kirchensteuer 8%	Kirchensteuer 9%	SolZ 5,5%	Kirchensteuer 8%	Kirchensteuer 9%	SolZ 5,5%	Kirchensteuer 8%	Kirchensteuer 9%	SolZ 5,5%	Kirchensteuer 8%	Kirchensteuer 9%	SolZ 5,5%	Kirchensteuer 8%	Kirchensteuer 9%	SolZ 5,5%	Kirchensteuer 8%	Kirchensteuer 9%
19.475,99	I	1.041	-	83,28	93,69	-	10,96	12,33	-	-	-	-	-	-	-	-	-	-	-	-	-	-	
	II	172	-	13,76	15,48	-	-	-	-	-	-	-	-	-	-	-	-	-	-	-	-	-	
	III	-	-	-	-	-	-	-	-	-	-	-	-	-	-	-	-	-	-	-	-	-	
	IV	1.041	-	83,28	93,69	-	43,20	48,60	-	10,96	12,33	-	-	-	-	-	-	-	-	-	-	-	
	V	3.353	-	268,24	301,77																		
	VI	3.884	-	310,72	349,56																		
19.511,99	I	1.049	-	83,92	94,41	-	11,44	12,87	-	-	-	-	-	-	-	-	-	-	-	-	-	-	
	II	178	-	14,24	16,02	-	-	-	-	-	-	-	-	-	-	-	-	-	-	-	-	-	
	III	-	-	-	-	-	-	-	-	-	-	-	-	-	-	-	-	-	-	-	-	-	
	IV	1.049	-	83,92	94,41	-	43,84	49,32	-	11,44	12,87	-	-	-	-	-	-	-	-	-	-	-	
	V	3.368	-	269,44	303,12																		
	VI	3.899	-	311,92	350,91																		
19.547,99	I	1.058	-	84,64	95,22	-	11,92	13,41	-	-	-	-	-	-	-	-	-	-	-	-	-	-	
	II	184	-	14,72	16,56	-	-	-	-	-	-	-	-	-	-	-	-	-	-	-	-	-	
	III	-	-	-	-	-	-	-	-	-	-	-	-	-	-	-	-	-	-	-	-	-	
	IV	1.058	-	84,64	95,22	-	44,40	49,95	-	11,92	13,41	-	-	-	-	-	-	-	-	-	-	-	
	V	3.383	-	270,64	304,47																		
	VI	3.915	-	313,20	352,35																		
19.583,99	I	1.067	-	85,36	96,03	-	12,40	13,95	-	-	-	-	-	-	-	-	-	-	-	-	-	-	
	II	190	-	15,20	17,10	-	-	-	-	-	-	-	-	-	-	-	-	-	-	-	-	-	
	III	-	-	-	-	-	-	-	-	-	-	-	-	-	-	-	-	-	-	-	-	-	
	IV	1.067	-	85,36	96,03	-	44,96	50,58	-	12,40	13,95	-	-	-	-	-	-	-	-	-	-	-	
	V	3.398	-	271,84	305,82																		
	VI	3.930	-	314,40	353,70																		
19.619,99	I	1.075	-	86,00	96,75	-	12,80	14,40	-	-	-	-	-	-	-	-	-	-	-	-	-	-	
	II	196	-	15,68	17,64	-	-	-	-	-	-	-	-	-	-	-	-	-	-	-	-	-	
	III	-	-	-	-	-	-	-	-	-	-	-	-	-	-	-	-	-	-	-	-	-	
	IV	1.075	-	86,00	96,75	-	45,60	51,30	-	12,80	14,40	-	-	-	-	-	-	-	-	-	-	-	
	V	3.413	-	273,04	307,17																		
	VI	3.945	-	315,60	355,05																		
19.655,99	I	1.084	-	86,72	97,56	-	13,28	14,94	-	-	-	-	-	-	-	-	-	-	-	-	-	-	
	II	202	-	16,16	18,18	-	-	-	-	-	-	-	-	-	-	-	-	-	-	-	-	-	
	III	-	-	-	-	-	-	-	-	-	-	-	-	-	-	-	-	-	-	-	-	-	
	IV	1.084	-	86,72	97,56	-	46,16	51,93	-	13,28	14,94	-	-	-	-	-	-	-	-	-	-	-	
	V	3.428	-	274,24	308,52																		
	VI	3.960	-	316,80	356,40																		
19.691,99	I	1.093	-	87,44	98,37	-	13,76	15,48	-	-	-	-	-	-	-	-	-	-	-	-	-	-	
	II	208	-	16,64	18,72	-	-	-	-	-	-	-	-	-	-	-	-	-	-	-	-	-	
	III	-	-	-	-	-	-	-	-	-	-	-	-	-	-	-	-	-	-	-	-	-	
	IV	1.093	-	87,44	98,37	-	46,72	52,56	-	13,76	15,48	-	-	-	-	-	-	-	-	-	-	-	
	V	3.443	-	275,44	309,87																		
	VI	3.975	-	318,00	357,75																		
19.727,99	I	1.101	-	88,08	99,09	-	14,24	16,02	-	-	-	-	-	-	-	-	-	-	-	-	-	-	
	II	214	-	17,12	19,26	-	-	-	-	-	-	-	-	-	-	-	-	-	-	-	-	-	
	III	-	-	-	-	-	-	-	-	-	-	-	-	-	-	-	-	-	-	-	-	-	
	IV	1.101	-	88,08	99,09	-	47,36	53,28	-	14,24	16,02	-	-	-	-	-	-	-	-	-	-	-	
	V	3.458	-	276,64	311,22																		
	VI	3.990	-	319,20	359,10																		
19.763,99	I	1.110	-	88,80	99,90	-	14,72	16,56	-	-	-	-	-	-	-	-	-	-	-	-	-	-	
	II	220	-	17,60	19,80	-	-	-	-	-	-	-	-	-	-	-	-	-	-	-	-	-	
	III	-	-	-	-	-	-	-	-	-	-	-	-	-	-	-	-	-	-	-	-	-	
	IV	1.110	-	88,80	99,90	-	47,92	53,91	-	14,72	16,56	-	-	-	-	-	-	-	-	-	-	-	
	V	3.474	-	277,92	312,66																		
	VI	4.005	-	320,40	360,45																		
19.799,99	I	1.119	-	89,52	100,71	-	15,20	17,10	-	-	-	-	-	-	-	-	-	-	-	-	-	-	
	II	226	-	18,08	20,34	-	-	-	-	-	-	-	-	-	-	-	-	-	-	-	-	-	
	III	-	-	-	-	-	-	-	-	-	-	-	-	-	-	-	-	-	-	-	-	-	
	IV	1.119	-	89,52	100,71	-	48,56	54,63	-	15,20	17,10	-	-	-	-	-	-	-	-	-	-	-	
	V	3.489	-	279,12	314,01																		
	VI	4.020	-	321,60	361,80																		
19.835,99	I	1.127	-	90,16	101,43	-	15,68	17,64	-	-	-	-	-	-	-	-	-	-	-	-	-	-	
	II	232	-	18,56	20,88	-	-	-	-	-	-	-	-	-	-	-	-	-	-	-	-	-	
	III	-	-	-	-	-	-	-	-	-	-	-	-	-	-	-	-	-	-	-	-	-	
	IV	1.127	-	90,16	101,43	-	49,12	55,26	-	15,68	17,64	-	-	-	-	-	-	-	-	-	-	-	
	V	3.504	-	280,32	315,36																		
	VI	4.036	-	322,88	363,24																		
19.871,99	I	1.136	-	90,88	102,24	-	16,16	18,18	-	-	-	-	-	-	-	-	-	-	-	-	-	-	
	II	238	-	19,04	21,42	-	-	-	-	-	-	-	-	-	-	-	-	-	-	-	-	-	
	III	-	-	-	-	-	-	-	-	-	-	-	-	-	-	-	-	-	-	-	-	-	
	IV	1.136	-	90,88	102,24	-	49,76	55,98	-	16,16	18,18	-	-	-	-	-	-	-	-	-	-	-	
	V	3.519	-	281,52	316,71																		
	VI	4.051	-	324,08	364,59																		
19.907,99	I	1.145	-	91,60	103,05	-	16,64	18,72	-	-	-	-	-	-	-	-	-	-	-	-	-	-	
	II	244	-	19,52	21,96	-	-	-	-	-	-	-	-	-	-	-	-	-	-	-	-	-	
	III	-	-	-	-	-	-	-	-	-	-	-	-	-	-	-	-	-	-	-	-	-	
	IV	1.145	-	91,60	103,05	-	50,32	56,61	-	16,64	18,72	-	-	-	-	-	-	-	-	-	-	-	
	V	3.534	-	282,72	318,06																		
	VI	4.066	-	325,28	365,94																		
19.943,99	I	1.154	-	92,32	103,86	-	17,12	19,26	-	-	-	-	-	-	-	-	-	-	-	-	-	-	
	II	250	-	20,00	22,50	-	-	-	-	-	-	-	-	-	-	-	-	-	-	-	-	-	
	III	-	-	-	-	-	-	-	-	-	-	-	-	-	-	-	-	-	-	-	-	-	
	IV	1.154	-	92,32	103,86	-	50,96	57,33	-	17,12	19,26	-	-	-	-	-	-	-	-	-	-	-	
	V	3.549	-	283,92	319,41																		
	VI	4.081	-	326,48	367,29																		
19.979,99	I	1.162	-	92,96	104,58	-	17,60	19,80	-	-	-	-	-	-	-	-	-	-	-	-	-	-	
	II	256	-	20,48	23,04	-	-	-	-	-	-	-	-	-	-	-	-	-	-	-	-	-	
	III	-	-	-	-	-	-	-	-	-	-	-	-	-	-	-	-	-	-	-	-	-	
	IV	1.162	-	92,96	104,58	-	51,60	58,05	-	17,60	19,80	-	-	-	-	-	-	-	-	-	-	-	
	V	3.564	-	285,12	320,76																		
	VI	4.096	-	327,68	368,64																		

SolZ/KiSt lt. Tabelle nicht für Sonstige Bezüge anwendbar.

Besondere Tabelle

JAHR bis 20.519,99 €

Lohn/ Gehalt bis	Steuerklasse	Lohn-steuer	ohne Kinderfreibetrag			Anzahl Kinderfreibeträge (nur Steuerklassen I–IV) 0,5			1,0			1,5			2,0			2,5			3,0		
			SolZ 5,5%	Kirchensteuer 8%	Kirchensteuer 9%	SolZ 5,5%	Kirchensteuer 8%	Kirchensteuer 9%	SolZ 5,5%	Kirchensteuer 8%	Kirchensteuer 9%	SolZ 5,5%	Kirchensteuer 8%	Kirchensteuer 9%	SolZ 5,5%	Kirchensteuer 8%	Kirchensteuer 9%	SolZ 5,5%	Kirchensteuer 8%	Kirchensteuer 9%	SolZ 5,5%	Kirchensteuer 8%	Kirchensteuer 9%
20.015,99	I	1.171	-	93,68	105,39	-	18,08	20,34	-	-	-	-	-	-	-	-	-	-	-	-	-	-	-
	II	263	-	21,04	23,67	-	-	-	-	-	-	-	-	-	-	-	-	-	-	-	-	-	-
	III	-	-	-	-	-	-	-	-	-	-	-	-	-	-	-	-	-	-	-	-	-	-
	IV	1.171	-	93,68	105,39	-	52,16	58,68	-	18,08	20,34	-	-	-	-	-	-	-	-	-	-	-	-
	V	3.579	-	286,32	322,11																		
	VI	4.111	-	328,88	369,99																		
20.051,99	I	1.180	-	94,40	106,20	-	18,56	20,88	-	-	-	-	-	-	-	-	-	-	-	-	-	-	-
	II	269	-	21,52	24,21	-	-	-	-	-	-	-	-	-	-	-	-	-	-	-	-	-	-
	III	-	-	-	-	-	-	-	-	-	-	-	-	-	-	-	-	-	-	-	-	-	-
	IV	1.180	-	94,40	106,20	-	52,80	59,40	-	18,56	20,88	-	-	-	-	-	-	-	-	-	-	-	-
	V	3.595	-	287,60	323,55																		
	VI	4.126	-	330,08	371,34																		
20.087,99	I	1.189	-	95,12	107,01	-	19,04	21,42	-	-	-	-	-	-	-	-	-	-	-	-	-	-	-
	II	275	-	22,00	24,75	-	-	-	-	-	-	-	-	-	-	-	-	-	-	-	-	-	-
	III	-	-	-	-	-	-	-	-	-	-	-	-	-	-	-	-	-	-	-	-	-	-
	IV	1.189	-	95,12	107,01	-	53,44	60,12	-	19,04	21,42	-	-	-	-	-	-	-	-	-	-	-	-
	V	3.610	-	288,80	324,90																		
	VI	4.141	-	331,28	372,69																		
20.123,99	I	1.197	-	95,76	107,73	-	19,52	21,96	-	-	-	-	-	-	-	-	-	-	-	-	-	-	-
	II	281	-	22,48	25,29	-	-	-	-	-	-	-	-	-	-	-	-	-	-	-	-	-	-
	III	-	-	-	-	-	-	-	-	-	-	-	-	-	-	-	-	-	-	-	-	-	-
	IV	1.197	-	95,76	107,73	-	54,00	60,75	-	19,52	21,96	-	-	-	-	-	-	-	-	-	-	-	-
	V	3.625	-	290,00	326,25																		
	VI	4.156	-	332,48	374,04																		
20.159,99	I	1.206	-	96,48	108,54	-	20,00	22,50	-	-	-	-	-	-	-	-	-	-	-	-	-	-	-
	II	288	-	23,04	25,92	-	-	-	-	-	-	-	-	-	-	-	-	-	-	-	-	-	-
	III	-	-	-	-	-	-	-	-	-	-	-	-	-	-	-	-	-	-	-	-	-	-
	IV	1.206	-	96,48	108,54	-	54,64	61,47	-	20,00	22,50	-	-	-	-	-	-	-	-	-	-	-	-
	V	3.640	-	291,20	327,60																		
	VI	4.172	-	333,76	375,48																		
20.195,99	I	1.215	-	97,20	109,35	-	20,48	23,04	-	-	-	-	-	-	-	-	-	-	-	-	-	-	-
	II	294	-	23,52	26,46	-	-	-	-	-	-	-	-	-	-	-	-	-	-	-	-	-	-
	III	-	-	-	-	-	-	-	-	-	-	-	-	-	-	-	-	-	-	-	-	-	-
	IV	1.215	-	97,20	109,35	-	55,28	62,19	-	20,48	23,04	-	-	-	-	-	-	-	-	-	-	-	-
	V	3.655	-	292,40	328,95																		
	VI	4.187	-	334,96	376,83																		
20.231,99	I	1.224	-	97,92	110,16	-	21,04	23,67	-	-	-	-	-	-	-	-	-	-	-	-	-	-	-
	II	300	-	24,00	27,00	-	-	-	-	-	-	-	-	-	-	-	-	-	-	-	-	-	-
	III	-	-	-	-	-	-	-	-	-	-	-	-	-	-	-	-	-	-	-	-	-	-
	IV	1.224	-	97,92	110,16	-	55,92	62,91	-	21,04	23,67	-	-	-	-	-	-	-	-	-	-	-	-
	V	3.670	-	293,60	330,30																		
	VI	4.202	-	336,16	378,18																		
20.267,99	I	1.233	-	98,64	110,97	-	21,52	24,21	-	-	-	-	-	-	-	-	-	-	-	-	-	-	-
	II	307	-	24,56	27,63	-	-	-	-	-	-	-	-	-	-	-	-	-	-	-	-	-	-
	III	-	-	-	-	-	-	-	-	-	-	-	-	-	-	-	-	-	-	-	-	-	-
	IV	1.233	-	98,64	110,97	-	56,48	63,54	-	21,52	24,21	-	-	-	-	-	-	-	-	-	-	-	-
	V	3.685	-	294,80	331,65																		
	VI	4.217	-	337,36	379,53																		
20.303,99	I	1.241	-	99,28	111,69	-	22,00	24,75	-	-	-	-	-	-	-	-	-	-	-	-	-	-	-
	II	313	-	25,04	28,17	-	-	-	-	-	-	-	-	-	-	-	-	-	-	-	-	-	-
	III	-	-	-	-	-	-	-	-	-	-	-	-	-	-	-	-	-	-	-	-	-	-
	IV	1.241	-	99,28	111,69	-	57,12	64,26	-	22,00	24,75	-	-	-	-	-	-	-	-	-	-	-	-
	V	3.700	-	296,00	333,00																		
	VI	4.232	-	338,56	380,88																		
20.339,99	I	1.250	-	100,00	112,50	-	22,48	25,29	-	-	-	-	-	-	-	-	-	-	-	-	-	-	-
	II	320	-	25,60	28,80	-	-	-	-	-	-	-	-	-	-	-	-	-	-	-	-	-	-
	III	-	-	-	-	-	-	-	-	-	-	-	-	-	-	-	-	-	-	-	-	-	-
	IV	1.250	-	100,00	112,50	-	57,76	64,98	-	22,48	25,29	-	-	-	-	-	-	-	-	-	-	-	-
	V	3.715	-	297,20	334,35																		
	VI	4.247	-	339,76	382,23																		
20.375,99	I	1.259	-	100,72	113,31	-	23,04	25,92	-	-	-	-	-	-	-	-	-	-	-	-	-	-	-
	II	326	-	26,08	29,34	-	-	-	-	-	-	-	-	-	-	-	-	-	-	-	-	-	-
	III	-	-	-	-	-	-	-	-	-	-	-	-	-	-	-	-	-	-	-	-	-	-
	IV	1.259	-	100,72	113,31	-	58,40	65,70	-	23,04	25,92	-	-	-	-	-	-	-	-	-	-	-	-
	V	3.731	-	298,48	335,79																		
	VI	4.262	-	340,96	383,58																		
20.411,99	I	1.268	-	101,44	114,12	-	23,52	26,46	-	-	-	-	-	-	-	-	-	-	-	-	-	-	-
	II	333	-	26,64	29,97	-	-	-	-	-	-	-	-	-	-	-	-	-	-	-	-	-	-
	III	-	-	-	-	-	-	-	-	-	-	-	-	-	-	-	-	-	-	-	-	-	-
	IV	1.268	-	101,44	114,12	-	59,04	66,42	-	23,52	26,46	-	-	-	-	-	-	-	-	-	-	-	-
	V	3.746	-	299,68	337,14																		
	VI	4.277	-	342,16	384,93																		
20.447,99	I	1.276	-	102,08	114,84	-	24,00	27,00	-	-	-	-	-	-	-	-	-	-	-	-	-	-	-
	II	339	-	27,12	30,51	-	-	-	-	-	-	-	-	-	-	-	-	-	-	-	-	-	-
	III	-	-	-	-	-	-	-	-	-	-	-	-	-	-	-	-	-	-	-	-	-	-
	IV	1.276	-	102,08	114,84	-	59,68	67,14	-	24,00	27,00	-	-	-	-	-	-	-	-	-	-	-	-
	V	3.761	-	300,88	338,49																		
	VI	4.293	-	343,44	386,37																		
20.483,99	I	1.285	-	102,80	115,65	-	24,56	27,63	-	-	-	-	-	-	-	-	-	-	-	-	-	-	-
	II	346	-	27,68	31,14	-	-	-	-	-	-	-	-	-	-	-	-	-	-	-	-	-	-
	III	-	-	-	-	-	-	-	-	-	-	-	-	-	-	-	-	-	-	-	-	-	-
	IV	1.285	-	102,80	115,65	-	60,32	67,86	-	24,56	27,63	-	-	-	-	-	-	-	-	-	-	-	-
	V	3.776	-	302,08	339,84																		
	VI	4.308	-	344,64	387,72																		
20.519,99	I	1.294	-	103,52	116,46	-	25,04	28,17	-	-	-	-	-	-	-	-	-	-	-	-	-	-	-
	II	352	-	28,16	31,68	-	-	-	-	-	-	-	-	-	-	-	-	-	-	-	-	-	-
	III	-	-	-	-	-	-	-	-	-	-	-	-	-	-	-	-	-	-	-	-	-	-
	IV	1.294	-	103,52	116,46	-	60,96	68,58	-	25,04	28,17	-	-	-	-	-	-	-	-	-	-	-	-
	V	3.791	-	303,28	341,19																		
	VI	4.323	-	345,84	389,07																		

SolZ/KiSt lt. Tabelle nicht für Sonstige Bezüge anwendbar.

JAHR bis 21.059,99 €

Besondere Tabelle

Lohn/ Gehalt bis	Steuerklasse	Lohn-steuer	ohne Kinderfreibetrag SolZ 5,5%	ohne Kinderfreibetrag Kirchensteuer 8%	ohne Kinderfreibetrag Kirchensteuer 9%	0,5 SolZ 5,5%	0,5 Kirchensteuer 8%	0,5 Kirchensteuer 9%	1,0 SolZ 5,5%	1,0 Kirchensteuer 8%	1,0 Kirchensteuer 9%	1,5 SolZ 5,5%	1,5 Kirchensteuer 8%	1,5 Kirchensteuer 9%	2,0 SolZ 5,5%	2,0 Kirchensteuer 8%	2,0 Kirchensteuer 9%	2,5 SolZ 5,5%	2,5 Kirchensteuer 8%	2,5 Kirchensteuer 9%	3,0 SolZ 5,5%	3,0 Kirchensteuer 8%	3,0 Kirchensteuer 9%
20.555,99	I	1.303	-	104,24	117,27	-	25,60	28,80	-	-	-	-	-	-	-	-	-	-	-	-	-	-	
	II	359	-	28,72	32,31	-	-	-	-	-	-	-	-	-	-	-	-	-	-	-	-	-	
	III	-	-	-	-	-	-	-	-	-	-	-	-	-	-	-	-	-	-	-	-	-	
	IV	1.303	-	104,24	117,27	-	61,60	69,30	-	25,60	28,80	-	-	-	-	-	-	-	-	-	-	-	
	V	3.806	-	304,48	342,54																		
	VI	4.338	-	347,04	390,42																		
20.591,99	I	1.312	-	104,96	118,08	-	26,08	29,34	-	-	-	-	-	-	-	-	-	-	-	-	-	-	
	II	365	-	29,20	32,85	-	-	-	-	-	-	-	-	-	-	-	-	-	-	-	-	-	
	III	-	-	-	-	-	-	-	-	-	-	-	-	-	-	-	-	-	-	-	-	-	
	IV	1.312	-	104,96	118,08	-	62,24	70,02	-	26,08	29,34	-	-	-	-	-	-	-	-	-	-	-	
	V	3.821	-	305,68	343,89																		
	VI	4.353	-	348,24	391,77																		
20.627,99	I	1.321	-	105,68	118,89	-	26,64	29,97	-	-	-	-	-	-	-	-	-	-	-	-	-	-	
	II	372	-	29,76	33,48	-	-	-	-	-	-	-	-	-	-	-	-	-	-	-	-	-	
	III	-	-	-	-	-	-	-	-	-	-	-	-	-	-	-	-	-	-	-	-	-	
	IV	1.321	-	105,68	118,89	-	62,88	70,74	-	26,64	29,97	-	-	-	-	-	-	-	-	-	-	-	
	V	3.836	-	306,88	345,24																		
	VI	4.368	-	349,44	393,12																		
20.663,99	I	1.329	-	106,32	119,61	-	27,12	30,51	-	-	-	-	-	-	-	-	-	-	-	-	-	-	
	II	379	-	30,32	34,11	-	-	-	-	-	-	-	-	-	-	-	-	-	-	-	-	-	
	III	-	-	-	-	-	-	-	-	-	-	-	-	-	-	-	-	-	-	-	-	-	
	IV	1.329	-	106,32	119,61	-	63,52	71,46	-	27,12	30,51	-	-	-	-	-	-	-	-	-	-	-	
	V	3.852	-	308,16	346,68																		
	VI	4.383	-	350,64	394,47																		
20.699,99	I	1.338	-	107,04	120,42	-	27,68	31,14	-	-	-	-	-	-	-	-	-	-	-	-	-	-	
	II	385	-	30,80	34,65	-	-	-	-	-	-	-	-	-	-	-	-	-	-	-	-	-	
	III	-	-	-	-	-	-	-	-	-	-	-	-	-	-	-	-	-	-	-	-	-	
	IV	1.338	-	107,04	120,42	-	64,16	72,18	-	27,68	31,14	-	-	-	-	-	-	-	-	-	-	-	
	V	3.867	-	309,36	348,03																		
	VI	4.398	-	351,84	395,82																		
20.735,99	I	1.347	-	107,76	121,23	-	28,16	31,68	-	-	-	-	-	-	-	-	-	-	-	-	-	-	
	II	392	-	31,36	35,28	-	-	-	-	-	-	-	-	-	-	-	-	-	-	-	-	-	
	III	-	-	-	-	-	-	-	-	-	-	-	-	-	-	-	-	-	-	-	-	-	
	IV	1.347	-	107,76	121,23	-	64,80	72,90	-	28,16	31,68	-	-	-	-	-	-	-	-	-	-	-	
	V	3.882	-	310,56	349,38																		
	VI	4.414	-	353,12	397,26																		
20.771,99	I	1.356	-	108,48	122,04	-	28,72	32,31	-	-	-	-	-	-	-	-	-	-	-	-	-	-	
	II	399	-	31,92	35,91	-	-	-	-	-	-	-	-	-	-	-	-	-	-	-	-	-	
	III	-	-	-	-	-	-	-	-	-	-	-	-	-	-	-	-	-	-	-	-	-	
	IV	1.356	-	108,48	122,04	-	65,44	73,62	-	28,72	32,31	-	-	-	-	-	-	-	-	-	-	-	
	V	3.897	-	311,76	350,73																		
	VI	4.429	-	354,32	398,61																		
20.807,99	I	1.365	-	109,20	122,85	-	29,20	32,85	-	-	-	-	-	-	-	-	-	-	-	-	-	-	
	II	406	-	32,48	36,54	-	-	-	-	-	-	-	-	-	-	-	-	-	-	-	-	-	
	III	-	-	-	-	-	-	-	-	-	-	-	-	-	-	-	-	-	-	-	-	-	
	IV	1.365	-	109,20	122,85	-	66,16	74,43	-	29,20	32,85	-	0,16	0,18	-	-	-	-	-	-	-	-	
	V	3.912	-	312,96	352,08																		
	VI	4.444	-	355,52	399,96																		
20.843,99	I	1.374	-	109,92	123,66	-	29,76	33,48	-	-	-	-	-	-	-	-	-	-	-	-	-	-	
	II	412	-	32,96	37,08	-	-	-	-	-	-	-	-	-	-	-	-	-	-	-	-	-	
	III	-	-	-	-	-	-	-	-	-	-	-	-	-	-	-	-	-	-	-	-	-	
	IV	1.374	-	109,92	123,66	-	66,80	75,15	-	29,76	33,48	-	0,56	0,63	-	-	-	-	-	-	-	-	
	V	3.927	-	314,16	353,43																		
	VI	4.459	-	356,72	401,31																		
20.879,99	I	1.383	-	110,64	124,47	-	30,32	34,11	-	-	-	-	-	-	-	-	-	-	-	-	-	-	
	II	419	-	33,52	37,71	-	-	-	-	-	-	-	-	-	-	-	-	-	-	-	-	-	
	III	-	-	-	-	-	-	-	-	-	-	-	-	-	-	-	-	-	-	-	-	-	
	IV	1.383	-	110,64	124,47	-	67,44	75,87	-	30,32	34,11	-	0,96	1,08	-	-	-	-	-	-	-	-	
	V	3.942	-	315,36	354,78																		
	VI	4.474	-	357,92	402,66																		
20.915,99	I	1.391	-	111,28	125,19	-	30,80	34,65	-	-	-	-	-	-	-	-	-	-	-	-	-	-	
	II	426	-	34,08	38,34	-	-	-	-	-	-	-	-	-	-	-	-	-	-	-	-	-	
	III	-	-	-	-	-	-	-	-	-	-	-	-	-	-	-	-	-	-	-	-	-	
	IV	1.391	-	111,28	125,19	-	68,08	76,59	-	30,80	34,65	-	1,36	1,53	-	-	-	-	-	-	-	-	
	V	3.957	-	316,56	356,13																		
	VI	4.489	-	359,12	404,01																		
20.951,99	I	1.400	-	112,00	126,00	-	31,36	35,28	-	-	-	-	-	-	-	-	-	-	-	-	-	-	
	II	433	-	34,64	38,97	-	-	-	-	-	-	-	-	-	-	-	-	-	-	-	-	-	
	III	-	-	-	-	-	-	-	-	-	-	-	-	-	-	-	-	-	-	-	-	-	
	IV	1.400	-	112,00	126,00	-	68,80	77,40	-	31,36	35,28	-	1,84	2,07	-	-	-	-	-	-	-	-	
	V	3.973	-	317,84	357,57																		
	VI	4.504	-	360,32	405,36																		
20.987,99	I	1.409	-	112,72	126,81	-	31,92	35,91	-	-	-	-	-	-	-	-	-	-	-	-	-	-	
	II	440	-	35,20	39,60	-	-	-	-	-	-	-	-	-	-	-	-	-	-	-	-	-	
	III	-	-	-	-	-	-	-	-	-	-	-	-	-	-	-	-	-	-	-	-	-	
	IV	1.409	-	112,72	126,81	-	69,44	78,12	-	31,92	35,91	-	2,24	2,52	-	-	-	-	-	-	-	-	
	V	3.988	-	319,04	358,92																		
	VI	4.519	-	361,52	406,71																		
21.023,99	I	1.418	-	113,44	127,62	-	32,48	36,54	-	-	-	-	-	-	-	-	-	-	-	-	-	-	
	II	447	-	35,76	40,23	-	-	-	-	-	-	-	-	-	-	-	-	-	-	-	-	-	
	III	-	-	-	-	-	-	-	-	-	-	-	-	-	-	-	-	-	-	-	-	-	
	IV	1.418	-	113,44	127,62	-	70,08	78,84	-	32,48	36,54	-	2,64	2,97	-	-	-	-	-	-	-	-	
	V	4.003	-	320,24	360,27																		
	VI	4.534	-	362,72	408,06																		
21.059,99	I	1.427	-	114,16	128,43	-	32,96	37,08	-	-	-	-	-	-	-	-	-	-	-	-	-	-	
	II	454	-	36,32	40,86	-	-	-	-	-	-	-	-	-	-	-	-	-	-	-	-	-	
	III	-	-	-	-	-	-	-	-	-	-	-	-	-	-	-	-	-	-	-	-	-	
	IV	1.427	-	114,16	128,43	-	70,80	79,65	-	32,96	37,08	-	3,04	3,42	-	-	-	-	-	-	-	-	
	V	4.018	-	321,44	361,62																		
	VI	4.550	-	364,00	409,50																		

Anzahl Kinderfreibeträge (nur Steuerklassen I–IV)

SolZ/KiSt lt. Tabelle nicht für Sonstige Bezüge anwendbar.

Besondere Tabelle

JAHR bis 21.599,99 €

Lohn/ Gehalt bis	Steuerklasse	Lohn-steuer	ohne Kinderfreibetrag SolZ 5,5%	ohne Kinderfreibetrag Kirchensteuer 8%	ohne Kinderfreibetrag Kirchensteuer 9%	0,5 SolZ 5,5%	0,5 Kirchensteuer 8%	0,5 Kirchensteuer 9%	1,0 SolZ 5,5%	1,0 Kirchensteuer 8%	1,0 Kirchensteuer 9%	1,5 SolZ 5,5%	1,5 Kirchensteuer 8%	1,5 Kirchensteuer 9%	2,0 SolZ 5,5%	2,0 Kirchensteuer 8%	2,0 Kirchensteuer 9%	2,5 SolZ 5,5%	2,5 Kirchensteuer 8%	2,5 Kirchensteuer 9%	3,0 SolZ 5,5%	3,0 Kirchensteuer 8%	3,0 Kirchensteuer 9%
21.095,99	I	1.436	-	114,88	129,24	-	33,52	37,71	-	-	-	-	-	-	-	-	-	-	-	-	-	-	-
	II	461	-	36,88	41,49	-	-	-	-	-	-	-	-	-	-	-	-	-	-	-	-	-	-
	III	-	-	-	-	-	-	-	-	-	-	-	-	-	-	-	-	-	-	-	-	-	-
	IV	1.436	-	114,88	129,24	-	71,44	80,37	-	33,52	37,71	-	3,44	3,87	-	-	-	-	-	-	-	-	-
	V	4.033	-	322,64	362,97																		
	VI	4.565	-	365,20	410,85																		
21.131,99	I	1.445	-	115,60	130,05	-	34,08	38,34	-	-	-	-	-	-	-	-	-	-	-	-	-	-	-
	II	468	-	37,44	42,12	-	-	-	-	-	-	-	-	-	-	-	-	-	-	-	-	-	-
	III	-	-	-	-	-	-	-	-	-	-	-	-	-	-	-	-	-	-	-	-	-	-
	IV	1.445	-	115,60	130,05	-	72,16	81,18	-	34,08	38,34	-	3,92	4,41	-	-	-	-	-	-	-	-	-
	V	4.048	-	323,84	364,32																		
	VI	4.580	-	366,40	412,20																		
21.167,99	I	1.454	-	116,32	130,86	-	34,64	38,97	-	-	-	-	-	-	-	-	-	-	-	-	-	-	-
	II	475	-	38,00	42,75	-	-	-	-	-	-	-	-	-	-	-	-	-	-	-	-	-	-
	III	-	-	-	-	-	-	-	-	-	-	-	-	-	-	-	-	-	-	-	-	-	-
	IV	1.454	-	116,32	130,86	-	72,80	81,90	-	34,64	38,97	-	4,32	4,86	-	-	-	-	-	-	-	-	-
	V	4.063	-	325,04	365,67																		
	VI	4.595	-	367,60	413,55																		
21.203,99	I	1.463	-	117,04	131,67	-	35,20	39,60	-	-	-	-	-	-	-	-	-	-	-	-	-	-	-
	II	482	-	38,56	43,38	-	-	-	-	-	-	-	-	-	-	-	-	-	-	-	-	-	-
	III	-	-	-	-	-	-	-	-	-	-	-	-	-	-	-	-	-	-	-	-	-	-
	IV	1.463	-	117,04	131,67	-	73,44	82,62	-	35,20	39,60	-	4,72	5,31	-	-	-	-	-	-	-	-	-
	V	4.078	-	326,24	367,02																		
	VI	4.610	-	368,80	414,90																		
21.239,99	I	1.471	-	117,68	132,39	-	35,76	40,23	-	-	-	-	-	-	-	-	-	-	-	-	-	-	-
	II	489	-	39,12	44,01	-	-	-	-	-	-	-	-	-	-	-	-	-	-	-	-	-	-
	III	-	-	-	-	-	-	-	-	-	-	-	-	-	-	-	-	-	-	-	-	-	-
	IV	1.471	-	117,68	132,39	-	74,16	83,43	-	35,76	40,23	-	5,20	5,85	-	-	-	-	-	-	-	-	-
	V	4.093	-	327,44	368,37																		
	VI	4.625	-	370,00	416,25																		
21.275,99	I	1.480	-	118,40	133,20	-	36,32	40,86	-	-	-	-	-	-	-	-	-	-	-	-	-	-	-
	II	496	-	39,68	44,64	-	-	-	-	-	-	-	-	-	-	-	-	-	-	-	-	-	-
	III	-	-	-	-	-	-	-	-	-	-	-	-	-	-	-	-	-	-	-	-	-	-
	IV	1.480	-	118,40	133,20	-	74,88	84,24	-	36,32	40,86	-	5,60	6,30	-	-	-	-	-	-	-	-	-
	V	4.109	-	328,72	369,81																		
	VI	4.640	-	371,20	417,60																		
21.311,99	I	1.489	-	119,12	134,01	-	36,88	41,49	-	-	-	-	-	-	-	-	-	-	-	-	-	-	-
	II	503	-	40,24	45,27	-	-	-	-	-	-	-	-	-	-	-	-	-	-	-	-	-	-
	III	-	-	-	-	-	-	-	-	-	-	-	-	-	-	-	-	-	-	-	-	-	-
	IV	1.489	-	119,12	134,01	-	75,52	84,96	-	36,88	41,49	-	6,00	6,75	-	-	-	-	-	-	-	-	-
	V	4.124	-	329,92	371,16																		
	VI	4.655	-	372,40	418,95																		
21.347,99	I	1.498	-	119,84	134,82	-	37,44	42,12	-	-	-	-	-	-	-	-	-	-	-	-	-	-	-
	II	510	-	40,80	45,90	-	-	-	-	-	-	-	-	-	-	-	-	-	-	-	-	-	-
	III	-	-	-	-	-	-	-	-	-	-	-	-	-	-	-	-	-	-	-	-	-	-
	IV	1.498	-	119,84	134,82	-	76,24	85,77	-	37,44	42,12	-	6,48	7,29	-	-	-	-	-	-	-	-	-
	V	4.139	-	331,12	372,51																		
	VI	4.671	-	373,68	420,39																		
21.383,99	I	1.507	-	120,56	135,63	-	38,00	42,75	-	-	-	-	-	-	-	-	-	-	-	-	-	-	-
	II	517	-	41,36	46,53	-	-	-	-	-	-	-	-	-	-	-	-	-	-	-	-	-	-
	III	-	-	-	-	-	-	-	-	-	-	-	-	-	-	-	-	-	-	-	-	-	-
	IV	1.507	-	120,56	135,63	-	76,88	86,49	-	38,00	42,75	-	6,88	7,74	-	-	-	-	-	-	-	-	-
	V	4.154	-	332,32	373,86																		
	VI	4.686	-	374,88	421,74																		
21.419,99	I	1.516	-	121,28	136,44	-	38,56	43,38	-	-	-	-	-	-	-	-	-	-	-	-	-	-	-
	II	525	-	42,00	47,25	-	-	-	-	-	-	-	-	-	-	-	-	-	-	-	-	-	-
	III	-	-	-	-	-	-	-	-	-	-	-	-	-	-	-	-	-	-	-	-	-	-
	IV	1.516	-	121,28	136,44	-	77,60	87,30	-	38,56	43,38	-	7,36	8,28	-	-	-	-	-	-	-	-	-
	V	4.169	-	333,52	375,21																		
	VI	4.701	-	376,08	423,09																		
21.455,99	I	1.525	-	122,00	137,25	-	39,12	44,01	-	-	-	-	-	-	-	-	-	-	-	-	-	-	-
	II	532	-	42,56	47,88	-	-	-	-	-	-	-	-	-	-	-	-	-	-	-	-	-	-
	III	-	-	-	-	-	-	-	-	-	-	-	-	-	-	-	-	-	-	-	-	-	-
	IV	1.525	-	122,00	137,25	-	78,24	88,02	-	39,12	44,01	-	7,76	8,73	-	-	-	-	-	-	-	-	-
	V	4.184	-	334,72	376,56																		
	VI	4.716	-	377,28	424,44																		
21.491,99	I	1.534	-	122,72	138,06	-	39,68	44,64	-	-	-	-	-	-	-	-	-	-	-	-	-	-	-
	II	539	-	43,12	48,51	-	-	-	-	-	-	-	-	-	-	-	-	-	-	-	-	-	-
	III	-	-	-	-	-	-	-	-	-	-	-	-	-	-	-	-	-	-	-	-	-	-
	IV	1.534	-	122,72	138,06	-	78,96	88,83	-	39,68	44,64	-	8,24	9,27	-	-	-	-	-	-	-	-	-
	V	4.199	-	335,92	377,91																		
	VI	4.731	-	378,48	425,79																		
21.527,99	I	1.543	-	123,44	138,87	-	40,24	45,27	-	-	-	-	-	-	-	-	-	-	-	-	-	-	-
	II	546	-	43,68	49,14	-	-	-	-	-	-	-	-	-	-	-	-	-	-	-	-	-	-
	III	-	-	-	-	-	-	-	-	-	-	-	-	-	-	-	-	-	-	-	-	-	-
	IV	1.543	-	123,44	138,87	-	79,68	89,64	-	40,24	45,27	-	8,64	9,72	-	-	-	-	-	-	-	-	-
	V	4.214	-	337,12	379,26																		
	VI	4.746	-	379,68	427,14																		
21.563,99	I	1.552	-	124,16	139,68	-	40,80	45,90	-	-	-	-	-	-	-	-	-	-	-	-	-	-	-
	II	554	-	44,32	49,86	-	-	-	-	-	-	-	-	-	-	-	-	-	-	-	-	-	-
	III	-	-	-	-	-	-	-	-	-	-	-	-	-	-	-	-	-	-	-	-	-	-
	IV	1.552	-	124,16	139,68	-	80,32	90,36	-	40,80	45,90	-	9,12	10,26	-	-	-	-	-	-	-	-	-
	V	4.230	-	338,40	380,70																		
	VI	4.761	-	380,88	428,49																		
21.599,99	I	1.561	-	124,88	140,49	-	41,36	46,53	-	-	-	-	-	-	-	-	-	-	-	-	-	-	-
	II	561	-	44,88	50,49	-	-	-	-	-	-	-	-	-	-	-	-	-	-	-	-	-	-
	III	-	-	-	-	-	-	-	-	-	-	-	-	-	-	-	-	-	-	-	-	-	-
	IV	1.561	-	124,88	140,49	-	81,04	91,17	-	41,36	46,53	-	9,52	10,71	-	-	-	-	-	-	-	-	-
	V	4.245	-	339,60	382,05																		
	VI	4.776	-	382,08	429,84																		

Anzahl Kinderfreibeträge (nur Steuerklassen I–IV)

SolZ/KiSt lt. Tabelle nicht für Sonstige Bezüge anwendbar.

JAHR bis 22.139,99 €

Lohn/ Gehalt bis	Steuerklasse	Lohn- steuer	ohne Kinderfreibetrag			Anzahl Kinderfreibeträge (nur Steuerklassen I–IV) 0,5			1,0			1,5			2,0			2,5			3,0		
			SolZ 5,5%	Kirchensteuer 8%	9%	SolZ 5,5%	Kirchensteuer 8%	9%	SolZ 5,5%	Kirchensteuer 8%	9%	SolZ 5,5%	Kirchensteuer 8%	9%	SolZ 5,5%	Kirchensteuer 8%	9%	SolZ 5,5%	Kirchensteuer 8%	9%	SolZ 5,5%	Kirchensteuer 8%	9%
21.635,99	I	1.570	-	125,60	141,30	-	42,00	47,25	-	-	-	-	-	-	-	-	-	-	-	-	-	-	
	II	568	-	45,44	51,12	-	-	-	-	-	-	-	-	-	-	-	-	-	-	-	-	-	
	III	-	-	-	-	-	-	-	-	-	-	-	-	-	-	-	-	-	-	-	-	-	
	IV	1.570	-	125,60	141,30	-	81,76	91,98	-	42,00	47,25	-	10,00	11,25	-	-	-	-	-	-	-	-	
	V	4.260	-	340,80	383,40																		
	VI	4.792	-	383,36	431,28																		
21.671,99	I	1.579	-	126,32	142,11	-	42,56	47,88	-	-	-	-	-	-	-	-	-	-	-	-	-	-	
	II	576	-	46,08	51,84	-	-	-	-	-	-	-	-	-	-	-	-	-	-	-	-	-	
	III	-	-	-	-	-	-	-	-	-	-	-	-	-	-	-	-	-	-	-	-	-	
	IV	1.579	-	126,32	142,11	-	82,40	92,70	-	42,56	47,88	-	10,48	11,79	-	-	-	-	-	-	-	-	
	V	4.275	-	342,00	384,75																		
	VI	4.807	-	384,56	432,63																		
21.707,99	I	1.588	-	127,04	142,92	-	43,12	48,51	-	-	-	-	-	-	-	-	-	-	-	-	-	-	
	II	583	-	46,64	52,47	-	-	-	-	-	-	-	-	-	-	-	-	-	-	-	-	-	
	III	-	-	-	-	-	-	-	-	-	-	-	-	-	-	-	-	-	-	-	-	-	
	IV	1.588	-	127,04	142,92	-	83,12	93,51	-	43,12	48,51	-	10,88	12,24	-	-	-	-	-	-	-	-	
	V	4.290	-	343,20	386,10																		
	VI	4.822	-	385,76	433,98																		
21.743,99	I	1.597	-	127,76	143,73	-	43,68	49,14	-	-	-	-	-	-	-	-	-	-	-	-	-	-	
	II	591	-	47,28	53,19	-	-	-	-	-	-	-	-	-	-	-	-	-	-	-	-	-	
	III	-	-	-	-	-	-	-	-	-	-	-	-	-	-	-	-	-	-	-	-	-	
	IV	1.597	-	127,76	143,73	-	83,84	94,32	-	43,68	49,14	-	11,36	12,78	-	-	-	-	-	-	-	-	
	V	4.305	-	344,40	387,45																		
	VI	4.837	-	386,96	435,33																		
21.779,99	I	1.606	-	128,48	144,54	-	44,32	49,86	-	-	-	-	-	-	-	-	-	-	-	-	-	-	
	II	598	-	47,84	53,82	-	-	-	-	-	-	-	-	-	-	-	-	-	-	-	-	-	
	III	-	-	-	-	-	-	-	-	-	-	-	-	-	-	-	-	-	-	-	-	-	
	IV	1.606	-	128,48	144,54	-	84,48	95,04	-	44,32	49,86	-	11,84	13,32	-	-	-	-	-	-	-	-	
	V	4.320	-	345,60	388,80																		
	VI	4.852	-	388,16	436,68																		
21.815,99	I	1.615	-	129,20	145,35	-	44,88	50,49	-	-	-	-	-	-	-	-	-	-	-	-	-	-	
	II	605	-	48,40	54,45	-	-	-	-	-	-	-	-	-	-	-	-	-	-	-	-	-	
	III	-	-	-	-	-	-	-	-	-	-	-	-	-	-	-	-	-	-	-	-	-	
	IV	1.615	-	129,20	145,35	-	85,20	95,85	-	44,88	50,49	-	12,32	13,86	-	-	-	-	-	-	-	-	
	V	4.335	-	346,80	390,15																		
	VI	4.867	-	389,36	438,03																		
21.851,99	I	1.624	-	129,92	146,16	-	45,44	51,12	-	-	-	-	-	-	-	-	-	-	-	-	-	-	
	II	613	-	49,04	55,17	-	-	-	-	-	-	-	-	-	-	-	-	-	-	-	-	-	
	III	-	-	-	-	-	-	-	-	-	-	-	-	-	-	-	-	-	-	-	-	-	
	IV	1.624	-	129,92	146,16	-	85,92	96,66	-	45,44	51,12	-	12,72	14,31	-	-	-	-	-	-	-	-	
	V	4.351	-	348,08	391,59																		
	VI	4.882	-	390,56	439,38																		
21.887,99	I	1.633	-	130,64	146,97	-	46,08	51,84	-	-	-	-	-	-	-	-	-	-	-	-	-	-	
	II	621	-	49,68	55,89	-	-	-	-	-	-	-	-	-	-	-	-	-	-	-	-	-	
	III	-	-	-	-	-	-	-	-	-	-	-	-	-	-	-	-	-	-	-	-	-	
	IV	1.633	-	130,64	146,97	-	86,56	97,38	-	46,08	51,84	-	13,20	14,85	-	-	-	-	-	-	-	-	
	V	4.366	-	349,28	392,94																		
	VI	4.897	-	391,76	440,73																		
21.923,99	I	1.642	-	131,36	147,78	-	46,64	52,47	-	-	-	-	-	-	-	-	-	-	-	-	-	-	
	II	628	-	50,24	56,52	-	-	-	-	-	-	-	-	-	-	-	-	-	-	-	-	-	
	III	-	-	-	-	-	-	-	-	-	-	-	-	-	-	-	-	-	-	-	-	-	
	IV	1.642	-	131,36	147,78	-	87,28	98,19	-	46,64	52,47	-	13,68	15,39	-	-	-	-	-	-	-	-	
	V	4.381	-	350,48	394,29																		
	VI	4.912	-	392,96	442,08																		
21.959,99	I	1.651	-	132,08	148,59	-	47,28	53,19	-	-	-	-	-	-	-	-	-	-	-	-	-	-	
	II	636	-	50,88	57,24	-	-	-	-	-	-	-	-	-	-	-	-	-	-	-	-	-	
	III	-	-	-	-	-	-	-	-	-	-	-	-	-	-	-	-	-	-	-	-	-	
	IV	1.651	-	132,08	148,59	-	88,00	99,00	-	47,28	53,19	-	14,16	15,93	-	-	-	-	-	-	-	-	
	V	4.396	-	351,68	395,64																		
	VI	4.928	-	394,24	443,52																		
21.995,99	I	1.660	-	132,80	149,40	-	47,84	53,82	-	-	-	-	-	-	-	-	-	-	-	-	-	-	
	II	643	-	51,44	57,87	-	-	-	-	-	-	-	-	-	-	-	-	-	-	-	-	-	
	III	-	-	-	-	-	-	-	-	-	-	-	-	-	-	-	-	-	-	-	-	-	
	IV	1.660	-	132,80	149,40	-	88,72	99,81	-	47,84	53,82	-	14,64	16,47	-	-	-	-	-	-	-	-	
	V	4.411	-	352,88	396,99																		
	VI	4.943	-	395,44	444,87																		
22.031,99	I	1.669	-	133,52	150,21	-	48,40	54,45	-	-	-	-	-	-	-	-	-	-	-	-	-	-	
	II	651	-	52,08	58,59	-	-	-	-	-	-	-	-	-	-	-	-	-	-	-	-	-	
	III	-	-	-	-	-	-	-	-	-	-	-	-	-	-	-	-	-	-	-	-	-	
	IV	1.669	-	133,52	150,21	-	89,36	100,53	-	48,40	54,45	-	15,12	17,01	-	-	-	-	-	-	-	-	
	V	4.426	-	354,08	398,34																		
	VI	4.958	-	396,64	446,22																		
22.067,99	I	1.678	-	134,24	151,02	-	49,04	55,17	-	-	-	-	-	-	-	-	-	-	-	-	-	-	
	II	659	-	52,72	59,31	-	-	-	-	-	-	-	-	-	-	-	-	-	-	-	-	-	
	III	-	-	-	-	-	-	-	-	-	-	-	-	-	-	-	-	-	-	-	-	-	
	IV	1.678	-	134,24	151,02	-	90,08	101,34	-	49,04	55,17	-	15,60	17,55	-	-	-	-	-	-	-	-	
	V	4.441	-	355,28	399,69																		
	VI	4.973	-	397,84	447,57																		
22.103,99	I	1.687	-	134,96	151,83	-	49,68	55,89	-	-	-	-	-	-	-	-	-	-	-	-	-	-	
	II	666	-	53,28	59,94	-	-	-	-	-	-	-	-	-	-	-	-	-	-	-	-	-	
	III	-	-	-	-	-	-	-	-	-	-	-	-	-	-	-	-	-	-	-	-	-	
	IV	1.687	-	134,96	151,83	-	90,80	102,15	-	49,68	55,89	-	16,08	18,09	-	-	-	-	-	-	-	-	
	V	4.456	-	356,48	401,04																		
	VI	4.988	-	399,04	448,92																		
22.139,99	I	1.696	-	135,68	152,64	-	50,24	56,52	-	-	-	-	-	-	-	-	-	-	-	-	-	-	
	II	674	-	53,92	60,66	-	-	-	-	-	-	-	-	-	-	-	-	-	-	-	-	-	
	III	-	-	-	-	-	-	-	-	-	-	-	-	-	-	-	-	-	-	-	-	-	
	IV	1.696	-	135,68	152,64	-	91,44	102,87	-	50,24	56,52	-	16,56	18,63	-	-	-	-	-	-	-	-	
	V	4.471	-	357,68	402,39																		
	VI	5.003	-	400,24	450,27																		

SolZ/KiSt lt. Tabelle nicht für Sonstige Bezüge anwendbar.

Lohn/ Gehalt bis	Steuerklasse	Lohnsteuer	ohne Kinderfreibetrag			Anzahl Kinderfreibeträge (nur Steuerklassen I–IV): 0,5			1,0			1,5			2,0			2,5			3,0		
			SolZ 5,5%	Kirchensteuer 8%	9%	SolZ 5,5%	Kirchensteuer 8%	9%	SolZ 5,5%	Kirchensteuer 8%	9%	SolZ 5,5%	Kirchensteuer 8%	9%	SolZ 5,5%	Kirchensteuer 8%	9%	SolZ 5,5%	Kirchensteuer 8%	9%	SolZ 5,5%	Kirchensteuer 8%	9%
22.175,99	I	1.705	-	136,40	153,45	-	50,88	57,24	-	-	-	-	-	-	-	-	-	-	-	-	-	-	-
	II	682	-	54,56	61,38	-	-	-	-	-	-	-	-	-	-	-	-	-	-	-	-	-	-
	III	-	-	-	-	-	-	-	-	-	-	-	-	-	-	-	-	-	-	-	-	-	-
	IV	1.705	-	136,40	153,45	-	92,16	103,68	-	50,88	57,24	-	17,04	19,17	-	-	-	-	-	-	-	-	-
	V	4.487	-	358,96	403,83																		
	VI	5.018	-	401,44	451,62																		
22.211,99	I	1.714	-	137,12	154,26	-	51,44	57,87	-	-	-	-	-	-	-	-	-	-	-	-	-	-	-
	II	689	-	55,12	62,01	-	-	-	-	-	-	-	-	-	-	-	-	-	-	-	-	-	-
	III	-	-	-	-	-	-	-	-	-	-	-	-	-	-	-	-	-	-	-	-	-	-
	IV	1.714	-	137,12	154,26	-	92,88	104,49	-	51,44	57,87	-	17,52	19,71	-	-	-	-	-	-	-	-	-
	V	4.502	-	360,16	405,18																		
	VI	5.033	-	402,64	452,97																		
22.247,99	I	1.723	-	137,84	155,07	-	52,08	58,59	-	-	-	-	-	-	-	-	-	-	-	-	-	-	-
	II	697	-	55,76	62,73	-	-	-	-	-	-	-	-	-	-	-	-	-	-	-	-	-	-
	III	-	-	-	-	-	-	-	-	-	-	-	-	-	-	-	-	-	-	-	-	-	-
	IV	1.723	-	137,84	155,07	-	93,60	105,30	-	52,08	58,59	-	18,00	20,25	-	-	-	-	-	-	-	-	-
	V	4.517	-	361,36	406,53																		
	VI	5.049	-	403,92	454,41																		
22.283,99	I	1.732	-	138,56	155,88	-	52,72	59,31	-	-	-	-	-	-	-	-	-	-	-	-	-	-	-
	II	705	-	56,40	63,45	-	-	-	-	-	-	-	-	-	-	-	-	-	-	-	-	-	-
	III	-	-	-	-	-	-	-	-	-	-	-	-	-	-	-	-	-	-	-	-	-	-
	IV	1.732	-	138,56	155,88	-	94,24	106,02	-	52,72	59,31	-	18,48	20,79	-	-	-	-	-	-	-	-	-
	V	4.532	-	362,56	407,88																		
	VI	5.064	-	405,12	455,76																		
22.319,99	I	1.741	-	139,28	156,69	-	53,28	59,94	-	-	-	-	-	-	-	-	-	-	-	-	-	-	-
	II	713	-	57,04	64,17	-	-	-	-	-	-	-	-	-	-	-	-	-	-	-	-	-	-
	III	-	-	-	-	-	-	-	-	-	-	-	-	-	-	-	-	-	-	-	-	-	-
	IV	1.741	-	139,28	156,69	-	94,96	106,83	-	53,28	59,94	-	18,96	21,33	-	-	-	-	-	-	-	-	-
	V	4.547	-	363,76	409,23																		
	VI	5.079	-	406,32	457,11																		
22.355,99	I	1.750	-	140,00	157,50	-	53,92	60,66	-	-	-	-	-	-	-	-	-	-	-	-	-	-	-
	II	721	-	57,68	64,89	-	-	-	-	-	-	-	-	-	-	-	-	-	-	-	-	-	-
	III	-	-	-	-	-	-	-	-	-	-	-	-	-	-	-	-	-	-	-	-	-	-
	IV	1.750	-	140,00	157,50	-	95,68	107,64	-	53,92	60,66	-	19,44	21,87	-	-	-	-	-	-	-	-	-
	V	4.562	-	364,96	410,58																		
	VI	5.094	-	407,52	458,46																		
22.391,99	I	1.759	-	140,72	158,31	-	54,56	61,38	-	-	-	-	-	-	-	-	-	-	-	-	-	-	-
	II	729	-	58,32	65,61	-	-	-	-	-	-	-	-	-	-	-	-	-	-	-	-	-	-
	III	-	-	-	-	-	-	-	-	-	-	-	-	-	-	-	-	-	-	-	-	-	-
	IV	1.759	-	140,72	158,31	-	96,40	108,45	-	54,56	61,38	-	19,92	22,41	-	-	-	-	-	-	-	-	-
	V	4.577	-	366,16	411,93																		
	VI	5.109	-	408,72	459,81																		
22.427,99	I	1.768	-	141,44	159,12	-	55,12	62,01	-	-	-	-	-	-	-	-	-	-	-	-	-	-	-
	II	737	-	58,96	66,33	-	-	-	-	-	-	-	-	-	-	-	-	-	-	-	-	-	-
	III	-	-	-	-	-	-	-	-	-	-	-	-	-	-	-	-	-	-	-	-	-	-
	IV	1.768	-	141,44	159,12	-	97,12	109,26	-	55,12	62,01	-	20,40	22,95	-	-	-	-	-	-	-	-	-
	V	4.592	-	367,36	413,28																		
	VI	5.124	-	409,92	461,16																		
22.463,99	I	1.778	-	142,24	160,02	-	55,76	62,73	-	-	-	-	-	-	-	-	-	-	-	-	-	-	-
	II	744	-	59,52	66,96	-	-	-	-	-	-	-	-	-	-	-	-	-	-	-	-	-	-
	III	-	-	-	-	-	-	-	-	-	-	-	-	-	-	-	-	-	-	-	-	-	-
	IV	1.778	-	142,24	160,02	-	97,76	109,98	-	55,76	62,73	-	20,88	23,49	-	-	-	-	-	-	-	-	-
	V	4.608	-	368,64	414,72																		
	VI	5.139	-	411,12	462,51																		
22.499,99	I	1.787	-	142,96	160,83	-	56,40	63,45	-	-	-	-	-	-	-	-	-	-	-	-	-	-	-
	II	752	-	60,16	67,68	-	-	-	-	-	-	-	-	-	-	-	-	-	-	-	-	-	-
	III	-	-	-	-	-	-	-	-	-	-	-	-	-	-	-	-	-	-	-	-	-	-
	IV	1.787	-	142,96	160,83	-	98,48	110,79	-	56,40	63,45	-	21,44	24,12	-	-	-	-	-	-	-	-	-
	V	4.623	-	369,84	416,07																		
	VI	5.154	-	412,32	463,86																		
22.535,99	I	1.796	-	143,68	161,64	-	57,04	64,17	-	-	-	-	-	-	-	-	-	-	-	-	-	-	-
	II	760	-	60,80	68,40	-	-	-	-	-	-	-	-	-	-	-	-	-	-	-	-	-	-
	III	-	-	-	-	-	-	-	-	-	-	-	-	-	-	-	-	-	-	-	-	-	-
	IV	1.796	-	143,68	161,64	-	99,20	111,60	-	57,04	64,17	-	21,92	24,66	-	-	-	-	-	-	-	-	-
	V	4.638	-	371,04	417,42																		
	VI	5.170	-	413,60	465,30																		
22.571,99	I	1.805	-	144,40	162,45	-	57,68	64,89	-	-	-	-	-	-	-	-	-	-	-	-	-	-	-
	II	768	-	61,44	69,12	-	-	-	-	-	-	-	-	-	-	-	-	-	-	-	-	-	-
	III	-	-	-	-	-	-	-	-	-	-	-	-	-	-	-	-	-	-	-	-	-	-
	IV	1.805	-	144,40	162,45	-	99,92	112,41	-	57,68	64,89	-	22,40	25,20	-	-	-	-	-	-	-	-	-
	V	4.653	-	372,24	418,77																		
	VI	5.185	-	414,80	466,65																		
22.607,99	I	1.814	-	145,12	163,26	-	58,32	65,61	-	-	-	-	-	-	-	-	-	-	-	-	-	-	-
	II	777	-	62,16	69,93	-	-	-	-	-	-	-	-	-	-	-	-	-	-	-	-	-	-
	III	-	-	-	-	-	-	-	-	-	-	-	-	-	-	-	-	-	-	-	-	-	-
	IV	1.814	-	145,12	163,26	-	100,56	113,13	-	58,32	65,61	-	22,96	25,83	-	-	-	-	-	-	-	-	-
	V	4.668	-	373,44	420,12																		
	VI	5.200	-	416,00	468,00																		
22.643,99	I	1.823	-	145,84	164,07	-	58,96	66,33	-	-	-	-	-	-	-	-	-	-	-	-	-	-	-
	II	785	-	62,80	70,65	-	-	-	-	-	-	-	-	-	-	-	-	-	-	-	-	-	-
	III	-	-	-	-	-	-	-	-	-	-	-	-	-	-	-	-	-	-	-	-	-	-
	IV	1.823	-	145,84	164,07	-	101,28	113,94	-	58,96	66,33	-	23,44	26,37	-	-	-	-	-	-	-	-	-
	V	4.683	-	374,64	421,47																		
	VI	5.215	-	417,20	469,35																		
22.679,99	I	1.832	-	146,56	164,88	-	59,52	66,96	-	-	-	-	-	-	-	-	-	-	-	-	-	-	-
	II	793	-	63,44	71,37	-	-	-	-	-	-	-	-	-	-	-	-	-	-	-	-	-	-
	III	-	-	-	-	-	-	-	-	-	-	-	-	-	-	-	-	-	-	-	-	-	-
	IV	1.832	-	146,56	164,88	-	102,00	114,75	-	59,52	66,96	-	23,92	26,91	-	-	-	-	-	-	-	-	-
	V	4.698	-	375,84	422,82																		
	VI	5.230	-	418,40	470,70																		

SolZ/KiSt lt. Tabelle nicht für Sonstige Bezüge anwendbar.

Lohn/ Gehalt bis	Steuerklasse	Lohn-steuer	ohne Kinderfreibetrag			Anzahl Kinderfreibeträge (nur Steuerklassen I–IV)																	
						0,5			1,0			1,5			2,0			2,5			3,0		
			SolZ 5,5%	Kirchensteuer 8%	9%	SolZ 5,5%	Kirchensteuer 8%	9%	SolZ 5,5%	Kirchensteuer 8%	9%	SolZ 5,5%	Kirchensteuer 8%	9%	SolZ 5,5%	Kirchensteuer 8%	9%	SolZ 5,5%	Kirchensteuer 8%	9%	SolZ 5,5%	Kirchensteuer 8%	9%
22.715,99	I	1.841	-	147,28	165,69	-	60,16	67,68	-	-	-	-	-	-	-	-	-	-	-	-	-	-	
	II	801	-	64,08	72,09	-	-	-	-	-	-	-	-	-	-	-	-	-	-	-	-	-	
	III	-	-	-	-	-	-	-	-	-	-	-	-	-	-	-	-	-	-	-	-	-	
	IV	1.841	-	147,28	165,69	-	102,72	115,56	-	60,16	67,68	-	24,48	27,54	-	-	-	-	-	-	-	-	
	V	4.713	-	377,04	424,17																		
	VI	5.245	-	419,60	472,05																		
22.751,99	I	1.850	-	148,00	166,50	-	60,80	68,40	-	-	-	-	-	-	-	-	-	-	-	-	-	-	
	II	809	-	64,72	72,81	-	-	-	-	-	-	-	-	-	-	-	-	-	-	-	-	-	
	III	-	-	-	-	-	-	-	-	-	-	-	-	-	-	-	-	-	-	-	-	-	
	IV	1.850	-	148,00	166,50	-	103,44	116,37	-	60,80	68,40	-	24,96	28,08	-	-	-	-	-	-	-	-	
	V	4.729	-	378,32	425,61																		
	VI	5.260	-	420,80	473,40																		
22.787,99	I	1.859	-	148,72	167,31	-	61,44	69,12	-	-	-	-	-	-	-	-	-	-	-	-	-	-	
	II	817	-	65,36	73,53	-	-	-	-	-	-	-	-	-	-	-	-	-	-	-	-	-	
	III	-	-	-	-	-	-	-	-	-	-	-	-	-	-	-	-	-	-	-	-	-	
	IV	1.859	-	148,72	167,31	-	104,08	117,09	-	61,44	69,12	-	25,44	28,62	-	-	-	-	-	-	-	-	
	V	4.744	-	379,52	426,96																		
	VI	5.275	-	422,00	474,75																		
22.823,99	I	1.869	-	149,52	168,21	-	62,16	69,93	-	-	-	-	-	-	-	-	-	-	-	-	-	-	
	II	825	-	66,00	74,25	-	0,08	0,09	-	-	-	-	-	-	-	-	-	-	-	-	-	-	
	III	-	-	-	-	-	-	-	-	-	-	-	-	-	-	-	-	-	-	-	-	-	
	IV	1.869	-	149,52	168,21	-	104,80	117,90	-	62,16	69,93	-	26,00	29,25	-	-	-	-	-	-	-	-	
	V	4.759	-	380,72	428,31																		
	VI	5.290	-	423,20	476,10																		
22.859,99	I	1.878	-	150,24	169,02	-	62,80	70,65	-	-	-	-	-	-	-	-	-	-	-	-	-	-	
	II	833	-	66,64	74,97	-	0,48	0,54	-	-	-	-	-	-	-	-	-	-	-	-	-	-	
	III	-	-	-	-	-	-	-	-	-	-	-	-	-	-	-	-	-	-	-	-	-	
	IV	1.878	-	150,24	169,02	-	105,52	118,71	-	62,80	70,65	-	26,48	29,79	-	-	-	-	-	-	-	-	
	V	4.774	-	381,92	429,66																		
	VI	5.306	-	424,48	477,54																		
22.895,99	I	1.887	-	150,96	169,83	-	63,44	71,37	-	-	-	-	-	-	-	-	-	-	-	-	-	-	
	II	842	-	67,36	75,78	-	0,88	0,99	-	-	-	-	-	-	-	-	-	-	-	-	-	-	
	III	-	-	-	-	-	-	-	-	-	-	-	-	-	-	-	-	-	-	-	-	-	
	IV	1.887	-	150,96	169,83	-	106,24	119,52	-	63,44	71,37	-	27,04	30,42	-	-	-	-	-	-	-	-	
	V	4.789	-	383,12	431,01																		
	VI	5.321	-	425,68	478,89																		
22.931,99	I	1.896	-	151,68	170,64	-	64,08	72,09	-	-	-	-	-	-	-	-	-	-	-	-	-	-	
	II	850	-	68,00	76,50	-	1,36	1,53	-	-	-	-	-	-	-	-	-	-	-	-	-	-	
	III	-	-	-	-	-	-	-	-	-	-	-	-	-	-	-	-	-	-	-	-	-	
	IV	1.896	-	151,68	170,64	-	106,96	120,33	-	64,08	72,09	-	27,52	30,96	-	-	-	-	-	-	-	-	
	V	4.804	-	384,32	432,36																		
	VI	5.336	-	426,88	480,24																		
22.967,99	I	1.905	-	152,40	171,45	-	64,72	72,81	-	-	-	-	-	-	-	-	-	-	-	-	-	-	
	II	858	-	68,64	77,22	-	1,76	1,98	-	-	-	-	-	-	-	-	-	-	-	-	-	-	
	III	-	-	-	-	-	-	-	-	-	-	-	-	-	-	-	-	-	-	-	-	-	
	IV	1.905	-	152,40	171,45	-	107,68	121,14	-	64,72	72,81	-	28,08	31,59	-	-	-	-	-	-	-	-	
	V	4.819	-	385,52	433,71																		
	VI	5.351	-	428,08	481,59																		
23.003,99	I	1.914	-	153,12	172,26	-	65,36	73,53	-	-	-	-	-	-	-	-	-	-	-	-	-	-	
	II	867	-	69,36	78,03	-	2,16	2,43	-	-	-	-	-	-	-	-	-	-	-	-	-	-	
	III	-	-	-	-	-	-	-	-	-	-	-	-	-	-	-	-	-	-	-	-	-	
	IV	1.914	-	153,12	172,26	-	108,32	121,86	-	65,36	73,53	-	28,64	32,22	-	-	-	-	-	-	-	-	
	V	4.834	-	386,72	435,06																		
	VI	5.366	-	429,28	482,94																		
23.039,99	I	1.924	-	153,92	173,16	-	66,00	74,25	-	0,08	0,09	-	-	-	-	-	-	-	-	-	-	-	
	II	875	-	70,00	78,75	-	2,56	2,88	-	-	-	-	-	-	-	-	-	-	-	-	-	-	
	III	-	-	-	-	-	-	-	-	-	-	-	-	-	-	-	-	-	-	-	-	-	
	IV	1.924	-	153,92	173,16	-	109,04	122,67	-	66,00	74,25	-	29,12	32,76	-	0,08	0,09	-	-	-	-	-	
	V	4.849	-	387,92	436,41																		
	VI	5.381	-	430,48	484,29																		
23.075,99	I	1.933	-	154,64	173,97	-	66,64	74,97	-	0,48	0,54	-	-	-	-	-	-	-	-	-	-	-	
	II	883	-	70,64	79,47	-	2,96	3,33	-	-	-	-	-	-	-	-	-	-	-	-	-	-	
	III	-	-	-	-	-	-	-	-	-	-	-	-	-	-	-	-	-	-	-	-	-	
	IV	1.933	-	154,64	173,97	-	109,76	123,48	-	66,64	74,97	-	29,68	33,39	-	0,48	0,54	-	-	-	-	-	
	V	4.865	-	389,20	437,85																		
	VI	5.396	-	431,68	485,64																		
23.111,99	I	1.942	-	155,36	174,78	-	67,36	75,78	-	0,88	0,99	-	-	-	-	-	-	-	-	-	-	-	
	II	892	-	71,36	80,28	-	3,44	3,87	-	-	-	-	-	-	-	-	-	-	-	-	-	-	
	III	-	-	-	-	-	-	-	-	-	-	-	-	-	-	-	-	-	-	-	-	-	
	IV	1.942	-	155,36	174,78	-	110,48	124,29	-	67,36	75,78	-	30,24	34,02	-	0,88	0,99	-	-	-	-	-	
	V	4.880	-	390,40	439,20																		
	VI	5.411	-	432,88	486,99																		
23.147,99	I	1.951	-	156,08	175,59	-	68,00	76,50	-	1,36	1,53	-	-	-	-	-	-	-	-	-	-	-	
	II	900	-	72,00	81,00	-	3,84	4,32	-	-	-	-	-	-	-	-	-	-	-	-	-	-	
	III	-	-	-	-	-	-	-	-	-	-	-	-	-	-	-	-	-	-	-	-	-	
	IV	1.951	-	156,08	175,59	-	111,20	125,10	-	68,00	76,50	-	30,72	34,56	-	1,36	1,53	-	-	-	-	-	
	V	4.895	-	391,60	440,55																		
	VI	5.427	-	434,16	488,43																		
23.183,99	I	1.960	-	156,80	176,40	-	68,64	77,22	-	1,76	1,98	-	-	-	-	-	-	-	-	-	-	-	
	II	909	-	72,72	81,81	-	4,24	4,77	-	-	-	-	-	-	-	-	-	-	-	-	-	-	
	III	-	-	-	-	-	-	-	-	-	-	-	-	-	-	-	-	-	-	-	-	-	
	IV	1.960	-	156,80	176,40	-	111,92	125,91	-	68,64	77,22	-	31,28	35,19	-	1,76	1,98	-	-	-	-	-	
	V	4.910	-	392,80	441,90																		
	VI	5.442	-	435,36	489,78																		
23.219,99	I	1.969	-	157,52	177,21	-	69,36	78,03	-	2,16	2,43	-	-	-	-	-	-	-	-	-	-	-	
	II	917	-	73,36	82,53	-	4,64	5,22	-	-	-	-	-	-	-	-	-	-	-	-	-	-	
	III	-	-	-	-	-	-	-	-	-	-	-	-	-	-	-	-	-	-	-	-	-	
	IV	1.969	-	157,52	177,21	-	112,64	126,72	-	69,36	78,03	-	31,84	35,82	-	2,16	2,43	-	-	-	-	-	
	V	4.925	-	394,00	443,25																		
	VI	5.457	-	436,56	491,13																		

SolZ/KiSt lt. Tabelle nicht für Sonstige Bezüge anwendbar.

Lohn/ Gehalt bis	Steuerklasse	Lohn- steuer	ohne Kinderfreibetrag SolZ 5,5%	ohne Kinderfreibetrag Kirchensteuer 8%	ohne Kinderfreibetrag Kirchensteuer 9%	0,5 SolZ 5,5%	0,5 Kirchensteuer 8%	0,5 Kirchensteuer 9%	1,0 SolZ 5,5%	1,0 Kirchensteuer 8%	1,0 Kirchensteuer 9%	1,5 SolZ 5,5%	1,5 Kirchensteuer 8%	1,5 Kirchensteuer 9%	2,0 SolZ 5,5%	2,0 Kirchensteuer 8%	2,0 Kirchensteuer 9%	2,5 SolZ 5,5%	2,5 Kirchensteuer 8%	2,5 Kirchensteuer 9%	3,0 SolZ 5,5%	3,0 Kirchensteuer 8%	3,0 Kirchensteuer 9%
						Anzahl Kinderfreibeträge (nur Steuerklassen I–IV)																	
23.255,99	I	1.979	-	158,32	178,11	-	70,00	78,75	-	2,56	2,88	-	-	-	-	-	-	-	-	-	-	-	-
	II	926	-	74,08	83,34	-	5,12	5,76	-	-	-	-	-	-	-	-	-	-	-	-	-	-	-
	III	-	-	-	-	-	-	-	-	-	-	-	-	-	-	-	-	-	-	-	-	-	-
	IV	1.979	-	158,32	178,11	-	113,36	127,53	-	70,00	78,75	-	32,32	36,36	-	2,56	2,88	-	-	-	-	-	-
	V	4.940	-	395,20	444,60																		
	VI	5.472	-	437,76	492,48																		
23.291,99	I	1.988	-	159,04	178,92	-	70,64	79,47	-	2,96	3,33	-	-	-	-	-	-	-	-	-	-	-	-
	II	934	-	74,72	84,06	-	5,52	6,21	-	-	-	-	-	-	-	-	-	-	-	-	-	-	-
	III	-	-	-	-	-	-	-	-	-	-	-	-	-	-	-	-	-	-	-	-	-	-
	IV	1.988	-	159,04	178,92	-	114,00	128,25	-	70,64	79,47	-	32,88	36,99	-	2,96	3,33	-	-	-	-	-	-
	V	4.955	-	396,40	445,95																		
	VI	5.487	-	438,96	493,83																		
23.327,99	I	1.997	-	159,76	179,73	-	71,36	80,28	-	3,44	3,87	-	-	-	-	-	-	-	-	-	-	-	-
	II	943	-	75,44	84,87	-	5,92	6,66	-	-	-	-	-	-	-	-	-	-	-	-	-	-	-
	III	-	-	-	-	-	-	-	-	-	-	-	-	-	-	-	-	-	-	-	-	-	-
	IV	1.997	-	159,76	179,73	-	114,72	129,06	-	71,36	80,28	-	33,44	37,62	-	3,44	3,87	-	-	-	-	-	-
	V	4.970	-	397,60	447,30																		
	VI	5.502	-	440,16	495,18																		
23.363,99	I	2.006	-	160,48	180,54	-	72,00	81,00	-	3,84	4,32	-	-	-	-	-	-	-	-	-	-	-	-
	II	951	-	76,08	85,59	-	6,40	7,20	-	-	-	-	-	-	-	-	-	-	-	-	-	-	-
	III	-	-	-	-	-	-	-	-	-	-	-	-	-	-	-	-	-	-	-	-	-	-
	IV	2.006	-	160,48	180,54	-	115,44	129,87	-	72,00	81,00	-	34,00	38,25	-	3,84	4,32	-	-	-	-	-	-
	V	4.986	-	398,88	448,74																		
	VI	5.517	-	441,36	496,53																		
23.399,99	I	2.015	-	161,20	181,35	-	72,72	81,81	-	4,24	4,77	-	-	-	-	-	-	-	-	-	-	-	-
	II	960	-	76,80	86,40	-	6,80	7,65	-	-	-	-	-	-	-	-	-	-	-	-	-	-	-
	III	-	-	-	-	-	-	-	-	-	-	-	-	-	-	-	-	-	-	-	-	-	-
	IV	2.015	-	161,20	181,35	-	116,16	130,68	-	72,72	81,81	-	34,56	38,88	-	4,24	4,77	-	-	-	-	-	-
	V	5.001	-	400,08	450,09																		
	VI	5.532	-	442,56	497,88																		
23.435,99	I	2.025	-	162,00	182,25	-	73,36	82,53	-	4,64	5,22	-	-	-	-	-	-	-	-	-	-	-	-
	II	968	-	77,44	87,12	-	7,28	8,19	-	-	-	-	-	-	-	-	-	-	-	-	-	-	-
	III	-	-	-	-	-	-	-	-	-	-	-	-	-	-	-	-	-	-	-	-	-	-
	IV	2.025	-	162,00	182,25	-	116,88	131,49	-	73,36	82,53	-	35,12	39,51	-	4,64	5,22	-	-	-	-	-	-
	V	5.016	-	401,28	451,44																		
	VI	5.548	-	443,84	499,32																		
23.471,99	I	2.034	-	162,72	183,06	-	74,08	83,34	-	5,12	5,76	-	-	-	-	-	-	-	-	-	-	-	-
	II	977	-	78,16	87,93	-	7,68	8,64	-	-	-	-	-	-	-	-	-	-	-	-	-	-	-
	III	-	-	-	-	-	-	-	-	-	-	-	-	-	-	-	-	-	-	-	-	-	-
	IV	2.034	-	162,72	183,06	-	117,60	132,30	-	74,08	83,34	-	35,68	40,14	-	5,12	5,76	-	-	-	-	-	-
	V	5.031	-	402,48	452,79																		
	VI	5.563	-	445,04	500,67																		
23.507,99	I	2.043	-	163,44	183,87	-	74,72	84,06	-	5,52	6,21	-	-	-	-	-	-	-	-	-	-	-	-
	II	986	-	78,88	88,74	-	8,16	9,18	-	-	-	-	-	-	-	-	-	-	-	-	-	-	-
	III	-	-	-	-	-	-	-	-	-	-	-	-	-	-	-	-	-	-	-	-	-	-
	IV	2.043	-	163,44	183,87	-	118,32	133,11	-	74,72	84,06	-	36,24	40,77	-	5,52	6,21	-	-	-	-	-	-
	V	5.046	-	403,68	454,14																		
	VI	5.578	-	446,24	502,02																		
23.543,99	I	2.052	-	164,16	184,68	-	75,44	84,87	-	5,92	6,66	-	-	-	-	-	-	-	-	-	-	-	-
	II	994	-	79,52	89,46	-	8,56	9,63	-	-	-	-	-	-	-	-	-	-	-	-	-	-	-
	III	-	-	-	-	-	-	-	-	-	-	-	-	-	-	-	-	-	-	-	-	-	-
	IV	2.052	-	164,16	184,68	-	119,04	133,92	-	75,44	84,87	-	36,80	41,40	-	5,92	6,66	-	-	-	-	-	-
	V	5.061	-	404,88	455,49																		
	VI	5.593	-	447,44	503,37																		
23.579,99	I	2.062	-	164,96	185,58	-	76,08	85,59	-	6,40	7,20	-	-	-	-	-	-	-	-	-	-	-	-
	II	1.003	-	80,24	90,27	-	9,04	10,17	-	-	-	-	-	-	-	-	-	-	-	-	-	-	-
	III	-	-	-	-	-	-	-	-	-	-	-	-	-	-	-	-	-	-	-	-	-	-
	IV	2.062	-	164,96	185,58	-	119,76	134,73	-	76,08	85,59	-	37,36	42,03	-	6,40	7,20	-	-	-	-	-	-
	V	5.076	-	406,08	456,84																		
	VI	5.608	-	448,64	504,72																		
23.615,99	I	2.071	-	165,68	186,39	-	76,80	86,40	-	6,80	7,65	-	-	-	-	-	-	-	-	-	-	-	-
	II	1.012	-	80,96	91,08	-	9,52	10,71	-	-	-	-	-	-	-	-	-	-	-	-	-	-	-
	III	-	-	-	-	-	-	-	-	-	-	-	-	-	-	-	-	-	-	-	-	-	-
	IV	2.071	-	165,68	186,39	-	120,48	135,54	-	76,80	86,40	-	37,92	42,66	-	6,80	7,65	-	-	-	-	-	-
	V	5.091	-	407,28	458,19																		
	VI	5.623	-	449,84	506,07																		
23.651,99	I	2.080	-	166,40	187,20	-	77,44	87,12	-	7,28	8,19	-	-	-	-	-	-	-	-	-	-	-	-
	II	1.020	-	81,60	91,80	-	9,92	11,16	-	-	-	-	-	-	-	-	-	-	-	-	-	-	-
	III	-	-	-	-	-	-	-	-	-	-	-	-	-	-	-	-	-	-	-	-	-	-
	IV	2.080	-	166,40	187,20	-	121,20	136,35	-	77,44	87,12	-	38,48	43,29	-	7,28	8,19	-	-	-	-	-	-
	V	5.107	-	408,56	459,63																		
	VI	5.638	-	451,04	507,42																		
23.687,99	I	2.089	-	167,12	188,01	-	78,16	87,93	-	7,68	8,64	-	-	-	-	-	-	-	-	-	-	-	-
	II	1.029	-	82,32	92,61	-	10,40	11,70	-	-	-	-	-	-	-	-	-	-	-	-	-	-	-
	III	-	-	-	-	-	-	-	-	-	-	-	-	-	-	-	-	-	-	-	-	-	-
	IV	2.089	-	167,12	188,01	-	121,92	137,16	-	78,16	87,93	-	39,04	43,92	-	7,68	8,64	-	-	-	-	-	-
	V	5.122	-	409,76	460,98																		
	VI	5.653	-	452,24	508,77																		
23.723,99	I	2.099	-	167,92	188,91	-	78,88	88,74	-	8,16	9,18	-	-	-	-	-	-	-	-	-	-	-	-
	II	1.038	-	83,04	93,42	-	10,80	12,15	-	-	-	-	-	-	-	-	-	-	-	-	-	-	-
	III	-	-	-	-	-	-	-	-	-	-	-	-	-	-	-	-	-	-	-	-	-	-
	IV	2.099	-	167,92	188,91	-	122,56	137,88	-	78,88	88,74	-	39,60	44,55	-	8,16	9,18	-	-	-	-	-	-
	V	5.137	-	410,96	462,33																		
	VI	5.668	-	453,44	510,12																		
23.759,99	I	2.108	-	168,64	189,72	-	79,52	89,46	-	8,56	9,63	-	-	-	-	-	-	-	-	-	-	-	-
	II	1.046	-	83,68	94,14	-	11,28	12,69	-	-	-	-	-	-	-	-	-	-	-	-	-	-	-
	III	-	-	-	-	-	-	-	-	-	-	-	-	-	-	-	-	-	-	-	-	-	-
	IV	2.108	-	168,64	189,72	-	123,28	138,69	-	79,52	89,46	-	40,16	45,18	-	8,56	9,63	-	-	-	-	-	-
	V	5.152	-	412,16	463,68																		
	VI	5.684	-	454,72	511,56																		

SolZ/KiSt lt. Tabelle nicht für Sonstige Bezüge anwendbar.

JAHR bis 24.299,99 €

Besondere Tabelle

Lohn/ Gehalt bis	Steuerklasse	Lohn-steuer	ohne Kinderfreibetrag			Anzahl Kinderfreibeträge (nur Steuerklassen I–IV) 0,5			1,0			1,5			2,0			2,5			3,0		
			SolZ 5,5%	Kirchensteuer 8%	9%	SolZ 5,5%	Kirchensteuer 8%	9%	SolZ 5,5%	Kirchensteuer 8%	9%	SolZ 5,5%	Kirchensteuer 8%	9%	SolZ 5,5%	Kirchensteuer 8%	9%	SolZ 5,5%	Kirchensteuer 8%	9%	SolZ 5,5%	Kirchensteuer 8%	9%
23.795,99	I	2.117	-	169,36	190,53	-	80,24	90,27	-	9,04	10,17	-	-	-	-	-	-	-	-	-	-	-	
	II	1.055	-	84,40	94,95	-	11,76	13,23	-	-	-	-	-	-	-	-	-	-	-	-	-	-	
	III	-	-	-	-	-	-	-	-	-	-	-	-	-	-	-	-	-	-	-	-	-	
	IV	2.117	-	169,36	190,53	-	124,00	139,50	-	80,24	90,27	-	40,72	45,81	-	9,04	10,17	-	-	-	-	-	
	V	5.167	-	413,36	465,03																		
	VI	5.699	-	455,92	512,91																		
23.831,99	I	2.126	-	170,08	191,34	-	80,96	91,08	-	9,52	10,71	-	-	-	-	-	-	-	-	-	-	-	
	II	1.064	-	85,12	95,76	-	12,24	13,77	-	-	-	-	-	-	-	-	-	-	-	-	-	-	
	III	-	-	-	-	-	-	-	-	-	-	-	-	-	-	-	-	-	-	-	-	-	
	IV	2.126	-	170,08	191,34	-	124,72	140,31	-	80,96	91,08	-	41,28	46,44	-	9,52	10,71	-	-	-	-	-	
	V	5.182	-	414,56	466,38																		
	VI	5.714	-	457,12	514,26																		
23.867,99	I	2.136	-	170,88	192,24	-	81,60	91,80	-	9,92	11,16	-	-	-	-	-	-	-	-	-	-	-	
	II	1.072	-	85,76	96,48	-	12,64	14,22	-	-	-	-	-	-	-	-	-	-	-	-	-	-	
	III	-	-	-	-	-	-	-	-	-	-	-	-	-	-	-	-	-	-	-	-	-	
	IV	2.136	-	170,88	192,24	-	125,44	141,12	-	81,60	91,80	-	41,84	47,07	-	9,92	11,16	-	-	-	-	-	
	V	5.197	-	415,76	467,73																		
	VI	5.729	-	458,32	515,61																		
23.903,99	I	2.145	-	171,60	193,05	-	82,32	92,61	-	10,40	11,70	-	-	-	-	-	-	-	-	-	-	-	
	II	1.081	-	86,48	97,29	-	13,12	14,76	-	-	-	-	-	-	-	-	-	-	-	-	-	-	
	III	-	-	-	-	-	-	-	-	-	-	-	-	-	-	-	-	-	-	-	-	-	
	IV	2.145	-	171,60	193,05	-	126,16	141,93	-	82,32	92,61	-	42,48	47,79	-	10,40	11,70	-	-	-	-	-	
	V	5.212	-	416,96	469,08																		
	VI	5.744	-	459,52	516,96																		
23.939,99	I	2.154	-	172,32	193,86	-	83,04	93,42	-	10,80	12,15	-	-	-	-	-	-	-	-	-	-	-	
	II	1.090	-	87,20	98,10	-	13,60	15,30	-	-	-	-	-	-	-	-	-	-	-	-	-	-	
	III	-	-	-	-	-	-	-	-	-	-	-	-	-	-	-	-	-	-	-	-	-	
	IV	2.154	-	172,32	193,86	-	126,88	142,74	-	83,04	93,42	-	43,04	48,42	-	10,80	12,15	-	-	-	-	-	
	V	5.227	-	418,16	470,43																		
	VI	5.759	-	460,72	518,31																		
23.975,99	I	2.164	-	173,12	194,76	-	83,68	94,14	-	11,28	12,69	-	-	-	-	-	-	-	-	-	-	-	
	II	1.098	-	87,84	98,82	-	14,08	15,84	-	-	-	-	-	-	-	-	-	-	-	-	-	-	
	III	-	-	-	-	-	-	-	-	-	-	-	-	-	-	-	-	-	-	-	-	-	
	IV	2.164	-	173,12	194,76	-	127,60	143,55	-	83,68	94,14	-	43,60	49,05	-	11,28	12,69	-	-	-	-	-	
	V	5.243	-	419,44	471,87																		
	VI	5.774	-	461,92	519,66																		
24.011,99	I	2.173	-	173,84	195,57	-	84,40	94,95	-	11,76	13,23	-	-	-	-	-	-	-	-	-	-	-	
	II	1.107	-	88,56	99,63	-	14,56	16,38	-	-	-	-	-	-	-	-	-	-	-	-	-	-	
	III	-	-	-	-	-	-	-	-	-	-	-	-	-	-	-	-	-	-	-	-	-	
	IV	2.173	-	173,84	195,57	-	128,32	144,36	-	84,40	94,95	-	44,16	49,68	-	11,76	13,23	-	-	-	-	-	
	V	5.258	-	420,64	473,22																		
	VI	5.789	-	463,12	521,01																		
24.047,99	I	2.182	-	174,56	196,38	-	85,12	95,76	-	12,24	13,77	-	-	-	-	-	-	-	-	-	-	-	
	II	1.116	-	89,28	100,44	-	15,04	16,92	-	-	-	-	-	-	-	-	-	-	-	-	-	-	
	III	-	-	-	-	-	-	-	-	-	-	-	-	-	-	-	-	-	-	-	-	-	
	IV	2.182	-	174,56	196,38	-	129,04	145,17	-	85,12	95,76	-	44,80	50,40	-	12,24	13,77	-	-	-	-	-	
	V	5.273	-	421,84	474,57																		
	VI	5.805	-	464,40	522,45																		
24.083,99	I	2.191	-	175,28	197,19	-	85,76	96,48	-	12,64	14,22	-	-	-	-	-	-	-	-	-	-	-	
	II	1.125	-	90,00	101,25	-	15,52	17,46	-	-	-	-	-	-	-	-	-	-	-	-	-	-	
	III	-	-	-	-	-	-	-	-	-	-	-	-	-	-	-	-	-	-	-	-	-	
	IV	2.191	-	175,28	197,19	-	129,76	145,98	-	85,76	96,48	-	45,36	51,03	-	12,64	14,22	-	-	-	-	-	
	V	5.288	-	423,04	475,92																		
	VI	5.820	-	465,60	523,80																		
24.119,99	I	2.201	-	176,08	198,09	-	86,48	97,29	-	13,12	14,76	-	-	-	-	-	-	-	-	-	-	-	
	II	1.133	-	90,64	101,97	-	16,00	18,00	-	-	-	-	-	-	-	-	-	-	-	-	-	-	
	III	-	-	-	-	-	-	-	-	-	-	-	-	-	-	-	-	-	-	-	-	-	
	IV	2.201	-	176,08	198,09	-	130,48	146,79	-	86,48	97,29	-	45,92	51,66	-	13,12	14,76	-	-	-	-	-	
	V	5.303	-	424,24	477,27																		
	VI	5.835	-	466,80	525,15																		
24.155,99	I	2.210	-	176,80	198,90	-	87,20	98,10	-	13,60	15,30	-	-	-	-	-	-	-	-	-	-	-	
	II	1.142	-	91,36	102,78	-	16,48	18,54	-	-	-	-	-	-	-	-	-	-	-	-	-	-	
	III	-	-	-	-	-	-	-	-	-	-	-	-	-	-	-	-	-	-	-	-	-	
	IV	2.210	-	176,80	198,90	-	131,20	147,60	-	87,20	98,10	-	46,56	52,38	-	13,60	15,30	-	-	-	-	-	
	V	5.318	-	425,44	478,62																		
	VI	5.850	-	468,00	526,50																		
24.191,99	I	2.219	-	177,52	199,71	-	87,84	98,82	-	14,08	15,84	-	-	-	-	-	-	-	-	-	-	-	
	II	1.151	-	92,08	103,59	-	16,96	19,08	-	-	-	-	-	-	-	-	-	-	-	-	-	-	
	III	-	-	-	-	-	-	-	-	-	-	-	-	-	-	-	-	-	-	-	-	-	
	IV	2.219	-	177,52	199,71	-	131,92	148,41	-	87,84	98,82	-	47,12	53,01	-	14,08	15,84	-	-	-	-	-	
	V	5.333	-	426,64	479,97																		
	VI	5.865	-	469,20	527,85																		
24.227,99	I	2.229	-	178,32	200,61	-	88,56	99,63	-	14,56	16,38	-	-	-	-	-	-	-	-	-	-	-	
	II	1.160	-	92,80	104,40	-	17,44	19,62	-	-	-	-	-	-	-	-	-	-	-	-	-	-	
	III	-	-	-	-	-	-	-	-	-	-	-	-	-	-	-	-	-	-	-	-	-	
	IV	2.229	-	178,32	200,61	-	132,64	149,22	-	88,56	99,63	-	47,76	53,73	-	14,56	16,38	-	-	-	-	-	
	V	5.348	-	427,84	481,32																		
	VI	5.880	-	470,40	529,20																		
24.263,99	I	2.238	-	179,04	201,42	-	89,28	100,44	-	15,04	16,92	-	-	-	-	-	-	-	-	-	-	-	
	II	1.168	-	93,44	105,12	-	17,92	20,16	-	-	-	-	-	-	-	-	-	-	-	-	-	-	
	III	-	-	-	-	-	-	-	-	-	-	-	-	-	-	-	-	-	-	-	-	-	
	IV	2.238	-	179,04	201,42	-	133,36	150,03	-	89,28	100,44	-	48,32	54,36	-	15,04	16,92	-	-	-	-	-	
	V	5.364	-	429,12	482,76																		
	VI	5.895	-	471,60	530,55																		
24.299,99	I	2.247	-	179,76	202,23	-	90,00	101,25	-	15,52	17,46	-	-	-	-	-	-	-	-	-	-	-	
	II	1.177	-	94,16	105,93	-	18,40	20,70	-	-	-	-	-	-	-	-	-	-	-	-	-	-	
	III	-	-	-	-	-	-	-	-	-	-	-	-	-	-	-	-	-	-	-	-	-	
	IV	2.247	-	179,76	202,23	-	134,08	150,84	-	90,00	101,25	-	48,96	55,08	-	15,52	17,46	-	-	-	-	-	
	V	5.379	-	430,32	484,11																		
	VI	5.910	-	472,80	531,90																		

SolZ/KiSt lt. Tabelle nicht für Sonstige Bezüge anwendbar.

Besondere Tabelle

JAHR bis 24.839,99 €

Lohn/ Gehalt bis	Steuerklasse	Lohn-steuer	ohne Kinderfreibetrag			Anzahl Kinderfreibeträge (nur Steuerklassen I–IV) 0,5			1,0			1,5			2,0			2,5			3,0		
			SolZ 5,5%	Kirchensteuer 8%	9%	SolZ 5,5%	Kirchensteuer 8%	9%	SolZ 5,5%	Kirchensteuer 8%	9%	SolZ 5,5%	Kirchensteuer 8%	9%	SolZ 5,5%	Kirchensteuer 8%	9%	SolZ 5,5%	Kirchensteuer 8%	9%	SolZ 5,5%	Kirchensteuer 8%	9%
24.335,99	I	2.257	-	180,56	203,13	-	90,64	101,97	-	16,00	18,00	-	-	-	-	-	-	-	-	-	-	-	-
	II	1.186	-	94,88	106,74	-	18,88	21,24	-	-	-	-	-	-	-	-	-	-	-	-	-	-	-
	III	-	-	-	-	-	-	-	-	-	-	-	-	-	-	-	-	-	-	-	-	-	-
	IV	2.257	-	180,56	203,13	-	134,80	151,65	-	90,64	101,97	-	49,52	55,71	-	16,00	18,00	-	-	-	-	-	-
	V	5.394	-	431,52	485,46																		
	VI	5.926	-	474,08	533,34																		
24.371,99	I	2.266	-	181,28	203,94	-	91,36	102,78	-	16,48	18,54	-	-	-	-	-	-	-	-	-	-	-	-
	II	1.195	-	95,60	107,55	-	19,36	21,78	-	-	-	-	-	-	-	-	-	-	-	-	-	-	-
	III	-	-	-	-	-	-	-	-	-	-	-	-	-	-	-	-	-	-	-	-	-	-
	IV	2.266	-	181,28	203,94	-	135,52	152,46	-	91,36	102,78	-	50,16	56,43	-	16,48	18,54	-	-	-	-	-	-
	V	5.409	-	432,72	486,81																		
	VI	5.941	-	475,28	534,69																		
24.407,99	I	2.275	-	182,00	204,75	-	92,08	103,59	-	16,96	19,08	-	-	-	-	-	-	-	-	-	-	-	-
	II	1.203	-	96,24	108,27	-	19,84	22,32	-	-	-	-	-	-	-	-	-	-	-	-	-	-	-
	III	-	-	-	-	-	-	-	-	-	-	-	-	-	-	-	-	-	-	-	-	-	-
	IV	2.275	-	182,00	204,75	-	136,24	153,27	-	92,08	103,59	-	50,72	57,06	-	16,96	19,08	-	-	-	-	-	-
	V	5.424	-	433,92	488,16																		
	VI	5.956	-	476,48	536,04																		
24.443,99	I	2.285	-	182,80	205,65	-	92,80	104,40	-	17,44	19,62	-	-	-	-	-	-	-	-	-	-	-	-
	II	1.212	-	96,96	109,08	-	20,32	22,86	-	-	-	-	-	-	-	-	-	-	-	-	-	-	-
	III	-	-	-	-	-	-	-	-	-	-	-	-	-	-	-	-	-	-	-	-	-	-
	IV	2.285	-	182,80	205,65	-	137,04	154,17	-	92,80	104,40	-	51,36	57,78	-	17,44	19,62	-	-	-	-	-	-
	V	5.439	-	435,12	489,51																		
	VI	5.971	-	477,68	537,39																		
24.479,99	I	2.294	-	183,52	206,46	-	93,44	105,12	-	17,92	20,16	-	-	-	-	-	-	-	-	-	-	-	-
	II	1.221	-	97,68	109,89	-	20,80	23,40	-	-	-	-	-	-	-	-	-	-	-	-	-	-	-
	III	-	-	-	-	-	-	-	-	-	-	-	-	-	-	-	-	-	-	-	-	-	-
	IV	2.294	-	183,52	206,46	-	137,76	154,98	-	93,44	105,12	-	52,00	58,50	-	17,92	20,16	-	-	-	-	-	-
	V	5.454	-	436,32	490,86																		
	VI	5.984	-	478,72	538,56																		
24.515,99	I	2.304	-	184,32	207,36	-	94,16	105,93	-	18,40	20,70	-	-	-	-	-	-	-	-	-	-	-	-
	II	1.230	-	98,40	110,70	-	21,36	24,03	-	-	-	-	-	-	-	-	-	-	-	-	-	-	-
	III	-	-	-	-	-	-	-	-	-	-	-	-	-	-	-	-	-	-	-	-	-	-
	IV	2.304	-	184,32	207,36	-	138,48	155,79	-	94,16	105,93	-	52,56	59,13	-	18,40	20,70	-	-	-	-	-	-
	V	5.469	-	437,52	492,21																		
	VI	5.998	-	479,84	539,82																		
24.551,99	I	2.313	-	185,04	208,17	-	94,88	106,74	-	18,88	21,24	-	-	-	-	-	-	-	-	-	-	-	-
	II	1.238	-	99,04	111,42	-	21,84	24,57	-	-	-	-	-	-	-	-	-	-	-	-	-	-	-
	III	-	-	-	-	-	-	-	-	-	-	-	-	-	-	-	-	-	-	-	-	-	-
	IV	2.313	-	185,04	208,17	-	139,20	156,60	-	94,88	106,74	-	53,20	59,85	-	18,88	21,24	-	-	-	-	-	-
	V	5.485	-	438,80	493,65																		
	VI	6.010	-	480,80	540,90																		
24.587,99	I	2.322	-	185,76	208,98	-	95,60	107,55	-	19,36	21,78	-	-	-	-	-	-	-	-	-	-	-	-
	II	1.247	-	99,76	112,23	-	22,32	25,11	-	-	-	-	-	-	-	-	-	-	-	-	-	-	-
	III	-	-	-	-	-	-	-	-	-	-	-	-	-	-	-	-	-	-	-	-	-	-
	IV	2.322	-	185,76	208,98	-	139,92	157,41	-	95,60	107,55	-	53,84	60,57	-	19,36	21,78	-	-	-	-	-	-
	V	5.500	-	440,00	495,00																		
	VI	6.022	-	481,76	541,98																		
24.623,99	I	2.332	-	186,56	209,88	-	96,24	108,27	-	19,84	22,32	-	-	-	-	-	-	-	-	-	-	-	-
	II	1.256	-	100,48	113,04	-	22,88	25,74	-	-	-	-	-	-	-	-	-	-	-	-	-	-	-
	III	-	-	-	-	-	-	-	-	-	-	-	-	-	-	-	-	-	-	-	-	-	-
	IV	2.332	-	186,56	209,88	-	140,64	158,22	-	96,24	108,27	-	54,40	61,20	-	19,84	22,32	-	-	-	-	-	-
	V	5.515	-	441,20	496,35																		
	VI	6.036	-	482,88	543,24																		
24.659,99	I	2.341	-	187,28	210,69	-	96,96	109,08	-	20,32	22,86	-	-	-	-	-	-	-	-	-	-	-	-
	II	1.265	-	101,20	113,85	-	23,36	26,28	-	-	-	-	-	-	-	-	-	-	-	-	-	-	-
	III	-	-	-	-	-	-	-	-	-	-	-	-	-	-	-	-	-	-	-	-	-	-
	IV	2.341	-	187,28	210,69	-	141,36	159,03	-	96,96	109,08	-	55,04	61,92	-	20,32	22,86	-	-	-	-	-	-
	V	5.530	-	442,40	497,70																		
	VI	6.048	-	483,84	544,32																		
24.695,99	I	2.350	-	188,00	211,50	-	97,68	109,89	-	20,80	23,40	-	-	-	-	-	-	-	-	-	-	-	-
	II	1.274	-	101,92	114,66	-	23,84	26,82	-	-	-	-	-	-	-	-	-	-	-	-	-	-	-
	III	-	-	-	-	-	-	-	-	-	-	-	-	-	-	-	-	-	-	-	-	-	-
	IV	2.350	-	188,00	211,50	-	142,08	159,84	-	97,68	109,89	-	55,68	62,64	-	20,80	23,40	-	-	-	-	-	-
	V	5.545	-	443,60	499,05																		
	VI	6.062	-	484,96	545,58																		
24.731,99	I	2.360	-	188,80	212,40	-	98,40	110,70	-	21,36	24,03	-	-	-	-	-	-	-	-	-	-	-	-
	II	1.282	-	102,56	115,38	-	24,40	27,45	-	-	-	-	-	-	-	-	-	-	-	-	-	-	-
	III	-	-	-	-	-	-	-	-	-	-	-	-	-	-	-	-	-	-	-	-	-	-
	IV	2.360	-	188,80	212,40	-	142,80	160,65	-	98,40	110,70	-	56,32	63,36	-	21,36	24,03	-	-	-	-	-	-
	V	5.560	-	444,80	500,40																		
	VI	6.074	-	485,92	546,66																		
24.767,99	I	2.369	-	189,52	213,21	-	99,04	111,42	-	21,84	24,57	-	-	-	-	-	-	-	-	-	-	-	-
	II	1.291	-	103,28	116,19	-	24,88	27,99	-	-	-	-	-	-	-	-	-	-	-	-	-	-	-
	III	-	-	-	-	-	-	-	-	-	-	-	-	-	-	-	-	-	-	-	-	-	-
	IV	2.369	-	189,52	213,21	-	143,52	161,46	-	99,04	111,42	-	56,96	64,08	-	21,84	24,57	-	-	-	-	-	-
	V	5.575	-	446,00	501,75																		
	VI	6.086	-	486,88	547,74																		
24.803,99	I	2.379	-	190,32	214,11	-	99,76	112,23	-	22,32	25,11	-	-	-	-	-	-	-	-	-	-	-	-
	II	1.300	-	104,00	117,00	-	25,36	28,53	-	-	-	-	-	-	-	-	-	-	-	-	-	-	-
	III	-	-	-	-	-	-	-	-	-	-	-	-	-	-	-	-	-	-	-	-	-	-
	IV	2.379	-	190,32	214,11	-	144,24	162,27	-	99,76	112,23	-	57,52	64,71	-	22,32	25,11	-	-	-	-	-	-
	V	5.590	-	447,20	503,10																		
	VI	6.100	-	488,00	549,00																		
24.839,99	I	2.388	-	191,04	214,92	-	100,48	113,04	-	22,88	25,74	-	-	-	-	-	-	-	-	-	-	-	-
	II	1.309	-	104,72	117,81	-	25,92	29,16	-	-	-	-	-	-	-	-	-	-	-	-	-	-	-
	III	-	-	-	-	-	-	-	-	-	-	-	-	-	-	-	-	-	-	-	-	-	-
	IV	2.388	-	191,04	214,92	-	144,96	163,08	-	100,48	113,04	-	58,16	65,43	-	22,88	25,74	-	-	-	-	-	-
	V	5.605	-	448,40	504,45																		
	VI	6.112	-	488,96	550,08																		

SolZ/KiSt lt. Tabelle nicht für Sonstige Bezüge anwendbar.

Lohn/ Gehalt bis	Steuerklasse	Lohnsteuer	ohne Kinderfreibetrag			Anzahl Kinderfreibeträge (nur Steuerklassen I–IV)																	
						0,5			1,0			1,5			2,0			2,5			3,0		
			SolZ 5,5%	Kirchensteuer 8%	9%	SolZ 5,5%	Kirchensteuer 8%	9%	SolZ 5,5%	Kirchensteuer 8%	9%	SolZ 5,5%	Kirchensteuer 8%	9%	SolZ 5,5%	Kirchensteuer 8%	9%	SolZ 5,5%	Kirchensteuer 8%	9%	SolZ 5,5%	Kirchensteuer 8%	9%
24.875,99	I	2.398	-	191,84	215,82	-	101,20	113,85	-	23,36	26,28	-	-	-	-	-	-	-	-	-	-	-	
	II	1.318	-	105,44	118,62	-	26,40	29,70	-	-	-	-	-	-	-	-	-	-	-	-	-	-	
	III	-	-	-	-	-	-	-	-	-	-	-	-	-	-	-	-	-	-	-	-	-	
	IV	2.398	-	191,84	215,82	-	145,68	163,89	-	101,20	113,85	-	58,80	66,15	-	23,36	26,28	-	-	-	-	-	
	V	5.621	-	449,68	505,89																		
	VI	6.126	-	490,08	551,34																		
24.911,99	I	2.407	-	192,56	216,63	-	101,92	114,66	-	23,84	26,82	-	-	-	-	-	-	-	-	-	-	-	
	II	1.326	-	106,08	119,34	-	26,96	30,33	-	-	-	-	-	-	-	-	-	-	-	-	-	-	
	III	-	-	-	-	-	-	-	-	-	-	-	-	-	-	-	-	-	-	-	-	-	
	IV	2.407	-	192,56	216,63	-	146,48	164,79	-	101,92	114,66	-	59,44	66,87	-	23,84	26,82	-	-	-	-	-	
	V	5.636	-	450,88	507,24																		
	VI	6.138	-	491,04	552,42																		
24.947,99	I	2.416	-	193,28	217,44	-	102,56	115,38	-	24,40	27,45	-	-	-	-	-	-	-	-	-	-	-	
	II	1.335	-	106,80	120,15	-	27,44	30,87	-	-	-	-	-	-	-	-	-	-	-	-	-	-	
	III	-	-	-	-	-	-	-	-	-	-	-	-	-	-	-	-	-	-	-	-	-	
	IV	2.416	-	193,28	217,44	-	147,20	165,60	-	102,56	115,38	-	60,08	67,59	-	24,40	27,45	-	-	-	-	-	
	V	5.651	-	452,08	508,59																		
	VI	6.150	-	492,00	553,50																		
24.983,99	I	2.426	-	194,08	218,34	-	103,28	116,19	-	24,88	27,99	-	-	-	-	-	-	-	-	-	-	-	
	II	1.344	-	107,52	120,96	-	28,00	31,50	-	-	-	-	-	-	-	-	-	-	-	-	-	-	
	III	-	-	-	-	-	-	-	-	-	-	-	-	-	-	-	-	-	-	-	-	-	
	IV	2.426	-	194,08	218,34	-	147,92	166,41	-	103,28	116,19	-	60,72	68,31	-	24,88	27,99	-	-	-	-	-	
	V	5.666	-	453,28	509,94																		
	VI	6.164	-	493,12	554,76																		
25.019,99	I	2.435	-	194,80	219,15	-	104,00	117,00	-	25,36	28,53	-	-	-	-	-	-	-	-	-	-	-	
	II	1.353	-	108,24	121,77	-	28,56	32,13	-	-	-	-	-	-	-	-	-	-	-	-	-	-	
	III	-	-	-	-	-	-	-	-	-	-	-	-	-	-	-	-	-	-	-	-	-	
	IV	2.435	-	194,80	219,15	-	148,64	167,22	-	104,00	117,00	-	61,36	69,03	-	25,36	28,53	-	-	-	-	-	
	V	5.681	-	454,48	511,29																		
	VI	6.176	-	494,08	555,84																		
25.055,99	I	2.445	-	195,60	220,05	-	104,72	117,81	-	25,92	29,16	-	-	-	-	-	-	-	-	-	-	-	
	II	1.362	-	108,96	122,58	-	29,04	32,67	-	-	-	-	-	-	-	-	-	-	-	-	-	-	
	III	-	-	-	-	-	-	-	-	-	-	-	-	-	-	-	-	-	-	-	-	-	
	IV	2.445	-	195,60	220,05	-	149,36	168,03	-	104,72	117,81	-	62,00	69,75	-	25,92	29,16	-	-	-	-	-	
	V	5.696	-	455,68	512,64																		
	VI	6.190	-	495,20	557,10																		
25.091,99	I	2.454	-	196,32	220,86	-	105,44	118,62	-	26,40	29,70	-	-	-	-	-	-	-	-	-	-	-	
	II	1.371	-	109,68	123,39	-	29,60	33,30	-	-	-	-	-	-	-	-	-	-	-	-	-	-	
	III	-	-	-	-	-	-	-	-	-	-	-	-	-	-	-	-	-	-	-	-	-	
	IV	2.454	-	196,32	220,86	-	150,08	168,84	-	105,44	118,62	-	62,64	70,47	-	26,40	29,70	-	-	-	-	-	
	V	5.711	-	456,88	513,99																		
	VI	6.202	-	496,16	558,18																		
25.127,99	I	2.464	-	197,12	221,76	-	106,08	119,34	-	26,96	30,33	-	-	-	-	-	-	-	-	-	-	-	
	II	1.380	-	110,40	124,20	-	30,08	33,84	-	-	-	-	-	-	-	-	-	-	-	-	-	-	
	III	-	-	-	-	-	-	-	-	-	-	-	-	-	-	-	-	-	-	-	-	-	
	IV	2.464	-	197,12	221,76	-	150,80	169,65	-	106,08	119,34	-	63,28	71,19	-	26,96	30,33	-	-	-	-	-	
	V	5.726	-	458,08	515,34																		
	VI	6.214	-	497,12	559,26																		
25.163,99	I	2.473	-	197,84	222,57	-	106,80	120,15	-	27,44	30,87	-	-	-	-	-	-	-	-	-	-	-	
	II	1.388	-	111,04	124,92	-	30,64	34,47	-	-	-	-	-	-	-	-	-	-	-	-	-	-	
	III	-	-	-	-	-	-	-	-	-	-	-	-	-	-	-	-	-	-	-	-	-	
	IV	2.473	-	197,84	222,57	-	151,60	170,55	-	106,80	120,15	-	63,92	71,91	-	27,44	30,87	-	-	-	-	-	
	V	5.742	-	459,36	516,78																		
	VI	6.228	-	498,24	560,52																		
25.199,99	I	2.483	-	198,64	223,47	-	107,52	120,96	-	28,00	31,50	-	-	-	-	-	-	-	-	-	-	-	
	II	1.397	-	111,76	125,73	-	31,20	35,10	-	-	-	-	-	-	-	-	-	-	-	-	-	-	
	III	-	-	-	-	-	-	-	-	-	-	-	-	-	-	-	-	-	-	-	-	-	
	IV	2.483	-	198,64	223,47	-	152,32	171,36	-	107,52	120,96	-	64,64	72,72	-	28,00	31,50	-	-	-	-	-	
	V	5.757	-	460,56	518,13																		
	VI	6.240	-	499,20	561,60																		
25.235,99	I	2.492	-	199,36	224,28	-	108,24	121,77	-	28,56	32,13	-	-	-	-	-	-	-	-	-	-	-	
	II	1.406	-	112,48	126,54	-	31,76	35,73	-	-	-	-	-	-	-	-	-	-	-	-	-	-	
	III	-	-	-	-	-	-	-	-	-	-	-	-	-	-	-	-	-	-	-	-	-	
	IV	2.492	-	199,36	224,28	-	153,04	172,17	-	108,24	121,77	-	65,28	73,44	-	28,56	32,13	-	-	-	-	-	
	V	5.772	-	461,76	519,48																		
	VI	6.254	-	500,32	562,86																		
25.271,99	I	2.501	-	200,08	225,09	-	108,96	122,58	-	29,04	32,67	-	-	-	-	-	-	-	-	-	-	-	
	II	1.415	-	113,20	127,35	-	32,24	36,27	-	-	-	-	-	-	-	-	-	-	-	-	-	-	
	III	-	-	-	-	-	-	-	-	-	-	-	-	-	-	-	-	-	-	-	-	-	
	IV	2.501	-	200,08	225,09	-	153,76	172,98	-	108,96	122,58	-	65,92	74,16	-	29,04	32,67	-	-	-	-	-	
	V	5.787	-	462,96	520,83																		
	VI	6.266	-	501,28	563,94																		
25.307,99	I	2.511	-	200,88	225,99	-	109,68	123,39	-	29,60	33,30	-	-	-	-	-	-	-	-	-	-	-	
	II	1.424	-	113,92	128,16	-	32,80	36,90	-	-	-	-	-	-	-	-	-	-	-	-	-	-	
	III	-	-	-	-	-	-	-	-	-	-	-	-	-	-	-	-	-	-	-	-	-	
	IV	2.511	-	200,88	225,99	-	154,48	173,79	-	109,68	123,39	-	66,56	74,88	-	29,60	33,30	-	0,48	0,54	-	-	
	V	5.802	-	464,16	522,18																		
	VI	6.278	-	502,24	565,02																		
25.343,99	I	2.520	-	201,60	226,80	-	110,40	124,20	-	30,08	33,84	-	-	-	-	-	-	-	-	-	-	-	
	II	1.433	-	114,64	128,97	-	33,36	37,53	-	-	-	-	-	-	-	-	-	-	-	-	-	-	
	III	-	-	-	-	-	-	-	-	-	-	-	-	-	-	-	-	-	-	-	-	-	
	IV	2.520	-	201,60	226,80	-	155,20	174,60	-	110,40	124,20	-	67,20	75,60	-	30,08	33,84	-	0,88	0,99	-	-	
	V	5.817	-	465,36	523,53																		
	VI	6.292	-	503,36	566,28																		
25.379,99	I	2.530	-	202,40	227,70	-	111,04	124,92	-	30,64	34,47	-	-	-	-	-	-	-	-	-	-	-	
	II	1.442	-	115,36	129,78	-	33,92	38,16	-	-	-	-	-	-	-	-	-	-	-	-	-	-	
	III	-	-	-	-	-	-	-	-	-	-	-	-	-	-	-	-	-	-	-	-	-	
	IV	2.530	-	202,40	227,70	-	156,00	175,50	-	111,04	124,92	-	67,92	76,41	-	30,64	34,47	-	1,28	1,44	-	-	
	V	5.832	-	466,56	524,88																		
	VI	6.304	-	504,32	567,36																		

SolZ/KiSt lt. Tabelle nicht für Sonstige Bezüge anwendbar.

Lohn/ Gehalt bis	Steuerklasse	Lohn-steuer	ohne Kinderfreibetrag			Anzahl Kinderfreibeträge (nur Steuerklassen I–IV)																	
						0,5			1,0			1,5			2,0			2,5			3,0		
			SolZ 5,5%	Kirchensteuer 8%	9%	SolZ 5,5%	Kirchensteuer 8%	9%	SolZ 5,5%	Kirchensteuer 8%	9%	SolZ 5,5%	Kirchensteuer 8%	9%	SolZ 5,5%	Kirchensteuer 8%	9%	SolZ 5,5%	Kirchensteuer 8%	9%	SolZ 5,5%	Kirchensteuer 8%	9%
25.415,99	I	2.539	-	203,12	228,51	-	111,76	125,73	-	31,20	35,10	-	-	-	-	-	-	-	-	-	-	-	-
	II	1.451	-	116,08	130,59	-	34,48	38,79	-	-	-	-	-	-	-	-	-	-	-	-	-	-	-
	III	-	-	-	-	-	-	-	-	-	-	-	-	-	-	-	-	-	-	-	-	-	-
	IV	2.539	-	203,12	228,51	-	156,72	176,31	-	111,76	125,73	-	68,56	77,13	-	31,20	35,10	-	1,68	1,89	-	-	-
	V	5.847	-	467,76	526,23																		
	VI	6.316	-	505,28	568,44																		
25.451,99	I	2.549	-	203,92	229,41	-	112,48	126,54	-	31,76	35,73	-	-	-	-	-	-	-	-	-	-	-	-
	II	1.460	-	116,80	131,40	-	35,04	39,42	-	-	-	-	-	-	-	-	-	-	-	-	-	-	-
	III	-	-	-	-	-	-	-	-	-	-	-	-	-	-	-	-	-	-	-	-	-	-
	IV	2.549	-	203,92	229,41	-	157,44	177,12	-	112,48	126,54	-	69,20	77,85	-	31,76	35,73	-	2,08	2,34	-	-	-
	V	5.863	-	469,04	527,67																		
	VI	6.330	-	506,40	569,70																		
25.487,99	I	2.558	-	204,64	230,22	-	113,20	127,35	-	32,24	36,27	-	-	-	-	-	-	-	-	-	-	-	-
	II	1.468	-	117,44	132,12	-	35,52	39,96	-	-	-	-	-	-	-	-	-	-	-	-	-	-	-
	III	-	-	-	-	-	-	-	-	-	-	-	-	-	-	-	-	-	-	-	-	-	-
	IV	2.558	-	204,64	230,22	-	158,16	177,93	-	113,20	127,35	-	69,92	78,66	-	32,24	36,27	-	2,48	2,79	-	-	-
	V	5.878	-	470,24	529,02																		
	VI	6.344	-	507,52	570,96																		
25.523,99	I	2.568	-	205,44	231,12	-	113,92	128,16	-	32,80	36,90	-	-	-	-	-	-	-	-	-	-	-	-
	II	1.477	-	118,16	132,93	-	36,08	40,59	-	-	-	-	-	-	-	-	-	-	-	-	-	-	-
	III	-	-	-	-	-	-	-	-	-	-	-	-	-	-	-	-	-	-	-	-	-	-
	IV	2.568	-	205,44	231,12	-	158,88	178,74	-	113,92	128,16	-	70,56	79,38	-	32,80	36,90	-	2,88	3,24	-	-	-
	V	5.893	-	471,44	530,37																		
	VI	6.356	-	508,48	572,04																		
25.559,99	I	2.577	-	206,16	231,93	-	114,64	128,97	-	33,36	37,53	-	-	-	-	-	-	-	-	-	-	-	-
	II	1.486	-	118,88	133,74	-	36,64	41,22	-	-	-	-	-	-	-	-	-	-	-	-	-	-	-
	III	-	-	-	-	-	-	-	-	-	-	-	-	-	-	-	-	-	-	-	-	-	-
	IV	2.577	-	206,16	231,93	-	159,60	179,55	-	114,64	128,97	-	71,20	80,10	-	33,36	37,53	-	3,36	3,78	-	-	-
	V	5.908	-	472,64	531,72																		
	VI	6.370	-	509,60	573,30																		
25.595,99	I	2.587	-	206,96	232,83	-	115,36	129,78	-	33,92	38,16	-	-	-	-	-	-	-	-	-	-	-	-
	II	1.495	-	119,60	134,55	-	37,20	41,85	-	-	-	-	-	-	-	-	-	-	-	-	-	-	-
	III	-	-	-	-	-	-	-	-	-	-	-	-	-	-	-	-	-	-	-	-	-	-
	IV	2.587	-	206,96	232,83	-	160,40	180,45	-	115,36	129,78	-	71,92	80,91	-	33,92	38,16	-	3,76	4,23	-	-	-
	V	5.923	-	473,84	533,07																		
	VI	6.382	-	510,56	574,38																		
25.631,99	I	2.596	-	207,68	233,64	-	116,08	130,59	-	34,48	38,79	-	-	-	-	-	-	-	-	-	-	-	-
	II	1.504	-	120,32	135,36	-	37,76	42,48	-	-	-	-	-	-	-	-	-	-	-	-	-	-	-
	III	-	-	-	-	-	-	-	-	-	-	-	-	-	-	-	-	-	-	-	-	-	-
	IV	2.596	-	207,68	233,64	-	161,12	181,26	-	116,08	130,59	-	72,56	81,63	-	34,48	38,79	-	4,16	4,68	-	-	-
	V	5.938	-	475,04	534,42																		
	VI	6.394	-	511,52	575,46																		
25.667,99	I	2.606	-	208,48	234,54	-	116,80	131,40	-	35,04	39,42	-	-	-	-	-	-	-	-	-	-	-	-
	II	1.513	-	121,04	136,17	-	38,32	43,11	-	-	-	-	-	-	-	-	-	-	-	-	-	-	-
	III	-	-	-	-	-	-	-	-	-	-	-	-	-	-	-	-	-	-	-	-	-	-
	IV	2.606	-	208,48	234,54	-	161,84	182,07	-	116,80	131,40	-	73,28	82,44	-	35,04	39,42	-	4,64	5,22	-	-	-
	V	5.953	-	476,24	535,77																		
	VI	6.408	-	512,64	576,72																		
25.703,99	I	2.616	-	209,28	235,44	-	117,44	132,12	-	35,52	39,96	-	-	-	-	-	-	-	-	-	-	-	-
	II	1.522	-	121,76	136,98	-	38,88	43,74	-	-	-	-	-	-	-	-	-	-	-	-	-	-	-
	III	-	-	-	-	-	-	-	-	-	-	-	-	-	-	-	-	-	-	-	-	-	-
	IV	2.616	-	209,28	235,44	-	162,56	182,88	-	117,44	132,12	-	73,92	83,16	-	35,52	39,96	-	5,04	5,67	-	-	-
	V	5.968	-	477,44	537,12																		
	VI	6.420	-	513,60	577,80																		
25.739,99	I	2.625	-	210,00	236,25	-	118,16	132,93	-	36,08	40,59	-	-	-	-	-	-	-	-	-	-	-	-
	II	1.531	-	122,48	137,79	-	39,52	44,46	-	-	-	-	-	-	-	-	-	-	-	-	-	-	-
	III	-	-	-	-	-	-	-	-	-	-	-	-	-	-	-	-	-	-	-	-	-	-
	IV	2.625	-	210,00	236,25	-	163,36	183,78	-	118,16	132,93	-	74,64	83,97	-	36,08	40,59	-	5,44	6,12	-	-	-
	V	5.982	-	478,56	538,38																		
	VI	6.434	-	514,72	579,06																		
25.775,99	I	2.635	-	210,80	237,15	-	118,88	133,74	-	36,64	41,22	-	-	-	-	-	-	-	-	-	-	-	-
	II	1.540	-	123,20	138,60	-	40,08	45,09	-	-	-	-	-	-	-	-	-	-	-	-	-	-	-
	III	-	-	-	-	-	-	-	-	-	-	-	-	-	-	-	-	-	-	-	-	-	-
	IV	2.635	-	210,80	237,15	-	164,08	184,59	-	118,88	133,74	-	75,28	84,69	-	36,64	41,22	-	5,92	6,66	-	-	-
	V	5.996	-	479,68	539,64																		
	VI	6.448	-	515,84	580,32																		
25.811,99	I	2.644	-	211,52	237,96	-	119,60	134,55	-	37,20	41,85	-	-	-	-	-	-	-	-	-	-	-	-
	II	1.549	-	123,92	139,41	-	40,64	45,72	-	-	-	-	-	-	-	-	-	-	-	-	-	-	-
	III	-	-	-	-	-	-	-	-	-	-	-	-	-	-	-	-	-	-	-	-	-	-
	IV	2.644	-	211,52	237,96	-	164,80	185,40	-	119,60	134,55	-	76,00	85,50	-	37,20	41,85	-	6,32	7,11	-	-	-
	V	6.008	-	480,64	540,72																		
	VI	6.460	-	516,80	581,40																		
25.847,99	I	2.654	-	212,32	238,86	-	120,32	135,36	-	37,76	42,48	-	-	-	-	-	-	-	-	-	-	-	-
	II	1.558	-	124,64	140,22	-	41,20	46,35	-	-	-	-	-	-	-	-	-	-	-	-	-	-	-
	III	-	-	-	-	-	-	-	-	-	-	-	-	-	-	-	-	-	-	-	-	-	-
	IV	2.654	-	212,32	238,86	-	165,52	186,21	-	120,32	135,36	-	76,64	86,22	-	37,76	42,48	-	6,72	7,56	-	-	-
	V	6.020	-	481,60	541,80																		
	VI	6.472	-	517,76	582,48																		
25.883,99	I	2.663	-	213,04	239,67	-	121,04	136,17	-	38,32	43,11	-	-	-	-	-	-	-	-	-	-	-	-
	II	1.567	-	125,36	141,03	-	41,76	46,98	-	-	-	-	-	-	-	-	-	-	-	-	-	-	-
	III	-	-	-	-	-	-	-	-	-	-	-	-	-	-	-	-	-	-	-	-	-	-
	IV	2.663	-	213,04	239,67	-	166,32	187,11	-	121,04	136,17	-	77,36	87,03	-	38,32	43,11	-	7,20	8,10	-	-	-
	V	6.034	-	482,72	543,06																		
	VI	6.486	-	518,88	583,74																		
25.919,99	I	2.673	-	213,84	240,57	-	121,76	136,98	-	38,88	43,74	-	-	-	-	-	-	-	-	-	-	-	-
	II	1.576	-	126,08	141,84	-	42,32	47,61	-	-	-	-	-	-	-	-	-	-	-	-	-	-	-
	III	-	-	-	-	-	-	-	-	-	-	-	-	-	-	-	-	-	-	-	-	-	-
	IV	2.673	-	213,84	240,57	-	167,04	187,92	-	121,76	136,98	-	78,08	87,84	-	38,88	43,74	-	7,60	8,55	-	-	-
	V	6.046	-	483,68	544,14																		
	VI	6.500	-	520,00	585,00																		

SolZ/KiSt lt. Tabelle nicht für Sonstige Bezüge anwendbar.

JAHR bis 26.459,99 €

Besondere Tabelle

Lohn/ Gehalt bis	Steuerklasse	Lohn-steuer	ohne Kinderfreibetrag			Anzahl Kinderfreibeträge (nur Steuerklassen I–IV) 0,5			1,0			1,5			2,0			2,5			3,0		
			SolZ 5,5%	Kirchensteuer 8%	9%	SolZ 5,5%	Kirchensteuer 8%	9%	SolZ 5,5%	Kirchensteuer 8%	9%	SolZ 5,5%	Kirchensteuer 8%	9%	SolZ 5,5%	Kirchensteuer 8%	9%	SolZ 5,5%	Kirchensteuer 8%	9%	SolZ 5,5%	Kirchensteuer 8%	9%
25.955,99	I	2.682	-	214,56	241,38	-	122,48	137,79	-	39,52	44,46	-	-	-	-	-	-	-	-	-	-	-	
	II	1.585	-	126,80	142,65	-	42,96	48,33	-	-	-	-	-	-	-	-	-	-	-	-	-	-	
	III	-	-	-	-	-	-	-	-	-	-	-	-	-	-	-	-	-	-	-	-	-	
	IV	2.682	-	214,56	241,38	-	167,76	188,73	-	122,48	137,79	-	78,72	88,56	-	39,52	44,46	-	8,08	9,09	-	-	
	V	6.060	-	484,80	545,40																		
	VI	6.512	-	520,96	586,08																		
25.991,99	I	2.692	-	215,36	242,28	-	123,20	138,60	-	40,08	45,09	-	-	-	-	-	-	-	-	-	-	-	
	II	1.594	-	127,52	143,46	-	43,52	48,96	-	-	-	-	-	-	-	-	-	-	-	-	-	-	
	III	-	-	-	-	-	-	-	-	-	-	-	-	-	-	-	-	-	-	-	-	-	
	IV	2.692	-	215,36	242,28	-	168,48	189,54	-	123,20	138,60	-	79,44	89,37	-	40,08	45,09	-	8,48	9,54	-	-	
	V	6.070	-	485,60	546,30																		
	VI	6.526	-	522,08	587,34																		
26.027,99	I	2.702	-	216,16	243,18	-	123,92	139,41	-	40,64	45,72	-	-	-	-	-	-	-	-	-	-	-	
	II	1.603	-	128,24	144,27	-	44,08	49,59	-	-	-	-	-	-	-	-	-	-	-	-	-	-	
	III	-	-	-	-	-	-	-	-	-	-	-	-	-	-	-	-	-	-	-	-	-	
	IV	2.702	-	216,16	243,18	-	169,28	190,44	-	123,92	139,41	-	80,16	90,18	-	40,64	45,72	-	8,96	10,08	-	-	
	V	6.084	-	486,72	547,56																		
	VI	6.538	-	523,04	588,42																		
26.063,99	I	2.711	-	216,88	243,99	-	124,64	140,22	-	41,20	46,35	-	-	-	-	-	-	-	-	-	-	-	
	II	1.612	-	128,96	145,08	-	44,72	50,31	-	-	-	-	-	-	-	-	-	-	-	-	-	-	
	III	-	-	-	-	-	-	-	-	-	-	-	-	-	-	-	-	-	-	-	-	-	
	IV	2.711	-	216,88	243,99	-	170,00	191,25	-	124,64	140,22	-	80,80	90,90	-	41,20	46,35	-	9,44	10,62	-	-	
	V	6.096	-	487,68	548,64																		
	VI	6.552	-	524,16	589,68																		
26.099,99	I	2.721	-	217,68	244,89	-	125,36	141,03	-	41,76	46,98	-	-	-	-	-	-	-	-	-	-	-	
	II	1.621	-	129,68	145,89	-	45,28	50,94	-	-	-	-	-	-	-	-	-	-	-	-	-	-	
	III	2	-	0,16	0,18	-	-	-	-	-	-	-	-	-	-	-	-	-	-	-	-	-	
	IV	2.721	-	217,68	244,89	-	170,72	192,06	-	125,36	141,03	-	81,52	91,71	-	41,76	46,98	-	9,84	11,07	-	-	
	V	6.108	-	488,64	549,72																		
	VI	6.566	-	525,28	590,94																		
26.135,99	I	2.730	-	218,40	245,70	-	126,08	141,84	-	42,32	47,61	-	-	-	-	-	-	-	-	-	-	-	
	II	1.630	-	130,40	146,70	-	45,84	51,57	-	-	-	-	-	-	-	-	-	-	-	-	-	-	
	III	6	-	0,48	0,54	-	-	-	-	-	-	-	-	-	-	-	-	-	-	-	-	-	
	IV	2.730	-	218,40	245,70	-	171,44	192,87	-	126,08	141,84	-	82,24	92,52	-	42,32	47,61	-	10,32	11,61	-	-	
	V	6.122	-	489,76	550,98																		
	VI	6.578	-	526,24	592,02																		
26.171,99	I	2.740	-	219,20	246,60	-	126,80	142,65	-	42,96	48,33	-	-	-	-	-	-	-	-	-	-	-	
	II	1.639	-	131,12	147,51	-	46,48	52,29	-	-	-	-	-	-	-	-	-	-	-	-	-	-	
	III	12	-	0,96	1,08	-	-	-	-	-	-	-	-	-	-	-	-	-	-	-	-	-	
	IV	2.740	-	219,20	246,60	-	172,24	193,77	-	126,80	142,65	-	82,88	93,24	-	42,96	48,33	-	10,80	12,15	-	-	
	V	6.134	-	490,72	552,06																		
	VI	6.590	-	527,20	593,10																		
26.207,99	I	2.750	-	220,00	247,50	-	127,52	143,46	-	43,52	48,96	-	-	-	-	-	-	-	-	-	-	-	
	II	1.648	-	131,84	148,32	-	47,04	52,92	-	-	-	-	-	-	-	-	-	-	-	-	-	-	
	III	16	-	1,28	1,44	-	-	-	-	-	-	-	-	-	-	-	-	-	-	-	-	-	
	IV	2.750	-	220,00	247,50	-	172,96	194,58	-	127,52	143,46	-	83,60	94,05	-	43,52	48,96	-	11,20	12,60	-	-	
	V	6.148	-	491,84	553,32																		
	VI	6.606	-	528,48	594,54																		
26.243,99	I	2.759	-	220,72	248,31	-	128,24	144,27	-	44,08	49,59	-	-	-	-	-	-	-	-	-	-	-	
	II	1.657	-	132,56	149,13	-	47,68	53,64	-	-	-	-	-	-	-	-	-	-	-	-	-	-	
	III	22	-	1,76	1,98	-	-	-	-	-	-	-	-	-	-	-	-	-	-	-	-	-	
	IV	2.759	-	220,72	248,31	-	173,68	195,39	-	128,24	144,27	-	84,32	94,86	-	44,08	49,59	-	11,68	13,14	-	-	
	V	6.160	-	492,80	554,40																		
	VI	6.618	-	529,44	595,62																		
26.279,99	I	2.769	-	221,52	249,21	-	128,96	145,08	-	44,72	50,31	-	-	-	-	-	-	-	-	-	-	-	
	II	1.666	-	133,28	149,94	-	48,24	54,27	-	-	-	-	-	-	-	-	-	-	-	-	-	-	
	III	26	-	2,08	2,34	-	-	-	-	-	-	-	-	-	-	-	-	-	-	-	-	-	
	IV	2.769	-	221,52	249,21	-	174,48	196,29	-	128,96	145,08	-	84,96	95,58	-	44,72	50,31	-	12,16	13,68	-	-	
	V	6.172	-	493,76	555,48																		
	VI	6.630	-	530,40	596,70																		
26.315,99	I	2.778	-	222,24	250,02	-	129,68	145,89	-	45,28	50,94	-	-	-	-	-	-	-	-	-	-	-	
	II	1.675	-	134,00	150,75	-	48,80	54,90	-	-	-	-	-	-	-	-	-	-	-	-	-	-	
	III	32	-	2,56	2,88	-	-	-	-	-	-	-	-	-	-	-	-	-	-	-	-	-	
	IV	2.778	-	222,24	250,02	-	175,20	197,10	-	129,68	145,89	-	85,68	96,39	-	45,28	50,94	-	12,56	14,13	-	-	
	V	6.186	-	494,88	556,74																		
	VI	6.642	-	531,36	597,78																		
26.351,99	I	2.788	-	223,04	250,92	-	130,40	146,70	-	45,84	51,57	-	-	-	-	-	-	-	-	-	-	-	
	II	1.684	-	134,72	151,56	-	49,44	55,62	-	-	-	-	-	-	-	-	-	-	-	-	-	-	
	III	36	-	2,88	3,24	-	-	-	-	-	-	-	-	-	-	-	-	-	-	-	-	-	
	IV	2.788	-	223,04	250,92	-	175,92	197,91	-	130,40	146,70	-	86,40	97,20	-	45,84	51,57	-	13,04	14,67	-	-	
	V	6.198	-	495,84	557,82																		
	VI	6.658	-	532,64	599,22																		
26.387,99	I	2.798	-	223,84	251,82	-	131,12	147,51	-	46,48	52,29	-	-	-	-	-	-	-	-	-	-	-	
	II	1.693	-	135,44	152,37	-	50,08	56,34	-	-	-	-	-	-	-	-	-	-	-	-	-	-	
	III	42	-	3,36	3,78	-	-	-	-	-	-	-	-	-	-	-	-	-	-	-	-	-	
	IV	2.798	-	223,84	251,82	-	176,72	198,81	-	131,12	147,51	-	87,04	97,92	-	46,48	52,29	-	13,52	15,21	-	-	
	V	6.214	-	497,12	559,26																		
	VI	6.670	-	533,60	600,30																		
26.423,99	I	2.807	-	224,56	252,63	-	131,84	148,32	-	47,04	52,92	-	-	-	-	-	-	-	-	-	-	-	
	II	1.702	-	136,16	153,18	-	50,64	56,97	-	-	-	-	-	-	-	-	-	-	-	-	-	-	
	III	48	-	3,84	4,32	-	-	-	-	-	-	-	-	-	-	-	-	-	-	-	-	-	
	IV	2.807	-	224,56	252,63	-	177,44	199,62	-	131,84	148,32	-	87,76	98,73	-	47,04	52,92	-	14,00	15,75	-	-	
	V	6.226	-	498,08	560,34																		
	VI	6.682	-	534,56	601,38																		
26.459,99	I	2.817	-	225,36	253,53	-	132,56	149,13	-	47,68	53,64	-	-	-	-	-	-	-	-	-	-	-	
	II	1.711	-	136,88	153,99	-	51,28	57,69	-	-	-	-	-	-	-	-	-	-	-	-	-	-	
	III	52	-	4,16	4,68	-	-	-	-	-	-	-	-	-	-	-	-	-	-	-	-	-	
	IV	2.817	-	225,36	253,53	-	178,16	200,43	-	132,56	149,13	-	88,48	99,54	-	47,68	53,64	-	14,48	16,29	-	-	
	V	6.238	-	499,04	561,42																		
	VI	6.698	-	535,84	602,82																		

SolZ/KiSt lt. Tabelle nicht für Sonstige Bezüge anwendbar.

Lohn/ Gehalt bis	Steuerklasse	Lohn-steuer	ohne Kinderfreibetrag			Anzahl Kinderfreibeträge (nur Steuerklassen I–IV) 0,5			1,0			1,5			2,0			2,5			3,0		
			SolZ 5,5%	Kirchensteuer 8%	9%	SolZ 5,5%	Kirchensteuer 8%	9%	SolZ 5,5%	Kirchensteuer 8%	9%	SolZ 5,5%	Kirchensteuer 8%	9%	SolZ 5,5%	Kirchensteuer 8%	9%	SolZ 5,5%	Kirchensteuer 8%	9%	SolZ 5,5%	Kirchensteuer 8%	9%
26.495,99	I	2.827	-	226,16	254,43	-	133,28	149,94	-	48,24	54,27	-	-	-	-	-	-	-	-	-	-	-	-
	II	1.720	-	137,60	154,80	-	51,84	58,32	-	-	-	-	-	-	-	-	-	-	-	-	-	-	-
	III	58	-	4,64	5,22	-	-	-	-	-	-	-	-	-	-	-	-	-	-	-	-	-	-
	IV	2.827	-	226,16	254,43	-	178,96	201,33	-	133,28	149,94	-	89,12	100,26	-	48,24	54,27	-	14,96	16,83	-	-	-
	V	6.252	-	500,16	562,68																		
	VI	6.710	-	536,80	603,90																		
26.531,99	I	2.836	-	226,88	255,24	-	134,00	150,75	-	48,80	54,90	-	-	-	-	-	-	-	-	-	-	-	-
	II	1.729	-	138,32	155,61	-	52,48	59,04	-	-	-	-	-	-	-	-	-	-	-	-	-	-	-
	III	62	-	4,96	5,58	-	-	-	-	-	-	-	-	-	-	-	-	-	-	-	-	-	-
	IV	2.836	-	226,88	255,24	-	179,68	202,14	-	134,00	150,75	-	89,84	101,07	-	48,80	54,90	-	15,44	17,37	-	-	-
	V	6.264	-	501,12	563,76																		
	VI	6.722	-	537,76	604,98																		
26.567,99	I	2.846	-	227,68	256,14	-	134,72	151,56	-	49,44	55,62	-	-	-	-	-	-	-	-	-	-	-	-
	II	1.738	-	139,04	156,42	-	53,12	59,76	-	-	-	-	-	-	-	-	-	-	-	-	-	-	-
	III	68	-	5,44	6,12	-	-	-	-	-	-	-	-	-	-	-	-	-	-	-	-	-	-
	IV	2.846	-	227,68	256,14	-	180,40	202,95	-	134,72	151,56	-	90,56	101,88	-	49,44	55,62	-	15,92	17,91	-	-	-
	V	6.276	-	502,08	564,84																		
	VI	6.736	-	538,88	606,24																		
26.603,99	I	2.855	-	228,40	256,95	-	135,44	152,37	-	50,08	56,34	-	-	-	-	-	-	-	-	-	-	-	-
	II	1.747	-	139,76	157,23	-	53,68	60,39	-	-	-	-	-	-	-	-	-	-	-	-	-	-	-
	III	74	-	5,92	6,66	-	-	-	-	-	-	-	-	-	-	-	-	-	-	-	-	-	-
	IV	2.855	-	228,40	256,95	-	181,20	203,85	-	135,44	152,37	-	91,28	102,69	-	50,08	56,34	-	16,40	18,45	-	-	-
	V	6.290	-	503,20	566,10																		
	VI	6.750	-	540,00	607,50																		
26.639,99	I	2.865	-	229,20	257,85	-	136,16	153,18	-	50,64	56,97	-	-	-	-	-	-	-	-	-	-	-	-
	II	1.756	-	140,48	158,04	-	54,32	61,11	-	-	-	-	-	-	-	-	-	-	-	-	-	-	-
	III	78	-	6,24	7,02	-	-	-	-	-	-	-	-	-	-	-	-	-	-	-	-	-	-
	IV	2.865	-	229,20	257,85	-	181,92	204,66	-	136,16	153,18	-	91,92	103,41	-	50,64	56,97	-	16,88	18,99	-	-	-
	V	6.302	-	504,16	567,18																		
	VI	6.762	-	540,96	608,58																		
26.675,99	I	2.875	-	230,00	258,75	-	136,88	153,99	-	51,28	57,69	-	-	-	-	-	-	-	-	-	-	-	-
	II	1.765	-	141,20	158,85	-	54,96	61,83	-	-	-	-	-	-	-	-	-	-	-	-	-	-	-
	III	84	-	6,72	7,56	-	-	-	-	-	-	-	-	-	-	-	-	-	-	-	-	-	-
	IV	2.875	-	230,00	258,75	-	182,64	205,47	-	136,88	153,99	-	92,64	104,22	-	51,28	57,69	-	17,36	19,53	-	-	-
	V	6.314	-	505,12	568,26																		
	VI	6.776	-	542,08	609,84																		
26.711,99	I	2.884	-	230,72	259,56	-	137,60	154,80	-	51,84	58,32	-	-	-	-	-	-	-	-	-	-	-	-
	II	1.774	-	141,92	159,66	-	55,60	62,55	-	-	-	-	-	-	-	-	-	-	-	-	-	-	-
	III	88	-	7,04	7,92	-	-	-	-	-	-	-	-	-	-	-	-	-	-	-	-	-	-
	IV	2.884	-	230,72	259,56	-	183,44	206,37	-	137,60	154,80	-	93,36	105,03	-	51,84	58,32	-	17,84	20,07	-	-	-
	V	6.328	-	506,24	569,52																		
	VI	6.788	-	543,04	610,92																		
26.747,99	I	2.894	-	231,52	260,46	-	138,32	155,61	-	52,48	59,04	-	-	-	-	-	-	-	-	-	-	-	-
	II	1.784	-	142,72	160,56	-	56,16	63,18	-	-	-	-	-	-	-	-	-	-	-	-	-	-	-
	III	94	-	7,52	8,46	-	-	-	-	-	-	-	-	-	-	-	-	-	-	-	-	-	-
	IV	2.894	-	231,52	260,46	-	184,16	207,18	-	138,32	155,61	-	94,08	105,84	-	52,48	59,04	-	18,32	20,61	-	-	-
	V	6.340	-	507,20	570,60																		
	VI	6.804	-	544,32	612,36																		
26.783,99	I	2.904	-	232,32	261,36	-	139,04	156,42	-	53,12	59,76	-	-	-	-	-	-	-	-	-	-	-	-
	II	1.793	-	143,44	161,37	-	56,80	63,90	-	-	-	-	-	-	-	-	-	-	-	-	-	-	-
	III	100	-	8,00	9,00	-	-	-	-	-	-	-	-	-	-	-	-	-	-	-	-	-	-
	IV	2.904	-	232,32	261,36	-	184,88	207,99	-	139,04	156,42	-	94,72	106,56	-	53,12	59,76	-	18,80	21,15	-	-	-
	V	6.354	-	508,32	571,86																		
	VI	6.816	-	545,28	613,44																		
26.819,99	I	2.914	-	233,12	262,26	-	139,76	157,23	-	53,68	60,39	-	-	-	-	-	-	-	-	-	-	-	-
	II	1.802	-	144,16	162,18	-	57,44	64,62	-	-	-	-	-	-	-	-	-	-	-	-	-	-	-
	III	104	-	8,32	9,36	-	-	-	-	-	-	-	-	-	-	-	-	-	-	-	-	-	-
	IV	2.914	-	233,12	262,26	-	185,68	208,89	-	139,76	157,23	-	95,44	107,37	-	53,68	60,39	-	19,28	21,69	-	-	-
	V	6.368	-	509,44	573,12																		
	VI	6.828	-	546,24	614,52																		
26.855,99	I	2.923	-	233,84	263,07	-	140,48	158,04	-	54,32	61,11	-	-	-	-	-	-	-	-	-	-	-	-
	II	1.811	-	144,88	162,99	-	58,08	65,34	-	-	-	-	-	-	-	-	-	-	-	-	-	-	-
	III	110	-	8,80	9,90	-	-	-	-	-	-	-	-	-	-	-	-	-	-	-	-	-	-
	IV	2.923	-	233,84	263,07	-	186,40	209,70	-	140,48	158,04	-	96,16	108,18	-	54,32	61,11	-	19,76	22,23	-	-	-
	V	6.380	-	510,40	574,20																		
	VI	6.842	-	547,36	615,78																		
26.891,99	I	2.933	-	234,64	263,97	-	141,20	158,85	-	54,96	61,83	-	-	-	-	-	-	-	-	-	-	-	-
	II	1.820	-	145,60	163,80	-	58,72	66,06	-	-	-	-	-	-	-	-	-	-	-	-	-	-	-
	III	116	-	9,28	10,44	-	-	-	-	-	-	-	-	-	-	-	-	-	-	-	-	-	-
	IV	2.933	-	234,64	263,97	-	187,20	210,60	-	141,20	158,85	-	96,88	108,99	-	54,96	61,83	-	20,24	22,77	-	-	-
	V	6.394	-	511,52	575,46																		
	VI	6.856	-	548,48	617,04																		
26.927,99	I	2.943	-	235,44	264,87	-	141,92	159,66	-	55,60	62,55	-	-	-	-	-	-	-	-	-	-	-	-
	II	1.829	-	146,32	164,61	-	59,36	66,78	-	-	-	-	-	-	-	-	-	-	-	-	-	-	-
	III	120	-	9,60	10,80	-	-	-	-	-	-	-	-	-	-	-	-	-	-	-	-	-	-
	IV	2.943	-	235,44	264,87	-	187,92	211,41	-	141,92	159,66	-	97,52	109,71	-	55,60	62,55	-	20,72	23,31	-	-	-
	V	6.406	-	512,48	576,54																		
	VI	6.870	-	549,60	618,30																		
26.963,99	I	2.952	-	236,16	265,68	-	142,72	160,56	-	56,16	63,18	-	-	-	-	-	-	-	-	-	-	-	-
	II	1.838	-	147,04	165,42	-	60,00	67,50	-	-	-	-	-	-	-	-	-	-	-	-	-	-	-
	III	126	-	10,08	11,34	-	-	-	-	-	-	-	-	-	-	-	-	-	-	-	-	-	-
	IV	2.952	-	236,16	265,68	-	188,64	212,22	-	142,72	160,56	-	98,24	110,52	-	56,16	63,18	-	21,28	23,94	-	-	-
	V	6.418	-	513,44	577,62																		
	VI	6.882	-	550,56	619,38																		
26.999,99	I	2.962	-	236,96	266,58	-	143,44	161,37	-	56,80	63,90	-	-	-	-	-	-	-	-	-	-	-	-
	II	1.847	-	147,76	166,23	-	60,64	68,22	-	-	-	-	-	-	-	-	-	-	-	-	-	-	-
	III	132	-	10,56	11,88	-	-	-	-	-	-	-	-	-	-	-	-	-	-	-	-	-	-
	IV	2.962	-	236,96	266,58	-	189,44	213,12	-	143,44	161,37	-	98,96	111,33	-	56,80	63,90	-	21,76	24,48	-	-	-
	V	6.432	-	514,56	578,88																		
	VI	6.896	-	551,68	620,64																		

SolZ/KiSt lt. Tabelle nicht für Sonstige Bezüge anwendbar.

Lohn/ Gehalt bis	Steuerklasse	Lohnsteuer	ohne Kinderfreibetrag			Anzahl Kinderfreibeträge (nur Steuerklassen I–IV) 0,5			1,0			1,5			2,0			2,5			3,0		
			SolZ 5,5%	Kirchensteuer 8%	9%	SolZ 5,5%	Kirchensteuer 8%	9%	SolZ 5,5%	Kirchensteuer 8%	9%	SolZ 5,5%	Kirchensteuer 8%	9%	SolZ 5,5%	Kirchensteuer 8%	9%	SolZ 5,5%	Kirchensteuer 8%	9%	SolZ 5,5%	Kirchensteuer 8%	9%
27.035,99	I	2.972	-	237,76	267,48	-	144,16	162,18	-	57,44	64,62	-	-	-	-	-	-	-	-	-	-	-	
	II	1.856	-	148,48	167,04	-	61,28	68,94	-	-	-	-	-	-	-	-	-	-	-	-	-	-	
	III	136	-	10,88	12,24	-	-	-	-	-	-	-	-	-	-	-	-	-	-	-	-	-	
	IV	2.972	-	237,76	267,48	-	190,16	213,93	-	144,16	162,18	-	99,68	112,14	-	57,44	64,62	-	22,24	25,02	-	-	
	V	6.446	-	515,68	580,14																		
	VI	6.910	-	552,80	621,90																		
27.071,99	I	2.981	-	238,48	268,29	-	144,88	162,99	-	58,08	65,34	-	-	-	-	-	-	-	-	-	-	-	
	II	1.866	-	149,28	167,94	-	61,92	69,66	-	-	-	-	-	-	-	-	-	-	-	-	-	-	
	III	142	-	11,36	12,78	-	-	-	-	-	-	-	-	-	-	-	-	-	-	-	-	-	
	IV	2.981	-	238,48	268,29	-	190,96	214,83	-	144,88	162,99	-	100,32	112,86	-	58,08	65,34	-	22,72	25,56	-	-	
	V	6.458	-	516,64	581,22																		
	VI	6.924	-	553,92	623,16																		
27.107,99	I	2.991	-	239,28	269,19	-	145,60	163,80	-	58,72	66,06	-	-	-	-	-	-	-	-	-	-	-	
	II	1.875	-	150,00	168,75	-	62,56	70,38	-	-	-	-	-	-	-	-	-	-	-	-	-	-	
	III	148	-	11,84	13,32	-	-	-	-	-	-	-	-	-	-	-	-	-	-	-	-	-	
	IV	2.991	-	239,28	269,19	-	191,68	215,64	-	145,60	163,80	-	101,04	113,67	-	58,72	66,06	-	23,28	26,19	-	-	
	V	6.472	-	517,76	582,48																		
	VI	6.936	-	554,88	624,24																		
27.143,99	I	3.001	-	240,08	270,09	-	146,32	164,61	-	59,36	66,78	-	-	-	-	-	-	-	-	-	-	-	
	II	1.884	-	150,72	169,56	-	63,20	71,10	-	-	-	-	-	-	-	-	-	-	-	-	-	-	
	III	152	-	12,16	13,68	-	-	-	-	-	-	-	-	-	-	-	-	-	-	-	-	-	
	IV	3.001	-	240,08	270,09	-	192,40	216,45	-	146,32	164,61	-	101,76	114,48	-	59,36	66,78	-	23,76	26,73	-	-	
	V	6.484	-	518,72	583,56																		
	VI	6.948	-	555,84	625,32																		
27.179,99	I	3.011	-	240,88	270,99	-	147,04	165,42	-	60,00	67,50	-	-	-	-	-	-	-	-	-	-	-	
	II	1.893	-	151,44	170,37	-	63,84	71,82	-	-	-	-	-	-	-	-	-	-	-	-	-	-	
	III	158	-	12,64	14,22	-	-	-	-	-	-	-	-	-	-	-	-	-	-	-	-	-	
	IV	3.011	-	240,88	270,99	-	193,20	217,35	-	147,04	165,42	-	102,48	115,29	-	60,00	67,50	-	24,32	27,36	-	-	
	V	6.496	-	519,68	584,64																		
	VI	6.964	-	557,12	626,76																		
27.215,99	I	3.020	-	241,60	271,80	-	147,76	166,23	-	60,64	68,22	-	-	-	-	-	-	-	-	-	-	-	
	II	1.902	-	152,16	171,18	-	64,48	72,54	-	-	-	-	-	-	-	-	-	-	-	-	-	-	
	III	164	-	13,12	14,76	-	-	-	-	-	-	-	-	-	-	-	-	-	-	-	-	-	
	IV	3.020	-	241,60	271,80	-	193,92	218,16	-	147,76	166,23	-	103,20	116,10	-	60,64	68,22	-	24,80	27,90	-	-	
	V	6.512	-	520,96	586,08																		
	VI	6.976	-	558,08	627,84																		
27.251,99	I	3.030	-	242,40	272,70	-	148,48	167,04	-	61,28	68,94	-	-	-	-	-	-	-	-	-	-	-	
	II	1.911	-	152,88	171,99	-	65,12	73,26	-	-	-	-	-	-	-	-	-	-	-	-	-	-	
	III	170	-	13,60	15,30	-	-	-	-	-	-	-	-	-	-	-	-	-	-	-	-	-	
	IV	3.030	-	242,40	272,70	-	194,72	219,06	-	148,48	167,04	-	103,92	116,91	-	61,28	68,94	-	25,28	28,44	-	-	
	V	6.524	-	521,92	587,16																		
	VI	6.990	-	559,20	629,10																		
27.287,99	I	3.040	-	243,20	273,60	-	149,28	167,94	-	61,92	69,66	-	-	-	-	-	-	-	-	-	-	-	
	II	1.920	-	153,60	172,80	-	65,84	74,07	-	-	-	-	-	-	-	-	-	-	-	-	-	-	
	III	174	-	13,92	15,66	-	-	-	-	-	-	-	-	-	-	-	-	-	-	-	-	-	
	IV	3.040	-	243,20	273,60	-	195,44	219,87	-	149,28	167,94	-	104,56	117,63	-	61,92	69,66	-	25,84	29,07	-	-	
	V	6.536	-	522,88	588,24																		
	VI	7.002	-	560,16	630,18																		
27.323,99	I	3.050	-	244,00	274,50	-	150,00	168,75	-	62,56	70,38	-	-	-	-	-	-	-	-	-	-	-	
	II	1.930	-	154,40	173,70	-	66,48	74,79	-	0,40	0,45	-	-	-	-	-	-	-	-	-	-	-	
	III	180	-	14,40	16,20	-	-	-	-	-	-	-	-	-	-	-	-	-	-	-	-	-	
	IV	3.050	-	244,00	274,50	-	196,24	220,77	-	150,00	168,75	-	105,28	118,44	-	62,56	70,38	-	26,32	29,61	-	-	
	V	6.548	-	523,84	589,32																		
	VI	7.016	-	561,28	631,44																		
27.359,99	I	3.059	-	244,72	275,31	-	150,72	169,56	-	63,20	71,10	-	-	-	-	-	-	-	-	-	-	-	
	II	1.939	-	155,12	174,51	-	67,12	75,51	-	0,80	0,90	-	-	-	-	-	-	-	-	-	-	-	
	III	186	-	14,88	16,74	-	-	-	-	-	-	-	-	-	-	-	-	-	-	-	-	-	
	IV	3.059	-	244,72	275,31	-	196,96	221,58	-	150,72	169,56	-	106,00	119,25	-	63,20	71,10	-	26,88	30,24	-	-	
	V	6.564	-	525,12	590,76																		
	VI	7.032	-	562,56	632,88																		
27.395,99	I	3.069	-	245,52	276,21	-	151,44	170,37	-	63,84	71,82	-	-	-	-	-	-	-	-	-	-	-	
	II	1.948	-	155,84	175,32	-	67,76	76,23	-	1,20	1,35	-	-	-	-	-	-	-	-	-	-	-	
	III	192	-	15,36	17,28	-	-	-	-	-	-	-	-	-	-	-	-	-	-	-	-	-	
	IV	3.069	-	245,52	276,21	-	197,68	222,39	-	151,44	170,37	-	106,72	120,06	-	63,84	71,82	-	27,36	30,78	-	-	
	V	6.576	-	526,08	591,84																		
	VI	7.044	-	563,52	633,96																		
27.431,99	I	3.079	-	246,32	277,11	-	152,16	171,18	-	64,48	72,54	-	-	-	-	-	-	-	-	-	-	-	
	II	1.957	-	156,56	176,13	-	68,48	77,04	-	1,60	1,80	-	-	-	-	-	-	-	-	-	-	-	
	III	196	-	15,68	17,64	-	-	-	-	-	-	-	-	-	-	-	-	-	-	-	-	-	
	IV	3.079	-	246,32	277,11	-	198,48	223,29	-	152,16	171,18	-	107,44	120,87	-	64,48	72,54	-	27,92	31,41	-	-	
	V	6.588	-	527,04	592,92																		
	VI	7.058	-	564,64	635,22																		
27.467,99	I	3.089	-	247,12	278,01	-	152,88	171,99	-	65,12	73,26	-	-	-	-	-	-	-	-	-	-	-	
	II	1.966	-	157,28	176,94	-	69,12	77,76	-	2,00	2,25	-	-	-	-	-	-	-	-	-	-	-	
	III	202	-	16,16	18,18	-	-	-	-	-	-	-	-	-	-	-	-	-	-	-	-	-	
	IV	3.089	-	247,12	278,01	-	199,20	224,10	-	152,88	171,99	-	108,16	121,68	-	65,12	73,26	-	28,40	31,95	-	-	
	V	6.602	-	528,16	594,18																		
	VI	7.070	-	565,60	636,30																		
27.503,99	I	3.099	-	247,92	278,91	-	153,60	172,80	-	65,84	74,07	-	-	-	-	-	-	-	-	-	-	-	
	II	1.976	-	158,08	177,84	-	69,76	78,48	-	2,40	2,70	-	-	-	-	-	-	-	-	-	-	-	
	III	208	-	16,64	18,72	-	-	-	-	-	-	-	-	-	-	-	-	-	-	-	-	-	
	IV	3.099	-	247,92	278,91	-	200,00	225,00	-	153,60	172,80	-	108,80	122,40	-	65,84	74,07	-	28,96	32,58	-	-	
	V	6.616	-	529,28	595,44																		
	VI	7.084	-	566,72	637,56																		
27.539,99	I	3.108	-	248,64	279,72	-	154,40	173,70	-	66,48	74,79	-	0,40	0,45	-	-	-	-	-	-	-	-	
	II	1.985	-	158,80	178,65	-	70,48	79,29	-	2,88	3,24	-	-	-	-	-	-	-	-	-	-	-	
	III	214	-	17,12	19,26	-	-	-	-	-	-	-	-	-	-	-	-	-	-	-	-	-	
	IV	3.108	-	248,64	279,72	-	200,72	225,81	-	154,40	173,70	-	109,52	123,21	-	66,48	74,79	-	29,52	33,21	-	0,40	0,4
	V	6.628	-	530,24	596,52																		
	VI	7.098	-	567,84	638,82																		

SolZ/KiSt lt. Tabelle nicht für Sonstige Bezüge anwendbar.

Besondere Tabelle

JAHR bis 28.079,99 €

Lohn/ Gehalt bis	Steuerklasse	Lohn-steuer	ohne Kinderfreibetrag SolZ 5,5%	Kirchensteuer 8%	Kirchensteuer 9%	0,5 SolZ 5,5%	0,5 Kirchensteuer 8%	0,5 Kirchensteuer 9%	1,0 SolZ 5,5%	1,0 Kirchensteuer 8%	1,0 Kirchensteuer 9%	1,5 SolZ 5,5%	1,5 Kirchensteuer 8%	1,5 Kirchensteuer 9%	2,0 SolZ 5,5%	2,0 Kirchensteuer 8%	2,0 Kirchensteuer 9%	2,5 SolZ 5,5%	2,5 Kirchensteuer 8%	2,5 Kirchensteuer 9%	3,0 SolZ 5,5%	3,0 Kirchensteuer 8%	3,0 Kirchensteuer 9%
27.575,99	I	3.118	-	249,44	280,62	-	155,12	174,51	-	67,12	75,51	-	0,80	0,90	-	-	-	-	-	-	-	-	-
	II	1.994	-	159,52	179,46	-	71,12	80,01	-	3,28	3,69	-	-	-	-	-	-	-	-	-	-	-	-
	III	218	-	17,44	19,62	-	-	-	-	-	-	-	-	-	-	-	-	-	-	-	-	-	-
	IV	3.118	-	249,44	280,62	-	201,52	226,71	-	155,12	174,51	-	110,24	124,02	-	67,12	75,51	-	30,00	33,75	-	0,80	0,90
	V	6.642	-	531,36	597,78																		
	VI	7.112	-	568,96	640,08																		
27.611,99	I	3.128	-	250,24	281,52	-	155,84	175,32	-	67,76	76,23	-	1,20	1,35	-	-	-	-	-	-	-	-	-
	II	2.003	-	160,24	180,27	-	71,76	80,73	-	3,68	4,14	-	-	-	-	-	-	-	-	-	-	-	-
	III	224	-	17,92	20,16	-	-	-	-	-	-	-	-	-	-	-	-	-	-	-	-	-	-
	IV	3.128	-	250,24	281,52	-	202,24	227,52	-	155,84	175,32	-	110,96	124,83	-	67,76	76,23	-	30,56	34,38	-	1,20	1,35
	V	6.656	-	532,48	599,04																		
	VI	7.124	-	569,92	641,16																		
27.647,99	I	3.138	-	251,04	282,42	-	156,56	176,13	-	68,48	77,04	-	1,60	1,80	-	-	-	-	-	-	-	-	-
	II	2.012	-	160,96	181,08	-	72,48	81,54	-	4,08	4,59	-	-	-	-	-	-	-	-	-	-	-	-
	III	230	-	18,40	20,70	-	-	-	-	-	-	-	-	-	-	-	-	-	-	-	-	-	-
	IV	3.138	-	251,04	282,42	-	203,04	228,42	-	156,56	176,13	-	111,68	125,64	-	68,48	77,04	-	31,12	35,01	-	1,60	1,80
	V	6.668	-	533,44	600,12																		
	VI	7.138	-	571,04	642,42																		
27.683,99	I	3.148	-	251,84	283,32	-	157,28	176,94	-	69,12	77,76	-	2,00	2,25	-	-	-	-	-	-	-	-	-
	II	2.022	-	161,76	181,98	-	73,12	82,26	-	4,56	5,13	-	-	-	-	-	-	-	-	-	-	-	-
	III	236	-	18,88	21,24	-	-	-	-	-	-	-	-	-	-	-	-	-	-	-	-	-	-
	IV	3.148	-	251,84	283,32	-	203,76	229,23	-	157,28	176,94	-	112,40	126,45	-	69,12	77,76	-	31,60	35,55	-	2,00	2,25
	V	6.680	-	534,40	601,20																		
	VI	7.152	-	572,16	643,68																		
27.719,99	I	3.157	-	252,56	284,13	-	158,08	177,84	-	69,76	78,48	-	2,40	2,70	-	-	-	-	-	-	-	-	-
	II	2.031	-	162,48	182,79	-	73,84	83,07	-	4,96	5,58	-	-	-	-	-	-	-	-	-	-	-	-
	III	242	-	19,36	21,78	-	-	-	-	-	-	-	-	-	-	-	-	-	-	-	-	-	-
	IV	3.157	-	252,56	284,13	-	204,56	230,13	-	158,08	177,84	-	113,12	127,26	-	69,76	78,48	-	32,16	36,18	-	2,40	2,70
	V	6.694	-	535,52	602,46																		
	VI	7.166	-	573,28	644,94																		
27.755,99	I	3.167	-	253,36	285,03	-	158,80	178,65	-	70,48	79,29	-	2,88	3,24	-	-	-	-	-	-	-	-	-
	II	2.040	-	163,20	183,60	-	74,48	83,79	-	5,36	6,03	-	-	-	-	-	-	-	-	-	-	-	-
	III	246	-	19,68	22,14	-	-	-	-	-	-	-	-	-	-	-	-	-	-	-	-	-	-
	IV	3.167	-	253,36	285,03	-	205,28	230,94	-	158,80	178,65	-	113,76	127,98	-	70,48	79,29	-	32,72	36,81	-	2,88	3,24
	V	6.708	-	536,64	603,72																		
	VI	7.180	-	574,40	646,20																		
27.791,99	I	3.177	-	254,16	285,93	-	159,52	179,46	-	71,12	80,01	-	3,28	3,69	-	-	-	-	-	-	-	-	-
	II	2.049	-	163,92	184,41	-	75,20	84,60	-	5,84	6,57	-	-	-	-	-	-	-	-	-	-	-	-
	III	252	-	20,16	22,68	-	-	-	-	-	-	-	-	-	-	-	-	-	-	-	-	-	-
	IV	3.177	-	254,16	285,93	-	206,08	231,84	-	159,52	179,46	-	114,48	128,79	-	71,12	80,01	-	33,28	37,44	-	3,28	3,69
	V	6.720	-	537,60	604,80																		
	VI	7.192	-	575,36	647,28																		
27.827,99	I	3.187	-	254,96	286,83	-	160,24	180,27	-	71,76	80,73	-	3,68	4,14	-	-	-	-	-	-	-	-	-
	II	2.059	-	164,72	185,31	-	75,84	85,32	-	6,24	7,02	-	-	-	-	-	-	-	-	-	-	-	-
	III	258	-	20,64	23,22	-	-	-	-	-	-	-	-	-	-	-	-	-	-	-	-	-	-
	IV	3.187	-	254,96	286,83	-	206,80	232,65	-	160,24	180,27	-	115,20	129,60	-	71,76	80,73	-	33,84	38,07	-	3,68	4,14
	V	6.734	-	538,72	606,06																		
	VI	7.206	-	576,48	648,54																		
27.863,99	I	3.197	-	255,76	287,73	-	160,96	181,08	-	72,48	81,54	-	4,08	4,59	-	-	-	-	-	-	-	-	-
	II	2.068	-	165,44	186,12	-	76,56	86,13	-	6,72	7,56	-	-	-	-	-	-	-	-	-	-	-	-
	III	264	-	21,12	23,76	-	-	-	-	-	-	-	-	-	-	-	-	-	-	-	-	-	-
	IV	3.197	-	255,76	287,73	-	207,60	233,55	-	160,96	181,08	-	115,92	130,41	-	72,48	81,54	-	34,40	38,70	-	4,08	4,59
	V	6.748	-	539,84	607,32																		
	VI	7.220	-	577,60	649,80																		
27.899,99	I	3.206	-	256,48	288,54	-	161,76	181,98	-	73,12	82,26	-	4,56	5,13	-	-	-	-	-	-	-	-	-
	II	2.077	-	166,16	186,93	-	77,28	86,94	-	7,12	8,01	-	-	-	-	-	-	-	-	-	-	-	-
	III	270	-	21,60	24,30	-	-	-	-	-	-	-	-	-	-	-	-	-	-	-	-	-	-
	IV	3.206	-	256,48	288,54	-	208,32	234,36	-	161,76	181,98	-	116,64	131,22	-	73,12	82,26	-	34,88	39,24	-	4,56	5,13
	V	6.760	-	540,80	608,40																		
	VI	7.232	-	578,56	650,88																		
27.935,99	I	3.216	-	257,28	289,44	-	162,48	182,79	-	73,84	83,07	-	4,96	5,58	-	-	-	-	-	-	-	-	-
	II	2.086	-	166,88	187,74	-	77,92	87,66	-	7,52	8,46	-	-	-	-	-	-	-	-	-	-	-	-
	III	276	-	22,08	24,84	-	-	-	-	-	-	-	-	-	-	-	-	-	-	-	-	-	-
	IV	3.216	-	257,28	289,44	-	209,12	235,26	-	162,48	182,79	-	117,36	132,03	-	73,84	83,07	-	35,44	39,87	-	4,96	5,58
	V	6.774	-	541,92	609,66																		
	VI	7.248	-	579,84	652,32																		
27.971,99	I	3.226	-	258,08	290,34	-	163,20	183,60	-	74,48	83,79	-	5,36	6,03	-	-	-	-	-	-	-	-	-
	II	2.096	-	167,68	188,64	-	78,64	88,47	-	8,00	9,00	-	-	-	-	-	-	-	-	-	-	-	-
	III	280	-	22,40	25,20	-	-	-	-	-	-	-	-	-	-	-	-	-	-	-	-	-	-
	IV	3.226	-	258,08	290,34	-	209,84	236,07	-	163,20	183,60	-	118,08	132,84	-	74,48	83,79	-	36,00	40,50	-	5,36	6,03
	V	6.788	-	543,04	610,92																		
	VI	7.262	-	580,96	653,58																		
28.007,99	I	3.236	-	258,88	291,24	-	163,92	184,41	-	75,20	84,60	-	5,84	6,57	-	-	-	-	-	-	-	-	-
	II	2.105	-	168,40	189,45	-	79,28	89,19	-	8,48	9,54	-	-	-	-	-	-	-	-	-	-	-	-
	III	286	-	22,88	25,74	-	-	-	-	-	-	-	-	-	-	-	-	-	-	-	-	-	-
	IV	3.236	-	258,88	291,24	-	210,64	236,97	-	163,92	184,41	-	118,80	133,65	-	75,20	84,60	-	36,56	41,13	-	5,84	6,57
	V	6.800	-	544,00	612,00																		
	VI	7.274	-	581,92	654,66																		
28.043,99	I	3.246	-	259,68	292,14	-	164,72	185,31	-	75,84	85,32	-	6,24	7,02	-	-	-	-	-	-	-	-	-
	II	2.114	-	169,12	190,26	-	80,00	90,00	-	8,88	9,99	-	-	-	-	-	-	-	-	-	-	-	-
	III	292	-	23,36	26,28	-	-	-	-	-	-	-	-	-	-	-	-	-	-	-	-	-	-
	IV	3.246	-	259,68	292,14	-	211,44	237,87	-	164,72	185,31	-	119,52	134,46	-	75,84	85,32	-	37,12	41,76	-	6,24	7,02
	V	6.814	-	545,12	613,26																		
	VI	7.288	-	583,04	655,92																		
28.079,99	I	3.256	-	260,48	293,04	-	165,44	186,12	-	76,56	86,13	-	6,72	7,56	-	-	-	-	-	-	-	-	-
	II	2.123	-	169,84	191,07	-	80,72	90,81	-	9,36	10,53	-	-	-	-	-	-	-	-	-	-	-	-
	III	298	-	23,84	26,82	-	-	-	-	-	-	-	-	-	-	-	-	-	-	-	-	-	-
	IV	3.256	-	260,48	293,04	-	212,16	238,68	-	165,44	186,12	-	120,24	135,27	-	76,56	86,13	-	37,68	42,39	-	6,72	7,56
	V	6.826	-	546,08	614,34																		
	VI	7.302	-	584,16	657,18																		

Anzahl Kinderfreibeträge (nur Steuerklassen I–IV)

SolZ/KiSt lt. Tabelle nicht für Sonstige Bezüge anwendbar.

JAHR bis 28.619,99 €

Besondere Tabelle

Lohn/ Gehalt bis	Steuerklasse	Lohnsteuer	ohne Kinderfreibetrag			Anzahl Kinderfreibeträge (nur Steuerklassen I–IV)																	
						0,5			1,0			1,5			2,0			2,5			3,0		
			SolZ 5,5%	Kirchensteuer 8%	Kirchensteuer 9%	SolZ 5,5%	Kirchensteuer 8%	Kirchensteuer 9%	SolZ 5,5%	Kirchensteuer 8%	Kirchensteuer 9%	SolZ 5,5%	Kirchensteuer 8%	Kirchensteuer 9%	SolZ 5,5%	Kirchensteuer 8%	Kirchensteuer 9%	SolZ 5,5%	Kirchensteuer 8%	Kirchensteuer 9%	SolZ 5,5%	Kirchensteuer 8%	Kirchensteuer 9%
28.115,99	I	3.266	-	261,28	293,94	-	166,16	186,93	-	77,28	86,94	-	7,12	8,01	-	-	-	-	-	-	-	-	
	II	2.133	-	170,64	191,97	-	81,36	91,53	-	9,76	10,98	-	-	-	-	-	-	-	-	-	-	-	
	III	304	-	24,32	27,36	-	-	-	-	-	-	-	-	-	-	-	-	-	-	-	-	-	
	IV	3.266	-	261,28	293,94	-	212,96	239,58	-	166,16	186,93	-	120,96	136,08	-	77,28	86,94	-	38,24	43,02	-	7,12	8,0
	V	6.842	-	547,36	615,78																		
	VI	7.314	-	585,12	658,26																		
28.151,99	I	3.275	-	262,00	294,75	-	166,88	187,74	-	77,92	87,66	-	7,52	8,46	-	-	-	-	-	-	-	-	
	II	2.142	-	171,36	192,78	-	82,08	92,34	-	10,24	11,52	-	-	-	-	-	-	-	-	-	-	-	
	III	310	-	24,80	27,90	-	-	-	-	-	-	-	-	-	-	-	-	-	-	-	-	-	
	IV	3.275	-	262,00	294,75	-	213,68	240,39	-	166,88	187,74	-	121,68	136,89	-	77,92	87,66	-	38,80	43,65	-	7,52	8,4
	V	6.854	-	548,32	616,86																		
	VI	7.328	-	586,24	659,52																		
28.187,99	I	3.285	-	262,80	295,65	-	167,68	188,64	-	78,64	88,47	-	8,00	9,00	-	-	-	-	-	-	-	-	
	II	2.151	-	172,08	193,59	-	82,80	93,15	-	10,72	12,06	-	-	-	-	-	-	-	-	-	-	-	
	III	316	-	25,28	28,44	-	-	-	-	-	-	-	-	-	-	-	-	-	-	-	-	-	
	IV	3.285	-	262,80	295,65	-	214,48	241,29	-	167,68	188,64	-	122,40	137,70	-	78,64	88,47	-	39,36	44,28	-	8,00	9,0
	V	6.866	-	549,28	617,94																		
	VI	7.344	-	587,52	660,96																		
28.223,99	I	3.295	-	263,60	296,55	-	168,40	189,45	-	79,28	89,19	-	8,48	9,54	-	-	-	-	-	-	-	-	
	II	2.160	-	172,80	194,40	-	83,44	93,87	-	11,12	12,51	-	-	-	-	-	-	-	-	-	-	-	
	III	322	-	25,76	28,98	-	-	-	-	-	-	-	-	-	-	-	-	-	-	-	-	-	
	IV	3.295	-	263,60	296,55	-	215,20	242,10	-	168,40	189,45	-	123,04	138,42	-	79,28	89,19	-	39,92	44,91	-	8,48	9,5
	V	6.880	-	550,40	619,20																		
	VI	7.356	-	588,48	662,04																		
28.259,99	I	3.305	-	264,40	297,45	-	169,12	190,26	-	80,00	90,00	-	8,88	9,99	-	-	-	-	-	-	-	-	
	II	2.170	-	173,60	195,30	-	84,16	94,68	-	11,60	13,05	-	-	-	-	-	-	-	-	-	-	-	
	III	326	-	26,08	29,34	-	-	-	-	-	-	-	-	-	-	-	-	-	-	-	-	-	
	IV	3.305	-	264,40	297,45	-	216,00	243,00	-	169,12	190,26	-	123,76	139,23	-	80,00	90,00	-	40,56	45,63	-	8,88	9,9
	V	6.894	-	551,52	620,46																		
	VI	7.370	-	589,60	663,30																		
28.295,99	I	3.315	-	265,20	298,35	-	169,84	191,07	-	80,72	90,81	-	9,36	10,53	-	-	-	-	-	-	-	-	
	II	2.179	-	174,32	196,11	-	84,88	95,49	-	12,08	13,59	-	-	-	-	-	-	-	-	-	-	-	
	III	332	-	26,56	29,88	-	-	-	-	-	-	-	-	-	-	-	-	-	-	-	-	-	
	IV	3.315	-	265,20	298,35	-	216,80	243,90	-	169,84	191,07	-	124,48	140,04	-	80,72	90,81	-	41,12	46,26	-	9,36	10,5
	V	6.908	-	552,64	621,72																		
	VI	7.384	-	590,72	664,56																		
28.331,99	I	3.325	-	266,00	299,25	-	170,64	191,97	-	81,36	91,53	-	9,76	10,98	-	-	-	-	-	-	-	-	
	II	2.188	-	175,04	196,92	-	85,52	96,21	-	12,48	14,04	-	-	-	-	-	-	-	-	-	-	-	
	III	338	-	27,04	30,42	-	-	-	-	-	-	-	-	-	-	-	-	-	-	-	-	-	
	IV	3.325	-	266,00	299,25	-	217,52	244,71	-	170,64	191,97	-	125,20	140,85	-	81,36	91,53	-	41,68	46,89	-	9,76	10,9
	V	6.920	-	553,60	622,80																		
	VI	7.398	-	591,84	665,82																		
28.367,99	I	3.335	-	266,80	300,15	-	171,36	192,78	-	82,08	92,34	-	10,24	11,52	-	-	-	-	-	-	-	-	
	II	2.198	-	175,84	197,82	-	86,24	97,02	-	12,96	14,58	-	-	-	-	-	-	-	-	-	-	-	
	III	344	-	27,52	30,96	-	-	-	-	-	-	-	-	-	-	-	-	-	-	-	-	-	
	IV	3.335	-	266,80	300,15	-	218,32	245,61	-	171,36	192,78	-	125,92	141,66	-	82,08	92,34	-	42,24	47,52	-	10,24	11,5
	V	6.934	-	554,72	624,06																		
	VI	7.410	-	592,80	666,90																		
28.403,99	I	3.345	-	267,60	301,05	-	172,08	193,59	-	82,80	93,15	-	10,72	12,06	-	-	-	-	-	-	-	-	
	II	2.207	-	176,56	198,63	-	86,96	97,83	-	13,44	15,12	-	-	-	-	-	-	-	-	-	-	-	
	III	350	-	28,00	31,50	-	-	-	-	-	-	-	-	-	-	-	-	-	-	-	-	-	
	IV	3.345	-	267,60	301,05	-	219,04	246,42	-	172,08	193,59	-	126,64	142,47	-	82,80	93,15	-	42,80	48,15	-	10,72	12,0
	V	6.946	-	555,68	625,14																		
	VI	7.424	-	593,92	668,16																		
28.439,99	I	3.355	-	268,40	301,95	-	172,80	194,40	-	83,44	93,87	-	11,12	12,51	-	-	-	-	-	-	-	-	
	II	2.216	-	177,28	199,44	-	87,68	98,64	-	13,92	15,66	-	-	-	-	-	-	-	-	-	-	-	
	III	356	-	28,48	32,04	-	-	-	-	-	-	-	-	-	-	-	-	-	-	-	-	-	
	IV	3.355	-	268,40	301,95	-	219,84	247,32	-	172,80	194,40	-	127,36	143,28	-	83,44	93,87	-	43,44	48,87	-	11,12	12,5
	V	6.962	-	556,96	626,58																		
	VI	7.440	-	595,20	669,60																		
28.475,99	I	3.365	-	269,20	302,85	-	173,60	195,30	-	84,16	94,68	-	11,60	13,05	-	-	-	-	-	-	-	-	
	II	2.226	-	178,08	200,34	-	88,32	99,36	-	14,40	16,20	-	-	-	-	-	-	-	-	-	-	-	
	III	362	-	28,96	32,58	-	-	-	-	-	-	-	-	-	-	-	-	-	-	-	-	-	
	IV	3.365	-	269,20	302,85	-	220,64	248,22	-	173,60	195,30	-	128,08	144,09	-	84,16	94,68	-	44,00	49,50	-	11,60	13,0
	V	6.974	-	557,92	627,66																		
	VI	7.454	-	596,32	670,86																		
28.511,99	I	3.374	-	269,92	303,66	-	174,32	196,11	-	84,88	95,49	-	12,08	13,59	-	-	-	-	-	-	-	-	
	II	2.235	-	178,80	201,15	-	89,04	100,17	-	14,88	16,74	-	-	-	-	-	-	-	-	-	-	-	
	III	368	-	29,44	33,12	-	-	-	-	-	-	-	-	-	-	-	-	-	-	-	-	-	
	IV	3.374	-	269,92	303,66	-	221,36	249,03	-	174,32	196,11	-	128,80	144,90	-	84,88	95,49	-	44,56	50,13	-	12,08	13,5
	V	6.988	-	559,04	628,92																		
	VI	7.466	-	597,28	671,94																		
28.547,99	I	3.384	-	270,72	304,56	-	175,04	196,92	-	85,52	96,21	-	12,48	14,04	-	-	-	-	-	-	-	-	
	II	2.244	-	179,52	201,96	-	89,76	100,98	-	15,36	17,28	-	-	-	-	-	-	-	-	-	-	-	
	III	374	-	29,92	33,66	-	-	-	-	-	-	-	-	-	-	-	-	-	-	-	-	-	
	IV	3.384	-	270,72	304,56	-	222,16	249,93	-	175,04	196,92	-	129,52	145,71	-	85,52	96,21	-	45,20	50,85	-	12,48	14,0
	V	7.000	-	560,00	630,00																		
	VI	7.480	-	598,40	673,20																		
28.583,99	I	3.394	-	271,52	305,46	-	175,84	197,82	-	86,24	97,02	-	12,96	14,58	-	-	-	-	-	-	-	-	
	II	2.254	-	180,32	202,86	-	90,40	101,70	-	15,84	17,82	-	-	-	-	-	-	-	-	-	-	-	
	III	380	-	30,40	34,20	-	-	-	-	-	-	-	-	-	-	-	-	-	-	-	-	-	
	IV	3.394	-	271,52	305,46	-	222,88	250,74	-	175,84	197,82	-	130,24	146,52	-	86,24	97,02	-	45,76	51,48	-	12,96	14,5
	V	7.016	-	561,28	631,44																		
	VI	7.494	-	599,52	674,46																		
28.619,99	I	3.404	-	272,32	306,36	-	176,56	198,63	-	86,96	97,83	-	13,44	15,12	-	-	-	-	-	-	-	-	
	II	2.263	-	181,04	203,67	-	91,12	102,51	-	16,32	18,36	-	-	-	-	-	-	-	-	-	-	-	
	III	386	-	30,88	34,74	-	-	-	-	-	-	-	-	-	-	-	-	-	-	-	-	-	
	IV	3.404	-	272,32	306,36	-	223,68	251,64	-	176,56	198,63	-	130,96	147,33	-	86,96	97,83	-	46,32	52,11	-	13,44	15,12
	V	7.028	-	562,24	632,52																		
	VI	7.508	-	600,64	675,72																		

SolZ/KiSt lt. Tabelle nicht für Sonstige Bezüge anwendbar.

Lohn/ Gehalt bis	Steuerklasse	Lohn- steuer	ohne Kinderfreibetrag			Anzahl Kinderfreibeträge (nur Steuerklassen I–IV): 0,5			1,0			1,5			2,0			2,5			3,0		
			SolZ 5,5%	Kirchensteuer 8%	Kirchensteuer 9%	SolZ 5,5%	Kirchensteuer 8%	Kirchensteuer 9%	SolZ 5,5%	Kirchensteuer 8%	Kirchensteuer 9%	SolZ 5,5%	Kirchensteuer 8%	Kirchensteuer 9%	SolZ 5,5%	Kirchensteuer 8%	Kirchensteuer 9%	SolZ 5,5%	Kirchensteuer 8%	Kirchensteuer 9%	SolZ 5,5%	Kirchensteuer 8%	Kirchensteuer 9%
28.655,99	I	3.414	-	273,12	307,26	-	177,28	199,44	-	87,68	98,64	-	13,92	15,66	-	-	-	-	-	-	-	-	-
	II	2.272	-	181,76	204,48	-	91,84	103,32	-	16,80	18,90	-	-	-	-	-	-	-	-	-	-	-	-
	III	392	-	31,36	35,28	-	-	-	-	-	-	-	-	-	-	-	-	-	-	-	-	-	-
	IV	3.414	-	273,12	307,26	-	224,48	252,54	-	177,28	199,44	-	131,68	148,14	-	87,68	98,64	-	46,96	52,83	-	13,92	15,66
	V	7.042	-	563,36	633,78																		
	VI	7.522	-	601,76	676,98																		
28.691,99	I	3.424	-	273,92	308,16	-	178,08	200,34	-	88,32	99,36	-	14,40	16,20	-	-	-	-	-	-	-	-	-
	II	2.282	-	182,56	205,38	-	92,56	104,13	-	17,28	19,44	-	-	-	-	-	-	-	-	-	-	-	-
	III	398	-	31,84	35,82	-	-	-	-	-	-	-	-	-	-	-	-	-	-	-	-	-	-
	IV	3.424	-	273,92	308,16	-	225,20	253,35	-	178,08	200,34	-	132,40	148,95	-	88,32	99,36	-	47,52	53,46	-	14,40	16,20
	V	7.054	-	564,32	634,86																		
	VI	7.534	-	602,72	678,06																		
28.727,99	I	3.434	-	274,72	309,06	-	178,80	201,15	-	89,04	100,17	-	14,88	16,74	-	-	-	-	-	-	-	-	-
	II	2.291	-	183,28	206,19	-	93,20	104,85	-	17,76	19,98	-	-	-	-	-	-	-	-	-	-	-	-
	III	404	-	32,32	36,36	-	-	-	-	-	-	-	-	-	-	-	-	-	-	-	-	-	-
	IV	3.434	-	274,72	309,06	-	226,00	254,25	-	178,80	201,15	-	133,12	149,76	-	89,04	100,17	-	48,16	54,18	-	14,88	16,74
	V	7.068	-	565,44	636,12																		
	VI	7.548	-	603,84	679,32																		
28.763,99	I	3.444	-	275,52	309,96	-	179,52	201,96	-	89,76	100,98	-	15,36	17,28	-	-	-	-	-	-	-	-	-
	II	2.300	-	184,00	207,00	-	93,92	105,66	-	18,24	20,52	-	-	-	-	-	-	-	-	-	-	-	-
	III	410	-	32,80	36,90	-	-	-	-	-	-	-	-	-	-	-	-	-	-	-	-	-	-
	IV	3.444	-	275,52	309,96	-	226,80	255,15	-	179,52	201,96	-	133,84	150,57	-	89,76	100,98	-	48,72	54,81	-	15,36	17,28
	V	7.082	-	566,56	637,38																		
	VI	7.562	-	604,96	680,58																		
28.799,99	I	3.454	-	276,32	310,86	-	180,32	202,86	-	90,40	101,70	-	15,84	17,82	-	-	-	-	-	-	-	-	-
	II	2.310	-	184,80	207,90	-	94,64	106,47	-	18,72	21,06	-	-	-	-	-	-	-	-	-	-	-	-
	III	416	-	33,28	37,44	-	-	-	-	-	-	-	-	-	-	-	-	-	-	-	-	-	-
	IV	3.454	-	276,32	310,86	-	227,52	255,96	-	180,32	202,86	-	134,56	151,38	-	90,40	101,70	-	49,36	55,53	-	15,84	17,82
	V	7.096	-	567,68	638,64																		
	VI	7.578	-	606,24	682,02																		
28.835,99	I	3.464	-	277,12	311,76	-	181,04	203,67	-	91,12	102,51	-	16,32	18,36	-	-	-	-	-	-	-	-	-
	II	2.319	-	185,52	208,71	-	95,36	107,28	-	19,20	21,60	-	-	-	-	-	-	-	-	-	-	-	-
	III	422	-	33,76	37,98	-	-	-	-	-	-	-	-	-	-	-	-	-	-	-	-	-	-
	IV	3.464	-	277,12	311,76	-	228,32	256,86	-	181,04	203,67	-	135,28	152,19	-	91,12	102,51	-	49,92	56,16	-	16,32	18,36
	V	7.110	-	568,80	639,90																		
	VI	7.592	-	607,36	683,28																		
28.871,99	I	3.474	-	277,92	312,66	-	181,76	204,48	-	91,84	103,32	-	16,80	18,90	-	-	-	-	-	-	-	-	-
	II	2.329	-	186,32	209,61	-	96,00	108,00	-	19,68	22,14	-	-	-	-	-	-	-	-	-	-	-	-
	III	428	-	34,24	38,52	-	-	-	-	-	-	-	-	-	-	-	-	-	-	-	-	-	-
	IV	3.474	-	277,92	312,66	-	229,12	257,76	-	181,76	204,48	-	136,00	153,00	-	91,84	103,32	-	50,56	56,88	-	16,80	18,90
	V	7.122	-	569,76	640,98																		
	VI	7.606	-	608,48	684,54																		
28.907,99	I	3.484	-	278,72	313,56	-	182,56	205,38	-	92,56	104,13	-	17,28	19,44	-	-	-	-	-	-	-	-	-
	II	2.338	-	187,04	210,42	-	96,72	108,81	-	20,16	22,68	-	-	-	-	-	-	-	-	-	-	-	-
	III	434	-	34,72	39,06	-	-	-	-	-	-	-	-	-	-	-	-	-	-	-	-	-	-
	IV	3.484	-	278,72	313,56	-	229,84	258,57	-	182,56	205,38	-	136,72	153,81	-	92,56	104,13	-	51,12	57,51	-	17,28	19,44
	V	7.136	-	570,88	642,24																		
	VI	7.618	-	609,44	685,62																		
28.943,99	I	3.494	-	279,52	314,46	-	183,28	206,19	-	93,20	104,85	-	17,76	19,98	-	-	-	-	-	-	-	-	-
	II	2.347	-	187,76	211,23	-	97,44	109,62	-	20,64	23,22	-	-	-	-	-	-	-	-	-	-	-	-
	III	440	-	35,20	39,60	-	-	-	-	-	-	-	-	-	-	-	-	-	-	-	-	-	-
	IV	3.494	-	279,52	314,46	-	230,64	259,47	-	183,28	206,19	-	137,52	154,71	-	93,20	104,85	-	51,76	58,23	-	17,76	19,98
	V	7.148	-	571,84	643,32																		
	VI	7.632	-	610,56	686,88																		
28.979,99	I	3.504	-	280,32	315,36	-	184,00	207,00	-	93,92	105,66	-	18,24	20,52	-	-	-	-	-	-	-	-	-
	II	2.357	-	188,56	212,13	-	98,16	110,43	-	21,20	23,85	-	-	-	-	-	-	-	-	-	-	-	-
	III	446	-	35,68	40,14	-	-	-	-	-	-	-	-	-	-	-	-	-	-	-	-	-	-
	IV	3.504	-	280,32	315,36	-	231,44	260,37	-	184,00	207,00	-	138,24	155,52	-	93,92	105,66	-	52,40	58,95	-	18,24	20,52
	V	7.164	-	573,12	644,76																		
	VI	7.646	-	611,68	688,14																		
29.015,99	I	3.514	-	281,12	316,26	-	184,80	207,90	-	94,64	106,47	-	18,72	21,06	-	-	-	-	-	-	-	-	-
	II	2.366	-	189,28	212,94	-	98,80	111,15	-	21,68	24,39	-	-	-	-	-	-	-	-	-	-	-	-
	III	452	-	36,16	40,68	-	-	-	-	-	-	-	-	-	-	-	-	-	-	-	-	-	-
	IV	3.514	-	281,12	316,26	-	232,16	261,18	-	184,80	207,90	-	138,96	156,33	-	94,64	106,47	-	52,96	59,58	-	18,72	21,06
	V	7.178	-	574,24	646,02																		
	VI	7.660	-	612,80	689,40																		
29.051,99	I	3.524	-	281,92	317,16	-	185,52	208,71	-	95,36	107,28	-	19,20	21,60	-	-	-	-	-	-	-	-	-
	II	2.376	-	190,08	213,84	-	99,52	111,96	-	22,16	24,93	-	-	-	-	-	-	-	-	-	-	-	-
	III	458	-	36,64	41,22	-	-	-	-	-	-	-	-	-	-	-	-	-	-	-	-	-	-
	IV	3.524	-	281,92	317,16	-	232,96	262,08	-	185,52	208,71	-	139,68	157,14	-	95,36	107,28	-	53,60	60,30	-	19,20	21,60
	V	7.190	-	575,20	647,10																		
	VI	7.674	-	613,92	690,66																		
29.087,99	I	3.534	-	282,72	318,06	-	186,32	209,61	-	96,00	108,00	-	19,68	22,14	-	-	-	-	-	-	-	-	-
	II	2.385	-	190,80	214,65	-	100,24	112,77	-	22,64	25,47	-	-	-	-	-	-	-	-	-	-	-	-
	III	464	-	37,12	41,76	-	-	-	-	-	-	-	-	-	-	-	-	-	-	-	-	-	-
	IV	3.534	-	282,72	318,06	-	233,76	262,98	-	186,32	209,61	-	140,40	157,95	-	96,00	108,00	-	54,24	61,02	-	19,68	22,14
	V	7.204	-	576,32	648,36																		
	VI	7.688	-	615,04	691,92																		
29.123,99	I	3.544	-	283,52	318,96	-	187,04	210,42	-	96,72	108,81	-	20,16	22,68	-	-	-	-	-	-	-	-	-
	II	2.394	-	191,52	215,46	-	100,96	113,58	-	23,20	26,10	-	-	-	-	-	-	-	-	-	-	-	-
	III	470	-	37,60	42,30	-	-	-	-	-	-	-	-	-	-	-	-	-	-	-	-	-	-
	IV	3.544	-	283,52	318,96	-	234,48	263,79	-	187,04	210,42	-	141,12	158,76	-	96,72	108,81	-	54,88	61,74	-	20,16	22,68
	V	7.216	-	577,28	649,44																		
	VI	7.702	-	616,16	693,18																		
29.159,99	I	3.554	-	284,32	319,86	-	187,76	211,23	-	97,44	109,62	-	20,64	23,22	-	-	-	-	-	-	-	-	-
	II	2.404	-	192,32	216,36	-	101,68	114,39	-	23,68	26,64	-	-	-	-	-	-	-	-	-	-	-	-
	III	476	-	38,08	42,84	-	-	-	-	-	-	-	-	-	-	-	-	-	-	-	-	-	-
	IV	3.554	-	284,32	319,86	-	235,28	264,69	-	187,76	211,23	-	141,84	159,57	-	97,44	109,62	-	55,44	62,37	-	20,64	23,22
	V	7.232	-	578,56	650,88																		
	VI	7.716	-	617,28	694,44																		

SolZ/KiSt lt. Tabelle nicht für Sonstige Bezüge anwendbar.

JAHR bis 29.699,99 €

Besondere Tabelle

Lohn/ Gehalt bis	Steuerklasse	Lohn-steuer	ohne Kinderfreibetrag			Anzahl Kinderfreibeträge (nur Steuerklassen I–IV)																	
						0,5			1,0			1,5			2,0			2,5			3,0		
			SolZ 5,5%	Kirchensteuer 8%	9%	SolZ 5,5%	Kirchensteuer 8%	9%	SolZ 5,5%	Kirchensteuer 8%	9%	SolZ 5,5%	Kirchensteuer 8%	9%	SolZ 5,5%	Kirchensteuer 8%	9%	SolZ 5,5%	Kirchensteuer 8%	9%	SolZ 5,5%	Kirchensteuer 8%	9%
29.195,99	I	3.564	-	285,12	320,76	-	188,56	212,13	-	98,16	110,43	-	21,20	23,85	-	-	-	-	-	-	-	-	-
	II	2.413	-	193,04	217,17	-	102,32	115,11	-	24,16	27,18	-	-	-	-	-	-	-	-	-	-	-	-
	III	482	-	38,56	43,38	-	-	-	-	-	-	-	-	-	-	-	-	-	-	-	-	-	-
	IV	3.564	-	285,12	320,76	-	236,08	265,59	-	188,56	212,13	-	142,56	160,38	-	98,16	110,43	-	56,08	63,09	-	21,20	23,85
	V	7.246	-	579,68	652,14																		
	VI	7.730	-	618,40	695,70																		
29.231,99	I	3.574	-	285,92	321,66	-	189,28	212,94	-	98,80	111,15	-	21,68	24,39	-	-	-	-	-	-	-	-	-
	II	2.423	-	193,84	218,07	-	103,04	115,92	-	24,72	27,81	-	-	-	-	-	-	-	-	-	-	-	-
	III	488	-	39,04	43,92	-	-	-	-	-	-	-	-	-	-	-	-	-	-	-	-	-	-
	IV	3.574	-	285,92	321,66	-	236,80	266,40	-	189,28	212,94	-	143,28	161,19	-	98,80	111,15	-	56,72	63,81	-	21,68	24,39
	V	7.258	-	580,64	653,22																		
	VI	7.746	-	619,68	697,14																		
29.267,99	I	3.584	-	286,72	322,56	-	190,08	213,84	-	99,52	111,96	-	22,16	24,93	-	-	-	-	-	-	-	-	-
	II	2.432	-	194,56	218,88	-	103,76	116,73	-	25,20	28,35	-	-	-	-	-	-	-	-	-	-	-	-
	III	494	-	39,52	44,46	-	-	-	-	-	-	-	-	-	-	-	-	-	-	-	-	-	-
	IV	3.584	-	286,72	322,56	-	237,60	267,30	-	190,08	213,84	-	144,00	162,00	-	99,52	111,96	-	57,36	64,53	-	22,16	24,93
	V	7.272	-	581,76	654,48																		
	VI	7.760	-	620,80	698,40																		
29.303,99	I	3.594	-	287,52	323,46	-	190,80	214,65	-	100,24	112,77	-	22,64	25,47	-	-	-	-	-	-	-	-	-
	II	2.442	-	195,36	219,78	-	104,48	117,54	-	25,76	28,98	-	-	-	-	-	-	-	-	-	-	-	-
	III	500	-	40,00	45,00	-	-	-	-	-	-	-	-	-	-	-	-	-	-	-	-	-	-
	IV	3.594	-	287,52	323,46	-	238,40	268,20	-	190,80	214,65	-	144,72	162,81	-	100,24	112,77	-	58,00	65,25	-	22,64	25,47
	V	7.286	-	582,88	655,74																		
	VI	7.772	-	621,76	699,48																		
29.339,99	I	3.604	-	288,32	324,36	-	191,52	215,46	-	100,96	113,58	-	23,20	26,10	-	-	-	-	-	-	-	-	-
	II	2.451	-	196,08	220,59	-	105,20	118,35	-	26,24	29,52	-	-	-	-	-	-	-	-	-	-	-	-
	III	506	-	40,48	45,54	-	-	-	-	-	-	-	-	-	-	-	-	-	-	-	-	-	-
	IV	3.604	-	288,32	324,36	-	239,20	269,10	-	191,52	215,46	-	145,44	163,62	-	100,96	113,58	-	58,64	65,97	-	23,20	26,1
	V	7.298	-	583,84	656,82																		
	VI	7.786	-	622,88	700,74																		
29.375,99	I	3.614	-	289,12	325,26	-	192,32	216,36	-	101,68	114,39	-	23,68	26,64	-	-	-	-	-	-	-	-	-
	II	2.460	-	196,80	221,40	-	105,92	119,16	-	26,80	30,15	-	-	-	-	-	-	-	-	-	-	-	-
	III	512	-	40,96	46,08	-	-	-	-	-	-	-	-	-	-	-	-	-	-	-	-	-	-
	IV	3.614	-	289,12	325,26	-	239,92	269,91	-	192,32	216,36	-	146,24	164,52	-	101,68	114,39	-	59,28	66,69	-	23,68	26,64
	V	7.312	-	584,96	658,08																		
	VI	7.800	-	624,00	702,00																		
29.411,99	I	3.624	-	289,92	326,16	-	193,04	217,17	-	102,32	115,11	-	24,16	27,18	-	-	-	-	-	-	-	-	-
	II	2.470	-	197,60	222,30	-	106,56	119,88	-	27,28	30,69	-	-	-	-	-	-	-	-	-	-	-	-
	III	520	-	41,60	46,80	-	-	-	-	-	-	-	-	-	-	-	-	-	-	-	-	-	-
	IV	3.624	-	289,92	326,16	-	240,72	270,81	-	193,04	217,17	-	146,96	165,33	-	102,32	115,11	-	59,84	67,32	-	24,16	27,1
	V	7.328	-	586,24	659,52																		
	VI	7.814	-	625,12	703,26																		
29.447,99	I	3.634	-	290,72	327,06	-	193,84	218,07	-	103,04	115,92	-	24,72	27,81	-	-	-	-	-	-	-	-	-
	II	2.479	-	198,32	223,11	-	107,28	120,69	-	27,84	31,32	-	-	-	-	-	-	-	-	-	-	-	-
	III	526	-	42,08	47,34	-	-	-	-	-	-	-	-	-	-	-	-	-	-	-	-	-	-
	IV	3.634	-	290,72	327,06	-	241,52	271,71	-	193,84	218,07	-	147,68	166,14	-	103,04	115,92	-	60,48	68,04	-	24,72	27,8
	V	7.340	-	587,20	660,60																		
	VI	7.828	-	626,24	704,52																		
29.483,99	I	3.644	-	291,52	327,96	-	194,56	218,88	-	103,76	116,73	-	25,20	28,35	-	-	-	-	-	-	-	-	-
	II	2.489	-	199,12	224,01	-	108,00	121,50	-	28,32	31,86	-	-	-	-	-	-	-	-	-	-	-	-
	III	532	-	42,56	47,88	-	-	-	-	-	-	-	-	-	-	-	-	-	-	-	-	-	-
	IV	3.644	-	291,52	327,96	-	242,32	272,61	-	194,56	218,88	-	148,40	166,95	-	103,76	116,73	-	61,12	68,76	-	25,20	28,3
	V	7.354	-	588,32	661,86																		
	VI	7.842	-	627,36	705,78																		
29.519,99	I	3.654	-	292,32	328,86	-	195,36	219,78	-	104,48	117,54	-	25,76	28,98	-	-	-	-	-	-	-	-	-
	II	2.498	-	199,84	224,82	-	108,72	122,31	-	28,88	32,49	-	-	-	-	-	-	-	-	-	-	-	-
	III	538	-	43,04	48,42	-	-	-	-	-	-	-	-	-	-	-	-	-	-	-	-	-	-
	IV	3.654	-	292,32	328,86	-	243,04	273,42	-	195,36	219,78	-	149,12	167,76	-	104,48	117,54	-	61,76	69,48	-	25,76	28,98
	V	7.368	-	589,44	663,12																		
	VI	7.856	-	628,48	707,04																		
29.555,99	I	3.664	-	293,12	329,76	-	196,08	220,59	-	105,20	118,35	-	26,24	29,52	-	-	-	-	-	-	-	-	-
	II	2.508	-	200,64	225,72	-	109,44	123,12	-	29,44	33,12	-	-	-	-	-	-	-	-	-	-	-	-
	III	544	-	43,52	48,96	-	-	-	-	-	-	-	-	-	-	-	-	-	-	-	-	-	-
	IV	3.664	-	293,12	329,76	-	243,84	274,32	-	196,08	220,59	-	149,84	168,57	-	105,20	118,35	-	62,48	70,29	-	26,24	29,52
	V	7.382	-	590,56	664,38																		
	VI	7.870	-	629,60	708,30																		
29.591,99	I	3.674	-	293,92	330,66	-	196,80	221,40	-	105,92	119,16	-	26,80	30,15	-	-	-	-	-	-	-	-	-
	II	2.517	-	201,36	226,53	-	110,16	123,93	-	29,92	33,66	-	-	-	-	-	-	-	-	-	-	-	-
	III	550	-	44,00	49,50	-	-	-	-	-	-	-	-	-	-	-	-	-	-	-	-	-	-
	IV	3.674	-	293,92	330,66	-	244,64	275,22	-	196,80	221,40	-	150,56	169,38	-	105,92	119,16	-	63,12	71,01	-	26,80	30,15
	V	7.394	-	591,52	665,46																		
	VI	7.884	-	630,72	709,56																		
29.627,99	I	3.685	-	294,80	331,65	-	197,60	222,30	-	106,56	119,88	-	27,28	30,69	-	-	-	-	-	-	-	-	-
	II	2.527	-	202,16	227,43	-	110,80	124,65	-	30,48	34,29	-	-	-	-	-	-	-	-	-	-	-	-
	III	556	-	44,48	50,04	-	-	-	-	-	-	-	-	-	-	-	-	-	-	-	-	-	-
	IV	3.685	-	294,80	331,65	-	245,44	276,12	-	197,60	222,30	-	151,28	170,19	-	106,56	119,88	-	63,76	71,73	-	27,28	30,69
	V	7.408	-	592,64	666,72																		
	VI	7.898	-	631,84	710,82																		
29.663,99	I	3.695	-	295,60	332,55	-	198,32	223,11	-	107,28	120,69	-	27,84	31,32	-	-	-	-	-	-	-	-	-
	II	2.536	-	202,88	228,24	-	111,52	125,46	-	31,04	34,92	-	-	-	-	-	-	-	-	-	-	-	-
	III	562	-	44,96	50,58	-	-	-	-	-	-	-	-	-	-	-	-	-	-	-	-	-	-
	IV	3.695	-	295,60	332,55	-	246,16	276,93	-	198,32	223,11	-	152,08	171,09	-	107,28	120,69	-	64,40	72,45	-	27,84	31,32
	V	7.424	-	593,92	668,16																		
	VI	7.912	-	632,96	712,08																		
29.699,99	I	3.705	-	296,40	333,45	-	199,12	224,01	-	108,00	121,50	-	28,32	31,86	-	-	-	-	-	-	-	-	-
	II	2.546	-	203,68	229,14	-	112,24	126,27	-	31,52	35,46	-	-	-	-	-	-	-	-	-	-	-	-
	III	570	-	45,60	51,30	-	-	-	-	-	-	-	-	-	-	-	-	-	-	-	-	-	-
	IV	3.705	-	296,40	333,45	-	246,96	277,83	-	199,12	224,01	-	152,80	171,90	-	108,00	121,50	-	65,04	73,17	-	28,32	31,86
	V	7.438	-	595,04	669,42																		
	VI	7.926	-	634,08	713,34																		

SolZ/KiSt lt. Tabelle nicht für Sonstige Bezüge anwendbar.

Lohn/ Gehalt bis	Steuerklasse	Lohn-steuer	ohne Kinderfreibetrag			Anzahl Kinderfreibeträge (nur Steuerklassen I–IV) 0,5			1,0			1,5			2,0			2,5			3,0		
			SolZ 5,5%	Kirchensteuer 8%	9%	SolZ 5,5%	Kirchensteuer 8%	9%	SolZ 5,5%	Kirchensteuer 8%	9%	SolZ 5,5%	Kirchensteuer 8%	9%	SolZ 5,5%	Kirchensteuer 8%	9%	SolZ 5,5%	Kirchensteuer 8%	9%	SolZ 5,5%	Kirchensteuer 8%	9%
29.735,99	I	3.715	-	297,20	334,35	-	199,84	224,82	-	108,72	122,31	-	28,88	32,49	-	-	-	-	-	-	-	-	-
	II	2.555	-	204,40	229,95	-	112,96	127,08	-	32,08	36,09	-	-	-	-	-	-	-	-	-	-	-	-
	III	576	-	46,08	51,84	-	-	-	-	-	-	-	-	-	-	-	-	-	-	-	-	-	-
	IV	3.715	-	297,20	334,35	-	247,76	278,73	-	199,84	224,82	-	153,52	172,71	-	108,72	122,31	-	65,68	73,89	-	28,88	32,49
	V	7.450	-	596,00	670,50																		
	VI	7.940	-	635,20	714,60																		
29.771,99	I	3.725	-	298,00	335,25	-	200,64	225,72	-	109,44	123,12	-	29,44	33,12	-	-	-	-	-	-	-	-	-
	II	2.565	-	205,20	230,85	-	113,68	127,89	-	32,64	36,72	-	-	-	-	-	-	-	-	-	-	-	-
	III	582	-	46,56	52,38	-	-	-	-	-	-	-	-	-	-	-	-	-	-	-	-	-	-
	IV	3.725	-	298,00	335,25	-	248,56	279,63	-	200,64	225,72	-	154,24	173,52	-	109,44	123,12	-	66,32	74,61	-	29,44	33,12
	V	7.464	-	597,12	671,76																		
	VI	7.954	-	636,32	715,86																		
29.807,99	I	3.735	-	298,80	336,15	-	201,36	226,53	-	110,16	123,93	-	29,92	33,66	-	-	-	-	-	-	-	-	-
	II	2.574	-	205,92	231,66	-	114,40	128,70	-	33,20	37,35	-	-	-	-	-	-	-	-	-	-	-	-
	III	588	-	47,04	52,92	-	-	-	-	-	-	-	-	-	-	-	-	-	-	-	-	-	-
	IV	3.735	-	298,80	336,15	-	249,28	280,44	-	201,36	226,53	-	154,96	174,33	-	110,16	123,93	-	67,04	75,42	-	29,92	33,66
	V	7.478	-	598,24	673,02																		
	VI	7.970	-	637,60	717,30																		
29.843,99	I	3.745	-	299,60	337,05	-	202,16	227,43	-	110,80	124,65	-	30,48	34,29	-	-	-	-	-	-	-	-	-
	II	2.584	-	206,72	232,56	-	115,12	129,51	-	33,76	37,98	-	-	-	-	-	-	-	-	-	-	-	-
	III	594	-	47,52	53,46	-	-	-	-	-	-	-	-	-	-	-	-	-	-	-	-	-	-
	IV	3.745	-	299,60	337,05	-	250,08	281,34	-	202,16	227,43	-	155,68	175,14	-	110,80	124,65	-	67,68	76,14	-	30,48	34,29
	V	7.492	-	599,36	674,28																		
	VI	7.984	-	638,72	718,56																		
29.879,99	I	3.755	-	300,40	337,95	-	202,88	228,24	-	111,52	125,46	-	31,04	34,92	-	-	-	-	-	-	-	-	-
	II	2.593	-	207,44	233,37	-	115,84	130,32	-	34,24	38,52	-	-	-	-	-	-	-	-	-	-	-	-
	III	600	-	48,00	54,00	-	-	-	-	-	-	-	-	-	-	-	-	-	-	-	-	-	-
	IV	3.755	-	300,40	337,95	-	250,88	282,24	-	202,88	228,24	-	156,48	176,04	-	111,52	125,46	-	68,32	76,86	-	31,04	34,92
	V	7.506	-	600,48	675,54																		
	VI	7.998	-	639,84	719,82																		
29.915,99	I	3.765	-	301,20	338,85	-	203,68	229,14	-	112,24	126,27	-	31,52	35,46	-	-	-	-	-	-	-	-	-
	II	2.603	-	208,24	234,27	-	116,56	131,13	-	34,80	39,15	-	-	-	-	-	-	-	-	-	-	-	-
	III	608	-	48,64	54,72	-	-	-	-	-	-	-	-	-	-	-	-	-	-	-	-	-	-
	IV	3.765	-	301,20	338,85	-	251,68	283,14	-	203,68	229,14	-	157,20	176,85	-	112,24	126,27	-	68,96	77,58	-	31,52	35,46
	V	7.518	-	601,44	676,62																		
	VI	8.012	-	640,96	721,08																		
29.951,99	I	3.775	-	302,00	339,75	-	204,40	229,95	-	112,96	127,08	-	32,08	36,09	-	-	-	-	-	-	-	-	-
	II	2.612	-	208,96	235,08	-	117,28	131,94	-	35,36	39,78	-	-	-	-	-	-	-	-	-	-	-	-
	III	614	-	49,12	55,26	-	-	-	-	-	-	-	-	-	-	-	-	-	-	-	-	-	-
	IV	3.775	-	302,00	339,75	-	252,48	284,04	-	204,40	229,95	-	157,92	177,66	-	112,96	127,08	-	69,68	78,39	-	32,08	36,09
	V	7.532	-	602,56	677,88																		
	VI	8.026	-	642,08	722,34																		
29.987,99	I	3.786	-	302,88	340,74	-	205,20	230,85	-	113,68	127,89	-	32,64	36,72	-	-	-	-	-	-	-	-	-
	II	2.622	-	209,76	235,98	-	117,92	132,66	-	35,92	40,41	-	-	-	-	-	-	-	-	-	-	-	-
	III	620	-	49,60	55,80	-	-	-	-	-	-	-	-	-	-	-	-	-	-	-	-	-	-
	IV	3.786	-	302,88	340,74	-	253,28	284,94	-	205,20	230,85	-	158,64	178,47	-	113,68	127,89	-	70,32	79,11	-	32,64	36,72
	V	7.548	-	603,84	679,32																		
	VI	8.040	-	643,20	723,60																		
30.023,99	I	3.796	-	303,68	341,64	-	205,92	231,66	-	114,40	128,70	-	33,20	37,35	-	-	-	-	-	-	-	-	-
	II	2.631	-	210,48	236,79	-	118,64	133,47	-	36,48	41,04	-	-	-	-	-	-	-	-	-	-	-	-
	III	626	-	50,08	56,34	-	-	-	-	-	-	-	-	-	-	-	-	-	-	-	-	-	-
	IV	3.796	-	303,68	341,64	-	254,00	285,75	-	205,92	231,66	-	159,36	179,28	-	114,40	128,70	-	71,04	79,92	-	33,20	37,35
	V	7.562	-	604,96	680,58																		
	VI	8.054	-	644,32	724,86																		
30.059,99	I	3.806	-	304,48	342,54	-	206,72	232,56	-	115,12	129,51	-	33,76	37,98	-	-	-	-	-	-	-	-	-
	II	2.641	-	211,28	237,69	-	119,36	134,28	-	37,04	41,67	-	-	-	-	-	-	-	-	-	-	-	-
	III	634	-	50,72	57,06	-	-	-	-	-	-	-	-	-	-	-	-	-	-	-	-	-	-
	IV	3.806	-	304,48	342,54	-	254,80	286,65	-	206,72	232,56	-	160,16	180,18	-	115,12	129,51	-	71,68	80,64	-	33,76	37,98
	V	7.576	-	606,08	681,84																		
	VI	8.068	-	645,44	726,12																		
30.095,99	I	3.816	-	305,28	343,44	-	207,44	233,37	-	115,84	130,32	-	34,24	38,52	-	-	-	-	-	-	-	-	-
	II	2.651	-	212,08	238,59	-	120,08	135,09	-	37,60	42,30	-	-	-	-	-	-	-	-	-	-	-	-
	III	640	-	51,20	57,60	-	-	-	-	-	-	-	-	-	-	-	-	-	-	-	-	-	-
	IV	3.816	-	305,28	343,44	-	255,60	287,55	-	207,44	233,37	-	160,88	180,99	-	115,84	130,32	-	72,32	81,36	-	34,24	38,52
	V	7.588	-	607,04	682,92																		
	VI	8.082	-	646,56	727,38																		
30.131,99	I	3.826	-	306,08	344,34	-	208,24	234,27	-	116,56	131,13	-	34,80	39,15	-	-	-	-	-	-	-	-	-
	II	2.660	-	212,80	239,40	-	120,80	135,90	-	38,16	42,93	-	-	-	-	-	-	-	-	-	-	-	-
	III	646	-	51,68	58,14	-	-	-	-	-	-	-	-	-	-	-	-	-	-	-	-	-	-
	IV	3.826	-	306,08	344,34	-	256,40	288,45	-	208,24	234,27	-	161,60	181,80	-	116,56	131,13	-	73,04	82,17	-	34,80	39,15
	V	7.602	-	608,16	684,18																		
	VI	8.096	-	647,68	728,64																		
30.167,99	I	3.836	-	306,88	345,24	-	208,96	235,08	-	117,28	131,94	-	35,36	39,78	-	-	-	-	-	-	-	-	-
	II	2.670	-	213,60	240,30	-	121,52	136,71	-	38,72	43,56	-	-	-	-	-	-	-	-	-	-	-	-
	III	652	-	52,16	58,68	-	-	-	-	-	-	-	-	-	-	-	-	-	-	-	-	-	-
	IV	3.836	-	306,88	345,24	-	257,20	289,35	-	208,96	235,08	-	162,32	182,61	-	117,28	131,94	-	73,68	82,89	-	35,36	39,78
	V	7.616	-	609,28	685,44																		
	VI	8.112	-	648,96	730,08																		
30.203,99	I	3.846	-	307,68	346,14	-	209,76	235,98	-	117,92	132,66	-	35,92	40,41	-	-	-	-	-	-	-	-	-
	II	2.679	-	214,32	241,11	-	122,24	137,52	-	39,28	44,19	-	-	-	-	-	-	-	-	-	-	-	-
	III	658	-	52,64	59,22	-	-	-	-	-	-	-	-	-	-	-	-	-	-	-	-	-	-
	IV	3.846	-	307,68	346,14	-	258,00	290,25	-	209,76	235,98	-	163,12	183,51	-	117,92	132,66	-	74,40	83,70	-	35,92	40,41
	V	7.630	-	610,40	686,70																		
	VI	8.126	-	650,08	731,34																		
30.239,99	I	3.857	-	308,56	347,13	-	210,48	236,79	-	118,64	133,47	-	36,48	41,04	-	-	-	-	-	-	-	-	-
	II	2.689	-	215,12	242,01	-	122,96	138,33	-	39,84	44,82	-	-	-	-	-	-	-	-	-	-	-	-
	III	666	-	53,28	59,94	-	-	-	-	-	-	-	-	-	-	-	-	-	-	-	-	-	-
	IV	3.857	-	308,56	347,13	-	258,72	291,06	-	210,48	236,79	-	163,84	184,32	-	118,64	133,47	-	75,04	84,42	-	36,48	41,04
	V	7.644	-	611,52	687,96																		
	VI	8.140	-	651,20	732,60																		

SolZ/KiSt lt. Tabelle nicht für Sonstige Bezüge anwendbar.

Lohn/ Gehalt bis	Steuerklasse	Lohn-steuer	ohne Kinderfreibetrag			Anzahl Kinderfreibeträge (nur Steuerklassen I–IV) 0,5			1,0			1,5			2,0			2,5			3,0		
			SolZ 5,5%	Kirchensteuer 8%	9%	SolZ 5,5%	Kirchensteuer 8%	9%	SolZ 5,5%	Kirchensteuer 8%	9%	SolZ 5,5%	Kirchensteuer 8%	9%	SolZ 5,5%	Kirchensteuer 8%	9%	SolZ 5,5%	Kirchensteuer 8%	9%	SolZ 5,5%	Kirchensteuer 8%	9%
30.275,99	I	3.867	-	309,36	348,03	-	211,28	237,69	-	119,36	134,28	-	37,04	41,67	-	-	-	-	-	-	-	-	-
	II	2.698	-	215,84	242,82	-	123,68	139,14	-	40,40	45,45	-	-	-	-	-	-	-	-	-	-	-	-
	III	672	-	53,76	60,48	-	-	-	-	-	-	-	-	-	-	-	-	-	-	-	-	-	-
	IV	3.867	-	309,36	348,03	-	259,52	291,96	-	211,28	237,69	-	164,56	185,13	-	119,36	134,28	-	75,76	85,23	-	37,04	41,67
	V	7.658	-	612,64	689,22																		
	VI	8.154	-	652,32	733,86																		
30.311,99	I	3.877	-	310,16	348,93	-	212,08	238,59	-	120,08	135,09	-	37,60	42,30	-	-	-	-	-	-	-	-	-
	II	2.708	-	216,64	243,72	-	124,40	139,95	-	41,04	46,17	-	-	-	-	-	-	-	-	-	-	-	-
	III	678	-	54,24	61,02	-	-	-	-	-	-	-	-	-	-	-	-	-	-	-	-	-	-
	IV	3.877	-	310,16	348,93	-	260,32	292,86	-	212,08	238,59	-	165,28	185,94	-	120,08	135,09	-	76,40	85,95	-	37,60	42,30
	V	7.672	-	613,76	690,48																		
	VI	8.168	-	653,44	735,12																		
30.347,99	I	3.887	-	310,96	349,83	-	212,80	239,40	-	120,80	135,90	-	38,16	42,93	-	-	-	-	-	-	-	-	-
	II	2.718	-	217,44	244,62	-	125,12	140,76	-	41,60	46,80	-	-	-	-	-	-	-	-	-	-	-	-
	III	684	-	54,72	61,56	-	-	-	-	-	-	-	-	-	-	-	-	-	-	-	-	-	-
	IV	3.887	-	310,96	349,83	-	261,12	293,76	-	212,80	239,40	-	166,00	186,75	-	120,80	135,90	-	77,12	86,76	-	38,16	42,93
	V	7.686	-	614,88	691,74																		
	VI	8.182	-	654,56	736,38																		
30.383,99	I	3.897	-	311,76	350,73	-	213,60	240,30	-	121,52	136,71	-	38,72	43,56	-	-	-	-	-	-	-	-	-
	II	2.727	-	218,16	245,43	-	125,84	141,57	-	42,16	47,43	-	-	-	-	-	-	-	-	-	-	-	-
	III	692	-	55,36	62,28	-	-	-	-	-	-	-	-	-	-	-	-	-	-	-	-	-	-
	IV	3.897	-	311,76	350,73	-	261,92	294,66	-	213,60	240,30	-	166,80	187,65	-	121,52	136,71	-	77,84	87,57	-	38,72	43,56
	V	7.698	-	615,84	692,82																		
	VI	8.198	-	655,84	737,82																		
30.419,99	I	3.908	-	312,64	351,72	-	214,32	241,11	-	122,24	137,52	-	39,28	44,19	-	-	-	-	-	-	-	-	-
	II	2.737	-	218,96	246,33	-	126,56	142,38	-	42,72	48,06	-	-	-	-	-	-	-	-	-	-	-	-
	III	698	-	55,84	62,82	-	-	-	-	-	-	-	-	-	-	-	-	-	-	-	-	-	-
	IV	3.908	-	312,64	351,72	-	262,72	295,56	-	214,32	241,11	-	167,52	188,46	-	122,24	137,52	-	78,48	88,29	-	39,28	44,19
	V	7.714	-	617,12	694,26																		
	VI	8.212	-	656,96	739,08																		
30.455,99	I	3.918	-	313,44	352,62	-	215,12	242,01	-	122,96	138,33	-	39,84	44,82	-	-	-	-	-	-	-	-	-
	II	2.746	-	219,68	247,14	-	127,28	143,19	-	43,28	48,69	-	-	-	-	-	-	-	-	-	-	-	-
	III	704	-	56,32	63,36	-	-	-	-	-	-	-	-	-	-	-	-	-	-	-	-	-	-
	IV	3.918	-	313,44	352,62	-	263,52	296,46	-	215,12	242,01	-	168,24	189,27	-	122,96	138,33	-	79,20	89,10	-	39,84	44,82
	V	7.728	-	618,24	695,52																		
	VI	8.226	-	658,08	740,34																		
30.491,99	I	3.928	-	314,24	353,52	-	215,84	242,82	-	123,68	139,14	-	40,40	45,45	-	-	-	-	-	-	-	-	-
	II	2.756	-	220,48	248,04	-	128,00	144,00	-	43,92	49,41	-	-	-	-	-	-	-	-	-	-	-	-
	III	712	-	56,96	64,08	-	-	-	-	-	-	-	-	-	-	-	-	-	-	-	-	-	-
	IV	3.928	-	314,24	353,52	-	264,24	297,27	-	215,84	242,82	-	168,96	190,08	-	123,68	139,14	-	79,92	89,91	-	40,40	45,45
	V	7.742	-	619,36	696,78																		
	VI	8.240	-	659,20	741,60																		
30.527,99	I	3.938	-	315,04	354,42	-	216,64	243,72	-	124,40	139,95	-	41,04	46,17	-	-	-	-	-	-	-	-	-
	II	2.766	-	221,28	248,94	-	128,72	144,81	-	44,48	50,04	-	-	-	-	-	-	-	-	-	-	-	-
	III	718	-	57,44	64,62	-	-	-	-	-	-	-	-	-	-	-	-	-	-	-	-	-	-
	IV	3.938	-	315,04	354,42	-	265,04	298,17	-	216,64	243,72	-	169,76	190,98	-	124,40	139,95	-	80,56	90,63	-	41,04	46,17
	V	7.756	-	620,48	698,04																		
	VI	8.254	-	660,32	742,86																		
30.563,99	I	3.948	-	315,84	355,32	-	217,44	244,62	-	125,12	140,76	-	41,60	46,80	-	-	-	-	-	-	-	-	-
	II	2.775	-	222,00	249,75	-	129,44	145,62	-	45,04	50,67	-	-	-	-	-	-	-	-	-	-	-	-
	III	724	-	57,92	65,16	-	-	-	-	-	-	-	-	-	-	-	-	-	-	-	-	-	-
	IV	3.948	-	315,84	355,32	-	265,84	299,07	-	217,44	244,62	-	170,48	191,79	-	125,12	140,76	-	81,28	91,44	-	41,60	46,80
	V	7.770	-	621,60	699,30																		
	VI	8.270	-	661,60	744,30																		
30.599,99	I	3.959	-	316,72	356,31	-	218,16	245,43	-	125,84	141,57	-	42,16	47,43	-	-	-	-	-	-	-	-	-
	II	2.785	-	222,80	250,65	-	130,16	146,43	-	45,68	51,39	-	-	-	-	-	-	-	-	-	-	-	-
	III	732	-	58,56	65,88	-	0,32	0,36	-	-	-	-	-	-	-	-	-	-	-	-	-	-	-
	IV	3.959	-	316,72	356,31	-	266,64	299,97	-	218,16	245,43	-	171,20	192,60	-	125,84	141,57	-	82,00	92,25	-	42,16	47,43
	V	7.784	-	622,72	700,56																		
	VI	8.284	-	662,72	745,56																		
30.635,99	I	3.969	-	317,52	357,21	-	218,96	246,33	-	126,56	142,38	-	42,72	48,06	-	-	-	-	-	-	-	-	-
	II	2.794	-	223,52	251,46	-	130,88	147,24	-	46,24	52,02	-	-	-	-	-	-	-	-	-	-	-	-
	III	738	-	59,04	66,42	-	0,80	0,90	-	-	-	-	-	-	-	-	-	-	-	-	-	-	-
	IV	3.969	-	317,52	357,21	-	267,44	300,87	-	218,96	246,33	-	172,00	193,50	-	126,56	142,38	-	82,64	92,97	-	42,72	48,06
	V	7.798	-	623,84	701,82																		
	VI	8.298	-	663,84	746,82																		
30.671,99	I	3.979	-	318,32	358,11	-	219,68	247,14	-	127,28	143,19	-	43,28	48,69	-	-	-	-	-	-	-	-	-
	II	2.804	-	224,32	252,36	-	131,60	148,05	-	46,88	52,74	-	-	-	-	-	-	-	-	-	-	-	-
	III	744	-	59,52	66,96	-	1,12	1,26	-	-	-	-	-	-	-	-	-	-	-	-	-	-	-
	IV	3.979	-	318,32	358,11	-	268,24	301,77	-	219,68	247,14	-	172,72	194,31	-	127,28	143,19	-	83,36	93,78	-	43,28	48,69
	V	7.812	-	624,96	703,08																		
	VI	8.312	-	664,96	748,08																		
30.707,99	I	3.989	-	319,12	359,01	-	220,48	248,04	-	128,00	144,00	-	43,92	49,41	-	-	-	-	-	-	-	-	-
	II	2.814	-	225,12	253,26	-	132,32	148,86	-	47,44	53,37	-	-	-	-	-	-	-	-	-	-	-	-
	III	752	-	60,16	67,68	-	1,60	1,80	-	-	-	-	-	-	-	-	-	-	-	-	-	-	-
	IV	3.989	-	319,12	359,01	-	269,04	302,67	-	220,48	248,04	-	173,44	195,12	-	128,00	144,00	-	84,08	94,59	-	43,92	49,41
	V	7.826	-	626,08	704,34																		
	VI	8.326	-	666,08	749,34																		
30.743,99	I	3.999	-	319,92	359,91	-	221,28	248,94	-	128,72	144,81	-	44,48	50,04	-	-	-	-	-	-	-	-	-
	II	2.823	-	225,84	254,07	-	133,04	149,67	-	48,08	54,09	-	-	-	-	-	-	-	-	-	-	-	-
	III	758	-	60,64	68,22	-	1,92	2,16	-	-	-	-	-	-	-	-	-	-	-	-	-	-	-
	IV	3.999	-	319,92	359,91	-	269,84	303,57	-	221,28	248,94	-	174,16	195,93	-	128,72	144,81	-	84,72	95,31	-	44,48	50,04
	V	7.840	-	627,20	705,60																		
	VI	8.342	-	667,36	750,78																		
30.779,99	I	4.010	-	320,80	360,90	-	222,00	249,75	-	129,44	145,62	-	45,04	50,67	-	-	-	-	-	-	-	-	-
	II	2.833	-	226,64	254,97	-	133,76	150,48	-	48,64	54,72	-	-	-	-	-	-	-	-	-	-	-	-
	III	764	-	61,12	68,76	-	2,40	2,70	-	-	-	-	-	-	-	-	-	-	-	-	-	-	-
	IV	4.010	-	320,80	360,90	-	270,64	304,47	-	222,00	249,75	-	174,96	196,83	-	129,44	145,62	-	85,44	96,12	-	45,04	50,67
	V	7.854	-	628,32	706,86																		
	VI	8.356	-	668,48	752,04																		

SolZ/KiSt lt. Tabelle nicht für Sonstige Bezüge anwendbar.

Besondere Tabelle

JAHR bis 31.319,99 €

Lohn/ Gehalt bis	Steuerklasse	Lohnsteuer	ohne Kinderfreibetrag			Anzahl Kinderfreibeträge (nur Steuerklassen I–IV) 0,5			1,0			1,5			2,0			2,5			3,0		
			SolZ 5,5%	Kirchensteuer 8%	Kirchensteuer 9%	SolZ 5,5%	Kirchensteuer 8%	Kirchensteuer 9%	SolZ 5,5%	Kirchensteuer 8%	Kirchensteuer 9%	SolZ 5,5%	Kirchensteuer 8%	Kirchensteuer 9%	SolZ 5,5%	Kirchensteuer 8%	Kirchensteuer 9%	SolZ 5,5%	Kirchensteuer 8%	Kirchensteuer 9%	SolZ 5,5%	Kirchensteuer 8%	Kirchensteuer 9%
30.815,99	I	4.020	–	321,60	361,80	–	222,80	250,65	–	130,16	146,43	–	45,68	51,39	–	–	–	–	–	–	–	–	–
	II	2.843	–	227,44	255,87	–	134,48	151,29	–	49,28	55,44	–	–	–	–	–	–	–	–	–	–	–	–
	III	772	–	61,76	69,48	–	2,88	3,24	–	–	–	–	–	–	–	–	–	–	–	–	–	–	–
	IV	4.020	–	321,60	361,80	–	271,44	305,37	–	222,80	250,65	–	175,68	197,64	–	130,16	146,43	–	86,16	96,93	–	45,68	51,39
	V	7.868	–	629,44	708,12																		
	VI	8.368	–	669,44	753,12																		
30.851,99	I	4.030	–	322,40	362,70	–	223,52	251,46	–	130,88	147,24	–	46,24	52,02	–	–	–	–	–	–	–	–	–
	II	2.852	–	228,16	256,68	–	135,20	152,10	–	49,84	56,07	–	–	–	–	–	–	–	–	–	–	–	–
	III	778	–	62,24	70,02	–	3,20	3,60	–	–	–	–	–	–	–	–	–	–	–	–	–	–	–
	IV	4.030	–	322,40	362,70	–	272,24	306,27	–	223,52	251,46	–	176,40	198,45	–	130,88	147,24	–	86,80	97,65	–	46,24	52,02
	V	7.882	–	630,56	709,38																		
	VI	8.384	–	670,72	754,56																		
30.887,99	I	4.040	–	323,20	363,60	–	224,32	252,36	–	131,60	148,05	–	46,88	52,74	–	–	–	–	–	–	–	–	–
	II	2.862	–	228,96	257,58	–	135,92	152,91	–	50,48	56,79	–	–	–	–	–	–	–	–	–	–	–	–
	III	784	–	62,72	70,56	–	3,68	4,14	–	–	–	–	–	–	–	–	–	–	–	–	–	–	–
	IV	4.040	–	323,20	363,60	–	273,04	307,17	–	224,32	252,36	–	177,20	199,35	–	131,60	148,05	–	87,52	98,46	–	46,88	52,74
	V	7.896	–	631,68	710,64																		
	VI	8.398	–	671,84	755,82																		
30.923,99	I	4.051	–	324,08	364,59	–	225,12	253,26	–	132,32	148,86	–	47,44	53,37	–	–	–	–	–	–	–	–	–
	II	2.872	–	229,76	258,48	–	136,64	153,72	–	51,04	57,42	–	–	–	–	–	–	–	–	–	–	–	–
	III	792	–	63,36	71,28	–	4,00	4,50	–	–	–	–	–	–	–	–	–	–	–	–	–	–	–
	IV	4.051	–	324,08	364,59	–	273,84	308,07	–	225,12	253,26	–	177,92	200,16	–	132,32	148,86	–	88,24	99,27	–	47,44	53,37
	V	7.910	–	632,80	711,90																		
	VI	8.412	–	672,96	757,08																		
30.959,99	I	4.061	–	324,88	365,49	–	225,84	254,07	–	133,04	149,67	–	48,08	54,09	–	–	–	–	–	–	–	–	–
	II	2.881	–	230,48	259,29	–	137,36	154,53	–	51,68	58,14	–	–	–	–	–	–	–	–	–	–	–	–
	III	798	–	63,84	71,82	–	4,48	5,04	–	–	–	–	–	–	–	–	–	–	–	–	–	–	–
	IV	4.061	–	324,88	365,49	–	274,56	308,88	–	225,84	254,07	–	178,64	200,97	–	133,04	149,67	–	88,96	100,08	–	48,08	54,09
	V	7.924	–	633,92	713,16																		
	VI	8.426	–	674,08	758,34																		
30.995,99	I	4.071	–	325,68	366,39	–	226,64	254,97	–	133,76	150,48	–	48,64	54,72	–	–	–	–	–	–	–	–	–
	II	2.891	–	231,28	260,19	–	138,08	155,34	–	52,24	58,77	–	–	–	–	–	–	–	–	–	–	–	–
	III	804	–	64,32	72,36	–	4,80	5,40	–	–	–	–	–	–	–	–	–	–	–	–	–	–	–
	IV	4.071	–	325,68	366,39	–	275,36	309,78	–	226,64	254,97	–	179,44	201,87	–	133,76	150,48	–	89,60	100,80	–	48,64	54,72
	V	7.938	–	635,04	714,42																		
	VI	8.442	–	675,36	759,78																		
31.031,99	I	4.081	–	326,48	367,29	–	227,44	255,87	–	134,48	151,29	–	49,28	55,44	–	–	–	–	–	–	–	–	–
	II	2.901	–	232,08	261,09	–	138,80	156,15	–	52,88	59,49	–	–	–	–	–	–	–	–	–	–	–	–
	III	812	–	64,96	73,08	–	5,28	5,94	–	–	–	–	–	–	–	–	–	–	–	–	–	–	–
	IV	4.081	–	326,48	367,29	–	276,16	310,68	–	227,44	255,87	–	180,16	202,68	–	134,48	151,29	–	90,32	101,61	–	49,28	55,44
	V	7.952	–	636,16	715,68																		
	VI	8.456	–	676,48	761,04																		
31.067,99	I	4.092	–	327,36	368,28	–	228,16	256,68	–	135,20	152,10	–	49,84	56,07	–	–	–	–	–	–	–	–	–
	II	2.910	–	232,80	261,90	–	139,52	156,96	–	53,52	60,21	–	–	–	–	–	–	–	–	–	–	–	–
	III	818	–	65,44	73,62	–	5,76	6,48	–	–	–	–	–	–	–	–	–	–	–	–	–	–	–
	IV	4.092	–	327,36	368,28	–	276,96	311,58	–	228,16	256,68	–	180,88	203,49	–	135,20	152,10	–	91,04	102,42	–	49,84	56,07
	V	7.966	–	637,28	716,94																		
	VI	8.470	–	677,60	762,30																		
31.103,99	I	4.102	–	328,16	369,18	–	228,96	257,58	–	135,92	152,91	–	50,48	56,79	–	–	–	–	–	–	–	–	–
	II	2.920	–	233,60	262,80	–	140,24	157,77	–	54,16	60,93	–	–	–	–	–	–	–	–	–	–	–	–
	III	826	–	66,08	74,34	–	6,08	6,84	–	–	–	–	–	–	–	–	–	–	–	–	–	–	–
	IV	4.102	–	328,16	369,18	–	277,76	312,48	–	228,96	257,58	–	181,68	204,39	–	135,92	152,91	–	91,68	103,14	–	50,48	56,79
	V	7.980	–	638,40	718,20																		
	VI	8.486	–	678,88	763,74																		
31.139,99	I	4.112	–	328,96	370,08	–	229,76	258,48	–	136,64	153,72	–	51,04	57,42	–	–	–	–	–	–	–	–	–
	II	2.930	–	234,40	263,70	–	140,96	158,58	–	54,72	61,56	–	–	–	–	–	–	–	–	–	–	–	–
	III	832	–	66,56	74,88	–	6,56	7,38	–	–	–	–	–	–	–	–	–	–	–	–	–	–	–
	IV	4.112	–	328,96	370,08	–	278,56	313,38	–	229,76	258,48	–	182,40	205,20	–	136,64	153,72	–	92,40	103,95	–	51,04	57,42
	V	7.994	–	639,52	719,46																		
	VI	8.500	–	680,00	765,00																		
31.175,99	I	4.123	–	329,84	371,07	–	230,48	259,29	–	137,36	154,53	–	51,68	58,14	–	–	–	–	–	–	–	–	–
	II	2.939	–	235,12	264,51	–	141,68	159,39	–	55,36	62,28	–	–	–	–	–	–	–	–	–	–	–	–
	III	838	–	67,04	75,42	–	7,04	7,92	–	–	–	–	–	–	–	–	–	–	–	–	–	–	–
	IV	4.123	–	329,84	371,07	–	279,36	314,28	–	230,48	259,29	–	183,12	206,01	–	137,36	154,53	–	93,12	104,76	–	51,68	58,14
	V	8.008	–	640,64	720,72																		
	VI	8.514	–	681,12	766,26																		
31.211,99	I	4.133	–	330,64	371,97	–	231,28	260,19	–	138,08	155,34	–	52,24	58,77	–	–	–	–	–	–	–	–	–
	II	2.949	–	235,92	265,41	–	142,48	160,29	–	56,00	63,00	–	–	–	–	–	–	–	–	–	–	–	–
	III	846	–	67,68	76,14	–	7,36	8,28	–	–	–	–	–	–	–	–	–	–	–	–	–	–	–
	IV	4.133	–	330,64	371,97	–	280,16	315,18	–	231,28	260,19	–	183,92	206,91	–	138,08	155,34	–	93,84	105,57	–	52,24	58,77
	V	8.022	–	641,76	721,98																		
	VI	8.530	–	682,40	767,70																		
31.247,99	I	4.143	–	331,44	372,87	–	232,08	261,09	–	138,80	156,15	–	52,88	59,49	–	–	–	–	–	–	–	–	–
	II	2.959	–	236,72	266,31	–	143,20	161,10	–	56,64	63,72	–	–	–	–	–	–	–	–	–	–	–	–
	III	852	–	68,16	76,68	–	7,84	8,82	–	–	–	–	–	–	–	–	–	–	–	–	–	–	–
	IV	4.143	–	331,44	372,87	–	280,96	316,08	–	232,08	261,09	–	184,64	207,72	–	138,80	156,15	–	94,48	106,29	–	52,88	59,49
	V	8.038	–	643,04	723,42																		
	VI	8.542	–	683,36	768,78																		
31.283,99	I	4.154	–	332,32	373,86	–	232,80	261,90	–	139,52	156,96	–	53,52	60,21	–	–	–	–	–	–	–	–	–
	II	2.969	–	237,52	267,21	–	143,92	161,91	–	57,28	64,44	–	–	–	–	–	–	–	–	–	–	–	–
	III	860	–	68,80	77,40	–	8,16	9,18	–	–	–	–	–	–	–	–	–	–	–	–	–	–	–
	IV	4.154	–	332,32	373,86	–	281,76	316,98	–	232,80	261,90	–	185,44	208,62	–	139,52	156,96	–	95,20	107,10	–	53,52	60,21
	V	8.052	–	644,16	724,68																		
	VI	8.558	–	684,64	770,22																		
31.319,99	I	4.164	–	333,12	374,76	–	233,60	262,80	–	140,24	157,77	–	54,16	60,93	–	–	–	–	–	–	–	–	–
	II	2.978	–	238,24	268,02	–	144,64	162,72	–	57,84	65,07	–	–	–	–	–	–	–	–	–	–	–	–
	III	866	–	69,28	77,94	–	8,64	9,72	–	–	–	–	–	–	–	–	–	–	–	–	–	–	–
	IV	4.164	–	333,12	374,76	–	282,56	317,88	–	233,60	262,80	–	186,16	209,43	–	140,24	157,77	–	95,92	107,91	–	54,16	60,93
	V	8.066	–	645,28	725,94																		
	VI	8.572	–	685,76	771,48																		

SolZ/KiSt lt. Tabelle nicht für Sonstige Bezüge anwendbar.

JAHR bis 31.859,99 €

Besondere Tabelle

Lohn/ Gehalt bis	Steuerklasse	Lohn-steuer	ohne Kinderfreibetrag			Anzahl Kinderfreibeträge (nur Steuerklassen I–IV) 0,5			1,0			1,5			2,0			2,5			3,0		
			SolZ 5,5%	Kirchensteuer 8%	Kirchensteuer 9%	SolZ 5,5%	Kirchensteuer 8%	Kirchensteuer 9%	SolZ 5,5%	Kirchensteuer 8%	Kirchensteuer 9%	SolZ 5,5%	Kirchensteuer 8%	Kirchensteuer 9%	SolZ 5,5%	Kirchensteuer 8%	Kirchensteuer 9%	SolZ 5,5%	Kirchensteuer 8%	Kirchensteuer 9%	SolZ 5,5%	Kirchensteuer 8%	Kirchensteuer 9%
31.355,99	I	4.174	-	333,92	375,66	-	234,40	263,70	-	140,96	158,58	-	54,72	61,56	-	-	-	-	-	-	-	-	-
	II	2.988	-	239,04	268,92	-	145,36	163,53	-	58,48	65,79	-	-	-	-	-	-	-	-	-	-	-	-
	III	874	-	69,92	78,66	-	9,12	10,26	-	-	-	-	-	-	-	-	-	-	-	-	-	-	-
	IV	4.174	-	333,92	375,66	-	283,36	318,78	-	234,40	263,70	-	186,88	210,24	-	140,96	158,58	-	96,64	108,72	-	54,72	61,56
	V	8.080	-	646,40	727,20																		
	VI	8.586	-	686,88	772,74																		
31.391,99	I	4.184	-	334,72	376,56	-	235,12	264,51	-	141,68	159,39	-	55,36	62,28	-	-	-	-	-	-	-	-	-
	II	2.998	-	239,84	269,82	-	146,08	164,34	-	59,12	66,51	-	-	-	-	-	-	-	-	-	-	-	-
	III	880	-	70,40	79,20	-	9,44	10,62	-	-	-	-	-	-	-	-	-	-	-	-	-	-	-
	IV	4.184	-	334,72	376,56	-	284,16	319,68	-	235,12	264,51	-	187,68	211,14	-	141,68	159,39	-	97,28	109,44	-	55,36	62,28
	V	8.094	-	647,52	728,46																		
	VI	8.602	-	688,16	774,18																		
31.427,99	I	4.195	-	335,60	377,55	-	235,92	265,41	-	142,48	160,29	-	56,00	63,00	-	-	-	-	-	-	-	-	-
	II	3.007	-	240,56	270,63	-	146,80	165,15	-	59,76	67,23	-	-	-	-	-	-	-	-	-	-	-	-
	III	886	-	70,88	79,74	-	9,92	11,16	-	-	-	-	-	-	-	-	-	-	-	-	-	-	-
	IV	4.195	-	335,60	377,55	-	284,96	320,58	-	235,92	265,41	-	188,40	211,95	-	142,48	160,29	-	98,00	110,25	-	56,00	63,00
	V	8.108	-	648,64	729,72																		
	VI	8.616	-	689,28	775,44																		
31.463,99	I	4.205	-	336,40	378,45	-	236,72	266,31	-	143,20	161,10	-	56,64	63,72	-	-	-	-	-	-	-	-	-
	II	3.017	-	241,36	271,53	-	147,52	165,96	-	60,40	67,95	-	-	-	-	-	-	-	-	-	-	-	-
	III	894	-	71,52	80,46	-	10,40	11,70	-	-	-	-	-	-	-	-	-	-	-	-	-	-	-
	IV	4.205	-	336,40	378,45	-	285,76	321,48	-	236,72	266,31	-	189,20	212,85	-	143,20	161,10	-	98,72	111,06	-	56,64	63,72
	V	8.122	-	649,76	730,98																		
	VI	8.632	-	690,56	776,88																		
31.499,99	I	4.215	-	337,20	379,35	-	237,52	267,21	-	143,92	161,91	-	57,28	64,44	-	-	-	-	-	-	-	-	-
	II	3.027	-	242,16	272,43	-	148,24	166,77	-	61,04	68,67	-	-	-	-	-	-	-	-	-	-	-	-
	III	900	-	72,00	81,00	-	10,72	12,06	-	-	-	-	-	-	-	-	-	-	-	-	-	-	-
	IV	4.215	-	337,20	379,35	-	286,56	322,38	-	237,52	267,21	-	189,92	213,66	-	143,92	161,91	-	99,44	111,87	-	57,28	64,44
	V	8.136	-	650,88	732,24																		
	VI	8.646	-	691,68	778,14																		
31.535,99	I	4.226	-	338,08	380,34	-	238,24	268,02	-	144,64	162,72	-	57,84	65,07	-	-	-	-	-	-	-	-	-
	II	3.037	-	242,96	273,33	-	149,04	167,67	-	61,68	69,39	-	-	-	-	-	-	-	-	-	-	-	-
	III	908	-	72,64	81,72	-	11,20	12,60	-	-	-	-	-	-	-	-	-	-	-	-	-	-	-
	IV	4.226	-	338,08	380,34	-	287,36	323,28	-	238,24	268,02	-	190,64	214,47	-	144,64	162,72	-	100,16	112,68	-	57,84	65,07
	V	8.152	-	652,16	733,68																		
	VI	8.660	-	692,80	779,40																		
31.571,99	I	4.236	-	338,88	381,24	-	239,04	268,92	-	145,36	163,53	-	58,48	65,79	-	-	-	-	-	-	-	-	-
	II	3.046	-	243,68	274,14	-	149,76	168,48	-	62,32	70,11	-	-	-	-	-	-	-	-	-	-	-	-
	III	914	-	73,12	82,26	-	11,68	13,14	-	-	-	-	-	-	-	-	-	-	-	-	-	-	-
	IV	4.236	-	338,88	381,24	-	288,16	324,18	-	239,04	268,92	-	191,44	215,37	-	145,36	163,53	-	100,80	113,40	-	58,48	65,79
	V	8.166	-	653,28	734,94																		
	VI	8.674	-	693,92	780,66																		
31.607,99	I	4.247	-	339,76	382,23	-	239,84	269,82	-	146,08	164,34	-	59,12	66,51	-	-	-	-	-	-	-	-	-
	II	3.056	-	244,48	275,04	-	150,48	169,29	-	62,96	70,83	-	-	-	-	-	-	-	-	-	-	-	-
	III	922	-	73,76	82,98	-	12,16	13,68	-	-	-	-	-	-	-	-	-	-	-	-	-	-	-
	IV	4.247	-	339,76	382,23	-	288,96	325,08	-	239,84	269,82	-	192,16	216,18	-	146,08	164,34	-	101,52	114,21	-	59,12	66,51
	V	8.180	-	654,40	736,20																		
	VI	8.688	-	695,04	781,92																		
31.643,99	I	4.257	-	340,56	383,13	-	240,56	270,63	-	146,80	165,15	-	59,76	67,23	-	-	-	-	-	-	-	-	-
	II	3.066	-	245,28	275,94	-	151,20	170,10	-	63,60	71,55	-	-	-	-	-	-	-	-	-	-	-	-
	III	928	-	74,24	83,52	-	12,48	14,04	-	-	-	-	-	-	-	-	-	-	-	-	-	-	-
	IV	4.257	-	340,56	383,13	-	289,84	326,07	-	240,56	270,63	-	192,96	217,08	-	146,80	165,15	-	102,24	115,02	-	59,76	67,23
	V	8.194	-	655,52	737,46																		
	VI	8.704	-	696,32	783,36																		
31.679,99	I	4.267	-	341,36	384,03	-	241,36	271,53	-	147,52	165,96	-	60,40	67,95	-	-	-	-	-	-	-	-	-
	II	3.076	-	246,08	276,84	-	151,92	170,91	-	64,24	72,27	-	-	-	-	-	-	-	-	-	-	-	-
	III	936	-	74,88	84,24	-	12,96	14,58	-	-	-	-	-	-	-	-	-	-	-	-	-	-	-
	IV	4.267	-	341,36	384,03	-	290,64	326,97	-	241,36	271,53	-	193,68	217,89	-	147,52	165,96	-	102,96	115,83	-	60,40	67,95
	V	8.208	-	656,64	738,72																		
	VI	8.718	-	697,44	784,62																		
31.715,99	I	4.278	-	342,24	385,02	-	242,16	272,43	-	148,24	166,77	-	61,04	68,67	-	-	-	-	-	-	-	-	-
	II	3.085	-	246,80	277,65	-	152,64	171,72	-	64,96	73,08	-	-	-	-	-	-	-	-	-	-	-	-
	III	942	-	75,36	84,78	-	13,44	15,12	-	-	-	-	-	-	-	-	-	-	-	-	-	-	-
	IV	4.278	-	342,24	385,02	-	291,44	327,87	-	242,16	272,43	-	194,48	218,79	-	148,24	166,77	-	103,68	116,64	-	61,04	68,67
	V	8.224	-	657,92	740,16																		
	VI	8.734	-	698,72	786,06																		
31.751,99	I	4.288	-	343,04	385,92	-	242,96	273,33	-	149,04	167,67	-	61,68	69,39	-	-	-	-	-	-	-	-	-
	II	3.095	-	247,60	278,55	-	153,36	172,53	-	65,60	73,80	-	-	-	-	-	-	-	-	-	-	-	-
	III	950	-	76,00	85,50	-	13,76	15,48	-	-	-	-	-	-	-	-	-	-	-	-	-	-	-
	IV	4.288	-	343,04	385,92	-	292,24	328,77	-	242,96	273,33	-	195,20	219,60	-	149,04	167,67	-	104,32	117,36	-	61,68	69,39
	V	8.238	-	659,04	741,42																		
	VI	8.748	-	699,84	787,32																		
31.787,99	I	4.298	-	343,84	386,82	-	243,68	274,14	-	149,76	168,48	-	62,32	70,11	-	-	-	-	-	-	-	-	-
	II	3.105	-	248,40	279,45	-	154,16	173,43	-	66,24	74,52	-	0,24	0,27	-	-	-	-	-	-	-	-	-
	III	956	-	76,48	86,04	-	14,24	16,02	-	-	-	-	-	-	-	-	-	-	-	-	-	-	-
	IV	4.298	-	343,84	386,82	-	293,04	329,67	-	243,68	274,14	-	195,92	220,41	-	149,76	168,48	-	105,04	118,17	-	62,32	70,11
	V	8.252	-	660,16	742,68																		
	VI	8.764	-	701,12	788,76																		
31.823,99	I	4.309	-	344,72	387,81	-	244,48	275,04	-	150,48	169,29	-	62,96	70,83	-	-	-	-	-	-	-	-	-
	II	3.115	-	249,20	280,35	-	154,88	174,24	-	66,88	75,24	-	0,64	0,72	-	-	-	-	-	-	-	-	-
	III	964	-	77,12	86,76	-	14,72	16,56	-	-	-	-	-	-	-	-	-	-	-	-	-	-	-
	IV	4.309	-	344,72	387,81	-	293,84	330,57	-	244,48	275,04	-	196,72	221,31	-	150,48	169,29	-	105,76	118,98	-	62,96	70,83
	V	8.266	-	661,28	743,94																		
	VI	8.778	-	702,24	790,02																		
31.859,99	I	4.319	-	345,52	388,71	-	245,28	275,94	-	151,20	170,10	-	63,60	71,55	-	-	-	-	-	-	-	-	-
	II	3.125	-	250,00	281,25	-	155,60	175,05	-	67,52	75,96	-	1,04	1,17	-	-	-	-	-	-	-	-	-
	III	970	-	77,60	87,30	-	15,20	17,10	-	-	-	-	-	-	-	-	-	-	-	-	-	-	-
	IV	4.319	-	345,52	388,71	-	294,64	331,47	-	245,28	275,94	-	197,44	222,12	-	151,20	170,10	-	106,48	119,79	-	63,60	71,55
	V	8.280	-	662,40	745,20																		
	VI	8.792	-	703,36	791,28																		

SolZ/KiSt lt. Tabelle nicht für Sonstige Bezüge anwendbar.

Lohn/ Gehalt bis	Steuerklasse	Lohn-steuer	ohne Kinderfreibetrag			Anzahl Kinderfreibeträge (nur Steuerklassen I–IV) 0,5			1,0			1,5			2,0			2,5			3,0		
			SolZ 5,5%	Kirchensteuer 8%	9%	SolZ 5,5%	Kirchensteuer 8%	9%	SolZ 5,5%	Kirchensteuer 8%	9%	SolZ 5,5%	Kirchensteuer 8%	9%	SolZ 5,5%	Kirchensteuer 8%	9%	SolZ 5,5%	Kirchensteuer 8%	9%	SolZ 5,5%	Kirchensteuer 8%	9%
31.895,99	I	4.330	-	346,40	389,70	-	246,08	276,84	-	151,92	170,91	-	64,24	72,27	-	-	-	-	-	-	-	-	-
	II	3.134	-	250,72	282,06	-	156,32	175,86	-	68,24	76,77	-	1,44	1,62	-	-	-	-	-	-	-	-	-
	III	978	-	78,24	88,02	-	15,52	17,46	-	-	-	-	-	-	-	-	-	-	-	-	-	-	-
	IV	4.330	-	346,40	389,70	-	295,44	332,37	-	246,08	276,84	-	198,24	223,02	-	151,92	170,91	-	107,20	120,60	-	64,24	72,27
	V	8.296	-	663,68	746,64																		
	VI	8.806	-	704,48	792,54																		
31.931,99	I	4.340	-	347,20	390,60	-	246,80	277,65	-	152,64	171,72	-	64,96	73,08	-	-	-	-	-	-	-	-	-
	II	3.144	-	251,52	282,96	-	157,04	176,67	-	68,88	77,49	-	1,84	2,07	-	-	-	-	-	-	-	-	-
	III	986	-	78,88	88,74	-	16,00	18,00	-	-	-	-	-	-	-	-	-	-	-	-	-	-	-
	IV	4.340	-	347,20	390,60	-	296,24	333,27	-	246,80	277,65	-	198,96	223,83	-	152,64	171,72	-	107,92	121,41	-	64,96	73,08
	V	8.310	-	664,80	747,90																		
	VI	8.822	-	705,76	793,98																		
31.967,99	I	4.350	-	348,00	391,50	-	247,60	278,55	-	153,36	172,53	-	65,60	73,80	-	-	-	-	-	-	-	-	-
	II	3.154	-	252,32	283,86	-	157,76	177,48	-	69,52	78,21	-	2,32	2,61	-	-	-	-	-	-	-	-	-
	III	992	-	79,36	89,28	-	16,48	18,54	-	-	-	-	-	-	-	-	-	-	-	-	-	-	-
	IV	4.350	-	348,00	391,50	-	297,04	334,17	-	247,60	278,55	-	199,76	224,73	-	153,36	172,53	-	108,56	122,13	-	65,60	73,80
	V	8.324	-	665,92	749,16																		
	VI	8.836	-	706,88	795,24																		
32.003,99	I	4.361	-	348,88	392,49	-	248,40	279,45	-	154,16	173,43	-	66,24	74,52	-	0,24	0,27	-	-	-	-	-	-
	II	3.164	-	253,12	284,76	-	158,56	178,38	-	70,24	79,02	-	2,72	3,06	-	-	-	-	-	-	-	-	-
	III	1.000	-	80,00	90,00	-	16,96	19,08	-	-	-	-	-	-	-	-	-	-	-	-	-	-	-
	IV	4.361	-	348,88	392,49	-	297,84	335,07	-	248,40	279,45	-	200,48	225,54	-	154,16	173,43	-	109,28	122,94	-	66,24	74,52
	V	8.338	-	667,04	750,42																		
	VI	8.852	-	708,16	796,68																		
32.039,99	I	4.371	-	349,68	393,39	-	249,20	280,35	-	154,88	174,24	-	66,88	75,24	-	0,64	0,72	-	-	-	-	-	-
	II	3.174	-	253,92	285,66	-	159,28	179,19	-	70,88	79,74	-	3,12	3,51	-	-	-	-	-	-	-	-	-
	III	1.006	-	80,48	90,54	-	17,28	19,44	-	-	-	-	-	-	-	-	-	-	-	-	-	-	-
	IV	4.371	-	349,68	393,39	-	298,64	335,97	-	249,20	280,35	-	201,28	226,44	-	154,88	174,24	-	110,00	123,75	-	66,88	75,24
	V	8.354	-	668,32	751,86																		
	VI	8.866	-	709,28	797,94																		
32.075,99	I	4.382	-	350,56	394,38	-	250,00	281,25	-	155,60	175,05	-	67,52	75,96	-	1,04	1,17	-	-	-	-	-	-
	II	3.184	-	254,72	286,56	-	160,00	180,00	-	71,60	80,55	-	3,52	3,96	-	-	-	-	-	-	-	-	-
	III	1.014	-	81,12	91,26	-	17,76	19,98	-	-	-	-	-	-	-	-	-	-	-	-	-	-	-
	IV	4.382	-	350,56	394,38	-	299,44	336,87	-	250,00	281,25	-	202,00	227,25	-	155,60	175,05	-	110,72	124,56	-	67,52	75,96
	V	8.368	-	669,44	753,12																		
	VI	8.882	-	710,56	799,38																		
32.111,99	I	4.392	-	351,36	395,28	-	250,72	282,06	-	156,32	175,86	-	68,24	76,77	-	1,44	1,62	-	-	-	-	-	-
	II	3.193	-	255,44	287,37	-	160,72	180,81	-	72,24	81,27	-	4,00	4,50	-	-	-	-	-	-	-	-	-
	III	1.020	-	81,60	91,80	-	18,24	20,52	-	-	-	-	-	-	-	-	-	-	-	-	-	-	-
	IV	4.392	-	351,36	395,28	-	300,32	337,86	-	250,72	282,06	-	202,80	228,15	-	156,32	175,86	-	111,44	125,37	-	68,24	76,77
	V	8.382	-	670,56	754,38																		
	VI	8.894	-	711,52	800,46																		
32.147,99	I	4.402	-	352,16	396,18	-	251,52	282,96	-	157,04	176,67	-	68,88	77,49	-	1,84	2,07	-	-	-	-	-	-
	II	3.203	-	256,24	288,27	-	161,52	181,71	-	72,88	81,99	-	4,40	4,95	-	-	-	-	-	-	-	-	-
	III	1.028	-	82,24	92,52	-	18,72	21,06	-	-	-	-	-	-	-	-	-	-	-	-	-	-	-
	IV	4.402	-	352,16	396,18	-	301,12	338,76	-	251,52	282,96	-	203,52	228,96	-	157,04	176,67	-	112,16	126,18	-	68,88	77,49
	V	8.394	-	671,52	755,46																		
	VI	8.910	-	712,80	801,90																		
32.183,99	I	4.413	-	353,04	397,17	-	252,32	283,86	-	157,76	177,48	-	69,52	78,21	-	2,32	2,61	-	-	-	-	-	-
	II	3.213	-	257,04	289,17	-	162,24	182,52	-	73,60	82,80	-	4,80	5,40	-	-	-	-	-	-	-	-	-
	III	1.036	-	82,88	93,24	-	19,20	21,60	-	-	-	-	-	-	-	-	-	-	-	-	-	-	-
	IV	4.413	-	353,04	397,17	-	301,92	339,66	-	252,32	283,86	-	204,32	229,86	-	157,76	177,48	-	112,88	126,99	-	69,52	78,21
	V	8.410	-	672,80	756,90																		
	VI	8.924	-	713,92	803,16																		
32.219,99	I	4.423	-	353,84	398,07	-	253,12	284,76	-	158,56	178,38	-	70,24	79,02	-	2,72	3,06	-	-	-	-	-	-
	II	3.223	-	257,84	290,07	-	162,96	183,33	-	74,24	83,52	-	5,28	5,94	-	-	-	-	-	-	-	-	-
	III	1.042	-	83,36	93,78	-	19,52	21,96	-	-	-	-	-	-	-	-	-	-	-	-	-	-	-
	IV	4.423	-	353,84	398,07	-	302,72	340,56	-	253,12	284,76	-	205,04	230,67	-	158,56	178,38	-	113,60	127,80	-	70,24	79,02
	V	8.424	-	673,92	758,16																		
	VI	8.940	-	715,20	804,60																		
32.255,99	I	4.434	-	354,72	399,06	-	253,92	285,66	-	159,28	179,19	-	70,88	79,74	-	3,12	3,51	-	-	-	-	-	-
	II	3.233	-	258,64	290,97	-	163,68	184,14	-	74,96	84,33	-	5,68	6,39	-	-	-	-	-	-	-	-	-
	III	1.050	-	84,00	94,50	-	20,00	22,50	-	-	-	-	-	-	-	-	-	-	-	-	-	-	-
	IV	4.434	-	354,72	399,06	-	303,52	341,46	-	253,92	285,66	-	205,84	231,57	-	159,28	179,19	-	114,24	128,52	-	70,88	79,74
	V	8.438	-	675,04	759,42																		
	VI	8.956	-	716,48	806,04																		
32.291,99	I	4.444	-	355,52	399,96	-	254,72	286,56	-	160,00	180,00	-	71,60	80,55	-	3,52	3,96	-	-	-	-	-	-
	II	3.243	-	259,44	291,87	-	164,40	184,95	-	75,60	85,05	-	6,08	6,84	-	-	-	-	-	-	-	-	-
	III	1.056	-	84,48	95,04	-	20,48	23,04	-	-	-	-	-	-	-	-	-	-	-	-	-	-	-
	IV	4.444	-	355,52	399,96	-	304,32	342,36	-	254,72	286,56	-	206,56	232,38	-	160,00	180,00	-	114,96	129,33	-	71,60	80,55
	V	8.454	-	676,32	760,86																		
	VI	8.968	-	717,44	807,12																		
32.327,99	I	4.455	-	356,40	400,95	-	255,44	287,37	-	160,72	180,81	-	72,24	81,27	-	4,00	4,50	-	-	-	-	-	-
	II	3.252	-	260,16	292,68	-	165,20	185,85	-	76,32	85,86	-	6,56	7,38	-	-	-	-	-	-	-	-	-
	III	1.064	-	85,12	95,76	-	20,96	23,58	-	-	-	-	-	-	-	-	-	-	-	-	-	-	-
	IV	4.455	-	356,40	400,95	-	305,12	343,26	-	255,44	287,37	-	207,36	233,28	-	160,72	180,81	-	115,68	130,14	-	72,24	81,27
	V	8.468	-	677,44	762,12																		
	VI	8.984	-	718,72	808,56																		
32.363,99	I	4.465	-	357,20	401,85	-	256,24	288,27	-	161,52	181,71	-	72,88	81,99	-	4,40	4,95	-	-	-	-	-	-
	II	3.262	-	260,96	293,58	-	165,92	186,66	-	77,04	86,67	-	6,96	7,83	-	-	-	-	-	-	-	-	-
	III	1.072	-	85,76	96,48	-	21,44	24,12	-	-	-	-	-	-	-	-	-	-	-	-	-	-	-
	IV	4.465	-	357,20	401,85	-	305,92	344,16	-	256,24	288,27	-	208,08	234,09	-	161,52	181,71	-	116,40	130,95	-	72,88	81,99
	V	8.482	-	678,56	763,38																		
	VI	8.998	-	719,84	809,82																		
32.399,99	I	4.476	-	358,08	402,84	-	257,04	289,17	-	162,24	182,52	-	73,60	82,80	-	4,80	5,40	-	-	-	-	-	-
	II	3.272	-	261,76	294,48	-	166,64	187,47	-	77,68	87,39	-	7,44	8,37	-	-	-	-	-	-	-	-	-
	III	1.078	-	86,24	97,02	-	21,92	24,66	-	-	-	-	-	-	-	-	-	-	-	-	-	-	-
	IV	4.476	-	358,08	402,84	-	306,80	345,15	-	257,04	289,17	-	208,88	234,99	-	162,24	182,52	-	117,12	131,76	-	73,60	82,80
	V	8.498	-	679,84	764,82																		
	VI	9.014	-	721,12	811,26																		

SolZ/KiSt lt. Tabelle nicht für Sonstige Bezüge anwendbar.

JAHR bis 32.939,99 €

Besondere Tabelle

Lohn/ Gehalt bis	Steuerklasse	Lohn-steuer	ohne Kinderfreibetrag			Anzahl Kinderfreibeträge (nur Steuerklassen I–IV)																	
						0,5			1,0			1,5			2,0			2,5			3,0		
			SolZ 5,5%	Kirchensteuer 8%	9%	SolZ 5,5%	Kirchensteuer 8%	9%	SolZ 5,5%	Kirchensteuer 8%	9%	SolZ 5,5%	Kirchensteuer 8%	9%	SolZ 5,5%	Kirchensteuer 8%	9%	SolZ 5,5%	Kirchensteuer 8%	9%	SolZ 5,5%	Kirchensteuer 8%	9%
32.435,99	I	4.486	-	358,88	403,74	-	257,84	290,07	-	162,96	183,33	-	74,24	83,52	-	5,28	5,94	-	-	-	-	-	-
	II	3.282	-	262,56	295,38	-	167,36	188,28	-	78,40	88,20	-	7,84	8,82	-	-	-	-	-	-	-	-	-
	III	1.086	-	86,88	97,74	-	22,24	25,02	-	-	-	-	-	-	-	-	-	-	-	-	-	-	-
	IV	4.486	-	358,88	403,74	-	307,60	346,05	-	257,84	290,07	-	209,60	235,80	-	162,96	183,33	-	117,84	132,57	-	74,24	83,52
	V	8.512	-	680,96	766,08																		
	VI	9.030	-	722,40	812,70																		
32.471,99	I	4.496	-	359,68	404,64	-	258,64	290,97	-	163,68	184,14	-	74,96	84,33	-	5,68	6,39	-	-	-	-	-	-
	II	3.292	-	263,36	296,28	-	168,16	189,18	-	79,12	89,01	-	8,32	9,36	-	-	-	-	-	-	-	-	-
	III	1.094	-	87,52	98,46	-	22,72	25,56	-	-	-	-	-	-	-	-	-	-	-	-	-	-	-
	IV	4.496	-	359,68	404,64	-	308,40	346,95	-	258,64	290,97	-	210,40	236,70	-	163,68	184,14	-	118,56	133,38	-	74,96	84,33
	V	8.526	-	682,08	767,34																		
	VI	9.044	-	723,52	813,96																		
32.507,99	I	4.507	-	360,56	405,63	-	259,44	291,87	-	164,40	184,95	-	75,60	85,05	-	6,08	6,84	-	-	-	-	-	-
	II	3.302	-	264,16	297,18	-	168,88	189,99	-	79,76	89,73	-	8,72	9,81	-	-	-	-	-	-	-	-	-
	III	1.100	-	88,00	99,00	-	23,20	26,10	-	-	-	-	-	-	-	-	-	-	-	-	-	-	-
	IV	4.507	-	360,56	405,63	-	309,20	347,85	-	259,44	291,87	-	211,12	237,51	-	164,40	184,95	-	119,28	134,19	-	75,60	85,05
	V	8.542	-	683,36	768,78																		
	VI	9.058	-	724,64	815,22																		
32.543,99	I	4.517	-	361,36	406,53	-	260,16	292,68	-	165,20	185,85	-	76,32	85,86	-	6,56	7,38	-	-	-	-	-	-
	II	3.312	-	264,96	298,08	-	169,60	190,80	-	80,48	90,54	-	9,20	10,35	-	-	-	-	-	-	-	-	-
	III	1.108	-	88,64	99,72	-	23,68	26,64	-	-	-	-	-	-	-	-	-	-	-	-	-	-	-
	IV	4.517	-	361,36	406,53	-	310,00	348,75	-	260,16	292,68	-	211,92	238,41	-	165,20	185,85	-	120,00	135,00	-	76,32	85,86
	V	8.556	-	684,48	770,04																		
	VI	9.074	-	725,92	816,66																		
32.579,99	I	4.528	-	362,24	407,52	-	260,96	293,58	-	165,92	186,66	-	77,04	86,67	-	6,96	7,83	-	-	-	-	-	-
	II	3.322	-	265,76	298,98	-	170,32	191,61	-	81,20	91,35	-	9,60	10,80	-	-	-	-	-	-	-	-	-
	III	1.116	-	89,28	100,44	-	24,16	27,18	-	-	-	-	-	-	-	-	-	-	-	-	-	-	-
	IV	4.528	-	362,24	407,52	-	310,80	349,65	-	260,96	293,58	-	212,64	239,22	-	165,92	186,66	-	120,72	135,81	-	77,04	86,67
	V	8.570	-	685,60	771,30																		
	VI	9.088	-	727,04	817,92																		
32.615,99	I	4.538	-	363,04	408,42	-	261,76	294,48	-	166,64	187,47	-	77,68	87,39	-	7,44	8,37	-	-	-	-	-	-
	II	3.332	-	266,56	299,88	-	171,12	192,51	-	81,84	92,07	-	10,08	11,34	-	-	-	-	-	-	-	-	-
	III	1.122	-	89,76	100,98	-	24,64	27,72	-	-	-	-	-	-	-	-	-	-	-	-	-	-	-
	IV	4.538	-	363,04	408,42	-	311,68	350,64	-	261,76	294,48	-	213,44	240,12	-	166,64	187,47	-	121,44	136,62	-	77,68	87,39
	V	8.584	-	686,72	772,56																		
	VI	9.104	-	728,32	819,36																		
32.651,99	I	4.549	-	363,92	409,41	-	262,56	295,38	-	167,36	188,28	-	78,40	88,20	-	7,84	8,82	-	-	-	-	-	-
	II	3.341	-	267,28	300,69	-	171,84	193,32	-	82,56	92,88	-	10,56	11,88	-	-	-	-	-	-	-	-	-
	III	1.130	-	90,40	101,70	-	25,12	28,26	-	-	-	-	-	-	-	-	-	-	-	-	-	-	-
	IV	4.549	-	363,92	409,41	-	312,48	351,54	-	262,56	295,38	-	214,24	241,02	-	167,36	188,28	-	122,16	137,43	-	78,40	88,20
	V	8.598	-	687,84	773,82																		
	VI	9.120	-	729,60	820,80																		
32.687,99	I	4.559	-	364,72	410,31	-	263,36	296,28	-	168,16	189,18	-	79,12	89,01	-	8,32	9,36	-	-	-	-	-	-
	II	3.351	-	268,08	301,59	-	172,56	194,13	-	83,28	93,69	-	10,96	12,33	-	-	-	-	-	-	-	-	-
	III	1.138	-	91,04	102,42	-	25,60	28,80	-	-	-	-	-	-	-	-	-	-	-	-	-	-	-
	IV	4.559	-	364,72	410,31	-	313,28	352,44	-	263,36	296,28	-	214,96	241,83	-	168,16	189,18	-	122,80	138,15	-	79,12	89,01
	V	8.614	-	689,12	775,26																		
	VI	9.132	-	730,56	821,88																		
32.723,99	I	4.570	-	365,60	411,30	-	264,16	297,18	-	168,88	189,99	-	79,76	89,73	-	8,72	9,81	-	-	-	-	-	-
	II	3.361	-	268,88	302,49	-	173,36	195,03	-	83,92	94,41	-	11,44	12,87	-	-	-	-	-	-	-	-	-
	III	1.144	-	91,52	102,96	-	25,92	29,16	-	-	-	-	-	-	-	-	-	-	-	-	-	-	-
	IV	4.570	-	365,60	411,30	-	314,08	353,34	-	264,16	297,18	-	215,76	242,73	-	168,88	189,99	-	123,52	138,96	-	79,76	89,73
	V	8.628	-	690,24	776,52																		
	VI	9.148	-	731,84	823,32																		
32.759,99	I	4.580	-	366,40	412,20	-	264,96	298,08	-	169,60	190,80	-	80,48	90,54	-	9,20	10,35	-	-	-	-	-	-
	II	3.371	-	269,68	303,39	-	174,08	195,84	-	84,64	95,22	-	11,92	13,41	-	-	-	-	-	-	-	-	-
	III	1.152	-	92,16	103,68	-	26,40	29,70	-	-	-	-	-	-	-	-	-	-	-	-	-	-	-
	IV	4.580	-	366,40	412,20	-	314,88	354,24	-	264,96	298,08	-	216,48	243,54	-	169,60	190,80	-	124,24	139,77	-	80,48	90,54
	V	8.644	-	691,52	777,96																		
	VI	9.164	-	733,12	824,76																		
32.795,99	I	4.591	-	367,28	413,19	-	265,76	298,98	-	170,32	191,61	-	81,20	91,35	-	9,60	10,80	-	-	-	-	-	-
	II	3.381	-	270,48	304,29	-	174,80	196,65	-	85,36	96,03	-	12,40	13,95	-	-	-	-	-	-	-	-	-
	III	1.160	-	92,80	104,40	-	26,88	30,24	-	-	-	-	-	-	-	-	-	-	-	-	-	-	-
	IV	4.591	-	367,28	413,19	-	315,76	355,23	-	265,76	298,98	-	217,28	244,44	-	170,32	191,61	-	124,96	140,58	-	81,20	91,35
	V	8.658	-	692,64	779,22																		
	VI	9.178	-	734,24	826,02																		
32.831,99	I	4.601	-	368,08	414,09	-	266,56	299,88	-	171,12	192,51	-	81,84	92,07	-	10,08	11,34	-	-	-	-	-	-
	II	3.391	-	271,28	305,19	-	175,60	197,55	-	86,00	96,75	-	12,80	14,40	-	-	-	-	-	-	-	-	-
	III	1.166	-	93,28	104,94	-	27,36	30,78	-	-	-	-	-	-	-	-	-	-	-	-	-	-	-
	IV	4.601	-	368,08	414,09	-	316,56	356,13	-	266,56	299,88	-	218,08	245,34	-	171,12	192,51	-	125,68	141,39	-	81,84	92,07
	V	8.672	-	693,76	780,48																		
	VI	9.192	-	735,36	827,28																		
32.867,99	I	4.612	-	368,96	415,08	-	267,28	300,69	-	171,84	193,32	-	82,56	92,88	-	10,56	11,88	-	-	-	-	-	-
	II	3.401	-	272,08	306,09	-	176,32	198,36	-	86,72	97,56	-	13,28	14,94	-	-	-	-	-	-	-	-	-
	III	1.174	-	93,92	105,66	-	27,84	31,32	-	-	-	-	-	-	-	-	-	-	-	-	-	-	-
	IV	4.612	-	368,96	415,08	-	317,36	357,03	-	267,28	300,69	-	218,80	246,15	-	171,84	193,32	-	126,40	142,20	-	82,56	92,88
	V	8.688	-	695,04	781,92																		
	VI	9.208	-	736,64	828,72																		
32.903,99	I	4.623	-	369,84	416,07	-	268,08	301,59	-	172,56	194,13	-	83,28	93,69	-	10,96	12,33	-	-	-	-	-	-
	II	3.411	-	272,88	306,99	-	177,04	199,17	-	87,44	98,37	-	13,76	15,48	-	-	-	-	-	-	-	-	-
	III	1.182	-	94,56	106,38	-	28,32	31,86	-	-	-	-	-	-	-	-	-	-	-	-	-	-	-
	IV	4.623	-	369,84	416,07	-	318,16	357,93	-	268,08	301,59	-	219,60	247,05	-	172,56	194,13	-	127,12	143,01	-	83,28	93,69
	V	8.700	-	696,00	783,00																		
	VI	9.224	-	737,92	830,16																		
32.939,99	I	4.633	-	370,64	416,97	-	268,88	302,49	-	173,36	195,03	-	83,92	94,41	-	11,44	12,87	-	-	-	-	-	-
	II	3.421	-	273,68	307,89	-	177,84	200,07	-	88,08	99,09	-	14,24	16,02	-	-	-	-	-	-	-	-	-
	III	1.188	-	95,04	106,92	-	28,80	32,40	-	-	-	-	-	-	-	-	-	-	-	-	-	-	-
	IV	4.633	-	370,64	416,97	-	319,04	358,92	-	268,88	302,49	-	220,32	247,86	-	173,36	195,03	-	127,84	143,82	-	83,92	94,41
	V	8.716	-	697,28	784,44																		
	VI	9.238	-	739,04	831,42																		

SolZ/KiSt lt. Tabelle nicht für Sonstige Bezüge anwendbar.

Lohn/ Gehalt bis	Steuerklasse	Lohnsteuer	ohne Kinderfreibetrag			Anzahl Kinderfreibeträge (nur Steuerklassen I–IV) 0,5			1,0			1,5			2,0			2,5			3,0		
			SolZ 5,5%	Kirchensteuer 8%	Kirchensteuer 9%	SolZ 5,5%	Kirchensteuer 8%	Kirchensteuer 9%	SolZ 5,5%	Kirchensteuer 8%	Kirchensteuer 9%	SolZ 5,5%	Kirchensteuer 8%	Kirchensteuer 9%	SolZ 5,5%	Kirchensteuer 8%	Kirchensteuer 9%	SolZ 5,5%	Kirchensteuer 8%	Kirchensteuer 9%	SolZ 5,5%	Kirchensteuer 8%	Kirchensteuer 9%
32.975,99	I	4.644	-	371,52	417,96	-	269,68	303,39	-	174,08	195,84	-	84,64	95,22	-	11,92	13,41	-	-	-	-	-	-
	II	3.431	-	274,48	308,79	-	178,56	200,88	-	88,80	99,90	-	14,72	16,56	-	-	-	-	-	-	-	-	-
	III	1.196	-	95,68	107,64	-	29,28	32,94	-	-	-	-	-	-	-	-	-	-	-	-	-	-	-
	IV	4.644	-	371,52	417,96	-	319,84	359,82	-	269,68	303,39	-	221,12	248,76	-	174,08	195,84	-	128,56	144,63	-	84,64	95,22
	V	8.730	-	698,40	785,70																		
	VI	9.254	-	740,32	832,86																		
33.011,99	I	4.654	-	372,32	418,86	-	270,48	304,29	-	174,80	196,65	-	85,36	96,03	-	12,40	13,95	-	-	-	-	-	-
	II	3.441	-	275,28	309,69	-	179,28	201,69	-	89,52	100,71	-	15,20	17,10	-	-	-	-	-	-	-	-	-
	III	1.204	-	96,32	108,36	-	29,76	33,48	-	-	-	-	-	-	-	-	-	-	-	-	-	-	-
	IV	4.654	-	372,32	418,86	-	320,64	360,72	-	270,48	304,29	-	221,92	249,66	-	174,80	196,65	-	129,28	145,44	-	85,36	96,03
	V	8.746	-	699,68	787,14																		
	VI	9.268	-	741,44	834,12																		
33.047,99	I	4.665	-	373,20	419,85	-	271,28	305,19	-	175,60	197,55	-	86,00	96,75	-	12,80	14,40	-	-	-	-	-	-
	II	3.451	-	276,08	310,59	-	180,08	202,59	-	90,16	101,43	-	15,68	17,64	-	-	-	-	-	-	-	-	-
	III	1.212	-	96,96	109,08	-	30,24	34,02	-	-	-	-	-	-	-	-	-	-	-	-	-	-	-
	IV	4.665	-	373,20	419,85	-	321,44	361,62	-	271,28	305,19	-	222,64	250,47	-	175,60	197,55	-	130,00	146,25	-	86,00	96,75
	V	8.760	-	700,80	788,40																		
	VI	9.284	-	742,72	835,56																		
33.083,99	I	4.675	-	374,00	420,75	-	272,08	306,09	-	176,32	198,36	-	86,72	97,56	-	13,28	14,94	-	-	-	-	-	-
	II	3.461	-	276,88	311,49	-	180,80	203,40	-	90,88	102,24	-	16,16	18,18	-	-	-	-	-	-	-	-	-
	III	1.218	-	97,44	109,62	-	30,72	34,56	-	-	-	-	-	-	-	-	-	-	-	-	-	-	-
	IV	4.675	-	374,00	420,75	-	322,24	362,52	-	272,08	306,09	-	223,44	251,37	-	176,32	198,36	-	130,72	147,06	-	86,72	97,56
	V	8.776	-	702,08	789,84																		
	VI	9.298	-	743,84	836,82																		
33.119,99	I	4.686	-	374,88	421,74	-	272,88	306,99	-	177,04	199,17	-	87,44	98,37	-	13,76	15,48	-	-	-	-	-	-
	II	3.471	-	277,68	312,39	-	181,52	204,21	-	91,60	103,05	-	16,64	18,72	-	-	-	-	-	-	-	-	-
	III	1.226	-	98,08	110,34	-	31,20	35,10	-	-	-	-	-	-	-	-	-	-	-	-	-	-	-
	IV	4.686	-	374,88	421,74	-	323,12	363,51	-	272,88	306,99	-	224,16	252,18	-	177,04	199,17	-	131,44	147,87	-	87,44	98,37
	V	8.790	-	703,20	791,10																		
	VI	9.314	-	745,12	838,26																		
33.155,99	I	4.696	-	375,68	422,64	-	273,68	307,89	-	177,84	200,07	-	88,08	99,09	-	14,24	16,02	-	-	-	-	-	-
	II	3.481	-	278,48	313,29	-	182,32	205,11	-	92,32	103,86	-	17,12	19,26	-	-	-	-	-	-	-	-	-
	III	1.234	-	98,72	111,06	-	31,68	35,64	-	-	-	-	-	-	-	-	-	-	-	-	-	-	-
	IV	4.696	-	375,68	422,64	-	323,92	364,41	-	273,68	307,89	-	224,96	253,08	-	177,84	200,07	-	132,16	148,68	-	88,08	99,09
	V	8.804	-	704,32	792,36																		
	VI	9.328	-	746,24	839,52																		
33.191,99	I	4.707	-	376,56	423,63	-	274,48	308,79	-	178,56	200,88	-	88,80	99,90	-	14,72	16,56	-	-	-	-	-	-
	II	3.491	-	279,28	314,19	-	183,04	205,92	-	92,96	104,58	-	17,60	19,80	-	-	-	-	-	-	-	-	-
	III	1.242	-	99,36	111,78	-	32,16	36,18	-	-	-	-	-	-	-	-	-	-	-	-	-	-	-
	IV	4.707	-	376,56	423,63	-	324,72	365,31	-	274,48	308,79	-	225,76	253,98	-	178,56	200,88	-	132,88	149,49	-	88,80	99,90
	V	8.818	-	705,44	793,62																		
	VI	9.344	-	747,52	840,96																		
33.227,99	I	4.718	-	377,44	424,62	-	275,28	309,69	-	179,28	201,69	-	89,52	100,71	-	15,20	17,10	-	-	-	-	-	-
	II	3.501	-	280,08	315,09	-	183,76	206,73	-	93,68	105,39	-	18,08	20,34	-	-	-	-	-	-	-	-	-
	III	1.250	-	100,00	112,50	-	32,64	36,72	-	-	-	-	-	-	-	-	-	-	-	-	-	-	-
	IV	4.718	-	377,44	424,62	-	325,52	366,21	-	275,28	309,69	-	226,48	254,79	-	179,28	201,69	-	133,60	150,30	-	89,52	100,71
	V	8.834	-	706,72	795,06																		
	VI	9.358	-	748,64	842,22																		
33.263,99	I	4.728	-	378,24	425,52	-	276,08	310,59	-	180,08	202,59	-	90,16	101,43	-	15,68	17,64	-	-	-	-	-	-
	II	3.511	-	280,88	315,99	-	184,56	207,63	-	94,40	106,20	-	18,56	20,88	-	-	-	-	-	-	-	-	-
	III	1.256	-	100,48	113,04	-	33,12	37,26	-	-	-	-	-	-	-	-	-	-	-	-	-	-	-
	IV	4.728	-	378,24	425,52	-	326,40	367,20	-	276,08	310,59	-	227,28	255,69	-	180,08	202,59	-	134,32	151,11	-	90,16	101,43
	V	8.848	-	707,84	796,32																		
	VI	9.374	-	749,92	843,66																		
33.299,99	I	4.739	-	379,12	426,51	-	276,88	311,49	-	180,80	203,40	-	90,88	102,24	-	16,16	18,18	-	-	-	-	-	-
	II	3.521	-	281,68	316,89	-	185,28	208,44	-	95,12	107,01	-	19,04	21,42	-	-	-	-	-	-	-	-	-
	III	1.264	-	101,12	113,76	-	33,60	37,80	-	-	-	-	-	-	-	-	-	-	-	-	-	-	-
	IV	4.739	-	379,12	426,51	-	327,20	368,10	-	276,88	311,49	-	228,08	256,59	-	180,80	203,40	-	135,04	151,92	-	90,88	102,24
	V	8.864	-	709,12	797,76																		
	VI	9.388	-	751,04	844,92																		
33.335,99	I	4.749	-	379,92	427,41	-	277,68	312,39	-	181,52	204,21	-	91,60	103,05	-	16,64	18,72	-	-	-	-	-	-
	II	3.531	-	282,48	317,79	-	186,00	209,25	-	95,76	107,73	-	19,52	21,96	-	-	-	-	-	-	-	-	-
	III	1.272	-	101,76	114,48	-	34,08	38,34	-	-	-	-	-	-	-	-	-	-	-	-	-	-	-
	IV	4.749	-	379,92	427,41	-	328,00	369,00	-	277,68	312,39	-	228,80	257,40	-	181,52	204,21	-	135,76	152,73	-	91,60	103,05
	V	8.878	-	710,24	799,02																		
	VI	9.403	-	752,24	846,27																		
33.371,99	I	4.760	-	380,80	428,40	-	278,48	313,29	-	182,32	205,11	-	92,32	103,86	-	17,12	19,26	-	-	-	-	-	-
	II	3.541	-	283,28	318,69	-	186,80	210,15	-	96,48	108,54	-	20,00	22,50	-	-	-	-	-	-	-	-	-
	III	1.280	-	102,40	115,20	-	34,56	38,88	-	-	-	-	-	-	-	-	-	-	-	-	-	-	-
	IV	4.760	-	380,80	428,40	-	328,88	369,99	-	278,48	313,29	-	229,60	258,30	-	182,32	205,11	-	136,48	153,54	-	92,32	103,86
	V	8.894	-	711,52	800,46																		
	VI	9.418	-	753,44	847,62																		
33.407,99	I	4.770	-	381,60	429,30	-	279,28	314,19	-	183,04	205,92	-	92,96	104,58	-	17,60	19,80	-	-	-	-	-	-
	II	3.551	-	284,08	319,59	-	187,52	210,96	-	97,20	109,35	-	20,48	23,04	-	-	-	-	-	-	-	-	-
	III	1.286	-	102,88	115,74	-	35,04	39,42	-	-	-	-	-	-	-	-	-	-	-	-	-	-	-
	IV	4.770	-	381,60	429,30	-	329,68	370,89	-	279,28	314,19	-	230,40	259,20	-	183,04	205,92	-	137,28	154,44	-	92,96	104,58
	V	8.906	-	712,48	801,54																		
	VI	9.433	-	754,64	848,97																		
33.443,99	I	4.781	-	382,48	430,29	-	280,08	315,09	-	183,76	206,73	-	93,68	105,39	-	18,08	20,34	-	-	-	-	-	-
	II	3.561	-	284,88	320,49	-	188,32	211,86	-	97,92	110,16	-	21,04	23,67	-	-	-	-	-	-	-	-	-
	III	1.294	-	103,52	116,46	-	35,52	39,96	-	-	-	-	-	-	-	-	-	-	-	-	-	-	-
	IV	4.781	-	382,48	430,29	-	330,48	371,79	-	280,08	315,09	-	231,12	260,01	-	183,76	206,73	-	138,00	155,25	-	93,68	105,39
	V	8.922	-	713,76	802,98																		
	VI	9.448	-	755,84	850,32																		
33.479,99	I	4.792	-	383,36	431,28	-	280,88	315,99	-	184,56	207,63	-	94,40	106,20	-	18,56	20,88	-	-	-	-	-	-
	II	3.571	-	285,68	321,39	-	189,04	212,67	-	98,64	110,97	-	21,52	24,21	-	-	-	-	-	-	-	-	-
	III	1.302	-	104,16	117,18	-	36,00	40,50	-	-	-	-	-	-	-	-	-	-	-	-	-	-	-
	IV	4.792	-	383,36	431,28	-	331,36	372,78	-	280,88	315,99	-	231,92	260,91	-	184,56	207,63	-	138,72	156,06	-	94,40	106,20
	V	8.938	-	715,04	804,42																		
	VI	9.463	-	757,04	851,67																		

SolZ/KiSt lt. Tabelle nicht für Sonstige Bezüge anwendbar.

Lohn/Gehalt bis	Steuerklasse	Lohnsteuer	ohne Kinderfreibetrag			Anzahl Kinderfreibeträge (nur Steuerklassen I–IV) 0,5			1,0			1,5			2,0			2,5			3,0		
			SolZ 5,5%	Kirchensteuer 8%	Kirchensteuer 9%	SolZ 5,5%	Kirchensteuer 8%	Kirchensteuer 9%	SolZ 5,5%	Kirchensteuer 8%	Kirchensteuer 9%	SolZ 5,5%	Kirchensteuer 8%	Kirchensteuer 9%	SolZ 5,5%	Kirchensteuer 8%	Kirchensteuer 9%	SolZ 5,5%	Kirchensteuer 8%	Kirchensteuer 9%	SolZ 5,5%	Kirchensteuer 8%	Kirchensteuer 9%
33.515,99	I	4.802	-	384,16	432,18	-	281,68	316,89	-	185,28	208,44	-	95,12	107,01	-	19,04	21,42	-	-	-	-	-	
	II	3.581	-	286,48	322,29	-	189,76	213,48	-	99,28	111,69	-	22,00	24,75	-	-	-	-	-	-	-	-	
	III	1.310	-	104,80	117,90	-	36,48	41,04	-	-	-	-	-	-	-	-	-	-	-	-	-	-	
	IV	4.802	-	384,16	432,18	-	332,16	373,68	-	281,68	316,89	-	232,72	261,81	-	185,28	208,44	-	139,44	156,87	-	95,12	107,0
	V	8.952	-	716,16	805,68																		
	VI	9.478	-	758,24	853,02																		
33.551,99	I	4.813	-	385,04	433,17	-	282,48	317,79	-	186,00	209,25	-	95,76	107,73	-	19,52	21,96	-	-	-	-	-	
	II	3.591	-	287,28	323,19	-	190,56	214,38	-	100,00	112,50	-	22,48	25,29	-	-	-	-	-	-	-	-	
	III	1.318	-	105,44	118,62	-	36,96	41,58	-	-	-	-	-	-	-	-	-	-	-	-	-	-	
	IV	4.813	-	385,04	433,17	-	332,96	374,58	-	282,48	317,79	-	233,44	262,62	-	186,00	209,25	-	140,16	157,68	-	95,76	107,7
	V	8.968	-	717,44	807,12																		
	VI	9.493	-	759,44	854,37																		
33.587,99	I	4.824	-	385,92	434,16	-	283,28	318,69	-	186,80	210,15	-	96,48	108,54	-	20,00	22,50	-	-	-	-	-	
	II	3.601	-	288,08	324,09	-	191,28	215,19	-	100,72	113,31	-	23,04	25,92	-	-	-	-	-	-	-	-	
	III	1.326	-	106,08	119,34	-	37,44	42,12	-	-	-	-	-	-	-	-	-	-	-	-	-	-	
	IV	4.824	-	385,92	434,16	-	333,76	375,48	-	283,28	318,69	-	234,24	263,52	-	186,80	210,15	-	140,88	158,49	-	96,48	108,5
	V	8.982	-	718,56	808,38																		
	VI	9.508	-	760,64	855,72																		
33.623,99	I	4.834	-	386,72	435,06	-	284,08	319,59	-	187,52	210,96	-	97,20	109,35	-	20,48	23,04	-	-	-	-	-	
	II	3.611	-	288,88	324,99	-	192,08	216,09	-	101,44	114,12	-	23,52	26,46	-	-	-	-	-	-	-	-	
	III	1.332	-	106,56	119,88	-	37,92	42,66	-	-	-	-	-	-	-	-	-	-	-	-	-	-	
	IV	4.834	-	386,72	435,06	-	334,64	376,47	-	284,08	319,59	-	235,04	264,42	-	187,52	210,96	-	141,60	159,30	-	97,20	109,3
	V	8.996	-	719,68	809,64																		
	VI	9.523	-	761,84	857,07																		
33.659,99	I	4.845	-	387,60	436,05	-	284,88	320,49	-	188,32	211,86	-	97,92	110,16	-	21,04	23,67	-	-	-	-	-	
	II	3.621	-	289,68	325,89	-	192,80	216,90	-	102,08	114,84	-	24,00	27,00	-	-	-	-	-	-	-	-	
	III	1.340	-	107,20	120,60	-	38,40	43,20	-	-	-	-	-	-	-	-	-	-	-	-	-	-	
	IV	4.845	-	387,60	436,05	-	335,44	377,37	-	284,88	320,49	-	235,76	265,23	-	188,32	211,86	-	142,32	160,11	-	97,92	110,1
	V	9.012	-	720,96	811,08																		
	VI	9.539	-	763,12	858,51																		
33.695,99	I	4.855	-	388,40	436,95	-	285,68	321,39	-	189,04	212,67	-	98,64	110,97	-	21,52	24,21	-	-	-	-	-	
	II	3.631	-	290,48	326,79	-	193,60	217,80	-	102,80	115,65	-	24,56	27,63	-	-	-	-	-	-	-	-	
	III	1.348	-	107,84	121,32	-	38,88	43,74	-	-	-	-	-	-	-	-	-	-	-	-	-	-	
	IV	4.855	-	388,40	436,95	-	336,24	378,27	-	285,68	321,39	-	236,56	266,13	-	189,04	212,67	-	143,04	160,92	-	98,64	110,9
	V	9.026	-	722,08	812,34																		
	VI	9.554	-	764,32	859,86																		
33.731,99	I	4.866	-	389,28	437,94	-	286,48	322,29	-	189,76	213,48	-	99,28	111,69	-	22,00	24,75	-	-	-	-	-	
	II	3.641	-	291,28	327,69	-	194,32	218,61	-	103,52	116,46	-	25,04	28,17	-	-	-	-	-	-	-	-	
	III	1.356	-	108,48	122,04	-	39,36	44,28	-	-	-	-	-	-	-	-	-	-	-	-	-	-	
	IV	4.866	-	389,28	437,94	-	337,12	379,26	-	286,48	322,29	-	237,36	267,03	-	189,76	213,48	-	143,76	161,73	-	99,28	111,6
	V	9.042	-	723,36	813,78																		
	VI	9.569	-	765,52	861,21																		
33.767,99	I	4.877	-	390,16	438,93	-	287,28	323,19	-	190,56	214,38	-	100,00	112,50	-	22,48	25,29	-	-	-	-	-	
	II	3.651	-	292,08	328,59	-	195,04	219,42	-	104,24	117,27	-	25,60	28,80	-	-	-	-	-	-	-	-	
	III	1.364	-	109,12	122,76	-	39,84	44,82	-	-	-	-	-	-	-	-	-	-	-	-	-	-	
	IV	4.877	-	390,16	438,93	-	337,92	380,16	-	287,28	323,19	-	238,16	267,93	-	190,56	214,38	-	144,48	162,54	-	100,00	112,5
	V	9.058	-	724,64	815,22																		
	VI	9.584	-	766,72	862,56																		
33.803,99	I	4.887	-	390,96	439,83	-	288,08	324,09	-	191,28	215,19	-	100,72	113,31	-	23,04	25,92	-	-	-	-	-	
	II	3.661	-	292,88	329,49	-	195,84	220,32	-	104,96	118,08	-	26,08	29,34	-	-	-	-	-	-	-	-	
	III	1.372	-	109,76	123,48	-	40,32	45,36	-	-	-	-	-	-	-	-	-	-	-	-	-	-	
	IV	4.887	-	390,96	439,83	-	338,72	381,06	-	288,08	324,09	-	238,88	268,74	-	191,28	215,19	-	145,20	163,35	-	100,72	113,3
	V	9.070	-	725,60	816,30																		
	VI	9.599	-	767,92	863,91																		
33.839,99	I	4.898	-	391,84	440,82	-	288,88	324,99	-	192,08	216,09	-	101,44	114,12	-	23,52	26,46	-	-	-	-	-	
	II	3.671	-	293,68	330,39	-	196,56	221,13	-	105,68	118,89	-	26,64	29,97	-	-	-	-	-	-	-	-	
	III	1.380	-	110,40	124,20	-	40,80	45,90	-	-	-	-	-	-	-	-	-	-	-	-	-	-	
	IV	4.898	-	391,84	440,82	-	339,60	382,05	-	288,88	324,99	-	239,68	269,64	-	192,08	216,09	-	146,00	164,25	-	101,44	114,1
	V	9.086	-	726,88	817,74																		
	VI	9.614	-	769,12	865,26																		
33.875,99	I	4.909	-	392,72	441,81	-	289,68	325,89	-	192,80	216,90	-	102,08	114,84	-	24,00	27,00	-	-	-	-	-	
	II	3.681	-	294,48	331,29	-	197,36	222,03	-	106,32	119,61	-	27,12	30,51	-	-	-	-	-	-	-	-	
	III	1.388	-	111,04	124,92	-	41,44	46,62	-	-	-	-	-	-	-	-	-	-	-	-	-	-	
	IV	4.909	-	392,72	441,81	-	340,40	382,95	-	289,68	325,89	-	240,48	270,54	-	192,80	216,90	-	146,72	165,06	-	102,08	114,8
	V	9.100	-	728,00	819,00																		
	VI	9.629	-	770,32	866,61																		
33.911,99	I	4.919	-	393,52	442,71	-	290,48	326,79	-	193,60	217,80	-	102,80	115,65	-	24,56	27,63	-	-	-	-	-	
	II	3.691	-	295,28	332,19	-	198,08	222,84	-	107,04	120,42	-	27,68	31,14	-	-	-	-	-	-	-	-	
	III	1.394	-	111,52	125,46	-	41,92	47,16	-	-	-	-	-	-	-	-	-	-	-	-	-	-	
	IV	4.919	-	393,52	442,71	-	341,28	383,94	-	290,48	326,79	-	241,28	271,44	-	193,60	217,80	-	147,44	165,87	-	102,80	115,6
	V	9.116	-	729,28	820,44																		
	VI	9.644	-	771,52	867,96																		
33.947,99	I	4.930	-	394,40	443,70	-	291,28	327,69	-	194,32	218,61	-	103,52	116,46	-	25,04	28,17	-	-	-	-	-	
	II	3.701	-	296,08	333,09	-	198,88	223,74	-	107,76	121,23	-	28,16	31,68	-	-	-	-	-	-	-	-	
	III	1.402	-	112,16	126,18	-	42,40	47,70	-	-	-	-	-	-	-	-	-	-	-	-	-	-	
	IV	4.930	-	394,40	443,70	-	342,08	384,84	-	291,28	327,69	-	242,00	272,25	-	194,32	218,61	-	148,16	166,68	-	103,52	116,4
	V	9.132	-	730,56	821,88																		
	VI	9.660	-	772,80	869,40																		
33.983,99	I	4.941	-	395,28	444,69	-	292,08	328,59	-	195,04	219,42	-	104,24	117,27	-	25,60	28,80	-	-	-	-	-	
	II	3.711	-	296,88	333,99	-	199,60	224,55	-	108,48	122,04	-	28,72	32,31	-	-	-	-	-	-	-	-	
	III	1.410	-	112,80	126,90	-	42,88	48,24	-	-	-	-	-	-	-	-	-	-	-	-	-	-	
	IV	4.941	-	395,28	444,69	-	342,88	385,74	-	292,08	328,59	-	242,80	273,15	-	195,04	219,42	-	148,88	167,49	-	104,24	117,2
	V	9.146	-	731,68	823,14																		
	VI	9.675	-	774,00	870,75																		
34.019,99	I	4.951	-	396,08	445,59	-	292,88	329,49	-	195,84	220,32	-	104,96	118,08	-	26,08	29,34	-	-	-	-	-	
	II	3.722	-	297,76	334,98	-	200,40	225,45	-	109,20	122,85	-	29,20	32,85	-	-	-	-	-	-	-	-	
	III	1.418	-	113,44	127,62	-	43,36	48,78	-	-	-	-	-	-	-	-	-	-	-	-	-	-	
	IV	4.951	-	396,08	445,59	-	343,76	386,73	-	292,88	329,49	-	243,60	274,05	-	195,84	220,32	-	149,60	168,30	-	104,96	118,0
	V	9.160	-	732,80	824,40																		
	VI	9.690	-	775,20	872,10																		

SolZ/KiSt lt. Tabelle nicht für Sonstige Bezüge anwendbar.

Besondere Tabelle

JAHR bis 34.559,99 €

Lohn/ Gehalt bis	Steuerklasse	Lohnsteuer	ohne Kinderfreibetrag			Anzahl Kinderfreibeträge (nur Steuerklassen I–IV)																	
						0,5			1,0			1,5			2,0			2,5			3,0		
			SolZ 5,5%	Kirchensteuer 8%	9%	SolZ 5,5%	Kirchensteuer 8%	9%	SolZ 5,5%	Kirchensteuer 8%	9%	SolZ 5,5%	Kirchensteuer 8%	9%	SolZ 5,5%	Kirchensteuer 8%	9%	SolZ 5,5%	Kirchensteuer 8%	9%	SolZ 5,5%	Kirchensteuer 8%	9%
34.055,99	I	4.962	-	396,96	446,58	-	293,68	330,39	-	196,56	221,13	-	105,68	118,89	-	26,64	29,97	-	-	-	-	-	-
	II	3.732	-	298,56	335,88	-	201,12	226,26	-	109,92	123,66	-	29,76	33,48	-	-	-	-	-	-	-	-	-
	III	1.426	-	114,08	128,34	-	43,84	49,32	-	-	-	-	-	-	-	-	-	-	-	-	-	-	-
	IV	4.962	-	396,96	446,58	-	344,56	387,63	-	293,68	330,39	-	244,40	274,95	-	196,56	221,13	-	150,32	169,11	-	105,68	118,89
	V	9.176	-	734,08	825,84																		
	VI	9.705	-	776,40	873,45																		
34.091,99	I	4.973	-	397,84	447,57	-	294,48	331,29	-	197,36	222,03	-	106,32	119,61	-	27,12	30,51	-	-	-	-	-	-
	II	3.742	-	299,36	336,78	-	201,92	227,16	-	110,64	124,47	-	30,32	34,11	-	-	-	-	-	-	-	-	-
	III	1.434	-	114,72	129,06	-	44,32	49,86	-	-	-	-	-	-	-	-	-	-	-	-	-	-	-
	IV	4.973	-	397,84	447,57	-	345,36	388,53	-	294,48	331,29	-	245,12	275,76	-	197,36	222,03	-	151,04	169,92	-	106,32	119,61
	V	9.192	-	735,36	827,28																		
	VI	9.720	-	777,60	874,80																		
34.127,99	I	4.984	-	398,72	448,56	-	295,28	332,19	-	198,08	222,84	-	107,04	120,42	-	27,68	31,14	-	-	-	-	-	-
	II	3.752	-	300,16	337,68	-	202,64	227,97	-	111,28	125,19	-	30,80	34,65	-	-	-	-	-	-	-	-	-
	III	1.442	-	115,36	129,78	-	44,80	50,40	-	-	-	-	-	-	-	-	-	-	-	-	-	-	-
	IV	4.984	-	398,72	448,56	-	346,24	389,52	-	295,28	332,19	-	245,92	276,66	-	198,08	222,84	-	151,84	170,82	-	107,04	120,42
	V	9.204	-	736,32	828,36																		
	VI	9.735	-	778,80	876,15																		
34.163,99	I	4.994	-	399,52	449,46	-	296,08	333,09	-	198,88	223,74	-	107,76	121,23	-	28,16	31,68	-	-	-	-	-	-
	II	3.762	-	300,96	338,58	-	203,44	228,87	-	112,00	126,00	-	31,36	35,28	-	-	-	-	-	-	-	-	-
	III	1.450	-	116,00	130,50	-	45,44	51,12	-	-	-	-	-	-	-	-	-	-	-	-	-	-	-
	IV	4.994	-	399,52	449,46	-	347,04	390,42	-	296,08	333,09	-	246,72	277,56	-	198,88	223,74	-	152,56	171,63	-	107,76	121,23
	V	9.220	-	737,60	829,80																		
	VI	9.750	-	780,00	877,50																		
34.199,99	I	5.005	-	400,40	450,45	-	296,88	333,99	-	199,60	224,55	-	108,48	122,04	-	28,72	32,31	-	-	-	-	-	-
	II	3.772	-	301,76	339,48	-	204,16	229,68	-	112,72	126,81	-	31,92	35,91	-	-	-	-	-	-	-	-	-
	III	1.458	-	116,64	131,22	-	45,92	51,66	-	-	-	-	-	-	-	-	-	-	-	-	-	-	-
	IV	5.005	-	400,40	450,45	-	347,92	391,41	-	296,88	333,99	-	247,52	278,46	-	199,60	224,55	-	153,28	172,44	-	108,48	122,04
	V	9.236	-	738,88	831,24																		
	VI	9.765	-	781,20	878,85																		
34.235,99	I	5.016	-	401,28	451,44	-	297,76	334,98	-	200,40	225,45	-	109,20	122,85	-	29,20	32,85	-	-	-	-	-	-
	II	3.782	-	302,56	340,38	-	204,96	230,58	-	113,44	127,62	-	32,48	36,54	-	-	-	-	-	-	-	-	-
	III	1.466	-	117,28	131,94	-	46,40	52,20	-	-	-	-	-	-	-	-	-	-	-	-	-	-	-
	IV	5.016	-	401,28	451,44	-	348,72	392,31	-	297,76	334,98	-	248,24	279,27	-	200,40	225,45	-	154,00	173,25	-	109,20	122,85
	V	9.252	-	740,16	832,68																		
	VI	9.781	-	782,48	880,29																		
34.271,99	I	5.026	-	402,08	452,34	-	298,56	335,88	-	201,12	226,26	-	109,92	123,66	-	29,76	33,48	-	-	-	-	-	-
	II	3.792	-	303,36	341,28	-	205,68	231,39	-	114,16	128,43	-	32,96	37,08	-	-	-	-	-	-	-	-	-
	III	1.474	-	117,92	132,66	-	46,88	52,74	-	-	-	-	-	-	-	-	-	-	-	-	-	-	-
	IV	5.026	-	402,08	452,34	-	349,52	393,21	-	298,56	335,88	-	249,04	280,17	-	201,12	226,26	-	154,72	174,06	-	109,92	123,66
	V	9.266	-	741,28	833,94																		
	VI	9.796	-	783,68	881,64																		
34.307,99	I	5.037	-	402,96	453,33	-	299,36	336,78	-	201,92	227,16	-	110,64	124,47	-	30,32	34,11	-	-	-	-	-	-
	II	3.803	-	304,24	342,27	-	206,48	232,29	-	114,88	129,24	-	33,52	37,71	-	-	-	-	-	-	-	-	-
	III	1.482	-	118,56	133,38	-	47,36	53,28	-	-	-	-	-	-	-	-	-	-	-	-	-	-	-
	IV	5.037	-	402,96	453,33	-	350,40	394,20	-	299,36	336,78	-	249,84	281,07	-	201,92	227,16	-	155,44	174,87	-	110,64	124,47
	V	9.280	-	742,40	835,20																		
	VI	9.811	-	784,88	882,99																		
34.343,99	I	5.048	-	403,84	454,32	-	300,16	337,68	-	202,64	227,97	-	111,28	125,19	-	30,80	34,65	-	-	-	-	-	-
	II	3.813	-	305,04	343,17	-	207,20	233,10	-	115,60	130,05	-	34,08	38,34	-	-	-	-	-	-	-	-	-
	III	1.490	-	119,20	134,10	-	47,84	53,82	-	-	-	-	-	-	-	-	-	-	-	-	-	-	-
	IV	5.048	-	403,84	454,32	-	351,20	395,10	-	300,16	337,68	-	250,64	281,97	-	202,64	227,97	-	156,24	175,77	-	111,28	125,19
	V	9.296	-	743,68	836,64																		
	VI	9.826	-	786,08	884,34																		
34.379,99	I	5.059	-	404,72	455,31	-	300,96	338,58	-	203,44	228,87	-	112,00	126,00	-	31,36	35,28	-	-	-	-	-	-
	II	3.823	-	305,84	344,07	-	208,00	234,00	-	116,32	130,86	-	34,64	38,97	-	-	-	-	-	-	-	-	-
	III	1.498	-	119,84	134,82	-	48,48	54,54	-	-	-	-	-	-	-	-	-	-	-	-	-	-	-
	IV	5.059	-	404,72	455,31	-	352,08	396,09	-	300,96	338,58	-	251,44	282,87	-	203,44	228,87	-	156,96	176,58	-	112,00	126,00
	V	9.312	-	744,96	838,08																		
	VI	9.841	-	787,28	885,69																		
34.415,99	I	5.069	-	405,52	456,21	-	301,76	339,48	-	204,16	229,68	-	112,72	126,81	-	31,92	35,91	-	-	-	-	-	-
	II	3.833	-	306,64	344,97	-	208,72	234,81	-	117,04	131,67	-	35,20	39,60	-	-	-	-	-	-	-	-	-
	III	1.506	-	120,48	135,54	-	48,96	55,08	-	-	-	-	-	-	-	-	-	-	-	-	-	-	-
	IV	5.069	-	405,52	456,21	-	352,88	396,99	-	301,76	339,48	-	252,16	283,68	-	204,16	229,68	-	157,68	177,39	-	112,72	126,81
	V	9.326	-	746,08	839,34																		
	VI	9.856	-	788,48	887,04																		
34.451,99	I	5.080	-	406,40	457,20	-	302,56	340,38	-	204,96	230,58	-	113,44	127,62	-	32,48	36,54	-	-	-	-	-	-
	II	3.843	-	307,44	345,87	-	209,52	235,71	-	117,68	132,39	-	35,76	40,23	-	-	-	-	-	-	-	-	-
	III	1.514	-	121,12	136,26	-	49,44	55,62	-	-	-	-	-	-	-	-	-	-	-	-	-	-	-
	IV	5.080	-	406,40	457,20	-	353,76	397,98	-	302,56	340,38	-	252,96	284,58	-	204,96	230,58	-	158,40	178,20	-	113,44	127,62
	V	9.340	-	747,20	840,60																		
	VI	9.871	-	789,68	888,39																		
34.487,99	I	5.091	-	407,28	458,19	-	303,36	341,28	-	205,68	231,39	-	114,16	128,43	-	32,96	37,08	-	-	-	-	-	-
	II	3.853	-	308,24	346,77	-	210,24	236,52	-	118,40	133,20	-	36,32	40,86	-	-	-	-	-	-	-	-	-
	III	1.522	-	121,76	136,98	-	49,92	56,16	-	-	-	-	-	-	-	-	-	-	-	-	-	-	-
	IV	5.091	-	407,28	458,19	-	354,56	398,88	-	303,36	341,28	-	253,76	285,48	-	205,68	231,39	-	159,12	179,01	-	114,16	128,43
	V	9.356	-	748,48	842,04																		
	VI	9.886	-	790,88	889,74																		
34.523,99	I	5.102	-	408,16	459,18	-	304,24	342,27	-	206,48	232,29	-	114,88	129,24	-	33,52	37,71	-	-	-	-	-	-
	II	3.863	-	309,04	347,67	-	211,04	237,42	-	119,12	134,01	-	36,88	41,49	-	-	-	-	-	-	-	-	-
	III	1.530	-	122,40	137,70	-	50,40	56,70	-	-	-	-	-	-	-	-	-	-	-	-	-	-	-
	IV	5.102	-	408,16	459,18	-	355,36	399,78	-	304,24	342,27	-	254,56	286,38	-	206,48	232,29	-	159,92	179,91	-	114,88	129,24
	V	9.372	-	749,76	843,48																		
	VI	9.901	-	792,08	891,09																		
34.559,99	I	5.112	-	408,96	460,08	-	305,04	343,17	-	207,20	233,10	-	115,60	130,05	-	34,08	38,34	-	-	-	-	-	-
	II	3.874	-	309,92	348,66	-	211,76	238,23	-	119,84	134,82	-	37,44	42,12	-	-	-	-	-	-	-	-	-
	III	1.538	-	123,04	138,42	-	51,04	57,42	-	-	-	-	-	-	-	-	-	-	-	-	-	-	-
	IV	5.112	-	408,96	460,08	-	356,24	400,77	-	305,04	343,17	-	255,36	287,28	-	207,20	233,10	-	160,64	180,72	-	115,60	130,05
	V	9.388	-	751,04	844,92																		
	VI	9.917	-	793,36	892,53																		

SolZ/KiSt lt. Tabelle nicht für Sonstige Bezüge anwendbar.

JAHR bis 35.099,99 €

Besondere Tabelle

Lohn/ Gehalt bis	Steuerklasse	Lohn-steuer	ohne Kinderfreibetrag			Anzahl Kinderfreibeträge (nur Steuerklassen I–IV) 0,5			1,0			1,5			2,0			2,5			3,0		
			SolZ 5,5%	Kirchensteuer 8%	9%	SolZ 5,5%	Kirchensteuer 8%	9%	SolZ 5,5%	Kirchensteuer 8%	9%	SolZ 5,5%	Kirchensteuer 8%	9%	SolZ 5,5%	Kirchensteuer 8%	9%	SolZ 5,5%	Kirchensteuer 8%	9%	SolZ 5,5%	Kirchensteuer 8%	9%
34.595,99	I	5.123	-	409,84	461,07	-	305,84	344,07	-	208,00	234,00	-	116,32	130,86	-	34,64	38,97	-	-	-	-	-	-
	II	3.884	-	310,72	349,56	-	212,56	239,13	-	120,56	135,63	-	38,00	42,75	-	-	-	-	-	-	-	-	-
	III	1.546	-	123,68	139,14	-	51,52	57,96	-	-	-	-	-	-	-	-	-	-	-	-	-	-	-
	IV	5.123	-	409,84	461,07	-	357,04	401,67	-	305,84	344,07	-	256,16	288,18	-	208,00	234,00	-	161,36	181,53	-	116,32	130,86
	V	9.400	-	752,00	846,00																		
	VI	9.932	-	794,56	893,88																		
34.631,99	I	5.134	-	410,72	462,06	-	306,64	344,97	-	208,72	234,81	-	117,04	131,67	-	35,20	39,60	-	-	-	-	-	-
	II	3.894	-	311,52	350,46	-	213,28	239,94	-	121,28	136,44	-	38,56	43,38	-	-	-	-	-	-	-	-	-
	III	1.554	-	124,32	139,86	-	52,00	58,50	-	-	-	-	-	-	-	-	-	-	-	-	-	-	-
	IV	5.134	-	410,72	462,06	-	357,92	402,66	-	306,64	344,97	-	256,88	288,99	-	208,72	234,81	-	162,08	182,34	-	117,04	131,67
	V	9.415	-	753,20	847,35																		
	VI	9.947	-	795,76	895,23																		
34.667,99	I	5.145	-	411,60	463,05	-	307,44	345,87	-	209,52	235,71	-	117,68	132,39	-	35,76	40,23	-	-	-	-	-	-
	II	3.904	-	312,32	351,36	-	214,08	240,84	-	122,00	137,25	-	39,12	44,01	-	-	-	-	-	-	-	-	-
	III	1.562	-	124,96	140,58	-	52,48	59,04	-	-	-	-	-	-	-	-	-	-	-	-	-	-	-
	IV	5.145	-	411,60	463,05	-	358,72	403,56	-	307,44	345,87	-	257,68	289,89	-	209,52	235,71	-	162,80	183,15	-	117,68	132,39
	V	9.430	-	754,40	848,70																		
	VI	9.962	-	796,96	896,58																		
34.703,99	I	5.155	-	412,40	463,95	-	308,24	346,77	-	210,24	236,52	-	118,40	133,20	-	36,32	40,86	-	-	-	-	-	-
	II	3.914	-	313,12	352,26	-	214,88	241,74	-	122,72	138,06	-	39,68	44,64	-	-	-	-	-	-	-	-	-
	III	1.570	-	125,60	141,30	-	53,12	59,76	-	-	-	-	-	-	-	-	-	-	-	-	-	-	-
	IV	5.155	-	412,40	463,95	-	359,60	404,55	-	308,24	346,77	-	258,48	290,79	-	210,24	236,52	-	163,60	184,05	-	118,40	133,20
	V	9.445	-	755,60	850,05																		
	VI	9.977	-	798,16	897,93																		
34.739,99	I	5.166	-	413,28	464,94	-	309,04	347,67	-	211,04	237,42	-	119,12	134,01	-	36,88	41,49	-	-	-	-	-	-
	II	3.925	-	314,00	353,25	-	215,60	242,55	-	123,44	138,87	-	40,24	45,27	-	-	-	-	-	-	-	-	-
	III	1.578	-	126,24	142,02	-	53,60	60,30	-	-	-	-	-	-	-	-	-	-	-	-	-	-	-
	IV	5.166	-	413,28	464,94	-	360,40	405,45	-	309,04	347,67	-	259,28	291,69	-	211,04	237,42	-	164,32	184,86	-	119,12	134,01
	V	9.460	-	756,80	851,40																		
	VI	9.992	-	799,36	899,28																		
34.775,99	I	5.177	-	414,16	465,93	-	309,92	348,66	-	211,76	238,23	-	119,84	134,82	-	37,44	42,12	-	-	-	-	-	-
	II	3.935	-	314,80	354,15	-	216,40	243,45	-	124,16	139,68	-	40,80	45,90	-	-	-	-	-	-	-	-	-
	III	1.586	-	126,88	142,74	-	54,08	60,84	-	-	-	-	-	-	-	-	-	-	-	-	-	-	-
	IV	5.177	-	414,16	465,93	-	361,28	406,44	-	309,92	348,66	-	260,08	292,59	-	211,76	238,23	-	165,04	185,67	-	119,84	134,82
	V	9.476	-	758,08	852,84																		
	VI	10.007	-	800,56	900,63																		
34.811,99	I	5.188	-	415,04	466,92	-	310,72	349,56	-	212,56	239,13	-	120,56	135,63	-	38,00	42,75	-	-	-	-	-	-
	II	3.945	-	315,60	355,05	-	217,12	244,26	-	124,88	140,49	-	41,36	46,53	-	-	-	-	-	-	-	-	-
	III	1.594	-	127,52	143,46	-	54,56	61,38	-	-	-	-	-	-	-	-	-	-	-	-	-	-	-
	IV	5.188	-	415,04	466,92	-	362,08	407,34	-	310,72	349,56	-	260,88	293,49	-	212,56	239,13	-	165,76	186,48	-	120,56	135,63
	V	9.491	-	759,28	854,19																		
	VI	10.022	-	801,76	901,98																		
34.847,99	I	5.199	-	415,92	467,91	-	311,52	350,46	-	213,28	239,94	-	121,28	136,44	-	38,56	43,38	-	-	-	-	-	-
	II	3.955	-	316,40	355,95	-	217,92	245,16	-	125,60	141,30	-	42,00	47,25	-	-	-	-	-	-	-	-	-
	III	1.602	-	128,16	144,18	-	55,20	62,10	-	-	-	-	-	-	-	-	-	-	-	-	-	-	-
	IV	5.199	-	415,92	467,91	-	362,96	408,33	-	311,52	350,46	-	261,68	294,39	-	213,28	239,94	-	166,56	187,38	-	121,28	136,44
	V	9.506	-	760,48	855,54																		
	VI	10.038	-	803,04	903,42																		
34.883,99	I	5.209	-	416,72	468,81	-	312,32	351,36	-	214,08	240,84	-	122,00	137,25	-	39,12	44,01	-	-	-	-	-	-
	II	3.965	-	317,20	356,85	-	218,64	245,97	-	126,32	142,11	-	42,56	47,88	-	-	-	-	-	-	-	-	-
	III	1.610	-	128,80	144,90	-	55,68	62,64	-	-	-	-	-	-	-	-	-	-	-	-	-	-	-
	IV	5.209	-	416,72	468,81	-	363,76	409,23	-	312,32	351,36	-	262,40	295,20	-	214,08	240,84	-	167,28	188,19	-	122,00	137,25
	V	9.521	-	761,68	856,89																		
	VI	10.053	-	804,24	904,77																		
34.919,99	I	5.220	-	417,60	469,80	-	313,12	352,26	-	214,88	241,74	-	122,72	138,06	-	39,68	44,64	-	-	-	-	-	-
	II	3.976	-	318,08	357,84	-	219,44	246,87	-	127,04	142,92	-	43,12	48,51	-	-	-	-	-	-	-	-	-
	III	1.618	-	129,44	145,62	-	56,16	63,18	-	-	-	-	-	-	-	-	-	-	-	-	-	-	-
	IV	5.220	-	417,60	469,80	-	364,64	410,22	-	313,12	352,26	-	263,20	296,10	-	214,88	241,74	-	168,00	189,00	-	122,72	138,06
	V	9.536	-	762,88	858,24																		
	VI	10.068	-	805,44	906,12																		
34.955,99	I	5.231	-	418,48	470,79	-	314,00	353,25	-	215,60	242,55	-	123,44	138,87	-	40,24	45,27	-	-	-	-	-	-
	II	3.986	-	318,88	358,74	-	220,24	247,77	-	127,76	143,73	-	43,68	49,14	-	-	-	-	-	-	-	-	-
	III	1.626	-	130,08	146,34	-	56,80	63,90	-	-	-	-	-	-	-	-	-	-	-	-	-	-	-
	IV	5.231	-	418,48	470,79	-	365,44	411,12	-	314,00	353,25	-	264,00	297,00	-	215,60	242,55	-	168,72	189,81	-	123,44	138,87
	V	9.551	-	764,08	859,59																		
	VI	10.083	-	806,64	907,47																		
34.991,99	I	5.242	-	419,36	471,78	-	314,80	354,15	-	216,40	243,45	-	124,16	139,68	-	40,80	45,90	-	-	-	-	-	-
	II	3.996	-	319,68	359,64	-	220,96	248,58	-	128,48	144,54	-	44,32	49,86	-	-	-	-	-	-	-	-	-
	III	1.634	-	130,72	147,06	-	57,28	64,44	-	-	-	-	-	-	-	-	-	-	-	-	-	-	-
	IV	5.242	-	419,36	471,78	-	366,32	412,11	-	314,80	354,15	-	264,80	297,90	-	216,40	243,45	-	169,52	190,71	-	124,16	139,68
	V	9.566	-	765,28	860,94																		
	VI	10.098	-	807,84	908,82																		
35.027,99	I	5.253	-	420,24	472,77	-	315,60	355,05	-	217,12	244,26	-	124,88	140,49	-	41,36	46,53	-	-	-	-	-	-
	II	4.006	-	320,48	360,54	-	221,76	249,48	-	129,20	145,35	-	44,88	50,49	-	-	-	-	-	-	-	-	-
	III	1.642	-	131,36	147,78	-	57,76	64,98	-	-	-	-	-	-	-	-	-	-	-	-	-	-	-
	IV	5.253	-	420,24	472,77	-	367,12	413,01	-	315,60	355,05	-	265,60	298,80	-	217,12	244,26	-	170,24	191,52	-	124,88	140,49
	V	9.581	-	766,48	862,29																		
	VI	10.113	-	809,04	910,17																		
35.063,99	I	5.264	-	421,12	473,76	-	316,40	355,95	-	217,92	245,16	-	125,60	141,30	-	42,00	47,25	-	-	-	-	-	-
	II	4.017	-	321,36	361,53	-	222,56	250,38	-	129,92	146,16	-	45,44	51,12	-	-	-	-	-	-	-	-	-
	III	1.652	-	132,16	148,68	-	58,24	65,52	-	0,16	0,18	-	-	-	-	-	-	-	-	-	-	-	-
	IV	5.264	-	421,12	473,76	-	368,00	414,00	-	316,40	355,95	-	266,40	299,70	-	217,92	245,16	-	170,96	192,33	-	125,60	141,30
	V	9.597	-	767,76	863,73																		
	VI	10.128	-	810,24	911,52																		
35.099,99	I	5.274	-	421,92	474,66	-	317,20	356,85	-	218,64	245,97	-	126,32	142,11	-	42,56	47,88	-	-	-	-	-	-
	II	4.027	-	322,16	362,43	-	223,28	251,19	-	130,64	146,97	-	46,08	51,84	-	-	-	-	-	-	-	-	-
	III	1.660	-	132,80	149,40	-	58,88	66,24	-	0,64	0,72	-	-	-	-	-	-	-	-	-	-	-	-
	IV	5.274	-	421,92	474,66	-	368,80	414,90	-	317,20	356,85	-	267,20	300,60	-	218,64	245,97	-	171,76	193,23	-	126,32	142,11
	V	9.612	-	768,96	865,08																		
	VI	10.143	-	811,44	912,87																		

SolZ/KiSt lt. Tabelle nicht für Sonstige Bezüge anwendbar.

Anzahl Kinderfreibeträge (nur Steuerklassen I–IV)

Lohn/ Gehalt bis	Steuerklasse	Lohnsteuer	ohne Kinderfreibetrag			0,5			1,0			1,5			2,0			2,5			3,0		
			SolZ 5,5%	Kirchensteuer 8%	Kirchensteuer 9%	SolZ 5,5%	Kirchensteuer 8%	Kirchensteuer 9%	SolZ 5,5%	Kirchensteuer 8%	Kirchensteuer 9%	SolZ 5,5%	Kirchensteuer 8%	Kirchensteuer 9%	SolZ 5,5%	Kirchensteuer 8%	Kirchensteuer 9%	SolZ 5,5%	Kirchensteuer 8%	Kirchensteuer 9%	SolZ 5,5%	Kirchensteuer 8%	Kirchensteuer 9%
35.135,99	I	5.285	-	422,80	475,65	-	318,08	357,84	-	219,44	246,87	-	127,04	142,92	-	43,12	48,51	-	-	-	-	-	-
	II	4.037	-	322,96	363,33	-	224,08	252,09	-	131,36	147,78	-	46,64	52,47	-	-	-	-	-	-	-	-	-
	III	1.668	-	133,44	150,12	-	59,36	66,78	-	1,12	1,26	-	-	-	-	-	-	-	-	-	-	-	-
	IV	5.285	-	422,80	475,65	-	369,68	415,89	-	318,08	357,84	-	268,00	301,50	-	219,44	246,87	-	172,48	194,04	-	127,04	142,92
	V	9.627	-	770,16	866,43																		
	VI	10.159	-	812,72	914,31																		
35.171,99	I	5.296	-	423,68	476,64	-	318,88	358,74	-	220,24	247,77	-	127,76	143,73	-	43,68	49,14	-	-	-	-	-	-
	II	4.047	-	323,76	364,23	-	224,80	252,90	-	132,08	148,59	-	47,28	53,19	-	-	-	-	-	-	-	-	-
	III	1.676	-	134,08	150,84	-	59,84	67,32	-	1,44	1,62	-	-	-	-	-	-	-	-	-	-	-	-
	IV	5.296	-	423,68	476,64	-	370,48	416,79	-	318,88	358,74	-	268,80	302,40	-	220,24	247,77	-	173,20	194,85	-	127,76	143,73
	V	9.642	-	771,36	867,78																		
	VI	10.174	-	813,92	915,66																		
35.207,99	I	5.307	-	424,56	477,63	-	319,68	359,64	-	220,96	248,58	-	128,48	144,54	-	44,32	49,86	-	-	-	-	-	-
	II	4.058	-	324,64	365,22	-	225,60	253,80	-	132,80	149,40	-	47,84	53,82	-	-	-	-	-	-	-	-	-
	III	1.684	-	134,72	151,56	-	60,48	68,04	-	1,92	2,16	-	-	-	-	-	-	-	-	-	-	-	-
	IV	5.307	-	424,56	477,63	-	371,36	417,78	-	319,68	359,64	-	269,60	303,30	-	220,96	248,58	-	173,92	195,66	-	128,48	144,54
	V	9.657	-	772,56	869,13																		
	VI	10.189	-	815,12	917,01																		
35.243,99	I	5.318	-	425,44	478,62	-	320,48	360,54	-	221,76	249,48	-	129,20	145,35	-	44,88	50,49	-	-	-	-	-	-
	II	4.068	-	325,44	366,12	-	226,40	254,70	-	133,52	150,21	-	48,40	54,45	-	-	-	-	-	-	-	-	-
	III	1.692	-	135,36	152,28	-	60,96	68,58	-	2,24	2,52	-	-	-	-	-	-	-	-	-	-	-	-
	IV	5.318	-	425,44	478,62	-	372,16	418,68	-	320,48	360,54	-	270,32	304,11	-	221,76	249,48	-	174,72	196,56	-	129,20	145,35
	V	9.672	-	773,76	870,48																		
	VI	10.204	-	816,32	918,36																		
35.279,99	I	5.329	-	426,32	479,61	-	321,36	361,53	-	222,56	250,38	-	129,92	146,16	-	45,44	51,12	-	-	-	-	-	-
	II	4.078	-	326,24	367,02	-	227,12	255,51	-	134,24	151,02	-	49,04	55,17	-	-	-	-	-	-	-	-	-
	III	1.700	-	136,00	153,00	-	61,44	69,12	-	2,72	3,06	-	-	-	-	-	-	-	-	-	-	-	-
	IV	5.329	-	426,32	479,61	-	373,04	419,67	-	321,36	361,53	-	271,12	305,01	-	222,56	250,38	-	175,44	197,37	-	129,92	146,16
	V	9.687	-	774,96	871,83																		
	VI	10.219	-	817,52	919,71																		
35.315,99	I	5.340	-	427,20	480,60	-	322,16	362,43	-	223,28	251,19	-	130,64	146,97	-	46,08	51,84	-	-	-	-	-	-
	II	4.088	-	327,04	367,92	-	227,92	256,41	-	134,96	151,83	-	49,68	55,89	-	-	-	-	-	-	-	-	-
	III	1.708	-	136,64	153,72	-	62,08	69,84	-	3,04	3,42	-	-	-	-	-	-	-	-	-	-	-	-
	IV	5.340	-	427,20	480,60	-	373,84	420,57	-	322,16	362,43	-	271,92	305,91	-	223,28	251,19	-	176,16	198,18	-	130,64	146,97
	V	9.702	-	776,16	873,18																		
	VI	10.234	-	818,72	921,06																		
35.351,99	I	5.350	-	428,00	481,50	-	322,96	363,33	-	224,08	252,09	-	131,36	147,78	-	46,64	52,47	-	-	-	-	-	-
	II	4.099	-	327,92	368,91	-	228,72	257,31	-	135,68	152,64	-	50,24	56,52	-	-	-	-	-	-	-	-	-
	III	1.718	-	137,44	154,62	-	62,56	70,38	-	3,52	3,96	-	-	-	-	-	-	-	-	-	-	-	-
	IV	5.350	-	428,00	481,50	-	374,72	421,56	-	322,96	363,33	-	272,72	306,81	-	224,08	252,09	-	176,96	199,08	-	131,36	147,78
	V	9.718	-	777,44	874,62																		
	VI	10.249	-	819,92	922,41																		
35.387,99	I	5.361	-	428,88	482,49	-	323,76	364,23	-	224,80	252,90	-	132,08	148,59	-	47,28	53,19	-	-	-	-	-	-
	II	4.109	-	328,72	369,81	-	229,44	258,12	-	136,40	153,45	-	50,88	57,24	-	-	-	-	-	-	-	-	-
	III	1.726	-	138,08	155,34	-	63,20	71,10	-	3,84	4,32	-	-	-	-	-	-	-	-	-	-	-	-
	IV	5.361	-	428,88	482,49	-	375,60	422,55	-	323,76	364,23	-	273,52	307,71	-	224,80	252,90	-	177,68	199,89	-	132,08	148,59
	V	9.733	-	778,64	875,97																		
	VI	10.264	-	821,12	923,76																		
35.423,99	I	5.372	-	429,76	483,48	-	324,64	365,22	-	225,60	253,80	-	132,80	149,40	-	47,84	53,82	-	-	-	-	-	-
	II	4.119	-	329,52	370,71	-	230,24	259,02	-	137,12	154,26	-	51,44	57,87	-	-	-	-	-	-	-	-	-
	III	1.734	-	138,72	156,06	-	63,68	71,64	-	4,32	4,86	-	-	-	-	-	-	-	-	-	-	-	-
	IV	5.372	-	429,76	483,48	-	376,40	423,45	-	324,64	365,22	-	274,32	308,61	-	225,60	253,80	-	178,40	200,70	-	132,80	149,40
	V	9.748	-	779,84	877,32																		
	VI	10.279	-	822,32	925,11																		
35.459,99	I	5.383	-	430,64	484,47	-	325,44	366,12	-	226,40	254,70	-	133,52	150,21	-	48,40	54,45	-	-	-	-	-	-
	II	4.129	-	330,32	371,61	-	231,04	259,92	-	137,84	155,07	-	52,08	58,59	-	-	-	-	-	-	-	-	-
	III	1.742	-	139,36	156,78	-	64,16	72,18	-	4,80	5,40	-	-	-	-	-	-	-	-	-	-	-	-
	IV	5.383	-	430,64	484,47	-	377,28	424,44	-	325,44	366,12	-	275,12	309,51	-	226,40	254,70	-	179,20	201,60	-	133,52	150,21
	V	9.763	-	781,04	878,67																		
	VI	10.295	-	823,60	926,55																		
35.495,99	I	5.394	-	431,52	485,46	-	326,24	367,02	-	227,12	255,51	-	134,24	151,02	-	49,04	55,17	-	-	-	-	-	-
	II	4.140	-	331,20	372,60	-	231,76	260,73	-	138,56	155,88	-	52,72	59,31	-	-	-	-	-	-	-	-	-
	III	1.750	-	140,00	157,50	-	64,80	72,90	-	5,12	5,76	-	-	-	-	-	-	-	-	-	-	-	-
	IV	5.394	-	431,52	485,46	-	378,08	425,34	-	326,24	367,02	-	275,92	310,41	-	227,12	255,51	-	179,92	202,41	-	134,24	151,02
	V	9.778	-	782,24	880,02																		
	VI	10.310	-	824,80	927,90																		
35.531,99	I	5.405	-	432,40	486,45	-	327,04	367,92	-	227,92	256,41	-	134,96	151,83	-	49,68	55,89	-	-	-	-	-	-
	II	4.150	-	332,00	373,50	-	232,56	261,63	-	139,28	156,69	-	53,28	59,94	-	-	-	-	-	-	-	-	-
	III	1.758	-	140,64	158,22	-	65,28	73,44	-	5,60	6,30	-	-	-	-	-	-	-	-	-	-	-	-
	IV	5.405	-	432,40	486,45	-	378,96	426,33	-	327,04	367,92	-	276,72	311,31	-	227,92	256,41	-	180,64	203,22	-	134,96	151,83
	V	9.793	-	783,44	881,37																		
	VI	10.325	-	826,00	929,25																		
35.567,99	I	5.416	-	433,28	487,44	-	327,92	368,91	-	228,72	257,31	-	135,68	152,64	-	50,24	56,52	-	-	-	-	-	-
	II	4.160	-	332,80	374,40	-	233,36	262,53	-	140,00	157,50	-	53,92	60,66	-	-	-	-	-	-	-	-	-
	III	1.768	-	141,44	159,12	-	65,76	73,98	-	5,92	6,66	-	-	-	-	-	-	-	-	-	-	-	-
	IV	5.416	-	433,28	487,44	-	379,84	427,32	-	327,92	368,91	-	277,52	312,21	-	228,72	257,31	-	181,44	204,12	-	135,68	152,64
	V	9.808	-	784,64	882,72																		
	VI	10.340	-	827,20	930,60																		
35.603,99	I	5.427	-	434,16	488,43	-	328,72	369,81	-	229,44	258,12	-	136,40	153,45	-	50,88	57,24	-	-	-	-	-	-
	II	4.171	-	333,68	375,39	-	234,08	263,34	-	140,72	158,31	-	54,56	61,38	-	-	-	-	-	-	-	-	-
	III	1.776	-	142,08	159,84	-	66,40	74,70	-	6,40	7,20	-	-	-	-	-	-	-	-	-	-	-	-
	IV	5.427	-	434,16	488,43	-	380,64	428,22	-	328,72	369,81	-	278,32	313,11	-	229,44	258,12	-	182,16	204,93	-	136,40	153,45
	V	9.823	-	785,84	884,07																		
	VI	10.355	-	828,40	931,95																		
35.639,99	I	5.438	-	435,04	489,42	-	329,52	370,71	-	230,24	259,02	-	137,12	154,26	-	51,44	57,87	-	-	-	-	-	-
	II	4.181	-	334,48	376,29	-	234,88	264,24	-	141,44	159,12	-	55,12	62,01	-	-	-	-	-	-	-	-	-
	III	1.784	-	142,72	160,56	-	66,88	75,24	-	6,88	7,74	-	-	-	-	-	-	-	-	-	-	-	-
	IV	5.438	-	435,04	489,42	-	381,52	429,21	-	329,52	370,71	-	279,12	314,01	-	230,24	259,02	-	182,88	205,74	-	137,12	154,26
	V	9.838	-	787,04	885,42																		
	VI	10.370	-	829,60	933,30																		

SolZ/KiSt lt. Tabelle nicht für Sonstige Bezüge anwendbar.

Lohn/ Gehalt bis	Steuerklasse	Lohn- steuer	ohne Kinderfreibetrag			Anzahl Kinderfreibeträge (nur Steuerklassen I–IV) 0,5			1,0			1,5			2,0			2,5			3,0		
			SolZ 5,5%	Kirchensteuer 8%	9%	SolZ 5,5%	Kirchensteuer 8%	9%	SolZ 5,5%	Kirchensteuer 8%	9%	SolZ 5,5%	Kirchensteuer 8%	9%	SolZ 5,5%	Kirchensteuer 8%	9%	SolZ 5,5%	Kirchensteuer 8%	9%	SolZ 5,5%	Kirchensteuer 8%	9%
35.675,99	I	5.448	-	435,84	490,32	-	330,32	371,61	-	231,04	259,92	-	137,84	155,07	-	52,08	58,59	-	-	-	-	-	-
	II	4.191	-	335,28	377,19	-	235,68	265,14	-	142,24	160,02	-	55,76	62,73	-	-	-	-	-	-	-	-	-
	III	1.792	-	143,36	161,28	-	67,52	75,96	-	7,20	8,10	-	-	-	-	-	-	-	-	-	-	-	-
	IV	5.448	-	435,84	490,32	-	382,32	430,11	-	330,32	371,61	-	279,92	314,91	-	231,04	259,92	-	183,68	206,64	-	137,84	155,07
	V	9.854	-	788,32	886,86																		
	VI	10.385	-	830,80	934,65																		
35.711,99	I	5.459	-	436,72	491,31	-	331,20	372,60	-	231,76	260,73	-	138,56	155,88	-	52,72	59,31	-	-	-	-	-	-
	II	4.202	-	336,16	378,18	-	236,48	266,04	-	142,96	160,83	-	56,40	63,45	-	-	-	-	-	-	-	-	-
	III	1.800	-	144,00	162,00	-	68,00	76,50	-	7,68	8,64	-	-	-	-	-	-	-	-	-	-	-	-
	IV	5.459	-	436,72	491,31	-	383,20	431,10	-	331,20	372,60	-	280,72	315,81	-	231,76	260,73	-	184,40	207,45	-	138,56	155,88
	V	9.869	-	789,52	888,21																		
	VI	10.400	-	832,00	936,00																		
35.747,99	I	5.470	-	437,60	492,30	-	332,00	373,50	-	232,56	261,63	-	139,28	156,69	-	53,28	59,94	-	-	-	-	-	-
	II	4.212	-	336,96	379,08	-	237,20	266,85	-	143,68	161,64	-	57,04	64,17	-	-	-	-	-	-	-	-	-
	III	1.810	-	144,80	162,90	-	68,64	77,22	-	8,16	9,18	-	-	-	-	-	-	-	-	-	-	-	-
	IV	5.470	-	437,60	492,30	-	384,08	432,09	-	332,00	373,50	-	281,52	316,71	-	232,56	261,63	-	185,12	208,26	-	139,28	156,69
	V	9.884	-	790,72	889,56																		
	VI	10.416	-	833,28	937,44																		
35.783,99	I	5.481	-	438,48	493,29	-	332,80	374,40	-	233,36	262,53	-	140,00	157,50	-	53,92	60,66	-	-	-	-	-	-
	II	4.222	-	337,76	379,98	-	238,00	267,75	-	144,40	162,45	-	57,68	64,89	-	-	-	-	-	-	-	-	-
	III	1.818	-	145,44	163,62	-	69,12	77,76	-	8,48	9,54	-	-	-	-	-	-	-	-	-	-	-	-
	IV	5.481	-	438,48	493,29	-	384,88	432,99	-	332,80	374,40	-	282,32	317,61	-	233,36	262,53	-	185,92	209,16	-	140,00	157,50
	V	9.899	-	791,92	890,91																		
	VI	10.431	-	834,48	938,79																		
35.819,99	I	5.492	-	439,36	494,28	-	333,68	375,39	-	234,08	263,34	-	140,72	158,31	-	54,56	61,38	-	-	-	-	-	-
	II	4.233	-	338,64	380,97	-	238,80	268,65	-	145,12	163,26	-	58,32	65,61	-	-	-	-	-	-	-	-	-
	III	1.826	-	146,08	164,34	-	69,60	78,30	-	8,96	10,08	-	-	-	-	-	-	-	-	-	-	-	-
	IV	5.492	-	439,36	494,28	-	385,76	433,98	-	333,68	375,39	-	283,12	318,51	-	234,08	263,34	-	186,64	209,97	-	140,72	158,31
	V	9.914	-	793,12	892,26																		
	VI	10.446	-	835,68	940,14																		
35.855,99	I	5.503	-	440,24	495,27	-	334,48	376,29	-	234,88	264,24	-	141,44	159,12	-	55,12	62,01	-	-	-	-	-	-
	II	4.243	-	339,44	381,87	-	239,52	269,46	-	145,84	164,07	-	58,96	66,33	-	-	-	-	-	-	-	-	-
	III	1.834	-	146,72	165,06	-	70,24	79,02	-	9,44	10,62	-	-	-	-	-	-	-	-	-	-	-	-
	IV	5.503	-	440,24	495,27	-	386,56	434,88	-	334,48	376,29	-	283,92	319,41	-	234,88	264,24	-	187,44	210,87	-	141,44	159,12
	V	9.929	-	794,32	893,61																		
	VI	10.461	-	836,88	941,49																		
35.891,99	I	5.514	-	441,12	496,26	-	335,28	377,19	-	235,68	265,14	-	142,24	160,02	-	55,76	62,73	-	-	-	-	-	-
	II	4.253	-	340,24	382,77	-	240,32	270,36	-	146,56	164,88	-	59,52	66,96	-	-	-	-	-	-	-	-	-
	III	1.844	-	147,52	165,96	-	70,72	79,56	-	9,76	10,98	-	-	-	-	-	-	-	-	-	-	-	-
	IV	5.514	-	441,12	496,26	-	387,44	435,87	-	335,28	377,19	-	284,72	320,31	-	235,68	265,14	-	188,16	211,68	-	142,24	160,02
	V	9.944	-	795,52	894,96																		
	VI	10.476	-	838,08	942,84																		
35.927,99	I	5.525	-	442,00	497,25	-	336,16	378,18	-	236,48	266,04	-	142,96	160,83	-	56,40	63,45	-	-	-	-	-	-
	II	4.264	-	341,12	383,76	-	241,12	271,26	-	147,28	165,69	-	60,16	67,68	-	-	-	-	-	-	-	-	-
	III	1.852	-	148,16	166,68	-	71,36	80,28	-	10,24	11,52	-	-	-	-	-	-	-	-	-	-	-	-
	IV	5.525	-	442,00	497,25	-	388,32	436,86	-	336,16	378,18	-	285,52	321,21	-	236,48	266,04	-	188,88	212,49	-	142,96	160,83
	V	9.959	-	796,72	896,31																		
	VI	10.491	-	839,28	944,19																		
35.963,99	I	5.536	-	442,88	498,24	-	336,96	379,08	-	237,20	266,85	-	143,68	161,64	-	57,04	64,17	-	-	-	-	-	-
	II	4.274	-	341,92	384,66	-	241,92	272,16	-	148,00	166,50	-	60,80	68,40	-	-	-	-	-	-	-	-	-
	III	1.860	-	148,80	167,40	-	71,84	80,82	-	10,72	12,06	-	-	-	-	-	-	-	-	-	-	-	-
	IV	5.536	-	442,88	498,24	-	389,12	437,76	-	336,96	379,08	-	286,32	322,11	-	237,20	266,85	-	189,68	213,39	-	143,68	161,64
	V	9.975	-	798,00	897,75																		
	VI	10.506	-	840,48	945,54																		
35.999,99	I	5.547	-	443,76	499,23	-	337,76	379,98	-	238,00	267,75	-	144,40	162,45	-	57,68	64,89	-	-	-	-	-	-
	II	4.285	-	342,80	385,65	-	242,64	272,97	-	148,72	167,31	-	61,44	69,12	-	-	-	-	-	-	-	-	-
	III	1.868	-	149,44	168,12	-	72,48	81,54	-	11,04	12,42	-	-	-	-	-	-	-	-	-	-	-	-
	IV	5.547	-	443,76	499,23	-	390,00	438,75	-	337,76	379,98	-	287,12	323,01	-	238,00	267,75	-	190,40	214,20	-	144,40	162,45
	V	9.990	-	799,20	899,10																		
	VI	10.521	-	841,68	946,89																		
36.035,99	I	5.558	-	444,64	500,22	-	338,64	380,97	-	238,80	268,65	-	145,12	163,26	-	58,32	65,61	-	-	-	-	-	-
	II	4.295	-	343,60	386,55	-	243,44	273,87	-	149,52	168,21	-	62,16	69,93	-	-	-	-	-	-	-	-	-
	III	1.878	-	150,24	169,02	-	72,96	82,08	-	11,52	12,96	-	-	-	-	-	-	-	-	-	-	-	-
	IV	5.558	-	444,64	500,22	-	390,88	439,74	-	338,64	380,97	-	287,92	323,91	-	238,80	268,65	-	191,20	215,10	-	145,12	163,26
	V	10.005	-	800,40	900,45																		
	VI	10.537	-	842,96	948,33																		
36.071,99	I	5.569	-	445,52	501,21	-	339,44	381,87	-	239,52	269,46	-	145,84	164,07	-	58,96	66,33	-	-	-	-	-	-
	II	4.305	-	344,40	387,45	-	244,24	274,77	-	150,24	169,02	-	62,80	70,65	-	-	-	-	-	-	-	-	-
	III	1.886	-	150,88	169,74	-	73,60	82,80	-	12,00	13,50	-	-	-	-	-	-	-	-	-	-	-	-
	IV	5.569	-	445,52	501,21	-	391,68	440,64	-	339,44	381,87	-	288,72	324,81	-	239,52	269,46	-	191,92	215,91	-	145,84	164,07
	V	10.020	-	801,60	901,80																		
	VI	10.552	-	844,16	949,68																		
36.107,99	I	5.580	-	446,40	502,20	-	340,24	382,77	-	240,32	270,36	-	146,56	164,88	-	59,52	66,96	-	-	-	-	-	-
	II	4.316	-	345,28	388,44	-	245,04	275,67	-	150,96	169,83	-	63,44	71,37	-	-	-	-	-	-	-	-	-
	III	1.894	-	151,52	170,46	-	74,08	83,34	-	12,32	13,86	-	-	-	-	-	-	-	-	-	-	-	-
	IV	5.580	-	446,40	502,20	-	392,56	441,63	-	340,24	382,77	-	289,52	325,71	-	240,32	270,36	-	192,72	216,81	-	146,56	164,88
	V	10.035	-	802,80	903,15																		
	VI	10.567	-	845,36	951,03																		
36.143,99	I	5.591	-	447,28	503,19	-	341,12	383,76	-	241,12	271,26	-	147,28	165,69	-	60,16	67,68	-	-	-	-	-	-
	II	4.326	-	346,08	389,34	-	245,76	276,48	-	151,68	170,64	-	64,08	72,09	-	-	-	-	-	-	-	-	-
	III	1.902	-	152,16	171,18	-	74,72	84,06	-	12,80	14,40	-	-	-	-	-	-	-	-	-	-	-	-
	IV	5.591	-	447,28	503,19	-	393,44	442,62	-	341,12	383,76	-	290,32	326,61	-	241,12	271,26	-	193,44	217,62	-	147,28	165,69
	V	10.050	-	804,00	904,50																		
	VI	10.582	-	846,56	952,38																		
36.179,99	I	5.602	-	448,16	504,18	-	341,92	384,66	-	241,92	272,16	-	148,00	166,50	-	60,80	68,40	-	-	-	-	-	-
	II	4.336	-	346,88	390,24	-	246,56	277,38	-	152,40	171,45	-	64,72	72,81	-	-	-	-	-	-	-	-	-
	III	1.912	-	152,96	172,08	-	75,20	84,60	-	13,28	14,94	-	-	-	-	-	-	-	-	-	-	-	-
	IV	5.602	-	448,16	504,18	-	394,24	443,52	-	341,92	384,66	-	291,12	327,51	-	241,92	272,16	-	194,16	218,43	-	148,00	166,50
	V	10.065	-	805,20	905,85																		
	VI	10.597	-	847,76	953,73																		

SolZ/KiSt lt. Tabelle nicht für Sonstige Bezüge anwendbar.

Besondere Tabelle

JAHR bis 36.719,99 €

Lohn/Gehalt bis	Steuerklasse	Lohnsteuer	ohne Kinderfreibetrag SolZ 5,5%	Kirchensteuer 8%	9%	Anzahl Kinderfreibeträge (nur Steuerklassen I–IV) 0,5 SolZ 5,5%	Kirchensteuer 8%	9%	1,0 SolZ 5,5%	Kirchensteuer 8%	9%	1,5 SolZ 5,5%	Kirchensteuer 8%	9%	2,0 SolZ 5,5%	Kirchensteuer 8%	9%	2,5 SolZ 5,5%	Kirchensteuer 8%	9%	3,0 SolZ 5,5%	Kirchensteuer 8%	9%
36.215,99	I	5.613	-	449,04	505,17	-	342,80	385,65	-	242,64	272,97	-	148,72	167,31	-	61,44	69,12	-	-	-	-	-	-
	II	4.347	-	347,76	391,23	-	247,36	278,28	-	153,12	172,26	-	65,36	73,53	-	-	-	-	-	-	-	-	-
	III	1.920	-	153,60	172,80	-	75,84	85,32	-	13,76	15,48	-	-	-	-	-	-	-	-	-	-	-	-
	IV	5.613	-	449,04	505,17	-	395,12	444,51	-	342,80	385,65	-	291,92	328,41	-	242,64	272,97	-	194,96	219,33	-	148,72	167,31
	V	10.080	-	806,40	907,20																		
	VI	10.612	-	848,96	955,08																		
36.251,99	I	5.624	-	449,92	506,16	-	343,60	386,55	-	243,44	273,87	-	149,52	168,21	-	62,16	69,93	-	-	-	-	-	-
	II	4.357	-	348,56	392,13	-	248,16	279,18	-	153,92	173,16	-	66,00	74,25	-	0,08	0,09	-	-	-	-	-	-
	III	1.928	-	154,24	173,52	-	76,32	85,86	-	14,08	15,84	-	-	-	-	-	-	-	-	-	-	-	-
	IV	5.624	-	449,92	506,16	-	396,00	445,50	-	343,60	386,55	-	292,72	329,31	-	243,44	273,87	-	195,68	220,14	-	149,52	168,21
	V	10.096	-	807,68	908,64																		
	VI	10.627	-	850,16	956,43																		
36.287,99	I	5.635	-	450,80	507,15	-	344,40	387,45	-	244,24	274,77	-	150,24	169,02	-	62,80	70,65	-	-	-	-	-	-
	II	4.368	-	349,44	393,12	-	248,96	280,08	-	154,64	173,97	-	66,64	74,97	-	0,48	0,54	-	-	-	-	-	-
	III	1.938	-	155,04	174,42	-	76,96	86,58	-	14,56	16,38	-	-	-	-	-	-	-	-	-	-	-	-
	IV	5.635	-	450,80	507,15	-	396,80	446,40	-	344,40	387,45	-	293,52	330,21	-	244,24	274,77	-	196,48	221,04	-	150,24	169,02
	V	10.111	-	808,88	909,99																		
	VI	10.642	-	851,36	957,78																		
36.323,99	I	5.646	-	451,68	508,14	-	345,28	388,44	-	245,04	275,67	-	150,96	169,83	-	63,44	71,37	-	-	-	-	-	-
	II	4.378	-	350,24	394,02	-	249,68	280,89	-	155,36	174,78	-	67,36	75,78	-	0,88	0,99	-	-	-	-	-	-
	III	1.946	-	155,68	175,14	-	77,44	87,12	-	15,04	16,92	-	-	-	-	-	-	-	-	-	-	-	-
	IV	5.646	-	451,68	508,14	-	397,68	447,39	-	345,28	388,44	-	294,40	331,20	-	245,04	275,67	-	197,20	221,85	-	150,96	169,83
	V	10.126	-	810,08	911,34																		
	VI	10.657	-	852,56	959,13																		
36.359,99	I	5.657	-	452,56	509,13	-	346,08	389,34	-	245,76	276,48	-	151,68	170,64	-	64,08	72,09	-	-	-	-	-	-
	II	4.388	-	351,04	394,92	-	250,48	281,79	-	156,08	175,59	-	68,00	76,50	-	1,36	1,53	-	-	-	-	-	-
	III	1.954	-	156,32	175,86	-	78,08	87,84	-	15,36	17,28	-	-	-	-	-	-	-	-	-	-	-	-
	IV	5.657	-	452,56	509,13	-	398,56	448,38	-	346,08	389,34	-	295,20	332,10	-	245,76	276,48	-	198,00	222,75	-	151,68	170,64
	V	10.141	-	811,28	912,69																		
	VI	10.673	-	853,84	960,57																		
36.395,99	I	5.668	-	453,44	510,12	-	346,88	390,24	-	246,56	277,38	-	152,40	171,45	-	64,72	72,81	-	-	-	-	-	-
	II	4.399	-	351,92	395,91	-	251,28	282,69	-	156,80	176,40	-	68,64	77,22	-	1,76	1,98	-	-	-	-	-	-
	III	1.964	-	157,12	176,76	-	78,56	88,38	-	15,84	17,82	-	-	-	-	-	-	-	-	-	-	-	-
	IV	5.668	-	453,44	510,12	-	399,36	449,28	-	346,88	390,24	-	296,00	333,00	-	246,56	277,38	-	198,72	223,56	-	152,40	171,45
	V	10.156	-	812,48	914,04																		
	VI	10.688	-	855,04	961,92																		
36.431,99	I	5.679	-	454,32	511,11	-	347,76	391,23	-	247,36	278,28	-	153,12	172,26	-	65,36	73,53	-	-	-	-	-	-
	II	4.409	-	352,72	396,81	-	252,08	283,59	-	157,52	177,21	-	69,36	78,03	-	2,16	2,43	-	-	-	-	-	-
	III	1.972	-	157,76	177,48	-	79,20	89,10	-	16,32	18,36	-	-	-	-	-	-	-	-	-	-	-	-
	IV	5.679	-	454,32	511,11	-	400,24	450,27	-	347,76	391,23	-	296,80	333,90	-	247,36	278,28	-	199,52	224,46	-	153,12	172,26
	V	10.171	-	813,68	915,39																		
	VI	10.703	-	856,24	963,27																		
36.467,99	I	5.690	-	455,20	512,10	-	348,56	392,13	-	248,16	279,18	-	153,92	173,16	-	66,00	74,25	-	0,08	0,09	-	-	-
	II	4.420	-	353,60	397,80	-	252,88	284,49	-	158,32	178,11	-	70,00	78,75	-	2,56	2,88	-	-	-	-	-	-
	III	1.980	-	158,40	178,20	-	79,84	89,82	-	16,80	18,90	-	-	-	-	-	-	-	-	-	-	-	-
	IV	5.690	-	455,20	512,10	-	401,12	451,26	-	348,56	392,13	-	297,60	334,80	-	248,16	279,18	-	200,24	225,27	-	153,92	173,16
	V	10.186	-	814,88	916,74																		
	VI	10.718	-	857,44	964,62																		
36.503,99	I	5.701	-	456,08	513,09	-	349,44	393,12	-	248,96	280,08	-	154,64	173,97	-	66,64	74,97	-	0,48	0,54	-	-	-
	II	4.430	-	354,40	398,70	-	253,60	285,30	-	159,04	178,92	-	70,64	79,47	-	2,96	3,33	-	-	-	-	-	-
	III	1.990	-	159,20	179,10	-	80,32	90,36	-	17,28	19,44	-	-	-	-	-	-	-	-	-	-	-	-
	IV	5.701	-	456,08	513,09	-	402,00	452,25	-	349,44	393,12	-	298,40	335,70	-	248,96	280,08	-	201,04	226,17	-	154,64	173,97
	V	10.201	-	816,08	918,09																		
	VI	10.733	-	858,64	965,97																		
36.539,99	I	5.712	-	456,96	514,08	-	350,24	394,02	-	249,68	280,89	-	155,36	174,78	-	67,36	75,78	-	0,88	0,99	-	-	-
	II	4.441	-	355,28	399,69	-	254,40	286,20	-	159,76	179,73	-	71,36	80,28	-	3,44	3,87	-	-	-	-	-	-
	III	1.998	-	159,84	179,82	-	80,96	91,08	-	17,60	19,80	-	-	-	-	-	-	-	-	-	-	-	-
	IV	5.712	-	456,96	514,08	-	402,80	453,15	-	350,24	394,02	-	299,20	336,60	-	249,68	280,89	-	201,76	226,98	-	155,36	174,78
	V	10.216	-	817,28	919,44																		
	VI	10.748	-	859,84	967,32																		
36.575,99	I	5.723	-	457,84	515,07	-	351,04	394,92	-	250,48	281,79	-	156,08	175,59	-	68,00	76,50	-	1,36	1,53	-	-	-
	II	4.451	-	356,08	400,59	-	255,20	287,10	-	160,48	180,54	-	72,00	81,00	-	3,84	4,32	-	-	-	-	-	-
	III	2.006	-	160,48	180,54	-	81,44	91,62	-	18,08	20,34	-	-	-	-	-	-	-	-	-	-	-	-
	IV	5.723	-	457,84	515,07	-	403,68	454,14	-	351,04	394,92	-	300,00	337,50	-	250,48	281,79	-	202,48	227,79	-	156,08	175,59
	V	10.232	-	818,56	920,88																		
	VI	10.763	-	861,04	968,67																		
36.611,99	I	5.734	-	458,72	516,06	-	351,92	395,91	-	251,28	282,69	-	156,80	176,40	-	68,64	77,22	-	1,76	1,98	-	-	-
	II	4.462	-	356,96	401,58	-	256,00	288,00	-	161,20	181,35	-	72,72	81,81	-	4,24	4,77	-	-	-	-	-	-
	III	2.016	-	161,28	181,44	-	82,08	92,34	-	18,56	20,88	-	-	-	-	-	-	-	-	-	-	-	-
	IV	5.734	-	458,72	516,06	-	404,56	455,13	-	351,92	395,91	-	300,80	338,40	-	251,28	282,69	-	203,28	228,69	-	156,80	176,40
	V	10.247	-	819,76	922,23																		
	VI	10.778	-	862,24	970,02																		
36.647,99	I	5.745	-	459,60	517,05	-	352,72	396,81	-	252,08	283,59	-	157,52	177,21	-	69,36	78,03	-	2,16	2,43	-	-	-
	II	4.472	-	357,76	402,48	-	256,80	288,90	-	162,00	182,25	-	73,36	82,53	-	4,64	5,22	-	-	-	-	-	-
	III	2.024	-	161,92	182,16	-	82,56	92,88	-	19,04	21,42	-	-	-	-	-	-	-	-	-	-	-	-
	IV	5.745	-	459,60	517,05	-	405,44	456,12	-	352,72	396,81	-	301,60	339,30	-	252,08	283,59	-	204,00	229,50	-	157,52	177,21
	V	10.262	-	820,96	923,58																		
	VI	10.794	-	863,52	971,46																		
36.683,99	I	5.756	-	460,48	518,04	-	353,60	397,80	-	252,88	284,49	-	158,32	178,11	-	70,00	78,75	-	2,56	2,88	-	-	-
	II	4.482	-	358,56	403,38	-	257,60	289,80	-	162,72	183,06	-	74,08	83,34	-	5,12	5,76	-	-	-	-	-	-
	III	2.032	-	162,56	182,88	-	83,20	93,60	-	19,52	21,96	-	-	-	-	-	-	-	-	-	-	-	-
	IV	5.756	-	460,48	518,04	-	406,24	457,02	-	353,60	397,80	-	302,48	340,29	-	252,88	284,49	-	204,80	230,40	-	158,32	178,11
	V	10.277	-	822,16	924,93																		
	VI	10.809	-	864,72	972,81																		
36.719,99	I	5.767	-	461,36	519,03	-	354,40	398,70	-	253,60	285,30	-	159,04	178,92	-	70,64	79,47	-	2,96	3,33	-	-	-
	II	4.493	-	359,44	404,37	-	258,32	290,61	-	163,44	183,87	-	74,72	84,06	-	5,52	6,21	-	-	-	-	-	-
	III	2.042	-	163,36	183,78	-	83,84	94,32	-	19,84	22,32	-	-	-	-	-	-	-	-	-	-	-	-
	IV	5.767	-	461,36	519,03	-	407,12	458,01	-	354,40	398,70	-	303,28	341,19	-	253,60	285,30	-	205,52	231,21	-	159,04	178,92
	V	10.292	-	823,36	926,28																		
	VI	10.824	-	865,92	974,16																		

SolZ/KiSt lt. Tabelle nicht für Sonstige Bezüge anwendbar.

Lohn/ Gehalt bis	Steuerklasse	Lohn-steuer	ohne Kinderfreibetrag			Anzahl Kinderfreibeträge (nur Steuerklassen I–IV) 0,5			1,0			1,5			2,0			2,5			3,0		
			SolZ 5,5%	Kirchensteuer 8%	9%	SolZ 5,5%	Kirchensteuer 8%	9%	SolZ 5,5%	Kirchensteuer 8%	9%	SolZ 5,5%	Kirchensteuer 8%	9%	SolZ 5,5%	Kirchensteuer 8%	9%	SolZ 5,5%	Kirchensteuer 8%	9%	SolZ 5,5%	Kirchensteuer 8%	9%
36.755,99	I	5.778	-	462,24	520,02	-	355,28	399,69	-	254,40	286,20	-	159,76	179,73	-	71,36	80,28	-	3,44	3,87	-	-	-
	II	4.503	-	360,24	405,27	-	259,12	291,51	-	164,16	184,68	-	75,44	84,87	-	5,92	6,66	-	-	-	-	-	-
	III	2.050	-	164,00	184,50	-	84,32	94,86	-	20,32	22,86	-	-	-	-	-	-	-	-	-	-	-	-
	IV	5.778	-	462,24	520,02	-	408,00	459,00	-	355,28	399,69	-	304,08	342,09	-	254,40	286,20	-	206,32	232,11	-	159,76	179,73
	V	10.307	-	824,56	927,63																		
	VI	10.839	-	867,12	975,51																		
36.791,99	I	5.789	-	463,12	521,01	-	356,08	400,59	-	255,20	287,10	-	160,48	180,54	-	72,00	81,00	-	3,84	4,32	-	-	-
	II	4.514	-	361,12	406,26	-	259,92	292,41	-	164,96	185,58	-	76,08	85,59	-	6,40	7,20	-	-	-	-	-	-
	III	2.058	-	164,64	185,22	-	84,96	95,58	-	20,80	23,40	-	-	-	-	-	-	-	-	-	-	-	-
	IV	5.789	-	463,12	521,01	-	408,88	459,99	-	356,08	400,59	-	304,88	342,99	-	255,20	287,10	-	207,12	233,01	-	160,48	180,54
	V	10.322	-	825,76	928,98																		
	VI	10.854	-	868,32	976,86																		
36.827,99	I	5.800	-	464,00	522,00	-	356,96	401,58	-	256,00	288,00	-	161,20	181,35	-	72,72	81,81	-	4,24	4,77	-	-	-
	II	4.524	-	361,92	407,16	-	260,72	293,31	-	165,68	186,39	-	76,80	86,40	-	6,80	7,65	-	-	-	-	-	-
	III	2.068	-	165,44	186,12	-	85,44	96,12	-	21,28	23,94	-	-	-	-	-	-	-	-	-	-	-	-
	IV	5.800	-	464,00	522,00	-	409,68	460,89	-	356,96	401,58	-	305,68	343,89	-	256,00	288,00	-	207,84	233,82	-	161,20	181,35
	V	10.337	-	826,96	930,33																		
	VI	10.869	-	869,52	978,21																		
36.863,99	I	5.811	-	464,88	522,99	-	357,76	402,48	-	256,80	288,90	-	162,00	182,25	-	73,36	82,53	-	4,64	5,22	-	-	-
	II	4.535	-	362,80	408,15	-	261,52	294,21	-	166,40	187,20	-	77,44	87,12	-	7,28	8,19	-	-	-	-	-	-
	III	2.076	-	166,08	186,84	-	86,08	96,84	-	21,76	24,48	-	-	-	-	-	-	-	-	-	-	-	-
	IV	5.811	-	464,88	522,99	-	410,56	461,88	-	357,76	402,48	-	306,48	344,79	-	256,80	288,90	-	208,64	234,72	-	162,00	182,25
	V	10.353	-	828,24	931,77																		
	VI	10.884	-	870,72	979,56																		
36.899,99	I	5.823	-	465,84	524,07	-	358,56	403,38	-	257,60	289,80	-	162,72	183,06	-	74,08	83,34	-	5,12	5,76	-	-	-
	II	4.545	-	363,60	409,05	-	262,32	295,11	-	167,12	188,01	-	78,16	87,93	-	7,68	8,64	-	-	-	-	-	-
	III	2.084	-	166,72	187,56	-	86,72	97,56	-	22,08	24,84	-	-	-	-	-	-	-	-	-	-	-	-
	IV	5.823	-	465,84	524,07	-	411,44	462,87	-	358,56	403,38	-	307,28	345,69	-	257,60	289,80	-	209,36	235,53	-	162,72	183,06
	V	10.368	-	829,44	933,12																		
	VI	10.899	-	871,92	980,91																		
36.935,99	I	5.834	-	466,72	525,06	-	359,44	404,37	-	258,32	290,61	-	163,44	183,87	-	74,72	84,06	-	5,52	6,21	-	-	-
	II	4.556	-	364,48	410,04	-	263,12	296,01	-	167,92	188,91	-	78,88	88,74	-	8,16	9,18	-	-	-	-	-	-
	III	2.094	-	167,52	188,46	-	87,20	98,10	-	22,56	25,38	-	-	-	-	-	-	-	-	-	-	-	-
	IV	5.834	-	466,72	525,06	-	412,32	463,86	-	359,44	404,37	-	308,16	346,68	-	258,32	290,61	-	210,16	236,43	-	163,44	183,87
	V	10.383	-	830,64	934,47																		
	VI	10.915	-	873,20	982,35																		
36.971,99	I	5.845	-	467,60	526,05	-	360,24	405,27	-	259,12	291,51	-	164,16	184,68	-	75,44	84,87	-	5,92	6,66	-	-	-
	II	4.566	-	365,28	410,94	-	263,92	296,91	-	168,64	189,72	-	79,52	89,46	-	8,56	9,63	-	-	-	-	-	-
	III	2.102	-	168,16	189,18	-	87,84	98,82	-	23,04	25,92	-	-	-	-	-	-	-	-	-	-	-	-
	IV	5.845	-	467,60	526,05	-	413,12	464,76	-	360,24	405,27	-	308,96	347,58	-	259,12	291,51	-	210,88	237,24	-	164,16	184,68
	V	10.398	-	831,84	935,82																		
	VI	10.930	-	874,40	983,70																		
37.007,99	I	5.856	-	468,48	527,04	-	361,12	406,26	-	259,92	292,41	-	164,96	185,58	-	76,08	85,59	-	6,40	7,20	-	-	-
	II	4.577	-	366,16	411,93	-	264,64	297,72	-	169,36	190,53	-	80,24	90,27	-	9,04	10,17	-	-	-	-	-	-
	III	2.110	-	168,80	189,90	-	88,48	99,54	-	23,52	26,46	-	-	-	-	-	-	-	-	-	-	-	-
	IV	5.856	-	468,48	527,04	-	414,00	465,75	-	361,12	406,26	-	309,76	348,48	-	259,92	292,41	-	211,68	238,14	-	164,96	185,58
	V	10.413	-	833,04	937,17																		
	VI	10.945	-	875,60	985,05																		
37.043,99	I	5.867	-	469,36	528,03	-	361,92	407,16	-	260,72	293,31	-	165,68	186,39	-	76,80	86,40	-	6,80	7,65	-	-	-
	II	4.587	-	366,96	412,83	-	265,44	298,62	-	170,08	191,34	-	80,96	91,08	-	9,52	10,71	-	-	-	-	-	-
	III	2.120	-	169,60	190,80	-	88,96	100,08	-	24,00	27,00	-	-	-	-	-	-	-	-	-	-	-	-
	IV	5.867	-	469,36	528,03	-	414,88	466,74	-	361,92	407,16	-	310,56	349,38	-	260,72	293,31	-	212,40	238,95	-	165,68	186,39
	V	10.428	-	834,24	938,52																		
	VI	10.960	-	876,80	986,40																		
37.079,99	I	5.878	-	470,24	529,02	-	362,80	408,15	-	261,52	294,21	-	166,40	187,20	-	77,44	87,12	-	7,28	8,19	-	-	-
	II	4.598	-	367,84	413,82	-	266,24	299,52	-	170,88	192,24	-	81,60	91,80	-	9,92	11,16	-	-	-	-	-	-
	III	2.128	-	170,24	191,52	-	89,60	100,80	-	24,48	27,54	-	-	-	-	-	-	-	-	-	-	-	-
	IV	5.878	-	470,24	529,02	-	415,76	467,73	-	362,80	408,15	-	311,36	350,28	-	261,52	294,21	-	213,20	239,85	-	166,40	187,20
	V	10.443	-	835,44	939,87																		
	VI	10.975	-	878,00	987,75																		
37.115,99	I	5.889	-	471,12	530,01	-	363,60	409,05	-	262,32	295,11	-	167,12	188,01	-	78,16	87,93	-	7,68	8,64	-	-	-
	II	4.608	-	368,64	414,72	-	267,04	300,42	-	171,60	193,05	-	82,32	92,61	-	10,40	11,70	-	-	-	-	-	-
	III	2.136	-	170,88	192,24	-	90,24	101,52	-	24,96	28,08	-	-	-	-	-	-	-	-	-	-	-	-
	IV	5.889	-	471,12	530,01	-	416,64	468,72	-	363,60	409,05	-	312,16	351,18	-	262,32	295,11	-	213,92	240,66	-	167,12	188,01
	V	10.458	-	836,64	941,22																		
	VI	10.990	-	879,20	989,10																		
37.151,99	I	5.900	-	472,00	531,00	-	364,48	410,04	-	263,12	296,01	-	167,92	188,91	-	78,88	88,74	-	8,16	9,18	-	-	-
	II	4.619	-	369,52	415,71	-	267,84	301,32	-	172,32	193,86	-	83,04	93,42	-	10,80	12,15	-	-	-	-	-	-
	III	2.146	-	171,68	193,14	-	90,72	102,06	-	25,44	28,62	-	-	-	-	-	-	-	-	-	-	-	-
	IV	5.900	-	472,00	531,00	-	417,44	469,62	-	364,48	410,04	-	313,04	352,17	-	263,12	296,01	-	214,72	241,56	-	167,92	188,91
	V	10.474	-	837,92	942,66																		
	VI	11.005	-	880,40	990,45																		
37.187,99	I	5.911	-	472,88	531,99	-	365,28	410,94	-	263,92	296,91	-	168,64	189,72	-	79,52	89,46	-	8,56	9,63	-	-	-
	II	4.630	-	370,40	416,70	-	268,64	302,22	-	173,12	194,76	-	83,68	94,14	-	11,28	12,69	-	-	-	-	-	-
	III	2.154	-	172,32	193,86	-	91,36	102,78	-	25,76	28,98	-	-	-	-	-	-	-	-	-	-	-	-
	IV	5.911	-	472,88	531,99	-	418,32	470,61	-	365,28	410,94	-	313,84	353,07	-	263,92	296,91	-	215,52	242,46	-	168,64	189,72
	V	10.489	-	839,12	944,01																		
	VI	11.020	-	881,60	991,80																		
37.223,99	I	5.923	-	473,84	533,07	-	366,16	411,93	-	264,64	297,72	-	169,36	190,53	-	80,24	90,27	-	9,04	10,17	-	-	-
	II	4.640	-	371,20	417,60	-	269,44	303,12	-	173,84	195,57	-	84,40	94,95	-	11,76	13,23	-	-	-	-	-	-
	III	2.162	-	172,96	194,58	-	92,00	103,50	-	26,24	29,52	-	-	-	-	-	-	-	-	-	-	-	-
	IV	5.923	-	473,84	533,07	-	419,20	471,60	-	366,16	411,93	-	314,64	353,97	-	264,64	297,72	-	216,24	243,27	-	169,36	190,53
	V	10.504	-	840,32	945,36																		
	VI	11.035	-	882,80	993,15																		
37.259,99	I	5.934	-	474,72	534,06	-	366,96	412,83	-	265,44	298,62	-	170,08	191,34	-	80,96	91,08	-	9,52	10,71	-	-	-
	II	4.651	-	372,08	418,59	-	270,24	304,02	-	174,56	196,38	-	85,12	95,76	-	12,24	13,77	-	-	-	-	-	-
	III	2.172	-	173,76	195,48	-	92,48	104,04	-	26,72	30,06	-	-	-	-	-	-	-	-	-	-	-	-
	IV	5.934	-	474,72	534,06	-	420,08	472,59	-	366,96	412,83	-	315,44	354,87	-	265,44	298,62	-	217,04	244,17	-	170,08	191,34
	V	10.519	-	841,52	946,71																		
	VI	11.051	-	884,08	994,59																		

SolZ/KiSt lt. Tabelle nicht für Sonstige Bezüge anwendbar.

Besondere Tabelle

JAHR bis 37.799,99 €

Lohn/ Gehalt bis	Steuerklasse	Lohn-steuer	ohne Kinderfreibetrag			Anzahl Kinderfreibeträge (nur Steuerklassen I–IV) 0,5			1,0			1,5			2,0			2,5			3,0		
			SolZ 5,5%	Kirchensteuer 8%	Kirchensteuer 9%	SolZ 5,5%	Kirchensteuer 8%	Kirchensteuer 9%	SolZ 5,5%	Kirchensteuer 8%	Kirchensteuer 9%	SolZ 5,5%	Kirchensteuer 8%	Kirchensteuer 9%	SolZ 5,5%	Kirchensteuer 8%	Kirchensteuer 9%	SolZ 5,5%	Kirchensteuer 8%	Kirchensteuer 9%	SolZ 5,5%	Kirchensteuer 8%	Kirchensteuer 9%
37.295,99	I	5.945	–	475,60	535,05	–	367,84	413,82	–	266,24	299,52	–	170,88	192,24	–	81,60	91,80	–	9,92	11,16	–	–	–
	II	4.661	–	372,88	419,49	–	271,04	304,92	–	175,28	197,19	–	85,76	96,48	–	12,64	14,22	–	–	–	–	–	–
	III	2.180	–	174,40	196,20	–	93,12	104,76	–	27,20	30,60	–	–	–	–	–	–	–	–	–	–	–	–
	IV	5.945	–	475,60	535,05	–	420,96	473,58	–	367,84	413,82	–	316,24	355,77	–	266,24	299,52	–	217,76	244,98	–	170,88	192,24
	V	10.534	–	842,72	948,06																		
	VI	11.066	–	885,28	995,94																		
37.331,99	I	5.956	–	476,48	536,04	–	368,64	414,72	–	267,04	300,42	–	171,60	193,05	–	82,32	92,61	–	10,40	11,70	–	–	–
	II	4.672	–	373,76	420,48	–	271,84	305,82	–	176,08	198,09	–	86,48	97,29	–	13,12	14,76	–	–	–	–	–	–
	III	2.188	–	175,04	196,92	–	93,76	105,48	–	27,68	31,14	–	–	–	–	–	–	–	–	–	–	–	–
	IV	5.956	–	476,48	536,04	–	421,84	474,57	–	368,64	414,72	–	317,12	356,76	–	267,04	300,42	–	218,56	245,88	–	171,60	193,05
	V	10.549	–	843,92	949,41																		
	VI	11.081	–	886,48	997,29																		
37.367,99	I	5.967	–	477,36	537,03	–	369,52	415,71	–	267,84	301,32	–	172,32	193,86	–	83,04	93,42	–	10,80	12,15	–	–	–
	II	4.682	–	374,56	421,38	–	272,64	306,72	–	176,80	198,90	–	87,20	98,10	–	13,60	15,30	–	–	–	–	–	–
	III	2.198	–	175,84	197,82	–	94,40	106,20	–	28,16	31,68	–	–	–	–	–	–	–	–	–	–	–	–
	IV	5.967	–	477,36	537,03	–	422,64	475,47	–	369,52	415,71	–	317,92	357,66	–	267,84	301,32	–	219,28	246,69	–	172,32	193,86
	V	10.564	–	845,12	950,76																		
	VI	11.096	–	887,68	998,64																		
37.403,99	I	5.978	–	478,24	538,02	–	370,40	416,70	–	268,64	302,22	–	173,12	194,76	–	83,68	94,14	–	11,28	12,69	–	–	–
	II	4.693	–	375,44	422,37	–	273,44	307,62	–	177,52	199,71	–	87,84	98,82	–	14,08	15,84	–	–	–	–	–	–
	III	2.206	–	176,48	198,54	–	94,88	106,74	–	28,64	32,22	–	–	–	–	–	–	–	–	–	–	–	–
	IV	5.978	–	478,24	538,02	–	423,52	476,46	–	370,40	416,70	–	318,72	358,56	–	268,64	302,22	–	220,08	247,59	–	173,12	194,76
	V	10.579	–	846,32	952,11																		
	VI	11.111	–	888,88	999,99																		
37.439,99	I	5.989	–	479,12	539,01	–	371,20	417,60	–	269,44	303,12	–	173,84	195,57	–	84,40	94,95	–	11,76	13,23	–	–	–
	II	4.703	–	376,24	423,27	–	274,16	308,43	–	178,32	200,61	–	88,56	99,63	–	14,56	16,38	–	–	–	–	–	–
	III	2.214	–	177,12	199,26	–	95,52	107,46	–	29,12	32,76	–	–	–	–	–	–	–	–	–	–	–	–
	IV	5.989	–	479,12	539,01	–	424,40	477,45	–	371,20	417,60	–	319,52	359,46	–	269,44	303,12	–	220,88	248,49	–	173,84	195,57
	V	10.594	–	847,52	953,46																		
	VI	11.126	–	890,08	1.001,34																		
37.475,99	I	6.001	–	480,08	540,09	–	372,08	418,59	–	270,24	304,02	–	174,56	196,38	–	85,12	95,76	–	12,24	13,77	–	–	–
	II	4.714	–	377,12	424,26	–	274,96	309,33	–	179,04	201,42	–	89,28	100,44	–	15,04	16,92	–	–	–	–	–	–
	III	2.224	–	177,92	200,16	–	96,16	108,18	–	29,60	33,30	–	–	–	–	–	–	–	–	–	–	–	–
	IV	6.001	–	480,08	540,09	–	425,28	478,44	–	372,08	418,59	–	320,40	360,45	–	270,24	304,02	–	221,60	249,30	–	174,56	196,38
	V	10.610	–	848,80	954,90																		
	VI	11.141	–	891,28	1.002,69																		
37.511,99	I	6.012	–	480,96	541,08	–	372,88	419,49	–	271,04	304,92	–	175,28	197,19	–	85,76	96,48	–	12,64	14,22	–	–	–
	II	4.725	–	378,00	425,25	–	275,76	310,23	–	179,76	202,23	–	90,00	101,25	–	15,52	17,46	–	–	–	–	–	–
	III	2.232	–	178,56	200,88	–	96,64	108,72	–	30,08	33,84	–	–	–	–	–	–	–	–	–	–	–	–
	IV	6.012	–	480,96	541,08	–	426,16	479,43	–	372,88	419,49	–	321,20	361,35	–	271,04	304,92	–	222,40	250,20	–	175,28	197,19
	V	10.625	–	850,00	956,25																		
	VI	11.156	–	892,48	1.004,04																		
37.547,99	I	6.023	–	481,84	542,07	–	373,76	420,48	–	271,84	305,82	–	176,08	198,09	–	86,48	97,29	–	13,12	14,76	–	–	–
	II	4.735	–	378,80	426,15	–	276,56	311,13	–	180,56	203,13	–	90,64	101,97	–	16,00	18,00	–	–	–	–	–	–
	III	2.240	–	179,20	201,60	–	97,28	109,44	–	30,56	34,38	–	–	–	–	–	–	–	–	–	–	–	–
	IV	6.023	–	481,84	542,07	–	427,04	480,42	–	373,76	420,48	–	322,00	362,25	–	271,84	305,82	–	223,20	251,10	–	176,08	198,09
	V	10.640	–	851,20	957,60																		
	VI	11.172	–	893,76	1.005,48																		
37.583,99	I	6.034	–	482,72	543,06	–	374,56	421,38	–	272,64	306,72	–	176,80	198,90	–	87,20	98,10	–	13,60	15,30	–	–	–
	II	4.746	–	379,68	427,14	–	277,36	312,03	–	181,28	203,94	–	91,36	102,78	–	16,48	18,54	–	–	–	–	–	–
	III	2.250	–	180,00	202,50	–	97,92	110,16	–	31,04	34,92	–	–	–	–	–	–	–	–	–	–	–	–
	IV	6.034	–	482,72	543,06	–	427,92	481,41	–	374,56	421,38	–	322,80	363,15	–	272,64	306,72	–	223,92	251,91	–	176,80	198,90
	V	10.655	–	852,40	958,95																		
	VI	11.187	–	894,96	1.006,83																		
37.619,99	I	6.045	–	483,60	544,05	–	375,44	422,37	–	273,44	307,62	–	177,52	199,71	–	87,84	98,82	–	14,08	15,84	–	–	–
	II	4.756	–	380,48	428,04	–	278,16	312,93	–	182,00	204,75	–	92,08	103,59	–	16,96	19,08	–	–	–	–	–	–
	III	2.258	–	180,64	203,22	–	98,56	110,88	–	31,52	35,46	–	–	–	–	–	–	–	–	–	–	–	–
	IV	6.045	–	483,60	544,05	–	428,72	482,31	–	375,44	422,37	–	323,68	364,14	–	273,44	307,62	–	224,72	252,81	–	177,52	199,71
	V	10.670	–	853,60	960,30																		
	VI	11.202	–	896,16	1.008,18																		
37.655,99	I	6.057	–	484,56	545,13	–	376,24	423,27	–	274,16	308,43	–	178,32	200,61	–	88,56	99,63	–	14,56	16,38	–	–	–
	II	4.767	–	381,36	429,03	–	278,96	313,83	–	182,80	205,65	–	92,80	104,40	–	17,44	19,62	–	–	–	–	–	–
	III	2.268	–	181,44	204,12	–	99,04	111,42	–	32,00	36,00	–	–	–	–	–	–	–	–	–	–	–	–
	IV	6.057	–	484,56	545,13	–	429,60	483,30	–	376,24	423,27	–	324,48	365,04	–	274,16	308,43	–	225,44	253,62	–	178,32	200,61
	V	10.685	–	854,80	961,65																		
	VI	11.217	–	897,36	1.009,53																		
37.691,99	I	6.068	–	485,44	546,12	–	377,12	424,26	–	274,96	309,33	–	179,04	201,42	–	89,28	100,44	–	15,04	16,92	–	–	–
	II	4.778	–	382,24	430,02	–	279,76	314,73	–	183,52	206,46	–	93,44	105,12	–	17,92	20,16	–	–	–	–	–	–
	III	2.276	–	182,08	204,84	–	99,68	112,14	–	32,48	36,54	–	–	–	–	–	–	–	–	–	–	–	–
	IV	6.068	–	485,44	546,12	–	430,48	484,29	–	377,12	424,26	–	325,28	365,94	–	274,96	309,33	–	226,24	254,52	–	179,04	201,42
	V	10.700	–	856,00	963,00																		
	VI	11.232	–	898,56	1.010,88																		
37.727,99	I	6.079	–	486,32	547,11	–	378,00	425,25	–	275,76	310,23	–	179,76	202,23	–	90,00	101,25	–	15,52	17,46	–	–	–
	II	4.788	–	383,04	430,92	–	280,56	315,63	–	184,32	207,36	–	94,16	105,93	–	18,40	20,70	–	–	–	–	–	–
	III	2.284	–	182,72	205,56	–	100,32	112,86	–	32,96	37,08	–	–	–	–	–	–	–	–	–	–	–	–
	IV	6.079	–	486,32	547,11	–	431,36	485,28	–	378,00	425,25	–	326,08	366,84	–	275,76	310,23	–	227,04	255,42	–	179,76	202,23
	V	10.715	–	857,20	964,35																		
	VI	11.247	–	899,76	1.012,23																		
37.763,99	I	6.090	–	487,20	548,10	–	378,80	426,15	–	276,56	311,13	–	180,56	203,13	–	90,64	101,97	–	16,00	18,00	–	–	–
	II	4.799	–	383,92	431,91	–	281,36	316,53	–	185,04	208,17	–	94,88	106,74	–	18,88	21,24	–	–	–	–	–	–
	III	2.294	–	183,52	206,46	–	100,96	113,58	–	33,44	37,62	–	–	–	–	–	–	–	–	–	–	–	–
	IV	6.090	–	487,20	548,10	–	432,24	486,27	–	378,80	426,15	–	326,96	367,83	–	276,56	311,13	–	227,76	256,23	–	180,56	203,13
	V	10.731	–	858,48	965,79																		
	VI	11.262	–	900,96	1.013,58																		
37.799,99	I	6.101	–	488,08	549,09	–	379,68	427,14	–	277,36	312,03	–	181,28	203,94	–	91,36	102,78	–	16,48	18,54	–	–	–
	II	4.809	–	384,72	432,81	–	282,16	317,43	–	185,76	208,98	–	95,60	107,55	–	19,36	21,78	–	–	–	–	–	–
	III	2.302	–	184,16	207,18	–	101,60	114,30	–	33,92	38,16	–	–	–	–	–	–	–	–	–	–	–	–
	IV	6.101	–	488,08	549,09	–	433,12	487,26	–	379,68	427,14	–	327,76	368,73	–	277,36	312,03	–	228,56	257,13	–	181,28	203,94
	V	10.746	–	859,68	967,14																		
	VI	11.277	–	902,16	1.014,93																		

SolZ/KiSt lt. Tabelle nicht für Sonstige Bezüge anwendbar.

JAHR bis 38.339,99 €

Besondere Tabelle

Lohn/ Gehalt bis	Steuerklasse	Lohn-steuer	ohne Kinderfreibetrag			Anzahl Kinderfreibeträge (nur Steuerklassen I–IV) 0,5			1,0			1,5			2,0			2,5			3,0		
			SolZ 5,5%	Kirchensteuer 8%	9%	SolZ 5,5%	Kirchensteuer 8%	9%	SolZ 5,5%	Kirchensteuer 8%	9%	SolZ 5,5%	Kirchensteuer 8%	9%	SolZ 5,5%	Kirchensteuer 8%	9%	SolZ 5,5%	Kirchensteuer 8%	9%	SolZ 5,5%	Kirchensteuer 8%	9%
37.835,99	I	6.113	-	489,04	550,17	-	380,48	428,04	-	278,16	312,93	-	182,00	204,75	-	92,08	103,59	-	16,96	19,08	-	-	-
	II	4.820	-	385,60	433,80	-	282,96	318,33	-	186,56	209,88	-	96,24	108,27	-	19,84	22,32	-	-	-	-	-	-
	III	2.310	-	184,80	207,90	-	102,08	114,84	-	34,40	38,70	-	-	-	-	-	-	-	-	-	-	-	-
	IV	6.113	-	489,04	550,17	-	434,00	488,25	-	380,48	428,04	-	328,56	369,63	-	278,16	312,93	-	229,36	258,03	-	182,00	204,75
	V	10.761	-	860,88	968,49																		
	VI	11.293	-	903,44	1.016,37																		
37.871,99	I	6.124	-	489,92	551,16	-	381,36	429,03	-	278,96	313,83	-	182,80	205,65	-	92,80	104,40	-	17,44	19,62	-	-	-
	II	4.831	-	386,48	434,79	-	283,76	319,23	-	187,28	210,69	-	96,96	109,08	-	20,32	22,86	-	-	-	-	-	-
	III	2.320	-	185,60	208,80	-	102,72	115,56	-	34,88	39,24	-	-	-	-	-	-	-	-	-	-	-	-
	IV	6.124	-	489,92	551,16	-	434,88	489,24	-	381,36	429,03	-	329,36	370,53	-	278,96	313,83	-	230,08	258,84	-	182,80	205,65
	V	10.776	-	862,08	969,84																		
	VI	11.308	-	904,64	1.017,72																		
37.907,99	I	6.135	-	490,80	552,15	-	382,24	430,02	-	279,76	314,73	-	183,52	206,46	-	93,44	105,12	-	17,92	20,16	-	-	-
	II	4.841	-	387,28	435,69	-	284,56	320,13	-	188,00	211,50	-	97,68	109,89	-	20,80	23,40	-	-	-	-	-	-
	III	2.328	-	186,24	209,52	-	103,36	116,28	-	35,36	39,78	-	-	-	-	-	-	-	-	-	-	-	-
	IV	6.135	-	490,80	552,15	-	435,76	490,23	-	382,24	430,02	-	330,24	371,52	-	279,76	314,73	-	230,88	259,74	-	183,52	206,46
	V	10.791	-	863,28	971,19																		
	VI	11.323	-	905,84	1.019,07																		
37.943,99	I	6.146	-	491,68	553,14	-	383,04	430,92	-	280,56	315,63	-	184,32	207,36	-	94,16	105,93	-	18,40	20,70	-	-	-
	II	4.852	-	388,16	436,68	-	285,36	321,03	-	188,80	212,40	-	98,40	110,70	-	21,36	24,03	-	-	-	-	-	-
	III	2.336	-	186,88	210,24	-	104,00	117,00	-	35,84	40,32	-	-	-	-	-	-	-	-	-	-	-	-
	IV	6.146	-	491,68	553,14	-	436,64	491,22	-	383,04	430,92	-	331,04	372,42	-	280,56	315,63	-	231,68	260,64	-	184,32	207,36
	V	10.806	-	864,48	972,54																		
	VI	11.338	-	907,04	1.020,42																		
37.979,99	I	6.157	-	492,56	554,13	-	383,92	431,91	-	281,36	316,53	-	185,04	208,17	-	94,88	106,74	-	18,88	21,24	-	-	-
	II	4.863	-	389,04	437,67	-	286,16	321,93	-	189,52	213,21	-	99,04	111,42	-	21,84	24,57	-	-	-	-	-	-
	III	2.346	-	187,68	211,14	-	104,64	117,72	-	36,32	40,86	-	-	-	-	-	-	-	-	-	-	-	-
	IV	6.157	-	492,56	554,13	-	437,44	492,12	-	383,92	431,91	-	331,84	373,32	-	281,36	316,53	-	232,40	261,45	-	185,04	208,17
	V	10.821	-	865,68	973,89																		
	VI	11.353	-	908,24	1.021,77																		
38.015,99	I	6.169	-	493,52	555,21	-	384,72	432,81	-	282,16	317,43	-	185,76	208,98	-	95,60	107,55	-	19,36	21,78	-	-	-
	II	4.873	-	389,84	438,57	-	286,96	322,83	-	190,32	214,11	-	99,76	112,23	-	22,32	25,11	-	-	-	-	-	-
	III	2.354	-	188,32	211,86	-	105,28	118,44	-	36,80	41,40	-	-	-	-	-	-	-	-	-	-	-	-
	IV	6.169	-	493,52	555,21	-	438,32	493,11	-	384,72	432,81	-	332,72	374,31	-	282,16	317,43	-	233,20	262,35	-	185,76	208,98
	V	10.836	-	866,88	975,24																		
	VI	11.368	-	909,44	1.023,12																		
38.051,99	I	6.180	-	494,40	556,20	-	385,60	433,80	-	282,96	318,33	-	186,56	209,88	-	96,24	108,27	-	19,84	22,32	-	-	-
	II	4.884	-	390,72	439,56	-	287,76	323,73	-	191,04	214,92	-	100,48	113,04	-	22,88	25,74	-	-	-	-	-	-
	III	2.364	-	189,12	212,76	-	105,76	118,98	-	37,28	41,94	-	-	-	-	-	-	-	-	-	-	-	-
	IV	6.180	-	494,40	556,20	-	439,20	494,10	-	385,60	433,80	-	333,52	375,21	-	282,96	318,33	-	234,00	263,25	-	186,56	209,88
	V	10.852	-	868,16	976,68																		
	VI	11.383	-	910,64	1.024,47																		
38.087,99	I	6.191	-	495,28	557,19	-	386,48	434,79	-	283,76	319,23	-	187,28	210,69	-	96,96	109,08	-	20,32	22,86	-	-	-
	II	4.895	-	391,60	440,55	-	288,56	324,63	-	191,84	215,82	-	101,20	113,85	-	23,36	26,28	-	-	-	-	-	-
	III	2.372	-	189,76	213,48	-	106,40	119,70	-	37,76	42,48	-	-	-	-	-	-	-	-	-	-	-	-
	IV	6.191	-	495,28	557,19	-	440,08	495,09	-	386,48	434,79	-	334,32	376,11	-	283,76	319,23	-	234,80	264,15	-	187,28	210,69
	V	10.867	-	869,36	978,03																		
	VI	11.398	-	911,84	1.025,82																		
38.123,99	I	6.202	-	496,16	558,18	-	387,28	435,69	-	284,56	320,13	-	188,00	211,50	-	97,68	109,89	-	20,80	23,40	-	-	-
	II	4.905	-	392,40	441,45	-	289,36	325,53	-	192,56	216,63	-	101,92	114,66	-	23,84	26,82	-	-	-	-	-	-
	III	2.380	-	190,40	214,20	-	107,04	120,42	-	38,24	43,02	-	-	-	-	-	-	-	-	-	-	-	-
	IV	6.202	-	496,16	558,18	-	440,96	496,08	-	387,28	435,69	-	335,20	377,10	-	284,56	320,13	-	235,52	264,96	-	188,00	211,50
	V	10.882	-	870,56	979,38																		
	VI	11.413	-	913,04	1.027,17																		
38.159,99	I	6.214	-	497,12	559,26	-	388,16	436,68	-	285,36	321,03	-	188,80	212,40	-	98,40	110,70	-	21,36	24,03	-	-	-
	II	4.916	-	393,28	442,44	-	290,24	326,52	-	193,28	217,44	-	102,56	115,38	-	24,40	27,45	-	-	-	-	-	-
	III	2.390	-	191,20	215,10	-	107,68	121,14	-	38,72	43,56	-	-	-	-	-	-	-	-	-	-	-	-
	IV	6.214	-	497,12	559,26	-	441,84	497,07	-	388,16	436,68	-	336,00	378,00	-	285,36	321,03	-	236,32	265,86	-	188,80	212,40
	V	10.897	-	871,76	980,73																		
	VI	11.429	-	914,32	1.028,61																		
38.195,99	I	6.225	-	498,00	560,25	-	389,04	437,67	-	286,16	321,93	-	189,52	213,21	-	99,04	111,42	-	21,84	24,57	-	-	-
	II	4.927	-	394,16	443,43	-	291,04	327,42	-	194,08	218,34	-	103,28	116,19	-	24,88	27,99	-	-	-	-	-	-
	III	2.398	-	191,84	215,82	-	108,32	121,86	-	39,20	44,10	-	-	-	-	-	-	-	-	-	-	-	-
	IV	6.225	-	498,00	560,25	-	442,72	498,06	-	389,04	437,67	-	336,80	378,90	-	286,16	321,93	-	237,12	266,76	-	189,52	213,21
	V	10.912	-	872,96	982,08																		
	VI	11.444	-	915,52	1.029,96																		
38.231,99	I	6.236	-	498,88	561,24	-	389,84	438,57	-	286,96	322,83	-	190,32	214,11	-	99,76	112,23	-	22,32	25,11	-	-	-
	II	4.937	-	394,96	444,33	-	291,84	328,32	-	194,80	219,15	-	104,00	117,00	-	25,36	28,53	-	-	-	-	-	-
	III	2.408	-	192,64	216,72	-	108,96	122,58	-	39,68	44,64	-	-	-	-	-	-	-	-	-	-	-	-
	IV	6.236	-	498,88	561,24	-	443,60	499,05	-	389,84	438,57	-	337,68	379,89	-	286,96	322,83	-	237,84	267,57	-	190,32	214,11
	V	10.927	-	874,16	983,43																		
	VI	11.459	-	916,72	1.031,31																		
38.267,99	I	6.248	-	499,84	562,32	-	390,72	439,56	-	287,76	323,73	-	191,04	214,92	-	100,48	113,04	-	22,88	25,74	-	-	-
	II	4.948	-	395,84	445,32	-	292,64	329,22	-	195,60	220,05	-	104,72	117,81	-	25,92	29,16	-	-	-	-	-	-
	III	2.416	-	193,28	217,44	-	109,60	123,30	-	40,16	45,18	-	-	-	-	-	-	-	-	-	-	-	-
	IV	6.248	-	499,84	562,32	-	444,48	500,04	-	390,72	439,56	-	338,48	380,79	-	287,76	323,73	-	238,64	268,47	-	191,04	214,92
	V	10.942	-	875,36	984,78																		
	VI	11.474	-	917,92	1.032,66																		
38.303,99	I	6.259	-	500,72	563,31	-	391,60	440,55	-	288,56	324,63	-	191,84	215,82	-	101,20	113,85	-	23,36	26,28	-	-	-
	II	4.959	-	396,72	446,31	-	293,44	330,12	-	196,32	220,86	-	105,44	118,62	-	26,40	29,70	-	-	-	-	-	-
	III	2.424	-	193,92	218,16	-	110,08	123,84	-	40,64	45,72	-	-	-	-	-	-	-	-	-	-	-	-
	IV	6.259	-	500,72	563,31	-	445,36	501,03	-	391,60	440,55	-	339,28	381,69	-	288,56	324,63	-	239,44	269,37	-	191,84	215,82
	V	10.957	-	876,56	986,13																		
	VI	11.489	-	919,12	1.034,01																		
38.339,99	I	6.270	-	501,60	564,30	-	392,40	441,45	-	289,36	325,53	-	192,56	216,63	-	101,92	114,66	-	23,84	26,82	-	-	-
	II	4.969	-	397,52	447,21	-	294,24	331,02	-	197,12	221,76	-	106,08	119,34	-	26,96	30,33	-	-	-	-	-	-
	III	2.434	-	194,72	219,06	-	110,72	124,56	-	41,28	46,44	-	-	-	-	-	-	-	-	-	-	-	-
	IV	6.270	-	501,60	564,30	-	446,24	502,02	-	392,40	441,45	-	340,16	382,68	-	289,36	325,53	-	240,24	270,27	-	192,56	216,63
	V	10.972	-	877,76	987,48																		
	VI	11.504	-	920,32	1.035,36																		

SolZ/KiSt lt. Tabelle nicht für Sonstige Bezüge anwendbar.

Besondere Tabelle

JAHR bis 38.879,99 €

Lohn/ Gehalt bis	Steuerklasse	Lohn-steuer	ohne Kinderfreibetrag			Anzahl Kinderfreibeträge (nur Steuerklassen I–IV) 0,5			1,0			1,5			2,0			2,5			3,0		
			SolZ 5,5%	Kirchensteuer 8%	9%	SolZ 5,5%	Kirchensteuer 8%	9%	SolZ 5,5%	Kirchensteuer 8%	9%	SolZ 5,5%	Kirchensteuer 8%	9%	SolZ 5,5%	Kirchensteuer 8%	9%	SolZ 5,5%	Kirchensteuer 8%	9%	SolZ 5,5%	Kirchensteuer 8%	9%
38.375,99	I	6.281	-	502,48	565,29	-	393,28	442,44	-	290,24	326,52	-	193,28	217,44	-	102,56	115,38	-	24,40	27,45	-	-	-
	II	4.980	-	398,40	448,20	-	295,04	331,92	-	197,84	222,57	-	106,80	120,15	-	27,44	30,87	-	-	-	-	-	-
	III	2.442	-	195,36	219,78	-	111,36	125,28	-	41,76	46,98	-	-	-	-	-	-	-	-	-	-	-	-
	IV	6.281	-	502,48	565,29	-	447,12	503,01	-	393,28	442,44	-	340,96	383,58	-	290,24	326,52	-	240,96	271,08	-	193,28	217,44
	V	10.988	-	879,04	988,92																		
	VI	11.519	-	921,52	1.036,71																		
38.411,99	I	6.293	-	503,44	566,37	-	394,16	443,43	-	291,04	327,42	-	194,08	218,34	-	103,28	116,19	-	24,88	27,99	-	-	-
	II	4.991	-	399,28	449,19	-	295,84	332,82	-	198,64	223,47	-	107,52	120,96	-	28,00	31,50	-	-	-	-	-	-
	III	2.450	-	196,00	220,50	-	112,00	126,00	-	42,24	47,52	-	-	-	-	-	-	-	-	-	-	-	-
	IV	6.293	-	503,44	566,37	-	448,00	504,00	-	394,16	443,43	-	341,76	384,48	-	291,04	327,42	-	241,76	271,98	-	194,08	218,34
	V	11.003	-	880,24	990,27																		
	VI	11.534	-	922,72	1.038,06																		
38.447,99	I	6.304	-	504,32	567,36	-	394,96	444,33	-	291,84	328,32	-	194,80	219,15	-	104,00	117,00	-	25,36	28,53	-	-	-
	II	5.001	-	400,08	450,09	-	296,64	333,72	-	199,36	224,28	-	108,24	121,77	-	28,56	32,13	-	-	-	-	-	-
	III	2.460	-	196,80	221,40	-	112,64	126,72	-	42,72	48,06	-	-	-	-	-	-	-	-	-	-	-	-
	IV	6.304	-	504,32	567,36	-	448,88	504,99	-	394,96	444,33	-	342,64	385,47	-	291,84	328,32	-	242,56	272,88	-	194,80	219,15
	V	11.018	-	881,44	991,62																		
	VI	11.550	-	924,00	1.039,50																		
38.483,99	I	6.315	-	505,20	568,35	-	395,84	445,32	-	292,64	329,22	-	195,60	220,05	-	104,72	117,81	-	25,92	29,16	-	-	-
	II	5.012	-	400,96	451,08	-	297,44	334,62	-	200,08	225,09	-	108,96	122,58	-	29,04	32,67	-	-	-	-	-	-
	III	2.468	-	197,44	222,12	-	113,28	127,44	-	43,20	48,60	-	-	-	-	-	-	-	-	-	-	-	-
	IV	6.315	-	505,20	568,35	-	449,76	505,98	-	395,84	445,32	-	343,44	386,37	-	292,64	329,22	-	243,36	273,78	-	195,60	220,05
	V	11.033	-	882,64	992,97																		
	VI	11.565	-	925,20	1.040,85																		
38.519,99	I	6.327	-	506,16	569,43	-	396,72	446,31	-	293,44	330,12	-	196,32	220,86	-	105,44	118,62	-	26,40	29,70	-	-	-
	II	5.023	-	401,84	452,07	-	298,24	335,52	-	200,88	225,99	-	109,68	123,39	-	29,60	33,30	-	-	-	-	-	-
	III	2.478	-	198,24	223,02	-	113,92	128,16	-	43,68	49,14	-	-	-	-	-	-	-	-	-	-	-	-
	IV	6.327	-	506,16	569,43	-	450,64	506,97	-	396,72	446,31	-	344,32	387,36	-	293,44	330,12	-	244,08	274,59	-	196,32	220,86
	V	11.048	-	883,84	994,32																		
	VI	11.580	-	926,40	1.042,20																		
38.555,99	I	6.338	-	507,04	570,42	-	397,52	447,21	-	294,24	331,02	-	197,12	221,76	-	106,08	119,34	-	26,96	30,33	-	-	-
	II	5.034	-	402,72	453,06	-	299,04	336,42	-	201,60	226,80	-	110,40	124,20	-	30,08	33,84	-	-	-	-	-	-
	III	2.486	-	198,88	223,74	-	114,56	128,88	-	44,16	49,68	-	-	-	-	-	-	-	-	-	-	-	-
	IV	6.338	-	507,04	570,42	-	451,52	507,96	-	397,52	447,21	-	345,12	388,26	-	294,24	331,02	-	244,88	275,49	-	197,12	221,76
	V	11.063	-	885,04	995,67																		
	VI	11.595	-	927,60	1.043,55																		
38.591,99	I	6.349	-	507,92	571,41	-	398,40	448,20	-	295,04	331,92	-	197,84	222,57	-	106,80	120,15	-	27,44	30,87	-	-	-
	II	5.044	-	403,52	453,96	-	299,92	337,41	-	202,40	227,70	-	111,04	124,92	-	30,64	34,47	-	-	-	-	-	-
	III	2.494	-	199,52	224,46	-	115,20	129,60	-	44,64	50,22	-	-	-	-	-	-	-	-	-	-	-	-
	IV	6.349	-	507,92	571,41	-	452,40	508,95	-	398,40	448,20	-	345,92	389,16	-	295,04	331,92	-	245,68	276,39	-	197,84	222,57
	V	11.078	-	886,24	997,02																		
	VI	11.610	-	928,80	1.044,90																		
38.627,99	I	6.361	-	508,88	572,49	-	399,28	449,19	-	295,84	332,82	-	198,64	223,47	-	107,52	120,96	-	28,00	31,50	-	-	-
	II	5.055	-	404,40	454,95	-	300,72	338,31	-	203,12	228,51	-	111,76	125,73	-	31,20	35,10	-	-	-	-	-	-
	III	2.504	-	200,32	225,36	-	115,84	130,32	-	45,28	50,94	-	-	-	-	-	-	-	-	-	-	-	-
	IV	6.361	-	508,88	572,49	-	453,28	509,94	-	399,28	449,19	-	346,80	390,15	-	295,84	332,82	-	246,48	277,29	-	198,64	223,47
	V	11.093	-	887,44	998,37																		
	VI	11.625	-	930,00	1.046,25																		
38.663,99	I	6.372	-	509,76	573,48	-	400,08	450,09	-	296,64	333,72	-	199,36	224,28	-	108,24	121,77	-	28,56	32,13	-	-	-
	II	5.066	-	405,28	455,94	-	301,52	339,21	-	203,92	229,41	-	112,48	126,54	-	31,76	35,73	-	-	-	-	-	-
	III	2.512	-	200,96	226,08	-	116,48	131,04	-	45,76	51,48	-	-	-	-	-	-	-	-	-	-	-	-
	IV	6.372	-	509,76	573,48	-	454,16	510,93	-	400,08	450,09	-	347,60	391,05	-	296,64	333,72	-	247,20	278,10	-	199,36	224,28
	V	11.109	-	888,72	999,81																		
	VI	11.640	-	931,20	1.047,60																		
38.699,99	I	6.383	-	510,64	574,47	-	400,96	451,08	-	297,44	334,62	-	200,08	225,09	-	108,96	122,58	-	29,04	32,67	-	-	-
	II	5.077	-	406,16	456,93	-	302,32	340,11	-	204,64	230,22	-	113,20	127,35	-	32,24	36,27	-	-	-	-	-	-
	III	2.522	-	201,76	226,98	-	117,12	131,76	-	46,24	52,02	-	-	-	-	-	-	-	-	-	-	-	-
	IV	6.383	-	510,64	574,47	-	455,04	511,92	-	400,96	451,08	-	348,48	392,04	-	297,44	334,62	-	248,00	279,00	-	200,08	225,09
	V	11.124	-	889,92	1.001,16																		
	VI	11.655	-	932,40	1.048,95																		
38.735,99	I	6.395	-	511,60	575,55	-	401,84	452,07	-	298,24	335,52	-	200,88	225,99	-	109,68	123,39	-	29,60	33,30	-	-	-
	II	5.087	-	406,96	457,83	-	303,12	341,01	-	205,44	231,12	-	113,92	128,16	-	32,80	36,90	-	-	-	-	-	-
	III	2.530	-	202,40	227,70	-	117,60	132,30	-	46,72	52,56	-	-	-	-	-	-	-	-	-	-	-	-
	IV	6.395	-	511,60	575,55	-	455,92	512,91	-	401,84	452,07	-	349,28	392,94	-	298,24	335,52	-	248,80	279,90	-	200,88	225,99
	V	11.139	-	891,12	1.002,51																		
	VI	11.671	-	933,68	1.050,39																		
38.771,99	I	6.406	-	512,48	576,54	-	402,72	453,06	-	299,04	336,42	-	201,60	226,80	-	110,40	124,20	-	30,08	33,84	-	-	-
	II	5.098	-	407,84	458,82	-	303,92	341,91	-	206,16	231,93	-	114,64	128,97	-	33,36	37,53	-	-	-	-	-	-
	III	2.538	-	203,04	228,42	-	118,24	133,02	-	47,20	53,10	-	-	-	-	-	-	-	-	-	-	-	-
	IV	6.406	-	512,48	576,54	-	456,80	513,90	-	402,72	453,06	-	350,08	393,84	-	299,04	336,42	-	249,60	280,80	-	201,60	226,80
	V	11.154	-	892,32	1.003,86																		
	VI	11.686	-	934,88	1.051,74																		
38.807,99	I	6.417	-	513,36	577,53	-	403,52	453,96	-	299,92	337,41	-	202,40	227,70	-	111,04	124,92	-	30,64	34,47	-	-	-
	II	5.109	-	408,72	459,81	-	304,72	342,81	-	206,96	232,83	-	115,36	129,78	-	33,92	38,16	-	-	-	-	-	-
	III	2.548	-	203,84	229,32	-	118,88	133,74	-	47,68	53,64	-	-	-	-	-	-	-	-	-	-	-	-
	IV	6.417	-	513,36	577,53	-	457,68	514,89	-	403,52	453,96	-	350,96	394,83	-	299,92	337,41	-	250,40	281,70	-	202,40	227,70
	V	11.169	-	893,52	1.005,21																		
	VI	11.701	-	936,08	1.053,09																		
38.843,99	I	6.429	-	514,32	578,61	-	404,40	454,95	-	300,72	338,31	-	203,12	228,51	-	111,76	125,73	-	31,20	35,10	-	-	-
	II	5.120	-	409,60	460,80	-	305,52	343,71	-	207,68	233,64	-	116,08	130,59	-	34,48	38,79	-	-	-	-	-	-
	III	2.556	-	204,48	230,04	-	119,52	134,46	-	48,32	54,36	-	-	-	-	-	-	-	-	-	-	-	-
	IV	6.429	-	514,32	578,61	-	458,56	515,88	-	404,40	454,95	-	351,76	395,73	-	300,72	338,31	-	251,12	282,51	-	203,12	228,51
	V	11.184	-	894,72	1.006,56																		
	VI	11.716	-	937,28	1.054,44																		
38.879,99	I	6.440	-	515,20	579,60	-	405,28	455,94	-	301,52	339,21	-	203,92	229,41	-	112,48	126,54	-	31,76	35,73	-	-	-
	II	5.130	-	410,40	461,70	-	306,40	344,70	-	208,48	234,54	-	116,80	131,40	-	35,04	39,42	-	-	-	-	-	-
	III	2.566	-	205,28	230,94	-	120,16	135,18	-	48,80	54,90	-	-	-	-	-	-	-	-	-	-	-	-
	IV	6.440	-	515,20	579,60	-	459,44	516,87	-	405,28	455,94	-	352,64	396,72	-	301,52	339,21	-	251,92	283,41	-	203,92	229,41
	V	11.199	-	895,92	1.007,91																		
	VI	11.731	-	938,48	1.055,79																		

SolZ/KiSt lt. Tabelle nicht für Sonstige Bezüge anwendbar.

JAHR bis 39.419,99 €

Besondere Tabelle

Lohn/ Gehalt bis	Steuerklasse	Lohn-steuer	ohne Kinderfreibetrag SolZ 5,5%	ohne Kinderfreibetrag Kirchensteuer 8%	ohne Kinderfreibetrag Kirchensteuer 9%	0,5 SolZ 5,5%	0,5 Kirchensteuer 8%	0,5 Kirchensteuer 9%	1,0 SolZ 5,5%	1,0 Kirchensteuer 8%	1,0 Kirchensteuer 9%	1,5 SolZ 5,5%	1,5 Kirchensteuer 8%	1,5 Kirchensteuer 9%	2,0 SolZ 5,5%	2,0 Kirchensteuer 8%	2,0 Kirchensteuer 9%	2,5 SolZ 5,5%	2,5 Kirchensteuer 8%	2,5 Kirchensteuer 9%	3,0 SolZ 5,5%	3,0 Kirchensteuer 8%	3,0 Kirchensteuer 9%
						Anzahl Kinderfreibeträge (nur Steuerklassen I–IV)																	
38.915,99	I	6.451	-	516,08	580,59	-	406,16	456,93	-	302,32	340,11	-	204,64	230,22	-	113,20	127,35	-	32,24	36,27	-	-	-
	II	5.141	-	411,28	462,69	-	307,20	345,60	-	209,28	235,44	-	117,44	132,12	-	35,52	39,96	-	-	-	-	-	-
	III	2.574	-	205,92	231,66	-	120,80	135,90	-	49,28	55,44	-	-	-	-	-	-	-	-	-	-	-	-
	IV	6.451	-	516,08	580,59	-	460,32	517,86	-	406,16	456,93	-	353,44	397,62	-	302,32	340,11	-	252,72	284,31	-	204,64	230,22
	V	11.214	-	897,12	1.009,26																		
	VI	11.746	-	939,68	1.057,14																		
38.951,99	I	6.463	-	517,04	581,67	-	406,96	457,83	-	303,12	341,01	-	205,44	231,12	-	113,92	128,16	-	32,80	36,90	-	-	-
	II	5.152	-	412,16	463,68	-	308,00	346,50	-	210,00	236,25	-	118,16	132,93	-	36,08	40,59	-	-	-	-	-	-
	III	2.582	-	206,56	232,38	-	121,44	136,62	-	49,76	55,98	-	-	-	-	-	-	-	-	-	-	-	-
	IV	6.463	-	517,04	581,67	-	461,20	518,85	-	406,96	457,83	-	354,24	398,52	-	303,12	341,01	-	253,52	285,21	-	205,44	231,12
	V	11.230	-	898,40	1.010,70																		
	VI	11.761	-	940,88	1.058,49																		
38.987,99	I	6.474	-	517,92	582,66	-	407,84	458,82	-	303,92	341,91	-	206,16	231,93	-	114,64	128,97	-	33,36	37,53	-	-	-
	II	5.163	-	413,04	464,67	-	308,80	347,40	-	210,80	237,15	-	118,88	133,74	-	36,64	41,22	-	-	-	-	-	-
	III	2.592	-	207,36	233,28	-	122,08	137,34	-	50,24	56,52	-	-	-	-	-	-	-	-	-	-	-	-
	IV	6.474	-	517,92	582,66	-	462,08	519,84	-	407,84	458,82	-	355,12	399,51	-	303,92	341,91	-	254,32	286,11	-	206,16	231,9
	V	11.245	-	899,60	1.012,05																		
	VI	11.776	-	942,08	1.059,84																		
39.023,99	I	6.485	-	518,80	583,65	-	408,72	459,81	-	304,72	342,81	-	206,96	232,83	-	115,36	129,78	-	33,92	38,16	-	-	-
	II	5.173	-	413,84	465,57	-	309,60	348,30	-	211,52	237,96	-	119,60	134,55	-	37,20	41,85	-	-	-	-	-	-
	III	2.600	-	208,00	234,00	-	122,72	138,06	-	50,88	57,24	-	-	-	-	-	-	-	-	-	-	-	-
	IV	6.485	-	518,80	583,65	-	462,96	520,83	-	408,72	459,81	-	355,92	400,41	-	304,72	342,81	-	255,04	286,92	-	206,96	232,8
	V	11.260	-	900,80	1.013,40																		
	VI	11.791	-	943,28	1.061,19																		
39.059,99	I	6.497	-	519,76	584,73	-	409,60	460,80	-	305,52	343,71	-	207,68	233,64	-	116,08	130,59	-	34,48	38,79	-	-	-
	II	5.184	-	414,72	466,56	-	310,40	349,20	-	212,32	238,86	-	120,32	135,36	-	37,76	42,48	-	-	-	-	-	-
	III	2.610	-	208,80	234,90	-	123,36	138,78	-	51,36	57,78	-	-	-	-	-	-	-	-	-	-	-	-
	IV	6.497	-	519,76	584,73	-	463,92	521,91	-	409,60	460,80	-	356,80	401,40	-	305,52	343,71	-	255,84	287,82	-	207,68	233,6
	V	11.275	-	902,00	1.014,75																		
	VI	11.807	-	944,56	1.062,63																		
39.095,99	I	6.508	-	520,64	585,72	-	410,40	461,70	-	306,40	344,70	-	208,48	234,54	-	116,80	131,40	-	35,04	39,42	-	-	-
	II	5.195	-	415,60	467,55	-	311,28	350,19	-	213,04	239,67	-	121,04	136,17	-	38,32	43,11	-	-	-	-	-	-
	III	2.618	-	209,44	235,62	-	124,00	139,50	-	51,84	58,32	-	-	-	-	-	-	-	-	-	-	-	-
	IV	6.508	-	520,64	585,72	-	464,80	522,90	-	410,40	461,70	-	357,60	402,30	-	306,40	344,70	-	256,64	288,72	-	208,48	234,5
	V	11.290	-	903,20	1.016,10																		
	VI	11.822	-	945,76	1.063,98																		
39.131,99	I	6.520	-	521,60	586,80	-	411,28	462,69	-	307,20	345,60	-	209,28	235,44	-	117,44	132,12	-	35,52	39,96	-	-	-
	II	5.206	-	416,48	468,54	-	312,08	351,09	-	213,84	240,57	-	121,76	136,98	-	38,88	43,74	-	-	-	-	-	-
	III	2.626	-	210,08	236,34	-	124,64	140,22	-	52,32	58,86	-	-	-	-	-	-	-	-	-	-	-	-
	IV	6.520	-	521,60	586,80	-	465,68	523,89	-	411,28	462,69	-	358,48	403,29	-	307,20	345,60	-	257,44	289,62	-	209,28	235,4
	V	11.305	-	904,40	1.017,45																		
	VI	11.837	-	946,96	1.065,33																		
39.167,99	I	6.531	-	522,48	587,79	-	412,16	463,68	-	308,00	346,50	-	210,00	236,25	-	118,16	132,93	-	36,08	40,59	-	-	-
	II	5.217	-	417,36	469,53	-	312,88	351,99	-	214,56	241,38	-	122,48	137,79	-	39,52	44,46	-	-	-	-	-	-
	III	2.636	-	210,88	237,24	-	125,28	140,94	-	52,96	59,58	-	-	-	-	-	-	-	-	-	-	-	-
	IV	6.531	-	522,48	587,79	-	466,56	524,88	-	412,16	463,68	-	359,28	404,19	-	308,00	346,50	-	258,24	290,52	-	210,00	236,2
	V	11.320	-	905,60	1.018,80																		
	VI	11.852	-	948,16	1.066,68																		
39.203,99	I	6.542	-	523,36	588,78	-	413,04	464,67	-	308,80	347,40	-	210,80	237,15	-	118,88	133,74	-	36,64	41,22	-	-	-
	II	5.227	-	418,16	470,43	-	313,68	352,89	-	215,36	242,28	-	123,20	138,60	-	40,08	45,09	-	-	-	-	-	-
	III	2.644	-	211,52	237,96	-	125,92	141,66	-	53,44	60,12	-	-	-	-	-	-	-	-	-	-	-	-
	IV	6.542	-	523,36	588,78	-	467,44	525,87	-	413,04	464,67	-	360,16	405,18	-	308,80	347,40	-	259,04	291,42	-	210,80	237,1
	V	11.335	-	906,80	1.020,15																		
	VI	11.867	-	949,36	1.068,03																		
39.239,99	I	6.554	-	524,32	589,86	-	413,84	465,57	-	309,60	348,30	-	211,52	237,96	-	119,60	134,55	-	37,20	41,85	-	-	-
	II	5.238	-	419,04	471,42	-	314,48	353,79	-	216,16	243,18	-	123,92	139,41	-	40,64	45,72	-	-	-	-	-	-
	III	2.654	-	212,32	238,86	-	126,72	142,56	-	53,92	60,66	-	-	-	-	-	-	-	-	-	-	-	-
	IV	6.554	-	524,32	589,86	-	468,32	526,86	-	413,84	465,57	-	360,96	406,08	-	309,60	348,30	-	259,84	292,32	-	211,52	237,9
	V	11.350	-	908,00	1.021,50																		
	VI	11.882	-	950,56	1.069,38																		
39.275,99	I	6.565	-	525,20	590,85	-	414,72	466,56	-	310,40	349,20	-	212,32	238,86	-	120,32	135,36	-	37,76	42,48	-	-	-
	II	5.249	-	419,92	472,41	-	315,36	354,78	-	216,88	243,99	-	124,64	140,22	-	41,20	46,35	-	-	-	-	-	-
	III	2.662	-	212,96	239,58	-	127,36	143,28	-	54,40	61,20	-	-	-	-	-	-	-	-	-	-	-	-
	IV	6.565	-	525,20	590,85	-	469,20	527,85	-	414,72	466,56	-	361,84	407,07	-	310,40	349,20	-	260,56	293,13	-	212,32	238,8
	V	11.366	-	909,28	1.022,94																		
	VI	11.897	-	951,76	1.070,73																		
39.311,99	I	6.577	-	526,16	591,93	-	415,60	467,55	-	311,28	350,19	-	213,04	239,67	-	121,04	136,17	-	38,32	43,11	-	-	-
	II	5.260	-	420,80	473,40	-	316,16	355,68	-	217,68	244,89	-	125,36	141,03	-	41,76	46,98	-	-	-	-	-	-
	III	2.672	-	213,76	240,48	-	128,00	144,00	-	55,04	61,92	-	-	-	-	-	-	-	-	-	-	-	-
	IV	6.577	-	526,16	591,93	-	470,08	528,84	-	415,60	467,55	-	362,64	407,97	-	311,28	350,19	-	261,36	294,03	-	213,04	239,6
	V	11.381	-	910,48	1.024,29																		
	VI	11.912	-	952,96	1.072,08																		
39.347,99	I	6.588	-	527,04	592,92	-	416,48	468,54	-	312,08	351,09	-	213,84	240,57	-	121,76	136,98	-	38,88	43,74	-	-	-
	II	5.271	-	421,68	474,39	-	316,96	356,58	-	218,40	245,70	-	126,08	141,84	-	42,32	47,61	-	-	-	-	-	-
	III	2.680	-	214,40	241,20	-	128,64	144,72	-	55,52	62,46	-	-	-	-	-	-	-	-	-	-	-	-
	IV	6.588	-	527,04	592,92	-	470,96	529,83	-	416,48	468,54	-	363,52	408,96	-	312,08	351,09	-	262,16	294,93	-	213,84	240,5
	V	11.396	-	911,68	1.025,64																		
	VI	11.928	-	954,24	1.073,52																		
39.383,99	I	6.600	-	528,00	594,00	-	417,36	469,53	-	312,88	351,99	-	214,56	241,38	-	122,48	137,79	-	39,52	44,46	-	-	-
	II	5.282	-	422,56	475,38	-	317,76	357,48	-	219,20	246,60	-	126,80	142,65	-	42,96	48,33	-	-	-	-	-	-
	III	2.688	-	215,04	241,92	-	129,28	145,44	-	56,00	63,00	-	-	-	-	-	-	-	-	-	-	-	-
	IV	6.600	-	528,00	594,00	-	471,84	530,82	-	417,36	469,53	-	364,32	409,86	-	312,88	351,99	-	262,96	295,83	-	214,56	241,3
	V	11.411	-	912,88	1.026,99																		
	VI	11.943	-	955,44	1.074,87																		
39.419,99	I	6.611	-	528,88	594,99	-	418,16	470,43	-	313,68	352,89	-	215,36	242,28	-	123,20	138,60	-	40,08	45,09	-	-	-
	II	5.292	-	423,36	476,28	-	318,56	358,38	-	220,00	247,50	-	127,52	143,46	-	43,52	48,96	-	-	-	-	-	-
	III	2.698	-	215,84	242,82	-	129,92	146,16	-	56,48	63,54	-	-	-	-	-	-	-	-	-	-	-	-
	IV	6.611	-	528,88	594,99	-	472,80	531,90	-	418,16	470,43	-	365,20	410,85	-	313,68	352,89	-	263,76	296,73	-	215,36	242,2
	V	11.426	-	914,08	1.028,34																		
	VI	11.958	-	956,64	1.076,22																		

SolZ/KiSt lt. Tabelle nicht für Sonstige Bezüge anwendbar.

Lohn/ Gehalt bis	Steuerklasse	Lohn- steuer	ohne Kinderfreibetrag			Anzahl Kinderfreibeträge (nur Steuerklassen I–IV)																	
						0,5			1,0			1,5			2,0			2,5			3,0		
			SolZ 5,5%	Kirchensteuer 8%	9%	SolZ 5,5%	Kirchensteuer 8%	9%	SolZ 5,5%	Kirchensteuer 8%	9%	SolZ 5,5%	Kirchensteuer 8%	9%	SolZ 5,5%	Kirchensteuer 8%	9%	SolZ 5,5%	Kirchensteuer 8%	9%	SolZ 5,5%	Kirchensteuer 8%	9%
39.455,99	I	6.622	-	529,76	595,98	-	419,04	471,42	-	314,48	353,79	-	216,16	243,18	-	123,92	139,41	-	40,64	45,72	-	-	-
	II	5.303	-	424,24	477,27	-	319,44	359,37	-	220,72	248,31	-	128,24	144,27	-	44,08	49,59	-	-	-	-	-	-
	III	2.706	-	216,48	243,54	-	130,56	146,88	-	57,12	64,26	-	-	-	-	-	-	-	-	-	-	-	-
	IV	6.622	-	529,76	595,98	-	473,68	532,89	-	419,04	471,42	-	366,00	411,75	-	314,48	353,79	-	264,56	297,63	-	216,16	243,18
	V	11.441	-	915,28	1.029,69																		
	VI	11.973	-	957,84	1.077,57																		
39.491,99	I	6.634	-	530,72	597,06	-	419,92	472,41	-	315,36	354,78	-	216,88	243,99	-	124,64	140,22	-	41,20	46,35	-	-	-
	II	5.314	-	425,12	478,26	-	320,24	360,27	-	221,52	249,21	-	128,96	145,08	-	44,72	50,31	-	-	-	-	-	-
	III	2.716	-	217,28	244,44	-	131,20	147,60	-	57,60	64,80	-	-	-	-	-	-	-	-	-	-	-	-
	IV	6.634	-	530,72	597,06	-	474,56	533,88	-	419,92	472,41	-	366,88	412,74	-	315,36	354,78	-	265,36	298,53	-	216,88	243,99
	V	11.456	-	916,48	1.031,04																		
	VI	11.988	-	959,04	1.078,92																		
39.527,99	I	6.645	-	531,60	598,05	-	420,80	473,40	-	316,16	355,68	-	217,68	244,89	-	125,36	141,03	-	41,76	46,98	-	-	-
	II	5.325	-	426,00	479,25	-	321,04	361,17	-	222,24	250,02	-	129,68	145,89	-	45,28	50,94	-	-	-	-	-	-
	III	2.724	-	217,92	245,16	-	131,84	148,32	-	58,08	65,34	-	0,16	0,18	-	-	-	-	-	-	-	-	-
	IV	6.645	-	531,60	598,05	-	475,44	534,87	-	420,80	473,40	-	367,68	413,64	-	316,16	355,68	-	266,16	299,43	-	217,68	244,89
	V	11.471	-	917,68	1.032,39																		
	VI	12.003	-	960,24	1.080,27																		
39.563,99	I	6.657	-	532,56	599,13	-	421,68	474,39	-	316,96	356,58	-	218,40	245,70	-	126,08	141,84	-	42,32	47,61	-	-	-
	II	5.336	-	426,88	480,24	-	321,84	362,07	-	223,04	250,92	-	130,40	146,70	-	45,84	51,57	-	-	-	-	-	-
	III	2.734	-	218,72	246,06	-	132,48	149,04	-	58,72	66,06	-	0,48	0,54	-	-	-	-	-	-	-	-	-
	IV	6.657	-	532,56	599,13	-	476,32	535,86	-	421,68	474,39	-	368,56	414,63	-	316,96	356,58	-	266,88	300,24	-	218,40	245,70
	V	11.487	-	918,96	1.033,83																		
	VI	12.018	-	961,44	1.081,62																		
39.599,99	I	6.668	-	533,44	600,12	-	422,56	475,38	-	317,76	357,48	-	219,20	246,60	-	126,80	142,65	-	42,96	48,33	-	-	-
	II	5.347	-	427,76	481,23	-	322,72	363,06	-	223,84	251,82	-	131,12	147,51	-	46,48	52,29	-	-	-	-	-	-
	III	2.742	-	219,36	246,78	-	133,12	149,76	-	59,20	66,60	-	0,96	1,08	-	-	-	-	-	-	-	-	-
	IV	6.668	-	533,44	600,12	-	477,20	536,85	-	422,56	475,38	-	369,36	415,53	-	317,76	357,48	-	267,68	301,14	-	219,20	246,60
	V	11.502	-	920,16	1.035,18																		
	VI	12.033	-	962,64	1.082,97																		
39.635,99	I	6.680	-	534,40	601,20	-	423,36	476,28	-	318,56	358,38	-	220,00	247,50	-	127,52	143,46	-	43,52	48,96	-	-	-
	II	5.358	-	428,64	482,22	-	323,52	363,96	-	224,56	252,63	-	131,84	148,32	-	47,04	52,92	-	-	-	-	-	-
	III	2.750	-	220,00	247,50	-	133,76	150,48	-	59,68	67,14	-	1,28	1,44	-	-	-	-	-	-	-	-	-
	IV	6.680	-	534,40	601,20	-	478,08	537,84	-	423,36	476,28	-	370,24	416,52	-	318,56	358,38	-	268,48	302,04	-	220,00	247,50
	V	11.517	-	921,36	1.036,53																		
	VI	12.049	-	963,92	1.084,41																		
39.671,99	I	6.691	-	535,28	602,19	-	424,24	477,27	-	319,44	359,37	-	220,72	248,31	-	128,24	144,27	-	44,08	49,59	-	-	-
	II	5.369	-	429,52	483,21	-	324,32	364,86	-	225,36	253,53	-	132,56	149,13	-	47,68	53,64	-	-	-	-	-	-
	III	2.760	-	220,80	248,40	-	134,56	151,38	-	60,32	67,86	-	1,76	1,98	-	-	-	-	-	-	-	-	-
	IV	6.691	-	535,28	602,19	-	479,04	538,92	-	424,24	477,27	-	371,04	417,42	-	319,44	359,37	-	269,28	302,94	-	220,72	248,31
	V	11.532	-	922,56	1.037,88																		
	VI	12.064	-	965,12	1.085,76																		
39.707,99	I	6.703	-	536,24	603,27	-	425,12	478,26	-	320,24	360,27	-	221,52	249,21	-	128,96	145,08	-	44,72	50,31	-	-	-
	II	5.379	-	430,32	484,11	-	325,12	365,76	-	226,16	254,43	-	133,28	149,94	-	48,24	54,27	-	-	-	-	-	-
	III	2.768	-	221,44	249,12	-	135,20	152,10	-	60,80	68,40	-	2,08	2,34	-	-	-	-	-	-	-	-	-
	IV	6.703	-	536,24	603,27	-	479,92	539,91	-	425,12	478,26	-	371,92	418,41	-	320,24	360,27	-	270,08	303,84	-	221,52	249,21
	V	11.547	-	923,76	1.039,23																		
	VI	12.079	-	966,32	1.087,11																		
39.743,99	I	6.714	-	537,12	604,26	-	426,00	479,25	-	321,04	361,17	-	222,24	250,02	-	129,68	145,89	-	45,28	50,94	-	-	-
	II	5.390	-	431,20	485,10	-	326,00	366,75	-	226,88	255,24	-	134,00	150,75	-	48,80	54,90	-	-	-	-	-	-
	III	2.778	-	222,24	250,02	-	135,84	152,82	-	61,28	68,94	-	2,56	2,88	-	-	-	-	-	-	-	-	-
	IV	6.714	-	537,12	604,26	-	480,80	540,90	-	426,00	479,25	-	372,72	419,31	-	321,04	361,17	-	270,88	304,74	-	222,24	250,02
	V	11.562	-	924,96	1.040,58																		
	VI	12.094	-	967,52	1.088,46																		
39.779,99	I	6.726	-	538,08	605,34	-	426,88	480,24	-	321,84	362,07	-	223,04	250,92	-	130,40	146,70	-	45,84	51,57	-	-	-
	II	5.401	-	432,08	486,09	-	326,80	367,65	-	227,68	256,14	-	134,72	151,56	-	49,44	55,62	-	-	-	-	-	-
	III	2.786	-	222,88	250,74	-	136,48	153,54	-	61,92	69,66	-	2,88	3,24	-	-	-	-	-	-	-	-	-
	IV	6.726	-	538,08	605,34	-	481,68	541,89	-	426,88	480,24	-	373,60	420,30	-	321,84	362,07	-	271,68	305,64	-	223,04	250,92
	V	11.577	-	926,16	1.041,93																		
	VI	12.109	-	968,72	1.089,81																		
39.815,99	I	6.737	-	538,96	606,33	-	427,76	481,23	-	322,72	363,06	-	223,84	251,82	-	131,12	147,51	-	46,48	52,29	-	-	-
	II	5.412	-	432,96	487,08	-	327,60	368,55	-	228,40	256,95	-	135,44	152,37	-	50,08	56,34	-	-	-	-	-	-
	III	2.796	-	223,68	251,64	-	137,12	154,26	-	62,40	70,20	-	3,36	3,78	-	-	-	-	-	-	-	-	-
	IV	6.737	-	538,96	606,33	-	482,56	542,88	-	427,76	481,23	-	374,48	421,29	-	322,72	363,06	-	272,48	306,54	-	223,84	251,82
	V	11.592	-	927,36	1.043,28																		
	VI	12.124	-	969,92	1.091,16																		
39.851,99	I	6.749	-	539,92	607,41	-	428,64	482,22	-	323,52	363,96	-	224,56	252,63	-	131,84	148,32	-	47,04	52,92	-	-	-
	II	5.423	-	433,84	488,07	-	328,40	369,45	-	229,20	257,85	-	136,16	153,18	-	50,64	56,97	-	-	-	-	-	-
	III	2.804	-	224,32	252,36	-	137,76	154,98	-	62,88	70,74	-	3,84	4,32	-	-	-	-	-	-	-	-	-
	IV	6.749	-	539,92	607,41	-	483,44	543,87	-	428,64	482,22	-	375,28	422,19	-	323,52	363,96	-	273,28	307,44	-	224,56	252,63
	V	11.608	-	928,64	1.044,72																		
	VI	12.139	-	971,12	1.092,51																		
39.887,99	I	6.760	-	540,80	608,40	-	429,52	483,21	-	324,32	364,86	-	225,36	253,53	-	132,56	149,13	-	47,68	53,64	-	-	-
	II	5.434	-	434,72	489,06	-	329,28	370,44	-	230,00	258,75	-	136,88	153,99	-	51,28	57,69	-	-	-	-	-	-
	III	2.812	-	224,96	253,08	-	138,40	155,70	-	63,52	71,46	-	4,16	4,68	-	-	-	-	-	-	-	-	-
	IV	6.760	-	540,80	608,40	-	484,40	544,95	-	429,52	483,21	-	376,16	423,18	-	324,32	364,86	-	274,08	308,34	-	225,36	253,53
	V	11.623	-	929,84	1.046,07																		
	VI	12.154	-	972,32	1.093,86																		
39.923,99	I	6.772	-	541,76	609,48	-	430,32	484,11	-	325,12	365,76	-	226,16	254,43	-	133,28	149,94	-	48,24	54,27	-	-	-
	II	5.445	-	435,60	490,05	-	330,08	371,34	-	230,72	259,56	-	137,60	154,80	-	51,84	58,32	-	-	-	-	-	-
	III	2.822	-	225,76	253,98	-	139,20	156,60	-	64,00	72,00	-	4,64	5,22	-	-	-	-	-	-	-	-	-
	IV	6.772	-	541,76	609,48	-	485,28	545,94	-	430,32	484,11	-	376,96	424,08	-	325,12	365,76	-	274,88	309,24	-	226,16	254,43
	V	11.638	-	931,04	1.047,42																		
	VI	12.169	-	973,52	1.095,21																		
39.959,99	I	6.783	-	542,64	610,47	-	431,20	485,10	-	326,00	366,75	-	226,88	255,24	-	134,00	150,75	-	48,80	54,90	-	-	-
	II	5.456	-	436,48	491,04	-	330,88	372,24	-	231,52	260,46	-	138,32	155,61	-	52,48	59,04	-	-	-	-	-	-
	III	2.830	-	226,40	254,70	-	139,84	157,32	-	64,64	72,72	-	4,96	5,58	-	-	-	-	-	-	-	-	-
	IV	6.783	-	542,64	610,47	-	486,16	546,93	-	431,20	485,10	-	377,84	425,07	-	326,00	366,75	-	275,68	310,14	-	226,88	255,24
	V	11.653	-	932,24	1.048,77																		
	VI	12.185	-	974,80	1.096,65																		

SolZ/KiSt lt. Tabelle nicht für Sonstige Bezüge anwendbar.

JAHR bis 40.499,99 €

Besondere Tabelle

Lohn/ Gehalt bis	Steuerklasse	Lohn-steuer	ohne Kinderfreibetrag SolZ 5,5%	Kirchensteuer 8%	Kirchensteuer 9%	0,5 SolZ 5,5%	Kirchensteuer 8%	Kirchensteuer 9%	1,0 SolZ 5,5%	Kirchensteuer 8%	Kirchensteuer 9%	1,5 SolZ 5,5%	Kirchensteuer 8%	Kirchensteuer 9%	2,0 SolZ 5,5%	Kirchensteuer 8%	Kirchensteuer 9%	2,5 SolZ 5,5%	Kirchensteuer 8%	Kirchensteuer 9%	3,0 SolZ 5,5%	Kirchensteuer 8%	Kirchensteuer 9%
						Anzahl Kinderfreibeträge (nur Steuerklassen I–IV)																	
39.995,99	I	6.795	-	543,60	611,55	-	432,08	486,09	-	326,80	367,65	-	227,68	256,14	-	134,72	151,56	-	49,44	55,62	-	-	-
	II	5.467	-	437,36	492,03	-	331,76	373,23	-	232,32	261,36	-	139,04	156,42	-	53,12	59,76	-	-	-	-	-	-
	III	2.840	-	227,20	255,60	-	140,48	158,04	-	65,12	73,26	-	5,44	6,12	-	-	-	-	-	-	-	-	-
	IV	6.795	-	543,60	611,55	-	487,04	547,92	-	432,08	486,09	-	378,64	425,97	-	326,80	367,65	-	276,48	311,04	-	227,68	256,14
	V	11.668	-	933,44	1.050,12																		
	VI	12.200	-	976,00	1.098,00																		
40.031,99	I	6.806	-	544,48	612,54	-	432,96	487,08	-	327,60	368,55	-	228,40	256,95	-	135,44	152,37	-	50,08	56,34	-	-	-
	II	5.478	-	438,24	493,02	-	332,56	374,13	-	233,12	262,26	-	139,76	157,23	-	53,68	60,39	-	-	-	-	-	-
	III	2.848	-	227,84	256,32	-	141,12	158,76	-	65,60	73,80	-	5,92	6,66	-	-	-	-	-	-	-	-	-
	IV	6.806	-	544,48	612,54	-	487,92	548,91	-	432,96	487,08	-	379,52	426,96	-	327,60	368,55	-	277,28	311,94	-	228,40	256,9
	V	11.683	-	934,64	1.051,47																		
	VI	12.215	-	977,20	1.099,35																		
40.067,99	I	6.818	-	545,44	613,62	-	433,84	488,07	-	328,40	369,45	-	229,20	257,85	-	136,16	153,18	-	50,64	56,97	-	-	-
	II	5.489	-	439,12	494,01	-	333,36	375,03	-	233,84	263,07	-	140,48	158,04	-	54,32	61,11	-	-	-	-	-	-
	III	2.858	-	228,64	257,22	-	141,76	159,48	-	66,24	74,52	-	6,24	7,02	-	-	-	-	-	-	-	-	-
	IV	6.818	-	545,44	613,62	-	488,88	549,99	-	433,84	488,07	-	380,40	427,95	-	328,40	369,45	-	278,08	312,84	-	229,20	257,8
	V	11.698	-	935,84	1.052,82																		
	VI	12.230	-	978,40	1.100,70																		
40.103,99	I	6.829	-	546,32	614,61	-	434,72	489,06	-	329,28	370,44	-	230,00	258,75	-	136,88	153,99	-	51,28	57,69	-	-	-
	II	5.499	-	439,92	494,91	-	334,24	376,02	-	234,64	263,97	-	141,20	158,85	-	54,96	61,83	-	-	-	-	-	-
	III	2.866	-	229,28	257,94	-	142,56	160,38	-	66,72	75,06	-	6,72	7,56	-	-	-	-	-	-	-	-	-
	IV	6.829	-	546,32	614,61	-	489,76	550,98	-	434,72	489,06	-	381,20	428,85	-	329,28	370,44	-	278,88	313,74	-	230,00	258,7
	V	11.713	-	937,04	1.054,17																		
	VI	12.245	-	979,60	1.102,05																		
40.139,99	I	6.841	-	547,28	615,69	-	435,60	490,05	-	330,08	371,34	-	230,72	259,56	-	137,60	154,80	-	51,84	58,32	-	-	-
	II	5.510	-	440,80	495,90	-	335,04	376,92	-	235,44	264,87	-	141,92	159,66	-	55,60	62,55	-	-	-	-	-	-
	III	2.876	-	230,08	258,84	-	143,20	161,10	-	67,36	75,78	-	7,04	7,92	-	-	-	-	-	-	-	-	-
	IV	6.841	-	547,28	615,69	-	490,64	551,97	-	435,60	490,05	-	382,08	429,84	-	330,08	371,34	-	279,68	314,64	-	230,72	259,5
	V	11.728	-	938,24	1.055,52																		
	VI	12.260	-	980,80	1.103,40																		
40.175,99	I	6.852	-	548,16	616,68	-	436,48	491,04	-	330,88	372,24	-	231,52	260,46	-	138,32	155,61	-	52,48	59,04	-	-	-
	II	5.521	-	441,68	496,89	-	335,84	377,82	-	236,16	265,68	-	142,72	160,56	-	56,16	63,18	-	-	-	-	-	-
	III	2.884	-	230,72	259,56	-	143,84	161,82	-	67,84	76,32	-	7,52	8,46	-	-	-	-	-	-	-	-	-
	IV	6.852	-	548,16	616,68	-	491,52	552,96	-	436,48	491,04	-	382,88	430,74	-	330,88	372,24	-	280,48	315,54	-	231,52	260,4
	V	11.744	-	939,52	1.056,96																		
	VI	12.275	-	982,00	1.104,75																		
40.211,99	I	6.864	-	549,12	617,76	-	437,36	492,03	-	331,76	373,23	-	232,32	261,36	-	139,04	156,42	-	53,12	59,76	-	-	-
	II	5.532	-	442,56	497,88	-	336,72	378,81	-	236,96	266,58	-	143,44	161,37	-	56,80	63,90	-	-	-	-	-	-
	III	2.892	-	231,36	260,28	-	144,48	162,54	-	68,32	76,86	-	8,00	9,00	-	-	-	-	-	-	-	-	-
	IV	6.864	-	549,12	617,76	-	492,48	554,04	-	437,36	492,03	-	383,76	431,73	-	331,76	373,23	-	281,28	316,44	-	232,32	261,3
	V	11.759	-	940,72	1.058,31																		
	VI	12.290	-	983,20	1.106,10																		
40.247,99	I	6.875	-	550,00	618,75	-	438,24	493,02	-	332,56	374,13	-	233,12	262,26	-	139,76	157,23	-	53,68	60,39	-	-	-
	II	5.543	-	443,44	498,87	-	337,52	379,71	-	237,76	267,48	-	144,16	162,18	-	57,44	64,62	-	-	-	-	-	-
	III	2.902	-	232,16	261,18	-	145,12	163,26	-	68,96	77,58	-	8,32	9,36	-	-	-	-	-	-	-	-	-
	IV	6.875	-	550,00	618,75	-	493,36	555,03	-	438,24	493,02	-	384,64	432,72	-	332,56	374,13	-	282,08	317,34	-	233,12	262,2
	V	11.774	-	941,92	1.059,66																		
	VI	12.306	-	984,48	1.107,54																		
40.283,99	I	6.887	-	550,96	619,83	-	439,12	494,01	-	333,36	375,03	-	233,84	263,07	-	140,48	158,04	-	54,32	61,11	-	-	-
	II	5.554	-	444,32	499,86	-	338,32	380,61	-	238,48	268,29	-	144,88	162,99	-	58,08	65,34	-	-	-	-	-	-
	III	2.910	-	232,80	261,90	-	145,92	164,16	-	69,44	78,12	-	8,80	9,90	-	-	-	-	-	-	-	-	-
	IV	6.887	-	550,96	619,83	-	494,24	556,02	-	439,12	494,01	-	385,44	433,62	-	333,36	375,03	-	282,88	318,24	-	233,84	263,0
	V	11.789	-	943,12	1.061,01																		
	VI	12.321	-	985,68	1.108,89																		
40.319,99	I	6.898	-	551,84	620,82	-	439,92	494,91	-	334,24	376,02	-	234,64	263,97	-	141,20	158,85	-	54,96	61,83	-	-	-
	II	5.565	-	445,20	500,85	-	339,20	381,60	-	239,28	269,19	-	145,60	163,80	-	58,72	66,06	-	-	-	-	-	-
	III	2.920	-	233,60	262,80	-	146,56	164,88	-	70,08	78,84	-	9,28	10,44	-	-	-	-	-	-	-	-	-
	IV	6.898	-	551,84	620,82	-	495,12	557,01	-	439,92	494,91	-	386,32	434,61	-	334,24	376,02	-	283,68	319,14	-	234,64	263,9
	V	11.804	-	944,32	1.062,36																		
	VI	12.336	-	986,88	1.110,24																		
40.355,99	I	6.910	-	552,80	621,90	-	440,80	495,90	-	335,04	376,92	-	235,44	264,87	-	141,92	159,66	-	55,60	62,55	-	-	-
	II	5.576	-	446,08	501,84	-	340,00	382,50	-	240,08	270,09	-	146,32	164,61	-	59,36	66,78	-	-	-	-	-	-
	III	2.928	-	234,24	263,52	-	147,20	165,60	-	70,56	79,38	-	9,60	10,80	-	-	-	-	-	-	-	-	-
	IV	6.910	-	552,80	621,90	-	496,08	558,09	-	440,80	495,90	-	387,20	435,60	-	335,04	376,92	-	284,48	320,04	-	235,44	264,8
	V	11.819	-	945,52	1.063,71																		
	VI	12.351	-	988,08	1.111,59																		
40.391,99	I	6.922	-	553,76	622,98	-	441,68	496,89	-	335,84	377,82	-	236,16	265,68	-	142,72	160,56	-	56,16	63,18	-	-	-
	II	5.587	-	446,96	502,83	-	340,80	383,40	-	240,88	270,99	-	147,04	165,42	-	60,00	67,50	-	-	-	-	-	-
	III	2.938	-	235,04	264,42	-	147,84	166,32	-	71,20	80,10	-	10,08	11,34	-	-	-	-	-	-	-	-	-
	IV	6.922	-	553,76	622,98	-	496,96	559,08	-	441,68	496,89	-	388,00	436,50	-	335,84	377,82	-	285,28	320,94	-	236,16	265,6
	V	11.834	-	946,72	1.065,06																		
	VI	12.366	-	989,28	1.112,94																		
40.427,99	I	6.933	-	554,64	623,97	-	442,56	497,88	-	336,72	378,81	-	236,96	266,58	-	143,44	161,37	-	56,80	63,90	-	-	-
	II	5.598	-	447,84	503,82	-	341,68	384,39	-	241,60	271,80	-	147,76	166,23	-	60,64	68,22	-	-	-	-	-	-
	III	2.946	-	235,68	265,14	-	148,64	167,22	-	71,68	80,64	-	10,56	11,88	-	-	-	-	-	-	-	-	-
	IV	6.933	-	554,64	623,97	-	497,84	560,07	-	442,56	497,88	-	388,88	437,49	-	336,72	378,81	-	286,08	321,84	-	236,96	266,5
	V	11.849	-	947,92	1.066,41																		
	VI	12.381	-	990,48	1.114,29																		
40.463,99	I	6.945	-	555,60	625,05	-	443,44	498,87	-	337,52	379,71	-	237,76	267,48	-	144,16	162,18	-	57,44	64,62	-	-	-
	II	5.609	-	448,72	504,81	-	342,48	385,29	-	242,40	272,70	-	148,48	167,04	-	61,28	68,94	-	-	-	-	-	-
	III	2.956	-	236,48	266,04	-	149,28	167,94	-	72,32	81,36	-	10,88	12,24	-	-	-	-	-	-	-	-	-
	IV	6.945	-	555,60	625,05	-	498,72	561,06	-	443,44	498,87	-	389,68	438,39	-	337,52	379,71	-	286,88	322,74	-	237,76	267,4
	V	11.865	-	949,20	1.067,85																		
	VI	12.396	-	991,68	1.115,64																		
40.499,99	I	6.956	-	556,48	626,04	-	444,32	499,86	-	338,32	380,61	-	238,48	268,29	-	144,88	162,99	-	58,08	65,34	-	-	-
	II	5.620	-	449,60	505,80	-	343,28	386,19	-	243,20	273,60	-	149,28	167,94	-	61,92	69,66	-	-	-	-	-	-
	III	2.964	-	237,12	266,76	-	149,92	168,66	-	72,80	81,90	-	11,36	12,78	-	-	-	-	-	-	-	-	-
	IV	6.956	-	556,48	626,04	-	499,68	562,14	-	444,32	499,86	-	390,56	439,38	-	338,32	380,61	-	287,68	323,64	-	238,48	268,2
	V	11.880	-	950,40	1.069,20																		
	VI	12.411	-	992,88	1.116,99																		

SolZ/KiSt lt. Tabelle nicht für Sonstige Bezüge anwendbar.

Besondere Tabelle

JAHR bis 41.039,99 €

Lohn/ Gehalt bis	Steuerklasse	Lohn-steuer	ohne Kinderfreibetrag SolZ 5,5%	Kirchensteuer 8%	9%	0,5 SolZ 5,5%	Kirchensteuer 8%	9%	1,0 SolZ 5,5%	Kirchensteuer 8%	9%	1,5 SolZ 5,5%	Kirchensteuer 8%	9%	2,0 SolZ 5,5%	Kirchensteuer 8%	9%	2,5 SolZ 5,5%	Kirchensteuer 8%	9%	3,0 SolZ 5,5%	Kirchensteuer 8%	9%
						Anzahl Kinderfreibeträge (nur Steuerklassen I–IV)																	
40.535,99	I	6.968	-	557,44	627,12	-	445,20	500,85	-	339,20	381,60	-	239,28	269,19	-	145,60	163,80	-	58,72	66,06	-	-	-
	II	5.631	-	450,48	506,79	-	344,16	387,18	-	244,00	274,50	-	150,00	168,75	-	62,56	70,38	-	-	-	-	-	-
	III	2.974	-	237,92	267,66	-	150,56	169,38	-	73,44	82,62	-	11,84	13,32	-	-	-	-	-	-	-	-	-
	IV	6.968	-	557,44	627,12	-	500,56	563,13	-	445,20	500,85	-	391,44	440,37	-	339,20	381,60	-	288,48	324,54	-	239,28	269,19
	V	11.895	-	951,60	1.070,55																		
	VI	12.427	-	994,16	1.118,43																		
40.571,99	I	6.980	-	558,40	628,20	-	446,08	501,84	-	340,00	382,50	-	240,08	270,09	-	146,32	164,61	-	59,36	66,78	-	-	-
	II	5.642	-	451,36	507,78	-	344,96	388,08	-	244,72	275,31	-	150,72	169,56	-	63,20	71,10	-	-	-	-	-	-
	III	2.982	-	238,56	268,38	-	151,36	170,28	-	73,92	83,16	-	12,16	13,68	-	-	-	-	-	-	-	-	-
	IV	6.980	-	558,40	628,20	-	501,44	564,12	-	446,08	501,84	-	392,24	441,27	-	340,00	382,50	-	289,28	325,44	-	240,08	270,09
	V	11.910	-	952,80	1.071,90																		
	VI	12.442	-	995,36	1.119,78																		
40.607,99	I	6.991	-	559,28	629,19	-	446,96	502,83	-	340,80	383,40	-	240,88	270,99	-	147,04	165,42	-	60,00	67,50	-	-	-
	II	5.653	-	452,24	508,77	-	345,84	389,07	-	245,52	276,21	-	151,44	170,37	-	63,84	71,82	-	-	-	-	-	-
	III	2.990	-	239,20	269,10	-	152,00	171,00	-	74,56	83,88	-	12,64	14,22	-	-	-	-	-	-	-	-	-
	IV	6.991	-	559,28	629,19	-	502,32	565,11	-	446,96	502,83	-	393,12	442,26	-	340,80	383,40	-	290,08	326,34	-	240,88	270,99
	V	11.925	-	954,00	1.073,25																		
	VI	12.457	-	996,56	1.121,13																		
40.643,99	I	7.003	-	560,24	630,27	-	447,84	503,82	-	341,68	384,39	-	241,60	271,80	-	147,76	166,23	-	60,64	68,22	-	-	-
	II	5.664	-	453,12	509,76	-	346,64	389,97	-	246,32	277,11	-	152,16	171,18	-	64,48	72,54	-	-	-	-	-	-
	III	3.000	-	240,00	270,00	-	152,64	171,72	-	75,04	84,42	-	13,12	14,76	-	-	-	-	-	-	-	-	-
	IV	7.003	-	560,24	630,27	-	503,28	566,19	-	447,84	503,82	-	394,00	443,25	-	341,68	384,39	-	290,88	327,24	-	241,60	271,80
	V	11.940	-	955,20	1.074,60																		
	VI	12.472	-	997,76	1.122,48																		
40.679,99	I	7.014	-	561,12	631,26	-	448,72	504,81	-	342,48	385,29	-	242,40	272,70	-	148,48	167,04	-	61,28	68,94	-	-	-
	II	5.675	-	454,00	510,75	-	347,44	390,87	-	247,12	278,01	-	152,88	171,99	-	65,12	73,26	-	-	-	-	-	-
	III	3.008	-	240,64	270,72	-	153,44	172,62	-	75,68	85,14	-	13,60	15,30	-	-	-	-	-	-	-	-	-
	IV	7.014	-	561,12	631,26	-	504,16	567,18	-	448,72	504,81	-	394,80	444,15	-	342,48	385,29	-	291,68	328,14	-	242,40	272,70
	V	11.955	-	956,40	1.075,95																		
	VI	12.487	-	998,96	1.123,83																		
40.715,99	I	7.026	-	562,08	632,34	-	449,60	505,80	-	343,28	386,19	-	243,20	273,60	-	149,28	167,94	-	61,92	69,66	-	-	-
	II	5.686	-	454,88	511,74	-	348,32	391,86	-	247,92	278,91	-	153,60	172,80	-	65,84	74,07	-	-	-	-	-	-
	III	3.018	-	241,44	271,62	-	154,08	173,34	-	76,16	85,68	-	13,92	15,66	-	-	-	-	-	-	-	-	-
	IV	7.026	-	562,08	632,34	-	505,04	568,17	-	449,60	505,80	-	395,68	445,14	-	343,28	386,19	-	292,48	329,04	-	243,20	273,60
	V	11.970	-	957,60	1.077,30																		
	VI	12.502	-	1.000,16	1.125,18																		
40.751,99	I	7.038	-	563,04	633,42	-	450,48	506,79	-	344,16	387,18	-	244,00	274,50	-	150,00	168,75	-	62,56	70,38	-	-	-
	II	5.697	-	455,76	512,73	-	349,12	392,76	-	248,64	279,72	-	154,40	173,70	-	66,48	74,79	-	0,40	0,45	-	-	-
	III	3.026	-	242,08	272,34	-	154,72	174,06	-	76,80	86,40	-	14,40	16,20	-	-	-	-	-	-	-	-	-
	IV	7.038	-	563,04	633,42	-	506,00	569,25	-	450,48	506,79	-	396,56	446,13	-	344,16	387,18	-	293,28	329,94	-	244,00	274,50
	V	11.986	-	958,88	1.078,74																		
	VI	12.517	-	1.001,36	1.126,53																		
40.787,99	I	7.049	-	563,92	634,41	-	451,36	507,78	-	344,96	388,08	-	244,72	275,31	-	150,72	169,56	-	63,20	71,10	-	-	-
	II	5.708	-	456,64	513,72	-	350,00	393,75	-	249,44	280,62	-	155,12	174,51	-	67,12	75,51	-	0,80	0,90	-	-	-
	III	3.036	-	242,88	273,24	-	155,52	174,96	-	77,28	86,94	-	14,88	16,74	-	-	-	-	-	-	-	-	-
	IV	7.049	-	563,92	634,41	-	506,88	570,24	-	451,36	507,78	-	397,44	447,12	-	344,96	388,08	-	294,08	330,84	-	244,72	275,31
	V	12.001	-	960,08	1.080,09																		
	VI	12.532	-	1.002,56	1.127,88																		
40.823,99	I	7.061	-	564,88	635,49	-	452,24	508,77	-	345,84	389,07	-	245,52	276,21	-	151,44	170,37	-	63,84	71,82	-	-	-
	II	5.719	-	457,52	514,71	-	350,80	394,65	-	250,24	281,52	-	155,84	175,32	-	67,76	76,23	-	1,20	1,35	-	-	-
	III	3.044	-	243,52	273,96	-	156,16	175,68	-	77,92	87,66	-	15,36	17,28	-	-	-	-	-	-	-	-	-
	IV	7.061	-	564,88	635,49	-	507,76	571,23	-	452,24	508,77	-	398,24	448,02	-	345,84	389,07	-	294,88	331,74	-	245,52	276,21
	V	12.016	-	961,28	1.081,44																		
	VI	12.547	-	1.003,76	1.129,23																		
40.859,99	I	7.072	-	565,76	636,48	-	453,12	509,76	-	346,64	389,97	-	246,32	277,11	-	152,16	171,18	-	64,48	72,54	-	-	-
	II	5.730	-	458,40	515,70	-	351,60	395,55	-	251,04	282,42	-	156,56	176,13	-	68,48	77,04	-	1,60	1,80	-	-	-
	III	3.054	-	244,32	274,86	-	156,80	176,40	-	78,40	88,20	-	15,68	17,64	-	-	-	-	-	-	-	-	-
	IV	7.072	-	565,76	636,48	-	508,72	572,31	-	453,12	509,76	-	399,12	449,01	-	346,64	389,97	-	295,68	332,64	-	246,32	277,11
	V	12.031	-	962,48	1.082,79																		
	VI	12.563	-	1.005,04	1.130,67																		
40.895,99	I	7.084	-	566,72	637,56	-	454,00	510,75	-	347,44	390,87	-	247,12	278,01	-	152,88	171,99	-	65,12	73,26	-	-	-
	II	5.741	-	459,28	516,69	-	352,48	396,54	-	251,84	283,32	-	157,28	176,94	-	69,12	77,76	-	2,00	2,25	-	-	-
	III	3.062	-	244,96	275,58	-	157,44	177,12	-	79,04	88,92	-	16,16	18,18	-	-	-	-	-	-	-	-	-
	IV	7.084	-	566,72	637,56	-	509,60	573,30	-	454,00	510,75	-	400,00	450,00	-	347,44	390,87	-	296,48	333,54	-	247,12	278,01
	V	12.046	-	963,68	1.084,14																		
	VI	12.578	-	1.006,24	1.132,02																		
40.931,99	I	7.096	-	567,68	638,64	-	454,88	511,74	-	348,32	391,86	-	247,92	278,91	-	153,60	172,80	-	65,84	74,07	-	-	-
	II	5.752	-	460,16	517,68	-	353,28	397,44	-	252,56	284,13	-	158,08	177,84	-	69,76	78,48	-	2,40	2,70	-	-	-
	III	3.072	-	245,76	276,48	-	158,24	178,02	-	79,52	89,46	-	16,64	18,72	-	-	-	-	-	-	-	-	-
	IV	7.096	-	567,68	638,64	-	510,48	574,29	-	454,88	511,74	-	400,80	450,90	-	348,32	391,86	-	297,36	334,53	-	247,92	278,91
	V	12.061	-	964,88	1.085,49																		
	VI	12.593	-	1.007,44	1.133,37																		
40.967,99	I	7.107	-	568,56	639,63	-	455,76	512,73	-	349,12	392,76	-	248,64	279,72	-	154,40	173,70	-	66,48	74,79	-	0,40	0,45
	II	5.763	-	461,04	518,67	-	354,16	398,43	-	253,36	285,03	-	158,80	178,65	-	70,48	79,29	-	2,88	3,24	-	-	-
	III	3.080	-	246,40	277,20	-	158,88	178,74	-	80,16	90,18	-	17,12	19,26	-	-	-	-	-	-	-	-	-
	IV	7.107	-	568,56	639,63	-	511,44	575,37	-	455,76	512,73	-	401,68	451,89	-	349,12	392,76	-	298,16	335,43	-	248,64	279,72
	V	12.076	-	966,08	1.086,84																		
	VI	12.608	-	1.008,64	1.134,72																		
41.003,99	I	7.119	-	569,52	640,71	-	456,64	513,72	-	350,00	393,75	-	249,44	280,62	-	155,12	174,51	-	67,12	75,51	-	0,80	0,90
	II	5.775	-	462,00	519,75	-	354,96	399,33	-	254,16	285,93	-	159,52	179,46	-	71,12	80,01	-	3,28	3,69	-	-	-
	III	3.090	-	247,20	278,10	-	159,52	179,46	-	80,64	90,72	-	17,44	19,62	-	-	-	-	-	-	-	-	-
	IV	7.119	-	569,52	640,71	-	512,32	576,36	-	456,64	513,72	-	402,56	452,88	-	350,00	393,75	-	298,96	336,33	-	249,44	280,62
	V	12.091	-	967,28	1.088,19																		
	VI	12.623	-	1.009,84	1.136,07																		
41.039,99	I	7.131	-	570,48	641,79	-	457,52	514,71	-	350,80	394,65	-	250,24	281,52	-	155,84	175,32	-	67,76	76,23	-	1,20	1,35
	II	5.786	-	462,88	520,74	-	355,84	400,32	-	254,96	286,83	-	160,24	180,27	-	71,76	80,73	-	3,68	4,14	-	-	-
	III	3.098	-	247,84	278,82	-	160,32	180,36	-	81,28	91,44	-	17,92	20,16	-	-	-	-	-	-	-	-	-
	IV	7.131	-	570,48	641,79	-	513,20	577,35	-	457,52	514,71	-	403,44	453,87	-	350,80	394,65	-	299,76	337,23	-	250,24	281,52
	V	12.106	-	968,48	1.089,54																		
	VI	12.638	-	1.011,04	1.137,42																		

SolZ/KiSt lt. Tabelle nicht für Sonstige Bezüge anwendbar.

JAHR bis 41.579,99 €

Besondere Tabelle

Lohn/ Gehalt bis	Steuerklasse	Lohn- steuer	ohne Kinderfreibetrag			Anzahl Kinderfreibeträge (nur Steuerklassen I–IV) 0,5			1,0			1,5			2,0			2,5			3,0		
			SolZ 5,5%	Kirchensteuer 8%	9%	SolZ 5,5%	Kirchensteuer 8%	9%	SolZ 5,5%	Kirchensteuer 8%	9%	SolZ 5,5%	Kirchensteuer 8%	9%	SolZ 5,5%	Kirchensteuer 8%	9%	SolZ 5,5%	Kirchensteuer 8%	9%	SolZ 5,5%	Kirchensteuer 8%	9%
41.075,99	I	7.142	-	571,36	642,78	-	458,40	515,70	-	351,60	395,55	-	251,04	282,42	-	156,56	176,13	-	68,48	77,04	-	1,60	1,8
	II	5.797	-	463,76	521,73	-	356,64	401,22	-	255,76	287,73	-	160,96	181,08	-	72,48	81,54	-	4,08	4,59	-	-	
	III	3.108	-	248,64	279,72	-	160,96	181,08	-	81,92	92,16	-	18,40	20,70	-	-	-	-	-	-	-	-	
	IV	7.142	-	571,36	642,78	-	514,16	578,43	-	458,40	515,70	-	404,24	454,77	-	351,60	395,55	-	300,56	338,13	-	251,04	282,4
	V	12.122	-	969,76	1.090,98																		
	VI	12.653	-	1.012,24	1.138,77																		
41.111,99	I	7.154	-	572,32	643,86	-	459,28	516,69	-	352,48	396,54	-	251,84	283,32	-	157,28	176,94	-	69,12	77,76	-	2,00	2,2
	II	5.808	-	464,64	522,72	-	357,52	402,21	-	256,48	288,54	-	161,76	181,98	-	73,12	82,26	-	4,56	5,13	-	-	
	III	3.116	-	249,28	280,44	-	161,60	181,80	-	82,40	92,70	-	18,88	21,24	-	-	-	-	-	-	-	-	
	IV	7.154	-	572,32	643,86	-	515,04	579,42	-	459,28	516,69	-	405,12	455,76	-	352,48	396,54	-	301,36	339,03	-	251,84	283,3
	V	12.137	-	970,96	1.092,33																		
	VI	12.668	-	1.013,44	1.140,12																		
41.147,99	I	7.166	-	573,28	644,94	-	460,16	517,68	-	353,28	397,44	-	252,56	284,13	-	158,08	177,84	-	69,76	78,48	-	2,40	2,7
	II	5.819	-	465,52	523,71	-	358,32	403,11	-	257,28	289,44	-	162,48	182,79	-	73,84	83,07	-	4,96	5,58	-	-	
	III	3.126	-	250,08	281,34	-	162,40	182,70	-	83,04	93,42	-	19,36	21,78	-	-	-	-	-	-	-	-	
	IV	7.166	-	573,28	644,94	-	515,92	580,41	-	460,16	517,68	-	406,00	456,75	-	353,28	397,44	-	302,16	339,93	-	252,56	284,1
	V	12.152	-	972,16	1.093,68																		
	VI	12.684	-	1.014,72	1.141,56																		
41.183,99	I	7.177	-	574,16	645,93	-	461,04	518,67	-	354,16	398,43	-	253,36	285,03	-	158,80	178,65	-	70,48	79,29	-	2,88	3,2
	II	5.830	-	466,40	524,70	-	359,12	404,01	-	258,08	290,34	-	163,20	183,60	-	74,48	83,79	-	5,36	6,03	-	-	
	III	3.134	-	250,72	282,06	-	163,04	183,42	-	83,52	93,96	-	19,68	22,14	-	-	-	-	-	-	-	-	
	IV	7.177	-	574,16	645,93	-	516,88	581,49	-	461,04	518,67	-	406,80	457,65	-	354,16	398,43	-	302,96	340,83	-	253,36	285,0
	V	12.167	-	973,36	1.095,03																		
	VI	12.699	-	1.015,92	1.142,91																		
41.219,99	I	7.189	-	575,12	647,01	-	462,00	519,75	-	354,96	399,33	-	254,16	285,93	-	159,52	179,46	-	71,12	80,01	-	3,28	3,6
	II	5.841	-	467,28	525,69	-	360,00	405,00	-	258,88	291,24	-	163,92	184,41	-	75,20	84,60	-	5,84	6,57	-	-	
	III	3.144	-	251,52	282,96	-	163,68	184,14	-	84,16	94,68	-	20,16	22,68	-	-	-	-	-	-	-	-	
	IV	7.189	-	575,12	647,01	-	517,76	582,48	-	462,00	519,75	-	407,68	458,64	-	354,96	399,33	-	303,76	341,73	-	254,16	285,9
	V	12.182	-	974,56	1.096,38																		
	VI	12.714	-	1.017,12	1.144,26																		
41.255,99	I	7.201	-	576,08	648,09	-	462,88	520,74	-	355,84	400,32	-	254,96	286,83	-	160,24	180,27	-	71,76	80,73	-	3,68	4,1
	II	5.852	-	468,16	526,68	-	360,80	405,90	-	259,68	292,14	-	164,72	185,31	-	75,84	85,32	-	6,24	7,02	-	-	
	III	3.152	-	252,16	283,68	-	164,48	185,04	-	84,80	95,40	-	20,64	23,22	-	-	-	-	-	-	-	-	
	IV	7.201	-	576,08	648,09	-	518,72	583,56	-	462,88	520,74	-	408,56	459,63	-	355,84	400,32	-	304,64	342,72	-	254,96	286,8
	V	12.197	-	975,76	1.097,73																		
	VI	12.729	-	1.018,32	1.145,61																		
41.291,99	I	7.212	-	576,96	649,08	-	463,76	521,73	-	356,64	401,22	-	255,76	287,73	-	160,96	181,08	-	72,48	81,54	-	4,08	4,5
	II	5.863	-	469,04	527,67	-	361,68	406,89	-	260,48	293,04	-	165,44	186,12	-	76,56	86,13	-	6,72	7,56	-	-	
	III	3.162	-	252,96	284,58	-	165,12	185,76	-	85,28	95,94	-	21,12	23,76	-	-	-	-	-	-	-	-	
	IV	7.212	-	576,96	649,08	-	519,60	584,55	-	463,76	521,73	-	409,44	460,62	-	356,64	401,22	-	305,44	343,62	-	255,76	287,7
	V	12.212	-	976,96	1.099,08																		
	VI	12.744	-	1.019,52	1.146,96																		
41.327,99	I	7.224	-	577,92	650,16	-	464,64	522,72	-	357,52	402,21	-	256,48	288,54	-	161,76	181,98	-	73,12	82,26	-	4,56	5,1
	II	5.874	-	469,92	528,66	-	362,48	407,79	-	261,28	293,94	-	166,16	186,93	-	77,28	86,94	-	7,12	8,01	-	-	
	III	3.170	-	253,60	285,30	-	165,76	186,48	-	85,92	96,66	-	21,60	24,30	-	-	-	-	-	-	-	-	
	IV	7.224	-	577,92	650,16	-	520,48	585,54	-	464,64	522,72	-	410,32	461,61	-	357,52	402,21	-	306,24	344,52	-	256,48	288,5
	V	12.227	-	978,16	1.100,43																		
	VI	12.759	-	1.020,72	1.148,31																		
41.363,99	I	7.236	-	578,88	651,24	-	465,52	523,71	-	358,32	403,11	-	257,28	289,44	-	162,48	182,79	-	73,84	83,07	-	4,96	5,5
	II	5.885	-	470,80	529,65	-	363,36	408,78	-	262,00	294,75	-	166,88	187,74	-	77,92	87,66	-	7,52	8,46	-	-	
	III	3.180	-	254,40	286,20	-	166,56	187,38	-	86,40	97,20	-	22,08	24,84	-	-	-	-	-	-	-	-	
	IV	7.236	-	578,88	651,24	-	521,44	586,62	-	465,52	523,71	-	411,12	462,51	-	358,32	403,11	-	307,04	345,42	-	257,28	289,4
	V	12.243	-	979,44	1.101,87																		
	VI	12.774	-	1.021,92	1.149,66																		
41.399,99	I	7.248	-	579,84	652,32	-	466,40	524,70	-	359,12	404,01	-	258,08	290,34	-	163,20	183,60	-	74,48	83,79	-	5,36	6,0
	II	5.897	-	471,76	530,73	-	364,16	409,68	-	262,80	295,65	-	167,68	188,64	-	78,64	88,47	-	8,00	9,00	-	-	
	III	3.188	-	255,04	286,92	-	167,20	188,10	-	87,04	97,92	-	22,40	25,20	-	-	-	-	-	-	-	-	
	IV	7.248	-	579,84	652,32	-	522,32	587,61	-	466,40	524,70	-	412,00	463,50	-	359,12	404,01	-	307,84	346,32	-	258,08	290,
	V	12.258	-	980,64	1.103,22																		
	VI	12.789	-	1.023,12	1.151,01																		
41.435,99	I	7.259	-	580,72	653,31	-	467,28	525,69	-	360,00	405,00	-	258,88	291,24	-	163,92	184,41	-	75,20	84,60	-	5,84	6,5
	II	5.908	-	472,64	531,72	-	365,04	410,67	-	263,60	296,55	-	168,40	189,45	-	79,28	89,19	-	8,48	9,54	-	-	
	III	3.198	-	255,84	287,82	-	167,84	188,82	-	87,68	98,64	-	22,88	25,74	-	-	-	-	-	-	-	-	
	IV	7.259	-	580,72	653,31	-	523,28	588,69	-	467,28	525,69	-	412,88	464,49	-	360,00	405,00	-	308,64	347,22	-	258,88	291,2
	V	12.273	-	981,84	1.104,57																		
	VI	12.805	-	1.024,40	1.152,45																		
41.471,99	I	7.271	-	581,68	654,39	-	468,16	526,68	-	360,80	405,90	-	259,68	292,14	-	164,72	185,31	-	75,84	85,32	-	6,24	7,0
	II	5.919	-	473,52	532,71	-	365,84	411,57	-	264,40	297,45	-	169,12	190,26	-	80,00	90,00	-	8,88	9,99	-	-	
	III	3.206	-	256,48	288,54	-	168,64	189,72	-	88,16	99,18	-	23,36	26,28	-	-	-	-	-	-	-	-	
	IV	7.271	-	581,68	654,39	-	524,16	589,68	-	468,16	526,68	-	413,76	465,48	-	360,80	405,90	-	309,52	348,21	-	259,68	292,
	V	12.288	-	983,04	1.105,92																		
	VI	12.820	-	1.025,60	1.153,80																		
41.507,99	I	7.283	-	582,64	655,47	-	469,04	527,67	-	361,68	406,89	-	260,48	293,04	-	165,44	186,12	-	76,56	86,13	-	6,72	7,
	II	5.930	-	474,40	533,70	-	366,72	412,56	-	265,20	298,35	-	169,84	191,07	-	80,72	90,81	-	9,36	10,53	-	-	
	III	3.216	-	257,28	289,44	-	169,28	190,44	-	88,80	99,90	-	23,84	26,82	-	-	-	-	-	-	-	-	
	IV	7.283	-	582,64	655,47	-	525,04	590,67	-	469,04	527,67	-	414,56	466,38	-	361,68	406,89	-	310,32	349,11	-	260,48	293,
	V	12.303	-	984,24	1.107,27																		
	VI	12.835	-	1.026,80	1.155,15																		
41.543,99	I	7.294	-	583,52	656,46	-	469,92	528,66	-	362,48	407,79	-	261,28	293,94	-	166,16	186,93	-	77,28	86,94	-	7,12	8,
	II	5.941	-	475,28	534,69	-	367,52	413,46	-	266,00	299,25	-	170,64	191,97	-	81,36	91,53	-	9,76	10,98	-	-	
	III	3.224	-	257,92	290,16	-	169,92	191,16	-	89,44	100,62	-	24,32	27,36	-	-	-	-	-	-	-	-	
	IV	7.294	-	583,52	656,46	-	526,00	591,75	-	469,92	528,66	-	415,44	467,37	-	362,48	407,79	-	311,12	350,01	-	261,28	293,
	V	12.318	-	985,44	1.108,62																		
	VI	12.850	-	1.028,00	1.156,50																		
41.579,99	I	7.306	-	584,48	657,54	-	470,80	529,65	-	363,36	408,78	-	262,00	294,75	-	166,88	187,74	-	77,92	87,66	-	7,52	8,
	II	5.952	-	476,16	535,68	-	368,40	414,45	-	266,80	300,15	-	171,36	192,78	-	82,08	92,34	-	10,24	11,52	-	-	
	III	3.234	-	258,72	291,06	-	170,72	192,06	-	89,92	101,16	-	24,80	27,90	-	-	-	-	-	-	-	-	
	IV	7.306	-	584,48	657,54	-	526,88	592,74	-	470,80	529,65	-	416,32	468,36	-	363,36	408,78	-	311,92	350,91	-	262,00	294,
	V	12.333	-	986,64	1.109,97																		
	VI	12.865	-	1.029,20	1.157,85																		

SolZ/KiSt lt. Tabelle nicht für Sonstige Bezüge anwendbar.

Besondere Tabelle

JAHR bis 42.119,99 €

Lohn/ Gehalt bis	Steuerklasse	Lohn-steuer	ohne Kinderfreibetrag SolZ 5,5%	Kirchensteuer 8%	Kirchensteuer 9%	0,5 SolZ 5,5%	0,5 Kirchensteuer 8%	0,5 Kirchensteuer 9%	1,0 SolZ 5,5%	1,0 Kirchensteuer 8%	1,0 Kirchensteuer 9%	1,5 SolZ 5,5%	1,5 Kirchensteuer 8%	1,5 Kirchensteuer 9%	2,0 SolZ 5,5%	2,0 Kirchensteuer 8%	2,0 Kirchensteuer 9%	2,5 SolZ 5,5%	2,5 Kirchensteuer 8%	2,5 Kirchensteuer 9%	3,0 SolZ 5,5%	3,0 Kirchensteuer 8%	3,0 Kirchensteuer 9%
41.615,99	I	7.318	-	585,44	658,62	-	471,76	530,73	-	364,16	409,68	-	262,80	295,65	-	167,68	188,64	-	78,64	88,47	-	8,00	9,00
	II	5.963	-	477,04	536,67	-	369,20	415,35	-	267,60	301,05	-	172,08	193,59	-	82,80	93,15	-	10,72	12,06	-	-	-
	III	3.242	-	259,36	291,78	-	171,36	192,78	-	90,56	101,88	-	25,28	28,44	-	-	-	-	-	-	-	-	-
	IV	7.318	-	585,44	658,62	-	527,84	593,82	-	471,76	530,73	-	417,20	469,35	-	364,16	409,68	-	312,72	351,81	-	262,80	295,65
	V	12.348	-	987,84	1.111,32																		
	VI	12.880	-	1.030,40	1.159,20																		
41.651,99	I	7.330	-	586,40	659,70	-	472,64	531,72	-	365,04	410,67	-	263,60	296,55	-	168,40	189,45	-	79,28	89,19	-	8,48	9,54
	II	5.975	-	478,00	537,75	-	370,08	416,34	-	268,40	301,95	-	172,80	194,40	-	83,44	93,87	-	11,12	12,51	-	-	-
	III	3.252	-	260,16	292,68	-	172,00	193,50	-	91,20	102,60	-	25,76	28,98	-	-	-	-	-	-	-	-	-
	IV	7.330	-	586,40	659,70	-	528,72	594,81	-	472,64	531,72	-	418,08	470,34	-	365,04	410,67	-	313,52	352,71	-	263,60	296,55
	V	12.364	-	989,12	1.112,76																		
	VI	12.895	-	1.031,60	1.160,55																		
41.687,99	I	7.341	-	587,28	660,69	-	473,52	532,71	-	365,84	411,57	-	264,40	297,45	-	169,12	190,26	-	80,00	90,00	-	8,88	9,99
	II	5.986	-	478,88	538,74	-	370,96	417,33	-	269,20	302,85	-	173,60	195,30	-	84,16	94,68	-	11,60	13,05	-	-	-
	III	3.260	-	260,80	293,40	-	172,80	194,40	-	91,68	103,14	-	26,08	29,34	-	-	-	-	-	-	-	-	-
	IV	7.341	-	587,28	660,69	-	529,60	595,80	-	473,52	532,71	-	418,88	471,24	-	365,84	411,57	-	314,40	353,70	-	264,40	297,45
	V	12.379	-	990,32	1.114,11																		
	VI	12.910	-	1.032,80	1.161,90																		
41.723,99	I	7.353	-	588,24	661,77	-	474,40	533,70	-	366,72	412,56	-	265,20	298,35	-	169,84	191,07	-	80,72	90,81	-	9,36	10,53
	II	5.997	-	479,76	539,73	-	371,76	418,23	-	269,92	303,66	-	174,32	196,11	-	84,88	95,49	-	12,08	13,59	-	-	-
	III	3.270	-	261,60	294,30	-	173,44	195,12	-	92,32	103,86	-	26,56	29,88	-	-	-	-	-	-	-	-	-
	IV	7.353	-	588,24	661,77	-	530,56	596,88	-	474,40	533,70	-	419,76	472,23	-	366,72	412,56	-	315,20	354,60	-	265,20	298,35
	V	12.394	-	991,52	1.115,46																		
	VI	12.925	-	1.034,00	1.163,25																		
41.759,99	I	7.365	-	589,20	662,85	-	475,28	534,69	-	367,52	413,46	-	266,00	299,25	-	170,64	191,97	-	81,36	91,53	-	9,76	10,98
	II	6.008	-	480,64	540,72	-	372,64	419,22	-	270,72	304,56	-	175,04	196,92	-	85,52	96,21	-	12,48	14,04	-	-	-
	III	3.278	-	262,24	295,02	-	174,24	196,02	-	92,96	104,58	-	27,04	30,42	-	-	-	-	-	-	-	-	-
	IV	7.365	-	589,20	662,85	-	531,44	597,87	-	475,28	534,69	-	420,64	473,22	-	367,52	413,46	-	316,00	355,50	-	266,00	299,25
	V	12.409	-	992,72	1.116,81																		
	VI	12.941	-	1.035,28	1.164,69																		
41.795,99	I	7.377	-	590,16	663,93	-	476,16	535,68	-	368,40	414,45	-	266,80	300,15	-	171,36	192,78	-	82,08	92,34	-	10,24	11,52
	II	6.019	-	481,52	541,71	-	373,44	420,12	-	271,52	305,46	-	175,84	197,82	-	86,24	97,02	-	12,96	14,58	-	-	-
	III	3.288	-	263,04	295,92	-	174,88	196,74	-	93,60	105,30	-	27,52	30,96	-	-	-	-	-	-	-	-	-
	IV	7.377	-	590,16	663,93	-	532,40	598,95	-	476,16	535,68	-	421,52	474,21	-	368,40	414,45	-	316,80	356,40	-	266,80	300,15
	V	12.424	-	993,92	1.118,16																		
	VI	12.956	-	1.036,48	1.166,04																		
41.831,99	I	7.388	-	591,04	664,92	-	477,04	536,67	-	369,20	415,35	-	267,60	301,05	-	172,08	193,59	-	82,80	93,15	-	10,72	12,06
	II	6.030	-	482,40	542,70	-	374,32	421,11	-	272,32	306,36	-	176,56	198,63	-	86,96	97,83	-	13,44	15,12	-	-	-
	III	3.296	-	263,68	296,64	-	175,52	197,46	-	94,08	105,84	-	28,00	31,50	-	-	-	-	-	-	-	-	-
	IV	7.388	-	591,04	664,92	-	533,28	599,94	-	477,04	536,67	-	422,40	475,20	-	369,20	415,35	-	317,60	357,30	-	267,60	301,05
	V	12.439	-	995,12	1.119,51																		
	VI	12.971	-	1.037,68	1.167,39																		
41.867,99	I	7.400	-	592,00	666,00	-	478,00	537,75	-	370,08	416,34	-	268,40	301,95	-	172,80	194,40	-	83,44	93,87	-	11,12	12,51
	II	6.042	-	483,36	543,78	-	375,12	422,01	-	273,12	307,26	-	177,28	199,44	-	87,68	98,64	-	13,92	15,66	-	-	-
	III	3.306	-	264,48	297,54	-	176,32	198,36	-	94,72	106,56	-	28,48	32,04	-	-	-	-	-	-	-	-	-
	IV	7.400	-	592,00	666,00	-	534,24	601,02	-	478,00	537,75	-	423,28	476,19	-	370,08	416,34	-	318,48	358,29	-	268,40	301,95
	V	12.454	-	996,32	1.120,86																		
	VI	12.986	-	1.038,88	1.168,74																		
41.903,99	I	7.412	-	592,96	667,08	-	478,88	538,74	-	370,96	417,33	-	269,20	302,85	-	173,60	195,30	-	84,16	94,68	-	11,60	13,05
	II	6.053	-	484,24	544,77	-	376,00	423,00	-	273,92	308,16	-	178,08	200,34	-	88,32	99,36	-	14,40	16,20	-	-	-
	III	3.314	-	265,12	298,26	-	176,96	199,08	-	95,36	107,28	-	28,96	32,58	-	-	-	-	-	-	-	-	-
	IV	7.412	-	592,96	667,08	-	535,12	602,01	-	478,88	538,74	-	424,08	477,09	-	370,96	417,33	-	319,28	359,19	-	269,20	302,85
	V	12.469	-	997,52	1.122,21																		
	VI	13.001	-	1.040,08	1.170,09																		
41.939,99	I	7.424	-	593,92	668,16	-	479,76	539,73	-	371,76	418,23	-	269,92	303,66	-	174,32	196,11	-	84,88	95,49	-	12,08	13,59
	II	6.064	-	485,12	545,76	-	376,80	423,90	-	274,72	309,06	-	178,80	201,15	-	89,04	100,17	-	14,88	16,74	-	-	-
	III	3.324	-	265,92	299,16	-	177,60	199,80	-	95,84	107,82	-	29,44	33,12	-	-	-	-	-	-	-	-	-
	IV	7.424	-	593,92	668,16	-	536,08	603,09	-	479,76	539,73	-	424,96	478,08	-	371,76	418,23	-	320,08	360,09	-	269,92	303,66
	V	12.484	-	998,72	1.123,56																		
	VI	13.016	-	1.041,28	1.171,44																		
41.975,99	I	7.436	-	594,88	669,24	-	480,64	540,72	-	372,64	419,22	-	270,72	304,56	-	175,04	196,92	-	85,52	96,21	-	12,48	14,04
	II	6.075	-	486,00	546,75	-	377,68	424,89	-	275,52	309,96	-	179,52	201,96	-	89,76	100,98	-	15,36	17,28	-	-	-
	III	3.332	-	266,56	299,88	-	178,40	200,70	-	96,48	108,54	-	29,92	33,66	-	-	-	-	-	-	-	-	-
	IV	7.436	-	594,88	669,24	-	536,96	604,08	-	480,64	540,72	-	425,84	479,07	-	372,64	419,22	-	320,88	360,99	-	270,72	304,56
	V	12.500	-	1.000,00	1.125,00																		
	VI	13.031	-	1.042,48	1.172,79																		
42.011,99	I	7.447	-	595,76	670,23	-	481,52	541,71	-	373,44	420,12	-	271,52	305,46	-	175,84	197,82	-	86,24	97,02	-	12,96	14,58
	II	6.086	-	486,88	547,74	-	378,56	425,88	-	276,32	310,86	-	180,32	202,86	-	90,40	101,70	-	15,84	17,82	-	-	-
	III	3.342	-	267,36	300,78	-	179,04	201,42	-	97,12	109,26	-	30,40	34,20	-	-	-	-	-	-	-	-	-
	IV	7.447	-	595,76	670,23	-	537,92	605,16	-	481,52	541,71	-	426,72	480,06	-	373,44	420,12	-	321,76	361,98	-	271,52	305,46
	V	12.515	-	1.001,20	1.126,35																		
	VI	13.046	-	1.043,68	1.174,14																		
42.047,99	I	7.459	-	596,72	671,31	-	482,40	542,70	-	374,32	421,11	-	272,32	306,36	-	176,56	198,63	-	86,96	97,83	-	13,44	15,12
	II	6.098	-	487,84	548,82	-	379,36	426,78	-	277,12	311,76	-	181,04	203,67	-	91,12	102,51	-	16,32	18,36	-	-	-
	III	3.350	-	268,00	301,50	-	179,68	202,14	-	97,76	109,98	-	30,88	34,74	-	-	-	-	-	-	-	-	-
	IV	7.459	-	596,72	671,31	-	538,80	606,15	-	482,40	542,70	-	427,60	481,05	-	374,32	421,11	-	322,56	362,88	-	272,32	306,36
	V	12.530	-	1.002,40	1.127,70																		
	VI	13.062	-	1.044,96	1.175,58																		
42.083,99	I	7.471	-	597,68	672,39	-	483,36	543,78	-	375,12	422,01	-	273,12	307,26	-	177,28	199,44	-	87,68	98,64	-	13,92	15,66
	II	6.109	-	488,72	549,81	-	380,24	427,77	-	277,92	312,66	-	181,76	204,48	-	91,84	103,32	-	16,80	18,90	-	-	-
	III	3.360	-	268,80	302,40	-	180,48	203,04	-	98,24	110,52	-	31,36	35,28	-	-	-	-	-	-	-	-	-
	IV	7.471	-	597,68	672,39	-	539,76	607,23	-	483,36	543,78	-	428,48	482,04	-	375,12	422,01	-	323,36	363,78	-	273,12	307,26
	V	12.545	-	1.003,60	1.129,05																		
	VI	13.077	-	1.046,16	1.176,93																		
42.119,99	I	7.483	-	598,64	673,47	-	484,24	544,77	-	376,00	423,00	-	273,92	308,16	-	178,08	200,34	-	88,32	99,36	-	14,40	16,20
	II	6.120	-	489,60	550,80	-	381,04	428,67	-	278,72	313,56	-	182,56	205,38	-	92,56	104,13	-	17,28	19,44	-	-	-
	III	3.368	-	269,44	303,12	-	181,12	203,76	-	98,88	111,24	-	31,84	35,82	-	-	-	-	-	-	-	-	-
	IV	7.483	-	598,64	673,47	-	540,64	608,22	-	484,24	544,77	-	429,36	483,03	-	376,00	423,00	-	324,16	364,68	-	273,92	308,16
	V	12.560	-	1.004,80	1.130,40																		
	VI	13.092	-	1.047,36	1.178,28																		

Anzahl Kinderfreibeträge (nur Steuerklassen I–IV)

SolZ/KiSt lt. Tabelle nicht für Sonstige Bezüge anwendbar.

JAHR bis 42.659,99 €

Besondere Tabelle

Lohn/ Gehalt bis	Steuerklasse	Lohn-steuer	ohne Kinderfreibetrag SolZ 5,5%	ohne Kinderfreibetrag Kirchensteuer 8%	ohne Kinderfreibetrag Kirchensteuer 9%	0,5 SolZ 5,5%	0,5 Kirchensteuer 8%	0,5 Kirchensteuer 9%	1,0 SolZ 5,5%	1,0 Kirchensteuer 8%	1,0 Kirchensteuer 9%	1,5 SolZ 5,5%	1,5 Kirchensteuer 8%	1,5 Kirchensteuer 9%	2,0 SolZ 5,5%	2,0 Kirchensteuer 8%	2,0 Kirchensteuer 9%	2,5 SolZ 5,5%	2,5 Kirchensteuer 8%	2,5 Kirchensteuer 9%	3,0 SolZ 5,5%	3,0 Kirchensteuer 8%	3,0 Kirchensteuer 9%
						Anzahl Kinderfreibeträge (nur Steuerklassen I–IV)																	
42.155,99	I	7.495	-	599,60	674,55	-	485,12	545,76	-	376,80	423,90	-	274,72	309,06	-	178,80	201,15	-	89,04	100,17	-	14,88	16,74
	II	6.131	-	490,48	551,79	-	381,92	429,66	-	279,52	314,46	-	183,28	206,19	-	93,20	104,85	-	17,76	19,98	-	-	-
	III	3.378	-	270,24	304,02	-	181,76	204,48	-	99,52	111,96	-	32,32	36,36	-	-	-	-	-	-	-	-	-
	IV	7.495	-	599,60	674,55	-	541,60	609,30	-	485,12	545,76	-	430,24	484,02	-	376,80	423,90	-	325,04	365,67	-	274,72	309,06
	V	12.575	-	1.006,00	1.131,75																		
	VI	13.107	-	1.048,56	1.179,63																		
42.191,99	I	7.506	-	600,48	675,54	-	486,00	546,75	-	377,68	424,89	-	275,52	309,96	-	179,52	201,96	-	89,76	100,98	-	15,36	17,28
	II	6.142	-	491,36	552,78	-	382,80	430,65	-	280,32	315,36	-	184,00	207,00	-	93,92	105,66	-	18,24	20,52	-	-	-
	III	3.386	-	270,88	304,74	-	182,56	205,38	-	100,16	112,68	-	32,80	36,90	-	-	-	-	-	-	-	-	-
	IV	7.506	-	600,48	675,54	-	542,48	610,29	-	486,00	546,75	-	431,04	484,92	-	377,68	424,89	-	325,84	366,57	-	275,52	309,96
	V	12.590	-	1.007,20	1.133,10																		
	VI	13.122	-	1.049,76	1.180,98																		
42.227,99	I	7.518	-	601,44	676,62	-	486,88	547,74	-	378,56	425,88	-	276,32	310,86	-	180,32	202,86	-	90,40	101,70	-	15,84	17,82
	II	6.154	-	492,32	553,86	-	383,60	431,55	-	281,12	316,26	-	184,80	207,90	-	94,64	106,47	-	18,72	21,06	-	-	-
	III	3.396	-	271,68	305,64	-	183,20	206,10	-	100,80	113,40	-	33,28	37,44	-	-	-	-	-	-	-	-	-
	IV	7.518	-	601,44	676,62	-	543,44	611,37	-	486,88	547,74	-	431,92	485,91	-	378,56	425,88	-	326,64	367,47	-	276,32	310,86
	V	12.605	-	1.008,40	1.134,45																		
	VI	13.137	-	1.050,96	1.182,33																		
42.263,99	I	7.530	-	602,40	677,70	-	487,84	548,82	-	379,36	426,78	-	277,12	311,76	-	181,04	203,67	-	91,12	102,51	-	16,32	18,36
	II	6.165	-	493,20	554,85	-	384,48	432,54	-	281,92	317,16	-	185,52	208,71	-	95,36	107,28	-	19,20	21,60	-	-	-
	III	3.404	-	272,32	306,36	-	184,00	207,00	-	101,28	113,94	-	33,76	37,98	-	-	-	-	-	-	-	-	-
	IV	7.530	-	602,40	677,70	-	544,32	612,36	-	487,84	548,82	-	432,80	486,90	-	379,36	426,78	-	327,44	368,37	-	277,12	311,76
	V	12.621	-	1.009,68	1.135,89																		
	VI	13.152	-	1.052,16	1.183,68																		
42.299,99	I	7.542	-	603,36	678,78	-	488,72	549,81	-	380,24	427,77	-	277,92	312,66	-	181,76	204,48	-	91,84	103,32	-	16,80	18,90
	II	6.176	-	494,08	555,84	-	385,28	433,44	-	282,72	318,06	-	186,32	209,61	-	96,00	108,00	-	19,68	22,14	-	-	-
	III	3.414	-	273,12	307,26	-	184,64	207,72	-	101,92	114,66	-	34,24	38,52	-	-	-	-	-	-	-	-	-
	IV	7.542	-	603,36	678,78	-	545,28	613,44	-	488,72	549,81	-	433,68	487,89	-	380,24	427,77	-	328,32	369,36	-	277,92	312,66
	V	12.636	-	1.010,88	1.137,24																		
	VI	13.167	-	1.053,36	1.185,03																		
42.335,99	I	7.554	-	604,32	679,86	-	489,60	550,80	-	381,04	428,67	-	278,72	313,56	-	182,56	205,38	-	92,56	104,13	-	17,28	19,44
	II	6.187	-	494,96	556,83	-	386,16	434,43	-	283,52	318,96	-	187,04	210,42	-	96,72	108,81	-	20,16	22,68	-	-	-
	III	3.422	-	273,76	307,98	-	185,28	208,44	-	102,56	115,38	-	34,72	39,06	-	-	-	-	-	-	-	-	-
	IV	7.554	-	604,32	679,86	-	546,16	614,43	-	489,60	550,80	-	434,56	488,88	-	381,04	428,67	-	329,12	370,26	-	278,72	313,5
	V	12.651	-	1.012,08	1.138,59																		
	VI	13.183	-	1.054,64	1.186,47																		
42.371,99	I	7.566	-	605,28	680,94	-	490,48	551,79	-	381,92	429,66	-	279,52	314,46	-	183,28	206,19	-	93,20	104,85	-	17,76	19,9
	II	6.199	-	495,92	557,91	-	387,04	435,42	-	284,32	319,86	-	187,76	211,23	-	97,44	109,62	-	20,64	23,22	-	-	-
	III	3.432	-	274,56	308,88	-	186,08	209,34	-	103,20	116,10	-	35,20	39,60	-	-	-	-	-	-	-	-	-
	IV	7.566	-	605,28	680,94	-	547,12	615,51	-	490,48	551,79	-	435,44	489,87	-	381,92	429,66	-	329,92	371,16	-	279,52	314,4
	V	12.666	-	1.013,28	1.139,94																		
	VI	13.198	-	1.055,84	1.187,82																		
42.407,99	I	7.577	-	606,16	681,93	-	491,36	552,78	-	382,80	430,65	-	280,32	315,36	-	184,00	207,00	-	93,92	105,66	-	18,24	20,5
	II	6.210	-	496,80	558,90	-	387,84	436,32	-	285,12	320,76	-	188,56	212,13	-	98,16	110,43	-	21,20	23,85	-	-	-
	III	3.440	-	275,20	309,60	-	186,72	210,06	-	103,84	116,82	-	35,68	40,14	-	-	-	-	-	-	-	-	-
	IV	7.577	-	606,16	681,93	-	548,00	616,50	-	491,36	552,78	-	436,32	490,86	-	382,80	430,65	-	330,80	372,15	-	280,32	315,3
	V	12.681	-	1.014,48	1.141,29																		
	VI	13.213	-	1.057,04	1.189,17																		
42.443,99	I	7.589	-	607,12	683,01	-	492,32	553,86	-	383,60	431,55	-	281,12	316,26	-	184,80	207,90	-	94,64	106,47	-	18,72	21,0
	II	6.221	-	497,68	559,89	-	388,72	437,31	-	285,92	321,66	-	189,28	212,94	-	98,80	111,15	-	21,68	24,39	-	-	-
	III	3.450	-	276,00	310,50	-	187,36	210,78	-	104,32	117,36	-	36,16	40,68	-	-	-	-	-	-	-	-	-
	IV	7.589	-	607,12	683,01	-	548,96	617,58	-	492,32	553,86	-	437,20	491,85	-	383,60	431,55	-	331,60	373,05	-	281,12	316,2
	V	12.696	-	1.015,68	1.142,64																		
	VI	13.228	-	1.058,24	1.190,52																		
42.479,99	I	7.601	-	608,08	684,09	-	493,20	554,85	-	384,48	432,54	-	281,92	317,16	-	185,52	208,71	-	95,36	107,28	-	19,20	21,6
	II	6.232	-	498,56	560,88	-	389,60	438,30	-	286,72	322,56	-	190,08	213,84	-	99,52	111,96	-	22,16	24,93	-	-	-
	III	3.458	-	276,64	311,22	-	188,16	211,68	-	104,96	118,08	-	36,64	41,22	-	-	-	-	-	-	-	-	-
	IV	7.601	-	608,08	684,09	-	549,84	618,57	-	493,20	554,85	-	438,08	492,84	-	384,48	432,54	-	332,40	373,95	-	281,92	317,1
	V	12.711	-	1.016,88	1.143,99																		
	VI	13.243	-	1.059,44	1.191,87																		
42.515,99	I	7.613	-	609,04	685,17	-	494,08	555,84	-	385,28	433,44	-	282,72	318,06	-	186,32	209,61	-	96,00	108,00	-	19,68	22,1
	II	6.244	-	499,52	561,96	-	390,40	439,20	-	287,52	323,46	-	190,80	214,65	-	100,24	112,77	-	22,64	25,47	-	-	-
	III	3.468	-	277,44	312,12	-	188,80	212,40	-	105,60	118,80	-	37,12	41,76	-	-	-	-	-	-	-	-	-
	IV	7.613	-	609,04	685,17	-	550,80	619,65	-	494,08	555,84	-	438,96	493,83	-	385,28	433,44	-	333,28	374,94	-	282,72	318,0
	V	12.726	-	1.018,08	1.145,34																		
	VI	13.258	-	1.060,64	1.193,22																		
42.551,99	I	7.625	-	610,00	686,25	-	494,96	556,83	-	386,16	434,43	-	283,52	318,96	-	187,04	210,42	-	96,72	108,81	-	20,16	22,6
	II	6.255	-	500,40	562,95	-	391,28	440,19	-	288,32	324,36	-	191,52	215,46	-	100,96	113,58	-	23,20	26,10	-	-	-
	III	3.476	-	278,08	312,84	-	189,60	213,30	-	106,24	119,52	-	37,60	42,30	-	-	-	-	-	-	-	-	-
	IV	7.625	-	610,00	686,25	-	551,76	620,73	-	494,96	556,83	-	439,84	494,82	-	386,16	434,43	-	334,08	375,84	-	283,52	318,9
	V	12.742	-	1.019,36	1.146,78																		
	VI	13.273	-	1.061,84	1.194,57																		
42.587,99	I	7.637	-	610,96	687,33	-	495,92	557,91	-	387,04	435,42	-	284,32	319,86	-	187,76	211,23	-	97,44	109,62	-	20,64	23,2
	II	6.266	-	501,28	563,94	-	392,16	441,18	-	289,12	325,26	-	192,32	216,36	-	101,68	114,39	-	23,68	26,64	-	-	-
	III	3.486	-	278,88	313,74	-	190,24	214,02	-	106,88	120,24	-	38,08	42,84	-	-	-	-	-	-	-	-	-
	IV	7.637	-	610,96	687,33	-	552,64	621,72	-	495,92	557,91	-	440,72	495,81	-	387,04	435,42	-	334,88	376,74	-	284,32	319,8
	V	12.757	-	1.020,56	1.148,13																		
	VI	13.288	-	1.063,04	1.195,92																		
42.623,99	I	7.649	-	611,92	688,41	-	496,80	558,90	-	387,84	436,32	-	285,12	320,76	-	188,56	212,13	-	98,16	110,43	-	21,20	23,8
	II	6.278	-	502,24	565,02	-	392,96	442,08	-	289,92	326,16	-	193,04	217,17	-	102,32	115,11	-	24,16	27,18	-	-	-
	III	3.494	-	279,52	314,46	-	190,88	214,74	-	107,52	120,96	-	38,56	43,38	-	-	-	-	-	-	-	-	-
	IV	7.649	-	611,92	688,41	-	553,60	622,80	-	496,80	558,90	-	441,60	496,80	-	387,84	436,32	-	335,76	377,73	-	285,12	320,7
	V	12.772	-	1.021,76	1.149,48																		
	VI	13.303	-	1.064,24	1.197,27																		
42.659,99	I	7.661	-	612,88	689,49	-	497,68	559,89	-	388,72	437,31	-	285,92	321,66	-	189,28	212,94	-	98,80	111,15	-	21,68	24,3
	II	6.289	-	503,12	566,01	-	393,84	443,07	-	290,72	327,06	-	193,84	218,07	-	103,04	115,92	-	24,72	27,81	-	-	-
	III	3.504	-	280,32	315,36	-	191,68	215,64	-	108,00	121,50	-	39,04	43,92	-	-	-	-	-	-	-	-	-
	IV	7.661	-	612,88	689,49	-	554,48	623,79	-	497,68	559,89	-	442,40	497,70	-	388,72	437,31	-	336,56	378,63	-	285,92	321,6
	V	12.787	-	1.022,96	1.150,83																		
	VI	13.319	-	1.065,52	1.198,71																		

SolZ/KiSt lt. Tabelle nicht für Sonstige Bezüge anwendbar.

Lohn/ Gehalt bis	Steuerklasse	Lohn-steuer	ohne Kinderfreibetrag			Anzahl Kinderfreibeträge (nur Steuerklassen I–IV) 0,5			1,0			1,5			2,0			2,5			3,0		
			SolZ 5,5%	Kirchensteuer 8%	9%	SolZ 5,5%	Kirchensteuer 8%	9%	SolZ 5,5%	Kirchensteuer 8%	9%	SolZ 5,5%	Kirchensteuer 8%	9%	SolZ 5,5%	Kirchensteuer 8%	9%	SolZ 5,5%	Kirchensteuer 8%	9%	SolZ 5,5%	Kirchensteuer 8%	9%
42.695,99	I	7.672	–	613,76	690,48	–	498,56	560,88	–	389,60	438,30	–	286,72	322,56	–	190,08	213,84	–	99,52	111,96	–	22,16	24,93
	II	6.300	–	504,00	567,00	–	394,72	444,06	–	291,52	327,96	–	194,56	218,88	–	103,76	116,73	–	25,20	28,35	–	–	–
	III	3.514	–	281,12	316,26	–	192,32	216,36	–	108,64	122,22	–	39,52	44,46	–	–	–	–	–	–	–	–	–
	IV	7.672	–	613,76	690,48	–	555,44	624,87	–	498,56	560,88	–	443,28	498,69	–	389,60	438,30	–	337,36	379,53	–	286,72	322,56
	V	12.802	–	1.024,16	1.152,18																		
	VI	13.334	–	1.066,72	1.200,06																		
42.731,99	I	7.684	–	614,72	691,56	–	499,52	561,96	–	390,40	439,20	–	287,52	323,46	–	190,80	214,65	–	100,24	112,77	–	22,64	25,47
	II	6.312	–	504,96	568,08	–	395,52	444,96	–	292,32	328,86	–	195,36	219,78	–	104,48	117,54	–	25,76	28,98	–	–	–
	III	3.522	–	281,76	316,98	–	192,96	217,08	–	109,28	122,94	–	40,00	45,00	–	–	–	–	–	–	–	–	–
	IV	7.684	–	614,72	691,56	–	556,32	625,86	–	499,52	561,96	–	444,16	499,68	–	390,40	439,20	–	338,24	380,52	–	287,52	323,46
	V	12.817	–	1.025,36	1.153,53																		
	VI	13.349	–	1.067,92	1.201,41																		
42.767,99	I	7.696	–	615,68	692,64	–	500,40	562,95	–	391,28	440,19	–	288,32	324,36	–	191,52	215,46	–	100,96	113,58	–	23,20	26,10
	II	6.323	–	505,84	569,07	–	396,40	445,95	–	293,12	329,76	–	196,08	220,59	–	105,20	118,35	–	26,24	29,52	–	–	–
	III	3.532	–	282,56	317,88	–	193,76	217,98	–	109,92	123,66	–	40,48	45,54	–	–	–	–	–	–	–	–	–
	IV	7.696	–	615,68	692,64	–	557,28	626,94	–	500,40	562,95	–	445,04	500,67	–	391,28	440,19	–	339,04	381,42	–	288,32	324,36
	V	12.832	–	1.026,56	1.154,88																		
	VI	13.364	–	1.069,12	1.202,76																		
42.803,99	I	7.708	–	616,64	693,72	–	501,28	563,94	–	392,16	441,18	–	289,12	325,26	–	192,32	216,36	–	101,68	114,39	–	23,68	26,64
	II	6.334	–	506,72	570,06	–	397,28	446,94	–	293,92	330,66	–	196,80	221,40	–	105,92	119,16	–	26,80	30,15	–	–	–
	III	3.540	–	283,20	318,60	–	194,40	218,70	–	110,56	124,38	–	40,96	46,08	–	–	–	–	–	–	–	–	–
	IV	7.708	–	616,64	693,72	–	558,24	628,02	–	501,28	563,94	–	445,92	501,66	–	392,16	441,18	–	339,84	382,32	–	289,12	325,26
	V	12.847	–	1.027,76	1.156,23																		
	VI	13.379	–	1.070,32	1.204,11																		
42.839,99	I	7.720	–	617,60	694,80	–	502,24	565,02	–	392,96	442,08	–	289,92	326,16	–	193,04	217,17	–	102,32	115,11	–	24,16	27,18
	II	6.345	–	507,60	571,05	–	398,08	447,84	–	294,80	331,65	–	197,60	222,30	–	106,56	119,88	–	27,28	30,69	–	–	–
	III	3.550	–	284,00	319,50	–	195,20	219,60	–	111,20	125,10	–	41,60	46,80	–	–	–	–	–	–	–	–	–
	IV	7.720	–	617,60	694,80	–	559,12	629,01	–	502,24	565,02	–	446,80	502,65	–	392,96	442,08	–	340,72	383,31	–	289,92	326,16
	V	12.862	–	1.028,96	1.157,58																		
	VI	13.394	–	1.071,52	1.205,46																		
42.875,99	I	7.732	–	618,56	695,88	–	503,12	566,01	–	393,84	443,07	–	290,72	327,06	–	193,84	218,07	–	103,04	115,92	–	24,72	27,81
	II	6.357	–	508,56	572,13	–	398,96	448,83	–	295,60	332,55	–	198,32	223,11	–	107,28	120,69	–	27,84	31,32	–	–	–
	III	3.558	–	284,64	320,22	–	195,84	220,32	–	111,84	125,82	–	42,08	47,34	–	–	–	–	–	–	–	–	–
	IV	7.732	–	618,56	695,88	–	560,08	630,09	–	503,12	566,01	–	447,68	503,64	–	393,84	443,07	–	341,52	384,21	–	290,72	327,06
	V	12.878	–	1.030,24	1.159,02																		
	VI	13.409	–	1.072,72	1.206,81																		
42.911,99	I	7.744	–	619,52	696,96	–	504,00	567,00	–	394,72	444,06	–	291,52	327,96	–	194,56	218,88	–	103,76	116,73	–	25,20	28,35
	II	6.368	–	509,44	573,12	–	399,84	449,82	–	296,40	333,45	–	199,12	224,01	–	108,00	121,50	–	28,32	31,86	–	–	–
	III	3.568	–	285,44	321,12	–	196,48	221,04	–	112,48	126,54	–	42,56	47,88	–	–	–	–	–	–	–	–	–
	IV	7.744	–	619,52	696,96	–	560,96	631,08	–	504,00	567,00	–	448,56	504,63	–	394,72	444,06	–	342,32	385,11	–	291,52	327,96
	V	12.893	–	1.031,44	1.160,37																		
	VI	13.424	–	1.073,92	1.208,16																		
42.947,99	I	7.756	–	620,48	698,04	–	504,96	568,08	–	395,52	444,96	–	292,32	328,86	–	195,36	219,78	–	104,48	117,54	–	25,76	28,98
	II	6.379	–	510,32	574,11	–	400,72	450,81	–	297,20	334,35	–	199,84	224,82	–	108,72	122,31	–	28,88	32,49	–	–	–
	III	3.576	–	286,08	321,84	–	197,28	221,94	–	113,12	127,26	–	43,04	48,42	–	–	–	–	–	–	–	–	–
	IV	7.756	–	620,48	698,04	–	561,92	632,16	–	504,96	568,08	–	449,44	505,62	–	395,52	444,96	–	343,20	386,10	–	292,32	328,86
	V	12.908	–	1.032,64	1.161,72																		
	VI	13.440	–	1.075,20	1.209,60																		
42.983,99	I	7.768	–	621,44	699,12	–	505,84	569,07	–	396,40	445,95	–	293,12	329,76	–	196,08	220,59	–	105,20	118,35	–	26,24	29,52
	II	6.391	–	511,28	575,19	–	401,52	451,71	–	298,00	335,25	–	200,64	225,72	–	109,44	123,12	–	29,44	33,12	–	–	–
	III	3.586	–	286,88	322,74	–	197,92	222,66	–	113,60	127,80	–	43,52	48,96	–	–	–	–	–	–	–	–	–
	IV	7.768	–	621,44	699,12	–	562,88	633,24	–	505,84	569,07	–	450,32	506,61	–	396,40	445,95	–	344,00	387,00	–	293,12	329,76
	V	12.923	–	1.033,84	1.163,07																		
	VI	13.455	–	1.076,40	1.210,95																		
43.019,99	I	7.780	–	622,40	700,20	–	506,72	570,06	–	397,28	446,94	–	293,92	330,66	–	196,80	221,40	–	105,92	119,16	–	26,80	30,15
	II	6.402	–	512,16	576,18	–	402,40	452,70	–	298,80	336,15	–	201,36	226,53	–	110,16	123,93	–	29,92	33,66	–	–	–
	III	3.594	–	287,52	323,46	–	198,72	223,56	–	114,24	128,52	–	44,00	49,50	–	–	–	–	–	–	–	–	–
	IV	7.780	–	622,40	700,20	–	563,76	634,23	–	506,72	570,06	–	451,20	507,60	–	397,28	446,94	–	344,80	387,90	–	293,92	330,66
	V	12.938	–	1.035,04	1.164,42																		
	VI	13.470	–	1.077,60	1.212,30																		
43.055,99	I	7.792	–	623,36	701,28	–	507,60	571,05	–	398,08	447,84	–	294,80	331,65	–	197,60	222,30	–	106,56	119,88	–	27,28	30,69
	II	6.413	–	513,04	577,17	–	403,28	453,69	–	299,60	337,05	–	202,16	227,43	–	110,80	124,65	–	30,48	34,29	–	–	–
	III	3.604	–	288,32	324,36	–	199,36	224,28	–	114,88	129,24	–	44,48	50,04	–	–	–	–	–	–	–	–	–
	IV	7.792	–	623,36	701,28	–	564,72	635,31	–	507,60	571,05	–	452,08	508,59	–	398,08	447,84	–	345,68	388,89	–	294,80	331,65
	V	12.953	–	1.036,24	1.165,77																		
	VI	13.485	–	1.078,80	1.213,65																		
43.091,99	I	7.804	–	624,32	702,36	–	508,56	572,13	–	398,96	448,83	–	295,60	332,55	–	198,32	223,11	–	107,28	120,69	–	27,84	31,32
	II	6.425	–	514,00	578,25	–	404,08	454,59	–	300,40	337,95	–	202,88	228,24	–	111,52	125,46	–	31,04	34,92	–	–	–
	III	3.614	–	289,12	325,26	–	200,00	225,00	–	115,52	129,96	–	44,96	50,58	–	–	–	–	–	–	–	–	–
	IV	7.804	–	624,32	702,36	–	565,68	636,39	–	508,56	572,13	–	452,96	509,58	–	398,96	448,83	–	346,48	389,79	–	295,60	332,55
	V	12.968	–	1.037,44	1.167,12																		
	VI	13.500	–	1.080,00	1.215,00																		
43.127,99	I	7.816	–	625,28	703,44	–	509,44	573,12	–	399,84	449,82	–	296,40	333,45	–	199,12	224,01	–	108,00	121,50	–	28,32	31,86
	II	6.436	–	514,88	579,24	–	404,96	455,58	–	301,20	338,85	–	203,68	229,14	–	112,24	126,27	–	31,52	35,46	–	–	–
	III	3.622	–	289,76	325,98	–	200,80	225,90	–	116,16	130,68	–	45,60	51,30	–	–	–	–	–	–	–	–	–
	IV	7.816	–	625,28	703,44	–	566,56	637,38	–	509,44	573,12	–	453,84	510,57	–	399,84	449,82	–	347,36	390,78	–	296,40	333,45
	V	12.983	–	1.038,64	1.168,47																		
	VI	13.515	–	1.081,20	1.216,35																		
43.163,99	I	7.827	–	626,16	704,43	–	510,32	574,11	–	400,72	450,81	–	297,20	334,35	–	199,84	224,82	–	108,72	122,31	–	28,88	32,49
	II	6.448	–	515,84	580,32	–	405,84	456,57	–	302,00	339,75	–	204,40	229,95	–	112,96	127,08	–	32,08	36,09	–	–	–
	III	3.632	–	290,56	326,88	–	201,44	226,62	–	116,80	131,40	–	46,08	51,84	–	–	–	–	–	–	–	–	–
	IV	7.827	–	626,16	704,43	–	567,52	638,46	–	510,32	574,11	–	454,72	511,56	–	400,72	450,81	–	348,16	391,68	–	297,20	334,35
	V	12.999	–	1.039,92	1.169,91																		
	VI	13.530	–	1.082,40	1.217,70																		
43.199,99	I	7.839	–	627,12	705,51	–	511,28	575,19	–	401,52	451,71	–	298,00	335,25	–	200,64	225,72	–	109,44	123,12	–	29,44	33,12
	II	6.459	–	516,72	581,31	–	406,72	457,56	–	302,88	340,74	–	205,20	230,85	–	113,68	127,89	–	32,64	36,72	–	–	–
	III	3.640	–	291,20	327,60	–	202,24	227,52	–	117,44	132,12	–	46,56	52,38	–	–	–	–	–	–	–	–	–
	IV	7.839	–	627,12	705,51	–	568,40	639,45	–	511,28	575,19	–	455,60	512,55	–	401,52	451,71	–	348,96	392,58	–	298,00	335,25
	V	13.014	–	1.041,12	1.171,26																		
	VI	13.545	–	1.083,60	1.219,05																		

SolZ/KiSt lt. Tabelle nicht für Sonstige Bezüge anwendbar.

JAHR bis 43.739,99 €

Besondere Tabelle

Lohn/ Gehalt bis	Steuerklasse	Lohnsteuer	ohne Kinderfreibetrag SolZ 5,5%	Kirchensteuer 8%	Kirchensteuer 9%	0,5 SolZ 5,5%	0,5 Kirchensteuer 8%	0,5 Kirchensteuer 9%	1,0 SolZ 5,5%	1,0 Kirchensteuer 8%	1,0 Kirchensteuer 9%	1,5 SolZ 5,5%	1,5 Kirchensteuer 8%	1,5 Kirchensteuer 9%	2,0 SolZ 5,5%	2,0 Kirchensteuer 8%	2,0 Kirchensteuer 9%	2,5 SolZ 5,5%	2,5 Kirchensteuer 8%	2,5 Kirchensteuer 9%	3,0 SolZ 5,5%	3,0 Kirchensteuer 8%	3,0 Kirchensteuer 9%
						Anzahl Kinderfreibeträge (nur Steuerklassen I–IV)																	
43.235,99	I	7.851	-	628,08	706,59	-	512,16	576,18	-	402,40	452,70	-	298,80	336,15	-	201,36	226,53	-	110,16	123,93	-	29,92	33,66
	II	6.470	-	517,60	582,30	-	407,52	458,46	-	303,68	341,64	-	205,92	231,66	-	114,40	128,70	-	33,20	37,35	-	-	-
	III	3.650	-	292,00	328,50	-	202,88	228,24	-	118,08	132,84	-	47,04	52,92	-	-	-	-	-	-	-	-	-
	IV	7.851	-	628,08	706,59	-	569,36	640,53	-	512,16	576,18	-	456,48	513,54	-	402,40	452,70	-	349,84	393,57	-	298,80	336,15
	V	13.029	-	1.042,32	1.172,61																		
	VI	13.561	-	1.084,88	1.220,49																		
43.271,99	I	7.863	-	629,04	707,67	-	513,04	577,17	-	403,28	453,69	-	299,60	337,05	-	202,16	227,43	-	110,80	124,65	-	30,48	34,29
	II	6.482	-	518,56	583,38	-	408,40	459,45	-	304,48	342,54	-	206,72	232,56	-	115,12	129,51	-	33,76	37,98	-	-	-
	III	3.658	-	292,64	329,22	-	203,52	228,96	-	118,72	133,56	-	47,52	53,46	-	-	-	-	-	-	-	-	-
	IV	7.863	-	629,04	707,67	-	570,32	641,61	-	513,04	577,17	-	457,36	514,53	-	403,28	453,69	-	350,64	394,47	-	299,60	337,05
	V	13.044	-	1.043,52	1.173,96																		
	VI	13.576	-	1.086,08	1.221,84																		
43.307,99	I	7.875	-	630,00	708,75	-	514,00	578,25	-	404,08	454,59	-	300,40	337,95	-	202,88	228,24	-	111,52	125,46	-	31,04	34,92
	II	6.493	-	519,44	584,37	-	409,28	460,44	-	305,28	343,44	-	207,44	233,37	-	115,84	130,32	-	34,24	38,52	-	-	-
	III	3.668	-	293,44	330,12	-	204,32	229,86	-	119,36	134,28	-	48,00	54,00	-	-	-	-	-	-	-	-	-
	IV	7.875	-	630,00	708,75	-	571,20	642,60	-	514,00	578,25	-	458,24	515,52	-	404,08	454,59	-	351,52	395,46	-	300,40	337,95
	V	13.059	-	1.044,72	1.175,31																		
	VI	13.591	-	1.087,28	1.223,19																		
43.343,99	I	7.887	-	630,96	709,83	-	514,88	579,24	-	404,96	455,58	-	301,20	338,85	-	203,68	229,14	-	112,24	126,27	-	31,52	35,46
	II	6.504	-	520,32	585,36	-	410,16	461,43	-	306,08	344,34	-	208,24	234,27	-	116,56	131,13	-	34,80	39,15	-	-	-
	III	3.676	-	294,08	330,84	-	204,96	230,58	-	120,00	135,00	-	48,64	54,72	-	-	-	-	-	-	-	-	-
	IV	7.887	-	630,96	709,83	-	572,16	643,68	-	514,88	579,24	-	459,20	516,60	-	404,96	455,58	-	352,32	396,36	-	301,20	338,85
	V	13.074	-	1.045,92	1.176,66																		
	VI	13.606	-	1.088,48	1.224,54																		
43.379,99	I	7.899	-	631,92	710,91	-	515,84	580,32	-	405,84	456,57	-	302,00	339,75	-	204,40	229,95	-	112,96	127,08	-	32,08	36,09
	II	6.516	-	521,28	586,44	-	410,96	462,33	-	306,88	345,24	-	208,96	235,08	-	117,28	131,94	-	35,36	39,78	-	-	-
	III	3.686	-	294,88	331,74	-	205,76	231,48	-	120,64	135,72	-	49,12	55,26	-	-	-	-	-	-	-	-	-
	IV	7.899	-	631,92	710,91	-	573,12	644,76	-	515,84	580,32	-	460,08	517,59	-	405,84	456,57	-	353,20	397,35	-	302,00	339,75
	V	13.089	-	1.047,12	1.178,01																		
	VI	13.621	-	1.089,68	1.225,89																		
43.415,99	I	7.911	-	632,88	711,99	-	516,72	581,31	-	406,72	457,56	-	302,88	340,74	-	205,20	230,85	-	113,68	127,89	-	32,64	36,72
	II	6.527	-	522,16	587,43	-	411,84	463,32	-	307,68	346,14	-	209,76	235,98	-	117,92	132,66	-	35,92	40,41	-	-	-
	III	3.696	-	295,68	332,64	-	206,40	232,20	-	121,28	136,44	-	49,60	55,80	-	-	-	-	-	-	-	-	-
	IV	7.911	-	632,88	711,99	-	574,00	645,75	-	516,72	581,31	-	460,96	518,58	-	406,72	457,56	-	354,00	398,25	-	302,88	340,74
	V	13.104	-	1.048,32	1.179,36																		
	VI	13.636	-	1.090,88	1.227,24																		
43.451,99	I	7.923	-	633,84	713,07	-	517,60	582,30	-	407,52	458,46	-	303,68	341,64	-	205,92	231,66	-	114,40	128,70	-	33,20	37,35
	II	6.539	-	523,12	588,51	-	412,72	464,31	-	308,56	347,13	-	210,48	236,79	-	118,64	133,47	-	36,48	41,04	-	-	-
	III	3.704	-	296,32	333,36	-	207,04	232,92	-	121,92	137,16	-	50,08	56,34	-	-	-	-	-	-	-	-	-
	IV	7.923	-	633,84	713,07	-	574,96	646,83	-	517,60	582,30	-	461,84	519,57	-	407,52	458,46	-	354,80	399,15	-	303,68	341,64
	V	13.120	-	1.049,60	1.180,80																		
	VI	13.651	-	1.092,08	1.228,59																		
43.487,99	I	7.935	-	634,80	714,15	-	518,56	583,38	-	408,40	459,45	-	304,48	342,54	-	206,72	232,56	-	115,12	129,51	-	33,76	37,98
	II	6.550	-	524,00	589,50	-	413,60	465,30	-	309,36	348,03	-	211,28	237,69	-	119,36	134,28	-	37,04	41,67	-	-	-
	III	3.714	-	297,12	334,26	-	207,84	233,82	-	122,56	137,88	-	50,72	57,06	-	-	-	-	-	-	-	-	-
	IV	7.935	-	634,80	714,15	-	575,92	647,91	-	518,56	583,38	-	462,72	520,56	-	408,40	459,45	-	355,68	400,14	-	304,48	342,54
	V	13.135	-	1.050,80	1.182,15																		
	VI	13.666	-	1.093,28	1.229,94																		
43.523,99	I	7.947	-	635,76	715,23	-	519,44	584,37	-	409,28	460,44	-	305,28	343,44	-	207,44	233,37	-	115,84	130,32	-	34,24	38,52
	II	6.561	-	524,88	590,49	-	414,48	466,29	-	310,16	348,93	-	212,08	238,59	-	120,08	135,09	-	37,60	42,30	-	-	-
	III	3.722	-	297,76	334,98	-	208,48	234,54	-	123,20	138,60	-	51,20	57,60	-	-	-	-	-	-	-	-	-
	IV	7.947	-	635,76	715,23	-	576,88	648,99	-	519,44	584,37	-	463,60	521,55	-	409,28	460,44	-	356,48	401,04	-	305,28	343,44
	V	13.150	-	1.052,00	1.183,50																		
	VI	13.681	-	1.094,48	1.231,29																		
43.559,99	I	7.959	-	636,72	716,31	-	520,32	585,36	-	410,16	461,43	-	306,08	344,34	-	208,24	234,27	-	116,56	131,13	-	34,80	39,15
	II	6.573	-	525,84	591,57	-	415,28	467,19	-	310,96	349,83	-	212,80	239,40	-	120,80	135,90	-	38,16	42,93	-	-	-
	III	3.732	-	298,56	335,88	-	209,28	235,44	-	123,84	139,32	-	51,68	58,14	-	-	-	-	-	-	-	-	-
	IV	7.959	-	636,72	716,31	-	577,76	649,98	-	520,32	585,36	-	464,48	522,54	-	410,16	461,43	-	357,36	402,03	-	306,08	344,34
	V	13.165	-	1.053,20	1.184,85																		
	VI	13.697	-	1.095,76	1.232,73																		
43.595,99	I	7.971	-	637,68	717,39	-	521,28	586,44	-	410,96	462,33	-	306,88	345,24	-	208,96	235,08	-	117,28	131,94	-	35,36	39,78
	II	6.584	-	526,72	592,56	-	416,16	468,18	-	311,76	350,73	-	213,60	240,30	-	121,52	136,71	-	38,72	43,56	-	-	-
	III	3.740	-	299,20	336,60	-	209,92	236,16	-	124,48	140,04	-	52,16	58,68	-	-	-	-	-	-	-	-	-
	IV	7.971	-	637,68	717,39	-	578,72	651,06	-	521,28	586,44	-	465,36	523,53	-	410,96	462,33	-	358,16	402,93	-	306,88	345,24
	V	13.180	-	1.054,40	1.186,20																		
	VI	13.712	-	1.096,96	1.234,08																		
43.631,99	I	7.983	-	638,64	718,47	-	522,16	587,43	-	411,84	463,32	-	307,68	346,14	-	209,76	235,98	-	117,92	132,66	-	35,92	40,41
	II	6.596	-	527,68	593,64	-	417,04	469,17	-	312,64	351,72	-	214,32	241,11	-	122,24	137,52	-	39,28	44,19	-	-	-
	III	3.750	-	300,00	337,50	-	210,56	236,88	-	125,12	140,76	-	52,64	59,22	-	-	-	-	-	-	-	-	-
	IV	7.983	-	638,64	718,47	-	579,68	652,14	-	522,16	587,43	-	466,24	524,52	-	411,84	463,32	-	359,04	403,92	-	307,68	346,14
	V	13.195	-	1.055,60	1.187,55																		
	VI	13.727	-	1.098,16	1.235,43																		
43.667,99	I	7.995	-	639,60	719,55	-	523,12	588,51	-	412,72	464,31	-	308,56	347,13	-	210,48	236,79	-	118,64	133,47	-	36,48	41,04
	II	6.607	-	528,56	594,63	-	417,92	470,16	-	313,44	352,62	-	215,12	242,01	-	122,96	138,33	-	39,84	44,82	-	-	-
	III	3.760	-	300,80	338,40	-	211,36	237,78	-	125,76	141,48	-	53,28	59,94	-	-	-	-	-	-	-	-	-
	IV	7.995	-	639,60	719,55	-	580,56	653,13	-	523,12	588,51	-	467,12	525,51	-	412,72	464,31	-	359,84	404,82	-	308,56	347,13
	V	13.210	-	1.056,80	1.188,90																		
	VI	13.742	-	1.099,36	1.236,78																		
43.703,99	I	8.007	-	640,56	720,63	-	524,00	589,50	-	413,60	465,30	-	309,36	348,03	-	211,28	237,69	-	119,36	134,28	-	37,04	41,67
	II	6.619	-	529,52	595,71	-	418,80	471,15	-	314,24	353,52	-	215,84	242,82	-	123,68	139,14	-	40,40	45,45	-	-	-
	III	3.768	-	301,44	339,12	-	212,00	238,50	-	126,40	142,20	-	53,76	60,48	-	-	-	-	-	-	-	-	-
	IV	8.007	-	640,56	720,63	-	581,52	654,21	-	524,00	589,50	-	468,00	526,50	-	413,60	465,30	-	360,72	405,81	-	309,36	348,03
	V	13.225	-	1.058,00	1.190,25																		
	VI	13.757	-	1.100,56	1.238,13																		
43.739,99	I	8.019	-	641,52	721,71	-	524,88	590,49	-	414,48	466,29	-	310,16	348,93	-	212,08	238,59	-	120,08	135,09	-	37,60	42,30
	II	6.630	-	530,40	596,70	-	419,60	472,05	-	315,04	354,42	-	216,64	243,72	-	124,40	139,95	-	41,04	46,17	-	-	-
	III	3.778	-	302,24	340,02	-	212,80	239,40	-	127,04	142,92	-	54,24	61,02	-	-	-	-	-	-	-	-	-
	IV	8.019	-	641,52	721,71	-	582,48	655,29	-	524,88	590,49	-	468,88	527,49	-	414,48	466,29	-	361,52	406,71	-	310,16	348,93
	V	13.240	-	1.059,20	1.191,60																		
	VI	13.772	-	1.101,76	1.239,48																		

SolZ/KiSt lt. Tabelle nicht für Sonstige Bezüge anwendbar.

Besondere Tabelle

JAHR bis 44.279,99 €

Lohn/ Gehalt bis	Steuerklasse	Lohn-steuer	ohne Kinderfreibetrag SolZ 5,5%	Kirchensteuer 8%	9%	0,5 SolZ 5,5%	Kirchensteuer 8%	9%	1,0 SolZ 5,5%	Kirchensteuer 8%	9%	1,5 SolZ 5,5%	Kirchensteuer 8%	9%	2,0 SolZ 5,5%	Kirchensteuer 8%	9%	2,5 SolZ 5,5%	Kirchensteuer 8%	9%	3,0 SolZ 5,5%	Kirchensteuer 8%	9%
						Anzahl Kinderfreibeträge (nur Steuerklassen I–IV)																	
43.775,99	I	8.031	-	642,48	722,79	-	525,84	591,57	-	415,28	467,19	-	310,96	349,83	-	212,80	239,40	-	120,80	135,90	-	38,16	42,93
	II	6.641	-	531,28	597,69	-	420,48	473,04	-	315,84	355,32	-	217,44	244,62	-	125,12	140,76	-	41,60	46,80	-	-	-
	III	3.786	-	302,88	340,74	-	213,44	240,12	-	127,68	143,64	-	54,72	61,56	-	-	-	-	-	-	-	-	-
	IV	8.031	-	642,48	722,79	-	583,44	656,37	-	525,84	591,57	-	469,84	528,57	-	415,28	467,19	-	362,40	407,70	-	310,96	349,83
	V	13.256	-	1.060,48	1.193,04																		
	VI	13.787	-	1.102,96	1.240,83																		
43.811,99	I	8.044	-	643,52	723,96	-	526,72	592,56	-	416,16	468,18	-	311,76	350,73	-	213,60	240,30	-	121,52	136,71	-	38,72	43,56
	II	6.653	-	532,24	598,77	-	421,36	474,03	-	316,72	356,31	-	218,16	245,43	-	125,84	141,57	-	42,16	47,43	-	-	-
	III	3.796	-	303,68	341,64	-	214,24	241,02	-	128,32	144,36	-	55,36	62,28	-	-	-	-	-	-	-	-	-
	IV	8.044	-	643,52	723,96	-	584,32	657,36	-	526,72	592,56	-	470,72	529,56	-	416,16	468,18	-	363,20	408,60	-	311,76	350,73
	V	13.271	-	1.061,68	1.194,39																		
	VI	13.802	-	1.104,16	1.242,18																		
43.847,99	I	8.056	-	644,48	725,04	-	527,68	593,64	-	417,04	469,17	-	312,64	351,72	-	214,32	241,11	-	122,24	137,52	-	39,28	44,19
	II	6.664	-	533,12	599,76	-	422,24	475,02	-	317,52	357,21	-	218,96	246,33	-	126,56	142,38	-	42,72	48,06	-	-	-
	III	3.804	-	304,32	342,36	-	214,88	241,74	-	128,96	145,08	-	55,84	62,82	-	-	-	-	-	-	-	-	-
	IV	8.056	-	644,48	725,04	-	585,28	658,44	-	527,68	593,64	-	471,60	530,55	-	417,04	469,17	-	364,08	409,59	-	312,64	351,72
	V	13.286	-	1.062,88	1.195,74																		
	VI	13.818	-	1.105,44	1.243,62																		
43.883,99	I	8.068	-	645,44	726,12	-	528,56	594,63	-	417,92	470,16	-	313,44	352,62	-	215,12	242,01	-	122,96	138,33	-	39,84	44,82
	II	6.676	-	534,08	600,84	-	423,12	476,01	-	318,32	358,11	-	219,68	247,14	-	127,28	143,19	-	43,28	48,69	-	-	-
	III	3.814	-	305,12	343,26	-	215,52	242,46	-	129,76	145,98	-	56,32	63,36	-	-	-	-	-	-	-	-	-
	IV	8.068	-	645,44	726,12	-	586,24	659,52	-	528,56	594,63	-	472,48	531,54	-	417,92	470,16	-	364,88	410,49	-	313,44	352,62
	V	13.301	-	1.064,08	1.197,09																		
	VI	13.833	-	1.106,64	1.244,97																		
43.919,99	I	8.080	-	646,40	727,20	-	529,52	595,71	-	418,80	471,15	-	314,24	353,52	-	215,84	242,82	-	123,68	139,14	-	40,40	45,45
	II	6.687	-	534,96	601,83	-	424,00	477,00	-	319,12	359,01	-	220,48	248,04	-	128,00	144,00	-	43,92	49,41	-	-	-
	III	3.824	-	305,92	344,16	-	216,32	243,36	-	130,40	146,70	-	56,96	64,08	-	-	-	-	-	-	-	-	-
	IV	8.080	-	646,40	727,20	-	587,12	660,51	-	529,52	595,71	-	473,36	532,53	-	418,80	471,15	-	365,76	411,48	-	314,24	353,52
	V	13.316	-	1.065,28	1.198,44																		
	VI	13.848	-	1.107,84	1.246,32																		
43.955,99	I	8.092	-	647,36	728,28	-	530,40	596,70	-	419,60	472,05	-	315,04	354,42	-	216,64	243,72	-	124,40	139,95	-	41,04	46,17
	II	6.699	-	535,92	602,91	-	424,88	477,99	-	319,92	359,91	-	221,28	248,94	-	128,72	144,81	-	44,48	50,04	-	-	-
	III	3.832	-	306,56	344,88	-	216,96	244,08	-	131,04	147,42	-	57,44	64,62	-	-	-	-	-	-	-	-	-
	IV	8.092	-	647,36	728,28	-	588,08	661,59	-	530,40	596,70	-	474,24	533,52	-	419,60	472,05	-	366,56	412,38	-	315,04	354,42
	V	13.331	-	1.066,48	1.199,79																		
	VI	13.863	-	1.109,04	1.247,67																		
43.991,99	I	8.104	-	648,32	729,36	-	531,28	597,69	-	420,48	473,04	-	315,84	355,32	-	217,44	244,62	-	125,12	140,76	-	41,60	46,80
	II	6.710	-	536,80	603,90	-	425,68	478,89	-	320,80	360,90	-	222,00	249,75	-	129,44	145,62	-	45,04	50,67	-	-	-
	III	3.842	-	307,36	345,78	-	217,76	244,98	-	131,68	148,14	-	57,92	65,16	-	-	-	-	-	-	-	-	-
	IV	8.104	-	648,32	729,36	-	589,04	662,67	-	531,28	597,69	-	475,12	534,51	-	420,48	473,04	-	367,44	413,37	-	315,84	355,32
	V	13.346	-	1.067,68	1.201,14																		
	VI	13.878	-	1.110,24	1.249,02																		
44.027,99	I	8.116	-	649,28	730,44	-	532,24	598,77	-	421,36	474,03	-	316,72	356,31	-	218,16	245,43	-	125,84	141,57	-	42,16	47,43
	II	6.722	-	537,76	604,98	-	426,56	479,88	-	321,60	361,80	-	222,80	250,65	-	130,16	146,43	-	45,68	51,39	-	-	-
	III	3.850	-	308,00	346,50	-	218,40	245,70	-	132,32	148,86	-	58,56	65,88	-	0,32	0,36	-	-	-	-	-	-
	IV	8.116	-	649,28	730,44	-	590,00	663,75	-	532,24	598,77	-	476,00	535,50	-	421,36	474,03	-	368,24	414,27	-	316,72	356,31
	V	13.361	-	1.068,88	1.202,49																		
	VI	13.893	-	1.111,44	1.250,37																		
44.063,99	I	8.128	-	650,24	731,52	-	533,12	599,76	-	422,24	475,02	-	317,52	357,21	-	218,96	246,33	-	126,56	142,38	-	42,72	48,06
	II	6.733	-	538,64	605,97	-	427,44	480,87	-	322,40	362,70	-	223,52	251,46	-	130,88	147,24	-	46,24	52,02	-	-	-
	III	3.860	-	308,80	347,40	-	219,04	246,42	-	132,96	149,58	-	59,04	66,42	-	0,80	0,90	-	-	-	-	-	-
	IV	8.128	-	650,24	731,52	-	590,96	664,83	-	533,12	599,76	-	476,96	536,58	-	422,24	475,02	-	369,12	415,26	-	317,52	357,21
	V	13.377	-	1.070,16	1.203,93																		
	VI	13.908	-	1.112,64	1.251,72																		
44.099,99	I	8.140	-	651,20	732,60	-	534,08	600,84	-	423,12	476,01	-	318,32	358,11	-	219,68	247,14	-	127,28	143,19	-	43,28	48,69
	II	6.745	-	539,60	607,05	-	428,32	481,86	-	323,20	363,60	-	224,32	252,36	-	131,60	148,05	-	46,88	52,74	-	-	-
	III	3.868	-	309,44	348,12	-	219,84	247,32	-	133,60	150,30	-	59,52	66,96	-	1,12	1,26	-	-	-	-	-	-
	IV	8.140	-	651,20	732,60	-	591,84	665,82	-	534,08	600,84	-	477,84	537,57	-	423,12	476,01	-	369,92	416,16	-	318,32	358,11
	V	13.392	-	1.071,36	1.205,28																		
	VI	13.923	-	1.113,84	1.253,07																		
44.135,99	I	8.152	-	652,16	733,68	-	534,96	601,83	-	424,00	477,00	-	319,12	359,01	-	220,48	248,04	-	128,00	144,00	-	43,92	49,41
	II	6.756	-	540,48	608,04	-	429,20	482,85	-	324,08	364,59	-	225,12	253,26	-	132,32	148,86	-	47,44	53,37	-	-	-
	III	3.878	-	310,24	349,02	-	220,48	248,04	-	134,24	151,02	-	60,16	67,68	-	1,60	1,80	-	-	-	-	-	-
	IV	8.152	-	652,16	733,68	-	592,80	666,90	-	534,96	601,83	-	478,72	538,56	-	424,00	477,00	-	370,80	417,15	-	319,12	359,01
	V	13.407	-	1.072,56	1.206,63																		
	VI	13.939	-	1.115,12	1.254,51																		
44.171,99	I	8.164	-	653,12	734,76	-	535,92	602,91	-	424,88	477,99	-	319,92	359,91	-	221,28	248,94	-	128,72	144,81	-	44,48	50,04
	II	6.768	-	541,44	609,12	-	430,08	483,84	-	324,88	365,49	-	225,84	254,07	-	133,04	149,67	-	48,08	54,09	-	-	-
	III	3.888	-	311,04	349,92	-	221,28	248,94	-	134,88	151,74	-	60,64	68,22	-	1,92	2,16	-	-	-	-	-	-
	IV	8.164	-	653,12	734,76	-	593,76	667,98	-	535,92	602,91	-	479,60	539,55	-	424,88	477,99	-	371,60	418,05	-	319,92	359,91
	V	13.422	-	1.073,76	1.207,98																		
	VI	13.954	-	1.116,32	1.255,86																		
44.207,99	I	8.176	-	654,08	735,84	-	536,80	603,90	-	425,68	478,89	-	320,80	360,90	-	222,00	249,75	-	129,44	145,62	-	45,04	50,67
	II	6.779	-	542,32	610,11	-	430,96	484,83	-	325,68	366,39	-	226,64	254,97	-	133,76	150,48	-	48,64	54,72	-	-	-
	III	3.896	-	311,68	350,64	-	221,92	249,66	-	135,52	152,46	-	61,12	68,76	-	2,40	2,70	-	-	-	-	-	-
	IV	8.176	-	654,08	735,84	-	594,72	669,06	-	536,80	603,90	-	480,48	540,54	-	425,68	478,89	-	372,48	419,04	-	320,80	360,90
	V	13.437	-	1.074,96	1.209,33																		
	VI	13.969	-	1.117,52	1.257,21																		
44.243,99	I	8.188	-	655,04	736,92	-	537,76	604,98	-	426,56	479,88	-	321,60	361,80	-	222,80	250,65	-	130,16	146,43	-	45,68	51,39
	II	6.791	-	543,28	611,19	-	431,84	485,82	-	326,48	367,29	-	227,44	255,87	-	134,48	151,29	-	49,28	55,44	-	-	-
	III	3.906	-	312,48	351,54	-	222,72	250,56	-	136,32	153,36	-	61,76	69,48	-	2,88	3,24	-	-	-	-	-	-
	IV	8.188	-	655,04	736,92	-	595,60	670,05	-	537,76	604,98	-	481,36	541,53	-	426,56	479,88	-	373,28	419,94	-	321,60	361,80
	V	13.452	-	1.076,16	1.210,68																		
	VI	13.984	-	1.118,72	1.258,56																		
44.279,99	I	8.201	-	656,08	738,09	-	538,64	605,97	-	427,44	480,87	-	322,40	362,70	-	223,52	251,46	-	130,88	147,24	-	46,24	52,02
	II	6.802	-	544,16	612,18	-	432,64	486,72	-	327,36	368,28	-	228,16	256,68	-	135,20	152,10	-	49,84	56,07	-	-	-
	III	3.914	-	313,12	352,26	-	223,36	251,28	-	136,96	154,08	-	62,24	70,02	-	3,20	3,60	-	-	-	-	-	-
	IV	8.201	-	656,08	738,09	-	596,56	671,13	-	538,64	605,97	-	482,32	542,61	-	427,44	480,87	-	374,16	420,93	-	322,40	362,70
	V	13.467	-	1.077,36	1.212,03																		
	VI	13.999	-	1.119,92	1.259,91																		

SolZ/KiSt lt. Tabelle nicht für Sonstige Bezüge anwendbar.

JAHR bis 44.819,99 €

Besondere Tabelle

Lohn/ Gehalt bis	Steuerklasse	Lohnsteuer	ohne Kinderfreibetrag SolZ 5,5%	Kirchensteuer 8%	Kirchensteuer 9%	0,5 SolZ 5,5%	Kirchensteuer 8%	Kirchensteuer 9%	1,0 SolZ 5,5%	Kirchensteuer 8%	Kirchensteuer 9%	1,5 SolZ 5,5%	Kirchensteuer 8%	Kirchensteuer 9%	2,0 SolZ 5,5%	Kirchensteuer 8%	Kirchensteuer 9%	2,5 SolZ 5,5%	Kirchensteuer 8%	Kirchensteuer 9%	3,0 SolZ 5,5%	Kirchensteuer 8%	Kirchensteuer 9%
						Anzahl Kinderfreibeträge (nur Steuerklassen I–IV)																	
44.315,99	I	8.213	–	657,04	739,17	–	539,60	607,05	–	428,32	481,86	–	323,20	363,60	–	224,32	252,36	–	131,60	148,05	–	46,88	52,74
	II	6.814	–	545,12	613,26	–	433,52	487,71	–	328,16	369,18	–	228,96	257,58	–	135,92	152,91	–	50,48	56,79	–	–	-
	III	3.924	–	313,92	353,16	–	224,16	252,18	–	137,60	154,80	–	62,72	70,56	–	3,68	4,14	–	–	–	–	–	-
	IV	8.213	–	657,04	739,17	–	597,52	672,21	–	539,60	607,05	–	483,20	543,60	–	428,32	481,86	–	375,04	421,92	–	323,20	363,6
	V	13.482	–	1.078,56	1.213,38																		
	VI	14.014	–	1.121,12	1.261,26																		
44.351,99	I	8.225	–	658,00	740,25	–	540,48	608,04	–	429,20	482,85	–	324,08	364,59	–	225,12	253,26	–	132,32	148,86	–	47,44	53,3
	II	6.825	–	546,00	614,25	–	434,40	488,70	–	328,96	370,08	–	229,76	258,48	–	136,64	153,72	–	51,04	57,42	–	–	-
	III	3.934	–	314,72	354,06	–	224,80	252,90	–	138,24	155,52	–	63,36	71,28	–	4,00	4,50	–	–	–	–	–	-
	IV	8.225	–	658,00	740,25	–	598,48	673,29	–	540,48	608,04	–	484,08	544,59	–	429,20	482,85	–	375,84	422,82	–	324,08	364,5
	V	13.498	–	1.079,84	1.214,82																		
	VI	14.029	–	1.122,32	1.262,61																		
44.387,99	I	8.237	–	658,96	741,33	–	541,44	609,12	–	430,08	483,84	–	324,88	365,49	–	225,84	254,07	–	133,04	149,67	–	48,08	54,0
	II	6.837	–	546,96	615,33	–	435,28	489,69	–	329,84	371,07	–	230,48	259,29	–	137,36	154,53	–	51,68	58,14	–	–	-
	III	3.942	–	315,36	354,78	–	225,44	253,62	–	138,88	156,24	–	63,84	71,82	–	4,48	5,04	–	–	–	–	–	-
	IV	8.237	–	658,96	741,33	–	599,44	674,37	–	541,44	609,12	–	484,96	545,58	–	430,08	483,84	–	376,72	423,81	–	324,88	365,4
	V	13.513	–	1.081,04	1.216,17																		
	VI	14.044	–	1.123,52	1.263,96																		
44.423,99	I	8.249	–	659,92	742,41	–	542,32	610,11	–	430,96	484,83	–	325,68	366,39	–	226,64	254,97	–	133,76	150,48	–	48,64	54,7
	II	6.848	–	547,84	616,32	–	436,16	490,68	–	330,64	371,97	–	231,28	260,19	–	138,08	155,34	–	52,24	58,77	–	–	-
	III	3.952	–	316,16	355,68	–	226,24	254,52	–	139,52	156,96	–	64,32	72,36	–	4,80	5,40	–	–	–	–	–	-
	IV	8.249	–	659,92	742,41	–	600,32	675,36	–	542,32	610,11	–	485,84	546,57	–	430,96	484,83	–	377,52	424,71	–	325,68	366,3
	V	13.528	–	1.082,24	1.217,52																		
	VI	14.059	–	1.124,72	1.265,31																		
44.459,99	I	8.261	–	660,88	743,49	–	543,28	611,19	–	431,84	485,82	–	326,48	367,29	–	227,44	255,87	–	134,48	151,29	–	49,28	55,4
	II	6.860	–	548,80	617,40	–	437,04	491,67	–	331,44	372,87	–	232,08	261,09	–	138,80	156,15	–	52,88	59,49	–	–	-
	III	3.960	–	316,80	356,40	–	226,88	255,24	–	140,32	157,86	–	64,96	73,08	–	5,28	5,94	–	–	–	–	–	-
	IV	8.261	–	660,88	743,49	–	601,28	676,44	–	543,28	611,19	–	486,80	547,65	–	431,84	485,82	–	378,40	425,70	–	326,48	367,2
	V	13.543	–	1.083,44	1.218,87																		
	VI	14.075	–	1.126,00	1.266,75																		
44.495,99	I	8.273	–	661,84	744,57	–	544,16	612,18	–	432,64	486,72	–	327,36	368,28	–	228,16	256,68	–	135,20	152,10	–	49,84	56,0
	II	6.872	–	549,76	618,48	–	437,92	492,66	–	332,32	373,86	–	232,80	261,90	–	139,52	156,96	–	53,52	60,21	–	–	-
	III	3.970	–	317,60	357,30	–	227,68	256,14	–	140,96	158,58	–	65,44	73,62	–	5,76	6,48	–	–	–	–	–	-
	IV	8.273	–	661,84	744,57	–	602,24	677,52	–	544,16	612,18	–	487,68	548,64	–	432,64	486,72	–	379,20	426,60	–	327,36	368,2
	V	13.558	–	1.084,64	1.220,22																		
	VI	14.090	–	1.127,20	1.268,10																		
44.531,99	I	8.285	–	662,80	745,65	–	545,12	613,26	–	433,52	487,71	–	328,16	369,18	–	228,96	257,58	–	135,92	152,91	–	50,48	56,7
	II	6.883	–	550,64	619,47	–	438,80	493,65	–	333,12	374,76	–	233,60	262,80	–	140,24	157,77	–	54,16	60,93	–	–	-
	III	3.980	–	318,40	358,20	–	228,32	256,86	–	141,60	159,30	–	66,08	74,34	–	6,08	6,84	–	–	–	–	–	-
	IV	8.285	–	662,80	745,65	–	603,20	678,60	–	545,12	613,26	–	488,56	549,63	–	433,52	487,71	–	380,08	427,59	–	328,16	369,1
	V	13.573	–	1.085,84	1.221,57																		
	VI	14.105	–	1.128,40	1.269,45																		
44.567,99	I	8.298	–	663,84	746,82	–	546,00	614,25	–	434,40	488,70	–	328,96	370,08	–	229,76	258,48	–	136,64	153,72	–	51,04	57,4
	II	6.895	–	551,60	620,55	–	439,68	494,64	–	333,92	375,66	–	234,40	263,70	–	140,96	158,58	–	54,72	61,56	–	–	-
	III	3.988	–	319,04	358,92	–	229,12	257,76	–	142,24	160,02	–	66,56	74,88	–	6,56	7,38	–	–	–	–	–	-
	IV	8.298	–	663,84	746,82	–	604,16	679,68	–	546,00	614,25	–	489,44	550,62	–	434,40	488,70	–	380,96	428,58	–	328,96	370,0
	V	13.588	–	1.087,04	1.222,92																		
	VI	14.120	–	1.129,60	1.270,80																		
44.603,99	I	8.310	–	664,80	747,90	–	546,96	615,33	–	435,28	489,69	–	329,84	371,07	–	230,48	259,29	–	137,36	154,53	–	51,68	58,1
	II	6.906	–	552,48	621,54	–	440,56	495,63	–	334,72	376,56	–	235,12	264,51	–	141,68	159,39	–	55,36	62,28	–	–	-
	III	3.998	–	319,84	359,82	–	229,76	258,48	–	142,88	160,74	–	67,04	75,42	–	7,04	7,92	–	–	–	–	–	-
	IV	8.310	–	664,80	747,90	–	605,12	680,76	–	546,96	615,33	–	490,32	551,61	–	435,28	489,69	–	381,76	429,48	–	329,84	371,0
	V	13.603	–	1.088,24	1.224,27																		
	VI	14.135	–	1.130,80	1.272,15																		
44.639,99	I	8.322	–	665,76	748,98	–	547,84	616,32	–	436,16	490,68	–	330,64	371,97	–	231,28	260,19	–	138,08	155,34	–	52,24	58,7
	II	6.918	–	553,44	622,62	–	441,44	496,62	–	335,60	377,55	–	235,92	265,41	–	142,48	160,29	–	56,00	63,00	–	–	-
	III	4.006	–	320,48	360,54	–	230,56	259,38	–	143,68	161,64	–	67,68	76,14	–	7,36	8,28	–	–	–	–	–	-
	IV	8.322	–	665,76	748,98	–	606,08	681,84	–	547,84	616,32	–	491,28	552,69	–	436,16	490,68	–	382,64	430,47	–	330,64	371,9
	V	13.618	–	1.089,44	1.225,62																		
	VI	14.150	–	1.132,00	1.273,50																		
44.675,99	I	8.334	–	666,72	750,06	–	548,80	617,40	–	437,04	491,67	–	331,44	372,87	–	232,08	261,09	–	138,80	156,15	–	52,88	59,4
	II	6.929	–	554,32	623,61	–	442,32	497,61	–	336,40	378,45	–	236,72	266,31	–	143,20	161,10	–	56,64	63,72	–	–	-
	III	4.016	–	321,28	361,44	–	231,20	260,10	–	144,32	162,36	–	68,16	76,68	–	7,84	8,82	–	–	–	–	–	-
	IV	8.334	–	666,72	750,06	–	606,96	682,83	–	548,80	617,40	–	492,16	553,68	–	437,04	491,67	–	383,44	431,37	–	331,44	372,8
	V	13.634	–	1.090,72	1.227,06																		
	VI	14.165	–	1.133,20	1.274,85																		
44.711,99	I	8.346	–	667,68	751,14	–	549,76	618,48	–	437,92	492,66	–	332,32	373,86	–	232,80	261,90	–	139,52	156,96	–	53,52	60,2
	II	6.941	–	555,28	624,69	–	443,20	498,60	–	337,20	379,35	–	237,52	267,21	–	143,92	161,91	–	57,28	64,44	–	–	-
	III	4.026	–	322,08	362,34	–	231,84	260,82	–	144,96	163,08	–	68,80	77,40	–	8,16	9,18	–	–	–	–	–	-
	IV	8.346	–	667,68	751,14	–	607,92	683,91	–	549,76	618,48	–	493,04	554,67	–	437,92	492,66	–	384,32	432,36	–	332,32	373,8
	V	13.649	–	1.091,92	1.228,41																		
	VI	14.180	–	1.134,40	1.276,20																		
44.747,99	I	8.358	–	668,64	752,22	–	550,64	619,47	–	438,80	493,65	–	333,12	374,76	–	233,60	262,80	–	140,24	157,77	–	54,16	60,9
	II	6.952	–	556,16	625,68	–	444,08	499,59	–	338,08	380,34	–	238,24	268,02	–	144,64	162,72	–	57,84	65,07	–	–	-
	III	4.034	–	322,72	363,06	–	232,64	261,72	–	145,60	163,80	–	69,28	77,94	–	8,64	9,72	–	–	–	–	–	-
	IV	8.358	–	668,64	752,22	–	608,88	684,99	–	550,64	619,47	–	493,92	555,66	–	438,80	493,65	–	385,20	433,35	–	333,12	374,7
	V	13.664	–	1.093,12	1.229,76																		
	VI	14.196	–	1.135,68	1.277,64																		
44.783,99	I	8.371	–	669,68	753,39	–	551,60	620,55	–	439,68	494,64	–	333,92	375,66	–	234,40	263,70	–	140,96	158,58	–	54,72	61,5
	II	6.964	–	557,12	626,76	–	444,96	500,58	–	338,88	381,24	–	239,04	268,92	–	145,36	163,53	–	58,48	65,79	–	–	-
	III	4.044	–	323,52	363,96	–	233,28	262,44	–	146,24	164,52	–	69,92	78,66	–	9,12	10,26	–	–	–	–	–	-
	IV	8.371	–	669,68	753,39	–	609,84	686,07	–	551,60	620,55	–	494,88	556,74	–	439,68	494,64	–	386,00	434,25	–	333,92	375,6
	V	13.679	–	1.094,32	1.231,11																		
	VI	14.211	–	1.136,88	1.278,99																		
44.819,99	I	8.383	–	670,64	754,47	–	552,48	621,54	–	440,56	495,63	–	334,72	376,56	–	235,12	264,51	–	141,68	159,39	–	55,36	62,2
	II	6.976	–	558,08	627,84	–	445,84	501,57	–	339,76	382,23	–	239,84	269,82	–	146,08	164,34	–	59,12	66,51	–	–	-
	III	4.052	–	324,16	364,68	–	234,08	263,34	–	147,04	165,42	–	70,40	79,20	–	9,44	10,62	–	–	–	–	–	-
	IV	8.383	–	670,64	754,47	–	610,80	687,15	–	552,48	621,54	–	495,76	557,73	–	440,56	495,63	–	386,88	435,24	–	334,72	376,5
	V	13.694	–	1.095,52	1.232,46																		
	VI	14.226	–	1.138,08	1.280,34																		

SolZ/KiSt lt. Tabelle nicht für Sonstige Bezüge anwendbar.

Lohn/Gehalt bis	Steuerklasse	Lohnsteuer	ohne Kinderfreibetrag SolZ 5,5%	ohne Kinderfreibetrag Kirchensteuer 8%	ohne Kinderfreibetrag Kirchensteuer 9%	Anzahl Kinderfreibeträge (nur Steuerklassen I–IV) 0,5 SolZ 5,5%	0,5 Kirchensteuer 8%	0,5 Kirchensteuer 9%	1,0 SolZ 5,5%	1,0 Kirchensteuer 8%	1,0 Kirchensteuer 9%	1,5 SolZ 5,5%	1,5 Kirchensteuer 8%	1,5 Kirchensteuer 9%	2,0 SolZ 5,5%	2,0 Kirchensteuer 8%	2,0 Kirchensteuer 9%	2,5 SolZ 5,5%	2,5 Kirchensteuer 8%	2,5 Kirchensteuer 9%	3,0 SolZ 5,5%	3,0 Kirchensteuer 8%	3,0 Kirchensteuer 9%
44.855,99	I	8.395	–	671,60	755,55	–	553,44	622,62	–	441,44	496,62	–	335,60	377,55	–	235,92	265,41	–	142,48	160,29	–	56,00	63,00
	II	6.987	–	558,96	628,83	–	446,64	502,47	–	340,56	383,13	–	240,56	270,63	–	146,80	165,15	–	59,76	67,23	–	–	–
	III	4.062	–	324,96	365,58	–	234,72	264,06	–	147,68	166,14	–	70,88	79,74	–	9,92	11,16	–	–	–	–	–	–
	IV	8.395	–	671,60	755,55	–	611,76	688,23	–	553,44	622,62	–	496,64	558,72	–	441,44	496,62	–	387,76	436,23	–	335,60	377,55
	V	13.709	–	1.096,72	1.233,81																		
	VI	14.241	–	1.139,28	1.281,69																		
44.891,99	I	8.407	–	672,56	756,63	–	554,32	623,61	–	442,32	497,61	–	336,40	378,45	–	236,72	266,31	–	143,20	161,10	–	56,64	63,72
	II	6.999	–	559,92	629,91	–	447,52	503,46	–	341,36	384,03	–	241,36	271,53	–	147,52	165,96	–	60,40	67,95	–	–	–
	III	4.072	–	325,76	366,48	–	235,52	264,96	–	148,32	166,86	–	71,52	80,46	–	10,40	11,70	–	–	–	–	–	–
	IV	8.407	–	672,56	756,63	–	612,72	689,31	–	554,32	623,61	–	497,52	559,71	–	442,32	497,61	–	388,56	437,13	–	336,40	378,45
	V	13.724	–	1.097,92	1.235,16																		
	VI	14.256	–	1.140,48	1.283,04																		
44.927,99	I	8.419	–	673,52	757,71	–	555,28	624,69	–	443,20	498,60	–	337,20	379,35	–	237,52	267,21	–	143,92	161,91	–	57,28	64,44
	II	7.010	–	560,80	630,90	–	448,40	504,45	–	342,24	385,02	–	242,16	272,43	–	148,24	166,77	–	61,04	68,67	–	–	–
	III	4.080	–	326,40	367,20	–	236,16	265,68	–	148,96	167,58	–	72,00	81,00	–	10,72	12,06	–	–	–	–	–	–
	IV	8.419	–	673,52	757,71	–	613,60	690,30	–	555,28	624,69	–	498,48	560,79	–	443,20	498,60	–	389,44	438,12	–	337,20	379,35
	V	13.739	–	1.099,12	1.236,51																		
	VI	14.271	–	1.141,68	1.284,39																		
44.963,99	I	8.432	–	674,56	758,88	–	556,16	625,68	–	444,08	499,59	–	338,08	380,34	–	238,24	268,02	–	144,64	162,72	–	57,84	65,07
	II	7.022	–	561,76	631,98	–	449,28	505,44	–	343,04	385,92	–	242,96	273,33	–	149,04	167,67	–	61,68	69,39	–	–	–
	III	4.090	–	327,20	368,10	–	236,96	266,58	–	149,76	168,48	–	72,64	81,72	–	11,20	12,60	–	–	–	–	–	–
	IV	8.432	–	674,56	758,88	–	614,56	691,38	–	556,16	625,68	–	499,36	561,78	–	444,08	499,59	–	390,32	439,11	–	338,08	380,34
	V	13.755	–	1.100,40	1.237,95																		
	VI	14.286	–	1.142,88	1.285,74																		
44.999,99	I	8.444	–	675,52	759,96	–	557,12	626,76	–	444,96	500,58	–	338,88	381,24	–	239,04	268,92	–	145,36	163,53	–	58,48	65,79
	II	7.034	–	562,72	633,06	–	450,16	506,43	–	343,84	386,82	–	243,68	274,14	–	149,76	168,48	–	62,32	70,11	–	–	–
	III	4.100	–	328,00	369,00	–	237,60	267,30	–	150,40	169,20	–	73,12	82,26	–	11,68	13,14	–	–	–	–	–	–
	IV	8.444	–	675,52	759,96	–	615,52	692,46	–	557,12	626,76	–	500,24	562,77	–	444,96	500,58	–	391,12	440,01	–	338,88	381,24
	V	13.770	–	1.101,60	1.239,30																		
	VI	14.301	–	1.144,08	1.287,09																		
45.035,99	I	8.456	–	676,48	761,04	–	558,08	627,84	–	445,84	501,57	–	339,76	382,23	–	239,84	269,82	–	146,08	164,34	–	59,12	66,51
	II	7.045	–	563,60	634,05	–	451,04	507,42	–	344,72	387,81	–	244,48	275,04	–	150,48	169,29	–	62,96	70,83	–	–	–
	III	4.108	–	328,64	369,72	–	238,40	268,20	–	151,04	169,92	–	73,76	82,98	–	12,16	13,68	–	–	–	–	–	–
	IV	8.456	–	676,48	761,04	–	616,48	693,54	–	558,08	627,84	–	501,12	563,76	–	445,84	501,57	–	392,00	441,00	–	339,76	382,23
	V	13.785	–	1.102,80	1.240,65																		
	VI	14.317	–	1.145,36	1.288,53																		
45.071,99	I	8.468	–	677,44	762,12	–	558,96	628,83	–	446,64	502,47	–	340,56	383,13	–	240,56	270,63	–	146,80	165,15	–	59,76	67,23
	II	7.057	–	564,56	635,13	–	451,92	508,41	–	345,52	388,71	–	245,28	275,94	–	151,20	170,10	–	63,60	71,55	–	–	–
	III	4.118	–	329,44	370,62	–	239,04	268,92	–	151,84	170,82	–	74,24	83,52	–	12,48	14,04	–	–	–	–	–	–
	IV	8.468	–	677,44	762,12	–	617,44	694,62	–	558,96	628,83	–	502,08	564,84	–	446,64	502,47	–	392,88	441,99	–	340,56	383,13
	V	13.800	–	1.104,00	1.242,00																		
	VI	14.332	–	1.146,56	1.289,88																		
45.107,99	I	8.480	–	678,40	763,20	–	559,92	629,91	–	447,52	503,46	–	341,36	384,03	–	241,36	271,53	–	147,52	165,96	–	60,40	67,95
	II	7.069	–	565,52	636,21	–	452,80	509,40	–	346,40	389,70	–	246,08	276,84	–	151,92	170,91	–	64,24	72,27	–	–	–
	III	4.126	–	330,08	371,34	–	239,68	269,64	–	152,48	171,54	–	74,88	84,24	–	12,96	14,58	–	–	–	–	–	–
	IV	8.480	–	678,40	763,20	–	618,40	695,70	–	559,92	629,91	–	502,96	565,83	–	447,52	503,46	–	393,68	442,89	–	341,36	384,03
	V	13.815	–	1.105,20	1.243,35																		
	VI	14.347	–	1.147,76	1.291,23																		
45.143,99	I	8.493	–	679,44	764,37	–	560,80	630,90	–	448,40	504,45	–	342,24	385,02	–	242,16	272,43	–	148,24	166,77	–	61,04	68,67
	II	7.080	–	566,40	637,20	–	453,68	510,39	–	347,20	390,60	–	246,80	277,65	–	152,64	171,72	–	64,96	73,08	–	–	–
	III	4.136	–	330,88	372,24	–	240,48	270,54	–	153,12	172,26	–	75,36	84,78	–	13,44	15,12	–	–	–	–	–	–
	IV	8.493	–	679,44	764,37	–	619,36	696,78	–	560,80	630,90	–	503,84	566,82	–	448,40	504,45	–	394,56	443,88	–	342,24	385,02
	V	13.830	–	1.106,40	1.244,70																		
	VI	14.362	–	1.148,96	1.292,58																		
45.179,99	I	8.505	–	680,40	765,45	–	561,76	631,98	–	449,28	505,44	–	343,04	385,92	–	242,96	273,33	–	149,04	167,67	–	61,68	69,39
	II	7.092	–	567,36	638,28	–	454,64	511,47	–	348,00	391,50	–	247,60	278,55	–	153,36	172,53	–	65,60	73,80	–	–	–
	III	4.146	–	331,68	373,14	–	241,12	271,26	–	153,76	172,98	–	76,00	85,50	–	13,76	15,48	–	–	–	–	–	–
	IV	8.505	–	680,40	765,45	–	620,32	697,86	–	561,76	631,98	–	504,80	567,90	–	449,28	505,44	–	395,44	444,87	–	343,04	385,92
	V	13.845	–	1.107,60	1.246,05																		
	VI	14.377	–	1.150,16	1.293,93																		
45.215,99	I	8.517	–	681,36	766,53	–	562,72	633,06	–	450,16	506,43	–	343,84	386,82	–	243,68	274,14	–	149,76	168,48	–	62,32	70,11
	II	7.104	–	568,32	639,36	–	455,52	512,46	–	348,88	392,49	–	248,40	279,45	–	154,16	173,43	–	66,24	74,52	–	0,24	0,27
	III	4.154	–	332,32	373,86	–	241,92	272,16	–	154,56	173,88	–	76,48	86,04	–	14,24	16,02	–	–	–	–	–	–
	IV	8.517	–	681,36	766,53	–	621,28	698,94	–	562,72	633,06	–	505,68	568,89	–	450,16	506,43	–	396,24	445,77	–	343,84	386,82
	V	13.860	–	1.108,80	1.247,40																		
	VI	14.392	–	1.151,36	1.295,28																		
45.251,99	I	8.529	–	682,32	767,61	–	563,60	634,05	–	451,04	507,42	–	344,72	387,81	–	244,48	275,04	–	150,48	169,29	–	62,96	70,83
	II	7.115	–	569,20	640,35	–	456,40	513,45	–	349,68	393,39	–	249,20	280,35	–	154,88	174,24	–	66,88	75,24	–	0,64	0,72
	III	4.164	–	333,12	374,76	–	242,56	272,88	–	155,20	174,60	–	77,12	86,76	–	14,72	16,56	–	–	–	–	–	–
	IV	8.529	–	682,32	767,61	–	622,24	700,02	–	563,60	634,05	–	506,56	569,88	–	451,04	507,42	–	397,12	446,76	–	344,72	387,81
	V	13.876	–	1.110,08	1.248,84																		
	VI	14.407	–	1.152,56	1.296,63																		
45.287,99	I	8.542	–	683,36	768,78	–	564,56	635,13	–	451,92	508,41	–	345,52	388,71	–	245,28	275,94	–	151,20	170,10	–	63,60	71,55
	II	7.127	–	570,16	641,43	–	457,28	514,44	–	350,56	394,38	–	250,00	281,25	–	155,60	175,05	–	67,52	75,96	–	1,04	1,17
	III	4.174	–	333,92	375,66	–	243,36	273,78	–	155,84	175,32	–	77,60	87,30	–	15,20	17,10	–	–	–	–	–	–
	IV	8.542	–	683,36	768,78	–	623,20	701,10	–	564,56	635,13	–	507,52	570,96	–	451,92	508,41	–	398,00	447,75	–	345,52	388,71
	V	13.891	–	1.111,28	1.250,19																		
	VI	14.422	–	1.153,76	1.297,98																		
45.323,99	I	8.554	–	684,32	769,86	–	565,52	636,21	–	452,80	509,40	–	346,40	389,70	–	246,08	276,84	–	151,92	170,91	–	64,24	72,27
	II	7.138	–	571,04	642,42	–	458,16	515,43	–	351,36	395,28	–	250,72	282,06	–	156,32	175,86	–	68,24	76,77	–	1,44	1,62
	III	4.182	–	334,56	376,38	–	244,00	274,50	–	156,64	176,22	–	78,24	88,02	–	15,52	17,46	–	–	–	–	–	–
	IV	8.554	–	684,32	769,86	–	624,16	702,18	–	565,52	636,21	–	508,40	571,95	–	452,80	509,40	–	398,80	448,65	–	346,40	389,70
	V	13.906	–	1.112,48	1.251,54																		
	VI	14.437	–	1.154,96	1.299,33																		
45.359,99	I	8.566	–	685,28	770,94	–	566,40	637,20	–	453,68	510,39	–	347,20	390,60	–	246,80	277,65	–	152,64	171,72	–	64,96	73,08
	II	7.150	–	572,00	643,50	–	459,04	516,42	–	352,16	396,18	–	251,52	282,96	–	157,04	176,67	–	68,88	77,49	–	1,84	2,07
	III	4.192	–	335,36	377,28	–	244,80	275,40	–	157,28	176,94	–	78,88	88,74	–	16,00	18,00	–	–	–	–	–	–
	IV	8.566	–	685,28	770,94	–	625,12	703,26	–	566,40	637,20	–	509,28	572,94	–	453,68	510,39	–	399,68	449,64	–	347,20	390,60
	V	13.921	–	1.113,68	1.252,89																		
	VI	14.453	–	1.156,24	1.300,77																		

SolZ/KiSt lt. Tabelle nicht für Sonstige Bezüge anwendbar.

JAHR bis 45.899,99 €

Besondere Tabelle

Lohn/ Gehalt bis	Steuerklasse	Lohn- steuer	ohne Kinderfreibetrag			Anzahl Kinderfreibeträge (nur Steuerklassen I–IV) 0,5			1,0			1,5			2,0			2,5			3,0		
			SolZ 5,5%	Kirchensteuer 8%	9%	SolZ 5,5%	Kirchensteuer 8%	9%	SolZ 5,5%	Kirchensteuer 8%	9%	SolZ 5,5%	Kirchensteuer 8%	9%	SolZ 5,5%	Kirchensteuer 8%	9%	SolZ 5,5%	Kirchensteuer 8%	9%	SolZ 5,5%	Kirchensteuer 8%	9%
45.395,99	I	8.578	-	686,24	772,02	-	567,36	638,28	-	454,64	511,47	-	348,00	391,50	-	247,60	278,55	-	153,36	172,53	-	65,60	73,8
	II	7.162	-	572,96	644,58	-	459,92	517,41	-	353,04	397,17	-	252,32	283,86	-	157,76	177,48	-	69,52	78,21	-	2,32	2,6
	III	4.200	-	336,00	378,00	-	245,44	276,12	-	157,92	177,66	-	79,36	89,28	-	16,48	18,54	-	-	-	-	-	
	IV	8.578	-	686,24	772,02	-	626,00	704,25	-	567,36	638,28	-	510,24	574,02	-	454,64	511,47	-	400,56	450,63	-	348,00	391,5
	V	13.936	-	1.114,88	1.254,24																		
	VI	14.468	-	1.157,44	1.302,12																		
45.431,99	I	8.591	-	687,28	773,19	-	568,32	639,36	-	455,52	512,46	-	348,88	392,49	-	248,40	279,45	-	154,16	173,43	-	66,24	74,5
	II	7.174	-	573,92	645,66	-	460,80	518,40	-	353,84	398,07	-	253,12	284,76	-	158,56	178,38	-	70,24	79,02	-	2,72	3,0
	III	4.210	-	336,80	378,90	-	246,24	277,02	-	158,72	178,56	-	80,00	90,00	-	16,96	19,08	-	-	-	-	-	
	IV	8.591	-	687,28	773,19	-	626,96	705,33	-	568,32	639,36	-	511,12	575,01	-	455,52	512,46	-	401,36	451,53	-	348,88	392,4
	V	13.951	-	1.116,08	1.255,59																		
	VI	14.483	-	1.158,64	1.303,47																		
45.467,99	I	8.603	-	688,24	774,27	-	569,20	640,35	-	456,40	513,45	-	349,68	393,39	-	249,20	280,35	-	154,88	174,24	-	66,88	75,2
	II	7.185	-	574,80	646,65	-	461,68	519,39	-	354,72	399,06	-	253,92	285,66	-	159,28	179,19	-	70,88	79,74	-	3,12	3,5
	III	4.220	-	337,60	379,80	-	246,88	277,74	-	159,36	179,28	-	80,48	90,54	-	17,28	19,44	-	-	-	-	-	
	IV	8.603	-	688,24	774,27	-	627,92	706,41	-	569,20	640,35	-	512,00	576,00	-	456,40	513,45	-	402,24	452,52	-	349,68	393,3
	V	13.966	-	1.117,28	1.256,94																		
	VI	14.498	-	1.159,84	1.304,82																		
45.503,99	I	8.615	-	689,20	775,35	-	570,16	641,43	-	457,28	514,44	-	350,56	394,38	-	250,00	281,25	-	155,60	175,05	-	67,52	75,9
	II	7.197	-	575,76	647,73	-	462,56	520,38	-	355,52	399,96	-	254,72	286,56	-	160,00	180,00	-	71,60	80,55	-	3,52	3,9
	III	4.228	-	338,24	380,52	-	247,68	278,64	-	160,00	180,00	-	81,12	91,26	-	17,76	19,98	-	-	-	-	-	
	IV	8.615	-	689,20	775,35	-	628,88	707,49	-	570,16	641,43	-	512,96	577,08	-	457,28	514,44	-	403,12	453,51	-	350,56	394,3
	V	13.981	-	1.118,48	1.258,29																		
	VI	14.513	-	1.161,04	1.306,17																		
45.539,99	I	8.628	-	690,24	776,52	-	571,04	642,42	-	458,16	515,43	-	351,36	395,28	-	250,72	282,06	-	156,32	175,86	-	68,24	76,7
	II	7.209	-	576,72	648,81	-	463,44	521,37	-	356,40	400,95	-	255,44	287,37	-	160,72	180,81	-	72,24	81,27	-	4,00	4,5
	III	4.238	-	339,04	381,42	-	248,32	279,36	-	160,80	180,90	-	81,60	91,80	-	18,24	20,52	-	-	-	-	-	
	IV	8.628	-	690,24	776,52	-	629,84	708,57	-	571,04	642,42	-	513,84	578,07	-	458,16	515,43	-	404,00	454,50	-	351,36	395,2
	V	13.996	-	1.119,68	1.259,64																		
	VI	14.528	-	1.162,24	1.307,52																		
45.575,99	I	8.640	-	691,20	777,60	-	572,00	643,50	-	459,04	516,42	-	352,16	396,18	-	251,52	282,96	-	157,04	176,67	-	68,88	77,4
	II	7.220	-	577,60	649,80	-	464,32	522,36	-	357,20	401,85	-	256,24	288,27	-	161,52	181,71	-	72,88	81,99	-	4,40	4,9
	III	4.248	-	339,84	382,32	-	249,12	280,26	-	161,44	181,62	-	82,24	92,52	-	18,72	21,06	-	-	-	-	-	
	IV	8.640	-	691,20	777,60	-	630,80	709,65	-	572,00	643,50	-	514,72	579,06	-	459,04	516,42	-	404,80	455,40	-	352,16	396,1
	V	14.012	-	1.120,96	1.261,08																		
	VI	14.543	-	1.163,44	1.308,87																		
45.611,99	I	8.652	-	692,16	778,68	-	572,96	644,58	-	459,92	517,41	-	353,04	397,17	-	252,32	283,86	-	157,76	177,48	-	69,52	78,2
	II	7.232	-	578,56	650,88	-	465,20	523,35	-	358,08	402,84	-	257,04	289,17	-	162,24	182,52	-	73,60	82,80	-	4,80	5,4
	III	4.256	-	340,48	383,04	-	249,76	280,98	-	162,08	182,34	-	82,88	93,24	-	19,20	21,60	-	-	-	-	-	
	IV	8.652	-	692,16	778,68	-	631,76	710,73	-	572,96	644,58	-	515,68	580,14	-	459,92	517,41	-	405,68	456,39	-	353,04	397,1
	V	14.027	-	1.122,16	1.262,43																		
	VI	14.558	-	1.164,64	1.310,22																		
45.647,99	I	8.664	-	693,12	779,76	-	573,92	645,66	-	460,80	518,40	-	353,84	398,07	-	253,12	284,76	-	158,56	178,38	-	70,24	79,0
	II	7.244	-	579,52	651,96	-	466,08	524,34	-	358,88	403,74	-	257,84	290,07	-	162,96	183,33	-	74,24	83,52	-	5,28	5,9
	III	4.266	-	341,28	383,94	-	250,56	281,88	-	162,88	183,24	-	83,36	93,78	-	19,52	21,96	-	-	-	-	-	
	IV	8.664	-	693,12	779,76	-	632,72	711,81	-	573,92	645,66	-	516,56	581,13	-	460,80	518,40	-	406,56	457,38	-	353,84	398,0
	V	14.042	-	1.123,36	1.263,78																		
	VI	14.574	-	1.165,92	1.311,66																		
45.683,99	I	8.677	-	694,16	780,93	-	574,80	646,65	-	461,68	519,39	-	354,72	399,06	-	253,92	285,66	-	159,28	179,19	-	70,88	79,7
	II	7.255	-	580,40	652,95	-	466,96	525,33	-	359,68	404,64	-	258,64	290,97	-	163,68	184,14	-	74,96	84,33	-	5,68	6,3
	III	4.274	-	341,92	384,66	-	251,20	282,60	-	163,52	183,96	-	84,00	94,50	-	20,00	22,50	-	-	-	-	-	
	IV	8.677	-	694,16	780,93	-	633,68	712,89	-	574,80	646,65	-	517,44	582,12	-	461,68	519,39	-	407,44	458,37	-	354,72	399,0
	V	14.057	-	1.124,56	1.265,13																		
	VI	14.589	-	1.167,12	1.313,01																		
45.719,99	I	8.689	-	695,12	782,01	-	575,76	647,73	-	462,56	520,38	-	355,52	399,96	-	254,72	286,56	-	160,00	180,00	-	71,60	80,5
	II	7.267	-	581,36	654,03	-	467,84	526,32	-	360,56	405,63	-	259,44	291,87	-	164,40	184,95	-	75,60	85,05	-	6,08	6,8
	III	4.284	-	342,72	385,56	-	252,00	283,50	-	164,16	184,68	-	84,48	95,04	-	20,48	23,04	-	-	-	-	-	
	IV	8.689	-	695,12	782,01	-	634,64	713,97	-	575,76	647,73	-	518,40	583,20	-	462,56	520,38	-	408,24	459,27	-	355,52	399,9
	V	14.072	-	1.125,76	1.266,48																		
	VI	14.604	-	1.168,32	1.314,36																		
45.755,99	I	8.701	-	696,08	783,09	-	576,72	648,81	-	463,44	521,37	-	356,40	400,95	-	255,44	287,37	-	160,72	180,81	-	72,24	81,2
	II	7.279	-	582,32	655,11	-	468,80	527,40	-	361,36	406,53	-	260,16	292,68	-	165,20	185,85	-	76,32	85,86	-	6,56	7,3
	III	4.294	-	343,52	386,46	-	252,64	284,22	-	164,96	185,58	-	85,12	95,76	-	20,96	23,58	-	-	-	-	-	
	IV	8.701	-	696,08	783,09	-	635,60	715,05	-	576,72	648,81	-	519,28	584,19	-	463,44	521,37	-	409,12	460,26	-	356,40	400,9
	V	14.087	-	1.126,96	1.267,83																		
	VI	14.619	-	1.169,52	1.315,71																		
45.791,99	I	8.714	-	697,12	784,26	-	577,60	649,80	-	464,32	522,36	-	357,20	401,85	-	256,24	288,27	-	161,52	181,71	-	72,88	81,
	II	7.291	-	583,28	656,19	-	469,68	528,39	-	362,24	407,52	-	260,96	293,58	-	165,92	186,66	-	77,04	86,67	-	6,96	7,
	III	4.302	-	344,16	387,18	-	253,44	285,12	-	165,60	186,30	-	85,76	96,48	-	21,44	24,12	-	-	-	-	-	
	IV	8.714	-	697,12	784,26	-	636,56	716,13	-	577,60	649,80	-	520,24	585,27	-	464,32	522,36	-	410,00	461,25	-	357,20	401,
	V	14.102	-	1.128,16	1.269,18																		
	VI	14.634	-	1.170,72	1.317,06																		
45.827,99	I	8.726	-	698,08	785,34	-	578,56	650,88	-	465,20	523,35	-	358,08	402,84	-	257,04	289,17	-	162,24	182,52	-	73,60	82,
	II	7.302	-	584,16	657,18	-	470,56	529,38	-	363,04	408,42	-	261,76	294,48	-	166,64	187,47	-	77,68	87,39	-	7,44	8,
	III	4.312	-	344,96	388,08	-	254,08	285,84	-	166,24	187,02	-	86,24	97,02	-	21,92	24,66	-	-	-	-	-	
	IV	8.726	-	698,08	785,34	-	637,52	717,21	-	578,56	650,88	-	521,12	586,26	-	465,20	523,35	-	410,88	462,24	-	358,08	402,
	V	14.117	-	1.129,36	1.270,53																		
	VI	14.649	-	1.171,92	1.318,41																		
45.863,99	I	8.738	-	699,04	786,42	-	579,52	651,96	-	466,08	524,34	-	358,88	403,74	-	257,84	290,07	-	162,96	183,33	-	74,24	83,
	II	7.314	-	585,12	658,26	-	471,44	530,37	-	363,92	409,41	-	262,56	295,38	-	167,36	188,28	-	78,40	88,20	-	7,84	8,
	III	4.322	-	345,76	388,98	-	254,88	286,74	-	167,04	187,92	-	86,88	97,74	-	22,24	25,02	-	-	-	-	-	
	IV	8.738	-	699,04	786,42	-	638,48	718,29	-	579,52	651,96	-	522,00	587,25	-	466,08	524,34	-	411,68	463,14	-	358,88	403,
	V	14.133	-	1.130,64	1.271,97																		
	VI	14.664	-	1.173,12	1.319,76																		
45.899,99	I	8.751	-	700,08	787,59	-	580,40	652,95	-	466,96	525,33	-	359,68	404,64	-	258,64	290,97	-	163,68	184,14	-	74,96	84,3
	II	7.326	-	586,08	659,34	-	472,32	531,36	-	364,72	410,31	-	263,36	296,28	-	168,16	189,18	-	79,12	89,01	-	8,32	9,3
	III	4.330	-	346,40	389,70	-	255,52	287,46	-	167,68	188,64	-	87,52	98,46	-	22,72	25,56	-	-	-	-	-	
	IV	8.751	-	700,08	787,59	-	639,44	719,37	-	580,40	652,95	-	522,96	588,33	-	466,96	525,33	-	412,56	464,13	-	359,68	404,
	V	14.148	-	1.131,84	1.273,32																		
	VI	14.679	-	1.174,32	1.321,11																		

SolZ/KiSt lt. Tabelle nicht für Sonstige Bezüge anwendbar.

Lohn/ Gehalt bis	Steuerklasse	Lohn-steuer	ohne Kinderfreibetrag			Anzahl Kinderfreibeträge (nur Steuerklassen I–IV) 0,5			1,0			1,5			2,0			2,5			3,0		
			SolZ 5,5%	Kirchensteuer 8%	9%	SolZ 5,5%	Kirchensteuer 8%	9%	SolZ 5,5%	Kirchensteuer 8%	9%	SolZ 5,5%	Kirchensteuer 8%	9%	SolZ 5,5%	Kirchensteuer 8%	9%	SolZ 5,5%	Kirchensteuer 8%	9%	SolZ 5,5%	Kirchensteuer 8%	9%
45.935,99	I	8.763	-	701,04	788,67	-	581,36	654,03	-	467,84	526,32	-	360,56	405,63	-	259,44	291,87	-	164,40	184,95	-	75,60	85,05
	II	7.338	-	587,04	660,42	-	473,20	532,35	-	365,60	411,30	-	264,16	297,18	-	168,88	189,99	-	79,76	89,73	-	8,72	9,81
	III	4.340	-	347,20	390,60	-	256,32	288,36	-	168,32	189,36	-	88,00	99,00	-	23,20	26,10	-	-	-	-	-	-
	IV	8.763	-	701,04	788,67	-	640,40	720,45	-	581,36	654,03	-	523,84	589,32	-	467,84	526,32	-	413,44	465,12	-	360,56	405,63
	V	14.163	-	1.133,04	1.274,67																		
	VI	14.695	-	1.175,60	1.322,55																		
45.971,99	I	8.775	-	702,00	789,75	-	582,32	655,11	-	468,80	527,40	-	361,36	406,53	-	260,16	292,68	-	165,20	185,85	-	76,32	85,86
	II	7.349	-	587,92	661,41	-	474,08	533,34	-	366,40	412,20	-	264,96	298,08	-	169,60	190,80	-	80,48	90,54	-	9,20	10,35
	III	4.350	-	348,00	391,50	-	256,96	289,08	-	169,12	190,26	-	88,64	99,72	-	23,68	26,64	-	-	-	-	-	-
	IV	8.775	-	702,00	789,75	-	641,36	721,53	-	582,32	655,11	-	524,80	590,40	-	468,80	527,40	-	414,32	466,11	-	361,36	406,53
	V	14.178	-	1.134,24	1.276,02																		
	VI	14.710	-	1.176,80	1.323,90																		
46.007,99	I	8.788	-	703,04	790,92	-	583,28	656,19	-	469,68	528,39	-	362,24	407,52	-	260,96	293,58	-	165,92	186,66	-	77,04	86,67
	II	7.361	-	588,88	662,49	-	474,96	534,33	-	367,28	413,19	-	265,76	298,98	-	170,32	191,61	-	81,20	91,35	-	9,60	10,80
	III	4.358	-	348,64	392,22	-	257,76	289,98	-	169,76	190,98	-	89,28	100,44	-	24,16	27,18	-	-	-	-	-	-
	IV	8.788	-	703,04	790,92	-	642,32	722,61	-	583,28	656,19	-	525,68	591,39	-	469,68	528,39	-	415,20	467,10	-	362,24	407,52
	V	14.193	-	1.135,44	1.277,37																		
	VI	14.725	-	1.178,00	1.325,25																		
46.043,99	I	8.800	-	704,00	792,00	-	584,16	657,18	-	470,56	529,38	-	363,04	408,42	-	261,76	294,48	-	166,64	187,47	-	77,68	87,39
	II	7.373	-	589,84	663,57	-	475,92	535,41	-	368,08	414,09	-	266,56	299,88	-	171,12	192,51	-	81,84	92,07	-	10,08	11,34
	III	4.368	-	349,44	393,12	-	258,40	290,70	-	170,40	191,70	-	89,76	100,98	-	24,64	27,72	-	-	-	-	-	-
	IV	8.800	-	704,00	792,00	-	643,36	723,78	-	584,16	657,18	-	526,56	592,38	-	470,56	529,38	-	416,00	468,00	-	363,04	408,42
	V	14.208	-	1.136,64	1.278,72																		
	VI	14.740	-	1.179,20	1.326,60																		
46.079,99	I	8.812	-	704,96	793,08	-	585,12	658,26	-	471,44	530,37	-	363,92	409,41	-	262,56	295,38	-	167,36	188,28	-	78,40	88,20
	II	7.385	-	590,80	664,65	-	476,80	536,40	-	368,96	415,08	-	267,28	300,69	-	171,84	193,32	-	82,56	92,88	-	10,56	11,88
	III	4.378	-	350,24	394,02	-	259,20	291,60	-	171,20	192,60	-	90,40	101,70	-	25,12	28,26	-	-	-	-	-	-
	IV	8.812	-	704,96	793,08	-	644,32	724,86	-	585,12	658,26	-	527,52	593,46	-	471,44	530,37	-	416,88	468,99	-	363,92	409,41
	V	14.223	-	1.137,84	1.280,07																		
	VI	14.755	-	1.180,40	1.327,95																		
46.115,99	I	8.825	-	706,00	794,25	-	586,08	659,34	-	472,32	531,36	-	364,72	410,31	-	263,36	296,28	-	168,16	189,18	-	79,12	89,01
	II	7.396	-	591,68	665,64	-	477,68	537,39	-	369,84	416,07	-	268,08	301,59	-	172,56	194,13	-	83,28	93,69	-	10,96	12,33
	III	4.386	-	350,88	394,74	-	259,84	292,32	-	171,84	193,32	-	91,04	102,42	-	25,60	28,80	-	-	-	-	-	-
	IV	8.825	-	706,00	794,25	-	645,28	725,94	-	586,08	659,34	-	528,40	594,45	-	472,32	531,36	-	417,76	469,98	-	364,72	410,31
	V	14.238	-	1.139,04	1.281,42																		
	VI	14.770	-	1.181,60	1.329,30																		
46.151,99	I	8.837	-	706,96	795,33	-	587,04	660,42	-	473,20	532,35	-	365,60	411,30	-	264,16	297,18	-	168,88	189,99	-	79,76	89,73
	II	7.408	-	592,64	666,72	-	478,56	538,38	-	370,64	416,97	-	268,88	302,49	-	173,36	195,03	-	83,92	94,41	-	11,44	12,87
	III	4.396	-	351,68	395,64	-	260,64	293,22	-	172,48	194,04	-	91,52	102,96	-	25,92	29,16	-	-	-	-	-	-
	IV	8.837	-	706,96	795,33	-	646,24	727,02	-	587,04	660,42	-	529,36	595,53	-	473,20	532,35	-	418,64	470,97	-	365,60	411,30
	V	14.254	-	1.140,32	1.282,86																		
	VI	14.785	-	1.182,80	1.330,65																		
46.187,99	I	8.849	-	707,92	796,41	-	587,92	661,41	-	474,08	533,34	-	366,40	412,20	-	264,96	298,08	-	169,60	190,80	-	80,48	90,54
	II	7.420	-	593,60	667,80	-	479,44	539,37	-	371,52	417,96	-	269,68	303,39	-	174,08	195,84	-	84,64	95,22	-	11,92	13,41
	III	4.406	-	352,48	396,54	-	261,28	293,94	-	173,28	194,94	-	92,16	103,68	-	26,40	29,70	-	-	-	-	-	-
	IV	8.849	-	707,92	796,41	-	647,20	728,10	-	587,92	661,41	-	530,24	596,52	-	474,08	533,34	-	419,52	471,96	-	366,40	412,20
	V	14.269	-	1.141,52	1.284,21																		
	VI	14.800	-	1.184,00	1.332,00																		
46.223,99	I	8.862	-	708,96	797,58	-	588,88	662,49	-	474,96	534,33	-	367,28	413,19	-	265,76	298,98	-	170,32	191,61	-	81,20	91,35
	II	7.432	-	594,56	668,88	-	480,32	540,36	-	372,32	418,86	-	270,48	304,29	-	174,80	196,65	-	85,36	96,03	-	12,40	13,95
	III	4.414	-	353,12	397,26	-	262,08	294,84	-	173,92	195,66	-	92,80	104,40	-	26,88	30,24	-	-	-	-	-	-
	IV	8.862	-	708,96	797,58	-	648,16	729,18	-	588,88	662,49	-	531,20	597,60	-	474,96	534,33	-	420,40	472,95	-	367,28	413,19
	V	14.284	-	1.142,72	1.285,56																		
	VI	14.815	-	1.185,20	1.333,35																		
46.259,99	I	8.874	-	709,92	798,66	-	589,84	663,57	-	475,92	535,41	-	368,08	414,09	-	266,56	299,88	-	171,12	192,51	-	81,84	92,07
	II	7.443	-	595,44	669,87	-	481,28	541,44	-	373,20	419,85	-	271,28	305,19	-	175,60	197,55	-	86,00	96,75	-	12,80	14,40
	III	4.424	-	353,92	398,16	-	262,72	295,56	-	174,56	196,38	-	93,28	104,94	-	27,36	30,78	-	-	-	-	-	-
	IV	8.874	-	709,92	798,66	-	649,12	730,26	-	589,84	663,57	-	532,08	598,59	-	475,92	535,41	-	421,20	473,85	-	368,08	414,09
	V	14.299	-	1.143,92	1.286,91																		
	VI	14.831	-	1.186,48	1.334,79																		
46.295,99	I	8.887	-	710,96	799,83	-	590,80	664,65	-	476,80	536,40	-	368,96	415,08	-	267,28	300,69	-	171,84	193,32	-	82,56	92,88
	II	7.455	-	596,40	670,95	-	482,16	542,43	-	374,00	420,75	-	272,08	306,09	-	176,32	198,36	-	86,72	97,56	-	13,28	14,94
	III	4.434	-	354,72	399,06	-	263,52	296,46	-	175,36	197,28	-	93,92	105,66	-	27,84	31,32	-	-	-	-	-	-
	IV	8.887	-	710,96	799,83	-	650,08	731,34	-	590,80	664,65	-	532,96	599,58	-	476,80	536,40	-	422,08	474,84	-	368,96	415,08
	V	14.314	-	1.145,12	1.288,26																		
	VI	14.846	-	1.187,68	1.336,14																		
46.331,99	I	8.899	-	711,92	800,91	-	591,68	665,64	-	477,68	537,39	-	369,84	416,07	-	268,08	301,59	-	172,56	194,13	-	83,28	93,69
	II	7.467	-	597,36	672,03	-	483,04	543,42	-	374,88	421,74	-	272,88	306,99	-	177,04	199,17	-	87,44	98,37	-	13,76	15,48
	III	4.442	-	355,36	399,78	-	264,16	297,18	-	176,00	198,00	-	94,56	106,38	-	28,32	31,86	-	-	-	-	-	-
	IV	8.899	-	711,92	800,91	-	651,04	732,42	-	591,68	665,64	-	533,92	600,66	-	477,68	537,39	-	422,96	475,83	-	369,84	416,07
	V	14.329	-	1.146,32	1.289,61																		
	VI	14.861	-	1.188,88	1.337,49																		
46.367,99	I	8.911	-	712,88	801,99	-	592,64	666,72	-	478,56	538,38	-	370,64	416,97	-	268,88	302,49	-	173,36	195,03	-	83,92	94,41
	II	7.479	-	598,32	673,11	-	483,92	544,41	-	375,68	422,64	-	273,68	307,89	-	177,84	200,07	-	88,08	99,09	-	14,24	16,02
	III	4.452	-	356,16	400,68	-	264,96	298,08	-	176,64	198,72	-	95,04	106,92	-	28,80	32,40	-	-	-	-	-	-
	IV	8.911	-	712,88	801,99	-	652,00	733,50	-	592,64	666,72	-	534,80	601,65	-	478,56	538,38	-	423,84	476,82	-	370,64	416,97
	V	14.344	-	1.147,52	1.290,96																		
	VI	14.876	-	1.190,08	1.338,84																		
46.403,99	I	8.924	-	713,92	803,16	-	593,60	667,80	-	479,44	539,37	-	371,52	417,96	-	269,68	303,39	-	174,08	195,84	-	84,64	95,22
	II	7.491	-	599,28	674,19	-	484,80	545,40	-	376,56	423,63	-	274,48	308,79	-	178,56	200,88	-	88,80	99,90	-	14,72	16,56
	III	4.462	-	356,96	401,58	-	265,60	298,80	-	177,44	199,62	-	95,68	107,64	-	29,28	32,94	-	-	-	-	-	-
	IV	8.924	-	713,92	803,16	-	652,96	734,58	-	593,60	667,80	-	535,76	602,73	-	479,44	539,37	-	424,72	477,81	-	371,52	417,96
	V	14.359	-	1.148,72	1.292,31																		
	VI	14.891	-	1.191,28	1.340,19																		
46.439,99	I	8.936	-	714,88	804,24	-	594,56	668,88	-	480,32	540,36	-	372,32	418,86	-	270,48	304,29	-	174,80	196,65	-	85,36	96,03
	II	7.503	-	600,24	675,27	-	485,68	546,39	-	377,44	424,62	-	275,28	309,69	-	179,28	201,69	-	89,52	100,71	-	15,20	17,10
	III	4.470	-	357,60	402,30	-	266,40	299,70	-	178,08	200,34	-	96,32	108,36	-	29,76	33,48	-	-	-	-	-	-
	IV	8.936	-	714,88	804,24	-	653,92	735,66	-	594,56	668,88	-	536,64	603,72	-	480,32	540,36	-	425,60	478,80	-	372,32	418,86
	V	14.374	-	1.149,92	1.293,66																		
	VI	14.906	-	1.192,48	1.341,54																		

SolZ/KiSt lt. Tabelle nicht für Sonstige Bezüge anwendbar.

Lohn/ Gehalt bis	Steuerklasse	Lohn-steuer	ohne Kinderfreibetrag			Anzahl Kinderfreibeträge (nur Steuerklassen I–IV) 0,5			1,0			1,5			2,0			2,5			3,0		
			SolZ 5,5%	Kirchensteuer 8%	9%	SolZ 5,5%	Kirchensteuer 8%	9%	SolZ 5,5%	Kirchensteuer 8%	9%	SolZ 5,5%	Kirchensteuer 8%	9%	SolZ 5,5%	Kirchensteuer 8%	9%	SolZ 5,5%	Kirchensteuer 8%	9%	SolZ 5,5%	Kirchensteuer 8%	9%
46.475,99	I	8.949	–	715,92	805,41	–	595,44	669,87	–	481,28	541,44	–	373,20	419,85	–	271,28	305,19	–	175,60	197,55	–	86,00	96,
	II	7.514	–	601,12	676,26	–	486,64	547,47	–	378,24	425,52	–	276,08	310,59	–	180,08	202,59	–	90,16	101,43	–	15,68	17,
	III	4.480	–	358,40	403,20	–	267,04	300,42	–	178,88	201,24	–	96,96	109,08	–	30,24	34,02	–	–	–	–	–	
	IV	8.949	–	715,92	805,41	–	654,88	736,74	–	595,44	669,87	–	537,60	604,80	–	481,28	541,44	–	426,40	479,70	–	373,20	419,
	V	14.390	–	1.151,20	1.295,10																		
	VI	14.921	–	1.193,68	1.342,89																		
46.511,99	I	8.961	–	716,88	806,49	–	596,40	670,95	–	482,16	542,43	–	374,00	420,75	–	272,08	306,09	–	176,32	198,36	–	86,72	97,
	II	7.526	–	602,08	677,34	–	487,52	548,46	–	379,12	426,51	–	276,88	311,49	–	180,80	203,40	–	90,88	102,24	–	16,16	18,
	III	4.490	–	359,20	404,10	–	267,84	301,32	–	179,52	201,96	–	97,44	109,62	–	30,72	34,56	–	–	–	–	–	
	IV	8.961	–	716,88	806,49	–	655,92	737,91	–	596,40	670,95	–	538,48	605,79	–	482,16	542,43	–	427,28	480,69	–	374,00	420,
	V	14.405	–	1.152,40	1.296,45																		
	VI	14.936	–	1.194,88	1.344,24																		
46.547,99	I	8.973	–	717,84	807,57	–	597,36	672,03	–	483,04	543,42	–	374,88	421,74	–	272,88	306,99	–	177,04	199,17	–	87,44	98,
	II	7.538	–	603,04	678,42	–	488,40	549,45	–	379,92	427,41	–	277,68	312,39	–	181,52	204,21	–	91,60	103,05	–	16,64	18,
	III	4.498	–	359,84	404,82	–	268,48	302,04	–	180,16	202,68	–	98,08	110,34	–	31,20	35,10	–	–	–	–	–	
	IV	8.973	–	717,84	807,57	–	656,88	738,99	–	597,36	672,03	–	539,44	606,87	–	483,04	543,42	–	428,16	481,68	–	374,88	421
	V	14.420	–	1.153,60	1.297,80																		
	VI	14.952	–	1.196,16	1.345,68																		
46.583,99	I	8.986	–	718,88	808,74	–	598,32	673,11	–	483,92	544,41	–	375,68	422,64	–	273,68	307,89	–	177,84	200,07	–	88,08	99,
	II	7.550	–	604,00	679,50	–	489,28	550,44	–	380,80	428,40	–	278,48	313,29	–	182,32	205,11	–	92,32	103,86	–	17,12	19
	III	4.508	–	360,64	405,72	–	269,28	302,94	–	180,96	203,58	–	98,72	111,06	–	31,68	35,64	–	–	–	–	–	
	IV	8.986	–	718,88	808,74	–	657,84	740,07	–	598,32	673,11	–	540,32	607,86	–	483,92	544,41	–	429,04	482,67	–	375,68	422
	V	14.435	–	1.154,80	1.299,15																		
	VI	14.967	–	1.197,36	1.347,03																		
46.619,99	I	8.998	–	719,84	809,82	–	599,28	674,19	–	484,80	545,40	–	376,56	423,63	–	274,48	308,79	–	178,56	200,88	–	88,80	99
	II	7.562	–	604,96	680,58	–	490,16	551,43	–	381,60	429,30	–	279,28	314,19	–	183,04	205,92	–	92,96	104,58	–	17,60	19
	III	4.518	–	361,44	406,62	–	269,92	303,66	–	181,60	204,30	–	99,36	111,78	–	32,16	36,18	–	–	–	–	–	
	IV	8.998	–	719,84	809,82	–	658,80	741,15	–	599,28	674,19	–	541,28	608,94	–	484,80	545,40	–	429,92	483,66	–	376,56	423
	V	14.450	–	1.156,00	1.300,50																		
	VI	14.982	–	1.198,56	1.348,38																		
46.655,99	I	9.011	–	720,88	810,99	–	600,24	675,27	–	485,68	546,39	–	377,44	424,62	–	275,28	309,69	–	179,28	201,69	–	89,52	100
	II	7.574	–	605,92	681,66	–	491,12	552,51	–	382,48	430,29	–	280,08	315,09	–	183,76	206,73	–	93,68	105,39	–	18,08	20
	III	4.526	–	362,08	407,34	–	270,72	304,56	–	182,24	205,02	–	100,00	112,50	–	32,64	36,72	–	–	–	–	–	
	IV	9.011	–	720,88	810,99	–	659,76	742,23	–	600,24	675,27	–	542,16	609,93	–	485,68	546,39	–	430,80	484,65	–	377,44	424
	V	14.465	–	1.157,20	1.301,85																		
	VI	14.997	–	1.199,76	1.349,73																		
46.691,99	I	9.023	–	721,84	812,07	–	601,12	676,26	–	486,64	547,47	–	378,24	425,52	–	276,08	310,59	–	180,08	202,59	–	90,16	101
	II	7.585	–	606,80	682,65	–	492,00	553,50	–	383,36	431,28	–	280,88	315,99	–	184,56	207,63	–	94,40	106,20	–	18,56	20
	III	4.536	–	362,88	408,24	–	271,36	305,28	–	183,04	205,92	–	100,48	113,04	–	33,12	37,26	–	–	–	–	–	
	IV	9.023	–	721,84	812,07	–	660,72	743,31	–	601,12	676,26	–	543,12	611,01	–	486,64	547,47	–	431,68	485,64	–	378,24	425
	V	14.480	–	1.158,40	1.303,20																		
	VI	15.012	–	1.200,96	1.351,08																		
46.727,99	I	9.036	–	722,88	813,24	–	602,08	677,34	–	487,52	548,46	–	379,12	426,51	–	276,88	311,49	–	180,80	203,40	–	90,88	102
	II	7.597	–	607,76	683,73	–	492,88	554,49	–	384,16	432,18	–	281,68	316,89	–	185,28	208,44	–	95,12	107,01	–	19,04	21
	III	4.546	–	363,68	409,14	–	272,16	306,18	–	183,68	206,64	–	101,12	113,76	–	33,60	37,80	–	–	–	–	–	
	IV	9.036	–	722,88	813,24	–	661,68	744,39	–	602,08	677,34	–	544,00	612,00	–	487,52	548,46	–	432,56	486,63	–	379,12	426
	V	14.495	–	1.159,60	1.304,55																		
	VI	15.027	–	1.202,16	1.352,43																		
46.763,99	I	9.048	–	723,84	814,32	–	603,04	678,42	–	488,40	549,45	–	379,92	427,41	–	277,68	312,39	–	181,52	204,21	–	91,60	103
	II	7.609	–	608,72	684,81	–	493,76	555,48	–	385,04	433,17	–	282,48	317,79	–	186,00	209,25	–	95,76	107,73	–	19,52	21
	III	4.554	–	364,32	409,86	–	272,80	306,90	–	184,32	207,36	–	101,76	114,48	–	34,08	38,34	–	–	–	–	–	
	IV	9.048	–	723,84	814,32	–	662,64	745,47	–	603,04	678,42	–	544,96	613,08	–	488,40	549,45	–	433,44	487,62	–	379,92	427
	V	14.511	–	1.160,88	1.305,99																		
	VI	15.042	–	1.203,36	1.353,78																		
46.799,99	I	9.061	–	724,88	815,49	–	604,00	679,50	–	489,28	550,44	–	380,80	428,40	–	278,48	313,29	–	182,32	205,11	–	92,32	103
	II	7.621	–	609,68	685,89	–	494,72	556,56	–	385,92	434,16	–	283,28	318,69	–	186,80	210,15	–	96,48	108,54	–	20,00	22
	III	4.564	–	365,12	410,76	–	273,60	307,80	–	185,12	208,26	–	102,40	115,20	–	34,56	38,88	–	–	–	–	–	
	IV	9.061	–	724,88	815,49	–	663,68	746,64	–	604,00	679,50	–	545,84	614,07	–	489,28	550,44	–	434,24	488,52	–	380,80	428
	V	14.526	–	1.162,08	1.307,34																		
	VI	15.057	–	1.204,56	1.355,13																		
46.835,99	I	9.073	–	725,84	816,57	–	604,96	680,58	–	490,16	551,43	–	381,60	429,30	–	279,28	314,19	–	183,04	205,92	–	92,96	104
	II	7.633	–	610,64	686,97	–	495,60	557,55	–	386,72	435,06	–	284,08	319,59	–	187,52	210,96	–	97,20	109,35	–	20,48	23
	III	4.574	–	365,92	411,66	–	274,24	308,52	–	185,76	208,98	–	102,88	115,74	–	35,04	39,42	–	–	–	–	–	
	IV	9.073	–	725,84	816,57	–	664,64	747,72	–	604,96	680,58	–	546,80	615,15	–	490,16	551,43	–	435,12	489,51	–	381,60	429
	V	14.541	–	1.163,28	1.308,69																		
	VI	15.073	–	1.205,84	1.356,57																		
46.871,99	I	9.086	–	726,88	817,74	–	605,92	681,66	–	491,12	552,51	–	382,48	430,29	–	280,08	315,09	–	183,76	206,73	–	93,68	105
	II	7.645	–	611,60	688,05	–	496,48	558,54	–	387,60	436,05	–	284,88	320,49	–	188,32	211,86	–	97,92	110,16	–	21,04	23
	III	4.582	–	366,56	412,38	–	275,04	309,42	–	186,56	209,88	–	103,52	116,46	–	35,52	39,96	–	–	–	–	–	
	IV	9.086	–	726,88	817,74	–	665,60	748,80	–	605,92	681,66	–	547,68	616,14	–	491,12	552,51	–	436,00	490,50	–	382,48	43
	V	14.556	–	1.164,48	1.310,04																		
	VI	15.088	–	1.207,04	1.357,92																		
46.907,99	I	9.098	–	727,84	818,82	–	606,80	682,65	–	492,00	553,50	–	383,36	431,28	–	280,88	315,99	–	184,56	207,63	–	94,40	106
	II	7.657	–	612,56	689,13	–	497,36	559,53	–	388,40	436,95	–	285,68	321,39	–	189,04	212,67	–	98,64	110,97	–	21,52	24
	III	4.592	–	367,36	413,28	–	275,68	310,14	–	187,20	210,60	–	104,16	117,18	–	36,00	40,50	–	–	–	–	–	
	IV	9.098	–	727,84	818,82	–	666,56	749,88	–	606,80	682,65	–	548,64	617,22	–	492,00	553,50	–	436,88	491,49	–	383,36	431
	V	14.571	–	1.165,68	1.311,39																		
	VI	15.103	–	1.208,24	1.359,27																		
46.943,99	I	9.110	–	728,80	819,90	–	607,76	683,73	–	492,88	554,49	–	384,16	432,18	–	281,68	316,89	–	185,28	208,44	–	95,12	107
	II	7.669	–	613,52	690,21	–	498,32	560,61	–	389,28	437,94	–	286,48	322,29	–	189,76	213,48	–	99,28	111,69	–	22,00	24
	III	4.602	–	368,16	414,18	–	276,48	311,04	–	187,84	211,32	–	104,80	117,90	–	36,48	41,04	–	–	–	–	–	
	IV	9.110	–	728,80	819,90	–	667,52	750,96	–	607,76	683,73	–	549,60	618,30	–	492,88	554,49	–	437,76	492,48	–	384,16	43
	V	14.586	–	1.166,88	1.312,74																		
	VI	15.118	–	1.209,44	1.360,62																		
46.979,99	I	9.123	–	729,84	821,07	–	608,72	684,81	–	493,76	555,48	–	385,04	433,17	–	282,48	317,79	–	186,00	209,25	–	95,76	10
	II	7.680	–	614,40	691,20	–	499,20	561,60	–	390,16	438,93	–	287,28	323,19	–	190,56	214,38	–	100,00	112,50	–	22,48	2
	III	4.610	–	368,80	414,90	–	277,12	311,76	–	188,64	212,22	–	105,44	118,62	–	36,96	41,58	–	–	–	–	–	
	IV	9.123	–	729,84	821,07	–	668,48	752,04	–	608,72	684,81	–	550,48	619,29	–	493,76	555,48	–	438,64	493,47	–	385,04	43
	V	14.601	–	1.168,08	1.314,09																		
	VI	15.133	–	1.210,64	1.361,97																		

SolZ/KiSt lt. Tabelle nicht für Sonstige Bezüge anwendbar.

Besondere Tabelle

JAHR bis 47.519,99 €

Lohn/ Gehalt bis	Steuerklasse	Lohn-steuer	ohne Kinderfreibetrag SolZ 5,5%	Kirchensteuer 8%	Kirchensteuer 9%	Anzahl Kinderfreibeträge (nur Steuerklassen I–IV) 0,5 SolZ 5,5%	0,5 Kirchensteuer 8%	0,5 Kirchensteuer 9%	1,0 SolZ 5,5%	1,0 Kirchensteuer 8%	1,0 Kirchensteuer 9%	1,5 SolZ 5,5%	1,5 Kirchensteuer 8%	1,5 Kirchensteuer 9%	2,0 SolZ 5,5%	2,0 Kirchensteuer 8%	2,0 Kirchensteuer 9%	2,5 SolZ 5,5%	2,5 Kirchensteuer 8%	2,5 Kirchensteuer 9%	3,0 SolZ 5,5%	3,0 Kirchensteuer 8%	3,0 Kirchensteuer 9%
47.015,99	I	9.135	-	730,80	822,15	-	609,68	685,89	-	494,72	556,56	-	385,92	434,16	-	283,28	318,69	-	186,80	210,15	-	96,48	108,54
	II	7.692	-	615,36	692,28	-	500,08	562,59	-	390,96	439,83	-	288,08	324,09	-	191,28	215,19	-	100,72	113,31	-	23,04	25,92
	III	4.620	-	369,60	415,80	-	277,92	312,66	-	189,28	212,94	-	106,08	119,34	-	37,44	42,12	-	-	-	-	-	-
	IV	9.135	-	730,80	822,15	-	669,52	753,21	-	609,68	685,89	-	551,44	620,37	-	494,72	556,56	-	439,52	494,46	-	385,92	434,16
	V	14.616	-	1.169,28	1.315,44																		
	VI	15.148	-	1.211,84	1.363,32																		
47.051,99	I	9.148	-	731,84	823,32	-	610,64	686,97	-	495,60	557,55	-	386,72	435,06	-	284,08	319,59	-	187,52	210,96	-	97,20	109,35
	II	7.704	-	616,32	693,36	-	501,04	563,67	-	391,84	440,82	-	288,88	324,99	-	192,08	216,09	-	101,44	114,12	-	23,52	26,46
	III	4.630	-	370,40	416,70	-	278,56	313,38	-	189,92	213,66	-	106,56	119,88	-	37,92	42,66	-	-	-	-	-	-
	IV	9.148	-	731,84	823,32	-	670,48	754,29	-	610,64	686,97	-	552,32	621,36	-	495,60	557,55	-	440,40	495,45	-	386,72	435,06
	V	14.632	-	1.170,56	1.316,88																		
	VI	15.163	-	1.213,04	1.364,67																		
47.087,99	I	9.160	-	732,80	824,40	-	611,60	688,05	-	496,48	558,54	-	387,60	436,05	-	284,88	320,49	-	188,32	211,86	-	97,92	110,16
	II	7.716	-	617,28	694,44	-	501,92	564,66	-	392,72	441,81	-	289,68	325,89	-	192,80	216,90	-	102,08	114,84	-	24,00	27,00
	III	4.638	-	371,04	417,42	-	279,36	314,28	-	190,72	214,56	-	107,20	120,60	-	38,40	43,20	-	-	-	-	-	-
	IV	9.160	-	732,80	824,40	-	671,44	755,37	-	611,60	688,05	-	553,28	622,44	-	496,48	558,54	-	441,28	496,44	-	387,60	436,05
	V	14.647	-	1.171,76	1.318,23																		
	VI	15.178	-	1.214,24	1.366,02																		
47.123,99	I	9.173	-	733,84	825,57	-	612,56	689,13	-	497,36	559,53	-	388,40	436,95	-	285,68	321,39	-	189,04	212,67	-	98,64	110,97
	II	7.728	-	618,24	695,52	-	502,80	565,65	-	393,52	442,71	-	290,48	326,79	-	193,60	217,80	-	102,80	115,65	-	24,56	27,63
	III	4.648	-	371,84	418,32	-	280,16	315,18	-	191,36	215,28	-	107,84	121,32	-	38,88	43,74	-	-	-	-	-	-
	IV	9.173	-	733,84	825,57	-	672,40	756,45	-	612,56	689,13	-	554,16	623,43	-	497,36	559,53	-	442,16	497,43	-	388,40	436,95
	V	14.662	-	1.172,96	1.319,58																		
	VI	15.193	-	1.215,44	1.367,37																		
47.159,99	I	9.185	-	734,80	826,65	-	613,52	690,21	-	498,32	560,61	-	389,28	437,94	-	286,48	322,29	-	189,76	213,48	-	99,28	111,69
	II	7.740	-	619,20	696,60	-	503,68	566,64	-	394,40	443,70	-	291,28	327,69	-	194,32	218,61	-	103,52	116,46	-	25,04	28,17
	III	4.658	-	372,64	419,22	-	280,80	315,90	-	192,16	216,18	-	108,48	122,04	-	39,36	44,28	-	-	-	-	-	-
	IV	9.185	-	734,80	826,65	-	673,36	757,53	-	613,52	690,21	-	555,12	624,51	-	498,32	560,61	-	443,04	498,42	-	389,28	437,94
	V	14.677	-	1.174,16	1.320,93																		
	VI	15.209	-	1.216,72	1.368,81																		
47.195,99	I	9.198	-	735,84	827,82	-	614,40	691,20	-	499,20	561,60	-	390,16	438,93	-	287,28	323,19	-	190,56	214,38	-	100,00	112,50
	II	7.752	-	620,16	697,68	-	504,64	567,72	-	395,28	444,69	-	292,08	328,59	-	195,04	219,42	-	104,24	117,27	-	25,60	28,80
	III	4.668	-	373,44	420,12	-	281,60	316,80	-	192,80	216,90	-	109,12	122,76	-	39,84	44,82	-	-	-	-	-	-
	IV	9.198	-	735,84	827,82	-	674,40	758,70	-	614,40	691,20	-	556,08	625,59	-	499,20	561,60	-	443,92	499,41	-	390,16	438,93
	V	14.692	-	1.175,36	1.322,28																		
	VI	15.224	-	1.217,92	1.370,16																		
47.231,99	I	9.210	-	736,80	828,90	-	615,36	692,28	-	500,08	562,59	-	390,96	439,83	-	288,08	324,09	-	191,28	215,19	-	100,72	113,31
	II	7.764	-	621,12	698,76	-	505,52	568,71	-	396,08	445,59	-	292,88	329,49	-	195,84	220,32	-	104,96	118,08	-	26,08	29,34
	III	4.676	-	374,08	420,84	-	282,24	317,52	-	193,44	217,62	-	109,76	123,48	-	40,32	45,36	-	-	-	-	-	-
	IV	9.210	-	736,80	828,90	-	675,36	759,78	-	615,36	692,28	-	556,96	626,58	-	500,08	562,59	-	444,80	500,40	-	390,96	439,83
	V	14.707	-	1.176,56	1.323,63																		
	VI	15.239	-	1.219,12	1.371,51																		
47.267,99	I	9.223	-	737,84	830,07	-	616,32	693,36	-	501,04	563,67	-	391,84	440,82	-	288,88	324,99	-	192,08	216,09	-	101,44	114,12
	II	7.776	-	622,08	699,84	-	506,40	569,70	-	396,96	446,58	-	293,68	330,39	-	196,56	221,13	-	105,68	118,89	-	26,64	29,97
	III	4.686	-	374,88	421,74	-	283,04	318,42	-	194,24	218,52	-	110,40	124,20	-	40,80	45,90	-	-	-	-	-	-
	IV	9.223	-	737,84	830,07	-	676,32	760,86	-	616,32	693,36	-	557,92	627,66	-	501,04	563,67	-	445,68	501,39	-	391,84	440,82
	V	14.722	-	1.177,76	1.324,98																		
	VI	15.254	-	1.220,32	1.372,86																		
47.303,99	I	9.236	-	738,88	831,24	-	617,28	694,44	-	501,92	564,66	-	392,72	441,81	-	289,68	325,89	-	192,80	216,90	-	102,08	114,84
	II	7.788	-	623,04	700,92	-	507,36	570,78	-	397,84	447,57	-	294,48	331,29	-	197,36	222,03	-	106,32	119,61	-	27,12	30,51
	III	4.696	-	375,68	422,64	-	283,68	319,14	-	194,88	219,24	-	111,04	124,92	-	41,44	46,62	-	-	-	-	-	-
	IV	9.236	-	738,88	831,24	-	677,28	761,94	-	617,28	694,44	-	558,80	628,65	-	501,92	564,66	-	446,56	502,38	-	392,72	441,81
	V	14.737	-	1.178,96	1.326,33																		
	VI	15.269	-	1.221,52	1.374,21																		
47.339,99	I	9.248	-	739,84	832,32	-	618,24	695,52	-	502,80	565,65	-	393,52	442,71	-	290,48	326,79	-	193,60	217,80	-	102,80	115,65
	II	7.800	-	624,00	702,00	-	508,24	571,77	-	398,72	448,56	-	295,28	332,19	-	198,08	222,84	-	107,04	120,42	-	27,68	31,14
	III	4.704	-	376,32	423,36	-	284,48	320,04	-	195,68	220,14	-	111,52	125,46	-	41,92	47,16	-	-	-	-	-	-
	IV	9.248	-	739,84	832,32	-	678,24	763,02	-	618,24	695,52	-	559,76	629,73	-	502,80	565,65	-	447,44	503,37	-	393,52	442,71
	V	14.752	-	1.180,16	1.327,68																		
	VI	15.284	-	1.222,72	1.375,56																		
47.375,99	I	9.261	-	740,88	833,49	-	619,20	696,60	-	503,68	566,64	-	394,40	443,70	-	291,28	327,69	-	194,32	218,61	-	103,52	116,46
	II	7.812	-	624,96	703,08	-	509,12	572,76	-	399,52	449,46	-	296,08	333,09	-	198,88	223,74	-	107,76	121,23	-	28,16	31,68
	III	4.714	-	377,12	424,26	-	285,12	320,76	-	196,32	220,86	-	112,16	126,18	-	42,40	47,70	-	-	-	-	-	-
	IV	9.261	-	740,88	833,49	-	679,28	764,19	-	619,20	696,60	-	560,72	630,81	-	503,68	566,64	-	448,32	504,36	-	394,40	443,70
	V	14.768	-	1.181,44	1.329,12																		
	VI	15.299	-	1.223,92	1.376,91																		
47.411,99	I	9.273	-	741,84	834,57	-	620,16	697,68	-	504,64	567,72	-	395,28	444,69	-	292,08	328,59	-	195,04	219,42	-	104,24	117,27
	II	7.823	-	625,84	704,07	-	510,08	573,84	-	400,40	450,45	-	296,88	333,99	-	199,60	224,55	-	108,48	122,04	-	28,72	32,31
	III	4.724	-	377,92	425,16	-	285,92	321,66	-	196,96	221,58	-	112,80	126,90	-	42,88	48,24	-	-	-	-	-	-
	IV	9.273	-	741,84	834,57	-	680,24	765,27	-	620,16	697,68	-	561,60	631,80	-	504,64	567,72	-	449,20	505,35	-	395,28	444,69
	V	14.783	-	1.182,64	1.330,47																		
	VI	15.314	-	1.225,12	1.378,26																		
47.447,99	I	9.286	-	742,88	835,74	-	621,12	698,76	-	505,52	568,71	-	396,08	445,59	-	292,88	329,49	-	195,84	220,32	-	104,96	118,08
	II	7.835	-	626,80	705,15	-	510,96	574,83	-	401,28	451,44	-	297,76	334,98	-	200,40	225,45	-	109,20	122,85	-	29,20	32,85
	III	4.732	-	378,56	425,88	-	286,56	322,38	-	197,76	222,48	-	113,44	127,62	-	43,36	48,78	-	-	-	-	-	-
	IV	9.286	-	742,88	835,74	-	681,20	766,35	-	621,12	698,76	-	562,56	632,88	-	505,52	568,71	-	450,08	506,34	-	396,08	445,59
	V	14.798	-	1.183,84	1.331,82																		
	VI	15.330	-	1.226,40	1.379,70																		
47.483,99	I	9.298	-	743,84	836,82	-	622,08	699,84	-	506,40	569,70	-	396,96	446,58	-	293,68	330,39	-	196,56	221,13	-	105,68	118,89
	II	7.847	-	627,76	706,23	-	511,84	575,82	-	402,08	452,34	-	298,56	335,88	-	201,12	226,26	-	109,92	123,66	-	29,76	33,48
	III	4.742	-	379,36	426,78	-	287,36	323,28	-	198,40	223,20	-	114,08	128,34	-	43,84	49,32	-	-	-	-	-	-
	IV	9.298	-	743,84	836,82	-	682,16	767,43	-	622,08	699,84	-	563,44	633,87	-	506,40	569,70	-	450,96	507,33	-	396,96	446,58
	V	14.813	-	1.185,04	1.333,17																		
	VI	15.345	-	1.227,60	1.381,05																		
47.519,99	I	9.311	-	744,88	837,99	-	623,04	700,92	-	507,36	570,78	-	397,84	447,57	-	294,48	331,29	-	197,36	222,03	-	106,32	119,61
	II	7.859	-	628,72	707,31	-	512,80	576,90	-	402,96	453,33	-	299,36	336,78	-	201,92	227,16	-	110,64	124,47	-	30,32	34,11
	III	4.752	-	380,16	427,68	-	288,00	324,00	-	199,04	223,92	-	114,72	129,06	-	44,32	49,86	-	-	-	-	-	-
	IV	9.311	-	744,88	837,99	-	683,20	768,60	-	623,04	700,92	-	564,40	634,95	-	507,36	570,78	-	451,84	508,32	-	397,84	447,57
	V	14.828	-	1.186,24	1.334,52																		
	VI	15.360	-	1.228,80	1.382,40																		

SolZ/KiSt lt. Tabelle nicht für Sonstige Bezüge anwendbar.

Lohn/ Gehalt bis	Steuerklasse	Lohnsteuer	ohne Kinderfreibetrag			Anzahl Kinderfreibeträge (nur Steuerklassen I–IV)																	
						0,5			1,0			1,5			2,0			2,5			3,0		
			SolZ 5,5%	Kirchensteuer 8%	Kirchensteuer 9%	SolZ 5,5%	Kirchensteuer 8%	Kirchensteuer 9%	SolZ 5,5%	Kirchensteuer 8%	Kirchensteuer 9%	SolZ 5,5%	Kirchensteuer 8%	Kirchensteuer 9%	SolZ 5,5%	Kirchensteuer 8%	Kirchensteuer 9%	SolZ 5,5%	Kirchensteuer 8%	Kirchensteuer 9%	SolZ 5,5%	Kirchensteuer 8%	Kirchensteuer 9%
47.555,99	I	9.323	-	745,84	839,07	-	624,00	702,00	-	508,24	571,77	-	398,72	448,56	-	295,28	332,19	-	198,08	222,84	-	107,04	120,
	II	7.871	-	629,68	708,39	-	513,68	577,89	-	403,84	454,32	-	300,16	337,68	-	202,64	227,97	-	111,28	125,19	-	30,80	34,
	III	4.762	-	380,96	428,58	-	288,80	324,90	-	199,84	224,82	-	115,36	129,78	-	44,80	50,40	-	-	-	-	-	
	IV	9.323	-	745,84	839,07	-	684,16	769,68	-	624,00	702,00	-	565,36	636,03	-	508,24	571,77	-	452,72	509,31	-	398,72	448,
	V	14.843	-	1.187,44	1.335,87																		
	VI	15.375	-	1.230,00	1.383,75																		
47.591,99	I	9.336	-	746,88	840,24	-	624,96	703,08	-	509,12	572,76	-	399,52	449,46	-	296,08	333,09	-	198,88	223,74	-	107,76	121,
	II	7.883	-	630,64	709,47	-	514,56	578,88	-	404,72	455,31	-	300,96	338,58	-	203,44	228,87	-	112,00	126,00	-	31,36	35,
	III	4.770	-	381,60	429,30	-	289,60	325,80	-	200,48	225,54	-	116,00	130,50	-	45,44	51,12	-	-	-	-	-	
	IV	9.336	-	746,88	840,24	-	685,12	770,76	-	624,96	703,08	-	566,24	637,02	-	509,12	572,76	-	453,60	510,30	-	399,52	449,
	V	14.858	-	1.188,64	1.337,22																		
	VI	15.390	-	1.231,20	1.385,10																		
47.627,99	I	9.349	-	747,92	841,41	-	625,84	704,07	-	510,08	573,84	-	400,40	450,45	-	296,88	333,99	-	199,60	224,55	-	108,48	122,
	II	7.895	-	631,60	710,55	-	515,52	579,96	-	405,52	456,21	-	301,76	339,48	-	204,16	229,68	-	112,72	126,81	-	31,92	35
	III	4.780	-	382,40	430,20	-	290,24	326,52	-	201,28	226,44	-	116,64	131,22	-	45,92	51,66	-	-	-	-	-	
	IV	9.349	-	747,92	841,41	-	686,08	771,84	-	625,84	704,07	-	567,20	638,10	-	510,08	573,84	-	454,48	511,29	-	400,40	450
	V	14.873	-	1.189,84	1.338,57																		
	VI	15.405	-	1.232,40	1.386,45																		
47.663,99	I	9.361	-	748,88	842,49	-	626,80	705,15	-	510,96	574,83	-	401,28	451,44	-	297,76	334,98	-	200,40	225,45	-	109,20	122
	II	7.907	-	632,56	711,63	-	516,40	580,95	-	406,40	457,20	-	302,56	340,38	-	204,96	230,58	-	113,44	127,62	-	32,48	36
	III	4.790	-	383,20	431,10	-	291,04	327,42	-	201,92	227,16	-	117,28	131,94	-	46,40	52,20	-	-	-	-	-	
	IV	9.361	-	748,88	842,49	-	687,12	773,01	-	626,80	705,15	-	568,16	639,18	-	510,96	574,83	-	455,36	512,28	-	401,28	451
	V	14.889	-	1.191,12	1.340,01																		
	VI	15.420	-	1.233,60	1.387,80																		
47.699,99	I	9.374	-	749,92	843,66	-	627,76	706,23	-	511,84	575,82	-	402,08	452,34	-	298,56	335,88	-	201,12	226,26	-	109,92	123
	II	7.919	-	633,52	712,71	-	517,28	581,94	-	407,28	458,19	-	303,36	341,28	-	205,68	231,39	-	114,16	128,43	-	32,96	37
	III	4.798	-	383,84	431,82	-	291,68	328,14	-	202,56	227,88	-	117,92	132,66	-	46,88	52,74	-	-	-	-	-	
	IV	9.374	-	749,92	843,66	-	688,08	774,09	-	627,76	706,23	-	569,04	640,17	-	511,84	575,82	-	456,24	513,27	-	402,08	452
	V	14.904	-	1.192,32	1.341,36																		
	VI	15.435	-	1.234,80	1.389,15																		
47.735,99	I	9.386	-	750,88	844,74	-	628,72	707,31	-	512,80	576,90	-	402,96	453,33	-	299,36	336,78	-	201,92	227,16	-	110,64	124
	II	7.931	-	634,48	713,79	-	518,24	583,02	-	408,16	459,18	-	304,24	342,27	-	206,48	232,29	-	114,88	129,24	-	33,52	37
	III	4.808	-	384,64	432,72	-	292,48	329,04	-	203,36	228,78	-	118,56	133,38	-	47,36	53,28	-	-	-	-	-	
	IV	9.386	-	750,88	844,74	-	689,04	775,17	-	628,72	707,31	-	570,00	641,25	-	512,80	576,90	-	457,12	514,26	-	402,96	453
	V	14.919	-	1.193,52	1.342,71																		
	VI	15.451	-	1.236,08	1.390,59																		
47.771,99	I	9.399	-	751,92	845,91	-	629,68	708,39	-	513,68	577,89	-	403,84	454,32	-	300,16	337,68	-	202,64	227,97	-	111,28	125
	II	7.943	-	635,44	714,87	-	519,12	584,01	-	408,96	460,08	-	305,04	343,17	-	207,20	233,10	-	115,60	130,05	-	34,08	38
	III	4.818	-	385,44	433,62	-	293,12	329,76	-	204,00	229,50	-	119,20	134,10	-	47,84	53,82	-	-	-	-	-	
	IV	9.399	-	751,92	845,91	-	690,00	776,25	-	629,68	708,39	-	570,96	642,33	-	513,68	577,89	-	458,00	515,25	-	403,84	454
	V	14.934	-	1.194,72	1.344,06																		
	VI	15.466	-	1.237,28	1.391,94																		
47.807,99	I	9.411	-	752,88	846,99	-	630,64	709,47	-	514,56	578,88	-	404,72	455,31	-	300,96	338,58	-	203,44	228,87	-	112,00	126
	II	7.955	-	636,40	715,95	-	520,08	585,09	-	409,84	461,07	-	305,84	344,07	-	208,00	234,00	-	116,32	130,86	-	34,64	38
	III	4.826	-	386,08	434,34	-	293,92	330,66	-	204,80	230,40	-	119,84	134,82	-	48,48	54,54	-	-	-	-	-	
	IV	9.411	-	752,88	846,99	-	691,04	777,42	-	630,64	709,47	-	571,84	643,32	-	514,56	578,88	-	458,88	516,24	-	404,72	455
	V	14.949	-	1.195,92	1.345,41																		
	VI	15.481	-	1.238,48	1.393,29																		
47.843,99	I	9.424	-	753,92	848,16	-	631,60	710,55	-	515,52	579,96	-	405,52	456,21	-	301,76	339,48	-	204,16	229,68	-	112,72	126
	II	7.967	-	637,36	717,03	-	520,96	586,08	-	410,72	462,06	-	306,64	344,97	-	208,72	234,81	-	117,04	131,67	-	35,20	39
	III	4.836	-	386,88	435,24	-	294,56	331,38	-	205,44	231,12	-	120,48	135,54	-	48,96	55,08	-	-	-	-	-	
	IV	9.424	-	753,92	848,16	-	692,00	778,50	-	631,60	710,55	-	572,80	644,40	-	515,52	579,96	-	459,76	517,23	-	405,52	456
	V	14.964	-	1.197,12	1.346,76																		
	VI	15.496	-	1.239,68	1.394,64																		
47.879,99	I	9.437	-	754,96	849,33	-	632,56	711,63	-	516,40	580,95	-	406,40	457,20	-	302,56	340,38	-	204,96	230,58	-	113,44	127
	II	7.979	-	638,32	718,11	-	521,84	587,07	-	411,60	463,05	-	307,44	345,87	-	209,52	235,71	-	117,68	132,39	-	35,76	40
	III	4.846	-	387,68	436,14	-	295,36	332,28	-	206,08	231,84	-	121,12	136,26	-	49,44	55,62	-	-	-	-	-	
	IV	9.437	-	754,96	849,33	-	692,96	779,58	-	632,56	711,63	-	573,76	645,48	-	516,40	580,95	-	460,64	518,22	-	406,40	457
	V	14.979	-	1.198,32	1.348,11																		
	VI	15.511	-	1.240,88	1.395,99																		
47.915,99	I	9.449	-	755,92	850,41	-	633,52	712,71	-	517,28	581,94	-	407,28	458,19	-	303,36	341,28	-	205,68	231,39	-	114,16	128
	II	7.991	-	639,28	719,19	-	522,80	588,15	-	412,40	463,95	-	308,24	346,77	-	210,24	236,52	-	118,40	133,20	-	36,32	40
	III	4.856	-	388,48	437,04	-	296,16	333,18	-	206,88	232,74	-	121,76	136,98	-	49,92	56,16	-	-	-	-	-	
	IV	9.449	-	755,92	850,41	-	694,00	780,75	-	633,52	712,71	-	574,64	646,47	-	517,28	581,94	-	461,52	519,21	-	407,28	458
	V	14.994	-	1.199,52	1.349,46																		
	VI	15.526	-	1.242,08	1.397,34																		
47.951,99	I	9.462	-	756,96	851,58	-	634,48	713,79	-	518,24	583,02	-	408,16	459,18	-	304,24	342,27	-	206,48	232,29	-	114,88	129
	II	8.003	-	640,24	720,27	-	523,68	589,14	-	413,28	464,94	-	309,04	347,67	-	211,04	237,42	-	119,12	134,01	-	36,88	41
	III	4.864	-	389,12	437,76	-	296,80	333,90	-	207,52	233,46	-	122,40	137,70	-	50,40	56,70	-	-	-	-	-	
	IV	9.462	-	756,96	851,58	-	694,96	781,83	-	634,48	713,79	-	575,60	647,55	-	518,24	583,02	-	462,40	520,20	-	408,16	459
	V	15.010	-	1.200,80	1.350,90																		
	VI	15.541	-	1.243,28	1.398,69																		
47.987,99	I	9.475	-	758,00	852,75	-	635,44	714,87	-	519,12	584,01	-	408,96	460,08	-	305,04	343,17	-	207,20	233,10	-	115,60	130
	II	8.015	-	641,20	721,35	-	524,64	590,22	-	414,16	465,93	-	309,92	348,66	-	211,76	238,23	-	119,84	134,82	-	37,44	42
	III	4.874	-	389,92	438,66	-	297,60	334,80	-	208,32	234,36	-	123,04	138,42	-	51,04	57,42	-	-	-	-	-	
	IV	9.475	-	758,00	852,75	-	695,92	782,91	-	635,44	714,87	-	576,56	648,63	-	519,12	584,01	-	463,28	521,19	-	408,96	46
	V	15.025	-	1.202,00	1.352,25																		
	VI	15.556	-	1.244,48	1.400,04																		
48.023,99	I	9.487	-	758,96	853,83	-	636,40	715,95	-	520,08	585,09	-	409,84	461,07	-	305,84	344,07	-	208,00	234,00	-	116,32	13
	II	8.027	-	642,16	722,43	-	525,52	591,21	-	415,04	466,92	-	310,72	349,56	-	212,56	239,13	-	120,56	135,63	-	38,00	42
	III	4.884	-	390,72	439,56	-	298,24	335,52	-	208,96	235,08	-	123,68	139,14	-	51,52	57,96	-	-	-	-	-	
	IV	9.487	-	758,96	853,83	-	696,96	784,08	-	636,40	715,95	-	577,44	649,62	-	520,08	585,09	-	464,16	522,18	-	409,84	46
	V	15.040	-	1.203,20	1.353,60																		
	VI	15.571	-	1.245,68	1.401,39																		
48.059,99	I	9.500	-	760,00	855,00	-	637,36	717,03	-	520,96	586,08	-	410,72	462,06	-	306,64	344,97	-	208,72	234,81	-	117,04	13
	II	8.040	-	643,20	723,60	-	526,40	592,20	-	415,92	467,91	-	311,52	350,46	-	213,28	239,94	-	121,28	136,44	-	38,56	4
	III	4.894	-	391,52	440,46	-	299,04	336,42	-	209,76	235,98	-	124,32	139,86	-	52,00	58,50	-	-	-	-	-	
	IV	9.500	-	760,00	855,00	-	697,92	785,16	-	637,36	717,03	-	578,40	650,70	-	520,96	586,08	-	465,04	523,17	-	410,72	46
	V	15.055	-	1.204,40	1.354,95																		
	VI	15.587	-	1.246,96	1.402,83																		

SolZ/KiSt lt. Tabelle nicht für Sonstige Bezüge anwendbar.

Besondere Tabelle

JAHR bis 48.599,99 €

Lohn/ Gehalt bis	Steuerklasse	Lohn- steuer	ohne Kinderfreibetrag SolZ 5,5%	ohne Kinderfreibetrag Kirchensteuer 8%	ohne Kinderfreibetrag Kirchensteuer 9%	0,5 SolZ 5,5%	0,5 Kirchensteuer 8%	0,5 Kirchensteuer 9%	1,0 SolZ 5,5%	1,0 Kirchensteuer 8%	1,0 Kirchensteuer 9%	1,5 SolZ 5,5%	1,5 Kirchensteuer 8%	1,5 Kirchensteuer 9%	2,0 SolZ 5,5%	2,0 Kirchensteuer 8%	2,0 Kirchensteuer 9%	2,5 SolZ 5,5%	2,5 Kirchensteuer 8%	2,5 Kirchensteuer 9%	3,0 SolZ 5,5%	3,0 Kirchensteuer 8%	3,0 Kirchensteuer 9%
						Anzahl Kinderfreibeträge (nur Steuerklassen I–IV)																	
48.095,99	I	9.512	–	760,96	856,08	–	638,32	718,11	–	521,84	587,07	–	411,60	463,05	–	307,44	345,87	–	209,52	235,71	–	117,68	132,39
	II	8.052	–	644,16	724,68	–	527,36	593,28	–	416,72	468,81	–	312,32	351,36	–	214,08	240,84	–	122,00	137,25	–	39,12	44,01
	III	4.902	–	392,16	441,18	–	299,68	337,14	–	210,40	236,70	–	124,96	140,58	–	52,48	59,04	–	–	–	–	–	–
	IV	9.512	–	760,96	856,08	–	698,88	786,24	–	638,32	718,11	–	579,36	651,78	–	521,84	587,07	–	465,92	524,16	–	411,60	463,05
	V	15.070	–	1.205,60	1.356,30																		
	VI	15.602	–	1.248,16	1.404,18																		
48.131,99	I	9.525	–	762,00	857,25	–	639,28	719,19	–	522,80	588,15	–	412,40	463,95	–	308,24	346,77	–	210,24	236,52	–	118,40	133,20
	II	8.064	–	645,12	725,76	–	528,24	594,27	–	417,60	469,80	–	313,12	352,26	–	214,88	241,74	–	122,72	138,06	–	39,68	44,64
	III	4.912	–	392,96	442,08	–	300,48	338,04	–	211,04	237,42	–	125,60	141,30	–	53,12	59,76	–	–	–	–	–	–
	IV	9.525	–	762,00	857,25	–	699,92	787,41	–	639,28	719,19	–	580,24	652,77	–	522,80	588,15	–	466,80	525,15	–	412,40	463,95
	V	15.085	–	1.206,80	1.357,65																		
	VI	15.617	–	1.249,36	1.405,53																		
48.167,99	I	9.538	–	763,04	858,42	–	640,24	720,27	–	523,68	589,14	–	413,28	464,94	–	309,04	347,67	–	211,04	237,42	–	119,12	134,01
	II	8.076	–	646,08	726,84	–	529,20	595,35	–	418,48	470,79	–	314,00	353,25	–	215,60	242,55	–	123,44	138,87	–	40,24	45,27
	III	4.922	–	393,76	442,98	–	301,28	338,94	–	211,84	238,32	–	126,24	142,02	–	53,60	60,30	–	–	–	–	–	–
	IV	9.538	–	763,04	858,42	–	700,88	788,49	–	640,24	720,27	–	581,20	653,85	–	523,68	589,14	–	467,76	526,23	–	413,28	464,94
	V	15.100	–	1.208,00	1.359,00																		
	VI	15.632	–	1.250,56	1.406,88																		
48.203,99	I	9.550	–	764,00	859,50	–	641,20	721,35	–	524,64	590,22	–	414,16	465,93	–	309,92	348,66	–	211,76	238,23	–	119,84	134,82
	II	8.088	–	647,04	727,92	–	530,08	596,34	–	419,36	471,78	–	314,80	354,15	–	216,40	243,45	–	124,16	139,68	–	40,80	45,90
	III	4.930	–	394,40	443,70	–	301,92	339,66	–	212,48	239,04	–	126,88	142,74	–	54,08	60,84	–	–	–	–	–	–
	IV	9.550	–	764,00	859,50	–	701,84	789,57	–	641,20	721,35	–	582,16	654,93	–	524,64	590,22	–	468,64	527,22	–	414,16	465,93
	V	15.115	–	1.209,20	1.360,35																		
	VI	15.647	–	1.251,76	1.408,23																		
48.239,99	I	9.563	–	765,04	860,67	–	642,16	722,43	–	525,52	591,21	–	415,04	466,92	–	310,72	349,56	–	212,56	239,13	–	120,56	135,63
	II	8.100	–	648,00	729,00	–	531,04	597,42	–	420,24	472,77	–	315,60	355,05	–	217,12	244,26	–	124,88	140,49	–	41,36	46,53
	III	4.940	–	395,20	444,60	–	302,72	340,56	–	213,28	239,94	–	127,52	143,46	–	54,56	61,38	–	–	–	–	–	–
	IV	9.563	–	765,04	860,67	–	702,88	790,74	–	642,16	722,43	–	583,12	656,01	–	525,52	591,21	–	469,52	528,21	–	415,04	466,92
	V	15.130	–	1.210,40	1.361,70																		
	VI	15.662	–	1.252,96	1.409,58																		
48.275,99	I	9.576	–	766,08	861,84	–	643,20	723,60	–	526,40	592,20	–	415,92	467,91	–	311,52	350,46	–	213,28	239,94	–	121,28	136,44
	II	8.112	–	648,96	730,08	–	531,92	598,41	–	421,12	473,76	–	316,40	355,95	–	217,92	245,16	–	125,60	141,30	–	42,00	47,25
	III	4.950	–	396,00	445,50	–	303,36	341,28	–	213,92	240,66	–	128,16	144,18	–	55,20	62,10	–	–	–	–	–	–
	IV	9.576	–	766,08	861,84	–	703,84	791,82	–	643,20	723,60	–	584,00	657,00	–	526,40	592,20	–	470,40	529,20	–	415,92	467,91
	V	15.146	–	1.211,68	1.363,14																		
	VI	15.677	–	1.254,16	1.410,93																		
48.311,99	I	9.588	–	767,04	862,92	–	644,16	724,68	–	527,36	593,28	–	416,72	468,81	–	312,32	351,36	–	214,08	240,84	–	122,00	137,25
	II	8.124	–	649,92	731,16	–	532,88	599,49	–	421,92	474,66	–	317,20	356,85	–	218,64	245,97	–	126,32	142,11	–	42,56	47,88
	III	4.960	–	396,80	446,40	–	304,16	342,18	–	214,56	241,38	–	128,80	144,90	–	55,68	62,64	–	–	–	–	–	–
	IV	9.588	–	767,04	862,92	–	704,80	792,90	–	644,16	724,68	–	584,96	658,08	–	527,36	593,28	–	471,28	530,19	–	416,72	468,81
	V	15.161	–	1.212,88	1.364,49																		
	VI	15.692	–	1.255,36	1.412,28																		
48.347,99	I	9.601	–	768,08	864,09	–	645,12	725,76	–	528,24	594,27	–	417,60	469,80	–	313,12	352,26	–	214,88	241,74	–	122,72	138,06
	II	8.136	–	650,88	732,24	–	533,76	600,48	–	422,80	475,65	–	318,08	357,84	–	219,44	246,87	–	127,04	142,92	–	43,12	48,51
	III	4.968	–	397,44	447,12	–	304,80	342,90	–	215,36	242,28	–	129,44	145,62	–	56,16	63,18	–	–	–	–	–	–
	IV	9.601	–	768,08	864,09	–	705,84	794,07	–	645,12	725,76	–	585,92	659,16	–	528,24	594,27	–	472,16	531,18	–	417,60	469,80
	V	15.176	–	1.214,08	1.365,84																		
	VI	15.708	–	1.256,64	1.413,72																		
48.383,99	I	9.614	–	769,12	865,26	–	646,08	726,84	–	529,20	595,35	–	418,48	470,79	–	314,00	353,25	–	215,60	242,55	–	123,44	138,87
	II	8.148	–	651,84	733,32	–	534,72	601,56	–	423,68	476,64	–	318,88	358,74	–	220,24	247,77	–	127,76	143,73	–	43,68	49,14
	III	4.978	–	398,24	448,02	–	305,60	343,80	–	216,00	243,00	–	130,08	146,34	–	56,80	63,90	–	–	–	–	–	–
	IV	9.614	–	769,12	865,26	–	706,80	795,15	–	646,08	726,84	–	586,88	660,24	–	529,20	595,35	–	473,04	532,17	–	418,48	470,79
	V	15.191	–	1.215,28	1.367,19																		
	VI	15.723	–	1.257,84	1.415,07																		
48.419,99	I	9.626	–	770,08	866,34	–	647,04	727,92	–	530,08	596,34	–	419,36	471,78	–	314,80	354,15	–	216,40	243,45	–	124,16	139,68
	II	8.160	–	652,80	734,40	–	535,60	602,55	–	424,56	477,63	–	319,68	359,64	–	220,96	248,58	–	128,48	144,54	–	44,32	49,86
	III	4.988	–	399,04	448,92	–	306,40	344,70	–	216,80	243,90	–	130,72	147,06	–	57,28	64,44	–	–	–	–	–	–
	IV	9.626	–	770,08	866,34	–	707,76	796,23	–	647,04	727,92	–	587,76	661,23	–	530,08	596,34	–	473,92	533,16	–	419,36	471,78
	V	15.206	–	1.216,48	1.368,54																		
	VI	15.738	–	1.259,04	1.416,42																		
48.455,99	I	9.639	–	771,12	867,51	–	648,00	729,00	–	531,04	597,42	–	420,24	472,77	–	315,60	355,05	–	217,12	244,26	–	124,88	140,49
	II	8.172	–	653,76	735,48	–	536,48	603,54	–	425,44	478,62	–	320,48	360,54	–	221,76	249,48	–	129,20	145,35	–	44,88	50,49
	III	4.998	–	399,84	449,82	–	307,04	345,42	–	217,44	244,62	–	131,36	147,78	–	57,76	64,98	–	–	–	–	–	–
	IV	9.639	–	771,12	867,51	–	708,80	797,40	–	648,00	729,00	–	588,72	662,31	–	531,04	597,42	–	474,88	534,24	–	420,24	472,77
	V	15.221	–	1.217,68	1.369,89																		
	VI	15.753	–	1.260,24	1.417,77																		
48.491,99	I	9.652	–	772,16	868,68	–	648,96	730,08	–	531,92	598,41	–	421,12	473,76	–	316,40	355,95	–	217,92	245,16	–	125,60	141,30
	II	8.184	–	654,72	736,56	–	537,44	604,62	–	426,32	479,61	–	321,36	361,53	–	222,56	250,38	–	129,92	146,16	–	45,44	51,12
	III	5.006	–	400,48	450,54	–	307,84	346,32	–	218,24	245,52	–	132,16	148,68	–	58,24	65,52	–	0,16	0,18	–	–	–
	IV	9.652	–	772,16	868,68	–	709,76	798,48	–	648,96	730,08	–	589,68	663,39	–	531,92	598,41	–	475,76	535,23	–	421,12	473,76
	V	15.236	–	1.218,88	1.371,24																		
	VI	15.768	–	1.261,44	1.419,12																		
48.527,99	I	9.664	–	773,12	869,76	–	649,92	731,16	–	532,88	599,49	–	421,92	474,66	–	317,20	356,85	–	218,64	245,97	–	126,32	142,11
	II	8.197	–	655,76	737,73	–	538,32	605,61	–	427,20	480,60	–	322,16	362,43	–	223,28	251,19	–	130,64	146,97	–	46,08	51,84
	III	5.016	–	401,28	451,44	–	308,48	347,04	–	218,88	246,24	–	132,80	149,40	–	58,88	66,24	–	0,64	0,72	–	–	–
	IV	9.664	–	773,12	869,76	–	710,80	799,65	–	649,92	731,16	–	590,64	664,47	–	532,88	599,49	–	476,64	536,22	–	421,92	474,66
	V	15.251	–	1.220,08	1.372,59																		
	VI	15.783	–	1.262,64	1.420,47																		
48.563,99	I	9.677	–	774,16	870,93	–	650,88	732,24	–	533,76	600,48	–	422,80	475,65	–	318,08	357,84	–	219,44	246,87	–	127,04	142,92
	II	8.209	–	656,72	738,81	–	539,28	606,69	–	428,00	481,50	–	322,96	363,33	–	224,08	252,09	–	131,36	147,78	–	46,64	52,47
	III	5.026	–	402,08	452,34	–	309,28	347,94	–	219,52	246,96	–	133,44	150,12	–	59,36	66,78	–	1,12	1,26	–	–	–
	IV	9.677	–	774,16	870,93	–	711,76	800,73	–	650,88	732,24	–	591,52	665,46	–	533,76	600,48	–	477,52	537,21	–	422,80	475,65
	V	15.267	–	1.221,36	1.374,03																		
	VI	15.798	–	1.263,84	1.421,82																		
48.599,99	I	9.690	–	775,20	872,10	–	651,84	733,32	–	534,72	601,56	–	423,68	476,64	–	318,88	358,74	–	220,24	247,77	–	127,76	143,73
	II	8.221	–	657,68	739,89	–	540,16	607,68	–	428,88	482,49	–	323,76	364,23	–	224,80	252,90	–	132,08	148,59	–	47,28	53,19
	III	5.036	–	402,88	453,24	–	310,08	348,84	–	220,32	247,86	–	134,08	150,84	–	59,84	67,32	–	1,44	1,62	–	–	–
	IV	9.690	–	775,20	872,10	–	712,72	801,81	–	651,84	733,32	–	592,48	666,54	–	534,72	601,56	–	478,40	538,20	–	423,68	476,64
	V	15.282	–	1.222,56	1.375,38																		
	VI	15.813	–	1.265,04	1.423,17																		

SolZ/KiSt lt. Tabelle nicht für Sonstige Bezüge anwendbar.

Lohn/ Gehalt bis	Steuerklasse	Lohn- steuer	ohne Kinderfreibetrag			Anzahl Kinderfreibeträge (nur Steuerklassen I–IV)																	
						0,5			1,0			1,5			2,0			2,5			3,0		
			SolZ 5,5%	Kirchensteuer 8%	9%	SolZ 5,5%	Kirchensteuer 8%	9%	SolZ 5,5%	Kirchensteuer 8%	9%	SolZ 5,5%	Kirchensteuer 8%	9%	SolZ 5,5%	Kirchensteuer 8%	9%	SolZ 5,5%	Kirchensteuer 8%	9%	SolZ 5,5%	Kirchensteuer 8%	9%
48.635,99	I	9.703	-	776,24	873,27	-	652,80	734,40	-	535,60	602,55	-	424,56	477,63	-	319,68	359,64	-	220,96	248,58	-	128,48	144,5
	II	8.233	-	658,64	740,97	-	541,12	608,76	-	429,76	483,48	-	324,64	365,22	-	225,60	253,80	-	132,80	149,40	-	47,84	53,8
	III	5.044	-	403,52	453,96	-	310,72	349,56	-	220,96	248,58	-	134,72	151,56	-	60,48	68,04	-	1,92	2,16	-	-	
	IV	9.703	-	776,24	873,27	-	713,76	802,98	-	652,80	734,40	-	593,44	667,62	-	535,60	602,55	-	479,28	539,19	-	424,56	477,6
	V	15.297	-	1.223,76	1.376,73																		
	VI	15.829	-	1.266,32	1.424,61																		
48.671,99	I	9.715	-	777,20	874,35	-	653,76	735,48	-	536,48	603,54	-	425,44	478,62	-	320,48	360,54	-	221,76	249,48	-	129,20	145,3
	II	8.245	-	659,60	742,05	-	542,00	609,75	-	430,64	484,47	-	325,44	366,12	-	226,40	254,70	-	133,52	150,21	-	48,40	54,4
	III	5.054	-	404,32	454,86	-	311,52	350,46	-	221,76	249,48	-	135,36	152,28	-	60,96	68,58	-	2,24	2,52	-	-	
	IV	9.715	-	777,20	874,35	-	714,72	804,06	-	653,76	735,48	-	594,40	668,70	-	536,48	603,54	-	480,16	540,18	-	425,44	478,6
	V	15.312	-	1.224,96	1.378,08																		
	VI	15.844	-	1.267,52	1.425,96																		
48.707,99	I	9.728	-	778,24	875,52	-	654,72	736,56	-	537,44	604,62	-	426,32	479,61	-	321,36	361,53	-	222,56	250,38	-	129,92	146,1
	II	8.257	-	660,56	743,13	-	542,96	610,83	-	431,52	485,46	-	326,24	367,02	-	227,12	255,51	-	134,24	151,02	-	49,04	55,1
	III	5.064	-	405,12	455,76	-	312,16	351,18	-	222,40	250,20	-	136,00	153,00	-	61,44	69,12	-	2,72	3,06	-	-	
	IV	9.728	-	778,24	875,52	-	715,76	805,23	-	654,72	736,56	-	595,36	669,78	-	537,44	604,62	-	481,12	541,26	-	426,32	479,6
	V	15.327	-	1.226,16	1.379,43																		
	VI	15.859	-	1.268,72	1.427,31																		
48.743,99	I	9.741	-	779,28	876,69	-	655,76	737,73	-	538,32	605,61	-	427,20	480,60	-	322,16	362,43	-	223,28	251,19	-	130,64	146,9
	II	8.269	-	661,52	744,21	-	543,84	611,82	-	432,40	486,45	-	327,04	367,92	-	227,92	256,41	-	134,96	151,83	-	49,68	55,8
	III	5.072	-	405,76	456,48	-	312,96	352,08	-	223,20	251,10	-	136,64	153,72	-	62,08	69,84	-	3,04	3,42	-	-	
	IV	9.741	-	779,28	876,69	-	716,72	806,31	-	655,76	737,73	-	596,24	670,77	-	538,32	605,61	-	482,00	542,25	-	427,20	480,6
	V	15.342	-	1.227,36	1.380,78																		
	VI	15.874	-	1.269,92	1.428,66																		
48.779,99	I	9.753	-	780,24	877,77	-	656,72	738,81	-	539,28	606,69	-	428,00	481,50	-	322,96	363,33	-	224,08	252,09	-	131,36	147,7
	II	8.281	-	662,48	745,29	-	544,80	612,90	-	433,28	487,44	-	327,92	368,91	-	228,72	257,31	-	135,68	152,64	-	50,24	56,5
	III	5.082	-	406,56	457,38	-	313,60	352,80	-	223,84	251,82	-	137,44	154,62	-	62,56	70,38	-	3,52	3,96	-	-	
	IV	9.753	-	780,24	877,77	-	717,68	807,39	-	656,72	738,81	-	597,20	671,85	-	539,28	606,69	-	482,88	543,24	-	428,00	481,5
	V	15.357	-	1.228,56	1.382,13																		
	VI	15.889	-	1.271,12	1.430,01																		
48.815,99	I	9.766	-	781,28	878,94	-	657,68	739,89	-	540,16	607,68	-	428,88	482,49	-	323,76	364,23	-	224,80	252,90	-	132,08	148,5
	II	8.294	-	663,52	746,46	-	545,68	613,89	-	434,16	488,43	-	328,72	369,81	-	229,44	258,12	-	136,40	153,45	-	50,88	57,2
	III	5.092	-	407,36	458,28	-	314,40	353,70	-	224,48	252,54	-	138,08	155,34	-	63,20	71,10	-	3,84	4,32	-	-	
	IV	9.766	-	781,28	878,94	-	718,72	808,56	-	657,68	739,89	-	598,16	672,93	-	540,16	607,68	-	483,76	544,23	-	428,88	482,4
	V	15.372	-	1.229,76	1.383,48																		
	VI	15.904	-	1.272,32	1.431,36																		
48.851,99	I	9.779	-	782,32	880,11	-	658,64	740,97	-	541,12	608,76	-	429,76	483,48	-	324,64	365,22	-	225,60	253,80	-	132,80	149,4
	II	8.306	-	664,48	747,54	-	546,64	614,97	-	435,04	489,42	-	329,52	370,71	-	230,24	259,02	-	137,12	154,26	-	51,44	57,8
	III	5.102	-	408,16	459,18	-	315,20	354,60	-	225,28	253,44	-	138,72	156,06	-	63,68	71,64	-	4,32	4,86	-	-	
	IV	9.779	-	782,32	880,11	-	719,68	809,64	-	658,64	740,97	-	599,12	674,01	-	541,12	608,76	-	484,64	545,22	-	429,76	483,4
	V	15.388	-	1.231,04	1.384,92																		
	VI	15.919	-	1.273,52	1.432,71																		
48.887,99	I	9.792	-	783,36	881,28	-	659,60	742,05	-	542,00	609,75	-	430,64	484,47	-	325,44	366,12	-	226,40	254,70	-	133,52	150,2
	II	8.318	-	665,44	748,62	-	547,60	616,05	-	435,84	490,32	-	330,32	371,61	-	231,04	259,92	-	137,84	155,07	-	52,08	58,5
	III	5.110	-	408,80	459,90	-	315,84	355,32	-	225,92	254,16	-	139,36	156,78	-	64,16	72,18	-	4,80	5,40	-	-	
	IV	9.792	-	783,36	881,28	-	720,72	810,81	-	659,60	742,05	-	600,08	675,09	-	542,00	609,75	-	485,60	546,30	-	430,64	484,4
	V	15.403	-	1.232,24	1.386,27																		
	VI	15.934	-	1.274,72	1.434,06																		
48.923,99	I	9.804	-	784,32	882,36	-	660,56	743,13	-	542,96	610,83	-	431,52	485,46	-	326,24	367,02	-	227,12	255,51	-	134,24	151,
	II	8.330	-	666,40	749,70	-	548,48	617,04	-	436,72	491,31	-	331,20	372,60	-	231,76	260,73	-	138,56	155,88	-	52,72	59,3
	III	5.120	-	409,60	460,80	-	316,64	356,22	-	226,72	255,06	-	140,00	157,50	-	64,80	72,90	-	5,12	5,76	-	-	
	IV	9.804	-	784,32	882,36	-	721,68	811,89	-	660,56	743,13	-	600,96	676,08	-	542,96	610,83	-	486,48	547,29	-	431,52	485,4
	V	15.418	-	1.233,44	1.387,62																		
	VI	15.949	-	1.275,92	1.435,41																		
48.959,99	I	9.817	-	785,36	883,53	-	661,52	744,21	-	543,84	611,82	-	432,40	486,45	-	327,04	367,92	-	227,92	256,41	-	134,96	151,
	II	8.342	-	667,36	750,78	-	549,44	618,12	-	437,60	492,30	-	332,00	373,50	-	232,56	261,63	-	139,28	156,69	-	53,28	59,
	III	5.130	-	410,40	461,70	-	317,28	356,94	-	227,36	255,78	-	140,64	158,22	-	65,28	73,44	-	5,60	6,30	-	-	
	IV	9.817	-	785,36	883,53	-	722,72	813,06	-	661,52	744,21	-	601,92	677,16	-	543,84	611,82	-	487,36	548,28	-	432,40	486,4
	V	15.433	-	1.234,64	1.388,97																		
	VI	15.965	-	1.277,20	1.436,85																		
48.995,99	I	9.830	-	786,40	884,70	-	662,48	745,29	-	544,80	612,90	-	433,28	487,44	-	327,92	368,91	-	228,72	257,31	-	135,68	152,6
	II	8.354	-	668,32	751,86	-	550,32	619,11	-	438,48	493,29	-	332,80	374,40	-	233,36	262,53	-	140,00	157,50	-	53,92	60,6
	III	5.140	-	411,20	462,60	-	318,08	357,84	-	228,16	256,68	-	141,44	159,12	-	65,76	73,98	-	5,92	6,66	-	-	
	IV	9.830	-	786,40	884,70	-	723,68	814,14	-	662,48	745,29	-	602,88	678,24	-	544,80	612,90	-	488,24	549,27	-	433,28	487,4
	V	15.448	-	1.235,84	1.390,32																		
	VI	15.980	-	1.278,40	1.438,20																		
49.031,99	I	9.843	-	787,44	885,87	-	663,52	746,46	-	545,68	613,89	-	434,16	488,43	-	328,72	369,81	-	229,44	258,12	-	136,40	153,4
	II	8.367	-	669,36	753,03	-	551,28	620,19	-	439,36	494,28	-	333,68	375,39	-	234,08	263,34	-	140,72	158,31	-	54,56	61,
	III	5.150	-	412,00	463,50	-	318,88	358,74	-	228,80	257,40	-	142,08	159,84	-	66,40	74,70	-	6,40	7,20	-	-	
	IV	9.843	-	787,44	885,87	-	724,72	815,31	-	663,52	746,46	-	603,84	679,32	-	545,68	613,89	-	489,12	550,26	-	434,16	488,
	V	15.463	-	1.237,04	1.391,67																		
	VI	15.995	-	1.279,60	1.439,55																		
49.067,99	I	9.856	-	788,48	887,04	-	664,48	747,54	-	546,64	614,97	-	435,04	489,42	-	329,52	370,71	-	230,24	259,02	-	137,12	154,
	II	8.379	-	670,32	754,11	-	552,16	621,18	-	440,24	495,27	-	334,48	376,29	-	234,88	264,24	-	141,44	159,12	-	55,12	62,
	III	5.158	-	412,64	464,22	-	319,52	359,46	-	229,60	258,30	-	142,72	160,56	-	66,88	75,24	-	6,88	7,74	-	-	
	IV	9.856	-	788,48	887,04	-	725,68	816,39	-	664,48	747,54	-	604,80	680,40	-	546,64	614,97	-	490,08	551,34	-	435,04	489,
	V	15.478	-	1.238,24	1.393,02																		
	VI	16.010	-	1.280,80	1.440,90																		
49.103,99	I	9.868	-	789,44	888,12	-	665,44	748,62	-	547,60	616,05	-	435,84	490,32	-	330,32	371,61	-	231,04	259,92	-	137,84	155,
	II	8.391	-	671,28	755,19	-	553,12	622,26	-	441,12	496,26	-	335,28	377,19	-	235,68	265,14	-	142,24	160,02	-	55,76	62,
	III	5.168	-	413,44	465,12	-	320,32	360,36	-	230,24	259,02	-	143,36	161,28	-	67,52	75,96	-	7,20	8,10	-	-	
	IV	9.868	-	789,44	888,12	-	726,64	817,47	-	665,44	748,62	-	605,76	681,48	-	547,60	616,05	-	490,96	552,33	-	435,84	490,
	V	15.493	-	1.239,44	1.394,37																		
	VI	16.025	-	1.282,00	1.442,25																		
49.139,99	I	9.881	-	790,48	889,29	-	666,40	749,70	-	548,48	617,04	-	436,72	491,31	-	331,20	372,60	-	231,76	260,73	-	138,56	155,
	II	8.403	-	672,24	756,27	-	554,00	623,25	-	442,00	497,25	-	336,16	378,18	-	236,48	266,04	-	142,96	160,83	-	56,40	63,
	III	5.178	-	414,24	466,02	-	320,96	361,08	-	230,88	259,74	-	144,00	162,00	-	68,00	76,50	-	7,68	8,64	-	-	
	IV	9.881	-	790,48	889,29	-	727,68	818,64	-	666,40	749,70	-	606,64	682,47	-	548,48	617,04	-	491,84	553,32	-	436,72	491,
	V	15.508	-	1.240,64	1.395,72																		
	VI	16.040	-	1.283,20	1.443,60																		

SolZ/KiSt lt. Tabelle nicht für Sonstige Bezüge anwendbar.

Besondere Tabelle

JAHR bis 49.679,99 €

Lohn/ Gehalt bis	Steuerklasse	Lohn-steuer	ohne Kinderfreibetrag SolZ 5,5%	Kirchensteuer 8%	9%	0,5 SolZ 5,5%	Kirchensteuer 8%	9%	1,0 SolZ 5,5%	Kirchensteuer 8%	9%	1,5 SolZ 5,5%	Kirchensteuer 8%	9%	2,0 SolZ 5,5%	Kirchensteuer 8%	9%	2,5 SolZ 5,5%	Kirchensteuer 8%	9%	3,0 SolZ 5,5%	Kirchensteuer 8%	9%
49.175,99	I	9.894	-	791,52	890,46	-	667,36	750,78	-	549,44	618,12	-	437,60	492,30	-	332,00	373,50	-	232,56	261,63	-	139,28	156,69
	II	8.415	-	673,20	757,35	-	554,96	624,33	-	442,88	498,24	-	336,96	379,08	-	237,20	266,85	-	143,68	161,64	-	57,04	64,17
	III	5.188	-	415,04	466,92	-	321,76	361,98	-	231,68	260,64	-	144,80	162,90	-	68,64	77,22	-	8,16	9,18	-	-	-
	IV	9.894	-	791,52	890,46	-	728,64	819,72	-	667,36	750,78	-	607,60	683,55	-	549,44	618,12	-	492,72	554,31	-	437,60	492,30
	V	15.524	-	1.241,92	1.397,16																		
	VI	16.055	-	1.284,40	1.444,95																		
49.211,99	I	9.907	-	792,56	891,63	-	668,32	751,86	-	550,32	619,11	-	438,48	493,29	-	332,80	374,40	-	233,36	262,53	-	140,00	157,50
	II	8.427	-	674,16	758,43	-	555,92	625,41	-	443,76	499,23	-	337,76	379,98	-	238,00	267,75	-	144,40	162,45	-	57,68	64,89
	III	5.196	-	415,68	467,64	-	322,56	362,88	-	232,32	261,36	-	145,44	163,62	-	69,12	77,76	-	8,48	9,54	-	-	-
	IV	9.907	-	792,56	891,63	-	729,68	820,89	-	668,32	751,86	-	608,56	684,63	-	550,32	619,11	-	493,68	555,39	-	438,48	493,29
	V	15.539	-	1.243,12	1.398,51																		
	VI	16.070	-	1.285,60	1.446,30																		
49.247,99	I	9.919	-	793,52	892,71	-	669,36	753,03	-	551,28	620,19	-	439,36	494,28	-	333,68	375,39	-	234,08	263,34	-	140,72	158,31
	II	8.440	-	675,20	759,60	-	556,80	626,40	-	444,64	500,22	-	338,64	380,97	-	238,80	268,65	-	145,12	163,26	-	58,32	65,61
	III	5.206	-	416,48	468,54	-	323,20	363,60	-	233,12	262,26	-	146,08	164,34	-	69,60	78,30	-	8,96	10,08	-	-	-
	IV	9.919	-	793,52	892,71	-	730,64	821,97	-	669,36	753,03	-	609,52	685,71	-	551,28	620,19	-	494,56	556,38	-	439,36	494,28
	V	15.554	-	1.244,32	1.399,86																		
	VI	16.086	-	1.286,88	1.447,74																		
49.283,99	I	9.932	-	794,56	893,88	-	670,32	754,11	-	552,16	621,18	-	440,24	495,27	-	334,48	376,29	-	234,88	264,24	-	141,44	159,12
	II	8.452	-	676,16	760,68	-	557,76	627,48	-	445,52	501,21	-	339,44	381,87	-	239,52	269,46	-	145,84	164,07	-	58,96	66,33
	III	5.216	-	417,28	469,44	-	324,00	364,50	-	233,76	262,98	-	146,72	165,06	-	70,24	79,02	-	9,44	10,62	-	-	-
	IV	9.932	-	794,56	893,88	-	731,68	823,14	-	670,32	754,11	-	610,48	686,79	-	552,16	621,18	-	495,44	557,37	-	440,24	495,27
	V	15.569	-	1.245,52	1.401,21																		
	VI	16.101	-	1.288,08	1.449,09																		
49.319,99	I	9.945	-	795,60	895,05	-	671,28	755,19	-	553,12	622,26	-	441,12	496,26	-	335,28	377,19	-	235,68	265,14	-	142,24	160,02
	II	8.464	-	677,12	761,76	-	558,64	628,47	-	446,40	502,20	-	340,24	382,77	-	240,32	270,36	-	146,56	164,88	-	59,52	66,96
	III	5.226	-	418,08	470,34	-	324,80	365,40	-	234,56	263,88	-	147,52	165,96	-	70,72	79,56	-	9,76	10,98	-	-	-
	IV	9.945	-	795,60	895,05	-	732,64	824,22	-	671,28	755,19	-	611,44	687,87	-	553,12	622,26	-	496,32	558,36	-	441,12	496,26
	V	15.584	-	1.246,72	1.402,56																		
	VI	16.116	-	1.289,28	1.450,44																		
49.355,99	I	9.958	-	796,64	896,22	-	672,24	756,27	-	554,00	623,25	-	442,00	497,25	-	336,16	378,18	-	236,48	266,04	-	142,96	160,83
	II	8.476	-	678,08	762,84	-	559,60	629,55	-	447,28	503,19	-	341,12	383,76	-	241,12	271,26	-	147,28	165,69	-	60,16	67,68
	III	5.234	-	418,72	471,06	-	325,44	366,12	-	235,20	264,60	-	148,16	166,68	-	71,36	80,28	-	10,24	11,52	-	-	-
	IV	9.958	-	796,64	896,22	-	733,68	825,39	-	672,24	756,27	-	612,40	688,95	-	554,00	623,25	-	497,28	559,44	-	442,00	497,25
	V	15.599	-	1.247,92	1.403,91																		
	VI	16.131	-	1.290,48	1.451,79																		
49.391,99	I	9.971	-	797,68	897,39	-	673,20	757,35	-	554,96	624,33	-	442,88	498,24	-	336,96	379,08	-	237,20	266,85	-	143,68	161,64
	II	8.489	-	679,12	764,01	-	560,56	630,63	-	448,16	504,18	-	341,92	384,66	-	241,92	272,16	-	148,00	166,50	-	60,80	68,40
	III	5.244	-	419,52	471,96	-	326,24	367,02	-	236,00	265,50	-	148,80	167,40	-	71,84	80,82	-	10,72	12,06	-	-	-
	IV	9.971	-	797,68	897,39	-	734,64	826,47	-	673,20	757,35	-	613,36	690,03	-	554,96	624,33	-	498,16	560,43	-	442,88	498,24
	V	15.614	-	1.249,12	1.405,26																		
	VI	16.146	-	1.291,68	1.453,14																		
49.427,99	I	9.984	-	798,72	898,56	-	674,16	758,43	-	555,92	625,41	-	443,76	499,23	-	337,76	379,98	-	238,00	267,75	-	144,40	162,45
	II	8.501	-	680,08	765,09	-	561,44	631,62	-	449,04	505,17	-	342,80	385,65	-	242,64	272,97	-	148,72	167,31	-	61,44	69,12
	III	5.254	-	420,32	472,86	-	326,88	367,74	-	236,64	266,22	-	149,44	168,12	-	72,48	81,54	-	11,04	12,42	-	-	-
	IV	9.984	-	798,72	898,56	-	735,68	827,64	-	674,16	758,43	-	614,24	691,02	-	555,92	625,41	-	499,04	561,42	-	443,76	499,23
	V	15.629	-	1.250,32	1.406,61																		
	VI	16.161	-	1.292,88	1.454,49																		
49.463,99	I	9.996	-	799,68	899,64	-	675,20	759,60	-	556,80	626,40	-	444,64	500,22	-	338,64	380,97	-	238,80	268,65	-	145,12	163,26
	II	8.513	-	681,04	766,17	-	562,40	632,70	-	449,92	506,16	-	343,60	386,55	-	243,44	273,87	-	149,52	168,21	-	62,16	69,93
	III	5.264	-	421,12	473,76	-	327,68	368,64	-	237,44	267,12	-	150,24	169,02	-	72,96	82,08	-	11,52	12,96	-	-	-
	IV	9.996	-	799,68	899,64	-	736,64	828,72	-	675,20	759,60	-	615,20	692,10	-	556,80	626,40	-	499,92	562,41	-	444,64	500,22
	V	15.645	-	1.251,60	1.408,05																		
	VI	16.176	-	1.294,08	1.455,84																		
49.499,99	I	10.009	-	800,72	900,81	-	676,16	760,68	-	557,76	627,48	-	445,52	501,21	-	339,44	381,87	-	239,52	269,46	-	145,84	164,07
	II	8.525	-	682,00	767,25	-	563,28	633,69	-	450,80	507,15	-	344,40	387,45	-	244,24	274,77	-	150,24	169,02	-	62,80	70,65
	III	5.272	-	421,76	474,48	-	328,48	369,54	-	238,08	267,84	-	150,88	169,74	-	73,60	82,80	-	12,00	13,50	-	-	-
	IV	10.009	-	800,72	900,81	-	737,68	829,89	-	676,16	760,68	-	616,16	693,18	-	557,76	627,48	-	500,88	563,49	-	445,52	501,21
	V	15.660	-	1.252,80	1.409,40																		
	VI	16.191	-	1.295,28	1.457,19																		
49.535,99	I	10.022	-	801,76	901,98	-	677,12	761,76	-	558,64	628,47	-	446,40	502,20	-	340,24	382,77	-	240,32	270,36	-	146,56	164,88
	II	8.538	-	683,04	768,42	-	564,24	634,77	-	451,68	508,14	-	345,28	388,44	-	245,04	275,67	-	150,96	169,83	-	63,44	71,37
	III	5.282	-	422,56	475,38	-	329,12	370,26	-	238,88	268,74	-	151,52	170,46	-	74,08	83,34	-	12,32	13,86	-	-	-
	IV	10.022	-	801,76	901,98	-	738,64	830,97	-	677,12	761,76	-	617,12	694,26	-	558,64	628,47	-	501,76	564,48	-	446,40	502,20
	V	15.675	-	1.254,00	1.410,75																		
	VI	16.207	-	1.296,56	1.458,63																		
49.571,99	I	10.035	-	802,80	903,15	-	678,08	762,84	-	559,60	629,55	-	447,28	503,19	-	341,12	383,76	-	241,12	271,26	-	147,28	165,69
	II	8.550	-	684,00	769,50	-	565,20	635,85	-	452,56	509,13	-	346,08	389,34	-	245,76	276,48	-	151,68	170,64	-	64,08	72,09
	III	5.292	-	423,36	476,28	-	329,92	371,16	-	239,52	269,46	-	152,16	171,18	-	74,72	84,06	-	12,80	14,40	-	-	-
	IV	10.035	-	802,80	903,15	-	739,68	832,14	-	678,08	762,84	-	618,08	695,34	-	559,60	629,55	-	502,64	565,47	-	447,28	503,19
	V	15.690	-	1.255,20	1.412,10																		
	VI	16.222	-	1.297,76	1.459,98																		
49.607,99	I	10.048	-	803,84	904,32	-	679,12	764,01	-	560,56	630,63	-	448,16	504,18	-	341,92	384,66	-	241,92	272,16	-	148,00	166,50
	II	8.562	-	684,96	770,58	-	566,08	636,84	-	453,44	510,12	-	346,88	390,24	-	246,56	277,38	-	152,40	171,45	-	64,72	72,81
	III	5.302	-	424,16	477,18	-	330,56	371,88	-	240,16	270,18	-	152,96	172,08	-	75,20	84,60	-	13,28	14,94	-	-	-
	IV	10.048	-	803,84	904,32	-	740,72	833,31	-	679,12	764,01	-	619,04	696,42	-	560,56	630,63	-	503,60	566,55	-	448,16	504,18
	V	15.705	-	1.256,40	1.413,45																		
	VI	16.237	-	1.298,96	1.461,33																		
49.643,99	I	10.061	-	804,88	905,49	-	680,08	765,09	-	561,44	631,62	-	449,04	505,17	-	342,80	385,65	-	242,64	272,97	-	148,72	167,31
	II	8.574	-	685,92	771,66	-	567,04	637,92	-	454,32	511,11	-	347,76	391,23	-	247,36	278,28	-	153,12	172,26	-	65,36	73,53
	III	5.312	-	424,96	478,08	-	331,36	372,78	-	240,96	271,08	-	153,60	172,80	-	75,84	85,32	-	13,76	15,48	-	-	-
	IV	10.061	-	804,88	905,49	-	741,68	834,39	-	680,08	765,09	-	620,00	697,50	-	561,44	631,62	-	504,48	567,54	-	449,04	505,17
	V	15.720	-	1.257,60	1.414,80																		
	VI	16.252	-	1.300,16	1.462,68																		
49.679,99	I	10.073	-	805,84	906,57	-	681,04	766,17	-	562,40	632,70	-	449,92	506,16	-	343,60	386,55	-	243,44	273,87	-	149,52	168,21
	II	8.587	-	686,96	772,83	-	568,00	639,00	-	455,20	512,10	-	348,56	392,13	-	248,16	279,18	-	153,92	173,16	-	66,00	74,25
	III	5.320	-	425,60	478,80	-	332,16	373,68	-	241,60	271,80	-	154,24	173,52	-	76,32	85,86	-	14,08	15,84	-	-	-
	IV	10.073	-	805,84	906,57	-	742,72	835,56	-	681,04	766,17	-	620,96	698,58	-	562,40	632,70	-	505,36	568,53	-	449,92	506,16
	V	15.735	-	1.258,80	1.416,15																		
	VI	16.267	-	1.301,36	1.464,03																		

Anzahl Kinderfreibeträge (nur Steuerklassen I–IV)

SolZ/KiSt lt. Tabelle nicht für Sonstige Bezüge anwendbar.

Lohn/ Gehalt bis	Steuerklasse	Lohn- steuer	ohne Kinderfreibetrag SolZ 5,5%	Kirchensteuer 8%	9%	Anzahl Kinderfreibeträge (nur Steuerklassen I–IV) 0,5 SolZ 5,5%	0,5 Kirchensteuer 8%	0,5 9%	1,0 SolZ 5,5%	1,0 Kirchensteuer 8%	1,0 9%	1,5 SolZ 5,5%	1,5 Kirchensteuer 8%	1,5 9%	2,0 SolZ 5,5%	2,0 Kirchensteuer 8%	2,0 9%	2,5 SolZ 5,5%	2,5 Kirchensteuer 8%	2,5 9%	3,0 SolZ 5,5%	3,0 Kirchensteuer 8%	3,0 9%
49.715,99	I	10.086	-	806,88	907,74	-	682,00	767,25	-	563,28	633,69	-	450,80	507,15	-	344,40	387,45	-	244,24	274,77	-	150,24	169,0
	II	8.599	-	687,92	773,91	-	568,88	639,99	-	456,08	513,09	-	349,44	393,12	-	248,96	280,08	-	154,64	173,97	-	66,64	74,9
	III	5.330	-	426,40	479,70	-	332,80	374,40	-	242,40	272,70	-	155,04	174,42	-	76,96	86,58	-	14,56	16,38	-	-	
	IV	10.086	-	806,88	907,74	-	743,68	836,64	-	682,00	767,25	-	621,92	699,66	-	563,28	633,69	-	506,24	569,52	-	450,80	507,1
	V	15.750	-	1.260,00	1.417,50																		
	VI	16.282	-	1.302,56	1.465,38																		
49.751,99	I	10.099	-	807,92	908,91	-	683,04	768,42	-	564,24	634,77	-	451,68	508,14	-	345,28	388,44	-	245,04	275,67	-	150,96	169,8
	II	8.611	-	688,88	774,99	-	569,84	641,07	-	456,96	514,08	-	350,24	394,02	-	249,68	280,89	-	155,36	174,78	-	67,36	75,7
	III	5.340	-	427,20	480,60	-	333,60	375,30	-	243,04	273,42	-	155,68	175,14	-	77,44	87,12	-	15,04	16,92	-	-	
	IV	10.099	-	807,92	908,91	-	744,72	837,81	-	683,04	768,42	-	622,88	700,74	-	564,24	634,77	-	507,20	570,60	-	451,68	508,1
	V	15.766	-	1.261,28	1.418,94																		
	VI	16.297	-	1.303,76	1.466,73																		
49.787,99	I	10.112	-	808,96	910,08	-	684,00	769,50	-	565,20	635,85	-	452,56	509,13	-	346,08	389,34	-	245,76	276,48	-	151,68	170,6
	II	8.623	-	689,84	776,07	-	570,80	642,15	-	457,84	515,07	-	351,04	394,92	-	250,48	281,79	-	156,08	175,59	-	68,00	76,5
	III	5.350	-	428,00	481,50	-	334,40	376,20	-	243,84	274,32	-	156,32	175,86	-	78,08	87,84	-	15,36	17,28	-	-	
	IV	10.112	-	808,96	910,08	-	745,68	838,89	-	684,00	769,50	-	623,84	701,82	-	565,20	635,85	-	508,08	571,59	-	452,56	509,1
	V	15.781	-	1.262,48	1.420,29																		
	VI	16.312	-	1.304,96	1.468,08																		
49.823,99	I	10.125	-	810,00	911,25	-	684,96	770,58	-	566,08	636,84	-	453,44	510,12	-	346,88	390,24	-	246,56	277,38	-	152,40	171,4
	II	8.636	-	690,88	777,24	-	571,68	643,14	-	458,72	516,06	-	351,92	395,91	-	251,28	282,69	-	156,80	176,40	-	68,64	77,2
	III	5.358	-	428,64	482,22	-	335,04	376,92	-	244,48	275,04	-	157,12	176,76	-	78,56	88,38	-	15,84	17,82	-	-	
	IV	10.125	-	810,00	911,25	-	746,72	840,06	-	684,96	770,58	-	624,80	702,90	-	566,08	636,84	-	508,96	572,58	-	453,44	510,1
	V	15.796	-	1.263,68	1.421,64																		
	VI	16.327	-	1.306,16	1.469,43																		
49.859,99	I	10.138	-	811,04	912,42	-	685,92	771,66	-	567,04	637,92	-	454,32	511,11	-	347,76	391,23	-	247,36	278,28	-	153,12	172,2
	II	8.648	-	691,84	778,32	-	572,64	644,22	-	459,60	517,05	-	352,72	396,81	-	252,08	283,59	-	157,52	177,21	-	69,36	78,0
	III	5.368	-	429,44	483,12	-	335,84	377,82	-	245,28	275,94	-	157,76	177,48	-	79,20	89,10	-	16,32	18,36	-	-	
	IV	10.138	-	811,04	912,42	-	747,68	841,14	-	685,92	771,66	-	625,76	703,98	-	567,04	637,92	-	509,92	573,66	-	454,32	511,1
	V	15.811	-	1.264,88	1.422,99																		
	VI	16.343	-	1.307,44	1.470,87																		
49.895,99	I	10.151	-	812,08	913,59	-	686,96	772,83	-	568,00	639,00	-	455,20	512,10	-	348,56	392,13	-	248,16	279,18	-	153,92	173,1
	II	8.660	-	692,80	779,40	-	573,60	645,30	-	460,48	518,04	-	353,60	397,80	-	252,88	284,49	-	158,32	178,11	-	70,00	78,7
	III	5.378	-	430,24	484,02	-	336,48	378,54	-	245,92	276,66	-	158,40	178,20	-	79,84	89,82	-	16,80	18,90	-	-	
	IV	10.151	-	812,08	913,59	-	748,72	842,31	-	686,96	772,83	-	626,64	704,97	-	568,00	639,00	-	510,80	574,65	-	455,20	512,1
	V	15.826	-	1.266,08	1.424,34																		
	VI	16.358	-	1.308,64	1.472,22																		
49.931,99	I	10.164	-	813,12	914,76	-	687,92	773,91	-	568,88	639,99	-	456,08	513,09	-	349,44	393,12	-	248,96	280,08	-	154,64	173,9
	II	8.673	-	693,84	780,57	-	574,48	646,29	-	461,36	519,03	-	354,40	398,70	-	253,60	285,30	-	159,04	178,92	-	70,64	79,4
	III	5.388	-	431,04	484,92	-	337,28	379,44	-	246,72	277,56	-	159,20	179,10	-	80,32	90,36	-	17,28	19,44	-	-	
	IV	10.164	-	813,12	914,76	-	749,76	843,48	-	687,92	773,91	-	627,60	706,05	-	568,88	639,99	-	511,68	575,64	-	456,08	513,0
	V	15.841	-	1.267,28	1.425,69																		
	VI	16.373	-	1.309,84	1.473,57																		
49.967,99	I	10.176	-	814,08	915,84	-	688,88	774,99	-	569,84	641,07	-	456,96	514,08	-	350,24	394,02	-	249,68	280,89	-	155,36	174,7
	II	8.685	-	694,80	781,65	-	575,44	647,37	-	462,24	520,02	-	355,28	399,69	-	254,40	286,20	-	159,76	179,73	-	71,36	80,2
	III	5.398	-	431,84	485,82	-	338,08	380,34	-	247,36	278,28	-	159,84	179,82	-	80,96	91,08	-	17,60	19,80	-	-	
	IV	10.176	-	814,08	915,84	-	750,72	844,56	-	688,88	774,99	-	628,56	707,13	-	569,84	641,07	-	512,64	576,72	-	456,96	514,0
	V	15.856	-	1.268,48	1.427,04																		
	VI	16.388	-	1.311,04	1.474,92																		
50.003,99	I	10.189	-	815,12	917,01	-	689,84	776,07	-	570,80	642,15	-	457,84	515,07	-	351,04	394,92	-	250,48	281,79	-	156,08	175,5
	II	8.697	-	695,76	782,73	-	576,40	648,45	-	463,12	521,01	-	356,08	400,59	-	255,20	287,10	-	160,48	180,54	-	72,00	81,0
	III	5.406	-	432,48	486,54	-	338,72	381,06	-	248,16	279,18	-	160,48	180,54	-	81,44	91,62	-	18,08	20,34	-	-	
	IV	10.189	-	815,12	917,01	-	751,76	845,73	-	689,84	776,07	-	629,52	708,21	-	570,80	642,15	-	513,52	577,71	-	457,84	515,0
	V	15.871	-	1.269,68	1.428,39																		
	VI	16.403	-	1.312,24	1.476,27																		
50.039,99	I	10.202	-	816,16	918,18	-	690,88	777,24	-	571,68	643,14	-	458,72	516,06	-	351,92	395,91	-	251,28	282,69	-	156,80	176,4
	II	8.710	-	696,80	783,90	-	577,28	649,44	-	464,00	522,00	-	356,96	401,58	-	256,00	288,00	-	161,20	181,35	-	72,72	81,8
	III	5.416	-	433,28	487,44	-	339,52	381,96	-	248,80	279,90	-	161,28	181,44	-	82,08	92,34	-	18,56	20,88	-	-	
	IV	10.202	-	816,16	918,18	-	752,72	846,81	-	690,88	777,24	-	630,48	709,29	-	571,68	643,14	-	514,40	578,70	-	458,72	516,
	V	15.886	-	1.270,88	1.429,74																		
	VI	16.418	-	1.313,44	1.477,62																		
50.075,99	I	10.215	-	817,20	919,35	-	691,84	778,32	-	572,64	644,22	-	459,60	517,05	-	352,72	396,81	-	252,08	283,59	-	157,52	177,2
	II	8.722	-	697,76	784,98	-	578,24	650,52	-	464,88	522,99	-	357,76	402,48	-	256,80	288,90	-	162,00	182,25	-	73,36	82,5
	III	5.426	-	434,08	488,34	-	340,32	382,86	-	249,60	280,80	-	161,92	182,16	-	82,56	92,88	-	19,04	21,42	-	-	
	IV	10.215	-	817,20	919,35	-	753,76	847,98	-	691,84	778,32	-	631,44	710,37	-	572,64	644,22	-	515,36	579,78	-	459,60	517,0
	V	15.902	-	1.272,16	1.431,18																		
	VI	16.433	-	1.314,64	1.478,97																		
50.111,99	I	10.228	-	818,24	920,52	-	692,80	779,40	-	573,60	645,30	-	460,48	518,04	-	353,60	397,80	-	252,88	284,49	-	158,32	178,1
	II	8.734	-	698,72	786,06	-	579,20	651,60	-	465,84	524,07	-	358,56	403,38	-	257,60	289,80	-	162,72	183,06	-	74,08	83,
	III	5.436	-	434,88	489,24	-	340,96	383,58	-	250,24	281,52	-	162,56	182,88	-	83,20	93,60	-	19,52	21,96	-	-	
	IV	10.228	-	818,24	920,52	-	754,80	849,15	-	692,80	779,40	-	632,40	711,45	-	573,60	645,30	-	516,24	580,77	-	460,48	518,0
	V	15.917	-	1.273,36	1.432,53																		
	VI	16.448	-	1.315,84	1.480,32																		
50.147,99	I	10.241	-	819,28	921,69	-	693,84	780,57	-	574,48	646,29	-	461,36	519,03	-	354,40	398,70	-	253,60	285,30	-	159,04	178,
	II	8.747	-	699,76	787,23	-	580,08	652,59	-	466,72	525,06	-	359,44	404,37	-	258,32	290,61	-	163,44	183,87	-	74,72	84,
	III	5.446	-	435,68	490,14	-	341,76	384,48	-	251,04	282,42	-	163,36	183,78	-	83,84	94,32	-	19,84	22,32	-	-	
	IV	10.241	-	819,28	921,69	-	755,76	850,23	-	693,84	780,57	-	633,36	712,53	-	574,48	646,29	-	517,20	581,85	-	461,36	519,0
	V	15.932	-	1.274,56	1.433,88																		
	VI	16.464	-	1.317,12	1.481,76																		
50.183,99	I	10.254	-	820,32	922,86	-	694,80	781,65	-	575,44	647,37	-	462,24	520,02	-	355,28	399,69	-	254,40	286,20	-	159,76	179,7
	II	8.759	-	700,72	788,31	-	581,04	653,67	-	467,60	526,05	-	360,24	405,27	-	259,12	291,51	-	164,16	184,68	-	75,44	84,8
	III	5.454	-	436,32	490,86	-	342,56	385,38	-	251,68	283,14	-	164,00	184,50	-	84,32	94,86	-	20,32	22,86	-	-	
	IV	10.254	-	820,32	922,86	-	756,80	851,40	-	694,80	781,65	-	634,32	713,61	-	575,44	647,37	-	518,08	582,84	-	462,24	520,0
	V	15.947	-	1.275,76	1.435,23																		
	VI	16.479	-	1.318,32	1.483,11																		
50.219,99	I	10.267	-	821,36	924,03	-	695,76	782,73	-	576,40	648,45	-	463,12	521,01	-	356,08	400,59	-	255,20	287,10	-	160,48	180,5
	II	8.771	-	701,68	789,39	-	582,00	654,75	-	468,48	527,04	-	361,12	406,26	-	259,92	292,41	-	164,96	185,58	-	76,08	85,5
	III	5.464	-	437,12	491,76	-	343,20	386,10	-	252,48	284,04	-	164,64	185,22	-	84,96	95,58	-	20,80	23,40	-	-	
	IV	10.267	-	821,36	924,03	-	757,76	852,48	-	695,76	782,73	-	635,28	714,69	-	576,40	648,45	-	518,96	583,83	-	463,12	521,0
	V	15.962	-	1.276,96	1.436,58																		
	VI	16.494	-	1.319,52	1.484,46																		

SolZ/KiSt lt. Tabelle nicht für Sonstige Bezüge anwendbar.

Besondere Tabelle

JAHR bis 50.759,99 €

Lohn/ Gehalt bis	Steuerklasse	Lohn-steuer	ohne Kinderfreibetrag SolZ 5,5%	Kirchensteuer 8%	Kirchensteuer 9%	0,5 SolZ 5,5%	0,5 Kirchensteuer 8%	0,5 Kirchensteuer 9%	1,0 SolZ 5,5%	1,0 Kirchensteuer 8%	1,0 Kirchensteuer 9%	1,5 SolZ 5,5%	1,5 Kirchensteuer 8%	1,5 Kirchensteuer 9%	2,0 SolZ 5,5%	2,0 Kirchensteuer 8%	2,0 Kirchensteuer 9%	2,5 SolZ 5,5%	2,5 Kirchensteuer 8%	2,5 Kirchensteuer 9%	3,0 SolZ 5,5%	3,0 Kirchensteuer 8%	3,0 Kirchensteuer 9%
						Anzahl Kinderfreibeträge (nur Steuerklassen I–IV)																	
50.255,99	I	10.280	-	822,40	925,20	-	696,80	783,90	-	577,28	649,44	-	464,00	522,00	-	356,96	401,58	-	256,00	288,00	-	161,20	181,35
	II	8.784	-	702,72	790,56	-	582,96	655,83	-	469,36	528,03	-	361,92	407,16	-	260,72	293,31	-	165,68	186,39	-	76,80	86,40
	III	5.474	-	437,92	492,66	-	344,00	387,00	-	253,12	284,76	-	165,44	186,12	-	85,44	96,12	-	21,28	23,94	-	-	-
	IV	10.280	-	822,40	925,20	-	758,80	853,65	-	696,80	783,90	-	636,24	715,77	-	577,28	649,44	-	519,92	584,91	-	464,00	522,00
	V	15.977	-	1.278,16	1.437,93																		
	VI	16.509	-	1.320,72	1.485,81																		
50.291,99	I	10.293	-	823,44	926,37	-	697,76	784,98	-	578,24	650,52	-	464,88	522,99	-	357,76	402,48	-	256,80	288,90	-	162,00	182,25
	II	8.796	-	703,68	791,64	-	583,84	656,82	-	470,24	529,02	-	362,80	408,15	-	261,52	294,21	-	166,40	187,20	-	77,44	87,12
	III	5.484	-	438,72	493,56	-	344,80	387,90	-	253,92	285,66	-	166,08	186,84	-	86,08	96,84	-	21,76	24,48	-	-	-
	IV	10.293	-	823,44	926,37	-	759,84	854,82	-	697,76	784,98	-	637,20	716,85	-	578,24	650,52	-	520,80	585,90	-	464,88	522,99
	V	15.992	-	1.279,36	1.439,28																		
	VI	16.524	-	1.321,92	1.487,16																		
50.327,99	I	10.306	-	824,48	927,54	-	698,72	786,06	-	579,20	651,60	-	465,84	524,07	-	358,56	403,38	-	257,60	289,80	-	162,72	183,06
	II	8.808	-	704,64	792,72	-	584,80	657,90	-	471,12	530,01	-	363,60	409,05	-	262,32	295,11	-	167,12	188,01	-	78,16	87,93
	III	5.494	-	439,52	494,46	-	345,44	388,62	-	254,56	286,38	-	166,72	187,56	-	86,72	97,56	-	22,08	24,84	-	-	-
	IV	10.306	-	824,48	927,54	-	760,80	855,90	-	698,72	786,06	-	638,16	717,93	-	579,20	651,60	-	521,76	586,98	-	465,84	524,07
	V	16.007	-	1.280,56	1.440,63																		
	VI	16.539	-	1.323,12	1.488,51																		
50.363,99	I	10.319	-	825,52	928,71	-	699,76	787,23	-	580,08	652,59	-	466,72	525,06	-	359,44	404,37	-	258,32	290,61	-	163,44	183,87
	II	8.821	-	705,68	793,89	-	585,76	658,98	-	472,00	531,00	-	364,48	410,04	-	263,12	296,01	-	167,92	188,91	-	78,88	88,74
	III	5.502	-	440,16	495,18	-	346,24	389,52	-	255,36	287,28	-	167,52	188,46	-	87,20	98,10	-	22,56	25,38	-	-	-
	IV	10.319	-	825,52	928,71	-	761,84	857,07	-	699,76	787,23	-	639,12	719,01	-	580,08	652,59	-	522,64	587,97	-	466,72	525,06
	V	16.023	-	1.281,84	1.442,07																		
	VI	16.554	-	1.324,32	1.489,86																		
50.399,99	I	10.332	-	826,56	929,88	-	700,72	788,31	-	581,04	653,67	-	467,60	526,05	-	360,24	405,27	-	259,12	291,51	-	164,16	184,68
	II	8.833	-	706,64	794,97	-	586,72	660,06	-	472,88	531,99	-	365,28	410,94	-	263,92	296,91	-	168,64	189,72	-	79,52	89,46
	III	5.512	-	440,96	496,08	-	346,88	390,24	-	256,00	288,00	-	168,16	189,18	-	87,84	98,82	-	23,04	25,92	-	-	-
	IV	10.332	-	826,56	929,88	-	762,88	858,24	-	700,72	788,31	-	640,08	720,09	-	581,04	653,67	-	523,52	588,96	-	467,60	526,05
	V	16.038	-	1.283,04	1.443,42																		
	VI	16.569	-	1.325,52	1.491,21																		
50.435,99	I	10.345	-	827,60	931,05	-	701,68	789,39	-	582,00	654,75	-	468,48	527,04	-	361,12	406,26	-	259,92	292,41	-	164,96	185,58
	II	8.845	-	707,60	796,05	-	587,60	661,05	-	473,84	533,07	-	366,16	411,93	-	264,64	297,72	-	169,36	190,53	-	80,24	90,27
	III	5.522	-	441,76	496,98	-	347,68	391,14	-	256,80	288,90	-	168,80	189,90	-	88,48	99,54	-	23,52	26,46	-	-	-
	IV	10.345	-	827,60	931,05	-	763,84	859,32	-	701,68	789,39	-	641,04	721,17	-	582,00	654,75	-	524,48	590,04	-	468,48	527,04
	V	16.053	-	1.284,24	1.444,77																		
	VI	16.585	-	1.326,80	1.492,65																		
50.471,99	I	10.358	-	828,64	932,22	-	702,72	790,56	-	582,96	655,83	-	469,36	528,03	-	361,92	407,16	-	260,72	293,31	-	165,68	186,39
	II	8.858	-	708,64	797,22	-	588,56	662,13	-	474,72	534,06	-	366,96	412,83	-	265,44	298,62	-	170,08	191,34	-	80,96	91,08
	III	5.532	-	442,56	497,88	-	348,48	392,04	-	257,44	289,62	-	169,60	190,80	-	88,96	100,08	-	24,00	27,00	-	-	-
	IV	10.358	-	828,64	932,22	-	764,88	860,49	-	702,72	790,56	-	642,00	722,25	-	582,96	655,83	-	525,36	591,03	-	469,36	528,03
	V	16.068	-	1.285,44	1.446,12																		
	VI	16.600	-	1.328,00	1.494,00																		
50.507,99	I	10.371	-	829,68	933,39	-	703,68	791,64	-	583,84	656,82	-	470,24	529,02	-	362,80	408,15	-	261,52	294,21	-	166,40	187,20
	II	8.870	-	709,60	798,30	-	589,52	663,21	-	475,60	535,05	-	367,84	413,82	-	266,24	299,52	-	170,88	192,24	-	81,60	91,80
	III	5.542	-	443,36	498,78	-	349,12	392,76	-	258,24	290,52	-	170,24	191,52	-	89,60	100,80	-	24,48	27,54	-	-	-
	IV	10.371	-	829,68	933,39	-	765,92	861,66	-	703,68	791,64	-	642,96	723,33	-	583,84	656,82	-	526,32	592,11	-	470,24	529,02
	V	16.083	-	1.286,64	1.447,47																		
	VI	16.615	-	1.329,20	1.495,35																		
50.543,99	I	10.384	-	830,72	934,56	-	704,64	792,72	-	584,80	657,90	-	471,12	530,01	-	363,60	409,05	-	262,32	295,11	-	167,12	188,01
	II	8.882	-	710,56	799,38	-	590,48	664,29	-	476,48	536,04	-	368,64	414,72	-	267,04	300,42	-	171,60	193,05	-	82,32	92,61
	III	5.550	-	444,00	499,50	-	349,92	393,66	-	258,88	291,24	-	170,88	192,24	-	90,24	101,52	-	24,96	28,08	-	-	-
	IV	10.384	-	830,72	934,56	-	766,88	862,74	-	704,64	792,72	-	644,00	724,50	-	584,80	657,90	-	527,20	593,10	-	471,12	530,01
	V	16.098	-	1.287,84	1.448,82																		
	VI	16.630	-	1.330,40	1.496,70																		
50.579,99	I	10.397	-	831,76	935,73	-	705,68	793,89	-	585,76	658,98	-	472,00	531,00	-	364,48	410,04	-	263,12	296,01	-	167,92	188,91
	II	8.895	-	711,60	800,55	-	591,36	665,28	-	477,36	537,03	-	369,52	415,71	-	267,84	301,32	-	172,32	193,86	-	83,04	93,42
	III	5.560	-	444,80	500,40	-	350,72	394,56	-	259,68	292,14	-	171,68	193,14	-	90,72	102,06	-	25,44	28,62	-	-	-
	IV	10.397	-	831,76	935,73	-	767,92	863,91	-	705,68	793,89	-	644,96	725,58	-	585,76	658,98	-	528,08	594,09	-	472,00	531,00
	V	16.113	-	1.289,04	1.450,17																		
	VI	16.645	-	1.331,60	1.498,05																		
50.615,99	I	10.410	-	832,80	936,90	-	706,64	794,97	-	586,72	660,06	-	472,88	531,99	-	365,28	410,94	-	263,92	296,91	-	168,64	189,72
	II	8.907	-	712,56	801,63	-	592,32	666,36	-	478,24	538,02	-	370,40	416,70	-	268,64	302,22	-	173,12	194,76	-	83,68	94,14
	III	5.570	-	445,60	501,30	-	351,36	395,28	-	260,32	292,86	-	172,32	193,86	-	91,36	102,78	-	25,76	28,98	-	-	-
	IV	10.410	-	832,80	936,90	-	768,96	865,08	-	706,64	794,97	-	645,92	726,66	-	586,72	660,06	-	529,04	595,17	-	472,88	531,99
	V	16.128	-	1.290,24	1.451,52																		
	VI	16.660	-	1.332,80	1.499,40																		
50.651,99	I	10.423	-	833,84	938,07	-	707,60	796,05	-	587,60	661,05	-	473,84	533,07	-	366,16	411,93	-	264,64	297,72	-	169,36	190,53
	II	8.920	-	713,60	802,80	-	593,28	667,44	-	479,12	539,01	-	371,20	417,60	-	269,44	303,12	-	173,84	195,57	-	84,40	94,95
	III	5.580	-	446,40	502,20	-	352,16	396,18	-	261,12	293,76	-	172,96	194,58	-	92,00	103,50	-	26,24	29,52	-	-	-
	IV	10.423	-	833,84	938,07	-	769,92	866,16	-	707,60	796,05	-	646,88	727,74	-	587,60	661,05	-	529,92	596,16	-	473,84	533,07
	V	16.144	-	1.291,52	1.452,96																		
	VI	16.675	-	1.334,00	1.500,75																		
50.687,99	I	10.435	-	834,80	939,15	-	708,64	797,22	-	588,56	662,13	-	474,72	534,06	-	366,96	412,83	-	265,44	298,62	-	170,08	191,34
	II	8.932	-	714,56	803,88	-	594,24	668,52	-	480,08	540,09	-	372,08	418,59	-	270,24	304,02	-	174,56	196,38	-	85,12	95,76
	III	5.590	-	447,20	503,10	-	352,96	397,08	-	261,76	294,48	-	173,76	195,48	-	92,48	104,04	-	26,72	30,06	-	-	-
	IV	10.435	-	834,80	939,15	-	770,96	867,33	-	708,64	797,22	-	647,84	728,82	-	588,56	662,13	-	530,88	597,24	-	474,72	534,06
	V	16.159	-	1.292,72	1.454,31																		
	VI	16.690	-	1.335,20	1.502,10																		
50.723,99	I	10.449	-	835,92	940,41	-	709,60	798,30	-	589,52	663,21	-	475,60	535,05	-	367,84	413,82	-	266,24	299,52	-	170,88	192,24
	II	8.945	-	715,60	805,05	-	595,20	669,60	-	480,96	541,08	-	372,88	419,49	-	271,04	304,92	-	175,28	197,19	-	85,76	96,48
	III	5.598	-	447,84	503,82	-	353,60	397,80	-	262,56	295,38	-	174,40	196,20	-	93,12	104,76	-	27,20	30,60	-	-	-
	IV	10.449	-	835,92	940,41	-	772,00	868,50	-	709,60	798,30	-	648,80	729,90	-	589,52	663,21	-	531,76	598,23	-	475,60	535,05
	V	16.174	-	1.293,92	1.455,66																		
	VI	16.705	-	1.336,40	1.503,45																		
50.759,99	I	10.462	-	836,96	941,58	-	710,56	799,38	-	590,48	664,29	-	476,48	536,04	-	368,64	414,72	-	267,04	300,42	-	171,60	193,05
	II	8.957	-	716,56	806,13	-	596,08	670,59	-	481,84	542,07	-	373,76	420,48	-	271,84	305,82	-	176,08	198,09	-	86,48	97,29
	III	5.608	-	448,64	504,72	-	354,40	398,70	-	263,20	296,10	-	175,04	196,92	-	93,76	105,48	-	27,68	31,14	-	-	-
	IV	10.462	-	836,96	941,58	-	772,96	869,58	-	710,56	799,38	-	649,76	730,98	-	590,48	664,29	-	532,72	599,31	-	476,48	536,04
	V	16.189	-	1.295,12	1.457,01																		
	VI	16.721	-	1.337,68	1.504,89																		

SolZ/KiSt lt. Tabelle nicht für Sonstige Bezüge anwendbar.

Lohn/ Gehalt bis	Steuerklasse	Lohn-steuer	ohne Kinderfreibetrag			Anzahl Kinderfreibeträge (nur Steuerklassen I–IV)																	
						0,5			1,0			1,5			2,0			2,5			3,0		
			SolZ 5,5%	Kirchensteuer 8%	9%	SolZ 5,5%	Kirchensteuer 8%	9%	SolZ 5,5%	Kirchensteuer 8%	9%	SolZ 5,5%	Kirchensteuer 8%	9%	SolZ 5,5%	Kirchensteuer 8%	9%	SolZ 5,5%	Kirchensteuer 8%	9%	SolZ 5,5%	Kirchensteuer 8%	9%
50.795,99	I	10.475	-	838,00	942,75	-	711,60	800,55	-	591,36	665,28	-	477,36	537,03	-	369,52	415,71	-	267,84	301,32	-	172,32	193,
	II	8.969	-	717,52	807,21	-	597,04	671,67	-	482,72	543,06	-	374,56	421,38	-	272,64	306,72	-	176,80	198,90	-	87,20	98,
	III	5.618	-	449,44	505,62	-	355,20	399,60	-	264,00	297,00	-	175,84	197,82	-	94,40	106,20	-	28,16	31,68	-	-	
	IV	10.475	-	838,00	942,75	-	774,00	870,75	-	711,60	800,55	-	650,72	732,06	-	591,36	665,28	-	533,60	600,30	-	477,36	537,
	V	16.204	-	1.296,32	1.458,36																		
	VI	16.736	-	1.338,88	1.506,24																		
50.831,99	I	10.488	-	839,04	943,92	-	712,56	801,63	-	592,32	666,36	-	478,24	538,02	-	370,40	416,70	-	268,64	302,22	-	173,12	194,
	II	8.982	-	718,56	808,38	-	598,00	672,75	-	483,60	544,05	-	375,44	422,37	-	273,44	307,62	-	177,52	199,71	-	87,84	98,
	III	5.628	-	450,24	506,52	-	355,84	400,32	-	264,64	297,72	-	176,48	198,54	-	94,88	106,74	-	28,64	32,22	-	-	
	IV	10.488	-	839,04	943,92	-	775,04	871,92	-	712,56	801,63	-	651,68	733,14	-	592,32	666,36	-	534,56	601,38	-	478,24	538,
	V	16.219	-	1.297,52	1.459,71																		
	VI	16.751	-	1.340,08	1.507,59																		
50.867,99	I	10.501	-	840,08	945,09	-	713,60	802,80	-	593,28	667,44	-	479,12	539,01	-	371,20	417,60	-	269,44	303,12	-	173,84	195,
	II	8.994	-	719,52	809,46	-	598,96	673,83	-	484,56	545,13	-	376,24	423,27	-	274,16	308,43	-	178,32	200,61	-	88,56	99,
	III	5.638	-	451,04	507,42	-	356,64	401,22	-	265,44	298,62	-	177,12	199,26	-	95,52	107,46	-	29,12	32,76	-	-	
	IV	10.501	-	840,08	945,09	-	776,00	873,00	-	713,60	802,80	-	652,64	734,22	-	593,28	667,44	-	535,44	602,37	-	479,12	539,
	V	16.234	-	1.298,72	1.461,06																		
	VI	16.766	-	1.341,28	1.508,94																		
50.903,99	I	10.514	-	841,12	946,26	-	714,56	803,88	-	594,24	668,52	-	480,08	540,09	-	372,08	418,59	-	270,24	304,02	-	174,56	196,
	II	9.007	-	720,56	810,63	-	599,92	674,91	-	485,44	546,12	-	377,12	424,26	-	274,96	309,33	-	179,04	201,42	-	89,28	100,
	III	5.648	-	451,84	508,32	-	357,44	402,12	-	266,08	299,34	-	177,92	200,16	-	96,16	108,18	-	29,60	33,30	-	-	
	IV	10.514	-	841,12	946,26	-	777,04	874,17	-	714,56	803,88	-	653,60	735,30	-	594,24	668,52	-	536,40	603,45	-	480,08	540,
	V	16.249	-	1.299,92	1.462,41																		
	VI	16.781	-	1.342,48	1.510,29																		
50.939,99	I	10.527	-	842,16	947,43	-	715,60	805,05	-	595,20	669,60	-	480,96	541,08	-	372,88	419,49	-	271,04	304,92	-	175,28	197,
	II	9.019	-	721,52	811,71	-	600,80	675,90	-	486,32	547,11	-	378,00	425,25	-	275,76	310,23	-	179,76	202,23	-	90,00	101,
	III	5.656	-	452,48	509,04	-	358,08	402,84	-	266,88	300,24	-	178,56	200,88	-	96,64	108,72	-	30,08	33,84	-	-	
	IV	10.527	-	842,16	947,43	-	778,08	875,34	-	715,60	805,05	-	654,56	736,38	-	595,20	669,60	-	537,28	604,44	-	480,96	541,
	V	16.264	-	1.301,12	1.463,76																		
	VI	16.796	-	1.343,68	1.511,64																		
50.975,99	I	10.540	-	843,20	948,60	-	716,56	806,13	-	596,08	670,59	-	481,84	542,07	-	373,76	420,48	-	271,84	305,82	-	176,08	198,
	II	9.032	-	722,56	812,88	-	601,76	676,98	-	487,20	548,10	-	378,80	426,15	-	276,56	311,13	-	180,56	203,13	-	90,64	101,
	III	5.666	-	453,28	509,94	-	358,88	403,74	-	267,52	300,96	-	179,20	201,60	-	97,28	109,44	-	30,56	34,38	-	-	
	IV	10.540	-	843,20	948,60	-	779,12	876,51	-	716,56	806,13	-	655,52	737,46	-	596,08	670,59	-	538,24	605,52	-	481,84	542,
	V	16.280	-	1.302,40	1.465,20																		
	VI	16.811	-	1.344,88	1.512,99																		
51.011,99	I	10.553	-	844,24	949,77	-	717,52	807,21	-	597,04	671,67	-	482,72	543,06	-	374,56	421,38	-	272,64	306,72	-	176,80	198,
	II	9.044	-	723,52	813,96	-	602,72	678,06	-	488,08	549,09	-	379,68	427,14	-	277,36	312,03	-	181,28	203,94	-	91,36	102,
	III	5.676	-	454,08	510,84	-	359,68	404,64	-	268,32	301,86	-	180,00	202,50	-	97,92	110,16	-	31,04	34,92	-	-	
	IV	10.553	-	844,24	949,77	-	780,08	877,59	-	717,52	807,21	-	656,56	738,63	-	597,04	671,67	-	539,12	606,51	-	482,72	543,
	V	16.295	-	1.303,60	1.466,55																		
	VI	16.826	-	1.346,08	1.514,34																		
51.047,99	I	10.566	-	845,28	950,94	-	718,56	808,38	-	598,00	672,75	-	483,60	544,05	-	375,44	422,37	-	273,44	307,62	-	177,52	199,
	II	9.056	-	724,48	815,04	-	603,68	679,14	-	489,04	550,17	-	380,48	428,04	-	278,16	312,93	-	182,00	204,75	-	92,08	103,
	III	5.686	-	454,88	511,74	-	360,32	405,36	-	268,96	302,58	-	180,64	203,22	-	98,56	110,88	-	31,52	35,46	-	-	
	IV	10.566	-	845,28	950,94	-	781,12	878,76	-	718,56	808,38	-	657,52	739,71	-	598,00	672,75	-	540,00	607,50	-	483,60	544,
	V	16.310	-	1.304,80	1.467,90																		
	VI	16.842	-	1.347,36	1.515,78																		
51.083,99	I	10.579	-	846,32	952,11	-	719,52	809,46	-	598,96	673,83	-	484,56	545,13	-	376,24	423,27	-	274,16	308,43	-	178,32	200,
	II	9.069	-	725,52	816,21	-	604,64	680,22	-	489,92	551,16	-	381,36	429,03	-	278,96	313,83	-	182,80	205,65	-	92,80	104,
	III	5.696	-	455,68	512,64	-	361,12	406,26	-	269,76	303,48	-	181,44	204,12	-	99,04	111,42	-	32,00	36,00	-	-	
	IV	10.579	-	846,32	952,11	-	782,16	879,93	-	719,52	809,46	-	658,48	740,79	-	598,96	673,83	-	540,96	608,58	-	484,56	545,
	V	16.325	-	1.306,00	1.469,25																		
	VI	16.857	-	1.348,56	1.517,13																		
51.119,99	I	10.592	-	847,36	953,28	-	720,56	810,63	-	599,92	674,91	-	485,44	546,12	-	377,12	424,26	-	274,96	309,33	-	179,04	201
	II	9.081	-	726,48	817,29	-	605,60	681,30	-	490,80	552,15	-	382,24	430,02	-	279,76	314,73	-	183,52	206,46	-	93,44	105,
	III	5.706	-	456,48	513,54	-	361,92	407,16	-	270,40	304,20	-	182,08	204,84	-	99,68	112,14	-	32,48	36,54	-	-	
	IV	10.592	-	847,36	953,28	-	783,20	881,10	-	720,56	810,63	-	659,44	741,87	-	599,92	674,91	-	541,92	609,66	-	485,44	546,
	V	16.340	-	1.307,20	1.470,60																		
	VI	16.872	-	1.349,76	1.518,48																		
51.155,99	I	10.605	-	848,40	954,45	-	721,52	811,71	-	600,80	675,90	-	486,32	547,11	-	378,00	425,25	-	275,76	310,23	-	179,76	202,
	II	9.094	-	727,52	818,46	-	606,48	682,29	-	491,68	553,14	-	383,04	430,92	-	280,56	315,63	-	184,32	207,36	-	94,16	105,
	III	5.714	-	457,12	514,26	-	362,56	407,88	-	271,20	305,10	-	182,72	205,56	-	100,32	112,86	-	32,96	37,08	-	-	
	IV	10.605	-	848,40	954,45	-	784,16	882,18	-	721,52	811,71	-	660,40	742,95	-	600,80	675,90	-	542,80	610,65	-	486,32	547,
	V	16.355	-	1.308,40	1.471,95																		
	VI	16.887	-	1.350,96	1.519,83																		
51.191,99	I	10.618	-	849,44	955,62	-	722,56	812,88	-	601,76	676,98	-	487,20	548,10	-	378,80	426,15	-	276,56	311,13	-	180,56	203,
	II	9.106	-	728,48	819,54	-	607,44	683,37	-	492,56	554,13	-	383,92	431,91	-	281,36	316,53	-	185,04	208,17	-	94,88	106,
	III	5.724	-	457,92	515,16	-	363,36	408,78	-	271,84	305,82	-	183,52	206,46	-	100,96	113,58	-	33,44	37,62	-	-	
	IV	10.618	-	849,44	955,62	-	785,20	883,35	-	722,56	812,88	-	661,36	744,03	-	601,76	676,98	-	543,76	611,73	-	487,20	548,
	V	16.370	-	1.309,60	1.473,30																		
	VI	16.902	-	1.352,16	1.521,18																		
51.227,99	I	10.631	-	850,48	956,79	-	723,52	813,96	-	602,72	678,06	-	488,08	549,09	-	379,68	427,14	-	277,36	312,03	-	181,28	203
	II	9.119	-	729,52	820,71	-	608,40	684,45	-	493,52	555,21	-	384,72	432,81	-	282,16	317,43	-	185,76	208,98	-	95,60	107,
	III	5.734	-	458,72	516,06	-	364,16	409,68	-	272,64	306,72	-	184,16	207,18	-	101,60	114,30	-	33,92	38,16	-	-	
	IV	10.631	-	850,48	956,79	-	786,24	884,52	-	723,52	813,96	-	662,32	745,11	-	602,72	678,06	-	544,64	612,72	-	488,08	549,
	V	16.385	-	1.310,80	1.474,65																		
	VI	16.917	-	1.353,36	1.522,53																		
51.263,99	I	10.644	-	851,52	957,96	-	724,48	815,04	-	603,68	679,14	-	489,04	550,17	-	380,48	428,04	-	278,16	312,93	-	182,00	204,
	II	9.131	-	730,48	821,79	-	609,36	685,53	-	494,40	556,20	-	385,60	433,80	-	282,96	318,33	-	186,56	209,88	-	96,24	108,
	III	5.744	-	459,52	516,96	-	364,80	410,40	-	273,28	307,44	-	184,80	207,90	-	102,08	114,84	-	34,40	38,70	-	-	
	IV	10.644	-	851,52	957,96	-	787,28	885,69	-	724,48	815,04	-	663,36	746,28	-	603,68	679,14	-	545,60	613,80	-	489,04	550,
	V	16.401	-	1.312,08	1.476,09																		
	VI	16.932	-	1.354,56	1.523,88																		
51.299,99	I	10.657	-	852,56	959,13	-	725,52	816,21	-	604,64	680,22	-	489,92	551,16	-	381,36	429,03	-	278,96	313,83	-	182,80	205,
	II	9.144	-	731,52	822,96	-	610,32	686,61	-	495,28	557,19	-	386,48	434,79	-	283,76	319,23	-	187,28	210,69	-	96,96	109,
	III	5.754	-	460,32	517,86	-	365,60	411,30	-	274,08	308,34	-	185,60	208,80	-	102,72	115,56	-	34,88	39,24	-	-	
	IV	10.657	-	852,56	959,13	-	788,24	886,77	-	725,52	816,21	-	664,32	747,36	-	604,64	680,22	-	546,48	614,79	-	489,92	551,
	V	16.416	-	1.313,28	1.477,44																		
	VI	16.947	-	1.355,76	1.525,23																		

SolZ/KiSt lt. Tabelle nicht für Sonstige Bezüge anwendbar.

Besondere Tabelle

JAHR bis 51.839,99 €

Lohn/ Gehalt bis	Steuerklasse	Lohnsteuer	ohne Kinderfreibetrag			Anzahl Kinderfreibeträge (nur Steuerklassen I–IV)																	
						0,5			1,0			1,5			2,0			2,5			3,0		
			SolZ 5,5%	Kirchensteuer 8%	Kirchensteuer 9%	SolZ 5,5%	Kirchensteuer 8%	Kirchensteuer 9%	SolZ 5,5%	Kirchensteuer 8%	Kirchensteuer 9%	SolZ 5,5%	Kirchensteuer 8%	Kirchensteuer 9%	SolZ 5,5%	Kirchensteuer 8%	Kirchensteuer 9%	SolZ 5,5%	Kirchensteuer 8%	Kirchensteuer 9%	SolZ 5,5%	Kirchensteuer 8%	Kirchensteuer 9%
51.335,99	I	10.670	–	853,60	960,30	–	726,48	817,29	–	605,60	681,30	–	490,80	552,15	–	382,24	430,02	–	279,76	314,73	–	183,52	206,46
	II	9.156	–	732,48	824,04	–	611,28	687,69	–	496,16	558,18	–	387,28	435,69	–	284,56	320,13	–	188,00	211,50	–	97,68	109,89
	III	5.764	–	461,12	518,76	–	366,40	412,20	–	274,72	309,06	–	186,24	209,52	–	103,36	116,28	–	35,36	39,78	–	–	–
	IV	10.670	–	853,60	960,30	–	789,28	887,94	–	726,48	817,29	–	665,28	748,44	–	605,60	681,30	–	547,44	615,87	–	490,80	552,15
	V	16.431	–	1.314,48	1.478,79																		
	VI	16.963	–	1.357,04	1.526,67																		
51.371,99	I	10.683	–	854,64	961,47	–	727,52	818,46	–	606,48	682,29	–	491,68	553,14	–	383,04	430,92	–	280,56	315,63	–	184,32	207,36
	II	9.169	–	733,52	825,21	–	612,24	688,77	–	497,12	559,26	–	388,16	436,68	–	285,36	321,03	–	188,80	212,40	–	98,40	110,70
	III	5.772	–	461,76	519,48	–	367,04	412,92	–	275,52	309,96	–	186,88	210,24	–	104,00	117,00	–	35,84	40,32	–	–	–
	IV	10.683	–	854,64	961,47	–	790,32	889,11	–	727,52	818,46	–	666,24	749,52	–	606,48	682,29	–	548,32	616,86	–	491,68	553,14
	V	16.446	–	1.315,68	1.480,14																		
	VI	16.978	–	1.358,24	1.528,02																		
51.407,99	I	10.697	–	855,76	962,73	–	728,48	819,54	–	607,44	683,37	–	492,56	554,13	–	383,92	431,91	–	281,36	316,53	–	185,04	208,17
	II	9.181	–	734,48	826,29	–	613,20	689,85	–	498,00	560,25	–	389,04	437,67	–	286,16	321,93	–	189,52	213,21	–	99,04	111,42
	III	5.782	–	462,56	520,38	–	367,84	413,82	–	276,16	310,68	–	187,68	211,14	–	104,64	117,72	–	36,32	40,86	–	–	–
	IV	10.697	–	855,76	962,73	–	791,36	890,28	–	728,48	819,54	–	667,20	750,60	–	607,44	683,37	–	549,28	617,94	–	492,56	554,13
	V	16.461	–	1.316,88	1.481,49																		
	VI	16.993	–	1.359,44	1.529,37																		
51.443,99	I	10.710	–	856,80	963,90	–	729,52	820,71	–	608,40	684,45	–	493,52	555,21	–	384,72	432,81	–	282,16	317,43	–	185,76	208,98
	II	9.194	–	735,52	827,46	–	614,08	690,84	–	498,88	561,24	–	389,84	438,57	–	286,96	322,83	–	190,32	214,11	–	99,76	112,23
	III	5.792	–	463,36	521,28	–	368,64	414,72	–	276,96	311,58	–	188,32	211,86	–	105,28	118,44	–	36,80	41,40	–	–	–
	IV	10.710	–	856,80	963,90	–	792,40	891,45	–	729,52	820,71	–	668,16	751,68	–	608,40	684,45	–	550,16	618,93	–	493,52	555,21
	V	16.476	–	1.318,08	1.482,84																		
	VI	17.008	–	1.360,64	1.530,72																		
51.479,99	I	10.723	–	857,84	965,07	–	730,48	821,79	–	609,36	685,53	–	494,40	556,20	–	385,60	433,80	–	282,96	318,33	–	186,56	209,88
	II	9.206	–	736,48	828,54	–	615,04	691,92	–	499,84	562,32	–	390,72	439,56	–	287,76	323,73	–	191,04	214,92	–	100,48	113,04
	III	5.802	–	464,16	522,18	–	369,28	415,44	–	277,60	312,30	–	189,12	212,76	–	105,76	118,98	–	37,28	41,94	–	–	–
	IV	10.723	–	857,84	965,07	–	793,36	892,53	–	730,48	821,79	–	669,20	752,85	–	609,36	685,53	–	551,12	620,01	–	494,40	556,20
	V	16.491	–	1.319,28	1.484,19																		
	VI	17.023	–	1.361,84	1.532,07																		
51.515,99	I	10.736	–	858,88	966,24	–	731,52	822,96	–	610,32	686,61	–	495,28	557,19	–	386,48	434,79	–	283,76	319,23	–	187,28	210,69
	II	9.219	–	737,52	829,71	–	616,00	693,00	–	500,72	563,31	–	391,60	440,55	–	288,56	324,63	–	191,84	215,82	–	101,20	113,85
	III	5.812	–	464,96	523,08	–	370,08	416,34	–	278,40	313,20	–	189,76	213,48	–	106,40	119,70	–	37,76	42,48	–	–	–
	IV	10.736	–	858,88	966,24	–	794,40	893,70	–	731,52	822,96	–	670,16	753,93	–	610,32	686,61	–	552,00	621,00	–	495,28	557,19
	V	16.506	–	1.320,48	1.485,54																		
	VI	17.038	–	1.363,04	1.533,42																		
51.551,99	I	10.749	–	859,92	967,41	–	732,48	824,04	–	611,28	687,69	–	496,16	558,18	–	387,28	435,69	–	284,56	320,13	–	188,00	211,50
	II	9.231	–	738,48	830,79	–	616,96	694,08	–	501,60	564,30	–	392,40	441,45	–	289,36	325,53	–	192,56	216,63	–	101,92	114,66
	III	5.822	–	465,76	523,98	–	370,88	417,24	–	279,04	313,92	–	190,40	214,20	–	107,04	120,42	–	38,24	43,02	–	–	–
	IV	10.749	–	859,92	967,41	–	795,44	894,87	–	732,48	824,04	–	671,12	755,01	–	611,28	687,69	–	552,96	622,08	–	496,16	558,18
	V	16.522	–	1.321,76	1.486,98																		
	VI	17.053	–	1.364,24	1.534,77																		
51.587,99	I	10.762	–	860,96	968,58	–	733,52	825,21	–	612,24	688,77	–	497,12	559,26	–	388,16	436,68	–	285,36	321,03	–	188,80	212,40
	II	9.244	–	739,52	831,96	–	617,92	695,16	–	502,48	565,29	–	393,28	442,44	–	290,24	326,52	–	193,28	217,44	–	102,56	115,38
	III	5.830	–	466,40	524,70	–	371,68	418,14	–	279,84	314,82	–	191,20	215,10	–	107,68	121,14	–	38,72	43,56	–	–	–
	IV	10.762	–	860,96	968,58	–	796,48	896,04	–	733,52	825,21	–	672,08	756,09	–	612,24	688,77	–	553,92	623,16	–	497,12	559,26
	V	16.537	–	1.322,96	1.488,33																		
	VI	17.068	–	1.365,44	1.536,12																		
51.623,99	I	10.775	–	862,00	969,75	–	734,48	826,29	–	613,20	689,85	–	498,00	560,25	–	389,04	437,67	–	286,16	321,93	–	189,52	213,21
	II	9.256	–	740,48	833,04	–	618,88	696,24	–	503,44	566,37	–	394,16	443,43	–	291,04	327,42	–	194,08	218,34	–	103,28	116,19
	III	5.840	–	467,20	525,60	–	372,32	418,86	–	280,64	315,72	–	191,84	215,82	–	108,32	121,86	–	39,20	44,10	–	–	–
	IV	10.775	–	862,00	969,75	–	797,52	897,21	–	734,48	826,29	–	673,04	757,17	–	613,20	689,85	–	554,80	624,15	–	498,00	560,25
	V	16.552	–	1.324,16	1.489,68																		
	VI	17.083	–	1.366,64	1.537,47																		
51.659,99	I	10.788	–	863,04	970,92	–	735,52	827,46	–	614,08	690,84	–	498,88	561,24	–	389,84	438,57	–	286,96	322,83	–	190,32	214,11
	II	9.269	–	741,52	834,21	–	619,84	697,32	–	504,32	567,36	–	394,96	444,33	–	291,84	328,32	–	194,80	219,15	–	104,00	117,00
	III	5.850	–	468,00	526,50	–	373,12	419,76	–	281,28	316,44	–	192,64	216,72	–	108,96	122,58	–	39,68	44,64	–	–	–
	IV	10.788	–	863,04	970,92	–	798,48	898,29	–	735,52	827,46	–	674,00	758,25	–	614,08	690,84	–	555,76	625,23	–	498,88	561,24
	V	16.567	–	1.325,36	1.491,03																		
	VI	17.099	–	1.367,92	1.538,91																		
51.695,99	I	10.801	–	864,08	972,09	–	736,48	828,54	–	615,04	691,92	–	499,84	562,32	–	390,72	439,56	–	287,76	323,73	–	191,04	214,92
	II	9.282	–	742,56	835,38	–	620,80	698,40	–	505,20	568,35	–	395,84	445,32	–	292,64	329,22	–	195,60	220,05	–	104,72	117,81
	III	5.860	–	468,80	527,40	–	373,92	420,66	–	282,08	317,34	–	193,28	217,44	–	109,60	123,30	–	40,16	45,18	–	–	–
	IV	10.801	–	864,08	972,09	–	799,52	899,46	–	736,48	828,54	–	675,04	759,42	–	615,04	691,92	–	556,64	626,22	–	499,84	562,32
	V	16.582	–	1.326,56	1.492,38																		
	VI	17.114	–	1.369,12	1.540,26																		
51.731,99	I	10.815	–	865,20	973,35	–	737,52	829,71	–	616,00	693,00	–	500,72	563,31	–	391,60	440,55	–	288,56	324,63	–	191,84	215,82
	II	9.294	–	743,52	836,46	–	621,76	699,48	–	506,16	569,43	–	396,72	446,31	–	293,44	330,12	–	196,32	220,86	–	105,44	118,62
	III	5.870	–	469,60	528,30	–	374,56	421,38	–	282,72	318,06	–	193,92	218,16	–	110,08	123,84	–	40,64	45,72	–	–	–
	IV	10.815	–	865,20	973,35	–	800,56	900,63	–	737,52	829,71	–	676,00	760,50	–	616,00	693,00	–	557,60	627,30	–	500,72	563,31
	V	16.597	–	1.327,76	1.493,73																		
	VI	17.129	–	1.370,32	1.541,61																		
51.767,99	I	10.828	–	866,24	974,52	–	738,48	830,79	–	616,96	694,08	–	501,60	564,30	–	392,40	441,45	–	289,36	325,53	–	192,56	216,63
	II	9.307	–	744,56	837,63	–	622,72	700,56	–	507,04	570,42	–	397,52	447,21	–	294,24	331,02	–	197,12	221,76	–	106,08	119,34
	III	5.880	–	470,40	529,20	–	375,36	422,28	–	283,52	318,96	–	194,72	219,06	–	110,72	124,56	–	41,28	46,44	–	–	–
	IV	10.828	–	866,24	974,52	–	801,60	901,80	–	738,48	830,79	–	676,96	761,58	–	616,96	694,08	–	558,48	628,29	–	501,60	564,30
	V	16.612	–	1.328,96	1.495,08																		
	VI	17.144	–	1.371,52	1.542,96																		
51.803,99	I	10.841	–	867,28	975,69	–	739,52	831,96	–	617,92	695,16	–	502,48	565,29	–	393,28	442,44	–	290,24	326,52	–	193,28	217,44
	II	9.319	–	745,52	838,71	–	623,68	701,64	–	507,92	571,41	–	398,40	448,20	–	295,04	331,92	–	197,84	222,57	–	106,80	120,15
	III	5.890	–	471,20	530,10	–	376,16	423,18	–	284,16	319,68	–	195,36	219,78	–	111,36	125,28	–	41,76	46,98	–	–	–
	IV	10.841	–	867,28	975,69	–	802,64	902,97	–	739,52	831,96	–	677,92	762,66	–	617,92	695,16	–	559,44	629,37	–	502,48	565,29
	V	16.627	–	1.330,16	1.496,43																		
	VI	17.159	–	1.372,72	1.544,31																		
51.839,99	I	10.854	–	868,32	976,86	–	740,48	833,04	–	618,88	696,24	–	503,44	566,37	–	394,16	443,43	–	291,04	327,42	–	194,08	218,34
	II	9.332	–	746,56	839,88	–	624,64	702,72	–	508,88	572,49	–	399,28	449,19	–	295,84	332,82	–	198,64	223,47	–	107,52	120,96
	III	5.898	–	471,84	530,82	–	376,80	423,90	–	284,96	320,58	–	196,00	220,50	–	112,00	126,00	–	42,24	47,52	–	–	–
	IV	10.854	–	868,32	976,86	–	803,68	904,14	–	740,48	833,04	–	678,96	763,83	–	618,88	696,24	–	560,40	630,45	–	503,44	566,37
	V	16.642	–	1.331,36	1.497,78																		
	VI	17.174	–	1.373,92	1.545,66																		

SolZ/KiSt lt. Tabelle nicht für Sonstige Bezüge anwendbar.

Lohn/ Gehalt bis	Steuerklasse	Lohn-steuer	ohne Kinderfreibetrag SolZ 5,5%	Kirchensteuer 8%	Kirchensteuer 9%	0,5 SolZ 5,5%	0,5 Kirchensteuer 8%	0,5 Kirchensteuer 9%	1,0 SolZ 5,5%	1,0 Kirchensteuer 8%	1,0 Kirchensteuer 9%	1,5 SolZ 5,5%	1,5 Kirchensteuer 8%	1,5 Kirchensteuer 9%	2,0 SolZ 5,5%	2,0 Kirchensteuer 8%	2,0 Kirchensteuer 9%	2,5 SolZ 5,5%	2,5 Kirchensteuer 8%	2,5 Kirchensteuer 9%	3,0 SolZ 5,5%	3,0 Kirchensteuer 8%	3,0 Kirchensteue 9%
						Anzahl Kinderfreibeträge (nur Steuerklassen I–IV)																	
51.875,99	I	10.867	-	869,36	978,03	-	741,52	834,21	-	619,84	697,32	-	504,32	567,36	-	394,96	444,33	-	291,84	328,32	-	194,80	219,
	II	9.344	-	747,52	840,96	-	625,60	703,80	-	509,76	573,48	-	400,08	450,09	-	296,64	333,72	-	199,36	224,28	-	108,24	121,
	III	5.908	-	472,64	531,72	-	377,60	424,80	-	285,60	321,30	-	196,80	221,40	-	112,64	126,72	-	42,72	48,06	-	-	
	IV	10.867	-	869,36	978,03	-	804,64	905,22	-	741,52	834,21	-	679,92	764,91	-	619,84	697,32	-	561,28	631,44	-	504,32	567,
	V	16.658	-	1.332,64	1.499,22																		
	VI	17.189	-	1.375,12	1.547,01																		
51.911,99	I	10.880	-	870,40	979,20	-	742,56	835,38	-	620,80	698,40	-	505,20	568,35	-	395,84	445,32	-	292,64	329,22	-	195,60	220,
	II	9.357	-	748,56	842,13	-	626,48	704,79	-	510,64	574,47	-	400,96	451,08	-	297,44	334,62	-	200,08	225,09	-	108,96	122,
	III	5.918	-	473,44	532,62	-	378,40	425,70	-	286,40	322,20	-	197,44	222,12	-	113,28	127,44	-	43,20	48,60	-	-	
	IV	10.880	-	870,40	979,20	-	805,68	906,39	-	742,56	835,38	-	680,88	765,99	-	620,80	698,40	-	562,24	632,52	-	505,20	568,
	V	16.673	-	1.333,84	1.500,57																		
	VI	17.204	-	1.376,32	1.548,36																		
51.947,99	I	10.894	-	871,52	980,46	-	743,52	836,46	-	621,76	699,48	-	506,16	569,43	-	396,72	446,31	-	293,44	330,12	-	196,32	220,
	II	9.369	-	749,52	843,21	-	627,44	705,87	-	511,60	575,55	-	401,84	452,07	-	298,24	335,52	-	200,88	225,99	-	109,68	123,
	III	5.928	-	474,24	533,52	-	379,20	426,60	-	287,04	322,92	-	198,24	223,02	-	113,92	128,16	-	43,68	49,14	-	-	
	IV	10.894	-	871,52	980,46	-	806,72	907,56	-	743,52	836,46	-	681,84	767,07	-	621,76	699,48	-	563,20	633,60	-	506,16	569,
	V	16.688	-	1.335,04	1.501,92																		
	VI	17.220	-	1.377,60	1.549,80																		
51.983,99	I	10.907	-	872,56	981,63	-	744,56	837,63	-	622,72	700,56	-	507,04	570,42	-	397,52	447,21	-	294,24	331,02	-	197,12	221
	II	9.382	-	750,56	844,38	-	628,40	706,95	-	512,48	576,54	-	402,72	453,06	-	299,04	336,42	-	201,60	226,80	-	110,40	124,
	III	5.938	-	475,04	534,42	-	379,84	427,32	-	287,84	323,82	-	198,88	223,74	-	114,56	128,88	-	44,16	49,68	-	-	
	IV	10.907	-	872,56	981,63	-	807,76	908,73	-	744,56	837,63	-	682,88	768,24	-	622,72	700,56	-	564,08	634,59	-	507,04	570
	V	16.703	-	1.336,24	1.503,27																		
	VI	17.235	-	1.378,80	1.551,15																		
52.019,99	I	10.920	-	873,60	982,80	-	745,52	838,71	-	623,68	701,64	-	507,92	571,41	-	398,40	448,20	-	295,04	331,92	-	197,84	222
	II	9.395	-	751,60	845,55	-	629,36	708,03	-	513,36	577,53	-	403,52	453,96	-	299,92	337,41	-	202,40	227,70	-	111,04	124,
	III	5.948	-	475,84	535,32	-	380,64	428,22	-	288,64	324,72	-	199,52	224,46	-	115,20	129,60	-	44,64	50,22	-	-	
	IV	10.920	-	873,60	982,80	-	808,80	909,90	-	745,52	838,71	-	683,84	769,32	-	623,68	701,64	-	565,04	635,67	-	507,92	571,
	V	16.718	-	1.337,44	1.504,62																		
	VI	17.250	-	1.380,00	1.552,50																		
52.055,99	I	10.933	-	874,64	983,97	-	746,56	839,88	-	624,64	702,72	-	508,88	572,49	-	399,28	449,19	-	295,84	332,82	-	198,64	223
	II	9.407	-	752,56	846,63	-	630,32	709,11	-	514,32	578,61	-	404,40	454,95	-	300,72	338,31	-	203,12	228,51	-	111,76	125
	III	5.958	-	476,64	536,22	-	381,44	429,12	-	289,28	325,44	-	200,32	225,36	-	115,84	130,32	-	45,28	50,94	-	-	
	IV	10.933	-	874,64	983,97	-	809,84	911,07	-	746,56	839,88	-	684,80	770,40	-	624,64	702,72	-	565,92	636,66	-	508,88	572
	V	16.733	-	1.338,64	1.505,97																		
	VI	17.265	-	1.381,20	1.553,85																		
52.091,99	I	10.946	-	875,68	985,14	-	747,52	840,96	-	625,60	703,80	-	509,76	573,48	-	400,08	450,09	-	296,64	333,72	-	199,36	224
	II	9.420	-	753,60	847,80	-	631,28	710,19	-	515,20	579,60	-	405,28	455,94	-	301,52	339,21	-	203,92	229,41	-	112,48	126
	III	5.966	-	477,28	536,94	-	382,08	429,84	-	290,08	326,34	-	200,96	226,08	-	116,48	131,04	-	45,76	51,48	-	-	
	IV	10.946	-	875,68	985,14	-	810,88	912,24	-	747,52	840,96	-	685,76	771,48	-	625,60	703,80	-	566,88	637,74	-	509,76	573
	V	16.748	-	1.339,84	1.507,32																		
	VI	17.280	-	1.382,40	1.555,20																		
52.127,99	I	10.959	-	876,72	986,31	-	748,56	842,13	-	626,48	704,79	-	510,64	574,47	-	400,96	451,08	-	297,44	334,62	-	200,08	225
	II	9.432	-	754,56	848,88	-	632,24	711,27	-	516,08	580,59	-	406,16	456,93	-	302,32	340,11	-	204,64	230,22	-	113,20	127
	III	5.976	-	478,08	537,84	-	382,88	430,74	-	290,72	327,06	-	201,76	226,98	-	117,12	131,76	-	46,24	52,02	-	-	
	IV	10.959	-	876,72	986,31	-	811,92	913,41	-	748,56	842,13	-	686,80	772,65	-	626,48	704,79	-	567,84	638,82	-	510,64	574
	V	16.763	-	1.341,04	1.508,67																		
	VI	17.295	-	1.383,60	1.556,55																		
52.163,99	I	10.973	-	877,84	987,57	-	749,52	843,21	-	627,44	705,87	-	511,60	575,55	-	401,84	452,07	-	298,24	335,52	-	200,88	225
	II	9.445	-	755,60	850,05	-	633,20	712,35	-	517,04	581,67	-	406,96	457,83	-	303,12	341,01	-	205,44	231,12	-	113,92	128
	III	5.986	-	478,88	538,74	-	383,68	431,64	-	291,52	327,96	-	202,40	227,70	-	117,60	132,30	-	46,72	52,56	-	-	
	IV	10.973	-	877,84	987,57	-	812,88	914,49	-	749,52	843,21	-	687,76	773,73	-	627,44	705,87	-	568,72	639,81	-	511,60	575
	V	16.779	-	1.342,32	1.510,11																		
	VI	17.310	-	1.384,80	1.557,90																		
52.199,99	I	10.986	-	878,88	988,74	-	750,56	844,38	-	628,40	706,95	-	512,48	576,54	-	402,72	453,06	-	299,04	336,42	-	201,60	226
	II	9.458	-	756,64	851,22	-	634,16	713,43	-	517,92	582,66	-	407,84	458,82	-	303,92	341,91	-	206,16	231,93	-	114,64	128
	III	5.996	-	479,68	539,64	-	384,32	432,36	-	292,16	328,68	-	203,04	228,42	-	118,24	133,02	-	47,20	53,10	-	-	
	IV	10.986	-	878,88	988,74	-	813,92	915,66	-	750,56	844,38	-	688,72	774,81	-	628,40	706,95	-	569,68	640,89	-	512,48	576
	V	16.794	-	1.343,52	1.511,46																		
	VI	17.325	-	1.386,00	1.559,25																		
52.235,99	I	10.999	-	879,92	989,91	-	751,60	845,55	-	629,36	708,03	-	513,36	577,53	-	403,52	453,96	-	299,92	337,41	-	202,40	227
	II	9.470	-	757,60	852,30	-	635,12	714,51	-	518,80	583,65	-	408,72	459,81	-	304,72	342,81	-	206,96	232,83	-	115,36	129
	III	6.006	-	480,48	540,54	-	385,12	433,26	-	292,96	329,58	-	203,84	229,32	-	118,88	133,74	-	47,68	53,64	-	-	
	IV	10.999	-	879,92	989,91	-	814,96	916,83	-	751,60	845,55	-	689,68	775,89	-	629,36	708,03	-	570,64	641,97	-	513,36	577
	V	16.809	-	1.344,72	1.512,81																		
	VI	17.341	-	1.387,28	1.560,69																		
52.271,99	I	11.012	-	880,96	991,08	-	752,56	846,63	-	630,32	709,11	-	514,32	578,61	-	404,40	454,95	-	300,72	338,31	-	203,12	228
	II	9.483	-	758,64	853,47	-	636,08	715,59	-	519,76	584,73	-	409,60	460,80	-	305,52	343,71	-	207,68	233,64	-	116,08	130
	III	6.016	-	481,28	541,44	-	385,92	434,16	-	293,60	330,30	-	204,48	230,04	-	119,52	134,46	-	48,32	54,36	-	-	
	IV	11.012	-	880,96	991,08	-	816,00	918,00	-	752,56	846,63	-	690,72	777,06	-	630,32	709,11	-	571,52	642,96	-	514,32	578
	V	16.824	-	1.345,92	1.514,16																		
	VI	17.356	-	1.388,48	1.562,04																		
52.307,99	I	11.026	-	882,08	992,34	-	753,60	847,80	-	631,28	710,19	-	515,20	579,60	-	405,28	455,94	-	301,52	339,21	-	203,92	229
	II	9.496	-	759,68	854,64	-	637,04	716,67	-	520,64	585,72	-	410,40	461,70	-	306,40	344,70	-	208,48	234,54	-	116,80	131
	III	6.026	-	482,08	542,34	-	386,72	435,06	-	294,40	331,20	-	205,28	230,94	-	120,16	135,18	-	48,80	54,90	-	-	
	IV	11.026	-	882,08	992,34	-	817,04	919,17	-	753,60	847,80	-	691,68	778,14	-	631,28	710,19	-	572,48	644,04	-	515,20	579
	V	16.839	-	1.347,12	1.515,51																		
	VI	17.371	-	1.389,68	1.563,39																		
52.343,99	I	11.039	-	883,12	993,51	-	754,56	848,88	-	632,24	711,27	-	516,08	580,59	-	406,16	456,93	-	302,32	340,11	-	204,64	230
	II	9.508	-	760,64	855,72	-	638,00	717,75	-	521,60	586,80	-	411,28	462,69	-	307,20	345,60	-	209,28	235,44	-	117,44	132
	III	6.034	-	482,72	543,06	-	387,36	435,78	-	295,20	332,10	-	205,92	231,66	-	120,80	135,90	-	49,28	55,44	-	-	
	IV	11.039	-	883,12	993,51	-	818,08	920,34	-	754,56	848,88	-	692,64	779,22	-	632,24	711,27	-	573,44	645,12	-	516,08	580
	V	16.854	-	1.348,32	1.516,86																		
	VI	17.386	-	1.390,88	1.564,74																		
52.379,99	I	11.052	-	884,16	994,68	-	755,60	850,05	-	633,20	712,35	-	517,04	581,67	-	406,96	457,83	-	303,12	341,01	-	205,44	231
	II	9.521	-	761,68	856,89	-	638,96	718,83	-	522,48	587,79	-	412,16	463,68	-	308,00	346,50	-	210,00	236,25	-	118,16	132
	III	6.044	-	483,52	543,96	-	388,16	436,68	-	295,84	332,82	-	206,56	232,38	-	121,44	136,62	-	49,76	55,98	-	-	
	IV	11.052	-	884,16	994,68	-	819,12	921,51	-	755,60	850,05	-	693,68	780,39	-	633,20	712,35	-	574,32	646,11	-	517,04	581
	V	16.869	-	1.349,52	1.518,21																		
	VI	17.401	-	1.392,08	1.566,09																		

SolZ/KiSt lt. Tabelle nicht für Sonstige Bezüge anwendbar.

Lohn/ Gehalt bis	Steuerklasse	Lohn- steuer	ohne Kinderfreibetrag			Anzahl Kinderfreibeträge (nur Steuerklassen I–IV) 0,5			1,0			1,5			2,0			2,5			3,0		
			SolZ	Kirchensteuer		SolZ	Kirchensteuer		SolZ	Kirchensteuer		SolZ	Kirchensteuer		SolZ	Kirchensteuer		SolZ	Kirchensteuer		SolZ	Kirchensteuer	
			5,5%	8%	9%	5,5%	8%	9%	5,5%	8%	9%	5,5%	8%	9%	5,5%	8%	9%	5,5%	8%	9%	5,5%	8%	9%
52.415,99	I	11.065	–	885,20	995,85	–	756,64	851,22	–	634,16	713,43	–	517,92	582,66	–	407,84	458,82	–	303,92	341,91	–	206,16	231,93
	II	9.533	–	762,64	857,97	–	639,92	719,91	–	523,36	588,78	–	413,04	464,67	–	308,80	347,40	–	210,80	237,15	–	118,88	133,74
	III	6.054	–	484,32	544,86	–	388,96	437,58	–	296,64	333,72	–	207,36	233,28	–	122,08	137,34	–	50,24	56,52	–	–	–
	IV	11.065	–	885,20	995,85	–	820,16	922,68	–	756,64	851,22	–	694,64	781,47	–	634,16	713,43	–	575,28	647,19	–	517,92	582,66
	V	16.884	–	1.350,72	1.519,56																		
	VI	17.416	–	1.393,28	1.567,44																		
52.451,99	I	11.079	–	886,32	997,11	–	757,60	852,30	–	635,12	714,51	–	518,80	583,65	–	408,72	459,81	–	304,72	342,81	–	206,96	232,83
	II	9.546	–	763,68	859,14	–	640,88	720,99	–	524,32	589,86	–	413,84	465,57	–	309,60	348,30	–	211,52	237,96	–	119,60	134,55
	III	6.064	–	485,12	545,76	–	389,60	438,30	–	297,28	334,44	–	208,00	234,00	–	122,72	138,06	–	50,88	57,24	–	–	–
	IV	11.079	–	886,32	997,11	–	821,20	923,85	–	757,60	852,30	–	695,60	782,55	–	635,12	714,51	–	576,24	648,27	–	518,80	583,65
	V	16.900	–	1.352,00	1.521,00																		
	VI	17.431	–	1.394,48	1.568,79																		
52.487,99	I	11.092	–	887,36	998,28	–	758,64	853,47	–	636,08	715,59	–	519,76	584,73	–	409,60	460,80	–	305,52	343,71	–	207,68	233,64
	II	9.559	–	764,72	860,31	–	641,84	722,07	–	525,20	590,85	–	414,72	466,56	–	310,40	349,20	–	212,32	238,86	–	120,32	135,36
	III	6.074	–	485,92	546,66	–	390,40	439,20	–	298,08	335,34	–	208,80	234,90	–	123,36	138,78	–	51,36	57,78	–	–	–
	IV	11.092	–	887,36	998,28	–	822,24	925,02	–	758,64	853,47	–	696,56	783,63	–	636,08	715,59	–	577,12	649,26	–	519,76	584,73
	V	16.915	–	1.353,20	1.522,35																		
	VI	17.446	–	1.395,68	1.570,14																		
52.523,99	I	11.105	–	888,40	999,45	–	759,68	854,64	–	637,04	716,67	–	520,64	585,72	–	410,40	461,70	–	306,40	344,70	–	208,48	234,54
	II	9.571	–	765,68	861,39	–	642,80	723,15	–	526,16	591,93	–	415,60	467,55	–	311,28	350,19	–	213,04	239,67	–	121,04	136,17
	III	6.084	–	486,72	547,56	–	391,20	440,10	–	298,72	336,06	–	209,44	235,62	–	124,00	139,50	–	51,84	58,32	–	–	–
	IV	11.105	–	888,40	999,45	–	823,28	926,19	–	759,68	854,64	–	697,60	784,80	–	637,04	716,67	–	578,08	650,34	–	520,64	585,72
	V	16.930	–	1.354,40	1.523,70																		
	VI	17.461	–	1.396,88	1.571,49																		
52.559,99	I	11.118	–	889,44	1.000,62	–	760,64	855,72	–	638,00	717,75	–	521,60	586,80	–	411,28	462,69	–	307,20	345,60	–	209,28	235,44
	II	9.584	–	766,72	862,56	–	643,84	724,32	–	527,04	592,92	–	416,48	468,54	–	312,08	351,09	–	213,84	240,57	–	121,76	136,98
	III	6.094	–	487,52	548,46	–	392,00	441,00	–	299,52	336,96	–	210,08	236,34	–	124,64	140,22	–	52,32	58,86	–	–	–
	IV	11.118	–	889,44	1.000,62	–	824,32	927,36	–	760,64	855,72	–	698,56	785,88	–	638,00	717,75	–	579,04	651,42	–	521,60	586,80
	V	16.945	–	1.355,60	1.525,05																		
	VI	17.477	–	1.398,16	1.572,93																		
52.595,99	I	11.132	–	890,56	1.001,88	–	761,68	856,89	–	638,96	718,83	–	522,48	587,79	–	412,16	463,68	–	308,00	346,50	–	210,00	236,25
	II	9.597	–	767,76	863,73	–	644,80	725,40	–	528,00	594,00	–	417,36	469,53	–	312,88	351,99	–	214,56	241,38	–	122,48	137,79
	III	6.104	–	488,32	549,36	–	392,64	441,72	–	300,16	337,68	–	210,88	237,24	–	125,28	140,94	–	52,96	59,58	–	–	–
	IV	11.132	–	890,56	1.001,88	–	825,36	928,53	–	761,68	856,89	–	699,52	786,96	–	638,96	718,83	–	580,00	652,50	–	522,48	587,79
	V	16.960	–	1.356,80	1.526,40																		
	VI	17.492	–	1.399,36	1.574,28																		
52.631,99	I	11.145	–	891,60	1.003,05	–	762,64	857,97	–	639,92	719,91	–	523,36	588,78	–	413,04	464,67	–	308,80	347,40	–	210,80	237,15
	II	9.609	–	768,72	864,81	–	645,76	726,48	–	528,88	594,99	–	418,16	470,43	–	313,68	352,89	–	215,36	242,28	–	123,20	138,60
	III	6.112	–	488,96	550,08	–	393,44	442,62	–	300,96	338,58	–	211,52	237,96	–	125,92	141,66	–	53,44	60,12	–	–	–
	IV	11.145	–	891,60	1.003,05	–	826,32	929,61	–	762,64	857,97	–	700,56	788,13	–	639,92	719,91	–	580,88	653,49	–	523,36	588,78
	V	16.975	–	1.358,00	1.527,75																		
	VI	17.507	–	1.400,56	1.575,63																		
52.667,99	I	11.158	–	892,64	1.004,22	–	763,68	859,14	–	640,88	720,99	–	524,32	589,86	–	413,84	465,57	–	309,60	348,30	–	211,52	237,96
	II	9.622	–	769,76	865,98	–	646,72	727,56	–	529,76	595,98	–	419,04	471,42	–	314,48	353,79	–	216,16	243,18	–	123,92	139,41
	III	6.122	–	489,76	550,98	–	394,24	443,52	–	301,76	339,48	–	212,32	238,86	–	126,72	142,56	–	53,92	60,66	–	–	–
	IV	11.158	–	892,64	1.004,22	–	827,36	930,78	–	763,68	859,14	–	701,52	789,21	–	640,88	720,99	–	581,84	654,57	–	524,32	589,86
	V	16.990	–	1.359,20	1.529,10																		
	VI	17.522	–	1.401,76	1.576,98																		
52.703,99	I	11.171	–	893,68	1.005,39	–	764,72	860,31	–	641,84	722,07	–	525,20	590,85	–	414,72	466,56	–	310,40	349,20	–	212,32	238,86
	II	9.635	–	770,80	867,15	–	647,68	728,64	–	530,72	597,06	–	419,92	472,41	–	315,36	354,78	–	216,88	243,99	–	124,64	140,22
	III	6.132	–	490,56	551,88	–	395,04	444,42	–	302,40	340,20	–	212,96	239,58	–	127,36	143,28	–	54,40	61,20	–	–	–
	IV	11.171	–	893,68	1.005,39	–	828,40	931,95	–	764,72	860,31	–	702,48	790,29	–	641,84	722,07	–	582,80	655,65	–	525,20	590,85
	V	17.005	–	1.360,40	1.530,45																		
	VI	17.537	–	1.402,96	1.578,33																		
52.739,99	I	11.185	–	894,80	1.006,65	–	765,68	861,39	–	642,80	723,15	–	526,16	591,93	–	415,60	467,55	–	311,28	350,19	–	213,04	239,67
	II	9.648	–	771,84	868,32	–	648,64	729,72	–	531,60	598,05	–	420,80	473,40	–	316,16	355,68	–	217,68	244,89	–	125,36	141,03
	III	6.142	–	491,36	552,78	–	395,68	445,14	–	303,20	341,10	–	213,76	240,48	–	128,00	144,00	–	55,04	61,92	–	–	–
	IV	11.185	–	894,80	1.006,65	–	829,44	933,12	–	765,68	861,39	–	703,52	791,46	–	642,80	723,15	–	583,68	656,64	–	526,16	591,93
	V	17.020	–	1.361,60	1.531,80																		
	VI	17.552	1,07	1.404,16	1.579,68																		
52.775,99	I	11.198	–	895,84	1.007,82	–	766,72	862,56	–	643,84	724,32	–	527,04	592,92	–	416,48	468,54	–	312,08	351,09	–	213,84	240,57
	II	9.660	–	772,80	869,40	–	649,60	730,80	–	532,56	599,13	–	421,68	474,39	–	316,96	356,58	–	218,40	245,70	–	126,08	141,84
	III	6.152	–	492,16	553,68	–	396,48	446,04	–	303,84	341,82	–	214,40	241,20	–	128,64	144,72	–	55,52	62,46	–	–	–
	IV	11.198	–	895,84	1.007,82	–	830,48	934,29	–	766,72	862,56	–	704,48	792,54	–	643,84	724,32	–	584,64	657,72	–	527,04	592,92
	V	17.036	–	1.362,88	1.533,24																		
	VI	17.567	2,85	1.405,36	1.581,03																		
52.811,99	I	11.211	–	896,88	1.008,99	–	767,76	863,73	–	644,80	725,40	–	528,00	594,00	–	417,36	469,53	–	312,88	351,99	–	214,56	241,38
	II	9.673	–	773,84	870,57	–	650,56	731,88	–	533,44	600,12	–	422,56	475,38	–	317,76	357,48	–	219,20	246,60	–	126,80	142,65
	III	6.162	–	492,96	554,58	–	397,28	446,94	–	304,64	342,72	–	215,04	241,92	–	129,28	145,44	–	56,00	63,00	–	–	–
	IV	11.211	–	896,88	1.008,99	–	831,52	935,46	–	767,76	863,73	–	705,52	793,71	–	644,80	725,40	–	585,60	658,80	–	528,00	594,00
	V	17.051	–	1.364,08	1.534,59																		
	VI	17.582	4,64	1.406,56	1.582,38																		
52.847,99	I	11.224	–	897,92	1.010,16	–	768,72	864,81	–	645,76	726,48	–	528,88	594,99	–	418,16	470,43	–	313,68	352,89	–	215,36	242,28
	II	9.686	–	774,88	871,74	–	651,52	732,96	–	534,40	601,20	–	423,36	476,28	–	318,56	358,38	–	220,00	247,50	–	127,52	143,46
	III	6.172	–	493,76	555,48	–	397,92	447,66	–	305,44	343,62	–	215,84	242,82	–	129,92	146,16	–	56,48	63,54	–	–	–
	IV	11.224	–	897,92	1.010,16	–	832,56	936,63	–	768,72	864,81	–	706,48	794,79	–	645,76	726,48	–	586,56	659,88	–	528,88	594,99
	V	17.066	–	1.365,28	1.535,94																		
	VI	17.598	6,54	1.407,84	1.583,82																		
52.883,99	I	11.238	–	899,04	1.011,42	–	769,76	865,98	–	646,72	727,56	–	529,76	595,98	–	419,04	471,42	–	314,48	353,79	–	216,16	243,18
	II	9.698	–	775,84	872,82	–	652,48	734,04	–	535,28	602,19	–	424,24	477,27	–	319,44	359,37	–	220,72	248,31	–	128,24	144,27
	III	6.182	–	494,56	556,38	–	398,72	448,56	–	306,08	344,34	–	216,48	243,54	–	130,56	146,88	–	57,12	64,26	–	–	–
	IV	11.238	–	899,04	1.011,42	–	833,60	937,80	–	769,76	865,98	–	707,44	795,87	–	646,72	727,56	–	587,44	660,87	–	529,76	595,98
	V	17.081	–	1.366,48	1.537,29																		
	VI	17.613	8,33	1.409,04	1.585,17																		
52.919,99	I	11.251	–	900,08	1.012,59	–	770,80	867,15	–	647,68	728,64	–	530,72	597,06	–	419,92	472,41	–	315,36	354,78	–	216,88	243,99
	II	9.711	–	776,88	873,99	–	653,44	735,12	–	536,24	603,27	–	425,12	478,26	–	320,24	360,27	–	221,52	249,21	–	128,96	145,08
	III	6.192	–	495,36	557,28	–	399,52	449,46	–	306,88	345,24	–	217,28	244,44	–	131,20	147,60	–	57,60	64,80	–	–	–
	IV	11.251	–	900,08	1.012,59	–	834,64	938,97	–	770,80	867,15	–	708,48	797,04	–	647,68	728,64	–	588,40	661,95	–	530,72	597,06
	V	17.096	–	1.367,68	1.538,64																		
	VI	17.628	10,11	1.410,24	1.586,52																		

SolZ/KiSt lt. Tabelle nicht für Sonstige Bezüge anwendbar.

Lohn/ Gehalt bis	Steuerklasse	Lohn-steuer	ohne Kinderfreibetrag SolZ 5,5%	ohne Kinderfreibetrag Kirchensteuer 8%	ohne Kinderfreibetrag Kirchensteuer 9%	0,5 SolZ 5,5%	0,5 Kirchensteuer 8%	0,5 Kirchensteuer 9%	1,0 SolZ 5,5%	1,0 Kirchensteuer 8%	1,0 Kirchensteuer 9%	1,5 SolZ 5,5%	1,5 Kirchensteuer 8%	1,5 Kirchensteuer 9%	2,0 SolZ 5,5%	2,0 Kirchensteuer 8%	2,0 Kirchensteuer 9%	2,5 SolZ 5,5%	2,5 Kirchensteuer 8%	2,5 Kirchensteuer 9%	3,0 SolZ 5,5%	3,0 Kirchensteuer 8%	3,0 Kirchensteuer 9%
						Anzahl Kinderfreibeträge (nur Steuerklassen I–IV)																	
52.955,99	I	11.264	-	901,12	1.013,76	-	771,84	868,32	-	648,64	729,72	-	531,60	598,05	-	420,80	473,40	-	316,16	355,68	-	217,68	244,8
	II	9.724	-	777,92	875,16	-	654,40	736,20	-	537,12	604,26	-	426,00	479,25	-	321,04	361,17	-	222,24	250,02	-	129,68	145,8
	III	6.200	-	496,00	558,00	-	400,32	450,36	-	307,52	345,96	-	217,92	245,16	-	131,84	148,32	-	58,08	65,34	-	0,16	0,1
	IV	11.264	-	901,12	1.013,76	-	835,68	940,14	-	771,84	868,32	-	709,44	798,12	-	648,64	729,72	-	589,36	663,03	-	531,60	598,0
	V	17.111	-	1.368,88	1.539,99																		
	VI	17.643	11,90	1.411,44	1.587,87																		
52.991,99	I	11.278	-	902,24	1.015,02	-	772,80	869,40	-	649,60	730,80	-	532,56	599,13	-	421,68	474,39	-	316,96	356,58	-	218,40	245,7
	II	9.737	-	778,96	876,33	-	655,36	737,28	-	538,08	605,34	-	426,88	480,24	-	321,84	362,07	-	223,04	250,92	-	130,40	146,7
	III	6.210	-	496,80	558,90	-	400,96	451,08	-	308,32	346,86	-	218,72	246,06	-	132,48	149,04	-	58,72	66,06	-	0,48	0,5
	IV	11.278	-	902,24	1.015,02	-	836,72	941,31	-	772,80	869,40	-	710,40	799,20	-	649,60	730,80	-	590,32	664,11	-	532,56	599,1
	V	17.126	-	1.370,08	1.541,34																		
	VI	17.658	13,68	1.412,64	1.589,22																		
53.027,99	I	11.291	-	903,28	1.016,19	-	773,84	870,57	-	650,56	731,88	-	533,44	600,12	-	422,56	475,38	-	317,76	357,48	-	219,20	246,6
	II	9.749	-	779,92	877,41	-	656,40	738,45	-	538,96	606,33	-	427,76	481,23	-	322,72	363,06	-	223,84	251,82	-	131,12	147,5
	III	6.220	-	497,60	559,80	-	401,76	451,98	-	308,96	347,58	-	219,36	246,78	-	133,12	149,76	-	59,20	66,60	-	0,96	1,0
	IV	11.291	-	903,28	1.016,19	-	837,76	942,48	-	773,84	870,57	-	711,44	800,37	-	650,56	731,88	-	591,20	665,10	-	533,44	600,1
	V	17.141	-	1.371,28	1.542,69																		
	VI	17.673	15,47	1.413,84	1.590,57																		
53.063,99	I	11.304	-	904,32	1.017,36	-	774,88	871,74	-	651,52	732,96	-	534,40	601,20	-	423,36	476,28	-	318,56	358,38	-	220,00	247,5
	II	9.762	-	780,96	878,58	-	657,36	739,53	-	539,92	607,41	-	428,64	482,22	-	323,52	363,96	-	224,56	252,63	-	131,84	148,3
	III	6.230	-	498,40	560,70	-	402,56	452,88	-	309,76	348,48	-	220,00	247,50	-	133,76	150,48	-	59,68	67,14	-	1,28	1,4
	IV	11.304	-	904,32	1.017,36	-	838,80	943,65	-	774,88	871,74	-	712,40	801,45	-	651,52	732,96	-	592,16	666,18	-	534,40	601,2
	V	17.157	-	1.372,56	1.544,13																		
	VI	17.688	17,25	1.415,04	1.591,92																		
53.099,99	I	11.318	-	905,44	1.018,62	-	775,84	872,82	-	652,48	734,04	-	535,28	602,19	-	424,24	477,27	-	319,44	359,37	-	220,72	248,3
	II	9.775	-	782,00	879,75	-	658,32	740,61	-	540,80	608,40	-	429,52	483,21	-	324,32	364,86	-	225,36	253,53	-	132,56	149,1
	III	6.240	-	499,20	561,60	-	403,36	453,78	-	310,56	349,38	-	220,80	248,40	-	134,56	151,38	-	60,32	67,86	-	1,76	1,9
	IV	11.318	-	905,44	1.018,62	-	839,84	944,82	-	775,84	872,82	-	713,44	802,62	-	652,48	734,04	-	593,12	667,26	-	535,28	602,1
	V	17.172	-	1.373,76	1.545,48																		
	VI	17.703	19,04	1.416,24	1.593,27																		
53.135,99	I	11.331	-	906,48	1.019,79	-	776,88	873,99	-	653,44	735,12	-	536,24	603,27	-	425,12	478,26	-	320,24	360,27	-	221,52	249,2
	II	9.787	-	782,96	880,83	-	659,28	741,69	-	541,76	609,48	-	430,32	484,11	-	325,12	365,76	-	226,16	254,43	-	133,28	149,9
	III	6.250	-	500,00	562,50	-	404,00	454,50	-	311,20	350,10	-	221,44	249,12	-	135,20	152,10	-	60,80	68,40	-	2,08	2,3
	IV	11.331	-	906,48	1.019,79	-	840,88	945,99	-	776,88	873,99	-	714,40	803,70	-	653,44	735,12	-	594,08	668,34	-	536,24	603,2
	V	17.187	-	1.374,96	1.546,83																		
	VI	17.719	20,94	1.417,52	1.594,71																		
53.171,99	I	11.344	-	907,52	1.020,96	-	777,92	875,16	-	654,40	736,20	-	537,12	604,26	-	426,00	479,25	-	321,04	361,17	-	222,24	250,0
	II	9.800	-	784,00	882,00	-	660,24	742,77	-	542,64	610,47	-	431,20	485,10	-	326,00	366,75	-	226,88	255,24	-	134,00	150,7
	III	6.260	-	500,80	563,40	-	404,80	455,40	-	312,00	351,00	-	222,24	250,02	-	135,84	152,82	-	61,28	68,94	-	2,56	2,8
	IV	11.344	-	907,52	1.020,96	-	841,92	947,16	-	777,92	875,16	-	715,36	804,78	-	654,40	736,20	-	595,04	669,42	-	537,12	604,2
	V	17.202	-	1.376,16	1.548,18																		
	VI	17.734	22,72	1.418,72	1.596,06																		
53.207,99	I	11.358	-	908,64	1.022,22	-	778,96	876,33	-	655,36	737,28	-	538,08	605,34	-	426,88	480,24	-	321,84	362,07	-	223,04	250,9
	II	9.813	-	785,04	883,17	-	661,20	743,85	-	543,60	611,55	-	432,08	486,09	-	326,80	367,65	-	227,68	256,14	-	134,72	151,5
	III	6.270	-	501,60	564,30	-	405,60	456,30	-	312,64	351,72	-	222,88	250,74	-	136,48	153,54	-	61,92	69,66	-	2,88	3,2
	IV	11.358	-	908,64	1.022,22	-	842,96	948,33	-	778,96	876,33	-	716,40	805,95	-	655,36	737,28	-	595,92	670,41	-	538,08	605,3
	V	17.217	-	1.377,36	1.549,53																		
	VI	17.749	24,51	1.419,92	1.597,41																		
53.243,99	I	11.371	-	909,68	1.023,39	-	779,92	877,41	-	656,40	738,45	-	538,96	606,33	-	427,76	481,23	-	322,72	363,06	-	223,84	251,8
	II	9.826	-	786,08	884,34	-	662,16	744,93	-	544,48	612,54	-	432,96	487,08	-	327,60	368,55	-	228,40	256,95	-	135,44	152,3
	III	6.280	-	502,40	565,20	-	406,40	457,20	-	313,44	352,62	-	223,68	251,64	-	137,12	154,26	-	62,40	70,20	-	3,36	3,7
	IV	11.371	-	909,68	1.023,39	-	844,08	949,59	-	779,92	877,41	-	717,36	807,03	-	656,40	738,45	-	596,88	671,49	-	538,96	606,3
	V	17.232	-	1.378,56	1.550,88																		
	VI	17.764	26,29	1.421,12	1.598,76																		
53.279,99	I	11.384	-	910,72	1.024,56	-	780,96	878,58	-	657,36	739,53	-	539,92	607,41	-	428,64	482,22	-	323,52	363,96	-	224,56	252,6
	II	9.839	-	787,12	885,51	-	663,12	746,01	-	545,44	613,62	-	433,84	488,07	-	328,40	369,45	-	229,20	257,85	-	136,16	153,1
	III	6.290	-	503,20	566,10	-	407,04	457,92	-	314,24	353,52	-	224,32	252,36	-	137,76	154,98	-	62,88	70,74	-	3,84	4,3
	IV	11.384	-	910,72	1.024,56	-	845,12	950,76	-	780,96	878,58	-	718,40	808,20	-	657,36	739,53	-	597,84	672,57	-	539,92	607,4
	V	17.247	-	1.379,76	1.552,23																		
	VI	17.779	28,08	1.422,32	1.600,11																		
53.315,99	I	11.398	-	911,84	1.025,82	-	782,00	879,75	-	658,32	740,61	-	540,80	608,40	-	429,52	483,21	-	324,32	364,86	-	225,36	253,5
	II	9.851	-	788,08	886,59	-	664,16	747,18	-	546,32	614,61	-	434,72	489,06	-	329,28	370,44	-	230,00	258,75	-	136,88	153,9
	III	6.298	-	503,84	566,82	-	407,84	458,82	-	314,88	354,24	-	224,96	253,08	-	138,40	155,70	-	63,52	71,46	-	4,16	4,6
	IV	11.398	-	911,84	1.025,82	-	846,16	951,93	-	782,00	879,75	-	719,36	809,28	-	658,32	740,61	-	598,80	673,65	-	540,80	608,4
	V	17.262	-	1.380,96	1.553,58																		
	VI	17.794	29,86	1.423,52	1.601,46																		
53.351,99	I	11.411	-	912,88	1.026,99	-	782,96	880,83	-	659,28	741,69	-	541,76	609,48	-	430,32	484,11	-	325,12	365,76	-	226,16	254,4
	II	9.864	-	789,12	887,76	-	665,12	748,26	-	547,28	615,69	-	435,60	490,05	-	330,08	371,34	-	230,72	259,56	-	137,60	154,8
	III	6.308	-	504,64	567,72	-	408,64	459,72	-	315,68	355,14	-	225,76	253,98	-	139,20	156,60	-	64,00	72,00	-	4,64	5,2
	IV	11.411	-	912,88	1.026,99	-	847,20	953,10	-	782,96	880,83	-	720,40	810,45	-	659,28	741,69	-	599,76	674,73	-	541,76	609,4
	V	17.278	-	1.382,24	1.555,02																		
	VI	17.809	31,65	1.424,72	1.602,81																		
53.387,99	I	11.425	-	914,00	1.028,25	-	784,00	882,00	-	660,24	742,77	-	542,64	610,47	-	431,20	485,10	-	326,00	366,75	-	226,88	255,2
	II	9.877	-	790,16	888,93	-	666,08	749,34	-	548,16	616,68	-	436,48	491,04	-	330,88	372,24	-	231,52	260,46	-	138,32	155,6
	III	6.318	-	505,44	568,62	-	409,44	460,62	-	316,32	355,86	-	226,40	254,70	-	139,84	157,32	-	64,64	72,72	-	4,96	5,5
	IV	11.425	-	914,00	1.028,25	-	848,24	954,27	-	784,00	882,00	-	721,36	811,53	-	660,24	742,77	-	600,64	675,72	-	542,64	610,4
	V	17.293	-	1.383,44	1.556,37																		
	VI	17.824	33,43	1.425,92	1.604,16																		
53.423,99	I	11.438	-	915,04	1.029,42	-	785,04	883,17	-	661,20	743,85	-	543,60	611,55	-	432,08	486,09	-	326,80	367,65	-	227,68	256,1
	II	9.890	-	791,20	890,10	-	667,04	750,42	-	549,12	617,76	-	437,36	492,03	-	331,76	373,23	-	232,32	261,36	-	139,04	156,4
	III	6.328	-	506,24	569,52	-	410,08	461,34	-	317,12	356,76	-	227,20	255,60	-	140,48	158,04	-	65,12	73,26	-	5,44	6,1
	IV	11.438	-	915,04	1.029,42	-	849,28	955,44	-	785,04	883,17	-	722,32	812,61	-	661,20	743,85	-	601,60	676,80	-	543,60	611,5
	V	17.308	-	1.384,64	1.557,72																		
	VI	17.839	35,22	1.427,12	1.605,51																		
53.459,99	I	11.451	-	916,08	1.030,59	-	786,08	884,34	-	662,16	744,93	-	544,48	612,54	-	432,96	487,08	-	327,60	368,55	-	228,40	256,9
	II	9.902	-	792,16	891,18	-	668,00	751,50	-	550,00	618,75	-	438,24	493,02	-	332,56	374,13	-	233,12	262,26	-	139,76	157,2
	III	6.338	-	507,04	570,42	-	410,88	462,24	-	317,92	357,66	-	227,84	256,32	-	141,12	158,76	-	65,60	73,80	-	5,92	6,6
	IV	11.451	-	916,08	1.030,59	-	850,32	956,61	-	786,08	884,34	-	723,36	813,78	-	662,16	744,93	-	602,56	677,88	-	544,48	612,5
	V	17.323	-	1.385,84	1.559,07																		
	VI	17.855	37,12	1.428,40	1.606,95																		

SolZ/KiSt lt. Tabelle nicht für Sonstige Bezüge anwendbar.

Lohn/ Gehalt bis	Steuerklasse	Lohn-steuer	ohne Kinderfreibetrag SolZ 5,5%	ohne Kinderfreibetrag Kirchensteuer 8%	ohne Kinderfreibetrag Kirchensteuer 9%	0,5 SolZ 5,5%	0,5 Kirchensteuer 8%	0,5 Kirchensteuer 9%	1,0 SolZ 5,5%	1,0 Kirchensteuer 8%	1,0 Kirchensteuer 9%	1,5 SolZ 5,5%	1,5 Kirchensteuer 8%	1,5 Kirchensteuer 9%	2,0 SolZ 5,5%	2,0 Kirchensteuer 8%	2,0 Kirchensteuer 9%	2,5 SolZ 5,5%	2,5 Kirchensteuer 8%	2,5 Kirchensteuer 9%	3,0 SolZ 5,5%	3,0 Kirchensteuer 8%	3,0 Kirchensteuer 9%
						Anzahl Kinderfreibeträge (nur Steuerklassen I–IV)																	
53.495,99	I	11.465	–	917,20	1.031,85	–	787,12	885,51	–	663,12	746,01	–	545,44	613,62	–	433,84	488,07	–	328,40	369,45	–	229,20	257,85
	II	9.915	–	793,20	892,35	–	668,96	752,58	–	550,96	619,83	–	439,12	494,01	–	333,36	375,03	–	233,84	263,07	–	140,48	158,04
	III	6.348	–	507,84	571,32	–	411,68	463,14	–	318,56	358,38	–	228,64	257,22	–	141,76	159,48	–	66,24	74,52	–	6,24	7,02
	IV	11.465	–	917,20	1.031,85	–	851,36	957,78	–	787,12	885,51	–	724,32	814,86	–	663,12	746,01	–	603,52	678,96	–	545,44	613,62
	V	17.338	–	1.387,04	1.560,42																		
	VI	17.870	38,91	1.429,60	1.608,30																		
53.531,99	I	11.478	–	918,24	1.033,02	–	788,08	886,59	–	664,16	747,18	–	546,32	614,61	–	434,72	489,06	–	329,28	370,44	–	230,00	258,75
	II	9.928	–	794,24	893,52	–	670,00	753,75	–	551,84	620,82	–	439,92	494,91	–	334,24	376,02	–	234,64	263,97	–	141,20	158,85
	III	6.358	–	508,64	572,22	–	412,48	464,04	–	319,36	359,28	–	229,28	257,94	–	142,56	160,38	–	66,72	75,06	–	6,72	7,56
	IV	11.478	–	918,24	1.033,02	–	852,40	958,95	–	788,08	886,59	–	725,36	816,03	–	664,16	747,18	–	604,48	680,04	–	546,32	614,61
	V	17.353	–	1.388,24	1.561,77																		
	VI	17.885	40,69	1.430,80	1.609,65																		
53.567,99	I	11.491	–	919,28	1.034,19	–	789,12	887,76	–	665,12	748,26	–	547,28	615,69	–	435,60	490,05	–	330,08	371,34	–	230,72	259,56
	II	9.941	–	795,28	894,69	–	670,96	754,83	–	552,80	621,90	–	440,80	495,90	–	335,04	376,92	–	235,44	264,87	–	141,92	159,66
	III	6.368	–	509,44	573,12	–	413,12	464,76	–	320,00	360,00	–	230,08	258,84	–	143,20	161,10	–	67,36	75,78	–	7,04	7,92
	IV	11.491	–	919,28	1.034,19	–	853,44	960,12	–	789,12	887,76	–	726,32	817,11	–	665,12	748,26	–	605,44	681,12	–	547,28	615,69
	V	17.368	–	1.389,44	1.563,12																		
	VI	17.900	42,48	1.432,00	1.611,00																		
53.603,99	I	11.505	–	920,40	1.035,45	–	790,16	888,93	–	666,08	749,34	–	548,16	616,68	–	436,48	491,04	–	330,88	372,24	–	231,52	260,46
	II	9.954	–	796,32	895,86	–	671,92	755,91	–	553,76	622,98	–	441,68	496,89	–	335,84	377,82	–	236,16	265,68	–	142,72	160,56
	III	6.378	–	510,24	574,02	–	413,92	465,66	–	320,80	360,90	–	230,72	259,56	–	143,84	161,82	–	67,84	76,32	–	7,52	8,46
	IV	11.505	–	920,40	1.035,45	–	854,48	961,29	–	790,16	888,93	–	727,36	818,28	–	666,08	749,34	–	606,32	682,11	–	548,16	616,68
	V	17.383	–	1.390,64	1.564,47																		
	VI	17.915	44,26	1.433,20	1.612,35																		
53.639,99	I	11.518	–	921,44	1.036,62	–	791,20	890,10	–	667,04	750,42	–	549,12	617,76	–	437,36	492,03	–	331,76	373,23	–	232,32	261,36
	II	9.966	–	797,28	896,94	–	672,88	756,99	–	554,64	623,97	–	442,56	497,88	–	336,72	378,81	–	236,96	266,58	–	143,44	161,37
	III	6.388	–	511,04	574,92	–	414,72	466,56	–	321,60	361,80	–	231,36	260,28	–	144,48	162,54	–	68,32	76,86	–	8,00	9,00
	IV	11.518	–	921,44	1.036,62	–	855,52	962,46	–	791,20	890,10	–	728,32	819,36	–	667,04	750,42	–	607,28	683,19	–	549,12	617,76
	V	17.398	–	1.391,84	1.565,82																		
	VI	17.930	46,05	1.434,40	1.613,70																		
53.675,99	I	11.532	–	922,56	1.037,88	–	792,16	891,18	–	668,00	751,50	–	550,00	618,75	–	438,24	493,02	–	332,56	374,13	–	233,12	262,26
	II	9.979	–	798,32	898,11	–	673,84	758,07	–	555,60	625,05	–	443,44	498,87	–	337,52	379,71	–	237,76	267,48	–	144,16	162,18
	III	6.398	–	511,84	575,82	–	415,52	467,46	–	322,24	362,52	–	232,16	261,18	–	145,12	163,26	–	68,96	77,58	–	8,32	9,36
	IV	11.532	–	922,56	1.037,88	–	856,56	963,63	–	792,16	891,18	–	729,36	820,53	–	668,00	751,50	–	608,24	684,27	–	550,00	618,75
	V	17.414	–	1.393,12	1.567,26																		
	VI	17.945	47,83	1.435,60	1.615,05																		
53.711,99	I	11.545	–	923,60	1.039,05	–	793,20	892,35	–	668,96	752,58	–	550,96	619,83	–	439,12	494,01	–	333,36	375,03	–	233,84	263,07
	II	9.992	–	799,36	899,28	–	674,88	759,24	–	556,48	626,04	–	444,32	499,86	–	338,32	380,61	–	238,48	268,29	–	144,88	162,99
	III	6.406	–	512,48	576,54	–	416,16	468,18	–	323,04	363,42	–	232,80	261,90	–	145,92	164,16	–	69,44	78,12	–	8,80	9,90
	IV	11.545	–	923,60	1.039,05	–	857,68	964,89	–	793,20	892,35	–	730,32	821,61	–	668,96	752,58	–	609,20	685,35	–	550,96	619,83
	V	17.429	–	1.394,32	1.568,61																		
	VI	17.960	49,62	1.436,80	1.616,40																		
53.747,99	I	11.559	–	924,72	1.040,31	–	794,24	893,52	–	670,00	753,75	–	551,84	620,82	–	439,92	494,91	–	334,24	376,02	–	234,64	263,97
	II	10.005	–	800,40	900,45	–	675,84	760,32	–	557,44	627,12	–	445,20	500,85	–	339,20	381,60	–	239,28	269,19	–	145,60	163,80
	III	6.416	–	513,28	577,44	–	416,96	469,08	–	323,68	364,14	–	233,60	262,80	–	146,56	164,88	–	70,08	78,84	–	9,28	10,44
	IV	11.559	–	924,72	1.040,31	–	858,72	966,06	–	794,24	893,52	–	731,36	822,78	–	670,00	753,75	–	610,16	686,43	–	551,84	620,82
	V	17.444	–	1.395,52	1.569,96																		
	VI	17.976	51,52	1.438,08	1.617,84																		
53.783,99	I	11.572	–	925,76	1.041,48	–	795,28	894,69	–	670,96	754,83	–	552,80	621,90	–	440,80	495,90	–	335,04	376,92	–	235,44	264,87
	II	10.018	–	801,44	901,62	–	676,80	761,40	–	558,40	628,20	–	446,08	501,84	–	340,00	382,50	–	240,08	270,09	–	146,32	164,61
	III	6.426	–	514,08	578,34	–	417,76	469,98	–	324,48	365,04	–	234,24	263,52	–	147,20	165,60	–	70,56	79,38	–	9,60	10,80
	IV	11.572	–	925,76	1.041,48	–	859,76	967,23	–	795,28	894,69	–	732,32	823,86	–	670,96	754,83	–	611,12	687,51	–	552,80	621,90
	V	17.459	–	1.396,72	1.571,31																		
	VI	17.991	53,31	1.439,28	1.619,19																		
53.819,99	I	11.585	–	926,80	1.042,65	–	796,32	895,86	–	671,92	755,91	–	553,76	622,98	–	441,68	496,89	–	335,84	377,82	–	236,16	265,68
	II	10.031	–	802,48	902,79	–	677,76	762,48	–	559,28	629,19	–	446,96	502,83	–	340,80	383,40	–	240,88	270,99	–	147,04	165,42
	III	6.436	–	514,88	579,24	–	418,56	470,88	–	325,28	365,94	–	235,04	264,42	–	147,84	166,32	–	71,20	80,10	–	10,08	11,34
	IV	11.585	–	926,80	1.042,65	–	860,80	968,40	–	796,32	895,86	–	733,36	825,03	–	671,92	755,91	–	612,08	688,59	–	553,76	622,98
	V	17.474	–	1.397,92	1.572,66																		
	VI	18.006	55,09	1.440,48	1.620,54																		
53.855,99	I	11.599	–	927,92	1.043,91	–	797,28	896,94	–	672,88	756,99	–	554,64	623,97	–	442,56	497,88	–	336,72	378,81	–	236,96	266,58
	II	10.043	–	803,44	903,87	–	678,80	763,65	–	560,24	630,27	–	447,84	503,82	–	341,68	384,39	–	241,60	271,80	–	147,76	166,23
	III	6.446	–	515,68	580,14	–	419,36	471,78	–	325,92	366,66	–	235,68	265,14	–	148,64	167,22	–	71,68	80,64	–	10,56	11,88
	IV	11.599	–	927,92	1.043,91	–	861,84	969,57	–	797,28	896,94	–	734,32	826,11	–	672,88	756,99	–	613,04	689,67	–	554,64	623,97
	V	17.489	–	1.399,12	1.574,01																		
	VI	18.021	56,88	1.441,68	1.621,89																		
53.891,99	I	11.612	–	928,96	1.045,08	–	798,32	898,11	–	673,84	758,07	–	555,60	625,05	–	443,44	498,87	–	337,52	379,71	–	237,76	267,48
	II	10.056	–	804,48	905,04	–	679,76	764,73	–	561,12	631,26	–	448,72	504,81	–	342,48	385,29	–	242,40	272,70	–	148,48	167,04
	III	6.456	–	516,48	581,04	–	420,00	472,50	–	326,72	367,56	–	236,48	266,04	–	149,28	167,94	–	72,32	81,36	–	10,88	12,24
	IV	11.612	–	928,96	1.045,08	–	862,88	970,74	–	798,32	898,11	–	735,36	827,28	–	673,84	758,07	–	613,92	690,66	–	555,60	625,05
	V	17.504	–	1.400,32	1.575,36																		
	VI	18.036	58,66	1.442,88	1.623,24																		
53.927,99	I	11.626	–	930,08	1.046,34	–	799,36	899,28	–	674,88	759,24	–	556,48	626,04	–	444,32	499,86	–	338,32	380,61	–	238,48	268,29
	II	10.069	–	805,52	906,21	–	680,72	765,81	–	562,08	632,34	–	449,60	505,80	–	343,28	386,19	–	243,20	273,60	–	149,28	167,94
	III	6.466	–	517,28	581,94	–	420,80	473,40	–	327,36	368,28	–	237,12	266,76	–	149,92	168,66	–	72,80	81,90	–	11,36	12,78
	IV	11.626	–	930,08	1.046,34	–	863,92	971,91	–	799,36	899,28	–	736,32	828,36	–	674,88	759,24	–	614,88	691,74	–	556,48	626,04
	V	17.519	–	1.401,52	1.576,71																		
	VI	18.051	60,45	1.444,08	1.624,59																		
53.963,99	I	11.639	–	931,12	1.047,51	–	800,40	900,45	–	675,84	760,32	–	557,44	627,12	–	445,20	500,85	–	339,20	381,60	–	239,28	269,19
	II	10.082	–	806,56	907,38	–	681,68	766,89	–	563,04	633,42	–	450,48	506,79	–	344,16	387,18	–	244,00	274,50	–	150,00	168,75
	III	6.476	–	518,08	582,84	–	421,60	474,30	–	328,16	369,18	–	237,92	267,66	–	150,56	169,38	–	73,44	82,62	–	11,84	13,32
	IV	11.639	–	931,12	1.047,51	–	864,96	973,08	–	800,40	900,45	–	737,36	829,53	–	675,84	760,32	–	615,84	692,82	–	557,44	627,12
	V	17.535	–	1.402,80	1.578,15																		
	VI	18.066	62,23	1.445,28	1.625,94																		
53.999,99	I	11.653	–	932,24	1.048,77	–	801,44	901,62	–	676,80	761,40	–	558,40	628,20	–	446,08	501,84	–	340,00	382,50	–	240,08	270,09
	II	10.095	–	807,60	908,55	–	682,64	767,97	–	563,92	634,41	–	451,36	507,78	–	344,96	388,08	–	244,72	275,31	–	150,72	169,56
	III	6.486	–	518,88	583,74	–	422,40	475,20	–	328,96	370,08	–	238,56	268,38	–	151,36	170,28	–	73,92	83,16	–	12,16	13,68
	IV	11.653	–	932,24	1.048,77	–	866,08	974,34	–	801,44	901,62	–	738,32	830,61	–	676,80	761,40	–	616,80	693,90	–	558,40	628,20
	V	17.550	0,83	1.404,00	1.579,50																		
	VI	18.081	64,02	1.446,48	1.627,29																		

SolZ/KiSt lt. Tabelle nicht für Sonstige Bezüge anwendbar.

Lohn/ Gehalt bis	Steuerklasse	Lohn-steuer	ohne Kinderfreibetrag			Anzahl Kinderfreibeträge (nur Steuerklassen I–IV)																	
						0,5			1,0			1,5			2,0			2,5			3,0		
			SolZ 5,5%	Kirchensteuer 8%	9%	SolZ 5,5%	Kirchensteuer 8%	9%	SolZ 5,5%	Kirchensteuer 8%	9%	SolZ 5,5%	Kirchensteuer 8%	9%	SolZ 5,5%	Kirchensteuer 8%	9%	SolZ 5,5%	Kirchensteuer 8%	9%	SolZ 5,5%	Kirchensteuer 8%	9%
54.035,99	I	11.666	-	933,28	1.049,94	-	802,48	902,79	-	677,76	762,48	-	559,28	629,19	-	446,96	502,83	-	340,80	383,40	-	240,88	270,9
	II	10.108	-	808,64	909,72	-	683,68	769,14	-	564,88	635,49	-	452,24	508,77	-	345,84	389,07	-	245,52	276,21	-	151,44	170,3
	III	6.496	-	519,68	584,64	-	423,04	475,92	-	329,60	370,80	-	239,20	269,10	-	152,00	171,00	-	74,56	83,88	-	12,64	14,2
	IV	11.666	-	933,28	1.049,94	-	867,12	975,51	-	802,48	902,79	-	739,36	831,78	-	677,76	762,48	-	617,76	694,98	-	559,28	629,1
	V	17.565	2,61	1.405,20	1.580,85																		
	VI	18.097	65,92	1.447,76	1.628,73																		
54.071,99	I	11.680	-	934,40	1.051,20	-	803,44	903,87	-	678,80	763,65	-	560,24	630,27	-	447,84	503,82	-	341,68	384,39	-	241,60	271,8
	II	10.121	-	809,68	910,89	-	684,64	770,22	-	565,76	636,48	-	453,12	509,76	-	346,64	389,97	-	246,32	277,11	-	152,16	171,1
	III	6.506	-	520,48	585,54	-	423,84	476,82	-	330,40	371,70	-	240,00	270,00	-	152,64	171,72	-	75,04	84,42	-	13,12	14,7
	IV	11.680	-	934,40	1.051,20	-	868,16	976,68	-	803,44	903,87	-	740,32	832,86	-	678,80	763,65	-	618,72	696,06	-	560,24	630,2
	V	17.580	4,40	1.406,40	1.582,20																		
	VI	18.112	67,71	1.448,96	1.630,08																		
54.107,99	I	11.693	-	935,44	1.052,37	-	804,48	905,04	-	679,76	764,73	-	561,12	631,26	-	448,72	504,81	-	342,48	385,29	-	242,40	272,7
	II	10.134	-	810,72	912,06	-	685,60	771,30	-	566,72	637,56	-	454,00	510,75	-	347,44	390,87	-	247,12	278,01	-	152,88	171,9
	III	6.516	-	521,28	586,44	-	424,64	477,72	-	331,20	372,60	-	240,64	270,72	-	153,44	172,62	-	75,68	85,14	-	13,60	15,3
	IV	11.693	-	935,44	1.052,37	-	869,20	977,85	-	804,48	905,04	-	741,36	834,03	-	679,76	764,73	-	619,68	697,14	-	561,12	631,2
	V	17.595	6,18	1.407,60	1.583,55																		
	VI	18.127	69,49	1.450,16	1.631,43																		
54.143,99	I	11.707	-	936,56	1.053,63	-	805,52	906,21	-	680,72	765,81	-	562,08	632,34	-	449,60	505,80	-	343,28	386,19	-	243,20	273,6
	II	10.146	-	811,68	913,14	-	686,56	772,38	-	567,68	638,64	-	454,88	511,74	-	348,32	391,86	-	247,92	278,91	-	153,60	172,8
	III	6.526	-	522,08	587,34	-	425,44	478,62	-	331,84	373,32	-	241,44	271,62	-	154,08	173,34	-	76,16	85,68	-	13,92	15,6
	IV	11.707	-	936,56	1.053,63	-	870,24	979,02	-	805,52	906,21	-	742,32	835,11	-	680,72	765,81	-	620,64	698,22	-	562,08	632,3
	V	17.610	7,97	1.408,80	1.584,90																		
	VI	18.142	71,28	1.451,36	1.632,78																		
54.179,99	I	11.720	-	937,60	1.054,80	-	806,56	907,38	-	681,68	766,89	-	563,04	633,42	-	450,48	506,79	-	344,16	387,18	-	244,00	274,5
	II	10.159	-	812,72	914,31	-	687,60	773,55	-	568,56	639,63	-	455,76	512,73	-	349,12	392,76	-	248,64	279,72	-	154,40	173,7
	III	6.536	-	522,88	588,24	-	426,24	479,52	-	332,64	374,22	-	242,08	272,34	-	154,72	174,06	-	76,80	86,40	-	14,40	16,2
	IV	11.720	-	937,60	1.054,80	-	871,28	980,19	-	806,56	907,38	-	743,36	836,28	-	681,68	766,89	-	621,60	699,30	-	563,04	633,4
	V	17.625	9,75	1.410,00	1.586,25																		
	VI	18.157	73,06	1.452,56	1.634,13																		
54.215,99	I	11.733	-	938,64	1.055,97	-	807,60	908,55	-	682,64	767,97	-	563,92	634,41	-	451,36	507,78	-	344,96	388,08	-	244,72	275,3
	II	10.172	-	813,76	915,48	-	688,56	774,63	-	569,52	640,71	-	456,64	513,72	-	350,00	393,75	-	249,44	280,62	-	155,12	174,5
	III	6.544	-	523,52	588,96	-	426,88	480,24	-	333,28	374,94	-	242,88	273,24	-	155,52	174,96	-	77,28	86,94	-	14,88	16,7
	IV	11.733	-	938,64	1.055,97	-	872,40	981,45	-	807,60	908,55	-	744,40	837,45	-	682,64	767,97	-	622,56	700,38	-	563,92	634,4
	V	17.640	11,54	1.411,20	1.587,60																		
	VI	18.172	74,85	1.453,76	1.635,48																		
54.251,99	I	11.747	-	939,76	1.057,23	-	808,64	909,72	-	683,68	769,14	-	564,88	635,49	-	452,24	508,77	-	345,84	389,07	-	245,52	276,2
	II	10.185	-	814,80	916,65	-	689,52	775,71	-	570,48	641,79	-	457,52	514,71	-	350,80	394,65	-	250,24	281,52	-	155,84	175,3
	III	6.554	-	524,32	589,86	-	427,68	481,14	-	334,08	375,84	-	243,52	273,96	-	156,16	175,68	-	77,92	87,66	-	15,36	17,2
	IV	11.747	-	939,76	1.057,23	-	873,44	982,62	-	808,64	909,72	-	745,36	838,53	-	683,68	769,14	-	623,52	701,46	-	564,88	635,4
	V	17.656	13,44	1.412,48	1.589,04																		
	VI	18.187	76,63	1.454,96	1.636,83																		
54.287,99	I	11.760	-	940,80	1.058,40	-	809,68	910,89	-	684,64	770,22	-	565,76	636,48	-	453,12	509,76	-	346,64	389,97	-	246,32	277,1
	II	10.198	-	815,84	917,82	-	690,56	776,88	-	571,36	642,78	-	458,40	515,70	-	351,60	395,55	-	251,04	282,42	-	156,56	176,1
	III	6.564	-	525,12	590,76	-	428,48	482,04	-	334,88	376,74	-	244,32	274,86	-	156,80	176,40	-	78,40	88,20	-	15,68	17,6
	IV	11.760	-	940,80	1.058,40	-	874,48	983,79	-	809,68	910,89	-	746,40	839,70	-	684,64	770,22	-	624,48	702,54	-	565,76	636,4
	V	17.671	15,23	1.413,68	1.590,39																		
	VI	18.202	78,42	1.456,16	1.638,18																		
54.323,99	I	11.774	-	941,92	1.059,66	-	810,72	912,06	-	685,60	771,30	-	566,72	637,56	-	454,00	510,75	-	347,44	390,87	-	247,12	278,0
	II	10.211	-	816,88	918,99	-	691,52	777,96	-	572,32	643,86	-	459,28	516,69	-	352,48	396,54	-	251,84	283,32	-	157,28	176,9
	III	6.574	-	525,92	591,66	-	429,28	482,94	-	335,52	377,46	-	244,96	275,58	-	157,44	177,12	-	79,04	88,92	-	16,16	18,1
	IV	11.774	-	941,92	1.059,66	-	875,52	984,96	-	810,72	912,06	-	747,36	840,78	-	685,60	771,30	-	625,44	703,62	-	566,72	637,5
	V	17.686	17,01	1.414,88	1.591,74																		
	VI	18.217	80,20	1.457,36	1.639,53																		
54.359,99	I	11.787	-	942,96	1.060,83	-	811,68	913,14	-	686,56	772,38	-	567,68	638,64	-	454,88	511,74	-	348,32	391,86	-	247,92	278,9
	II	10.224	-	817,92	920,16	-	692,48	779,04	-	573,28	644,94	-	460,16	517,68	-	353,28	397,44	-	252,56	284,13	-	158,08	177,8
	III	6.584	-	526,72	592,56	-	429,92	483,66	-	336,32	378,36	-	245,76	276,48	-	158,24	178,02	-	79,52	89,46	-	16,64	18,7
	IV	11.787	-	942,96	1.060,83	-	876,56	986,13	-	811,68	913,14	-	748,40	841,95	-	686,56	772,38	-	626,32	704,61	-	567,68	638,6
	V	17.701	18,80	1.416,08	1.593,09																		
	VI	18.233	82,11	1.458,64	1.640,97																		
54.395,99	I	11.801	-	944,08	1.062,09	-	812,72	914,31	-	687,60	773,55	-	568,56	639,63	-	455,76	512,73	-	349,12	392,76	-	248,64	279,7
	II	10.237	-	818,96	921,33	-	693,44	780,12	-	574,16	645,93	-	461,04	518,67	-	354,16	398,43	-	253,36	285,03	-	158,80	178,6
	III	6.594	-	527,52	593,46	-	430,72	484,56	-	337,12	379,26	-	246,40	277,20	-	158,88	178,74	-	80,16	90,18	-	17,12	19,2
	IV	11.801	-	944,08	1.062,09	-	877,68	987,39	-	812,72	914,31	-	749,36	843,03	-	687,60	773,55	-	627,28	705,69	-	568,56	639,6
	V	17.716	20,58	1.417,28	1.594,44																		
	VI	18.248	83,89	1.459,84	1.642,32																		
54.431,99	I	11.815	-	945,20	1.063,35	-	813,76	915,48	-	688,56	774,63	-	569,52	640,71	-	456,64	513,72	-	350,00	393,75	-	249,44	280,6
	II	10.250	-	820,00	922,50	-	694,48	781,29	-	575,12	647,01	-	462,00	519,75	-	354,96	399,33	-	254,16	285,93	-	159,52	179,4
	III	6.604	-	528,32	594,36	-	431,52	485,46	-	337,76	379,98	-	247,20	278,10	-	159,52	179,46	-	80,64	90,72	-	17,44	19,6
	IV	11.815	-	945,20	1.063,35	-	878,72	988,56	-	813,76	915,48	-	750,40	844,20	-	688,56	774,63	-	628,24	706,77	-	569,52	640,7
	V	17.731	22,37	1.418,48	1.595,79																		
	VI	18.263	85,68	1.461,04	1.643,67																		
54.467,99	I	11.828	-	946,24	1.064,52	-	814,80	916,65	-	689,52	775,71	-	570,48	641,79	-	457,52	514,71	-	350,80	394,65	-	250,24	281,5
	II	10.263	-	821,04	923,67	-	695,44	782,37	-	576,08	648,09	-	462,88	520,74	-	355,84	400,32	-	254,96	286,83	-	160,24	180,2
	III	6.614	-	529,12	595,26	-	432,32	486,36	-	338,56	380,88	-	247,84	278,82	-	160,32	180,36	-	81,28	91,44	-	17,92	20,1
	IV	11.828	-	946,24	1.064,52	-	879,76	989,73	-	814,80	916,65	-	751,44	845,37	-	689,52	775,71	-	629,20	707,85	-	570,48	641,7
	V	17.746	24,15	1.419,68	1.597,14																		
	VI	18.278	87,46	1.462,24	1.645,02																		
54.503,99	I	11.842	-	947,36	1.065,78	-	815,84	917,82	-	690,56	776,88	-	571,36	642,78	-	458,40	515,70	-	351,60	395,55	-	251,04	282,4
	II	10.276	-	822,08	924,84	-	696,40	783,45	-	576,96	649,08	-	463,76	521,73	-	356,64	401,22	-	255,76	287,73	-	160,96	181,0
	III	6.624	-	529,92	596,16	-	433,12	487,26	-	339,20	381,60	-	248,64	279,72	-	160,96	181,08	-	81,92	92,16	-	18,40	20,7
	IV	11.842	-	947,36	1.065,78	-	880,80	990,90	-	815,84	917,82	-	752,40	846,45	-	690,56	776,88	-	630,16	708,93	-	571,36	642,7
	V	17.761	25,94	1.420,88	1.598,49																		
	VI	18.293	89,25	1.463,44	1.646,37																		
54.539,99	I	11.855	-	948,40	1.066,95	-	816,88	918,99	-	691,52	777,96	-	572,32	643,86	-	459,28	516,69	-	352,48	396,54	-	251,84	283,3
	II	10.288	-	823,04	925,92	-	697,44	784,62	-	577,92	650,16	-	464,64	522,72	-	357,52	402,21	-	256,48	288,54	-	161,76	181,9
	III	6.634	-	530,72	597,06	-	433,76	487,98	-	340,00	382,50	-	249,28	280,44	-	161,60	181,80	-	82,40	92,70	-	18,88	21,2
	IV	11.855	-	948,40	1.066,95	-	881,84	992,07	-	816,88	918,99	-	753,44	847,62	-	691,52	777,96	-	631,12	710,01	-	572,32	643,8
	V	17.776	27,72	1.422,08	1.599,84																		
	VI	18.308	91,03	1.464,64	1.647,72																		

SolZ/KiSt lt. Tabelle nicht für Sonstige Bezüge anwendbar.

Besondere Tabelle

Lohn/ Gehalt bis	Steuerklasse	Lohn- steuer	ohne Kinderfreibetrag SolZ 5,5%	ohne Kinderfreibetrag Kirchensteuer 8%	ohne Kinderfreibetrag Kirchensteuer 9%	0,5 SolZ 5,5%	0,5 Kirchensteuer 8%	0,5 Kirchensteuer 9%	1,0 SolZ 5,5%	1,0 Kirchensteuer 8%	1,0 Kirchensteuer 9%	1,5 SolZ 5,5%	1,5 Kirchensteuer 8%	1,5 Kirchensteuer 9%	2,0 SolZ 5,5%	2,0 Kirchensteuer 8%	2,0 Kirchensteuer 9%	2,5 SolZ 5,5%	2,5 Kirchensteuer 8%	2,5 Kirchensteuer 9%	3,0 SolZ 5,5%	3,0 Kirchensteuer 8%	3,0 Kirchensteuer 9%
54.575,99	I	11.869	-	949,52	1.068,21	-	817,92	920,16	-	692,48	779,04	-	573,28	644,94	-	460,16	517,68	-	353,28	397,44	-	252,56	284,13
	II	10.301	-	824,08	927,09	-	698,40	785,70	-	578,88	651,24	-	465,52	523,71	-	358,32	403,11	-	257,28	289,44	-	162,48	182,79
	III	6.644	-	531,52	597,96	-	434,56	488,88	-	340,80	383,40	-	250,08	281,34	-	162,40	182,70	-	83,04	93,42	-	19,36	21,78
	IV	11.869	-	949,52	1.068,21	-	882,96	993,33	-	817,92	920,16	-	754,40	848,70	-	692,48	779,04	-	632,08	711,09	-	573,28	644,94
	V	17.792	29,63	1.423,36	1.601,28																		
	VI	18.323	92,82	1.465,84	1.649,07																		
54.611,99	I	11.882	-	950,56	1.069,38	-	818,96	921,33	-	693,44	780,12	-	574,16	645,93	-	461,04	518,67	-	354,16	398,43	-	253,36	285,03
	II	10.314	-	825,12	928,26	-	699,36	786,78	-	579,84	652,32	-	466,40	524,70	-	359,12	404,01	-	258,08	290,34	-	163,20	183,60
	III	6.654	-	532,32	598,86	-	435,36	489,78	-	341,44	384,12	-	250,72	282,06	-	163,04	183,42	-	83,52	93,96	-	19,68	22,14
	IV	11.882	-	950,56	1.069,38	-	884,00	994,50	-	818,96	921,33	-	755,44	849,87	-	693,44	780,12	-	633,04	712,17	-	574,16	645,93
	V	17.807	31,41	1.424,56	1.602,63																		
	VI	18.338	94,60	1.467,04	1.650,42																		
54.647,99	I	11.896	-	951,68	1.070,64	-	820,00	922,50	-	694,48	781,29	-	575,12	647,01	-	462,00	519,75	-	354,96	399,33	-	254,16	285,93
	II	10.327	-	826,16	929,43	-	700,40	787,95	-	580,72	653,31	-	467,28	525,69	-	360,00	405,00	-	258,88	291,24	-	163,92	184,41
	III	6.664	-	533,12	599,76	-	436,16	490,68	-	342,24	385,02	-	251,52	282,96	-	163,68	184,14	-	84,16	94,68	-	20,16	22,68
	IV	11.896	-	951,68	1.070,64	-	885,04	995,67	-	820,00	922,50	-	756,48	851,04	-	694,48	781,29	-	634,00	713,25	-	575,12	647,01
	V	17.822	33,20	1.425,76	1.603,98																		
	VI	18.354	96,50	1.468,32	1.651,86																		
54.683,99	I	11.909	-	952,72	1.071,81	-	821,04	923,67	-	695,44	782,37	-	576,08	648,09	-	462,88	520,74	-	355,84	400,32	-	254,96	286,83
	II	10.340	-	827,20	930,60	-	701,36	789,03	-	581,68	654,39	-	468,16	526,68	-	360,80	405,90	-	259,68	292,14	-	164,72	185,31
	III	6.674	-	533,92	600,66	-	436,96	491,58	-	343,04	385,92	-	252,16	283,68	-	164,48	185,04	-	84,80	95,40	-	20,64	23,22
	IV	11.909	-	952,72	1.071,81	-	886,08	996,84	-	821,04	923,67	-	757,44	852,12	-	695,44	782,37	-	634,96	714,33	-	576,08	648,09
	V	17.837	34,98	1.426,96	1.605,33																		
	VI	18.369	98,29	1.469,52	1.653,21																		
54.719,99	I	11.923	-	953,84	1.073,07	-	822,08	924,84	-	696,40	783,45	-	576,96	649,08	-	463,76	521,73	-	356,64	401,22	-	255,76	287,73
	II	10.353	-	828,24	931,77	-	702,32	790,11	-	582,64	655,47	-	469,04	527,67	-	361,68	406,89	-	260,48	293,04	-	165,44	186,12
	III	6.684	-	534,72	601,56	-	437,60	492,30	-	343,68	386,64	-	252,96	284,58	-	165,12	185,76	-	85,28	95,94	-	21,12	23,76
	IV	11.923	-	953,84	1.073,07	-	887,20	998,10	-	822,08	924,84	-	758,48	853,29	-	696,40	783,45	-	635,92	715,41	-	576,96	649,08
	V	17.852	36,77	1.428,16	1.606,68																		
	VI	18.384	100,07	1.470,72	1.654,56																		
54.755,99	I	11.936	-	954,88	1.074,24	-	823,04	925,92	-	697,44	784,62	-	577,92	650,16	-	464,64	522,72	-	357,52	402,21	-	256,48	288,54
	II	10.366	-	829,28	932,94	-	703,36	791,28	-	583,52	656,46	-	469,92	528,66	-	362,48	407,79	-	261,28	293,94	-	166,16	186,93
	III	6.694	-	535,52	602,46	-	438,40	493,20	-	344,48	387,54	-	253,60	285,30	-	165,76	186,48	-	85,92	96,66	-	21,60	24,30
	IV	11.936	-	954,88	1.074,24	-	888,24	999,27	-	823,04	925,92	-	759,44	854,37	-	697,44	784,62	-	636,88	716,49	-	577,92	650,16
	V	17.867	38,55	1.429,36	1.608,03																		
	VI	18.399	101,86	1.471,92	1.655,91																		
54.791,99	I	11.950	-	956,00	1.075,50	-	824,08	927,09	-	698,40	785,70	-	578,88	651,24	-	465,52	523,71	-	358,32	403,11	-	257,28	289,44
	II	10.379	-	830,32	934,11	-	704,32	792,36	-	584,48	657,54	-	470,80	529,65	-	363,36	408,78	-	262,00	294,75	-	166,88	187,74
	III	6.704	-	536,32	603,36	-	439,20	494,10	-	345,28	388,44	-	254,40	286,20	-	166,56	187,38	-	86,40	97,20	-	22,08	24,84
	IV	11.950	-	956,00	1.075,50	-	889,28	1.000,44	-	824,08	927,09	-	760,48	855,54	-	698,40	785,70	-	637,84	717,57	-	578,88	651,24
	V	17.882	40,34	1.430,56	1.609,38																		
	VI	18.414	103,64	1.473,12	1.657,26																		
54.827,99	I	11.964	-	957,12	1.076,76	-	825,12	928,26	-	699,36	786,78	-	579,84	652,32	-	466,40	524,70	-	359,12	404,01	-	258,08	290,34
	II	10.392	-	831,36	935,28	-	705,28	793,44	-	585,44	658,62	-	471,76	530,73	-	364,16	409,68	-	262,80	295,65	-	167,68	188,64
	III	6.714	-	537,12	604,26	-	440,00	495,00	-	345,92	389,16	-	255,04	286,92	-	167,20	188,10	-	87,04	97,92	-	22,40	25,20
	IV	11.964	-	957,12	1.076,76	-	890,32	1.001,61	-	825,12	928,26	-	761,52	856,71	-	699,36	786,78	-	638,80	718,65	-	579,84	652,32
	V	17.897	42,12	1.431,76	1.610,73																		
	VI	18.429	105,43	1.474,32	1.658,61																		
54.863,99	I	11.977	-	958,16	1.077,93	-	826,16	929,43	-	700,40	787,95	-	580,72	653,31	-	467,28	525,69	-	360,00	405,00	-	258,88	291,24
	II	10.405	-	832,40	936,45	-	706,32	794,61	-	586,40	659,70	-	472,64	531,72	-	365,04	410,67	-	263,60	296,55	-	168,40	189,45
	III	6.724	-	537,92	605,16	-	440,80	495,90	-	346,72	390,06	-	255,84	287,82	-	167,84	188,82	-	87,68	98,64	-	22,88	25,74
	IV	11.977	-	958,16	1.077,93	-	891,44	1.002,87	-	826,16	929,43	-	762,48	857,79	-	700,40	787,95	-	639,76	719,73	-	580,72	653,31
	V	17.913	44,03	1.433,04	1.612,17																		
	VI	18.444	107,21	1.475,52	1.659,96																		
54.899,99	I	11.991	-	959,28	1.079,19	-	827,20	930,60	-	701,36	789,03	-	581,68	654,39	-	468,16	526,68	-	360,80	405,90	-	259,68	292,14
	II	10.418	-	833,44	937,62	-	707,28	795,69	-	587,28	660,69	-	473,52	532,71	-	365,84	411,57	-	264,40	297,45	-	169,12	190,26
	III	6.732	-	538,56	605,88	-	441,44	496,62	-	347,52	390,96	-	256,48	288,54	-	168,64	189,72	-	88,16	99,18	-	23,36	26,28
	IV	11.991	-	959,28	1.079,19	-	892,48	1.004,04	-	827,20	930,60	-	763,52	858,96	-	701,36	789,03	-	640,72	720,81	-	581,68	654,39
	V	17.928	45,81	1.434,24	1.613,52																		
	VI	18.459	109,00	1.476,72	1.661,31																		
54.935,99	I	12.004	-	960,32	1.080,36	-	828,24	931,77	-	702,32	790,11	-	582,64	655,47	-	469,04	527,67	-	361,68	406,89	-	260,48	293,04
	II	10.431	-	834,48	938,79	-	708,32	796,86	-	588,24	661,77	-	474,40	533,70	-	366,72	412,56	-	265,20	298,35	-	169,84	191,07
	III	6.742	-	539,36	606,78	-	442,24	497,52	-	348,16	391,68	-	257,28	289,44	-	169,28	190,44	-	88,80	99,90	-	23,84	26,82
	IV	12.004	-	960,32	1.080,36	-	893,52	1.005,21	-	828,24	931,77	-	764,56	860,13	-	702,32	790,11	-	641,68	721,89	-	582,64	655,47
	V	17.943	47,60	1.435,44	1.614,87																		
	VI	18.475	110,90	1.478,00	1.662,75																		
54.971,99	I	12.018	-	961,44	1.081,62	-	829,28	932,94	-	703,36	791,28	-	583,52	656,46	-	469,92	528,66	-	362,48	407,79	-	261,28	293,94
	II	10.444	-	835,52	939,96	-	709,28	797,94	-	589,20	662,85	-	475,28	534,69	-	367,52	413,46	-	266,00	299,25	-	170,64	191,97
	III	6.752	-	540,16	607,68	-	443,04	498,42	-	348,96	392,58	-	257,92	290,16	-	169,92	191,16	-	89,44	100,62	-	24,32	27,36
	IV	12.018	-	961,44	1.081,62	-	894,56	1.006,38	-	829,28	932,94	-	765,52	861,21	-	703,36	791,28	-	642,64	722,97	-	583,52	656,46
	V	17.958	49,38	1.436,64	1.616,22																		
	VI	18.490	112,69	1.479,20	1.664,10																		
55.007,99	I	12.031	-	962,48	1.082,79	-	830,32	934,11	-	704,32	792,36	-	584,48	657,54	-	470,80	529,65	-	363,36	408,78	-	262,00	294,75
	II	10.457	-	836,56	941,13	-	710,24	799,02	-	590,16	663,93	-	476,16	535,68	-	368,40	414,45	-	266,80	300,15	-	171,36	192,78
	III	6.762	-	540,96	608,58	-	443,84	499,32	-	349,76	393,48	-	258,72	291,06	-	170,72	192,06	-	89,92	101,16	-	24,80	27,90
	IV	12.031	-	962,48	1.082,79	-	895,68	1.007,64	-	830,32	934,11	-	766,56	862,38	-	704,32	792,36	-	643,68	724,14	-	584,48	657,54
	V	17.973	51,17	1.437,84	1.617,57																		
	VI	18.505	114,47	1.480,40	1.665,45																		
55.043,99	I	12.045	-	963,60	1.084,05	-	831,36	935,28	-	705,28	793,44	-	585,44	658,62	-	471,76	530,73	-	364,16	409,68	-	262,80	295,65
	II	10.470	-	837,60	942,30	-	711,28	800,19	-	591,04	664,92	-	477,04	536,67	-	369,20	415,35	-	267,60	301,05	-	172,08	193,59
	III	6.772	-	541,76	609,48	-	444,64	500,22	-	350,40	394,20	-	259,36	291,78	-	171,36	192,78	-	90,56	101,88	-	25,28	28,44
	IV	12.045	-	963,60	1.084,05	-	896,72	1.008,81	-	831,36	935,28	-	767,60	863,55	-	705,28	793,44	-	644,64	725,22	-	585,44	658,62
	V	17.988	52,95	1.439,04	1.618,92																		
	VI	18.520	116,26	1.481,60	1.666,80																		
55.079,99	I	12.059	-	964,72	1.085,31	-	832,40	936,45	-	706,32	794,61	-	586,40	659,70	-	472,64	531,72	-	365,04	410,67	-	263,60	296,55
	II	10.483	-	838,64	943,47	-	712,24	801,27	-	592,00	666,00	-	478,00	537,75	-	370,08	416,34	-	268,40	301,95	-	172,80	194,40
	III	6.782	-	542,56	610,38	-	445,28	500,94	-	351,20	395,10	-	260,16	292,68	-	172,00	193,50	-	91,20	102,60	-	25,76	28,98
	IV	12.059	-	964,72	1.085,31	-	897,76	1.009,98	-	832,40	936,45	-	768,56	864,63	-	706,32	794,61	-	645,60	726,30	-	586,40	659,70
	V	18.003	54,74	1.440,24	1.620,27																		
	VI	18.535	118,04	1.482,80	1.668,15																		

Anzahl Kinderfreibeträge (nur Steuerklassen I–IV)

SolZ/KiSt lt. Tabelle nicht für Sonstige Bezüge anwendbar.

Lohn/ Gehalt bis	Steuerklasse	Lohn-steuer	ohne Kinderfreibetrag			Anzahl Kinderfreibeträge (nur Steuerklassen I–IV)																	
						0,5			1,0			1,5			2,0			2,5			3,0		
			SolZ 5,5%	Kirchensteuer 8%	9%	SolZ 5,5%	Kirchensteuer 8%	9%	SolZ 5,5%	Kirchensteuer 8%	9%	SolZ 5,5%	Kirchensteuer 8%	9%	SolZ 5,5%	Kirchensteuer 8%	9%	SolZ 5,5%	Kirchensteuer 8%	9%	SolZ 5,5%	Kirchensteuer 8%	9%
55.115,99	I	12.072	-	965,76	1.086,48	-	833,44	937,62	-	707,28	795,69	-	587,28	660,69	-	473,52	532,71	-	365,84	411,57	-	264,40	297,4
	II	10.496	-	839,68	944,64	-	713,28	802,44	-	592,96	667,08	-	478,88	538,74	-	370,96	417,33	-	269,20	302,85	-	173,60	195,3
	III	6.792	-	543,36	611,28	-	446,08	501,84	-	351,84	395,82	-	260,80	293,40	-	172,80	194,40	-	91,68	103,14	-	26,08	29,3
	IV	12.072	-	965,76	1.086,48	-	898,88	1.011,24	-	833,44	937,62	-	769,60	865,80	-	707,28	795,69	-	646,56	727,38	-	587,28	660,6
	V	18.018	56,52	1.441,44	1.621,62																		
	VI	18.550	119,83	1.484,00	1.669,50																		
55.151,99	I	12.086	-	966,88	1.087,74	-	834,48	938,79	-	708,32	796,86	-	588,24	661,77	-	474,40	533,70	-	366,72	412,56	-	265,20	298,3
	II	10.509	-	840,72	945,81	-	714,24	803,52	-	593,92	668,16	-	479,76	539,73	-	371,76	418,23	-	269,92	303,66	-	174,32	196,1
	III	6.802	-	544,16	612,18	-	446,88	502,74	-	352,64	396,72	-	261,60	294,30	-	173,44	195,12	-	92,32	103,86	-	26,56	29,8
	IV	12.086	-	966,88	1.087,74	-	899,92	1.012,41	-	834,48	938,79	-	770,64	866,97	-	708,32	796,86	-	647,52	728,46	-	588,24	661,7
	V	18.034	58,42	1.442,72	1.623,06																		
	VI	18.565	121,61	1.485,20	1.670,85																		
55.187,99	I	12.100	-	968,00	1.089,00	-	835,52	939,96	-	709,28	797,94	-	589,20	662,85	-	475,28	534,69	-	367,52	413,46	-	266,00	299,2
	II	10.522	-	841,76	946,98	-	715,20	804,60	-	594,88	669,24	-	480,64	540,72	-	372,64	419,22	-	270,72	304,56	-	175,04	196,9
	III	6.812	-	544,96	613,08	-	447,68	503,64	-	353,44	397,62	-	262,24	295,02	-	174,24	196,02	-	92,96	104,58	-	27,04	30,4
	IV	12.100	-	968,00	1.089,00	-	900,96	1.013,58	-	835,52	939,96	-	771,60	868,05	-	709,28	797,94	-	648,48	729,54	-	589,20	662,8
	V	18.049	60,21	1.443,92	1.624,41																		
	VI	18.580	123,40	1.486,40	1.672,20																		
55.223,99	I	12.113	-	969,04	1.090,17	-	836,56	941,13	-	710,24	799,02	-	590,16	663,93	-	476,16	535,68	-	368,40	414,45	-	266,80	300,1
	II	10.535	-	842,80	948,15	-	716,24	805,77	-	595,76	670,23	-	481,52	541,71	-	373,44	420,12	-	271,52	305,46	-	175,84	197,8
	III	6.822	-	545,76	613,98	-	448,48	504,54	-	354,08	398,34	-	263,04	295,92	-	174,88	196,74	-	93,60	105,30	-	27,52	30,9
	IV	12.113	-	969,04	1.090,17	-	902,08	1.014,84	-	836,56	941,13	-	772,64	869,22	-	710,24	799,02	-	649,44	730,62	-	590,16	663,9
	V	18.064	61,99	1.445,12	1.625,76																		
	VI	18.595	125,18	1.487,60	1.673,55																		
55.259,99	I	12.127	-	970,16	1.091,43	-	837,60	942,30	-	711,28	800,19	-	591,04	664,92	-	477,04	536,67	-	369,20	415,35	-	267,60	301,0
	II	10.548	-	843,84	949,32	-	717,20	806,85	-	596,72	671,31	-	482,40	542,70	-	374,32	421,11	-	272,32	306,36	-	176,56	198,6
	III	6.832	-	546,56	614,88	-	449,12	505,26	-	354,88	399,24	-	263,68	296,64	-	175,52	197,46	-	94,08	105,84	-	28,00	31,5
	IV	12.127	-	970,16	1.091,43	-	903,12	1.016,01	-	837,60	942,30	-	773,68	870,39	-	711,28	800,19	-	650,40	731,70	-	591,04	664,9
	V	18.079	63,78	1.446,32	1.627,11																		
	VI	18.611	127,09	1.488,88	1.674,99																		
55.295,99	I	12.140	-	971,20	1.092,60	-	838,64	943,47	-	712,24	801,27	-	592,00	666,00	-	478,00	537,75	-	370,08	416,34	-	268,40	301,9
	II	10.561	-	844,88	950,49	-	718,24	808,02	-	597,68	672,39	-	483,36	543,78	-	375,12	422,01	-	273,12	307,26	-	177,28	199,4
	III	6.842	-	547,36	615,78	-	449,92	506,16	-	355,68	400,14	-	264,48	297,54	-	176,32	198,36	-	94,72	106,56	-	28,48	32,0
	IV	12.140	-	971,20	1.092,60	-	904,16	1.017,18	-	838,64	943,47	-	774,72	871,56	-	712,24	801,27	-	651,36	732,78	-	592,00	666,0
	V	18.094	65,56	1.447,52	1.628,46																		
	VI	18.626	128,87	1.490,08	1.676,34																		
55.331,99	I	12.154	-	972,32	1.093,86	-	839,68	944,64	-	713,28	802,44	-	592,96	667,08	-	478,88	538,74	-	370,96	417,33	-	269,20	302,8
	II	10.574	-	845,92	951,66	-	719,20	809,10	-	598,64	673,47	-	484,24	544,77	-	376,00	423,00	-	273,92	308,16	-	178,08	200,3
	III	6.852	-	548,16	616,68	-	450,72	507,06	-	356,32	400,86	-	265,12	298,26	-	176,96	199,08	-	95,36	107,28	-	28,96	32,5
	IV	12.154	-	972,32	1.093,86	-	905,20	1.018,35	-	839,68	944,64	-	775,68	872,64	-	713,28	802,44	-	652,32	733,86	-	592,96	667,0
	V	18.109	67,35	1.448,72	1.629,81																		
	VI	18.641	130,66	1.491,28	1.677,69																		
55.367,99	I	12.168	-	973,44	1.095,12	-	840,72	945,81	-	714,24	803,52	-	593,92	668,16	-	479,76	539,73	-	371,76	418,23	-	269,92	303,6
	II	10.588	-	847,04	952,92	-	720,16	810,18	-	599,60	674,55	-	485,12	545,76	-	376,80	423,90	-	274,72	309,06	-	178,80	201,1
	III	6.862	-	548,96	617,58	-	451,52	507,96	-	357,12	401,76	-	265,92	299,16	-	177,60	199,80	-	95,84	107,82	-	29,44	33,1
	IV	12.168	-	973,44	1.095,12	-	906,32	1.019,61	-	840,72	945,81	-	776,72	873,81	-	714,24	803,52	-	653,28	734,94	-	593,92	668,1
	V	18.124	69,13	1.449,92	1.631,16																		
	VI	18.656	132,44	1.492,48	1.679,04																		
55.403,99	I	12.181	-	974,48	1.096,29	-	841,76	946,98	-	715,20	804,60	-	594,88	669,24	-	480,64	540,72	-	372,64	419,22	-	270,72	304,5
	II	10.601	-	848,08	954,09	-	721,20	811,35	-	600,48	675,54	-	486,00	546,75	-	377,68	424,89	-	275,52	309,96	-	179,52	201,9
	III	6.872	-	549,76	618,48	-	452,32	508,86	-	357,92	402,66	-	266,56	299,88	-	178,40	200,70	-	96,48	108,54	-	29,92	33,6
	IV	12.181	-	974,48	1.096,29	-	907,36	1.020,78	-	841,76	946,98	-	777,76	874,98	-	715,20	804,60	-	654,24	736,02	-	594,88	669,2
	V	18.139	70,92	1.451,12	1.632,51																		
	VI	18.671	134,23	1.493,68	1.680,39																		
55.439,99	I	12.195	-	975,60	1.097,55	-	842,80	948,15	-	716,24	805,77	-	595,76	670,23	-	481,52	541,71	-	373,44	420,12	-	271,52	305,4
	II	10.614	-	849,12	955,26	-	722,16	812,43	-	601,44	676,62	-	486,88	547,74	-	378,56	425,88	-	276,32	310,86	-	180,32	202,8
	III	6.882	-	550,56	619,38	-	453,12	509,76	-	358,56	403,38	-	267,36	300,78	-	179,04	201,42	-	97,12	109,26	-	30,40	34,2
	IV	12.195	-	975,60	1.097,55	-	908,48	1.022,04	-	842,80	948,15	-	778,72	876,06	-	716,24	805,77	-	655,20	737,10	-	595,76	670,2
	V	18.154	72,70	1.452,32	1.633,86																		
	VI	18.686	136,01	1.494,88	1.681,74																		
55.475,99	I	12.209	-	976,72	1.098,81	-	843,84	949,32	-	717,20	806,85	-	596,72	671,31	-	482,40	542,70	-	374,32	421,11	-	272,32	306,3
	II	10.627	-	850,16	956,43	-	723,20	813,60	-	602,40	677,70	-	487,84	548,82	-	379,36	426,78	-	277,12	311,76	-	181,04	203,6
	III	6.892	-	551,36	620,28	-	453,76	510,48	-	359,36	404,28	-	268,00	301,50	-	179,68	202,14	-	97,76	109,98	-	30,88	34,7
	IV	12.209	-	976,72	1.098,81	-	909,52	1.023,21	-	843,84	949,32	-	779,76	877,23	-	717,20	806,85	-	656,24	738,27	-	596,72	671,3
	V	18.170	74,61	1.453,60	1.635,30																		
	VI	18.701	137,80	1.496,08	1.683,09																		
55.511,99	I	12.222	-	977,76	1.099,98	-	844,88	950,49	-	718,24	808,02	-	597,68	672,39	-	483,36	543,78	-	375,12	422,01	-	273,12	307,2
	II	10.640	-	851,20	957,60	-	724,16	814,68	-	603,36	678,78	-	488,72	549,81	-	380,24	427,77	-	277,92	312,66	-	181,76	204,4
	III	6.902	-	552,16	621,18	-	454,56	511,38	-	360,16	405,18	-	268,80	302,40	-	180,48	203,04	-	98,24	110,52	-	31,36	35,2
	IV	12.222	-	977,76	1.099,98	-	910,56	1.024,38	-	844,88	950,49	-	780,80	878,40	-	718,24	808,02	-	657,20	739,35	-	597,68	672,3
	V	18.185	76,39	1.454,80	1.636,65																		
	VI	18.716	139,58	1.497,28	1.684,44																		
55.547,99	I	12.236	-	978,88	1.101,24	-	845,92	951,66	-	719,20	809,10	-	598,64	673,47	-	484,24	544,77	-	376,00	423,00	-	273,92	308,1
	II	10.653	-	852,24	958,77	-	725,20	815,85	-	604,32	679,86	-	489,60	550,80	-	381,04	428,67	-	278,72	313,56	-	182,56	205,3
	III	6.912	-	552,96	622,08	-	455,36	512,28	-	360,80	405,90	-	269,44	303,12	-	181,12	203,76	-	98,88	111,24	-	31,84	35,8
	IV	12.236	-	978,88	1.101,24	-	911,68	1.025,64	-	845,92	951,66	-	781,84	879,57	-	719,20	809,10	-	658,16	740,43	-	598,64	673,4
	V	18.200	78,18	1.456,00	1.638,00																		
	VI	18.732	141,49	1.498,56	1.685,88																		
55.583,99	I	12.250	-	980,00	1.102,50	-	847,04	952,92	-	720,16	810,18	-	599,60	674,55	-	485,12	545,76	-	376,80	423,90	-	274,72	309,0
	II	10.666	-	853,28	959,94	-	726,16	816,93	-	605,28	680,94	-	490,48	551,79	-	381,92	429,66	-	279,52	314,46	-	183,28	206,1
	III	6.922	-	553,76	622,98	-	456,16	513,18	-	361,60	406,80	-	270,24	304,02	-	181,76	204,48	-	99,52	111,96	-	32,32	36,3
	IV	12.250	-	980,00	1.102,50	-	912,72	1.026,81	-	847,04	952,92	-	782,80	880,65	-	720,16	810,18	-	659,12	741,51	-	599,60	674,5
	V	18.215	79,96	1.457,20	1.639,35																		
	VI	18.747	143,27	1.499,76	1.687,23																		
55.619,99	I	12.263	-	981,04	1.103,67	-	848,08	954,09	-	721,20	811,35	-	600,48	675,54	-	486,00	546,75	-	377,68	424,89	-	275,52	309,9
	II	10.679	-	854,32	961,11	-	727,20	818,10	-	606,16	681,93	-	491,36	552,78	-	382,80	430,65	-	280,32	315,36	-	184,00	207,0
	III	6.932	-	554,56	623,88	-	456,96	514,08	-	362,40	407,70	-	270,88	304,74	-	182,56	205,38	-	100,16	112,68	-	32,80	36,9
	IV	12.263	-	981,04	1.103,67	-	913,76	1.027,98	-	848,08	954,09	-	783,84	881,82	-	721,20	811,35	-	660,08	742,59	-	600,48	675,5
	V	18.230	81,75	1.458,40	1.640,70																		
	VI	18.762	145,06	1.500,96	1.688,58																		

SolZ/KiSt lt. Tabelle nicht für Sonstige Bezüge anwendbar.

Besondere Tabelle

JAHR bis 56.159,99 €

Lohn/ Gehalt bis	Steuerklasse	Lohn-steuer	ohne Kinderfreibetrag SolZ 5,5%	Kirchensteuer 8%	9%	0,5 SolZ 5,5%	Kirchensteuer 8%	9%	1,0 SolZ 5,5%	Kirchensteuer 8%	9%	1,5 SolZ 5,5%	Kirchensteuer 8%	9%	2,0 SolZ 5,5%	Kirchensteuer 8%	9%	2,5 SolZ 5,5%	Kirchensteuer 8%	9%	3,0 SolZ 5,5%	Kirchensteuer 8%	9%
						Anzahl Kinderfreibeträge (nur Steuerklassen I–IV)																	
55.655,99	I	12.277	-	982,16	1.104,93	-	849,12	955,26	-	722,16	812,43	-	601,44	676,62	-	486,88	547,74	-	378,56	425,88	-	276,32	310,86
	II	10.692	-	855,36	962,28	-	728,16	819,18	-	607,12	683,01	-	492,32	553,86	-	383,60	431,55	-	281,12	316,26	-	184,80	207,90
	III	6.942	-	555,36	624,78	-	457,76	514,98	-	363,04	408,42	-	271,68	305,64	-	183,20	206,10	-	100,80	113,40	-	33,28	37,44
	IV	12.277	-	982,16	1.104,93	-	914,88	1.029,24	-	849,12	955,26	-	784,88	882,99	-	722,16	812,43	-	661,04	743,67	-	601,44	676,62
	V	18.245	83,53	1.459,60	1.642,05																		
	VI	18.777	146,84	1.502,16	1.689,93																		
55.691,99	I	12.291	-	983,28	1.106,19	-	850,16	956,43	-	723,20	813,60	-	602,40	677,70	-	487,84	548,82	-	379,36	426,78	-	277,12	311,76
	II	10.705	-	856,40	963,45	-	729,20	820,35	-	608,08	684,09	-	493,20	554,85	-	384,48	432,54	-	281,92	317,16	-	185,52	208,71
	III	6.952	-	556,16	625,68	-	458,40	515,70	-	363,84	409,32	-	272,32	306,36	-	184,00	207,00	-	101,28	113,94	-	33,76	37,98
	IV	12.291	-	983,28	1.106,19	-	915,92	1.030,41	-	850,16	956,43	-	785,92	884,16	-	723,20	813,60	-	662,00	744,75	-	602,40	677,70
	V	18.260	85,32	1.460,80	1.643,40																		
	VI	18.792	148,63	1.503,36	1.691,28																		
55.727,99	I	12.304	-	984,32	1.107,36	-	851,20	957,60	-	724,16	814,68	-	603,36	678,78	-	488,72	549,81	-	380,24	427,77	-	277,92	312,66
	II	10.718	-	857,44	964,62	-	730,16	821,43	-	609,04	685,17	-	494,08	555,84	-	385,28	433,44	-	282,72	318,06	-	186,32	209,61
	III	6.962	-	556,96	626,58	-	459,20	516,60	-	364,64	410,22	-	273,12	307,26	-	184,64	207,72	-	101,92	114,66	-	34,24	38,52
	IV	12.304	-	984,32	1.107,36	-	916,96	1.031,58	-	851,20	957,60	-	786,88	885,24	-	724,16	814,68	-	662,96	745,83	-	603,36	678,78
	V	18.275	87,10	1.462,00	1.644,75																		
	VI	18.807	150,41	1.504,56	1.692,63																		
55.763,99	I	12.318	-	985,44	1.108,62	-	852,24	958,77	-	725,20	815,85	-	604,32	679,86	-	489,60	550,80	-	381,04	428,67	-	278,72	313,56
	II	10.731	-	858,48	965,79	-	731,20	822,60	-	610,00	686,25	-	494,96	556,83	-	386,16	434,43	-	283,52	318,96	-	187,04	210,42
	III	6.972	-	557,76	627,48	-	460,00	517,50	-	365,44	411,12	-	273,76	307,98	-	185,28	208,44	-	102,56	115,38	-	34,72	39,06
	IV	12.318	-	985,44	1.108,62	-	918,08	1.032,84	-	852,24	958,77	-	787,92	886,41	-	725,20	815,85	-	664,00	747,00	-	604,32	679,86
	V	18.291	89,01	1.463,28	1.646,19																		
	VI	18.822	152,20	1.505,76	1.693,98																		
55.799,99	I	12.332	-	986,56	1.109,88	-	853,28	959,94	-	726,16	816,93	-	605,28	680,94	-	490,48	551,79	-	381,92	429,66	-	279,52	314,46
	II	10.745	-	859,60	967,05	-	732,16	823,68	-	610,96	687,33	-	495,92	557,91	-	387,04	435,42	-	284,32	319,86	-	187,76	211,23
	III	6.982	-	558,56	628,38	-	460,80	518,40	-	366,08	411,84	-	274,56	308,88	-	186,08	209,34	-	103,20	116,10	-	35,20	39,60
	IV	12.332	-	986,56	1.109,88	-	919,12	1.034,01	-	853,28	959,94	-	788,96	887,58	-	726,16	816,93	-	664,96	748,08	-	605,28	680,94
	V	18.306	90,79	1.464,48	1.647,54																		
	VI	18.837	153,98	1.506,96	1.695,33																		
55.835,99	I	12.346	-	987,68	1.111,14	-	854,32	961,11	-	727,20	818,10	-	606,16	681,93	-	491,36	552,78	-	382,80	430,65	-	280,32	315,36
	II	10.758	-	860,64	968,22	-	733,20	824,85	-	611,92	688,41	-	496,80	558,90	-	387,84	436,32	-	285,12	320,76	-	188,56	212,13
	III	6.992	-	559,36	629,28	-	461,60	519,30	-	366,88	412,74	-	275,20	309,60	-	186,72	210,06	-	103,84	116,82	-	35,68	40,14
	IV	12.346	-	987,68	1.111,14	-	920,24	1.035,27	-	854,32	961,11	-	790,00	888,75	-	727,20	818,10	-	665,92	749,16	-	606,16	681,93
	V	18.321	92,58	1.465,68	1.648,89																		
	VI	18.853	155,89	1.508,24	1.696,77																		
55.871,99	I	12.359	-	988,72	1.112,31	-	855,36	962,28	-	728,16	819,18	-	607,12	683,01	-	492,32	553,86	-	383,60	431,55	-	281,12	316,26
	II	10.771	-	861,68	969,39	-	734,16	825,93	-	612,88	689,49	-	497,68	559,89	-	388,72	437,31	-	285,92	321,66	-	189,28	212,94
	III	7.002	-	560,16	630,18	-	462,40	520,20	-	367,68	413,64	-	276,00	310,50	-	187,36	210,78	-	104,32	117,36	-	36,16	40,68
	IV	12.359	-	988,72	1.112,31	-	921,28	1.036,44	-	855,36	962,28	-	790,96	889,83	-	728,16	819,18	-	666,88	750,24	-	607,12	683,01
	V	18.336	94,36	1.466,88	1.650,24																		
	VI	18.868	157,67	1.509,44	1.698,12																		
55.907,99	I	12.373	-	989,84	1.113,57	-	856,40	963,45	-	729,20	820,35	-	608,08	684,09	-	493,20	554,85	-	384,48	432,54	-	281,92	317,16
	II	10.784	-	862,72	970,56	-	735,20	827,10	-	613,76	690,48	-	498,56	560,88	-	389,60	438,30	-	286,72	322,56	-	190,08	213,84
	III	7.012	-	560,96	631,08	-	463,04	520,92	-	368,32	414,36	-	276,64	311,22	-	188,16	211,68	-	104,96	118,08	-	36,64	41,22
	IV	12.373	-	989,84	1.113,57	-	922,32	1.037,61	-	856,40	963,45	-	792,00	891,00	-	729,20	820,35	-	667,84	751,32	-	608,08	684,09
	V	18.351	96,15	1.468,08	1.651,59																		
	VI	18.883	159,46	1.510,64	1.699,47																		
55.943,99	I	12.387	-	990,96	1.114,83	-	857,44	964,62	-	730,16	821,43	-	609,04	685,17	-	494,08	555,84	-	385,28	433,44	-	282,72	318,06
	II	10.797	-	863,76	971,73	-	736,16	828,18	-	614,72	691,56	-	499,52	561,96	-	390,40	439,20	-	287,52	323,46	-	190,80	214,65
	III	7.022	-	561,76	631,98	-	463,84	521,82	-	369,12	415,26	-	277,44	312,12	-	188,80	212,40	-	105,60	118,80	-	37,12	41,76
	IV	12.387	-	990,96	1.114,83	-	923,44	1.038,87	-	857,44	964,62	-	793,04	892,17	-	730,16	821,43	-	668,80	752,40	-	609,04	685,17
	V	18.366	97,93	1.469,28	1.652,94																		
	VI	18.898	161,24	1.511,84	1.700,82																		
55.979,99	I	12.400	-	992,00	1.116,00	-	858,48	965,79	-	731,20	822,60	-	610,00	686,25	-	494,96	556,83	-	386,16	434,43	-	283,52	318,96
	II	10.810	-	864,80	972,90	-	737,20	829,35	-	615,68	692,64	-	500,40	562,95	-	391,28	440,19	-	288,32	324,36	-	191,52	215,46
	III	7.032	-	562,56	632,88	-	464,64	522,72	-	369,92	416,16	-	278,08	312,84	-	189,60	213,30	-	106,24	119,52	-	37,60	42,30
	IV	12.400	-	992,00	1.116,00	-	924,48	1.040,04	-	858,48	965,79	-	794,08	893,34	-	731,20	822,60	-	669,84	753,57	-	610,00	686,25
	V	18.381	99,72	1.470,48	1.654,29																		
	VI	18.913	163,03	1.513,04	1.702,17																		
56.015,99	I	12.414	-	993,12	1.117,26	-	859,60	967,05	-	732,16	823,68	-	610,96	687,33	-	495,92	557,91	-	387,04	435,42	-	284,32	319,86
	II	10.823	-	865,84	974,07	-	738,16	830,43	-	616,64	693,72	-	501,28	563,94	-	392,16	441,18	-	289,12	325,26	-	192,32	216,36
	III	7.042	-	563,36	633,78	-	465,44	523,62	-	370,56	416,88	-	278,88	313,74	-	190,24	214,02	-	106,88	120,24	-	38,08	42,84
	IV	12.414	-	993,12	1.117,26	-	925,60	1.041,30	-	859,60	967,05	-	795,12	894,51	-	732,16	823,68	-	670,80	754,65	-	610,96	687,33
	V	18.396	101,50	1.471,68	1.655,64																		
	VI	18.928	164,81	1.514,24	1.703,52																		
56.051,99	I	12.428	-	994,24	1.118,52	-	860,64	968,22	-	733,20	824,85	-	611,92	688,41	-	496,80	558,90	-	387,84	436,32	-	285,12	320,76
	II	10.837	-	866,96	975,33	-	739,20	831,60	-	617,60	694,80	-	502,24	565,02	-	392,96	442,08	-	289,92	326,16	-	193,04	217,17
	III	7.052	-	564,16	634,68	-	466,24	524,52	-	371,36	417,78	-	279,52	314,46	-	190,88	214,74	-	107,52	120,96	-	38,56	43,38
	IV	12.428	-	994,24	1.118,52	-	926,64	1.042,47	-	860,64	968,22	-	796,16	895,68	-	733,20	824,85	-	671,76	755,73	-	611,92	688,41
	V	18.412	103,41	1.472,96	1.657,08																		
	VI	18.943	166,60	1.515,44	1.704,87																		
56.087,99	I	12.442	-	995,36	1.119,78	-	861,68	969,39	-	734,16	825,93	-	612,88	689,49	-	497,68	559,89	-	388,72	437,31	-	285,92	321,66
	II	10.850	-	868,00	976,50	-	740,16	832,68	-	618,56	695,88	-	503,12	566,01	-	393,84	443,07	-	290,72	327,06	-	193,84	218,07
	III	7.062	-	564,96	635,58	-	467,04	525,42	-	372,16	418,68	-	280,32	315,36	-	191,68	215,64	-	108,00	121,50	-	39,04	43,92
	IV	12.442	-	995,36	1.119,78	-	927,76	1.043,73	-	861,68	969,39	-	797,12	896,76	-	734,16	825,93	-	672,72	756,81	-	612,88	689,49
	V	18.427	105,19	1.474,16	1.658,43																		
	VI	18.958	168,38	1.516,64	1.706,22																		
56.123,99	I	12.455	-	996,40	1.120,95	-	862,72	970,56	-	735,20	827,10	-	613,76	690,48	-	498,56	560,88	-	389,60	438,30	-	286,72	322,56
	II	10.863	-	869,04	977,67	-	741,20	833,85	-	619,52	696,96	-	504,00	567,00	-	394,72	444,06	-	291,52	327,96	-	194,56	218,88
	III	7.072	-	565,76	636,48	-	467,68	526,14	-	372,80	419,40	-	281,12	316,26	-	192,32	216,36	-	108,64	122,22	-	39,52	44,46
	IV	12.455	-	996,40	1.120,95	-	928,80	1.044,90	-	862,72	970,56	-	798,16	897,93	-	735,20	827,10	-	673,68	757,89	-	613,76	690,48
	V	18.442	106,98	1.475,36	1.659,78																		
	VI	18.973	170,17	1.517,84	1.707,57																		
56.159,99	I	12.469	-	997,52	1.122,21	-	863,76	971,73	-	736,16	828,18	-	614,72	691,56	-	499,52	561,96	-	390,40	439,20	-	287,52	323,46
	II	10.876	-	870,08	978,84	-	742,16	834,93	-	620,48	698,04	-	504,96	568,08	-	395,52	444,96	-	292,32	328,86	-	195,36	219,78
	III	7.082	-	566,56	637,38	-	468,48	527,04	-	373,60	420,30	-	281,76	316,98	-	192,96	217,08	-	109,28	122,94	-	40,00	45,00
	IV	12.469	-	997,52	1.122,21	-	929,84	1.046,07	-	863,76	971,73	-	799,20	899,10	-	736,16	828,18	-	674,72	759,06	-	614,72	691,56
	V	18.457	108,76	1.476,56	1.661,13																		
	VI	18.989	172,07	1.519,12	1.709,01																		

SolZ/KiSt lt. Tabelle nicht für Sonstige Bezüge anwendbar.

Lohn/ Gehalt bis	Steuerklasse	Lohn-steuer	ohne Kinderfreibetrag SolZ 5,5%	Kirchensteuer 8%	Kirchensteuer 9%	0,5 SolZ 5,5%	0,5 Kirchensteuer 8%	0,5 Kirchensteuer 9%	1,0 SolZ 5,5%	1,0 Kirchensteuer 8%	1,0 Kirchensteuer 9%	1,5 SolZ 5,5%	1,5 Kirchensteuer 8%	1,5 Kirchensteuer 9%	2,0 SolZ 5,5%	2,0 Kirchensteuer 8%	2,0 Kirchensteuer 9%	2,5 SolZ 5,5%	2,5 Kirchensteuer 8%	2,5 Kirchensteuer 9%	3,0 SolZ 5,5%	3,0 Kirchensteuer 8%	3,0 Kirchensteuer 9%
						Anzahl Kinderfreibeträge (nur Steuerklassen I–IV)																	
56.195,99	I	12.483	-	998,64	1.123,47	-	864,80	972,90	-	737,20	829,35	-	615,68	692,64	-	500,40	562,95	-	391,28	440,19	-	288,32	324,3
	II	10.889	-	871,12	980,01	-	743,20	836,10	-	621,44	699,12	-	505,84	569,07	-	396,40	445,95	-	293,12	329,76	-	196,08	220,5
	III	7.092	-	567,36	638,28	-	469,28	527,94	-	374,40	421,20	-	282,56	317,88	-	193,76	217,98	-	109,92	123,66	-	40,48	45,5
	IV	12.483	-	998,64	1.123,47	-	930,96	1.047,33	-	864,80	972,90	-	800,24	900,27	-	737,20	829,35	-	675,68	760,14	-	615,68	692,6
	V	18.472	*110,55*	1.477,76	1.662,48																		
	VI	19.004	*173,85*	1.520,32	1.710,36																		
56.231,99	I	12.497	-	999,76	1.124,73	-	865,84	974,07	-	738,16	830,43	-	616,64	693,72	-	501,28	563,94	-	392,16	441,18	-	289,12	325,2
	II	10.902	-	872,16	981,18	-	744,16	837,18	-	622,40	700,20	-	506,72	570,06	-	397,28	446,94	-	293,92	330,66	-	196,80	221,4
	III	7.102	-	568,16	639,18	-	470,08	528,84	-	375,04	421,92	-	283,20	318,60	-	194,40	218,70	-	110,56	124,38	-	40,96	46,0
	IV	12.497	-	999,76	1.124,73	-	932,00	1.048,50	-	865,84	974,07	-	801,28	901,44	-	738,16	830,43	-	676,64	761,22	-	616,64	693,7
	V	18.487	*112,33*	1.478,96	1.663,83																		
	VI	19.019	*175,64*	1.521,52	1.711,71																		
56.267,99	I	12.510	-	1.000,80	1.125,90	-	866,96	975,33	-	739,20	831,60	-	617,60	694,80	-	502,24	565,02	-	392,96	442,08	-	289,92	326,1
	II	10.916	-	873,28	982,44	-	745,20	838,35	-	623,36	701,28	-	507,60	571,05	-	398,08	447,84	-	294,80	331,65	-	197,60	222,3
	III	7.112	-	568,96	640,08	-	470,88	529,74	-	375,84	422,82	-	284,00	319,50	-	195,20	219,60	-	111,20	125,10	-	41,60	46,8
	IV	12.510	-	1.000,80	1.125,90	-	933,12	1.049,76	-	866,96	975,33	-	802,24	902,52	-	739,20	831,60	-	677,60	762,30	-	617,60	694,8
	V	18.502	*114,12*	1.480,16	1.665,18																		
	VI	19.034	*177,42*	1.522,72	1.713,06																		
56.303,99	I	12.524	-	1.001,92	1.127,16	-	868,00	976,50	-	740,16	832,68	-	618,56	695,88	-	503,12	566,01	-	393,84	443,07	-	290,72	327,0
	II	10.929	-	874,32	983,61	-	746,24	839,52	-	624,32	702,36	-	508,56	572,13	-	398,96	448,83	-	295,60	332,55	-	198,32	223,1
	III	7.122	-	569,76	640,98	-	471,68	530,64	-	376,64	423,72	-	284,64	320,22	-	195,84	220,32	-	111,84	125,82	-	42,08	47,3
	IV	12.524	-	1.001,92	1.127,16	-	934,16	1.050,93	-	868,00	976,50	-	803,28	903,69	-	740,16	832,68	-	678,56	763,38	-	618,56	695,8
	V	18.517	*115,90*	1.481,36	1.666,53																		
	VI	19.049	*179,21*	1.523,92	1.714,41																		
56.339,99	I	12.538	-	1.003,04	1.128,42	-	869,04	977,67	-	741,20	833,85	-	619,52	696,96	-	504,00	567,00	-	394,72	444,06	-	291,52	327,9
	II	10.942	-	875,36	984,78	-	747,20	840,60	-	625,28	703,44	-	509,44	573,12	-	399,84	449,82	-	296,40	333,45	-	199,12	224,0
	III	7.132	-	570,56	641,88	-	472,48	531,54	-	377,44	424,62	-	285,44	321,12	-	196,48	221,04	-	112,48	126,54	-	42,56	47,8
	IV	12.538	-	1.003,04	1.128,42	-	935,28	1.052,19	-	869,04	977,67	-	804,32	904,86	-	741,20	833,85	-	679,60	764,55	-	619,52	696,9
	V	18.532	*117,69*	1.482,56	1.667,88																		
	VI	19.064	*180,99*	1.525,12	1.715,76																		
56.375,99	I	12.552	-	1.004,16	1.129,68	-	870,08	978,84	-	742,16	834,93	-	620,48	698,04	-	504,96	568,08	-	395,52	444,96	-	292,32	328,6
	II	10.955	-	876,40	985,95	-	748,24	841,77	-	626,16	704,43	-	510,32	574,11	-	400,72	450,81	-	297,20	334,35	-	199,84	224,8
	III	7.142	-	571,36	642,78	-	473,12	532,26	-	378,08	425,34	-	286,08	321,84	-	197,28	221,94	-	113,12	127,26	-	43,04	48,4
	IV	12.552	-	1.004,16	1.129,68	-	936,32	1.053,36	-	870,08	978,84	-	805,36	906,03	-	742,16	834,93	-	680,56	765,63	-	620,48	698,0
	V	18.548	*119,59*	1.483,84	1.669,32																		
	VI	19.079	*182,78*	1.526,32	1.717,11																		
56.411,99	I	12.566	-	1.005,28	1.130,94	-	871,12	980,01	-	743,20	836,10	-	621,44	699,12	-	505,84	569,07	-	396,40	445,95	-	293,12	329,7
	II	10.968	-	877,44	987,12	-	749,20	842,85	-	627,12	705,51	-	511,28	575,19	-	401,52	451,71	-	298,00	335,25	-	200,64	225,7
	III	7.152	-	572,16	643,68	-	473,92	533,16	-	378,88	426,24	-	286,88	322,74	-	197,92	222,66	-	113,60	127,80	-	43,52	48,9
	IV	12.566	-	1.005,28	1.130,94	-	937,44	1.054,62	-	871,12	980,01	-	806,40	907,20	-	743,20	836,10	-	681,52	766,71	-	621,44	699,1
	V	18.563	*121,38*	1.485,04	1.670,67																		
	VI	19.094	*184,56*	1.527,52	1.718,46																		
56.447,99	I	12.579	-	1.006,32	1.132,11	-	872,16	981,18	-	744,16	837,18	-	622,40	700,20	-	506,72	570,06	-	397,28	446,94	-	293,92	330,6
	II	10.982	-	878,56	988,38	-	750,24	844,02	-	628,08	706,59	-	512,16	576,18	-	402,40	452,70	-	298,80	336,15	-	201,36	226,5
	III	7.162	-	572,96	644,58	-	474,72	534,06	-	379,68	427,14	-	287,52	323,46	-	198,72	223,56	-	114,24	128,52	-	44,00	49,5
	IV	12.579	-	1.006,32	1.132,11	-	938,48	1.055,79	-	872,16	981,18	-	807,44	908,37	-	744,16	837,18	-	682,48	767,79	-	622,40	700,2
	V	18.578	*123,16*	1.486,24	1.672,02																		
	VI	19.110	*186,47*	1.528,80	1.719,90																		
56.483,99	I	12.593	-	1.007,44	1.133,37	-	873,28	982,44	-	745,20	838,35	-	623,36	701,28	-	507,60	571,05	-	398,08	447,84	-	294,80	331,6
	II	10.995	-	879,60	989,55	-	751,20	845,10	-	629,04	707,67	-	513,04	577,17	-	403,28	453,69	-	299,60	337,05	-	202,16	227,4
	III	7.172	-	573,76	645,48	-	475,52	534,96	-	380,32	427,86	-	288,32	324,36	-	199,36	224,28	-	114,88	129,24	-	44,48	50,0
	IV	12.593	-	1.007,44	1.133,37	-	939,60	1.057,05	-	873,28	982,44	-	808,48	909,54	-	745,20	838,35	-	683,52	768,96	-	623,36	701,2
	V	18.593	*124,95*	1.487,44	1.673,37																		
	VI	19.125	*188,25*	1.530,00	1.721,25																		
56.519,99	I	12.607	-	1.008,56	1.134,63	-	874,32	983,61	-	746,24	839,52	-	624,32	702,36	-	508,56	572,13	-	398,96	448,83	-	295,60	332,5
	II	11.008	-	880,64	990,72	-	752,24	846,27	-	630,00	708,75	-	514,00	578,25	-	404,08	454,59	-	300,40	337,95	-	202,88	228,2
	III	7.182	-	574,56	646,38	-	476,32	535,86	-	381,12	428,76	-	289,12	325,26	-	200,00	225,00	-	115,52	129,96	-	44,96	50,5
	IV	12.607	-	1.008,56	1.134,63	-	940,64	1.058,22	-	874,32	983,61	-	809,44	910,62	-	746,24	839,52	-	684,48	770,04	-	624,32	702,3
	V	18.608	*126,73*	1.488,64	1.674,72																		
	VI	19.140	*190,04*	1.531,20	1.722,60																		
56.555,99	I	12.621	-	1.009,68	1.135,89	-	875,36	984,78	-	747,20	840,60	-	625,28	703,44	-	509,44	573,12	-	399,84	449,82	-	296,40	333,4
	II	11.021	-	881,68	991,89	-	753,28	847,44	-	630,96	709,83	-	514,88	579,24	-	404,96	455,58	-	301,20	338,85	-	203,68	229,1
	III	7.192	-	575,36	647,28	-	477,12	536,76	-	381,92	429,66	-	289,76	325,98	-	200,80	225,90	-	116,16	130,68	-	45,60	51,3
	IV	12.621	-	1.009,68	1.135,89	-	941,76	1.059,48	-	875,36	984,78	-	810,48	911,79	-	747,20	840,60	-	685,44	771,12	-	625,28	703,4
	V	18.623	*128,52*	1.489,84	1.676,07																		
	VI	19.155	*191,82*	1.532,40	1.723,95																		
56.591,99	I	12.635	-	1.010,80	1.137,15	-	876,40	985,95	-	748,24	841,77	-	626,16	704,43	-	510,32	574,11	-	400,72	450,81	-	297,20	334,3
	II	11.034	-	882,72	993,06	-	754,24	848,52	-	631,92	710,91	-	515,84	580,32	-	405,84	456,57	-	302,00	339,75	-	204,40	229,9
	III	7.202	-	576,16	648,18	-	477,92	537,66	-	382,56	430,38	-	290,56	326,88	-	201,44	226,62	-	116,80	131,40	-	46,08	51,8
	IV	12.635	-	1.010,80	1.137,15	-	942,80	1.060,65	-	876,40	985,95	-	811,52	912,96	-	748,24	841,77	-	686,40	772,20	-	626,16	704,4
	V	18.638	*130,30*	1.491,04	1.677,42																		
	VI	19.170	*193,61*	1.533,60	1.725,30																		
56.627,99	I	12.648	-	1.011,84	1.138,32	-	877,44	987,12	-	749,20	842,85	-	627,12	705,51	-	511,28	575,19	-	401,52	451,71	-	298,00	335,2
	II	11.048	-	883,84	994,32	-	755,28	849,69	-	632,88	711,99	-	516,72	581,31	-	406,72	457,56	-	302,88	340,74	-	205,20	230,8
	III	7.212	-	576,96	649,08	-	478,56	538,38	-	383,36	431,28	-	291,20	327,60	-	202,24	227,52	-	117,44	132,12	-	46,56	52,3
	IV	12.648	-	1.011,84	1.138,32	-	943,92	1.061,91	-	877,44	987,12	-	812,56	914,13	-	749,20	842,85	-	687,44	773,37	-	627,12	705,5
	V	18.653	*132,09*	1.492,24	1.678,77																		
	VI	19.185	*195,39*	1.534,80	1.726,65																		
56.663,99	I	12.662	-	1.012,96	1.139,58	-	878,56	988,38	-	750,24	844,02	-	628,08	706,59	-	512,16	576,18	-	402,40	452,70	-	298,80	336,1
	II	11.061	-	884,88	995,49	-	756,24	850,77	-	633,84	713,07	-	517,60	582,30	-	407,52	458,46	-	303,68	341,64	-	205,92	231,6
	III	7.222	-	577,76	649,98	-	479,36	539,28	-	384,16	432,18	-	292,00	328,50	-	202,88	228,24	-	118,08	132,84	-	47,04	52,9
	IV	12.662	-	1.012,96	1.139,58	-	944,96	1.063,08	-	878,56	988,38	-	813,60	915,30	-	750,24	844,02	-	688,40	774,45	-	628,08	706,5
	V	18.669	*133,99*	1.493,52	1.680,21																		
	VI	19.200	*197,18*	1.536,00	1.728,00																		
56.699,99	I	12.676	-	1.014,08	1.140,84	-	879,60	989,55	-	751,20	845,10	-	629,04	707,67	-	513,04	577,17	-	403,28	453,69	-	299,60	337,0
	II	11.074	-	885,92	996,66	-	757,28	851,94	-	634,80	714,15	-	518,56	583,38	-	408,40	459,45	-	304,48	342,54	-	206,72	232,5
	III	7.232	-	578,56	650,88	-	480,16	540,18	-	384,96	433,08	-	292,64	329,22	-	203,52	228,96	-	118,72	133,56	-	47,52	53,4
	IV	12.676	-	1.014,08	1.140,84	-	946,08	1.064,34	-	879,60	989,55	-	814,64	916,47	-	751,20	845,10	-	689,36	775,53	-	629,04	707,6
	V	18.684	*135,77*	1.494,72	1.681,56																		
	VI	19.215	*198,96*	1.537,20	1.729,35																		

SolZ/KiSt lt. Tabelle nicht für Sonstige Bezüge anwendbar.

Besondere Tabelle

JAHR bis 57.239,99 €

Lohn/ Gehalt bis	Steuerklasse	Lohn-steuer	ohne Kinderfreibetrag			Anzahl Kinderfreibeträge (nur Steuerklassen I–IV)																	
						0,5			1,0			1,5			2,0			2,5			3,0		
			SolZ 5,5%	Kirchensteuer 8%	Kirchensteuer 9%	SolZ 5,5%	Kirchensteuer 8%	9%	SolZ 5,5%	Kirchensteuer 8%	9%	SolZ 5,5%	Kirchensteuer 8%	9%	SolZ 5,5%	Kirchensteuer 8%	9%	SolZ 5,5%	Kirchensteuer 8%	9%	SolZ 5,5%	Kirchensteuer 8%	9%
56.735,99	I	12.690	-	1.015,20	1.142,10	-	880,64	990,72	-	752,24	846,27	-	630,00	708,75	-	514,00	578,25	-	404,08	454,59	-	300,40	337,95
	II	11.087	-	886,96	997,83	-	758,32	853,11	-	635,76	715,23	-	519,44	584,37	-	409,28	460,44	-	305,28	343,44	-	207,44	233,37
	III	7.242	-	579,36	651,78	-	480,96	541,08	-	385,60	433,80	-	293,44	330,12	-	204,32	229,86	-	119,36	134,28	-	48,00	54,00
	IV	12.690	-	1.015,20	1.142,10	-	947,12	1.065,51	-	880,64	990,72	-	815,68	917,64	-	752,24	846,27	-	690,40	776,70	-	630,00	708,75
	V	18.699	137,56	1.495,92	1.682,91																		
	VI	19.231	200,87	1.538,48	1.730,79																		
56.771,99	I	12.704	-	1.016,32	1.143,36	-	881,68	991,89	-	753,28	847,44	-	630,96	709,83	-	514,88	579,24	-	404,96	455,58	-	301,20	338,85
	II	11.101	-	888,08	999,09	-	759,28	854,19	-	636,72	716,31	-	520,32	585,36	-	410,16	461,43	-	306,08	344,34	-	208,24	234,27
	III	7.252	-	580,16	652,68	-	481,76	541,98	-	386,40	434,70	-	294,08	330,84	-	204,96	230,58	-	120,00	135,00	-	48,64	54,72
	IV	12.704	-	1.016,32	1.143,36	-	948,24	1.066,77	-	881,68	991,89	-	816,72	918,81	-	753,28	847,44	-	691,36	777,78	-	630,96	709,83
	V	18.714	139,34	1.497,12	1.684,26																		
	VI	19.246	202,65	1.539,68	1.732,14																		
56.807,99	I	12.718	-	1.017,44	1.144,62	-	882,72	993,06	-	754,24	848,52	-	631,92	710,91	-	515,84	580,32	-	405,84	456,57	-	302,00	339,75
	II	11.114	-	889,12	1.000,26	-	760,32	855,36	-	637,68	717,39	-	521,28	586,44	-	410,96	462,33	-	306,88	345,24	-	208,96	235,08
	III	7.262	-	580,96	653,58	-	482,56	542,88	-	387,20	435,60	-	294,88	331,74	-	205,76	231,48	-	120,64	135,72	-	49,12	55,26
	IV	12.718	-	1.017,44	1.144,62	-	949,28	1.067,94	-	882,72	993,06	-	817,76	919,98	-	754,24	848,52	-	692,32	778,86	-	631,92	710,91
	V	18.729	141,13	1.498,32	1.685,61																		
	VI	19.261	204,44	1.540,88	1.733,49																		
56.843,99	I	12.732	-	1.018,56	1.145,88	-	883,84	994,32	-	755,28	849,69	-	632,88	711,99	-	516,72	581,31	-	406,72	457,56	-	302,88	340,74
	II	11.127	-	890,16	1.001,43	-	761,36	856,53	-	638,64	718,47	-	522,16	587,43	-	411,84	463,32	-	307,68	346,14	-	209,76	235,98
	III	7.272	-	581,76	654,48	-	483,36	543,78	-	387,84	436,32	-	295,68	332,64	-	206,40	232,20	-	121,28	136,44	-	49,60	55,80
	IV	12.732	-	1.018,56	1.145,88	-	950,40	1.069,20	-	883,84	994,32	-	818,80	921,15	-	755,28	849,69	-	693,28	779,94	-	632,88	711,99
	V	18.744	142,91	1.499,52	1.686,96																		
	VI	19.276	206,22	1.542,08	1.734,84																		
56.879,99	I	12.745	-	1.019,60	1.147,05	-	884,88	995,49	-	756,24	850,77	-	633,84	713,07	-	517,60	582,30	-	407,52	458,46	-	303,68	341,64
	II	11.140	-	891,20	1.002,60	-	762,32	857,61	-	639,60	719,55	-	523,12	588,51	-	412,72	464,31	-	308,56	347,13	-	210,48	236,79
	III	7.282	-	582,56	655,38	-	484,16	544,68	-	388,64	437,22	-	296,32	333,36	-	207,04	232,92	-	121,92	137,16	-	50,08	56,34
	IV	12.745	-	1.019,60	1.147,05	-	951,44	1.070,37	-	884,88	995,49	-	819,84	922,32	-	756,24	850,77	-	694,32	781,11	-	633,84	713,07
	V	18.759	144,70	1.500,72	1.688,31																		
	VI	19.291	208,01	1.543,28	1.736,19																		
56.915,99	I	12.759	-	1.020,72	1.148,31	-	885,92	996,66	-	757,28	851,94	-	634,80	714,15	-	518,56	583,38	-	408,40	459,45	-	304,48	342,54
	II	11.154	-	892,32	1.003,86	-	763,36	858,78	-	640,56	720,63	-	524,00	589,50	-	413,60	465,30	-	309,36	348,03	-	211,28	237,69
	III	7.292	-	583,36	656,28	-	484,80	545,40	-	389,44	438,12	-	297,12	334,26	-	207,84	233,82	-	122,56	137,88	-	50,72	57,06
	IV	12.759	-	1.020,72	1.148,31	-	952,56	1.071,63	-	885,92	996,66	-	820,80	923,40	-	757,28	851,94	-	695,28	782,19	-	634,80	714,15
	V	18.774	146,48	1.501,92	1.689,66																		
	VI	19.306	209,79	1.544,48	1.737,54																		
56.951,99	I	12.773	-	1.021,84	1.149,57	-	886,96	997,83	-	758,32	853,11	-	635,76	715,23	-	519,44	584,37	-	409,28	460,44	-	305,28	343,44
	II	11.167	-	893,36	1.005,03	-	764,40	859,95	-	641,52	721,71	-	524,88	590,49	-	414,48	466,29	-	310,16	348,93	-	212,08	238,59
	III	7.302	-	584,16	657,18	-	485,60	546,30	-	390,24	439,02	-	297,76	334,98	-	208,48	234,54	-	123,20	138,60	-	51,20	57,60
	IV	12.773	-	1.021,84	1.149,57	-	953,68	1.072,89	-	886,96	997,83	-	821,84	924,57	-	758,32	853,11	-	696,24	783,27	-	635,76	715,23
	V	18.790	148,39	1.503,20	1.691,10																		
	VI	19.321	211,58	1.545,68	1.738,89																		
56.987,99	I	12.787	-	1.022,96	1.150,83	-	888,08	999,09	-	759,28	854,19	-	636,72	716,31	-	520,32	585,36	-	410,16	461,43	-	306,08	344,34
	II	11.180	-	894,40	1.006,20	-	765,36	861,03	-	642,48	722,79	-	525,84	591,57	-	415,28	467,19	-	310,96	349,83	-	212,80	239,40
	III	7.312	-	584,96	658,08	-	486,40	547,20	-	390,88	439,74	-	298,56	335,88	-	209,28	235,44	-	123,84	139,32	-	51,68	58,14
	IV	12.787	-	1.022,96	1.150,83	-	954,72	1.074,06	-	888,08	999,09	-	822,88	925,74	-	759,28	854,19	-	697,28	784,44	-	636,72	716,31
	V	18.805	150,17	1.504,40	1.692,45																		
	VI	19.336	213,36	1.546,88	1.740,24																		
57.023,99	I	12.801	-	1.024,08	1.152,09	-	889,12	1.000,26	-	760,32	855,36	-	637,68	717,39	-	521,28	586,44	-	410,96	462,33	-	306,88	345,24
	II	11.193	-	895,44	1.007,37	-	766,40	862,20	-	643,52	723,96	-	526,72	592,56	-	416,16	468,18	-	311,76	350,73	-	213,60	240,30
	III	7.322	-	585,76	658,98	-	487,20	548,10	-	391,68	440,64	-	299,20	336,60	-	209,92	236,16	-	124,48	140,04	-	52,16	58,68
	IV	12.801	-	1.024,08	1.152,09	-	955,84	1.075,32	-	889,12	1.000,26	-	823,92	926,91	-	760,32	855,36	-	698,24	785,52	-	637,68	717,39
	V	18.820	151,96	1.505,60	1.693,80																		
	VI	19.351	215,15	1.548,08	1.741,59																		
57.059,99	I	12.815	-	1.025,20	1.153,35	-	890,16	1.001,43	-	761,36	856,53	-	638,64	718,47	-	522,16	587,43	-	411,84	463,32	-	307,68	346,14
	II	11.207	-	896,56	1.008,63	-	767,44	863,37	-	644,48	725,04	-	527,68	593,64	-	417,04	469,17	-	312,64	351,72	-	214,32	241,11
	III	7.332	-	586,56	659,88	-	488,00	549,00	-	392,48	441,54	-	300,00	337,50	-	210,56	236,88	-	125,12	140,76	-	52,64	59,22
	IV	12.815	-	1.025,20	1.153,35	-	956,88	1.076,49	-	890,16	1.001,43	-	824,96	928,08	-	761,36	856,53	-	699,20	786,60	-	638,64	718,47
	V	18.835	153,74	1.506,80	1.695,15																		
	VI	19.367	217,05	1.549,36	1.743,03																		
57.095,99	I	12.829	-	1.026,32	1.154,61	-	891,20	1.002,60	-	762,32	857,61	-	639,60	719,55	-	523,12	588,51	-	412,72	464,31	-	308,56	347,13
	II	11.220	-	897,60	1.009,80	-	768,40	864,45	-	645,44	726,12	-	528,56	594,63	-	417,92	470,16	-	313,44	352,62	-	215,12	242,01
	III	7.342	-	587,36	660,78	-	488,80	549,90	-	393,28	442,44	-	300,80	338,40	-	211,36	237,78	-	125,76	141,48	-	53,28	59,94
	IV	12.829	-	1.026,32	1.154,61	-	958,00	1.077,75	-	891,20	1.002,60	-	826,00	929,25	-	762,32	857,61	-	700,24	787,77	-	639,60	719,55
	V	18.850	155,53	1.508,00	1.696,50																		
	VI	19.382	218,84	1.550,56	1.744,38																		
57.131,99	I	12.843	-	1.027,44	1.155,87	-	892,32	1.003,86	-	763,36	858,78	-	640,56	720,63	-	524,00	589,50	-	413,60	465,30	-	309,36	348,03
	II	11.233	-	898,64	1.010,97	-	769,44	865,62	-	646,40	727,20	-	529,52	595,71	-	418,80	471,15	-	314,24	353,52	-	215,84	242,82
	III	7.352	-	588,16	661,68	-	489,60	550,80	-	393,92	443,16	-	301,44	339,12	-	212,00	238,50	-	126,40	142,20	-	53,76	60,48
	IV	12.843	-	1.027,44	1.155,87	-	959,04	1.078,92	-	892,32	1.003,86	-	827,04	930,42	-	763,36	858,78	-	701,20	788,85	-	640,56	720,63
	V	18.865	157,31	1.509,20	1.697,85																		
	VI	19.397	220,62	1.551,76	1.745,73																		
57.167,99	I	12.856	-	1.028,48	1.157,04	-	893,36	1.005,03	-	764,40	859,95	-	641,52	721,71	-	524,88	590,49	-	414,48	466,29	-	310,16	348,93
	II	11.247	-	899,76	1.012,23	-	770,48	866,79	-	647,36	728,28	-	530,40	596,70	-	419,60	472,05	-	315,04	354,42	-	216,64	243,72
	III	7.362	-	588,96	662,58	-	490,40	551,70	-	394,72	444,06	-	302,24	340,02	-	212,80	239,40	-	127,04	142,92	-	54,24	61,02
	IV	12.856	-	1.028,48	1.157,04	-	960,16	1.080,18	-	893,36	1.005,03	-	828,08	931,59	-	764,40	859,95	-	702,16	789,93	-	641,52	721,71
	V	18.880	159,10	1.510,40	1.699,20																		
	VI	19.412	222,41	1.552,96	1.747,08																		
57.203,99	I	12.870	-	1.029,60	1.158,30	-	894,40	1.006,20	-	765,36	861,03	-	642,48	722,79	-	525,84	591,57	-	415,28	467,19	-	310,96	349,83
	II	11.260	-	900,80	1.013,40	-	771,44	867,87	-	648,32	729,36	-	531,28	597,69	-	420,48	473,04	-	315,84	355,32	-	217,44	244,62
	III	7.374	-	589,92	663,66	-	491,04	552,42	-	395,52	444,96	-	302,88	340,74	-	213,44	240,12	-	127,68	143,64	-	54,72	61,56
	IV	12.870	-	1.029,60	1.158,30	-	961,28	1.081,44	-	894,40	1.006,20	-	829,12	932,76	-	765,36	861,03	-	703,20	791,10	-	642,48	722,79
	V	18.895	160,88	1.511,60	1.700,55																		
	VI	19.427	224,19	1.554,16	1.748,43																		
57.239,99	I	12.884	-	1.030,72	1.159,56	-	895,44	1.007,37	-	766,40	862,20	-	643,52	723,96	-	526,72	592,56	-	416,16	468,18	-	311,76	350,73
	II	11.273	-	901,84	1.014,57	-	772,48	869,04	-	649,28	730,44	-	532,24	598,77	-	421,36	474,03	-	316,72	356,31	-	218,16	245,43
	III	7.384	-	590,72	664,56	-	491,84	553,32	-	396,16	445,68	-	303,68	341,64	-	214,24	241,02	-	128,32	144,36	-	55,36	62,28
	IV	12.884	-	1.030,72	1.159,56	-	962,32	1.082,61	-	895,44	1.007,37	-	830,16	933,93	-	766,40	862,20	-	704,16	792,18	-	643,52	723,96
	V	18.910	162,67	1.512,80	1.701,90																		
	VI	19.442	225,98	1.555,36	1.749,78																		

SolZ/KiSt lt. Tabelle nicht für Sonstige Bezüge anwendbar.

Lohn/ Gehalt bis	Steuerklasse	Lohn-steuer	ohne Kinderfreibetrag			Anzahl Kinderfreibeträge (nur Steuerklassen I–IV)																	
						0,5			1,0			1,5			2,0			2,5			3,0		
			SolZ 5,5%	Kirchensteuer 8%	9%	SolZ 5,5%	Kirchensteuer 8%	9%	SolZ 5,5%	Kirchensteuer 8%	9%	SolZ 5,5%	Kirchensteuer 8%	9%	SolZ 5,5%	Kirchensteuer 8%	9%	SolZ 5,5%	Kirchensteuer 8%	9%	SolZ 5,5%	Kirchensteuer 8%	9%
57.275,99	I	12.898	-	1.031,84	1.160,82	-	896,56	1.008,63	-	767,44	863,37	-	644,48	725,04	-	527,68	593,64	-	417,04	469,17	-	312,64	351,
	II	11.287	-	902,96	1.015,83	-	773,52	870,21	-	650,24	731,52	-	533,12	599,76	-	422,24	475,02	-	317,52	357,21	-	218,96	246,
	III	7.394	-	591,52	665,46	-	492,64	554,22	-	396,96	446,58	-	304,32	342,36	-	214,88	241,74	-	128,96	145,08	-	55,84	62,
	IV	12.898	-	1.031,84	1.160,82	-	963,44	1.083,87	-	896,56	1.008,63	-	831,20	935,10	-	767,44	863,37	-	705,12	793,26	-	644,48	725,
	V	18.926	*164,57*	1.514,08	1.703,34																		
	VI	19.457	*227,76*	1.556,56	1.751,13																		
57.311,99	I	12.912	-	1.032,96	1.162,08	-	897,60	1.009,80	-	768,40	864,45	-	645,44	726,12	-	528,56	594,63	-	417,92	470,16	-	313,44	352,
	II	11.300	-	904,00	1.017,00	-	774,48	871,29	-	651,20	732,60	-	534,08	600,84	-	423,12	476,01	-	318,32	358,11	-	219,68	247,
	III	7.404	-	592,32	666,36	-	493,44	555,12	-	397,76	447,48	-	305,12	343,26	-	215,52	242,46	-	129,76	145,98	-	56,32	63,
	IV	12.912	-	1.032,96	1.162,08	-	964,48	1.085,04	-	897,60	1.009,80	-	832,24	936,27	-	768,40	864,45	-	706,16	794,43	-	645,44	726,
	V	18.941	*166,36*	1.515,28	1.704,69																		
	VI	19.472	*229,55*	1.557,76	1.752,48																		
57.347,99	I	12.926	-	1.034,08	1.163,34	-	898,64	1.010,97	-	769,44	865,62	-	646,40	727,20	-	529,52	595,71	-	418,80	471,15	-	314,24	353,
	II	11.313	-	905,04	1.018,17	-	775,52	872,46	-	652,16	733,68	-	534,96	601,83	-	424,00	477,00	-	319,12	359,01	-	220,48	248,
	III	7.414	-	593,12	667,26	-	494,24	556,02	-	398,56	448,38	-	305,92	344,16	-	216,32	243,36	-	130,40	146,70	-	56,96	64,
	IV	12.926	-	1.034,08	1.163,34	-	965,60	1.086,30	-	898,64	1.010,97	-	833,28	937,44	-	769,44	865,62	-	707,12	795,51	-	646,40	727,
	V	18.956	*168,14*	1.516,48	1.706,04																		
	VI	19.488	*231,45*	1.559,04	1.753,92																		
57.383,99	I	12.940	-	1.035,20	1.164,60	-	899,76	1.012,23	-	770,48	866,79	-	647,36	728,28	-	530,40	596,70	-	419,60	472,05	-	315,04	354,
	II	11.327	-	906,16	1.019,43	-	776,56	873,63	-	653,12	734,76	-	535,92	602,91	-	424,88	477,99	-	319,92	359,91	-	221,28	248,
	III	7.424	-	593,92	668,16	-	495,04	556,92	-	399,20	449,10	-	306,56	344,88	-	216,96	244,08	-	131,04	147,42	-	57,44	64,
	IV	12.940	-	1.035,20	1.164,60	-	966,72	1.087,56	-	899,76	1.012,23	-	834,32	938,61	-	770,48	866,79	-	708,16	796,68	-	647,36	728
	V	18.971	*169,93*	1.517,68	1.707,39																		
	VI	19.503	*233,24*	1.560,24	1.755,27																		
57.419,99	I	12.954	-	1.036,32	1.165,86	-	900,80	1.013,40	-	771,44	867,87	-	648,32	729,36	-	531,28	597,69	-	420,48	473,04	-	315,84	355,
	II	11.340	-	907,20	1.020,60	-	777,60	874,80	-	654,08	735,84	-	536,80	603,90	-	425,68	478,89	-	320,80	360,90	-	222,00	249,
	III	7.434	-	594,72	669,06	-	495,84	557,82	-	400,00	450,00	-	307,36	345,78	-	217,76	244,98	-	131,68	148,14	-	57,92	65,
	IV	12.954	-	1.036,32	1.165,86	-	967,76	1.088,73	-	900,80	1.013,40	-	835,36	939,78	-	771,44	867,87	-	709,12	797,76	-	648,32	729,
	V	18.986	*171,71*	1.518,88	1.708,74																		
	VI	19.518	*235,02*	1.561,44	1.756,62																		
57.455,99	I	12.968	-	1.037,44	1.167,12	-	901,84	1.014,57	-	772,48	869,04	-	649,28	730,44	-	532,24	598,77	-	421,36	474,03	-	316,72	356,
	II	11.353	-	908,24	1.021,77	-	778,56	875,88	-	655,04	736,92	-	537,76	604,98	-	426,56	479,88	-	321,60	361,80	-	222,80	250,
	III	7.444	-	595,52	669,96	-	496,64	558,72	-	400,80	450,90	-	308,00	346,50	-	218,40	245,70	-	132,32	148,86	-	58,56	65
	IV	12.968	-	1.037,44	1.167,12	-	968,88	1.089,99	-	901,84	1.014,57	-	836,40	940,95	-	772,48	869,04	-	710,08	798,84	-	649,28	730,
	V	19.001	*173,50*	1.520,08	1.710,09																		
	VI	19.533	*236,81*	1.562,64	1.757,97																		
57.491,99	I	12.982	-	1.038,56	1.168,38	-	902,96	1.015,83	-	773,52	870,21	-	650,24	731,52	-	533,12	599,76	-	422,24	475,02	-	317,52	357,
	II	11.367	-	909,36	1.023,03	-	779,60	877,05	-	656,08	738,09	-	538,64	605,97	-	427,44	480,87	-	322,40	362,70	-	223,52	251,
	III	7.454	-	596,32	670,86	-	497,44	559,62	-	401,60	451,80	-	308,80	347,40	-	219,04	246,42	-	132,96	149,58	-	59,04	66
	IV	12.982	-	1.038,56	1.168,38	-	970,00	1.091,25	-	902,96	1.015,83	-	837,44	942,12	-	773,52	870,21	-	711,12	800,01	-	650,24	731,
	V	19.016	*175,28*	1.521,28	1.711,44																		
	VI	19.548	*238,59*	1.563,84	1.759,32																		
57.527,99	I	12.996	-	1.039,68	1.169,64	-	904,00	1.017,00	-	774,48	871,29	-	651,20	732,60	-	534,08	600,84	-	423,12	476,01	-	318,32	358,
	II	11.380	-	910,40	1.024,20	-	780,64	878,22	-	657,04	739,17	-	539,60	607,05	-	428,32	481,86	-	323,20	363,60	-	224,32	252,
	III	7.464	-	597,12	671,76	-	498,08	560,34	-	402,24	452,52	-	309,44	348,12	-	219,84	247,32	-	133,60	150,30	-	59,52	66,
	IV	12.996	-	1.039,68	1.169,64	-	971,04	1.092,42	-	904,00	1.017,00	-	838,48	943,29	-	774,48	871,29	-	712,08	801,09	-	651,20	732
	V	19.031	*177,07*	1.522,48	1.712,79																		
	VI	19.563	*240,38*	1.565,04	1.760,67																		
57.563,99	I	13.010	-	1.040,80	1.170,90	-	905,04	1.018,17	-	775,52	872,46	-	652,16	733,68	-	534,96	601,83	-	424,00	477,00	-	319,12	359
	II	11.393	-	911,44	1.025,37	-	781,60	879,30	-	658,00	740,25	-	540,48	608,04	-	429,20	482,85	-	324,08	364,59	-	225,12	253
	III	7.474	-	597,92	672,66	-	498,88	561,24	-	403,04	453,42	-	310,24	349,02	-	220,48	248,04	-	134,24	151,02	-	60,16	67
	IV	13.010	-	1.040,80	1.170,90	-	972,16	1.093,68	-	905,04	1.018,17	-	839,52	944,46	-	775,52	872,46	-	713,04	802,17	-	652,16	733
	V	19.047	*178,97*	1.523,76	1.714,23																		
	VI	19.578	*242,16*	1.566,24	1.762,02																		
57.599,99	I	13.024	-	1.041,92	1.172,16	-	906,16	1.019,43	-	776,56	873,63	-	653,12	734,76	-	535,92	602,91	-	424,88	477,99	-	319,92	359
	II	11.407	-	912,56	1.026,63	-	782,64	880,47	-	658,96	741,33	-	541,44	609,12	-	430,08	483,84	-	324,88	365,49	-	225,84	254,
	III	7.484	-	598,72	673,56	-	499,68	562,14	-	403,84	454,32	-	311,04	349,92	-	221,28	248,94	-	134,88	151,74	-	60,64	68
	IV	13.024	-	1.041,92	1.172,16	-	973,20	1.094,85	-	906,16	1.019,43	-	840,56	945,63	-	776,56	873,63	-	714,08	803,34	-	653,12	734,
	V	19.062	*180,76*	1.524,96	1.715,58																		
	VI	19.593	*243,95*	1.567,44	1.763,37																		
57.635,99	I	13.038	-	1.043,04	1.173,42	-	907,20	1.020,60	-	777,60	874,80	-	654,08	735,84	-	536,80	603,90	-	425,68	478,89	-	320,80	360
	II	11.420	-	913,60	1.027,80	-	783,68	881,64	-	659,92	742,41	-	542,32	610,11	-	430,96	484,83	-	325,68	366,39	-	226,64	254
	III	7.494	-	599,52	674,46	-	500,48	563,04	-	404,64	455,22	-	311,68	350,64	-	221,92	249,66	-	135,52	152,46	-	61,12	68,
	IV	13.038	-	1.043,04	1.173,42	-	974,32	1.096,11	-	907,20	1.020,60	-	841,60	946,80	-	777,60	874,80	-	715,04	804,42	-	654,08	735,
	V	19.077	*182,54*	1.526,16	1.716,93																		
	VI	19.609	*245,85*	1.568,72	1.764,81																		
57.671,99	I	13.051	-	1.044,08	1.174,59	-	908,24	1.021,77	-	778,56	875,88	-	655,04	736,92	-	537,76	604,98	-	426,56	479,88	-	321,60	361,
	II	11.433	-	914,64	1.028,97	-	784,72	882,81	-	660,88	743,49	-	543,28	611,19	-	431,84	485,82	-	326,48	367,29	-	227,44	255
	III	7.504	-	600,32	675,36	-	501,28	563,94	-	405,28	455,94	-	312,48	351,54	-	222,72	250,56	-	136,32	153,36	-	61,76	69,
	IV	13.051	-	1.044,08	1.174,59	-	975,44	1.097,37	-	908,24	1.021,77	-	842,64	947,97	-	778,56	875,88	-	716,08	805,59	-	655,04	736
	V	19.092	*184,33*	1.527,36	1.718,28																		
	VI	19.624	*247,63*	1.569,92	1.766,16																		
57.707,99	I	13.065	-	1.045,20	1.175,85	-	909,36	1.023,03	-	779,60	877,05	-	656,08	738,09	-	538,64	605,97	-	427,44	480,87	-	322,40	362
	II	11.447	-	915,76	1.030,23	-	785,68	883,89	-	661,84	744,57	-	544,16	612,18	-	432,64	486,72	-	327,36	368,28	-	228,16	256,
	III	7.514	-	601,12	676,26	-	502,08	564,84	-	406,08	456,84	-	313,12	352,26	-	223,36	251,28	-	136,96	154,08	-	62,24	70,
	IV	13.065	-	1.045,20	1.175,85	-	976,48	1.098,54	-	909,36	1.023,03	-	843,68	949,14	-	779,60	877,05	-	717,04	806,67	-	656,08	738,
	V	19.107	*186,11*	1.528,56	1.719,63																		
	VI	19.639	*249,42*	1.571,12	1.767,51																		
57.743,99	I	13.079	-	1.046,32	1.177,11	-	910,40	1.024,20	-	780,64	878,22	-	657,04	739,17	-	539,60	607,05	-	428,32	481,86	-	323,20	363
	II	11.460	-	916,80	1.031,40	-	786,72	885,06	-	662,80	745,65	-	545,12	613,26	-	433,52	487,71	-	328,16	369,18	-	228,96	257
	III	7.524	-	601,92	677,16	-	502,88	565,74	-	406,88	457,74	-	313,92	353,16	-	224,16	252,18	-	137,60	154,80	-	62,72	70,
	IV	13.079	-	1.046,32	1.177,11	-	977,60	1.099,80	-	910,40	1.024,20	-	844,72	950,31	-	780,64	878,22	-	718,08	807,84	-	657,04	739,
	V	19.122	*187,90*	1.529,76	1.720,98																		
	VI	19.654	*251,20*	1.572,32	1.768,86																		
57.779,99	I	13.093	-	1.047,44	1.178,37	-	911,44	1.025,37	-	781,60	879,30	-	658,00	740,25	-	540,48	608,04	-	429,20	482,85	-	324,08	364,
	II	11.474	-	917,92	1.032,66	-	787,76	886,23	-	663,84	746,82	-	546,00	614,25	-	434,40	488,70	-	328,96	370,08	-	229,76	258
	III	7.534	-	602,72	678,06	-	503,68	566,64	-	407,68	458,64	-	314,72	354,06	-	224,80	252,90	-	138,24	155,52	-	63,36	71,
	IV	13.093	-	1.047,44	1.178,37	-	978,72	1.101,06	-	911,44	1.025,37	-	845,76	951,48	-	781,60	879,30	-	719,04	808,92	-	658,00	740,
	V	19.137	*189,68*	1.530,96	1.722,33																		
	VI	19.669	*252,99*	1.573,52	1.770,21																		

SolZ/KiSt lt. Tabelle nicht für Sonstige Bezüge anwendbar.

Lohn/ Gehalt bis	Steuerklasse	Lohn-steuer	ohne Kinderfreibetrag			Anzahl Kinderfreibeträge (nur Steuerklassen I–IV)																	
						0,5			1,0			1,5			2,0			2,5			3,0		
			SolZ 5,5%	Kirchensteuer 8%	9%	SolZ 5,5%	Kirchensteuer 8%	9%	SolZ 5,5%	Kirchensteuer 8%	9%	SolZ 5,5%	Kirchensteuer 8%	9%	SolZ 5,5%	Kirchensteuer 8%	9%	SolZ 5,5%	Kirchensteuer 8%	9%	SolZ 5,5%	Kirchensteuer 8%	9%
57.815,99	I	13.107	-	1.048,56	1.179,63	-	912,56	1.026,63	-	782,64	880,47	-	658,96	741,33	-	541,44	609,12	-	430,08	483,84	-	324,88	365,49
	II	11.487	-	918,96	1.033,83	-	788,80	887,40	-	664,80	747,90	-	546,96	615,33	-	435,28	489,69	-	329,84	371,07	-	230,48	259,29
	III	7.544	-	603,52	678,96	-	504,48	567,54	-	408,32	459,36	-	315,36	354,78	-	225,44	253,62	-	138,88	156,24	-	63,84	71,82
	IV	13.107	-	1.048,56	1.179,63	-	979,76	1.102,23	-	912,56	1.026,63	-	846,80	952,65	-	782,64	880,47	-	720,00	810,00	-	658,96	741,33
	V	19.152	191,47	1.532,16	1.723,68																		
	VI	19.684	254,77	1.574,72	1.771,56																		
57.851,99	I	13.121	-	1.049,68	1.180,89	-	913,60	1.027,80	-	783,68	881,64	-	659,92	742,41	-	542,32	610,11	-	430,96	484,83	-	325,68	366,39
	II	11.500	-	920,00	1.035,00	-	789,84	888,57	-	665,76	748,98	-	547,84	616,32	-	436,16	490,68	-	330,64	371,97	-	231,28	260,19
	III	7.554	-	604,32	679,86	-	505,28	568,44	-	409,12	460,26	-	316,16	355,68	-	226,24	254,52	-	139,52	156,96	-	64,32	72,36
	IV	13.121	-	1.049,68	1.180,89	-	980,88	1.103,49	-	913,60	1.027,80	-	847,84	953,82	-	783,68	881,64	-	721,04	811,17	-	659,92	742,41
	V	19.168	193,37	1.533,44	1.725,12																		
	VI	19.699	256,56	1.575,92	1.772,91																		
57.887,99	I	13.135	-	1.050,80	1.182,15	-	914,64	1.028,97	-	784,72	882,81	-	660,88	743,49	-	543,28	611,19	-	431,84	485,82	-	326,48	367,29
	II	11.514	-	921,12	1.036,26	-	790,80	889,65	-	666,72	750,06	-	548,80	617,40	-	437,04	491,67	-	331,44	372,87	-	232,08	261,09
	III	7.566	-	605,28	680,94	-	506,08	569,34	-	409,92	461,16	-	316,80	356,40	-	226,88	255,24	-	140,32	157,86	-	64,96	73,08
	IV	13.135	-	1.050,80	1.182,15	-	982,00	1.104,75	-	914,64	1.028,97	-	848,88	954,99	-	784,72	882,81	-	722,00	812,25	-	660,88	743,49
	V	19.183	195,16	1.534,64	1.726,47																		
	VI	19.714	258,34	1.577,12	1.774,26																		
57.923,99	I	13.149	-	1.051,92	1.183,41	-	915,76	1.030,23	-	785,68	883,89	-	661,84	744,57	-	544,16	612,18	-	432,64	486,72	-	327,36	368,28
	II	11.527	-	922,16	1.037,43	-	791,84	890,82	-	667,68	751,14	-	549,76	618,48	-	437,92	492,66	-	332,32	373,86	-	232,80	261,90
	III	7.576	-	606,08	681,84	-	506,72	570,06	-	410,72	462,06	-	317,60	357,30	-	227,68	256,14	-	140,96	158,58	-	65,44	73,62
	IV	13.149	-	1.051,92	1.183,41	-	983,04	1.105,92	-	915,76	1.030,23	-	850,00	956,25	-	785,68	883,89	-	723,04	813,42	-	661,84	744,57
	V	19.198	196,94	1.535,84	1.727,82																		
	VI	19.729	260,13	1.578,32	1.775,61																		
57.959,99	I	13.163	-	1.053,04	1.184,67	-	916,80	1.031,40	-	786,72	885,06	-	662,80	745,65	-	545,12	613,26	-	433,52	487,71	-	328,16	369,18
	II	11.541	-	923,28	1.038,69	-	792,88	891,99	-	668,64	752,22	-	550,64	619,47	-	438,80	493,65	-	333,12	374,76	-	233,60	262,80
	III	7.586	-	606,88	682,74	-	507,52	570,96	-	411,36	462,78	-	318,40	358,20	-	228,32	256,86	-	141,60	159,30	-	66,08	74,34
	IV	13.163	-	1.053,04	1.184,67	-	984,16	1.107,18	-	916,80	1.031,40	-	851,04	957,42	-	786,72	885,06	-	724,00	814,50	-	662,80	745,65
	V	19.213	198,73	1.537,04	1.729,17																		
	VI	19.745	262,03	1.579,60	1.777,05																		
57.995,99	I	13.177	-	1.054,16	1.185,93	-	917,92	1.032,66	-	787,76	886,23	-	663,84	746,82	-	546,00	614,25	-	434,40	488,70	-	328,96	370,08
	II	11.554	-	924,32	1.039,86	-	793,92	893,16	-	669,68	753,39	-	551,60	620,55	-	439,68	494,64	-	333,92	375,66	-	234,40	263,70
	III	7.596	-	607,68	683,64	-	508,32	571,86	-	412,16	463,68	-	319,04	358,92	-	229,12	257,76	-	142,24	160,02	-	66,56	74,88
	IV	13.177	-	1.054,16	1.185,93	-	985,28	1.108,44	-	917,92	1.032,66	-	852,08	958,59	-	787,76	886,23	-	725,04	815,67	-	663,84	746,82
	V	19.228	200,51	1.538,24	1.730,52																		
	VI	19.760	263,82	1.580,80	1.778,40																		
58.031,99	I	13.191	-	1.055,28	1.187,19	-	918,96	1.033,83	-	788,80	887,40	-	664,80	747,90	-	546,96	615,33	-	435,28	489,69	-	329,84	371,07
	II	11.567	-	925,36	1.041,03	-	794,96	894,33	-	670,64	754,47	-	552,48	621,54	-	440,56	495,63	-	334,72	376,56	-	235,12	264,51
	III	7.606	-	608,48	684,54	-	509,12	572,76	-	412,96	464,58	-	319,84	359,82	-	229,76	258,48	-	142,88	160,74	-	67,04	75,42
	IV	13.191	-	1.055,28	1.187,19	-	986,40	1.109,70	-	918,96	1.033,83	-	853,12	959,76	-	788,80	887,40	-	726,00	816,75	-	664,80	747,90
	V	19.243	202,30	1.539,44	1.731,87																		
	VI	19.775	265,60	1.582,00	1.779,75																		
58.067,99	I	13.205	-	1.056,40	1.188,45	-	920,00	1.035,00	-	789,84	888,57	-	665,76	748,98	-	547,84	616,32	-	436,16	490,68	-	330,64	371,97
	II	11.581	-	926,48	1.042,29	-	795,92	895,41	-	671,60	755,55	-	553,44	622,62	-	441,44	496,62	-	335,60	377,55	-	235,92	265,41
	III	7.616	-	609,28	685,44	-	509,92	573,66	-	413,76	465,48	-	320,48	360,54	-	230,56	259,38	-	143,68	161,64	-	67,68	76,14
	IV	13.205	-	1.056,40	1.188,45	-	987,44	1.110,87	-	920,00	1.035,00	-	854,16	960,93	-	789,84	888,57	-	727,04	817,92	-	665,76	748,98
	V	19.258	204,08	1.540,64	1.733,22																		
	VI	19.790	267,39	1.583,20	1.781,10																		
58.103,99	I	13.219	-	1.057,52	1.189,71	-	921,12	1.036,26	-	790,80	889,65	-	666,72	750,06	-	548,80	617,40	-	437,04	491,67	-	331,44	372,87
	II	11.594	-	927,52	1.043,46	-	796,96	896,58	-	672,56	756,63	-	554,32	623,61	-	442,32	497,61	-	336,40	378,45	-	236,72	266,31
	III	7.626	-	610,08	686,34	-	510,72	574,56	-	414,40	466,20	-	321,28	361,44	-	231,20	260,10	-	144,32	162,36	-	68,16	76,68
	IV	13.219	-	1.057,52	1.189,71	-	988,56	1.112,13	-	921,12	1.036,26	-	855,20	962,10	-	790,80	889,65	-	728,00	819,00	-	666,72	750,06
	V	19.273	205,87	1.541,84	1.734,57																		
	VI	19.805	269,17	1.584,40	1.782,45																		
58.139,99	I	13.233	-	1.058,64	1.190,97	-	922,16	1.037,43	-	791,84	890,82	-	667,68	751,14	-	549,76	618,48	-	437,92	492,66	-	332,32	373,86
	II	11.608	-	928,64	1.044,72	-	798,00	897,75	-	673,52	757,71	-	555,28	624,69	-	443,20	498,60	-	337,20	379,35	-	237,52	267,21
	III	7.636	-	610,88	687,24	-	511,52	575,46	-	415,20	467,10	-	322,08	362,34	-	231,84	260,82	-	144,96	163,08	-	68,80	77,40
	IV	13.233	-	1.058,64	1.190,97	-	989,68	1.113,39	-	922,16	1.037,43	-	856,24	963,27	-	791,84	890,82	-	729,04	820,17	-	667,68	751,14
	V	19.288	207,65	1.543,04	1.735,92																		
	VI	19.820	270,96	1.585,60	1.783,80																		
58.175,99	I	13.248	-	1.059,84	1.192,32	-	923,28	1.038,69	-	792,88	891,99	-	668,64	752,22	-	550,64	619,47	-	438,80	493,65	-	333,12	374,76
	II	11.621	-	929,68	1.045,89	-	799,04	898,92	-	674,56	758,88	-	556,16	625,68	-	444,08	499,59	-	338,08	380,34	-	238,24	268,02
	III	7.646	-	611,68	688,14	-	512,32	576,36	-	416,00	468,00	-	322,72	363,06	-	232,64	261,72	-	145,60	163,80	-	69,28	77,94
	IV	13.248	-	1.059,84	1.192,32	-	990,72	1.114,56	-	923,28	1.038,69	-	857,28	964,44	-	792,88	891,99	-	730,00	821,25	-	668,64	752,22
	V	19.304	209,55	1.544,32	1.737,36																		
	VI	19.835	272,74	1.586,80	1.785,15																		
58.211,99	I	13.262	-	1.060,96	1.193,58	-	924,32	1.039,86	-	793,92	893,16	-	669,68	753,39	-	551,60	620,55	-	439,68	494,64	-	333,92	375,66
	II	11.635	-	930,80	1.047,15	-	800,08	900,09	-	675,52	759,96	-	557,12	626,76	-	444,96	500,58	-	338,88	381,24	-	239,04	268,92
	III	7.656	-	612,48	689,04	-	513,12	577,26	-	416,80	468,90	-	323,52	363,96	-	233,28	262,44	-	146,24	164,52	-	69,92	78,66
	IV	13.262	-	1.060,96	1.193,58	-	991,84	1.115,82	-	924,32	1.039,86	-	858,32	965,61	-	793,92	893,16	-	731,04	822,42	-	669,68	753,39
	V	19.319	211,34	1.545,52	1.738,71																		
	VI	19.850	274,53	1.588,00	1.786,50																		
58.247,99	I	13.276	-	1.062,08	1.194,84	-	925,36	1.041,03	-	794,96	894,33	-	670,64	754,47	-	552,48	621,54	-	440,56	495,63	-	334,72	376,56
	II	11.648	-	931,84	1.048,32	-	801,04	901,17	-	676,48	761,04	-	558,08	627,84	-	445,84	501,57	-	339,76	382,23	-	239,84	269,82
	III	7.666	-	613,28	689,94	-	513,92	578,16	-	417,44	469,62	-	324,16	364,68	-	234,08	263,34	-	147,04	165,42	-	70,40	79,20
	IV	13.276	-	1.062,08	1.194,84	-	992,96	1.117,08	-	925,36	1.041,03	-	859,36	966,78	-	794,96	894,33	-	732,00	823,50	-	670,64	754,47
	V	19.334	213,12	1.546,72	1.740,06																		
	VI	19.866	276,43	1.589,28	1.787,94																		
58.283,99	I	13.290	-	1.063,20	1.196,10	-	926,48	1.042,29	-	795,92	895,41	-	671,60	755,55	-	553,44	622,62	-	441,44	496,62	-	335,60	377,55
	II	11.662	-	932,96	1.049,58	-	802,08	902,34	-	677,44	762,12	-	558,96	628,83	-	446,64	502,47	-	340,56	383,13	-	240,56	270,63
	III	7.676	-	614,08	690,84	-	514,72	579,06	-	418,24	470,52	-	324,96	365,58	-	234,72	264,06	-	147,68	166,14	-	70,88	79,74
	IV	13.290	-	1.063,20	1.196,10	-	994,08	1.118,34	-	926,48	1.042,29	-	860,48	968,04	-	795,92	895,41	-	733,04	824,67	-	671,60	755,55
	V	19.349	214,91	1.547,92	1.741,41																		
	VI	19.881	278,22	1.590,48	1.789,29																		
58.319,99	I	13.304	-	1.064,32	1.197,36	-	927,52	1.043,46	-	796,96	896,58	-	672,56	756,63	-	554,32	623,61	-	442,32	497,61	-	336,40	378,45
	II	11.675	-	934,00	1.050,75	-	803,12	903,51	-	678,40	763,20	-	559,92	629,91	-	447,52	503,46	-	341,36	384,03	-	241,36	271,53
	III	7.686	-	614,88	691,74	-	515,52	579,96	-	419,04	471,42	-	325,76	366,48	-	235,52	264,96	-	148,32	166,86	-	71,52	80,46
	IV	13.304	-	1.064,32	1.197,36	-	995,12	1.119,51	-	927,52	1.043,46	-	861,52	969,21	-	796,96	896,58	-	734,00	825,75	-	672,56	756,63
	V	19.364	216,69	1.549,12	1.742,76																		
	VI	19.896	280,00	1.591,68	1.790,64																		

SolZ/KiSt lt. Tabelle nicht für Sonstige Bezüge anwendbar.

Lohn/ Gehalt bis	Steuerklasse	Lohn-steuer	ohne Kinderfreibetrag			Anzahl Kinderfreibeträge (nur Steuerklassen I–IV)																	
						0,5			1,0			1,5			2,0			2,5			3,0		
			SolZ 5,5%	Kirchensteuer 8%	9%	SolZ 5,5%	Kirchensteuer 8%	9%	SolZ 5,5%	Kirchensteuer 8%	9%	SolZ 5,5%	Kirchensteuer 8%	9%	SolZ 5,5%	Kirchensteuer 8%	9%	SolZ 5,5%	Kirchensteuer 8%	9%	SolZ 5,5%	Kirchensteuer 8%	9%
58.355,99	I	13.318	-	1.065,44	1.198,62	-	928,64	1.044,72	-	798,00	897,75	-	673,52	757,71	-	555,28	624,69	-	443,20	498,60	-	337,20	379,
	II	11.689	-	935,12	1.052,01	-	804,16	904,68	-	679,44	764,37	-	560,80	630,90	-	448,40	504,45	-	342,24	385,02	-	242,16	272,
	III	7.696	-	615,68	692,64	-	516,16	580,68	-	419,84	472,32	-	326,40	367,20	-	236,16	265,68	-	148,96	167,58	-	72,00	81,
	IV	13.318	-	1.065,44	1.198,62	-	996,24	1.120,77	-	928,64	1.044,72	-	862,56	970,38	-	798,00	897,75	-	735,04	826,92	-	673,52	757,
	V	19.379	218,48	1.550,32	1.744,11																		
	VI	19.911	281,79	1.592,88	1.791,99																		
58.391,99	I	13.332	-	1.066,56	1.199,88	-	929,68	1.045,89	-	799,04	898,92	-	674,56	758,88	-	556,16	625,68	-	444,08	499,59	-	338,08	380,
	II	11.702	-	936,16	1.053,18	-	805,20	905,85	-	680,40	765,45	-	561,76	631,98	-	449,28	505,44	-	343,04	385,92	-	242,96	273,
	III	7.708	-	616,64	693,72	-	516,96	581,58	-	420,48	473,04	-	327,20	368,10	-	236,96	266,58	-	149,76	168,48	-	72,64	81,
	IV	13.332	-	1.066,56	1.199,88	-	997,36	1.122,03	-	929,68	1.045,89	-	863,60	971,55	-	799,04	898,92	-	736,00	828,00	-	674,56	758,
	V	19.394	220,26	1.551,52	1.745,46																		
	VI	19.926	283,57	1.594,08	1.793,34																		
58.427,99	I	13.346	-	1.067,68	1.201,14	-	930,80	1.047,15	-	800,08	900,09	-	675,52	759,96	-	557,12	626,76	-	444,96	500,58	-	338,88	381,
	II	11.716	-	937,28	1.054,44	-	806,24	907,02	-	681,36	766,53	-	562,72	633,06	-	450,16	506,43	-	343,84	386,82	-	243,68	274,
	III	7.718	-	617,44	694,62	-	517,76	582,48	-	421,28	473,94	-	328,00	369,00	-	237,60	267,30	-	150,40	169,20	-	73,12	82,
	IV	13.346	-	1.067,68	1.201,14	-	998,48	1.123,29	-	930,80	1.047,15	-	864,64	972,72	-	800,08	900,09	-	737,04	829,17	-	675,52	759,
	V	19.409	222,05	1.552,72	1.746,81																		
	VI	19.941	285,36	1.595,28	1.794,69																		
58.463,99	I	13.360	-	1.068,80	1.202,40	-	931,84	1.048,32	-	801,04	901,17	-	676,48	761,04	-	558,08	627,84	-	445,84	501,57	-	339,76	382,
	II	11.729	-	938,32	1.055,61	-	807,28	908,19	-	682,32	767,61	-	563,60	634,05	-	451,04	507,42	-	344,72	387,81	-	244,48	275,
	III	7.728	-	618,24	695,52	-	518,56	583,38	-	422,08	474,84	-	328,64	369,72	-	238,40	268,20	-	151,04	169,92	-	73,76	82,
	IV	13.360	-	1.068,80	1.202,40	-	999,52	1.124,46	-	931,84	1.048,32	-	865,68	973,89	-	801,04	901,17	-	738,00	830,25	-	676,48	761,
	V	19.425	223,95	1.554,00	1.748,25																		
	VI	19.956	287,14	1.596,48	1.796,04																		
58.499,99	I	13.374	-	1.069,92	1.203,66	-	932,96	1.049,58	-	802,08	902,34	-	677,44	762,12	-	558,96	628,83	-	446,64	502,47	-	340,56	383,
	II	11.742	-	939,36	1.056,78	-	808,24	909,27	-	683,36	768,78	-	564,56	635,13	-	451,92	508,41	-	345,52	388,71	-	245,28	275,
	III	7.738	-	619,04	696,42	-	519,36	584,28	-	422,88	475,74	-	329,44	370,62	-	239,04	268,92	-	151,84	170,82	-	74,24	83,
	IV	13.374	-	1.069,92	1.203,66	-	1.000,64	1.125,72	-	932,96	1.049,58	-	866,72	975,06	-	802,08	902,34	-	739,04	831,42	-	677,44	762,
	V	19.440	225,74	1.555,20	1.749,60																		
	VI	19.971	288,93	1.597,68	1.797,39																		
58.535,99	I	13.388	-	1.071,04	1.204,92	-	934,00	1.050,75	-	803,12	903,51	-	678,40	763,20	-	559,92	629,91	-	447,52	503,46	-	341,36	384,
	II	11.756	-	940,48	1.058,04	-	809,28	910,44	-	684,32	769,86	-	565,52	636,21	-	452,80	509,40	-	346,40	389,70	-	246,08	276,
	III	7.748	-	619,84	697,32	-	520,16	585,18	-	423,68	476,64	-	330,08	371,34	-	239,68	269,64	-	152,48	171,54	-	74,88	84,
	IV	13.388	-	1.071,04	1.204,92	-	1.001,76	1.126,98	-	934,00	1.050,75	-	867,76	976,23	-	803,12	903,51	-	740,00	832,50	-	678,40	763,
	V	19.455	227,52	1.556,40	1.750,95																		
	VI	19.987	290,83	1.598,96	1.798,83																		
58.571,99	I	13.402	-	1.072,16	1.206,18	-	935,12	1.052,01	-	804,16	904,68	-	679,44	764,37	-	560,80	630,90	-	448,40	504,45	-	342,24	385,
	II	11.769	-	941,52	1.059,21	-	810,32	911,61	-	685,28	770,94	-	566,40	637,20	-	453,68	510,39	-	347,20	390,60	-	246,80	277,
	III	7.758	-	620,64	698,22	-	520,96	586,08	-	424,32	477,36	-	330,88	372,24	-	240,48	270,54	-	153,12	172,26	-	75,36	84,
	IV	13.402	-	1.072,16	1.206,18	-	1.002,88	1.128,24	-	935,12	1.052,01	-	868,88	977,49	-	804,16	904,68	-	741,04	833,67	-	679,44	764,
	V	19.470	229,31	1.557,60	1.752,30																		
	VI	20.002	292,62	1.600,16	1.800,18																		
58.607,99	I	13.416	-	1.073,28	1.207,44	-	936,16	1.053,18	-	805,20	905,85	-	680,40	765,45	-	561,76	631,98	-	449,28	505,44	-	343,04	385,
	II	11.783	-	942,64	1.060,47	-	811,36	912,78	-	686,24	772,02	-	567,36	638,28	-	454,64	511,47	-	348,00	391,50	-	247,60	278,
	III	7.768	-	621,44	699,12	-	521,76	586,98	-	425,12	478,26	-	331,68	373,14	-	241,12	271,26	-	153,76	172,98	-	76,00	85,
	IV	13.416	-	1.073,28	1.207,44	-	1.004,00	1.129,50	-	936,16	1.053,18	-	869,92	978,66	-	805,20	905,85	-	742,00	834,75	-	680,40	765,
	V	19.485	231,09	1.558,80	1.753,65																		
	VI	20.017	294,40	1.601,36	1.801,53																		
58.643,99	I	13.430	-	1.074,40	1.208,70	-	937,28	1.054,44	-	806,24	907,02	-	681,36	766,53	-	562,72	633,06	-	450,16	506,43	-	343,84	386,
	II	11.796	-	943,68	1.061,64	-	812,40	913,95	-	687,28	773,19	-	568,32	639,36	-	455,52	512,46	-	348,88	392,49	-	248,40	279,
	III	7.778	-	622,24	700,02	-	522,56	587,88	-	425,92	479,16	-	332,32	373,86	-	241,92	272,16	-	154,56	173,88	-	76,48	86,
	IV	13.430	-	1.074,40	1.208,70	-	1.005,04	1.130,67	-	937,28	1.054,44	-	870,96	979,83	-	806,24	907,02	-	743,04	835,92	-	681,36	766,
	V	19.500	232,88	1.560,00	1.755,00																		
	VI	20.032	296,19	1.602,56	1.802,88																		
58.679,99	I	13.445	-	1.075,60	1.210,05	-	938,32	1.055,61	-	807,28	908,19	-	682,32	767,61	-	563,60	634,05	-	451,04	507,42	-	344,72	387,
	II	11.810	-	944,80	1.062,90	-	813,44	915,12	-	688,24	774,27	-	569,20	640,35	-	456,40	513,45	-	349,68	393,39	-	249,20	280,
	III	7.788	-	623,04	700,92	-	523,36	588,78	-	426,72	480,06	-	333,12	374,76	-	242,56	272,88	-	155,20	174,60	-	77,12	86,
	IV	13.445	-	1.075,60	1.210,05	-	1.006,16	1.131,93	-	938,32	1.055,61	-	872,00	981,00	-	807,28	908,19	-	744,00	837,00	-	682,32	767,
	V	19.515	234,66	1.561,20	1.756,35																		
	VI	20.047	297,97	1.603,76	1.804,23																		
58.715,99	I	13.459	-	1.076,72	1.211,31	-	939,36	1.056,78	-	808,24	909,27	-	683,36	768,78	-	564,56	635,13	-	451,92	508,41	-	345,52	388,
	II	11.824	-	945,92	1.064,16	-	814,48	916,29	-	689,20	775,35	-	570,16	641,43	-	457,28	514,44	-	350,56	394,38	-	250,00	281,
	III	7.798	-	623,84	701,82	-	524,16	589,68	-	427,36	480,78	-	333,92	375,66	-	243,36	273,78	-	155,84	175,32	-	77,60	87,
	IV	13.459	-	1.076,72	1.211,31	-	1.007,28	1.133,19	-	939,36	1.056,78	-	873,04	982,17	-	808,24	909,27	-	745,04	838,17	-	683,36	768,
	V	19.530	236,45	1.562,40	1.757,70																		
	VI	20.062	299,76	1.604,96	1.805,58																		
58.751,99	I	13.473	-	1.077,84	1.212,57	-	940,48	1.058,04	-	809,28	910,44	-	684,32	769,86	-	565,52	636,21	-	452,80	509,40	-	346,40	389,
	II	11.837	-	946,96	1.065,33	-	815,52	917,46	-	690,24	776,52	-	571,04	642,42	-	458,16	515,43	-	351,36	395,28	-	250,72	282,
	III	7.808	-	624,64	702,72	-	524,96	590,58	-	428,16	481,68	-	334,56	376,38	-	244,00	274,50	-	156,64	176,22	-	78,24	88,
	IV	13.473	-	1.077,84	1.212,57	-	1.008,40	1.134,45	-	940,48	1.058,04	-	874,16	983,43	-	809,28	910,44	-	746,00	839,25	-	684,32	769,
	V	19.546	238,35	1.563,68	1.759,14																		
	VI	20.077	301,54	1.606,16	1.806,93																		
58.787,99	I	13.487	-	1.078,96	1.213,83	-	941,52	1.059,21	-	810,32	911,61	-	685,28	770,94	-	566,40	637,20	-	453,68	510,39	-	347,20	390,
	II	11.851	-	948,08	1.066,59	-	816,56	918,63	-	691,20	777,60	-	572,00	643,50	-	459,04	516,42	-	352,16	396,18	-	251,52	282,
	III	7.820	-	625,60	703,80	-	525,76	591,48	-	428,96	482,58	-	335,36	377,28	-	244,80	275,40	-	157,28	176,94	-	78,88	88,
	IV	13.487	-	1.078,96	1.213,83	-	1.009,52	1.135,71	-	941,52	1.059,21	-	875,20	984,60	-	810,32	911,61	-	747,04	840,42	-	685,28	770,
	V	19.561	240,14	1.564,88	1.760,49																		
	VI	20.092	303,33	1.607,36	1.808,28																		
58.823,99	I	13.501	-	1.080,08	1.215,09	-	942,64	1.060,47	-	811,36	912,78	-	686,24	772,02	-	567,36	638,28	-	454,64	511,47	-	348,00	391,
	II	11.864	-	949,12	1.067,76	-	817,60	919,80	-	692,16	778,68	-	572,96	644,58	-	459,92	517,41	-	353,04	397,17	-	252,32	283,
	III	7.830	-	626,40	704,70	-	526,56	592,38	-	429,76	483,48	-	336,00	378,00	-	245,44	276,12	-	157,92	177,66	-	79,36	89,
	IV	13.501	-	1.080,08	1.215,09	-	1.010,56	1.136,88	-	942,64	1.060,47	-	876,24	985,77	-	811,36	912,78	-	748,08	841,59	-	686,24	772,
	V	19.576	241,92	1.566,08	1.761,84																		
	VI	20.107	305,11	1.608,56	1.809,63																		
58.859,99	I	13.515	-	1.081,20	1.216,35	-	943,68	1.061,64	-	812,40	913,95	-	687,28	773,19	-	568,32	639,36	-	455,52	512,46	-	348,88	392,
	II	11.878	-	950,24	1.069,02	-	818,56	920,88	-	693,12	779,76	-	573,92	645,66	-	460,80	518,40	-	353,84	398,07	-	253,12	284,
	III	7.840	-	627,20	705,60	-	527,36	593,28	-	430,56	484,38	-	336,80	378,90	-	246,24	277,02	-	158,72	178,56	-	80,00	90,
	IV	13.515	-	1.081,20	1.216,35	-	1.011,68	1.138,14	-	943,68	1.061,64	-	877,28	986,94	-	812,40	913,95	-	749,04	842,67	-	687,28	773,
	V	19.591	243,71	1.567,28	1.763,19																		
	VI	20.123	307,02	1.609,84	1.811,07																		

SolZ/KiSt lt. Tabelle nicht für Sonstige Bezüge anwendbar.

Lohn/ Gehalt bis	Steuerklasse	Lohnsteuer	ohne Kinderfreibetrag			Anzahl Kinderfreibeträge (nur Steuerklassen I–IV)																	
						0,5			1,0			1,5			2,0			2,5			3,0		
			SolZ 5,5%	Kirchensteuer 8%	Kirchensteuer 9%	SolZ 5,5%	Kirchensteuer 8%	Kirchensteuer 9%	SolZ 5,5%	Kirchensteuer 8%	Kirchensteuer 9%	SolZ 5,5%	Kirchensteuer 8%	Kirchensteuer 9%	SolZ 5,5%	Kirchensteuer 8%	Kirchensteuer 9%	SolZ 5,5%	Kirchensteuer 8%	Kirchensteuer 9%	SolZ 5,5%	Kirchensteuer 8%	Kirchensteuer 9%
58.895,99	I	13.529	-	1.082,32	1.217,61	-	944,80	1.062,90	-	813,44	915,12	-	688,24	774,27	-	569,20	640,35	-	456,40	513,45	-	349,68	393,39
	II	11.891	-	951,28	1.070,19	-	819,60	922,05	-	694,16	780,93	-	574,80	646,65	-	461,68	519,39	-	354,72	399,06	-	253,92	285,66
	III	7.850	-	628,00	706,50	-	528,00	594,00	-	431,20	485,10	-	337,60	379,80	-	246,88	277,74	-	159,36	179,28	-	80,48	90,54
	IV	13.529	-	1.082,32	1.217,61	-	1.012,80	1.139,40	-	944,80	1.062,90	-	878,32	988,11	-	813,44	915,12	-	750,08	843,84	-	688,24	774,27
	V	19.606	245,49	1.568,48	1.764,54																		
	VI	20.138	308,80	1.611,04	1.812,42																		
58.931,99	I	13.543	-	1.083,44	1.218,87	-	945,92	1.064,16	-	814,48	916,29	-	689,20	775,35	-	570,16	641,43	-	457,28	514,44	-	350,56	394,38
	II	11.905	-	952,40	1.071,45	-	820,64	923,22	-	695,12	782,01	-	575,76	647,73	-	462,56	520,38	-	355,52	399,96	-	254,72	286,56
	III	7.860	-	628,80	707,40	-	528,80	594,90	-	432,00	486,00	-	338,24	380,52	-	247,68	278,64	-	160,00	180,00	-	81,12	91,26
	IV	13.543	-	1.083,44	1.218,87	-	1.013,92	1.140,66	-	945,92	1.064,16	-	879,44	989,37	-	814,48	916,29	-	751,04	844,92	-	689,20	775,35
	V	19.621	247,28	1.569,68	1.765,89																		
	VI	20.153	310,59	1.612,24	1.813,77																		
58.967,99	I	13.558	-	1.084,64	1.220,22	-	946,96	1.065,33	-	815,52	917,46	-	690,24	776,52	-	571,04	642,42	-	458,16	515,43	-	351,36	395,28
	II	11.918	-	953,44	1.072,62	-	821,68	924,39	-	696,08	783,09	-	576,72	648,81	-	463,44	521,37	-	356,40	400,95	-	255,44	287,37
	III	7.870	-	629,60	708,30	-	529,60	595,80	-	432,80	486,90	-	339,04	381,42	-	248,32	279,36	-	160,80	180,90	-	81,60	91,80
	IV	13.558	-	1.084,64	1.220,22	-	1.015,04	1.141,92	-	946,96	1.065,33	-	880,48	990,54	-	815,52	917,46	-	752,08	846,09	-	690,24	776,52
	V	19.636	249,06	1.570,88	1.767,24																		
	VI	20.168	312,37	1.613,44	1.815,12																		
59.003,99	I	13.572	-	1.085,76	1.221,48	-	948,08	1.066,59	-	816,56	918,63	-	691,20	777,60	-	572,00	643,50	-	459,04	516,42	-	352,16	396,18
	II	11.932	-	954,56	1.073,88	-	822,72	925,56	-	697,12	784,26	-	577,60	649,80	-	464,32	522,36	-	357,20	401,85	-	256,24	288,27
	III	7.880	-	630,40	709,20	-	530,40	596,70	-	433,60	487,80	-	339,84	382,32	-	249,12	280,26	-	161,44	181,62	-	82,24	92,52
	IV	13.572	-	1.085,76	1.221,48	-	1.016,16	1.143,18	-	948,08	1.066,59	-	881,52	991,71	-	816,56	918,63	-	753,12	847,26	-	691,20	777,60
	V	19.651	250,85	1.572,08	1.768,59																		
	VI	20.183	314,16	1.614,64	1.816,47																		
59.039,99	I	13.586	-	1.086,88	1.222,74	-	949,12	1.067,76	-	817,60	919,80	-	692,16	778,68	-	572,96	644,58	-	459,92	517,41	-	353,04	397,17
	II	11.945	-	955,60	1.075,05	-	823,76	926,73	-	698,08	785,34	-	578,56	650,88	-	465,20	523,35	-	358,08	402,84	-	257,04	289,17
	III	7.890	-	631,20	710,10	-	531,20	597,60	-	434,40	488,70	-	340,48	383,04	-	249,76	280,98	-	162,08	182,34	-	82,88	93,24
	IV	13.586	-	1.086,88	1.222,74	-	1.017,20	1.144,35	-	949,12	1.067,76	-	882,56	992,88	-	817,60	919,80	-	754,08	848,34	-	692,16	778,68
	V	19.666	252,63	1.573,28	1.769,94																		
	VI	20.198	315,94	1.615,84	1.817,82																		
59.075,99	I	13.600	-	1.088,00	1.224,00	-	950,24	1.069,02	-	818,56	920,88	-	693,12	779,76	-	573,92	645,66	-	460,80	518,40	-	353,84	398,07
	II	11.959	-	956,72	1.076,31	-	824,80	927,90	-	699,04	786,42	-	579,52	651,96	-	466,08	524,34	-	358,88	403,74	-	257,84	290,07
	III	7.900	-	632,00	711,00	-	532,00	598,50	-	435,04	489,42	-	341,28	383,94	-	250,56	281,88	-	162,88	183,24	-	83,36	93,78
	IV	13.600	-	1.088,00	1.224,00	-	1.018,32	1.145,61	-	950,24	1.069,02	-	883,60	994,05	-	818,56	920,88	-	755,12	849,51	-	693,12	779,76
	V	19.682	254,54	1.574,56	1.771,38																		
	VI	20.213	317,73	1.617,04	1.819,17																		
59.111,99	I	13.614	-	1.089,12	1.225,26	-	951,28	1.070,19	-	819,60	922,05	-	694,16	780,93	-	574,80	646,65	-	461,68	519,39	-	354,72	399,06
	II	11.973	-	957,84	1.077,57	-	825,84	929,07	-	700,08	787,59	-	580,40	652,95	-	466,96	525,33	-	359,68	404,64	-	258,64	290,97
	III	7.910	-	632,80	711,90	-	532,80	599,40	-	435,84	490,32	-	341,92	384,66	-	251,20	282,60	-	163,52	183,96	-	84,00	94,50
	IV	13.614	-	1.089,12	1.225,26	-	1.019,44	1.146,87	-	951,28	1.070,19	-	884,72	995,31	-	819,60	922,05	-	756,08	850,59	-	694,16	780,93
	V	19.697	256,32	1.575,76	1.772,73																		
	VI	20.228	319,51	1.618,24	1.820,52																		
59.147,99	I	13.628	-	1.090,24	1.226,52	-	952,40	1.071,45	-	820,64	923,22	-	695,12	782,01	-	575,76	647,73	-	462,56	520,38	-	355,52	399,96
	II	11.986	-	958,88	1.078,74	-	826,88	930,24	-	701,04	788,67	-	581,36	654,03	-	467,84	526,32	-	360,56	405,63	-	259,44	291,87
	III	7.922	-	633,76	712,98	-	533,60	600,30	-	436,64	491,22	-	342,72	385,56	-	252,00	283,50	-	164,16	184,68	-	84,48	95,04
	IV	13.628	-	1.090,24	1.226,52	-	1.020,56	1.148,13	-	952,40	1.071,45	-	885,76	996,48	-	820,64	923,22	-	757,12	851,76	-	695,12	782,01
	V	19.712	258,11	1.576,96	1.774,08																		
	VI	20.244	321,41	1.619,52	1.821,96																		
59.183,99	I	13.643	-	1.091,44	1.227,87	-	953,44	1.072,62	-	821,68	924,39	-	696,08	783,09	-	576,72	648,81	-	463,44	521,37	-	356,40	400,95
	II	12.000	-	960,00	1.080,00	-	827,92	931,41	-	702,00	789,75	-	582,32	655,11	-	468,80	527,40	-	361,36	406,53	-	260,16	292,68
	III	7.932	-	634,56	713,88	-	534,40	601,20	-	437,44	492,12	-	343,52	386,46	-	252,64	284,22	-	164,96	185,58	-	85,12	95,76
	IV	13.643	-	1.091,44	1.227,87	-	1.021,68	1.149,39	-	953,44	1.072,62	-	886,80	997,65	-	821,68	924,39	-	758,16	852,93	-	696,08	783,09
	V	19.727	259,89	1.578,16	1.775,43																		
	VI	20.259	323,20	1.620,72	1.823,31																		
59.219,99	I	13.657	-	1.092,56	1.229,13	-	954,56	1.073,88	-	822,72	925,56	-	697,12	784,26	-	577,60	649,80	-	464,32	522,36	-	357,20	401,85
	II	12.013	-	961,04	1.081,17	-	828,96	932,58	-	703,04	790,92	-	583,28	656,19	-	469,68	528,39	-	362,24	407,52	-	260,96	293,58
	III	7.942	-	635,36	714,78	-	535,20	602,10	-	438,24	493,02	-	344,16	387,18	-	253,44	285,12	-	165,60	186,30	-	85,76	96,48
	IV	13.657	-	1.092,56	1.229,13	-	1.022,80	1.150,65	-	954,56	1.073,88	-	887,84	998,82	-	822,72	925,56	-	759,12	854,01	-	697,12	784,26
	V	19.742	261,68	1.579,36	1.776,78																		
	VI	20.274	324,98	1.621,92	1.824,66																		
59.255,99	I	13.671	-	1.093,68	1.230,39	-	955,60	1.075,05	-	823,76	926,73	-	698,08	785,34	-	578,56	650,88	-	465,20	523,35	-	358,08	402,84
	II	12.027	-	962,16	1.082,43	-	830,00	933,75	-	704,00	792,00	-	584,16	657,18	-	470,56	529,38	-	363,04	408,42	-	261,76	294,48
	III	7.952	-	636,16	715,68	-	536,00	603,00	-	438,88	493,74	-	344,96	388,08	-	254,08	285,84	-	166,24	187,02	-	86,24	97,02
	IV	13.671	-	1.093,68	1.230,39	-	1.023,92	1.151,91	-	955,60	1.075,05	-	888,96	1.000,08	-	823,76	926,73	-	760,16	855,18	-	698,08	785,34
	V	19.757	263,46	1.580,56	1.778,13																		
	VI	20.289	326,77	1.623,12	1.826,01																		
59.291,99	I	13.685	-	1.094,80	1.231,65	-	956,72	1.076,31	-	824,80	927,90	-	699,04	786,42	-	579,52	651,96	-	466,08	524,34	-	358,88	403,74
	II	12.041	-	963,28	1.083,69	-	831,04	934,92	-	704,96	793,08	-	585,12	658,26	-	471,44	530,37	-	363,92	409,41	-	262,56	295,38
	III	7.962	-	636,96	716,58	-	536,80	603,90	-	439,68	494,64	-	345,76	388,98	-	254,88	286,74	-	167,04	187,92	-	86,88	97,74
	IV	13.685	-	1.094,80	1.231,65	-	1.024,96	1.153,08	-	956,72	1.076,31	-	890,00	1.001,25	-	824,80	927,90	-	761,20	856,35	-	699,04	786,42
	V	19.772	265,25	1.581,76	1.779,48																		
	VI	20.304	328,55	1.624,32	1.827,36																		
59.327,99	I	13.699	-	1.095,92	1.232,91	-	957,84	1.077,57	-	825,84	929,07	-	700,08	787,59	-	580,40	652,95	-	466,96	525,33	-	359,68	404,64
	II	12.054	-	964,32	1.084,86	-	832,08	936,09	-	706,00	794,25	-	586,08	659,34	-	472,32	531,36	-	364,72	410,31	-	263,36	296,28
	III	7.972	-	637,76	717,48	-	537,60	604,80	-	440,48	495,54	-	346,40	389,70	-	255,52	287,46	-	167,68	188,64	-	87,52	98,46
	IV	13.699	-	1.095,92	1.232,91	-	1.026,08	1.154,34	-	957,84	1.077,57	-	891,04	1.002,42	-	825,84	929,07	-	762,16	857,43	-	700,08	787,59
	V	19.787	267,03	1.582,96	1.780,83																		
	VI	20.319	330,34	1.625,52	1.828,71																		
59.363,99	I	13.714	-	1.097,12	1.234,26	-	958,88	1.078,74	-	826,88	930,24	-	701,04	788,67	-	581,36	654,03	-	467,84	526,32	-	360,56	405,63
	II	12.068	-	965,44	1.086,12	-	833,12	937,26	-	706,96	795,33	-	587,04	660,42	-	473,20	532,35	-	365,60	411,30	-	264,16	297,18
	III	7.982	-	638,56	718,38	-	538,40	605,70	-	441,28	496,44	-	347,20	390,60	-	256,32	288,36	-	168,32	189,36	-	88,00	99,00
	IV	13.714	-	1.097,12	1.234,26	-	1.027,20	1.155,60	-	958,88	1.078,74	-	892,08	1.003,59	-	826,88	930,24	-	763,20	858,60	-	701,04	788,67
	V	19.803	268,94	1.584,24	1.782,27																		
	VI	20.334	332,12	1.626,72	1.830,06																		
59.399,99	I	13.728	-	1.098,24	1.235,52	-	960,00	1.080,00	-	827,92	931,41	-	702,00	789,75	-	582,32	655,11	-	468,80	527,40	-	361,36	406,53
	II	12.081	-	966,48	1.087,29	-	834,16	938,43	-	707,92	796,41	-	587,92	661,41	-	474,08	533,34	-	366,40	412,20	-	264,96	298,08
	III	7.992	-	639,36	719,28	-	539,20	606,60	-	442,08	497,34	-	348,00	391,50	-	256,96	289,08	-	169,12	190,26	-	88,64	99,72
	IV	13.728	-	1.098,24	1.235,52	-	1.028,32	1.156,86	-	960,00	1.080,00	-	893,20	1.004,85	-	827,92	931,41	-	764,16	859,68	-	702,00	789,75
	V	19.818	270,72	1.585,44	1.783,62																		
	VI	20.349	333,91	1.627,92	1.831,41																		

SolZ/KiSt lt. Tabelle nicht für Sonstige Bezüge anwendbar.

JAHR bis 59.939,99 €

Besondere Tabelle

Lohn/ Gehalt bis	Steuerklasse	Lohn-steuer	ohne Kinderfreibetrag SolZ 5,5%	Kirchensteuer 8%	Kirchensteuer 9%	0,5 SolZ 5,5%	0,5 Kirchensteuer 8%	0,5 Kirchensteuer 9%	1,0 SolZ 5,5%	1,0 Kirchensteuer 8%	1,0 Kirchensteuer 9%	1,5 SolZ 5,5%	1,5 Kirchensteuer 8%	1,5 Kirchensteuer 9%	2,0 SolZ 5,5%	2,0 Kirchensteuer 8%	2,0 Kirchensteuer 9%	2,5 SolZ 5,5%	2,5 Kirchensteuer 8%	2,5 Kirchensteuer 9%	3,0 SolZ 5,5%	3,0 Kirchensteuer 8%	3,0 Kirchensteuer 9%
						Anzahl Kinderfreibeträge (nur Steuerklassen I–IV)																	
59.435,99	I	13.742	-	1.099,36	1.236,78	-	961,04	1.081,17	-	828,96	932,58	-	703,04	790,92	-	583,28	656,19	-	469,68	528,39	-	362,24	407,5
	II	12.095	-	967,60	1.088,55	-	835,20	939,60	-	708,96	797,58	-	588,88	662,49	-	474,96	534,33	-	367,28	413,19	-	265,76	298,9
	III	8.002	-	640,16	720,18	-	540,00	607,50	-	442,72	498,06	-	348,64	392,22	-	257,76	289,98	-	169,76	190,98	-	89,28	100,4
	IV	13.742	-	1.099,36	1.236,78	-	1.029,44	1.158,12	-	961,04	1.081,17	-	894,24	1.006,02	-	828,96	932,58	-	765,20	860,85	-	703,04	790,9
	V	19.833	*272,51*	1.586,64	1.784,97																		
	VI	20.365	*335,81*	1.629,20	1.832,85																		
59.471,99	I	13.756	-	1.100,48	1.238,04	-	962,16	1.082,43	-	830,00	933,75	-	704,00	792,00	-	584,16	657,18	-	470,56	529,38	-	363,04	408,4
	II	12.109	-	968,72	1.089,81	-	836,24	940,77	-	709,92	798,66	-	589,84	663,57	-	475,92	535,41	-	368,08	414,09	-	266,56	299,8
	III	8.014	-	641,12	721,26	-	540,80	608,40	-	443,52	498,96	-	349,44	393,12	-	258,40	290,70	-	170,40	191,70	-	89,76	100,9
	IV	13.756	-	1.100,48	1.238,04	-	1.030,56	1.159,38	-	962,16	1.082,43	-	895,28	1.007,19	-	830,00	933,75	-	766,24	862,02	-	704,00	792,0
	V	19.848	*274,29*	1.587,84	1.786,32																		
	VI	20.380	*337,60*	1.630,40	1.834,20																		
59.507,99	I	13.770	-	1.101,60	1.239,30	-	963,28	1.083,69	-	831,04	934,92	-	704,96	793,08	-	585,12	658,26	-	471,44	530,37	-	363,92	409,4
	II	12.122	-	969,76	1.090,98	-	837,28	941,94	-	710,96	799,83	-	590,80	664,65	-	476,80	536,40	-	368,96	415,08	-	267,28	300,6
	III	8.024	-	641,92	722,16	-	541,60	609,30	-	444,32	499,86	-	350,24	394,02	-	259,20	291,60	-	171,20	192,60	-	90,40	101,7
	IV	13.770	-	1.101,60	1.239,30	-	1.031,68	1.160,64	-	963,28	1.083,69	-	896,40	1.008,45	-	831,04	934,92	-	767,20	863,10	-	704,96	793,0
	V	19.863	*276,08*	1.589,04	1.787,67																		
	VI	20.395	*339,38*	1.631,60	1.835,55																		
59.543,99	I	13.785	-	1.102,80	1.240,65	-	964,32	1.084,86	-	832,08	936,09	-	706,00	794,25	-	586,08	659,34	-	472,32	531,36	-	364,72	410,3
	II	12.136	-	970,88	1.092,24	-	838,32	943,11	-	711,92	800,91	-	591,68	665,64	-	477,68	537,39	-	369,84	416,07	-	268,08	301,5
	III	8.034	-	642,72	723,06	-	542,40	610,20	-	445,12	500,76	-	350,88	394,74	-	259,84	292,32	-	171,84	193,32	-	91,04	102,4
	IV	13.785	-	1.102,80	1.240,65	-	1.032,80	1.161,90	-	964,32	1.084,86	-	897,44	1.009,62	-	832,08	936,09	-	768,24	864,27	-	706,00	794,2
	V	19.878	*277,86*	1.590,24	1.789,02																		
	VI	20.410	*341,17*	1.632,80	1.836,90																		
59.579,99	I	13.799	-	1.103,92	1.241,91	-	965,44	1.086,12	-	833,12	937,26	-	706,96	795,33	-	587,04	660,42	-	473,20	532,35	-	365,60	411,3
	II	12.150	-	972,00	1.093,50	-	839,36	944,28	-	712,88	801,99	-	592,64	666,72	-	478,56	538,38	-	370,64	416,97	-	268,88	302,4
	III	8.044	-	643,52	723,96	-	543,20	611,10	-	445,92	501,66	-	351,68	395,64	-	260,64	293,22	-	172,48	194,04	-	91,52	102,9
	IV	13.799	-	1.103,92	1.241,91	-	1.033,92	1.163,16	-	965,44	1.086,12	-	898,48	1.010,79	-	833,12	937,26	-	769,28	865,44	-	706,96	795,3
	V	19.893	*279,65*	1.591,44	1.790,37																		
	VI	20.425	*342,95*	1.634,00	1.838,25																		
59.615,99	I	13.813	-	1.105,04	1.243,17	-	966,48	1.087,29	-	834,16	938,43	-	707,92	796,41	-	587,92	661,41	-	474,08	533,34	-	366,40	412,2
	II	12.163	-	973,04	1.094,67	-	840,40	945,45	-	713,92	803,16	-	593,60	667,80	-	479,44	539,37	-	371,52	417,96	-	269,68	303,3
	III	8.054	-	644,32	724,86	-	544,00	612,00	-	446,56	502,38	-	352,48	396,54	-	261,28	293,94	-	173,28	194,94	-	92,16	103,6
	IV	13.813	-	1.105,04	1.243,17	-	1.035,04	1.164,42	-	966,48	1.087,29	-	899,52	1.011,96	-	834,16	938,43	-	770,32	866,61	-	707,92	796,4
	V	19.908	*281,43*	1.592,64	1.791,72																		
	VI	20.440	*344,74*	1.635,20	1.839,60																		
59.651,99	I	13.827	-	1.106,16	1.244,43	-	967,60	1.088,55	-	835,20	939,60	-	708,96	797,58	-	588,88	662,49	-	474,96	534,33	-	367,28	413,1
	II	12.177	-	974,16	1.095,93	-	841,44	946,62	-	714,88	804,24	-	594,56	668,88	-	480,32	540,36	-	372,32	418,86	-	270,48	304,2
	III	8.064	-	645,12	725,76	-	544,80	612,90	-	447,36	503,28	-	353,12	397,26	-	262,08	294,84	-	173,92	195,66	-	92,80	104,4
	IV	13.827	-	1.106,16	1.244,43	-	1.036,08	1.165,59	-	967,60	1.088,55	-	900,64	1.013,22	-	835,20	939,60	-	771,28	867,69	-	708,96	797,5
	V	19.924	*283,33*	1.593,92	1.793,16																		
	VI	20.455	*346,52*	1.636,40	1.840,95																		
59.687,99	I	13.842	-	1.107,36	1.245,78	-	968,72	1.089,81	-	836,24	940,77	-	709,92	798,66	-	589,84	663,57	-	475,92	535,41	-	368,08	414,0
	II	12.190	-	975,20	1.097,10	-	842,48	947,79	-	715,92	805,41	-	595,44	669,87	-	481,28	541,44	-	373,20	419,85	-	271,28	305,1
	III	8.074	-	645,92	726,66	-	545,60	613,80	-	448,16	504,18	-	353,92	398,16	-	262,72	295,56	-	174,56	196,38	-	93,28	104,9
	IV	13.842	-	1.107,36	1.245,78	-	1.037,20	1.166,85	-	968,72	1.089,81	-	901,68	1.014,39	-	836,24	940,77	-	772,32	868,86	-	709,92	798,6
	V	19.939	*285,12*	1.595,12	1.794,51																		
	VI	20.470	*348,31*	1.637,60	1.842,30																		
59.723,99	I	13.856	-	1.108,48	1.247,04	-	969,76	1.090,98	-	837,28	941,94	-	710,96	799,83	-	590,80	664,65	-	476,80	536,40	-	368,96	415,0
	II	12.204	-	976,32	1.098,36	-	843,52	948,96	-	716,88	806,49	-	596,40	670,95	-	482,16	542,43	-	374,00	420,75	-	272,08	306,0
	III	8.084	-	646,72	727,56	-	546,40	614,70	-	448,96	505,08	-	354,72	399,06	-	263,52	296,46	-	175,36	197,28	-	93,92	105,6
	IV	13.856	-	1.108,48	1.247,04	-	1.038,32	1.168,11	-	969,76	1.090,98	-	902,72	1.015,56	-	837,28	941,94	-	773,36	870,03	-	710,96	799,8
	V	19.954	*286,90*	1.596,32	1.795,86																		
	VI	20.485	*350,09*	1.638,80	1.843,65																		
59.759,99	I	13.870	-	1.109,60	1.248,30	-	970,88	1.092,24	-	838,32	943,11	-	711,92	800,91	-	591,68	665,64	-	477,68	537,39	-	369,84	416,0
	II	12.218	-	977,44	1.099,62	-	844,56	950,13	-	717,84	807,57	-	597,36	672,03	-	483,04	543,42	-	374,88	421,74	-	272,88	306,9
	III	8.096	-	647,68	728,64	-	547,04	615,42	-	449,76	505,98	-	355,36	399,78	-	264,16	297,18	-	176,00	198,00	-	94,56	106,3
	IV	13.870	-	1.109,60	1.248,30	-	1.039,44	1.169,37	-	970,88	1.092,24	-	903,84	1.016,82	-	838,32	943,11	-	774,32	871,11	-	711,92	800,9
	V	19.969	*288,69*	1.597,52	1.797,21																		
	VI	20.501	*352,00*	1.640,08	1.845,09																		
59.795,99	I	13.884	-	1.110,72	1.249,56	-	972,00	1.093,50	-	839,36	944,28	-	712,88	801,99	-	592,64	666,72	-	478,56	538,38	-	370,64	416,9
	II	12.231	-	978,48	1.100,79	-	845,60	951,30	-	718,88	808,74	-	598,32	673,11	-	483,92	544,41	-	375,68	422,64	-	273,68	307,8
	III	8.106	-	648,48	729,54	-	547,84	616,32	-	450,56	506,88	-	356,16	400,68	-	264,96	298,08	-	176,64	198,72	-	95,04	106,9
	IV	13.884	-	1.110,72	1.249,56	-	1.040,56	1.170,63	-	972,00	1.093,50	-	904,88	1.017,99	-	839,36	944,28	-	775,36	872,28	-	712,88	801,9
	V	19.984	*290,47*	1.598,72	1.798,56																		
	VI	20.516	*353,78*	1.641,28	1.846,44																		
59.831,99	I	13.899	-	1.111,92	1.250,91	-	973,04	1.094,67	-	840,40	945,45	-	713,92	803,16	-	593,60	667,80	-	479,44	539,37	-	371,52	417,9
	II	12.245	-	979,60	1.102,05	-	846,64	952,47	-	719,84	809,82	-	599,28	674,19	-	484,80	545,40	-	376,56	423,63	-	274,48	308,7
	III	8.116	-	649,28	730,44	-	548,64	617,22	-	451,20	507,60	-	356,96	401,58	-	265,60	298,80	-	177,44	199,62	-	95,68	107,6
	IV	13.899	-	1.111,92	1.250,91	-	1.041,68	1.171,89	-	973,04	1.094,67	-	905,92	1.019,16	-	840,40	945,45	-	776,40	873,45	-	713,92	803,1
	V	19.999	*292,26*	1.599,92	1.799,91																		
	VI	20.531	*355,57*	1.642,48	1.847,79																		
59.867,99	I	13.913	-	1.113,04	1.252,17	-	974,16	1.095,93	-	841,44	946,62	-	714,88	804,24	-	594,56	668,88	-	480,32	540,36	-	372,32	418,8
	II	12.259	-	980,72	1.103,31	-	847,68	953,64	-	720,88	810,99	-	600,24	675,27	-	485,68	546,39	-	377,44	424,62	-	275,28	309,6
	III	8.126	-	650,08	731,34	-	549,44	618,12	-	452,00	508,50	-	357,60	402,30	-	266,40	299,70	-	178,08	200,34	-	96,32	108,3
	IV	13.913	-	1.113,04	1.252,17	-	1.042,80	1.173,15	-	974,16	1.095,93	-	907,04	1.020,42	-	841,44	946,62	-	777,36	874,53	-	714,88	804,2
	V	20.014	*294,04*	1.601,12	1.801,26																		
	VI	20.546	*357,35*	1.643,68	1.849,14																		
59.903,99	I	13.927	-	1.114,16	1.253,43	-	975,20	1.097,10	-	842,48	947,79	-	715,92	805,41	-	595,44	669,87	-	481,28	541,44	-	373,20	419,8
	II	12.272	-	981,76	1.104,48	-	848,72	954,81	-	721,84	812,07	-	601,12	676,26	-	486,64	547,47	-	378,24	425,52	-	276,08	310,5
	III	8.136	-	650,88	732,24	-	550,24	619,02	-	452,80	509,40	-	358,40	403,20	-	267,04	300,42	-	178,88	201,24	-	96,96	109,0
	IV	13.927	-	1.114,16	1.253,43	-	1.043,92	1.174,41	-	975,20	1.097,10	-	908,08	1.021,59	-	842,48	947,79	-	778,40	875,70	-	715,92	805,4
	V	20.029	*295,83*	1.602,32	1.802,61																		
	VI	20.561	*359,14*	1.644,88	1.850,49																		
59.939,99	I	13.941	-	1.115,28	1.254,69	-	976,32	1.098,36	-	843,52	948,96	-	716,88	806,49	-	596,40	670,95	-	482,16	542,43	-	374,00	420,7
	II	12.286	-	982,88	1.105,74	-	849,76	955,98	-	722,88	813,24	-	602,08	677,34	-	487,52	548,46	-	379,12	426,51	-	276,88	311,4
	III	8.146	-	651,68	733,14	-	551,04	619,92	-	453,60	510,30	-	359,20	404,10	-	267,84	301,32	-	179,52	201,96	-	97,44	109,6
	IV	13.941	-	1.115,28	1.254,69	-	1.045,04	1.175,67	-	976,32	1.098,36	-	909,12	1.022,76	-	843,52	948,96	-	779,44	876,87	-	716,88	806,4
	V	20.044	*297,61*	1.603,52	1.803,96																		
	VI	20.576	*360,92*	1.646,08	1.851,84																		

SolZ/KiSt lt. Tabelle nicht für Sonstige Bezüge anwendbar.

Besondere Tabelle

JAHR bis 60.479,99 €

Lohn/ Gehalt bis	Steuerklasse	Lohnsteuer	ohne Kinderfreibetrag SolZ 5,5%	ohne Kinderfreibetrag Kirchensteuer 8%	ohne Kinderfreibetrag Kirchensteuer 9%	0,5 SolZ 5,5%	0,5 Kirchensteuer 8%	0,5 Kirchensteuer 9%	1,0 SolZ 5,5%	1,0 Kirchensteuer 8%	1,0 Kirchensteuer 9%	1,5 SolZ 5,5%	1,5 Kirchensteuer 8%	1,5 Kirchensteuer 9%	2,0 SolZ 5,5%	2,0 Kirchensteuer 8%	2,0 Kirchensteuer 9%	2,5 SolZ 5,5%	2,5 Kirchensteuer 8%	2,5 Kirchensteuer 9%	3,0 SolZ 5,5%	3,0 Kirchensteuer 8%	3,0 Kirchensteuer 9%
						Anzahl Kinderfreibeträge (nur Steuerklassen I–IV)																	
59.975,99	I	13.956	-	1.116,48	1.256,04	-	977,44	1.099,62	-	844,56	950,13	-	717,84	807,57	-	597,36	672,03	-	483,04	543,42	-	374,88	421,74
	II	12.300	-	984,00	1.107,00	-	850,80	957,15	-	723,84	814,32	-	603,04	678,42	-	488,40	549,45	-	379,92	427,41	-	277,68	312,39
	III	8.156	-	652,48	734,04	-	551,84	620,82	-	454,40	511,20	-	359,84	404,82	-	268,48	302,04	-	180,16	202,68	-	98,08	110,34
	IV	13.956	-	1.116,48	1.256,04	-	1.046,16	1.176,93	-	977,44	1.099,62	-	910,24	1.024,02	-	844,56	950,13	-	780,48	878,04	-	717,84	807,57
	V	20.060	*299,52*	1.604,80	1.805,40																		
	VI	20.591	*362,71*	1.647,28	1.853,19																		
60.011,99	I	13.970	-	1.117,60	1.257,30	-	978,48	1.100,79	-	845,60	951,30	-	718,88	808,74	-	598,32	673,11	-	483,92	544,41	-	375,68	422,64
	II	12.314	-	985,12	1.108,26	-	851,92	958,41	-	724,88	815,49	-	604,00	679,50	-	489,28	550,44	-	380,80	428,40	-	278,48	313,29
	III	8.166	-	653,28	734,94	-	552,64	621,72	-	455,04	511,92	-	360,64	405,72	-	269,28	302,94	-	180,96	203,58	-	98,72	111,06
	IV	13.970	-	1.117,60	1.257,30	-	1.047,28	1.178,19	-	978,48	1.100,79	-	911,28	1.025,19	-	845,60	951,30	-	781,44	879,12	-	718,88	808,74
	V	20.075	*301,30*	1.606,00	1.806,75																		
	VI	20.606	*364,49*	1.648,48	1.854,54																		
60.047,99	I	13.984	-	1.118,72	1.258,56	-	979,60	1.102,05	-	846,64	952,47	-	719,84	809,82	-	599,28	674,19	-	484,80	545,40	-	376,56	423,63
	II	12.327	-	986,16	1.109,43	-	852,96	959,58	-	725,84	816,57	-	604,96	680,58	-	490,16	551,43	-	381,60	429,30	-	279,28	314,19
	III	8.178	-	654,24	736,02	-	553,44	622,62	-	455,84	512,82	-	361,44	406,62	-	269,92	303,66	-	181,60	204,30	-	99,36	111,78
	IV	13.984	-	1.118,72	1.258,56	-	1.048,40	1.179,45	-	979,60	1.102,05	-	912,32	1.026,36	-	846,64	952,47	-	782,48	880,29	-	719,84	809,82
	V	20.090	*303,09*	1.607,20	1.808,10																		
	VI	20.622	*366,40*	1.649,76	1.855,98																		
60.083,99	I	13.999	-	1.119,92	1.259,91	-	980,72	1.103,31	-	847,68	953,64	-	720,88	810,99	-	600,24	675,27	-	485,68	546,39	-	377,44	424,62
	II	12.341	-	987,28	1.110,69	-	854,00	960,75	-	726,88	817,74	-	605,92	681,66	-	491,12	552,51	-	382,48	430,29	-	280,08	315,09
	III	8.188	-	655,04	736,92	-	554,24	623,52	-	456,64	513,72	-	362,08	407,34	-	270,72	304,56	-	182,24	205,02	-	100,00	112,50
	IV	13.999	-	1.119,92	1.259,91	-	1.049,52	1.180,71	-	980,72	1.103,31	-	913,44	1.027,62	-	847,68	953,64	-	783,52	881,46	-	720,88	810,99
	V	20.105	*304,87*	1.608,40	1.809,45																		
	VI	20.637	*368,18*	1.650,96	1.857,33																		
60.119,99	I	14.013	-	1.121,04	1.261,17	-	981,76	1.104,48	-	848,72	954,81	-	721,84	812,07	-	601,12	676,26	-	486,64	547,47	-	378,24	425,52
	II	12.355	-	988,40	1.111,95	-	855,04	961,92	-	727,84	818,82	-	606,80	682,65	-	492,00	553,50	-	383,36	431,28	-	280,88	315,99
	III	8.198	-	655,84	737,82	-	555,04	624,42	-	457,44	514,62	-	362,88	408,24	-	271,36	305,28	-	183,04	205,92	-	100,48	113,04
	IV	14.013	-	1.121,04	1.261,17	-	1.050,64	1.181,97	-	981,76	1.104,48	-	914,48	1.028,79	-	848,72	954,81	-	784,56	882,63	-	721,84	812,07
	V	20.120	*306,66*	1.609,60	1.810,80																		
	VI	20.652	*369,97*	1.652,16	1.858,68																		
60.155,99	I	14.027	-	1.122,16	1.262,43	-	982,88	1.105,74	-	849,76	955,98	-	722,88	813,24	-	602,08	677,34	-	487,52	548,46	-	379,12	426,51
	II	12.368	-	989,44	1.113,12	-	856,08	963,09	-	728,80	819,90	-	607,76	683,73	-	492,88	554,49	-	384,16	432,18	-	281,68	316,89
	III	8.208	-	656,64	738,72	-	555,84	625,32	-	458,24	515,52	-	363,68	409,14	-	272,16	306,18	-	183,68	206,64	-	101,12	113,76
	IV	14.027	-	1.122,16	1.262,43	-	1.051,76	1.183,23	-	982,88	1.105,74	-	915,60	1.030,05	-	849,76	955,98	-	785,52	883,71	-	722,88	813,24
	V	20.135	*308,44*	1.610,80	1.812,15																		
	VI	20.667	*371,75*	1.653,36	1.860,03																		
60.191,99	I	14.042	-	1.123,36	1.263,78	-	984,00	1.107,00	-	850,80	957,15	-	723,84	814,32	-	603,04	678,42	-	488,40	549,45	-	379,92	427,41
	II	12.382	-	990,56	1.114,38	-	857,12	964,26	-	729,84	821,07	-	608,72	684,81	-	493,76	555,48	-	385,04	433,17	-	282,48	317,79
	III	8.218	-	657,44	739,62	-	556,64	626,22	-	459,04	516,42	-	364,32	409,86	-	272,80	306,90	-	184,32	207,36	-	101,76	114,48
	IV	14.042	-	1.123,36	1.263,78	-	1.052,88	1.184,49	-	984,00	1.107,00	-	916,64	1.031,22	-	850,80	957,15	-	786,56	884,88	-	723,84	814,32
	V	20.150	*310,23*	1.612,00	1.813,50																		
	VI	20.682	*373,54*	1.654,56	1.861,38																		
60.227,99	I	14.056	-	1.124,48	1.265,04	-	985,12	1.108,26	-	851,92	958,41	-	724,88	815,49	-	604,00	679,50	-	489,28	550,44	-	380,80	428,40
	II	12.396	-	991,68	1.115,64	-	858,16	965,43	-	730,80	822,15	-	609,68	685,89	-	494,72	556,56	-	385,92	434,16	-	283,28	318,69
	III	8.228	-	658,24	740,52	-	557,44	627,12	-	459,68	517,14	-	365,12	410,76	-	273,60	307,80	-	185,12	208,26	-	102,40	115,20
	IV	14.056	-	1.124,48	1.265,04	-	1.054,00	1.185,75	-	985,12	1.108,26	-	917,68	1.032,39	-	851,92	958,41	-	787,60	886,05	-	724,88	815,49
	V	20.165	*312,01*	1.613,20	1.814,85																		
	VI	20.697	*375,32*	1.655,76	1.862,73																		
60.263,99	I	14.070	-	1.125,60	1.266,30	-	986,16	1.109,43	-	852,96	959,58	-	725,84	816,57	-	604,96	680,58	-	490,16	551,43	-	381,60	429,30
	II	12.410	-	992,80	1.116,90	-	859,20	966,60	-	731,84	823,32	-	610,64	686,97	-	495,60	557,55	-	386,72	435,06	-	284,08	319,59
	III	8.238	-	659,04	741,42	-	558,24	628,02	-	460,48	518,04	-	365,92	411,66	-	274,24	308,52	-	185,76	208,98	-	102,88	115,74
	IV	14.070	-	1.125,60	1.266,30	-	1.055,12	1.187,01	-	986,16	1.109,43	-	918,80	1.033,65	-	852,96	959,58	-	788,64	887,22	-	725,84	816,57
	V	20.181	*313,92*	1.614,48	1.816,29																		
	VI	20.712	*377,11*	1.656,96	1.864,08																		
60.299,99	I	14.084	-	1.126,72	1.267,56	-	987,28	1.110,69	-	854,00	960,75	-	726,88	817,74	-	605,92	681,66	-	491,12	552,51	-	382,48	430,29
	II	12.423	-	993,84	1.118,07	-	860,24	967,77	-	732,80	824,40	-	611,60	688,05	-	496,48	558,54	-	387,60	436,05	-	284,88	320,49
	III	8.250	-	660,00	742,50	-	559,04	628,92	-	461,28	518,94	-	366,56	412,38	-	275,04	309,42	-	186,56	209,88	-	103,52	116,46
	IV	14.084	-	1.126,72	1.267,56	-	1.056,24	1.188,27	-	987,28	1.110,69	-	919,84	1.034,82	-	854,00	960,75	-	789,60	888,30	-	726,88	817,74
	V	20.196	*315,70*	1.615,68	1.817,64																		
	VI	20.727	*378,89*	1.658,16	1.865,43																		
60.335,99	I	14.099	-	1.127,92	1.268,91	-	988,40	1.111,95	-	855,04	961,92	-	727,84	818,82	-	606,80	682,65	-	492,00	553,50	-	383,36	431,28
	II	12.437	-	994,96	1.119,33	-	861,28	968,94	-	733,84	825,57	-	612,56	689,13	-	497,36	559,53	-	388,40	436,95	-	285,68	321,39
	III	8.260	-	660,80	743,40	-	559,84	629,82	-	462,08	519,84	-	367,36	413,28	-	275,68	310,14	-	187,20	210,60	-	104,16	117,18
	IV	14.099	-	1.127,92	1.268,91	-	1.057,36	1.189,53	-	988,40	1.111,95	-	920,96	1.036,08	-	855,04	961,92	-	790,64	889,47	-	727,84	818,82
	V	20.211	*317,49*	1.616,88	1.818,99																		
	VI	20.743	*380,80*	1.659,44	1.866,87																		
60.371,99	I	14.113	-	1.129,04	1.270,17	-	989,44	1.113,12	-	856,08	963,09	-	728,80	819,90	-	607,76	683,73	-	492,88	554,49	-	384,16	432,18
	II	12.451	-	996,08	1.120,59	-	862,40	970,20	-	734,80	826,65	-	613,52	690,21	-	498,32	560,61	-	389,28	437,94	-	286,48	322,29
	III	8.270	-	661,60	744,30	-	560,64	630,72	-	462,88	520,74	-	368,16	414,18	-	276,48	311,04	-	187,84	211,32	-	104,80	117,90
	IV	14.113	-	1.129,04	1.270,17	-	1.058,48	1.190,79	-	989,44	1.113,12	-	922,00	1.037,25	-	856,08	963,09	-	791,68	890,64	-	728,80	819,90
	V	20.226	*319,27*	1.618,08	1.820,34																		
	VI	20.758	*382,58*	1.660,64	1.868,22																		
60.407,99	I	14.128	-	1.130,24	1.271,52	-	990,56	1.114,38	-	857,12	964,26	-	729,84	821,07	-	608,72	684,81	-	493,76	555,48	-	385,04	433,17
	II	12.465	-	997,20	1.121,85	-	863,44	971,37	-	735,84	827,82	-	614,40	691,20	-	499,20	561,60	-	390,16	438,93	-	287,28	323,19
	III	8.280	-	662,40	745,20	-	561,44	631,62	-	463,68	521,64	-	368,80	414,90	-	277,12	311,76	-	188,64	212,22	-	105,44	118,62
	IV	14.128	-	1.130,24	1.271,52	-	1.059,60	1.192,05	-	990,56	1.114,38	-	923,04	1.038,42	-	857,12	964,26	-	792,72	891,81	-	729,84	821,07
	V	20.241	*321,06*	1.619,28	1.821,69																		
	VI	20.773	*384,37*	1.661,84	1.869,57																		
60.443,99	I	14.142	-	1.131,36	1.272,78	-	991,68	1.115,64	-	858,16	965,43	-	730,80	822,15	-	609,68	685,89	-	494,72	556,56	-	385,92	434,16
	II	12.478	-	998,24	1.123,02	-	864,48	972,54	-	736,80	828,90	-	615,36	692,28	-	500,08	562,59	-	390,96	439,83	-	288,08	324,09
	III	8.290	-	663,20	746,10	-	562,24	632,52	-	464,32	522,36	-	369,60	415,80	-	277,92	312,66	-	189,28	212,94	-	106,08	119,34
	IV	14.142	-	1.131,36	1.272,78	-	1.060,72	1.193,31	-	991,68	1.115,64	-	924,16	1.039,68	-	858,16	965,43	-	793,76	892,98	-	730,80	822,15
	V	20.256	*322,84*	1.620,48	1.823,04																		
	VI	20.788	*386,15*	1.663,04	1.870,92																		
60.479,99	I	14.156	-	1.132,48	1.274,04	-	992,80	1.116,90	-	859,20	966,60	-	731,84	823,32	-	610,64	686,97	-	495,60	557,55	-	386,72	435,06
	II	12.492	-	999,36	1.124,28	-	865,52	973,71	-	737,84	830,07	-	616,32	693,36	-	501,04	563,67	-	391,84	440,82	-	288,88	324,99
	III	8.300	-	664,00	747,00	-	563,04	633,42	-	465,12	523,26	-	370,40	416,70	-	278,56	313,38	-	189,92	213,66	-	106,56	119,88
	IV	14.156	-	1.132,48	1.274,04	-	1.061,84	1.194,57	-	992,80	1.116,90	-	925,20	1.040,85	-	859,20	966,60	-	794,72	894,06	-	731,84	823,32
	V	20.271	*324,63*	1.621,68	1.824,39																		
	VI	20.803	*387,94*	1.664,24	1.872,27																		

SolZ/KiSt lt. Tabelle nicht für Sonstige Bezüge anwendbar.

Lohn/ Gehalt bis	Steuerklasse	Lohn-steuer	ohne Kinderfreibetrag SolZ 5,5%	ohne Kinderfreibetrag Kirchensteuer 8%	ohne Kinderfreibetrag Kirchensteuer 9%	0,5 SolZ 5,5%	0,5 Kirchensteuer 8%	0,5 Kirchensteuer 9%	1,0 SolZ 5,5%	1,0 Kirchensteuer 8%	1,0 Kirchensteuer 9%	1,5 SolZ 5,5%	1,5 Kirchensteuer 8%	1,5 Kirchensteuer 9%	2,0 SolZ 5,5%	2,0 Kirchensteuer 8%	2,0 Kirchensteuer 9%	2,5 SolZ 5,5%	2,5 Kirchensteuer 8%	2,5 Kirchensteuer 9%	3,0 SolZ 5,5%	3,0 Kirchensteuer 8%	3,0 Kirchensteuer 9%
						Anzahl Kinderfreibeträge (nur Steuerklassen I–IV)																	
60.515,99	I	14.171	-	1.133,68	1.275,39	-	993,84	1.118,07	-	860,24	967,77	-	732,80	824,40	-	611,60	688,05	-	496,48	558,54	-	387,60	436,0
	II	12.506	-	1.000,48	1.125,54	-	866,56	974,88	-	738,88	831,24	-	617,28	694,44	-	501,92	564,66	-	392,72	441,81	-	289,68	325,8
	III	8.312	-	664,96	748,08	-	563,84	634,32	-	465,92	524,16	-	371,04	417,42	-	279,36	314,28	-	190,72	214,56	-	107,20	120,6
	IV	14.171	-	1.133,68	1.275,39	-	1.062,96	1.195,83	-	993,84	1.118,07	-	926,32	1.042,11	-	860,24	967,77	-	795,76	895,23	-	732,80	824,4
	V	20.286	326,41	1.622,88	1.825,74																		
	VI	20.818	389,72	1.665,44	1.873,62																		
60.551,99	I	14.185	-	1.134,80	1.276,65	-	994,96	1.119,33	-	861,28	968,94	-	733,84	825,57	-	612,56	689,13	-	497,36	559,53	-	388,40	436,9
	II	12.520	-	1.001,60	1.126,80	-	867,60	976,05	-	739,84	832,32	-	618,24	695,52	-	502,80	565,65	-	393,52	442,71	-	290,48	326,7
	III	8.322	-	665,76	748,98	-	564,64	635,22	-	466,72	525,06	-	371,84	418,32	-	280,16	315,18	-	191,36	215,28	-	107,84	121,3
	IV	14.185	-	1.134,80	1.276,65	-	1.064,08	1.197,09	-	994,96	1.119,33	-	927,36	1.043,28	-	861,28	968,94	-	796,80	896,40	-	733,84	825,5
	V	20.302	328,32	1.624,16	1.827,18																		
	VI	20.833	391,51	1.666,64	1.874,97																		
60.587,99	I	14.199	-	1.135,92	1.277,91	-	996,08	1.120,59	-	862,40	970,20	-	734,80	826,65	-	613,52	690,21	-	498,32	560,61	-	389,28	437,9
	II	12.533	-	1.002,64	1.127,97	-	868,64	977,22	-	740,88	833,49	-	619,20	696,60	-	503,68	566,64	-	394,40	443,70	-	291,28	327,6
	III	8.332	-	666,56	749,88	-	565,44	636,12	-	467,52	525,96	-	372,64	419,22	-	280,80	315,90	-	192,16	216,18	-	108,48	122,0
	IV	14.199	-	1.135,92	1.277,91	-	1.065,20	1.198,35	-	996,08	1.120,59	-	928,48	1.044,54	-	862,40	970,20	-	797,84	897,57	-	734,80	826,6
	V	20.317	330,10	1.625,36	1.828,53																		
	VI	20.848	393,29	1.667,84	1.876,32																		
60.623,99	I	14.214	-	1.137,12	1.279,26	-	997,20	1.121,85	-	863,44	971,37	-	735,84	827,82	-	614,40	691,20	-	499,20	561,60	-	390,16	438,9
	II	12.547	-	1.003,76	1.129,23	-	869,76	978,48	-	741,84	834,57	-	620,16	697,68	-	504,64	567,72	-	395,28	444,69	-	292,08	328,5
	III	8.342	-	667,36	750,78	-	566,24	637,02	-	468,32	526,86	-	373,44	420,12	-	281,60	316,80	-	192,80	216,90	-	109,12	122,7
	IV	14.214	-	1.137,12	1.279,26	-	1.066,32	1.199,61	-	997,20	1.121,85	-	929,52	1.045,71	-	863,44	971,37	-	798,88	898,74	-	735,84	827,8
	V	20.332	331,89	1.626,56	1.829,88																		
	VI	20.863	395,08	1.669,04	1.877,67																		
60.659,99	I	14.228	-	1.138,24	1.280,52	-	998,24	1.123,02	-	864,48	972,54	-	736,80	828,90	-	615,36	692,28	-	500,08	562,59	-	390,96	439,8
	II	12.561	-	1.004,88	1.130,49	-	870,80	979,65	-	742,88	835,74	-	621,12	698,76	-	505,52	568,71	-	396,08	445,59	-	292,88	329,4
	III	8.352	-	668,16	751,68	-	567,04	637,92	-	469,12	527,76	-	374,08	420,84	-	282,24	317,52	-	193,44	217,62	-	109,76	123,4
	IV	14.228	-	1.138,24	1.280,52	-	1.067,52	1.200,96	-	998,24	1.123,02	-	930,56	1.046,88	-	864,48	972,54	-	799,92	899,91	-	736,80	828,9
	V	20.347	333,67	1.627,76	1.831,23																		
	VI	20.879	396,98	1.670,32	1.879,11																		
60.695,99	I	14.242	-	1.139,36	1.281,78	-	999,36	1.124,28	-	865,52	973,71	-	737,84	830,07	-	616,32	693,36	-	501,04	563,67	-	391,84	440,8
	II	12.575	-	1.006,00	1.131,75	-	871,84	980,82	-	743,84	836,82	-	622,08	699,84	-	506,40	569,70	-	396,96	446,58	-	293,68	330,3
	III	8.362	-	668,96	752,58	-	567,84	638,82	-	469,76	528,48	-	374,88	421,74	-	283,04	318,42	-	194,24	218,52	-	110,40	124,2
	IV	14.242	-	1.139,36	1.281,78	-	1.068,64	1.202,22	-	999,36	1.124,28	-	931,68	1.048,14	-	865,52	973,71	-	800,88	900,99	-	737,84	830,0
	V	20.362	335,46	1.628,96	1.832,58																		
	VI	20.894	398,76	1.671,52	1.880,46																		
60.731,99	I	14.257	-	1.140,56	1.283,13	-	1.000,48	1.125,54	-	866,56	974,88	-	738,88	831,24	-	617,28	694,44	-	501,92	564,66	-	392,72	441,8
	II	12.589	-	1.007,12	1.133,01	-	872,88	981,99	-	744,88	837,99	-	623,04	700,92	-	507,36	570,78	-	397,84	447,57	-	294,48	331,2
	III	8.372	-	669,76	753,48	-	568,64	639,72	-	470,56	529,38	-	375,68	422,64	-	283,68	319,14	-	194,88	219,24	-	111,04	124,9
	IV	14.257	-	1.140,56	1.283,13	-	1.069,76	1.203,48	-	1.000,48	1.125,54	-	932,72	1.049,31	-	866,56	974,88	-	801,92	902,16	-	738,88	831,2
	V	20.377	337,24	1.630,16	1.833,93																		
	VI	20.909	400,55	1.672,72	1.881,81																		
60.767,99	I	14.271	-	1.141,68	1.284,39	-	1.001,60	1.126,80	-	867,60	976,05	-	739,84	832,32	-	618,24	695,52	-	502,80	565,65	-	393,52	442,7
	II	12.602	-	1.008,16	1.134,18	-	873,92	983,16	-	745,84	839,07	-	624,00	702,00	-	508,24	571,77	-	398,72	448,56	-	295,28	332,1
	III	8.384	-	670,72	754,56	-	569,44	640,62	-	471,36	530,28	-	376,32	423,36	-	284,48	320,04	-	195,68	220,14	-	111,52	125,4
	IV	14.271	-	1.141,68	1.284,39	-	1.070,88	1.204,74	-	1.001,60	1.126,80	-	933,84	1.050,57	-	867,60	976,05	-	802,96	903,33	-	739,84	832,3
	V	20.392	339,03	1.631,36	1.835,28																		
	VI	20.924	402,33	1.673,92	1.883,16																		
60.803,99	I	14.286	-	1.142,88	1.285,74	-	1.002,64	1.127,97	-	868,64	977,22	-	740,88	833,49	-	619,20	696,60	-	503,68	566,64	-	394,40	443,7
	II	12.616	-	1.009,28	1.135,44	-	875,04	984,42	-	746,88	840,24	-	624,96	703,08	-	509,12	572,76	-	399,52	449,46	-	296,08	333,0
	III	8.394	-	671,52	755,46	-	570,24	641,52	-	472,16	531,18	-	377,12	424,26	-	285,12	320,76	-	196,32	220,86	-	112,16	126,1
	IV	14.286	-	1.142,88	1.285,74	-	1.072,00	1.206,00	-	1.002,64	1.127,97	-	934,88	1.051,74	-	868,64	977,22	-	804,00	904,50	-	740,88	833,4
	V	20.407	340,81	1.632,56	1.836,63																		
	VI	20.939	404,12	1.675,12	1.884,51																		
60.839,99	I	14.300	-	1.144,00	1.287,00	-	1.003,76	1.129,23	-	869,76	978,48	-	741,84	834,57	-	620,16	697,68	-	504,64	567,72	-	395,28	444,6
	II	12.630	-	1.010,40	1.136,70	-	876,08	985,59	-	747,92	841,41	-	625,84	704,07	-	510,08	573,84	-	400,40	450,45	-	296,88	333,9
	III	8.404	-	672,32	756,36	-	571,04	642,42	-	472,96	532,08	-	377,92	425,16	-	285,92	321,66	-	196,96	221,58	-	112,80	126,9
	IV	14.300	-	1.144,00	1.287,00	-	1.073,12	1.207,26	-	1.003,76	1.129,23	-	936,00	1.053,00	-	869,76	978,48	-	805,04	905,67	-	741,84	834,5
	V	20.422	342,60	1.633,76	1.837,98																		
	VI	20.954	405,90	1.676,32	1.885,86																		
60.875,99	I	14.314	-	1.145,12	1.288,26	-	1.004,88	1.130,49	-	870,80	979,65	-	742,88	835,74	-	621,12	698,76	-	505,52	568,71	-	396,08	445,5
	II	12.644	-	1.011,52	1.137,96	-	877,12	986,76	-	748,88	842,49	-	626,80	705,15	-	510,96	574,83	-	401,28	451,44	-	297,76	334,9
	III	8.414	-	673,12	757,26	-	571,84	643,32	-	473,76	532,98	-	378,56	425,88	-	286,56	322,38	-	197,76	222,48	-	113,44	127,6
	IV	14.314	-	1.145,12	1.288,26	-	1.074,24	1.208,52	-	1.004,88	1.130,49	-	937,04	1.054,17	-	870,80	979,65	-	806,08	906,84	-	742,88	835,7
	V	20.438	344,50	1.635,04	1.839,42																		
	VI	20.969	407,69	1.677,52	1.887,21																		
60.911,99	I	14.329	-	1.146,32	1.289,61	-	1.006,00	1.131,75	-	871,84	980,82	-	743,84	836,82	-	622,08	699,84	-	506,40	569,70	-	396,96	446,5
	II	12.658	-	1.012,64	1.139,22	-	878,16	987,93	-	749,92	843,66	-	627,76	706,23	-	511,84	575,82	-	402,08	452,34	-	298,56	335,8
	III	8.424	-	673,92	758,16	-	572,64	644,22	-	474,56	533,88	-	379,36	426,78	-	287,36	323,28	-	198,40	223,20	-	114,08	128,3
	IV	14.329	-	1.146,32	1.289,61	-	1.075,36	1.209,78	-	1.006,00	1.131,75	-	938,16	1.055,43	-	871,84	980,82	-	807,04	907,92	-	743,84	836,8
	V	20.453	346,29	1.636,24	1.840,77																		
	VI	20.984	409,47	1.678,72	1.888,56																		
60.947,99	I	14.343	-	1.147,44	1.290,87	-	1.007,12	1.133,01	-	872,88	981,99	-	744,88	837,99	-	623,04	700,92	-	507,36	570,78	-	397,84	447,5
	II	12.672	-	1.013,76	1.140,48	-	879,20	989,10	-	750,88	844,74	-	628,72	707,31	-	512,80	576,90	-	402,96	453,33	-	299,36	336,7
	III	8.434	-	674,72	759,06	-	573,44	645,12	-	475,20	534,60	-	380,16	427,68	-	288,00	324,00	-	199,04	223,92	-	114,72	129,0
	IV	14.343	-	1.147,44	1.290,87	-	1.076,48	1.211,04	-	1.007,12	1.133,01	-	939,20	1.056,60	-	872,88	981,99	-	808,08	909,09	-	744,88	837,9
	V	20.468	348,07	1.637,44	1.842,12																		
	VI	21.000	411,38	1.680,00	1.890,00																		
60.983,99	I	14.358	-	1.148,64	1.292,22	-	1.008,16	1.134,18	-	873,92	983,16	-	745,84	839,07	-	624,00	702,00	-	508,24	571,77	-	398,72	448,5
	II	12.685	-	1.014,80	1.141,65	-	880,32	990,36	-	751,92	845,91	-	629,68	708,39	-	513,68	577,89	-	403,84	454,32	-	300,16	337,6
	III	8.446	-	675,68	760,14	-	574,24	646,02	-	476,00	535,50	-	380,96	428,58	-	288,80	324,90	-	199,84	224,82	-	115,36	129,7
	IV	14.358	-	1.148,64	1.292,22	-	1.077,60	1.212,30	-	1.008,16	1.134,18	-	940,32	1.057,86	-	873,92	983,16	-	809,12	910,26	-	745,84	839,0
	V	20.483	349,86	1.638,64	1.843,47																		
	VI	21.015	413,16	1.681,20	1.891,35																		
61.019,99	I	14.372	-	1.149,76	1.293,48	-	1.009,28	1.135,44	-	875,04	984,42	-	746,88	840,24	-	624,96	703,08	-	509,12	572,76	-	399,52	449,4
	II	12.699	-	1.015,92	1.142,91	-	881,36	991,53	-	752,88	846,99	-	630,64	709,47	-	514,56	578,88	-	404,72	455,31	-	300,96	338,5
	III	8.456	-	676,48	761,04	-	575,04	646,92	-	476,80	536,40	-	381,60	429,30	-	289,60	325,80	-	200,48	225,54	-	116,00	130,5
	IV	14.372	-	1.149,76	1.293,48	-	1.078,80	1.213,65	-	1.009,28	1.135,44	-	941,36	1.059,03	-	875,04	984,42	-	810,16	911,43	-	746,88	840,2
	V	20.498	351,64	1.639,84	1.844,82																		
	VI	21.030	414,95	1.682,40	1.892,70																		

SolZ/KiSt lt. Tabelle nicht für Sonstige Bezüge anwendbar.

Besondere Tabelle

JAHR bis 61.559,99 €

Lohn/ Gehalt bis	Steuerklasse	Lohnsteuer	ohne Kinderfreibetrag			Anzahl Kinderfreibeträge (nur Steuerklassen I–IV) 0,5			1,0			1,5			2,0			2,5			3,0		
			SolZ 5,5%	Kirchensteuer 8%	9%	SolZ 5,5%	Kirchensteuer 8%	9%	SolZ 5,5%	Kirchensteuer 8%	9%	SolZ 5,5%	Kirchensteuer 8%	9%	SolZ 5,5%	Kirchensteuer 8%	9%	SolZ 5,5%	Kirchensteuer 8%	9%	SolZ 5,5%	Kirchensteuer 8%	9%
61.055,99	I	14.387	-	1.150,96	1.294,83	-	1.010,40	1.136,70	-	876,08	985,59	-	747,92	841,41	-	625,84	704,07	-	510,08	573,84	-	400,40	450,45
	II	12.713	-	1.017,04	1.144,17	-	882,40	992,70	-	753,92	848,16	-	631,60	710,55	-	515,52	579,96	-	405,52	456,21	-	301,76	339,48
	III	8.466	-	677,28	761,94	-	575,84	647,82	-	477,60	537,30	-	382,40	430,20	-	290,24	326,52	-	201,28	226,44	-	116,64	131,22
	IV	14.387	-	1.150,96	1.294,83	-	1.079,92	1.214,91	-	1.010,40	1.136,70	-	942,48	1.060,29	-	876,08	985,59	-	811,20	912,60	-	747,92	841,41
	V	20.513	353,43	1.641,04	1.846,17																		
	VI	21.045	416,73	1.683,60	1.894,05																		
61.091,99	I	14.401	-	1.152,08	1.296,09	-	1.011,52	1.137,96	-	877,12	986,76	-	748,88	842,49	-	626,80	705,15	-	510,96	574,83	-	401,28	451,44
	II	12.727	-	1.018,16	1.145,43	-	883,44	993,87	-	754,96	849,33	-	632,56	711,63	-	516,40	580,95	-	406,40	457,20	-	302,56	340,38
	III	8.476	-	678,08	762,84	-	576,64	648,72	-	478,40	538,20	-	383,20	431,10	-	291,04	327,42	-	201,92	227,16	-	117,28	131,94
	IV	14.401	-	1.152,08	1.296,09	-	1.081,04	1.216,17	-	1.011,52	1.137,96	-	943,52	1.061,46	-	877,12	986,76	-	812,24	913,77	-	748,88	842,49
	V	20.528	355,21	1.642,24	1.847,52																		
	VI	21.060	418,52	1.684,80	1.895,40																		
61.127,99	I	14.415	-	1.153,20	1.297,35	-	1.012,64	1.139,22	-	878,16	987,93	-	749,92	843,66	-	627,76	706,23	-	511,84	575,82	-	402,08	452,34
	II	12.741	-	1.019,28	1.146,69	-	884,48	995,04	-	755,92	850,41	-	633,52	712,71	-	517,28	581,94	-	407,28	458,19	-	303,36	341,28
	III	8.486	-	678,88	763,74	-	577,44	649,62	-	479,20	539,10	-	383,84	431,82	-	291,68	328,14	-	202,56	227,88	-	117,92	132,66
	IV	14.415	-	1.153,20	1.297,35	-	1.082,16	1.217,43	-	1.012,64	1.139,22	-	944,64	1.062,72	-	878,16	987,93	-	813,28	914,94	-	749,92	843,66
	V	20.543	357,00	1.643,44	1.848,87																		
	VI	21.075	420,30	1.686,00	1.896,75																		
61.163,99	I	14.430	-	1.154,40	1.298,70	-	1.013,76	1.140,48	-	879,20	989,10	-	750,88	844,74	-	628,72	707,31	-	512,80	576,90	-	402,96	453,33
	II	12.755	-	1.020,40	1.147,95	-	885,60	996,30	-	756,96	851,58	-	634,48	713,79	-	518,24	583,02	-	408,16	459,18	-	304,24	342,27
	III	8.498	-	679,84	764,82	-	578,24	650,52	-	480,00	540,00	-	384,64	432,72	-	292,48	329,04	-	203,36	228,78	-	118,56	133,38
	IV	14.430	-	1.154,40	1.298,70	-	1.083,28	1.218,69	-	1.013,76	1.140,48	-	945,68	1.063,89	-	879,20	989,10	-	814,32	916,11	-	750,88	844,74
	V	20.559	358,90	1.644,72	1.850,31																		
	VI	21.090	422,09	1.687,20	1.898,10																		
61.199,99	I	14.444	-	1.155,52	1.299,96	-	1.014,80	1.141,65	-	880,32	990,36	-	751,92	845,91	-	629,68	708,39	-	513,68	577,89	-	403,84	454,32
	II	12.768	-	1.021,44	1.149,12	-	886,64	997,47	-	758,00	852,75	-	635,44	714,87	-	519,12	584,01	-	408,96	460,08	-	305,04	343,17
	III	8.508	-	680,64	765,72	-	579,04	651,42	-	480,64	540,72	-	385,44	433,62	-	293,12	329,76	-	204,00	229,50	-	119,20	134,10
	IV	14.444	-	1.155,52	1.299,96	-	1.084,40	1.219,95	-	1.014,80	1.141,65	-	946,80	1.065,15	-	880,32	990,36	-	815,36	917,28	-	751,92	845,91
	V	20.574	360,68	1.645,92	1.851,66																		
	VI	21.105	423,87	1.688,40	1.899,45																		
61.235,99	I	14.459	-	1.156,72	1.301,31	-	1.015,92	1.142,91	-	881,36	991,53	-	752,88	846,99	-	630,64	709,47	-	514,56	578,88	-	404,72	455,31
	II	12.782	-	1.022,56	1.150,38	-	887,68	998,64	-	758,96	853,83	-	636,40	715,95	-	520,08	585,09	-	409,84	461,07	-	305,84	344,07
	III	8.518	-	681,44	766,62	-	579,84	652,32	-	481,44	541,62	-	386,08	434,34	-	293,92	330,66	-	204,80	230,40	-	119,84	134,82
	IV	14.459	-	1.156,72	1.301,31	-	1.085,52	1.221,21	-	1.015,92	1.142,91	-	947,84	1.066,32	-	881,36	991,53	-	816,32	918,36	-	752,88	846,99
	V	20.589	362,47	1.647,12	1.853,01																		
	VI	21.121	425,78	1.689,68	1.900,89																		
61.271,99	I	14.473	-	1.157,84	1.302,57	-	1.017,04	1.144,17	-	882,40	992,70	-	753,92	848,16	-	631,60	710,55	-	515,52	579,96	-	405,52	456,21
	II	12.796	-	1.023,68	1.151,64	-	888,72	999,81	-	760,00	855,00	-	637,36	717,03	-	520,96	586,08	-	410,72	462,06	-	306,64	344,97
	III	8.528	-	682,24	767,52	-	580,64	653,22	-	482,24	542,52	-	386,88	435,24	-	294,56	331,38	-	205,44	231,12	-	120,48	135,54
	IV	14.473	-	1.157,84	1.302,57	-	1.086,72	1.222,56	-	1.017,04	1.144,17	-	948,96	1.067,58	-	882,40	992,70	-	817,36	919,53	-	753,92	848,16
	V	20.604	364,25	1.648,32	1.854,36																		
	VI	21.136	427,56	1.690,88	1.902,24																		
61.307,99	I	14.488	-	1.159,04	1.303,92	-	1.018,16	1.145,43	-	883,44	993,87	-	754,96	849,33	-	632,56	711,63	-	516,40	580,95	-	406,40	457,20
	II	12.810	-	1.024,80	1.152,90	-	889,84	1.001,07	-	760,96	856,08	-	638,32	718,11	-	521,84	587,07	-	411,60	463,05	-	307,44	345,87
	III	8.538	-	683,04	768,42	-	581,60	654,30	-	483,04	543,42	-	387,68	436,14	-	295,36	332,28	-	206,08	231,84	-	121,12	136,26
	IV	14.488	-	1.159,04	1.303,92	-	1.087,84	1.223,82	-	1.018,16	1.145,43	-	950,00	1.068,75	-	883,44	993,87	-	818,40	920,70	-	754,96	849,33
	V	20.619	366,04	1.649,52	1.855,71																		
	VI	21.151	429,35	1.692,08	1.903,59																		
61.343,99	I	14.502	-	1.160,16	1.305,18	-	1.019,28	1.146,69	-	884,48	995,04	-	755,92	850,41	-	633,52	712,71	-	517,28	581,94	-	407,28	458,19
	II	12.824	-	1.025,92	1.154,16	-	890,88	1.002,24	-	762,00	857,25	-	639,28	719,19	-	522,80	588,15	-	412,40	463,95	-	308,24	346,77
	III	8.548	-	683,84	769,32	-	582,40	655,20	-	483,84	544,32	-	388,48	437,04	-	296,16	333,18	-	206,88	232,74	-	121,76	136,98
	IV	14.502	-	1.160,16	1.305,18	-	1.088,96	1.225,08	-	1.019,28	1.146,69	-	951,12	1.070,01	-	884,48	995,04	-	819,44	921,87	-	755,92	850,41
	V	20.634	367,82	1.650,72	1.857,06																		
	VI	21.166	431,13	1.693,28	1.904,94																		
61.379,99	I	14.517	-	1.161,36	1.306,53	-	1.020,40	1.147,95	-	885,60	996,30	-	756,96	851,58	-	634,48	713,79	-	518,24	583,02	-	408,16	459,18
	II	12.838	-	1.027,04	1.155,42	-	891,92	1.003,41	-	763,04	858,42	-	640,24	720,27	-	523,68	589,14	-	413,28	464,94	-	309,04	347,67
	III	8.560	-	684,80	770,40	-	583,20	656,10	-	484,64	545,22	-	389,12	437,76	-	296,80	333,90	-	207,52	233,46	-	122,40	137,70
	IV	14.517	-	1.161,36	1.306,53	-	1.090,08	1.226,34	-	1.020,40	1.147,95	-	952,16	1.071,18	-	885,60	996,30	-	820,48	923,04	-	756,96	851,58
	V	20.649	369,61	1.651,92	1.858,41																		
	VI	21.181	432,92	1.694,48	1.906,29																		
61.415,99	I	14.531	-	1.162,48	1.307,79	-	1.021,44	1.149,12	-	886,64	997,47	-	758,00	852,75	-	635,44	714,87	-	519,12	584,01	-	408,96	460,08
	II	12.852	-	1.028,16	1.156,68	-	892,96	1.004,58	-	764,00	859,50	-	641,20	721,35	-	524,64	590,22	-	414,16	465,93	-	309,92	348,66
	III	8.570	-	685,60	771,30	-	584,00	657,00	-	485,44	546,12	-	389,92	438,66	-	297,60	334,80	-	208,32	234,36	-	123,04	138,42
	IV	14.531	-	1.162,48	1.307,79	-	1.091,20	1.227,60	-	1.021,44	1.149,12	-	953,28	1.072,44	-	886,64	997,47	-	821,52	924,21	-	758,00	852,75
	V	20.664	371,39	1.653,12	1.859,76																		
	VI	21.196	434,70	1.695,68	1.907,64																		
61.451,99	I	14.546	-	1.163,68	1.309,14	-	1.022,56	1.150,38	-	887,68	998,64	-	758,96	853,83	-	636,40	715,95	-	520,08	585,09	-	409,84	461,07
	II	12.866	-	1.029,28	1.157,94	-	894,08	1.005,84	-	765,04	860,67	-	642,16	722,43	-	525,52	591,21	-	415,04	466,92	-	310,72	349,56
	III	8.580	-	686,40	772,20	-	584,80	657,90	-	486,24	547,02	-	390,72	439,56	-	298,24	335,52	-	208,96	235,08	-	123,68	139,14
	IV	14.546	-	1.163,68	1.309,14	-	1.092,32	1.228,86	-	1.022,56	1.150,38	-	954,40	1.073,70	-	887,68	998,64	-	822,56	925,38	-	758,96	853,83
	V	20.680	373,30	1.654,40	1.861,20																		
	VI	21.211	436,49	1.696,88	1.908,99																		
61.487,99	I	14.560	-	1.164,80	1.310,40	-	1.023,68	1.151,64	-	888,72	999,81	-	760,00	855,00	-	637,36	717,03	-	520,96	586,08	-	410,72	462,06
	II	12.880	-	1.030,40	1.159,20	-	895,12	1.007,01	-	766,08	861,84	-	643,20	723,60	-	526,40	592,20	-	415,92	467,91	-	311,52	350,46
	III	8.590	-	687,20	773,10	-	585,60	658,80	-	486,88	547,74	-	391,52	440,46	-	299,04	336,42	-	209,76	235,98	-	124,32	139,86
	IV	14.560	-	1.164,80	1.310,40	-	1.093,52	1.230,21	-	1.023,68	1.151,64	-	955,44	1.074,87	-	888,72	999,81	-	823,60	926,55	-	760,00	855,00
	V	20.695	375,08	1.655,60	1.862,55																		
	VI	21.226	438,27	1.698,08	1.910,34																		
61.523,99	I	14.575	-	1.166,00	1.311,75	-	1.024,80	1.152,90	-	889,84	1.001,07	-	760,96	856,08	-	638,32	718,11	-	521,84	587,07	-	411,60	463,05
	II	12.893	-	1.031,44	1.160,37	-	896,16	1.008,18	-	767,04	862,92	-	644,16	724,68	-	527,36	593,28	-	416,72	468,81	-	312,32	351,36
	III	8.600	-	688,00	774,00	-	586,40	659,70	-	487,68	548,64	-	392,16	441,18	-	299,68	337,14	-	210,40	236,70	-	124,96	140,58
	IV	14.575	-	1.166,00	1.311,75	-	1.094,64	1.231,47	-	1.024,80	1.152,90	-	956,56	1.076,13	-	889,84	1.001,07	-	824,64	927,72	-	760,96	856,08
	V	20.710	376,87	1.656,80	1.863,90																		
	VI	21.241	440,06	1.699,28	1.911,69																		
61.559,99	I	14.589	-	1.167,12	1.313,01	-	1.025,92	1.154,16	-	890,88	1.002,24	-	762,00	857,25	-	639,28	719,19	-	522,80	588,15	-	412,40	463,95
	II	12.907	-	1.032,56	1.161,63	-	897,28	1.009,44	-	768,08	864,09	-	645,12	725,76	-	528,24	594,27	-	417,60	469,80	-	313,12	352,26
	III	8.612	-	688,96	775,08	-	587,20	660,60	-	488,48	549,54	-	392,96	442,08	-	300,48	338,04	-	211,04	237,42	-	125,60	141,30
	IV	14.589	-	1.167,12	1.313,01	-	1.095,76	1.232,73	-	1.025,92	1.154,16	-	957,60	1.077,30	-	890,88	1.002,24	-	825,68	928,89	-	762,00	857,25
	V	20.725	378,65	1.658,00	1.865,25																		
	VI	21.257	441,96	1.700,56	1.913,13																		

SolZ/KiSt lt. Tabelle nicht für Sonstige Bezüge anwendbar.

Lohn/Gehalt bis	Steuerklasse	Lohnsteuer	ohne Kinderfreibetrag SolZ 5,5%	ohne Kinderfreibetrag Kirchensteuer 8%	ohne Kinderfreibetrag Kirchensteuer 9%	0,5 SolZ 5,5%	0,5 Kirchensteuer 8%	0,5 Kirchensteuer 9%	1,0 SolZ 5,5%	1,0 Kirchensteuer 8%	1,0 Kirchensteuer 9%	1,5 SolZ 5,5%	1,5 Kirchensteuer 8%	1,5 Kirchensteuer 9%	2,0 SolZ 5,5%	2,0 Kirchensteuer 8%	2,0 Kirchensteuer 9%	2,5 SolZ 5,5%	2,5 Kirchensteuer 8%	2,5 Kirchensteuer 9%	3,0 SolZ 5,5%	3,0 Kirchensteuer 8%	3,0 Kirchensteuer 9%
						Anzahl Kinderfreibeträge (nur Steuerklassen I–IV)																	
61.595,99	I	14.604	-	1.168,32	1.314,36	-	1.027,04	1.155,42	-	891,92	1.003,41	-	763,04	858,42	-	640,24	720,27	-	523,68	589,14	-	413,28	464,
	II	12.921	-	1.033,68	1.162,89	-	898,32	1.010,61	-	769,12	865,26	-	646,08	726,84	-	529,20	595,35	-	418,48	470,79	-	314,00	353,
	III	8.622	-	689,76	775,98	-	588,00	661,50	-	489,28	550,44	-	393,76	442,98	-	301,28	338,94	-	211,84	238,32	-	126,24	142,
	IV	14.604	-	1.168,32	1.314,36	-	1.096,88	1.233,99	-	1.027,04	1.155,42	-	958,72	1.078,56	-	891,92	1.003,41	-	826,72	930,06	-	763,04	858,
	V	20.740	*380,44*	1.659,20	1.866,60																		
	VI	21.272	*443,75*	1.701,76	1.914,48																		
61.631,99	I	14.618	-	1.169,44	1.315,62	-	1.028,16	1.156,68	-	892,96	1.004,58	-	764,00	859,50	-	641,20	721,35	-	524,64	590,22	-	414,16	465,
	II	12.935	-	1.034,80	1.164,15	-	899,36	1.011,78	-	770,08	866,34	-	647,04	727,92	-	530,08	596,34	-	419,36	471,78	-	314,80	354,
	III	8.632	-	690,56	776,88	-	588,80	662,40	-	490,08	551,34	-	394,40	443,70	-	301,92	339,66	-	212,48	239,04	-	126,88	142,
	IV	14.618	-	1.169,44	1.315,62	-	1.098,00	1.235,25	-	1.028,16	1.156,68	-	959,76	1.079,73	-	892,96	1.004,58	-	827,76	931,23	-	764,00	859,
	V	20.755	*382,22*	1.660,40	1.867,95																		
	VI	21.287	*445,53*	1.702,96	1.915,83																		
61.667,99	I	14.633	-	1.170,64	1.316,97	-	1.029,28	1.157,94	-	894,08	1.005,84	-	765,04	860,67	-	642,16	722,43	-	525,52	591,21	-	415,04	466,
	II	12.949	-	1.035,92	1.165,41	-	900,48	1.013,04	-	771,12	867,51	-	648,00	729,00	-	531,04	597,42	-	420,24	472,77	-	315,60	355,
	III	8.642	-	691,36	777,78	-	589,60	663,30	-	490,88	552,24	-	395,20	444,60	-	302,72	340,56	-	213,28	239,94	-	127,52	143,
	IV	14.633	-	1.170,64	1.316,97	-	1.099,20	1.236,60	-	1.029,28	1.157,94	-	960,88	1.080,99	-	894,08	1.005,84	-	828,80	932,40	-	765,04	860,
	V	20.770	*384,01*	1.661,60	1.869,30																		
	VI	21.302	*447,32*	1.704,16	1.917,18																		
61.703,99	I	14.647	-	1.171,76	1.318,23	-	1.030,40	1.159,20	-	895,12	1.007,01	-	766,08	861,84	-	643,20	723,60	-	526,40	592,20	-	415,92	467,
	II	12.963	-	1.037,04	1.166,67	-	901,52	1.014,21	-	772,16	868,68	-	648,96	730,08	-	531,92	598,41	-	421,12	473,76	-	316,40	355,
	III	8.652	-	692,16	778,68	-	590,40	664,20	-	491,68	553,14	-	396,00	445,50	-	303,36	341,28	-	213,92	240,66	-	128,16	144,
	IV	14.647	-	1.171,76	1.318,23	-	1.100,32	1.237,86	-	1.030,40	1.159,20	-	962,00	1.082,25	-	895,12	1.007,01	-	829,84	933,57	-	766,08	861,
	V	20.785	*385,79*	1.662,80	1.870,65																		
	VI	21.317	*449,10*	1.705,36	1.918,53																		
61.739,99	I	14.662	-	1.172,96	1.319,58	-	1.031,44	1.160,37	-	896,16	1.008,18	-	767,04	862,92	-	644,16	724,68	-	527,36	593,28	-	416,72	468,
	II	12.977	-	1.038,16	1.167,93	-	902,56	1.015,38	-	773,12	869,76	-	649,92	731,16	-	532,88	599,49	-	421,92	474,66	-	317,20	356,
	III	8.664	-	693,12	779,76	-	591,20	665,10	-	492,48	554,04	-	396,80	446,40	-	304,16	342,18	-	214,56	241,38	-	128,80	144,
	IV	14.662	-	1.172,96	1.319,58	-	1.101,44	1.239,12	-	1.031,44	1.160,37	-	963,04	1.083,42	-	896,16	1.008,18	-	830,88	934,74	-	767,04	862,
	V	20.800	*387,58*	1.664,00	1.872,00																		
	VI	21.332	*450,89*	1.706,56	1.919,88																		
61.775,99	I	14.676	-	1.174,08	1.320,84	-	1.032,56	1.161,63	-	897,28	1.009,44	-	768,08	864,09	-	645,12	725,76	-	528,24	594,27	-	417,60	469,
	II	12.991	-	1.039,28	1.169,19	-	903,60	1.016,55	-	774,16	870,93	-	650,88	732,24	-	533,76	600,48	-	422,80	475,65	-	318,08	357,
	III	8.674	-	693,92	780,66	-	592,00	666,00	-	493,28	554,94	-	397,44	447,12	-	304,80	342,90	-	215,36	242,28	-	129,44	145,
	IV	14.676	-	1.174,08	1.320,84	-	1.102,56	1.240,38	-	1.032,56	1.161,63	-	964,16	1.084,68	-	897,28	1.009,44	-	831,92	935,91	-	768,08	864,
	V	20.816	*389,48*	1.665,28	1.873,44																		
	VI	21.347	*452,67*	1.707,76	1.921,23																		
61.811,99	I	14.691	-	1.175,28	1.322,19	-	1.033,68	1.162,89	-	898,32	1.010,61	-	769,12	865,26	-	646,08	726,84	-	529,20	595,35	-	418,48	470,
	II	13.005	-	1.040,40	1.170,45	-	904,72	1.017,81	-	775,20	872,10	-	651,84	733,32	-	534,72	601,56	-	423,68	476,64	-	318,88	358,
	III	8.684	-	694,72	781,56	-	592,80	666,90	-	493,92	555,66	-	398,24	448,02	-	305,60	343,80	-	216,00	243,00	-	130,08	146,
	IV	14.691	-	1.175,28	1.322,19	-	1.103,68	1.241,64	-	1.033,68	1.162,89	-	965,20	1.085,85	-	898,32	1.010,61	-	832,96	937,08	-	769,12	865,
	V	20.831	*391,27*	1.666,48	1.874,79																		
	VI	21.362	*454,46*	1.708,96	1.922,58																		
61.847,99	I	14.705	-	1.176,40	1.323,45	-	1.034,80	1.164,15	-	899,36	1.011,78	-	770,08	866,34	-	647,04	727,92	-	530,08	596,34	-	419,36	471,
	II	13.019	-	1.041,52	1.171,71	-	905,76	1.018,98	-	776,24	873,27	-	652,80	734,40	-	535,60	602,55	-	424,56	477,63	-	319,68	359,
	III	8.694	-	695,52	782,46	-	593,60	667,80	-	494,72	556,56	-	399,04	448,92	-	306,40	344,70	-	216,80	243,90	-	130,72	147,
	IV	14.705	-	1.176,40	1.323,45	-	1.104,88	1.242,99	-	1.034,80	1.164,15	-	966,32	1.087,11	-	899,36	1.011,78	-	834,00	938,25	-	770,08	866,
	V	20.846	*393,05*	1.667,68	1.876,14																		
	VI	21.378	*456,36*	1.710,24	1.924,02																		
61.883,99	I	14.720	-	1.177,60	1.324,80	-	1.035,92	1.165,41	-	900,48	1.013,04	-	771,12	867,51	-	648,00	729,00	-	531,04	597,42	-	420,24	472,
	II	13.033	-	1.042,64	1.172,97	-	906,80	1.020,15	-	777,20	874,35	-	653,76	735,48	-	536,48	603,54	-	425,44	478,62	-	320,48	360,
	III	8.704	-	696,32	783,36	-	594,40	668,70	-	495,52	557,46	-	399,84	449,82	-	307,04	345,42	-	217,44	244,62	-	131,36	147,
	IV	14.720	-	1.177,60	1.324,80	-	1.106,00	1.244,25	-	1.035,92	1.165,41	-	967,44	1.088,37	-	900,48	1.013,04	-	835,04	939,42	-	771,12	867,
	V	20.861	*394,84*	1.668,88	1.877,49																		
	VI	21.393	*458,15*	1.711,44	1.925,37																		
61.919,99	I	14.735	-	1.178,80	1.326,15	-	1.037,04	1.166,67	-	901,52	1.014,21	-	772,16	868,68	-	648,96	730,08	-	531,92	598,41	-	421,12	473,
	II	13.047	-	1.043,76	1.174,23	-	907,92	1.021,41	-	778,24	875,52	-	654,72	736,56	-	537,44	604,62	-	426,32	479,61	-	321,36	361,
	III	8.716	-	697,28	784,44	-	595,20	669,60	-	496,32	558,36	-	400,48	450,54	-	307,84	346,32	-	218,24	245,52	-	132,16	148,
	IV	14.735	-	1.178,80	1.326,15	-	1.107,12	1.245,51	-	1.037,04	1.166,67	-	968,48	1.089,54	-	901,52	1.014,21	-	836,08	940,59	-	772,16	868,
	V	20.876	*396,62*	1.670,08	1.878,84																		
	VI	21.408	*459,93*	1.712,64	1.926,72																		
61.955,99	I	14.749	-	1.179,92	1.327,41	-	1.038,16	1.167,93	-	902,56	1.015,38	-	773,12	869,76	-	649,92	731,16	-	532,88	599,49	-	421,92	474,
	II	13.061	-	1.044,88	1.175,49	-	908,96	1.022,58	-	779,28	876,69	-	655,76	737,73	-	538,32	605,61	-	427,20	480,60	-	322,16	362,
	III	8.726	-	698,08	785,34	-	596,00	670,50	-	497,12	559,26	-	401,28	451,44	-	308,48	347,04	-	218,88	246,24	-	132,80	149,
	IV	14.749	-	1.179,92	1.327,41	-	1.108,24	1.246,77	-	1.038,16	1.167,93	-	969,60	1.090,80	-	902,56	1.015,38	-	837,12	941,76	-	773,12	869,
	V	20.891	*398,41*	1.671,28	1.880,19																		
	VI	21.423	*461,72*	1.713,84	1.928,07																		
61.991,99	I	14.764	-	1.181,12	1.328,76	-	1.039,28	1.169,19	-	903,60	1.016,55	-	774,16	870,93	-	650,88	732,24	-	533,76	600,48	-	422,80	475,
	II	13.075	-	1.046,00	1.176,75	-	910,08	1.023,84	-	780,24	877,77	-	656,72	738,81	-	539,28	606,69	-	428,00	481,50	-	322,96	363,
	III	8.736	-	698,88	786,24	-	596,80	671,40	-	497,92	560,16	-	402,08	452,34	-	309,28	347,94	-	219,52	246,96	-	133,44	150,
	IV	14.764	-	1.181,12	1.328,76	-	1.109,44	1.248,12	-	1.039,28	1.169,19	-	970,72	1.092,06	-	903,60	1.016,55	-	838,16	942,93	-	774,16	870,
	V	20.906	*400,19*	1.672,48	1.881,54																		
	VI	21.438	*463,50*	1.715,04	1.929,42																		
62.027,99	I	14.778	-	1.182,24	1.330,02	-	1.040,40	1.170,45	-	904,72	1.017,81	-	775,20	872,10	-	651,84	733,32	-	534,72	601,56	-	423,68	476,
	II	13.089	-	1.047,12	1.178,01	-	911,12	1.025,01	-	781,28	878,94	-	657,68	739,89	-	540,16	607,68	-	428,88	482,49	-	323,76	364,
	III	8.746	-	699,68	787,14	-	597,60	672,30	-	498,72	561,06	-	402,88	453,24	-	310,08	348,84	-	220,32	247,86	-	134,08	150,
	IV	14.778	-	1.182,24	1.330,02	-	1.110,56	1.249,38	-	1.040,40	1.170,45	-	971,76	1.093,23	-	904,72	1.017,81	-	839,20	944,10	-	775,20	872,
	V	20.921	*401,98*	1.673,68	1.882,89																		
	VI	21.453	*465,29*	1.716,24	1.930,77																		
62.063,99	I	14.793	-	1.183,44	1.331,37	-	1.041,52	1.171,71	-	905,76	1.018,98	-	776,24	873,27	-	652,80	734,40	-	535,60	602,55	-	424,56	477,
	II	13.103	-	1.048,24	1.179,27	-	912,16	1.026,18	-	782,32	880,11	-	658,64	740,97	-	541,12	608,76	-	429,76	483,48	-	324,64	365,
	III	8.756	-	700,48	788,04	-	598,40	673,20	-	499,52	561,96	-	403,52	453,96	-	310,72	349,56	-	220,96	248,58	-	134,72	151,
	IV	14.793	-	1.183,44	1.331,37	-	1.111,68	1.250,64	-	1.041,52	1.171,71	-	972,88	1.094,49	-	905,76	1.018,98	-	840,24	945,27	-	776,24	873,
	V	20.937	*403,88*	1.674,96	1.884,33																		
	VI	21.468	*467,07*	1.717,44	1.932,12																		
62.099,99	I	14.807	-	1.184,56	1.332,63	-	1.042,64	1.172,97	-	906,80	1.020,15	-	777,20	874,35	-	653,76	735,48	-	536,48	603,54	-	425,44	478,
	II	13.117	-	1.049,36	1.180,53	-	913,28	1.027,44	-	783,36	881,28	-	659,60	742,05	-	542,00	609,75	-	430,64	484,47	-	325,44	366,
	III	8.768	-	701,44	789,12	-	599,20	674,10	-	500,32	562,86	-	404,32	454,86	-	311,52	350,46	-	221,76	249,48	-	135,36	152,
	IV	14.807	-	1.184,56	1.332,63	-	1.112,80	1.251,90	-	1.042,64	1.172,97	-	974,00	1.095,75	-	906,80	1.020,15	-	841,28	946,44	-	777,20	874,
	V	20.952	*405,67*	1.676,16	1.885,68																		
	VI	21.483	*468,86*	1.718,64	1.933,47																		

SolZ/KiSt lt. Tabelle nicht für Sonstige Bezüge anwendbar.

Lohn/ Gehalt bis	Steuerklasse	Lohn- steuer	ohne Kinderfreibetrag			Anzahl Kinderfreibeträge (nur Steuerklassen I–IV) 0,5			1,0			1,5			2,0			2,5			3,0		
			SolZ 5,5%	Kirchensteuer 8%	9%	SolZ 5,5%	Kirchensteuer 8%	9%	SolZ 5,5%	Kirchensteuer 8%	9%	SolZ 5,5%	Kirchensteuer 8%	9%	SolZ 5,5%	Kirchensteuer 8%	9%	SolZ 5,5%	Kirchensteuer 8%	9%	SolZ 5,5%	Kirchensteuer 8%	9%
62.135,99	I	14.822	-	1.185,76	1.333,98	-	1.043,76	1.174,23	-	907,92	1.021,41	-	778,24	875,52	-	654,72	736,56	-	537,44	604,62	-	426,32	479,61
	II	13.131	-	1.050,48	1.181,79	-	914,32	1.028,61	-	784,32	882,36	-	660,56	743,13	-	542,96	610,83	-	431,52	485,46	-	326,24	367,02
	III	8.778	-	702,24	790,02	-	600,00	675,00	-	500,96	563,58	-	405,12	455,76	-	312,16	351,18	-	222,40	250,20	-	136,00	153,00
	IV	14.822	-	1.185,76	1.333,98	-	1.114,00	1.253,25	-	1.043,76	1.174,23	-	975,04	1.096,92	-	907,92	1.021,41	-	842,32	947,61	-	778,24	875,52
	V	20.967	407,45	1.677,36	1.887,03																		
	VI	21.499	470,76	1.719,92	1.934,91																		
62.171,99	I	14.837	-	1.186,96	1.335,33	-	1.044,88	1.175,49	-	908,96	1.022,58	-	779,28	876,69	-	655,76	737,73	-	538,32	605,61	-	427,20	480,60
	II	13.145	-	1.051,60	1.183,05	-	915,36	1.029,78	-	785,36	883,53	-	661,52	744,21	-	543,84	611,82	-	432,40	486,45	-	327,04	367,92
	III	8.788	-	703,04	790,92	-	600,96	676,08	-	501,76	564,48	-	405,76	456,48	-	312,96	352,08	-	223,20	251,10	-	136,64	153,72
	IV	14.837	-	1.186,96	1.335,33	-	1.115,12	1.254,51	-	1.044,88	1.175,49	-	976,16	1.098,18	-	908,96	1.022,58	-	843,36	948,78	-	779,28	876,69
	V	20.982	409,24	1.678,56	1.888,38																		
	VI	21.514	472,54	1.721,12	1.936,26																		
62.207,99	I	14.851	-	1.188,08	1.336,59	-	1.046,00	1.176,75	-	910,08	1.023,84	-	780,24	877,77	-	656,72	738,81	-	539,28	606,69	-	428,00	481,50
	II	13.159	-	1.052,72	1.184,31	-	916,48	1.031,04	-	786,40	884,70	-	662,48	745,29	-	544,80	612,90	-	433,28	487,44	-	327,92	368,91
	III	8.798	-	703,84	791,82	-	601,76	676,98	-	502,56	565,38	-	406,56	457,38	-	313,60	352,80	-	223,84	251,82	-	137,44	154,62
	IV	14.851	-	1.188,08	1.336,59	-	1.116,24	1.255,77	-	1.046,00	1.176,75	-	977,28	1.099,44	-	910,08	1.023,84	-	844,40	949,95	-	780,24	877,77
	V	20.997	411,02	1.679,76	1.889,73																		
	VI	21.529	474,33	1.722,32	1.937,61																		
62.243,99	I	14.866	-	1.189,28	1.337,94	-	1.047,12	1.178,01	-	911,12	1.025,01	-	781,28	878,94	-	657,68	739,89	-	540,16	607,68	-	428,88	482,49
	II	13.173	-	1.053,84	1.185,57	-	917,52	1.032,21	-	787,44	885,87	-	663,52	746,46	-	545,68	613,89	-	434,16	488,43	-	328,72	369,81
	III	8.808	-	704,64	792,72	-	602,56	677,88	-	503,36	566,28	-	407,36	458,28	-	314,40	353,70	-	224,48	252,54	-	138,08	155,34
	IV	14.866	-	1.189,28	1.337,94	-	1.117,44	1.257,12	-	1.047,12	1.178,01	-	978,32	1.100,61	-	911,12	1.025,01	-	845,44	951,12	-	781,28	878,94
	V	21.012	412,81	1.680,96	1.891,08																		
	VI	21.544	476,11	1.723,52	1.938,96																		
62.279,99	I	14.880	-	1.190,40	1.339,20	-	1.048,24	1.179,27	-	912,16	1.026,18	-	782,32	880,11	-	658,64	740,97	-	541,12	608,76	-	429,76	483,48
	II	13.187	-	1.054,96	1.186,83	-	918,64	1.033,47	-	788,48	887,04	-	664,48	747,54	-	546,64	614,97	-	435,04	489,42	-	329,52	370,71
	III	8.820	-	705,60	793,80	-	603,36	678,78	-	504,16	567,18	-	408,16	459,18	-	315,20	354,60	-	225,28	253,44	-	138,72	156,06
	IV	14.880	-	1.190,40	1.339,20	-	1.118,56	1.258,38	-	1.048,24	1.179,27	-	979,44	1.101,87	-	912,16	1.026,18	-	846,48	952,29	-	782,32	880,11
	V	21.027	414,59	1.682,16	1.892,43																		
	VI	21.559	477,90	1.724,72	1.940,31																		
62.315,99	I	14.895	-	1.191,60	1.340,55	-	1.049,36	1.180,53	-	913,28	1.027,44	-	783,36	881,28	-	659,60	742,05	-	542,00	609,75	-	430,64	484,47
	II	13.201	-	1.056,08	1.188,09	-	919,68	1.034,64	-	789,44	888,12	-	665,44	748,62	-	547,60	616,05	-	435,84	490,32	-	330,32	371,61
	III	8.830	-	706,40	794,70	-	604,16	679,68	-	504,96	568,08	-	408,80	459,90	-	315,84	355,32	-	225,92	254,16	-	139,36	156,78
	IV	14.895	-	1.191,60	1.340,55	-	1.119,68	1.259,64	-	1.049,36	1.180,53	-	980,56	1.103,13	-	913,28	1.027,44	-	847,52	953,46	-	783,36	881,28
	V	21.042	416,38	1.683,36	1.893,78																		
	VI	21.574	479,68	1.725,92	1.941,66																		
62.351,99	I	14.910	-	1.192,80	1.341,90	-	1.050,48	1.181,79	-	914,32	1.028,61	-	784,32	882,36	-	660,56	743,13	-	542,96	610,83	-	431,52	485,46
	II	13.215	-	1.057,20	1.189,35	-	920,72	1.035,81	-	790,48	889,29	-	666,40	749,70	-	548,48	617,04	-	436,72	491,31	-	331,20	372,60
	III	8.840	-	707,20	795,60	-	604,96	680,58	-	505,76	568,98	-	409,60	460,80	-	316,64	356,22	-	226,72	255,06	-	140,00	157,50
	IV	14.910	-	1.192,80	1.341,90	-	1.120,80	1.260,90	-	1.050,48	1.181,79	-	981,60	1.104,30	-	914,32	1.028,61	-	848,56	954,63	-	784,32	882,36
	V	21.058	418,28	1.684,64	1.895,22																		
	VI	21.589	481,47	1.727,12	1.943,01																		
62.387,99	I	14.924	-	1.193,92	1.343,16	-	1.051,60	1.183,05	-	915,36	1.029,78	-	785,36	883,53	-	661,52	744,21	-	543,84	611,82	-	432,40	486,45
	II	13.229	-	1.058,32	1.190,61	-	921,84	1.037,07	-	791,52	890,46	-	667,36	750,78	-	549,44	618,12	-	437,60	492,30	-	332,00	373,50
	III	8.850	-	708,00	796,50	-	605,76	681,48	-	506,56	569,88	-	410,40	461,70	-	317,28	356,94	-	227,36	255,78	-	140,64	158,22
	IV	14.924	-	1.193,92	1.343,16	-	1.122,00	1.262,25	-	1.051,60	1.183,05	-	982,72	1.105,56	-	915,36	1.029,78	-	849,60	955,80	-	785,36	883,53
	V	21.073	420,07	1.685,84	1.896,57																		
	VI	21.604	483,25	1.728,32	1.944,36																		
62.423,99	I	14.939	-	1.195,12	1.344,51	-	1.052,72	1.184,31	-	916,48	1.031,04	-	786,40	884,70	-	662,48	745,29	-	544,80	612,90	-	433,28	487,44
	II	13.243	-	1.059,44	1.191,87	-	922,88	1.038,24	-	792,56	891,63	-	668,32	751,86	-	550,32	619,11	-	438,48	493,29	-	332,80	374,40
	III	8.862	-	708,96	797,58	-	606,56	682,38	-	507,36	570,78	-	411,20	462,60	-	318,08	357,84	-	228,16	256,68	-	141,44	159,12
	IV	14.939	-	1.195,12	1.344,51	-	1.123,12	1.263,51	-	1.052,72	1.184,31	-	983,84	1.106,82	-	916,48	1.031,04	-	850,64	956,97	-	786,40	884,70
	V	21.088	421,85	1.687,04	1.897,92																		
	VI	21.619	485,04	1.729,52	1.945,71																		
62.459,99	I	14.953	-	1.196,24	1.345,77	-	1.053,84	1.185,57	-	917,52	1.032,21	-	787,44	885,87	-	663,52	746,46	-	545,68	613,89	-	434,16	488,43
	II	13.257	-	1.060,56	1.193,13	-	924,00	1.039,50	-	793,52	892,71	-	669,36	753,03	-	551,28	620,19	-	439,36	494,28	-	333,68	375,39
	III	8.872	-	709,76	798,48	-	607,36	683,28	-	508,16	571,68	-	412,00	463,50	-	318,88	358,74	-	228,80	257,40	-	142,08	159,84
	IV	14.953	-	1.196,24	1.345,77	-	1.124,24	1.264,77	-	1.053,84	1.185,57	-	984,88	1.107,99	-	917,52	1.032,21	-	851,68	958,14	-	787,44	885,87
	V	21.103	423,64	1.688,24	1.899,27																		
	VI	21.635	486,94	1.730,80	1.947,15																		
62.495,99	I	14.968	-	1.197,44	1.347,12	-	1.054,96	1.186,83	-	918,64	1.033,47	-	788,48	887,04	-	664,48	747,54	-	546,64	614,97	-	435,04	489,42
	II	13.271	-	1.061,68	1.194,39	-	925,04	1.040,67	-	794,56	893,88	-	670,32	754,11	-	552,16	621,18	-	440,24	495,27	-	334,48	376,29
	III	8.882	-	710,56	799,38	-	608,16	684,18	-	508,96	572,58	-	412,64	464,22	-	319,52	359,46	-	229,60	258,30	-	142,72	160,56
	IV	14.968	-	1.197,44	1.347,12	-	1.125,44	1.266,12	-	1.054,96	1.186,83	-	986,00	1.109,25	-	918,64	1.033,47	-	852,72	959,31	-	788,48	887,04
	V	21.118	425,42	1.689,44	1.900,62																		
	VI	21.650	488,73	1.732,00	1.948,50																		
62.531,99	I	14.983	-	1.198,64	1.348,47	-	1.056,08	1.188,09	-	919,68	1.034,64	-	789,44	888,12	-	665,44	748,62	-	547,60	616,05	-	435,84	490,32
	II	13.285	-	1.062,80	1.195,65	-	926,08	1.041,84	-	795,60	895,05	-	671,28	755,19	-	553,12	622,26	-	441,12	496,26	-	335,28	377,19
	III	8.892	-	711,36	800,28	-	608,96	685,08	-	509,60	573,30	-	413,44	465,12	-	320,32	360,36	-	230,24	259,02	-	143,36	161,28
	IV	14.983	-	1.198,64	1.348,47	-	1.126,56	1.267,38	-	1.056,08	1.188,09	-	987,12	1.110,51	-	919,68	1.034,64	-	853,76	960,48	-	789,44	888,12
	V	21.133	427,21	1.690,64	1.901,97																		
	VI	21.665	490,51	1.733,20	1.949,85																		
62.567,99	I	14.997	-	1.199,76	1.349,73	-	1.057,20	1.189,35	-	920,72	1.035,81	-	790,48	889,29	-	666,40	749,70	-	548,48	617,04	-	436,72	491,31
	II	13.299	-	1.063,92	1.196,91	-	927,20	1.043,10	-	796,64	896,22	-	672,24	756,27	-	554,00	623,25	-	442,00	497,25	-	336,16	378,18
	III	8.902	-	712,16	801,18	-	609,76	685,98	-	510,40	574,20	-	414,24	466,02	-	320,96	361,08	-	230,88	259,74	-	144,00	162,00
	IV	14.997	-	1.199,76	1.349,73	-	1.127,68	1.268,64	-	1.057,20	1.189,35	-	988,16	1.111,68	-	920,72	1.035,81	-	854,88	961,74	-	790,48	889,29
	V	21.148	428,99	1.691,84	1.903,32																		
	VI	21.680	492,30	1.734,40	1.951,20																		
62.603,99	I	15.012	-	1.200,96	1.351,08	-	1.058,32	1.190,61	-	921,84	1.037,07	-	791,52	890,46	-	667,36	750,78	-	549,44	618,12	-	437,60	492,30
	II	13.313	-	1.065,04	1.198,17	-	928,24	1.044,27	-	797,68	897,39	-	673,20	757,35	-	554,96	624,33	-	442,88	498,24	-	336,96	379,08
	III	8.914	-	713,12	802,26	-	610,56	686,88	-	511,20	575,10	-	415,04	466,92	-	321,76	361,98	-	231,68	260,64	-	144,80	162,90
	IV	15.012	-	1.200,96	1.351,08	-	1.128,88	1.269,99	-	1.058,32	1.190,61	-	989,28	1.112,94	-	921,84	1.037,07	-	855,92	962,91	-	791,52	890,46
	V	21.163	430,78	1.693,04	1.904,67																		
	VI	21.695	494,08	1.735,60	1.952,55																		
62.639,99	I	15.027	-	1.202,16	1.352,43	-	1.059,44	1.191,87	-	922,88	1.038,24	-	792,56	891,63	-	668,32	751,86	-	550,32	619,11	-	438,48	493,29
	II	13.327	-	1.066,16	1.199,43	-	929,36	1.045,53	-	798,72	898,56	-	674,16	758,43	-	555,92	625,41	-	443,76	499,23	-	337,76	379,98
	III	8.924	-	713,92	803,16	-	611,36	687,78	-	512,00	576,00	-	415,68	467,64	-	322,56	362,88	-	232,32	261,36	-	145,44	163,62
	IV	15.027	-	1.202,16	1.352,43	-	1.130,00	1.271,25	-	1.059,44	1.191,87	-	990,40	1.114,20	-	922,88	1.038,24	-	856,96	964,08	-	792,56	891,63
	V	21.178	432,56	1.694,24	1.906,02																		
	VI	21.710	495,87	1.736,80	1.953,90																		

SolZ/KiSt lt. Tabelle nicht für Sonstige Bezüge anwendbar.

Lohn/ Gehalt bis	Steuerklasse	Lohn-steuer	ohne Kinderfreibetrag			Anzahl Kinderfreibeträge (nur Steuerklassen I–IV) 0,5			1,0			1,5			2,0			2,5			3,0		
			SolZ 5,5%	Kirchensteuer 8%	9%	SolZ 5,5%	Kirchensteuer 8%	9%	SolZ 5,5%	Kirchensteuer 8%	9%	SolZ 5,5%	Kirchensteuer 8%	9%	SolZ 5,5%	Kirchensteuer 8%	9%	SolZ 5,5%	Kirchensteuer 8%	9%	SolZ 5,5%	Kirchensteuer 8%	9%
62.675,99	I	15.041	-	1.203,28	1.353,69	-	1.060,56	1.193,13	-	924,00	1.039,50	-	793,52	892,71	-	669,36	753,03	-	551,28	620,19	-	439,36	494,2
	II	13.341	-	1.067,28	1.200,69	-	930,40	1.046,70	-	799,68	899,64	-	675,20	759,60	-	556,80	626,40	-	444,64	500,22	-	338,64	380,9
	III	8.934	-	714,72	804,06	-	612,16	688,68	-	512,80	576,90	-	416,48	468,54	-	323,20	363,60	-	233,12	262,26	-	146,08	164,3
	IV	15.041	-	1.203,28	1.353,69	-	1.131,12	1.272,51	-	1.060,56	1.193,13	-	991,52	1.115,46	-	924,00	1.039,50	-	858,00	965,25	-	793,52	892,7
	V	21.194	434,46	1.695,52	1.907,46																		
	VI	21.725	497,65	1.738,00	1.955,25																		
62.711,99	I	15.056	-	1.204,48	1.355,04	-	1.061,68	1.194,39	-	925,04	1.040,67	-	794,56	893,88	-	670,32	754,11	-	552,16	621,18	-	440,24	495,2
	II	13.355	-	1.068,40	1.201,95	-	931,52	1.047,96	-	800,72	900,81	-	676,16	760,68	-	557,76	627,48	-	445,52	501,21	-	339,44	381,8
	III	8.944	-	715,52	804,96	-	613,12	689,76	-	513,60	577,80	-	417,28	469,44	-	324,00	364,50	-	233,76	262,98	-	146,72	165,0
	IV	15.056	-	1.204,48	1.355,04	-	1.132,32	1.273,86	-	1.061,68	1.194,39	-	992,56	1.116,63	-	925,04	1.040,67	-	859,04	966,42	-	794,56	893,8
	V	21.209	436,25	1.696,72	1.908,81																		
	VI	21.740	499,44	1.739,20	1.956,60																		
62.747,99	I	15.071	-	1.205,68	1.356,39	-	1.062,80	1.195,65	-	926,08	1.041,84	-	795,60	895,05	-	671,28	755,19	-	553,12	622,26	-	441,12	496,2
	II	13.369	-	1.069,52	1.203,21	-	932,56	1.049,13	-	801,76	901,98	-	677,12	761,76	-	558,64	628,47	-	446,40	502,20	-	340,24	382,7
	III	8.956	-	716,48	806,04	-	613,92	690,66	-	514,40	578,70	-	418,08	470,34	-	324,80	365,40	-	234,56	263,88	-	147,52	165,9
	IV	15.071	-	1.205,68	1.356,39	-	1.133,44	1.275,12	-	1.062,80	1.195,65	-	993,68	1.117,89	-	926,08	1.041,84	-	860,08	967,59	-	795,60	895,0
	V	21.224	438,03	1.697,92	1.910,16																		
	VI	21.756	501,34	1.740,48	1.958,04																		
62.783,99	I	15.085	-	1.206,80	1.357,65	-	1.063,92	1.196,91	-	927,20	1.043,10	-	796,64	896,22	-	672,24	756,27	-	554,00	623,25	-	442,00	497,2
	II	13.383	-	1.070,64	1.204,47	-	933,68	1.050,39	-	802,80	903,15	-	678,08	762,84	-	559,60	629,55	-	447,28	503,19	-	341,12	383,7
	III	8.966	-	717,28	806,94	-	614,72	691,56	-	515,20	579,60	-	418,72	471,06	-	325,44	366,12	-	235,20	264,60	-	148,16	166,6
	IV	15.085	-	1.206,80	1.357,65	-	1.134,64	1.276,47	-	1.063,92	1.196,91	-	994,80	1.119,15	-	927,20	1.043,10	-	861,12	968,76	-	796,64	896,2
	V	21.239	439,82	1.699,12	1.911,51																		
	VI	21.771	503,13	1.741,68	1.959,39																		
62.819,99	I	15.100	-	1.208,00	1.359,00	-	1.065,04	1.198,17	-	928,24	1.044,27	-	797,68	897,39	-	673,20	757,35	-	554,96	624,33	-	442,88	498,2
	II	13.398	-	1.071,84	1.205,82	-	934,72	1.051,56	-	803,84	904,32	-	679,12	764,01	-	560,56	630,63	-	448,16	504,18	-	341,92	384,6
	III	8.976	-	718,08	807,84	-	615,52	692,46	-	516,00	580,50	-	419,52	471,96	-	326,24	367,02	-	236,00	265,50	-	148,80	167,4
	IV	15.100	-	1.208,00	1.359,00	-	1.135,76	1.277,73	-	1.065,04	1.198,17	-	995,92	1.120,41	-	928,24	1.044,27	-	862,16	969,93	-	797,68	897,3
	V	21.254	441,60	1.700,32	1.912,86																		
	VI	21.786	504,91	1.742,88	1.960,74																		
62.855,99	I	15.115	-	1.209,20	1.360,35	-	1.066,16	1.199,43	-	929,36	1.045,53	-	798,72	898,56	-	674,16	758,43	-	555,92	625,41	-	443,76	499,2
	II	13.412	-	1.072,96	1.207,08	-	935,84	1.052,82	-	804,88	905,49	-	680,08	765,09	-	561,44	631,62	-	449,04	505,17	-	342,80	385,6
	III	8.986	-	718,88	808,74	-	616,32	693,36	-	516,80	581,40	-	420,32	472,86	-	326,88	367,74	-	236,64	266,22	-	149,44	168,1
	IV	15.115	-	1.209,20	1.360,35	-	1.136,88	1.278,99	-	1.066,16	1.199,43	-	996,96	1.121,58	-	929,36	1.045,53	-	863,28	971,19	-	798,72	898,5
	V	21.269	443,39	1.701,52	1.914,21																		
	VI	21.801	506,70	1.744,08	1.962,09																		
62.891,99	I	15.129	-	1.210,32	1.361,61	-	1.067,28	1.200,69	-	930,40	1.046,70	-	799,68	899,64	-	675,20	759,60	-	556,80	626,40	-	444,64	500,2
	II	13.426	-	1.074,08	1.208,34	-	936,88	1.053,99	-	805,84	906,57	-	681,04	766,17	-	562,40	632,70	-	449,92	506,16	-	343,60	386,5
	III	8.996	-	719,68	809,64	-	617,12	694,26	-	517,60	582,30	-	421,12	473,76	-	327,68	368,64	-	237,44	267,12	-	150,24	169,
	IV	15.129	-	1.210,32	1.361,61	-	1.138,08	1.280,34	-	1.067,28	1.200,69	-	998,08	1.122,84	-	930,40	1.046,70	-	864,32	972,36	-	799,68	899,6
	V	21.284	445,17	1.702,72	1.915,56																		
	VI	21.816	508,48	1.745,28	1.963,44																		
62.927,99	I	15.144	-	1.211,52	1.362,96	-	1.068,40	1.201,95	-	931,52	1.047,96	-	800,72	900,81	-	676,16	760,68	-	557,76	627,48	-	445,52	501,2
	II	13.440	-	1.075,20	1.209,60	-	937,92	1.055,16	-	806,88	907,74	-	682,00	767,25	-	563,28	633,69	-	450,80	507,15	-	344,40	387,
	III	9.008	-	720,64	810,72	-	617,92	695,16	-	518,40	583,20	-	421,76	474,48	-	328,48	369,54	-	238,08	267,84	-	150,88	169,
	IV	15.144	-	1.211,52	1.362,96	-	1.139,20	1.281,60	-	1.068,40	1.201,95	-	999,20	1.124,10	-	931,52	1.047,96	-	865,36	973,53	-	800,72	900,
	V	21.299	446,96	1.703,92	1.916,91																		
	VI	21.831	510,27	1.746,48	1.964,79																		
62.963,99	I	15.159	-	1.212,72	1.364,31	-	1.069,52	1.203,21	-	932,56	1.049,13	-	801,76	901,98	-	677,12	761,76	-	558,64	628,47	-	446,40	502,2
	II	13.454	-	1.076,32	1.210,86	-	939,04	1.056,42	-	807,92	908,91	-	683,04	768,42	-	564,24	634,77	-	451,68	508,14	-	345,28	388,
	III	9.018	-	721,44	811,62	-	618,72	696,06	-	519,20	584,10	-	422,56	475,38	-	329,12	370,26	-	238,88	268,74	-	151,52	170,
	IV	15.159	-	1.212,72	1.364,31	-	1.140,32	1.282,86	-	1.069,52	1.203,21	-	1.000,32	1.125,36	-	932,56	1.049,13	-	866,40	974,70	-	801,76	901,9
	V	21.315	448,86	1.705,20	1.918,35																		
	VI	21.846	512,05	1.747,68	1.966,14																		
62.999,99	I	15.174	-	1.213,92	1.365,66	-	1.070,64	1.204,47	-	933,68	1.050,39	-	802,80	903,15	-	678,08	762,84	-	559,60	629,55	-	447,28	503,
	II	13.468	-	1.077,44	1.212,12	-	940,08	1.057,59	-	808,96	910,08	-	684,00	769,50	-	565,20	635,85	-	452,56	509,13	-	346,08	389,
	III	9.028	-	722,24	812,52	-	619,52	696,96	-	519,84	584,82	-	423,36	476,28	-	329,92	371,16	-	239,52	269,46	-	152,16	171,
	IV	15.174	-	1.213,92	1.365,66	-	1.141,52	1.284,21	-	1.070,64	1.204,47	-	1.001,36	1.126,53	-	933,68	1.050,39	-	867,44	975,87	-	802,80	903,
	V	21.330	450,65	1.706,40	1.919,70																		
	VI	21.861	513,84	1.748,88	1.967,49																		
63.035,99	I	15.188	-	1.215,04	1.366,92	-	1.071,84	1.205,82	-	934,72	1.051,56	-	803,84	904,32	-	679,12	764,01	-	560,56	630,63	-	448,16	504,
	II	13.482	-	1.078,56	1.213,38	-	941,20	1.058,85	-	810,00	911,25	-	684,96	770,58	-	566,08	636,84	-	453,44	510,12	-	346,88	390,2
	III	9.038	-	723,04	813,42	-	620,32	697,86	-	520,64	585,72	-	424,16	477,18	-	330,56	371,88	-	240,16	270,18	-	152,96	172,
	IV	15.188	-	1.215,04	1.366,92	-	1.142,64	1.285,47	-	1.071,84	1.205,82	-	1.002,48	1.127,79	-	934,72	1.051,56	-	868,48	977,04	-	803,84	904,3
	V	21.345	452,43	1.707,60	1.921,05																		
	VI	21.877	515,74	1.750,16	1.968,93																		
63.071,99	I	15.203	-	1.216,24	1.368,27	-	1.072,96	1.207,08	-	935,84	1.052,82	-	804,88	905,49	-	680,08	765,09	-	561,44	631,62	-	449,04	505,
	II	13.496	-	1.079,68	1.214,64	-	942,24	1.060,02	-	811,04	912,42	-	685,92	771,66	-	567,04	637,92	-	454,32	511,11	-	347,76	391,2
	III	9.050	-	724,00	814,50	-	621,12	698,76	-	521,44	586,62	-	424,96	478,08	-	331,36	372,78	-	240,96	271,08	-	153,60	172,8
	IV	15.203	-	1.216,24	1.368,27	-	1.143,84	1.286,82	-	1.072,96	1.207,08	-	1.003,60	1.129,05	-	935,84	1.052,82	-	869,52	978,21	-	804,88	905,
	V	21.360	454,22	1.708,80	1.922,40																		
	VI	21.892	517,53	1.751,36	1.970,28																		
63.107,99	I	15.218	-	1.217,44	1.369,62	-	1.074,08	1.208,34	-	936,88	1.053,99	-	805,84	906,57	-	681,04	766,17	-	562,40	632,70	-	449,92	506,
	II	13.510	-	1.080,80	1.215,90	-	943,36	1.061,28	-	812,08	913,59	-	686,96	772,83	-	568,00	639,00	-	455,20	512,10	-	348,56	392,
	III	9.060	-	724,80	815,40	-	621,92	699,66	-	522,24	587,52	-	425,60	478,80	-	332,16	373,68	-	241,60	271,80	-	154,24	173,
	IV	15.218	-	1.217,44	1.369,62	-	1.144,96	1.288,08	-	1.074,08	1.208,34	-	1.004,72	1.130,31	-	936,88	1.053,99	-	870,64	979,47	-	805,84	906,5
	V	21.375	456,00	1.710,00	1.923,75																		
	VI	21.907	519,31	1.752,56	1.971,63																		
63.143,99	I	15.232	-	1.218,56	1.370,88	-	1.075,20	1.209,60	-	937,92	1.055,16	-	806,88	907,74	-	682,00	767,25	-	563,28	633,69	-	450,80	507,
	II	13.525	-	1.082,00	1.217,25	-	944,48	1.062,54	-	813,12	914,76	-	687,92	773,91	-	568,88	639,99	-	456,08	513,09	-	349,44	393,
	III	9.070	-	725,60	816,30	-	622,88	700,74	-	523,04	588,42	-	426,40	479,70	-	332,80	374,40	-	242,40	272,70	-	155,04	174,
	IV	15.232	-	1.218,56	1.370,88	-	1.146,08	1.289,34	-	1.075,20	1.209,60	-	1.005,84	1.131,57	-	937,92	1.055,16	-	871,68	980,64	-	806,88	907,
	V	21.390	457,79	1.711,20	1.925,10																		
	VI	21.922	521,10	1.753,76	1.972,98																		
63.179,99	I	15.247	-	1.219,76	1.372,23	-	1.076,32	1.210,86	-	939,04	1.056,42	-	807,92	908,91	-	683,04	768,42	-	564,24	634,77	-	451,68	508,
	II	13.539	-	1.083,12	1.218,51	-	945,52	1.063,71	-	814,08	915,84	-	688,88	774,99	-	569,84	641,07	-	456,96	514,08	-	350,24	394,
	III	9.080	-	726,40	817,20	-	623,68	701,64	-	523,84	589,32	-	427,20	480,60	-	333,60	375,30	-	243,04	273,42	-	155,68	175,
	IV	15.247	-	1.219,76	1.372,23	-	1.147,28	1.290,69	-	1.076,32	1.210,86	-	1.006,88	1.132,74	-	939,04	1.056,42	-	872,72	981,81	-	807,92	908,
	V	21.405	459,57	1.712,40	1.926,45																		
	VI	21.937	522,88	1.754,96	1.974,33																		

SolZ/KiSt lt. Tabelle nicht für Sonstige Bezüge anwendbar.

Lohn/ Gehalt bis	Steuerklasse	Lohn- steuer	ohne Kinderfreibetrag SolZ 5,5%	Kirchensteuer 8%	9%	0,5 SolZ 5,5%	Kirchensteuer 8%	9%	1,0 SolZ 5,5%	Kirchensteuer 8%	9%	1,5 SolZ 5,5%	Kirchensteuer 8%	9%	2,0 SolZ 5,5%	Kirchensteuer 8%	9%	2,5 SolZ 5,5%	Kirchensteuer 8%	9%	3,0 SolZ 5,5%	Kirchensteuer 8%	9%
						Anzahl Kinderfreibeträge (nur Steuerklassen I–IV)																	
63.215,99	I	15.262	-	1.220,96	1.373,58	-	1.077,44	1.212,12	-	940,08	1.057,59	-	808,96	910,08	-	684,00	769,50	-	565,20	635,85	-	452,56	509,13
	II	13.553	-	1.084,24	1.219,77	-	946,64	1.064,97	-	815,12	917,01	-	689,84	776,07	-	570,80	642,15	-	457,84	515,07	-	351,04	394,92
	III	9.092	-	727,36	818,28	-	624,48	702,54	-	524,64	590,22	-	428,00	481,50	-	334,40	376,20	-	243,84	274,32	-	156,32	175,86
	IV	15.262	-	1.220,96	1.373,58	-	1.148,40	1.291,95	-	1.077,44	1.212,12	-	1.008,00	1.134,00	-	940,08	1.057,59	-	873,76	982,98	-	808,96	910,08
	V	21.420	*461,36*	1.713,60	1.927,80																		
	VI	21.952	*524,67*	1.756,16	1.975,68																		
63.251,99	I	15.277	-	1.222,16	1.374,93	-	1.078,56	1.213,38	-	941,20	1.058,85	-	810,00	911,25	-	684,96	770,58	-	566,08	636,84	-	453,44	510,12
	II	13.567	-	1.085,36	1.221,03	-	947,68	1.066,14	-	816,16	918,18	-	690,88	777,24	-	571,68	643,14	-	458,72	516,06	-	351,92	395,91
	III	9.102	-	728,16	819,18	-	625,28	703,44	-	525,44	591,12	-	428,64	482,22	-	335,04	376,92	-	244,48	275,04	-	157,12	176,76
	IV	15.277	-	1.222,16	1.374,93	-	1.149,60	1.293,30	-	1.078,56	1.213,38	-	1.009,12	1.135,26	-	941,20	1.058,85	-	874,80	984,15	-	810,00	911,25
	V	21.436	*463,26*	1.714,88	1.929,24																		
	VI	21.967	*526,45*	1.757,36	1.977,03																		
63.287,99	I	15.291	-	1.223,28	1.376,19	-	1.079,68	1.214,64	-	942,24	1.060,02	-	811,04	912,42	-	685,92	771,66	-	567,04	637,92	-	454,32	511,11
	II	13.581	-	1.086,48	1.222,29	-	948,80	1.067,40	-	817,20	919,35	-	691,84	778,32	-	572,64	644,22	-	459,60	517,05	-	352,72	396,81
	III	9.112	-	728,96	820,08	-	626,08	704,34	-	526,24	592,02	-	429,44	483,12	-	335,84	377,82	-	245,28	275,94	-	157,76	177,48
	IV	15.291	-	1.223,28	1.376,19	-	1.150,72	1.294,56	-	1.079,68	1.214,64	-	1.010,24	1.136,52	-	942,24	1.060,02	-	875,92	985,41	-	811,04	912,42
	V	21.451	*465,05*	1.716,08	1.930,59																		
	VI	21.982	*528,24*	1.758,56	1.978,38																		
63.323,99	I	15.306	-	1.224,48	1.377,54	-	1.080,80	1.215,90	-	943,36	1.061,28	-	812,08	913,59	-	686,96	772,83	-	568,00	639,00	-	455,20	512,10
	II	13.595	-	1.087,60	1.223,55	-	949,84	1.068,57	-	818,24	920,52	-	692,80	779,40	-	573,60	645,30	-	460,48	518,04	-	353,60	397,80
	III	9.122	-	729,76	820,98	-	626,88	705,24	-	527,04	592,92	-	430,24	484,02	-	336,48	378,54	-	245,92	276,66	-	158,40	178,20
	IV	15.306	-	1.224,48	1.377,54	-	1.151,92	1.295,91	-	1.080,80	1.215,90	-	1.011,36	1.137,78	-	943,36	1.061,28	-	876,96	986,58	-	812,08	913,59
	V	21.466	*466,83*	1.717,28	1.931,94																		
	VI	21.997	*530,02*	1.759,76	1.979,73																		
63.359,99	I	15.321	-	1.225,68	1.378,89	-	1.082,00	1.217,25	-	944,48	1.062,54	-	813,12	914,76	-	687,92	773,91	-	568,88	639,99	-	456,08	513,09
	II	13.609	-	1.088,72	1.224,81	-	950,96	1.069,83	-	819,28	921,69	-	693,84	780,57	-	574,48	646,29	-	461,36	519,03	-	354,40	398,70
	III	9.134	-	730,72	822,06	-	627,68	706,14	-	527,84	593,82	-	431,04	484,92	-	337,28	379,44	-	246,72	277,56	-	159,20	179,10
	IV	15.321	-	1.225,68	1.378,89	-	1.153,04	1.297,17	-	1.082,00	1.217,25	-	1.012,40	1.138,95	-	944,48	1.062,54	-	878,00	987,75	-	813,12	914,76
	V	21.481	*468,62*	1.718,48	1.933,29																		
	VI	22.013	*531,93*	1.761,04	1.981,17																		
63.395,99	I	15.336	-	1.226,88	1.380,24	-	1.083,12	1.218,51	-	945,52	1.063,71	-	814,08	915,84	-	688,88	774,99	-	569,84	641,07	-	456,96	514,08
	II	13.624	-	1.089,92	1.226,16	-	952,00	1.071,00	-	820,32	922,86	-	694,80	781,65	-	575,44	647,37	-	462,24	520,02	-	355,28	399,69
	III	9.144	-	731,52	822,96	-	628,48	707,04	-	528,64	594,72	-	431,84	485,82	-	338,08	380,34	-	247,36	278,28	-	159,84	179,82
	IV	15.336	-	1.226,88	1.380,24	-	1.154,24	1.298,52	-	1.083,12	1.218,51	-	1.013,52	1.140,21	-	945,52	1.063,71	-	879,04	988,92	-	814,08	915,84
	V	21.496	*470,40*	1.719,68	1.934,64																		
	VI	22.028	*533,71*	1.762,24	1.982,52																		
63.431,99	I	15.350	-	1.228,00	1.381,50	-	1.084,24	1.219,77	-	946,64	1.064,97	-	815,12	917,01	-	689,84	776,07	-	570,80	642,15	-	457,84	515,07
	II	13.638	-	1.091,04	1.227,42	-	953,12	1.072,26	-	821,36	924,03	-	695,76	782,73	-	576,40	648,45	-	463,12	521,01	-	356,08	400,59
	III	9.154	-	732,32	823,86	-	629,28	707,94	-	529,44	595,62	-	432,48	486,54	-	338,72	381,06	-	248,16	279,18	-	160,48	180,54
	IV	15.350	-	1.228,00	1.381,50	-	1.155,36	1.299,78	-	1.084,24	1.219,77	-	1.014,64	1.141,47	-	946,64	1.064,97	-	880,08	990,09	-	815,12	917,01
	V	21.511	*472,19*	1.720,88	1.935,99																		
	VI	22.043	*535,50*	1.763,44	1.983,87																		
63.467,99	I	15.365	-	1.229,20	1.382,85	-	1.085,36	1.221,03	-	947,68	1.066,14	-	816,16	918,18	-	690,88	777,24	-	571,68	643,14	-	458,72	516,06
	II	13.652	-	1.092,16	1.228,68	-	954,16	1.073,43	-	822,40	925,20	-	696,80	783,90	-	577,28	649,44	-	464,00	522,00	-	356,96	401,58
	III	9.164	-	733,12	824,76	-	630,08	708,84	-	530,24	596,52	-	433,28	487,44	-	339,52	381,96	-	248,80	279,90	-	161,28	181,44
	IV	15.365	-	1.229,20	1.382,85	-	1.156,48	1.301,04	-	1.085,36	1.221,03	-	1.015,76	1.142,73	-	947,68	1.066,14	-	881,20	991,35	-	816,16	918,18
	V	21.526	*473,97*	1.722,08	1.937,34																		
	VI	22.058	*537,28*	1.764,64	1.985,22																		
63.503,99	I	15.380	-	1.230,40	1.384,20	-	1.086,48	1.222,29	-	948,80	1.067,40	-	817,20	919,35	-	691,84	778,32	-	572,64	644,22	-	459,60	517,05
	II	13.666	-	1.093,28	1.229,94	-	955,28	1.074,69	-	823,44	926,37	-	697,76	784,98	-	578,24	650,52	-	464,88	522,99	-	357,76	402,48
	III	9.176	-	734,08	825,84	-	631,04	709,92	-	531,04	597,42	-	434,08	488,34	-	340,32	382,86	-	249,60	280,80	-	161,92	182,16
	IV	15.380	-	1.230,40	1.384,20	-	1.157,68	1.302,39	-	1.086,48	1.222,29	-	1.016,88	1.143,99	-	948,80	1.067,40	-	882,24	992,52	-	817,20	919,35
	V	21.541	*475,76*	1.723,28	1.938,69																		
	VI	22.073	*539,07*	1.765,84	1.986,57																		
63.539,99	I	15.395	-	1.231,60	1.385,55	-	1.087,60	1.223,55	-	949,84	1.068,57	-	818,24	920,52	-	692,80	779,40	-	573,60	645,30	-	460,48	518,04
	II	13.680	-	1.094,40	1.231,20	-	956,32	1.075,86	-	824,48	927,54	-	698,72	786,06	-	579,20	651,60	-	465,84	524,07	-	358,56	403,38
	III	9.186	-	734,88	826,74	-	631,84	710,82	-	531,84	598,32	-	434,88	489,24	-	340,96	383,58	-	250,24	281,52	-	162,56	182,88
	IV	15.395	-	1.231,60	1.385,55	-	1.158,80	1.303,65	-	1.087,60	1.223,55	-	1.018,00	1.145,25	-	949,84	1.068,57	-	883,28	993,69	-	818,24	920,52
	V	21.556	*477,54*	1.724,48	1.940,04																		
	VI	22.088	*540,85*	1.767,04	1.987,92																		
63.575,99	I	15.409	-	1.232,72	1.386,81	-	1.088,72	1.224,81	-	950,96	1.069,83	-	819,28	921,69	-	693,84	780,57	-	574,48	646,29	-	461,36	519,03
	II	13.695	-	1.095,60	1.232,55	-	957,44	1.077,12	-	825,52	928,71	-	699,76	787,23	-	580,08	652,59	-	466,72	525,06	-	359,44	404,37
	III	9.196	-	735,68	827,64	-	632,64	711,72	-	532,64	599,22	-	435,68	490,14	-	341,76	384,48	-	251,04	282,42	-	163,36	183,78
	IV	15.409	-	1.232,72	1.386,81	-	1.160,00	1.305,00	-	1.088,72	1.224,81	-	1.019,04	1.146,42	-	950,96	1.069,83	-	884,32	994,86	-	819,28	921,69
	V	21.572	*479,45*	1.725,76	1.941,48																		
	VI	22.103	*542,64*	1.768,24	1.989,27																		
63.611,99	I	15.424	-	1.233,92	1.388,16	-	1.089,92	1.226,16	-	952,00	1.071,00	-	820,32	922,86	-	694,80	781,65	-	575,44	647,37	-	462,24	520,02
	II	13.709	-	1.096,72	1.233,81	-	958,56	1.078,38	-	826,56	929,88	-	700,72	788,31	-	581,04	653,67	-	467,60	526,05	-	360,24	405,27
	III	9.206	-	736,48	828,54	-	633,44	712,62	-	533,28	599,94	-	436,32	490,86	-	342,56	385,38	-	251,68	283,14	-	164,00	184,50
	IV	15.424	-	1.233,92	1.388,16	-	1.161,12	1.306,26	-	1.089,92	1.226,16	-	1.020,16	1.147,68	-	952,00	1.071,00	-	885,36	996,03	-	820,32	922,86
	V	21.587	*481,23*	1.726,96	1.942,83																		
	VI	22.118	*544,42*	1.769,44	1.990,62																		
63.647,99	I	15.439	-	1.235,12	1.389,51	-	1.091,04	1.227,42	-	953,12	1.072,26	-	821,36	924,03	-	695,76	782,73	-	576,40	648,45	-	463,12	521,01
	II	13.723	-	1.097,84	1.235,07	-	959,60	1.079,55	-	827,60	931,05	-	701,68	789,39	-	582,00	654,75	-	468,48	527,04	-	361,12	406,26
	III	9.218	-	737,44	829,62	-	634,24	713,52	-	534,08	600,84	-	437,12	491,76	-	343,20	386,10	-	252,48	284,04	-	164,64	185,22
	IV	15.439	-	1.235,12	1.389,51	-	1.162,32	1.307,61	-	1.091,04	1.227,42	-	1.021,28	1.148,94	-	953,12	1.072,26	-	886,48	997,29	-	821,36	924,03
	V	21.602	*483,02*	1.728,16	1.944,18																		
	VI	22.134	*546,32*	1.770,72	1.992,06																		
63.683,99	I	15.454	-	1.236,32	1.390,86	-	1.092,16	1.228,68	-	954,16	1.073,43	-	822,40	925,20	-	696,80	783,90	-	577,28	649,44	-	464,00	522,00
	II	13.737	-	1.098,96	1.236,33	-	960,72	1.080,81	-	828,64	932,22	-	702,72	790,56	-	582,96	655,83	-	469,36	528,03	-	361,92	407,16
	III	9.228	-	738,24	830,52	-	635,04	714,42	-	534,88	601,74	-	437,92	492,66	-	344,00	387,00	-	253,12	284,76	-	165,44	186,12
	IV	15.454	-	1.236,32	1.390,86	-	1.163,44	1.308,87	-	1.092,16	1.228,68	-	1.022,40	1.150,20	-	954,16	1.073,43	-	887,52	998,46	-	822,40	925,20
	V	21.617	*484,80*	1.729,36	1.945,53																		
	VI	22.149	*548,11*	1.771,92	1.993,41																		
63.719,99	I	15.469	-	1.237,52	1.392,21	-	1.093,28	1.229,94	-	955,28	1.074,69	-	823,44	926,37	-	697,76	784,98	-	578,24	650,52	-	464,88	522,99
	II	13.751	-	1.100,08	1.237,59	-	961,76	1.081,98	-	829,68	933,39	-	703,68	791,64	-	583,84	656,82	-	470,24	529,02	-	362,80	408,15
	III	9.238	-	739,04	831,42	-	635,84	715,32	-	535,68	602,64	-	438,72	493,56	-	344,80	387,90	-	253,92	285,66	-	166,08	186,84
	IV	15.469	-	1.237,52	1.392,21	-	1.164,64	1.310,22	-	1.093,28	1.229,94	-	1.023,52	1.151,46	-	955,28	1.074,69	-	888,56	999,63	-	823,44	926,37
	V	21.632	*486,59*	1.730,56	1.946,88																		
	VI	22.164	*549,89*	1.773,12	1.994,76																		

SolZ/KiSt lt. Tabelle nicht für Sonstige Bezüge anwendbar.

Lohn/ Gehalt bis	Steuerklasse	Lohn- steuer	ohne Kinderfreibetrag			Anzahl Kinderfreibeträge (nur Steuerklassen I–IV)																	
						0,5			1,0			1,5			2,0			2,5			3,0		
			SolZ 5,5%	Kirchensteuer 8%	9%	SolZ 5,5%	Kirchensteuer 8%	9%	SolZ 5,5%	Kirchensteuer 8%	9%	SolZ 5,5%	Kirchensteuer 8%	9%	SolZ 5,5%	Kirchensteuer 8%	9%	SolZ 5,5%	Kirchensteuer 8%	9%	SolZ 5,5%	Kirchensteuer 8%	9%
63.755,99	I	15.483	-	1.238,64	1.393,47	-	1.094,40	1.231,20	-	956,32	1.075,86	-	824,48	927,54	-	698,72	786,06	-	579,20	651,60	-	465,84	524,07
	II	13.766	-	1.101,28	1.238,94	-	962,88	1.083,24	-	830,72	934,56	-	704,64	792,72	-	584,80	657,90	-	471,12	530,01	-	363,60	409,05
	III	9.250	-	740,00	832,50	-	636,64	716,22	-	536,48	603,54	-	439,52	494,46	-	345,44	388,62	-	254,56	286,38	-	166,72	187,56
	IV	15.483	-	1.238,64	1.393,47	-	1.165,76	1.311,48	-	1.094,40	1.231,20	-	1.024,64	1.152,72	-	956,32	1.075,86	-	889,60	1.000,80	-	824,48	927,54
	V	21.647	488,37	1.731,76	1.948,23																		
	VI	22.179	551,68	1.774,32	1.996,11																		
63.791,99	I	15.498	-	1.239,84	1.394,82	-	1.095,60	1.232,55	-	957,44	1.077,12	-	825,52	928,71	-	699,76	787,23	-	580,08	652,59	-	466,72	525,06
	II	13.780	-	1.102,40	1.240,20	-	964,00	1.084,50	-	831,76	935,73	-	705,68	793,89	-	585,76	658,98	-	472,00	531,00	-	364,48	410,04
	III	9.260	-	740,80	833,40	-	637,44	717,12	-	537,28	604,44	-	440,16	495,18	-	346,24	389,52	-	255,36	287,28	-	167,52	188,46
	IV	15.498	-	1.239,84	1.394,82	-	1.166,96	1.312,83	-	1.095,60	1.232,55	-	1.025,76	1.153,98	-	957,44	1.077,12	-	890,72	1.002,06	-	825,52	928,71
	V	21.662	490,16	1.732,96	1.949,58																		
	VI	22.194	553,46	1.775,52	1.997,46																		
63.827,99	I	15.513	-	1.241,04	1.396,17	-	1.096,72	1.233,81	-	958,56	1.078,38	-	826,56	929,88	-	700,72	788,31	-	581,04	653,67	-	467,60	526,05
	II	13.794	-	1.103,52	1.241,46	-	965,04	1.085,67	-	832,80	936,90	-	706,64	794,97	-	586,72	660,06	-	472,88	531,99	-	365,28	410,94
	III	9.270	-	741,60	834,30	-	638,24	718,02	-	538,08	605,34	-	440,96	496,08	-	346,88	390,24	-	256,00	288,00	-	168,16	189,18
	IV	15.513	-	1.241,04	1.396,17	-	1.168,08	1.314,09	-	1.096,72	1.233,81	-	1.026,88	1.155,24	-	958,56	1.078,38	-	891,76	1.003,23	-	826,56	929,88
	V	21.677	491,94	1.734,16	1.950,93																		
	VI	22.209	555,25	1.776,72	1.998,81																		
63.863,99	I	15.528	-	1.242,24	1.397,52	-	1.097,84	1.235,07	-	959,60	1.079,55	-	827,60	931,05	-	701,68	789,39	-	582,00	654,75	-	468,48	527,04
	II	13.808	-	1.104,64	1.242,72	-	966,16	1.086,93	-	833,84	938,07	-	707,60	796,05	-	587,60	661,05	-	473,84	533,07	-	366,16	411,93
	III	9.280	-	742,40	835,20	-	639,20	719,10	-	538,88	606,24	-	441,76	496,98	-	347,68	391,14	-	256,80	288,90	-	168,80	189,90
	IV	15.528	-	1.242,24	1.397,52	-	1.169,28	1.315,44	-	1.097,84	1.235,07	-	1.027,92	1.156,41	-	959,60	1.079,55	-	892,80	1.004,40	-	827,60	931,05
	V	21.693	493,85	1.735,44	1.952,37																		
	VI	22.224	557,03	1.777,92	2.000,16																		
63.899,99	I	15.543	-	1.243,44	1.398,87	-	1.098,96	1.236,33	-	960,72	1.080,81	-	828,64	932,22	-	702,72	790,56	-	582,96	655,83	-	469,36	528,03
	II	13.823	-	1.105,84	1.244,07	-	967,20	1.088,10	-	834,80	939,15	-	708,64	797,22	-	588,56	662,13	-	474,72	534,06	-	366,96	412,83
	III	9.292	-	743,36	836,28	-	640,00	720,00	-	539,68	607,14	-	442,56	497,88	-	348,48	392,04	-	257,44	289,62	-	169,60	190,80
	IV	15.543	-	1.243,44	1.398,87	-	1.170,40	1.316,70	-	1.098,96	1.236,33	-	1.029,04	1.157,67	-	960,72	1.080,81	-	893,92	1.005,66	-	828,64	932,22
	V	21.708	495,63	1.736,64	1.953,72																		
	VI	22.239	558,82	1.779,12	2.001,51																		
63.935,99	I	15.558	-	1.244,64	1.400,22	-	1.100,08	1.237,59	-	961,76	1.081,98	-	829,68	933,39	-	703,68	791,64	-	583,84	656,82	-	470,24	529,02
	II	13.837	-	1.106,96	1.245,33	-	968,32	1.089,36	-	835,92	940,41	-	709,60	798,30	-	589,52	663,21	-	475,60	535,05	-	367,84	413,82
	III	9.302	-	744,16	837,18	-	640,80	720,90	-	540,48	608,04	-	443,36	498,78	-	349,12	392,76	-	258,24	290,52	-	170,24	191,52
	IV	15.558	-	1.244,64	1.400,22	-	1.171,60	1.318,05	-	1.100,08	1.237,59	-	1.030,16	1.158,93	-	961,76	1.081,98	-	894,96	1.006,83	-	829,68	933,39
	V	21.723	497,42	1.737,84	1.955,07																		
	VI	22.255	560,72	1.780,40	2.002,95																		
63.971,99	I	15.572	-	1.245,76	1.401,48	-	1.101,28	1.238,94	-	962,88	1.083,24	-	830,72	934,56	-	704,64	792,72	-	584,80	657,90	-	471,12	530,01
	II	13.851	-	1.108,08	1.246,59	-	969,44	1.090,62	-	836,96	941,58	-	710,56	799,38	-	590,48	664,29	-	476,48	536,04	-	368,64	414,72
	III	9.312	-	744,96	838,08	-	641,60	721,80	-	541,28	608,94	-	444,00	499,50	-	349,92	393,66	-	258,88	291,24	-	170,88	192,24
	IV	15.572	-	1.245,76	1.401,48	-	1.172,72	1.319,31	-	1.101,28	1.238,94	-	1.031,28	1.160,19	-	962,88	1.083,24	-	896,00	1.008,00	-	830,72	934,56
	V	21.738	499,20	1.739,04	1.956,42																		
	VI	22.270	562,51	1.781,60	2.004,30																		
64.007,99	I	15.587	-	1.246,96	1.402,83	-	1.102,40	1.240,20	-	964,00	1.084,50	-	831,76	935,73	-	705,68	793,89	-	585,76	658,98	-	472,00	531,00
	II	13.865	-	1.109,20	1.247,85	-	970,48	1.091,79	-	838,00	942,75	-	711,60	800,55	-	591,36	665,28	-	477,36	537,03	-	369,52	415,71
	III	9.322	-	745,76	838,98	-	642,40	722,70	-	542,08	609,84	-	444,80	500,40	-	350,72	394,56	-	259,68	292,14	-	171,68	193,14
	IV	15.587	-	1.246,96	1.402,83	-	1.173,92	1.320,66	-	1.102,40	1.240,20	-	1.032,40	1.161,45	-	964,00	1.084,50	-	897,04	1.009,17	-	831,76	935,73
	V	21.753	500,99	1.740,24	1.957,77																		
	VI	22.285	564,29	1.782,80	2.005,65																		
64.043,99	I	15.602	-	1.248,16	1.404,18	-	1.103,52	1.241,46	-	965,04	1.085,67	-	832,80	936,90	-	706,64	794,97	-	586,72	660,06	-	472,88	531,99
	II	13.880	-	1.110,40	1.249,20	-	971,60	1.093,05	-	839,04	943,92	-	712,56	801,63	-	592,32	666,36	-	478,24	538,02	-	370,40	416,70
	III	9.334	-	746,72	840,06	-	643,20	723,60	-	542,88	610,74	-	445,60	501,30	-	351,36	395,28	-	260,32	292,86	-	172,32	193,86
	IV	15.602	-	1.248,16	1.404,18	-	1.175,04	1.321,92	-	1.103,52	1.241,46	-	1.033,52	1.162,71	-	965,04	1.085,67	-	898,16	1.010,43	-	832,80	936,90
	V	21.768	502,77	1.741,44	1.959,12																		
	VI	22.300	566,08	1.784,00	2.007,00																		
64.079,99	I	15.617	-	1.249,36	1.405,53	-	1.104,64	1.242,72	-	966,16	1.086,93	-	833,84	938,07	-	707,60	796,05	-	587,60	661,05	-	473,84	533,07
	II	13.894	-	1.111,52	1.250,46	-	972,72	1.094,31	-	840,08	945,09	-	713,60	802,80	-	593,28	667,44	-	479,12	539,01	-	371,20	417,60
	III	9.344	-	747,52	840,96	-	644,00	724,50	-	543,68	611,64	-	446,40	502,20	-	352,16	396,18	-	261,12	293,76	-	172,96	194,58
	IV	15.617	-	1.249,36	1.405,53	-	1.176,24	1.323,27	-	1.104,64	1.242,72	-	1.034,64	1.163,97	-	966,16	1.086,93	-	899,20	1.011,60	-	833,84	938,07
	V	21.783	504,56	1.742,64	1.960,47																		
	VI	22.315	567,86	1.785,20	2.008,35																		
64.115,99	I	15.632	-	1.250,56	1.406,88	-	1.105,84	1.244,07	-	967,20	1.088,10	-	834,80	939,15	-	708,64	797,22	-	588,56	662,13	-	474,72	534,06
	II	13.908	-	1.112,64	1.251,72	-	973,76	1.095,48	-	841,12	946,26	-	714,56	803,88	-	594,24	668,52	-	480,08	540,09	-	372,08	418,59
	III	9.354	-	748,32	841,86	-	644,80	725,40	-	544,48	612,54	-	447,20	503,10	-	352,96	397,08	-	261,76	294,48	-	173,76	195,48
	IV	15.632	-	1.250,56	1.406,88	-	1.177,44	1.324,62	-	1.105,84	1.244,07	-	1.035,76	1.165,23	-	967,20	1.088,10	-	900,24	1.012,77	-	834,80	939,15
	V	21.798	506,34	1.743,84	1.961,82																		
	VI	22.330	569,65	1.786,40	2.009,70																		
64.151,99	I	15.647	-	1.251,76	1.408,23	-	1.106,96	1.245,33	-	968,32	1.089,36	-	835,92	940,41	-	709,60	798,30	-	589,52	663,21	-	475,60	535,05
	II	13.922	-	1.113,76	1.252,98	-	974,88	1.096,74	-	842,16	947,43	-	715,60	805,05	-	595,20	669,60	-	480,96	541,08	-	372,88	419,49
	III	9.366	-	749,28	842,94	-	645,76	726,48	-	545,28	613,44	-	447,84	503,82	-	353,60	397,80	-	262,56	295,38	-	174,40	196,20
	IV	15.647	-	1.251,76	1.408,23	-	1.178,56	1.325,88	-	1.106,96	1.245,33	-	1.036,88	1.166,49	-	968,32	1.089,36	-	901,36	1.014,03	-	835,92	940,41
	V	21.814	508,24	1.745,12	1.963,26																		
	VI	22.345	571,43	1.787,60	2.011,05																		
64.187,99	I	15.662	-	1.252,96	1.409,58	-	1.108,08	1.246,59	-	969,44	1.090,62	-	836,96	941,58	-	710,56	799,38	-	590,48	664,29	-	476,48	536,04
	II	13.937	-	1.114,96	1.254,33	-	976,00	1.098,00	-	843,20	948,60	-	716,56	806,13	-	596,08	670,59	-	481,84	542,07	-	373,76	420,48
	III	9.376	-	750,08	843,84	-	646,56	727,38	-	546,08	614,34	-	448,64	504,72	-	354,40	398,70	-	263,20	296,10	-	175,04	196,92
	IV	15.662	-	1.252,96	1.409,58	-	1.179,76	1.327,23	-	1.108,08	1.246,59	-	1.038,00	1.167,75	-	969,44	1.090,62	-	902,40	1.015,20	-	836,96	941,58
	V	21.829	510,03	1.746,32	1.964,61																		
	VI	22.360	573,22	1.788,80	2.012,40																		
64.223,99	I	15.676	-	1.254,08	1.410,84	-	1.109,20	1.247,85	-	970,48	1.091,79	-	838,00	942,75	-	711,60	800,55	-	591,36	665,28	-	477,36	537,03
	II	13.951	-	1.116,08	1.255,59	-	977,04	1.099,17	-	844,24	949,77	-	717,52	807,21	-	597,04	671,67	-	482,72	543,06	-	374,56	421,38
	III	9.386	-	750,88	844,74	-	647,36	728,28	-	546,88	615,24	-	449,44	505,62	-	355,20	399,60	-	264,00	297,00	-	175,84	197,82
	IV	15.676	-	1.254,08	1.410,84	-	1.180,88	1.328,49	-	1.109,20	1.247,85	-	1.039,12	1.169,01	-	970,48	1.091,79	-	903,44	1.016,37	-	838,00	942,75
	V	21.844	511,81	1.747,52	1.965,96																		
	VI	22.375	575,00	1.790,00	2.013,75																		
64.259,99	I	15.691	-	1.255,28	1.412,19	-	1.110,40	1.249,20	-	971,60	1.093,05	-	839,04	943,92	-	712,56	801,63	-	592,32	666,36	-	478,24	538,02
	II	13.965	-	1.117,20	1.256,85	-	978,16	1.100,43	-	845,28	950,94	-	718,56	808,38	-	598,00	672,75	-	483,60	544,05	-	375,44	422,37
	III	9.396	-	751,68	845,64	-	648,16	729,18	-	547,68	616,14	-	450,24	506,52	-	355,84	400,32	-	264,64	297,72	-	176,48	198,54
	IV	15.691	-	1.255,28	1.412,19	-	1.182,08	1.329,84	-	1.110,40	1.249,20	-	1.040,24	1.170,27	-	971,60	1.093,05	-	904,56	1.017,63	-	839,04	943,92
	V	21.859	513,60	1.748,72	1.967,31																		
	VI	22.391	576,91	1.791,28	2.015,19																		

SolZ/KiSt lt. Tabelle nicht für Sonstige Bezüge anwendbar.

Besondere Tabelle

JAHR bis 64.799,99 €

Lohn/ Gehalt bis	Steuerklasse	Lohn-steuer	ohne Kinderfreibetrag			Anzahl Kinderfreibeträge (nur Steuerklassen I–IV) 0,5			1,0			1,5			2,0			2,5			3,0		
			SolZ 5,5%	Kirchensteuer 8%	Kirchensteuer 9%	SolZ 5,5%	Kirchensteuer 8%	Kirchensteuer 9%	SolZ 5,5%	Kirchensteuer 8%	Kirchensteuer 9%	SolZ 5,5%	Kirchensteuer 8%	Kirchensteuer 9%	SolZ 5,5%	Kirchensteuer 8%	Kirchensteuer 9%	SolZ 5,5%	Kirchensteuer 8%	Kirchensteuer 9%	SolZ 5,5%	Kirchensteuer 8%	Kirchensteuer 9%
64.295,99	I	15.706	-	1.256,48	1.413,54	-	1.111,52	1.250,46	-	972,72	1.094,31	-	840,08	945,09	-	713,60	802,80	-	593,28	667,44	-	479,12	539,01
	II	13.980	-	1.118,40	1.258,20	-	979,28	1.101,69	-	846,32	952,11	-	719,52	809,46	-	598,96	673,83	-	484,56	545,13	-	376,24	423,27
	III	9.408	-	752,64	846,72	-	648,96	730,08	-	548,48	617,04	-	451,04	507,42	-	356,64	401,22	-	265,44	298,62	-	177,12	199,26
	IV	15.706	-	1.256,48	1.413,54	-	1.183,20	1.331,10	-	1.111,52	1.250,46	-	1.041,36	1.171,53	-	972,72	1.094,31	-	905,60	1.018,80	-	840,08	945,09
	V	21.874	*515,38*	1.749,92	1.968,66																		
	VI	22.406	*578,69*	1.792,48	2.016,54																		
64.331,99	I	15.721	-	1.257,68	1.414,89	-	1.112,64	1.251,72	-	973,76	1.095,48	-	841,12	946,26	-	714,56	803,88	-	594,24	668,52	-	480,08	540,09
	II	13.994	-	1.119,52	1.259,46	-	980,32	1.102,86	-	847,36	953,28	-	720,56	810,63	-	599,92	674,91	-	485,44	546,12	-	377,12	424,26
	III	9.418	-	753,44	847,62	-	649,76	730,98	-	549,28	617,94	-	451,84	508,32	-	357,44	402,12	-	266,08	299,34	-	177,92	200,16
	IV	15.721	-	1.257,68	1.414,89	-	1.184,40	1.332,45	-	1.112,64	1.251,72	-	1.042,48	1.172,79	-	973,76	1.095,48	-	906,64	1.019,97	-	841,12	946,26
	V	21.889	*517,17*	1.751,12	1.970,01																		
	VI	22.421	*580,48*	1.793,68	2.017,89																		
64.367,99	I	15.736	-	1.258,88	1.416,24	-	1.113,76	1.252,98	-	974,88	1.096,74	-	842,16	947,43	-	715,60	805,05	-	595,20	669,60	-	480,96	541,08
	II	14.008	-	1.120,64	1.260,72	-	981,44	1.104,12	-	848,40	954,45	-	721,52	811,71	-	600,80	675,90	-	486,32	547,11	-	378,00	425,25
	III	9.428	-	754,24	848,52	-	650,56	731,88	-	550,08	618,84	-	452,48	509,04	-	358,08	402,84	-	266,88	300,24	-	178,56	200,88
	IV	15.736	-	1.258,88	1.416,24	-	1.185,60	1.333,80	-	1.113,76	1.252,98	-	1.043,52	1.173,96	-	974,88	1.096,74	-	907,76	1.021,23	-	842,16	947,43
	V	21.904	*518,95*	1.752,32	1.971,36																		
	VI	22.436	*582,26*	1.794,88	2.019,24																		
64.403,99	I	15.751	-	1.260,08	1.417,59	-	1.114,96	1.254,33	-	976,00	1.098,00	-	843,20	948,60	-	716,56	806,13	-	596,08	670,59	-	481,84	542,07
	II	14.022	-	1.121,76	1.261,98	-	982,56	1.105,38	-	849,44	955,62	-	722,56	812,88	-	601,76	676,98	-	487,20	548,10	-	378,80	426,15
	III	9.440	-	755,20	849,60	-	651,36	732,78	-	550,88	619,74	-	453,28	509,94	-	358,88	403,74	-	267,52	300,96	-	179,20	201,60
	IV	15.751	-	1.260,08	1.417,59	-	1.186,72	1.335,06	-	1.114,96	1.254,33	-	1.044,64	1.175,22	-	976,00	1.098,00	-	908,80	1.022,40	-	843,20	948,60
	V	21.919	*520,74*	1.753,52	1.972,71																		
	VI	22.451	*584,05*	1.796,08	2.020,59																		
64.439,99	I	15.766	-	1.261,28	1.418,94	-	1.116,08	1.255,59	-	977,04	1.099,17	-	844,24	949,77	-	717,52	807,21	-	597,04	671,67	-	482,72	543,06
	II	14.037	-	1.122,96	1.263,33	-	983,60	1.106,55	-	850,48	956,79	-	723,52	813,96	-	602,72	678,06	-	488,08	549,09	-	379,68	427,14
	III	9.450	-	756,00	850,50	-	652,32	733,86	-	551,68	620,64	-	454,08	510,84	-	359,68	404,64	-	268,32	301,86	-	180,00	202,50
	IV	15.766	-	1.261,28	1.418,94	-	1.187,92	1.336,41	-	1.116,08	1.255,59	-	1.045,76	1.176,48	-	977,04	1.099,17	-	909,84	1.023,57	-	844,24	949,77
	V	21.934	*522,52*	1.754,72	1.974,06																		
	VI	22.466	*585,83*	1.797,28	2.021,94																		
64.475,99	I	15.781	-	1.262,48	1.420,29	-	1.117,20	1.256,85	-	978,16	1.100,43	-	845,28	950,94	-	718,56	808,38	-	598,00	672,75	-	483,60	544,05
	II	14.051	-	1.124,08	1.264,59	-	984,72	1.107,81	-	851,52	957,96	-	724,48	815,04	-	603,68	679,14	-	489,04	550,17	-	380,48	428,04
	III	9.460	-	756,80	851,40	-	653,12	734,76	-	552,48	621,54	-	454,88	511,74	-	360,32	405,36	-	268,96	302,58	-	180,64	203,22
	IV	15.781	-	1.262,48	1.420,29	-	1.189,04	1.337,67	-	1.117,20	1.256,85	-	1.046,88	1.177,74	-	978,16	1.100,43	-	910,96	1.024,83	-	845,28	950,94
	V	21.950	*524,43*	1.756,00	1.975,50																		
	VI	22.481	*587,62*	1.798,48	2.023,29																		
64.511,99	I	15.796	-	1.263,68	1.421,64	-	1.118,40	1.258,20	-	979,28	1.101,69	-	846,32	952,11	-	719,52	809,46	-	598,96	673,83	-	484,56	545,13
	II	14.065	-	1.125,20	1.265,85	-	985,84	1.109,07	-	852,56	959,13	-	725,52	816,21	-	604,64	680,22	-	489,92	551,16	-	381,36	429,03
	III	9.470	-	757,60	852,30	-	653,92	735,66	-	553,28	622,44	-	455,68	512,64	-	361,12	406,26	-	269,76	303,48	-	181,44	204,12
	IV	15.796	-	1.263,68	1.421,64	-	1.190,24	1.339,02	-	1.118,40	1.258,20	-	1.048,00	1.179,00	-	979,28	1.101,69	-	912,00	1.026,00	-	846,32	952,11
	V	21.965	*526,21*	1.757,20	1.976,85																		
	VI	22.496	*589,40*	1.799,68	2.024,64																		
64.547,99	I	15.811	-	1.264,88	1.422,99	-	1.119,52	1.259,46	-	980,32	1.102,86	-	847,36	953,28	-	720,56	810,63	-	599,92	674,91	-	485,44	546,12
	II	14.080	-	1.126,40	1.267,20	-	986,88	1.110,24	-	853,60	960,30	-	726,48	817,29	-	605,60	681,30	-	490,80	552,15	-	382,24	430,02
	III	9.482	-	758,56	853,38	-	654,72	736,56	-	554,08	623,34	-	456,48	513,54	-	361,92	407,16	-	270,40	304,20	-	182,08	204,84
	IV	15.811	-	1.264,88	1.422,99	-	1.191,44	1.340,37	-	1.119,52	1.259,46	-	1.049,12	1.180,26	-	980,32	1.102,86	-	913,04	1.027,17	-	847,36	953,28
	V	21.980	*528,00*	1.758,40	1.978,20																		
	VI	22.512	*591,31*	1.800,96	2.026,08																		
64.583,99	I	15.825	-	1.266,00	1.424,25	-	1.120,64	1.260,72	-	981,44	1.104,12	-	848,40	954,45	-	721,52	811,71	-	600,80	675,90	-	486,32	547,11
	II	14.094	-	1.127,52	1.268,46	-	988,00	1.111,50	-	854,64	961,47	-	727,52	818,46	-	606,48	682,29	-	491,68	553,14	-	383,04	430,92
	III	9.492	-	759,36	854,28	-	655,52	737,46	-	554,88	624,24	-	457,12	514,26	-	362,56	407,88	-	271,20	305,10	-	182,72	205,56
	IV	15.825	-	1.266,00	1.424,25	-	1.192,56	1.341,63	-	1.120,64	1.260,72	-	1.050,24	1.181,52	-	981,44	1.104,12	-	914,16	1.028,43	-	848,40	954,45
	V	21.995	*529,78*	1.759,60	1.979,55																		
	VI	22.527	*593,09*	1.802,16	2.027,43																		
64.619,99	I	15.840	-	1.267,20	1.425,60	-	1.121,76	1.261,98	-	982,56	1.105,38	-	849,44	955,62	-	722,56	812,88	-	601,76	676,98	-	487,20	548,10
	II	14.108	-	1.128,64	1.269,72	-	989,12	1.112,76	-	855,76	962,73	-	728,48	819,54	-	607,44	683,37	-	492,56	554,13	-	383,92	431,91
	III	9.502	-	760,16	855,18	-	656,32	738,36	-	555,68	625,14	-	457,92	515,16	-	363,36	408,78	-	271,84	305,82	-	183,52	206,46
	IV	15.840	-	1.267,20	1.425,60	-	1.193,76	1.342,98	-	1.121,76	1.261,98	-	1.051,36	1.182,78	-	982,56	1.105,38	-	915,20	1.029,60	-	849,44	955,62
	V	22.010	*531,57*	1.760,80	1.980,90																		
	VI	22.542	*594,88*	1.803,36	2.028,78																		
64.655,99	I	15.855	-	1.268,40	1.426,95	-	1.122,96	1.263,33	-	983,60	1.106,55	-	850,48	956,79	-	723,52	813,96	-	602,72	678,06	-	488,08	549,09
	II	14.123	-	1.129,84	1.271,07	-	990,24	1.114,02	-	856,80	963,90	-	729,52	820,71	-	608,40	684,45	-	493,52	555,21	-	384,72	432,81
	III	9.514	-	761,12	856,26	-	657,12	739,26	-	556,48	626,04	-	458,72	516,06	-	364,16	409,68	-	272,64	306,72	-	184,16	207,18
	IV	15.855	-	1.268,40	1.426,95	-	1.194,88	1.344,24	-	1.122,96	1.263,33	-	1.052,48	1.184,04	-	983,60	1.106,55	-	916,32	1.030,86	-	850,48	956,79
	V	22.025	*533,35*	1.762,00	1.982,25																		
	VI	22.557	*596,66*	1.804,56	2.030,13																		
64.691,99	I	15.870	-	1.269,60	1.428,30	-	1.124,08	1.264,59	-	984,72	1.107,81	-	851,52	957,96	-	724,48	815,04	-	603,68	679,14	-	489,04	550,17
	II	14.137	-	1.130,96	1.272,33	-	991,28	1.115,19	-	857,84	965,07	-	730,48	821,79	-	609,36	685,53	-	494,40	556,20	-	385,60	433,80
	III	9.524	-	761,92	857,16	-	658,08	740,34	-	557,28	626,94	-	459,52	516,96	-	364,80	410,40	-	273,28	307,44	-	184,80	207,90
	IV	15.870	-	1.269,60	1.428,30	-	1.196,08	1.345,59	-	1.124,08	1.264,59	-	1.053,60	1.185,30	-	984,72	1.107,81	-	917,36	1.032,03	-	851,52	957,96
	V	22.040	*535,14*	1.763,20	1.983,60																		
	VI	22.572	*598,45*	1.805,76	2.031,48																		
64.727,99	I	15.885	-	1.270,80	1.429,65	-	1.125,20	1.265,85	-	985,84	1.109,07	-	852,56	959,13	-	725,52	816,21	-	604,64	680,22	-	489,92	551,16
	II	14.151	-	1.132,08	1.273,59	-	992,40	1.116,45	-	858,88	966,24	-	731,52	822,96	-	610,32	686,61	-	495,28	557,19	-	386,48	434,79
	III	9.534	-	762,72	858,06	-	658,88	741,24	-	558,08	627,84	-	460,32	517,86	-	365,60	411,30	-	274,08	308,34	-	185,60	208,80
	IV	15.885	-	1.270,80	1.429,65	-	1.197,28	1.346,94	-	1.125,20	1.265,85	-	1.054,72	1.186,56	-	985,84	1.109,07	-	918,40	1.033,20	-	852,56	959,13
	V	22.055	*536,92*	1.764,40	1.984,95																		
	VI	22.587	*600,23*	1.806,96	2.032,83																		
64.763,99	I	15.900	-	1.272,00	1.431,00	-	1.126,40	1.267,20	-	986,88	1.110,24	-	853,60	960,30	-	726,48	817,29	-	605,60	681,30	-	490,80	552,15
	II	14.166	-	1.133,28	1.274,94	-	993,52	1.117,71	-	859,92	967,41	-	732,48	824,04	-	611,28	687,69	-	496,16	558,18	-	387,28	435,69
	III	9.546	-	763,68	859,14	-	659,68	742,14	-	558,88	628,74	-	461,12	518,76	-	366,40	412,20	-	274,72	309,06	-	186,24	209,52
	IV	15.900	-	1.272,00	1.431,00	-	1.198,40	1.348,20	-	1.126,40	1.267,20	-	1.055,84	1.187,82	-	986,88	1.110,24	-	919,52	1.034,46	-	853,60	960,30
	V	22.071	*538,83*	1.765,68	1.986,39																		
	VI	22.602	*602,02*	1.808,16	2.034,18																		
64.799,99	I	15.915	-	1.273,20	1.432,35	-	1.127,52	1.268,46	-	988,00	1.111,50	-	854,64	961,47	-	727,52	818,46	-	606,48	682,29	-	491,68	553,14
	II	14.180	-	1.134,40	1.276,20	-	994,64	1.118,97	-	860,96	968,58	-	733,52	825,21	-	612,24	688,77	-	497,12	559,26	-	388,16	436,68
	III	9.556	-	764,48	860,04	-	660,48	743,04	-	559,68	629,64	-	461,76	519,48	-	367,04	412,92	-	275,52	309,96	-	186,88	210,24
	IV	15.915	-	1.273,20	1.432,35	-	1.199,60	1.349,55	-	1.127,52	1.268,46	-	1.056,96	1.189,08	-	988,00	1.111,50	-	920,56	1.035,63	-	854,64	961,47
	V	22.086	*540,61*	1.766,88	1.987,74																		
	VI	22.617	*603,80*	1.809,36	2.035,53																		

SolZ/KiSt lt. Tabelle nicht für Sonstige Bezüge anwendbar.

Lohn/ Gehalt bis	Steuerklasse	Lohn-steuer	ohne Kinderfreibetrag SolZ 5,5%	Kirchensteuer 8%	9%	0,5 SolZ 5,5%	Kirchensteuer 8%	9%	1,0 SolZ 5,5%	Kirchensteuer 8%	9%	1,5 SolZ 5,5%	Kirchensteuer 8%	9%	2,0 SolZ 5,5%	Kirchensteuer 8%	9%	2,5 SolZ 5,5%	Kirchensteuer 8%	9%	3,0 SolZ 5,5%	Kirchensteuer 8%	9%
64.835,99	I	15.930	-	1.274,40	1.433,70	-	1.128,64	1.269,72	-	989,12	1.112,76	-	855,76	962,73	-	728,48	819,54	-	607,44	683,37	-	492,56	554,13
	II	14.195	-	1.135,60	1.277,55	-	995,68	1.120,14	-	862,00	969,75	-	734,48	826,29	-	613,20	689,85	-	498,00	560,25	-	389,04	437,67
	III	9.566	-	765,28	860,94	-	661,28	743,94	-	560,48	630,54	-	462,56	520,38	-	367,84	413,82	-	276,16	310,68	-	187,68	211,14
	IV	15.930	-	1.274,40	1.433,70	-	1.200,80	1.350,90	-	1.128,64	1.269,72	-	1.058,08	1.190,34	-	989,12	1.112,76	-	921,68	1.036,89	-	855,76	962,73
	V	22.101	542,40	1.768,08	1.989,09																		
	VI	22.633	605,71	1.810,64	2.036,97																		
64.871,99	I	15.945	-	1.275,60	1.435,05	-	1.129,84	1.271,07	-	990,24	1.114,02	-	856,80	963,90	-	729,52	820,71	-	608,40	684,45	-	493,52	555,21
	II	14.209	-	1.136,72	1.278,81	-	996,80	1.121,40	-	863,04	970,92	-	735,52	827,46	-	614,08	690,84	-	498,88	561,24	-	389,84	438,57
	III	9.576	-	766,08	861,84	-	662,08	744,84	-	561,28	631,44	-	463,36	521,28	-	368,64	414,72	-	276,96	311,58	-	188,32	211,86
	IV	15.945	-	1.275,60	1.435,05	-	1.201,92	1.352,16	-	1.129,84	1.271,07	-	1.059,28	1.191,69	-	990,24	1.114,02	-	922,72	1.038,06	-	856,80	963,90
	V	22.116	544,18	1.769,28	1.990,44																		
	VI	22.648	607,49	1.811,84	2.038,32																		
64.907,99	I	15.960	-	1.276,80	1.436,40	-	1.130,96	1.272,33	-	991,28	1.115,19	-	857,84	965,07	-	730,48	821,79	-	609,36	685,53	-	494,40	556,20
	II	14.223	-	1.137,84	1.280,07	-	997,92	1.122,66	-	864,08	972,09	-	736,48	828,54	-	615,04	691,92	-	499,84	562,32	-	390,72	439,56
	III	9.588	-	767,04	862,92	-	663,04	745,92	-	562,08	632,34	-	464,16	522,18	-	369,28	415,44	-	277,60	312,30	-	189,12	212,76
	IV	15.960	-	1.276,80	1.436,40	-	1.203,12	1.353,51	-	1.130,96	1.272,33	-	1.060,40	1.192,95	-	991,28	1.115,19	-	923,76	1.039,23	-	857,84	965,07
	V	22.131	545,97	1.770,48	1.991,79																		
	VI	22.663	609,28	1.813,04	2.039,67																		
64.943,99	I	15.975	-	1.278,00	1.437,75	-	1.132,08	1.273,59	-	992,40	1.116,45	-	858,88	966,24	-	731,52	822,96	-	610,32	686,61	-	495,28	557,19
	II	14.238	-	1.139,04	1.281,42	-	999,04	1.123,92	-	865,20	973,35	-	737,52	829,71	-	616,00	693,00	-	500,72	563,31	-	391,60	440,55
	III	9.598	-	767,84	863,82	-	663,84	746,82	-	562,88	633,24	-	464,96	523,08	-	370,08	416,34	-	278,40	313,20	-	189,76	213,48
	IV	15.975	-	1.278,00	1.437,75	-	1.204,32	1.354,86	-	1.132,08	1.273,59	-	1.061,52	1.194,21	-	992,40	1.116,45	-	924,88	1.040,49	-	858,88	966,24
	V	22.146	547,75	1.771,68	1.993,14																		
	VI	22.678	611,06	1.814,24	2.041,02																		
64.979,99	I	15.990	-	1.279,20	1.439,10	-	1.133,28	1.274,94	-	993,52	1.117,71	-	859,92	967,41	-	732,48	824,04	-	611,28	687,69	-	496,16	558,18
	II	14.252	-	1.140,16	1.282,68	-	1.000,08	1.125,09	-	866,24	974,52	-	738,48	830,79	-	616,96	694,08	-	501,60	564,30	-	392,40	441,45
	III	9.608	-	768,64	864,72	-	664,64	747,72	-	563,68	634,14	-	465,76	523,98	-	370,88	417,24	-	279,04	313,92	-	190,40	214,20
	IV	15.990	-	1.279,20	1.439,10	-	1.205,44	1.356,12	-	1.133,28	1.274,94	-	1.062,64	1.195,47	-	993,52	1.117,71	-	925,92	1.041,66	-	859,92	967,41
	V	22.161	549,54	1.772,88	1.994,49																		
	VI	22.693	612,85	1.815,44	2.042,37																		
65.015,99	I	16.005	-	1.280,40	1.440,45	-	1.134,40	1.276,20	-	994,64	1.118,97	-	860,96	968,58	-	733,52	825,21	-	612,24	688,77	-	497,12	559,26
	II	14.266	-	1.141,28	1.283,94	-	1.001,20	1.126,35	-	867,28	975,69	-	739,52	831,96	-	617,92	695,16	-	502,48	565,29	-	393,28	442,44
	III	9.620	-	769,60	865,80	-	665,44	748,62	-	564,48	635,04	-	466,40	524,70	-	371,68	418,14	-	279,84	314,82	-	191,20	215,10
	IV	16.005	-	1.280,40	1.440,45	-	1.206,64	1.357,47	-	1.134,40	1.276,20	-	1.063,76	1.196,73	-	994,64	1.118,97	-	927,04	1.042,92	-	860,96	968,58
	V	22.176	551,32	1.774,08	1.995,84																		
	VI	22.708	614,63	1.816,64	2.043,72																		
65.051,99	I	16.020	-	1.281,60	1.441,80	-	1.135,60	1.277,55	-	995,68	1.120,14	-	862,00	969,75	-	734,48	826,29	-	613,20	689,85	-	498,00	560,25
	II	14.281	-	1.142,48	1.285,29	-	1.002,32	1.127,61	-	868,32	976,86	-	740,48	833,04	-	618,88	696,24	-	503,44	566,37	-	394,16	443,43
	III	9.630	-	770,40	866,70	-	666,24	749,52	-	565,28	635,94	-	467,20	525,60	-	372,32	418,86	-	280,64	315,72	-	191,84	215,82
	IV	16.020	-	1.281,60	1.441,80	-	1.207,84	1.358,82	-	1.135,60	1.277,55	-	1.064,88	1.197,99	-	995,68	1.120,14	-	928,08	1.044,09	-	862,00	969,75
	V	22.192	553,23	1.775,36	1.997,28																		
	VI	22.723	616,42	1.817,84	2.045,07																		
65.087,99	I	16.035	-	1.282,80	1.443,15	-	1.136,72	1.278,81	-	996,80	1.121,40	-	863,04	970,92	-	735,52	827,46	-	614,08	690,84	-	498,88	561,24
	II	14.295	-	1.143,60	1.286,55	-	1.003,44	1.128,87	-	869,36	978,03	-	741,52	834,21	-	619,84	697,32	-	504,32	567,36	-	394,96	444,33
	III	9.640	-	771,20	867,60	-	667,04	750,42	-	566,08	636,84	-	468,00	526,50	-	373,12	419,76	-	281,28	316,44	-	192,64	216,72
	IV	16.035	-	1.282,80	1.443,15	-	1.208,96	1.360,08	-	1.136,72	1.278,81	-	1.066,00	1.199,25	-	996,80	1.121,40	-	929,20	1.045,35	-	863,04	970,92
	V	22.207	555,01	1.776,56	1.998,63																		
	VI	22.738	618,20	1.819,04	2.046,42																		
65.123,99	I	16.050	-	1.284,00	1.444,50	-	1.137,84	1.280,07	-	997,92	1.122,66	-	864,08	972,09	-	736,48	828,54	-	615,04	691,92	-	499,84	562,32
	II	14.310	-	1.144,80	1.287,90	-	1.004,48	1.130,04	-	870,40	979,20	-	742,56	835,38	-	620,80	698,40	-	505,20	568,35	-	395,84	445,32
	III	9.652	-	772,16	868,68	-	667,84	751,32	-	566,88	637,74	-	468,80	527,40	-	373,92	420,66	-	282,08	317,34	-	193,28	217,44
	IV	16.050	-	1.284,00	1.444,50	-	1.210,16	1.361,43	-	1.137,84	1.280,07	-	1.067,12	1.200,51	-	997,92	1.122,66	-	930,24	1.046,52	-	864,08	972,09
	V	22.222	556,80	1.777,76	1.999,98																		
	VI	22.753	619,99	1.820,24	2.047,77																		
65.159,99	I	16.065	-	1.285,20	1.445,85	-	1.139,04	1.281,42	-	999,04	1.123,92	-	865,20	973,35	-	737,52	829,71	-	616,00	693,00	-	500,72	563,31
	II	14.324	-	1.145,92	1.289,16	-	1.005,60	1.131,30	-	871,52	980,46	-	743,52	836,46	-	621,76	699,48	-	506,16	569,43	-	396,72	446,31
	III	9.662	-	772,96	869,58	-	668,80	752,40	-	567,68	638,64	-	469,60	528,30	-	374,56	421,38	-	282,72	318,06	-	193,92	218,16
	IV	16.065	-	1.285,20	1.445,85	-	1.211,36	1.362,78	-	1.139,04	1.281,42	-	1.068,24	1.201,77	-	999,04	1.123,92	-	931,28	1.047,69	-	865,20	973,35
	V	22.237	558,58	1.778,96	2.001,33																		
	VI	22.769	621,89	1.821,52	2.049,21																		
65.195,99	I	16.080	-	1.286,40	1.447,20	-	1.140,16	1.282,68	-	1.000,08	1.125,09	-	866,24	974,52	-	738,48	830,79	-	616,96	694,08	-	501,60	564,30
	II	14.338	-	1.147,04	1.290,42	-	1.006,72	1.132,56	-	872,56	981,63	-	744,56	837,63	-	622,72	700,56	-	507,04	570,42	-	397,52	447,21
	III	9.672	-	773,76	870,48	-	669,60	753,30	-	568,48	639,54	-	470,40	529,20	-	375,36	422,28	-	283,52	318,96	-	194,72	219,06
	IV	16.080	-	1.286,40	1.447,20	-	1.212,48	1.364,04	-	1.140,16	1.282,68	-	1.069,36	1.203,03	-	1.000,08	1.125,09	-	932,40	1.048,95	-	866,24	974,52
	V	22.252	560,37	1.780,16	2.002,68																		
	VI	22.784	623,67	1.822,72	2.050,56																		
65.231,99	I	16.095	-	1.287,60	1.448,55	-	1.141,28	1.283,94	-	1.001,20	1.126,35	-	867,28	975,69	-	739,52	831,96	-	617,92	695,16	-	502,48	565,29
	II	14.353	-	1.148,24	1.291,77	-	1.007,84	1.133,82	-	873,60	982,80	-	745,52	838,71	-	623,68	701,64	-	507,92	571,41	-	398,40	448,20
	III	9.684	-	774,72	871,56	-	670,40	754,20	-	569,28	640,44	-	471,20	530,10	-	376,16	423,18	-	284,16	319,68	-	195,36	219,78
	IV	16.095	-	1.287,60	1.448,55	-	1.213,68	1.365,39	-	1.141,28	1.283,94	-	1.070,48	1.204,29	-	1.001,20	1.126,35	-	933,44	1.050,12	-	867,28	975,69
	V	22.267	562,15	1.781,36	2.004,03																		
	VI	22.799	625,46	1.823,92	2.051,91																		
65.267,99	I	16.110	-	1.288,80	1.449,90	-	1.142,48	1.285,29	-	1.002,32	1.127,61	-	868,32	976,86	-	740,48	833,04	-	618,88	696,24	-	503,44	566,37
	II	14.367	-	1.149,36	1.293,03	-	1.008,96	1.135,08	-	874,64	983,97	-	746,56	839,88	-	624,64	702,72	-	508,88	572,49	-	399,28	449,19
	III	9.694	-	775,52	872,46	-	671,20	755,10	-	570,08	641,34	-	471,84	530,82	-	376,80	423,90	-	284,96	320,58	-	196,00	220,50
	IV	16.110	-	1.288,80	1.449,90	-	1.214,88	1.366,74	-	1.142,48	1.285,29	-	1.071,60	1.205,55	-	1.002,32	1.127,61	-	934,56	1.051,38	-	868,32	976,86
	V	22.282	563,94	1.782,56	2.005,38																		
	VI	22.814	627,24	1.825,12	2.053,26																		
65.303,99	I	16.125	-	1.290,00	1.451,25	-	1.143,60	1.286,55	-	1.003,44	1.128,87	-	869,36	978,03	-	741,52	834,21	-	619,84	697,32	-	504,32	567,36
	II	14.382	-	1.150,56	1.294,38	-	1.010,00	1.136,25	-	875,68	985,14	-	747,52	840,96	-	625,60	703,80	-	509,76	573,48	-	400,08	450,09
	III	9.704	-	776,32	873,36	-	672,00	756,00	-	570,88	642,24	-	472,64	531,72	-	377,60	424,80	-	285,60	321,30	-	196,80	221,40
	IV	16.125	-	1.290,00	1.451,25	-	1.216,00	1.368,00	-	1.143,60	1.286,55	-	1.072,72	1.206,81	-	1.003,44	1.128,87	-	935,60	1.052,55	-	869,36	978,03
	V	22.297	565,72	1.783,76	2.006,73																		
	VI	22.829	629,03	1.826,32	2.054,61																		
65.339,99	I	16.140	-	1.291,20	1.452,60	-	1.144,80	1.287,90	-	1.004,48	1.130,04	-	870,40	979,20	-	742,56	835,38	-	620,80	698,40	-	505,20	568,35
	II	14.396	-	1.151,68	1.295,64	-	1.011,12	1.137,51	-	876,72	986,31	-	748,56	842,13	-	626,48	704,79	-	510,64	574,47	-	400,96	451,08
	III	9.716	-	777,28	874,44	-	672,80	756,90	-	571,68	643,14	-	473,44	532,62	-	378,40	425,70	-	286,40	322,20	-	197,44	222,12
	IV	16.140	-	1.291,20	1.452,60	-	1.217,20	1.369,35	-	1.144,80	1.287,90	-	1.073,84	1.208,07	-	1.004,48	1.130,04	-	936,72	1.053,81	-	870,40	979,20
	V	22.312	567,51	1.784,96	2.008,08																		
	VI	22.844	630,81	1.827,52	2.055,96																		

Anzahl Kinderfreibeträge (nur Steuerklassen I–IV)

SolZ/KiSt lt. Tabelle nicht für Sonstige Bezüge anwendbar.

Besondere Tabelle

JAHR bis 65.879,99 €

Lohn/Gehalt bis	Steuerklasse	Lohnsteuer	ohne Kinderfreibetrag			Anzahl Kinderfreibeträge (nur Steuerklassen I–IV)																	
						0,5			1,0			1,5			2,0			2,5			3,0		
			SolZ 5,5%	Kirchensteuer 8%	9%	SolZ 5,5%	Kirchensteuer 8%	9%	SolZ 5,5%	Kirchensteuer 8%	9%	SolZ 5,5%	Kirchensteuer 8%	9%	SolZ 5,5%	Kirchensteuer 8%	9%	SolZ 5,5%	Kirchensteuer 8%	9%	SolZ 5,5%	Kirchensteuer 8%	9%
65.375,99	I	16.155	-	1.292,40	1.453,95	-	1.145,92	1.289,16	-	1.005,60	1.131,30	-	871,52	980,46	-	743,52	836,46	-	621,76	699,48	-	506,16	569,43
	II	14.411	-	1.152,88	1.296,99	-	1.012,24	1.138,77	-	877,84	987,57	-	749,52	843,21	-	627,44	705,87	-	511,60	575,55	-	401,84	452,07
	III	9.726	-	778,08	875,34	-	673,76	757,98	-	572,48	644,04	-	474,24	533,52	-	379,20	426,60	-	287,04	322,92	-	198,24	223,02
	IV	16.155	-	1.292,40	1.453,95	-	1.218,40	1.370,70	-	1.145,92	1.289,16	-	1.074,96	1.209,33	-	1.005,60	1.131,30	-	937,76	1.054,98	-	871,52	980,46
	V	22.328	569,41	1.786,24	2.009,52																		
	VI	22.859	632,60	1.828,72	2.057,31																		
65.411,99	I	16.170	-	1.293,60	1.455,30	-	1.147,04	1.290,42	-	1.006,72	1.132,56	-	872,56	981,63	-	744,56	837,63	-	622,72	700,56	-	507,04	570,42
	II	14.425	-	1.154,00	1.298,25	-	1.013,36	1.140,03	-	878,88	988,74	-	750,56	844,38	-	628,40	706,95	-	512,48	576,54	-	402,72	453,06
	III	9.736	-	778,88	876,24	-	674,56	758,88	-	573,28	644,94	-	475,04	534,42	-	379,84	427,32	-	287,84	323,82	-	198,88	223,74
	IV	16.170	-	1.293,60	1.455,30	-	1.219,60	1.372,05	-	1.147,04	1.290,42	-	1.076,16	1.210,68	-	1.006,72	1.132,56	-	938,88	1.056,24	-	872,56	981,63
	V	22.343	571,20	1.787,44	2.010,87																		
	VI	22.874	634,38	1.829,92	2.058,66																		
65.447,99	I	16.185	-	1.294,80	1.456,65	-	1.148,24	1.291,77	-	1.007,84	1.133,82	-	873,60	982,80	-	745,52	838,71	-	623,68	701,64	-	507,92	571,41
	II	14.440	-	1.155,20	1.299,60	-	1.014,48	1.141,29	-	879,92	989,91	-	751,60	845,55	-	629,36	708,03	-	513,36	577,53	-	403,52	453,96
	III	9.748	-	779,84	877,32	-	675,36	759,78	-	574,08	645,84	-	475,84	535,32	-	380,64	428,22	-	288,64	324,72	-	199,52	224,46
	IV	16.185	-	1.294,80	1.456,65	-	1.220,72	1.373,31	-	1.148,24	1.291,77	-	1.077,28	1.211,94	-	1.007,84	1.133,82	-	939,92	1.057,41	-	873,60	982,80
	V	22.358	572,98	1.788,64	2.012,22																		
	VI	22.890	636,29	1.831,20	2.060,10																		
65.483,99	I	16.200	-	1.296,00	1.458,00	-	1.149,36	1.293,03	-	1.008,96	1.135,08	-	874,64	983,97	-	746,56	839,88	-	624,64	702,72	-	508,88	572,49
	II	14.454	-	1.156,32	1.300,86	-	1.015,60	1.142,55	-	880,96	991,08	-	752,56	846,63	-	630,32	709,11	-	514,32	578,61	-	404,40	454,95
	III	9.758	-	780,64	878,22	-	676,16	760,68	-	574,88	646,74	-	476,64	536,22	-	381,44	429,12	-	289,28	325,44	-	200,32	225,36
	IV	16.200	-	1.296,00	1.458,00	-	1.221,92	1.374,66	-	1.149,36	1.293,03	-	1.078,40	1.213,20	-	1.008,96	1.135,08	-	941,04	1.058,67	-	874,64	983,97
	V	22.373	574,77	1.789,84	2.013,57																		
	VI	22.905	638,07	1.832,40	2.061,45																		
65.519,99	I	16.215	-	1.297,20	1.459,35	-	1.150,56	1.294,38	-	1.010,00	1.136,25	-	875,68	985,14	-	747,52	840,96	-	625,60	703,80	-	509,76	573,48
	II	14.468	-	1.157,44	1.302,12	-	1.016,64	1.143,72	-	882,08	992,34	-	753,60	847,80	-	631,28	710,19	-	515,20	579,60	-	405,28	455,94
	III	9.768	-	781,44	879,12	-	676,96	761,58	-	575,68	647,64	-	477,28	536,94	-	382,08	429,84	-	290,08	326,34	-	200,96	226,08
	IV	16.215	-	1.297,20	1.459,35	-	1.223,12	1.376,01	-	1.150,56	1.294,38	-	1.079,52	1.214,46	-	1.010,00	1.136,25	-	942,08	1.059,84	-	875,68	985,14
	V	22.388	576,55	1.791,04	2.014,92																		
	VI	22.920	639,86	1.833,60	2.062,80																		
65.555,99	I	16.230	-	1.298,40	1.460,70	-	1.151,68	1.295,64	-	1.011,12	1.137,51	-	876,72	986,31	-	748,56	842,13	-	626,48	704,79	-	510,64	574,47
	II	14.483	-	1.158,64	1.303,47	-	1.017,76	1.144,98	-	883,12	993,51	-	754,56	848,88	-	632,24	711,27	-	516,08	580,59	-	406,16	456,93
	III	9.778	-	782,24	880,02	-	677,76	762,48	-	576,48	648,54	-	478,08	537,84	-	382,88	430,74	-	290,72	327,06	-	201,76	226,98
	IV	16.230	-	1.298,40	1.460,70	-	1.224,32	1.377,36	-	1.151,68	1.295,64	-	1.080,64	1.215,72	-	1.011,12	1.137,51	-	943,20	1.061,10	-	876,72	986,31
	V	22.403	578,34	1.792,24	2.016,27																		
	VI	22.935	641,64	1.834,80	2.064,15																		
65.591,99	I	16.245	-	1.299,60	1.462,05	-	1.152,88	1.296,99	-	1.012,24	1.138,77	-	877,84	987,57	-	749,52	843,21	-	627,44	705,87	-	511,60	575,55
	II	14.497	-	1.159,76	1.304,73	-	1.018,88	1.146,24	-	884,16	994,68	-	755,60	850,05	-	633,20	712,35	-	517,04	581,67	-	406,96	457,83
	III	9.790	-	783,20	881,10	-	678,72	763,56	-	577,28	649,44	-	478,88	538,74	-	383,68	431,64	-	291,52	327,96	-	202,40	227,70
	IV	16.245	-	1.299,60	1.462,05	-	1.225,44	1.378,62	-	1.152,88	1.296,99	-	1.081,76	1.216,98	-	1.012,24	1.138,77	-	944,24	1.062,27	-	877,84	987,57
	V	22.418	580,12	1.793,44	2.017,62																		
	VI	22.950	643,43	1.836,00	2.065,50																		
65.627,99	I	16.260	-	1.300,80	1.463,40	-	1.154,00	1.298,25	-	1.013,36	1.140,03	-	878,88	988,74	-	750,56	844,38	-	628,40	706,95	-	512,48	576,54
	II	14.512	-	1.160,96	1.306,08	-	1.020,00	1.147,50	-	885,20	995,85	-	756,64	851,22	-	634,16	713,43	-	517,92	582,66	-	407,84	458,82
	III	9.800	-	784,00	882,00	-	679,52	764,46	-	578,08	650,34	-	479,68	539,64	-	384,32	432,36	-	292,16	328,68	-	203,04	228,42
	IV	16.260	-	1.300,80	1.463,40	-	1.226,64	1.379,97	-	1.154,00	1.298,25	-	1.082,88	1.218,24	-	1.013,36	1.140,03	-	945,36	1.063,53	-	878,88	988,74
	V	22.433	581,91	1.794,64	2.018,97																		
	VI	22.965	645,21	1.837,20	2.066,85																		
65.663,99	I	16.276	-	1.302,08	1.464,84	-	1.155,20	1.299,60	-	1.014,48	1.141,29	-	879,92	989,91	-	751,60	845,55	-	629,36	708,03	-	513,36	577,53
	II	14.526	-	1.162,08	1.307,34	-	1.021,12	1.148,76	-	886,32	997,11	-	757,60	852,30	-	635,12	714,51	-	518,80	583,65	-	408,72	459,81
	III	9.810	-	784,80	882,90	-	680,32	765,36	-	578,88	651,24	-	480,48	540,54	-	385,12	433,26	-	292,96	329,58	-	203,84	229,32
	IV	16.276	-	1.302,08	1.464,84	-	1.227,84	1.381,32	-	1.155,20	1.299,60	-	1.084,08	1.219,59	-	1.014,48	1.141,29	-	946,40	1.064,70	-	879,92	989,91
	V	22.449	583,81	1.795,92	2.020,41																		
	VI	22.980	647,00	1.838,40	2.068,20																		
65.699,99	I	16.291	-	1.303,28	1.466,19	-	1.156,32	1.300,86	-	1.015,60	1.142,55	-	880,96	991,08	-	752,56	846,63	-	630,32	709,11	-	514,32	578,61
	II	14.541	-	1.163,28	1.308,69	-	1.022,24	1.150,02	-	887,36	998,28	-	758,64	853,47	-	636,08	715,59	-	519,76	584,73	-	409,60	460,80
	III	9.822	-	785,76	883,98	-	681,12	766,26	-	579,68	652,14	-	481,28	541,44	-	385,92	434,16	-	293,60	330,30	-	204,48	230,04
	IV	16.291	-	1.303,28	1.466,19	-	1.229,04	1.382,67	-	1.156,32	1.300,86	-	1.085,20	1.220,85	-	1.015,60	1.142,55	-	947,52	1.065,96	-	880,96	991,08
	V	22.464	585,59	1.797,12	2.021,76																		
	VI	22.995	648,78	1.839,60	2.069,55																		
65.735,99	I	16.306	-	1.304,48	1.467,54	-	1.157,44	1.302,12	-	1.016,64	1.143,72	-	882,08	992,34	-	753,60	847,80	-	631,28	710,19	-	515,20	579,60
	II	14.555	-	1.164,40	1.309,95	-	1.023,36	1.151,28	-	888,40	999,45	-	759,68	854,64	-	637,04	716,67	-	520,64	585,72	-	410,40	461,70
	III	9.832	-	786,56	884,88	-	681,92	767,16	-	580,48	653,04	-	482,08	542,34	-	386,72	435,06	-	294,40	331,20	-	205,28	230,94
	IV	16.306	-	1.304,48	1.467,54	-	1.230,16	1.383,93	-	1.157,44	1.302,12	-	1.086,32	1.222,11	-	1.016,64	1.143,72	-	948,56	1.067,13	-	882,08	992,34
	V	22.479	587,38	1.798,32	2.023,11																		
	VI	23.011	650,69	1.840,88	2.070,99																		
65.771,99	I	16.321	-	1.305,68	1.468,89	-	1.158,64	1.303,47	-	1.017,76	1.144,98	-	883,12	993,51	-	754,56	848,88	-	632,24	711,27	-	516,08	580,59
	II	14.570	-	1.165,60	1.311,30	-	1.024,40	1.152,45	-	889,44	1.000,62	-	760,64	855,72	-	638,00	717,75	-	521,60	586,80	-	411,28	462,69
	III	9.842	-	787,36	885,78	-	682,88	768,24	-	581,28	653,94	-	482,72	543,06	-	387,36	435,78	-	295,20	332,10	-	205,92	231,66
	IV	16.321	-	1.305,68	1.468,89	-	1.231,36	1.385,28	-	1.158,64	1.303,47	-	1.087,44	1.223,37	-	1.017,76	1.144,98	-	949,68	1.068,39	-	883,12	993,51
	V	22.494	589,16	1.799,52	2.024,46																		
	VI	23.026	652,47	1.842,08	2.072,34																		
65.807,99	I	16.336	-	1.306,88	1.470,24	-	1.159,76	1.304,73	-	1.018,88	1.146,24	-	884,16	994,68	-	755,60	850,05	-	633,20	712,35	-	517,04	581,67
	II	14.584	-	1.166,72	1.312,56	-	1.025,52	1.153,71	-	890,56	1.001,88	-	761,68	856,89	-	638,96	718,83	-	522,48	587,79	-	412,16	463,68
	III	9.854	-	788,32	886,86	-	683,68	769,14	-	582,08	654,84	-	483,52	543,96	-	388,16	436,68	-	295,84	332,82	-	206,56	232,38
	IV	16.336	-	1.306,88	1.470,24	-	1.232,56	1.386,63	-	1.159,76	1.304,73	-	1.088,56	1.224,63	-	1.018,88	1.146,24	-	950,72	1.069,56	-	884,16	994,68
	V	22.509	590,95	1.800,72	2.025,81																		
	VI	23.041	654,26	1.843,28	2.073,69																		
65.843,99	I	16.351	-	1.308,08	1.471,59	-	1.160,96	1.306,08	-	1.020,00	1.147,50	-	885,20	995,85	-	756,64	851,22	-	634,16	713,43	-	517,92	582,66
	II	14.599	-	1.167,92	1.313,91	-	1.026,64	1.154,97	-	891,60	1.003,05	-	762,64	857,97	-	639,92	719,91	-	523,36	588,78	-	413,04	464,67
	III	9.864	-	789,12	887,76	-	684,48	770,04	-	582,88	655,74	-	484,32	544,86	-	388,96	437,58	-	296,64	333,72	-	207,36	233,28
	IV	16.351	-	1.308,08	1.471,59	-	1.233,76	1.387,98	-	1.160,96	1.306,08	-	1.089,68	1.225,89	-	1.020,00	1.147,50	-	951,84	1.070,82	-	885,20	995,85
	V	22.524	592,73	1.801,92	2.027,16																		
	VI	23.056	656,04	1.844,48	2.075,04																		
65.879,99	I	16.366	-	1.309,28	1.472,94	-	1.162,08	1.307,34	-	1.021,12	1.148,76	-	886,32	997,11	-	757,60	852,30	-	635,12	714,51	-	518,80	583,65
	II	14.613	-	1.169,04	1.315,17	-	1.027,76	1.156,23	-	892,64	1.004,22	-	763,68	859,14	-	640,88	720,99	-	524,32	589,86	-	413,84	465,57
	III	9.876	-	790,08	888,84	-	685,28	770,94	-	583,68	656,64	-	485,12	545,76	-	389,60	438,30	-	297,28	334,44	-	208,00	234,00
	IV	16.366	-	1.309,28	1.472,94	-	1.234,96	1.389,33	-	1.162,08	1.307,34	-	1.090,80	1.227,15	-	1.021,12	1.148,76	-	952,96	1.072,08	-	886,32	997,11
	V	22.539	594,52	1.803,12	2.028,51																		
	VI	23.071	657,83	1.845,68	2.076,39																		

SolZ/KiSt lt. Tabelle nicht für Sonstige Bezüge anwendbar.

JAHR bis 66.419,99 €

Besondere Tabelle

Lohn/ Gehalt bis	Steuerklasse	Lohnsteuer	ohne Kinderfreibetrag			Anzahl Kinderfreibeträge (nur Steuerklassen I–IV) 0,5			1,0			1,5			2,0			2,5			3,0		
			SolZ 5,5%	Kirchensteuer 8%	Kirchensteuer 9%	SolZ 5,5%	Kirchensteuer 8%	Kirchensteuer 9%	SolZ 5,5%	Kirchensteuer 8%	Kirchensteuer 9%	SolZ 5,5%	Kirchensteuer 8%	Kirchensteuer 9%	SolZ 5,5%	Kirchensteuer 8%	Kirchensteuer 9%	SolZ 5,5%	Kirchensteuer 8%	Kirchensteuer 9%	SolZ 5,5%	Kirchensteuer 8%	Kirchensteuer 9%
65.915,99	I	16.381	-	1.310,48	1.474,29	-	1.163,28	1.308,69	-	1.022,24	1.150,02	-	887,36	998,28	-	758,64	853,47	-	636,08	715,59	-	519,76	584,73
	II	14.628	-	1.170,24	1.316,52	-	1.028,88	1.157,49	-	893,68	1.005,39	-	764,72	860,31	-	641,84	722,07	-	525,20	590,85	-	414,72	466,56
	III	9.886	-	790,88	889,74	-	686,08	771,84	-	584,48	657,54	-	485,92	546,66	-	390,40	439,20	-	298,08	335,34	-	208,80	234,90
	IV	16.381	-	1.310,48	1.474,29	-	1.236,08	1.390,59	-	1.163,28	1.308,69	-	1.092,00	1.228,50	-	1.022,24	1.150,02	-	954,00	1.073,25	-	887,36	998,28
	V	22.554	596,30	1.804,32	2.029,86																		
	VI	23.086	659,61	1.846,88	2.077,74																		
65.951,99	I	16.396	-	1.311,68	1.475,64	-	1.164,40	1.309,95	-	1.023,36	1.151,28	-	888,40	999,45	-	759,68	854,64	-	637,04	716,67	-	520,64	585,72
	II	14.642	-	1.171,36	1.317,78	-	1.030,00	1.158,75	-	894,80	1.006,65	-	765,68	861,39	-	642,80	723,15	-	526,16	591,93	-	415,60	467,55
	III	9.896	-	791,68	890,64	-	686,88	772,74	-	585,28	658,44	-	486,72	547,56	-	391,20	440,10	-	298,72	336,06	-	209,44	235,62
	IV	16.396	-	1.311,68	1.475,64	-	1.237,28	1.391,94	-	1.164,40	1.309,95	-	1.093,12	1.229,76	-	1.023,36	1.151,28	-	955,12	1.074,51	-	888,40	999,45
	V	22.570	598,21	1.805,60	2.031,30																		
	VI	23.101	661,40	1.848,08	2.079,09																		
65.987,99	I	16.411	-	1.312,88	1.476,99	-	1.165,60	1.311,30	-	1.024,40	1.152,45	-	889,44	1.000,62	-	760,64	855,72	-	638,00	717,75	-	521,60	586,80
	II	14.657	-	1.172,56	1.319,13	-	1.031,12	1.160,01	-	895,84	1.007,82	-	766,72	862,56	-	643,84	724,32	-	527,04	592,92	-	416,48	468,54
	III	9.908	-	792,64	891,72	-	687,84	773,82	-	586,08	659,34	-	487,52	548,46	-	392,00	441,00	-	299,52	336,96	-	210,08	236,34
	IV	16.411	-	1.312,88	1.476,99	-	1.238,48	1.393,29	-	1.165,60	1.311,30	-	1.094,24	1.231,02	-	1.024,40	1.152,45	-	956,16	1.075,68	-	889,44	1.000,62
	V	22.585	599,99	1.806,80	2.032,65																		
	VI	23.116	663,18	1.849,28	2.080,44																		
66.023,99	I	16.426	-	1.314,08	1.478,34	-	1.166,72	1.312,56	-	1.025,52	1.153,71	-	890,56	1.001,88	-	761,68	856,89	-	638,96	718,83	-	522,48	587,79
	II	14.671	-	1.173,68	1.320,39	-	1.032,24	1.161,27	-	896,88	1.008,99	-	767,76	863,73	-	644,80	725,40	-	528,00	594,00	-	417,36	469,53
	III	9.918	-	793,44	892,62	-	688,64	774,72	-	586,88	660,24	-	488,32	549,36	-	392,64	441,72	-	300,16	337,68	-	210,88	237,24
	IV	16.426	-	1.314,08	1.478,34	-	1.239,68	1.394,64	-	1.166,72	1.312,56	-	1.095,36	1.232,28	-	1.025,52	1.153,71	-	957,28	1.076,94	-	890,56	1.001,88
	V	22.600	601,78	1.808,00	2.034,00																		
	VI	23.131	664,97	1.850,48	2.081,79																		
66.059,99	I	16.442	-	1.315,36	1.479,78	-	1.167,92	1.313,91	-	1.026,64	1.154,97	-	891,60	1.003,05	-	762,64	857,97	-	639,92	719,91	-	523,36	588,78
	II	14.686	-	1.174,88	1.321,74	-	1.033,36	1.162,53	-	897,92	1.010,16	-	768,72	864,81	-	645,76	726,48	-	528,88	594,99	-	418,16	470,43
	III	9.928	-	794,24	893,52	-	689,44	775,62	-	587,68	661,14	-	488,96	550,08	-	393,44	442,62	-	300,96	338,58	-	211,52	237,96
	IV	16.442	-	1.315,36	1.479,78	-	1.240,88	1.395,99	-	1.167,92	1.313,91	-	1.096,48	1.233,54	-	1.026,64	1.154,97	-	958,32	1.078,11	-	891,60	1.003,05
	V	22.615	603,56	1.809,20	2.035,35																		
	VI	23.147	666,87	1.851,76	2.083,23																		
66.095,99	I	16.457	-	1.316,56	1.481,13	-	1.169,04	1.315,17	-	1.027,76	1.156,23	-	892,64	1.004,22	-	763,68	859,14	-	640,88	720,99	-	524,32	589,86
	II	14.701	-	1.176,08	1.323,09	-	1.034,48	1.163,79	-	899,04	1.011,42	-	769,76	865,98	-	646,72	727,56	-	529,76	595,98	-	419,04	471,42
	III	9.940	-	795,20	894,60	-	690,24	776,52	-	588,48	662,04	-	489,76	550,98	-	394,24	443,52	-	301,76	339,48	-	212,32	238,86
	IV	16.457	-	1.316,56	1.481,13	-	1.242,00	1.397,25	-	1.169,04	1.315,17	-	1.097,68	1.234,89	-	1.027,76	1.156,23	-	959,44	1.079,37	-	892,64	1.004,22
	V	22.630	605,35	1.810,40	2.036,70																		
	VI	23.162	668,66	1.852,96	2.084,58																		
66.131,99	I	16.472	-	1.317,76	1.482,48	-	1.170,24	1.316,52	-	1.028,88	1.157,49	-	893,68	1.005,39	-	764,72	860,31	-	641,84	722,07	-	525,20	590,85
	II	14.715	-	1.177,20	1.324,35	-	1.035,60	1.165,05	-	900,08	1.012,59	-	770,80	867,15	-	647,68	728,64	-	530,72	597,06	-	419,92	472,41
	III	9.950	-	796,00	895,50	-	691,04	777,42	-	589,28	662,94	-	490,56	551,88	-	395,04	444,42	-	302,40	340,20	-	212,96	239,58
	IV	16.472	-	1.317,76	1.482,48	-	1.243,20	1.398,60	-	1.170,24	1.316,52	-	1.098,80	1.236,15	-	1.028,88	1.157,49	-	960,56	1.080,63	-	893,68	1.005,39
	V	22.645	607,13	1.811,60	2.038,05																		
	VI	23.177	670,44	1.854,16	2.085,93																		
66.167,99	I	16.487	-	1.318,96	1.483,83	-	1.171,36	1.317,78	-	1.030,00	1.158,75	-	894,80	1.006,65	-	765,68	861,39	-	642,80	723,15	-	526,16	591,93
	II	14.730	-	1.178,40	1.325,70	-	1.036,64	1.166,22	-	901,12	1.013,76	-	771,84	868,32	-	648,64	729,72	-	531,60	598,05	-	420,80	473,40
	III	9.960	-	796,80	896,40	-	692,00	778,50	-	590,08	663,84	-	491,36	552,78	-	395,68	445,14	-	303,20	341,10	-	213,76	240,48
	IV	16.487	-	1.318,96	1.483,83	-	1.244,40	1.399,95	-	1.171,36	1.317,78	-	1.099,92	1.237,41	-	1.030,00	1.158,75	-	961,60	1.081,80	-	894,80	1.006,65
	V	22.660	608,92	1.812,80	2.039,40																		
	VI	23.192	672,23	1.855,36	2.087,28																		
66.203,99	I	16.502	-	1.320,16	1.485,18	-	1.172,56	1.319,13	-	1.031,12	1.160,01	-	895,84	1.007,82	-	766,72	862,56	-	643,84	724,32	-	527,04	592,92
	II	14.744	-	1.179,52	1.326,96	-	1.037,76	1.167,48	-	902,24	1.015,02	-	772,80	869,40	-	649,60	730,80	-	532,56	599,13	-	421,68	474,39
	III	9.972	-	797,76	897,48	-	692,80	779,40	-	590,88	664,74	-	492,16	553,68	-	396,48	446,04	-	303,84	341,82	-	214,40	241,20
	IV	16.502	-	1.320,16	1.485,18	-	1.245,60	1.401,30	-	1.172,56	1.319,13	-	1.101,04	1.238,67	-	1.031,12	1.160,01	-	962,72	1.083,06	-	895,84	1.007,82
	V	22.675	610,70	1.814,00	2.040,75																		
	VI	23.207	674,01	1.856,56	2.088,63																		
66.239,99	I	16.517	-	1.321,36	1.486,53	-	1.173,68	1.320,39	-	1.032,24	1.161,27	-	896,88	1.008,99	-	767,76	863,73	-	644,80	725,40	-	528,00	594,00
	II	14.759	-	1.180,72	1.328,31	-	1.038,88	1.168,74	-	903,28	1.016,19	-	773,84	870,57	-	650,56	731,88	-	533,44	600,12	-	422,56	475,38
	III	9.982	-	798,56	898,38	-	693,60	780,30	-	591,68	665,64	-	492,96	554,58	-	397,28	446,94	-	304,64	342,72	-	215,04	241,92
	IV	16.517	-	1.321,36	1.486,53	-	1.246,80	1.402,65	-	1.173,68	1.320,39	-	1.102,16	1.239,93	-	1.032,24	1.161,27	-	963,76	1.084,23	-	896,88	1.008,99
	V	22.690	612,49	1.815,20	2.042,10																		
	VI	23.222	675,80	1.857,76	2.089,98																		
66.275,99	I	16.532	-	1.322,56	1.487,88	-	1.174,88	1.321,74	-	1.033,36	1.162,53	-	897,92	1.010,16	-	768,72	864,81	-	645,76	726,48	-	528,88	594,99
	II	14.773	-	1.181,84	1.329,57	-	1.040,00	1.170,00	-	904,32	1.017,36	-	774,88	871,74	-	651,52	732,96	-	534,40	601,20	-	423,36	476,28
	III	9.992	-	799,36	899,28	-	694,40	781,20	-	592,48	666,54	-	493,76	555,48	-	397,92	447,66	-	305,44	343,62	-	215,84	242,82
	IV	16.532	-	1.322,56	1.487,88	-	1.248,00	1.404,00	-	1.174,88	1.321,74	-	1.103,36	1.241,28	-	1.033,36	1.162,53	-	964,88	1.085,49	-	897,92	1.010,16
	V	22.706	614,39	1.816,48	2.043,54																		
	VI	23.237	677,58	1.858,96	2.091,33																		
66.311,99	I	16.547	-	1.323,76	1.489,23	-	1.176,08	1.323,09	-	1.034,48	1.163,79	-	899,04	1.011,42	-	769,76	865,98	-	646,72	727,56	-	529,76	595,98
	II	14.788	-	1.183,04	1.330,92	-	1.041,12	1.171,26	-	905,44	1.018,62	-	775,84	872,82	-	652,48	734,04	-	535,28	602,19	-	424,24	477,27
	III	10.004	-	800,32	900,36	-	695,20	782,10	-	593,28	667,44	-	494,56	556,38	-	398,72	448,56	-	306,08	344,34	-	216,48	243,54
	IV	16.547	-	1.323,76	1.489,23	-	1.249,12	1.405,26	-	1.176,08	1.323,09	-	1.104,48	1.242,54	-	1.034,48	1.163,79	-	966,00	1.086,75	-	899,04	1.011,42
	V	22.721	616,18	1.817,68	2.044,89																		
	VI	23.252	679,37	1.860,16	2.092,68																		
66.347,99	I	16.563	-	1.325,04	1.490,67	-	1.177,20	1.324,35	-	1.035,60	1.165,05	-	900,08	1.012,59	-	770,80	867,15	-	647,68	728,64	-	530,72	597,06
	II	14.803	-	1.184,24	1.332,27	-	1.042,24	1.172,52	-	906,48	1.019,79	-	776,88	873,99	-	653,44	735,12	-	536,24	603,27	-	425,12	478,26
	III	10.014	-	801,12	901,26	-	696,16	783,18	-	594,08	668,34	-	495,36	557,28	-	399,52	449,46	-	306,88	345,24	-	217,28	244,44
	IV	16.563	-	1.325,04	1.490,67	-	1.250,32	1.406,61	-	1.177,20	1.324,35	-	1.105,60	1.243,80	-	1.035,60	1.165,05	-	967,04	1.087,92	-	900,08	1.012,59
	V	22.736	617,96	1.818,88	2.046,24																		
	VI	23.268	681,27	1.861,44	2.094,12																		
66.383,99	I	16.578	-	1.326,24	1.492,02	-	1.178,40	1.325,70	-	1.036,64	1.166,22	-	901,12	1.013,76	-	771,84	868,32	-	648,64	729,72	-	531,60	598,05
	II	14.817	-	1.185,36	1.333,53	-	1.043,36	1.173,78	-	907,52	1.020,96	-	777,92	875,16	-	654,40	736,20	-	537,12	604,26	-	426,00	479,25
	III	10.024	-	801,92	902,16	-	696,96	784,08	-	594,88	669,24	-	496,00	558,00	-	400,32	450,36	-	307,52	345,96	-	217,92	245,16
	IV	16.578	-	1.326,24	1.492,02	-	1.251,52	1.407,96	-	1.178,40	1.325,70	-	1.106,72	1.245,06	-	1.036,64	1.166,22	-	968,16	1.089,18	-	901,12	1.013,76
	V	22.751	619,75	1.820,08	2.047,59																		
	VI	23.283	683,06	1.862,64	2.095,47																		
66.419,99	I	16.593	-	1.327,44	1.493,37	-	1.179,52	1.326,96	-	1.037,76	1.167,48	-	902,24	1.015,02	-	772,80	869,40	-	649,60	730,80	-	532,56	599,13
	II	14.832	-	1.186,56	1.334,88	-	1.044,48	1.175,04	-	908,64	1.022,22	-	778,96	876,33	-	655,36	737,28	-	538,08	605,34	-	426,88	480,24
	III	10.036	-	802,88	903,24	-	697,76	784,98	-	595,84	670,32	-	496,80	558,90	-	400,96	451,08	-	308,32	346,86	-	218,72	246,06
	IV	16.593	-	1.327,44	1.493,37	-	1.252,72	1.409,31	-	1.179,52	1.326,96	-	1.107,92	1.246,41	-	1.037,76	1.167,48	-	969,20	1.090,35	-	902,24	1.015,02
	V	22.766	621,53	1.821,28	2.048,94																		
	VI	23.298	684,84	1.863,84	2.096,82																		

SolZ/KiSt lt. Tabelle nicht für Sonstige Bezüge anwendbar.

Lohn/ Gehalt bis	Steuerklasse	Lohn-steuer	ohne Kinderfreibetrag SolZ 5,5%	ohne Kinderfreibetrag Kirchensteuer 8%	ohne Kinderfreibetrag Kirchensteuer 9%	0,5 SolZ 5,5%	0,5 Kirchensteuer 8%	0,5 Kirchensteuer 9%	1,0 SolZ 5,5%	1,0 Kirchensteuer 8%	1,0 Kirchensteuer 9%	1,5 SolZ 5,5%	1,5 Kirchensteuer 8%	1,5 Kirchensteuer 9%	2,0 SolZ 5,5%	2,0 Kirchensteuer 8%	2,0 Kirchensteuer 9%	2,5 SolZ 5,5%	2,5 Kirchensteuer 8%	2,5 Kirchensteuer 9%	3,0 SolZ 5,5%	3,0 Kirchensteuer 8%	3,0 Kirchensteuer 9%
						Anzahl Kinderfreibeträge (nur Steuerklassen I–IV)																	
66.455,99	I	16.608	-	1.328,64	1.494,72	-	1.180,72	1.328,31	-	1.038,88	1.168,74	-	903,28	1.016,19	-	773,84	870,57	-	650,56	731,88	-	533,44	600,12
	II	14.846	-	1.187,68	1.336,14	-	1.045,60	1.176,30	-	909,68	1.023,39	-	779,92	877,41	-	656,40	738,45	-	538,96	606,33	-	427,76	481,23
	III	10.046	-	803,68	904,14	-	698,56	785,88	-	596,64	671,22	-	497,60	559,80	-	401,76	451,98	-	308,96	347,58	-	219,36	246,78
	IV	16.608	-	1.328,64	1.494,72	-	1.253,92	1.410,66	-	1.180,72	1.328,31	-	1.109,04	1.247,67	-	1.038,88	1.168,74	-	970,32	1.091,61	-	903,28	1.016,19
	V	22.781	623,32	1.822,48	2.050,29																		
	VI	23.313	686,63	1.865,04	2.098,17																		
66.491,99	I	16.623	-	1.329,84	1.496,07	-	1.181,84	1.329,57	-	1.040,00	1.170,00	-	904,32	1.017,36	-	774,88	871,74	-	651,52	732,96	-	534,40	601,20
	II	14.861	-	1.188,88	1.337,49	-	1.046,72	1.177,56	-	910,72	1.024,56	-	780,96	878,58	-	657,36	739,53	-	539,92	607,41	-	428,64	482,22
	III	10.056	-	804,48	905,04	-	699,36	786,78	-	597,44	672,12	-	498,40	560,70	-	402,56	452,88	-	309,76	348,48	-	220,00	247,50
	IV	16.623	-	1.329,84	1.496,07	-	1.255,12	1.412,01	-	1.181,84	1.329,57	-	1.110,16	1.248,93	-	1.040,00	1.170,00	-	971,44	1.092,87	-	904,32	1.017,36
	V	22.796	625,10	1.823,68	2.051,64																		
	VI	23.328	688,41	1.866,24	2.099,52																		
66.527,99	I	16.638	-	1.331,04	1.497,42	-	1.183,04	1.330,92	-	1.041,12	1.171,26	-	905,44	1.018,62	-	775,84	872,82	-	652,48	734,04	-	535,28	602,19
	II	14.875	-	1.190,00	1.338,75	-	1.047,84	1.178,82	-	911,84	1.025,82	-	782,00	879,75	-	658,32	740,61	-	540,80	608,40	-	429,52	483,21
	III	10.068	-	805,44	906,12	-	700,32	787,86	-	598,24	673,02	-	499,20	561,60	-	403,36	453,78	-	310,56	349,38	-	220,80	248,40
	IV	16.638	-	1.331,04	1.497,42	-	1.256,32	1.413,36	-	1.183,04	1.330,92	-	1.111,28	1.250,19	-	1.041,12	1.171,26	-	972,48	1.094,04	-	905,44	1.018,62
	V	22.811	626,89	1.824,88	2.052,99																		
	VI	23.343	690,20	1.867,44	2.100,87																		
66.563,99	I	16.653	-	1.332,24	1.498,77	-	1.184,24	1.332,27	-	1.042,24	1.172,52	-	906,48	1.019,79	-	776,88	873,99	-	653,44	735,12	-	536,24	603,27
	II	14.890	-	1.191,20	1.340,10	-	1.048,96	1.180,08	-	912,88	1.026,99	-	782,96	880,83	-	659,28	741,69	-	541,76	609,48	-	430,32	484,11
	III	10.078	-	806,24	907,02	-	701,12	788,76	-	599,04	673,92	-	500,00	562,50	-	404,00	454,50	-	311,20	350,10	-	221,44	249,12
	IV	16.653	-	1.332,24	1.498,77	-	1.257,52	1.414,71	-	1.184,24	1.332,27	-	1.112,48	1.251,54	-	1.042,24	1.172,52	-	973,60	1.095,30	-	906,48	1.019,79
	V	22.827	628,79	1.826,16	2.054,43																		
	VI	23.358	691,98	1.868,64	2.102,22																		
66.599,99	I	16.668	-	1.333,44	1.500,12	-	1.185,36	1.333,53	-	1.043,36	1.173,78	-	907,52	1.020,96	-	777,92	875,16	-	654,40	736,20	-	537,12	604,26
	II	14.905	-	1.192,40	1.341,45	-	1.050,08	1.181,34	-	914,00	1.028,25	-	784,00	882,00	-	660,24	742,77	-	542,64	610,47	-	431,20	485,10
	III	10.090	-	807,20	908,10	-	701,92	789,66	-	599,84	674,82	-	500,80	563,40	-	404,80	455,40	-	312,00	351,00	-	222,24	250,02
	IV	16.668	-	1.333,44	1.500,12	-	1.258,72	1.416,06	-	1.185,36	1.333,53	-	1.113,60	1.252,80	-	1.043,36	1.173,78	-	974,72	1.096,56	-	907,52	1.020,96
	V	22.842	630,58	1.827,36	2.055,78																		
	VI	23.373	693,77	1.869,84	2.103,57																		
66.635,99	I	16.684	-	1.334,72	1.501,56	-	1.186,56	1.334,88	-	1.044,48	1.175,04	-	908,64	1.022,22	-	778,96	876,33	-	655,36	737,28	-	538,08	605,34
	II	14.919	-	1.193,52	1.342,71	-	1.051,20	1.182,60	-	915,04	1.029,42	-	785,04	883,17	-	661,20	743,85	-	543,60	611,55	-	432,08	486,09
	III	10.100	-	808,00	909,00	-	702,72	790,56	-	600,64	675,72	-	501,60	564,30	-	405,60	456,30	-	312,64	351,72	-	222,88	250,74
	IV	16.684	-	1.334,72	1.501,56	-	1.259,84	1.417,32	-	1.186,56	1.334,88	-	1.114,72	1.254,06	-	1.044,48	1.175,04	-	975,76	1.097,73	-	908,64	1.022,22
	V	22.857	632,36	1.828,56	2.057,13																		
	VI	23.389	695,67	1.871,12	2.105,01																		
66.671,99	I	16.699	-	1.335,92	1.502,91	-	1.187,68	1.336,14	-	1.045,60	1.176,30	-	909,68	1.023,39	-	779,92	877,41	-	656,40	738,45	-	538,96	606,33
	II	14.934	-	1.194,72	1.344,06	-	1.052,32	1.183,86	-	916,08	1.030,59	-	786,08	884,34	-	662,16	744,93	-	544,48	612,54	-	432,96	487,08
	III	10.110	-	808,80	909,90	-	703,52	791,46	-	601,44	676,62	-	502,40	565,20	-	406,40	457,20	-	313,44	352,62	-	223,68	251,64
	IV	16.699	-	1.335,92	1.502,91	-	1.261,04	1.418,67	-	1.187,68	1.336,14	-	1.115,92	1.255,41	-	1.045,60	1.176,30	-	976,88	1.098,99	-	909,68	1.023,39
	V	22.872	634,15	1.829,76	2.058,48																		
	VI	23.404	697,45	1.872,32	2.106,36																		
66.707,99	I	16.714	-	1.337,12	1.504,26	-	1.188,88	1.337,49	-	1.046,72	1.177,56	-	910,72	1.024,56	-	780,96	878,58	-	657,36	739,53	-	539,92	607,41
	II	14.949	-	1.195,92	1.345,41	-	1.053,44	1.185,12	-	917,20	1.031,85	-	787,12	885,51	-	663,12	746,01	-	545,44	613,62	-	433,84	488,07
	III	10.122	-	809,76	910,98	-	704,48	792,54	-	602,24	677,52	-	503,20	566,10	-	407,04	457,92	-	314,24	353,52	-	224,32	252,36
	IV	16.714	-	1.337,12	1.504,26	-	1.262,24	1.420,02	-	1.188,88	1.337,49	-	1.117,04	1.256,67	-	1.046,72	1.177,56	-	978,00	1.100,25	-	910,72	1.024,56
	V	22.887	635,93	1.830,96	2.059,83																		
	VI	23.419	699,24	1.873,52	2.107,71																		
66.743,99	I	16.729	-	1.338,32	1.505,61	-	1.190,00	1.338,75	-	1.047,84	1.178,82	-	911,84	1.025,82	-	782,00	879,75	-	658,32	740,61	-	540,80	608,40
	II	14.963	-	1.197,04	1.346,67	-	1.054,56	1.186,38	-	918,24	1.033,02	-	788,08	886,59	-	664,16	747,18	-	546,32	614,61	-	434,72	489,06
	III	10.132	-	810,56	911,88	-	705,28	793,44	-	603,04	678,42	-	503,84	566,82	-	407,84	458,82	-	314,88	354,24	-	224,96	253,08
	IV	16.729	-	1.338,32	1.505,61	-	1.263,44	1.421,37	-	1.190,00	1.338,75	-	1.118,16	1.257,93	-	1.047,84	1.178,82	-	979,04	1.101,42	-	911,84	1.025,82
	V	22.902	637,72	1.832,16	2.061,18																		
	VI	23.434	701,02	1.874,72	2.109,06																		
66.779,99	I	16.744	-	1.339,52	1.506,96	-	1.191,20	1.340,10	-	1.048,96	1.180,08	-	912,88	1.026,99	-	782,96	880,83	-	659,28	741,69	-	541,76	609,48
	II	14.978	-	1.198,24	1.348,02	-	1.055,68	1.187,64	-	919,28	1.034,19	-	789,12	887,76	-	665,12	748,26	-	547,28	615,69	-	435,60	490,05
	III	10.142	-	811,36	912,78	-	706,08	794,34	-	603,84	679,32	-	504,64	567,72	-	408,64	459,72	-	315,68	355,14	-	225,76	253,98
	IV	16.744	-	1.339,52	1.506,96	-	1.264,64	1.422,72	-	1.191,20	1.340,10	-	1.119,28	1.259,19	-	1.048,96	1.180,08	-	980,16	1.102,68	-	912,88	1.026,99
	V	22.917	639,50	1.833,36	2.062,53																		
	VI	23.449	702,81	1.875,92	2.110,41																		
66.815,99	I	16.759	-	1.340,72	1.508,31	-	1.192,40	1.341,45	-	1.050,08	1.181,34	-	914,00	1.028,25	-	784,00	882,00	-	660,24	742,77	-	542,64	610,47
	II	14.992	-	1.199,36	1.349,28	-	1.056,80	1.188,90	-	920,40	1.035,45	-	790,16	888,93	-	666,08	749,34	-	548,16	616,68	-	436,48	491,04
	III	10.154	-	812,32	913,86	-	706,88	795,24	-	604,64	680,22	-	505,44	568,62	-	409,44	460,62	-	316,32	355,86	-	226,40	254,70
	IV	16.759	-	1.340,72	1.508,31	-	1.265,84	1.424,07	-	1.192,40	1.341,45	-	1.120,48	1.260,54	-	1.050,08	1.181,34	-	981,28	1.103,94	-	914,00	1.028,25
	V	22.932	641,29	1.834,56	2.063,88																		
	VI	23.464	704,59	1.877,12	2.111,76																		
66.851,99	I	16.774	-	1.341,92	1.509,66	-	1.193,52	1.342,71	-	1.051,20	1.182,60	-	915,04	1.029,42	-	785,04	883,17	-	661,20	743,85	-	543,60	611,55
	II	15.007	-	1.200,56	1.350,63	-	1.057,92	1.190,16	-	921,44	1.036,62	-	791,20	890,10	-	667,04	750,42	-	549,12	617,76	-	437,36	492,03
	III	10.164	-	813,12	914,76	-	707,84	796,32	-	605,44	681,12	-	506,24	569,52	-	410,08	461,34	-	317,12	356,76	-	227,20	255,60
	IV	16.774	-	1.341,92	1.509,66	-	1.267,04	1.425,42	-	1.193,52	1.342,71	-	1.121,60	1.261,80	-	1.051,20	1.182,60	-	982,32	1.105,11	-	915,04	1.029,42
	V	22.948	643,19	1.835,84	2.065,32																		
	VI	23.479	706,38	1.878,32	2.113,11																		
66.887,99	I	16.789	-	1.343,12	1.511,01	-	1.194,72	1.344,06	-	1.052,32	1.183,86	-	916,08	1.030,59	-	786,08	884,34	-	662,16	744,93	-	544,48	612,54
	II	15.022	-	1.201,76	1.351,98	-	1.059,04	1.191,42	-	922,56	1.037,88	-	792,16	891,18	-	668,00	751,50	-	550,00	618,75	-	438,24	493,02
	III	10.176	-	814,08	915,84	-	708,64	797,22	-	606,24	682,02	-	507,04	570,42	-	410,88	462,24	-	317,92	357,66	-	227,84	256,32
	IV	16.789	-	1.343,12	1.511,01	-	1.268,24	1.426,77	-	1.194,72	1.344,06	-	1.122,72	1.263,06	-	1.052,32	1.183,86	-	983,44	1.106,37	-	916,08	1.030,59
	V	22.963	644,98	1.837,04	2.066,67																		
	VI	23.494	708,16	1.879,52	2.114,46																		
66.923,99	I	16.804	-	1.344,32	1.512,36	-	1.195,92	1.345,41	-	1.053,44	1.185,12	-	917,20	1.031,85	-	787,12	885,51	-	663,12	746,01	-	545,44	613,62
	II	15.036	-	1.202,88	1.353,24	-	1.060,16	1.192,68	-	923,60	1.039,05	-	793,20	892,35	-	668,96	752,58	-	550,96	619,83	-	439,12	494,01
	III	10.186	-	814,88	916,74	-	709,44	798,12	-	607,04	682,92	-	507,84	571,32	-	411,68	463,14	-	318,56	358,38	-	228,64	257,22
	IV	16.804	-	1.344,32	1.512,36	-	1.269,44	1.428,12	-	1.195,92	1.345,41	-	1.123,92	1.264,41	-	1.053,44	1.185,12	-	984,56	1.107,63	-	917,20	1.031,85
	V	22.978	646,76	1.838,24	2.068,02																		
	VI	23.509	709,95	1.880,72	2.115,81																		
66.959,99	I	16.820	-	1.345,60	1.513,80	-	1.197,04	1.346,67	-	1.054,56	1.186,38	-	918,24	1.033,02	-	788,08	886,59	-	664,16	747,18	-	546,32	614,61
	II	15.051	-	1.204,08	1.354,59	-	1.061,28	1.193,94	-	924,72	1.040,31	-	794,24	893,52	-	670,00	753,75	-	551,84	620,82	-	439,92	494,91
	III	10.196	-	815,68	917,64	-	710,24	799,02	-	607,84	683,82	-	508,64	572,22	-	412,48	464,04	-	319,36	359,28	-	229,28	257,94
	IV	16.820	-	1.345,60	1.513,80	-	1.270,64	1.429,47	-	1.197,04	1.346,67	-	1.125,04	1.265,67	-	1.054,56	1.186,38	-	985,60	1.108,80	-	918,24	1.033,02
	V	22.993	648,55	1.839,44	2.069,37																		
	VI	23.525	711,85	1.882,00	2.117,25																		

SolZ/KiSt lt. Tabelle nicht für Sonstige Bezüge anwendbar.

JAHR bis 67.499,99 €

Besondere Tabelle

Lohn/ Gehalt bis	Steuerklasse	Lohn-steuer	ohne Kinderfreibetrag SolZ 5,5%	ohne Kinderfreibetrag Kirchensteuer 8%	ohne Kinderfreibetrag Kirchensteuer 9%	0,5 SolZ 5,5%	0,5 Kirchensteuer 8%	0,5 Kirchensteuer 9%	1,0 SolZ 5,5%	1,0 Kirchensteuer 8%	1,0 Kirchensteuer 9%	1,5 SolZ 5,5%	1,5 Kirchensteuer 8%	1,5 Kirchensteuer 9%	2,0 SolZ 5,5%	2,0 Kirchensteuer 8%	2,0 Kirchensteuer 9%	2,5 SolZ 5,5%	2,5 Kirchensteuer 8%	2,5 Kirchensteuer 9%	3,0 SolZ 5,5%	3,0 Kirchensteuer 8%	3,0 Kirchensteuer 9%
						Anzahl Kinderfreibeträge (nur Steuerklassen I–IV)																	
66.995,99	I	16.835	-	1.346,80	1.515,15	-	1.198,24	1.348,02	-	1.055,68	1.187,64	-	919,28	1.034,19	-	789,12	887,76	-	665,12	748,26	-	547,28	615,6
	II	15.066	-	1.205,28	1.355,94	-	1.062,40	1.195,20	-	925,76	1.041,48	-	795,28	894,69	-	670,96	754,83	-	552,80	621,90	-	440,80	495,9
	III	10.208	-	816,64	918,72	-	711,04	799,92	-	608,64	684,72	-	509,44	573,12	-	413,12	464,76	-	320,00	360,00	-	230,08	258,8
	IV	16.835	-	1.346,80	1.515,15	-	1.271,84	1.430,82	-	1.198,24	1.348,02	-	1.126,16	1.266,93	-	1.055,68	1.187,64	-	986,72	1.110,06	-	919,28	1.034,1
	V	23.008	*650,33*	1.840,64	2.070,72																		
	VI	23.540	*713,64*	1.883,20	2.118,60																		
67.031,99	I	16.850	-	1.348,00	1.516,50	-	1.199,36	1.349,28	-	1.056,80	1.188,90	-	920,40	1.035,45	-	790,16	888,93	-	666,08	749,34	-	548,16	616,6
	II	15.080	-	1.206,40	1.357,20	-	1.063,52	1.196,46	-	926,80	1.042,65	-	796,32	895,86	-	671,92	755,91	-	553,76	622,98	-	441,68	496,8
	III	10.218	-	817,44	919,62	-	712,00	801,00	-	609,60	685,80	-	510,24	574,02	-	413,92	465,66	-	320,80	360,90	-	230,72	259,5
	IV	16.850	-	1.348,00	1.516,50	-	1.273,04	1.432,17	-	1.199,36	1.349,28	-	1.127,36	1.268,28	-	1.056,80	1.188,90	-	987,84	1.111,32	-	920,40	1.035,4
	V	23.023	*652,12*	1.841,84	2.072,07																		
	VI	23.555	*715,42*	1.884,40	2.119,95																		
67.067,99	I	16.865	-	1.349,20	1.517,85	-	1.200,56	1.350,63	-	1.057,92	1.190,16	-	921,44	1.036,62	-	791,20	890,10	-	667,04	750,42	-	549,12	617,7
	II	15.095	-	1.207,60	1.358,55	-	1.064,64	1.197,72	-	927,92	1.043,91	-	797,28	896,94	-	672,88	756,99	-	554,64	623,97	-	442,56	497,8
	III	10.228	-	818,24	920,52	-	712,80	801,90	-	610,40	686,70	-	511,04	574,92	-	414,72	466,56	-	321,60	361,80	-	231,36	260,2
	IV	16.865	-	1.349,20	1.517,85	-	1.274,24	1.433,52	-	1.200,56	1.350,63	-	1.128,48	1.269,54	-	1.057,92	1.190,16	-	988,96	1.112,58	-	921,44	1.036,6
	V	23.038	*653,90*	1.843,04	2.073,42																		
	VI	23.570	*717,21*	1.885,60	2.121,30																		
67.103,99	I	16.880	-	1.350,40	1.519,20	-	1.201,76	1.351,98	-	1.059,04	1.191,42	-	922,56	1.037,88	-	792,16	891,18	-	668,00	751,50	-	550,00	618,7
	II	15.110	-	1.208,80	1.359,90	-	1.065,76	1.198,98	-	928,96	1.045,08	-	798,32	898,11	-	673,84	758,07	-	555,60	625,05	-	443,44	498,8
	III	10.240	-	819,20	921,60	-	713,60	802,80	-	611,20	687,60	-	511,84	575,82	-	415,52	467,46	-	322,24	362,52	-	232,16	261,1
	IV	16.880	-	1.350,40	1.519,20	-	1.275,44	1.434,87	-	1.201,76	1.351,98	-	1.129,60	1.270,80	-	1.059,04	1.191,42	-	990,00	1.113,75	-	922,56	1.037,8
	V	23.053	*655,69*	1.844,24	2.074,77																		
	VI	23.585	*718,99*	1.886,80	2.122,65																		
67.139,99	I	16.895	-	1.351,60	1.520,55	-	1.202,88	1.353,24	-	1.060,16	1.192,68	-	923,60	1.039,05	-	793,20	892,35	-	668,96	752,58	-	550,96	619,8
	II	15.125	-	1.210,00	1.361,25	-	1.066,96	1.200,33	-	930,08	1.046,34	-	799,36	899,28	-	674,88	759,24	-	556,48	626,04	-	444,32	499,8
	III	10.250	-	820,00	922,50	-	714,40	803,70	-	612,00	688,50	-	512,48	576,54	-	416,16	468,18	-	323,04	363,42	-	232,80	261,9
	IV	16.895	-	1.351,60	1.520,55	-	1.276,64	1.436,22	-	1.202,88	1.353,24	-	1.130,80	1.272,15	-	1.060,16	1.192,68	-	991,12	1.115,01	-	923,60	1.039,0
	V	23.068	*657,47*	1.845,44	2.076,12																		
	VI	23.600	*720,78*	1.888,00	2.124,00																		
67.175,99	I	16.910	-	1.352,80	1.521,90	-	1.204,08	1.354,59	-	1.061,28	1.193,94	-	924,72	1.040,31	-	794,24	893,52	-	670,00	753,75	-	551,84	620,8
	II	15.139	-	1.211,12	1.362,51	-	1.068,08	1.201,59	-	931,12	1.047,51	-	800,40	900,45	-	675,84	760,32	-	557,44	627,12	-	445,20	500,8
	III	10.262	-	820,96	923,58	-	715,36	804,78	-	612,80	689,40	-	513,28	577,44	-	416,96	469,08	-	323,68	364,14	-	233,60	262,8
	IV	16.910	-	1.352,80	1.521,90	-	1.277,76	1.437,48	-	1.204,08	1.354,59	-	1.131,92	1.273,41	-	1.061,28	1.193,94	-	992,24	1.116,27	-	924,72	1.040,3
	V	23.084	*659,37*	1.846,72	2.077,56																		
	VI	23.615	*722,56*	1.889,20	2.125,35																		
67.211,99	I	16.925	-	1.354,00	1.523,25	-	1.205,28	1.355,94	-	1.062,40	1.195,20	-	925,76	1.041,48	-	795,28	894,69	-	670,96	754,83	-	552,80	621,9
	II	15.154	-	1.212,32	1.363,86	-	1.069,20	1.202,85	-	932,24	1.048,77	-	801,44	901,62	-	676,80	761,40	-	558,40	628,20	-	446,08	501,8
	III	10.272	-	821,76	924,48	-	716,16	805,68	-	613,60	690,30	-	514,08	578,34	-	417,76	469,98	-	324,48	365,04	-	234,24	263,5
	IV	16.925	-	1.354,00	1.523,25	-	1.278,96	1.438,83	-	1.205,28	1.355,94	-	1.133,04	1.274,67	-	1.062,40	1.195,20	-	993,28	1.117,44	-	925,76	1.041,4
	V	23.099	*661,16*	1.847,92	2.078,91																		
	VI	23.630	*724,35*	1.890,40	2.126,70																		
67.247,99	I	16.941	-	1.355,28	1.524,69	-	1.206,40	1.357,20	-	1.063,52	1.196,46	-	926,80	1.042,65	-	796,32	895,86	-	671,92	755,91	-	553,76	622,9
	II	15.169	-	1.213,52	1.365,21	-	1.070,32	1.204,11	-	933,28	1.049,94	-	802,48	902,79	-	677,76	762,48	-	559,28	629,19	-	446,96	502,8
	III	10.282	-	822,56	925,38	-	716,96	806,58	-	614,40	691,20	-	514,88	579,24	-	418,56	470,88	-	325,28	365,94	-	235,04	264,4
	IV	16.941	-	1.355,28	1.524,69	-	1.280,16	1.440,18	-	1.206,40	1.357,20	-	1.134,24	1.276,02	-	1.063,52	1.196,46	-	994,40	1.118,70	-	926,80	1.042,6
	V	23.114	*662,94*	1.849,12	2.080,26																		
	VI	23.646	*726,25*	1.891,68	2.128,14																		
67.283,99	I	16.956	-	1.356,48	1.526,04	-	1.207,60	1.358,55	-	1.064,64	1.197,72	-	927,92	1.043,91	-	797,28	896,94	-	672,88	756,99	-	554,64	623,9
	II	15.183	-	1.214,64	1.366,47	-	1.071,44	1.205,37	-	934,40	1.051,20	-	803,44	903,87	-	678,80	763,65	-	560,24	630,27	-	447,84	503,8
	III	10.294	-	823,52	926,46	-	717,76	807,48	-	615,20	692,10	-	515,68	580,14	-	419,36	471,78	-	325,92	366,66	-	235,68	265,1
	IV	16.956	-	1.356,48	1.526,04	-	1.281,36	1.441,53	-	1.207,60	1.358,55	-	1.135,36	1.277,28	-	1.064,64	1.197,72	-	995,52	1.119,96	-	927,92	1.043,9
	V	23.129	*664,73*	1.850,32	2.081,61																		
	VI	23.661	*728,04*	1.892,88	2.129,49																		
67.319,99	I	16.971	-	1.357,68	1.527,39	-	1.208,80	1.359,90	-	1.065,76	1.198,98	-	928,96	1.045,08	-	798,32	898,11	-	673,84	758,07	-	555,60	625,0
	II	15.198	-	1.215,84	1.367,82	-	1.072,56	1.206,63	-	935,44	1.052,37	-	804,48	905,04	-	679,76	764,73	-	561,12	631,26	-	448,72	504,8
	III	10.304	-	824,32	927,36	-	718,72	808,56	-	616,00	693,00	-	516,48	581,04	-	420,00	472,50	-	326,72	367,56	-	236,48	266,0
	IV	16.971	-	1.357,68	1.527,39	-	1.282,56	1.442,88	-	1.208,80	1.359,90	-	1.136,48	1.278,54	-	1.065,76	1.198,98	-	996,64	1.121,22	-	928,96	1.045,0
	V	23.144	*666,51*	1.851,52	2.082,96																		
	VI	23.676	*729,82*	1.894,08	2.130,84																		
67.355,99	I	16.986	-	1.358,88	1.528,74	-	1.210,00	1.361,25	-	1.066,96	1.200,33	-	930,08	1.046,34	-	799,36	899,28	-	674,88	759,24	-	556,48	626,0
	II	15.213	-	1.217,04	1.369,17	-	1.073,68	1.207,89	-	936,56	1.053,63	-	805,52	906,21	-	680,72	765,81	-	562,08	632,34	-	449,60	505,8
	III	10.316	-	825,28	928,44	-	719,52	809,46	-	616,80	693,90	-	517,28	581,94	-	420,80	473,40	-	327,36	368,28	-	237,12	266,7
	IV	16.986	-	1.358,88	1.528,74	-	1.283,76	1.444,23	-	1.210,00	1.361,25	-	1.137,68	1.279,89	-	1.066,96	1.200,33	-	997,68	1.122,39	-	930,08	1.046,3
	V	23.159	*668,30*	1.852,72	2.084,31																		
	VI	23.691	*731,61*	1.895,28	2.132,19																		
67.391,99	I	17.001	-	1.360,08	1.530,09	-	1.211,12	1.362,51	-	1.068,08	1.201,59	-	931,12	1.047,51	-	800,40	900,45	-	675,84	760,32	-	557,44	627,1
	II	15.227	-	1.218,16	1.370,43	-	1.074,80	1.209,15	-	937,60	1.054,80	-	806,56	907,38	-	681,68	766,89	-	563,04	633,42	-	450,48	506,7
	III	10.326	-	826,08	929,34	-	720,32	810,36	-	617,60	694,80	-	518,08	582,84	-	421,60	474,30	-	328,16	369,18	-	237,92	267,6
	IV	17.001	-	1.360,08	1.530,09	-	1.284,96	1.445,58	-	1.211,12	1.362,51	-	1.138,80	1.281,15	-	1.068,08	1.201,59	-	998,80	1.123,65	-	931,12	1.047,5
	V	23.174	*670,08*	1.853,92	2.085,66																		
	VI	23.706	*733,39*	1.896,48	2.133,54																		
67.427,99	I	17.016	-	1.361,28	1.531,44	-	1.212,32	1.363,86	-	1.069,20	1.202,85	-	932,24	1.048,77	-	801,44	901,62	-	676,80	761,40	-	558,40	628,2
	II	15.242	-	1.219,36	1.371,78	-	1.075,92	1.210,41	-	938,64	1.055,97	-	807,60	908,55	-	682,64	767,97	-	563,92	634,41	-	451,36	507,7
	III	10.336	-	826,88	930,24	-	721,12	811,26	-	618,40	695,70	-	518,88	583,74	-	422,40	475,20	-	328,96	370,08	-	238,56	268,3
	IV	17.016	-	1.361,28	1.531,44	-	1.286,16	1.446,93	-	1.212,32	1.363,86	-	1.140,00	1.282,50	-	1.069,20	1.202,85	-	999,92	1.124,91	-	932,24	1.048,7
	V	23.189	*671,87*	1.855,12	2.087,01																		
	VI	23.721	*735,18*	1.897,68	2.134,89																		
67.463,99	I	17.031	-	1.362,48	1.532,79	-	1.213,52	1.365,21	-	1.070,32	1.204,11	-	933,28	1.049,94	-	802,48	902,79	-	677,76	762,48	-	559,28	629,1
	II	15.257	-	1.220,56	1.373,13	-	1.077,04	1.211,67	-	939,76	1.057,23	-	808,64	909,72	-	683,68	769,14	-	564,88	635,49	-	452,24	508,7
	III	10.348	-	827,84	931,32	-	721,92	812,16	-	619,20	696,60	-	519,68	584,64	-	423,04	475,92	-	329,60	370,80	-	239,20	269,1
	IV	17.031	-	1.362,48	1.532,79	-	1.287,36	1.448,28	-	1.213,52	1.365,21	-	1.141,12	1.283,76	-	1.070,32	1.204,11	-	1.001,04	1.126,17	-	933,28	1.049,9
	V	23.205	*673,77*	1.856,40	2.088,45																		
	VI	23.736	*736,96*	1.898,88	2.136,24																		
67.499,99	I	17.046	-	1.363,68	1.534,14	-	1.214,64	1.366,47	-	1.071,44	1.205,37	-	934,40	1.051,20	-	803,44	903,87	-	678,80	763,65	-	560,24	630,2
	II	15.272	-	1.221,76	1.374,48	-	1.078,16	1.212,93	-	940,80	1.058,40	-	809,68	910,89	-	684,64	770,22	-	565,76	636,48	-	453,12	509,7
	III	10.358	-	828,64	932,22	-	722,88	813,24	-	620,16	697,68	-	520,48	585,54	-	423,84	476,82	-	330,40	371,70	-	240,00	270,0
	IV	17.046	-	1.363,68	1.534,14	-	1.288,56	1.449,63	-	1.214,64	1.366,47	-	1.142,24	1.285,02	-	1.071,44	1.205,37	-	1.002,16	1.127,43	-	934,40	1.051,2
	V	23.220	*675,56*	1.857,60	2.089,80																		
	VI	23.751	*738,75*	1.900,08	2.137,59																		

SolZ/KiSt lt. Tabelle nicht für Sonstige Bezüge anwendbar.

Besondere Tabelle

JAHR bis 68.039,99 €

Lohn/ Gehalt bis	Steuerklasse	Lohn-steuer	ohne Kinderfreibetrag SolZ 5,5%	ohne Kinderfreibetrag Kirchensteuer 8%	ohne Kinderfreibetrag Kirchensteuer 9%	0,5 SolZ 5,5%	0,5 Kirchensteuer 8%	0,5 Kirchensteuer 9%	1,0 SolZ 5,5%	1,0 Kirchensteuer 8%	1,0 Kirchensteuer 9%	1,5 SolZ 5,5%	1,5 Kirchensteuer 8%	1,5 Kirchensteuer 9%	2,0 SolZ 5,5%	2,0 Kirchensteuer 8%	2,0 Kirchensteuer 9%	2,5 SolZ 5,5%	2,5 Kirchensteuer 8%	2,5 Kirchensteuer 9%	3,0 SolZ 5,5%	3,0 Kirchensteuer 8%	3,0 Kirchensteuer 9%
						Anzahl Kinderfreibeträge (nur Steuerklassen I–IV)																	
67.535,99	I	17.062	-	1.364,96	1.535,58	-	1.215,84	1.367,82	-	1.072,56	1.206,63	-	935,44	1.052,37	-	804,48	905,04	-	679,76	764,73	-	561,12	631,26
	II	15.286	-	1.222,88	1.375,74	-	1.079,36	1.214,28	-	941,92	1.059,66	-	810,72	912,06	-	685,60	771,30	-	566,72	637,56	-	454,00	510,75
	III	10.370	-	829,60	933,30	-	723,68	814,14	-	620,96	698,58	-	521,28	586,44	-	424,64	477,72	-	331,20	372,60	-	240,64	270,72
	IV	17.062	-	1.364,96	1.535,58	-	1.289,76	1.450,98	-	1.215,84	1.367,82	-	1.143,44	1.286,37	-	1.072,56	1.206,63	-	1.003,20	1.128,60	-	935,44	1.052,37
	V	23.235	*677,34*	1.858,80	2.091,15																		
	VI	23.767	*740,65*	1.901,36	2.139,03																		
67.571,99	I	17.077	-	1.366,16	1.536,93	-	1.217,04	1.369,17	-	1.073,68	1.207,89	-	936,56	1.053,63	-	805,52	906,21	-	680,72	765,81	-	562,08	632,34
	II	15.301	-	1.224,08	1.377,09	-	1.080,48	1.215,54	-	942,96	1.060,83	-	811,68	913,14	-	686,56	772,38	-	567,68	638,64	-	454,88	511,74
	III	10.380	-	830,40	934,20	-	724,48	815,04	-	621,76	699,48	-	522,08	587,34	-	425,44	478,62	-	331,84	373,32	-	241,44	271,62
	IV	17.077	-	1.366,16	1.536,93	-	1.291,04	1.452,42	-	1.217,04	1.369,17	-	1.144,56	1.287,63	-	1.073,68	1.207,89	-	1.004,32	1.129,86	-	936,56	1.053,63
	V	23.250	*679,13*	1.860,00	2.092,50																		
	VI	23.782	*742,44*	1.902,56	2.140,38																		
67.607,99	I	17.092	-	1.367,36	1.538,28	-	1.218,16	1.370,43	-	1.074,80	1.209,15	-	937,60	1.054,80	-	806,56	907,38	-	681,68	766,89	-	563,04	633,42
	II	15.316	-	1.225,28	1.378,44	-	1.081,60	1.216,80	-	944,08	1.062,09	-	812,72	914,31	-	687,60	773,55	-	568,56	639,63	-	455,76	512,73
	III	10.390	-	831,20	935,10	-	725,28	815,94	-	622,56	700,38	-	522,88	588,24	-	426,24	479,52	-	332,64	374,22	-	242,08	272,34
	IV	17.092	-	1.367,36	1.538,28	-	1.292,24	1.453,77	-	1.218,16	1.370,43	-	1.145,76	1.288,98	-	1.074,80	1.209,15	-	1.005,44	1.131,12	-	937,60	1.054,80
	V	23.265	*680,91*	1.861,20	2.093,85																		
	VI	23.797	*744,22*	1.903,76	2.141,73																		
67.643,99	I	17.107	-	1.368,56	1.539,63	-	1.219,36	1.371,78	-	1.075,92	1.210,41	-	938,64	1.055,97	-	807,60	908,55	-	682,64	767,97	-	563,92	634,41
	II	15.331	-	1.226,48	1.379,79	-	1.082,72	1.218,06	-	945,20	1.063,35	-	813,76	915,48	-	688,56	774,63	-	569,52	640,71	-	456,64	513,72
	III	10.402	-	832,16	936,18	-	726,24	817,02	-	623,36	701,28	-	523,52	588,96	-	426,88	480,24	-	333,28	374,94	-	242,88	273,24
	IV	17.107	-	1.368,56	1.539,63	-	1.293,44	1.455,12	-	1.219,36	1.371,78	-	1.146,88	1.290,24	-	1.075,92	1.210,41	-	1.006,56	1.132,38	-	938,64	1.055,97
	V	23.280	*682,70*	1.862,40	2.095,20																		
	VI	23.812	*746,01*	1.904,96	2.143,08																		
67.679,99	I	17.122	-	1.369,76	1.540,98	-	1.220,56	1.373,13	-	1.077,04	1.211,67	-	939,76	1.057,23	-	808,64	909,72	-	683,68	769,14	-	564,88	635,49
	II	15.345	-	1.227,60	1.381,05	-	1.083,84	1.219,32	-	946,24	1.064,52	-	814,80	916,65	-	689,52	775,71	-	570,48	641,79	-	457,52	514,71
	III	10.412	-	832,96	937,08	-	727,04	817,92	-	624,16	702,18	-	524,32	589,86	-	427,68	481,14	-	334,08	375,84	-	243,52	273,96
	IV	17.122	-	1.369,76	1.540,98	-	1.294,64	1.456,47	-	1.220,56	1.373,13	-	1.148,00	1.291,50	-	1.077,04	1.211,67	-	1.007,68	1.133,64	-	939,76	1.057,23
	V	23.295	*684,48*	1.863,60	2.096,55																		
	VI	23.827	*747,79*	1.906,16	2.144,43																		
67.715,99	I	17.137	-	1.370,96	1.542,33	-	1.221,76	1.374,48	-	1.078,16	1.212,93	-	940,80	1.058,40	-	809,68	910,89	-	684,64	770,22	-	565,76	636,48
	II	15.360	-	1.228,80	1.382,40	-	1.084,96	1.220,58	-	947,36	1.065,78	-	815,84	917,82	-	690,56	776,88	-	571,36	642,78	-	458,40	515,70
	III	10.424	-	833,92	938,16	-	727,84	818,82	-	624,96	703,08	-	525,12	590,76	-	428,48	482,04	-	334,88	376,74	-	244,32	274,86
	IV	17.137	-	1.370,96	1.542,33	-	1.295,84	1.457,82	-	1.221,76	1.374,48	-	1.149,20	1.292,85	-	1.078,16	1.212,93	-	1.008,72	1.134,81	-	940,80	1.058,40
	V	23.310	*686,27*	1.864,80	2.097,90																		
	VI	23.842	*749,58*	1.907,36	2.145,78																		
67.751,99	I	17.152	-	1.372,16	1.543,68	-	1.222,88	1.375,74	-	1.079,36	1.214,28	-	941,92	1.059,66	-	810,72	912,06	-	685,60	771,30	-	566,72	637,56
	II	15.375	-	1.230,00	1.383,75	-	1.086,08	1.221,84	-	948,40	1.066,95	-	816,88	918,99	-	691,52	777,96	-	572,32	643,86	-	459,28	516,69
	III	10.434	-	834,72	939,06	-	728,64	819,72	-	625,76	703,98	-	525,92	591,66	-	429,28	482,94	-	335,52	377,46	-	244,96	275,58
	IV	17.152	-	1.372,16	1.543,68	-	1.297,04	1.459,17	-	1.222,88	1.375,74	-	1.150,32	1.294,11	-	1.079,36	1.214,28	-	1.009,84	1.136,07	-	941,92	1.059,66
	V	23.326	*688,17*	1.866,08	2.099,34																		
	VI	23.857	*751,36*	1.908,56	2.147,13																		
67.787,99	I	17.167	-	1.373,36	1.545,03	-	1.224,08	1.377,09	-	1.080,48	1.215,54	-	942,96	1.060,83	-	811,68	913,14	-	686,56	772,38	-	567,68	638,64
	II	15.390	-	1.231,20	1.385,10	-	1.087,28	1.223,19	-	949,52	1.068,21	-	817,92	920,16	-	692,48	779,04	-	573,28	644,94	-	460,16	517,68
	III	10.444	-	835,52	939,96	-	729,60	820,80	-	626,56	704,88	-	526,72	592,56	-	429,92	483,66	-	336,32	378,36	-	245,76	276,48
	IV	17.167	-	1.373,36	1.545,03	-	1.298,24	1.460,52	-	1.224,08	1.377,09	-	1.151,52	1.295,46	-	1.080,48	1.215,54	-	1.010,96	1.137,33	-	942,96	1.060,83
	V	23.341	*689,96*	1.867,28	2.100,69																		
	VI	23.872	*753,15*	1.909,76	2.148,48																		
67.823,99	I	17.182	-	1.374,56	1.546,38	-	1.225,28	1.378,44	-	1.081,60	1.216,80	-	944,08	1.062,09	-	812,72	914,31	-	687,60	773,55	-	568,56	639,63
	II	15.405	-	1.232,40	1.386,45	-	1.088,40	1.224,45	-	950,56	1.069,38	-	818,96	921,33	-	693,44	780,12	-	574,16	645,93	-	461,04	518,67
	III	10.456	-	836,48	941,04	-	730,40	821,70	-	627,36	705,78	-	527,52	593,46	-	430,72	484,56	-	337,12	379,26	-	246,40	277,20
	IV	17.182	-	1.374,56	1.546,38	-	1.299,44	1.461,87	-	1.225,28	1.378,44	-	1.152,64	1.296,72	-	1.081,60	1.216,80	-	1.012,08	1.138,59	-	944,08	1.062,09
	V	23.356	*691,74*	1.868,48	2.102,04																		
	VI	23.887	*754,93*	1.910,96	2.149,83																		
67.859,99	I	17.198	-	1.375,84	1.547,82	-	1.226,48	1.379,79	-	1.082,72	1.218,06	-	945,20	1.063,35	-	813,76	915,48	-	688,56	774,63	-	569,52	640,71
	II	15.419	-	1.233,52	1.387,71	-	1.089,52	1.225,71	-	951,68	1.070,64	-	820,00	922,50	-	694,48	781,29	-	575,12	647,01	-	462,00	519,75
	III	10.466	-	837,28	941,94	-	731,20	822,60	-	628,32	706,86	-	528,32	594,36	-	431,52	485,46	-	337,76	379,98	-	247,20	278,10
	IV	17.198	-	1.375,84	1.547,82	-	1.300,64	1.463,22	-	1.226,48	1.379,79	-	1.153,84	1.298,07	-	1.082,72	1.218,06	-	1.013,20	1.139,85	-	945,20	1.063,35
	V	23.371	*693,53*	1.869,68	2.103,39																		
	VI	23.903	*756,84*	1.912,24	2.151,27																		
67.895,99	I	17.213	-	1.377,04	1.549,17	-	1.227,60	1.381,05	-	1.083,84	1.219,32	-	946,24	1.064,52	-	814,80	916,65	-	689,52	775,71	-	570,48	641,79
	II	15.434	-	1.234,72	1.389,06	-	1.090,64	1.226,97	-	952,72	1.071,81	-	821,04	923,67	-	695,44	782,37	-	576,08	648,09	-	462,88	520,74
	III	10.478	-	838,24	943,02	-	732,00	823,50	-	629,12	707,76	-	529,12	595,26	-	432,32	486,36	-	338,56	380,88	-	247,84	278,82
	IV	17.213	-	1.377,04	1.549,17	-	1.301,84	1.464,57	-	1.227,60	1.381,05	-	1.154,96	1.299,33	-	1.083,84	1.219,32	-	1.014,24	1.141,02	-	946,24	1.064,52
	V	23.386	*695,31*	1.870,88	2.104,74																		
	VI	23.918	*758,62*	1.913,44	2.152,62																		
67.931,99	I	17.228	-	1.378,24	1.550,52	-	1.228,80	1.382,40	-	1.084,96	1.220,58	-	947,36	1.065,78	-	815,84	917,82	-	690,56	776,88	-	571,36	642,78
	II	15.449	-	1.235,92	1.390,41	-	1.091,76	1.228,23	-	953,84	1.073,07	-	822,08	924,84	-	696,40	783,45	-	576,96	649,08	-	463,76	521,73
	III	10.488	-	839,04	943,92	-	732,96	824,58	-	629,92	708,66	-	529,92	596,16	-	433,12	487,26	-	339,20	381,60	-	248,64	279,72
	IV	17.228	-	1.378,24	1.550,52	-	1.303,04	1.465,92	-	1.228,80	1.382,40	-	1.156,16	1.300,68	-	1.084,96	1.220,58	-	1.015,36	1.142,28	-	947,36	1.065,78
	V	23.401	*697,10*	1.872,08	2.106,09																		
	VI	23.933	*760,41*	1.914,64	2.153,97																		
67.967,99	I	17.243	-	1.379,44	1.551,87	-	1.230,00	1.383,75	-	1.086,08	1.221,84	-	948,40	1.066,95	-	816,88	918,99	-	691,52	777,96	-	572,32	643,86
	II	15.464	-	1.237,12	1.391,76	-	1.092,88	1.229,49	-	954,88	1.074,24	-	823,04	925,92	-	697,44	784,62	-	577,92	650,16	-	464,64	522,72
	III	10.498	-	839,84	944,82	-	733,76	825,48	-	630,72	709,56	-	530,72	597,06	-	433,76	487,98	-	340,00	382,50	-	249,28	280,44
	IV	17.243	-	1.379,44	1.551,87	-	1.304,24	1.467,27	-	1.230,00	1.383,75	-	1.157,28	1.301,94	-	1.086,08	1.221,84	-	1.016,48	1.143,54	-	948,40	1.066,95
	V	23.416	*698,88*	1.873,28	2.107,44																		
	VI	23.948	*762,19*	1.915,84	2.155,32																		
68.003,99	I	17.258	-	1.380,64	1.553,22	-	1.231,20	1.385,10	-	1.087,28	1.223,19	-	949,52	1.068,21	-	817,92	920,16	-	692,48	779,04	-	573,28	644,94
	II	15.479	-	1.238,32	1.393,11	-	1.094,08	1.230,84	-	956,00	1.075,50	-	824,08	927,09	-	698,40	785,70	-	578,88	651,24	-	465,52	523,71
	III	10.510	-	840,80	945,90	-	734,56	826,38	-	631,52	710,46	-	531,52	597,96	-	434,56	488,88	-	340,80	383,40	-	250,08	281,34
	IV	17.258	-	1.380,64	1.553,22	-	1.305,44	1.468,62	-	1.231,20	1.385,10	-	1.158,48	1.303,29	-	1.087,28	1.223,19	-	1.017,60	1.144,80	-	949,52	1.068,21
	V	23.431	*700,67*	1.874,48	2.108,79																		
	VI	23.963	*763,98*	1.917,04	2.156,67																		
68.039,99	I	17.273	-	1.381,84	1.554,57	-	1.232,40	1.386,45	-	1.088,40	1.224,45	-	950,56	1.069,38	-	818,96	921,33	-	693,44	780,12	-	574,16	645,93
	II	15.493	-	1.239,44	1.394,37	-	1.095,20	1.232,10	-	957,12	1.076,76	-	825,12	928,26	-	699,36	786,78	-	579,84	652,32	-	466,40	524,70
	III	10.520	-	841,60	946,80	-	735,36	827,28	-	632,32	711,36	-	532,32	598,86	-	435,36	489,78	-	341,44	384,12	-	250,72	282,06
	IV	17.273	-	1.381,84	1.554,57	-	1.306,64	1.469,97	-	1.232,40	1.386,45	-	1.159,60	1.304,55	-	1.088,40	1.224,45	-	1.018,72	1.146,06	-	950,56	1.069,38
	V	23.446	*702,45*	1.875,68	2.110,14																		
	VI	23.978	*765,76*	1.918,24	2.158,02																		

SolZ/KiSt lt. Tabelle nicht für Sonstige Bezüge anwendbar.

JAHR bis 68.579,99 €

Lohn/ Gehalt bis	Steuerklasse	Lohnsteuer	ohne Kinderfreibetrag			Anzahl Kinderfreibeträge (nur Steuerklassen I–IV) 0,5			1,0			1,5			2,0			2,5			3,0		
			SolZ 5,5%	Kirchensteuer 8%	9%	SolZ 5,5%	Kirchensteuer 8%	9%	SolZ 5,5%	Kirchensteuer 8%	9%	SolZ 5,5%	Kirchensteuer 8%	9%	SolZ 5,5%	Kirchensteuer 8%	9%	SolZ 5,5%	Kirchensteuer 8%	9%	SolZ 5,5%	Kirchensteuer 8%	9%
68.075,99	I	17.288	-	1.383,04	1.555,92	-	1.233,52	1.387,71	-	1.089,52	1.225,71	-	951,68	1.070,64	-	820,00	922,50	-	694,48	781,29	-	575,12	647,01
	II	15.508	-	1.240,64	1.395,72	-	1.096,32	1.233,36	-	958,16	1.077,93	-	826,16	929,43	-	700,40	787,95	-	580,72	653,31	-	467,28	525,69
	III	10.532	-	842,56	947,88	-	736,32	828,36	-	633,12	712,26	-	533,12	599,76	-	436,16	490,68	-	342,24	385,02	-	251,52	282,96
	IV	17.288	-	1.383,04	1.555,92	-	1.307,84	1.471,32	-	1.233,52	1.387,71	-	1.160,72	1.305,81	-	1.089,52	1.225,71	-	1.019,84	1.147,32	-	951,68	1.070,64
	V	23.462	*704,36*	1.876,96	2.111,58																		
	VI	23.993	*767,55*	1.919,44	2.159,37																		
68.111,99	I	17.303	-	1.384,24	1.557,27	-	1.234,72	1.389,06	-	1.090,64	1.226,97	-	952,72	1.071,81	-	821,04	923,67	-	695,44	782,37	-	576,08	648,09
	II	15.523	-	1.241,84	1.397,07	-	1.097,44	1.234,62	-	959,28	1.079,19	-	827,20	930,60	-	701,36	789,03	-	581,68	654,39	-	468,16	526,68
	III	10.542	-	843,36	948,78	-	737,12	829,26	-	633,92	713,16	-	533,92	600,66	-	436,96	491,58	-	343,04	385,92	-	252,16	283,68
	IV	17.303	-	1.384,24	1.557,27	-	1.309,12	1.472,76	-	1.234,72	1.389,06	-	1.161,92	1.307,16	-	1.090,64	1.226,97	-	1.020,96	1.148,58	-	952,72	1.071,81
	V	23.477	*706,14*	1.878,16	2.112,93																		
	VI	24.008	*769,33*	1.920,64	2.160,72																		
68.147,99	I	17.319	-	1.385,52	1.558,71	-	1.235,92	1.390,41	-	1.091,76	1.228,23	-	953,84	1.073,07	-	822,08	924,84	-	696,40	783,45	-	576,96	649,08
	II	15.538	-	1.243,04	1.398,42	-	1.098,56	1.235,88	-	960,32	1.080,36	-	828,24	931,77	-	702,32	790,11	-	582,64	655,47	-	469,04	527,67
	III	10.552	-	844,16	949,68	-	737,92	830,16	-	634,72	714,06	-	534,72	601,56	-	437,60	492,30	-	343,68	386,64	-	252,96	284,58
	IV	17.319	-	1.385,52	1.558,71	-	1.310,32	1.474,11	-	1.235,92	1.390,41	-	1.163,04	1.308,42	-	1.091,76	1.228,23	-	1.022,00	1.149,75	-	953,84	1.073,07
	V	23.492	*707,93*	1.879,36	2.114,28																		
	VI	24.024	*771,23*	1.921,92	2.162,16																		
68.183,99	I	17.334	-	1.386,72	1.560,06	-	1.237,12	1.391,76	-	1.092,88	1.229,49	-	954,88	1.074,24	-	823,04	925,92	-	697,44	784,62	-	577,92	650,16
	II	15.553	-	1.244,24	1.399,77	-	1.099,76	1.237,23	-	961,44	1.081,62	-	829,28	932,94	-	703,36	791,28	-	583,52	656,46	-	469,92	528,66
	III	10.564	-	845,12	950,76	-	738,88	831,24	-	635,52	714,96	-	535,52	602,46	-	438,40	493,20	-	344,48	387,54	-	253,60	285,30
	IV	17.334	-	1.386,72	1.560,06	-	1.311,52	1.475,46	-	1.237,12	1.391,76	-	1.164,24	1.309,77	-	1.092,88	1.229,49	-	1.023,12	1.151,01	-	954,88	1.074,24
	V	23.507	*709,71*	1.880,56	2.115,63																		
	VI	24.039	*773,02*	1.923,12	2.163,51																		
68.219,99	I	17.349	-	1.387,92	1.561,41	-	1.238,32	1.393,11	-	1.094,08	1.230,84	-	956,00	1.075,50	-	824,08	927,09	-	698,40	785,70	-	578,88	651,24
	II	15.567	-	1.245,36	1.401,03	-	1.100,88	1.238,49	-	962,48	1.082,79	-	830,32	934,11	-	704,32	792,36	-	584,48	657,54	-	470,80	529,65
	III	10.574	-	845,92	951,66	-	739,68	832,14	-	636,48	716,04	-	536,32	603,36	-	439,20	494,10	-	345,28	388,44	-	254,40	286,20
	IV	17.349	-	1.387,92	1.561,41	-	1.312,72	1.476,81	-	1.238,32	1.393,11	-	1.165,36	1.311,03	-	1.094,08	1.230,84	-	1.024,24	1.152,27	-	956,00	1.075,50
	V	23.522	*711,50*	1.881,76	2.116,98																		
	VI	24.054	*774,80*	1.924,32	2.164,86																		
68.255,99	I	17.364	-	1.389,12	1.562,76	-	1.239,44	1.394,37	-	1.095,20	1.232,10	-	957,12	1.076,76	-	825,12	928,26	-	699,36	786,78	-	579,84	652,32
	II	15.582	-	1.246,56	1.402,38	-	1.102,00	1.239,75	-	963,60	1.084,05	-	831,36	935,28	-	705,28	793,44	-	585,44	658,62	-	471,76	530,73
	III	10.586	-	846,88	952,74	-	740,48	833,04	-	637,28	716,94	-	537,12	604,26	-	440,00	495,00	-	345,92	389,16	-	255,04	286,92
	IV	17.364	-	1.389,12	1.562,76	-	1.313,92	1.478,16	-	1.239,44	1.394,37	-	1.166,56	1.312,38	-	1.095,20	1.232,10	-	1.025,36	1.153,53	-	957,12	1.076,76
	V	23.537	*713,28*	1.882,96	2.118,33																		
	VI	24.069	*776,59*	1.925,52	2.166,21																		
68.291,99	I	17.379	-	1.390,32	1.564,11	-	1.240,64	1.395,72	-	1.096,32	1.233,36	-	958,16	1.077,93	-	826,16	929,43	-	700,40	787,95	-	580,72	653,31
	II	15.597	-	1.247,76	1.403,73	-	1.103,12	1.241,01	-	964,72	1.085,31	-	832,40	936,45	-	706,32	794,61	-	586,40	659,70	-	472,64	531,72
	III	10.596	-	847,68	953,64	-	741,28	833,94	-	638,08	717,84	-	537,92	605,16	-	440,80	495,90	-	346,72	390,06	-	255,84	287,82
	IV	17.379	-	1.390,32	1.564,11	-	1.315,12	1.479,51	-	1.240,64	1.395,72	-	1.167,68	1.313,64	-	1.096,32	1.233,36	-	1.026,48	1.154,79	-	958,16	1.077,93
	V	23.552	*715,07*	1.884,16	2.119,68																		
	VI	24.084	*778,37*	1.926,72	2.167,56																		
68.327,99	I	17.394	-	1.391,52	1.565,46	-	1.241,84	1.397,07	-	1.097,44	1.234,62	-	959,28	1.079,19	-	827,20	930,60	-	701,36	789,03	-	581,68	654,39
	II	15.612	-	1.248,96	1.405,08	-	1.104,32	1.242,36	-	965,76	1.086,48	-	833,44	937,62	-	707,28	795,69	-	587,28	660,69	-	473,52	532,71
	III	10.608	-	848,64	954,72	-	742,24	835,02	-	638,88	718,74	-	538,56	605,88	-	441,44	496,62	-	347,52	390,96	-	256,48	288,54
	IV	17.394	-	1.391,52	1.565,46	-	1.316,32	1.480,86	-	1.241,84	1.397,07	-	1.168,88	1.314,99	-	1.097,44	1.234,62	-	1.027,60	1.156,05	-	959,28	1.079,19
	V	23.567	*716,85*	1.885,36	2.121,03																		
	VI	24.099	*780,16*	1.927,92	2.168,91																		
68.363,99	I	17.409	-	1.392,72	1.566,81	-	1.243,04	1.398,42	-	1.098,56	1.235,88	-	960,32	1.080,36	-	828,24	931,77	-	702,32	790,11	-	582,64	655,47
	II	15.627	-	1.250,16	1.406,43	-	1.105,44	1.243,62	-	966,88	1.087,74	-	834,48	938,79	-	708,32	796,86	-	588,24	661,77	-	474,40	533,70
	III	10.618	-	849,44	955,62	-	743,04	835,92	-	639,68	719,64	-	539,36	606,78	-	442,24	497,52	-	348,16	391,68	-	257,28	289,44
	IV	17.409	-	1.392,72	1.566,81	-	1.317,52	1.482,21	-	1.243,04	1.398,42	-	1.170,00	1.316,25	-	1.098,56	1.235,88	-	1.028,72	1.157,31	-	960,32	1.080,36
	V	23.583	*718,76*	1.886,64	2.122,47																		
	VI	24.114	*781,94*	1.929,12	2.170,26																		
68.399,99	I	17.424	-	1.393,92	1.568,16	-	1.244,24	1.399,77	-	1.099,76	1.237,23	-	961,44	1.081,62	-	829,28	932,94	-	703,36	791,28	-	583,52	656,46
	II	15.642	-	1.251,36	1.407,78	-	1.106,56	1.244,88	-	968,00	1.089,00	-	835,52	939,96	-	709,28	797,94	-	589,20	662,85	-	475,28	534,69
	III	10.628	-	850,24	956,52	-	743,84	836,82	-	640,48	720,54	-	540,16	607,68	-	443,04	498,42	-	348,96	392,58	-	257,92	290,16
	IV	17.424	-	1.393,92	1.568,16	-	1.318,72	1.483,56	-	1.244,24	1.399,77	-	1.171,20	1.317,60	-	1.099,76	1.237,23	-	1.029,84	1.158,57	-	961,44	1.081,62
	V	23.598	*720,54*	1.887,84	2.123,82																		
	VI	24.129	*783,73*	1.930,32	2.171,61																		
68.435,99	I	17.440	-	1.395,20	1.569,60	-	1.245,36	1.401,03	-	1.100,88	1.238,49	-	962,48	1.082,79	-	830,32	934,11	-	704,32	792,36	-	584,48	657,54
	II	15.657	-	1.252,56	1.409,13	-	1.107,68	1.246,14	-	969,04	1.090,17	-	836,56	941,13	-	710,24	799,02	-	590,16	663,93	-	476,16	535,68
	III	10.640	-	851,20	957,60	-	744,64	837,72	-	641,28	721,44	-	540,96	608,58	-	443,84	499,32	-	349,76	393,48	-	258,72	291,06
	IV	17.440	-	1.395,20	1.569,60	-	1.320,00	1.485,00	-	1.245,36	1.401,03	-	1.172,40	1.318,95	-	1.100,88	1.238,49	-	1.030,96	1.159,83	-	962,48	1.082,79
	V	23.613	*722,33*	1.889,04	2.125,17																		
	VI	24.145	*785,63*	1.931,60	2.173,05																		
68.471,99	I	17.455	-	1.396,40	1.570,95	-	1.246,56	1.402,38	-	1.102,00	1.239,75	-	963,60	1.084,05	-	831,36	935,28	-	705,28	793,44	-	585,44	658,62
	II	15.671	-	1.253,68	1.410,39	-	1.108,88	1.247,49	-	970,16	1.091,43	-	837,60	942,30	-	711,28	800,19	-	591,04	664,92	-	477,04	536,67
	III	10.650	-	852,00	958,50	-	745,60	838,80	-	642,08	722,34	-	541,76	609,48	-	444,64	500,22	-	350,40	394,20	-	259,36	291,78
	IV	17.455	-	1.396,40	1.570,95	-	1.321,20	1.486,35	-	1.246,56	1.402,38	-	1.173,52	1.320,21	-	1.102,00	1.239,75	-	1.032,00	1.161,00	-	963,60	1.084,05
	V	23.628	*724,11*	1.890,24	2.126,52																		
	VI	24.160	*787,42*	1.932,80	2.174,40																		
68.507,99	I	17.470	-	1.397,60	1.572,30	-	1.247,76	1.403,73	-	1.103,12	1.241,01	-	964,72	1.085,31	-	832,40	936,45	-	706,32	794,61	-	586,40	659,70
	II	15.686	-	1.254,88	1.411,74	-	1.110,00	1.248,75	-	971,20	1.092,60	-	838,64	943,47	-	712,24	801,27	-	592,00	666,00	-	478,00	537,75
	III	10.662	-	852,96	959,58	-	746,40	839,70	-	643,04	723,42	-	542,56	610,38	-	445,28	500,94	-	351,20	395,10	-	260,16	292,68
	IV	17.470	-	1.397,60	1.572,30	-	1.322,40	1.487,70	-	1.247,76	1.403,73	-	1.174,72	1.321,56	-	1.103,12	1.241,01	-	1.033,12	1.162,26	-	964,72	1.085,31
	V	23.643	*725,90*	1.891,44	2.127,87																		
	VI	24.175	*789,20*	1.934,00	2.175,75																		
68.543,99	I	17.485	-	1.398,80	1.573,65	-	1.248,96	1.405,08	-	1.104,32	1.242,36	-	965,76	1.086,48	-	833,44	937,62	-	707,28	795,69	-	587,28	660,69
	II	15.701	-	1.256,08	1.413,09	-	1.111,12	1.250,01	-	972,32	1.093,86	-	839,68	944,64	-	713,28	802,44	-	592,96	667,08	-	478,88	538,74
	III	10.672	-	853,76	960,48	-	747,20	840,60	-	643,84	724,32	-	543,36	611,28	-	446,08	501,84	-	351,84	395,82	-	260,80	293,40
	IV	17.485	-	1.398,80	1.573,65	-	1.323,60	1.489,05	-	1.248,96	1.405,08	-	1.175,84	1.322,82	-	1.104,32	1.242,36	-	1.034,24	1.163,52	-	965,76	1.086,48
	V	23.658	*727,68*	1.892,64	2.129,22																		
	VI	24.190	*790,99*	1.935,20	2.177,10																		
68.579,99	I	17.500	-	1.400,00	1.575,00	-	1.250,16	1.406,43	-	1.105,44	1.243,62	-	966,88	1.087,74	-	834,48	938,79	-	708,32	796,86	-	588,24	661,77
	II	15.716	-	1.257,28	1.414,44	-	1.112,24	1.251,27	-	973,44	1.095,12	-	840,72	945,81	-	714,24	803,52	-	593,92	668,16	-	479,76	539,73
	III	10.684	-	854,72	961,56	-	748,16	841,68	-	644,64	725,22	-	544,16	612,18	-	446,88	502,74	-	352,64	396,72	-	261,60	294,30
	IV	17.500	-	1.400,00	1.575,00	-	1.324,80	1.490,40	-	1.250,16	1.406,43	-	1.177,04	1.324,17	-	1.105,44	1.243,62	-	1.035,36	1.164,78	-	966,88	1.087,74
	V	23.673	*729,47*	1.893,84	2.130,57																		
	VI	24.205	*792,77*	1.936,40	2.178,45																		

SolZ/KiSt lt. Tabelle nicht für Sonstige Bezüge anwendbar.

Besondere Tabelle

JAHR bis 69.119,99 €

Lohn/ Gehalt bis	Steuerklasse	Lohn-steuer	ohne Kinderfreibetrag SolZ 5,5%	ohne Kinderfreibetrag Kirchensteuer 8%	ohne Kinderfreibetrag Kirchensteuer 9%	0,5 SolZ 5,5%	0,5 Kirchensteuer 8%	0,5 Kirchensteuer 9%	1,0 SolZ 5,5%	1,0 Kirchensteuer 8%	1,0 Kirchensteuer 9%	1,5 SolZ 5,5%	1,5 Kirchensteuer 8%	1,5 Kirchensteuer 9%	2,0 SolZ 5,5%	2,0 Kirchensteuer 8%	2,0 Kirchensteuer 9%	2,5 SolZ 5,5%	2,5 Kirchensteuer 8%	2,5 Kirchensteuer 9%	3,0 SolZ 5,5%	3,0 Kirchensteuer 8%	3,0 Kirchensteuer 9%
						Anzahl Kinderfreibeträge (nur Steuerklassen I–IV)																	
68.615,99	I	17.515	-	1.401,20	1.576,35	-	1.251,36	1.407,78	-	1.106,56	1.244,88	-	968,00	1.089,00	-	835,52	939,96	-	709,28	797,94	-	589,20	662,85
	II	15.731	-	1.258,48	1.415,79	-	1.113,44	1.252,62	-	974,48	1.096,29	-	841,76	946,98	-	715,20	804,60	-	594,88	669,24	-	480,64	540,72
	III	10.694	-	855,52	962,46	-	748,96	842,58	-	645,44	726,12	-	544,96	613,08	-	447,68	503,64	-	353,44	397,62	-	262,24	295,02
	IV	17.515	-	1.401,20	1.576,35	-	1.326,00	1.491,75	-	1.251,36	1.407,78	-	1.178,16	1.325,43	-	1.106,56	1.244,88	-	1.036,48	1.166,04	-	968,00	1.089,00
	V	23.688	731,25	1.895,04	2.131,92																		
	VI	24.220	794,56	1.937,60	2.179,80																		
68.651,99	I	17.530	-	1.402,40	1.577,70	-	1.252,56	1.409,13	-	1.107,68	1.246,14	-	969,04	1.090,17	-	836,56	941,13	-	710,24	799,02	-	590,16	663,93
	II	15.746	-	1.259,68	1.417,14	-	1.114,56	1.253,88	-	975,60	1.097,55	-	842,80	948,15	-	716,24	805,77	-	595,76	670,23	-	481,52	541,71
	III	10.704	-	856,32	963,36	-	749,76	843,48	-	646,24	727,02	-	545,76	613,98	-	448,48	504,54	-	354,08	398,34	-	263,04	295,92
	IV	17.530	-	1.402,40	1.577,70	-	1.327,20	1.493,10	-	1.252,56	1.409,13	-	1.179,36	1.326,78	-	1.107,68	1.246,14	-	1.037,60	1.167,30	-	969,04	1.090,17
	V	23.704	733,15	1.896,32	2.133,36																		
	VI	24.235	796,34	1.938,80	2.181,15																		
68.687,99	I	17.545	0,23	1.403,60	1.579,05	-	1.253,68	1.410,39	-	1.108,88	1.247,49	-	970,16	1.091,43	-	837,60	942,30	-	711,28	800,19	-	591,04	664,92
	II	15.761	-	1.260,88	1.418,49	-	1.115,68	1.255,14	-	976,72	1.098,81	-	843,84	949,32	-	717,20	806,85	-	596,72	671,31	-	482,40	542,70
	III	10.716	-	857,28	964,44	-	750,56	844,38	-	647,04	727,92	-	546,56	614,88	-	449,12	505,26	-	354,88	399,24	-	263,68	296,64
	IV	17.545	0,23	1.403,60	1.579,05	-	1.328,40	1.494,45	-	1.253,68	1.410,39	-	1.180,48	1.328,04	-	1.108,88	1.247,49	-	1.038,72	1.168,56	-	970,16	1.091,43
	V	23.719	734,94	1.897,52	2.134,71																		
	VI	24.250	798,13	1.940,00	2.182,50																		
68.723,99	I	17.560	2,02	1.404,80	1.580,40	-	1.254,88	1.411,74	-	1.110,00	1.248,75	-	971,20	1.092,60	-	838,64	943,47	-	712,24	801,27	-	592,00	666,00
	II	15.776	-	1.262,08	1.419,84	-	1.116,80	1.256,40	-	977,76	1.099,98	-	844,88	950,49	-	718,24	808,02	-	597,68	672,39	-	483,36	543,78
	III	10.726	-	858,08	965,34	-	751,52	845,46	-	647,84	728,82	-	547,36	615,78	-	449,92	506,16	-	355,68	400,14	-	264,48	297,54
	IV	17.560	2,02	1.404,80	1.580,40	-	1.329,68	1.495,89	-	1.254,88	1.411,74	-	1.181,68	1.329,39	-	1.110,00	1.248,75	-	1.039,84	1.169,82	-	971,20	1.092,60
	V	23.734	736,72	1.898,72	2.136,06																		
	VI	24.265	799,91	1.941,20	2.183,85																		
68.759,99	I	17.576	3,92	1.406,08	1.581,84	-	1.256,08	1.413,09	-	1.111,12	1.250,01	-	972,32	1.093,86	-	839,68	944,64	-	713,28	802,44	-	592,96	667,08
	II	15.791	-	1.263,28	1.421,19	-	1.118,00	1.257,75	-	978,88	1.101,24	-	845,92	951,66	-	719,20	809,10	-	598,64	673,47	-	484,24	544,77
	III	10.738	-	859,04	966,42	-	752,32	846,36	-	648,64	729,72	-	548,16	616,68	-	450,72	507,06	-	356,32	400,86	-	265,12	298,26
	IV	17.576	3,92	1.406,08	1.581,84	-	1.330,88	1.497,24	-	1.256,08	1.413,09	-	1.182,88	1.330,74	-	1.111,12	1.250,01	-	1.040,96	1.171,08	-	972,32	1.093,86
	V	23.749	738,51	1.899,92	2.137,41																		
	VI	24.281	801,82	1.942,48	2.185,29																		
68.795,99	I	17.591	5,71	1.407,28	1.583,19	-	1.257,28	1.414,44	-	1.112,24	1.251,27	-	973,44	1.095,12	-	840,72	945,81	-	714,24	803,52	-	593,92	668,16
	II	15.806	-	1.264,48	1.422,54	-	1.119,12	1.259,01	-	980,00	1.102,50	-	847,04	952,92	-	720,16	810,18	-	599,60	674,55	-	485,12	545,76
	III	10.748	-	859,84	967,32	-	753,12	847,26	-	649,60	730,80	-	548,96	617,58	-	451,52	507,96	-	357,12	401,76	-	265,92	299,16
	IV	17.591	5,71	1.407,28	1.583,19	-	1.332,08	1.498,59	-	1.257,28	1.414,44	-	1.184,00	1.332,00	-	1.112,24	1.251,27	-	1.042,08	1.172,34	-	973,44	1.095,12
	V	23.764	740,29	1.901,12	2.138,76																		
	VI	24.296	803,60	1.943,68	2.186,64																		
68.831,99	I	17.606	7,49	1.408,48	1.584,54	-	1.258,48	1.415,79	-	1.113,44	1.252,62	-	974,48	1.096,29	-	841,76	946,98	-	715,20	804,60	-	594,88	669,24
	II	15.820	-	1.265,60	1.423,80	-	1.120,24	1.260,27	-	981,04	1.103,67	-	848,08	954,09	-	721,20	811,35	-	600,48	675,54	-	486,00	546,75
	III	10.760	-	860,80	968,40	-	754,08	848,34	-	650,40	731,70	-	549,76	618,48	-	452,32	508,86	-	357,92	402,66	-	266,56	299,88
	IV	17.606	7,49	1.408,48	1.584,54	-	1.333,28	1.499,94	-	1.258,48	1.415,79	-	1.185,20	1.333,35	-	1.113,44	1.252,62	-	1.043,20	1.173,60	-	974,48	1.096,29
	V	23.779	742,08	1.902,32	2.140,11																		
	VI	24.311	805,39	1.944,88	2.187,99																		
68.867,99	I	17.621	9,28	1.409,68	1.585,89	-	1.259,68	1.417,14	-	1.114,56	1.253,88	-	975,60	1.097,55	-	842,80	948,15	-	716,24	805,77	-	595,76	670,23
	II	15.835	-	1.266,80	1.425,15	-	1.121,44	1.261,62	-	982,16	1.104,93	-	849,12	955,26	-	722,16	812,43	-	601,44	676,62	-	486,88	547,74
	III	10.770	-	861,60	969,30	-	754,88	849,24	-	651,20	732,60	-	550,56	619,38	-	453,12	509,76	-	358,56	403,38	-	267,36	300,78
	IV	17.621	9,28	1.409,68	1.585,89	-	1.334,48	1.501,29	-	1.259,68	1.417,14	-	1.186,32	1.334,61	-	1.114,56	1.253,88	-	1.044,32	1.174,86	-	975,60	1.097,55
	V	23.794	743,86	1.903,52	2.141,46																		
	VI	24.326	807,17	1.946,08	2.189,34																		
68.903,99	I	17.636	11,06	1.410,88	1.587,24	-	1.260,88	1.418,49	-	1.115,68	1.255,14	-	976,72	1.098,81	-	843,84	949,32	-	717,20	806,85	-	596,72	671,31
	II	15.850	-	1.268,00	1.426,50	-	1.122,56	1.262,88	-	983,28	1.106,19	-	850,16	956,43	-	723,20	813,60	-	602,40	677,70	-	487,84	548,82
	III	10.782	-	862,56	970,38	-	755,68	850,14	-	652,00	733,50	-	551,36	620,28	-	453,76	510,48	-	359,36	404,28	-	268,00	301,50
	IV	17.636	11,06	1.410,88	1.587,24	-	1.335,68	1.502,64	-	1.260,88	1.418,49	-	1.187,52	1.335,96	-	1.115,68	1.255,14	-	1.045,44	1.176,12	-	976,72	1.098,81
	V	23.809	745,65	1.904,72	2.142,81																		
	VI	24.341	808,96	1.947,28	2.190,69																		
68.939,99	I	17.651	12,85	1.412,08	1.588,59	-	1.262,08	1.419,84	-	1.116,80	1.256,40	-	977,76	1.099,98	-	844,88	950,49	-	718,24	808,02	-	597,68	672,39
	II	15.865	-	1.269,20	1.427,85	-	1.123,68	1.264,14	-	984,32	1.107,36	-	851,20	957,60	-	724,16	814,68	-	603,36	678,78	-	488,72	549,81
	III	10.792	-	863,36	971,28	-	756,48	851,04	-	652,80	734,40	-	552,16	621,18	-	454,56	511,38	-	360,16	405,18	-	268,80	302,40
	IV	17.651	12,85	1.412,08	1.588,59	-	1.336,88	1.503,99	-	1.262,08	1.419,84	-	1.188,64	1.337,22	-	1.116,80	1.256,40	-	1.046,56	1.177,38	-	977,76	1.099,98
	V	23.824	747,43	1.905,92	2.144,16																		
	VI	24.356	810,74	1.948,48	2.192,04																		
68.975,99	I	17.666	14,63	1.413,28	1.589,94	-	1.263,28	1.421,19	-	1.118,00	1.257,75	-	978,88	1.101,24	-	845,92	951,66	-	719,20	809,10	-	598,64	673,47
	II	15.880	-	1.270,40	1.429,20	-	1.124,88	1.265,49	-	985,44	1.108,62	-	852,24	958,77	-	725,20	815,85	-	604,32	679,86	-	489,60	550,80
	III	10.802	-	864,16	972,18	-	757,44	852,12	-	653,60	735,30	-	552,96	622,08	-	455,36	512,28	-	360,80	405,90	-	269,44	303,12
	IV	17.666	14,63	1.413,28	1.589,94	-	1.338,08	1.505,34	-	1.263,28	1.421,19	-	1.189,84	1.338,57	-	1.118,00	1.257,75	-	1.047,68	1.178,64	-	978,88	1.101,24
	V	23.840	749,34	1.907,20	2.145,60																		
	VI	24.371	812,53	1.949,68	2.193,39																		
69.011,99	I	17.681	16,42	1.414,48	1.591,29	-	1.264,48	1.422,54	-	1.119,12	1.259,01	-	980,00	1.102,50	-	847,04	952,92	-	720,16	810,18	-	599,60	674,55
	II	15.895	-	1.271,60	1.430,55	-	1.126,00	1.266,75	-	986,56	1.109,88	-	853,28	959,94	-	726,16	816,93	-	605,28	680,94	-	490,48	551,79
	III	10.814	-	865,12	973,26	-	758,24	853,02	-	654,40	736,20	-	553,76	622,98	-	456,16	513,18	-	361,60	406,80	-	270,24	304,02
	IV	17.681	16,42	1.414,48	1.591,29	-	1.339,28	1.506,69	-	1.264,48	1.422,54	-	1.191,04	1.339,92	-	1.119,12	1.259,01	-	1.048,80	1.179,90	-	980,00	1.102,50
	V	23.855	751,12	1.908,40	2.146,95																		
	VI	24.386	814,31	1.950,88	2.194,74																		
69.047,99	I	17.697	18,32	1.415,76	1.592,73	-	1.265,60	1.423,80	-	1.120,24	1.260,27	-	981,04	1.103,67	-	848,08	954,09	-	721,20	811,35	-	600,48	675,54
	II	15.910	-	1.272,80	1.431,90	-	1.127,12	1.268,01	-	987,68	1.111,14	-	854,32	961,11	-	727,20	818,10	-	606,16	681,93	-	491,36	552,78
	III	10.824	-	865,92	974,16	-	759,04	853,92	-	655,20	737,10	-	554,56	623,88	-	456,96	514,08	-	362,40	407,70	-	270,88	304,74
	IV	17.697	18,32	1.415,76	1.592,73	-	1.340,56	1.508,13	-	1.265,60	1.423,80	-	1.192,16	1.341,18	-	1.120,24	1.260,27	-	1.049,92	1.181,16	-	981,04	1.103,67
	V	23.870	752,91	1.909,60	2.148,30																		
	VI	24.402	816,22	1.952,16	2.196,18																		
69.083,99	I	17.712	20,11	1.416,96	1.594,08	-	1.266,80	1.425,15	-	1.121,44	1.261,62	-	982,16	1.104,93	-	849,12	955,26	-	722,16	812,43	-	601,44	676,62
	II	15.925	-	1.274,00	1.433,25	-	1.128,32	1.269,36	-	988,72	1.112,31	-	855,36	962,28	-	728,16	819,18	-	607,12	683,01	-	492,32	553,86
	III	10.836	-	866,88	975,24	-	760,00	855,00	-	656,16	738,18	-	555,36	624,78	-	457,76	514,98	-	363,04	408,42	-	271,68	305,64
	IV	17.712	20,11	1.416,96	1.594,08	-	1.341,76	1.509,48	-	1.266,80	1.425,15	-	1.193,36	1.342,53	-	1.121,44	1.261,62	-	1.051,04	1.182,42	-	982,16	1.104,93
	V	23.885	754,69	1.910,80	2.149,65																		
	VI	24.417	818,00	1.953,36	2.197,53																		
69.119,99	I	17.727	21,89	1.418,16	1.595,43	-	1.268,00	1.426,50	-	1.122,56	1.262,88	-	983,28	1.106,19	-	850,16	956,43	-	723,20	813,60	-	602,40	677,70
	II	15.940	-	1.275,20	1.434,60	-	1.129,44	1.270,62	-	989,84	1.113,57	-	856,40	963,45	-	729,20	820,35	-	608,08	684,09	-	493,20	554,85
	III	10.846	-	867,68	976,14	-	760,80	855,90	-	656,96	739,08	-	556,16	625,68	-	458,40	515,70	-	363,84	409,32	-	272,32	306,36
	IV	17.727	21,89	1.418,16	1.595,43	-	1.342,96	1.510,83	-	1.268,00	1.426,50	-	1.194,56	1.343,88	-	1.122,56	1.262,88	-	1.052,16	1.183,68	-	983,28	1.106,19
	V	23.900	756,48	1.912,00	2.151,00																		
	VI	24.432	819,79	1.954,56	2.198,88																		

SolZ/KiSt lt. Tabelle nicht für Sonstige Bezüge anwendbar.

JAHR bis 69.659,99 €

Besondere Tabelle

Lohn/ Gehalt bis	Steuerklasse	Lohnsteuer	ohne Kinderfreibetrag SolZ 5,5%	ohne Kinderfreibetrag Kirchensteuer 8%	ohne Kinderfreibetrag Kirchensteuer 9%	0,5 SolZ 5,5%	0,5 Kirchensteuer 8%	0,5 Kirchensteuer 9%	1,0 SolZ 5,5%	1,0 Kirchensteuer 8%	1,0 Kirchensteuer 9%	1,5 SolZ 5,5%	1,5 Kirchensteuer 8%	1,5 Kirchensteuer 9%	2,0 SolZ 5,5%	2,0 Kirchensteuer 8%	2,0 Kirchensteuer 9%	2,5 SolZ 5,5%	2,5 Kirchensteuer 8%	2,5 Kirchensteuer 9%	3,0 SolZ 5,5%	3,0 Kirchensteuer 8%	3,0 Kirchensteuer 9%
69.155,99	I	17.742	23,68	1.419,36	1.596,78	-	1.269,20	1.427,85	-	1.123,68	1.264,14	-	984,32	1.107,36	-	851,20	957,60	-	724,16	814,68	-	603,36	678,78
	II	15.955	-	1.276,40	1.435,95	-	1.130,56	1.271,88	-	990,96	1.114,83	-	857,44	964,62	-	730,16	821,43	-	609,04	685,17	-	494,08	555,84
	III	10.858	-	868,64	977,22	-	761,60	856,80	-	657,76	739,98	-	556,96	626,58	-	459,20	516,60	-	364,64	410,22	-	273,12	307,26
	IV	17.742	23,68	1.419,36	1.596,78	-	1.344,16	1.512,18	-	1.269,20	1.427,85	-	1.195,68	1.345,14	-	1.123,68	1.264,14	-	1.053,28	1.184,94	-	984,32	1.107,36
	V	23.915	758,26	1.913,20	2.152,35																		
	VI	24.447	821,57	1.955,76	2.200,23																		
69.191,99	I	17.757	25,46	1.420,56	1.598,13	-	1.270,40	1.429,20	-	1.124,88	1.265,49	-	985,44	1.108,62	-	852,24	958,77	-	725,20	815,85	-	604,32	679,86
	II	15.970	-	1.277,60	1.437,30	-	1.131,76	1.273,23	-	992,00	1.116,00	-	858,48	965,79	-	731,20	822,60	-	610,00	686,25	-	494,96	556,83
	III	10.868	-	869,44	978,12	-	762,40	857,70	-	658,56	740,88	-	557,76	627,48	-	460,00	517,50	-	365,44	411,12	-	273,76	307,98
	IV	17.757	25,46	1.420,56	1.598,13	-	1.345,36	1.513,53	-	1.270,40	1.429,20	-	1.196,88	1.346,49	-	1.124,88	1.265,49	-	1.054,40	1.186,20	-	985,44	1.108,62
	V	23.930	760,05	1.914,40	2.153,70																		
	VI	24.462	823,36	1.956,96	2.201,58																		
69.227,99	I	17.772	27,25	1.421,76	1.599,48	-	1.271,60	1.430,55	-	1.126,00	1.266,75	-	986,56	1.109,88	-	853,28	959,94	-	726,16	816,93	-	605,28	680,94
	II	15.985	-	1.278,80	1.438,65	-	1.132,88	1.274,49	-	993,12	1.117,26	-	859,60	967,05	-	732,16	823,68	-	610,96	687,33	-	495,92	557,91
	III	10.880	-	870,40	979,20	-	763,36	858,78	-	659,36	741,78	-	558,56	628,38	-	460,80	518,40	-	366,08	411,84	-	274,56	308,88
	IV	17.772	27,25	1.421,76	1.599,48	-	1.346,56	1.514,88	-	1.271,60	1.430,55	-	1.198,00	1.347,75	-	1.126,00	1.266,75	-	1.055,52	1.187,46	-	986,56	1.109,88
	V	23.945	761,83	1.915,60	2.155,05																		
	VI	24.477	825,14	1.958,16	2.202,93																		
69.263,99	I	17.787	29,03	1.422,96	1.600,83	-	1.272,80	1.431,90	-	1.127,12	1.268,01	-	987,68	1.111,14	-	854,32	961,11	-	727,20	818,10	-	606,16	681,93
	II	16.000	-	1.280,00	1.440,00	-	1.134,00	1.275,75	-	994,24	1.118,52	-	860,64	968,22	-	733,20	824,85	-	611,92	688,41	-	496,80	558,90
	III	10.890	-	871,20	980,10	-	764,16	859,68	-	660,16	742,68	-	559,36	629,28	-	461,60	519,30	-	366,88	412,74	-	275,20	309,60
	IV	17.787	29,03	1.422,96	1.600,83	-	1.347,76	1.516,23	-	1.272,80	1.431,90	-	1.199,20	1.349,10	-	1.127,12	1.268,01	-	1.056,64	1.188,72	-	987,68	1.111,14
	V	23.961	763,74	1.916,88	2.156,49																		
	VI	24.492	826,93	1.959,36	2.204,28																		
69.299,99	I	17.802	30,82	1.424,16	1.602,18	-	1.274,00	1.433,25	-	1.128,32	1.269,36	-	988,72	1.112,31	-	855,36	962,28	-	728,16	819,18	-	607,12	683,01
	II	16.015	-	1.281,20	1.441,35	-	1.135,20	1.277,10	-	995,36	1.119,78	-	861,68	969,39	-	734,16	825,93	-	612,88	689,49	-	497,68	559,89
	III	10.902	-	872,16	981,18	-	764,96	860,58	-	660,96	743,58	-	560,16	630,18	-	462,40	520,20	-	367,68	413,64	-	276,00	310,50
	IV	17.802	30,82	1.424,16	1.602,18	-	1.348,96	1.517,58	-	1.274,00	1.433,25	-	1.200,40	1.350,45	-	1.128,32	1.269,36	-	1.057,76	1.189,98	-	988,72	1.112,31
	V	23.976	765,52	1.918,08	2.157,84																		
	VI	24.507	828,71	1.960,56	2.205,63																		
69.335,99	I	17.818	32,72	1.425,44	1.603,62	-	1.275,20	1.434,60	-	1.129,44	1.270,62	-	989,84	1.113,57	-	856,40	963,45	-	729,20	820,35	-	608,08	684,09
	II	16.030	-	1.282,40	1.442,70	-	1.136,32	1.278,36	-	996,40	1.120,95	-	862,72	970,56	-	735,20	827,10	-	613,76	690,48	-	498,56	560,88
	III	10.912	-	872,96	982,08	-	765,92	861,66	-	661,92	744,66	-	560,96	631,08	-	463,04	520,92	-	368,32	414,36	-	276,64	311,22
	IV	17.818	32,72	1.425,44	1.603,62	-	1.350,24	1.519,02	-	1.275,20	1.434,60	-	1.201,52	1.351,71	-	1.129,44	1.270,62	-	1.058,88	1.191,24	-	989,84	1.113,57
	V	23.991	767,31	1.919,28	2.159,19																		
	VI	24.523	830,62	1.961,84	2.207,07																		
69.371,99	I	17.833	34,51	1.426,64	1.604,97	-	1.276,40	1.435,95	-	1.130,56	1.271,88	-	990,96	1.114,83	-	857,44	964,62	-	730,16	821,43	-	609,04	685,17
	II	16.045	-	1.283,60	1.444,05	-	1.137,44	1.279,62	-	997,52	1.122,21	-	863,76	971,73	-	736,16	828,18	-	614,72	691,56	-	499,52	561,96
	III	10.922	-	873,76	982,98	-	766,72	862,56	-	662,72	745,56	-	561,76	631,98	-	463,84	521,82	-	369,12	415,26	-	277,44	312,12
	IV	17.833	34,51	1.426,64	1.604,97	-	1.351,44	1.520,37	-	1.276,40	1.435,95	-	1.202,72	1.353,06	-	1.130,56	1.271,88	-	1.060,00	1.192,50	-	990,96	1.114,83
	V	24.006	769,09	1.920,48	2.160,54																		
	VI	24.538	832,40	1.963,04	2.208,42																		
69.407,99	I	17.848	36,29	1.427,84	1.606,32	-	1.277,60	1.437,30	-	1.131,76	1.273,23	-	992,00	1.116,00	-	858,48	965,79	-	731,20	822,60	-	610,00	686,25
	II	16.060	-	1.284,80	1.445,40	-	1.138,64	1.280,97	-	998,64	1.123,47	-	864,80	972,90	-	737,20	829,35	-	615,68	692,64	-	500,40	562,95
	III	10.934	-	874,72	984,06	-	767,52	863,46	-	663,52	746,46	-	562,56	632,88	-	464,64	522,72	-	369,92	416,16	-	278,08	312,84
	IV	17.848	36,29	1.427,84	1.606,32	-	1.352,64	1.521,72	-	1.277,60	1.437,30	-	1.203,92	1.354,41	-	1.131,76	1.273,23	-	1.061,12	1.193,76	-	992,00	1.116,00
	V	24.021	770,88	1.921,68	2.161,89																		
	VI	24.553	834,19	1.964,24	2.209,77																		
69.443,99	I	17.863	38,08	1.429,04	1.607,67	-	1.278,80	1.438,65	-	1.132,88	1.274,49	-	993,12	1.117,26	-	859,60	967,05	-	732,16	823,68	-	610,96	687,33
	II	16.075	-	1.286,00	1.446,75	-	1.139,76	1.282,23	-	999,76	1.124,73	-	865,84	974,07	-	738,16	830,43	-	616,64	693,72	-	501,28	563,94
	III	10.944	-	875,52	984,96	-	768,48	864,54	-	664,32	747,36	-	563,36	633,78	-	465,44	523,62	-	370,56	416,88	-	278,88	313,74
	IV	17.863	38,08	1.429,04	1.607,67	-	1.353,84	1.523,07	-	1.278,80	1.438,65	-	1.205,04	1.355,67	-	1.132,88	1.274,49	-	1.062,24	1.195,02	-	993,12	1.117,26
	V	24.036	772,66	1.922,88	2.163,24																		
	VI	24.568	835,97	1.965,44	2.211,12																		
69.479,99	I	17.878	39,86	1.430,24	1.609,02	-	1.280,00	1.440,00	-	1.134,00	1.275,75	-	994,24	1.118,52	-	860,64	968,22	-	733,20	824,85	-	611,92	688,41
	II	16.090	-	1.287,20	1.448,10	-	1.140,96	1.283,58	-	1.000,80	1.125,90	-	866,96	975,33	-	739,20	831,60	-	617,60	694,80	-	502,24	565,02
	III	10.956	-	876,48	986,04	-	769,28	865,44	-	665,12	748,26	-	564,16	634,68	-	466,24	524,52	-	371,36	417,78	-	279,52	314,46
	IV	17.878	39,86	1.430,24	1.609,02	-	1.355,04	1.524,42	-	1.280,00	1.440,00	-	1.206,24	1.357,02	-	1.134,00	1.275,75	-	1.063,36	1.196,28	-	994,24	1.118,52
	V	24.051	774,45	1.924,08	2.164,59																		
	VI	24.583	837,76	1.966,64	2.212,47																		
69.515,99	I	17.893	41,65	1.431,44	1.610,37	-	1.281,20	1.441,35	-	1.135,20	1.277,10	-	995,36	1.119,78	-	861,68	969,39	-	734,16	825,93	-	612,88	689,49
	II	16.105	-	1.288,40	1.449,45	-	1.142,08	1.284,84	-	1.001,92	1.127,16	-	868,00	976,50	-	740,16	832,68	-	618,56	695,88	-	503,12	566,01
	III	10.966	-	877,28	986,94	-	770,08	866,34	-	665,92	749,16	-	564,96	635,58	-	467,04	525,42	-	372,16	418,68	-	280,32	315,36
	IV	17.893	41,65	1.431,44	1.610,37	-	1.356,24	1.525,77	-	1.281,20	1.441,35	-	1.207,44	1.358,37	-	1.135,20	1.277,10	-	1.064,48	1.197,54	-	995,36	1.119,78
	V	24.066	776,23	1.925,28	2.165,94																		
	VI	24.598	839,54	1.967,84	2.213,82																		
69.551,99	I	17.908	43,43	1.432,64	1.611,72	-	1.282,40	1.442,70	-	1.136,32	1.278,36	-	996,40	1.120,95	-	862,72	970,56	-	735,20	827,10	-	613,76	690,48
	II	16.120	-	1.289,60	1.450,80	-	1.143,20	1.286,10	-	1.003,04	1.128,42	-	869,04	977,67	-	741,20	833,85	-	619,52	696,96	-	504,00	567,00
	III	10.978	-	878,24	988,02	-	771,04	867,42	-	666,88	750,24	-	565,76	636,48	-	467,68	526,14	-	372,80	419,40	-	281,12	316,26
	IV	17.908	43,43	1.432,64	1.611,72	-	1.357,44	1.527,12	-	1.282,40	1.442,70	-	1.208,56	1.359,63	-	1.136,32	1.278,36	-	1.065,60	1.198,80	-	996,40	1.120,95
	V	24.082	778,14	1.926,56	2.167,38																		
	VI	24.613	841,33	1.969,04	2.215,17																		
69.587,99	I	17.923	45,22	1.433,84	1.613,07	-	1.283,60	1.444,05	-	1.137,44	1.279,62	-	997,52	1.122,21	-	863,76	971,73	-	736,16	828,18	-	614,72	691,56
	II	16.135	-	1.290,80	1.452,15	-	1.144,40	1.287,45	-	1.004,16	1.129,68	-	870,08	978,84	-	742,16	834,93	-	620,48	698,04	-	504,96	568,08
	III	10.988	-	879,04	988,92	-	771,84	868,32	-	667,68	751,14	-	566,56	637,38	-	468,48	527,04	-	373,60	420,30	-	281,76	316,98
	IV	17.923	45,22	1.433,84	1.613,07	-	1.358,64	1.528,47	-	1.283,60	1.444,05	-	1.209,76	1.360,98	-	1.137,44	1.279,62	-	1.066,72	1.200,06	-	997,52	1.122,21
	V	24.097	779,92	1.927,76	2.168,73																		
	VI	24.628	843,11	1.970,24	2.216,52																		
69.623,99	I	17.938	47,00	1.435,04	1.614,42	-	1.284,80	1.445,40	-	1.138,64	1.280,97	-	998,64	1.123,47	-	864,80	972,90	-	737,20	829,35	-	615,68	692,64
	II	16.150	-	1.292,00	1.453,50	-	1.145,52	1.288,71	-	1.005,28	1.130,94	-	871,12	980,01	-	743,20	836,10	-	621,44	699,12	-	505,84	569,07
	III	11.000	-	880,00	990,00	-	772,64	869,22	-	668,48	752,04	-	567,36	638,28	-	469,28	527,94	-	374,40	421,20	-	282,56	317,88
	IV	17.938	47,00	1.435,04	1.614,42	-	1.359,92	1.529,91	-	1.284,80	1.445,40	-	1.210,96	1.362,33	-	1.138,64	1.280,97	-	1.067,84	1.201,32	-	998,64	1.123,47
	V	24.112	781,71	1.928,96	2.170,08																		
	VI	24.643	844,90	1.971,44	2.217,87																		
69.659,99	I	17.954	48,90	1.436,32	1.615,86	-	1.286,00	1.446,75	-	1.139,76	1.282,23	-	999,76	1.124,73	-	865,84	974,07	-	738,16	830,43	-	616,64	693,72
	II	16.165	-	1.293,20	1.454,85	-	1.146,72	1.290,06	-	1.006,32	1.132,11	-	872,16	981,18	-	744,16	837,18	-	622,40	700,20	-	506,72	570,06
	III	11.010	-	880,80	990,90	-	773,44	870,12	-	669,28	752,94	-	568,16	639,18	-	470,08	528,84	-	375,04	421,92	-	283,20	318,60
	IV	17.954	48,90	1.436,32	1.615,86	-	1.361,12	1.531,26	-	1.286,00	1.446,75	-	1.212,08	1.363,59	-	1.139,76	1.282,23	-	1.068,96	1.202,58	-	999,76	1.124,73
	V	24.127	783,49	1.930,16	2.171,43																		
	VI	24.659	846,80	1.972,72	2.219,31																		

Anzahl Kinderfreibeträge (nur Steuerklassen I–IV)

SolZ/KiSt lt. Tabelle nicht für Sonstige Bezüge anwendbar.

Besondere Tabelle

JAHR bis 70.199,99 €

Lohn/ Gehalt bis	Steuerklasse	Lohn-steuer	ohne Kinderfreibetrag SolZ 5,5%	Kirchensteuer 8%	Kirchensteuer 9%	0,5 SolZ 5,5%	0,5 Kirchensteuer 8%	0,5 Kirchensteuer 9%	1,0 SolZ 5,5%	1,0 Kirchensteuer 8%	1,0 Kirchensteuer 9%	1,5 SolZ 5,5%	1,5 Kirchensteuer 8%	1,5 Kirchensteuer 9%	2,0 SolZ 5,5%	2,0 Kirchensteuer 8%	2,0 Kirchensteuer 9%	2,5 SolZ 5,5%	2,5 Kirchensteuer 8%	2,5 Kirchensteuer 9%	3,0 SolZ 5,5%	3,0 Kirchensteuer 8%	3,0 Kirchensteuer 9%
69.695,99	I	17.969	50,69	1.437,52	1.617,21	-	1.287,20	1.448,10	-	1.140,96	1.283,58	-	1.000,80	1.125,90	-	866,96	975,33	-	739,20	831,60	-	617,60	694,80
	II	16.180	-	1.294,40	1.456,20	-	1.147,84	1.291,32	-	1.007,44	1.133,37	-	873,28	982,44	-	745,20	838,35	-	623,36	701,28	-	507,60	571,05
	III	11.022	-	881,76	991,98	-	774,40	871,20	-	670,08	753,84	-	568,96	640,08	-	470,88	529,74	-	375,84	422,82	-	284,00	319,50
	IV	17.969	50,69	1.437,52	1.617,21	-	1.362,32	1.532,61	-	1.287,20	1.448,10	-	1.213,28	1.364,94	-	1.140,96	1.283,58	-	1.070,08	1.203,84	-	1.000,80	1.125,90
	V	24.142	785,28	1.931,36	2.172,78																		
	VI	24.674	848,58	1.973,92	2.220,66																		
69.731,99	I	17.984	52,47	1.438,72	1.618,56	-	1.288,40	1.449,45	-	1.142,08	1.284,84	-	1.001,92	1.127,16	-	868,00	976,50	-	740,16	832,68	-	618,56	695,88
	II	16.195	-	1.295,60	1.457,55	-	1.149,04	1.292,67	-	1.008,56	1.134,63	-	874,32	983,61	-	746,24	839,52	-	624,32	702,36	-	508,56	572,13
	III	11.032	-	882,56	992,88	-	775,20	872,10	-	670,88	754,74	-	569,76	640,98	-	471,68	530,64	-	376,64	423,72	-	284,64	320,22
	IV	17.984	52,47	1.438,72	1.618,56	-	1.363,52	1.533,96	-	1.288,40	1.449,45	-	1.214,48	1.366,29	-	1.142,08	1.284,84	-	1.071,28	1.205,19	-	1.001,92	1.127,16
	V	24.157	787,06	1.932,56	2.174,13																		
	VI	24.689	850,37	1.975,12	2.222,01																		
69.767,99	I	17.999	54,26	1.439,92	1.619,91	-	1.289,60	1.450,80	-	1.143,20	1.286,10	-	1.003,04	1.128,42	-	869,04	977,67	-	741,20	833,85	-	619,52	696,96
	II	16.210	-	1.296,80	1.458,90	-	1.150,16	1.293,93	-	1.009,68	1.135,89	-	875,36	984,78	-	747,20	840,60	-	625,28	703,44	-	509,44	573,12
	III	11.044	-	883,52	993,96	-	776,00	873,00	-	671,84	755,82	-	570,56	641,88	-	472,48	531,54	-	377,44	424,62	-	285,44	321,12
	IV	17.999	54,26	1.439,92	1.619,91	-	1.364,72	1.535,31	-	1.289,60	1.450,80	-	1.215,68	1.367,64	-	1.143,20	1.286,10	-	1.072,40	1.206,45	-	1.003,04	1.128,42
	V	24.172	788,85	1.933,76	2.175,48																		
	VI	24.704	852,15	1.976,32	2.223,36																		
69.803,99	I	18.014	56,04	1.441,12	1.621,26	-	1.290,80	1.452,15	-	1.144,40	1.287,45	-	1.004,16	1.129,68	-	870,08	978,84	-	742,16	834,93	-	620,48	698,04
	II	16.225	-	1.298,00	1.460,25	-	1.151,28	1.295,19	-	1.010,80	1.137,15	-	876,40	985,95	-	748,24	841,77	-	626,16	704,43	-	510,32	574,11
	III	11.054	-	884,32	994,86	-	776,96	874,08	-	672,64	756,72	-	571,36	642,78	-	473,12	532,26	-	378,08	425,34	-	286,08	321,84
	IV	18.014	56,04	1.441,12	1.621,26	-	1.365,92	1.536,66	-	1.290,80	1.452,15	-	1.216,80	1.368,90	-	1.144,40	1.287,45	-	1.073,52	1.207,71	-	1.004,16	1.129,68
	V	24.187	790,63	1.934,96	2.176,83																		
	VI	24.719	853,94	1.977,52	2.224,71																		
69.839,99	I	18.029	57,83	1.442,32	1.622,61	-	1.292,00	1.453,50	-	1.145,52	1.288,71	-	1.005,28	1.130,94	-	871,12	980,01	-	743,20	836,10	-	621,44	699,12
	II	16.240	-	1.299,20	1.461,60	-	1.152,48	1.296,54	-	1.011,84	1.138,32	-	877,44	987,12	-	749,20	842,85	-	627,12	705,51	-	511,28	575,19
	III	11.066	-	885,28	995,94	-	777,76	874,98	-	673,44	757,62	-	572,16	643,68	-	473,92	533,16	-	378,88	426,24	-	286,88	322,74
	IV	18.029	57,83	1.442,32	1.622,61	-	1.367,12	1.538,01	-	1.292,00	1.453,50	-	1.218,00	1.370,25	-	1.145,52	1.288,71	-	1.074,64	1.208,97	-	1.005,28	1.130,94
	V	24.202	792,42	1.936,16	2.178,18																		
	VI	24.734	855,72	1.978,72	2.226,06																		
69.875,99	I	18.044	59,61	1.443,52	1.623,96	-	1.293,20	1.454,85	-	1.146,72	1.290,06	-	1.006,32	1.132,11	-	872,16	981,18	-	744,16	837,18	-	622,40	700,20
	II	16.255	-	1.300,40	1.462,95	-	1.153,60	1.297,80	-	1.012,96	1.139,58	-	878,56	988,38	-	750,24	844,02	-	628,08	706,59	-	512,16	576,18
	III	11.076	-	886,08	996,84	-	778,56	875,88	-	674,24	758,52	-	572,96	644,58	-	474,72	534,06	-	379,68	427,14	-	287,52	323,46
	IV	18.044	59,61	1.443,52	1.623,96	-	1.368,32	1.539,36	-	1.293,20	1.454,85	-	1.219,20	1.371,60	-	1.146,72	1.290,06	-	1.075,76	1.210,23	-	1.006,32	1.132,11
	V	24.218	794,32	1.937,44	2.179,62																		
	VI	24.749	857,51	1.979,92	2.227,41																		
69.911,99	I	18.059	61,40	1.444,72	1.625,31	-	1.294,40	1.456,20	-	1.147,84	1.291,32	-	1.007,44	1.133,37	-	873,28	982,44	-	745,20	838,35	-	623,36	701,28
	II	16.270	-	1.301,60	1.464,30	-	1.154,80	1.299,15	-	1.014,08	1.140,84	-	879,60	989,55	-	751,20	845,10	-	629,04	707,67	-	513,04	577,17
	III	11.088	-	887,04	997,92	-	779,52	876,96	-	675,04	759,42	-	573,76	645,48	-	475,52	534,96	-	380,32	427,86	-	288,32	324,36
	IV	18.059	61,40	1.444,72	1.625,31	-	1.369,52	1.540,71	-	1.294,40	1.456,20	-	1.220,32	1.372,86	-	1.147,84	1.291,32	-	1.076,88	1.211,49	-	1.007,44	1.133,37
	V	24.233	796,11	1.938,64	2.180,97																		
	VI	24.764	859,29	1.981,12	2.228,76																		
69.947,99	I	18.075	63,30	1.446,00	1.626,75	-	1.295,60	1.457,55	-	1.149,04	1.292,67	-	1.008,56	1.134,63	-	874,32	983,61	-	746,24	839,52	-	624,32	702,36
	II	16.286	-	1.302,88	1.465,74	-	1.155,92	1.300,41	-	1.015,20	1.142,10	-	880,64	990,72	-	752,24	846,27	-	630,00	708,75	-	514,00	578,25
	III	11.098	-	887,84	998,82	-	780,32	877,86	-	675,84	760,32	-	574,56	646,38	-	476,32	535,86	-	381,12	428,76	-	289,12	325,26
	IV	18.075	63,30	1.446,00	1.626,75	-	1.370,80	1.542,15	-	1.295,60	1.457,55	-	1.221,52	1.374,21	-	1.149,04	1.292,67	-	1.078,00	1.212,75	-	1.008,56	1.134,63
	V	24.248	797,89	1.939,84	2.182,32																		
	VI	24.780	861,20	1.982,40	2.230,20																		
69.983,99	I	18.090	65,09	1.447,20	1.628,10	-	1.296,80	1.458,90	-	1.150,16	1.293,93	-	1.009,68	1.135,89	-	875,36	984,78	-	747,20	840,60	-	625,28	703,44
	II	16.301	-	1.304,08	1.467,09	-	1.157,12	1.301,76	-	1.016,32	1.143,36	-	881,68	991,89	-	753,28	847,44	-	630,96	709,83	-	514,88	579,24
	III	11.110	-	888,80	999,90	-	781,12	878,76	-	676,80	761,40	-	575,36	647,28	-	477,12	536,76	-	381,92	429,66	-	289,76	325,98
	IV	18.090	65,09	1.447,20	1.628,10	-	1.372,00	1.543,50	-	1.296,80	1.458,90	-	1.222,72	1.375,56	-	1.150,16	1.293,93	-	1.079,12	1.214,01	-	1.009,68	1.135,89
	V	24.263	799,68	1.941,04	2.183,67																		
	VI	24.795	862,98	1.983,60	2.231,55																		
70.019,99	I	18.105	66,87	1.448,40	1.629,45	-	1.298,00	1.460,25	-	1.151,28	1.295,19	-	1.010,80	1.137,15	-	876,40	985,95	-	748,24	841,77	-	626,16	704,43
	II	16.316	-	1.305,28	1.468,44	-	1.158,24	1.303,02	-	1.017,44	1.144,62	-	882,72	993,06	-	754,24	848,52	-	631,92	710,91	-	515,84	580,32
	III	11.120	-	889,60	1.000,80	-	782,08	879,84	-	677,60	762,30	-	576,16	648,18	-	477,92	537,66	-	382,56	430,38	-	290,56	326,88
	IV	18.105	66,87	1.448,40	1.629,45	-	1.373,20	1.544,85	-	1.298,00	1.460,25	-	1.223,92	1.376,91	-	1.151,28	1.295,19	-	1.080,24	1.215,27	-	1.010,80	1.137,15
	V	24.278	801,46	1.942,24	2.185,02																		
	VI	24.810	864,77	1.984,80	2.232,90																		
70.055,99	I	18.120	68,66	1.449,60	1.630,80	-	1.299,20	1.461,60	-	1.152,48	1.296,54	-	1.011,84	1.138,32	-	877,44	987,12	-	749,20	842,85	-	627,12	705,51
	II	16.331	-	1.306,48	1.469,79	-	1.159,44	1.304,37	-	1.018,56	1.145,88	-	883,84	994,32	-	755,28	849,69	-	632,88	711,99	-	516,72	581,31
	III	11.130	-	890,40	1.001,70	-	782,88	880,74	-	678,40	763,20	-	576,96	649,08	-	478,56	538,38	-	383,36	431,28	-	291,20	327,60
	IV	18.120	68,66	1.449,60	1.630,80	-	1.374,40	1.546,20	-	1.299,20	1.461,60	-	1.225,04	1.378,17	-	1.152,48	1.296,54	-	1.081,44	1.216,62	-	1.011,84	1.138,32
	V	24.293	803,25	1.943,44	2.186,37																		
	VI	24.825	866,55	1.986,00	2.234,25																		
70.091,99	I	18.135	70,44	1.450,80	1.632,15	-	1.300,40	1.462,95	-	1.153,60	1.297,80	-	1.012,96	1.139,58	-	878,56	988,38	-	750,24	844,02	-	628,08	706,59
	II	16.346	-	1.307,68	1.471,14	-	1.160,56	1.305,63	-	1.019,60	1.147,05	-	884,88	995,49	-	756,24	850,77	-	633,84	713,07	-	517,60	582,30
	III	11.142	-	891,36	1.002,78	-	783,68	881,64	-	679,20	764,10	-	577,76	649,98	-	479,36	539,28	-	384,16	432,18	-	292,00	328,50
	IV	18.135	70,44	1.450,80	1.632,15	-	1.375,60	1.547,55	-	1.300,40	1.462,95	-	1.226,24	1.379,52	-	1.153,60	1.297,80	-	1.082,56	1.217,88	-	1.012,96	1.139,58
	V	24.308	805,03	1.944,64	2.187,72																		
	VI	24.840	868,34	1.987,20	2.235,60																		
70.127,99	I	18.150	72,23	1.452,00	1.633,50	-	1.301,60	1.464,30	-	1.154,80	1.299,15	-	1.014,08	1.140,84	-	879,60	989,55	-	751,20	845,10	-	629,04	707,67
	II	16.361	-	1.308,88	1.472,49	-	1.161,76	1.306,98	-	1.020,72	1.148,31	-	885,92	996,66	-	757,28	851,94	-	634,80	714,15	-	518,56	583,38
	III	11.152	-	892,16	1.003,68	-	784,64	882,72	-	680,00	765,00	-	578,56	650,88	-	480,16	540,18	-	384,96	433,08	-	292,64	329,22
	IV	18.150	72,23	1.452,00	1.633,50	-	1.376,80	1.548,90	-	1.301,60	1.464,30	-	1.227,44	1.380,87	-	1.154,80	1.299,15	-	1.083,68	1.219,14	-	1.014,08	1.140,84
	V	24.323	806,82	1.945,84	2.189,07																		
	VI	24.855	870,12	1.988,40	2.236,95																		
70.163,99	I	18.165	74,01	1.453,20	1.634,85	-	1.302,88	1.465,74	-	1.155,92	1.300,41	-	1.015,20	1.142,10	-	880,64	990,72	-	752,24	846,27	-	630,00	708,75
	II	16.376	-	1.310,08	1.473,84	-	1.162,88	1.308,24	-	1.021,84	1.149,57	-	886,96	997,83	-	758,32	853,11	-	635,76	715,23	-	519,44	584,37
	III	11.164	-	893,12	1.004,76	-	785,44	883,62	-	680,80	765,90	-	579,36	651,78	-	480,96	541,08	-	385,60	433,80	-	293,44	330,12
	IV	18.165	74,01	1.453,20	1.634,85	-	1.378,00	1.550,25	-	1.302,88	1.465,74	-	1.228,64	1.382,22	-	1.155,92	1.300,41	-	1.084,80	1.220,40	-	1.015,20	1.142,10
	V	24.339	808,72	1.947,12	2.190,51																		
	VI	24.870	871,91	1.989,60	2.238,30																		
70.199,99	I	18.180	75,80	1.454,40	1.636,20	-	1.304,08	1.467,09	-	1.157,12	1.301,76	-	1.016,32	1.143,36	-	881,68	991,89	-	753,28	847,44	-	630,96	709,83
	II	16.391	-	1.311,28	1.475,19	-	1.164,08	1.309,59	-	1.022,96	1.150,83	-	888,08	999,09	-	759,28	854,19	-	636,72	716,31	-	520,32	585,36
	III	11.174	-	893,92	1.005,66	-	786,24	884,52	-	681,76	766,98	-	580,16	652,68	-	481,76	541,98	-	386,40	434,70	-	294,08	330,84
	IV	18.180	75,80	1.454,40	1.636,20	-	1.379,20	1.551,60	-	1.304,08	1.467,09	-	1.229,84	1.383,57	-	1.157,12	1.301,76	-	1.085,92	1.221,66	-	1.016,32	1.143,36
	V	24.354	810,50	1.948,32	2.191,86																		
	VI	24.885	873,69	1.990,80	2.239,65																		

Anzahl Kinderfreibeträge (nur Steuerklassen I–IV)

SolZ/KiSt lt. Tabelle nicht für Sonstige Bezüge anwendbar.

Lohn/ Gehalt bis	Steuerklasse	Lohnsteuer	ohne Kinderfreibetrag SolZ 5,5%	ohne Kinderfreibetrag Kirchensteuer 8%	ohne Kinderfreibetrag Kirchensteuer 9%	0,5 SolZ 5,5%	0,5 Kirchensteuer 8%	0,5 Kirchensteuer 9%	1,0 SolZ 5,5%	1,0 Kirchensteuer 8%	1,0 Kirchensteuer 9%	1,5 SolZ 5,5%	1,5 Kirchensteuer 8%	1,5 Kirchensteuer 9%	2,0 SolZ 5,5%	2,0 Kirchensteuer 8%	2,0 Kirchensteuer 9%	2,5 SolZ 5,5%	2,5 Kirchensteuer 8%	2,5 Kirchensteuer 9%	3,0 SolZ 5,5%	3,0 Kirchensteuer 8%	3,0 Kirchensteuer 9%
70.235,99	I	18.196	77,70	1.455,68	1.637,64	–	1.305,28	1.468,44	–	1.158,24	1.303,02	–	1.017,44	1.144,62	–	882,72	993,06	–	754,24	848,52	–	631,92	710,91
	II	16.406	–	1.312,48	1.476,54	–	1.165,20	1.310,85	–	1.024,08	1.152,09	–	889,12	1.000,26	–	760,32	855,36	–	637,68	717,39	–	521,28	586,44
	III	11.186	–	894,88	1.006,74	–	787,20	885,60	–	682,56	767,88	–	580,96	653,58	–	482,56	542,88	–	387,20	435,60	–	294,88	331,74
	IV	18.196	77,70	1.455,68	1.637,64	–	1.380,48	1.553,04	–	1.305,28	1.468,44	–	1.230,96	1.384,83	–	1.158,24	1.303,02	–	1.087,04	1.222,92	–	1.017,44	1.144,62
	V	24.369	812,29	1.949,52	2.193,21																		
	VI	24.901	875,60	1.992,08	2.241,09																		
70.271,99	I	18.211	79,49	1.456,88	1.638,99	–	1.306,48	1.469,79	–	1.159,44	1.304,37	–	1.018,56	1.145,88	–	883,84	994,32	–	755,28	849,69	–	632,88	711,99
	II	16.421	–	1.313,68	1.477,89	–	1.166,40	1.312,20	–	1.025,20	1.153,35	–	890,16	1.001,43	–	761,36	856,53	–	638,64	718,47	–	522,16	587,43
	III	11.196	–	895,68	1.007,64	–	788,00	886,50	–	683,36	768,78	–	581,76	654,48	–	483,36	543,78	–	387,84	436,32	–	295,68	332,64
	IV	18.211	79,49	1.456,88	1.638,99	–	1.381,68	1.554,39	–	1.306,48	1.469,79	–	1.232,16	1.386,18	–	1.159,44	1.304,37	–	1.088,16	1.224,18	–	1.018,56	1.145,88
	V	24.384	814,07	1.950,72	2.194,56																		
	VI	24.916	877,38	1.993,28	2.242,44																		
70.307,99	I	18.226	81,27	1.458,08	1.640,34	–	1.307,68	1.471,14	–	1.160,56	1.305,63	–	1.019,60	1.147,05	–	884,88	995,49	–	756,24	850,77	–	633,84	713,07
	II	16.437	–	1.314,96	1.479,33	–	1.167,52	1.313,46	–	1.026,32	1.154,61	–	891,20	1.002,60	–	762,32	857,61	–	639,60	719,55	–	523,12	588,51
	III	11.208	–	896,64	1.008,72	–	788,80	887,40	–	684,16	769,68	–	582,56	655,38	–	484,16	544,68	–	388,64	437,22	–	296,32	333,36
	IV	18.226	81,27	1.458,08	1.640,34	–	1.382,88	1.555,74	–	1.307,68	1.471,14	–	1.233,36	1.387,53	–	1.160,56	1.305,63	–	1.089,36	1.225,53	–	1.019,60	1.147,05
	V	24.399	815,86	1.951,92	2.195,91																		
	VI	24.931	879,17	1.994,48	2.243,79																		
70.343,99	I	18.241	83,06	1.459,28	1.641,69	–	1.308,88	1.472,49	–	1.161,76	1.306,98	–	1.020,72	1.148,31	–	885,92	996,66	–	757,28	851,94	–	634,80	714,1
	II	16.452	–	1.316,16	1.480,68	–	1.168,72	1.314,81	–	1.027,44	1.155,87	–	892,32	1.003,86	–	763,36	858,78	–	640,56	720,63	–	524,00	589,5
	III	11.218	–	897,44	1.009,62	–	789,76	888,48	–	684,96	770,58	–	583,36	656,28	–	484,80	545,40	–	389,44	438,12	–	297,12	334,2
	IV	18.241	83,06	1.459,28	1.641,69	–	1.384,08	1.557,09	–	1.308,88	1.472,49	–	1.234,56	1.388,88	–	1.161,76	1.306,98	–	1.090,48	1.226,79	–	1.020,72	1.148,3
	V	24.414	817,64	1.953,12	2.197,26																		
	VI	24.946	880,95	1.995,68	2.245,14																		
70.379,99	I	18.256	84,84	1.460,48	1.643,04	–	1.310,08	1.473,84	–	1.162,88	1.308,24	–	1.021,84	1.149,57	–	886,96	997,83	–	758,32	853,11	–	635,76	715,2
	II	16.467	–	1.317,36	1.482,03	–	1.169,84	1.316,07	–	1.028,48	1.157,04	–	893,36	1.005,03	–	764,40	859,95	–	641,52	721,71	–	524,88	590,4
	III	11.230	–	898,40	1.010,70	–	790,56	889,38	–	685,92	771,66	–	584,16	657,18	–	485,60	546,30	–	390,24	439,02	–	297,76	334,9
	IV	18.256	84,84	1.460,48	1.643,04	–	1.385,28	1.558,44	–	1.310,08	1.473,84	–	1.235,68	1.390,14	–	1.162,88	1.308,24	–	1.091,60	1.228,05	–	1.021,84	1.149,5
	V	24.429	819,43	1.954,32	2.198,61																		
	VI	24.961	882,74	1.996,88	2.246,49																		
70.415,99	I	18.271	86,63	1.461,68	1.644,39	–	1.311,28	1.475,19	–	1.164,08	1.309,59	–	1.022,96	1.150,83	–	888,08	999,09	–	759,28	854,19	–	636,72	716,3
	II	16.482	–	1.318,56	1.483,38	–	1.171,04	1.317,42	–	1.029,60	1.158,30	–	894,40	1.006,20	–	765,36	861,03	–	642,48	722,79	–	525,84	591,5
	III	11.240	–	899,20	1.011,60	–	791,36	890,28	–	686,72	772,56	–	584,96	658,08	–	486,40	547,20	–	390,88	439,74	–	298,56	335,8
	IV	18.271	86,63	1.461,68	1.644,39	–	1.386,48	1.559,79	–	1.311,28	1.475,19	–	1.236,88	1.391,49	–	1.164,08	1.309,59	–	1.092,72	1.229,31	–	1.022,96	1.150,8
	V	24.444	821,21	1.955,52	2.199,96																		
	VI	24.976	884,52	1.998,08	2.247,84																		
70.451,99	I	18.286	88,41	1.462,88	1.645,74	–	1.312,48	1.476,54	–	1.165,20	1.310,85	–	1.024,08	1.152,09	–	889,12	1.000,26	–	760,32	855,36	–	637,68	717,3
	II	16.497	–	1.319,76	1.484,73	–	1.172,16	1.318,68	–	1.030,72	1.159,56	–	895,44	1.007,37	–	766,40	862,20	–	643,52	723,96	–	526,72	592,5
	III	11.252	–	900,16	1.012,68	–	792,32	891,36	–	687,52	773,46	–	585,76	658,98	–	487,20	548,10	–	391,68	440,64	–	299,20	336,6
	IV	18.286	88,41	1.462,88	1.645,74	–	1.387,68	1.561,14	–	1.312,48	1.476,54	–	1.238,08	1.392,84	–	1.165,20	1.310,85	–	1.093,84	1.230,57	–	1.024,08	1.152,0
	V	24.460	823,12	1.956,80	2.201,40																		
	VI	24.991	886,31	1.999,28	2.249,19																		
70.487,99	I	18.301	90,20	1.464,08	1.647,09	–	1.313,68	1.477,89	–	1.166,40	1.312,20	–	1.025,20	1.153,35	–	890,16	1.001,43	–	761,36	856,53	–	638,64	718,4
	II	16.512	–	1.320,96	1.486,08	–	1.173,36	1.320,03	–	1.031,84	1.160,82	–	896,56	1.008,63	–	767,44	863,37	–	644,48	725,04	–	527,68	593,6
	III	11.262	–	900,96	1.013,58	–	793,12	892,26	–	688,32	774,36	–	586,56	659,88	–	488,00	549,00	–	392,48	441,54	–	300,00	337,5
	IV	18.301	90,20	1.464,08	1.647,09	–	1.388,88	1.562,49	–	1.313,68	1.477,89	–	1.239,28	1.394,19	–	1.166,40	1.312,20	–	1.094,96	1.231,83	–	1.025,20	1.153,3
	V	24.475	824,90	1.958,00	2.202,75																		
	VI	25.006	888,09	2.000,48	2.250,54																		
70.523,99	I	18.316	91,98	1.465,28	1.648,44	–	1.314,96	1.479,33	–	1.167,52	1.313,46	–	1.026,32	1.154,61	–	891,20	1.002,60	–	762,32	857,61	–	639,60	719,5
	II	16.527	–	1.322,16	1.487,43	–	1.174,48	1.321,29	–	1.032,96	1.162,08	–	897,60	1.009,80	–	768,40	864,45	–	645,44	726,12	–	528,56	594,6
	III	11.274	–	901,92	1.014,66	–	793,92	893,16	–	689,12	775,26	–	587,36	660,78	–	488,80	549,90	–	393,28	442,44	–	300,80	338,4
	IV	18.316	91,98	1.465,28	1.648,44	–	1.390,16	1.563,93	–	1.314,96	1.479,33	–	1.240,48	1.395,54	–	1.167,52	1.313,46	–	1.096,16	1.233,18	–	1.026,32	1.154,6
	V	24.490	826,69	1.959,20	2.204,10																		
	VI	25.021	889,88	2.001,68	2.251,89																		
70.559,99	I	18.332	93,89	1.466,56	1.649,88	–	1.316,16	1.480,68	–	1.168,72	1.314,81	–	1.027,44	1.155,87	–	892,32	1.003,86	–	763,36	858,78	–	640,56	720,6
	II	16.542	–	1.323,36	1.488,78	–	1.175,68	1.322,64	–	1.034,08	1.163,34	–	898,64	1.010,97	–	769,44	865,62	–	646,40	727,20	–	529,52	595,7
	III	11.284	–	902,72	1.015,56	–	794,88	894,24	–	689,92	776,16	–	588,16	661,68	–	489,60	550,80	–	393,92	443,16	–	301,44	339,1
	IV	18.332	93,89	1.466,56	1.649,88	–	1.391,36	1.565,28	–	1.316,16	1.480,68	–	1.241,68	1.396,89	–	1.168,72	1.314,81	–	1.097,28	1.234,44	–	1.027,44	1.155,8
	V	24.505	828,47	1.960,40	2.205,45																		
	VI	25.037	891,78	2.002,96	2.253,33																		
70.595,99	I	18.347	95,67	1.467,76	1.651,23	–	1.317,36	1.482,03	–	1.169,84	1.316,07	–	1.028,48	1.157,04	–	893,36	1.005,03	–	764,40	859,95	–	641,52	721,7
	II	16.558	–	1.324,64	1.490,22	–	1.176,80	1.323,90	–	1.035,20	1.164,60	–	899,76	1.012,23	–	770,48	866,79	–	647,36	728,28	–	530,40	596,7
	III	11.296	–	903,68	1.016,64	–	795,68	895,14	–	690,88	777,24	–	588,96	662,58	–	490,40	551,70	–	394,72	444,06	–	302,24	340,0
	IV	18.347	95,67	1.467,76	1.651,23	–	1.392,56	1.566,63	–	1.317,36	1.482,03	–	1.242,80	1.398,15	–	1.169,84	1.316,07	–	1.098,40	1.235,70	–	1.028,48	1.157,0
	V	24.520	830,26	1.961,60	2.206,80																		
	VI	25.052	893,57	2.004,16	2.254,68																		
70.631,99	I	18.362	97,46	1.468,96	1.652,58	–	1.318,56	1.483,38	–	1.171,04	1.317,42	–	1.029,60	1.158,30	–	894,40	1.006,20	–	765,36	861,03	–	642,48	722,7
	II	16.573	–	1.325,84	1.491,57	–	1.178,00	1.325,25	–	1.036,32	1.165,86	–	900,80	1.013,40	–	771,44	867,87	–	648,32	729,36	–	531,28	597,6
	III	11.306	–	904,48	1.017,54	–	796,64	896,22	–	691,68	778,14	–	589,92	663,66	–	491,04	552,42	–	395,52	444,96	–	302,88	340,7
	IV	18.362	97,46	1.468,96	1.652,58	–	1.393,76	1.567,98	–	1.318,56	1.483,38	–	1.244,00	1.399,50	–	1.171,04	1.317,42	–	1.099,52	1.236,96	–	1.029,60	1.158,3
	V	24.535	832,04	1.962,80	2.208,15																		
	VI	25.067	895,35	2.005,36	2.256,03																		
70.667,99	I	18.377	99,24	1.470,16	1.653,93	–	1.319,76	1.484,73	–	1.172,16	1.318,68	–	1.030,72	1.159,56	–	895,44	1.007,37	–	766,40	862,20	–	643,52	723,9
	II	16.588	–	1.327,04	1.492,92	–	1.179,12	1.326,51	–	1.037,44	1.167,12	–	901,84	1.014,57	–	772,48	869,04	–	649,28	730,44	–	532,24	598,7
	III	11.318	–	905,44	1.018,62	–	797,44	897,12	–	692,48	779,04	–	590,72	664,56	–	491,84	553,32	–	396,16	445,68	–	303,68	341,6
	IV	18.377	99,24	1.470,16	1.653,93	–	1.394,96	1.569,33	–	1.319,76	1.484,73	–	1.245,20	1.400,85	–	1.172,16	1.318,68	–	1.100,72	1.238,31	–	1.030,72	1.159,5
	V	24.550	833,83	1.964,00	2.209,50																		
	VI	25.082	897,14	2.006,56	2.257,38																		
70.703,99	I	18.392	101,03	1.471,36	1.655,28	–	1.320,96	1.486,08	–	1.173,36	1.320,03	–	1.031,84	1.160,82	–	896,56	1.008,63	–	767,44	863,37	–	644,48	725,0
	II	16.603	–	1.328,24	1.494,27	–	1.180,32	1.327,86	–	1.038,56	1.168,38	–	902,96	1.015,83	–	773,52	870,21	–	650,24	731,52	–	533,12	599,7
	III	11.328	–	906,24	1.019,52	–	798,24	898,02	–	693,28	779,94	–	591,52	665,46	–	492,64	554,22	–	396,96	446,58	–	304,32	342,3
	IV	18.392	101,03	1.471,36	1.655,28	–	1.396,16	1.570,68	–	1.320,96	1.486,08	–	1.246,40	1.402,20	–	1.173,36	1.320,03	–	1.101,84	1.239,57	–	1.031,84	1.160,8
	V	24.565	835,61	1.965,20	2.210,85																		
	VI	25.097	898,92	2.007,76	2.258,73																		
70.739,99	I	18.407	102,81	1.472,56	1.656,63	–	1.322,16	1.487,43	–	1.174,48	1.321,29	–	1.032,96	1.162,08	–	897,60	1.009,80	–	768,40	864,45	–	645,44	726,1
	II	16.618	–	1.329,44	1.495,62	–	1.181,52	1.329,21	–	1.039,68	1.169,64	–	904,00	1.017,00	–	774,48	871,29	–	651,20	732,60	–	534,08	600,8
	III	11.340	–	907,20	1.020,60	–	799,20	899,10	–	694,08	780,84	–	592,32	666,36	–	493,44	555,12	–	397,76	447,48	–	305,12	343,2
	IV	18.407	102,81	1.472,56	1.656,63	–	1.397,36	1.572,03	–	1.322,16	1.487,43	–	1.247,60	1.403,55	–	1.174,48	1.321,29	–	1.102,96	1.240,83	–	1.032,96	1.162,0
	V	24.580	837,40	1.966,40	2.212,20																		
	VI	25.112	900,71	2.008,96	2.260,08																		

Anzahl Kinderfreibeträge (nur Steuerklassen I–IV)

SolZ/KiSt lt. Tabelle nicht für Sonstige Bezüge anwendbar.

Besondere Tabelle   JAHR bis 71.279,99 €

Lohn/ Gehalt bis	Steuerklasse	Lohn-steuer	ohne Kinderfreibetrag SolZ 5,5%	ohne Kinderfreibetrag Kirchensteuer 8%	ohne Kinderfreibetrag Kirchensteuer 9%	0,5 SolZ 5,5%	0,5 Kirchensteuer 8%	0,5 Kirchensteuer 9%	1,0 SolZ 5,5%	1,0 Kirchensteuer 8%	1,0 Kirchensteuer 9%	1,5 SolZ 5,5%	1,5 Kirchensteuer 8%	1,5 Kirchensteuer 9%	2,0 SolZ 5,5%	2,0 Kirchensteuer 8%	2,0 Kirchensteuer 9%	2,5 SolZ 5,5%	2,5 Kirchensteuer 8%	2,5 Kirchensteuer 9%	3,0 SolZ 5,5%	3,0 Kirchensteuer 8%	3,0 Kirchensteuer 9%
						Anzahl Kinderfreibeträge (nur Steuerklassen I–IV)																	
70.775,99	I	18.422	104,60	1.473,76	1.657,98	-	1.323,36	1.488,78	-	1.175,68	1.322,64	-	1.034,08	1.163,34	-	898,64	1.010,97	-	769,44	865,62	-	646,40	727,20
	II	16.633	-	1.330,64	1.496,97	-	1.182,64	1.330,47	-	1.040,80	1.170,90	-	905,04	1.018,17	-	775,52	872,46	-	652,16	733,68	-	534,96	601,83
	III	11.350	-	908,00	1.021,50	-	800,00	900,00	-	695,04	781,92	-	593,12	667,26	-	494,24	556,02	-	398,56	448,38	-	305,92	344,16
	IV	18.422	104,60	1.473,76	1.657,98	-	1.398,56	1.573,38	-	1.323,36	1.488,78	-	1.248,80	1.404,90	-	1.175,68	1.322,64	-	1.104,08	1.242,09	-	1.034,08	1.163,34
	V	24.596	839,30	1.967,68	2.213,64																		
	VI	25.127	902,49	2.010,16	2.261,43																		
70.811,99	I	18.437	106,38	1.474,96	1.659,33	-	1.324,64	1.490,22	-	1.176,80	1.323,90	-	1.035,20	1.164,60	-	899,76	1.012,23	-	770,48	866,79	-	647,36	728,28
	II	16.648	-	1.331,84	1.498,32	-	1.183,84	1.331,82	-	1.041,92	1.172,16	-	906,16	1.019,43	-	776,56	873,63	-	653,12	734,76	-	535,92	602,91
	III	11.362	-	908,96	1.022,58	-	800,80	900,90	-	695,84	782,82	-	593,92	668,16	-	495,04	556,92	-	399,20	449,10	-	306,56	344,88
	IV	18.437	106,38	1.474,96	1.659,33	-	1.399,76	1.574,73	-	1.324,64	1.490,22	-	1.249,92	1.406,16	-	1.176,80	1.323,90	-	1.105,20	1.243,35	-	1.035,20	1.164,60
	V	24.611	841,09	1.968,88	2.214,99																		
	VI	25.142	904,28	2.011,36	2.262,78																		
70.847,99	I	18.453	108,29	1.476,24	1.660,77	-	1.325,84	1.491,57	-	1.178,00	1.325,25	-	1.036,32	1.165,86	-	900,80	1.013,40	-	771,44	867,87	-	648,32	729,36
	II	16.663	-	1.333,04	1.499,67	-	1.184,96	1.333,08	-	1.043,04	1.173,42	-	907,20	1.020,60	-	777,60	874,80	-	654,08	735,84	-	536,80	603,90
	III	11.372	-	909,76	1.023,48	-	801,76	901,98	-	696,64	783,72	-	594,72	669,06	-	495,84	557,82	-	400,00	450,00	-	307,36	345,78
	IV	18.453	108,29	1.476,24	1.660,77	-	1.401,04	1.576,17	-	1.325,84	1.491,57	-	1.251,12	1.407,51	-	1.178,00	1.325,25	-	1.106,40	1.244,70	-	1.036,32	1.165,86
	V	24.626	842,87	1.970,08	2.216,34																		
	VI	25.158	906,18	2.012,64	2.264,22																		
70.883,99	I	18.468	110,07	1.477,44	1.662,12	-	1.327,04	1.492,92	-	1.179,12	1.326,51	-	1.037,44	1.167,12	-	901,84	1.014,57	-	772,48	869,04	-	649,28	730,44
	II	16.678	-	1.334,24	1.501,02	-	1.186,16	1.334,43	-	1.044,08	1.174,59	-	908,24	1.021,77	-	778,56	875,88	-	655,04	736,92	-	537,76	604,98
	III	11.384	-	910,72	1.024,56	-	802,56	902,88	-	697,44	784,62	-	595,52	669,96	-	496,64	558,72	-	400,80	450,90	-	308,00	346,50
	IV	18.468	110,07	1.477,44	1.662,12	-	1.402,24	1.577,52	-	1.327,04	1.492,92	-	1.252,32	1.408,86	-	1.179,12	1.326,51	-	1.107,52	1.245,96	-	1.037,44	1.167,12
	V	24.641	844,66	1.971,28	2.217,69																		
	VI	25.173	907,97	2.013,84	2.265,57																		
70.919,99	I	18.483	111,86	1.478,64	1.663,47	-	1.328,24	1.494,27	-	1.180,32	1.327,86	-	1.038,56	1.168,38	-	902,96	1.015,83	-	773,52	870,21	-	650,24	731,52
	II	16.694	-	1.335,52	1.502,46	-	1.187,28	1.335,69	-	1.045,20	1.175,85	-	909,36	1.023,03	-	779,60	877,05	-	656,08	738,09	-	538,64	605,97
	III	11.396	-	911,68	1.025,64	-	803,36	903,78	-	698,24	785,52	-	596,32	670,86	-	497,44	559,62	-	401,60	451,80	-	308,80	347,40
	IV	18.483	111,86	1.478,64	1.663,47	-	1.403,44	1.578,87	-	1.328,24	1.494,27	-	1.253,52	1.410,21	-	1.180,32	1.327,86	-	1.108,64	1.247,22	-	1.038,56	1.168,38
	V	24.656	846,44	1.972,48	2.219,04																		
	VI	25.188	909,75	2.015,04	2.266,92																		
70.955,99	I	18.498	113,64	1.479,84	1.664,82	-	1.329,44	1.495,62	-	1.181,52	1.329,21	-	1.039,68	1.169,64	-	904,00	1.017,00	-	774,48	871,29	-	651,20	732,60
	II	16.709	-	1.336,72	1.503,81	-	1.188,48	1.337,04	-	1.046,32	1.177,11	-	910,40	1.024,20	-	780,64	878,22	-	657,04	739,17	-	539,60	607,05
	III	11.406	-	912,48	1.026,54	-	804,32	904,86	-	699,20	786,60	-	597,12	671,76	-	498,08	560,34	-	402,24	452,52	-	309,44	348,12
	IV	18.498	113,64	1.479,84	1.664,82	1,78	1.404,64	1.580,22	-	1.329,44	1.495,62	-	1.254,72	1.411,56	-	1.181,52	1.329,21	-	1.109,76	1.248,48	-	1.039,68	1.169,64
	V	24.671	848,23	1.973,68	2.220,39																		
	VI	25.203	911,54	2.016,24	2.268,27																		
70.991,99	I	18.513	115,43	1.481,04	1.666,17	-	1.330,64	1.496,97	-	1.182,64	1.330,47	-	1.040,80	1.170,90	-	905,04	1.018,17	-	775,52	872,46	-	652,16	733,68
	II	16.724	-	1.337,92	1.505,16	-	1.189,68	1.338,39	-	1.047,44	1.178,37	-	911,44	1.025,37	-	781,60	879,30	-	658,00	740,25	-	540,48	608,04
	III	11.418	-	913,44	1.027,62	-	805,12	905,76	-	700,00	787,50	-	597,92	672,66	-	498,88	561,24	-	403,04	453,42	-	310,24	349,02
	IV	18.513	115,43	1.481,04	1.666,17	3,57	1.405,84	1.581,57	-	1.330,64	1.496,97	-	1.255,92	1.412,91	-	1.182,64	1.330,47	-	1.110,96	1.249,83	-	1.040,80	1.170,90
	V	24.686	850,01	1.974,88	2.221,74																		
	VI	25.218	913,32	2.017,44	2.269,62																		
71.027,99	I	18.528	117,21	1.482,24	1.667,52	-	1.331,84	1.498,32	-	1.183,84	1.331,82	-	1.041,92	1.172,16	-	906,16	1.019,43	-	776,56	873,63	-	653,12	734,76
	II	16.739	-	1.339,12	1.506,51	-	1.190,80	1.339,65	-	1.048,56	1.179,63	-	912,56	1.026,63	-	782,64	880,47	-	658,96	741,33	-	541,44	609,12
	III	11.428	-	914,24	1.028,52	-	805,92	906,66	-	700,80	788,40	-	598,72	673,56	-	499,68	562,14	-	403,84	454,32	-	311,04	349,92
	IV	18.528	117,21	1.482,24	1.667,52	5,35	1.407,04	1.582,92	-	1.331,84	1.498,32	-	1.257,12	1.414,26	-	1.183,84	1.331,82	-	1.112,08	1.251,09	-	1.041,92	1.172,16
	V	24.701	851,80	1.976,08	2.223,09																		
	VI	25.233	915,11	2.018,64	2.270,97																		
71.063,99	I	18.543	119,00	1.483,44	1.668,87	-	1.333,04	1.499,67	-	1.184,96	1.333,08	-	1.043,04	1.173,42	-	907,20	1.020,60	-	777,60	874,80	-	654,08	735,84
	II	16.754	-	1.340,32	1.507,86	-	1.192,00	1.341,00	-	1.049,68	1.180,89	-	913,60	1.027,80	-	783,68	881,64	-	659,92	742,41	-	542,32	610,11
	III	11.440	-	915,20	1.029,60	-	806,88	907,74	-	701,60	789,30	-	599,52	674,46	-	500,48	563,04	-	404,64	455,22	-	311,68	350,64
	IV	18.543	119,00	1.483,44	1.668,87	7,14	1.408,24	1.584,27	-	1.333,04	1.499,67	-	1.258,32	1.415,61	-	1.184,96	1.333,08	-	1.113,20	1.252,35	-	1.043,04	1.173,42
	V	24.717	853,70	1.977,36	2.224,53																		
	VI	25.248	916,89	2.019,84	2.272,32																		
71.099,99	I	18.558	120,78	1.484,64	1.670,22	-	1.334,24	1.501,02	-	1.186,16	1.334,43	-	1.044,08	1.174,59	-	908,24	1.021,77	-	778,56	875,88	-	655,04	736,92
	II	16.769	-	1.341,52	1.509,21	-	1.193,12	1.342,26	-	1.050,80	1.182,15	-	914,64	1.028,97	-	784,72	882,81	-	660,88	743,49	-	543,28	611,19
	III	11.450	-	916,00	1.030,50	-	807,68	908,64	-	702,56	790,38	-	600,32	675,36	-	501,28	563,94	-	405,28	455,94	-	312,48	351,54
	IV	18.558	120,78	1.484,64	1.670,22	8,92	1.409,44	1.585,62	-	1.334,24	1.501,02	-	1.259,44	1.416,87	-	1.186,16	1.334,43	-	1.114,40	1.253,70	-	1.044,08	1.174,59
	V	24.732	855,49	1.978,56	2.225,88																		
	VI	25.263	918,68	2.021,04	2.273,67																		
71.135,99	I	18.574	122,68	1.485,92	1.671,66	-	1.335,52	1.502,46	-	1.187,28	1.335,69	-	1.045,20	1.175,85	-	909,36	1.023,03	-	779,60	877,05	-	656,08	738,09
	II	16.784	-	1.342,72	1.510,56	-	1.194,32	1.343,61	-	1.051,92	1.183,41	-	915,76	1.030,23	-	785,68	883,89	-	661,84	744,57	-	544,16	612,18
	III	11.462	-	916,96	1.031,58	-	808,64	909,72	-	703,36	791,28	-	601,12	676,26	-	502,08	564,84	-	406,08	456,84	-	313,12	352,26
	IV	18.574	122,68	1.485,92	1.671,66	10,82	1.410,72	1.587,06	-	1.335,52	1.502,46	-	1.260,64	1.418,22	-	1.187,28	1.335,69	-	1.115,52	1.254,96	-	1.045,20	1.175,85
	V	24.747	857,27	1.979,76	2.227,23																		
	VI	25.279	920,58	2.022,32	2.275,11																		
71.171,99	I	18.589	124,47	1.487,12	1.673,01	-	1.336,72	1.503,81	-	1.188,48	1.337,04	-	1.046,32	1.177,11	-	910,40	1.024,20	-	780,64	878,22	-	657,04	739,17
	II	16.799	-	1.343,92	1.511,91	-	1.195,52	1.344,96	-	1.053,04	1.184,67	-	916,80	1.031,40	-	786,72	885,06	-	662,80	745,65	-	545,12	613,26
	III	11.472	-	917,76	1.032,48	-	809,44	910,62	-	704,16	792,18	-	601,92	677,16	-	502,88	565,74	-	406,88	457,74	-	313,92	353,16
	IV	18.589	124,47	1.487,12	1.673,01	12,61	1.411,92	1.588,41	-	1.336,72	1.503,81	-	1.261,84	1.419,57	-	1.188,48	1.337,04	-	1.116,64	1.256,22	-	1.046,32	1.177,11
	V	24.762	859,06	1.980,96	2.228,58																		
	VI	25.294	922,36	2.023,52	2.276,46																		
71.207,99	I	18.604	126,25	1.488,32	1.674,36	-	1.337,92	1.505,16	-	1.189,68	1.338,39	-	1.047,44	1.178,37	-	911,44	1.025,37	-	781,60	879,30	-	658,00	740,25
	II	16.815	-	1.345,20	1.513,35	-	1.196,64	1.346,22	-	1.054,16	1.185,93	-	917,92	1.032,66	-	787,76	886,23	-	663,84	746,82	-	546,00	614,25
	III	11.484	-	918,72	1.033,56	-	810,24	911,52	-	704,96	793,08	-	602,72	678,06	-	503,68	566,64	-	407,68	458,64	-	314,72	354,06
	IV	18.604	126,25	1.488,32	1.674,36	14,39	1.413,12	1.589,76	-	1.337,92	1.505,16	-	1.263,04	1.420,92	-	1.189,68	1.338,39	-	1.117,76	1.257,48	-	1.047,44	1.178,37
	V	24.777	860,84	1.982,16	2.229,93																		
	VI	25.309	924,15	2.024,72	2.277,81																		
71.243,99	I	18.619	128,04	1.489,52	1.675,71	-	1.339,12	1.506,51	-	1.190,80	1.339,65	-	1.048,56	1.179,63	-	912,56	1.026,63	-	782,64	880,47	-	658,96	741,33
	II	16.830	-	1.346,40	1.514,70	-	1.197,84	1.347,57	-	1.055,28	1.187,19	-	918,96	1.033,83	-	788,80	887,40	-	664,80	747,90	-	546,96	615,33
	III	11.494	-	919,52	1.034,46	-	811,20	912,60	-	705,76	793,98	-	603,52	678,96	-	504,48	567,54	-	408,32	459,36	-	315,36	354,78
	IV	18.619	128,04	1.489,52	1.675,71	16,18	1.414,32	1.591,11	-	1.339,12	1.506,51	-	1.264,24	1.422,27	-	1.190,80	1.339,65	-	1.118,96	1.258,83	-	1.048,56	1.179,63
	V	24.792	862,63	1.983,36	2.231,28																		
	VI	25.324	925,93	2.025,92	2.279,16																		
71.279,99	I	18.634	129,82	1.490,72	1.677,06	-	1.340,32	1.507,86	-	1.192,00	1.341,00	-	1.049,68	1.180,89	-	913,60	1.027,80	-	783,68	881,64	-	659,92	742,41
	II	16.845	-	1.347,60	1.516,05	-	1.199,04	1.348,92	-	1.056,40	1.188,45	-	920,00	1.035,00	-	789,84	888,57	-	665,76	748,98	-	547,84	616,32
	III	11.506	-	920,48	1.035,54	-	812,00	913,50	-	706,72	795,06	-	604,32	679,86	-	505,28	568,44	-	409,12	460,26	-	316,16	355,68
	IV	18.634	129,82	1.490,72	1.677,06	17,96	1.415,52	1.592,46	-	1.340,32	1.507,86	-	1.265,44	1.423,62	-	1.192,00	1.341,00	-	1.120,08	1.260,09	-	1.049,68	1.180,89
	V	24.807	864,41	1.984,56	2.232,63																		
	VI	25.339	927,72	2.027,12	2.280,51																		

SolZ/KiSt lt. Tabelle nicht für Sonstige Bezüge anwendbar.

Lohn/ Gehalt bis	Steuerklasse	Lohn-steuer	ohne Kinderfreibetrag			Anzahl Kinderfreibeträge (nur Steuerklassen I–IV)																	
						0,5			1,0			1,5			2,0			2,5			3,0		
			SolZ 5,5%	Kirchensteuer 8%	9%	SolZ 5,5%	Kirchensteuer 8%	9%	SolZ 5,5%	Kirchensteuer 8%	9%	SolZ 5,5%	Kirchensteuer 8%	9%	SolZ 5,5%	Kirchensteuer 8%	9%	SolZ 5,5%	Kirchensteuer 8%	9%	SolZ 5,5%	Kirchensteuer 8%	9%
71.315,99	I	18.649	*131,61*	1.491,92	1.678,41	-	1.341,52	1.509,21	-	1.193,12	1.342,26	-	1.050,80	1.182,15	-	914,64	1.028,97	-	784,72	882,81	-	660,88	743,4
	II	16.860	-	1.348,80	1.517,40	-	1.200,16	1.350,18	-	1.057,52	1.189,71	-	921,12	1.036,26	-	790,80	889,65	-	666,72	750,06	-	548,80	617,4
	III	11.516	-	921,28	1.036,44	-	812,80	914,40	-	707,52	795,96	-	605,28	680,94	-	506,08	569,34	-	409,92	461,16	-	316,80	356,4
	IV	18.649	*131,61*	1.491,92	1.678,41	*19,75*	1.416,72	1.593,81	-	1.341,52	1.509,21	-	1.266,64	1.424,97	-	1.193,12	1.342,26	-	1.121,20	1.261,35	-	1.050,80	1.182,1
	V	24.822	*866,20*	1.985,76	2.233,98																		
	VI	25.354	*929,50*	2.028,32	2.281,86																		
71.351,99	I	18.664	*133,39*	1.493,12	1.679,76	-	1.342,72	1.510,56	-	1.194,32	1.343,61	-	1.051,92	1.183,41	-	915,76	1.030,23	-	785,68	883,89	-	661,84	744,57
	II	16.875	-	1.350,00	1.518,75	-	1.201,36	1.351,53	-	1.058,64	1.190,97	-	922,16	1.037,43	-	791,84	890,82	-	667,68	751,14	-	549,76	618,4
	III	11.528	-	922,24	1.037,52	-	813,76	915,48	-	708,32	796,86	-	606,08	681,84	-	506,72	570,06	-	410,72	462,06	-	317,60	357,3
	IV	18.664	*133,39*	1.493,12	1.679,76	*21,53*	1.417,92	1.595,16	-	1.342,72	1.510,56	-	1.267,84	1.426,32	-	1.194,32	1.343,61	-	1.122,40	1.262,70	-	1.051,92	1.183,41
	V	24.838	*868,10*	1.987,04	2.235,42																		
	VI	25.369	*931,29*	2.029,52	2.283,21																		
71.387,99	I	18.679	*135,18*	1.494,32	1.681,11	-	1.343,92	1.511,91	-	1.195,52	1.344,96	-	1.053,04	1.184,67	-	916,80	1.031,40	-	786,72	885,06	-	662,80	745,6
	II	16.890	-	1.351,20	1.520,10	-	1.202,56	1.352,88	-	1.059,84	1.192,32	-	923,28	1.038,69	-	792,88	891,99	-	668,64	752,22	-	550,64	619,4
	III	11.538	-	923,04	1.038,42	-	814,56	916,38	-	709,12	797,76	-	606,88	682,74	-	507,52	570,96	-	411,36	462,78	-	318,40	358,2
	IV	18.679	*135,18*	1.494,32	1.681,11	*23,32*	1.419,12	1.596,51	-	1.343,92	1.511,91	-	1.269,04	1.427,67	-	1.195,52	1.344,96	-	1.123,52	1.263,96	-	1.053,04	1.184,6
	V	24.853	*869,89*	1.988,24	2.236,77																		
	VI	25.384	*933,07*	2.030,72	2.284,56																		
71.423,99	I	18.694	*136,96*	1.495,52	1.682,46	-	1.345,20	1.513,35	-	1.196,64	1.346,22	-	1.054,16	1.185,93	-	917,92	1.032,66	-	787,76	886,23	-	663,84	746,8
	II	16.905	-	1.352,40	1.521,45	-	1.203,68	1.354,14	-	1.060,96	1.193,58	-	924,32	1.039,86	-	793,92	893,16	-	669,68	753,39	-	551,60	620,5
	III	11.550	-	924,00	1.039,50	-	815,52	917,46	-	709,92	798,66	-	607,68	683,64	-	508,32	571,86	-	412,16	463,68	-	319,04	358,9
	IV	18.694	*136,96*	1.495,52	1.682,46	*25,22*	1.420,40	1.597,95	-	1.345,20	1.513,35	-	1.270,24	1.429,02	-	1.196,64	1.346,22	-	1.124,64	1.265,22	-	1.054,16	1.185,9
	V	24.868	*871,67*	1.989,44	2.238,12																		
	VI	25.399	*934,86*	2.031,92	2.285,91																		
71.459,99	I	18.710	*138,87*	1.496,80	1.683,90	-	1.346,40	1.514,70	-	1.197,84	1.347,57	-	1.055,28	1.187,19	-	918,96	1.033,83	-	788,80	887,40	-	664,80	747,9
	II	16.920	-	1.353,60	1.522,80	-	1.204,88	1.355,49	-	1.062,08	1.194,84	-	925,36	1.041,03	-	794,96	894,33	-	670,64	754,47	-	552,48	621,5
	III	11.560	-	924,80	1.040,40	-	816,32	918,36	-	710,88	799,74	-	608,48	684,54	-	509,12	572,76	-	412,96	464,58	-	319,84	359,8
	IV	18.710	*138,87*	1.496,80	1.683,90	*27,01*	1.421,60	1.599,30	-	1.346,40	1.514,70	-	1.271,44	1.430,37	-	1.197,84	1.347,57	-	1.125,84	1.266,57	-	1.055,28	1.187,1
	V	24.883	*873,46*	1.990,64	2.239,47																		
	VI	25.415	*936,76*	2.033,20	2.287,35																		
71.495,99	I	18.725	*140,65*	1.498,00	1.685,25	-	1.347,60	1.516,05	-	1.199,04	1.348,92	-	1.056,40	1.188,45	-	920,00	1.035,00	-	789,84	888,57	-	665,76	748,9
	II	16.936	-	1.354,88	1.524,24	-	1.206,08	1.356,84	-	1.063,20	1.196,10	-	926,48	1.042,29	-	795,92	895,41	-	671,60	755,55	-	553,44	622,6
	III	11.572	-	925,76	1.041,48	-	817,12	919,26	-	711,68	800,64	-	609,28	685,44	-	509,92	573,66	-	413,76	465,48	-	320,48	360,5
	IV	18.725	*140,65*	1.498,00	1.685,25	*28,79*	1.422,80	1.600,65	-	1.347,60	1.516,05	-	1.272,64	1.431,72	-	1.199,04	1.348,92	-	1.126,96	1.267,83	-	1.056,40	1.188,4
	V	24.898	*875,24*	1.991,84	2.240,82																		
	VI	25.430	*938,55*	2.034,40	2.288,70																		
71.531,99	I	18.740	*142,44*	1.499,20	1.686,60	-	1.348,80	1.517,40	-	1.200,16	1.350,18	-	1.057,52	1.189,71	-	921,12	1.036,26	-	790,80	889,65	-	666,72	750,0
	II	16.951	-	1.356,08	1.525,59	-	1.207,20	1.358,10	-	1.064,32	1.197,36	-	927,52	1.043,46	-	796,96	896,58	-	672,56	756,63	-	554,32	623,6
	III	11.582	-	926,56	1.042,38	-	818,08	920,34	-	712,48	801,54	-	610,08	686,34	-	510,72	574,56	-	414,40	466,20	-	321,28	361,4
	IV	18.740	*142,44*	1.499,20	1.686,60	*30,58*	1.424,00	1.602,00	-	1.348,80	1.517,40	-	1.273,84	1.433,07	-	1.200,16	1.350,18	-	1.128,08	1.269,09	-	1.057,52	1.189,7
	V	24.913	*877,03*	1.993,04	2.242,17																		
	VI	25.445	*940,33*	2.035,60	2.290,05																		
71.567,99	I	18.755	*144,22*	1.500,40	1.687,95	-	1.350,00	1.518,75	-	1.201,36	1.351,53	-	1.058,64	1.190,97	-	922,16	1.037,43	-	791,84	890,82	-	667,68	751,1
	II	16.966	-	1.357,28	1.526,94	-	1.208,40	1.359,45	-	1.065,44	1.198,62	-	928,64	1.044,72	-	798,00	897,75	-	673,52	757,71	-	555,28	624,6
	III	11.594	-	927,52	1.043,46	-	818,88	921,24	-	713,28	802,44	-	610,88	687,24	-	511,52	575,46	-	415,20	467,10	-	322,08	362,3
	IV	18.755	*144,22*	1.500,40	1.687,95	*32,36*	1.425,20	1.603,35	-	1.350,00	1.518,75	-	1.275,04	1.434,42	-	1.201,36	1.351,53	-	1.129,28	1.270,44	-	1.058,64	1.190,9
	V	24.928	*878,81*	1.994,24	2.243,52																		
	VI	25.460	*942,12*	2.036,80	2.291,40																		
71.603,99	I	18.770	*146,01*	1.501,60	1.689,30	-	1.351,20	1.520,10	-	1.202,56	1.352,88	-	1.059,84	1.192,32	-	923,28	1.038,69	-	792,88	891,99	-	668,64	752,2
	II	16.981	-	1.358,48	1.528,29	-	1.209,60	1.360,80	-	1.066,56	1.199,88	-	929,68	1.045,89	-	799,04	898,92	-	674,56	758,88	-	556,16	625,6
	III	11.606	-	928,48	1.044,54	-	819,68	922,14	-	714,24	803,52	-	611,68	688,14	-	512,32	576,36	-	416,00	468,00	-	322,72	363,0
	IV	18.770	*146,01*	1.501,60	1.689,30	*34,15*	1.426,40	1.604,70	-	1.351,20	1.520,10	-	1.276,24	1.435,77	-	1.202,56	1.352,88	-	1.130,40	1.271,70	-	1.059,84	1.192,3
	V	24.943	*880,60*	1.995,44	2.244,87																		
	VI	25.475	*943,90*	2.038,00	2.292,75																		
71.639,99	I	18.785	*147,79*	1.502,80	1.690,65	-	1.352,40	1.521,45	-	1.203,68	1.354,14	-	1.060,96	1.193,58	-	924,32	1.039,86	-	793,92	893,16	-	669,68	753,3
	II	16.996	-	1.359,68	1.529,64	-	1.210,72	1.362,06	-	1.067,68	1.201,14	-	930,80	1.047,15	-	800,08	900,09	-	675,52	759,96	-	557,12	626,7
	III	11.616	-	929,28	1.045,44	-	820,64	923,22	-	715,04	804,42	-	612,48	689,04	-	513,12	577,26	-	416,80	468,90	-	323,52	363,9
	IV	18.785	*147,79*	1.502,80	1.690,65	*35,93*	1.427,60	1.606,05	-	1.352,40	1.521,45	-	1.277,36	1.437,03	-	1.203,68	1.354,14	-	1.131,52	1.272,96	-	1.060,96	1.193,5
	V	24.958	*882,38*	1.996,64	2.246,22																		
	VI	25.490	*945,69*	2.039,20	2.294,10																		
71.675,99	I	18.800	*149,58*	1.504,00	1.692,00	-	1.353,60	1.522,80	-	1.204,88	1.355,49	-	1.062,08	1.194,84	-	925,36	1.041,03	-	794,96	894,33	-	670,64	754,4
	II	17.011	-	1.360,88	1.530,99	-	1.211,92	1.363,41	-	1.068,80	1.202,40	-	931,84	1.048,32	-	801,04	901,17	-	676,48	761,04	-	558,08	627,8
	III	11.628	-	930,24	1.046,52	-	821,44	924,12	-	715,84	805,32	-	613,28	689,94	-	513,92	578,16	-	417,44	469,62	-	324,16	364,6
	IV	18.800	*149,58*	1.504,00	1.692,00	*37,72*	1.428,80	1.607,40	-	1.353,60	1.522,80	-	1.278,56	1.438,38	-	1.204,88	1.355,49	-	1.132,72	1.274,31	-	1.062,08	1.194,8
	V	24.974	*884,28*	1.997,92	2.247,66																		
	VI	25.505	*947,47*	2.040,40	2.295,45																		
71.711,99	I	18.815	*151,36*	1.505,20	1.693,35	-	1.354,88	1.524,24	-	1.206,08	1.356,84	-	1.063,20	1.196,10	-	926,48	1.042,29	-	795,92	895,41	-	671,60	755,5
	II	17.026	-	1.362,08	1.532,34	-	1.213,12	1.364,76	-	1.069,92	1.203,66	-	932,96	1.049,58	-	802,08	902,34	-	677,44	762,12	-	558,96	628,8
	III	11.638	-	931,04	1.047,42	-	822,40	925,20	-	716,64	806,22	-	614,08	690,84	-	514,72	579,06	-	418,24	470,52	-	324,96	365,5
	IV	18.815	*151,36*	1.505,20	1.693,35	*39,50*	1.430,00	1.608,75	-	1.354,88	1.524,24	-	1.279,76	1.439,73	-	1.206,08	1.356,84	-	1.133,84	1.275,57	-	1.063,20	1.196,1
	V	24.989	*886,07*	1.999,12	2.249,01																		
	VI	25.520	*949,26*	2.041,60	2.296,80																		
71.747,99	I	18.831	*153,27*	1.506,48	1.694,79	-	1.356,08	1.525,59	-	1.207,20	1.358,10	-	1.064,32	1.197,36	-	927,52	1.043,46	-	796,96	896,58	-	672,56	756,6
	II	17.041	-	1.363,28	1.533,69	-	1.214,24	1.366,02	-	1.071,04	1.204,92	-	934,00	1.050,75	-	803,12	903,51	-	678,40	763,20	-	559,92	629,9
	III	11.650	-	932,00	1.048,50	-	823,20	926,10	-	717,60	807,30	-	614,88	691,74	-	515,52	579,96	-	419,04	471,42	-	325,76	366,4
	IV	18.831	*153,27*	1.506,48	1.694,79	*41,41*	1.431,28	1.610,19	-	1.356,08	1.525,59	-	1.280,96	1.441,08	-	1.207,20	1.358,10	-	1.134,96	1.276,83	-	1.064,32	1.197,3
	V	25.004	*887,85*	2.000,32	2.250,36																		
	VI	25.536	*951,16*	2.042,88	2.298,24																		
71.783,99	I	18.846	*155,05*	1.507,68	1.696,14	-	1.357,28	1.526,94	-	1.208,40	1.359,45	-	1.065,44	1.198,62	-	928,64	1.044,72	-	798,00	897,75	-	673,52	757,7
	II	17.056	-	1.364,48	1.535,04	-	1.215,44	1.367,37	-	1.072,16	1.206,18	-	935,12	1.052,01	-	804,16	904,68	-	679,44	764,37	-	560,80	630,9
	III	11.660	-	932,80	1.049,40	-	824,00	927,00	-	718,40	808,20	-	615,68	692,64	-	516,16	580,68	-	419,84	472,32	-	326,40	367,2
	IV	18.846	*155,05*	1.507,68	1.696,14	*43,19*	1.432,48	1.611,54	-	1.357,28	1.526,94	-	1.282,16	1.442,43	-	1.208,40	1.359,45	-	1.136,16	1.278,18	-	1.065,44	1.198,6
	V	25.019	*889,64*	2.001,52	2.251,71																		
	VI	25.551	*952,95*	2.044,08	2.299,59																		
71.819,99	I	18.861	*156,84*	1.508,88	1.697,49	-	1.358,48	1.528,29	-	1.209,60	1.360,80	-	1.066,56	1.199,88	-	929,68	1.045,89	-	799,04	898,92	-	674,56	758,8
	II	17.072	-	1.365,76	1.536,48	-	1.216,64	1.368,72	-	1.073,28	1.207,44	-	936,16	1.053,18	-	805,20	905,85	-	680,40	765,45	-	561,76	631,9
	III	11.672	-	933,76	1.050,48	-	824,96	928,08	-	719,20	809,10	-	616,64	693,72	-	516,96	581,58	-	420,48	473,04	-	327,20	368,1
	IV	18.861	*156,84*	1.508,88	1.697,49	*44,98*	1.433,68	1.612,89	-	1.358,48	1.528,29	-	1.283,36	1.443,78	-	1.209,60	1.360,80	-	1.137,28	1.279,44	-	1.066,56	1.199,8
	V	25.034	*891,42*	2.002,72	2.253,06																		
	VI	25.566	*954,73*	2.045,28	2.300,94																		

SolZ/KiSt lt. Tabelle nicht für Sonstige Bezüge anwendbar.

Lohn/Gehalt bis	Steuerklasse	Lohnsteuer	ohne Kinderfreibetrag SolZ 5,5%	ohne Kinderfreibetrag Kirchensteuer 8%	ohne Kinderfreibetrag Kirchensteuer 9%	0,5 SolZ 5,5%	0,5 Kirchensteuer 8%	0,5 Kirchensteuer 9%	1,0 SolZ 5,5%	1,0 Kirchensteuer 8%	1,0 Kirchensteuer 9%	1,5 SolZ 5,5%	1,5 Kirchensteuer 8%	1,5 Kirchensteuer 9%	2,0 SolZ 5,5%	2,0 Kirchensteuer 8%	2,0 Kirchensteuer 9%	2,5 SolZ 5,5%	2,5 Kirchensteuer 8%	2,5 Kirchensteuer 9%	3,0 SolZ 5,5%	3,0 Kirchensteuer 8%	3,0 Kirchensteuer 9%
						Anzahl Kinderfreibeträge (nur Steuerklassen I–IV)																	
71.855,99	I	18.876	158,62	1.510,08	1.698,84	-	1.359,68	1.529,64	-	1.210,72	1.362,06	-	1.067,68	1.201,14	-	930,80	1.047,15	-	800,08	900,09	-	675,52	759,96
	II	17.087	-	1.366,96	1.537,83	-	1.217,84	1.370,07	-	1.074,40	1.208,70	-	937,28	1.054,44	-	806,24	907,02	-	681,36	766,53	-	562,72	633,06
	III	11.682	-	934,56	1.051,38	-	825,76	928,98	-	720,00	810,00	-	617,44	694,62	-	517,76	582,48	-	421,28	473,94	-	328,00	369,00
	IV	18.876	158,62	1.510,08	1.698,84	46,76	1.434,88	1.614,24	-	1.359,68	1.529,64	-	1.284,56	1.445,13	-	1.210,72	1.362,06	-	1.138,40	1.280,70	-	1.067,68	1.201,14
	V	25.049	893,21	2.003,92	2.254,41																		
	VI	25.581	956,52	2.046,48	2.302,29																		
71.891,99	I	18.891	160,41	1.511,28	1.700,19	-	1.360,88	1.530,99	-	1.211,92	1.363,41	-	1.068,80	1.202,40	-	931,84	1.048,32	-	801,04	901,17	-	676,48	761,04
	II	17.102	-	1.368,16	1.539,18	-	1.218,96	1.371,33	-	1.075,60	1.210,05	-	938,32	1.055,61	-	807,28	908,19	-	682,32	767,61	-	563,60	634,05
	III	11.694	-	935,52	1.052,46	-	826,72	930,06	-	720,80	810,90	-	618,24	695,52	-	518,56	583,38	-	422,08	474,84	-	328,64	369,72
	IV	18.891	160,41	1.511,28	1.700,19	48,55	1.436,08	1.615,59	-	1.360,88	1.530,99	-	1.285,76	1.446,48	-	1.211,92	1.363,41	-	1.139,60	1.282,05	-	1.068,80	1.202,40
	V	25.064	894,99	2.005,12	2.255,76																		
	VI	25.596	958,30	2.047,68	2.303,64																		
71.927,99	I	18.906	162,19	1.512,48	1.701,54	-	1.362,08	1.532,34	-	1.213,12	1.364,76	-	1.069,92	1.203,66	-	932,96	1.049,58	-	802,08	902,34	-	677,44	762,12
	II	17.117	-	1.369,36	1.540,53	-	1.220,16	1.372,68	-	1.076,72	1.211,31	-	939,36	1.056,78	-	808,24	909,27	-	683,36	768,78	-	564,56	635,13
	III	11.704	-	936,32	1.053,36	-	827,52	930,96	-	721,76	811,98	-	619,04	696,42	-	519,36	584,28	-	422,88	475,74	-	329,44	370,62
	IV	18.906	162,19	1.512,48	1.701,54	50,33	1.437,28	1.616,94	-	1.362,08	1.532,34	-	1.286,96	1.447,83	-	1.213,12	1.364,76	-	1.140,72	1.283,31	-	1.069,92	1.203,66
	V	25.079	896,78	2.006,32	2.257,11																		
	VI	25.611	960,09	2.048,88	2.304,99																		
71.963,99	I	18.921	163,98	1.513,68	1.702,89	-	1.363,28	1.533,69	-	1.214,24	1.366,02	-	1.071,04	1.204,92	-	934,00	1.050,75	-	803,12	903,51	-	678,40	763,20
	II	17.132	-	1.370,56	1.541,88	-	1.221,36	1.374,03	-	1.077,84	1.212,57	-	940,48	1.058,04	-	809,28	910,44	-	684,32	769,86	-	565,52	636,21
	III	11.716	-	937,28	1.054,44	-	828,32	931,86	-	722,56	812,88	-	619,84	697,32	-	520,16	585,18	-	423,68	476,64	-	330,08	371,34
	IV	18.921	163,98	1.513,68	1.702,89	52,12	1.438,48	1.618,29	-	1.363,28	1.533,69	-	1.288,16	1.449,18	-	1.214,24	1.366,02	-	1.141,92	1.284,66	-	1.071,04	1.204,92
	V	25.095	898,68	2.007,60	2.258,55																		
	VI	25.626	961,87	2.050,08	2.306,34																		
71.999,99	I	18.936	165,76	1.514,88	1.704,24	-	1.364,48	1.535,04	-	1.215,44	1.367,37	-	1.072,16	1.206,18	-	935,12	1.052,01	-	804,16	904,68	-	679,44	764,37
	II	17.147	-	1.371,76	1.543,23	-	1.222,48	1.375,29	-	1.078,96	1.213,83	-	941,52	1.059,21	-	810,32	911,61	-	685,28	770,94	-	566,40	637,20
	III	11.728	-	938,24	1.055,52	-	829,28	932,94	-	723,36	813,78	-	620,64	698,22	-	520,96	586,08	-	424,32	477,36	-	330,88	372,24
	IV	18.936	165,76	1.514,88	1.704,24	53,90	1.439,68	1.619,64	-	1.364,48	1.535,04	-	1.289,36	1.450,53	-	1.215,44	1.367,37	-	1.143,04	1.285,92	-	1.072,16	1.206,18
	V	25.110	900,47	2.008,80	2.259,90																		
	VI	25.641	963,66	2.051,28	2.307,69																		
72.035,99	I	18.952	167,67	1.516,16	1.705,68	-	1.365,76	1.536,48	-	1.216,64	1.368,72	-	1.073,28	1.207,44	-	936,16	1.053,18	-	805,20	905,85	-	680,40	765,45
	II	17.162	-	1.372,96	1.544,58	-	1.223,68	1.376,64	-	1.080,08	1.215,09	-	942,64	1.060,47	-	811,36	912,78	-	686,24	772,02	-	567,36	638,28
	III	11.738	-	939,04	1.056,42	-	830,08	933,84	-	724,16	814,68	-	621,44	699,12	-	521,76	586,98	-	425,12	478,26	-	331,68	373,14
	IV	18.952	167,67	1.516,16	1.705,68	55,81	1.440,96	1.621,08	-	1.365,76	1.536,48	-	1.290,64	1.451,97	-	1.216,64	1.368,72	-	1.144,16	1.287,18	-	1.073,28	1.207,44
	V	25.125	902,25	2.010,00	2.261,25																		
	VI	25.657	965,56	2.052,56	2.309,13																		
72.071,99	I	18.967	169,45	1.517,36	1.707,03	-	1.366,96	1.537,83	-	1.217,84	1.370,07	-	1.074,40	1.208,70	-	937,28	1.054,44	-	806,24	907,02	-	681,36	766,53
	II	17.177	-	1.374,16	1.545,93	-	1.224,88	1.377,99	-	1.081,20	1.216,35	-	943,68	1.061,64	-	812,40	913,95	-	687,28	773,19	-	568,32	639,36
	III	11.750	-	940,00	1.057,50	-	831,04	934,92	-	725,12	815,76	-	622,24	700,02	-	522,56	587,88	-	425,92	479,16	-	332,32	373,86
	IV	18.967	169,45	1.517,36	1.707,03	57,59	1.442,16	1.622,43	-	1.366,96	1.537,83	-	1.291,84	1.453,32	-	1.217,84	1.370,07	-	1.145,36	1.288,53	-	1.074,40	1.208,70
	V	25.140	904,04	2.011,20	2.262,60																		
	VI	25.672	967,35	2.053,76	2.310,48																		
72.107,99	I	18.982	171,24	1.518,56	1.708,38	-	1.368,16	1.539,18	-	1.218,96	1.371,33	-	1.075,60	1.210,05	-	938,32	1.055,61	-	807,28	908,19	-	682,32	767,61
	II	17.193	-	1.375,44	1.547,37	-	1.226,08	1.379,34	-	1.082,32	1.217,61	-	944,80	1.062,90	-	813,44	915,12	-	688,24	774,27	-	569,20	640,35
	III	11.760	-	940,80	1.058,40	-	831,84	935,82	-	725,92	816,66	-	623,04	700,92	-	523,36	588,78	-	426,72	480,06	-	333,12	374,76
	IV	18.982	171,24	1.518,56	1.708,38	59,38	1.443,36	1.623,78	-	1.368,16	1.539,18	-	1.293,04	1.454,67	-	1.218,96	1.371,33	-	1.146,48	1.289,79	-	1.075,60	1.210,05
	V	25.155	905,82	2.012,40	2.263,95																		
	VI	25.687	969,13	2.054,96	2.311,83																		
72.143,99	I	18.997	173,02	1.519,76	1.709,73	-	1.369,36	1.540,53	-	1.220,16	1.372,68	-	1.076,72	1.211,31	-	939,36	1.056,78	-	808,24	909,27	-	683,36	768,78
	II	17.208	-	1.376,64	1.548,72	-	1.227,28	1.380,69	-	1.083,44	1.218,87	-	945,92	1.064,16	-	814,48	916,29	-	689,20	775,35	-	570,16	641,43
	III	11.772	-	941,76	1.059,48	-	832,64	936,72	-	726,72	817,56	-	623,84	701,82	-	524,16	589,68	-	427,36	480,78	-	333,92	375,66
	IV	18.997	173,02	1.519,76	1.709,73	61,16	1.444,56	1.625,13	-	1.369,36	1.540,53	-	1.294,24	1.456,02	-	1.220,16	1.372,68	-	1.147,68	1.291,14	-	1.076,72	1.211,31
	V	25.170	907,61	2.013,60	2.265,30																		
	VI	25.702	970,92	2.056,16	2.313,18																		
72.179,99	I	19.012	174,81	1.520,96	1.711,08	-	1.370,56	1.541,88	-	1.221,36	1.374,03	-	1.077,84	1.212,57	-	940,48	1.058,04	-	809,28	910,44	-	684,32	769,86
	II	17.223	-	1.377,84	1.550,07	-	1.228,40	1.381,95	-	1.084,64	1.220,22	-	946,96	1.065,33	-	815,52	917,46	-	690,24	776,52	-	571,04	642,42
	III	11.782	-	942,56	1.060,38	-	833,60	937,80	-	727,52	818,46	-	624,64	702,72	-	524,96	590,58	-	428,16	481,68	-	334,56	376,38
	IV	19.012	174,81	1.520,96	1.711,08	62,95	1.445,76	1.626,48	-	1.370,56	1.541,88	-	1.295,44	1.457,37	-	1.221,36	1.374,03	-	1.148,80	1.292,40	-	1.077,84	1.212,57
	V	25.185	909,39	2.014,80	2.266,65																		
	VI	25.717	972,70	2.057,36	2.314,53																		
72.215,99	I	19.027	176,59	1.522,16	1.712,43	-	1.371,76	1.543,23	-	1.222,48	1.375,29	-	1.078,96	1.213,83	-	941,52	1.059,21	-	810,32	911,61	-	685,28	770,94
	II	17.238	-	1.379,04	1.551,42	-	1.229,60	1.383,30	-	1.085,76	1.221,48	-	948,08	1.066,59	-	816,56	918,63	-	691,20	777,60	-	572,00	643,50
	III	11.794	-	943,52	1.061,46	-	834,40	938,70	-	728,48	819,54	-	625,60	703,80	-	525,76	591,48	-	428,96	482,58	-	335,36	377,28
	IV	19.027	176,59	1.522,16	1.712,43	64,73	1.446,96	1.627,83	-	1.371,76	1.543,23	-	1.296,64	1.458,72	-	1.222,48	1.375,29	-	1.150,00	1.293,75	-	1.078,96	1.213,83
	V	25.200	911,18	2.016,00	2.268,00																		
	VI	25.732	974,49	2.058,56	2.315,88																		
72.251,99	I	19.042	178,38	1.523,36	1.713,78	-	1.372,96	1.544,58	-	1.223,68	1.376,64	-	1.080,08	1.215,09	-	942,64	1.060,47	-	811,36	912,78	-	686,24	772,02
	II	17.253	-	1.380,24	1.552,77	-	1.230,80	1.384,65	-	1.086,88	1.222,74	-	949,12	1.067,76	-	817,60	919,80	-	692,16	778,68	-	572,96	644,58
	III	11.804	-	944,32	1.062,36	-	835,36	939,78	-	729,28	820,44	-	626,40	704,70	-	526,56	592,38	-	429,76	483,48	-	336,00	378,00
	IV	19.042	178,38	1.523,36	1.713,78	66,52	1.448,16	1.629,18	-	1.372,96	1.544,58	-	1.297,84	1.460,07	-	1.223,68	1.376,64	-	1.151,12	1.295,01	-	1.080,08	1.215,09
	V	25.216	913,08	2.017,28	2.269,44																		
	VI	25.747	976,27	2.059,76	2.317,23																		
72.287,99	I	19.057	180,16	1.524,56	1.715,13	-	1.374,16	1.545,93	-	1.224,88	1.377,99	-	1.081,20	1.216,35	-	943,68	1.061,64	-	812,40	913,95	-	687,28	773,19
	II	17.268	-	1.381,44	1.554,12	-	1.232,00	1.386,00	-	1.088,00	1.224,00	-	950,24	1.069,02	-	818,56	920,88	-	693,12	779,76	-	573,92	645,66
	III	11.816	-	945,28	1.063,44	-	836,16	940,68	-	730,08	821,34	-	627,20	705,60	-	527,36	593,28	-	430,56	484,38	-	336,80	378,90
	IV	19.057	180,16	1.524,56	1.715,13	68,30	1.449,36	1.630,53	-	1.374,16	1.545,93	-	1.299,04	1.461,42	-	1.224,88	1.377,99	-	1.152,24	1.296,27	-	1.081,20	1.216,35
	V	25.231	914,87	2.018,48	2.270,79																		
	VI	25.762	978,06	2.060,96	2.318,58																		
72.323,99	I	19.072	181,95	1.525,76	1.716,48	-	1.375,44	1.547,37	-	1.226,08	1.379,34	-	1.082,32	1.217,61	-	944,80	1.062,90	-	813,44	915,12	-	688,24	774,27
	II	17.283	-	1.382,64	1.555,47	-	1.233,12	1.387,26	-	1.089,12	1.225,26	-	951,28	1.070,19	-	819,60	922,05	-	694,16	780,93	-	574,80	646,65
	III	11.828	-	946,24	1.064,52	-	836,96	941,58	-	730,88	822,24	-	628,00	706,50	-	528,00	594,00	-	431,20	485,10	-	337,60	379,80
	IV	19.072	181,95	1.525,76	1.716,48	70,21	1.450,64	1.631,97	-	1.375,44	1.547,37	-	1.300,24	1.462,77	-	1.226,08	1.379,34	-	1.153,44	1.297,62	-	1.082,32	1.217,61
	V	25.246	916,65	2.019,68	2.272,14																		
	VI	25.777	979,84	2.062,16	2.319,93																		
72.359,99	I	19.088	183,85	1.527,04	1.717,92	-	1.376,64	1.548,72	-	1.227,28	1.380,69	-	1.083,44	1.218,87	-	945,92	1.064,16	-	814,48	916,29	-	689,20	775,35
	II	17.298	-	1.383,84	1.556,82	-	1.234,32	1.388,61	-	1.090,24	1.226,52	-	952,40	1.071,45	-	820,64	923,22	-	695,12	782,01	-	575,76	647,73
	III	11.838	-	947,04	1.065,42	-	837,92	942,66	-	731,84	823,32	-	628,80	707,40	-	528,80	594,90	-	432,00	486,00	-	338,24	380,52
	IV	19.088	183,85	1.527,04	1.717,92	71,99	1.451,84	1.633,32	-	1.376,64	1.548,72	-	1.301,44	1.464,12	-	1.227,28	1.380,69	-	1.154,56	1.298,88	-	1.083,44	1.218,87
	V	25.261	918,44	2.020,88	2.273,49																		
	VI	25.793	981,75	2.063,44	2.321,37																		

SolZ/KiSt lt. Tabelle nicht für Sonstige Bezüge anwendbar.

JAHR bis 72.899,99 €

Besondere Tabelle

Lohn/ Gehalt bis	Steuerklasse	Lohn-steuer	ohne Kinderfreibetrag SolZ 5,5%	ohne Kinderfreibetrag Kirchensteuer 8%	ohne Kinderfreibetrag Kirchensteuer 9%	0,5 SolZ 5,5%	0,5 Kirchensteuer 8%	0,5 Kirchensteuer 9%	1,0 SolZ 5,5%	1,0 Kirchensteuer 8%	1,0 Kirchensteuer 9%	1,5 SolZ 5,5%	1,5 Kirchensteuer 8%	1,5 Kirchensteuer 9%	2,0 SolZ 5,5%	2,0 Kirchensteuer 8%	2,0 Kirchensteuer 9%	2,5 SolZ 5,5%	2,5 Kirchensteuer 8%	2,5 Kirchensteuer 9%	3,0 SolZ 5,5%	3,0 Kirchensteuer 8%	3,0 Kirchensteuer 9%
72.395,99	I	19.103	185,64	1.528,24	1.719,27	-	1.377,84	1.550,07	-	1.228,40	1.381,95	-	1.084,64	1.220,22	-	946,96	1.065,33	-	815,52	917,46	-	690,24	776,52
	II	17.314	-	1.385,12	1.558,26	-	1.235,52	1.389,96	-	1.091,44	1.227,87	-	953,44	1.072,62	-	821,68	924,39	-	696,08	783,09	-	576,72	648,81
	III	11.850	-	948,00	1.066,50	-	838,72	943,56	-	732,64	824,22	-	629,60	708,30	-	529,60	595,80	-	432,80	486,90	-	339,04	381,42
	IV	19.103	185,64	1.528,24	1.719,27	73,78	1.453,04	1.634,67	-	1.377,84	1.550,07	-	1.302,64	1.465,47	-	1.228,40	1.381,95	-	1.155,76	1.300,23	-	1.084,64	1.220,22
	V	25.276	920,22	2.022,08	2.274,84																		
	VI	25.808	983,53	2.064,64	2.322,72																		
72.431,99	I	19.118	187,42	1.529,44	1.720,62	-	1.379,04	1.551,42	-	1.229,60	1.383,30	-	1.085,76	1.221,48	-	948,08	1.066,59	-	816,56	918,63	-	691,20	777,60
	II	17.329	-	1.386,32	1.559,61	-	1.236,72	1.391,31	-	1.092,56	1.229,13	-	954,56	1.073,88	-	822,72	925,56	-	697,12	784,26	-	577,60	649,80
	III	11.860	-	948,80	1.067,40	-	839,68	944,64	-	733,44	825,12	-	630,40	709,20	-	530,40	596,70	-	433,60	487,80	-	339,84	382,32
	IV	19.118	187,42	1.529,44	1.720,62	75,56	1.454,24	1.636,02	-	1.379,04	1.551,42	-	1.303,84	1.466,82	-	1.229,60	1.383,30	-	1.156,88	1.301,49	-	1.085,76	1.221,48
	V	25.291	922,01	2.023,28	2.276,19																		
	VI	25.823	985,32	2.065,84	2.324,07																		
72.467,99	I	19.133	189,21	1.530,64	1.721,97	-	1.380,24	1.552,77	-	1.230,80	1.384,65	-	1.086,88	1.222,74	-	949,12	1.067,76	-	817,60	919,80	-	692,16	778,68
	II	17.344	-	1.387,52	1.560,96	-	1.237,92	1.392,66	-	1.093,68	1.230,39	-	955,60	1.075,05	-	823,76	926,73	-	698,08	785,34	-	578,56	650,88
	III	11.872	-	949,76	1.068,48	-	840,48	945,54	-	734,24	826,02	-	631,20	710,10	-	531,20	597,60	-	434,40	488,70	-	340,48	383,04
	IV	19.133	189,21	1.530,64	1.721,97	77,35	1.455,44	1.637,37	-	1.380,24	1.552,77	-	1.305,04	1.468,17	-	1.230,80	1.384,65	-	1.158,08	1.302,84	-	1.086,88	1.222,74
	V	25.306	923,79	2.024,48	2.277,54																		
	VI	25.838	987,10	2.067,04	2.325,42																		
72.503,99	I	19.148	190,99	1.531,84	1.723,32	-	1.381,44	1.554,12	-	1.232,00	1.386,00	-	1.088,00	1.224,00	-	950,24	1.069,02	-	818,56	920,88	-	693,12	779,76
	II	17.359	-	1.388,72	1.562,31	-	1.239,04	1.393,92	-	1.094,80	1.231,65	-	956,72	1.076,31	-	824,80	927,90	-	699,04	786,42	-	579,52	651,96
	III	11.882	-	950,56	1.069,38	-	841,28	946,44	-	735,20	827,10	-	632,00	711,00	-	532,00	598,50	-	435,04	489,42	-	341,28	383,94
	IV	19.148	190,99	1.531,84	1.723,32	79,13	1.456,64	1.638,72	-	1.381,44	1.554,12	-	1.306,24	1.469,52	-	1.232,00	1.386,00	-	1.159,20	1.304,10	-	1.088,00	1.224,0
	V	25.321	925,58	2.025,68	2.278,89																		
	VI	25.853	988,89	2.068,24	2.326,77																		
72.539,99	I	19.163	192,78	1.533,04	1.724,67	-	1.382,64	1.555,47	-	1.233,12	1.387,26	-	1.089,12	1.225,26	-	951,28	1.070,19	-	819,60	922,05	-	694,16	780,9
	II	17.374	-	1.389,92	1.563,66	-	1.240,24	1.395,27	-	1.095,92	1.232,91	-	957,84	1.077,57	-	825,84	929,07	-	700,08	787,59	-	580,40	652,9
	III	11.894	-	951,52	1.070,46	-	842,24	947,52	-	736,00	828,00	-	632,80	711,90	-	532,80	599,40	-	435,84	490,32	-	341,92	384,6
	IV	19.163	192,78	1.533,04	1.724,67	80,92	1.457,84	1.640,07	-	1.382,64	1.555,47	-	1.307,44	1.470,87	-	1.233,12	1.387,26	-	1.160,40	1.305,45	-	1.089,12	1.225,26
	V	25.336	927,36	2.026,88	2.280,24																		
	VI	25.868	990,67	2.069,44	2.328,12																		
72.575,99	I	19.178	194,56	1.534,24	1.726,02	-	1.383,84	1.556,82	-	1.234,32	1.388,61	-	1.090,24	1.226,52	-	952,40	1.071,45	-	820,64	923,22	-	695,12	782,0
	II	17.389	-	1.391,12	1.565,01	-	1.241,44	1.396,62	-	1.097,12	1.234,26	-	958,88	1.078,74	-	826,88	930,24	-	701,04	788,67	-	581,36	654,0
	III	11.906	-	952,48	1.071,54	-	843,04	948,42	-	736,80	828,90	-	633,76	712,98	-	533,60	600,30	-	436,64	491,22	-	342,72	385,5
	IV	19.178	194,56	1.534,24	1.726,02	82,70	1.459,04	1.641,42	-	1.383,84	1.556,82	-	1.308,72	1.472,31	-	1.234,32	1.388,61	-	1.161,52	1.306,71	-	1.090,24	1.226,5
	V	25.352	929,27	2.028,16	2.281,68																		
	VI	25.883	992,46	2.070,64	2.329,47																		
72.611,99	I	19.193	196,35	1.535,44	1.727,37	-	1.385,12	1.558,26	-	1.235,52	1.389,96	-	1.091,44	1.227,87	-	953,44	1.072,62	-	821,68	924,39	-	696,08	783,0
	II	17.404	-	1.392,32	1.566,36	-	1.242,64	1.397,97	-	1.098,24	1.235,52	-	960,00	1.080,00	-	827,92	931,41	-	702,00	789,75	-	582,32	655,1
	III	11.916	-	953,28	1.072,44	-	844,00	949,50	-	737,76	829,98	-	634,56	713,88	-	534,40	601,20	-	437,44	492,12	-	343,52	386,4
	IV	19.193	196,35	1.535,44	1.727,37	84,49	1.460,24	1.642,77	-	1.385,12	1.558,26	-	1.309,92	1.473,66	-	1.235,52	1.389,96	-	1.162,72	1.308,06	-	1.091,44	1.227,8
	V	25.367	931,05	2.029,36	2.283,03																		
	VI	25.898	994,24	2.071,84	2.330,82																		
72.647,99	I	19.209	198,25	1.536,72	1.728,81	-	1.386,32	1.559,61	-	1.236,72	1.391,31	-	1.092,56	1.229,13	-	954,56	1.073,88	-	822,72	925,56	-	697,12	784,2
	II	17.419	-	1.393,52	1.567,71	-	1.243,84	1.399,32	-	1.099,36	1.236,78	-	961,04	1.081,17	-	828,96	932,58	-	703,04	790,92	-	583,28	656,1
	III	11.928	-	954,24	1.073,52	-	844,80	950,40	-	738,56	830,88	-	635,36	714,78	-	535,20	602,10	-	438,24	493,02	-	344,16	387,1
	IV	19.209	198,25	1.536,72	1.728,81	86,39	1.461,52	1.644,21	-	1.386,32	1.559,61	-	1.311,12	1.475,01	-	1.236,72	1.391,31	-	1.163,84	1.309,32	-	1.092,56	1.229,1
	V	25.382	932,84	2.030,56	2.284,38																		
	VI	25.914	996,14	2.073,12	2.332,26																		
72.683,99	I	19.224	200,03	1.537,92	1.730,16	-	1.387,52	1.560,96	-	1.237,92	1.392,66	-	1.093,68	1.230,39	-	955,60	1.075,05	-	823,76	926,73	-	698,08	785,3
	II	17.434	-	1.394,72	1.569,06	-	1.245,04	1.400,67	-	1.100,48	1.238,04	-	962,16	1.082,43	-	830,00	933,75	-	704,00	792,00	-	584,16	657,1
	III	11.938	-	955,04	1.074,42	-	845,76	951,48	-	739,36	831,78	-	636,16	715,68	-	536,00	603,00	-	438,88	493,74	-	344,96	388,0
	IV	19.224	200,03	1.537,92	1.730,16	88,17	1.462,72	1.645,56	-	1.387,52	1.560,96	-	1.312,32	1.476,36	-	1.237,92	1.392,66	-	1.165,04	1.310,67	-	1.093,68	1.230,3
	V	25.397	934,62	2.031,76	2.285,73																		
	VI	25.929	997,93	2.074,32	2.333,61																		
72.719,99	I	19.239	201,82	1.539,12	1.731,51	-	1.388,72	1.562,31	-	1.239,04	1.393,92	-	1.094,80	1.231,65	-	956,72	1.076,31	-	824,80	927,90	-	699,04	786,4
	II	17.450	-	1.396,00	1.570,50	-	1.246,16	1.401,93	-	1.101,60	1.239,30	-	963,28	1.083,69	-	831,04	934,92	-	704,96	793,08	-	585,12	658,2
	III	11.950	-	956,00	1.075,50	-	846,56	952,38	-	740,16	832,68	-	636,96	716,58	-	536,80	603,90	-	439,68	494,64	-	345,76	388,9
	IV	19.239	201,82	1.539,12	1.731,51	89,96	1.463,92	1.646,91	-	1.388,72	1.562,31	-	1.313,52	1.477,71	-	1.239,04	1.393,92	-	1.166,16	1.311,93	-	1.094,80	1.231,6
	V	25.412	936,41	2.032,96	2.287,08																		
	VI	25.944	999,71	2.075,52	2.334,96																		
72.755,99	I	19.254	203,60	1.540,32	1.732,86	-	1.389,92	1.563,66	-	1.240,24	1.395,27	-	1.095,92	1.232,91	-	957,84	1.077,57	-	825,84	929,07	-	700,08	787,5
	II	17.465	-	1.397,20	1.571,85	-	1.247,36	1.403,28	-	1.102,80	1.240,65	-	964,32	1.084,86	-	832,08	936,09	-	706,00	794,25	-	586,08	659,3
	III	11.960	-	956,80	1.076,40	-	847,36	953,28	-	741,12	833,76	-	637,76	717,48	-	537,60	604,80	-	440,48	495,54	-	346,40	389,7
	IV	19.254	203,60	1.540,32	1.732,86	91,74	1.465,12	1.648,26	-	1.389,92	1.563,66	-	1.314,72	1.479,06	-	1.240,24	1.395,27	-	1.167,36	1.313,28	-	1.095,92	1.232,9
	V	25.427	938,19	2.034,16	2.288,43																		
	VI	25.959	1.001,50	2.076,72	2.336,31																		
72.791,99	I	19.269	205,39	1.541,52	1.734,21	-	1.391,12	1.565,01	-	1.241,44	1.396,62	-	1.097,12	1.234,26	-	958,88	1.078,74	-	826,88	930,24	-	701,04	788,6
	II	17.480	-	1.398,40	1.573,20	-	1.248,56	1.404,63	-	1.103,92	1.241,91	-	965,44	1.086,12	-	833,12	937,26	-	706,96	795,33	-	587,04	660,4
	III	11.972	-	957,76	1.077,48	-	848,32	954,36	-	741,92	834,66	-	638,56	718,38	-	538,40	605,70	-	441,28	496,44	-	347,20	390,6
	IV	19.269	205,39	1.541,52	1.734,21	93,53	1.466,32	1.649,61	-	1.391,12	1.565,01	-	1.315,92	1.480,41	-	1.241,44	1.396,62	-	1.168,48	1.314,54	-	1.097,12	1.234,2
	V	25.442	939,98	2.035,36	2.289,78																		
	VI	25.974	1.003,28	2.077,92	2.337,66																		
72.827,99	I	19.284	207,17	1.542,72	1.735,56	-	1.392,32	1.566,36	-	1.242,64	1.397,97	-	1.098,24	1.235,52	-	960,00	1.080,00	-	827,92	931,41	-	702,00	789,7
	II	17.495	-	1.399,60	1.574,55	-	1.249,76	1.405,98	-	1.105,04	1.243,17	-	966,48	1.087,29	-	834,16	938,43	-	707,92	796,41	-	587,92	661,4
	III	11.984	-	958,72	1.078,56	-	849,12	955,26	-	742,72	835,56	-	639,36	719,28	-	539,20	606,60	-	442,08	497,34	-	348,00	391,5
	IV	19.284	207,17	1.542,72	1.735,56	95,31	1.467,52	1.650,96	-	1.392,32	1.566,36	-	1.317,12	1.481,76	-	1.242,64	1.397,97	-	1.169,68	1.315,89	-	1.098,24	1.235,5
	V	25.457	941,76	2.036,56	2.291,13																		
	VI	25.989	1.005,07	2.079,12	2.339,01																		
72.863,99	I	19.299	208,96	1.543,92	1.736,91	-	1.393,52	1.567,71	-	1.243,84	1.399,32	-	1.099,36	1.236,78	-	961,04	1.081,17	-	828,96	932,58	-	703,04	790,9
	II	17.510	-	1.400,80	1.575,90	-	1.250,96	1.407,33	-	1.106,16	1.244,43	-	967,60	1.088,55	-	835,20	939,60	-	708,96	797,58	-	588,88	662,4
	III	11.994	-	959,52	1.079,46	-	850,08	956,34	-	743,52	836,46	-	640,16	720,18	-	540,00	607,50	-	442,72	498,06	-	348,64	392,2
	IV	19.299	208,96	1.543,92	1.736,91	97,10	1.468,72	1.652,31	-	1.393,52	1.567,71	-	1.318,32	1.483,11	-	1.243,84	1.399,32	-	1.170,80	1.317,15	-	1.099,36	1.236,7
	V	25.473	943,67	2.037,84	2.292,57																		
	VI	26.004	1.006,85	2.080,32	2.340,36																		
72.899,99	I	19.314	210,74	1.545,12	1.738,26	-	1.394,72	1.569,06	-	1.245,04	1.400,67	-	1.100,48	1.238,04	-	962,16	1.082,43	-	830,00	933,75	-	704,00	792,0
	II	17.525	-	1.402,00	1.577,25	-	1.252,16	1.408,68	-	1.107,36	1.245,78	-	968,72	1.089,81	-	836,24	940,77	-	709,92	798,66	-	589,84	663,5
	III	12.006	-	960,48	1.080,54	-	850,88	957,24	-	744,48	837,54	-	641,12	721,26	-	540,80	608,40	-	443,52	498,96	-	349,44	393,1
	IV	19.314	210,74	1.545,12	1.738,26	98,88	1.469,92	1.653,66	-	1.394,72	1.569,06	-	1.319,60	1.484,55	-	1.245,04	1.400,67	-	1.172,00	1.318,50	-	1.100,48	1.238,0
	V	25.488	945,45	2.039,04	2.293,92																		
	VI	26.019	1.008,64	2.081,52	2.341,71																		

Anzahl Kinderfreibeträge (nur Steuerklassen I–IV)

SolZ/KiSt lt. Tabelle nicht für Sonstige Bezüge anwendbar.

Lohn/ Gehalt bis	Steuerklasse	Lohn- steuer	ohne Kinderfreibetrag			Anzahl Kinderfreibeträge (nur Steuerklassen I–IV) 0,5			1,0			1,5			2,0			2,5			3,0		
			SolZ 5,5%	Kirchensteuer 8%	9%	SolZ 5,5%	Kirchensteuer 8%	9%	SolZ 5,5%	Kirchensteuer 8%	9%	SolZ 5,5%	Kirchensteuer 8%	9%	SolZ 5,5%	Kirchensteuer 8%	9%	SolZ 5,5%	Kirchensteuer 8%	9%	SolZ 5,5%	Kirchensteuer 8%	9%
72.935,99	I	19.330	212,65	1.546,40	1.739,70	-	1.396,00	1.570,50	-	1.246,16	1.401,93	-	1.101,60	1.239,30	-	963,28	1.083,69	-	831,04	934,92	-	704,96	793,08
	II	17.540	-	1.403,20	1.578,60	-	1.253,36	1.410,03	-	1.108,48	1.247,04	-	969,76	1.090,98	-	837,28	941,94	-	710,96	799,83	-	590,80	664,65
	III	12.016	-	961,28	1.081,44	-	851,84	958,32	-	745,28	838,44	-	641,92	722,16	-	541,60	609,30	-	444,32	499,86	-	350,24	394,02
	IV	19.330	212,65	1.546,40	1.739,70	100,79	1.471,20	1.655,10	-	1.396,00	1.570,50	-	1.320,80	1.485,90	-	1.246,16	1.401,93	-	1.173,12	1.319,76	-	1.101,60	1.239,30
	V	25.503	947,24	2.040,24	2.295,27																		
	VI	26.035	1.010,54	2.082,80	2.343,15																		
72.971,99	I	19.345	214,43	1.547,60	1.741,05	-	1.397,20	1.571,85	-	1.247,36	1.403,28	-	1.102,80	1.240,65	-	964,32	1.084,86	-	832,08	936,09	-	706,00	794,25
	II	17.555	1,42	1.404,40	1.579,95	-	1.254,48	1.411,29	-	1.109,60	1.248,30	-	970,88	1.092,24	-	838,32	943,11	-	711,92	800,91	-	591,68	665,64
	III	12.028	-	962,24	1.082,52	-	852,64	959,22	-	746,08	839,34	-	642,72	723,06	-	542,40	610,20	-	445,12	500,76	-	350,88	394,74
	IV	19.345	214,43	1.547,60	1.741,05	102,57	1.472,40	1.656,45	-	1.397,20	1.571,85	-	1.322,00	1.487,25	-	1.247,36	1.403,28	-	1.174,32	1.321,11	-	1.102,80	1.240,65
	V	25.518	949,02	2.041,44	2.296,62																		
	VI	26.050	1.012,33	2.084,00	2.344,50																		
73.007,99	I	19.360	216,22	1.548,80	1.742,40	-	1.398,40	1.573,20	-	1.248,56	1.404,63	-	1.103,92	1.241,91	-	965,44	1.086,12	-	833,12	937,26	-	706,96	795,33
	II	17.571	3,33	1.405,68	1.581,39	-	1.255,68	1.412,64	-	1.110,72	1.249,56	-	972,00	1.093,50	-	839,36	944,28	-	712,88	801,99	-	592,64	666,72
	III	12.040	-	963,20	1.083,60	-	853,44	960,12	-	746,88	840,24	-	643,52	723,96	-	543,20	611,10	-	445,92	501,66	-	351,68	395,64
	IV	19.360	216,22	1.548,80	1.742,40	104,36	1.473,60	1.657,80	-	1.398,40	1.573,20	-	1.323,20	1.488,60	-	1.248,56	1.404,63	-	1.175,44	1.322,37	-	1.103,92	1.241,91
	V	25.533	950,81	2.042,64	2.297,97																		
	VI	26.065	1.014,11	2.085,20	2.345,85																		
73.043,99	I	19.375	218,00	1.550,00	1.743,75	-	1.399,60	1.574,55	-	1.249,76	1.405,98	-	1.105,04	1.243,17	-	966,48	1.087,29	-	834,16	938,43	-	707,92	796,41
	II	17.586	5,11	1.406,88	1.582,74	-	1.256,88	1.413,99	-	1.111,92	1.250,91	-	973,04	1.094,67	-	840,40	945,45	-	713,92	803,16	-	593,60	667,80
	III	12.050	-	964,00	1.084,50	-	854,40	961,20	-	747,84	841,32	-	644,32	724,86	-	544,00	612,00	-	446,56	502,38	-	352,48	396,54
	IV	19.375	218,00	1.550,00	1.743,75	106,14	1.474,80	1.659,15	-	1.399,60	1.574,55	-	1.324,40	1.489,95	-	1.249,76	1.405,98	-	1.176,64	1.323,72	-	1.105,04	1.243,17
	V	25.548	952,59	2.043,84	2.299,32																		
	VI	26.080	1.015,90	2.086,40	2.347,20																		
73.079,99	I	19.390	219,79	1.551,20	1.745,10	-	1.400,80	1.575,90	-	1.250,96	1.407,33	-	1.106,16	1.244,43	-	967,60	1.088,55	-	835,20	939,60	-	708,96	797,58
	II	17.601	6,90	1.408,08	1.584,09	-	1.258,08	1.415,34	-	1.113,04	1.252,17	-	974,16	1.095,93	-	841,44	946,62	-	714,88	804,24	-	594,56	668,88
	III	12.062	-	964,96	1.085,58	-	855,20	962,10	-	748,64	842,22	-	645,12	725,76	-	544,80	612,90	-	447,36	503,28	-	353,12	397,26
	IV	19.390	219,79	1.551,20	1.745,10	107,93	1.476,00	1.660,50	-	1.400,80	1.575,90	-	1.325,60	1.491,30	-	1.250,96	1.407,33	-	1.177,76	1.324,98	-	1.106,16	1.244,43
	V	25.563	954,38	2.045,04	2.300,67																		
	VI	26.095	1.017,68	2.087,60	2.348,55																		
73.115,99	I	19.405	221,57	1.552,40	1.746,45	-	1.402,00	1.577,25	-	1.252,16	1.408,68	-	1.107,36	1.245,78	-	968,72	1.089,81	-	836,24	940,77	-	709,92	798,66
	II	17.616	8,68	1.409,28	1.585,44	-	1.259,28	1.416,69	-	1.114,16	1.253,43	-	975,20	1.097,10	-	842,48	947,79	-	715,92	805,41	-	595,44	669,87
	III	12.072	-	965,76	1.086,48	-	856,16	963,18	-	749,44	843,12	-	645,92	726,66	-	545,60	613,80	-	448,16	504,18	-	353,92	398,16
	IV	19.405	221,57	1.552,40	1.746,45	109,71	1.477,20	1.661,85	-	1.402,00	1.577,25	-	1.326,80	1.492,65	-	1.252,16	1.408,68	-	1.178,96	1.326,33	-	1.107,36	1.245,78
	V	25.578	956,16	2.046,24	2.302,02																		
	VI	26.110	1.019,47	2.088,80	2.349,90																		
73.151,99	I	19.420	223,36	1.553,60	1.747,80	-	1.403,20	1.578,60	-	1.253,36	1.410,03	-	1.108,48	1.247,04	-	969,76	1.090,98	-	837,28	941,94	-	710,96	799,83
	II	17.631	10,47	1.410,48	1.586,79	-	1.260,48	1.418,04	-	1.115,28	1.254,69	-	976,32	1.098,36	-	843,52	948,96	-	716,88	806,49	-	596,40	670,95
	III	12.084	-	966,72	1.087,56	-	856,96	964,08	-	750,40	844,20	-	646,72	727,56	-	546,40	614,70	-	448,96	505,08	-	354,72	399,06
	IV	19.420	223,36	1.553,60	1.747,80	111,50	1.478,40	1.663,20	-	1.403,20	1.578,60	-	1.328,00	1.494,00	-	1.253,36	1.410,03	-	1.180,16	1.327,68	-	1.108,48	1.247,04
	V	25.594	958,06	2.047,52	2.303,46																		
	VI	26.125	1.021,25	2.090,00	2.351,25																		
73.187,99	I	19.435	225,14	1.554,80	1.749,15	1,42	1.404,40	1.579,95	-	1.254,48	1.411,29	-	1.109,60	1.248,30	-	970,88	1.092,24	-	838,32	943,11	-	711,92	800,91
	II	17.646	12,25	1.411,68	1.588,14	-	1.261,68	1.419,39	-	1.116,48	1.256,04	-	977,44	1.099,62	-	844,56	950,13	-	717,84	807,57	-	597,36	672,03
	III	12.094	-	967,52	1.088,46	-	857,92	965,16	-	751,20	845,10	-	647,68	728,64	-	547,04	615,42	-	449,76	505,98	-	355,36	399,78
	IV	19.435	225,14	1.554,80	1.749,15	113,28	1.479,60	1.664,55	1,42	1.404,40	1.579,95	-	1.329,20	1.495,35	-	1.254,48	1.411,29	-	1.181,28	1.328,94	-	1.109,60	1.248,30
	V	25.609	959,85	2.048,72	2.304,81																		
	VI	26.140	1.023,04	2.091,20	2.352,60																		
73.223,99	I	19.450	226,93	1.556,00	1.750,50	3,33	1.405,68	1.581,39	-	1.255,68	1.412,64	-	1.110,72	1.249,56	-	972,00	1.093,50	-	839,36	944,28	-	712,88	801,99
	II	17.661	14,04	1.412,88	1.589,49	-	1.262,88	1.420,74	-	1.117,60	1.257,30	-	978,48	1.100,79	-	845,60	951,30	-	718,88	808,74	-	598,32	673,11
	III	12.106	-	968,48	1.089,54	-	858,72	966,06	-	752,00	846,00	-	648,48	729,54	-	547,84	616,32	-	450,56	506,88	-	356,16	400,68
	IV	19.450	226,93	1.556,00	1.750,50	115,19	1.480,88	1.665,99	3,33	1.405,68	1.581,39	-	1.330,48	1.496,79	-	1.255,68	1.412,64	-	1.182,48	1.330,29	-	1.110,72	1.249,56
	V	25.624	961,63	2.049,92	2.306,16																		
	VI	26.155	1.024,82	2.092,40	2.353,95																		
73.259,99	I	19.466	228,83	1.557,28	1.751,94	5,11	1.406,88	1.582,74	-	1.256,88	1.413,99	-	1.111,92	1.250,91	-	973,04	1.094,67	-	840,40	945,45	-	713,92	803,16
	II	17.676	15,82	1.414,08	1.590,84	-	1.264,08	1.422,09	-	1.118,72	1.258,56	-	979,60	1.102,05	-	846,64	952,47	-	719,84	809,82	-	599,28	674,19
	III	12.118	-	969,44	1.090,62	-	859,52	966,96	-	752,80	846,90	-	649,28	730,44	-	548,64	617,22	-	451,20	507,60	-	356,96	401,58
	IV	19.466	228,83	1.557,28	1.751,94	116,97	1.482,08	1.667,34	5,11	1.406,88	1.582,74	-	1.331,68	1.498,14	-	1.256,88	1.413,99	-	1.183,60	1.331,55	-	1.111,92	1.250,91
	V	25.639	963,42	2.051,12	2.307,51																		
	VI	26.171	1.026,73	2.093,68	2.355,39																		
73.295,99	I	19.481	230,62	1.558,48	1.753,29	6,90	1.408,08	1.584,09	-	1.258,08	1.415,34	-	1.113,04	1.252,17	-	974,16	1.095,93	-	841,44	946,62	-	714,88	804,24
	II	17.692	17,73	1.415,36	1.592,28	-	1.265,28	1.423,44	-	1.119,92	1.259,91	-	980,72	1.103,31	-	847,68	953,64	-	720,88	810,99	-	600,24	675,27
	III	12.128	-	970,24	1.091,52	-	860,48	968,04	-	753,76	847,98	-	650,08	731,34	-	549,44	618,12	-	452,00	508,50	-	357,60	402,30
	IV	19.481	230,62	1.558,48	1.753,29	118,76	1.483,28	1.668,69	6,90	1.408,08	1.584,09	-	1.332,88	1.499,49	-	1.258,08	1.415,34	-	1.184,80	1.332,90	-	1.113,04	1.252,17
	V	25.654	965,20	2.052,32	2.308,86																		
	VI	26.186	1.028,51	2.094,88	2.356,74																		
73.331,99	I	19.496	232,40	1.559,68	1.754,64	8,68	1.409,28	1.585,44	-	1.259,28	1.416,69	-	1.114,16	1.253,43	-	975,20	1.097,10	-	842,48	947,79	-	715,92	805,41
	II	17.707	19,51	1.416,56	1.593,63	-	1.266,40	1.424,70	-	1.121,04	1.261,17	-	981,76	1.104,48	-	848,72	954,81	-	721,84	812,07	-	601,12	676,26
	III	12.140	-	971,20	1.092,60	-	861,28	968,94	-	754,56	848,88	-	650,88	732,24	-	550,24	619,02	-	452,80	509,40	-	358,40	403,20
	IV	19.496	232,40	1.559,68	1.754,64	120,54	1.484,48	1.670,04	8,68	1.409,28	1.585,44	-	1.334,08	1.500,84	-	1.259,28	1.416,69	-	1.185,92	1.334,16	-	1.114,16	1.253,43
	V	25.669	966,99	2.053,52	2.310,21																		
	VI	26.201	1.030,30	2.096,08	2.358,09																		
73.367,99	I	19.511	234,19	1.560,88	1.755,99	10,47	1.410,48	1.586,79	-	1.260,48	1.418,04	-	1.115,28	1.254,69	-	976,32	1.098,36	-	843,52	948,96	-	716,88	806,49
	II	17.722	21,30	1.417,76	1.594,98	-	1.267,60	1.426,05	-	1.122,16	1.262,43	-	982,88	1.105,74	-	849,76	955,98	-	722,88	813,24	-	602,08	677,34
	III	12.150	-	972,00	1.093,50	-	862,24	970,02	-	755,36	849,78	-	651,68	733,14	-	551,04	619,92	-	453,60	510,30	-	359,20	404,10
	IV	19.511	234,19	1.560,88	1.755,99	122,33	1.485,68	1.671,39	10,47	1.410,48	1.586,79	-	1.335,28	1.502,19	-	1.260,48	1.418,04	-	1.187,12	1.335,51	-	1.115,28	1.254,69
	V	25.684	968,77	2.054,72	2.311,56																		
	VI	26.216	1.032,08	2.097,28	2.359,44																		
73.403,99	I	19.526	235,97	1.562,08	1.757,34	12,25	1.411,68	1.588,14	-	1.261,68	1.419,39	-	1.116,48	1.256,04	-	977,44	1.099,62	-	844,56	950,13	-	717,84	807,57
	II	17.737	23,08	1.418,96	1.596,33	-	1.268,80	1.427,40	-	1.123,36	1.263,78	-	984,00	1.107,00	-	850,80	957,15	-	723,84	814,32	-	603,04	678,42
	III	12.162	-	972,96	1.094,58	-	863,04	970,92	-	756,32	850,86	-	652,48	734,04	-	551,84	620,82	-	454,40	511,20	-	359,84	404,82
	IV	19.526	235,97	1.562,08	1.757,34	124,11	1.486,88	1.672,74	12,25	1.411,68	1.588,14	-	1.336,48	1.503,54	-	1.261,68	1.419,39	-	1.188,32	1.336,86	-	1.116,48	1.256,04
	V	25.699	970,56	2.055,92	2.312,91																		
	VI	26.231	1.033,87	2.098,48	2.360,79																		
73.439,99	I	19.541	237,76	1.563,28	1.758,69	14,04	1.412,88	1.589,49	-	1.262,88	1.420,74	-	1.117,60	1.257,30	-	978,48	1.100,79	-	845,60	951,30	-	718,88	808,74
	II	17.752	24,87	1.420,16	1.597,68	-	1.270,00	1.428,75	-	1.124,48	1.265,04	-	985,12	1.108,26	-	851,92	958,41	-	724,88	815,49	-	604,00	679,50
	III	12.174	-	973,92	1.095,66	-	864,00	972,00	-	757,12	851,76	-	653,28	734,94	-	552,64	621,72	-	455,04	511,92	-	360,64	405,72
	IV	19.541	237,76	1.563,28	1.758,69	125,90	1.488,08	1.674,09	14,04	1.412,88	1.589,49	-	1.337,68	1.504,89	-	1.262,88	1.420,74	-	1.189,44	1.338,12	-	1.117,60	1.257,30
	V	25.714	972,34	2.057,12	2.314,26																		
	VI	26.246	1.035,65	2.099,68	2.362,14																		

SolZ/KiSt lt. Tabelle nicht für Sonstige Bezüge anwendbar.

Lohn/ Gehalt bis	Steuerklasse	Lohn-steuer	ohne Kinderfreibetrag SolZ 5,5%	ohne Kinderfreibetrag Kirchensteuer 8%	ohne Kinderfreibetrag Kirchensteuer 9%	0,5 SolZ 5,5%	0,5 Kirchensteuer 8%	0,5 Kirchensteuer 9%	1,0 SolZ 5,5%	1,0 Kirchensteuer 8%	1,0 Kirchensteuer 9%	1,5 SolZ 5,5%	1,5 Kirchensteuer 8%	1,5 Kirchensteuer 9%	2,0 SolZ 5,5%	2,0 Kirchensteuer 8%	2,0 Kirchensteuer 9%	2,5 SolZ 5,5%	2,5 Kirchensteuer 8%	2,5 Kirchensteuer 9%	3,0 SolZ 5,5%	3,0 Kirchensteuer 8%	3,0 Kirchensteuer 9%
73.475,99	I	19.556	*239,54*	1.564,48	1.760,04	*15,82*	1.414,08	1.590,84	-	1.264,08	1.422,09	-	1.118,72	1.258,56	-	979,60	1.102,05	-	846,64	952,47	-	719,84	809,82
	II	17.767	*26,65*	1.421,36	1.599,03	-	1.271,20	1.430,10	-	1.125,60	1.266,30	-	986,16	1.109,43	-	852,96	959,58	-	725,84	816,57	-	604,96	680,58
	III	12.184	-	974,72	1.096,56	-	864,80	972,90	-	757,92	852,66	-	654,24	736,02	-	553,44	622,62	-	455,84	512,82	-	361,44	406,62
	IV	19.556	*239,54*	1.564,48	1.760,04	*127,68*	1.489,28	1.675,44	*15,82*	1.414,08	1.590,84	-	1.338,88	1.506,24	-	1.264,08	1.422,09	-	1.190,64	1.339,47	-	1.118,72	1.258,56
	V	25.730	*974,25*	2.058,40	2.315,70																		
	VI	26.261	*1.037,44*	2.100,88	2.363,49																		
73.511,99	I	19.571	*241,33*	1.565,68	1.761,39	*17,73*	1.415,36	1.592,28	-	1.265,28	1.423,44	-	1.119,92	1.259,91	-	980,72	1.103,31	-	847,68	953,64	-	720,88	810,99
	II	17.782	*28,44*	1.422,56	1.600,38	-	1.272,40	1.431,45	-	1.126,72	1.267,56	-	987,28	1.110,69	-	854,00	960,75	-	726,88	817,74	-	605,92	681,66
	III	12.196	-	975,68	1.097,64	-	865,76	973,98	-	758,88	853,74	-	655,04	736,92	-	554,24	623,52	-	456,64	513,72	-	362,08	407,34
	IV	19.571	*241,33*	1.565,68	1.761,39	*129,47*	1.490,48	1.676,79	*17,73*	1.415,36	1.592,28	-	1.340,16	1.507,68	-	1.265,28	1.423,44	-	1.191,76	1.340,73	-	1.119,92	1.259,91
	V	25.745	*976,03*	2.059,60	2.317,05																		
	VI	26.276	*1.039,22*	2.102,08	2.364,84																		
73.547,99	I	19.587	*243,23*	1.566,96	1.762,83	*19,51*	1.416,56	1.593,63	-	1.266,40	1.424,70	-	1.121,04	1.261,17	-	981,76	1.104,48	-	848,72	954,81	-	721,84	812,07
	II	17.797	*30,22*	1.423,76	1.601,73	-	1.273,60	1.432,80	-	1.127,92	1.268,91	-	988,40	1.111,95	-	855,04	961,92	-	727,84	818,82	-	606,80	682,65
	III	12.208	-	976,64	1.098,72	-	866,56	974,88	-	759,68	854,64	-	655,84	737,82	-	555,04	624,42	-	457,44	514,62	-	362,88	408,24
	IV	19.587	*243,23*	1.566,96	1.762,83	*131,37*	1.491,76	1.678,23	*19,51*	1.416,56	1.593,63	-	1.341,36	1.509,03	-	1.266,40	1.424,70	-	1.192,96	1.342,08	-	1.121,04	1.261,17
	V	25.760	*977,82*	2.060,80	2.318,40																		
	VI	26.292	*1.041,13*	2.103,36	2.366,28																		
73.583,99	I	19.602	*245,02*	1.568,16	1.764,18	*21,30*	1.417,76	1.594,98	-	1.267,60	1.426,05	-	1.122,16	1.262,43	-	982,88	1.105,74	-	849,76	955,98	-	722,88	813,24
	II	17.812	*32,01*	1.424,96	1.603,08	-	1.274,80	1.434,15	-	1.129,04	1.270,17	-	989,44	1.113,12	-	856,08	963,09	-	728,80	819,90	-	607,76	683,73
	III	12.218	-	977,44	1.099,62	-	867,36	975,78	-	760,48	855,54	-	656,64	738,72	-	555,84	625,32	-	458,24	515,52	-	363,68	409,14
	IV	19.602	*245,02*	1.568,16	1.764,18	*133,16*	1.492,96	1.679,58	*21,30*	1.417,76	1.594,98	-	1.342,56	1.510,38	-	1.267,60	1.426,05	-	1.194,16	1.343,43	-	1.122,16	1.262,43
	V	25.775	*979,60*	2.062,00	2.319,75																		
	VI	26.307	*1.042,91*	2.104,56	2.367,63																		
73.619,99	I	19.617	*246,80*	1.569,36	1.765,53	*23,08*	1.418,96	1.596,33	-	1.268,80	1.427,40	-	1.123,36	1.263,78	-	984,00	1.107,00	-	850,80	957,15	-	723,84	814,3
	II	17.828	*33,91*	1.426,24	1.604,52	-	1.276,00	1.435,50	-	1.130,24	1.271,52	-	990,56	1.114,38	-	857,12	964,26	-	729,84	821,07	-	608,72	684,8
	III	12.230	-	978,40	1.100,70	-	868,32	976,86	-	761,28	856,44	-	657,44	739,62	-	556,64	626,22	-	459,04	516,42	-	364,32	409,8
	IV	19.617	*246,80*	1.569,36	1.765,53	*134,94*	1.494,16	1.680,93	*23,08*	1.418,96	1.596,33	-	1.343,76	1.511,73	-	1.268,80	1.427,40	-	1.195,28	1.344,69	-	1.123,36	1.263,7
	V	25.790	*981,39*	2.063,20	2.321,10																		
	VI	26.322	*1.044,70*	2.105,76	2.368,98																		
73.655,99	I	19.632	*248,59*	1.570,56	1.766,88	*24,87*	1.420,16	1.597,68	-	1.270,00	1.428,75	-	1.124,48	1.265,04	-	985,12	1.108,26	-	851,92	958,41	-	724,88	815,4
	II	17.843	*35,70*	1.427,44	1.605,87	-	1.277,20	1.436,85	-	1.131,36	1.272,78	-	991,68	1.115,64	-	858,16	965,43	-	730,80	822,15	-	609,68	685,8
	III	12.240	-	979,20	1.101,60	-	869,12	977,76	-	762,24	857,52	-	658,24	740,52	-	557,44	627,12	-	459,68	517,14	-	365,12	410,7
	IV	19.632	*248,59*	1.570,56	1.766,88	*136,73*	1.495,36	1.682,28	*24,87*	1.420,16	1.597,68	-	1.344,96	1.513,08	-	1.270,00	1.428,75	-	1.196,48	1.346,04	-	1.124,48	1.265,0
	V	25.805	*983,17*	2.064,40	2.322,45																		
	VI	26.337	*1.046,48*	2.106,96	2.370,33																		
73.691,99	I	19.647	*250,37*	1.571,76	1.768,23	*26,65*	1.421,36	1.599,03	-	1.271,20	1.430,10	-	1.125,60	1.266,30	-	986,16	1.109,43	-	852,96	959,58	-	725,84	816,5
	II	17.858	*37,48*	1.428,64	1.607,22	-	1.278,40	1.438,20	-	1.132,48	1.274,04	-	992,80	1.116,90	-	859,20	966,60	-	731,84	823,32	-	610,64	686,9
	III	12.252	-	980,16	1.102,68	-	870,08	978,84	-	763,04	858,42	-	659,04	741,42	-	558,24	628,02	-	460,48	518,04	-	365,92	411,6
	IV	19.647	*250,37*	1.571,76	1.768,23	*138,51*	1.496,56	1.683,63	*26,65*	1.421,36	1.599,03	-	1.346,16	1.514,43	-	1.271,20	1.430,10	-	1.197,68	1.347,39	-	1.125,60	1.266,3
	V	25.820	*984,96*	2.065,60	2.323,80																		
	VI	26.352	*1.048,27*	2.108,16	2.371,68																		
73.727,99	I	19.662	*252,16*	1.572,96	1.769,58	*28,44*	1.422,56	1.600,38	-	1.272,40	1.431,45	-	1.126,72	1.267,56	-	987,28	1.110,69	-	854,00	960,75	-	726,88	817,7
	II	17.873	*39,27*	1.429,84	1.608,57	-	1.279,60	1.439,55	-	1.133,68	1.275,39	-	993,84	1.118,07	-	860,24	967,77	-	732,80	824,40	-	611,60	688,0
	III	12.264	-	981,12	1.103,76	-	870,88	979,74	-	763,84	859,32	-	660,00	742,50	-	559,04	628,92	-	461,28	518,94	-	366,56	412,3
	IV	19.662	*252,16*	1.572,96	1.769,58	*140,30*	1.497,76	1.684,98	*28,44*	1.422,56	1.600,38	-	1.347,36	1.515,78	-	1.272,40	1.431,45	-	1.198,80	1.348,65	-	1.126,72	1.267,5
	V	25.835	*986,74*	2.066,80	2.325,15																		
	VI	26.367	*1.050,05*	2.109,36	2.373,03																		
73.763,99	I	19.677	*253,94*	1.574,16	1.770,93	*30,22*	1.423,76	1.601,73	-	1.273,60	1.432,80	-	1.127,92	1.268,91	-	988,40	1.111,95	-	855,04	961,92	-	727,84	818,8
	II	17.888	*41,05*	1.431,04	1.609,92	-	1.280,80	1.440,90	-	1.134,80	1.276,65	-	994,96	1.119,33	-	861,28	968,94	-	733,84	825,57	-	612,56	689,1
	III	12.274	-	981,92	1.104,66	-	871,84	980,82	-	764,80	860,40	-	660,80	743,40	-	559,84	629,82	-	462,08	519,84	-	367,36	413,2
	IV	19.677	*253,94*	1.574,16	1.770,93	*142,08*	1.498,96	1.686,33	*30,22*	1.423,76	1.601,73	-	1.348,56	1.517,13	-	1.273,60	1.432,80	-	1.200,00	1.350,00	-	1.127,92	1.268,9
	V	25.851	*988,65*	2.068,08	2.326,59																		
	VI	26.382	*1.051,84*	2.110,56	2.374,38																		
73.799,99	I	19.692	*255,73*	1.575,36	1.772,28	*32,01*	1.424,96	1.603,08	-	1.274,80	1.434,15	-	1.129,04	1.270,17	-	989,44	1.113,12	-	856,08	963,09	-	728,80	819,9
	II	17.903	*42,84*	1.432,24	1.611,27	-	1.282,00	1.442,25	-	1.135,92	1.277,91	-	996,08	1.120,59	-	862,40	970,20	-	734,80	826,65	-	613,52	690,2
	III	12.286	-	982,88	1.105,74	-	872,64	981,72	-	765,60	861,30	-	661,60	744,30	-	560,64	630,72	-	462,88	520,74	-	368,16	414,1
	IV	19.692	*255,73*	1.575,36	1.772,28	*143,87*	1.500,16	1.687,68	*32,01*	1.424,96	1.603,08	-	1.349,84	1.518,57	-	1.274,80	1.434,15	-	1.201,12	1.351,26	-	1.129,04	1.270,1
	V	25.866	*990,43*	2.069,28	2.327,94																		
	VI	26.397	*1.053,62*	2.111,76	2.375,73																		
73.835,99	I	19.708	*257,63*	1.576,64	1.773,72	*33,91*	1.426,24	1.604,52	-	1.276,00	1.435,50	-	1.130,24	1.271,52	-	990,56	1.114,38	-	857,12	964,26	-	729,84	821,0
	II	17.918	*44,62*	1.433,44	1.612,62	-	1.283,20	1.443,60	-	1.137,12	1.279,26	-	997,20	1.121,85	-	863,44	971,37	-	735,84	827,82	-	614,40	691,2
	III	12.296	-	983,68	1.106,64	-	873,60	982,80	-	766,40	862,20	-	662,40	745,20	-	561,44	631,62	-	463,68	521,64	-	368,80	414,9
	IV	19.708	*257,63*	1.576,64	1.773,72	*145,77*	1.501,44	1.689,12	*33,91*	1.426,24	1.604,52	-	1.351,04	1.519,92	-	1.276,00	1.435,50	-	1.202,32	1.352,61	-	1.130,24	1.271,5
	V	25.881	*992,22*	2.070,48	2.329,29																		
	VI	26.413	*1.055,53*	2.113,04	2.377,17																		
73.871,99	I	19.723	*259,42*	1.577,84	1.775,07	*35,70*	1.427,44	1.605,87	-	1.277,20	1.436,85	-	1.131,36	1.272,78	-	991,68	1.115,64	-	858,16	965,43	-	730,80	822,1
	II	17.933	*46,41*	1.434,64	1.613,97	-	1.284,40	1.444,95	-	1.138,24	1.280,52	-	998,24	1.123,02	-	864,48	972,54	-	736,80	828,90	-	615,36	692,2
	III	12.308	-	984,64	1.107,72	-	874,40	983,70	-	767,36	863,28	-	663,20	746,10	-	562,24	632,52	-	464,32	522,36	-	369,60	415,8
	IV	19.723	*259,42*	1.577,84	1.775,07	*147,56*	1.502,64	1.690,47	*35,70*	1.427,44	1.605,87	-	1.352,24	1.521,27	-	1.277,20	1.436,85	-	1.203,52	1.353,96	-	1.131,36	1.272,7
	V	25.896	*994,00*	2.071,68	2.330,64																		
	VI	26.428	*1.057,31*	2.114,24	2.378,52																		
73.907,99	I	19.738	*261,20*	1.579,04	1.776,42	*37,48*	1.428,64	1.607,22	-	1.278,40	1.438,20	-	1.132,48	1.274,04	-	992,80	1.116,90	-	859,20	966,60	-	731,84	823,3
	II	17.949	*48,31*	1.435,92	1.615,41	-	1.285,60	1.446,30	-	1.139,36	1.281,78	-	999,36	1.124,28	-	865,52	973,71	-	737,84	830,07	-	616,32	693,3
	III	12.320	-	985,60	1.108,80	-	875,36	984,78	-	768,16	864,18	-	664,00	747,00	-	563,04	633,42	-	465,12	523,26	-	370,40	416,7
	IV	19.738	*261,20*	1.579,04	1.776,42	*149,34*	1.503,84	1.691,82	*37,48*	1.428,64	1.607,22	-	1.353,44	1.522,62	-	1.278,40	1.438,20	-	1.204,64	1.355,22	-	1.132,48	1.274,0
	V	25.911	*995,79*	2.072,88	2.331,99																		
	VI	26.443	*1.059,10*	2.115,44	2.379,87																		
73.943,99	I	19.753	*262,99*	1.580,24	1.777,77	*39,27*	1.429,84	1.608,57	-	1.279,60	1.439,55	-	1.133,68	1.275,39	-	993,84	1.118,07	-	860,24	967,77	-	732,80	824,4
	II	17.964	*50,09*	1.437,12	1.616,76	-	1.286,80	1.447,65	-	1.140,56	1.283,13	-	1.000,48	1.125,54	-	866,56	974,88	-	738,88	831,24	-	617,28	694,4
	III	12.330	-	986,40	1.109,70	-	876,16	985,68	-	768,96	865,08	-	664,96	748,08	-	563,84	634,32	-	465,92	524,16	-	371,04	417,4
	IV	19.753	*262,99*	1.580,24	1.777,77	*151,13*	1.505,04	1.693,17	*39,27*	1.429,84	1.608,57	-	1.354,64	1.523,97	-	1.279,60	1.439,55	-	1.205,84	1.356,57	-	1.133,68	1.275,3
	V	25.926	*997,57*	2.074,08	2.333,34																		
	VI	26.458	*1.060,88*	2.116,64	2.381,22																		
73.979,99	I	19.768	*264,77*	1.581,44	1.779,12	*41,05*	1.431,04	1.609,92	-	1.280,80	1.440,90	-	1.134,80	1.276,65	-	994,96	1.119,33	-	861,28	968,94	-	733,84	825,5
	II	17.979	*51,88*	1.438,32	1.618,11	-	1.288,00	1.449,00	-	1.141,68	1.284,39	-	1.001,60	1.126,80	-	867,60	976,05	-	739,84	832,32	-	618,24	695,5
	III	12.342	-	987,36	1.110,78	-	877,12	986,76	-	769,76	865,98	-	665,76	748,98	-	564,64	635,22	-	466,72	525,06	-	371,84	418,3
	IV	19.768	*264,77*	1.581,44	1.779,12	*152,91*	1.506,24	1.694,52	*41,05*	1.431,04	1.609,92	-	1.355,84	1.525,32	-	1.280,80	1.440,90	-	1.207,04	1.357,92	-	1.134,80	1.276,6
	V	25.941	*999,36*	2.075,28	2.334,69																		
	VI	26.473	*1.062,67*	2.117,84	2.382,57																		

Anzahl Kinderfreibeträge (nur Steuerklassen I–IV)

SolZ/KiSt lt. Tabelle nicht für Sonstige Bezüge anwendbar.

Besondere Tabelle

JAHR bis 74.519,99 €

Lohn/ Gehalt bis	Steuerklasse	Lohn-steuer	ohne Kinderfreibetrag SolZ 5,5%	Kirchensteuer 8%	Kirchensteuer 9%	0,5 SolZ 5,5%	0,5 Kirchensteuer 8%	0,5 Kirchensteuer 9%	1,0 SolZ 5,5%	1,0 Kirchensteuer 8%	1,0 Kirchensteuer 9%	1,5 SolZ 5,5%	1,5 Kirchensteuer 8%	1,5 Kirchensteuer 9%	2,0 SolZ 5,5%	2,0 Kirchensteuer 8%	2,0 Kirchensteuer 9%	2,5 SolZ 5,5%	2,5 Kirchensteuer 8%	2,5 Kirchensteuer 9%	3,0 SolZ 5,5%	3,0 Kirchensteuer 8%	3,0 Kirchensteuer 9%
74.015,99	I	19.783	266,56	1.582,64	1.780,47	42,84	1.432,24	1.611,27	-	1.282,00	1.442,25	-	1.135,92	1.277,91	-	996,08	1.120,59	-	862,40	970,20	-	734,80	826,65
	II	17.994	53,66	1.439,52	1.619,46	-	1.289,20	1.450,35	-	1.142,88	1.285,74	-	1.002,64	1.127,97	-	868,64	977,22	-	740,88	833,49	-	619,20	696,60
	III	12.352	-	988,16	1.111,68	-	877,92	987,66	-	770,72	867,06	-	666,56	749,88	-	565,44	636,12	-	467,52	525,96	-	372,64	419,22
	IV	19.783	266,56	1.582,64	1.780,47	154,70	1.507,44	1.695,87	42,84	1.432,24	1.611,27	-	1.357,04	1.526,67	-	1.282,00	1.442,25	-	1.208,16	1.359,18	-	1.135,92	1.277,91
	V	25.956	1.001,14	2.076,48	2.336,04																		
	VI	26.488	1.064,45	2.119,04	2.383,92																		
74.051,99	I	19.798	268,34	1.583,84	1.781,82	44,62	1.433,44	1.612,62	-	1.283,20	1.443,60	-	1.137,12	1.279,26	-	997,20	1.121,85	-	863,44	971,37	-	735,84	827,82
	II	18.009	55,45	1.440,72	1.620,81	-	1.290,40	1.451,70	-	1.144,00	1.287,00	-	1.003,76	1.129,23	-	869,76	978,48	-	741,84	834,57	-	620,16	697,68
	III	12.364	-	989,12	1.112,76	-	878,72	988,56	-	771,52	867,96	-	667,36	750,78	-	566,24	637,02	-	468,32	526,86	-	373,44	420,12
	IV	19.798	268,34	1.583,84	1.781,82	156,48	1.508,64	1.697,22	44,62	1.433,44	1.612,62	-	1.358,24	1.528,02	-	1.283,20	1.443,60	-	1.209,36	1.360,53	-	1.137,12	1.279,26
	V	25.972	1.003,05	2.077,76	2.337,48																		
	VI	26.503	1.066,24	2.120,24	2.385,27																		
74.087,99	I	19.813	270,13	1.585,04	1.783,17	46,41	1.434,64	1.613,97	-	1.284,40	1.444,95	-	1.138,24	1.280,52	-	998,24	1.123,02	-	864,48	972,54	-	736,80	828,90
	II	18.024	57,23	1.441,92	1.622,16	-	1.291,60	1.453,05	-	1.145,12	1.288,26	-	1.004,88	1.130,49	-	870,80	979,65	-	742,88	835,74	-	621,12	698,76
	III	12.376	-	990,08	1.113,84	-	879,68	989,64	-	772,32	868,86	-	668,16	751,68	-	567,04	637,92	-	469,12	527,76	-	374,08	420,84
	IV	19.813	270,13	1.585,04	1.783,17	158,27	1.509,84	1.698,57	46,41	1.434,64	1.613,97	-	1.359,44	1.529,37	-	1.284,40	1.444,95	-	1.210,56	1.361,88	-	1.138,24	1.280,52
	V	25.987	1.004,83	2.078,96	2.338,83																		
	VI	26.518	1.068,02	2.121,44	2.386,62																		
74.123,99	I	19.828	271,91	1.586,24	1.784,52	48,31	1.435,92	1.615,41	-	1.285,60	1.446,30	-	1.139,36	1.281,78	-	999,36	1.124,28	-	865,52	973,71	-	737,84	830,07
	II	18.039	59,02	1.443,12	1.623,51	-	1.292,80	1.454,40	-	1.146,32	1.289,61	-	1.006,00	1.131,75	-	871,84	980,82	-	743,84	836,82	-	622,08	699,84
	III	12.386	-	990,88	1.114,74	-	880,48	990,54	-	773,28	869,94	-	668,96	752,58	-	567,84	638,82	-	469,76	528,48	-	374,88	421,74
	IV	19.828	271,91	1.586,24	1.784,52	160,17	1.511,12	1.700,01	48,31	1.435,92	1.615,41	-	1.360,72	1.530,81	-	1.285,60	1.446,30	-	1.211,76	1.363,23	-	1.139,36	1.281,78
	V	26.002	1.006,62	2.080,16	2.340,18																		
	VI	26.533	1.069,81	2.122,64	2.387,97																		
74.159,99	I	19.844	273,81	1.587,52	1.785,96	50,09	1.437,12	1.616,76	-	1.286,80	1.447,65	-	1.140,56	1.283,13	-	1.000,48	1.125,54	-	866,56	974,88	-	738,88	831,24
	II	18.054	60,80	1.444,32	1.624,86	-	1.294,00	1.455,75	-	1.147,44	1.290,87	-	1.007,12	1.133,01	-	872,88	981,99	-	744,88	837,99	-	623,04	700,92
	III	12.398	-	991,84	1.115,82	-	881,44	991,62	-	774,08	870,84	-	669,76	753,48	-	568,64	639,72	-	470,56	529,38	-	375,68	422,64
	IV	19.844	273,81	1.587,52	1.785,96	161,95	1.512,32	1.701,36	50,09	1.437,12	1.616,76	-	1.361,92	1.532,16	-	1.286,80	1.447,65	-	1.212,88	1.364,49	-	1.140,56	1.283,13
	V	26.017	1.008,40	2.081,36	2.341,53																		
	VI	26.549	1.071,71	2.123,92	2.389,41																		
74.195,99	I	19.859	275,60	1.588,72	1.787,31	51,88	1.438,32	1.618,11	-	1.288,00	1.449,00	-	1.141,68	1.284,39	-	1.001,60	1.126,80	-	867,60	976,05	-	739,84	832,32
	II	18.070	62,71	1.445,60	1.626,30	-	1.295,20	1.457,10	-	1.148,64	1.292,22	-	1.008,16	1.134,18	-	873,92	983,16	-	745,84	839,07	-	624,00	702,00
	III	12.410	-	992,80	1.116,90	-	882,24	992,52	-	774,88	871,74	-	670,72	754,56	-	569,44	640,62	-	471,36	530,28	-	376,32	423,36
	IV	19.859	275,60	1.588,72	1.787,31	163,74	1.513,52	1.702,71	51,88	1.438,32	1.618,11	-	1.363,12	1.533,51	-	1.288,00	1.449,00	-	1.214,08	1.365,84	-	1.141,68	1.284,39
	V	26.032	1.010,19	2.082,56	2.342,88																		
	VI	26.564	1.073,49	2.125,12	2.390,76																		
74.231,99	I	19.874	277,38	1.589,92	1.788,66	53,66	1.439,52	1.619,46	-	1.289,20	1.450,35	-	1.142,88	1.285,74	-	1.002,64	1.127,97	-	868,64	977,22	-	740,88	833,49
	II	18.085	64,49	1.446,80	1.627,65	-	1.296,40	1.458,45	-	1.149,76	1.293,48	-	1.009,28	1.135,44	-	875,04	984,42	-	746,88	840,24	-	624,96	703,08
	III	12.420	-	993,60	1.117,80	-	883,20	993,60	-	775,84	872,82	-	671,52	755,46	-	570,24	641,52	-	472,16	531,18	-	377,12	424,26
	IV	19.874	277,38	1.589,92	1.788,66	165,52	1.514,72	1.704,06	53,66	1.439,52	1.619,46	-	1.364,32	1.534,86	-	1.289,20	1.450,35	-	1.215,28	1.367,19	-	1.142,88	1.285,74
	V	26.047	1.011,97	2.083,76	2.344,23																		
	VI	26.579	1.075,28	2.126,32	2.392,11																		
74.267,99	I	19.889	279,17	1.591,12	1.790,01	55,45	1.440,72	1.620,81	-	1.290,40	1.451,70	-	1.144,00	1.287,00	-	1.003,76	1.129,23	-	869,76	978,48	-	741,84	834,57
	II	18.100	66,28	1.448,00	1.629,00	-	1.297,60	1.459,80	-	1.150,96	1.294,83	-	1.010,40	1.136,70	-	876,08	985,59	-	747,92	841,41	-	625,84	704,07
	III	12.432	-	994,56	1.118,88	-	884,00	994,50	-	776,64	873,72	-	672,32	756,36	-	571,04	642,42	-	472,96	532,08	-	377,92	425,16
	IV	19.889	279,17	1.591,12	1.790,01	167,31	1.515,92	1.705,41	55,45	1.440,72	1.620,81	-	1.365,52	1.536,21	-	1.290,40	1.451,70	-	1.216,40	1.368,45	-	1.144,00	1.287,00
	V	26.062	1.013,76	2.084,96	2.345,58																		
	VI	26.594	1.077,06	2.127,52	2.393,46																		
74.303,99	I	19.904	280,95	1.592,32	1.791,36	57,23	1.441,92	1.622,16	-	1.291,60	1.453,05	-	1.145,12	1.288,26	-	1.004,88	1.130,49	-	870,80	979,65	-	742,88	835,74
	II	18.115	68,06	1.449,20	1.630,35	-	1.298,80	1.461,15	-	1.152,08	1.296,09	-	1.011,52	1.137,96	-	877,12	986,76	-	748,88	842,49	-	626,80	705,15
	III	12.444	-	995,52	1.119,96	-	884,96	995,58	-	777,44	874,62	-	673,12	757,26	-	571,84	643,32	-	473,76	532,98	-	378,56	425,88
	IV	19.904	280,95	1.592,32	1.791,36	169,09	1.517,12	1.706,76	57,23	1.441,92	1.622,16	-	1.366,72	1.537,56	-	1.291,60	1.453,05	-	1.217,60	1.369,80	-	1.145,12	1.288,26
	V	26.077	1.015,54	2.086,16	2.346,93																		
	VI	26.609	1.078,85	2.128,72	2.394,81																		
74.339,99	I	19.919	282,74	1.593,52	1.792,71	59,02	1.443,12	1.623,51	-	1.292,80	1.454,40	-	1.146,32	1.289,61	-	1.006,00	1.131,75	-	871,84	980,82	-	743,84	836,82
	II	18.130	69,85	1.450,40	1.631,70	-	1.300,00	1.462,50	-	1.153,20	1.297,35	-	1.012,64	1.139,22	-	878,16	987,93	-	749,92	843,66	-	627,76	706,23
	III	12.454	-	996,32	1.120,86	-	885,76	996,48	-	778,40	875,70	-	673,92	758,16	-	572,64	644,22	-	474,56	533,88	-	379,36	426,78
	IV	19.919	282,74	1.593,52	1.792,71	170,88	1.518,32	1.708,11	59,02	1.443,12	1.623,51	-	1.367,92	1.538,91	-	1.292,80	1.454,40	-	1.218,80	1.371,15	-	1.146,32	1.289,61
	V	26.092	1.017,33	2.087,36	2.348,28																		
	VI	26.624	1.080,63	2.129,92	2.396,16																		
74.375,99	I	19.934	284,52	1.594,72	1.794,06	60,80	1.444,32	1.624,86	-	1.294,00	1.455,75	-	1.147,44	1.290,87	-	1.007,12	1.133,01	-	872,88	981,99	-	744,88	837,99
	II	18.145	71,63	1.451,60	1.633,05	-	1.301,20	1.463,85	-	1.154,40	1.298,70	-	1.013,76	1.140,48	-	879,20	989,10	-	750,88	844,74	-	628,72	707,31
	III	12.466	-	997,28	1.121,94	-	886,72	997,56	-	779,20	876,60	-	674,72	759,06	-	573,44	645,12	-	475,20	534,60	-	380,16	427,68
	IV	19.934	284,52	1.594,72	1.794,06	172,66	1.519,52	1.709,46	60,80	1.444,32	1.624,86	-	1.369,12	1.540,26	-	1.294,00	1.455,75	-	1.220,00	1.372,50	-	1.147,44	1.290,87
	V	26.108	1.019,23	2.088,64	2.349,72																		
	VI	26.639	1.082,42	2.131,12	2.397,51																		
74.411,99	I	19.949	286,31	1.595,92	1.795,41	62,71	1.445,60	1.626,30	-	1.295,20	1.457,10	-	1.148,64	1.292,22	-	1.008,16	1.134,18	-	873,92	983,16	-	745,84	839,07
	II	18.160	73,42	1.452,80	1.634,40	-	1.302,48	1.465,29	-	1.155,52	1.299,96	-	1.014,80	1.141,65	-	880,32	990,36	-	751,92	845,91	-	629,68	708,39
	III	12.476	-	998,08	1.122,84	-	887,52	998,46	-	780,00	877,50	-	675,68	760,14	-	574,24	646,02	-	476,00	535,50	-	380,96	428,58
	IV	19.949	286,31	1.595,92	1.795,41	174,45	1.520,72	1.710,81	62,71	1.445,60	1.626,30	-	1.370,40	1.541,70	-	1.295,20	1.457,10	-	1.221,12	1.373,76	-	1.148,64	1.292,22
	V	26.123	1.021,02	2.089,84	2.351,07																		
	VI	26.654	1.084,20	2.132,32	2.398,86																		
74.447,99	I	19.965	288,21	1.597,20	1.796,85	64,49	1.446,80	1.627,65	-	1.296,40	1.458,45	-	1.149,76	1.293,48	-	1.009,28	1.135,44	-	875,04	984,42	-	746,88	840,24
	II	18.175	75,20	1.454,00	1.635,75	-	1.303,68	1.466,64	-	1.156,72	1.301,31	-	1.015,92	1.142,91	-	881,36	991,53	-	752,88	846,99	-	630,64	709,47
	III	12.488	-	999,04	1.123,92	-	888,48	999,54	-	780,96	878,58	-	676,48	761,04	-	575,04	646,92	-	476,80	536,40	-	381,60	429,30
	IV	19.965	288,21	1.597,20	1.796,85	176,35	1.522,00	1.712,25	64,49	1.446,80	1.627,65	-	1.371,60	1.543,05	-	1.296,40	1.458,45	-	1.222,32	1.375,11	-	1.149,76	1.293,48
	V	26.138	1.022,80	2.091,04	2.352,42																		
	VI	26.670	1.086,11	2.133,60	2.400,30																		
74.483,99	I	19.980	290,00	1.598,40	1.798,20	66,28	1.448,00	1.629,00	-	1.297,60	1.459,80	-	1.150,96	1.294,83	-	1.010,40	1.136,70	-	876,08	985,59	-	747,92	841,41
	II	18.190	76,99	1.455,20	1.637,10	-	1.304,88	1.467,99	-	1.157,84	1.302,57	-	1.017,04	1.144,17	-	882,40	992,70	-	753,92	848,16	-	631,60	710,55
	III	12.500	-	1.000,00	1.125,00	-	889,28	1.000,44	-	781,76	879,48	-	677,28	761,94	-	575,84	647,82	-	477,60	537,30	-	382,40	430,20
	IV	19.980	290,00	1.598,40	1.798,20	178,14	1.523,20	1.713,60	66,28	1.448,00	1.629,00	-	1.372,80	1.544,40	-	1.297,60	1.459,80	-	1.223,52	1.376,46	-	1.150,96	1.294,83
	V	26.153	1.024,59	2.092,24	2.353,77																		
	VI	26.685	1.087,89	2.134,80	2.401,65																		
74.519,99	I	19.995	291,78	1.599,60	1.799,55	68,06	1.449,20	1.630,35	-	1.298,80	1.461,15	-	1.152,08	1.296,09	-	1.011,52	1.137,96	-	877,12	986,76	-	748,88	842,49
	II	18.206	78,89	1.456,48	1.638,54	-	1.306,08	1.469,34	-	1.159,04	1.303,92	-	1.018,16	1.145,43	-	883,44	993,87	-	754,96	849,33	-	632,56	711,63
	III	12.510	-	1.000,80	1.125,90	-	890,24	1.001,52	-	782,56	880,38	-	678,08	762,84	-	576,64	648,72	-	478,40	538,20	-	383,20	431,10
	IV	19.995	291,78	1.599,60	1.799,55	179,92	1.524,40	1.714,95	68,06	1.449,20	1.630,35	-	1.374,00	1.545,75	-	1.298,80	1.461,15	-	1.224,72	1.377,81	-	1.152,08	1.296,09
	V	26.168	1.026,37	2.093,44	2.355,12																		
	VI	26.700	1.089,68	2.136,00	2.403,00																		

Anzahl Kinderfreibeträge (nur Steuerklassen I–IV)

SolZ/KiSt lt. Tabelle nicht für Sonstige Bezüge anwendbar.

JAHR bis 75.059,99 €

Besondere Tabelle

Lohn/ Gehalt bis	Steuerklasse	Lohnsteuer	ohne Kinderfreibetrag			Anzahl Kinderfreibeträge (nur Steuerklassen I–IV) 0,5			1,0			1,5			2,0			2,5			3,0		
			SolZ 5,5%	Kirchensteuer 8%	9%	SolZ 5,5%	Kirchensteuer 8%	9%	SolZ 5,5%	Kirchensteuer 8%	9%	SolZ 5,5%	Kirchensteuer 8%	9%	SolZ 5,5%	Kirchensteuer 8%	9%	SolZ 5,5%	Kirchensteuer 8%	9%	SolZ 5,5%	Kirchensteuer 8%	9%
74.555,99	I	20.010	*293,57*	1.600,80	1.800,90	*69,85*	1.450,40	1.631,70	-	1.300,00	1.462,50	-	1.153,20	1.297,35	-	1.012,64	1.139,22	-	878,16	987,93	-	749,92	843,66
	II	18.221	*80,68*	1.457,68	1.639,89	-	1.307,28	1.470,69	-	1.160,16	1.305,18	-	1.019,28	1.146,69	-	884,48	995,04	-	755,92	850,41	-	633,52	712,71
	III	12.522	-	1.001,76	1.126,98	-	891,04	1.002,42	-	783,52	881,46	-	678,88	763,74	-	577,44	649,62	-	479,20	539,10	-	383,84	431,82
	IV	20.010	*293,57*	1.600,80	1.800,90	*181,71*	1.525,60	1.716,30	*69,85*	1.450,40	1.631,70	-	1.375,20	1.547,10	-	1.300,00	1.462,50	-	1.225,84	1.379,07	-	1.153,20	1.297,35
	V	26.183	*1.028,16*	2.094,64	2.356,47																		
	VI	26.715	*1.091,46*	2.137,20	2.404,35																		
74.591,99	I	20.025	*295,35*	1.602,00	1.802,25	*71,63*	1.451,60	1.633,05	-	1.301,20	1.463,85	-	1.154,40	1.298,70	-	1.013,76	1.140,48	-	879,20	989,10	-	750,88	844,74
	II	18.236	*82,46*	1.458,88	1.641,24	-	1.308,48	1.472,04	-	1.161,36	1.306,53	-	1.020,40	1.147,95	-	885,60	996,30	-	756,96	851,58	-	634,48	713,79
	III	12.534	-	1.002,72	1.128,06	-	892,00	1.003,50	-	784,32	882,36	-	679,84	764,82	-	578,24	650,52	-	480,00	540,00	-	384,64	432,72
	IV	20.025	*295,35*	1.602,00	1.802,25	*183,49*	1.526,80	1.717,65	*71,63*	1.451,60	1.633,05	-	1.376,40	1.548,45	-	1.301,20	1.463,85	-	1.227,04	1.380,42	-	1.154,40	1.298,70
	V	26.198	*1.029,94*	2.095,84	2.357,82																		
	VI	26.730	*1.093,25*	2.138,40	2.405,70																		
74.627,99	I	20.040	*297,14*	1.603,20	1.803,60	*73,42*	1.452,80	1.634,40	-	1.302,48	1.465,29	-	1.155,52	1.299,96	-	1.014,80	1.141,65	-	880,32	990,36	-	751,92	845,91
	II	18.251	*84,25*	1.460,08	1.642,59	-	1.309,68	1.473,39	-	1.162,48	1.307,79	-	1.021,44	1.149,12	-	886,64	997,47	-	758,00	852,75	-	635,44	714,87
	III	12.544	-	1.003,52	1.128,96	-	892,80	1.004,40	-	785,12	883,26	-	680,64	765,72	-	579,04	651,42	-	480,64	540,72	-	385,44	433,62
	IV	20.040	*297,14*	1.603,20	1.803,60	*185,28*	1.528,00	1.719,00	*73,42*	1.452,80	1.634,40	-	1.377,60	1.549,80	-	1.302,48	1.465,29	-	1.228,24	1.381,77	-	1.155,52	1.299,96
	V	26.213	*1.031,73*	2.097,04	2.359,17																		
	VI	26.745	*1.095,03*	2.139,60	2.407,05																		
74.663,99	I	20.055	*298,92*	1.604,40	1.804,95	*75,20*	1.454,00	1.635,75	-	1.303,68	1.466,64	-	1.156,72	1.301,31	-	1.015,92	1.142,91	-	881,36	991,53	-	752,88	846,99
	II	18.266	*86,03*	1.461,28	1.643,94	-	1.310,88	1.474,74	-	1.163,68	1.309,14	-	1.022,56	1.150,38	-	887,68	998,64	-	758,96	853,83	-	636,40	715,95
	III	12.556	-	1.004,48	1.130,04	-	893,76	1.005,48	-	786,08	884,34	-	681,44	766,62	-	579,84	652,32	-	481,44	541,62	-	386,08	434,34
	IV	20.055	*298,92*	1.604,40	1.804,95	*187,06*	1.529,20	1.720,35	*75,20*	1.454,00	1.635,75	-	1.378,80	1.551,15	-	1.303,68	1.466,64	-	1.229,44	1.383,12	-	1.156,72	1.301,31
	V	26.229	*1.033,63*	2.098,32	2.360,61																		
	VI	26.760	*1.096,82*	2.140,80	2.408,40																		
74.699,99	I	20.070	*300,71*	1.605,60	1.806,30	*76,99*	1.455,20	1.637,10	-	1.304,88	1.467,99	-	1.157,84	1.302,57	-	1.017,04	1.144,17	-	882,40	992,70	-	753,92	848,16
	II	18.281	*87,82*	1.462,48	1.645,29	-	1.312,08	1.476,09	-	1.164,80	1.310,40	-	1.023,68	1.151,64	-	888,72	999,81	-	760,00	855,00	-	637,36	717,03
	III	12.568	-	1.005,44	1.131,12	-	894,56	1.006,38	-	786,88	885,24	-	682,24	767,52	-	580,64	653,22	-	482,24	542,52	-	386,88	435,24
	IV	20.070	*300,71*	1.605,60	1.806,30	*188,85*	1.530,40	1.721,70	*76,99*	1.455,20	1.637,10	-	1.380,08	1.552,59	-	1.304,88	1.467,99	-	1.230,56	1.384,38	-	1.157,84	1.302,57
	V	26.244	*1.035,41*	2.099,52	2.361,96																		
	VI	26.775	*1.098,60*	2.142,00	2.409,75																		
74.735,99	I	20.086	*302,61*	1.606,88	1.807,74	*78,89*	1.456,48	1.638,54	-	1.306,08	1.469,34	-	1.159,04	1.303,92	-	1.018,16	1.145,43	-	883,44	993,87	-	754,96	849,33
	II	18.296	*89,60*	1.463,68	1.646,64	-	1.313,28	1.477,44	-	1.166,00	1.311,75	-	1.024,80	1.152,90	-	889,84	1.001,07	-	760,96	856,08	-	638,32	718,11
	III	12.578	-	1.006,24	1.132,02	-	895,52	1.007,46	-	787,68	886,14	-	683,04	768,42	-	581,60	654,30	-	483,04	543,42	-	387,68	436,14
	IV	20.086	*302,61*	1.606,88	1.807,74	*190,75*	1.531,68	1.723,14	*78,89*	1.456,48	1.638,54	-	1.381,28	1.553,94	-	1.306,08	1.469,34	-	1.231,76	1.385,73	-	1.159,04	1.303,92
	V	26.259	*1.037,20*	2.100,72	2.363,31																		
	VI	26.791	*1.100,51*	2.143,28	2.411,19																		
74.771,99	I	20.101	*304,40*	1.608,08	1.809,09	*80,68*	1.457,68	1.639,89	-	1.307,28	1.470,69	-	1.160,16	1.305,18	-	1.019,28	1.146,69	-	884,48	995,04	-	755,92	850,41
	II	18.311	*91,39*	1.464,88	1.647,99	-	1.314,56	1.478,88	-	1.167,12	1.313,01	-	1.025,92	1.154,16	-	890,88	1.002,24	-	762,00	857,25	-	639,28	719,19
	III	12.590	-	1.007,20	1.133,10	-	896,32	1.008,36	-	788,64	887,22	-	683,84	769,32	-	582,40	655,20	-	483,84	544,32	-	388,48	437,04
	IV	20.101	*304,40*	1.608,08	1.809,09	*192,54*	1.532,88	1.724,49	*80,68*	1.457,68	1.639,89	-	1.382,48	1.555,29	-	1.307,28	1.470,69	-	1.232,96	1.387,08	-	1.160,16	1.305,18
	V	26.274	*1.038,98*	2.101,92	2.364,66																		
	VI	26.806	*1.102,29*	2.144,48	2.412,54																		
74.807,99	I	20.116	*306,18*	1.609,28	1.810,44	*82,46*	1.458,88	1.641,24	-	1.308,48	1.472,04	-	1.161,36	1.306,53	-	1.020,40	1.147,95	-	885,60	996,30	-	756,96	851,58
	II	18.327	*93,29*	1.466,16	1.649,43	-	1.315,76	1.480,23	-	1.168,32	1.314,36	-	1.027,04	1.155,42	-	891,92	1.003,41	-	763,04	858,42	-	640,24	720,27
	III	12.602	-	1.008,16	1.134,18	-	897,28	1.009,44	-	789,44	888,12	-	684,80	770,40	-	583,20	656,10	-	484,64	545,22	-	389,12	437,76
	IV	20.116	*306,18*	1.609,28	1.810,44	*194,32*	1.534,08	1.725,84	*82,46*	1.458,88	1.641,24	-	1.383,68	1.556,64	-	1.308,48	1.472,04	-	1.234,16	1.388,43	-	1.161,36	1.306,53
	V	26.289	*1.040,77*	2.103,12	2.366,01																		
	VI	26.821	*1.104,08*	2.145,68	2.413,89																		
74.843,99	I	20.131	*307,97*	1.610,48	1.811,79	*84,25*	1.460,08	1.642,59	-	1.309,68	1.473,39	-	1.162,48	1.307,79	-	1.021,44	1.149,12	-	886,64	997,47	-	758,00	852,75
	II	18.342	*95,08*	1.467,36	1.650,78	-	1.316,96	1.481,58	-	1.169,44	1.315,62	-	1.028,16	1.156,68	-	892,96	1.004,58	-	764,00	859,50	-	641,20	721,35
	III	12.612	-	1.008,96	1.135,08	-	898,08	1.010,34	-	790,24	889,02	-	685,60	771,30	-	584,00	657,00	-	485,44	546,12	-	389,92	438,66
	IV	20.131	*307,97*	1.610,48	1.811,79	*196,11*	1.535,28	1.727,19	*84,25*	1.460,08	1.642,59	-	1.384,88	1.557,99	-	1.309,68	1.473,39	-	1.235,36	1.389,78	-	1.162,48	1.307,79
	V	26.304	*1.042,55*	2.104,32	2.367,36																		
	VI	26.836	*1.105,86*	2.146,88	2.415,24																		
74.879,99	I	20.146	*309,75*	1.611,68	1.813,14	*86,03*	1.461,28	1.643,94	-	1.310,88	1.474,74	-	1.163,68	1.309,14	-	1.022,56	1.150,38	-	887,68	998,64	-	758,96	853,83
	II	18.357	*96,86*	1.468,56	1.652,13	-	1.318,16	1.482,93	-	1.170,64	1.316,97	-	1.029,28	1.157,94	-	894,08	1.005,84	-	765,04	860,67	-	642,16	722,43
	III	12.624	-	1.009,92	1.136,16	-	899,04	1.011,42	-	791,20	890,10	-	686,40	772,20	-	584,80	657,90	-	486,24	547,02	-	390,72	439,56
	IV	20.146	*309,75*	1.611,68	1.813,14	*197,89*	1.536,48	1.728,54	*86,03*	1.461,28	1.643,94	-	1.386,08	1.559,34	-	1.310,88	1.474,74	-	1.236,48	1.391,04	-	1.163,68	1.309,14
	V	26.319	*1.044,34*	2.105,52	2.368,71																		
	VI	26.851	*1.107,65*	2.148,08	2.416,59																		
74.915,99	I	20.161	*311,54*	1.612,88	1.814,49	*87,82*	1.462,48	1.645,29	-	1.312,08	1.476,09	-	1.164,80	1.310,40	-	1.023,68	1.151,64	-	888,72	999,81	-	760,00	855,00
	II	18.372	*98,65*	1.469,76	1.653,48	-	1.319,36	1.484,28	-	1.171,76	1.318,23	-	1.030,40	1.159,20	-	895,12	1.007,01	-	766,08	861,84	-	643,20	723,60
	III	12.634	-	1.010,72	1.137,06	-	899,84	1.012,32	-	792,00	891,00	-	687,20	773,10	-	585,60	658,80	-	486,88	547,74	-	391,52	440,46
	IV	20.161	*311,54*	1.612,88	1.814,49	*199,68*	1.537,68	1.729,89	*87,82*	1.462,48	1.645,29	-	1.387,28	1.560,69	-	1.312,08	1.476,09	-	1.237,68	1.392,39	-	1.164,80	1.310,40
	V	26.334	*1.046,12*	2.106,72	2.370,06																		
	VI	26.866	*1.109,43*	2.149,28	2.417,94																		
74.951,99	I	20.176	*313,32*	1.614,08	1.815,84	*89,60*	1.463,68	1.646,64	-	1.313,28	1.477,44	-	1.166,00	1.311,75	-	1.024,80	1.152,90	-	889,84	1.001,07	-	760,96	856,08
	II	18.387	*100,43*	1.470,96	1.654,83	-	1.320,56	1.485,63	-	1.172,96	1.319,58	-	1.031,44	1.160,37	-	896,16	1.008,18	-	767,04	862,92	-	644,16	724,68
	III	12.646	-	1.011,68	1.138,14	-	900,80	1.013,40	-	792,80	891,90	-	688,00	774,00	-	586,40	659,70	-	487,68	548,64	-	392,16	441,18
	IV	20.176	*313,32*	1.614,08	1.815,84	*201,46*	1.538,88	1.731,24	*89,60*	1.463,68	1.646,64	-	1.388,48	1.562,04	-	1.313,28	1.477,44	-	1.238,88	1.393,74	-	1.166,00	1.311,75
	V	26.350	*1.048,03*	2.108,00	2.371,50																		
	VI	26.881	*1.111,22*	2.150,48	2.419,29																		
74.987,99	I	20.191	*315,11*	1.615,28	1.817,19	*91,39*	1.464,88	1.647,99	-	1.314,56	1.478,88	-	1.167,12	1.313,01	-	1.025,92	1.154,16	-	890,88	1.002,24	-	762,00	857,25
	II	18.402	*102,22*	1.472,16	1.656,18	-	1.321,76	1.486,98	-	1.174,08	1.320,84	-	1.032,56	1.161,63	-	897,28	1.009,44	-	768,08	864,09	-	645,12	725,76
	III	12.658	-	1.012,64	1.139,22	-	901,60	1.014,30	-	793,76	892,98	-	688,96	775,08	-	587,20	660,60	-	488,48	549,54	-	392,96	442,08
	IV	20.191	*315,11*	1.615,28	1.817,19	*203,25*	1.540,08	1.732,59	*91,39*	1.464,88	1.647,99	-	1.389,68	1.563,39	-	1.314,56	1.478,88	-	1.240,08	1.395,09	-	1.167,12	1.313,01
	V	26.365	*1.049,81*	2.109,20	2.372,85																		
	VI	26.896	*1.113,00*	2.151,68	2.420,64																		
75.023,99	I	20.206	*316,89*	1.616,48	1.818,54	*93,29*	1.466,16	1.649,43	-	1.315,76	1.480,23	-	1.168,32	1.314,36	-	1.027,04	1.155,42	-	891,92	1.003,41	-	763,04	858,42
	II	18.417	*104,00*	1.473,36	1.657,53	-	1.322,96	1.488,33	-	1.175,28	1.322,19	-	1.033,68	1.162,89	-	898,32	1.010,61	-	769,12	865,26	-	646,08	726,84
	III	12.668	-	1.013,44	1.140,12	-	902,56	1.015,38	-	794,56	893,88	-	689,76	775,98	-	588,00	661,50	-	489,28	550,44	-	393,76	442,98
	IV	20.206	*316,89*	1.616,48	1.818,54	*205,15*	1.541,36	1.734,03	*93,29*	1.466,16	1.649,43	-	1.390,96	1.564,83	-	1.315,76	1.480,23	-	1.241,28	1.396,44	-	1.168,32	1.314,36
	V	26.380	*1.051,60*	2.110,40	2.374,20																		
	VI	26.911	*1.114,79*	2.152,88	2.421,99																		
75.059,99	I	20.222	*318,80*	1.617,76	1.819,98	*95,08*	1.467,36	1.650,78	-	1.316,96	1.481,58	-	1.169,44	1.315,62	-	1.028,16	1.156,68	-	892,96	1.004,58	-	764,00	859,50
	II	18.432	*105,79*	1.474,56	1.658,88	-	1.324,16	1.489,68	-	1.176,40	1.323,45	-	1.034,80	1.164,15	-	899,36	1.011,78	-	770,08	866,34	-	647,04	727,92
	III	12.680	-	1.014,40	1.141,20	-	903,36	1.016,28	-	795,36	894,78	-	690,56	776,88	-	588,80	662,40	-	490,08	551,34	-	394,40	443,70
	IV	20.222	*318,80*	1.617,76	1.819,98	*206,94*	1.542,56	1.735,38	*95,08*	1.467,36	1.650,78	-	1.392,16	1.566,18	-	1.316,96	1.481,58	-	1.242,40	1.397,70	-	1.169,44	1.315,62
	V	26.395	*1.053,38*	2.111,60	2.375,55																		
	VI	26.927	*1.116,69*	2.154,16	2.423,43																		

SolZ/KiSt lt. Tabelle nicht für Sonstige Bezüge anwendbar.

Lohn/ Gehalt bis	Steuerklasse	Lohn-steuer	ohne Kinderfreibetrag			Anzahl Kinderfreibeträge (nur Steuerklassen I–IV)																	
						0,5			1,0			1,5			2,0			2,5			3,0		
			SolZ 5,5%	Kirchensteuer 8%	9%	SolZ 5,5%	Kirchensteuer 8%	9%	SolZ 5,5%	Kirchensteuer 8%	9%	SolZ 5,5%	Kirchensteuer 8%	9%	SolZ 5,5%	Kirchensteuer 8%	9%	SolZ 5,5%	Kirchensteuer 8%	9%	SolZ 5,5%	Kirchensteuer 8%	9%
75.095,99	I	20.237	320,58	1.618,96	1.821,33	96,86	1.468,56	1.652,13	-	1.318,16	1.482,93	-	1.170,64	1.316,97	-	1.029,28	1.157,94	-	894,08	1.005,84	-	765,04	860,67
	II	18.448	107,69	1.475,84	1.660,32	-	1.325,44	1.491,12	-	1.177,60	1.324,80	-	1.035,92	1.165,41	-	900,48	1.013,04	-	771,12	867,51	-	648,00	729,00
	III	12.692	-	1.015,36	1.142,28	-	904,32	1.017,36	-	796,32	895,86	-	691,36	777,78	-	589,60	663,30	-	490,88	552,24	-	395,20	444,60
	IV	20.237	320,58	1.618,96	1.821,33	208,72	1.543,76	1.736,73	96,86	1.468,56	1.652,13	-	1.393,36	1.567,53	-	1.318,16	1.482,93	-	1.243,60	1.399,05	-	1.170,64	1.316,97
	V	26.410	1.055,17	2.112,80	2.376,90																		
	VI	26.942	1.118,48	2.155,36	2.424,78																		
75.131,99	I	20.252	322,37	1.620,16	1.822,68	98,65	1.469,76	1.653,48	-	1.319,36	1.484,28	-	1.171,76	1.318,23	-	1.030,40	1.159,20	-	895,12	1.007,01	-	766,08	861,84
	II	18.463	109,48	1.477,04	1.661,67	-	1.326,64	1.492,47	-	1.178,80	1.326,15	-	1.037,04	1.166,67	-	901,52	1.014,21	-	772,16	868,68	-	648,96	730,08
	III	12.702	-	1.016,16	1.143,18	-	905,12	1.018,26	-	797,12	896,76	-	692,16	778,68	-	590,40	664,20	-	491,68	553,14	-	396,00	445,50
	IV	20.252	322,37	1.620,16	1.822,68	210,51	1.544,96	1.738,08	98,65	1.469,76	1.653,48	-	1.394,56	1.568,88	-	1.319,36	1.484,28	-	1.244,80	1.400,40	-	1.171,76	1.318,23
	V	26.425	1.056,95	2.114,00	2.378,25																		
	VI	26.957	1.120,26	2.156,56	2.426,13																		
75.167,99	I	20.267	324,15	1.621,36	1.824,03	100,43	1.470,96	1.654,83	-	1.320,56	1.485,63	-	1.172,96	1.319,58	-	1.031,44	1.160,37	-	896,16	1.008,18	-	767,04	862,92
	II	18.478	111,26	1.478,24	1.663,02	-	1.327,84	1.493,82	-	1.179,92	1.327,41	-	1.038,16	1.167,93	-	902,56	1.015,38	-	773,12	869,76	-	649,92	731,16
	III	12.714	-	1.017,12	1.144,26	-	906,08	1.019,34	-	797,92	897,66	-	693,12	779,76	-	591,20	665,10	-	492,48	554,04	-	396,80	446,40
	IV	20.267	324,15	1.621,36	1.824,03	212,29	1.546,16	1.739,43	100,43	1.470,96	1.654,83	-	1.395,76	1.570,23	-	1.320,56	1.485,63	-	1.246,00	1.401,75	-	1.172,96	1.319,58
	V	26.440	1.058,74	2.115,20	2.379,60																		
	VI	26.972	1.122,05	2.157,76	2.427,48																		
75.203,99	I	20.282	325,94	1.622,56	1.825,38	102,22	1.472,16	1.656,18	-	1.321,76	1.486,98	-	1.174,08	1.320,84	-	1.032,56	1.161,63	-	897,28	1.009,44	-	768,08	864,09
	II	18.493	113,05	1.479,44	1.664,37	-	1.329,04	1.495,17	-	1.181,12	1.328,76	-	1.039,28	1.169,19	-	903,60	1.016,55	-	774,16	870,93	-	650,88	732,24
	III	12.726	-	1.018,08	1.145,34	-	906,88	1.020,24	-	798,88	898,74	-	693,92	780,66	-	592,00	666,00	-	493,28	554,94	-	397,44	447,12
	IV	20.282	325,94	1.622,56	1.825,38	214,08	1.547,36	1.740,78	102,22	1.472,16	1.656,18	-	1.396,96	1.571,58	-	1.321,76	1.486,98	-	1.247,20	1.403,10	-	1.174,08	1.320,84
	V	26.455	1.060,52	2.116,40	2.380,95																		
	VI	26.987	1.123,83	2.158,96	2.428,83																		
75.239,99	I	20.297	327,72	1.623,76	1.826,73	104,00	1.473,36	1.657,53	-	1.322,96	1.488,33	-	1.175,28	1.322,19	-	1.033,68	1.162,89	-	898,32	1.010,61	-	769,12	865,26
	II	18.508	114,83	1.480,64	1.665,72	-	1.330,24	1.496,52	-	1.182,24	1.330,02	-	1.040,40	1.170,45	-	904,72	1.017,81	-	775,20	872,10	-	651,84	733,32
	III	12.736	-	1.018,88	1.146,24	-	907,84	1.021,32	-	799,68	899,64	-	694,72	781,56	-	592,80	666,90	-	493,92	555,66	-	398,24	448,02
	IV	20.297	327,72	1.623,76	1.826,73	215,86	1.548,56	1.742,13	104,00	1.473,36	1.657,53	-	1.398,16	1.572,93	-	1.322,96	1.488,33	-	1.248,40	1.404,45	-	1.175,28	1.322,19
	V	26.470	1.062,31	2.117,60	2.382,30																		
	VI	27.002	1.125,62	2.160,16	2.430,18																		
75.275,99	I	20.312	329,51	1.624,96	1.828,08	105,79	1.474,56	1.658,88	-	1.324,16	1.489,68	-	1.176,40	1.323,45	-	1.034,80	1.164,15	-	899,36	1.011,78	-	770,08	866,34
	II	18.523	116,62	1.481,84	1.667,07	-	1.331,44	1.497,87	-	1.183,44	1.331,37	-	1.041,52	1.171,71	-	905,76	1.018,98	-	776,24	873,27	-	652,80	734,40
	III	12.748	-	1.019,84	1.147,32	-	908,64	1.022,22	-	800,48	900,54	-	695,52	782,46	-	593,60	667,80	-	494,72	556,56	-	399,04	448,92
	IV	20.312	329,51	1.624,96	1.828,08	217,65	1.549,76	1.743,48	105,79	1.474,56	1.658,88	-	1.399,36	1.574,28	-	1.324,16	1.489,68	-	1.249,52	1.405,71	-	1.176,40	1.323,45
	V	26.486	1.064,21	2.118,88	2.383,74																		
	VI	27.017	1.127,40	2.161,36	2.431,53																		
75.311,99	I	20.327	331,29	1.626,16	1.829,43	107,69	1.475,84	1.660,32	-	1.325,44	1.491,12	-	1.177,60	1.324,80	-	1.035,92	1.165,41	-	900,48	1.013,04	-	771,12	867,51
	II	18.538	118,40	1.483,04	1.668,42	-	1.332,64	1.499,22	-	1.184,56	1.332,63	-	1.042,64	1.172,97	-	906,80	1.020,15	-	777,20	874,35	-	653,76	735,48
	III	12.760	-	1.020,80	1.148,40	-	909,60	1.023,30	-	801,44	901,62	-	696,32	783,36	-	594,40	668,70	-	495,52	557,46	-	399,84	449,82
	IV	20.327	331,29	1.626,16	1.829,43	219,43	1.550,96	1.744,83	107,69	1.475,84	1.660,32	-	1.400,64	1.575,72	-	1.325,44	1.491,12	-	1.250,72	1.407,06	-	1.177,60	1.324,80
	V	26.501	1.066,00	2.120,08	2.385,09																		
	VI	27.032	1.129,19	2.162,56	2.432,88																		
75.347,99	I	20.343	333,20	1.627,44	1.830,87	109,48	1.477,04	1.661,67	-	1.326,64	1.492,47	-	1.178,80	1.326,15	-	1.037,04	1.166,67	-	901,52	1.014,21	-	772,16	868,68
	II	18.553	120,19	1.484,24	1.669,77	-	1.333,84	1.500,57	-	1.185,76	1.333,98	-	1.043,76	1.174,23	-	907,92	1.021,41	-	778,24	875,52	-	654,72	736,56
	III	12.770	-	1.021,60	1.149,30	-	910,40	1.024,20	-	802,24	902,52	-	697,28	784,44	-	595,20	669,60	-	496,32	558,36	-	400,48	450,54
	IV	20.343	333,20	1.627,44	1.830,87	221,34	1.552,24	1.746,27	109,48	1.477,04	1.661,67	-	1.401,84	1.577,07	-	1.326,64	1.492,47	-	1.251,92	1.408,41	-	1.178,80	1.326,15
	V	26.516	1.067,78	2.121,28	2.386,44																		
	VI	27.048	1.131,09	2.163,84	2.434,32																		
75.383,99	I	20.358	334,98	1.628,64	1.832,22	111,26	1.478,24	1.663,02	-	1.327,84	1.493,82	-	1.179,92	1.327,41	-	1.038,16	1.167,93	-	902,56	1.015,38	-	773,12	869,76
	II	18.568	121,97	1.485,44	1.671,12	-	1.335,12	1.502,01	-	1.186,96	1.335,33	-	1.044,88	1.175,49	-	908,96	1.022,58	-	779,28	876,69	-	655,76	737,73
	III	12.782	-	1.022,56	1.150,38	-	911,36	1.025,28	-	803,20	903,60	-	698,08	785,34	-	596,00	670,50	-	497,12	559,26	-	401,28	451,44
	IV	20.358	334,98	1.628,64	1.832,22	223,12	1.553,44	1.747,62	111,26	1.478,24	1.663,02	-	1.403,04	1.578,42	-	1.327,84	1.493,82	-	1.253,12	1.409,76	-	1.179,92	1.327,41
	V	26.531	1.069,57	2.122,48	2.387,79																		
	VI	27.063	1.132,88	2.165,04	2.435,67																		
75.419,99	I	20.373	336,77	1.629,84	1.833,57	113,05	1.479,44	1.664,37	-	1.329,04	1.495,17	-	1.181,12	1.328,76	-	1.039,28	1.169,19	-	903,60	1.016,55	-	774,16	870,93
	II	18.584	123,87	1.486,72	1.672,56	-	1.336,32	1.503,36	-	1.188,08	1.336,59	-	1.046,00	1.176,75	-	910,08	1.023,84	-	780,24	877,77	-	656,72	738,81
	III	12.794	-	1.023,52	1.151,46	-	912,16	1.026,18	-	804,00	904,50	-	698,88	786,24	-	596,80	671,40	-	497,92	560,16	-	402,08	452,34
	IV	20.373	336,77	1.629,84	1.833,57	224,91	1.554,64	1.748,97	113,05	1.479,44	1.664,37	1,19	1.404,24	1.579,77	-	1.329,04	1.495,17	-	1.254,32	1.411,11	-	1.181,12	1.328,76
	V	26.546	1.071,35	2.123,68	2.389,14																		
	VI	27.078	1.134,66	2.166,24	2.437,02																		
75.455,99	I	20.388	338,55	1.631,04	1.834,92	114,83	1.480,64	1.665,72	-	1.330,24	1.496,52	-	1.182,24	1.330,02	-	1.040,40	1.170,45	-	904,72	1.017,81	-	775,20	872,10
	II	18.599	125,66	1.487,92	1.673,91	-	1.337,52	1.504,71	-	1.189,28	1.337,94	-	1.047,12	1.178,01	-	911,12	1.025,01	-	781,28	878,94	-	657,68	739,89
	III	12.804	-	1.024,32	1.152,36	-	913,12	1.027,26	-	804,80	905,40	-	699,68	787,14	-	597,60	672,30	-	498,72	561,06	-	402,88	453,24
	IV	20.388	338,55	1.631,04	1.834,92	226,69	1.555,84	1.750,32	114,83	1.480,64	1.665,72	2,97	1.405,44	1.581,12	-	1.330,24	1.496,52	-	1.255,52	1.412,46	-	1.182,24	1.330,02
	V	26.561	1.073,14	2.124,88	2.390,49																		
	VI	27.093	1.136,45	2.167,44	2.438,37																		
75.491,99	I	20.403	340,34	1.632,24	1.836,27	116,62	1.481,84	1.667,07	-	1.331,44	1.497,87	-	1.183,44	1.331,37	-	1.041,52	1.171,71	-	905,76	1.018,98	-	776,24	873,27
	II	18.614	127,44	1.489,12	1.675,26	-	1.338,72	1.506,06	-	1.190,40	1.339,20	-	1.048,24	1.179,27	-	912,16	1.026,18	-	782,32	880,11	-	658,64	740,97
	III	12.816	-	1.025,28	1.153,44	-	913,92	1.028,16	-	805,76	906,48	-	700,48	788,04	-	598,40	673,20	-	499,52	561,96	-	403,52	453,96
	IV	20.403	340,34	1.632,24	1.836,27	228,48	1.557,04	1.751,67	116,62	1.481,84	1.667,07	4,76	1.406,64	1.582,47	-	1.331,44	1.497,87	-	1.256,72	1.413,81	-	1.183,44	1.331,37
	V	26.576	1.074,92	2.126,08	2.391,84																		
	VI	27.108	1.138,23	2.168,64	2.439,72																		
75.527,99	I	20.418	342,12	1.633,44	1.837,62	118,40	1.483,04	1.668,42	-	1.332,64	1.499,22	-	1.184,56	1.332,63	-	1.042,64	1.172,97	-	906,80	1.020,15	-	777,20	874,35
	II	18.629	129,23	1.490,32	1.676,61	-	1.339,92	1.507,41	-	1.191,60	1.340,55	-	1.049,36	1.180,53	-	913,28	1.027,44	-	783,36	881,28	-	659,60	742,05
	III	12.828	-	1.026,24	1.154,52	-	914,88	1.029,24	-	806,56	907,38	-	701,44	789,12	-	599,20	674,10	-	500,32	562,86	-	404,32	454,86
	IV	20.418	342,12	1.633,44	1.837,62	230,26	1.558,24	1.753,02	118,40	1.483,04	1.668,42	6,54	1.407,84	1.583,82	-	1.332,64	1.499,22	-	1.257,92	1.415,16	-	1.184,56	1.332,63
	V	26.591	1.076,71	2.127,28	2.393,19																		
	VI	27.123	1.140,02	2.169,84	2.441,07																		
75.563,99	I	20.433	343,91	1.634,64	1.838,97	120,19	1.484,24	1.669,77	-	1.333,84	1.500,57	-	1.185,76	1.333,98	-	1.043,76	1.174,23	-	907,92	1.021,41	-	778,24	875,52
	II	18.644	131,01	1.491,52	1.677,96	-	1.341,12	1.508,76	-	1.192,80	1.341,90	-	1.050,48	1.181,79	-	914,32	1.028,61	-	784,32	882,36	-	660,56	743,13
	III	12.838	-	1.027,04	1.155,42	-	915,68	1.030,14	-	807,36	908,28	-	702,24	790,02	-	600,00	675,00	-	500,96	563,58	-	405,12	455,76
	IV	20.433	343,91	1.634,64	1.838,97	232,05	1.559,44	1.754,37	120,19	1.484,24	1.669,77	8,33	1.409,04	1.585,17	-	1.333,84	1.500,57	-	1.259,04	1.416,42	-	1.185,76	1.333,98
	V	26.607	1.078,61	2.128,56	2.394,63																		
	VI	27.138	1.141,80	2.171,04	2.442,42																		
75.599,99	I	20.448	345,69	1.635,84	1.840,32	121,97	1.485,44	1.671,12	-	1.335,12	1.502,01	-	1.186,96	1.335,33	-	1.044,88	1.175,49	-	908,96	1.022,58	-	779,28	876,69
	II	18.659	132,80	1.492,72	1.679,31	-	1.342,32	1.510,11	-	1.193,92	1.343,16	-	1.051,60	1.183,05	-	915,36	1.029,78	-	785,36	883,53	-	661,52	744,21
	III	12.850	-	1.028,00	1.156,50	-	916,64	1.031,22	-	808,32	909,36	-	703,04	790,92	-	600,96	676,08	-	501,76	564,48	-	405,76	456,48
	IV	20.448	345,69	1.635,84	1.840,32	233,83	1.560,64	1.755,72	121,97	1.485,44	1.671,12	10,23	1.410,32	1.586,61	-	1.335,12	1.502,01	-	1.260,24	1.417,77	-	1.186,96	1.335,33
	V	26.622	1.080,40	2.129,76	2.395,98																		
	VI	27.153	1.143,59	2.172,24	2.443,77																		

SolZ/KiSt lt. Tabelle nicht für Sonstige Bezüge anwendbar.

Lohn/ Gehalt bis	Steuerklasse	Lohnsteuer	ohne Kinderfreibetrag SolZ 5,5%	ohne Kinderfreibetrag Kirchensteuer 8%	ohne Kinderfreibetrag Kirchensteuer 9%	0,5 SolZ 5,5%	0,5 Kirchensteuer 8%	0,5 Kirchensteuer 9%	1,0 SolZ 5,5%	1,0 Kirchensteuer 8%	1,0 Kirchensteuer 9%	1,5 SolZ 5,5%	1,5 Kirchensteuer 8%	1,5 Kirchensteuer 9%	2,0 SolZ 5,5%	2,0 Kirchensteuer 8%	2,0 Kirchensteuer 9%	2,5 SolZ 5,5%	2,5 Kirchensteuer 8%	2,5 Kirchensteuer 9%	3,0 SolZ 5,5%	3,0 Kirchensteuer 8%	3,0 Kirchensteuer 9%
						Anzahl Kinderfreibeträge (nur Steuerklassen I–IV)																	
75.635,99	I	20.464	347,59	1.637,12	1.841,76	123,87	1.486,72	1.672,56	-	1.336,32	1.503,36	-	1.188,08	1.336,59	-	1.046,00	1.176,75	-	910,08	1.023,84	-	780,24	877,77
	II	18.674	134,58	1.493,92	1.680,66	-	1.343,52	1.511,46	-	1.195,12	1.344,51	-	1.052,72	1.184,31	-	916,48	1.031,04	-	786,40	884,70	-	662,48	745,29
	III	12.862	-	1.028,96	1.157,58	-	917,44	1.032,12	-	809,12	910,26	-	703,84	791,82	-	601,76	676,98	-	502,56	565,38	-	406,56	457,38
	IV	20.464	347,59	1.637,12	1.841,76	235,73	1.561,92	1.757,16	123,87	1.486,72	1.672,56	12,01	1.411,52	1.587,96	-	1.336,32	1.503,36	-	1.261,44	1.419,12	-	1.188,08	1.336,59
	V	26.637	1.082,18	2.130,96	2.397,33																		
	VI	27.169	1.145,49	2.173,52	2.445,21																		
75.671,99	I	20.479	349,38	1.638,32	1.843,11	125,66	1.487,92	1.673,91	-	1.337,52	1.504,71	-	1.189,28	1.337,94	-	1.047,12	1.178,01	-	911,12	1.025,01	-	781,28	878,94
	II	18.689	136,37	1.495,12	1.682,01	-	1.344,80	1.512,90	-	1.196,24	1.345,77	-	1.053,84	1.185,57	-	917,52	1.032,21	-	787,44	885,87	-	663,52	746,46
	III	12.872	-	1.029,76	1.158,48	-	918,40	1.033,20	-	809,92	911,16	-	704,64	792,72	-	602,56	677,88	-	503,36	566,28	-	407,36	458,28
	IV	20.479	349,38	1.638,32	1.843,11	237,52	1.563,12	1.758,51	125,66	1.487,92	1.673,91	13,80	1.412,72	1.589,31	-	1.337,52	1.504,71	-	1.262,64	1.420,47	-	1.189,28	1.337,94
	V	26.652	1.083,97	2.132,16	2.398,68																		
	VI	27.184	1.147,27	2.174,72	2.446,56																		
75.707,99	I	20.494	351,16	1.639,52	1.844,46	127,44	1.489,12	1.675,26	-	1.338,72	1.506,06	-	1.190,40	1.339,20	-	1.048,24	1.179,27	-	912,16	1.026,18	-	782,32	880,11
	II	18.705	138,27	1.496,40	1.683,45	-	1.346,00	1.514,25	-	1.197,44	1.347,12	-	1.054,96	1.186,83	-	918,64	1.033,47	-	788,48	887,04	-	664,48	747,54
	III	12.884	-	1.030,72	1.159,56	-	919,20	1.034,10	-	810,88	912,24	-	705,60	793,80	-	603,36	678,78	-	504,16	567,18	-	408,16	459,18
	IV	20.494	351,16	1.639,52	1.844,46	239,30	1.564,32	1.759,86	127,44	1.489,12	1.675,26	15,58	1.413,92	1.590,66	-	1.338,72	1.506,06	-	1.263,84	1.421,82	-	1.190,40	1.339,20
	V	26.667	1.085,75	2.133,36	2.400,03																		
	VI	27.199	1.149,06	2.175,92	2.447,91																		
75.743,99	I	20.509	352,95	1.640,72	1.845,81	129,23	1.490,32	1.676,61	-	1.339,92	1.507,41	-	1.191,60	1.340,55	-	1.049,36	1.180,53	-	913,28	1.027,44	-	783,36	881,28
	II	18.720	140,06	1.497,60	1.684,80	-	1.347,20	1.515,60	-	1.198,64	1.348,47	-	1.056,08	1.188,09	-	919,68	1.034,64	-	789,44	888,12	-	665,44	748,62
	III	12.896	-	1.031,68	1.160,64	-	920,16	1.035,18	-	811,68	913,14	-	706,40	794,70	-	604,16	679,68	-	504,96	568,08	-	408,80	459,90
	IV	20.509	352,95	1.640,72	1.845,81	241,09	1.565,52	1.761,21	129,23	1.490,32	1.676,61	17,37	1.415,12	1.592,01	-	1.339,92	1.507,41	-	1.265,04	1.423,17	-	1.191,60	1.340,55
	V	26.682	1.087,54	2.134,56	2.401,38																		
	VI	27.214	1.150,84	2.177,12	2.449,26																		
75.779,99	I	20.524	354,73	1.641,92	1.847,16	131,01	1.491,52	1.677,96	-	1.341,12	1.508,76	-	1.192,80	1.341,90	-	1.050,48	1.181,79	-	914,32	1.028,61	-	784,32	882,36
	II	18.735	141,84	1.498,80	1.686,15	-	1.348,40	1.516,95	-	1.199,76	1.349,73	-	1.057,20	1.189,35	-	920,72	1.035,81	-	790,48	889,29	-	666,40	749,70
	III	12.908	-	1.032,64	1.161,72	-	920,96	1.036,08	-	812,64	914,22	-	707,20	795,60	-	604,96	680,58	-	505,76	568,98	-	409,60	460,80
	IV	20.524	354,73	1.641,92	1.847,16	242,87	1.566,72	1.762,56	131,01	1.491,52	1.677,96	19,15	1.416,32	1.593,36	-	1.341,12	1.508,76	-	1.266,24	1.424,52	-	1.192,80	1.341,90
	V	26.697	1.089,32	2.135,76	2.402,73																		
	VI	27.229	1.152,63	2.178,32	2.450,61																		
75.815,99	I	20.539	356,52	1.643,12	1.848,51	132,80	1.492,72	1.679,31	-	1.342,32	1.510,11	-	1.193,92	1.343,16	-	1.051,60	1.183,05	-	915,36	1.029,78	-	785,36	883,53
	II	18.750	143,63	1.500,00	1.687,50	-	1.349,60	1.518,30	-	1.200,96	1.351,08	-	1.058,32	1.190,61	-	921,84	1.037,07	-	791,52	890,46	-	667,36	750,78
	III	12.918	-	1.033,44	1.162,62	-	921,92	1.037,16	-	813,44	915,12	-	708,00	796,50	-	605,76	681,48	-	506,56	569,88	-	410,40	461,70
	IV	20.539	356,52	1.643,12	1.848,51	244,66	1.567,92	1.763,91	132,80	1.492,72	1.679,31	20,94	1.417,52	1.594,71	-	1.342,32	1.510,11	-	1.267,44	1.425,87	-	1.193,92	1.343,16
	V	26.712	1.091,11	2.136,96	2.404,08																		
	VI	27.244	1.154,41	2.179,52	2.451,96																		
75.851,99	I	20.554	358,30	1.644,32	1.849,86	134,58	1.493,92	1.680,66	-	1.343,52	1.511,46	-	1.195,12	1.344,51	-	1.052,72	1.184,31	-	916,48	1.031,04	-	786,40	884,70
	II	18.765	145,41	1.501,20	1.688,85	-	1.350,80	1.519,65	-	1.202,16	1.352,43	-	1.059,44	1.191,87	-	922,88	1.038,24	-	792,56	891,63	-	668,32	751,86
	III	12.930	-	1.034,40	1.163,70	-	922,72	1.038,06	-	814,24	916,02	-	708,96	797,58	-	606,56	682,38	-	507,36	570,78	-	411,20	462,60
	IV	20.554	358,30	1.644,32	1.849,86	246,44	1.569,12	1.765,26	134,58	1.493,92	1.680,66	22,72	1.418,72	1.596,06	-	1.343,52	1.511,46	-	1.268,64	1.427,22	-	1.195,12	1.344,51
	V	26.728	1.093,01	2.138,24	2.405,52																		
	VI	27.259	1.156,20	2.180,72	2.453,31																		
75.887,99	I	20.569	360,09	1.645,52	1.851,21	136,37	1.495,12	1.682,01	-	1.344,80	1.512,90	-	1.196,24	1.345,77	-	1.053,84	1.185,57	-	917,52	1.032,21	-	787,44	885,87
	II	18.780	147,20	1.502,40	1.690,20	-	1.352,00	1.521,00	-	1.203,28	1.353,69	-	1.060,56	1.193,13	-	924,00	1.039,50	-	793,52	892,71	-	669,36	753,03
	III	12.942	-	1.035,36	1.164,78	-	923,68	1.039,14	-	815,20	917,10	-	709,76	798,48	-	607,36	683,28	-	508,16	571,68	-	412,00	463,50
	IV	20.569	360,09	1.645,52	1.851,21	248,23	1.570,32	1.766,61	136,37	1.495,12	1.682,01	24,51	1.419,92	1.597,41	-	1.344,80	1.512,90	-	1.269,84	1.428,57	-	1.196,24	1.345,77
	V	26.743	1.094,80	2.139,44	2.406,87																		
	VI	27.274	1.157,98	2.181,92	2.454,66																		
75.923,99	I	20.584	361,87	1.646,72	1.852,56	138,27	1.496,40	1.683,45	-	1.346,00	1.514,25	-	1.197,44	1.347,12	-	1.054,96	1.186,83	-	918,64	1.033,47	-	788,48	887,04
	II	18.795	148,98	1.503,60	1.691,55	-	1.353,20	1.522,35	-	1.204,48	1.355,04	-	1.061,68	1.194,39	-	925,04	1.040,67	-	794,56	893,88	-	670,32	754,11
	III	12.952	-	1.036,16	1.165,68	-	924,64	1.040,22	-	816,00	918,00	-	710,56	799,38	-	608,16	684,18	-	508,96	572,58	-	412,64	464,22
	IV	20.584	361,87	1.646,72	1.852,56	250,13	1.571,60	1.768,05	138,27	1.496,40	1.683,45	26,41	1.421,20	1.598,85	-	1.346,00	1.514,25	-	1.271,04	1.429,92	-	1.197,44	1.347,12
	V	26.758	1.096,58	2.140,64	2.408,22																		
	VI	27.289	1.159,77	2.183,12	2.456,01																		
75.959,99	I	20.600	363,78	1.648,00	1.854,00	140,06	1.497,60	1.684,80	-	1.347,20	1.515,60	-	1.198,64	1.348,47	-	1.056,08	1.188,09	-	919,68	1.034,64	-	789,44	888,12
	II	18.810	150,77	1.504,80	1.692,90	-	1.354,40	1.523,70	-	1.205,68	1.356,39	-	1.062,80	1.195,65	-	926,08	1.041,84	-	795,60	895,05	-	671,28	755,19
	III	12.964	-	1.037,12	1.166,76	-	925,44	1.041,12	-	816,80	918,90	-	711,36	800,28	-	608,96	685,08	-	509,60	573,30	-	413,44	465,12
	IV	20.600	363,78	1.648,00	1.854,00	251,92	1.572,80	1.769,40	140,06	1.497,60	1.684,80	28,20	1.422,40	1.600,20	-	1.347,20	1.515,60	-	1.272,24	1.431,27	-	1.198,64	1.348,47
	V	26.773	1.098,37	2.141,84	2.409,57																		
	VI	27.305	1.161,67	2.184,40	2.457,45																		
75.995,99	I	20.615	365,56	1.649,20	1.855,35	141,84	1.498,80	1.686,15	-	1.348,40	1.516,95	-	1.199,76	1.349,73	-	1.057,20	1.189,35	-	920,72	1.035,81	-	790,48	889,29
	II	18.826	152,67	1.506,08	1.694,34	-	1.355,68	1.525,14	-	1.206,80	1.357,65	-	1.063,92	1.196,91	-	927,20	1.043,10	-	796,64	896,22	-	672,24	756,27
	III	12.976	-	1.038,08	1.167,84	-	926,40	1.042,20	-	817,76	919,98	-	712,16	801,18	-	609,76	685,98	-	510,40	574,20	-	414,24	466,02
	IV	20.615	365,56	1.649,20	1.855,35	253,70	1.574,00	1.770,75	141,84	1.498,80	1.686,15	29,98	1.423,60	1.601,55	-	1.348,40	1.516,95	-	1.273,44	1.432,62	-	1.199,76	1.349,73
	V	26.788	1.100,15	2.143,04	2.410,92																		
	VI	27.320	1.163,46	2.185,60	2.458,80																		
76.031,99	I	20.630	367,35	1.650,40	1.856,70	143,63	1.500,00	1.687,50	-	1.349,60	1.518,30	-	1.200,96	1.351,08	-	1.058,32	1.190,61	-	921,84	1.037,07	-	791,52	890,46
	II	18.841	154,46	1.507,28	1.695,69	-	1.356,88	1.526,49	-	1.208,00	1.359,00	-	1.065,04	1.198,17	-	928,24	1.044,27	-	797,68	897,39	-	673,20	757,35
	III	12.986	-	1.038,88	1.168,74	-	927,20	1.043,10	-	818,56	920,88	-	713,12	802,26	-	610,56	686,88	-	511,20	575,10	-	415,04	466,92
	IV	20.630	367,35	1.650,40	1.856,70	255,49	1.575,20	1.772,10	143,63	1.500,00	1.687,50	31,77	1.424,80	1.602,90	-	1.349,60	1.518,30	-	1.274,64	1.433,97	-	1.200,96	1.351,08
	V	26.803	1.101,94	2.144,24	2.412,27																		
	VI	27.335	1.165,24	2.186,80	2.460,15																		
76.067,99	I	20.645	369,13	1.651,60	1.858,05	145,41	1.501,20	1.688,85	-	1.350,80	1.519,65	-	1.202,16	1.352,43	-	1.059,44	1.191,87	-	922,88	1.038,24	-	792,56	891,63
	II	18.856	156,24	1.508,48	1.697,04	-	1.358,08	1.527,84	-	1.209,20	1.360,35	-	1.066,16	1.199,43	-	929,36	1.045,53	-	798,72	898,56	-	674,16	758,43
	III	12.998	-	1.039,84	1.169,82	-	928,16	1.044,18	-	819,52	921,96	-	713,92	803,16	-	611,36	687,78	-	512,00	576,00	-	415,68	467,64
	IV	20.645	369,13	1.651,60	1.858,05	257,27	1.576,40	1.773,45	145,41	1.501,20	1.688,85	33,55	1.426,00	1.604,25	-	1.350,80	1.519,65	-	1.275,84	1.435,32	-	1.202,16	1.352,43
	V	26.818	1.103,72	2.145,44	2.413,62																		
	VI	27.350	1.167,03	2.188,00	2.461,50																		
76.103,99	I	20.660	370,92	1.652,80	1.859,40	147,20	1.502,40	1.690,20	-	1.352,00	1.521,00	-	1.203,28	1.353,69	-	1.060,56	1.193,13	-	924,00	1.039,50	-	793,52	892,71
	II	18.871	158,03	1.509,68	1.698,39	-	1.359,28	1.529,19	-	1.210,32	1.361,61	-	1.067,28	1.200,69	-	930,40	1.046,70	-	799,68	899,64	-	675,20	759,60
	III	13.010	-	1.040,80	1.170,90	-	928,96	1.045,08	-	820,32	922,86	-	714,72	804,06	-	612,16	688,68	-	512,80	576,90	-	416,48	468,54
	IV	20.660	370,92	1.652,80	1.859,40	259,06	1.577,60	1.774,80	147,20	1.502,40	1.690,20	35,34	1.427,20	1.605,60	-	1.352,00	1.521,00	-	1.277,04	1.436,67	-	1.203,28	1.353,69
	V	26.833	1.105,51	2.146,64	2.414,97																		
	VI	27.365	1.168,81	2.189,20	2.462,85																		
76.139,99	I	20.675	372,70	1.654,00	1.860,75	148,98	1.503,60	1.691,55	-	1.353,20	1.522,35	-	1.204,48	1.355,04	-	1.061,68	1.194,39	-	925,04	1.040,67	-	794,56	893,88
	II	18.886	159,81	1.510,88	1.699,74	-	1.360,48	1.530,54	-	1.211,52	1.362,96	-	1.068,40	1.201,95	-	931,52	1.047,96	-	800,72	900,81	-	676,16	760,68
	III	13.020	-	1.041,60	1.171,80	-	929,92	1.046,16	-	821,12	923,76	-	715,52	804,96	-	613,12	689,76	-	513,60	577,80	-	417,28	469,44
	IV	20.675	372,70	1.654,00	1.860,75	260,84	1.578,80	1.776,15	148,98	1.503,60	1.691,55	37,12	1.428,40	1.606,95	-	1.353,20	1.522,35	-	1.278,16	1.437,93	-	1.204,48	1.355,04
	V	26.848	1.107,29	2.147,84	2.416,32																		
	VI	27.380	1.170,60	2.190,40	2.464,20																		

SolZ/KiSt lt. Tabelle nicht für Sonstige Bezüge anwendbar.

Lohn/Gehalt bis	Steuerklasse	Lohnsteuer	ohne Kinderfreibetrag			Anzahl Kinderfreibeträge (nur Steuerklassen I–IV)																	
						0,5			1,0			1,5			2,0			2,5			3,0		
			SolZ 5,5%	Kirchensteuer 8%	9%	SolZ 5,5%	Kirchensteuer 8%	9%	SolZ 5,5%	Kirchensteuer 8%	9%	SolZ 5,5%	Kirchensteuer 8%	9%	SolZ 5,5%	Kirchensteuer 8%	9%	SolZ 5,5%	Kirchensteuer 8%	9%	SolZ 5,5%	Kirchensteuer 8%	9%
76.175,99	I	20.690	374,49	1.655,20	1.862,10	150,77	1.504,80	1.692,90	-	1.354,40	1.523,70	-	1.205,68	1.356,39	-	1.062,80	1.195,65	-	926,08	1.041,84	-	795,60	895,05
	II	18.901	161,60	1.512,08	1.701,09	-	1.361,68	1.531,89	-	1.212,72	1.364,31	-	1.069,52	1.203,21	-	932,56	1.049,13	-	801,76	901,98	-	677,12	761,76
	III	13.032	-	1.042,56	1.172,88	-	930,72	1.047,06	-	822,08	924,84	-	716,48	806,04	-	613,92	690,66	-	514,40	578,70	-	418,08	470,34
	IV	20.690	374,49	1.655,20	1.862,10	262,63	1.580,00	1.777,50	150,77	1.504,80	1.692,90	38,91	1.429,60	1.608,30	-	1.354,40	1.523,70	-	1.279,36	1.439,28	-	1.205,68	1.356,39
	V	26.864	1.109,19	2.149,12	2.417,76																		
	VI	27.395	1.172,38	2.191,60	2.465,55																		
76.211,99	I	20.705	376,27	1.656,40	1.863,45	152,67	1.506,08	1.694,34	-	1.355,68	1.525,14	-	1.206,80	1.357,65	-	1.063,92	1.196,91	-	927,20	1.043,10	-	796,64	896,22
	II	18.916	163,38	1.513,28	1.702,44	-	1.362,88	1.533,24	-	1.213,92	1.365,66	-	1.070,64	1.204,47	-	933,68	1.050,39	-	802,80	903,15	-	678,08	762,84
	III	13.044	-	1.043,52	1.173,96	-	931,68	1.048,14	-	822,88	925,74	-	717,28	806,94	-	614,72	691,56	-	515,20	579,60	-	418,72	471,06
	IV	20.705	376,27	1.656,40	1.863,45	264,41	1.581,20	1.778,85	152,67	1.506,08	1.694,34	40,81	1.430,88	1.609,74	-	1.355,68	1.525,14	-	1.280,56	1.440,63	-	1.206,80	1.357,65
	V	26.879	1.110,98	2.150,32	2.419,11																		
	VI	27.410	1.174,17	2.192,80	2.466,90																		
76.247,99	I	20.721	378,18	1.657,68	1.864,89	154,46	1.507,28	1.695,69	-	1.356,88	1.526,49	-	1.208,00	1.359,00	-	1.065,04	1.198,17	-	928,24	1.044,27	-	797,68	897,39
	II	18.931	165,17	1.514,48	1.703,79	-	1.364,08	1.534,59	-	1.215,04	1.366,92	-	1.071,84	1.205,82	-	934,72	1.051,56	-	803,84	904,32	-	679,12	764,01
	III	13.056	-	1.044,48	1.175,04	-	932,48	1.049,04	-	823,84	926,82	-	718,08	807,84	-	615,52	692,46	-	516,00	580,50	-	419,52	471,96
	IV	20.721	378,18	1.657,68	1.864,89	266,32	1.582,48	1.780,29	154,46	1.507,28	1.695,69	42,60	1.432,08	1.611,09	-	1.356,88	1.526,49	-	1.281,76	1.441,98	-	1.208,00	1.359,00
	V	26.894	1.112,76	2.151,52	2.420,46																		
	VI	27.426	1.176,07	2.194,08	2.468,34																		
76.283,99	I	20.736	379,96	1.658,88	1.866,24	156,24	1.508,48	1.697,04	-	1.358,08	1.527,84	-	1.209,20	1.360,35	-	1.066,16	1.199,43	-	929,36	1.045,53	-	798,72	898,56
	II	18.946	166,95	1.515,68	1.705,14	-	1.365,36	1.536,03	-	1.216,24	1.368,27	-	1.072,96	1.207,08	-	935,84	1.052,82	-	804,88	905,49	-	680,08	765,09
	III	13.066	-	1.045,28	1.175,94	-	933,44	1.050,12	-	824,64	927,72	-	718,88	808,74	-	616,32	693,36	-	516,80	581,40	-	420,32	472,86
	IV	20.736	379,96	1.658,88	1.866,24	268,10	1.583,68	1.781,64	156,24	1.508,48	1.697,04	44,38	1.433,28	1.612,44	-	1.358,08	1.527,84	-	1.282,96	1.443,33	-	1.209,20	1.360,35
	V	26.909	1.114,55	2.152,72	2.421,81																		
	VI	27.441	1.177,86	2.195,28	2.469,69																		
76.319,99	I	20.751	381,75	1.660,08	1.867,59	158,03	1.509,68	1.698,39	-	1.359,28	1.529,19	-	1.210,32	1.361,61	-	1.067,28	1.200,69	-	930,40	1.046,70	-	799,68	899,64
	II	18.962	168,86	1.516,96	1.706,58	-	1.366,56	1.537,38	-	1.217,44	1.369,62	-	1.074,08	1.208,34	-	936,88	1.053,99	-	805,84	906,57	-	681,04	766,17
	III	13.078	-	1.046,24	1.177,02	-	934,40	1.051,20	-	825,44	928,62	-	719,68	809,64	-	617,12	694,26	-	517,60	582,30	-	421,12	473,76
	IV	20.751	381,75	1.660,08	1.867,59	269,89	1.584,88	1.782,99	158,03	1.509,68	1.698,39	46,17	1.434,48	1.613,79	-	1.359,28	1.529,19	-	1.284,16	1.444,68	-	1.210,32	1.361,61
	V	26.924	1.116,33	2.153,92	2.423,16																		
	VI	27.456	1.179,64	2.196,48	2.471,04																		
76.355,99	I	20.766	383,53	1.661,28	1.868,94	159,81	1.510,88	1.699,74	-	1.360,48	1.530,54	-	1.211,52	1.362,96	-	1.068,40	1.201,95	-	931,52	1.047,96	-	800,72	900,81
	II	18.977	170,64	1.518,16	1.707,93	-	1.367,76	1.538,73	-	1.218,56	1.370,88	-	1.075,20	1.209,60	-	937,92	1.055,16	-	806,88	907,74	-	682,00	767,25
	III	13.090	-	1.047,20	1.178,10	-	935,20	1.052,10	-	826,40	929,70	-	720,64	810,72	-	617,92	695,16	-	518,40	583,20	-	421,76	474,48
	IV	20.766	383,53	1.661,28	1.868,94	271,67	1.586,08	1.784,34	159,81	1.510,88	1.699,74	47,95	1.435,68	1.615,14	-	1.360,48	1.530,54	-	1.285,36	1.446,03	-	1.211,52	1.362,96
	V	26.939	1.118,12	2.155,12	2.424,51																		
	VI	27.471	1.181,43	2.197,68	2.472,39																		
76.391,99	I	20.781	385,32	1.662,48	1.870,29	161,60	1.512,08	1.701,09	-	1.361,68	1.531,89	-	1.212,72	1.364,31	-	1.069,52	1.203,21	-	932,56	1.049,13	-	801,76	901,98
	II	18.992	172,43	1.519,36	1.709,28	-	1.368,96	1.540,08	-	1.219,76	1.372,23	-	1.076,32	1.210,86	-	939,04	1.056,42	-	807,92	908,91	-	683,04	768,42
	III	13.100	-	1.048,00	1.179,00	-	936,16	1.053,18	-	827,20	930,60	-	721,44	811,62	-	618,72	696,06	-	519,20	584,10	-	422,56	475,38
	IV	20.781	385,32	1.662,48	1.870,29	273,46	1.587,28	1.785,69	161,60	1.512,08	1.701,09	49,74	1.436,88	1.616,49	-	1.361,68	1.531,89	-	1.286,56	1.447,38	-	1.212,72	1.364,31
	V	26.954	1.119,90	2.156,32	2.425,86																		
	VI	27.486	1.183,21	2.198,88	2.473,74																		
76.427,99	I	20.796	387,10	1.663,68	1.871,64	163,38	1.513,28	1.702,44	-	1.362,88	1.533,24	-	1.213,92	1.365,66	-	1.070,64	1.204,47	-	933,68	1.050,39	-	802,80	903,15
	II	19.007	174,21	1.520,56	1.710,63	-	1.370,16	1.541,43	-	1.220,96	1.373,58	-	1.077,44	1.212,12	-	940,08	1.057,59	-	808,96	910,08	-	684,00	769,50
	III	13.112	-	1.048,96	1.180,08	-	936,96	1.054,08	-	828,16	931,68	-	722,24	812,52	-	619,52	696,96	-	519,84	584,82	-	423,36	476,28
	IV	20.796	387,10	1.663,68	1.871,64	275,24	1.588,48	1.787,04	163,38	1.513,28	1.702,44	51,52	1.438,08	1.617,84	-	1.362,88	1.533,24	-	1.287,76	1.448,73	-	1.213,92	1.365,66
	V	26.969	1.121,69	2.157,52	2.427,21																		
	VI	27.501	1.185,00	2.200,08	2.475,09																		
76.463,99	I	20.811	388,89	1.664,88	1.872,99	165,17	1.514,48	1.703,79	-	1.364,08	1.534,59	-	1.215,04	1.366,92	-	1.071,84	1.205,82	-	934,72	1.051,56	-	803,84	904,32
	II	19.022	176,00	1.521,76	1.711,98	-	1.371,36	1.542,78	-	1.222,16	1.374,93	-	1.078,56	1.213,38	-	941,20	1.058,85	-	810,00	911,25	-	684,96	770,58
	III	13.124	-	1.049,92	1.181,16	-	937,92	1.055,16	-	828,96	932,58	-	723,04	813,42	-	620,32	697,86	-	520,64	585,72	-	424,16	477,18
	IV	20.811	388,89	1.664,88	1.872,99	277,03	1.589,68	1.788,39	165,17	1.514,48	1.703,79	53,31	1.439,28	1.619,19	-	1.364,08	1.534,59	-	1.288,96	1.450,08	-	1.215,04	1.366,92
	V	26.985	1.123,59	2.158,80	2.428,65																		
	VI	27.516	1.186,78	2.201,28	2.476,44																		
76.499,99	I	20.826	390,67	1.666,08	1.874,34	166,95	1.515,68	1.705,14	-	1.365,36	1.536,03	-	1.216,24	1.368,27	-	1.072,96	1.207,08	-	935,84	1.052,82	-	804,88	905,49
	II	19.037	177,78	1.522,96	1.713,33	-	1.372,56	1.544,13	-	1.223,28	1.376,19	-	1.079,68	1.214,64	-	942,24	1.060,02	-	811,04	912,42	-	685,92	771,66
	III	13.134	-	1.050,72	1.182,06	-	938,72	1.056,06	-	829,76	933,48	-	724,00	814,50	-	621,12	698,76	-	521,44	586,62	-	424,96	478,08
	IV	20.826	390,67	1.666,08	1.874,34	278,81	1.590,88	1.789,74	166,95	1.515,68	1.705,14	55,21	1.440,56	1.620,63	-	1.365,36	1.536,03	-	1.290,24	1.451,52	-	1.216,24	1.368,27
	V	27.000	1.125,38	2.160,00	2.430,00																		
	VI	27.531	1.188,57	2.202,48	2.477,79																		
76.535,99	I	20.842	392,58	1.667,36	1.875,78	168,86	1.516,96	1.706,58	-	1.366,56	1.537,38	-	1.217,44	1.369,62	-	1.074,08	1.208,34	-	936,88	1.053,99	-	805,84	906,57
	II	19.052	179,57	1.524,16	1.714,68	-	1.373,76	1.545,48	-	1.224,48	1.377,54	-	1.080,80	1.215,90	-	943,36	1.061,28	-	812,08	913,59	-	686,96	772,83
	III	13.146	-	1.051,68	1.183,14	-	939,68	1.057,14	-	830,72	934,56	-	724,80	815,40	-	621,92	699,66	-	522,24	587,52	-	425,60	478,80
	IV	20.842	392,58	1.667,36	1.875,78	280,72	1.592,16	1.791,18	168,86	1.516,96	1.706,58	57,00	1.441,76	1.621,98	-	1.366,56	1.537,38	-	1.291,44	1.452,87	-	1.217,44	1.369,62
	V	27.015	1.127,16	2.161,20	2.431,35																		
	VI	27.547	1.190,47	2.203,76	2.479,23																		
76.571,99	I	20.857	394,36	1.668,56	1.877,13	170,64	1.518,16	1.707,93	-	1.367,76	1.538,73	-	1.218,56	1.370,88	-	1.075,20	1.209,60	-	937,92	1.055,16	-	806,88	907,74
	II	19.067	181,35	1.525,36	1.716,03	-	1.375,04	1.546,92	-	1.225,68	1.378,89	-	1.082,00	1.217,25	-	944,48	1.062,54	-	813,12	914,76	-	687,92	773,91
	III	13.158	-	1.052,64	1.184,22	-	940,48	1.058,04	-	831,52	935,46	-	725,60	816,30	-	622,88	700,74	-	523,04	588,42	-	426,40	479,70
	IV	20.857	394,36	1.668,56	1.877,13	282,50	1.593,36	1.792,53	170,64	1.518,16	1.707,93	58,78	1.442,96	1.623,33	-	1.367,76	1.538,73	-	1.292,64	1.454,22	-	1.218,56	1.370,88
	V	27.030	1.128,95	2.162,40	2.432,70																		
	VI	27.562	1.192,26	2.204,96	2.480,58																		
76.607,99	I	20.872	396,15	1.669,76	1.878,48	172,43	1.519,36	1.709,28	-	1.368,96	1.540,08	-	1.219,76	1.372,23	-	1.076,32	1.210,86	-	939,04	1.056,42	-	807,92	908,91
	II	19.083	183,26	1.526,64	1.717,47	-	1.376,24	1.548,27	-	1.226,88	1.380,24	-	1.083,12	1.218,51	-	945,52	1.063,71	-	814,08	915,84	-	688,88	774,99
	III	13.170	-	1.053,60	1.185,30	-	941,44	1.059,12	-	832,48	936,54	-	726,40	817,20	-	623,68	701,64	-	523,84	589,32	-	427,20	480,60
	IV	20.872	396,15	1.669,76	1.878,48	284,29	1.594,56	1.793,88	172,43	1.519,36	1.709,28	60,57	1.444,16	1.624,68	-	1.368,96	1.540,08	-	1.293,84	1.455,57	-	1.219,76	1.372,23
	V	27.045	1.130,73	2.163,60	2.434,05																		
	VI	27.577	1.194,04	2.206,16	2.481,93																		
76.643,99	I	20.887	397,93	1.670,96	1.879,83	174,21	1.520,56	1.710,63	-	1.370,16	1.541,43	-	1.220,96	1.373,58	-	1.077,44	1.212,12	-	940,08	1.057,59	-	808,96	910,08
	II	19.098	185,04	1.527,84	1.718,82	-	1.377,44	1.549,62	-	1.228,00	1.381,50	-	1.084,24	1.219,77	-	946,64	1.064,97	-	815,12	917,01	-	689,84	776,07
	III	13.180	-	1.054,40	1.186,20	-	942,24	1.060,02	-	833,28	937,44	-	727,36	818,28	-	624,48	702,54	-	524,64	590,22	-	428,00	481,50
	IV	20.887	397,93	1.670,96	1.879,83	286,07	1.595,76	1.795,23	174,21	1.520,56	1.710,63	62,35	1.445,36	1.626,03	-	1.370,16	1.541,43	-	1.295,04	1.456,92	-	1.220,96	1.373,58
	V	27.060	1.132,52	2.164,80	2.435,40																		
	VI	27.592	1.195,83	2.207,36	2.483,28																		
76.679,99	I	20.902	399,72	1.672,16	1.881,18	176,00	1.521,76	1.711,98	-	1.371,36	1.542,78	-	1.222,16	1.374,93	-	1.078,56	1.213,38	-	941,20	1.058,85	-	810,00	911,25
	II	19.113	186,83	1.529,04	1.720,17	-	1.378,64	1.550,97	-	1.229,20	1.382,85	-	1.085,36	1.221,03	-	947,68	1.066,14	-	816,16	918,18	-	690,88	777,24
	III	13.192	-	1.055,36	1.187,28	-	943,20	1.061,10	-	834,08	938,34	-	728,16	819,18	-	625,28	703,44	-	525,44	591,12	-	428,64	482,22
	IV	20.902	399,72	1.672,16	1.881,18	287,86	1.596,96	1.796,58	176,00	1.521,76	1.711,98	64,14	1.446,56	1.627,38	-	1.371,36	1.542,78	-	1.296,24	1.458,27	-	1.222,16	1.374,93
	V	27.075	1.134,30	2.166,00	2.436,75																		
	VI	27.607	1.197,61	2.208,56	2.484,63																		

SolZ/KiSt lt. Tabelle nicht für Sonstige Bezüge anwendbar.

Lohn/ Gehalt bis	Steuerklasse	Lohn-steuer	ohne Kinderfreibetrag SolZ 5,5%	Kirchensteuer 8%	Kirchensteuer 9%	0,5 SolZ 5,5%	0,5 Kirchensteuer 8%	0,5 Kirchensteuer 9%	1,0 SolZ 5,5%	1,0 Kirchensteuer 8%	1,0 Kirchensteuer 9%	1,5 SolZ 5,5%	1,5 Kirchensteuer 8%	1,5 Kirchensteuer 9%	2,0 SolZ 5,5%	2,0 Kirchensteuer 8%	2,0 Kirchensteuer 9%	2,5 SolZ 5,5%	2,5 Kirchensteuer 8%	2,5 Kirchensteuer 9%	3,0 SolZ 5,5%	3,0 Kirchensteuer 8%	3,0 Kirchensteuer 9%
76.715,99	I	20.917	401,50	1.673,36	1.882,53	177,78	1.522,96	1.713,33	-	1.372,56	1.544,13	-	1.223,28	1.376,19	-	1.079,68	1.214,64	-	942,24	1.060,02	-	811,04	912,42
	II	19.128	188,61	1.530,24	1.721,52	-	1.379,84	1.552,32	-	1.230,40	1.384,20	-	1.086,48	1.222,29	-	948,80	1.067,40	-	817,20	919,35	-	691,84	778,32
	III	13.204	-	1.056,32	1.188,36	-	944,16	1.062,18	-	835,04	939,42	-	728,96	820,08	-	626,08	704,34	-	526,24	592,02	-	429,44	483,12
	IV	20.917	401,50	1.673,36	1.882,53	289,64	1.598,16	1.797,93	177,78	1.522,96	1.713,33	65,92	1.447,76	1.628,73	-	1.372,56	1.544,13	-	1.297,44	1.459,62	-	1.223,28	1.376,19
	V	27.090	1.136,09	2.167,20	2.438,10																		
	VI	27.622	1.199,40	2.209,76	2.485,98																		
76.751,99	I	20.932	403,29	1.674,56	1.883,88	179,57	1.524,16	1.714,68	-	1.373,76	1.545,48	-	1.224,48	1.377,54	-	1.080,80	1.215,90	-	943,36	1.061,28	-	812,08	913,59
	II	19.143	190,40	1.531,44	1.722,87	-	1.381,04	1.553,67	-	1.231,60	1.385,55	-	1.087,60	1.223,55	-	949,84	1.068,57	-	818,24	920,52	-	692,80	779,40
	III	13.214	-	1.057,12	1.189,26	-	944,96	1.063,08	-	835,84	940,32	-	729,76	820,98	-	626,88	705,24	-	527,04	592,92	-	430,24	484,02
	IV	20.932	403,29	1.674,56	1.883,88	291,43	1.599,36	1.799,28	179,57	1.524,16	1.714,68	67,71	1.448,96	1.630,08	-	1.373,76	1.545,48	-	1.298,64	1.460,97	-	1.224,48	1.377,54
	V	27.106	1.137,99	2.168,48	2.439,54																		
	VI	27.637	1.201,18	2.210,96	2.487,33																		
76.787,99	I	20.947	405,07	1.675,76	1.885,23	181,35	1.525,36	1.716,03	-	1.375,04	1.546,92	-	1.225,68	1.378,89	-	1.082,00	1.217,25	-	944,48	1.062,54	-	813,12	914,76
	II	19.158	192,18	1.532,64	1.724,22	-	1.382,24	1.555,02	-	1.232,72	1.386,81	-	1.088,72	1.224,81	-	950,96	1.069,83	-	819,28	921,69	-	693,84	780,57
	III	13.226	-	1.058,08	1.190,34	-	945,92	1.064,16	-	836,80	941,40	-	730,72	822,06	-	627,68	706,14	-	527,84	593,82	-	431,04	484,92
	IV	20.947	405,07	1.675,76	1.885,23	293,21	1.600,56	1.800,63	181,35	1.525,36	1.716,03	69,49	1.450,16	1.631,43	-	1.375,04	1.546,92	-	1.299,84	1.462,32	-	1.225,68	1.378,89
	V	27.121	1.139,78	2.169,68	2.440,89																		
	VI	27.652	1.202,97	2.212,16	2.488,68																		
76.823,99	I	20.962	406,86	1.676,96	1.886,58	183,26	1.526,64	1.717,47	-	1.376,24	1.548,27	-	1.226,88	1.380,24	-	1.083,12	1.218,51	-	945,52	1.063,71	-	814,08	915,84
	II	19.173	193,97	1.533,84	1.725,57	-	1.383,44	1.556,37	-	1.233,92	1.388,16	-	1.089,92	1.226,16	-	952,00	1.071,00	-	820,32	922,86	-	694,80	781,65
	III	13.238	-	1.059,04	1.191,42	-	946,72	1.065,06	-	837,60	942,30	-	731,52	822,96	-	628,48	707,04	-	528,64	594,72	-	431,84	485,82
	IV	20.962	406,86	1.676,96	1.886,58	295,12	1.601,84	1.802,07	183,26	1.526,64	1.717,47	71,40	1.451,44	1.632,87	-	1.376,24	1.548,27	-	1.301,04	1.463,67	-	1.226,88	1.380,24
	V	27.136	1.141,56	2.170,88	2.442,24																		
	VI	27.667	1.204,75	2.213,36	2.490,03																		
76.859,99	I	20.978	408,76	1.678,24	1.888,02	185,04	1.527,84	1.718,82	-	1.377,44	1.549,62	-	1.228,00	1.381,50	-	1.084,24	1.219,77	-	946,64	1.064,97	-	815,12	917,01
	II	19.188	195,75	1.535,04	1.726,92	-	1.384,64	1.557,72	-	1.235,12	1.389,51	-	1.091,04	1.227,42	-	953,12	1.072,26	-	821,36	924,03	-	695,76	782,7
	III	13.250	-	1.060,00	1.192,50	-	947,68	1.066,14	-	838,40	943,20	-	732,32	823,86	-	629,28	707,94	-	529,44	595,62	-	432,48	486,54
	IV	20.978	408,76	1.678,24	1.888,02	296,90	1.603,04	1.803,42	185,04	1.527,84	1.718,82	73,18	1.452,64	1.634,22	-	1.377,44	1.549,62	-	1.302,24	1.465,02	-	1.228,00	1.381,5
	V	27.151	1.143,35	2.172,08	2.443,59																		
	VI	27.683	1.206,66	2.214,64	2.491,47																		
76.895,99	I	20.993	410,55	1.679,44	1.889,37	186,83	1.529,04	1.720,17	-	1.378,64	1.550,97	-	1.229,20	1.382,85	-	1.085,36	1.221,03	-	947,68	1.066,14	-	816,16	918,1
	II	19.204	197,65	1.536,32	1.728,36	-	1.385,92	1.559,16	-	1.236,32	1.390,86	-	1.092,16	1.228,68	-	954,16	1.073,43	-	822,40	925,20	-	696,80	783,9
	III	13.260	-	1.060,80	1.193,40	-	948,48	1.067,04	-	839,36	944,28	-	733,12	824,76	-	630,08	708,84	-	530,24	596,52	-	433,28	487,4
	IV	20.993	410,55	1.679,44	1.889,37	298,69	1.604,24	1.804,77	186,83	1.529,04	1.720,17	74,97	1.453,84	1.635,57	-	1.378,64	1.550,97	-	1.303,44	1.466,37	-	1.229,20	1.382,8
	V	27.166	1.145,13	2.173,28	2.444,94																		
	VI	27.698	1.208,44	2.215,84	2.492,82																		
76.931,99	I	21.008	412,33	1.680,64	1.890,72	188,61	1.530,24	1.721,52	-	1.379,84	1.552,32	-	1.230,40	1.384,20	-	1.086,48	1.222,29	-	948,80	1.067,40	-	817,20	919,3
	II	19.219	199,44	1.537,52	1.729,71	-	1.387,12	1.560,51	-	1.237,52	1.392,21	-	1.093,28	1.229,94	-	955,28	1.074,69	-	823,44	926,37	-	697,76	784,9
	III	13.272	-	1.061,76	1.194,48	-	949,44	1.068,12	-	840,16	945,18	-	734,08	825,84	-	631,04	709,92	-	531,04	597,42	-	434,08	488,3
	IV	21.008	412,33	1.680,64	1.890,72	300,47	1.605,44	1.806,12	188,61	1.530,24	1.721,52	76,75	1.455,04	1.636,92	-	1.379,84	1.552,32	-	1.304,64	1.467,72	-	1.230,40	1.384,2
	V	27.181	1.146,92	2.174,48	2.446,29																		
	VI	27.713	1.210,23	2.217,04	2.494,17																		
76.967,99	I	21.023	414,12	1.681,84	1.892,07	190,40	1.531,44	1.722,87	-	1.381,04	1.553,67	-	1.231,60	1.385,55	-	1.087,60	1.223,55	-	949,84	1.068,57	-	818,24	920,5
	II	19.234	201,22	1.538,72	1.731,06	-	1.388,32	1.561,86	-	1.238,64	1.393,47	-	1.094,40	1.231,20	-	956,32	1.075,86	-	824,48	927,54	-	698,72	786,0
	III	13.284	-	1.062,72	1.195,56	-	950,40	1.069,20	-	841,12	946,26	-	734,88	826,74	-	631,84	710,82	-	531,84	598,32	-	434,88	489,2
	IV	21.023	414,12	1.681,84	1.892,07	302,26	1.606,64	1.807,47	190,40	1.531,44	1.722,87	78,54	1.456,24	1.638,27	-	1.381,04	1.553,67	-	1.305,84	1.469,07	-	1.231,60	1.385,5
	V	27.196	1.148,70	2.175,68	2.447,64																		
	VI	27.728	1.212,01	2.218,24	2.495,52																		
77.003,99	I	21.038	415,90	1.683,04	1.893,42	192,18	1.532,64	1.724,22	-	1.382,24	1.555,02	-	1.232,72	1.386,81	-	1.088,72	1.224,81	-	950,96	1.069,83	-	819,28	921,6
	II	19.249	203,01	1.539,92	1.732,41	-	1.389,52	1.563,21	-	1.239,84	1.394,82	-	1.095,60	1.232,55	-	957,44	1.077,12	-	825,52	928,71	-	699,76	787,2
	III	13.296	-	1.063,68	1.196,64	-	951,20	1.070,10	-	841,92	947,16	-	735,68	827,64	-	632,64	711,72	-	532,64	599,22	-	435,68	490,1
	IV	21.038	415,90	1.683,04	1.893,42	304,04	1.607,84	1.808,82	192,18	1.532,64	1.724,22	80,32	1.457,44	1.639,62	-	1.382,24	1.555,02	-	1.307,04	1.470,42	-	1.232,72	1.386,8
	V	27.211	1.150,49	2.176,88	2.448,99																		
	VI	27.743	1.213,80	2.219,44	2.496,87																		
77.039,99	I	21.053	417,69	1.684,24	1.894,77	193,97	1.533,84	1.725,57	-	1.383,44	1.556,37	-	1.233,92	1.388,16	-	1.089,92	1.226,16	-	952,00	1.071,00	-	820,32	922,8
	II	19.264	204,79	1.541,12	1.733,76	-	1.390,72	1.564,56	-	1.241,04	1.396,17	-	1.096,72	1.233,81	-	958,56	1.078,38	-	826,56	929,88	-	700,72	788,3
	III	13.306	-	1.064,48	1.197,54	-	952,16	1.071,18	-	842,72	948,06	-	736,48	828,54	-	633,44	712,62	-	533,28	599,94	-	436,32	490,8
	IV	21.053	417,69	1.684,24	1.894,77	305,83	1.609,04	1.810,17	193,97	1.533,84	1.725,57	82,11	1.458,64	1.640,97	-	1.383,44	1.556,37	-	1.308,24	1.471,77	-	1.233,92	1.388,1
	V	27.226	1.152,27	2.178,08	2.450,34																		
	VI	27.758	1.215,58	2.220,64	2.498,22																		
77.075,99	I	21.068	419,47	1.685,44	1.896,12	195,75	1.535,04	1.726,92	-	1.384,64	1.557,72	-	1.235,12	1.389,51	-	1.091,04	1.227,42	-	953,12	1.072,26	-	821,36	924,0
	II	19.279	206,58	1.542,32	1.735,11	-	1.391,92	1.565,91	-	1.242,24	1.397,52	-	1.097,84	1.235,07	-	959,60	1.079,55	-	827,60	931,05	-	701,68	789,3
	III	13.318	-	1.065,44	1.198,62	-	952,96	1.072,08	-	843,68	949,14	-	737,44	829,62	-	634,24	713,52	-	534,08	600,84	-	437,12	491,7
	IV	21.068	419,47	1.685,44	1.896,12	307,61	1.610,24	1.811,52	195,75	1.535,04	1.726,92	83,89	1.459,84	1.642,32	-	1.384,64	1.557,72	-	1.309,52	1.473,21	-	1.235,12	1.389,5
	V	27.242	1.154,18	2.179,36	2.451,78																		
	VI	27.773	1.217,37	2.221,84	2.499,57																		
77.111,99	I	21.083	421,26	1.686,64	1.897,47	197,65	1.536,32	1.728,36	-	1.385,92	1.559,16	-	1.236,32	1.390,86	-	1.092,16	1.228,68	-	954,16	1.073,43	-	822,40	925,2
	II	19.294	208,36	1.543,52	1.736,46	-	1.393,12	1.567,26	-	1.243,44	1.398,87	-	1.098,96	1.236,33	-	960,72	1.080,81	-	828,64	932,22	-	702,72	790,5
	III	13.330	-	1.066,40	1.199,70	-	953,92	1.073,16	-	844,48	950,04	-	738,24	830,52	-	635,04	714,42	-	534,88	601,74	-	437,92	492,6
	IV	21.083	421,26	1.686,64	1.897,47	309,40	1.611,44	1.812,87	197,65	1.536,32	1.728,36	85,79	1.461,12	1.643,76	-	1.385,92	1.559,16	-	1.310,72	1.474,56	-	1.236,32	1.390,8
	V	27.257	1.155,96	2.180,56	2.453,13																		
	VI	27.788	1.219,15	2.223,04	2.500,92																		
77.147,99	I	21.099	423,16	1.687,92	1.898,91	199,44	1.537,52	1.729,71	-	1.387,12	1.560,51	-	1.237,52	1.392,21	-	1.093,28	1.229,94	-	955,28	1.074,69	-	823,44	926,3
	II	19.309	210,15	1.544,72	1.737,81	-	1.394,32	1.568,61	-	1.244,64	1.400,22	-	1.100,08	1.237,59	-	961,76	1.081,98	-	829,68	933,39	-	703,68	791,6
	III	13.340	-	1.067,20	1.200,60	-	954,72	1.074,06	-	845,44	951,12	-	739,04	831,42	-	635,84	715,32	-	535,68	602,64	-	438,72	493,5
	IV	21.099	423,16	1.687,92	1.898,91	311,30	1.612,72	1.814,31	199,44	1.537,52	1.729,71	87,58	1.462,32	1.645,11	-	1.387,12	1.560,51	-	1.311,92	1.475,91	-	1.237,52	1.392,2
	V	27.272	1.157,75	2.181,76	2.454,48																		
	VI	27.804	1.221,05	2.224,32	2.502,36																		
77.183,99	I	21.114	424,94	1.689,12	1.900,26	201,22	1.538,72	1.731,06	-	1.388,32	1.561,86	-	1.238,64	1.393,47	-	1.094,40	1.231,20	-	956,32	1.075,86	-	824,48	927,5
	II	19.324	211,93	1.545,92	1.739,16	-	1.395,60	1.570,05	-	1.245,76	1.401,48	-	1.101,28	1.238,94	-	962,88	1.083,24	-	830,72	934,56	-	704,64	792,7
	III	13.352	-	1.068,16	1.201,68	-	955,68	1.075,14	-	846,24	952,02	-	740,00	832,50	-	636,64	716,22	-	536,48	603,54	-	439,52	494,4
	IV	21.114	424,94	1.689,12	1.900,26	313,08	1.613,92	1.815,66	201,22	1.538,72	1.731,06	89,36	1.463,52	1.646,46	-	1.388,32	1.561,86	-	1.313,12	1.477,26	-	1.238,64	1.393,4
	V	27.287	1.159,53	2.182,96	2.455,83																		
	VI	27.819	1.222,84	2.225,52	2.503,71																		
77.219,99	I	21.129	426,73	1.690,32	1.901,61	203,01	1.539,92	1.732,41	-	1.389,52	1.563,21	-	1.239,84	1.394,82	-	1.095,60	1.232,55	-	957,44	1.077,12	-	825,52	928,7
	II	19.340	213,84	1.547,20	1.740,60	-	1.396,80	1.571,40	-	1.246,96	1.402,83	-	1.102,40	1.240,20	-	964,00	1.084,50	-	831,76	935,73	-	705,68	793,8
	III	13.364	-	1.069,12	1.202,76	-	956,64	1.076,22	-	847,20	953,10	-	740,80	833,40	-	637,44	717,12	-	537,28	604,44	-	440,16	495,1
	IV	21.129	426,73	1.690,32	1.901,61	314,87	1.615,12	1.817,01	203,01	1.539,92	1.732,41	91,15	1.464,72	1.647,81	-	1.389,52	1.563,21	-	1.314,32	1.478,61	-	1.239,84	1.394,6
	V	27.302	1.161,32	2.184,16	2.457,18																		
	VI	27.834	1.224,62	2.226,72	2.505,06																		

Anzahl Kinderfreibeträge (nur Steuerklassen I–IV)

SolZ/KiSt lt. Tabelle nicht für Sonstige Bezüge anwendbar.

Besondere Tabelle

JAHR bis 77.759,99 €

Lohn/ Gehalt bis	Steuerklasse	Lohn-steuer	ohne Kinderfreibetrag			Anzahl Kinderfreibeträge (nur Steuerklassen I–IV)																	
						0,5			1,0			1,5			2,0			2,5			3,0		
			SolZ 5,5%	Kirchensteuer 8%	Kirchensteuer 9%	SolZ 5,5%	Kirchensteuer 8%	Kirchensteuer 9%	SolZ 5,5%	Kirchensteuer 8%	Kirchensteuer 9%	SolZ 5,5%	Kirchensteuer 8%	Kirchensteuer 9%	SolZ 5,5%	Kirchensteuer 8%	Kirchensteuer 9%	SolZ 5,5%	Kirchensteuer 8%	Kirchensteuer 9%	SolZ 5,5%	Kirchensteuer 8%	Kirchensteuer 9%
77.255,99	I	21.144	428,51	1.691,52	1.902,96	204,79	1.541,12	1.733,76	–	1.390,72	1.564,56	–	1.241,04	1.396,17	–	1.096,72	1.233,81	–	958,56	1.078,38	–	826,56	929,88
	II	19.355	215,62	1.548,40	1.741,95	–	1.398,00	1.572,75	–	1.248,16	1.404,18	–	1.103,52	1.241,46	–	965,04	1.085,67	–	832,80	936,90	–	706,64	794,97
	III	13.376	–	1.070,08	1.203,84	–	957,44	1.077,12	–	848,00	954,00	–	741,60	834,30	–	638,24	718,02	–	538,08	605,34	–	440,96	496,08
	IV	21.144	428,51	1.691,52	1.902,96	316,65	1.616,32	1.818,36	204,79	1.541,12	1.733,76	92,93	1.465,92	1.649,16	–	1.390,72	1.564,56	–	1.315,52	1.479,96	–	1.241,04	1.396,17
	V	27.317	1.163,10	2.185,36	2.458,53																		
	VI	27.849	1.226,41	2.227,92	2.506,41																		
77.291,99	I	21.159	430,30	1.692,72	1.904,31	206,58	1.542,32	1.735,11	–	1.391,92	1.565,91	–	1.242,24	1.397,52	–	1.097,84	1.235,07	–	959,60	1.079,55	–	827,60	931,05
	II	19.370	217,41	1.549,60	1.743,30	–	1.399,20	1.574,10	–	1.249,36	1.405,53	–	1.104,64	1.242,72	–	966,16	1.086,93	–	833,84	938,07	–	707,60	796,05
	III	13.386	–	1.070,88	1.204,74	–	958,40	1.078,20	–	848,80	954,90	–	742,40	835,20	–	639,20	719,10	–	538,88	606,24	–	441,76	496,98
	IV	21.159	430,30	1.692,72	1.904,31	318,44	1.617,52	1.819,71	206,58	1.542,32	1.735,11	94,72	1.467,12	1.650,51	–	1.391,92	1.565,91	–	1.316,72	1.481,31	–	1.242,24	1.397,52
	V	27.332	1.164,89	2.186,56	2.459,88																		
	VI	27.864	1.228,19	2.229,12	2.507,76																		
77.327,99	I	21.174	432,08	1.693,92	1.905,66	208,36	1.543,52	1.736,46	–	1.393,12	1.567,26	–	1.243,44	1.398,87	–	1.098,96	1.236,33	–	960,72	1.080,81	–	828,64	932,22
	II	19.385	219,19	1.550,80	1.744,65	–	1.400,40	1.575,45	–	1.250,56	1.406,88	–	1.105,84	1.244,07	–	967,20	1.088,10	–	834,80	939,15	–	708,64	797,22
	III	13.398	–	1.071,84	1.205,82	–	959,20	1.079,10	–	849,76	955,98	–	743,36	836,28	–	640,00	720,00	–	539,68	607,14	–	442,56	497,88
	IV	21.174	432,08	1.693,92	1.905,66	320,22	1.618,72	1.821,06	208,36	1.543,52	1.736,46	96,50	1.468,32	1.651,86	–	1.393,12	1.567,26	–	1.317,92	1.482,66	–	1.243,44	1.398,87
	V	27.347	1.166,67	2.187,76	2.461,23																		
	VI	27.879	1.229,98	2.230,32	2.509,11																		
77.363,99	I	21.189	433,87	1.695,12	1.907,01	210,15	1.544,72	1.737,81	–	1.394,32	1.568,61	–	1.244,64	1.400,22	–	1.100,08	1.237,59	–	961,76	1.081,98	–	829,68	933,39
	II	19.400	220,98	1.552,00	1.746,00	–	1.401,60	1.576,80	–	1.251,76	1.408,23	–	1.106,96	1.245,33	–	968,32	1.089,36	–	835,92	940,41	–	709,60	798,30
	III	13.410	–	1.072,80	1.206,90	–	960,16	1.080,18	–	850,56	956,88	–	744,16	837,18	–	640,80	720,90	–	540,48	608,04	–	443,36	498,78
	IV	21.189	433,87	1.695,12	1.907,01	322,01	1.619,92	1.822,41	210,15	1.544,72	1.737,81	98,29	1.469,52	1.653,21	–	1.394,32	1.568,61	–	1.319,12	1.484,01	–	1.244,64	1.400,22
	V	27.363	1.168,58	2.189,04	2.462,67																		
	VI	27.894	1.231,76	2.231,52	2.510,46																		
77.399,99	I	21.204	435,65	1.696,32	1.908,36	211,93	1.545,92	1.739,16	–	1.395,60	1.570,05	–	1.245,76	1.401,48	–	1.101,28	1.238,94	–	962,88	1.083,24	–	830,72	934,56
	II	19.415	222,76	1.553,20	1.747,35	–	1.402,80	1.578,15	–	1.252,96	1.409,58	–	1.108,08	1.246,59	–	969,44	1.090,62	–	836,96	941,58	–	710,56	799,38
	III	13.422	–	1.073,76	1.207,98	–	961,12	1.081,26	–	851,52	957,96	–	744,96	838,08	–	641,60	721,80	–	541,28	608,94	–	444,00	499,50
	IV	21.204	435,65	1.696,32	1.908,36	323,79	1.621,12	1.823,76	211,93	1.545,92	1.739,16	100,19	1.470,80	1.654,65	–	1.395,60	1.570,05	–	1.320,40	1.485,45	–	1.245,76	1.401,48
	V	27.378	1.170,36	2.190,24	2.464,02																		
	VI	27.909	1.233,55	2.232,72	2.511,81																		
77.435,99	I	21.220	437,56	1.697,60	1.909,80	213,84	1.547,20	1.740,60	–	1.396,80	1.571,40	–	1.246,96	1.402,83	–	1.102,40	1.240,20	–	964,00	1.084,50	–	831,76	935,73
	II	19.430	224,55	1.554,40	1.748,70	0,83	1.404,00	1.579,50	–	1.254,08	1.410,84	–	1.109,20	1.247,85	–	970,48	1.091,79	–	838,00	942,75	–	711,60	800,55
	III	13.432	–	1.074,56	1.208,88	–	961,92	1.082,16	–	852,32	958,86	–	745,76	838,98	–	642,40	722,70	–	542,08	609,84	–	444,80	500,40
	IV	21.220	437,56	1.697,60	1.909,80	325,70	1.622,40	1.825,20	213,84	1.547,20	1.740,60	101,98	1.472,00	1.656,00	–	1.396,80	1.571,40	–	1.321,60	1.486,80	–	1.246,96	1.402,83
	V	27.393	1.172,15	2.191,44	2.465,37																		
	VI	27.925	1.235,45	2.234,00	2.513,25																		
77.471,99	I	21.235	439,34	1.698,80	1.911,15	215,62	1.548,40	1.741,95	–	1.398,00	1.572,75	–	1.248,16	1.404,18	–	1.103,52	1.241,46	–	965,04	1.085,67	–	832,80	936,90
	II	19.445	226,33	1.555,60	1.750,05	2,73	1.405,28	1.580,94	–	1.255,28	1.412,19	–	1.110,40	1.249,20	–	971,60	1.093,05	–	839,04	943,92	–	712,56	801,63
	III	13.444	–	1.075,52	1.209,96	–	962,88	1.083,24	–	853,28	959,94	–	746,72	840,06	–	643,20	723,60	–	542,88	610,74	–	445,60	501,30
	IV	21.235	439,34	1.698,80	1.911,15	327,48	1.623,60	1.826,55	215,62	1.548,40	1.741,95	103,76	1.473,20	1.657,35	–	1.398,00	1.572,75	–	1.322,80	1.488,15	–	1.248,16	1.404,18
	V	27.408	1.173,93	2.192,64	2.466,72																		
	VI	27.940	1.237,24	2.235,20	2.514,60																		
77.507,99	I	21.250	441,13	1.700,00	1.912,50	217,41	1.549,60	1.743,30	–	1.399,20	1.574,10	–	1.249,36	1.405,53	–	1.104,64	1.242,72	–	966,16	1.086,93	–	833,84	938,07
	II	19.461	228,24	1.556,88	1.751,49	4,52	1.406,48	1.582,29	–	1.256,48	1.413,54	–	1.111,52	1.250,46	–	972,72	1.094,31	–	840,08	945,09	–	713,60	802,80
	III	13.456	–	1.076,48	1.211,04	–	963,68	1.084,14	–	854,08	960,84	–	747,52	840,96	–	644,00	724,50	–	543,68	611,64	–	446,40	502,20
	IV	21.250	441,13	1.700,00	1.912,50	329,27	1.624,80	1.827,90	217,41	1.549,60	1.743,30	105,55	1.474,40	1.658,70	–	1.399,20	1.574,10	–	1.324,00	1.489,50	–	1.249,36	1.405,53
	V	27.423	1.175,72	2.193,84	2.468,07																		
	VI	27.955	1.239,02	2.236,40	2.515,95																		
77.543,99	I	21.265	442,91	1.701,20	1.913,85	219,19	1.550,80	1.744,65	–	1.400,40	1.575,45	–	1.250,56	1.406,88	–	1.105,84	1.244,07	–	967,20	1.088,10	–	834,80	939,15
	II	19.476	230,02	1.558,08	1.752,84	6,30	1.407,68	1.583,64	–	1.257,68	1.414,89	–	1.112,64	1.251,72	–	973,76	1.095,48	–	841,12	946,26	–	714,56	803,88
	III	13.468	–	1.077,44	1.212,12	–	964,64	1.085,22	–	854,88	961,74	–	748,32	841,86	–	644,80	725,40	–	544,48	612,54	–	447,20	503,10
	IV	21.265	442,91	1.701,20	1.913,85	331,05	1.626,00	1.829,25	219,19	1.550,80	1.744,65	107,33	1.475,60	1.660,05	–	1.400,40	1.575,45	–	1.325,20	1.490,85	–	1.250,56	1.406,88
	V	27.438	1.177,50	2.195,04	2.469,42																		
	VI	27.970	1.240,81	2.237,60	2.517,30																		
77.579,99	I	21.280	444,70	1.702,40	1.915,20	220,98	1.552,00	1.746,00	–	1.401,60	1.576,80	–	1.251,76	1.408,23	–	1.106,96	1.245,33	–	968,32	1.089,36	–	835,92	940,41
	II	19.491	231,81	1.559,28	1.754,19	8,09	1.408,88	1.584,99	–	1.258,88	1.416,24	–	1.113,76	1.252,98	–	974,88	1.096,74	–	842,16	947,43	–	715,60	805,05
	III	13.478	–	1.078,24	1.213,02	–	965,44	1.086,12	–	855,84	962,82	–	749,28	842,94	–	645,76	726,48	–	545,28	613,44	–	447,84	503,82
	IV	21.280	444,70	1.702,40	1.915,20	332,84	1.627,20	1.830,60	220,98	1.552,00	1.746,00	109,12	1.476,80	1.661,40	–	1.401,60	1.576,80	–	1.326,40	1.492,20	–	1.251,76	1.408,23
	V	27.453	1.179,29	2.196,24	2.470,77																		
	VI	27.985	1.242,59	2.238,80	2.518,65																		
77.615,99	I	21.295	446,48	1.703,60	1.916,55	222,76	1.553,20	1.747,35	–	1.402,80	1.578,15	–	1.252,96	1.409,58	–	1.108,08	1.246,59	–	969,44	1.090,62	–	836,96	941,58
	II	19.506	233,59	1.560,48	1.755,54	9,87	1.410,08	1.586,34	–	1.260,08	1.417,59	–	1.114,96	1.254,33	–	976,00	1.098,00	–	843,20	948,60	–	716,56	806,13
	III	13.490	–	1.079,20	1.214,10	–	966,40	1.087,20	–	856,64	963,72	–	750,08	843,84	–	646,56	727,38	–	546,08	614,34	–	448,64	504,72
	IV	21.295	446,48	1.703,60	1.916,55	334,62	1.628,40	1.831,95	222,76	1.553,20	1.747,35	110,90	1.478,00	1.662,75	–	1.402,80	1.578,15	–	1.327,60	1.493,55	–	1.252,96	1.409,58
	V	27.468	1.181,07	2.197,44	2.472,12																		
	VI	28.000	1.244,38	2.240,00	2.520,00																		
77.651,99	I	21.310	448,27	1.704,80	1.917,90	224,55	1.554,40	1.748,70	0,83	1.404,00	1.579,50	–	1.254,08	1.410,84	–	1.109,20	1.247,85	–	970,48	1.091,79	–	838,00	942,75
	II	19.521	235,38	1.561,68	1.756,89	11,66	1.411,28	1.587,69	–	1.261,28	1.418,94	–	1.116,08	1.255,59	–	977,04	1.099,17	–	844,24	949,77	–	717,52	807,21
	III	13.502	–	1.080,16	1.215,18	–	967,36	1.088,28	–	857,60	964,80	–	750,88	844,74	–	647,36	728,28	–	546,88	615,24	–	449,44	505,62
	IV	21.310	448,27	1.704,80	1.917,90	336,41	1.629,60	1.833,30	224,55	1.554,40	1.748,70	112,69	1.479,20	1.664,10	0,83	1.404,00	1.579,50	–	1.328,80	1.494,90	–	1.254,08	1.410,84
	V	27.484	1.182,97	2.198,72	2.473,56																		
	VI	28.015	1.246,16	2.241,20	2.521,35																		
77.687,99	I	21.325	450,05	1.706,00	1.919,25	226,33	1.555,60	1.750,05	2,73	1.405,28	1.580,94	–	1.255,28	1.412,19	–	1.110,40	1.249,20	–	971,60	1.093,05	–	839,04	943,92
	II	19.536	237,16	1.562,88	1.758,24	13,44	1.412,48	1.589,04	–	1.262,48	1.420,29	–	1.117,20	1.256,85	–	978,16	1.100,43	–	845,28	950,94	–	718,56	808,38
	III	13.514	–	1.081,12	1.216,26	–	968,16	1.089,18	–	858,40	965,70	–	751,68	845,64	–	648,16	729,18	–	547,68	616,14	–	450,24	506,52
	IV	21.325	450,05	1.706,00	1.919,25	338,19	1.630,80	1.834,65	226,33	1.555,60	1.750,05	114,47	1.480,40	1.665,45	2,73	1.405,28	1.580,94	–	1.330,08	1.496,34	–	1.255,28	1.412,19
	V	27.499	1.184,76	2.199,92	2.474,91																		
	VI	28.030	1.247,95	2.242,40	2.522,70																		
77.723,99	I	21.340	451,84	1.707,20	1.920,60	228,24	1.556,88	1.751,49	4,52	1.406,48	1.582,29	–	1.256,48	1.413,54	–	1.111,52	1.250,46	–	972,72	1.094,31	–	840,08	945,09
	II	19.551	238,95	1.564,08	1.759,59	15,23	1.413,68	1.590,39	–	1.263,68	1.421,64	–	1.118,40	1.258,20	–	979,28	1.101,69	–	846,32	952,11	–	719,52	809,46
	III	13.524	–	1.081,92	1.217,16	–	969,12	1.090,26	–	859,36	966,78	–	752,64	846,72	–	648,96	730,08	–	548,48	617,04	–	451,04	507,42
	IV	21.340	451,84	1.707,20	1.920,60	340,10	1.632,08	1.836,09	228,24	1.556,88	1.751,49	116,38	1.481,68	1.666,89	4,52	1.406,48	1.582,29	–	1.331,28	1.497,69	–	1.256,48	1.413,54
	V	27.514	1.186,54	2.201,12	2.476,26																		
	VI	28.045	1.249,73	2.243,60	2.524,05																		
77.759,99	I	21.356	453,74	1.708,48	1.922,04	230,02	1.558,08	1.752,84	6,30	1.407,68	1.583,64	–	1.257,68	1.414,89	–	1.112,64	1.251,72	–	973,76	1.095,48	–	841,12	946,26
	II	19.566	240,73	1.565,28	1.760,94	17,01	1.414,88	1.591,74	–	1.264,88	1.422,99	–	1.119,52	1.259,46	–	980,32	1.102,86	–	847,36	953,28	–	720,56	810,63
	III	13.536	–	1.082,88	1.218,24	–	969,92	1.091,16	–	860,16	967,68	–	753,44	847,62	–	649,76	730,98	–	549,28	617,94	–	451,84	508,32
	IV	21.356	453,74	1.708,48	1.922,04	341,88	1.633,28	1.837,44	230,02	1.558,08	1.752,84	118,16	1.482,88	1.668,24	6,30	1.407,68	1.583,64	–	1.332,48	1.499,04	–	1.257,68	1.414,89
	V	27.529	1.188,33	2.202,32	2.477,61																		
	VI	28.061	1.251,64	2.244,88	2.525,49																		

SolZ/KiSt lt. Tabelle nicht für Sonstige Bezüge anwendbar.

Lohn/ Gehalt bis	Steuerklasse	Lohn-steuer	ohne Kinderfreibetrag SolZ 5,5%	Kirchensteuer 8%	9%	0,5 SolZ 5,5%	Kirchensteuer 8%	9%	1,0 SolZ 5,5%	Kirchensteuer 8%	9%	1,5 SolZ 5,5%	Kirchensteuer 8%	9%	2,0 SolZ 5,5%	Kirchensteuer 8%	9%	2,5 SolZ 5,5%	Kirchensteuer 8%	9%	3,0 SolZ 5,5%	Kirchensteuer 8%	9%
						Anzahl Kinderfreibeträge (nur Steuerklassen I–IV)																	
77.795,99	I	21.371	455,53	1.709,68	1.923,39	231,81	1.559,28	1.754,19	8,09	1.408,88	1.584,99	-	1.258,88	1.416,24	-	1.113,76	1.252,98	-	974,88	1.096,74	-	842,16	947,43
	II	19.582	242,64	1.566,56	1.762,38	18,92	1.416,16	1.593,18	-	1.266,00	1.424,25	-	1.120,64	1.260,72	-	981,44	1.104,12	-	848,40	954,45	-	721,52	811,71
	III	13.548	-	1.083,84	1.219,32	-	970,88	1.092,24	-	861,12	968,76	-	754,24	848,52	-	650,56	731,88	-	550,08	618,84	-	452,48	509,04
	IV	21.371	455,53	1.709,68	1.923,39	343,67	1.634,48	1.838,79	231,81	1.559,28	1.754,19	119,95	1.484,08	1.669,59	8,09	1.408,88	1.584,99	-	1.333,68	1.500,39	-	1.258,88	1.416,24
	V	27.544	1.190,11	2.203,52	2.478,96																		
	VI	28.076	1.253,42	2.246,08	2.526,84																		
77.831,99	I	21.386	457,31	1.710,88	1.924,74	233,59	1.560,48	1.755,54	9,87	1.410,08	1.586,34	-	1.260,08	1.417,59	-	1.114,96	1.254,33	-	976,00	1.098,00	-	843,20	948,6
	II	19.597	244,42	1.567,76	1.763,73	20,70	1.417,36	1.594,53	-	1.267,20	1.425,60	-	1.121,76	1.261,98	-	982,56	1.105,38	-	849,44	955,62	-	722,56	812,8
	III	13.560	-	1.084,80	1.220,40	-	971,84	1.093,32	-	861,92	969,66	-	755,20	849,60	-	651,36	732,78	-	550,88	619,74	-	453,28	509,9
	IV	21.386	457,31	1.710,88	1.924,74	345,45	1.635,68	1.840,14	233,59	1.560,48	1.755,54	121,73	1.485,28	1.670,94	9,87	1.410,08	1.586,34	-	1.334,88	1.501,74	-	1.260,08	1.417,59
	V	27.559	1.191,90	2.204,72	2.480,31																		
	VI	28.091	1.255,21	2.247,28	2.528,19																		
77.867,99	I	21.401	459,10	1.712,08	1.926,09	235,38	1.561,68	1.756,89	11,66	1.411,28	1.587,69	-	1.261,28	1.418,94	-	1.116,08	1.255,59	-	977,04	1.099,17	-	844,24	949,7
	II	19.612	246,21	1.568,96	1.765,08	22,49	1.418,56	1.595,88	-	1.268,40	1.426,95	-	1.122,96	1.263,33	-	983,60	1.106,55	-	850,48	956,79	-	723,52	813,9
	III	13.570	-	1.085,60	1.221,30	-	972,64	1.094,22	-	862,72	970,56	-	756,00	850,50	-	652,32	733,86	-	551,68	620,64	-	454,08	510,8
	IV	21.401	459,10	1.712,08	1.926,09	347,24	1.636,88	1.841,49	235,38	1.561,68	1.756,89	123,52	1.486,48	1.672,29	11,66	1.411,28	1.587,69	-	1.336,08	1.503,09	-	1.261,28	1.418,9
	V	27.574	1.193,68	2.205,92	2.481,66																		
	VI	28.106	1.256,99	2.248,48	2.529,54																		
77.903,99	I	21.416	460,88	1.713,28	1.927,44	237,16	1.562,88	1.758,24	13,44	1.412,48	1.589,04	-	1.262,48	1.420,29	-	1.117,20	1.256,85	-	978,16	1.100,43	-	845,28	950,9
	II	19.627	247,99	1.570,16	1.766,43	24,27	1.419,76	1.597,23	-	1.269,60	1.428,30	-	1.124,08	1.264,59	-	984,72	1.107,81	-	851,52	957,96	-	724,48	815,0
	III	13.582	-	1.086,56	1.222,38	-	973,60	1.095,30	-	863,68	971,64	-	756,80	851,40	-	653,12	734,76	-	552,48	621,54	-	454,88	511,7
	IV	21.416	460,88	1.713,28	1.927,44	349,02	1.638,08	1.842,84	237,16	1.562,88	1.758,24	125,30	1.487,68	1.673,64	13,44	1.412,48	1.589,04	-	1.337,28	1.504,44	-	1.262,48	1.420,2
	V	27.589	1.195,47	2.207,12	2.483,01																		
	VI	28.121	1.258,78	2.249,68	2.530,89																		
77.939,99	I	21.431	462,67	1.714,48	1.928,79	238,95	1.564,08	1.759,59	15,23	1.413,68	1.590,39	-	1.263,68	1.421,64	-	1.118,40	1.258,20	-	979,28	1.101,69	-	846,32	952,1
	II	19.642	249,78	1.571,36	1.767,78	26,06	1.420,96	1.598,58	-	1.270,80	1.429,65	-	1.125,20	1.265,85	-	985,84	1.109,07	-	852,56	959,13	-	725,52	816,2
	III	13.594	-	1.087,52	1.223,46	-	974,40	1.096,20	-	864,48	972,54	-	757,60	852,30	-	653,92	735,66	-	553,28	622,44	-	455,68	512,6
	IV	21.431	462,67	1.714,48	1.928,79	350,81	1.639,28	1.844,19	238,95	1.564,08	1.759,59	127,09	1.488,88	1.674,99	15,23	1.413,68	1.590,39	-	1.338,48	1.505,79	-	1.263,68	1.421,6
	V	27.604	1.197,25	2.208,32	2.484,36																		
	VI	28.136	1.260,56	2.250,88	2.532,24																		
77.975,99	I	21.446	464,45	1.715,68	1.930,14	240,73	1.565,28	1.760,94	17,01	1.414,88	1.591,74	-	1.264,88	1.422,99	-	1.119,52	1.259,46	-	980,32	1.102,86	-	847,36	953,2
	II	19.657	251,56	1.572,56	1.769,13	27,84	1.422,16	1.599,93	-	1.272,00	1.431,00	-	1.126,40	1.267,20	-	986,88	1.110,24	-	853,60	960,30	-	726,48	817,2
	III	13.606	-	1.088,48	1.224,54	-	975,36	1.097,28	-	865,44	973,62	-	758,56	853,38	-	654,72	736,56	-	554,08	623,34	-	456,48	513,5
	IV	21.446	464,45	1.715,68	1.930,14	352,59	1.640,48	1.845,54	240,73	1.565,28	1.760,94	128,87	1.490,08	1.676,34	17,01	1.414,88	1.591,74	-	1.339,76	1.507,23	-	1.264,88	1.422,9
	V	27.620	1.199,16	2.209,60	2.485,80																		
	VI	28.151	1.262,35	2.252,08	2.533,59																		
78.011,99	I	21.461	466,24	1.716,88	1.931,49	242,64	1.566,56	1.762,38	18,92	1.416,16	1.593,18	-	1.266,00	1.424,25	-	1.120,64	1.260,72	-	981,44	1.104,12	-	848,40	954,4
	II	19.672	253,35	1.573,76	1.770,48	29,63	1.423,36	1.601,28	-	1.273,20	1.432,35	-	1.127,52	1.268,46	-	988,00	1.111,50	-	854,64	961,47	-	727,52	818,4
	III	13.616	-	1.089,28	1.225,44	-	976,32	1.098,36	-	866,24	974,52	-	759,36	854,28	-	655,52	737,46	-	554,88	624,24	-	457,12	514,2
	IV	21.461	466,24	1.716,88	1.931,49	354,38	1.641,68	1.846,89	242,64	1.566,56	1.762,38	130,78	1.491,36	1.677,78	18,92	1.416,16	1.593,18	-	1.340,96	1.508,58	-	1.266,00	1.424,2
	V	27.635	1.200,94	2.210,80	2.487,15																		
	VI	28.166	1.264,13	2.253,28	2.534,94																		
78.047,99	I	21.477	468,14	1.718,16	1.932,93	244,42	1.567,76	1.763,73	20,70	1.417,36	1.594,53	-	1.267,20	1.425,60	-	1.121,76	1.261,98	-	982,56	1.105,38	-	849,44	955,6
	II	19.687	255,13	1.574,96	1.771,83	31,41	1.424,56	1.602,63	-	1.274,40	1.433,70	-	1.128,64	1.269,72	-	989,12	1.112,76	-	855,76	962,73	-	728,48	819,5
	III	13.628	-	1.090,24	1.226,52	-	977,12	1.099,26	-	867,20	975,60	-	760,16	855,18	-	656,32	738,36	-	555,68	625,14	-	457,92	515,1
	IV	21.477	468,14	1.718,16	1.932,93	356,28	1.642,96	1.848,33	244,42	1.567,76	1.763,73	132,56	1.492,56	1.679,13	20,70	1.417,36	1.594,53	-	1.342,16	1.509,93	-	1.267,20	1.425,6
	V	27.650	1.202,73	2.212,00	2.488,50																		
	VI	28.182	1.266,04	2.254,56	2.536,38																		
78.083,99	I	21.492	469,93	1.719,36	1.934,28	246,21	1.568,96	1.765,08	22,49	1.418,56	1.595,88	-	1.268,40	1.426,95	-	1.122,96	1.263,33	-	983,60	1.106,55	-	850,48	956,7
	II	19.702	256,92	1.576,16	1.773,18	33,32	1.425,84	1.604,07	-	1.275,60	1.435,05	-	1.129,84	1.271,07	-	990,24	1.114,02	-	856,80	963,90	-	729,52	820,7
	III	13.640	-	1.091,20	1.227,60	-	978,08	1.100,34	-	868,00	976,50	-	761,12	856,26	-	657,12	739,26	-	556,48	626,04	-	458,72	516,0
	IV	21.492	469,93	1.719,36	1.934,28	358,07	1.644,16	1.849,68	246,21	1.568,96	1.765,08	134,35	1.493,76	1.680,48	22,49	1.418,56	1.595,88	-	1.343,36	1.511,28	-	1.268,40	1.426,9
	V	27.665	1.204,51	2.213,20	2.489,85																		
	VI	28.197	1.267,82	2.255,76	2.537,73																		
78.119,99	I	21.507	471,71	1.720,56	1.935,63	247,99	1.570,16	1.766,43	24,27	1.419,76	1.597,23	-	1.269,60	1.428,30	-	1.124,08	1.264,59	-	984,72	1.107,81	-	851,52	957,9
	II	19.718	258,82	1.577,44	1.774,62	35,10	1.427,04	1.605,42	-	1.276,80	1.436,40	-	1.130,96	1.272,33	-	991,28	1.115,19	-	857,84	965,07	-	730,48	821,7
	III	13.652	-	1.092,16	1.228,68	-	978,88	1.101,24	-	868,96	977,58	-	761,92	857,16	-	658,08	740,34	-	557,28	626,94	-	459,52	516,9
	IV	21.507	471,71	1.720,56	1.935,63	359,85	1.645,36	1.851,03	247,99	1.570,16	1.766,43	136,13	1.494,96	1.681,83	24,27	1.419,76	1.597,23	-	1.344,56	1.512,63	-	1.269,60	1.428,3
	V	27.680	1.206,30	2.214,40	2.491,20																		
	VI	28.212	1.269,61	2.256,96	2.539,08																		
78.155,99	I	21.522	473,50	1.721,76	1.936,98	249,78	1.571,36	1.767,78	26,06	1.420,96	1.598,58	-	1.270,80	1.429,65	-	1.125,20	1.265,85	-	985,84	1.109,07	-	852,56	959,1
	II	19.733	260,61	1.578,64	1.775,97	36,89	1.428,24	1.606,77	-	1.278,00	1.437,75	-	1.132,08	1.273,59	-	992,40	1.116,45	-	858,88	966,24	-	731,52	822,9
	III	13.662	-	1.092,96	1.229,58	-	979,84	1.102,32	-	869,76	978,48	-	762,72	858,06	-	658,88	741,24	-	558,08	627,84	-	460,32	517,8
	IV	21.522	473,50	1.721,76	1.936,98	361,64	1.646,56	1.852,38	249,78	1.571,36	1.767,78	137,92	1.496,16	1.683,18	26,06	1.420,96	1.598,58	-	1.345,76	1.513,98	-	1.270,80	1.429,6
	V	27.695	1.208,08	2.215,60	2.492,55																		
	VI	28.227	1.271,39	2.258,16	2.540,43																		
78.191,99	I	21.537	475,28	1.722,96	1.938,33	251,56	1.572,56	1.769,13	27,84	1.422,16	1.599,93	-	1.272,00	1.431,00	-	1.126,40	1.267,20	-	986,88	1.110,24	-	853,60	960,3
	II	19.748	262,39	1.579,84	1.777,32	38,67	1.429,44	1.608,12	-	1.279,20	1.439,10	-	1.133,28	1.274,94	-	993,52	1.117,71	-	859,92	967,41	-	732,48	824,0
	III	13.674	-	1.093,92	1.230,66	-	980,80	1.103,40	-	870,56	979,38	-	763,68	859,14	-	659,68	742,14	-	558,88	628,74	-	461,12	518,7
	IV	21.537	475,28	1.722,96	1.938,33	363,42	1.647,76	1.853,73	251,56	1.572,56	1.769,13	139,70	1.497,36	1.684,53	27,84	1.422,16	1.599,93	-	1.346,96	1.515,33	-	1.272,00	1.431,0
	V	27.710	1.209,87	2.216,80	2.493,90																		
	VI	28.242	1.273,18	2.259,36	2.541,78																		
78.227,99	I	21.552	477,07	1.724,16	1.939,68	253,35	1.573,76	1.770,48	29,63	1.423,36	1.601,28	-	1.273,20	1.432,35	-	1.127,52	1.268,46	-	988,00	1.111,50	-	854,64	961,4
	II	19.763	264,18	1.581,04	1.778,67	40,46	1.430,64	1.609,47	-	1.280,40	1.440,45	-	1.134,40	1.276,20	-	994,64	1.118,97	-	860,96	968,58	-	733,52	825,2
	III	13.686	-	1.094,88	1.231,74	-	981,60	1.104,30	-	871,52	980,46	-	764,48	860,04	-	660,48	743,04	-	559,68	629,64	-	461,76	519,4
	IV	21.552	477,07	1.724,16	1.939,68	365,21	1.648,96	1.855,08	253,35	1.573,76	1.770,48	141,49	1.498,56	1.685,88	29,63	1.423,36	1.601,28	-	1.348,16	1.516,68	-	1.273,20	1.432,3
	V	27.725	1.211,65	2.218,00	2.495,25																		
	VI	28.257	1.274,96	2.260,56	2.543,13																		
78.263,99	I	21.567	478,85	1.725,36	1.941,03	255,13	1.574,96	1.771,83	31,41	1.424,56	1.602,63	-	1.274,40	1.433,70	-	1.128,64	1.269,72	-	989,12	1.112,76	-	855,76	962,7
	II	19.778	265,96	1.582,24	1.780,02	42,24	1.431,84	1.610,82	-	1.281,60	1.441,80	-	1.135,60	1.277,55	-	995,68	1.120,14	-	862,00	969,75	-	734,48	826,2
	III	13.698	-	1.095,84	1.232,82	-	982,56	1.105,38	-	872,32	981,36	-	765,28	860,94	-	661,28	743,94	-	560,48	630,54	-	462,56	520,3
	IV	21.567	478,85	1.725,36	1.941,03	366,99	1.650,16	1.856,43	255,13	1.574,96	1.771,83	143,27	1.499,76	1.687,23	31,41	1.424,56	1.602,63	-	1.349,36	1.518,03	-	1.274,40	1.433,7
	V	27.741	1.213,56	2.219,28	2.496,69																		
	VI	28.272	1.276,75	2.261,76	2.544,48																		
78.299,99	I	21.582	480,64	1.726,56	1.942,38	256,92	1.576,16	1.773,18	33,32	1.425,84	1.604,07	-	1.275,60	1.435,05	-	1.129,84	1.271,07	-	990,24	1.114,02	-	856,80	963,9
	II	19.793	267,75	1.583,44	1.781,37	44,03	1.433,04	1.612,17	-	1.282,80	1.443,15	-	1.136,72	1.278,81	-	996,80	1.121,40	-	863,04	970,92	-	735,52	827,4
	III	13.710	-	1.096,80	1.233,90	-	983,52	1.106,46	-	873,28	982,44	-	766,08	861,84	-	662,08	744,84	-	561,28	631,44	-	463,36	521,2
	IV	21.582	480,64	1.726,56	1.942,38	368,78	1.651,36	1.857,78	256,92	1.576,16	1.773,18	145,18	1.501,04	1.688,67	33,32	1.425,84	1.604,07	-	1.350,64	1.519,47	-	1.275,60	1.435,0
	V	27.756	1.215,34	2.220,48	2.498,04																		
	VI	28.287	1.278,53	2.262,96	2.545,83																		

SolZ/KiSt lt. Tabelle nicht für Sonstige Bezüge anwendbar.

Besondere Tabelle

JAHR bis 78.839,99 €

Lohn/ Gehalt bis	Steuerklasse	Lohn-steuer	ohne Kinderfreibetrag			Anzahl Kinderfreibeträge (nur Steuerklassen I–IV) 0,5			1,0			1,5			2,0			2,5			3,0		
			SolZ 5,5%	Kirchensteuer 8%	9%	SolZ 5,5%	Kirchensteuer 8%	9%	SolZ 5,5%	Kirchensteuer 8%	9%	SolZ 5,5%	Kirchensteuer 8%	9%	SolZ 5,5%	Kirchensteuer 8%	9%	SolZ 5,5%	Kirchensteuer 8%	9%	SolZ 5,5%	Kirchensteuer 8%	9%
78.335,99	I	21.598	482,54	1.727,84	1.943,82	258,82	1.577,44	1.774,62	35,10	1.427,04	1.605,42	-	1.276,80	1.436,40	-	1.130,96	1.272,33	-	991,28	1.115,19	-	857,84	965,07
	II	19.808	269,53	1.584,64	1.782,72	45,81	1.434,24	1.613,52	-	1.284,00	1.444,50	-	1.137,84	1.280,07	-	997,92	1.122,66	-	864,08	972,09	-	736,48	828,54
	III	13.720	-	1.097,60	1.234,80	-	984,32	1.107,36	-	874,08	983,34	-	767,04	862,92	-	663,04	745,92	-	562,08	632,34	-	464,16	522,18
	IV	21.598	482,54	1.727,84	1.943,82	370,68	1.652,64	1.859,22	258,82	1.577,44	1.774,62	146,96	1.502,24	1.690,02	35,10	1.427,04	1.605,42	-	1.351,84	1.520,82	-	1.276,80	1.436,40
	V	27.771	1.217,13	2.221,68	2.499,39																		
	VI	28.303	1.280,44	2.264,24	2.547,27																		
78.371,99	I	21.613	484,33	1.729,04	1.945,17	260,61	1.578,64	1.775,97	36,89	1.428,24	1.606,77	-	1.278,00	1.437,75	-	1.132,08	1.273,59	-	992,40	1.116,45	-	858,88	966,24
	II	19.823	271,32	1.585,84	1.784,07	47,71	1.435,52	1.614,96	-	1.285,20	1.445,85	-	1.139,04	1.281,42	-	999,04	1.123,92	-	865,20	973,35	-	737,52	829,71
	III	13.732	-	1.098,56	1.235,88	-	985,28	1.108,44	-	875,04	984,42	-	767,84	863,82	-	663,84	746,82	-	562,88	633,24	-	464,96	523,08
	IV	21.613	484,33	1.729,04	1.945,17	372,47	1.653,84	1.860,57	260,61	1.578,64	1.775,97	148,75	1.503,44	1.691,37	36,89	1.428,24	1.606,77	-	1.353,04	1.522,17	-	1.278,00	1.437,75
	V	27.786	1.218,91	2.222,88	2.500,74																		
	VI	28.318	1.282,22	2.265,44	2.548,62																		
78.407,99	I	21.628	486,11	1.730,24	1.946,52	262,39	1.579,84	1.777,32	38,67	1.429,44	1.608,12	-	1.279,20	1.439,10	-	1.133,28	1.274,94	-	993,52	1.117,71	-	859,92	967,41
	II	19.839	273,22	1.587,12	1.785,51	49,50	1.436,72	1.616,31	-	1.286,40	1.447,20	-	1.140,16	1.282,68	-	1.000,08	1.125,09	-	866,24	974,52	-	738,48	830,79
	III	13.744	-	1.099,52	1.236,96	-	986,08	1.109,34	-	875,84	985,32	-	768,64	864,72	-	664,64	747,72	-	563,68	634,14	-	465,76	523,98
	IV	21.628	486,11	1.730,24	1.946,52	374,25	1.655,04	1.861,92	262,39	1.579,84	1.777,32	150,53	1.504,64	1.692,72	38,67	1.429,44	1.608,12	-	1.354,24	1.523,52	-	1.279,20	1.439,10
	V	27.801	1.220,70	2.224,08	2.502,09																		
	VI	28.333	1.284,01	2.266,64	2.549,97																		
78.443,99	I	21.643	487,90	1.731,44	1.947,87	264,18	1.581,04	1.778,67	40,46	1.430,64	1.609,47	-	1.280,40	1.440,45	-	1.134,40	1.276,20	-	994,64	1.118,97	-	860,96	968,58
	II	19.854	275,00	1.588,32	1.786,86	51,28	1.437,92	1.617,66	-	1.287,60	1.448,55	-	1.141,28	1.283,94	-	1.001,20	1.126,35	-	867,28	975,69	-	739,52	831,96
	III	13.756	-	1.100,48	1.238,04	-	987,04	1.110,42	-	876,80	986,40	-	769,60	865,80	-	665,44	748,62	-	564,48	635,04	-	466,40	524,70
	IV	21.643	487,90	1.731,44	1.947,87	376,04	1.656,24	1.863,27	264,18	1.581,04	1.778,67	152,32	1.505,84	1.694,07	40,46	1.430,64	1.609,47	-	1.355,44	1.524,87	-	1.280,40	1.440,45
	V	27.816	1.222,48	2.225,28	2.503,44																		
	VI	28.348	1.285,79	2.267,84	2.551,32																		
78.479,99	I	21.658	489,68	1.732,64	1.949,22	265,96	1.582,24	1.780,02	42,24	1.431,84	1.610,82	-	1.281,60	1.441,80	-	1.135,60	1.277,55	-	995,68	1.120,14	-	862,00	969,75
	II	19.869	276,79	1.589,52	1.788,21	53,07	1.439,12	1.619,01	-	1.288,80	1.449,90	-	1.142,48	1.285,29	-	1.002,32	1.127,61	-	868,32	976,86	-	740,48	833,04
	III	13.766	-	1.101,28	1.238,94	-	988,00	1.111,50	-	877,60	987,30	-	770,40	866,70	-	666,24	749,52	-	565,28	635,94	-	467,20	525,60
	IV	21.658	489,68	1.732,64	1.949,22	377,82	1.657,44	1.864,62	265,96	1.582,24	1.780,02	154,10	1.507,04	1.695,42	42,24	1.431,84	1.610,82	-	1.356,64	1.526,22	-	1.281,60	1.441,80
	V	27.831	1.224,27	2.226,48	2.504,79																		
	VI	28.363	1.287,58	2.269,04	2.552,67																		
78.515,99	I	21.673	491,47	1.733,84	1.950,57	267,75	1.583,44	1.781,37	44,03	1.433,04	1.612,17	-	1.282,80	1.443,15	-	1.136,72	1.278,81	-	996,80	1.121,40	-	863,04	970,92
	II	19.884	278,57	1.590,72	1.789,56	54,85	1.440,32	1.620,36	-	1.290,00	1.451,25	-	1.143,60	1.286,55	-	1.003,44	1.128,87	-	869,36	978,03	-	741,52	834,21
	III	13.778	-	1.102,24	1.240,02	-	988,80	1.112,40	-	878,56	988,38	-	771,20	867,60	-	667,04	750,42	-	566,08	636,84	-	468,00	526,50
	IV	21.673	491,47	1.733,84	1.950,57	379,61	1.658,64	1.865,97	267,75	1.583,44	1.781,37	155,89	1.508,24	1.696,77	44,03	1.433,04	1.612,17	-	1.357,84	1.527,57	-	1.282,80	1.443,15
	V	27.846	1.226,05	2.227,68	2.506,14																		
	VI	28.378	1.289,36	2.270,24	2.554,02																		
78.551,99	I	21.688	493,25	1.735,04	1.951,92	269,53	1.584,64	1.782,72	45,81	1.434,24	1.613,52	-	1.284,00	1.444,50	-	1.137,84	1.280,07	-	997,92	1.122,66	-	864,08	972,09
	II	19.899	280,36	1.591,92	1.790,91	56,64	1.441,52	1.621,71	-	1.291,20	1.452,60	-	1.144,80	1.287,90	-	1.004,48	1.130,04	-	870,40	979,20	-	742,56	835,38
	III	13.790	-	1.103,20	1.241,10	-	989,76	1.113,48	-	879,36	989,28	-	772,16	868,68	-	667,84	751,32	-	566,88	637,74	-	468,80	527,40
	IV	21.688	493,25	1.735,04	1.951,92	381,39	1.659,84	1.867,32	269,53	1.584,64	1.782,72	157,67	1.509,44	1.698,12	45,81	1.434,24	1.613,52	-	1.359,04	1.528,92	-	1.284,00	1.444,50
	V	27.862	1.227,96	2.228,96	2.507,58																		
	VI	28.393	1.291,15	2.271,44	2.555,37																		
78.587,99	I	21.703	495,04	1.736,24	1.953,27	271,32	1.585,84	1.784,07	47,71	1.435,52	1.614,96	-	1.285,20	1.445,85	-	1.139,04	1.281,42	-	999,04	1.123,92	-	865,20	973,35
	II	19.914	282,14	1.593,12	1.792,26	58,42	1.442,72	1.623,06	-	1.292,40	1.453,95	-	1.145,92	1.289,16	-	1.005,60	1.131,30	-	871,52	980,46	-	743,52	836,46
	III	13.802	-	1.104,16	1.242,18	-	990,56	1.114,38	-	880,32	990,36	-	772,96	869,58	-	668,80	752,40	-	567,68	638,64	-	469,60	528,30
	IV	21.703	495,04	1.736,24	1.953,27	383,18	1.661,04	1.868,67	271,32	1.585,84	1.784,07	159,46	1.510,64	1.699,47	47,71	1.435,52	1.614,96	-	1.360,32	1.530,36	-	1.285,20	1.445,85
	V	27.877	1.229,74	2.230,16	2.508,93																		
	VI	28.408	1.292,93	2.272,64	2.556,72																		
78.623,99	I	21.718	496,82	1.737,44	1.954,62	273,22	1.587,12	1.785,51	49,50	1.436,72	1.616,31	-	1.286,40	1.447,20	-	1.140,16	1.282,68	-	1.000,08	1.125,09	-	866,24	974,52
	II	19.929	283,93	1.594,32	1.793,61	60,21	1.443,92	1.624,41	-	1.293,60	1.455,30	-	1.147,04	1.290,42	-	1.006,72	1.132,56	-	872,56	981,63	-	744,56	837,63
	III	13.812	-	1.104,96	1.243,08	-	991,52	1.115,46	-	881,12	991,26	-	773,76	870,48	-	669,60	753,30	-	568,48	639,54	-	470,40	529,20
	IV	21.718	496,82	1.737,44	1.954,62	385,08	1.662,32	1.870,11	273,22	1.587,12	1.785,51	161,36	1.511,92	1.700,91	49,50	1.436,72	1.616,31	-	1.361,52	1.531,71	-	1.286,40	1.447,20
	V	27.892	1.231,53	2.231,36	2.510,28																		
	VI	28.423	1.294,72	2.273,84	2.558,07																		
78.659,99	I	21.734	498,72	1.738,72	1.956,06	275,00	1.588,32	1.786,86	51,28	1.437,92	1.617,66	-	1.287,60	1.448,55	-	1.141,28	1.283,94	-	1.001,20	1.126,35	-	867,28	975,69
	II	19.944	285,71	1.595,52	1.794,96	61,99	1.445,12	1.625,76	-	1.294,80	1.456,65	-	1.148,24	1.291,77	-	1.007,84	1.133,82	-	873,60	982,80	-	745,52	838,71
	III	13.824	-	1.105,92	1.244,16	-	992,48	1.116,54	-	882,08	992,34	-	774,72	871,56	-	670,40	754,20	-	569,28	640,44	-	471,20	530,10
	IV	21.734	498,72	1.738,72	1.956,06	386,86	1.663,52	1.871,46	275,00	1.588,32	1.786,86	163,14	1.513,12	1.702,26	51,28	1.437,92	1.617,66	-	1.362,72	1.533,06	-	1.287,60	1.448,55
	V	27.907	1.233,31	2.232,56	2.511,63																		
	VI	28.439	1.296,62	2.275,12	2.559,51																		
78.695,99	I	21.749	500,51	1.739,92	1.957,41	276,79	1.589,52	1.788,21	53,07	1.439,12	1.619,01	-	1.288,80	1.449,90	-	1.142,48	1.285,29	-	1.002,32	1.127,61	-	868,32	976,86
	II	19.960	287,62	1.596,80	1.796,40	63,90	1.446,40	1.627,20	-	1.296,00	1.458,00	-	1.149,36	1.293,03	-	1.008,96	1.135,08	-	874,64	983,97	-	746,56	839,88
	III	13.836	-	1.106,88	1.245,24	-	993,28	1.117,44	-	882,88	993,24	-	775,52	872,46	-	671,20	755,10	-	570,08	641,34	-	471,84	530,82
	IV	21.749	500,51	1.739,92	1.957,41	388,65	1.664,72	1.872,81	276,79	1.589,52	1.788,21	164,93	1.514,32	1.703,61	53,07	1.439,12	1.619,01	-	1.363,92	1.534,41	-	1.288,80	1.449,90
	V	27.922	1.235,10	2.233,76	2.512,98																		
	VI	28.454	1.298,40	2.276,32	2.560,86																		
78.731,99	I	21.764	502,29	1.741,12	1.958,76	278,57	1.590,72	1.789,56	54,85	1.440,32	1.620,36	-	1.290,00	1.451,25	-	1.143,60	1.286,55	-	1.003,44	1.128,87	-	869,36	978,03
	II	19.975	289,40	1.598,00	1.797,75	65,68	1.447,60	1.628,55	-	1.297,20	1.459,35	-	1.150,56	1.294,38	-	1.010,00	1.136,25	-	875,68	985,14	-	747,52	840,96
	III	13.848	-	1.107,84	1.246,32	-	994,24	1.118,52	-	883,68	994,14	-	776,32	873,36	-	672,00	756,00	-	570,88	642,24	-	472,64	531,72
	IV	21.764	502,29	1.741,12	1.958,76	390,43	1.665,92	1.874,16	278,57	1.590,72	1.789,56	166,71	1.515,52	1.704,96	54,85	1.440,32	1.620,36	-	1.365,12	1.535,76	-	1.290,00	1.451,25
	V	27.937	1.236,88	2.234,96	2.514,33																		
	VI	28.469	1.300,19	2.277,52	2.562,21																		
78.767,99	I	21.779	504,08	1.742,32	1.960,11	280,36	1.591,92	1.790,91	56,64	1.441,52	1.621,71	-	1.291,20	1.452,60	-	1.144,80	1.287,90	-	1.004,48	1.130,04	-	870,40	979,20
	II	19.990	291,19	1.599,20	1.799,10	67,47	1.448,80	1.629,90	-	1.298,40	1.460,70	-	1.151,68	1.295,64	-	1.011,12	1.137,51	-	876,72	986,31	-	748,56	842,13
	III	13.860	-	1.108,80	1.247,40	-	995,20	1.119,60	-	884,64	995,22	-	777,28	874,44	-	672,80	756,90	-	571,68	643,14	-	473,44	532,62
	IV	21.779	504,08	1.742,32	1.960,11	392,22	1.667,12	1.875,51	280,36	1.591,92	1.790,91	168,50	1.516,72	1.706,31	56,64	1.441,52	1.621,71	-	1.366,32	1.537,11	-	1.291,20	1.452,60
	V	27.952	1.238,67	2.236,16	2.515,68																		
	VI	28.484	1.301,97	2.278,72	2.563,56																		
78.803,99	I	21.794	505,86	1.743,52	1.961,46	282,14	1.593,12	1.792,26	58,42	1.442,72	1.623,06	-	1.292,40	1.453,95	-	1.145,92	1.289,16	-	1.005,60	1.131,30	-	871,52	980,46
	II	20.005	292,97	1.600,40	1.800,45	69,25	1.450,00	1.631,25	-	1.299,60	1.462,05	-	1.152,88	1.296,99	-	1.012,24	1.138,77	-	877,84	987,57	-	749,52	843,21
	III	13.870	-	1.109,60	1.248,30	-	996,00	1.120,50	-	885,44	996,12	-	778,08	875,34	-	673,76	757,98	-	572,48	644,04	-	474,24	533,52
	IV	21.794	505,86	1.743,52	1.961,46	394,00	1.668,32	1.876,86	282,14	1.593,12	1.792,26	170,28	1.517,92	1.707,66	58,42	1.442,72	1.623,06	-	1.367,52	1.538,46	-	1.292,40	1.453,95
	V	27.967	1.240,45	2.237,36	2.517,03																		
	VI	28.499	1.303,76	2.279,92	2.564,91																		
78.839,99	I	21.809	507,65	1.744,72	1.962,81	283,93	1.594,32	1.793,61	60,21	1.443,92	1.624,41	-	1.293,60	1.455,30	-	1.147,04	1.290,42	-	1.006,72	1.132,56	-	872,56	981,63
	II	20.020	294,76	1.601,60	1.801,80	71,04	1.451,20	1.632,60	-	1.300,80	1.463,40	-	1.154,00	1.298,25	-	1.013,36	1.140,03	-	878,88	988,74	-	750,56	844,38
	III	13.882	-	1.110,56	1.249,38	-	996,96	1.121,58	-	886,40	997,20	-	778,88	876,24	-	674,56	758,88	-	573,28	644,94	-	475,04	534,42
	IV	21.809	507,65	1.744,72	1.962,81	395,79	1.669,52	1.878,21	283,93	1.594,32	1.793,61	172,07	1.519,12	1.709,01	60,21	1.443,92	1.624,41	-	1.368,72	1.539,81	-	1.293,60	1.455,30
	V	27.982	1.242,24	2.238,56	2.518,38																		
	VI	28.514	1.305,54	2.281,12	2.566,26																		

SolZ/KiSt lt. Tabelle nicht für Sonstige Bezüge anwendbar.

JAHR bis 79.379,99 €

Besondere Tabelle

Lohn/ Gehalt bis	Steuerklasse	Lohn-steuer	ohne Kinderfreibetrag SolZ 5,5%	ohne Kinderfreibetrag Kirchensteuer 8%	ohne Kinderfreibetrag Kirchensteuer 9%	0,5 SolZ 5,5%	0,5 Kirchensteuer 8%	0,5 Kirchensteuer 9%	1,0 SolZ 5,5%	1,0 Kirchensteuer 8%	1,0 Kirchensteuer 9%	1,5 SolZ 5,5%	1,5 Kirchensteuer 8%	1,5 Kirchensteuer 9%	2,0 SolZ 5,5%	2,0 Kirchensteuer 8%	2,0 Kirchensteuer 9%	2,5 SolZ 5,5%	2,5 Kirchensteuer 8%	2,5 Kirchensteuer 9%	3,0 SolZ 5,5%	3,0 Kirchensteuer 8%	3,0 Kirchensteuer 9%
						Anzahl Kinderfreibeträge (nur Steuerklassen I–IV)																	
78.875,99	I	21.824	509,43	1.745,92	1.964,16	285,71	1.595,52	1.794,96	61,99	1.445,12	1.625,76	-	1.294,80	1.456,65	-	1.148,24	1.291,77	-	1.007,84	1.133,82	-	873,60	982,80
	II	20.035	296,54	1.602,80	1.803,15	72,82	1.452,40	1.633,95	-	1.302,08	1.464,84	-	1.155,20	1.299,60	-	1.014,48	1.141,29	-	879,92	989,91	-	751,60	845,55
	III	13.894	-	1.111,52	1.250,46	-	997,92	1.122,66	-	887,20	998,10	-	779,84	877,32	-	675,36	759,78	-	574,08	645,84	-	475,84	535,32
	IV	21.824	509,43	1.745,92	1.964,16	397,57	1.670,72	1.879,56	285,71	1.595,52	1.794,96	173,85	1.520,32	1.710,36	61,99	1.445,12	1.625,76	-	1.370,00	1.541,25	-	1.294,80	1.456,65
	V	27.998	1.244,14	2.239,84	2.519,82																		
	VI	28.529	1.307,33	2.282,32	2.567,61																		
78.911,99	I	21.839	511,22	1.747,12	1.965,51	287,62	1.596,80	1.796,40	63,90	1.446,40	1.627,20	-	1.296,00	1.458,00	-	1.149,36	1.293,03	-	1.008,96	1.135,08	-	874,64	983,97
	II	20.050	298,33	1.604,00	1.804,50	74,61	1.453,60	1.635,30	-	1.303,28	1.466,19	-	1.156,32	1.300,86	-	1.015,60	1.142,55	-	880,96	991,08	-	752,56	846,63
	III	13.906	-	1.112,48	1.251,54	-	998,72	1.123,56	-	888,16	999,18	-	780,64	878,22	-	676,16	760,68	-	574,88	646,74	-	476,64	536,22
	IV	21.839	511,22	1.747,12	1.965,51	399,36	1.671,92	1.880,91	287,62	1.596,80	1.796,40	175,76	1.521,60	1.711,80	63,90	1.446,40	1.627,20	-	1.371,20	1.542,60	-	1.296,00	1.458,00
	V	28.013	1.245,93	2.241,04	2.521,17																		
	VI	28.544	1.309,11	2.283,52	2.568,96																		
78.947,99	I	21.855	513,12	1.748,40	1.966,95	289,40	1.598,00	1.797,75	65,68	1.447,60	1.628,55	-	1.297,20	1.459,35	-	1.150,56	1.294,38	-	1.010,00	1.136,25	-	875,68	985,14
	II	20.065	300,11	1.605,20	1.805,85	76,39	1.454,80	1.636,65	-	1.304,48	1.467,54	-	1.157,44	1.302,12	-	1.016,64	1.143,72	-	882,08	992,34	-	753,60	847,80
	III	13.918	-	1.113,44	1.252,62	-	999,68	1.124,64	-	888,96	1.000,08	-	781,44	879,12	-	676,96	761,58	-	575,68	647,64	-	477,28	536,94
	IV	21.855	513,12	1.748,40	1.966,95	401,26	1.673,20	1.882,35	289,40	1.598,00	1.797,75	177,54	1.522,80	1.713,15	65,68	1.447,60	1.628,55	-	1.372,40	1.543,95	-	1.297,20	1.459,35
	V	28.028	1.247,71	2.242,24	2.522,52																		
	VI	28.560	1.311,02	2.284,80	2.570,40																		
78.983,99	I	21.870	514,91	1.749,60	1.968,30	291,19	1.599,20	1.799,10	67,47	1.448,80	1.629,90	-	1.298,40	1.460,70	-	1.151,68	1.295,64	-	1.011,12	1.137,51	-	876,72	986,31
	II	20.080	301,90	1.606,40	1.807,20	78,30	1.456,08	1.638,09	-	1.305,68	1.468,89	-	1.158,64	1.303,47	-	1.017,76	1.144,98	-	883,12	993,51	-	754,56	848,88
	III	13.928	-	1.114,24	1.253,52	-	1.000,48	1.125,54	-	889,92	1.001,16	-	782,24	880,02	-	677,76	762,48	-	576,48	648,54	-	478,08	537,84
	IV	21.870	514,91	1.749,60	1.968,30	403,05	1.674,40	1.883,70	291,19	1.599,20	1.799,10	179,33	1.524,00	1.714,50	67,47	1.448,80	1.629,90	-	1.373,60	1.545,30	-	1.298,40	1.460,70
	V	28.043	1.249,50	2.243,44	2.523,87																		
	VI	28.575	1.312,80	2.286,00	2.571,75																		
79.019,99	I	21.885	516,69	1.750,80	1.969,65	292,97	1.600,40	1.800,45	69,25	1.450,00	1.631,25	-	1.299,60	1.462,05	-	1.152,88	1.296,99	-	1.012,24	1.138,77	-	877,84	987,57
	II	20.096	303,80	1.607,68	1.808,64	80,08	1.457,28	1.639,44	-	1.306,88	1.470,24	-	1.159,76	1.304,73	-	1.018,88	1.146,24	-	884,16	994,68	-	755,60	850,05
	III	13.940	-	1.115,20	1.254,60	-	1.001,44	1.126,62	-	890,72	1.002,06	-	783,20	881,10	-	678,72	763,56	-	577,28	649,44	-	478,88	538,74
	IV	21.885	516,69	1.750,80	1.969,65	404,83	1.675,60	1.885,05	292,97	1.600,40	1.800,45	181,11	1.525,20	1.715,85	69,25	1.450,00	1.631,25	-	1.374,80	1.546,65	-	1.299,60	1.462,05
	V	28.058	1.251,28	2.244,64	2.525,22																		
	VI	28.590	1.314,59	2.287,20	2.573,10																		
79.055,99	I	21.900	518,48	1.752,00	1.971,00	294,76	1.601,60	1.801,80	71,04	1.451,20	1.632,60	-	1.300,80	1.463,40	-	1.154,00	1.298,25	-	1.013,36	1.140,03	-	878,88	988,74
	II	20.111	305,59	1.608,88	1.809,99	81,87	1.458,48	1.640,79	-	1.308,08	1.471,59	-	1.160,96	1.306,08	-	1.020,00	1.147,50	-	885,20	995,85	-	756,64	851,22
	III	13.952	-	1.116,16	1.255,68	-	1.002,40	1.127,70	-	891,68	1.003,14	-	784,00	882,00	-	679,52	764,46	-	578,08	650,34	-	479,68	539,64
	IV	21.900	518,48	1.752,00	1.971,00	406,62	1.676,80	1.886,40	294,76	1.601,60	1.801,80	182,90	1.526,40	1.717,20	71,04	1.451,20	1.632,60	-	1.376,00	1.548,00	-	1.300,80	1.463,40
	V	28.073	1.253,07	2.245,84	2.526,57																		
	VI	28.605	1.316,37	2.288,40	2.574,45																		
79.091,99	I	21.915	520,26	1.753,20	1.972,35	296,54	1.602,80	1.803,15	72,82	1.452,40	1.633,95	-	1.302,08	1.464,84	-	1.155,20	1.299,60	-	1.014,48	1.141,29	-	879,92	989,91
	II	20.126	307,37	1.610,08	1.811,34	83,65	1.459,68	1.642,14	-	1.309,28	1.472,94	-	1.162,08	1.307,34	-	1.021,12	1.148,76	-	886,32	997,11	-	757,60	852,30
	III	13.964	-	1.117,12	1.256,76	-	1.003,20	1.128,60	-	892,48	1.004,04	-	784,80	882,90	-	680,32	765,36	-	578,88	651,24	-	480,48	540,54
	IV	21.915	520,26	1.753,20	1.972,35	408,40	1.678,00	1.887,75	296,54	1.602,80	1.803,15	184,68	1.527,60	1.718,55	72,82	1.452,40	1.633,95	-	1.377,20	1.549,35	-	1.302,08	1.464,84
	V	28.088	1.254,85	2.247,04	2.527,92																		
	VI	28.620	1.318,16	2.289,60	2.575,80																		
79.127,99	I	21.930	522,05	1.754,40	1.973,70	298,33	1.604,00	1.804,50	74,61	1.453,60	1.635,30	-	1.303,28	1.466,19	-	1.156,32	1.300,86	-	1.015,60	1.142,55	-	880,96	991,08
	II	20.141	309,16	1.611,28	1.812,69	85,44	1.460,88	1.643,49	-	1.310,48	1.474,29	-	1.163,28	1.308,69	-	1.022,24	1.150,02	-	887,36	998,28	-	758,64	853,47
	III	13.976	-	1.118,08	1.257,84	-	1.004,16	1.129,68	-	893,44	1.005,12	-	785,76	883,98	-	681,12	766,26	-	579,68	652,14	-	481,28	541,44
	IV	21.930	522,05	1.754,40	1.973,70	410,19	1.679,20	1.889,10	298,33	1.604,00	1.804,50	186,47	1.528,80	1.719,90	74,61	1.453,60	1.635,30	-	1.378,40	1.550,70	-	1.303,28	1.466,19
	V	28.103	1.256,64	2.248,24	2.529,27																		
	VI	28.635	1.319,94	2.290,80	2.577,15																		
79.163,99	I	21.945	523,83	1.755,60	1.975,05	300,11	1.605,20	1.805,85	76,39	1.454,80	1.636,65	-	1.304,48	1.467,54	-	1.157,44	1.302,12	-	1.016,64	1.143,72	-	882,08	992,34
	II	20.156	310,94	1.612,48	1.814,04	87,22	1.462,08	1.644,84	-	1.311,68	1.475,64	-	1.164,40	1.309,95	-	1.023,36	1.151,28	-	888,40	999,45	-	759,68	854,64
	III	13.986	-	1.118,88	1.258,74	-	1.005,12	1.130,76	-	894,24	1.006,02	-	786,56	884,88	-	681,92	767,16	-	580,48	653,04	-	482,08	542,34
	IV	21.945	523,83	1.755,60	1.975,05	411,97	1.680,40	1.890,45	300,11	1.605,20	1.805,85	188,25	1.530,00	1.721,25	76,39	1.454,80	1.636,65	-	1.379,60	1.552,05	-	1.304,48	1.467,54
	V	28.119	1.258,54	2.249,52	2.530,71																		
	VI	28.650	1.321,73	2.292,00	2.578,50																		
79.199,99	I	21.960	525,62	1.756,80	1.976,40	301,90	1.606,40	1.807,20	78,30	1.456,08	1.638,09	-	1.305,68	1.468,89	-	1.158,64	1.303,47	-	1.017,76	1.144,98	-	883,12	993,51
	II	20.171	312,73	1.613,68	1.815,39	89,01	1.463,28	1.646,19	-	1.312,88	1.476,99	-	1.165,60	1.311,30	-	1.024,40	1.152,45	-	889,44	1.000,62	-	760,64	855,72
	III	13.998	-	1.119,84	1.259,82	-	1.005,92	1.131,66	-	895,20	1.007,10	-	787,36	885,78	-	682,88	768,24	-	581,28	653,94	-	482,72	543,06
	IV	21.960	525,62	1.756,80	1.976,40	413,76	1.681,60	1.891,80	301,90	1.606,40	1.807,20	190,16	1.531,28	1.722,69	78,30	1.456,08	1.638,09	-	1.380,88	1.553,49	-	1.305,68	1.468,89
	V	28.134	1.260,32	2.250,72	2.532,06																		
	VI	28.665	1.323,51	2.293,20	2.579,85																		
79.235,99	I	21.976	527,52	1.758,08	1.977,84	303,80	1.607,68	1.808,64	80,08	1.457,28	1.639,44	-	1.306,88	1.470,24	-	1.159,76	1.304,73	-	1.018,88	1.146,24	-	884,16	994,68
	II	20.186	314,51	1.614,88	1.816,74	90,79	1.464,48	1.647,54	-	1.314,08	1.478,34	-	1.166,72	1.312,56	-	1.025,52	1.153,71	-	890,56	1.001,88	-	761,68	856,89
	III	14.010	-	1.120,80	1.260,90	-	1.006,88	1.132,74	-	896,00	1.008,00	-	788,32	886,86	-	683,68	769,14	-	582,08	654,84	-	483,52	543,96
	IV	21.976	527,52	1.758,08	1.977,84	415,66	1.682,88	1.893,24	303,80	1.607,68	1.808,64	191,94	1.532,48	1.724,04	80,08	1.457,28	1.639,44	-	1.382,08	1.554,84	-	1.306,88	1.470,24
	V	28.149	1.262,11	2.251,92	2.533,41																		
	VI	28.681	1.325,42	2.294,48	2.581,29																		
79.271,99	I	21.991	529,31	1.759,28	1.979,19	305,59	1.608,88	1.809,99	81,87	1.458,48	1.640,79	-	1.308,08	1.471,59	-	1.160,96	1.306,08	-	1.020,00	1.147,50	-	885,20	995,85
	II	20.201	316,30	1.616,08	1.818,09	92,70	1.465,76	1.648,98	-	1.315,36	1.479,78	-	1.167,92	1.313,91	-	1.026,64	1.154,97	-	891,60	1.003,05	-	762,64	857,97
	III	14.022	-	1.121,76	1.261,98	-	1.007,84	1.133,82	-	896,96	1.009,08	-	789,12	887,76	-	684,48	770,04	-	582,88	655,74	-	484,32	544,86
	IV	21.991	529,31	1.759,28	1.979,19	417,45	1.684,08	1.894,59	305,59	1.608,88	1.809,99	193,73	1.533,68	1.725,39	81,87	1.458,48	1.640,79	-	1.383,28	1.556,19	-	1.308,08	1.471,59
	V	28.164	1.263,89	2.253,12	2.534,76																		
	VI	28.696	1.327,20	2.295,68	2.582,64																		
79.307,99	I	22.006	531,09	1.760,48	1.980,54	307,37	1.610,08	1.811,34	83,65	1.459,68	1.642,14	-	1.309,28	1.472,94	-	1.162,08	1.307,34	-	1.021,12	1.148,76	-	886,32	997,11
	II	20.217	318,20	1.617,36	1.819,53	94,48	1.466,96	1.650,33	-	1.316,56	1.481,13	-	1.169,04	1.315,17	-	1.027,76	1.156,23	-	892,64	1.004,22	-	763,68	859,14
	III	14.034	-	1.122,72	1.263,06	-	1.008,64	1.134,72	-	897,76	1.009,98	-	790,08	888,84	-	685,28	770,94	-	583,68	656,64	-	485,12	545,76
	IV	22.006	531,09	1.760,48	1.980,54	419,23	1.685,28	1.895,94	307,37	1.610,08	1.811,34	195,51	1.534,88	1.726,74	83,65	1.459,68	1.642,14	-	1.384,48	1.557,54	-	1.309,28	1.472,94
	V	28.179	1.265,68	2.254,32	2.536,11																		
	VI	28.711	1.328,99	2.296,88	2.583,99																		
79.343,99	I	22.021	532,88	1.761,68	1.981,89	309,16	1.611,28	1.812,69	85,44	1.460,88	1.643,49	-	1.310,48	1.474,29	-	1.163,28	1.308,69	-	1.022,24	1.150,02	-	887,36	998,28
	II	20.232	319,99	1.618,56	1.820,88	96,27	1.468,16	1.651,68	-	1.317,76	1.482,48	-	1.170,24	1.316,52	-	1.028,88	1.157,49	-	893,68	1.005,39	-	764,72	860,31
	III	14.044	-	1.123,52	1.263,96	-	1.009,60	1.135,80	-	898,72	1.011,06	-	790,88	889,74	-	686,08	771,84	-	584,48	657,54	-	485,92	546,66
	IV	22.021	532,88	1.761,68	1.981,89	421,02	1.686,48	1.897,29	309,16	1.611,28	1.812,69	197,30	1.536,08	1.728,09	85,44	1.460,88	1.643,49	-	1.385,68	1.558,89	-	1.310,48	1.474,29
	V	28.194	1.267,46	2.255,52	2.537,46																		
	VI	28.726	1.330,77	2.298,08	2.585,34																		
79.379,99	I	22.036	534,66	1.762,88	1.983,24	310,94	1.612,48	1.814,04	87,22	1.462,08	1.644,84	-	1.311,68	1.475,64	-	1.164,40	1.309,95	-	1.023,36	1.151,28	-	888,40	999,45
	II	20.247	321,77	1.619,76	1.822,23	98,05	1.469,36	1.653,03	-	1.318,96	1.483,83	-	1.171,36	1.317,78	-	1.030,00	1.158,75	-	894,80	1.006,65	-	765,68	861,39
	III	14.056	-	1.124,48	1.265,04	-	1.010,56	1.136,88	-	899,52	1.011,96	-	791,68	890,64	-	686,88	772,74	-	585,28	658,44	-	486,72	547,56
	IV	22.036	534,66	1.762,88	1.983,24	422,80	1.687,68	1.898,64	310,94	1.612,48	1.814,04	199,08	1.537,28	1.729,44	87,22	1.462,08	1.644,84	-	1.386,88	1.560,24	-	1.311,68	1.475,64
	V	28.209	1.269,25	2.256,72	2.538,81																		
	VI	28.741	1.332,56	2.299,28	2.586,69																		

SolZ/KiSt lt. Tabelle nicht für Sonstige Bezüge anwendbar.

Besondere Tabelle

JAHR bis 79.919,99 €

Lohn/ Gehalt bis	Steuerklasse	Lohn-steuer	ohne Kinderfreibetrag SolZ 5,5%	ohne Kinderfreibetrag Kirchensteuer 8%	ohne Kinderfreibetrag Kirchensteuer 9%	0,5 SolZ 5,5%	0,5 Kirchensteuer 8%	0,5 Kirchensteuer 9%	1,0 SolZ 5,5%	1,0 Kirchensteuer 8%	1,0 Kirchensteuer 9%	1,5 SolZ 5,5%	1,5 Kirchensteuer 8%	1,5 Kirchensteuer 9%	2,0 SolZ 5,5%	2,0 Kirchensteuer 8%	2,0 Kirchensteuer 9%	2,5 SolZ 5,5%	2,5 Kirchensteuer 8%	2,5 Kirchensteuer 9%	3,0 SolZ 5,5%	3,0 Kirchensteuer 8%	3,0 Kirchensteuer 9%
						Anzahl Kinderfreibeträge (nur Steuerklassen I–IV)																	
79.415,99	I	22.051	536,45	1.764,08	1.984,59	312,73	1.613,68	1.815,39	89,01	1.463,28	1.646,19	-	1.312,88	1.476,99	-	1.165,60	1.311,30	-	1.024,40	1.152,45	-	889,44	1.000,62
	II	20.262	323,56	1.620,96	1.823,58	99,84	1.470,56	1.654,38	-	1.320,16	1.485,18	-	1.172,56	1.319,13	-	1.031,12	1.160,01	-	895,84	1.007,82	-	766,72	862,56
	III	14.068	-	1.125,44	1.266,12	-	1.011,36	1.137,78	-	900,48	1.013,04	-	792,64	891,72	-	687,84	773,82	-	586,08	659,34	-	487,52	548,46
	IV	22.051	536,45	1.764,08	1.984,59	424,59	1.688,88	1.899,99	312,73	1.613,68	1.815,39	200,87	1.538,48	1.730,79	89,01	1.463,28	1.646,19	-	1.388,08	1.561,59	-	1.312,88	1.476,99
	V	28.224	1.271,03	2.257,92	2.540,16																		
	VI	28.756	1.334,34	2.300,48	2.588,04																		
79.451,99	I	22.066	538,23	1.765,28	1.985,94	314,51	1.614,88	1.816,74	90,79	1.464,48	1.647,54	-	1.314,08	1.478,34	-	1.166,72	1.312,56	-	1.025,52	1.153,71	-	890,56	1.001,88
	II	20.277	325,34	1.622,16	1.824,93	101,62	1.471,76	1.655,73	-	1.321,36	1.486,53	-	1.173,68	1.320,39	-	1.032,24	1.161,27	-	896,88	1.008,99	-	767,76	863,73
	III	14.080	-	1.126,40	1.267,20	-	1.012,32	1.138,86	-	901,28	1.013,94	-	793,44	892,62	-	688,64	774,72	-	586,88	660,24	-	488,32	549,36
	IV	22.066	538,23	1.765,28	1.985,94	426,37	1.690,08	1.901,34	314,51	1.614,88	1.816,74	202,65	1.539,68	1.732,14	90,79	1.464,48	1.647,54	-	1.389,28	1.562,94	-	1.314,08	1.478,34
	V	28.240	1.272,94	2.259,20	2.541,60																		
	VI	28.771	1.336,13	2.301,68	2.589,39																		
79.487,99	I	22.081	540,02	1.766,48	1.987,29	316,30	1.616,08	1.818,09	92,70	1.465,76	1.648,98	-	1.315,36	1.479,78	-	1.167,92	1.313,91	-	1.026,64	1.154,97	-	891,60	1.003,05
	II	20.292	327,13	1.623,36	1.826,28	103,41	1.472,96	1.657,08	-	1.322,56	1.487,88	-	1.174,88	1.321,74	-	1.033,36	1.162,53	-	897,92	1.010,16	-	768,72	864,81
	III	14.092	-	1.127,36	1.268,28	-	1.013,28	1.139,94	-	902,24	1.015,02	-	794,24	893,52	-	689,44	775,62	-	587,68	661,14	-	488,96	550,08
	IV	22.081	540,02	1.766,48	1.987,29	428,16	1.691,28	1.902,69	316,30	1.616,08	1.818,09	204,44	1.540,88	1.733,49	92,70	1.465,76	1.648,98	-	1.390,56	1.564,38	-	1.315,36	1.479,78
	V	28.255	1.274,72	2.260,40	2.542,95																		
	VI	28.786	1.337,91	2.302,88	2.590,74																		
79.523,99	I	22.096	541,80	1.767,68	1.988,64	318,20	1.617,36	1.819,53	94,48	1.466,96	1.650,33	-	1.316,56	1.481,13	-	1.169,04	1.315,17	-	1.027,76	1.156,23	-	892,64	1.004,22
	II	20.307	328,91	1.624,56	1.827,63	105,19	1.474,16	1.658,43	-	1.323,76	1.489,23	-	1.176,08	1.323,09	-	1.034,48	1.163,79	-	899,04	1.011,42	-	769,76	865,98
	III	14.102	-	1.128,16	1.269,18	-	1.014,08	1.140,84	-	903,04	1.015,92	-	795,20	894,60	-	690,24	776,52	-	588,48	662,04	-	489,76	550,98
	IV	22.096	541,80	1.767,68	1.988,64	430,06	1.692,56	1.904,13	318,20	1.617,36	1.819,53	206,34	1.542,16	1.734,93	94,48	1.466,96	1.650,33	-	1.391,76	1.565,73	-	1.316,56	1.481,13
	V	28.270	1.276,51	2.261,60	2.544,30																		
	VI	28.801	1.339,70	2.304,08	2.592,09																		
79.559,99	I	22.112	543,71	1.768,96	1.990,08	319,99	1.618,56	1.820,88	96,27	1.468,16	1.651,68	-	1.317,76	1.482,48	-	1.170,24	1.316,52	-	1.028,88	1.157,49	-	893,68	1.005,39
	II	20.322	330,70	1.625,76	1.828,98	106,98	1.475,36	1.659,78	-	1.325,04	1.490,67	-	1.177,20	1.324,35	-	1.035,60	1.165,05	-	900,08	1.012,59	-	770,80	867,15
	III	14.114	-	1.129,12	1.270,26	-	1.015,04	1.141,92	-	904,00	1.017,00	-	796,00	895,50	-	691,04	777,42	-	589,28	662,94	-	490,56	551,88
	IV	22.112	543,71	1.768,96	1.990,08	431,85	1.693,76	1.905,48	319,99	1.618,56	1.820,88	208,13	1.543,36	1.736,28	96,27	1.468,16	1.651,68	-	1.392,96	1.567,08	-	1.317,76	1.482,48
	V	28.285	1.278,29	2.262,80	2.545,65																		
	VI	28.817	1.341,60	2.305,36	2.593,53																		
79.595,99	I	22.127	545,49	1.770,16	1.991,43	321,77	1.619,76	1.822,23	98,05	1.469,36	1.653,03	-	1.318,96	1.483,83	-	1.171,36	1.317,78	-	1.030,00	1.158,75	-	894,80	1.006,65
	II	20.338	332,60	1.627,04	1.830,42	108,88	1.476,64	1.661,22	-	1.326,24	1.492,02	-	1.178,40	1.325,70	-	1.036,64	1.166,22	-	901,12	1.013,76	-	771,84	868,32
	III	14.126	-	1.130,08	1.271,34	-	1.016,00	1.143,00	-	904,80	1.017,90	-	796,80	896,40	-	692,00	778,50	-	590,08	663,84	-	491,36	552,78
	IV	22.127	545,49	1.770,16	1.991,43	433,63	1.694,96	1.906,83	321,77	1.619,76	1.822,23	209,91	1.544,56	1.737,63	98,05	1.469,36	1.653,03	-	1.394,16	1.568,43	-	1.318,96	1.483,83
	V	28.300	1.280,08	2.264,00	2.547,00																		
	VI	28.832	1.343,39	2.306,56	2.594,88																		
79.631,99	I	22.142	547,28	1.771,36	1.992,78	323,56	1.620,96	1.823,58	99,84	1.470,56	1.654,38	-	1.320,16	1.485,18	-	1.172,56	1.319,13	-	1.031,12	1.160,01	-	895,84	1.007,82
	II	20.353	334,39	1.628,24	1.831,77	110,67	1.477,84	1.662,57	-	1.327,44	1.493,37	-	1.179,52	1.326,96	-	1.037,76	1.167,48	-	902,24	1.015,02	-	772,80	869,40
	III	14.138	-	1.131,04	1.272,42	-	1.016,80	1.143,90	-	905,76	1.018,98	-	797,76	897,48	-	692,80	779,40	-	590,88	664,74	-	492,16	553,68
	IV	22.142	547,28	1.771,36	1.992,78	435,42	1.696,16	1.908,18	323,56	1.620,96	1.823,58	211,70	1.545,76	1.738,98	99,84	1.470,56	1.654,38	-	1.395,36	1.569,78	-	1.320,16	1.485,18
	V	28.315	1.281,86	2.265,20	2.548,35																		
	VI	28.847	1.345,17	2.307,76	2.596,23																		
79.667,99	I	22.157	549,06	1.772,56	1.994,13	325,34	1.622,16	1.824,93	101,62	1.471,76	1.655,73	-	1.321,36	1.486,53	-	1.173,68	1.320,39	-	1.032,24	1.161,27	-	896,88	1.008,99
	II	20.368	336,17	1.629,44	1.833,12	112,45	1.479,04	1.663,92	-	1.328,64	1.494,72	-	1.180,72	1.328,31	-	1.038,88	1.168,74	-	903,28	1.016,19	-	773,84	870,57
	III	14.150	-	1.132,00	1.273,50	-	1.017,76	1.144,98	-	906,56	1.019,88	-	798,56	898,38	-	693,60	780,30	-	591,68	665,64	-	492,96	554,58
	IV	22.157	549,06	1.772,56	1.994,13	437,20	1.697,36	1.909,53	325,34	1.622,16	1.824,93	213,48	1.546,96	1.740,33	101,62	1.471,76	1.655,73	-	1.396,56	1.571,13	-	1.321,36	1.486,53
	V	28.330	1.283,65	2.266,40	2.549,70																		
	VI	28.862	1.346,96	2.308,96	2.597,58																		
79.703,99	I	22.172	550,85	1.773,76	1.995,48	327,13	1.623,36	1.826,28	103,41	1.472,96	1.657,08	-	1.322,56	1.487,88	-	1.174,88	1.321,74	-	1.033,36	1.162,53	-	897,92	1.010,16
	II	20.383	337,96	1.630,64	1.834,47	114,24	1.480,24	1.665,27	-	1.329,84	1.496,07	-	1.181,84	1.329,57	-	1.040,00	1.170,00	-	904,32	1.017,36	-	774,88	871,74
	III	14.162	-	1.132,96	1.274,58	-	1.018,72	1.146,06	-	907,52	1.020,96	-	799,36	899,28	-	694,40	781,20	-	592,48	666,54	-	493,76	555,48
	IV	22.172	550,85	1.773,76	1.995,48	438,99	1.698,56	1.910,88	327,13	1.623,36	1.826,28	215,27	1.548,16	1.741,68	103,41	1.472,96	1.657,08	-	1.397,76	1.572,48	-	1.322,56	1.487,88
	V	28.345	1.285,43	2.267,60	2.551,05																		
	VI	28.877	1.348,74	2.310,16	2.598,93																		
79.739,99	I	22.187	552,63	1.774,96	1.996,83	328,91	1.624,56	1.827,63	105,19	1.474,16	1.658,43	-	1.323,76	1.489,23	-	1.176,08	1.323,09	-	1.034,48	1.163,79	-	899,04	1.011,42
	II	20.398	339,74	1.631,84	1.835,82	116,02	1.481,44	1.666,62	-	1.331,04	1.497,42	-	1.183,04	1.330,92	-	1.041,12	1.171,26	-	905,44	1.018,62	-	775,84	872,82
	III	14.172	-	1.133,76	1.275,48	-	1.019,52	1.146,96	-	908,32	1.021,86	-	800,32	900,36	-	695,20	782,10	-	593,28	667,44	-	494,56	556,38
	IV	22.187	552,63	1.774,96	1.996,83	440,77	1.699,76	1.912,23	328,91	1.624,56	1.827,63	217,05	1.549,36	1.743,03	105,19	1.474,16	1.658,43	-	1.398,96	1.573,83	-	1.323,76	1.489,23
	V	28.360	1.287,22	2.268,80	2.552,40																		
	VI	28.892	1.350,53	2.311,36	2.600,28																		
79.775,99	I	22.202	554,42	1.776,16	1.998,18	330,70	1.625,76	1.828,98	106,98	1.475,36	1.659,78	-	1.325,04	1.490,67	-	1.177,20	1.324,35	-	1.035,60	1.165,05	-	900,08	1.012,59
	II	20.413	341,53	1.633,04	1.837,17	117,81	1.482,64	1.667,97	-	1.332,24	1.498,77	-	1.184,24	1.332,27	-	1.042,24	1.172,52	-	906,48	1.019,79	-	776,88	873,99
	III	14.184	-	1.134,72	1.276,56	-	1.020,48	1.148,04	-	909,28	1.022,94	-	801,12	901,26	-	696,16	783,18	-	594,08	668,34	-	495,36	557,28
	IV	22.202	554,42	1.776,16	1.998,18	442,56	1.700,96	1.913,58	330,70	1.625,76	1.828,98	218,84	1.550,56	1.744,38	106,98	1.475,36	1.659,78	-	1.400,24	1.575,27	-	1.325,04	1.490,67
	V	28.376	1.289,12	2.270,08	2.553,84																		
	VI	28.907	1.352,31	2.312,56	2.601,63																		
79.811,99	I	22.217	556,20	1.777,36	1.999,53	332,60	1.627,04	1.830,42	108,88	1.476,64	1.661,22	-	1.326,24	1.492,02	-	1.178,40	1.325,70	-	1.036,64	1.166,22	-	901,12	1.013,76
	II	20.428	343,31	1.634,24	1.838,52	119,59	1.483,84	1.669,32	-	1.333,44	1.500,12	-	1.185,36	1.333,53	-	1.043,36	1.173,78	-	907,52	1.020,96	-	777,92	875,16
	III	14.196	-	1.135,68	1.277,64	-	1.021,44	1.149,12	-	910,08	1.023,84	-	801,92	902,16	-	696,96	784,08	-	594,88	669,24	-	496,00	558,00
	IV	22.217	556,20	1.777,36	1.999,53	444,34	1.702,16	1.914,93	332,60	1.627,04	1.830,42	220,74	1.551,84	1.745,82	108,88	1.476,64	1.661,22	-	1.401,44	1.576,62	-	1.326,24	1.492,02
	V	28.391	1.290,91	2.271,28	2.555,19																		
	VI	28.922	1.354,10	2.313,76	2.602,98																		
79.847,99	I	22.233	558,11	1.778,64	2.000,97	334,39	1.628,24	1.831,77	110,67	1.477,84	1.662,57	-	1.327,44	1.493,37	-	1.179,52	1.326,96	-	1.037,76	1.167,48	-	902,24	1.015,02
	II	20.443	345,10	1.635,44	1.839,87	121,38	1.485,04	1.670,67	-	1.334,72	1.501,56	-	1.186,56	1.334,88	-	1.044,48	1.175,04	-	908,64	1.022,22	-	778,96	876,33
	III	14.208	-	1.136,64	1.278,72	-	1.022,24	1.150,02	-	911,04	1.024,92	-	802,88	903,24	-	697,76	784,98	-	595,84	670,32	-	496,80	558,90
	IV	22.233	558,11	1.778,64	2.000,97	446,25	1.703,44	1.916,37	334,39	1.628,24	1.831,77	222,53	1.553,04	1.747,17	110,67	1.477,84	1.662,57	-	1.402,64	1.577,97	-	1.327,44	1.493,37
	V	28.406	1.292,69	2.272,48	2.556,54																		
	VI	28.938	1.356,00	2.315,04	2.604,42																		
79.883,99	I	22.248	559,89	1.779,84	2.002,32	336,17	1.629,44	1.833,12	112,45	1.479,04	1.663,92	-	1.328,64	1.494,72	-	1.180,72	1.328,31	-	1.038,88	1.168,74	-	903,28	1.016,19
	II	20.458	346,88	1.636,64	1.841,22	123,28	1.486,32	1.672,11	-	1.335,92	1.502,91	-	1.187,68	1.336,14	-	1.045,60	1.176,30	-	909,68	1.023,39	-	779,92	877,41
	III	14.220	-	1.137,60	1.279,80	-	1.023,20	1.151,10	-	911,84	1.025,82	-	803,68	904,14	-	698,56	785,88	-	596,64	671,22	-	497,60	559,80
	IV	22.248	559,89	1.779,84	2.002,32	448,03	1.704,64	1.917,72	336,17	1.629,44	1.833,12	224,31	1.554,24	1.748,52	112,45	1.479,04	1.663,92	0,59	1.403,84	1.579,32	-	1.328,64	1.494,72
	V	28.421	1.294,48	2.273,68	2.557,89																		
	VI	28.953	1.357,79	2.316,24	2.605,77																		
79.919,99	I	22.263	561,68	1.781,04	2.003,67	337,96	1.630,64	1.834,47	114,24	1.480,24	1.665,27	-	1.329,84	1.496,07	-	1.181,84	1.329,57	-	1.040,00	1.170,00	-	904,32	1.017,36
	II	20.474	348,78	1.637,92	1.842,66	125,06	1.487,52	1.673,46	-	1.337,12	1.504,26	-	1.188,88	1.337,49	-	1.046,72	1.177,56	-	910,72	1.024,56	-	780,96	878,58
	III	14.230	-	1.138,40	1.280,70	-	1.024,16	1.152,18	-	912,80	1.026,90	-	804,48	905,04	-	699,36	786,78	-	597,44	672,12	-	498,40	560,70
	IV	22.263	561,68	1.781,04	2.003,67	449,82	1.705,84	1.919,07	337,96	1.630,64	1.834,47	226,10	1.555,44	1.749,87	114,24	1.480,24	1.665,27	2,38	1.405,04	1.580,67	-	1.329,84	1.496,07
	V	28.436	1.296,26	2.274,88	2.559,24																		
	VI	28.968	1.359,57	2.317,44	2.607,12																		

SolZ/KiSt lt. Tabelle nicht für Sonstige Bezüge anwendbar.

JAHR bis 80.459,99 €

Lohn/ Gehalt bis	Steuerklasse	Lohn-steuer	ohne Kinderfreibetrag SolZ 5,5%	ohne Kinderfreibetrag Kirchensteuer 8%	ohne Kinderfreibetrag Kirchensteuer 9%	0,5 SolZ 5,5%	0,5 Kirchensteuer 8%	0,5 Kirchensteuer 9%	1,0 SolZ 5,5%	1,0 Kirchensteuer 8%	1,0 Kirchensteuer 9%	1,5 SolZ 5,5%	1,5 Kirchensteuer 8%	1,5 Kirchensteuer 9%	2,0 SolZ 5,5%	2,0 Kirchensteuer 8%	2,0 Kirchensteuer 9%	2,5 SolZ 5,5%	2,5 Kirchensteuer 8%	2,5 Kirchensteuer 9%	3,0 SolZ 5,5%	3,0 Kirchensteuer 8%	3,0 Kirchensteuer 9%
						Anzahl Kinderfreibeträge (nur Steuerklassen I–IV)																	
79.955,99	I	22.278	563,46	1.782,24	2.005,02	339,74	1.631,84	1.835,82	116,02	1.481,44	1.666,62	-	1.331,04	1.497,42	-	1.183,04	1.330,92	-	1.041,12	1.171,26	-	905,44	1.018,62
	II	20.489	350,57	1.639,12	1.844,01	126,85	1.488,72	1.674,81	-	1.338,32	1.505,61	-	1.190,00	1.338,75	-	1.047,84	1.178,82	-	911,84	1.025,82	-	782,00	879,75
	III	14.242	-	1.139,36	1.281,78	-	1.024,96	1.153,08	-	913,60	1.027,80	-	805,44	906,12	-	700,32	787,86	-	598,24	673,02	-	499,20	561,60
	IV	22.278	563,46	1.782,24	2.005,02	451,60	1.707,04	1.920,42	339,74	1.631,84	1.835,82	227,88	1.556,64	1.751,22	116,02	1.481,44	1.666,62	4,16	1.406,24	1.582,02	-	1.331,04	1.497,42
	V	28.451	1.298,05	2.276,08	2.560,59																		
	VI	28.983	1.361,36	2.318,64	2.608,47																		
79.991,99	I	22.293	565,25	1.783,44	2.006,37	341,53	1.633,04	1.837,17	117,81	1.482,64	1.667,97	-	1.332,24	1.498,77	-	1.184,24	1.332,27	-	1.042,24	1.172,52	-	906,48	1.019,79
	II	20.504	352,35	1.640,32	1.845,36	128,63	1.489,92	1.676,16	-	1.339,52	1.506,96	-	1.191,20	1.340,10	-	1.048,96	1.180,08	-	912,88	1.026,99	-	782,96	880,83
	III	14.254	-	1.140,32	1.282,86	-	1.025,92	1.154,16	-	914,56	1.028,88	-	806,24	907,02	-	701,12	788,76	-	599,04	673,92	-	500,00	562,50
	IV	22.293	565,25	1.783,44	2.006,37	453,39	1.708,24	1.921,77	341,53	1.633,04	1.837,17	229,67	1.557,84	1.752,57	117,81	1.482,64	1.667,97	5,95	1.407,44	1.583,37	-	1.332,24	1.498,77
	V	28.466	1.299,83	2.277,28	2.561,94																		
	VI	28.998	1.363,14	2.319,84	2.609,82																		
80.027,99	I	22.308	567,03	1.784,64	2.007,72	343,31	1.634,24	1.838,52	119,59	1.483,84	1.669,32	-	1.333,44	1.500,12	-	1.185,36	1.333,53	-	1.043,36	1.173,78	-	907,52	1.020,96
	II	20.519	354,14	1.641,52	1.846,71	130,42	1.491,12	1.677,51	-	1.340,72	1.508,31	-	1.192,40	1.341,45	-	1.050,08	1.181,34	-	914,00	1.028,25	-	784,00	882,00
	III	14.266	-	1.141,28	1.283,94	-	1.026,88	1.155,24	-	915,36	1.029,78	-	807,20	908,10	-	701,92	789,66	-	599,84	674,82	-	500,80	563,40
	IV	22.308	567,03	1.784,64	2.007,72	455,17	1.709,44	1.923,12	343,31	1.634,24	1.838,52	231,45	1.559,04	1.753,92	119,59	1.483,84	1.669,32	7,73	1.408,64	1.584,72	-	1.333,44	1.500,12
	V	28.481	1.301,62	2.278,48	2.563,29																		
	VI	29.013	1.364,93	2.321,04	2.611,17																		
80.063,99	I	22.323	568,82	1.785,84	2.009,07	345,10	1.635,44	1.839,87	121,38	1.485,04	1.670,67	-	1.334,72	1.501,56	-	1.186,56	1.334,88	-	1.044,48	1.175,04	-	908,64	1.022,22
	II	20.534	355,92	1.642,72	1.848,06	132,20	1.492,32	1.678,86	-	1.341,92	1.509,66	-	1.193,52	1.342,71	-	1.051,20	1.182,60	-	915,04	1.029,42	-	785,04	883,17
	III	14.278	-	1.142,24	1.285,02	-	1.027,68	1.156,14	-	916,32	1.030,86	-	808,00	909,00	-	702,72	790,56	-	600,64	675,72	-	501,60	564,30
	IV	22.323	568,82	1.785,84	2.009,07	456,96	1.710,64	1.924,47	345,10	1.635,44	1.839,87	233,24	1.560,24	1.755,27	121,38	1.485,04	1.670,67	9,52	1.409,84	1.586,07	-	1.334,72	1.501,56
	V	28.497	1.303,52	2.279,76	2.564,73																		
	VI	29.028	1.366,71	2.322,24	2.612,52																		
80.099,99	I	22.338	570,60	1.787,04	2.010,42	346,88	1.636,64	1.841,22	123,28	1.486,32	1.672,11	-	1.335,92	1.502,91	-	1.187,68	1.336,14	-	1.045,60	1.176,30	-	909,68	1.023,39
	II	20.549	357,71	1.643,92	1.849,41	133,99	1.493,52	1.680,21	-	1.343,12	1.511,01	-	1.194,72	1.344,06	-	1.052,32	1.183,86	-	916,08	1.030,59	-	786,08	884,34
	III	14.290	-	1.143,20	1.286,10	-	1.028,64	1.157,22	-	917,12	1.031,76	-	808,80	909,90	-	703,52	791,46	-	601,44	676,62	-	502,40	565,20
	IV	22.338	570,60	1.787,04	2.010,42	458,74	1.711,84	1.925,82	346,88	1.636,64	1.841,22	235,14	1.561,52	1.756,71	123,28	1.486,32	1.672,11	11,42	1.411,12	1.587,51	-	1.335,92	1.502,91
	V	28.512	1.305,31	2.280,96	2.566,08																		
	VI	29.043	1.368,50	2.323,44	2.613,87																		
80.135,99	I	22.354	572,50	1.788,32	2.011,86	348,78	1.637,92	1.842,66	125,06	1.487,52	1.673,46	-	1.337,12	1.504,26	-	1.188,88	1.337,49	-	1.046,72	1.177,56	-	910,72	1.024,56
	II	20.564	359,49	1.645,12	1.850,76	135,77	1.494,72	1.681,56	-	1.344,32	1.512,36	-	1.195,92	1.345,41	-	1.053,44	1.185,12	-	917,20	1.031,85	-	787,12	885,51
	III	14.300	-	1.144,00	1.287,00	-	1.029,60	1.158,30	-	918,08	1.032,84	-	809,76	910,98	-	704,48	792,54	-	602,24	677,52	-	503,20	566,10
	IV	22.354	572,50	1.788,32	2.011,86	460,64	1.713,12	1.927,26	348,78	1.637,92	1.842,66	236,92	1.562,72	1.758,06	125,06	1.487,52	1.673,46	13,20	1.412,32	1.588,86	-	1.337,12	1.504,26
	V	28.527	1.307,09	2.282,16	2.567,43																		
	VI	29.059	1.370,40	2.324,72	2.615,31																		
80.171,99	I	22.369	574,29	1.789,52	2.013,21	350,57	1.639,12	1.844,01	126,85	1.488,72	1.674,81	-	1.338,32	1.505,61	-	1.190,00	1.338,75	-	1.047,84	1.178,82	-	911,84	1.025,82
	II	20.579	361,28	1.646,32	1.852,11	137,68	1.496,00	1.683,00	-	1.345,60	1.513,80	-	1.197,04	1.346,67	-	1.054,56	1.186,38	-	918,24	1.033,02	-	788,08	886,59
	III	14.312	-	1.144,96	1.288,08	-	1.030,40	1.159,20	-	919,04	1.033,92	-	810,56	911,88	-	705,28	793,44	-	603,04	678,42	-	503,84	566,82
	IV	22.369	574,29	1.789,52	2.013,21	462,43	1.714,32	1.928,61	350,57	1.639,12	1.844,01	238,71	1.563,92	1.759,41	126,85	1.488,72	1.674,81	14,99	1.413,52	1.590,21	-	1.338,32	1.505,61
	V	28.542	1.308,88	2.283,36	2.568,78																		
	VI	29.074	1.372,18	2.325,92	2.616,66																		
80.207,99	I	22.384	576,07	1.790,72	2.014,56	352,35	1.640,32	1.845,36	128,63	1.489,92	1.676,16	-	1.339,52	1.506,96	-	1.191,20	1.340,10	-	1.048,96	1.180,08	-	912,88	1.026,99
	II	20.595	363,18	1.647,60	1.853,55	139,46	1.497,20	1.684,35	-	1.346,80	1.515,15	-	1.198,24	1.348,02	-	1.055,68	1.187,64	-	919,28	1.034,19	-	789,12	887,76
	III	14.324	-	1.145,92	1.289,16	-	1.031,36	1.160,28	-	919,84	1.034,82	-	811,36	912,78	-	706,08	794,34	-	603,84	679,32	-	504,64	567,72
	IV	22.384	576,07	1.790,72	2.014,56	464,21	1.715,52	1.929,96	352,35	1.640,32	1.845,36	240,49	1.565,12	1.760,76	128,63	1.489,92	1.676,16	16,77	1.414,72	1.591,56	-	1.339,52	1.506,96
	V	28.557	1.310,66	2.284,56	2.570,13																		
	VI	29.089	1.373,97	2.327,12	2.618,01																		
80.243,99	I	22.399	577,86	1.791,92	2.015,91	354,14	1.641,52	1.846,71	130,42	1.491,12	1.677,51	-	1.340,72	1.508,31	-	1.192,40	1.341,45	-	1.050,08	1.181,34	-	914,00	1.028,25
	II	20.610	364,97	1.648,80	1.854,90	141,25	1.498,40	1.685,70	-	1.348,00	1.516,50	-	1.199,36	1.349,28	-	1.056,80	1.188,90	-	920,40	1.035,45	-	790,16	888,93
	III	14.336	-	1.146,88	1.290,24	-	1.032,32	1.161,36	-	920,80	1.035,90	-	812,32	913,86	-	706,88	795,24	-	604,64	680,22	-	505,44	568,62
	IV	22.399	577,86	1.791,92	2.015,91	466,00	1.716,72	1.931,31	354,14	1.641,52	1.846,71	242,28	1.566,32	1.762,11	130,42	1.491,12	1.677,51	18,56	1.415,92	1.592,91	-	1.340,72	1.508,31
	V	28.572	1.312,45	2.285,76	2.571,48																		
	VI	29.104	1.375,75	2.328,32	2.619,36																		
80.279,99	I	22.414	579,64	1.793,12	2.017,26	355,92	1.642,72	1.848,06	132,20	1.492,32	1.678,86	-	1.341,92	1.509,66	-	1.193,52	1.342,71	-	1.051,20	1.182,60	-	915,04	1.029,42
	II	20.625	366,75	1.650,00	1.856,25	143,03	1.499,60	1.687,05	-	1.349,20	1.517,85	-	1.200,56	1.350,63	-	1.057,92	1.190,16	-	921,44	1.036,62	-	791,20	890,10
	III	14.348	-	1.147,84	1.291,32	-	1.033,12	1.162,26	-	921,60	1.036,80	-	813,12	914,76	-	707,84	796,32	-	605,44	681,12	-	506,24	569,52
	IV	22.414	579,64	1.793,12	2.017,26	467,78	1.717,92	1.932,66	355,92	1.642,72	1.848,06	244,06	1.567,52	1.763,46	132,20	1.492,32	1.678,86	20,34	1.417,12	1.594,26	-	1.341,92	1.509,66
	V	28.587	1.314,23	2.286,96	2.572,83																		
	VI	29.119	1.377,54	2.329,52	2.620,71																		
80.315,99	I	22.429	581,43	1.794,32	2.018,61	357,71	1.643,92	1.849,41	133,99	1.493,52	1.680,21	-	1.343,12	1.511,01	-	1.194,72	1.344,06	-	1.052,32	1.183,86	-	916,08	1.030,59
	II	20.640	368,54	1.651,20	1.857,60	144,82	1.500,80	1.688,40	-	1.350,40	1.519,20	-	1.201,76	1.351,98	-	1.059,04	1.191,42	-	922,56	1.037,88	-	792,16	891,18
	III	14.360	-	1.148,80	1.292,40	-	1.034,08	1.163,34	-	922,56	1.037,88	-	814,08	915,84	-	708,64	797,22	-	606,24	682,02	-	507,04	570,42
	IV	22.429	581,43	1.794,32	2.018,61	469,57	1.719,12	1.934,01	357,71	1.643,92	1.849,41	245,85	1.568,72	1.764,81	133,99	1.493,52	1.680,21	22,13	1.418,32	1.595,61	-	1.343,12	1.511,01
	V	28.602	1.316,02	2.288,16	2.574,18																		
	VI	29.134	1.379,32	2.330,72	2.622,06																		
80.351,99	I	22.444	583,21	1.795,52	2.019,96	359,49	1.645,12	1.850,76	135,77	1.494,72	1.681,56	-	1.344,32	1.512,36	-	1.195,92	1.345,41	-	1.053,44	1.185,12	-	917,20	1.031,85
	II	20.655	370,32	1.652,40	1.858,95	146,60	1.502,00	1.689,75	-	1.351,60	1.520,55	-	1.202,88	1.353,24	-	1.060,16	1.192,68	-	923,60	1.039,05	-	793,20	892,35
	III	14.372	-	1.149,76	1.293,48	-	1.035,04	1.164,42	-	923,36	1.038,78	-	814,88	916,74	-	709,44	798,12	-	607,04	682,92	-	507,84	571,32
	IV	22.444	583,21	1.795,52	2.019,96	471,35	1.720,32	1.935,36	359,49	1.645,12	1.850,76	247,63	1.569,92	1.766,16	135,77	1.494,72	1.681,56	23,91	1.419,52	1.596,96	-	1.344,32	1.512,36
	V	28.618	1.317,92	2.289,44	2.575,62																		
	VI	29.149	1.381,11	2.331,92	2.623,41																		
80.387,99	I	22.459	585,00	1.796,72	2.021,31	361,28	1.646,32	1.852,11	137,68	1.496,00	1.683,00	-	1.345,60	1.513,80	-	1.197,04	1.346,67	-	1.054,56	1.186,38	-	918,24	1.033,02
	II	20.670	372,11	1.653,60	1.860,30	148,39	1.503,20	1.691,10	-	1.352,80	1.521,90	-	1.204,08	1.354,59	-	1.061,28	1.193,94	-	924,72	1.040,31	-	794,24	893,52
	III	14.382	-	1.150,56	1.294,38	-	1.035,84	1.165,32	-	924,32	1.039,86	-	815,68	917,64	-	710,24	799,02	-	607,84	683,82	-	508,64	572,22
	IV	22.459	585,00	1.796,72	2.021,31	473,14	1.721,52	1.936,71	361,28	1.646,32	1.852,11	249,42	1.571,12	1.767,51	137,68	1.496,00	1.683,00	25,82	1.420,80	1.598,40	-	1.345,60	1.513,80
	V	28.633	1.319,71	2.290,64	2.576,97																		
	VI	29.164	1.382,89	2.333,12	2.624,76																		
80.423,99	I	22.474	586,78	1.797,92	2.022,66	363,18	1.647,60	1.853,55	139,46	1.497,20	1.684,35	-	1.346,80	1.515,15	-	1.198,24	1.348,02	-	1.055,68	1.187,64	-	919,28	1.034,19
	II	20.685	373,89	1.654,80	1.861,65	150,17	1.504,40	1.692,45	-	1.354,00	1.523,25	-	1.205,28	1.355,94	-	1.062,40	1.195,20	-	925,76	1.041,48	-	795,28	894,69
	III	14.394	-	1.151,52	1.295,46	-	1.036,80	1.166,40	-	925,12	1.040,76	-	816,64	918,72	-	711,04	799,92	-	608,64	684,72	-	509,44	573,12
	IV	22.474	586,78	1.797,92	2.022,66	475,04	1.722,80	1.938,15	363,18	1.647,60	1.853,55	251,32	1.572,40	1.768,95	139,46	1.497,20	1.684,35	27,60	1.422,00	1.599,75	-	1.346,80	1.515,15
	V	28.648	1.321,49	2.291,84	2.578,32																		
	VI	29.179	1.384,68	2.334,32	2.626,11																		
80.459,99	I	22.490	588,69	1.799,20	2.024,10	364,97	1.648,80	1.854,90	141,25	1.498,40	1.685,70	-	1.348,00	1.516,50	-	1.199,36	1.349,28	-	1.056,80	1.188,90	-	920,40	1.035,45
	II	20.700	375,68	1.656,00	1.863,00	151,96	1.505,60	1.693,80	-	1.355,28	1.524,69	-	1.206,40	1.357,20	-	1.063,52	1.196,46	-	926,80	1.042,65	-	796,32	895,86
	III	14.406	-	1.152,48	1.296,54	-	1.037,76	1.167,48	-	926,08	1.041,84	-	817,44	919,62	-	712,00	801,00	-	609,60	685,80	-	510,24	574,02
	IV	22.490	588,69	1.799,20	2.024,10	476,83	1.724,00	1.939,50	364,97	1.648,80	1.854,90	253,11	1.573,60	1.770,30	141,25	1.498,40	1.685,70	29,39	1.423,20	1.601,10	-	1.348,00	1.516,50
	V	28.663	1.323,28	2.293,04	2.579,67																		
	VI	29.195	1.386,58	2.335,60	2.627,55																		

SolZ/KiSt lt. Tabelle nicht für Sonstige Bezüge anwendbar.

Lohn/ Gehalt bis	Steuerklasse	Lohnsteuer	ohne Kinderfreibetrag SolZ 5,5%	Kirchensteuer 8%	Kirchensteuer 9%	0,5 SolZ 5,5%	Kirchensteuer 8%	Kirchensteuer 9%	1,0 SolZ 5,5%	Kirchensteuer 8%	Kirchensteuer 9%	1,5 SolZ 5,5%	Kirchensteuer 8%	Kirchensteuer 9%	2,0 SolZ 5,5%	Kirchensteuer 8%	Kirchensteuer 9%	2,5 SolZ 5,5%	Kirchensteuer 8%	Kirchensteuer 9%	3,0 SolZ 5,5%	Kirchensteuer 8%	Kirchensteuer 9%
						Anzahl Kinderfreibeträge (nur Steuerklassen I–IV)																	
80.495,99	I	22.505	590,47	1.800,40	2.025,45	366,75	1.650,00	1.856,25	143,03	1.499,60	1.687,05	-	1.349,20	1.517,85	-	1.200,56	1.350,63	-	1.057,92	1.190,16	-	921,44	1.036,62
	II	20.716	377,58	1.657,28	1.864,44	153,86	1.506,88	1.695,24	-	1.356,48	1.526,04	-	1.207,60	1.358,55	-	1.064,64	1.197,72	-	927,92	1.043,91	-	797,28	896,94
	III	14.418	-	1.153,44	1.297,62	-	1.038,56	1.168,38	-	926,88	1.042,74	-	818,24	920,52	-	712,80	801,90	-	610,40	686,70	-	511,04	574,92
	IV	22.505	590,47	1.800,40	2.025,45	478,61	1.725,20	1.940,85	366,75	1.650,00	1.856,25	254,89	1.574,80	1.771,65	143,03	1.499,60	1.687,05	31,17	1.424,40	1.602,45	-	1.349,20	1.517,85
	V	28.678	1.325,06	2.294,24	2.581,02																		
	VI	29.210	1.388,37	2.336,80	2.628,90																		
80.531,99	I	22.520	592,26	1.801,60	2.026,80	368,54	1.651,20	1.857,60	144,82	1.500,80	1.688,40	-	1.350,40	1.519,20	-	1.201,76	1.351,98	-	1.059,04	1.191,42	-	922,56	1.037,88
	II	20.731	379,37	1.658,48	1.865,79	155,65	1.508,08	1.696,59	-	1.357,68	1.527,39	-	1.208,80	1.359,90	-	1.065,76	1.198,98	-	928,96	1.045,08	-	798,32	898,11
	III	14.430	-	1.154,40	1.298,70	-	1.039,52	1.169,46	-	927,84	1.043,82	-	819,20	921,60	-	713,60	802,80	-	611,20	687,60	-	511,84	575,82
	IV	22.520	592,26	1.801,60	2.026,80	480,40	1.726,40	1.942,20	368,54	1.651,20	1.857,60	256,68	1.576,00	1.773,00	144,82	1.500,80	1.688,40	32,96	1.425,60	1.603,80	-	1.350,40	1.519,20
	V	28.693	1.326,85	2.295,44	2.582,37																		
	VI	29.225	1.390,15	2.338,00	2.630,25																		
80.567,99	I	22.535	594,04	1.802,80	2.028,15	370,32	1.652,40	1.858,95	146,60	1.502,00	1.689,75	-	1.351,60	1.520,55	-	1.202,88	1.353,24	-	1.060,16	1.192,68	-	923,60	1.039,05
	II	20.746	381,15	1.659,68	1.867,14	157,43	1.509,28	1.697,94	-	1.358,88	1.528,74	-	1.210,00	1.361,25	-	1.066,96	1.200,33	-	930,08	1.046,34	-	799,36	899,28
	III	14.442	-	1.155,36	1.299,78	-	1.040,48	1.170,54	-	928,64	1.044,72	-	820,00	922,50	-	714,40	803,70	-	612,00	688,50	-	512,48	576,54
	IV	22.535	594,04	1.802,80	2.028,15	482,18	1.727,60	1.943,55	370,32	1.652,40	1.858,95	258,46	1.577,20	1.774,35	146,60	1.502,00	1.689,75	34,74	1.426,80	1.605,15	-	1.351,60	1.520,55
	V	28.708	1.328,63	2.296,64	2.583,72																		
	VI	29.240	1.391,94	2.339,20	2.631,60																		
80.603,99	I	22.550	595,83	1.804,00	2.029,50	372,11	1.653,60	1.860,30	148,39	1.503,20	1.691,10	-	1.352,80	1.521,90	-	1.204,08	1.354,59	-	1.061,28	1.193,94	-	924,72	1.040,31
	II	20.761	382,94	1.660,88	1.868,49	159,22	1.510,48	1.699,29	-	1.360,08	1.530,09	-	1.211,12	1.362,51	-	1.068,08	1.201,59	-	931,12	1.047,51	-	800,40	900,45
	III	14.452	-	1.156,16	1.300,68	-	1.041,44	1.171,62	-	929,60	1.045,80	-	820,96	923,58	-	715,36	804,78	-	612,80	689,40	-	513,28	577,44
	IV	22.550	595,83	1.804,00	2.029,50	483,97	1.728,80	1.944,90	372,11	1.653,60	1.860,30	260,25	1.578,40	1.775,70	148,39	1.503,20	1.691,10	36,53	1.428,00	1.606,50	-	1.352,80	1.521,90
	V	28.723	1.330,42	2.297,84	2.585,07																		
	VI	29.255	1.393,72	2.340,40	2.632,95																		
80.639,99	I	22.565	597,61	1.805,20	2.030,85	373,89	1.654,80	1.861,65	150,17	1.504,40	1.692,45	-	1.354,00	1.523,25	-	1.205,28	1.355,94	-	1.062,40	1.195,20	-	925,76	1.041,48
	II	20.776	384,72	1.662,08	1.869,84	161,00	1.511,68	1.700,64	-	1.361,28	1.531,44	-	1.212,32	1.363,86	-	1.069,20	1.202,85	-	932,24	1.048,77	-	801,44	901,62
	III	14.464	-	1.157,12	1.301,76	-	1.042,24	1.172,52	-	930,40	1.046,70	-	821,76	924,48	-	716,16	805,68	-	613,60	690,30	-	514,08	578,34
	IV	22.565	597,61	1.805,20	2.030,85	485,75	1.730,00	1.946,25	373,89	1.654,80	1.861,65	262,03	1.579,60	1.777,05	150,17	1.504,40	1.692,45	38,31	1.429,20	1.607,85	-	1.354,00	1.523,25
	V	28.738	1.332,20	2.299,04	2.586,42																		
	VI	29.270	1.395,51	2.341,60	2.634,30																		
80.675,99	I	22.580	599,40	1.806,40	2.032,20	375,68	1.656,00	1.863,00	151,96	1.505,60	1.693,80	-	1.355,28	1.524,69	-	1.206,40	1.357,20	-	1.063,52	1.196,46	-	926,80	1.042,65
	II	20.791	386,51	1.663,28	1.871,19	162,79	1.512,88	1.701,99	-	1.362,48	1.532,79	-	1.213,52	1.365,21	-	1.070,32	1.204,11	-	933,28	1.049,94	-	802,48	902,79
	III	14.476	-	1.158,08	1.302,84	-	1.043,20	1.173,60	-	931,36	1.047,78	-	822,56	925,38	-	716,96	806,58	-	614,40	691,20	-	514,88	579,24
	IV	22.580	599,40	1.806,40	2.032,20	487,54	1.731,20	1.947,60	375,68	1.656,00	1.863,00	263,82	1.580,80	1.778,40	151,96	1.505,60	1.693,80	40,22	1.430,48	1.609,29	-	1.355,28	1.524,69
	V	28.754	1.334,10	2.300,32	2.587,86																		
	VI	29.285	1.397,29	2.342,80	2.635,65																		
80.711,99	I	22.595	601,18	1.807,60	2.033,55	377,58	1.657,28	1.864,44	153,86	1.506,88	1.695,24	-	1.356,48	1.526,04	-	1.207,60	1.358,55	-	1.064,64	1.197,72	-	927,92	1.043,91
	II	20.806	388,29	1.664,48	1.872,54	164,57	1.514,08	1.703,34	-	1.363,68	1.534,14	-	1.214,64	1.366,47	-	1.071,44	1.205,37	-	934,40	1.051,20	-	803,44	903,87
	III	14.488	-	1.159,04	1.303,92	-	1.044,16	1.174,68	-	932,32	1.048,86	-	823,52	926,46	-	717,76	807,48	-	615,20	692,10	-	515,68	580,14
	IV	22.595	601,18	1.807,60	2.033,55	489,32	1.732,40	1.948,95	377,58	1.657,28	1.864,44	265,72	1.582,08	1.779,84	153,86	1.506,88	1.695,24	42,00	1.431,68	1.610,64	-	1.356,48	1.526,04
	V	28.769	1.335,89	2.301,52	2.589,21																		
	VI	29.300	1.399,08	2.344,00	2.637,00																		
80.747,99	I	22.611	603,09	1.808,88	2.034,99	379,37	1.658,48	1.865,79	155,65	1.508,08	1.696,59	-	1.357,68	1.527,39	-	1.208,80	1.359,90	-	1.065,76	1.198,98	-	928,96	1.045,08
	II	20.821	390,08	1.665,68	1.873,89	166,36	1.515,28	1.704,69	-	1.364,96	1.535,58	-	1.215,84	1.367,82	-	1.072,56	1.206,63	-	935,44	1.052,37	-	804,48	905,04
	III	14.500	-	1.160,00	1.305,00	-	1.044,96	1.175,58	-	933,12	1.049,76	-	824,32	927,36	-	718,72	808,56	-	616,00	693,00	-	516,48	581,04
	IV	22.611	603,09	1.808,88	2.034,99	491,23	1.733,68	1.950,39	379,37	1.658,48	1.865,79	267,51	1.583,28	1.781,19	155,65	1.508,08	1.696,59	43,79	1.432,88	1.611,99	-	1.357,68	1.527,39
	V	28.784	1.337,67	2.302,72	2.590,56																		
	VI	29.316	1.400,98	2.345,28	2.638,44																		
80.783,99	I	22.626	604,87	1.810,08	2.036,34	381,15	1.659,68	1.867,14	157,43	1.509,28	1.697,94	-	1.358,88	1.528,74	-	1.210,00	1.361,25	-	1.066,96	1.200,33	-	930,08	1.046,34
	II	20.836	391,86	1.666,88	1.875,24	168,26	1.516,56	1.706,13	-	1.366,16	1.536,93	-	1.217,04	1.369,17	-	1.073,68	1.207,89	-	936,56	1.053,63	-	805,52	906,21
	III	14.512	-	1.160,96	1.306,08	-	1.045,92	1.176,66	-	934,08	1.050,84	-	825,28	928,44	-	719,52	809,46	-	616,80	693,90	-	517,28	581,94
	IV	22.626	604,87	1.810,08	2.036,34	493,01	1.734,88	1.951,74	381,15	1.659,68	1.867,14	269,29	1.584,48	1.782,54	157,43	1.509,28	1.697,94	45,57	1.434,08	1.613,34	-	1.358,88	1.528,74
	V	28.799	1.339,46	2.303,92	2.591,91																		
	VI	29.331	1.402,77	2.346,48	2.639,79																		
80.819,99	I	22.641	606,66	1.811,28	2.037,69	382,94	1.660,88	1.868,49	159,22	1.510,48	1.699,29	-	1.360,08	1.530,09	-	1.211,12	1.362,51	-	1.068,08	1.201,59	-	931,12	1.047,51
	II	20.852	393,77	1.668,16	1.876,68	170,05	1.517,76	1.707,48	-	1.367,36	1.538,28	-	1.218,16	1.370,43	-	1.074,80	1.209,15	-	937,60	1.054,80	-	806,56	907,38
	III	14.524	-	1.161,92	1.307,16	-	1.046,88	1.177,74	-	934,88	1.051,74	-	826,08	929,34	-	720,32	810,36	-	617,60	694,80	-	518,08	582,84
	IV	22.641	606,66	1.811,28	2.037,69	494,80	1.736,08	1.953,09	382,94	1.660,88	1.868,49	271,08	1.585,68	1.783,89	159,22	1.510,48	1.699,29	47,36	1.435,28	1.614,69	-	1.360,08	1.530,09
	V	28.814	1.341,24	2.305,12	2.593,26																		
	VI	29.346	1.404,55	2.347,68	2.641,14																		
80.855,99	I	22.656	608,44	1.812,48	2.039,04	384,72	1.662,08	1.869,84	161,00	1.511,68	1.700,64	-	1.361,28	1.531,44	-	1.212,32	1.363,86	-	1.069,20	1.202,85	-	932,24	1.048,77
	II	20.867	395,55	1.669,36	1.878,03	171,83	1.518,96	1.708,83	-	1.368,56	1.539,63	-	1.219,36	1.371,78	-	1.075,92	1.210,41	-	938,64	1.055,97	-	807,60	908,55
	III	14.534	-	1.162,72	1.308,06	-	1.047,68	1.178,64	-	935,84	1.052,82	-	826,88	930,24	-	721,12	811,26	-	618,40	695,70	-	518,88	583,74
	IV	22.656	608,44	1.812,48	2.039,04	496,58	1.737,28	1.954,44	384,72	1.662,08	1.869,84	272,86	1.586,88	1.785,24	161,00	1.511,68	1.700,64	49,14	1.436,48	1.616,04	-	1.361,28	1.531,44
	V	28.829	1.343,03	2.306,32	2.594,61																		
	VI	29.361	1.406,34	2.348,88	2.642,49																		
80.891,99	I	22.671	610,23	1.813,68	2.040,39	386,51	1.663,28	1.871,19	162,79	1.512,88	1.701,99	-	1.362,48	1.532,79	-	1.213,52	1.365,21	-	1.070,32	1.204,11	-	933,28	1.049,94
	II	20.882	397,34	1.670,56	1.879,38	173,62	1.520,16	1.710,18	-	1.369,76	1.540,98	-	1.220,56	1.373,13	-	1.077,04	1.211,67	-	939,76	1.057,23	-	808,64	909,72
	III	14.546	-	1.163,68	1.309,14	-	1.048,64	1.179,72	-	936,64	1.053,72	-	827,84	931,32	-	721,92	812,16	-	619,20	696,60	-	519,68	584,64
	IV	22.671	610,23	1.813,68	2.040,39	498,37	1.738,48	1.955,79	386,51	1.663,28	1.871,19	274,65	1.588,08	1.786,59	162,79	1.512,88	1.701,99	50,93	1.437,68	1.617,39	-	1.362,48	1.532,79
	V	28.844	1.344,81	2.307,52	2.595,96																		
	VI	29.376	1.408,12	2.350,08	2.643,84																		
80.927,99	I	22.686	612,01	1.814,88	2.041,74	388,29	1.664,48	1.872,54	164,57	1.514,08	1.703,34	-	1.363,68	1.534,14	-	1.214,64	1.366,47	-	1.071,44	1.205,37	-	934,40	1.051,20
	II	20.897	399,12	1.671,76	1.880,73	175,40	1.521,36	1.711,53	-	1.370,96	1.542,33	-	1.221,76	1.374,48	-	1.078,16	1.212,93	-	940,80	1.058,40	-	809,68	910,89
	III	14.558	-	1.164,64	1.310,22	-	1.049,60	1.180,80	-	937,60	1.054,80	-	828,64	932,22	-	722,88	813,24	-	620,16	697,68	-	520,48	585,54
	IV	22.686	612,01	1.814,88	2.041,74	500,15	1.739,68	1.957,14	388,29	1.664,48	1.872,54	276,43	1.589,28	1.787,94	164,57	1.514,08	1.703,34	52,71	1.438,88	1.618,74	-	1.363,68	1.534,14
	V	28.859	1.346,60	2.308,72	2.597,31																		
	VI	29.391	1.409,91	2.351,28	2.645,19																		
80.963,99	I	22.701	613,80	1.816,08	2.043,09	390,08	1.665,68	1.873,89	166,36	1.515,28	1.704,69	-	1.364,96	1.535,58	-	1.215,84	1.367,82	-	1.072,56	1.206,63	-	935,44	1.052,37
	II	20.912	400,91	1.672,96	1.882,08	177,19	1.522,56	1.712,88	-	1.372,16	1.543,68	-	1.222,88	1.375,74	-	1.079,36	1.214,28	-	941,92	1.059,66	-	810,72	912,06
	III	14.570	-	1.165,60	1.311,30	-	1.050,56	1.181,88	-	938,40	1.055,70	-	829,60	933,30	-	723,68	814,14	-	620,96	698,58	-	521,28	586,44
	IV	22.701	613,80	1.816,08	2.043,09	501,94	1.740,88	1.958,49	390,08	1.665,68	1.873,89	278,22	1.590,48	1.789,29	166,36	1.515,28	1.704,69	54,50	1.440,08	1.620,09	-	1.364,96	1.535,58
	V	28.875	1.348,50	2.310,00	2.598,75																		
	VI	29.406	1.411,69	2.352,48	2.646,54																		
80.999,99	I	22.716	615,58	1.817,28	2.044,44	391,86	1.666,88	1.875,24	168,26	1.516,56	1.706,13	-	1.366,16	1.536,93	-	1.217,04	1.369,17	-	1.073,68	1.207,89	-	936,56	1.053,63
	II	20.927	402,69	1.674,16	1.883,43	178,97	1.523,76	1.714,23	-	1.373,36	1.545,03	-	1.224,08	1.377,09	-	1.080,48	1.215,54	-	942,96	1.060,83	-	811,68	913,14
	III	14.582	-	1.166,56	1.312,38	-	1.051,36	1.182,78	-	939,36	1.056,78	-	830,40	934,20	-	724,48	815,04	-	621,76	699,48	-	522,08	587,34
	IV	22.716	615,58	1.817,28	2.044,44	503,72	1.742,08	1.959,84	391,86	1.666,88	1.875,24	280,12	1.591,76	1.790,73	168,26	1.516,56	1.706,13	56,40	1.441,36	1.621,53	-	1.366,16	1.536,93
	V	28.890	1.350,29	2.311,20	2.600,10																		
	VI	29.421	1.413,48	2.353,68	2.647,89																		

SolZ/KiSt lt. Tabelle nicht für Sonstige Bezüge anwendbar.

Lohn/ Gehalt bis	Steuerklasse	Lohnsteuer	ohne Kinderfreibetrag SolZ 5,5%	ohne Kinderfreibetrag Kirchensteuer 8%	ohne Kinderfreibetrag Kirchensteuer 9%	0,5 SolZ 5,5%	0,5 Kirchensteuer 8%	0,5 Kirchensteuer 9%	1,0 SolZ 5,5%	1,0 Kirchensteuer 8%	1,0 Kirchensteuer 9%	1,5 SolZ 5,5%	1,5 Kirchensteuer 8%	1,5 Kirchensteuer 9%	2,0 SolZ 5,5%	2,0 Kirchensteuer 8%	2,0 Kirchensteuer 9%	2,5 SolZ 5,5%	2,5 Kirchensteuer 8%	2,5 Kirchensteuer 9%	3,0 SolZ 5,5%	3,0 Kirchensteuer 8%	3,0 Kirchensteue 9%
81.035,99	I	22.732	617,49	1.818,56	2.045,88	393,77	1.668,16	1.876,68	170,05	1.517,76	1.707,48	-	1.367,36	1.538,28	-	1.218,16	1.370,43	-	1.074,80	1.209,15	-	937,60	1.054,8
	II	20.942	404,48	1.675,36	1.884,78	180,76	1.524,96	1.715,58	-	1.374,56	1.546,38	-	1.225,28	1.378,44	-	1.081,60	1.216,80	-	944,08	1.062,09	-	812,72	914,
	III	14.594	-	1.167,52	1.313,46	-	1.052,32	1.183,86	-	940,32	1.057,86	-	831,20	935,10	-	725,28	815,94	-	622,56	700,38	-	522,88	588,
	IV	22.732	617,49	1.818,56	2.045,88	505,63	1.743,36	1.961,28	393,77	1.668,16	1.876,68	281,91	1.592,96	1.792,08	170,05	1.517,76	1.707,48	58,19	1.442,56	1.622,88	-	1.367,36	1.538,
	V	28.905	1.352,07	2.312,40	2.601,45																		
	VI	29.437	1.415,38	2.354,96	2.649,33																		
81.071,99	I	22.747	619,27	1.819,76	2.047,23	395,55	1.669,36	1.878,03	171,83	1.518,96	1.708,83	-	1.368,56	1.539,63	-	1.219,36	1.371,78	-	1.075,92	1.210,41	-	938,64	1.055,
	II	20.957	406,26	1.676,56	1.886,13	182,66	1.526,24	1.717,02	-	1.375,84	1.547,82	-	1.226,48	1.379,79	-	1.082,72	1.218,06	-	945,20	1.063,35	-	813,76	915,
	III	14.606	-	1.168,48	1.314,54	-	1.053,28	1.184,94	-	941,12	1.058,76	-	832,16	936,18	-	726,24	817,02	-	623,36	701,28	-	523,52	588,
	IV	22.747	619,27	1.819,76	2.047,23	507,41	1.744,56	1.962,63	395,55	1.669,36	1.878,03	283,69	1.594,16	1.793,43	171,83	1.518,96	1.708,83	59,97	1.443,76	1.624,23	-	1.368,56	1.539,
	V	28.920	1.353,86	2.313,60	2.602,80																		
	VI	29.452	1.417,17	2.356,16	2.650,68																		
81.107,99	I	22.762	621,06	1.820,96	2.048,58	397,34	1.670,56	1.879,38	173,62	1.520,16	1.710,18	-	1.369,76	1.540,98	-	1.220,56	1.373,13	-	1.077,04	1.211,67	-	939,76	1.057,
	II	20.973	408,17	1.677,84	1.887,57	184,45	1.527,44	1.718,37	-	1.377,04	1.549,17	-	1.227,60	1.381,05	-	1.083,84	1.219,32	-	946,24	1.064,52	-	814,80	916,
	III	14.616	-	1.169,28	1.315,44	-	1.054,08	1.185,84	-	942,08	1.059,84	-	832,96	937,08	-	727,04	817,92	-	624,16	702,18	-	524,32	589,
	IV	22.762	621,06	1.820,96	2.048,58	509,20	1.745,76	1.963,98	397,34	1.670,56	1.879,38	285,48	1.595,36	1.794,78	173,62	1.520,16	1.710,18	61,76	1.444,96	1.625,58	-	1.369,76	1.540,
	V	28.935	1.355,64	2.314,80	2.604,15																		
	VI	29.467	1.418,95	2.357,36	2.652,03																		
81.143,99	I	22.777	622,84	1.822,16	2.049,93	399,12	1.671,76	1.880,73	175,40	1.521,36	1.711,53	-	1.370,96	1.542,33	-	1.221,76	1.374,48	-	1.078,16	1.212,93	-	940,80	1.058,
	II	20.988	409,95	1.679,04	1.888,92	186,23	1.528,64	1.719,72	-	1.378,24	1.550,52	-	1.228,80	1.382,40	-	1.084,96	1.220,58	-	947,36	1.065,78	-	815,84	917,
	III	14.628	-	1.170,24	1.316,52	-	1.055,04	1.186,92	-	942,88	1.060,74	-	833,92	938,16	-	727,84	818,82	-	624,96	703,08	-	525,12	590,
	IV	22.777	622,84	1.822,16	2.049,93	510,98	1.746,96	1.965,33	399,12	1.671,76	1.880,73	287,26	1.596,56	1.796,13	175,40	1.521,36	1.711,53	63,54	1.446,16	1.626,93	-	1.370,96	1.542,
	V	28.950	1.357,43	2.316,00	2.605,50																		
	VI	29.482	1.420,74	2.358,56	2.653,38																		
81.179,99	I	22.792	624,63	1.823,36	2.051,28	400,91	1.672,96	1.882,08	177,19	1.522,56	1.712,88	-	1.372,16	1.543,68	-	1.222,88	1.375,74	-	1.079,36	1.214,28	-	941,92	1.059,
	II	21.003	411,74	1.680,24	1.890,27	188,02	1.529,84	1.721,07	-	1.379,44	1.551,87	-	1.230,00	1.383,75	-	1.086,08	1.221,84	-	948,40	1.066,95	-	816,88	918,
	III	14.640	-	1.171,20	1.317,60	-	1.056,00	1.188,00	-	943,84	1.061,82	-	834,72	939,06	-	728,64	819,72	-	625,76	703,98	-	525,92	591,
	IV	22.792	624,63	1.823,36	2.051,28	512,77	1.748,16	1.966,68	400,91	1.672,96	1.882,08	289,05	1.597,76	1.797,48	177,19	1.522,56	1.712,88	65,33	1.447,36	1.628,28	-	1.372,16	1.543,
	V	28.965	1.359,21	2.317,20	2.606,85																		
	VI	29.497	1.422,52	2.359,76	2.654,73																		
81.215,99	I	22.807	626,41	1.824,56	2.052,63	402,69	1.674,16	1.883,43	178,97	1.523,76	1.714,23	-	1.373,36	1.545,03	-	1.224,08	1.377,09	-	1.080,48	1.215,54	-	942,96	1.060,
	II	21.018	413,52	1.681,44	1.891,62	189,80	1.531,04	1.722,42	-	1.380,64	1.553,22	-	1.231,20	1.385,10	-	1.087,28	1.223,19	-	949,52	1.068,21	-	817,92	920
	III	14.652	-	1.172,16	1.318,68	-	1.056,96	1.189,08	-	944,64	1.062,72	-	835,52	939,96	-	729,60	820,80	-	626,56	704,88	-	526,72	592
	IV	22.807	626,41	1.824,56	2.052,63	514,55	1.749,36	1.968,03	402,69	1.674,16	1.883,43	290,83	1.598,96	1.798,83	178,97	1.523,76	1.714,23	67,11	1.448,56	1.629,63	-	1.373,36	1.545
	V	28.980	1.361,00	2.318,40	2.608,20																		
	VI	29.512	1.424,31	2.360,96	2.656,08																		
81.251,99	I	22.822	628,20	1.825,76	2.053,98	404,48	1.675,36	1.884,78	180,76	1.524,96	1.715,58	-	1.374,56	1.546,38	-	1.225,28	1.378,44	-	1.081,60	1.216,80	-	944,08	1.062
	II	21.033	415,31	1.682,64	1.892,97	191,59	1.532,24	1.723,77	-	1.381,84	1.554,57	-	1.232,40	1.386,45	-	1.088,40	1.224,45	-	950,56	1.069,38	-	818,96	921
	III	14.664	-	1.173,12	1.319,76	-	1.057,76	1.189,98	-	945,60	1.063,80	-	836,48	941,04	-	730,40	821,70	-	627,36	705,78	-	527,52	593
	IV	22.822	628,20	1.825,76	2.053,98	516,34	1.750,56	1.969,38	404,48	1.675,36	1.884,78	292,62	1.600,16	1.800,18	180,76	1.524,96	1.715,58	68,90	1.449,76	1.630,98	-	1.374,56	1.546
	V	28.996	1.362,90	2.319,68	2.609,64																		
	VI	29.527	1.426,09	2.362,16	2.657,43																		
81.287,99	I	22.837	629,98	1.826,96	2.055,33	406,26	1.676,56	1.886,13	182,66	1.526,24	1.717,02	-	1.375,84	1.547,82	-	1.226,48	1.379,79	-	1.082,72	1.218,06	-	945,20	1.063
	II	21.048	417,09	1.683,84	1.894,32	193,37	1.533,44	1.725,12	-	1.383,04	1.555,92	-	1.233,52	1.387,71	-	1.089,52	1.225,71	-	951,68	1.070,64	-	820,00	922
	III	14.676	-	1.174,08	1.320,84	-	1.058,72	1.191,06	-	946,40	1.064,70	-	837,28	941,94	-	731,20	822,60	-	628,32	706,86	-	528,32	594
	IV	22.837	629,98	1.826,96	2.055,33	518,12	1.751,76	1.970,73	406,26	1.676,56	1.886,13	294,40	1.601,36	1.801,53	182,66	1.526,24	1.717,02	70,80	1.451,04	1.632,42	-	1.375,84	1.547
	V	29.011	1.364,69	2.320,88	2.610,99																		
	VI	29.542	1.427,88	2.363,36	2.658,78																		
81.323,99	I	22.852	631,77	1.828,16	2.056,68	408,17	1.677,84	1.887,57	184,45	1.527,44	1.718,37	-	1.377,04	1.549,17	-	1.227,60	1.381,05	-	1.083,84	1.219,32	-	946,24	1.064
	II	21.063	418,88	1.685,04	1.895,67	195,16	1.534,64	1.726,47	-	1.384,24	1.557,27	-	1.234,72	1.389,06	-	1.090,64	1.226,97	-	952,72	1.071,81	-	821,04	923
	III	14.688	-	1.175,04	1.321,92	-	1.059,68	1.192,14	-	947,36	1.065,78	-	838,24	943,02	-	732,00	823,50	-	629,12	707,76	-	529,12	595
	IV	22.852	631,77	1.828,16	2.056,68	520,03	1.753,04	1.972,17	408,17	1.677,84	1.887,57	296,31	1.602,64	1.802,97	184,45	1.527,44	1.718,37	72,59	1.452,24	1.633,77	-	1.377,04	1.549
	V	29.026	1.366,47	2.322,08	2.612,34																		
	VI	29.557	1.429,66	2.364,56	2.660,13																		
81.359,99	I	22.868	633,67	1.829,44	2.058,12	409,95	1.679,04	1.888,92	186,23	1.528,64	1.719,72	-	1.378,24	1.550,52	-	1.228,80	1.382,40	-	1.084,96	1.220,58	-	947,36	1.065
	II	21.078	420,66	1.686,24	1.897,02	196,94	1.535,84	1.727,82	-	1.385,52	1.558,71	-	1.235,92	1.390,41	-	1.091,76	1.228,23	-	953,84	1.073,07	-	822,08	924
	III	14.700	-	1.176,00	1.323,00	-	1.060,48	1.193,04	-	948,32	1.066,86	-	839,04	943,92	-	732,96	824,58	-	629,92	708,66	-	529,92	596
	IV	22.868	633,67	1.829,44	2.058,12	521,81	1.754,24	1.973,52	409,95	1.679,04	1.888,92	298,09	1.603,84	1.804,32	186,23	1.528,64	1.719,72	74,37	1.453,44	1.635,12	-	1.378,24	1.550
	V	29.041	1.368,26	2.323,28	2.613,69																		
	VI	29.573	1.431,57	2.365,84	2.661,57																		
81.395,99	I	22.883	635,46	1.830,64	2.059,47	411,74	1.680,24	1.890,27	188,02	1.529,84	1.721,07	-	1.379,44	1.551,87	-	1.230,00	1.383,75	-	1.086,08	1.221,84	-	948,40	1.066
	II	21.094	422,56	1.687,52	1.898,46	198,84	1.537,12	1.729,26	-	1.386,72	1.560,06	-	1.237,12	1.391,76	-	1.092,88	1.229,49	-	954,88	1.074,24	-	823,04	925
	III	14.710	-	1.176,80	1.323,90	-	1.061,44	1.194,12	-	949,12	1.067,76	-	839,84	944,82	-	733,76	825,48	-	630,72	709,56	-	530,72	597
	IV	22.883	635,46	1.830,64	2.059,47	523,60	1.755,44	1.974,87	411,74	1.680,24	1.890,27	299,88	1.605,04	1.805,67	188,02	1.529,84	1.721,07	76,16	1.454,64	1.636,47	-	1.379,44	1.551
	V	29.056	1.370,04	2.324,48	2.615,04																		
	VI	29.588	1.433,35	2.367,04	2.662,92																		
81.431,99	I	22.898	637,24	1.831,84	2.060,82	413,52	1.681,44	1.891,62	189,80	1.531,04	1.722,42	-	1.380,64	1.553,22	-	1.231,20	1.385,10	-	1.087,28	1.223,19	-	949,52	1.068
	II	21.109	424,35	1.688,72	1.899,81	200,63	1.538,32	1.730,61	-	1.387,92	1.561,41	-	1.238,32	1.393,11	-	1.094,08	1.230,84	-	956,00	1.075,50	-	824,08	927
	III	14.722	-	1.177,76	1.324,98	-	1.062,40	1.195,20	-	950,08	1.068,84	-	840,80	945,90	-	734,56	826,38	-	631,52	710,46	-	531,52	597
	IV	22.898	637,24	1.831,84	2.060,82	525,38	1.756,64	1.976,22	413,52	1.681,44	1.891,62	301,66	1.606,24	1.807,02	189,80	1.531,04	1.722,42	77,94	1.455,84	1.637,82	-	1.380,64	1.553
	V	29.071	1.371,83	2.325,68	2.616,39																		
	VI	29.603	1.435,14	2.368,24	2.664,27																		
81.467,99	I	22.913	639,03	1.833,04	2.062,17	415,31	1.682,64	1.892,97	191,59	1.532,24	1.723,77	-	1.381,84	1.554,57	-	1.232,40	1.386,45	-	1.088,40	1.224,45	-	950,56	1.069
	II	21.124	426,13	1.689,92	1.901,16	202,41	1.539,52	1.731,96	-	1.389,12	1.562,76	-	1.239,44	1.394,37	-	1.095,20	1.232,10	-	957,12	1.076,76	-	825,12	928
	III	14.734	-	1.178,72	1.326,06	-	1.063,36	1.196,28	-	950,88	1.069,74	-	841,60	946,80	-	735,36	827,28	-	632,32	711,36	-	532,32	598
	IV	22.913	639,03	1.833,04	2.062,17	527,17	1.757,84	1.977,57	415,31	1.682,64	1.892,97	303,45	1.607,44	1.808,37	191,59	1.532,24	1.723,77	79,73	1.457,04	1.639,17	-	1.381,84	1.554
	V	29.086	1.373,61	2.326,88	2.617,74																		
	VI	29.618	1.436,92	2.369,44	2.665,62																		
81.503,99	I	22.928	640,81	1.834,24	2.063,52	417,09	1.683,84	1.894,32	193,37	1.533,44	1.725,12	-	1.383,04	1.555,92	-	1.233,52	1.387,71	-	1.089,52	1.225,71	-	951,68	1.070
	II	21.139	427,92	1.691,12	1.902,51	204,20	1.540,72	1.733,31	-	1.390,32	1.564,11	-	1.240,64	1.395,72	-	1.096,32	1.233,36	-	958,16	1.077,93	-	826,16	929
	III	14.746	-	1.179,68	1.327,14	-	1.064,16	1.197,18	-	951,84	1.070,82	-	842,56	947,88	-	736,32	828,36	-	633,12	712,26	-	533,12	599
	IV	22.928	640,81	1.834,24	2.063,52	528,95	1.759,04	1.978,92	417,09	1.683,84	1.894,32	305,23	1.608,64	1.809,72	193,37	1.533,44	1.725,12	81,51	1.458,24	1.640,52	-	1.383,04	1.555
	V	29.101	1.375,40	2.328,08	2.619,09																		
	VI	29.633	1.438,71	2.370,64	2.666,97																		
81.539,99	I	22.943	642,60	1.835,44	2.064,87	418,88	1.685,04	1.895,67	195,16	1.534,64	1.726,47	-	1.384,24	1.557,27	-	1.234,72	1.389,06	-	1.090,64	1.226,97	-	952,72	1.071
	II	21.154	429,70	1.692,32	1.903,86	205,98	1.541,92	1.734,66	-	1.391,52	1.565,46	-	1.241,84	1.397,07	-	1.097,44	1.234,62	-	959,28	1.079,19	-	827,20	930
	III	14.758	-	1.180,64	1.328,22	-	1.065,12	1.198,26	-	952,64	1.071,72	-	843,36	948,78	-	737,12	829,26	-	633,92	713,16	-	533,92	600
	IV	22.943	642,60	1.835,44	2.064,87	530,74	1.760,24	1.980,27	418,88	1.685,04	1.895,67	307,02	1.609,84	1.811,07	195,16	1.534,64	1.726,47	83,30	1.459,44	1.641,87	-	1.384,24	1.557
	V	29.116	1.377,18	2.329,28	2.620,44																		
	VI	29.648	1.440,49	2.371,84	2.668,32																		

Anzahl Kinderfreibeträge (nur Steuerklassen I–IV)

SolZ/KiSt lt. Tabelle nicht für Sonstige Bezüge anwendbar.

Lohn/ Gehalt bis	Steuerklasse	Lohn- steuer	ohne Kinderfreibetrag SolZ 5,5%	ohne Kinderfreibetrag Kirchensteuer 8%	ohne Kinderfreibetrag Kirchensteuer 9%	0,5 SolZ 5,5%	0,5 Kirchensteuer 8%	0,5 Kirchensteuer 9%	1,0 SolZ 5,5%	1,0 Kirchensteuer 8%	1,0 Kirchensteuer 9%	1,5 SolZ 5,5%	1,5 Kirchensteuer 8%	1,5 Kirchensteuer 9%	2,0 SolZ 5,5%	2,0 Kirchensteuer 8%	2,0 Kirchensteuer 9%	2,5 SolZ 5,5%	2,5 Kirchensteuer 8%	2,5 Kirchensteuer 9%	3,0 SolZ 5,5%	3,0 Kirchensteuer 8%	3,0 Kirchensteuer 9%
						Anzahl Kinderfreibeträge (nur Steuerklassen I–IV)																	
81.575,99	I	22.958	644,38	1.836,64	2.066,22	420,66	1.686,24	1.897,02	196,94	1.535,84	1.727,82	-	1.385,52	1.558,71	-	1.235,92	1.390,41	-	1.091,76	1.228,23	-	953,84	1.073,07
	II	21.169	431,49	1.693,52	1.905,21	207,77	1.543,12	1.736,01	-	1.392,72	1.566,81	-	1.243,04	1.398,42	-	1.098,56	1.235,88	-	960,32	1.080,36	-	828,24	931,77
	III	14.770	-	1.181,60	1.329,30	-	1.066,08	1.199,34	-	953,60	1.072,80	-	844,16	949,68	-	737,92	830,16	-	634,72	714,06	-	534,72	601,56
	IV	22.958	644,38	1.836,64	2.066,22	532,52	1.761,44	1.981,62	420,66	1.686,24	1.897,02	308,80	1.611,04	1.812,42	196,94	1.535,84	1.727,82	85,20	1.460,72	1.643,31	-	1.385,52	1.558,71
	V	29.132	1.379,09	2.330,56	2.621,88																		
	VI	29.663	1.442,28	2.373,04	2.669,67																		
81.611,99	I	22.973	646,17	1.837,84	2.067,57	422,56	1.687,52	1.898,46	198,84	1.537,12	1.729,26	-	1.386,72	1.560,06	-	1.237,12	1.391,76	-	1.092,88	1.229,49	-	954,88	1.074,24
	II	21.184	433,27	1.694,72	1.906,56	209,55	1.544,32	1.737,36	-	1.393,92	1.568,16	-	1.244,24	1.399,77	-	1.099,76	1.237,23	-	961,44	1.081,62	-	829,28	932,94
	III	14.782	-	1.182,56	1.330,38	-	1.067,04	1.200,42	-	954,56	1.073,88	-	845,12	950,76	-	738,88	831,24	-	635,52	714,96	-	535,52	602,46
	IV	22.973	646,17	1.837,84	2.067,57	534,31	1.762,64	1.982,97	422,56	1.687,52	1.898,46	310,70	1.612,32	1.813,86	198,84	1.537,12	1.729,26	86,98	1.461,92	1.644,66	-	1.386,72	1.560,06
	V	29.147	1.380,87	2.331,76	2.623,23																		
	VI	29.678	1.444,06	2.374,24	2.671,02																		
81.647,99	I	22.989	648,07	1.839,12	2.069,01	424,35	1.688,72	1.899,81	200,63	1.538,32	1.730,61	-	1.387,92	1.561,41	-	1.238,32	1.393,11	-	1.094,08	1.230,84	-	956,00	1.075,50
	II	21.199	435,06	1.695,92	1.907,91	211,34	1.545,52	1.738,71	-	1.395,20	1.569,60	-	1.245,36	1.401,03	-	1.100,88	1.238,49	-	962,48	1.082,79	-	830,32	934,11
	III	14.794	-	1.183,52	1.331,46	-	1.067,84	1.201,32	-	955,36	1.074,78	-	845,92	951,66	-	739,68	832,14	-	636,48	716,04	-	536,32	603,36
	IV	22.989	648,07	1.839,12	2.069,01	536,21	1.763,92	1.984,41	424,35	1.688,72	1.899,81	312,49	1.613,52	1.815,21	200,63	1.538,32	1.730,61	88,77	1.463,12	1.646,01	-	1.387,92	1.561,41
	V	29.162	1.382,66	2.332,96	2.624,58																		
	VI	29.694	1.445,96	2.375,52	2.672,46																		
81.683,99	I	23.004	649,85	1.840,32	2.070,36	426,13	1.689,92	1.901,16	202,41	1.539,52	1.731,96	-	1.389,12	1.562,76	-	1.239,44	1.394,37	-	1.095,20	1.232,10	-	957,12	1.076,76
	II	21.214	436,84	1.697,12	1.909,26	213,24	1.546,80	1.740,15	-	1.396,40	1.570,95	-	1.246,56	1.402,38	-	1.102,00	1.239,75	-	963,60	1.084,05	-	831,36	935,28
	III	14.806	-	1.184,48	1.332,54	-	1.068,80	1.202,40	-	956,32	1.075,86	-	846,88	952,74	-	740,48	833,04	-	637,28	716,94	-	537,12	604,26
	IV	23.004	649,85	1.840,32	2.070,36	537,99	1.765,12	1.985,76	426,13	1.689,92	1.901,16	314,27	1.614,72	1.816,56	202,41	1.539,52	1.731,96	90,55	1.464,32	1.647,36	-	1.389,12	1.562,76
	V	29.177	1.384,44	2.334,16	2.625,93																		
	VI	29.709	1.447,75	2.376,72	2.673,81																		
81.719,99	I	23.019	651,64	1.841,52	2.071,71	427,92	1.691,12	1.902,51	204,20	1.540,72	1.733,31	-	1.390,32	1.564,11	-	1.240,64	1.395,72	-	1.096,32	1.233,36	-	958,16	1.077,93
	II	21.230	438,75	1.698,40	1.910,70	215,03	1.548,00	1.741,50	-	1.397,60	1.572,30	-	1.247,76	1.403,73	-	1.103,12	1.241,01	-	964,72	1.085,31	-	832,40	936,45
	III	14.816	-	1.185,28	1.333,44	-	1.069,76	1.203,48	-	957,12	1.076,76	-	847,68	953,64	-	741,28	833,94	-	638,08	717,84	-	537,92	605,16
	IV	23.019	651,64	1.841,52	2.071,71	539,78	1.766,32	1.987,11	427,92	1.691,12	1.902,51	316,06	1.615,92	1.817,91	204,20	1.540,72	1.733,31	92,34	1.465,52	1.648,71	-	1.390,32	1.564,11
	V	29.192	1.386,23	2.335,36	2.627,28																		
	VI	29.724	1.449,53	2.377,92	2.675,16																		
81.755,99	I	23.034	653,42	1.842,72	2.073,06	429,70	1.692,32	1.903,86	205,98	1.541,92	1.734,66	-	1.391,52	1.565,46	-	1.241,84	1.397,07	-	1.097,44	1.234,62	-	959,28	1.079,19
	II	21.245	440,53	1.699,60	1.912,05	216,81	1.549,20	1.742,85	-	1.398,80	1.573,65	-	1.248,96	1.405,08	-	1.104,32	1.242,36	-	965,76	1.086,48	-	833,44	937,62
	III	14.828	-	1.186,24	1.334,52	-	1.070,56	1.204,38	-	958,08	1.077,84	-	848,64	954,72	-	742,24	835,02	-	638,88	718,74	-	538,56	605,88
	IV	23.034	653,42	1.842,72	2.073,06	541,56	1.767,52	1.988,46	429,70	1.692,32	1.903,86	317,84	1.617,12	1.819,26	205,98	1.541,92	1.734,66	94,12	1.466,72	1.650,06	-	1.391,52	1.565,46
	V	29.207	1.388,01	2.336,56	2.628,63																		
	VI	29.739	1.451,32	2.379,12	2.676,51																		
81.791,99	I	23.049	655,21	1.843,92	2.074,41	431,49	1.693,52	1.905,21	207,77	1.543,12	1.736,01	-	1.392,72	1.566,81	-	1.243,04	1.398,42	-	1.098,56	1.235,88	-	960,32	1.080,36
	II	21.260	442,32	1.700,80	1.913,40	218,60	1.550,40	1.744,20	-	1.400,00	1.575,00	-	1.250,16	1.406,43	-	1.105,44	1.243,62	-	966,88	1.087,74	-	834,48	938,79
	III	14.840	-	1.187,20	1.335,60	-	1.071,52	1.205,46	-	958,88	1.078,74	-	849,44	955,62	-	743,04	835,92	-	639,68	719,64	-	539,36	606,78
	IV	23.049	655,21	1.843,92	2.074,41	543,35	1.768,72	1.989,81	431,49	1.693,52	1.905,21	319,63	1.618,32	1.820,61	207,77	1.543,12	1.736,01	95,91	1.467,92	1.651,41	-	1.392,72	1.566,81
	V	29.222	1.389,80	2.337,76	2.629,98																		
	VI	29.754	1.453,10	2.380,32	2.677,86																		
81.827,99	I	23.064	656,99	1.845,12	2.075,76	433,27	1.694,72	1.906,56	209,55	1.544,32	1.737,36	-	1.393,92	1.568,16	-	1.244,24	1.399,77	-	1.099,76	1.237,23	-	961,44	1.081,62
	II	21.275	444,10	1.702,00	1.914,75	220,38	1.551,60	1.745,55	-	1.401,20	1.576,35	-	1.251,36	1.407,78	-	1.106,56	1.244,88	-	968,00	1.089,00	-	835,52	939,96
	III	14.852	-	1.188,16	1.336,68	-	1.072,48	1.206,54	-	959,84	1.079,82	-	850,24	956,52	-	743,84	836,82	-	640,48	720,54	-	540,16	607,68
	IV	23.064	656,99	1.845,12	2.075,76	545,13	1.769,92	1.991,16	433,27	1.694,72	1.906,56	321,41	1.619,52	1.821,96	209,55	1.544,32	1.737,36	97,69	1.469,12	1.652,76	-	1.393,92	1.568,16
	V	29.237	1.391,58	2.338,96	2.631,33																		
	VI	29.769	1.454,89	2.381,52	2.679,21																		
81.863,99	I	23.079	658,78	1.846,32	2.077,11	435,06	1.695,92	1.907,91	211,34	1.545,52	1.738,71	-	1.395,20	1.569,60	-	1.245,36	1.401,03	-	1.100,88	1.238,49	-	962,48	1.082,79
	II	21.290	445,89	1.703,20	1.916,10	222,17	1.552,80	1.746,90	-	1.402,40	1.577,70	-	1.252,56	1.409,13	-	1.107,68	1.246,14	-	969,04	1.090,17	-	836,56	941,13
	III	14.864	-	1.189,12	1.337,76	-	1.073,44	1.207,62	-	960,80	1.080,90	-	851,20	957,60	-	744,64	837,72	-	641,28	721,44	-	540,96	608,58
	IV	23.079	658,78	1.846,32	2.077,11	546,92	1.771,12	1.992,51	435,06	1.695,92	1.907,91	323,20	1.620,72	1.823,31	211,34	1.545,52	1.738,71	99,48	1.470,32	1.654,11	-	1.395,20	1.569,60
	V	29.253	1.393,49	2.340,24	2.632,77																		
	VI	29.784	1.456,67	2.382,72	2.680,56																		
81.899,99	I	23.094	660,56	1.847,52	2.078,46	436,84	1.697,12	1.909,26	213,24	1.546,80	1.740,15	-	1.396,40	1.570,95	-	1.246,56	1.402,38	-	1.102,00	1.239,75	-	963,60	1.084,05
	II	21.305	447,67	1.704,40	1.917,45	223,95	1.554,00	1.748,25	0,23	1.403,60	1.579,05	-	1.253,68	1.410,39	-	1.108,88	1.247,49	-	970,16	1.091,43	-	837,60	942,30
	III	14.876	-	1.190,08	1.338,84	-	1.074,24	1.208,52	-	961,60	1.081,80	-	852,00	958,50	-	745,60	838,80	-	642,08	722,34	-	541,76	609,48
	IV	23.094	660,56	1.847,52	2.078,46	548,70	1.772,32	1.993,86	436,84	1.697,12	1.909,26	325,10	1.622,00	1.824,75	213,24	1.546,80	1.740,15	101,38	1.471,60	1.655,55	-	1.396,40	1.570,95
	V	29.268	1.395,27	2.341,44	2.634,12																		
	VI	29.799	1.458,46	2.383,92	2.681,91																		
81.935,99	I	23.110	662,47	1.848,80	2.079,90	438,75	1.698,40	1.910,70	215,03	1.548,00	1.741,50	-	1.397,60	1.572,30	-	1.247,76	1.403,73	-	1.103,12	1.241,01	-	964,72	1.085,31
	II	21.320	449,46	1.705,60	1.918,80	225,74	1.555,20	1.749,60	2,02	1.404,80	1.580,40	-	1.254,88	1.411,74	-	1.110,00	1.248,75	-	971,20	1.092,60	-	838,64	943,47
	III	14.888	-	1.191,04	1.339,92	-	1.075,20	1.209,60	-	962,56	1.082,88	-	852,96	959,58	-	746,40	839,70	-	643,04	723,42	-	542,56	610,38
	IV	23.110	662,47	1.848,80	2.079,90	550,61	1.773,60	1.995,30	438,75	1.698,40	1.910,70	326,89	1.623,20	1.826,10	215,03	1.548,00	1.741,50	103,17	1.472,80	1.656,90	-	1.397,60	1.572,30
	V	29.283	1.397,06	2.342,64	2.635,47																		
	VI	29.815	1.460,36	2.385,20	2.683,35																		
81.971,99	I	23.125	664,25	1.850,00	2.081,25	440,53	1.699,60	1.912,05	216,81	1.549,20	1.742,85	-	1.398,80	1.573,65	-	1.248,96	1.405,08	-	1.104,32	1.242,36	-	965,76	1.086,48
	II	21.335	451,24	1.706,80	1.920,15	227,64	1.556,48	1.751,04	3,92	1.406,08	1.581,84	-	1.256,08	1.413,09	-	1.111,12	1.250,01	-	972,32	1.093,86	-	839,68	944,64
	III	14.900	-	1.192,00	1.341,00	-	1.076,16	1.210,68	-	963,36	1.083,78	-	853,76	960,48	-	747,20	840,60	-	643,84	724,32	-	543,36	611,28
	IV	23.125	664,25	1.850,00	2.081,25	552,39	1.774,80	1.996,65	440,53	1.699,60	1.912,05	328,67	1.624,40	1.827,45	216,81	1.549,20	1.742,85	104,95	1.474,00	1.658,25	-	1.398,80	1.573,65
	V	29.298	1.398,84	2.343,84	2.636,82																		
	VI	29.830	1.462,15	2.386,40	2.684,70																		
82.007,99	I	23.140	666,04	1.851,20	2.082,60	442,32	1.700,80	1.913,40	218,60	1.550,40	1.744,20	-	1.400,00	1.575,00	-	1.250,16	1.406,43	-	1.105,44	1.243,62	-	966,88	1.087,74
	II	21.351	453,15	1.708,08	1.921,59	229,43	1.557,68	1.752,39	5,71	1.407,28	1.583,19	-	1.257,28	1.414,44	-	1.112,24	1.251,27	-	973,44	1.095,12	-	840,72	945,81
	III	14.912	-	1.192,96	1.342,08	-	1.077,12	1.211,76	-	964,32	1.084,86	-	854,72	961,56	-	748,16	841,68	-	644,64	725,22	-	544,16	612,18
	IV	23.140	666,04	1.851,20	2.082,60	554,18	1.776,00	1.998,00	442,32	1.700,80	1.913,40	330,46	1.625,60	1.828,80	218,60	1.550,40	1.744,20	106,74	1.475,20	1.659,60	-	1.400,00	1.575,00
	V	29.313	1.400,63	2.345,04	2.638,17																		
	VI	29.845	1.463,93	2.387,60	2.686,05																		
82.043,99	I	23.155	667,82	1.852,40	2.083,95	444,10	1.702,00	1.914,75	220,38	1.551,60	1.745,55	-	1.401,20	1.576,35	-	1.251,36	1.407,78	-	1.106,56	1.244,88	-	968,00	1.089,00
	II	21.366	454,93	1.709,28	1.922,94	231,21	1.558,88	1.753,74	7,49	1.408,48	1.584,54	-	1.258,48	1.415,79	-	1.113,44	1.252,62	-	974,48	1.096,29	-	841,76	946,98
	III	14.924	-	1.193,92	1.343,16	-	1.077,92	1.212,66	-	965,28	1.085,94	-	855,52	962,46	-	748,96	842,58	-	645,44	726,12	-	544,96	613,08
	IV	23.155	667,82	1.852,40	2.083,95	555,96	1.777,20	1.999,35	444,10	1.702,00	1.914,75	332,24	1.626,80	1.830,15	220,38	1.551,60	1.745,55	108,52	1.476,40	1.660,95	-	1.401,20	1.576,35
	V	29.328	1.402,41	2.346,24	2.639,52																		
	VI	29.860	1.465,72	2.388,80	2.687,40																		
82.079,99	I	23.170	669,61	1.853,60	2.085,30	445,89	1.703,20	1.916,10	222,17	1.552,80	1.746,90	-	1.402,40	1.577,70	-	1.252,56	1.409,13	-	1.107,68	1.246,14	-	969,04	1.090,17
	II	21.381	456,72	1.710,48	1.924,29	233,00	1.560,08	1.755,09	9,28	1.409,68	1.585,89	-	1.259,68	1.417,14	-	1.114,56	1.253,88	-	975,60	1.097,55	-	842,80	948,15
	III	14.934	-	1.194,72	1.344,06	-	1.078,88	1.213,74	-	966,08	1.086,84	-	856,32	963,36	-	749,76	843,48	-	646,24	727,02	-	545,76	613,98
	IV	23.170	669,61	1.853,60	2.085,30	557,75	1.778,40	2.000,70	445,89	1.703,20	1.916,10	334,03	1.628,00	1.831,50	222,17	1.552,80	1.746,90	110,31	1.477,60	1.662,30	-	1.402,40	1.577,70
	V	29.343	1.404,20	2.347,44	2.640,87																		
	VI	29.875	1.467,50	2.390,00	2.688,75																		

SolZ/KiSt lt. Tabelle nicht für Sonstige Bezüge anwendbar.

JAHR bis 82.619,99 €

Besondere Tabelle

Lohn/ Gehalt bis	Steuerklasse	Lohn-steuer	ohne Kinderfreibetrag SolZ 5,5%	Kirchensteuer 8%	9%	Anzahl Kinderfreibeträge (nur Steuerklassen I–IV) 0,5 SolZ 5,5%	Kirchensteuer 8%	9%	1,0 SolZ 5,5%	Kirchensteuer 8%	9%	1,5 SolZ 5,5%	Kirchensteuer 8%	9%	2,0 SolZ 5,5%	Kirchensteuer 8%	9%	2,5 SolZ 5,5%	Kirchensteuer 8%	9%	3,0 SolZ 5,5%	Kirchensteuer 8%	9%
82.115,99	I	23.185	671,39	1.854,80	2.086,65	447,67	1.704,40	1.917,45	223,95	1.554,00	1.748,25	0,23	1.403,60	1.579,05	-	1.253,68	1.410,39	-	1.108,88	1.247,49	-	970,16	1.091,4
	II	21.396	458,50	1.711,68	1.925,64	234,78	1.561,28	1.756,44	11,06	1.410,88	1.587,24	-	1.260,88	1.418,49	-	1.115,68	1.255,14	-	976,72	1.098,81	-	843,84	949,3
	III	14.946	-	1.195,68	1.345,14	-	1.079,84	1.214,82	-	967,04	1.087,92	-	857,28	964,44	-	750,56	844,38	-	647,04	727,92	-	546,56	614,8
	IV	23.185	671,39	1.854,80	2.086,65	559,53	1.779,60	2.002,05	447,67	1.704,40	1.917,45	335,81	1.629,20	1.832,85	223,95	1.554,00	1.748,25	112,09	1.478,80	1.663,65	0,23	1.403,60	1.579,0
	V	29.358	1.405,98	2.348,64	2.642,22																		
	VI	29.890	1.469,29	2.391,20	2.690,10																		
82.151,99	I	23.200	673,18	1.856,00	2.088,00	449,46	1.705,60	1.918,80	225,74	1.555,20	1.749,60	2,02	1.404,80	1.580,40	-	1.254,88	1.411,74	-	1.110,00	1.248,75	-	971,20	1.092,6
	II	21.411	460,29	1.712,88	1.926,99	236,57	1.562,48	1.757,79	12,85	1.412,08	1.588,59	-	1.262,08	1.419,84	-	1.116,80	1.256,40	-	977,76	1.099,98	-	844,88	950,4
	III	14.958	-	1.196,64	1.346,22	-	1.080,80	1.215,90	-	967,84	1.088,82	-	858,08	965,34	-	751,52	845,46	-	647,84	728,82	-	547,36	615,7
	IV	23.200	673,18	1.856,00	2.088,00	561,32	1.780,80	2.003,40	449,46	1.705,60	1.918,80	337,60	1.630,40	1.834,20	225,74	1.555,20	1.749,60	113,88	1.480,00	1.665,00	2,02	1.404,80	1.580,4
	V	29.374	1.407,88	2.349,92	2.643,66																		
	VI	29.905	1.471,07	2.392,40	2.691,45																		
82.187,99	I	23.215	674,96	1.857,20	2.089,35	451,24	1.706,80	1.920,15	227,64	1.556,48	1.751,04	3,92	1.406,08	1.581,84	-	1.256,08	1.413,09	-	1.111,12	1.250,01	-	972,32	1.093,8
	II	21.426	462,07	1.714,08	1.928,34	238,35	1.563,68	1.759,14	14,63	1.413,28	1.589,94	-	1.263,28	1.421,19	-	1.118,00	1.257,75	-	978,88	1.101,24	-	845,92	951,6
	III	14.970	-	1.197,60	1.347,30	-	1.081,60	1.216,80	-	968,80	1.089,90	-	859,04	966,42	-	752,32	846,36	-	648,64	729,72	-	548,16	616,6
	IV	23.215	674,96	1.857,20	2.089,35	563,10	1.782,00	2.004,75	451,24	1.706,80	1.920,15	339,38	1.631,60	1.835,55	227,64	1.556,48	1.751,04	115,78	1.481,28	1.666,44	3,92	1.406,08	1.581,8
	V	29.389	1.409,67	2.351,12	2.645,01																		
	VI	29.920	1.472,86	2.393,60	2.692,80																		
82.223,99	I	23.230	676,75	1.858,40	2.090,70	453,15	1.708,08	1.921,59	229,43	1.557,68	1.752,39	5,71	1.407,28	1.583,19	-	1.257,28	1.414,44	-	1.112,24	1.251,27	-	973,44	1.095,
	II	21.441	463,86	1.715,28	1.929,69	240,14	1.564,88	1.760,49	16,42	1.414,48	1.591,29	-	1.264,48	1.422,54	-	1.119,12	1.259,01	-	980,00	1.102,50	-	847,04	952,9
	III	14.982	-	1.198,56	1.348,38	-	1.082,56	1.217,88	-	969,76	1.090,98	-	859,84	967,32	-	753,12	847,26	-	649,60	730,80	-	548,96	617,5
	IV	23.230	676,75	1.858,40	2.090,70	565,01	1.783,28	2.006,19	453,15	1.708,08	1.921,59	341,29	1.632,88	1.836,99	229,43	1.557,68	1.752,39	117,57	1.482,48	1.667,79	5,71	1.407,28	1.583,
	V	29.404	1.411,45	2.352,32	2.646,36																		
	VI	29.935	1.474,64	2.394,80	2.694,15																		
82.259,99	I	23.246	678,65	1.859,68	2.092,14	454,93	1.709,28	1.922,94	231,21	1.558,88	1.753,74	7,49	1.408,48	1.584,54	-	1.258,48	1.415,79	-	1.113,44	1.252,62	-	974,48	1.096,2
	II	21.456	465,64	1.716,48	1.931,04	241,92	1.566,08	1.761,84	18,32	1.415,76	1.592,73	-	1.265,60	1.423,80	-	1.120,24	1.260,27	-	981,04	1.103,67	-	848,08	954,
	III	14.994	-	1.199,52	1.349,46	-	1.083,52	1.218,96	-	970,56	1.091,88	-	860,80	968,40	-	754,08	848,34	-	650,40	731,70	-	549,76	618,
	IV	23.246	678,65	1.859,68	2.092,14	566,79	1.784,48	2.007,54	454,93	1.709,28	1.922,94	343,07	1.634,08	1.838,34	231,21	1.558,88	1.753,74	119,35	1.483,68	1.669,14	7,49	1.408,48	1.584,
	V	29.419	1.413,24	2.353,52	2.647,71																		
	VI	29.951	1.476,55	2.396,08	2.695,59																		
82.295,99	I	23.261	680,44	1.860,88	2.093,49	456,72	1.710,48	1.924,29	233,00	1.560,08	1.755,09	9,28	1.409,68	1.585,89	-	1.259,68	1.417,14	-	1.114,56	1.253,88	-	975,60	1.097,
	II	21.472	467,55	1.717,76	1.932,48	243,83	1.567,36	1.763,28	20,11	1.416,96	1.594,08	-	1.266,80	1.425,15	-	1.121,44	1.261,62	-	982,16	1.104,93	-	849,12	955,
	III	15.006	-	1.200,48	1.350,54	-	1.084,48	1.220,04	-	971,52	1.092,96	-	861,60	969,30	-	754,88	849,24	-	651,20	732,60	-	550,56	619,
	IV	23.261	680,44	1.860,88	2.093,49	568,58	1.785,68	2.008,89	456,72	1.710,48	1.924,29	344,86	1.635,28	1.839,69	233,00	1.560,08	1.755,09	121,14	1.484,88	1.670,49	9,28	1.409,68	1.585,
	V	29.434	1.415,02	2.354,72	2.649,06																		
	VI	29.966	1.478,33	2.397,28	2.696,94																		
82.331,99	I	23.276	682,22	1.862,08	2.094,84	458,50	1.711,68	1.925,64	234,78	1.561,28	1.756,44	11,06	1.410,88	1.587,24	-	1.260,88	1.418,49	-	1.115,68	1.255,14	-	976,72	1.098,
	II	21.487	469,33	1.718,96	1.933,83	245,61	1.568,56	1.764,63	21,89	1.418,16	1.595,43	-	1.268,00	1.426,50	-	1.122,56	1.262,88	-	983,28	1.106,19	-	850,16	956,
	III	15.018	-	1.201,44	1.351,62	-	1.085,28	1.220,94	-	972,32	1.093,86	-	862,56	970,38	-	755,68	850,14	-	652,00	733,50	-	551,36	620,
	IV	23.276	682,22	1.862,08	2.094,84	570,36	1.786,88	2.010,24	458,50	1.711,68	1.925,64	346,64	1.636,48	1.841,04	234,78	1.561,28	1.756,44	122,92	1.486,08	1.671,84	11,06	1.410,88	1.587,
	V	29.449	1.416,81	2.355,92	2.650,41																		
	VI	29.981	1.480,12	2.398,48	2.698,29																		
82.367,99	I	23.291	684,01	1.863,28	2.096,19	460,29	1.712,88	1.926,99	236,57	1.562,48	1.757,79	12,85	1.412,08	1.588,59	-	1.262,08	1.419,84	-	1.116,80	1.256,40	-	977,76	1.099,
	II	21.502	471,12	1.720,16	1.935,18	247,40	1.569,76	1.765,98	23,68	1.419,36	1.596,78	-	1.269,20	1.427,85	-	1.123,68	1.264,14	-	984,32	1.107,36	-	851,20	957,
	III	15.030	-	1.202,40	1.352,70	-	1.086,24	1.222,02	-	973,28	1.094,94	-	863,36	971,28	-	756,48	851,04	-	652,80	734,40	-	552,16	621,
	IV	23.291	684,01	1.863,28	2.096,19	572,15	1.788,08	2.011,59	460,29	1.712,88	1.926,99	348,43	1.637,68	1.842,39	236,57	1.562,48	1.757,79	124,71	1.487,28	1.673,19	12,85	1.412,08	1.588,
	V	29.464	1.418,59	2.357,12	2.651,76																		
	VI	29.996	1.481,90	2.399,68	2.699,64																		
82.403,99	I	23.306	685,79	1.864,48	2.097,54	462,07	1.714,08	1.928,34	238,35	1.563,68	1.759,14	14,63	1.413,28	1.589,94	-	1.263,28	1.421,19	-	1.118,00	1.257,75	-	978,88	1.101,
	II	21.517	472,90	1.721,36	1.936,53	249,18	1.570,96	1.767,33	25,46	1.420,56	1.598,13	-	1.270,40	1.429,20	-	1.124,88	1.265,49	-	985,44	1.108,62	-	852,24	958,
	III	15.042	-	1.203,36	1.353,78	-	1.087,20	1.223,10	-	974,24	1.096,02	-	864,16	972,18	-	757,44	852,12	-	653,60	735,30	-	552,96	622,
	IV	23.306	685,79	1.864,48	2.097,54	573,93	1.789,28	2.012,94	462,07	1.714,08	1.928,34	350,21	1.638,88	1.843,74	238,35	1.563,68	1.759,14	126,49	1.488,48	1.674,54	14,63	1.413,28	1.589,
	V	29.479	1.420,38	2.358,32	2.653,11																		
	VI	30.011	1.483,69	2.400,88	2.700,99																		
82.439,99	I	23.321	687,58	1.865,68	2.098,89	463,86	1.715,28	1.929,69	240,14	1.564,88	1.760,49	16,42	1.414,48	1.591,29	-	1.264,48	1.422,54	-	1.119,12	1.259,01	-	980,00	1.102,
	II	21.532	474,69	1.722,56	1.937,88	250,97	1.572,16	1.768,68	27,25	1.421,76	1.599,48	-	1.271,60	1.430,55	-	1.126,00	1.266,75	-	986,56	1.109,88	-	853,28	959,
	III	15.054	-	1.204,32	1.354,86	-	1.088,16	1.224,18	-	975,04	1.096,92	-	865,12	973,26	-	758,24	853,02	-	654,40	736,20	-	553,76	622,
	IV	23.321	687,58	1.865,68	2.098,89	575,72	1.790,48	2.014,29	463,86	1.715,28	1.929,69	352,00	1.640,08	1.845,09	240,14	1.564,88	1.760,49	128,28	1.489,68	1.675,89	16,42	1.414,48	1.591,
	V	29.494	1.422,16	2.359,52	2.654,46																		
	VI	30.026	1.485,47	2.402,08	2.702,34																		
82.475,99	I	23.336	689,36	1.866,88	2.100,24	465,64	1.716,48	1.931,04	241,92	1.566,08	1.761,84	18,32	1.415,76	1.592,73	-	1.265,60	1.423,80	-	1.120,24	1.260,27	-	981,04	1.103,
	II	21.547	476,47	1.723,76	1.939,23	252,75	1.573,36	1.770,03	29,03	1.422,96	1.600,83	-	1.272,80	1.431,90	-	1.127,12	1.268,01	-	987,68	1.111,14	-	854,32	961,
	III	15.064	-	1.205,12	1.355,76	-	1.088,96	1.225,08	-	976,00	1.098,00	-	865,92	974,16	-	759,04	853,92	-	655,20	737,10	-	554,56	623,
	IV	23.336	689,36	1.866,88	2.100,24	577,50	1.791,68	2.015,64	465,64	1.716,48	1.931,04	353,78	1.641,28	1.846,44	241,92	1.566,08	1.761,84	130,18	1.490,96	1.677,33	18,32	1.415,76	1.592,
	V	29.510	1.424,07	2.360,80	2.655,90																		
	VI	30.041	1.487,26	2.403,28	2.703,69																		
82.511,99	I	23.351	691,15	1.868,08	2.101,59	467,55	1.717,76	1.932,48	243,83	1.567,36	1.763,28	20,11	1.416,96	1.594,08	-	1.266,80	1.425,15	-	1.121,44	1.261,62	-	982,16	1.104,
	II	21.562	478,26	1.724,96	1.940,58	254,54	1.574,56	1.771,38	30,82	1.424,16	1.602,18	-	1.274,00	1.433,25	-	1.128,32	1.269,36	-	988,72	1.112,31	-	855,36	962,
	III	15.076	-	1.206,08	1.356,84	-	1.089,92	1.226,16	-	976,80	1.098,90	-	866,88	975,24	-	760,00	855,00	-	656,16	738,18	-	555,36	624,
	IV	23.351	691,15	1.868,08	2.101,59	579,29	1.792,88	2.016,99	467,55	1.717,76	1.932,48	355,69	1.642,56	1.847,88	243,83	1.567,36	1.763,28	131,97	1.492,16	1.678,68	20,11	1.416,96	1.594,
	V	29.525	1.425,85	2.362,00	2.657,25																		
	VI	30.056	1.489,04	2.404,48	2.705,04																		
82.547,99	I	23.367	693,05	1.869,36	2.103,03	469,33	1.718,96	1.933,83	245,61	1.568,56	1.764,63	21,89	1.418,16	1.595,43	-	1.268,00	1.426,50	-	1.122,56	1.262,88	-	983,28	1.106,
	II	21.577	480,04	1.726,16	1.941,93	256,32	1.575,76	1.772,73	32,72	1.425,44	1.603,62	-	1.275,20	1.434,60	-	1.129,44	1.270,62	-	989,84	1.113,57	-	856,40	963
	III	15.088	-	1.207,04	1.357,92	-	1.090,88	1.227,24	-	977,76	1.099,98	-	867,68	976,14	-	760,80	855,90	-	656,96	739,08	-	556,16	625,
	IV	23.367	693,05	1.869,36	2.103,03	581,19	1.794,16	2.018,43	469,33	1.718,96	1.933,83	357,47	1.643,76	1.849,23	245,61	1.568,56	1.764,63	133,75	1.493,36	1.680,03	21,89	1.418,16	1.595
	V	29.540	1.427,64	2.363,20	2.658,60																		
	VI	30.072	1.490,95	2.405,76	2.706,48																		
82.583,99	I	23.382	694,84	1.870,56	2.104,38	471,12	1.720,16	1.935,18	247,40	1.569,76	1.765,98	23,68	1.419,36	1.596,78	-	1.269,20	1.427,85	-	1.123,68	1.264,14	-	984,32	1.107,
	II	21.592	481,83	1.727,36	1.943,28	258,23	1.577,04	1.774,17	34,51	1.426,64	1.604,97	-	1.276,40	1.435,95	-	1.130,56	1.271,88	-	990,96	1.114,83	-	857,44	964,
	III	15.100	-	1.208,00	1.359,00	-	1.091,84	1.228,32	-	978,72	1.101,06	-	868,64	977,22	-	761,60	856,80	-	657,76	739,98	-	556,96	626,
	IV	23.382	694,84	1.870,56	2.104,38	582,98	1.795,36	2.019,78	471,12	1.720,16	1.935,18	359,26	1.644,96	1.850,58	247,40	1.569,76	1.765,98	135,54	1.494,56	1.681,38	23,68	1.419,36	1.596,
	V	29.555	1.429,42	2.364,40	2.659,95																		
	VI	30.087	1.492,73	2.406,96	2.707,83																		
82.619,99	I	23.397	696,62	1.871,76	2.105,73	472,90	1.721,36	1.936,53	249,18	1.570,96	1.767,33	25,46	1.420,56	1.598,13	-	1.270,40	1.429,20	-	1.124,88	1.265,49	-	985,44	1.108
	II	21.608	483,73	1.728,64	1.944,72	260,01	1.578,24	1.775,52	36,29	1.427,84	1.606,32	-	1.277,60	1.437,30	-	1.131,76	1.273,23	-	992,00	1.116,00	-	858,48	965
	III	15.112	-	1.208,96	1.360,08	-	1.092,80	1.229,40	-	979,52	1.101,96	-	869,44	978,12	-	762,40	857,70	-	658,56	740,88	-	557,76	627
	IV	23.397	696,62	1.871,76	2.105,73	584,76	1.796,56	2.021,13	472,90	1.721,36	1.936,53	361,04	1.646,16	1.851,93	249,18	1.570,96	1.767,33	137,32	1.495,76	1.682,73	25,46	1.420,56	1.598
	V	29.570	1.431,21	2.365,60	2.661,30																		
	VI	30.102	1.494,52	2.408,16	2.709,18																		

SolZ/KiSt lt. Tabelle nicht für Sonstige Bezüge anwendbar.

Lohn/ Gehalt bis	Steuerklasse	Lohnsteuer	ohne Kinderfreibetrag			Anzahl Kinderfreibeträge (nur Steuerklassen I–IV)																	
						0,5			1,0			1,5			2,0			2,5			3,0		
			SolZ 5,5%	Kirchensteuer 8%	Kirchensteuer 9%	SolZ 5,5%	Kirchensteuer 8%	Kirchensteuer 9%	SolZ 5,5%	Kirchensteuer 8%	Kirchensteuer 9%	SolZ 5,5%	Kirchensteuer 8%	Kirchensteuer 9%	SolZ 5,5%	Kirchensteuer 8%	Kirchensteuer 9%	SolZ 5,5%	Kirchensteuer 8%	Kirchensteuer 9%	SolZ 5,5%	Kirchensteuer 8%	Kirchensteuer 9%
82.655,99	I	23.412	698,41	1.872,96	2.107,08	474,69	1.722,56	1.937,88	250,97	1.572,16	1.768,68	27,25	1.421,76	1.599,48	-	1.271,60	1.430,55	-	1.126,00	1.266,75	-	986,56	1.109,88
	II	21.623	485,52	1.729,84	1.946,07	261,80	1.579,44	1.776,87	38,08	1.429,04	1.607,67	-	1.278,80	1.438,65	-	1.132,88	1.274,49	-	993,12	1.117,26	-	859,60	967,05
	III	15.124	-	1.209,92	1.361,16	-	1.093,60	1.230,30	-	980,48	1.103,04	-	870,40	979,20	-	763,36	858,78	-	659,36	741,78	-	558,56	628,38
	IV	23.412	698,41	1.872,96	2.107,08	586,55	1.797,76	2.022,48	474,69	1.722,56	1.937,88	362,83	1.647,36	1.853,28	250,97	1.572,16	1.768,68	139,11	1.496,96	1.684,08	27,25	1.421,76	1.599,48
	V	29.585	1.432,99	2.366,80	2.662,65																		
	VI	30.117	1.496,30	2.409,36	2.710,53																		
82.691,99	I	23.427	700,19	1.874,16	2.108,43	476,47	1.723,76	1.939,23	252,75	1.573,36	1.770,03	29,03	1.422,96	1.600,83	-	1.272,80	1.431,90	-	1.127,12	1.268,01	-	987,68	1.111,14
	II	21.638	487,30	1.731,04	1.947,42	263,58	1.580,64	1.778,22	39,86	1.430,24	1.609,02	-	1.280,00	1.440,00	-	1.134,00	1.275,75	-	994,24	1.118,52	-	860,64	968,22
	III	15.136	-	1.210,88	1.362,24	-	1.094,56	1.231,38	-	981,28	1.103,94	-	871,20	980,10	-	764,16	859,68	-	660,16	742,68	-	559,36	629,28
	IV	23.427	700,19	1.874,16	2.108,43	588,33	1.798,96	2.023,83	476,47	1.723,76	1.939,23	364,61	1.648,56	1.854,63	252,75	1.573,36	1.770,03	140,89	1.498,16	1.685,43	29,03	1.422,96	1.600,83
	V	29.600	1.434,78	2.368,00	2.664,00																		
	VI	30.132	1.498,09	2.410,56	2.711,88																		
82.727,99	I	23.442	701,98	1.875,36	2.109,78	478,26	1.724,96	1.940,58	254,54	1.574,56	1.771,38	30,82	1.424,16	1.602,18	-	1.274,00	1.433,25	-	1.128,32	1.269,36	-	988,72	1.112,31
	II	21.653	489,09	1.732,24	1.948,77	265,37	1.581,84	1.779,57	41,65	1.431,44	1.610,37	-	1.281,20	1.441,35	-	1.135,20	1.277,10	-	995,36	1.119,78	-	861,68	969,39
	III	15.148	-	1.211,84	1.363,32	-	1.095,52	1.232,46	-	982,24	1.105,02	-	872,16	981,18	-	764,96	860,58	-	660,96	743,58	-	560,16	630,18
	IV	23.442	701,98	1.875,36	2.109,78	590,12	1.800,16	2.025,18	478,26	1.724,96	1.940,58	366,40	1.649,76	1.855,98	254,54	1.574,56	1.771,38	142,68	1.499,36	1.686,78	30,82	1.424,16	1.602,18
	V	29.615	1.436,56	2.369,20	2.665,35																		
	VI	30.147	1.499,87	2.411,76	2.713,23																		
82.763,99	I	23.457	703,76	1.876,56	2.111,13	480,04	1.726,16	1.941,93	256,32	1.575,76	1.772,73	32,72	1.425,44	1.603,62	-	1.275,20	1.434,60	-	1.129,44	1.270,62	-	989,84	1.113,57
	II	21.668	490,87	1.733,44	1.950,12	267,15	1.583,04	1.780,92	43,43	1.432,64	1.611,72	-	1.282,40	1.442,70	-	1.136,32	1.278,36	-	996,40	1.120,95	-	862,72	970,56
	III	15.160	-	1.212,80	1.364,40	-	1.096,48	1.233,54	-	983,20	1.106,10	-	872,96	982,08	-	765,92	861,66	-	661,92	744,66	-	560,96	631,08
	IV	23.457	703,76	1.876,56	2.111,13	591,90	1.801,36	2.026,53	480,04	1.726,16	1.941,93	368,18	1.650,96	1.857,33	256,32	1.575,76	1.772,73	144,46	1.500,56	1.688,13	32,72	1.425,44	1.603,62
	V	29.631	1.438,47	2.370,48	2.666,79																		
	VI	30.162	1.501,66	2.412,96	2.714,58																		
82.799,99	I	23.472	705,55	1.877,76	2.112,48	481,83	1.727,36	1.943,28	258,23	1.577,04	1.774,17	34,51	1.426,64	1.604,97	-	1.276,40	1.435,95	-	1.130,56	1.271,88	-	990,96	1.114,83
	II	21.683	492,66	1.734,64	1.951,47	268,94	1.584,24	1.782,27	45,22	1.433,84	1.613,07	-	1.283,60	1.444,05	-	1.137,44	1.279,62	-	997,52	1.122,21	-	863,76	971,73
	III	15.172	-	1.213,76	1.365,48	-	1.097,28	1.234,44	-	984,00	1.107,00	-	873,76	982,98	-	766,72	862,56	-	662,72	745,56	-	561,76	631,98
	IV	23.472	705,55	1.877,76	2.112,48	593,69	1.802,56	2.027,88	481,83	1.727,36	1.943,28	370,09	1.652,24	1.858,77	258,23	1.577,04	1.774,17	146,37	1.501,84	1.689,57	34,51	1.426,64	1.604,97
	V	29.646	1.440,25	2.371,68	2.668,14																		
	VI	30.177	1.503,44	2.414,16	2.715,93																		
82.835,99	I	23.488	707,45	1.879,04	2.113,92	483,73	1.728,64	1.944,72	260,01	1.578,24	1.775,52	36,29	1.427,84	1.606,32	-	1.277,60	1.437,30	-	1.131,76	1.273,23	-	992,00	1.116,00
	II	21.698	494,44	1.735,84	1.952,82	270,72	1.585,44	1.783,62	47,00	1.435,04	1.614,42	-	1.284,80	1.445,40	-	1.138,64	1.280,97	-	998,64	1.123,47	-	864,80	972,90
	III	15.184	-	1.214,72	1.366,56	-	1.098,24	1.235,52	-	984,96	1.108,08	-	874,72	984,06	-	767,52	863,46	-	663,52	746,46	-	562,56	632,88
	IV	23.488	707,45	1.879,04	2.113,92	595,59	1.803,84	2.029,32	483,73	1.728,64	1.944,72	371,87	1.653,44	1.860,12	260,01	1.578,24	1.775,52	148,15	1.503,04	1.690,92	36,29	1.427,84	1.606,32
	V	29.661	1.442,04	2.372,88	2.669,49																		
	VI	30.193	1.505,35	2.415,44	2.717,37																		
82.871,99	I	23.503	709,24	1.880,24	2.115,27	485,52	1.729,84	1.946,07	261,80	1.579,44	1.776,87	38,08	1.429,04	1.607,67	-	1.278,80	1.438,65	-	1.132,88	1.274,49	-	993,12	1.117,26
	II	21.713	496,23	1.737,04	1.954,17	272,62	1.586,72	1.785,06	48,90	1.436,32	1.615,86	-	1.286,00	1.446,75	-	1.139,76	1.282,23	-	999,76	1.124,73	-	865,84	974,07
	III	15.196	-	1.215,68	1.367,64	-	1.099,20	1.236,60	-	985,92	1.109,16	-	875,52	984,96	-	768,48	864,54	-	664,32	747,36	-	563,36	633,78
	IV	23.503	709,24	1.880,24	2.115,27	597,38	1.805,04	2.030,67	485,52	1.729,84	1.946,07	373,66	1.654,64	1.861,47	261,80	1.579,44	1.776,87	149,94	1.504,24	1.692,27	38,08	1.429,04	1.607,67
	V	29.676	1.443,82	2.374,08	2.670,84																		
	VI	30.208	1.507,13	2.416,64	2.718,72																		
82.907,99	I	23.518	711,02	1.881,44	2.116,62	487,30	1.731,04	1.947,42	263,58	1.580,64	1.778,22	39,86	1.430,24	1.609,02	-	1.280,00	1.440,00	-	1.134,00	1.275,75	-	994,24	1.118,52
	II	21.729	498,13	1.738,32	1.955,61	274,41	1.587,92	1.786,41	50,69	1.437,52	1.617,21	-	1.287,20	1.448,10	-	1.140,96	1.283,58	-	1.000,80	1.125,90	-	866,96	975,33
	III	15.208	-	1.216,64	1.368,72	-	1.100,16	1.237,68	-	986,72	1.110,06	-	876,48	986,04	-	769,28	865,44	-	665,12	748,26	-	564,16	634,68
	IV	23.518	711,02	1.881,44	2.116,62	599,16	1.806,24	2.032,02	487,30	1.731,04	1.947,42	375,44	1.655,84	1.862,82	263,58	1.580,64	1.778,22	151,72	1.505,44	1.693,62	39,86	1.430,24	1.609,02
	V	29.691	1.445,61	2.375,28	2.672,19																		
	VI	30.223	1.508,92	2.417,84	2.720,07																		
82.943,99	I	23.533	712,81	1.882,64	2.117,97	489,09	1.732,24	1.948,77	265,37	1.581,84	1.779,57	41,65	1.431,44	1.610,37	-	1.281,20	1.441,35	-	1.135,20	1.277,10	-	995,36	1.119,78
	II	21.744	499,91	1.739,52	1.956,96	276,19	1.589,12	1.787,76	52,47	1.438,72	1.618,56	-	1.288,40	1.449,45	-	1.142,08	1.284,84	-	1.001,92	1.127,16	-	868,00	976,50
	III	15.218	-	1.217,44	1.369,62	-	1.100,96	1.238,58	-	987,68	1.111,14	-	877,28	986,94	-	770,08	866,34	-	665,92	749,16	-	564,96	635,58
	IV	23.533	712,81	1.882,64	2.117,97	600,95	1.807,44	2.033,37	489,09	1.732,24	1.948,77	377,23	1.657,04	1.864,17	265,37	1.581,84	1.779,57	153,51	1.506,64	1.694,97	41,65	1.431,44	1.610,37
	V	29.706	1.447,39	2.376,48	2.673,54																		
	VI	30.238	1.510,70	2.419,04	2.721,42																		
82.979,99	I	23.548	714,59	1.883,84	2.119,32	490,87	1.733,44	1.950,12	267,15	1.583,04	1.780,92	43,43	1.432,64	1.611,72	-	1.282,40	1.442,70	-	1.136,32	1.278,36	-	996,40	1.120,95
	II	21.759	501,70	1.740,72	1.958,31	277,98	1.590,32	1.789,11	54,26	1.439,92	1.619,91	-	1.289,60	1.450,80	-	1.143,20	1.286,10	-	1.003,04	1.128,42	-	869,04	977,67
	III	15.230	-	1.218,40	1.370,70	-	1.101,92	1.239,66	-	988,48	1.112,04	-	878,24	988,02	-	771,04	867,42	-	666,88	750,24	-	565,76	636,48
	IV	23.548	714,59	1.883,84	2.119,32	602,73	1.808,64	2.034,72	490,87	1.733,44	1.950,12	379,01	1.658,24	1.865,52	267,15	1.583,04	1.780,92	155,29	1.507,84	1.696,32	43,43	1.432,64	1.611,72
	V	29.721	1.449,18	2.377,68	2.674,89																		
	VI	30.253	1.512,49	2.420,24	2.722,77																		
83.015,99	I	23.563	716,38	1.885,04	2.120,67	492,66	1.734,64	1.951,47	268,94	1.584,24	1.782,27	45,22	1.433,84	1.613,07	-	1.283,60	1.444,05	-	1.137,44	1.279,62	-	997,52	1.122,21
	II	21.774	503,48	1.741,92	1.959,66	279,76	1.591,52	1.790,46	56,04	1.441,12	1.621,26	-	1.290,80	1.452,15	-	1.144,40	1.287,45	-	1.004,16	1.129,68	-	870,08	978,84
	III	15.242	-	1.219,36	1.371,78	-	1.102,88	1.240,74	-	989,44	1.113,12	-	879,04	988,92	-	771,84	868,32	-	667,68	751,14	-	566,56	637,38
	IV	23.563	716,38	1.885,04	2.120,67	604,52	1.809,84	2.036,07	492,66	1.734,64	1.951,47	380,80	1.659,44	1.866,87	268,94	1.584,24	1.782,27	157,08	1.509,04	1.697,67	45,22	1.433,84	1.613,07
	V	29.736	1.450,96	2.378,88	2.676,24																		
	VI	30.268	1.514,27	2.421,44	2.724,12																		
83.051,99	I	23.578	718,16	1.886,24	2.122,02	494,44	1.735,84	1.952,82	270,72	1.585,44	1.783,62	47,00	1.435,04	1.614,42	-	1.284,80	1.445,40	-	1.138,64	1.280,97	-	998,64	1.123,47
	II	21.789	505,27	1.743,12	1.961,01	281,55	1.592,72	1.791,81	57,83	1.442,32	1.622,61	-	1.292,00	1.453,50	-	1.145,52	1.288,71	-	1.005,28	1.130,94	-	871,12	980,01
	III	15.254	-	1.220,32	1.372,86	-	1.103,84	1.241,82	-	990,40	1.114,20	-	880,00	990,00	-	772,64	869,22	-	668,48	752,04	-	567,36	638,28
	IV	23.578	718,16	1.886,24	2.122,02	606,30	1.811,04	2.037,42	494,44	1.735,84	1.952,82	382,58	1.660,64	1.868,22	270,72	1.585,44	1.783,62	158,86	1.510,24	1.699,02	47,00	1.435,04	1.614,42
	V	29.752	1.452,87	2.380,16	2.677,68																		
	VI	30.283	1.516,06	2.422,64	2.725,47																		
83.087,99	I	23.593	719,95	1.887,44	2.123,37	496,23	1.737,04	1.954,17	272,62	1.586,72	1.785,06	48,90	1.436,32	1.615,86	-	1.286,00	1.446,75	-	1.139,76	1.282,23	-	999,76	1.124,73
	II	21.804	507,05	1.744,32	1.962,36	283,33	1.593,92	1.793,16	59,61	1.443,52	1.623,96	-	1.293,20	1.454,85	-	1.146,72	1.290,06	-	1.006,32	1.132,11	-	872,16	981,18
	III	15.266	-	1.221,28	1.373,94	-	1.104,80	1.242,90	-	991,20	1.115,10	-	880,80	990,90	-	773,44	870,12	-	669,28	752,94	-	568,16	639,18
	IV	23.593	719,95	1.887,44	2.123,37	608,09	1.812,24	2.038,77	496,23	1.737,04	1.954,17	384,37	1.661,84	1.869,57	272,62	1.586,72	1.785,06	160,76	1.511,52	1.700,46	48,90	1.436,32	1.615,86
	V	29.767	1.454,65	2.381,36	2.679,03																		
	VI	30.298	1.517,84	2.423,84	2.726,82																		
83.123,99	I	23.608	721,73	1.888,64	2.124,72	498,13	1.738,32	1.955,61	274,41	1.587,92	1.786,41	50,69	1.437,52	1.617,21	-	1.287,20	1.448,10	-	1.140,96	1.283,58	-	1.000,80	1.125,90
	II	21.819	508,84	1.745,52	1.963,71	285,12	1.595,12	1.794,51	61,40	1.444,72	1.625,31	-	1.294,40	1.456,20	-	1.147,84	1.291,32	-	1.007,44	1.133,37	-	873,28	982,44
	III	15.278	-	1.222,24	1.375,02	-	1.105,60	1.243,80	-	992,16	1.116,18	-	881,76	991,98	-	774,40	871,20	-	670,08	753,84	-	568,96	640,08
	IV	23.608	721,73	1.888,64	2.124,72	609,99	1.813,52	2.040,21	498,13	1.738,32	1.955,61	386,27	1.663,12	1.871,01	274,41	1.587,92	1.786,41	162,55	1.512,72	1.701,81	50,69	1.437,52	1.617,21
	V	29.782	1.456,44	2.382,56	2.680,38																		
	VI	30.313	1.519,63	2.425,04	2.728,17																		
83.159,99	I	23.624	723,63	1.889,92	2.126,16	499,91	1.739,52	1.956,96	276,19	1.589,12	1.787,76	52,47	1.438,72	1.618,56	-	1.288,40	1.449,45	-	1.142,08	1.284,84	-	1.001,92	1.127,16
	II	21.834	510,62	1.746,72	1.965,06	286,90	1.596,32	1.795,86	63,30	1.446,00	1.626,75	-	1.295,60	1.457,55	-	1.149,04	1.292,67	-	1.008,56	1.134,63	-	874,32	983,61
	III	15.290	-	1.223,20	1.376,10	-	1.106,56	1.244,88	-	993,12	1.117,26	-	882,56	992,88	-	775,20	872,10	-	670,88	754,74	-	569,76	640,98
	IV	23.624	723,63	1.889,92	2.126,16	611,77	1.814,72	2.041,56	499,91	1.739,52	1.956,96	388,05	1.664,32	1.872,36	276,19	1.589,12	1.787,76	164,33	1.513,92	1.703,16	52,47	1.438,72	1.618,56
	V	29.797	1.458,22	2.383,76	2.681,73																		
	VI	30.329	1.521,53	2.426,32	2.729,61																		

SolZ/KiSt lt. Tabelle nicht für Sonstige Bezüge anwendbar.

Lohn/ Gehalt bis	Steuerklasse	Lohn-steuer	ohne Kinderfreibetrag SolZ 5,5%	Kirchensteuer 8%	9%	0,5 SolZ 5,5%	Kirchensteuer 8%	9%	1,0 SolZ 5,5%	Kirchensteuer 8%	9%	1,5 SolZ 5,5%	Kirchensteuer 8%	9%	2,0 SolZ 5,5%	Kirchensteuer 8%	9%	2,5 SolZ 5,5%	Kirchensteuer 8%	9%	3,0 SolZ 5,5%	Kirchensteue 8%	9%
83.195,99	I	23.639	725,42	1.891,12	2.127,51	501,70	1.740,72	1.958,31	277,98	1.590,32	1.789,11	54,26	1.439,92	1.619,91	-	1.289,60	1.450,80	-	1.143,20	1.286,10	-	1.003,04	1.128,
	II	21.850	512,53	1.748,00	1.966,50	288,81	1.597,60	1.797,30	65,09	1.447,20	1.628,10	-	1.296,80	1.458,90	-	1.150,16	1.293,93	-	1.009,68	1.135,89	-	875,36	984,
	III	15.302	-	1.224,16	1.377,18	-	1.107,52	1.245,96	-	993,92	1.118,16	-	883,52	993,96	-	776,00	873,00	-	671,84	755,82	-	570,56	641,
	IV	23.639	725,42	1.891,12	2.127,51	613,56	1.815,92	2.042,91	501,70	1.740,72	1.958,31	389,84	1.665,52	1.873,71	277,98	1.590,32	1.789,11	166,12	1.515,12	1.704,51	54,26	1.439,92	1.619,
	V	29.812	1.460,01	2.384,96	2.683,08																		
	VI	30.344	1.523,31	2.427,52	2.730,96																		
83.231,99	I	23.654	727,20	1.892,32	2.128,86	503,48	1.741,92	1.959,66	279,76	1.591,52	1.790,46	56,04	1.441,12	1.621,26	-	1.290,80	1.452,15	-	1.144,40	1.287,45	-	1.004,16	1.129,
	II	21.865	514,31	1.749,20	1.967,85	290,59	1.598,80	1.798,65	66,87	1.448,40	1.629,45	-	1.298,00	1.460,25	-	1.151,28	1.295,19	-	1.010,80	1.137,15	-	876,40	985,
	III	15.314	-	1.225,12	1.378,26	-	1.108,48	1.247,04	-	994,88	1.119,24	-	884,32	994,86	-	776,96	874,08	-	672,64	756,72	-	571,36	642,
	IV	23.654	727,20	1.892,32	2.128,86	615,34	1.817,12	2.044,26	503,48	1.741,92	1.959,66	391,62	1.666,72	1.875,06	279,76	1.591,52	1.790,46	167,90	1.516,32	1.705,86	56,04	1.441,12	1.621,
	V	29.827	1.461,79	2.386,16	2.684,43																		
	VI	30.359	1.525,10	2.428,72	2.732,31																		
83.267,99	I	23.669	728,99	1.893,52	2.130,21	505,27	1.743,12	1.961,01	281,55	1.592,72	1.791,81	57,83	1.442,32	1.622,61	-	1.292,00	1.453,50	-	1.145,52	1.288,71	-	1.005,28	1.130,
	II	21.880	516,10	1.750,40	1.969,20	292,38	1.600,00	1.800,00	68,66	1.449,60	1.630,80	-	1.299,20	1.461,60	-	1.152,48	1.296,54	-	1.011,84	1.138,32	-	877,44	987,
	III	15.326	-	1.226,08	1.379,34	-	1.109,28	1.247,94	-	995,68	1.120,14	-	885,28	995,94	-	777,76	874,98	-	673,44	757,62	-	572,16	643,
	IV	23.669	728,99	1.893,52	2.130,21	617,13	1.818,32	2.045,61	505,27	1.743,12	1.961,01	393,41	1.667,92	1.876,41	281,55	1.592,72	1.791,81	169,69	1.517,52	1.707,21	57,83	1.442,32	1.622,
	V	29.842	1.463,58	2.387,36	2.685,78																		
	VI	30.374	1.526,88	2.429,92	2.733,66																		
83.303,99	I	23.684	730,77	1.894,72	2.131,56	507,05	1.744,32	1.962,36	283,33	1.593,92	1.793,16	59,61	1.443,52	1.623,96	-	1.293,20	1.454,85	-	1.146,72	1.290,06	-	1.006,32	1.132,
	II	21.895	517,88	1.751,60	1.970,55	294,16	1.601,20	1.801,35	70,44	1.450,80	1.632,15	-	1.300,40	1.462,95	-	1.153,60	1.297,80	-	1.012,96	1.139,58	-	878,56	988,
	III	15.338	-	1.227,04	1.380,42	-	1.110,24	1.249,02	-	996,64	1.121,22	-	886,08	996,84	-	778,56	875,88	-	674,24	758,52	-	572,96	644,
	IV	23.684	730,77	1.894,72	2.131,56	618,91	1.819,52	2.046,96	507,05	1.744,32	1.962,36	395,19	1.669,12	1.877,76	283,33	1.593,92	1.793,16	171,47	1.518,72	1.708,56	59,61	1.443,52	1.623,
	V	29.857	1.465,36	2.388,56	2.687,13																		
	VI	30.389	1.528,67	2.431,12	2.735,01																		
83.339,99	I	23.699	732,56	1.895,92	2.132,91	508,84	1.745,52	1.963,71	285,12	1.595,12	1.794,51	61,40	1.444,72	1.625,31	-	1.294,40	1.456,20	-	1.147,84	1.291,32	-	1.007,44	1.133,
	II	21.910	519,67	1.752,80	1.971,90	295,95	1.602,40	1.802,70	72,23	1.452,00	1.633,50	-	1.301,60	1.464,30	-	1.154,80	1.299,15	-	1.014,08	1.140,84	-	879,60	989,
	III	15.350	-	1.228,00	1.381,50	-	1.111,20	1.250,10	-	997,60	1.122,30	-	887,04	997,92	-	779,52	876,96	-	675,04	759,42	-	573,76	645,
	IV	23.699	732,56	1.895,92	2.132,91	620,70	1.820,72	2.048,31	508,84	1.745,52	1.963,71	396,98	1.670,32	1.879,11	285,12	1.595,12	1.794,51	173,26	1.519,92	1.709,91	61,40	1.444,72	1.625,
	V	29.872	1.467,15	2.389,76	2.688,48																		
	VI	30.404	1.530,45	2.432,32	2.736,36																		
83.375,99	I	23.714	734,34	1.897,12	2.134,26	510,62	1.746,72	1.965,06	286,90	1.596,32	1.795,86	63,30	1.446,00	1.626,75	-	1.295,60	1.457,55	-	1.149,04	1.292,67	-	1.008,56	1.134,
	II	21.925	521,45	1.754,00	1.973,25	297,73	1.603,60	1.804,05	74,01	1.453,20	1.634,85	-	1.302,88	1.465,74	-	1.155,92	1.300,41	-	1.015,20	1.142,10	-	880,64	990,
	III	15.362	-	1.228,96	1.382,58	-	1.112,16	1.251,18	-	998,40	1.123,20	-	887,84	998,82	-	780,32	877,86	-	675,84	760,32	-	574,56	646,
	IV	23.714	734,34	1.897,12	2.134,26	622,48	1.821,92	2.049,66	510,62	1.746,72	1.965,06	398,76	1.671,52	1.880,46	286,90	1.596,32	1.795,86	175,16	1.521,20	1.711,35	63,30	1.446,00	1.626,
	V	29.888	1.469,05	2.391,04	2.689,92																		
	VI	30.419	1.532,24	2.433,52	2.737,71																		
83.411,99	I	23.729	736,13	1.898,32	2.135,61	512,53	1.748,00	1.966,50	288,81	1.597,60	1.797,30	65,09	1.447,20	1.628,10	-	1.296,80	1.458,90	-	1.150,16	1.293,93	-	1.009,68	1.135,
	II	21.940	523,24	1.755,20	1.974,60	299,52	1.604,80	1.805,40	75,80	1.454,40	1.636,20	-	1.304,08	1.467,09	-	1.157,12	1.301,76	-	1.016,32	1.143,36	-	881,68	991,
	III	15.374	-	1.229,92	1.383,66	-	1.113,12	1.252,26	-	999,36	1.124,28	-	888,80	999,90	-	781,12	878,76	-	676,80	761,40	-	575,36	647,
	IV	23.729	736,13	1.898,32	2.135,61	624,27	1.823,12	2.051,01	512,53	1.748,00	1.966,50	400,67	1.672,80	1.881,90	288,81	1.597,60	1.797,30	176,95	1.522,40	1.712,70	65,09	1.447,20	1.628
	V	29.903	1.470,84	2.392,24	2.691,27																		
	VI	30.434	1.534,02	2.434,72	2.739,06																		
83.447,99	I	23.745	738,03	1.899,60	2.137,05	514,31	1.749,20	1.967,85	290,59	1.598,80	1.798,65	66,87	1.448,40	1.629,45	-	1.298,00	1.460,25	-	1.151,28	1.295,19	-	1.010,80	1.137,
	II	21.955	525,02	1.756,40	1.975,95	301,30	1.606,00	1.806,75	77,70	1.455,68	1.637,64	-	1.305,28	1.468,44	-	1.158,24	1.303,02	-	1.017,44	1.144,62	-	882,72	993
	III	15.386	-	1.230,88	1.384,74	-	1.113,92	1.253,16	-	1.000,32	1.125,36	-	889,60	1.000,80	-	782,08	879,84	-	677,60	762,30	-	576,16	648
	IV	23.745	738,03	1.899,60	2.137,05	626,17	1.824,40	2.052,45	514,31	1.749,20	1.967,85	402,45	1.674,00	1.883,25	290,59	1.598,80	1.798,65	178,73	1.523,60	1.714,05	66,87	1.448,40	1.629
	V	29.918	1.472,62	2.393,44	2.692,62																		
	VI	30.450	1.535,93	2.436,00	2.740,50																		
83.483,99	I	23.760	739,82	1.900,80	2.138,40	516,10	1.750,40	1.969,20	292,38	1.600,00	1.800,00	68,66	1.449,60	1.630,80	-	1.299,20	1.461,60	-	1.152,48	1.296,54	-	1.011,84	1.138
	II	21.970	526,81	1.757,60	1.977,30	303,21	1.607,28	1.808,19	79,49	1.456,88	1.638,99	-	1.306,48	1.469,79	-	1.159,44	1.304,37	-	1.018,56	1.145,88	-	883,84	994
	III	15.398	-	1.231,84	1.385,82	-	1.114,88	1.254,24	-	1.001,12	1.126,26	-	890,40	1.001,70	-	782,88	880,74	-	678,40	763,20	-	576,96	649
	IV	23.760	739,82	1.900,80	2.138,40	627,96	1.825,60	2.053,80	516,10	1.750,40	1.969,20	404,24	1.675,20	1.884,60	292,38	1.600,00	1.800,00	180,52	1.524,80	1.715,40	68,66	1.449,60	1.630
	V	29.933	1.474,41	2.394,64	2.693,97																		
	VI	30.465	1.537,71	2.437,20	2.741,85																		
83.519,99	I	23.775	741,60	1.902,00	2.139,75	517,88	1.751,60	1.970,55	294,16	1.601,20	1.801,35	70,44	1.450,80	1.632,15	-	1.300,40	1.462,95	-	1.153,60	1.297,80	-	1.012,96	1.139
	II	21.986	528,71	1.758,88	1.978,74	304,99	1.608,48	1.809,54	81,27	1.458,08	1.640,34	-	1.307,68	1.471,14	-	1.160,56	1.305,63	-	1.019,60	1.147,05	-	884,88	995
	III	15.410	-	1.232,80	1.386,90	-	1.115,84	1.255,32	-	1.002,08	1.127,34	-	891,36	1.002,78	-	783,68	881,64	-	679,20	764,10	-	577,76	649
	IV	23.775	741,60	1.902,00	2.139,75	629,74	1.826,80	2.055,15	517,88	1.751,60	1.970,55	406,02	1.676,40	1.885,95	294,16	1.601,20	1.801,35	182,30	1.526,00	1.716,75	70,44	1.450,80	1.632
	V	29.948	1.476,19	2.395,84	2.695,32																		
	VI	30.480	1.539,50	2.438,40	2.743,20																		
83.555,99	I	23.790	743,39	1.903,20	2.141,10	519,67	1.752,80	1.971,90	295,95	1.602,40	1.802,70	72,23	1.452,00	1.633,50	-	1.301,60	1.464,30	-	1.154,80	1.299,15	-	1.014,08	1.140
	II	22.001	530,50	1.760,08	1.980,09	306,78	1.609,68	1.810,89	83,06	1.459,28	1.641,69	-	1.308,88	1.472,49	-	1.161,76	1.306,98	-	1.020,72	1.148,31	-	885,92	996
	III	15.420	-	1.233,60	1.387,80	-	1.116,80	1.256,40	-	1.003,04	1.128,42	-	892,16	1.003,68	-	784,64	882,72	-	680,00	765,00	-	578,56	650
	IV	23.790	743,39	1.903,20	2.141,10	631,53	1.828,00	2.056,50	519,67	1.752,80	1.971,90	407,81	1.677,60	1.887,30	295,95	1.602,40	1.802,70	184,09	1.527,20	1.718,10	72,23	1.452,00	1.633
	V	29.963	1.477,98	2.397,04	2.696,67																		
	VI	30.495	1.541,28	2.439,60	2.744,55																		
83.591,99	I	23.805	745,17	1.904,40	2.142,45	521,45	1.754,00	1.973,25	297,73	1.603,60	1.804,05	74,01	1.453,20	1.634,85	-	1.302,88	1.465,74	-	1.155,92	1.300,41	-	1.015,20	1.142
	II	22.016	532,28	1.761,28	1.981,44	308,56	1.610,88	1.812,24	84,84	1.460,48	1.643,04	-	1.310,08	1.473,84	-	1.162,88	1.308,24	-	1.021,84	1.149,57	-	886,96	997
	III	15.432	-	1.234,56	1.388,88	-	1.117,76	1.257,48	-	1.003,84	1.129,32	-	893,12	1.004,76	-	785,44	883,62	-	680,80	765,90	-	579,36	651
	IV	23.805	745,17	1.904,40	2.142,45	633,31	1.829,20	2.057,85	521,45	1.754,00	1.973,25	409,59	1.678,80	1.888,65	297,73	1.603,60	1.804,05	185,87	1.528,40	1.719,45	74,01	1.453,20	1.634
	V	29.978	1.479,76	2.398,24	2.698,02																		
	VI	30.510	1.543,07	2.440,80	2.745,90																		
83.627,99	I	23.820	746,96	1.905,60	2.143,80	523,24	1.755,20	1.974,60	299,52	1.604,80	1.805,40	75,80	1.454,40	1.636,20	-	1.304,08	1.467,09	-	1.157,12	1.301,76	-	1.016,32	1.143
	II	22.031	534,07	1.762,48	1.982,79	310,35	1.612,08	1.813,59	86,63	1.461,68	1.644,39	-	1.311,28	1.475,19	-	1.164,08	1.309,59	-	1.022,96	1.150,83	-	888,08	999
	III	15.444	-	1.235,52	1.389,96	-	1.118,56	1.258,38	-	1.004,80	1.130,40	-	893,92	1.005,66	-	786,24	884,52	-	681,76	766,98	-	580,16	652
	IV	23.820	746,96	1.905,60	2.143,80	635,10	1.830,40	2.059,20	523,24	1.755,20	1.974,60	411,38	1.680,00	1.890,00	299,52	1.604,80	1.805,40	187,66	1.529,60	1.720,80	75,80	1.454,40	1.636
	V	29.993	1.481,55	2.399,44	2.699,37																		
	VI	30.525	1.544,85	2.442,00	2.747,25																		
83.663,99	I	23.835	748,74	1.906,80	2.145,15	525,02	1.756,40	1.975,95	301,30	1.606,00	1.806,75	77,70	1.455,68	1.637,64	-	1.305,28	1.468,44	-	1.158,24	1.303,02	-	1.017,44	1.144
	II	22.046	535,85	1.763,68	1.984,14	312,13	1.613,28	1.814,94	88,41	1.462,88	1.645,74	-	1.312,48	1.476,54	-	1.165,20	1.310,85	-	1.024,08	1.152,09	-	889,12	1.000
	III	15.456	-	1.236,48	1.391,04	-	1.119,52	1.259,46	-	1.005,60	1.131,30	-	894,88	1.006,74	-	787,20	885,60	-	682,56	767,88	-	580,96	653
	IV	23.835	748,74	1.906,80	2.145,15	636,88	1.831,60	2.060,55	525,02	1.756,40	1.975,95	413,16	1.681,20	1.891,35	301,30	1.606,00	1.806,75	189,44	1.530,80	1.722,15	77,70	1.455,68	1.637
	V	30.009	1.483,45	2.400,72	2.700,81																		
	VI	30.540	1.546,64	2.443,20	2.748,60																		
83.699,99	I	23.850	750,53	1.908,00	2.146,50	526,81	1.757,60	1.977,30	303,21	1.607,28	1.808,19	79,49	1.456,88	1.638,99	-	1.306,48	1.469,79	-	1.159,44	1.304,37	-	1.018,56	1.145
	II	22.061	537,64	1.764,88	1.985,49	313,92	1.614,48	1.816,29	90,20	1.464,08	1.647,09	-	1.313,68	1.477,89	-	1.166,40	1.312,20	-	1.025,20	1.153,35	-	890,16	1.001
	III	15.468	-	1.237,44	1.392,12	-	1.120,48	1.260,54	-	1.006,56	1.132,38	-	895,68	1.007,64	-	788,00	886,50	-	683,36	768,78	-	581,76	654
	IV	23.850	750,53	1.908,00	2.146,50	638,67	1.832,80	2.061,90	526,81	1.757,60	1.977,30	415,07	1.682,48	1.892,79	303,21	1.607,28	1.808,19	191,35	1.532,08	1.723,59	79,49	1.456,88	1.638
	V	30.024	1.485,23	2.401,92	2.702,16																		
	VI	30.555	1.548,42	2.444,40	2.749,95																		

Anzahl Kinderfreibeträge (nur Steuerklassen I–IV)

SolZ/KiSt lt. Tabelle nicht für Sonstige Bezüge anwendbar.

Lohn/ Gehalt bis	Steuerklasse	Lohnsteuer	ohne Kinderfreibetrag			Anzahl Kinderfreibeträge (nur Steuerklassen I–IV)																	
						0,5			1,0			1,5			2,0			2,5			3,0		
			SolZ 5,5%	Kirchensteuer 8%	9%	SolZ 5,5%	Kirchensteuer 8%	9%	SolZ 5,5%	Kirchensteuer 8%	9%	SolZ 5,5%	Kirchensteuer 8%	9%	SolZ 5,5%	Kirchensteuer 8%	9%	SolZ 5,5%	Kirchensteuer 8%	9%	SolZ 5,5%	Kirchensteuer 8%	9%
83.735,99	I	23.866	752,43	1.909,28	2.147,94	528,71	1.758,88	1.978,74	304,99	1.608,48	1.809,54	81,27	1.458,08	1.640,34	-	1.307,68	1.471,14	-	1.160,56	1.305,63	-	1.019,60	1.147,05
	II	22.076	539,42	1.766,08	1.986,84	315,70	1.615,68	1.817,64	91,98	1.465,28	1.648,44	-	1.314,96	1.479,33	-	1.167,52	1.313,46	-	1.026,32	1.154,61	-	891,20	1.002,60
	III	15.480	-	1.238,40	1.393,20	-	1.121,44	1.261,62	-	1.007,52	1.133,46	-	896,64	1.008,72	-	788,80	887,40	-	684,16	769,68	-	582,56	655,38
	IV	23.866	752,43	1.909,28	2.147,94	640,57	1.834,08	2.063,34	528,71	1.758,88	1.978,74	416,85	1.683,68	1.894,14	304,99	1.608,48	1.809,54	193,13	1.533,28	1.724,94	81,27	1.458,08	1.640,34
	V	30.039	1.487,02	2.403,12	2.703,51																		
	VI	30.571	1.550,33	2.445,68	2.751,39																		
83.771,99	I	23.881	754,22	1.910,48	2.149,29	530,50	1.760,08	1.980,09	306,78	1.609,68	1.810,89	83,06	1.459,28	1.641,69	-	1.308,88	1.472,49	-	1.161,76	1.306,98	-	1.020,72	1.148,31
	II	22.091	541,21	1.767,28	1.988,19	317,61	1.616,96	1.819,08	93,89	1.466,56	1.649,88	-	1.316,16	1.480,68	-	1.168,72	1.314,81	-	1.027,44	1.155,87	-	892,32	1.003,86
	III	15.492	-	1.239,36	1.394,28	-	1.122,40	1.262,70	-	1.008,32	1.134,36	-	897,44	1.009,62	-	789,76	888,48	-	684,96	770,58	-	583,36	656,28
	IV	23.881	754,22	1.910,48	2.149,29	642,36	1.835,28	2.064,69	530,50	1.760,08	1.980,09	418,64	1.684,88	1.895,49	306,78	1.609,68	1.810,89	194,92	1.534,48	1.726,29	83,06	1.459,28	1.641,69
	V	30.054	1.488,80	2.404,32	2.704,86																		
	VI	30.586	1.552,11	2.446,88	2.752,74																		
83.807,99	I	23.896	756,00	1.911,68	2.150,64	532,28	1.761,28	1.981,44	308,56	1.610,88	1.812,24	84,84	1.460,48	1.643,04	-	1.310,08	1.473,84	-	1.162,88	1.308,24	-	1.021,84	1.149,57
	II	22.107	543,11	1.768,56	1.989,63	319,39	1.618,16	1.820,43	95,67	1.467,76	1.651,23	-	1.317,36	1.482,03	-	1.169,84	1.316,07	-	1.028,48	1.157,04	-	893,36	1.005,03
	III	15.504	-	1.240,32	1.395,36	-	1.123,20	1.263,60	-	1.009,28	1.135,44	-	898,40	1.010,70	-	790,56	889,38	-	685,92	771,66	-	584,16	657,18
	IV	23.896	756,00	1.911,68	2.150,64	644,14	1.836,48	2.066,04	532,28	1.761,28	1.981,44	420,42	1.686,08	1.896,84	308,56	1.610,88	1.812,24	196,70	1.535,68	1.727,64	84,84	1.460,48	1.643,04
	V	30.069	1.490,59	2.405,52	2.706,21																		
	VI	30.601	1.553,90	2.448,08	2.754,09																		
83.843,99	I	23.911	757,79	1.912,88	2.151,99	534,07	1.762,48	1.982,79	310,35	1.612,08	1.813,59	86,63	1.461,68	1.644,39	-	1.311,28	1.475,19	-	1.164,08	1.309,59	-	1.022,96	1.150,83
	II	22.122	544,90	1.769,76	1.990,98	321,18	1.619,36	1.821,78	97,46	1.468,96	1.652,58	-	1.318,56	1.483,38	-	1.171,04	1.317,42	-	1.029,60	1.158,30	-	894,40	1.006,20
	III	15.516	-	1.241,28	1.396,44	-	1.124,16	1.264,68	-	1.010,24	1.136,52	-	899,20	1.011,60	-	791,36	890,28	-	686,72	772,56	-	584,96	658,08
	IV	23.911	757,79	1.912,88	2.151,99	645,93	1.837,68	2.067,39	534,07	1.762,48	1.982,79	422,21	1.687,28	1.898,19	310,35	1.612,08	1.813,59	198,49	1.536,88	1.728,99	86,63	1.461,68	1.644,39
	V	30.084	1.492,37	2.406,72	2.707,56																		
	VI	30.616	1.555,68	2.449,28	2.755,44																		
83.879,99	I	23.926	759,57	1.914,08	2.153,34	535,85	1.763,68	1.984,14	312,13	1.613,28	1.814,94	88,41	1.462,88	1.645,74	-	1.312,48	1.476,54	-	1.165,20	1.310,85	-	1.024,08	1.152,09
	II	22.137	546,68	1.770,96	1.992,33	322,96	1.620,56	1.823,13	99,24	1.470,16	1.653,93	-	1.319,76	1.484,73	-	1.172,16	1.318,68	-	1.030,72	1.159,56	-	895,44	1.007,37
	III	15.528	-	1.242,24	1.397,52	-	1.125,12	1.265,76	-	1.011,04	1.137,42	-	900,16	1.012,68	-	792,32	891,36	-	687,52	773,46	-	585,76	658,98
	IV	23.926	759,57	1.914,08	2.153,34	647,71	1.838,88	2.068,74	535,85	1.763,68	1.984,14	423,99	1.688,48	1.899,54	312,13	1.613,28	1.814,94	200,27	1.538,08	1.730,34	88,41	1.462,88	1.645,74
	V	30.099	1.494,16	2.407,92	2.708,91																		
	VI	30.631	1.557,47	2.450,48	2.756,79																		
83.915,99	I	23.941	761,36	1.915,28	2.154,69	537,64	1.764,88	1.985,49	313,92	1.614,48	1.816,29	90,20	1.464,08	1.647,09	-	1.313,68	1.477,89	-	1.166,40	1.312,20	-	1.025,20	1.153,35
	II	22.152	548,47	1.772,16	1.993,68	324,75	1.621,76	1.824,48	101,03	1.471,36	1.655,28	-	1.320,96	1.486,08	-	1.173,36	1.320,03	-	1.031,84	1.160,82	-	896,56	1.008,63
	III	15.540	-	1.243,20	1.398,60	-	1.126,08	1.266,84	-	1.012,00	1.138,50	-	900,96	1.013,58	-	793,12	892,26	-	688,32	774,36	-	586,56	659,88
	IV	23.941	761,36	1.915,28	2.154,69	649,50	1.840,08	2.070,09	537,64	1.764,88	1.985,49	425,78	1.689,68	1.900,89	313,92	1.614,48	1.816,29	202,06	1.539,28	1.731,69	90,20	1.464,08	1.647,09
	V	30.114	1.495,94	2.409,12	2.710,26																		
	VI	30.646	1.559,25	2.451,68	2.758,14																		
83.951,99	I	23.956	763,14	1.916,48	2.156,04	539,42	1.766,08	1.986,84	315,70	1.615,68	1.817,64	91,98	1.465,28	1.648,44	-	1.314,96	1.479,33	-	1.167,52	1.313,46	-	1.026,32	1.154,61
	II	22.167	550,25	1.773,36	1.995,03	326,53	1.622,96	1.825,83	102,81	1.472,56	1.656,63	-	1.322,16	1.487,43	-	1.174,48	1.321,29	-	1.032,96	1.162,08	-	897,60	1.009,80
	III	15.552	-	1.244,16	1.399,68	-	1.127,04	1.267,92	-	1.012,96	1.139,58	-	901,92	1.014,66	-	793,92	893,16	-	689,12	775,26	-	587,36	660,78
	IV	23.956	763,14	1.916,48	2.156,04	651,28	1.841,28	2.071,44	539,42	1.766,08	1.986,84	427,56	1.690,88	1.902,24	315,70	1.615,68	1.817,64	203,84	1.540,48	1.733,04	91,98	1.465,28	1.648,44
	V	30.130	1.497,85	2.410,40	2.711,70																		
	VI	30.661	1.561,04	2.452,88	2.759,49																		
83.987,99	I	23.971	764,93	1.917,68	2.157,39	541,21	1.767,28	1.988,19	317,61	1.616,96	1.819,08	93,89	1.466,56	1.649,88	-	1.316,16	1.480,68	-	1.168,72	1.314,81	-	1.027,44	1.155,87
	II	22.182	552,04	1.774,56	1.996,38	328,32	1.624,16	1.827,18	104,60	1.473,76	1.657,98	-	1.323,36	1.488,78	-	1.175,68	1.322,64	-	1.034,08	1.163,34	-	898,64	1.010,97
	III	15.564	-	1.245,12	1.400,76	-	1.128,00	1.269,00	-	1.013,76	1.140,48	-	902,72	1.015,56	-	794,88	894,24	-	689,92	776,16	-	588,16	661,68
	IV	23.971	764,93	1.917,68	2.157,39	653,07	1.842,48	2.072,79	541,21	1.767,28	1.988,19	429,35	1.692,08	1.903,59	317,61	1.616,96	1.819,08	205,75	1.541,76	1.734,48	93,89	1.466,56	1.649,88
	V	30.145	1.499,63	2.411,60	2.713,05																		
	VI	30.676	1.562,82	2.454,08	2.760,84																		
84.023,99	I	23.986	766,71	1.918,88	2.158,74	543,11	1.768,56	1.989,63	319,39	1.618,16	1.820,43	95,67	1.467,76	1.651,23	-	1.317,36	1.482,03	-	1.169,84	1.316,07	-	1.028,48	1.157,04
	II	22.197	553,82	1.775,76	1.997,73	330,10	1.625,36	1.828,53	106,38	1.474,96	1.659,33	-	1.324,64	1.490,22	-	1.176,80	1.323,90	-	1.035,20	1.164,60	-	899,76	1.012,23
	III	15.576	-	1.246,08	1.401,84	-	1.128,80	1.269,90	-	1.014,72	1.141,56	-	903,68	1.016,64	-	795,68	895,14	-	690,88	777,24	-	588,96	662,58
	IV	23.986	766,71	1.918,88	2.158,74	654,97	1.843,76	2.074,23	543,11	1.768,56	1.989,63	431,25	1.693,36	1.905,03	319,39	1.618,16	1.820,43	207,53	1.542,96	1.735,83	95,67	1.467,76	1.651,23
	V	30.160	1.501,42	2.412,80	2.714,40																		
	VI	30.691	1.564,61	2.455,28	2.762,19																		
84.059,99	I	24.002	768,62	1.920,16	2.160,18	544,90	1.769,76	1.990,98	321,18	1.619,36	1.821,78	97,46	1.468,96	1.652,58	-	1.318,56	1.483,38	-	1.171,04	1.317,42	-	1.029,60	1.158,30
	II	22.212	555,61	1.776,96	1.999,08	331,89	1.626,56	1.829,88	108,29	1.476,24	1.660,77	-	1.325,84	1.491,57	-	1.178,00	1.325,25	-	1.036,32	1.165,86	-	900,80	1.013,40
	III	15.588	-	1.247,04	1.402,92	-	1.129,76	1.270,98	-	1.015,68	1.142,64	-	904,48	1.017,54	-	796,64	896,22	-	691,68	778,14	-	589,92	663,66
	IV	24.002	768,62	1.920,16	2.160,18	656,76	1.844,96	2.075,58	544,90	1.769,76	1.990,98	433,04	1.694,56	1.906,38	321,18	1.619,36	1.821,78	209,32	1.544,16	1.737,18	97,46	1.468,96	1.652,58
	V	30.175	1.503,20	2.414,00	2.715,75																		
	VI	30.707	1.566,51	2.456,56	2.763,63																		
84.095,99	I	24.017	770,40	1.921,36	2.161,53	546,68	1.770,96	1.992,33	322,96	1.620,56	1.823,13	99,24	1.470,16	1.653,93	-	1.319,76	1.484,73	-	1.172,16	1.318,68	-	1.030,72	1.159,56
	II	22.228	557,51	1.778,24	2.000,52	333,79	1.627,84	1.831,32	110,07	1.477,44	1.662,12	-	1.327,04	1.492,92	-	1.179,12	1.326,51	-	1.037,44	1.167,12	-	901,84	1.014,57
	III	15.600	-	1.248,00	1.404,00	-	1.130,72	1.272,06	-	1.016,48	1.143,54	-	905,44	1.018,62	-	797,44	897,12	-	692,48	779,04	-	590,72	664,56
	IV	24.017	770,40	1.921,36	2.161,53	658,54	1.846,16	2.076,93	546,68	1.770,96	1.992,33	434,82	1.695,76	1.907,73	322,96	1.620,56	1.823,13	211,10	1.545,36	1.738,53	99,24	1.470,16	1.653,93
	V	30.190	1.504,99	2.415,20	2.717,10																		
	VI	30.722	1.568,30	2.457,76	2.764,98																		
84.131,99	I	24.032	772,19	1.922,56	2.162,88	548,47	1.772,16	1.993,68	324,75	1.621,76	1.824,48	101,03	1.471,36	1.655,28	-	1.320,96	1.486,08	-	1.173,36	1.320,03	-	1.031,84	1.160,82
	II	22.243	559,30	1.779,44	2.001,87	335,58	1.629,04	1.832,67	111,86	1.478,64	1.663,47	-	1.328,24	1.494,27	-	1.180,32	1.327,86	-	1.038,56	1.168,38	-	902,96	1.015,83
	III	15.612	-	1.248,96	1.405,08	-	1.131,68	1.273,14	-	1.017,44	1.144,62	-	906,24	1.019,52	-	798,24	898,02	-	693,28	779,94	-	591,52	665,46
	IV	24.032	772,19	1.922,56	2.162,88	660,33	1.847,36	2.078,28	548,47	1.772,16	1.993,68	436,61	1.696,96	1.909,08	324,75	1.621,76	1.824,48	212,89	1.546,56	1.739,88	101,03	1.471,36	1.655,28
	V	30.205	1.506,77	2.416,40	2.718,45																		
	VI	30.737	1.570,08	2.458,96	2.766,33																		
84.167,99	I	24.047	773,97	1.923,76	2.164,23	550,25	1.773,36	1.995,03	326,53	1.622,96	1.825,83	102,81	1.472,56	1.656,63	-	1.322,16	1.487,43	-	1.174,48	1.321,29	-	1.032,96	1.162,08
	II	22.258	561,08	1.780,64	2.003,22	337,36	1.630,24	1.834,02	113,64	1.479,84	1.664,82	-	1.329,44	1.495,62	-	1.181,52	1.329,21	-	1.039,68	1.169,64	-	904,00	1.017,00
	III	15.624	-	1.249,92	1.406,16	-	1.132,64	1.274,22	-	1.018,40	1.145,70	-	907,20	1.020,60	-	799,20	899,10	-	694,08	780,84	-	592,32	666,36
	IV	24.047	773,97	1.923,76	2.164,23	662,11	1.848,56	2.079,63	550,25	1.773,36	1.995,03	438,39	1.698,16	1.910,43	326,53	1.622,96	1.825,83	214,67	1.547,76	1.741,23	102,81	1.472,56	1.656,63
	V	30.220	1.508,56	2.417,60	2.719,80																		
	VI	30.752	1.571,87	2.460,16	2.767,68																		
84.203,99	I	24.062	775,76	1.924,96	2.165,58	552,04	1.774,56	1.996,38	328,32	1.624,16	1.827,18	104,60	1.473,76	1.657,98	-	1.323,36	1.488,78	-	1.175,68	1.322,64	-	1.034,08	1.163,34
	II	22.273	562,87	1.781,84	2.004,57	339,15	1.631,44	1.835,37	115,43	1.481,04	1.666,17	-	1.330,64	1.496,97	-	1.182,64	1.330,47	-	1.040,80	1.170,90	-	905,04	1.018,17
	III	15.636	-	1.250,88	1.407,24	-	1.133,44	1.275,12	-	1.019,20	1.146,60	-	908,00	1.021,50	-	800,00	900,00	-	695,04	781,92	-	593,12	667,26
	IV	24.062	775,76	1.924,96	2.165,58	663,90	1.849,76	2.080,98	552,04	1.774,56	1.996,38	440,18	1.699,36	1.911,78	328,32	1.624,16	1.827,18	216,46	1.548,96	1.742,58	104,60	1.473,76	1.657,98
	V	30.235	1.510,34	2.418,80	2.721,15																		
	VI	30.767	1.573,65	2.461,36	2.769,03																		
84.239,99	I	24.077	777,54	1.926,16	2.166,93	553,82	1.775,76	1.997,73	330,10	1.625,36	1.828,53	106,38	1.474,96	1.659,33	-	1.324,64	1.490,22	-	1.176,80	1.323,90	-	1.035,20	1.164,60
	II	22.288	564,65	1.783,04	2.005,92	340,93	1.632,64	1.836,72	117,21	1.482,24	1.667,52	-	1.331,84	1.498,32	-	1.183,84	1.331,82	-	1.041,92	1.172,16	-	906,16	1.019,43
	III	15.648	-	1.251,84	1.408,32	-	1.134,40	1.276,20	-	1.020,16	1.147,68	-	908,96	1.022,58	-	800,80	900,90	-	695,84	782,82	-	593,92	668,16
	IV	24.077	777,54	1.926,16	2.166,93	665,68	1.850,96	2.082,33	553,82	1.775,76	1.997,73	441,96	1.700,56	1.913,13	330,10	1.625,36	1.828,53	218,24	1.550,16	1.743,93	106,38	1.474,96	1.659,33
	V	30.250	1.512,13	2.420,00	2.722,50																		
	VI	30.782	1.575,44	2.462,56	2.770,38																		

SolZ/KiSt lt. Tabelle nicht für Sonstige Bezüge anwendbar.

Lohn/ Gehalt bis	Steuerklasse	Lohn-steuer	ohne Kinderfreibetrag SolZ 5,5%	Kirchensteuer 8%	9%	0,5 SolZ 5,5%	Kirchensteuer 8%	9%	1,0 SolZ 5,5%	Kirchensteuer 8%	9%	1,5 SolZ 5,5%	Kirchensteuer 8%	9%	2,0 SolZ 5,5%	Kirchensteuer 8%	9%	2,5 SolZ 5,5%	Kirchensteuer 8%	9%	3,0 SolZ 5,5%	Kirchensteuer 8%	9%
84.275,99	I	24.092	779,33	1.927,36	2.168,28	555,61	1.776,96	1.999,08	331,89	1.626,56	1.829,88	108,29	1.476,24	1.660,77	-	1.325,84	1.491,57	-	1.178,00	1.325,25	-	1.036,32	1.165,8
	II	22.303	566,44	1.784,24	2.007,27	342,72	1.633,84	1.838,07	119,00	1.483,44	1.668,87	-	1.333,04	1.499,67	-	1.184,96	1.333,08	-	1.043,04	1.173,42	-	907,20	1.020,6
	III	15.660	-	1.252,80	1.409,40	-	1.135,36	1.277,28	-	1.021,12	1.148,76	-	909,76	1.023,48	-	801,76	901,98	-	696,64	783,72	-	594,72	669,0
	IV	24.092	779,33	1.927,36	2.168,28	667,47	1.852,16	2.083,68	555,61	1.776,96	1.999,08	443,75	1.701,76	1.914,48	331,89	1.626,56	1.829,88	220,15	1.551,44	1.745,37	108,29	1.476,24	1.660,7
	V	30.266	1.514,03	2.421,28	2.723,94																		
	VI	30.797	1.577,22	2.463,76	2.771,73																		
84.311,99	I	24.107	781,11	1.928,56	2.169,63	557,51	1.778,24	2.000,52	333,79	1.627,84	1.831,32	110,07	1.477,44	1.662,12	-	1.327,04	1.492,92	-	1.179,12	1.326,51	-	1.037,44	1.167,1
	II	22.318	568,22	1.785,44	2.008,62	344,50	1.635,04	1.839,42	120,78	1.484,64	1.670,22	-	1.334,24	1.501,02	-	1.186,16	1.334,43	-	1.044,08	1.174,59	-	908,24	1.021,7
	III	15.672	-	1.253,76	1.410,48	-	1.136,32	1.278,36	-	1.021,92	1.149,66	-	910,72	1.024,56	-	802,56	902,88	-	697,44	784,62	-	595,52	669,9
	IV	24.107	781,11	1.928,56	2.169,63	669,25	1.853,36	2.085,03	557,51	1.778,24	2.000,52	445,65	1.703,04	1.915,92	333,79	1.627,84	1.831,32	221,93	1.552,64	1.746,72	110,07	1.477,44	1.662,1
	V	30.281	1.515,82	2.422,48	2.725,29																		
	VI	30.812	1.579,01	2.464,96	2.773,08																		
84.347,99	I	24.123	783,02	1.929,84	2.171,07	559,30	1.779,44	2.001,87	335,58	1.629,04	1.832,67	111,86	1.478,64	1.663,47	-	1.328,24	1.494,27	-	1.180,32	1.327,86	-	1.038,56	1.168,3
	II	22.333	570,01	1.786,64	2.009,97	346,29	1.636,24	1.840,77	122,68	1.485,92	1.671,66	-	1.335,52	1.502,46	-	1.187,28	1.335,69	-	1.045,20	1.175,85	-	909,36	1.023,0
	III	15.684	-	1.254,72	1.411,56	-	1.137,28	1.279,44	-	1.022,88	1.150,74	-	911,68	1.025,64	-	803,36	903,78	-	698,24	785,52	-	596,32	670,8
	IV	24.123	783,02	1.929,84	2.171,07	671,16	1.854,64	2.086,47	559,30	1.779,44	2.001,87	447,44	1.704,24	1.917,27	335,58	1.629,04	1.832,67	223,72	1.553,84	1.748,07	111,86	1.478,64	1.663,4
	V	30.296	1.517,60	2.423,68	2.726,64																		
	VI	30.828	1.580,91	2.466,24	2.774,52																		
84.383,99	I	24.138	784,80	1.931,04	2.172,42	561,08	1.780,64	2.003,22	337,36	1.630,24	1.834,02	113,64	1.479,84	1.664,82	-	1.329,44	1.495,62	-	1.181,52	1.329,21	-	1.039,68	1.169,6
	II	22.348	571,79	1.787,84	2.011,32	348,19	1.637,52	1.842,21	124,47	1.487,12	1.673,01	-	1.336,72	1.503,81	-	1.188,48	1.337,04	-	1.046,32	1.177,11	-	910,40	1.024,2
	III	15.696	-	1.255,68	1.412,64	-	1.138,24	1.280,52	-	1.023,84	1.151,82	-	912,48	1.026,54	-	804,32	904,86	-	699,20	786,60	-	597,12	671,7
	IV	24.138	784,80	1.931,04	2.172,42	672,94	1.855,84	2.087,82	561,08	1.780,64	2.003,22	449,22	1.705,44	1.918,62	337,36	1.630,24	1.834,02	225,50	1.555,04	1.749,42	113,64	1.479,84	1.664,8
	V	30.311	1.519,39	2.424,88	2.727,99																		
	VI	30.843	1.582,70	2.467,44	2.775,87																		
84.419,99	I	24.153	786,59	1.932,24	2.173,77	562,87	1.781,84	2.004,57	339,15	1.631,44	1.835,37	115,43	1.481,04	1.666,17	-	1.330,64	1.496,97	-	1.182,64	1.330,47	-	1.040,80	1.170,9
	II	22.364	573,69	1.789,12	2.012,76	349,97	1.638,72	1.843,56	126,25	1.488,32	1.674,36	-	1.337,92	1.505,16	-	1.189,68	1.338,39	-	1.047,44	1.178,37	-	911,44	1.025,3
	III	15.708	-	1.256,64	1.413,72	-	1.139,04	1.281,42	-	1.024,64	1.152,72	-	913,44	1.027,62	-	805,12	905,76	-	700,00	787,50	-	597,92	672,6
	IV	24.153	786,59	1.932,24	2.173,77	674,73	1.857,04	2.089,17	562,87	1.781,84	2.004,57	451,01	1.706,64	1.919,97	339,15	1.631,44	1.835,37	227,29	1.556,24	1.750,77	115,43	1.481,04	1.666,1
	V	30.326	1.521,17	2.426,08	2.729,34																		
	VI	30.858	1.584,48	2.468,64	2.777,22																		
84.455,99	I	24.168	788,37	1.933,44	2.175,12	564,65	1.783,04	2.005,92	340,93	1.632,64	1.836,72	117,21	1.482,24	1.667,52	-	1.331,84	1.498,32	-	1.183,84	1.331,82	-	1.041,92	1.172,1
	II	22.379	575,48	1.790,32	2.014,11	351,76	1.639,92	1.844,91	128,04	1.489,52	1.675,71	-	1.339,12	1.506,51	-	1.190,80	1.339,65	-	1.048,56	1.179,63	-	912,56	1.026,6
	III	15.720	-	1.257,60	1.414,80	-	1.140,00	1.282,50	-	1.025,60	1.153,80	-	914,24	1.028,52	-	805,92	906,66	-	700,80	788,40	-	598,72	673,5
	IV	24.168	788,37	1.933,44	2.175,12	676,51	1.858,24	2.090,52	564,65	1.783,04	2.005,92	452,79	1.707,84	1.921,32	340,93	1.632,64	1.836,72	229,07	1.557,44	1.752,12	117,21	1.482,24	1.667,5
	V	30.341	1.522,96	2.427,28	2.730,69																		
	VI	30.873	1.586,27	2.469,84	2.778,57																		
84.491,99	I	24.183	790,16	1.934,64	2.176,47	566,44	1.784,24	2.007,27	342,72	1.633,84	1.838,07	119,00	1.483,44	1.668,87	-	1.333,04	1.499,67	-	1.184,96	1.333,08	-	1.043,04	1.173,4
	II	22.394	577,26	1.791,52	2.015,46	353,54	1.641,12	1.846,26	129,82	1.490,72	1.677,06	-	1.340,32	1.507,86	-	1.192,00	1.341,00	-	1.049,68	1.180,89	-	913,60	1.027,8
	III	15.732	-	1.258,56	1.415,88	-	1.140,96	1.283,58	-	1.026,56	1.154,88	-	915,20	1.029,60	-	806,88	907,74	-	701,60	789,30	-	599,52	674,4
	IV	24.183	790,16	1.934,64	2.176,47	678,30	1.859,44	2.091,87	566,44	1.784,24	2.007,27	454,58	1.709,04	1.922,67	342,72	1.633,84	1.838,07	230,86	1.558,64	1.753,47	119,00	1.483,44	1.668,8
	V	30.356	1.524,74	2.428,48	2.732,04																		
	VI	30.888	1.588,05	2.471,04	2.779,92																		
84.527,99	I	24.198	791,94	1.935,84	2.177,82	568,22	1.785,44	2.008,62	344,50	1.635,04	1.839,42	120,78	1.484,64	1.670,22	-	1.334,24	1.501,02	-	1.186,16	1.334,43	-	1.044,08	1.174,5
	II	22.409	579,05	1.792,72	2.016,81	355,33	1.642,32	1.847,61	131,61	1.491,92	1.678,41	-	1.341,52	1.509,21	-	1.193,12	1.342,26	-	1.050,80	1.182,15	-	914,64	1.028,9
	III	15.744	-	1.259,52	1.416,96	-	1.141,92	1.284,66	-	1.027,36	1.155,78	-	916,00	1.030,50	-	807,68	908,64	-	702,56	790,38	-	600,32	675,3
	IV	24.198	791,94	1.935,84	2.177,82	680,08	1.860,64	2.093,22	568,22	1.785,44	2.008,62	456,36	1.710,24	1.924,02	344,50	1.635,04	1.839,42	232,64	1.559,84	1.754,82	120,78	1.484,64	1.670,2
	V	30.371	1.526,53	2.429,68	2.733,39																		
	VI	30.903	1.589,84	2.472,24	2.781,27																		
84.563,99	I	24.213	793,73	1.937,04	2.179,17	570,01	1.786,64	2.009,97	346,29	1.636,24	1.840,77	122,68	1.485,92	1.671,66	-	1.335,52	1.502,46	-	1.187,28	1.335,69	-	1.045,20	1.175,8
	II	22.424	580,83	1.793,92	2.018,16	357,11	1.643,52	1.848,96	133,39	1.493,12	1.679,76	-	1.342,72	1.510,56	-	1.194,32	1.343,61	-	1.051,92	1.183,41	-	915,76	1.030,2
	III	15.756	-	1.260,48	1.418,04	-	1.142,88	1.285,74	-	1.028,32	1.156,86	-	916,96	1.031,58	-	808,64	909,72	-	703,36	791,28	-	601,12	676,2
	IV	24.213	793,73	1.937,04	2.179,17	681,87	1.861,84	2.094,57	570,01	1.786,64	2.009,97	458,15	1.711,44	1.925,37	346,29	1.636,24	1.840,77	234,43	1.561,04	1.756,17	122,68	1.485,92	1.671,6
	V	30.387	1.528,43	2.430,96	2.734,83																		
	VI	30.918	1.591,62	2.473,44	2.782,62																		
84.599,99	I	24.228	795,51	1.938,24	2.180,52	571,79	1.787,84	2.011,32	348,19	1.637,52	1.842,21	124,47	1.487,12	1.673,01	-	1.336,72	1.503,81	-	1.188,48	1.337,04	-	1.046,32	1.177,1
	II	22.439	582,62	1.795,12	2.019,51	358,90	1.644,72	1.850,31	135,18	1.494,32	1.681,11	-	1.343,92	1.511,91	-	1.195,52	1.344,96	-	1.053,04	1.184,67	-	916,80	1.031,4
	III	15.768	-	1.261,44	1.419,12	-	1.143,84	1.286,82	-	1.029,28	1.157,94	-	917,76	1.032,48	-	809,44	910,62	-	704,16	792,18	-	601,92	677,1
	IV	24.228	795,51	1.938,24	2.180,52	683,65	1.863,04	2.095,92	571,79	1.787,84	2.011,32	460,05	1.712,72	1.926,81	348,19	1.637,52	1.842,21	236,33	1.562,32	1.757,61	124,47	1.487,12	1.673,0
	V	30.402	1.530,22	2.432,16	2.736,18																		
	VI	30.933	1.593,41	2.474,64	2.783,97																		
84.635,99	I	24.244	797,41	1.939,52	2.181,96	573,69	1.789,12	2.012,76	349,97	1.638,72	1.843,56	126,25	1.488,32	1.674,36	-	1.337,92	1.505,16	-	1.189,68	1.338,39	-	1.047,44	1.178,3
	II	22.454	584,40	1.796,32	2.020,86	360,68	1.645,92	1.851,66	136,96	1.495,52	1.682,46	-	1.345,20	1.513,35	-	1.196,64	1.346,22	-	1.054,16	1.185,93	-	917,92	1.032,6
	III	15.780	-	1.262,40	1.420,20	-	1.144,64	1.287,72	-	1.030,08	1.158,84	-	918,72	1.033,56	-	810,24	911,52	-	704,96	793,08	-	602,72	678,0
	IV	24.244	797,41	1.939,52	2.181,96	685,55	1.864,32	2.097,36	573,69	1.789,12	2.012,76	461,83	1.713,92	1.928,16	349,97	1.638,72	1.843,56	238,11	1.563,52	1.758,96	126,25	1.488,32	1.674,3
	V	30.417	1.532,00	2.433,36	2.737,53																		
	VI	30.949	1.595,31	2.475,92	2.785,41																		
84.671,99	I	24.259	799,20	1.940,72	2.183,31	575,48	1.790,32	2.014,11	351,76	1.639,92	1.844,91	128,04	1.489,52	1.675,71	-	1.339,12	1.506,51	-	1.190,80	1.339,65	-	1.048,56	1.179,6
	II	22.469	586,19	1.797,52	2.022,21	362,59	1.647,20	1.853,10	138,87	1.496,80	1.683,90	-	1.346,40	1.514,70	-	1.197,84	1.347,57	-	1.055,28	1.187,19	-	918,96	1.033,8
	III	15.792	-	1.263,36	1.421,28	-	1.145,60	1.288,80	-	1.031,04	1.159,92	-	919,52	1.034,46	-	811,20	912,60	-	705,76	793,98	-	603,52	678,9
	IV	24.259	799,20	1.940,72	2.183,31	687,34	1.865,52	2.098,71	575,48	1.790,32	2.014,11	463,62	1.715,12	1.929,51	351,76	1.639,92	1.844,91	239,90	1.564,72	1.760,31	128,04	1.489,52	1.675,7
	V	30.432	1.533,79	2.434,56	2.738,88																		
	VI	30.964	1.597,09	2.477,12	2.786,76																		
84.707,99	I	24.274	800,98	1.941,92	2.184,66	577,26	1.791,52	2.015,46	353,54	1.641,12	1.846,26	129,82	1.490,72	1.677,06	-	1.340,32	1.507,86	-	1.192,00	1.341,00	-	1.049,68	1.180,8
	II	22.485	588,09	1.798,80	2.023,65	364,37	1.648,40	1.854,45	140,65	1.498,00	1.685,25	-	1.347,60	1.516,05	-	1.199,04	1.348,92	-	1.056,40	1.188,45	-	920,00	1.035,0
	III	15.804	-	1.264,32	1.422,36	-	1.146,56	1.289,88	-	1.032,00	1.161,00	-	920,48	1.035,54	-	812,00	913,50	-	706,72	795,06	-	604,32	679,8
	IV	24.274	800,98	1.941,92	2.184,66	689,12	1.866,72	2.100,06	577,26	1.791,52	2.015,46	465,40	1.716,32	1.930,86	353,54	1.641,12	1.846,26	241,68	1.565,92	1.761,66	129,82	1.490,72	1.677,
	V	30.447	1.535,57	2.435,76	2.740,23																		
	VI	30.979	1.598,88	2.478,32	2.788,11																		
84.743,99	I	24.289	802,77	1.943,12	2.186,01	579,05	1.792,72	2.016,81	355,33	1.642,32	1.847,61	131,61	1.491,92	1.678,41	-	1.341,52	1.509,21	-	1.193,12	1.342,26	-	1.050,80	1.182,1
	II	22.500	589,88	1.800,00	2.025,00	366,16	1.649,60	1.855,80	142,44	1.499,20	1.686,60	-	1.348,80	1.517,40	-	1.200,16	1.350,18	-	1.057,52	1.189,71	-	921,12	1.036,2
	III	15.816	-	1.265,28	1.423,44	-	1.147,52	1.290,96	-	1.032,80	1.161,90	-	921,28	1.036,44	-	812,80	914,40	-	707,52	795,96	-	605,28	680,9
	IV	24.289	802,77	1.943,12	2.186,01	690,91	1.867,92	2.101,41	579,05	1.792,72	2.016,81	467,19	1.717,52	1.932,21	355,33	1.642,32	1.847,61	243,47	1.567,12	1.763,01	131,61	1.491,92	1.678,4
	V	30.462	1.537,36	2.436,96	2.741,58																		
	VI	30.994	1.600,66	2.479,52	2.789,46																		
84.779,99	I	24.304	804,55	1.944,32	2.187,36	580,83	1.793,92	2.018,16	357,11	1.643,52	1.848,96	133,39	1.493,12	1.679,76	-	1.342,72	1.510,56	-	1.194,32	1.343,61	-	1.051,92	1.183,4
	II	22.515	591,66	1.801,20	2.026,35	367,94	1.650,80	1.857,15	144,22	1.500,40	1.687,95	-	1.350,00	1.518,75	-	1.201,36	1.351,53	-	1.058,64	1.190,97	-	922,16	1.037,4
	III	15.828	-	1.266,24	1.424,52	-	1.148,48	1.292,04	-	1.033,76	1.162,98	-	922,24	1.037,52	-	813,76	915,48	-	708,32	796,86	-	606,08	681,8
	IV	24.304	804,55	1.944,32	2.187,36	692,69	1.869,12	2.102,76	580,83	1.793,92	2.018,16	468,97	1.718,72	1.933,56	357,11	1.643,52	1.848,96	245,25	1.568,32	1.764,36	133,39	1.493,12	1.679,7
	V	30.477	1.539,14	2.438,16	2.742,93																		
	VI	31.009	1.602,45	2.480,72	2.790,81																		

Anzahl Kinderfreibeträge (nur Steuerklassen I–IV)

SolZ/KiSt lt. Tabelle nicht für Sonstige Bezüge anwendbar.

Besondere Tabelle

JAHR bis 85.319,99 €

Lohn/Gehalt bis	Steuerklasse	Lohnsteuer	ohne Kinderfreibetrag SolZ 5,5%	ohne Kinderfreibetrag Kirchensteuer 8%	ohne Kinderfreibetrag Kirchensteuer 9%	0,5 SolZ 5,5%	0,5 Kirchensteuer 8%	0,5 Kirchensteuer 9%	1,0 SolZ 5,5%	1,0 Kirchensteuer 8%	1,0 Kirchensteuer 9%	1,5 SolZ 5,5%	1,5 Kirchensteuer 8%	1,5 Kirchensteuer 9%	2,0 SolZ 5,5%	2,0 Kirchensteuer 8%	2,0 Kirchensteuer 9%	2,5 SolZ 5,5%	2,5 Kirchensteuer 8%	2,5 Kirchensteuer 9%	3,0 SolZ 5,5%	3,0 Kirchensteuer 8%	3,0 Kirchensteuer 9%
84.815,99	I	24.319	806,34	1.945,52	2.188,71	582,62	1.795,12	2.019,51	358,90	1.644,72	1.850,31	135,18	1.494,32	1.681,11	-	1.343,92	1.511,91	-	1.195,52	1.344,96	-	1.053,04	1.184,67
	II	22.530	593,45	1.802,40	2.027,70	369,73	1.652,00	1.858,50	146,01	1.501,60	1.689,30	-	1.351,20	1.520,10	-	1.202,56	1.352,88	-	1.059,84	1.192,32	-	923,28	1.038,69
	III	15.840	-	1.267,20	1.425,60	-	1.149,44	1.293,12	-	1.034,72	1.164,06	-	923,04	1.038,42	-	814,56	916,38	-	709,12	797,76	-	606,88	682,74
	IV	24.319	806,34	1.945,52	2.188,71	694,48	1.870,32	2.104,11	582,62	1.795,12	2.019,51	470,76	1.719,92	1.934,91	358,90	1.644,72	1.850,31	247,04	1.569,52	1.765,71	135,18	1.494,32	1.681,11
	V	30.492	1.540,93	2.439,36	2.744,28																		
	VI	31.024	1.604,23	2.481,92	2.792,16																		
84.851,99	I	24.334	808,12	1.946,72	2.190,06	584,40	1.796,32	2.020,86	360,68	1.645,92	1.851,66	136,96	1.495,52	1.682,46	-	1.345,20	1.513,35	-	1.196,64	1.346,22	-	1.054,16	1.185,93
	II	22.545	595,23	1.803,60	2.029,05	371,51	1.653,20	1.859,85	147,79	1.502,80	1.690,65	-	1.352,40	1.521,45	-	1.203,68	1.354,14	-	1.060,96	1.193,58	-	924,32	1.039,86
	III	15.852	-	1.268,16	1.426,68	-	1.150,24	1.294,02	-	1.035,52	1.164,96	-	924,00	1.039,50	-	815,52	917,46	-	709,92	798,66	-	607,68	683,64
	IV	24.334	808,12	1.946,72	2.190,06	696,26	1.871,52	2.105,46	584,40	1.796,32	2.020,86	472,54	1.721,12	1.936,26	360,68	1.645,92	1.851,66	248,82	1.570,72	1.767,06	136,96	1.495,52	1.682,46
	V	30.508	1.542,83	2.440,64	2.745,72																		
	VI	31.039	1.606,02	2.483,12	2.793,51																		
84.887,99	I	24.349	809,91	1.947,92	2.191,41	586,19	1.797,52	2.022,21	362,59	1.647,20	1.853,10	138,87	1.496,80	1.683,90	-	1.346,40	1.514,70	-	1.197,84	1.347,57	-	1.055,28	1.187,19
	II	22.560	597,02	1.804,80	2.030,40	373,30	1.654,40	1.861,20	149,58	1.504,00	1.692,00	-	1.353,60	1.522,80	-	1.204,88	1.355,49	-	1.062,08	1.194,84	-	925,36	1.041,03
	III	15.864	-	1.269,12	1.427,76	-	1.151,20	1.295,10	-	1.036,48	1.166,04	-	924,80	1.040,40	-	816,32	918,36	-	710,88	799,74	-	608,48	684,54
	IV	24.349	809,91	1.947,92	2.191,41	698,05	1.872,72	2.106,81	586,19	1.797,52	2.022,21	474,33	1.722,32	1.937,61	362,59	1.647,20	1.853,10	250,73	1.572,00	1.768,50	138,87	1.496,80	1.683,90
	V	30.523	1.544,62	2.441,84	2.747,07																		
	VI	31.054	1.607,80	2.484,32	2.794,86																		
84.923,99	I	24.364	811,69	1.949,12	2.192,76	588,09	1.798,80	2.023,65	364,37	1.648,40	1.854,45	140,65	1.498,00	1.685,25	-	1.347,60	1.516,05	-	1.199,04	1.348,92	-	1.056,40	1.188,45
	II	22.575	598,80	1.806,00	2.031,75	375,08	1.655,60	1.862,55	151,36	1.505,20	1.693,35	-	1.354,88	1.524,24	-	1.206,08	1.356,84	-	1.063,20	1.196,10	-	926,48	1.042,29
	III	15.876	-	1.270,08	1.428,84	-	1.152,16	1.296,18	-	1.037,44	1.167,12	-	925,76	1.041,48	-	817,12	919,26	-	711,68	800,64	-	609,28	685,44
	IV	24.364	811,69	1.949,12	2.192,76	699,95	1.874,00	2.108,25	588,09	1.798,80	2.023,65	476,23	1.723,60	1.939,05	364,37	1.648,40	1.854,45	252,51	1.573,20	1.769,85	140,65	1.498,00	1.685,25
	V	30.538	1.546,40	2.443,04	2.748,42																		
	VI	31.069	1.609,59	2.485,52	2.796,21																		
84.959,99	I	24.380	813,60	1.950,40	2.194,20	589,88	1.800,00	2.025,00	366,16	1.649,60	1.855,80	142,44	1.499,20	1.686,60	-	1.348,80	1.517,40	-	1.200,16	1.350,18	-	1.057,52	1.189,71
	II	22.590	600,59	1.807,20	2.033,10	376,87	1.656,80	1.863,90	153,27	1.506,48	1.694,79	-	1.356,08	1.525,59	-	1.207,20	1.358,10	-	1.064,32	1.197,36	-	927,52	1.043,46
	III	15.888	-	1.271,04	1.429,92	-	1.153,12	1.297,26	-	1.038,40	1.168,20	-	926,56	1.042,38	-	818,08	920,34	-	712,48	801,54	-	610,08	686,34
	IV	24.380	813,60	1.950,40	2.194,20	701,74	1.875,20	2.109,60	589,88	1.800,00	2.025,00	478,02	1.724,80	1.940,40	366,16	1.649,60	1.855,80	254,30	1.574,40	1.771,20	142,44	1.499,20	1.686,60
	V	30.553	1.548,19	2.444,24	2.749,77																		
	VI	31.085	1.611,49	2.486,80	2.797,65																		
84.995,99	I	24.395	815,38	1.951,60	2.195,55	591,66	1.801,20	2.026,35	367,94	1.650,80	1.857,15	144,22	1.500,40	1.687,95	-	1.350,00	1.518,75	-	1.201,36	1.351,53	-	1.058,64	1.190,97
	II	22.606	602,49	1.808,48	2.034,54	378,77	1.658,08	1.865,34	155,05	1.507,68	1.696,14	-	1.357,28	1.526,94	-	1.208,40	1.359,45	-	1.065,44	1.198,62	-	928,64	1.044,72
	III	15.900	-	1.272,00	1.431,00	-	1.154,08	1.298,34	-	1.039,20	1.169,10	-	927,52	1.043,46	-	818,88	921,24	-	713,28	802,44	-	610,88	687,24
	IV	24.395	815,38	1.951,60	2.195,55	703,52	1.876,40	2.110,95	591,66	1.801,20	2.026,35	479,80	1.726,00	1.941,75	367,94	1.650,80	1.857,15	256,08	1.575,60	1.772,55	144,22	1.500,40	1.687,95
	V	30.568	1.549,97	2.445,44	2.751,12																		
	VI	31.100	1.613,28	2.488,00	2.799,00																		
85.031,99	I	24.410	817,17	1.952,80	2.196,90	593,45	1.802,40	2.027,70	369,73	1.652,00	1.858,50	146,01	1.501,60	1.689,30	-	1.351,20	1.520,10	-	1.202,56	1.352,88	-	1.059,84	1.192,32
	II	22.621	604,28	1.809,68	2.035,89	380,56	1.659,28	1.866,69	156,84	1.508,88	1.697,49	-	1.358,48	1.528,29	-	1.209,60	1.360,80	-	1.066,56	1.199,88	-	929,68	1.045,89
	III	15.912	-	1.272,96	1.432,08	-	1.155,04	1.299,42	-	1.040,16	1.170,18	-	928,48	1.044,54	-	819,68	922,14	-	714,24	803,52	-	611,68	688,14
	IV	24.410	817,17	1.952,80	2.196,90	705,31	1.877,60	2.112,30	593,45	1.802,40	2.027,70	481,59	1.727,20	1.943,10	369,73	1.652,00	1.858,50	257,87	1.576,80	1.773,90	146,01	1.501,60	1.689,30
	V	30.583	1.551,76	2.446,64	2.752,47																		
	VI	31.115	1.615,06	2.489,20	2.800,35																		
85.067,99	I	24.425	818,95	1.954,00	2.198,25	595,23	1.803,60	2.029,05	371,51	1.653,20	1.859,85	147,79	1.502,80	1.690,65	-	1.352,40	1.521,45	-	1.203,68	1.354,14	-	1.060,96	1.193,58
	II	22.636	606,06	1.810,88	2.037,24	382,34	1.660,48	1.868,04	158,62	1.510,08	1.698,84	-	1.359,68	1.529,64	-	1.210,72	1.362,06	-	1.067,68	1.201,14	-	930,80	1.047,15
	III	15.924	-	1.273,92	1.433,16	-	1.156,00	1.300,50	-	1.041,12	1.171,26	-	929,28	1.045,44	-	820,64	923,22	-	715,04	804,42	-	612,48	689,04
	IV	24.425	818,95	1.954,00	2.198,25	707,09	1.878,80	2.113,65	595,23	1.803,60	2.029,05	483,37	1.728,40	1.944,45	371,51	1.653,20	1.859,85	259,65	1.578,00	1.775,25	147,79	1.502,80	1.690,65
	V	30.598	1.553,54	2.447,84	2.753,82																		
	VI	31.130	1.616,85	2.490,40	2.801,70																		
85.103,99	I	24.440	820,74	1.955,20	2.199,60	597,02	1.804,80	2.030,40	373,30	1.654,40	1.861,20	149,58	1.504,00	1.692,00	-	1.353,60	1.522,80	-	1.204,88	1.355,49	-	1.062,08	1.194,84
	II	22.651	607,85	1.812,08	2.038,59	384,13	1.661,68	1.869,39	160,41	1.511,28	1.700,19	-	1.360,88	1.530,99	-	1.211,92	1.363,41	-	1.068,80	1.202,40	-	931,84	1.048,32
	III	15.936	-	1.274,88	1.434,24	-	1.156,80	1.301,40	-	1.041,92	1.172,16	-	930,24	1.046,52	-	821,44	924,12	-	715,84	805,32	-	613,28	689,94
	IV	24.440	820,74	1.955,20	2.199,60	708,88	1.880,00	2.115,00	597,02	1.804,80	2.030,40	485,16	1.729,60	1.945,80	373,30	1.654,40	1.861,20	261,44	1.579,20	1.776,60	149,58	1.504,00	1.692,00
	V	30.613	1.555,33	2.449,04	2.755,17																		
	VI	31.145	1.618,63	2.491,60	2.803,05																		
85.139,99	I	24.455	822,52	1.956,40	2.200,95	598,80	1.806,00	2.031,75	375,08	1.655,60	1.862,55	151,36	1.505,20	1.693,35	-	1.354,88	1.524,24	-	1.206,08	1.356,84	-	1.063,20	1.196,10
	II	22.666	609,63	1.813,28	2.039,94	385,91	1.662,88	1.870,74	162,19	1.512,48	1.701,54	-	1.362,08	1.532,34	-	1.213,12	1.364,76	-	1.069,92	1.203,66	-	932,96	1.049,58
	III	15.948	-	1.275,84	1.435,32	-	1.157,76	1.302,48	-	1.042,88	1.173,24	-	931,04	1.047,42	-	822,40	925,20	-	716,64	806,22	-	614,08	690,84
	IV	24.455	822,52	1.956,40	2.200,95	710,66	1.881,20	2.116,35	598,80	1.806,00	2.031,75	486,94	1.730,80	1.947,15	375,08	1.655,60	1.862,55	263,22	1.580,40	1.777,95	151,36	1.505,20	1.693,35
	V	30.628	1.557,11	2.450,24	2.756,52																		
	VI	31.160	1.620,42	2.492,80	2.804,40																		
85.175,99	I	24.470	824,31	1.957,60	2.202,30	600,59	1.807,20	2.033,10	376,87	1.656,80	1.863,90	153,27	1.506,48	1.694,79	-	1.356,08	1.525,59	-	1.207,20	1.358,10	-	1.064,32	1.197,36
	II	22.681	611,42	1.814,48	2.041,29	387,70	1.664,08	1.872,09	163,98	1.513,68	1.702,89	-	1.363,28	1.533,69	-	1.214,24	1.366,02	-	1.071,04	1.204,92	-	934,00	1.050,75
	III	15.960	-	1.276,80	1.436,40	-	1.158,72	1.303,56	-	1.043,84	1.174,32	-	932,00	1.048,50	-	823,20	926,10	-	717,60	807,30	-	614,88	691,74
	IV	24.470	824,31	1.957,60	2.202,30	712,45	1.882,40	2.117,70	600,59	1.807,20	2.033,10	488,73	1.732,00	1.948,50	376,87	1.656,80	1.863,90	265,13	1.581,68	1.779,39	153,27	1.506,48	1.694,79
	V	30.644	1.559,01	2.451,52	2.757,96																		
	VI	31.175	1.622,20	2.494,00	2.805,75																		
85.211,99	I	24.485	826,09	1.958,80	2.203,65	602,49	1.808,48	2.034,54	378,77	1.658,08	1.865,34	155,05	1.507,68	1.696,14	-	1.357,28	1.526,94	-	1.208,40	1.359,45	-	1.065,44	1.198,62
	II	22.696	613,20	1.815,68	2.042,64	389,48	1.665,28	1.873,44	165,76	1.514,88	1.704,24	-	1.364,48	1.535,04	-	1.215,44	1.367,37	-	1.072,16	1.206,18	-	935,12	1.052,01
	III	15.972	-	1.277,76	1.437,48	-	1.159,68	1.304,64	-	1.044,64	1.175,22	-	932,80	1.049,40	-	824,00	927,00	-	718,40	808,20	-	615,68	692,64
	IV	24.485	826,09	1.958,80	2.203,65	714,23	1.883,60	2.119,05	602,49	1.808,48	2.034,54	490,63	1.733,28	1.949,94	378,77	1.658,08	1.865,34	266,91	1.582,88	1.780,74	155,05	1.507,68	1.696,14
	V	30.659	1.560,80	2.452,72	2.759,31																		
	VI	31.190	1.623,99	2.495,20	2.807,10																		
85.247,99	I	24.501	828,00	1.960,08	2.205,09	604,28	1.809,68	2.035,89	380,56	1.659,28	1.866,69	156,84	1.508,88	1.697,49	-	1.358,48	1.528,29	-	1.209,60	1.360,80	-	1.066,56	1.199,88
	II	22.711	614,99	1.816,88	2.043,99	391,27	1.666,48	1.874,79	167,67	1.516,16	1.705,68	-	1.365,76	1.536,48	-	1.216,64	1.368,72	-	1.073,28	1.207,44	-	936,16	1.053,18
	III	15.984	-	1.278,72	1.438,56	-	1.160,64	1.305,72	-	1.045,60	1.176,30	-	933,76	1.050,48	-	824,96	928,08	-	719,20	809,10	-	616,64	693,72
	IV	24.501	828,00	1.960,08	2.205,09	716,14	1.884,88	2.120,49	604,28	1.809,68	2.035,89	492,42	1.734,48	1.951,29	380,56	1.659,28	1.866,69	268,70	1.584,08	1.782,09	156,84	1.508,88	1.697,49
	V	30.674	1.562,58	2.453,92	2.760,66																		
	VI	31.206	1.625,89	2.496,48	2.808,54																		
85.283,99	I	24.516	829,78	1.961,28	2.206,44	606,06	1.810,88	2.037,24	382,34	1.660,48	1.868,04	158,62	1.510,08	1.698,84	-	1.359,68	1.529,64	-	1.210,72	1.362,06	-	1.067,68	1.201,14
	II	22.726	616,77	1.818,08	2.045,34	393,17	1.667,76	1.876,23	169,45	1.517,36	1.707,03	-	1.366,96	1.537,83	-	1.217,84	1.370,07	-	1.074,40	1.208,70	-	937,28	1.054,44
	III	15.996	-	1.279,68	1.439,64	-	1.161,60	1.306,80	-	1.046,56	1.177,38	-	934,56	1.051,38	-	825,76	928,98	-	720,00	810,00	-	617,44	694,62
	IV	24.516	829,78	1.961,28	2.206,44	717,92	1.886,08	2.121,84	606,06	1.810,88	2.037,24	494,20	1.735,68	1.952,64	382,34	1.660,48	1.868,04	270,48	1.585,28	1.783,44	158,62	1.510,08	1.698,84
	V	30.689	1.564,37	2.455,12	2.762,01																		
	VI	31.221	1.627,68	2.497,68	2.809,89																		
85.319,99	I	24.531	831,57	1.962,48	2.207,79	607,85	1.812,08	2.038,59	384,13	1.661,68	1.869,39	160,41	1.511,28	1.700,19	-	1.360,88	1.530,99	-	1.211,92	1.363,41	-	1.068,80	1.202,40
	II	22.742	618,68	1.819,36	2.046,78	394,96	1.668,96	1.877,58	171,24	1.518,56	1.708,38	-	1.368,16	1.539,18	-	1.218,96	1.371,33	-	1.075,60	1.210,05	-	938,32	1.055,61
	III	16.008	-	1.280,64	1.440,72	-	1.162,40	1.307,70	-	1.047,52	1.178,46	-	935,52	1.052,46	-	826,72	930,06	-	720,80	810,90	-	618,24	695,52
	IV	24.531	831,57	1.962,48	2.207,79	719,71	1.887,28	2.123,19	607,85	1.812,08	2.038,59	495,99	1.736,88	1.953,99	384,13	1.661,68	1.869,39	272,27	1.586,48	1.784,79	160,41	1.511,28	1.700,19
	V	30.704	1.566,15	2.456,32	2.763,36																		
	VI	31.236	1.629,46	2.498,88	2.811,24																		

Anzahl Kinderfreibeträge (nur Steuerklassen I–IV)

SolZ/KiSt lt. Tabelle nicht für Sonstige Bezüge anwendbar.

Lohn/Gehalt bis	Steuerklasse	Lohnsteuer	ohne Kinderfreibetrag SolZ 5,5%	ohne Kinderfreibetrag Kirchensteuer 8%	ohne Kinderfreibetrag Kirchensteuer 9%	0,5 SolZ 5,5%	0,5 Kirchensteuer 8%	0,5 Kirchensteuer 9%	1,0 SolZ 5,5%	1,0 Kirchensteuer 8%	1,0 Kirchensteuer 9%	1,5 SolZ 5,5%	1,5 Kirchensteuer 8%	1,5 Kirchensteuer 9%	2,0 SolZ 5,5%	2,0 Kirchensteuer 8%	2,0 Kirchensteuer 9%	2,5 SolZ 5,5%	2,5 Kirchensteuer 8%	2,5 Kirchensteuer 9%	3,0 SolZ 5,5%	3,0 Kirchensteuer 8%	3,0 Kirchensteuer 9%
						Anzahl Kinderfreibeträge (nur Steuerklassen I–IV)																	
85.355,99	I	24.546	*833,35*	1.963,68	2.209,14	*609,63*	1.813,28	2.039,94	*385,91*	1.662,88	1.870,74	*162,19*	1.512,48	1.701,54	-	1.362,08	1.532,34	-	1.213,12	1.364,76	-	1.069,92	1.203,6
	II	22.757	*620,46*	1.820,56	2.048,13	*396,74*	1.670,16	1.878,93	*173,02*	1.519,76	1.709,73	-	1.369,36	1.540,53	-	1.220,16	1.372,68	-	1.076,72	1.211,31	-	939,36	1.056,7
	III	16.020	-	1.281,60	1.441,80	-	1.163,36	1.308,78	-	1.048,32	1.179,36	-	936,32	1.053,36	-	827,52	930,96	-	721,76	811,98	-	619,04	696,4
	IV	24.546	*833,35*	1.963,68	2.209,14	*721,49*	1.888,48	2.124,54	*609,63*	1.813,28	2.039,94	*497,77*	1.738,08	1.955,34	*385,91*	1.662,88	1.870,74	*274,05*	1.587,68	1.786,14	*162,19*	1.512,48	1.701,5
	V	30.719	*1.567,94*	2.457,52	2.764,71																		
	VI	31.251	*1.631,25*	2.500,08	2.812,59																		
85.391,99	I	24.561	*835,14*	1.964,88	2.210,49	*611,42*	1.814,48	2.041,29	*387,70*	1.664,08	1.872,09	*163,98*	1.513,68	1.702,89	-	1.363,28	1.533,69	-	1.214,24	1.366,02	-	1.071,04	1.204,9
	II	22.772	*622,25*	1.821,76	2.049,48	*398,53*	1.671,36	1.880,28	*174,81*	1.520,96	1.711,08	-	1.370,56	1.541,88	-	1.221,36	1.374,03	-	1.077,84	1.212,57	-	940,48	1.058,0
	III	16.032	-	1.282,56	1.442,88	-	1.164,32	1.309,86	-	1.049,28	1.180,44	-	937,28	1.054,44	-	828,32	931,86	-	722,56	812,88	-	619,84	697,3
	IV	24.561	*835,14*	1.964,88	2.210,49	*723,28*	1.889,68	2.125,89	*611,42*	1.814,48	2.041,29	*499,56*	1.739,28	1.956,69	*387,70*	1.664,08	1.872,09	*275,84*	1.588,88	1.787,49	*163,98*	1.513,68	1.702,8
	V	30.734	*1.569,72*	2.458,72	2.766,06																		
	VI	31.266	*1.633,03*	2.501,28	2.813,94																		
85.427,99	I	24.576	*836,92*	1.966,08	2.211,84	*613,20*	1.815,68	2.042,64	*389,48*	1.665,28	1.873,44	*165,76*	1.514,88	1.704,24	-	1.364,48	1.535,04	-	1.215,44	1.367,37	-	1.072,16	1.206,1
	II	22.787	*624,03*	1.822,96	2.050,83	*400,31*	1.672,56	1.881,63	*176,59*	1.522,16	1.712,43	-	1.371,76	1.543,23	-	1.222,48	1.375,29	-	1.078,96	1.213,83	-	941,52	1.059,2
	III	16.044	-	1.283,52	1.443,96	-	1.165,28	1.310,94	-	1.050,24	1.181,52	-	938,24	1.055,52	-	829,28	932,94	-	723,36	813,78	-	620,64	698,2
	IV	24.576	*836,92*	1.966,08	2.211,84	*725,06*	1.890,88	2.127,24	*613,20*	1.815,68	2.042,64	*501,34*	1.740,48	1.958,04	*389,48*	1.665,28	1.873,44	*277,62*	1.590,08	1.788,84	*165,76*	1.514,88	1.704,2
	V	30.749	*1.571,51*	2.459,92	2.767,41																		
	VI	31.281	*1.634,82*	2.502,48	2.815,29																		
85.463,99	I	24.591	*838,71*	1.967,28	2.213,19	*614,99*	1.816,88	2.043,99	*391,27*	1.666,48	1.874,79	*167,67*	1.516,16	1.705,68	-	1.365,76	1.536,48	-	1.216,64	1.368,72	-	1.073,28	1.207,4
	II	22.802	*625,82*	1.824,16	2.052,18	*402,10*	1.673,76	1.882,98	*178,38*	1.523,36	1.713,78	-	1.372,96	1.544,58	-	1.223,68	1.376,64	-	1.080,08	1.215,09	-	942,64	1.060,4
	III	16.056	-	1.284,48	1.445,04	-	1.166,24	1.312,02	-	1.051,04	1.182,42	-	939,04	1.056,42	-	830,08	933,84	-	724,16	814,68	-	621,44	699,1
	IV	24.591	*838,71*	1.967,28	2.213,19	*726,85*	1.892,08	2.128,59	*614,99*	1.816,88	2.043,99	*503,13*	1.741,68	1.959,39	*391,27*	1.666,48	1.874,79	*279,41*	1.591,28	1.790,19	*167,67*	1.516,16	1.705,6
	V	30.765	*1.573,41*	2.461,20	2.768,85																		
	VI	31.296	*1.636,60*	2.503,68	2.816,64																		
85.499,99	I	24.606	*840,49*	1.968,48	2.214,54	*616,77*	1.818,08	2.045,34	*393,17*	1.667,76	1.876,23	*169,45*	1.517,36	1.707,03	-	1.366,96	1.537,83	-	1.217,84	1.370,07	-	1.074,40	1.208,7
	II	22.817	*627,60*	1.825,36	2.053,53	*403,88*	1.674,96	1.884,33	*180,16*	1.524,56	1.715,13	-	1.374,16	1.545,93	-	1.224,88	1.377,99	-	1.081,20	1.216,35	-	943,68	1.061,6
	III	16.068	-	1.285,44	1.446,12	-	1.167,20	1.313,10	-	1.052,00	1.183,50	-	940,00	1.057,50	-	831,04	934,92	-	725,12	815,76	-	622,24	700,0
	IV	24.606	*840,49*	1.968,48	2.214,54	*728,63*	1.893,28	2.129,94	*616,77*	1.818,08	2.045,34	*505,03*	1.742,96	1.960,83	*393,17*	1.667,76	1.876,23	*281,31*	1.592,56	1.791,63	*169,45*	1.517,36	1.707,0
	V	30.780	*1.575,20*	2.462,40	2.770,20																		
	VI	31.311	*1.638,39*	2.504,88	2.817,99																		
85.535,99	I	24.622	*842,40*	1.969,76	2.215,98	*618,68*	1.819,36	2.046,78	*394,96*	1.668,96	1.877,58	*171,24*	1.518,56	1.708,38	-	1.368,16	1.539,18	-	1.218,96	1.371,33	-	1.075,60	1.210,
	II	22.832	*629,39*	1.826,56	2.054,88	*405,67*	1.676,16	1.885,68	*181,95*	1.525,76	1.716,48	-	1.375,44	1.547,37	-	1.226,08	1.379,34	-	1.082,32	1.217,61	-	944,80	1.062,9
	III	16.080	-	1.286,40	1.447,20	-	1.168,16	1.314,18	-	1.052,96	1.184,58	-	940,80	1.058,40	-	831,84	935,82	-	725,92	816,66	-	623,04	700,9
	IV	24.622	*842,40*	1.969,76	2.215,98	*730,54*	1.894,56	2.131,38	*618,68*	1.819,36	2.046,78	*506,82*	1.744,16	1.962,18	*394,96*	1.668,96	1.877,58	*283,10*	1.593,76	1.792,98	*171,24*	1.518,56	1.708,3
	V	30.795	*1.576,98*	2.463,60	2.771,55																		
	VI	31.327	*1.640,29*	2.506,16	2.819,43																		
85.571,99	I	24.637	*844,18*	1.970,96	2.217,33	*620,46*	1.820,56	2.048,13	*396,74*	1.670,16	1.878,93	*173,02*	1.519,76	1.709,73	-	1.369,36	1.540,53	-	1.220,16	1.372,68	-	1.076,72	1.211,
	II	22.847	*631,17*	1.827,76	2.056,23	*407,57*	1.677,44	1.887,12	*183,85*	1.527,04	1.717,92	-	1.376,64	1.548,72	-	1.227,28	1.380,69	-	1.083,44	1.218,87	-	945,92	1.064,
	III	16.092	-	1.287,36	1.448,28	-	1.169,12	1.315,26	-	1.053,92	1.185,66	-	941,76	1.059,48	-	832,64	936,72	-	726,72	817,56	-	623,84	[illegible]
	IV	24.637	*844,18*	1.970,96	2.217,33	*732,32*	1.895,76	2.132,73	*620,46*	1.820,56	2.048,13	*508,60*	1.745,36	1.963,53	*396,74*	1.670,16	1.878,93	*284,88*	1.594,96	1.794,33	*173,02*	1.519,76	1.709,
	V	30.810	*1.578,77*	2.464,80	2.772,90																		
	VI	31.342	*1.642,08*	2.507,36	2.820,78																		
85.607,99	I	24.652	*845,97*	1.972,16	2.218,68	*622,25*	1.821,76	2.049,48	*398,53*	1.671,36	1.880,28	*174,81*	1.520,96	1.711,08	-	1.370,56	1.541,88	-	1.221,36	1.374,03	-	1.077,84	1.212,5
	II	22.863	*633,08*	1.829,04	2.057,67	*409,36*	1.678,64	1.888,47	*185,64*	1.528,24	1.719,27	-	1.377,84	1.550,07	-	1.228,40	1.381,95	-	1.084,64	1.220,22	-	946,96	1.065,
	III	16.104	-	1.288,32	1.449,36	-	1.169,92	1.316,16	-	1.054,72	1.186,56	-	942,56	1.060,38	-	833,60	937,80	-	727,52	818,46	-	624,64	702,
	IV	24.652	*845,97*	1.972,16	2.218,68	*734,11*	1.896,96	2.134,08	*622,25*	1.821,76	2.049,48	*510,39*	1.746,56	1.964,88	*398,53*	1.671,36	1.880,28	*286,67*	1.596,16	1.795,68	*174,81*	1.520,96	1.711,
	V	30.825	*1.580,55*	2.466,00	2.774,25																		
	VI	31.357	*1.643,86*	2.508,56	2.822,13																		
85.643,99	I	24.667	*847,75*	1.973,36	2.220,03	*624,03*	1.822,96	2.050,83	*400,31*	1.672,56	1.881,63	*176,59*	1.522,16	1.712,43	-	1.371,76	1.543,23	-	1.222,48	1.375,29	-	1.078,96	1.213,
	II	22.878	*634,86*	1.830,24	2.059,02	*411,14*	1.679,84	1.889,82	*187,42*	1.529,44	1.720,62	-	1.379,04	1.551,42	-	1.229,60	1.383,30	-	1.085,76	1.221,48	-	948,08	1.066,
	III	16.116	-	1.289,28	1.450,44	-	1.170,88	1.317,24	-	1.055,68	1.187,64	-	943,52	1.061,46	-	834,40	938,70	-	728,48	819,54	-	625,60	703,
	IV	24.667	*847,75*	1.973,36	2.220,03	*735,89*	1.898,16	2.135,43	*624,03*	1.822,96	2.050,83	*512,17*	1.747,76	1.966,23	*400,31*	1.672,56	1.881,63	*288,45*	1.597,36	1.797,03	*176,59*	1.522,16	1.712,
	V	30.840	*1.582,34*	2.467,20	2.775,60																		
	VI	31.372	*1.645,65*	2.509,76	2.823,48																		
85.679,99	I	24.682	*849,54*	1.974,56	2.221,38	*625,82*	1.824,16	2.052,18	*402,10*	1.673,76	1.882,98	*178,38*	1.523,36	1.713,78	-	1.372,96	1.544,58	-	1.223,68	1.376,64	-	1.080,08	1.215,
	II	22.893	*636,65*	1.831,44	2.060,37	*412,93*	1.681,04	1.891,17	*189,21*	1.530,64	1.721,97	-	1.380,24	1.552,77	-	1.230,80	1.384,65	-	1.086,88	1.222,74	-	949,12	1.067,
	III	16.128	-	1.290,24	1.451,52	-	1.171,84	1.318,32	-	1.056,64	1.188,72	-	944,32	1.062,36	-	835,36	939,78	-	729,28	820,44	-	626,40	704,
	IV	24.682	*849,54*	1.974,56	2.221,38	*737,68*	1.899,36	2.136,78	*625,82*	1.824,16	2.052,18	*513,96*	1.748,96	1.967,58	*402,10*	1.673,76	1.882,98	*290,24*	1.598,56	1.798,38	*178,38*	1.523,36	1.713,
	V	30.855	*1.584,12*	2.468,40	2.776,95																		
	VI	31.387	*1.647,43*	2.510,96	2.824,83																		
85.715,99	I	24.697	*851,32*	1.975,76	2.222,73	*627,60*	1.825,36	2.053,53	*403,88*	1.674,96	1.884,33	*180,16*	1.524,56	1.715,13	-	1.374,16	1.545,93	-	1.224,88	1.377,99	-	1.081,20	1.216,
	II	22.908	*638,43*	1.832,64	2.061,72	*414,71*	1.682,24	1.892,52	*190,99*	1.531,84	1.723,32	-	1.381,44	1.554,12	-	1.232,00	1.386,00	-	1.088,00	1.224,00	-	950,24	1.069,
	III	16.140	-	1.291,20	1.452,60	-	1.172,80	1.319,40	-	1.057,44	1.189,62	-	945,28	1.063,44	-	836,16	940,68	-	730,08	821,34	-	627,20	705,
	IV	24.697	*851,32*	1.975,76	2.222,73	*739,46*	1.900,56	2.138,13	*627,60*	1.825,36	2.053,53	*515,74*	1.750,16	1.968,93	*403,88*	1.674,96	1.884,33	*292,02*	1.599,76	1.799,73	*180,16*	1.524,56	1.715,
	V	30.870	*1.585,91*	2.469,60	2.778,30																		
	VI	31.402	*1.649,22*	2.512,16	2.826,18																		
85.751,99	I	24.712	*853,11*	1.976,96	2.224,08	*629,39*	1.826,56	2.054,88	*405,67*	1.676,16	1.885,68	*181,95*	1.525,76	1.716,48	-	1.375,44	1.547,37	-	1.226,08	1.379,34	-	1.082,32	1.217,
	II	22.923	*640,22*	1.833,84	2.063,07	*416,50*	1.683,44	1.893,87	*192,78*	1.533,04	1.724,67	-	1.382,64	1.555,47	-	1.233,12	1.387,26	-	1.089,12	1.225,26	-	951,28	1.070,
	III	16.152	-	1.292,16	1.453,68	-	1.173,76	1.320,48	-	1.058,40	1.190,70	-	946,24	1.064,52	-	836,96	941,58	-	730,88	822,24	-	628,00	706,
	IV	24.712	*853,11*	1.976,96	2.224,08	*741,25*	1.901,76	2.139,48	*629,39*	1.826,56	2.054,88	*517,53*	1.751,36	1.970,28	*405,67*	1.676,16	1.885,68	*293,81*	1.600,96	1.801,08	*181,95*	1.525,76	1.716,
	V	30.886	*1.587,81*	2.470,88	2.779,74																		
	VI	31.417	*1.651,00*	2.513,36	2.827,53																		
85.787,99	I	24.727	*854,89*	1.978,16	2.225,43	*631,17*	1.827,76	2.056,23	*407,57*	1.677,44	1.887,12	*183,85*	1.527,04	1.717,92	-	1.376,64	1.548,72	-	1.227,28	1.380,69	-	1.083,44	1.218,
	II	22.938	*642,00*	1.835,04	2.064,42	*418,28*	1.684,64	1.895,22	*194,56*	1.534,24	1.726,02	-	1.383,84	1.556,82	-	1.234,32	1.388,61	-	1.090,24	1.226,52	-	952,40	1.071,
	III	16.164	-	1.293,12	1.454,76	-	1.174,72	1.321,56	-	1.059,36	1.191,78	-	947,04	1.065,42	-	837,92	942,66	-	731,84	823,32	-	628,80	707,
	IV	24.727	*854,89*	1.978,16	2.225,43	*743,03*	1.902,96	2.140,83	*631,17*	1.827,76	2.056,23	*519,31*	1.752,56	1.971,63	*407,57*	1.677,44	1.887,12	*295,71*	1.602,24	1.802,52	*183,85*	1.527,04	1.717,
	V	30.901	*1.589,60*	2.472,08	2.781,09																		
	VI	31.432	*1.652,79*	2.514,56	2.828,88																		
85.823,99	I	24.742	*856,68*	1.979,36	2.226,78	*633,08*	1.829,04	2.057,67	*409,36*	1.678,64	1.888,47	*185,64*	1.528,24	1.719,27	-	1.377,84	1.550,07	-	1.228,40	1.381,95	-	1.084,64	1.220,
	II	22.953	*643,79*	1.836,24	2.065,77	*420,07*	1.685,84	1.896,57	*196,35*	1.535,44	1.727,37	-	1.385,12	1.558,26	-	1.235,52	1.389,96	-	1.091,44	1.227,87	-	953,44	1.072,
	III	16.176	-	1.294,08	1.455,84	-	1.175,68	1.322,64	-	1.060,32	1.192,86	-	948,00	1.066,50	-	838,72	943,56	-	732,64	824,22	-	629,60	708,
	IV	24.742	*856,68*	1.979,36	2.226,78	*744,94*	1.904,24	2.142,27	*633,08*	1.829,04	2.057,67	*521,22*	1.753,84	1.973,07	*409,36*	1.678,64	1.888,47	*297,50*	1.603,44	1.803,87	*185,64*	1.528,24	1.719,
	V	30.916	*1.591,38*	2.473,28	2.782,44																		
	VI	31.447	*1.654,57*	2.515,76	2.830,23																		
85.859,99	I	24.758	*858,58*	1.980,64	2.228,22	*634,86*	1.830,24	2.059,02	*411,14*	1.679,84	1.889,82	*187,42*	1.529,44	1.720,62	-	1.379,04	1.551,42	-	1.229,60	1.383,30	-	1.085,76	1.221,
	II	22.968	*645,57*	1.837,44	2.067,12	*421,85*	1.687,04	1.897,92	*198,25*	1.536,72	1.728,81	-	1.386,32	1.559,61	-	1.236,72	1.391,31	-	1.092,56	1.229,13	-	954,56	1.073,
	III	16.188	-	1.295,04	1.456,92	-	1.176,64	1.323,72	-	1.061,12	1.193,76	-	948,80	1.067,40	-	839,68	944,64	-	733,44	825,12	-	630,40	709,
	IV	24.758	*858,58*	1.980,64	2.228,22	*746,72*	1.905,44	2.143,62	*634,86*	1.830,24	2.059,02	*523,00*	1.755,04	1.974,42	*411,14*	1.679,84	1.889,82	*299,28*	1.604,64	1.805,22	*187,42*	1.529,44	1.720,
	V	30.931	*1.593,17*	2.474,48	2.783,79																		
	VI	31.463	*1.656,48*	2.517,04	2.831,67																		

SolZ/KiSt lt. Tabelle nicht für Sonstige Bezüge anwendbar.

Lohn/ Gehalt bis	Steuerklasse	Lohn-steuer	ohne Kinderfreibetrag SolZ 5,5%	ohne Kinderfreibetrag Kirchensteuer 8%	ohne Kinderfreibetrag Kirchensteuer 9%	0,5 SolZ 5,5%	0,5 Kirchensteuer 8%	0,5 Kirchensteuer 9%	1,0 SolZ 5,5%	1,0 Kirchensteuer 8%	1,0 Kirchensteuer 9%	1,5 SolZ 5,5%	1,5 Kirchensteuer 8%	1,5 Kirchensteuer 9%	2,0 SolZ 5,5%	2,0 Kirchensteuer 8%	2,0 Kirchensteuer 9%	2,5 SolZ 5,5%	2,5 Kirchensteuer 8%	2,5 Kirchensteuer 9%	3,0 SolZ 5,5%	3,0 Kirchensteuer 8%	3,0 Kirchensteuer 9%
						Anzahl Kinderfreibeträge (nur Steuerklassen I–IV)																	
85.895,99	I	24.773	860,37	1.981,84	2.229,57	636,65	1.831,44	2.060,37	412,93	1.681,04	1.891,17	189,21	1.530,64	1.721,97	-	1.380,24	1.552,77	-	1.230,80	1.384,65	-	1.086,88	1.222,74
	II	22.984	647,47	1.838,72	2.068,56	423,75	1.688,32	1.899,36	200,03	1.537,92	1.730,16	-	1.387,52	1.560,96	-	1.237,92	1.392,66	-	1.093,68	1.230,39	-	955,60	1.075,05
	III	16.200	-	1.296,00	1.458,00	-	1.177,44	1.324,62	-	1.062,08	1.194,84	-	949,76	1.068,48	-	840,48	945,54	-	734,24	826,02	-	631,20	710,10
	IV	24.773	860,37	1.981,84	2.229,57	748,51	1.906,64	2.144,97	636,65	1.831,44	2.060,37	524,79	1.756,24	1.975,77	412,93	1.681,04	1.891,17	301,07	1.605,84	1.806,57	189,21	1.530,64	1.721,97
	V	30.946	1.594,95	2.475,68	2.785,14																		
	VI	31.478	1.658,26	2.518,24	2.833,02																		
85.931,99	I	24.788	862,15	1.983,04	2.230,92	638,43	1.832,64	2.061,72	414,71	1.682,24	1.892,52	190,99	1.531,84	1.723,32	-	1.381,44	1.554,12	-	1.232,00	1.386,00	-	1.088,00	1.224,00
	II	22.999	649,26	1.839,92	2.069,91	425,54	1.689,52	1.900,71	201,82	1.539,12	1.731,51	-	1.388,72	1.562,31	-	1.239,04	1.393,92	-	1.094,80	1.231,65	-	956,72	1.076,31
	III	16.212	-	1.296,96	1.459,08	-	1.178,40	1.325,70	-	1.063,04	1.195,92	-	950,56	1.069,38	-	841,28	946,44	-	735,20	827,10	-	632,00	711,00
	IV	24.788	862,15	1.983,04	2.230,92	750,29	1.907,84	2.146,32	638,43	1.832,64	2.061,72	526,57	1.757,44	1.977,12	414,71	1.682,24	1.892,52	302,85	1.607,04	1.807,92	190,99	1.531,84	1.723,32
	V	30.961	1.596,74	2.476,88	2.786,49																		
	VI	31.493	1.660,05	2.519,44	2.834,37																		
85.967,99	I	24.803	863,94	1.984,24	2.232,27	640,22	1.833,84	2.063,07	416,50	1.683,44	1.893,87	192,78	1.533,04	1.724,67	-	1.382,64	1.555,47	-	1.233,12	1.387,26	-	1.089,12	1.225,26
	II	23.014	651,04	1.841,12	2.071,26	427,32	1.690,72	1.902,06	203,60	1.540,32	1.732,86	-	1.389,92	1.563,66	-	1.240,24	1.395,27	-	1.095,92	1.232,91	-	957,84	1.077,57
	III	16.224	-	1.297,92	1.460,16	-	1.179,36	1.326,78	-	1.063,84	1.196,82	-	951,52	1.070,46	-	842,24	947,52	-	736,00	828,00	-	632,80	711,90
	IV	24.803	863,94	1.984,24	2.232,27	752,08	1.909,04	2.147,67	640,22	1.833,84	2.063,07	528,36	1.758,64	1.978,47	416,50	1.683,44	1.893,87	304,64	1.608,24	1.809,27	192,78	1.533,04	1.724,67
	V	30.976	1.598,52	2.478,08	2.787,84																		
	VI	31.508	1.661,83	2.520,64	2.835,72																		
86.003,99	I	24.818	865,72	1.985,44	2.233,62	642,00	1.835,04	2.064,42	418,28	1.684,64	1.895,22	194,56	1.534,24	1.726,02	-	1.383,84	1.556,82	-	1.234,32	1.388,61	-	1.090,24	1.226,52
	II	23.029	652,83	1.842,32	2.072,61	429,11	1.691,92	1.903,41	205,39	1.541,52	1.734,21	-	1.391,12	1.565,01	-	1.241,44	1.396,62	-	1.097,12	1.234,26	-	958,88	1.078,74
	III	16.236	-	1.298,88	1.461,24	-	1.180,32	1.327,86	-	1.064,80	1.197,90	-	952,48	1.071,54	-	843,04	948,42	-	736,80	828,90	-	633,76	712,98
	IV	24.818	865,72	1.985,44	2.233,62	753,86	1.910,24	2.149,02	642,00	1.835,04	2.064,42	530,14	1.759,84	1.979,82	418,28	1.684,64	1.895,22	306,42	1.609,44	1.810,62	194,56	1.534,24	1.726,02
	V	30.991	1.600,31	2.479,28	2.789,19																		
	VI	31.523	1.663,62	2.521,84	2.837,07																		
86.039,99	I	24.833	867,51	1.986,64	2.234,97	643,79	1.836,24	2.065,77	420,07	1.685,84	1.896,57	196,35	1.535,44	1.727,37	-	1.385,12	1.558,26	-	1.235,52	1.389,96	-	1.091,44	1.227,87
	II	23.044	654,61	1.843,52	2.073,96	430,89	1.693,12	1.904,76	207,17	1.542,72	1.735,56	-	1.392,32	1.566,36	-	1.242,64	1.397,97	-	1.098,24	1.235,52	-	960,00	1.080,00
	III	16.248	-	1.299,84	1.462,32	-	1.181,28	1.328,94	-	1.065,76	1.198,98	-	953,28	1.072,44	-	844,00	949,50	-	737,76	829,98	-	634,56	713,88
	IV	24.833	867,51	1.986,64	2.234,97	755,65	1.911,44	2.150,37	643,79	1.836,24	2.065,77	531,93	1.761,04	1.981,17	420,07	1.685,84	1.896,57	308,21	1.610,64	1.811,97	196,35	1.535,44	1.727,37
	V	31.006	1.602,09	2.480,48	2.790,54																		
	VI	31.538	1.665,40	2.523,04	2.838,42																		
86.075,99	I	24.848	869,29	1.987,84	2.236,32	645,57	1.837,44	2.067,12	421,85	1.687,04	1.897,92	198,25	1.536,72	1.728,81	-	1.386,32	1.559,61	-	1.236,72	1.391,31	-	1.092,56	1.229,13
	II	23.059	656,40	1.844,72	2.075,31	432,68	1.694,32	1.906,11	208,96	1.543,92	1.736,91	-	1.393,52	1.567,71	-	1.243,84	1.399,32	-	1.099,36	1.236,78	-	961,04	1.081,17
	III	16.260	-	1.300,80	1.463,40	-	1.182,24	1.330,02	-	1.066,72	1.200,06	-	954,24	1.073,52	-	844,80	950,40	-	738,56	830,88	-	635,36	714,78
	IV	24.848	869,29	1.987,84	2.236,32	757,43	1.912,64	2.151,72	645,57	1.837,44	2.067,12	533,71	1.762,24	1.982,52	421,85	1.687,04	1.897,92	310,11	1.611,92	1.813,41	198,25	1.536,72	1.728,81
	V	31.022	1.604,00	2.481,76	2.791,98																		
	VI	31.553	1.667,19	2.524,24	2.839,77																		
86.111,99	I	24.863	871,08	1.989,04	2.237,67	647,47	1.838,72	2.068,56	423,75	1.688,32	1.899,36	200,03	1.537,92	1.730,16	-	1.387,52	1.560,96	-	1.237,92	1.392,66	-	1.093,68	1.230,39
	II	23.074	658,18	1.845,92	2.076,66	434,46	1.695,52	1.907,46	210,74	1.545,12	1.738,26	-	1.394,72	1.569,06	-	1.245,04	1.400,67	-	1.100,48	1.238,04	-	962,16	1.082,43
	III	16.272	-	1.301,76	1.464,48	-	1.183,20	1.331,10	-	1.067,52	1.200,96	-	955,04	1.074,42	-	845,76	951,48	-	739,36	831,78	-	636,16	715,68
	IV	24.863	871,08	1.989,04	2.237,67	759,22	1.913,84	2.153,07	647,47	1.838,72	2.068,56	535,61	1.763,52	1.983,96	423,75	1.688,32	1.899,36	311,89	1.613,12	1.814,76	200,03	1.537,92	1.730,16
	V	31.037	1.605,78	2.482,96	2.793,33																		
	VI	31.568	1.668,97	2.525,44	2.841,12																		
86.147,99	I	24.879	872,98	1.990,32	2.239,11	649,26	1.839,92	2.069,91	425,54	1.689,52	1.900,71	201,82	1.539,12	1.731,51	-	1.388,72	1.562,31	-	1.239,04	1.393,92	-	1.094,80	1.231,65
	II	23.089	659,97	1.847,12	2.078,01	436,25	1.696,72	1.908,81	212,65	1.546,40	1.739,70	-	1.396,00	1.570,50	-	1.246,16	1.401,93	-	1.101,60	1.239,30	-	963,28	1.083,69
	III	16.284	-	1.302,72	1.465,56	-	1.184,16	1.332,18	-	1.068,48	1.202,04	-	956,00	1.075,50	-	846,56	952,38	-	740,16	832,68	-	636,96	716,58
	IV	24.879	872,98	1.990,32	2.239,11	761,12	1.915,12	2.154,51	649,26	1.839,92	2.069,91	537,40	1.764,72	1.985,31	425,54	1.689,52	1.900,71	313,68	1.614,32	1.816,11	201,82	1.539,12	1.731,51
	V	31.052	1.607,57	2.484,16	2.794,68																		
	VI	31.584	1.670,87	2.526,72	2.842,56																		
86.183,99	I	24.894	874,76	1.991,52	2.240,46	651,04	1.841,12	2.071,26	427,32	1.690,72	1.902,06	203,60	1.540,32	1.732,86	-	1.389,92	1.563,66	-	1.240,24	1.395,27	-	1.095,92	1.232,91
	II	23.104	661,75	1.848,32	2.079,36	438,15	1.698,00	1.910,25	214,43	1.547,60	1.741,05	-	1.397,20	1.571,85	-	1.247,36	1.403,28	-	1.102,80	1.240,65	-	964,32	1.084,86
	III	16.296	-	1.303,68	1.466,64	-	1.184,96	1.333,08	-	1.069,44	1.203,12	-	956,80	1.076,40	-	847,36	953,28	-	741,12	833,76	-	637,76	717,48
	IV	24.894	874,76	1.991,52	2.240,46	762,90	1.916,32	2.155,86	651,04	1.841,12	2.071,26	539,18	1.765,92	1.986,66	427,32	1.690,72	1.902,06	315,46	1.615,52	1.817,46	203,60	1.540,32	1.732,86
	V	31.067	1.609,35	2.485,36	2.796,03																		
	VI	31.599	1.672,66	2.527,92	2.843,91																		
86.219,99	I	24.909	876,55	1.992,72	2.241,81	652,83	1.842,32	2.072,61	429,11	1.691,92	1.903,41	205,39	1.541,52	1.734,21	-	1.391,12	1.565,01	-	1.241,44	1.396,62	-	1.097,12	1.234,26
	II	23.120	663,66	1.849,60	2.080,80	439,94	1.699,20	1.911,60	216,22	1.548,80	1.742,40	-	1.398,40	1.573,20	-	1.248,56	1.404,63	-	1.103,92	1.241,91	-	965,44	1.086,12
	III	16.308	-	1.304,64	1.467,72	-	1.185,92	1.334,16	-	1.070,40	1.204,20	-	957,76	1.077,48	-	848,32	954,36	-	741,92	834,66	-	638,56	718,38
	IV	24.909	876,55	1.992,72	2.241,81	764,69	1.917,52	2.157,21	652,83	1.842,32	2.072,61	540,97	1.767,12	1.988,01	429,11	1.691,92	1.903,41	317,25	1.616,72	1.818,81	205,39	1.541,52	1.734,21
	V	31.082	1.611,14	2.486,56	2.797,38																		
	VI	31.614	1.674,44	2.529,12	2.845,26																		
86.255,99	I	24.924	878,33	1.993,92	2.243,16	654,61	1.843,52	2.073,96	430,89	1.693,12	1.904,76	207,17	1.542,72	1.735,56	-	1.392,32	1.566,36	-	1.242,64	1.397,97	-	1.098,24	1.235,52
	II	23.135	665,44	1.850,80	2.082,15	441,72	1.700,40	1.912,95	218,00	1.550,00	1.743,75	-	1.399,60	1.574,55	-	1.249,76	1.405,98	-	1.105,04	1.243,17	-	966,48	1.087,29
	III	16.322	-	1.305,76	1.468,98	-	1.186,88	1.335,24	-	1.071,20	1.205,10	-	958,72	1.078,56	-	849,12	955,26	-	742,72	835,56	-	639,36	719,28
	IV	24.924	878,33	1.993,92	2.243,16	766,47	1.918,72	2.158,56	654,61	1.843,52	2.073,96	542,75	1.768,32	1.989,36	430,89	1.693,12	1.904,76	319,03	1.617,92	1.820,16	207,17	1.542,72	1.735,56
	V	31.097	1.612,92	2.487,76	2.798,73																		
	VI	31.629	1.676,23	2.530,32	2.846,61																		
86.291,99	I	24.939	880,12	1.995,12	2.244,51	656,40	1.844,72	2.075,31	432,68	1.694,32	1.906,11	208,96	1.543,92	1.736,91	-	1.393,52	1.567,71	-	1.243,84	1.399,32	-	1.099,36	1.236,78
	II	23.150	667,23	1.852,00	2.083,50	443,51	1.701,60	1.914,30	219,79	1.551,20	1.745,10	-	1.400,80	1.575,90	-	1.250,96	1.407,33	-	1.106,16	1.244,43	-	967,60	1.088,55
	III	16.334	-	1.306,72	1.470,06	-	1.187,84	1.336,32	-	1.072,16	1.206,18	-	959,52	1.079,46	-	850,08	956,34	-	743,52	836,46	-	640,16	720,18
	IV	24.939	880,12	1.995,12	2.244,51	768,26	1.919,92	2.159,91	656,40	1.844,72	2.075,31	544,54	1.769,52	1.990,71	432,68	1.694,32	1.906,11	320,82	1.619,12	1.821,51	208,96	1.543,92	1.736,91
	V	31.112	1.614,71	2.488,96	2.800,08																		
	VI	31.644	1.678,01	2.531,52	2.847,96																		
86.327,99	I	24.954	881,90	1.996,32	2.245,86	658,18	1.845,92	2.076,66	434,46	1.695,52	1.907,46	210,74	1.545,12	1.738,26	-	1.394,72	1.569,06	-	1.245,04	1.400,67	-	1.100,48	1.238,04
	II	23.165	669,01	1.853,20	2.084,85	445,29	1.702,80	1.915,65	221,57	1.552,40	1.746,45	-	1.402,00	1.577,25	-	1.252,16	1.408,68	-	1.107,36	1.245,78	-	968,72	1.089,81
	III	16.346	-	1.307,68	1.471,14	-	1.188,80	1.337,40	-	1.073,12	1.207,26	-	960,48	1.080,54	-	850,88	957,24	-	744,48	837,54	-	641,12	721,26
	IV	24.954	881,90	1.996,32	2.245,86	770,04	1.921,12	2.161,26	658,18	1.845,92	2.076,66	546,32	1.770,72	1.992,06	434,46	1.695,52	1.907,46	322,60	1.620,32	1.822,86	210,74	1.545,12	1.738,26
	V	31.127	1.616,49	2.490,16	2.801,43																		
	VI	31.659	1.679,80	2.532,72	2.849,31																		
86.363,99	I	24.969	883,69	1.997,52	2.247,21	659,97	1.847,12	2.078,01	436,25	1.696,72	1.908,81	212,65	1.546,40	1.739,70	-	1.396,00	1.570,50	-	1.246,16	1.401,93	-	1.101,60	1.239,30
	II	23.180	670,80	1.854,40	2.086,20	447,08	1.704,00	1.917,00	223,36	1.553,60	1.747,80	-	1.403,20	1.578,60	-	1.253,36	1.410,03	-	1.108,48	1.247,04	-	969,76	1.090,98
	III	16.358	-	1.308,64	1.472,22	-	1.189,76	1.338,48	-	1.074,08	1.208,34	-	961,28	1.081,44	-	851,84	958,32	-	745,28	838,44	-	641,92	722,16
	IV	24.969	883,69	1.997,52	2.247,21	771,83	1.922,32	2.162,61	659,97	1.847,12	2.078,01	548,11	1.771,92	1.993,41	436,25	1.696,72	1.908,81	324,39	1.621,52	1.824,21	212,65	1.546,40	1.739,70
	V	31.143	1.618,40	2.491,44	2.802,87																		
	VI	31.674	1.681,58	2.533,92	2.850,66																		
86.399,99	I	24.984	885,47	1.998,72	2.248,56	661,75	1.848,32	2.079,36	438,15	1.698,00	1.910,25	214,43	1.547,60	1.741,05	-	1.397,20	1.571,85	-	1.247,36	1.403,28	-	1.102,80	1.240,65
	II	23.195	672,58	1.855,60	2.087,55	448,86	1.705,20	1.918,35	225,14	1.554,80	1.749,15	1,42	1.404,40	1.579,95	-	1.254,48	1.411,29	-	1.109,60	1.248,30	-	970,88	1.092,24
	III	16.370	-	1.309,60	1.473,30	-	1.190,72	1.339,56	-	1.074,88	1.209,24	-	962,24	1.082,52	-	852,64	959,22	-	746,08	839,34	-	642,72	723,06
	IV	24.984	885,47	1.998,72	2.248,56	773,61	1.923,52	2.163,96	661,75	1.848,32	2.079,36	550,01	1.773,20	1.994,85	438,15	1.698,00	1.910,25	326,29	1.622,80	1.825,65	214,43	1.547,60	1.741,05
	V	31.158	1.620,18	2.492,64	2.804,22																		
	VI	31.689	1.683,37	2.535,12	2.852,01																		

SolZ/KiSt lt. Tabelle nicht für Sonstige Bezüge anwendbar.

Lohn/ Gehalt bis	Steuerklasse	Lohn-steuer	ohne Kinderfreibetrag			Anzahl Kinderfreibeträge (nur Steuerklassen I–IV)																	
						0,5			1,0			1,5			2,0			2,5			3,0		
			SolZ 5,5%	Kirchensteuer 8%	9%	SolZ 5,5%	Kirchensteuer 8%	9%	SolZ 5,5%	Kirchensteuer 8%	9%	SolZ 5,5%	Kirchensteuer 8%	9%	SolZ 5,5%	Kirchensteuer 8%	9%	SolZ 5,5%	Kirchensteuer 8%	9%	SolZ 5,5%	Kirchensteuer 8%	9%
86.435,99	I	25.000	887,38	2.000,00	2.250,00	663,66	1.849,60	2.080,80	439,94	1.699,20	1.911,60	216,22	1.548,80	1.742,40	-	1.398,40	1.573,20	-	1.248,56	1.404,63	-	1.103,92	1.241,9
	II	23.210	674,37	1.856,80	2.088,90	450,65	1.706,40	1.919,70	226,93	1.556,00	1.750,50	3,33	1.405,68	1.581,39	-	1.255,68	1.412,64	-	1.110,72	1.249,56	-	972,00	1.093,5
	III	16.382	-	1.310,56	1.474,38	-	1.191,68	1.340,64	-	1.075,84	1.210,32	-	963,20	1.083,60	-	853,44	960,12	-	746,88	840,24	-	643,52	723,9
	IV	25.000	887,38	2.000,00	2.250,00	775,52	1.924,80	2.165,40	663,66	1.849,60	2.080,80	551,80	1.774,40	1.996,20	439,94	1.699,20	1.911,60	328,08	1.624,00	1.827,00	216,22	1.548,80	1.742,4
	V	31.173	1.621,97	2.493,84	2.805,57																		
	VI	31.705	1.685,27	2.536,40	2.853,45																		
86.471,99	I	25.015	889,16	2.001,20	2.251,35	665,44	1.850,80	2.082,15	441,72	1.700,40	1.912,95	218,00	1.550,00	1.743,75	-	1.399,60	1.574,55	-	1.249,76	1.405,98	-	1.105,04	1.243,1
	II	23.225	676,15	1.858,00	2.090,25	452,55	1.707,68	1.921,14	228,83	1.557,28	1.751,94	5,11	1.406,88	1.582,74	-	1.256,88	1.413,99	-	1.111,92	1.250,91	-	973,04	1.094,6
	III	16.394	-	1.311,52	1.475,46	-	1.192,64	1.341,72	-	1.076,80	1.211,40	-	964,00	1.084,50	-	854,40	961,20	-	747,84	841,32	-	644,32	724,8
	IV	25.015	889,16	2.001,20	2.251,35	777,30	1.926,00	2.166,75	665,44	1.850,80	2.082,15	553,58	1.775,60	1.997,55	441,72	1.700,40	1.912,95	329,86	1.625,20	1.828,35	218,00	1.550,00	1.743,7
	V	31.188	1.623,75	2.495,04	2.806,92																		
	VI	31.720	1.687,06	2.537,60	2.854,80																		
86.507,99	I	25.030	890,95	2.002,40	2.252,70	667,23	1.852,00	2.083,50	443,51	1.701,60	1.914,30	219,79	1.551,20	1.745,10	-	1.400,80	1.575,90	-	1.250,96	1.407,33	-	1.106,16	1.244,4
	II	23.241	678,06	1.859,28	2.091,69	454,34	1.708,88	1.922,49	230,62	1.558,48	1.753,29	6,90	1.408,08	1.584,09	-	1.258,08	1.415,34	-	1.113,04	1.252,17	-	974,16	1.095,9
	III	16.406	-	1.312,48	1.476,54	-	1.193,60	1.342,80	-	1.077,60	1.212,30	-	964,96	1.085,58	-	855,20	962,10	-	748,64	842,22	-	645,12	725,7
	IV	25.030	890,95	2.002,40	2.252,70	779,09	1.927,20	2.168,10	667,23	1.852,00	2.083,50	555,37	1.776,80	1.998,90	443,51	1.701,60	1.914,30	331,65	1.626,40	1.829,70	219,79	1.551,20	1.745,1
	V	31.203	1.625,54	2.496,24	2.808,27																		
	VI	31.735	1.688,84	2.538,80	2.856,15																		
86.543,99	I	25.045	892,73	2.003,60	2.254,05	669,01	1.853,20	2.084,85	445,29	1.702,80	1.915,65	221,57	1.552,40	1.746,45	-	1.402,00	1.577,25	-	1.252,16	1.408,68	-	1.107,36	1.245,7
	II	23.256	679,84	1.860,48	2.093,04	456,12	1.710,08	1.923,84	232,40	1.559,68	1.754,64	8,68	1.409,28	1.585,44	-	1.259,28	1.416,69	-	1.114,16	1.253,43	-	975,20	1.097,1
	III	16.418	-	1.313,44	1.477,62	-	1.194,40	1.343,70	-	1.078,56	1.213,38	-	965,76	1.086,48	-	856,16	963,18	-	749,44	843,12	-	645,92	726,6
	IV	25.045	892,73	2.003,60	2.254,05	780,87	1.928,40	2.169,45	669,01	1.853,20	2.084,85	557,15	1.778,00	2.000,25	445,29	1.702,80	1.915,65	333,43	1.627,60	1.831,05	221,57	1.552,40	1.746,4
	V	31.218	1.627,32	2.497,44	2.809,62																		
	VI	31.750	1.690,63	2.540,00	2.857,50																		
86.579,99	I	25.060	894,52	2.004,80	2.255,40	670,80	1.854,40	2.086,20	447,08	1.704,00	1.917,00	223,36	1.553,60	1.747,80	-	1.403,20	1.578,60	-	1.253,36	1.410,03	-	1.108,48	1.247,0
	II	23.271	681,63	1.861,68	2.094,39	457,91	1.711,28	1.925,19	234,19	1.560,88	1.755,99	10,47	1.410,48	1.586,79	-	1.260,48	1.418,04	-	1.115,28	1.254,69	-	976,32	1.098,3
	III	16.430	-	1.314,40	1.478,70	-	1.195,36	1.344,78	-	1.079,52	1.214,46	-	966,72	1.087,56	-	856,96	964,08	-	750,40	844,20	-	646,72	727,5
	IV	25.060	894,52	2.004,80	2.255,40	782,66	1.929,60	2.170,80	670,80	1.854,40	2.086,20	558,94	1.779,20	2.001,60	447,08	1.704,00	1.917,00	335,22	1.628,80	1.832,40	223,36	1.553,60	1.747,8
	V	31.233	1.629,11	2.498,64	2.810,97																		
	VI	31.765	1.692,41	2.541,20	2.858,85																		
86.615,99	I	25.075	896,30	2.006,00	2.256,75	672,58	1.855,60	2.087,55	448,86	1.705,20	1.918,35	225,14	1.554,80	1.749,15	1,42	1.404,40	1.579,95	-	1.254,48	1.411,29	-	1.109,60	1.248,3
	II	23.286	683,41	1.862,88	2.095,74	459,69	1.712,48	1.926,54	235,97	1.562,08	1.757,34	12,25	1.411,68	1.588,14	-	1.261,68	1.419,39	-	1.116,48	1.256,04	-	977,44	1.099,6
	III	16.442	-	1.315,36	1.479,78	-	1.196,32	1.345,86	-	1.080,48	1.215,54	-	967,52	1.088,46	-	857,92	965,16	-	751,20	845,10	-	647,68	728,6
	IV	25.075	896,30	2.006,00	2.256,75	784,44	1.930,80	2.172,15	672,58	1.855,60	2.087,55	560,72	1.780,40	2.002,95	448,86	1.705,20	1.918,35	337,00	1.630,00	1.833,75	225,14	1.554,80	1.749,1
	V	31.248	1.630,89	2.499,84	2.812,32																		
	VI	31.780	1.694,20	2.542,40	2.860,20																		
86.651,99	I	25.090	898,09	2.007,20	2.258,10	674,37	1.856,80	2.088,90	450,65	1.706,40	1.919,70	226,93	1.556,00	1.750,50	3,33	1.405,68	1.581,39	-	1.255,68	1.412,64	-	1.110,72	1.249,5
	II	23.301	685,20	1.864,08	2.097,09	461,48	1.713,68	1.927,89	237,76	1.563,28	1.758,69	14,04	1.412,88	1.589,49	-	1.262,88	1.420,74	-	1.117,60	1.257,30	-	978,48	1.100,7
	III	16.454	-	1.316,32	1.480,86	-	1.197,28	1.346,94	-	1.081,28	1.216,44	-	968,48	1.089,54	-	858,72	966,06	-	752,00	846,00	-	648,48	729,5
	IV	25.090	898,09	2.007,20	2.258,10	786,23	1.932,00	2.173,50	674,37	1.856,80	2.088,90	562,51	1.781,60	2.004,30	450,65	1.706,40	1.919,70	338,79	1.631,20	1.835,10	226,93	1.556,00	1.750,5
	V	31.264	1.632,79	2.501,12	2.813,76																		
	VI	31.795	1.695,98	2.543,60	2.861,55																		
86.687,99	I	25.105	899,87	2.008,40	2.259,45	676,15	1.858,00	2.090,25	452,55	1.707,68	1.921,14	228,83	1.557,28	1.751,94	5,11	1.406,88	1.582,74	-	1.256,88	1.413,99	-	1.111,92	1.250,9
	II	23.316	686,98	1.865,28	2.098,44	463,26	1.714,88	1.929,24	239,54	1.564,48	1.760,04	15,82	1.414,08	1.590,84	-	1.264,08	1.422,09	-	1.118,72	1.258,56	-	979,60	1.102,0
	III	16.466	-	1.317,28	1.481,94	-	1.198,24	1.348,02	-	1.082,24	1.217,52	-	969,44	1.090,62	-	859,52	966,96	-	752,80	846,90	-	649,28	730,4
	IV	25.105	899,87	2.008,40	2.259,45	788,01	1.933,20	2.174,85	676,15	1.858,00	2.090,25	564,29	1.782,80	2.005,65	452,55	1.707,68	1.921,14	340,69	1.632,48	1.836,54	228,83	1.557,28	1.751,9
	V	31.279	1.634,58	2.502,32	2.815,11																		
	VI	31.810	1.697,77	2.544,80	2.862,90																		
86.723,99	I	25.120	901,66	2.009,60	2.260,80	678,06	1.859,28	2.091,69	454,34	1.708,88	1.922,49	230,62	1.558,48	1.753,29	6,90	1.408,08	1.584,09	-	1.258,08	1.415,34	-	1.113,04	1.252,1
	II	23.331	688,77	1.866,48	2.099,79	465,05	1.716,08	1.930,59	241,33	1.565,68	1.761,39	17,73	1.415,36	1.592,28	-	1.265,28	1.423,44	-	1.119,92	1.259,91	-	980,72	1.103,3
	III	16.478	-	1.318,24	1.483,02	-	1.199,20	1.349,10	-	1.083,20	1.218,60	-	970,24	1.091,52	-	860,48	968,04	-	753,76	847,98	-	650,08	731,3
	IV	25.120	901,66	2.009,60	2.260,80	789,92	1.934,48	2.176,29	678,06	1.859,28	2.091,69	566,20	1.784,08	2.007,09	454,34	1.708,88	1.922,49	342,48	1.633,68	1.837,89	230,62	1.558,48	1.753,2
	V	31.294	1.636,36	2.503,52	2.816,46																		
	VI	31.825	1.699,55	2.546,00	2.864,25																		
86.759,99	I	25.136	903,56	2.010,88	2.262,24	679,84	1.860,48	2.093,04	456,12	1.710,08	1.923,84	232,40	1.559,68	1.754,64	8,68	1.409,28	1.585,44	-	1.259,28	1.416,69	-	1.114,16	1.253,4
	II	23.346	690,55	1.867,68	2.101,14	466,83	1.717,28	1.931,94	243,23	1.566,96	1.762,83	19,51	1.416,56	1.593,63	-	1.266,40	1.424,70	-	1.121,04	1.261,17	-	981,76	1.104,4
	III	16.490	-	1.319,20	1.484,10	-	1.200,16	1.350,18	-	1.084,16	1.219,68	-	971,20	1.092,60	-	861,28	968,94	-	754,56	848,88	-	650,88	732,2
	IV	25.136	903,56	2.010,88	2.262,24	791,70	1.935,68	2.177,64	679,84	1.860,48	2.093,04	567,98	1.785,28	2.008,44	456,12	1.710,08	1.923,84	344,26	1.634,88	1.839,24	232,40	1.559,68	1.754,6
	V	31.309	1.638,15	2.504,72	2.817,81																		
	VI	31.841	1.701,46	2.547,28	2.865,69																		
86.795,99	I	25.151	905,35	2.012,08	2.263,59	681,63	1.861,68	2.094,39	457,91	1.711,28	1.925,19	234,19	1.560,88	1.755,99	10,47	1.410,48	1.586,79	-	1.260,48	1.418,04	-	1.115,28	1.254,6
	II	23.362	692,46	1.868,96	2.102,58	468,74	1.718,56	1.933,38	245,02	1.568,16	1.764,18	21,30	1.417,76	1.594,98	-	1.267,60	1.426,05	-	1.122,16	1.262,43	-	982,88	1.105,7
	III	16.502	-	1.320,16	1.485,18	-	1.201,12	1.351,26	-	1.084,96	1.220,58	-	972,00	1.093,50	-	862,24	970,02	-	755,36	849,78	-	651,68	733,1
	IV	25.151	905,35	2.012,08	2.263,59	793,49	1.936,88	2.178,99	681,63	1.861,68	2.094,39	569,77	1.786,48	2.009,79	457,91	1.711,28	1.925,19	346,05	1.636,08	1.840,59	234,19	1.560,88	1.755,9
	V	31.324	1.639,93	2.505,92	2.819,16																		
	VI	31.856	1.703,24	2.548,48	2.867,04																		
86.831,99	I	25.166	907,13	2.013,28	2.264,94	683,41	1.862,88	2.095,74	459,69	1.712,48	1.926,54	235,97	1.562,08	1.757,34	12,25	1.411,68	1.588,14	-	1.261,68	1.419,39	-	1.116,48	1.256,0
	II	23.377	694,24	1.870,16	2.103,93	470,52	1.719,76	1.934,73	246,80	1.569,36	1.765,53	23,08	1.418,96	1.596,33	-	1.268,80	1.427,40	-	1.123,36	1.263,78	-	984,00	1.107,0
	III	16.514	-	1.321,12	1.486,26	-	1.202,08	1.352,34	-	1.085,92	1.221,66	-	972,96	1.094,58	-	863,04	970,92	-	756,32	850,86	-	652,48	734,0
	IV	25.166	907,13	2.013,28	2.264,94	795,27	1.938,08	2.180,34	683,41	1.862,88	2.095,74	571,55	1.787,68	2.011,14	459,69	1.712,48	1.926,54	347,83	1.637,28	1.841,94	235,97	1.562,08	1.757,3
	V	31.339	1.641,72	2.507,12	2.820,51																		
	VI	31.871	1.705,03	2.549,68	2.868,39																		
86.867,99	I	25.181	908,92	2.014,48	2.266,29	685,20	1.864,08	2.097,09	461,48	1.713,68	1.927,89	237,76	1.563,28	1.758,69	14,04	1.412,88	1.589,49	-	1.262,88	1.420,74	-	1.117,60	1.257,3
	II	23.392	696,03	1.871,36	2.105,28	472,31	1.720,96	1.936,08	248,59	1.570,56	1.766,88	24,87	1.420,16	1.597,68	-	1.270,00	1.428,75	-	1.124,48	1.265,04	-	985,12	1.108,2
	III	16.528	-	1.322,24	1.487,52	-	1.203,04	1.353,42	-	1.086,88	1.222,74	-	973,92	1.095,66	-	864,00	972,00	-	757,12	851,76	-	653,28	734,9
	IV	25.181	908,92	2.014,48	2.266,29	797,06	1.939,28	2.181,69	685,20	1.864,08	2.097,09	573,34	1.788,88	2.012,49	461,48	1.713,68	1.927,89	349,62	1.638,48	1.843,29	237,76	1.563,28	1.758,6
	V	31.354	1.643,50	2.508,32	2.821,86																		
	VI	31.886	1.706,81	2.550,88	2.869,74																		
86.903,99	I	25.196	910,70	2.015,68	2.267,64	686,98	1.865,28	2.098,44	463,26	1.714,88	1.929,24	239,54	1.564,48	1.760,04	15,82	1.414,08	1.590,84	-	1.264,08	1.422,09	-	1.118,72	1.258,5
	II	23.407	697,81	1.872,56	2.106,63	474,09	1.722,16	1.937,43	250,37	1.571,76	1.768,23	26,65	1.421,36	1.599,03	-	1.271,20	1.430,10	-	1.125,60	1.266,30	-	986,16	1.109,4
	III	16.540	-	1.323,20	1.488,60	-	1.204,00	1.354,50	-	1.087,84	1.223,82	-	974,72	1.096,56	-	864,80	972,90	-	757,92	852,66	-	654,24	736,0
	IV	25.196	910,70	2.015,68	2.267,64	798,84	1.940,48	2.183,04	686,98	1.865,28	2.098,44	575,12	1.790,08	2.013,84	463,26	1.714,88	1.929,24	351,40	1.639,68	1.844,64	239,54	1.564,48	1.760,0
	V	31.369	1.645,29	2.509,52	2.823,21																		
	VI	31.901	1.708,60	2.552,08	2.871,09																		
86.939,99	I	25.211	912,49	2.016,88	2.268,99	688,77	1.866,48	2.099,79	465,05	1.716,08	1.930,59	241,33	1.565,68	1.761,39	17,73	1.415,36	1.592,28	-	1.265,28	1.423,44	-	1.119,92	1.259,9
	II	23.422	699,60	1.873,76	2.107,98	475,88	1.723,36	1.938,78	252,16	1.572,96	1.769,58	28,44	1.422,56	1.600,38	-	1.272,40	1.431,45	-	1.126,72	1.267,56	-	987,28	1.110,6
	III	16.552	-	1.324,16	1.489,68	-	1.204,80	1.355,40	-	1.088,80	1.224,90	-	975,68	1.097,64	-	865,76	973,98	-	758,88	853,74	-	655,04	736,9
	IV	25.211	912,49	2.016,88	2.268,99	800,63	1.941,68	2.184,39	688,77	1.866,48	2.099,79	576,91	1.791,28	2.015,19	465,05	1.716,08	1.930,59	353,19	1.640,88	1.845,99	241,33	1.565,68	1.761,3
	V	31.384	1.647,07	2.510,72	2.824,56																		
	VI	31.916	1.710,38	2.553,28	2.872,44																		

SolZ/KiSt lt. Tabelle nicht für Sonstige Bezüge anwendbar.

Lohn/Gehalt bis	Steuerklasse	Lohnsteuer	ohne Kinderfreibetrag SolZ 5,5%	ohne Kinderfreibetrag Kirchensteuer 8%	ohne Kinderfreibetrag Kirchensteuer 9%	0,5 SolZ 5,5%	0,5 Kirchensteuer 8%	0,5 Kirchensteuer 9%	1,0 SolZ 5,5%	1,0 Kirchensteuer 8%	1,0 Kirchensteuer 9%	1,5 SolZ 5,5%	1,5 Kirchensteuer 8%	1,5 Kirchensteuer 9%	2,0 SolZ 5,5%	2,0 Kirchensteuer 8%	2,0 Kirchensteuer 9%	2,5 SolZ 5,5%	2,5 Kirchensteuer 8%	2,5 Kirchensteuer 9%	3,0 SolZ 5,5%	3,0 Kirchensteuer 8%	3,0 Kirchensteuer 9%
						Anzahl Kinderfreibeträge (nur Steuerklassen I–IV)																	
86.975,99	I	25.226	914,27	2.018,08	2.270,34	690,55	1.867,68	2.101,14	466,83	1.717,28	1.931,94	243,23	1.566,96	1.762,83	19,51	1.416,56	1.593,63	-	1.266,40	1.424,70	-	1.121,04	1.261,17
	II	23.437	701,38	1.874,96	2.109,33	477,66	1.724,56	1.940,13	253,94	1.574,16	1.770,93	30,22	1.423,76	1.601,73	-	1.273,60	1.432,80	-	1.127,92	1.268,91	-	988,40	1.111,95
	III	16.564	-	1.325,12	1.490,76	-	1.205,76	1.356,48	-	1.089,60	1.225,80	-	976,64	1.098,72	-	866,56	974,88	-	759,68	854,64	-	655,84	737,82
	IV	25.226	914,27	2.018,08	2.270,34	802,41	1.942,88	2.185,74	690,55	1.867,68	2.101,14	578,69	1.792,48	2.016,54	466,83	1.717,28	1.931,94	355,09	1.642,16	1.847,43	243,23	1.566,96	1.762,83
	V	31.400	1.648,98	2.512,00	2.826,00																		
	VI	31.931	1.712,17	2.554,48	2.873,79																		
87.011,99	I	25.241	916,06	2.019,28	2.271,69	692,46	1.868,96	2.102,58	468,74	1.718,56	1.933,38	245,02	1.568,16	1.764,18	21,30	1.417,76	1.594,98	-	1.267,60	1.426,05	-	1.122,16	1.262,43
	II	23.452	703,17	1.876,16	2.110,68	479,45	1.725,76	1.941,48	255,73	1.575,36	1.772,28	32,01	1.424,96	1.603,08	-	1.274,80	1.434,15	-	1.129,04	1.270,17	-	989,44	1.113,12
	III	16.576	-	1.326,08	1.491,84	-	1.206,72	1.357,56	-	1.090,56	1.226,88	-	977,44	1.099,62	-	867,36	975,78	-	760,48	855,54	-	656,64	738,72
	IV	25.241	916,06	2.019,28	2.271,69	804,20	1.944,08	2.187,09	692,46	1.868,96	2.102,58	580,60	1.793,76	2.017,98	468,74	1.718,56	1.933,38	356,88	1.643,36	1.848,78	245,02	1.568,16	1.764,18
	V	31.415	1.650,76	2.513,20	2.827,35																		
	VI	31.946	1.713,95	2.555,68	2.875,14																		
87.047,99	I	25.257	917,96	2.020,56	2.273,13	694,24	1.870,16	2.103,93	470,52	1.719,76	1.934,73	246,80	1.569,36	1.765,53	23,08	1.418,96	1.596,33	-	1.268,80	1.427,40	-	1.123,36	1.263,78
	II	23.467	704,95	1.877,36	2.112,03	481,23	1.726,96	1.942,83	257,63	1.576,64	1.773,72	33,91	1.426,24	1.604,52	-	1.276,00	1.435,50	-	1.130,24	1.271,52	-	990,56	1.114,38
	III	16.588	-	1.327,04	1.492,92	-	1.207,68	1.358,64	-	1.091,52	1.227,96	-	978,40	1.100,70	-	868,32	976,86	-	761,28	856,44	-	657,44	739,62
	IV	25.257	917,96	2.020,56	2.273,13	806,10	1.945,36	2.188,53	694,24	1.870,16	2.103,93	582,38	1.794,96	2.019,33	470,52	1.719,76	1.934,73	358,66	1.644,56	1.850,13	246,80	1.569,36	1.765,53
	V	31.430	1.652,55	2.514,40	2.828,70																		
	VI	31.962	1.715,86	2.556,96	2.876,58																		
87.083,99	I	25.272	919,75	2.021,76	2.274,48	696,03	1.871,36	2.105,28	472,31	1.720,96	1.936,08	248,59	1.570,56	1.766,88	24,87	1.420,16	1.597,68	-	1.270,00	1.428,75	-	1.124,48	1.265,04
	II	23.482	706,74	1.878,56	2.113,38	483,14	1.728,24	1.944,27	259,42	1.577,84	1.775,07	35,70	1.427,44	1.605,87	-	1.277,20	1.436,85	-	1.131,36	1.272,78	-	991,68	1.115,64
	III	16.600	-	1.328,00	1.494,00	-	1.208,64	1.359,72	-	1.092,48	1.229,04	-	979,20	1.101,60	-	869,12	977,76	-	762,24	857,52	-	658,24	740,52
	IV	25.272	919,75	2.021,76	2.274,48	807,89	1.946,56	2.189,88	696,03	1.871,36	2.105,28	584,17	1.796,16	2.020,68	472,31	1.720,96	1.936,08	360,45	1.645,76	1.851,48	248,59	1.570,56	1.766,88
	V	31.445	1.654,33	2.515,60	2.830,05																		
	VI	31.977	1.717,64	2.558,16	2.877,93																		
87.119,99	I	25.287	921,53	2.022,96	2.275,83	697,81	1.872,56	2.106,63	474,09	1.722,16	1.937,43	250,37	1.571,76	1.768,23	26,65	1.421,36	1.599,03	-	1.271,20	1.430,10	-	1.125,60	1.266,30
	II	23.498	708,64	1.879,84	2.114,82	484,92	1.729,44	1.945,62	261,20	1.579,04	1.776,42	37,48	1.428,64	1.607,22	-	1.278,40	1.438,20	-	1.132,48	1.274,04	-	992,80	1.116,90
	III	16.612	-	1.328,96	1.495,08	-	1.209,60	1.360,80	-	1.093,28	1.229,94	-	980,16	1.102,68	-	870,08	978,84	-	763,04	858,42	-	659,04	741,42
	IV	25.287	921,53	2.022,96	2.275,83	809,67	1.947,76	2.191,23	697,81	1.872,56	2.106,63	585,95	1.797,36	2.022,03	474,09	1.722,16	1.937,43	362,23	1.646,96	1.852,83	250,37	1.571,76	1.768,23
	V	31.460	1.656,12	2.516,80	2.831,40																		
	VI	31.992	1.719,43	2.559,36	2.879,28																		
87.155,99	I	25.302	923,32	2.024,16	2.277,18	699,60	1.873,76	2.107,98	475,88	1.723,36	1.938,78	252,16	1.572,96	1.769,58	28,44	1.422,56	1.600,38	-	1.272,40	1.431,45	-	1.126,72	1.267,56
	II	23.513	710,43	1.881,04	2.116,17	486,71	1.730,64	1.946,97	262,99	1.580,24	1.777,77	39,27	1.429,84	1.608,57	-	1.279,60	1.439,55	-	1.133,68	1.275,39	-	993,84	1.118,07
	III	16.624	-	1.329,92	1.496,16	-	1.210,56	1.361,88	-	1.094,24	1.231,02	-	981,12	1.103,76	-	870,88	979,74	-	763,84	859,32	-	660,00	742,50
	IV	25.302	923,32	2.024,16	2.277,18	811,46	1.948,96	2.192,58	699,60	1.873,76	2.107,98	587,74	1.798,56	2.023,38	475,88	1.723,36	1.938,78	364,02	1.648,16	1.854,18	252,16	1.572,96	1.769,58
	V	31.475	1.657,90	2.518,00	2.832,75																		
	VI	32.007	1.721,21	2.560,56	2.880,63																		
87.191,99	I	25.317	925,10	2.025,36	2.278,53	701,38	1.874,96	2.109,33	477,66	1.724,56	1.940,13	253,94	1.574,16	1.770,93	30,22	1.423,76	1.601,73	-	1.273,60	1.432,80	-	1.127,92	1.268,91
	II	23.528	712,21	1.882,24	2.117,52	488,49	1.731,84	1.948,32	264,77	1.581,44	1.779,12	41,05	1.431,04	1.609,92	-	1.280,80	1.440,90	-	1.134,80	1.276,65	-	994,96	1.119,33
	III	16.636	-	1.330,88	1.497,24	-	1.211,52	1.362,96	-	1.095,20	1.232,10	-	981,92	1.104,66	-	871,84	980,82	-	764,80	860,40	-	660,80	743,40
	IV	25.317	925,10	2.025,36	2.278,53	813,24	1.950,16	2.193,93	701,38	1.874,96	2.109,33	589,52	1.799,76	2.024,73	477,66	1.724,56	1.940,13	365,80	1.649,36	1.855,53	253,94	1.574,16	1.770,93
	V	31.490	1.659,69	2.519,20	2.834,10																		
	VI	32.022	1.723,00	2.561,76	2.881,98																		
87.227,99	I	25.332	926,89	2.026,56	2.279,88	703,17	1.876,16	2.110,68	479,45	1.725,76	1.941,48	255,73	1.575,36	1.772,28	32,01	1.424,96	1.603,08	-	1.274,80	1.434,15	-	1.129,04	1.270,17
	II	23.543	714,00	1.883,44	2.118,87	490,28	1.733,04	1.949,67	266,56	1.582,64	1.780,47	42,84	1.432,24	1.611,27	-	1.282,00	1.442,25	-	1.135,92	1.277,91	-	996,08	1.120,59
	III	16.648	-	1.331,84	1.498,32	-	1.212,48	1.364,04	-	1.096,16	1.233,18	-	982,88	1.105,74	-	872,64	981,72	-	765,60	861,30	-	661,60	744,30
	IV	25.332	926,89	2.026,56	2.279,88	815,03	1.951,36	2.195,28	703,17	1.876,16	2.110,68	591,31	1.800,96	2.026,08	479,45	1.725,76	1.941,48	367,59	1.650,56	1.856,88	255,73	1.575,36	1.772,28
	V	31.505	1.661,47	2.520,40	2.835,45																		
	VI	32.037	1.724,78	2.562,96	2.883,33																		
87.263,99	I	25.347	928,67	2.027,76	2.281,23	704,95	1.877,36	2.112,03	481,23	1.726,96	1.942,83	257,63	1.576,64	1.773,72	33,91	1.426,24	1.604,52	-	1.276,00	1.435,50	-	1.130,24	1.271,52
	II	23.558	715,78	1.884,64	2.120,22	492,06	1.734,24	1.951,02	268,34	1.583,84	1.781,82	44,62	1.433,44	1.612,62	-	1.283,20	1.443,60	-	1.137,12	1.279,26	-	997,20	1.121,85
	III	16.660	-	1.332,80	1.499,40	-	1.213,44	1.365,12	-	1.096,96	1.234,08	-	983,68	1.106,64	-	873,60	982,80	-	766,40	862,20	-	662,40	745,20
	IV	25.347	928,67	2.027,76	2.281,23	816,81	1.952,56	2.196,63	704,95	1.877,36	2.112,03	593,09	1.802,16	2.027,43	481,23	1.726,96	1.942,83	369,37	1.651,76	1.858,23	257,63	1.576,64	1.773,72
	V	31.521	1.663,38	2.521,68	2.836,89																		
	VI	32.052	1.726,57	2.564,16	2.884,68																		
87.299,99	I	25.362	930,46	2.028,96	2.282,58	706,74	1.878,56	2.113,38	483,14	1.728,24	1.944,27	259,42	1.577,84	1.775,07	35,70	1.427,44	1.605,87	-	1.277,20	1.436,85	-	1.131,36	1.272,78
	II	23.573	717,57	1.885,84	2.121,57	493,85	1.735,44	1.952,37	270,13	1.585,04	1.783,17	46,41	1.434,64	1.613,97	-	1.284,40	1.444,95	-	1.138,24	1.280,52	-	998,24	1.123,02
	III	16.672	-	1.333,76	1.500,48	-	1.214,40	1.366,20	-	1.097,92	1.235,16	-	984,64	1.107,72	-	874,40	983,70	-	767,36	863,28	-	663,20	746,10
	IV	25.362	930,46	2.028,96	2.282,58	818,60	1.953,76	2.197,98	706,74	1.878,56	2.113,38	595,00	1.803,44	2.028,87	483,14	1.728,24	1.944,27	371,28	1.653,04	1.859,67	259,42	1.577,84	1.775,07
	V	31.536	1.665,16	2.522,88	2.838,24																		
	VI	32.067	1.728,35	2.565,36	2.886,03																		
87.335,99	I	25.378	932,36	2.030,24	2.284,02	708,64	1.879,84	2.114,82	484,92	1.729,44	1.945,62	261,20	1.579,04	1.776,42	37,48	1.428,64	1.607,22	-	1.278,40	1.438,20	-	1.132,48	1.274,04
	II	23.588	719,35	1.887,04	2.122,92	495,63	1.736,64	1.953,72	271,91	1.586,24	1.784,52	48,31	1.435,92	1.615,41	-	1.285,60	1.446,30	-	1.139,36	1.281,78	-	999,36	1.124,28
	III	16.686	-	1.334,88	1.501,74	-	1.215,36	1.367,28	-	1.098,88	1.236,24	-	985,60	1.108,80	-	875,36	984,78	-	768,16	864,18	-	664,00	747,00
	IV	25.378	932,36	2.030,24	2.284,02	820,50	1.955,04	2.199,42	708,64	1.879,84	2.114,82	596,78	1.804,64	2.030,22	484,92	1.729,44	1.945,62	373,06	1.654,24	1.861,02	261,20	1.579,04	1.776,42
	V	31.551	1.666,95	2.524,08	2.839,59																		
	VI	32.083	1.730,26	2.566,64	2.887,47																		
87.371,99	I	25.393	934,15	2.031,44	2.285,37	710,43	1.881,04	2.116,17	486,71	1.730,64	1.946,97	262,99	1.580,24	1.777,77	39,27	1.429,84	1.608,57	-	1.279,60	1.439,55	-	1.133,68	1.275,39
	II	23.603	721,14	1.888,24	2.124,27	497,53	1.737,92	1.955,16	273,81	1.587,52	1.785,96	50,09	1.437,12	1.616,76	-	1.286,80	1.447,65	-	1.140,56	1.283,13	-	1.000,48	1.125,54
	III	16.698	-	1.335,84	1.502,82	-	1.216,32	1.368,36	-	1.099,84	1.237,32	-	986,40	1.109,70	-	876,16	985,68	-	768,96	865,08	-	664,96	748,08
	IV	25.393	934,15	2.031,44	2.285,37	822,29	1.956,24	2.200,77	710,43	1.881,04	2.116,17	598,57	1.805,84	2.031,57	486,71	1.730,64	1.946,97	374,85	1.655,44	1.862,37	262,99	1.580,24	1.777,77
	V	31.566	1.668,73	2.525,28	2.840,94																		
	VI	32.098	1.732,04	2.567,84	2.888,82																		
87.407,99	I	25.408	935,93	2.032,64	2.286,72	712,21	1.882,24	2.117,52	488,49	1.731,84	1.948,32	264,77	1.581,44	1.779,12	41,05	1.431,04	1.609,92	-	1.280,80	1.440,90	-	1.134,80	1.276,65
	II	23.619	723,04	1.889,52	2.125,71	499,32	1.739,12	1.956,51	275,60	1.588,72	1.787,31	51,88	1.438,32	1.618,11	-	1.288,00	1.449,00	-	1.141,68	1.284,39	-	1.001,60	1.126,80
	III	16.710	-	1.336,80	1.503,90	-	1.217,12	1.369,26	-	1.100,80	1.238,40	-	987,36	1.110,78	-	877,12	986,76	-	769,76	865,98	-	665,76	748,98
	IV	25.408	935,93	2.032,64	2.286,72	824,07	1.957,44	2.202,12	712,21	1.882,24	2.117,52	600,35	1.807,04	2.032,92	488,49	1.731,84	1.948,32	376,63	1.656,64	1.863,72	264,77	1.581,44	1.779,12
	V	31.581	1.670,52	2.526,48	2.842,29																		
	VI	32.113	1.733,83	2.569,04	2.890,17																		
87.443,99	I	25.423	937,72	2.033,84	2.288,07	714,00	1.883,44	2.118,87	490,28	1.733,04	1.949,67	266,56	1.582,64	1.780,47	42,84	1.432,24	1.611,27	-	1.282,00	1.442,25	-	1.135,92	1.277,91
	II	23.634	724,82	1.890,72	2.127,06	501,10	1.740,32	1.957,86	277,38	1.589,92	1.788,66	53,66	1.439,52	1.619,46	-	1.289,20	1.450,35	-	1.142,88	1.285,74	-	1.002,64	1.127,97
	III	16.722	-	1.337,76	1.504,98	-	1.218,08	1.370,34	-	1.101,60	1.239,30	-	988,16	1.111,68	-	877,92	987,66	-	770,72	867,06	-	666,56	749,88
	IV	25.423	937,72	2.033,84	2.288,07	825,86	1.958,64	2.203,47	714,00	1.883,44	2.118,87	602,14	1.808,24	2.034,27	490,28	1.733,04	1.949,67	378,42	1.657,84	1.865,07	266,56	1.582,64	1.780,47
	V	31.596	1.672,30	2.527,68	2.843,64																		
	VI	32.128	1.735,61	2.570,24	2.891,52																		
87.479,99	I	25.438	939,50	2.035,04	2.289,42	715,78	1.884,64	2.120,22	492,06	1.734,24	1.951,02	268,34	1.583,84	1.781,82	44,62	1.433,44	1.612,62	-	1.283,20	1.443,60	-	1.137,12	1.279,26
	II	23.649	726,61	1.891,92	2.128,41	502,89	1.741,52	1.959,21	279,17	1.591,12	1.790,01	55,45	1.440,72	1.620,81	-	1.290,40	1.451,70	-	1.144,00	1.287,00	-	1.003,76	1.129,23
	III	16.734	-	1.338,72	1.506,06	-	1.219,04	1.371,42	-	1.102,56	1.240,38	-	989,12	1.112,76	-	878,72	988,56	-	771,52	867,96	-	667,36	750,78
	IV	25.438	939,50	2.035,04	2.289,42	827,64	1.959,84	2.204,82	715,78	1.884,64	2.120,22	603,92	1.809,44	2.035,62	492,06	1.734,24	1.951,02	380,20	1.659,04	1.866,42	268,34	1.583,84	1.781,82
	V	31.611	1.674,09	2.528,88	2.844,99																		
	VI	32.143	1.737,40	2.571,44	2.892,87																		

SolZ/KiSt lt. Tabelle nicht für Sonstige Bezüge anwendbar.

JAHR bis 88.019,99 € — Besondere Tabelle

Lohn/Gehalt bis	Steuerklasse	Lohnsteuer	ohne Kinderfreibetrag SolZ 5,5%	ohne Kinderfreibetrag Kirchensteuer 8%	ohne Kinderfreibetrag Kirchensteuer 9%	0,5 SolZ 5,5%	0,5 Kirchensteuer 8%	0,5 Kirchensteuer 9%	1,0 SolZ 5,5%	1,0 Kirchensteuer 8%	1,0 Kirchensteuer 9%	1,5 SolZ 5,5%	1,5 Kirchensteuer 8%	1,5 Kirchensteuer 9%	2,0 SolZ 5,5%	2,0 Kirchensteuer 8%	2,0 Kirchensteuer 9%	2,5 SolZ 5,5%	2,5 Kirchensteuer 8%	2,5 Kirchensteuer 9%	3,0 SolZ 5,5%	3,0 Kirchensteuer 8%	3,0 Kirchensteuer 9%
						Anzahl Kinderfreibeträge (nur Steuerklassen I–IV)																	
87.515,99	I	25.453	941,29	2.036,24	2.290,77	717,57	1.885,84	2.121,57	493,85	1.735,44	1.952,37	270,13	1.585,04	1.783,17	46,41	1.434,64	1.613,97	-	1.284,40	1.444,95	-	1.138,24	1.280,5
	II	23.664	728,39	1.893,12	2.129,76	504,67	1.742,72	1.960,56	280,95	1.592,32	1.791,36	57,23	1.441,92	1.622,16	-	1.291,60	1.453,05	-	1.145,12	1.288,26	-	1.004,88	1.130,4
	III	16.746	-	1.339,68	1.507,14	-	1.220,00	1.372,50	-	1.103,52	1.241,46	-	990,08	1.113,84	-	879,68	989,64	-	772,32	868,86	-	668,16	751,6
	IV	25.453	941,29	2.036,24	2.290,77	829,43	1.961,04	2.206,17	717,57	1.885,84	2.121,57	605,71	1.810,64	2.036,97	493,85	1.735,44	1.952,37	381,99	1.660,24	1.867,77	270,13	1.585,04	1.783,
	V	31.626	1.675,87	2.530,08	2.846,34																		
	VI	32.158	1.739,18	2.572,64	2.894,22																		
87.551,99	I	25.468	943,07	2.037,44	2.292,12	719,35	1.887,04	2.122,92	495,63	1.736,64	1.953,72	271,91	1.586,24	1.784,52	48,31	1.435,92	1.615,41	-	1.285,60	1.446,30	-	1.139,36	1.281,7
	II	23.679	730,18	1.894,32	2.131,11	506,46	1.743,92	1.961,91	282,74	1.593,52	1.792,71	59,02	1.443,12	1.623,51	-	1.292,80	1.454,40	-	1.146,32	1.289,61	-	1.006,00	1.131,
	III	16.758	-	1.340,64	1.508,22	-	1.220,96	1.373,58	-	1.104,48	1.242,54	-	990,88	1.114,74	-	880,48	990,54	-	773,28	869,94	-	668,96	752,5
	IV	25.468	943,07	2.037,44	2.292,12	831,21	1.962,24	2.207,52	719,35	1.887,04	2.122,92	607,49	1.811,84	2.038,32	495,63	1.736,64	1.953,72	383,77	1.661,44	1.869,12	271,91	1.586,24	1.784,5
	V	31.642	1.677,78	2.531,36	2.847,78																		
	VI	32.173	1.740,97	2.573,84	2.895,57																		
87.587,99	I	25.483	944,86	2.038,64	2.293,47	721,14	1.888,24	2.124,27	497,53	1.737,92	1.955,16	273,81	1.587,52	1.785,96	50,09	1.437,12	1.616,76	-	1.286,80	1.447,65	-	1.140,56	1.283,
	II	23.694	731,96	1.895,52	2.132,46	508,24	1.745,12	1.963,26	284,52	1.594,72	1.794,06	60,80	1.444,32	1.624,86	-	1.294,00	1.455,75	-	1.147,44	1.290,87	-	1.007,12	1.133,
	III	16.770	-	1.341,60	1.509,30	-	1.221,92	1.374,66	-	1.105,28	1.243,44	-	991,84	1.115,82	-	881,44	991,62	-	774,08	870,84	-	669,76	753,4
	IV	25.483	944,86	2.038,64	2.293,47	833,00	1.963,44	2.208,87	721,14	1.888,24	2.124,27	609,28	1.813,04	2.039,67	497,53	1.737,92	1.955,16	385,67	1.662,72	1.870,56	273,81	1.587,52	1.785,
	V	31.657	1.679,56	2.532,56	2.849,13																		
	VI	32.188	1.742,75	2.575,04	2.896,92																		
87.623,99	I	25.498	946,64	2.039,84	2.294,82	723,04	1.889,52	2.125,71	499,32	1.739,12	1.956,51	275,60	1.588,72	1.787,31	51,88	1.438,32	1.618,11	-	1.288,00	1.449,00	-	1.141,68	1.284,
	II	23.709	733,75	1.896,72	2.133,81	510,03	1.746,32	1.964,61	286,31	1.595,92	1.795,41	62,71	1.445,60	1.626,30	-	1.295,20	1.457,10	-	1.148,64	1.292,22	-	1.008,16	1.134,
	III	16.782	-	1.342,56	1.510,38	-	1.222,88	1.375,74	-	1.106,24	1.244,52	-	992,80	1.116,90	-	882,24	992,52	-	774,88	871,74	-	670,72	754,5
	IV	25.498	946,64	2.039,84	2.294,82	834,90	1.964,72	2.210,31	723,04	1.889,52	2.125,71	611,18	1.814,32	2.041,11	499,32	1.739,12	1.956,51	387,46	1.663,92	1.871,91	275,60	1.588,72	1.787,
	V	31.672	1.681,35	2.533,76	2.850,48																		
	VI	32.203	1.744,54	2.576,24	2.898,27																		
87.659,99	I	25.514	948,54	2.041,12	2.296,26	724,82	1.890,72	2.127,06	501,10	1.740,32	1.957,86	277,38	1.589,92	1.788,66	53,66	1.439,52	1.619,46	-	1.289,20	1.450,35	-	1.142,88	1.285,
	II	23.724	735,53	1.897,92	2.135,16	511,81	1.747,52	1.965,96	288,21	1.597,20	1.796,85	64,49	1.446,80	1.627,65	-	1.296,40	1.458,45	-	1.149,76	1.293,48	-	1.009,28	1.135,
	III	16.794	-	1.343,52	1.511,46	-	1.223,84	1.376,82	-	1.107,20	1.245,60	-	993,60	1.117,80	-	883,20	993,60	-	775,84	872,82	-	671,52	755,
	IV	25.514	948,54	2.041,12	2.296,26	836,68	1.965,92	2.211,66	724,82	1.890,72	2.127,06	612,96	1.815,52	2.042,46	501,10	1.740,32	1.957,86	389,24	1.665,12	1.873,26	277,38	1.589,92	1.788,
	V	31.687	1.683,13	2.534,96	2.851,83																		
	VI	32.219	1.746,44	2.577,52	2.899,71																		
87.695,99	I	25.529	950,33	2.042,32	2.297,61	726,61	1.891,92	2.128,41	502,89	1.741,52	1.959,21	279,17	1.591,12	1.790,01	55,45	1.440,72	1.620,81	-	1.290,40	1.451,70	-	1.144,00	1.287,
	II	23.740	737,44	1.899,20	2.136,60	513,72	1.748,80	1.967,40	290,00	1.598,40	1.798,20	66,28	1.448,00	1.629,00	-	1.297,60	1.459,80	-	1.150,96	1.294,83	-	1.010,40	1.136,
	III	16.806	-	1.344,48	1.512,54	-	1.224,80	1.377,90	-	1.108,16	1.246,68	-	994,56	1.118,88	-	884,00	994,50	-	776,64	873,72	-	672,32	756,
	IV	25.529	950,33	2.042,32	2.297,61	838,47	1.967,12	2.213,01	726,61	1.891,92	2.128,41	614,75	1.816,72	2.043,81	502,89	1.741,52	1.959,21	391,03	1.666,32	1.874,61	279,17	1.591,12	1.790,
	V	31.702	1.684,92	2.536,16	2.853,18																		
	VI	32.234	1.748,22	2.578,72	2.901,06																		
87.731,99	I	25.544	952,11	2.043,52	2.298,96	728,39	1.893,12	2.129,76	504,67	1.742,72	1.960,56	280,95	1.592,32	1.791,36	57,23	1.441,92	1.622,16	-	1.291,60	1.453,05	-	1.145,12	1.288,
	II	23.755	739,22	1.900,40	2.137,95	515,50	1.750,00	1.968,75	291,78	1.599,60	1.799,55	68,06	1.449,20	1.630,35	-	1.298,80	1.461,15	-	1.152,08	1.296,09	-	1.011,52	1.137,
	III	16.820	-	1.345,60	1.513,80	-	1.225,76	1.378,98	-	1.109,12	1.247,76	-	995,52	1.119,96	-	884,96	995,58	-	777,44	874,62	-	673,12	757,
	IV	25.544	952,11	2.043,52	2.298,96	840,25	1.968,32	2.214,36	728,39	1.893,12	2.129,76	616,53	1.817,92	2.045,16	504,67	1.742,72	1.960,56	392,81	1.667,52	1.875,96	280,95	1.592,32	1.791,
	V	31.717	1.686,70	2.537,36	2.854,53																		
	VI	32.249	1.750,01	2.579,92	2.902,41																		
87.767,99	I	25.559	953,90	2.044,72	2.300,31	730,18	1.894,32	2.131,11	506,46	1.743,92	1.961,91	282,74	1.593,52	1.792,71	59,02	1.443,12	1.623,51	-	1.292,80	1.454,40	-	1.146,32	1.289,
	II	23.770	741,01	1.901,60	2.139,30	517,29	1.751,20	1.970,10	293,57	1.600,80	1.800,90	69,85	1.450,40	1.631,70	-	1.300,00	1.462,50	-	1.153,20	1.297,35	-	1.012,64	1.139,
	III	16.832	-	1.346,56	1.514,88	-	1.226,72	1.380,06	-	1.109,92	1.248,66	-	996,32	1.120,86	-	885,76	996,48	-	778,40	875,70	-	673,92	758,
	IV	25.559	953,90	2.044,72	2.300,31	842,04	1.969,52	2.215,71	730,18	1.894,32	2.131,11	618,32	1.819,12	2.046,51	506,46	1.743,92	1.961,91	394,60	1.668,72	1.877,31	282,74	1.593,52	1.792,
	V	31.732	1.688,49	2.538,56	2.855,88																		
	VI	32.264	1.751,79	2.581,12	2.903,76																		
87.803,99	I	25.574	955,68	2.045,92	2.301,66	731,96	1.895,52	2.132,46	508,24	1.745,12	1.963,26	284,52	1.594,72	1.794,06	60,80	1.444,32	1.624,86	-	1.294,00	1.455,75	-	1.147,44	1.290,
	II	23.785	742,79	1.902,80	2.140,65	519,07	1.752,40	1.971,45	295,35	1.602,00	1.802,25	71,63	1.451,60	1.633,05	-	1.301,20	1.463,85	-	1.154,40	1.298,70	-	1.013,76	1.140,
	III	16.844	-	1.347,52	1.515,96	-	1.227,68	1.381,14	-	1.110,88	1.249,74	-	997,28	1.121,94	-	886,72	997,56	-	779,20	876,60	-	674,72	759,
	IV	25.574	955,68	2.045,92	2.301,66	843,82	1.970,72	2.217,06	731,96	1.895,52	2.132,46	620,10	1.820,32	2.047,86	508,24	1.745,12	1.963,26	396,38	1.669,92	1.878,66	284,52	1.594,72	1.794,
	V	31.747	1.690,27	2.539,76	2.857,23																		
	VI	32.279	1.753,58	2.582,32	2.905,11																		
87.839,99	I	25.589	957,47	2.047,12	2.303,01	733,75	1.896,72	2.133,81	510,03	1.746,32	1.964,61	286,31	1.595,92	1.795,41	62,71	1.445,60	1.626,30	-	1.295,20	1.457,10	-	1.148,64	1.292,
	II	23.800	744,58	1.904,00	2.142,00	520,86	1.753,60	1.972,80	297,14	1.603,20	1.803,60	73,42	1.452,80	1.634,40	-	1.302,48	1.465,29	-	1.155,52	1.299,96	-	1.014,80	1.141,
	III	16.856	-	1.348,48	1.517,04	-	1.228,64	1.382,22	-	1.111,84	1.250,82	-	998,08	1.122,84	-	887,52	998,46	-	780,00	877,50	-	675,68	760,
	IV	25.589	957,47	2.047,12	2.303,01	845,61	1.971,92	2.218,41	733,75	1.896,72	2.133,81	621,89	1.821,52	2.049,21	510,03	1.746,32	1.964,61	398,17	1.671,12	1.880,01	286,31	1.595,92	1.795,
	V	31.762	1.692,06	2.540,96	2.858,58																		
	VI	32.294	1.755,36	2.583,52	2.906,46																		
87.875,99	I	25.604	959,25	2.048,32	2.304,36	735,53	1.897,92	2.135,16	511,81	1.747,52	1.965,96	288,21	1.597,20	1.796,85	64,49	1.446,80	1.627,65	-	1.296,40	1.458,45	-	1.149,76	1.293,
	II	23.815	746,36	1.905,20	2.143,35	522,64	1.754,80	1.974,15	298,92	1.604,40	1.804,95	75,20	1.454,00	1.635,75	-	1.303,68	1.466,64	-	1.156,72	1.301,31	-	1.015,92	1.142,
	III	16.868	-	1.349,44	1.518,12	-	1.229,60	1.383,30	-	1.112,80	1.251,90	-	999,04	1.123,92	-	888,48	999,54	-	780,96	878,58	-	676,48	761,
	IV	25.604	959,25	2.048,32	2.304,36	847,39	1.973,12	2.219,76	735,53	1.897,92	2.135,16	623,67	1.822,72	2.050,56	511,81	1.747,52	1.965,96	400,07	1.672,40	1.881,45	288,21	1.597,20	1.796,
	V	31.778	1.693,96	2.542,24	2.860,02																		
	VI	32.309	1.757,15	2.584,72	2.907,81																		
87.911,99	I	25.619	961,04	2.049,52	2.305,71	737,44	1.899,20	2.136,60	513,72	1.748,80	1.967,40	290,00	1.598,40	1.798,20	66,28	1.448,00	1.629,00	-	1.297,60	1.459,80	-	1.150,96	1.294,
	II	23.830	748,15	1.906,40	2.144,70	524,43	1.756,00	1.975,50	300,71	1.605,60	1.806,30	76,99	1.455,20	1.637,10	-	1.304,88	1.467,99	-	1.157,84	1.302,57	-	1.017,04	1.144,
	III	16.880	-	1.350,40	1.519,20	-	1.230,56	1.384,38	-	1.113,76	1.252,98	-	1.000,00	1.125,00	-	889,28	1.000,44	-	781,76	879,48	-	677,28	761,
	IV	25.619	961,04	2.049,52	2.305,71	849,18	1.974,32	2.221,11	737,44	1.899,20	2.136,60	625,58	1.824,00	2.052,00	513,72	1.748,80	1.967,40	401,86	1.673,60	1.882,80	290,00	1.598,40	1.798,
	V	31.793	1.695,75	2.543,44	2.861,37																		
	VI	32.324	1.758,93	2.585,92	2.909,16																		
87.947,99	I	25.635	962,94	2.050,80	2.307,15	739,22	1.900,40	2.137,95	515,50	1.750,00	1.968,75	291,78	1.599,60	1.799,55	68,06	1.449,20	1.630,35	-	1.298,80	1.461,15	-	1.152,08	1.296,
	II	23.845	749,93	1.907,60	2.146,05	526,21	1.757,20	1.976,85	302,61	1.606,88	1.807,74	78,89	1.456,48	1.638,54	-	1.306,08	1.469,34	-	1.159,04	1.303,92	-	1.018,16	1.145,
	III	16.892	-	1.351,36	1.520,28	-	1.231,52	1.385,46	-	1.114,56	1.253,88	-	1.000,80	1.125,90	-	890,24	1.001,52	-	782,56	880,38	-	678,08	762,
	IV	25.635	962,94	2.050,80	2.307,15	851,08	1.975,60	2.222,55	739,22	1.900,40	2.137,95	627,36	1.825,20	2.053,35	515,50	1.750,00	1.968,75	403,64	1.674,80	1.884,15	291,78	1.599,60	1.799,
	V	31.808	1.697,53	2.544,64	2.862,72																		
	VI	32.340	1.760,84	2.587,20	2.910,60																		
87.983,99	I	25.650	964,73	2.052,00	2.308,50	741,01	1.901,60	2.139,30	517,29	1.751,20	1.970,10	293,57	1.600,80	1.800,90	69,85	1.450,40	1.631,70	-	1.300,00	1.462,50	-	1.153,20	1.297,
	II	23.860	751,72	1.908,80	2.147,40	528,12	1.758,48	1.978,29	304,40	1.608,08	1.809,09	80,68	1.457,68	1.639,89	-	1.307,28	1.470,69	-	1.160,16	1.305,18	-	1.019,28	1.146,
	III	16.904	-	1.352,32	1.521,36	-	1.232,48	1.386,54	-	1.115,52	1.254,96	-	1.001,76	1.126,98	-	891,04	1.002,42	-	783,52	881,46	-	678,88	763,
	IV	25.650	964,73	2.052,00	2.308,50	852,87	1.976,80	2.223,90	741,01	1.901,60	2.139,30	629,15	1.826,40	2.054,70	517,29	1.751,20	1.970,10	405,43	1.676,00	1.885,50	293,57	1.600,80	1.800,
	V	31.823	1.699,32	2.545,84	2.864,07																		
	VI	32.355	1.762,62	2.588,40	2.911,95																		
88.019,99	I	25.665	966,51	2.053,20	2.309,85	742,79	1.902,80	2.140,65	519,07	1.752,40	1.971,45	295,35	1.602,00	1.802,25	71,63	1.451,60	1.633,05	-	1.301,20	1.463,85	-	1.154,40	1.298,
	II	23.876	753,62	1.910,08	2.148,84	529,90	1.759,68	1.979,64	306,18	1.609,28	1.810,44	82,46	1.458,88	1.641,24	-	1.308,48	1.472,04	-	1.161,36	1.306,53	-	1.020,40	1.147,
	III	16.916	-	1.353,28	1.522,44	-	1.233,28	1.387,44	-	1.116,48	1.256,04	-	1.002,72	1.128,06	-	892,00	1.003,50	-	784,32	882,36	-	679,84	764,8
	IV	25.665	966,51	2.053,20	2.309,85	854,65	1.978,00	2.225,25	742,79	1.902,80	2.140,65	630,93	1.827,60	2.056,05	519,07	1.752,40	1.971,45	407,21	1.677,20	1.886,85	295,35	1.602,00	1.802,
	V	31.838	1.701,10	2.547,04	2.865,42																		
	VI	32.370	1.764,41	2.589,60	2.913,30																		

SolZ/KiSt lt. Tabelle nicht für Sonstige Bezüge anwendbar.

Besondere Tabelle

JAHR bis 88.559,99 €

Lohn/ Gehalt bis	Steuerklasse	Lohn-steuer	ohne Kinderfreibetrag SolZ 5,5%	ohne Kinderfreibetrag Kirchensteuer 8%	ohne Kinderfreibetrag Kirchensteuer 9%	0,5 SolZ 5,5%	0,5 Kirchensteuer 8%	0,5 Kirchensteuer 9%	1,0 SolZ 5,5%	1,0 Kirchensteuer 8%	1,0 Kirchensteuer 9%	1,5 SolZ 5,5%	1,5 Kirchensteuer 8%	1,5 Kirchensteuer 9%	2,0 SolZ 5,5%	2,0 Kirchensteuer 8%	2,0 Kirchensteuer 9%	2,5 SolZ 5,5%	2,5 Kirchensteuer 8%	2,5 Kirchensteuer 9%	3,0 SolZ 5,5%	3,0 Kirchensteuer 8%	3,0 Kirchensteuer 9%
						Anzahl Kinderfreibeträge (nur Steuerklassen I–IV)																	
88.055,99	I	25.680	968,30	2.054,40	2.311,20	744,58	1.904,00	2.142,00	520,86	1.753,60	1.972,80	297,14	1.603,20	1.803,60	73,42	1.452,80	1.634,40	-	1.302,48	1.465,29	-	1.155,52	1.299,96
	II	23.891	755,41	1.911,28	2.150,19	531,69	1.760,88	1.980,99	307,97	1.610,48	1.811,79	84,25	1.460,08	1.642,59	-	1.309,68	1.473,39	-	1.162,48	1.307,79	-	1.021,44	1.149,12
	III	16.928	-	1.354,24	1.523,52	-	1.234,24	1.388,52	-	1.117,44	1.257,12	-	1.003,52	1.128,96	-	892,80	1.004,40	-	785,12	883,26	-	680,64	765,72
	IV	25.680	968,30	2.054,40	2.311,20	856,44	1.979,20	2.226,60	744,58	1.904,00	2.142,00	632,72	1.828,80	2.057,40	520,86	1.753,60	1.972,80	409,00	1.678,40	1.888,20	297,14	1.603,20	1.803,60
	V	31.853	1.702,89	2.548,24	2.866,77																		
	VI	32.385	1.766,19	2.590,80	2.914,65																		
88.091,99	I	25.695	970,08	2.055,60	2.312,55	746,36	1.905,20	2.143,35	522,64	1.754,80	1.974,15	298,92	1.604,40	1.804,95	75,20	1.454,00	1.635,75	-	1.303,68	1.466,64	-	1.156,72	1.301,31
	II	23.906	757,19	1.912,48	2.151,54	533,47	1.762,08	1.982,34	309,75	1.611,68	1.813,14	86,03	1.461,28	1.643,94	-	1.310,88	1.474,74	-	1.163,68	1.309,14	-	1.022,56	1.150,38
	III	16.942	-	1.355,36	1.524,78	-	1.235,20	1.389,60	-	1.118,40	1.258,20	-	1.004,48	1.130,04	-	893,76	1.005,48	-	786,08	884,34	-	681,44	766,62
	IV	25.695	970,08	2.055,60	2.312,55	858,22	1.980,40	2.227,95	746,36	1.905,20	2.143,35	634,50	1.830,00	2.058,75	522,64	1.754,80	1.974,15	410,78	1.679,60	1.889,55	298,92	1.604,40	1.804,95
	V	31.868	1.704,67	2.549,44	2.868,12																		
	VI	32.400	1.767,98	2.592,00	2.916,00																		
88.127,99	I	25.710	971,87	2.056,80	2.313,90	748,15	1.906,40	2.144,70	524,43	1.756,00	1.975,50	300,71	1.605,60	1.806,30	76,99	1.455,20	1.637,10	-	1.304,88	1.467,99	-	1.157,84	1.302,57
	II	23.921	758,98	1.913,68	2.152,89	535,26	1.763,28	1.983,69	311,54	1.612,88	1.814,49	87,82	1.462,48	1.645,29	-	1.312,08	1.476,09	-	1.164,80	1.310,40	-	1.023,68	1.151,64
	III	16.954	-	1.356,32	1.525,86	-	1.236,16	1.390,68	-	1.119,20	1.259,10	-	1.005,44	1.131,12	-	894,56	1.006,38	-	786,88	885,24	-	682,24	767,52
	IV	25.710	971,87	2.056,80	2.313,90	860,01	1.981,60	2.229,30	748,15	1.906,40	2.144,70	636,29	1.831,20	2.060,10	524,43	1.756,00	1.975,50	412,57	1.680,80	1.890,90	300,71	1.605,60	1.806,30
	V	31.883	1.706,46	2.550,64	2.869,47																		
	VI	32.415	1.769,76	2.593,20	2.917,35																		
88.163,99	I	25.725	973,65	2.058,00	2.315,25	749,93	1.907,60	2.146,05	526,21	1.757,20	1.976,85	302,61	1.606,88	1.807,74	78,89	1.456,48	1.638,54	-	1.306,08	1.469,34	-	1.159,04	1.303,92
	II	23.936	760,76	1.914,88	2.154,24	537,04	1.764,48	1.985,04	313,32	1.614,08	1.815,84	89,60	1.463,68	1.646,64	-	1.313,28	1.477,44	-	1.166,00	1.311,75	-	1.024,80	1.152,90
	III	16.966	-	1.357,28	1.526,94	-	1.237,12	1.391,76	-	1.120,16	1.260,18	-	1.006,24	1.132,02	-	895,52	1.007,46	-	787,68	886,14	-	683,04	768,42
	IV	25.725	973,65	2.058,00	2.315,25	861,79	1.982,80	2.230,65	749,93	1.907,60	2.146,05	638,07	1.832,40	2.061,45	526,21	1.757,20	1.976,85	414,35	1.682,00	1.892,25	302,61	1.606,88	1.807,74
	V	31.899	1.708,36	2.551,92	2.870,91																		
	VI	32.430	1.771,55	2.594,40	2.918,70																		
88.199,99	I	25.740	975,44	2.059,20	2.316,60	751,72	1.908,80	2.147,40	528,12	1.758,48	1.978,29	304,40	1.608,08	1.809,09	80,68	1.457,68	1.639,89	-	1.307,28	1.470,69	-	1.160,16	1.305,18
	II	23.951	762,55	1.916,08	2.155,59	538,83	1.765,68	1.986,39	315,11	1.615,28	1.817,19	91,39	1.464,88	1.647,99	-	1.314,56	1.478,88	-	1.167,12	1.313,01	-	1.025,92	1.154,16
	III	16.978	-	1.358,24	1.528,02	-	1.238,08	1.392,84	-	1.121,12	1.261,26	-	1.007,20	1.133,10	-	896,32	1.008,36	-	788,64	887,22	-	683,84	769,32
	IV	25.740	975,44	2.059,20	2.316,60	863,58	1.984,00	2.232,00	751,72	1.908,80	2.147,40	639,98	1.833,68	2.062,89	528,12	1.758,48	1.978,29	416,26	1.683,28	1.893,69	304,40	1.608,08	1.809,09
	V	31.914	1.710,14	2.553,12	2.872,26																		
	VI	32.445	1.773,33	2.595,60	2.920,05																		
88.235,99	I	25.756	977,34	2.060,48	2.318,04	753,62	1.910,08	2.148,84	529,90	1.759,68	1.979,64	306,18	1.609,28	1.810,44	82,46	1.458,88	1.641,24	-	1.308,48	1.472,04	-	1.161,36	1.306,53
	II	23.966	764,33	1.917,28	2.156,94	540,61	1.766,88	1.987,74	316,89	1.616,48	1.818,54	93,29	1.466,16	1.649,43	-	1.315,76	1.480,23	-	1.168,32	1.314,36	-	1.027,04	1.155,42
	III	16.990	-	1.359,20	1.529,10	-	1.239,04	1.393,92	-	1.122,08	1.262,34	-	1.008,16	1.134,18	-	897,28	1.009,44	-	789,44	888,12	-	684,80	770,40
	IV	25.756	977,34	2.060,48	2.318,04	865,48	1.985,28	2.233,44	753,62	1.910,08	2.148,84	641,76	1.834,88	2.064,24	529,90	1.759,68	1.979,64	418,04	1.684,48	1.895,04	306,18	1.609,28	1.810,44
	V	31.929	1.711,93	2.554,32	2.873,61																		
	VI	32.461	1.775,24	2.596,88	2.921,49																		
88.271,99	I	25.771	979,13	2.061,68	2.319,39	755,41	1.911,28	2.150,19	531,69	1.760,88	1.980,99	307,97	1.610,48	1.811,79	84,25	1.460,08	1.642,59	-	1.309,68	1.473,39	-	1.162,48	1.307,79
	II	23.981	766,12	1.918,48	2.158,29	542,52	1.768,16	1.989,18	318,80	1.617,76	1.819,98	95,08	1.467,36	1.650,78	-	1.316,96	1.481,58	-	1.169,44	1.315,62	-	1.028,16	1.156,68
	III	17.002	-	1.360,16	1.530,18	-	1.240,00	1.395,00	-	1.123,04	1.263,42	-	1.008,96	1.135,08	-	898,08	1.010,34	-	790,24	889,02	-	685,60	771,30
	IV	25.771	979,13	2.061,68	2.319,39	867,27	1.986,48	2.234,79	755,41	1.911,28	2.150,19	643,55	1.836,08	2.065,59	531,69	1.760,88	1.980,99	419,83	1.685,68	1.896,39	307,97	1.610,48	1.811,79
	V	31.944	1.713,71	2.555,52	2.874,96																		
	VI	32.476	1.777,02	2.598,08	2.922,84																		
88.307,99	I	25.786	980,91	2.062,88	2.320,74	757,19	1.912,48	2.151,54	533,47	1.762,08	1.982,34	309,75	1.611,68	1.813,14	86,03	1.461,28	1.643,94	-	1.310,88	1.474,74	-	1.163,68	1.309,14
	II	23.997	768,02	1.919,76	2.159,73	544,30	1.769,36	1.990,53	320,58	1.618,96	1.821,33	96,86	1.468,56	1.652,13	-	1.318,16	1.482,93	-	1.170,64	1.316,97	-	1.029,28	1.157,94
	III	17.014	-	1.361,12	1.531,26	-	1.240,96	1.396,08	-	1.123,84	1.264,32	-	1.009,92	1.136,16	-	899,04	1.011,42	-	791,20	890,10	-	686,40	772,20
	IV	25.786	980,91	2.062,88	2.320,74	869,05	1.987,68	2.236,14	757,19	1.912,48	2.151,54	645,33	1.837,28	2.066,94	533,47	1.762,08	1.982,34	421,61	1.686,88	1.897,74	309,75	1.611,68	1.813,14
	V	31.959	1.715,50	2.556,72	2.876,31																		
	VI	32.491	1.778,81	2.599,28	2.924,19																		
88.343,99	I	25.801	982,70	2.064,08	2.322,09	758,98	1.913,68	2.152,89	535,26	1.763,28	1.983,69	311,54	1.612,88	1.814,49	87,82	1.462,48	1.645,29	-	1.312,08	1.476,09	-	1.164,80	1.310,40
	II	24.012	769,81	1.920,96	2.161,08	546,09	1.770,56	1.991,88	322,37	1.620,16	1.822,68	98,65	1.469,76	1.653,48	-	1.319,36	1.484,28	-	1.171,76	1.318,23	-	1.030,40	1.159,20
	III	17.026	-	1.362,08	1.532,34	-	1.241,92	1.397,16	-	1.124,80	1.265,40	-	1.010,72	1.137,06	-	899,84	1.012,32	-	792,00	891,00	-	687,20	773,10
	IV	25.801	982,70	2.064,08	2.322,09	870,84	1.988,88	2.237,49	758,98	1.913,68	2.152,89	647,12	1.838,48	2.068,29	535,26	1.763,28	1.983,69	423,40	1.688,08	1.899,09	311,54	1.612,88	1.814,49
	V	31.974	1.717,28	2.557,92	2.877,66																		
	VI	32.506	1.780,59	2.600,48	2.925,54																		
88.379,99	I	25.816	984,48	2.065,28	2.323,44	760,76	1.914,88	2.154,24	537,04	1.764,48	1.985,04	313,32	1.614,08	1.815,84	89,60	1.463,68	1.646,64	-	1.313,28	1.477,44	-	1.166,00	1.311,75
	II	24.027	771,59	1.922,16	2.162,43	547,87	1.771,76	1.993,23	324,15	1.621,36	1.824,03	100,43	1.470,96	1.654,83	-	1.320,56	1.485,63	-	1.172,96	1.319,58	-	1.031,44	1.160,37
	III	17.040	-	1.363,20	1.533,60	-	1.242,88	1.398,24	-	1.125,76	1.266,48	-	1.011,68	1.138,14	-	900,80	1.013,40	-	792,80	891,90	-	688,00	774,00
	IV	25.816	984,48	2.065,28	2.323,44	872,62	1.990,08	2.238,84	760,76	1.914,88	2.154,24	648,90	1.839,68	2.069,64	537,04	1.764,48	1.985,04	425,18	1.689,28	1.900,44	313,32	1.614,08	1.815,84
	V	31.989	1.719,07	2.559,12	2.879,01																		
	VI	32.521	1.782,38	2.601,68	2.926,89																		
88.415,99	I	25.831	986,27	2.066,48	2.324,79	762,55	1.916,08	2.155,59	538,83	1.765,68	1.986,39	315,11	1.615,28	1.817,19	91,39	1.464,88	1.647,99	-	1.314,56	1.478,88	-	1.167,12	1.313,01
	II	24.042	773,38	1.923,36	2.163,78	549,66	1.772,96	1.994,58	325,94	1.622,56	1.825,38	102,22	1.472,16	1.656,18	-	1.321,76	1.486,98	-	1.174,08	1.320,84	-	1.032,56	1.161,63
	III	17.052	-	1.364,16	1.534,68	-	1.243,84	1.399,32	-	1.126,72	1.267,56	-	1.012,64	1.139,22	-	901,60	1.014,30	-	793,76	892,98	-	688,96	775,08
	IV	25.831	986,27	2.066,48	2.324,79	874,41	1.991,28	2.240,19	762,55	1.916,08	2.155,59	650,69	1.840,88	2.070,99	538,83	1.765,68	1.986,39	426,97	1.690,48	1.901,79	315,11	1.615,28	1.817,19
	V	32.004	1.720,85	2.560,32	2.880,36																		
	VI	32.536	1.784,16	2.602,88	2.928,24																		
88.451,99	I	25.846	988,05	2.067,68	2.326,14	764,33	1.917,28	2.156,94	540,61	1.766,88	1.987,74	316,89	1.616,48	1.818,54	93,29	1.466,16	1.649,43	-	1.315,76	1.480,23	-	1.168,32	1.314,36
	II	24.057	775,16	1.924,56	2.165,13	551,44	1.774,16	1.995,93	327,72	1.623,76	1.826,73	104,00	1.473,36	1.657,53	-	1.322,96	1.488,33	-	1.175,28	1.322,19	-	1.033,68	1.162,89
	III	17.064	-	1.365,12	1.535,76	-	1.244,80	1.400,40	-	1.127,68	1.268,64	-	1.013,44	1.140,12	-	902,56	1.015,38	-	794,56	893,88	-	689,76	775,98
	IV	25.846	988,05	2.067,68	2.326,14	876,19	1.992,48	2.241,54	764,33	1.917,28	2.156,94	652,47	1.842,08	2.072,34	540,61	1.766,88	1.987,74	428,75	1.691,68	1.903,14	316,89	1.616,48	1.818,54
	V	32.020	1.722,76	2.561,60	2.881,80																		
	VI	32.551	1.785,95	2.604,08	2.929,59																		
88.487,99	I	25.861	989,84	2.068,88	2.327,49	766,12	1.918,48	2.158,29	542,52	1.768,16	1.989,18	318,80	1.617,76	1.819,98	95,08	1.467,36	1.650,78	-	1.316,96	1.481,58	-	1.169,44	1.315,62
	II	24.072	776,95	1.925,76	2.166,48	553,23	1.775,36	1.997,28	329,51	1.624,96	1.828,08	105,79	1.474,56	1.658,88	-	1.324,16	1.489,68	-	1.176,40	1.323,45	-	1.034,80	1.164,15
	III	17.076	-	1.366,08	1.536,84	-	1.245,76	1.401,48	-	1.128,48	1.269,54	-	1.014,40	1.141,20	-	903,36	1.016,28	-	795,36	894,78	-	690,56	776,88
	IV	25.861	989,84	2.068,88	2.327,49	877,98	1.993,68	2.242,89	766,12	1.918,48	2.158,29	654,26	1.843,28	2.073,69	542,52	1.768,16	1.989,18	430,66	1.692,96	1.904,58	318,80	1.617,76	1.819,98
	V	32.035	1.724,54	2.562,80	2.883,15																		
	VI	32.566	1.787,73	2.605,28	2.930,94																		
88.523,99	I	25.876	991,62	2.070,08	2.328,84	768,02	1.919,76	2.159,73	544,30	1.769,36	1.990,53	320,58	1.618,96	1.821,33	96,86	1.468,56	1.652,13	-	1.318,16	1.482,93	-	1.170,64	1.316,97
	II	24.087	778,73	1.926,96	2.167,83	555,01	1.776,56	1.998,63	331,29	1.626,16	1.829,43	107,69	1.475,84	1.660,32	-	1.325,44	1.491,12	-	1.177,60	1.324,80	-	1.035,92	1.165,41
	III	17.088	-	1.367,04	1.537,92	-	1.246,72	1.402,56	-	1.129,44	1.270,62	-	1.015,36	1.142,28	-	904,32	1.017,36	-	796,32	895,86	-	691,36	777,78
	IV	25.876	991,62	2.070,08	2.328,84	879,88	1.994,96	2.244,33	768,02	1.919,76	2.159,73	656,16	1.844,56	2.075,13	544,30	1.769,36	1.990,53	432,44	1.694,16	1.905,93	320,58	1.618,96	1.821,33
	V	32.050	1.726,33	2.564,00	2.884,50																		
	VI	32.581	1.789,52	2.606,48	2.932,29																		
88.559,99	I	25.892	993,53	2.071,36	2.330,28	769,81	1.920,96	2.161,08	546,09	1.770,56	1.991,88	322,37	1.620,16	1.822,68	98,65	1.469,76	1.653,48	-	1.319,36	1.484,28	-	1.171,76	1.318,23
	II	24.102	780,52	1.928,16	2.169,18	556,80	1.777,76	1.999,98	333,20	1.627,44	1.830,87	109,48	1.477,04	1.661,67	-	1.326,64	1.492,47	-	1.178,80	1.326,15	-	1.037,04	1.166,67
	III	17.100	-	1.368,00	1.539,00	-	1.247,68	1.403,64	-	1.130,40	1.271,70	-	1.016,16	1.143,18	-	905,12	1.018,26	-	797,12	896,76	-	692,16	778,68
	IV	25.892	993,53	2.071,36	2.330,28	881,67	1.996,16	2.245,68	769,81	1.920,96	2.161,08	657,95	1.845,76	2.076,48	546,09	1.770,56	1.991,88	434,23	1.695,36	1.907,28	322,37	1.620,16	1.822,68
	V	32.065	1.728,11	2.565,20	2.885,85																		
	VI	32.597	1.791,42	2.607,76	2.933,73																		

SolZ/KiSt lt. Tabelle nicht für Sonstige Bezüge anwendbar.

JAHR bis 89.099,99 €

Besondere Tabelle

Lohn/Gehalt bis	Steuerklasse	Lohnsteuer	ohne Kinderfreibetrag SolZ 5,5%	ohne Kinderfreibetrag Kirchensteuer 8%	ohne Kinderfreibetrag Kirchensteuer 9%	0,5 SolZ 5,5%	0,5 Kirchensteuer 8%	0,5 Kirchensteuer 9%	1,0 SolZ 5,5%	1,0 Kirchensteuer 8%	1,0 Kirchensteuer 9%	1,5 SolZ 5,5%	1,5 Kirchensteuer 8%	1,5 Kirchensteuer 9%	2,0 SolZ 5,5%	2,0 Kirchensteuer 8%	2,0 Kirchensteuer 9%	2,5 SolZ 5,5%	2,5 Kirchensteuer 8%	2,5 Kirchensteuer 9%	3,0 SolZ 5,5%	3,0 Kirchensteuer 8%	3,0 Kirchensteuer 9%
						Anzahl Kinderfreibeträge (nur Steuerklassen I–IV)																	
88.595,99	I	25.907	995,31	2.072,56	2.331,63	771,59	1.922,16	2.162,43	547,87	1.771,76	1.993,23	324,15	1.621,36	1.824,03	100,43	1.470,96	1.654,83	-	1.320,56	1.485,63	-	1.172,96	1.319,58
	II	24.118	782,42	1.929,44	2.170,62	558,70	1.779,04	2.001,42	334,98	1.628,64	1.832,22	111,26	1.478,24	1.663,02	-	1.327,84	1.493,82	-	1.179,92	1.327,41	-	1.038,16	1.167,93
	III	17.112	-	1.368,96	1.540,08	-	1.248,64	1.404,72	-	1.131,36	1.272,78	-	1.017,12	1.144,26	-	906,08	1.019,34	-	797,92	897,66	-	693,12	779,76
	IV	25.907	995,31	2.072,56	2.331,63	883,45	1.997,36	2.247,03	771,59	1.922,16	2.162,43	659,73	1.846,96	2.077,83	547,87	1.771,76	1.993,23	436,01	1.696,56	1.908,63	324,15	1.621,36	1.824,03
	V	32.080	1.729,90	2.566,40	2.887,20																		
	VI	32.612	1.793,21	2.608,96	2.935,08																		
88.631,99	I	25.922	997,10	2.073,76	2.332,98	773,38	1.923,36	2.163,78	549,66	1.772,96	1.994,58	325,94	1.622,56	1.825,38	102,22	1.472,16	1.656,18	-	1.321,76	1.486,98	-	1.174,08	1.320,84
	II	24.133	784,21	1.930,64	2.171,97	560,49	1.780,24	2.002,77	336,77	1.629,84	1.833,57	113,05	1.479,44	1.664,37	-	1.329,04	1.495,17	-	1.181,12	1.328,76	-	1.039,28	1.169,19
	III	17.124	-	1.369,92	1.541,16	-	1.249,60	1.405,80	-	1.132,32	1.273,86	-	1.018,08	1.145,34	-	906,88	1.020,24	-	798,88	898,74	-	693,92	780,66
	IV	25.922	997,10	2.073,76	2.332,98	885,24	1.998,56	2.248,38	773,38	1.923,36	2.163,78	661,52	1.848,16	2.079,18	549,66	1.772,96	1.994,58	437,80	1.697,76	1.909,98	325,94	1.622,56	1.825,38
	V	32.095	1.731,68	2.567,60	2.888,55																		
	VI	32.627	1.794,48	2.610,16	2.936,43																		
88.667,99	I	25.937	998,88	2.074,96	2.334,33	775,16	1.924,56	2.165,13	551,44	1.774,16	1.995,93	327,72	1.623,76	1.826,73	104,00	1.473,36	1.657,53	-	1.322,96	1.488,33	-	1.175,28	1.322,19
	II	24.148	785,99	1.931,84	2.173,32	562,27	1.781,44	2.004,12	338,55	1.631,04	1.834,92	114,83	1.480,64	1.665,72	-	1.330,24	1.496,52	-	1.182,24	1.330,02	-	1.040,40	1.170,45
	III	17.138	-	1.371,04	1.542,42	-	1.250,56	1.406,88	-	1.133,12	1.274,76	-	1.018,88	1.146,24	-	907,84	1.021,32	-	799,68	899,64	-	694,72	781,56
	IV	25.937	998,88	2.074,96	2.334,33	887,02	1.999,76	2.249,73	775,16	1.924,56	2.165,13	663,30	1.849,36	2.080,53	551,44	1.774,16	1.995,93	439,58	1.698,96	1.911,33	327,72	1.623,76	1.826,73
	V	32.110	1.733,47	2.568,80	2.889,90																		
	VI	32.642	1.795,31	2.611,36	2.937,78																		
88.703,99	I	25.952	1.000,67	2.076,16	2.335,68	776,95	1.925,76	2.166,48	553,23	1.775,36	1.997,28	329,51	1.624,96	1.828,08	105,79	1.474,56	1.658,88	-	1.324,16	1.489,68	-	1.176,40	1.323,45
	II	24.163	787,78	1.933,04	2.174,67	564,06	1.782,64	2.005,47	340,34	1.632,24	1.836,27	116,62	1.481,84	1.667,07	-	1.331,44	1.497,87	-	1.183,44	1.331,37	-	1.041,52	1.171,7
	III	17.150	-	1.372,00	1.543,50	-	1.251,52	1.407,96	-	1.134,08	1.275,84	-	1.019,84	1.147,32	-	908,64	1.022,22	-	800,48	900,54	-	695,52	782,4
	IV	25.952	1.000,67	2.076,16	2.335,68	888,81	2.000,96	2.251,08	776,95	1.925,76	2.166,48	665,09	1.850,56	2.081,88	553,23	1.775,36	1.997,28	441,37	1.700,16	1.912,68	329,51	1.624,96	1.828,0
	V	32.125	1.735,25	2.570,00	2.891,25																		
	VI	32.657	1.796,13	2.612,56	2.939,13																		
88.739,99	I	25.967	1.002,45	2.077,36	2.337,03	778,73	1.926,96	2.167,83	555,01	1.776,56	1.998,63	331,29	1.626,16	1.829,43	107,69	1.475,84	1.660,32	-	1.325,44	1.491,12	-	1.177,60	1.324,80
	II	24.178	789,56	1.934,24	2.176,02	565,84	1.783,84	2.006,82	342,12	1.633,44	1.837,62	118,40	1.483,04	1.668,42	-	1.332,64	1.499,22	-	1.184,56	1.332,63	-	1.042,64	1.172,97
	III	17.162	-	1.372,96	1.544,58	-	1.252,48	1.409,04	-	1.135,04	1.276,92	-	1.020,80	1.148,40	-	909,60	1.023,30	-	801,44	901,62	-	696,32	783,36
	IV	25.967	1.002,45	2.077,36	2.337,03	890,59	2.002,16	2.252,43	778,73	1.926,96	2.167,83	666,87	1.851,76	2.083,23	555,01	1.776,56	1.998,63	443,15	1.701,36	1.914,03	331,29	1.626,16	1.829,43
	V	32.140	1.737,04	2.571,20	2.892,60																		
	VI	32.672	1.796,96	2.613,76	2.940,48																		
88.775,99	I	25.982	1.004,24	2.078,56	2.338,38	780,52	1.928,16	2.169,18	556,80	1.777,76	1.999,98	333,20	1.627,44	1.830,87	109,48	1.477,04	1.661,67	-	1.326,64	1.492,47	-	1.178,80	1.326,1
	II	24.193	791,35	1.935,44	2.177,37	567,63	1.785,04	2.008,17	343,91	1.634,64	1.838,97	120,19	1.484,24	1.669,77	-	1.333,84	1.500,57	-	1.185,76	1.333,98	-	1.043,76	1.174,2
	III	17.174	-	1.373,92	1.545,66	-	1.253,44	1.410,12	-	1.136,00	1.278,00	-	1.021,60	1.149,30	-	910,40	1.024,20	-	802,24	902,52	-	697,28	784,44
	IV	25.982	1.004,24	2.078,56	2.338,38	892,38	2.003,36	2.253,78	780,52	1.928,16	2.169,18	668,66	1.852,96	2.084,58	556,80	1.777,76	1.999,98	445,06	1.702,64	1.915,47	333,20	1.627,44	1.830,87
	V	32.156	1.738,94	2.572,48	2.894,04																		
	VI	32.687	1.797,78	2.614,96	2.941,83																		
88.811,99	I	25.997	1.006,02	2.079,76	2.339,73	782,42	1.929,44	2.170,62	558,70	1.779,04	2.001,42	334,98	1.628,64	1.832,22	111,26	1.478,24	1.663,02	-	1.327,84	1.493,82	-	1.179,92	1.327,41
	II	24.208	793,13	1.936,64	2.178,72	569,41	1.786,24	2.009,52	345,69	1.635,84	1.840,32	121,97	1.485,44	1.671,12	-	1.335,12	1.502,01	-	1.186,96	1.335,33	-	1.044,88	1.175,49
	III	17.186	-	1.374,88	1.546,74	-	1.254,40	1.411,20	-	1.136,96	1.279,08	-	1.022,56	1.150,38	-	911,36	1.025,28	-	803,20	903,60	-	698,08	785,34
	IV	25.997	1.006,02	2.079,76	2.339,73	894,16	2.004,56	2.255,13	782,42	1.929,44	2.170,62	670,56	1.854,24	2.086,02	558,70	1.779,04	2.001,42	446,84	1.703,84	1.916,82	334,98	1.628,64	1.832,22
	V	32.171	1.740,73	2.573,68	2.895,39																		
	VI	32.702	1.798,61	2.616,16	2.943,18																		
88.847,99	I	26.013	1.007,93	2.081,04	2.341,17	784,21	1.930,64	2.171,97	560,49	1.780,24	2.002,77	336,77	1.629,84	1.833,57	113,05	1.479,44	1.664,37	-	1.329,04	1.495,17	-	1.181,12	1.328,76
	II	24.223	794,92	1.937,84	2.180,07	571,20	1.787,44	2.010,87	347,59	1.637,12	1.841,76	123,87	1.486,72	1.672,56	-	1.336,32	1.503,36	-	1.188,08	1.336,59	-	1.046,00	1.176,75
	III	17.198	-	1.375,84	1.547,82	-	1.255,36	1.412,28	-	1.137,92	1.280,16	-	1.023,52	1.151,46	-	912,16	1.026,18	-	804,00	904,50	-	698,88	786,2
	IV	26.013	1.007,93	2.081,04	2.341,17	896,07	2.005,84	2.256,57	784,21	1.930,64	2.171,97	672,35	1.855,44	2.087,37	560,49	1.780,24	2.002,77	448,63	1.705,04	1.918,17	336,77	1.629,84	1.833,5
	V	32.186	1.742,51	2.574,88	2.896,74																		
	VI	32.718	1.799,49	2.617,44	2.944,62																		
88.883,99	I	26.028	1.009,71	2.082,24	2.342,52	785,99	1.931,84	2.173,32	562,27	1.781,44	2.004,12	338,55	1.631,04	1.834,92	114,83	1.480,64	1.665,72	-	1.330,24	1.496,52	-	1.182,24	1.330,0
	II	24.238	796,70	1.939,04	2.181,42	573,10	1.788,72	2.012,31	349,38	1.638,32	1.843,11	125,66	1.487,92	1.673,91	-	1.337,52	1.504,71	-	1.189,28	1.337,94	-	1.047,12	1.178,01
	III	17.210	-	1.376,80	1.548,90	-	1.256,32	1.413,36	-	1.138,72	1.281,06	-	1.024,32	1.152,36	-	913,12	1.027,26	-	804,80	905,40	-	699,68	787,1
	IV	26.028	1.009,71	2.082,24	2.342,52	897,85	2.007,04	2.257,92	785,99	1.931,84	2.173,32	674,13	1.856,64	2.088,72	562,27	1.781,44	2.004,12	450,41	1.706,24	1.919,52	338,55	1.631,04	1.834,92
	V	32.201	1.744,30	2.576,08	2.898,09																		
	VI	32.733	1.800,31	2.618,64	2.945,97																		
88.919,99	I	26.043	1.011,50	2.083,44	2.343,87	787,78	1.933,04	2.174,67	564,06	1.782,64	2.005,47	340,34	1.632,24	1.836,27	116,62	1.481,84	1.667,07	-	1.331,44	1.497,87	-	1.183,44	1.331,3
	II	24.254	798,60	1.940,32	2.182,86	574,88	1.789,92	2.013,66	351,16	1.639,52	1.844,46	127,44	1.489,12	1.675,26	-	1.338,72	1.506,06	-	1.190,40	1.339,20	-	1.048,24	1.179,27
	III	17.222	-	1.377,76	1.549,98	-	1.257,28	1.414,44	-	1.139,68	1.282,14	-	1.025,28	1.153,44	-	913,92	1.028,16	-	805,76	906,48	-	700,48	788,04
	IV	26.043	1.011,50	2.083,44	2.343,87	899,64	2.008,24	2.259,27	787,78	1.933,04	2.174,67	675,92	1.857,84	2.090,07	564,06	1.782,64	2.005,47	452,20	1.707,44	1.920,87	340,34	1.632,24	1.836,27
	V	32.216	1.746,08	2.577,28	2.899,44																		
	VI	32.748	1.801,14	2.619,84	2.947,32																		
88.955,99	I	26.058	1.013,28	2.084,64	2.345,22	789,56	1.934,24	2.176,02	565,84	1.783,84	2.006,82	342,12	1.633,44	1.837,62	118,40	1.483,04	1.668,42	-	1.332,64	1.499,22	-	1.184,56	1.332,67
	II	24.269	800,39	1.941,52	2.184,21	576,67	1.791,12	2.015,01	352,95	1.640,72	1.845,81	129,23	1.490,32	1.676,61	-	1.339,92	1.507,41	-	1.191,60	1.340,55	-	1.049,36	1.180,5
	III	17.236	-	1.378,88	1.551,24	-	1.258,24	1.415,52	-	1.140,64	1.283,22	-	1.026,24	1.154,52	-	914,88	1.029,24	-	806,56	907,38	-	701,44	789,12
	IV	26.058	1.013,28	2.084,64	2.345,22	901,42	2.009,44	2.260,62	789,56	1.934,24	2.176,02	677,70	1.859,04	2.091,42	565,84	1.783,84	2.006,82	453,98	1.708,64	1.922,22	342,12	1.633,44	1.837,62
	V	32.231	1.747,87	2.578,48	2.900,79																		
	VI	32.763	1.801,96	2.621,04	2.948,67																		
88.991,99	I	26.073	1.015,07	2.085,84	2.346,57	791,35	1.935,44	2.177,37	567,63	1.785,04	2.008,17	343,91	1.634,64	1.838,97	120,19	1.484,24	1.669,77	-	1.333,84	1.500,57	-	1.185,76	1.333,98
	II	24.284	802,17	1.942,72	2.185,56	578,45	1.792,32	2.016,36	354,73	1.641,92	1.847,16	131,01	1.491,52	1.677,96	-	1.341,12	1.508,76	-	1.192,80	1.341,90	-	1.050,48	1.181,79
	III	17.248	-	1.379,84	1.552,32	-	1.259,20	1.416,60	-	1.141,60	1.284,30	-	1.027,04	1.155,42	-	915,68	1.030,14	-	807,36	908,28	-	702,24	790,02
	IV	26.073	1.015,07	2.085,84	2.346,57	903,21	2.010,64	2.261,97	791,35	1.935,44	2.177,37	679,49	1.860,24	2.092,77	567,63	1.785,04	2.008,17	455,77	1.709,84	1.923,57	343,91	1.634,64	1.838,97
	V	32.246	1.749,65	2.579,68	2.902,14																		
	VI	32.778	1.802,79	2.622,24	2.950,02																		
89.027,99	I	26.088	1.016,85	2.087,04	2.347,92	793,13	1.936,64	2.178,72	569,41	1.786,24	2.009,52	345,69	1.635,84	1.840,32	121,97	1.485,44	1.671,12	-	1.335,12	1.502,01	-	1.186,96	1.335,33
	II	24.299	803,96	1.943,92	2.186,91	580,24	1.793,52	2.017,71	356,52	1.643,12	1.848,51	132,80	1.492,72	1.679,31	-	1.342,32	1.510,11	-	1.193,92	1.343,16	-	1.051,60	1.183,05
	III	17.260	-	1.380,80	1.553,40	-	1.260,16	1.417,68	-	1.142,56	1.285,38	-	1.028,00	1.156,50	-	916,64	1.031,22	-	808,32	909,36	-	703,04	790,92
	IV	26.088	1.016,85	2.087,04	2.347,92	904,99	2.011,84	2.263,32	793,13	1.936,64	2.178,72	681,27	1.861,44	2.094,12	569,41	1.786,24	2.009,52	457,55	1.711,04	1.924,92	345,69	1.635,84	1.840,32
	V	32.261	1.751,44	2.580,88	2.903,49																		
	VI	32.793	1.803,61	2.623,44	2.951,37																		
89.063,99	I	26.103	1.018,64	2.088,24	2.349,27	794,92	1.937,84	2.180,07	571,20	1.787,44	2.010,87	347,59	1.637,12	1.841,76	123,87	1.486,72	1.672,56	-	1.336,32	1.503,36	-	1.188,08	1.336,59
	II	24.314	805,74	1.945,12	2.188,26	582,02	1.794,72	2.019,06	358,30	1.644,32	1.849,86	134,58	1.493,92	1.680,66	-	1.343,52	1.511,46	-	1.195,12	1.344,51	-	1.052,72	1.184,31
	III	17.272	-	1.381,76	1.554,48	-	1.261,12	1.418,76	-	1.143,52	1.286,46	-	1.028,96	1.157,58	-	917,44	1.032,12	-	809,12	910,26	-	703,84	791,82
	IV	26.103	1.018,64	2.088,24	2.349,27	906,78	2.013,04	2.264,67	794,92	1.937,84	2.180,07	683,06	1.862,64	2.095,47	571,20	1.787,44	2.010,87	459,34	1.712,24	1.926,27	347,59	1.637,12	1.841,76
	V	32.277	1.753,34	2.582,16	2.904,93																		
	VI	32.808	1.804,44	2.624,64	2.952,72																		
89.099,99	I	26.118	1.020,42	2.089,44	2.350,62	796,70	1.939,04	2.181,42	573,10	1.788,72	2.012,31	349,38	1.638,32	1.843,11	125,66	1.487,92	1.673,91	-	1.337,52	1.504,71	-	1.189,28	1.337,94
	II	24.329	807,53	1.946,32	2.189,61	583,81	1.795,92	2.020,41	360,09	1.645,52	1.851,21	136,37	1.495,12	1.682,01	-	1.344,80	1.512,90	-	1.196,24	1.345,77	-	1.053,84	1.185,57
	III	17.284	-	1.382,72	1.555,56	-	1.262,08	1.419,84	-	1.144,32	1.287,36	-	1.029,76	1.158,48	-	918,40	1.033,20	-	809,92	911,16	-	704,64	792,72
	IV	26.118	1.020,42	2.089,44	2.350,62	908,56	2.014,24	2.266,02	796,70	1.939,04	2.181,42	684,96	1.863,92	2.096,91	573,10	1.788,72	2.012,31	461,24	1.713,52	1.927,71	349,38	1.638,32	1.843,11
	V	32.292	1.755,13	2.583,36	2.906,28																		
	VI	32.823	1.805,26	2.625,84	2.954,07																		

SolZ/KiSt lt. Tabelle nicht für Sonstige Bezüge anwendbar.

Lohn/ Gehalt bis	Steuerklasse	Lohn-steuer	ohne Kinderfreibetrag			Anzahl Kinderfreibeträge (nur Steuerklassen I–IV)																	
						0,5			1,0			1,5			2,0			2,5			3,0		
			SolZ 5,5%	Kirchensteuer 8%	9%	SolZ 5,5%	Kirchensteuer 8%	9%	SolZ 5,5%	Kirchensteuer 8%	9%	SolZ 5,5%	Kirchensteuer 8%	9%	SolZ 5,5%	Kirchensteuer 8%	9%	SolZ 5,5%	Kirchensteuer 8%	9%	SolZ 5,5%	Kirchensteuer 8%	9%
89.135,99	I	26.134	1.022,32	2.090,72	2.352,06	798,60	1.940,32	2.182,86	574,88	1.789,92	2.013,66	351,16	1.639,52	1.844,46	127,44	1.489,12	1.675,26	-	1.338,72	1.506,06	-	1.190,40	1.339,20
	II	24.344	809,31	1.947,52	2.190,96	585,59	1.797,12	2.021,76	361,87	1.646,72	1.852,56	138,27	1.496,40	1.683,45	-	1.346,00	1.514,25	-	1.197,44	1.347,12	-	1.054,96	1.186,83
	III	17.296	-	1.383,68	1.556,64	-	1.263,04	1.420,92	-	1.145,28	1.288,44	-	1.030,72	1.159,56	-	919,20	1.034,10	-	810,88	912,24	-	705,60	793,80
	IV	26.134	1.022,32	2.090,72	2.352,06	910,46	2.015,52	2.267,46	798,60	1.940,32	2.182,86	686,74	1.865,12	2.098,26	574,88	1.789,92	2.013,66	463,02	1.714,72	1.929,06	351,16	1.639,52	1.844,46
	V	32.307	1.756,91	2.584,56	2.907,63																		
	VI	32.839	1.806,14	2.627,12	2.955,51																		
89.171,99	I	26.149	1.024,11	2.091,92	2.353,41	800,39	1.941,52	2.184,21	576,67	1.791,12	2.015,01	352,95	1.640,72	1.845,81	129,23	1.490,32	1.676,61	-	1.339,92	1.507,41	-	1.191,60	1.340,55
	II	24.359	811,10	1.948,72	2.192,31	587,50	1.798,40	2.023,20	363,78	1.648,00	1.854,00	140,06	1.497,60	1.684,80	-	1.347,20	1.515,60	-	1.198,64	1.348,47	-	1.056,08	1.188,09
	III	17.308	-	1.384,64	1.557,72	-	1.264,00	1.422,00	-	1.146,24	1.289,52	-	1.031,68	1.160,64	-	920,16	1.035,18	-	811,68	913,14	-	706,40	794,70
	IV	26.149	1.024,11	2.091,92	2.353,41	912,25	2.016,72	2.268,81	800,39	1.941,52	2.184,21	688,53	1.866,32	2.099,61	576,67	1.791,12	2.015,01	464,81	1.715,92	1.930,41	352,95	1.640,72	1.845,81
	V	32.322	1.758,70	2.585,76	2.908,98																		
	VI	32.854	1.806,97	2.628,32	2.956,86																		
89.207,99	I	26.164	1.025,89	2.093,12	2.354,76	802,17	1.942,72	2.185,56	578,45	1.792,32	2.016,36	354,73	1.641,92	1.847,16	131,01	1.491,52	1.677,96	-	1.341,12	1.508,76	-	1.192,80	1.341,90
	II	24.375	813,00	1.950,00	2.193,75	589,28	1.799,60	2.024,55	365,56	1.649,20	1.855,35	141,84	1.498,80	1.686,15	-	1.348,40	1.516,95	-	1.199,76	1.349,73	-	1.057,20	1.189,35
	III	17.322	-	1.385,76	1.558,98	-	1.264,96	1.423,08	-	1.147,20	1.290,60	-	1.032,64	1.161,72	-	920,96	1.036,08	-	812,64	914,22	-	707,20	795,60
	IV	26.164	1.025,89	2.093,12	2.354,76	914,03	2.017,92	2.270,16	802,17	1.942,72	2.185,56	690,31	1.867,52	2.100,96	578,45	1.792,32	2.016,36	466,59	1.717,12	1.931,76	354,73	1.641,92	1.847,16
	V	32.337	1.760,48	2.586,96	2.910,33																		
	VI	32.869	1.807,79	2.629,52	2.958,21																		
89.243,99	I	26.179	1.027,68	2.094,32	2.356,11	803,96	1.943,92	2.186,91	580,24	1.793,52	2.017,71	356,52	1.643,12	1.848,51	132,80	1.492,72	1.679,31	-	1.342,32	1.510,11	-	1.193,92	1.343,16
	II	24.390	814,79	1.951,20	2.195,10	591,07	1.800,80	2.025,90	367,35	1.650,40	1.856,70	143,63	1.500,00	1.687,50	-	1.349,60	1.518,30	-	1.200,96	1.351,08	-	1.058,32	1.190,61
	III	17.334	-	1.386,72	1.560,06	-	1.265,92	1.424,16	-	1.148,16	1.291,68	-	1.033,44	1.162,62	-	921,92	1.037,16	-	813,44	915,12	-	708,00	796,50
	IV	26.179	1.027,68	2.094,32	2.356,11	915,82	2.019,12	2.271,51	803,96	1.943,92	2.186,91	692,10	1.868,72	2.102,31	580,24	1.793,52	2.017,71	468,38	1.718,32	1.933,11	356,52	1.643,12	1.848,51
	V	32.352	1.762,27	2.588,16	2.911,68																		
	VI	32.884	1.808,62	2.630,72	2.959,56																		
89.279,99	I	26.194	1.029,46	2.095,52	2.357,46	805,74	1.945,12	2.188,26	582,02	1.794,72	2.019,06	358,30	1.644,32	1.849,86	134,58	1.493,92	1.680,66	-	1.343,52	1.511,46	-	1.195,12	1.344,51
	II	24.405	816,57	1.952,40	2.196,45	592,85	1.802,00	2.027,25	369,13	1.651,60	1.858,05	145,41	1.501,20	1.688,85	-	1.350,80	1.519,65	-	1.202,16	1.352,43	-	1.059,44	1.191,87
	III	17.346	-	1.387,68	1.561,14	-	1.266,88	1.425,24	-	1.149,12	1.292,76	-	1.034,40	1.163,70	-	922,72	1.038,06	-	814,24	916,02	-	708,96	797,58
	IV	26.194	1.029,46	2.095,52	2.357,46	917,60	2.020,32	2.272,86	805,74	1.945,12	2.188,26	693,88	1.869,92	2.103,66	582,02	1.794,72	2.019,06	470,16	1.719,52	1.934,46	358,30	1.644,32	1.849,86
	V	32.367	1.764,05	2.589,36	2.913,03																		
	VI	32.899	1.809,44	2.631,92	2.960,91																		
89.315,99	I	26.209	1.031,25	2.096,72	2.358,81	807,53	1.946,32	2.189,61	583,81	1.795,92	2.020,41	360,09	1.645,52	1.851,21	136,37	1.495,12	1.682,01	-	1.344,80	1.512,90	-	1.196,24	1.345,77
	II	24.420	818,36	1.953,60	2.197,80	594,64	1.803,20	2.028,60	370,92	1.652,80	1.859,40	147,20	1.502,40	1.690,20	-	1.352,00	1.521,00	-	1.203,28	1.353,69	-	1.060,56	1.193,13
	III	17.358	-	1.388,64	1.562,22	-	1.267,84	1.426,32	-	1.149,92	1.293,66	-	1.035,36	1.164,78	-	923,68	1.039,14	-	815,20	917,10	-	709,76	798,48
	IV	26.209	1.031,25	2.096,72	2.358,81	919,39	2.021,52	2.274,21	807,53	1.946,32	2.189,61	695,67	1.871,12	2.105,01	583,81	1.795,92	2.020,41	471,95	1.720,72	1.935,81	360,09	1.645,52	1.851,21
	V	32.382	1.765,84	2.590,56	2.914,38																		
	VI	32.914	1.810,27	2.633,12	2.962,26																		
89.351,99	I	26.224	1.033,03	2.097,92	2.360,16	809,31	1.947,52	2.190,96	585,59	1.797,12	2.021,76	361,87	1.646,72	1.852,56	138,27	1.496,40	1.683,45	-	1.346,00	1.514,25	-	1.197,44	1.347,12
	II	24.435	820,14	1.954,80	2.199,15	596,42	1.804,40	2.029,95	372,70	1.654,00	1.860,75	148,98	1.503,60	1.691,55	-	1.353,20	1.522,35	-	1.204,48	1.355,04	-	1.061,68	1.194,39
	III	17.370	-	1.389,60	1.563,30	-	1.268,80	1.427,40	-	1.150,88	1.294,74	-	1.036,16	1.165,68	-	924,64	1.040,22	-	816,00	918,00	-	710,56	799,38
	IV	26.224	1.033,03	2.097,92	2.360,16	921,17	2.022,72	2.275,56	809,31	1.947,52	2.190,96	697,45	1.872,32	2.106,36	585,59	1.797,12	2.021,76	473,73	1.721,92	1.937,16	361,87	1.646,72	1.852,56
	V	32.398	1.767,74	2.591,84	2.915,82																		
	VI	32.929	1.811,09	2.634,32	2.963,61																		
89.387,99	I	26.239	1.034,82	2.099,12	2.361,51	811,10	1.948,72	2.192,31	587,50	1.798,40	2.023,20	363,78	1.648,00	1.854,00	140,06	1.497,60	1.684,80	-	1.347,20	1.515,60	-	1.198,64	1.348,47
	II	24.450	821,93	1.956,00	2.200,50	598,21	1.805,60	2.031,30	374,49	1.655,20	1.862,10	150,77	1.504,80	1.692,90	-	1.354,40	1.523,70	-	1.205,68	1.356,39	-	1.062,80	1.195,65
	III	17.382	-	1.390,56	1.564,38	-	1.269,76	1.428,48	-	1.151,84	1.295,82	-	1.037,12	1.166,76	-	925,44	1.041,12	-	816,80	918,90	-	711,36	800,28
	IV	26.239	1.034,82	2.099,12	2.361,51	922,96	2.023,92	2.276,91	811,10	1.948,72	2.192,31	699,24	1.873,52	2.107,71	587,50	1.798,40	2.023,20	475,64	1.723,20	1.938,60	363,78	1.648,00	1.854,00
	V	32.413	1.769,53	2.593,04	2.917,17																		
	VI	32.944	1.811,92	2.635,52	2.964,96																		
89.423,99	I	26.254	1.036,60	2.100,32	2.362,86	813,00	1.950,00	2.193,75	589,28	1.799,60	2.024,55	365,56	1.649,20	1.855,35	141,84	1.498,80	1.686,15	-	1.348,40	1.516,95	-	1.199,76	1.349,73
	II	24.465	823,71	1.957,20	2.201,85	599,99	1.806,80	2.032,65	376,27	1.656,40	1.863,45	152,67	1.506,08	1.694,34	-	1.355,68	1.525,14	-	1.206,80	1.357,65	-	1.063,92	1.196,91
	III	17.396	-	1.391,68	1.565,64	-	1.270,72	1.429,56	-	1.152,80	1.296,90	-	1.038,08	1.167,84	-	926,40	1.042,20	-	817,76	919,98	-	712,16	801,18
	IV	26.254	1.036,60	2.100,32	2.362,86	924,86	2.025,20	2.278,35	813,00	1.950,00	2.193,75	701,14	1.874,80	2.109,15	589,28	1.799,60	2.024,55	477,42	1.724,40	1.939,95	365,56	1.649,20	1.855,35
	V	32.428	1.771,31	2.594,24	2.918,52																		
	VI	32.959	1.812,74	2.636,72	2.966,31																		
89.459,99	I	26.270	1.038,51	2.101,60	2.364,30	814,79	1.951,20	2.195,10	591,07	1.800,80	2.025,90	367,35	1.650,40	1.856,70	143,63	1.500,00	1.687,50	-	1.349,60	1.518,30	-	1.200,96	1.351,08
	II	24.480	825,50	1.958,40	2.203,20	601,78	1.808,00	2.034,00	378,18	1.657,68	1.864,89	154,46	1.507,28	1.695,69	-	1.356,88	1.526,49	-	1.208,00	1.359,00	-	1.065,04	1.198,17
	III	17.408	-	1.392,64	1.566,72	-	1.271,68	1.430,64	-	1.153,76	1.297,98	-	1.038,88	1.168,74	-	927,20	1.043,10	-	818,56	920,88	-	713,12	802,26
	IV	26.270	1.038,51	2.101,60	2.364,30	926,65	2.026,40	2.279,70	814,79	1.951,20	2.195,10	702,93	1.876,00	2.110,50	591,07	1.800,80	2.025,90	479,21	1.725,60	1.941,30	367,35	1.650,40	1.856,70
	V	32.443	1.773,10	2.595,44	2.919,87																		
	VI	32.975	1.813,62	2.638,00	2.967,75																		
89.495,99	I	26.285	1.040,29	2.102,80	2.365,65	816,57	1.952,40	2.196,45	592,85	1.802,00	2.027,25	369,13	1.651,60	1.858,05	145,41	1.501,20	1.688,85	-	1.350,80	1.519,65	-	1.202,16	1.352,43
	II	24.496	827,40	1.959,68	2.204,64	603,68	1.809,28	2.035,44	379,96	1.658,88	1.866,24	156,24	1.508,48	1.697,04	-	1.358,08	1.527,84	-	1.209,20	1.360,35	-	1.066,16	1.199,43
	III	17.420	-	1.393,60	1.567,80	-	1.272,64	1.431,72	-	1.154,72	1.299,06	-	1.039,84	1.169,82	-	928,16	1.044,18	-	819,52	921,96	-	713,92	803,16
	IV	26.285	1.040,29	2.102,80	2.365,65	928,43	2.027,60	2.281,05	816,57	1.952,40	2.196,45	704,71	1.877,20	2.111,85	592,85	1.802,00	2.027,25	480,99	1.726,80	1.942,65	369,13	1.651,60	1.858,05
	V	32.458	1.774,88	2.596,64	2.921,22																		
	VI	32.990	1.814,45	2.639,20	2.969,10																		
89.531,99	I	26.300	1.042,08	2.104,00	2.367,00	818,36	1.953,60	2.197,80	594,64	1.803,20	2.028,60	370,92	1.652,80	1.859,40	147,20	1.502,40	1.690,20	-	1.352,00	1.521,00	-	1.203,28	1.353,69
	II	24.511	829,19	1.960,88	2.205,99	605,47	1.810,48	2.036,79	381,75	1.660,08	1.867,59	158,03	1.509,68	1.698,39	-	1.359,28	1.529,19	-	1.210,32	1.361,61	-	1.067,28	1.200,69
	III	17.432	-	1.394,56	1.568,88	-	1.273,60	1.432,80	-	1.155,68	1.300,14	-	1.040,80	1.170,90	-	928,96	1.045,08	-	820,32	922,86	-	714,72	804,06
	IV	26.300	1.042,08	2.104,00	2.367,00	930,22	2.028,80	2.282,40	818,36	1.953,60	2.197,80	706,50	1.878,40	2.113,20	594,64	1.803,20	2.028,60	482,78	1.728,00	1.944,00	370,92	1.652,80	1.859,40
	V	32.473	1.776,67	2.597,84	2.922,57																		
	VI	33.005	1.815,27	2.640,40	2.970,45																		
89.567,99	I	26.315	1.043,86	2.105,20	2.368,35	820,14	1.954,80	2.199,15	596,42	1.804,40	2.029,95	372,70	1.654,00	1.860,75	148,98	1.503,60	1.691,55	-	1.353,20	1.522,35	-	1.204,48	1.355,04
	II	24.526	830,97	1.962,08	2.207,34	607,25	1.811,68	2.038,14	383,53	1.661,28	1.868,94	159,81	1.510,88	1.699,74	-	1.360,48	1.530,54	-	1.211,52	1.362,96	-	1.068,40	1.201,95
	III	17.444	-	1.395,52	1.569,96	-	1.274,56	1.433,88	-	1.156,48	1.301,04	-	1.041,60	1.171,80	-	929,92	1.046,16	-	821,12	923,76	-	715,52	804,96
	IV	26.315	1.043,86	2.105,20	2.368,35	932,00	2.030,00	2.283,75	820,14	1.954,80	2.199,15	708,28	1.879,60	2.114,55	596,42	1.804,40	2.029,95	484,56	1.729,20	1.945,35	372,70	1.654,00	1.860,75
	V	32.488	1.778,45	2.599,04	2.923,92																		
	VI	33.020	1.816,10	2.641,60	2.971,80																		
89.603,99	I	26.330	1.045,65	2.106,40	2.369,70	821,93	1.956,00	2.200,50	598,21	1.805,60	2.031,30	374,49	1.655,20	1.862,10	150,77	1.504,80	1.692,90	-	1.354,40	1.523,70	-	1.205,68	1.356,39
	II	24.541	832,76	1.963,28	2.208,69	609,04	1.812,88	2.039,49	385,32	1.662,48	1.870,29	161,60	1.512,08	1.701,09	-	1.361,68	1.531,89	-	1.212,72	1.364,31	-	1.069,52	1.203,21
	III	17.456	-	1.396,48	1.571,04	-	1.275,52	1.434,96	-	1.157,44	1.302,12	-	1.042,56	1.172,88	-	930,72	1.047,06	-	822,08	924,84	-	716,48	806,04
	IV	26.330	1.045,65	2.106,40	2.369,70	933,79	2.031,20	2.285,10	821,93	1.956,00	2.200,50	710,07	1.880,80	2.115,90	598,21	1.805,60	2.031,30	486,35	1.730,40	1.946,70	374,49	1.655,20	1.862,10
	V	32.503	1.780,24	2.600,24	2.925,27																		
	VI	33.035	1.816,92	2.642,80	2.973,15																		
89.639,99	I	26.345	1.047,43	2.107,60	2.371,05	823,71	1.957,20	2.201,85	599,99	1.806,80	2.032,65	376,27	1.656,40	1.863,45	152,67	1.506,08	1.694,34	-	1.355,68	1.525,14	-	1.206,80	1.357,65
	II	24.556	834,54	1.964,48	2.210,04	610,82	1.814,08	2.040,84	387,10	1.663,68	1.871,64	163,38	1.513,28	1.702,44	-	1.362,88	1.533,24	-	1.213,92	1.365,66	-	1.070,64	1.204,47
	III	17.470	-	1.397,60	1.572,30	-	1.276,48	1.436,04	-	1.158,40	1.303,20	-	1.043,52	1.173,96	-	931,68	1.048,14	-	822,88	925,74	-	717,28	806,94
	IV	26.345	1.047,43	2.107,60	2.371,05	935,57	2.032,40	2.286,45	823,71	1.957,20	2.201,85	711,85	1.882,00	2.117,25	599,99	1.806,80	2.032,65	488,13	1.731,60	1.948,05	376,27	1.656,40	1.863,45
	V	32.518	1.782,02	2.601,44	2.926,62																		
	VI	33.050	1.817,75	2.644,00	2.974,50																		

SolZ/KiSt lt. Tabelle nicht für Sonstige Bezüge anwendbar.

Lohn/ Gehalt bis	Steuerklasse	Lohn-steuer	ohne Kinderfreibetrag			Anzahl Kinderfreibeträge (nur Steuerklassen I–IV) 0,5			1,0			1,5			2,0			2,5			3,0		
			SolZ 5,5%	Kirchensteuer 8%	9%	SolZ 5,5%	Kirchensteuer 8%	9%	SolZ 5,5%	Kirchensteuer 8%	9%	SolZ 5,5%	Kirchensteuer 8%	9%	SolZ 5,5%	Kirchensteuer 8%	9%	SolZ 5,5%	Kirchensteuer 8%	9%	SolZ 5,5%	Kirchensteuer 8%	9%
89.675,99	I	**26.360**	*1.049,22*	2.108,80	2.372,40	*825,50*	1.958,40	2.203,20	*601,78*	1.808,00	2.034,00	*378,18*	1.657,68	1.864,89	*154,46*	1.507,28	1.695,69	-	1.356,88	1.526,49	-	1.208,00	1.359,0
	II	**24.571**	*836,33*	1.965,68	2.211,39	*612,61*	1.815,28	2.042,19	*388,89*	1.664,88	1.872,99	*165,17*	1.514,48	1.703,79	-	1.364,08	1.534,59	-	1.215,04	1.366,92	-	1.071,84	1.205,8
	III	**17.482**	-	1.398,56	1.573,38	-	1.277,44	1.437,12	-	1.159,36	1.304,28	-	1.044,48	1.175,04	-	932,48	1.049,04	-	823,84	926,82	-	718,08	807,8
	IV	**26.360**	*1.049,22*	2.108,80	2.372,40	*937,36*	2.033,60	2.287,80	*825,50*	1.958,40	2.203,20	*713,64*	1.883,20	2.118,60	*601,78*	1.808,00	2.034,00	*490,04*	1.732,88	1.949,49	*378,18*	1.657,68	1.864,8
	V	**32.534**	*1.783,92*	2.602,72	2.928,06																		
	VI	**33.065**	*1.818,57*	2.645,20	2.975,85																		
89.711,99	I	**26.375**	*1.051,00*	2.110,00	2.373,75	*827,40*	1.959,68	2.204,64	*603,68*	1.809,28	2.035,44	*379,96*	1.658,88	1.866,24	*156,24*	1.508,48	1.697,04	-	1.358,08	1.527,84	-	1.209,20	1.360,3
	II	**24.586**	*838,11*	1.966,88	2.212,74	*614,39*	1.816,48	2.043,54	*390,67*	1.666,08	1.874,34	*166,95*	1.515,68	1.705,14	-	1.365,36	1.536,03	-	1.216,24	1.368,27	-	1.072,96	1.207,0
	III	**17.494**	-	1.399,52	1.574,46	-	1.278,40	1.438,20	-	1.160,32	1.305,36	-	1.045,28	1.175,94	-	933,44	1.050,12	-	824,64	927,72	-	718,88	808,7
	IV	**26.375**	*1.051,00*	2.110,00	2.373,75	*939,14*	2.034,80	2.289,15	*827,40*	1.959,68	2.204,64	*715,54*	1.884,48	2.120,04	*603,68*	1.809,28	2.035,44	*491,82*	1.734,08	1.950,84	*379,96*	1.658,88	1.866,2
	V	**32.549**	*1.785,71*	2.603,92	2.929,41																		
	VI	**33.080**	*1.819,40*	2.646,40	2.977,20																		
89.747,99	I	**26.391**	*1.052,91*	2.111,28	2.375,19	*829,19*	1.960,88	2.205,99	*605,47*	1.810,48	2.036,79	*381,75*	1.660,08	1.867,59	*158,03*	1.509,68	1.698,39	-	1.359,28	1.529,19	-	1.210,32	1.361,6
	II	**24.601**	*839,90*	1.968,08	2.214,09	*616,18*	1.817,68	2.044,89	*392,58*	1.667,36	1.875,78	*168,86*	1.516,96	1.706,58	-	1.366,56	1.537,38	-	1.217,44	1.369,62	-	1.074,08	1.208,3
	III	**17.506**	-	1.400,48	1.575,54	-	1.279,36	1.439,28	-	1.161,28	1.306,44	-	1.046,24	1.177,02	-	934,40	1.051,20	-	825,44	928,62	-	719,68	809,6
	IV	**26.391**	*1.052,91*	2.111,28	2.375,19	*941,05*	2.036,08	2.290,59	*829,19*	1.960,88	2.205,99	*717,33*	1.885,68	2.121,39	*605,47*	1.810,48	2.036,79	*493,61*	1.735,28	1.952,19	*381,75*	1.660,08	1.867,5
	V	**32.564**	*1.787,49*	2.605,12	2.930,76																		
	VI	**33.096**	*1.820,28*	2.647,68	2.978,64																		
89.783,99	I	**26.406**	*1.054,69*	2.112,48	2.376,54	*830,97*	1.962,08	2.207,34	*607,25*	1.811,68	2.038,14	*383,53*	1.661,28	1.868,94	*159,81*	1.510,88	1.699,74	-	1.360,48	1.530,54	-	1.211,52	1.362,9
	II	**24.616**	*841,68*	1.969,28	2.215,44	*618,08*	1.818,96	2.046,33	*394,36*	1.668,56	1.877,13	*170,64*	1.518,16	1.707,93	-	1.367,76	1.538,73	-	1.218,56	1.370,88	-	1.075,20	1.209,6
	III	**17.518**	-	1.401,44	1.576,62	-	1.280,32	1.440,36	-	1.162,24	1.307,52	-	1.047,20	1.178,10	-	935,20	1.052,10	-	826,40	929,70	-	720,64	810,7
	IV	**26.406**	*1.054,69*	2.112,48	2.376,54	*942,83*	2.037,28	2.291,94	*830,97*	1.962,08	2.207,34	*719,11*	1.886,88	2.122,74	*607,25*	1.811,68	2.038,14	*495,39*	1.736,48	1.953,54	*383,53*	1.661,28	1.868,9
	V	**32.579**	*1.789,28*	2.606,32	2.932,11																		
	VI	**33.111**	*1.821,10*	2.648,88	2.979,99																		
89.819,99	I	**26.421**	*1.056,48*	2.113,68	2.377,89	*832,76*	1.963,28	2.208,69	*609,04*	1.812,88	2.039,49	*385,32*	1.662,48	1.870,29	*161,60*	1.512,08	1.701,09	-	1.361,68	1.531,89	-	1.212,72	1.364,3
	II	**24.632**	*843,59*	1.970,56	2.216,88	*619,87*	1.820,16	2.047,68	*396,15*	1.669,76	1.878,48	*172,43*	1.519,36	1.709,28	-	1.368,96	1.540,08	-	1.219,76	1.372,23	-	1.076,32	1.210,8
	III	**17.530**	-	1.402,40	1.577,70	-	1.281,28	1.441,44	-	1.163,04	1.308,42	-	1.048,00	1.179,00	-	936,16	1.053,18	-	827,20	930,60	-	721,44	811,6
	IV	**26.421**	*1.056,48*	2.113,68	2.377,89	*944,62*	2.038,48	2.293,29	*832,76*	1.963,28	2.208,69	*720,90*	1.888,08	2.124,09	*609,04*	1.812,88	2.039,49	*497,18*	1.737,68	1.954,89	*385,32*	1.662,48	1.870,2
	V	**32.594**	*1.791,06*	2.607,52	2.933,46																		
	VI	**33.126**	*1.821,93*	2.650,08	2.981,34																		
89.855,99	I	**26.436**	*1.058,26*	2.114,88	2.379,24	*834,54*	1.964,48	2.210,04	*610,82*	1.814,08	2.040,84	*387,10*	1.663,68	1.871,64	*163,38*	1.513,28	1.702,44	-	1.362,88	1.533,24	-	1.213,92	1.365,6
	II	**24.647**	*845,37*	1.971,76	2.218,23	*621,65*	1.821,36	2.049,03	*397,93*	1.670,96	1.879,83	*174,21*	1.520,56	1.710,63	-	1.370,16	1.541,43	-	1.220,96	1.373,58	-	1.077,44	1.212,1
	III	**17.544**	-	1.403,52	1.578,96	-	1.282,24	1.442,52	-	1.164,00	1.309,50	-	1.048,96	1.180,08	-	936,96	1.054,08	-	828,16	931,68	-	722,24	812,5
	IV	**26.436**	*1.058,26*	2.114,88	2.379,24	*946,40*	2.039,68	2.294,64	*834,54*	1.964,48	2.210,04	*722,68*	1.889,28	2.125,44	*610,82*	1.814,08	2.040,84	*498,96*	1.738,88	1.956,24	*387,10*	1.663,68	1.871,6
	V	**32.609**	*1.792,85*	2.608,72	2.934,81																		
	VI	**33.141**	*1.822,75*	2.651,28	2.982,69																		
89.891,99	I	**26.451**	*1.060,05*	2.116,08	2.380,59	*836,33*	1.965,68	2.211,39	*612,61*	1.815,28	2.042,19	*388,89*	1.664,88	1.872,99	*165,17*	1.514,48	1.703,79	-	1.364,08	1.534,59	-	1.215,04	1.366,9
	II	**24.662**	*847,16*	1.972,96	2.219,58	*623,44*	1.822,56	2.050,38	*399,72*	1.672,16	1.881,18	*176,00*	1.521,76	1.711,98	-	1.371,36	1.542,78	-	1.222,16	1.374,93	-	1.078,56	1.213,3
	III	**17.556**	-	1.404,48	1.580,04	-	1.283,20	1.443,60	-	1.164,96	1.310,58	-	1.049,92	1.181,16	-	937,92	1.055,16	-	828,96	932,58	-	723,04	813,4
	IV	**26.451**	*1.060,05*	2.116,08	2.380,59	*948,19*	2.040,88	2.295,99	*836,33*	1.965,68	2.211,39	*724,47*	1.890,48	2.126,79	*612,61*	1.815,28	2.042,19	*500,75*	1.740,08	1.957,59	*388,89*	1.664,88	1.872,9
	V	**32.624**	*1.794,32*	2.609,92	2.936,16																		
	VI	**33.156**	*1.823,58*	2.652,48	2.984,04																		
89.927,99	I	**26.466**	*1.061,83*	2.117,28	2.381,94	*838,11*	1.966,88	2.212,74	*614,39*	1.816,48	2.043,54	*390,67*	1.666,08	1.874,34	*166,95*	1.515,68	1.705,14	-	1.365,36	1.536,03	-	1.216,24	1.368,2
	II	**24.677**	*848,94*	1.974,16	2.220,93	*625,22*	1.823,76	2.051,73	*401,50*	1.673,36	1.882,53	*177,78*	1.522,96	1.713,33	-	1.372,56	1.544,13	-	1.223,28	1.376,19	-	1.079,68	1.214,6
	III	**17.568**	-	1.405,44	1.581,12	-	1.284,16	1.444,68	-	1.165,92	1.311,66	-	1.050,72	1.182,06	-	938,72	1.056,06	-	829,76	933,48	-	724,00	814,5
	IV	**26.466**	*1.061,83*	2.117,28	2.381,94	*949,97*	2.042,08	2.297,34	*838,11*	1.966,88	2.212,74	*726,25*	1.891,68	2.128,14	*614,39*	1.816,48	2.043,54	*502,53*	1.741,28	1.958,94	*390,67*	1.666,08	1.874,3
	V	**32.639**	*1.795,14*	2.611,12	2.937,51																		
	VI	**33.171**	*1.824,40*	2.653,68	2.985,39																		
89.963,99	I	**26.481**	*1.063,62*	2.118,48	2.383,29	*839,90*	1.968,08	2.214,09	*616,18*	1.817,68	2.044,89	*392,58*	1.667,36	1.875,78	*168,86*	1.516,96	1.706,58	-	1.366,56	1.537,38	-	1.217,44	1.369,6
	II	**24.692**	*850,73*	1.975,36	2.222,28	*627,01*	1.824,96	2.053,08	*403,29*	1.674,56	1.883,88	*179,57*	1.524,16	1.714,68	-	1.373,76	1.545,48	-	1.224,48	1.377,54	-	1.080,80	1.215,9
	III	**17.580**	-	1.406,40	1.582,20	-	1.285,12	1.445,76	-	1.166,88	1.312,74	-	1.051,68	1.183,14	-	939,68	1.057,14	-	830,72	934,56	-	724,80	815,4
	IV	**26.481**	*1.063,62*	2.118,48	2.383,29	*951,76*	2.043,28	2.298,69	*839,90*	1.968,08	2.214,09	*728,04*	1.892,88	2.129,49	*616,18*	1.817,68	2.044,89	*504,32*	1.742,48	1.960,29	*392,58*	1.667,36	1.875,7
	V	**32.655**	*1.796,02*	2.612,40	2.938,95																		
	VI	**33.186**	*1.825,23*	2.654,88	2.986,74																		
89.999,99	I	**26.496**	*1.065,40*	2.119,68	2.384,64	*841,68*	1.969,28	2.215,44	*618,08*	1.818,96	2.046,33	*394,36*	1.668,56	1.877,13	*170,64*	1.518,16	1.707,93	-	1.367,76	1.538,73	-	1.218,56	1.370,8
	II	**24.707**	*852,51*	1.976,56	2.223,63	*628,79*	1.826,16	2.054,43	*405,07*	1.675,76	1.885,23	*181,35*	1.525,36	1.716,03	-	1.375,04	1.546,92	-	1.225,68	1.378,89	-	1.082,00	1.217,2
	III	**17.592**	-	1.407,36	1.583,28	-	1.286,08	1.446,84	-	1.167,84	1.313,82	-	1.052,64	1.184,22	-	940,48	1.058,04	-	831,52	935,46	-	725,60	816,3
	IV	**26.496**	*1.065,40*	2.119,68	2.384,64	*953,54*	2.044,48	2.300,04	*841,68*	1.969,28	2.215,44	*729,94*	1.894,16	2.130,93	*618,08*	1.818,96	2.046,33	*506,22*	1.743,76	1.961,73	*394,36*	1.668,56	1.877,1
	V	**32.670**	*1.796,85*	2.613,60	2.940,30																		
	VI	**33.201**	*1.826,05*	2.656,08	2.988,09																		
90.035,99	I	**26.512**	*1.067,31*	2.120,96	2.386,08	*843,59*	1.970,56	2.216,88	*619,87*	1.820,16	2.047,68	*396,15*	1.669,76	1.878,48	*172,43*	1.519,36	1.709,28	-	1.368,96	1.540,08	-	1.219,76	1.372,2
	II	**24.722**	*854,30*	1.977,76	2.224,98	*630,58*	1.827,36	2.055,78	*406,86*	1.676,96	1.886,58	*183,26*	1.526,64	1.717,47	-	1.376,24	1.548,27	-	1.226,88	1.380,24	-	1.083,12	1.218,5
	III	**17.604**	-	1.408,32	1.584,36	-	1.287,04	1.447,92	-	1.168,80	1.314,90	-	1.053,60	1.185,30	-	941,44	1.059,12	-	832,48	936,54	-	726,40	817,2
	IV	**26.512**	*1.067,31*	2.120,96	2.386,08	*955,45*	2.045,76	2.301,48	*843,59*	1.970,56	2.216,88	*731,73*	1.895,36	2.132,28	*619,87*	1.820,16	2.047,68	*508,01*	1.744,96	1.963,08	*396,15*	1.669,76	1.878,4
	V	**32.685**	*1.797,67*	2.614,80	2.941,65																		
	VI	**33.217**	*1.826,93*	2.657,36	2.989,53																		
90.071,99	I	**26.527**	*1.069,09*	2.122,16	2.387,43	*845,37*	1.971,76	2.218,23	*621,65*	1.821,36	2.049,03	*397,93*	1.670,96	1.879,83	*174,21*	1.520,56	1.710,63	-	1.370,16	1.541,43	-	1.220,96	1.373,5
	II	**24.737**	*856,08*	1.978,96	2.226,33	*632,48*	1.828,64	2.057,22	*408,76*	1.678,24	1.888,02	*185,04*	1.527,84	1.718,82	-	1.377,44	1.549,62	-	1.228,00	1.381,50	-	1.084,24	1.219,7
	III	**17.618**	-	1.409,44	1.585,62	-	1.288,00	1.449,00	-	1.169,60	1.315,80	-	1.054,40	1.186,20	-	942,24	1.060,02	-	833,28	937,44	-	727,36	818,2
	IV	**26.527**	*1.069,09*	2.122,16	2.387,43	*957,23*	2.046,96	2.302,83	*845,37*	1.971,76	2.218,23	*733,51*	1.896,56	2.133,63	*621,65*	1.821,36	2.049,03	*509,79*	1.746,16	1.964,43	*397,93*	1.670,96	1.879,8
	V	**32.700**	*1.798,50*	2.616,00	2.943,00																		
	VI	**33.232**	*1.827,76*	2.658,56	2.990,88																		
90.107,99	I	**26.542**	*1.070,88*	2.123,36	2.388,78	*847,16*	1.972,96	2.219,58	*623,44*	1.822,56	2.050,38	*399,72*	1.672,16	1.881,18	*176,00*	1.521,76	1.711,98	-	1.371,36	1.542,78	-	1.222,16	1.374,9
	II	**24.753**	*857,99*	1.980,24	2.227,77	*634,27*	1.829,84	2.058,57	*410,55*	1.679,44	1.889,37	*186,83*	1.529,04	1.720,17	-	1.378,64	1.550,97	-	1.229,20	1.382,85	-	1.085,36	1.221,0
	III	**17.630**	-	1.410,40	1.586,70	-	1.288,96	1.450,08	-	1.170,56	1.316,88	-	1.055,36	1.187,28	-	943,20	1.061,10	-	834,08	938,34	-	728,16	819,1
	IV	**26.542**	*1.070,88*	2.123,36	2.388,78	*959,02*	2.048,16	2.304,18	*847,16*	1.972,96	2.219,58	*735,30*	1.897,76	2.134,98	*623,44*	1.822,56	2.050,38	*511,58*	1.747,36	1.965,78	*399,72*	1.672,16	1.881,1
	V	**32.715**	*1.799,32*	2.617,20	2.944,35																		
	VI	**33.247**	*1.828,58*	2.659,76	2.992,23																		
90.143,99	I	**26.557**	*1.072,66*	2.124,56	2.390,13	*848,94*	1.974,16	2.220,93	*625,22*	1.823,76	2.051,73	*401,50*	1.673,36	1.882,53	*177,78*	1.522,96	1.713,33	-	1.372,56	1.544,13	-	1.223,28	1.376,1
	II	**24.768**	*859,77*	1.981,44	2.229,12	*636,05*	1.831,04	2.059,92	*412,33*	1.680,64	1.890,72	*188,61*	1.530,24	1.721,52	-	1.379,84	1.552,32	-	1.230,40	1.384,20	-	1.086,48	1.222,2
	III	**17.642**	-	1.411,36	1.587,78	-	1.289,92	1.451,16	-	1.171,52	1.317,96	-	1.056,32	1.188,36	-	944,16	1.062,18	-	835,04	939,42	-	728,96	820,0
	IV	**26.557**	*1.072,66*	2.124,56	2.390,13	*960,80*	2.049,36	2.305,53	*848,94*	1.974,16	2.220,93	*737,08*	1.898,96	2.136,33	*625,22*	1.823,76	2.051,73	*513,36*	1.748,56	1.967,13	*401,50*	1.673,36	1.882,5
	V	**32.730**	*1.800,15*	2.618,40	2.945,70																		
	VI	**33.262**	*1.829,41*	2.660,96	2.993,58																		
90.179,99	I	**26.572**	*1.074,45*	2.125,76	2.391,48	*850,73*	1.975,36	2.222,28	*627,01*	1.824,96	2.053,08	*403,29*	1.674,56	1.883,88	*179,57*	1.524,16	1.714,68	-	1.373,76	1.545,48	-	1.224,48	1.377,5
	II	**24.783**	*861,56*	1.982,64	2.230,47	*637,84*	1.832,24	2.061,27	*414,12*	1.681,84	1.892,07	*190,40*	1.531,44	1.722,87	-	1.381,04	1.553,67	-	1.231,60	1.385,55	-	1.087,60	1.223,5
	III	**17.654**	-	1.412,32	1.588,86	-	1.290,88	1.452,24	-	1.172,48	1.319,04	-	1.057,12	1.189,26	-	944,96	1.063,08	-	835,84	940,32	-	729,76	820,9
	IV	**26.572**	*1.074,45*	2.125,76	2.391,48	*962,59*	2.050,56	2.306,88	*850,73*	1.975,36	2.222,28	*738,87*	1.900,16	2.137,68	*627,01*	1.824,96	2.053,08	*515,15*	1.749,76	1.968,48	*403,29*	1.674,56	1.883,8
	V	**32.745**	*1.800,97*	2.619,60	2.947,05																		
	VI	**33.277**	*1.830,23*	2.662,16	2.994,93																		

SolZ/KiSt lt. Tabelle nicht für Sonstige Bezüge anwendbar.

Lohn/ Gehalt bis	Steuerklasse	Lohn-steuer	ohne Kinderfreibetrag SolZ 5,5%	ohne Kinderfreibetrag Kirchensteuer 8%	ohne Kinderfreibetrag Kirchensteuer 9%	0,5 SolZ 5,5%	0,5 Kirchensteuer 8%	0,5 Kirchensteuer 9%	1,0 SolZ 5,5%	1,0 Kirchensteuer 8%	1,0 Kirchensteuer 9%	1,5 SolZ 5,5%	1,5 Kirchensteuer 8%	1,5 Kirchensteuer 9%	2,0 SolZ 5,5%	2,0 Kirchensteuer 8%	2,0 Kirchensteuer 9%	2,5 SolZ 5,5%	2,5 Kirchensteuer 8%	2,5 Kirchensteuer 9%	3,0 SolZ 5,5%	3,0 Kirchensteuer 8%	3,0 Kirchensteuer 9%
						Anzahl Kinderfreibeträge (nur Steuerklassen I–IV)																	
90.215,99	I	26.587	1.076,23	2.126,96	2.392,83	852,51	1.976,56	2.223,63	628,79	1.826,16	2.054,43	405,07	1.675,76	1.885,23	181,35	1.525,36	1.716,03	-	1.375,04	1.546,92	-	1.225,68	1.378,89
	II	24.798	863,34	1.983,84	2.231,82	639,62	1.833,44	2.062,62	415,90	1.683,04	1.893,42	192,18	1.532,64	1.724,22	-	1.382,24	1.555,02	-	1.232,72	1.386,81	-	1.088,72	1.224,81
	III	17.666	-	1.413,28	1.589,94	-	1.291,84	1.453,32	-	1.173,44	1.320,12	-	1.058,08	1.190,34	-	945,92	1.064,16	-	836,80	941,40	-	730,72	822,06
	IV	26.587	1.076,23	2.126,96	2.392,83	964,37	2.051,76	2.308,23	852,51	1.976,56	2.223,63	740,65	1.901,36	2.139,03	628,79	1.826,16	2.054,43	516,93	1.750,96	1.969,83	405,07	1.675,76	1.885,23
	V	32.760	1.801,80	2.620,80	2.948,40																		
	VI	33.292	1.831,06	2.663,36	2.996,28																		
90.251,99	I	26.602	1.078,02	2.128,16	2.394,18	854,30	1.977,76	2.224,98	630,58	1.827,36	2.055,78	406,86	1.676,96	1.886,58	183,26	1.526,64	1.717,47	-	1.376,24	1.548,27	-	1.226,88	1.380,24
	II	24.813	865,13	1.985,04	2.233,17	641,41	1.834,64	2.063,97	417,69	1.684,24	1.894,77	193,97	1.533,84	1.725,57	-	1.383,44	1.556,37	-	1.233,92	1.388,16	-	1.089,92	1.226,16
	III	17.680	-	1.414,40	1.591,20	-	1.292,80	1.454,40	-	1.174,40	1.321,20	-	1.059,04	1.191,42	-	946,72	1.065,06	-	837,60	942,30	-	731,52	822,96
	IV	26.602	1.078,02	2.128,16	2.394,18	966,16	2.052,96	2.309,58	854,30	1.977,76	2.224,98	742,44	1.902,56	2.140,38	630,58	1.827,36	2.055,78	518,72	1.752,16	1.971,18	406,86	1.676,96	1.886,58
	V	32.776	1.802,68	2.622,08	2.949,84																		
	VI	33.307	1.831,88	2.664,56	2.997,63																		
90.287,99	I	26.617	1.079,80	2.129,36	2.395,53	856,08	1.978,96	2.226,33	632,48	1.828,64	2.057,22	408,76	1.678,24	1.888,02	185,04	1.527,84	1.718,82	-	1.377,44	1.549,62	-	1.228,00	1.381,50
	II	24.828	866,91	1.986,24	2.234,52	643,19	1.835,84	2.065,32	419,47	1.685,44	1.896,12	195,75	1.535,04	1.726,92	-	1.384,64	1.557,72	-	1.235,12	1.389,51	-	1.091,04	1.227,42
	III	17.692	-	1.415,36	1.592,28	-	1.293,76	1.455,48	-	1.175,36	1.322,28	-	1.060,00	1.192,50	-	947,68	1.066,14	-	838,40	943,20	-	732,32	823,86
	IV	26.617	1.079,80	2.129,36	2.395,53	967,94	2.054,16	2.310,93	856,08	1.978,96	2.226,33	744,22	1.903,76	2.141,73	632,48	1.828,64	2.057,22	520,62	1.753,44	1.972,62	408,76	1.678,24	1.888,02
	V	32.791	1.803,50	2.623,28	2.951,19																		
	VI	33.322	1.832,71	2.665,76	2.998,98																		
90.323,99	I	26.632	1.081,59	2.130,56	2.396,88	857,99	1.980,24	2.227,77	634,27	1.829,84	2.058,57	410,55	1.679,44	1.889,37	186,83	1.529,04	1.720,17	-	1.378,64	1.550,97	-	1.229,20	1.382,85
	II	24.843	868,70	1.987,44	2.235,87	644,98	1.837,04	2.066,67	421,26	1.686,64	1.897,47	197,65	1.536,32	1.728,36	-	1.385,92	1.559,16	-	1.236,32	1.390,86	-	1.092,16	1.228,68
	III	17.704	-	1.416,32	1.593,36	-	1.294,72	1.456,56	-	1.176,32	1.323,36	-	1.060,80	1.193,40	-	948,48	1.067,04	-	839,36	944,28	-	733,12	824,76
	IV	26.632	1.081,59	2.130,56	2.396,88	969,85	2.055,44	2.312,37	857,99	1.980,24	2.227,77	746,13	1.905,04	2.143,17	634,27	1.829,84	2.058,57	522,41	1.754,64	1.973,97	410,55	1.679,44	1.889,37
	V	32.806	1.804,33	2.624,48	2.952,54																		
	VI	33.337	1.833,53	2.666,96	3.000,33																		
90.359,99	I	26.648	1.083,49	2.131,84	2.398,32	859,77	1.981,44	2.229,12	636,05	1.831,04	2.059,92	412,33	1.680,64	1.890,72	188,61	1.530,24	1.721,52	-	1.379,84	1.552,32	-	1.230,40	1.384,20
	II	24.858	870,48	1.988,64	2.237,22	646,76	1.838,24	2.068,02	423,16	1.687,92	1.898,91	199,44	1.537,52	1.729,71	-	1.387,12	1.560,51	-	1.237,52	1.392,21	-	1.093,28	1.229,94
	III	17.716	-	1.417,28	1.594,44	-	1.295,68	1.457,64	-	1.177,12	1.324,26	-	1.061,76	1.194,48	-	949,44	1.068,12	-	840,16	945,18	-	734,08	825,84
	IV	26.648	1.083,49	2.131,84	2.398,32	971,63	2.056,64	2.313,72	859,77	1.981,44	2.229,12	747,91	1.906,24	2.144,52	636,05	1.831,04	2.059,92	524,19	1.755,84	1.975,32	412,33	1.680,64	1.890,72
	V	32.821	1.805,15	2.625,68	2.953,89																		
	VI	33.353	1.834,41	2.668,24	3.001,77																		
90.395,99	I	26.663	1.085,28	2.133,04	2.399,67	861,56	1.982,64	2.230,47	637,84	1.832,24	2.061,27	414,12	1.681,84	1.892,07	190,40	1.531,44	1.722,87	-	1.381,04	1.553,67	-	1.231,60	1.385,55
	II	24.874	872,38	1.989,92	2.238,66	648,66	1.839,52	2.069,46	424,94	1.689,12	1.900,26	201,22	1.538,72	1.731,06	-	1.388,32	1.561,86	-	1.238,64	1.393,47	-	1.094,40	1.231,20
	III	17.728	-	1.418,24	1.595,52	-	1.296,64	1.458,72	-	1.178,08	1.325,34	-	1.062,72	1.195,56	-	950,40	1.069,20	-	841,12	946,26	-	734,88	826,74
	IV	26.663	1.085,28	2.133,04	2.399,67	973,42	2.057,84	2.315,07	861,56	1.982,64	2.230,47	749,70	1.907,44	2.145,87	637,84	1.832,24	2.061,27	525,98	1.757,04	1.976,67	414,12	1.681,84	1.892,07
	V	32.836	1.805,98	2.626,88	2.955,24																		
	VI	33.368	1.835,24	2.669,44	3.003,12																		
90.431,99	I	26.678	1.087,06	2.134,24	2.401,02	863,34	1.983,84	2.231,82	639,62	1.833,44	2.062,62	415,90	1.683,04	1.893,42	192,18	1.532,64	1.724,22	-	1.382,24	1.555,02	-	1.232,72	1.386,81
	II	24.889	874,17	1.991,12	2.240,01	650,45	1.840,72	2.070,81	426,73	1.690,32	1.901,61	203,01	1.539,92	1.732,41	-	1.389,52	1.563,21	-	1.239,84	1.394,82	-	1.095,60	1.232,55
	III	17.740	-	1.419,20	1.596,60	-	1.297,60	1.459,80	-	1.179,04	1.326,42	-	1.063,68	1.196,64	-	951,20	1.070,10	-	841,92	947,16	-	735,68	827,64
	IV	26.678	1.087,06	2.134,24	2.401,02	975,20	2.059,04	2.316,42	863,34	1.983,84	2.231,82	751,48	1.908,64	2.147,22	639,62	1.833,44	2.062,62	527,76	1.758,24	1.978,02	415,90	1.683,04	1.893,42
	V	32.851	1.806,80	2.628,08	2.956,59																		
	VI	33.383	1.836,06	2.670,64	3.004,47																		
90.467,99	I	26.693	1.088,85	2.135,44	2.402,37	865,13	1.985,04	2.233,17	641,41	1.834,64	2.063,97	417,69	1.684,24	1.894,77	193,97	1.533,84	1.725,57	-	1.383,44	1.556,37	-	1.233,92	1.388,16
	II	24.904	875,95	1.992,32	2.241,36	652,23	1.841,92	2.072,16	428,51	1.691,52	1.902,96	204,79	1.541,12	1.733,76	-	1.390,72	1.564,56	-	1.241,04	1.396,17	-	1.096,72	1.233,81
	III	17.754	-	1.420,32	1.597,86	-	1.298,56	1.460,88	-	1.180,00	1.327,50	-	1.064,48	1.197,54	-	952,16	1.071,18	-	842,72	948,06	-	736,48	828,54
	IV	26.693	1.088,85	2.135,44	2.402,37	976,99	2.060,24	2.317,77	865,13	1.985,04	2.233,17	753,27	1.909,84	2.148,57	641,41	1.834,64	2.063,97	529,55	1.759,44	1.979,37	417,69	1.684,24	1.894,77
	V	32.866	1.807,63	2.629,28	2.957,94																		
	VI	33.398	1.836,89	2.671,84	3.005,82																		
90.503,99	I	26.708	1.090,63	2.136,64	2.403,72	866,91	1.986,24	2.234,52	643,19	1.835,84	2.065,32	419,47	1.685,44	1.896,12	195,75	1.535,04	1.726,92	-	1.384,64	1.557,72	-	1.235,12	1.389,51
	II	24.919	877,74	1.993,52	2.242,71	654,02	1.843,12	2.073,51	430,30	1.692,72	1.904,31	206,58	1.542,32	1.735,11	-	1.391,92	1.565,91	-	1.242,24	1.397,52	-	1.097,84	1.235,07
	III	17.766	-	1.421,28	1.598,94	-	1.299,52	1.461,96	-	1.180,96	1.328,58	-	1.065,44	1.198,62	-	952,96	1.072,08	-	843,68	949,14	-	737,44	829,62
	IV	26.708	1.090,63	2.136,64	2.403,72	978,77	2.061,44	2.319,12	866,91	1.986,24	2.234,52	755,05	1.911,04	2.149,92	643,19	1.835,84	2.065,32	531,33	1.760,64	1.980,72	419,47	1.685,44	1.896,12
	V	32.881	1.808,45	2.630,48	2.959,29																		
	VI	33.413	1.837,71	2.673,04	3.007,17																		
90.539,99	I	26.723	1.092,42	2.137,84	2.405,07	868,70	1.987,44	2.235,87	644,98	1.837,04	2.066,67	421,26	1.686,64	1.897,47	197,65	1.536,32	1.728,36	-	1.385,92	1.559,16	-	1.236,32	1.390,86
	II	24.934	879,52	1.994,72	2.244,06	655,80	1.844,32	2.074,86	432,08	1.693,92	1.905,66	208,36	1.543,52	1.736,46	-	1.393,12	1.567,26	-	1.243,44	1.398,87	-	1.098,96	1.236,33
	III	17.778	-	1.422,24	1.600,02	-	1.300,48	1.463,04	-	1.181,92	1.329,66	-	1.066,40	1.199,70	-	953,92	1.073,16	-	844,48	950,04	-	738,24	830,52
	IV	26.723	1.092,42	2.137,84	2.405,07	980,56	2.062,64	2.320,47	868,70	1.987,44	2.235,87	756,84	1.912,24	2.151,27	644,98	1.837,04	2.066,67	533,12	1.761,84	1.982,07	421,26	1.686,64	1.897,47
	V	32.896	1.809,28	2.631,68	2.960,64																		
	VI	33.428	1.838,54	2.674,24	3.008,52																		
90.575,99	I	26.738	1.094,20	2.139,04	2.406,42	870,48	1.988,64	2.237,22	646,76	1.838,24	2.068,02	423,16	1.687,92	1.898,91	199,44	1.537,52	1.729,71	-	1.387,12	1.560,51	-	1.237,52	1.392,21
	II	24.949	881,31	1.995,92	2.245,41	657,59	1.845,52	2.076,21	433,87	1.695,12	1.907,01	210,15	1.544,72	1.737,81	-	1.394,32	1.568,61	-	1.244,64	1.400,22	-	1.100,08	1.237,59
	III	17.790	-	1.423,20	1.601,10	-	1.301,44	1.464,12	-	1.182,88	1.330,74	-	1.067,20	1.200,60	-	954,72	1.074,06	-	845,44	951,12	-	739,04	831,42
	IV	26.738	1.094,20	2.139,04	2.406,42	982,34	2.063,84	2.321,82	870,48	1.988,64	2.237,22	758,62	1.913,44	2.152,62	646,76	1.838,24	2.068,02	535,02	1.763,12	1.983,51	423,16	1.687,92	1.898,91
	V	32.912	1.810,16	2.632,96	2.962,08																		
	VI	33.443	1.839,36	2.675,44	3.009,87																		
90.611,99	I	26.753	1.095,99	2.140,24	2.407,77	872,38	1.989,92	2.238,66	648,66	1.839,52	2.069,46	424,94	1.689,12	1.900,26	201,22	1.538,72	1.731,06	-	1.388,32	1.561,86	-	1.238,64	1.393,47
	II	24.964	883,09	1.997,12	2.246,76	659,37	1.846,72	2.077,56	435,65	1.696,32	1.908,36	211,93	1.545,92	1.739,16	-	1.395,60	1.570,05	-	1.245,76	1.401,48	-	1.101,28	1.238,94
	III	17.802	-	1.424,16	1.602,18	-	1.302,40	1.465,20	-	1.183,84	1.331,82	-	1.068,16	1.201,68	-	955,68	1.075,14	-	846,24	952,02	-	740,00	832,50
	IV	26.753	1.095,99	2.140,24	2.407,77	984,13	2.065,04	2.323,17	872,38	1.989,92	2.238,66	760,52	1.914,72	2.154,06	648,66	1.839,52	2.069,46	536,80	1.764,32	1.984,86	424,94	1.689,12	1.900,26
	V	32.927	1.810,98	2.634,16	2.963,43																		
	VI	33.458	1.840,19	2.676,64	3.011,22																		
90.647,99	I	26.769	1.097,89	2.141,52	2.409,21	874,17	1.991,12	2.240,01	650,45	1.840,72	2.070,81	426,73	1.690,32	1.901,61	203,01	1.539,92	1.732,41	-	1.389,52	1.563,21	-	1.239,84	1.394,82
	II	24.979	884,88	1.998,32	2.248,11	661,16	1.847,92	2.078,91	437,56	1.697,60	1.909,80	213,84	1.547,20	1.740,60	-	1.396,80	1.571,40	-	1.246,96	1.402,83	-	1.102,40	1.240,20
	III	17.816	-	1.425,28	1.603,44	-	1.303,36	1.466,28	-	1.184,80	1.332,90	-	1.069,12	1.202,76	-	956,64	1.076,22	-	847,20	953,10	-	740,80	833,40
	IV	26.769	1.097,89	2.141,52	2.409,21	986,03	2.066,32	2.324,61	874,17	1.991,12	2.240,01	762,31	1.915,92	2.155,41	650,45	1.840,72	2.070,81	538,59	1.765,52	1.986,21	426,73	1.690,32	1.901,61
	V	32.942	1.811,81	2.635,36	2.964,78																		
	VI	33.474	1.841,07	2.677,92	3.012,66																		
90.683,99	I	26.784	1.099,67	2.142,72	2.410,56	875,95	1.992,32	2.241,36	652,23	1.841,92	2.072,16	428,51	1.691,52	1.902,96	204,79	1.541,12	1.733,76	-	1.390,72	1.564,56	-	1.241,04	1.396,17
	II	24.994	886,66	1.999,52	2.249,46	663,06	1.849,20	2.080,35	439,34	1.698,80	1.911,15	215,62	1.548,40	1.741,95	-	1.398,00	1.572,75	-	1.248,16	1.404,18	-	1.103,52	1.241,46
	III	17.828	-	1.426,24	1.604,52	-	1.304,32	1.467,36	-	1.185,60	1.333,80	-	1.070,08	1.203,84	-	957,44	1.077,12	-	848,00	954,00	-	741,60	834,30
	IV	26.784	1.099,67	2.142,72	2.410,56	987,81	2.067,52	2.325,96	875,95	1.992,32	2.241,36	764,09	1.917,12	2.156,76	652,23	1.841,92	2.072,16	540,37	1.766,72	1.987,56	428,51	1.691,52	1.902,96
	V	32.957	1.812,63	2.636,56	2.966,13																		
	VI	33.489	1.841,89	2.679,12	3.014,01																		
90.719,99	I	26.799	1.101,46	2.143,92	2.411,91	877,74	1.993,52	2.242,71	654,02	1.843,12	2.073,51	430,30	1.692,72	1.904,31	206,58	1.542,32	1.735,11	-	1.391,92	1.565,91	-	1.242,24	1.397,52
	II	25.010	888,57	2.000,80	2.250,90	664,85	1.850,40	2.081,70	441,13	1.700,00	1.912,50	217,41	1.549,60	1.743,30	-	1.399,20	1.574,10	-	1.249,36	1.405,53	-	1.104,64	1.242,72
	III	17.840	-	1.427,20	1.605,60	-	1.305,44	1.468,62	-	1.186,56	1.334,88	-	1.070,88	1.204,74	-	958,40	1.078,20	-	848,80	954,90	-	742,40	835,20
	IV	26.799	1.101,46	2.143,92	2.411,91	989,60	2.068,72	2.327,31	877,74	1.993,52	2.242,71	765,88	1.918,32	2.158,11	654,02	1.843,12	2.073,51	542,16	1.767,92	1.988,91	430,30	1.692,72	1.904,31
	V	32.972	1.813,46	2.637,76	2.967,48																		
	VI	33.504	1.842,72	2.680,32	3.015,36																		

SolZ/KiSt lt. Tabelle nicht für Sonstige Bezüge anwendbar.

JAHR bis 91.259,99 €

Besondere Tabelle

Lohn/ Gehalt bis	Steuerklasse	Lohnsteuer	ohne Kinderfreibetrag SolZ 5,5%	Kirchensteuer 8%	Kirchensteuer 9%	0,5 SolZ 5,5%	Kirchensteuer 8%	Kirchensteuer 9%	1,0 SolZ 5,5%	Kirchensteuer 8%	Kirchensteuer 9%	1,5 SolZ 5,5%	Kirchensteuer 8%	Kirchensteuer 9%	2,0 SolZ 5,5%	Kirchensteuer 8%	Kirchensteuer 9%	2,5 SolZ 5,5%	Kirchensteuer 8%	Kirchensteuer 9%	3,0 SolZ 5,5%	Kirchensteuer 8%	Kirchensteuer 9%
						Anzahl Kinderfreibeträge (nur Steuerklassen I–IV)																	
90.755,99	I	26.814	1.103,24	2.145,12	2.413,26	879,52	1.994,72	2.244,06	655,80	1.844,32	2.074,86	432,08	1.693,92	1.905,66	208,36	1.543,52	1.736,46	-	1.393,12	1.567,26	-	1.243,44	1.398,8
	II	25.025	890,35	2.002,00	2.252,25	666,63	1.851,60	2.083,05	442,91	1.701,20	1.913,85	219,19	1.550,80	1.744,65	-	1.400,40	1.575,45	-	1.250,56	1.406,88	-	1.105,84	1.244,
	III	17.852	-	1.428,16	1.606,68	-	1.306,40	1.469,70	-	1.187,52	1.335,96	-	1.071,84	1.205,82	-	959,20	1.079,10	-	849,76	955,98	-	743,36	836,2
	IV	26.814	1.103,24	2.145,12	2.413,26	991,38	2.069,92	2.328,66	879,52	1.994,72	2.244,06	767,66	1.919,52	2.159,46	655,80	1.844,32	2.074,86	543,94	1.769,12	1.990,26	432,08	1.693,92	1.905,6
	V	32.987	1.814,28	2.638,96	2.968,83																		
	VI	33.519	1.843,54	2.681,52	3.016,71																		
90.791,99	I	26.829	1.105,03	2.146,32	2.414,61	881,31	1.995,92	2.245,41	657,59	1.845,52	2.076,21	433,87	1.695,12	1.907,01	210,15	1.544,72	1.737,81	-	1.394,32	1.568,61	-	1.244,64	1.400,2
	II	25.040	892,14	2.003,20	2.253,60	668,42	1.852,80	2.084,40	444,70	1.702,40	1.915,20	220,98	1.552,00	1.746,00	-	1.401,60	1.576,80	-	1.251,76	1.408,23	-	1.106,96	1.245,
	III	17.864	-	1.429,12	1.607,76	-	1.307,36	1.470,78	-	1.188,48	1.337,04	-	1.072,80	1.206,90	-	960,16	1.080,18	-	850,56	956,88	-	744,16	837,
	IV	26.829	1.105,03	2.146,32	2.414,61	993,17	2.071,12	2.330,01	881,31	1.995,92	2.245,41	769,45	1.920,72	2.160,81	657,59	1.845,52	2.076,21	545,73	1.770,32	1.991,61	433,87	1.695,12	1.907,0
	V	33.002	1.815,11	2.640,16	2.970,18																		
	VI	33.534	1.844,37	2.682,72	3.018,06																		
90.827,99	I	26.844	1.106,81	2.147,52	2.415,96	883,09	1.997,12	2.246,76	659,37	1.846,72	2.077,56	435,65	1.696,32	1.908,36	211,93	1.545,92	1.739,16	-	1.395,60	1.570,05	-	1.245,76	1.401,4
	II	25.055	893,92	2.004,40	2.254,95	670,20	1.854,00	2.085,75	446,48	1.703,60	1.916,55	222,76	1.553,20	1.747,35	-	1.402,80	1.578,15	-	1.252,96	1.409,58	-	1.108,08	1.246,5
	III	17.878	-	1.430,24	1.609,02	-	1.308,32	1.471,86	-	1.189,44	1.338,12	-	1.073,76	1.207,98	-	961,12	1.081,26	-	851,52	957,96	-	744,96	838,
	IV	26.844	1.106,81	2.147,52	2.415,96	994,95	2.072,32	2.331,36	883,09	1.997,12	2.246,76	771,23	1.921,92	2.162,16	659,37	1.846,72	2.077,56	547,51	1.771,52	1.992,96	435,65	1.696,32	1.908,3
	V	33.017	1.815,93	2.641,36	2.971,53																		
	VI	33.549	1.845,19	2.683,92	3.019,41																		
90.863,99	I	26.859	1.108,60	2.148,72	2.417,31	884,88	1.998,32	2.248,11	661,16	1.847,92	2.078,91	437,56	1.697,60	1.909,80	213,84	1.547,20	1.740,60	-	1.396,80	1.571,40	-	1.246,96	1.402,
	II	25.070	895,71	2.005,60	2.256,30	671,99	1.855,20	2.087,10	448,27	1.704,80	1.917,90	224,55	1.554,40	1.748,70	0,83	1.404,00	1.579,50	-	1.254,08	1.410,84	-	1.109,20	1.247,
	III	17.890	-	1.431,20	1.610,10	-	1.309,28	1.472,94	-	1.190,40	1.339,20	-	1.074,56	1.208,88	-	961,92	1.082,16	-	852,32	958,86	-	745,76	838,
	IV	26.859	1.108,60	2.148,72	2.417,31	996,74	2.073,52	2.332,71	884,88	1.998,32	2.248,11	773,02	1.923,12	2.163,51	661,16	1.847,92	2.078,91	549,30	1.772,72	1.994,31	437,56	1.697,60	1.909,
	V	33.033	1.816,81	2.642,64	2.972,97																		
	VI	33.564	1.846,02	2.685,12	3.020,76																		
90.899,99	I	26.874	1.110,38	2.149,92	2.418,66	886,66	1.999,52	2.249,46	663,06	1.849,20	2.080,35	439,34	1.698,80	1.911,15	215,62	1.548,40	1.741,95	-	1.398,00	1.572,75	-	1.248,16	1.404,
	II	25.085	897,49	2.006,80	2.257,65	673,77	1.856,40	2.088,45	450,05	1.706,00	1.919,25	226,33	1.555,60	1.750,05	2,73	1.405,28	1.580,94	-	1.255,28	1.412,19	-	1.110,40	1.249,
	III	17.902	-	1.432,16	1.611,18	-	1.310,24	1.474,02	-	1.191,36	1.340,28	-	1.075,52	1.209,96	-	962,88	1.083,24	-	853,28	959,94	-	746,72	840,
	IV	26.874	1.110,38	2.149,92	2.418,66	998,52	2.074,72	2.334,06	886,66	1.999,52	2.249,46	774,92	1.924,40	2.164,95	663,06	1.849,20	2.080,35	551,20	1.774,00	1.995,75	439,34	1.698,80	1.911,
	V	33.048	1.817,64	2.643,84	2.974,32																		
	VI	33.579	1.846,84	2.686,32	3.022,11																		
90.935,99	I	26.890	1.112,29	2.151,20	2.420,10	888,57	2.000,80	2.250,90	664,85	1.850,40	2.081,70	441,13	1.700,00	1.912,50	217,41	1.549,60	1.743,30	-	1.399,20	1.574,10	-	1.249,36	1.405,
	II	25.100	899,28	2.008,00	2.259,00	675,56	1.857,60	2.089,80	451,84	1.707,20	1.920,60	228,24	1.556,88	1.751,49	4,52	1.406,48	1.582,29	-	1.256,48	1.413,54	-	1.111,52	1.250,
	III	17.914	-	1.433,12	1.612,26	-	1.311,20	1.475,10	-	1.192,32	1.341,36	-	1.076,48	1.211,04	-	963,68	1.084,14	-	854,08	960,84	-	747,52	840,
	IV	26.890	1.112,29	2.151,20	2.420,10	1.000,43	2.076,00	2.335,50	888,57	2.000,80	2.250,90	776,71	1.925,60	2.166,30	664,85	1.850,40	2.081,70	552,99	1.775,20	1.997,10	441,13	1.700,00	1.912,
	V	33.063	1.818,46	2.645,04	2.975,67																		
	VI	33.595	1.847,72	2.687,60	3.023,55																		
90.971,99	I	26.905	1.114,07	2.152,40	2.421,45	890,35	2.002,00	2.252,25	666,63	1.851,60	2.083,05	442,91	1.701,20	1.913,85	219,19	1.550,80	1.744,65	-	1.400,40	1.575,45	-	1.250,56	1.406,
	II	25.115	901,06	2.009,20	2.260,35	677,46	1.858,88	2.091,24	453,74	1.708,48	1.922,04	230,02	1.558,08	1.752,84	6,30	1.407,68	1.583,64	-	1.257,68	1.414,89	-	1.112,64	1.251,
	III	17.926	-	1.434,08	1.613,34	-	1.312,16	1.476,18	-	1.193,28	1.342,44	-	1.077,44	1.212,12	-	964,64	1.085,22	-	854,88	961,74	-	748,32	841,
	IV	26.905	1.114,07	2.152,40	2.421,45	1.002,21	2.077,20	2.336,85	890,35	2.002,00	2.252,25	778,49	1.926,80	2.167,65	666,63	1.851,60	2.083,05	554,77	1.776,40	1.998,45	442,91	1.701,20	1.913,
	V	33.078	1.819,29	2.646,24	2.977,02																		
	VI	33.610	1.848,55	2.688,80	3.024,90																		
91.007,99	I	26.920	1.115,86	2.153,60	2.422,80	892,14	2.003,20	2.253,60	668,42	1.852,80	2.084,40	444,70	1.702,40	1.915,20	220,98	1.552,00	1.746,00	-	1.401,60	1.576,80	-	1.251,76	1.408,
	II	25.131	902,97	2.010,48	2.261,79	679,25	1.860,08	2.092,59	455,53	1.709,68	1.923,39	231,81	1.559,28	1.754,19	8,09	1.408,88	1.584,99	-	1.258,88	1.416,24	-	1.113,76	1.252,
	III	17.940	-	1.435,20	1.614,60	-	1.313,12	1.477,26	-	1.194,08	1.343,34	-	1.078,24	1.213,02	-	965,44	1.086,12	-	855,84	962,82	-	749,28	842,
	IV	26.920	1.115,86	2.153,60	2.422,80	1.004,00	2.078,40	2.338,20	892,14	2.003,20	2.253,60	780,28	1.928,00	2.169,00	668,42	1.852,80	2.084,40	556,56	1.777,60	1.999,80	444,70	1.702,40	1.915,
	V	33.093	1.820,11	2.647,44	2.978,37																		
	VI	33.625	1.849,37	2.690,00	3.026,25																		
91.043,99	I	26.935	1.117,64	2.154,80	2.424,15	893,92	2.004,40	2.254,95	670,20	1.854,00	2.085,75	446,48	1.703,60	1.916,55	222,76	1.553,20	1.747,35	-	1.402,80	1.578,15	-	1.252,96	1.409,
	II	25.146	904,75	2.011,68	2.263,14	681,03	1.861,28	2.093,94	457,31	1.710,88	1.924,74	233,59	1.560,48	1.755,54	9,87	1.410,08	1.586,34	-	1.260,08	1.417,59	-	1.114,96	1.254,
	III	17.952	-	1.436,16	1.615,68	-	1.314,08	1.478,34	-	1.195,04	1.344,42	-	1.079,20	1.214,10	-	966,40	1.087,20	-	856,64	963,72	-	750,08	843,
	IV	26.935	1.117,64	2.154,80	2.424,15	1.005,78	2.079,60	2.339,55	893,92	2.004,40	2.254,95	782,06	1.929,20	2.170,35	670,20	1.854,00	2.085,75	558,34	1.778,80	2.001,15	446,48	1.703,60	1.916,
	V	33.108	1.820,94	2.648,64	2.979,72																		
	VI	33.640	1.850,20	2.691,20	3.027,60																		
91.079,99	I	26.950	1.119,43	2.156,00	2.425,50	895,71	2.005,60	2.256,30	671,99	1.855,20	2.087,10	448,27	1.704,80	1.917,90	224,55	1.554,40	1.748,70	0,83	1.404,00	1.579,50	-	1.254,08	1.410,
	II	25.161	906,54	2.012,88	2.264,49	682,82	1.862,48	2.095,29	459,10	1.712,08	1.926,09	235,38	1.561,68	1.756,89	11,66	1.411,28	1.587,69	-	1.261,28	1.418,94	-	1.116,08	1.255,
	III	17.964	-	1.437,12	1.616,76	-	1.315,04	1.479,42	-	1.196,00	1.345,50	-	1.080,16	1.215,18	-	967,36	1.088,28	-	857,60	964,80	-	750,88	844,
	IV	26.950	1.119,43	2.156,00	2.425,50	1.007,57	2.080,80	2.340,90	895,71	2.005,60	2.256,30	783,85	1.930,40	2.171,70	671,99	1.855,20	2.087,10	560,13	1.780,00	2.002,50	448,27	1.704,80	1.917,
	V	33.123	1.821,76	2.649,84	2.981,07																		
	VI	33.655	1.851,02	2.692,40	3.028,95																		
91.115,99	I	26.965	1.121,21	2.157,20	2.426,85	897,49	2.006,80	2.257,65	673,77	1.856,40	2.088,45	450,05	1.706,00	1.919,25	226,33	1.555,60	1.750,05	2,73	1.405,28	1.580,94	-	1.255,28	1.412,
	II	25.176	908,32	2.014,08	2.265,84	684,60	1.863,68	2.096,64	460,88	1.713,28	1.927,44	237,16	1.562,88	1.758,24	13,44	1.412,48	1.589,04	-	1.262,48	1.420,29	-	1.117,20	1.256,
	III	17.976	-	1.438,08	1.617,84	-	1.316,00	1.480,50	-	1.196,96	1.346,58	-	1.081,12	1.216,26	-	968,16	1.089,18	-	858,40	965,70	-	751,68	845,
	IV	26.965	1.121,21	2.157,20	2.426,85	1.009,35	2.082,00	2.342,25	897,49	2.006,80	2.257,65	785,63	1.931,60	2.173,05	673,77	1.856,40	2.088,45	561,91	1.781,20	2.003,85	450,05	1.706,00	1.919,
	V	33.138	1.822,59	2.651,04	2.982,42																		
	VI	33.670	1.851,85	2.693,60	3.030,30																		
91.151,99	I	26.980	1.123,00	2.158,40	2.428,20	899,28	2.008,00	2.259,00	675,56	1.857,60	2.089,80	451,84	1.707,20	1.920,60	228,24	1.556,88	1.751,49	4,52	1.406,48	1.582,29	-	1.256,48	1.413,
	II	25.191	910,11	2.015,28	2.267,19	686,39	1.864,88	2.097,99	462,67	1.714,48	1.928,79	238,95	1.564,08	1.759,59	15,23	1.413,68	1.590,39	-	1.263,68	1.421,64	-	1.118,40	1.258,
	III	17.990	-	1.439,20	1.619,10	-	1.316,96	1.481,58	-	1.197,92	1.347,66	-	1.081,92	1.217,16	-	969,12	1.090,26	-	859,36	966,78	-	752,64	846,
	IV	26.980	1.123,00	2.158,40	2.428,20	1.011,14	2.083,20	2.343,60	899,28	2.008,00	2.259,00	787,42	1.932,80	2.174,40	675,56	1.857,60	2.089,80	563,70	1.782,40	2.005,20	451,84	1.707,20	1.920,
	V	33.154	1.823,47	2.652,32	2.983,86																		
	VI	33.685	1.852,67	2.694,80	3.031,65																		
91.187,99	I	26.995	1.124,78	2.159,60	2.429,55	901,06	2.009,20	2.260,35	677,46	1.858,88	2.091,24	453,74	1.708,48	1.922,04	230,02	1.558,08	1.752,84	6,30	1.407,68	1.583,64	-	1.257,68	1.414,
	II	25.206	911,89	2.016,48	2.268,54	688,17	1.866,08	2.099,34	464,45	1.715,68	1.930,14	240,73	1.565,28	1.760,94	17,01	1.414,88	1.591,74	-	1.264,88	1.422,99	-	1.119,52	1.259,
	III	18.002	-	1.440,16	1.620,18	-	1.317,92	1.482,66	-	1.198,88	1.348,74	-	1.082,88	1.218,24	-	969,92	1.091,16	-	860,16	967,68	-	753,44	847,
	IV	26.995	1.124,78	2.159,60	2.429,55	1.012,92	2.084,40	2.344,95	901,06	2.009,20	2.260,35	789,20	1.934,00	2.175,75	677,46	1.858,88	2.091,24	565,60	1.783,68	2.006,64	453,74	1.708,48	1.922,
	V	33.169	1.824,29	2.653,52	2.985,21																		
	VI	33.700	1.853,50	2.696,00	3.033,00																		
91.223,99	I	27.010	1.126,57	2.160,80	2.430,90	902,97	2.010,48	2.261,79	679,25	1.860,08	2.092,59	455,53	1.709,68	1.923,39	231,81	1.559,28	1.754,19	8,09	1.408,88	1.584,99	-	1.258,88	1.416,
	II	25.221	913,68	2.017,68	2.269,89	689,96	1.867,28	2.100,69	466,24	1.716,88	1.931,49	242,64	1.566,56	1.762,38	18,92	1.416,16	1.593,18	-	1.266,00	1.424,25	-	1.120,64	1.260,
	III	18.014	-	1.441,12	1.621,26	-	1.318,88	1.483,74	-	1.199,84	1.349,82	-	1.083,84	1.219,32	-	970,88	1.092,24	-	861,12	968,76	-	754,24	848,5
	IV	27.010	1.126,57	2.160,80	2.430,90	1.014,83	2.085,68	2.346,39	902,97	2.010,48	2.261,79	791,11	1.935,28	2.177,19	679,25	1.860,08	2.092,59	567,39	1.784,88	2.007,99	455,53	1.709,68	1.923,
	V	33.184	1.825,12	2.654,72	2.986,56																		
	VI	33.715	1.854,32	2.697,20	3.034,35																		
91.259,99	I	27.026	1.128,47	2.162,08	2.432,34	904,75	2.011,68	2.263,14	681,03	1.861,28	2.093,94	457,31	1.710,88	1.924,74	233,59	1.560,48	1.755,54	9,87	1.410,08	1.586,34	-	1.260,08	1.417,
	II	25.236	915,46	2.018,88	2.271,24	691,74	1.868,48	2.102,04	468,14	1.718,16	1.932,93	244,42	1.567,76	1.763,73	20,70	1.417,36	1.594,53	-	1.267,20	1.425,60	-	1.121,76	1.261,
	III	18.026	-	1.442,08	1.622,34	-	1.319,84	1.484,82	-	1.200,80	1.350,90	-	1.084,80	1.220,40	-	971,84	1.093,32	-	861,92	969,66	-	755,20	849,
	IV	27.026	1.128,47	2.162,08	2.432,34	1.016,61	2.086,88	2.347,74	904,75	2.011,68	2.263,14	792,89	1.936,48	2.178,54	681,03	1.861,28	2.093,94	569,17	1.786,08	2.009,34	457,31	1.710,88	1.924,
	V	33.199	1.825,94	2.655,92	2.987,91																		
	VI	33.731	1.855,20	2.698,48	3.035,79																		

SolZ/KiSt lt. Tabelle nicht für Sonstige Bezüge anwendbar.

Lohn/ Gehalt bis	Steuerklasse	Lohn-steuer	ohne Kinderfreibetrag			Anzahl Kinderfreibeträge (nur Steuerklassen I–IV)																	
						0,5			1,0			1,5			2,0			2,5			3,0		
			SolZ 5,5%	Kirchensteuer 8%	Kirchensteuer 9%	SolZ 5,5%	Kirchensteuer 8%	Kirchensteuer 9%	SolZ 5,5%	Kirchensteuer 8%	Kirchensteuer 9%	SolZ 5,5%	Kirchensteuer 8%	Kirchensteuer 9%	SolZ 5,5%	Kirchensteuer 8%	Kirchensteuer 9%	SolZ 5,5%	Kirchensteuer 8%	Kirchensteuer 9%	SolZ 5,5%	Kirchensteuer 8%	Kirchensteuer 9%
91.295,99	I	27.041	1.130,26	2.163,28	2.433,69	906,54	2.012,88	2.264,49	682,82	1.862,48	2.095,29	459,10	1.712,08	1.926,09	235,38	1.561,68	1.756,89	11,66	1.411,28	1.587,69	-	1.261,28	1.418,94
	II	25.252	917,37	2.020,16	2.272,68	693,65	1.869,76	2.103,48	469,93	1.719,36	1.934,28	246,21	1.568,96	1.765,08	22,49	1.418,56	1.595,88	-	1.268,40	1.426,95	-	1.122,96	1.263,33
	III	18.038	-	1.443,04	1.623,42	-	1.320,80	1.485,90	-	1.201,76	1.351,98	-	1.085,60	1.221,30	-	972,64	1.094,22	-	862,72	970,56	-	756,00	850,50
	IV	27.041	1.130,26	2.163,28	2.433,69	1.018,40	2.088,08	2.349,09	906,54	2.012,88	2.264,49	794,68	1.937,68	2.179,89	682,82	1.862,48	2.095,29	570,96	1.787,28	2.010,69	459,10	1.712,08	1.926,09
	V	33.214	1.826,77	2.657,12	2.989,26																		
	VI	33.746	1.856,03	2.699,68	3.037,14																		
91.331,99	I	27.056	1.132,04	2.164,48	2.435,04	908,32	2.014,08	2.265,84	684,60	1.863,68	2.096,64	460,88	1.713,28	1.927,44	237,16	1.562,88	1.758,24	13,44	1.412,48	1.589,04	-	1.262,48	1.420,29
	II	25.267	919,15	2.021,36	2.274,03	695,43	1.870,96	2.104,83	471,71	1.720,56	1.935,63	247,99	1.570,16	1.766,43	24,27	1.419,76	1.597,23	-	1.269,60	1.428,30	-	1.124,08	1.264,59
	III	18.052	-	1.444,16	1.624,68	-	1.321,92	1.487,16	-	1.202,72	1.353,06	-	1.086,56	1.222,38	-	973,60	1.095,30	-	863,68	971,64	-	756,80	851,40
	IV	27.056	1.132,04	2.164,48	2.435,04	1.020,18	2.089,28	2.350,44	908,32	2.014,08	2.265,84	796,46	1.938,88	2.181,24	684,60	1.863,68	2.096,64	572,74	1.788,48	2.012,04	460,88	1.713,28	1.927,44
	V	33.229	1.827,59	2.658,32	2.990,61																		
	VI	33.761	1.856,85	2.700,88	3.038,49																		
91.367,99	I	27.071	1.133,83	2.165,68	2.436,39	910,11	2.015,28	2.267,19	686,39	1.864,88	2.097,99	462,67	1.714,48	1.928,79	238,95	1.564,08	1.759,59	15,23	1.413,68	1.590,39	-	1.263,68	1.421,64
	II	25.282	920,94	2.022,56	2.275,38	697,22	1.872,16	2.106,18	473,50	1.721,76	1.936,98	249,78	1.571,36	1.767,78	26,06	1.420,96	1.598,58	-	1.270,80	1.429,65	-	1.125,20	1.265,85
	III	18.064	-	1.445,12	1.625,76	-	1.322,88	1.488,24	-	1.203,68	1.354,14	-	1.087,52	1.223,46	-	974,40	1.096,20	-	864,48	972,54	-	757,60	852,30
	IV	27.071	1.133,83	2.165,68	2.436,39	1.021,97	2.090,48	2.351,79	910,11	2.015,28	2.267,19	798,25	1.940,08	2.182,59	686,39	1.864,88	2.097,99	574,53	1.789,68	2.013,39	462,67	1.714,48	1.928,79
	V	33.244	1.828,42	2.659,52	2.991,96																		
	VI	33.776	1.857,68	2.702,08	3.039,84																		
91.403,99	I	27.086	1.135,61	2.166,88	2.437,74	911,89	2.016,48	2.268,54	688,17	1.866,08	2.099,34	464,45	1.715,68	1.930,14	240,73	1.565,28	1.760,94	17,01	1.414,88	1.591,74	-	1.264,88	1.422,99
	II	25.297	922,72	2.023,76	2.276,73	699,00	1.873,36	2.107,53	475,28	1.722,96	1.938,33	251,56	1.572,56	1.769,13	27,84	1.422,16	1.599,93	-	1.272,00	1.431,00	-	1.126,40	1.267,20
	III	18.076	-	1.446,08	1.626,84	-	1.323,84	1.489,32	-	1.204,48	1.355,04	-	1.088,48	1.224,54	-	975,36	1.097,28	-	865,44	973,62	-	758,56	853,38
	IV	27.086	1.135,61	2.166,88	2.437,74	1.023,75	2.091,68	2.353,14	911,89	2.016,48	2.268,54	800,03	1.941,28	2.183,94	688,17	1.866,08	2.099,34	576,31	1.790,88	2.014,74	464,45	1.715,68	1.930,14
	V	33.259	1.829,24	2.660,72	2.993,31																		
	VI	33.791	1.858,50	2.703,28	3.041,19																		
91.439,99	I	27.101	1.137,40	2.168,08	2.439,09	913,68	2.017,68	2.269,89	689,96	1.867,28	2.100,69	466,24	1.716,88	1.931,49	242,64	1.566,56	1.762,38	18,92	1.416,16	1.593,18	-	1.266,00	1.424,25
	II	25.312	924,51	2.024,96	2.278,08	700,79	1.874,56	2.108,88	477,07	1.724,16	1.939,68	253,35	1.573,76	1.770,48	29,63	1.423,36	1.601,28	-	1.273,20	1.432,35	-	1.127,52	1.268,46
	III	18.088	-	1.447,04	1.627,92	-	1.324,80	1.490,40	-	1.205,44	1.356,12	-	1.089,28	1.225,44	-	976,32	1.098,36	-	866,24	974,52	-	759,36	854,28
	IV	27.101	1.137,40	2.168,08	2.439,09	1.025,54	2.092,88	2.354,49	913,68	2.017,68	2.269,89	801,82	1.942,48	2.185,29	689,96	1.867,28	2.100,69	578,10	1.792,08	2.016,09	466,24	1.716,88	1.931,49
	V	33.274	1.830,07	2.661,92	2.994,66																		
	VI	33.806	1.859,33	2.704,48	3.042,54																		
91.475,99	I	27.116	1.139,18	2.169,28	2.440,44	915,46	2.018,88	2.271,24	691,74	1.868,48	2.102,04	468,14	1.718,16	1.932,93	244,42	1.567,76	1.763,73	20,70	1.417,36	1.594,53	-	1.267,20	1.425,60
	II	25.327	926,29	2.026,16	2.279,43	702,57	1.875,76	2.110,23	478,85	1.725,36	1.941,03	255,13	1.574,96	1.771,83	31,41	1.424,56	1.602,63	-	1.274,40	1.433,70	-	1.128,64	1.269,72
	III	18.102	-	1.448,16	1.629,18	-	1.325,76	1.491,48	-	1.206,40	1.357,20	-	1.090,24	1.226,52	-	977,12	1.099,26	-	867,20	975,60	-	760,16	855,18
	IV	27.116	1.139,18	2.169,28	2.440,44	1.027,32	2.094,08	2.355,84	915,46	2.018,88	2.271,24	803,60	1.943,68	2.186,64	691,74	1.868,48	2.102,04	580,00	1.793,36	2.017,53	468,14	1.718,16	1.932,93
	V	33.290	1.830,95	2.663,20	2.996,10																		
	VI	33.821	1.860,15	2.705,68	3.043,89																		
91.511,99	I	27.131	1.140,97	2.170,48	2.441,79	917,37	2.020,16	2.272,68	693,65	1.869,76	2.103,48	469,93	1.719,36	1.934,28	246,21	1.568,96	1.765,08	22,49	1.418,56	1.595,88	-	1.268,40	1.426,95
	II	25.342	928,08	2.027,36	2.280,78	704,36	1.876,96	2.111,58	480,64	1.726,56	1.942,38	256,92	1.576,16	1.773,18	33,32	1.425,84	1.604,07	-	1.275,60	1.435,05	-	1.129,84	1.271,07
	III	18.114	-	1.449,12	1.630,26	-	1.326,72	1.492,56	-	1.207,36	1.358,28	-	1.091,20	1.227,60	-	978,08	1.100,34	-	868,00	976,50	-	761,12	856,26
	IV	27.131	1.140,97	2.170,48	2.441,79	1.029,11	2.095,28	2.357,19	917,37	2.020,16	2.272,68	805,51	1.944,96	2.188,08	693,65	1.869,76	2.103,48	581,79	1.794,56	2.018,88	469,93	1.719,36	1.934,28
	V	33.305	1.831,77	2.664,40	2.997,45																		
	VI	33.836	1.860,98	2.706,88	3.045,24																		
91.547,99	I	27.147	1.142,87	2.171,76	2.443,23	919,15	2.021,36	2.274,03	695,43	1.870,96	2.104,83	471,71	1.720,56	1.935,63	247,99	1.570,16	1.766,43	24,27	1.419,76	1.597,23	-	1.269,60	1.428,30
	II	25.357	929,86	2.028,56	2.282,13	706,14	1.878,16	2.112,93	482,54	1.727,84	1.943,82	258,82	1.577,44	1.774,62	35,10	1.427,04	1.605,42	-	1.276,80	1.436,40	-	1.130,96	1.272,33
	III	18.126	-	1.450,08	1.631,34	-	1.327,68	1.493,64	-	1.208,32	1.359,36	-	1.092,16	1.228,68	-	978,88	1.101,24	-	868,96	977,58	-	761,92	857,16
	IV	27.147	1.142,87	2.171,76	2.443,23	1.031,01	2.096,56	2.358,63	919,15	2.021,36	2.274,03	807,29	1.946,16	2.189,43	695,43	1.870,96	2.104,83	583,57	1.795,76	2.020,23	471,71	1.720,56	1.935,63
	V	33.320	1.832,60	2.665,60	2.998,80																		
	VI	33.852	1.861,86	2.708,16	3.046,68																		
91.583,99	I	27.162	1.144,66	2.172,96	2.444,58	920,94	2.022,56	2.275,38	697,22	1.872,16	2.106,18	473,50	1.721,76	1.936,98	249,78	1.571,36	1.767,78	26,06	1.420,96	1.598,58	-	1.270,80	1.429,65
	II	25.372	931,65	2.029,76	2.283,48	708,05	1.879,44	2.114,37	484,33	1.729,04	1.945,17	260,61	1.578,64	1.775,97	36,89	1.428,24	1.606,77	-	1.278,00	1.437,75	-	1.132,08	1.273,59
	III	18.138	-	1.451,04	1.632,42	-	1.328,64	1.494,72	-	1.209,28	1.360,44	-	1.092,96	1.229,58	-	979,84	1.102,32	-	869,76	978,48	-	762,72	858,06
	IV	27.162	1.144,66	2.172,96	2.444,58	1.032,80	2.097,76	2.359,98	920,94	2.022,56	2.275,38	809,08	1.947,36	2.190,78	697,22	1.872,16	2.106,18	585,36	1.796,96	2.021,58	473,50	1.721,76	1.936,98
	V	33.335	1.833,42	2.666,80	3.000,15																		
	VI	33.867	1.862,68	2.709,36	3.048,03																		
91.619,99	I	27.177	1.146,44	2.174,16	2.445,93	922,72	2.023,76	2.276,73	699,00	1.873,36	2.107,53	475,28	1.722,96	1.938,33	251,56	1.572,56	1.769,13	27,84	1.422,16	1.599,93	-	1.272,00	1.431,00
	II	25.388	933,55	2.031,04	2.284,92	709,83	1.880,64	2.115,72	486,11	1.730,24	1.946,52	262,39	1.579,84	1.777,32	38,67	1.429,44	1.608,12	-	1.279,20	1.439,10	-	1.133,28	1.274,94
	III	18.150	-	1.452,00	1.633,50	-	1.329,60	1.495,80	-	1.210,24	1.361,52	-	1.093,92	1.230,66	-	980,80	1.103,40	-	870,56	979,38	-	763,68	859,14
	IV	27.177	1.146,44	2.174,16	2.445,93	1.034,58	2.098,96	2.361,33	922,72	2.023,76	2.276,73	810,86	1.948,56	2.192,13	699,00	1.873,36	2.107,53	587,14	1.798,16	2.022,93	475,28	1.722,96	1.938,33
	V	33.350	1.834,25	2.668,00	3.001,50																		
	VI	33.882	1.863,51	2.710,56	3.049,38																		
91.655,99	I	27.192	1.148,23	2.175,36	2.447,28	924,51	2.024,96	2.278,08	700,79	1.874,56	2.108,88	477,07	1.724,16	1.939,68	253,35	1.573,76	1.770,48	29,63	1.423,36	1.601,28	-	1.273,20	1.432,35
	II	25.403	935,34	2.032,24	2.286,27	711,62	1.881,84	2.117,07	487,90	1.731,44	1.947,87	264,18	1.581,04	1.778,67	40,46	1.430,64	1.609,47	-	1.280,40	1.440,45	-	1.134,40	1.276,20
	III	18.164	-	1.453,12	1.634,76	-	1.330,56	1.496,88	-	1.211,20	1.362,60	-	1.094,88	1.231,74	-	981,60	1.104,30	-	871,52	980,46	-	764,48	860,04
	IV	27.192	1.148,23	2.175,36	2.447,28	1.036,37	2.100,16	2.362,68	924,51	2.024,96	2.278,08	812,65	1.949,76	2.193,48	700,79	1.874,56	2.108,88	588,93	1.799,36	2.024,28	477,07	1.724,16	1.939,68
	V	33.365	1.835,07	2.669,20	3.002,85																		
	VI	33.897	1.864,33	2.711,76	3.050,73																		
91.691,99	I	27.207	1.150,01	2.176,56	2.448,63	926,29	2.026,16	2.279,43	702,57	1.875,76	2.110,23	478,85	1.725,36	1.941,03	255,13	1.574,96	1.771,83	31,41	1.424,56	1.602,63	-	1.274,40	1.433,70
	II	25.418	937,12	2.033,44	2.287,62	713,40	1.883,04	2.118,42	489,68	1.732,64	1.949,22	265,96	1.582,24	1.780,02	42,24	1.431,84	1.610,82	-	1.281,60	1.441,80	-	1.135,60	1.277,55
	III	18.176	-	1.454,08	1.635,84	-	1.331,52	1.497,96	-	1.212,16	1.363,68	-	1.095,84	1.232,82	-	982,56	1.105,38	-	872,32	981,36	-	765,28	860,94
	IV	27.207	1.150,01	2.176,56	2.448,63	1.038,15	2.101,36	2.364,03	926,29	2.026,16	2.279,43	814,43	1.950,96	2.194,83	702,57	1.875,76	2.110,23	590,71	1.800,56	2.025,63	478,85	1.725,36	1.941,03
	V	33.380	1.835,90	2.670,40	3.004,20																		
	VI	33.912	1.865,16	2.712,96	3.052,08																		
91.727,99	I	27.222	1.151,80	2.177,76	2.449,98	928,08	2.027,36	2.280,78	704,36	1.876,96	2.111,58	480,64	1.726,56	1.942,38	256,92	1.576,16	1.773,18	33,32	1.425,84	1.604,07	-	1.275,60	1.435,05
	II	25.433	938,91	2.034,64	2.288,97	715,19	1.884,24	2.119,77	491,47	1.733,84	1.950,57	267,75	1.583,44	1.781,37	44,03	1.433,04	1.612,17	-	1.282,80	1.443,15	-	1.136,72	1.278,81
	III	18.188	-	1.455,04	1.636,92	-	1.332,48	1.499,04	-	1.213,12	1.364,76	-	1.096,80	1.233,90	-	983,52	1.106,46	-	873,28	982,44	-	766,08	861,84
	IV	27.222	1.151,80	2.177,76	2.449,98	1.039,94	2.102,56	2.365,38	928,08	2.027,36	2.280,78	816,22	1.952,16	2.196,18	704,36	1.876,96	2.111,58	592,50	1.801,76	2.026,98	480,64	1.726,56	1.942,38
	V	33.395	1.836,72	2.671,60	3.005,55																		
	VI	33.927	1.865,98	2.714,16	3.053,43																		
91.763,99	I	27.237	1.153,58	2.178,96	2.451,33	929,86	2.028,56	2.282,13	706,14	1.878,16	2.112,93	482,54	1.727,84	1.943,82	258,82	1.577,44	1.774,62	35,10	1.427,04	1.605,42	-	1.276,80	1.436,40
	II	25.448	940,69	2.035,84	2.290,32	716,97	1.885,44	2.121,12	493,25	1.735,04	1.951,92	269,53	1.584,64	1.782,72	45,81	1.434,24	1.613,52	-	1.284,00	1.444,50	-	1.137,84	1.280,07
	III	18.200	-	1.456,00	1.638,00	-	1.333,44	1.500,12	-	1.214,08	1.365,84	-	1.097,60	1.234,80	-	984,32	1.107,36	-	874,08	983,34	-	767,04	862,92
	IV	27.237	1.153,58	2.178,96	2.451,33	1.041,72	2.103,76	2.366,73	929,86	2.028,56	2.282,13	818,00	1.953,36	2.197,53	706,14	1.878,16	2.112,93	594,28	1.802,96	2.028,33	482,54	1.727,84	1.943,82
	V	33.411	1.837,60	2.672,88	3.006,99																		
	VI	33.942	1.866,81	2.715,36	3.054,78																		
91.799,99	I	27.252	1.155,37	2.180,16	2.452,68	931,65	2.029,76	2.283,48	708,05	1.879,44	2.114,37	484,33	1.729,04	1.945,17	260,61	1.578,64	1.775,97	36,89	1.428,24	1.606,77	-	1.278,00	1.437,75
	II	25.463	942,48	2.037,04	2.291,67	718,76	1.886,64	2.122,47	495,04	1.736,24	1.953,27	271,32	1.585,84	1.784,07	47,71	1.435,52	1.614,96	-	1.285,20	1.445,85	-	1.139,04	1.281,42
	III	18.214	-	1.457,12	1.639,26	-	1.334,40	1.501,20	-	1.215,04	1.366,92	-	1.098,56	1.235,88	-	985,28	1.108,44	-	875,04	984,42	-	767,84	863,82
	IV	27.252	1.155,37	2.180,16	2.452,68	1.043,51	2.104,96	2.368,08	931,65	2.029,76	2.283,48	819,91	1.954,64	2.198,97	708,05	1.879,44	2.114,37	596,19	1.804,24	2.029,77	484,33	1.729,04	1.945,17
	V	33.426	1.838,43	2.674,08	3.008,34																		
	VI	33.957	1.867,63	2.716,56	3.056,13																		

SolZ/KiSt lt. Tabelle nicht für Sonstige Bezüge anwendbar.

Lohn/ Gehalt bis	Steuerklasse	Lohn-steuer	ohne Kinderfreibetrag SolZ 5,5%	Kirchensteuer 8%	9%	0,5 SolZ 5,5%	Kirchensteuer 8%	9%	1,0 SolZ 5,5%	Kirchensteuer 8%	9%	1,5 SolZ 5,5%	Kirchensteuer 8%	9%	2,0 SolZ 5,5%	Kirchensteuer 8%	9%	2,5 SolZ 5,5%	Kirchensteuer 8%	9%	3,0 SolZ 5,5%	Kirchensteuer 8%	9%
						Anzahl Kinderfreibeträge (nur Steuerklassen I–IV)																	
91.835,99	I	27.268	1.157,27	2.181,44	2.454,12	933,55	2.031,04	2.284,92	709,83	1.880,64	2.115,72	486,11	1.730,24	1.946,52	262,39	1.579,84	1.777,32	38,67	1.429,44	1.608,12	-	1.279,20	1.439,1
	II	25.478	944,26	2.038,24	2.293,02	720,54	1.887,84	2.123,82	496,82	1.737,44	1.954,62	273,22	1.587,12	1.785,51	49,50	1.436,72	1.616,31	-	1.286,40	1.447,20	-	1.140,16	1.282,6
	III	18.226	-	1.458,08	1.640,34	-	1.335,52	1.502,46	-	1.216,00	1.368,00	-	1.099,52	1.236,96	-	986,08	1.109,34	-	875,84	985,32	-	768,64	864,7
	IV	27.268	1.157,27	2.181,44	2.454,12	1.045,41	2.106,24	2.369,52	933,55	2.031,04	2.284,92	821,69	1.955,84	2.200,32	709,83	1.880,64	2.115,72	597,97	1.805,44	2.031,12	486,11	1.730,24	1.946,5
	V	33.441	1.839,25	2.675,28	3.009,69																		
	VI	33.973	1.868,51	2.717,84	3.057,57																		
91.871,99	I	27.283	1.159,06	2.182,64	2.455,47	935,34	2.032,24	2.286,27	711,62	1.881,84	2.117,07	487,90	1.731,44	1.947,87	264,18	1.581,04	1.778,67	40,46	1.430,64	1.609,47	-	1.280,40	1.440,4
	II	25.493	946,05	2.039,44	2.294,37	722,44	1.889,12	2.125,26	498,72	1.738,72	1.956,06	275,00	1.588,32	1.786,86	51,28	1.437,92	1.617,66	-	1.287,60	1.448,55	-	1.141,28	1.283,9
	III	18.238	-	1.459,04	1.641,42	-	1.336,48	1.503,54	-	1.216,80	1.368,90	-	1.100,48	1.238,04	-	987,04	1.110,42	-	876,80	986,40	-	769,60	865,8
	IV	27.283	1.159,06	2.182,64	2.455,47	1.047,20	2.107,44	2.370,87	935,34	2.032,24	2.286,27	823,48	1.957,04	2.201,67	711,62	1.881,84	2.117,07	599,76	1.806,64	2.032,47	487,90	1.731,44	1.947,8
	V	33.456	1.840,08	2.676,48	3.011,04																		
	VI	33.988	1.869,34	2.719,04	3.058,92																		
91.907,99	I	27.298	1.160,84	2.183,84	2.456,82	937,12	2.033,44	2.287,62	713,40	1.883,04	2.118,42	489,68	1.732,64	1.949,22	265,96	1.582,24	1.780,02	42,24	1.431,84	1.610,82	-	1.281,60	1.441,8
	II	25.509	947,95	2.040,72	2.295,81	724,23	1.890,32	2.126,61	500,51	1.739,92	1.957,41	276,79	1.589,52	1.788,21	53,07	1.439,12	1.619,01	-	1.288,80	1.449,90	-	1.142,48	1.285,2
	III	18.250	-	1.460,00	1.642,50	-	1.337,44	1.504,62	-	1.217,76	1.369,98	-	1.101,28	1.238,94	-	988,00	1.111,50	-	877,60	987,30	-	770,40	866,7
	IV	27.298	1.160,84	2.183,84	2.456,82	1.048,98	2.108,64	2.372,22	937,12	2.033,44	2.287,62	825,26	1.958,24	2.203,02	713,40	1.883,04	2.118,42	601,54	1.807,84	2.033,82	489,68	1.732,64	1.949,2
	V	33.471	1.840,90	2.677,68	3.012,39																		
	VI	34.003	1.870,16	2.720,24	3.060,27																		
91.943,99	I	27.313	1.162,63	2.185,04	2.458,17	938,91	2.034,64	2.288,97	715,19	1.884,24	2.119,77	491,47	1.733,84	1.950,57	267,75	1.583,44	1.781,37	44,03	1.433,04	1.612,17	-	1.282,80	1.443,1
	II	25.524	949,73	2.041,92	2.297,16	726,01	1.891,52	2.127,96	502,29	1.741,12	1.958,76	278,57	1.590,72	1.789,56	54,85	1.440,32	1.620,36	-	1.290,00	1.451,25	-	1.143,60	1.286,5
	III	18.264	-	1.461,12	1.643,76	-	1.338,40	1.505,70	-	1.218,72	1.371,06	-	1.102,24	1.240,02	-	988,80	1.112,40	-	878,56	988,38	-	771,20	867,6
	IV	27.313	1.162,63	2.185,04	2.458,17	1.050,77	2.109,84	2.373,57	938,91	2.034,64	2.288,97	827,05	1.959,44	2.204,37	715,19	1.884,24	2.119,77	603,33	1.809,04	2.035,17	491,47	1.733,84	1.950,5
	V	33.486	1.841,73	2.678,88	3.013,74																		
	VI	34.018	1.870,99	2.721,44	3.061,62																		
91.979,99	I	27.328	1.164,41	2.186,24	2.459,52	940,69	2.035,84	2.290,32	716,97	1.885,44	2.121,12	493,25	1.735,04	1.951,92	269,53	1.584,64	1.782,72	45,81	1.434,24	1.613,52	-	1.284,00	1.444,5
	II	25.539	951,52	2.043,12	2.298,51	727,80	1.892,72	2.129,31	504,08	1.742,32	1.960,11	280,36	1.591,92	1.790,91	56,64	1.441,52	1.621,71	-	1.291,20	1.452,60	-	1.144,80	1.287,9
	III	18.276	-	1.462,08	1.644,84	-	1.339,36	1.506,78	-	1.219,68	1.372,14	-	1.103,20	1.241,10	-	989,76	1.113,48	-	879,36	989,28	-	772,16	868,6
	IV	27.328	1.164,41	2.186,24	2.459,52	1.052,55	2.111,04	2.374,92	940,69	2.035,84	2.290,32	828,83	1.960,64	2.205,72	716,97	1.885,44	2.121,12	605,11	1.810,24	2.036,52	493,25	1.735,04	1.951,9
	V	33.501	1.842,55	2.680,08	3.015,09																		
	VI	34.033	1.871,81	2.722,64	3.062,97																		
92.015,99	I	27.343	1.166,20	2.187,44	2.460,87	942,48	2.037,04	2.291,67	718,76	1.886,64	2.122,47	495,04	1.736,24	1.953,27	271,32	1.585,84	1.784,07	47,71	1.435,52	1.614,96	-	1.285,20	1.445,8
	II	25.554	953,30	2.044,32	2.299,86	729,58	1.893,92	2.130,66	505,86	1.743,52	1.961,46	282,14	1.593,12	1.792,26	58,42	1.442,72	1.623,06	-	1.292,40	1.453,95	-	1.145,92	1.289,1
	III	18.288	-	1.463,04	1.645,92	-	1.340,32	1.507,86	-	1.220,64	1.373,22	-	1.104,16	1.242,18	-	990,56	1.114,38	-	880,32	990,36	-	772,96	869,5
	IV	27.343	1.166,20	2.187,44	2.460,87	1.054,34	2.112,24	2.376,27	942,48	2.037,04	2.291,67	830,62	1.961,84	2.207,07	718,76	1.886,64	2.122,47	606,90	1.811,44	2.037,87	495,04	1.736,24	1.953,2
	V	33.516	1.843,38	2.681,28	3.016,44																		
	VI	34.048	1.872,64	2.723,84	3.064,32																		
92.051,99	I	27.358	1.167,98	2.188,64	2.462,22	944,26	2.038,24	2.293,02	720,54	1.887,84	2.123,82	496,82	1.737,44	1.954,62	273,22	1.587,12	1.785,51	49,50	1.436,72	1.616,31	-	1.286,40	1.447,2
	II	25.569	955,09	2.045,52	2.301,21	731,37	1.895,12	2.132,01	507,65	1.744,72	1.962,81	283,93	1.594,32	1.793,61	60,21	1.443,92	1.624,41	-	1.293,60	1.455,30	-	1.147,04	1.290,4
	III	18.300	-	1.464,00	1.647,00	-	1.341,28	1.508,94	-	1.221,60	1.374,30	-	1.104,96	1.243,08	-	991,52	1.115,46	-	881,12	991,26	-	773,76	870,4
	IV	27.358	1.167,98	2.188,64	2.462,22	1.056,12	2.113,44	2.377,62	944,26	2.038,24	2.293,02	832,40	1.963,04	2.208,42	720,54	1.887,84	2.123,82	608,68	1.812,64	2.039,22	496,82	1.737,44	1.954,6
	V	33.532	1.844,26	2.682,56	3.017,88																		
	VI	34.063	1.873,46	2.725,04	3.065,67																		
92.087,99	I	27.373	1.169,77	2.189,84	2.463,57	946,05	2.039,44	2.294,37	722,44	1.889,12	2.125,26	498,72	1.738,72	1.956,06	275,00	1.588,32	1.786,86	51,28	1.437,92	1.617,66	-	1.287,60	1.448,5
	II	25.584	956,87	2.046,72	2.302,56	733,15	1.896,32	2.133,36	509,43	1.745,92	1.964,16	285,71	1.595,52	1.794,96	61,99	1.445,12	1.625,76	-	1.294,80	1.456,65	-	1.148,24	1.291,7
	III	18.314	-	1.465,12	1.648,26	-	1.342,24	1.510,02	-	1.222,56	1.375,38	-	1.105,92	1.244,16	-	992,48	1.116,54	-	882,08	992,34	-	774,72	871,5
	IV	27.373	1.169,77	2.189,84	2.463,57	1.057,91	2.114,64	2.378,97	946,05	2.039,44	2.294,37	834,19	1.964,24	2.209,77	722,44	1.889,12	2.125,26	610,58	1.813,92	2.040,66	498,72	1.738,72	1.956,0
	V	33.547	1.845,08	2.683,76	3.019,23																		
	VI	34.078	1.874,29	2.726,24	3.067,02																		
92.123,99	I	27.388	1.171,55	2.191,04	2.464,92	947,95	2.040,72	2.295,81	724,23	1.890,32	2.126,61	500,51	1.739,92	1.957,41	276,79	1.589,52	1.788,21	53,07	1.439,12	1.619,01	-	1.288,80	1.449,9
	II	25.599	958,66	2.047,92	2.303,91	734,94	1.897,52	2.134,71	511,22	1.747,12	1.965,51	287,62	1.596,80	1.796,40	63,90	1.446,40	1.627,20	-	1.296,00	1.458,00	-	1.149,36	1.293,0
	III	18.326	-	1.466,08	1.649,34	-	1.343,20	1.511,10	-	1.223,52	1.376,46	-	1.106,88	1.245,24	-	993,28	1.117,44	-	882,88	993,24	-	775,52	872,4
	IV	27.388	1.171,55	2.191,04	2.464,92	1.059,81	2.115,92	2.380,41	947,95	2.040,72	2.295,81	836,09	1.965,52	2.211,21	724,23	1.890,32	2.126,61	612,37	1.815,12	2.042,01	500,51	1.739,92	1.957,4
	V	33.562	1.845,91	2.684,96	3.020,58																		
	VI	34.093	1.875,11	2.727,44	3.068,37																		
92.159,99	I	27.404	1.173,45	2.192,32	2.466,36	949,73	2.041,92	2.297,16	726,01	1.891,52	2.127,96	502,29	1.741,12	1.958,76	278,57	1.590,72	1.789,56	54,85	1.440,32	1.620,36	-	1.290,00	1.451,2
	II	25.614	960,44	2.049,12	2.305,26	736,72	1.898,72	2.136,06	513,12	1.748,40	1.966,95	289,40	1.598,00	1.797,75	65,68	1.447,60	1.628,55	-	1.297,20	1.459,35	-	1.150,56	1.294,3
	III	18.338	-	1.467,04	1.650,42	-	1.344,16	1.512,18	-	1.224,48	1.377,54	-	1.107,84	1.246,32	-	994,24	1.118,52	-	883,68	994,14	-	776,32	873,3
	IV	27.404	1.173,45	2.192,32	2.466,36	1.061,59	2.117,12	2.381,76	949,73	2.041,92	2.297,16	837,87	1.966,72	2.212,56	726,01	1.891,52	2.127,96	614,15	1.816,32	2.043,36	502,29	1.741,12	1.958,7
	V	33.577	1.846,73	2.686,16	3.021,93																		
	VI	34.109	1.875,99	2.728,72	3.069,81																		
92.195,99	I	27.419	1.175,24	2.193,52	2.467,71	951,52	2.043,12	2.298,51	727,80	1.892,72	2.129,31	504,08	1.742,32	1.960,11	280,36	1.591,92	1.790,91	56,64	1.441,52	1.621,71	-	1.291,20	1.452,6
	II	25.630	962,35	2.050,40	2.306,70	738,63	1.900,00	2.137,50	514,91	1.749,60	1.968,30	291,19	1.599,20	1.799,10	67,47	1.448,80	1.629,90	-	1.298,40	1.460,70	-	1.151,68	1.295,6
	III	18.350	-	1.468,00	1.651,50	-	1.345,28	1.513,44	-	1.225,44	1.378,62	-	1.108,80	1.247,40	-	995,20	1.119,60	-	884,64	995,22	-	777,28	874,4
	IV	27.419	1.175,24	2.193,52	2.467,71	1.063,38	2.118,32	2.383,11	951,52	2.043,12	2.298,51	839,66	1.967,92	2.213,91	727,80	1.892,72	2.129,31	615,94	1.817,52	2.044,71	504,08	1.742,32	1.960,1
	V	33.592	1.847,56	2.687,36	3.023,28																		
	VI	34.124	1.876,82	2.729,92	3.071,16																		
92.231,99	I	27.434	1.177,02	2.194,72	2.469,06	953,30	2.044,32	2.299,86	729,58	1.893,92	2.130,66	505,86	1.743,52	1.961,46	282,14	1.593,12	1.792,26	58,42	1.442,72	1.623,06	-	1.292,40	1.453,9
	II	25.645	964,13	2.051,60	2.308,05	740,41	1.901,20	2.138,85	516,69	1.750,80	1.969,65	292,97	1.600,40	1.800,45	69,25	1.450,00	1.631,25	-	1.299,60	1.462,05	-	1.152,88	1.296,9
	III	18.364	-	1.469,12	1.652,76	-	1.346,24	1.514,52	-	1.226,40	1.379,70	-	1.109,60	1.248,30	-	996,00	1.120,50	-	885,44	996,12	-	778,08	875,3
	IV	27.434	1.177,02	2.194,72	2.469,06	1.065,16	2.119,52	2.384,46	953,30	2.044,32	2.299,86	841,44	1.969,12	2.215,26	729,58	1.893,92	2.130,66	617,72	1.818,72	2.046,06	505,86	1.743,52	1.961,4
	V	33.607	1.848,38	2.688,56	3.024,63																		
	VI	34.139	1.877,64	2.731,12	3.072,51																		
92.267,99	I	27.449	1.178,81	2.195,92	2.470,41	955,09	2.045,52	2.301,21	731,37	1.895,12	2.132,01	507,65	1.744,72	1.962,81	283,93	1.594,32	1.793,61	60,21	1.443,92	1.624,41	-	1.293,60	1.455,3
	II	25.660	965,92	2.052,80	2.309,40	742,20	1.902,40	2.140,20	518,48	1.752,00	1.971,00	294,76	1.601,60	1.801,80	71,04	1.451,20	1.632,60	-	1.300,80	1.463,40	-	1.154,00	1.298,2
	III	18.376	-	1.470,08	1.653,84	-	1.347,20	1.515,60	-	1.227,36	1.380,78	-	1.110,56	1.249,38	-	996,96	1.121,58	-	886,40	997,20	-	778,88	876,2
	IV	27.449	1.178,81	2.195,92	2.470,41	1.066,95	2.120,72	2.385,81	955,09	2.045,52	2.301,21	843,23	1.970,32	2.216,61	731,37	1.895,12	2.132,01	619,51	1.819,92	2.047,41	507,65	1.744,72	1.962,8
	V	33.622	1.849,21	2.689,76	3.025,98																		
	VI	34.154	1.878,47	2.732,32	3.073,86																		
92.303,99	I	27.464	1.180,59	2.197,12	2.471,76	956,87	2.046,72	2.302,56	733,15	1.896,32	2.133,36	509,43	1.745,92	1.964,16	285,71	1.595,52	1.794,96	61,99	1.445,12	1.625,76	-	1.294,80	1.456,6
	II	25.675	967,70	2.054,00	2.310,75	743,98	1.903,60	2.141,55	520,26	1.753,20	1.972,35	296,54	1.602,80	1.803,15	72,82	1.452,40	1.633,95	-	1.302,08	1.464,84	-	1.155,20	1.299,6
	III	18.388	-	1.471,04	1.654,92	-	1.348,16	1.516,68	-	1.228,32	1.381,86	-	1.111,52	1.250,46	-	997,92	1.122,66	-	887,20	998,10	-	779,84	877,3
	IV	27.464	1.180,59	2.197,12	2.471,76	1.068,73	2.121,92	2.387,16	956,87	2.046,72	2.302,56	845,01	1.971,52	2.217,96	733,15	1.896,32	2.133,36	621,29	1.821,12	2.048,76	509,43	1.745,92	1.964,1
	V	33.637	1.850,03	2.690,96	3.027,33																		
	VI	34.169	1.879,29	2.733,52	3.075,21																		
92.339,99	I	27.479	1.182,38	2.198,32	2.473,11	958,66	2.047,92	2.303,91	734,94	1.897,52	2.134,71	511,22	1.747,12	1.965,51	287,62	1.596,80	1.796,40	63,90	1.446,40	1.627,20	-	1.296,00	1.458,0
	II	25.690	969,49	2.055,20	2.312,10	745,77	1.904,80	2.142,90	522,05	1.754,40	1.973,70	298,33	1.604,00	1.804,50	74,61	1.453,60	1.635,30	-	1.303,28	1.466,19	-	1.156,32	1.300,8
	III	18.400	-	1.472,00	1.656,00	-	1.349,12	1.517,76	-	1.229,28	1.382,94	-	1.112,48	1.251,54	-	998,72	1.123,56	-	888,16	999,18	-	780,64	878,2
	IV	27.479	1.182,38	2.198,32	2.473,11	1.070,52	2.123,12	2.388,51	958,66	2.047,92	2.303,91	846,80	1.972,72	2.219,31	734,94	1.897,52	2.134,71	623,08	1.822,32	2.050,11	511,22	1.747,12	1.965,5
	V	33.652	1.850,86	2.692,16	3.028,68																		
	VI	34.184	1.880,12	2.734,72	3.076,56																		

SolZ/KiSt lt. Tabelle nicht für Sonstige Bezüge anwendbar.

Anzahl Kinderfreibeträge (nur Steuerklassen I–IV)

Lohn/Gehalt bis	Steuerklasse	Lohnsteuer	ohne Kinderfreibetrag			0,5			1,0			1,5			2,0			2,5			3,0		
			SolZ 5,5%	Kirchensteuer 8%	Kirchensteuer 9%	SolZ 5,5%	Kirchensteuer 8%	Kirchensteuer 9%	SolZ 5,5%	Kirchensteuer 8%	Kirchensteuer 9%	SolZ 5,5%	Kirchensteuer 8%	Kirchensteuer 9%	SolZ 5,5%	Kirchensteuer 8%	Kirchensteuer 9%	SolZ 5,5%	Kirchensteuer 8%	Kirchensteuer 9%	SolZ 5,5%	Kirchensteuer 8%	Kirchensteuer 9%
92.375,99	I	27.494	1.184,16	2.199,52	2.474,46	960,44	2.049,12	2.305,26	736,72	1.898,72	2.136,06	513,12	1.748,40	1.966,95	289,40	1.598,00	1.797,75	65,68	1.447,60	1.628,55	-	1.297,20	1.459,35
	II	25.705	971,27	2.056,40	2.313,45	747,55	1.906,00	2.144,25	523,83	1.755,60	1.975,05	300,11	1.605,20	1.805,85	76,39	1.454,80	1.636,65	-	1.304,48	1.467,54	-	1.157,44	1.302,12
	III	18.414	-	1.473,12	1.657,26	-	1.350,08	1.518,84	-	1.230,24	1.384,02	-	1.113,44	1.252,62	-	999,68	1.124,64	-	888,96	1.000,08	-	781,44	879,12
	IV	27.494	1.184,16	2.199,52	2.474,46	1.072,30	2.124,32	2.389,86	960,44	2.049,12	2.305,26	848,58	1.973,92	2.220,66	736,72	1.898,72	2.136,06	624,98	1.823,60	2.051,55	513,12	1.748,40	1.966,95
	V	33.668	1.851,74	2.693,44	3.030,12																		
	VI	34.199	1.880,94	2.735,92	3.077,91																		
92.411,99	I	27.509	1.185,95	2.200,72	2.475,81	962,35	2.050,40	2.306,70	738,63	1.900,00	2.137,50	514,91	1.749,60	1.968,30	291,19	1.599,20	1.799,10	67,47	1.448,80	1.629,90	-	1.298,40	1.460,70
	II	25.720	973,06	2.057,60	2.314,80	749,34	1.907,20	2.145,60	525,62	1.756,80	1.976,40	301,90	1.606,40	1.807,20	78,30	1.456,08	1.638,09	-	1.305,68	1.468,89	-	1.158,64	1.303,47
	III	18.426	-	1.474,08	1.658,34	-	1.351,04	1.519,92	-	1.231,20	1.385,10	-	1.114,24	1.253,52	-	1.000,48	1.125,54	-	889,92	1.001,16	-	782,24	880,02
	IV	27.509	1.185,95	2.200,72	2.475,81	1.074,09	2.125,52	2.391,21	962,35	2.050,40	2.306,70	850,49	1.975,20	2.222,10	738,63	1.900,00	2.137,50	626,77	1.824,80	2.052,90	514,91	1.749,60	1.968,30
	V	33.683	1.852,56	2.694,64	3.031,47																		
	VI	34.214	1.881,77	2.737,12	3.079,26																		
92.447,99	I	27.525	1.187,85	2.202,00	2.477,25	964,13	2.051,60	2.308,05	740,41	1.901,20	2.138,85	516,69	1.750,80	1.969,65	292,97	1.600,40	1.800,45	69,25	1.450,00	1.631,25	-	1.299,60	1.462,05
	II	25.735	974,84	2.058,80	2.316,15	751,12	1.908,40	2.146,95	527,52	1.758,08	1.977,84	303,80	1.607,68	1.808,64	80,08	1.457,28	1.639,44	-	1.306,88	1.470,24	-	1.159,76	1.304,73
	III	18.438	-	1.475,04	1.659,42	-	1.352,00	1.521,00	-	1.232,16	1.386,18	-	1.115,20	1.254,60	-	1.001,44	1.126,62	-	890,72	1.002,06	-	783,20	881,10
	IV	27.525	1.187,85	2.202,00	2.477,25	1.075,99	2.126,80	2.392,65	964,13	2.051,60	2.308,05	852,27	1.976,40	2.223,45	740,41	1.901,20	2.138,85	628,55	1.826,00	2.054,25	516,69	1.750,80	1.969,65
	V	33.698	1.853,39	2.695,84	3.032,82																		
	VI	34.230	1.882,65	2.738,40	3.080,70																		
92.483,99	I	27.540	1.189,64	2.203,20	2.478,60	965,92	2.052,80	2.309,40	742,20	1.902,40	2.140,20	518,48	1.752,00	1.971,00	294,76	1.601,60	1.801,80	71,04	1.451,20	1.632,60	-	1.300,80	1.463,40
	II	25.750	976,63	2.060,00	2.317,50	753,03	1.909,68	2.148,39	529,31	1.759,28	1.979,19	305,59	1.608,88	1.809,99	81,87	1.458,48	1.640,79	-	1.308,08	1.471,59	-	1.160,96	1.306,08
	III	18.450	-	1.476,00	1.660,50	-	1.352,96	1.522,08	-	1.233,12	1.387,26	-	1.116,16	1.255,68	-	1.002,40	1.127,70	-	891,68	1.003,14	-	784,00	882,00
	IV	27.540	1.189,64	2.203,20	2.478,60	1.077,78	2.128,00	2.394,00	965,92	2.052,80	2.309,40	854,06	1.977,60	2.224,80	742,20	1.902,40	2.140,20	630,34	1.827,20	2.055,60	518,48	1.752,00	1.971,00
	V	33.713	1.854,21	2.697,04	3.034,17																		
	VI	34.245	1.883,47	2.739,60	3.082,05																		
92.519,99	I	27.555	1.191,42	2.204,40	2.479,95	967,70	2.054,00	2.310,75	743,98	1.903,60	2.141,55	520,26	1.753,20	1.972,35	296,54	1.602,80	1.803,15	72,82	1.452,40	1.633,95	-	1.302,08	1.464,84
	II	25.766	978,53	2.061,28	2.318,94	754,81	1.910,88	2.149,74	531,09	1.760,48	1.980,54	307,37	1.610,08	1.811,34	83,65	1.459,68	1.642,14	-	1.309,28	1.472,94	-	1.162,08	1.307,34
	III	18.464	-	1.477,12	1.661,76	-	1.353,92	1.523,16	-	1.233,92	1.388,16	-	1.117,12	1.256,76	-	1.003,20	1.128,60	-	892,48	1.004,04	-	784,80	882,90
	IV	27.555	1.191,42	2.204,40	2.479,95	1.079,56	2.129,20	2.395,35	967,70	2.054,00	2.310,75	855,84	1.978,80	2.226,15	743,98	1.903,60	2.141,55	632,12	1.828,40	2.056,95	520,26	1.753,20	1.972,35
	V	33.728	1.855,04	2.698,24	3.035,52																		
	VI	34.260	1.884,30	2.740,80	3.083,40																		
92.555,99	I	27.570	1.193,21	2.205,60	2.481,30	969,49	2.055,20	2.312,10	745,77	1.904,80	2.142,90	522,05	1.754,40	1.973,70	298,33	1.604,00	1.804,50	74,61	1.453,60	1.635,30	-	1.303,28	1.466,19
	II	25.781	980,32	2.062,48	2.320,29	756,60	1.912,08	2.151,09	532,88	1.761,68	1.981,89	309,16	1.611,28	1.812,69	85,44	1.460,88	1.643,49	-	1.310,48	1.474,29	-	1.163,28	1.308,69
	III	18.476	-	1.478,08	1.662,84	-	1.355,04	1.524,42	-	1.234,88	1.389,24	-	1.118,08	1.257,84	-	1.004,16	1.129,68	-	893,44	1.005,12	-	785,76	883,98
	IV	27.570	1.193,21	2.205,60	2.481,30	1.081,35	2.130,40	2.396,70	969,49	2.055,20	2.312,10	857,63	1.980,00	2.227,50	745,77	1.904,80	2.142,90	633,91	1.829,60	2.058,30	522,05	1.754,40	1.973,70
	V	33.743	1.855,86	2.699,44	3.036,87																		
	VI	34.275	1.885,12	2.742,00	3.084,75																		
92.591,99	I	27.585	1.194,99	2.206,80	2.482,65	971,27	2.056,40	2.313,45	747,55	1.906,00	2.144,25	523,83	1.755,60	1.975,05	300,11	1.605,20	1.805,85	76,39	1.454,80	1.636,65	-	1.304,48	1.467,54
	II	25.796	982,10	2.063,68	2.321,64	758,38	1.913,28	2.152,44	534,66	1.762,88	1.983,24	310,94	1.612,48	1.814,04	87,22	1.462,08	1.644,84	-	1.311,68	1.475,64	-	1.164,40	1.309,95
	III	18.488	-	1.479,04	1.663,92	-	1.356,00	1.525,50	-	1.235,84	1.390,32	-	1.118,88	1.258,74	-	1.005,12	1.130,76	-	894,24	1.006,02	-	786,56	884,88
	IV	27.585	1.194,99	2.206,80	2.482,65	1.083,13	2.131,60	2.398,05	971,27	2.056,40	2.313,45	859,41	1.981,20	2.228,85	747,55	1.906,00	2.144,25	635,69	1.830,80	2.059,65	523,83	1.755,60	1.975,05
	V	33.758	1.856,69	2.700,64	3.038,22																		
	VI	34.290	1.885,95	2.743,20	3.086,10																		
92.627,99	I	27.600	1.196,78	2.208,00	2.484,00	973,06	2.057,60	2.314,80	749,34	1.907,20	2.145,60	525,62	1.756,80	1.976,40	301,90	1.606,40	1.807,20	78,30	1.456,08	1.638,09	-	1.305,68	1.468,89
	II	25.811	983,89	2.064,88	2.322,99	760,17	1.914,48	2.153,79	536,45	1.764,08	1.984,59	312,73	1.613,68	1.815,39	89,01	1.463,28	1.646,19	-	1.312,88	1.476,99	-	1.165,60	1.311,30
	III	18.502	-	1.480,16	1.665,18	-	1.356,96	1.526,58	-	1.236,80	1.391,40	-	1.119,84	1.259,82	-	1.005,92	1.131,66	-	895,20	1.007,10	-	787,36	885,78
	IV	27.600	1.196,78	2.208,00	2.484,00	1.084,92	2.132,80	2.399,40	973,06	2.057,60	2.314,80	861,20	1.982,40	2.230,20	749,34	1.907,20	2.145,60	637,48	1.832,00	2.061,00	525,62	1.756,80	1.976,40
	V	33.773	1.857,51	2.701,84	3.039,57																		
	VI	34.305	1.886,77	2.744,40	3.087,45																		
92.663,99	I	27.615	1.198,56	2.209,20	2.485,35	974,84	2.058,80	2.316,15	751,12	1.908,40	2.146,95	527,52	1.758,08	1.977,84	303,80	1.607,68	1.808,64	80,08	1.457,28	1.639,44	-	1.306,88	1.470,24
	II	25.826	985,67	2.066,08	2.324,34	761,95	1.915,68	2.155,14	538,23	1.765,28	1.985,94	314,51	1.614,88	1.816,74	90,79	1.464,48	1.647,54	-	1.314,08	1.478,34	-	1.166,72	1.312,56
	III	18.514	-	1.481,12	1.666,26	-	1.357,92	1.527,66	-	1.237,76	1.392,48	-	1.120,80	1.260,90	-	1.006,88	1.132,74	-	896,00	1.008,00	-	788,32	886,86
	IV	27.615	1.198,56	2.209,20	2.485,35	1.086,70	2.134,00	2.400,75	974,84	2.058,80	2.316,15	862,98	1.983,60	2.231,55	751,12	1.908,40	2.146,95	639,26	1.833,20	2.062,35	527,52	1.758,08	1.977,84
	V	33.789	1.858,39	2.703,12	3.041,01																		
	VI	34.320	1.887,60	2.745,60	3.088,80																		
92.699,99	I	27.630	1.200,35	2.210,40	2.486,70	976,63	2.060,00	2.317,50	753,03	1.909,68	2.148,39	529,31	1.759,28	1.979,19	305,59	1.608,88	1.809,99	81,87	1.458,48	1.640,79	-	1.308,08	1.471,59
	II	25.841	987,46	2.067,28	2.325,69	763,74	1.916,88	2.156,49	540,02	1.766,48	1.987,29	316,30	1.616,08	1.818,09	92,70	1.465,76	1.648,98	-	1.315,36	1.479,78	-	1.167,92	1.313,91
	III	18.526	-	1.482,08	1.667,34	-	1.358,88	1.528,74	-	1.238,72	1.393,56	-	1.121,76	1.261,98	-	1.007,84	1.133,82	-	896,96	1.009,08	-	789,12	887,76
	IV	27.630	1.200,35	2.210,40	2.486,70	1.088,49	2.135,20	2.402,10	976,63	2.060,00	2.317,50	864,89	1.984,88	2.232,99	753,03	1.909,68	2.148,39	641,17	1.834,48	2.063,79	529,31	1.759,28	1.979,19
	V	33.804	1.859,22	2.704,32	3.042,36																		
	VI	34.335	1.888,42	2.746,80	3.090,15																		
92.735,99	I	27.646	1.202,25	2.211,68	2.488,14	978,53	2.061,28	2.318,94	754,81	1.910,88	2.149,74	531,09	1.760,48	1.980,54	307,37	1.610,08	1.811,34	83,65	1.459,68	1.642,14	-	1.309,28	1.472,94
	II	25.856	989,24	2.068,48	2.327,04	765,52	1.918,08	2.157,84	541,80	1.767,68	1.988,64	318,20	1.617,36	1.819,53	94,48	1.466,96	1.650,33	-	1.316,56	1.481,13	-	1.169,04	1.315,17
	III	18.538	-	1.483,04	1.668,42	-	1.359,84	1.529,82	-	1.239,68	1.394,64	-	1.122,72	1.263,06	-	1.008,64	1.134,72	-	897,76	1.009,98	-	790,08	888,84
	IV	27.646	1.202,25	2.211,68	2.488,14	1.090,39	2.136,48	2.403,54	978,53	2.061,28	2.318,94	866,67	1.986,08	2.234,34	754,81	1.910,88	2.149,74	642,95	1.835,68	2.065,14	531,09	1.760,48	1.980,54
	V	33.819	1.860,04	2.705,52	3.043,71																		
	VI	34.351	1.889,30	2.748,08	3.091,59																		
92.771,99	I	27.661	1.204,04	2.212,88	2.489,49	980,32	2.062,48	2.320,29	756,60	1.912,08	2.151,09	532,88	1.761,68	1.981,89	309,16	1.611,28	1.812,69	85,44	1.460,88	1.643,49	-	1.310,48	1.474,29
	II	25.871	991,03	2.069,68	2.328,39	767,43	1.919,36	2.159,28	543,71	1.768,96	1.990,08	319,99	1.618,56	1.820,88	96,27	1.468,16	1.651,68	-	1.317,76	1.482,48	-	1.170,24	1.316,52
	III	18.552	-	1.484,16	1.669,68	-	1.360,80	1.530,90	-	1.240,64	1.395,72	-	1.123,52	1.263,96	-	1.009,60	1.135,80	-	898,72	1.011,06	-	790,88	889,74
	IV	27.661	1.204,04	2.212,88	2.489,49	1.092,18	2.137,68	2.404,89	980,32	2.062,48	2.320,29	868,46	1.987,28	2.235,69	756,60	1.912,08	2.151,09	644,74	1.836,88	2.066,49	532,88	1.761,68	1.981,89
	V	33.834	1.860,87	2.706,72	3.045,06																		
	VI	34.366	1.890,13	2.749,28	3.092,94																		
92.807,99	I	27.676	1.205,82	2.214,08	2.490,84	982,10	2.063,68	2.321,64	758,38	1.913,28	2.152,44	534,66	1.762,88	1.983,24	310,94	1.612,48	1.814,04	87,22	1.462,08	1.644,84	-	1.311,68	1.475,64
	II	25.887	992,93	2.070,96	2.329,83	769,21	1.920,56	2.160,63	545,49	1.770,16	1.991,43	321,77	1.619,76	1.822,23	98,05	1.469,36	1.653,03	-	1.318,96	1.483,83	-	1.171,36	1.317,78
	III	18.564	-	1.485,12	1.670,76	-	1.361,76	1.531,98	-	1.241,60	1.396,80	-	1.124,48	1.265,04	-	1.010,56	1.136,88	-	899,52	1.011,96	-	791,68	890,64
	IV	27.676	1.205,82	2.214,08	2.490,84	1.093,96	2.138,88	2.406,24	982,10	2.063,68	2.321,64	870,24	1.988,48	2.237,04	758,38	1.913,28	2.152,44	646,52	1.838,08	2.067,84	534,66	1.762,88	1.983,24
	V	33.849	1.861,69	2.707,92	3.046,41																		
	VI	34.381	1.890,95	2.750,48	3.094,29																		
92.843,99	I	27.691	1.207,61	2.215,28	2.492,19	983,89	2.064,88	2.322,99	760,17	1.914,48	2.153,79	536,45	1.764,08	1.984,59	312,73	1.613,68	1.815,39	89,01	1.463,28	1.646,19	-	1.312,88	1.476,99
	II	25.902	994,72	2.072,16	2.331,18	771,00	1.921,76	2.161,98	547,28	1.771,36	1.992,78	323,56	1.620,96	1.823,58	99,84	1.470,56	1.654,38	-	1.320,16	1.485,18	-	1.172,56	1.319,13
	III	18.576	-	1.486,08	1.671,84	-	1.362,72	1.533,06	-	1.242,56	1.397,88	-	1.125,44	1.266,12	-	1.011,36	1.137,78	-	900,48	1.013,04	-	792,64	891,72
	IV	27.691	1.207,61	2.215,28	2.492,19	1.095,75	2.140,08	2.407,59	983,89	2.064,88	2.322,99	872,03	1.989,68	2.238,39	760,17	1.914,48	2.153,79	648,31	1.839,28	2.069,19	536,45	1.764,08	1.984,59
	V	33.864	1.862,52	2.709,12	3.047,76																		
	VI	34.396	1.891,78	2.751,68	3.095,64																		
92.879,99	I	27.706	1.209,39	2.216,48	2.493,54	985,67	2.066,08	2.324,34	761,95	1.915,68	2.155,14	538,23	1.765,28	1.985,94	314,51	1.614,88	1.816,74	90,79	1.464,48	1.647,54	-	1.314,08	1.478,34
	II	25.917	996,50	2.073,36	2.332,53	772,78	1.922,96	2.163,33	549,06	1.772,56	1.994,13	325,34	1.622,16	1.824,93	101,62	1.471,76	1.655,73	-	1.321,36	1.486,53	-	1.173,68	1.320,39
	III	18.588	-	1.487,04	1.672,92	-	1.363,84	1.534,32	-	1.243,52	1.398,96	-	1.126,40	1.267,20	-	1.012,32	1.138,86	-	901,28	1.013,94	-	793,44	892,62
	IV	27.706	1.209,39	2.216,48	2.493,54	1.097,53	2.141,28	2.408,94	985,67	2.066,08	2.324,34	873,81	1.990,88	2.239,74	761,95	1.915,68	2.155,14	650,09	1.840,48	2.070,54	538,23	1.765,28	1.985,94
	V	33.879	1.863,34	2.710,32	3.049,11																		
	VI	34.411	1.892,60	2.752,88	3.096,99																		

SolZ/KiSt lt. Tabelle nicht für Sonstige Bezüge anwendbar.

Lohn/Gehalt bis	Steuerklasse	Lohnsteuer	ohne Kinderfreibetrag SolZ 5,5%	ohne Kinderfreibetrag Kirchensteuer 8%	ohne Kinderfreibetrag Kirchensteuer 9%	0,5 SolZ 5,5%	0,5 Kirchensteuer 8%	0,5 Kirchensteuer 9%	1,0 SolZ 5,5%	1,0 Kirchensteuer 8%	1,0 Kirchensteuer 9%	1,5 SolZ 5,5%	1,5 Kirchensteuer 8%	1,5 Kirchensteuer 9%	2,0 SolZ 5,5%	2,0 Kirchensteuer 8%	2,0 Kirchensteuer 9%	2,5 SolZ 5,5%	2,5 Kirchensteuer 8%	2,5 Kirchensteuer 9%	3,0 SolZ 5,5%	3,0 Kirchensteuer 8%	3,0 Kirchensteuer 9%
						Anzahl Kinderfreibeträge (nur Steuerklassen I–IV)																	
92.915,99	I	27.721	1.211,18	2.217,68	2.494,89	987,46	2.067,28	2.325,69	763,74	1.916,88	2.156,49	540,02	1.766,48	1.987,29	316,30	1.616,08	1.818,09	92,70	1.465,76	1.648,98	-	1.315,36	1.479,7
	II	25.932	998,29	2.074,56	2.333,88	774,57	1.924,16	2.164,68	550,85	1.773,76	1.995,48	327,13	1.623,36	1.826,28	103,41	1.472,96	1.657,08	-	1.322,56	1.487,88	-	1.174,88	1.321,7
	III	18.602	-	1.488,16	1.674,18	-	1.364,80	1.535,40	-	1.244,48	1.400,04	-	1.127,36	1.268,28	-	1.013,28	1.139,94	-	902,24	1.015,02	-	794,24	893,5
	IV	27.721	1.211,18	2.217,68	2.494,89	1.099,32	2.142,48	2.410,29	987,46	2.067,28	2.325,69	875,60	1.992,08	2.241,09	763,74	1.916,88	2.156,49	651,88	1.841,68	2.071,89	540,02	1.766,48	1.987,2
	V	33.894	1.864,17	2.711,52	3.050,46																		
	VI	34.426	1.893,43	2.754,08	3.098,34																		
92.951,99	I	27.736	1.212,96	2.218,88	2.496,24	989,24	2.068,48	2.327,04	765,52	1.918,08	2.157,84	541,80	1.767,68	1.988,64	318,20	1.617,36	1.819,53	94,48	1.466,96	1.650,33	-	1.316,56	1.481,1
	II	25.947	1.000,07	2.075,76	2.335,23	776,35	1.925,36	2.166,03	552,63	1.774,96	1.996,83	328,91	1.624,56	1.827,63	105,19	1.474,16	1.658,43	-	1.323,76	1.489,23	-	1.176,08	1.323,0
	III	18.614	-	1.489,12	1.675,26	-	1.365,76	1.536,48	-	1.245,44	1.401,12	-	1.128,16	1.269,18	-	1.014,08	1.140,84	-	903,04	1.015,92	-	795,20	894,6
	IV	27.736	1.212,96	2.218,88	2.496,24	1.101,10	2.143,68	2.411,64	989,24	2.068,48	2.327,04	877,38	1.993,28	2.242,44	765,52	1.918,08	2.157,84	653,66	1.842,88	2.073,24	541,80	1.767,68	1.988,6
	V	33.910	1.865,05	2.712,80	3.051,90																		
	VI	34.441	1.894,25	2.755,28	3.099,69																		
92.987,99	I	27.751	1.214,75	2.220,08	2.497,59	991,03	2.069,68	2.328,39	767,43	1.919,36	2.159,28	543,71	1.768,96	1.990,08	319,99	1.618,56	1.820,88	96,27	1.468,16	1.651,68	-	1.317,76	1.482,4
	II	25.962	1.001,86	2.076,96	2.336,58	778,14	1.926,56	2.167,38	554,42	1.776,16	1.998,18	330,70	1.625,76	1.828,98	106,98	1.475,36	1.659,78	-	1.325,04	1.490,67	-	1.177,20	1.324,3
	III	18.626	-	1.490,08	1.676,34	-	1.366,72	1.537,56	-	1.246,40	1.402,20	-	1.129,12	1.270,26	-	1.015,04	1.141,92	-	904,00	1.017,00	-	796,00	895,5
	IV	27.751	1.214,75	2.220,08	2.497,59	1.102,89	2.144,88	2.412,99	991,03	2.069,68	2.328,39	879,17	1.994,48	2.243,79	767,43	1.919,36	2.159,28	655,57	1.844,16	2.074,68	543,71	1.768,96	1.990,0
	V	33.925	1.865,87	2.714,00	3.053,25																		
	VI	34.456	1.895,08	2.756,48	3.101,04																		
93.023,99	I	27.766	1.216,53	2.221,28	2.498,94	992,93	2.070,96	2.329,83	769,21	1.920,56	2.160,63	545,49	1.770,16	1.991,43	321,77	1.619,76	1.822,23	98,05	1.469,36	1.653,03	-	1.318,96	1.483,8
	II	25.977	1.003,64	2.078,16	2.337,93	779,92	1.927,76	2.168,73	556,20	1.777,36	1.999,53	332,60	1.627,04	1.830,42	108,88	1.476,64	1.661,22	-	1.326,24	1.492,02	-	1.178,40	1.325,7
	III	18.640	-	1.491,20	1.677,60	-	1.367,68	1.538,64	-	1.247,36	1.403,28	-	1.130,08	1.271,34	-	1.016,00	1.143,00	-	904,80	1.017,90	-	796,80	896,4
	IV	27.766	1.216,53	2.221,28	2.498,94	1.104,79	2.146,16	2.414,43	992,93	2.070,96	2.329,83	881,07	1.995,76	2.245,23	769,21	1.920,56	2.160,63	657,35	1.845,36	2.076,03	545,49	1.770,16	1.991,4
	V	33.940	1.866,70	2.715,20	3.054,60																		
	VI	34.471	1.895,90	2.757,68	3.102,39																		
93.059,99	I	27.782	1.218,44	2.222,56	2.500,38	994,72	2.072,16	2.331,18	771,00	1.921,76	2.161,98	547,28	1.771,36	1.992,78	323,56	1.620,96	1.823,58	99,84	1.470,56	1.654,38	-	1.320,16	1.485,1
	II	25.992	1.005,43	2.079,36	2.339,28	781,71	1.928,96	2.170,08	558,11	1.778,64	2.000,97	334,39	1.628,24	1.831,77	110,67	1.477,84	1.662,57	-	1.327,44	1.493,37	-	1.179,52	1.326,9
	III	18.652	-	1.492,16	1.678,68	-	1.368,64	1.539,72	-	1.248,32	1.404,36	-	1.131,04	1.272,42	-	1.016,80	1.143,90	-	905,76	1.018,98	-	797,76	897,4
	IV	27.782	1.218,44	2.222,56	2.500,38	1.106,58	2.147,36	2.415,78	994,72	2.072,16	2.331,18	882,86	1.996,96	2.246,58	771,00	1.921,76	2.161,98	659,14	1.846,56	2.077,38	547,28	1.771,36	1.992,7
	V	33.955	1.867,52	2.716,40	3.055,95																		
	VI	34.487	1.896,78	2.758,96	3.103,83																		
93.095,99	I	27.797	1.220,22	2.223,76	2.501,73	996,50	2.073,36	2.332,53	772,78	1.922,96	2.163,33	549,06	1.772,56	1.994,13	325,34	1.622,16	1.824,93	101,62	1.471,76	1.655,73	-	1.321,36	1.486,5
	II	26.008	1.007,33	2.080,64	2.340,72	783,61	1.930,24	2.171,52	559,89	1.779,84	2.002,32	336,17	1.629,44	1.833,12	112,45	1.479,04	1.663,92	-	1.328,64	1.494,72	-	1.180,72	1.328,3
	III	18.664	-	1.493,12	1.679,76	-	1.369,60	1.540,80	-	1.249,28	1.405,44	-	1.132,00	1.273,50	-	1.017,76	1.144,98	-	906,56	1.019,88	-	798,56	898,3
	IV	27.797	1.220,22	2.223,76	2.501,73	1.108,36	2.148,56	2.417,13	996,50	2.073,36	2.332,53	884,64	1.998,16	2.247,93	772,78	1.922,96	2.163,33	660,92	1.847,76	2.078,73	549,06	1.772,56	1.994,1
	V	33.970	1.868,35	2.717,60	3.057,30																		
	VI	34.502	1.897,61	2.760,16	3.105,18																		
93.131,99	I	27.812	1.222,01	2.224,96	2.503,08	998,29	2.074,56	2.333,88	774,57	1.924,16	2.164,68	550,85	1.773,76	1.995,48	327,13	1.623,36	1.826,28	103,41	1.472,96	1.657,08	-	1.322,56	1.487,8
	II	26.023	1.009,12	2.081,84	2.342,07	785,40	1.931,44	2.172,87	561,68	1.781,04	2.003,67	337,96	1.630,64	1.834,47	114,24	1.480,24	1.665,27	-	1.329,84	1.496,07	-	1.181,84	1.329,5
	III	18.676	-	1.494,08	1.680,84	-	1.370,56	1.541,88	-	1.250,24	1.406,52	-	1.132,96	1.274,58	-	1.018,72	1.146,06	-	907,52	1.020,96	-	799,36	899,2
	IV	27.812	1.222,01	2.224,96	2.503,08	1.110,15	2.149,76	2.418,48	998,29	2.074,56	2.333,88	886,43	1.999,36	2.249,28	774,57	1.924,16	2.164,68	662,71	1.848,96	2.080,08	550,85	1.773,76	1.995,4
	V	33.985	1.869,17	2.718,80	3.058,65																		
	VI	34.517	1.898,43	2.761,36	3.106,53																		
93.167,99	I	27.827	1.223,79	2.226,16	2.504,43	1.000,07	2.075,76	2.335,23	776,35	1.925,36	2.166,03	552,63	1.774,96	1.996,83	328,91	1.624,56	1.827,63	105,19	1.474,16	1.658,43	-	1.323,76	1.489,2
	II	26.038	1.010,90	2.083,04	2.343,42	787,18	1.932,64	2.174,22	563,46	1.782,24	2.005,02	339,74	1.631,84	1.835,82	116,02	1.481,44	1.666,62	-	1.331,04	1.497,42	-	1.183,04	1.330,9
	III	18.690	-	1.495,20	1.682,10	-	1.371,68	1.543,14	-	1.251,20	1.407,60	-	1.133,76	1.275,48	-	1.019,52	1.146,96	-	908,32	1.021,86	-	800,32	900,3
	IV	27.827	1.223,79	2.226,16	2.504,43	1.111,93	2.150,96	2.419,83	1.000,07	2.075,76	2.335,23	888,21	2.000,56	2.250,63	776,35	1.925,36	2.166,03	664,49	1.850,16	2.081,43	552,63	1.774,96	1.996,8
	V	34.000	1.870,00	2.720,00	3.060,00																		
	VI	34.532	1.899,26	2.762,56	3.107,88																		
93.203,99	I	27.842	1.225,58	2.227,36	2.505,78	1.001,86	2.076,96	2.336,58	778,14	1.926,56	2.167,38	554,42	1.776,16	1.998,18	330,70	1.625,76	1.828,98	106,98	1.475,36	1.659,78	-	1.325,04	1.490,6
	II	26.053	1.012,69	2.084,24	2.344,77	788,97	1.933,84	2.175,57	565,25	1.783,44	2.006,37	341,53	1.633,04	1.837,17	117,81	1.482,64	1.667,97	-	1.332,24	1.498,77	-	1.184,24	1.332,2
	III	18.702	-	1.496,16	1.683,18	-	1.372,64	1.544,22	-	1.252,16	1.408,68	-	1.134,72	1.276,56	-	1.020,48	1.148,04	-	909,28	1.022,94	-	801,12	901,2
	IV	27.842	1.225,58	2.227,36	2.505,78	1.113,72	2.152,16	2.421,18	1.001,86	2.076,96	2.336,58	890,00	2.001,76	2.251,98	778,14	1.926,56	2.167,38	666,28	1.851,36	2.082,78	554,42	1.776,16	1.998,1
	V	34.015	1.870,82	2.721,20	3.061,35																		
	VI	34.547	1.900,08	2.763,76	3.109,23																		
93.239,99	I	27.857	1.227,36	2.228,56	2.507,13	1.003,64	2.078,16	2.337,93	779,92	1.927,76	2.168,73	556,20	1.777,36	1.999,53	332,60	1.627,04	1.830,42	108,88	1.476,64	1.661,22	-	1.326,24	1.492,0
	II	26.068	1.014,47	2.085,44	2.346,12	790,75	1.935,04	2.176,92	567,03	1.784,64	2.007,72	343,31	1.634,24	1.838,52	119,59	1.483,84	1.669,32	-	1.333,44	1.500,12	-	1.185,36	1.333,5
	III	18.714	-	1.497,12	1.684,26	-	1.373,60	1.545,30	-	1.253,12	1.409,76	-	1.135,68	1.277,64	-	1.021,44	1.149,12	-	910,08	1.023,84	-	801,92	902,1
	IV	27.857	1.227,36	2.228,56	2.507,13	1.115,50	2.153,36	2.422,53	1.003,64	2.078,16	2.337,93	891,78	2.002,96	2.253,33	779,92	1.927,76	2.168,73	668,06	1.852,56	2.084,13	556,20	1.777,36	1.999,5
	V	34.030	1.871,65	2.722,40	3.062,70																		
	VI	34.562	1.900,91	2.764,96	3.110,58																		
93.275,99	I	27.872	1.229,15	2.229,76	2.508,48	1.005,43	2.079,36	2.339,28	781,71	1.928,96	2.170,08	558,11	1.778,64	2.000,97	334,39	1.628,24	1.831,77	110,67	1.477,84	1.662,57	-	1.327,44	1.493,3
	II	26.083	1.016,26	2.086,64	2.347,47	792,54	1.936,24	2.178,27	568,82	1.785,84	2.009,07	345,10	1.635,44	1.839,87	121,38	1.485,04	1.670,67	-	1.334,72	1.501,56	-	1.186,56	1.334,8
	III	18.728	-	1.498,24	1.685,52	-	1.374,56	1.546,38	-	1.254,08	1.410,84	-	1.136,64	1.278,72	-	1.022,24	1.150,02	-	911,04	1.024,92	-	802,88	903,2
	IV	27.872	1.229,15	2.229,76	2.508,48	1.117,29	2.154,56	2.423,88	1.005,43	2.079,36	2.339,28	893,57	2.004,16	2.254,68	781,71	1.928,96	2.170,08	669,97	1.853,84	2.085,57	558,11	1.778,64	2.000,9
	V	34.046	1.872,53	2.723,68	3.064,14																		
	VI	34.577	1.901,73	2.766,16	3.111,93																		
93.311,99	I	27.887	1.230,93	2.230,96	2.509,83	1.007,33	2.080,64	2.340,72	783,61	1.930,24	2.171,52	559,89	1.779,84	2.002,32	336,17	1.629,44	1.833,12	112,45	1.479,04	1.663,92	-	1.328,64	1.494,7
	II	26.098	1.018,04	2.087,84	2.348,82	794,32	1.937,44	2.179,62	570,60	1.787,04	2.010,42	346,88	1.636,64	1.841,22	123,28	1.486,32	1.672,11	-	1.335,92	1.502,91	-	1.187,68	1.336,1
	III	18.740	-	1.499,20	1.686,60	-	1.375,52	1.547,46	-	1.255,04	1.411,92	-	1.137,60	1.279,80	-	1.023,20	1.151,10	-	911,84	1.025,82	-	803,68	904,1
	IV	27.887	1.230,93	2.230,96	2.509,83	1.119,07	2.155,76	2.425,23	1.007,33	2.080,64	2.340,72	895,47	2.005,44	2.256,12	783,61	1.930,24	2.171,52	671,75	1.855,04	2.086,92	559,89	1.779,84	2.002,3
	V	34.061	1.873,35	2.724,88	3.065,49																		
	VI	34.592	1.902,56	2.767,36	3.113,28																		
93.347,99	I	27.903	1.232,84	2.232,24	2.511,27	1.009,12	2.081,84	2.342,07	785,40	1.931,44	2.172,87	561,68	1.781,04	2.003,67	337,96	1.630,64	1.834,47	114,24	1.480,24	1.665,27	-	1.329,84	1.496,0
	II	26.113	1.019,83	2.089,04	2.350,17	796,11	1.938,64	2.180,97	572,50	1.788,32	2.011,86	348,78	1.637,92	1.842,66	125,06	1.487,52	1.673,46	-	1.337,12	1.504,26	-	1.188,88	1.337,4
	III	18.752	-	1.500,16	1.687,68	-	1.376,48	1.548,54	-	1.256,00	1.413,00	-	1.138,40	1.280,70	-	1.024,16	1.152,18	-	912,80	1.026,90	-	804,48	905,0
	IV	27.903	1.232,84	2.232,24	2.511,27	1.120,98	2.157,04	2.426,67	1.009,12	2.081,84	2.342,07	897,26	2.006,64	2.257,47	785,40	1.931,44	2.172,87	673,54	1.856,24	2.088,27	561,68	1.781,04	2.003,6
	V	34.076	1.874,18	2.726,08	3.066,84																		
	VI	34.608	1.903,44	2.768,64	3.114,72																		
93.383,99	I	27.918	1.234,62	2.233,44	2.512,62	1.010,90	2.083,04	2.343,42	787,18	1.932,64	2.174,22	563,46	1.782,24	2.005,02	339,74	1.631,84	1.835,82	116,02	1.481,44	1.666,62	-	1.331,04	1.497,4
	II	26.128	1.021,61	2.090,24	2.351,52	798,01	1.939,92	2.182,41	574,29	1.789,52	2.013,21	350,57	1.639,12	1.844,01	126,85	1.488,72	1.674,81	-	1.338,32	1.505,61	-	1.190,00	1.338,7
	III	18.764	-	1.501,12	1.688,76	-	1.377,44	1.549,62	-	1.256,96	1.414,08	-	1.139,36	1.281,78	-	1.024,96	1.153,08	-	913,60	1.027,80	-	805,44	906,1
	IV	27.918	1.234,62	2.233,44	2.512,62	1.122,76	2.158,24	2.428,02	1.010,90	2.083,04	2.343,42	899,04	2.007,84	2.258,82	787,18	1.932,64	2.174,22	675,32	1.857,44	2.089,62	563,46	1.782,24	2.005,0
	V	34.091	1.875,00	2.727,28	3.068,19																		
	VI	34.623	1.904,26	2.769,84	3.116,07																		
93.419,99	I	27.933	1.236,41	2.234,64	2.513,97	1.012,69	2.084,24	2.344,77	788,97	1.933,84	2.175,57	565,25	1.783,44	2.006,37	341,53	1.633,04	1.837,17	117,81	1.482,64	1.667,97	-	1.332,24	1.498,7
	II	26.144	1.023,51	2.091,52	2.352,96	799,79	1.941,12	2.183,76	576,07	1.790,72	2.014,56	352,35	1.640,32	1.845,36	128,63	1.489,92	1.676,16	-	1.339,52	1.506,96	-	1.191,20	1.340,1
	III	18.778	-	1.502,24	1.690,02	-	1.378,56	1.550,88	-	1.257,92	1.415,16	-	1.140,32	1.282,86	-	1.025,92	1.154,16	-	914,56	1.028,88	-	806,24	907,0
	IV	27.933	1.236,41	2.234,64	2.513,97	1.124,55	2.159,44	2.429,37	1.012,69	2.084,24	2.344,77	900,83	2.009,04	2.260,17	788,97	1.933,84	2.175,57	677,11	1.858,64	2.090,97	565,25	1.783,44	2.006,3
	V	34.106	1.875,83	2.728,48	3.069,54																		
	VI	34.638	1.905,09	2.771,04	3.117,42																		

SolZ/KiSt lt. Tabelle nicht für Sonstige Bezüge anwendbar.

Besondere Tabelle

Lohn/Gehalt bis	Steuerklasse	Lohnsteuer	ohne Kinderfreibetrag SolZ 5,5%	Kirchensteuer 8%	Kirchensteuer 9%	0,5 SolZ 5,5%	0,5 Kirchensteuer 8%	0,5 Kirchensteuer 9%	1,0 SolZ 5,5%	1,0 Kirchensteuer 8%	1,0 Kirchensteuer 9%	1,5 SolZ 5,5%	1,5 Kirchensteuer 8%	1,5 Kirchensteuer 9%	2,0 SolZ 5,5%	2,0 Kirchensteuer 8%	2,0 Kirchensteuer 9%	2,5 SolZ 5,5%	2,5 Kirchensteuer 8%	2,5 Kirchensteuer 9%	3,0 SolZ 5,5%	3,0 Kirchensteuer 8%	3,0 Kirchensteuer 9%
93.455,99	I	27.948	1.238,19	2.235,84	2.515,32	1.014,47	2.085,44	2.346,12	790,75	1.935,04	2.176,92	567,03	1.784,64	2.007,72	343,31	1.634,24	1.838,52	119,59	1.483,84	1.669,32	-	1.333,44	1.500,12
	II	26.159	1.025,30	2.092,72	2.354,31	801,58	1.942,32	2.185,11	577,86	1.791,92	2.015,91	354,14	1.641,52	1.846,71	130,42	1.491,12	1.677,51	-	1.340,72	1.508,31	-	1.192,40	1.341,45
	III	18.790	-	1.503,20	1.691,10	-	1.379,52	1.551,96	-	1.258,88	1.416,24	-	1.141,28	1.283,94	-	1.026,88	1.155,24	-	915,36	1.029,78	-	807,20	908,10
	IV	27.948	1.238,19	2.235,84	2.515,32	1.126,33	2.160,64	2.430,72	1.014,47	2.085,44	2.346,12	902,61	2.010,24	2.261,52	790,75	1.935,04	2.176,92	678,89	1.859,84	2.092,32	567,03	1.784,64	2.007,72
	V	34.121	1.876,65	2.729,68	3.070,89																		
	VI	34.653	1.905,91	2.772,24	3.118,77																		
93.491,99	I	27.963	1.239,98	2.237,04	2.516,67	1.016,26	2.086,64	2.347,47	792,54	1.936,24	2.178,27	568,82	1.785,84	2.009,07	345,10	1.635,44	1.839,87	121,38	1.485,04	1.670,67	-	1.334,72	1.501,56
	II	26.174	1.027,08	2.093,92	2.355,66	803,36	1.943,52	2.186,46	579,64	1.793,12	2.017,26	355,92	1.642,72	1.848,06	132,20	1.492,32	1.678,86	-	1.341,92	1.509,66	-	1.193,52	1.342,71
	III	18.802	-	1.504,16	1.692,18	-	1.380,48	1.553,04	-	1.259,84	1.417,32	-	1.142,24	1.285,02	-	1.027,68	1.156,14	-	916,32	1.030,86	-	808,00	909,00
	IV	27.963	1.239,98	2.237,04	2.516,67	1.128,12	2.161,84	2.432,07	1.016,26	2.086,64	2.347,47	904,40	2.011,44	2.262,87	792,54	1.936,24	2.178,27	680,68	1.861,04	2.093,67	568,82	1.785,84	2.009,07
	V	34.136	1.877,48	2.730,88	3.072,24																		
	VI	34.668	1.906,74	2.773,44	3.120,12																		
93.527,99	I	27.978	1.241,76	2.238,24	2.518,02	1.018,04	2.087,84	2.348,82	794,32	1.937,44	2.179,62	570,60	1.787,04	2.010,42	346,88	1.636,64	1.841,22	123,28	1.486,32	1.672,11	-	1.335,92	1.502,91
	II	26.189	1.028,87	2.095,12	2.357,01	805,15	1.944,72	2.187,81	581,43	1.794,32	2.018,61	357,71	1.643,92	1.849,41	133,99	1.493,52	1.680,21	-	1.343,12	1.511,01	-	1.194,72	1.344,06
	III	18.816	-	1.505,28	1.693,44	-	1.381,44	1.554,12	-	1.260,80	1.418,40	-	1.143,20	1.286,10	-	1.028,64	1.157,22	-	917,12	1.031,76	-	808,80	909,90
	IV	27.978	1.241,76	2.238,24	2.518,02	1.129,90	2.163,04	2.433,42	1.018,04	2.087,84	2.348,82	906,18	2.012,64	2.264,22	794,32	1.937,44	2.179,62	682,46	1.862,24	2.095,02	570,60	1.787,04	2.010,42
	V	34.151	1.878,30	2.732,08	3.073,59																		
	VI	34.683	1.907,56	2.774,64	3.121,47																		
93.563,99	I	27.993	1.243,55	2.239,44	2.519,37	1.019,83	2.089,04	2.350,17	796,11	1.938,64	2.180,97	572,50	1.788,32	2.011,86	348,78	1.637,92	1.842,66	125,06	1.487,52	1.673,46	-	1.337,12	1.504,26
	II	26.204	1.030,65	2.096,32	2.358,36	806,93	1.945,92	2.189,16	583,21	1.795,52	2.019,96	359,49	1.645,12	1.850,76	135,77	1.494,72	1.681,56	-	1.344,32	1.512,36	-	1.195,92	1.345,41
	III	18.828	-	1.506,24	1.694,52	-	1.382,40	1.555,20	-	1.261,76	1.419,48	-	1.144,00	1.287,00	-	1.029,60	1.158,30	-	918,08	1.032,84	-	809,76	910,98
	IV	27.993	1.243,55	2.239,44	2.519,37	1.131,69	2.164,24	2.434,77	1.019,83	2.089,04	2.350,17	907,97	2.013,84	2.265,57	796,11	1.938,64	2.180,97	684,25	1.863,44	2.096,37	572,50	1.788,32	2.011,86
	V	34.167	1.879,18	2.733,36	3.075,03																		
	VI	34.698	1.908,39	2.775,84	3.122,82																		
93.599,99	I	28.008	1.245,33	2.240,64	2.520,72	1.021,61	2.090,24	2.351,52	798,01	1.939,92	2.182,41	574,29	1.789,52	2.013,21	350,57	1.639,12	1.844,01	126,85	1.488,72	1.674,81	-	1.338,32	1.505,61
	II	26.219	1.032,44	2.097,52	2.359,71	808,72	1.947,12	2.190,51	585,00	1.796,72	2.021,31	361,28	1.646,32	1.852,11	137,68	1.496,00	1.683,00	-	1.345,60	1.513,80	-	1.197,04	1.346,67
	III	18.840	-	1.507,20	1.695,60	-	1.383,36	1.556,28	-	1.262,72	1.420,56	-	1.144,96	1.288,08	-	1.030,40	1.159,20	-	919,04	1.033,92	-	810,56	911,88
	IV	28.008	1.245,33	2.240,64	2.520,72	1.133,47	2.165,44	2.436,12	1.021,61	2.090,24	2.351,52	909,87	2.015,12	2.267,01	798,01	1.939,92	2.182,41	686,15	1.864,72	2.097,81	574,29	1.789,52	2.013,21
	V	34.182	1.880,01	2.734,56	3.076,38																		
	VI	34.713	1.909,21	2.777,04	3.124,17																		
93.635,99	I	28.024	1.247,23	2.241,92	2.522,16	1.023,51	2.091,52	2.352,96	799,79	1.941,12	2.183,76	576,07	1.790,72	2.014,56	352,35	1.640,32	1.845,36	128,63	1.489,92	1.676,16	-	1.339,52	1.506,96
	II	26.234	1.034,22	2.098,72	2.361,06	810,50	1.948,32	2.191,86	586,78	1.797,92	2.022,66	363,18	1.647,60	1.853,55	139,46	1.497,20	1.684,35	-	1.346,80	1.515,15	-	1.198,24	1.348,02
	III	18.854	-	1.508,32	1.696,86	-	1.384,32	1.557,36	-	1.263,68	1.421,64	-	1.145,92	1.289,16	-	1.031,36	1.160,28	-	919,84	1.034,82	-	811,36	912,78
	IV	28.024	1.247,23	2.241,92	2.522,16	1.135,37	2.166,72	2.437,56	1.023,51	2.091,52	2.352,96	911,65	2.016,32	2.268,36	799,79	1.941,12	2.183,76	687,93	1.865,92	2.099,16	576,07	1.790,72	2.014,56
	V	34.197	1.880,83	2.735,76	3.077,73																		
	VI	34.729	1.910,09	2.778,32	3.125,61																		
93.671,99	I	28.039	1.249,02	2.243,12	2.523,51	1.025,30	2.092,72	2.354,31	801,58	1.942,32	2.185,11	577,86	1.791,92	2.015,91	354,14	1.641,52	1.846,71	130,42	1.491,12	1.677,51	-	1.340,72	1.508,31
	II	26.249	1.036,01	2.099,92	2.362,41	812,41	1.949,60	2.193,30	588,69	1.799,20	2.024,10	364,97	1.648,80	1.854,90	141,25	1.498,40	1.685,70	-	1.348,00	1.516,50	-	1.199,36	1.349,28
	III	18.866	-	1.509,28	1.697,94	-	1.385,44	1.558,62	-	1.264,64	1.422,72	-	1.146,88	1.290,24	-	1.032,32	1.161,36	-	920,80	1.035,90	-	812,32	913,86
	IV	28.039	1.249,02	2.243,12	2.523,51	1.137,16	2.167,92	2.438,91	1.025,30	2.092,72	2.354,31	913,44	2.017,52	2.269,71	801,58	1.942,32	2.185,11	689,72	1.867,12	2.100,51	577,86	1.791,92	2.015,91
	V	34.212	1.881,66	2.736,96	3.079,08																		
	VI	34.744	1.910,92	2.779,52	3.126,96																		
93.707,99	I	28.054	1.250,80	2.244,32	2.524,86	1.027,08	2.093,92	2.355,66	803,36	1.943,52	2.186,46	579,64	1.793,12	2.017,26	355,92	1.642,72	1.848,06	132,20	1.492,32	1.678,86	-	1.341,92	1.509,66
	II	26.265	1.037,91	2.101,20	2.363,85	814,19	1.950,80	2.194,65	590,47	1.800,40	2.025,45	366,75	1.650,00	1.856,25	143,03	1.499,60	1.687,05	-	1.349,20	1.517,85	-	1.200,56	1.350,63
	III	18.878	-	1.510,24	1.699,02	-	1.386,40	1.559,70	-	1.265,60	1.423,80	-	1.147,84	1.291,32	-	1.033,12	1.162,26	-	921,60	1.036,80	-	813,12	914,76
	IV	28.054	1.250,80	2.244,32	2.524,86	1.138,94	2.169,12	2.440,26	1.027,08	2.093,92	2.355,66	915,22	2.018,72	2.271,06	803,36	1.943,52	2.186,46	691,50	1.868,32	2.101,86	579,64	1.793,12	2.017,26
	V	34.227	1.882,48	2.738,16	3.080,43																		
	VI	34.759	1.911,74	2.780,72	3.128,31																		
93.743,99	I	28.069	1.252,59	2.245,52	2.526,21	1.028,87	2.095,12	2.357,01	805,15	1.944,72	2.187,81	581,43	1.794,32	2.018,61	357,71	1.643,92	1.849,41	133,99	1.493,52	1.680,21	-	1.343,12	1.511,01
	II	26.280	1.039,70	2.102,40	2.365,20	815,98	1.952,00	2.196,00	592,26	1.801,60	2.026,80	368,54	1.651,20	1.857,60	144,82	1.500,80	1.688,40	-	1.350,40	1.519,20	-	1.201,76	1.351,98
	III	18.890	-	1.511,20	1.700,10	-	1.387,36	1.560,78	-	1.266,56	1.424,88	-	1.148,80	1.292,40	-	1.034,08	1.163,34	-	922,56	1.037,88	-	814,08	915,84
	IV	28.069	1.252,59	2.245,52	2.526,21	1.140,73	2.170,32	2.441,61	1.028,87	2.095,12	2.357,01	917,01	2.019,92	2.272,41	805,15	1.944,72	2.187,81	693,29	1.869,52	2.103,21	581,43	1.794,32	2.018,61
	V	34.242	1.883,31	2.739,36	3.081,78																		
	VI	34.774	1.912,57	2.781,92	3.129,66																		
93.779,99	I	28.084	1.254,37	2.246,72	2.527,56	1.030,65	2.096,32	2.358,36	806,93	1.945,92	2.189,16	583,21	1.795,52	2.019,96	359,49	1.645,12	1.850,76	135,77	1.494,72	1.681,56	-	1.344,32	1.512,36
	II	26.295	1.041,48	2.103,60	2.366,55	817,76	1.953,20	2.197,35	594,04	1.802,80	2.028,15	370,32	1.652,40	1.858,95	146,60	1.502,00	1.689,75	-	1.351,60	1.520,55	-	1.202,88	1.353,24
	III	18.904	-	1.512,32	1.701,36	-	1.388,32	1.561,86	-	1.267,52	1.425,96	-	1.149,76	1.293,48	-	1.035,04	1.164,42	-	923,36	1.038,78	-	814,88	916,74
	IV	28.084	1.254,37	2.246,72	2.527,56	1.142,51	2.171,52	2.442,96	1.030,65	2.096,32	2.358,36	918,79	2.021,12	2.273,76	806,93	1.945,92	2.189,16	695,07	1.870,72	2.104,56	583,21	1.795,52	2.019,96
	V	34.257	1.884,13	2.740,56	3.083,13																		
	VI	34.789	1.913,39	2.783,12	3.131,01																		
93.815,99	I	28.099	1.256,16	2.247,92	2.528,91	1.032,44	2.097,52	2.359,71	808,72	1.947,12	2.190,51	585,00	1.796,72	2.021,31	361,28	1.646,32	1.852,11	137,68	1.496,00	1.683,00	-	1.345,60	1.513,80
	II	26.310	1.043,27	2.104,80	2.367,90	819,55	1.954,40	2.198,70	595,83	1.804,00	2.029,50	372,11	1.653,60	1.860,30	148,39	1.503,20	1.691,10	-	1.352,80	1.521,90	-	1.204,08	1.354,59
	III	18.916	-	1.513,28	1.702,44	-	1.389,28	1.562,94	-	1.268,48	1.427,04	-	1.150,56	1.294,38	-	1.035,84	1.165,32	-	924,32	1.039,86	-	815,68	917,64
	IV	28.099	1.256,16	2.247,92	2.528,91	1.144,30	2.172,72	2.444,31	1.032,44	2.097,52	2.359,71	920,58	2.022,32	2.275,11	808,72	1.947,12	2.190,51	696,86	1.871,92	2.105,91	585,00	1.796,72	2.021,31
	V	34.272	1.884,96	2.741,76	3.084,48																		
	VI	34.804	1.914,22	2.784,32	3.132,36																		
93.851,99	I	28.114	1.257,94	2.249,12	2.530,26	1.034,22	2.098,72	2.361,06	810,50	1.948,32	2.191,86	586,78	1.797,92	2.022,66	363,18	1.647,60	1.853,55	139,46	1.497,20	1.684,35	-	1.346,80	1.515,15
	II	26.325	1.045,05	2.106,00	2.369,25	821,33	1.955,60	2.200,05	597,61	1.805,20	2.030,85	373,89	1.654,80	1.861,65	150,17	1.504,40	1.692,45	-	1.354,00	1.523,25	-	1.205,28	1.355,94
	III	18.928	-	1.514,24	1.703,52	-	1.390,24	1.564,02	-	1.269,44	1.428,12	-	1.151,52	1.295,46	-	1.036,80	1.166,40	-	925,12	1.040,76	-	816,64	918,72
	IV	28.114	1.257,94	2.249,12	2.530,26	1.146,08	2.173,92	2.445,66	1.034,22	2.098,72	2.361,06	922,36	2.023,52	2.276,46	810,50	1.948,32	2.191,86	698,64	1.873,12	2.107,26	586,78	1.797,92	2.022,66
	V	34.288	1.885,84	2.743,04	3.085,92																		
	VI	34.819	1.915,04	2.785,52	3.133,71																		
93.887,99	I	28.129	1.259,73	2.250,32	2.531,61	1.036,01	2.099,92	2.362,41	812,41	1.949,60	2.193,30	588,69	1.799,20	2.024,10	364,97	1.648,80	1.854,90	141,25	1.498,40	1.685,70	-	1.348,00	1.516,50
	II	26.340	1.046,84	2.107,20	2.370,60	823,12	1.956,80	2.201,40	599,40	1.806,40	2.032,20	375,68	1.656,00	1.863,00	151,96	1.505,60	1.693,80	-	1.355,28	1.524,69	-	1.206,40	1.357,20
	III	18.942	-	1.515,36	1.704,78	-	1.391,36	1.565,28	-	1.270,40	1.429,20	-	1.152,48	1.296,54	-	1.037,76	1.167,48	-	926,08	1.041,84	-	817,44	919,62
	IV	28.129	1.259,73	2.250,32	2.531,61	1.147,87	2.175,12	2.447,01	1.036,01	2.099,92	2.362,41	924,15	2.024,72	2.277,81	812,41	1.949,60	2.193,30	700,55	1.874,40	2.108,70	588,69	1.799,20	2.024,10
	V	34.303	1.886,66	2.744,24	3.087,27																		
	VI	34.834	1.915,87	2.786,72	3.135,06																		
93.923,99	I	28.144	1.261,51	2.251,52	2.532,96	1.037,91	2.101,20	2.363,85	814,19	1.950,80	2.194,65	590,47	1.800,40	2.025,45	366,75	1.650,00	1.856,25	143,03	1.499,60	1.687,05	-	1.349,20	1.517,85
	II	26.355	1.048,62	2.108,40	2.371,95	824,90	1.958,00	2.202,75	601,18	1.807,60	2.033,55	377,58	1.657,28	1.864,44	153,86	1.506,88	1.695,24	-	1.356,48	1.526,04	-	1.207,60	1.358,55
	III	18.954	-	1.516,32	1.705,86	-	1.392,32	1.566,36	-	1.271,36	1.430,28	-	1.153,44	1.297,62	-	1.038,56	1.168,38	-	926,88	1.042,74	-	818,24	920,52
	IV	28.144	1.261,51	2.251,52	2.532,96	1.149,77	2.176,40	2.448,45	1.037,91	2.101,20	2.363,85	926,05	2.026,00	2.279,25	814,19	1.950,80	2.194,65	702,33	1.875,60	2.110,05	590,47	1.800,40	2.025,45
	V	34.318	1.887,49	2.745,44	3.088,62																		
	VI	34.849	1.916,69	2.787,92	3.136,41																		
93.959,99	I	28.160	1.263,42	2.252,80	2.534,40	1.039,70	2.102,40	2.365,20	815,98	1.952,00	2.196,00	592,26	1.801,60	2.026,80	368,54	1.651,20	1.857,60	144,82	1.500,80	1.688,40	-	1.350,40	1.519,20
	II	26.370	1.050,41	2.109,60	2.373,30	826,69	1.959,20	2.204,10	603,09	1.808,88	2.034,99	379,37	1.658,48	1.865,79	155,65	1.508,08	1.696,59	-	1.357,68	1.527,39	-	1.208,80	1.359,90
	III	18.966	-	1.517,28	1.706,94	-	1.393,28	1.567,44	-	1.272,32	1.431,36	-	1.154,40	1.298,70	-	1.039,52	1.169,46	-	927,84	1.043,82	-	819,20	921,60
	IV	28.160	1.263,42	2.252,80	2.534,40	1.151,56	2.177,60	2.449,80	1.039,70	2.102,40	2.365,20	927,84	2.027,20	2.280,60	815,98	1.952,00	2.196,00	704,12	1.876,80	2.111,40	592,26	1.801,60	2.026,80
	V	34.333	1.888,31	2.746,64	3.089,97																		
	VI	34.865	1.917,57	2.789,20	3.137,85																		

Anzahl Kinderfreibeträge (nur Steuerklassen I–IV)

SolZ/KiSt lt. Tabelle nicht für Sonstige Bezüge anwendbar.

JAHR bis 94.499,99 €

Besondere Tabelle

Lohn/Gehalt bis	Steuerklasse	Lohnsteuer	ohne Kinderfreibetrag SolZ 5,5%	Kirchensteuer 8%	Kirchensteuer 9%	0,5 SolZ 5,5%	Kirchensteuer 8%	Kirchensteuer 9%	1,0 SolZ 5,5%	Kirchensteuer 8%	Kirchensteuer 9%	1,5 SolZ 5,5%	Kirchensteuer 8%	Kirchensteuer 9%	2,0 SolZ 5,5%	Kirchensteuer 8%	Kirchensteuer 9%	2,5 SolZ 5,5%	Kirchensteuer 8%	Kirchensteuer 9%	3,0 SolZ 5,5%	Kirchensteuer 8%	Kirchensteuer 9%
						Anzahl Kinderfreibeträge (nur Steuerklassen I–IV)																	
93.995,99	I	28.175	1.265,20	2.254,00	2.535,75	1.041,48	2.103,60	2.366,55	817,76	1.953,20	2.197,35	594,04	1.802,80	2.028,15	370,32	1.652,40	1.858,95	146,60	1.502,00	1.689,75	-	1.351,60	1.520,5
	II	26.386	1.052,31	2.110,88	2.374,74	828,59	1.960,48	2.205,54	604,87	1.810,08	2.036,34	381,15	1.659,68	1.867,14	157,43	1.509,28	1.697,94	-	1.358,88	1.528,74	-	1.210,00	1.361,2
	III	18.980	-	1.518,40	1.708,20	-	1.394,24	1.568,52	-	1.273,28	1.432,44	-	1.155,36	1.299,78	-	1.040,48	1.170,54	-	928,64	1.044,72	-	820,00	922,5
	IV	28.175	1.265,20	2.254,00	2.535,75	1.153,34	2.178,80	2.451,15	1.041,48	2.103,60	2.366,55	929,62	2.028,40	2.281,95	817,76	1.953,20	2.197,35	705,90	1.878,00	2.112,75	594,04	1.802,80	2.028,1
	V	34.348	1.889,14	2.747,84	3.091,32																		
	VI	34.880	1.918,40	2.790,40	3.139,20																		
94.031,99	I	28.190	1.266,99	2.255,20	2.537,10	1.043,27	2.104,80	2.367,90	819,55	1.954,40	2.198,70	595,83	1.804,00	2.029,50	372,11	1.653,60	1.860,30	148,39	1.503,20	1.691,10	-	1.352,80	1.521,9
	II	26.401	1.054,10	2.112,08	2.376,09	830,38	1.961,68	2.206,89	606,66	1.811,28	2.037,69	382,94	1.660,88	1.868,49	159,22	1.510,48	1.699,29	-	1.360,08	1.530,09	-	1.211,12	1.362,5
	III	18.992	-	1.519,36	1.709,28	-	1.395,20	1.569,60	-	1.274,24	1.433,52	-	1.156,16	1.300,68	-	1.041,44	1.171,62	-	929,60	1.045,80	-	820,96	923,5
	IV	28.190	1.266,99	2.255,20	2.537,10	1.155,13	2.180,00	2.452,50	1.043,27	2.104,80	2.367,90	931,41	2.029,60	2.283,30	819,55	1.954,40	2.198,70	707,69	1.879,20	2.114,10	595,83	1.804,00	2.029,5
	V	34.363	1.889,96	2.749,04	3.092,67																		
	VI	34.895	1.919,22	2.791,60	3.140,55																		
94.067,99	I	28.205	1.268,77	2.256,40	2.538,45	1.045,05	2.106,00	2.369,25	821,33	1.955,60	2.200,05	597,61	1.805,20	2.030,85	373,89	1.654,80	1.861,65	150,17	1.504,40	1.692,45	-	1.354,00	1.523,2
	II	26.416	1.055,88	2.113,28	2.377,44	832,16	1.962,88	2.208,24	608,44	1.812,48	2.039,04	384,72	1.662,08	1.869,84	161,00	1.511,68	1.700,64	-	1.361,28	1.531,44	-	1.212,32	1.363,8
	III	19.004	-	1.520,32	1.710,36	-	1.396,16	1.570,68	-	1.275,20	1.434,60	-	1.157,12	1.301,76	-	1.042,24	1.172,52	-	930,40	1.046,70	-	821,76	924,4
	IV	28.205	1.268,77	2.256,40	2.538,45	1.156,91	2.181,20	2.453,85	1.045,05	2.106,00	2.369,25	933,19	2.030,80	2.284,65	821,33	1.955,60	2.200,05	709,47	1.880,40	2.115,45	597,61	1.805,20	2.030,8
	V	34.378	1.890,79	2.750,24	3.094,02																		
	VI	34.910	1.920,05	2.792,80	3.141,90																		
94.103,99	I	28.220	1.270,56	2.257,60	2.539,80	1.046,84	2.107,20	2.370,60	823,12	1.956,80	2.201,40	599,40	1.806,40	2.032,20	375,68	1.656,00	1.863,00	151,96	1.505,60	1.693,80	-	1.355,28	1.524,6
	II	26.431	1.057,67	2.114,48	2.378,79	833,95	1.964,08	2.209,59	610,23	1.813,68	2.040,39	386,51	1.663,28	1.871,19	162,79	1.512,88	1.701,99	-	1.362,48	1.532,79	-	1.213,52	1.365,2
	III	19.018	-	1.521,44	1.711,62	-	1.397,12	1.571,76	-	1.276,16	1.435,68	-	1.158,08	1.302,84	-	1.043,20	1.173,60	-	931,36	1.047,78	-	822,56	925,3
	IV	28.220	1.270,56	2.257,60	2.539,80	1.158,70	2.182,40	2.455,20	1.046,84	2.107,20	2.370,60	934,98	2.032,00	2.286,00	823,12	1.956,80	2.201,40	711,26	1.881,60	2.116,80	599,40	1.806,40	2.032,2
	V	34.393	1.891,61	2.751,44	3.095,37																		
	VI	34.925	1.920,87	2.794,00	3.143,25																		
94.139,99	I	28.235	1.272,34	2.258,80	2.541,15	1.048,62	2.108,40	2.371,95	824,90	1.958,00	2.202,75	601,18	1.807,60	2.033,55	377,58	1.657,28	1.864,44	153,86	1.506,88	1.695,24	-	1.356,48	1.526,0
	II	26.446	1.059,45	2.115,68	2.380,14	835,73	1.965,28	2.210,94	612,01	1.814,88	2.041,74	388,29	1.664,48	1.872,54	164,57	1.514,08	1.703,34	-	1.363,68	1.534,14	-	1.214,64	1.366,4
	III	19.030	-	1.522,40	1.712,70	-	1.398,24	1.573,02	-	1.277,12	1.436,76	-	1.159,04	1.303,92	-	1.044,16	1.174,68	-	932,32	1.048,86	-	823,52	926,4
	IV	28.235	1.272,34	2.258,80	2.541,15	1.160,48	2.183,60	2.456,55	1.048,62	2.108,40	2.371,95	936,76	2.033,20	2.287,35	824,90	1.958,00	2.202,75	713,04	1.882,80	2.118,15	601,18	1.807,60	2.033,5
	V	34.408	1.892,44	2.752,64	3.096,72																		
	VI	34.940	1.921,70	2.795,20	3.144,60																		
94.175,99	I	28.250	1.274,13	2.260,00	2.542,50	1.050,41	2.109,60	2.373,30	826,69	1.959,20	2.204,10	603,09	1.808,88	2.034,99	379,37	1.658,48	1.865,79	155,65	1.508,08	1.696,59	-	1.357,68	1.527,3
	II	26.461	1.061,24	2.116,88	2.381,49	837,52	1.966,48	2.212,29	613,80	1.816,08	2.043,09	390,08	1.665,68	1.873,89	166,36	1.515,28	1.704,69	-	1.364,96	1.535,58	-	1.215,84	1.367,8
	III	19.042	-	1.523,36	1.713,78	-	1.399,20	1.574,10	-	1.278,08	1.437,84	-	1.160,00	1.305,00	-	1.044,96	1.175,58	-	933,12	1.049,76	-	824,32	927,3
	IV	28.250	1.274,13	2.260,00	2.542,50	1.162,27	2.184,80	2.457,90	1.050,41	2.109,60	2.373,30	938,55	2.034,40	2.288,70	826,69	1.959,20	2.204,10	714,95	1.884,08	2.119,59	603,09	1.808,88	2.034,9
	V	34.424	1.893,32	2.753,92	3.098,16																		
	VI	34.955	1.922,52	2.796,40	3.145,95																		
94.211,99	I	28.265	1.275,91	2.261,20	2.543,85	1.052,31	2.110,88	2.374,74	828,59	1.960,48	2.205,54	604,87	1.810,08	2.036,34	381,15	1.659,68	1.867,14	157,43	1.509,28	1.697,94	-	1.358,88	1.528,7
	II	26.476	1.063,02	2.118,08	2.382,84	839,30	1.967,68	2.213,64	615,58	1.817,28	2.044,44	391,86	1.666,88	1.875,24	168,26	1.516,56	1.706,13	-	1.366,16	1.536,93	-	1.217,04	1.369,1
	III	19.056	-	1.524,48	1.715,04	-	1.400,16	1.575,18	-	1.279,04	1.438,92	-	1.160,96	1.306,08	-	1.045,92	1.176,66	-	934,08	1.050,84	-	825,28	928,4
	IV	28.265	1.275,91	2.261,20	2.543,85	1.164,05	2.186,00	2.459,25	1.052,31	2.110,88	2.374,74	940,45	2.035,68	2.290,14	828,59	1.960,48	2.205,54	716,73	1.885,28	2.120,94	604,87	1.810,08	2.036,3
	V	34.439	1.894,14	2.755,12	3.099,51																		
	VI	34.970	1.923,35	2.797,60	3.147,30																		
94.247,99	I	28.281	1.277,82	2.262,48	2.545,29	1.054,10	2.112,08	2.376,09	830,38	1.961,68	2.206,89	606,66	1.811,28	2.037,69	382,94	1.660,88	1.868,49	159,22	1.510,48	1.699,29	-	1.360,08	1.530,0
	II	26.491	1.064,81	2.119,28	2.384,19	841,09	1.968,88	2.214,99	617,49	1.818,56	2.045,88	393,77	1.668,16	1.876,68	170,05	1.517,76	1.707,48	-	1.367,36	1.538,28	-	1.218,16	1.370,4
	III	19.068	-	1.525,44	1.716,12	-	1.401,12	1.576,26	-	1.280,00	1.440,00	-	1.161,92	1.307,16	-	1.046,88	1.177,74	-	934,88	1.051,74	-	826,08	929,3
	IV	28.281	1.277,82	2.262,48	2.545,29	1.165,96	2.187,28	2.460,69	1.054,10	2.112,08	2.376,09	942,24	2.036,88	2.291,49	830,38	1.961,68	2.206,89	718,52	1.886,48	2.122,29	606,66	1.811,28	2.037,6
	V	34.454	1.894,97	2.756,32	3.100,86																		
	VI	34.986	1.924,23	2.798,88	3.148,74																		
94.283,99	I	28.296	1.279,60	2.263,68	2.546,64	1.055,88	2.113,28	2.377,44	832,16	1.962,88	2.208,24	608,44	1.812,48	2.039,04	384,72	1.662,08	1.869,84	161,00	1.511,68	1.700,64	-	1.361,28	1.531,4
	II	26.506	1.066,59	2.120,48	2.385,54	842,99	1.970,16	2.216,43	619,27	1.819,76	2.047,23	395,55	1.669,36	1.878,03	171,83	1.518,96	1.708,83	-	1.368,56	1.539,63	-	1.219,36	1.371,7
	III	19.080	-	1.526,40	1.717,20	-	1.402,08	1.577,34	-	1.280,96	1.441,08	-	1.162,72	1.308,06	-	1.047,68	1.178,64	-	935,84	1.052,82	-	826,88	930,2
	IV	28.296	1.279,60	2.263,68	2.546,64	1.167,74	2.188,48	2.462,04	1.055,88	2.113,28	2.377,44	944,02	2.038,08	2.292,84	832,16	1.962,88	2.208,24	720,30	1.887,68	2.123,64	608,44	1.812,48	2.039,0
	V	34.469	1.895,79	2.757,52	3.102,21																		
	VI	35.001	1.925,05	2.800,08	3.150,09																		
94.319,99	I	28.311	1.281,39	2.264,88	2.547,99	1.057,67	2.114,48	2.378,79	833,95	1.964,08	2.209,59	610,23	1.813,68	2.040,39	386,51	1.663,28	1.871,19	162,79	1.512,88	1.701,99	-	1.362,48	1.532,7
	II	26.522	1.068,50	2.121,76	2.386,98	844,78	1.971,36	2.217,78	621,06	1.820,96	2.048,58	397,34	1.670,56	1.879,38	173,62	1.520,16	1.710,18	-	1.369,76	1.540,98	-	1.220,56	1.373,1
	III	19.094	-	1.527,52	1.718,46	-	1.403,04	1.578,42	-	1.281,92	1.442,16	-	1.163,68	1.309,14	-	1.048,64	1.179,72	-	936,64	1.053,72	-	827,84	931,3
	IV	28.311	1.281,39	2.264,88	2.547,99	1.169,53	2.189,68	2.463,39	1.057,67	2.114,48	2.378,79	945,81	2.039,28	2.294,19	833,95	1.964,08	2.209,59	722,09	1.888,88	2.124,99	610,23	1.813,68	2.040,3
	V	34.484	1.896,62	2.758,72	3.103,56																		
	VI	35.016	1.925,88	2.801,28	3.151,44																		
94.355,99	I	28.326	1.283,17	2.266,08	2.549,34	1.059,45	2.115,68	2.380,14	835,73	1.965,28	2.210,94	612,01	1.814,88	2.041,74	388,29	1.664,48	1.872,54	164,57	1.514,08	1.703,34	-	1.363,68	1.534,1
	II	26.537	1.070,28	2.122,96	2.388,33	846,56	1.972,56	2.219,13	622,84	1.822,16	2.049,93	399,12	1.671,76	1.880,73	175,40	1.521,36	1.711,53	-	1.370,96	1.542,33	-	1.221,76	1.374,4
	III	19.106	-	1.528,48	1.719,54	-	1.404,16	1.579,68	-	1.282,88	1.443,24	-	1.164,64	1.310,22	-	1.049,60	1.180,80	-	937,60	1.054,80	-	828,64	932,2
	IV	28.326	1.283,17	2.266,08	2.549,34	1.171,31	2.190,88	2.464,74	1.059,45	2.115,68	2.380,14	947,59	2.040,48	2.295,54	835,73	1.965,28	2.210,94	723,87	1.890,08	2.126,34	612,01	1.814,88	2.041,7
	V	34.499	1.897,44	2.759,92	3.104,91																		
	VI	35.031	1.926,70	2.802,48	3.152,79																		
94.391,99	I	28.341	1.284,96	2.267,28	2.550,69	1.061,24	2.116,88	2.381,49	837,52	1.966,48	2.212,29	613,80	1.816,08	2.043,09	390,08	1.665,68	1.873,89	166,36	1.515,28	1.704,69	-	1.364,96	1.535,5
	II	26.552	1.072,07	2.124,16	2.389,68	848,35	1.973,76	2.220,48	624,63	1.823,36	2.051,28	400,91	1.672,96	1.882,08	177,19	1.522,56	1.712,88	-	1.372,16	1.543,68	-	1.222,88	1.375,7
	III	19.118	-	1.529,44	1.720,62	-	1.405,12	1.580,76	-	1.283,84	1.444,32	-	1.165,60	1.311,30	-	1.050,56	1.181,88	-	938,40	1.055,70	-	829,60	933,3
	IV	28.341	1.284,96	2.267,28	2.550,69	1.173,10	2.192,08	2.466,09	1.061,24	2.116,88	2.381,49	949,38	2.041,68	2.296,89	837,52	1.966,48	2.212,29	725,66	1.891,28	2.127,69	613,80	1.816,08	2.043,0
	V	34.514	1.898,27	2.761,12	3.106,26																		
	VI	35.046	1.927,53	2.803,68	3.154,14																		
94.427,99	I	28.356	1.286,74	2.268,48	2.552,04	1.063,02	2.118,08	2.382,84	839,30	1.967,68	2.213,64	615,58	1.817,28	2.044,44	391,86	1.666,88	1.875,24	168,26	1.516,56	1.706,13	-	1.366,16	1.536,9
	II	26.567	1.073,85	2.125,36	2.391,03	850,13	1.974,96	2.221,83	626,41	1.824,56	2.052,63	402,69	1.674,16	1.883,43	178,97	1.523,76	1.714,23	-	1.373,36	1.545,03	-	1.224,08	1.377,0
	III	19.130	-	1.530,40	1.721,70	-	1.406,08	1.581,84	-	1.284,80	1.445,40	-	1.166,56	1.312,38	-	1.051,36	1.182,78	-	939,36	1.056,78	-	830,40	934,2
	IV	28.356	1.286,74	2.268,48	2.552,04	1.174,88	2.193,28	2.467,44	1.063,02	2.118,08	2.382,84	951,16	2.042,88	2.298,24	839,30	1.967,68	2.213,64	727,44	1.892,48	2.129,04	615,58	1.817,28	2.044,4
	V	34.529	1.899,09	2.762,32	3.107,61																		
	VI	35.061	1.928,35	2.804,88	3.155,49																		
94.463,99	I	28.371	1.288,53	2.269,68	2.553,39	1.064,81	2.119,28	2.384,19	841,09	1.968,88	2.214,99	617,49	1.818,56	2.045,88	393,77	1.668,16	1.876,68	170,05	1.517,76	1.707,48	-	1.367,36	1.538,2
	II	26.582	1.075,64	2.126,56	2.392,38	851,92	1.976,16	2.223,18	628,20	1.825,76	2.053,98	404,48	1.675,36	1.884,78	180,76	1.524,96	1.715,58	-	1.374,56	1.546,38	-	1.225,28	1.378,4
	III	19.144	-	1.531,52	1.722,96	-	1.407,04	1.582,92	-	1.285,76	1.446,48	-	1.167,52	1.313,46	-	1.052,32	1.183,86	-	940,32	1.057,86	-	831,20	935,1
	IV	28.371	1.288,53	2.269,68	2.553,39	1.176,67	2.194,48	2.468,79	1.064,81	2.119,28	2.384,19	952,95	2.044,08	2.299,59	841,09	1.968,88	2.214,99	729,23	1.893,68	2.130,39	617,49	1.818,56	2.045,8
	V	34.545	1.899,97	2.763,60	3.109,05																		
	VI	35.076	1.929,18	2.806,08	3.156,84																		
94.499,99	I	28.386	1.290,31	2.270,88	2.554,74	1.066,59	2.120,48	2.385,54	842,99	1.970,16	2.216,43	619,27	1.819,76	2.047,23	395,55	1.669,36	1.878,03	171,83	1.518,96	1.708,83	-	1.368,56	1.539,6
	II	26.597	1.077,42	2.127,76	2.393,73	853,70	1.977,36	2.224,53	629,98	1.826,96	2.055,33	406,26	1.676,56	1.886,13	182,66	1.526,24	1.717,02	-	1.375,84	1.547,82	-	1.226,48	1.379,7
	III	19.156	-	1.532,48	1.724,04	-	1.408,00	1.584,00	-	1.286,72	1.447,56	-	1.168,48	1.314,54	-	1.053,28	1.184,94	-	941,12	1.058,76	-	832,16	936,1
	IV	28.386	1.290,31	2.270,88	2.554,74	1.178,45	2.195,68	2.470,14	1.066,59	2.120,48	2.385,54	954,85	2.045,36	2.301,03	842,99	1.970,16	2.216,43	731,13	1.894,96	2.131,83	619,27	1.819,76	2.047,2
	V	34.560	1.900,80	2.764,80	3.110,40																		
	VI	35.091	1.930,00	2.807,28	3.158,19																		

SolZ/KiSt lt. Tabelle nicht für Sonstige Bezüge anwendbar.

Lohn/ Gehalt bis	Steuerklasse	Lohn-steuer	ohne Kinderfreibetrag			Anzahl Kinderfreibeträge (nur Steuerklassen I–IV)																	
						0,5			1,0			1,5			2,0			2,5			3,0		
			SolZ 5,5%	Kirchensteuer 8%	9%	SolZ 5,5%	Kirchensteuer 8%	9%	SolZ 5,5%	Kirchensteuer 8%	9%	SolZ 5,5%	Kirchensteuer 8%	9%	SolZ 5,5%	Kirchensteuer 8%	9%	SolZ 5,5%	Kirchensteuer 8%	9%	SolZ 5,5%	Kirchensteuer 8%	9%
94.535,99	I	28.402	1.292,22	2.272,16	2.556,18	1.068,50	2.121,76	2.386,98	844,78	1.971,36	2.217,78	621,06	1.820,96	2.048,58	397,34	1.670,56	1.879,38	173,62	1.520,16	1.710,18	-	1.369,76	1.540,98
	II	26.612	1.079,21	2.128,96	2.395,08	855,49	1.978,56	2.225,88	631,77	1.828,16	2.056,68	408,17	1.677,84	1.887,57	184,45	1.527,44	1.718,37	-	1.377,04	1.549,17	-	1.227,60	1.381,05
	III	19.168	-	1.533,44	1.725,12	-	1.409,12	1.585,26	-	1.287,68	1.448,64	-	1.169,28	1.315,44	-	1.054,08	1.185,84	-	942,08	1.059,84	-	832,96	937,08
	IV	28.402	1.292,22	2.272,16	2.556,18	1.180,36	2.196,96	2.471,58	1.068,50	2.121,76	2.386,98	956,64	2.046,56	2.302,38	844,78	1.971,36	2.217,78	732,92	1.896,16	2.133,18	621,06	1.820,96	2.048,58
	V	34.575	1.901,62	2.766,00	3.111,75																		
	VI	35.107	1.930,88	2.808,56	3.159,63																		
94.571,99	I	28.417	1.294,00	2.273,36	2.557,53	1.070,28	2.122,96	2.388,33	846,56	1.972,56	2.219,13	622,84	1.822,16	2.049,93	399,12	1.671,76	1.880,73	175,40	1.521,36	1.711,53	-	1.370,96	1.542,33
	II	26.627	1.080,99	2.130,16	2.396,43	857,39	1.979,84	2.227,32	633,67	1.829,44	2.058,12	409,95	1.679,04	1.888,92	186,23	1.528,64	1.719,72	-	1.378,24	1.550,52	-	1.228,80	1.382,40
	III	19.182	-	1.534,56	1.726,38	-	1.410,08	1.586,34	-	1.288,64	1.449,72	-	1.170,24	1.316,52	-	1.055,04	1.186,92	-	942,88	1.060,74	-	833,92	938,16
	IV	28.417	1.294,00	2.273,36	2.557,53	1.182,14	2.198,16	2.472,93	1.070,28	2.122,96	2.388,33	958,42	2.047,76	2.303,73	846,56	1.972,56	2.219,13	734,70	1.897,36	2.134,53	622,84	1.822,16	2.049,93
	V	34.590	1.902,45	2.767,20	3.113,10																		
	VI	35.122	1.931,71	2.809,76	3.160,98																		
94.607,99	I	28.432	1.295,79	2.274,56	2.558,88	1.072,07	2.124,16	2.389,68	848,35	1.973,76	2.220,48	624,63	1.823,36	2.051,28	400,91	1.672,96	1.882,08	177,19	1.522,56	1.712,88	-	1.372,16	1.543,68
	II	26.643	1.082,90	2.131,44	2.397,87	859,18	1.981,04	2.228,67	635,46	1.830,64	2.059,47	411,74	1.680,24	1.890,27	188,02	1.529,84	1.721,07	-	1.379,44	1.551,87	-	1.230,00	1.383,75
	III	19.194	-	1.535,52	1.727,46	-	1.411,04	1.587,42	-	1.289,60	1.450,80	-	1.171,20	1.317,60	-	1.056,00	1.188,00	-	943,84	1.061,82	-	834,72	939,06
	IV	28.432	1.295,79	2.274,56	2.558,88	1.183,93	2.199,36	2.474,28	1.072,07	2.124,16	2.389,68	960,21	2.048,96	2.305,08	848,35	1.973,76	2.220,48	736,49	1.898,56	2.135,88	624,63	1.823,36	2.051,28
	V	34.605	1.903,27	2.768,40	3.114,45																		
	VI	35.137	1.932,53	2.810,96	3.162,33																		
94.643,99	I	28.447	1.297,57	2.275,76	2.560,23	1.073,85	2.125,36	2.391,03	850,13	1.974,96	2.221,83	626,41	1.824,56	2.052,63	402,69	1.674,16	1.883,43	178,97	1.523,76	1.714,23	-	1.373,36	1.545,03
	II	26.658	1.084,68	2.132,64	2.399,22	860,96	1.982,24	2.230,02	637,24	1.831,84	2.060,82	413,52	1.681,44	1.891,62	189,80	1.531,04	1.722,42	-	1.380,64	1.553,22	-	1.231,20	1.385,10
	III	19.206	-	1.536,48	1.728,54	-	1.412,00	1.588,50	-	1.290,56	1.451,88	-	1.172,16	1.318,68	-	1.056,96	1.189,08	-	944,64	1.062,72	-	835,52	939,96
	IV	28.447	1.297,57	2.275,76	2.560,23	1.185,71	2.200,56	2.475,63	1.073,85	2.125,36	2.391,03	961,99	2.050,16	2.306,43	850,13	1.974,96	2.221,83	738,27	1.899,76	2.137,23	626,41	1.824,56	2.052,63
	V	34.620	1.904,10	2.769,60	3.115,80																		
	VI	35.152	1.933,36	2.812,16	3.163,68																		
94.679,99	I	28.462	1.299,36	2.276,96	2.561,58	1.075,64	2.126,56	2.392,38	851,92	1.976,16	2.223,18	628,20	1.825,76	2.053,98	404,48	1.675,36	1.884,78	180,76	1.524,96	1.715,58	-	1.374,56	1.546,38
	II	26.673	1.086,47	2.133,84	2.400,57	862,75	1.983,44	2.231,37	639,03	1.833,04	2.062,17	415,31	1.682,64	1.892,97	191,59	1.532,24	1.723,77	-	1.381,84	1.554,57	-	1.232,40	1.386,45
	III	19.220	-	1.537,60	1.729,80	-	1.412,96	1.589,58	-	1.291,52	1.452,96	-	1.173,12	1.319,76	-	1.057,76	1.189,98	-	945,60	1.063,80	-	836,48	941,04
	IV	28.462	1.299,36	2.276,96	2.561,58	1.187,50	2.201,76	2.476,98	1.075,64	2.126,56	2.392,38	963,78	2.051,36	2.307,78	851,92	1.976,16	2.223,18	740,06	1.900,96	2.138,58	628,20	1.825,76	2.053,98
	V	34.635	1.904,92	2.770,80	3.117,15																		
	VI	35.167	1.934,18	2.813,36	3.165,03																		
94.715,99	I	28.477	1.301,14	2.278,16	2.562,93	1.077,42	2.127,76	2.393,73	853,70	1.977,36	2.224,53	629,98	1.826,96	2.055,33	406,26	1.676,56	1.886,13	182,66	1.526,24	1.717,02	-	1.375,84	1.547,82
	II	26.688	1.088,25	2.135,04	2.401,92	864,53	1.984,64	2.232,72	640,81	1.834,24	2.063,52	417,09	1.683,84	1.894,32	193,37	1.533,44	1.725,12	-	1.383,04	1.555,92	-	1.233,52	1.387,71
	III	19.232	-	1.538,56	1.730,88	-	1.413,92	1.590,66	-	1.292,48	1.454,04	-	1.174,08	1.320,84	-	1.058,72	1.191,06	-	946,40	1.064,70	-	837,28	941,94
	IV	28.477	1.301,14	2.278,16	2.562,93	1.189,28	2.202,96	2.478,33	1.077,42	2.127,76	2.393,73	965,56	2.052,56	2.309,13	853,70	1.977,36	2.224,53	741,84	1.902,16	2.139,93	629,98	1.826,96	2.055,33
	V	34.650	1.905,75	2.772,00	3.118,50																		
	VI	35.182	1.935,01	2.814,56	3.166,38																		
94.751,99	I	28.492	1.302,93	2.279,36	2.564,28	1.079,21	2.128,96	2.395,08	855,49	1.978,56	2.225,88	631,77	1.828,16	2.056,68	408,17	1.677,84	1.887,57	184,45	1.527,44	1.718,37	-	1.377,04	1.549,17
	II	26.703	1.090,04	2.136,24	2.403,27	866,32	1.985,84	2.234,07	642,60	1.835,44	2.064,87	418,88	1.685,04	1.895,67	195,16	1.534,64	1.726,47	-	1.384,24	1.557,27	-	1.234,72	1.389,06
	III	19.246	-	1.539,68	1.732,14	-	1.415,04	1.591,92	-	1.293,44	1.455,12	-	1.175,04	1.321,92	-	1.059,68	1.192,14	-	947,36	1.065,78	-	838,24	943,02
	IV	28.492	1.302,93	2.279,36	2.564,28	1.191,07	2.204,16	2.479,68	1.079,21	2.128,96	2.395,08	967,35	2.053,76	2.310,48	855,49	1.978,56	2.225,88	743,63	1.903,36	2.141,28	631,77	1.828,16	2.056,68
	V	34.666	1.906,63	2.773,28	3.119,94																		
	VI	35.197	1.935,83	2.815,76	3.167,73																		
94.787,99	I	28.507	1.304,71	2.280,56	2.565,63	1.080,99	2.130,16	2.396,43	857,39	1.979,84	2.227,32	633,67	1.829,44	2.058,12	409,95	1.679,04	1.888,92	186,23	1.528,64	1.719,72	-	1.378,24	1.550,52
	II	26.718	1.091,82	2.137,44	2.404,62	868,10	1.987,04	2.235,42	644,38	1.836,64	2.066,22	420,66	1.686,24	1.897,02	196,94	1.535,84	1.727,82	-	1.385,52	1.558,71	-	1.235,92	1.390,41
	III	19.258	-	1.540,64	1.733,22	-	1.416,00	1.593,00	-	1.294,40	1.456,20	-	1.176,00	1.323,00	-	1.060,48	1.193,04	-	948,32	1.066,86	-	839,04	943,92
	IV	28.507	1.304,71	2.280,56	2.565,63	1.192,85	2.205,36	2.481,03	1.080,99	2.130,16	2.396,43	969,13	2.054,96	2.311,83	857,39	1.979,84	2.227,32	745,53	1.904,64	2.142,72	633,67	1.829,44	2.058,12
	V	34.681	1.907,45	2.774,48	3.121,29																		
	VI	35.212	1.936,66	2.816,96	3.169,08																		
94.823,99	I	28.522	1.306,50	2.281,76	2.566,98	1.082,90	2.131,44	2.397,87	859,18	1.981,04	2.228,67	635,46	1.830,64	2.059,47	411,74	1.680,24	1.890,27	188,02	1.529,84	1.721,07	-	1.379,44	1.551,87
	II	26.733	1.093,61	2.138,64	2.405,97	869,89	1.988,24	2.236,77	646,17	1.837,84	2.067,57	422,56	1.687,52	1.898,46	198,84	1.537,12	1.729,26	-	1.386,72	1.560,06	-	1.237,12	1.391,76
	III	19.270	-	1.541,60	1.734,30	-	1.416,96	1.594,08	-	1.295,36	1.457,28	-	1.176,80	1.323,90	-	1.061,44	1.194,12	-	949,12	1.067,76	-	839,84	944,82
	IV	28.522	1.306,50	2.281,76	2.566,98	1.194,76	2.206,64	2.482,47	1.082,90	2.131,44	2.397,87	971,04	2.056,24	2.313,27	859,18	1.981,04	2.228,67	747,32	1.905,84	2.144,07	635,46	1.830,64	2.059,47
	V	34.696	1.908,28	2.775,68	3.122,64																		
	VI	35.227	1.937,48	2.818,16	3.170,43																		
94.859,99	I	28.538	1.308,40	2.283,04	2.568,42	1.084,68	2.132,64	2.399,22	860,96	1.982,24	2.230,02	637,24	1.831,84	2.060,82	413,52	1.681,44	1.891,62	189,80	1.531,04	1.722,42	-	1.380,64	1.553,22
	II	26.748	1.095,39	2.139,84	2.407,32	871,67	1.989,44	2.238,12	648,07	1.839,12	2.069,01	424,35	1.688,72	1.899,81	200,63	1.538,32	1.730,61	-	1.387,92	1.561,41	-	1.238,32	1.393,11
	III	19.284	-	1.542,72	1.735,56	-	1.417,92	1.595,16	-	1.296,32	1.458,36	-	1.177,76	1.324,98	-	1.062,40	1.195,20	-	950,08	1.068,84	-	840,80	945,90
	IV	28.538	1.308,40	2.283,04	2.568,42	1.196,54	2.207,84	2.483,82	1.084,68	2.132,64	2.399,22	972,82	2.057,44	2.314,62	860,96	1.982,24	2.230,02	749,10	1.907,04	2.145,42	637,24	1.831,84	2.060,82
	V	34.711	1.909,10	2.776,88	3.123,99																		
	VI	35.243	1.938,36	2.819,44	3.171,87																		
94.895,99	I	28.553	1.310,19	2.284,24	2.569,77	1.086,47	2.133,84	2.400,57	862,75	1.983,44	2.231,37	639,03	1.833,04	2.062,17	415,31	1.682,64	1.892,97	191,59	1.532,24	1.723,77	-	1.381,84	1.554,57
	II	26.764	1.097,29	2.141,12	2.408,76	873,57	1.990,72	2.239,56	649,85	1.840,32	2.070,36	426,13	1.689,92	1.901,16	202,41	1.539,52	1.731,96	-	1.389,12	1.562,76	-	1.239,44	1.394,37
	III	19.296	-	1.543,68	1.736,64	-	1.418,88	1.596,24	-	1.297,28	1.459,44	-	1.178,72	1.326,06	-	1.063,36	1.196,28	-	950,88	1.069,74	-	841,60	946,80
	IV	28.553	1.310,19	2.284,24	2.569,77	1.198,33	2.209,04	2.485,17	1.086,47	2.133,84	2.400,57	974,61	2.058,64	2.315,97	862,75	1.983,44	2.231,37	750,89	1.908,24	2.146,77	639,03	1.833,04	2.062,17
	V	34.726	1.909,93	2.778,08	3.125,34																		
	VI	35.258	1.939,19	2.820,64	3.173,22																		
94.931,99	I	28.568	1.311,97	2.285,44	2.571,12	1.088,25	2.135,04	2.401,92	864,53	1.984,64	2.232,72	640,81	1.834,24	2.063,52	417,09	1.683,84	1.894,32	193,37	1.533,44	1.725,12	-	1.383,04	1.555,92
	II	26.779	1.099,08	2.142,32	2.410,11	875,36	1.991,92	2.240,91	651,64	1.841,52	2.071,71	427,92	1.691,12	1.902,51	204,20	1.540,72	1.733,31	-	1.390,32	1.564,11	-	1.240,64	1.395,72
	III	19.308	-	1.544,64	1.737,72	-	1.420,00	1.597,50	-	1.298,24	1.460,52	-	1.179,68	1.327,14	-	1.064,16	1.197,18	-	951,84	1.070,82	-	842,56	947,88
	IV	28.568	1.311,97	2.285,44	2.571,12	1.200,11	2.210,24	2.486,52	1.088,25	2.135,04	2.401,92	976,39	2.059,84	2.317,32	864,53	1.984,64	2.232,72	752,67	1.909,44	2.148,12	640,81	1.834,24	2.063,52
	V	34.741	1.910,75	2.779,28	3.126,69																		
	VI	35.273	1.940,01	2.821,84	3.174,57																		
94.967,99	I	28.583	1.313,76	2.286,64	2.572,47	1.090,04	2.136,24	2.403,27	866,32	1.985,84	2.234,07	642,60	1.835,44	2.064,87	418,88	1.685,04	1.895,67	195,16	1.534,64	1.726,47	-	1.384,24	1.557,27
	II	26.794	1.100,86	2.143,52	2.411,46	877,14	1.993,12	2.242,26	653,42	1.842,72	2.073,06	429,70	1.692,32	1.903,86	205,98	1.541,92	1.734,66	-	1.391,52	1.565,46	-	1.241,84	1.397,07
	III	19.322	-	1.545,76	1.738,98	-	1.420,96	1.598,58	-	1.299,20	1.461,60	-	1.180,64	1.328,22	-	1.065,12	1.198,26	-	952,64	1.071,72	-	843,36	948,78
	IV	28.583	1.313,76	2.286,64	2.572,47	1.201,90	2.211,44	2.487,87	1.090,04	2.136,24	2.403,27	978,18	2.061,04	2.318,67	866,32	1.985,84	2.234,07	754,46	1.910,64	2.149,47	642,60	1.835,44	2.064,87
	V	34.756	1.911,58	2.780,48	3.128,04																		
	VI	35.288	1.940,84	2.823,04	3.175,92																		
95.003,99	I	28.598	1.315,54	2.287,84	2.573,82	1.091,82	2.137,44	2.404,62	868,10	1.987,04	2.235,42	644,38	1.836,64	2.066,22	420,66	1.686,24	1.897,02	196,94	1.535,84	1.727,82	-	1.385,52	1.558,71
	II	26.809	1.102,65	2.144,72	2.412,81	878,93	1.994,32	2.243,61	655,21	1.843,92	2.074,41	431,49	1.693,52	1.905,21	207,77	1.543,12	1.736,01	-	1.392,72	1.566,81	-	1.243,04	1.398,42
	III	19.334	-	1.546,72	1.740,06	-	1.421,92	1.599,66	-	1.300,16	1.462,68	-	1.181,60	1.329,30	-	1.066,08	1.199,34	-	953,60	1.072,80	-	844,16	949,68
	IV	28.598	1.315,54	2.287,84	2.573,82	1.203,68	2.212,64	2.489,22	1.091,82	2.137,44	2.404,62	979,96	2.062,24	2.320,02	868,10	1.987,04	2.235,42	756,24	1.911,84	2.150,82	644,38	1.836,64	2.066,22
	V	34.771	1.912,40	2.781,68	3.129,39																		
	VI	35.303	1.941,66	2.824,24	3.177,27																		
95.039,99	I	28.613	1.317,33	2.289,04	2.575,17	1.093,61	2.138,64	2.405,97	869,89	1.988,24	2.236,77	646,17	1.837,84	2.067,57	422,56	1.687,52	1.898,46	198,84	1.537,12	1.729,26	-	1.386,72	1.560,06
	II	26.824	1.104,43	2.145,92	2.414,16	880,71	1.995,52	2.244,96	656,99	1.845,12	2.075,76	433,27	1.694,72	1.906,56	209,55	1.544,32	1.737,36	-	1.393,92	1.568,16	-	1.244,24	1.399,77
	III	19.346	-	1.547,68	1.741,14	-	1.422,88	1.600,74	-	1.301,12	1.463,76	-	1.182,56	1.330,38	-	1.067,04	1.200,42	-	954,56	1.073,88	-	845,12	950,76
	IV	28.613	1.317,33	2.289,04	2.575,17	1.205,47	2.213,84	2.490,57	1.093,61	2.138,64	2.405,97	981,75	2.063,44	2.321,37	869,89	1.988,24	2.236,77	758,03	1.913,04	2.152,17	646,17	1.837,84	2.067,57
	V	34.786	1.913,23	2.782,88	3.130,74																		
	VI	35.318	1.942,49	2.825,44	3.178,62																		

SolZ/KiSt lt. Tabelle nicht für Sonstige Bezüge anwendbar.

Lohn/ Gehalt bis	Steuerklasse	Lohn-steuer	ohne Kinderfreibetrag SolZ 5,5%	Kirchensteuer 8%	9%	0,5 SolZ 5,5%	Kirchensteuer 8%	9%	1,0 SolZ 5,5%	Kirchensteuer 8%	9%	1,5 SolZ 5,5%	Kirchensteuer 8%	9%	2,0 SolZ 5,5%	Kirchensteuer 8%	9%	2,5 SolZ 5,5%	Kirchensteuer 8%	9%	3,0 SolZ 5,5%	Kirchensteue 8%	9%
						Anzahl Kinderfreibeträge (nur Steuerklassen I–IV)																	
95.075,99	I	28.628	1.319,11	2.290,24	2.576,52	1.095,39	2.139,84	2.407,32	871,67	1.989,44	2.238,12	648,07	1.839,12	2.069,01	424,35	1.688,72	1.899,81	200,63	1.538,32	1.730,61	-	1.387,92	1.561,
	II	26.839	1.106,22	2.147,12	2.415,51	882,50	1.996,72	2.246,31	658,78	1.846,32	2.077,11	435,06	1.695,92	1.907,91	211,34	1.545,52	1.738,71	-	1.395,20	1.569,60	-	1.245,36	1.401,
	III	19.360	-	1.548,80	1.742,40	-	1.423,84	1.601,82	-	1.302,08	1.464,84	-	1.183,52	1.331,46	-	1.067,84	1.201,32	-	955,36	1.074,78	-	845,92	951,
	IV	28.628	1.319,11	2.290,24	2.576,52	1.207,25	2.215,04	2.491,92	1.095,39	2.139,84	2.407,32	983,53	2.064,64	2.322,72	871,67	1.989,44	2.238,12	759,93	1.914,32	2.153,61	648,07	1.839,12	2.069,
	V	34.802	1.914,11	2.784,16	3.132,18																		
	VI	35.333	1.943,31	2.826,64	3.179,97																		
95.111,99	I	28.643	1.320,90	2.291,44	2.577,87	1.097,29	2.141,12	2.408,76	873,57	1.990,72	2.239,56	649,85	1.840,32	2.070,36	426,13	1.689,92	1.901,16	202,41	1.539,52	1.731,96	-	1.389,12	1.562,
	II	26.854	1.108,00	2.148,32	2.416,86	884,28	1.997,92	2.247,66	660,56	1.847,52	2.078,46	436,84	1.697,12	1.909,26	213,24	1.546,80	1.740,15	-	1.396,40	1.570,95	-	1.246,56	1.402,
	III	19.372	-	1.549,76	1.743,48	-	1.424,96	1.603,08	-	1.303,04	1.465,92	-	1.184,48	1.332,54	-	1.068,80	1.202,40	-	956,32	1.075,86	-	846,88	952,
	IV	28.643	1.320,90	2.291,44	2.577,87	1.209,04	2.216,24	2.493,27	1.097,29	2.141,12	2.408,76	985,43	2.065,92	2.324,16	873,57	1.990,72	2.239,56	761,71	1.915,52	2.154,96	649,85	1.840,32	2.070,
	V	34.817	1.914,93	2.785,36	3.133,53																		
	VI	35.348	1.944,14	2.827,84	3.181,32																		
95.147,99	I	28.659	1.322,80	2.292,72	2.579,31	1.099,08	2.142,32	2.410,11	875,36	1.991,92	2.240,91	651,64	1.841,52	2.071,71	427,92	1.691,12	1.902,51	204,20	1.540,72	1.733,31	-	1.390,32	1.564,
	II	26.869	1.109,79	2.149,52	2.418,21	886,07	1.999,12	2.249,01	662,47	1.848,80	2.079,90	438,75	1.698,40	1.910,70	215,03	1.548,00	1.741,50	-	1.397,60	1.572,30	-	1.247,76	1.403,
	III	19.384	-	1.550,72	1.744,56	-	1.425,92	1.604,16	-	1.304,00	1.467,00	-	1.185,28	1.333,44	-	1.069,76	1.203,48	-	957,12	1.076,76	-	847,68	953,
	IV	28.659	1.322,80	2.292,72	2.579,31	1.210,94	2.217,52	2.494,71	1.099,08	2.142,32	2.410,11	987,22	2.067,12	2.325,51	875,36	1.991,92	2.240,91	763,50	1.916,72	2.156,31	651,64	1.841,52	2.071,
	V	34.832	1.915,76	2.786,56	3.134,88																		
	VI	35.364	1.945,02	2.829,12	3.182,76																		
95.183,99	I	28.674	1.324,58	2.293,92	2.580,66	1.100,86	2.143,52	2.411,46	877,14	1.993,12	2.242,26	653,42	1.842,72	2.073,06	429,70	1.692,32	1.903,86	205,98	1.541,92	1.734,66	-	1.391,52	1.565,
	II	26.884	1.111,57	2.150,72	2.419,56	887,97	2.000,40	2.250,45	664,25	1.850,00	2.081,25	440,53	1.699,60	1.912,05	216,81	1.549,20	1.742,85	-	1.398,80	1.573,65	-	1.248,96	1.405,
	III	19.398	-	1.551,84	1.745,82	-	1.426,88	1.605,24	-	1.305,12	1.468,26	-	1.186,24	1.334,52	-	1.070,56	1.204,38	-	958,08	1.077,84	-	848,64	954,
	IV	28.674	1.324,58	2.293,92	2.580,66	1.212,72	2.218,72	2.496,06	1.100,86	2.143,52	2.411,46	989,00	2.068,32	2.326,86	877,14	1.993,12	2.242,26	765,28	1.917,92	2.157,66	653,42	1.842,72	2.073,
	V	34.847	1.916,58	2.787,76	3.136,23																		
	VI	35.379	1.945,84	2.830,32	3.184,11																		
95.219,99	I	28.689	1.326,37	2.295,12	2.582,01	1.102,65	2.144,72	2.412,81	878,93	1.994,32	2.243,61	655,21	1.843,92	2.074,41	431,49	1.693,52	1.905,21	207,77	1.543,12	1.736,01	-	1.392,72	1.566,
	II	26.900	1.113,48	2.152,00	2.421,00	889,76	2.001,60	2.251,80	666,04	1.851,20	2.082,60	442,32	1.700,80	1.913,40	218,60	1.550,40	1.744,20	-	1.400,00	1.575,00	-	1.250,16	1.406,
	III	19.410	-	1.552,80	1.746,90	-	1.427,84	1.606,32	-	1.306,08	1.469,34	-	1.187,20	1.335,60	-	1.071,52	1.205,46	-	958,88	1.078,74	-	849,44	955,
	IV	28.689	1.326,37	2.295,12	2.582,01	1.214,51	2.219,92	2.497,41	1.102,65	2.144,72	2.412,81	990,79	2.069,52	2.328,21	878,93	1.994,32	2.243,61	767,07	1.919,12	2.159,01	655,21	1.843,92	2.074,
	V	34.862	1.917,41	2.788,96	3.137,58																		
	VI	35.394	1.946,67	2.831,52	3.185,46																		
95.255,99	I	28.704	1.328,15	2.296,32	2.583,36	1.104,43	2.145,92	2.414,16	880,71	1.995,52	2.244,96	656,99	1.845,12	2.075,76	433,27	1.694,72	1.906,56	209,55	1.544,32	1.737,36	-	1.393,92	1.568,
	II	26.915	1.115,26	2.153,20	2.422,35	891,54	2.002,80	2.253,15	667,82	1.852,40	2.083,95	444,10	1.702,00	1.914,75	220,38	1.551,60	1.745,55	-	1.401,20	1.576,35	-	1.251,36	1.407,
	III	19.422	-	1.553,76	1.747,98	-	1.428,80	1.607,40	-	1.307,04	1.470,42	-	1.188,16	1.336,68	-	1.072,48	1.206,54	-	959,84	1.079,82	-	850,24	956,
	IV	28.704	1.328,15	2.296,32	2.583,36	1.216,29	2.221,12	2.498,76	1.104,43	2.145,92	2.414,16	992,57	2.070,72	2.329,56	880,71	1.995,52	2.244,96	768,85	1.920,32	2.160,36	656,99	1.845,12	2.075,
	V	34.877	1.918,23	2.790,16	3.138,93																		
	VI	35.409	1.947,49	2.832,72	3.186,81																		
95.291,99	I	28.719	1.329,94	2.297,52	2.584,71	1.106,22	2.147,12	2.415,51	882,50	1.996,72	2.246,31	658,78	1.846,32	2.077,11	435,06	1.695,92	1.907,91	211,34	1.545,52	1.738,71	-	1.395,20	1.569,
	II	26.930	1.117,05	2.154,40	2.423,70	893,33	2.004,00	2.254,50	669,61	1.853,60	2.085,30	445,89	1.703,20	1.916,10	222,17	1.552,80	1.746,90	-	1.402,40	1.577,70	-	1.252,56	1.409,
	III	19.436	-	1.554,88	1.749,24	-	1.429,92	1.608,66	-	1.308,00	1.471,50	-	1.189,12	1.337,76	-	1.073,44	1.207,62	-	960,80	1.080,90	-	851,20	957,
	IV	28.719	1.329,94	2.297,52	2.584,71	1.218,08	2.222,32	2.500,11	1.106,22	2.147,12	2.415,51	994,36	2.071,92	2.330,91	882,50	1.996,72	2.246,31	770,64	1.921,52	2.161,71	658,78	1.846,32	2.077,
	V	34.892	1.919,06	2.791,36	3.140,28																		
	VI	35.424	1.948,32	2.833,92	3.188,16																		
95.327,99	I	28.734	1.331,72	2.298,72	2.586,06	1.108,00	2.148,32	2.416,86	884,28	1.997,92	2.247,66	660,56	1.847,52	2.078,46	436,84	1.697,12	1.909,26	213,24	1.546,80	1.740,15	-	1.396,40	1.570,
	II	26.945	1.118,83	2.155,60	2.425,05	895,11	2.005,20	2.255,85	671,39	1.854,80	2.086,65	447,67	1.704,40	1.917,45	223,95	1.554,00	1.748,25	0,23	1.403,60	1.579,05	-	1.253,68	1.410,
	III	19.448	-	1.555,84	1.750,32	-	1.430,88	1.609,74	-	1.308,96	1.472,58	-	1.190,08	1.338,84	-	1.074,24	1.208,52	-	961,60	1.081,80	-	852,00	958,
	IV	28.734	1.331,72	2.298,72	2.586,06	1.219,86	2.223,52	2.501,46	1.108,00	2.148,32	2.416,86	996,14	2.073,12	2.332,26	884,28	1.997,92	2.247,66	772,42	1.922,72	2.163,06	660,56	1.847,52	2.078,
	V	34.907	1.919,88	2.792,56	3.141,63																		
	VI	35.439	1.949,14	2.835,12	3.189,51																		
95.363,99	I	28.749	1.333,51	2.299,92	2.587,41	1.109,79	2.149,52	2.418,21	886,07	1.999,12	2.249,01	662,47	1.848,80	2.079,90	438,75	1.698,40	1.910,70	215,03	1.548,00	1.741,50	-	1.397,60	1.572,
	II	26.960	1.120,62	2.156,80	2.426,40	896,90	2.006,40	2.257,20	673,18	1.856,00	2.088,00	449,46	1.705,60	1.918,80	225,74	1.555,20	1.749,60	2,02	1.404,80	1.580,40	-	1.254,88	1.411,
	III	19.462	-	1.556,96	1.751,58	-	1.431,84	1.610,82	-	1.309,92	1.473,66	-	1.191,04	1.339,92	-	1.075,20	1.209,60	-	962,56	1.082,88	-	852,96	959,
	IV	28.749	1.333,51	2.299,92	2.587,41	1.221,65	2.224,72	2.502,81	1.109,79	2.149,52	2.418,21	997,93	2.074,32	2.333,61	886,07	1.999,12	2.249,01	774,21	1.923,92	2.164,41	662,47	1.848,80	2.079,
	V	34.923	1.920,76	2.793,84	3.143,07																		
	VI	35.454	1.949,97	2.836,32	3.190,86																		
95.399,99	I	28.764	1.335,29	2.301,12	2.588,76	1.111,57	2.150,72	2.419,56	887,97	2.000,40	2.250,45	664,25	1.850,00	2.081,25	440,53	1.699,60	1.912,05	216,81	1.549,20	1.742,85	-	1.398,80	1.573,
	II	26.975	1.122,40	2.158,00	2.427,75	898,68	2.007,60	2.258,55	674,96	1.857,20	2.089,35	451,24	1.706,80	1.920,15	227,64	1.556,48	1.751,04	3,92	1.406,08	1.581,84	-	1.256,08	1.413,
	III	19.474	-	1.557,92	1.752,66	-	1.432,80	1.611,90	-	1.310,88	1.474,74	-	1.192,00	1.341,00	-	1.076,16	1.210,68	-	963,36	1.083,78	-	853,76	960,
	IV	28.764	1.335,29	2.301,12	2.588,76	1.223,43	2.225,92	2.504,16	1.111,57	2.150,72	2.419,56	999,83	2.075,60	2.335,05	887,97	2.000,40	2.250,45	776,11	1.925,20	2.165,85	664,25	1.850,00	2.081,
	V	34.938	1.921,59	2.795,04	3.144,42																		
	VI	35.469	1.950,79	2.837,52	3.192,21																		
95.435,99	I	28.780	1.337,20	2.302,40	2.590,20	1.113,48	2.152,00	2.421,00	889,76	2.001,60	2.251,80	666,04	1.851,20	2.082,60	442,32	1.700,80	1.913,40	218,60	1.550,40	1.744,20	-	1.400,00	1.575,
	II	26.990	1.124,19	2.159,20	2.429,10	900,47	2.008,80	2.259,90	676,75	1.858,40	2.090,70	453,15	1.708,08	1.921,59	229,43	1.557,68	1.752,39	5,71	1.407,28	1.583,19	-	1.257,28	1.414,
	III	19.486	-	1.558,88	1.753,74	-	1.433,76	1.612,98	-	1.311,84	1.475,82	-	1.192,96	1.342,08	-	1.077,12	1.211,76	-	964,32	1.084,86	-	854,72	961,
	IV	28.780	1.337,20	2.302,40	2.590,20	1.225,34	2.227,20	2.505,60	1.113,48	2.152,00	2.421,00	1.001,62	2.076,80	2.336,40	889,76	2.001,60	2.251,80	777,90	1.926,40	2.167,20	666,04	1.851,20	2.082,
	V	34.953	1.922,41	2.796,24	3.145,77																		
	VI	35.485	1.951,67	2.838,80	3.193,65																		
95.471,99	I	28.795	1.338,98	2.303,60	2.591,55	1.115,26	2.153,20	2.422,35	891,54	2.002,80	2.253,15	667,82	1.852,40	2.083,95	444,10	1.702,00	1.914,75	220,38	1.551,60	1.745,55	-	1.401,20	1.576,
	II	27.005	1.125,97	2.160,40	2.430,45	902,37	2.010,08	2.261,34	678,65	1.859,68	2.092,14	454,93	1.709,28	1.922,94	231,21	1.558,88	1.753,74	7,49	1.408,48	1.584,54	-	1.258,48	1.415,
	III	19.500	-	1.560,00	1.755,00	-	1.434,88	1.614,24	-	1.312,80	1.476,90	-	1.193,92	1.343,16	-	1.077,92	1.212,66	-	965,28	1.085,94	-	855,52	962,
	IV	28.795	1.338,98	2.303,60	2.591,55	1.227,12	2.228,40	2.506,95	1.115,26	2.153,20	2.422,35	1.003,40	2.078,00	2.337,75	891,54	2.002,80	2.253,15	779,68	1.927,60	2.168,55	667,82	1.852,40	2.083,
	V	34.968	1.923,24	2.797,44	3.147,12																		
	VI	35.500	1.952,50	2.840,00	3.195,00																		
95.507,99	I	28.810	1.340,77	2.304,80	2.592,90	1.117,05	2.154,40	2.423,70	893,33	2.004,00	2.254,50	669,61	1.853,60	2.085,30	445,89	1.703,20	1.916,10	222,17	1.552,80	1.746,90	-	1.402,40	1.577,
	II	27.021	1.127,88	2.161,68	2.431,89	904,16	2.011,28	2.262,69	680,44	1.860,88	2.093,49	456,72	1.710,48	1.924,29	233,00	1.560,08	1.755,09	9,28	1.409,68	1.585,89	-	1.259,68	1.417,
	III	19.512	-	1.560,96	1.756,08	-	1.435,84	1.615,32	-	1.313,76	1.477,98	-	1.194,72	1.344,06	-	1.078,88	1.213,74	-	966,08	1.086,84	-	856,32	963,
	IV	28.810	1.340,77	2.304,80	2.592,90	1.228,91	2.229,60	2.508,30	1.117,05	2.154,40	2.423,70	1.005,19	2.079,20	2.339,10	893,33	2.004,00	2.254,50	781,47	1.928,80	2.169,90	669,61	1.853,60	2.085,
	V	34.983	1.924,06	2.798,64	3.148,47																		
	VI	35.515	1.953,32	2.841,20	3.196,35																		
95.543,99	I	28.825	1.342,55	2.306,00	2.594,25	1.118,83	2.155,60	2.425,05	895,11	2.005,20	2.255,85	671,39	1.854,80	2.086,65	447,67	1.704,40	1.917,45	223,95	1.554,00	1.748,25	0,23	1.403,60	1.579,
	II	27.036	1.129,66	2.162,88	2.433,24	905,94	2.012,48	2.264,04	682,22	1.862,08	2.094,84	458,50	1.711,68	1.925,64	234,78	1.561,28	1.756,44	11,06	1.410,88	1.587,24	-	1.260,88	1.418,
	III	19.524	-	1.561,92	1.757,16	-	1.436,80	1.616,40	-	1.314,72	1.479,06	-	1.195,68	1.345,14	-	1.079,84	1.214,82	-	967,04	1.087,92	-	857,28	964,
	IV	28.825	1.342,55	2.306,00	2.594,25	1.230,69	2.230,80	2.509,65	1.118,83	2.155,60	2.425,05	1.006,97	2.080,40	2.340,45	895,11	2.005,20	2.255,85	783,25	1.930,00	2.171,25	671,39	1.854,80	2.086,
	V	34.998	1.924,89	2.799,84	3.149,82																		
	VI	35.530	1.954,15	2.842,40	3.197,70																		
95.579,99	I	28.840	1.344,34	2.307,20	2.595,60	1.120,62	2.156,80	2.426,40	896,90	2.006,40	2.257,20	673,18	1.856,00	2.088,00	449,46	1.705,60	1.918,80	225,74	1.555,20	1.749,60	2,02	1.404,80	1.580,
	II	27.051	1.131,45	2.164,08	2.434,59	907,73	2.013,68	2.265,39	684,01	1.863,28	2.096,19	460,29	1.712,88	1.926,99	236,57	1.562,48	1.757,79	12,85	1.412,08	1.588,59	-	1.262,08	1.419,
	III	19.538	-	1.563,04	1.758,42	-	1.437,76	1.617,48	-	1.315,68	1.480,14	-	1.196,64	1.346,22	-	1.080,80	1.215,90	-	967,84	1.088,82	-	858,08	965,
	IV	28.840	1.344,34	2.307,20	2.595,60	1.232,48	2.232,00	2.511,00	1.120,62	2.156,80	2.426,40	1.008,76	2.081,60	2.341,80	896,90	2.006,40	2.257,20	785,04	1.931,20	2.172,60	673,18	1.856,00	2.088,
	V	35.013	1.925,71	2.801,04	3.151,17																		
	VI	35.545	1.954,97	2.843,60	3.199,05																		

SolZ/KiSt lt. Tabelle nicht für Sonstige Bezüge anwendbar.

Lohn/ Gehalt bis	Steuerklasse	Lohnsteuer	ohne Kinderfreibetrag SolZ 5,5%	ohne Kinderfreibetrag Kirchensteuer 8%	ohne Kinderfreibetrag Kirchensteuer 9%	0,5 SolZ 5,5%	0,5 Kirchensteuer 8%	0,5 Kirchensteuer 9%	1,0 SolZ 5,5%	1,0 Kirchensteuer 8%	1,0 Kirchensteuer 9%	1,5 SolZ 5,5%	1,5 Kirchensteuer 8%	1,5 Kirchensteuer 9%	2,0 SolZ 5,5%	2,0 Kirchensteuer 8%	2,0 Kirchensteuer 9%	2,5 SolZ 5,5%	2,5 Kirchensteuer 8%	2,5 Kirchensteuer 9%	3,0 SolZ 5,5%	3,0 Kirchensteuer 8%	3,0 Kirchensteuer 9%
95.615,99	I	28.855	1.346,12	2.308,40	2.596,95	1.122,40	2.158,00	2.427,75	898,68	2.007,60	2.258,55	674,96	1.857,20	2.089,35	451,24	1.706,80	1.920,15	227,64	1.556,48	1.751,04	3,92	1.406,08	1.581,84
	II	27.066	1.133,23	2.165,28	2.435,94	909,51	2.014,88	2.266,74	685,79	1.864,48	2.097,54	462,07	1.714,08	1.928,34	238,35	1.563,68	1.759,14	14,63	1.413,28	1.589,94	-	1.263,28	1.421,19
	III	19.550	-	1.564,00	1.759,50	-	1.438,72	1.618,56	-	1.316,64	1.481,22	-	1.197,60	1.347,30	-	1.081,60	1.216,80	-	968,80	1.089,90	-	859,04	966,42
	IV	28.855	1.346,12	2.308,40	2.596,95	1.234,26	2.233,20	2.512,35	1.122,40	2.158,00	2.427,75	1.010,54	2.082,80	2.343,15	898,68	2.007,60	2.258,55	786,82	1.932,40	2.173,95	674,96	1.857,20	2.089,35
	V	35.028	1.926,54	2.802,24	3.152,52																		
	VI	35.560	1.955,80	2.844,80	3.200,40																		
95.651,99	I	28.870	1.347,91	2.309,60	2.598,30	1.124,19	2.159,20	2.429,10	900,47	2.008,80	2.259,90	676,75	1.858,40	2.090,70	453,15	1.708,08	1.921,59	229,43	1.557,68	1.752,39	5,71	1.407,28	1.583,19
	II	27.081	1.135,02	2.166,48	2.437,29	911,30	2.016,08	2.268,09	687,58	1.865,68	2.098,89	463,86	1.715,28	1.929,69	240,14	1.564,88	1.760,49	16,42	1.414,48	1.591,29	-	1.264,48	1.422,54
	III	19.562	-	1.564,96	1.760,58	-	1.439,84	1.619,82	-	1.317,60	1.482,30	-	1.198,56	1.348,38	-	1.082,56	1.217,88	-	969,76	1.090,98	-	859,84	967,32
	IV	28.870	1.347,91	2.309,60	2.598,30	1.236,05	2.234,40	2.513,70	1.124,19	2.159,20	2.429,10	1.012,33	2.084,00	2.344,50	900,47	2.008,80	2.259,90	788,61	1.933,60	2.175,30	676,75	1.858,40	2.090,70
	V	35.044	1.927,42	2.803,52	3.153,96																		
	VI	35.575	1.956,62	2.846,00	3.201,75																		
95.687,99	I	28.885	1.349,69	2.310,80	2.599,65	1.125,97	2.160,40	2.430,45	902,37	2.010,08	2.261,34	678,65	1.859,68	2.092,14	454,93	1.709,28	1.922,94	231,21	1.558,88	1.753,74	7,49	1.408,48	1.584,54
	II	27.096	1.136,80	2.167,68	2.438,64	913,08	2.017,28	2.269,44	689,36	1.866,88	2.100,24	465,64	1.716,48	1.931,04	241,92	1.566,08	1.761,84	18,32	1.415,76	1.592,73	-	1.265,60	1.423,80
	III	19.576	-	1.566,08	1.761,84	-	1.440,80	1.620,90	-	1.318,56	1.483,38	-	1.199,52	1.349,46	-	1.083,52	1.218,96	-	970,56	1.091,88	-	860,80	968,40
	IV	28.885	1.349,69	2.310,80	2.599,65	1.237,83	2.235,60	2.515,05	1.125,97	2.160,40	2.430,45	1.014,11	2.085,20	2.345,85	902,37	2.010,08	2.261,34	790,51	1.934,88	2.176,74	678,65	1.859,68	2.092,14
	V	35.059	1.928,24	2.804,72	3.155,31																		
	VI	35.590	1.957,45	2.847,20	3.203,10																		
95.723,99	I	28.900	1.351,48	2.312,00	2.601,00	1.127,88	2.161,68	2.431,89	904,16	2.011,28	2.262,69	680,44	1.860,88	2.093,49	456,72	1.710,48	1.924,29	233,00	1.560,08	1.755,09	9,28	1.409,68	1.585,89
	II	27.111	1.138,59	2.168,88	2.439,99	914,87	2.018,48	2.270,79	691,15	1.868,08	2.101,59	467,55	1.717,76	1.932,48	243,83	1.567,36	1.763,28	20,11	1.416,96	1.594,08	-	1.266,80	1.425,15
	III	19.588	-	1.567,04	1.762,92	-	1.441,76	1.621,98	-	1.319,52	1.484,46	-	1.200,48	1.350,54	-	1.084,48	1.220,04	-	971,52	1.092,96	-	861,60	969,30
	IV	28.900	1.351,48	2.312,00	2.601,00	1.239,74	2.236,88	2.516,49	1.127,88	2.161,68	2.431,89	1.016,02	2.086,48	2.347,29	904,16	2.011,28	2.262,69	792,30	1.936,08	2.178,09	680,44	1.860,88	2.093,49
	V	35.074	1.929,07	2.805,92	3.156,66																		
	VI	35.605	1.958,27	2.848,40	3.204,45																		
95.759,99	I	28.916	1.353,38	2.313,28	2.602,44	1.129,66	2.162,88	2.433,24	905,94	2.012,48	2.264,04	682,22	1.862,08	2.094,84	458,50	1.711,68	1.925,64	234,78	1.561,28	1.756,44	11,06	1.410,88	1.587,24
	II	27.126	1.140,37	2.170,08	2.441,34	916,65	2.019,68	2.272,14	693,05	1.869,36	2.103,03	469,33	1.718,96	1.933,83	245,61	1.568,56	1.764,63	21,89	1.418,16	1.595,43	-	1.268,00	1.426,50
	III	19.602	-	1.568,16	1.764,18	-	1.442,72	1.623,06	-	1.320,48	1.485,54	-	1.201,44	1.351,62	-	1.085,28	1.220,94	-	972,32	1.093,86	-	862,56	970,38
	IV	28.916	1.353,38	2.313,28	2.602,44	1.241,52	2.238,08	2.517,84	1.129,66	2.162,88	2.433,24	1.017,80	2.087,68	2.348,64	905,94	2.012,48	2.264,04	794,08	1.937,28	2.179,44	682,22	1.862,08	2.094,84
	V	35.089	1.929,89	2.807,12	3.158,01																		
	VI	35.621	1.959,15	2.849,68	3.205,89																		
95.795,99	I	28.931	1.355,17	2.314,48	2.603,79	1.131,45	2.164,08	2.434,59	907,73	2.013,68	2.265,39	684,01	1.863,28	2.096,19	460,29	1.712,88	1.926,99	236,57	1.562,48	1.757,79	12,85	1.412,08	1.588,59
	II	27.142	1.142,28	2.171,36	2.442,78	918,56	2.020,96	2.273,58	694,84	1.870,56	2.104,38	471,12	1.720,16	1.935,18	247,40	1.569,76	1.765,98	23,68	1.419,36	1.596,78	-	1.269,20	1.427,85
	III	19.614	-	1.569,12	1.765,26	-	1.443,84	1.624,32	-	1.321,44	1.486,62	-	1.202,40	1.352,70	-	1.086,24	1.222,02	-	973,28	1.094,94	-	863,36	971,28
	IV	28.931	1.355,17	2.314,48	2.603,79	1.243,31	2.239,28	2.519,19	1.131,45	2.164,08	2.434,59	1.019,59	2.088,88	2.349,99	907,73	2.013,68	2.265,39	795,87	1.938,48	2.180,79	684,01	1.863,28	2.096,19
	V	35.104	1.930,72	2.808,32	3.159,36																		
	VI	35.636	1.959,98	2.850,88	3.207,24																		
95.831,99	I	28.946	1.356,95	2.315,68	2.605,14	1.133,23	2.165,28	2.435,94	909,51	2.014,88	2.266,74	685,79	1.864,48	2.097,54	462,07	1.714,08	1.928,34	238,35	1.563,68	1.759,14	14,63	1.413,28	1.589,94
	II	27.157	1.144,06	2.172,56	2.444,13	920,34	2.022,16	2.274,93	696,62	1.871,76	2.105,73	472,90	1.721,36	1.936,53	249,18	1.570,96	1.767,33	25,46	1.420,56	1.598,13	-	1.270,40	1.429,20
	III	19.626	-	1.570,08	1.766,34	-	1.444,80	1.625,40	-	1.322,56	1.487,88	-	1.203,36	1.353,78	-	1.087,20	1.223,10	-	974,24	1.096,02	-	864,16	972,18
	IV	28.946	1.356,95	2.315,68	2.605,14	1.245,09	2.240,48	2.520,54	1.133,23	2.165,28	2.435,94	1.021,37	2.090,08	2.351,34	909,51	2.014,88	2.266,74	797,65	1.939,68	2.182,14	685,79	1.864,48	2.097,54
	V	35.119	1.931,54	2.809,52	3.160,71																		
	VI	35.651	1.960,80	2.852,08	3.208,59																		
95.867,99	I	28.961	1.358,74	2.316,88	2.606,49	1.135,02	2.166,48	2.437,29	911,30	2.016,08	2.268,09	687,58	1.865,68	2.098,89	463,86	1.715,28	1.929,69	240,14	1.564,88	1.760,49	16,42	1.414,48	1.591,29
	II	27.172	1.145,85	2.173,76	2.445,48	922,13	2.023,36	2.276,28	698,41	1.872,96	2.107,08	474,69	1.722,56	1.937,88	250,97	1.572,16	1.768,68	27,25	1.421,76	1.599,48	-	1.271,60	1.430,55
	III	19.640	-	1.571,20	1.767,60	-	1.445,76	1.626,48	-	1.323,52	1.488,96	-	1.204,32	1.354,86	-	1.088,16	1.224,18	-	975,04	1.096,92	-	865,12	973,26
	IV	28.961	1.358,74	2.316,88	2.606,49	1.246,88	2.241,68	2.521,89	1.135,02	2.166,48	2.437,29	1.023,16	2.091,28	2.352,69	911,30	2.016,08	2.268,09	799,44	1.940,88	2.183,49	687,58	1.865,68	2.098,89
	V	35.134	1.932,37	2.810,72	3.162,06																		
	VI	35.666	1.961,63	2.853,28	3.209,94																		
95.903,99	I	28.976	1.360,52	2.318,08	2.607,84	1.136,80	2.167,68	2.438,64	913,08	2.017,28	2.269,44	689,36	1.866,88	2.100,24	465,64	1.716,48	1.931,04	241,92	1.566,08	1.761,84	18,32	1.415,76	1.592,73
	II	27.187	1.147,63	2.174,96	2.446,83	923,91	2.024,56	2.277,63	700,19	1.874,16	2.108,43	476,47	1.723,76	1.939,23	252,75	1.573,36	1.770,03	29,03	1.422,96	1.600,83	-	1.272,80	1.431,90
	III	19.652	-	1.572,16	1.768,68	-	1.446,72	1.627,56	-	1.324,48	1.490,04	-	1.205,12	1.355,76	-	1.088,96	1.225,08	-	976,00	1.098,00	-	865,92	974,16
	IV	28.976	1.360,52	2.318,08	2.607,84	1.248,66	2.242,88	2.523,24	1.136,80	2.167,68	2.438,64	1.024,94	2.092,48	2.354,04	913,08	2.017,28	2.269,44	801,22	1.942,08	2.184,84	689,36	1.866,88	2.100,24
	V	35.149	1.933,19	2.811,92	3.163,41																		
	VI	35.681	1.962,45	2.854,48	3.211,29																		
95.939,99	I	28.991	1.362,31	2.319,28	2.609,19	1.138,59	2.168,88	2.439,99	914,87	2.018,48	2.270,79	691,15	1.868,08	2.101,59	467,55	1.717,76	1.932,48	243,83	1.567,36	1.763,28	20,11	1.416,96	1.594,08
	II	27.202	1.149,42	2.176,16	2.448,18	925,70	2.025,76	2.278,98	701,98	1.875,36	2.109,78	478,26	1.724,96	1.940,58	254,54	1.574,56	1.771,38	30,82	1.424,16	1.602,18	-	1.274,00	1.433,25
	III	19.664	-	1.573,12	1.769,76	-	1.447,68	1.628,64	-	1.325,44	1.491,12	-	1.206,08	1.356,84	-	1.089,92	1.226,16	-	976,80	1.098,90	-	866,88	975,24
	IV	28.991	1.362,31	2.319,28	2.609,19	1.250,45	2.244,08	2.524,59	1.138,59	2.168,88	2.439,99	1.026,73	2.093,68	2.355,39	914,87	2.018,48	2.270,79	803,01	1.943,28	2.186,19	691,15	1.868,08	2.101,59
	V	35.164	1.934,02	2.813,12	3.164,76																		
	VI	35.696	1.963,28	2.855,68	3.212,64																		
95.975,99	I	29.006	1.364,09	2.320,48	2.610,54	1.140,37	2.170,08	2.441,34	916,65	2.019,68	2.272,14	693,05	1.869,36	2.103,03	469,33	1.718,96	1.933,83	245,61	1.568,56	1.764,63	21,89	1.418,16	1.595,43
	II	27.217	1.151,20	2.177,36	2.449,53	927,48	2.026,96	2.280,33	703,76	1.876,56	2.111,13	480,04	1.726,16	1.941,93	256,32	1.575,76	1.772,73	32,72	1.425,44	1.603,62	-	1.275,20	1.434,60
	III	19.678	-	1.574,24	1.771,02	-	1.448,80	1.629,90	-	1.326,40	1.492,20	-	1.207,04	1.357,92	-	1.090,88	1.227,24	-	977,76	1.099,98	-	867,68	976,14
	IV	29.006	1.364,09	2.320,48	2.610,54	1.252,23	2.245,28	2.525,94	1.140,37	2.170,08	2.441,34	1.028,51	2.094,88	2.356,74	916,65	2.019,68	2.272,14	804,91	1.944,56	2.187,63	693,05	1.869,36	2.103,03
	V	35.180	1.934,90	2.814,40	3.166,20																		
	VI	35.711	1.964,10	2.856,88	3.213,99																		
96.011,99	I	29.021	1.365,88	2.321,68	2.611,89	1.142,28	2.171,36	2.442,78	918,56	2.020,96	2.273,58	694,84	1.870,56	2.104,38	471,12	1.720,16	1.935,18	247,40	1.569,76	1.765,98	23,68	1.419,36	1.596,78
	II	27.232	1.152,99	2.178,56	2.450,88	929,27	2.028,16	2.281,68	705,55	1.877,76	2.112,48	481,83	1.727,36	1.943,28	258,23	1.577,04	1.774,17	34,51	1.426,64	1.604,97	-	1.276,40	1.435,95
	III	19.690	-	1.575,20	1.772,10	-	1.449,76	1.630,98	-	1.327,36	1.493,28	-	1.208,00	1.359,00	-	1.091,84	1.228,32	-	978,72	1.101,06	-	868,64	977,22
	IV	29.021	1.365,88	2.321,68	2.611,89	1.254,02	2.246,48	2.527,29	1.142,28	2.171,36	2.442,78	1.030,42	2.096,16	2.358,18	918,56	2.020,96	2.273,58	806,70	1.945,76	2.188,98	694,84	1.870,56	2.104,38
	V	35.195	1.935,72	2.815,60	3.167,55																		
	VI	35.726	1.964,93	2.858,08	3.215,34																		
96.047,99	I	29.037	1.367,78	2.322,96	2.613,33	1.144,06	2.172,56	2.444,13	920,34	2.022,16	2.274,93	696,62	1.871,76	2.105,73	472,90	1.721,36	1.936,53	249,18	1.570,96	1.767,33	25,46	1.420,56	1.598,13
	II	27.247	1.154,77	2.179,76	2.452,23	931,05	2.029,36	2.283,03	707,45	1.879,04	2.113,92	483,73	1.728,64	1.944,72	260,01	1.578,24	1.775,52	36,29	1.427,84	1.606,32	-	1.277,60	1.437,30
	III	19.704	-	1.576,32	1.773,36	-	1.450,72	1.632,06	-	1.328,32	1.494,36	-	1.208,96	1.360,08	-	1.092,80	1.229,40	-	979,52	1.101,96	-	869,44	978,12
	IV	29.037	1.367,78	2.322,96	2.613,33	1.255,92	2.247,76	2.528,73	1.144,06	2.172,56	2.444,13	1.032,20	2.097,36	2.359,53	920,34	2.022,16	2.274,93	808,48	1.946,96	2.190,33	696,62	1.871,76	2.105,73
	V	35.210	1.936,55	2.816,80	3.168,90																		
	VI	35.742	1.965,81	2.859,36	3.216,78																		
96.083,99	I	29.052	1.369,57	2.324,16	2.614,68	1.145,85	2.173,76	2.445,48	922,13	2.023,36	2.276,28	698,41	1.872,96	2.107,08	474,69	1.722,56	1.937,88	250,97	1.572,16	1.768,68	27,25	1.421,76	1.599,48
	II	27.262	1.156,56	2.180,96	2.453,58	932,96	2.030,64	2.284,47	709,24	1.880,24	2.115,27	485,52	1.729,84	1.946,07	261,80	1.579,44	1.776,87	38,08	1.429,04	1.607,67	-	1.278,80	1.438,65
	III	19.716	-	1.577,28	1.774,44	-	1.451,68	1.633,14	-	1.329,28	1.495,44	-	1.209,92	1.361,16	-	1.093,60	1.230,30	-	980,48	1.103,04	-	870,40	979,20
	IV	29.052	1.369,57	2.324,16	2.614,68	1.257,71	2.248,96	2.530,08	1.145,85	2.173,76	2.445,48	1.033,99	2.098,56	2.360,88	922,13	2.023,36	2.276,28	810,27	1.948,16	2.191,68	698,41	1.872,96	2.107,08
	V	35.225	1.937,37	2.818,00	3.170,25																		
	VI	35.757	1.966,63	2.860,56	3.218,13																		
96.119,99	I	29.067	1.371,35	2.325,36	2.616,03	1.147,63	2.174,96	2.446,83	923,91	2.024,56	2.277,63	700,19	1.874,16	2.108,43	476,47	1.723,76	1.939,23	252,75	1.573,36	1.770,03	29,03	1.422,96	1.600,83
	II	27.278	1.158,46	2.182,24	2.455,02	934,74	2.031,84	2.285,82	711,02	1.881,44	2.116,62	487,30	1.731,04	1.947,42	263,58	1.580,64	1.778,22	39,86	1.430,24	1.609,02	-	1.280,00	1.440,00
	III	19.728	-	1.578,24	1.775,52	-	1.452,80	1.634,40	-	1.330,24	1.496,52	-	1.210,88	1.362,24	-	1.094,56	1.231,38	-	981,28	1.103,94	-	871,20	980,10
	IV	29.067	1.371,35	2.325,36	2.616,03	1.259,49	2.250,16	2.531,43	1.147,63	2.174,96	2.446,83	1.035,77	2.099,76	2.362,23	923,91	2.024,56	2.277,63	812,05	1.949,36	2.193,03	700,19	1.874,16	2.108,43
	V	35.240	1.938,20	2.819,20	3.171,60																		
	VI	35.772	1.967,46	2.861,76	3.219,48																		

Anzahl Kinderfreibeträge (nur Steuerklassen I–IV)

SolZ/KiSt lt. Tabelle nicht für Sonstige Bezüge anwendbar.

Lohn/ Gehalt bis	Steuerklasse	Lohn-steuer	ohne Kinderfreibetrag			Anzahl Kinderfreibeträge (nur Steuerklassen I–IV)																	
						0,5			1,0			1,5			2,0			2,5			3,0		
			SolZ 5,5%	Kirchensteuer 8%	9%	SolZ 5,5%	Kirchensteuer 8%	9%	SolZ 5,5%	Kirchensteuer 8%	9%	SolZ 5,5%	Kirchensteuer 8%	9%	SolZ 5,5%	Kirchensteuer 8%	9%	SolZ 5,5%	Kirchensteuer 8%	9%	SolZ 5,5%	Kirchensteuer 8%	9%
96.155,99	I	29.082	1.373,14	2.326,56	2.617,38	1.149,42	2.176,16	2.448,18	925,70	2.025,76	2.278,98	701,98	1.875,36	2.109,78	478,26	1.724,96	1.940,58	254,54	1.574,56	1.771,38	30,82	1.424,16	1.602,1
	II	27.293	1.160,25	2.183,44	2.456,37	936,53	2.033,04	2.287,17	712,81	1.882,64	2.117,97	489,09	1.732,24	1.948,77	265,37	1.581,84	1.779,57	41,65	1.431,44	1.610,37	-	1.281,20	1.441,3
	III	19.742	-	1.579,36	1.776,78	-	1.453,76	1.635,48	-	1.331,20	1.497,60	-	1.211,84	1.363,32	-	1.095,52	1.232,46	-	982,24	1.105,02	-	872,16	981,1
	IV	29.082	1.373,14	2.326,56	2.617,38	1.261,28	2.251,36	2.532,78	1.149,42	2.176,16	2.448,18	1.037,56	2.100,96	2.363,58	925,70	2.025,76	2.278,98	813,84	1.950,56	2.194,38	701,98	1.875,36	2.109,7
	V	35.255	1.939,02	2.820,40	3.172,95																		
	VI	35.787	1.968,28	2.862,96	3.220,83																		
96.191,99	I	29.097	1.374,92	2.327,76	2.618,73	1.151,20	2.177,36	2.449,53	927,48	2.026,96	2.280,33	703,76	1.876,56	2.111,13	480,04	1.726,16	1.941,93	256,32	1.575,76	1.772,73	32,72	1.425,44	1.603,6
	II	27.308	1.162,03	2.184,64	2.457,72	938,31	2.034,24	2.288,52	714,59	1.883,84	2.119,32	490,87	1.733,44	1.950,12	267,15	1.583,04	1.780,92	43,43	1.432,64	1.611,72	-	1.282,40	1.442,7
	III	19.754	-	1.580,32	1.777,86	-	1.454,72	1.636,56	-	1.332,16	1.498,68	-	1.212,80	1.364,40	-	1.096,48	1.233,54	-	983,20	1.106,10	-	872,96	982,0
	IV	29.097	1.374,92	2.327,76	2.618,73	1.263,06	2.252,56	2.534,13	1.151,20	2.177,36	2.449,53	1.039,34	2.102,16	2.364,93	927,48	2.026,96	2.280,33	815,62	1.951,76	2.195,73	703,76	1.876,56	2.111,1
	V	35.270	1.939,85	2.821,60	3.174,30																		
	VI	35.802	1.969,11	2.864,16	3.222,18																		
96.227,99	I	29.112	1.376,71	2.328,96	2.620,08	1.152,99	2.178,56	2.450,88	929,27	2.028,16	2.281,68	705,55	1.877,76	2.112,48	481,83	1.727,36	1.943,28	258,23	1.577,04	1.774,17	34,51	1.426,64	1.604,9
	II	27.323	1.163,82	2.185,84	2.459,07	940,10	2.035,44	2.289,87	716,38	1.885,04	2.120,67	492,66	1.734,64	1.951,47	268,94	1.584,24	1.782,27	45,22	1.433,84	1.613,07	-	1.283,60	1.444,0
	III	19.768	-	1.581,44	1.779,12	-	1.455,68	1.637,64	-	1.333,12	1.499,76	-	1.213,76	1.365,48	-	1.097,28	1.234,44	-	984,00	1.107,00	-	873,76	982,9
	IV	29.112	1.376,71	2.328,96	2.620,08	1.264,85	2.253,76	2.535,48	1.152,99	2.178,56	2.450,88	1.041,13	2.103,36	2.366,28	929,27	2.028,16	2.281,68	817,41	1.952,96	2.197,08	705,55	1.877,76	2.112,4
	V	35.285	1.940,67	2.822,80	3.175,65																		
	VI	35.817	1.969,93	2.865,36	3.223,53																		
96.263,99	I	29.127	1.378,49	2.330,16	2.621,43	1.154,77	2.179,76	2.452,23	931,05	2.029,36	2.283,03	707,45	1.879,04	2.113,92	483,73	1.728,64	1.944,72	260,01	1.578,24	1.775,52	36,29	1.427,84	1.606,3
	II	27.338	1.165,60	2.187,04	2.460,42	941,88	2.036,64	2.291,22	718,16	1.886,24	2.122,02	494,44	1.735,84	1.952,82	270,72	1.585,44	1.783,62	47,00	1.435,04	1.614,42	-	1.284,80	1.445,4
	III	19.780	-	1.582,40	1.780,20	-	1.456,80	1.638,90	-	1.334,08	1.500,84	-	1.214,72	1.366,56	-	1.098,24	1.235,52	-	984,96	1.108,08	-	874,72	984,0
	IV	29.127	1.378,49	2.330,16	2.621,43	1.266,63	2.254,96	2.536,83	1.154,77	2.179,76	2.452,23	1.042,91	2.104,56	2.367,63	931,05	2.029,36	2.283,03	819,19	1.954,16	2.198,43	707,45	1.879,04	2.113,9
	V	35.301	1.941,55	2.824,08	3.177,09																		
	VI	35.832	1.970,76	2.866,56	3.224,88																		
96.299,99	I	29.142	1.380,28	2.331,36	2.622,78	1.156,56	2.180,96	2.453,58	932,96	2.030,64	2.284,47	709,24	1.880,24	2.115,27	485,52	1.729,84	1.946,07	261,80	1.579,44	1.776,87	38,08	1.429,04	1.607,6
	II	27.353	1.167,39	2.188,24	2.461,77	943,67	2.037,84	2.292,57	719,95	1.887,44	2.123,37	496,23	1.737,04	1.954,17	272,62	1.586,72	1.785,06	48,90	1.436,32	1.615,86	-	1.286,00	1.446,7
	III	19.792	-	1.583,36	1.781,28	-	1.457,76	1.639,98	-	1.335,20	1.502,10	-	1.215,68	1.367,64	-	1.099,20	1.236,60	-	985,92	1.109,16	-	875,52	984,9
	IV	29.142	1.380,28	2.331,36	2.622,78	1.268,42	2.256,16	2.538,18	1.156,56	2.180,96	2.453,58	1.044,82	2.105,84	2.369,07	932,96	2.030,64	2.284,47	821,10	1.955,44	2.199,87	709,24	1.880,24	2.115,2
	V	35.316	1.942,38	2.825,28	3.178,44																		
	VI	35.847	1.971,58	2.867,76	3.226,23																		
96.335,99	I	29.158	1.382,18	2.332,64	2.624,22	1.158,46	2.182,24	2.455,02	934,74	2.031,84	2.285,82	711,02	1.881,44	2.116,62	487,30	1.731,04	1.947,42	263,58	1.580,64	1.778,22	39,86	1.430,24	1.609,0
	II	27.368	1.169,17	2.189,44	2.463,12	945,45	2.039,04	2.293,92	721,73	1.888,64	2.124,72	498,13	1.738,32	1.955,61	274,41	1.587,92	1.786,41	50,69	1.437,52	1.617,21	-	1.287,20	1.448,1
	III	19.806	-	1.584,48	1.782,54	-	1.458,72	1.641,06	-	1.336,16	1.503,18	-	1.216,64	1.368,72	-	1.100,16	1.237,68	-	986,72	1.110,06	-	876,48	986,0
	IV	29.158	1.382,18	2.332,64	2.624,22	1.270,32	2.257,44	2.539,62	1.158,46	2.182,24	2.455,02	1.046,60	2.107,04	2.370,42	934,74	2.031,84	2.285,82	822,88	1.956,64	2.201,22	711,02	1.881,44	2.116,6
	V	35.331	1.943,20	2.826,48	3.179,79																		
	VI	35.863	1.972,46	2.869,04	3.227,67																		
96.371,99	I	29.173	1.383,97	2.333,84	2.625,57	1.160,25	2.183,44	2.456,37	936,53	2.033,04	2.287,17	712,81	1.882,64	2.117,97	489,09	1.732,24	1.948,77	265,37	1.581,84	1.779,57	41,65	1.431,44	1.610,3
	II	27.383	1.170,96	2.190,64	2.464,47	947,35	2.040,32	2.295,36	723,63	1.889,92	2.126,16	499,91	1.739,52	1.956,96	276,19	1.589,12	1.787,76	52,47	1.438,72	1.618,56	-	1.288,40	1.449,4
	III	19.818	-	1.585,44	1.783,62	-	1.459,68	1.642,14	-	1.337,12	1.504,26	-	1.217,44	1.369,62	-	1.100,96	1.238,58	-	987,68	1.111,14	-	877,28	986,9
	IV	29.173	1.383,97	2.333,84	2.625,57	1.272,11	2.258,64	2.540,97	1.160,25	2.183,44	2.456,37	1.048,39	2.108,24	2.371,77	936,53	2.033,04	2.287,17	824,67	1.957,84	2.202,57	712,81	1.882,64	2.117,9
	V	35.346	1.944,03	2.827,68	3.181,14																		
	VI	35.878	1.973,29	2.870,24	3.229,02																		
96.407,99	I	29.188	1.385,75	2.335,04	2.626,92	1.162,03	2.184,64	2.457,72	938,31	2.034,24	2.288,52	714,59	1.883,84	2.119,32	490,87	1.733,44	1.950,12	267,15	1.583,04	1.780,92	43,43	1.432,64	1.611,7
	II	27.399	1.172,86	2.191,92	2.465,91	949,14	2.041,52	2.296,71	725,42	1.891,12	2.127,51	501,70	1.740,72	1.958,31	277,98	1.590,32	1.789,11	54,26	1.439,92	1.619,91	-	1.289,60	1.450,8
	III	19.832	-	1.586,56	1.784,88	-	1.460,80	1.643,40	-	1.338,08	1.505,34	-	1.218,40	1.370,70	-	1.101,92	1.239,66	-	988,48	1.112,04	-	878,24	988,0
	IV	29.188	1.385,75	2.335,04	2.626,92	1.273,89	2.259,84	2.542,32	1.162,03	2.184,64	2.457,72	1.050,17	2.109,44	2.373,12	938,31	2.034,24	2.288,52	826,45	1.959,04	2.203,92	714,59	1.883,84	2.119,3
	V	35.361	1.944,85	2.828,88	3.182,49																		
	VI	35.893	1.974,11	2.871,44	3.230,37																		
96.443,99	I	29.203	1.387,54	2.336,24	2.628,27	1.163,82	2.185,84	2.459,07	940,10	2.035,44	2.289,87	716,38	1.885,04	2.120,67	492,66	1.734,64	1.951,47	268,94	1.584,24	1.782,27	45,22	1.433,84	1.613,0
	II	27.414	1.174,64	2.193,12	2.467,26	950,92	2.042,72	2.298,06	727,20	1.892,32	2.128,86	503,48	1.741,92	1.959,66	279,76	1.591,52	1.790,46	56,04	1.441,12	1.621,26	-	1.290,80	1.452,1
	III	19.844	-	1.587,52	1.785,96	-	1.461,76	1.644,48	-	1.339,04	1.506,42	-	1.219,36	1.371,78	-	1.102,88	1.240,74	-	989,44	1.113,12	-	879,04	988,9
	IV	29.203	1.387,54	2.336,24	2.628,27	1.275,68	2.261,04	2.543,67	1.163,82	2.185,84	2.459,07	1.051,96	2.110,64	2.374,47	940,10	2.035,44	2.289,87	828,24	1.960,24	2.205,27	716,38	1.885,04	2.120,6
	V	35.376	1.945,68	2.830,08	3.183,84																		
	VI	35.908	1.974,94	2.872,64	3.231,72																		
96.479,99	I	29.218	1.389,32	2.337,44	2.629,62	1.165,60	2.187,04	2.460,42	941,88	2.036,64	2.291,22	718,16	1.886,24	2.122,02	494,44	1.735,84	1.952,82	270,72	1.585,44	1.783,62	47,00	1.435,04	1.614,4
	II	27.429	1.176,43	2.194,32	2.468,61	952,71	2.043,92	2.299,41	728,99	1.893,52	2.130,21	505,27	1.743,12	1.961,01	281,55	1.592,72	1.791,81	57,83	1.442,32	1.622,61	-	1.292,00	1.453,5
	III	19.856	-	1.588,48	1.787,04	-	1.462,72	1.645,56	-	1.340,00	1.507,50	-	1.220,32	1.372,86	-	1.103,84	1.241,82	-	990,40	1.114,20	-	880,00	990,0
	IV	29.218	1.389,32	2.337,44	2.629,62	1.277,46	2.262,24	2.545,02	1.165,60	2.187,04	2.460,42	1.053,74	2.111,84	2.375,82	941,88	2.036,64	2.291,22	830,02	1.961,44	2.206,62	718,16	1.886,24	2.122,0
	V	35.391	1.946,50	2.831,28	3.185,19																		
	VI	35.923	1.975,76	2.873,84	3.233,07																		
96.515,99	I	29.233	1.391,11	2.338,64	2.630,97	1.167,39	2.188,24	2.461,77	943,67	2.037,84	2.292,57	719,95	1.887,44	2.123,37	496,23	1.737,04	1.954,17	272,62	1.586,72	1.785,06	48,90	1.436,32	1.615,8
	II	27.444	1.178,21	2.195,52	2.469,96	954,49	2.045,12	2.300,76	730,77	1.894,72	2.131,56	507,05	1.744,32	1.962,36	283,33	1.593,92	1.793,16	59,61	1.443,52	1.623,96	-	1.293,20	1.454,8
	III	19.870	-	1.589,60	1.788,30	-	1.463,68	1.646,64	-	1.340,96	1.508,58	-	1.221,28	1.373,94	-	1.104,80	1.242,90	-	991,20	1.115,10	-	880,80	990,9
	IV	29.233	1.391,11	2.338,64	2.630,97	1.279,25	2.263,44	2.546,37	1.167,39	2.188,24	2.461,77	1.055,53	2.113,04	2.377,17	943,67	2.037,84	2.292,57	831,81	1.962,64	2.207,97	719,95	1.887,44	2.123,3
	V	35.406	1.947,33	2.832,48	3.186,54																		
	VI	35.938	1.976,59	2.875,04	3.234,42																		
96.551,99	I	29.248	1.392,89	2.339,84	2.632,32	1.169,17	2.189,44	2.463,12	945,45	2.039,04	2.293,92	721,73	1.888,64	2.124,72	498,13	1.738,32	1.955,61	274,41	1.587,92	1.786,41	50,69	1.437,52	1.617,2
	II	27.459	1.180,00	2.196,72	2.471,31	956,28	2.046,32	2.302,11	732,56	1.895,92	2.132,91	508,84	1.745,52	1.963,71	285,12	1.595,12	1.794,51	61,40	1.444,72	1.625,31	-	1.294,40	1.456,2
	III	19.882	-	1.590,56	1.789,38	-	1.464,80	1.647,90	-	1.341,92	1.509,66	-	1.222,24	1.375,02	-	1.105,60	1.243,80	-	992,16	1.116,18	-	881,76	991,9
	IV	29.248	1.392,89	2.339,84	2.632,32	1.281,03	2.264,64	2.547,72	1.169,17	2.189,44	2.463,12	1.057,31	2.114,24	2.378,52	945,45	2.039,04	2.293,92	833,59	1.963,84	2.209,32	721,73	1.888,64	2.124,7
	V	35.422	1.948,21	2.833,76	3.187,98																		
	VI	35.953	1.977,41	2.876,24	3.235,77																		
96.587,99	I	29.263	1.394,68	2.341,04	2.633,67	1.170,96	2.190,64	2.464,47	947,35	2.040,32	2.295,36	723,63	1.889,92	2.126,16	499,91	1.739,52	1.956,96	276,19	1.589,12	1.787,76	52,47	1.438,72	1.618,5
	II	27.474	1.181,78	2.197,92	2.472,66	958,06	2.047,52	2.303,46	734,34	1.897,12	2.134,26	510,62	1.746,72	1.965,06	286,90	1.596,32	1.795,86	63,30	1.446,00	1.626,75	-	1.295,60	1.457,5
	III	19.896	-	1.591,68	1.790,64	-	1.465,76	1.648,98	-	1.342,88	1.510,74	-	1.223,20	1.376,10	-	1.106,56	1.244,88	-	993,12	1.117,26	-	882,56	992,8
	IV	29.263	1.394,68	2.341,04	2.633,67	1.282,82	2.265,84	2.549,07	1.170,96	2.190,64	2.464,47	1.059,10	2.115,44	2.379,87	947,35	2.040,32	2.295,36	835,49	1.965,12	2.210,76	723,63	1.889,92	2.126,1
	V	35.437	1.949,03	2.834,96	3.189,33																		
	VI	35.968	1.978,24	2.877,44	3.237,12																		
96.623,99	I	29.278	1.396,46	2.342,24	2.635,02	1.172,86	2.191,92	2.465,91	949,14	2.041,52	2.296,71	725,42	1.891,12	2.127,51	501,70	1.740,72	1.958,31	277,98	1.590,32	1.789,11	54,26	1.439,92	1.619,9
	II	27.489	1.183,57	2.199,12	2.474,01	959,85	2.048,72	2.304,81	736,13	1.898,32	2.135,61	512,53	1.748,00	1.966,50	288,81	1.597,60	1.797,30	65,09	1.447,20	1.628,10	-	1.296,80	1.458,9
	III	19.908	-	1.592,64	1.791,72	-	1.466,72	1.650,06	-	1.343,84	1.511,82	-	1.224,16	1.377,18	-	1.107,52	1.245,96	-	993,92	1.118,16	-	883,52	993,9
	IV	29.278	1.396,46	2.342,24	2.635,02	1.284,72	2.267,12	2.550,51	1.172,86	2.191,92	2.465,91	1.061,00	2.116,72	2.381,31	949,14	2.041,52	2.296,71	837,28	1.966,32	2.212,11	725,42	1.891,12	2.127,5
	V	35.452	1.949,86	2.836,16	3.190,68																		
	VI	35.983	1.979,06	2.878,64	3.238,47																		
96.659,99	I	29.294	1.398,36	2.343,52	2.636,46	1.174,64	2.193,12	2.467,26	950,92	2.042,72	2.298,06	727,20	1.892,32	2.128,86	503,48	1.741,92	1.959,66	279,76	1.591,52	1.790,46	56,04	1.441,12	1.621,2
	II	27.504	1.185,35	2.200,32	2.475,36	961,63	2.049,92	2.306,16	738,03	1.899,60	2.137,05	514,31	1.749,20	1.967,85	290,59	1.598,80	1.798,65	66,87	1.448,40	1.629,45	-	1.298,00	1.460,2
	III	19.920	-	1.593,60	1.792,80	-	1.467,68	1.651,14	-	1.344,80	1.512,90	-	1.225,12	1.378,26	-	1.108,48	1.247,04	-	994,88	1.119,24	-	884,32	994,8
	IV	29.294	1.398,36	2.343,52	2.636,46	1.286,50	2.268,32	2.551,86	1.174,64	2.193,12	2.467,26	1.062,78	2.117,92	2.382,66	950,92	2.042,72	2.298,06	839,06	1.967,52	2.213,46	727,20	1.892,32	2.128,8
	V	35.467	1.950,68	2.837,36	3.192,03																		
	VI	35.999	1.979,94	2.879,92	3.239,91																		

SolZ/KiSt lt. Tabelle nicht für Sonstige Bezüge anwendbar.

Besondere Tabelle

JAHR bis 97.199,99 €

Lohn/ Gehalt bis	Steuerklasse	Lohn-steuer	ohne Kinderfreibetrag			Anzahl Kinderfreibeträge (nur Steuerklassen I–IV)																	
						0,5			1,0			1,5			2,0			2,5			3,0		
			SolZ 5,5%	Kirchensteuer 8%	9%	SolZ 5,5%	Kirchensteuer 8%	9%	SolZ 5,5%	Kirchensteuer 8%	9%	SolZ 5,5%	Kirchensteuer 8%	9%	SolZ 5,5%	Kirchensteuer 8%	9%	SolZ 5,5%	Kirchensteuer 8%	9%	SolZ 5,5%	Kirchensteuer 8%	9%
96.695,99	I	29.309	1.400,15	2.344,72	2.637,81	1.176,43	2.194,32	2.468,61	952,71	2.043,92	2.299,41	728,99	1.893,52	2.130,21	505,27	1.743,12	1.961,01	281,55	1.592,72	1.791,81	57,83	1.442,32	1.622,61
	II	27.520	1.187,26	2.201,60	2.476,80	963,54	2.051,20	2.307,60	739,82	1.900,80	2.138,40	516,10	1.750,40	1.969,20	292,38	1.600,00	1.800,00	68,66	1.449,60	1.630,80	-	1.299,20	1.461,60
	III	19.934	-	1.594,72	1.794,06	-	1.468,80	1.652,40	-	1.345,92	1.514,16	-	1.226,08	1.379,34	-	1.109,28	1.247,94	-	995,68	1.120,14	-	885,28	995,94
	IV	29.309	1.400,15	2.344,72	2.637,81	1.288,29	2.269,52	2.553,21	1.176,43	2.194,32	2.468,61	1.064,57	2.119,12	2.384,01	952,71	2.043,92	2.299,41	840,85	1.968,72	2.214,81	728,99	1.893,52	2.130,21
	V	35.482	1.951,51	2.838,56	3.193,38																		
	VI	36.014	1.980,77	2.881,12	3.241,26																		
96.731,99	I	29.324	1.401,93	2.345,92	2.639,16	1.178,21	2.195,52	2.469,96	954,49	2.045,12	2.300,76	730,77	1.894,72	2.131,56	507,05	1.744,32	1.962,36	283,33	1.593,92	1.793,16	59,61	1.443,52	1.623,96
	II	27.535	1.189,04	2.202,80	2.478,15	965,32	2.052,40	2.308,95	741,60	1.902,00	2.139,75	517,88	1.751,60	1.970,55	294,16	1.601,20	1.801,35	70,44	1.450,80	1.632,15	-	1.300,40	1.462,95
	III	19.946	-	1.595,68	1.795,14	-	1.469,76	1.653,48	-	1.346,88	1.515,24	-	1.227,04	1.380,42	-	1.110,24	1.249,02	-	996,64	1.121,22	-	886,08	996,84
	IV	29.324	1.401,93	2.345,92	2.639,16	1.290,07	2.270,72	2.554,56	1.178,21	2.195,52	2.469,96	1.066,35	2.120,32	2.385,36	954,49	2.045,12	2.300,76	842,63	1.969,92	2.216,16	730,77	1.894,72	2.131,56
	V	35.497	1.952,33	2.839,76	3.194,73																		
	VI	36.029	1.981,59	2.882,32	3.242,61																		
96.767,99	I	29.339	1.403,72	2.347,12	2.640,51	1.180,00	2.196,72	2.471,31	956,28	2.046,32	2.302,11	732,56	1.895,92	2.132,91	508,84	1.745,52	1.963,71	285,12	1.595,12	1.794,51	61,40	1.444,72	1.625,31
	II	27.550	1.190,83	2.204,00	2.479,50	967,11	2.053,60	2.310,30	743,39	1.903,20	2.141,10	519,67	1.752,80	1.971,90	295,95	1.602,40	1.802,70	72,23	1.452,00	1.633,50	-	1.301,60	1.464,30
	III	19.960	-	1.596,80	1.796,40	-	1.470,72	1.654,56	-	1.347,84	1.516,32	-	1.228,00	1.381,50	-	1.111,20	1.250,10	-	997,60	1.122,30	-	887,04	997,92
	IV	29.339	1.403,72	2.347,12	2.640,51	1.291,86	2.271,92	2.555,91	1.180,00	2.196,72	2.471,31	1.068,14	2.121,52	2.386,71	956,28	2.046,32	2.302,11	844,42	1.971,12	2.217,51	732,56	1.895,92	2.132,91
	V	35.512	1.953,16	2.840,96	3.196,08																		
	VI	36.044	1.982,42	2.883,52	3.243,96																		
96.803,99	I	29.354	1.405,50	2.348,32	2.641,86	1.181,78	2.197,92	2.472,66	958,06	2.047,52	2.303,46	734,34	1.897,12	2.134,26	510,62	1.746,72	1.965,06	286,90	1.596,32	1.795,86	63,30	1.446,00	1.626,75
	II	27.565	1.192,61	2.205,20	2.480,85	968,89	2.054,80	2.311,65	745,17	1.904,40	2.142,45	521,45	1.754,00	1.973,25	297,73	1.603,60	1.804,05	74,01	1.453,20	1.634,85	-	1.302,88	1.465,74
	III	19.972	-	1.597,76	1.797,48	-	1.471,68	1.655,64	-	1.348,80	1.517,40	-	1.228,96	1.382,58	-	1.112,16	1.251,18	-	998,40	1.123,20	-	887,84	998,82
	IV	29.354	1.405,50	2.348,32	2.641,86	1.293,64	2.273,12	2.557,26	1.181,78	2.197,92	2.472,66	1.069,92	2.122,72	2.388,06	958,06	2.047,52	2.303,46	846,20	1.972,32	2.218,86	734,34	1.897,12	2.134,26
	V	35.527	1.953,98	2.842,16	3.197,43																		
	VI	36.059	1.983,24	2.884,72	3.245,31																		
96.839,99	I	29.369	1.407,29	2.349,52	2.643,21	1.183,57	2.199,12	2.474,01	959,85	2.048,72	2.304,81	736,13	1.898,32	2.135,61	512,53	1.748,00	1.966,50	288,81	1.597,60	1.797,30	65,09	1.447,20	1.628,10
	II	27.580	1.194,40	2.206,40	2.482,20	970,68	2.056,00	2.313,00	746,96	1.905,60	2.143,80	523,24	1.755,20	1.974,60	299,52	1.604,80	1.805,40	75,80	1.454,40	1.636,20	-	1.304,08	1.467,09
	III	19.984	-	1.598,72	1.798,56	-	1.472,80	1.656,90	-	1.349,76	1.518,48	-	1.229,92	1.383,66	-	1.113,12	1.252,26	-	999,36	1.124,28	-	888,80	999,90
	IV	29.369	1.407,29	2.349,52	2.643,21	1.295,43	2.274,32	2.558,61	1.183,57	2.199,12	2.474,01	1.071,71	2.123,92	2.389,41	959,85	2.048,72	2.304,81	847,99	1.973,52	2.220,21	736,13	1.898,32	2.135,61
	V	35.542	1.954,81	2.843,36	3.198,78																		
	VI	36.074	1.984,07	2.885,92	3.246,66																		
96.875,99	I	29.384	1.409,07	2.350,72	2.644,56	1.185,35	2.200,32	2.475,36	961,63	2.049,92	2.306,16	738,03	1.899,60	2.137,05	514,31	1.749,20	1.967,85	290,59	1.598,80	1.798,65	66,87	1.448,40	1.629,45
	II	27.595	1.196,18	2.207,60	2.483,55	972,46	2.057,20	2.314,35	748,74	1.906,80	2.145,15	525,02	1.756,40	1.975,95	301,30	1.606,00	1.806,75	77,70	1.455,68	1.637,64	-	1.305,28	1.468,44
	III	19.998	-	1.599,84	1.799,82	-	1.473,76	1.657,98	-	1.350,72	1.519,56	-	1.230,88	1.384,74	-	1.113,92	1.253,16	-	1.000,32	1.125,36	-	889,60	1.000,80
	IV	29.384	1.409,07	2.350,72	2.644,56	1.297,21	2.275,52	2.559,96	1.185,35	2.200,32	2.475,36	1.073,49	2.125,12	2.390,76	961,63	2.049,92	2.306,16	849,89	1.974,80	2.221,65	738,03	1.899,60	2.137,05
	V	35.558	1.955,69	2.844,64	3.200,22																		
	VI	36.089	1.984,89	2.887,12	3.248,01																		
96.911,99	I	29.399	1.410,86	2.351,92	2.645,91	1.187,26	2.201,60	2.476,80	963,54	2.051,20	2.307,60	739,82	1.900,80	2.138,40	516,10	1.750,40	1.969,20	292,38	1.600,00	1.800,00	68,66	1.449,60	1.630,80
	II	27.610	1.197,97	2.208,80	2.484,90	974,25	2.058,40	2.315,70	750,53	1.908,00	2.146,50	526,81	1.757,60	1.977,30	303,21	1.607,28	1.808,19	79,49	1.456,88	1.638,99	-	1.306,48	1.469,79
	III	20.010	-	1.600,80	1.800,90	-	1.474,72	1.659,06	-	1.351,68	1.520,64	-	1.231,84	1.385,82	-	1.114,88	1.254,24	-	1.001,12	1.126,26	-	890,40	1.001,70
	IV	29.399	1.410,86	2.351,92	2.645,91	1.299,00	2.276,72	2.561,31	1.187,26	2.201,60	2.476,80	1.075,40	2.126,40	2.392,20	963,54	2.051,20	2.307,60	851,68	1.976,00	2.223,00	739,82	1.900,80	2.138,40
	V	35.573	1.956,51	2.845,84	3.201,57																		
	VI	36.104	1.985,72	2.888,32	3.249,36																		
96.947,99	I	29.415	1.412,76	2.353,20	2.647,35	1.189,04	2.202,80	2.478,15	965,32	2.052,40	2.308,95	741,60	1.902,00	2.139,75	517,88	1.751,60	1.970,55	294,16	1.601,20	1.801,35	70,44	1.450,80	1.632,15
	II	27.625	1.199,75	2.210,00	2.486,25	976,03	2.059,60	2.317,05	752,43	1.909,28	2.147,94	528,71	1.758,88	1.978,74	304,99	1.608,48	1.809,54	81,27	1.458,08	1.640,34	-	1.307,68	1.471,14
	III	20.024	-	1.601,92	1.802,16	-	1.475,68	1.660,14	-	1.352,64	1.521,72	-	1.232,80	1.386,90	-	1.115,84	1.255,32	-	1.002,08	1.127,34	-	891,36	1.002,78
	IV	29.415	1.412,76	2.353,20	2.647,35	1.300,90	2.278,00	2.562,75	1.189,04	2.202,80	2.478,15	1.077,18	2.127,60	2.393,55	965,32	2.052,40	2.308,95	853,46	1.977,20	2.224,35	741,60	1.902,00	2.139,75
	V	35.588	1.957,34	2.847,04	3.202,92																		
	VI	36.120	1.986,60	2.889,60	3.250,80																		
96.983,99	I	29.430	1.414,55	2.354,40	2.648,70	1.190,83	2.204,00	2.479,50	967,11	2.053,60	2.310,30	743,39	1.903,20	2.141,10	519,67	1.752,80	1.971,90	295,95	1.602,40	1.802,70	72,23	1.452,00	1.633,50
	II	27.640	1.201,54	2.211,20	2.487,60	977,94	2.060,88	2.318,49	754,22	1.910,48	2.149,29	530,50	1.760,08	1.980,09	306,78	1.609,68	1.810,89	83,06	1.459,28	1.641,69	-	1.308,88	1.472,49
	III	20.036	-	1.602,88	1.803,24	-	1.476,80	1.661,40	-	1.353,60	1.522,80	-	1.233,60	1.387,80	-	1.116,80	1.256,40	-	1.003,04	1.128,42	-	892,16	1.003,68
	IV	29.430	1.414,55	2.354,40	2.648,70	1.302,69	2.279,20	2.564,10	1.190,83	2.204,00	2.479,50	1.078,97	2.128,80	2.394,90	967,11	2.053,60	2.310,30	855,25	1.978,40	2.225,70	743,39	1.903,20	2.141,10
	V	35.603	1.958,16	2.848,24	3.204,27																		
	VI	36.135	1.987,42	2.890,80	3.252,15																		
97.019,99	I	29.445	1.416,33	2.355,60	2.650,05	1.192,61	2.205,20	2.480,85	968,89	2.054,80	2.311,65	745,17	1.904,40	2.142,45	521,45	1.754,00	1.973,25	297,73	1.603,60	1.804,05	74,01	1.453,20	1.634,85
	II	27.656	1.203,44	2.212,48	2.489,04	979,72	2.062,08	2.319,84	756,00	1.911,68	2.150,64	532,28	1.761,28	1.981,44	308,56	1.610,88	1.812,24	84,84	1.460,48	1.643,04	-	1.310,08	1.473,84
	III	20.050	-	1.604,00	1.804,50	-	1.477,76	1.662,48	-	1.354,72	1.524,06	-	1.234,56	1.388,88	-	1.117,76	1.257,48	-	1.003,84	1.129,32	-	893,12	1.004,76
	IV	29.445	1.416,33	2.355,60	2.650,05	1.304,47	2.280,40	2.565,45	1.192,61	2.205,20	2.480,85	1.080,75	2.130,00	2.396,25	968,89	2.054,80	2.311,65	857,03	1.979,60	2.227,05	745,17	1.904,40	2.142,45
	V	35.618	1.958,99	2.849,44	3.205,62																		
	VI	36.150	1.988,25	2.892,00	3.253,50																		
97.055,99	I	29.460	1.418,12	2.356,80	2.651,40	1.194,40	2.206,40	2.482,20	970,68	2.056,00	2.313,00	746,96	1.905,60	2.143,80	523,24	1.755,20	1.974,60	299,52	1.604,80	1.805,40	75,80	1.454,40	1.636,20
	II	27.671	1.205,23	2.213,68	2.490,39	981,51	2.063,28	2.321,19	757,79	1.912,88	2.151,99	534,07	1.762,48	1.982,79	310,35	1.612,08	1.813,59	86,63	1.461,68	1.644,39	-	1.311,28	1.475,19
	III	20.062	-	1.604,96	1.805,58	-	1.478,72	1.663,56	-	1.355,68	1.525,14	-	1.235,52	1.389,96	-	1.118,56	1.258,38	-	1.004,80	1.130,40	-	893,92	1.005,66
	IV	29.460	1.418,12	2.356,80	2.651,40	1.306,26	2.281,60	2.566,80	1.194,40	2.206,40	2.482,20	1.082,54	2.131,20	2.397,60	970,68	2.056,00	2.313,00	858,82	1.980,80	2.228,40	746,96	1.905,60	2.143,80
	V	35.633	1.959,81	2.850,64	3.206,97																		
	VI	36.165	1.989,07	2.893,20	3.254,85																		
97.091,99	I	29.475	1.419,90	2.358,00	2.652,75	1.196,18	2.207,60	2.483,55	972,46	2.057,20	2.314,35	748,74	1.906,80	2.145,15	525,02	1.756,40	1.975,95	301,30	1.606,00	1.806,75	77,70	1.455,68	1.637,64
	II	27.686	1.207,01	2.214,88	2.491,74	983,29	2.064,48	2.322,54	759,57	1.914,08	2.153,34	535,85	1.763,68	1.984,14	312,13	1.613,28	1.814,94	88,41	1.462,88	1.645,74	-	1.312,48	1.476,54
	III	20.074	-	1.605,92	1.806,66	-	1.479,68	1.664,64	-	1.356,64	1.526,22	-	1.236,48	1.391,04	-	1.119,52	1.259,46	-	1.005,60	1.131,30	-	894,88	1.006,74
	IV	29.475	1.419,90	2.358,00	2.652,75	1.308,04	2.282,80	2.568,15	1.196,18	2.207,60	2.483,55	1.084,32	2.132,40	2.398,95	972,46	2.057,20	2.314,35	860,60	1.982,00	2.229,75	748,74	1.906,80	2.145,15
	V	35.648	1.960,64	2.851,84	3.208,32																		
	VI	36.180	1.989,90	2.894,40	3.256,20																		
97.127,99	I	29.490	1.421,69	2.359,20	2.654,10	1.197,97	2.208,80	2.484,90	974,25	2.058,40	2.315,70	750,53	1.908,00	2.146,50	526,81	1.757,60	1.977,30	303,21	1.607,28	1.808,19	79,49	1.456,88	1.638,99
	II	27.701	1.208,80	2.216,08	2.493,09	985,08	2.065,68	2.323,89	761,36	1.915,28	2.154,69	537,64	1.764,88	1.985,49	313,92	1.614,48	1.816,29	90,20	1.464,08	1.647,09	-	1.313,68	1.477,89
	III	20.088	-	1.607,04	1.807,92	-	1.480,80	1.665,90	-	1.357,60	1.527,30	-	1.237,44	1.392,12	-	1.120,48	1.260,54	-	1.006,56	1.132,38	-	895,68	1.007,64
	IV	29.490	1.421,69	2.359,20	2.654,10	1.309,83	2.284,00	2.569,50	1.197,97	2.208,80	2.484,90	1.086,11	2.133,60	2.400,30	974,25	2.058,40	2.315,70	862,39	1.983,20	2.231,10	750,53	1.908,00	2.146,50
	V	35.663	1.961,46	2.853,04	3.209,67																		
	VI	36.195	1.990,72	2.895,60	3.257,55																		
97.163,99	I	29.505	1.423,47	2.360,40	2.655,45	1.199,75	2.210,00	2.486,25	976,03	2.059,60	2.317,05	752,43	1.909,28	2.147,94	528,71	1.758,88	1.978,74	304,99	1.608,48	1.809,54	81,27	1.458,08	1.640,34
	II	27.716	1.210,58	2.217,28	2.494,44	986,86	2.066,88	2.325,24	763,14	1.916,48	2.156,04	539,42	1.766,08	1.986,84	315,70	1.615,68	1.817,64	91,98	1.465,28	1.648,44	-	1.314,96	1.479,33
	III	20.100	-	1.608,00	1.809,00	-	1.481,76	1.666,98	-	1.358,56	1.528,38	-	1.238,40	1.393,20	-	1.121,44	1.261,62	-	1.007,52	1.133,46	-	896,64	1.008,72
	IV	29.505	1.423,47	2.360,40	2.655,45	1.311,61	2.285,20	2.570,85	1.199,75	2.210,00	2.486,25	1.087,89	2.134,80	2.401,65	976,03	2.059,60	2.317,05	864,17	1.984,40	2.232,45	752,43	1.909,28	2.147,94
	V	35.679	1.962,34	2.854,32	3.211,11																		
	VI	36.210	1.991,55	2.896,80	3.258,90																		
97.199,99	I	29.520	1.425,26	2.361,60	2.656,80	1.201,54	2.211,20	2.487,60	977,94	2.060,88	2.318,49	754,22	1.910,48	2.149,29	530,50	1.760,08	1.980,09	306,78	1.609,68	1.810,89	83,06	1.459,28	1.641,69
	II	27.731	1.212,37	2.218,48	2.495,79	988,65	2.068,08	2.326,59	764,93	1.917,68	2.157,39	541,21	1.767,28	1.988,19	317,61	1.616,96	1.819,08	93,89	1.466,56	1.649,88	-	1.316,16	1.480,68
	III	20.114	-	1.609,12	1.810,26	-	1.482,72	1.668,06	-	1.359,52	1.529,46	-	1.239,36	1.394,28	-	1.122,40	1.262,70	-	1.008,32	1.134,36	-	897,44	1.009,62
	IV	29.520	1.425,26	2.361,60	2.656,80	1.313,40	2.286,40	2.572,20	1.201,54	2.211,20	2.487,60	1.089,80	2.136,08	2.403,09	977,94	2.060,88	2.318,49	866,08	1.985,68	2.233,89	754,22	1.910,48	2.149,29
	V	35.694	1.963,17	2.855,52	3.212,46																		
	VI	36.225	1.992,37	2.898,00	3.260,25																		

SolZ/KiSt lt. Tabelle nicht für Sonstige Bezüge anwendbar.

JAHR bis 97.739,99 €

Besondere Tabelle

Lohn/ Gehalt bis	Steuerklasse	Lohnsteuer	ohne Kinderfreibetrag SolZ 5,5%	Kirchensteuer 8%	Kirchensteuer 9%	0,5 SolZ 5,5%	Kirchensteuer 8%	Kirchensteuer 9%	1,0 SolZ 5,5%	Kirchensteuer 8%	Kirchensteuer 9%	1,5 SolZ 5,5%	Kirchensteuer 8%	Kirchensteuer 9%	2,0 SolZ 5,5%	Kirchensteuer 8%	Kirchensteuer 9%	2,5 SolZ 5,5%	Kirchensteuer 8%	Kirchensteuer 9%	3,0 SolZ 5,5%	Kirchensteuer 8%	Kirchensteuer 9%
						Anzahl Kinderfreibeträge (nur Steuerklassen I–IV)																	
97.235,99	I	29.536	1.427,16	2.362,88	2.658,24	1.203,44	2.212,48	2.489,04	979,72	2.062,08	2.319,84	756,00	1.911,68	2.150,64	532,28	1.761,28	1.981,44	308,56	1.610,88	1.812,24	84,84	1.460,48	1.643,0
	II	27.746	1.214,15	2.219,68	2.497,14	990,43	2.069,28	2.327,94	766,71	1.918,88	2.158,74	543,11	1.768,56	1.989,63	319,39	1.618,16	1.820,43	95,67	1.467,76	1.651,23	–	1.317,36	1.482,0
	III	20.126	–	1.610,08	1.811,34	–	1.483,68	1.669,14	–	1.360,48	1.530,54	–	1.240,32	1.395,36	–	1.123,20	1.263,60	–	1.009,28	1.135,44	–	898,40	1.010,7
	IV	29.536	1.427,16	2.362,88	2.658,24	1.315,30	2.287,68	2.573,64	1.203,44	2.212,48	2.489,04	1.091,58	2.137,28	2.404,44	979,72	2.062,08	2.319,84	867,86	1.986,88	2.235,24	756,00	1.911,68	2.150,6
	V	35.709	1.963,99	2.856,72	3.213,81																		
	VI	36.241	1.993,25	2.899,28	3.261,69																		
97.271,99	I	29.551	1.428,95	2.364,08	2.659,59	1.205,23	2.213,68	2.490,39	981,51	2.063,28	2.321,19	757,79	1.912,88	2.151,99	534,07	1.762,48	1.982,79	310,35	1.612,08	1.813,59	86,63	1.461,68	1.644,3
	II	27.761	1.215,94	2.220,88	2.498,49	992,34	2.070,56	2.329,38	768,62	1.920,16	2.160,18	544,90	1.769,76	1.990,98	321,18	1.619,36	1.821,78	97,46	1.468,96	1.652,58	–	1.318,56	1.483,3
	III	20.140	–	1.611,20	1.812,60	–	1.484,80	1.670,40	–	1.361,44	1.531,62	–	1.241,28	1.396,44	–	1.124,16	1.264,68	–	1.010,24	1.136,52	–	899,20	1.011,6
	IV	29.551	1.428,95	2.364,08	2.659,59	1.317,09	2.288,88	2.574,99	1.205,23	2.213,68	2.490,39	1.093,37	2.138,48	2.405,79	981,51	2.063,28	2.321,19	869,65	1.988,08	2.236,59	757,79	1.912,88	2.151,9
	V	35.724	1.964,82	2.857,92	3.215,16																		
	VI	36.256	1.994,08	2.900,48	3.263,04																		
97.307,99	I	29.566	1.430,73	2.365,28	2.660,94	1.207,01	2.214,88	2.491,74	983,29	2.064,48	2.322,54	759,57	1.914,08	2.153,34	535,85	1.763,68	1.984,14	312,13	1.613,28	1.814,94	88,41	1.462,88	1.645,7
	II	27.777	1.217,84	2.222,16	2.499,93	994,12	2.071,76	2.330,73	770,40	1.921,36	2.161,53	546,68	1.770,96	1.992,33	322,96	1.620,56	1.823,13	99,24	1.470,16	1.653,93	–	1.319,76	1.484,7
	III	20.152	–	1.612,16	1.813,68	–	1.485,76	1.671,48	–	1.362,40	1.532,70	–	1.242,24	1.397,52	–	1.125,12	1.265,76	–	1.011,04	1.137,42	–	900,16	1.012,6
	IV	29.566	1.430,73	2.365,28	2.660,94	1.318,87	2.290,08	2.576,34	1.207,01	2.214,88	2.491,74	1.095,15	2.139,68	2.407,14	983,29	2.064,48	2.322,54	871,43	1.989,28	2.237,94	759,57	1.914,08	2.153,3
	V	35.739	1.965,64	2.859,12	3.216,51																		
	VI	36.271	1.994,90	2.901,68	3.264,39																		
97.343,99	I	29.581	1.432,52	2.366,48	2.662,29	1.208,80	2.216,08	2.493,09	985,08	2.065,68	2.323,89	761,36	1.915,28	2.154,69	537,64	1.764,88	1.985,49	313,92	1.614,48	1.816,29	90,20	1.464,08	1.647,0
	II	27.792	1.219,63	2.223,36	2.501,28	995,91	2.072,96	2.332,08	772,19	1.922,56	2.162,88	548,47	1.772,16	1.993,68	324,75	1.621,76	1.824,48	101,03	1.471,36	1.655,28	–	1.320,96	1.486,0
	III	20.164	–	1.613,12	1.814,76	–	1.486,72	1.672,56	–	1.363,52	1.533,96	–	1.243,20	1.398,60	–	1.126,08	1.266,84	–	1.012,00	1.138,50	–	900,96	1.013,5
	IV	29.581	1.432,52	2.366,48	2.662,29	1.320,66	2.291,28	2.577,69	1.208,80	2.216,08	2.493,09	1.096,94	2.140,88	2.408,49	985,08	2.065,68	2.323,89	873,22	1.990,48	2.239,29	761,36	1.915,28	2.154,6
	V	35.754	1.966,47	2.860,32	3.217,86																		
	VI	36.286	1.995,73	2.902,88	3.265,74																		
97.379,99	I	29.596	1.434,30	2.367,68	2.663,64	1.210,58	2.217,28	2.494,44	986,86	2.066,88	2.325,24	763,14	1.916,48	2.156,04	539,42	1.766,08	1.986,84	315,70	1.615,68	1.817,64	91,98	1.465,28	1.648,4
	II	27.807	1.221,41	2.224,56	2.502,63	997,69	2.074,16	2.333,43	773,97	1.923,76	2.164,23	550,25	1.773,36	1.995,03	326,53	1.622,96	1.825,83	102,81	1.472,56	1.656,63	–	1.322,16	1.487,4
	III	20.178	–	1.614,24	1.816,02	–	1.487,84	1.673,82	–	1.364,48	1.535,04	–	1.244,16	1.399,68	–	1.127,04	1.267,92	–	1.012,96	1.139,58	–	901,92	1.014,6
	IV	29.596	1.434,30	2.367,68	2.663,64	1.322,44	2.292,48	2.579,04	1.210,58	2.217,28	2.494,44	1.098,72	2.142,08	2.409,84	986,86	2.066,88	2.325,24	875,00	1.991,68	2.240,64	763,14	1.916,48	2.156,0
	V	35.769	1.967,29	2.861,52	3.219,21																		
	VI	36.301	1.996,55	2.904,08	3.267,09																		
97.415,99	I	29.611	1.436,09	2.368,88	2.664,99	1.212,37	2.218,48	2.495,79	988,65	2.068,08	2.326,59	764,93	1.917,68	2.157,39	541,21	1.767,28	1.988,19	317,61	1.616,96	1.819,08	93,89	1.466,56	1.649,8
	II	27.822	1.223,20	2.225,76	2.503,98	999,48	2.075,36	2.334,78	775,76	1.924,96	2.165,58	552,04	1.774,56	1.996,38	328,32	1.624,16	1.827,18	104,60	1.473,76	1.657,98	–	1.323,36	1.488,7
	III	20.190	–	1.615,20	1.817,10	–	1.488,80	1.674,90	–	1.365,44	1.536,12	–	1.245,12	1.400,76	–	1.128,00	1.269,00	–	1.013,76	1.140,48	–	902,72	1.015,5
	IV	29.611	1.436,09	2.368,88	2.664,99	1.324,23	2.293,68	2.580,39	1.212,37	2.218,48	2.495,79	1.100,51	2.143,28	2.411,19	988,65	2.068,08	2.326,59	876,79	1.992,88	2.241,99	764,93	1.917,68	2.157,3
	V	35.784	1.968,12	2.862,72	3.220,56																		
	VI	36.316	1.997,38	2.905,28	3.268,44																		
97.451,99	I	29.626	1.437,87	2.370,08	2.666,34	1.214,15	2.219,68	2.497,14	990,43	2.069,28	2.327,94	766,71	1.918,88	2.158,74	543,11	1.768,56	1.989,63	319,39	1.618,16	1.820,43	95,67	1.467,76	1.651,2
	II	27.837	1.224,98	2.226,96	2.505,33	1.001,26	2.076,56	2.336,13	777,54	1.926,16	2.166,93	553,82	1.775,76	1.997,73	330,10	1.625,36	1.828,53	106,38	1.474,96	1.659,33	–	1.324,64	1.490,2
	III	20.204	–	1.616,32	1.818,36	–	1.489,76	1.675,98	–	1.366,40	1.537,20	–	1.246,08	1.401,84	–	1.128,80	1.269,90	–	1.014,72	1.141,56	–	903,68	1.016,6
	IV	29.626	1.437,87	2.370,08	2.666,34	1.326,01	2.294,88	2.581,74	1.214,15	2.219,68	2.497,14	1.102,29	2.144,48	2.412,54	990,43	2.069,28	2.327,94	878,57	1.994,08	2.243,34	766,71	1.918,88	2.158,7
	V	35.800	1.969,00	2.864,00	3.222,00																		
	VI	36.331	1.998,20	2.906,48	3.269,79																		
97.487,99	I	29.641	1.439,66	2.371,28	2.667,69	1.215,94	2.220,88	2.498,49	992,34	2.070,56	2.329,38	768,62	1.920,16	2.160,18	544,90	1.769,76	1.990,98	321,18	1.619,36	1.821,78	97,46	1.468,96	1.652,5
	II	27.852	1.226,77	2.228,16	2.506,68	1.003,05	2.077,76	2.337,48	779,33	1.927,36	2.168,28	555,61	1.776,96	1.999,08	331,89	1.626,56	1.829,88	108,29	1.476,24	1.660,77	–	1.325,84	1.491,5
	III	20.216	–	1.617,28	1.819,44	–	1.490,72	1.677,06	–	1.367,36	1.538,28	–	1.247,04	1.402,92	–	1.129,76	1.270,98	–	1.015,68	1.142,64	–	904,48	1.017,5
	IV	29.641	1.439,66	2.371,28	2.667,69	1.327,80	2.296,08	2.583,09	1.215,94	2.220,88	2.498,49	1.104,08	2.145,68	2.413,89	992,34	2.070,56	2.329,38	880,48	1.995,36	2.244,78	768,62	1.920,16	2.160,1
	V	35.815	1.969,82	2.865,20	3.223,35																		
	VI	36.346	1.999,03	2.907,68	3.271,14																		
97.523,99	I	29.656	1.441,44	2.372,48	2.669,04	1.217,84	2.222,16	2.499,93	994,12	2.071,76	2.330,73	770,40	1.921,36	2.161,53	546,68	1.770,96	1.992,33	322,96	1.620,56	1.823,13	99,24	1.470,16	1.653,9
	II	27.867	1.228,55	2.229,36	2.508,03	1.004,83	2.078,96	2.338,83	781,11	1.928,56	2.169,63	557,51	1.778,24	2.000,52	333,79	1.627,84	1.831,32	110,07	1.477,44	1.662,12	–	1.327,04	1.492,9
	III	20.230	–	1.618,40	1.820,70	–	1.491,84	1.678,32	–	1.368,32	1.539,36	–	1.248,00	1.404,00	–	1.130,72	1.272,06	–	1.016,48	1.143,54	–	905,44	1.018,6
	IV	29.656	1.441,44	2.372,48	2.669,04	1.329,70	2.297,36	2.584,53	1.217,84	2.222,16	2.499,93	1.105,98	2.146,96	2.415,33	994,12	2.071,76	2.330,73	882,26	1.996,56	2.246,13	770,40	1.921,36	2.161,5
	V	35.830	1.970,65	2.866,40	3.224,70																		
	VI	36.361	1.999,85	2.908,88	3.272,49																		
97.559,99	I	29.672	1.443,35	2.373,76	2.670,48	1.219,63	2.223,36	2.501,28	995,91	2.072,96	2.332,08	772,19	1.922,56	2.162,88	548,47	1.772,16	1.993,68	324,75	1.621,76	1.824,48	101,03	1.471,36	1.655,2
	II	27.882	1.230,34	2.230,56	2.509,38	1.006,62	2.080,16	2.340,18	783,02	1.929,84	2.171,07	559,30	1.779,44	2.001,87	335,58	1.629,04	1.832,67	111,86	1.478,64	1.663,47	–	1.328,24	1.494,2
	III	20.242	–	1.619,36	1.821,78	–	1.492,80	1.679,40	–	1.369,28	1.540,44	–	1.248,96	1.405,08	–	1.131,68	1.273,14	–	1.017,44	1.144,62	–	906,24	1.019,5
	IV	29.672	1.443,35	2.373,76	2.670,48	1.331,49	2.298,56	2.585,88	1.219,63	2.223,36	2.501,28	1.107,77	2.148,16	2.416,68	995,91	2.072,96	2.332,08	884,05	1.997,76	2.247,48	772,19	1.922,56	2.162,8
	V	35.845	1.971,47	2.867,60	3.226,05																		
	VI	36.377	2.000,73	2.910,16	3.273,93																		
97.595,99	I	29.687	1.445,13	2.374,96	2.671,83	1.221,41	2.224,56	2.502,63	997,69	2.074,16	2.333,43	773,97	1.923,76	2.164,23	550,25	1.773,36	1.995,03	326,53	1.622,96	1.825,83	102,81	1.472,56	1.656,6
	II	27.898	1.232,24	2.231,84	2.510,82	1.008,52	2.081,44	2.341,62	784,80	1.931,04	2.172,42	561,08	1.780,64	2.003,22	337,36	1.630,24	1.834,02	113,64	1.479,84	1.664,82	–	1.329,44	1.495,6
	III	20.254	–	1.620,32	1.822,86	–	1.493,76	1.680,48	–	1.370,24	1.541,52	–	1.249,92	1.406,16	–	1.132,64	1.274,22	–	1.018,40	1.145,70	–	907,20	1.020,6
	IV	29.687	1.445,13	2.374,96	2.671,83	1.333,27	2.299,76	2.587,23	1.221,41	2.224,56	2.502,63	1.109,55	2.149,36	2.418,03	997,69	2.074,16	2.333,43	885,83	1.998,96	2.248,83	773,97	1.923,76	2.164,2
	V	35.860	1.972,30	2.868,80	3.227,40																		
	VI	36.392	2.001,56	2.911,36	3.275,28																		
97.631,99	I	29.702	1.446,92	2.376,16	2.673,18	1.223,20	2.225,76	2.503,98	999,48	2.075,36	2.334,78	775,76	1.924,96	2.165,58	552,04	1.774,56	1.996,38	328,32	1.624,16	1.827,18	104,60	1.473,76	1.657,9
	II	27.913	1.234,03	2.233,04	2.512,17	1.010,31	2.082,64	2.342,97	786,59	1.932,24	2.173,77	562,87	1.781,84	2.004,57	339,15	1.631,44	1.835,37	115,43	1.481,04	1.666,17	–	1.330,64	1.496,9
	III	20.268	–	1.621,44	1.824,12	–	1.494,88	1.681,74	–	1.371,36	1.542,78	–	1.250,88	1.407,24	–	1.133,44	1.275,12	–	1.019,20	1.146,60	–	908,00	1.021,5
	IV	29.702	1.446,92	2.376,16	2.673,18	1.335,06	2.300,96	2.588,58	1.223,20	2.225,76	2.503,98	1.111,34	2.150,56	2.419,38	999,48	2.075,36	2.334,78	887,62	2.000,16	2.250,18	775,76	1.924,96	2.165,5
	V	35.875	1.973,12	2.870,00	3.228,75																		
	VI	36.407	2.002,38	2.912,56	3.276,63																		
97.667,99	I	29.717	1.448,70	2.377,36	2.674,53	1.224,98	2.226,96	2.505,33	1.001,26	2.076,56	2.336,13	777,54	1.926,16	2.166,93	553,82	1.775,76	1.997,73	330,10	1.625,36	1.828,53	106,38	1.474,96	1.659,3
	II	27.928	1.235,81	2.234,24	2.513,52	1.012,09	2.083,84	2.344,32	788,37	1.933,44	2.175,12	564,65	1.783,04	2.005,92	340,93	1.632,64	1.836,72	117,21	1.482,24	1.667,52	–	1.331,84	1.498,3
	III	20.280	–	1.622,40	1.825,20	–	1.495,84	1.682,82	–	1.372,32	1.543,86	–	1.251,84	1.408,32	–	1.134,40	1.276,20	–	1.020,16	1.147,68	–	908,96	1.022,5
	IV	29.717	1.448,70	2.377,36	2.674,53	1.336,84	2.302,16	2.589,93	1.224,98	2.226,96	2.505,33	1.113,12	2.151,76	2.420,73	1.001,26	2.076,56	2.336,13	889,40	2.001,36	2.251,53	777,54	1.926,16	2.166,9
	V	35.890	1.973,95	2.871,20	3.230,10																		
	VI	36.422	2.003,21	2.913,76	3.277,98																		
97.703,99	I	29.732	1.450,49	2.378,56	2.675,88	1.226,77	2.228,16	2.506,68	1.003,05	2.077,76	2.337,48	779,33	1.927,36	2.168,28	555,61	1.776,96	1.999,08	331,89	1.626,56	1.829,88	108,29	1.476,24	1.660,7
	II	27.943	1.237,60	2.235,44	2.514,87	1.013,88	2.085,04	2.345,67	790,16	1.934,64	2.176,47	566,44	1.784,24	2.007,27	342,72	1.633,84	1.838,07	119,00	1.483,44	1.668,87	–	1.333,04	1.499,6
	III	20.294	–	1.623,52	1.826,46	–	1.496,80	1.683,90	–	1.373,28	1.544,94	–	1.252,80	1.409,40	–	1.135,36	1.277,28	–	1.021,12	1.148,76	–	909,76	1.023,4
	IV	29.732	1.450,49	2.378,56	2.675,88	1.338,63	2.303,36	2.591,28	1.226,77	2.228,16	2.506,68	1.114,91	2.152,96	2.422,08	1.003,05	2.077,76	2.337,48	891,19	2.002,56	2.252,88	779,33	1.927,36	2.168,2
	V	35.905	1.974,77	2.872,40	3.231,45																		
	VI	36.437	2.004,03	2.914,96	3.279,33																		
97.739,99	I	29.747	1.452,27	2.379,76	2.677,23	1.228,55	2.229,36	2.508,03	1.004,83	2.078,96	2.338,83	781,11	1.928,56	2.169,63	557,51	1.778,24	2.000,52	333,79	1.627,84	1.831,32	110,07	1.477,44	1.662,1
	II	27.958	1.239,38	2.236,64	2.516,22	1.015,66	2.086,24	2.347,02	791,94	1.935,84	2.177,82	568,22	1.785,44	2.008,62	344,50	1.635,04	1.839,42	120,78	1.484,64	1.670,22	–	1.334,24	1.501,0
	III	20.306	–	1.624,48	1.827,54	–	1.497,76	1.684,98	–	1.374,24	1.546,02	–	1.253,76	1.410,48	–	1.136,32	1.278,36	–	1.021,92	1.149,66	–	910,72	1.024,5
	IV	29.747	1.452,27	2.379,76	2.677,23	1.340,41	2.304,56	2.592,63	1.228,55	2.229,36	2.508,03	1.116,69	2.154,16	2.423,43	1.004,83	2.078,96	2.338,83	892,97	2.003,76	2.254,23	781,11	1.928,56	2.169,6
	V	35.920	1.975,60	2.873,60	3.232,80																		
	VI	36.452	2.004,86	2.916,16	3.280,68																		

SolZ/KiSt lt. Tabelle nicht für Sonstige Bezüge anwendbar.

Lohn/ Gehalt bis	Steuerklasse	Lohn- steuer	ohne Kinderfreibetrag			Anzahl Kinderfreibeträge (nur Steuerklassen I–IV): 0,5			1,0			1,5			2,0			2,5			3,0		
			SolZ 5,5%	Kirchensteuer 8%	Kirchensteuer 9%	SolZ 5,5%	Kirchensteuer 8%	Kirchensteuer 9%	SolZ 5,5%	Kirchensteuer 8%	Kirchensteuer 9%	SolZ 5,5%	Kirchensteuer 8%	Kirchensteuer 9%	SolZ 5,5%	Kirchensteuer 8%	Kirchensteuer 9%	SolZ 5,5%	Kirchensteuer 8%	Kirchensteuer 9%	SolZ 5,5%	Kirchensteuer 8%	Kirchensteuer 9%
97.775,99	I	**29.762**	*1.454,06*	2.380,96	2.678,58	*1.230,34*	2.230,56	2.509,38	*1.006,62*	2.080,16	2.340,18	*783,02*	1.929,84	2.171,07	*559,30*	1.779,44	2.001,87	*335,58*	1.629,04	1.832,67	*111,86*	1.478,64	1.663,47
	II	**27.973**	*1.241,17*	2.237,84	2.517,57	*1.017,45*	2.087,44	2.348,37	*793,73*	1.937,04	2.179,17	*570,01*	1.786,64	2.009,97	*346,29*	1.636,24	1.840,77	*122,68*	1.485,92	1.671,66	–	1.335,52	1.502,46
	III	**20.320**	–	1.625,60	1.828,80	–	1.498,88	1.686,24	–	1.375,20	1.547,10	–	1.254,72	1.411,56	–	1.137,28	1.279,44	–	1.022,88	1.150,74	–	911,68	1.025,64
	IV	**29.762**	*1.454,06*	2.380,96	2.678,58	*1.342,20*	2.305,76	2.593,98	*1.230,34*	2.230,56	2.509,38	*1.118,48*	2.155,36	2.424,78	*1.006,62*	2.080,16	2.340,18	*894,88*	2.005,04	2.255,67	*783,02*	1.929,84	2.171,07
	V	**35.936**	*1.976,48*	2.874,88	3.234,24																		
	VI	**36.467**	*2.005,68*	2.917,36	3.282,03																		
97.811,99	I	**29.777**	*1.455,84*	2.382,16	2.679,93	*1.232,24*	2.231,84	2.510,82	*1.008,52*	2.081,44	2.341,62	*784,80*	1.931,04	2.172,42	*561,08*	1.780,64	2.003,22	*337,36*	1.630,24	1.834,02	*113,64*	1.479,84	1.664,82
	II	**27.988**	*1.242,95*	2.239,04	2.518,92	*1.019,23*	2.088,64	2.349,72	*795,51*	1.938,24	2.180,52	*571,79*	1.787,84	2.011,32	*348,19*	1.637,52	1.842,21	*124,47*	1.487,12	1.673,01	–	1.336,72	1.503,81
	III	**20.332**	–	1.626,56	1.829,88	–	1.499,84	1.687,32	–	1.376,16	1.548,18	–	1.255,68	1.412,64	–	1.138,24	1.280,52	–	1.023,84	1.151,82	–	912,48	1.026,54
	IV	**29.777**	*1.455,84*	2.382,16	2.679,93	*1.343,98*	2.306,96	2.595,33	*1.232,24*	2.231,84	2.510,82	*1.120,38*	2.156,64	2.426,22	*1.008,52*	2.081,44	2.341,62	*896,66*	2.006,24	2.257,02	*784,80*	1.931,04	2.172,42
	V	**35.951**	*1.977,30*	2.876,08	3.235,59																		
	VI	**36.482**	*2.006,51*	2.918,56	3.283,38																		
97.847,99	I	**29.793**	*1.457,75*	2.383,44	2.681,37	*1.234,03*	2.233,04	2.512,17	*1.010,31*	2.082,64	2.342,97	*786,59*	1.932,24	2.173,77	*562,87*	1.781,84	2.004,57	*339,15*	1.631,44	1.835,37	*115,43*	1.481,04	1.666,17
	II	**28.003**	*1.244,74*	2.240,24	2.520,27	*1.021,02*	2.089,84	2.351,07	*797,41*	1.939,52	2.181,96	*573,69*	1.789,12	2.012,76	*349,97*	1.638,72	1.843,56	*126,25*	1.488,32	1.674,36	–	1.337,92	1.505,16
	III	**20.346**	–	1.627,68	1.831,14	–	1.500,80	1.688,40	–	1.377,12	1.549,26	–	1.256,64	1.413,72	–	1.139,04	1.281,42	–	1.024,64	1.152,72	–	913,44	1.027,62
	IV	**29.793**	*1.457,75*	2.383,44	2.681,37	*1.345,89*	2.308,24	2.596,77	*1.234,03*	2.233,04	2.512,17	*1.122,17*	2.157,84	2.427,57	*1.010,31*	2.082,64	2.342,97	*898,45*	2.007,44	2.258,37	*786,59*	1.932,24	2.173,77
	V	**35.966**	*1.978,13*	2.877,28	3.236,94																		
	VI	**36.498**	*2.007,39*	2.919,84	3.284,82																		
97.883,99	I	**29.808**	*1.459,53*	2.384,64	2.682,72	*1.235,81*	2.234,24	2.513,52	*1.012,09*	2.083,84	2.344,32	*788,37*	1.933,44	2.175,12	*564,65*	1.783,04	2.005,92	*340,93*	1.632,64	1.836,72	*117,21*	1.482,24	1.667,52
	II	**28.018**	*1.246,52*	2.241,44	2.521,62	*1.022,92*	2.091,12	2.352,51	*799,20*	1.940,72	2.183,31	*575,48*	1.790,32	2.014,11	*351,76*	1.639,92	1.844,91	*128,04*	1.489,52	1.675,71	–	1.339,12	1.506,51
	III	**20.358**	–	1.628,64	1.832,22	–	1.501,92	1.689,66	–	1.378,24	1.550,52	–	1.257,60	1.414,80	–	1.140,00	1.282,50	–	1.025,60	1.153,80	–	914,24	1.028,52
	IV	**29.808**	*1.459,53*	2.384,64	2.682,72	*1.347,67*	2.309,44	2.598,12	*1.235,81*	2.234,24	2.513,52	*1.123,95*	2.159,04	2.428,92	*1.012,09*	2.083,84	2.344,32	*900,23*	2.008,64	2.259,72	*788,37*	1.933,44	2.175,12
	V	**35.981**	*1.978,95*	2.878,48	3.238,29																		
	VI	**36.513**	*2.008,21*	2.921,04	3.286,17																		
97.919,99	I	**29.823**	*1.461,32*	2.385,84	2.684,07	*1.237,60*	2.235,44	2.514,87	*1.013,88*	2.085,04	2.345,67	*790,16*	1.934,64	2.176,47	*566,44*	1.784,24	2.007,27	*342,72*	1.633,84	1.838,07	*119,00*	1.483,44	1.668,87
	II	**28.034**	*1.248,42*	2.242,72	2.523,06	*1.024,70*	2.092,32	2.353,86	*800,98*	1.941,92	2.184,66	*577,26*	1.791,52	2.015,46	*353,54*	1.641,12	1.846,26	*129,82*	1.490,72	1.677,06	–	1.340,32	1.507,86
	III	**20.370**	–	1.629,60	1.833,30	–	1.502,88	1.690,74	–	1.379,20	1.551,60	–	1.258,56	1.415,88	–	1.140,96	1.283,58	–	1.026,56	1.154,88	–	915,20	1.029,60
	IV	**29.823**	*1.461,32*	2.385,84	2.684,07	*1.349,46*	2.310,64	2.599,47	*1.237,60*	2.235,44	2.514,87	*1.125,74*	2.160,24	2.430,27	*1.013,88*	2.085,04	2.345,67	*902,02*	2.009,84	2.261,07	*790,16*	1.934,64	2.176,47
	V	**35.996**	*1.979,78*	2.879,68	3.239,64																		
	VI	**36.528**	*2.009,04*	2.922,24	3.287,52																		
97.955,99	I	**29.838**	*1.463,10*	2.387,04	2.685,42	*1.239,38*	2.236,64	2.516,22	*1.015,66*	2.086,24	2.347,02	*791,94*	1.935,84	2.177,82	*568,22*	1.785,44	2.008,62	*344,50*	1.635,04	1.839,42	*120,78*	1.484,64	1.670,22
	II	**28.049**	*1.250,21*	2.243,92	2.524,41	*1.026,49*	2.093,52	2.355,21	*802,77*	1.943,12	2.186,01	*579,05*	1.792,72	2.016,81	*355,33*	1.642,32	1.847,61	*131,61*	1.491,92	1.678,41	–	1.341,52	1.509,21
	III	**20.384**	–	1.630,72	1.834,56	–	1.503,84	1.691,82	–	1.380,16	1.552,68	–	1.259,52	1.416,96	–	1.141,92	1.284,66	–	1.027,36	1.155,78	–	916,00	1.030,50
	IV	**29.838**	*1.463,10*	2.387,04	2.685,42	*1.351,24*	2.311,84	2.600,82	*1.239,38*	2.236,64	2.516,22	*1.127,52*	2.161,44	2.431,62	*1.015,66*	2.086,24	2.347,02	*903,80*	2.011,04	2.262,42	*791,94*	1.935,84	2.177,82
	V	**36.011**	*1.980,60*	2.880,88	3.240,99																		
	VI	**36.543**	*2.009,86*	2.923,44	3.288,87																		
97.991,99	I	**29.853**	*1.464,89*	2.388,24	2.686,77	*1.241,17*	2.237,84	2.517,57	*1.017,45*	2.087,44	2.348,37	*793,73*	1.937,04	2.179,17	*570,01*	1.786,64	2.009,97	*346,29*	1.636,24	1.840,77	*122,68*	1.485,92	1.671,66
	II	**28.064**	*1.251,99*	2.245,12	2.525,76	*1.028,27*	2.094,72	2.356,56	*804,55*	1.944,32	2.187,36	*580,83*	1.793,92	2.018,16	*357,11*	1.643,52	1.848,96	*133,39*	1.493,12	1.679,76	–	1.342,72	1.510,56
	III	**20.396**	–	1.631,68	1.835,64	–	1.504,96	1.693,08	–	1.381,12	1.553,76	–	1.260,48	1.418,04	–	1.142,88	1.285,74	–	1.028,32	1.156,86	–	916,96	1.031,58
	IV	**29.853**	*1.464,89*	2.388,24	2.686,77	*1.353,03*	2.313,04	2.602,17	*1.241,17*	2.237,84	2.517,57	*1.129,31*	2.162,64	2.432,97	*1.017,45*	2.087,44	2.348,37	*905,59*	2.012,24	2.263,77	*793,73*	1.937,04	2.179,17
	V	**36.026**	*1.981,43*	2.882,08	3.242,34																		
	VI	**36.558**	*2.010,69*	2.924,64	3.290,22																		
98.027,99	I	**29.868**	*1.466,67*	2.389,44	2.688,12	*1.242,95*	2.239,04	2.518,92	*1.019,23*	2.088,64	2.349,72	*795,51*	1.938,24	2.180,52	*571,79*	1.787,84	2.011,32	*348,19*	1.637,52	1.842,21	*124,47*	1.487,12	1.673,01
	II	**28.079**	*1.253,78*	2.246,32	2.527,11	*1.030,06*	2.095,92	2.357,91	*806,34*	1.945,52	2.188,71	*582,62*	1.795,12	2.019,51	*358,90*	1.644,72	1.850,31	*135,18*	1.494,32	1.681,11	–	1.343,92	1.511,91
	III	**20.410**	–	1.632,80	1.836,90	–	1.505,92	1.694,16	–	1.382,08	1.554,84	–	1.261,44	1.419,12	–	1.143,84	1.286,82	–	1.029,28	1.157,94	–	917,76	1.032,48
	IV	**29.868**	*1.466,67*	2.389,44	2.688,12	*1.354,81*	2.314,24	2.603,52	*1.242,95*	2.239,04	2.518,92	*1.131,09*	2.163,84	2.434,32	*1.019,23*	2.088,64	2.349,72	*907,37*	2.013,44	2.265,12	*795,51*	1.938,24	2.180,52
	V	**36.041**	*1.982,25*	2.883,28	3.243,69																		
	VI	**36.573**	*2.011,51*	2.925,84	3.291,57																		
98.063,99	I	**29.883**	*1.468,46*	2.390,64	2.689,47	*1.244,74*	2.240,24	2.520,27	*1.021,02*	2.089,84	2.351,07	*797,41*	1.939,52	2.181,96	*573,69*	1.789,12	2.012,76	*349,97*	1.638,72	1.843,56	*126,25*	1.488,32	1.674,36
	II	**28.094**	*1.255,56*	2.247,52	2.528,46	*1.031,84*	2.097,12	2.359,26	*808,12*	1.946,72	2.190,06	*584,40*	1.796,32	2.020,86	*360,68*	1.645,92	1.851,66	*136,96*	1.495,52	1.682,46	–	1.345,20	1.513,35
	III	**20.422**	–	1.633,76	1.837,98	–	1.506,88	1.695,24	–	1.383,04	1.555,92	–	1.262,40	1.420,20	–	1.144,64	1.287,72	–	1.030,08	1.158,84	–	918,72	1.033,56
	IV	**29.883**	*1.468,46*	2.390,64	2.689,47	*1.356,60*	2.315,44	2.604,87	*1.244,74*	2.240,24	2.520,27	*1.132,88*	2.165,04	2.435,67	*1.021,02*	2.089,84	2.351,07	*909,16*	2.014,64	2.266,47	*797,41*	1.939,52	2.181,96
	V	**36.057**	*1.983,13*	2.884,56	3.245,13																		
	VI	**36.588**	*2.012,34*	2.927,04	3.292,92																		
98.099,99	I	**29.898**	*1.470,24*	2.391,84	2.690,82	*1.246,52*	2.241,44	2.521,62	*1.022,92*	2.091,12	2.352,51	*799,20*	1.940,72	2.183,31	*575,48*	1.790,32	2.014,11	*351,76*	1.639,92	1.844,91	*128,04*	1.489,52	1.675,71
	II	**28.109**	*1.257,35*	2.248,72	2.529,81	*1.033,63*	2.098,32	2.360,61	*809,91*	1.947,92	2.191,41	*586,19*	1.797,52	2.022,21	*362,59*	1.647,20	1.853,10	*138,87*	1.496,80	1.683,90	–	1.346,40	1.514,70
	III	**20.436**	–	1.634,88	1.839,24	–	1.507,84	1.696,32	–	1.384,00	1.557,00	–	1.263,36	1.421,28	–	1.145,60	1.288,80	–	1.031,04	1.159,92	–	919,52	1.034,46
	IV	**29.898**	*1.470,24*	2.391,84	2.690,82	*1.358,38*	2.316,64	2.606,22	*1.246,52*	2.241,44	2.521,62	*1.134,78*	2.166,32	2.437,11	*1.022,92*	2.091,12	2.352,51	*911,06*	2.015,92	2.267,91	*799,20*	1.940,72	2.183,31
	V	**36.072**	*1.983,96*	2.885,76	3.246,48																		
	VI	**36.603**	*2.013,16*	2.928,24	3.294,27																		
98.135,99	I	**29.914**	*1.472,14*	2.393,12	2.692,26	*1.248,42*	2.242,72	2.523,06	*1.024,70*	2.092,32	2.353,86	*800,98*	1.941,92	2.184,66	*577,26*	1.791,52	2.015,46	*353,54*	1.641,12	1.846,26	*129,82*	1.490,72	1.677,06
	II	**28.124**	*1.259,13*	2.249,92	2.531,16	*1.035,41*	2.099,52	2.361,96	*811,69*	1.949,12	2.192,76	*588,09*	1.798,80	2.023,65	*364,37*	1.648,40	1.854,45	*140,65*	1.498,00	1.685,25	–	1.347,60	1.516,05
	III	**20.448**	–	1.635,84	1.840,32	–	1.508,96	1.697,58	–	1.385,12	1.558,26	–	1.264,32	1.422,36	–	1.146,56	1.289,88	–	1.032,00	1.161,00	–	920,48	1.035,54
	IV	**29.914**	*1.472,14*	2.393,12	2.692,26	*1.360,28*	2.317,92	2.607,66	*1.248,42*	2.242,72	2.523,06	*1.136,56*	2.167,52	2.438,46	*1.024,70*	2.092,32	2.353,86	*912,84*	2.017,12	2.269,26	*800,98*	1.941,92	2.184,66
	V	**36.087**	*1.984,78*	2.886,96	3.247,83																		
	VI	**36.619**	*2.014,04*	2.929,52	3.295,71																		
98.171,99	I	**29.929**	*1.473,93*	2.394,32	2.693,61	*1.250,21*	2.243,92	2.524,41	*1.026,49*	2.093,52	2.355,21	*802,77*	1.943,12	2.186,01	*579,05*	1.792,72	2.016,81	*355,33*	1.642,32	1.847,61	*131,61*	1.491,92	1.678,41
	II	**28.139**	*1.260,92*	2.251,12	2.532,51	*1.037,32*	2.100,80	2.363,40	*813,60*	1.950,40	2.194,20	*589,88*	1.800,00	2.025,00	*366,16*	1.649,60	1.855,80	*142,44*	1.499,20	1.686,60	–	1.348,80	1.517,40
	III	**20.462**	–	1.636,96	1.841,58	–	1.509,92	1.698,66	–	1.386,08	1.559,34	–	1.265,28	1.423,44	–	1.147,52	1.290,96	–	1.032,80	1.161,90	–	921,28	1.036,44
	IV	**29.929**	*1.473,93*	2.394,32	2.693,61	*1.362,07*	2.319,12	2.609,01	*1.250,21*	2.243,92	2.524,41	*1.138,35*	2.168,72	2.439,81	*1.026,49*	2.093,52	2.355,21	*914,63*	2.018,32	2.270,61	*802,77*	1.943,12	2.186,01
	V	**36.102**	*1.985,61*	2.888,16	3.249,18																		
	VI	**36.634**	*2.014,87*	2.930,72	3.297,06																		
98.207,99	I	**29.944**	*1.475,71*	2.395,52	2.694,96	*1.251,99*	2.245,12	2.525,76	*1.028,27*	2.094,72	2.356,56	*804,55*	1.944,32	2.187,36	*580,83*	1.793,92	2.018,16	*357,11*	1.643,52	1.848,96	*133,39*	1.493,12	1.679,76
	II	**28.155**	*1.262,82*	2.252,40	2.533,95	*1.039,10*	2.102,00	2.364,75	*815,38*	1.951,60	2.195,55	*591,66*	1.801,20	2.026,35	*367,94*	1.650,80	1.857,15	*144,22*	1.500,40	1.687,95	–	1.350,00	1.518,75
	III	**20.474**	–	1.637,92	1.842,66	–	1.510,88	1.699,74	–	1.387,04	1.560,42	–	1.266,24	1.424,52	–	1.148,48	1.292,04	–	1.033,76	1.162,98	–	922,24	1.037,52
	IV	**29.944**	*1.475,71*	2.395,52	2.694,96	*1.363,85*	2.320,32	2.610,36	*1.251,99*	2.245,12	2.525,76	*1.140,13*	2.169,92	2.441,16	*1.028,27*	2.094,72	2.356,56	*916,41*	2.019,52	2.271,96	*804,55*	1.944,32	2.187,36
	V	**36.117**	*1.986,43*	2.889,36	3.250,53																		
	VI	**36.649**	*2.015,69*	2.931,92	3.298,41																		
98.243,99	I	**29.959**	*1.477,50*	2.396,72	2.696,31	*1.253,78*	2.246,32	2.527,11	*1.030,06*	2.095,92	2.357,91	*806,34*	1.945,52	2.188,71	*582,62*	1.795,12	2.019,51	*358,90*	1.644,72	1.850,31	*135,18*	1.494,32	1.681,11
	II	**28.170**	*1.264,61*	2.253,60	2.535,30	*1.040,89*	2.103,20	2.366,10	*817,17*	1.952,80	2.196,90	*593,45*	1.802,40	2.027,70	*369,73*	1.652,00	1.858,50	*146,01*	1.501,60	1.689,30	–	1.351,20	1.520,10
	III	**20.488**	–	1.639,04	1.843,92	–	1.512,00	1.701,00	–	1.388,00	1.561,50	–	1.267,20	1.425,60	–	1.149,44	1.293,12	–	1.034,72	1.164,06	–	923,04	1.038,42
	IV	**29.959**	*1.477,50*	2.396,72	2.696,31	*1.365,64*	2.321,52	2.611,71	*1.253,78*	2.246,32	2.527,11	*1.141,92*	2.171,12	2.442,51	*1.030,06*	2.095,92	2.357,91	*918,20*	2.020,72	2.273,31	*806,34*	1.945,52	2.188,71
	V	**36.132**	*1.987,26*	2.890,56	3.251,88																		
	VI	**36.664**	*2.016,52*	2.933,12	3.299,76																		
98.279,99	I	**29.974**	*1.479,28*	2.397,92	2.697,66	*1.255,56*	2.247,52	2.528,46	*1.031,84*	2.097,12	2.359,26	*808,12*	1.946,72	2.190,06	*584,40*	1.796,32	2.020,86	*360,68*	1.645,92	1.851,66	*136,96*	1.495,52	1.682,46
	II	**28.185**	*1.266,39*	2.254,80	2.536,65	*1.042,67*	2.104,40	2.367,45	*818,95*	1.954,00	2.198,25	*595,23*	1.803,60	2.029,05	*371,51*	1.653,20	1.859,85	*147,79*	1.502,80	1.690,65	–	1.352,40	1.521,45
	III	**20.500**	–	1.640,00	1.845,00	–	1.512,96	1.702,08	–	1.388,96	1.562,58	–	1.268,16	1.426,68	–	1.150,24	1.294,02	–	1.035,52	1.164,96	–	924,00	1.039,50
	IV	**29.974**	*1.479,28*	2.397,92	2.697,66	*1.367,42*	2.322,72	2.613,06	*1.255,56*	2.247,52	2.528,46	*1.143,70*	2.172,32	2.443,86	*1.031,84*	2.097,12	2.359,26	*919,98*	2.021,92	2.274,66	*808,12*	1.946,72	2.190,06
	V	**36.147**	*1.988,08*	2.891,76	3.253,23																		
	VI	**36.679**	*2.017,34*	2.934,32	3.301,11																		

SolZ/KiSt lt. Tabelle nicht für Sonstige Bezüge anwendbar.

JAHR bis 98.819,99 €

Besondere Tabelle

Lohn/ Gehalt bis	Steuerklasse	Lohn-steuer	ohne Kinderfreibetrag			Anzahl Kinderfreibeträge (nur Steuerklassen I–IV) 0,5			1,0			1,5			2,0			2,5			3,0		
			SolZ 5,5%	Kirchensteuer 8%	9%	SolZ 5,5%	Kirchensteuer 8%	9%	SolZ 5,5%	Kirchensteuer 8%	9%	SolZ 5,5%	Kirchensteuer 8%	9%	SolZ 5,5%	Kirchensteuer 8%	9%	SolZ 5,5%	Kirchensteuer 8%	9%	SolZ 5,5%	Kirchensteuer 8%	9%
98.315,99	I	29.989	1.481,07	2.399,12	2.699,01	1.257,35	2.248,72	2.529,81	1.033,63	2.098,32	2.360,61	809,91	1.947,92	2.191,41	586,19	1.797,52	2.022,21	362,59	1.647,20	1.853,10	138,87	1.496,80	1.683,90
	II	28.200	1.268,18	2.256,00	2.538,00	1.044,46	2.105,60	2.368,80	820,74	1.955,20	2.199,60	597,02	1.804,80	2.030,40	373,30	1.654,40	1.861,20	149,58	1.504,00	1.692,00	-	1.353,60	1.522,80
	III	20.512	-	1.640,96	1.846,08	-	1.513,92	1.703,16	-	1.389,92	1.563,66	-	1.269,12	1.427,76	-	1.151,20	1.295,10	-	1.036,48	1.166,04	-	924,80	1.040,40
	IV	29.989	1.481,07	2.399,12	2.699,01	1.369,21	2.323,92	2.614,41	1.257,35	2.248,72	2.529,81	1.145,49	2.173,52	2.445,21	1.033,63	2.098,32	2.360,61	921,77	2.023,12	2.276,01	809,91	1.947,92	2.191,41
	V	36.162	1.988,91	2.892,96	3.254,58																		
	VI	36.694	2.018,17	2.935,52	3.302,46																		
98.351,99	I	30.004	1.482,85	2.400,32	2.700,36	1.259,13	2.249,92	2.531,16	1.035,41	2.099,52	2.361,96	811,69	1.949,12	2.192,76	588,09	1.798,80	2.023,65	364,37	1.648,40	1.854,45	140,65	1.498,00	1.685,25
	II	28.215	1.269,96	2.257,20	2.539,35	1.046,24	2.106,80	2.370,15	822,52	1.956,40	2.200,95	598,80	1.806,00	2.031,75	375,08	1.655,60	1.862,55	151,36	1.505,20	1.693,35	-	1.354,88	1.524,24
	III	20.526	-	1.642,08	1.847,34	-	1.515,04	1.704,42	-	1.390,88	1.564,74	-	1.270,08	1.428,84	-	1.152,16	1.296,18	-	1.037,44	1.167,12	-	925,76	1.041,48
	IV	30.004	1.482,85	2.400,32	2.700,36	1.370,99	2.325,12	2.615,76	1.259,13	2.249,92	2.531,16	1.147,27	2.174,72	2.446,56	1.035,41	2.099,52	2.361,96	923,55	2.024,32	2.277,36	811,69	1.949,12	2.192,76
	V	36.178	1.989,79	2.894,24	3.256,02																		
	VI	36.709	2.018,99	2.936,72	3.303,81																		
98.387,99	I	30.019	1.484,64	2.401,52	2.701,71	1.260,92	2.251,12	2.532,51	1.037,32	2.100,80	2.363,40	813,60	1.950,40	2.194,20	589,88	1.800,00	2.025,00	366,16	1.649,60	1.855,80	142,44	1.499,20	1.686,60
	II	28.230	1.271,75	2.258,40	2.540,70	1.048,03	2.108,00	2.371,50	824,31	1.957,60	2.202,30	600,59	1.807,20	2.033,10	376,87	1.656,80	1.863,90	153,27	1.506,48	1.694,79	-	1.356,08	1.525,59
	III	20.538	-	1.643,04	1.848,42	-	1.516,00	1.705,50	-	1.392,00	1.566,00	-	1.271,04	1.429,92	-	1.153,12	1.297,26	-	1.038,40	1.168,20	-	926,56	1.042,38
	IV	30.019	1.484,64	2.401,52	2.701,71	1.372,78	2.326,32	2.617,11	1.260,92	2.251,12	2.532,51	1.149,06	2.175,92	2.447,91	1.037,32	2.100,80	2.363,40	925,46	2.025,60	2.278,80	813,60	1.950,40	2.194,20
	V	36.193	1.990,61	2.895,44	3.257,37																		
	VI	36.724	2.019,82	2.937,92	3.305,16																		
98.423,99	I	30.034	1.486,42	2.402,72	2.703,06	1.262,82	2.252,40	2.533,95	1.039,10	2.102,00	2.364,75	815,38	1.951,60	2.195,55	591,66	1.801,20	2.026,35	367,94	1.650,80	1.857,15	144,22	1.500,40	1.687,95
	II	28.245	1.273,53	2.259,60	2.542,05	1.049,81	2.109,20	2.372,85	826,09	1.958,80	2.203,65	602,49	1.808,48	2.034,54	378,77	1.658,08	1.865,34	155,05	1.507,68	1.696,14	-	1.357,28	1.526,94
	III	20.552	-	1.644,16	1.849,68	-	1.516,96	1.706,58	-	1.392,96	1.567,08	-	1.272,00	1.431,00	-	1.154,08	1.298,34	-	1.039,20	1.169,10	-	927,52	1.043,46
	IV	30.034	1.486,42	2.402,72	2.703,06	1.374,68	2.327,60	2.618,55	1.262,82	2.252,40	2.533,95	1.150,96	2.177,20	2.449,35	1.039,10	2.102,00	2.364,75	927,24	2.026,80	2.280,15	815,38	1.951,60	2.195,55
	V	36.208	1.991,44	2.896,64	3.258,72																		
	VI	36.739	2.020,64	2.939,12	3.306,51																		
98.459,99	I	30.050	1.488,33	2.404,00	2.704,50	1.264,61	2.253,60	2.535,30	1.040,89	2.103,20	2.366,10	817,17	1.952,80	2.196,90	593,45	1.802,40	2.027,70	369,73	1.652,00	1.858,50	146,01	1.501,60	1.689,30
	II	28.260	1.275,32	2.260,80	2.543,40	1.051,60	2.110,40	2.374,20	828,00	1.960,08	2.205,09	604,28	1.809,68	2.035,89	380,56	1.659,28	1.866,69	156,84	1.508,88	1.697,49	-	1.358,48	1.528,29
	III	20.564	-	1.645,12	1.850,76	-	1.518,08	1.707,84	-	1.393,92	1.568,16	-	1.272,96	1.432,08	-	1.155,04	1.299,42	-	1.040,16	1.170,18	-	928,48	1.044,54
	IV	30.050	1.488,33	2.404,00	2.704,50	1.376,47	2.328,80	2.619,90	1.264,61	2.253,60	2.535,30	1.152,75	2.178,40	2.450,70	1.040,89	2.103,20	2.366,10	929,03	2.028,00	2.281,50	817,17	1.952,80	2.196,90
	V	36.223	1.992,26	2.897,84	3.260,07																		
	VI	36.755	2.021,52	2.940,40	3.307,95																		
98.495,99	I	30.065	1.490,11	2.405,20	2.705,85	1.266,39	2.254,80	2.536,65	1.042,67	2.104,40	2.367,45	818,95	1.954,00	2.198,25	595,23	1.803,60	2.029,05	371,51	1.653,20	1.859,85	147,79	1.502,80	1.690,65
	II	28.276	1.277,22	2.262,08	2.544,84	1.053,50	2.111,68	2.375,64	829,78	1.961,28	2.206,44	606,06	1.810,88	2.037,24	382,34	1.660,48	1.868,04	158,62	1.510,08	1.698,84	-	1.359,68	1.529,64
	III	20.578	-	1.646,24	1.852,02	-	1.519,04	1.708,92	-	1.394,88	1.569,24	-	1.273,92	1.433,16	-	1.156,00	1.300,50	-	1.041,12	1.171,26	-	929,28	1.045,44
	IV	30.065	1.490,11	2.405,20	2.705,85	1.378,25	2.330,00	2.621,25	1.266,39	2.254,80	2.536,65	1.154,53	2.179,60	2.452,05	1.042,67	2.104,40	2.367,45	930,81	2.029,20	2.282,85	818,95	1.954,00	2.198,25
	V	36.238	1.993,09	2.899,04	3.261,42																		
	VI	36.770	2.022,35	2.941,60	3.309,30																		
98.531,99	I	30.080	1.491,90	2.406,40	2.707,20	1.268,18	2.256,00	2.538,00	1.044,46	2.105,60	2.368,80	820,74	1.955,20	2.199,60	597,02	1.804,80	2.030,40	373,30	1.654,40	1.861,20	149,58	1.504,00	1.692,00
	II	28.291	1.279,01	2.263,28	2.546,19	1.055,29	2.112,88	2.376,99	831,57	1.962,48	2.207,79	607,85	1.812,08	2.038,59	384,13	1.661,68	1.869,39	160,41	1.511,28	1.700,19	-	1.360,88	1.530,99
	III	20.590	-	1.647,20	1.853,10	-	1.520,00	1.710,00	-	1.395,84	1.570,32	-	1.274,88	1.434,24	-	1.156,80	1.301,40	-	1.041,92	1.172,16	-	930,24	1.046,52
	IV	30.080	1.491,90	2.406,40	2.707,20	1.380,04	2.331,20	2.622,60	1.268,18	2.256,00	2.538,00	1.156,32	2.180,80	2.453,40	1.044,46	2.105,60	2.368,80	932,60	2.030,40	2.284,20	820,74	1.955,20	2.199,60
	V	36.253	1.993,91	2.900,24	3.262,77																		
	VI	36.785	2.023,17	2.942,80	3.310,65																		
98.567,99	I	30.095	1.493,68	2.407,60	2.708,55	1.269,96	2.257,20	2.539,35	1.046,24	2.106,80	2.370,15	822,52	1.956,40	2.200,95	598,80	1.806,00	2.031,75	375,08	1.655,60	1.862,55	151,36	1.505,20	1.693,35
	II	28.306	1.280,79	2.264,48	2.547,54	1.057,07	2.114,08	2.378,34	833,35	1.963,68	2.209,14	609,63	1.813,28	2.039,94	385,91	1.662,88	1.870,74	162,19	1.512,48	1.701,54	-	1.362,08	1.532,34
	III	20.604	-	1.648,32	1.854,36	-	1.520,96	1.711,08	-	1.396,80	1.571,40	-	1.275,84	1.435,32	-	1.157,76	1.302,48	-	1.042,88	1.173,24	-	931,04	1.047,42
	IV	30.095	1.493,68	2.407,60	2.708,55	1.381,82	2.332,40	2.623,95	1.269,96	2.257,20	2.539,35	1.158,10	2.182,00	2.454,75	1.046,24	2.106,80	2.370,15	934,38	2.031,60	2.285,55	822,52	1.956,40	2.200,95
	V	36.268	1.994,74	2.901,44	3.264,12																		
	VI	36.800	2.024,00	2.944,00	3.312,00																		
98.603,99	I	30.110	1.495,47	2.408,80	2.709,90	1.271,75	2.258,40	2.540,70	1.048,03	2.108,00	2.371,50	824,31	1.957,60	2.202,30	600,59	1.807,20	2.033,10	376,87	1.656,80	1.863,90	153,27	1.506,48	1.694,79
	II	28.321	1.282,58	2.265,68	2.548,89	1.058,86	2.115,28	2.379,69	835,14	1.964,88	2.210,49	611,42	1.814,48	2.041,29	387,70	1.664,08	1.872,09	163,98	1.513,68	1.702,89	-	1.363,28	1.533,69
	III	20.616	-	1.649,28	1.855,44	-	1.522,08	1.712,34	-	1.397,92	1.572,66	-	1.276,80	1.436,40	-	1.158,72	1.303,56	-	1.043,84	1.174,32	-	932,00	1.048,50
	IV	30.110	1.495,47	2.408,80	2.709,90	1.383,61	2.333,60	2.625,30	1.271,75	2.258,40	2.540,70	1.159,89	2.183,20	2.456,10	1.048,03	2.108,00	2.371,50	936,17	2.032,80	2.286,90	824,31	1.957,60	2.202,30
	V	36.283	1.995,56	2.902,64	3.265,47																		
	VI	36.815	2.024,82	2.945,20	3.313,35																		
98.639,99	I	30.125	1.497,25	2.410,00	2.711,25	1.273,53	2.259,60	2.542,05	1.049,81	2.109,20	2.372,85	826,09	1.958,80	2.203,65	602,49	1.808,48	2.034,54	378,77	1.658,08	1.865,34	155,05	1.507,68	1.696,14
	II	28.336	1.284,36	2.266,88	2.550,24	1.060,64	2.116,48	2.381,04	836,92	1.966,08	2.211,84	613,20	1.815,68	2.042,64	389,48	1.665,28	1.873,44	165,76	1.514,88	1.704,24	-	1.364,48	1.535,04
	III	20.630	-	1.650,40	1.856,70	-	1.523,04	1.713,42	-	1.398,88	1.573,74	-	1.277,76	1.437,48	-	1.159,68	1.304,64	-	1.044,64	1.175,22	-	932,80	1.049,40
	IV	30.125	1.497,25	2.410,00	2.711,25	1.385,39	2.334,80	2.626,65	1.273,53	2.259,60	2.542,05	1.161,67	2.184,40	2.457,45	1.049,81	2.109,20	2.372,85	937,95	2.034,00	2.288,25	826,09	1.958,80	2.203,65
	V	36.298	1.996,39	2.903,84	3.266,82																		
	VI	36.830	2.025,65	2.946,40	3.314,70																		
98.675,99	I	30.140	1.499,04	2.411,20	2.712,60	1.275,32	2.260,80	2.543,40	1.051,60	2.110,40	2.374,20	828,00	1.960,08	2.205,09	604,28	1.809,68	2.035,89	380,56	1.659,28	1.866,69	156,84	1.508,88	1.697,49
	II	28.351	1.286,15	2.268,08	2.551,59	1.062,43	2.117,68	2.382,39	838,71	1.967,28	2.213,19	614,99	1.816,88	2.043,99	391,27	1.666,48	1.874,79	167,67	1.516,16	1.705,68	-	1.365,76	1.536,48
	III	20.642	-	1.651,36	1.857,78	-	1.524,00	1.714,50	-	1.399,84	1.574,82	-	1.278,72	1.438,56	-	1.160,64	1.305,72	-	1.045,60	1.176,30	-	933,76	1.050,48
	IV	30.140	1.499,04	2.411,20	2.712,60	1.387,18	2.336,00	2.628,00	1.275,32	2.260,80	2.543,40	1.163,46	2.185,60	2.458,80	1.051,60	2.110,40	2.374,20	939,86	2.035,28	2.289,69	828,00	1.960,08	2.205,09
	V	36.314	1.997,27	2.905,12	3.268,26																		
	VI	36.845	2.026,47	2.947,60	3.316,05																		
98.711,99	I	30.155	1.500,82	2.412,40	2.713,95	1.277,22	2.262,08	2.544,84	1.053,50	2.111,68	2.375,64	829,78	1.961,28	2.206,44	606,06	1.810,88	2.037,24	382,34	1.660,48	1.868,04	158,62	1.510,08	1.698,84
	II	28.366	1.287,93	2.269,28	2.552,94	1.064,21	2.118,88	2.383,74	840,49	1.968,48	2.214,54	616,77	1.818,08	2.045,34	393,17	1.667,76	1.876,23	169,45	1.517,36	1.707,03	-	1.366,96	1.537,83
	III	20.656	-	1.652,48	1.859,04	-	1.525,12	1.715,76	-	1.400,80	1.575,90	-	1.279,68	1.439,64	-	1.161,60	1.306,80	-	1.046,56	1.177,38	-	934,56	1.051,38
	IV	30.155	1.500,82	2.412,40	2.713,95	1.388,96	2.337,20	2.629,35	1.277,22	2.262,08	2.544,84	1.165,36	2.186,88	2.460,24	1.053,50	2.111,68	2.375,64	941,64	2.036,48	2.291,04	829,78	1.961,28	2.206,44
	V	36.329	1.998,09	2.906,32	3.269,61																		
	VI	36.860	2.027,30	2.948,80	3.317,40																		
98.747,99	I	30.171	1.502,73	2.413,68	2.715,39	1.279,01	2.263,28	2.546,19	1.055,29	2.112,88	2.376,99	831,57	1.962,48	2.207,79	607,85	1.812,08	2.038,59	384,13	1.661,68	1.869,39	160,41	1.511,28	1.700,19
	II	28.381	1.289,72	2.270,48	2.554,29	1.066,00	2.120,08	2.385,09	842,40	1.969,76	2.215,98	618,68	1.819,36	2.046,78	394,96	1.668,96	1.877,58	171,24	1.518,56	1.708,38	-	1.368,16	1.539,18
	III	20.668	-	1.653,44	1.860,12	-	1.526,08	1.716,84	-	1.401,76	1.576,98	-	1.280,64	1.440,72	-	1.162,40	1.307,70	-	1.047,52	1.178,46	-	935,52	1.052,46
	IV	30.171	1.502,73	2.413,68	2.715,39	1.390,87	2.338,48	2.630,79	1.279,01	2.263,28	2.546,19	1.167,15	2.188,08	2.461,59	1.055,29	2.112,88	2.376,99	943,43	2.037,68	2.292,39	831,57	1.962,48	2.207,79
	V	36.344	1.998,92	2.907,52	3.270,96																		
	VI	36.876	2.028,18	2.950,08	3.318,84																		
98.783,99	I	30.186	1.504,51	2.414,88	2.716,74	1.280,79	2.264,48	2.547,54	1.057,07	2.114,08	2.378,34	833,35	1.963,68	2.209,14	609,63	1.813,28	2.039,94	385,91	1.662,88	1.870,74	162,19	1.512,48	1.701,54
	II	28.396	1.291,50	2.271,68	2.555,64	1.067,90	2.121,36	2.386,53	844,18	1.970,96	2.217,33	620,46	1.820,56	2.048,13	396,74	1.670,16	1.878,93	173,02	1.519,76	1.709,73	-	1.369,36	1.540,53
	III	20.682	-	1.654,56	1.861,38	-	1.527,04	1.717,92	-	1.402,72	1.578,06	-	1.281,60	1.441,80	-	1.163,36	1.308,78	-	1.048,32	1.179,36	-	936,32	1.053,36
	IV	30.186	1.504,51	2.414,88	2.716,74	1.392,65	2.339,68	2.632,14	1.280,79	2.264,48	2.547,54	1.168,93	2.189,28	2.462,94	1.057,07	2.114,08	2.378,34	945,21	2.038,88	2.293,74	833,35	1.963,68	2.209,14
	V	36.359	1.999,74	2.908,72	3.272,31																		
	VI	36.891	2.029,00	2.951,28	3.320,19																		
98.819,99	I	30.201	1.506,30	2.416,08	2.718,09	1.282,58	2.265,68	2.548,89	1.058,86	2.115,28	2.379,69	835,14	1.964,88	2.210,49	611,42	1.814,48	2.041,29	387,70	1.664,08	1.872,09	163,98	1.513,68	1.702,89
	II	28.412	1.293,41	2.272,96	2.557,08	1.069,69	2.122,56	2.387,88	845,97	1.972,16	2.218,68	622,25	1.821,76	2.049,48	398,53	1.671,36	1.880,28	174,81	1.520,96	1.711,08	-	1.370,56	1.541,88
	III	20.694	-	1.655,52	1.862,46	-	1.528,16	1.719,18	-	1.403,84	1.579,32	-	1.282,56	1.442,88	-	1.164,32	1.309,86	-	1.049,28	1.180,44	-	937,28	1.054,44
	IV	30.201	1.506,30	2.416,08	2.718,09	1.394,44	2.340,88	2.633,49	1.282,58	2.265,68	2.548,89	1.170,72	2.190,48	2.464,29	1.058,86	2.115,28	2.379,69	947,00	2.040,08	2.295,09	835,14	1.964,88	2.210,49
	V	36.374	2.000,57	2.909,92	3.273,66																		
	VI	36.906	2.029,83	2.952,48	3.321,54																		

SolZ/KiSt lt. Tabelle nicht für Sonstige Bezüge anwendbar.

Lohn/ Gehalt bis	Steuerklasse	Lohn-steuer	ohne Kinderfreibetrag SolZ 5,5%	Kirchensteuer 8%	Kirchensteuer 9%	0,5 SolZ 5,5%	0,5 Kirchensteuer 8%	0,5 Kirchensteuer 9%	1,0 SolZ 5,5%	1,0 Kirchensteuer 8%	1,0 Kirchensteuer 9%	1,5 SolZ 5,5%	1,5 Kirchensteuer 8%	1,5 Kirchensteuer 9%	2,0 SolZ 5,5%	2,0 Kirchensteuer 8%	2,0 Kirchensteuer 9%	2,5 SolZ 5,5%	2,5 Kirchensteuer 8%	2,5 Kirchensteuer 9%	3,0 SolZ 5,5%	3,0 Kirchensteuer 8%	3,0 Kirchensteuer 9%
						Anzahl Kinderfreibeträge (nur Steuerklassen I–IV)																	
98.855,99	I	**30.216**	*1.508,08*	2.417,28	2.719,44	*1.284,36*	2.266,88	2.550,24	*1.060,64*	2.116,48	2.381,04	*836,92*	1.966,08	2.211,84	*613,20*	1.815,68	2.042,64	*389,48*	1.665,28	1.873,44	*165,76*	1.514,88	1.704,24
	II	**28.427**	*1.295,19*	2.274,16	2.558,43	*1.071,47*	2.123,76	2.389,23	*847,75*	1.973,36	2.220,03	*624,03*	1.822,96	2.050,83	*400,31*	1.672,56	1.881,63	*176,59*	1.522,16	1.712,43	-	1.371,76	1.543,23
	III	**20.708**	-	1.656,64	1.863,72	-	1.529,12	1.720,26	-	1.404,80	1.580,40	-	1.283,52	1.443,96	-	1.165,28	1.310,94	-	1.050,24	1.181,52	-	938,24	1.055,52
	IV	**30.216**	*1.508,08*	2.417,28	2.719,44	*1.396,22*	2.342,08	2.634,84	*1.284,36*	2.266,88	2.550,24	*1.172,50*	2.191,68	2.465,64	*1.060,64*	2.116,48	2.381,04	*948,78*	2.041,28	2.296,44	*836,92*	1.966,08	2.211,84
	V	**36.389**	*2.001,39*	2.911,12	3.275,01																		
	VI	**36.921**	*2.030,65*	2.953,68	3.322,89																		
98.891,99	I	**30.231**	*1.509,87*	2.418,48	2.720,79	*1.286,15*	2.268,08	2.551,59	*1.062,43*	2.117,68	2.382,39	*838,71*	1.967,28	2.213,19	*614,99*	1.816,88	2.043,99	*391,27*	1.666,48	1.874,79	*167,67*	1.516,16	1.705,68
	II	**28.442**	*1.296,98*	2.275,36	2.559,78	*1.073,26*	2.124,96	2.390,58	*849,54*	1.974,56	2.221,38	*625,82*	1.824,16	2.052,18	*402,10*	1.673,76	1.882,98	*178,38*	1.523,36	1.713,78	-	1.372,96	1.544,58
	III	**20.720**	-	1.657,60	1.864,80	-	1.530,08	1.721,34	-	1.405,76	1.581,48	-	1.284,48	1.445,04	-	1.166,24	1.312,02	-	1.051,04	1.182,42	-	939,04	1.056,42
	IV	**30.231**	*1.509,87*	2.418,48	2.720,79	*1.398,01*	2.343,28	2.636,19	*1.286,15*	2.268,08	2.551,59	*1.174,29*	2.192,88	2.466,99	*1.062,43*	2.117,68	2.382,39	*950,57*	2.042,48	2.297,79	*838,71*	1.967,28	2.213,19
	V	**36.404**	*2.002,22*	2.912,32	3.276,36																		
	VI	**36.936**	*2.031,48*	2.954,88	3.324,24																		
98.927,99	I	**30.246**	*1.511,65*	2.419,68	2.722,14	*1.287,93*	2.269,28	2.552,94	*1.064,21*	2.118,88	2.383,74	*840,49*	1.968,48	2.214,54	*616,77*	1.818,08	2.045,34	*393,17*	1.667,76	1.876,23	*169,45*	1.517,36	1.707,03
	II	**28.457**	*1.298,76*	2.276,56	2.561,13	*1.075,04*	2.126,16	2.391,93	*851,32*	1.975,76	2.222,73	*627,60*	1.825,36	2.053,53	*403,88*	1.674,96	1.884,33	*180,16*	1.524,56	1.715,13	-	1.374,16	1.545,93
	III	**20.734**	-	1.658,72	1.866,06	-	1.531,20	1.722,60	-	1.406,72	1.582,56	-	1.285,44	1.446,12	-	1.167,20	1.313,10	-	1.052,00	1.183,50	-	940,00	1.057,50
	IV	**30.246**	*1.511,65*	2.419,68	2.722,14	*1.399,79*	2.344,48	2.637,54	*1.287,93*	2.269,28	2.552,94	*1.176,07*	2.194,08	2.468,34	*1.064,21*	2.118,88	2.383,74	*952,35*	2.043,68	2.299,14	*840,49*	1.968,48	2.214,54
	V	**36.419**	*2.003,04*	2.913,52	3.277,71																		
	VI	**36.951**	*2.032,30*	2.956,08	3.325,59																		
98.963,99	I	**30.261**	*1.513,44*	2.420,88	2.723,49	*1.289,72*	2.270,48	2.554,29	*1.066,00*	2.120,08	2.385,09	*842,40*	1.969,76	2.215,98	*618,68*	1.819,36	2.046,78	*394,96*	1.668,96	1.877,58	*171,24*	1.518,56	1.708,38
	II	**28.472**	*1.300,55*	2.277,76	2.562,48	*1.076,83*	2.127,36	2.393,28	*853,11*	1.976,96	2.224,08	*629,39*	1.826,56	2.054,88	*405,67*	1.676,16	1.885,68	*181,95*	1.525,76	1.716,48	-	1.375,44	1.547,37
	III	**20.746**	-	1.659,68	1.867,14	-	1.532,16	1.723,68	-	1.407,68	1.583,64	-	1.286,40	1.447,20	-	1.168,16	1.314,18	-	1.052,96	1.184,58	-	940,80	1.058,40
	IV	**30.261**	*1.513,44*	2.420,88	2.723,49	*1.401,58*	2.345,68	2.638,89	*1.289,72*	2.270,48	2.554,29	*1.177,86*	2.195,28	2.469,69	*1.066,00*	2.120,08	2.385,09	*954,14*	2.044,88	2.300,49	*842,40*	1.969,76	2.215,98
	V	**36.435**	*2.003,92*	2.914,80	3.279,15																		
	VI	**36.966**	*2.033,13*	2.957,28	3.326,94																		
98.999,99	I	**30.276**	*1.515,22*	2.422,08	2.724,84	*1.291,50*	2.271,68	2.555,64	*1.067,90*	2.121,36	2.386,53	*844,18*	1.970,96	2.217,33	*620,46*	1.820,56	2.048,13	*396,74*	1.670,16	1.878,93	*173,02*	1.519,76	1.709,73
	II	**28.487**	*1.302,33*	2.278,96	2.563,83	*1.078,61*	2.128,56	2.394,63	*854,89*	1.978,16	2.225,43	*631,17*	1.827,76	2.056,23	*407,57*	1.677,44	1.887,12	*183,85*	1.527,04	1.717,92	-	1.376,64	1.548,72
	III	**20.760**	-	1.660,80	1.868,40	-	1.533,12	1.724,76	-	1.408,64	1.584,72	-	1.287,36	1.448,28	-	1.169,12	1.315,26	-	1.053,92	1.185,66	-	941,76	1.059,48
	IV	**30.276**	*1.515,22*	2.422,08	2.724,84	*1.403,36*	2.346,88	2.640,24	*1.291,50*	2.271,68	2.555,64	*1.179,76*	2.196,56	2.471,13	*1.067,90*	2.121,36	2.386,53	*956,04*	2.046,16	2.301,93	*844,18*	1.970,96	2.217,33
	V	**36.450**	*2.004,75*	2.916,00	3.280,50																		
	VI	**36.981**	*2.033,95*	2.958,48	3.328,29																		
99.035,99	I	**30.292**	*1.517,13*	2.423,36	2.726,28	*1.293,41*	2.272,96	2.557,08	*1.069,69*	2.122,56	2.387,88	*845,97*	1.972,16	2.218,68	*622,25*	1.821,76	2.049,48	*398,53*	1.671,36	1.880,28	*174,81*	1.520,96	1.711,08
	II	**28.502**	*1.304,12*	2.280,16	2.565,18	*1.080,40*	2.129,76	2.395,98	*856,68*	1.979,36	2.226,78	*633,08*	1.829,04	2.057,67	*409,36*	1.678,64	1.888,47	*185,64*	1.528,24	1.719,27	-	1.377,84	1.550,07
	III	**20.772**	-	1.661,76	1.869,48	-	1.534,24	1.726,02	-	1.409,76	1.585,98	-	1.288,32	1.449,36	-	1.169,92	1.316,16	-	1.054,72	1.186,56	-	942,56	1.060,38
	IV	**30.292**	*1.517,13*	2.423,36	2.726,28	*1.405,27*	2.348,16	2.641,68	*1.293,41*	2.272,96	2.557,08	*1.181,55*	2.197,76	2.472,48	*1.069,69*	2.122,56	2.387,88	*957,83*	2.047,36	2.303,28	*845,97*	1.972,16	2.218,68
	V	**36.465**	*2.005,57*	2.917,20	3.281,85																		
	VI	**36.997**	*2.034,83*	2.959,76	3.329,73																		
99.071,99	I	**30.307**	*1.518,91*	2.424,56	2.727,63	*1.295,19*	2.274,16	2.558,43	*1.071,47*	2.123,76	2.389,23	*847,75*	1.973,36	2.220,03	*624,03*	1.822,96	2.050,83	*400,31*	1.672,56	1.881,63	*176,59*	1.522,16	1.712,43
	II	**28.517**	*1.305,90*	2.281,36	2.566,53	*1.082,30*	2.131,04	2.397,42	*858,58*	1.980,64	2.228,22	*634,86*	1.830,24	2.059,02	*411,14*	1.679,84	1.889,82	*187,42*	1.529,44	1.720,62	-	1.379,04	1.551,42
	III	**20.786**	-	1.662,88	1.870,74	-	1.535,20	1.727,10	-	1.410,72	1.587,06	-	1.289,28	1.450,44	-	1.170,88	1.317,24	-	1.055,68	1.187,64	-	943,52	1.061,46
	IV	**30.307**	*1.518,91*	2.424,56	2.727,63	*1.407,05*	2.349,36	2.643,03	*1.295,19*	2.274,16	2.558,43	*1.183,33*	2.198,96	2.473,83	*1.071,47*	2.123,76	2.389,23	*959,61*	2.048,56	2.304,63	*847,75*	1.973,36	2.220,03
	V	**36.480**	*2.006,40*	2.918,40	3.283,20																		
	VI	**37.012**	*2.035,66*	2.960,96	3.331,08																		
99.107,99	I	**30.322**	*1.520,70*	2.425,76	2.728,98	*1.296,98*	2.275,36	2.559,78	*1.073,26*	2.124,96	2.390,58	*849,54*	1.974,56	2.221,38	*625,82*	1.824,16	2.052,18	*402,10*	1.673,76	1.882,98	*178,38*	1.523,36	1.713,78
	II	**28.533**	*1.307,81*	2.282,64	2.567,97	*1.084,09*	2.132,24	2.398,77	*860,37*	1.981,84	2.229,57	*636,65*	1.831,44	2.060,37	*412,93*	1.681,04	1.891,17	*189,21*	1.530,64	1.721,97	-	1.380,24	1.552,77
	III	**20.798**	-	1.663,84	1.871,82	-	1.536,16	1.728,18	-	1.411,68	1.588,14	-	1.290,24	1.451,52	-	1.171,84	1.318,32	-	1.056,64	1.188,72	-	944,32	1.062,36
	IV	**30.322**	*1.520,70*	2.425,76	2.728,98	*1.408,84*	2.350,56	2.644,38	*1.296,98*	2.275,36	2.559,78	*1.185,12*	2.200,16	2.475,18	*1.073,26*	2.124,96	2.390,58	*961,40*	2.049,76	2.305,98	*849,54*	1.974,56	2.221,38
	V	**36.495**	*2.007,22*	2.919,60	3.284,55																		
	VI	**37.027**	*2.036,48*	2.962,16	3.332,43																		
99.143,99	I	**30.337**	*1.522,48*	2.426,96	2.730,33	*1.298,76*	2.276,56	2.561,13	*1.075,04*	2.126,16	2.391,93	*851,32*	1.975,76	2.222,73	*627,60*	1.825,36	2.053,53	*403,88*	1.674,96	1.884,33	*180,16*	1.524,56	1.715,13
	II	**28.548**	*1.309,59*	2.283,84	2.569,32	*1.085,87*	2.133,44	2.400,12	*862,15*	1.983,04	2.230,92	*638,43*	1.832,64	2.061,72	*414,71*	1.682,24	1.892,52	*190,99*	1.531,84	1.723,32	-	1.381,44	1.554,12
	III	**20.812**	-	1.664,96	1.873,08	-	1.537,28	1.729,44	-	1.412,64	1.589,22	-	1.291,20	1.452,60	-	1.172,80	1.319,40	-	1.057,44	1.189,62	-	945,28	1.063,44
	IV	**30.337**	*1.522,48*	2.426,96	2.730,33	*1.410,62*	2.351,76	2.645,73	*1.298,76*	2.276,56	2.561,13	*1.186,90*	2.201,36	2.476,53	*1.075,04*	2.126,16	2.391,93	*963,18*	2.050,96	2.307,33	*851,32*	1.975,76	2.222,73
	V	**36.510**	*2.008,05*	2.920,80	3.285,90																		
	VI	**37.042**	*2.037,31*	2.963,36	3.333,78																		
99.179,99	I	**30.352**	*1.524,27*	2.428,16	2.731,68	*1.300,55*	2.277,76	2.562,48	*1.076,83*	2.127,36	2.393,28	*853,11*	1.976,96	2.224,08	*629,39*	1.826,56	2.054,88	*405,67*	1.676,16	1.885,68	*181,95*	1.525,76	1.716,48
	II	**28.563**	*1.311,38*	2.285,04	2.570,67	*1.087,66*	2.134,64	2.401,47	*863,94*	1.984,24	2.232,27	*640,22*	1.833,84	2.063,07	*416,50*	1.683,44	1.893,87	*192,78*	1.533,04	1.724,67	-	1.382,64	1.555,47
	III	**20.824**	-	1.665,92	1.874,16	-	1.538,24	1.730,52	-	1.413,60	1.590,30	-	1.292,16	1.453,68	-	1.173,76	1.320,48	-	1.058,40	1.190,70	-	946,24	1.064,52
	IV	**30.352**	*1.524,27*	2.428,16	2.731,68	*1.412,41*	2.352,96	2.647,08	*1.300,55*	2.277,76	2.562,48	*1.188,69*	2.202,56	2.477,88	*1.076,83*	2.127,36	2.393,28	*964,97*	2.052,16	2.308,68	*853,11*	1.976,96	2.224,08
	V	**36.525**	*2.008,87*	2.922,00	3.287,25																		
	VI	**37.057**	*2.038,13*	2.964,56	3.335,13																		
99.215,99	I	**30.367**	*1.526,05*	2.429,36	2.733,03	*1.302,33*	2.278,96	2.563,83	*1.078,61*	2.128,56	2.394,63	*854,89*	1.978,16	2.225,43	*631,17*	1.827,76	2.056,23	*407,57*	1.677,44	1.887,12	*183,85*	1.527,04	1.717,92
	II	**28.578**	*1.313,16*	2.286,24	2.572,02	*1.089,44*	2.135,84	2.402,82	*865,72*	1.985,44	2.233,62	*642,00*	1.835,04	2.064,42	*418,28*	1.684,64	1.895,22	*194,56*	1.534,24	1.726,02	-	1.383,84	1.556,82
	III	**20.838**	-	1.667,04	1.875,42	-	1.539,20	1.731,60	-	1.414,72	1.591,56	-	1.293,12	1.454,76	-	1.174,72	1.321,56	-	1.059,36	1.191,78	-	947,04	1.065,42
	IV	**30.367**	*1.526,05*	2.429,36	2.733,03	*1.414,19*	2.354,16	2.648,43	*1.302,33*	2.278,96	2.563,83	*1.190,47*	2.203,76	2.479,23	*1.078,61*	2.128,56	2.394,63	*966,75*	2.053,36	2.310,03	*854,89*	1.978,16	2.225,43
	V	**36.540**	*2.009,70*	2.923,20	3.288,60																		
	VI	**37.072**	*2.038,96*	2.965,76	3.336,48																		
99.251,99	I	**30.382**	*1.527,84*	2.430,56	2.734,38	*1.304,12*	2.280,16	2.565,18	*1.080,40*	2.129,76	2.395,98	*856,68*	1.979,36	2.226,78	*633,08*	1.829,04	2.057,67	*409,36*	1.678,64	1.888,47	*185,64*	1.528,24	1.719,27
	II	**28.593**	*1.314,95*	2.287,44	2.573,37	*1.091,23*	2.137,04	2.404,17	*867,51*	1.986,64	2.234,97	*643,79*	1.836,24	2.065,77	*420,07*	1.685,84	1.896,57	*196,35*	1.535,44	1.727,37	-	1.385,12	1.558,26
	III	**20.850**	-	1.668,00	1.876,50	-	1.540,32	1.732,86	-	1.415,68	1.592,64	-	1.294,08	1.455,84	-	1.175,68	1.322,64	-	1.060,32	1.192,86	-	948,00	1.066,50
	IV	**30.382**	*1.527,84*	2.430,56	2.734,38	*1.415,98*	2.355,36	2.649,78	*1.304,12*	2.280,16	2.565,18	*1.192,26*	2.204,96	2.480,58	*1.080,40*	2.129,76	2.395,98	*968,54*	2.054,56	2.311,38	*856,68*	1.979,36	2.226,78
	V	**36.556**	*2.010,58*	2.924,48	3.290,04																		
	VI	**37.087**	*2.039,78*	2.966,96	3.337,83																		
99.287,99	I	**30.397**	*1.529,62*	2.431,76	2.735,73	*1.305,90*	2.281,36	2.566,53	*1.082,30*	2.131,04	2.397,42	*858,58*	1.980,64	2.228,22	*634,86*	1.830,24	2.059,02	*411,14*	1.679,84	1.889,82	*187,42*	1.529,44	1.720,62
	II	**28.608**	*1.316,73*	2.288,64	2.574,72	*1.093,01*	2.138,24	2.405,52	*869,29*	1.987,84	2.236,32	*645,57*	1.837,44	2.067,12	*421,85*	1.687,04	1.897,92	*198,25*	1.536,72	1.728,81	-	1.386,32	1.559,61
	III	**20.864**	-	1.669,12	1.877,76	-	1.541,28	1.733,94	-	1.416,64	1.593,72	-	1.295,04	1.456,92	-	1.176,64	1.323,72	-	1.061,12	1.193,76	-	948,80	1.067,40
	IV	**30.397**	*1.529,62*	2.431,76	2.735,73	*1.417,76*	2.356,56	2.651,13	*1.305,90*	2.281,36	2.566,53	*1.194,04*	2.206,16	2.481,93	*1.082,30*	2.131,04	2.397,42	*970,44*	2.055,84	2.312,82	*858,58*	1.980,64	2.228,22
	V	**36.571**	*2.011,40*	2.925,68	3.291,39																		
	VI	**37.102**	*2.040,61*	2.968,16	3.339,18																		
99.323,99	I	**30.412**	*1.531,41*	2.432,96	2.737,08	*1.307,81*	2.282,64	2.567,97	*1.084,09*	2.132,24	2.398,77	*860,37*	1.981,84	2.229,57	*636,65*	1.831,44	2.060,37	*412,93*	1.681,04	1.891,17	*189,21*	1.530,64	1.721,97
	II	**28.623**	*1.318,52*	2.289,84	2.576,07	*1.094,80*	2.139,44	2.406,87	*871,08*	1.989,04	2.237,67	*647,47*	1.838,72	2.068,56	*423,75*	1.688,32	1.899,36	*200,03*	1.537,92	1.730,16	-	1.387,52	1.560,96
	III	**20.876**	-	1.670,08	1.878,84	-	1.542,24	1.735,02	-	1.417,60	1.594,80	-	1.296,00	1.458,00	-	1.177,44	1.324,62	-	1.062,08	1.194,84	-	949,76	1.068,48
	IV	**30.412**	*1.531,41*	2.432,96	2.737,08	*1.419,67*	2.357,84	2.652,57	*1.307,81*	2.282,64	2.567,97	*1.195,95*	2.207,44	2.483,37	*1.084,09*	2.132,24	2.398,77	*972,23*	2.057,04	2.314,17	*860,37*	1.981,84	2.229,57
	V	**36.586**	*2.012,23*	2.926,88	3.292,74																		
	VI	**37.117**	*2.041,43*	2.969,36	3.340,53																		
99.359,99	I	**30.428**	*1.533,31*	2.434,24	2.738,52	*1.309,59*	2.283,84	2.569,32	*1.085,87*	2.133,44	2.400,12	*862,15*	1.983,04	2.230,92	*638,43*	1.832,64	2.061,72	*414,71*	1.682,24	1.892,52	*190,99*	1.531,84	1.723,32
	II	**28.638**	*1.320,30*	2.291,04	2.577,42	*1.096,58*	2.140,64	2.408,22	*872,98*	1.990,32	2.239,11	*649,26*	1.839,92	2.069,91	*425,54*	1.689,52	1.900,71	*201,82*	1.539,12	1.731,51	-	1.388,72	1.562,31
	III	**20.890**	-	1.671,20	1.880,10	-	1.543,36	1.736,28	-	1.418,56	1.595,88	-	1.296,96	1.459,08	-	1.178,40	1.325,70	-	1.063,04	1.195,92	-	950,56	1.069,38
	IV	**30.428**	*1.533,31*	2.434,24	2.738,52	*1.421,45*	2.359,04	2.653,92	*1.309,59*	2.283,84	2.569,32	*1.197,73*	2.208,64	2.484,72	*1.085,87*	2.133,44	2.400,12	*974,01*	2.058,24	2.315,52	*862,15*	1.983,04	2.230,92
	V	**36.601**	*2.013,05*	2.928,08	3.294,09																		
	VI	**37.133**	*2.042,31*	2.970,64	3.341,97																		

SolZ/KiSt lt. Tabelle nicht für Sonstige Bezüge anwendbar.

JAHR bis 99.899,99 €

Besondere Tabelle

Lohn/ Gehalt bis	Steuerklasse	Lohn-steuer	ohne Kinderfreibetrag			Anzahl Kinderfreibeträge (nur Steuerklassen I–IV)																	
						0,5			1,0			1,5			2,0			2,5			3,0		
			SolZ 5,5%	Kirchensteuer 8%	9%	SolZ 5,5%	Kirchensteuer 8%	9%	SolZ 5,5%	Kirchensteuer 8%	9%	SolZ 5,5%	Kirchensteuer 8%	9%	SolZ 5,5%	Kirchensteuer 8%	9%	SolZ 5,5%	Kirchensteuer 8%	9%	SolZ 5,5%	Kirchensteuer 8%	9%
99.395,99	I	30.443	1.535,10	2.435,44	2.739,87	1.311,38	2.285,04	2.570,67	1.087,66	2.134,64	2.401,47	863,94	1.984,24	2.232,27	640,22	1.833,84	2.063,07	416,50	1.683,44	1.893,87	192,78	1.533,04	1.724,67
	II	28.654	1.322,20	2.292,32	2.578,86	1.098,48	2.141,92	2.409,66	874,76	1.991,52	2.240,46	651,04	1.841,12	2.071,26	427,32	1.690,72	1.902,06	203,60	1.540,32	1.732,86	-	1.389,92	1.563,66
	III	20.902	-	1.672,16	1.881,18	-	1.544,32	1.737,36	-	1.419,68	1.597,14	-	1.297,92	1.460,16	-	1.179,36	1.326,78	-	1.063,84	1.196,82	-	951,52	1.070,46
	IV	30.443	1.535,10	2.435,44	2.739,87	1.423,24	2.360,24	2.655,27	1.311,38	2.285,04	2.570,67	1.199,52	2.209,84	2.486,07	1.087,66	2.134,64	2.401,47	975,80	2.059,44	2.316,87	863,94	1.984,24	2.232,27
	V	36.616	2.013,88	2.929,28	3.295,44																		
	VI	37.148	2.043,14	2.971,84	3.343,32																		
99.431,99	I	30.458	1.536,88	2.436,64	2.741,22	1.313,16	2.286,24	2.572,02	1.089,44	2.135,84	2.402,82	865,72	1.985,44	2.233,62	642,00	1.835,04	2.064,42	418,28	1.684,64	1.895,22	194,56	1.534,24	1.726,02
	II	28.669	1.323,99	2.293,52	2.580,21	1.100,27	2.143,12	2.411,01	876,55	1.992,72	2.241,81	652,83	1.842,32	2.072,61	429,11	1.691,92	1.903,41	205,39	1.541,52	1.734,21	-	1.391,12	1.565,01
	III	20.916	-	1.673,28	1.882,44	-	1.545,28	1.738,44	-	1.420,64	1.598,22	-	1.298,88	1.461,24	-	1.180,32	1.327,86	-	1.064,80	1.197,90	-	952,48	1.071,54
	IV	30.458	1.536,88	2.436,64	2.741,22	1.425,02	2.361,44	2.656,62	1.313,16	2.286,24	2.572,02	1.201,30	2.211,04	2.487,42	1.089,44	2.135,84	2.402,82	977,58	2.060,64	2.318,22	865,72	1.985,44	2.233,62
	V	36.631	2.014,70	2.930,48	3.296,79																		
	VI	37.163	2.043,96	2.973,04	3.344,67																		
99.467,99	I	30.473	1.538,67	2.437,84	2.742,57	1.314,95	2.287,44	2.573,37	1.091,23	2.137,04	2.404,17	867,51	1.986,64	2.234,97	643,79	1.836,24	2.065,77	420,07	1.685,84	1.896,57	196,35	1.535,44	1.727,37
	II	28.684	1.325,77	2.294,72	2.581,56	1.102,05	2.144,32	2.412,36	878,33	1.993,92	2.243,16	654,61	1.843,52	2.073,96	430,89	1.693,12	1.904,76	207,17	1.542,72	1.735,56	-	1.392,32	1.566,36
	III	20.928	-	1.674,24	1.883,52	-	1.546,40	1.739,70	-	1.421,60	1.599,30	-	1.299,84	1.462,32	-	1.181,28	1.328,94	-	1.065,76	1.198,98	-	953,28	1.072,44
	IV	30.473	1.538,67	2.437,84	2.742,57	1.426,81	2.362,64	2.657,97	1.314,95	2.287,44	2.573,37	1.203,09	2.212,24	2.488,77	1.091,23	2.137,04	2.404,17	979,37	2.061,84	2.319,57	867,51	1.986,64	2.234,97
	V	36.646	2.015,53	2.931,68	3.298,14																		
	VI	37.178	2.044,79	2.974,24	3.346,02																		
99.503,99	I	30.488	1.540,45	2.439,04	2.743,92	1.316,73	2.288,64	2.574,72	1.093,01	2.138,24	2.405,52	869,29	1.987,84	2.236,32	645,57	1.837,44	2.067,12	421,85	1.687,04	1.897,92	198,25	1.536,72	1.728,81
	II	28.699	1.327,56	2.295,92	2.582,91	1.103,84	2.145,52	2.413,71	880,12	1.995,12	2.244,51	656,40	1.844,72	2.075,31	432,68	1.694,32	1.906,11	208,96	1.543,92	1.736,91	-	1.393,52	1.567,71
	III	20.942	-	1.675,36	1.884,78	-	1.547,36	1.740,78	-	1.422,56	1.600,38	-	1.300,80	1.463,40	-	1.182,24	1.330,02	-	1.066,72	1.200,06	-	954,24	1.073,52
	IV	30.488	1.540,45	2.439,04	2.743,92	1.428,59	2.363,84	2.659,32	1.316,73	2.288,64	2.574,72	1.204,87	2.213,44	2.490,12	1.093,01	2.138,24	2.405,52	981,15	2.063,04	2.320,92	869,29	1.987,84	2.236,32
	V	36.661	2.016,35	2.932,88	3.299,49																		
	VI	37.193	2.045,61	2.975,44	3.347,37																		
99.539,99	I	30.503	1.542,24	2.440,24	2.745,27	1.318,52	2.289,84	2.576,07	1.094,80	2.139,44	2.406,87	871,08	1.989,04	2.237,67	647,47	1.838,72	2.068,56	423,75	1.688,32	1.899,36	200,03	1.537,92	1.730,16
	II	28.714	1.329,34	2.297,12	2.584,26	1.105,62	2.146,72	2.415,06	881,90	1.996,32	2.245,86	658,18	1.845,92	2.076,66	434,46	1.695,52	1.907,46	210,74	1.545,12	1.738,26	-	1.394,72	1.569,06
	III	20.954	-	1.676,32	1.885,86	-	1.548,48	1.742,04	-	1.423,52	1.601,46	-	1.301,76	1.464,48	-	1.183,20	1.331,10	-	1.067,52	1.200,96	-	955,04	1.074,42
	IV	30.503	1.542,24	2.440,24	2.745,27	1.430,38	2.365,04	2.660,67	1.318,52	2.289,84	2.576,07	1.206,66	2.214,64	2.491,47	1.094,80	2.139,44	2.406,87	982,94	2.064,24	2.322,27	871,08	1.989,04	2.237,67
	V	36.676	2.017,18	2.934,08	3.300,84																		
	VI	37.208	2.046,44	2.976,64	3.348,72																		
99.575,99	I	30.518	1.544,02	2.441,44	2.746,62	1.320,30	2.291,04	2.577,42	1.096,58	2.140,64	2.408,22	872,98	1.990,32	2.239,11	649,26	1.839,92	2.069,91	425,54	1.689,52	1.900,71	201,82	1.539,12	1.731,5
	II	28.729	1.331,13	2.298,32	2.585,61	1.107,41	2.147,92	2.416,41	883,69	1.997,52	2.247,21	659,97	1.847,12	2.078,01	436,25	1.696,72	1.908,81	212,65	1.546,40	1.739,70	-	1.396,00	1.570,5
	III	20.968	-	1.677,44	1.887,12	-	1.549,44	1.743,12	-	1.424,48	1.602,54	-	1.302,72	1.465,56	-	1.184,16	1.332,18	-	1.068,48	1.202,04	-	956,00	1.075,5
	IV	30.518	1.544,02	2.441,44	2.746,62	1.432,16	2.366,24	2.662,02	1.320,30	2.291,04	2.577,42	1.208,44	2.215,84	2.492,82	1.096,58	2.140,64	2.408,22	984,84	2.065,52	2.323,71	872,98	1.990,32	2.239,1
	V	36.692	2.018,06	2.935,36	3.302,28																		
	VI	37.223	2.047,26	2.977,84	3.350,07																		
99.611,99	I	30.533	1.545,81	2.442,64	2.747,97	1.322,20	2.292,32	2.578,86	1.098,48	2.141,92	2.409,66	874,76	1.991,52	2.240,46	651,04	1.841,12	2.071,26	427,32	1.690,72	1.902,06	203,60	1.540,32	1.732,8
	II	28.744	1.332,91	2.299,52	2.586,96	1.109,19	2.149,12	2.417,76	885,47	1.998,72	2.248,56	661,75	1.848,32	2.079,36	438,15	1.698,00	1.910,25	214,43	1.547,60	1.741,05	-	1.397,20	1.571,8
	III	20.980	-	1.678,40	1.888,20	-	1.550,40	1.744,20	-	1.425,60	1.603,80	-	1.303,68	1.466,64	-	1.184,96	1.333,08	-	1.069,44	1.203,12	-	956,80	1.076,4
	IV	30.533	1.545,81	2.442,64	2.747,97	1.433,95	2.367,44	2.663,37	1.322,20	2.292,32	2.578,86	1.210,34	2.217,12	2.494,26	1.098,48	2.141,92	2.409,66	986,62	2.066,72	2.325,06	874,76	1.991,52	2.240,4
	V	36.707	2.018,88	2.936,56	3.303,63																		
	VI	37.238	2.048,09	2.979,04	3.351,42																		
99.647,99	I	30.549	1.547,71	2.443,92	2.749,41	1.323,99	2.293,52	2.580,21	1.100,27	2.143,12	2.411,01	876,55	1.992,72	2.241,81	652,83	1.842,32	2.072,61	429,11	1.691,92	1.903,41	205,39	1.541,52	1.734,2
	II	28.759	1.334,70	2.300,72	2.588,31	1.110,98	2.150,32	2.419,11	887,38	2.000,00	2.250,00	663,66	1.849,60	2.080,80	439,94	1.699,20	1.911,60	216,22	1.548,80	1.742,40	-	1.398,40	1.573,2
	III	20.994	-	1.679,52	1.889,46	-	1.551,52	1.745,46	-	1.426,56	1.604,88	-	1.304,64	1.467,72	-	1.185,92	1.334,16	-	1.070,40	1.204,20	-	957,76	1.077,4
	IV	30.549	1.547,71	2.443,92	2.749,41	1.435,85	2.368,72	2.664,81	1.323,99	2.293,52	2.580,21	1.212,13	2.218,32	2.495,61	1.100,27	2.143,12	2.411,01	988,41	2.067,92	2.326,41	876,55	1.992,72	2.241,8
	V	36.722	2.019,71	2.937,76	3.304,98																		
	VI	37.254	2.048,97	2.980,32	3.352,86																		
99.683,99	I	30.564	1.549,49	2.445,12	2.750,76	1.325,77	2.294,72	2.581,56	1.102,05	2.144,32	2.412,36	878,33	1.993,92	2.243,16	654,61	1.843,52	2.073,96	430,89	1.693,12	1.904,76	207,17	1.542,72	1.735,5
	II	28.774	1.336,48	2.301,92	2.589,66	1.112,88	2.151,60	2.420,55	889,16	2.001,20	2.251,35	665,44	1.850,80	2.082,15	441,72	1.700,40	1.912,95	218,00	1.550,00	1.743,75	-	1.399,60	1.574,5
	III	21.006	-	1.680,48	1.890,54	-	1.552,48	1.746,54	-	1.427,52	1.605,96	-	1.305,76	1.468,98	-	1.186,88	1.335,24	-	1.071,20	1.205,10	-	958,72	1.078,5
	IV	30.564	1.549,49	2.445,12	2.750,76	1.437,63	2.369,92	2.666,16	1.325,77	2.294,72	2.581,56	1.213,91	2.219,52	2.496,96	1.102,05	2.144,32	2.412,36	990,19	2.069,12	2.327,76	878,33	1.993,92	2.243,1
	V	36.737	2.020,53	2.938,96	3.306,33																		
	VI	37.269	2.049,79	2.981,52	3.354,21																		
99.719,99	I	30.579	1.551,28	2.446,32	2.752,11	1.327,56	2.295,92	2.582,91	1.103,84	2.145,52	2.413,71	880,12	1.995,12	2.244,51	656,40	1.844,72	2.075,31	432,68	1.694,32	1.906,11	208,96	1.543,92	1.736,9
	II	28.790	1.338,39	2.303,20	2.591,10	1.114,67	2.152,80	2.421,90	890,95	2.002,40	2.252,70	667,23	1.852,00	2.083,50	443,51	1.701,60	1.914,30	219,79	1.551,20	1.745,10	-	1.400,80	1.575,9
	III	21.020	-	1.681,60	1.891,80	-	1.553,44	1.747,62	-	1.428,48	1.607,04	-	1.306,72	1.470,06	-	1.187,84	1.336,32	-	1.072,16	1.206,18	-	959,52	1.079,4
	IV	30.579	1.551,28	2.446,32	2.752,11	1.439,42	2.371,12	2.667,51	1.327,56	2.295,92	2.582,91	1.215,70	2.220,72	2.498,31	1.103,84	2.145,52	2.413,71	991,98	2.070,32	2.329,11	880,12	1.995,12	2.244,5
	V	36.752	2.021,36	2.940,16	3.307,68																		
	VI	37.284	2.050,62	2.982,72	3.355,56																		
99.755,99	I	30.594	1.553,06	2.447,52	2.753,46	1.329,34	2.297,12	2.584,26	1.105,62	2.146,72	2.415,06	881,90	1.996,32	2.245,86	658,18	1.845,92	2.076,66	434,46	1.695,52	1.907,46	210,74	1.545,12	1.738,2
	II	28.805	1.340,17	2.304,40	2.592,45	1.116,45	2.154,00	2.423,25	892,73	2.003,60	2.254,05	669,01	1.853,20	2.084,85	445,29	1.702,80	1.915,65	221,57	1.552,40	1.746,45	-	1.402,00	1.577,2
	III	21.032	-	1.682,56	1.892,88	-	1.554,56	1.748,88	-	1.429,60	1.608,30	-	1.307,68	1.471,14	-	1.188,80	1.337,40	-	1.073,12	1.207,26	-	960,48	1.080,5
	IV	30.594	1.553,06	2.447,52	2.753,46	1.441,20	2.372,32	2.668,86	1.329,34	2.297,12	2.584,26	1.217,48	2.221,92	2.499,66	1.105,62	2.146,72	2.415,06	993,76	2.071,52	2.330,46	881,90	1.996,32	2.245,8
	V	36.767	2.022,18	2.941,36	3.309,03																		
	VI	37.299	2.051,44	2.983,92	3.356,91																		
99.791,99	I	30.609	1.554,85	2.448,72	2.754,81	1.331,13	2.298,32	2.585,61	1.107,41	2.147,92	2.416,41	883,69	1.997,52	2.247,21	659,97	1.847,12	2.078,01	436,25	1.696,72	1.908,81	212,65	1.546,40	1.739,7
	II	28.820	1.341,96	2.305,60	2.593,80	1.118,24	2.155,20	2.424,60	894,52	2.004,80	2.255,40	670,80	1.854,40	2.086,20	447,08	1.704,00	1.917,00	223,36	1.553,60	1.747,80	-	1.403,20	1.578,6
	III	21.046	-	1.683,68	1.894,14	-	1.555,52	1.749,96	-	1.430,56	1.609,38	-	1.308,64	1.472,22	-	1.189,76	1.338,48	-	1.074,08	1.208,34	-	961,28	1.081,4
	IV	30.609	1.554,85	2.448,72	2.754,81	1.442,99	2.373,52	2.670,21	1.331,13	2.298,32	2.585,61	1.219,27	2.223,12	2.501,01	1.107,41	2.147,92	2.416,41	995,55	2.072,72	2.331,81	883,69	1.997,52	2.247,2
	V	36.782	2.023,01	2.942,56	3.310,38																		
	VI	37.314	2.052,27	2.985,12	3.358,26																		
99.827,99	I	30.624	1.556,63	2.449,92	2.756,16	1.332,91	2.299,52	2.586,96	1.109,19	2.149,12	2.417,76	885,47	1.998,72	2.248,56	661,75	1.848,32	2.079,36	438,15	1.698,00	1.910,25	214,43	1.547,60	1.741,0
	II	28.835	1.343,74	2.306,80	2.595,15	1.120,02	2.156,40	2.425,95	896,30	2.006,00	2.256,75	672,58	1.855,60	2.087,55	448,86	1.705,20	1.918,35	225,14	1.554,80	1.749,15	1,42	1.404,40	1.579,9
	III	21.058	-	1.684,64	1.895,22	-	1.556,48	1.751,04	-	1.431,52	1.610,46	-	1.309,60	1.473,30	-	1.190,72	1.339,56	-	1.074,88	1.209,24	-	962,24	1.082,5
	IV	30.624	1.556,63	2.449,92	2.756,16	1.444,77	2.374,72	2.671,56	1.332,91	2.299,52	2.586,96	1.221,05	2.224,32	2.502,36	1.109,19	2.149,12	2.417,76	997,33	2.073,92	2.333,16	885,47	1.998,72	2.248,5
	V	36.797	2.023,83	2.943,76	3.311,73																		
	VI	37.329	2.053,09	2.986,32	3.359,61																		
99.863,99	I	30.639	1.558,42	2.451,12	2.757,51	1.334,70	2.300,72	2.588,31	1.110,98	2.150,32	2.419,11	887,38	2.000,00	2.250,00	663,66	1.849,60	2.080,80	439,94	1.699,20	1.911,60	216,22	1.548,80	1.742,4
	II	28.850	1.345,53	2.308,00	2.596,50	1.121,81	2.157,60	2.427,30	898,09	2.007,20	2.258,10	674,37	1.856,80	2.088,90	450,65	1.706,40	1.919,70	226,93	1.556,00	1.750,50	3,33	1.405,68	1.581,3
	III	21.072	-	1.685,76	1.896,48	-	1.557,60	1.752,30	-	1.432,48	1.611,54	-	1.310,56	1.474,38	-	1.191,68	1.340,64	-	1.075,84	1.210,32	-	963,20	1.083,6
	IV	30.639	1.558,42	2.451,12	2.757,51	1.446,56	2.375,92	2.672,91	1.334,70	2.300,72	2.588,31	1.222,84	2.225,52	2.503,71	1.110,98	2.150,32	2.419,11	999,12	2.075,12	2.334,51	887,38	2.000,00	2.250,00
	V	36.813	2.024,71	2.945,04	3.313,17																		
	VI	37.344	2.053,92	2.987,52	3.360,96																		
99.899,99	I	30.654	1.560,20	2.452,32	2.758,86	1.336,48	2.301,92	2.589,66	1.112,88	2.151,60	2.420,55	889,16	2.001,20	2.251,35	665,44	1.850,80	2.082,15	441,72	1.700,40	1.912,95	218,00	1.550,00	1.743,7
	II	28.865	1.347,31	2.309,20	2.597,85	1.123,59	2.158,80	2.428,65	899,87	2.008,40	2.259,45	676,15	1.858,00	2.090,25	452,55	1.707,68	1.921,14	228,83	1.557,28	1.751,94	5,11	1.406,88	1.582,7
	III	21.084	-	1.686,72	1.897,56	-	1.558,56	1.753,38	-	1.433,44	1.612,62	-	1.311,52	1.475,46	-	1.192,64	1.341,72	-	1.076,80	1.211,40	-	964,00	1.084,5
	IV	30.654	1.560,20	2.452,32	2.758,86	1.448,34	2.377,12	2.674,26	1.336,48	2.301,92	2.589,66	1.224,74	2.226,80	2.505,15	1.112,88	2.151,60	2.420,55	1.001,02	2.076,40	2.335,95	889,16	2.001,20	2.251,3
	V	36.828	2.025,54	2.946,24	3.314,52																		
	VI	37.359	2.054,74	2.988,72	3.362,31																		

SolZ/KiSt lt. Tabelle nicht für Sonstige Bezüge anwendbar.

Besondere Tabelle

JAHR bis 100.439,99 €

Lohn/Gehalt bis	Steuerklasse	Lohnsteuer	ohne Kinderfreibetrag			Anzahl Kinderfreibeträge (nur Steuerklassen I–IV): 0,5			1,0			1,5			2,0			2,5			3,0		
			SolZ 5,5%	Kirchensteuer 8%	Kirchensteuer 9%	SolZ 5,5%	Kirchensteuer 8%	Kirchensteuer 9%	SolZ 5,5%	Kirchensteuer 8%	Kirchensteuer 9%	SolZ 5,5%	Kirchensteuer 8%	Kirchensteuer 9%	SolZ 5,5%	Kirchensteuer 8%	Kirchensteuer 9%	SolZ 5,5%	Kirchensteuer 8%	Kirchensteuer 9%	SolZ 5,5%	Kirchensteuer 8%	Kirchensteuer 9%
99.935,99	I	30.670	1.562,11	2.453,60	2.760,30	1.338,39	2.303,20	2.591,10	1.114,67	2.152,80	2.421,90	890,95	2.002,40	2.252,70	667,23	1.852,00	2.083,50	443,51	1.701,60	1.914,30	219,79	1.551,20	1.745,10
	II	28.880	1.349,10	2.310,40	2.599,20	1.125,38	2.160,00	2.430,00	901,66	2.009,60	2.260,80	678,06	1.859,28	2.091,69	454,34	1.708,88	1.922,49	230,62	1.558,48	1.753,29	6,90	1.408,08	1.584,09
	III	21.098	–	1.687,84	1.898,82	–	1.559,52	1.754,46	–	1.434,56	1.613,88	–	1.312,48	1.476,54	–	1.193,60	1.342,80	–	1.077,60	1.212,30	–	964,96	1.085,58
	IV	30.670	1.562,11	2.453,60	2.760,30	1.450,25	2.378,40	2.675,70	1.338,39	2.303,20	2.591,10	1.226,53	2.228,00	2.506,50	1.114,67	2.152,80	2.421,90	1.002,81	2.077,60	2.337,30	890,95	2.002,40	2.252,70
	V	36.843	2.026,36	2.947,44	3.315,87																		
	VI	37.375	2.055,62	2.990,00	3.363,75																		
99.971,99	I	30.685	1.563,89	2.454,80	2.761,65	1.340,17	2.304,40	2.592,45	1.116,45	2.154,00	2.423,25	892,73	2.003,60	2.254,05	669,01	1.853,20	2.084,85	445,29	1.702,80	1.915,65	221,57	1.552,40	1.746,45
	II	28.895	1.350,88	2.311,60	2.600,55	1.127,28	2.161,28	2.431,44	903,56	2.010,88	2.262,24	679,84	1.860,48	2.093,04	456,12	1.710,08	1.923,84	232,40	1.559,68	1.754,64	8,68	1.409,28	1.585,44
	III	21.110	–	1.688,80	1.899,90	–	1.560,64	1.755,72	–	1.435,52	1.614,96	–	1.313,44	1.477,62	–	1.194,40	1.343,70	–	1.078,56	1.213,38	–	965,76	1.086,48
	IV	30.685	1.563,89	2.454,80	2.761,65	1.452,03	2.379,60	2.677,05	1.340,17	2.304,40	2.592,45	1.228,31	2.229,20	2.507,85	1.116,45	2.154,00	2.423,25	1.004,59	2.078,80	2.338,65	892,73	2.003,60	2.254,05
	V	36.858	2.027,19	2.948,64	3.317,22																		
	VI	37.390	2.056,45	2.991,20	3.365,10																		
100.007,99	I	30.700	1.565,68	2.456,00	2.763,00	1.341,96	2.305,60	2.593,80	1.118,24	2.155,20	2.424,60	894,52	2.004,80	2.255,40	670,80	1.854,40	2.086,20	447,08	1.704,00	1.917,00	223,36	1.553,60	1.747,80
	II	28.911	1.352,79	2.312,88	2.601,99	1.129,07	2.162,48	2.432,79	905,35	2.012,08	2.263,59	681,63	1.861,68	2.094,39	457,91	1.711,28	1.925,19	234,19	1.560,88	1.755,99	10,47	1.410,48	1.586,79
	III	21.124	–	1.689,92	1.901,16	–	1.561,60	1.756,80	–	1.436,48	1.616,04	–	1.314,40	1.478,70	–	1.195,36	1.344,78	–	1.079,52	1.214,46	–	966,72	1.087,56
	IV	30.700	1.565,68	2.456,00	2.763,00	1.453,82	2.380,80	2.678,40	1.341,96	2.305,60	2.593,80	1.230,10	2.230,40	2.509,20	1.118,24	2.155,20	2.424,60	1.006,38	2.080,00	2.340,00	894,52	2.004,80	2.255,40
	V	36.873	2.028,01	2.949,84	3.318,57																		
	VI	37.405	2.057,27	2.992,40	3.366,45																		
100.043,99	I	30.715	1.567,46	2.457,20	2.764,35	1.343,74	2.306,80	2.595,15	1.120,02	2.156,40	2.425,95	896,30	2.006,00	2.256,75	672,58	1.855,60	2.087,55	448,86	1.705,20	1.918,35	225,14	1.554,80	1.749,15
	II	28.926	1.354,57	2.314,08	2.603,34	1.130,85	2.163,68	2.434,14	907,13	2.013,28	2.264,94	683,41	1.862,88	2.095,74	459,69	1.712,48	1.926,54	235,97	1.562,08	1.757,34	12,25	1.411,68	1.588,14
	III	21.136	–	1.690,88	1.902,24	–	1.562,72	1.758,06	–	1.437,44	1.617,12	–	1.315,36	1.479,78	–	1.196,32	1.345,86	–	1.080,48	1.215,54	–	967,52	1.088,46
	IV	30.715	1.567,46	2.457,20	2.764,35	1.455,60	2.382,00	2.679,75	1.343,74	2.306,80	2.595,15	1.231,88	2.231,60	2.510,55	1.120,02	2.156,40	2.425,95	1.008,16	2.081,20	2.341,35	896,30	2.006,00	2.256,75
	V	36.888	2.028,84	2.951,04	3.319,92																		
	VI	37.420	2.058,10	2.993,60	3.367,80																		
100.079,99	I	30.730	1.569,25	2.458,40	2.765,70	1.345,53	2.308,00	2.596,50	1.121,81	2.157,60	2.427,30	898,09	2.007,20	2.258,10	674,37	1.856,80	2.088,90	450,65	1.706,40	1.919,70	226,93	1.556,00	1.750,50
	II	28.941	1.356,36	2.315,28	2.604,69	1.132,64	2.164,88	2.435,49	908,92	2.014,48	2.266,29	685,20	1.864,08	2.097,09	461,48	1.713,68	1.927,89	237,76	1.563,28	1.758,69	14,04	1.412,88	1.589,49
	III	21.150	–	1.692,00	1.903,50	–	1.563,68	1.759,14	–	1.438,40	1.618,20	–	1.316,32	1.480,86	–	1.197,28	1.346,94	–	1.081,28	1.216,44	–	968,48	1.089,54
	IV	30.730	1.569,25	2.458,40	2.765,70	1.457,39	2.383,20	2.681,10	1.345,53	2.308,00	2.596,50	1.233,67	2.232,80	2.511,90	1.121,81	2.157,60	2.427,30	1.009,95	2.082,40	2.342,70	898,09	2.007,20	2.258,10
	V	36.903	2.029,66	2.952,24	3.321,27																		
	VI	37.435	2.058,92	2.994,80	3.369,15																		
100.115,99	I	30.745	1.571,03	2.459,60	2.767,05	1.347,31	2.309,20	2.597,85	1.123,59	2.158,80	2.428,65	899,87	2.008,40	2.259,45	676,15	1.858,00	2.090,25	452,55	1.707,68	1.921,14	228,83	1.557,28	1.751,94
	II	28.956	1.358,14	2.316,48	2.606,04	1.134,42	2.166,08	2.436,84	910,70	2.015,68	2.267,64	686,98	1.865,28	2.098,44	463,26	1.714,88	1.929,24	239,54	1.564,48	1.760,04	15,82	1.414,08	1.590,84
	III	21.162	–	1.692,96	1.904,58	–	1.564,64	1.760,22	–	1.439,52	1.619,46	–	1.317,28	1.481,94	–	1.198,24	1.348,02	–	1.082,24	1.217,52	–	969,44	1.090,62
	IV	30.745	1.571,03	2.459,60	2.767,05	1.459,17	2.384,40	2.682,45	1.347,31	2.309,20	2.597,85	1.235,45	2.234,00	2.513,25	1.123,59	2.158,80	2.428,65	1.011,73	2.083,60	2.344,05	899,87	2.008,40	2.259,45
	V	36.918	2.030,49	2.953,44	3.322,62																		
	VI	37.450	2.059,75	2.996,00	3.370,50																		
100.151,99	I	30.760	1.572,82	2.460,80	2.768,40	1.349,10	2.310,40	2.599,20	1.125,38	2.160,00	2.430,00	901,66	2.009,60	2.260,80	678,06	1.859,28	2.091,69	454,34	1.708,88	1.922,49	230,62	1.558,48	1.753,29
	II	28.971	1.359,93	2.317,68	2.607,39	1.136,21	2.167,28	2.438,19	912,49	2.016,88	2.268,99	688,77	1.866,48	2.099,79	465,05	1.716,08	1.930,59	241,33	1.565,68	1.761,39	17,73	1.415,36	1.592,28
	III	21.176	–	1.694,08	1.905,84	–	1.565,76	1.761,48	–	1.440,48	1.620,54	–	1.318,24	1.483,02	–	1.199,20	1.349,10	–	1.083,20	1.218,60	–	970,24	1.091,52
	IV	30.760	1.572,82	2.460,80	2.768,40	1.460,96	2.385,60	2.683,80	1.349,10	2.310,40	2.599,20	1.237,24	2.235,20	2.514,60	1.125,38	2.160,00	2.430,00	1.013,52	2.084,80	2.345,40	901,66	2.009,60	2.260,80
	V	36.934	2.031,37	2.954,72	3.324,06																		
	VI	37.465	2.060,57	2.997,20	3.371,85																		
100.187,99	I	30.775	1.574,60	2.462,00	2.769,75	1.350,88	2.311,60	2.600,55	1.127,28	2.161,28	2.431,44	903,56	2.010,88	2.262,24	679,84	1.860,48	2.093,04	456,12	1.710,08	1.923,84	232,40	1.559,68	1.754,64
	II	28.986	1.361,71	2.318,88	2.608,74	1.137,99	2.168,48	2.439,54	914,27	2.018,08	2.270,34	690,55	1.867,68	2.101,14	466,83	1.717,28	1.931,94	243,23	1.566,96	1.762,83	19,51	1.416,56	1.593,63
	III	21.188	–	1.695,04	1.906,92	–	1.566,72	1.762,56	–	1.441,44	1.621,62	–	1.319,20	1.484,10	–	1.200,16	1.350,18	–	1.084,16	1.219,68	–	971,20	1.092,60
	IV	30.775	1.574,60	2.462,00	2.769,75	1.462,74	2.386,80	2.685,15	1.350,88	2.311,60	2.600,55	1.239,02	2.236,40	2.515,95	1.127,28	2.161,28	2.431,44	1.015,42	2.086,08	2.346,84	903,56	2.010,88	2.262,24
	V	36.949	2.032,19	2.955,92	3.325,41																		
	VI	37.480	2.061,40	2.998,40	3.373,20																		
100.223,99	I	30.790	1.576,39	2.463,20	2.771,10	1.352,79	2.312,88	2.601,99	1.129,07	2.162,48	2.432,79	905,35	2.012,08	2.263,59	681,63	1.861,68	2.094,39	457,91	1.711,28	1.925,19	234,19	1.560,88	1.755,99
	II	29.001	1.363,50	2.320,08	2.610,09	1.139,78	2.169,68	2.440,89	916,06	2.019,28	2.271,69	692,46	1.868,96	2.102,58	468,74	1.718,56	1.933,38	245,02	1.568,16	1.764,18	21,30	1.417,76	1.594,98
	III	21.202	–	1.696,16	1.908,18	–	1.567,68	1.763,64	–	1.442,40	1.622,70	–	1.320,16	1.485,18	–	1.201,12	1.351,26	–	1.084,96	1.220,58	–	972,00	1.093,50
	IV	30.790	1.576,39	2.463,20	2.771,10	1.464,65	2.388,08	2.686,59	1.352,79	2.312,88	2.601,99	1.240,93	2.237,68	2.517,39	1.129,07	2.162,48	2.432,79	1.017,21	2.087,28	2.348,19	905,35	2.012,08	2.263,59
	V	36.964	2.033,02	2.957,12	3.326,76																		
	VI	37.495	2.062,22	2.999,60	3.374,55																		
100.259,99	I	30.806	1.578,29	2.464,48	2.772,54	1.354,57	2.314,08	2.603,34	1.130,85	2.163,68	2.434,14	907,13	2.013,28	2.264,94	683,41	1.862,88	2.095,74	459,69	1.712,48	1.926,54	235,97	1.562,08	1.757,34
	II	29.016	1.365,28	2.321,28	2.611,44	1.141,56	2.170,88	2.442,24	917,96	2.020,56	2.273,13	694,24	1.870,16	2.103,93	470,52	1.719,76	1.934,73	246,80	1.569,36	1.765,53	23,08	1.418,96	1.596,33
	III	21.214	–	1.697,12	1.909,26	–	1.568,80	1.764,90	–	1.443,52	1.623,96	–	1.321,12	1.486,26	–	1.202,08	1.352,34	–	1.085,92	1.221,66	–	972,96	1.094,58
	IV	30.806	1.578,29	2.464,48	2.772,54	1.466,43	2.389,28	2.687,94	1.354,57	2.314,08	2.603,34	1.242,71	2.238,88	2.518,74	1.130,85	2.163,68	2.434,14	1.018,99	2.088,48	2.349,54	907,13	2.013,28	2.264,94
	V	36.979	2.033,84	2.958,32	3.328,11																		
	VI	37.511	2.063,10	3.000,88	3.375,99																		
100.295,99	I	30.821	1.580,08	2.465,68	2.773,89	1.356,36	2.315,28	2.604,69	1.132,64	2.164,88	2.435,49	908,92	2.014,48	2.266,29	685,20	1.864,08	2.097,09	461,48	1.713,68	1.927,89	237,76	1.563,28	1.758,69
	II	29.032	1.367,19	2.322,56	2.612,88	1.143,47	2.172,16	2.443,68	919,75	2.021,76	2.274,48	696,03	1.871,36	2.105,28	472,31	1.720,96	1.936,08	248,59	1.570,56	1.766,88	24,87	1.420,16	1.597,68
	III	21.228	–	1.698,24	1.910,52	–	1.569,76	1.765,98	–	1.444,48	1.625,04	–	1.322,24	1.487,52	–	1.203,04	1.353,42	–	1.086,88	1.222,74	–	973,92	1.095,66
	IV	30.821	1.580,08	2.465,68	2.773,89	1.468,22	2.390,48	2.689,29	1.356,36	2.315,28	2.604,69	1.244,50	2.240,08	2.520,09	1.132,64	2.164,88	2.435,49	1.020,78	2.089,68	2.350,89	908,92	2.014,48	2.266,29
	V	36.994	2.034,67	2.959,52	3.329,46																		
	VI	37.526	2.063,93	3.002,08	3.377,34																		
100.331,99	I	30.836	1.581,86	2.466,88	2.775,24	1.358,14	2.316,48	2.606,04	1.134,42	2.166,08	2.436,84	910,70	2.015,68	2.267,64	686,98	1.865,28	2.098,44	463,26	1.714,88	1.929,24	239,54	1.564,48	1.760,04
	II	29.047	1.368,97	2.323,76	2.614,23	1.145,25	2.173,36	2.445,03	921,53	2.022,96	2.275,83	697,81	1.872,56	2.106,63	474,09	1.722,16	1.937,43	250,37	1.571,76	1.768,23	26,65	1.421,36	1.599,03
	III	21.242	–	1.699,36	1.911,78	–	1.570,88	1.767,24	–	1.445,44	1.626,12	–	1.323,20	1.488,60	–	1.204,00	1.354,50	–	1.087,84	1.223,82	–	974,72	1.096,56
	IV	30.836	1.581,86	2.466,88	2.775,24	1.470,00	2.391,68	2.690,64	1.358,14	2.316,48	2.606,04	1.246,28	2.241,28	2.521,44	1.134,42	2.166,08	2.436,84	1.022,56	2.090,88	2.352,24	910,70	2.015,68	2.267,64
	V	37.009	2.035,49	2.960,72	3.330,81																		
	VI	37.541	2.064,75	3.003,28	3.378,69																		
100.367,99	I	30.851	1.583,65	2.468,08	2.776,59	1.359,93	2.317,68	2.607,39	1.136,21	2.167,28	2.438,19	912,49	2.016,88	2.268,99	688,77	1.866,48	2.099,79	465,05	1.716,08	1.930,59	241,33	1.565,68	1.761,39
	II	29.062	1.370,76	2.324,96	2.615,58	1.147,04	2.174,56	2.446,38	923,32	2.024,16	2.277,18	699,60	1.873,76	2.107,98	475,88	1.723,36	1.938,78	252,16	1.572,96	1.769,58	28,44	1.422,56	1.600,38
	III	21.254	–	1.700,32	1.912,86	–	1.571,84	1.768,32	–	1.446,40	1.627,20	–	1.324,16	1.489,68	–	1.204,80	1.355,40	–	1.088,80	1.224,90	–	975,68	1.097,64
	IV	30.851	1.583,65	2.468,08	2.776,59	1.471,79	2.392,88	2.691,99	1.359,93	2.317,68	2.607,39	1.248,07	2.242,48	2.522,79	1.136,21	2.167,28	2.438,19	1.024,35	2.092,08	2.353,59	912,49	2.016,88	2.268,99
	V	37.024	2.036,32	2.961,92	3.332,16																		
	VI	37.556	2.065,58	3.004,48	3.380,04																		
100.403,99	I	30.866	1.585,43	2.469,28	2.777,94	1.361,71	2.318,88	2.608,74	1.137,99	2.168,48	2.439,54	914,27	2.018,08	2.270,34	690,55	1.867,68	2.101,14	466,83	1.717,28	1.931,94	243,23	1.566,96	1.762,83
	II	29.077	1.372,54	2.326,16	2.616,93	1.148,82	2.175,76	2.447,73	925,10	2.025,36	2.278,53	701,38	1.874,96	2.109,33	477,66	1.724,56	1.940,13	253,94	1.574,16	1.770,93	30,22	1.423,76	1.601,73
	III	21.268	–	1.701,44	1.914,12	–	1.572,80	1.769,40	–	1.447,36	1.628,28	–	1.325,12	1.490,76	–	1.205,76	1.356,48	–	1.089,60	1.225,80	–	976,64	1.098,72
	IV	30.866	1.585,43	2.469,28	2.777,94	1.473,57	2.394,08	2.693,34	1.361,71	2.318,88	2.608,74	1.249,85	2.243,68	2.524,14	1.137,99	2.168,48	2.439,54	1.026,13	2.093,28	2.354,94	914,27	2.018,08	2.270,34
	V	37.039	2.037,14	2.963,12	3.333,51																		
	VI	37.571	2.066,40	3.005,68	3.381,39																		
100.439,99	I	30.881	1.587,22	2.470,48	2.779,29	1.363,50	2.320,08	2.610,09	1.139,78	2.169,68	2.440,89	916,06	2.019,28	2.271,69	692,46	1.868,96	2.102,58	468,74	1.718,56	1.933,38	245,02	1.568,16	1.764,18
	II	29.092	1.374,33	2.327,36	2.618,28	1.150,61	2.176,96	2.449,08	926,89	2.026,56	2.279,88	703,17	1.876,16	2.110,68	479,45	1.725,76	1.941,48	255,73	1.575,36	1.772,28	32,01	1.424,96	1.603,08
	III	21.280	–	1.702,40	1.915,20	–	1.573,92	1.770,66	–	1.448,48	1.629,54	–	1.326,08	1.491,84	–	1.206,72	1.357,56	–	1.090,56	1.226,88	–	977,44	1.099,62
	IV	30.881	1.587,22	2.470,48	2.779,29	1.475,36	2.395,28	2.694,69	1.363,50	2.320,08	2.610,09	1.251,64	2.244,88	2.525,49	1.139,78	2.169,68	2.440,89	1.027,92	2.094,48	2.356,29	916,06	2.019,28	2.271,69
	V	37.054	2.037,97	2.964,32	3.334,86																		
	VI	37.586	2.067,23	3.006,88	3.382,74																		

SolZ/KiSt lt. Tabelle nicht für Sonstige Bezüge anwendbar.

JAHR bis 100.979,99 €

Lohn/ Gehalt bis	Steuerklasse	Lohnsteuer	ohne Kinderfreibetrag			Anzahl Kinderfreibeträge (nur Steuerklassen I–IV)																	
						0,5			1,0			1,5			2,0			2,5			3,0		
			SolZ 5,5%	Kirchensteuer 8%	9%	SolZ 5,5%	Kirchensteuer 8%	9%	SolZ 5,5%	Kirchensteuer 8%	9%	SolZ 5,5%	Kirchensteuer 8%	9%	SolZ 5,5%	Kirchensteuer 8%	9%	SolZ 5,5%	Kirchensteuer 8%	9%	SolZ 5,5%	Kirchensteuer 8%	9%
100.475,99	I	30.896	1.589,00	2.471,68	2.780,64	1.365,28	2.321,28	2.611,44	1.141,56	2.170,88	2.442,24	917,96	2.020,56	2.273,13	694,24	1.870,16	2.103,93	470,52	1.719,76	1.934,73	246,80	1.569,36	1.765,53
	II	29.107	1.376,11	2.328,56	2.619,63	1.152,39	2.178,16	2.450,43	928,67	2.027,76	2.281,23	704,95	1.877,36	2.112,03	481,23	1.726,96	1.942,83	257,63	1.576,64	1.773,72	33,91	1.426,24	1.604,52
	III	21.294	-	1.703,52	1.916,46	-	1.574,88	1.771,74	-	1.449,44	1.630,62	-	1.327,04	1.492,92	-	1.207,68	1.358,64	-	1.091,52	1.227,96	-	978,40	1.100,70
	IV	30.896	1.589,00	2.471,68	2.780,64	1.477,14	2.396,48	2.696,04	1.365,28	2.321,28	2.611,44	1.253,42	2.246,08	2.526,84	1.141,56	2.170,88	2.442,24	1.029,82	2.095,76	2.357,73	917,96	2.020,56	2.273,13
	V	37.070	2.038,85	2.965,60	3.336,30																		
	VI	37.601	2.068,05	3.008,08	3.384,09																		
100.511,99	I	30.911	1.590,79	2.472,88	2.781,99	1.367,19	2.322,56	2.612,88	1.143,47	2.172,16	2.443,68	919,75	2.021,76	2.274,48	696,03	1.871,36	2.105,28	472,31	1.720,96	1.936,08	248,59	1.570,56	1.766,88
	II	29.122	1.377,90	2.329,76	2.620,98	1.154,18	2.179,36	2.451,78	930,46	2.028,96	2.282,58	706,74	1.878,56	2.113,38	483,14	1.728,24	1.944,27	259,42	1.577,84	1.775,07	35,70	1.427,44	1.605,87
	III	21.306	-	1.704,48	1.917,54	-	1.576,00	1.773,00	-	1.450,40	1.631,70	-	1.328,00	1.494,00	-	1.208,64	1.359,72	-	1.092,48	1.229,04	-	979,20	1.101,60
	IV	30.911	1.590,79	2.472,88	2.781,99	1.478,93	2.397,68	2.697,39	1.367,19	2.322,56	2.612,88	1.255,33	2.247,36	2.528,28	1.143,47	2.172,16	2.443,68	1.031,61	2.096,96	2.359,08	919,75	2.021,76	2.274,48
	V	37.085	2.039,67	2.966,80	3.337,65																		
	VI	37.616	2.068,88	3.009,28	3.385,44																		
100.547,99	I	30.927	1.592,69	2.474,16	2.783,43	1.368,97	2.323,76	2.614,23	1.145,25	2.173,36	2.445,03	921,53	2.022,96	2.275,83	697,81	1.872,56	2.106,63	474,09	1.722,16	1.937,43	250,37	1.571,76	1.768,23
	II	29.137	1.379,68	2.330,96	2.622,33	1.155,96	2.180,56	2.453,13	932,36	2.030,24	2.284,02	708,64	1.879,84	2.114,82	484,92	1.729,44	1.945,62	261,20	1.579,04	1.776,42	37,48	1.428,64	1.607,22
	III	21.320	-	1.705,60	1.918,80	-	1.576,96	1.774,08	-	1.451,36	1.632,78	-	1.328,96	1.495,08	-	1.209,60	1.360,80	-	1.093,28	1.229,94	-	980,16	1.102,68
	IV	30.927	1.592,69	2.474,16	2.783,43	1.480,83	2.398,96	2.698,83	1.368,97	2.323,76	2.614,23	1.257,11	2.248,56	2.529,63	1.145,25	2.173,36	2.445,03	1.033,39	2.098,16	2.360,43	921,53	2.022,96	2.275,83
	V	37.100	2.040,50	2.968,00	3.339,00																		
	VI	37.632	2.069,76	3.010,56	3.386,88																		
100.583,99	I	30.942	1.594,48	2.475,36	2.784,78	1.370,76	2.324,96	2.615,58	1.147,04	2.174,56	2.446,38	923,32	2.024,16	2.277,18	699,60	1.873,76	2.107,98	475,88	1.723,36	1.938,78	252,16	1.572,96	1.769,58
	II	29.152	1.381,47	2.332,16	2.623,68	1.157,87	2.181,84	2.454,57	934,15	2.031,44	2.285,37	710,43	1.881,04	2.116,17	486,71	1.730,64	1.946,97	262,99	1.580,24	1.777,77	39,27	1.429,84	1.608,57
	III	21.332	-	1.706,56	1.919,88	-	1.577,92	1.775,16	-	1.452,48	1.634,04	-	1.329,92	1.496,16	-	1.210,56	1.361,88	-	1.094,24	1.231,02	-	981,12	1.103,76
	IV	30.942	1.594,48	2.475,36	2.784,78	1.482,62	2.400,16	2.700,18	1.370,76	2.324,96	2.615,58	1.258,90	2.249,76	2.530,98	1.147,04	2.174,56	2.446,38	1.035,18	2.099,36	2.361,78	923,32	2.024,16	2.277,18
	V	37.115	2.041,32	2.969,20	3.340,35																		
	VI	37.647	2.070,58	3.011,76	3.388,23																		
100.619,99	I	30.957	1.596,26	2.476,56	2.786,13	1.372,54	2.326,16	2.616,93	1.148,82	2.175,76	2.447,73	925,10	2.025,36	2.278,53	701,38	1.874,96	2.109,33	477,66	1.724,56	1.940,13	253,94	1.574,16	1.770,93
	II	29.168	1.383,37	2.333,44	2.625,12	1.159,65	2.183,04	2.455,92	935,93	2.032,64	2.286,72	712,21	1.882,24	2.117,52	488,49	1.731,84	1.948,32	264,77	1.581,44	1.779,12	41,05	1.431,04	1.609,92
	III	21.346	-	1.707,68	1.921,14	-	1.579,04	1.776,42	-	1.453,44	1.635,12	-	1.330,88	1.497,24	-	1.211,52	1.362,96	-	1.095,20	1.232,10	-	981,92	1.104,66
	IV	30.957	1.596,26	2.476,56	2.786,13	1.484,40	2.401,36	2.701,53	1.372,54	2.326,16	2.616,93	1.260,68	2.250,96	2.532,33	1.148,82	2.175,76	2.447,73	1.036,96	2.100,56	2.363,13	925,10	2.025,36	2.278,53
	V	37.130	2.042,15	2.970,40	3.341,70																		
	VI	37.662	2.071,41	3.012,96	3.389,58																		
100.655,99	I	30.972	1.598,05	2.477,76	2.787,48	1.374,33	2.327,36	2.618,28	1.150,61	2.176,96	2.449,08	926,89	2.026,56	2.279,88	703,17	1.876,16	2.110,68	479,45	1.725,76	1.941,48	255,73	1.575,36	1.772,28
	II	29.183	1.385,16	2.334,64	2.626,47	1.161,44	2.184,24	2.457,27	937,72	2.033,84	2.288,07	714,00	1.883,44	2.118,87	490,28	1.733,04	1.949,67	266,56	1.582,64	1.780,47	42,84	1.432,24	1.611,27
	III	21.358	-	1.708,64	1.922,22	-	1.580,00	1.777,50	-	1.454,40	1.636,20	-	1.331,84	1.498,32	-	1.212,48	1.364,04	-	1.096,16	1.233,18	-	982,88	1.105,74
	IV	30.972	1.598,05	2.477,76	2.787,48	1.486,19	2.402,56	2.702,88	1.374,33	2.327,36	2.618,28	1.262,47	2.252,16	2.533,68	1.150,61	2.176,96	2.449,08	1.038,75	2.101,76	2.364,48	926,89	2.026,56	2.279,88
	V	37.145	2.042,97	2.971,60	3.343,05																		
	VI	37.677	2.072,23	3.014,16	3.390,93																		
100.691,99	I	30.987	1.599,83	2.478,96	2.788,83	1.376,11	2.328,56	2.619,63	1.152,39	2.178,16	2.450,43	928,67	2.027,76	2.281,23	704,95	1.877,36	2.112,03	481,23	1.726,96	1.942,83	257,63	1.576,64	1.773,72
	II	29.198	1.386,94	2.335,84	2.627,82	1.163,22	2.185,44	2.458,62	939,50	2.035,04	2.289,42	715,78	1.884,64	2.120,22	492,06	1.734,24	1.951,02	268,34	1.583,84	1.781,82	44,62	1.433,44	1.612,62
	III	21.372	-	1.709,76	1.923,48	-	1.580,96	1.778,58	-	1.455,36	1.637,28	-	1.332,80	1.499,40	-	1.213,44	1.365,12	-	1.096,96	1.234,08	-	983,68	1.106,64
	IV	30.987	1.599,83	2.478,96	2.788,83	1.487,97	2.403,76	2.704,23	1.376,11	2.328,56	2.619,63	1.264,25	2.253,36	2.535,03	1.152,39	2.178,16	2.450,43	1.040,53	2.102,96	2.365,83	928,67	2.027,76	2.281,23
	V	37.160	2.043,80	2.972,80	3.344,40																		
	VI	37.692	2.073,06	3.015,36	3.392,28																		
100.727,99	I	31.002	1.601,62	2.480,16	2.790,18	1.377,90	2.329,76	2.620,98	1.154,18	2.179,36	2.451,78	930,46	2.028,96	2.282,58	706,74	1.878,56	2.113,38	483,14	1.728,24	1.944,27	259,42	1.577,84	1.775,07
	II	29.213	1.388,73	2.337,04	2.629,17	1.165,01	2.186,64	2.459,97	941,29	2.036,24	2.290,77	717,57	1.885,84	2.121,57	493,85	1.735,44	1.952,37	270,13	1.585,04	1.783,17	46,41	1.434,64	1.613,97
	III	21.384	-	1.710,72	1.924,56	-	1.582,08	1.779,84	-	1.456,48	1.638,54	-	1.333,76	1.500,48	-	1.214,40	1.366,20	-	1.097,92	1.235,16	-	984,64	1.107,72
	IV	31.002	1.601,62	2.480,16	2.790,18	1.489,76	2.404,96	2.705,58	1.377,90	2.329,76	2.620,98	1.266,04	2.254,56	2.536,38	1.154,18	2.179,36	2.451,78	1.042,32	2.104,16	2.367,18	930,46	2.028,96	2.282,58
	V	37.175	2.044,62	2.974,00	3.345,75																		
	VI	37.707	2.073,88	3.016,56	3.393,63																		
100.763,99	I	31.017	1.603,40	2.481,36	2.791,53	1.379,68	2.330,96	2.622,33	1.155,96	2.180,56	2.453,13	932,36	2.030,24	2.284,02	708,64	1.879,84	2.114,82	484,92	1.729,44	1.945,62	261,20	1.579,04	1.776,42
	II	29.228	1.390,51	2.338,24	2.630,52	1.166,79	2.187,84	2.461,32	943,07	2.037,44	2.292,12	719,35	1.887,04	2.122,92	495,63	1.736,64	1.953,72	271,91	1.586,24	1.784,52	48,31	1.435,92	1.615,41
	III	21.398	-	1.711,84	1.925,82	-	1.583,04	1.780,92	-	1.457,44	1.639,62	-	1.334,88	1.501,74	-	1.215,36	1.367,28	-	1.098,88	1.236,24	-	985,60	1.108,80
	IV	31.017	1.603,40	2.481,36	2.791,53	1.491,54	2.406,16	2.706,93	1.379,68	2.330,96	2.622,33	1.267,82	2.255,76	2.537,73	1.155,96	2.180,56	2.453,13	1.044,10	2.105,36	2.368,53	932,36	2.030,24	2.284,02
	V	37.191	2.045,50	2.975,28	3.347,19																		
	VI	37.722	2.074,71	3.017,76	3.394,98																		
100.799,99	I	31.032	1.605,19	2.482,56	2.792,88	1.381,47	2.332,16	2.623,68	1.157,87	2.181,84	2.454,57	934,15	2.031,44	2.285,37	710,43	1.881,04	2.116,17	486,71	1.730,64	1.946,97	262,99	1.580,24	1.777,77
	II	29.243	1.392,30	2.339,44	2.631,87	1.168,58	2.189,04	2.462,67	944,86	2.038,64	2.293,47	721,14	1.888,24	2.124,27	497,53	1.737,92	1.955,16	273,81	1.587,52	1.785,96	50,09	1.437,12	1.616,76
	III	21.412	-	1.712,96	1.927,08	-	1.584,16	1.782,18	-	1.458,40	1.640,70	-	1.335,84	1.502,82	-	1.216,32	1.368,36	-	1.099,84	1.237,32	-	986,40	1.109,70
	IV	31.032	1.605,19	2.482,56	2.792,88	1.493,33	2.407,36	2.708,28	1.381,47	2.332,16	2.623,68	1.269,73	2.257,04	2.539,17	1.157,87	2.181,84	2.454,57	1.046,01	2.106,64	2.369,97	934,15	2.031,44	2.285,37
	V	37.206	2.046,33	2.976,48	3.348,54																		
	VI	37.737	2.075,53	3.018,96	3.396,33																		
100.835,99	I	31.048	1.607,09	2.483,84	2.794,32	1.383,37	2.333,44	2.625,12	1.159,65	2.183,04	2.455,92	935,93	2.032,64	2.286,72	712,21	1.882,24	2.117,52	488,49	1.731,84	1.948,32	264,77	1.581,44	1.779,12
	II	29.258	1.394,08	2.340,64	2.633,22	1.170,36	2.190,24	2.464,02	946,64	2.039,84	2.294,82	723,04	1.889,52	2.125,71	499,32	1.739,12	1.956,51	275,60	1.588,72	1.787,31	51,88	1.438,32	1.618,11
	III	21.424	-	1.713,92	1.928,16	-	1.585,12	1.783,26	-	1.459,36	1.641,78	-	1.336,80	1.503,90	-	1.217,12	1.369,26	-	1.100,80	1.238,40	-	987,36	1.110,78
	IV	31.048	1.607,09	2.483,84	2.794,32	1.495,23	2.408,64	2.709,72	1.383,37	2.333,44	2.625,12	1.271,51	2.258,24	2.540,52	1.159,65	2.183,04	2.455,92	1.047,79	2.107,84	2.371,32	935,93	2.032,64	2.286,72
	V	37.221	2.047,15	2.977,68	3.349,89																		
	VI	37.753	2.076,41	3.020,24	3.397,77																		
100.871,99	I	31.063	1.608,88	2.485,04	2.795,67	1.385,16	2.334,64	2.626,47	1.161,44	2.184,24	2.457,27	937,72	2.033,84	2.288,07	714,00	1.883,44	2.118,87	490,28	1.733,04	1.949,67	266,56	1.582,64	1.780,47
	II	29.273	1.395,87	2.341,84	2.634,57	1.172,26	2.191,52	2.465,46	948,54	2.041,12	2.296,26	724,82	1.890,72	2.127,06	501,10	1.740,32	1.957,86	277,38	1.589,92	1.788,66	53,66	1.439,52	1.619,46
	III	21.438	-	1.715,04	1.929,42	-	1.586,08	1.784,34	-	1.460,32	1.642,86	-	1.337,76	1.504,98	-	1.218,08	1.370,34	-	1.101,60	1.239,30	-	988,16	1.111,68
	IV	31.063	1.608,88	2.485,04	2.795,67	1.497,02	2.409,84	2.711,07	1.385,16	2.334,64	2.626,47	1.273,30	2.259,44	2.541,87	1.161,44	2.184,24	2.457,27	1.049,58	2.109,04	2.372,67	937,72	2.033,84	2.288,07
	V	37.236	2.047,98	2.978,88	3.351,24																		
	VI	37.768	2.077,24	3.021,44	3.399,12																		
100.907,99	I	31.078	1.610,66	2.486,24	2.797,02	1.386,94	2.335,84	2.627,82	1.163,22	2.185,44	2.458,62	939,50	2.035,04	2.289,42	715,78	1.884,64	2.120,22	492,06	1.734,24	1.951,02	268,34	1.583,84	1.781,82
	II	29.289	1.397,77	2.343,12	2.636,01	1.174,05	2.192,72	2.466,81	950,33	2.042,32	2.297,61	726,61	1.891,92	2.128,41	502,89	1.741,52	1.959,21	279,17	1.591,12	1.790,01	55,45	1.440,72	1.620,81
	III	21.450	-	1.716,00	1.930,50	-	1.587,20	1.785,60	-	1.461,44	1.644,12	-	1.338,72	1.506,06	-	1.219,04	1.371,42	-	1.102,56	1.240,38	-	989,12	1.112,76
	IV	31.078	1.610,66	2.486,24	2.797,02	1.498,80	2.411,04	2.712,42	1.386,94	2.335,84	2.627,82	1.275,08	2.260,64	2.543,22	1.163,22	2.185,44	2.458,62	1.051,36	2.110,24	2.374,02	939,50	2.035,04	2.289,42
	V	37.251	2.048,80	2.980,08	3.352,59																		
	VI	37.783	2.078,06	3.022,64	3.400,47																		
100.943,99	I	31.093	1.612,45	2.487,44	2.798,37	1.388,73	2.337,04	2.629,17	1.165,01	2.186,64	2.459,97	941,29	2.036,24	2.290,77	717,57	1.885,84	2.121,57	493,85	1.735,44	1.952,37	270,13	1.585,04	1.783,17
	II	29.304	1.399,55	2.344,32	2.637,36	1.175,83	2.193,92	2.468,16	952,11	2.043,52	2.298,96	728,39	1.893,12	2.129,76	504,67	1.742,72	1.960,56	280,95	1.592,32	1.791,36	57,23	1.441,92	1.622,16
	III	21.464	-	1.717,12	1.931,76	-	1.588,16	1.786,68	-	1.462,40	1.645,20	-	1.339,68	1.507,14	-	1.220,00	1.372,50	-	1.103,52	1.241,46	-	990,08	1.113,84
	IV	31.093	1.612,45	2.487,44	2.798,37	1.500,59	2.412,24	2.713,77	1.388,73	2.337,04	2.629,17	1.276,87	2.261,84	2.544,57	1.165,01	2.186,64	2.459,97	1.053,15	2.111,44	2.375,37	941,29	2.036,24	2.290,77
	V	37.266	2.049,63	2.981,28	3.353,94																		
	VI	37.798	2.078,89	3.023,84	3.401,82																		
100.979,99	I	31.108	1.614,23	2.488,64	2.799,72	1.390,51	2.338,24	2.630,52	1.166,79	2.187,84	2.461,32	943,07	2.037,44	2.292,12	719,35	1.887,04	2.122,92	495,63	1.736,64	1.953,72	271,91	1.586,24	1.784,52
	II	29.319	1.401,34	2.345,52	2.638,71	1.177,62	2.195,12	2.469,51	953,90	2.044,72	2.300,31	730,18	1.894,32	2.131,11	506,46	1.743,92	1.961,91	282,74	1.593,52	1.792,71	59,02	1.443,12	1.623,51
	III	21.476	-	1.718,08	1.932,84	-	1.589,28	1.787,94	-	1.463,36	1.646,28	-	1.340,64	1.508,22	-	1.220,96	1.373,58	-	1.104,48	1.242,54	-	990,88	1.114,74
	IV	31.108	1.614,23	2.488,64	2.799,72	1.502,37	2.413,44	2.715,12	1.390,51	2.338,24	2.630,52	1.278,65	2.263,04	2.545,92	1.166,79	2.187,84	2.461,32	1.054,93	2.112,64	2.376,72	943,07	2.037,44	2.292,12
	V	37.281	2.050,45	2.982,48	3.355,29																		
	VI	37.813	2.079,71	3.025,04	3.403,17																		

SolZ/KiSt lt. Tabelle nicht für Sonstige Bezüge anwendbar.

Besondere Tabelle

Lohn/Gehalt bis	Steuerklasse	Lohnsteuer	ohne Kinderfreibetrag SolZ 5,5%	ohne Kinderfreibetrag Kirchensteuer 8%	ohne Kinderfreibetrag Kirchensteuer 9%	0,5 SolZ 5,5%	0,5 Kirchensteuer 8%	0,5 Kirchensteuer 9%	1,0 SolZ 5,5%	1,0 Kirchensteuer 8%	1,0 Kirchensteuer 9%	1,5 SolZ 5,5%	1,5 Kirchensteuer 8%	1,5 Kirchensteuer 9%	2,0 SolZ 5,5%	2,0 Kirchensteuer 8%	2,0 Kirchensteuer 9%	2,5 SolZ 5,5%	2,5 Kirchensteuer 8%	2,5 Kirchensteuer 9%	3,0 SolZ 5,5%	3,0 Kirchensteuer 8%	3,0 Kirchensteuer 9%
01.015,99	I	31.123	1.616,02	2.489,84	2.801,07	1.392,30	2.339,44	2.631,87	1.168,58	2.189,04	2.462,67	944,86	2.038,64	2.293,47	721,14	1.888,24	2.124,27	497,53	1.737,92	1.955,16	273,81	1.587,52	1.785,96
	II	29.334	1.403,12	2.346,72	2.640,06	1.179,40	2.196,32	2.470,86	955,68	2.045,92	2.301,66	731,96	1.895,52	2.132,46	508,24	1.745,12	1.963,26	284,52	1.594,72	1.794,06	60,80	1.444,32	1.624,86
	III	21.490	-	1.719,20	1.934,10	-	1.590,24	1.789,02	-	1.464,32	1.647,36	-	1.341,60	1.509,30	-	1.221,92	1.374,66	-	1.105,28	1.243,44	-	991,84	1.115,82
	IV	31.123	1.616,02	2.489,84	2.801,07	1.504,16	2.414,64	2.716,47	1.392,30	2.339,44	2.631,87	1.280,44	2.264,24	2.547,27	1.168,58	2.189,04	2.462,67	1.056,72	2.113,84	2.378,07	944,86	2.038,64	2.293,47
	V	37.296	2.051,28	2.983,68	3.356,64																		
	VI	37.828	2.080,54	3.026,24	3.404,52																		
01.051,99	I	31.138	1.617,80	2.491,04	2.802,42	1.394,08	2.340,64	2.633,22	1.170,36	2.190,24	2.464,02	946,64	2.039,84	2.294,82	723,04	1.889,52	2.125,71	499,32	1.739,12	1.956,51	275,60	1.588,72	1.787,31
	II	29.349	1.404,91	2.347,92	2.641,41	1.181,19	2.197,52	2.472,21	957,47	2.047,12	2.303,01	733,75	1.896,72	2.133,81	510,03	1.746,32	1.964,61	286,31	1.595,92	1.795,41	62,71	1.445,60	1.626,30
	III	21.502	-	1.720,16	1.935,18	-	1.591,20	1.790,10	-	1.465,44	1.648,62	-	1.342,56	1.510,38	-	1.222,88	1.375,74	-	1.106,24	1.244,52	-	992,80	1.116,90
	IV	31.138	1.617,80	2.491,04	2.802,42	1.505,94	2.415,84	2.717,82	1.394,08	2.340,64	2.633,22	1.282,22	2.265,44	2.548,62	1.170,36	2.190,24	2.464,02	1.058,50	2.115,04	2.379,42	946,64	2.039,84	2.294,82
	V	37.312	2.052,16	2.984,96	3.358,08																		
	VI	37.843	2.081,36	3.027,44	3.405,87																		
01.087,99	I	31.153	1.619,59	2.492,24	2.803,77	1.395,87	2.341,84	2.634,57	1.172,26	2.191,52	2.465,46	948,54	2.041,12	2.296,26	724,82	1.890,72	2.127,06	501,10	1.740,32	1.957,86	277,38	1.589,92	1.788,66
	II	29.364	1.406,69	2.349,12	2.642,76	1.182,97	2.198,72	2.473,56	959,25	2.048,32	2.304,36	735,53	1.897,92	2.135,16	511,81	1.747,52	1.965,96	288,21	1.597,20	1.796,85	64,49	1.446,80	1.627,65
	III	21.516	-	1.721,28	1.936,44	-	1.592,32	1.791,36	-	1.466,40	1.649,70	-	1.343,52	1.511,46	-	1.223,84	1.376,82	-	1.107,20	1.245,60	-	993,60	1.117,80
	IV	31.153	1.619,59	2.492,24	2.803,77	1.507,73	2.417,04	2.719,17	1.395,87	2.341,84	2.634,57	1.284,01	2.266,64	2.549,97	1.172,26	2.191,52	2.465,46	1.060,40	2.116,32	2.380,86	948,54	2.041,12	2.296,26
	V	37.327	2.052,98	2.986,16	3.359,43																		
	VI	37.858	2.082,19	3.028,64	3.407,22																		
01.123,99	I	31.168	1.621,37	2.493,44	2.805,12	1.397,77	2.343,12	2.636,01	1.174,05	2.192,72	2.466,81	950,33	2.042,32	2.297,61	726,61	1.891,92	2.128,41	502,89	1.741,52	1.959,21	279,17	1.591,12	1.790,01
	II	29.379	1.408,48	2.350,32	2.644,11	1.184,76	2.199,92	2.474,91	961,04	2.049,52	2.305,71	737,44	1.899,20	2.136,60	513,72	1.748,80	1.967,40	290,00	1.598,40	1.798,20	66,28	1.448,00	1.629,00
	III	21.530	-	1.722,40	1.937,70	-	1.593,28	1.792,44	-	1.467,36	1.650,78	-	1.344,48	1.512,54	-	1.224,80	1.377,90	-	1.108,16	1.246,68	-	994,56	1.118,88
	IV	31.168	1.621,37	2.493,44	2.805,12	1.509,63	2.418,32	2.720,61	1.397,77	2.343,12	2.636,01	1.285,91	2.267,92	2.551,41	1.174,05	2.192,72	2.466,81	1.062,19	2.117,52	2.382,21	950,33	2.042,32	2.297,61
	V	37.342	2.053,81	2.987,36	3.360,78																		
	VI	37.873	2.083,01	3.029,84	3.408,57																		
01.159,99	I	31.184	1.623,27	2.494,72	2.806,56	1.399,55	2.344,32	2.637,36	1.175,83	2.193,92	2.468,16	952,11	2.043,52	2.298,96	728,39	1.893,12	2.129,76	504,67	1.742,72	1.960,56	280,95	1.592,32	1.791,36
	II	29.394	1.410,26	2.351,52	2.645,46	1.186,54	2.201,12	2.476,26	962,94	2.050,80	2.307,15	739,22	1.900,40	2.137,95	515,50	1.750,00	1.968,75	291,78	1.599,60	1.799,55	68,06	1.449,20	1.630,35
	III	21.542	-	1.723,36	1.938,78	-	1.594,40	1.793,70	-	1.468,32	1.651,86	-	1.345,60	1.513,80	-	1.225,76	1.378,98	-	1.109,12	1.247,76	-	995,52	1.119,96
	IV	31.184	1.623,27	2.494,72	2.806,56	1.511,41	2.419,52	2.721,96	1.399,55	2.344,32	2.637,36	1.287,69	2.269,12	2.552,76	1.175,83	2.193,92	2.468,16	1.063,97	2.118,72	2.383,56	952,11	2.043,52	2.298,96
	V	37.357	2.054,63	2.988,56	3.362,13																		
	VI	37.889	2.083,89	3.031,12	3.410,01																		
01.195,99	I	31.199	1.625,06	2.495,92	2.807,91	1.401,34	2.345,52	2.638,71	1.177,62	2.195,12	2.469,51	953,90	2.044,72	2.300,31	730,18	1.894,32	2.131,11	506,46	1.743,92	1.961,91	282,74	1.593,52	1.792,71
	II	29.410	1.412,17	2.352,80	2.646,90	1.188,45	2.202,40	2.477,70	964,73	2.052,00	2.308,50	741,01	1.901,60	2.139,30	517,29	1.751,20	1.970,10	293,57	1.600,80	1.800,90	69,85	1.450,40	1.631,70
	III	21.556	-	1.724,48	1.940,04	-	1.595,36	1.794,78	-	1.469,44	1.653,12	-	1.346,56	1.514,88	-	1.226,72	1.380,06	-	1.109,92	1.248,66	-	996,32	1.120,86
	IV	31.199	1.625,06	2.495,92	2.807,91	1.513,20	2.420,72	2.723,31	1.401,34	2.345,52	2.638,71	1.289,48	2.270,32	2.554,11	1.177,62	2.195,12	2.469,51	1.065,76	2.119,92	2.384,91	953,90	2.044,72	2.300,31
	V	37.372	2.055,46	2.989,76	3.363,48																		
	VI	37.904	2.084,72	3.032,32	3.411,36																		
01.231,99	I	31.214	1.626,84	2.497,12	2.809,26	1.403,12	2.346,72	2.640,06	1.179,40	2.196,32	2.470,86	955,68	2.045,92	2.301,66	731,96	1.895,52	2.132,46	508,24	1.745,12	1.963,26	284,52	1.594,72	1.794,06
	II	29.425	1.413,95	2.354,00	2.648,25	1.190,23	2.203,60	2.479,05	966,51	2.053,20	2.309,85	742,79	1.902,80	2.140,65	519,07	1.752,40	1.971,45	295,35	1.602,00	1.802,25	71,63	1.451,60	1.633,05
	III	21.568	-	1.725,44	1.941,12	-	1.596,32	1.795,86	-	1.470,40	1.654,20	-	1.347,52	1.515,96	-	1.227,68	1.381,14	-	1.110,88	1.249,74	-	997,28	1.121,94
	IV	31.214	1.626,84	2.497,12	2.809,26	1.514,98	2.421,92	2.724,66	1.403,12	2.346,72	2.640,06	1.291,26	2.271,52	2.555,46	1.179,40	2.196,32	2.470,86	1.067,54	2.121,12	2.386,26	955,68	2.045,92	2.301,66
	V	37.387	2.056,28	2.990,96	3.364,83																		
	VI	37.919	2.085,54	3.033,52	3.412,71																		
01.267,99	I	31.229	1.628,63	2.498,32	2.810,61	1.404,91	2.347,92	2.641,41	1.181,19	2.197,52	2.472,21	957,47	2.047,12	2.303,01	733,75	1.896,72	2.133,81	510,03	1.746,32	1.964,61	286,31	1.595,92	1.795,41
	II	29.440	1.415,74	2.355,20	2.649,60	1.192,02	2.204,80	2.480,40	968,30	2.054,40	2.311,20	744,58	1.904,00	2.142,00	520,86	1.753,60	1.972,80	297,14	1.603,20	1.803,60	73,42	1.452,80	1.634,40
	III	21.582	-	1.726,56	1.942,38	-	1.597,44	1.797,12	-	1.471,36	1.655,28	-	1.348,48	1.517,04	-	1.228,64	1.382,22	-	1.111,84	1.250,82	-	998,08	1.122,84
	IV	31.229	1.628,63	2.498,32	2.810,61	1.516,77	2.423,12	2.726,01	1.404,91	2.347,92	2.641,41	1.293,05	2.272,72	2.556,81	1.181,19	2.197,52	2.472,21	1.069,33	2.122,32	2.387,61	957,47	2.047,12	2.303,01
	V	37.402	2.057,11	2.992,16	3.366,18																		
	VI	37.934	2.086,37	3.034,72	3.414,06																		
01.303,99	I	31.244	1.630,41	2.499,52	2.811,96	1.406,69	2.349,12	2.642,76	1.182,97	2.198,72	2.473,56	959,25	2.048,32	2.304,36	735,53	1.897,92	2.135,16	511,81	1.747,52	1.965,96	288,21	1.597,20	1.796,85
	II	29.455	1.417,52	2.356,40	2.650,95	1.193,80	2.206,00	2.481,75	970,08	2.055,60	2.312,55	746,36	1.905,20	2.143,35	522,64	1.754,80	1.974,15	298,92	1.604,40	1.804,95	75,20	1.454,00	1.635,75
	III	21.594	-	1.727,52	1.943,46	-	1.598,40	1.798,20	-	1.472,32	1.656,36	-	1.349,44	1.518,12	-	1.229,60	1.383,30	-	1.112,80	1.251,90	-	999,04	1.123,92
	IV	31.244	1.630,41	2.499,52	2.811,96	1.518,55	2.424,32	2.727,36	1.406,69	2.349,12	2.642,76	1.294,83	2.273,92	2.558,16	1.182,97	2.198,72	2.473,56	1.071,11	2.123,52	2.388,96	959,25	2.048,32	2.304,36
	V	37.417	2.057,93	2.993,36	3.367,53																		
	VI	37.949	2.087,19	3.035,92	3.415,41																		
01.339,99	I	31.259	1.632,20	2.500,72	2.813,31	1.408,48	2.350,32	2.644,11	1.184,76	2.199,92	2.474,91	961,04	2.049,52	2.305,71	737,44	1.899,20	2.136,60	513,72	1.748,80	1.967,40	290,00	1.598,40	1.798,20
	II	29.470	1.419,31	2.357,60	2.652,30	1.195,59	2.207,20	2.483,10	971,87	2.056,80	2.313,90	748,15	1.906,40	2.144,70	524,43	1.756,00	1.975,50	300,71	1.605,60	1.806,30	76,99	1.455,20	1.637,10
	III	21.608	-	1.728,64	1.944,72	-	1.599,52	1.799,46	-	1.473,44	1.657,62	-	1.350,40	1.519,20	-	1.230,56	1.384,38	-	1.113,76	1.252,98	-	1.000,00	1.125,00
	IV	31.259	1.632,20	2.500,72	2.813,31	1.520,34	2.425,52	2.728,71	1.408,48	2.350,32	2.644,11	1.296,62	2.275,12	2.559,51	1.184,76	2.199,92	2.474,91	1.072,90	2.124,72	2.390,31	961,04	2.049,52	2.305,71
	V	37.432	2.058,76	2.994,56	3.368,88																		
	VI	37.964	2.088,02	3.037,12	3.416,76																		
01.375,99	I	31.274	1.633,98	2.501,92	2.814,66	1.410,26	2.351,52	2.645,46	1.186,54	2.201,12	2.476,26	962,94	2.050,80	2.307,15	739,22	1.900,40	2.137,95	515,50	1.750,00	1.968,75	291,78	1.599,60	1.799,55
	II	29.485	1.421,09	2.358,80	2.653,65	1.197,37	2.208,40	2.484,45	973,65	2.058,00	2.315,25	749,93	1.907,60	2.146,05	526,21	1.757,20	1.976,85	302,61	1.606,88	1.807,74	78,89	1.456,48	1.638,54
	III	21.622	-	1.729,76	1.945,98	-	1.600,48	1.800,54	-	1.474,40	1.658,70	-	1.351,36	1.520,28	-	1.231,52	1.385,46	-	1.114,56	1.253,88	-	1.000,80	1.125,90
	IV	31.274	1.633,98	2.501,92	2.814,66	1.522,12	2.426,72	2.730,06	1.410,26	2.351,52	2.645,46	1.298,40	2.276,32	2.560,86	1.186,54	2.201,12	2.476,26	1.074,80	2.126,00	2.391,75	962,94	2.050,80	2.307,15
	V	37.448	2.059,64	2.995,84	3.370,32																		
	VI	37.979	2.088,84	3.038,32	3.418,11																		
01.411,99	I	31.289	1.635,77	2.503,12	2.816,01	1.412,17	2.352,80	2.646,90	1.188,45	2.202,40	2.477,70	964,73	2.052,00	2.308,50	741,01	1.901,60	2.139,30	517,29	1.751,20	1.970,10	293,57	1.600,80	1.800,90
	II	29.500	1.422,88	2.360,00	2.655,00	1.199,16	2.209,60	2.485,80	975,44	2.059,20	2.316,60	751,72	1.908,80	2.147,40	528,12	1.758,48	1.978,29	304,40	1.608,08	1.809,09	80,68	1.457,68	1.639,89
	III	21.634	-	1.730,72	1.947,06	-	1.601,60	1.801,80	-	1.475,36	1.659,78	-	1.352,32	1.521,36	-	1.232,48	1.386,54	-	1.115,52	1.254,96	-	1.001,76	1.126,98
	IV	31.289	1.635,77	2.503,12	2.816,01	1.523,91	2.427,92	2.731,41	1.412,17	2.352,80	2.646,90	1.300,31	2.277,60	2.562,30	1.188,45	2.202,40	2.477,70	1.076,59	2.127,20	2.393,10	964,73	2.052,00	2.308,50
	V	37.463	2.060,46	2.997,04	3.371,67																		
	VI	37.994	2.089,67	3.039,52	3.419,46																		
01.447,99	I	31.305	1.637,67	2.504,40	2.817,45	1.413,95	2.354,00	2.648,25	1.190,23	2.203,60	2.479,05	966,51	2.053,20	2.309,85	742,79	1.902,80	2.140,65	519,07	1.752,40	1.971,45	295,35	1.602,00	1.802,25
	II	29.515	1.424,66	2.361,20	2.656,35	1.200,94	2.210,80	2.487,15	977,34	2.060,48	2.318,04	753,62	1.910,08	2.148,84	529,90	1.759,68	1.979,64	306,18	1.609,28	1.810,44	82,46	1.458,88	1.641,24
	III	21.648	-	1.731,84	1.948,32	-	1.602,56	1.802,88	-	1.476,48	1.661,04	-	1.353,28	1.522,44	-	1.233,28	1.387,44	-	1.116,48	1.256,04	-	1.002,72	1.128,06
	IV	31.305	1.637,67	2.504,40	2.817,45	1.525,81	2.429,20	2.732,85	1.413,95	2.354,00	2.648,25	1.302,09	2.278,80	2.563,65	1.190,23	2.203,60	2.479,05	1.078,37	2.128,40	2.394,45	966,51	2.053,20	2.309,85
	V	37.478	2.061,29	2.998,24	3.373,02																		
	VI	38.010	2.090,55	3.040,80	3.420,90																		
01.483,99	I	31.320	1.639,46	2.505,60	2.818,80	1.415,74	2.355,20	2.649,60	1.192,02	2.204,80	2.480,40	968,30	2.054,40	2.311,20	744,58	1.904,00	2.142,00	520,86	1.753,60	1.972,80	297,14	1.603,20	1.803,60
	II	29.530	1.426,45	2.362,40	2.657,70	1.202,85	2.212,08	2.488,59	979,13	2.061,68	2.319,39	755,41	1.911,28	2.150,19	531,69	1.760,88	1.980,99	307,97	1.610,48	1.811,79	84,25	1.460,08	1.642,59
	III	21.660	-	1.732,80	1.949,40	-	1.603,52	1.803,96	-	1.477,44	1.662,12	-	1.354,24	1.523,52	-	1.234,24	1.388,52	-	1.117,44	1.257,12	-	1.003,52	1.128,96
	IV	31.320	1.639,46	2.505,60	2.818,80	1.527,60	2.430,40	2.734,20	1.415,74	2.355,20	2.649,60	1.303,88	2.280,00	2.565,00	1.192,02	2.204,80	2.480,40	1.080,16	2.129,60	2.395,80	968,30	2.054,40	2.311,20
	V	37.493	2.062,11	2.999,44	3.374,37																		
	VI	38.025	2.091,37	3.042,00	3.422,25																		
01.519,99	I	31.335	1.641,24	2.506,80	2.820,15	1.417,52	2.356,40	2.650,95	1.193,80	2.206,00	2.481,75	970,08	2.055,60	2.312,55	746,36	1.905,20	2.143,35	522,64	1.754,80	1.974,15	298,92	1.604,40	1.804,95
	II	29.546	1.428,35	2.363,68	2.659,14	1.204,63	2.213,28	2.489,94	980,91	2.062,88	2.320,74	757,19	1.912,48	2.151,54	533,47	1.762,08	1.982,34	309,75	1.611,68	1.813,14	86,03	1.461,28	1.643,94
	III	21.674	-	1.733,92	1.950,66	-	1.604,64	1.805,22	-	1.478,40	1.663,20	-	1.355,36	1.524,78	-	1.235,20	1.389,60	-	1.118,40	1.258,20	-	1.004,48	1.130,04
	IV	31.335	1.641,24	2.506,80	2.820,15	1.529,38	2.431,60	2.735,55	1.417,52	2.356,40	2.650,95	1.305,66	2.281,20	2.566,35	1.193,80	2.206,00	2.481,75	1.081,94	2.130,80	2.397,15	970,08	2.055,60	2.312,55
	V	37.508	2.062,94	3.000,64	3.375,72																		
	VI	38.040	2.092,20	3.043,20	3.423,60																		

Anzahl Kinderfreibeträge (nur Steuerklassen I–IV)

SolZ/KiSt lt. Tabelle nicht für Sonstige Bezüge anwendbar.

JAHR bis 102.059,99 €

Besondere Tabelle

Lohn/ Gehalt bis	Steuerklasse	Lohnsteuer	ohne Kinderfreibetrag			Anzahl Kinderfreibeträge (nur Steuerklassen I–IV)																	
						0,5			1,0			1,5			2,0			2,5			3,0		
			SolZ 5,5%	Kirchensteuer 8%	9%	SolZ 5,5%	Kirchensteuer 8%	9%	SolZ 5,5%	Kirchensteuer 8%	9%	SolZ 5,5%	Kirchensteuer 8%	9%	SolZ 5,5%	Kirchensteuer 8%	9%	SolZ 5,5%	Kirchensteuer 8%	9%	SolZ 5,5%	Kirchensteuer 8%	9%
101.555,99	I	31.350	1.643,03	2.508,00	2.821,50	1.419,31	2.357,60	2.652,30	1.195,59	2.207,20	2.483,10	971,87	2.056,80	2.313,90	748,15	1.906,40	2.144,70	524,43	1.756,00	1.975,50	300,71	1.605,60	1.806,3
	II	29.561	1.430,14	2.364,88	2.660,49	1.206,42	2.214,48	2.491,29	982,70	2.064,08	2.322,09	758,98	1.913,68	2.152,89	535,26	1.763,28	1.983,69	311,54	1.612,88	1.814,49	87,82	1.462,48	1.645,2
	III	21.686	–	1.734,88	1.951,74	–	1.605,60	1.806,30	–	1.479,36	1.664,28	–	1.356,32	1.525,86	–	1.236,16	1.390,68	–	1.119,20	1.259,10	–	1.005,44	1.131,1
	IV	31.350	1.643,03	2.508,00	2.821,50	1.531,17	2.432,80	2.736,90	1.419,31	2.357,60	2.652,30	1.307,45	2.282,40	2.567,70	1.195,59	2.207,20	2.483,10	1.083,73	2.132,00	2.398,50	971,87	2.056,80	2.313,9
	V	37.523	2.063,76	3.001,84	3.377,07																		
	VI	38.055	2.093,02	3.044,40	3.424,95																		
101.591,99	I	31.365	1.644,81	2.509,20	2.822,85	1.421,09	2.358,80	2.653,65	1.197,37	2.208,40	2.484,45	973,65	2.058,00	2.315,25	749,93	1.907,60	2.146,05	526,21	1.757,20	1.976,85	302,61	1.606,88	1.807,7
	II	29.576	1.431,92	2.366,08	2.661,84	1.208,20	2.215,68	2.492,64	984,48	2.065,28	2.323,44	760,76	1.914,88	2.154,24	537,04	1.764,48	1.985,04	313,32	1.614,08	1.815,84	89,60	1.463,68	1.646,6
	III	21.700	–	1.736,00	1.953,00	–	1.606,72	1.807,56	–	1.480,48	1.665,54	–	1.357,28	1.526,94	–	1.237,12	1.391,76	–	1.120,16	1.260,18	–	1.006,24	1.132,0
	IV	31.365	1.644,81	2.509,20	2.822,85	1.532,95	2.434,00	2.738,25	1.421,09	2.358,80	2.653,65	1.309,23	2.283,60	2.569,05	1.197,37	2.208,40	2.484,45	1.085,51	2.133,20	2.399,85	973,65	2.058,00	2.315,2
	V	37.538	2.064,59	3.003,04	3.378,42																		
	VI	38.070	2.093,85	3.045,60	3.426,30																		
101.627,99	I	31.380	1.646,60	2.510,40	2.824,20	1.422,88	2.360,00	2.655,00	1.199,16	2.209,60	2.485,80	975,44	2.059,20	2.316,60	751,72	1.908,80	2.147,40	528,12	1.758,48	1.978,29	304,40	1.608,08	1.809,0
	II	29.591	1.433,71	2.367,28	2.663,19	1.209,99	2.216,88	2.493,99	986,27	2.066,48	2.324,79	762,55	1.916,08	2.155,59	538,83	1.765,68	1.986,39	315,11	1.615,28	1.817,19	91,39	1.464,88	1.647,9
	III	21.714	–	1.737,12	1.954,26	–	1.607,68	1.808,64	–	1.481,44	1.666,62	–	1.358,24	1.528,02	–	1.238,08	1.392,84	–	1.121,12	1.261,26	–	1.007,20	1.133,1
	IV	31.380	1.646,60	2.510,40	2.824,20	1.534,74	2.435,20	2.739,60	1.422,88	2.360,00	2.655,00	1.311,02	2.284,80	2.570,40	1.199,16	2.209,60	2.485,80	1.087,30	2.134,40	2.401,20	975,44	2.059,20	2.316,6
	V	37.553	2.065,41	3.004,24	3.379,77																		
	VI	38.085	2.094,67	3.046,80	3.427,65																		
101.663,99	I	31.395	1.648,38	2.511,60	2.825,55	1.424,66	2.361,20	2.656,35	1.200,94	2.210,80	2.487,15	977,34	2.060,48	2.318,04	753,62	1.910,08	2.148,84	529,90	1.759,68	1.979,64	306,18	1.609,28	1.810,4
	II	29.606	1.435,49	2.368,48	2.664,54	1.211,77	2.218,08	2.495,34	988,05	2.067,68	2.326,14	764,33	1.917,28	2.156,94	540,61	1.766,88	1.987,74	316,89	1.616,48	1.818,54	93,29	1.466,16	1.649,4
	III	21.726	–	1.738,08	1.955,34	–	1.608,80	1.809,90	–	1.482,40	1.667,70	–	1.359,20	1.529,10	–	1.239,04	1.393,92	–	1.122,08	1.262,34	–	1.008,16	1.134,1
	IV	31.395	1.648,38	2.511,60	2.825,55	1.536,52	2.436,40	2.740,95	1.424,66	2.361,20	2.656,35	1.312,80	2.286,00	2.571,75	1.200,94	2.210,80	2.487,15	1.089,08	2.135,60	2.402,55	977,34	2.060,48	2.318,0
	V	37.569	2.066,29	3.005,52	3.381,21																		
	VI	38.100	2.095,50	3.048,00	3.429,00																		
101.699,99	I	31.410	1.650,17	2.512,80	2.826,90	1.426,45	2.362,40	2.657,70	1.202,85	2.212,08	2.488,59	979,13	2.061,68	2.319,39	755,41	1.911,28	2.150,19	531,69	1.760,88	1.980,99	307,97	1.610,48	1.811,7
	II	29.621	1.437,28	2.369,68	2.665,89	1.213,56	2.219,28	2.496,69	989,84	2.068,88	2.327,49	766,12	1.918,48	2.158,29	542,52	1.768,16	1.989,18	318,80	1.617,76	1.819,98	95,08	1.467,36	1.650,7
	III	21.740	–	1.739,20	1.956,60	–	1.609,76	1.810,98	–	1.483,36	1.668,78	–	1.360,16	1.530,18	–	1.240,00	1.395,00	–	1.123,04	1.263,42	–	1.008,96	1.135,0
	IV	31.410	1.650,17	2.512,80	2.826,90	1.538,31	2.437,60	2.742,30	1.426,45	2.362,40	2.657,70	1.314,71	2.287,28	2.573,19	1.202,85	2.212,08	2.488,59	1.090,99	2.136,88	2.403,99	979,13	2.061,68	2.319,3
	V	37.584	2.067,12	3.006,72	3.382,56																		
	VI	38.115	2.096,32	3.049,20	3.430,35																		
101.735,99	I	31.426	1.652,07	2.514,08	2.828,34	1.428,35	2.363,68	2.659,14	1.204,63	2.213,28	2.489,94	980,91	2.062,88	2.320,74	757,19	1.912,48	2.151,54	533,47	1.762,08	1.982,34	309,75	1.611,68	1.813,1
	II	29.636	1.439,06	2.370,88	2.667,24	1.215,34	2.220,48	2.498,04	991,62	2.070,08	2.328,84	768,02	1.919,76	2.159,73	544,30	1.769,36	1.990,53	320,58	1.618,96	1.821,33	96,86	1.468,56	1.652,1
	III	21.752	–	1.740,16	1.957,68	–	1.610,72	1.812,06	–	1.484,48	1.670,04	–	1.361,12	1.531,26	–	1.240,96	1.396,08	–	1.123,84	1.264,32	–	1.009,92	1.136,1
	IV	31.426	1.652,07	2.514,08	2.828,34	1.540,21	2.438,88	2.743,74	1.428,35	2.363,68	2.659,14	1.316,49	2.288,48	2.574,54	1.204,63	2.213,28	2.489,94	1.092,77	2.138,08	2.405,34	980,91	2.062,88	2.320,7
	V	37.599	2.067,94	3.007,92	3.383,91																		
	VI	38.131	2.097,20	3.050,48	3.431,79																		
101.771,99	I	31.441	1.653,86	2.515,28	2.829,69	1.430,14	2.364,88	2.660,49	1.206,42	2.214,48	2.491,29	982,70	2.064,08	2.322,09	758,98	1.913,68	2.152,89	535,26	1.763,28	1.983,69	311,54	1.612,88	1.814,4
	II	29.651	1.440,85	2.372,08	2.668,59	1.217,25	2.221,76	2.499,48	993,53	2.071,36	2.330,28	769,81	1.920,96	2.161,08	546,09	1.770,56	1.991,88	322,37	1.620,16	1.822,68	98,65	1.469,76	1.653,4
	III	21.766	–	1.741,28	1.958,94	–	1.611,84	1.813,32	–	1.485,44	1.671,12	–	1.362,08	1.532,34	–	1.241,92	1.397,16	–	1.124,80	1.265,40	–	1.010,72	1.137,0
	IV	31.441	1.653,86	2.515,28	2.829,69	1.542,00	2.440,08	2.745,09	1.430,14	2.364,88	2.660,49	1.318,28	2.289,68	2.575,89	1.206,42	2.214,48	2.491,29	1.094,56	2.139,28	2.406,69	982,70	2.064,08	2.322,0
	V	37.614	2.068,77	3.009,12	3.385,26																		
	VI	38.146	2.098,03	3.051,68	3.433,14																		
101.807,99	I	31.456	1.655,64	2.516,48	2.831,04	1.431,92	2.366,08	2.661,84	1.208,20	2.215,68	2.492,64	984,48	2.065,28	2.323,44	760,76	1.914,88	2.154,24	537,04	1.764,48	1.985,04	313,32	1.614,08	1.815,8
	II	29.667	1.442,75	2.373,36	2.670,03	1.219,03	2.222,96	2.500,83	995,31	2.072,56	2.331,63	771,59	1.922,16	2.162,43	547,87	1.771,76	1.993,23	324,15	1.621,36	1.824,03	100,43	1.470,96	1.654,8
	III	21.780	–	1.742,40	1.960,20	–	1.612,80	1.814,40	–	1.486,40	1.672,20	–	1.363,20	1.533,60	–	1.242,88	1.398,24	–	1.125,76	1.266,48	–	1.011,68	1.138,1
	IV	31.456	1.655,64	2.516,48	2.831,04	1.543,78	2.441,28	2.746,44	1.431,92	2.366,08	2.661,84	1.320,06	2.290,88	2.577,24	1.208,20	2.215,68	2.492,64	1.096,34	2.140,48	2.408,04	984,48	2.065,28	2.323,4
	V	37.629	2.069,59	3.010,32	3.386,61																		
	VI	38.161	2.098,85	3.052,88	3.434,49																		
101.843,99	I	31.471	1.657,43	2.517,68	2.832,39	1.433,71	2.367,28	2.663,19	1.209,99	2.216,88	2.493,99	986,27	2.066,48	2.324,79	762,55	1.916,08	2.155,59	538,83	1.765,68	1.986,39	315,11	1.615,28	1.817,1
	II	29.682	1.444,54	2.374,56	2.671,38	1.220,82	2.224,16	2.502,18	997,10	2.073,76	2.332,98	773,38	1.923,36	2.163,78	549,66	1.772,96	1.994,58	325,94	1.622,56	1.825,38	102,22	1.472,16	1.656,1
	III	21.792	–	1.743,36	1.961,28	–	1.613,92	1.815,66	–	1.487,52	1.673,46	–	1.364,16	1.534,68	–	1.243,84	1.399,32	–	1.126,72	1.267,56	–	1.012,64	1.139,2
	IV	31.471	1.657,43	2.517,68	2.832,39	1.545,57	2.442,48	2.747,79	1.433,71	2.367,28	2.663,19	1.321,85	2.292,08	2.578,59	1.209,99	2.216,88	2.493,99	1.098,13	2.141,68	2.409,39	986,27	2.066,48	2.324,7
	V	37.644	2.070,42	3.011,52	3.387,96																		
	VI	38.176	2.099,68	3.054,08	3.435,84																		
101.879,99	I	31.486	1.659,21	2.518,88	2.833,74	1.435,49	2.368,48	2.664,54	1.211,77	2.218,08	2.495,34	988,05	2.067,68	2.326,14	764,33	1.917,28	2.156,94	540,61	1.766,88	1.987,74	316,89	1.616,48	1.818,5
	II	29.697	1.446,32	2.375,76	2.672,73	1.222,60	2.225,36	2.503,53	998,88	2.074,96	2.334,33	775,16	1.924,56	2.165,13	551,44	1.774,16	1.995,93	327,72	1.623,76	1.826,73	104,00	1.473,36	1.657,5
	III	21.806	–	1.744,48	1.962,54	–	1.614,88	1.816,74	–	1.488,48	1.674,54	–	1.365,12	1.535,76	–	1.244,80	1.400,40	–	1.127,68	1.268,64	–	1.013,44	1.140,1
	IV	31.486	1.659,21	2.518,88	2.833,74	1.547,35	2.443,68	2.749,14	1.435,49	2.368,48	2.664,54	1.323,63	2.293,28	2.579,94	1.211,77	2.218,08	2.495,34	1.099,91	2.142,88	2.410,74	988,05	2.067,68	2.326,1
	V	37.659	2.071,24	3.012,72	3.389,31																		
	VI	38.191	2.100,50	3.055,28	3.437,19																		
101.915,99	I	31.501	1.661,00	2.520,08	2.835,09	1.437,28	2.369,68	2.665,89	1.213,56	2.219,28	2.496,69	989,84	2.068,88	2.327,49	766,12	1.918,48	2.158,29	542,52	1.768,16	1.989,18	318,80	1.617,76	1.819,9
	II	29.712	1.448,11	2.376,96	2.674,08	1.224,39	2.226,56	2.504,88	1.000,67	2.076,16	2.335,68	776,95	1.925,76	2.166,48	553,23	1.775,36	1.997,28	329,51	1.624,96	1.828,08	105,79	1.474,56	1.658,8
	III	21.818	–	1.745,44	1.963,62	–	1.616,00	1.818,00	–	1.489,44	1.675,62	–	1.366,08	1.536,84	–	1.245,76	1.401,48	–	1.128,48	1.269,54	–	1.014,40	1.141,2
	IV	31.501	1.661,00	2.520,08	2.835,09	1.549,14	2.444,88	2.750,49	1.437,28	2.369,68	2.665,89	1.325,42	2.294,48	2.581,29	1.213,56	2.219,28	2.496,69	1.101,70	2.144,08	2.412,09	989,84	2.068,88	2.327,4
	V	37.674	2.072,07	3.013,92	3.390,66																		
	VI	38.206	2.101,33	3.056,48	3.438,54																		
101.951,99	I	31.516	1.662,78	2.521,28	2.836,44	1.439,06	2.370,88	2.667,24	1.215,34	2.220,48	2.498,04	991,62	2.070,08	2.328,84	768,02	1.919,76	2.159,73	544,30	1.769,36	1.990,53	320,58	1.618,96	1.821,3
	II	29.727	1.449,89	2.378,16	2.675,43	1.226,17	2.227,76	2.506,23	1.002,45	2.077,36	2.337,03	778,73	1.926,96	2.167,83	555,01	1.776,56	1.998,63	331,29	1.626,16	1.829,43	107,69	1.475,84	1.660,3
	III	21.832	–	1.746,56	1.964,88	–	1.616,96	1.819,08	–	1.490,40	1.676,70	–	1.367,04	1.537,92	–	1.246,72	1.402,56	–	1.129,44	1.270,62	–	1.015,36	1.142,2
	IV	31.516	1.662,78	2.521,28	2.836,44	1.550,92	2.446,08	2.751,84	1.439,06	2.370,88	2.667,24	1.327,20	2.295,68	2.582,64	1.215,34	2.220,48	2.498,04	1.103,48	2.145,28	2.413,44	991,62	2.070,08	2.328,8
	V	37.690	2.072,95	3.015,20	3.392,10																		
	VI	38.221	2.102,15	3.057,68	3.439,89																		
101.987,99	I	31.531	1.664,57	2.522,48	2.837,79	1.440,85	2.372,08	2.668,59	1.217,25	2.221,76	2.499,48	993,53	2.071,36	2.330,28	769,81	1.920,96	2.161,08	546,09	1.770,56	1.991,88	322,37	1.620,16	1.822,6
	II	29.742	1.451,68	2.379,36	2.676,78	1.227,96	2.228,96	2.507,58	1.004,24	2.078,56	2.338,38	780,52	1.928,16	2.169,18	556,80	1.777,76	1.999,98	333,20	1.627,44	1.830,87	109,48	1.477,04	1.661,6
	III	21.844	–	1.747,52	1.965,96	–	1.617,92	1.820,16	–	1.491,52	1.677,96	–	1.368,00	1.539,00	–	1.247,68	1.403,64	–	1.130,40	1.271,70	–	1.016,16	1.143,1
	IV	31.531	1.664,57	2.522,48	2.837,79	1.552,71	2.447,28	2.753,19	1.440,85	2.372,08	2.668,59	1.328,99	2.296,88	2.583,99	1.217,25	2.221,76	2.499,48	1.105,39	2.146,56	2.414,88	993,53	2.071,36	2.330,2
	V	37.705	2.073,77	3.016,40	3.393,45																		
	VI	38.236	2.102,98	3.058,88	3.441,24																		
102.023,99	I	31.546	1.666,35	2.523,68	2.839,14	1.442,75	2.373,36	2.670,03	1.219,03	2.222,96	2.500,83	995,31	2.072,56	2.331,63	771,59	1.922,16	2.162,43	547,87	1.771,76	1.993,23	324,15	1.621,36	1.824,0
	II	29.757	1.453,46	2.380,56	2.678,13	1.229,74	2.230,16	2.508,93	1.006,02	2.079,76	2.339,73	782,42	1.929,44	2.170,62	558,70	1.779,04	2.001,42	334,98	1.628,64	1.832,22	111,26	1.478,24	1.663,0
	III	21.858	–	1.748,64	1.967,22	–	1.619,04	1.821,42	–	1.492,48	1.679,04	–	1.368,96	1.540,08	–	1.248,64	1.404,72	–	1.131,36	1.272,78	–	1.017,12	1.144,2
	IV	31.546	1.666,35	2.523,68	2.839,14	1.554,61	2.448,56	2.754,63	1.442,75	2.373,36	2.670,03	1.330,89	2.298,16	2.585,43	1.219,03	2.222,96	2.500,83	1.107,17	2.147,76	2.416,23	995,31	2.072,56	2.331,6
	V	37.720	2.074,60	3.017,60	3.394,80																		
	VI	38.251	2.103,80	3.060,08	3.442,59																		
102.059,99	I	31.562	1.668,26	2.524,96	2.840,58	1.444,54	2.374,56	2.671,38	1.220,82	2.224,16	2.502,18	997,10	2.073,76	2.332,98	773,38	1.923,36	2.163,78	549,66	1.772,96	1.994,58	325,94	1.622,56	1.825,3
	II	29.772	1.455,25	2.381,76	2.679,48	1.231,53	2.231,36	2.510,28	1.007,93	2.031,04	2.341,17	784,21	1.930,64	2.171,97	560,49	1.780,24	2.002,77	336,77	1.629,84	1.833,57	113,05	1.479,44	1.664,3
	III	21.872	–	1.749,76	1.968,48	–	1.620,00	1.822,50	–	1.493,44	1.680,12	–	1.369,92	1.541,16	–	1.249,60	1.405,80	–	1.132,32	1.273,86	–	1.018,08	1.145,3
	IV	31.562	1.668,26	2.524,96	2.840,58	1.556,40	2.449,76	2.755,98	1.444,54	2.374,56	2.671,38	1.332,68	2.299,36	2.586,78	1.220,82	2.224,16	2.502,18	1.108,96	2.148,96	2.417,58	997,10	2.073,76	2.332,9
	V	37.735	2.075,42	3.018,80	3.396,15																		
	VI	38.267	2.104,68	3.061,36	3.444,03																		

SolZ/KiSt lt. Tabelle nicht für Sonstige Bezüge anwendbar.

Besondere Tabelle

JAHR bis 102.599,99 €

Lohn/ Gehalt bis	Steuerklasse	Lohn-steuer	ohne Kinderfreibetrag			Anzahl Kinderfreibeträge (nur Steuerklassen I–IV) 0,5			1,0			1,5			2,0			2,5			3,0		
			SolZ 5,5%	Kirchensteuer 8%	9%	SolZ 5,5%	Kirchensteuer 8%	9%	SolZ 5,5%	Kirchensteuer 8%	9%	SolZ 5,5%	Kirchensteuer 8%	9%	SolZ 5,5%	Kirchensteuer 8%	9%	SolZ 5,5%	Kirchensteuer 8%	9%	SolZ 5,5%	Kirchensteuer 8%	9%
102.095,99	I	31.577	1.670,04	2.526,16	2.841,93	1.446,32	2.375,76	2.672,73	1.222,60	2.225,36	2.503,53	998,88	2.074,96	2.334,33	775,16	1.924,56	2.165,13	551,44	1.774,16	1.995,93	327,72	1.623,76	1.826,73
	II	29.788	1.457,15	2.383,04	2.680,92	1.233,43	2.232,64	2.511,72	1.009,71	2.082,24	2.342,52	785,99	1.931,84	2.173,32	562,27	1.781,44	2.004,12	338,55	1.631,04	1.834,92	114,83	1.480,64	1.665,72
	III	21.884	-	1.750,72	1.969,56	-	1.621,12	1.823,76	-	1.494,40	1.681,20	-	1.371,04	1.542,42	-	1.250,56	1.406,88	-	1.133,12	1.274,76	-	1.018,88	1.146,24
	IV	31.577	1.670,04	2.526,16	2.841,93	1.558,18	2.450,96	2.757,33	1.446,32	2.375,76	2.672,73	1.334,46	2.300,56	2.588,13	1.222,60	2.225,36	2.503,53	1.110,74	2.150,16	2.418,93	998,88	2.074,96	2.334,33
	V	37.750	2.076,25	3.020,00	3.397,50																		
	VI	38.282	2.105,51	3.062,56	3.445,38																		
102.131,99	I	31.592	1.671,83	2.527,36	2.843,28	1.448,11	2.376,96	2.674,08	1.224,39	2.226,56	2.504,88	1.000,67	2.076,16	2.335,68	776,95	1.925,76	2.166,48	553,23	1.775,36	1.997,28	329,51	1.624,96	1.828,08
	II	29.803	1.458,94	2.384,24	2.682,27	1.235,22	2.233,84	2.513,07	1.011,50	2.083,44	2.343,87	787,78	1.933,04	2.174,67	564,06	1.782,64	2.005,47	340,34	1.632,24	1.836,27	116,62	1.481,84	1.667,07
	III	21.898	-	1.751,84	1.970,82	-	1.622,08	1.824,84	-	1.495,52	1.682,46	-	1.372,00	1.543,50	-	1.251,52	1.407,96	-	1.134,08	1.275,84	-	1.019,84	1.147,32
	IV	31.592	1.671,83	2.527,36	2.843,28	1.559,97	2.452,16	2.758,68	1.448,11	2.376,96	2.674,08	1.336,25	2.301,76	2.589,48	1.224,39	2.226,56	2.504,88	1.112,53	2.151,36	2.420,28	1.000,67	2.076,16	2.335,68
	V	37.765	2.077,07	3.021,20	3.398,85																		
	VI	38.297	2.106,33	3.063,76	3.446,73																		
102.167,99	I	31.607	1.673,61	2.528,56	2.844,63	1.449,89	2.378,16	2.675,43	1.226,17	2.227,76	2.506,23	1.002,45	2.077,36	2.337,03	778,73	1.926,96	2.167,83	555,01	1.776,56	1.998,63	331,29	1.626,16	1.829,43
	II	29.818	1.460,72	2.385,44	2.683,62	1.237,00	2.235,04	2.514,42	1.013,28	2.084,64	2.345,22	789,56	1.934,24	2.176,02	565,84	1.783,84	2.006,82	342,12	1.633,44	1.837,62	118,40	1.483,04	1.668,42
	III	21.910	-	1.752,80	1.971,90	-	1.623,20	1.826,10	-	1.496,48	1.683,54	-	1.372,96	1.544,58	-	1.252,48	1.409,04	-	1.135,04	1.276,92	-	1.020,80	1.148,40
	IV	31.607	1.673,61	2.528,56	2.844,63	1.561,75	2.453,36	2.760,03	1.449,89	2.378,16	2.675,43	1.338,03	2.302,96	2.590,83	1.226,17	2.227,76	2.506,23	1.114,31	2.152,56	2.421,63	1.002,45	2.077,36	2.337,03
	V	37.780	2.077,90	3.022,40	3.400,20																		
	VI	38.312	2.107,16	3.064,96	3.448,08																		
102.203,99	I	31.622	1.675,40	2.529,76	2.845,98	1.451,68	2.379,36	2.676,78	1.227,96	2.228,96	2.507,58	1.004,24	2.078,56	2.338,38	780,52	1.928,16	2.169,18	556,80	1.777,76	1.999,98	333,20	1.627,44	1.830,87
	II	29.833	1.462,51	2.386,64	2.684,97	1.238,79	2.236,24	2.515,77	1.015,07	2.085,84	2.346,57	791,35	1.935,44	2.177,37	567,63	1.785,04	2.008,17	343,91	1.634,64	1.838,97	120,19	1.484,24	1.669,77
	III	21.924	-	1.753,92	1.973,16	-	1.624,16	1.827,18	-	1.497,44	1.684,62	-	1.373,92	1.545,66	-	1.253,44	1.410,12	-	1.136,00	1.278,00	-	1.021,60	1.149,30
	IV	31.622	1.675,40	2.529,76	2.845,98	1.563,54	2.454,56	2.761,38	1.451,68	2.379,36	2.676,78	1.339,82	2.304,16	2.592,18	1.227,96	2.228,96	2.507,58	1.116,10	2.153,76	2.422,98	1.004,24	2.078,56	2.338,38
	V	37.795	2.078,72	3.023,60	3.401,55																		
	VI	38.327	2.107,98	3.066,16	3.449,43																		
102.239,99	I	31.637	1.677,18	2.530,96	2.847,33	1.453,46	2.380,56	2.678,13	1.229,74	2.230,16	2.508,93	1.006,02	2.079,76	2.339,73	782,42	1.929,44	2.170,62	558,70	1.779,04	2.001,42	334,98	1.628,64	1.832,22
	II	29.848	1.464,29	2.387,84	2.686,32	1.240,57	2.237,44	2.517,12	1.016,85	2.087,04	2.347,92	793,13	1.936,64	2.178,72	569,41	1.786,24	2.009,52	345,69	1.635,84	1.840,32	121,97	1.485,44	1.671,12
	III	21.938	-	1.755,04	1.974,42	-	1.625,28	1.828,44	-	1.498,56	1.685,88	-	1.374,88	1.546,74	-	1.254,40	1.411,20	-	1.136,96	1.279,08	-	1.022,56	1.150,38
	IV	31.637	1.677,18	2.530,96	2.847,33	1.565,32	2.455,76	2.762,73	1.453,46	2.380,56	2.678,13	1.341,60	2.305,36	2.593,53	1.229,74	2.230,16	2.508,93	1.117,88	2.154,96	2.424,33	1.006,02	2.079,76	2.339,73
	V	37.810	2.079,55	3.024,80	3.402,90																		
	VI	38.342	2.108,81	3.067,36	3.450,78																		
102.275,99	I	31.652	1.678,97	2.532,16	2.848,68	1.455,25	2.381,76	2.679,48	1.231,53	2.231,36	2.510,28	1.007,93	2.081,04	2.341,17	784,21	1.930,64	2.171,97	560,49	1.780,24	2.002,77	336,77	1.629,84	1.833,57
	II	29.863	1.466,08	2.389,04	2.687,67	1.242,36	2.238,64	2.518,47	1.018,64	2.088,24	2.349,27	794,92	1.937,84	2.180,07	571,20	1.787,44	2.010,87	347,59	1.637,12	1.841,76	123,87	1.486,72	1.672,56
	III	21.950	-	1.756,00	1.975,50	-	1.626,24	1.829,52	-	1.499,52	1.686,96	-	1.375,84	1.547,82	-	1.255,36	1.412,28	-	1.137,92	1.280,16	-	1.023,52	1.151,46
	IV	31.652	1.678,97	2.532,16	2.848,68	1.567,11	2.456,96	2.764,08	1.455,25	2.381,76	2.679,48	1.343,39	2.306,56	2.594,88	1.231,53	2.231,36	2.510,28	1.119,79	2.156,24	2.425,77	1.007,93	2.081,04	2.341,17
	V	37.826	2.080,43	3.026,08	3.404,34																		
	VI	38.357	2.109,63	3.068,56	3.452,13																		
102.311,99	I	31.667	1.680,75	2.533,36	2.850,03	1.457,15	2.383,04	2.680,92	1.233,43	2.232,64	2.511,72	1.009,71	2.082,24	2.342,52	785,99	1.931,84	2.173,32	562,27	1.781,44	2.004,12	338,55	1.631,04	1.834,92
	II	29.878	1.467,86	2.390,24	2.689,02	1.244,14	2.239,84	2.519,82	1.020,42	2.089,44	2.350,62	796,70	1.939,04	2.181,42	573,10	1.788,72	2.012,31	349,38	1.638,32	1.843,11	125,66	1.487,92	1.673,91
	III	21.964	-	1.757,12	1.976,76	-	1.627,20	1.830,60	-	1.500,48	1.688,04	-	1.376,80	1.548,90	-	1.256,32	1.413,36	-	1.138,72	1.281,06	-	1.024,32	1.152,36
	IV	31.667	1.680,75	2.533,36	2.850,03	1.568,89	2.458,16	2.765,43	1.457,15	2.383,04	2.680,92	1.345,29	2.307,84	2.596,32	1.233,43	2.232,64	2.511,72	1.121,57	2.157,44	2.427,12	1.009,71	2.082,24	2.342,52
	V	37.841	2.081,25	3.027,28	3.405,69																		
	VI	38.372	2.110,46	3.069,76	3.453,48																		
102.347,99	I	31.683	1.682,66	2.534,64	2.851,47	1.458,94	2.384,24	2.682,27	1.235,22	2.233,84	2.513,07	1.011,50	2.083,44	2.343,87	787,78	1.933,04	2.174,67	564,06	1.782,64	2.005,47	340,34	1.632,24	1.836,27
	II	29.893	1.469,65	2.391,44	2.690,37	1.245,93	2.241,04	2.521,17	1.022,32	2.090,72	2.352,06	798,60	1.940,32	2.182,86	574,88	1.789,92	2.013,66	351,16	1.639,52	1.844,46	127,44	1.489,12	1.675,26
	III	21.976	-	1.758,08	1.977,84	-	1.628,32	1.831,86	-	1.501,60	1.689,30	-	1.377,76	1.549,98	-	1.257,28	1.414,44	-	1.139,68	1.282,14	-	1.025,28	1.153,44
	IV	31.683	1.682,66	2.534,64	2.851,47	1.570,80	2.459,44	2.766,87	1.458,94	2.384,24	2.682,27	1.347,08	2.309,04	2.597,67	1.235,22	2.233,84	2.513,07	1.123,36	2.158,64	2.428,47	1.011,50	2.083,44	2.343,87
	V	37.856	2.082,08	3.028,48	3.407,04																		
	VI	38.388	2.111,34	3.071,04	3.454,92																		
102.383,99	I	31.698	1.684,44	2.535,84	2.852,82	1.460,72	2.385,44	2.683,62	1.237,00	2.235,04	2.514,42	1.013,28	2.084,64	2.345,22	789,56	1.934,24	2.176,02	565,84	1.783,84	2.006,82	342,12	1.633,44	1.837,62
	II	29.908	1.471,43	2.392,64	2.691,72	1.247,83	2.242,32	2.522,61	1.024,11	2.091,92	2.353,41	800,39	1.941,52	2.184,21	576,67	1.791,12	2.015,01	352,95	1.640,72	1.845,81	129,23	1.490,32	1.676,61
	III	21.990	-	1.759,20	1.979,10	-	1.629,28	1.832,94	-	1.502,56	1.690,38	-	1.378,88	1.551,24	-	1.258,24	1.415,52	-	1.140,64	1.283,22	-	1.026,24	1.154,52
	IV	31.698	1.684,44	2.535,84	2.852,82	1.572,58	2.460,64	2.768,22	1.460,72	2.385,44	2.683,62	1.348,86	2.310,24	2.599,02	1.237,00	2.235,04	2.514,42	1.125,14	2.159,84	2.429,82	1.013,28	2.084,64	2.345,22
	V	37.871	2.082,90	3.029,68	3.408,39																		
	VI	38.403	2.112,16	3.072,24	3.456,27																		
102.419,99	I	31.713	1.686,23	2.537,04	2.854,17	1.462,51	2.386,64	2.684,97	1.238,79	2.236,24	2.515,77	1.015,07	2.085,84	2.346,57	791,35	1.935,44	2.177,37	567,63	1.785,04	2.008,17	343,91	1.634,64	1.838,97
	II	29.924	1.473,33	2.393,92	2.693,16	1.249,61	2.243,52	2.523,96	1.025,89	2.093,12	2.354,76	802,17	1.942,72	2.185,56	578,45	1.792,32	2.016,36	354,73	1.641,92	1.847,16	131,01	1.491,52	1.677,96
	III	22.004	-	1.760,32	1.980,36	-	1.630,40	1.834,20	-	1.503,52	1.691,46	-	1.379,84	1.552,32	-	1.259,20	1.416,60	-	1.141,60	1.284,30	-	1.027,04	1.155,42
	IV	31.713	1.686,23	2.537,04	2.854,17	1.574,37	2.461,84	2.769,57	1.462,51	2.386,64	2.684,97	1.350,65	2.311,44	2.600,37	1.238,79	2.236,24	2.515,77	1.126,93	2.161,04	2.431,17	1.015,07	2.085,84	2.346,57
	V	37.886	2.083,73	3.030,88	3.409,74																		
	VI	38.418	2.112,99	3.073,44	3.457,62																		
102.455,99	I	31.728	1.688,01	2.538,24	2.855,52	1.464,29	2.387,84	2.686,32	1.240,57	2.237,44	2.517,12	1.016,85	2.087,04	2.347,92	793,13	1.936,64	2.178,72	569,41	1.786,24	2.009,52	345,69	1.635,84	1.840,32
	II	29.939	1.475,12	2.395,12	2.694,51	1.251,40	2.244,72	2.525,31	1.027,68	2.094,32	2.356,11	803,96	1.943,92	2.186,91	580,24	1.793,52	2.017,71	356,52	1.643,12	1.848,51	132,80	1.492,72	1.679,31
	III	22.016	-	1.761,28	1.981,44	-	1.631,36	1.835,28	-	1.504,48	1.692,54	-	1.380,80	1.553,40	-	1.260,16	1.417,68	-	1.142,56	1.285,38	-	1.028,00	1.156,50
	IV	31.728	1.688,01	2.538,24	2.855,52	1.576,15	2.463,04	2.770,92	1.464,29	2.387,84	2.686,32	1.352,43	2.312,64	2.601,72	1.240,57	2.237,44	2.517,12	1.128,71	2.162,24	2.432,52	1.016,85	2.087,04	2.347,92
	V	37.901	2.084,55	3.032,08	3.411,09																		
	VI	38.433	2.113,81	3.074,64	3.458,97																		
102.491,99	I	31.743	1.689,80	2.539,44	2.856,87	1.466,08	2.389,04	2.687,67	1.242,36	2.238,64	2.518,47	1.018,64	2.088,24	2.349,27	794,92	1.937,84	2.180,07	571,20	1.787,44	2.010,87	347,59	1.637,12	1.841,76
	II	29.954	1.476,90	2.396,32	2.695,86	1.253,18	2.245,92	2.526,66	1.029,46	2.095,52	2.357,46	805,74	1.945,12	2.188,26	582,02	1.794,72	2.019,06	358,30	1.644,32	1.849,86	134,58	1.493,92	1.680,66
	III	22.030	-	1.762,40	1.982,70	-	1.632,48	1.836,54	-	1.505,60	1.693,80	-	1.381,76	1.554,48	-	1.261,12	1.418,76	-	1.143,52	1.286,46	-	1.028,96	1.157,58
	IV	31.743	1.689,80	2.539,44	2.856,87	1.577,94	2.464,24	2.772,27	1.466,08	2.389,04	2.687,67	1.354,22	2.313,84	2.603,07	1.242,36	2.238,64	2.518,47	1.130,50	2.163,44	2.433,87	1.018,64	2.088,24	2.349,27
	V	37.916	2.085,38	3.033,28	3.412,44																		
	VI	38.448	2.114,64	3.075,84	3.460,32																		
102.527,99	I	31.758	1.691,58	2.540,64	2.858,22	1.467,86	2.390,24	2.689,02	1.244,14	2.239,84	2.519,82	1.020,42	2.089,44	2.350,62	796,70	1.939,04	2.181,42	573,10	1.788,72	2.012,31	349,38	1.638,32	1.843,11
	II	29.969	1.478,69	2.397,52	2.697,21	1.254,97	2.247,12	2.528,01	1.031,25	2.096,72	2.358,81	807,53	1.946,32	2.189,61	583,81	1.795,92	2.020,41	360,09	1.645,52	1.851,21	136,37	1.495,12	1.682,01
	III	22.044	-	1.763,52	1.983,96	-	1.633,44	1.837,62	-	1.506,56	1.694,88	-	1.382,72	1.555,56	-	1.262,08	1.419,84	-	1.144,32	1.287,36	-	1.029,76	1.158,48
	IV	31.758	1.691,58	2.540,64	2.858,22	1.579,72	2.465,44	2.773,62	1.467,86	2.390,24	2.689,02	1.356,00	2.315,04	2.604,42	1.244,14	2.239,84	2.519,82	1.132,28	2.164,64	2.435,22	1.020,42	2.089,44	2.350,62
	V	37.931	2.086,20	3.034,48	3.413,79																		
	VI	38.463	2.115,46	3.077,04	3.461,67																		
102.563,99	I	31.773	1.693,37	2.541,84	2.859,57	1.469,65	2.391,44	2.690,37	1.245,93	2.241,04	2.521,17	1.022,32	2.090,72	2.352,06	798,60	1.940,32	2.182,86	574,88	1.789,92	2.013,66	351,16	1.639,52	1.844,46
	II	29.984	1.480,47	2.398,72	2.698,56	1.256,75	2.248,32	2.529,36	1.033,03	2.097,92	2.360,16	809,31	1.947,52	2.190,96	585,59	1.797,12	2.021,76	361,87	1.646,72	1.852,56	138,27	1.496,40	1.683,45
	III	22.056	-	1.764,48	1.985,04	-	1.634,56	1.838,88	-	1.507,52	1.695,96	-	1.383,68	1.556,64	-	1.263,04	1.420,92	-	1.145,28	1.288,44	-	1.030,72	1.159,56
	IV	31.773	1.693,37	2.541,84	2.859,57	1.581,51	2.466,64	2.774,97	1.469,65	2.391,44	2.690,37	1.357,79	2.316,24	2.605,77	1.245,93	2.241,04	2.521,17	1.134,07	2.165,84	2.436,57	1.022,32	2.090,72	2.352,06
	V	37.947	2.087,08	3.035,76	3.415,23																		
	VI	38.478	2.116,29	3.078,24	3.463,02																		
102.599,99	I	31.788	1.695,15	2.543,04	2.860,92	1.471,43	2.392,64	2.691,72	1.247,83	2.242,32	2.522,61	1.024,11	2.091,92	2.353,41	800,39	1.941,52	2.184,21	576,67	1.791,12	2.015,01	352,95	1.640,72	1.845,31
	II	29.999	1.482,26	2.399,92	2.699,91	1.258,54	2.249,52	2.530,71	1.034,82	2.099,12	2.361,51	811,10	1.948,72	2.192,31	587,50	1.798,40	2.023,20	363,78	1.648,00	1.854,00	140,06	1.497,60	1.684,80
	III	22.070	-	1.765,60	1.986,30	-	1.635,52	1.839,96	-	1.508,64	1.697,22	-	1.384,64	1.557,72	-	1.264,00	1.422,00	-	1.146,24	1.289,52	-	1.031,68	1.160,64
	IV	31.788	1.695,15	2.543,04	2.860,92	1.583,29	2.467,84	2.776,32	1.471,43	2.392,64	2.691,72	1.359,69	2.317,52	2.607,21	1.247,83	2.242,32	2.522,61	1.135,97	2.167,12	2.438,01	1.024,11	2.091,92	2.353,41
	V	37.962	2.087,91	3.036,96	3.416,58																		
	VI	38.493	2.117,11	3.079,44	3.464,37																		

SolZ/KiSt lt. Tabelle nicht für Sonstige Bezüge anwendbar.

JAHR bis 103.139,99 €

Besondere Tabelle

Lohn/Gehalt bis	Steuerklasse	Lohnsteuer	ohne Kinderfreibetrag SolZ 5,5%	ohne Kinderfreibetrag Kirchensteuer 8%	ohne Kinderfreibetrag Kirchensteuer 9%	0,5 SolZ 5,5%	0,5 Kirchensteuer 8%	0,5 Kirchensteuer 9%	1,0 SolZ 5,5%	1,0 Kirchensteuer 8%	1,0 Kirchensteuer 9%	1,5 SolZ 5,5%	1,5 Kirchensteuer 8%	1,5 Kirchensteuer 9%	2,0 SolZ 5,5%	2,0 Kirchensteuer 8%	2,0 Kirchensteuer 9%	2,5 SolZ 5,5%	2,5 Kirchensteuer 8%	2,5 Kirchensteuer 9%	3,0 SolZ 5,5%	3,0 Kirchensteuer 8%	3,0 Kirchensteuer 9%
						Anzahl Kinderfreibeträge (nur Steuerklassen I–IV)																	
102.635,99	I	31.804	1.697,05	2.544,32	2.862,36	1.473,33	2.393,92	2.693,16	1.249,61	2.243,52	2.523,96	1.025,89	2.093,12	2.354,76	802,17	1.942,72	2.185,56	578,45	1.792,32	2.016,36	354,73	1.641,92	1.847,16
	II	30.014	1.484,04	2.401,12	2.701,26	1.260,32	2.250,72	2.532,06	1.036,60	2.100,32	2.362,86	813,00	1.950,00	2.193,75	589,28	1.799,60	2.024,55	365,56	1.649,20	1.855,35	141,84	1.498,80	1.686,15
	III	22.082	-	1.766,56	1.987,38	-	1.636,48	1.841,04	-	1.509,60	1.698,30	-	1.385,76	1.558,98	-	1.264,96	1.423,08	-	1.147,20	1.290,60	-	1.032,64	1.161,72
	IV	31.804	1.697,05	2.544,32	2.862,36	1.585,19	2.469,12	2.777,76	1.473,33	2.393,92	2.693,16	1.361,47	2.318,72	2.608,56	1.249,61	2.243,52	2.523,96	1.137,75	2.168,32	2.439,36	1.025,89	2.093,12	2.354,76
	V	37.977	2.088,73	3.038,16	3.417,93																		
	VI	38.509	2.117,99	3.080,72	3.465,81																		
102.671,99	I	31.819	1.698,84	2.545,52	2.863,71	1.475,12	2.395,12	2.694,51	1.251,40	2.244,72	2.525,31	1.027,68	2.094,32	2.356,11	803,96	1.943,92	2.186,91	580,24	1.793,52	2.017,71	356,52	1.643,12	1.848,51
	II	30.029	1.485,83	2.402,32	2.702,61	1.262,23	2.252,00	2.533,50	1.038,51	2.101,60	2.364,30	814,79	1.951,20	2.195,10	591,07	1.800,80	2.025,90	367,35	1.650,40	1.856,70	143,63	1.500,00	1.687,50
	III	22.096	-	1.767,68	1.988,64	-	1.637,60	1.842,30	-	1.510,56	1.699,38	-	1.386,72	1.560,06	-	1.265,92	1.424,16	-	1.148,16	1.291,68	-	1.033,44	1.162,62
	IV	31.819	1.698,84	2.545,52	2.863,71	1.586,98	2.470,32	2.779,11	1.475,12	2.395,12	2.694,51	1.363,26	2.319,92	2.609,91	1.251,40	2.244,72	2.525,31	1.139,54	2.169,52	2.440,71	1.027,68	2.094,32	2.356,11
	V	37.992	2.089,56	3.039,36	3.419,28																		
	VI	38.524	2.118,82	3.081,92	3.467,16																		
102.707,99	I	31.834	1.700,62	2.546,72	2.865,06	1.476,90	2.396,32	2.695,86	1.253,18	2.245,92	2.526,66	1.029,46	2.095,52	2.357,46	805,74	1.945,12	2.188,26	582,02	1.794,72	2.019,06	358,30	1.644,32	1.849,86
	II	30.045	1.487,73	2.403,60	2.704,05	1.264,01	2.253,20	2.534,85	1.040,29	2.102,80	2.365,65	816,57	1.952,40	2.196,45	592,85	1.802,00	2.027,25	369,13	1.651,60	1.858,05	145,41	1.501,20	1.688,85
	III	22.110	-	1.768,80	1.989,90	-	1.638,56	1.843,38	-	1.511,68	1.700,64	-	1.387,68	1.561,14	-	1.266,88	1.425,24	-	1.149,12	1.292,76	-	1.034,40	1.163,70
	IV	31.834	1.700,62	2.546,72	2.865,06	1.588,76	2.471,52	2.780,46	1.476,90	2.396,32	2.695,86	1.365,04	2.321,12	2.611,26	1.253,18	2.245,92	2.526,66	1.141,32	2.170,72	2.442,06	1.029,46	2.095,52	2.357,46
	V	38.007	2.090,38	3.040,56	3.420,63																		
	VI	38.539	2.119,64	3.083,12	3.468,51																		
102.743,99	I	31.849	1.702,41	2.547,92	2.866,41	1.478,69	2.397,52	2.697,21	1.254,97	2.247,12	2.528,01	1.031,25	2.096,72	2.358,81	807,53	1.946,32	2.189,61	583,81	1.795,92	2.020,41	360,09	1.645,52	1.851,21
	II	30.060	1.489,52	2.404,80	2.705,40	1.265,80	2.254,40	2.536,20	1.042,08	2.104,00	2.367,00	818,36	1.953,60	2.197,80	594,64	1.803,20	2.028,60	370,92	1.652,80	1.859,40	147,20	1.502,40	1.690,20
	III	22.122	-	1.769,76	1.990,98	-	1.639,68	1.844,64	-	1.512,64	1.701,72	-	1.388,64	1.562,22	-	1.267,84	1.426,32	-	1.149,92	1.293,66	-	1.035,36	1.164,78
	IV	31.849	1.702,41	2.547,92	2.866,41	1.590,55	2.472,72	2.781,81	1.478,69	2.397,52	2.697,21	1.366,83	2.322,32	2.612,61	1.254,97	2.247,12	2.528,01	1.143,11	2.171,92	2.443,41	1.031,25	2.096,72	2.358,81
	V	38.022	2.091,21	3.041,76	3.421,98																		
	VI	38.554	2.120,47	3.084,32	3.469,86																		
102.779,99	I	31.864	1.704,19	2.549,12	2.867,76	1.480,47	2.398,72	2.698,56	1.256,75	2.248,32	2.529,36	1.033,03	2.097,92	2.360,16	809,31	1.947,52	2.190,96	585,59	1.797,12	2.021,76	361,87	1.646,72	1.852,56
	II	30.075	1.491,30	2.406,00	2.706,75	1.267,58	2.255,60	2.537,55	1.043,86	2.105,20	2.368,35	820,14	1.954,80	2.199,15	596,42	1.804,40	2.029,95	372,70	1.654,00	1.860,75	148,98	1.503,60	1.691,55
	III	22.136	-	1.770,88	1.992,24	-	1.640,64	1.845,72	-	1.513,60	1.702,80	-	1.389,60	1.563,30	-	1.268,80	1.427,40	-	1.150,88	1.294,74	-	1.036,16	1.165,68
	IV	31.864	1.704,19	2.549,12	2.867,76	1.592,33	2.473,92	2.783,16	1.480,47	2.398,72	2.698,56	1.368,61	2.323,52	2.613,96	1.256,75	2.248,32	2.529,36	1.144,89	2.173,12	2.444,76	1.033,03	2.097,92	2.360,16
	V	38.037	2.092,03	3.042,96	3.423,33																		
	VI	38.569	2.121,29	3.085,52	3.471,21																		
102.815,99	I	31.879	1.705,98	2.550,32	2.869,11	1.482,26	2.399,92	2.699,91	1.258,54	2.249,52	2.530,71	1.034,82	2.099,12	2.361,51	811,10	1.948,72	2.192,31	587,50	1.798,40	2.023,20	363,78	1.648,00	1.854,00
	II	30.090	1.493,09	2.407,20	2.708,10	1.269,37	2.256,80	2.538,90	1.045,65	2.106,40	2.369,70	821,93	1.956,00	2.200,50	598,21	1.805,60	2.031,30	374,49	1.655,20	1.862,10	150,77	1.504,80	1.692,90
	III	22.148	-	1.771,84	1.993,32	-	1.641,76	1.846,98	-	1.514,56	1.703,88	-	1.390,56	1.564,38	-	1.269,76	1.428,48	-	1.151,84	1.295,82	-	1.037,12	1.166,76
	IV	31.879	1.705,98	2.550,32	2.869,11	1.594,12	2.475,12	2.784,51	1.482,26	2.399,92	2.699,91	1.370,40	2.324,72	2.615,31	1.258,54	2.249,52	2.530,71	1.146,68	2.174,32	2.446,11	1.034,82	2.099,12	2.361,51
	V	38.052	2.092,86	3.044,16	3.424,68																		
	VI	38.584	2.122,12	3.086,72	3.472,56																		
102.851,99	I	31.894	1.707,76	2.551,52	2.870,46	1.484,04	2.401,12	2.701,26	1.260,32	2.250,72	2.532,06	1.036,60	2.100,32	2.362,86	813,00	1.950,00	2.193,75	589,28	1.799,60	2.024,55	365,56	1.649,20	1.855,35
	II	30.105	1.494,87	2.408,40	2.709,45	1.271,15	2.258,00	2.540,25	1.047,43	2.107,60	2.371,05	823,71	1.957,20	2.201,85	599,99	1.806,80	2.032,65	376,27	1.656,40	1.863,45	152,67	1.506,08	1.694,34
	III	22.162	-	1.772,96	1.994,58	-	1.642,72	1.848,06	-	1.515,68	1.705,14	-	1.391,68	1.565,64	-	1.270,72	1.429,56	-	1.152,80	1.296,90	-	1.038,08	1.167,84
	IV	31.894	1.707,76	2.551,52	2.870,46	1.595,90	2.476,32	2.785,86	1.484,04	2.401,12	2.701,26	1.372,18	2.325,92	2.616,66	1.260,32	2.250,72	2.532,06	1.148,46	2.175,52	2.447,46	1.036,60	2.100,32	2.362,86
	V	38.068	2.093,74	3.045,44	3.426,12																		
	VI	38.599	2.122,94	3.087,92	3.473,91																		
102.887,99	I	31.909	1.709,55	2.552,72	2.871,81	1.485,83	2.402,32	2.702,61	1.262,23	2.252,00	2.533,50	1.038,51	2.101,60	2.364,30	814,79	1.951,20	2.195,10	591,07	1.800,80	2.025,90	367,35	1.650,40	1.856,70
	II	30.120	1.496,66	2.409,60	2.710,80	1.272,94	2.259,20	2.541,60	1.049,22	2.108,80	2.372,40	825,50	1.958,40	2.203,20	601,78	1.808,00	2.034,00	378,18	1.657,68	1.864,89	154,46	1.507,28	1.695,69
	III	22.176	-	1.774,08	1.995,84	-	1.643,84	1.849,32	-	1.516,64	1.706,22	-	1.392,64	1.566,72	-	1.271,68	1.430,64	-	1.153,76	1.297,98	-	1.038,88	1.168,74
	IV	31.909	1.709,55	2.552,72	2.871,81	1.597,69	2.477,52	2.787,21	1.485,83	2.402,32	2.702,61	1.373,97	2.327,12	2.618,01	1.262,23	2.252,00	2.533,50	1.150,37	2.176,80	2.448,90	1.038,51	2.101,60	2.364,30
	V	38.083	2.094,56	3.046,64	3.427,47																		
	VI	38.614	2.123,77	3.089,12	3.475,26																		
102.923,99	I	31.924	1.711,33	2.553,92	2.873,16	1.487,73	2.403,60	2.704,05	1.264,01	2.253,20	2.534,85	1.040,29	2.102,80	2.365,65	816,57	1.952,40	2.196,45	592,85	1.802,00	2.027,25	369,13	1.651,60	1.858,05
	II	30.135	1.498,44	2.410,80	2.712,15	1.274,72	2.260,40	2.542,95	1.051,00	2.110,00	2.373,75	827,40	1.959,68	2.204,64	603,68	1.809,28	2.035,44	379,96	1.658,88	1.866,24	156,24	1.508,48	1.697,04
	III	22.188	-	1.775,04	1.996,92	-	1.644,80	1.850,40	-	1.517,60	1.707,30	-	1.393,60	1.567,80	-	1.272,64	1.431,72	-	1.154,72	1.299,06	-	1.039,84	1.169,82
	IV	31.924	1.711,33	2.553,92	2.873,16	1.599,59	2.478,80	2.788,65	1.487,73	2.403,60	2.704,05	1.375,87	2.328,40	2.619,45	1.264,01	2.253,20	2.534,85	1.152,15	2.178,00	2.450,25	1.040,29	2.102,80	2.365,65
	V	38.098	2.095,39	3.047,84	3.428,82																		
	VI	38.629	2.124,59	3.090,32	3.476,61																		
102.959,99	I	31.940	1.713,24	2.555,20	2.874,60	1.489,52	2.404,80	2.705,40	1.265,80	2.254,40	2.536,20	1.042,08	2.104,00	2.367,00	818,36	1.953,60	2.197,80	594,64	1.803,20	2.028,60	370,92	1.652,80	1.859,40
	II	30.150	1.500,23	2.412,00	2.713,50	1.276,51	2.261,60	2.544,30	1.052,91	2.111,28	2.375,19	829,19	1.960,88	2.205,99	605,47	1.810,48	2.036,79	381,75	1.660,08	1.867,59	158,03	1.509,68	1.698,39
	III	22.202	-	1.776,16	1.998,18	-	1.645,92	1.851,66	-	1.518,72	1.708,56	-	1.394,56	1.568,88	-	1.273,60	1.432,80	-	1.155,68	1.300,14	-	1.040,80	1.170,90
	IV	31.940	1.713,24	2.555,20	2.874,60	1.601,38	2.480,00	2.790,00	1.489,52	2.404,80	2.705,40	1.377,66	2.329,60	2.620,80	1.265,80	2.254,40	2.536,20	1.153,94	2.179,20	2.451,60	1.042,08	2.104,00	2.367,00
	V	38.113	2.096,21	3.049,04	3.430,17																		
	VI	38.645	2.125,47	3.091,60	3.478,05																		
102.995,99	I	31.955	1.715,02	2.556,40	2.875,95	1.491,30	2.406,00	2.706,75	1.267,58	2.255,60	2.537,55	1.043,86	2.105,20	2.368,35	820,14	1.954,80	2.199,15	596,42	1.804,40	2.029,95	372,70	1.654,00	1.860,75
	II	30.166	1.502,13	2.413,28	2.714,94	1.278,41	2.262,88	2.545,74	1.054,69	2.112,48	2.376,54	830,97	1.962,08	2.207,34	607,25	1.811,68	2.038,14	383,53	1.661,28	1.868,94	159,81	1.510,88	1.699,74
	III	22.216	-	1.777,28	1.999,44	-	1.646,88	1.852,74	-	1.519,68	1.709,64	-	1.395,52	1.569,96	-	1.274,56	1.433,88	-	1.156,48	1.301,04	-	1.041,60	1.171,80
	IV	31.955	1.715,02	2.556,40	2.875,95	1.603,16	2.481,20	2.791,35	1.491,30	2.406,00	2.706,75	1.379,44	2.330,80	2.622,15	1.267,58	2.255,60	2.537,55	1.155,72	2.180,40	2.452,95	1.043,86	2.105,20	2.368,35
	V	38.128	2.097,04	3.050,24	3.431,52																		
	VI	38.660	2.126,30	3.092,80	3.479,40																		
103.031,99	I	31.970	1.716,81	2.557,60	2.877,30	1.493,09	2.407,20	2.708,10	1.269,37	2.256,80	2.538,90	1.045,65	2.106,40	2.369,70	821,93	1.956,00	2.200,50	598,21	1.805,60	2.031,30	374,49	1.655,20	1.862,10
	II	30.181	1.503,92	2.414,48	2.716,29	1.280,20	2.264,08	2.547,09	1.056,48	2.113,68	2.377,89	832,76	1.963,28	2.208,69	609,04	1.812,88	2.039,49	385,32	1.662,48	1.870,29	161,60	1.512,08	1.701,09
	III	22.228	-	1.778,24	2.000,52	-	1.648,00	1.854,00	-	1.520,64	1.710,72	-	1.396,48	1.571,04	-	1.275,52	1.434,96	-	1.157,44	1.302,12	-	1.042,56	1.172,88
	IV	31.970	1.716,81	2.557,60	2.877,30	1.604,95	2.482,40	2.792,70	1.493,09	2.407,20	2.708,10	1.381,23	2.332,00	2.623,50	1.269,37	2.256,80	2.538,90	1.157,51	2.181,60	2.454,30	1.045,65	2.106,40	2.369,70
	V	38.143	2.097,86	3.051,44	3.432,87																		
	VI	38.675	2.127,12	3.094,00	3.480,75																		
103.067,99	I	31.985	1.718,59	2.558,80	2.878,65	1.494,87	2.408,40	2.709,45	1.271,15	2.258,00	2.540,25	1.047,43	2.107,60	2.371,05	823,71	1.957,20	2.201,85	599,99	1.806,80	2.032,65	376,27	1.656,40	1.863,45
	II	30.196	1.505,70	2.415,68	2.717,64	1.281,98	2.265,28	2.548,44	1.058,26	2.114,88	2.379,24	834,54	1.964,48	2.210,04	610,82	1.814,08	2.040,84	387,10	1.663,68	1.871,64	163,38	1.513,28	1.702,44
	III	22.242	-	1.779,36	2.001,78	-	1.648,96	1.855,08	-	1.521,76	1.711,98	-	1.397,60	1.572,30	-	1.276,48	1.436,04	-	1.158,40	1.303,20	-	1.043,52	1.173,96
	IV	31.985	1.718,59	2.558,80	2.878,65	1.606,73	2.483,60	2.794,05	1.494,87	2.408,40	2.709,45	1.383,01	2.333,20	2.624,85	1.271,15	2.258,00	2.540,25	1.159,29	2.182,80	2.455,65	1.047,43	2.107,60	2.371,05
	V	38.158	2.098,69	3.052,64	3.434,22																		
	VI	38.690	2.127,95	3.095,20	3.482,10																		
103.103,99	I	32.000	1.720,38	2.560,00	2.880,00	1.496,66	2.409,60	2.710,80	1.272,94	2.259,20	2.541,60	1.049,22	2.108,80	2.372,40	825,50	1.958,40	2.203,20	601,78	1.808,00	2.034,00	378,18	1.657,68	1.864,89
	II	30.211	1.507,49	2.416,88	2.718,99	1.283,77	2.266,48	2.549,79	1.060,05	2.116,08	2.380,59	836,33	1.965,68	2.211,39	612,61	1.815,28	2.042,19	388,89	1.664,88	1.872,99	165,17	1.514,48	1.703,79
	III	22.254	-	1.780,32	2.002,86	-	1.650,08	1.856,34	-	1.522,72	1.713,06	-	1.398,56	1.573,38	-	1.277,44	1.437,12	-	1.159,36	1.304,28	-	1.044,48	1.175,04
	IV	32.000	1.720,38	2.560,00	2.880,00	1.608,52	2.484,80	2.795,40	1.496,66	2.409,60	2.710,80	1.384,80	2.334,40	2.626,20	1.272,94	2.259,20	2.541,60	1.161,08	2.184,00	2.457,00	1.049,22	2.108,80	2.372,40
	V	38.173	2.099,51	3.053,84	3.435,57																		
	VI	38.705	2.128,77	3.096,40	3.483,45																		
103.139,99	I	32.015	1.722,16	2.561,20	2.881,35	1.498,44	2.410,80	2.712,15	1.274,72	2.260,40	2.542,95	1.051,00	2.110,00	2.373,75	827,40	1.959,68	2.204,64	603,68	1.809,28	2.035,44	379,96	1.658,88	1.866,24
	II	30.226	1.509,27	2.418,08	2.720,34	1.285,55	2.267,68	2.551,14	1.061,83	2.117,28	2.381,94	838,11	1.966,88	2.212,74	614,39	1.816,48	2.043,54	390,67	1.666,08	1.874,34	166,95	1.515,68	1.705,14
	III	22.268	-	1.781,44	2.004,12	-	1.651,04	1.857,42	-	1.523,68	1.714,14	-	1.399,52	1.574,46	-	1.278,40	1.438,20	-	1.160,32	1.305,36	-	1.045,28	1.175,94
	IV	32.015	1.722,16	2.561,20	2.881,35	1.610,30	2.486,00	2.796,75	1.498,44	2.410,80	2.712,15	1.386,58	2.335,60	2.627,55	1.274,72	2.260,40	2.542,95	1.162,86	2.185,20	2.458,35	1.051,00	2.110,00	2.373,75
	V	38.188	2.100,34	3.055,04	3.436,92																		
	VI	38.720	2.129,60	3.097,60	3.484,80																		

SolZ/KiSt lt. Tabelle nicht für Sonstige Bezüge anwendbar.

Lohn/ Gehalt bis	Steuerklasse	Lohn- steuer	ohne Kinderfreibetrag SolZ 5,5%	Kirchensteuer 8%	9%	Anzahl Kinderfreibeträge (nur Steuerklassen I–IV) 0,5 SolZ 5,5%	Kirchensteuer 8%	9%	1,0 SolZ 5,5%	Kirchensteuer 8%	9%	1,5 SolZ 5,5%	Kirchensteuer 8%	9%	2,0 SolZ 5,5%	Kirchensteuer 8%	9%	2,5 SolZ 5,5%	Kirchensteuer 8%	9%	3,0 SolZ 5,5%	Kirchensteuer 8%	9%
103.175,99	I	32.030	1.723,95	2.562,40	2.882,70	1.500,23	2.412,00	2.713,50	1.276,51	2.261,60	2.544,30	1.052,91	2.111,28	2.375,19	829,19	1.960,88	2.205,99	605,47	1.810,48	2.036,79	381,75	1.660,08	1.867,59
	II	30.241	1.511,06	2.419,28	2.721,69	1.287,34	2.268,88	2.552,49	1.063,62	2.118,48	2.383,29	839,90	1.968,08	2.214,09	616,18	1.817,68	2.044,89	392,58	1.667,36	1.875,78	168,86	1.516,96	1.706,58
	III	22.282	-	1.782,56	2.005,38	-	1.652,16	1.858,68	-	1.524,80	1.715,40	-	1.400,48	1.575,54	-	1.279,36	1.439,28	-	1.161,28	1.306,44	-	1.046,24	1.177,02
	IV	32.030	1.723,95	2.562,40	2.882,70	1.612,09	2.487,20	2.798,10	1.500,23	2.412,00	2.713,50	1.388,37	2.336,80	2.628,90	1.276,51	2.261,60	2.544,30	1.164,77	2.186,48	2.459,79	1.052,91	2.111,28	2.375,19
	V	38.204	2.101,22	3.056,32	3.438,36																		
	VI	38.735	2.130,42	3.098,80	3.486,15																		
03.211,99	I	32.045	1.725,73	2.563,60	2.884,05	1.502,13	2.413,28	2.714,94	1.278,41	2.262,88	2.545,74	1.054,69	2.112,48	2.376,54	830,97	1.962,08	2.207,34	607,25	1.811,68	2.038,14	383,53	1.661,28	1.868,94
	II	30.256	1.512,84	2.420,48	2.723,04	1.289,12	2.270,08	2.553,84	1.065,40	2.119,68	2.384,64	841,68	1.969,28	2.215,44	618,08	1.818,96	2.046,33	394,36	1.668,56	1.877,13	170,64	1.518,16	1.707,93
	III	22.294	-	1.783,52	2.006,46	-	1.653,12	1.859,76	-	1.525,76	1.716,48	-	1.401,44	1.576,62	-	1.280,32	1.440,36	-	1.162,24	1.307,52	-	1.047,20	1.178,10
	IV	32.045	1.725,73	2.563,60	2.884,05	1.613,87	2.488,40	2.799,45	1.502,13	2.413,28	2.714,94	1.390,27	2.338,08	2.630,34	1.278,41	2.262,88	2.545,74	1.166,55	2.187,68	2.461,14	1.054,69	2.112,48	2.376,54
	V	38.219	2.102,04	3.057,52	3.439,71																		
	VI	38.750	2.131,25	3.100,00	3.487,50																		
03.247,99	I	32.061	1.727,64	2.564,88	2.885,49	1.503,92	2.414,48	2.716,29	1.280,20	2.264,08	2.547,09	1.056,48	2.113,68	2.377,89	832,76	1.963,28	2.208,69	609,04	1.812,88	2.039,49	385,32	1.662,48	1.870,29
	II	30.271	1.514,63	2.421,68	2.724,39	1.290,91	2.271,28	2.555,19	1.067,31	2.120,96	2.386,08	843,59	1.970,56	2.216,88	619,87	1.820,16	2.047,68	396,15	1.669,76	1.878,48	172,43	1.519,36	1.709,28
	III	22.308	-	1.784,64	2.007,72	-	1.654,08	1.860,84	-	1.526,72	1.717,56	-	1.402,40	1.577,70	-	1.281,28	1.441,44	-	1.163,04	1.308,42	-	1.048,00	1.179,00
	IV	32.061	1.727,64	2.564,88	2.885,49	1.615,78	2.489,68	2.800,89	1.503,92	2.414,48	2.716,29	1.392,06	2.339,28	2.631,69	1.280,20	2.264,08	2.547,09	1.168,34	2.188,88	2.462,49	1.056,48	2.113,68	2.377,89
	V	38.234	2.102,87	3.058,72	3.441,06																		
	VI	38.766	2.132,13	3.101,28	3.488,94																		
03.283,99	I	32.076	1.729,42	2.566,08	2.886,84	1.505,70	2.415,68	2.717,64	1.281,98	2.265,28	2.548,44	1.058,26	2.114,88	2.379,24	834,54	1.964,48	2.210,04	610,82	1.814,08	2.040,84	387,10	1.663,68	1.871,64
	II	30.286	1.516,41	2.422,88	2.725,74	1.292,81	2.272,56	2.556,63	1.069,09	2.122,16	2.387,43	845,37	1.971,76	2.218,23	621,65	1.821,36	2.049,03	397,93	1.670,96	1.879,83	174,21	1.520,56	1.710,63
	III	22.322	-	1.785,76	2.008,98	-	1.655,20	1.862,10	-	1.527,84	1.718,82	-	1.403,52	1.578,96	-	1.282,24	1.442,52	-	1.164,00	1.309,50	-	1.048,96	1.180,08
	IV	32.076	1.729,42	2.566,08	2.886,84	1.617,56	2.490,88	2.802,24	1.505,70	2.415,68	2.717,64	1.393,84	2.340,48	2.633,04	1.281,98	2.265,28	2.548,44	1.170,12	2.190,08	2.463,84	1.058,26	2.114,88	2.379,24
	V	38.249	2.103,69	3.059,92	3.442,41																		
	VI	38.781	2.132,95	3.102,48	3.490,29																		
03.319,99	I	32.091	1.731,21	2.567,28	2.888,19	1.507,49	2.416,88	2.718,99	1.283,77	2.266,48	2.549,79	1.060,05	2.116,08	2.380,59	836,33	1.965,68	2.211,39	612,61	1.815,28	2.042,19	388,89	1.664,88	1.872,99
	II	30.302	1.518,32	2.424,16	2.727,18	1.294,60	2.273,76	2.557,98	1.070,88	2.123,36	2.388,78	847,16	1.972,96	2.219,58	623,44	1.822,56	2.050,38	399,72	1.672,16	1.881,18	176,00	1.521,76	1.711,98
	III	22.334	-	1.786,72	2.010,06	-	1.656,16	1.863,18	-	1.528,80	1.719,90	-	1.404,48	1.580,04	-	1.283,20	1.443,60	-	1.164,96	1.310,58	-	1.049,92	1.181,16
	IV	32.091	1.731,21	2.567,28	2.888,19	1.619,35	2.492,08	2.803,59	1.507,49	2.416,88	2.718,99	1.395,63	2.341,68	2.634,39	1.283,77	2.266,48	2.549,79	1.171,91	2.191,28	2.465,19	1.060,05	2.116,08	2.380,59
	V	38.264	2.104,52	3.061,12	3.443,76																		
	VI	38.796	2.133,78	3.103,68	3.491,64																		
03.355,99	I	32.106	1.732,99	2.568,48	2.889,54	1.509,27	2.418,08	2.720,34	1.285,55	2.267,68	2.551,14	1.061,83	2.117,28	2.381,94	838,11	1.966,88	2.212,74	614,39	1.816,48	2.043,54	390,67	1.666,08	1.874,34
	II	30.317	1.520,10	2.425,36	2.728,53	1.296,38	2.274,96	2.559,33	1.072,66	2.124,56	2.390,13	848,94	1.974,16	2.220,93	625,22	1.823,76	2.051,73	401,50	1.673,36	1.882,53	177,78	1.522,96	1.713,33
	III	22.348	-	1.787,84	2.011,32	-	1.657,28	1.864,44	-	1.529,76	1.720,98	-	1.405,44	1.581,12	-	1.284,16	1.444,68	-	1.165,92	1.311,66	-	1.050,72	1.182,06
	IV	32.106	1.732,99	2.568,48	2.889,54	1.621,13	2.493,28	2.804,94	1.509,27	2.418,08	2.720,34	1.397,41	2.342,88	2.635,74	1.285,55	2.267,68	2.551,14	1.173,69	2.192,48	2.466,54	1.061,83	2.117,28	2.381,94
	V	38.279	2.105,34	3.062,32	3.445,11																		
	VI	38.811	2.134,60	3.104,88	3.492,99																		
03.391,99	I	32.121	1.734,78	2.569,68	2.890,89	1.511,06	2.419,28	2.721,69	1.287,34	2.268,88	2.552,49	1.063,62	2.118,48	2.383,29	839,90	1.968,08	2.214,09	616,18	1.817,68	2.044,89	392,58	1.667,36	1.875,78
	II	30.332	1.521,89	2.426,56	2.729,88	1.298,17	2.276,16	2.560,68	1.074,45	2.125,76	2.391,48	850,73	1.975,36	2.222,28	627,01	1.824,96	2.053,08	403,29	1.674,56	1.883,88	179,57	1.524,16	1.714,68
	III	22.362	-	1.788,96	2.012,58	-	1.658,24	1.865,52	-	1.530,88	1.722,24	-	1.406,40	1.582,20	-	1.285,12	1.445,76	-	1.166,88	1.312,74	-	1.051,68	1.183,14
	IV	32.121	1.734,78	2.569,68	2.890,89	1.622,92	2.494,48	2.806,29	1.511,06	2.419,28	2.721,69	1.399,20	2.344,08	2.637,09	1.287,34	2.268,88	2.552,49	1.175,48	2.193,68	2.467,89	1.063,62	2.118,48	2.383,29
	V	38.294	2.106,17	3.063,52	3.446,46																		
	VI	38.826	2.135,43	3.106,08	3.494,34																		
03.427,99	I	32.136	1.736,56	2.570,88	2.892,24	1.512,84	2.420,48	2.723,04	1.289,12	2.270,08	2.553,84	1.065,40	2.119,68	2.384,64	841,68	1.969,28	2.215,44	618,08	1.818,96	2.046,33	394,36	1.668,56	1.877,13
	II	30.347	1.523,67	2.427,76	2.731,23	1.299,95	2.277,36	2.562,03	1.076,23	2.126,96	2.392,83	852,51	1.976,56	2.223,63	628,79	1.826,16	2.054,43	405,07	1.675,76	1.885,23	181,35	1.525,36	1.716,03
	III	22.374	-	1.789,92	2.013,66	-	1.659,36	1.866,78	-	1.531,84	1.723,32	-	1.407,36	1.583,28	-	1.286,08	1.446,84	-	1.167,84	1.313,82	-	1.052,64	1.184,22
	IV	32.136	1.736,56	2.570,88	2.892,24	1.624,70	2.495,68	2.807,64	1.512,84	2.420,48	2.723,04	1.400,98	2.345,28	2.638,44	1.289,12	2.270,08	2.553,84	1.177,26	2.194,88	2.469,24	1.065,40	2.119,68	2.384,64
	V	38.309	2.106,99	3.064,72	3.447,81																		
	VI	38.841	2.136,25	3.107,28	3.495,69																		
03.463,99	I	32.151	1.738,35	2.572,08	2.893,59	1.514,63	2.421,68	2.724,39	1.290,91	2.271,28	2.555,19	1.067,31	2.120,96	2.386,08	843,59	1.970,56	2.216,88	619,87	1.820,16	2.047,68	396,15	1.669,76	1.878,48
	II	30.362	1.525,46	2.428,96	2.732,58	1.301,74	2.278,56	2.563,38	1.078,02	2.128,16	2.394,18	854,30	1.977,76	2.224,98	630,58	1.827,36	2.055,78	406,86	1.676,96	1.886,58	183,26	1.526,64	1.717,47
	III	22.388	-	1.791,04	2.014,92	-	1.660,32	1.867,86	-	1.532,80	1.724,40	-	1.408,32	1.584,36	-	1.287,04	1.447,92	-	1.168,80	1.314,90	-	1.053,60	1.185,30
	IV	32.151	1.738,35	2.572,08	2.893,59	1.626,49	2.496,88	2.808,99	1.514,63	2.421,68	2.724,39	1.402,77	2.346,48	2.639,79	1.290,91	2.271,28	2.555,19	1.179,05	2.196,08	2.470,59	1.067,31	2.120,96	2.386,08
	V	38.325	2.107,87	3.066,00	3.449,25																		
	VI	38.856	2.137,08	3.108,48	3.497,04																		
03.499,99	I	32.166	1.740,13	2.573,28	2.894,94	1.516,41	2.422,88	2.725,74	1.292,81	2.272,56	2.556,63	1.069,09	2.122,16	2.387,43	845,37	1.971,76	2.218,23	621,65	1.821,36	2.049,03	397,93	1.670,96	1.879,83
	II	30.377	1.527,24	2.430,16	2.733,93	1.303,52	2.279,76	2.564,73	1.079,80	2.129,36	2.395,53	856,08	1.978,96	2.226,33	632,48	1.828,64	2.057,22	408,76	1.678,24	1.888,02	185,04	1.527,84	1.718,82
	III	22.400	-	1.792,00	2.016,00	-	1.661,44	1.869,12	-	1.533,92	1.725,66	-	1.409,44	1.585,62	-	1.288,00	1.449,00	-	1.169,60	1.315,80	-	1.054,40	1.186,20
	IV	32.166	1.740,13	2.573,28	2.894,94	1.628,27	2.498,08	2.810,34	1.516,41	2.422,88	2.725,74	1.404,67	2.347,76	2.641,23	1.292,81	2.272,56	2.556,63	1.180,95	2.197,36	2.472,03	1.069,09	2.122,16	2.387,43
	V	38.340	2.108,70	3.067,20	3.450,60																		
	VI	38.871	2.137,90	3.109,68	3.498,39																		
03.535,99	I	32.182	1.742,04	2.574,56	2.896,38	1.518,32	2.424,16	2.727,18	1.294,60	2.273,76	2.557,98	1.070,88	2.123,36	2.388,78	847,16	1.972,96	2.219,58	623,44	1.822,56	2.050,38	399,72	1.672,16	1.881,18
	II	30.392	1.529,03	2.431,36	2.735,28	1.305,31	2.280,96	2.566,08	1.081,59	2.130,56	2.396,88	857,99	1.980,24	2.227,77	634,27	1.829,84	2.058,57	410,55	1.679,44	1.889,37	186,83	1.529,04	1.720,17
	III	22.414	-	1.793,12	2.017,26	-	1.662,40	1.870,20	-	1.534,88	1.726,74	-	1.410,40	1.586,70	-	1.288,96	1.450,08	-	1.170,56	1.316,88	-	1.055,36	1.187,28
	IV	32.182	1.742,04	2.574,56	2.896,38	1.630,18	2.499,36	2.811,78	1.518,32	2.424,16	2.727,18	1.406,46	2.348,96	2.642,58	1.294,60	2.273,76	2.557,98	1.182,74	2.198,56	2.473,38	1.070,88	2.123,36	2.388,78
	V	38.355	2.109,52	3.068,40	3.451,95																		
	VI	38.887	2.138,78	3.110,96	3.499,83																		
03.571,99	I	32.197	1.743,82	2.575,76	2.897,73	1.520,10	2.425,36	2.728,53	1.296,38	2.274,96	2.559,33	1.072,66	2.124,56	2.390,13	848,94	1.974,16	2.220,93	625,22	1.823,76	2.051,73	401,50	1.673,36	1.882,53
	II	30.407	1.530,81	2.432,56	2.736,63	1.307,21	2.282,24	2.567,52	1.083,49	2.131,84	2.398,32	859,77	1.981,44	2.229,12	636,05	1.831,04	2.059,92	412,33	1.680,64	1.890,72	188,61	1.530,24	1.721,52
	III	22.428	-	1.794,24	2.018,52	-	1.663,52	1.871,46	-	1.535,84	1.727,82	-	1.411,36	1.587,78	-	1.289,92	1.451,16	-	1.171,52	1.317,96	-	1.056,32	1.188,36
	IV	32.197	1.743,82	2.575,76	2.897,73	1.631,96	2.500,56	2.813,13	1.520,10	2.425,36	2.728,53	1.408,24	2.350,16	2.643,93	1.296,38	2.274,96	2.559,33	1.184,52	2.199,76	2.474,73	1.072,66	2.124,56	2.390,13
	V	38.370	2.110,35	3.069,60	3.453,30																		
	VI	38.902	2.139,61	3.112,16	3.501,18																		
03.607,99	I	32.212	1.745,61	2.576,96	2.899,08	1.521,89	2.426,56	2.729,88	1.298,17	2.276,16	2.560,68	1.074,45	2.125,76	2.391,48	850,73	1.975,36	2.222,28	627,01	1.824,96	2.053,08	403,29	1.674,56	1.883,88
	II	30.423	1.532,72	2.433,84	2.738,07	1.309,00	2.283,44	2.568,87	1.085,28	2.133,04	2.399,67	861,56	1.982,64	2.230,47	637,84	1.832,24	2.061,27	414,12	1.681,84	1.892,07	190,40	1.531,44	1.722,87
	III	22.440	-	1.795,20	2.019,60	-	1.664,48	1.872,54	-	1.536,96	1.729,08	-	1.412,32	1.588,86	-	1.290,88	1.452,24	-	1.172,48	1.319,04	-	1.057,12	1.189,25
	IV	32.212	1.745,61	2.576,96	2.899,08	1.633,75	2.501,76	2.814,48	1.521,89	2.426,56	2.729,88	1.410,03	2.351,36	2.645,28	1.298,17	2.276,16	2.560,68	1.186,31	2.200,96	2.476,08	1.074,45	2.125,76	2.391,48
	V	38.385	2.111,17	3.070,80	3.454,65																		
	VI	38.917	2.140,43	3.113,36	3.502,53																		
03.643,99	I	32.227	1.747,39	2.578,16	2.900,43	1.523,67	2.427,76	2.731,23	1.299,95	2.277,36	2.562,03	1.076,23	2.126,96	2.392,83	852,51	1.976,56	2.223,63	628,79	1.826,16	2.054,43	405,07	1.675,76	1.885,23
	II	30.438	1.534,50	2.435,04	2.739,42	1.310,78	2.284,64	2.570,22	1.087,06	2.134,24	2.401,02	863,34	1.983,84	2.231,82	639,62	1.833,44	2.062,62	415,90	1.683,04	1.893,42	192,18	1.532,64	1.724,22
	III	22.454	-	1.796,32	2.020,86	-	1.665,60	1.873,80	-	1.537,92	1.730,16	-	1.413,28	1.589,94	-	1.291,84	1.453,32	-	1.173,44	1.320,12	-	1.058,08	1.190,34
	IV	32.227	1.747,39	2.578,16	2.900,43	1.635,53	2.502,96	2.815,83	1.523,67	2.427,76	2.731,23	1.411,81	2.352,56	2.646,63	1.299,95	2.277,36	2.562,03	1.188,09	2.202,16	2.477,43	1.076,23	2.126,96	2.392,83
	V	38.400	2.112,00	3.072,00	3.456,00																		
	VI	38.932	2.141,26	3.114,56	3.503,88																		
03.679,99	I	32.242	1.749,18	2.579,36	2.901,78	1.525,46	2.428,96	2.732,58	1.301,74	2.278,56	2.563,38	1.078,02	2.128,16	2.394,18	854,30	1.977,76	2.224,98	630,58	1.827,36	2.055,78	406,86	1.676,96	1.886,58
	II	30.453	1.536,29	2.436,24	2.740,77	1.312,57	2.285,84	2.571,57	1.088,85	2.135,44	2.402,37	865,13	1.985,04	2.233,17	641,41	1.834,64	2.063,97	417,69	1.684,24	1.894,77	193,97	1.533,84	1.725,57
	III	22.468	-	1.797,44	2.022,12	-	1.666,56	1.874,88	-	1.538,88	1.731,24	-	1.414,40	1.591,20	-	1.292,80	1.454,40	-	1.174,40	1.321,20	-	1.059,04	1.191,42
	IV	32.242	1.749,18	2.579,36	2.901,78	1.637,32	2.504,16	2.817,18	1.525,46	2.428,96	2.732,58	1.413,60	2.353,76	2.647,98	1.301,74	2.278,56	2.563,38	1.189,88	2.203,36	2.478,78	1.078,02	2.128,16	2.394,18
	V	38.415	2.112,82	3.073,20	3.457,35																		
	VI	38.947	2.142,08	3.115,76	3.505,23																		

SolZ/KiSt lt. Tabelle nicht für Sonstige Bezüge anwendbar.

JAHR bis 104.219,99 €

Besondere Tabelle

Lohn/ Gehalt bis	Steuerklasse	Lohnsteuer	ohne Kinderfreibetrag SolZ 5,5%	Kirchensteuer 8%	Kirchensteuer 9%	0,5 SolZ 5,5%	0,5 Kirchensteuer 8%	0,5 Kirchensteuer 9%	1,0 SolZ 5,5%	1,0 Kirchensteuer 8%	1,0 Kirchensteuer 9%	1,5 SolZ 5,5%	1,5 Kirchensteuer 8%	1,5 Kirchensteuer 9%	2,0 SolZ 5,5%	2,0 Kirchensteuer 8%	2,0 Kirchensteuer 9%	2,5 SolZ 5,5%	2,5 Kirchensteuer 8%	2,5 Kirchensteuer 9%	3,0 SolZ 5,5%	3,0 Kirchensteuer 8%	3,0 Kirchensteuer 9%
						Anzahl Kinderfreibeträge (nur Steuerklassen I–IV)																	
103.715,99	I	32.257	1.750,96	2.580,56	2.903,13	1.527,24	2.430,16	2.733,93	1.303,52	2.279,76	2.564,73	1.079,80	2.129,36	2.395,53	856,08	1.978,96	2.226,33	632,48	1.828,64	2.057,22	408,76	1.678,24	1.888,02
	II	30.468	1.538,07	2.437,44	2.742,12	1.314,35	2.287,04	2.572,92	1.090,63	2.136,64	2.403,72	866,91	1.986,24	2.234,52	643,19	1.835,84	2.065,32	419,47	1.685,44	1.896,12	195,75	1.535,04	1.726,92
	III	22.480	-	1.798,40	2.023,20	-	1.667,68	1.876,14	-	1.540,00	1.732,50	-	1.415,36	1.592,28	-	1.293,76	1.455,48	-	1.175,36	1.322,28	-	1.060,00	1.192,50
	IV	32.257	1.750,96	2.580,56	2.903,13	1.639,10	2.505,36	2.818,53	1.527,24	2.430,16	2.733,93	1.415,38	2.354,96	2.649,33	1.303,52	2.279,76	2.564,73	1.191,66	2.204,56	2.480,13	1.079,80	2.129,36	2.395,53
	V	38.430	2.113,65	3.074,40	3.458,70																		
	VI	38.962	2.142,91	3.116,96	3.506,58																		
103.751,99	I	32.272	1.752,75	2.581,76	2.904,48	1.529,03	2.431,36	2.735,28	1.305,31	2.280,96	2.566,08	1.081,59	2.130,56	2.396,88	857,99	1.980,24	2.227,77	634,27	1.829,84	2.058,57	410,55	1.679,44	1.889,37
	II	30.483	1.539,86	2.438,64	2.743,47	1.316,14	2.288,24	2.574,27	1.092,42	2.137,84	2.405,07	868,70	1.987,44	2.235,87	644,98	1.837,04	2.066,67	421,26	1.686,64	1.897,47	197,65	1.536,32	1.728,36
	III	22.494	-	1.799,52	2.024,46	-	1.668,64	1.877,22	-	1.540,96	1.733,58	-	1.416,32	1.593,36	-	1.294,72	1.456,56	-	1.176,32	1.323,36	-	1.060,80	1.193,40
	IV	32.272	1.752,75	2.581,76	2.904,48	1.640,89	2.506,56	2.819,88	1.529,03	2.431,36	2.735,28	1.417,17	2.356,16	2.650,68	1.305,31	2.280,96	2.566,08	1.193,45	2.205,76	2.481,48	1.081,59	2.130,56	2.396,88
	V	38.446	2.114,53	3.075,68	3.460,14																		
	VI	38.977	2.143,73	3.118,16	3.507,93																		
103.787,99	I	32.287	1.754,53	2.582,96	2.905,83	1.530,81	2.432,56	2.736,63	1.307,21	2.282,24	2.567,52	1.083,49	2.131,84	2.398,32	859,77	1.981,44	2.229,12	636,05	1.831,04	2.059,92	412,33	1.680,64	1.890,72
	II	30.498	1.541,64	2.439,84	2.744,82	1.317,92	2.289,44	2.575,62	1.094,20	2.139,04	2.406,42	870,48	1.988,64	2.237,22	646,76	1.838,24	2.068,02	423,16	1.687,92	1.898,91	199,44	1.537,52	1.729,71
	III	22.508	-	1.800,64	2.025,72	-	1.669,76	1.878,48	-	1.541,92	1.734,66	-	1.417,28	1.594,44	-	1.295,68	1.457,64	-	1.177,12	1.324,26	-	1.061,76	1.194,48
	IV	32.287	1.754,53	2.582,96	2.905,83	1.642,67	2.507,76	2.821,23	1.530,81	2.432,56	2.736,63	1.418,95	2.357,36	2.652,03	1.307,21	2.282,24	2.567,52	1.195,35	2.207,04	2.482,92	1.083,49	2.131,84	2.398,32
	V	38.461	2.115,35	3.076,88	3.461,49																		
	VI	38.992	2.144,56	3.119,36	3.509,28																		
103.823,99	I	32.302	1.756,32	2.584,16	2.907,18	1.532,72	2.433,84	2.738,07	1.309,00	2.283,44	2.568,87	1.085,28	2.133,04	2.399,67	861,56	1.982,64	2.230,47	637,84	1.832,24	2.061,27	414,12	1.681,84	1.892,07
	II	30.513	1.543,43	2.441,04	2.746,17	1.319,71	2.290,64	2.576,97	1.095,99	2.140,24	2.407,77	872,38	1.989,92	2.238,66	648,66	1.839,52	2.069,46	424,94	1.689,12	1.900,26	201,22	1.538,72	1.731,06
	III	22.520	-	1.801,60	2.026,80	-	1.670,72	1.879,56	-	1.543,04	1.735,92	-	1.418,24	1.595,52	-	1.296,64	1.458,72	-	1.178,08	1.325,34	-	1.062,72	1.195,56
	IV	32.302	1.756,32	2.584,16	2.907,18	1.644,58	2.509,04	2.822,67	1.532,72	2.433,84	2.738,07	1.420,86	2.358,64	2.653,47	1.309,00	2.283,44	2.568,87	1.197,14	2.208,24	2.484,27	1.085,28	2.133,04	2.399,67
	V	38.476	2.116,18	3.078,08	3.462,84																		
	VI	39.007	2.145,38	3.120,56	3.510,63																		
103.859,99	I	32.318	1.758,22	2.585,44	2.908,62	1.534,50	2.435,04	2.739,42	1.310,78	2.284,64	2.570,22	1.087,06	2.134,24	2.401,02	863,34	1.983,84	2.231,82	639,62	1.833,44	2.062,62	415,90	1.683,04	1.893,42
	II	30.528	1.545,21	2.442,24	2.747,52	1.321,49	2.291,84	2.578,32	1.097,89	2.141,52	2.409,21	874,17	1.991,12	2.240,01	650,45	1.840,72	2.070,81	426,73	1.690,32	1.901,61	203,01	1.539,92	1.732,41
	III	22.534	-	1.802,72	2.028,06	-	1.671,84	1.880,82	-	1.544,00	1.737,00	-	1.419,20	1.596,60	-	1.297,60	1.459,80	-	1.179,04	1.326,42	-	1.063,68	1.196,64
	IV	32.318	1.758,22	2.585,44	2.908,62	1.646,36	2.510,24	2.824,02	1.534,50	2.435,04	2.739,42	1.422,64	2.359,84	2.654,82	1.310,78	2.284,64	2.570,22	1.198,92	2.209,44	2.485,62	1.087,06	2.134,24	2.401,02
	V	38.491	2.117,00	3.079,28	3.464,19																		
	VI	39.023	2.146,26	3.121,84	3.512,07																		
103.895,99	I	32.333	1.760,01	2.586,64	2.909,97	1.536,29	2.436,24	2.740,77	1.312,57	2.285,84	2.571,57	1.088,85	2.135,44	2.402,37	865,13	1.985,04	2.233,17	641,41	1.834,64	2.063,97	417,69	1.684,24	1.894,77
	II	30.544	1.547,11	2.443,52	2.748,96	1.323,39	2.293,12	2.579,76	1.099,67	2.142,72	2.410,56	875,95	1.992,32	2.241,36	652,23	1.841,92	2.072,16	428,51	1.691,52	1.902,96	204,79	1.541,12	1.733,76
	III	22.548	-	1.803,84	2.029,32	-	1.672,80	1.881,90	-	1.544,96	1.738,08	-	1.420,32	1.597,86	-	1.298,56	1.460,88	-	1.180,00	1.327,50	-	1.064,48	1.197,54
	IV	32.333	1.760,01	2.586,64	2.909,97	1.648,15	2.511,44	2.825,37	1.536,29	2.436,24	2.740,77	1.424,43	2.361,04	2.656,17	1.312,57	2.285,84	2.571,57	1.200,71	2.210,64	2.486,97	1.088,85	2.135,44	2.402,37
	V	38.506	2.117,83	3.080,48	3.465,54																		
	VI	39.038	2.147,09	3.123,04	3.513,42																		
103.931,99	I	32.348	1.761,79	2.587,84	2.911,32	1.538,07	2.437,44	2.742,12	1.314,35	2.287,04	2.572,92	1.090,63	2.136,64	2.403,72	866,91	1.986,24	2.234,52	643,19	1.835,84	2.065,32	419,47	1.685,44	1.896,12
	II	30.559	1.548,90	2.444,72	2.750,31	1.325,18	2.294,32	2.581,11	1.101,46	2.143,92	2.411,91	877,74	1.993,52	2.242,71	654,02	1.843,12	2.073,51	430,30	1.692,72	1.904,31	206,58	1.542,32	1.735,11
	III	22.560	-	1.804,80	2.030,40	-	1.673,92	1.883,16	-	1.546,08	1.739,34	-	1.421,28	1.598,94	-	1.299,52	1.461,96	-	1.180,96	1.328,58	-	1.065,44	1.198,62
	IV	32.348	1.761,79	2.587,84	2.911,32	1.649,93	2.512,64	2.826,72	1.538,07	2.437,44	2.742,12	1.426,21	2.362,24	2.657,52	1.314,35	2.287,04	2.572,92	1.202,49	2.211,84	2.488,32	1.090,63	2.136,64	2.403,72
	V	38.521	2.118,65	3.081,68	3.466,89																		
	VI	39.053	2.147,91	3.124,24	3.514,77																		
103.967,99	I	32.363	1.763,58	2.589,04	2.912,67	1.539,86	2.438,64	2.743,47	1.316,14	2.288,24	2.574,27	1.092,42	2.137,84	2.405,07	868,70	1.987,44	2.235,87	644,98	1.837,04	2.066,67	421,26	1.686,64	1.897,47
	II	30.574	1.550,68	2.445,92	2.751,66	1.326,96	2.295,52	2.582,46	1.103,24	2.145,12	2.413,26	879,52	1.994,72	2.244,06	655,80	1.844,32	2.074,86	432,08	1.693,92	1.905,66	208,36	1.543,52	1.736,46
	III	22.574	-	1.805,92	2.031,66	-	1.674,88	1.884,24	-	1.547,04	1.740,42	-	1.422,24	1.600,02	-	1.300,48	1.463,04	-	1.181,92	1.329,66	-	1.066,40	1.199,70
	IV	32.363	1.763,58	2.589,04	2.912,67	1.651,72	2.513,84	2.828,07	1.539,86	2.438,64	2.743,47	1.428,00	2.363,44	2.658,87	1.316,14	2.288,24	2.574,27	1.204,28	2.213,04	2.489,67	1.092,42	2.137,84	2.405,07
	V	38.536	2.119,48	3.082,88	3.468,24																		
	VI	39.068	2.148,74	3.125,44	3.516,12																		
104.003,99	I	32.378	1.765,36	2.590,24	2.914,02	1.541,64	2.439,84	2.744,82	1.317,92	2.289,44	2.575,62	1.094,20	2.139,04	2.406,42	870,48	1.988,64	2.237,22	646,76	1.838,24	2.068,02	423,16	1.687,92	1.898,91
	II	30.589	1.552,47	2.447,12	2.753,01	1.328,75	2.296,72	2.583,81	1.105,03	2.146,32	2.414,61	881,31	1.995,92	2.245,41	657,59	1.845,52	2.076,21	433,87	1.695,12	1.907,01	210,15	1.544,72	1.737,81
	III	22.588	-	1.807,04	2.032,92	-	1.676,00	1.885,50	-	1.548,00	1.741,50	-	1.423,20	1.601,10	-	1.301,44	1.464,12	-	1.182,88	1.330,74	-	1.067,20	1.200,60
	IV	32.378	1.765,36	2.590,24	2.914,02	1.653,50	2.515,04	2.829,42	1.541,64	2.439,84	2.744,82	1.429,78	2.364,64	2.660,22	1.317,92	2.289,44	2.575,62	1.206,06	2.214,24	2.491,02	1.094,20	2.139,04	2.406,42
	V	38.551	2.120,30	3.084,08	3.469,59																		
	VI	39.083	2.149,56	3.126,64	3.517,47																		
104.039,99	I	32.393	1.767,15	2.591,44	2.915,37	1.543,43	2.441,04	2.746,17	1.319,71	2.290,64	2.576,97	1.095,99	2.140,24	2.407,77	872,38	1.989,92	2.238,66	648,66	1.839,52	2.069,46	424,94	1.689,12	1.900,26
	II	30.604	1.554,25	2.448,32	2.754,36	1.330,53	2.297,92	2.585,16	1.106,81	2.147,52	2.415,96	883,09	1.997,12	2.246,76	659,37	1.846,72	2.077,56	435,65	1.696,32	1.908,36	211,93	1.545,92	1.739,16
	III	22.600	-	1.808,00	2.034,00	-	1.676,96	1.886,58	-	1.549,12	1.742,76	-	1.424,16	1.602,18	-	1.302,40	1.465,20	-	1.183,84	1.331,82	-	1.068,16	1.201,68
	IV	32.393	1.767,15	2.591,44	2.915,37	1.655,29	2.516,24	2.830,77	1.543,43	2.441,04	2.746,17	1.431,57	2.365,84	2.661,57	1.319,71	2.290,64	2.576,97	1.207,85	2.215,44	2.492,37	1.095,99	2.140,24	2.407,77
	V	38.566	2.121,13	3.085,28	3.470,94																		
	VI	39.098	2.150,39	3.127,84	3.518,82																		
104.075,99	I	32.408	1.768,93	2.592,64	2.916,72	1.545,21	2.442,24	2.747,52	1.321,49	2.291,84	2.578,32	1.097,89	2.141,52	2.409,21	874,17	1.991,12	2.240,01	650,45	1.840,72	2.070,81	426,73	1.690,32	1.901,61
	II	30.619	1.556,04	2.449,52	2.755,71	1.332,32	2.299,12	2.586,51	1.108,60	2.148,72	2.417,31	884,88	1.998,32	2.248,11	661,16	1.847,92	2.078,91	437,56	1.697,60	1.909,80	213,84	1.547,20	1.740,60
	III	22.614	-	1.809,12	2.035,26	-	1.678,08	1.887,84	-	1.550,08	1.743,84	-	1.425,28	1.603,44	-	1.303,36	1.466,28	-	1.184,80	1.332,90	-	1.069,12	1.202,76
	IV	32.408	1.768,93	2.592,64	2.916,72	1.657,07	2.517,44	2.832,12	1.545,21	2.442,24	2.747,52	1.433,35	2.367,04	2.662,92	1.321,49	2.291,84	2.578,32	1.209,75	2.216,72	2.493,81	1.097,89	2.141,52	2.409,21
	V	38.582	2.122,01	3.086,56	3.472,38																		
	VI	39.113	2.151,21	3.129,04	3.520,17																		
104.111,99	I	32.423	1.770,72	2.593,84	2.918,07	1.547,11	2.443,52	2.748,96	1.323,39	2.293,12	2.579,76	1.099,67	2.142,72	2.410,56	875,95	1.992,32	2.241,36	652,23	1.841,92	2.072,16	428,51	1.691,52	1.902,96
	II	30.634	1.557,82	2.450,72	2.757,06	1.334,10	2.300,32	2.587,86	1.110,38	2.149,92	2.418,66	886,66	1.999,52	2.249,46	663,06	1.849,20	2.080,35	439,34	1.698,80	1.911,15	215,62	1.548,40	1.741,95
	III	22.628	-	1.810,24	2.036,52	-	1.679,04	1.888,92	-	1.551,04	1.744,92	-	1.426,24	1.604,52	-	1.304,32	1.467,36	-	1.185,60	1.333,80	-	1.070,08	1.203,84
	IV	32.423	1.770,72	2.593,84	2.918,07	1.658,86	2.518,64	2.833,47	1.547,11	2.443,52	2.748,96	1.435,25	2.368,32	2.664,36	1.323,39	2.293,12	2.579,76	1.211,53	2.217,92	2.495,16	1.099,67	2.142,72	2.410,56
	V	38.597	2.122,83	3.087,76	3.473,73																		
	VI	39.128	2.152,04	3.130,24	3.521,52																		
104.147,99	I	32.439	1.772,62	2.595,12	2.919,51	1.548,90	2.444,72	2.750,31	1.325,18	2.294,32	2.581,11	1.101,46	2.143,92	2.411,91	877,74	1.993,52	2.242,71	654,02	1.843,12	2.073,51	430,30	1.692,72	1.904,31
	II	30.649	1.559,61	2.451,92	2.758,41	1.335,89	2.301,52	2.589,21	1.112,29	2.151,20	2.420,10	888,57	2.000,80	2.250,90	664,85	1.850,40	2.081,70	441,13	1.700,00	1.912,50	217,41	1.549,60	1.743,30
	III	22.640	-	1.811,20	2.037,60	-	1.680,16	1.890,18	-	1.552,16	1.746,18	-	1.427,20	1.605,60	-	1.305,44	1.468,62	-	1.186,56	1.334,88	-	1.070,88	1.204,74
	IV	32.439	1.772,62	2.595,12	2.919,51	1.660,76	2.519,92	2.834,91	1.548,90	2.444,72	2.750,31	1.437,04	2.369,52	2.665,71	1.325,18	2.294,32	2.581,11	1.213,32	2.219,12	2.496,51	1.101,46	2.143,92	2.411,91
	V	38.612	2.123,66	3.088,96	3.475,08																		
	VI	39.144	2.152,92	3.131,52	3.522,96																		
104.183,99	I	32.454	1.774,40	2.596,32	2.920,86	1.550,68	2.445,92	2.751,66	1.326,96	2.295,52	2.582,46	1.103,24	2.145,12	2.413,26	879,52	1.994,72	2.244,06	655,80	1.844,32	2.074,86	432,08	1.693,92	1.905,66
	II	30.664	1.561,39	2.453,12	2.759,76	1.337,79	2.302,80	2.590,65	1.114,07	2.152,40	2.421,45	890,35	2.002,00	2.252,25	666,63	1.851,60	2.083,05	442,91	1.701,20	1.913,85	219,19	1.550,80	1.744,65
	III	22.654	-	1.812,32	2.038,86	-	1.681,12	1.891,26	-	1.553,12	1.747,26	-	1.428,16	1.606,68	-	1.306,40	1.469,70	-	1.187,52	1.335,96	-	1.071,84	1.205,82
	IV	32.454	1.774,40	2.596,32	2.920,86	1.662,54	2.521,12	2.836,26	1.550,68	2.445,92	2.751,66	1.438,82	2.370,72	2.667,06	1.326,96	2.295,52	2.582,46	1.215,10	2.220,32	2.497,86	1.103,24	2.145,12	2.413,26
	V	38.627	2.124,48	3.090,16	3.476,43																		
	VI	39.159	2.153,74	3.132,72	3.524,31																		
104.219,99	I	32.469	1.776,19	2.597,52	2.922,21	1.552,47	2.447,12	2.753,01	1.328,75	2.296,72	2.583,81	1.105,03	2.146,32	2.414,61	881,31	1.995,92	2.245,41	657,59	1.845,52	2.076,21	433,87	1.695,12	1.907,01
	II	30.680	1.563,30	2.454,40	2.761,20	1.339,58	2.304,00	2.592,00	1.115,86	2.153,60	2.422,80	892,14	2.003,20	2.253,60	668,42	1.852,80	2.084,40	444,70	1.702,40	1.915,20	220,98	1.552,00	1.746,00
	III	22.668	-	1.813,44	2.040,12	-	1.682,24	1.892,52	-	1.554,24	1.748,52	-	1.429,12	1.607,76	-	1.307,36	1.470,78	-	1.188,48	1.337,04	-	1.072,80	1.206,90
	IV	32.469	1.776,19	2.597,52	2.922,21	1.664,33	2.522,32	2.837,61	1.552,47	2.447,12	2.753,01	1.440,61	2.371,92	2.668,41	1.328,75	2.296,72	2.583,81	1.216,89	2.221,52	2.499,21	1.105,03	2.146,32	2.414,61
	V	38.642	2.125,31	3.091,36	3.477,78																		
	VI	39.174	2.154,57	3.133,92	3.525,66																		

SolZ/KiSt lt. Tabelle nicht für Sonstige Bezüge anwendbar.

Lohn/ Gehalt bis	Steuerklasse	Lohnsteuer	ohne Kinderfreibetrag			Anzahl Kinderfreibeträge (nur Steuerklassen I–IV)																	
						0,5			1,0			1,5			2,0			2,5			3,0		
			SolZ 5,5%	Kirchensteuer 8%	Kirchensteuer 9%	SolZ 5,5%	Kirchensteuer 8%	Kirchensteuer 9%	SolZ 5,5%	Kirchensteuer 8%	Kirchensteuer 9%	SolZ 5,5%	Kirchensteuer 8%	Kirchensteuer 9%	SolZ 5,5%	Kirchensteuer 8%	Kirchensteuer 9%	SolZ 5,5%	Kirchensteuer 8%	Kirchensteuer 9%	SolZ 5,5%	Kirchensteuer 8%	Kirchensteuer 9%
104.255,99	I	32.484	1.777,97	2.598,72	2.923,56	1.554,25	2.448,32	2.754,36	1.330,53	2.297,92	2.585,16	1.106,81	2.147,52	2.415,96	883,09	1.997,12	2.246,76	659,37	1.846,72	2.077,56	435,65	1.696,32	1.908,36
	II	30.695	1.565,08	2.455,60	2.762,55	1.341,36	2.305,20	2.593,35	1.117,64	2.154,80	2.424,15	893,92	2.004,40	2.254,95	670,20	1.854,00	2.085,75	446,48	1.703,60	1.916,55	222,76	1.553,20	1.747,35
	III	22.680	-	1.814,40	2.041,20	-	1.683,20	1.893,60	-	1.555,20	1.749,60	-	1.430,24	1.609,02	-	1.308,32	1.471,86	-	1.189,44	1.338,12	-	1.073,76	1.207,98
	IV	32.484	1.777,97	2.598,72	2.923,56	1.666,11	2.523,52	2.838,96	1.554,25	2.448,32	2.754,36	1.442,39	2.373,12	2.669,76	1.330,53	2.297,92	2.585,16	1.218,67	2.222,72	2.500,56	1.106,81	2.147,52	2.415,96
	V	38.657	2.126,13	3.092,56	3.479,13																		
	VI	39.189	2.155,39	3.135,12	3.527,01																		
104.291,99	I	32.499	1.779,76	2.599,92	2.924,91	1.556,04	2.449,52	2.755,71	1.332,32	2.299,12	2.586,51	1.108,60	2.148,72	2.417,31	884,88	1.998,32	2.248,11	661,16	1.847,92	2.078,91	437,56	1.697,60	1.909,80
	II	30.710	1.566,87	2.456,80	2.763,90	1.343,15	2.306,40	2.594,70	1.119,43	2.156,00	2.425,50	895,71	2.005,60	2.256,30	671,99	1.855,20	2.087,10	448,27	1.704,80	1.917,90	224,55	1.554,40	1.748,70
	III	22.694	-	1.815,52	2.042,46	-	1.684,32	1.894,86	-	1.556,16	1.750,68	-	1.431,20	1.610,10	-	1.309,28	1.472,94	-	1.190,40	1.339,20	-	1.074,56	1.208,88
	IV	32.499	1.779,76	2.599,92	2.924,91	1.667,90	2.524,72	2.840,31	1.556,04	2.449,52	2.755,71	1.444,18	2.374,32	2.671,11	1.332,32	2.299,12	2.586,51	1.220,46	2.223,92	2.501,91	1.108,60	2.148,72	2.417,31
	V	38.672	2.126,96	3.093,76	3.480,48																		
	VI	39.204	2.156,22	3.136,32	3.528,36																		
104.327,99	I	32.514	1.781,54	2.601,12	2.926,26	1.557,82	2.450,72	2.757,06	1.334,10	2.300,32	2.587,86	1.110,38	2.149,92	2.418,66	886,66	1.999,52	2.249,46	663,06	1.849,20	2.080,35	439,34	1.698,80	1.911,15
	II	30.725	1.568,65	2.458,00	2.765,25	1.344,93	2.307,60	2.596,05	1.121,21	2.157,20	2.426,85	897,49	2.006,80	2.257,65	673,77	1.856,40	2.088,45	450,05	1.706,00	1.919,25	226,33	1.555,60	1.750,05
	III	22.708	-	1.816,64	2.043,72	-	1.685,44	1.896,12	-	1.557,28	1.751,94	-	1.432,16	1.611,18	-	1.310,24	1.474,02	-	1.191,36	1.340,28	-	1.075,52	1.209,96
	IV	32.514	1.781,54	2.601,12	2.926,26	1.669,68	2.525,92	2.841,66	1.557,82	2.450,72	2.757,06	1.445,96	2.375,52	2.672,46	1.334,10	2.300,32	2.587,86	1.222,24	2.225,12	2.503,26	1.110,38	2.149,92	2.418,66
	V	38.687	2.127,78	3.094,96	3.481,83																		
	VI	39.219	2.157,04	3.137,52	3.529,71																		
104.363,99	I	32.529	1.783,33	2.602,32	2.927,61	1.559,61	2.451,92	2.758,41	1.335,89	2.301,52	2.589,21	1.112,29	2.151,20	2.420,10	888,57	2.000,80	2.250,90	664,85	1.850,40	2.081,70	441,13	1.700,00	1.912,50
	II	30.740	1.570,44	2.459,20	2.766,60	1.346,72	2.308,80	2.597,40	1.123,00	2.158,40	2.428,20	899,28	2.008,00	2.259,00	675,56	1.857,60	2.089,80	451,84	1.707,20	1.920,60	228,24	1.556,88	1.751,49
	III	22.720	-	1.817,60	2.044,80	-	1.686,40	1.897,20	-	1.558,24	1.753,02	-	1.433,12	1.612,26	-	1.311,20	1.475,10	-	1.192,32	1.341,36	-	1.076,48	1.211,04
	IV	32.529	1.783,33	2.602,32	2.927,61	1.671,47	2.527,12	2.843,01	1.559,61	2.451,92	2.758,41	1.447,75	2.376,72	2.673,81	1.335,89	2.301,52	2.589,21	1.224,03	2.226,32	2.504,61	1.112,29	2.151,20	2.420,10
	V	38.703	2.128,66	3.096,24	3.483,27																		
	VI	39.234	2.157,87	3.138,72	3.531,06																		
104.399,99	I	32.544	1.785,11	2.603,52	2.928,96	1.561,39	2.453,12	2.759,76	1.337,79	2.302,80	2.590,65	1.114,07	2.152,40	2.421,45	890,35	2.002,00	2.252,25	666,63	1.851,60	2.083,05	442,91	1.701,20	1.913,85
	II	30.755	1.572,22	2.460,40	2.767,95	1.348,50	2.310,00	2.598,75	1.124,78	2.159,60	2.429,55	901,06	2.009,20	2.260,35	677,46	1.858,88	2.091,24	453,74	1.708,48	1.922,04	230,02	1.558,08	1.752,84
	III	22.734	-	1.818,72	2.046,06	-	1.687,52	1.898,46	-	1.559,20	1.754,10	-	1.434,08	1.613,34	-	1.312,16	1.476,18	-	1.193,28	1.342,44	-	1.077,44	1.212,12
	IV	32.544	1.785,11	2.603,52	2.928,96	1.673,25	2.528,32	2.844,36	1.561,39	2.453,12	2.759,76	1.449,65	2.378,00	2.675,25	1.337,79	2.302,80	2.590,65	1.225,93	2.227,60	2.506,05	1.114,07	2.152,40	2.421,45
	V	38.718	2.129,49	3.097,44	3.484,62																		
	VI	39.249	2.158,69	3.139,92	3.532,41																		
104.435,99	I	32.560	1.787,02	2.604,80	2.930,40	1.563,30	2.454,40	2.761,20	1.339,58	2.304,00	2.592,00	1.115,86	2.153,60	2.422,80	892,14	2.003,20	2.253,60	668,42	1.852,80	2.084,40	444,70	1.702,40	1.915,20
	II	30.770	1.574,01	2.461,60	2.769,30	1.350,29	2.311,20	2.600,10	1.126,57	2.160,80	2.430,90	902,97	2.010,48	2.261,79	679,25	1.860,08	2.092,59	455,53	1.709,68	1.923,39	231,81	1.559,28	1.754,19
	III	22.748	-	1.819,84	2.047,32	-	1.688,48	1.899,54	-	1.560,32	1.755,36	-	1.435,20	1.614,60	-	1.313,12	1.477,26	-	1.194,08	1.343,34	-	1.078,24	1.213,02
	IV	32.560	1.787,02	2.604,80	2.930,40	1.675,16	2.529,60	2.845,80	1.563,30	2.454,40	2.761,20	1.451,44	2.379,20	2.676,60	1.339,58	2.304,00	2.592,00	1.227,72	2.228,80	2.507,40	1.115,86	2.153,60	2.422,80
	V	38.733	2.130,31	3.098,64	3.485,97																		
	VI	39.265	2.159,57	3.141,20	3.533,85																		
104.471,99	I	32.575	1.788,80	2.606,00	2.931,75	1.565,08	2.455,60	2.762,55	1.341,36	2.305,20	2.593,35	1.117,64	2.154,80	2.424,15	893,92	2.004,40	2.254,95	670,20	1.854,00	2.085,75	446,48	1.703,60	1.916,55
	II	30.785	1.575,79	2.462,80	2.770,65	1.352,19	2.312,48	2.601,54	1.128,47	2.162,08	2.432,34	904,75	2.011,68	2.263,14	681,03	1.861,28	2.093,94	457,31	1.710,88	1.924,74	233,59	1.560,48	1.755,54
	III	22.760	-	1.820,80	2.048,40	-	1.689,60	1.900,80	-	1.561,28	1.756,44	-	1.436,16	1.615,68	-	1.314,08	1.478,34	-	1.195,04	1.344,42	-	1.079,20	1.214,10
	IV	32.575	1.788,80	2.606,00	2.931,75	1.676,94	2.530,80	2.847,15	1.565,08	2.455,60	2.762,55	1.453,22	2.380,40	2.677,95	1.341,36	2.305,20	2.593,35	1.229,50	2.230,00	2.508,75	1.117,64	2.154,80	2.424,15
	V	38.748	2.131,14	3.099,84	3.487,32																		
	VI	39.280	2.160,40	3.142,40	3.535,20																		
104.507,99	I	32.590	1.790,59	2.607,20	2.933,10	1.566,87	2.456,80	2.763,90	1.343,15	2.306,40	2.594,70	1.119,43	2.156,00	2.425,50	895,71	2.005,60	2.256,30	671,99	1.855,20	2.087,10	448,27	1.704,80	1.917,90
	II	30.801	1.577,70	2.464,08	2.772,09	1.353,98	2.313,68	2.602,89	1.130,26	2.163,28	2.433,69	906,54	2.012,88	2.264,49	682,82	1.862,48	2.095,29	459,10	1.712,08	1.926,09	235,38	1.561,68	1.756,89
	III	22.774	-	1.821,92	2.049,66	-	1.690,56	1.901,88	-	1.562,24	1.757,52	-	1.437,12	1.616,76	-	1.315,04	1.479,42	-	1.196,00	1.345,50	-	1.080,16	1.215,18
	IV	32.590	1.790,59	2.607,20	2.933,10	1.678,73	2.532,00	2.848,50	1.566,87	2.456,80	2.763,90	1.455,01	2.381,60	2.679,30	1.343,15	2.306,40	2.594,70	1.231,29	2.231,20	2.510,10	1.119,43	2.156,00	2.425,50
	V	38.763	2.131,96	3.101,04	3.488,67																		
	VI	39.295	2.161,22	3.143,60	3.536,55																		
104.543,99	I	32.605	1.792,37	2.608,40	2.934,45	1.568,65	2.458,00	2.765,25	1.344,93	2.307,60	2.596,05	1.121,21	2.157,20	2.426,85	897,49	2.006,80	2.257,65	673,77	1.856,40	2.088,45	450,05	1.706,00	1.919,25
	II	30.816	1.579,48	2.465,28	2.773,44	1.355,76	2.314,88	2.604,24	1.132,04	2.164,48	2.435,04	908,32	2.014,08	2.265,84	684,60	1.863,68	2.096,64	460,88	1.713,28	1.927,44	237,16	1.562,88	1.758,24
	III	22.788	-	1.823,04	2.050,92	-	1.691,68	1.903,14	-	1.563,36	1.758,78	-	1.438,08	1.617,84	-	1.316,00	1.480,50	-	1.196,96	1.346,58	-	1.081,12	1.216,26
	IV	32.605	1.792,37	2.608,40	2.934,45	1.680,51	2.533,20	2.849,85	1.568,65	2.458,00	2.765,25	1.456,79	2.382,80	2.680,65	1.344,93	2.307,60	2.596,05	1.233,07	2.232,40	2.511,45	1.121,21	2.157,20	2.426,85
	V	38.778	2.132,79	3.102,24	3.490,02																		
	VI	39.310	2.162,05	3.144,80	3.537,90																		
104.579,99	I	32.620	1.794,10	2.609,60	2.935,80	1.570,44	2.459,20	2.766,60	1.346,72	2.308,80	2.597,40	1.123,00	2.158,40	2.428,20	899,28	2.008,00	2.259,00	675,56	1.857,60	2.089,80	451,84	1.707,20	1.920,60
	II	30.831	1.581,27	2.466,48	2.774,79	1.357,55	2.316,08	2.605,59	1.133,83	2.165,68	2.436,39	910,11	2.015,28	2.267,19	686,39	1.864,88	2.097,99	462,67	1.714,48	1.928,79	238,95	1.564,08	1.759,59
	III	22.800	-	1.824,00	2.052,00	-	1.692,64	1.904,22	-	1.564,32	1.759,86	-	1.439,20	1.619,10	-	1.316,96	1.481,58	-	1.197,92	1.347,66	-	1.081,92	1.217,16
	IV	32.620	1.794,10	2.609,60	2.935,80	1.682,30	2.534,40	2.851,20	1.570,44	2.459,20	2.766,60	1.458,58	2.384,00	2.682,00	1.346,72	2.308,80	2.597,40	1.234,86	2.233,60	2.512,80	1.123,00	2.158,40	2.428,20
	V	38.793	2.133,61	3.103,44	3.491,37																		
	VI	39.325	2.162,87	3.146,00	3.539,25																		
104.615,99	I	32.635	1.794,92	2.610,80	2.937,15	1.572,22	2.460,40	2.767,95	1.348,50	2.310,00	2.598,75	1.124,78	2.159,60	2.429,55	901,06	2.009,20	2.260,35	677,46	1.858,88	2.091,24	453,74	1.708,48	1.922,04
	II	30.846	1.583,05	2.467,68	2.776,14	1.359,33	2.317,28	2.606,94	1.135,61	2.166,88	2.437,74	911,89	2.016,48	2.268,54	688,17	1.866,08	2.099,34	464,45	1.715,68	1.930,14	240,73	1.565,28	1.760,94
	III	22.814	-	1.825,12	2.053,26	-	1.693,76	1.905,48	-	1.565,44	1.761,12	-	1.440,16	1.620,18	-	1.317,92	1.482,66	-	1.198,88	1.348,74	-	1.082,88	1.218,24
	IV	32.635	1.794,92	2.610,80	2.937,15	1.684,08	2.535,60	2.852,55	1.572,22	2.460,40	2.767,95	1.460,36	2.385,20	2.683,35	1.348,50	2.310,00	2.598,75	1.236,64	2.234,80	2.514,15	1.124,78	2.159,60	2.429,55
	V	38.808	2.134,44	3.104,64	3.492,72																		
	VI	39.340	2.163,70	3.147,20	3.540,60																		
104.651,99	I	32.650	1.795,75	2.612,00	2.938,50	1.574,01	2.461,60	2.769,30	1.350,29	2.311,20	2.600,10	1.126,57	2.160,80	2.430,90	902,97	2.010,48	2.261,79	679,25	1.860,08	2.092,59	455,53	1.709,68	1.923,39
	II	30.861	1.584,84	2.468,88	2.777,49	1.361,12	2.318,48	2.608,29	1.137,40	2.168,08	2.439,09	913,68	2.017,68	2.269,89	689,96	1.867,28	2.100,69	466,24	1.716,88	1.931,49	242,64	1.566,56	1.762,38
	III	22.828	-	1.826,24	2.054,52	-	1.694,72	1.906,56	-	1.566,40	1.762,20	-	1.441,12	1.621,26	-	1.318,88	1.483,74	-	1.199,84	1.349,82	-	1.083,84	1.219,32
	IV	32.650	1.795,75	2.612,00	2.938,50	1.685,87	2.536,80	2.853,90	1.574,01	2.461,60	2.769,30	1.462,15	2.386,40	2.684,70	1.350,29	2.311,20	2.600,10	1.238,43	2.236,00	2.515,50	1.126,57	2.160,80	2.430,90
	V	38.824	2.135,32	3.105,92	3.494,16																		
	VI	39.355	2.164,52	3.148,40	3.541,95																		
104.687,99	I	32.665	1.796,57	2.613,20	2.939,85	1.575,79	2.462,80	2.770,65	1.352,19	2.312,48	2.601,54	1.128,47	2.162,08	2.432,34	904,75	2.011,68	2.263,14	681,03	1.861,28	2.093,94	457,31	1.710,88	1.924,74
	II	30.876	1.586,62	2.470,08	2.778,84	1.362,90	2.319,68	2.609,64	1.139,18	2.169,28	2.440,44	915,46	2.018,88	2.271,24	691,74	1.868,48	2.102,04	468,14	1.718,16	1.932,93	244,42	1.567,76	1.763,73
	III	22.840	-	1.827,20	2.055,60	-	1.695,84	1.907,82	-	1.567,36	1.763,28	-	1.442,08	1.622,34	-	1.319,84	1.484,82	-	1.200,80	1.350,90	-	1.084,80	1.220,40
	IV	32.665	1.796,57	2.613,20	2.939,85	1.687,65	2.538,00	2.855,25	1.575,79	2.462,80	2.770,65	1.463,93	2.387,60	2.686,05	1.352,19	2.312,48	2.601,54	1.240,33	2.237,28	2.516,94	1.128,47	2.162,08	2.432,34
	V	38.839	2.136,14	3.107,12	3.495,51																		
	VI	39.370	2.165,35	3.149,60	3.543,30																		
104.723,99	I	32.680	1.797,40	2.614,40	2.941,20	1.577,70	2.464,08	2.772,09	1.353,98	2.313,68	2.602,89	1.130,26	2.163,28	2.433,69	906,54	2.012,88	2.264,49	682,82	1.862,48	2.095,29	459,10	1.712,08	1.926,09
	II	30.891	1.588,41	2.471,28	2.780,19	1.364,69	2.320,88	2.610,99	1.140,97	2.170,48	2.441,79	917,37	2.020,16	2.272,68	693,65	1.869,76	2.103,48	469,93	1.719,36	1.934,28	246,21	1.568,96	1.765,08
	III	22.854	-	1.828,32	2.056,86	-	1.696,80	1.908,90	-	1.568,48	1.764,54	-	1.443,04	1.623,42	-	1.320,80	1.485,90	-	1.201,76	1.351,98	-	1.085,60	1.221,30
	IV	32.680	1.797,40	2.614,40	2.941,20	1.689,56	2.539,28	2.856,69	1.577,70	2.464,08	2.772,09	1.465,84	2.388,88	2.687,49	1.353,98	2.313,68	2.602,89	1.242,12	2.238,48	2.518,29	1.130,26	2.163,28	2.433,69
	V	38.854	2.136,97	3.108,32	3.496,86																		
	VI	39.385	2.166,17	3.150,80	3.544,65																		
104.759,99	I	32.696	1.798,28	2.615,68	2.942,64	1.579,48	2.465,28	2.773,44	1.355,76	2.314,88	2.604,24	1.132,04	2.164,48	2.435,04	908,32	2.014,08	2.265,84	684,60	1.863,68	2.096,64	460,88	1.713,28	1.927,44
	II	30.906	1.590,19	2.472,48	2.781,54	1.366,47	2.322,08	2.612,34	1.142,87	2.171,76	2.443,23	919,15	2.021,36	2.274,03	695,43	1.870,96	2.104,83	471,71	1.720,56	1.935,63	247,99	1.570,16	1.766,43
	III	22.868	-	1.829,44	2.058,12	-	1.697,92	1.910,16	-	1.569,44	1.765,62	-	1.444,16	1.624,68	-	1.321,92	1.487,16	-	1.202,72	1.353,06	-	1.086,56	1.222,38
	IV	32.696	1.798,28	2.615,68	2.942,64	1.691,34	2.540,48	2.858,04	1.579,48	2.465,28	2.773,44	1.467,62	2.390,08	2.688,84	1.355,76	2.314,88	2.604,24	1.243,90	2.239,68	2.519,64	1.132,04	2.164,48	2.435,04
	V	38.869	2.137,79	3.109,52	3.498,21																		
	VI	39.401	2.167,05	3.152,08	3.546,09																		

SolZ/KiSt lt. Tabelle nicht für Sonstige Bezüge anwendbar.

Lohn/ Gehalt bis	Steuerklasse	Lohn-steuer	ohne Kinderfreibetrag SolZ 5,5%	ohne Kinderfreibetrag Kirchensteuer 8%	ohne Kinderfreibetrag Kirchensteuer 9%	0,5 SolZ 5,5%	0,5 Kirchensteuer 8%	0,5 Kirchensteuer 9%	1,0 SolZ 5,5%	1,0 Kirchensteuer 8%	1,0 Kirchensteuer 9%	1,5 SolZ 5,5%	1,5 Kirchensteuer 8%	1,5 Kirchensteuer 9%	2,0 SolZ 5,5%	2,0 Kirchensteuer 8%	2,0 Kirchensteuer 9%	2,5 SolZ 5,5%	2,5 Kirchensteuer 8%	2,5 Kirchensteuer 9%	3,0 SolZ 5,5%	3,0 Kirchensteuer 8%	3,0 Kirchensteuer 9%
						Anzahl Kinderfreibeträge (nur Steuerklassen I–IV)																	
104.795,99	I	32.711	1.799,10	2.616,88	2.943,99	1.581,27	2.466,48	2.774,79	1.357,55	2.316,08	2.605,59	1.133,83	2.165,68	2.436,39	910,11	2.015,28	2.267,19	686,39	1.864,88	2.097,99	462,67	1.714,48	1.928,79
	II	30.922	1.592,10	2.473,76	2.782,98	1.368,38	2.323,36	2.613,78	1.144,66	2.172,96	2.444,58	920,94	2.022,56	2.275,38	697,22	1.872,16	2.106,18	473,50	1.721,76	1.936,98	249,78	1.571,36	1.767,78
	III	22.882	-	1.830,56	2.059,38	-	1.698,88	1.911,24	-	1.570,40	1.766,70	-	1.445,12	1.625,76	-	1.322,88	1.488,24	-	1.203,68	1.354,14	-	1.087,52	1.223,46
	IV	32.711	1.799,10	2.616,88	2.943,99	1.693,13	2.541,68	2.859,39	1.581,27	2.466,48	2.774,79	1.469,41	2.391,28	2.690,19	1.357,55	2.316,08	2.605,59	1.245,69	2.240,88	2.520,99	1.133,83	2.165,68	2.436,39
	V	38.884	2.138,62	3.110,72	3.499,56																		
	VI	39.416	2.167,88	3.153,28	3.547,44																		
104.831,99	I	32.726	1.799,93	2.618,08	2.945,34	1.583,05	2.467,68	2.776,14	1.359,33	2.317,28	2.606,94	1.135,61	2.166,88	2.437,74	911,89	2.016,48	2.268,54	688,17	1.866,08	2.099,34	464,45	1.715,68	1.930,14
	II	30.937	1.593,88	2.474,96	2.784,33	1.370,16	2.324,56	2.615,13	1.146,44	2.174,16	2.445,93	922,72	2.023,76	2.276,73	699,00	1.873,36	2.107,53	475,28	1.722,96	1.938,33	251,56	1.572,56	1.769,13
	III	22.894	-	1.831,52	2.060,46	-	1.700,00	1.912,50	-	1.571,52	1.767,96	-	1.446,08	1.626,84	-	1.323,84	1.489,32	-	1.204,48	1.355,04	-	1.088,48	1.224,54
	IV	32.726	1.799,93	2.618,08	2.945,34	1.694,91	2.542,88	2.860,74	1.583,05	2.467,68	2.776,14	1.471,19	2.392,48	2.691,54	1.359,33	2.317,28	2.606,94	1.247,47	2.242,08	2.522,34	1.135,61	2.166,88	2.437,74
	V	38.899	2.139,44	3.111,92	3.500,91																		
	VI	39.431	2.168,70	3.154,48	3.548,79																		
104.867,99	I	32.741	1.800,75	2.619,28	2.946,69	1.584,84	2.468,88	2.777,49	1.361,12	2.318,48	2.608,29	1.137,40	2.168,08	2.439,09	913,68	2.017,68	2.269,89	689,96	1.867,28	2.100,69	466,24	1.716,88	1.931,49
	II	30.952	1.595,67	2.476,16	2.785,68	1.371,95	2.325,76	2.616,48	1.148,23	2.175,36	2.447,28	924,51	2.024,96	2.278,08	700,79	1.874,56	2.108,88	477,07	1.724,16	1.939,68	253,35	1.573,76	1.770,48
	III	22.908	-	1.832,64	2.061,72	-	1.700,96	1.913,58	-	1.572,48	1.769,04	-	1.447,04	1.627,92	-	1.324,80	1.490,40	-	1.205,44	1.356,12	-	1.089,28	1.225,44
	IV	32.741	1.800,75	2.619,28	2.946,69	1.696,70	2.544,08	2.862,09	1.584,84	2.468,88	2.777,49	1.472,98	2.393,68	2.692,89	1.361,12	2.318,48	2.608,29	1.249,26	2.243,28	2.523,69	1.137,40	2.168,08	2.439,09
	V	38.914	2.140,27	3.113,12	3.502,26																		
	VI	39.446	2.169,53	3.155,68	3.550,14																		
104.903,99	I	32.756	1.801,58	2.620,48	2.948,04	1.586,62	2.470,08	2.778,84	1.362,90	2.319,68	2.609,64	1.139,18	2.169,28	2.440,44	915,46	2.018,88	2.271,24	691,74	1.868,48	2.102,04	468,14	1.718,16	1.932,93
	II	30.967	1.597,45	2.477,36	2.787,03	1.373,73	2.326,96	2.617,83	1.150,01	2.176,56	2.448,63	926,29	2.026,16	2.279,43	702,57	1.875,76	2.110,23	478,85	1.725,36	1.941,03	255,13	1.574,96	1.771,83
	III	22.922	-	1.833,76	2.062,98	-	1.702,08	1.914,84	-	1.573,60	1.770,30	-	1.448,16	1.629,18	-	1.325,76	1.491,48	-	1.206,40	1.357,20	-	1.090,24	1.226,52
	IV	32.756	1.801,58	2.620,48	2.948,04	1.698,48	2.545,28	2.863,44	1.586,62	2.470,08	2.778,84	1.474,76	2.394,88	2.694,24	1.362,90	2.319,68	2.609,64	1.251,04	2.244,48	2.525,04	1.139,18	2.169,28	2.440,44
	V	38.929	2.141,09	3.114,32	3.503,61																		
	VI	39.461	2.170,35	3.156,88	3.551,49																		
104.939,99	I	32.771	1.802,40	2.621,68	2.949,39	1.588,41	2.471,28	2.780,19	1.364,69	2.320,88	2.610,99	1.140,97	2.170,48	2.441,79	917,37	2.020,16	2.272,68	693,65	1.869,76	2.103,48	469,93	1.719,36	1.934,28
	II	30.982	1.599,24	2.478,56	2.788,38	1.375,52	2.328,16	2.619,18	1.151,80	2.177,76	2.449,98	928,08	2.027,36	2.280,78	704,36	1.876,96	2.111,58	480,64	1.726,56	1.942,38	256,92	1.576,16	1.773,18
	III	22.934	-	1.834,72	2.064,06	-	1.703,20	1.916,10	-	1.574,56	1.771,38	-	1.449,12	1.630,26	-	1.326,72	1.492,56	-	1.207,36	1.358,28	-	1.091,20	1.227,60
	IV	32.771	1.802,40	2.621,68	2.949,39	1.700,27	2.546,48	2.864,79	1.588,41	2.471,28	2.780,19	1.476,55	2.396,08	2.695,59	1.364,69	2.320,88	2.610,99	1.252,83	2.245,68	2.526,39	1.140,97	2.170,48	2.441,79
	V	38.944	2.141,92	3.115,52	3.504,96																		
	VI	39.476	2.171,18	3.158,08	3.552,84																		
104.975,99	I	32.786	1.803,23	2.622,88	2.950,74	1.590,19	2.472,48	2.781,54	1.366,47	2.322,08	2.612,34	1.142,87	2.171,76	2.443,23	919,15	2.021,36	2.274,03	695,43	1.870,96	2.104,83	471,71	1.720,56	1.935,63
	II	30.997	1.601,02	2.479,76	2.789,73	1.377,30	2.329,36	2.620,53	1.153,58	2.178,96	2.451,33	929,86	2.028,56	2.282,13	706,14	1.878,16	2.112,93	482,54	1.727,84	1.943,82	258,82	1.577,44	1.774,62
	III	22.948	-	1.835,84	2.065,32	-	1.704,16	1.917,18	-	1.575,52	1.772,46	-	1.450,08	1.631,34	-	1.327,68	1.493,64	-	1.208,32	1.359,36	-	1.092,16	1.228,68
	IV	32.786	1.803,23	2.622,88	2.950,74	1.702,05	2.547,68	2.866,14	1.590,19	2.472,48	2.781,54	1.478,33	2.397,28	2.696,94	1.366,47	2.322,08	2.612,34	1.254,73	2.246,96	2.527,83	1.142,87	2.171,76	2.443,23
	V	38.960	2.142,80	3.116,80	3.506,40																		
	VI	39.491	2.172,00	3.159,28	3.554,19																		
105.011,99	I	32.801	1.804,05	2.624,08	2.952,09	1.592,10	2.473,76	2.782,98	1.368,38	2.323,36	2.613,78	1.144,66	2.172,96	2.444,58	920,94	2.022,56	2.275,38	697,22	1.872,16	2.106,18	473,50	1.721,76	1.936,98
	II	31.012	1.602,81	2.480,96	2.791,08	1.379,09	2.330,56	2.621,88	1.155,37	2.180,16	2.452,68	931,65	2.029,76	2.283,48	708,05	1.879,44	2.114,37	484,33	1.729,04	1.945,17	260,61	1.578,64	1.775,97
	III	22.962	-	1.836,96	2.066,58	-	1.705,28	1.918,44	-	1.576,64	1.773,72	-	1.451,04	1.632,42	-	1.328,64	1.494,72	-	1.209,28	1.360,44	-	1.092,96	1.229,58
	IV	32.801	1.804,05	2.624,08	2.952,09	1.703,84	2.548,88	2.867,49	1.592,10	2.473,76	2.782,98	1.480,24	2.398,56	2.698,38	1.368,38	2.323,36	2.613,78	1.256,52	2.248,16	2.529,18	1.144,66	2.172,96	2.444,58
	V	38.975	2.143,62	3.118,00	3.507,75																		
	VI	39.506	2.172,83	3.160,48	3.555,54																		
105.047,99	I	32.817	1.804,93	2.625,36	2.953,53	1.593,88	2.474,96	2.784,33	1.370,16	2.324,56	2.615,13	1.146,44	2.174,16	2.445,93	922,72	2.023,76	2.276,73	699,00	1.873,36	2.107,53	475,28	1.722,96	1.938,33
	II	31.027	1.604,59	2.482,16	2.792,43	1.380,87	2.331,76	2.623,23	1.157,27	2.181,44	2.454,12	933,55	2.031,04	2.284,92	709,83	1.880,64	2.115,72	486,11	1.730,24	1.946,52	262,39	1.579,84	1.777,32
	III	22.974	-	1.837,92	2.067,66	-	1.706,24	1.919,52	-	1.577,60	1.774,80	-	1.452,00	1.633,50	-	1.329,60	1.495,80	-	1.210,24	1.361,52	-	1.093,92	1.230,66
	IV	32.817	1.804,93	2.625,36	2.953,53	1.705,74	2.550,16	2.868,93	1.593,88	2.474,96	2.784,33	1.482,02	2.399,76	2.699,73	1.370,16	2.324,56	2.615,13	1.258,30	2.249,36	2.530,53	1.146,44	2.174,16	2.445,93
	V	38.990	2.144,45	3.119,20	3.509,10																		
	VI	39.522	2.173,71	3.161,76	3.556,98																		
105.083,99	I	32.832	1.805,76	2.626,56	2.954,88	1.595,67	2.476,16	2.785,68	1.371,95	2.325,76	2.616,48	1.148,23	2.175,36	2.447,28	924,51	2.024,96	2.278,08	700,79	1.874,56	2.108,88	477,07	1.724,16	1.939,68
	II	31.042	1.606,38	2.483,36	2.793,78	1.382,78	2.333,04	2.624,67	1.159,06	2.182,64	2.455,47	935,34	2.032,24	2.286,27	711,62	1.881,84	2.117,07	487,90	1.731,44	1.947,87	264,18	1.581,04	1.778,67
	III	22.988	-	1.839,04	2.068,92	-	1.707,36	1.920,78	-	1.578,72	1.776,06	-	1.453,12	1.634,76	-	1.330,56	1.496,88	-	1.211,20	1.362,60	-	1.094,88	1.231,74
	IV	32.832	1.805,76	2.626,56	2.954,88	1.707,53	2.551,36	2.870,28	1.595,67	2.476,16	2.785,68	1.483,81	2.400,96	2.701,08	1.371,95	2.325,76	2.616,48	1.260,09	2.250,56	2.531,88	1.148,23	2.175,36	2.447,28
	V	39.005	2.145,27	3.120,40	3.510,45																		
	VI	39.537	2.174,53	3.162,96	3.558,33																		
105.119,99	I	32.847	1.806,58	2.627,76	2.956,23	1.597,45	2.477,36	2.787,03	1.373,73	2.326,96	2.617,83	1.150,01	2.176,56	2.448,63	926,29	2.026,16	2.279,43	702,57	1.875,76	2.110,23	478,85	1.725,36	1.941,03
	II	31.058	1.608,28	2.484,64	2.795,22	1.384,56	2.334,24	2.626,02	1.160,84	2.183,84	2.456,82	937,12	2.033,44	2.287,62	713,40	1.883,04	2.118,42	489,68	1.732,64	1.949,22	265,96	1.582,24	1.780,02
	III	23.002	-	1.840,16	2.070,18	-	1.708,32	1.921,86	-	1.579,68	1.777,14	-	1.454,08	1.635,84	-	1.331,52	1.497,96	-	1.212,16	1.363,68	-	1.095,84	1.232,82
	IV	32.847	1.806,58	2.627,76	2.956,23	1.709,31	2.552,56	2.871,63	1.597,45	2.477,36	2.787,03	1.485,59	2.402,16	2.702,43	1.373,73	2.326,96	2.617,83	1.261,87	2.251,76	2.533,23	1.150,01	2.176,56	2.448,63
	V	39.020	2.146,10	3.121,60	3.511,80																		
	VI	39.552	2.175,36	3.164,16	3.559,68																		
105.155,99	I	32.862	1.807,41	2.628,96	2.957,58	1.599,24	2.478,56	2.788,38	1.375,52	2.328,16	2.619,18	1.151,80	2.177,76	2.449,98	928,08	2.027,36	2.280,78	704,36	1.876,96	2.111,58	480,64	1.726,56	1.942,38
	II	31.073	1.610,07	2.485,84	2.796,57	1.386,35	2.335,44	2.627,37	1.162,63	2.185,04	2.458,17	938,91	2.034,64	2.288,97	715,19	1.884,24	2.119,77	491,47	1.733,84	1.950,57	267,75	1.583,44	1.781,37
	III	23.014	-	1.841,12	2.071,26	-	1.709,44	1.923,12	-	1.580,64	1.778,22	-	1.455,04	1.636,92	-	1.332,48	1.499,04	-	1.213,12	1.364,76	-	1.096,80	1.233,90
	IV	32.862	1.807,41	2.628,96	2.957,58	1.711,10	2.553,76	2.872,98	1.599,24	2.478,56	2.788,38	1.487,38	2.403,36	2.703,78	1.375,52	2.328,16	2.619,18	1.263,66	2.252,96	2.534,58	1.151,80	2.177,76	2.449,98
	V	39.035	2.146,92	3.122,80	3.513,15																		
	VI	39.567	2.176,18	3.165,36	3.561,03																		
105.191,99	I	32.877	1.808,23	2.630,16	2.958,93	1.601,02	2.479,76	2.789,73	1.377,30	2.329,36	2.620,53	1.153,58	2.178,96	2.451,33	929,86	2.028,56	2.282,13	706,14	1.878,16	2.112,93	482,54	1.727,84	1.943,82
	II	31.088	1.611,85	2.487,04	2.797,92	1.388,13	2.336,64	2.628,72	1.164,41	2.186,24	2.459,52	940,69	2.035,84	2.290,32	716,97	1.885,44	2.121,12	493,25	1.735,04	1.951,92	269,53	1.584,64	1.782,72
	III	23.028	-	1.842,24	2.072,52	-	1.710,40	1.924,20	-	1.581,76	1.779,48	-	1.456,00	1.638,00	-	1.333,44	1.500,12	-	1.214,08	1.365,84	-	1.097,60	1.234,80
	IV	32.877	1.808,23	2.630,16	2.958,93	1.712,88	2.554,96	2.874,33	1.601,02	2.479,76	2.789,73	1.489,16	2.404,56	2.705,13	1.377,30	2.329,36	2.620,53	1.265,44	2.254,16	2.535,93	1.153,58	2.178,96	2.451,33
	V	39.050	2.147,75	3.124,00	3.514,50																		
	VI	39.582	2.177,01	3.166,56	3.562,38																		
105.227,99	I	32.892	1.809,06	2.631,36	2.960,28	1.602,81	2.480,96	2.791,08	1.379,09	2.330,56	2.621,88	1.155,37	2.180,16	2.452,68	931,65	2.029,76	2.283,48	708,05	1.879,44	2.114,37	484,33	1.729,04	1.945,17
	II	31.103	1.613,64	2.488,24	2.799,27	1.389,92	2.337,84	2.630,07	1.166,20	2.187,44	2.460,87	942,48	2.037,04	2.291,67	718,76	1.886,64	2.122,47	495,04	1.736,24	1.953,27	271,32	1.585,84	1.784,07
	III	23.042	-	1.843,36	2.073,78	-	1.711,52	1.925,46	-	1.582,72	1.780,56	-	1.457,12	1.639,26	-	1.334,40	1.501,20	-	1.215,04	1.366,92	-	1.098,56	1.235,88
	IV	32.892	1.809,06	2.631,36	2.960,28	1.714,67	2.556,16	2.875,68	1.602,81	2.480,96	2.791,08	1.490,95	2.405,76	2.706,48	1.379,09	2.330,56	2.621,88	1.267,23	2.255,36	2.537,28	1.155,37	2.180,16	2.452,68
	V	39.065	2.148,57	3.125,20	3.515,85																		
	VI	39.597	2.177,83	3.167,76	3.563,73																		
105.263,99	I	32.907	1.809,88	2.632,56	2.961,63	1.604,59	2.482,16	2.792,43	1.380,87	2.331,76	2.623,23	1.157,27	2.181,44	2.454,12	933,55	2.031,04	2.284,92	709,83	1.880,64	2.115,72	486,11	1.730,24	1.946,52
	II	31.118	1.615,42	2.489,44	2.800,62	1.391,70	2.339,04	2.631,42	1.167,98	2.188,64	2.462,22	944,26	2.038,24	2.293,02	720,54	1.887,84	2.123,82	496,82	1.737,44	1.954,62	273,22	1.587,12	1.785,51
	III	23.056	-	1.844,48	2.075,04	-	1.712,48	1.926,54	-	1.583,84	1.781,82	-	1.458,08	1.640,34	-	1.335,52	1.502,46	-	1.216,00	1.368,00	-	1.099,52	1.236,96
	IV	32.907	1.809,88	2.632,56	2.961,63	1.716,45	2.557,36	2.877,03	1.604,59	2.482,16	2.792,43	1.492,73	2.406,96	2.707,83	1.380,87	2.331,76	2.623,23	1.269,01	2.256,56	2.538,63	1.157,27	2.181,44	2.454,12
	V	39.081	2.149,45	3.126,48	3.517,29																		
	VI	39.612	2.178,66	3.168,96	3.565,08																		
105.299,99	I	32.922	1.810,71	2.633,76	2.962,98	1.606,38	2.483,36	2.793,78	1.382,78	2.333,04	2.624,67	1.159,06	2.182,64	2.455,47	935,34	2.032,24	2.286,27	711,62	1.881,84	2.117,07	487,90	1.731,44	1.947,87
	II	31.133	1.617,21	2.490,64	2.801,97	1.393,49	2.340,24	2.632,77	1.169,77	2.189,84	2.463,57	946,05	2.039,44	2.294,37	722,44	1.889,12	2.125,26	498,72	1.738,72	1.956,06	275,00	1.588,32	1.786,86
	III	23.068	-	1.845,44	2.076,12	-	1.713,60	1.927,80	-	1.584,80	1.782,90	-	1.459,04	1.641,42	-	1.336,48	1.503,54	-	1.216,80	1.368,90	-	1.100,48	1.238,04
	IV	32.922	1.810,71	2.633,76	2.962,98	1.718,24	2.558,56	2.878,38	1.606,38	2.483,36	2.793,78	1.494,64	2.408,24	2.709,27	1.382,78	2.333,04	2.624,67	1.270,92	2.257,84	2.540,07	1.159,06	2.182,64	2.455,47
	V	39.096	2.150,28	3.127,68	3.518,64																		
	VI	39.627	2.179,48	3.170,16	3.566,43																		

SolZ/KiSt lt. Tabelle nicht für Sonstige Bezüge anwendbar.

Besondere Tabelle

JAHR bis 105.839,99 €

Lohn/ Gehalt bis	Steuerklasse	Lohn-steuer	ohne Kinderfreibetrag			Anzahl Kinderfreibeträge (nur Steuerklassen I–IV)																	
						0,5			1,0			1,5			2,0			2,5			3,0		
			SolZ 5,5%	Kirchensteuer 8%	9%	SolZ 5,5%	Kirchensteuer 8%	9%	SolZ 5,5%	Kirchensteuer 8%	9%	SolZ 5,5%	Kirchensteuer 8%	9%	SolZ 5,5%	Kirchensteuer 8%	9%	SolZ 5,5%	Kirchensteuer 8%	9%	SolZ 5,5%	Kirchensteuer 8%	9%
05.335,99	I	32.938	1.811,59	2.635,04	2.964,42	1.608,28	2.484,64	2.795,22	1.384,56	2.334,24	2.626,02	1.160,84	2.183,84	2.456,82	937,12	2.033,44	2.287,62	713,40	1.883,04	2.118,42	489,68	1.732,64	1.949,22
	II	31.148	1.618,99	2.491,84	2.803,32	1.395,27	2.341,44	2.634,12	1.171,55	2.191,04	2.464,92	947,95	2.040,72	2.295,81	724,23	1.890,32	2.126,61	500,51	1.739,92	1.957,41	276,79	1.589,52	1.788,21
	III	23.082	-	1.846,56	2.077,38	-	1.714,72	1.929,06	-	1.585,76	1.783,98	-	1.460,00	1.642,50	-	1.337,44	1.504,62	-	1.217,76	1.369,98	-	1.101,28	1.238,94
	IV	32.938	1.811,59	2.635,04	2.964,42	1.720,14	2.559,84	2.879,82	1.608,28	2.484,64	2.795,22	1.496,42	2.409,44	2.710,62	1.384,56	2.334,24	2.626,02	1.272,70	2.259,04	2.541,42	1.160,84	2.183,84	2.456,82
	V	39.111	2.151,10	3.128,88	3.519,99																		
	VI	39.643	2.180,36	3.171,44	3.567,87																		
05.371,99	I	32.953	1.812,41	2.636,24	2.965,77	1.610,07	2.485,84	2.796,57	1.386,35	2.335,44	2.627,37	1.162,63	2.185,04	2.458,17	938,91	2.034,64	2.288,97	715,19	1.884,24	2.119,77	491,47	1.733,84	1.950,57
	II	31.163	1.620,78	2.493,04	2.804,67	1.397,17	2.342,72	2.635,56	1.173,45	2.192,32	2.466,36	949,73	2.041,92	2.297,16	726,01	1.891,52	2.127,96	502,29	1.741,12	1.958,76	278,57	1.590,72	1.789,56
	III	23.096	-	1.847,68	2.078,64	-	1.715,68	1.930,14	-	1.586,88	1.785,24	-	1.461,12	1.643,76	-	1.338,40	1.505,70	-	1.218,72	1.371,06	-	1.102,24	1.240,02
	IV	32.953	1.812,41	2.636,24	2.965,77	1.721,93	2.561,04	2.881,17	1.610,07	2.485,84	2.796,57	1.498,21	2.410,64	2.711,97	1.386,35	2.335,44	2.627,37	1.274,49	2.260,24	2.542,77	1.162,63	2.185,04	2.458,17
	V	39.126	2.151,93	3.130,08	3.521,34																		
	VI	39.658	2.181,19	3.172,64	3.569,22																		
05.407,99	I	32.968	1.813,24	2.637,44	2.967,12	1.611,85	2.487,04	2.797,92	1.388,13	2.336,64	2.628,72	1.164,41	2.186,24	2.459,52	940,69	2.035,84	2.290,32	716,97	1.885,44	2.121,12	493,25	1.735,04	1.951,92
	II	31.179	1.622,68	2.494,32	2.806,11	1.398,96	2.343,92	2.636,91	1.175,24	2.193,52	2.467,71	951,52	2.043,12	2.298,51	727,80	1.892,72	2.129,31	504,08	1.742,32	1.960,11	280,36	1.591,92	1.790,91
	III	23.108	-	1.848,64	2.079,72	-	1.716,80	1.931,40	-	1.587,84	1.786,32	-	1.462,08	1.644,84	-	1.339,36	1.506,78	-	1.219,68	1.372,14	-	1.103,20	1.241,10
	IV	32.968	1.813,24	2.637,44	2.967,12	1.723,71	2.562,24	2.882,52	1.611,85	2.487,04	2.797,92	1.499,99	2.411,84	2.713,32	1.388,13	2.336,64	2.628,72	1.276,27	2.261,44	2.544,12	1.164,41	2.186,24	2.459,52
	V	39.141	2.152,75	3.131,28	3.522,69																		
	VI	39.673	2.182,01	3.173,84	3.570,57																		
05.443,99	I	32.983	1.814,06	2.638,64	2.968,47	1.613,64	2.488,24	2.799,27	1.389,92	2.337,84	2.630,07	1.166,20	2.187,44	2.460,87	942,48	2.037,04	2.291,67	718,76	1.886,64	2.122,47	495,04	1.736,24	1.953,27
	II	31.194	1.624,46	2.495,52	2.807,46	1.400,74	2.345,12	2.638,26	1.177,02	2.194,72	2.469,06	953,30	2.044,32	2.299,86	729,58	1.893,92	2.130,66	505,86	1.743,52	1.961,46	282,14	1.593,12	1.792,26
	III	23.122	-	1.849,76	2.080,98	-	1.717,76	1.932,48	-	1.588,96	1.787,58	-	1.463,04	1.645,92	-	1.340,32	1.507,86	-	1.220,64	1.373,22	-	1.104,16	1.242,18
	IV	32.983	1.814,06	2.638,64	2.968,47	1.725,50	2.563,44	2.883,87	1.613,64	2.488,24	2.799,27	1.501,78	2.413,04	2.714,67	1.389,92	2.337,84	2.630,07	1.278,06	2.262,64	2.545,47	1.166,20	2.187,44	2.460,87
	V	39.156	2.153,58	3.132,48	3.524,04																		
	VI	39.688	2.182,84	3.175,04	3.571,92																		
05.479,99	I	32.998	1.814,89	2.639,84	2.969,82	1.615,42	2.489,44	2.800,62	1.391,70	2.339,04	2.631,42	1.167,98	2.188,64	2.462,22	944,26	2.038,24	2.293,02	720,54	1.887,84	2.123,82	496,82	1.737,44	1.954,62
	II	31.209	1.626,25	2.496,72	2.808,81	1.402,53	2.346,32	2.639,61	1.178,81	2.195,92	2.470,41	955,09	2.045,52	2.301,21	731,37	1.895,12	2.132,01	507,65	1.744,72	1.962,81	283,93	1.594,32	1.793,61
	III	23.136	-	1.850,88	2.082,24	-	1.718,88	1.933,74	-	1.589,92	1.788,66	-	1.464,00	1.647,00	-	1.341,28	1.508,94	-	1.221,60	1.374,30	-	1.104,96	1.243,08
	IV	32.998	1.814,89	2.639,84	2.969,82	1.727,28	2.564,64	2.885,22	1.615,42	2.489,44	2.800,62	1.503,56	2.414,24	2.716,02	1.391,70	2.339,04	2.631,42	1.279,84	2.263,84	2.546,82	1.167,98	2.188,64	2.462,22
	V	39.171	2.154,40	3.133,68	3.525,39																		
	VI	39.703	2.183,66	3.176,24	3.573,27																		
05.515,99	I	33.013	1.815,71	2.641,04	2.971,17	1.617,21	2.490,64	2.801,97	1.393,49	2.340,24	2.632,77	1.169,77	2.189,84	2.463,57	946,05	2.039,44	2.294,37	722,44	1.889,12	2.125,26	498,72	1.738,72	1.956,06
	II	31.224	1.628,03	2.497,92	2.810,16	1.404,31	2.347,52	2.640,96	1.180,59	2.197,12	2.471,76	956,87	2.046,72	2.302,56	733,15	1.896,32	2.133,36	509,43	1.745,92	1.964,16	285,71	1.595,52	1.794,96
	III	23.150	-	1.852,00	2.083,50	-	1.719,84	1.934,82	-	1.590,88	1.789,74	-	1.465,12	1.648,26	-	1.342,24	1.510,02	-	1.222,56	1.375,38	-	1.105,92	1.244,16
	IV	33.013	1.815,71	2.641,04	2.971,17	1.729,07	2.565,84	2.886,57	1.617,21	2.490,64	2.801,97	1.505,35	2.415,44	2.717,37	1.393,49	2.340,24	2.632,77	1.281,63	2.265,04	2.548,17	1.169,77	2.189,84	2.463,57
	V	39.186	2.155,23	3.134,88	3.526,74																		
	VI	39.718	2.184,49	3.177,44	3.574,62																		
05.551,99	I	33.028	1.816,54	2.642,24	2.972,52	1.618,99	2.491,84	2.803,32	1.395,27	2.341,44	2.634,12	1.171,55	2.191,04	2.464,92	947,95	2.040,72	2.295,81	724,23	1.890,32	2.126,61	500,51	1.739,92	1.957,41
	II	31.239	1.629,82	2.499,12	2.811,51	1.406,10	2.348,72	2.642,31	1.182,38	2.198,32	2.473,11	958,66	2.047,92	2.303,91	734,94	1.897,52	2.134,71	511,22	1.747,12	1.965,51	287,62	1.596,80	1.796,40
	III	23.162	-	1.852,96	2.084,58	-	1.720,96	1.936,08	-	1.592,00	1.791,00	-	1.466,08	1.649,34	-	1.343,20	1.511,10	-	1.223,52	1.376,46	-	1.106,88	1.245,24
	IV	33.028	1.816,54	2.642,24	2.972,52	1.730,85	2.567,04	2.887,92	1.618,99	2.491,84	2.803,32	1.507,13	2.416,64	2.718,72	1.395,27	2.341,44	2.634,12	1.283,41	2.266,24	2.549,52	1.171,55	2.191,04	2.464,92
	V	39.202	2.156,11	3.136,16	3.528,18																		
	VI	39.733	2.185,31	3.178,64	3.575,97																		
05.587,99	I	33.043	1.817,36	2.643,44	2.973,87	1.620,78	2.493,04	2.804,67	1.397,17	2.342,72	2.635,56	1.173,45	2.192,32	2.466,36	949,73	2.041,92	2.297,16	726,01	1.891,52	2.127,96	502,29	1.741,12	1.958,76
	II	31.254	1.631,60	2.500,32	2.812,86	1.407,88	2.349,92	2.643,66	1.184,16	2.199,52	2.474,46	960,44	2.049,12	2.305,26	736,72	1.898,72	2.136,06	513,12	1.748,40	1.966,95	289,40	1.598,00	1.797,75
	III	23.176	-	1.854,08	2.085,84	-	1.721,92	1.937,16	-	1.592,96	1.792,08	-	1.467,04	1.650,42	-	1.344,16	1.512,18	-	1.224,48	1.377,54	-	1.107,84	1.246,32
	IV	33.043	1.817,36	2.643,44	2.973,87	1.732,64	2.568,24	2.889,27	1.620,78	2.493,04	2.804,67	1.508,92	2.417,84	2.720,07	1.397,17	2.342,72	2.635,56	1.285,31	2.267,52	2.550,96	1.173,45	2.192,32	2.466,36
	V	39.217	2.156,93	3.137,36	3.529,53																		
	VI	39.748	2.186,14	3.179,84	3.577,32																		
05.623,99	I	33.058	1.818,19	2.644,64	2.975,22	1.622,68	2.494,32	2.806,11	1.398,96	2.343,92	2.636,91	1.175,24	2.193,52	2.467,71	951,52	2.043,12	2.298,51	727,80	1.892,72	2.129,31	504,08	1.742,32	1.960,11
	II	31.269	1.633,39	2.501,52	2.814,21	1.409,67	2.351,12	2.645,01	1.185,95	2.200,72	2.475,81	962,35	2.050,40	2.306,70	738,63	1.900,00	2.137,50	514,91	1.749,60	1.968,30	291,19	1.599,20	1.799,10
	III	23.190	-	1.855,20	2.087,10	-	1.723,04	1.938,42	-	1.594,08	1.793,34	-	1.468,00	1.651,50	-	1.345,28	1.513,44	-	1.225,44	1.378,62	-	1.108,80	1.247,40
	IV	33.058	1.818,19	2.644,64	2.975,22	1.734,54	2.569,52	2.890,71	1.622,68	2.494,32	2.806,11	1.510,82	2.419,12	2.721,51	1.398,96	2.343,92	2.636,91	1.287,10	2.268,72	2.552,31	1.175,24	2.193,52	2.467,71
	V	39.232	2.157,76	3.138,56	3.530,88																		
	VI	39.763	2.186,96	3.181,04	3.578,67																		
05.659,99	I	33.074	1.819,07	2.645,92	2.976,66	1.624,46	2.495,52	2.807,46	1.400,74	2.345,12	2.638,26	1.177,02	2.194,72	2.469,06	953,30	2.044,32	2.299,86	729,58	1.893,92	2.130,66	505,86	1.743,52	1.961,46
	II	31.284	1.635,17	2.502,72	2.815,56	1.411,45	2.352,32	2.646,36	1.187,85	2.202,00	2.477,25	964,13	2.051,60	2.308,05	740,41	1.901,20	2.138,85	516,69	1.750,80	1.969,65	292,97	1.600,40	1.800,45
	III	23.202	-	1.856,16	2.088,18	-	1.724,16	1.939,68	-	1.595,04	1.794,42	-	1.469,12	1.652,76	-	1.346,24	1.514,52	-	1.226,40	1.379,70	-	1.109,60	1.248,30
	IV	33.074	1.819,07	2.645,92	2.976,66	1.736,32	2.570,72	2.892,06	1.624,46	2.495,52	2.807,46	1.512,60	2.420,32	2.722,86	1.400,74	2.345,12	2.638,26	1.288,88	2.269,92	2.553,66	1.177,02	2.194,72	2.469,06
	V	39.247	2.158,58	3.139,76	3.532,23																		
	VI	39.779	2.187,84	3.182,32	3.580,11																		
05.695,99	I	33.089	1.819,89	2.647,12	2.978,01	1.626,25	2.496,72	2.808,81	1.402,53	2.346,32	2.639,61	1.178,81	2.195,92	2.470,41	955,09	2.045,52	2.301,21	731,37	1.895,12	2.132,01	507,65	1.744,72	1.962,81
	II	31.300	1.637,08	2.504,00	2.817,00	1.413,36	2.353,60	2.647,80	1.189,64	2.203,20	2.478,60	965,92	2.052,80	2.309,40	742,20	1.902,40	2.140,20	518,48	1.752,00	1.971,00	294,76	1.601,60	1.801,80
	III	23.216	-	1.857,28	2.089,44	-	1.725,12	1.940,76	-	1.596,00	1.795,50	-	1.470,08	1.653,84	-	1.347,20	1.515,60	-	1.227,36	1.380,78	-	1.110,56	1.249,38
	IV	33.089	1.819,89	2.647,12	2.978,01	1.738,11	2.571,92	2.893,41	1.626,25	2.496,72	2.808,81	1.514,39	2.421,52	2.724,21	1.402,53	2.346,32	2.639,61	1.290,67	2.271,12	2.555,01	1.178,81	2.195,92	2.470,41
	V	39.262	2.159,41	3.140,96	3.533,58																		
	VI	39.794	2.188,67	3.183,52	3.581,46																		
05.731,99	I	33.104	1.820,72	2.648,32	2.979,36	1.628,03	2.497,92	2.810,16	1.404,31	2.347,52	2.640,96	1.180,59	2.197,12	2.471,76	956,87	2.046,72	2.302,56	733,15	1.896,32	2.133,36	509,43	1.745,92	1.964,16
	II	31.315	1.638,86	2.505,20	2.818,35	1.415,14	2.354,80	2.649,15	1.191,42	2.204,40	2.479,95	967,70	2.054,00	2.310,75	743,98	1.903,60	2.141,55	520,26	1.753,20	1.972,35	296,54	1.602,80	1.803,15
	III	23.230	-	1.858,40	2.090,70	-	1.726,24	1.942,02	-	1.597,12	1.796,76	-	1.471,04	1.654,92	-	1.348,16	1.516,68	-	1.228,32	1.381,86	-	1.111,52	1.250,46
	IV	33.104	1.820,72	2.648,32	2.979,36	1.739,89	2.573,12	2.894,76	1.628,03	2.497,92	2.810,16	1.516,17	2.422,72	2.725,56	1.404,31	2.347,52	2.640,96	1.292,45	2.272,32	2.556,36	1.180,59	2.197,12	2.471,76
	V	39.277	2.160,23	3.142,16	3.534,93																		
	VI	39.809	2.189,49	3.184,72	3.582,81																		
05.767,99	I	33.119	1.821,54	2.649,52	2.980,71	1.629,82	2.499,12	2.811,51	1.406,10	2.348,72	2.642,31	1.182,38	2.198,32	2.473,11	958,66	2.047,92	2.303,91	734,94	1.897,52	2.134,71	511,22	1.747,12	1.965,51
	II	31.330	1.640,65	2.506,40	2.819,70	1.416,93	2.356,00	2.650,50	1.193,21	2.205,60	2.481,30	969,49	2.055,20	2.312,10	745,77	1.904,80	2.142,90	522,05	1.754,40	1.973,70	298,33	1.604,00	1.804,50
	III	23.244	-	1.859,52	2.091,96	-	1.727,20	1.943,10	-	1.598,08	1.797,84	-	1.472,00	1.656,00	-	1.349,12	1.517,76	-	1.229,28	1.382,94	-	1.112,48	1.251,54
	IV	33.119	1.821,54	2.649,52	2.980,71	1.741,68	2.574,32	2.896,11	1.629,82	2.499,12	2.811,51	1.517,96	2.423,92	2.726,91	1.406,10	2.348,72	2.642,31	1.294,24	2.273,52	2.557,71	1.182,38	2.198,32	2.473,11
	V	39.292	2.161,06	3.143,36	3.536,28																		
	VI	39.824	2.190,32	3.185,92	3.584,16																		
05.803,99	I	33.134	1.822,37	2.650,72	2.982,06	1.631,60	2.500,32	2.812,86	1.407,88	2.349,92	2.643,66	1.184,16	2.199,52	2.474,46	960,44	2.049,12	2.305,26	736,72	1.898,72	2.136,06	513,12	1.748,40	1.966,95
	II	31.345	1.642,43	2.507,60	2.821,05	1.418,71	2.357,20	2.651,85	1.194,99	2.206,80	2.482,65	971,27	2.056,40	2.313,45	747,55	1.906,00	2.144,25	523,83	1.755,60	1.975,05	300,11	1.605,20	1.805,85
	III	23.256	-	1.860,48	2.093,04	-	1.728,32	1.944,36	-	1.599,20	1.799,10	-	1.473,12	1.657,26	-	1.350,08	1.518,84	-	1.230,24	1.384,02	-	1.113,44	1.252,62
	IV	33.134	1.822,37	2.650,72	2.982,06	1.743,46	2.575,52	2.897,46	1.631,60	2.500,32	2.812,86	1.519,74	2.425,12	2.728,26	1.407,88	2.349,92	2.643,66	1.296,02	2.274,72	2.559,06	1.184,16	2.199,52	2.474,46
	V	39.307	2.161,88	3.144,56	3.537,63																		
	VI	39.839	2.191,14	3.187,12	3.585,51																		
05.839,99	I	33.149	1.823,19	2.651,92	2.983,41	1.633,39	2.501,52	2.814,21	1.409,67	2.351,12	2.645,01	1.185,95	2.200,72	2.475,81	962,35	2.050,40	2.306,70	738,63	1.900,00	2.137,50	514,91	1.749,60	1.968,30
	II	31.360	1.644,22	2.508,80	2.822,40	1.420,50	2.358,40	2.653,20	1.196,78	2.208,00	2.484,00	973,06	2.057,60	2.314,80	749,34	1.907,20	2.145,60	525,62	1.756,80	1.976,40	301,90	1.606,40	1.807,20
	III	23.270	-	1.861,60	2.094,30	-	1.729,28	1.945,44	-	1.600,16	1.800,18	-	1.474,08	1.658,34	-	1.351,04	1.519,92	-	1.231,20	1.385,10	-	1.114,24	1.253,52
	IV	33.149	1.823,19	2.651,92	2.983,41	1.745,25	2.576,72	2.898,81	1.633,39	2.501,52	2.814,21	1.521,53	2.426,32	2.729,61	1.409,67	2.351,12	2.645,01	1.297,81	2.275,92	2.560,41	1.185,95	2.200,72	2.475,81
	V	39.322	2.162,71	3.145,76	3.538,98																		
	VI	39.854	2.191,97	3.188,32	3.586,86																		

SolZ/KiSt lt. Tabelle nicht für Sonstige Bezüge anwendbar.

Lohn/ Gehalt bis	Steuerklasse	Lohn-steuer	ohne Kinderfreibetrag			Anzahl Kinderfreibeträge (nur Steuerklassen I–IV)																	
						0,5			1,0			1,5			2,0			2,5			3,0		
			SolZ 5,5%	Kirchensteuer 8%	9%	SolZ 5,5%	Kirchensteuer 8%	9%	SolZ 5,5%	Kirchensteuer 8%	9%	SolZ 5,5%	Kirchensteuer 8%	9%	SolZ 5,5%	Kirchensteuer 8%	9%	SolZ 5,5%	Kirchensteuer 8%	9%	SolZ 5,5%	Kirchensteuer 8%	9%
105.875,99	I	33.164	1.824,02	2.653,12	2.984,76	1.635,17	2.502,72	2.815,56	1.411,45	2.352,32	2.646,36	1.187,85	2.202,00	2.477,25	964,13	2.051,60	2.308,05	740,41	1.901,20	2.138,85	516,69	1.750,80	1.969,6
	II	31.375	1.646,00	2.510,00	2.823,75	1.422,28	2.359,60	2.654,55	1.198,56	2.209,20	2.485,35	974,84	2.058,80	2.316,15	751,12	1.908,40	2.146,95	527,52	1.758,08	1.977,84	303,80	1.607,68	1.808,6
	III	23.284	-	1.862,72	2.095,56	-	1.730,40	1.946,70	-	1.601,12	1.801,26	-	1.475,04	1.659,42	-	1.352,00	1.521,00	-	1.232,16	1.386,18	-	1.115,20	1.254,6
	IV	33.164	1.824,02	2.653,12	2.984,76	1.747,03	2.577,92	2.900,16	1.635,17	2.502,72	2.815,56	1.523,31	2.427,52	2.730,96	1.411,45	2.352,32	2.646,36	1.299,71	2.277,20	2.561,85	1.187,85	2.202,00	2.477,2
	V	39.338	2.163,59	3.147,04	3.540,42																		
	VI	39.869	2.192,79	3.189,52	3.588,21																		
105.911,99	I	33.179	1.824,84	2.654,32	2.986,11	1.637,08	2.504,00	2.817,00	1.413,36	2.353,60	2.647,80	1.189,64	2.203,20	2.478,60	965,92	2.052,80	2.309,40	742,20	1.902,40	2.140,20	518,48	1.752,00	1.971,0
	II	31.390	1.647,79	2.511,20	2.825,10	1.424,07	2.360,80	2.655,90	1.200,35	2.210,40	2.486,70	976,63	2.060,00	2.317,50	753,03	1.909,68	2.148,39	529,31	1.759,28	1.979,19	305,59	1.608,88	1.809,9
	III	23.298	-	1.863,84	2.096,82	-	1.731,52	1.947,96	-	1.602,24	1.802,52	-	1.476,00	1.660,50	-	1.352,96	1.522,08	-	1.233,12	1.387,26	-	1.116,16	1.255,6
	IV	33.179	1.824,84	2.654,32	2.986,11	1.748,82	2.579,12	2.901,51	1.637,08	2.504,00	2.817,00	1.525,22	2.428,80	2.732,40	1.413,36	2.353,60	2.647,80	1.301,50	2.278,40	2.563,20	1.189,64	2.203,20	2.478,6
	V	39.353	2.164,41	3.148,24	3.541,77																		
	VI	39.884	2.193,62	3.190,72	3.589,56																		
105.947,99	I	33.195	1.825,72	2.655,60	2.987,55	1.638,86	2.505,20	2.818,35	1.415,14	2.354,80	2.649,15	1.191,42	2.204,40	2.479,95	967,70	2.054,00	2.310,75	743,98	1.903,60	2.141,55	520,26	1.753,20	1.972,3
	II	31.405	1.649,57	2.512,40	2.826,45	1.425,85	2.362,00	2.657,25	1.202,25	2.211,68	2.488,14	978,53	2.061,28	2.318,94	754,81	1.910,88	2.149,74	531,09	1.760,48	1.980,54	307,37	1.610,08	1.811,3
	III	23.310	-	1.864,80	2.097,90	-	1.732,48	1.949,04	-	1.603,20	1.803,60	-	1.477,12	1.661,76	-	1.353,92	1.523,16	-	1.233,92	1.388,16	-	1.117,12	1.256,7
	IV	33.195	1.825,72	2.655,60	2.987,55	1.750,72	2.580,40	2.902,95	1.638,86	2.505,20	2.818,35	1.527,00	2.430,00	2.733,75	1.415,14	2.354,80	2.649,15	1.303,28	2.279,60	2.564,55	1.191,42	2.204,40	2.479,9
	V	39.368	2.165,24	3.149,44	3.543,12																		
	VI	39.900	2.194,50	3.192,00	3.591,00																		
105.983,99	I	33.210	1.826,55	2.656,80	2.988,90	1.640,65	2.506,40	2.819,70	1.416,93	2.356,00	2.650,50	1.193,21	2.205,60	2.481,30	969,49	2.055,20	2.312,10	745,77	1.904,80	2.142,90	522,05	1.754,40	1.973,7
	II	31.420	1.651,36	2.513,60	2.827,80	1.427,76	2.363,28	2.658,69	1.204,04	2.212,88	2.489,49	980,32	2.062,48	2.320,29	756,60	1.912,08	2.151,09	532,88	1.761,68	1.981,89	309,16	1.611,28	1.812,6
	III	23.324	-	1.865,92	2.099,16	-	1.733,60	1.950,30	-	1.604,32	1.804,86	-	1.478,08	1.662,84	-	1.355,04	1.524,42	-	1.234,88	1.389,24	-	1.118,08	1.257,8
	IV	33.210	1.826,55	2.656,80	2.988,90	1.752,51	2.581,60	2.904,30	1.640,65	2.506,40	2.819,70	1.528,79	2.431,20	2.735,10	1.416,93	2.356,00	2.650,50	1.305,07	2.280,80	2.565,90	1.193,21	2.205,60	2.481,3
	V	39.383	2.166,06	3.150,64	3.544,47																		
	VI	39.915	2.195,32	3.193,20	3.592,35																		
106.019,99	I	33.225	1.827,37	2.658,00	2.990,25	1.642,43	2.507,60	2.821,05	1.418,71	2.357,20	2.651,85	1.194,99	2.206,80	2.482,65	971,27	2.056,40	2.313,45	747,55	1.906,00	2.144,25	523,83	1.755,60	1.975,0
	II	31.436	1.653,26	2.514,88	2.829,24	1.429,54	2.364,48	2.660,04	1.205,82	2.214,08	2.490,84	982,10	2.063,68	2.321,64	758,38	1.913,28	2.152,44	534,66	1.762,88	1.983,24	310,94	1.612,48	1.814,0
	III	23.338	-	1.867,04	2.100,42	-	1.734,56	1.951,38	-	1.605,28	1.805,94	-	1.479,04	1.663,92	-	1.356,00	1.525,50	-	1.235,84	1.390,32	-	1.118,88	1.258,7
	IV	33.225	1.827,37	2.658,00	2.990,25	1.754,29	2.582,80	2.905,65	1.642,43	2.507,60	2.821,05	1.530,57	2.432,40	2.736,45	1.418,71	2.357,20	2.651,85	1.306,85	2.282,00	2.567,25	1.194,99	2.206,80	2.482,6
	V	39.398	2.166,89	3.151,84	3.545,82																		
	VI	39.930	2.196,15	3.194,40	3.593,70																		
106.055,99	I	33.240	1.828,20	2.659,20	2.991,60	1.644,22	2.508,80	2.822,40	1.420,50	2.358,40	2.653,20	1.196,78	2.208,00	2.484,00	973,06	2.057,60	2.314,80	749,34	1.907,20	2.145,60	525,62	1.756,80	1.976,4
	II	31.451	1.655,05	2.516,08	2.830,59	1.431,33	2.365,68	2.661,39	1.207,61	2.215,28	2.492,19	983,89	2.064,88	2.322,99	760,17	1.914,48	2.153,79	536,45	1.764,08	1.984,59	312,73	1.613,68	1.815,3
	III	23.350	-	1.868,00	2.101,50	-	1.735,68	1.952,64	-	1.606,40	1.807,20	-	1.480,16	1.665,18	-	1.356,96	1.526,58	-	1.236,80	1.391,40	-	1.119,84	1.259,8
	IV	33.240	1.828,20	2.659,20	2.991,60	1.756,08	2.584,00	2.907,00	1.644,22	2.508,80	2.822,40	1.532,36	2.433,60	2.737,80	1.420,50	2.358,40	2.653,20	1.308,64	2.283,20	2.568,60	1.196,78	2.208,00	2.484,0
	V	39.413	2.167,71	3.153,04	3.547,17																		
	VI	39.945	2.196,97	3.195,60	3.595,05																		
106.091,99	I	33.255	1.829,02	2.660,40	2.992,95	1.646,00	2.510,00	2.823,75	1.422,28	2.359,60	2.654,55	1.198,56	2.209,20	2.485,35	974,84	2.058,80	2.316,15	751,12	1.908,40	2.146,95	527,52	1.758,08	1.977,8
	II	31.466	1.656,83	2.517,28	2.831,94	1.433,11	2.366,88	2.662,74	1.209,39	2.216,48	2.493,54	985,67	2.066,08	2.324,34	761,95	1.915,68	2.155,14	538,23	1.765,28	1.985,94	314,51	1.614,88	1.816,7
	III	23.364	-	1.869,12	2.102,76	-	1.736,64	1.953,72	-	1.607,36	1.808,28	-	1.481,12	1.666,26	-	1.357,92	1.527,66	-	1.237,76	1.392,48	-	1.120,80	1.260,9
	IV	33.255	1.829,02	2.660,40	2.992,95	1.757,86	2.585,20	2.908,35	1.646,00	2.510,00	2.823,75	1.534,14	2.434,80	2.739,15	1.422,28	2.359,60	2.654,55	1.310,42	2.284,40	2.569,95	1.198,56	2.209,20	2.485,3
	V	39.428	2.168,54	3.154,24	3.548,52																		
	VI	39.960	2.197,80	3.196,80	3.596,40																		
106.127,99	I	33.270	1.829,85	2.661,60	2.994,30	1.647,79	2.511,20	2.825,10	1.424,07	2.360,80	2.655,90	1.200,35	2.210,40	2.486,70	976,63	2.060,00	2.317,50	753,03	1.909,68	2.148,39	529,31	1.759,28	1.979,1
	II	31.481	1.658,62	2.518,48	2.833,29	1.434,90	2.368,08	2.664,09	1.211,18	2.217,68	2.494,89	987,46	2.067,28	2.325,69	763,74	1.916,88	2.156,49	540,02	1.766,48	1.987,29	316,30	1.616,08	1.818,0
	III	23.378	-	1.870,24	2.104,02	-	1.737,76	1.954,98	-	1.608,32	1.809,36	-	1.482,08	1.667,34	-	1.358,88	1.528,74	-	1.238,72	1.393,56	-	1.121,76	1.261,9
	IV	33.270	1.829,85	2.661,60	2.994,30	1.759,65	2.586,40	2.909,70	1.647,79	2.511,20	2.825,10	1.535,93	2.436,00	2.740,50	1.424,07	2.360,80	2.655,90	1.312,21	2.285,60	2.571,30	1.200,35	2.210,40	2.486,7
	V	39.443	2.169,36	3.155,44	3.549,87																		
	VI	39.975	2.198,62	3.198,00	3.597,75																		
106.163,99	I	33.285	1.830,67	2.662,80	2.995,65	1.649,57	2.512,40	2.826,45	1.425,85	2.362,00	2.657,25	1.202,25	2.211,68	2.488,14	978,53	2.061,28	2.318,94	754,81	1.910,88	2.149,74	531,09	1.760,48	1.980,5
	II	31.496	1.660,40	2.519,68	2.834,64	1.436,68	2.369,28	2.665,44	1.212,96	2.218,88	2.496,24	989,24	2.068,48	2.327,04	765,52	1.918,08	2.157,84	541,80	1.767,68	1.988,64	318,20	1.617,36	1.819,5
	III	23.392	-	1.871,36	2.105,28	-	1.738,88	1.956,24	-	1.609,44	1.810,62	-	1.483,04	1.668,42	-	1.359,84	1.529,82	-	1.239,68	1.394,64	-	1.122,72	1.263,0
	IV	33.285	1.830,67	2.662,80	2.995,65	1.761,43	2.587,60	2.911,05	1.649,57	2.512,40	2.826,45	1.537,71	2.437,20	2.741,85	1.425,85	2.362,00	2.657,25	1.313,99	2.286,80	2.572,65	1.202,25	2.211,68	2.488,1
	V	39.459	2.170,24	3.156,72	3.551,31																		
	VI	39.990	2.199,45	3.199,20	3.599,10																		
106.199,99	I	33.300	1.831,50	2.664,00	2.997,00	1.651,36	2.513,60	2.827,80	1.427,76	2.363,28	2.658,69	1.204,04	2.212,88	2.489,49	980,32	2.062,48	2.320,29	756,60	1.912,08	2.151,09	532,88	1.761,68	1.981,8
	II	31.511	1.662,19	2.520,88	2.835,99	1.438,47	2.370,48	2.666,79	1.214,75	2.220,08	2.497,59	991,03	2.069,68	2.328,39	767,43	1.919,36	2.159,28	543,71	1.768,96	1.990,08	319,99	1.618,56	1.820,8
	III	23.404	-	1.872,32	2.106,36	-	1.739,84	1.957,32	-	1.610,40	1.811,70	-	1.484,16	1.669,68	-	1.360,80	1.530,90	-	1.240,64	1.395,72	-	1.123,52	1.263,9
	IV	33.300	1.831,50	2.664,00	2.997,00	1.763,22	2.588,80	2.912,40	1.651,36	2.513,60	2.827,80	1.539,62	2.438,48	2.743,29	1.427,76	2.363,28	2.658,69	1.315,90	2.288,08	2.574,09	1.204,04	2.212,88	2.489,4
	V	39.474	2.171,07	3.157,92	3.552,66																		
	VI	40.005	2.200,27	3.200,40	3.600,45																		
106.235,99	I	33.316	1.832,38	2.665,28	2.998,44	1.653,26	2.514,88	2.829,24	1.429,54	2.364,48	2.660,04	1.205,82	2.214,08	2.490,84	982,10	2.063,68	2.321,64	758,38	1.913,28	2.152,44	534,66	1.762,88	1.983,2
	II	31.526	1.663,97	2.522,08	2.837,34	1.440,25	2.371,68	2.668,14	1.216,53	2.221,28	2.498,94	992,93	2.070,96	2.329,83	769,21	1.920,56	2.160,63	545,49	1.770,16	1.991,43	321,77	1.619,76	1.822,2
	III	23.418	-	1.873,44	2.107,62	-	1.740,96	1.958,58	-	1.611,52	1.812,96	-	1.485,12	1.670,76	-	1.361,76	1.531,98	-	1.241,60	1.396,80	-	1.124,48	1.265,0
	IV	33.316	1.832,38	2.665,28	2.998,44	1.765,12	2.590,08	2.913,84	1.653,26	2.514,88	2.829,24	1.541,40	2.439,68	2.744,64	1.429,54	2.364,48	2.660,04	1.317,68	2.289,28	2.575,44	1.205,82	2.214,08	2.490,8
	V	39.489	2.171,89	3.159,12	3.554,01																		
	VI	40.021	2.201,15	3.201,68	3.601,89																		
106.271,99	I	33.331	1.833,20	2.666,48	2.999,79	1.655,05	2.516,08	2.830,59	1.431,33	2.365,68	2.661,39	1.207,61	2.215,28	2.492,19	983,89	2.064,88	2.322,99	760,17	1.914,48	2.153,79	536,45	1.764,08	1.984,5
	II	31.541	1.665,76	2.523,28	2.838,69	1.442,16	2.372,96	2.669,58	1.218,44	2.222,56	2.500,38	994,72	2.072,16	2.331,18	771,00	1.921,76	2.161,98	547,28	1.771,36	1.992,78	323,56	1.620,96	1.823,5
	III	23.432	-	1.874,56	2.108,88	-	1.741,92	1.959,66	-	1.612,48	1.814,04	-	1.486,08	1.671,84	-	1.362,72	1.533,06	-	1.242,56	1.397,88	-	1.125,44	1.266,1
	IV	33.331	1.833,20	2.666,48	2.999,79	1.766,91	2.591,28	2.915,19	1.655,05	2.516,08	2.830,59	1.543,19	2.440,88	2.745,99	1.431,33	2.365,68	2.661,39	1.319,47	2.290,48	2.576,79	1.207,61	2.215,28	2.492,1
	V	39.504	2.172,72	3.160,32	3.555,36																		
	VI	40.036	2.201,98	3.202,88	3.603,24																		
106.307,99	I	33.346	1.834,03	2.667,68	3.001,14	1.656,83	2.517,28	2.831,94	1.433,11	2.366,88	2.662,74	1.209,39	2.216,48	2.493,54	985,67	2.066,08	2.324,34	761,95	1.915,68	2.155,14	538,23	1.765,28	1.985,9
	II	31.557	1.667,66	2.524,56	2.840,13	1.443,94	2.374,16	2.670,93	1.220,22	2.223,76	2.501,73	996,50	2.073,36	2.332,53	772,78	1.922,96	2.163,33	549,06	1.772,56	1.994,13	325,34	1.622,16	1.824,9
	III	23.446	-	1.875,68	2.110,14	-	1.743,04	1.960,92	-	1.613,60	1.815,30	-	1.487,04	1.672,92	-	1.363,84	1.534,32	-	1.243,52	1.398,96	-	1.126,40	1.267,2
	IV	33.346	1.834,03	2.667,68	3.001,14	1.768,69	2.592,48	2.916,54	1.656,83	2.517,28	2.831,94	1.544,97	2.442,08	2.747,34	1.433,11	2.366,88	2.662,74	1.321,25	2.291,68	2.578,14	1.209,39	2.216,48	2.493,5
	V	39.519	2.173,54	3.161,52	3.556,71																		
	VI	40.051	2.202,80	3.204,08	3.604,59																		
106.343,99	I	33.361	1.834,85	2.668,88	3.002,49	1.658,62	2.518,48	2.833,29	1.434,90	2.368,08	2.664,09	1.211,18	2.217,68	2.494,89	987,46	2.067,28	2.325,69	763,74	1.916,88	2.156,49	540,02	1.766,48	1.987,2
	II	31.572	1.669,45	2.525,76	2.841,48	1.445,73	2.375,36	2.672,28	1.222,01	2.224,96	2.503,08	998,29	2.074,56	2.333,88	774,57	1.924,16	2.164,68	550,85	1.773,76	1.995,48	327,13	1.623,36	1.826,2
	III	23.458	-	1.876,64	2.111,22	-	1.744,16	1.962,18	-	1.614,56	1.816,38	-	1.488,16	1.674,18	-	1.364,80	1.535,40	-	1.244,48	1.400,04	-	1.127,36	1.268,2
	IV	33.361	1.834,85	2.668,88	3.002,49	1.770,48	2.593,68	2.917,89	1.658,62	2.518,48	2.833,29	1.546,76	2.443,28	2.748,69	1.434,90	2.368,08	2.664,09	1.323,04	2.292,88	2.579,49	1.211,18	2.217,68	2.494,8
	V	39.534	2.174,37	3.162,72	3.558,06																		
	VI	40.066	2.203,63	3.205,28	3.605,94																		
106.379,99	I	33.376	1.835,68	2.670,08	3.003,84	1.660,40	2.519,68	2.834,64	1.436,68	2.369,28	2.665,44	1.212,96	2.218,88	2.496,24	989,24	2.068,48	2.327,04	765,52	1.918,08	2.157,84	541,80	1.767,68	1.988,6
	II	31.587	1.671,23	2.526,96	2.842,83	1.447,51	2.376,56	2.673,63	1.223,79	2.226,16	2.504,43	1.000,07	2.075,76	2.335,23	776,35	1.925,36	2.166,03	552,63	1.774,96	1.996,83	328,91	1.624,56	1.827,6
	III	23.472	-	1.877,76	2.112,48	-	1.745,12	1.963,26	-	1.615,52	1.817,46	-	1.489,12	1.675,26	-	1.365,76	1.536,48	-	1.245,44	1.401,12	-	1.128,16	1.269,1
	IV	33.376	1.835,68	2.670,08	3.003,84	1.772,26	2.594,88	2.919,24	1.660,40	2.519,68	2.834,64	1.548,54	2.444,48	2.750,04	1.436,68	2.369,28	2.665,44	1.324,82	2.294,08	2.580,84	1.212,96	2.218,88	2.496,2
	V	39.549	2.175,19	3.163,92	3.559,41																		
	VI	40.081	2.204,45	3.206,48	3.607,29																		

SolZ/KiSt lt. Tabelle nicht für Sonstige Bezüge anwendbar.

Besondere Tabelle

JAHR bis 106.919,99 €

Lohn/ Gehalt bis	Steuerklasse	Lohn- steuer	ohne Kinderfreibetrag SolZ 5,5%	ohne Kinderfreibetrag Kirchensteuer 8%	ohne Kinderfreibetrag Kirchensteuer 9%	0,5 SolZ 5,5%	0,5 Kirchensteuer 8%	0,5 Kirchensteuer 9%	1,0 SolZ 5,5%	1,0 Kirchensteuer 8%	1,0 Kirchensteuer 9%	1,5 SolZ 5,5%	1,5 Kirchensteuer 8%	1,5 Kirchensteuer 9%	2,0 SolZ 5,5%	2,0 Kirchensteuer 8%	2,0 Kirchensteuer 9%	2,5 SolZ 5,5%	2,5 Kirchensteuer 8%	2,5 Kirchensteuer 9%	3,0 SolZ 5,5%	3,0 Kirchensteuer 8%	3,0 Kirchensteuer 9%
						Anzahl Kinderfreibeträge (nur Steuerklassen I–IV)																	
106.415,99	I	33.391	1.836,50	2.671,28	3.005,19	1.662,19	2.520,88	2.835,99	1.438,47	2.370,48	2.666,79	1.214,75	2.220,08	2.497,59	991,03	2.069,68	2.328,39	767,43	1.919,36	2.159,28	543,71	1.768,96	1.990,08
	II	31.602	1.673,02	2.528,16	2.844,18	1.449,30	2.377,76	2.674,98	1.225,58	2.227,36	2.505,78	1.001,86	2.076,96	2.336,58	778,14	1.926,56	2.167,38	554,42	1.776,16	1.998,18	330,70	1.625,76	1.828,98
	III	23.486	-	1.878,88	2.113,74	-	1.746,24	1.964,52	-	1.616,64	1.818,72	-	1.490,08	1.676,34	-	1.366,72	1.537,56	-	1.246,40	1.402,20	-	1.129,12	1.270,26
	IV	33.391	1.836,50	2.671,28	3.005,19	1.774,05	2.596,08	2.920,59	1.662,19	2.520,88	2.835,99	1.550,33	2.445,68	2.751,39	1.438,47	2.370,48	2.666,79	1.326,61	2.295,28	2.582,19	1.214,75	2.220,08	2.497,59
	V	39.564	2.176,02	3.165,12	3.560,76																		
	VI	40.096	2.205,28	3.207,68	3.608,64																		
106.451,99	I	33.406	1.837,33	2.672,48	3.006,54	1.663,97	2.522,08	2.837,34	1.440,25	2.371,68	2.668,14	1.216,53	2.221,28	2.498,94	992,93	2.070,96	2.329,83	769,21	1.920,56	2.160,63	545,49	1.770,16	1.991,43
	II	31.617	1.674,80	2.529,36	2.845,53	1.451,08	2.378,96	2.676,33	1.227,36	2.228,56	2.507,13	1.003,64	2.078,16	2.337,93	779,92	1.927,76	2.168,73	556,20	1.777,36	1.999,53	332,60	1.627,04	1.830,42
	III	23.500	-	1.880,00	2.115,00	-	1.747,20	1.965,60	-	1.617,60	1.819,80	-	1.491,20	1.677,60	-	1.367,68	1.538,64	-	1.247,36	1.403,28	-	1.130,08	1.271,34
	IV	33.406	1.837,33	2.672,48	3.006,54	1.775,83	2.597,28	2.921,94	1.663,97	2.522,08	2.837,34	1.552,11	2.446,88	2.752,74	1.440,25	2.371,68	2.668,14	1.328,39	2.296,48	2.583,54	1.216,53	2.221,28	2.498,94
	V	39.580	2.176,90	3.166,40	3.562,20																		
	VI	40.111	2.206,10	3.208,88	3.609,99																		
106.487,99	I	33.421	1.838,15	2.673,68	3.007,89	1.665,76	2.523,28	2.838,69	1.442,16	2.372,96	2.669,58	1.218,44	2.222,56	2.500,38	994,72	2.072,16	2.331,18	771,00	1.921,76	2.161,98	547,28	1.771,36	1.992,78
	II	31.632	1.676,59	2.530,56	2.846,88	1.452,87	2.380,16	2.677,68	1.229,15	2.229,76	2.508,48	1.005,43	2.079,36	2.339,28	781,71	1.928,96	2.170,08	558,11	1.778,64	2.000,97	334,39	1.628,24	1.831,77
	III	23.512	-	1.880,96	2.116,08	-	1.748,32	1.966,86	-	1.618,72	1.821,06	-	1.492,16	1.678,68	-	1.368,64	1.539,72	-	1.248,32	1.404,36	-	1.131,04	1.272,42
	IV	33.421	1.838,15	2.673,68	3.007,89	1.777,62	2.598,48	2.923,29	1.665,76	2.523,28	2.838,69	1.553,90	2.448,08	2.754,09	1.442,16	2.372,96	2.669,58	1.330,30	2.297,76	2.584,98	1.218,44	2.222,56	2.500,38
	V	39.595	2.177,72	3.167,60	3.563,55																		
	VI	40.126	2.206,93	3.210,08	3.611,34																		
106.523,99	I	33.436	1.838,98	2.674,88	3.009,24	1.667,66	2.524,56	2.840,13	1.443,94	2.374,16	2.670,93	1.220,22	2.223,76	2.501,73	996,50	2.073,36	2.332,53	772,78	1.922,96	2.163,33	549,06	1.772,56	1.994,13
	II	31.647	1.678,37	2.531,76	2.848,23	1.454,65	2.381,36	2.679,03	1.230,93	2.230,96	2.509,83	1.007,33	2.080,64	2.340,72	783,61	1.930,24	2.171,52	559,89	1.779,84	2.002,32	336,17	1.629,44	1.833,12
	III	23.526	-	1.882,08	2.117,34	-	1.749,28	1.967,94	-	1.619,68	1.822,14	-	1.493,12	1.679,76	-	1.369,60	1.540,80	-	1.249,28	1.405,44	-	1.132,00	1.273,50
	IV	33.436	1.838,98	2.674,88	3.009,24	1.779,52	2.599,76	2.924,73	1.667,66	2.524,56	2.840,13	1.555,80	2.449,36	2.755,53	1.443,94	2.374,16	2.670,93	1.332,08	2.298,96	2.586,33	1.220,22	2.223,76	2.501,73
	V	39.610	2.178,55	3.168,80	3.564,90																		
	VI	40.141	2.207,75	3.211,28	3.612,69																		
106.559,99	I	33.452	1.839,86	2.676,16	3.010,68	1.669,45	2.525,76	2.841,48	1.445,73	2.375,36	2.672,28	1.222,01	2.224,96	2.503,08	998,29	2.074,56	2.333,88	774,57	1.924,16	2.164,68	550,85	1.773,76	1.995,48
	II	31.662	1.680,16	2.532,96	2.849,58	1.456,44	2.382,56	2.680,38	1.232,84	2.232,24	2.511,27	1.009,12	2.081,84	2.342,07	785,40	1.931,44	2.172,87	561,68	1.781,04	2.003,67	337,96	1.630,64	1.834,47
	III	23.540	-	1.883,20	2.118,60	-	1.750,40	1.969,20	-	1.620,80	1.823,40	-	1.494,08	1.680,84	-	1.370,56	1.541,88	-	1.250,24	1.406,52	-	1.132,96	1.274,58
	IV	33.452	1.839,86	2.676,16	3.010,68	1.781,31	2.600,96	2.926,08	1.669,45	2.525,76	2.841,48	1.557,59	2.450,56	2.756,88	1.445,73	2.375,36	2.672,28	1.333,87	2.300,16	2.587,68	1.222,01	2.224,96	2.503,08
	V	39.625	2.179,37	3.170,00	3.566,25																		
	VI	40.157	2.208,63	3.212,56	3.614,13																		
106.595,99	I	33.467	1.840,68	2.677,36	3.012,03	1.671,23	2.526,96	2.842,83	1.447,51	2.376,56	2.673,63	1.223,79	2.226,16	2.504,43	1.000,07	2.075,76	2.335,23	776,35	1.925,36	2.166,03	552,63	1.774,96	1.996,83
	II	31.678	1.682,06	2.534,24	2.851,02	1.458,34	2.383,84	2.681,82	1.234,62	2.233,44	2.512,62	1.010,90	2.083,04	2.343,42	787,18	1.932,64	2.174,22	563,46	1.782,24	2.005,02	339,74	1.631,84	1.835,82
	III	23.554	-	1.884,32	2.119,86	-	1.751,52	1.970,46	-	1.621,76	1.824,48	-	1.495,20	1.682,10	-	1.371,68	1.543,14	-	1.251,20	1.407,60	-	1.133,76	1.275,48
	IV	33.467	1.840,68	2.677,36	3.012,03	1.783,09	2.602,16	2.927,43	1.671,23	2.526,96	2.842,83	1.559,37	2.451,76	2.758,23	1.447,51	2.376,56	2.673,63	1.335,65	2.301,36	2.589,03	1.223,79	2.226,16	2.504,43
	V	39.640	2.180,20	3.171,20	3.567,60																		
	VI	40.172	2.209,46	3.213,76	3.615,48																		
106.631,99	I	33.482	1.841,51	2.678,56	3.013,38	1.673,02	2.528,16	2.844,18	1.449,30	2.377,76	2.674,98	1.225,58	2.227,36	2.505,78	1.001,86	2.076,96	2.336,58	778,14	1.926,56	2.167,38	554,42	1.776,16	1.998,18
	II	31.693	1.683,85	2.535,44	2.852,37	1.460,13	2.385,04	2.683,17	1.236,41	2.234,64	2.513,97	1.012,69	2.084,24	2.344,77	788,97	1.933,84	2.175,57	565,25	1.783,44	2.006,37	341,53	1.633,04	1.837,17
	III	23.566	-	1.885,28	2.120,94	-	1.752,48	1.971,54	-	1.622,72	1.825,56	-	1.496,16	1.683,18	-	1.372,64	1.544,22	-	1.252,16	1.408,68	-	1.134,72	1.276,56
	IV	33.482	1.841,51	2.678,56	3.013,38	1.784,88	2.603,36	2.928,78	1.673,02	2.528,16	2.844,18	1.561,16	2.452,96	2.759,58	1.449,30	2.377,76	2.674,98	1.337,44	2.302,56	2.590,38	1.225,58	2.227,36	2.505,78
	V	39.655	2.181,02	3.172,40	3.568,95																		
	VI	40.187	2.210,28	3.214,96	3.616,83																		
106.667,99	I	33.497	1.842,33	2.679,76	3.014,73	1.674,80	2.529,36	2.845,53	1.451,08	2.378,96	2.676,33	1.227,36	2.228,56	2.507,13	1.003,64	2.078,16	2.337,93	779,92	1.927,76	2.168,73	556,20	1.777,36	1.999,53
	II	31.708	1.685,63	2.536,64	2.853,72	1.461,91	2.386,24	2.684,52	1.238,19	2.235,84	2.515,32	1.014,47	2.085,44	2.346,12	790,75	1.935,04	2.176,92	567,03	1.784,64	2.007,72	343,31	1.634,24	1.838,52
	III	23.580	-	1.886,40	2.122,20	-	1.753,60	1.972,80	-	1.623,84	1.826,82	-	1.497,12	1.684,26	-	1.373,60	1.545,30	-	1.253,12	1.409,76	-	1.135,68	1.277,64
	IV	33.497	1.842,33	2.679,76	3.014,73	1.786,66	2.604,56	2.930,13	1.674,80	2.529,36	2.845,53	1.562,94	2.454,16	2.760,93	1.451,08	2.378,96	2.676,33	1.339,22	2.303,76	2.591,73	1.227,36	2.228,56	2.507,13
	V	39.670	2.181,85	3.173,60	3.570,30																		
	VI	40.202	2.211,11	3.216,16	3.618,18																		
106.703,99	I	33.512	1.843,16	2.680,96	3.016,08	1.676,59	2.530,56	2.846,88	1.452,87	2.380,16	2.677,68	1.229,15	2.229,76	2.508,48	1.005,43	2.079,36	2.339,28	781,71	1.928,96	2.170,08	558,11	1.778,64	2.000,97
	II	31.723	1.687,42	2.537,84	2.855,07	1.463,70	2.387,44	2.685,87	1.239,98	2.237,04	2.516,67	1.016,26	2.086,64	2.347,47	792,54	1.936,24	2.178,27	568,82	1.785,84	2.009,07	345,10	1.635,44	1.839,87
	III	23.594	-	1.887,52	2.123,46	-	1.754,56	1.973,88	-	1.624,80	1.827,90	-	1.498,24	1.685,52	-	1.374,56	1.546,38	-	1.254,08	1.410,84	-	1.136,64	1.278,72
	IV	33.512	1.843,16	2.680,96	3.016,08	1.788,45	2.605,76	2.931,48	1.676,59	2.530,56	2.846,88	1.564,73	2.455,36	2.762,28	1.452,87	2.380,16	2.677,68	1.341,01	2.304,96	2.593,08	1.229,15	2.229,76	2.508,48
	V	39.685	2.182,67	3.174,80	3.571,65																		
	VI	40.217	2.211,93	3.217,36	3.619,53																		
106.739,99	I	33.527	1.843,98	2.682,16	3.017,43	1.678,37	2.531,76	2.848,23	1.454,65	2.381,36	2.679,03	1.230,93	2.230,96	2.509,83	1.007,33	2.080,64	2.340,72	783,61	1.930,24	2.171,52	559,89	1.779,84	2.002,32
	II	31.738	1.689,20	2.539,04	2.856,42	1.465,48	2.388,64	2.687,22	1.241,76	2.238,24	2.518,02	1.018,04	2.087,84	2.348,82	794,32	1.937,44	2.179,62	570,60	1.787,04	2.010,42	346,88	1.636,64	1.841,22
	III	23.608	-	1.888,64	2.124,72	-	1.755,68	1.975,14	-	1.625,92	1.829,16	-	1.499,20	1.686,60	-	1.375,52	1.547,46	-	1.255,04	1.411,92	-	1.137,60	1.279,80
	IV	33.527	1.843,98	2.682,16	3.017,43	1.790,23	2.606,96	2.932,83	1.678,37	2.531,76	2.848,23	1.566,51	2.456,56	2.763,63	1.454,65	2.381,36	2.679,03	1.342,79	2.306,16	2.594,43	1.230,93	2.230,96	2.509,83
	V	39.700	2.183,50	3.176,00	3.573,00																		
	VI	40.232	2.212,76	3.218,56	3.620,88																		
106.775,99	I	33.542	1.844,81	2.683,36	3.018,78	1.680,16	2.532,96	2.849,58	1.456,44	2.382,56	2.680,38	1.232,84	2.232,24	2.511,27	1.009,12	2.081,84	2.342,07	785,40	1.931,44	2.172,87	561,68	1.781,04	2.003,67
	II	31.753	1.690,99	2.540,24	2.857,77	1.467,27	2.389,84	2.688,57	1.243,55	2.239,44	2.519,37	1.019,83	2.089,04	2.350,17	796,11	1.938,64	2.180,97	572,50	1.788,32	2.011,86	348,78	1.637,92	1.842,66
	III	23.620	-	1.889,60	2.125,80	-	1.756,80	1.976,40	-	1.626,88	1.830,24	-	1.500,16	1.687,68	-	1.376,48	1.548,54	-	1.256,00	1.413,00	-	1.138,40	1.280,70
	IV	33.542	1.844,81	2.683,36	3.018,78	1.792,02	2.608,16	2.934,18	1.680,16	2.532,96	2.849,58	1.568,30	2.457,76	2.764,98	1.456,44	2.382,56	2.680,38	1.344,70	2.307,44	2.595,87	1.232,84	2.232,24	2.511,27
	V	39.716	2.184,38	3.177,28	3.574,44																		
	VI	40.247	2.213,58	3.219,76	3.622,23																		
106.811,99	I	33.557	1.845,63	2.684,56	3.020,13	1.682,06	2.534,24	2.851,02	1.458,34	2.383,84	2.681,82	1.234,62	2.233,44	2.512,62	1.010,90	2.083,04	2.343,42	787,18	1.932,64	2.174,22	563,46	1.782,24	2.005,02
	II	31.768	1.692,77	2.541,44	2.859,12	1.469,05	2.391,04	2.689,92	1.245,33	2.240,64	2.520,72	1.021,61	2.090,24	2.351,52	798,01	1.939,92	2.182,41	574,29	1.789,52	2.013,21	350,57	1.639,12	1.844,01
	III	23.634	-	1.890,72	2.127,06	-	1.757,76	1.977,48	-	1.628,00	1.831,50	-	1.501,12	1.688,76	-	1.377,44	1.549,62	-	1.256,96	1.414,08	-	1.139,36	1.281,78
	IV	33.557	1.845,63	2.684,56	3.020,13	1.793,80	2.609,36	2.935,53	1.682,06	2.534,24	2.851,02	1.570,20	2.459,04	2.766,42	1.458,34	2.383,84	2.681,82	1.346,48	2.308,64	2.597,22	1.234,62	2.233,44	2.512,62
	V	39.731	2.185,20	3.178,48	3.575,79																		
	VI	40.262	2.214,41	3.220,96	3.623,58																		
106.847,99	I	33.573	1.846,51	2.685,84	3.021,57	1.683,85	2.535,44	2.852,37	1.460,13	2.385,04	2.683,17	1.236,41	2.234,64	2.513,97	1.012,69	2.084,24	2.344,77	788,97	1.933,84	2.175,57	565,25	1.783,44	2.006,37
	II	31.783	1.694,56	2.542,64	2.860,47	1.470,84	2.392,24	2.691,27	1.247,23	2.241,92	2.522,16	1.023,51	2.091,52	2.352,96	799,79	1.941,12	2.183,76	576,07	1.790,72	2.014,56	352,35	1.640,32	1.845,36
	III	23.648	-	1.891,84	2.128,32	-	1.758,88	1.978,74	-	1.628,96	1.832,58	-	1.502,24	1.690,02	-	1.378,56	1.550,88	-	1.257,92	1.415,16	-	1.140,32	1.282,86
	IV	33.573	1.846,51	2.685,84	3.021,57	1.794,81	2.610,64	2.936,97	1.683,85	2.535,44	2.852,37	1.571,99	2.460,24	2.767,77	1.460,13	2.385,04	2.683,17	1.348,27	2.309,84	2.598,57	1.236,41	2.234,64	2.513,97
	V	39.746	2.186,03	3.179,68	3.577,14																		
	VI	40.278	2.215,29	3.222,24	3.625,02																		
106.883,99	I	33.588	1.847,34	2.687,04	3.022,92	1.685,63	2.536,64	2.853,72	1.461,91	2.386,24	2.684,52	1.238,19	2.235,84	2.515,32	1.014,47	2.085,44	2.346,12	790,75	1.935,04	2.176,92	567,03	1.784,64	2.007,72
	II	31.798	1.696,34	2.543,84	2.861,82	1.472,74	2.393,52	2.692,71	1.249,02	2.243,12	2.523,51	1.025,30	2.092,72	2.354,31	801,58	1.942,32	2.185,11	577,86	1.791,92	2.015,91	354,14	1.641,52	1.846,71
	III	23.662	-	1.892,96	2.129,58	-	1.759,84	1.979,82	-	1.630,08	1.833,84	-	1.503,20	1.691,10	-	1.379,52	1.551,96	-	1.258,88	1.416,24	-	1.141,28	1.283,94
	IV	33.588	1.847,34	2.687,04	3.022,92	1.795,64	2.611,84	2.938,32	1.685,63	2.536,64	2.853,72	1.573,77	2.461,44	2.769,12	1.461,91	2.386,24	2.684,52	1.350,05	2.311,04	2.599,92	1.238,19	2.235,84	2.515,32
	V	39.761	2.186,85	3.180,88	3.578,49																		
	VI	40.293	2.216,11	3.223,44	3.626,37																		
106.919,99	I	33.603	1.848,16	2.688,24	3.024,27	1.687,42	2.537,84	2.855,07	1.463,70	2.387,44	2.685,87	1.239,98	2.237,04	2.516,67	1.016,26	2.086,64	2.347,47	792,54	1.936,24	2.178,27	568,82	1.785,84	2.009,07
	II	31.814	1.698,24	2.545,12	2.863,26	1.474,52	2.394,72	2.694,06	1.250,80	2.244,32	2.524,86	1.027,08	2.093,92	2.355,66	803,36	1.943,52	2.186,46	579,64	1.793,12	2.017,26	355,92	1.642,72	1.848,06
	III	23.674	-	1.893,92	2.130,66	-	1.760,96	1.981,08	-	1.631,04	1.834,92	-	1.504,16	1.692,18	-	1.380,48	1.553,04	-	1.259,84	1.417,32	-	1.142,24	1.285,02
	IV	33.603	1.848,16	2.688,24	3.024,27	1.796,46	2.613,04	2.939,67	1.687,42	2.537,84	2.855,07	1.575,56	2.462,64	2.770,47	1.463,70	2.387,44	2.685,87	1.351,84	2.312,24	2.601,27	1.239,98	2.237,04	2.516,67
	V	39.776	2.187,68	3.182,08	3.579,84																		
	VI	40.308	2.216,94	3.224,64	3.627,72																		

SolZ/KiSt lt. Tabelle nicht für Sonstige Bezüge anwendbar.

JAHR bis 107.459,99 €

Besondere Tabelle

Lohn/ Gehalt bis	Steuerklasse	Lohn- steuer	ohne Kinderfreibetrag SolZ 5,5%	ohne Kinderfreibetrag Kirchensteuer 8%	ohne Kinderfreibetrag Kirchensteuer 9%	0,5 SolZ 5,5%	0,5 Kirchensteuer 8%	0,5 Kirchensteuer 9%	1,0 SolZ 5,5%	1,0 Kirchensteuer 8%	1,0 Kirchensteuer 9%	1,5 SolZ 5,5%	1,5 Kirchensteuer 8%	1,5 Kirchensteuer 9%	2,0 SolZ 5,5%	2,0 Kirchensteuer 8%	2,0 Kirchensteuer 9%	2,5 SolZ 5,5%	2,5 Kirchensteuer 8%	2,5 Kirchensteuer 9%	3,0 SolZ 5,5%	3,0 Kirchensteuer 8%	3,0 Kirchensteuer 9%
						Anzahl Kinderfreibeträge (nur Steuerklassen I–IV)																	
106.955,99	I	33.618	1.848,99	2.689,44	3.025,62	1.689,20	2.539,04	2.856,42	1.465,48	2.388,64	2.687,22	1.241,76	2.238,24	2.518,02	1.018,04	2.087,84	2.348,82	794,32	1.937,44	2.179,62	570,60	1.787,04	2.010,42
	II	31.829	1.700,03	2.546,32	2.864,61	1.476,31	2.395,92	2.695,41	1.252,59	2.245,52	2.526,21	1.028,87	2.095,12	2.357,01	805,15	1.944,72	2.187,81	581,43	1.794,32	2.018,61	357,71	1.643,92	1.849,41
	III	23.688	–	1.895,04	2.131,92	–	1.762,08	1.982,34	–	1.632,16	1.836,18	–	1.505,28	1.693,44	–	1.381,44	1.554,12	–	1.260,80	1.418,40	–	1.143,20	1.286,10
	IV	33.618	1.848,99	2.689,44	3.025,62	1.797,29	2.614,24	2.941,02	1.689,20	2.539,04	2.856,42	1.577,34	2.463,84	2.771,82	1.465,48	2.388,64	2.687,22	1.353,62	2.313,44	2.602,62	1.241,76	2.238,24	2.518,02
	V	39.791	2.188,50	3.183,28	3.581,19																		
	VI	40.323	2.217,76	3.225,84	3.629,07																		
106.991,99	I	33.633	1.849,81	2.690,64	3.026,97	1.690,99	2.540,24	2.857,77	1.467,27	2.389,84	2.688,57	1.243,55	2.239,44	2.519,37	1.019,83	2.089,04	2.350,17	796,11	1.938,64	2.180,97	572,50	1.788,32	2.011,86
	II	31.844	1.701,81	2.547,52	2.865,96	1.478,09	2.397,12	2.696,76	1.254,37	2.246,72	2.527,56	1.030,65	2.096,32	2.358,36	806,93	1.945,92	2.189,16	583,21	1.795,52	2.019,96	359,49	1.645,12	1.850,76
	III	23.702	–	1.896,16	2.133,18	–	1.763,04	1.983,42	–	1.633,12	1.837,26	–	1.506,24	1.694,52	–	1.382,40	1.555,20	–	1.261,76	1.419,48	–	1.144,00	1.287,00
	IV	33.633	1.849,81	2.690,64	3.026,97	1.798,11	2.615,44	2.942,37	1.690,99	2.540,24	2.857,77	1.579,13	2.465,04	2.773,17	1.467,27	2.389,84	2.688,57	1.355,41	2.314,64	2.603,97	1.243,55	2.239,44	2.519,37
	V	39.806	2.189,33	3.184,48	3.582,54																		
	VI	40.338	2.218,59	3.227,04	3.630,42																		
107.027,99	I	33.648	1.850,64	2.691,84	3.028,32	1.692,77	2.541,44	2.859,12	1.469,05	2.391,04	2.689,92	1.245,33	2.240,64	2.520,72	1.021,61	2.090,24	2.351,52	798,01	1.939,92	2.182,41	574,29	1.789,52	2.013,2
	II	31.859	1.703,60	2.548,72	2.867,31	1.479,88	2.398,32	2.698,11	1.256,16	2.247,92	2.528,91	1.032,44	2.097,52	2.359,71	808,72	1.947,12	2.190,51	585,00	1.796,72	2.021,31	361,28	1.646,32	1.852,1
	III	23.716	–	1.897,28	2.134,44	–	1.764,16	1.984,68	–	1.634,08	1.838,34	–	1.507,20	1.695,60	–	1.383,36	1.556,28	–	1.262,72	1.420,56	–	1.144,96	1.288,08
	IV	33.648	1.850,64	2.691,84	3.028,32	1.798,94	2.616,64	2.943,72	1.692,77	2.541,44	2.859,12	1.580,91	2.466,24	2.774,52	1.469,05	2.391,04	2.689,92	1.357,19	2.315,84	2.605,32	1.245,33	2.240,64	2.520,72
	V	39.821	2.190,15	3.185,68	3.583,89																		
	VI	40.353	2.219,41	3.228,24	3.631,77																		
107.063,99	I	33.663	1.851,46	2.693,04	3.029,67	1.694,56	2.542,64	2.860,47	1.470,84	2.392,24	2.691,27	1.247,23	2.241,92	2.522,16	1.023,51	2.091,52	2.352,96	799,79	1.941,12	2.183,76	576,07	1.790,72	2.014,5
	II	31.874	1.705,38	2.549,92	2.868,66	1.481,66	2.399,52	2.699,46	1.257,94	2.249,12	2.530,26	1.034,22	2.098,72	2.361,06	810,50	1.948,32	2.191,86	586,78	1.797,92	2.022,66	363,18	1.647,60	1.853,55
	III	23.728	–	1.898,24	2.135,52	–	1.765,28	1.985,94	–	1.635,20	1.839,60	–	1.508,32	1.696,86	–	1.384,32	1.557,36	–	1.263,68	1.421,64	–	1.145,92	1.289,16
	IV	33.663	1.851,46	2.693,04	3.029,67	1.799,76	2.617,84	2.945,07	1.694,56	2.542,64	2.860,47	1.582,70	2.467,44	2.775,87	1.470,84	2.392,24	2.691,27	1.358,98	2.317,04	2.606,67	1.247,23	2.241,92	2.522,1
	V	39.837	2.191,03	3.186,96	3.585,33																		
	VI	40.368	2.220,24	3.229,44	3.633,12																		
107.099,99	I	33.678	1.852,29	2.694,24	3.031,02	1.696,34	2.543,84	2.861,82	1.472,74	2.393,52	2.692,71	1.249,02	2.243,12	2.523,51	1.025,30	2.092,72	2.354,31	801,58	1.942,32	2.185,11	577,86	1.791,92	2.015,91
	II	31.889	1.707,17	2.551,12	2.870,01	1.483,45	2.400,72	2.700,81	1.259,73	2.250,32	2.531,61	1.036,01	2.099,92	2.362,41	812,41	1.949,60	2.193,30	588,69	1.799,20	2.024,10	364,97	1.648,80	1.854,90
	III	23.742	–	1.899,36	2.136,78	–	1.766,24	1.987,02	–	1.636,16	1.840,68	–	1.509,28	1.697,94	–	1.385,44	1.558,62	–	1.264,64	1.422,72	–	1.146,88	1.290,24
	IV	33.678	1.852,29	2.694,24	3.031,02	1.800,59	2.619,04	2.946,42	1.696,34	2.543,84	2.861,82	1.584,60	2.468,72	2.777,31	1.472,74	2.393,52	2.692,71	1.360,88	2.318,32	2.608,11	1.249,02	2.243,12	2.523,5
	V	39.852	2.191,86	3.188,16	3.586,68																		
	VI	40.383	2.221,06	3.230,64	3.634,47																		
107.135,99	I	33.694	1.853,17	2.695,52	3.032,46	1.698,24	2.545,12	2.863,26	1.474,52	2.394,72	2.694,06	1.250,80	2.244,32	2.524,86	1.027,08	2.093,92	2.355,66	803,36	1.943,52	2.186,46	579,64	1.793,12	2.017,2
	II	31.904	1.708,95	2.552,32	2.871,36	1.485,23	2.401,92	2.702,16	1.261,51	2.251,52	2.532,96	1.037,91	2.101,20	2.363,85	814,19	1.950,80	2.194,65	590,47	1.800,40	2.025,45	366,75	1.650,00	1.856,2
	III	23.756	–	1.900,48	2.138,04	–	1.767,36	1.988,28	–	1.637,28	1.841,94	–	1.510,24	1.699,02	–	1.386,40	1.559,70	–	1.265,60	1.423,80	–	1.147,84	1.291,3
	IV	33.694	1.853,17	2.695,52	3.032,46	1.801,47	2.620,32	2.947,86	1.698,24	2.545,12	2.863,26	1.586,38	2.469,92	2.778,66	1.474,52	2.394,72	2.694,06	1.362,66	2.319,52	2.609,46	1.250,80	2.244,32	2.524,8
	V	39.867	2.192,68	3.189,36	3.588,03																		
	VI	40.399	2.221,94	3.231,92	3.635,91																		
107.171,99	I	33.709	1.853,99	2.696,72	3.033,81	1.700,03	2.546,32	2.864,61	1.476,31	2.395,92	2.695,41	1.252,59	2.245,52	2.526,21	1.028,87	2.095,12	2.357,01	805,15	1.944,72	2.187,81	581,43	1.794,32	2.018,6
	II	31.919	1.710,74	2.553,52	2.872,71	1.487,14	2.403,20	2.703,60	1.263,42	2.252,80	2.534,40	1.039,70	2.102,40	2.365,20	815,98	1.952,00	2.196,00	592,26	1.801,60	2.026,80	368,54	1.651,20	1.857,6
	III	23.770	–	1.901,60	2.139,30	–	1.768,32	1.989,36	–	1.638,24	1.843,02	–	1.511,20	1.700,10	–	1.387,36	1.560,78	–	1.266,56	1.424,88	–	1.148,80	1.292,4
	IV	33.709	1.853,99	2.696,72	3.033,81	1.802,29	2.621,52	2.949,21	1.700,03	2.546,32	2.864,61	1.588,17	2.471,12	2.780,01	1.476,31	2.395,92	2.695,41	1.364,45	2.320,72	2.610,81	1.252,59	2.245,52	2.526,2
	V	39.882	2.193,51	3.190,56	3.589,38																		
	VI	40.414	2.222,77	3.233,12	3.637,26																		
107.207,99	I	33.724	1.854,82	2.697,92	3.035,16	1.701,81	2.547,52	2.865,96	1.478,09	2.397,12	2.696,76	1.254,37	2.246,72	2.527,56	1.030,65	2.096,32	2.358,36	806,93	1.945,92	2.189,16	583,21	1.795,52	2.019,9
	II	31.935	1.712,64	2.554,80	2.874,15	1.488,92	2.404,40	2.704,95	1.265,20	2.254,00	2.535,75	1.041,48	2.103,60	2.366,55	817,76	1.953,20	2.197,35	594,04	1.802,80	2.028,15	370,32	1.652,40	1.858,9
	III	23.784	–	1.902,72	2.140,56	–	1.769,44	1.990,62	–	1.639,36	1.844,28	–	1.512,32	1.701,36	–	1.388,32	1.561,86	–	1.267,52	1.425,96	–	1.149,76	1.293,4
	IV	33.724	1.854,82	2.697,92	3.035,16	1.803,12	2.622,72	2.950,56	1.701,81	2.547,52	2.865,96	1.589,95	2.472,32	2.781,36	1.478,09	2.397,12	2.696,76	1.366,23	2.321,92	2.612,16	1.254,37	2.246,72	2.527,5
	V	39.897	2.194,33	3.191,76	3.590,73																		
	VI	40.429	2.223,59	3.234,32	3.638,61																		
107.243,99	I	33.739	1.855,64	2.699,12	3.036,51	1.703,60	2.548,72	2.867,31	1.479,88	2.398,32	2.698,11	1.256,16	2.247,92	2.528,91	1.032,44	2.097,52	2.359,71	808,72	1.947,12	2.190,51	585,00	1.796,72	2.021,3
	II	31.950	1.714,43	2.556,00	2.875,50	1.490,71	2.405,60	2.706,30	1.266,99	2.255,20	2.537,10	1.043,27	2.104,80	2.367,90	819,55	1.954,40	2.198,70	595,83	1.804,00	2.029,50	372,11	1.653,60	1.860,3
	III	23.796	–	1.903,68	2.141,64	–	1.770,56	1.991,88	–	1.640,32	1.845,36	–	1.513,28	1.702,44	–	1.389,28	1.562,94	–	1.268,48	1.427,04	–	1.150,56	1.294,3
	IV	33.739	1.855,64	2.699,12	3.036,51	1.803,94	2.623,92	2.951,91	1.703,60	2.548,72	2.867,31	1.591,74	2.473,52	2.782,71	1.479,88	2.398,32	2.698,11	1.368,02	2.323,12	2.613,51	1.256,16	2.247,92	2.528,9
	V	39.912	2.195,16	3.192,96	3.592,08																		
	VI	40.444	2.224,42	3.235,52	3.639,96																		
107.279,99	I	33.754	1.856,47	2.700,32	3.037,86	1.705,38	2.549,92	2.868,66	1.481,66	2.399,52	2.699,46	1.257,94	2.249,12	2.530,26	1.034,22	2.098,72	2.361,06	810,50	1.948,32	2.191,86	586,78	1.797,92	2.022,6
	II	31.965	1.716,21	2.557,20	2.876,85	1.492,49	2.406,80	2.707,65	1.268,77	2.256,40	2.538,45	1.045,05	2.106,00	2.369,25	821,33	1.955,60	2.200,05	597,61	1.805,20	2.030,85	373,89	1.654,80	1.861,6
	III	23.810	–	1.904,80	2.142,90	–	1.771,52	1.992,96	–	1.641,44	1.846,62	–	1.514,24	1.703,52	–	1.390,24	1.564,02	–	1.269,44	1.428,12	–	1.151,52	1.295,4
	IV	33.754	1.856,47	2.700,32	3.037,86	1.804,77	2.625,12	2.953,26	1.705,38	2.549,92	2.868,66	1.593,52	2.474,72	2.784,06	1.481,66	2.399,52	2.699,46	1.369,80	2.324,32	2.614,86	1.257,94	2.249,12	2.530,2
	V	39.927	2.195,98	3.194,16	3.593,43																		
	VI	40.459	2.225,24	3.236,72	3.641,31																		
107.315,99	I	33.769	1.857,29	2.701,52	3.039,21	1.707,17	2.551,12	2.870,01	1.483,45	2.400,72	2.700,81	1.259,73	2.250,32	2.531,61	1.036,01	2.099,92	2.362,41	812,41	1.949,60	2.193,30	588,69	1.799,20	2.024,1
	II	31.980	1.718,00	2.558,40	2.878,20	1.494,28	2.408,00	2.709,00	1.270,56	2.257,60	2.539,80	1.046,84	2.107,20	2.370,60	823,12	1.956,80	2.201,40	599,40	1.806,40	2.032,20	375,68	1.656,00	1.863,0
	III	23.824	–	1.905,92	2.144,16	–	1.772,64	1.994,22	–	1.642,40	1.847,70	–	1.515,36	1.704,78	–	1.391,36	1.565,28	–	1.270,40	1.429,20	–	1.152,48	1.296,5
	IV	33.769	1.857,29	2.701,52	3.039,21	1.805,59	2.626,32	2.954,61	1.707,17	2.551,12	2.870,01	1.595,31	2.475,92	2.785,41	1.483,45	2.400,72	2.700,81	1.371,59	2.325,52	2.616,21	1.259,73	2.250,32	2.531,6
	V	39.942	2.196,81	3.195,36	3.594,78																		
	VI	40.474	2.226,07	3.237,92	3.642,66																		
107.351,99	I	33.784	1.858,12	2.702,72	3.040,56	1.708,95	2.552,32	2.871,36	1.485,23	2.401,92	2.702,16	1.261,51	2.251,52	2.532,96	1.037,91	2.101,20	2.363,85	814,19	1.950,80	2.194,65	590,47	1.800,40	2.025,4
	II	31.995	1.719,78	2.559,60	2.879,55	1.496,06	2.409,20	2.710,35	1.272,34	2.258,80	2.541,15	1.048,62	2.108,40	2.371,95	824,90	1.958,00	2.202,75	601,18	1.807,60	2.033,55	377,58	1.657,28	1.864,4
	III	23.838	–	1.907,04	2.145,42	–	1.773,60	1.995,30	–	1.643,52	1.848,96	–	1.516,32	1.705,86	–	1.392,32	1.566,36	–	1.271,36	1.430,28	–	1.153,44	1.297,6
	IV	33.784	1.858,12	2.702,72	3.040,56	1.806,42	2.627,52	2.955,96	1.708,95	2.552,32	2.871,36	1.597,09	2.477,12	2.786,76	1.485,23	2.401,92	2.702,16	1.373,37	2.326,72	2.617,56	1.261,51	2.251,52	2.532,9
	V	39.958	2.197,69	3.196,64	3.596,22																		
	VI	40.489	2.226,89	3.239,12	3.644,01																		
107.387,99	I	33.799	1.858,94	2.703,92	3.041,91	1.710,74	2.553,52	2.872,71	1.487,14	2.403,20	2.703,60	1.263,42	2.252,80	2.534,40	1.039,70	2.102,40	2.365,20	815,98	1.952,00	2.196,00	592,26	1.801,60	2.026,8
	II	32.010	1.721,57	2.560,80	2.880,90	1.497,85	2.410,40	2.711,70	1.274,13	2.260,00	2.542,50	1.050,41	2.109,60	2.373,30	826,69	1.959,20	2.204,10	603,09	1.808,88	2.034,99	379,37	1.658,48	1.865,7
	III	23.850	–	1.908,00	2.146,50	–	1.774,72	1.996,56	–	1.644,48	1.850,04	–	1.517,28	1.706,94	–	1.393,28	1.567,44	–	1.272,32	1.431,36	–	1.154,40	1.298,7
	IV	33.799	1.858,94	2.703,92	3.041,91	1.807,24	2.628,72	2.957,31	1.710,74	2.553,52	2.872,71	1.598,88	2.478,32	2.788,11	1.487,14	2.403,20	2.703,60	1.375,28	2.328,00	2.619,00	1.263,42	2.252,80	2.534,4
	V	39.973	2.198,51	3.197,84	3.597,57																		
	VI	40.504	2.227,72	3.240,32	3.645,36																		
107.423,99	I	33.814	1.859,77	2.705,12	3.043,26	1.712,64	2.554,80	2.874,15	1.488,92	2.404,40	2.704,95	1.265,20	2.254,00	2.535,75	1.041,48	2.103,60	2.366,55	817,76	1.953,20	2.197,35	594,04	1.802,80	2.028,1
	II	32.025	1.723,35	2.562,00	2.882,25	1.499,63	2.411,60	2.713,05	1.275,91	2.261,20	2.543,85	1.052,31	2.110,88	2.374,74	828,59	1.960,48	2.205,54	604,87	1.810,08	2.036,34	381,15	1.659,68	1.867,1
	III	23.864	–	1.909,12	2.147,76	–	1.775,84	1.997,82	–	1.645,60	1.851,30	–	1.518,40	1.708,20	–	1.394,24	1.568,52	–	1.273,28	1.432,44	–	1.155,36	1.299,7
	IV	33.814	1.859,77	2.705,12	3.043,26	1.808,12	2.630,00	2.958,75	1.712,64	2.554,80	2.874,15	1.600,78	2.479,60	2.789,55	1.488,92	2.404,40	2.704,95	1.377,06	2.329,20	2.620,35	1.265,20	2.254,00	2.535,7
	V	39.988	2.199,34	3.199,04	3.598,92																		
	VI	40.519	2.228,54	3.241,52	3.646,71																		
107.459,99	I	33.830	1.860,65	2.706,40	3.044,70	1.714,43	2.556,00	2.875,50	1.490,71	2.405,60	2.706,30	1.266,99	2.255,20	2.537,10	1.043,27	2.104,80	2.367,90	819,55	1.954,40	2.198,70	595,83	1.804,00	2.029,5
	II	32.040	1.725,14	2.563,20	2.883,60	1.501,42	2.412,80	2.714,40	1.277,82	2.262,48	2.545,29	1.054,10	2.112,08	2.376,09	830,38	1.961,68	2.206,89	606,66	1.811,28	2.037,69	382,94	1.660,88	1.868,4
	III	23.878	–	1.910,24	2.149,02	–	1.776,80	1.998,90	–	1.646,56	1.852,38	–	1.519,36	1.709,28	–	1.395,20	1.569,60	–	1.274,24	1.433,52	–	1.156,16	1.300,6
	IV	33.830	1.860,65	2.706,40	3.044,70	1.808,95	2.631,20	2.960,10	1.714,43	2.556,00	2.875,50	1.602,57	2.480,80	2.790,90	1.490,71	2.405,60	2.706,30	1.378,85	2.330,40	2.621,70	1.266,99	2.255,20	2.537,1
	V	40.003	2.200,16	3.200,24	3.600,27																		
	VI	40.535	2.229,42	3.242,80	3.648,15																		

SolZ/KiSt lt. Tabelle nicht für Sonstige Bezüge anwendbar.

Lohn/Gehalt bis	Steuerklasse	Lohnsteuer	ohne Kinderfreibetrag			Anzahl Kinderfreibeträge (nur Steuerklassen I–IV)																	
						0,5			1,0			1,5			2,0			2,5			3,0		
			SolZ 5,5%	Kirchensteuer 8%	9%	SolZ 5,5%	Kirchensteuer 8%	9%	SolZ 5,5%	Kirchensteuer 8%	9%	SolZ 5,5%	Kirchensteuer 8%	9%	SolZ 5,5%	Kirchensteuer 8%	9%	SolZ 5,5%	Kirchensteuer 8%	9%	SolZ 5,5%	Kirchensteuer 8%	9%
107.495,99	I	33.845	1.861,47	2.707,60	3.046,05	1.716,21	2.557,20	2.876,85	1.492,49	2.406,80	2.707,65	1.268,77	2.256,40	2.538,45	1.045,05	2.106,00	2.369,25	821,33	1.955,60	2.200,05	597,61	1.805,20	2.030,85
	II	32.056	1.727,04	2.564,48	2.885,04	1.503,32	2.414,08	2.715,84	1.279,60	2.263,68	2.546,64	1.055,88	2.113,28	2.377,44	832,16	1.962,88	2.208,24	608,44	1.812,48	2.039,04	384,72	1.662,08	1.869,84
	III	23.892	-	1.911,36	2.150,28	-	1.777,92	2.000,16	-	1.647,52	1.853,46	-	1.520,32	1.710,36	-	1.396,16	1.570,68	-	1.275,20	1.434,60	-	1.157,12	1.301,76
	IV	33.845	1.861,47	2.707,60	3.046,05	1.809,77	2.632,40	2.961,45	1.716,21	2.557,20	2.876,85	1.604,35	2.482,00	2.792,25	1.492,49	2.406,80	2.707,65	1.380,63	2.331,60	2.623,05	1.268,77	2.256,40	2.538,45
	V	40.018	2.200,99	3.201,44	3.601,62																		
	VI	40.550	2.230,25	3.244,00	3.649,50																		
107.531,99	I	33.860	1.862,30	2.708,80	3.047,40	1.718,00	2.558,40	2.878,20	1.494,28	2.408,00	2.709,00	1.270,56	2.257,60	2.539,80	1.046,84	2.107,20	2.370,60	823,12	1.956,80	2.201,40	599,40	1.806,40	2.032,20
	II	32.071	1.728,83	2.565,68	2.886,39	1.505,11	2.415,28	2.717,19	1.281,39	2.264,88	2.547,99	1.057,67	2.114,48	2.378,79	833,95	1.964,08	2.209,59	610,23	1.813,68	2.040,39	386,51	1.663,28	1.871,19
	III	23.906	-	1.912,48	2.151,54	-	1.779,04	2.001,42	-	1.648,64	1.854,72	-	1.521,44	1.711,62	-	1.397,12	1.571,76	-	1.276,16	1.435,68	-	1.158,08	1.302,84
	IV	33.860	1.862,30	2.708,80	3.047,40	1.810,60	2.633,60	2.962,80	1.718,00	2.558,40	2.878,20	1.606,14	2.483,20	2.793,60	1.494,28	2.408,00	2.709,00	1.382,42	2.332,80	2.624,40	1.270,56	2.257,60	2.539,80
	V	40.033	2.201,81	3.202,64	3.602,97																		
	VI	40.565	2.231,07	3.245,20	3.650,85																		
107.567,99	I	33.875	1.863,12	2.710,00	3.048,75	1.719,78	2.559,60	2.879,55	1.496,06	2.409,20	2.710,35	1.272,34	2.258,80	2.541,15	1.048,62	2.108,40	2.371,95	824,90	1.958,00	2.202,75	601,18	1.807,60	2.033,55
	II	32.086	1.730,61	2.566,88	2.887,74	1.506,89	2.416,48	2.718,54	1.283,17	2.266,08	2.549,34	1.059,45	2.115,68	2.380,14	835,73	1.965,28	2.210,94	612,01	1.814,88	2.041,74	388,29	1.664,48	1.872,54
	III	23.918	-	1.913,44	2.152,62	-	1.780,00	2.002,50	-	1.649,60	1.855,80	-	1.522,40	1.712,70	-	1.398,24	1.573,02	-	1.277,12	1.436,76	-	1.159,04	1.303,92
	IV	33.875	1.863,12	2.710,00	3.048,75	1.811,42	2.634,80	2.964,15	1.719,78	2.559,60	2.879,55	1.607,92	2.484,40	2.794,95	1.496,06	2.409,20	2.710,35	1.384,20	2.334,00	2.625,75	1.272,34	2.258,80	2.541,15
	V	40.048	2.202,64	3.203,84	3.604,32																		
	VI	40.580	2.231,90	3.246,40	3.652,20																		
107.603,99	I	33.890	1.863,95	2.711,20	3.050,10	1.721,57	2.560,80	2.880,90	1.497,85	2.410,40	2.711,70	1.274,13	2.260,00	2.542,50	1.050,41	2.109,60	2.373,30	826,69	1.959,20	2.204,10	603,09	1.808,88	2.034,99
	II	32.101	1.732,40	2.568,08	2.889,09	1.508,68	2.417,68	2.719,89	1.284,96	2.267,28	2.550,69	1.061,24	2.116,88	2.381,49	837,52	1.966,48	2.212,29	613,80	1.816,08	2.043,09	390,08	1.665,68	1.873,89
	III	23.932	-	1.914,56	2.153,88	-	1.781,12	2.003,76	-	1.650,72	1.857,06	-	1.523,36	1.713,78	-	1.399,20	1.574,10	-	1.278,08	1.437,84	-	1.160,00	1.305,00
	IV	33.890	1.863,95	2.711,20	3.050,10	1.812,25	2.636,00	2.965,50	1.721,57	2.560,80	2.880,90	1.609,71	2.485,60	2.796,30	1.497,85	2.410,40	2.711,70	1.385,99	2.335,20	2.627,10	1.274,13	2.260,00	2.542,50
	V	40.063	2.203,46	3.205,04	3.605,67																		
	VI	40.595	2.232,72	3.247,60	3.653,55																		
107.639,99	I	33.905	1.864,77	2.712,40	3.051,45	1.723,35	2.562,00	2.882,25	1.499,63	2.411,60	2.713,05	1.275,91	2.261,20	2.543,85	1.052,31	2.110,88	2.374,74	828,59	1.960,48	2.205,54	604,87	1.810,08	2.036,34
	II	32.116	1.734,18	2.569,28	2.890,44	1.510,46	2.418,88	2.721,24	1.286,74	2.268,48	2.552,04	1.063,02	2.118,08	2.382,84	839,30	1.967,68	2.213,64	615,58	1.817,28	2.044,44	391,86	1.666,88	1.875,24
	III	23.946	-	1.915,68	2.155,14	-	1.782,24	2.005,02	-	1.651,68	1.858,14	-	1.524,48	1.715,04	-	1.400,16	1.575,18	-	1.279,04	1.438,92	-	1.160,96	1.306,08
	IV	33.905	1.864,77	2.712,40	3.051,45	1.813,07	2.637,20	2.966,85	1.723,35	2.562,00	2.882,25	1.611,49	2.486,80	2.797,65	1.499,63	2.411,60	2.713,05	1.387,77	2.336,40	2.628,45	1.275,91	2.261,20	2.543,85
	V	40.078	2.204,29	3.206,24	3.607,02																		
	VI	40.610	2.233,55	3.248,80	3.654,90																		
107.675,99	I	33.920	1.865,60	2.713,60	3.052,80	1.725,14	2.563,20	2.883,60	1.501,42	2.412,80	2.714,40	1.277,82	2.262,48	2.545,29	1.054,10	2.112,08	2.376,09	830,38	1.961,68	2.206,89	606,66	1.811,28	2.037,69
	II	32.131	1.735,97	2.570,48	2.891,79	1.512,25	2.420,08	2.722,59	1.288,53	2.269,68	2.553,39	1.064,81	2.119,28	2.384,19	841,09	1.968,88	2.214,99	617,49	1.818,56	2.045,88	393,77	1.668,16	1.876,68
	III	23.960	-	1.916,80	2.156,40	-	1.783,20	2.006,10	-	1.652,80	1.859,40	-	1.525,44	1.716,12	-	1.401,12	1.576,26	-	1.280,00	1.440,00	-	1.161,92	1.307,16
	IV	33.920	1.865,60	2.713,60	3.052,80	1.813,90	2.638,40	2.968,20	1.725,14	2.563,20	2.883,60	1.613,28	2.488,00	2.799,00	1.501,42	2.412,80	2.714,40	1.389,68	2.337,68	2.629,89	1.277,82	2.262,48	2.545,29
	V	40.094	2.205,17	3.207,52	3.608,46																		
	VI	40.625	2.234,37	3.250,00	3.656,25																		
107.711,99	I	33.935	1.866,42	2.714,80	3.054,15	1.727,04	2.564,48	2.885,04	1.503,32	2.414,08	2.715,84	1.279,60	2.263,68	2.546,64	1.055,88	2.113,28	2.377,44	832,16	1.962,88	2.208,24	608,44	1.812,48	2.039,04
	II	32.146	1.737,75	2.571,68	2.893,14	1.514,03	2.421,28	2.723,94	1.290,31	2.270,88	2.554,74	1.066,59	2.120,48	2.385,54	842,99	1.970,16	2.216,43	619,27	1.819,76	2.047,23	395,55	1.669,36	1.878,03
	III	23.974	-	1.917,92	2.157,66	-	1.784,32	2.007,36	-	1.653,76	1.860,48	-	1.526,40	1.717,20	-	1.402,08	1.577,34	-	1.280,96	1.441,08	-	1.162,72	1.308,06
	IV	33.935	1.866,42	2.714,80	3.054,15	1.814,72	2.639,60	2.969,55	1.727,04	2.564,48	2.885,04	1.615,18	2.489,28	2.800,44	1.503,32	2.414,08	2.715,84	1.391,46	2.338,88	2.631,24	1.279,60	2.263,68	2.546,64
	V	40.109	2.205,99	3.208,72	3.609,81																		
	VI	40.640	2.235,20	3.251,20	3.657,60																		
107.747,99	I	33.951	1.867,30	2.716,08	3.055,59	1.728,83	2.565,68	2.886,39	1.505,11	2.415,28	2.717,19	1.281,39	2.264,88	2.547,99	1.057,67	2.114,48	2.378,79	833,95	1.964,08	2.209,59	610,23	1.813,68	2.040,39
	II	32.161	1.739,54	2.572,88	2.894,49	1.515,82	2.422,48	2.725,29	1.292,22	2.272,16	2.556,18	1.068,50	2.121,76	2.386,98	844,78	1.971,36	2.217,78	621,06	1.820,96	2.048,58	397,34	1.670,56	1.879,38
	III	23.986	-	1.918,88	2.158,74	-	1.785,28	2.008,44	-	1.654,88	1.861,74	-	1.527,52	1.718,46	-	1.403,04	1.578,42	-	1.281,92	1.442,16	-	1.163,68	1.309,14
	IV	33.951	1.867,30	2.716,08	3.055,59	1.815,60	2.640,88	2.970,99	1.728,83	2.565,68	2.886,39	1.616,97	2.490,48	2.801,79	1.505,11	2.415,28	2.717,19	1.393,25	2.340,08	2.632,59	1.281,39	2.264,88	2.547,99
	V	40.124	2.206,82	3.209,92	3.611,16																		
	VI	40.656	2.236,08	3.252,48	3.659,04																		
107.783,99	I	33.966	1.868,13	2.717,28	3.056,94	1.730,61	2.566,88	2.887,74	1.506,89	2.416,48	2.718,54	1.283,17	2.266,08	2.549,34	1.059,45	2.115,68	2.380,14	835,73	1.965,28	2.210,94	612,01	1.814,88	2.041,74
	II	32.176	1.741,32	2.574,08	2.895,84	1.517,72	2.423,76	2.726,73	1.294,00	2.273,36	2.557,53	1.070,28	2.122,96	2.388,33	846,56	1.972,56	2.219,13	622,84	1.822,16	2.049,93	399,12	1.671,76	1.880,73
	III	24.000	-	1.920,00	2.160,00	-	1.786,40	2.009,70	-	1.655,84	1.862,82	-	1.528,48	1.719,54	-	1.404,16	1.579,68	-	1.282,88	1.443,24	-	1.164,64	1.310,22
	IV	33.966	1.868,13	2.717,28	3.056,94	1.816,43	2.642,08	2.972,34	1.730,61	2.566,88	2.887,74	1.618,75	2.491,68	2.803,14	1.506,89	2.416,48	2.718,54	1.395,03	2.341,28	2.633,94	1.283,17	2.266,08	2.549,34
	V	40.139	2.207,64	3.211,12	3.612,51																		
	VI	40.671	2.236,90	3.253,68	3.660,39																		
107.819,99	I	33.981	1.868,95	2.718,48	3.058,29	1.732,40	2.568,08	2.889,09	1.508,68	2.417,68	2.719,89	1.284,96	2.267,28	2.550,69	1.061,24	2.116,88	2.381,49	837,52	1.966,48	2.212,29	613,80	1.816,08	2.043,09
	II	32.192	1.743,23	2.575,36	2.897,28	1.519,51	2.424,96	2.728,08	1.295,79	2.274,56	2.558,88	1.072,07	2.124,16	2.389,68	848,35	1.973,76	2.220,48	624,63	1.823,36	2.051,28	400,91	1.672,96	1.882,08
	III	24.014	-	1.921,12	2.161,26	-	1.787,52	2.010,96	-	1.656,96	1.864,08	-	1.529,44	1.720,62	-	1.405,12	1.580,76	-	1.283,84	1.444,32	-	1.165,60	1.311,30
	IV	33.981	1.868,95	2.718,48	3.058,29	1.817,25	2.643,28	2.973,69	1.732,40	2.568,08	2.889,09	1.620,54	2.492,88	2.804,49	1.508,68	2.417,68	2.719,89	1.396,82	2.342,48	2.635,29	1.284,96	2.267,28	2.550,69
	V	40.154	2.208,47	3.212,32	3.613,86																		
	VI	40.686	2.237,73	3.254,88	3.661,74																		
107.855,99	I	33.996	1.869,78	2.719,68	3.059,64	1.734,18	2.569,28	2.890,44	1.510,46	2.418,88	2.721,24	1.286,74	2.268,48	2.552,04	1.063,02	2.118,08	2.382,84	839,30	1.967,68	2.213,64	615,58	1.817,28	2.044,44
	II	32.207	1.745,01	2.576,56	2.898,63	1.521,29	2.426,16	2.729,43	1.297,57	2.275,76	2.560,23	1.073,85	2.125,36	2.391,03	850,13	1.974,96	2.221,83	626,41	1.824,56	2.052,63	402,69	1.674,16	1.883,43
	III	24.028	-	1.922,24	2.162,52	-	1.788,48	2.012,04	-	1.657,92	1.865,16	-	1.530,40	1.721,70	-	1.406,08	1.581,84	-	1.284,80	1.445,40	-	1.166,56	1.312,38
	IV	33.996	1.869,78	2.719,68	3.059,64	1.818,08	2.644,48	2.975,04	1.734,18	2.569,28	2.890,44	1.622,32	2.494,08	2.805,84	1.510,46	2.418,88	2.721,24	1.398,60	2.343,68	2.636,64	1.286,74	2.268,48	2.552,04
	V	40.169	2.209,29	3.213,52	3.615,21																		
	VI	40.701	2.238,55	3.256,08	3.663,09																		
107.891,99	I	34.011	1.870,60	2.720,88	3.060,99	1.735,97	2.570,48	2.891,79	1.512,25	2.420,08	2.722,59	1.288,53	2.269,68	2.553,39	1.064,81	2.119,28	2.384,19	841,09	1.968,88	2.214,99	617,49	1.818,56	2.045,88
	II	32.222	1.746,80	2.577,76	2.899,98	1.523,08	2.427,36	2.730,78	1.299,36	2.276,96	2.561,58	1.075,64	2.126,56	2.392,38	851,92	1.976,16	2.223,18	628,20	1.825,76	2.053,98	404,48	1.675,36	1.884,78
	III	24.042	-	1.923,36	2.163,78	-	1.789,60	2.013,30	-	1.659,04	1.866,42	-	1.531,52	1.722,96	-	1.407,04	1.582,92	-	1.285,76	1.446,48	-	1.167,52	1.313,46
	IV	34.011	1.870,60	2.720,88	3.060,99	1.818,90	2.645,68	2.976,39	1.735,97	2.570,48	2.891,79	1.624,11	2.495,28	2.807,19	1.512,25	2.420,08	2.722,59	1.400,39	2.344,88	2.637,99	1.288,53	2.269,68	2.553,39
	V	40.184	2.210,12	3.214,72	3.616,56																		
	VI	40.716	2.239,38	3.257,28	3.664,44																		
107.927,99	I	34.026	1.871,43	2.722,08	3.062,34	1.737,75	2.571,68	2.893,14	1.514,03	2.421,28	2.723,94	1.290,31	2.270,88	2.554,74	1.066,59	2.120,48	2.385,54	842,99	1.970,16	2.216,43	619,27	1.819,76	2.047,23
	II	32.237	1.748,58	2.578,96	2.901,33	1.524,86	2.428,56	2.732,13	1.301,14	2.278,16	2.562,93	1.077,42	2.127,76	2.393,73	853,70	1.977,36	2.224,53	629,98	1.826,96	2.055,33	406,26	1.676,56	1.886,13
	III	24.054	-	1.924,32	2.164,86	-	1.790,72	2.014,56	-	1.660,00	1.867,50	-	1.532,48	1.724,04	-	1.408,00	1.584,00	-	1.286,72	1.447,56	-	1.168,48	1.314,54
	IV	34.026	1.871,43	2.722,08	3.062,34	1.819,73	2.646,88	2.977,74	1.737,75	2.571,68	2.893,14	1.625,89	2.496,48	2.808,54	1.514,03	2.421,28	2.723,94	1.402,17	2.346,08	2.639,34	1.290,31	2.270,88	2.554,74
	V	40.199	2.210,94	3.215,92	3.617,91																		
	VI	40.731	2.240,20	3.258,48	3.665,79																		
107.963,99	I	34.041	1.872,25	2.723,28	3.063,69	1.739,54	2.572,88	2.894,49	1.515,82	2.422,48	2.725,29	1.292,22	2.272,16	2.556,18	1.068,50	2.121,76	2.386,98	844,78	1.971,36	2.217,78	621,06	1.820,96	2.048,58
	II	32.252	1.750,37	2.580,16	2.902,68	1.526,65	2.429,76	2.733,48	1.302,93	2.279,36	2.564,28	1.079,21	2.128,96	2.395,08	855,49	1.978,56	2.225,88	631,77	1.828,16	2.056,68	408,17	1.677,84	1.887,57
	III	24.068	-	1.925,44	2.166,12	-	1.791,68	2.015,64	-	1.661,12	1.868,76	-	1.533,44	1.725,12	-	1.409,12	1.585,26	-	1.287,68	1.448,64	-	1.169,28	1.315,44
	IV	34.041	1.872,25	2.723,28	3.063,69	1.820,55	2.648,08	2.979,09	1.739,54	2.572,88	2.894,49	1.627,68	2.497,68	2.809,89	1.515,82	2.422,48	2.725,29	1.403,96	2.347,28	2.640,69	1.292,22	2.272,16	2.556,18
	V	40.215	2.211,82	3.217,20	3.619,35																		
	VI	40.746	2.241,03	3.259,68	3.667,14																		
107.999,99	I	34.056	1.873,08	2.724,48	3.065,04	1.741,32	2.574,08	2.895,84	1.517,72	2.423,76	2.726,73	1.294,00	2.273,36	2.557,53	1.070,28	2.122,96	2.388,33	846,56	1.972,56	2.219,13	622,84	1.822,16	2.049,93
	II	32.267	1.752,15	2.581,36	2.904,03	1.528,43	2.430,96	2.734,83	1.304,71	2.280,56	2.565,63	1.080,99	2.130,16	2.396,43	857,39	1.979,84	2.227,32	633,67	1.829,44	2.058,12	409,95	1.679,04	1.888,92
	III	24.082	-	1.926,56	2.167,38	-	1.792,80	2.016,90	-	1.662,08	1.869,84	-	1.534,56	1.726,38	-	1.410,08	1.586,34	-	1.288,64	1.449,72	-	1.170,24	1.316,52
	IV	34.056	1.873,08	2.724,48	3.065,04	1.821,38	2.649,28	2.980,44	1.741,32	2.574,08	2.895,84	1.629,58	2.498,96	2.811,33	1.517,72	2.423,76	2.726,73	1.405,86	2.348,56	2.642,13	1.294,00	2.273,36	2.557,53
	V	40.230	2.212,65	3.218,40	3.620,70																		
	VI	40.761	2.241,85	3.260,88	3.668,49																		

SolZ/KiSt lt. Tabelle nicht für Sonstige Bezüge anwendbar.

Lohn/Gehalt bis	Steuerklasse	Lohnsteuer	ohne Kinderfreibetrag SolZ 5,5%	Kirchensteuer 8%	Kirchensteuer 9%	0,5 SolZ 5,5%	0,5 Kirchensteuer 8%	0,5 Kirchensteuer 9%	1,0 SolZ 5,5%	1,0 Kirchensteuer 8%	1,0 Kirchensteuer 9%	1,5 SolZ 5,5%	1,5 Kirchensteuer 8%	1,5 Kirchensteuer 9%	2,0 SolZ 5,5%	2,0 Kirchensteuer 8%	2,0 Kirchensteuer 9%	2,5 SolZ 5,5%	2,5 Kirchensteuer 8%	2,5 Kirchensteuer 9%	3,0 SolZ 5,5%	3,0 Kirchensteuer 8%	3,0 Kirchensteuer 9%
108.035,99	I	34.072	1.873,96	2.725,76	3.066,48	1.743,23	2.575,36	2.897,28	1.519,51	2.424,96	2.728,08	1.295,79	2.274,56	2.558,88	1.072,07	2.124,16	2.389,68	848,35	1.973,76	2.220,48	624,63	1.823,36	2.051,28
	II	32.282	1.753,94	2.582,56	2.905,38	1.530,22	2.432,16	2.736,18	1.306,50	2.281,76	2.566,98	1.082,90	2.131,44	2.397,87	859,18	1.981,04	2.228,67	635,46	1.830,64	2.059,47	411,74	1.680,24	1.890,27
	III	24.096	-	1.927,68	2.168,64	-	1.793,92	2.018,16	-	1.663,20	1.871,10	-	1.535,52	1.727,46	-	1.411,04	1.587,42	-	1.289,60	1.450,80	-	1.171,20	1.317,60
	IV	34.072	1.873,96	2.725,76	3.066,48	1.822,26	2.650,56	2.981,88	1.743,23	2.575,36	2.897,28	1.631,37	2.500,16	2.812,68	1.519,51	2.424,96	2.728,08	1.407,65	2.349,76	2.643,48	1.295,79	2.274,56	2.558,88
	V	40.245	2.213,47	3.219,60	3.622,05																		
	VI	40.777	2.242,73	3.262,16	3.669,93																		
108.071,99	I	34.087	1.874,78	2.726,96	3.067,83	1.745,01	2.576,56	2.898,63	1.521,29	2.426,16	2.729,43	1.297,57	2.275,76	2.560,23	1.073,85	2.125,36	2.391,03	850,13	1.974,96	2.221,83	626,41	1.824,56	2.052,63
	II	32.297	1.755,72	2.583,76	2.906,73	1.532,12	2.433,44	2.737,62	1.308,40	2.283,04	2.568,42	1.084,68	2.132,64	2.399,22	860,96	1.982,24	2.230,02	637,24	1.831,84	2.060,82	413,52	1.681,44	1.891,62
	III	24.110	-	1.928,80	2.169,90	-	1.794,88	2.019,24	-	1.664,16	1.872,18	-	1.536,48	1.728,54	-	1.412,00	1.588,50	-	1.290,56	1.451,88	-	1.172,16	1.318,68
	IV	34.087	1.874,78	2.726,96	3.067,83	1.823,08	2.651,76	2.983,23	1.745,01	2.576,56	2.898,63	1.633,15	2.501,36	2.814,03	1.521,29	2.426,16	2.729,43	1.409,43	2.350,96	2.644,83	1.297,57	2.275,76	2.560,23
	V	40.260	2.214,30	3.220,80	3.623,40																		
	VI	40.792	2.243,56	3.263,36	3.671,28																		
108.107,99	I	34.102	1.875,61	2.728,16	3.069,18	1.746,80	2.577,76	2.899,98	1.523,08	2.427,36	2.730,78	1.299,36	2.276,96	2.561,58	1.075,64	2.126,56	2.392,38	851,92	1.976,16	2.223,18	628,20	1.825,76	2.053,98
	II	32.313	1.757,63	2.585,04	2.908,17	1.533,91	2.434,64	2.738,97	1.310,19	2.284,24	2.569,77	1.086,47	2.133,84	2.400,57	862,75	1.983,44	2.231,37	639,03	1.833,04	2.062,17	415,31	1.682,64	1.892,97
	III	24.122	-	1.929,76	2.170,98	-	1.796,00	2.020,50	-	1.665,28	1.873,44	-	1.537,60	1.729,80	-	1.412,96	1.589,58	-	1.291,52	1.452,96	-	1.173,12	1.319,76
	IV	34.102	1.875,61	2.728,16	3.069,18	1.823,91	2.652,96	2.984,58	1.746,80	2.577,76	2.899,98	1.634,94	2.502,56	2.815,38	1.523,08	2.427,36	2.730,78	1.411,22	2.352,16	2.646,18	1.299,36	2.276,96	2.561,58
	V	40.275	2.215,12	3.222,00	3.624,75																		
	VI	40.807	2.244,38	3.264,56	3.672,63																		
108.143,99	I	34.117	1.876,43	2.729,36	3.070,53	1.748,58	2.578,96	2.901,33	1.524,86	2.428,56	2.732,13	1.301,14	2.278,16	2.562,93	1.077,42	2.127,76	2.393,73	853,70	1.977,36	2.224,53	629,98	1.826,96	2.055,33
	II	32.328	1.759,41	2.586,24	2.909,52	1.535,69	2.435,84	2.740,32	1.311,97	2.285,44	2.571,12	1.088,25	2.135,04	2.401,92	864,53	1.984,64	2.232,72	640,81	1.834,24	2.063,52	417,09	1.683,84	1.894,32
	III	24.136	-	1.930,88	2.172,24	-	1.797,12	2.021,76	-	1.666,24	1.874,52	-	1.538,56	1.730,88	-	1.413,92	1.590,66	-	1.292,48	1.454,04	-	1.174,08	1.320,84
	IV	34.117	1.876,43	2.729,36	3.070,53	1.824,73	2.654,16	2.985,93	1.748,58	2.578,96	2.901,33	1.636,72	2.503,76	2.816,73	1.524,86	2.428,56	2.732,13	1.413,00	2.353,36	2.647,53	1.301,14	2.278,16	2.562,93
	V	40.290	2.215,95	3.223,20	3.626,10																		
	VI	40.822	2.245,21	3.265,76	3.673,98																		
108.179,99	I	34.132	1.877,26	2.730,56	3.071,88	1.750,37	2.580,16	2.902,68	1.526,65	2.429,76	2.733,48	1.302,93	2.279,36	2.564,28	1.079,21	2.128,96	2.395,08	855,49	1.978,56	2.225,88	631,77	1.828,16	2.056,68
	II	32.343	1.761,20	2.587,44	2.910,87	1.537,48	2.437,04	2.741,67	1.313,76	2.286,64	2.572,47	1.090,04	2.136,24	2.403,27	866,32	1.985,84	2.234,07	642,60	1.835,44	2.064,87	418,88	1.685,04	1.895,67
	III	24.150	-	1.932,00	2.173,50	-	1.798,08	2.022,84	-	1.667,36	1.875,78	-	1.539,68	1.732,14	-	1.415,04	1.591,92	-	1.293,44	1.455,12	-	1.175,04	1.321,92
	IV	34.132	1.877,26	2.730,56	3.071,88	1.825,56	2.655,36	2.987,28	1.750,37	2.580,16	2.902,68	1.638,51	2.504,96	2.818,08	1.526,65	2.429,76	2.733,48	1.414,79	2.354,56	2.648,88	1.302,93	2.279,36	2.564,28
	V	40.305	2.216,77	3.224,40	3.627,45																		
	VI	40.837	2.246,03	3.266,96	3.675,33																		
108.215,99	I	34.147	1.878,08	2.731,76	3.073,23	1.752,15	2.581,36	2.904,03	1.528,43	2.430,96	2.734,83	1.304,71	2.280,56	2.565,63	1.080,99	2.130,16	2.396,43	857,39	1.979,84	2.227,32	633,67	1.829,44	2.058,12
	II	32.358	1.762,98	2.588,64	2.912,22	1.539,26	2.438,24	2.743,02	1.315,54	2.287,84	2.573,82	1.091,82	2.137,44	2.404,62	868,10	1.987,04	2.235,42	644,38	1.836,64	2.066,22	420,66	1.686,24	1.897,02
	III	24.164	-	1.933,12	2.174,76	-	1.799,20	2.024,10	-	1.668,32	1.876,86	-	1.540,64	1.733,22	-	1.416,00	1.593,00	-	1.294,40	1.456,20	-	1.176,00	1.323,00
	IV	34.147	1.878,08	2.731,76	3.073,23	1.826,38	2.656,56	2.988,63	1.752,15	2.581,36	2.904,03	1.640,29	2.506,16	2.819,43	1.528,43	2.430,96	2.734,83	1.416,57	2.355,76	2.650,23	1.304,71	2.280,56	2.565,63
	V	40.320	2.217,60	3.225,60	3.628,80																		
	VI	40.852	2.246,86	3.268,16	3.676,68																		
108.251,99	I	34.162	1.878,91	2.732,96	3.074,58	1.753,94	2.582,56	2.905,38	1.530,22	2.432,16	2.736,18	1.306,50	2.281,76	2.566,98	1.082,90	2.131,44	2.397,87	859,18	1.981,04	2.228,67	635,46	1.830,64	2.059,47
	II	32.373	1.764,77	2.589,84	2.913,57	1.541,05	2.439,44	2.744,37	1.317,33	2.289,04	2.575,17	1.093,61	2.138,64	2.405,97	869,89	1.988,24	2.236,77	646,17	1.837,84	2.067,57	422,56	1.687,52	1.898,46
	III	24.178	-	1.934,24	2.176,02	-	1.800,16	2.025,18	-	1.669,44	1.878,12	-	1.541,60	1.734,30	-	1.416,96	1.594,08	-	1.295,36	1.457,28	-	1.176,80	1.323,90
	IV	34.162	1.878,91	2.732,96	3.074,58	1.827,21	2.657,76	2.989,98	1.753,94	2.582,56	2.905,38	1.642,08	2.507,36	2.820,78	1.530,22	2.432,16	2.736,18	1.418,36	2.356,96	2.651,58	1.306,50	2.281,76	2.566,98
	V	40.336	2.218,48	3.226,88	3.630,24																		
	VI	40.867	2.247,68	3.269,36	3.678,03																		
108.287,99	I	34.177	1.879,73	2.734,16	3.075,93	1.755,72	2.583,76	2.906,73	1.532,12	2.433,44	2.737,62	1.308,40	2.283,04	2.568,42	1.084,68	2.132,64	2.399,22	860,96	1.982,24	2.230,02	637,24	1.831,84	2.060,82
	II	32.388	1.766,55	2.591,04	2.914,92	1.542,83	2.440,64	2.745,72	1.319,11	2.290,24	2.576,52	1.095,39	2.139,84	2.407,32	871,67	1.989,44	2.238,12	648,07	1.839,12	2.069,01	424,35	1.688,72	1.899,81
	III	24.190	-	1.935,20	2.177,10	-	1.801,28	2.026,44	-	1.670,40	1.879,20	-	1.542,72	1.735,56	-	1.417,92	1.595,16	-	1.296,32	1.458,36	-	1.177,76	1.324,98
	IV	34.177	1.879,73	2.734,16	3.075,93	1.828,03	2.658,96	2.991,33	1.755,72	2.583,76	2.906,73	1.643,86	2.508,56	2.822,13	1.532,12	2.433,44	2.737,62	1.420,26	2.358,24	2.653,02	1.308,40	2.283,04	2.568,42
	V	40.351	2.219,30	3.228,08	3.631,59																		
	VI	40.882	2.248,51	3.270,56	3.679,38																		
108.323,99	I	34.192	1.880,56	2.735,36	3.077,28	1.757,63	2.585,04	2.908,17	1.533,91	2.434,64	2.738,97	1.310,19	2.284,24	2.569,77	1.086,47	2.133,84	2.400,57	862,75	1.983,44	2.231,37	639,03	1.833,04	2.062,17
	II	32.403	1.768,34	2.592,24	2.916,27	1.544,62	2.441,84	2.747,07	1.320,90	2.291,44	2.577,87	1.097,29	2.141,12	2.408,76	873,57	1.990,72	2.239,56	649,85	1.840,32	2.070,36	426,13	1.689,92	1.901,16
	III	24.204	-	1.936,32	2.178,36	-	1.802,40	2.027,70	-	1.671,52	1.880,46	-	1.543,68	1.736,64	-	1.418,88	1.596,24	-	1.297,28	1.459,44	-	1.178,72	1.326,06
	IV	34.192	1.880,56	2.735,36	3.077,28	1.828,91	2.660,24	2.992,77	1.757,63	2.585,04	2.908,17	1.645,77	2.509,84	2.823,57	1.533,91	2.434,64	2.738,97	1.422,05	2.359,44	2.654,37	1.310,19	2.284,24	2.569,77
	V	40.366	2.220,13	3.229,28	3.632,94																		
	VI	40.897	2.249,33	3.271,76	3.680,73																		
108.359,99	I	34.208	1.881,44	2.736,64	3.078,72	1.759,41	2.586,24	2.909,52	1.535,69	2.435,84	2.740,32	1.311,97	2.285,44	2.571,12	1.088,25	2.135,04	2.401,92	864,53	1.984,64	2.232,72	640,81	1.834,24	2.063,52
	II	32.418	1.770,12	2.593,44	2.917,62	1.546,40	2.443,04	2.748,42	1.322,80	2.292,72	2.579,31	1.099,08	2.142,32	2.410,11	875,36	1.991,92	2.240,91	651,64	1.841,52	2.071,71	427,92	1.691,12	1.902,51
	III	24.218	-	1.937,44	2.179,62	-	1.803,36	2.028,78	-	1.672,48	1.881,54	-	1.544,64	1.737,72	-	1.420,00	1.597,50	-	1.298,24	1.460,52	-	1.179,68	1.327,14
	IV	34.208	1.881,44	2.736,64	3.078,72	1.829,74	2.661,44	2.994,12	1.759,41	2.586,24	2.909,52	1.647,55	2.511,04	2.824,92	1.535,69	2.435,84	2.740,32	1.423,83	2.360,64	2.655,72	1.311,97	2.285,44	2.571,12
	V	40.381	2.220,95	3.230,48	3.634,29																		
	VI	40.913	2.250,21	3.273,04	3.682,17																		
108.395,99	I	34.223	1.882,26	2.737,84	3.080,07	1.761,20	2.587,44	2.910,87	1.537,48	2.437,04	2.741,67	1.313,76	2.286,64	2.572,47	1.090,04	2.136,24	2.403,27	866,32	1.985,84	2.234,07	642,60	1.835,44	2.064,87
	II	32.434	1.772,02	2.594,72	2.919,06	1.548,30	2.444,32	2.749,86	1.324,58	2.293,92	2.580,66	1.100,86	2.143,52	2.411,46	877,14	1.993,12	2.242,26	653,42	1.842,72	2.073,06	429,70	1.692,32	1.903,86
	III	24.232	-	1.938,56	2.180,88	-	1.804,48	2.030,04	-	1.673,60	1.882,80	-	1.545,76	1.738,98	-	1.420,96	1.598,58	-	1.299,20	1.461,60	-	1.180,64	1.328,22
	IV	34.223	1.882,26	2.737,84	3.080,07	1.830,56	2.662,64	2.995,47	1.761,20	2.587,44	2.910,87	1.649,34	2.512,24	2.826,27	1.537,48	2.437,04	2.741,67	1.425,62	2.361,84	2.657,07	1.313,76	2.286,64	2.572,47
	V	40.396	2.221,78	3.231,68	3.635,64																		
	VI	40.928	2.251,04	3.274,24	3.683,52																		
108.431,99	I	34.238	1.883,09	2.739,04	3.081,42	1.762,98	2.588,64	2.912,22	1.539,26	2.438,24	2.743,02	1.315,54	2.287,84	2.573,82	1.091,82	2.137,44	2.404,62	868,10	1.987,04	2.235,42	644,38	1.836,64	2.066,22
	II	32.449	1.773,81	2.595,92	2.920,41	1.550,09	2.445,52	2.751,21	1.326,37	2.295,12	2.582,01	1.102,65	2.144,72	2.412,81	878,93	1.994,32	2.243,61	655,21	1.843,92	2.074,41	431,49	1.693,52	1.905,21
	III	24.246	-	1.939,68	2.182,14	-	1.805,60	2.031,30	-	1.674,56	1.883,88	-	1.546,72	1.740,06	-	1.421,92	1.599,66	-	1.300,16	1.462,68	-	1.181,60	1.329,30
	IV	34.238	1.883,09	2.739,04	3.081,42	1.831,39	2.663,84	2.996,82	1.762,98	2.588,64	2.912,22	1.651,12	2.513,44	2.827,62	1.539,26	2.438,24	2.743,02	1.427,40	2.363,04	2.658,42	1.315,54	2.287,84	2.573,82
	V	40.411	2.222,60	3.232,88	3.636,99																		
	VI	40.943	2.251,86	3.275,44	3.684,87																		
108.467,99	I	34.253	1.883,91	2.740,24	3.082,77	1.764,77	2.589,84	2.913,57	1.541,05	2.439,44	2.744,37	1.317,33	2.289,04	2.575,17	1.093,61	2.138,64	2.405,97	869,89	1.988,24	2.236,77	646,17	1.837,84	2.067,57
	II	32.464	1.775,59	2.597,12	2.921,76	1.551,87	2.446,72	2.752,56	1.328,15	2.296,32	2.583,36	1.104,43	2.145,92	2.414,16	880,71	1.995,52	2.244,96	656,99	1.845,12	2.075,76	433,27	1.694,72	1.906,56
	III	24.258	-	1.940,64	2.183,22	-	1.806,56	2.032,38	-	1.675,68	1.885,14	-	1.547,68	1.741,14	-	1.422,88	1.600,74	-	1.301,12	1.463,76	-	1.182,56	1.330,38
	IV	34.253	1.883,91	2.740,24	3.082,77	1.832,21	2.665,04	2.998,17	1.764,77	2.589,84	2.913,57	1.652,91	2.514,64	2.828,97	1.541,05	2.439,44	2.744,37	1.429,19	2.364,24	2.659,77	1.317,33	2.289,04	2.575,17
	V	40.426	2.223,43	3.234,08	3.638,34																		
	VI	40.958	2.252,69	3.276,64	3.686,22																		
108.503,99	I	34.268	1.884,74	2.741,44	3.084,12	1.766,55	2.591,04	2.914,92	1.542,83	2.440,64	2.745,72	1.319,11	2.290,24	2.576,52	1.095,39	2.139,84	2.407,32	871,67	1.989,44	2.238,12	648,07	1.839,12	2.069,01
	II	32.479	1.777,38	2.598,32	2.923,11	1.553,66	2.447,92	2.753,91	1.329,94	2.297,52	2.584,71	1.106,22	2.147,12	2.415,51	882,50	1.996,72	2.246,31	658,78	1.846,32	2.077,11	435,06	1.695,92	1.907,91
	III	24.272	-	1.941,76	2.184,48	-	1.807,68	2.033,64	-	1.676,64	1.886,22	-	1.548,80	1.742,40	-	1.423,84	1.601,82	-	1.302,08	1.464,84	-	1.183,52	1.331,46
	IV	34.268	1.884,74	2.741,44	3.084,12	1.833,04	2.666,24	2.999,52	1.766,55	2.591,04	2.914,92	1.654,69	2.515,84	2.830,32	1.542,83	2.440,64	2.745,72	1.430,97	2.365,44	2.661,12	1.319,11	2.290,24	2.576,52
	V	40.441	2.224,25	3.235,28	3.639,69																		
	VI	40.973	2.253,51	3.277,84	3.687,57																		
108.539,99	I	34.283	1.885,56	2.742,64	3.085,47	1.768,34	2.592,24	2.916,27	1.544,62	2.441,84	2.747,07	1.320,90	2.291,44	2.577,87	1.097,29	2.141,12	2.408,76	873,57	1.990,72	2.239,56	649,85	1.840,32	2.070,36
	II	32.494	1.779,16	2.599,52	2.924,46	1.555,44	2.449,12	2.755,26	1.331,72	2.298,72	2.586,06	1.108,00	2.148,32	2.416,86	884,28	1.997,92	2.247,66	660,56	1.847,52	2.078,46	436,84	1.697,12	1.909,26
	III	24.286	-	1.942,88	2.185,74	-	1.808,80	2.034,90	-	1.677,76	1.887,48	-	1.549,76	1.743,48	-	1.424,96	1.603,08	-	1.303,04	1.465,92	-	1.184,48	1.332,54
	IV	34.283	1.885,56	2.742,64	3.085,47	1.833,86	2.667,44	3.000,87	1.768,34	2.592,24	2.916,27	1.656,48	2.517,04	2.831,67	1.544,62	2.441,84	2.747,07	1.432,76	2.366,64	2.662,47	1.320,90	2.291,44	2.577,87
	V	40.456	2.225,08	3.236,48	3.641,04																		
	VI	40.988	2.254,34	3.279,04	3.688,92																		

SolZ/KiSt lt. Tabelle nicht für Sonstige Bezüge anwendbar.

Lohn/ Gehalt bis	Steuerklasse	Lohn-steuer	ohne Kinderfreibetrag			Anzahl Kinderfreibeträge (nur Steuerklassen I–IV) 0,5			1,0			1,5			2,0			2,5			3,0		
			SolZ 5,5%	Kirchensteuer 8%	Kirchensteuer 9%	SolZ 5,5%	Kirchensteuer 8%	Kirchensteuer 9%	SolZ 5,5%	Kirchensteuer 8%	Kirchensteuer 9%	SolZ 5,5%	Kirchensteuer 8%	Kirchensteuer 9%	SolZ 5,5%	Kirchensteuer 8%	Kirchensteuer 9%	SolZ 5,5%	Kirchensteuer 8%	Kirchensteuer 9%	SolZ 5,5%	Kirchensteuer 8%	Kirchensteuer 9%
108.575,99	I	34.298	1.886,39	2.743,84	3.086,82	1.770,12	2.593,44	2.917,62	1.546,40	2.443,04	2.748,42	1.322,80	2.292,72	2.579,31	1.099,08	2.142,32	2.410,11	875,36	1.991,92	2.240,91	651,64	1.841,52	2.071,71
	II	32.509	1.780,95	2.600,72	2.925,81	1.557,23	2.450,32	2.756,61	1.333,51	2.299,92	2.587,41	1.109,79	2.149,52	2.418,21	886,07	1.999,12	2.249,01	662,47	1.848,80	2.079,90	438,75	1.698,40	1.910,70
	III	24.300	-	1.944,00	2.187,00	-	1.809,76	2.035,98	-	1.678,72	1.888,56	-	1.550,72	1.744,56	-	1.425,92	1.604,16	-	1.304,00	1.467,00	-	1.185,28	1.333,44
	IV	34.298	1.886,39	2.743,84	3.086,82	1.834,69	2.668,64	3.002,22	1.770,12	2.593,44	2.917,62	1.658,26	2.518,24	2.833,02	1.546,40	2.443,04	2.748,42	1.434,66	2.367,92	2.663,91	1.322,80	2.292,72	2.579,31
	V	40.472	2.225,96	3.237,76	3.642,48																		
	VI	41.003	2.255,16	3.280,24	3.690,27																		
108.611,99	I	34.313	1.887,21	2.745,04	3.088,17	1.772,02	2.594,72	2.919,06	1.548,30	2.444,32	2.749,86	1.324,58	2.293,92	2.580,66	1.100,86	2.143,52	2.411,46	877,14	1.993,12	2.242,26	653,42	1.842,72	2.073,06
	II	32.524	1.782,73	2.601,92	2.927,16	1.559,01	2.451,52	2.757,96	1.335,29	2.301,12	2.588,76	1.111,57	2.150,72	2.419,56	887,97	2.000,40	2.250,45	664,25	1.850,00	2.081,25	440,53	1.699,60	1.912,05
	III	24.314	-	1.945,12	2.188,26	-	1.810,88	2.037,24	-	1.679,84	1.889,82	-	1.551,84	1.745,82	-	1.426,88	1.605,24	-	1.305,12	1.468,26	-	1.186,24	1.334,52
	IV	34.313	1.887,21	2.745,04	3.088,17	1.835,51	2.669,84	3.003,57	1.772,02	2.594,72	2.919,06	1.660,16	2.519,52	2.834,46	1.548,30	2.444,32	2.749,86	1.436,44	2.369,12	2.665,26	1.324,58	2.293,92	2.580,66
	V	40.487	2.226,78	3.238,96	3.643,83																		
	VI	41.018	2.255,99	3.281,44	3.691,62																		
108.647,99	I	34.329	1.888,09	2.746,32	3.089,61	1.773,81	2.595,92	2.920,41	1.550,09	2.445,52	2.751,21	1.326,37	2.295,12	2.582,01	1.102,65	2.144,72	2.412,81	878,93	1.994,32	2.243,61	655,21	1.843,92	2.074,41
	II	32.539	1.784,52	2.603,12	2.928,51	1.560,80	2.452,72	2.759,31	1.337,20	2.302,40	2.590,20	1.113,48	2.152,00	2.421,00	889,76	2.001,60	2.251,80	666,04	1.851,20	2.082,60	442,32	1.700,80	1.913,40
	III	24.328	-	1.946,24	2.189,52	-	1.812,00	2.038,50	-	1.680,80	1.890,90	-	1.552,80	1.746,90	-	1.427,84	1.606,32	-	1.306,08	1.469,34	-	1.187,20	1.335,60
	IV	34.329	1.888,09	2.746,32	3.089,61	1.836,39	2.671,12	3.005,01	1.773,81	2.595,92	2.920,41	1.661,95	2.520,72	2.835,81	1.550,09	2.445,52	2.751,21	1.438,23	2.370,32	2.666,61	1.326,37	2.295,12	2.582,01
	V	40.502	2.227,61	3.240,16	3.645,18																		
	VI	41.034	2.256,87	3.282,72	3.693,06																		
108.683,99	I	34.344	1.888,92	2.747,52	3.090,96	1.775,59	2.597,12	2.921,76	1.551,87	2.446,72	2.752,56	1.328,15	2.296,32	2.583,36	1.104,43	2.145,92	2.414,16	880,71	1.995,52	2.244,96	656,99	1.845,12	2.075,76
	II	32.554	1.786,30	2.604,32	2.929,86	1.562,70	2.454,00	2.760,75	1.338,98	2.303,60	2.591,55	1.115,26	2.153,20	2.422,35	891,54	2.002,80	2.253,15	667,82	1.852,40	2.083,95	444,10	1.702,00	1.914,75
	III	24.340	-	1.947,20	2.190,60	-	1.812,96	2.039,58	-	1.681,92	1.892,16	-	1.553,76	1.747,98	-	1.428,80	1.607,40	-	1.307,04	1.470,42	-	1.188,16	1.336,68
	IV	34.344	1.888,92	2.747,52	3.090,96	1.837,22	2.672,32	3.006,36	1.775,59	2.597,12	2.921,76	1.663,73	2.521,92	2.837,16	1.551,87	2.446,72	2.752,56	1.440,01	2.371,52	2.667,96	1.328,15	2.296,32	2.583,36
	V	40.517	2.228,43	3.241,36	3.646,53																		
	VI	41.049	2.257,69	3.283,92	3.694,41																		
108.719,99	I	34.359	1.889,74	2.748,72	3.092,31	1.777,38	2.598,32	2.923,11	1.553,66	2.447,92	2.753,91	1.329,94	2.297,52	2.584,71	1.106,22	2.147,12	2.415,51	882,50	1.996,72	2.246,31	658,78	1.846,32	2.077,11
	II	32.570	1.788,21	2.605,60	2.931,30	1.564,49	2.455,20	2.762,10	1.340,77	2.304,80	2.592,90	1.117,05	2.154,40	2.423,70	893,33	2.004,00	2.254,50	669,61	1.853,60	2.085,30	445,89	1.703,20	1.916,10
	III	24.354	-	1.948,32	2.191,86	-	1.814,08	2.040,84	-	1.682,88	1.893,24	-	1.554,88	1.749,24	-	1.429,92	1.608,66	-	1.308,00	1.471,50	-	1.189,12	1.337,76
	IV	34.359	1.889,74	2.748,72	3.092,31	1.838,04	2.673,52	3.007,71	1.777,38	2.598,32	2.923,11	1.665,52	2.523,12	2.838,51	1.553,66	2.447,92	2.753,91	1.441,80	2.372,72	2.669,31	1.329,94	2.297,52	2.584,71
	V	40.532	2.229,26	3.242,56	3.647,88																		
	VI	41.064	2.258,52	3.285,12	3.695,76																		
108.755,99	I	34.374	1.890,57	2.749,92	3.093,66	1.779,16	2.599,52	2.924,46	1.555,44	2.449,12	2.755,26	1.331,72	2.298,72	2.586,06	1.108,00	2.148,32	2.416,86	884,28	1.997,92	2.247,66	660,56	1.847,52	2.078,46
	II	32.585	1.789,99	2.606,80	2.932,65	1.566,27	2.456,40	2.763,45	1.342,55	2.306,00	2.594,25	1.118,83	2.155,60	2.425,05	895,11	2.005,20	2.255,85	671,39	1.854,80	2.086,65	447,67	1.704,40	1.917,45
	III	24.368	-	1.949,44	2.193,12	-	1.815,20	2.042,10	-	1.684,00	1.894,50	-	1.555,84	1.750,32	-	1.430,88	1.609,74	-	1.308,96	1.472,58	-	1.190,08	1.338,84
	IV	34.374	1.890,57	2.749,92	3.093,66	1.838,87	2.674,72	3.009,06	1.779,16	2.599,52	2.924,46	1.667,30	2.524,32	2.839,86	1.555,44	2.449,12	2.755,26	1.443,58	2.373,92	2.670,66	1.331,72	2.298,72	2.586,06
	V	40.547	2.230,08	3.243,76	3.649,23																		
	VI	41.079	2.259,34	3.286,32	3.697,11																		
108.791,99	I	34.389	1.891,39	2.751,12	3.095,01	1.780,95	2.600,72	2.925,81	1.557,23	2.450,32	2.756,61	1.333,51	2.299,92	2.587,41	1.109,79	2.149,52	2.418,21	886,07	1.999,12	2.249,01	662,47	1.848,80	2.079,90
	II	32.600	1.791,78	2.608,00	2.934,00	1.568,06	2.457,60	2.764,80	1.344,34	2.307,20	2.595,60	1.120,62	2.156,80	2.426,40	896,90	2.006,40	2.257,20	673,18	1.856,00	2.088,00	449,46	1.705,60	1.918,80
	III	24.382	-	1.950,56	2.194,38	-	1.816,16	2.043,18	-	1.684,96	1.895,58	-	1.556,96	1.751,58	-	1.431,84	1.610,82	-	1.309,92	1.473,66	-	1.191,04	1.339,92
	IV	34.389	1.891,39	2.751,12	3.095,01	1.839,69	2.675,92	3.010,41	1.780,95	2.600,72	2.925,81	1.669,09	2.525,52	2.841,21	1.557,23	2.450,32	2.756,61	1.445,37	2.375,12	2.672,01	1.333,51	2.299,92	2.587,41
	V	40.562	2.230,91	3.244,96	3.650,58																		
	VI	41.094	2.260,17	3.287,52	3.698,46																		
108.827,99	I	34.404	1.892,22	2.752,32	3.096,36	1.782,73	2.601,92	2.927,16	1.559,01	2.451,52	2.757,96	1.335,29	2.301,12	2.588,76	1.111,57	2.150,72	2.419,56	887,97	2.000,40	2.250,45	664,25	1.850,00	2.081,25
	II	32.615	1.793,56	2.609,20	2.935,35	1.569,84	2.458,80	2.766,15	1.346,12	2.308,40	2.596,95	1.122,40	2.158,00	2.427,75	898,68	2.007,60	2.258,55	674,96	1.857,20	2.089,35	451,24	1.706,80	1.920,15
	III	24.396	-	1.951,68	2.195,64	-	1.817,28	2.044,44	-	1.686,08	1.896,84	-	1.557,92	1.752,66	-	1.432,80	1.611,90	-	1.310,88	1.474,74	-	1.192,00	1.341,00
	IV	34.404	1.892,22	2.752,32	3.096,36	1.840,52	2.677,12	3.011,76	1.782,73	2.601,92	2.927,16	1.670,87	2.526,72	2.842,56	1.559,01	2.451,52	2.757,96	1.447,15	2.376,32	2.673,36	1.335,29	2.301,12	2.588,76
	V	40.577	2.231,73	3.246,16	3.651,93																		
	VI	41.109	2.260,99	3.288,72	3.699,81																		
108.863,99	I	34.419	1.893,04	2.753,52	3.097,71	1.784,52	2.603,12	2.928,51	1.560,80	2.452,72	2.759,31	1.337,20	2.302,40	2.590,20	1.113,48	2.152,00	2.421,00	889,76	2.001,60	2.251,80	666,04	1.851,20	2.082,60
	II	32.630	1.794,65	2.610,40	2.936,70	1.571,63	2.460,00	2.767,50	1.347,91	2.309,60	2.598,30	1.124,19	2.159,20	2.429,10	900,47	2.008,80	2.259,90	676,75	1.858,40	2.090,70	453,15	1.708,08	1.921,59
	III	24.408	-	1.952,64	2.196,72	-	1.818,40	2.045,70	-	1.687,04	1.897,92	-	1.558,88	1.753,74	-	1.433,76	1.612,98	-	1.311,84	1.475,82	-	1.192,96	1.342,08
	IV	34.419	1.893,04	2.753,52	3.097,71	1.841,34	2.678,32	3.013,11	1.784,52	2.603,12	2.928,51	1.672,66	2.527,92	2.843,91	1.560,80	2.452,72	2.759,31	1.448,94	2.377,52	2.674,71	1.337,20	2.302,40	2.590,20
	V	40.593	2.232,61	3.247,44	3.653,37																		
	VI	41.124	2.261,82	3.289,92	3.701,16																		
108.899,99	I	34.434	1.893,87	2.754,72	3.099,06	1.786,30	2.604,32	2.929,86	1.562,70	2.454,00	2.760,75	1.338,98	2.303,60	2.591,55	1.115,26	2.153,20	2.422,35	891,54	2.002,80	2.253,15	667,82	1.852,40	2.083,95
	II	32.645	1.795,47	2.611,60	2.938,05	1.573,41	2.461,20	2.768,85	1.349,69	2.310,80	2.599,65	1.125,97	2.160,40	2.430,45	902,37	2.010,08	2.261,34	678,65	1.859,68	2.092,14	454,93	1.709,28	1.922,94
	III	24.422	-	1.953,76	2.197,98	-	1.819,36	2.046,78	-	1.688,16	1.899,18	-	1.560,00	1.755,00	-	1.434,88	1.614,24	-	1.312,80	1.476,90	-	1.193,92	1.343,16
	IV	34.434	1.893,87	2.754,72	3.099,06	1.842,17	2.679,52	3.014,46	1.786,30	2.604,32	2.929,86	1.674,56	2.529,20	2.845,35	1.562,70	2.454,00	2.760,75	1.450,84	2.378,80	2.676,15	1.338,98	2.303,60	2.591,55
	V	40.608	2.233,44	3.248,64	3.654,72																		
	VI	41.139	2.262,64	3.291,12	3.702,51																		
108.935,99	I	34.450	1.894,75	2.756,00	3.100,50	1.788,21	2.605,60	2.931,30	1.564,49	2.455,20	2.762,10	1.340,77	2.304,80	2.592,90	1.117,05	2.154,40	2.423,70	893,33	2.004,00	2.254,50	669,61	1.853,60	2.085,30
	II	32.660	1.796,30	2.612,80	2.939,40	1.575,20	2.462,40	2.770,20	1.351,48	2.312,00	2.601,00	1.127,88	2.161,68	2.431,89	904,16	2.011,28	2.262,69	680,44	1.860,88	2.093,49	456,72	1.710,43	1.924,29
	III	24.436	-	1.954,88	2.199,24	-	1.820,48	2.048,04	-	1.689,12	1.900,26	-	1.560,96	1.756,08	-	1.435,84	1.615,32	-	1.313,76	1.477,98	-	1.194,72	1.344,06
	IV	34.450	1.894,75	2.756,00	3.100,50	1.843,05	2.680,80	3.015,90	1.788,21	2.605,60	2.931,30	1.676,35	2.530,40	2.846,70	1.564,49	2.455,20	2.762,10	1.452,63	2.380,00	2.677,50	1.340,77	2.304,80	2.592,90
	V	40.623	2.234,26	3.249,84	3.656,07																		
	VI	41.155	2.263,52	3.292,40	3.703,95																		
108.971,99	I	34.465	1.895,57	2.757,20	3.101,85	1.789,99	2.606,80	2.932,65	1.566,27	2.456,40	2.763,45	1.342,55	2.306,00	2.594,25	1.118,83	2.155,60	2.425,05	895,11	2.005,20	2.255,85	671,39	1.854,80	2.086,65
	II	32.675	1.797,12	2.614,00	2.940,75	1.577,10	2.463,68	2.771,64	1.353,38	2.313,28	2.602,44	1.129,66	2.162,88	2.433,24	905,94	2.012,48	2.264,04	682,22	1.862,08	2.094,84	458,50	1.711,68	1.925,64
	III	24.450	-	1.956,00	2.200,50	-	1.821,60	2.049,30	-	1.690,24	1.901,52	-	1.561,92	1.757,16	-	1.436,80	1.616,40	-	1.314,72	1.479,06	-	1.195,68	1.345,14
	IV	34.465	1.895,57	2.757,20	3.101,85	1.843,87	2.682,00	3.017,25	1.789,99	2.606,80	2.932,65	1.678,13	2.531,60	2.848,05	1.566,27	2.456,40	2.763,45	1.454,41	2.381,20	2.678,85	1.342,55	2.306,00	2.594,25
	V	40.638	2.235,09	3.251,04	3.657,42																		
	VI	41.170	2.264,35	3.293,60	3.705,30																		
109.007,99	I	34.480	1.896,40	2.758,40	3.103,20	1.791,78	2.608,00	2.934,00	1.568,06	2.457,60	2.764,80	1.344,34	2.307,20	2.595,60	1.120,62	2.156,80	2.426,40	896,90	2.006,40	2.257,20	673,18	1.856,00	2.088,00
	II	32.691	1.798,00	2.615,28	2.942,19	1.578,89	2.464,88	2.772,99	1.355,17	2.314,48	2.603,79	1.131,45	2.164,08	2.434,59	907,73	2.013,68	2.265,39	684,01	1.863,28	2.096,19	460,29	1.712,88	1.926,99
	III	24.464	-	1.957,12	2.201,76	-	1.822,72	2.050,56	-	1.691,20	1.902,60	-	1.563,04	1.758,42	-	1.437,76	1.617,48	-	1.315,68	1.480,14	-	1.196,64	1.346,22
	IV	34.480	1.896,40	2.758,40	3.103,20	1.844,70	2.683,20	3.018,60	1.791,78	2.608,00	2.934,00	1.679,92	2.532,80	2.849,40	1.568,06	2.457,60	2.764,80	1.456,20	2.382,40	2.680,20	1.344,34	2.307,20	2.595,60
	V	40.653	2.235,91	3.252,24	3.658,77																		
	VI	41.185	2.265,17	3.294,80	3.706,65																		
109.043,99	I	34.495	1.897,22	2.759,60	3.104,55	1.793,56	2.609,20	2.935,35	1.569,84	2.458,80	2.766,15	1.346,12	2.308,40	2.596,95	1.122,40	2.158,00	2.427,75	898,68	2.007,60	2.258,55	674,96	1.857,20	2.089,35
	II	32.706	1.798,83	2.616,48	2.943,54	1.580,67	2.466,08	2.774,34	1.356,95	2.315,68	2.605,14	1.133,23	2.165,28	2.435,94	909,51	2.014,88	2.266,74	685,79	1.864,48	2.097,54	462,07	1.714,08	1.928,34
	III	24.478	-	1.958,24	2.203,02	-	1.823,68	2.051,64	-	1.692,32	1.903,86	-	1.564,00	1.759,50	-	1.438,72	1.618,56	-	1.316,64	1.481,22	-	1.197,60	1.347,30
	IV	34.495	1.897,22	2.759,60	3.104,55	1.845,52	2.684,40	3.019,95	1.793,56	2.609,20	2.935,35	1.681,70	2.534,00	2.850,75	1.569,84	2.458,80	2.766,15	1.457,98	2.383,60	2.681,55	1.346,12	2.308,40	2.596,95
	V	40.668	2.236,74	3.253,44	3.660,12																		
	VI	41.200	2.266,00	3.296,00	3.708,00																		
109.079,99	I	34.510	1.898,05	2.760,80	3.105,90	1.794,65	2.610,40	2.936,70	1.571,63	2.460,00	2.767,50	1.347,91	2.309,60	2.598,30	1.124,19	2.159,20	2.429,10	900,47	2.008,80	2.259,90	676,75	1.858,40	2.090,70
	II	32.721	1.799,65	2.617,68	2.944,89	1.582,46	2.467,28	2.775,69	1.358,74	2.316,88	2.606,49	1.135,02	2.166,48	2.437,29	911,30	2.016,08	2.268,09	687,58	1.865,68	2.098,89	463,86	1.715,28	1.929,69
	III	24.492	-	1.959,36	2.204,28	-	1.824,80	2.052,90	-	1.693,44	1.905,12	-	1.564,96	1.760,58	-	1.439,84	1.619,82	-	1.317,60	1.482,30	-	1.198,56	1.348,38
	IV	34.510	1.898,05	2.760,80	3.105,90	1.846,35	2.685,60	3.021,30	1.794,65	2.610,40	2.936,70	1.683,49	2.535,20	2.852,10	1.571,63	2.460,00	2.767,50	1.459,77	2.384,80	2.682,90	1.347,91	2.309,60	2.598,30
	V	40.683	2.237,56	3.254,64	3.661,47																		
	VI	41.215	2.266,82	3.297,20	3.709,35																		

SolZ/KiSt lt. Tabelle nicht für Sonstige Bezüge anwendbar.

Lohn/ Gehalt bis	Steuerklasse	Lohn- steuer	ohne Kinderfreibetrag			Anzahl Kinderfreibeträge (nur Steuerklassen I–IV)																	
						0,5			1,0			1,5			2,0			2,5			3,0		
			SolZ 5,5%	Kirchensteuer 8%	9%	SolZ 5,5%	Kirchensteuer 8%	9%	SolZ 5,5%	Kirchensteuer 8%	9%	SolZ 5,5%	Kirchensteuer 8%	9%	SolZ 5,5%	Kirchensteuer 8%	9%	SolZ 5,5%	Kirchensteuer 8%	9%	SolZ 5,5%	Kirchensteuer 8%	9%
109.115,99	I	34.525	1.898,87	2.762,00	3.107,25	1.795,47	2.611,60	2.938,05	1.573,41	2.461,20	2.768,85	1.349,69	2.310,80	2.599,65	1.125,97	2.160,40	2.430,45	902,37	2.010,08	2.261,34	678,65	1.859,68	2.092,14
	II	32.736	1.800,48	2.618,88	2.946,24	1.584,24	2.468,48	2.777,04	1.360,52	2.318,08	2.607,84	1.136,80	2.167,68	2.438,64	913,08	2.017,28	2.269,44	689,36	1.866,88	2.100,24	465,64	1.716,48	1.931,04
	III	24.504	–	1.960,32	2.205,36	–	1.825,92	2.054,16	–	1.694,40	1.906,20	–	1.566,08	1.761,84	–	1.440,80	1.620,90	–	1.318,56	1.483,38	–	1.199,52	1.349,46
	IV	34.525	1.898,87	2.762,00	3.107,25	1.847,17	2.686,80	3.022,65	1.795,47	2.611,60	2.938,05	1.685,27	2.536,40	2.853,45	1.573,41	2.461,20	2.768,85	1.461,55	2.386,00	2.684,25	1.349,69	2.310,80	2.599,65
	V	40.698	2.238,39	3.255,84	3.662,82																		
	VI	41.230	2.267,65	3.298,40	3.710,70																		
109.151,99	I	34.540	1.899,70	2.763,20	3.108,60	1.796,30	2.612,80	2.939,40	1.575,20	2.462,40	2.770,20	1.351,48	2.312,00	2.601,00	1.127,88	2.161,68	2.431,89	904,16	2.011,28	2.262,69	680,44	1.860,88	2.093,49
	II	32.751	1.801,30	2.620,08	2.947,59	1.586,03	2.469,68	2.778,39	1.362,31	2.319,28	2.609,19	1.138,59	2.168,88	2.439,99	914,87	2.018,48	2.270,79	691,15	1.868,08	2.101,59	467,55	1.717,76	1.932,48
	III	24.518	–	1.961,44	2.206,62	–	1.826,88	2.055,24	–	1.695,52	1.907,46	–	1.567,04	1.762,92	–	1.441,76	1.621,98	–	1.319,52	1.484,46	–	1.200,48	1.350,54
	IV	34.540	1.899,70	2.763,20	3.108,60	1.848,00	2.688,00	3.024,00	1.796,30	2.612,80	2.939,40	1.687,06	2.537,60	2.854,80	1.575,20	2.462,40	2.770,20	1.463,34	2.387,20	2.685,60	1.351,48	2.312,00	2.601,00
	V	40.714	2.239,27	3.257,12	3.664,26																		
	VI	41.245	2.268,47	3.299,60	3.712,05																		
109.187,99	I	34.555	1.900,52	2.764,40	3.109,95	1.797,12	2.614,00	2.940,75	1.577,10	2.463,68	2.771,64	1.353,38	2.313,28	2.602,44	1.129,66	2.162,88	2.433,24	905,94	2.012,48	2.264,04	682,22	1.862,08	2.094,84
	II	32.766	1.802,13	2.621,28	2.948,94	1.587,81	2.470,88	2.779,74	1.364,09	2.320,48	2.610,54	1.140,37	2.170,08	2.441,34	916,65	2.019,68	2.272,14	693,05	1.869,36	2.103,03	469,33	1.718,96	1.933,83
	III	24.532	–	1.962,56	2.207,88	–	1.828,00	2.056,50	–	1.696,48	1.908,54	–	1.568,16	1.764,18	–	1.442,72	1.623,06	–	1.320,48	1.485,54	–	1.201,44	1.351,62
	IV	34.555	1.900,52	2.764,40	3.109,95	1.848,82	2.689,20	3.025,35	1.797,12	2.614,00	2.940,75	1.688,84	2.538,80	2.856,15	1.577,10	2.463,68	2.771,64	1.465,24	2.388,48	2.687,04	1.353,38	2.313,28	2.602,44
	V	40.729	2.240,09	3.258,32	3.665,61																		
	VI	41.260	2.269,30	3.300,80	3.713,40																		
109.223,99	I	34.570	1.901,35	2.765,60	3.111,30	1.798,00	2.615,28	2.942,19	1.578,89	2.464,88	2.772,99	1.355,17	2.314,48	2.603,79	1.131,45	2.164,08	2.434,59	907,73	2.013,68	2.265,39	684,01	1.863,28	2.096,19
	II	32.781	1.802,95	2.622,48	2.950,29	1.589,60	2.472,08	2.781,09	1.365,88	2.321,68	2.611,89	1.142,28	2.171,36	2.442,78	918,56	2.020,96	2.273,58	694,84	1.870,56	2.104,38	471,12	1.720,16	1.935,18
	III	24.546	–	1.963,68	2.209,14	–	1.829,12	2.057,76	–	1.697,60	1.909,80	–	1.569,12	1.765,26	–	1.443,84	1.624,32	–	1.321,44	1.486,62	–	1.202,40	1.352,70
	IV	34.570	1.901,35	2.765,60	3.111,30	1.849,70	2.690,48	3.026,79	1.798,00	2.615,28	2.942,19	1.690,75	2.540,08	2.857,59	1.578,89	2.464,88	2.772,99	1.467,03	2.389,68	2.688,39	1.355,17	2.314,48	2.603,79
	V	40.744	2.240,92	3.259,52	3.666,96																		
	VI	41.275	2.270,12	3.302,00	3.714,75																		
109.259,99	I	34.586	1.902,23	2.766,88	3.112,74	1.798,83	2.616,48	2.943,54	1.580,67	2.466,08	2.774,34	1.356,95	2.315,68	2.605,14	1.133,23	2.165,28	2.435,94	909,51	2.014,88	2.266,74	685,79	1.864,48	2.097,54
	II	32.796	1.803,78	2.623,68	2.951,64	1.591,38	2.473,28	2.782,44	1.367,78	2.322,96	2.613,33	1.144,06	2.172,56	2.444,13	920,34	2.022,16	2.274,93	696,62	1.871,76	2.105,73	472,90	1.721,36	1.936,53
	III	24.560	–	1.964,80	2.210,40	–	1.830,08	2.058,84	–	1.698,56	1.910,88	–	1.570,08	1.766,34	–	1.444,80	1.625,40	–	1.322,56	1.487,88	–	1.203,36	1.353,78
	IV	34.586	1.902,23	2.766,88	3.112,74	1.850,53	2.691,68	3.028,14	1.798,83	2.616,48	2.943,54	1.692,53	2.541,28	2.858,94	1.580,67	2.466,08	2.774,34	1.468,81	2.390,88	2.689,74	1.356,95	2.315,68	2.605,14
	V	40.759	2.241,74	3.260,72	3.668,31																		
	VI	41.291	2.271,00	3.303,28	3.716,19																		
109.295,99	I	34.601	1.903,05	2.768,08	3.114,09	1.799,65	2.617,68	2.944,89	1.582,46	2.467,28	2.775,69	1.358,74	2.316,88	2.606,49	1.135,02	2.166,48	2.437,29	911,30	2.016,08	2.268,09	687,58	1.865,68	2.098,89
	II	32.812	1.804,66	2.624,96	2.953,08	1.593,29	2.474,56	2.783,88	1.369,57	2.324,16	2.614,68	1.145,85	2.173,76	2.445,48	922,13	2.023,36	2.276,28	698,41	1.872,96	2.107,08	474,69	1.722,56	1.937,88
	III	24.574	–	1.965,92	2.211,66	–	1.831,20	2.060,10	–	1.699,68	1.912,14	–	1.571,20	1.767,60	–	1.445,76	1.626,48	–	1.323,52	1.488,96	–	1.204,32	1.354,86
	IV	34.601	1.903,05	2.768,08	3.114,09	1.851,35	2.692,88	3.029,49	1.799,65	2.617,68	2.944,89	1.694,32	2.542,48	2.860,29	1.582,46	2.467,28	2.775,69	1.470,60	2.392,08	2.691,09	1.358,74	2.316,88	2.606,4
	V	40.774	2.242,57	3.261,92	3.669,66																		
	VI	41.306	2.271,83	3.304,48	3.717,54																		
109.331,99	I	34.616	1.903,88	2.769,28	3.115,44	1.800,48	2.618,88	2.946,24	1.584,24	2.468,48	2.777,04	1.360,52	2.318,08	2.607,84	1.136,80	2.167,68	2.438,64	913,08	2.017,28	2.269,44	689,36	1.866,88	2.100,2
	II	32.827	1.805,48	2.626,16	2.954,43	1.595,07	2.475,76	2.785,23	1.371,35	2.325,36	2.616,03	1.147,63	2.174,96	2.446,83	923,91	2.024,56	2.277,63	700,19	1.874,16	2.108,43	476,47	1.723,76	1.939,2
	III	24.586	–	1.966,88	2.212,74	–	1.832,32	2.061,36	–	1.700,64	1.913,22	–	1.572,16	1.768,68	–	1.446,72	1.627,56	–	1.324,48	1.490,04	–	1.205,12	1.355,7
	IV	34.616	1.903,88	2.769,28	3.115,44	1.852,18	2.694,08	3.030,84	1.800,48	2.618,88	2.946,24	1.696,10	2.543,68	2.861,64	1.584,24	2.468,48	2.777,04	1.472,38	2.393,28	2.692,44	1.360,52	2.318,08	2.607,8
	V	40.789	2.243,39	3.263,12	3.671,01																		
	VI	41.321	2.272,65	3.305,68	3.718,89																		
109.367,99	I	34.631	1.904,70	2.770,48	3.116,79	1.801,30	2.620,08	2.947,59	1.586,03	2.469,68	2.778,39	1.362,31	2.319,28	2.609,19	1.138,59	2.168,88	2.439,99	914,87	2.018,48	2.270,79	691,15	1.868,08	2.101,5
	II	32.842	1.806,31	2.627,36	2.955,78	1.596,86	2.476,96	2.786,58	1.373,14	2.326,56	2.617,38	1.149,42	2.176,16	2.448,18	925,70	2.025,76	2.278,98	701,98	1.875,36	2.109,78	478,26	1.724,96	1.940,5
	III	24.600	–	1.968,00	2.214,00	–	1.833,28	2.062,44	–	1.701,76	1.914,48	–	1.573,12	1.769,76	–	1.447,68	1.628,64	–	1.325,44	1.491,12	–	1.206,08	1.356,8
	IV	34.631	1.904,70	2.770,48	3.116,79	1.853,00	2.695,28	3.032,19	1.801,30	2.620,08	2.947,59	1.697,89	2.544,88	2.862,99	1.586,03	2.469,68	2.778,39	1.474,17	2.394,48	2.693,79	1.362,31	2.319,28	2.609,1
	V	40.804	2.244,22	3.264,32	3.672,36																		
	VI	41.336	2.273,48	3.306,88	3.720,24																		
109.403,99	I	34.646	1.905,53	2.771,68	3.118,14	1.802,13	2.621,28	2.948,94	1.587,81	2.470,88	2.779,74	1.364,09	2.320,48	2.610,54	1.140,37	2.170,08	2.441,34	916,65	2.019,68	2.272,14	693,05	1.869,36	2.103,0
	II	32.857	1.807,13	2.628,56	2.957,13	1.598,64	2.478,16	2.787,93	1.374,92	2.327,76	2.618,73	1.151,20	2.177,36	2.449,53	927,48	2.026,96	2.280,33	703,76	1.876,56	2.111,13	480,04	1.726,16	1.941,9
	III	24.614	–	1.969,12	2.215,26	–	1.834,40	2.063,70	–	1.702,72	1.915,56	–	1.574,24	1.771,02	–	1.448,80	1.629,90	–	1.326,40	1.492,20	–	1.207,04	1.357,9
	IV	34.646	1.905,53	2.771,68	3.118,14	1.853,83	2.696,48	3.033,54	1.802,13	2.621,28	2.948,94	1.699,67	2.546,08	2.864,34	1.587,81	2.470,88	2.779,74	1.475,95	2.395,68	2.695,14	1.364,09	2.320,48	2.610,5
	V	40.819	2.245,04	3.265,52	3.673,71																		
	VI	41.351	2.274,30	3.308,08	3.721,59																		
109.439,99	I	34.661	1.906,35	2.772,88	3.119,49	1.802,95	2.622,48	2.950,29	1.589,60	2.472,08	2.781,09	1.365,88	2.321,68	2.611,89	1.142,28	2.171,36	2.442,78	918,56	2.020,96	2.273,58	694,84	1.870,56	2.104,3
	II	32.872	1.807,96	2.629,76	2.958,48	1.600,43	2.479,36	2.789,28	1.376,71	2.328,96	2.620,08	1.152,99	2.178,56	2.450,88	929,27	2.028,16	2.281,68	705,55	1.877,76	2.112,48	481,83	1.727,36	1.943,2
	III	24.628	–	1.970,24	2.216,52	–	1.835,52	2.064,96	–	1.703,84	1.916,82	–	1.575,20	1.772,10	–	1.449,76	1.630,98	–	1.327,36	1.493,28	–	1.208,00	1.359,0
	IV	34.661	1.906,35	2.772,88	3.119,49	1.854,65	2.697,68	3.034,89	1.802,95	2.622,48	2.950,29	1.701,46	2.547,28	2.865,69	1.589,60	2.472,08	2.781,09	1.477,74	2.396,88	2.696,49	1.365,88	2.321,68	2.611,8
	V	40.834	2.245,87	3.266,72	3.675,06																		
	VI	41.366	2.275,13	3.309,28	3.722,94																		
109.475,99	I	34.676	1.907,18	2.774,08	3.120,84	1.803,78	2.623,68	2.951,64	1.591,38	2.473,28	2.782,44	1.367,78	2.322,96	2.613,33	1.144,06	2.172,56	2.444,13	920,34	2.022,16	2.274,93	696,62	1.871,76	2.105,7
	II	32.887	1.808,78	2.630,96	2.959,83	1.602,21	2.480,56	2.790,63	1.378,49	2.330,16	2.621,43	1.154,77	2.179,76	2.452,23	931,05	2.029,36	2.283,03	707,45	1.879,04	2.113,92	483,73	1.728,64	1.944,7
	III	24.642	–	1.971,36	2.217,78	–	1.836,48	2.066,04	–	1.704,80	1.917,90	–	1.576,32	1.773,36	–	1.450,72	1.632,06	–	1.328,32	1.494,36	–	1.208,96	1.360,0
	IV	34.676	1.907,18	2.774,08	3.120,84	1.855,48	2.698,88	3.036,24	1.803,78	2.623,68	2.951,64	1.703,24	2.548,48	2.867,04	1.591,38	2.473,28	2.782,44	1.479,64	2.398,16	2.697,93	1.367,78	2.322,96	2.613,3
	V	40.850	2.246,75	3.268,00	3.676,50																		
	VI	41.381	2.275,95	3.310,48	3.724,29																		
109.511,99	I	34.691	1.908,00	2.775,28	3.122,19	1.804,66	2.624,96	2.953,08	1.593,29	2.474,56	2.783,88	1.369,57	2.324,16	2.614,68	1.145,85	2.173,76	2.445,48	922,13	2.023,36	2.276,28	698,41	1.872,96	2.107,0
	II	32.902	1.809,61	2.632,16	2.961,18	1.604,00	2.481,76	2.791,98	1.380,28	2.331,36	2.622,78	1.156,56	2.180,96	2.453,58	932,96	2.030,64	2.284,47	709,24	1.880,24	2.115,27	485,52	1.729,84	1.946,0
	III	24.656	–	1.972,48	2.219,04	–	1.837,60	2.067,30	–	1.705,92	1.919,16	–	1.577,28	1.774,44	–	1.451,68	1.633,14	–	1.329,28	1.495,44	–	1.209,92	1.361,
	IV	34.691	1.908,00	2.775,28	3.122,19	1.856,30	2.700,08	3.037,59	1.804,66	2.624,96	2.953,08	1.705,15	2.549,76	2.868,48	1.593,29	2.474,56	2.783,88	1.481,43	2.399,36	2.699,28	1.369,57	2.324,16	2.614,6
	V	40.865	2.247,57	3.269,20	3.677,85																		
	VI	41.396	2.276,78	3.311,68	3.725,64																		
109.547,99	I	34.707	1.908,88	2.776,56	3.123,63	1.805,48	2.626,16	2.954,43	1.595,07	2.475,76	2.785,23	1.371,35	2.325,36	2.616,03	1.147,63	2.174,96	2.446,83	923,91	2.024,56	2.277,63	700,19	1.874,16	2.108,4
	II	32.917	1.810,43	2.633,36	2.962,53	1.605,78	2.482,96	2.793,33	1.382,18	2.332,64	2.624,22	1.158,46	2.182,24	2.455,02	934,74	2.031,84	2.285,82	711,02	1.881,44	2.116,62	487,30	1.731,04	1.947,4
	III	24.670	–	1.973,60	2.220,30	–	1.838,72	2.068,56	–	1.706,88	1.920,24	–	1.578,24	1.775,52	–	1.452,80	1.634,40	–	1.330,24	1.496,52	–	1.210,88	1.362,2
	IV	34.707	1.908,88	2.776,56	3.123,63	1.857,18	2.701,36	3.039,03	1.805,48	2.626,16	2.954,43	1.706,93	2.550,96	2.869,83	1.595,07	2.475,76	2.785,23	1.483,21	2.400,56	2.700,63	1.371,35	2.325,36	2.616,0
	V	40.880	2.248,40	3.270,40	3.679,20																		
	VI	41.412	2.277,66	3.312,96	3.727,08																		
109.583,99	I	34.722	1.909,71	2.777,76	3.124,98	1.806,31	2.627,36	2.955,78	1.596,86	2.476,96	2.786,58	1.373,14	2.326,56	2.617,38	1.149,42	2.176,16	2.448,18	925,70	2.025,76	2.278,98	701,98	1.875,36	2.109,7
	II	32.932	1.811,26	2.634,56	2.963,88	1.607,69	2.484,24	2.794,77	1.383,97	2.333,84	2.625,57	1.160,25	2.183,44	2.456,37	936,53	2.033,04	2.287,17	712,81	1.882,64	2.117,97	489,09	1.732,24	1.948,7
	III	24.682	–	1.974,56	2.221,38	–	1.839,84	2.069,82	–	1.708,00	1.921,50	–	1.579,36	1.776,78	–	1.453,76	1.635,48	–	1.331,20	1.497,60	–	1.211,84	1.363,3
	IV	34.722	1.909,71	2.777,76	3.124,98	1.858,01	2.702,56	3.040,38	1.806,31	2.627,36	2.955,78	1.708,72	2.552,16	2.871,18	1.596,86	2.476,96	2.786,58	1.485,00	2.401,76	2.701,98	1.373,14	2.326,56	2.617,3
	V	40.895	2.249,22	3.271,60	3.680,55																		
	VI	41.427	2.278,48	3.314,16	3.728,43																		
109.619,99	I	34.737	1.910,53	2.778,96	3.126,33	1.807,13	2.628,56	2.957,13	1.598,64	2.478,16	2.787,93	1.374,92	2.327,76	2.618,73	1.151,20	2.177,36	2.449,53	927,48	2.026,96	2.280,33	703,76	1.876,56	2.111,1
	II	32.948	1.812,14	2.635,84	2.965,32	1.609,47	2.485,44	2.796,12	1.385,75	2.335,04	2.626,92	1.162,03	2.184,64	2.457,72	938,31	2.034,24	2.288,52	714,59	1.883,84	2.119,32	490,87	1.733,44	1.950,1
	III	24.696	–	1.975,68	2.222,64	–	1.840,80	2.070,90	–	1.709,12	1.922,76	–	1.580,32	1.777,86	–	1.454,72	1.636,56	–	1.332,16	1.498,68	–	1.212,80	1.364,4
	IV	34.737	1.910,53	2.778,96	3.126,33	1.858,83	2.703,76	3.041,73	1.807,13	2.628,56	2.957,13	1.710,50	2.553,36	2.872,53	1.598,64	2.478,16	2.787,93	1.486,78	2.402,96	2.703,33	1.374,92	2.327,76	2.618,7
	V	40.910	2.250,05	3.272,80	3.681,90																		
	VI	41.442	2.279,31	3.315,36	3.729,78																		

SolZ/KiSt lt. Tabelle nicht für Sonstige Bezüge anwendbar.

Lohn/ Gehalt bis	Steuerklasse	Lohn-steuer	ohne Kinderfreibetrag			Anzahl Kinderfreibeträge (nur Steuerklassen I–IV)																	
						0,5			1,0			1,5			2,0			2,5			3,0		
			SolZ 5,5%	Kirchensteuer 8%	9%	SolZ 5,5%	Kirchensteuer 8%	9%	SolZ 5,5%	Kirchensteuer 8%	9%	SolZ 5,5%	Kirchensteuer 8%	9%	SolZ 5,5%	Kirchensteuer 8%	9%	SolZ 5,5%	Kirchensteuer 8%	9%	SolZ 5,5%	Kirchensteuer 8%	9%
109.655,99	I	34.752	1.911,36	2.780,16	3.127,68	1.807,96	2.629,76	2.958,48	1.600,43	2.479,36	2.789,28	1.376,71	2.328,96	2.620,08	1.152,99	2.178,56	2.450,88	929,27	2.028,16	2.281,68	705,55	1.877,76	2.112,48
	II	32.963	1.812,96	2.637,04	2.966,67	1.611,26	2.486,64	2.797,47	1.387,54	2.336,24	2.628,27	1.163,82	2.185,84	2.459,07	940,10	2.035,44	2.289,87	716,38	1.885,04	2.120,67	492,66	1.734,64	1.951,47
	III	24.710	-	1.976,80	2.223,90	-	1.841,92	2.072,16	-	1.710,08	1.923,84	-	1.581,44	1.779,12	-	1.455,68	1.637,64	-	1.333,12	1.499,76	-	1.213,76	1.365,48
	IV	34.752	1.911,36	2.780,16	3.127,68	1.859,66	2.704,96	3.043,08	1.807,96	2.629,76	2.958,48	1.712,29	2.554,56	2.873,88	1.600,43	2.479,36	2.789,28	1.488,57	2.404,16	2.704,68	1.376,71	2.328,96	2.620,08
	V	40.925	2.250,87	3.274,00	3.683,25																		
	VI	41.457	2.280,13	3.316,56	3.731,13																		
109.691,99	I	34.767	1.912,18	2.781,36	3.129,03	1.808,78	2.630,96	2.959,83	1.602,21	2.480,56	2.790,63	1.378,49	2.330,16	2.621,43	1.154,77	2.179,76	2.452,23	931,05	2.029,36	2.283,03	707,45	1.879,04	2.113,92
	II	32.978	1.813,79	2.638,24	2.968,02	1.613,04	2.487,84	2.798,82	1.389,32	2.337,44	2.629,62	1.165,60	2.187,04	2.460,42	941,88	2.036,64	2.291,22	718,16	1.886,24	2.122,02	494,44	1.735,84	1.952,82
	III	24.724	-	1.977,92	2.225,16	-	1.843,04	2.073,42	-	1.711,20	1.925,10	-	1.582,40	1.780,20	-	1.456,80	1.638,90	-	1.334,08	1.500,84	-	1.214,72	1.366,56
	IV	34.767	1.912,18	2.781,36	3.129,03	1.860,48	2.706,16	3.044,43	1.808,78	2.630,96	2.959,83	1.714,07	2.555,76	2.875,23	1.602,21	2.480,56	2.790,63	1.490,35	2.405,36	2.706,03	1.378,49	2.330,16	2.621,43
	V	40.940	2.251,70	3.275,20	3.684,60																		
	VI	41.472	2.280,96	3.317,76	3.732,48																		
09.727,99	I	34.782	1.913,01	2.782,56	3.130,38	1.809,61	2.632,16	2.961,18	1.604,00	2.481,76	2.791,98	1.380,28	2.331,36	2.622,78	1.156,56	2.180,96	2.453,58	932,96	2.030,64	2.284,47	709,24	1.880,24	2.115,27
	II	32.993	1.814,61	2.639,44	2.969,37	1.614,83	2.489,04	2.800,17	1.391,11	2.338,64	2.630,97	1.167,39	2.188,24	2.461,77	943,67	2.037,84	2.292,57	719,95	1.887,44	2.123,37	496,23	1.737,04	1.954,17
	III	24.738	-	1.979,04	2.226,42	-	1.844,00	2.074,50	-	1.712,16	1.926,18	-	1.583,36	1.781,28	-	1.457,76	1.639,98	-	1.335,20	1.502,10	-	1.215,68	1.367,64
	IV	34.782	1.913,01	2.782,56	3.130,38	1.861,31	2.707,36	3.045,78	1.809,61	2.632,16	2.961,18	1.715,86	2.556,96	2.876,58	1.604,00	2.481,76	2.791,98	1.492,14	2.406,56	2.707,38	1.380,28	2.331,36	2.622,78
	V	40.955	2.252,52	3.276,40	3.685,95																		
	VI	41.487	2.281,78	3.318,96	3.733,83																		
09.763,99	I	34.797	1.913,83	2.783,76	3.131,73	1.810,43	2.633,36	2.962,53	1.605,78	2.482,96	2.793,33	1.382,18	2.332,64	2.624,22	1.158,46	2.182,24	2.455,02	934,74	2.031,84	2.285,82	711,02	1.881,44	2.116,62
	II	33.008	1.815,44	2.640,64	2.970,72	1.616,61	2.490,24	2.801,52	1.392,89	2.339,84	2.632,32	1.169,17	2.189,44	2.463,12	945,45	2.039,04	2.293,92	721,73	1.888,64	2.124,72	498,13	1.738,32	1.955,61
	III	24.752	-	1.980,16	2.227,68	-	1.845,12	2.075,76	-	1.713,28	1.927,44	-	1.584,48	1.782,54	-	1.458,72	1.641,06	-	1.336,16	1.503,18	-	1.216,64	1.368,72
	IV	34.797	1.913,83	2.783,76	3.131,73	1.862,13	2.708,56	3.047,13	1.810,43	2.633,36	2.962,53	1.717,64	2.558,16	2.877,93	1.605,78	2.482,96	2.793,33	1.493,92	2.407,76	2.708,73	1.382,18	2.332,64	2.624,22
	V	40.971	2.253,40	3.277,68	3.687,39																		
	VI	41.502	2.282,61	3.320,16	3.735,18																		
09.799,99	I	34.812	1.914,66	2.784,96	3.133,08	1.811,26	2.634,56	2.963,88	1.607,69	2.484,24	2.794,77	1.383,97	2.333,84	2.625,57	1.160,25	2.183,44	2.456,37	936,53	2.033,04	2.287,17	712,81	1.882,64	2.117,97
	II	33.023	1.816,26	2.641,84	2.972,07	1.618,40	2.491,44	2.802,87	1.394,68	2.341,04	2.633,67	1.170,96	2.190,64	2.464,47	947,35	2.040,32	2.295,36	723,63	1.889,92	2.126,16	499,91	1.739,52	1.956,96
	III	24.766	-	1.981,28	2.228,94	-	1.846,24	2.077,02	-	1.714,24	1.928,52	-	1.585,44	1.783,62	-	1.459,68	1.642,14	-	1.337,12	1.504,26	-	1.217,44	1.369,62
	IV	34.812	1.914,66	2.784,96	3.133,08	1.862,96	2.709,76	3.048,48	1.811,26	2.634,56	2.963,88	1.719,55	2.559,44	2.879,37	1.607,69	2.484,24	2.794,77	1.495,83	2.409,04	2.710,17	1.383,97	2.333,84	2.625,57
	V	40.986	2.254,23	3.278,88	3.688,74																		
	VI	41.517	2.283,43	3.321,36	3.736,53																		
09.835,99	I	34.828	1.915,54	2.786,24	3.134,52	1.812,14	2.635,84	2.965,32	1.609,47	2.485,44	2.796,12	1.385,75	2.335,04	2.626,92	1.162,03	2.184,64	2.457,72	938,31	2.034,24	2.288,52	714,59	1.883,84	2.119,32
	II	33.038	1.817,09	2.643,04	2.973,42	1.620,18	2.492,64	2.804,22	1.396,46	2.342,24	2.635,02	1.172,86	2.191,92	2.465,91	949,14	2.041,52	2.296,71	725,42	1.891,12	2.127,51	501,70	1.740,72	1.958,31
	III	24.778	-	1.982,24	2.230,02	-	1.847,20	2.078,10	-	1.715,36	1.929,78	-	1.586,56	1.784,88	-	1.460,80	1.643,40	-	1.338,08	1.505,34	-	1.218,40	1.370,70
	IV	34.828	1.915,54	2.786,24	3.134,52	1.863,84	2.711,04	3.049,92	1.812,14	2.635,84	2.965,32	1.721,33	2.560,64	2.880,72	1.609,47	2.485,44	2.796,12	1.497,61	2.410,24	2.711,52	1.385,75	2.335,04	2.626,92
	V	41.001	2.255,05	3.280,08	3.690,09																		
	VI	41.533	2.284,31	3.322,64	3.737,97																		
09.871,99	I	34.843	1.916,36	2.787,44	3.135,87	1.812,96	2.637,04	2.966,67	1.611,26	2.486,64	2.797,47	1.387,54	2.336,24	2.628,27	1.163,82	2.185,84	2.459,07	940,10	2.035,44	2.289,87	716,38	1.885,04	2.120,67
	II	33.053	1.817,91	2.644,24	2.974,77	1.622,08	2.493,92	2.805,66	1.398,36	2.343,52	2.636,46	1.174,64	2.193,12	2.467,26	950,92	2.042,72	2.298,06	727,20	1.892,32	2.128,86	503,48	1.741,92	1.959,66
	III	24.792	-	1.983,36	2.231,28	-	1.848,32	2.079,36	-	1.716,32	1.930,86	-	1.587,52	1.785,96	-	1.461,76	1.644,48	-	1.339,04	1.506,42	-	1.219,36	1.371,78
	IV	34.843	1.916,36	2.787,44	3.135,87	1.864,66	2.712,24	3.051,27	1.812,96	2.637,04	2.966,67	1.723,12	2.561,84	2.882,07	1.611,26	2.486,64	2.797,47	1.499,40	2.411,44	2.712,87	1.387,54	2.336,24	2.628,27
	V	41.016	2.255,88	3.281,28	3.691,44																		
	VI	41.548	2.285,14	3.323,84	3.739,32																		
09.907,99	I	34.858	1.917,19	2.788,64	3.137,22	1.813,79	2.638,24	2.968,02	1.613,04	2.487,84	2.798,82	1.389,32	2.337,44	2.629,62	1.165,60	2.187,04	2.460,42	941,88	2.036,64	2.291,22	718,16	1.886,24	2.122,02
	II	33.069	1.818,79	2.645,52	2.976,21	1.623,87	2.495,12	2.807,01	1.400,15	2.344,72	2.637,81	1.176,43	2.194,32	2.468,61	952,71	2.043,92	2.299,41	728,99	1.893,52	2.130,21	505,27	1.743,12	1.961,01
	III	24.806	-	1.984,48	2.232,54	-	1.849,44	2.080,62	-	1.717,44	1.932,12	-	1.588,48	1.787,04	-	1.462,72	1.645,56	-	1.340,00	1.507,50	-	1.220,32	1.372,86
	IV	34.858	1.917,19	2.788,64	3.137,22	1.865,49	2.713,44	3.052,62	1.813,79	2.638,24	2.968,02	1.724,90	2.563,04	2.883,42	1.613,04	2.487,84	2.798,82	1.501,18	2.412,64	2.714,22	1.389,32	2.337,44	2.629,62
	V	41.031	2.256,70	3.282,48	3.692,79																		
	VI	41.563	2.285,96	3.325,04	3.740,67																		
09.943,99	I	34.873	1.918,01	2.789,84	3.138,57	1.814,61	2.639,44	2.969,37	1.614,83	2.489,04	2.800,17	1.391,11	2.338,64	2.630,97	1.167,39	2.188,24	2.461,77	943,67	2.037,84	2.292,57	719,95	1.887,44	2.123,37
	II	33.084	1.819,62	2.646,72	2.977,56	1.625,65	2.496,32	2.808,36	1.401,93	2.345,92	2.639,16	1.178,21	2.195,52	2.469,96	954,49	2.045,12	2.300,76	730,77	1.894,72	2.131,56	507,05	1.744,32	1.962,36
	III	24.820	-	1.985,60	2.233,80	-	1.850,56	2.081,88	-	1.718,56	1.933,38	-	1.589,60	1.788,30	-	1.463,68	1.646,64	-	1.340,96	1.508,58	-	1.221,28	1.373,94
	IV	34.873	1.918,01	2.789,84	3.138,57	1.866,31	2.714,64	3.053,97	1.814,61	2.639,44	2.969,37	1.726,69	2.564,24	2.884,77	1.614,83	2.489,04	2.800,17	1.502,97	2.413,84	2.715,57	1.391,11	2.338,64	2.630,97
	V	41.046	2.257,53	3.283,68	3.694,14																		
	VI	41.578	2.286,79	3.326,24	3.742,02																		
09.979,99	I	34.888	1.918,84	2.791,04	3.139,92	1.815,44	2.640,64	2.970,72	1.616,61	2.490,24	2.801,52	1.392,89	2.339,84	2.632,32	1.169,17	2.189,44	2.463,12	945,45	2.039,04	2.293,92	721,73	1.888,64	2.124,72
	II	33.099	1.820,44	2.647,92	2.978,91	1.627,44	2.497,52	2.809,71	1.403,72	2.347,12	2.640,51	1.180,00	2.196,72	2.471,31	956,28	2.046,32	2.302,11	732,56	1.895,92	2.132,91	508,84	1.745,52	1.963,71
	III	24.834	-	1.986,72	2.235,06	-	1.851,52	2.082,96	-	1.719,52	1.934,46	-	1.590,56	1.789,38	-	1.464,80	1.647,90	-	1.341,92	1.509,66	-	1.222,24	1.375,02
	IV	34.888	1.918,84	2.791,04	3.139,92	1.867,14	2.715,84	3.055,32	1.815,44	2.640,64	2.970,72	1.728,47	2.565,44	2.886,12	1.616,61	2.490,24	2.801,52	1.504,75	2.415,04	2.716,92	1.392,89	2.339,84	2.632,32
	V	41.061	2.258,35	3.284,88	3.695,49																		
	VI	41.593	2.287,61	3.327,44	3.743,37																		
10.015,99	I	34.903	1.919,66	2.792,24	3.141,27	1.816,26	2.641,84	2.972,07	1.618,40	2.491,44	2.802,87	1.394,68	2.341,04	2.633,67	1.170,96	2.190,64	2.464,47	947,35	2.040,32	2.295,36	723,63	1.889,92	2.126,16
	II	33.114	1.821,27	2.649,12	2.980,26	1.629,22	2.498,72	2.811,06	1.405,50	2.348,32	2.641,86	1.181,78	2.197,92	2.472,66	958,06	2.047,52	2.303,46	734,34	1.897,12	2.134,26	510,62	1.746,72	1.965,06
	III	24.848	-	1.987,84	2.236,32	-	1.852,64	2.084,22	-	1.720,64	1.935,72	-	1.591,68	1.790,64	-	1.465,76	1.648,98	-	1.342,88	1.510,74	-	1.223,20	1.376,10
	IV	34.903	1.919,66	2.792,24	3.141,27	1.867,96	2.717,04	3.056,67	1.816,26	2.641,84	2.972,07	1.730,26	2.566,64	2.887,47	1.618,40	2.491,44	2.802,87	1.506,54	2.416,24	2.718,27	1.394,68	2.341,04	2.633,67
	V	41.076	2.259,18	3.286,08	3.696,84																		
	VI	41.608	2.288,44	3.328,64	3.744,72																		
10.051,99	I	34.918	1.920,49	2.793,44	3.142,62	1.817,09	2.643,04	2.973,42	1.620,18	2.492,64	2.804,22	1.396,46	2.342,24	2.635,02	1.172,86	2.191,92	2.465,91	949,14	2.041,52	2.296,71	725,42	1.891,12	2.127,51
	II	33.129	1.822,09	2.650,32	2.981,61	1.631,01	2.499,92	2.812,41	1.407,29	2.349,52	2.643,21	1.183,57	2.199,12	2.474,01	959,85	2.048,72	2.304,81	736,13	1.898,32	2.135,61	512,53	1.748,00	1.966,50
	III	24.862	-	1.988,96	2.237,58	-	1.853,76	2.085,48	-	1.721,60	1.936,80	-	1.592,64	1.791,72	-	1.466,72	1.650,06	-	1.343,84	1.511,82	-	1.224,16	1.377,18
	IV	34.918	1.920,49	2.793,44	3.142,62	1.868,79	2.718,24	3.058,02	1.817,09	2.643,04	2.973,42	1.732,04	2.567,84	2.888,82	1.620,18	2.492,64	2.804,22	1.508,32	2.417,44	2.719,62	1.396,46	2.342,24	2.635,02
	V	41.092	2.260,06	3.287,36	3.698,28																		
	VI	41.623	2.289,26	3.329,84	3.746,07																		
10.087,99	I	34.933	1.921,31	2.794,64	3.143,97	1.817,91	2.644,24	2.974,77	1.622,08	2.493,92	2.805,66	1.398,36	2.343,52	2.636,46	1.174,64	2.193,12	2.467,26	950,92	2.042,72	2.298,06	727,20	1.892,32	2.128,86
	II	33.144	1.822,92	2.651,52	2.982,96	1.632,79	2.501,12	2.813,76	1.409,07	2.350,72	2.644,56	1.185,35	2.200,32	2.475,36	961,63	2.049,92	2.306,16	738,03	1.899,60	2.137,05	514,31	1.749,20	1.967,85
	III	24.874	-	1.989,92	2.238,66	-	1.854,72	2.086,56	-	1.722,72	1.938,06	-	1.593,60	1.792,80	-	1.467,68	1.651,14	-	1.344,80	1.512,90	-	1.225,12	1.378,26
	IV	34.933	1.921,31	2.794,64	3.143,97	1.869,61	2.719,44	3.059,37	1.817,91	2.644,24	2.974,77	1.733,83	2.569,04	2.890,17	1.622,08	2.493,92	2.805,66	1.510,22	2.418,72	2.721,06	1.398,36	2.343,52	2.636,46
	V	41.107	2.260,88	3.288,56	3.699,63																		
	VI	41.638	2.290,09	3.331,04	3.747,42																		
10.123,99	I	34.948	1.922,14	2.795,84	3.145,32	1.818,79	2.645,52	2.976,21	1.623,87	2.495,12	2.807,01	1.400,15	2.344,72	2.637,81	1.176,43	2.194,32	2.468,61	952,71	2.043,92	2.299,41	728,99	1.893,52	2.130,21
	II	33.159	1.823,74	2.652,72	2.984,31	1.634,58	2.502,32	2.815,11	1.410,86	2.351,92	2.645,91	1.187,26	2.201,60	2.476,80	963,54	2.051,20	2.307,60	739,82	1.900,80	2.138,40	516,10	1.750,40	1.969,20
	III	24.888	-	1.991,04	2.239,92	-	1.855,84	2.087,82	-	1.723,68	1.939,14	-	1.594,72	1.794,06	-	1.468,80	1.652,40	-	1.345,92	1.514,16	-	1.226,08	1.379,34
	IV	34.948	1.922,14	2.795,84	3.145,32	1.870,49	2.720,72	3.060,81	1.818,79	2.645,52	2.976,21	1.735,73	2.570,32	2.891,61	1.623,87	2.495,12	2.807,01	1.512,01	2.419,92	2.722,41	1.400,15	2.344,72	2.637,81
	V	41.122	2.261,71	3.289,76	3.700,98																		
	VI	41.653	2.290,91	3.332,24	3.748,77																		
10.159,99	I	34.964	1.923,02	2.797,12	3.146,76	1.819,62	2.646,72	2.977,56	1.625,65	2.496,32	2.808,36	1.401,93	2.345,92	2.639,16	1.178,21	2.195,52	2.469,96	954,49	2.045,12	2.300,76	730,77	1.894,72	2.131,56
	II	33.174	1.824,57	2.653,92	2.985,66	1.636,36	2.503,52	2.816,46	1.412,76	2.353,20	2.647,35	1.189,04	2.202,80	2.478,15	965,32	2.052,40	2.308,95	741,60	1.902,00	2.139,75	517,88	1.751,60	1.970,55
	III	24.902	-	1.992,16	2.241,18	-	1.856,96	2.089,08	-	1.724,80	1.940,40	-	1.595,68	1.795,14	-	1.469,76	1.653,48	-	1.346,88	1.515,24	-	1.227,04	1.380,42
	IV	34.964	1.923,02	2.797,12	3.146,76	1.871,32	2.721,92	3.062,16	1.819,62	2.646,72	2.977,56	1.737,51	2.571,52	2.892,96	1.625,65	2.496,32	2.808,36	1.513,79	2.421,12	2.723,76	1.401,93	2.345,92	2.639,16
	V	41.137	2.262,53	3.290,96	3.702,33																		
	VI	41.669	2.291,79	3.333,52	3.750,21																		

SolZ/KiSt lt. Tabelle nicht für Sonstige Bezüge anwendbar.

JAHR bis 110.699,99 € — Besondere Tabelle

Lohn/ Gehalt bis	Steuerklasse	Lohnsteuer	ohne Kinderfreibetrag			Anzahl Kinderfreibeträge (nur Steuerklassen I–IV) 0,5			1,0			1,5			2,0			2,5			3,0		
			SolZ 5,5%	Kirchensteuer 8%	9%	SolZ 5,5%	Kirchensteuer 8%	9%	SolZ 5,5%	Kirchensteuer 8%	9%	SolZ 5,5%	Kirchensteuer 8%	9%	SolZ 5,5%	Kirchensteuer 8%	9%	SolZ 5,5%	Kirchensteuer 8%	9%	SolZ 5,5%	Kirchensteuer 8%	9%
110.195,99	I	34.979	*1.923,84*	2.798,32	3.148,11	*1.820,44*	2.647,92	2.978,91	*1.627,44*	2.497,52	2.809,71	*1.403,72*	2.347,12	2.640,51	*1.180,00*	2.196,72	2.471,31	*956,28*	2.046,32	2.302,11	*732,56*	1.895,92	2.132,91
	II	33.190	*1.825,45*	2.655,20	2.987,10	*1.638,27*	2.504,80	2.817,90	*1.414,55*	2.354,40	2.648,70	*1.190,83*	2.204,00	2.479,50	*967,11*	2.053,60	2.310,30	*743,39*	1.903,20	2.141,10	*519,67*	1.752,80	1.971,90
	III	24.916	–	1.993,28	2.242,44	–	1.858,08	2.090,34	–	1.725,76	1.941,48	–	1.596,80	1.796,40	–	1.470,72	1.654,56	–	1.347,84	1.516,32	–	1.228,00	1.381,50
	IV	34.979	*1.923,84*	2.798,32	3.148,11	*1.872,14*	2.723,12	3.063,51	*1.820,44*	2.647,92	2.978,91	*1.739,30*	2.572,72	2.894,31	*1.627,44*	2.497,52	2.809,71	*1.515,58*	2.422,32	2.725,11	*1.403,72*	2.347,12	2.640,51
	V	41.152	*2.263,36*	3.292,16	3.703,68																		
	VI	41.684	*2.292,62*	3.334,72	3.751,56																		
110.231,99	I	34.994	*1.924,67*	2.799,52	3.149,46	*1.821,27*	2.649,12	2.980,26	*1.629,22*	2.498,72	2.811,06	*1.405,50*	2.348,32	2.641,86	*1.181,78*	2.197,92	2.472,66	*958,06*	2.047,52	2.303,46	*734,34*	1.897,12	2.134,26
	II	33.205	*1.826,27*	2.656,40	2.988,45	*1.640,05*	2.506,00	2.819,25	*1.416,33*	2.355,60	2.650,05	*1.192,61*	2.205,20	2.480,85	*968,89*	2.054,80	2.311,65	*745,17*	1.904,40	2.142,45	*521,45*	1.754,00	1.973,25
	III	24.930	–	1.994,40	2.243,70	–	1.859,04	2.091,42	–	1.726,88	1.942,74	–	1.597,76	1.797,48	–	1.471,68	1.655,64	–	1.348,80	1.517,40	–	1.228,96	1.382,58
	IV	34.994	*1.924,67*	2.799,52	3.149,46	*1.872,97*	2.724,32	3.064,86	*1.821,27*	2.649,12	2.980,26	*1.741,08*	2.573,92	2.895,66	*1.629,22*	2.498,72	2.811,06	*1.517,36*	2.423,52	2.726,46	*1.405,50*	2.348,32	2.641,86
	V	41.167	*2.264,18*	3.293,36	3.705,03																		
	VI	41.699	*2.293,44*	3.335,92	3.752,91																		
110.267,99	I	35.009	*1.925,49*	2.800,72	3.150,81	*1.822,09*	2.650,32	2.981,61	*1.631,01*	2.499,92	2.812,41	*1.407,29*	2.349,52	2.643,21	*1.183,57*	2.199,12	2.474,01	*959,85*	2.048,72	2.304,81	*736,13*	1.898,32	2.135,61
	II	33.220	*1.827,10*	2.657,60	2.989,80	*1.641,84*	2.507,20	2.820,60	*1.418,12*	2.356,80	2.651,40	*1.194,40*	2.206,40	2.482,20	*970,68*	2.056,00	2.313,00	*746,96*	1.905,60	2.143,80	*523,24*	1.755,20	1.974,60
	III	24.944	–	1.995,52	2.244,96	–	1.860,16	2.092,68	–	1.728,00	1.944,00	–	1.598,72	1.798,56	–	1.472,80	1.656,90	–	1.349,76	1.518,48	–	1.229,92	1.383,66
	IV	35.009	*1.925,49*	2.800,72	3.150,81	*1.873,79*	2.725,52	3.066,21	*1.822,09*	2.650,32	2.981,61	*1.742,87*	2.575,12	2.897,01	*1.631,01*	2.499,92	2.812,41	*1.519,15*	2.424,72	2.727,81	*1.407,29*	2.349,52	2.643,21
	V	41.182	*2.265,01*	3.294,56	3.706,38																		
	VI	41.714	*2.294,27*	3.337,12	3.754,26																		
110.303,99	I	35.024	*1.926,32*	2.801,92	3.152,16	*1.822,92*	2.651,52	2.982,96	*1.632,79*	2.501,12	2.813,76	*1.409,07*	2.350,72	2.644,56	*1.185,35*	2.200,32	2.475,36	*961,63*	2.049,92	2.306,16	*738,03*	1.899,60	2.137,05
	II	33.235	*1.827,92*	2.658,80	2.991,15	*1.643,62*	2.508,40	2.821,95	*1.419,90*	2.358,00	2.652,75	*1.196,18*	2.207,60	2.483,55	*972,46*	2.057,20	2.314,35	*748,74*	1.906,80	2.145,15	*525,02*	1.756,40	1.975,95
	III	24.958	–	1.996,64	2.246,22	–	1.861,28	2.093,94	–	1.728,96	1.945,08	–	1.599,84	1.799,82	–	1.473,76	1.657,98	–	1.350,72	1.519,56	–	1.230,88	1.384,74
	IV	35.024	*1.926,32*	2.801,92	3.152,16	*1.874,62*	2.726,72	3.067,56	*1.822,92*	2.651,52	2.982,96	*1.744,65*	2.576,32	2.898,36	*1.632,79*	2.501,12	2.813,76	*1.520,93*	2.425,92	2.729,16	*1.409,07*	2.350,72	2.644,56
	V	41.197	*2.265,83*	3.295,76	3.707,73																		
	VI	41.729	*2.295,09*	3.338,32	3.755,61																		
110.339,99	I	35.039	*1.927,14*	2.803,12	3.153,51	*1.823,74*	2.652,72	2.984,31	*1.634,58*	2.502,32	2.815,11	*1.410,86*	2.351,92	2.645,91	*1.187,26*	2.201,60	2.476,80	*963,54*	2.051,20	2.307,60	*739,82*	1.900,80	2.138,40
	II	33.250	*1.828,75*	2.660,00	2.992,50	*1.645,41*	2.509,60	2.823,30	*1.421,69*	2.359,20	2.654,10	*1.197,97*	2.208,80	2.484,90	*974,25*	2.058,40	2.315,70	*750,53*	1.908,00	2.146,50	*526,81*	1.757,60	1.977,30
	III	24.972	–	1.997,76	2.247,48	–	1.862,40	2.095,20	–	1.730,08	1.946,34	–	1.600,80	1.800,90	–	1.474,72	1.659,06	–	1.351,68	1.520,64	–	1.231,84	1.385,82
	IV	35.039	*1.927,14*	2.803,12	3.153,51	*1.875,44*	2.727,92	3.068,91	*1.823,74*	2.652,72	2.984,31	*1.746,44*	2.577,52	2.899,71	*1.634,58*	2.502,32	2.815,11	*1.522,72*	2.427,12	2.730,51	*1.410,86*	2.351,92	2.645,91
	V	41.212	*2.266,66*	3.296,96	3.709,08																		
	VI	41.744	*2.295,92*	3.339,52	3.756,96																		
110.375,99	I	35.054	*1.927,97*	2.804,32	3.154,86	*1.824,57*	2.653,92	2.985,66	*1.636,36*	2.503,52	2.816,46	*1.412,76*	2.353,20	2.647,35	*1.189,04*	2.202,80	2.478,15	*965,32*	2.052,40	2.308,95	*741,60*	1.902,00	2.139,75
	II	33.265	*1.829,57*	2.661,20	2.993,85	*1.647,19*	2.510,80	2.824,65	*1.423,47*	2.360,40	2.655,45	*1.199,75*	2.210,00	2.486,25	*976,03*	2.059,60	2.317,05	*752,43*	1.909,28	2.147,94	*528,71*	1.758,88	1.978,74
	III	24.986	–	1.998,88	2.248,74	–	1.863,36	2.096,28	–	1.731,04	1.947,42	–	1.601,92	1.802,16	–	1.475,68	1.660,14	–	1.352,64	1.521,72	–	1.232,80	1.386,90
	IV	35.054	*1.927,97*	2.804,32	3.154,86	*1.876,27*	2.729,12	3.070,26	*1.824,57*	2.653,92	2.985,66	*1.748,22*	2.578,72	2.901,06	*1.636,36*	2.503,52	2.816,46	*1.524,62*	2.428,40	2.731,95	*1.412,76*	2.353,20	2.647,35
	V	41.228	*2.267,54*	3.298,24	3.710,52																		
	VI	41.759	*2.296,74*	3.340,72	3.758,31																		
110.411,99	I	35.069	*1.928,79*	2.805,52	3.156,21	*1.825,45*	2.655,20	2.987,10	*1.638,27*	2.504,80	2.817,90	*1.414,55*	2.354,40	2.648,70	*1.190,83*	2.204,00	2.479,50	*967,11*	2.053,60	2.310,30	*743,39*	1.903,20	2.141,1
	II	33.280	*1.830,40*	2.662,40	2.995,20	*1.648,98*	2.512,00	2.826,00	*1.425,26*	2.361,60	2.656,80	*1.201,54*	2.211,20	2.487,60	*977,94*	2.060,88	2.318,49	*754,22*	1.910,48	2.149,29	*530,50*	1.760,08	1.980,0
	III	24.998	–	1.999,84	2.249,82	–	1.864,48	2.097,54	–	1.732,16	1.948,68	–	1.602,88	1.803,24	–	1.476,80	1.661,40	–	1.353,60	1.522,80	–	1.233,60	1.387,8
	IV	35.069	*1.928,79*	2.805,52	3.156,21	*1.877,09*	2.730,32	3.071,61	*1.825,45*	2.655,20	2.987,10	*1.750,13*	2.580,00	2.902,50	*1.638,27*	2.504,80	2.817,90	*1.526,41*	2.429,60	2.733,30	*1.414,55*	2.354,40	2.648,7
	V	41.243	*2.268,36*	3.299,44	3.711,87																		
	VI	41.774	*2.297,57*	3.341,92	3.759,66																		
110.447,99	I	35.085	*1.929,67*	2.806,80	3.157,65	*1.826,27*	2.656,40	2.988,45	*1.640,05*	2.506,00	2.819,25	*1.416,33*	2.355,60	2.650,05	*1.192,61*	2.205,20	2.480,85	*968,89*	2.054,80	2.311,65	*745,17*	1.904,40	2.142,4
	II	33.295	*1.831,22*	2.663,60	2.996,55	*1.650,76*	2.513,20	2.827,35	*1.427,16*	2.362,88	2.658,24	*1.203,44*	2.212,48	2.489,04	*979,72*	2.062,08	2.319,84	*756,00*	1.911,68	2.150,64	*532,28*	1.761,28	1.981,4
	III	25.012	–	2.000,96	2.251,08	–	1.865,60	2.098,80	–	1.733,12	1.949,76	–	1.604,00	1.804,50	–	1.477,76	1.662,48	–	1.354,72	1.524,06	–	1.234,56	1.388,8
	IV	35.085	*1.929,67*	2.806,80	3.157,65	*1.877,97*	2.731,60	3.073,05	*1.826,27*	2.656,40	2.988,45	*1.751,91*	2.581,20	2.903,85	*1.640,05*	2.506,00	2.819,25	*1.528,19*	2.430,80	2.734,65	*1.416,33*	2.355,60	2.650,0
	V	41.258	*2.269,19*	3.300,64	3.713,22																		
	VI	41.790	*2.298,45*	3.343,20	3.761,10																		
110.483,99	I	35.100	*1.930,50*	2.808,00	3.159,00	*1.827,10*	2.657,60	2.989,80	*1.641,84*	2.507,20	2.820,60	*1.418,12*	2.356,80	2.651,40	*1.194,40*	2.206,40	2.482,20	*970,68*	2.056,00	2.313,00	*746,96*	1.905,60	2.143,8
	II	33.310	*1.832,05*	2.664,80	2.997,90	*1.652,67*	2.514,48	2.828,79	*1.428,95*	2.364,08	2.659,59	*1.205,23*	2.213,68	2.490,39	*981,51*	2.063,28	2.321,19	*757,79*	1.912,88	2.151,99	*534,07*	1.762,48	1.982,7
	III	25.026	–	2.002,08	2.252,34	–	1.866,56	2.099,88	–	1.734,24	1.951,02	–	1.604,96	1.805,58	–	1.478,72	1.663,56	–	1.355,68	1.525,14	–	1.235,52	1.389,9
	IV	35.100	*1.930,50*	2.808,00	3.159,00	*1.878,80*	2.732,80	3.074,40	*1.827,10*	2.657,60	2.989,80	*1.753,70*	2.582,40	2.905,20	*1.641,84*	2.507,20	2.820,60	*1.529,98*	2.432,00	2.736,00	*1.418,12*	2.356,80	2.651,4
	V	41.273	*2.270,01*	3.301,84	3.714,57																		
	VI	41.805	*2.299,27*	3.344,40	3.762,45																		
110.519,99	I	35.115	*1.931,32*	2.809,20	3.160,35	*1.827,92*	2.658,80	2.991,15	*1.643,62*	2.508,40	2.821,95	*1.419,90*	2.358,00	2.652,75	*1.196,18*	2.207,60	2.483,55	*972,46*	2.057,20	2.314,35	*748,74*	1.906,80	2.145,1
	II	33.326	*1.832,93*	2.666,08	2.999,34	*1.654,45*	2.515,68	2.830,14	*1.430,73*	2.365,28	2.660,94	*1.207,01*	2.214,88	2.491,74	*983,29*	2.064,48	2.322,54	*759,57*	1.914,08	2.153,34	*535,85*	1.763,68	1.984,1
	III	25.040	–	2.003,20	2.253,60	–	1.867,68	2.101,14	–	1.735,36	1.952,28	–	1.605,92	1.806,66	–	1.479,68	1.664,64	–	1.356,64	1.526,22	–	1.236,48	1.391,0
	IV	35.115	*1.931,32*	2.809,20	3.160,35	*1.879,62*	2.734,00	3.075,75	*1.827,92*	2.658,80	2.991,15	*1.755,48*	2.583,60	2.906,55	*1.643,62*	2.508,40	2.821,95	*1.531,76*	2.433,20	2.737,35	*1.419,90*	2.358,00	2.652,7
	V	41.288	*2.270,84*	3.303,04	3.715,92																		
	VI	41.820	*2.300,10*	3.345,60	3.763,80																		
110.555,99	I	35.130	*1.932,15*	2.810,40	3.161,70	*1.828,75*	2.660,00	2.992,50	*1.645,41*	2.509,60	2.823,30	*1.421,69*	2.359,20	2.654,10	*1.197,97*	2.208,80	2.484,90	*974,25*	2.058,40	2.315,70	*750,53*	1.908,00	2.146,5
	II	33.341	*1.833,75*	2.667,28	3.000,69	*1.656,24*	2.516,88	2.831,49	*1.432,52*	2.366,48	2.662,29	*1.208,80*	2.216,08	2.493,09	*985,08*	2.065,68	2.323,89	*761,36*	1.915,28	2.154,69	*537,64*	1.764,88	1.985,4
	III	25.054	–	2.004,32	2.254,86	–	1.868,80	2.102,40	–	1.736,32	1.953,36	–	1.607,04	1.807,92	–	1.480,80	1.665,90	–	1.357,60	1.527,30	–	1.237,44	1.392,1
	IV	35.130	*1.932,15*	2.810,40	3.161,70	*1.880,45*	2.735,20	3.077,10	*1.828,75*	2.660,00	2.992,50	*1.757,27*	2.584,80	2.907,90	*1.645,41*	2.509,60	2.823,30	*1.533,55*	2.434,40	2.738,70	*1.421,69*	2.359,20	2.654,1
	V	41.303	*2.271,66*	3.304,24	3.717,27																		
	VI	41.835	*2.300,92*	3.346,80	3.765,15																		
110.591,99	I	35.145	*1.932,97*	2.811,60	3.163,05	*1.829,57*	2.661,20	2.993,85	*1.647,19*	2.510,80	2.824,65	*1.423,47*	2.360,40	2.655,45	*1.199,75*	2.210,00	2.486,25	*976,03*	2.059,60	2.317,05	*752,43*	1.909,28	2.147,9
	II	33.356	*1.834,58*	2.668,48	3.002,04	*1.658,02*	2.518,08	2.832,84	*1.434,30*	2.367,68	2.663,64	*1.210,58*	2.217,28	2.494,44	*986,86*	2.066,88	2.325,24	*763,14*	1.916,48	2.156,04	*539,42*	1.766,08	1.986,8
	III	25.068	–	2.005,44	2.256,12	–	1.869,92	2.103,66	–	1.737,44	1.954,62	–	1.608,00	1.809,00	–	1.481,76	1.666,98	–	1.358,56	1.528,38	–	1.238,40	1.393,2
	IV	35.145	*1.932,97*	2.811,60	3.163,05	*1.881,27*	2.736,40	3.078,45	*1.829,57*	2.661,20	2.993,85	*1.759,05*	2.586,00	2.909,25	*1.647,19*	2.510,80	2.824,65	*1.535,33*	2.435,60	2.740,05	*1.423,47*	2.360,40	2.655,4
	V	41.318	*2.272,49*	3.305,44	3.718,62																		
	VI	41.850	*2.301,75*	3.348,00	3.766,50																		
110.627,99	I	35.160	*1.933,80*	2.812,80	3.164,40	*1.830,40*	2.662,40	2.995,20	*1.648,98*	2.512,00	2.826,00	*1.425,26*	2.361,60	2.656,80	*1.201,54*	2.211,20	2.487,60	*977,94*	2.060,88	2.318,49	*754,22*	1.910,48	2.149,2
	II	33.371	*1.835,40*	2.669,68	3.003,39	*1.659,81*	2.519,28	2.834,19	*1.436,09*	2.368,88	2.664,99	*1.212,37*	2.218,48	2.495,79	*988,65*	2.068,08	2.326,59	*764,93*	1.917,68	2.157,39	*541,21*	1.767,28	1.988,1
	III	25.082	–	2.006,56	2.257,38	–	1.870,88	2.104,74	–	1.738,40	1.955,70	–	1.609,12	1.810,26	–	1.482,72	1.668,06	–	1.359,52	1.529,46	–	1.239,36	1.394,2
	IV	35.160	*1.933,80*	2.812,80	3.164,40	*1.882,10*	2.737,60	3.079,80	*1.830,40*	2.662,40	2.995,20	*1.760,84*	2.587,20	2.910,60	*1.648,98*	2.512,00	2.826,00	*1.537,12*	2.436,80	2.741,40	*1.425,26*	2.361,60	2.656,8
	V	41.333	*2.273,31*	3.306,64	3.719,97																		
	VI	41.865	*2.302,57*	3.349,20	3.767,85																		
110.663,99	I	35.175	*1.934,62*	2.814,00	3.165,75	*1.831,22*	2.663,60	2.996,55	*1.650,76*	2.513,20	2.827,35	*1.427,16*	2.362,88	2.658,24	*1.203,44*	2.212,48	2.489,04	*979,72*	2.062,08	2.319,84	*756,00*	1.911,68	2.150,6
	II	33.386	*1.836,23*	2.670,88	3.004,74	*1.661,59*	2.520,48	2.835,54	*1.437,87*	2.370,08	2.666,34	*1.214,15*	2.219,68	2.497,14	*990,43*	2.069,28	2.327,94	*766,71*	1.918,88	2.158,74	*543,11*	1.768,56	1.989,6
	III	25.096	–	2.007,68	2.258,64	–	1.872,00	2.106,00	–	1.739,52	1.956,96	–	1.610,08	1.811,34	–	1.483,68	1.669,14	–	1.360,48	1.530,54	–	1.240,32	1.395,3
	IV	35.175	*1.934,62*	2.814,00	3.165,75	*1.882,92*	2.738,80	3.081,15	*1.831,22*	2.663,60	2.996,55	*1.762,62*	2.588,40	2.911,95	*1.650,76*	2.513,20	2.827,35	*1.538,90*	2.438,00	2.742,75	*1.427,16*	2.362,88	2.658,2
	V	41.349	*2.274,19*	3.307,92	3.721,41																		
	VI	41.880	*2.303,40*	3.350,40	3.769,20																		
110.699,99	I	35.190	*1.935,45*	2.815,20	3.167,10	*1.832,05*	2.664,80	2.997,90	*1.652,67*	2.514,48	2.828,79	*1.428,95*	2.364,08	2.659,59	*1.205,23*	2.213,68	2.490,39	*981,51*	2.063,28	2.321,19	*757,79*	1.912,88	2.151,9
	II	33.401	*1.837,05*	2.672,08	3.006,09	*1.663,38*	2.521,68	2.836,89	*1.439,66*	2.371,28	2.667,69	*1.215,94*	2.220,88	2.498,49	*992,34*	2.070,56	2.329,38	*768,62*	1.920,16	2.160,18	*544,90*	1.769,76	1.990,9
	III	25.110	–	2.008,80	2.259,90	–	1.873,12	2.107,26	–	1.740,64	1.958,22	–	1.611,20	1.812,60	–	1.484,80	1.670,40	–	1.361,44	1.531,62	–	1.241,28	1.396,4
	IV	35.190	*1.935,45*	2.815,20	3.167,10	*1.883,75*	2.740,00	3.082,50	*1.832,05*	2.664,80	2.997,90	*1.764,53*	2.589,68	2.913,39	*1.652,67*	2.514,48	2.828,79	*1.540,81*	2.439,28	2.744,19	*1.428,95*	2.364,08	2.659,5
	V	41.364	*2.275,02*	3.309,12	3.722,76																		
	VI	41.895	*2.304,22*	3.351,60	3.770,55																		

SolZ/KiSt lt. Tabelle nicht für Sonstige Bezüge anwendbar.

Lohn/ Gehalt bis	Steuerklasse	Lohn- steuer	ohne Kinderfreibetrag SolZ 5,5%	Kirchensteuer 8%	Kirchensteuer 9%	0,5 SolZ 5,5%	Kirchensteuer 8%	Kirchensteuer 9%	1,0 SolZ 5,5%	Kirchensteuer 8%	Kirchensteuer 9%	1,5 SolZ 5,5%	Kirchensteuer 8%	Kirchensteuer 9%	2,0 SolZ 5,5%	Kirchensteuer 8%	Kirchensteuer 9%	2,5 SolZ 5,5%	Kirchensteuer 8%	Kirchensteuer 9%	3,0 SolZ 5,5%	Kirchensteuer 8%	Kirchensteuer 9%
						Anzahl Kinderfreibeträge (nur Steuerklassen I–IV)																	
110.735,99	I	35.206	1.936,33	2.816,48	3.168,54	1.832,93	2.666,08	2.999,34	1.654,45	2.515,68	2.830,14	1.430,73	2.365,28	2.660,94	1.207,01	2.214,88	2.491,74	983,29	2.064,48	2.322,54	759,57	1.914,08	2.153,34
	II	33.416	1.837,88	2.673,28	3.007,44	1.665,16	2.522,88	2.838,24	1.441,44	2.372,48	2.669,04	1.217,84	2.222,16	2.499,93	994,12	2.071,76	2.330,73	770,40	1.921,36	2.161,53	546,68	1.770,96	1.992,33
	III	25.122	-	2.009,76	2.260,98	-	1.874,24	2.108,52	-	1.741,60	1.959,30	-	1.612,16	1.813,68	-	1.485,76	1.671,48	-	1.362,40	1.532,70	-	1.242,24	1.397,52
	IV	35.206	1.936,33	2.816,48	3.168,54	1.884,63	2.741,28	3.083,94	1.832,93	2.666,08	2.999,34	1.766,31	2.590,88	2.914,74	1.654,45	2.515,68	2.830,14	1.542,59	2.440,48	2.745,54	1.430,73	2.365,28	2.660,94
	V	41.379	2.275,84	3.310,32	3.724,11																		
	VI	41.911	2.305,10	3.352,88	3.771,99																		
110.771,99	I	35.221	1.937,15	2.817,68	3.169,89	1.833,75	2.667,28	3.000,69	1.656,24	2.516,88	2.831,49	1.432,52	2.366,48	2.662,29	1.208,80	2.216,08	2.493,09	985,08	2.065,68	2.323,89	761,36	1.915,28	2.154,69
	II	33.431	1.838,70	2.674,48	3.008,79	1.667,07	2.524,16	2.839,68	1.443,35	2.373,76	2.670,48	1.219,63	2.223,36	2.501,28	995,91	2.072,96	2.332,08	772,19	1.922,56	2.162,88	548,47	1.772,16	1.993,68
	III	25.136	-	2.010,88	2.262,24	-	1.875,20	2.109,60	-	1.742,72	1.960,56	-	1.613,12	1.814,76	-	1.486,72	1.672,56	-	1.363,52	1.533,96	-	1.243,20	1.398,60
	IV	35.221	1.937,15	2.817,68	3.169,89	1.885,45	2.742,48	3.085,29	1.833,75	2.667,28	3.000,69	1.768,10	2.592,08	2.916,09	1.656,24	2.516,88	2.831,49	1.544,38	2.441,68	2.746,89	1.432,52	2.366,48	2.662,29
	V	41.394	2.276,67	3.311,52	3.725,46																		
	VI	41.926	2.305,93	3.354,08	3.773,34																		
110.807,99	I	35.236	1.937,98	2.818,88	3.171,24	1.834,58	2.668,48	3.002,04	1.658,02	2.518,08	2.832,84	1.434,30	2.367,68	2.663,64	1.210,58	2.217,28	2.494,44	986,86	2.066,88	2.325,24	763,14	1.916,48	2.156,04
	II	33.447	1.839,58	2.675,76	3.010,23	1.668,85	2.525,36	2.841,03	1.445,13	2.374,96	2.671,83	1.221,41	2.224,56	2.502,63	997,69	2.074,16	2.333,43	773,97	1.923,76	2.164,23	550,25	1.773,36	1.995,03
	III	25.150	-	2.012,00	2.263,50	-	1.876,32	2.110,86	-	1.743,68	1.961,64	-	1.614,24	1.816,02	-	1.487,84	1.673,82	-	1.364,48	1.535,04	-	1.244,16	1.399,68
	IV	35.236	1.937,98	2.818,88	3.171,24	1.886,28	2.743,68	3.086,64	1.834,58	2.668,48	3.002,04	1.769,88	2.593,28	2.917,44	1.658,02	2.518,08	2.832,84	1.546,16	2.442,88	2.748,24	1.434,30	2.367,68	2.663,64
	V	41.409	2.277,49	3.312,72	3.726,81																		
	VI	41.941	2.306,75	3.355,28	3.774,69																		
110.843,99	I	35.251	1.938,80	2.820,08	3.172,59	1.835,40	2.669,68	3.003,39	1.659,81	2.519,28	2.834,19	1.436,09	2.368,88	2.664,99	1.212,37	2.218,48	2.495,79	988,65	2.068,08	2.326,59	764,93	1.917,68	2.157,39
	II	33.462	1.840,41	2.676,96	3.011,58	1.670,64	2.526,56	2.842,38	1.446,92	2.376,16	2.673,18	1.223,20	2.225,76	2.503,98	999,48	2.075,36	2.334,78	775,76	1.924,96	2.165,58	552,04	1.774,56	1.996,38
	III	25.164	-	2.013,12	2.264,76	-	1.877,44	2.112,12	-	1.744,80	1.962,90	-	1.615,20	1.817,10	-	1.488,80	1.674,90	-	1.365,44	1.536,12	-	1.245,12	1.400,76
	IV	35.251	1.938,80	2.820,08	3.172,59	1.887,10	2.744,88	3.087,99	1.835,40	2.669,68	3.003,39	1.771,67	2.594,48	2.918,79	1.659,81	2.519,28	2.834,19	1.547,95	2.444,08	2.749,59	1.436,09	2.368,88	2.664,99
	V	41.424	2.278,32	3.313,92	3.728,16																		
	VI	41.956	2.307,58	3.356,48	3.776,04																		
110.879,99	I	35.266	1.939,63	2.821,28	3.173,94	1.836,23	2.670,88	3.004,74	1.661,59	2.520,48	2.835,54	1.437,87	2.370,08	2.666,34	1.214,15	2.219,68	2.497,14	990,43	2.069,28	2.327,94	766,71	1.918,88	2.158,74
	II	33.477	1.841,23	2.678,16	3.012,93	1.672,42	2.527,76	2.843,73	1.448,70	2.377,36	2.674,53	1.224,98	2.226,96	2.505,33	1.001,26	2.076,56	2.336,13	777,54	1.926,16	2.166,93	553,82	1.775,76	1.997,73
	III	25.178	-	2.014,24	2.266,02	-	1.878,56	2.113,38	-	1.745,76	1.963,98	-	1.616,32	1.818,36	-	1.489,76	1.675,98	-	1.366,40	1.537,20	-	1.246,08	1.401,84
	IV	35.266	1.939,63	2.821,28	3.173,94	1.887,93	2.746,08	3.089,34	1.836,23	2.670,88	3.004,74	1.773,45	2.595,68	2.920,14	1.661,59	2.520,48	2.835,54	1.549,73	2.445,28	2.750,94	1.437,87	2.370,08	2.666,34
	V	41.439	2.279,14	3.315,12	3.729,51																		
	VI	41.971	2.308,40	3.357,68	3.777,39																		
110.915,99	I	35.281	1.940,45	2.822,48	3.175,29	1.837,05	2.672,08	3.006,09	1.663,38	2.521,68	2.836,89	1.439,66	2.371,28	2.667,69	1.215,94	2.220,88	2.498,49	992,34	2.070,56	2.329,38	768,62	1.920,16	2.160,18
	II	33.492	1.842,06	2.679,36	3.014,28	1.674,21	2.528,96	2.845,08	1.450,49	2.378,56	2.675,88	1.226,77	2.228,16	2.506,68	1.003,05	2.077,76	2.337,48	779,33	1.927,36	2.168,28	555,61	1.776,96	1.999,08
	III	25.192	-	2.015,36	2.267,28	-	1.879,52	2.114,46	-	1.746,88	1.965,24	-	1.617,28	1.819,44	-	1.490,72	1.677,06	-	1.367,36	1.538,28	-	1.247,04	1.402,92
	IV	35.281	1.940,45	2.822,48	3.175,29	1.888,75	2.747,28	3.090,69	1.837,05	2.672,08	3.006,09	1.775,24	2.596,88	2.921,49	1.663,38	2.521,68	2.836,89	1.551,52	2.446,48	2.752,29	1.439,66	2.371,28	2.667,69
	V	41.454	2.279,97	3.316,32	3.730,86																		
	VI	41.986	2.309,23	3.358,88	3.778,74																		
110.951,99	I	35.296	1.941,28	2.823,68	3.176,64	1.837,88	2.673,28	3.007,44	1.665,16	2.522,88	2.838,24	1.441,44	2.372,48	2.669,04	1.217,84	2.222,16	2.499,93	994,12	2.071,76	2.330,73	770,40	1.921,36	2.161,53
	II	33.507	1.842,88	2.680,56	3.015,63	1.675,99	2.530,16	2.846,43	1.452,27	2.379,76	2.677,23	1.228,55	2.229,36	2.508,03	1.004,83	2.078,96	2.338,83	781,11	1.928,56	2.169,63	557,51	1.778,24	2.000,52
	III	25.206	-	2.016,48	2.268,54	-	1.880,64	2.115,72	-	1.748,00	1.966,50	-	1.618,40	1.820,70	-	1.491,84	1.678,32	-	1.368,32	1.539,36	-	1.248,00	1.404,00
	IV	35.296	1.941,28	2.823,68	3.176,64	1.889,58	2.748,48	3.092,04	1.837,88	2.673,28	3.007,44	1.777,02	2.598,08	2.922,84	1.665,16	2.522,88	2.838,24	1.553,30	2.447,68	2.753,64	1.441,44	2.372,48	2.669,04
	V	41.470	2.280,85	3.317,60	3.732,30																		
	VI	42.001	2.310,05	3.360,08	3.780,09																		
110.987,99	I	35.311	1.942,10	2.824,88	3.177,99	1.838,70	2.674,48	3.008,79	1.667,07	2.524,16	2.839,68	1.443,35	2.373,76	2.670,48	1.219,63	2.223,36	2.501,28	995,91	2.072,96	2.332,08	772,19	1.922,56	2.162,88
	II	33.522	1.843,71	2.681,76	3.016,98	1.677,78	2.531,36	2.847,78	1.454,06	2.380,96	2.678,58	1.230,34	2.230,56	2.509,38	1.006,62	2.080,16	2.340,18	783,02	1.929,84	2.171,07	559,30	1.779,44	2.001,87
	III	25.220	-	2.017,60	2.269,80	-	1.881,76	2.116,98	-	1.748,96	1.967,58	-	1.619,36	1.821,78	-	1.492,80	1.679,40	-	1.369,28	1.540,44	-	1.248,96	1.405,08
	IV	35.311	1.942,10	2.824,88	3.177,99	1.890,40	2.749,68	3.093,39	1.838,70	2.674,48	3.008,79	1.778,81	2.599,28	2.924,19	1.667,07	2.524,16	2.839,68	1.555,21	2.448,96	2.755,08	1.443,35	2.373,76	2.670,48
	V	41.485	2.281,67	3.318,80	3.733,65																		
	VI	42.016	2.310,88	3.361,28	3.781,44																		
111.023,99	I	35.326	1.942,93	2.826,08	3.179,34	1.839,58	2.675,76	3.010,23	1.668,85	2.525,36	2.841,03	1.445,13	2.374,96	2.671,83	1.221,41	2.224,56	2.502,63	997,69	2.074,16	2.333,43	773,97	1.923,76	2.164,23
	II	33.537	1.844,53	2.682,96	3.018,33	1.679,56	2.532,56	2.849,13	1.455,84	2.382,16	2.679,93	1.232,24	2.231,84	2.510,82	1.008,52	2.081,44	2.341,62	784,80	1.931,04	2.172,42	561,08	1.780,64	2.003,22
	III	25.234	-	2.018,72	2.271,06	-	1.882,88	2.118,24	-	1.750,08	1.968,84	-	1.620,32	1.822,86	-	1.493,76	1.680,48	-	1.370,24	1.541,52	-	1.249,92	1.406,16
	IV	35.326	1.942,93	2.826,08	3.179,34	1.891,28	2.750,96	3.094,83	1.839,58	2.675,76	3.010,23	1.780,71	2.600,56	2.925,63	1.668,85	2.525,36	2.841,03	1.556,99	2.450,16	2.756,43	1.445,13	2.374,96	2.671,83
	V	41.500	2.282,50	3.320,00	3.735,00																		
	VI	42.031	2.311,70	3.362,48	3.782,79																		
111.059,99	I	35.342	1.943,81	2.827,36	3.180,78	1.840,41	2.676,96	3.011,58	1.670,64	2.526,56	2.842,38	1.446,92	2.376,16	2.673,18	1.223,20	2.225,76	2.503,98	999,48	2.075,36	2.334,78	775,76	1.924,96	2.165,58
	II	33.552	1.845,36	2.684,16	3.019,68	1.681,35	2.533,76	2.850,48	1.457,75	2.383,44	2.681,37	1.234,03	2.233,04	2.512,17	1.010,31	2.082,64	2.342,97	786,59	1.932,24	2.173,77	562,87	1.781,84	2.004,57
	III	25.248	-	2.019,84	2.272,32	-	1.883,84	2.119,32	-	1.751,04	1.969,92	-	1.621,44	1.824,12	-	1.494,88	1.681,74	-	1.371,36	1.542,78	-	1.250,88	1.407,24
	IV	35.342	1.943,81	2.827,36	3.180,78	1.892,11	2.752,16	3.096,18	1.840,41	2.676,96	3.011,58	1.782,50	2.601,76	2.926,98	1.670,64	2.526,56	2.842,38	1.558,78	2.451,36	2.757,78	1.446,92	2.376,16	2.673,18
	V	41.515	2.283,32	3.321,20	3.736,35																		
	VI	42.047	2.312,58	3.363,76	3.784,23																		
111.095,99	I	35.357	1.944,63	2.828,56	3.182,13	1.841,23	2.678,16	3.012,93	1.672,42	2.527,76	2.843,73	1.448,70	2.377,36	2.674,53	1.224,98	2.226,96	2.505,33	1.001,26	2.076,56	2.336,13	777,54	1.926,16	2.166,93
	II	33.568	1.846,24	2.685,44	3.021,12	1.683,25	2.535,04	2.851,92	1.459,53	2.384,64	2.682,72	1.235,81	2.234,24	2.513,52	1.012,09	2.083,84	2.344,32	788,37	1.933,44	2.175,12	564,65	1.783,04	2.005,92
	III	25.260	-	2.020,80	2.273,40	-	1.884,96	2.120,58	-	1.752,16	1.971,18	-	1.622,40	1.825,20	-	1.495,84	1.682,82	-	1.372,32	1.543,86	-	1.251,84	1.408,32
	IV	35.357	1.944,63	2.828,56	3.182,13	1.892,93	2.753,36	3.097,53	1.841,23	2.678,16	3.012,93	1.784,28	2.602,96	2.928,33	1.672,42	2.527,76	2.843,73	1.560,56	2.452,56	2.759,13	1.448,70	2.377,36	2.674,53
	V	41.530	2.284,15	3.322,40	3.737,70																		
	VI	42.062	2.313,41	3.364,96	3.785,58																		
111.131,99	I	35.372	1.945,46	2.829,76	3.183,48	1.842,06	2.679,36	3.014,28	1.674,21	2.528,96	2.845,08	1.450,49	2.378,56	2.675,88	1.226,77	2.228,16	2.506,68	1.003,05	2.077,76	2.337,48	779,33	1.927,36	2.168,28
	II	33.583	1.847,06	2.686,64	3.022,47	1.685,04	2.536,24	2.853,27	1.461,32	2.385,84	2.684,07	1.237,60	2.235,44	2.514,87	1.013,88	2.085,04	2.345,67	790,16	1.934,64	2.176,47	566,44	1.784,24	2.007,27
	III	25.274	-	2.021,92	2.274,66	-	1.886,08	2.121,84	-	1.753,28	1.972,44	-	1.623,52	1.826,46	-	1.496,80	1.683,90	-	1.373,28	1.544,94	-	1.252,80	1.409,40
	IV	35.372	1.945,46	2.829,76	3.183,48	1.893,76	2.754,56	3.098,88	1.842,06	2.679,36	3.014,28	1.786,07	2.604,16	2.929,68	1.674,21	2.528,96	2.845,08	1.562,35	2.453,76	2.760,48	1.450,49	2.378,56	2.675,88
	V	41.545	2.284,97	3.323,60	3.739,05																		
	VI	42.077	2.314,23	3.366,16	3.786,93																		
111.167,99	I	35.387	1.946,28	2.830,96	3.184,83	1.842,88	2.680,56	3.015,63	1.675,99	2.530,16	2.846,43	1.452,27	2.379,76	2.677,23	1.228,55	2.229,36	2.508,03	1.004,83	2.078,96	2.338,83	781,11	1.928,56	2.169,63
	II	33.598	1.847,89	2.687,84	3.023,82	1.686,82	2.537,44	2.854,62	1.463,10	2.387,04	2.685,42	1.239,38	2.236,64	2.516,22	1.015,66	2.086,24	2.347,02	791,94	1.935,84	2.177,82	568,22	1.785,44	2.008,62
	III	25.288	-	2.023,04	2.275,92	-	1.887,20	2.123,10	-	1.754,24	1.973,52	-	1.624,48	1.827,54	-	1.497,76	1.684,98	-	1.374,24	1.546,02	-	1.253,76	1.410,48
	IV	35.387	1.946,28	2.830,96	3.184,83	1.894,58	2.755,76	3.100,23	1.842,88	2.680,56	3.015,63	1.787,85	2.605,36	2.931,03	1.675,99	2.530,16	2.846,43	1.564,13	2.454,96	2.761,83	1.452,27	2.379,76	2.677,23
	V	41.560	2.285,80	3.324,80	3.740,40																		
	VI	42.092	2.315,06	3.367,36	3.788,28																		
111.203,99	I	35.402	1.947,11	2.832,16	3.186,18	1.843,71	2.681,76	3.016,98	1.677,78	2.531,36	2.847,78	1.454,06	2.380,96	2.678,58	1.230,34	2.230,56	2.509,38	1.006,62	2.080,16	2.340,18	783,02	1.929,84	2.171,07
	II	33.613	1.848,71	2.689,04	3.025,17	1.688,61	2.538,64	2.855,97	1.464,89	2.388,24	2.686,77	1.241,17	2.237,84	2.517,57	1.017,45	2.087,44	2.348,37	793,73	1.937,04	2.179,17	570,01	1.786,64	2.009,97
	III	25.302	-	2.024,16	2.277,18	-	1.888,16	2.124,18	-	1.755,36	1.974,78	-	1.625,60	1.828,80	-	1.498,88	1.686,24	-	1.375,20	1.547,10	-	1.254,72	1.411,56
	IV	35.402	1.947,11	2.832,16	3.186,18	1.895,41	2.756,96	3.101,58	1.843,71	2.681,76	3.016,98	1.789,64	2.606,56	2.932,38	1.677,78	2.531,36	2.847,78	1.565,92	2.456,16	2.763,18	1.454,06	2.380,96	2.678,58
	V	41.575	2.286,62	3.326,00	3.741,75																		
	VI	42.107	2.315,88	3.368,56	3.789,63																		
111.239,99	I	35.417	1.947,93	2.833,36	3.187,53	1.844,53	2.682,96	3.018,33	1.679,56	2.532,56	2.849,13	1.455,84	2.382,16	2.679,93	1.232,24	2.231,84	2.510,82	1.008,52	2.081,44	2.341,62	784,80	1.931,04	2.172,42
	II	33.628	1.849,54	2.690,24	3.026,52	1.690,39	2.539,84	2.857,32	1.466,67	2.389,44	2.688,12	1.242,95	2.239,04	2.518,92	1.019,23	2.088,64	2.349,72	795,51	1.938,24	2.180,52	571,79	1.787,84	2.011,32
	III	25.316	-	2.025,28	2.278,44	-	1.889,28	2.125,44	-	1.756,32	1.975,86	-	1.626,56	1.829,88	-	1.499,84	1.687,32	-	1.376,16	1.548,18	-	1.255,68	1.412,64
	IV	35.417	1.947,93	2.833,36	3.187,53	1.896,23	2.758,16	3.102,93	1.844,53	2.682,96	3.018,33	1.791,42	2.607,76	2.933,73	1.679,56	2.532,56	2.849,13	1.567,70	2.457,36	2.764,53	1.455,84	2.382,16	2.679,93
	V	41.590	2.287,45	3.327,20	3.743,10																		
	VI	42.122	2.316,71	3.369,76	3.790,98																		

SolZ/KiSt lt. Tabelle nicht für Sonstige Bezüge anwendbar.

Lohn/ Gehalt bis	Steuerklasse	Lohn-steuer	ohne Kinderfreibetrag SolZ 5,5%	Kirchensteuer 8%	Kirchensteuer 9%	0,5 SolZ 5,5%	0,5 Kirchensteuer 8%	0,5 Kirchensteuer 9%	1,0 SolZ 5,5%	1,0 Kirchensteuer 8%	1,0 Kirchensteuer 9%	1,5 SolZ 5,5%	1,5 Kirchensteuer 8%	1,5 Kirchensteuer 9%	2,0 SolZ 5,5%	2,0 Kirchensteuer 8%	2,0 Kirchensteuer 9%	2,5 SolZ 5,5%	2,5 Kirchensteuer 8%	2,5 Kirchensteuer 9%	3,0 SolZ 5,5%	3,0 Kirchensteuer 8%	3,0 Kirchensteuer 9%
						Anzahl Kinderfreibeträge (nur Steuerklassen I–IV)																	
111.275,99	I	35.432	1.948,76	2.834,56	3.188,88	1.845,36	2.684,16	3.019,68	1.681,35	2.533,76	2.850,48	1.457,75	2.383,44	2.681,37	1.234,03	2.233,04	2.512,17	1.010,31	2.082,64	2.342,97	786,59	1.932,24	2.173,77
	II	33.643	1.850,36	2.691,44	3.027,87	1.692,18	2.541,04	2.858,67	1.468,46	2.390,64	2.689,47	1.244,74	2.240,24	2.520,27	1.021,02	2.089,84	2.351,07	797,41	1.939,52	2.181,96	573,69	1.789,12	2.012,76
	III	25.330	–	2.026,40	2.279,70	–	1.890,40	2.126,70	–	1.757,44	1.977,12	–	1.627,68	1.831,14	–	1.500,80	1.688,40	–	1.377,12	1.549,26	–	1.256,64	1.413,72
	IV	35.432	1.948,76	2.834,56	3.188,88	1.897,06	2.759,36	3.104,28	1.845,36	2.684,16	3.019,68	1.793,21	2.608,96	2.935,08	1.681,35	2.533,76	2.850,48	1.569,61	2.458,64	2.765,97	1.457,75	2.383,44	2.681,37
	V	41.606	2.288,33	3.328,48	3.744,54																		
	VI	42.137	2.317,53	3.370,96	3.792,33																		
111.311,99	I	35.447	1.949,58	2.835,76	3.190,23	1.846,24	2.685,44	3.021,12	1.683,25	2.535,04	2.851,92	1.459,53	2.384,64	2.682,72	1.235,81	2.234,24	2.513,52	1.012,09	2.083,84	2.344,32	788,37	1.933,44	2.175,12
	II	33.658	1.851,19	2.692,64	3.029,22	1.693,96	2.542,24	2.860,02	1.470,24	2.391,84	2.690,82	1.246,52	2.241,44	2.521,62	1.022,92	2.091,12	2.352,51	799,20	1.940,72	2.183,31	575,48	1.790,32	2.014,11
	III	25.344	–	2.027,52	2.280,96	–	1.891,52	2.127,96	–	1.758,56	1.978,38	–	1.628,64	1.832,22	–	1.501,92	1.689,66	–	1.378,24	1.550,52	–	1.257,60	1.414,80
	IV	35.447	1.949,58	2.835,76	3.190,23	1.897,88	2.760,56	3.105,63	1.846,24	2.685,44	3.021,12	1.794,54	2.610,24	2.936,52	1.683,25	2.535,04	2.851,92	1.571,39	2.459,84	2.767,32	1.459,53	2.384,64	2.682,72
	V	41.621	2.289,15	3.329,68	3.745,89																		
	VI	42.152	2.318,36	3.372,16	3.793,68																		
111.347,99	I	35.463	1.950,46	2.837,04	3.191,67	1.847,06	2.686,64	3.022,47	1.685,04	2.536,24	2.853,27	1.461,32	2.385,84	2.684,07	1.237,60	2.235,44	2.514,87	1.013,88	2.085,04	2.345,67	790,16	1.934,64	2.176,47
	II	33.673	1.852,01	2.693,84	3.030,57	1.695,75	2.543,44	2.861,37	1.472,14	2.393,12	2.692,26	1.248,42	2.242,72	2.523,06	1.024,70	2.092,32	2.353,86	800,98	1.941,92	2.184,66	577,26	1.791,52	2.015,46
	III	25.358	–	2.028,64	2.282,22	–	1.892,48	2.129,04	–	1.759,52	1.979,46	–	1.629,60	1.833,30	–	1.502,88	1.690,74	–	1.379,20	1.551,60	–	1.258,56	1.415,88
	IV	35.463	1.950,46	2.837,04	3.191,67	1.898,76	2.761,84	3.107,07	1.847,06	2.686,64	3.022,47	1.795,36	2.611,44	2.937,87	1.685,04	2.536,24	2.853,27	1.573,18	2.461,04	2.768,67	1.461,32	2.385,84	2.684,07
	V	41.636	2.289,98	3.330,88	3.747,24																		
	VI	42.168	2.319,24	3.373,44	3.795,12																		
111.383,99	I	35.478	1.951,29	2.838,24	3.193,02	1.847,89	2.687,84	3.023,82	1.686,82	2.537,44	2.854,62	1.463,10	2.387,04	2.685,42	1.239,38	2.236,64	2.516,22	1.015,66	2.086,24	2.347,02	791,94	1.935,84	2.177,8
	II	33.688	1.852,84	2.695,04	3.031,92	1.697,65	2.544,72	2.862,81	1.473,93	2.394,32	2.693,61	1.250,21	2.243,92	2.524,41	1.026,49	2.093,52	2.355,21	802,77	1.943,12	2.186,01	579,05	1.792,72	2.016,8
	III	25.372	–	2.029,76	2.283,48	–	1.893,60	2.130,30	–	1.760,64	1.980,72	–	1.630,72	1.834,56	–	1.503,84	1.691,82	–	1.380,16	1.552,68	–	1.259,52	1.416,9
	IV	35.478	1.951,29	2.838,24	3.193,02	1.899,59	2.763,04	3.108,42	1.847,89	2.687,84	3.023,82	1.796,19	2.612,64	2.939,22	1.686,82	2.537,44	2.854,62	1.574,96	2.462,24	2.770,02	1.463,10	2.387,04	2.685,4
	V	41.651	2.290,80	3.332,08	3.748,59																		
	VI	42.183	2.320,06	3.374,64	3.796,47																		
111.419,99	I	35.493	1.952,11	2.839,44	3.194,37	1.848,71	2.689,04	3.025,17	1.688,61	2.538,64	2.855,97	1.464,89	2.388,24	2.686,77	1.241,17	2.237,84	2.517,57	1.017,45	2.087,44	2.348,37	793,73	1.937,04	2.179,1
	II	33.704	1.853,72	2.696,32	3.033,36	1.699,43	2.545,92	2.864,16	1.475,71	2.395,52	2.694,96	1.251,99	2.245,12	2.525,76	1.028,27	2.094,72	2.356,56	804,55	1.944,32	2.187,36	580,83	1.793,92	2.018,1
	III	25.386	–	2.030,88	2.284,74	–	1.894,72	2.131,56	–	1.761,76	1.981,98	–	1.631,68	1.835,64	–	1.504,96	1.693,08	–	1.381,12	1.553,76	–	1.260,48	1.418,0
	IV	35.493	1.952,11	2.839,44	3.194,37	1.900,41	2.764,24	3.109,77	1.848,71	2.689,04	3.025,17	1.797,01	2.613,84	2.940,57	1.688,61	2.538,64	2.855,97	1.576,75	2.463,44	2.771,37	1.464,89	2.388,24	2.686,7
	V	41.666	2.291,63	3.333,28	3.749,94																		
	VI	42.198	2.320,89	3.375,84	3.797,82																		
111.455,99	I	35.508	1.952,94	2.840,64	3.195,72	1.849,54	2.690,24	3.026,52	1.690,39	2.539,84	2.857,32	1.466,67	2.389,44	2.688,12	1.242,95	2.239,04	2.518,92	1.019,23	2.088,64	2.349,72	795,51	1.938,24	2.180,5
	II	33.719	1.854,54	2.697,52	3.034,71	1.701,22	2.547,12	2.865,51	1.477,50	2.396,72	2.696,31	1.253,78	2.246,32	2.527,11	1.030,06	2.095,92	2.357,91	806,34	1.945,52	2.188,71	582,62	1.795,12	2.019,5
	III	25.400	–	2.032,00	2.286,00	–	1.895,84	2.132,82	–	1.762,72	1.983,06	–	1.632,80	1.836,90	–	1.505,92	1.694,16	–	1.382,08	1.554,84	–	1.261,44	1.419,1
	IV	35.508	1.952,94	2.840,64	3.195,72	1.901,24	2.765,44	3.111,12	1.849,54	2.690,24	3.026,52	1.797,84	2.615,04	2.941,92	1.690,39	2.539,84	2.857,32	1.578,53	2.464,64	2.772,72	1.466,67	2.389,44	2.688,1
	V	41.681	2.292,45	3.334,48	3.751,29																		
	VI	42.213	2.321,71	3.377,04	3.799,17																		
111.491,99	I	35.523	1.953,76	2.841,84	3.197,07	1.850,36	2.691,44	3.027,87	1.692,18	2.541,04	2.858,67	1.468,46	2.390,64	2.689,47	1.244,74	2.240,24	2.520,27	1.021,02	2.089,84	2.351,07	797,41	1.939,52	2.181,9
	II	33.734	1.855,37	2.698,72	3.036,06	1.703,00	2.548,32	2.866,86	1.479,28	2.397,92	2.697,66	1.255,56	2.247,52	2.528,46	1.031,84	2.097,12	2.359,26	808,12	1.946,72	2.190,06	584,40	1.796,32	2.020,8
	III	25.414	–	2.033,12	2.287,26	–	1.896,80	2.133,90	–	1.763,84	1.984,32	–	1.633,76	1.837,98	–	1.506,88	1.695,24	–	1.383,04	1.555,92	–	1.262,40	1.420,2
	IV	35.523	1.953,76	2.841,84	3.197,07	1.902,06	2.766,64	3.112,47	1.850,36	2.691,44	3.027,87	1.798,66	2.616,24	2.943,27	1.692,18	2.541,04	2.858,67	1.580,32	2.465,84	2.774,07	1.468,46	2.390,64	2.689,4
	V	41.696	2.293,28	3.335,68	3.752,64																		
	VI	42.228	2.322,54	3.378,24	3.800,52																		
111.527,99	I	35.538	1.954,59	2.843,04	3.198,42	1.851,19	2.692,64	3.029,22	1.693,96	2.542,24	2.860,02	1.470,24	2.391,84	2.690,82	1.246,52	2.241,44	2.521,62	1.022,92	2.091,12	2.352,51	799,20	1.940,72	2.183,3
	II	33.749	1.856,19	2.699,92	3.037,41	1.704,79	2.549,52	2.868,21	1.481,07	2.399,12	2.699,01	1.257,35	2.248,72	2.529,81	1.033,63	2.098,32	2.360,61	809,91	1.947,92	2.191,41	586,19	1.797,52	2.022,2
	III	25.426	–	2.034,08	2.288,34	–	1.897,92	2.135,16	–	1.764,80	1.985,40	–	1.634,88	1.839,24	–	1.507,84	1.696,32	–	1.384,00	1.557,00	–	1.263,36	1.421,2
	IV	35.538	1.954,59	2.843,04	3.198,42	1.902,89	2.767,84	3.113,82	1.851,19	2.692,64	3.029,22	1.799,49	2.617,44	2.944,62	1.693,96	2.542,24	2.860,02	1.582,10	2.467,04	2.775,42	1.470,24	2.391,84	2.690,8
	V	41.711	2.294,10	3.336,88	3.753,99																		
	VI	42.243	2.323,36	3.379,44	3.801,87																		
111.563,99	I	35.553	1.955,41	2.844,24	3.199,77	1.852,01	2.693,84	3.030,57	1.695,75	2.543,44	2.861,37	1.472,14	2.393,12	2.692,26	1.248,42	2.242,72	2.523,06	1.024,70	2.092,32	2.353,86	800,98	1.941,92	2.184,6
	II	33.764	1.857,02	2.701,12	3.038,76	1.706,57	2.550,72	2.869,56	1.482,85	2.400,32	2.700,36	1.259,13	2.249,92	2.531,16	1.035,41	2.099,52	2.361,96	811,69	1.949,12	2.192,76	588,09	1.798,80	2.023,6
	III	25.440	–	2.035,20	2.289,60	–	1.899,04	2.136,42	–	1.765,92	1.986,66	–	1.635,84	1.840,32	–	1.508,96	1.697,58	–	1.385,12	1.558,26	–	1.264,32	1.422,3
	IV	35.553	1.955,41	2.844,24	3.199,77	1.903,71	2.769,04	3.115,17	1.852,01	2.693,84	3.030,57	1.800,31	2.618,64	2.945,97	1.695,75	2.543,44	2.861,37	1.583,89	2.468,24	2.776,77	1.472,14	2.393,12	2.692,2
	V	41.727	2.294,98	3.338,16	3.755,43																		
	VI	42.258	2.324,19	3.380,64	3.803,22																		
111.599,99	I	35.568	1.956,24	2.845,44	3.201,12	1.852,84	2.695,04	3.031,92	1.697,65	2.544,72	2.862,81	1.473,93	2.394,32	2.693,61	1.250,21	2.243,92	2.524,41	1.026,49	2.093,52	2.355,21	802,77	1.943,12	2.186,0
	II	33.779	1.857,84	2.702,32	3.040,11	1.708,36	2.551,92	2.870,91	1.484,64	2.401,52	2.701,71	1.260,92	2.251,12	2.532,51	1.037,32	2.100,80	2.363,40	813,60	1.950,40	2.194,20	589,88	1.800,00	2.025,0
	III	25.454	–	2.036,32	2.290,86	–	1.900,16	2.137,68	–	1.767,04	1.987,92	–	1.636,96	1.841,58	–	1.509,92	1.698,66	–	1.386,08	1.559,34	–	1.265,28	1.423,4
	IV	35.568	1.956,24	2.845,44	3.201,12	1.904,54	2.770,24	3.116,52	1.852,84	2.695,04	3.031,92	1.801,19	2.619,92	2.947,41	1.697,65	2.544,72	2.862,81	1.585,79	2.469,52	2.778,21	1.473,93	2.394,32	2.693,6
	V	41.742	2.295,81	3.339,36	3.756,78																		
	VI	42.273	2.325,01	3.381,84	3.804,57																		
111.635,99	I	35.584	1.957,12	2.846,72	3.202,56	1.853,72	2.696,32	3.033,36	1.699,43	2.545,92	2.864,16	1.475,71	2.395,52	2.694,96	1.251,99	2.245,12	2.525,76	1.028,27	2.094,72	2.356,56	804,55	1.944,32	2.187,3
	II	33.794	1.858,67	2.703,52	3.041,46	1.710,14	2.553,12	2.872,26	1.486,42	2.402,72	2.703,06	1.262,82	2.252,40	2.533,95	1.039,10	2.102,00	2.364,75	815,38	1.951,60	2.195,55	591,66	1.801,20	2.026,3
	III	25.468	–	2.037,44	2.292,12	–	1.901,28	2.138,94	–	1.768,00	1.989,00	–	1.637,92	1.842,66	–	1.510,88	1.699,74	–	1.387,04	1.560,42	–	1.266,24	1.424,5
	IV	35.584	1.957,12	2.846,72	3.202,56	1.905,42	2.771,52	3.117,96	1.853,72	2.696,32	3.033,36	1.802,02	2.621,12	2.948,76	1.699,43	2.545,92	2.864,16	1.587,57	2.470,72	2.779,56	1.475,71	2.395,52	2.694,9
	V	41.757	2.296,63	3.340,56	3.758,13																		
	VI	42.289	2.325,89	3.383,12	3.806,01																		
111.671,99	I	35.599	1.957,94	2.847,92	3.203,91	1.854,54	2.697,52	3.034,71	1.701,22	2.547,12	2.865,51	1.477,50	2.396,72	2.696,31	1.253,78	2.246,32	2.527,11	1.030,06	2.095,92	2.357,91	806,34	1.945,52	2.188,7
	II	33.809	1.859,49	2.704,72	3.042,81	1.712,05	2.554,40	2.873,70	1.488,33	2.404,00	2.704,50	1.264,61	2.253,60	2.535,30	1.040,89	2.103,20	2.366,10	817,17	1.952,80	2.196,90	593,45	1.802,40	2.027,7
	III	25.482	–	2.038,56	2.293,38	–	1.902,24	2.140,02	–	1.769,12	1.990,26	–	1.639,04	1.843,92	–	1.512,00	1.701,00	–	1.388,00	1.561,50	–	1.267,20	1.425,6
	IV	35.599	1.957,94	2.847,92	3.203,91	1.906,24	2.772,72	3.119,31	1.854,54	2.697,52	3.034,71	1.802,84	2.622,32	2.950,11	1.701,22	2.547,12	2.865,51	1.589,36	2.471,92	2.780,91	1.477,50	2.396,72	2.696,3
	V	41.772	2.297,46	3.341,76	3.759,48																		
	VI	42.304	2.326,72	3.384,32	3.807,36																		
111.707,99	I	35.614	1.958,77	2.849,12	3.205,26	1.855,37	2.698,72	3.036,06	1.703,00	2.548,32	2.866,86	1.479,28	2.397,92	2.697,66	1.255,56	2.247,52	2.528,46	1.031,84	2.097,12	2.359,26	808,12	1.946,72	2.190,0
	II	33.825	1.860,37	2.706,00	3.044,25	1.713,83	2.555,60	2.875,05	1.490,11	2.405,20	2.705,85	1.266,39	2.254,80	2.536,65	1.042,67	2.104,40	2.367,45	818,95	1.954,00	2.198,25	595,23	1.803,60	2.029,0
	III	25.496	–	2.039,68	2.294,64	–	1.903,36	2.141,28	–	1.770,08	1.991,34	–	1.640,00	1.845,00	–	1.512,96	1.702,08	–	1.388,96	1.562,58	–	1.268,16	1.426,6
	IV	35.614	1.958,77	2.849,12	3.205,26	1.907,07	2.773,92	3.120,66	1.855,37	2.698,72	3.036,06	1.803,67	2.623,52	2.951,46	1.703,00	2.548,32	2.866,86	1.591,14	2.473,12	2.782,26	1.479,28	2.397,92	2.697,6
	V	41.787	2.298,28	3.342,96	3.760,83																		
	VI	42.319	2.327,54	3.385,52	3.808,71																		
111.743,99	I	35.629	1.959,59	2.850,32	3.206,61	1.856,19	2.699,92	3.037,41	1.704,79	2.549,52	2.868,21	1.481,07	2.399,12	2.699,01	1.257,35	2.248,72	2.529,81	1.033,63	2.098,32	2.360,61	809,91	1.347,92	2.191,4
	II	33.840	1.861,20	2.707,20	3.045,60	1.715,62	2.556,80	2.876,40	1.491,90	2.406,40	2.707,20	1.268,18	2.256,00	2.538,00	1.044,46	2.105,60	2.368,80	820,74	1.955,20	2.199,60	597,02	1.304,80	2.030,4
	III	25.510	–	2.040,80	2.295,90	–	1.904,48	2.142,54	–	1.771,20	1.992,60	–	1.640,96	1.846,08	–	1.513,92	1.703,16	–	1.389,92	1.563,66	–	1.269,12	1.427,7
	IV	35.629	1.959,59	2.850,32	3.206,61	1.907,89	2.775,12	3.122,01	1.856,19	2.699,92	3.037,41	1.804,49	2.624,72	2.952,81	1.704,79	2.549,52	2.868,21	1.592,93	2.474,32	2.783,61	1.481,07	2.399,12	2.699,
	V	41.802	2.299,11	3.344,16	3.762,18																		
	VI	42.334	2.328,37	3.386,72	3.810,06																		
111.779,99	I	35.644	1.960,42	2.851,52	3.207,96	1.857,02	2.701,12	3.038,76	1.706,57	2.550,72	2.869,56	1.482,85	2.400,32	2.700,36	1.259,13	2.249,92	2.531,16	1.035,41	2.099,52	2.361,96	811,69	1.949,12	2.192,7
	II	33.855	1.862,02	2.708,40	3.046,95	1.717,40	2.558,00	2.877,75	1.493,68	2.407,60	2.708,55	1.269,96	2.257,20	2.539,35	1.046,24	2.106,80	2.370,15	822,52	1.956,40	2.200,95	598,80	1.806,00	2.031,7
	III	25.524	–	2.041,92	2.297,16	–	1.905,60	2.143,80	–	1.772,32	1.993,86	–	1.642,08	1.847,34	–	1.515,04	1.704,42	–	1.390,88	1.564,74	–	1.270,08	1.428,8
	IV	35.644	1.960,42	2.851,52	3.207,96	1.908,72	2.776,32	3.123,36	1.857,02	2.701,12	3.038,76	1.805,32	2.625,92	2.954,16	1.706,57	2.550,72	2.869,56	1.594,71	2.475,52	2.784,96	1.482,85	2.400,32	2.700,3
	V	41.817	2.299,93	3.345,36	3.763,53																		
	VI	42.349	2.329,19	3.387,92	3.811,41																		

SolZ/KiSt lt. Tabelle nicht für Sonstige Bezüge anwendbar.

Besondere Tabelle

JAHR bis 112.319,99 €

Lohn/ Gehalt bis	Steuerklasse	Lohn- steuer	ohne Kinderfreibetrag SolZ 5,5%	Kirchensteuer 8%	Kirchensteuer 9%	0,5 SolZ 5,5%	0,5 Kirchensteuer 8%	0,5 Kirchensteuer 9%	1,0 SolZ 5,5%	1,0 Kirchensteuer 8%	1,0 Kirchensteuer 9%	1,5 SolZ 5,5%	1,5 Kirchensteuer 8%	1,5 Kirchensteuer 9%	2,0 SolZ 5,5%	2,0 Kirchensteuer 8%	2,0 Kirchensteuer 9%	2,5 SolZ 5,5%	2,5 Kirchensteuer 8%	2,5 Kirchensteuer 9%	3,0 SolZ 5,5%	3,0 Kirchensteuer 8%	3,0 Kirchensteuer 9%
						Anzahl Kinderfreibeträge (nur Steuerklassen I–IV)																	
111.815,99	I	35.659	1.961,24	2.852,72	3.209,31	1.857,84	2.702,32	3.040,11	1.708,36	2.551,92	2.870,91	1.484,64	2.401,52	2.701,71	1.260,92	2.251,12	2.532,51	1.037,32	2.100,80	2.363,40	813,60	1.950,40	2.194,20
	II	33.870	1.862,85	2.709,60	3.048,30	1.719,19	2.559,20	2.879,10	1.495,47	2.408,80	2.709,90	1.271,75	2.258,40	2.540,70	1.048,03	2.108,00	2.371,50	824,31	1.957,60	2.202,30	600,59	1.807,20	2.033,10
	III	25.538	-	2.043,04	2.298,42	-	1.906,56	2.144,88	-	1.773,28	1.994,94	-	1.643,04	1.848,42	-	1.516,00	1.705,50	-	1.392,00	1.566,00	-	1.271,04	1.429,92
	IV	35.659	1.961,24	2.852,72	3.209,31	1.909,54	2.777,52	3.124,71	1.857,84	2.702,32	3.040,11	1.806,14	2.627,12	2.955,51	1.708,36	2.551,92	2.870,91	1.596,50	2.476,72	2.786,31	1.484,64	2.401,52	2.701,71
	V	41.832	2.300,76	3.346,56	3.764,88																		
	VI	42.364	2.330,02	3.389,12	3.812,76																		
111.851,99	I	35.674	1.962,07	2.853,92	3.210,66	1.858,67	2.703,52	3.041,46	1.710,14	2.553,12	2.872,26	1.486,42	2.402,72	2.703,06	1.262,82	2.252,40	2.533,95	1.039,10	2.102,00	2.364,75	815,38	1.951,60	2.195,55
	II	33.885	1.863,67	2.710,80	3.049,65	1.720,97	2.560,40	2.880,45	1.497,25	2.410,00	2.711,25	1.273,53	2.259,60	2.542,05	1.049,81	2.109,20	2.372,85	826,09	1.958,80	2.203,65	602,49	1.808,48	2.034,54
	III	25.552	-	2.044,16	2.299,68	-	1.907,68	2.146,14	-	1.774,40	1.996,20	-	1.644,16	1.849,68	-	1.516,96	1.706,58	-	1.392,96	1.567,08	-	1.272,00	1.431,00
	IV	35.674	1.962,07	2.853,92	3.210,66	1.910,37	2.778,72	3.126,06	1.858,67	2.703,52	3.041,46	1.806,97	2.628,32	2.956,86	1.710,14	2.553,12	2.872,26	1.598,28	2.477,92	2.787,66	1.486,42	2.402,72	2.703,06
	V	41.848	2.301,64	3.347,84	3.766,32																		
	VI	42.379	2.330,84	3.390,32	3.814,11																		
111.887,99	I	35.689	1.962,89	2.855,12	3.212,01	1.859,49	2.704,72	3.042,81	1.712,05	2.554,40	2.873,70	1.488,33	2.404,00	2.704,50	1.264,61	2.253,60	2.535,30	1.040,89	2.103,20	2.366,10	817,17	1.952,80	2.196,90
	II	33.900	1.864,50	2.712,00	3.051,00	1.722,76	2.561,60	2.881,80	1.499,04	2.411,20	2.712,60	1.275,32	2.260,80	2.543,40	1.051,60	2.110,40	2.374,20	828,00	1.960,08	2.205,09	604,28	1.809,68	2.035,89
	III	25.566	-	2.045,28	2.300,94	-	1.908,80	2.147,40	-	1.775,52	1.997,46	-	1.645,12	1.850,76	-	1.518,08	1.707,84	-	1.393,92	1.568,16	-	1.272,96	1.432,08
	IV	35.689	1.962,89	2.855,12	3.212,01	1.911,19	2.779,92	3.127,41	1.859,49	2.704,72	3.042,81	1.807,79	2.629,52	2.958,21	1.712,05	2.554,40	2.873,70	1.600,19	2.479,20	2.789,10	1.488,33	2.404,00	2.704,50
	V	41.863	2.302,46	3.349,04	3.767,67																		
	VI	42.394	2.331,67	3.391,52	3.815,46																		
111.923,99	I	35.704	1.963,72	2.856,32	3.213,36	1.860,37	2.706,00	3.044,25	1.713,83	2.555,60	2.875,05	1.490,11	2.405,20	2.705,85	1.266,39	2.254,80	2.536,65	1.042,67	2.104,40	2.367,45	818,95	1.954,00	2.198,25
	II	33.915	1.865,32	2.713,20	3.052,35	1.724,54	2.562,80	2.883,15	1.500,82	2.412,40	2.713,95	1.277,22	2.262,08	2.544,84	1.053,50	2.111,68	2.375,64	829,78	1.961,28	2.206,44	606,06	1.810,88	2.037,24
	III	25.580	-	2.046,40	2.302,20	-	1.909,92	2.148,66	-	1.776,48	1.998,54	-	1.646,24	1.852,02	-	1.519,04	1.708,92	-	1.394,88	1.569,24	-	1.273,92	1.433,16
	IV	35.704	1.963,72	2.856,32	3.213,36	1.912,07	2.781,20	3.128,85	1.860,37	2.706,00	3.044,25	1.808,67	2.630,80	2.959,65	1.713,83	2.555,60	2.875,05	1.601,97	2.480,40	2.790,45	1.490,11	2.405,20	2.705,85
	V	41.878	2.303,29	3.350,24	3.769,02																		
	VI	42.409	2.332,49	3.392,72	3.816,81																		
111.959,99	I	35.720	1.964,60	2.857,60	3.214,80	1.861,20	2.707,20	3.045,60	1.715,62	2.556,80	2.876,40	1.491,90	2.406,40	2.707,20	1.268,18	2.256,00	2.538,00	1.044,46	2.105,60	2.368,80	820,74	1.955,20	2.199,60
	II	33.930	1.866,15	2.714,40	3.053,70	1.726,33	2.564,00	2.884,50	1.502,73	2.413,68	2.715,39	1.279,01	2.263,28	2.546,19	1.055,29	2.112,88	2.376,99	831,57	1.962,48	2.207,79	607,85	1.812,08	2.038,59
	III	25.594	-	2.047,52	2.303,46	-	1.911,04	2.149,92	-	1.777,60	1.999,80	-	1.647,20	1.853,10	-	1.520,00	1.710,00	-	1.395,84	1.570,32	-	1.274,88	1.434,24
	IV	35.720	1.964,60	2.857,60	3.214,80	1.912,90	2.782,40	3.130,20	1.861,20	2.707,20	3.045,60	1.809,50	2.632,00	2.961,00	1.715,62	2.556,80	2.876,40	1.603,76	2.481,60	2.791,80	1.491,90	2.406,40	2.707,20
	V	41.893	2.304,11	3.351,44	3.770,37																		
	VI	42.425	2.333,37	3.394,00	3.818,25																		
111.995,99	I	35.735	1.965,42	2.858,80	3.216,15	1.862,02	2.708,40	3.046,95	1.717,40	2.558,00	2.877,75	1.493,68	2.407,60	2.708,55	1.269,96	2.257,20	2.539,35	1.046,24	2.106,80	2.370,15	822,52	1.956,40	2.200,95
	II	33.946	1.867,03	2.715,68	3.055,14	1.728,23	2.565,28	2.885,94	1.504,51	2.414,88	2.716,74	1.280,79	2.264,48	2.547,54	1.057,07	2.114,08	2.378,34	833,35	1.963,68	2.209,14	609,63	1.813,28	2.039,94
	III	25.608	-	2.048,64	2.304,72	-	1.912,00	2.151,00	-	1.778,56	2.000,88	-	1.648,32	1.854,36	-	1.520,96	1.711,08	-	1.396,80	1.571,40	-	1.275,84	1.435,32
	IV	35.735	1.965,42	2.858,80	3.216,15	1.913,72	2.783,60	3.131,55	1.862,02	2.708,40	3.046,95	1.810,32	2.633,20	2.962,35	1.717,40	2.558,00	2.877,75	1.605,54	2.482,80	2.793,15	1.493,68	2.407,60	2.708,55
	V	41.908	2.304,94	3.352,64	3.771,72																		
	VI	42.440	2.334,20	3.395,20	3.819,60																		
112.031,99	I	35.750	1.966,25	2.860,00	3.217,50	1.862,85	2.709,60	3.048,30	1.719,19	2.559,20	2.879,10	1.495,47	2.408,80	2.709,90	1.271,75	2.258,40	2.540,70	1.048,03	2.108,00	2.371,50	824,31	1.957,60	2.202,30
	II	33.961	1.867,85	2.716,88	3.056,49	1.730,02	2.566,48	2.887,29	1.506,30	2.416,08	2.718,09	1.282,58	2.265,68	2.548,89	1.058,86	2.115,28	2.379,69	835,14	1.964,88	2.210,49	611,42	1.814,48	2.041,29
	III	25.620	-	2.049,60	2.305,80	-	1.913,12	2.152,26	-	1.779,68	2.002,14	-	1.649,28	1.855,44	-	1.522,08	1.712,34	-	1.397,92	1.572,66	-	1.276,80	1.436,40
	IV	35.750	1.966,25	2.860,00	3.217,50	1.914,55	2.784,80	3.132,90	1.862,85	2.709,60	3.048,30	1.811,15	2.634,40	2.963,70	1.719,19	2.559,20	2.879,10	1.607,33	2.484,00	2.794,50	1.495,47	2.408,80	2.709,90
	V	41.923	2.305,76	3.353,84	3.773,07																		
	VI	42.455	2.335,02	3.396,40	3.820,95																		
112.067,99	I	35.765	1.967,07	2.861,20	3.218,85	1.863,67	2.710,80	3.049,65	1.720,97	2.560,40	2.880,45	1.497,25	2.410,00	2.711,25	1.273,53	2.259,60	2.542,05	1.049,81	2.109,20	2.372,85	826,09	1.958,80	2.203,65
	II	33.976	1.868,68	2.718,08	3.057,84	1.731,80	2.567,68	2.888,64	1.508,08	2.417,28	2.719,44	1.284,36	2.266,88	2.550,24	1.060,64	2.116,48	2.381,04	836,92	1.966,08	2.211,84	613,20	1.815,68	2.042,64
	III	25.634	-	2.050,72	2.307,06	-	1.914,24	2.153,52	-	1.780,80	2.003,40	-	1.650,40	1.856,70	-	1.523,04	1.713,42	-	1.398,88	1.573,74	-	1.277,76	1.437,48
	IV	35.765	1.967,07	2.861,20	3.218,85	1.915,37	2.786,00	3.134,25	1.863,67	2.710,80	3.049,65	1.811,97	2.635,60	2.965,05	1.720,97	2.560,40	2.880,45	1.609,11	2.485,20	2.795,85	1.497,25	2.410,00	2.711,25
	V	41.938	2.306,59	3.355,04	3.774,42																		
	VI	42.470	2.335,85	3.397,60	3.822,30																		
112.103,99	I	35.780	1.967,90	2.862,40	3.220,20	1.864,50	2.712,00	3.051,00	1.722,76	2.561,60	2.881,80	1.499,04	2.411,20	2.712,60	1.275,32	2.260,80	2.543,40	1.051,60	2.110,40	2.374,20	828,00	1.960,08	2.205,09
	II	33.991	1.869,50	2.719,28	3.059,19	1.733,59	2.568,88	2.889,99	1.509,87	2.418,48	2.720,79	1.286,15	2.268,08	2.551,59	1.062,43	2.117,68	2.382,39	838,71	1.967,28	2.213,19	614,99	1.816,88	2.043,99
	III	25.648	-	2.051,84	2.308,32	-	1.915,36	2.154,78	-	1.781,76	2.004,48	-	1.651,36	1.857,78	-	1.524,00	1.714,50	-	1.399,84	1.574,82	-	1.278,72	1.438,56
	IV	35.780	1.967,90	2.862,40	3.220,20	1.916,20	2.787,20	3.135,60	1.864,50	2.712,00	3.051,00	1.812,80	2.636,80	2.966,40	1.722,76	2.561,60	2.881,80	1.610,90	2.486,40	2.797,20	1.499,04	2.411,20	2.712,60
	V	41.953	2.307,41	3.356,24	3.775,77																		
	VI	42.485	2.336,67	3.398,80	3.823,65																		
112.139,99	I	35.795	1.968,72	2.863,60	3.221,55	1.865,32	2.713,20	3.052,35	1.724,54	2.562,80	2.883,15	1.500,82	2.412,40	2.713,95	1.277,22	2.262,08	2.544,84	1.053,50	2.111,68	2.375,64	829,78	1.961,28	2.206,44
	II	34.006	1.870,33	2.720,48	3.060,54	1.735,37	2.570,08	2.891,34	1.511,65	2.419,68	2.722,14	1.287,93	2.269,28	2.552,94	1.064,21	2.118,88	2.383,74	840,49	1.968,48	2.214,54	616,77	1.818,08	2.045,34
	III	25.662	-	2.052,96	2.309,58	-	1.916,32	2.155,86	-	1.782,88	2.005,74	-	1.652,48	1.859,04	-	1.525,12	1.715,76	-	1.400,80	1.575,90	-	1.279,68	1.439,64
	IV	35.795	1.968,72	2.863,60	3.221,55	1.917,02	2.788,40	3.136,95	1.865,32	2.713,20	3.052,35	1.813,62	2.638,00	2.967,75	1.724,54	2.562,80	2.883,15	1.612,68	2.487,60	2.798,55	1.500,82	2.412,40	2.713,95
	V	41.968	2.308,24	3.357,44	3.777,12																		
	VI	42.500	2.337,50	3.400,00	3.825,00																		
112.175,99	I	35.810	1.969,55	2.864,80	3.222,90	1.866,15	2.714,40	3.053,70	1.726,33	2.564,00	2.884,50	1.502,73	2.413,68	2.715,39	1.279,01	2.263,28	2.546,19	1.055,29	2.112,88	2.376,99	831,57	1.962,48	2.207,79
	II	34.021	1.871,15	2.721,68	3.061,89	1.737,16	2.571,28	2.892,69	1.513,44	2.420,88	2.723,49	1.289,72	2.270,48	2.554,29	1.066,00	2.120,08	2.385,09	842,40	1.969,76	2.215,98	618,68	1.819,36	2.046,78
	III	25.676	-	2.054,08	2.310,84	-	1.917,44	2.157,12	-	1.784,00	2.007,00	-	1.653,44	1.860,12	-	1.526,08	1.716,84	-	1.401,76	1.576,98	-	1.280,64	1.440,72
	IV	35.810	1.969,55	2.864,80	3.222,90	1.917,85	2.789,60	3.138,30	1.866,15	2.714,40	3.053,70	1.814,45	2.639,20	2.969,10	1.726,33	2.564,00	2.884,50	1.614,59	2.488,88	2.799,99	1.502,73	2.413,68	2.715,39
	V	41.984	2.309,12	3.358,72	3.778,56																		
	VI	42.515	2.338,32	3.401,20	3.826,35																		
112.211,99	I	35.825	1.970,37	2.866,00	3.224,25	1.867,03	2.715,68	3.055,14	1.728,23	2.565,28	2.885,94	1.504,51	2.414,88	2.716,74	1.280,79	2.264,48	2.547,54	1.057,07	2.114,08	2.378,34	833,35	1.963,68	2.209,14
	II	34.036	1.871,98	2.722,88	3.063,24	1.738,94	2.572,48	2.894,04	1.515,22	2.422,08	2.724,84	1.291,50	2.271,68	2.555,64	1.067,90	2.121,36	2.386,53	844,18	1.970,96	2.217,33	620,46	1.820,56	2.048,13
	III	25.690	-	2.055,20	2.312,10	-	1.918,56	2.158,38	-	1.784,96	2.008,08	-	1.654,56	1.861,38	-	1.527,04	1.717,92	-	1.402,72	1.578,06	-	1.281,60	1.441,80
	IV	35.825	1.970,37	2.866,00	3.224,25	1.918,67	2.790,80	3.139,65	1.867,03	2.715,68	3.055,14	1.815,33	2.640,48	2.970,54	1.728,23	2.565,28	2.885,94	1.616,37	2.490,08	2.801,34	1.504,51	2.414,88	2.716,74
	V	41.999	2.309,94	3.359,92	3.779,91																		
	VI	42.530	2.339,15	3.402,40	3.827,70																		
112.247,99	I	35.841	1.971,25	2.867,28	3.225,69	1.867,85	2.716,88	3.056,49	1.730,02	2.566,48	2.887,29	1.506,30	2.416,08	2.718,09	1.282,58	2.265,68	2.548,89	1.058,86	2.115,28	2.379,69	835,14	1.964,88	2.210,49
	II	34.051	1.872,80	2.724,08	3.064,59	1.740,73	2.573,68	2.895,39	1.517,13	2.423,36	2.726,28	1.293,41	2.272,96	2.557,08	1.069,69	2.122,56	2.387,88	845,97	1.972,16	2.218,68	622,25	1.821,76	2.049,48
	III	25.704	-	2.056,32	2.313,36	-	1.919,68	2.159,64	-	1.786,08	2.009,34	-	1.655,52	1.862,46	-	1.528,16	1.719,18	-	1.403,84	1.579,32	-	1.282,56	1.442,88
	IV	35.841	1.971,25	2.867,28	3.225,69	1.919,55	2.792,08	3.141,09	1.867,85	2.716,88	3.056,49	1.816,15	2.641,68	2.971,89	1.730,02	2.566,48	2.887,29	1.618,16	2.491,28	2.802,69	1.506,30	2.416,08	2.718,09
	V	42.014	2.310,77	3.361,12	3.781,26																		
	VI	42.546	2.340,03	3.403,68	3.829,14																		
112.283,99	I	35.856	1.972,08	2.868,48	3.227,04	1.868,68	2.718,08	3.057,84	1.731,80	2.567,68	2.888,64	1.508,08	2.417,28	2.719,44	1.284,36	2.266,88	2.550,24	1.060,64	2.116,48	2.381,04	836,92	1.966,08	2.211,84
	II	34.066	1.873,63	2.725,28	3.065,94	1.742,63	2.574,96	2.896,83	1.518,91	2.424,56	2.727,63	1.295,19	2.274,16	2.558,43	1.071,47	2.123,76	2.389,23	847,75	1.973,36	2.220,03	624,03	1.822,96	2.050,83
	III	25.718	-	2.057,44	2.314,62	-	1.920,80	2.160,90	-	1.787,04	2.010,42	-	1.656,64	1.863,72	-	1.529,12	1.720,26	-	1.404,80	1.580,40	-	1.283,52	1.443,96
	IV	35.856	1.972,08	2.868,48	3.227,04	1.920,38	2.793,28	3.142,44	1.868,68	2.718,08	3.057,84	1.816,98	2.642,88	2.973,24	1.731,80	2.567,68	2.888,64	1.619,94	2.492,48	2.804,04	1.508,08	2.417,28	2.719,44
	V	42.029	2.311,59	3.362,32	3.782,61																		
	VI	42.561	2.340,85	3.404,88	3.830,49																		
112.319,99	I	35.871	1.972,90	2.869,68	3.228,39	1.869,50	2.719,28	3.059,19	1.733,59	2.568,88	2.889,99	1.509,87	2.418,48	2.720,79	1.286,15	2.268,08	2.551,59	1.062,43	2.117,68	2.382,39	838,71	1.967,28	2.213,19
	II	34.082	1.874,51	2.726,56	3.067,38	1.744,42	2.576,16	2.898,18	1.520,70	2.425,76	2.728,98	1.296,98	2.275,36	2.559,78	1.073,26	2.124,96	2.390,58	849,54	1.974,56	2.221,38	625,82	1.824,16	2.052,18
	III	25.732	-	2.058,56	2.315,88	-	1.921,76	2.161,98	-	1.788,16	2.011,68	-	1.657,60	1.864,80	-	1.530,08	1.721,34	-	1.405,76	1.581,48	-	1.284,48	1.445,04
	IV	35.871	1.972,90	2.869,68	3.228,39	1.921,20	2.794,48	3.143,79	1.869,50	2.719,28	3.059,19	1.817,80	2.644,08	2.974,59	1.733,59	2.568,88	2.889,99	1.621,73	2.493,68	2.805,39	1.509,87	2.418,48	2.720,79
	V	42.044	2.312,42	3.363,52	3.783,96																		
	VI	42.576	2.341,68	3.406,08	3.831,84																		

SolZ/KiSt lt. Tabelle nicht für Sonstige Bezüge anwendbar.

Lohn/ Gehalt bis	Steuerklasse	Lohnsteuer	ohne Kinderfreibetrag SolZ 5,5%	ohne Kinderfreibetrag Kirchensteuer 8%	ohne Kinderfreibetrag Kirchensteuer 9%	0,5 SolZ 5,5%	0,5 Kirchensteuer 8%	0,5 Kirchensteuer 9%	1,0 SolZ 5,5%	1,0 Kirchensteuer 8%	1,0 Kirchensteuer 9%	1,5 SolZ 5,5%	1,5 Kirchensteuer 8%	1,5 Kirchensteuer 9%	2,0 SolZ 5,5%	2,0 Kirchensteuer 8%	2,0 Kirchensteuer 9%	2,5 SolZ 5,5%	2,5 Kirchensteuer 8%	2,5 Kirchensteuer 9%	3,0 SolZ 5,5%	3,0 Kirchensteuer 8%	3,0 Kirchensteuer 9%
						Anzahl Kinderfreibeträge (nur Steuerklassen I–IV)																	
112.355,99	I	35.886	1.973,73	2.870,88	3.229,74	1.870,33	2.720,48	3.060,54	1.735,37	2.570,08	2.891,34	1.511,65	2.419,68	2.722,14	1.287,93	2.269,28	2.552,94	1.064,21	2.118,88	2.383,74	840,49	1.968,48	2.214,54
	II	34.097	1.875,33	2.727,76	3.068,73	1.746,20	2.577,36	2.899,53	1.522,48	2.426,96	2.730,33	1.298,76	2.276,56	2.561,13	1.075,04	2.126,16	2.391,93	851,32	1.975,76	2.222,73	627,60	1.825,36	2.053,53
	III	25.746	-	2.059,68	2.317,14	-	1.922,88	2.163,24	-	1.789,28	2.012,94	-	1.658,72	1.866,06	-	1.531,20	1.722,60	-	1.406,72	1.582,56	-	1.285,44	1.446,12
	IV	35.886	1.973,73	2.870,88	3.229,74	1.922,03	2.795,68	3.145,14	1.870,33	2.720,48	3.060,54	1.818,63	2.645,28	2.975,94	1.735,37	2.570,08	2.891,34	1.623,51	2.494,88	2.806,74	1.511,65	2.419,68	2.722,14
	V	42.059	2.313,24	3.364,72	3.785,31																		
	VI	42.591	2.342,50	3.407,28	3.833,19																		
112.391,99	I	35.901	1.974,55	2.872,08	3.231,09	1.871,15	2.721,68	3.061,89	1.737,16	2.571,28	2.892,69	1.513,44	2.420,88	2.723,49	1.289,72	2.270,48	2.554,29	1.066,00	2.120,08	2.385,09	842,40	1.969,76	2.215,98
	II	34.112	1.876,16	2.728,96	3.070,08	1.747,99	2.578,56	2.900,88	1.524,27	2.428,16	2.731,68	1.300,55	2.277,76	2.562,48	1.076,83	2.127,36	2.393,28	853,11	1.976,96	2.224,08	629,39	1.826,56	2.054,88
	III	25.760	-	2.060,80	2.318,40	-	1.924,00	2.164,50	-	1.790,24	2.014,02	-	1.659,68	1.867,14	-	1.532,16	1.723,68	-	1.407,68	1.583,64	-	1.286,40	1.447,20
	IV	35.901	1.974,55	2.872,08	3.231,09	1.922,85	2.796,88	3.146,49	1.871,15	2.721,68	3.061,89	1.819,45	2.646,48	2.977,29	1.737,16	2.571,28	2.892,69	1.625,30	2.496,08	2.808,09	1.513,44	2.420,88	2.723,49
	V	42.074	2.314,07	3.365,92	3.786,66																		
	VI	42.606	2.343,33	3.408,48	3.834,54																		
112.427,99	I	35.916	1.975,38	2.873,28	3.232,44	1.871,98	2.722,88	3.063,24	1.738,94	2.572,48	2.894,04	1.515,22	2.422,08	2.724,84	1.291,50	2.271,68	2.555,64	1.067,90	2.121,36	2.386,53	844,18	1.970,96	2.217,33
	II	34.127	1.876,98	2.730,16	3.071,43	1.749,77	2.579,76	2.902,23	1.526,05	2.429,36	2.733,03	1.302,33	2.278,96	2.563,83	1.078,61	2.128,56	2.394,63	854,89	1.978,16	2.225,43	631,17	1.827,76	2.056,23
	III	25.774	-	2.061,92	2.319,66	-	1.925,12	2.165,76	-	1.791,36	2.015,28	-	1.660,80	1.868,40	-	1.533,12	1.724,76	-	1.408,64	1.584,72	-	1.287,36	1.448,28
	IV	35.916	1.975,38	2.873,28	3.232,44	1.923,68	2.798,08	3.147,84	1.871,98	2.722,88	3.063,24	1.820,28	2.647,68	2.978,64	1.738,94	2.572,48	2.894,04	1.627,08	2.497,28	2.809,44	1.515,22	2.422,08	2.724,84
	V	42.089	2.314,89	3.367,12	3.788,01																		
	VI	42.621	2.344,15	3.409,68	3.835,89																		
112.463,99	I	35.931	1.976,20	2.874,48	3.233,79	1.872,80	2.724,08	3.064,59	1.740,73	2.573,68	2.895,39	1.517,13	2.423,36	2.726,28	1.293,41	2.272,96	2.557,08	1.069,69	2.122,56	2.387,88	845,97	1.972,16	2.218,68
	II	34.142	1.877,81	2.731,36	3.072,78	1.751,56	2.580,96	2.903,58	1.527,84	2.430,56	2.734,38	1.304,12	2.280,16	2.565,18	1.080,40	2.129,76	2.395,98	856,68	1.979,36	2.226,78	633,08	1.829,04	2.057,67
	III	25.788	-	2.063,04	2.320,92	-	1.926,24	2.167,02	-	1.792,48	2.016,54	-	1.661,76	1.869,48	-	1.534,24	1.726,02	-	1.409,76	1.585,98	-	1.288,32	1.449,36
	IV	35.931	1.976,20	2.874,48	3.233,79	1.924,50	2.799,28	3.149,19	1.872,80	2.724,08	3.064,59	1.821,10	2.648,88	2.979,99	1.740,73	2.573,68	2.895,39	1.628,87	2.498,48	2.810,79	1.517,13	2.423,36	2.726,28
	V	42.105	2.315,77	3.368,40	3.789,45																		
	VI	42.636	2.344,98	3.410,88	3.837,24																		
112.499,99	I	35.946	1.977,03	2.875,68	3.235,14	1.873,63	2.725,28	3.065,94	1.742,63	2.574,96	2.896,83	1.518,91	2.424,56	2.727,63	1.295,19	2.274,16	2.558,43	1.071,47	2.123,76	2.389,23	847,75	1.973,36	2.220,03
	II	34.157	1.878,63	2.732,56	3.074,13	1.753,34	2.582,16	2.904,93	1.529,62	2.431,76	2.735,73	1.305,90	2.281,36	2.566,53	1.082,30	2.131,04	2.397,42	858,58	1.980,64	2.228,22	634,86	1.830,24	2.059,02
	III	25.802	-	2.064,16	2.322,18	-	1.927,20	2.168,10	-	1.793,44	2.017,62	-	1.662,88	1.870,74	-	1.535,20	1.727,10	-	1.410,72	1.587,06	-	1.289,28	1.450,44
	IV	35.946	1.977,03	2.875,68	3.235,14	1.925,33	2.800,48	3.150,54	1.873,63	2.725,28	3.065,94	1.821,98	2.650,16	2.981,43	1.742,63	2.574,96	2.896,83	1.630,77	2.499,76	2.812,23	1.518,91	2.424,56	2.727,63
	V	42.120	2.316,60	3.369,60	3.790,80																		
	VI	42.651	2.345,80	3.412,08	3.838,59																		
112.535,99	I	35.962	1.977,91	2.876,96	3.236,58	1.874,51	2.726,56	3.067,38	1.744,42	2.576,16	2.898,18	1.520,70	2.425,76	2.728,98	1.296,98	2.275,36	2.559,78	1.073,26	2.124,96	2.390,58	849,54	1.974,56	2.221,38
	II	34.172	1.879,46	2.733,76	3.075,48	1.755,13	2.583,36	2.906,28	1.531,41	2.432,96	2.737,08	1.307,81	2.282,64	2.567,97	1.084,09	2.132,24	2.398,77	860,37	1.981,84	2.229,57	636,65	1.831,44	2.060,37
	III	25.816	-	2.065,28	2.323,44	-	1.928,32	2.169,36	-	1.794,56	2.018,88	-	1.663,84	1.871,82	-	1.536,16	1.728,18	-	1.411,68	1.588,14	-	1.290,24	1.451,52
	IV	35.962	1.977,91	2.876,96	3.236,58	1.926,21	2.801,76	3.151,98	1.874,51	2.726,56	3.067,38	1.822,81	2.651,36	2.982,78	1.744,42	2.576,16	2.898,18	1.632,56	2.500,96	2.813,58	1.520,70	2.425,76	2.728,98
	V	42.135	2.317,42	3.370,80	3.792,15																		
	VI	42.667	2.346,68	3.413,36	3.840,03																		
112.571,99	I	35.977	1.978,73	2.878,16	3.237,93	1.875,33	2.727,76	3.068,73	1.746,20	2.577,36	2.899,53	1.522,48	2.426,96	2.730,33	1.298,76	2.276,56	2.561,13	1.075,04	2.126,16	2.391,93	851,32	1.975,76	2.222,73
	II	34.187	1.880,28	2.734,96	3.076,83	1.757,03	2.584,64	2.907,72	1.533,31	2.434,24	2.738,52	1.309,59	2.283,84	2.569,32	1.085,87	2.133,44	2.400,12	862,15	1.983,04	2.230,92	638,43	1.832,64	2.061,72
	III	25.830	-	2.066,40	2.324,70	-	1.929,44	2.170,62	-	1.795,68	2.020,14	-	1.664,96	1.873,08	-	1.537,28	1.729,44	-	1.412,64	1.589,22	-	1.291,20	1.452,60
	IV	35.977	1.978,73	2.878,16	3.237,93	1.927,03	2.802,96	3.153,33	1.875,33	2.727,76	3.068,73	1.823,63	2.652,56	2.984,13	1.746,20	2.577,36	2.899,53	1.634,34	2.502,16	2.814,93	1.522,48	2.426,96	2.730,33
	V	42.150	2.318,25	3.372,00	3.793,50																		
	VI	42.682	2.347,51	3.414,56	3.841,38																		
112.607,99	I	35.992	1.979,56	2.879,36	3.239,28	1.876,16	2.728,96	3.070,08	1.747,99	2.578,56	2.900,88	1.524,27	2.428,16	2.731,68	1.300,55	2.277,76	2.562,48	1.076,83	2.127,36	2.393,28	853,11	1.976,96	2.224,08
	II	34.203	1.881,16	2.736,24	3.078,27	1.758,82	2.585,84	2.909,07	1.535,10	2.435,44	2.739,87	1.311,38	2.285,04	2.570,67	1.087,66	2.134,64	2.401,47	863,94	1.984,24	2.232,27	640,22	1.833,84	2.063,07
	III	25.844	-	2.067,52	2.325,96	-	1.930,56	2.171,88	-	1.796,64	2.021,22	-	1.665,92	1.874,16	-	1.538,24	1.730,52	-	1.413,60	1.590,30	-	1.292,16	1.453,68
	IV	35.992	1.979,56	2.879,36	3.239,28	1.927,86	2.804,16	3.154,68	1.876,16	2.728,96	3.070,08	1.824,46	2.653,76	2.985,48	1.747,99	2.578,56	2.900,88	1.636,13	2.503,36	2.816,28	1.524,27	2.428,16	2.731,68
	V	42.165	2.319,07	3.373,20	3.794,85																		
	VI	42.697	2.348,33	3.415,76	3.842,73																		
112.643,99	I	36.007	1.980,38	2.880,56	3.240,63	1.876,98	2.730,16	3.071,43	1.749,77	2.579,76	2.902,23	1.526,05	2.429,36	2.733,03	1.302,33	2.278,96	2.563,83	1.078,61	2.128,56	2.394,63	854,89	1.978,16	2.225,43
	II	34.218	1.881,99	2.737,44	3.079,62	1.760,60	2.587,04	2.910,42	1.536,88	2.436,64	2.741,22	1.313,16	2.286,24	2.572,02	1.089,44	2.135,84	2.402,82	865,72	1.985,44	2.233,62	642,00	1.835,04	2.064,42
	III	25.858	-	2.068,64	2.327,22	-	1.931,68	2.173,14	-	1.797,76	2.022,48	-	1.667,04	1.875,42	-	1.539,20	1.731,60	-	1.414,72	1.591,56	-	1.293,12	1.454,76
	IV	36.007	1.980,38	2.880,56	3.240,63	1.928,68	2.805,36	3.156,03	1.876,98	2.730,16	3.071,43	1.825,28	2.654,96	2.986,83	1.749,77	2.579,76	2.902,23	1.637,91	2.504,56	2.817,63	1.526,05	2.429,36	2.733,03
	V	42.180	2.319,90	3.374,40	3.796,20																		
	VI	42.712	2.349,16	3.416,96	3.844,08																		
112.679,99	I	36.022	1.981,21	2.881,76	3.241,98	1.877,81	2.731,36	3.072,78	1.751,56	2.580,96	2.903,58	1.527,84	2.430,56	2.734,38	1.304,12	2.280,16	2.565,18	1.080,40	2.129,76	2.395,98	856,68	1.979,36	2.226,78
	II	34.233	1.882,81	2.738,64	3.080,97	1.762,39	2.588,24	2.911,77	1.538,67	2.437,84	2.742,57	1.314,95	2.287,44	2.573,37	1.091,23	2.137,04	2.404,17	867,51	1.986,64	2.234,97	643,79	1.836,24	2.065,77
	III	25.872	-	2.069,76	2.328,48	-	1.932,64	2.174,22	-	1.798,88	2.023,74	-	1.668,00	1.876,50	-	1.540,32	1.732,86	-	1.415,68	1.592,64	-	1.294,08	1.455,84
	IV	36.022	1.981,21	2.881,76	3.241,98	1.929,51	2.806,56	3.157,38	1.877,81	2.731,36	3.072,78	1.826,11	2.656,16	2.988,18	1.751,56	2.580,96	2.903,58	1.639,70	2.505,76	2.818,98	1.527,84	2.430,56	2.734,38
	V	42.195	2.320,72	3.375,60	3.797,55																		
	VI	42.727	2.349,98	3.418,16	3.845,43																		
112.715,99	I	36.037	1.982,03	2.882,96	3.243,33	1.878,63	2.732,56	3.074,13	1.753,34	2.582,16	2.904,93	1.529,62	2.431,76	2.735,73	1.305,90	2.281,36	2.566,53	1.082,30	2.131,04	2.397,42	858,58	1.980,64	2.228,22
	II	34.248	1.883,64	2.739,84	3.082,32	1.764,17	2.589,44	2.913,12	1.540,45	2.439,04	2.743,92	1.316,73	2.288,64	2.574,72	1.093,01	2.138,24	2.405,52	869,29	1.987,84	2.236,32	645,57	1.837,44	2.067,12
	III	25.886	-	2.070,88	2.329,74	-	1.933,76	2.175,48	-	1.799,84	2.024,82	-	1.669,12	1.877,76	-	1.541,28	1.733,94	-	1.416,64	1.593,72	-	1.295,04	1.456,92
	IV	36.037	1.982,03	2.882,96	3.243,33	1.930,33	2.807,76	3.158,73	1.878,63	2.732,56	3.074,13	1.826,93	2.657,36	2.989,53	1.753,34	2.582,16	2.904,93	1.641,48	2.506,96	2.820,33	1.529,62	2.431,76	2.735,73
	V	42.210	2.321,55	3.376,80	3.798,90																		
	VI	42.742	2.350,81	3.419,36	3.846,78																		
112.751,99	I	36.052	1.982,86	2.884,16	3.244,68	1.879,46	2.733,76	3.075,48	1.755,13	2.583,36	2.906,28	1.531,41	2.432,96	2.737,08	1.307,81	2.282,64	2.567,97	1.084,09	2.132,24	2.398,77	860,37	1.981,84	2.229,57
	II	34.263	1.884,46	2.741,04	3.083,67	1.765,96	2.590,64	2.914,47	1.542,24	2.440,24	2.745,27	1.318,52	2.289,84	2.576,07	1.094,80	2.139,44	2.406,87	871,08	1.989,04	2.237,67	647,47	1.838,72	2.068,56
	III	25.900	-	2.072,00	2.331,00	-	1.934,88	2.176,74	-	1.800,96	2.026,08	-	1.670,08	1.878,84	-	1.542,24	1.735,02	-	1.417,60	1.594,80	-	1.296,00	1.458,00
	IV	36.052	1.982,86	2.884,16	3.244,68	1.931,16	2.808,96	3.160,08	1.879,46	2.733,76	3.075,48	1.827,76	2.658,56	2.990,88	1.755,13	2.583,36	2.906,28	1.643,27	2.508,16	2.821,68	1.531,41	2.432,96	2.737,08
	V	42.226	2.322,43	3.378,08	3.800,34																		
	VI	42.757	2.351,63	3.420,56	3.848,13																		
112.787,99	I	36.067	1.983,68	2.885,36	3.246,03	1.880,28	2.734,96	3.076,83	1.757,03	2.584,64	2.907,72	1.533,31	2.434,24	2.738,52	1.309,59	2.283,84	2.569,32	1.085,87	2.133,44	2.400,12	862,15	1.983,04	2.230,92
	II	34.278	1.885,29	2.742,24	3.085,02	1.767,74	2.591,84	2.915,82	1.544,02	2.441,44	2.746,62	1.320,30	2.291,04	2.577,42	1.096,58	2.140,64	2.408,22	872,98	1.990,32	2.239,11	649,26	1.839,92	2.069,91
	III	25.914	-	2.073,12	2.332,26	-	1.936,00	2.178,00	-	1.802,08	2.027,34	-	1.671,20	1.880,10	-	1.543,36	1.736,28	-	1.418,56	1.595,88	-	1.296,96	1.459,08
	IV	36.067	1.983,68	2.885,36	3.246,03	1.931,98	2.810,16	3.161,43	1.880,28	2.734,96	3.076,83	1.828,58	2.659,76	2.992,23	1.757,03	2.584,64	2.907,72	1.645,17	2.509,44	2.823,12	1.533,31	2.434,24	2.738,52
	V	42.241	2.323,25	3.379,28	3.801,69																		
	VI	42.772	2.352,46	3.421,76	3.849,48																		
112.823,99	I	36.082	1.984,51	2.886,56	3.247,38	1.881,16	2.736,24	3.078,27	1.758,82	2.585,84	2.909,07	1.535,10	2.435,44	2.739,87	1.311,38	2.285,04	2.570,67	1.087,66	2.134,64	2.401,47	863,94	1.984,24	2.232,27
	II	34.293	1.886,11	2.743,44	3.086,37	1.769,53	2.593,04	2.917,17	1.545,81	2.442,64	2.747,97	1.322,20	2.292,32	2.578,86	1.098,48	2.141,92	2.409,66	874,76	1.991,52	2.240,46	651,04	1.841,12	2.071,26
	III	25.926	-	2.074,08	2.333,34	-	1.937,12	2.179,26	-	1.803,04	2.028,42	-	1.672,16	1.881,18	-	1.544,32	1.737,36	-	1.419,68	1.597,14	-	1.297,92	1.460,16
	IV	36.082	1.984,51	2.886,56	3.247,38	1.932,86	2.811,44	3.162,87	1.881,16	2.736,24	3.078,27	1.829,46	2.661,04	2.993,67	1.758,82	2.585,84	2.909,07	1.646,96	2.510,64	2.824,47	1.535,10	2.435,44	2.739,87
	V	42.256	2.324,08	3.380,48	3.803,04																		
	VI	42.787	2.353,28	3.422,96	3.850,83																		
112.859,99	I	36.098	1.985,39	2.887,84	3.248,82	1.881,99	2.737,44	3.079,62	1.760,60	2.587,04	2.910,42	1.536,88	2.436,64	2.741,22	1.313,16	2.286,24	2.572,02	1.089,44	2.135,84	2.402,82	865,72	1.985,44	2.233,62
	II	34.308	1.886,94	2.744,64	3.087,72	1.771,31	2.594,24	2.918,52	1.547,71	2.443,92	2.749,41	1.323,99	2.293,52	2.580,21	1.100,27	2.143,12	2.411,01	876,55	1.992,72	2.241,81	652,83	1.842,32	2.072,61
	III	25.940	-	2.075,20	2.334,60	-	1.938,24	2.180,52	-	1.804,16	2.029,68	-	1.673,28	1.882,44	-	1.545,28	1.738,44	-	1.420,64	1.598,22	-	1.298,88	1.461,24
	IV	36.098	1.985,39	2.887,84	3.248,82	1.933,69	2.812,64	3.164,22	1.881,99	2.737,44	3.079,62	1.830,29	2.662,24	2.995,02	1.760,60	2.587,04	2.910,42	1.648,74	2.511,84	2.825,82	1.536,88	2.436,64	2.741,22
	V	42.271	2.324,90	3.381,68	3.804,39																		
	VI	42.803	2.354,16	3.424,24	3.852,27																		

SolZ/KiSt lt. Tabelle nicht für Sonstige Bezüge anwendbar.

Besondere Tabelle

JAHR bis 113.399,99 €

Lohn/ Gehalt bis	Steuerklasse	Lohnsteuer	ohne Kinderfreibetrag			Anzahl Kinderfreibeträge (nur Steuerklassen I–IV) 0,5			1,0			1,5			2,0			2,5			3,0		
			SolZ 5,5%	Kirchensteuer 8%	Kirchensteuer 9%	SolZ 5,5%	Kirchensteuer 8%	Kirchensteuer 9%	SolZ 5,5%	Kirchensteuer 8%	Kirchensteuer 9%	SolZ 5,5%	Kirchensteuer 8%	Kirchensteuer 9%	SolZ 5,5%	Kirchensteuer 8%	Kirchensteuer 9%	SolZ 5,5%	Kirchensteuer 8%	Kirchensteuer 9%	SolZ 5,5%	Kirchensteuer 8%	Kirchensteuer 9%
112.895,99	I	36.113	1.986,21	2.889,04	3.250,17	1.882,81	2.738,64	3.080,97	1.762,39	2.588,24	2.911,77	1.538,67	2.437,84	2.742,57	1.314,95	2.287,44	2.573,37	1.091,23	2.137,04	2.404,17	867,51	1.986,64	2.234,97
	II	34.324	1.887,82	2.745,92	3.089,16	1.773,21	2.595,52	2.919,96	1.549,49	2.445,12	2.750,76	1.325,77	2.294,72	2.581,56	1.102,05	2.144,32	2.412,36	878,33	1.993,92	2.243,16	654,61	1.843,52	2.073,96
	III	25.954	–	2.076,32	2.335,86	–	1.939,20	2.181,60	–	1.805,28	2.030,94	–	1.674,24	1.883,52	–	1.546,40	1.739,70	–	1.421,60	1.599,30	–	1.299,84	1.462,32
	IV	36.113	1.986,21	2.889,04	3.250,17	1.934,51	2.813,84	3.165,57	1.882,81	2.738,64	3.080,97	1.831,11	2.663,44	2.996,37	1.762,39	2.588,24	2.911,77	1.650,53	2.513,04	2.827,17	1.538,67	2.437,84	2.742,57
	V	42.286	2.325,73	3.382,88	3.805,74																		
	VI	42.818	2.354,99	3.425,44	3.853,62																		
112.931,99	I	36.128	1.987,04	2.890,24	3.251,52	1.883,64	2.739,84	3.082,32	1.764,17	2.589,44	2.913,12	1.540,45	2.439,04	2.743,92	1.316,73	2.288,64	2.574,72	1.093,01	2.138,24	2.405,52	869,29	1.987,84	2.236,32
	II	34.339	1.888,64	2.747,12	3.090,51	1.775,00	2.596,72	2.921,31	1.551,28	2.446,32	2.752,11	1.327,56	2.295,92	2.582,91	1.103,84	2.145,52	2.413,71	880,12	1.995,12	2.244,51	656,40	1.844,72	2.075,31
	III	25.968	–	2.077,44	2.337,12	–	1.940,32	2.182,86	–	1.806,24	2.032,02	–	1.675,36	1.884,78	–	1.547,36	1.740,78	–	1.422,56	1.600,38	–	1.300,80	1.463,40
	IV	36.128	1.987,04	2.890,24	3.251,52	1.935,34	2.815,04	3.166,92	1.883,64	2.739,84	3.082,32	1.831,94	2.664,64	2.997,72	1.764,17	2.589,44	2.913,12	1.652,31	2.514,24	2.828,52	1.540,45	2.439,04	2.743,92
	V	42.301	2.326,55	3.384,08	3.807,09																		
	VI	42.833	2.355,81	3.426,64	3.854,97																		
112.967,99	I	36.143	1.987,86	2.891,44	3.252,87	1.884,46	2.741,04	3.083,67	1.765,96	2.590,64	2.914,47	1.542,24	2.440,24	2.745,27	1.318,52	2.289,84	2.576,07	1.094,80	2.139,44	2.406,87	871,08	1.989,04	2.237,67
	II	34.354	1.889,47	2.748,32	3.091,86	1.776,78	2.597,92	2.922,66	1.553,06	2.447,52	2.753,46	1.329,34	2.297,12	2.584,26	1.105,62	2.146,72	2.415,06	881,90	1.996,32	2.245,86	658,18	1.845,92	2.076,66
	III	25.982	–	2.078,56	2.338,38	–	1.941,44	2.184,12	–	1.807,36	2.033,28	–	1.676,32	1.885,86	–	1.548,48	1.742,04	–	1.423,52	1.601,46	–	1.301,76	1.464,48
	IV	36.143	1.987,86	2.891,44	3.252,87	1.936,16	2.816,24	3.168,27	1.884,46	2.741,04	3.083,67	1.832,76	2.665,84	2.999,07	1.765,96	2.590,64	2.914,47	1.654,10	2.515,44	2.829,87	1.542,24	2.440,24	2.745,27
	V	42.316	2.327,38	3.385,28	3.808,44																		
	VI	42.848	2.356,64	3.427,84	3.856,32																		
113.003,99	I	36.158	1.988,69	2.892,64	3.254,22	1.885,29	2.742,24	3.085,02	1.767,74	2.591,84	2.915,82	1.544,02	2.441,44	2.746,62	1.320,30	2.291,04	2.577,42	1.096,58	2.140,64	2.408,22	872,98	1.990,32	2.239,11
	II	34.369	1.890,29	2.749,52	3.093,21	1.778,57	2.599,12	2.924,01	1.554,85	2.448,72	2.754,81	1.331,13	2.298,32	2.585,61	1.107,41	2.147,92	2.416,41	883,69	1.997,52	2.247,21	659,97	1.847,12	2.078,01
	III	25.996	–	2.079,68	2.339,64	–	1.942,56	2.185,38	–	1.808,48	2.034,54	–	1.677,44	1.887,12	–	1.549,44	1.743,12	–	1.424,48	1.602,54	–	1.302,72	1.465,56
	IV	36.158	1.988,69	2.892,64	3.254,22	1.936,99	2.817,44	3.169,62	1.885,29	2.742,24	3.085,02	1.833,59	2.667,04	3.000,42	1.767,74	2.591,84	2.915,82	1.655,88	2.516,64	2.831,22	1.544,02	2.441,44	2.746,62
	V	42.331	2.328,20	3.386,48	3.809,79																		
	VI	42.863	2.357,46	3.429,04	3.857,67																		
113.039,99	I	36.173	1.989,51	2.893,84	3.255,57	1.886,11	2.743,44	3.086,37	1.769,53	2.593,04	2.917,17	1.545,81	2.442,64	2.747,97	1.322,20	2.292,32	2.578,86	1.098,48	2.141,92	2.409,66	874,76	1.991,52	2.240,46
	II	34.384	1.891,12	2.750,72	3.094,56	1.780,35	2.600,32	2.925,36	1.556,63	2.449,92	2.756,16	1.332,91	2.299,52	2.586,96	1.109,19	2.149,12	2.417,76	885,47	1.998,72	2.248,56	661,75	1.848,32	2.079,36
	III	26.010	–	2.080,80	2.340,90	–	1.943,68	2.186,64	–	1.809,44	2.035,62	–	1.678,40	1.888,20	–	1.550,40	1.744,20	–	1.425,60	1.603,80	–	1.303,68	1.466,64
	IV	36.173	1.989,51	2.893,84	3.255,57	1.937,81	2.818,64	3.170,97	1.886,11	2.743,44	3.086,37	1.834,41	2.668,24	3.001,77	1.769,53	2.593,04	2.917,17	1.657,67	2.517,84	2.832,57	1.545,81	2.442,64	2.747,97
	V	42.346	2.329,03	3.387,68	3.811,14																		
	VI	42.878	2.358,29	3.430,24	3.859,02																		
113.075,99	I	36.188	1.990,34	2.895,04	3.256,92	1.886,94	2.744,64	3.087,72	1.771,31	2.594,24	2.918,52	1.547,71	2.443,92	2.749,41	1.323,99	2.293,52	2.580,21	1.100,27	2.143,12	2.411,01	876,55	1.992,72	2.241,81
	II	34.399	1.891,94	2.751,92	3.095,91	1.782,14	2.601,52	2.926,71	1.558,42	2.451,12	2.757,51	1.334,70	2.300,72	2.588,31	1.110,98	2.150,32	2.419,11	887,38	2.000,00	2.250,00	663,66	1.849,60	2.080,80
	III	26.024	–	2.081,92	2.342,16	–	1.944,64	2.187,72	–	1.810,56	2.036,88	–	1.679,52	1.889,46	–	1.551,52	1.745,46	–	1.426,56	1.604,88	–	1.304,64	1.467,72
	IV	36.188	1.990,34	2.895,04	3.256,92	1.938,64	2.819,84	3.172,32	1.886,94	2.744,64	3.087,72	1.835,24	2.669,44	3.003,12	1.771,31	2.594,24	2.918,52	1.659,57	2.519,12	2.834,01	1.547,71	2.443,92	2.749,41
	V	42.362	2.329,91	3.388,96	3.812,58																		
	VI	42.893	2.359,11	3.431,44	3.860,37																		
113.111,99	I	36.203	1.991,16	2.896,24	3.258,27	1.887,82	2.745,92	3.089,16	1.773,21	2.595,52	2.919,96	1.549,49	2.445,12	2.750,76	1.325,77	2.294,72	2.581,56	1.102,05	2.144,32	2.412,36	878,33	1.993,92	2.243,16
	II	34.414	1.892,77	2.753,12	3.097,26	1.783,92	2.602,72	2.928,06	1.560,20	2.452,32	2.758,86	1.336,48	2.301,92	2.589,66	1.112,88	2.151,60	2.420,55	889,16	2.001,20	2.251,35	665,44	1.850,80	2.082,15
	III	26.038	–	2.083,04	2.343,42	–	1.945,76	2.188,98	–	1.811,68	2.038,14	–	1.680,48	1.890,54	–	1.552,48	1.746,54	–	1.427,52	1.605,96	–	1.305,76	1.468,98
	IV	36.203	1.991,16	2.896,24	3.258,27	1.939,46	2.821,04	3.173,67	1.887,82	2.745,92	3.089,16	1.836,12	2.670,72	3.004,56	1.773,21	2.595,52	2.919,96	1.661,35	2.520,32	2.835,36	1.549,49	2.445,12	2.750,76
	V	42.377	2.330,73	3.390,16	3.813,93																		
	VI	42.908	2.359,94	3.432,64	3.861,72																		
113.147,99	I	36.219	1.992,04	2.897,52	3.259,71	1.888,64	2.747,12	3.090,51	1.775,00	2.596,72	2.921,31	1.551,28	2.446,32	2.752,11	1.327,56	2.295,92	2.582,91	1.103,84	2.145,52	2.413,71	880,12	1.995,12	2.244,51
	II	34.429	1.893,59	2.754,32	3.098,61	1.785,71	2.603,92	2.929,41	1.562,11	2.453,60	2.760,30	1.338,39	2.303,20	2.591,10	1.114,67	2.152,80	2.421,90	890,95	2.002,40	2.252,70	667,23	1.852,00	2.083,50
	III	26.052	–	2.084,16	2.344,68	–	1.946,88	2.190,24	–	1.812,64	2.039,22	–	1.681,60	1.891,80	–	1.553,44	1.747,62	–	1.428,48	1.607,04	–	1.306,72	1.470,06
	IV	36.219	1.992,04	2.897,52	3.259,71	1.940,34	2.822,32	3.175,11	1.888,64	2.747,12	3.090,51	1.836,94	2.671,92	3.005,91	1.775,00	2.596,72	2.921,31	1.663,14	2.521,52	2.836,71	1.551,28	2.446,32	2.752,11
	V	42.392	2.331,56	3.391,36	3.815,28																		
	VI	42.924	2.360,82	3.433,92	3.863,16																		
113.183,99	I	36.234	1.992,87	2.898,72	3.261,06	1.889,47	2.748,32	3.091,86	1.776,78	2.597,92	2.922,66	1.553,06	2.447,52	2.753,46	1.329,34	2.297,12	2.584,26	1.105,62	2.146,72	2.415,06	881,90	1.996,32	2.245,86
	II	34.444	1.894,42	2.755,52	3.099,96	1.787,61	2.605,20	2.930,85	1.563,89	2.454,80	2.761,65	1.340,17	2.304,40	2.592,45	1.116,45	2.154,00	2.423,25	892,73	2.003,60	2.254,05	669,01	1.853,20	2.084,85
	III	26.066	–	2.085,28	2.345,94	–	1.948,00	2.191,50	–	1.813,76	2.040,48	–	1.682,56	1.892,88	–	1.554,56	1.748,88	–	1.429,60	1.608,30	–	1.307,68	1.471,14
	IV	36.234	1.992,87	2.898,72	3.261,06	1.941,17	2.823,52	3.176,46	1.889,47	2.748,32	3.091,86	1.837,77	2.673,12	3.007,26	1.776,78	2.597,92	2.922,66	1.664,92	2.522,72	2.838,06	1.553,06	2.447,52	2.753,46
	V	42.407	2.332,38	3.392,56	3.816,63																		
	VI	42.939	2.361,64	3.435,12	3.864,51																		
113.219,99	I	36.249	1.993,69	2.899,92	3.262,41	1.890,29	2.749,52	3.093,21	1.778,57	2.599,12	2.924,01	1.554,85	2.448,72	2.754,81	1.331,13	2.298,32	2.585,61	1.107,41	2.147,92	2.416,41	883,69	1.997,52	2.247,21
	II	34.460	1.895,30	2.756,80	3.101,40	1.789,40	2.606,40	2.932,20	1.565,68	2.456,00	2.763,00	1.341,96	2.305,60	2.593,80	1.118,24	2.155,20	2.424,60	894,52	2.004,80	2.255,40	670,80	1.854,40	2.086,20
	III	26.080	–	2.086,40	2.347,20	–	1.949,12	2.192,76	–	1.814,88	2.041,74	–	1.683,68	1.894,14	–	1.555,52	1.749,96	–	1.430,56	1.609,38	–	1.308,64	1.472,22
	IV	36.249	1.993,69	2.899,92	3.262,41	1.941,99	2.824,72	3.177,81	1.890,29	2.749,52	3.093,21	1.838,59	2.674,32	3.008,61	1.778,57	2.599,12	2.924,01	1.666,71	2.523,92	2.839,41	1.554,85	2.448,72	2.754,81
	V	42.422	2.333,21	3.393,76	3.817,98																		
	VI	42.954	2.362,47	3.436,32	3.865,86																		
113.255,99	I	36.264	1.994,52	2.901,12	3.263,76	1.891,12	2.750,72	3.094,56	1.780,35	2.600,32	2.925,36	1.556,63	2.449,92	2.756,16	1.332,91	2.299,52	2.586,96	1.109,19	2.149,12	2.417,76	885,47	1.998,72	2.248,56
	II	34.475	1.896,12	2.758,00	3.102,75	1.791,18	2.607,60	2.933,55	1.567,46	2.457,20	2.764,35	1.343,74	2.306,80	2.595,15	1.120,02	2.156,40	2.425,95	896,30	2.006,00	2.256,75	672,58	1.855,60	2.087,55
	III	26.094	–	2.087,52	2.348,46	–	1.950,24	2.194,02	–	1.815,84	2.042,82	–	1.684,64	1.895,22	–	1.556,48	1.751,04	–	1.431,52	1.610,46	–	1.309,60	1.473,30
	IV	36.264	1.994,52	2.901,12	3.263,76	1.942,82	2.825,92	3.179,16	1.891,12	2.750,72	3.094,56	1.839,42	2.675,52	3.009,96	1.780,35	2.600,32	2.925,36	1.668,49	2.525,12	2.840,76	1.556,63	2.449,92	2.756,16
	V	42.437	2.334,03	3.394,96	3.819,33																		
	VI	42.969	2.363,29	3.437,52	3.867,21																		
113.291,99	I	36.279	1.995,34	2.902,32	3.265,11	1.891,94	2.751,92	3.095,91	1.782,14	2.601,52	2.926,71	1.558,42	2.451,12	2.757,51	1.334,70	2.300,72	2.588,31	1.110,98	2.150,32	2.419,11	887,38	2.000,00	2.250,00
	II	34.490	1.896,95	2.759,20	3.104,10	1.792,97	2.608,80	2.934,90	1.569,25	2.458,40	2.765,70	1.345,53	2.308,00	2.596,50	1.121,81	2.157,60	2.427,30	898,09	2.007,20	2.258,10	674,37	1.856,80	2.088,90
	III	26.108	–	2.088,64	2.349,72	–	1.951,20	2.195,10	–	1.816,96	2.044,08	–	1.685,76	1.896,48	–	1.557,60	1.752,30	–	1.432,48	1.611,54	–	1.310,56	1.474,38
	IV	36.279	1.995,34	2.902,32	3.265,11	1.943,64	2.827,12	3.180,51	1.891,94	2.751,92	3.095,91	1.840,24	2.676,72	3.011,31	1.782,14	2.601,52	2.926,71	1.670,28	2.526,32	2.842,11	1.558,42	2.451,12	2.757,51
	V	42.452	2.334,86	3.396,16	3.820,68																		
	VI	42.984	2.364,12	3.438,72	3.868,56																		
113.327,99	I	36.294	1.996,17	2.903,52	3.266,46	1.892,77	2.753,12	3.097,26	1.783,92	2.602,72	2.928,06	1.560,20	2.452,32	2.758,86	1.336,48	2.301,92	2.589,66	1.112,88	2.151,60	2.420,55	889,16	2.001,20	2.251,35
	II	34.505	1.897,77	2.760,40	3.105,45	1.794,37	2.610,00	2.936,25	1.571,03	2.459,60	2.767,05	1.347,31	2.309,20	2.597,85	1.123,59	2.158,80	2.428,65	899,87	2.008,40	2.259,45	676,15	1.858,00	2.090,25
	III	26.122	–	2.089,76	2.350,98	–	1.952,32	2.196,36	–	1.818,08	2.045,34	–	1.686,72	1.897,56	–	1.558,56	1.753,38	–	1.433,44	1.612,62	–	1.311,52	1.475,46
	IV	36.294	1.996,17	2.903,52	3.266,46	1.944,47	2.828,32	3.181,86	1.892,77	2.753,12	3.097,26	1.841,07	2.677,92	3.012,66	1.783,92	2.602,72	2.928,06	1.672,06	2.527,52	2.843,46	1.560,20	2.452,32	2.758,86
	V	42.467	2.335,68	3.397,36	3.822,03																		
	VI	42.999	2.364,94	3.439,92	3.869,91																		
113.363,99	I	36.309	1.996,99	2.904,72	3.267,81	1.893,59	2.754,32	3.098,61	1.785,71	2.603,92	2.929,41	1.562,11	2.453,60	2.760,30	1.338,39	2.303,20	2.591,10	1.114,67	2.152,80	2.421,90	890,95	2.002,40	2.252,70
	II	34.520	1.898,60	2.761,60	3.106,80	1.795,20	2.611,20	2.937,60	1.572,82	2.460,80	2.768,40	1.349,10	2.310,40	2.599,20	1.125,38	2.160,00	2.430,00	901,66	2.009,60	2.260,80	678,06	1.859,28	2.091,69
	III	26.136	–	2.090,88	2.352,24	–	1.953,44	2.197,62	–	1.819,04	2.046,42	–	1.687,84	1.898,82	–	1.559,52	1.754,46	–	1.434,56	1.613,88	–	1.312,48	1.476,54
	IV	36.309	1.996,99	2.904,72	3.267,81	1.945,29	2.829,52	3.183,21	1.893,59	2.754,32	3.098,61	1.841,89	2.679,12	3.014,01	1.785,71	2.603,92	2.929,41	1.673,85	2.528,72	2.844,81	1.562,11	2.453,60	2.760,30
	V	42.483	2.336,56	3.398,64	3.823,47																		
	VI	43.014	2.365,77	3.441,12	3.871,26																		
113.399,99	I	36.324	1.997,82	2.905,92	3.269,16	1.894,42	2.755,52	3.099,96	1.787,61	2.605,20	2.930,85	1.563,89	2.454,80	2.761,65	1.340,17	2.304,40	2.592,45	1.116,45	2.154,00	2.423,25	892,73	2.003,60	2.254,05
	II	34.535	1.899,42	2.762,80	3.108,15	1.796,02	2.612,40	2.938,95	1.574,60	2.462,00	2.769,75	1.350,88	2.311,60	2.600,55	1.127,28	2.161,28	2.431,44	903,56	2.010,88	2.262,24	679,84	1.860,48	2.093,04
	III	26.150	–	2.092,00	2.353,50	–	1.954,56	2.198,88	–	1.820,16	2.047,68	–	1.688,80	1.899,90	–	1.560,64	1.755,72	–	1.435,52	1.614,96	–	1.313,44	1.477,62
	IV	36.324	1.997,82	2.905,92	3.269,16	1.946,12	2.830,72	3.184,56	1.894,42	2.755,52	3.099,96	1.842,77	2.680,40	3.015,45	1.787,61	2.605,20	2.930,85	1.675,75	2.530,00	2.846,25	1.563,89	2.454,80	2.761,65
	V	42.498	2.337,39	3.399,84	3.824,82																		
	VI	43.029	2.366,59	3.442,32	3.872,61																		

SolZ/KiSt lt. Tabelle nicht für Sonstige Bezüge anwendbar.

Lohn/ Gehalt bis	Steuerklasse	Lohn-steuer	ohne Kinderfreibetrag SolZ 5,5%	Kirchensteuer 8%	Kirchensteuer 9%	0,5 SolZ 5,5%	0,5 Kirchensteuer 8%	0,5 Kirchensteuer 9%	1,0 SolZ 5,5%	1,0 Kirchensteuer 8%	1,0 Kirchensteuer 9%	1,5 SolZ 5,5%	1,5 Kirchensteuer 8%	1,5 Kirchensteuer 9%	2,0 SolZ 5,5%	2,0 Kirchensteuer 8%	2,0 Kirchensteuer 9%	2,5 SolZ 5,5%	2,5 Kirchensteuer 8%	2,5 Kirchensteuer 9%	3,0 SolZ 5,5%	3,0 Kirchensteuer 8%	3,0 Kirchensteuer 9%
113.435,99	I	36.340	1.998,70	2.907,20	3.270,60	1.895,30	2.756,80	3.101,40	1.789,40	2.606,40	2.932,20	1.565,68	2.456,00	2.763,00	1.341,96	2.305,60	2.593,80	1.118,24	2.155,20	2.424,60	894,52	2.004,80	2.255,4
	II	34.550	1.900,25	2.764,00	3.109,50	1.796,85	2.613,60	2.940,30	1.576,39	2.463,20	2.771,10	1.352,79	2.312,88	2.601,99	1.129,07	2.162,48	2.432,79	905,35	2.012,08	2.263,59	681,53	1.861,68	2.094,3
	III	26.164	-	2.093,12	2.354,76	-	1.955,68	2.200,14	-	1.821,28	2.048,94	-	1.689,92	1.901,16	-	1.561,60	1.756,80	-	1.436,48	1.616,04	-	1.314,40	1.478,7
	IV	36.340	1.998,70	2.907,20	3.270,60	1.947,00	2.832,00	3.186,00	1.895,30	2.756,80	3.101,40	1.843,60	2.681,60	3.016,80	1.789,40	2.606,40	2.932,20	1.677,54	2.531,20	2.847,60	1.565,68	2.456,00	2.763,0
	V	42.513	2.338,21	3.401,04	3.826,17																		
	VI	43.045	2.367,47	3.443,60	3.874,05																		
113.471,99	I	36.355	1.999,52	2.908,40	3.271,95	1.896,12	2.758,00	3.102,75	1.791,18	2.607,60	2.933,55	1.567,46	2.457,20	2.764,35	1.343,74	2.306,80	2.595,15	1.120,02	2.156,40	2.425,95	896,30	2.006,00	2.256,7
	II	34.565	1.901,07	2.765,20	3.110,85	1.797,73	2.614,88	2.941,74	1.578,29	2.464,48	2.772,54	1.354,57	2.314,08	2.603,34	1.130,85	2.163,68	2.434,14	907,13	2.013,28	2.264,94	683,41	1.862,88	2.095,7
	III	26.178	-	2.094,24	2.356,02	-	1.956,80	2.201,40	-	1.822,24	2.050,02	-	1.690,88	1.902,24	-	1.562,72	1.758,06	-	1.437,44	1.617,12	-	1.315,36	1.479,7
	IV	36.355	1.999,52	2.908,40	3.271,95	1.947,82	2.833,20	3.187,35	1.896,12	2.758,00	3.102,75	1.844,42	2.682,80	3.018,15	1.791,18	2.607,60	2.933,55	1.679,32	2.532,40	2.848,95	1.567,46	2.457,20	2.764,3
	V	42.528	2.339,04	3.402,24	3.827,52																		
	VI	43.060	2.368,30	3.444,80	3.875,40																		
113.507,99	I	36.370	2.000,35	2.909,60	3.273,30	1.896,95	2.759,20	3.104,10	1.792,97	2.608,80	2.934,90	1.569,25	2.458,40	2.765,70	1.345,53	2.308,00	2.596,50	1.121,81	2.157,60	2.427,30	898,09	2.007,20	2.258,1
	II	34.581	1.901,95	2.766,48	3.112,29	1.798,55	2.616,08	2.943,09	1.580,08	2.465,68	2.773,89	1.356,36	2.315,28	2.604,69	1.132,64	2.164,88	2.435,49	908,92	2.014,48	2.266,29	685,20	1.864,08	2.097,0
	III	26.192	-	2.095,36	2.357,28	-	1.957,76	2.202,48	-	1.823,36	2.051,28	-	1.692,00	1.903,50	-	1.563,68	1.759,14	-	1.438,40	1.618,20	-	1.316,32	1.480,8
	IV	36.370	2.000,35	2.909,60	3.273,30	1.948,65	2.834,40	3.188,70	1.896,95	2.759,20	3.104,10	1.845,25	2.684,00	3.019,50	1.792,97	2.608,80	2.934,90	1.681,11	2.533,60	2.850,30	1.569,25	2.458,40	2.765,7
	V	42.543	2.339,86	3.403,44	3.828,87																		
	VI	43.075	2.369,12	3.446,00	3.876,75																		
113.543,99	I	36.385	2.001,17	2.910,80	3.274,65	1.897,77	2.760,40	3.105,45	1.794,37	2.610,00	2.936,25	1.571,03	2.459,60	2.767,05	1.347,31	2.309,20	2.597,85	1.123,59	2.158,80	2.428,65	899,87	2.008,40	2.259,4
	II	34.596	1.902,78	2.767,68	3.113,64	1.799,38	2.617,28	2.944,44	1.581,86	2.466,88	2.775,24	1.358,14	2.316,48	2.606,04	1.134,42	2.166,08	2.436,84	910,70	2.015,68	2.267,64	686,98	1.865,28	2.098,4
	III	26.206	-	2.096,48	2.358,54	-	1.958,88	2.203,74	-	1.824,48	2.052,54	-	1.692,96	1.904,58	-	1.564,64	1.760,22	-	1.439,52	1.619,46	-	1.317,28	1.481,9
	IV	36.385	2.001,17	2.910,80	3.274,65	1.949,47	2.835,60	3.190,05	1.897,77	2.760,40	3.105,45	1.846,07	2.685,20	3.020,85	1.794,37	2.610,00	2.936,25	1.682,89	2.534,80	2.851,65	1.571,03	2.459,60	2.767,0
	V	42.558	2.340,69	3.404,64	3.830,22																		
	VI	43.090	2.369,95	3.447,20	3.878,10																		
113.579,99	I	36.400	2.002,00	2.912,00	3.276,00	1.898,60	2.761,60	3.106,80	1.795,20	2.611,20	2.937,60	1.572,82	2.460,80	2.768,40	1.349,10	2.310,40	2.599,20	1.125,38	2.160,00	2.430,00	901,66	2.009,60	2.260,8
	II	34.611	1.903,60	2.768,88	3.114,99	1.800,20	2.618,48	2.945,79	1.583,65	2.468,08	2.776,59	1.359,93	2.317,68	2.607,39	1.136,21	2.167,28	2.438,19	912,49	2.016,88	2.268,99	688,77	1.866,48	2.099,7
	III	26.220	-	2.097,60	2.359,80	-	1.960,00	2.205,00	-	1.825,44	2.053,62	-	1.694,08	1.905,84	-	1.565,76	1.761,48	-	1.440,48	1.620,54	-	1.318,24	1.483,0
	IV	36.400	2.002,00	2.912,00	3.276,00	1.950,30	2.836,80	3.191,40	1.898,60	2.761,60	3.106,80	1.846,90	2.686,40	3.022,20	1.795,20	2.611,20	2.937,60	1.684,68	2.536,00	2.853,00	1.572,82	2.460,80	2.768,4
	V	42.573	2.341,51	3.405,84	3.831,57																		
	VI	43.105	2.370,77	3.448,40	3.879,45																		
113.615,99	I	36.415	2.002,82	2.913,20	3.277,35	1.899,42	2.762,80	3.108,15	1.796,02	2.612,40	2.938,95	1.574,60	2.462,00	2.769,75	1.350,88	2.311,60	2.600,55	1.127,28	2.161,28	2.431,44	903,56	2.010,88	2.262,2
	II	34.626	1.904,43	2.770,08	3.116,34	1.801,03	2.619,68	2.947,14	1.585,43	2.469,28	2.777,94	1.361,71	2.318,88	2.608,74	1.137,99	2.168,48	2.439,54	914,27	2.018,08	2.270,34	690,55	1.867,68	2.101,1
	III	26.234	-	2.098,72	2.361,06	-	1.961,12	2.206,26	-	1.826,56	2.054,88	-	1.695,04	1.906,92	-	1.566,72	1.762,56	-	1.441,44	1.621,62	-	1.319,20	1.484,1
	IV	36.415	2.002,82	2.913,20	3.277,35	1.951,12	2.838,00	3.192,75	1.899,42	2.762,80	3.108,15	1.847,72	2.687,60	3.023,55	1.796,02	2.612,40	2.938,95	1.686,46	2.537,20	2.854,35	1.574,60	2.462,00	2.769,7
	V	42.588	2.342,34	3.407,04	3.832,92																		
	VI	43.120	2.371,60	3.449,60	3.880,80																		
113.651,99	I	36.430	2.003,65	2.914,40	3.278,70	1.900,25	2.764,00	3.109,50	1.796,85	2.613,60	2.940,30	1.576,39	2.463,20	2.771,10	1.352,79	2.312,88	2.601,99	1.129,07	2.162,48	2.432,79	905,35	2.012,08	2.263,5
	II	34.641	1.905,25	2.771,28	3.117,69	1.801,85	2.620,88	2.948,49	1.587,22	2.470,48	2.779,29	1.363,50	2.320,08	2.610,09	1.139,78	2.169,68	2.440,89	916,06	2.019,28	2.271,69	692,46	1.868,96	2.102,5
	III	26.248	-	2.099,84	2.362,32	-	1.962,24	2.207,52	-	1.827,68	2.056,14	-	1.696,16	1.908,18	-	1.567,68	1.763,64	-	1.442,40	1.622,70	-	1.320,16	1.485,1
	IV	36.430	2.003,65	2.914,40	3.278,70	1.951,95	2.839,20	3.194,10	1.900,25	2.764,00	3.109,50	1.848,55	2.688,80	3.024,90	1.796,85	2.613,60	2.940,30	1.688,25	2.538,40	2.855,70	1.576,39	2.463,20	2.771,1
	V	42.604	2.343,22	3.408,32	3.834,36																		
	VI	43.135	2.372,42	3.450,80	3.882,15																		
113.687,99	I	36.445	2.004,47	2.915,60	3.280,05	1.901,07	2.765,20	3.110,85	1.797,73	2.614,88	2.941,74	1.578,29	2.464,48	2.772,54	1.354,57	2.314,08	2.603,34	1.130,85	2.163,68	2.434,14	907,13	2.013,28	2.264,9
	II	34.656	1.906,08	2.772,48	3.119,04	1.802,68	2.622,08	2.949,84	1.589,00	2.471,68	2.780,64	1.365,28	2.321,28	2.611,44	1.141,56	2.170,88	2.442,24	917,96	2.020,56	2.273,13	694,24	1.870,16	2.103,9
	III	26.262	-	2.100,96	2.363,58	-	1.963,36	2.208,78	-	1.828,64	2.057,22	-	1.697,12	1.909,26	-	1.568,80	1.764,90	-	1.443,52	1.623,96	-	1.321,12	1.486,2
	IV	36.445	2.004,47	2.915,60	3.280,05	1.952,77	2.840,40	3.195,45	1.901,07	2.765,20	3.110,85	1.849,37	2.690,00	3.026,25	1.797,73	2.614,88	2.941,74	1.690,15	2.539,68	2.857,14	1.578,29	2.464,48	2.772,5
	V	42.619	2.344,04	3.409,52	3.835,71																		
	VI	43.150	2.373,25	3.452,00	3.883,50																		
113.723,99	I	36.460	2.005,30	2.916,80	3.281,40	1.901,95	2.766,48	3.112,29	1.798,55	2.616,08	2.943,09	1.580,08	2.465,68	2.773,89	1.356,36	2.315,28	2.604,69	1.132,64	2.164,88	2.435,49	908,92	2.014,48	2.266,2
	II	34.671	1.906,90	2.773,68	3.120,39	1.803,50	2.623,28	2.951,19	1.590,79	2.472,88	2.781,99	1.367,19	2.322,56	2.612,88	1.143,47	2.172,16	2.443,68	919,75	2.021,76	2.274,48	696,03	1.871,36	2.105,2
	III	26.276	-	2.102,08	2.364,84	-	1.964,32	2.209,86	-	1.829,76	2.058,48	-	1.698,24	1.910,52	-	1.569,76	1.765,98	-	1.444,48	1.625,04	-	1.322,24	1.487,5
	IV	36.460	2.005,30	2.916,80	3.281,40	1.953,65	2.841,68	3.196,89	1.901,95	2.766,48	3.112,29	1.850,25	2.691,28	3.027,69	1.798,55	2.616,08	2.943,09	1.691,94	2.540,88	2.858,49	1.580,08	2.465,68	2.773,8
	V	42.634	2.344,87	3.410,72	3.837,06																		
	VI	43.165	2.374,07	3.453,20	3.884,85																		
113.759,99	I	36.476	2.006,18	2.918,08	3.282,84	1.902,78	2.767,68	3.113,64	1.799,38	2.617,28	2.944,44	1.581,86	2.466,88	2.775,24	1.358,14	2.316,48	2.606,04	1.134,42	2.166,08	2.436,84	910,70	2.015,68	2.267,6
	II	34.686	1.907,73	2.774,88	3.121,74	1.804,33	2.624,48	2.952,54	1.592,69	2.474,16	2.783,43	1.368,97	2.323,76	2.614,23	1.145,25	2.173,36	2.445,03	921,53	2.022,96	2.275,83	697,81	1.872,56	2.106,6
	III	26.290	-	2.103,20	2.366,10	-	1.965,44	2.211,12	-	1.830,88	2.059,74	-	1.699,36	1.911,78	-	1.570,88	1.767,24	-	1.445,44	1.626,12	-	1.323,20	1.488,6
	IV	36.476	2.006,18	2.918,08	3.282,84	1.954,48	2.842,88	3.198,24	1.902,78	2.767,68	3.113,64	1.851,08	2.692,48	3.029,04	1.799,38	2.617,28	2.944,44	1.693,72	2.542,08	2.859,84	1.581,86	2.466,88	2.775,2
	V	42.649	2.345,69	3.411,92	3.838,41																		
	VI	43.181	2.374,95	3.454,48	3.886,29																		
113.795,99	I	36.491	2.007,00	2.919,28	3.284,19	1.903,60	2.768,88	3.114,99	1.800,20	2.618,48	2.945,79	1.583,65	2.468,08	2.776,59	1.359,93	2.317,68	2.607,39	1.136,21	2.167,28	2.438,19	912,49	2.016,88	2.268,9
	II	34.702	1.908,61	2.776,16	3.123,18	1.805,21	2.625,76	2.953,98	1.594,48	2.475,36	2.784,78	1.370,76	2.324,96	2.615,58	1.147,04	2.174,56	2.446,38	923,32	2.024,16	2.277,18	699,60	1.873,76	2.107,9
	III	26.304	-	2.104,32	2.367,36	-	1.966,56	2.212,38	-	1.831,84	2.060,82	-	1.700,32	1.912,86	-	1.571,84	1.768,32	-	1.446,40	1.627,20	-	1.324,16	1.489,6
	IV	36.491	2.007,00	2.919,28	3.284,19	1.955,30	2.844,08	3.199,59	1.903,60	2.768,88	3.114,99	1.851,90	2.693,68	3.030,39	1.800,20	2.618,48	2.945,79	1.695,51	2.543,28	2.861,19	1.583,65	2.468,08	2.776,5
	V	42.664	2.346,52	3.413,12	3.839,76																		
	VI	43.196	2.375,78	3.455,68	3.887,64																		
113.831,99	I	36.506	2.007,83	2.920,48	3.285,54	1.904,43	2.770,08	3.116,34	1.801,03	2.619,68	2.947,14	1.585,43	2.469,28	2.777,94	1.361,71	2.318,88	2.608,74	1.137,99	2.168,48	2.439,54	914,27	2.018,08	2.270,3
	II	34.717	1.909,43	2.777,36	3.124,53	1.806,03	2.626,96	2.955,33	1.596,26	2.476,56	2.786,13	1.372,54	2.326,16	2.616,93	1.148,82	2.175,76	2.447,73	925,10	2.025,36	2.278,53	701,38	1.874,96	2.109,3
	III	26.318	-	2.105,44	2.368,62	-	1.967,68	2.213,64	-	1.832,96	2.062,08	-	1.701,44	1.914,12	-	1.572,80	1.769,40	-	1.447,36	1.628,28	-	1.325,12	1.490,7
	IV	36.506	2.007,83	2.920,48	3.285,54	1.956,13	2.845,28	3.200,94	1.904,43	2.770,08	3.116,34	1.852,73	2.694,88	3.031,74	1.801,03	2.619,68	2.947,14	1.697,29	2.544,48	2.862,54	1.585,43	2.469,28	2.777,
	V	42.679	2.347,34	3.414,32	3.841,11																		
	VI	43.211	2.376,60	3.456,88	3.888,99																		
113.867,99	I	36.521	2.008,65	2.921,68	3.286,89	1.905,25	2.771,28	3.117,69	1.801,85	2.620,88	2.948,49	1.587,22	2.470,48	2.779,29	1.363,50	2.320,08	2.610,09	1.139,78	2.169,68	2.440,89	916,06	2.019,28	2.271,6
	II	34.732	1.910,26	2.778,56	3.125,88	1.806,86	2.628,16	2.956,68	1.598,05	2.477,76	2.787,48	1.374,33	2.327,36	2.618,28	1.150,61	2.176,96	2.449,08	926,89	2.026,56	2.279,88	703,17	1.876,16	2.110,6
	III	26.332	-	2.106,56	2.369,88	-	1.968,80	2.214,90	-	1.834,08	2.063,34	-	1.702,40	1.915,20	-	1.573,92	1.770,66	-	1.448,48	1.629,54	-	1.326,08	1.491,8
	IV	36.521	2.008,65	2.921,68	3.286,89	1.956,95	2.846,48	3.202,29	1.905,25	2.771,28	3.117,69	1.853,55	2.696,08	3.033,09	1.801,85	2.620,88	2.948,49	1.699,08	2.545,68	2.863,89	1.587,22	2.470,48	2.779,2
	V	42.694	2.348,17	3.415,52	3.842,46																		
	VI	43.226	2.377,43	3.458,08	3.890,34																		
113.903,99	I	36.536	2.009,48	2.922,88	3.288,24	1.906,08	2.772,48	3.119,04	1.802,68	2.622,08	2.949,84	1.589,00	2.471,68	2.780,64	1.365,28	2.321,28	2.611,44	1.141,56	2.170,88	2.442,24	917,96	2.020,56	2.273,
	II	34.747	1.911,08	2.779,76	3.127,23	1.807,68	2.629,36	2.958,03	1.599,83	2.478,96	2.788,83	1.376,11	2.328,56	2.619,63	1.152,39	2.178,16	2.450,43	928,67	2.027,76	2.281,23	704,95	1.877,36	2.112,
	III	26.346	-	2.107,68	2.371,14	-	1.969,92	2.216,16	-	1.835,20	2.064,60	-	1.703,52	1.916,46	-	1.574,88	1.771,74	-	1.449,44	1.630,62	-	1.327,04	1.492,
	IV	36.536	2.009,48	2.922,88	3.288,24	1.957,78	2.847,68	3.203,64	1.906,08	2.772,48	3.119,04	1.854,38	2.697,28	3.034,44	1.802,68	2.622,08	2.949,84	1.700,86	2.546,88	2.865,24	1.589,00	2.471,68	2.780,6
	V	42.709	2.348,99	3.416,72	3.843,81																		
	VI	43.241	2.378,25	3.459,28	3.891,69																		
113.939,99	I	36.551	2.010,30	2.924,08	3.289,59	1.906,90	2.773,68	3.120,39	1.803,50	2.623,28	2.951,19	1.590,79	2.472,88	2.781,99	1.367,19	2.322,56	2.612,88	1.143,47	2.172,16	2.443,68	919,75	2.021,76	2.274,
	II	34.762	1.911,91	2.780,96	3.128,58	1.808,51	2.630,56	2.959,38	1.601,62	2.480,16	2.790,18	1.377,90	2.329,76	2.620,98	1.154,18	2.179,36	2.451,78	930,46	2.028,96	2.282,58	706,74	1.878,56	2.113,
	III	26.360	-	2.108,80	2.372,40	-	1.971,04	2.217,42	-	1.836,16	2.065,68	-	1.704,48	1.917,54	-	1.576,00	1.773,00	-	1.450,40	1.631,70	-	1.328,00	1.494,
	IV	36.551	2.010,30	2.924,08	3.289,59	1.958,60	2.848,88	3.204,99	1.906,90	2.773,68	3.120,39	1.855,20	2.698,48	3.035,79	1.803,50	2.623,28	2.951,19	1.702,65	2.548,08	2.866,59	1.590,79	2.472,88	2.781,
	V	42.724	2.349,82	3.417,92	3.845,16																		
	VI	43.256	2.379,08	3.460,48	3.893,04																		

Anzahl Kinderfreibeträge (nur Steuerklassen I–IV)

SolZ/KiSt lt. Tabelle nicht für Sonstige Bezüge anwendbar.

Lohn/ Gehalt bis	Steuerklasse	Lohn- steuer	ohne Kinderfreibetrag SolZ 5,5%	Kirchensteuer 8%	9%	0,5 SolZ 5,5%	Kirchensteuer 8%	9%	1,0 SolZ 5,5%	Kirchensteuer 8%	9%	1,5 SolZ 5,5%	Kirchensteuer 8%	9%	2,0 SolZ 5,5%	Kirchensteuer 8%	9%	2,5 SolZ 5,5%	Kirchensteuer 8%	9%	3,0 SolZ 5,5%	Kirchensteuer 8%	9%
						Anzahl Kinderfreibeträge (nur Steuerklassen I–IV)																	
113.975,99	I	36.566	2.011,13	2.925,28	3.290,94	1.907,73	2.774,88	3.121,74	1.804,33	2.624,48	2.952,54	1.592,69	2.474,16	2.783,43	1.368,97	2.323,76	2.614,23	1.145,25	2.173,36	2.445,03	921,53	2.022,96	2.275,83
	II	34.777	1.912,73	2.782,16	3.129,93	1.809,33	2.631,76	2.960,73	1.603,40	2.481,36	2.791,53	1.379,68	2.330,96	2.622,33	1.155,96	2.180,56	2.453,13	932,36	2.030,24	2.284,02	708,64	1.879,84	2.114,82
	III	26.374	-	2.109,92	2.373,66	-	1.972,00	2.218,50	-	1.837,28	2.066,94	-	1.705,60	1.918,80	-	1.576,96	1.774,08	-	1.451,36	1.632,78	-	1.328,96	1.495,08
	IV	36.566	2.011,13	2.925,28	3.290,94	1.959,43	2.850,08	3.206,34	1.907,73	2.774,88	3.121,74	1.856,03	2.699,68	3.037,14	1.804,33	2.624,48	2.952,54	1.704,55	2.549,36	2.868,03	1.592,69	2.474,16	2.783,43
	V	42.740	2.350,70	3.419,20	3.846,60																		
	VI	43.271	2.379,90	3.461,68	3.894,39																		
114.011,99	I	36.581	2.011,95	2.926,48	3.292,29	1.908,61	2.776,16	3.123,18	1.805,21	2.625,76	2.953,98	1.594,48	2.475,36	2.784,78	1.370,76	2.324,96	2.615,58	1.147,04	2.174,56	2.446,38	923,32	2.024,16	2.277,18
	II	34.792	1.913,56	2.783,36	3.131,28	1.810,16	2.632,96	2.962,08	1.605,19	2.482,56	2.792,88	1.381,47	2.332,16	2.623,68	1.157,87	2.181,84	2.454,57	934,15	2.031,44	2.285,37	710,43	1.881,04	2.116,17
	III	26.388	-	2.111,04	2.374,92	-	1.973,12	2.219,76	-	1.838,40	2.068,20	-	1.706,56	1.919,88	-	1.577,92	1.775,16	-	1.452,48	1.634,04	-	1.329,92	1.496,16
	IV	36.581	2.011,95	2.926,48	3.292,29	1.960,25	2.851,28	3.207,69	1.908,61	2.776,16	3.123,18	1.856,91	2.700,96	3.038,58	1.805,21	2.625,76	2.953,98	1.706,34	2.550,56	2.869,38	1.594,48	2.475,36	2.784,78
	V	42.755	2.351,52	3.420,40	3.847,95																		
	VI	43.286	2.380,73	3.462,88	3.895,74																		
114.047,99	I	36.597	2.012,83	2.927,76	3.293,73	1.909,43	2.777,36	3.124,53	1.806,03	2.626,96	2.955,33	1.596,26	2.476,56	2.786,13	1.372,54	2.326,16	2.616,93	1.148,82	2.175,76	2.447,73	925,10	2.025,36	2.278,53
	II	34.807	1.914,38	2.784,56	3.132,63	1.810,98	2.634,16	2.963,43	1.607,09	2.483,84	2.794,32	1.383,37	2.333,44	2.625,12	1.159,65	2.183,04	2.455,92	935,93	2.032,64	2.286,72	712,21	1.882,24	2.117,52
	III	26.402	-	2.112,16	2.376,18	-	1.974,24	2.221,02	-	1.839,36	2.069,28	-	1.707,68	1.921,14	-	1.579,04	1.776,42	-	1.453,44	1.635,12	-	1.330,88	1.497,24
	IV	36.597	2.012,83	2.927,76	3.293,73	1.961,13	2.852,56	3.209,13	1.909,43	2.777,36	3.124,53	1.857,73	2.702,16	3.039,93	1.806,03	2.626,96	2.955,33	1.708,12	2.551,76	2.870,73	1.596,26	2.476,56	2.786,13
	V	42.770	2.352,35	3.421,60	3.849,30																		
	VI	43.302	2.381,61	3.464,16	3.897,18																		
114.083,99	I	36.612	2.013,66	2.928,96	3.295,08	1.910,26	2.778,56	3.125,88	1.806,86	2.628,16	2.956,68	1.598,05	2.477,76	2.787,48	1.374,33	2.327,36	2.618,28	1.150,61	2.176,96	2.449,08	926,89	2.026,56	2.279,88
	II	34.822	1.915,21	2.785,76	3.133,98	1.811,86	2.635,44	2.964,87	1.608,88	2.485,04	2.795,67	1.385,16	2.334,64	2.626,47	1.161,44	2.184,24	2.457,27	937,72	2.033,84	2.288,07	714,00	1.883,44	2.118,87
	III	26.416	-	2.113,28	2.377,44	-	1.975,36	2.222,28	-	1.840,48	2.070,54	-	1.708,64	1.922,22	-	1.580,00	1.777,50	-	1.454,40	1.636,20	-	1.331,84	1.498,32
	IV	36.612	2.013,66	2.928,96	3.295,08	1.961,96	2.853,76	3.210,48	1.910,26	2.778,56	3.125,88	1.858,56	2.703,36	3.041,28	1.806,86	2.628,16	2.956,68	1.709,91	2.552,96	2.872,08	1.598,05	2.477,76	2.787,48
	V	42.785	2.353,17	3.422,80	3.850,65																		
	VI	43.317	2.382,43	3.465,36	3.898,53																		
114.119,99	I	36.627	2.014,48	2.930,16	3.296,43	1.911,08	2.779,76	3.127,23	1.807,68	2.629,36	2.958,03	1.599,83	2.478,96	2.788,83	1.376,11	2.328,56	2.619,63	1.152,39	2.178,16	2.450,43	928,67	2.027,76	2.281,23
	II	34.838	1.916,09	2.787,04	3.135,42	1.812,69	2.636,64	2.966,22	1.610,66	2.486,24	2.797,02	1.386,94	2.335,84	2.627,82	1.163,22	2.185,44	2.458,62	939,50	2.035,04	2.289,42	715,78	1.884,64	2.120,22
	III	26.430	-	2.114,40	2.378,70	-	1.976,48	2.223,54	-	1.841,60	2.071,80	-	1.709,76	1.923,48	-	1.580,96	1.778,58	-	1.455,36	1.637,28	-	1.332,80	1.499,40
	IV	36.627	2.014,48	2.930,16	3.296,43	1.962,78	2.854,96	3.211,83	1.911,08	2.779,76	3.127,23	1.859,38	2.704,56	3.042,63	1.807,68	2.629,36	2.958,03	1.711,69	2.554,16	2.873,43	1.599,83	2.478,96	2.788,83
	V	42.800	2.354,00	3.424,00	3.852,00																		
	VI	43.332	2.383,26	3.466,56	3.899,88																		
14.155,99	I	36.642	2.015,31	2.931,36	3.297,78	1.911,91	2.780,96	3.128,58	1.808,51	2.630,56	2.959,38	1.601,62	2.480,16	2.790,18	1.377,90	2.329,76	2.620,98	1.154,18	2.179,36	2.451,78	930,46	2.028,96	2.282,58
	II	34.853	1.916,91	2.788,24	3.136,77	1.813,51	2.637,84	2.967,57	1.612,45	2.487,44	2.798,37	1.388,73	2.337,04	2.629,17	1.165,01	2.186,64	2.459,97	941,29	2.036,24	2.290,77	717,57	1.885,84	2.121,57
	III	26.444	-	2.115,52	2.379,96	-	1.977,60	2.224,80	-	1.842,56	2.072,88	-	1.710,72	1.924,56	-	1.582,08	1.779,84	-	1.456,48	1.638,54	-	1.333,76	1.500,48
	IV	36.642	2.015,31	2.931,36	3.297,78	1.963,61	2.856,16	3.213,18	1.911,91	2.780,96	3.128,58	1.860,21	2.705,76	3.043,98	1.808,51	2.630,56	2.959,38	1.713,48	2.555,36	2.874,78	1.601,62	2.480,16	2.790,18
	V	42.815	2.354,82	3.425,20	3.853,35																		
	VI	43.347	2.384,08	3.467,76	3.901,23																		
14.191,99	I	36.657	2.016,13	2.932,56	3.299,13	1.912,73	2.782,16	3.129,93	1.809,33	2.631,76	2.960,73	1.603,40	2.481,36	2.791,53	1.379,68	2.330,96	2.622,33	1.155,96	2.180,56	2.453,13	932,36	2.030,24	2.284,02
	II	34.868	1.917,74	2.789,44	3.138,12	1.814,34	2.639,04	2.968,92	1.614,23	2.488,64	2.799,72	1.390,51	2.338,24	2.630,52	1.166,79	2.187,84	2.461,32	943,07	2.037,44	2.292,12	719,35	1.887,04	2.122,92
	III	26.458	-	2.116,64	2.381,22	-	1.978,72	2.226,06	-	1.843,68	2.074,14	-	1.711,84	1.925,82	-	1.583,04	1.780,92	-	1.457,44	1.639,62	-	1.334,88	1.501,74
	IV	36.657	2.016,13	2.932,56	3.299,13	1.964,43	2.857,36	3.214,53	1.912,73	2.782,16	3.129,93	1.861,03	2.706,96	3.045,33	1.809,33	2.631,76	2.960,73	1.715,26	2.556,56	2.876,13	1.603,40	2.481,36	2.791,53
	V	42.830	2.355,65	3.426,40	3.854,70																		
	VI	43.362	2.384,91	3.468,96	3.902,58																		
14.227,99	I	36.672	2.016,96	2.933,76	3.300,48	1.913,56	2.783,36	3.131,28	1.810,16	2.632,96	2.962,08	1.605,19	2.482,56	2.792,88	1.381,47	2.332,16	2.623,68	1.157,87	2.181,84	2.454,57	934,15	2.031,44	2.285,37
	II	34.883	1.918,56	2.790,64	3.139,47	1.815,16	2.640,24	2.970,27	1.616,02	2.489,84	2.801,07	1.392,30	2.339,44	2.631,87	1.168,58	2.189,04	2.462,67	944,86	2.038,64	2.293,47	721,14	1.888,24	2.124,27
	III	26.472	-	2.117,76	2.382,48	-	1.979,68	2.227,14	-	1.844,80	2.075,40	-	1.712,96	1.927,08	-	1.584,16	1.782,18	-	1.458,40	1.640,70	-	1.335,84	1.502,82
	IV	36.672	2.016,96	2.933,76	3.300,48	1.965,26	2.858,56	3.215,88	1.913,56	2.783,36	3.131,28	1.861,86	2.708,16	3.046,68	1.810,16	2.632,96	2.962,08	1.717,05	2.557,76	2.877,48	1.605,19	2.482,56	2.792,88
	V	42.845	2.356,47	3.427,60	3.856,05																		
	VI	43.377	2.385,73	3.470,16	3.903,93																		
14.263,99	I	36.687	2.017,78	2.934,96	3.301,83	1.914,38	2.784,56	3.132,63	1.810,98	2.634,16	2.963,43	1.607,09	2.483,84	2.794,32	1.383,37	2.333,44	2.625,12	1.159,65	2.183,04	2.455,92	935,93	2.032,64	2.286,72
	II	34.898	1.919,39	2.791,84	3.140,82	1.815,99	2.641,44	2.971,62	1.617,80	2.491,04	2.802,42	1.394,08	2.340,64	2.633,22	1.170,36	2.190,24	2.464,02	946,64	2.039,84	2.294,82	723,04	1.889,52	2.125,71
	III	26.486	-	2.118,88	2.383,74	-	1.980,80	2.228,40	-	1.845,92	2.076,66	-	1.713,92	1.928,16	-	1.585,12	1.783,26	-	1.459,36	1.641,78	-	1.336,80	1.503,90
	IV	36.687	2.017,78	2.934,96	3.301,83	1.966,08	2.859,76	3.217,23	1.914,38	2.784,56	3.132,63	1.862,68	2.709,36	3.048,03	1.810,98	2.634,16	2.963,43	1.718,83	2.558,96	2.878,83	1.607,09	2.483,84	2.794,32
	V	42.861	2.357,35	3.428,88	3.857,49																		
	VI	43.392	2.386,56	3.471,36	3.905,28																		
14.299,99	I	36.702	2.018,61	2.936,16	3.303,18	1.915,21	2.785,76	3.133,98	1.811,86	2.635,44	2.964,87	1.608,88	2.485,04	2.795,67	1.385,16	2.334,64	2.626,47	1.161,44	2.184,24	2.457,27	937,72	2.033,84	2.288,07
	II	34.913	1.920,21	2.793,04	3.142,17	1.816,81	2.642,64	2.972,97	1.619,59	2.492,24	2.803,77	1.395,87	2.341,84	2.634,57	1.172,26	2.191,52	2.465,46	948,54	2.041,12	2.296,26	724,82	1.890,72	2.127,06
	III	26.500	-	2.120,00	2.385,00	-	1.981,92	2.229,66	-	1.846,88	2.077,74	-	1.715,04	1.929,42	-	1.586,08	1.784,34	-	1.460,32	1.642,86	-	1.337,76	1.504,98
	IV	36.702	2.018,61	2.936,16	3.303,18	1.966,91	2.860,96	3.218,58	1.915,21	2.785,76	3.133,98	1.863,56	2.710,64	3.049,47	1.811,86	2.635,44	2.964,87	1.720,74	2.560,24	2.880,27	1.608,88	2.485,04	2.795,67
	V	42.876	2.358,18	3.430,08	3.858,84																		
	VI	43.407	2.387,38	3.472,56	3.906,63																		
14.335,99	I	36.718	2.019,49	2.937,44	3.304,62	1.916,09	2.787,04	3.135,42	1.812,69	2.636,64	2.966,22	1.610,66	2.486,24	2.797,02	1.386,94	2.335,84	2.627,82	1.163,22	2.185,44	2.458,62	939,50	2.035,04	2.289,42
	II	34.928	1.921,04	2.794,24	3.143,52	1.817,64	2.643,84	2.974,32	1.621,37	2.493,44	2.805,12	1.397,77	2.343,12	2.636,01	1.174,05	2.192,72	2.466,81	950,33	2.042,32	2.297,61	726,61	1.891,92	2.128,41
	III	26.514	-	2.121,12	2.386,26	-	1.983,04	2.230,92	-	1.848,00	2.079,00	-	1.716,00	1.930,50	-	1.587,20	1.785,60	-	1.461,44	1.644,12	-	1.338,72	1.506,06
	IV	36.718	2.019,49	2.937,44	3.304,62	1.967,79	2.862,24	3.220,02	1.916,09	2.787,04	3.135,42	1.864,39	2.711,84	3.050,82	1.812,69	2.636,64	2.966,22	1.722,52	2.561,44	2.881,62	1.610,66	2.486,24	2.797,02
	V	42.891	2.359,00	3.431,28	3.860,19																		
	VI	43.423	2.388,26	3.473,84	3.908,07																		
14.371,99	I	36.733	2.020,31	2.938,64	3.305,97	1.916,91	2.788,24	3.136,77	1.813,51	2.637,84	2.967,57	1.612,45	2.487,44	2.798,37	1.388,73	2.337,04	2.629,17	1.165,01	2.186,64	2.459,97	941,29	2.036,24	2.290,77
	II	34.943	1.921,86	2.795,44	3.144,87	1.818,52	2.645,12	2.975,76	1.623,27	2.494,72	2.806,56	1.399,55	2.344,32	2.637,36	1.175,83	2.193,92	2.468,16	952,11	2.043,52	2.298,96	728,39	1.893,12	2.129,76
	III	26.528	-	2.122,24	2.387,52	-	1.984,16	2.232,18	-	1.849,12	2.080,26	-	1.717,12	1.931,76	-	1.588,16	1.786,68	-	1.462,40	1.645,20	-	1.339,68	1.507,14
	IV	36.733	2.020,31	2.938,64	3.305,97	1.968,61	2.863,44	3.221,37	1.916,91	2.788,24	3.136,77	1.865,21	2.713,04	3.052,17	1.813,51	2.637,84	2.967,57	1.724,31	2.562,64	2.882,97	1.612,45	2.487,44	2.798,37
	V	42.906	2.359,83	3.432,48	3.861,54																		
	VI	43.438	2.389,09	3.475,04	3.909,42																		
14.407,99	I	36.748	2.021,14	2.939,84	3.307,32	1.917,74	2.789,44	3.138,12	1.814,34	2.639,04	2.968,92	1.614,23	2.488,64	2.799,72	1.390,51	2.338,24	2.630,52	1.166,79	2.187,84	2.461,32	943,07	2.037,44	2.292,12
	II	34.959	1.922,74	2.796,72	3.146,31	1.819,34	2.646,32	2.977,11	1.625,06	2.495,92	2.807,91	1.401,34	2.345,52	2.638,71	1.177,62	2.195,12	2.469,51	953,90	2.044,72	2.300,31	730,18	1.894,32	2.131,11
	III	26.542	-	2.123,36	2.388,78	-	1.985,28	2.233,44	-	1.850,08	2.081,34	-	1.718,08	1.932,84	-	1.589,28	1.787,94	-	1.463,36	1.646,28	-	1.340,64	1.508,22
	IV	36.748	2.021,14	2.939,84	3.307,32	1.969,44	2.864,64	3.222,72	1.917,74	2.789,44	3.138,12	1.866,04	2.714,24	3.053,52	1.814,34	2.639,04	2.968,92	1.726,09	2.563,84	2.884,32	1.614,23	2.488,64	2.799,72
	V	42.921	2.360,65	3.433,68	3.862,89																		
	VI	43.453	2.389,91	3.476,24	3.910,77																		
14.443,99	I	36.763	2.021,96	2.941,04	3.308,67	1.918,56	2.790,64	3.139,47	1.815,16	2.640,24	2.970,27	1.616,02	2.489,84	2.801,07	1.392,30	2.339,44	2.631,87	1.168,58	2.189,04	2.462,67	944,86	2.038,64	2.293,47
	II	34.974	1.923,57	2.797,92	3.147,66	1.820,17	2.647,52	2.978,46	1.626,84	2.497,12	2.809,26	1.403,12	2.346,72	2.640,06	1.179,40	2.196,32	2.470,86	955,68	2.045,92	2.301,66	731,96	1.895,52	2.132,46
	III	26.556	-	2.124,48	2.390,04	-	1.986,40	2.234,70	-	1.851,20	2.082,60	-	1.719,20	1.934,10	-	1.590,24	1.789,02	-	1.464,32	1.647,36	-	1.341,60	1.509,30
	IV	36.763	2.021,96	2.941,04	3.308,67	1.970,26	2.865,84	3.224,07	1.918,56	2.790,64	3.139,47	1.866,86	2.715,44	3.054,87	1.815,16	2.640,24	2.970,27	1.727,88	2.565,04	2.885,67	1.616,02	2.489,84	2.801,07
	V	42.936	2.361,48	3.434,88	3.864,24																		
	VI	43.468	2.390,74	3.477,44	3.912,12																		
14.479,99	I	36.778	2.022,79	2.942,24	3.310,02	1.919,39	2.791,84	3.140,82	1.815,99	2.641,44	2.971,62	1.617,80	2.491,04	2.802,42	1.394,08	2.340,64	2.633,22	1.170,36	2.190,24	2.464,02	946,64	2.039,84	2.294,82
	II	34.989	1.924,39	2.799,12	3.149,01	1.820,99	2.648,72	2.979,81	1.628,63	2.498,32	2.810,61	1.404,91	2.347,92	2.641,41	1.181,19	2.197,52	2.472,21	957,47	2.047,12	2.303,01	733,75	1.896,72	2.133,81
	III	26.570	-	2.125,60	2.391,30	-	1.987,36	2.235,78	-	1.852,32	2.083,86	-	1.720,16	1.935,18	-	1.591,20	1.790,10	-	1.465,44	1.648,62	-	1.342,56	1.510,38
	IV	36.778	2.022,79	2.942,24	3.310,02	1.971,09	2.867,04	3.225,42	1.919,39	2.791,84	3.140,82	1.867,69	2.716,64	3.056,22	1.815,99	2.641,44	2.971,62	1.729,66	2.566,24	2.887,02	1.617,80	2.491,04	2.802,42
	V	42.951	2.362,30	3.436,08	3.865,59																		
	VI	43.483	2.391,56	3.478,64	3.913,47																		

SolZ/KiSt lt. Tabelle nicht für Sonstige Bezüge anwendbar.

JAHR bis 115.019,99 €

Besondere Tabelle

Lohn/ Gehalt bis	Steuerklasse	Lohn-steuer	ohne Kinderfreibetrag SolZ 5,5%	Kirchensteuer 8%	9%	0,5 SolZ 5,5%	Kirchensteuer 8%	9%	1,0 SolZ 5,5%	Kirchensteuer 8%	9%	1,5 SolZ 5,5%	Kirchensteuer 8%	9%	2,0 SolZ 5,5%	Kirchensteuer 8%	9%	2,5 SolZ 5,5%	Kirchensteuer 8%	9%	3,0 SolZ 5,5%	Kirchensteuer 8%	9%
						Anzahl Kinderfreibeträge (nur Steuerklassen I–IV)																	
114.515,99	I	36.793	2.023,61	2.943,44	3.311,37	1.920,21	2.793,04	3.142,17	1.816,81	2.642,64	2.972,97	1.619,59	2.492,24	2.803,77	1.395,87	2.341,84	2.634,57	1.172,26	2.191,52	2.465,46	948,54	2.041,12	2.296,26
	II	35.004	1.925,22	2.800,32	3.150,36	1.821,82	2.649,92	2.981,16	1.630,41	2.499,52	2.811,96	1.406,69	2.349,12	2.642,76	1.182,97	2.198,72	2.473,56	959,25	2.048,32	2.304,36	735,53	1.897,92	2.135,16
	III	26.584	–	2.126,72	2.392,56	–	1.988,48	2.237,04	–	1.853,44	2.085,12	–	1.721,28	1.936,44	–	1.592,32	1.791,36	–	1.466,40	1.649,70	–	1.343,52	1.511,46
	IV	36.793	2.023,61	2.943,44	3.311,37	1.971,91	2.868,24	3.226,77	1.920,21	2.793,04	3.142,17	1.868,51	2.717,84	3.057,57	1.816,81	2.642,64	2.972,97	1.731,45	2.567,44	2.888,37	1.619,59	2.492,24	2.803,77
	V	42.966	2.363,13	3.437,28	3.866,94																		
	VI	43.498	2.392,39	3.479,84	3.914,82																		
114.551,99	I	36.808	2.024,44	2.944,64	3.312,72	1.921,04	2.794,24	3.143,52	1.817,64	2.643,84	2.974,32	1.621,37	2.493,44	2.805,12	1.397,77	2.343,12	2.636,01	1.174,05	2.192,72	2.466,81	950,33	2.042,32	2.297,61
	II	35.019	1.926,04	2.801,52	3.151,71	1.822,64	2.651,12	2.982,51	1.632,20	2.500,72	2.813,31	1.408,48	2.350,32	2.644,11	1.184,76	2.199,92	2.474,91	961,04	2.049,52	2.305,71	737,44	1.899,20	2.136,60
	III	26.598	–	2.127,84	2.393,82	–	1.989,60	2.238,30	–	1.854,40	2.086,20	–	1.722,40	1.937,70	–	1.593,28	1.792,44	–	1.467,36	1.650,78	–	1.344,48	1.512,54
	IV	36.808	2.024,44	2.944,64	3.312,72	1.972,74	2.869,44	3.228,12	1.921,04	2.794,24	3.143,52	1.869,34	2.719,04	3.058,92	1.817,64	2.643,84	2.974,32	1.733,23	2.568,64	2.889,72	1.621,37	2.493,44	2.805,12
	V	42.982	2.364,01	3.438,56	3.868,38																		
	VI	43.513	2.393,21	3.481,04	3.916,17																		
114.587,99	I	36.823	2.025,26	2.945,84	3.314,07	1.921,86	2.795,44	3.144,87	1.818,52	2.645,12	2.975,76	1.623,27	2.494,72	2.806,56	1.399,55	2.344,32	2.637,36	1.175,83	2.193,92	2.468,16	952,11	2.043,52	2.298,96
	II	35.034	1.926,87	2.802,72	3.153,06	1.823,47	2.652,32	2.983,86	1.633,98	2.501,92	2.814,66	1.410,26	2.351,52	2.645,46	1.186,54	2.201,12	2.476,26	962,94	2.050,80	2.307,15	739,22	1.900,40	2.137,95
	III	26.612	–	2.128,96	2.395,08	–	1.990,72	2.239,56	–	1.855,52	2.087,46	–	1.723,36	1.938,78	–	1.594,40	1.793,70	–	1.468,32	1.651,86	–	1.345,60	1.513,80
	IV	36.823	2.025,26	2.945,84	3.314,07	1.973,56	2.870,64	3.229,47	1.921,86	2.795,44	3.144,87	1.870,16	2.720,24	3.060,27	1.818,52	2.645,12	2.975,76	1.735,13	2.569,92	2.891,16	1.623,27	2.494,72	2.806,56
	V	42.997	2.364,83	3.439,76	3.869,73																		
	VI	43.528	2.394,04	3.482,24	3.917,52																		
114.623,99	I	36.838	2.026,09	2.947,04	3.315,42	1.922,74	2.796,72	3.146,31	1.819,34	2.646,32	2.977,11	1.625,06	2.495,92	2.807,91	1.401,34	2.345,52	2.638,71	1.177,62	2.195,12	2.469,51	953,90	2.044,72	2.300,31
	II	35.049	1.927,69	2.803,92	3.154,41	1.824,29	2.653,52	2.985,21	1.635,77	2.503,12	2.816,01	1.412,17	2.352,80	2.646,90	1.188,45	2.202,40	2.477,70	964,73	2.052,00	2.308,50	741,01	1.901,60	2.139,30
	III	26.626	–	2.130,08	2.396,34	–	1.991,84	2.240,82	–	1.856,64	2.088,72	–	1.724,48	1.940,04	–	1.595,36	1.794,78	–	1.469,44	1.653,12	–	1.346,56	1.514,88
	IV	36.838	2.026,09	2.947,04	3.315,42	1.974,44	2.871,92	3.230,91	1.922,74	2.796,72	3.146,31	1.871,04	2.721,52	3.061,71	1.819,34	2.646,32	2.977,11	1.736,92	2.571,12	2.892,51	1.625,06	2.495,92	2.807,91
	V	43.012	2.365,66	3.440,96	3.871,08																		
	VI	43.543	2.394,86	3.483,44	3.918,87																		
114.659,99	I	36.854	2.026,97	2.948,32	3.316,86	1.923,57	2.797,92	3.147,66	1.820,17	2.647,52	2.978,46	1.626,84	2.497,12	2.809,26	1.403,12	2.346,72	2.640,06	1.179,40	2.196,32	2.470,86	955,68	2.045,92	2.301,66
	II	35.064	1.928,52	2.805,12	3.155,76	1.825,12	2.654,72	2.986,56	1.637,67	2.504,40	2.817,45	1.413,95	2.354,00	2.648,25	1.190,23	2.203,60	2.479,05	966,51	2.053,20	2.309,85	742,79	1.902,80	2.140,65
	III	26.642	–	2.131,36	2.397,78	–	1.992,96	2.242,08	–	1.857,60	2.089,80	–	1.725,44	1.941,12	–	1.596,32	1.795,86	–	1.470,40	1.654,20	–	1.347,52	1.515,96
	IV	36.854	2.026,97	2.948,32	3.316,86	1.975,27	2.873,12	3.232,26	1.923,57	2.797,92	3.147,66	1.871,87	2.722,72	3.063,06	1.820,17	2.647,52	2.978,46	1.738,70	2.572,32	2.893,86	1.626,84	2.497,12	2.809,26
	V	43.027	2.366,48	3.442,16	3.872,43																		
	VI	43.559	2.395,74	3.484,72	3.920,31																		
114.695,99	I	36.869	2.027,79	2.949,52	3.318,21	1.924,39	2.799,12	3.149,01	1.820,99	2.648,72	2.979,81	1.628,63	2.498,32	2.810,61	1.404,91	2.347,92	2.641,41	1.181,19	2.197,52	2.472,21	957,47	2.047,12	2.303,01
	II	35.080	1.929,40	2.806,40	3.157,20	1.826,00	2.656,00	2.988,00	1.639,46	2.505,60	2.818,80	1.415,74	2.355,20	2.649,60	1.192,02	2.204,80	2.480,40	968,30	2.054,40	2.311,20	744,58	1.904,00	2.142,00
	III	26.656	–	2.132,48	2.399,04	–	1.994,08	2.243,34	–	1.858,72	2.091,06	–	1.726,56	1.942,38	–	1.597,44	1.797,12	–	1.471,36	1.655,28	–	1.348,48	1.517,04
	IV	36.869	2.027,79	2.949,52	3.318,21	1.976,09	2.874,32	3.233,61	1.924,39	2.799,12	3.149,01	1.872,69	2.723,92	3.064,41	1.820,99	2.648,72	2.979,81	1.740,49	2.573,52	2.895,21	1.628,63	2.498,32	2.810,6
	V	43.042	2.367,31	3.443,36	3.873,78																		
	VI	43.574	2.396,57	3.485,92	3.921,66																		
114.731,99	I	36.884	2.028,62	2.950,72	3.319,56	1.925,22	2.800,32	3.150,36	1.821,82	2.649,92	2.981,16	1.630,41	2.499,52	2.811,96	1.406,69	2.349,12	2.642,76	1.182,97	2.198,72	2.473,56	959,25	2.048,32	2.304,3
	II	35.095	1.930,22	2.807,60	3.158,55	1.826,82	2.657,20	2.989,35	1.641,24	2.506,80	2.820,15	1.417,52	2.356,40	2.650,95	1.193,80	2.206,00	2.481,75	970,08	2.055,60	2.312,55	746,36	1.905,20	2.143,3
	III	26.670	–	2.133,60	2.400,30	–	1.995,20	2.244,60	–	1.859,84	2.092,32	–	1.727,52	1.943,46	–	1.598,40	1.798,20	–	1.472,32	1.656,36	–	1.349,44	1.518,1
	IV	36.884	2.028,62	2.950,72	3.319,56	1.976,92	2.875,52	3.234,96	1.925,22	2.800,32	3.150,36	1.873,52	2.725,12	3.065,76	1.821,82	2.649,92	2.981,16	1.742,27	2.574,72	2.896,56	1.630,41	2.499,52	2.811,9
	V	43.057	2.368,13	3.444,56	3.875,13																		
	VI	43.589	2.397,39	3.487,12	3.923,01																		
114.767,99	I	36.899	2.029,44	2.951,92	3.320,91	1.926,04	2.801,52	3.151,71	1.822,64	2.651,12	2.982,51	1.632,20	2.500,72	2.813,31	1.408,48	2.350,32	2.644,11	1.184,76	2.199,92	2.474,91	961,04	2.049,52	2.305,7
	II	35.110	1.931,05	2.808,80	3.159,90	1.827,65	2.658,40	2.990,70	1.643,03	2.508,00	2.821,50	1.419,31	2.357,60	2.652,30	1.195,59	2.207,20	2.483,10	971,87	2.056,80	2.313,90	748,15	1.906,40	2.144,7
	III	26.684	–	2.134,72	2.401,56	–	1.996,16	2.245,68	–	1.860,96	2.093,58	–	1.728,64	1.944,72	–	1.599,52	1.799,46	–	1.473,44	1.657,62	–	1.350,40	1.519,2
	IV	36.899	2.029,44	2.951,92	3.320,91	1.977,74	2.876,72	3.236,31	1.926,04	2.801,52	3.151,71	1.874,34	2.726,32	3.067,11	1.822,64	2.651,12	2.982,51	1.744,06	2.575,92	2.897,91	1.632,20	2.500,72	2.813,3
	V	43.072	2.368,96	3.445,76	3.876,48																		
	VI	43.604	2.398,22	3.488,32	3.924,36																		
114.803,99	I	36.914	2.030,27	2.953,12	3.322,26	1.926,87	2.802,72	3.153,06	1.823,47	2.652,32	2.983,86	1.633,98	2.501,92	2.814,66	1.410,26	2.351,52	2.645,46	1.186,54	2.201,12	2.476,26	962,94	2.050,80	2.307,1
	II	35.125	1.931,87	2.810,00	3.161,25	1.828,47	2.659,60	2.992,05	1.644,81	2.509,20	2.822,85	1.421,09	2.358,80	2.653,65	1.197,37	2.208,40	2.484,45	973,65	2.058,00	2.315,25	749,93	1.907,60	2.146,0
	III	26.698	–	2.135,84	2.402,82	–	1.997,28	2.246,94	–	1.861,92	2.094,66	–	1.729,76	1.945,98	–	1.600,48	1.800,54	–	1.474,40	1.658,70	–	1.351,36	1.520,2
	IV	36.914	2.030,27	2.953,12	3.322,26	1.978,57	2.877,92	3.237,66	1.926,87	2.802,72	3.153,06	1.875,17	2.727,52	3.068,46	1.823,47	2.652,32	2.983,86	1.745,84	2.577,12	2.899,26	1.633,98	2.501,92	2.814,6
	V	43.087	2.369,78	3.446,96	3.877,83																		
	VI	43.619	2.399,04	3.489,52	3.925,71																		
114.839,99	I	36.929	2.031,09	2.954,32	3.323,61	1.927,69	2.803,92	3.154,41	1.824,29	2.653,52	2.985,21	1.635,77	2.503,12	2.816,01	1.412,17	2.352,80	2.646,90	1.188,45	2.202,40	2.477,70	964,73	2.052,00	2.308,5
	II	35.140	1.932,70	2.811,20	3.162,60	1.829,30	2.660,80	2.993,40	1.646,60	2.510,40	2.824,20	1.422,88	2.360,00	2.655,00	1.199,16	2.209,60	2.485,80	975,44	2.059,20	2.316,60	751,72	1.908,80	2.147,4
	III	26.712	–	2.136,96	2.404,08	–	1.998,40	2.248,20	–	1.863,04	2.095,92	–	1.730,72	1.947,06	–	1.601,60	1.801,80	–	1.475,36	1.659,78	–	1.352,32	1.521,3
	IV	36.929	2.031,09	2.954,32	3.323,61	1.979,39	2.879,12	3.239,01	1.927,69	2.803,92	3.154,41	1.875,99	2.728,72	3.069,81	1.824,29	2.653,52	2.985,21	1.747,63	2.578,32	2.900,61	1.635,77	2.503,12	2.816,0
	V	43.102	2.370,61	3.448,16	3.879,18																		
	VI	43.634	2.399,87	3.490,72	3.927,06																		
114.875,99	I	36.944	2.031,92	2.955,52	3.324,96	1.928,52	2.805,12	3.155,76	1.825,12	2.654,72	2.986,56	1.637,67	2.504,40	2.817,45	1.413,95	2.354,00	2.648,25	1.190,23	2.203,60	2.479,05	966,51	2.053,20	2.309,8
	II	35.155	1.933,52	2.812,40	3.163,95	1.830,12	2.662,00	2.994,75	1.648,38	2.511,60	2.825,55	1.424,66	2.361,20	2.656,35	1.200,94	2.210,80	2.487,15	977,34	2.060,48	2.318,04	753,62	1.910,08	2.148,8
	III	26.726	–	2.138,08	2.405,34	–	1.999,52	2.249,46	–	1.864,16	2.097,18	–	1.731,84	1.948,32	–	1.602,56	1.802,88	–	1.476,48	1.661,04	–	1.353,28	1.522,4
	IV	36.944	2.031,92	2.955,52	3.324,96	1.980,22	2.880,32	3.240,36	1.928,52	2.805,12	3.155,76	1.876,82	2.729,92	3.071,16	1.825,12	2.654,72	2.986,56	1.749,53	2.579,60	2.902,05	1.637,67	2.504,40	2.817,4
	V	43.118	2.371,49	3.449,44	3.880,62																		
	VI	43.649	2.400,69	3.491,92	3.928,41																		
114.911,99	I	36.959	2.032,74	2.956,72	3.326,31	1.929,40	2.806,40	3.157,20	1.826,00	2.656,00	2.988,00	1.639,46	2.505,60	2.818,80	1.415,74	2.355,20	2.649,60	1.192,02	2.204,80	2.480,40	968,30	2.054,40	2.311,2
	II	35.170	1.934,35	2.813,60	3.165,30	1.830,95	2.663,20	2.996,10	1.650,17	2.512,80	2.826,90	1.426,45	2.362,40	2.657,70	1.202,85	2.212,08	2.488,59	979,13	2.061,68	2.319,39	755,41	1.911,28	2.150,1
	III	26.740	–	2.139,20	2.406,60	–	2.000,64	2.250,72	–	1.865,28	2.098,44	–	1.732,80	1.949,40	–	1.603,52	1.803,96	–	1.477,44	1.662,12	–	1.354,24	1.523,5
	IV	36.959	2.032,74	2.956,72	3.326,31	1.981,04	2.881,52	3.241,71	1.929,40	2.806,40	3.157,20	1.877,70	2.731,20	3.072,60	1.826,00	2.656,00	2.988,00	1.751,32	2.580,80	2.903,40	1.639,46	2.505,60	2.818,8
	V	43.133	2.372,31	3.450,64	3.881,97																		
	VI	43.664	2.401,52	3.493,12	3.929,76																		
114.947,99	I	36.975	2.033,62	2.958,00	3.327,75	1.930,22	2.807,60	3.158,55	1.826,82	2.657,20	2.989,35	1.641,24	2.506,80	2.820,15	1.417,52	2.356,40	2.650,95	1.193,80	2.206,00	2.481,75	970,08	2.055,60	2.312,5
	II	35.185	1.935,17	2.814,80	3.166,65	1.831,77	2.664,40	2.997,45	1.652,07	2.514,08	2.828,34	1.428,35	2.363,68	2.659,14	1.204,63	2.213,28	2.489,94	980,91	2.062,88	2.320,74	757,19	1.912,48	2.151,5
	III	26.754	–	2.140,32	2.407,86	–	2.001,76	2.251,98	–	1.866,24	2.099,52	–	1.733,92	1.950,66	–	1.604,64	1.805,22	–	1.478,40	1.663,20	–	1.355,36	1.524,7
	IV	36.975	2.033,62	2.958,00	3.327,75	1.981,92	2.882,80	3.243,15	1.930,22	2.807,60	3.158,55	1.878,52	2.732,40	3.073,95	1.826,82	2.657,20	2.989,35	1.753,10	2.582,00	2.904,75	1.641,24	2.506,80	2.820,1
	V	43.148	2.373,14	3.451,84	3.883,32																		
	VI	43.680	2.402,40	3.494,40	3.931,20																		
114.983,99	I	36.990	2.034,45	2.959,20	3.329,10	1.931,05	2.808,80	3.159,90	1.827,65	2.658,40	2.990,70	1.643,03	2.508,00	2.821,50	1.419,31	2.357,60	2.652,30	1.195,59	2.207,20	2.483,10	971,87	2.056,80	2.313,9
	II	35.200	1.936,00	2.816,00	3.168,00	1.832,65	2.665,68	2.998,89	1.653,86	2.515,28	2.829,69	1.430,14	2.364,88	2.660,49	1.206,42	2.214,48	2.491,29	982,70	2.064,08	2.322,09	758,98	1.913,68	2.152,8
	III	26.768	–	2.141,44	2.409,12	–	2.002,88	2.253,24	–	1.867,36	2.100,78	–	1.734,88	1.951,74	–	1.605,60	1.806,30	–	1.479,36	1.664,28	–	1.356,32	1.525,8
	IV	36.990	2.034,45	2.959,20	3.329,10	1.982,75	2.884,00	3.244,50	1.931,05	2.808,80	3.159,90	1.879,35	2.733,60	3.075,30	1.827,65	2.658,40	2.990,70	1.754,89	2.583,20	2.906,10	1.643,03	2.508,00	2.821,5
	V	43.163	2.373,96	3.453,04	3.884,67																		
	VI	43.695	2.403,22	3.495,60	3.932,55																		
115.019,99	I	37.005	2.035,27	2.960,40	3.330,45	1.931,87	2.810,00	3.161,25	1.828,47	2.659,60	2.992,05	1.644,81	2.509,20	2.822,85	1.421,09	2.358,80	2.653,65	1.197,37	2.208,40	2.484,45	973,65	2.058,00	2.315,2
	II	35.216	1.936,88	2.817,28	3.169,44	1.833,48	2.666,88	3.000,24	1.655,64	2.516,48	2.831,04	1.431,92	2.366,08	2.661,84	1.208,20	2.215,68	2.492,64	984,48	2.065,28	2.323,44	760,76	1.914,88	2.154,2
	III	26.782	–	2.142,56	2.410,38	–	2.004,00	2.254,50	–	1.868,48	2.102,04	–	1.736,00	1.953,00	–	1.606,72	1.807,56	–	1.480,48	1.665,54	–	1.357,28	1.526,9
	IV	37.005	2.035,27	2.960,40	3.330,45	1.983,57	2.885,20	3.245,85	1.931,87	2.810,00	3.161,25	1.880,17	2.734,80	3.076,65	1.828,47	2.659,60	2.992,05	1.756,67	2.584,40	2.907,45	1.644,81	2.509,20	2.822,8
	V	43.178	2.374,79	3.454,24	3.886,02																		
	VI	43.710	2.404,05	3.496,80	3.933,90																		

SolZ/KiSt lt. Tabelle nicht für Sonstige Bezüge anwendbar.

Lohn/ Gehalt bis	Steuerklasse	Lohn-steuer	ohne Kinderfreibetrag			Anzahl Kinderfreibeträge (nur Steuerklassen I–IV)																	
						0,5			1,0			1,5			2,0			2,5			3,0		
			SolZ 5,5%	Kirchensteuer 8%	9%	SolZ 5,5%	Kirchensteuer 8%	9%	SolZ 5,5%	Kirchensteuer 8%	9%	SolZ 5,5%	Kirchensteuer 8%	9%	SolZ 5,5%	Kirchensteuer 8%	9%	SolZ 5,5%	Kirchensteuer 8%	9%	SolZ 5,5%	Kirchensteuer 8%	9%
15.055,99	I	**37.020**	*2.036,10*	2.961,60	3.331,80	*1.932,70*	2.811,20	3.162,60	*1.829,30*	2.660,80	2.993,40	*1.646,60*	2.510,40	2.824,20	*1.422,88*	2.360,00	2.655,00	*1.199,16*	2.209,60	2.485,80	*975,44*	2.059,20	2.316,60
	II	**35.231**	*1.937,70*	2.818,48	3.170,79	*1.834,30*	2.668,08	3.001,59	*1.657,43*	2.517,68	2.832,39	*1.433,71*	2.367,28	2.663,19	*1.209,99*	2.216,88	2.493,99	*986,27*	2.066,48	2.324,79	*762,55*	1.916,08	2.155,59
	III	**26.796**	–	2.143,68	2.411,64	–	2.005,12	2.255,76	–	1.869,44	2.103,12	–	1.737,12	1.954,26	–	1.607,68	1.808,64	–	1.481,44	1.666,62	–	1.358,24	1.528,02
	IV	**37.020**	*2.036,10*	2.961,60	3.331,80	*1.984,40*	2.886,40	3.247,20	*1.932,70*	2.811,20	3.162,60	*1.881,00*	2.736,00	3.078,00	*1.829,30*	2.660,80	2.993,40	*1.758,46*	2.585,60	2.908,80	*1.646,60*	2.510,40	2.824,20
	V	**43.193**	*2.375,61*	3.455,44	3.887,37																		
	VI	**43.725**	*2.404,87*	3.498,00	3.935,25																		
15.091,99	I	**37.035**	*2.036,92*	2.962,80	3.333,15	*1.933,52*	2.812,40	3.163,95	*1.830,12*	2.662,00	2.994,75	*1.648,38*	2.511,60	2.825,55	*1.424,66*	2.361,20	2.656,35	*1.200,94*	2.210,80	2.487,15	*977,34*	2.060,48	2.318,04
	II	**35.246**	*1.938,53*	2.819,68	3.172,14	*1.835,13*	2.669,28	3.002,94	*1.659,21*	2.518,88	2.833,74	*1.435,49*	2.368,48	2.664,54	*1.211,77*	2.218,08	2.495,34	*988,05*	2.067,68	2.326,14	*764,33*	1.917,28	2.156,94
	III	**26.810**	–	2.144,80	2.412,90	–	2.006,08	2.256,84	–	1.870,56	2.104,38	–	1.738,08	1.955,34	–	1.608,80	1.809,90	–	1.482,40	1.667,70	–	1.359,20	1.529,10
	IV	**37.035**	*2.036,92*	2.962,80	3.333,15	*1.985,22*	2.887,60	3.248,55	*1.933,52*	2.812,40	3.163,95	*1.881,82*	2.737,20	3.079,35	*1.830,12*	2.662,00	2.994,75	*1.760,24*	2.586,80	2.910,15	*1.648,38*	2.511,60	2.825,55
	V	**43.208**	*2.376,44*	3.456,64	3.888,72																		
	VI	**43.740**	*2.405,70*	3.499,20	3.936,60																		
15.127,99	I	**37.050**	*2.037,75*	2.964,00	3.334,50	*1.934,35*	2.813,60	3.165,30	*1.830,95*	2.663,20	2.996,10	*1.650,17*	2.512,80	2.826,90	*1.426,45*	2.362,40	2.657,70	*1.202,85*	2.212,08	2.488,59	*979,13*	2.061,68	2.319,39
	II	**35.261**	*1.939,35*	2.820,88	3.173,49	*1.835,95*	2.670,48	3.004,29	*1.661,00*	2.520,08	2.835,09	*1.437,28*	2.369,68	2.665,89	*1.213,56*	2.219,28	2.496,69	*989,84*	2.068,88	2.327,49	*766,12*	1.918,48	2.158,29
	III	**26.824**	–	2.145,92	2.414,16	–	2.007,20	2.258,10	–	1.871,68	2.105,64	–	1.739,20	1.956,60	–	1.609,76	1.810,98	–	1.483,36	1.668,78	–	1.360,16	1.530,18
	IV	**37.050**	*2.037,75*	2.964,00	3.334,50	*1.986,05*	2.888,80	3.249,90	*1.934,35*	2.813,60	3.165,30	*1.882,65*	2.738,40	3.080,70	*1.830,95*	2.663,20	2.996,10	*1.762,03*	2.588,00	2.911,50	*1.650,17*	2.512,80	2.826,90
	V	**43.223**	*2.377,26*	3.457,84	3.890,07																		
	VI	**43.755**	*2.406,52*	3.500,40	3.937,95																		
15.163,99	I	**37.065**	*2.038,57*	2.965,20	3.335,85	*1.935,17*	2.814,80	3.166,65	*1.831,77*	2.664,40	2.997,45	*1.652,07*	2.514,08	2.828,34	*1.428,35*	2.363,68	2.659,14	*1.204,63*	2.213,28	2.489,94	*980,91*	2.062,88	2.320,74
	II	**35.276**	*1.940,18*	2.822,08	3.174,84	*1.836,78*	2.671,68	3.005,64	*1.662,78*	2.521,28	2.836,44	*1.439,06*	2.370,88	2.667,24	*1.215,34*	2.220,48	2.498,04	*991,62*	2.070,08	2.328,84	*768,02*	1.919,76	2.159,73
	III	**26.838**	–	2.147,04	2.415,42	–	2.008,32	2.259,36	–	1.872,80	2.106,90	–	1.740,16	1.957,68	–	1.610,72	1.812,06	–	1.484,48	1.670,04	–	1.361,12	1.531,26
	IV	**37.065**	*2.038,57*	2.965,20	3.335,85	*1.986,87*	2.890,00	3.251,25	*1.935,17*	2.814,80	3.166,65	*1.883,47*	2.739,60	3.082,05	*1.831,77*	2.664,40	2.997,45	*1.763,81*	2.589,20	2.912,85	*1.652,07*	2.514,08	2.828,34
	V	**43.239**	*2.378,14*	3.459,12	3.891,51																		
	VI	**43.770**	*2.407,35*	3.501,60	3.939,30																		
15.199,99	I	**37.080**	*2.039,40*	2.966,40	3.337,20	*1.936,00*	2.816,00	3.168,00	*1.832,65*	2.665,68	2.998,89	*1.653,86*	2.515,28	2.829,69	*1.430,14*	2.364,88	2.660,49	*1.206,42*	2.214,48	2.491,29	*982,70*	2.064,08	2.322,09
	II	**35.291**	*1.941,00*	2.823,28	3.176,19	*1.837,60*	2.672,88	3.006,99	*1.664,57*	2.522,48	2.837,79	*1.440,85*	2.372,08	2.668,59	*1.217,25*	2.221,76	2.499,48	*993,53*	2.071,36	2.330,28	*769,81*	1.920,96	2.161,08
	III	**26.852**	–	2.148,16	2.416,68	–	2.009,44	2.260,62	–	1.873,76	2.107,98	–	1.741,28	1.958,94	–	1.611,84	1.813,32	–	1.485,44	1.671,12	–	1.362,08	1.532,34
	IV	**37.080**	*2.039,40*	2.966,40	3.337,20	*1.987,70*	2.891,20	3.252,60	*1.936,00*	2.816,00	3.168,00	*1.884,35*	2.740,88	3.083,49	*1.832,65*	2.665,68	2.998,89	*1.765,72*	2.590,48	2.914,29	*1.653,86*	2.515,28	2.829,69
	V	**43.254**	*2.378,97*	3.460,32	3.892,86																		
	VI	**43.785**	*2.408,17*	3.502,80	3.940,65																		
15.235,99	I	**37.096**	*2.040,28*	2.967,68	3.338,64	*1.936,88*	2.817,28	3.169,44	*1.833,48*	2.666,88	3.000,24	*1.655,64*	2.516,48	2.831,04	*1.431,92*	2.366,08	2.661,84	*1.208,20*	2.215,68	2.492,64	*984,48*	2.065,28	2.323,44
	II	**35.306**	*1.941,83*	2.824,48	3.177,54	*1.838,43*	2.674,08	3.008,34	*1.666,35*	2.523,68	2.839,14	*1.442,75*	2.373,36	2.670,03	*1.219,03*	2.222,96	2.500,83	*995,31*	2.072,56	2.331,63	*771,59*	1.922,16	2.162,43
	III	**26.866**	–	2.149,28	2.417,94	–	2.010,56	2.261,88	–	1.874,88	2.109,24	–	1.742,40	1.960,20	–	1.612,80	1.814,40	–	1.486,40	1.672,20	–	1.363,20	1.533,60
	IV	**37.096**	*2.040,28*	2.967,68	3.338,64	*1.988,58*	2.892,48	3.254,04	*1.936,88*	2.817,28	3.169,44	*1.885,18*	2.742,08	3.084,84	*1.833,48*	2.666,88	3.000,24	*1.767,50*	2.591,68	2.915,64	*1.655,64*	2.516,48	2.831,04
	V	**43.269**	*2.379,79*	3.461,52	3.894,21																		
	VI	**43.801**	*2.409,05*	3.504,08	3.942,09																		
15.271,99	I	**37.111**	*2.041,10*	2.968,88	3.339,99	*1.937,70*	2.818,48	3.170,79	*1.834,30*	2.668,08	3.001,59	*1.657,43*	2.517,68	2.832,39	*1.433,71*	2.367,28	2.663,19	*1.209,99*	2.216,88	2.493,99	*986,27*	2.066,48	2.324,79
	II	**35.321**	*1.942,65*	2.825,68	3.178,89	*1.839,31*	2.675,36	3.009,78	*1.668,26*	2.524,96	2.840,58	*1.444,54*	2.374,56	2.671,38	*1.220,82*	2.224,16	2.502,18	*997,10*	2.073,76	2.332,98	*773,38*	1.923,36	2.163,78
	III	**26.880**	–	2.150,40	2.419,20	–	2.011,68	2.263,14	–	1.876,00	2.110,50	–	1.743,36	1.961,28	–	1.613,92	1.815,66	–	1.487,52	1.673,46	–	1.364,16	1.534,68
	IV	**37.111**	*2.041,10*	2.968,88	3.339,99	*1.989,40*	2.893,68	3.255,39	*1.937,70*	2.818,48	3.170,79	*1.886,00*	2.743,28	3.086,19	*1.834,30*	2.668,08	3.001,59	*1.769,29*	2.592,88	2.916,99	*1.657,43*	2.517,68	2.832,39
	V	**43.284**	*2.380,62*	3.462,72	3.895,56																		
	VI	**43.816**	*2.409,88*	3.505,28	3.943,44																		
15.307,99	I	**37.126**	*2.041,93*	2.970,08	3.341,34	*1.938,53*	2.819,68	3.172,14	*1.835,13*	2.669,28	3.002,94	*1.659,21*	2.518,88	2.833,74	*1.435,49*	2.368,48	2.664,54	*1.211,77*	2.218,08	2.495,34	*988,05*	2.067,68	2.326,14
	II	**35.337**	*1.943,53*	2.826,96	3.180,33	*1.840,13*	2.676,56	3.011,13	*1.670,04*	2.526,16	2.841,93	*1.446,32*	2.375,76	2.672,73	*1.222,60*	2.225,36	2.503,53	*998,88*	2.074,96	2.334,33	*775,16*	1.924,56	2.165,13
	III	**26.894**	–	2.151,52	2.420,46	–	2.012,80	2.264,40	–	1.877,12	2.111,76	–	1.744,48	1.962,54	–	1.614,88	1.816,74	–	1.488,48	1.674,54	–	1.365,12	1.535,76
	IV	**37.126**	*2.041,93*	2.970,08	3.341,34	*1.990,23*	2.894,88	3.256,74	*1.938,53*	2.819,68	3.172,14	*1.886,83*	2.744,48	3.087,54	*1.835,13*	2.669,28	3.002,94	*1.771,07*	2.594,08	2.918,34	*1.659,21*	2.518,88	2.833,74
	V	**43.299**	*2.381,44*	3.463,92	3.896,91																		
	VI	**43.831**	*2.410,70*	3.506,48	3.944,79																		
15.343,99	I	**37.141**	*2.042,75*	2.971,28	3.342,69	*1.939,35*	2.820,88	3.173,49	*1.835,95*	2.670,48	3.004,29	*1.661,00*	2.520,08	2.835,09	*1.437,28*	2.369,68	2.665,89	*1.213,56*	2.219,28	2.496,69	*989,84*	2.068,88	2.327,49
	II	**35.352**	*1.944,36*	2.828,16	3.181,68	*1.840,96*	2.677,76	3.012,48	*1.671,83*	2.527,36	2.843,28	*1.448,11*	2.376,96	2.674,08	*1.224,39*	2.226,56	2.504,88	*1.000,67*	2.076,16	2.335,68	*776,95*	1.925,76	2.166,48
	III	**26.908**	–	2.152,64	2.421,72	–	2.013,92	2.265,66	–	1.878,08	2.112,84	–	1.745,44	1.963,62	–	1.616,00	1.818,00	–	1.489,44	1.675,62	–	1.366,08	1.536,84
	IV	**37.141**	*2.042,75*	2.971,28	3.342,69	*1.991,05*	2.896,08	3.258,09	*1.939,35*	2.820,88	3.173,49	*1.887,65*	2.745,68	3.088,89	*1.835,95*	2.670,48	3.004,29	*1.772,86*	2.595,28	2.919,69	*1.661,00*	2.520,08	2.835,09
	V	**43.314**	*2.382,27*	3.465,12	3.898,26																		
	VI	**43.846**	*2.411,53*	3.507,68	3.946,14																		
15.379,99	I	**37.156**	*2.043,58*	2.972,48	3.344,04	*1.940,18*	2.822,08	3.174,84	*1.836,78*	2.671,68	3.005,64	*1.662,78*	2.521,28	2.836,44	*1.439,06*	2.370,88	2.667,24	*1.215,34*	2.220,48	2.498,04	*991,62*	2.070,08	2.328,84
	II	**35.367**	*1.945,18*	2.829,36	3.183,03	*1.841,78*	2.678,96	3.013,83	*1.673,61*	2.528,56	2.844,63	*1.449,89*	2.378,16	2.675,43	*1.226,17*	2.227,76	2.506,23	*1.002,45*	2.077,36	2.337,03	*778,73*	1.926,96	2.167,83
	III	**26.922**	–	2.153,76	2.422,98	–	2.015,04	2.266,92	–	1.879,20	2.114,10	–	1.746,56	1.964,88	–	1.616,96	1.819,08	–	1.490,40	1.676,70	–	1.367,04	1.537,92
	IV	**37.156**	*2.043,58*	2.972,48	3.344,04	*1.991,88*	2.897,28	3.259,44	*1.940,18*	2.822,08	3.174,84	*1.888,48*	2.746,88	3.090,24	*1.836,78*	2.671,68	3.005,64	*1.774,64*	2.596,48	2.921,04	*1.662,78*	2.521,28	2.836,44
	V	**43.329**	*2.383,09*	3.466,32	3.899,61																		
	VI	**43.861**	*2.412,35*	3.508,88	3.947,49																		
15.415,99	I	**37.171**	*2.044,40*	2.973,68	3.345,39	*1.941,00*	2.823,28	3.176,19	*1.837,60*	2.672,88	3.006,99	*1.664,57*	2.522,48	2.837,79	*1.440,85*	2.372,08	2.668,59	*1.217,25*	2.221,76	2.499,48	*993,53*	2.071,36	2.330,28
	II	**35.382**	*1.946,01*	2.830,56	3.184,38	*1.842,61*	2.680,16	3.015,18	*1.675,40*	2.529,76	2.845,98	*1.451,68*	2.379,36	2.676,78	*1.227,96*	2.228,96	2.507,58	*1.004,24*	2.078,56	2.338,38	*780,52*	1.928,16	2.169,18
	III	**26.936**	–	2.154,88	2.424,24	–	2.016,16	2.268,18	–	1.880,32	2.115,36	–	1.747,52	1.965,96	–	1.617,92	1.820,16	–	1.491,52	1.677,96	–	1.368,00	1.539,00
	IV	**37.171**	*2.044,40*	2.973,68	3.345,39	*1.992,70*	2.898,48	3.260,79	*1.941,00*	2.823,28	3.176,19	*1.889,30*	2.748,08	3.091,59	*1.837,60*	2.672,88	3.006,99	*1.776,43*	2.597,68	2.922,39	*1.664,57*	2.522,48	2.837,79
	V	**43.344**	*2.383,92*	3.467,52	3.900,96																		
	VI	**43.876**	*2.413,18*	3.510,08	3.948,84																		
15.451,99	I	**37.186**	*2.045,23*	2.974,88	3.346,74	*1.941,83*	2.824,48	3.177,54	*1.838,43*	2.674,08	3.008,34	*1.666,35*	2.523,68	2.839,14	*1.442,75*	2.373,36	2.670,03	*1.219,03*	2.222,96	2.500,83	*995,31*	2.072,56	2.331,63
	II	**35.397**	*1.946,83*	2.831,76	3.185,73	*1.843,43*	2.681,36	3.016,53	*1.677,18*	2.530,96	2.847,33	*1.453,46*	2.380,56	2.678,13	*1.229,74*	2.230,16	2.508,93	*1.006,02*	2.079,76	2.339,73	*782,42*	1.929,44	2.170,62
	III	**26.952**	–	2.156,16	2.425,68	–	2.017,12	2.269,26	–	1.881,44	2.116,62	–	1.748,64	1.967,22	–	1.619,04	1.821,42	–	1.492,48	1.679,04	–	1.368,96	1.540,08
	IV	**37.186**	*2.045,23*	2.974,88	3.346,74	*1.993,53*	2.899,68	3.262,14	*1.941,83*	2.824,48	3.177,54	*1.890,13*	2.749,28	3.092,94	*1.838,43*	2.674,08	3.008,34	*1.778,21*	2.598,88	2.923,74	*1.666,35*	2.523,68	2.839,14
	V	**43.360**	*2.384,80*	3.468,80	3.902,40																		
	VI	**43.891**	*2.414,00*	3.511,28	3.950,19																		
15.487,99	I	**37.201**	*2.046,05*	2.976,08	3.348,09	*1.942,65*	2.825,68	3.178,89	*1.839,31*	2.675,36	3.009,78	*1.668,26*	2.524,96	2.840,58	*1.444,54*	2.374,56	2.671,38	*1.220,82*	2.224,16	2.502,18	*997,10*	2.073,76	2.332,98
	II	**35.412**	*1.947,66*	2.832,96	3.187,08	*1.844,26*	2.682,56	3.017,88	*1.678,97*	2.532,16	2.848,68	*1.455,25*	2.381,76	2.679,48	*1.231,53*	2.231,36	2.510,28	*1.007,93*	2.081,04	2.341,17	*784,21*	1.930,64	2.171,97
	III	**26.966**	–	2.157,28	2.426,94	–	2.018,24	2.270,52	–	1.882,40	2.117,70	–	1.749,76	1.968,48	–	1.620,00	1.822,50	–	1.493,44	1.680,12	–	1.369,92	1.541,16
	IV	**37.201**	*2.046,05*	2.976,08	3.348,09	*1.994,35*	2.900,88	3.263,49	*1.942,65*	2.825,68	3.178,89	*1.890,95*	2.750,48	3.094,29	*1.839,31*	2.675,36	3.009,78	*1.780,12*	2.600,16	2.925,18	*1.668,26*	2.524,96	2.840,58
	V	**43.375**	*2.385,62*	3.470,00	3.903,75																		
	VI	**43.906**	*2.414,83*	3.512,48	3.951,54																		
15.523,99	I	**37.216**	*2.046,88*	2.977,28	3.349,44	*1.943,53*	2.826,96	3.180,33	*1.840,13*	2.676,56	3.011,13	*1.670,04*	2.526,16	2.841,93	*1.446,32*	2.375,76	2.672,73	*1.222,60*	2.225,36	2.503,53	*998,88*	2.074,96	2.334,33
	II	**35.427**	*1.948,48*	2.834,16	3.188,43	*1.845,08*	2.683,76	3.019,23	*1.680,75*	2.533,36	2.850,03	*1.457,15*	2.383,04	2.680,92	*1.233,43*	2.232,64	2.511,72	*1.009,71*	2.082,24	2.342,52	*785,99*	1.931,84	2.173,32
	III	**26.980**	–	2.158,40	2.428,20	–	2.019,36	2.271,78	–	1.883,52	2.118,96	–	1.750,72	1.969,56	–	1.621,12	1.823,76	–	1.494,40	1.681,20	–	1.371,04	1.542,42
	IV	**37.216**	*2.046,88*	2.977,28	3.349,44	*1.995,23*	2.902,16	3.264,93	*1.943,53*	2.826,96	3.180,33	*1.891,83*	2.751,76	3.095,73	*1.840,13*	2.676,56	3.011,13	*1.781,90*	2.601,36	2.926,53	*1.670,04*	2.526,16	2.841,93
	V	**43.390**	*2.386,45*	3.471,20	3.905,10																		
	VI	**43.921**	*2.415,65*	3.513,68	3.952,89																		
15.559,99	I	**37.232**	*2.047,76*	2.978,56	3.350,88	*1.944,36*	2.828,16	3.181,68	*1.840,96*	2.677,76	3.012,48	*1.671,83*	2.527,36	2.843,28	*1.448,11*	2.376,96	2.674,08	*1.224,39*	2.226,56	2.504,88	*1.000,67*	2.076.16	2.335,68
	II	**35.442**	*1.949,31*	2.835,36	3.189,78	*1.845,91*	2.684,96	3.020,58	*1.682,66*	2.534,64	2.851,47	*1.458,94*	2.384,24	2.682,27	*1.235,22*	2.233,84	2.513,07	*1.011,50*	2.083,44	2.343,87	*787,78*	1.933,04	2.174,67
	III	**26.994**	–	2.159,52	2.429,46	–	2.020,48	2.273,04	–	1.884,64	2.120,22	–	1.751,84	1.970,82	–	1.622,08	1.824,84	–	1.495,52	1.682,46	–	1.372,00	1.543,50
	IV	**37.232**	*2.047,76*	2.978,56	3.350,88	*1.996,06*	2.903,36	3.266,28	*1.944,36*	2.828,16	3.181,68	*1.892,66*	2.752,96	3.097,08	*1.840,96*	2.677,76	3.012,48	*1.783,69*	2.602,56	2.927,88	*1.671,83*	2.527,36	2.843,28
	V	**43.405**	*2.387,27*	3.472,40	3.906,45																		
	VI	**43.937**	*2.416,53*	3.514,96	3.954,33																		

SolZ/KiSt lt. Tabelle nicht für Sonstige Bezüge anwendbar.

JAHR bis 116.099,99 €

Lohn/ Gehalt bis	Steuerklasse	Lohn-steuer	ohne Kinderfreibetrag			Anzahl Kinderfreibeträge (nur Steuerklassen I–IV) 0,5			1,0			1,5			2,0			2,5			3,0		
			SolZ 5,5%	Kirchensteuer 8%	9%	SolZ 5,5%	Kirchensteuer 8%	9%	SolZ 5,5%	Kirchensteuer 8%	9%	SolZ 5,5%	Kirchensteuer 8%	9%	SolZ 5,5%	Kirchensteuer 8%	9%	SolZ 5,5%	Kirchensteuer 8%	9%	SolZ 5,5%	Kirchensteuer 8%	9%
115.595,99	I	37.247	2.048,58	2.979,76	3.352,23	1.945,18	2.829,36	3.183,03	1.841,78	2.678,96	3.013,83	1.673,61	2.528,56	2.844,63	1.449,89	2.378,16	2.675,43	1.226,17	2.227,76	2.506,23	1.002,45	2.077,36	2.337,0
	II	35.458	1.950,19	2.836,64	3.191,22	1.846,79	2.686,24	3.022,02	1.684,44	2.535,84	2.852,82	1.460,72	2.385,44	2.683,62	1.237,00	2.235,04	2.514,42	1.013,28	2.084,64	2.345,22	789,56	1.934,24	2.176,0
	III	27.008	–	2.160,64	2.430,72	–	2.021,60	2.274,30	–	1.885,76	2.121,48	–	1.752,80	1.971,90	–	1.623,20	1.826,10	–	1.496,48	1.683,54	–	1.372,96	1.544,5
	IV	37.247	2.048,58	2.979,76	3.352,23	1.996,88	2.904,56	3.267,63	1.945,18	2.829,36	3.183,03	1.893,48	2.754,16	3.098,43	1.841,78	2.678,96	3.013,83	1.785,47	2.603,76	2.929,23	1.673,61	2.528,56	2.844,6
	V	43.420	2.388,10	3.473,60	3.907,80																		
	VI	43.952	2.417,36	3.516,16	3.955,68																		
115.631,99	I	37.262	2.049,41	2.980,96	3.353,58	1.946,01	2.830,56	3.184,38	1.842,61	2.680,16	3.015,18	1.675,40	2.529,76	2.845,98	1.451,68	2.379,36	2.676,78	1.227,96	2.228,96	2.507,58	1.004,24	2.078,56	2.338,3
	II	35.473	1.951,01	2.837,84	3.192,57	1.847,61	2.687,44	3.023,37	1.686,23	2.537,04	2.854,17	1.462,51	2.386,64	2.684,97	1.238,79	2.236,24	2.515,77	1.015,07	2.085,84	2.346,57	791,35	1.935,44	2.177,3
	III	27.022	–	2.161,76	2.431,98	–	2.022,72	2.275,56	–	1.886,72	2.122,56	–	1.753,92	1.973,16	–	1.624,16	1.827,18	–	1.497,44	1.684,62	–	1.373,92	1.545,6
	IV	37.262	2.049,41	2.980,96	3.353,58	1.997,71	2.905,76	3.268,98	1.946,01	2.830,56	3.184,38	1.894,31	2.755,36	3.099,78	1.842,61	2.680,16	3.015,18	1.787,26	2.604,96	2.930,58	1.675,40	2.529,76	2.845,9
	V	43.435	2.388,92	3.474,80	3.909,15																		
	VI	43.967	2.418,18	3.517,36	3.957,03																		
115.667,99	I	37.277	2.050,23	2.982,16	3.354,93	1.946,83	2.831,76	3.185,73	1.843,43	2.681,36	3.016,53	1.677,18	2.530,96	2.847,33	1.453,46	2.380,56	2.678,13	1.229,74	2.230,16	2.508,93	1.006,02	2.079,76	2.339,7
	II	35.488	1.951,84	2.839,04	3.193,92	1.848,44	2.688,64	3.024,72	1.688,01	2.538,24	2.855,52	1.464,29	2.387,84	2.686,32	1.240,57	2.237,44	2.517,12	1.016,85	2.087,04	2.347,92	793,13	1.936,64	2.178,7
	III	27.036	–	2.162,88	2.433,24	–	2.023,84	2.276,82	–	1.887,84	2.123,82	–	1.755,04	1.974,42	–	1.625,28	1.828,44	–	1.498,56	1.685,88	–	1.374,88	1.546,7
	IV	37.277	2.050,23	2.982,16	3.354,93	1.998,53	2.906,96	3.270,33	1.946,83	2.831,76	3.185,73	1.895,13	2.756,56	3.101,13	1.843,43	2.681,36	3.016,53	1.789,04	2.606,16	2.931,93	1.677,18	2.530,96	2.847,3
	V	43.450	2.389,75	3.476,00	3.910,50																		
	VI	43.982	2.419,01	3.518,56	3.958,38																		
115.703,99	I	37.292	2.051,06	2.983,36	3.356,28	1.947,66	2.832,96	3.187,08	1.844,26	2.682,56	3.017,88	1.678,97	2.532,16	2.848,68	1.455,25	2.381,76	2.679,48	1.231,53	2.231,36	2.510,28	1.007,93	2.081,04	2.341,1
	II	35.503	1.952,66	2.840,24	3.195,27	1.849,26	2.689,84	3.026,07	1.689,80	2.539,44	2.856,87	1.466,08	2.389,04	2.687,67	1.242,36	2.238,64	2.518,47	1.018,64	2.088,24	2.349,27	794,92	1.937,84	2.180,0
	III	27.050	–	2.164,00	2.434,50	–	2.024,96	2.278,08	–	1.888,96	2.125,08	–	1.756,00	1.975,50	–	1.626,24	1.829,52	–	1.499,52	1.686,96	–	1.375,84	1.547,8
	IV	37.292	2.051,06	2.983,36	3.356,28	1.999,36	2.908,16	3.271,68	1.947,66	2.832,96	3.187,08	1.895,96	2.757,76	3.102,48	1.844,26	2.682,56	3.017,88	1.790,83	2.607,36	2.933,28	1.678,97	2.532,16	2.848,6
	V	43.465	2.390,57	3.477,20	3.911,85																		
	VI	43.997	2.419,83	3.519,76	3.959,73																		
115.739,99	I	37.307	2.051,88	2.984,56	3.357,63	1.948,48	2.834,16	3.188,43	1.845,08	2.683,76	3.019,23	1.680,75	2.533,36	2.850,03	1.457,15	2.383,04	2.680,92	1.233,43	2.232,64	2.511,72	1.009,71	2.082,24	2.342,5
	II	35.518	1.953,49	2.841,44	3.196,62	1.850,09	2.691,04	3.027,42	1.691,58	2.540,64	2.858,22	1.467,86	2.390,24	2.689,02	1.244,14	2.239,84	2.519,82	1.020,42	2.089,44	2.350,62	796,70	1.939,04	2.181,4
	III	27.064	–	2.165,12	2.435,76	–	2.026,08	2.279,34	–	1.890,08	2.126,34	–	1.757,12	1.976,76	–	1.627,20	1.830,60	–	1.500,48	1.688,04	–	1.376,80	1.548,9
	IV	37.307	2.051,88	2.984,56	3.357,63	2.000,18	2.909,36	3.273,03	1.948,48	2.834,16	3.188,43	1.896,78	2.758,96	3.103,83	1.845,08	2.683,76	3.019,23	1.792,61	2.608,56	2.934,63	1.680,75	2.533,36	2.850,0
	V	43.480	2.391,40	3.478,40	3.913,20																		
	VI	44.012	2.420,66	3.520,96	3.961,08																		
115.775,99	I	37.322	2.052,71	2.985,76	3.358,98	1.949,31	2.835,36	3.189,78	1.845,91	2.684,96	3.020,58	1.682,66	2.534,64	2.851,47	1.458,94	2.384,24	2.682,27	1.235,22	2.233,84	2.513,07	1.011,50	2.083,44	2.343,8
	II	35.533	1.954,31	2.842,64	3.197,97	1.850,91	2.692,24	3.028,77	1.693,37	2.541,84	2.859,57	1.469,65	2.391,44	2.690,37	1.245,93	2.241,04	2.521,17	1.022,32	2.090,72	2.352,06	798,60	1.940,32	2.182,8
	III	27.078	–	2.166,24	2.437,02	–	2.027,20	2.280,60	–	1.891,04	2.127,42	–	1.758,08	1.977,84	–	1.628,32	1.831,86	–	1.501,60	1.689,30	–	1.377,76	1.549,9
	IV	37.322	2.052,71	2.985,76	3.358,98	2.001,01	2.910,56	3.274,38	1.949,31	2.835,36	3.189,78	1.897,61	2.760,16	3.105,18	1.845,91	2.684,96	3.020,58	1.794,26	2.609,84	2.936,07	1.682,66	2.534,64	2.851,4
	V	43.496	2.392,28	3.479,68	3.914,64																		
	VI	44.027	2.421,48	3.522,16	3.962,43																		
115.811,99	I	37.337	2.053,53	2.986,96	3.360,33	1.950,19	2.836,64	3.191,22	1.846,79	2.686,24	3.022,02	1.684,44	2.535,84	2.852,82	1.460,72	2.385,44	2.683,62	1.237,00	2.235,04	2.514,42	1.013,28	2.084,64	2.345,
	II	35.548	1.955,14	2.843,84	3.199,32	1.851,74	2.693,44	3.030,12	1.695,15	2.543,04	2.860,92	1.471,43	2.392,64	2.691,72	1.247,83	2.242,32	2.522,61	1.024,11	2.091,92	2.353,41	800,39	1.941,52	2.184,
	III	27.092	–	2.167,36	2.438,28	–	2.028,32	2.281,86	–	1.892,16	2.128,68	–	1.759,20	1.979,10	–	1.629,28	1.832,94	–	1.502,56	1.690,38	–	1.378,88	1.551,
	IV	37.337	2.053,53	2.986,96	3.360,33	2.001,83	2.911,76	3.275,73	1.950,19	2.836,64	3.191,22	1.898,49	2.761,44	3.106,62	1.846,79	2.686,24	3.022,02	1.795,09	2.611,04	2.937,42	1.684,44	2.535,84	2.852,
	V	43.511	2.393,10	3.480,88	3.915,99																		
	VI	44.042	2.422,31	3.523,36	3.963,78																		
115.847,99	I	37.353	2.054,41	2.988,24	3.361,77	1.951,01	2.837,84	3.192,57	1.847,61	2.687,44	3.023,37	1.686,23	2.537,04	2.854,17	1.462,51	2.386,64	2.684,97	1.238,79	2.236,24	2.515,77	1.015,07	2.085,84	2.346,
	II	35.563	1.955,96	2.845,04	3.200,67	1.852,56	2.694,64	3.031,47	1.697,05	2.544,32	2.862,36	1.473,33	2.393,92	2.693,16	1.249,61	2.243,52	2.523,96	1.025,89	2.093,12	2.354,76	802,17	1.942,72	2.185,
	III	27.106	–	2.168,48	2.439,54	–	2.029,28	2.282,94	–	1.893,28	2.129,94	–	1.760,32	1.980,36	–	1.630,40	1.834,20	–	1.503,52	1.691,46	–	1.379,84	1.552,
	IV	37.353	2.054,41	2.988,24	3.361,77	2.002,71	2.913,04	3.277,17	1.951,01	2.837,84	3.192,57	1.899,31	2.762,64	3.107,97	1.847,61	2.687,44	3.023,37	1.795,91	2.612,24	2.938,77	1.686,23	2.537,04	2.854,
	V	43.526	2.393,93	3.482,08	3.917,34																		
	VI	44.058	2.423,19	3.524,64	3.965,22																		
115.883,99	I	37.368	2.055,24	2.989,44	3.363,12	1.951,84	2.839,04	3.193,92	1.848,44	2.688,64	3.024,72	1.688,01	2.538,24	2.855,52	1.464,29	2.387,84	2.686,32	1.240,57	2.237,44	2.517,12	1.016,85	2.087,04	2.347,
	II	35.578	1.956,79	2.846,24	3.202,02	1.853,44	2.695,92	3.032,91	1.698,84	2.545,52	2.863,71	1.475,12	2.395,12	2.694,51	1.251,40	2.244,72	2.525,31	1.027,68	2.094,32	2.356,11	803,96	1.943,92	2.186,
	III	27.120	–	2.169,60	2.440,80	–	2.030,40	2.284,20	–	1.894,40	2.131,20	–	1.761,28	1.981,44	–	1.631,36	1.835,28	–	1.504,48	1.692,54	–	1.380,80	1.553,
	IV	37.368	2.055,24	2.989,44	3.363,12	2.003,54	2.914,24	3.278,52	1.951,84	2.839,04	3.193,92	1.900,14	2.763,84	3.109,32	1.848,44	2.688,64	3.024,72	1.796,74	2.613,44	2.940,12	1.688,01	2.538,24	2.855,
	V	43.541	2.394,75	3.483,28	3.918,69																		
	VI	44.073	2.424,01	3.525,84	3.966,57																		
115.919,99	I	37.383	2.056,06	2.990,64	3.364,47	1.952,66	2.840,24	3.195,27	1.849,26	2.689,84	3.026,07	1.689,80	2.539,44	2.856,87	1.466,08	2.389,04	2.687,67	1.242,36	2.238,64	2.518,47	1.018,64	2.088,24	2.349,
	II	35.594	1.957,67	2.847,52	3.203,46	1.854,27	2.697,12	3.034,26	1.700,62	2.546,72	2.865,06	1.476,90	2.396,32	2.695,86	1.253,18	2.245,92	2.526,66	1.029,46	2.095,52	2.357,46	805,74	1.945,12	2.188,
	III	27.134	–	2.170,72	2.442,06	–	2.031,52	2.285,46	–	1.895,36	2.132,28	–	1.762,40	1.982,70	–	1.632,48	1.836,54	–	1.505,60	1.693,80	–	1.381,76	1.554,
	IV	37.383	2.056,06	2.990,64	3.364,47	2.004,36	2.915,44	3.279,87	1.952,66	2.840,24	3.195,27	1.900,96	2.765,04	3.110,67	1.849,26	2.689,84	3.026,07	1.797,56	2.614,64	2.941,47	1.689,80	2.539,44	2.856,
	V	43.556	2.395,58	3.484,48	3.920,04																		
	VI	44.088	2.424,84	3.527,04	3.967,92																		
115.955,99	I	37.398	2.056,89	2.991,84	3.365,82	1.953,49	2.841,44	3.196,62	1.850,09	2.691,04	3.027,42	1.691,58	2.540,64	2.858,22	1.467,86	2.390,24	2.689,02	1.244,14	2.239,84	2.519,82	1.020,42	2.089,44	2.350,
	II	35.609	1.958,49	2.848,72	3.204,81	1.855,09	2.698,32	3.035,61	1.702,41	2.547,92	2.866,41	1.478,69	2.397,52	2.697,21	1.254,97	2.247,12	2.528,01	1.031,25	2.096,72	2.358,81	807,53	1.946,32	2.189,
	III	27.148	–	2.171,84	2.443,32	–	2.032,64	2.286,72	–	1.896,48	2.133,54	–	1.763,52	1.983,96	–	1.633,44	1.837,62	–	1.506,56	1.694,88	–	1.382,72	1.555,
	IV	37.398	2.056,89	2.991,84	3.365,82	2.005,19	2.916,64	3.281,22	1.953,49	2.841,44	3.196,62	1.901,79	2.766,24	3.112,02	1.850,09	2.691,04	3.027,42	1.798,39	2.615,84	2.942,82	1.691,58	2.540,64	2.858,
	V	43.571	2.396,40	3.485,68	3.921,39																		
	VI	44.103	2.425,66	3.528,24	3.969,27																		
115.991,99	I	37.413	2.057,71	2.993,04	3.367,17	1.954,31	2.842,64	3.197,97	1.850,91	2.692,24	3.028,77	1.693,37	2.541,84	2.859,57	1.469,65	2.391,44	2.690,37	1.245,93	2.241,04	2.521,17	1.022,32	2.090,72	2.352,
	II	35.624	1.959,32	2.849,92	3.206,16	1.855,92	2.699,52	3.036,96	1.704,19	2.549,12	2.867,76	1.480,47	2.398,72	2.698,56	1.256,75	2.248,32	2.529,36	1.033,03	2.097,92	2.360,16	809,31	1.947,52	2.190,
	III	27.164	–	2.173,12	2.444,76	–	2.033,76	2.287,98	–	1.897,60	2.134,80	–	1.764,48	1.985,04	–	1.634,56	1.838,88	–	1.507,52	1.695,96	–	1.383,68	1.556,
	IV	37.413	2.057,71	2.993,04	3.367,17	2.006,01	2.917,84	3.282,57	1.954,31	2.842,64	3.197,97	1.902,61	2.767,44	3.113,37	1.850,91	2.692,24	3.028,77	1.799,21	2.617,04	2.944,17	1.693,37	2.541,84	2.859,
	V	43.586	2.397,23	3.486,88	3.922,74																		
	VI	44.118	2.426,49	3.529,44	3.970,62																		
116.027,99	I	37.428	2.058,54	2.994,24	3.368,52	1.955,14	2.843,84	3.199,32	1.851,74	2.693,44	3.030,12	1.695,15	2.543,04	2.860,92	1.471,43	2.392,64	2.691,72	1.247,83	2.242,32	2.522,61	1.024,11	2.091,92	2.353,
	II	35.639	1.960,14	2.851,12	3.207,51	1.856,74	2.700,72	3.038,31	1.705,98	2.550,32	2.869,11	1.482,26	2.399,92	2.699,91	1.258,54	2.249,52	2.530,71	1.034,82	2.099,12	2.361,51	811,10	1.948,72	2.192,
	III	27.178	–	2.174,24	2.446,02	–	2.034,88	2.289,24	–	1.898,72	2.136,06	–	1.765,60	1.986,30	–	1.635,52	1.839,96	–	1.508,64	1.697,22	–	1.384,64	1.557,
	IV	37.428	2.058,54	2.994,24	3.368,52	2.006,84	2.919,04	3.283,92	1.955,14	2.843,84	3.199,32	1.903,44	2.768,64	3.114,72	1.851,74	2.693,44	3.030,12	1.800,04	2.618,24	2.945,52	1.695,15	2.543,04	2.860,
	V	43.601	2.398,05	3.488,08	3.924,09																		
	VI	44.133	2.427,31	3.530,64	3.971,97																		
116.063,99	I	37.443	2.059,36	2.995,44	3.369,87	1.955,96	2.845,04	3.200,67	1.852,56	2.694,64	3.031,47	1.697,05	2.544,32	2.862,36	1.473,33	2.393,92	2.693,16	1.249,61	2.243,52	2.523,96	1.025,89	2.093,12	2.354,
	II	35.654	1.960,97	2.852,32	3.208,86	1.857,57	2.701,92	3.039,66	1.707,76	2.551,52	2.870,46	1.484,04	2.401,12	2.701,26	1.260,32	2.250,72	2.532,06	1.036,60	2.100,32	2.362,86	813,00	1.950,00	2.193,
	III	27.192	–	2.175,36	2.447,28	–	2.036,00	2.290,50	–	1.899,84	2.137,32	–	1.766,56	1.987,38	–	1.636,48	1.841,04	–	1.509,60	1.698,30	–	1.385,76	1.558
	IV	37.443	2.059,36	2.995,44	3.369,87	2.007,66	2.920,24	3.285,27	1.955,96	2.845,04	3.200,67	1.904,26	2.769,84	3.116,07	1.852,56	2.694,64	3.031,47	1.800,86	2.619,44	2.946,87	1.697,05	2.544,32	2.862,
	V	43.617	2.398,93	3.489,36	3.925,53																		
	VI	44.148	2.428,14	3.531,84	3.973,32																		
116.099,99	I	37.458	2.060,19	2.996,64	3.371,22	1.956,79	2.846,24	3.202,02	1.853,44	2.695,92	3.032,91	1.698,84	2.545,52	2.863,71	1.475,12	2.395,12	2.694,51	1.251,40	2.244,72	2.525,31	1.027,68	2.094,32	2.356,
	II	35.669	1.961,79	2.853,52	3.210,21	1.858,39	2.703,12	3.041,01	1.709,55	2.552,72	2.871,81	1.485,83	2.402,32	2.702,61	1.262,23	2.252,00	2.533,50	1.038,51	2.101,60	2.364,30	814,79	1.951,20	2.195,
	III	27.206	–	2.176,48	2.448,54	–	2.037,12	2.291,76	–	1.900,80	2.138,40	–	1.767,68	1.988,64	–	1.637,60	1.842,30	–	1.510,56	1.699,38	–	1.386,72	1.560,
	IV	37.458	2.060,19	2.996,64	3.371,22	2.008,49	2.921,44	3.286,62	1.956,79	2.846,24	3.202,02	1.905,14	2.771,12	3.117,51	1.853,44	2.695,92	3.032,91	1.801,74	2.620,72	2.948,31	1.698,84	2.545,52	2.863,
	V	43.632	2.399,76	3.490,56	3.926,88																		
	VI	44.163	2.428,96	3.533,04	3.974,67																		

SolZ/KiSt lt. Tabelle nicht für Sonstige Bezüge anwendbar.

Besondere Tabelle

JAHR bis 116.639,99 €

Lohn/ Gehalt bis	Steuerklasse	Lohn-steuer	ohne Kinderfreibetrag SolZ 5,5%	ohne Kinderfreibetrag Kirchensteuer 8%	ohne Kinderfreibetrag Kirchensteuer 9%	0,5 SolZ 5,5%	0,5 Kirchensteuer 8%	0,5 Kirchensteuer 9%	1,0 SolZ 5,5%	1,0 Kirchensteuer 8%	1,0 Kirchensteuer 9%	1,5 SolZ 5,5%	1,5 Kirchensteuer 8%	1,5 Kirchensteuer 9%	2,0 SolZ 5,5%	2,0 Kirchensteuer 8%	2,0 Kirchensteuer 9%	2,5 SolZ 5,5%	2,5 Kirchensteuer 8%	2,5 Kirchensteuer 9%	3,0 SolZ 5,5%	3,0 Kirchensteuer 8%	3,0 Kirchensteuer 9%
						Anzahl Kinderfreibeträge (nur Steuerklassen I–IV)																	
16.135,99	I	37.474	2.061,07	2.997,92	3.372,66	1.957,67	2.847,52	3.203,46	1.854,27	2.697,12	3.034,26	1.700,62	2.546,72	2.865,06	1.476,90	2.396,32	2.695,86	1.253,18	2.245,92	2.526,66	1.029,46	2.095,52	2.357,46
	II	35.684	1.962,62	2.854,72	3.211,56	1.859,22	2.704,32	3.042,36	1.711,33	2.553,92	2.873,16	1.487,73	2.403,60	2.704,05	1.264,01	2.253,20	2.534,85	1.040,29	2.102,80	2.365,65	816,57	1.952,40	2.196,45
	III	27.220	-	2.177,60	2.449,80	-	2.038,24	2.293,02	-	1.901,92	2.139,66	-	1.768,80	1.989,90	-	1.638,56	1.843,38	-	1.511,68	1.700,64	-	1.387,68	1.561,14
	IV	37.474	2.061,07	2.997,92	3.372,66	2.009,37	2.922,72	3.288,06	1.957,67	2.847,52	3.203,46	1.905,97	2.772,32	3.118,86	1.854,27	2.697,12	3.034,26	1.802,57	2.621,92	2.949,66	1.700,62	2.546,72	2.865,06
	V	43.647	2.400,58	3.491,76	3.928,23																		
	VI	44.179	2.429,84	3.534,32	3.976,11																		
16.171,99	I	37.489	2.061,89	2.999,12	3.374,01	1.958,49	2.848,72	3.204,81	1.855,09	2.698,32	3.035,61	1.702,41	2.547,92	2.866,41	1.478,69	2.397,52	2.697,21	1.254,97	2.247,12	2.528,01	1.031,25	2.096,72	2.358,81
	II	35.699	1.963,44	2.855,92	3.212,91	1.860,10	2.705,60	3.043,80	1.713,24	2.555,20	2.874,60	1.489,52	2.404,80	2.705,40	1.265,80	2.254,40	2.536,20	1.042,08	2.104,00	2.367,00	818,36	1.953,60	2.197,80
	III	27.234	-	2.178,72	2.451,06	-	2.039,36	2.294,28	-	1.903,04	2.140,92	-	1.769,76	1.990,98	-	1.639,68	1.844,64	-	1.512,64	1.701,72	-	1.388,64	1.562,22
	IV	37.489	2.061,89	2.999,12	3.374,01	2.010,19	2.923,92	3.289,41	1.958,49	2.848,72	3.204,81	1.906,79	2.773,52	3.120,21	1.855,09	2.698,32	3.035,61	1.803,39	2.623,12	2.951,01	1.702,41	2.547,92	2.866,41
	V	43.662	2.401,41	3.492,96	3.929,58																		
	VI	44.194	2.430,67	3.535,52	3.977,46																		
16.207,99	I	37.504	2.062,72	3.000,32	3.375,36	1.959,32	2.849,92	3.206,16	1.855,92	2.699,52	3.036,96	1.704,19	2.549,12	2.867,76	1.480,47	2.398,72	2.698,56	1.256,75	2.248,32	2.529,36	1.033,03	2.097,92	2.360,16
	II	35.715	1.964,32	2.857,20	3.214,35	1.860,92	2.706,80	3.045,15	1.715,02	2.556,40	2.875,95	1.491,30	2.406,00	2.706,75	1.267,58	2.255,60	2.537,55	1.043,86	2.105,20	2.368,35	820,14	1.954,80	2.199,15
	III	27.248	-	2.179,84	2.452,32	-	2.040,48	2.295,54	-	1.904,16	2.142,18	-	1.770,88	1.992,24	-	1.640,64	1.845,72	-	1.513,60	1.702,80	-	1.389,60	1.563,30
	IV	37.504	2.062,72	3.000,32	3.375,36	2.011,02	2.925,12	3.290,76	1.959,32	2.849,92	3.206,16	1.907,62	2.774,72	3.121,56	1.855,92	2.699,52	3.036,96	1.804,22	2.624,32	2.952,36	1.704,19	2.549,12	2.867,76
	V	43.677	2.402,23	3.494,16	3.930,93																		
	VI	44.209	2.431,49	3.536,72	3.978,81																		
16.243,99	I	37.519	2.063,54	3.001,52	3.376,71	1.960,14	2.851,12	3.207,51	1.856,74	2.700,72	3.038,31	1.705,98	2.550,32	2.869,11	1.482,26	2.399,92	2.699,91	1.258,54	2.249,52	2.530,71	1.034,82	2.099,12	2.361,51
	II	35.730	1.965,15	2.858,40	3.215,70	1.861,75	2.708,00	3.046,50	1.716,81	2.557,60	2.877,30	1.493,09	2.407,20	2.708,10	1.269,37	2.256,80	2.538,90	1.045,65	2.106,40	2.369,70	821,93	1.956,00	2.200,50
	III	27.262	-	2.180,96	2.453,58	-	2.041,60	2.296,80	-	1.905,12	2.143,26	-	1.771,84	1.993,32	-	1.641,76	1.846,98	-	1.514,56	1.703,88	-	1.390,56	1.564,38
	IV	37.519	2.063,54	3.001,52	3.376,71	2.011,84	2.926,32	3.292,11	1.960,14	2.851,12	3.207,51	1.908,44	2.775,92	3.122,91	1.856,74	2.700,72	3.038,31	1.805,04	2.625,52	2.953,71	1.705,98	2.550,32	2.869,11
	V	43.692	2.403,06	3.495,36	3.932,28																		
	VI	44.224	2.432,32	3.537,92	3.980,16																		
16.279,99	I	37.534	2.064,37	3.002,72	3.378,06	1.960,97	2.852,32	3.208,86	1.857,57	2.701,92	3.039,66	1.707,76	2.551,52	2.870,46	1.484,04	2.401,12	2.701,26	1.260,32	2.250,72	2.532,06	1.036,60	2.100,32	2.362,86
	II	35.745	1.965,97	2.859,60	3.217,05	1.862,57	2.709,20	3.047,85	1.718,59	2.558,80	2.878,65	1.494,87	2.408,40	2.709,45	1.271,15	2.258,00	2.540,25	1.047,43	2.107,60	2.371,05	823,71	1.957,20	2.201,85
	III	27.276	-	2.182,08	2.454,84	-	2.042,72	2.298,06	-	1.906,24	2.144,52	-	1.772,96	1.994,58	-	1.642,72	1.848,06	-	1.515,68	1.705,14	-	1.391,68	1.565,64
	IV	37.534	2.064,37	3.002,72	3.378,06	2.012,67	2.927,52	3.293,46	1.960,97	2.852,32	3.208,86	1.909,27	2.777,12	3.124,26	1.857,57	2.701,92	3.039,66	1.805,87	2.626,72	2.955,06	1.707,76	2.551,52	2.870,46
	V	43.707	2.403,88	3.496,56	3.933,63																		
	VI	44.239	2.433,14	3.539,12	3.981,51																		
16.315,99	I	37.549	2.065,19	3.003,92	3.379,41	1.961,79	2.853,52	3.210,21	1.858,39	2.703,12	3.041,01	1.709,55	2.552,72	2.871,81	1.485,83	2.402,32	2.702,61	1.262,23	2.252,00	2.533,50	1.038,51	2.101,60	2.364,30
	II	35.760	1.966,80	2.860,80	3.218,40	1.863,40	2.710,40	3.049,20	1.720,38	2.560,00	2.880,00	1.496,66	2.409,60	2.710,80	1.272,94	2.259,20	2.541,60	1.049,22	2.108,80	2.372,40	825,50	1.958,40	2.203,20
	III	27.290	-	2.183,20	2.456,10	-	2.043,68	2.299,14	-	1.907,36	2.145,78	-	1.774,08	1.995,84	-	1.643,84	1.849,32	-	1.516,64	1.706,22	-	1.392,64	1.566,72
	IV	37.549	2.065,19	3.003,92	3.379,41	2.013,49	2.928,72	3.294,81	1.961,79	2.853,52	3.210,21	1.910,09	2.778,32	3.125,61	1.858,39	2.703,12	3.041,01	1.806,69	2.627,92	2.956,41	1.709,55	2.552,72	2.871,81
	V	43.722	2.404,71	3.497,76	3.934,98																		
	VI	44.254	2.433,97	3.540,32	3.982,86																		
16.351,99	I	37.564	2.066,02	3.005,12	3.380,76	1.962,62	2.854,72	3.211,56	1.859,22	2.704,32	3.042,36	1.711,33	2.553,92	2.873,16	1.487,73	2.403,60	2.704,05	1.264,01	2.253,20	2.534,85	1.040,29	2.102,80	2.365,65
	II	35.775	1.967,62	2.862,00	3.219,75	1.864,22	2.711,60	3.050,55	1.722,16	2.561,20	2.881,35	1.498,44	2.410,80	2.712,15	1.274,72	2.260,40	2.542,95	1.051,00	2.110,00	2.373,75	827,40	1.959,68	2.204,64
	III	27.304	-	2.184,32	2.457,36	-	2.044,80	2.300,40	-	1.908,48	2.147,04	-	1.775,04	1.996,92	-	1.644,80	1.850,40	-	1.517,60	1.707,30	-	1.393,60	1.567,80
	IV	37.564	2.066,02	3.005,12	3.380,76	2.014,32	2.929,92	3.296,16	1.962,62	2.854,72	3.211,56	1.910,92	2.779,52	3.126,96	1.859,22	2.704,32	3.042,36	1.807,52	2.629,12	2.957,76	1.711,33	2.553,92	2.873,16
	V	43.738	2.405,59	3.499,04	3.936,42																		
	VI	44.269	2.434,79	3.541,52	3.984,21																		
16.387,99	I	37.579	2.066,84	3.006,32	3.382,11	1.963,44	2.855,92	3.212,91	1.860,10	2.705,60	3.043,80	1.713,24	2.555,20	2.874,60	1.489,52	2.404,80	2.705,40	1.265,80	2.254,40	2.536,20	1.042,08	2.104,00	2.367,00
	II	35.790	1.968,45	2.863,20	3.221,10	1.865,05	2.712,80	3.051,90	1.723,95	2.562,40	2.882,70	1.500,23	2.412,00	2.713,50	1.276,51	2.261,60	2.544,30	1.052,91	2.111,28	2.375,19	829,19	1.960,88	2.205,99
	III	27.318	-	2.185,44	2.458,62	-	2.045,92	2.301,66	-	1.909,60	2.148,30	-	1.776,16	1.998,18	-	1.645,92	1.851,66	-	1.518,72	1.708,56	-	1.394,56	1.568,88
	IV	37.579	2.066,84	3.006,32	3.382,11	2.015,14	2.931,12	3.297,51	1.963,44	2.855,92	3.212,91	1.911,74	2.780,72	3.128,31	1.860,10	2.705,60	3.043,80	1.808,40	2.630,40	2.959,20	1.713,24	2.555,20	2.874,60
	V	43.753	2.406,41	3.500,24	3.937,77																		
	VI	44.284	2.435,62	3.542,72	3.985,56																		
16.423,99	I	37.594	2.067,67	3.007,52	3.383,46	1.964,32	2.857,20	3.214,35	1.860,92	2.706,80	3.045,15	1.715,02	2.556,40	2.875,95	1.491,30	2.406,00	2.706,75	1.267,58	2.255,60	2.537,55	1.043,86	2.105,20	2.368,35
	II	35.805	1.969,27	2.864,40	3.222,45	1.865,87	2.714,00	3.053,25	1.725,73	2.563,60	2.884,05	1.502,13	2.413,28	2.714,94	1.278,41	2.262,88	2.545,74	1.054,69	2.112,48	2.376,54	830,97	1.962,08	2.207,34
	III	27.334	-	2.186,72	2.460,06	-	2.047,04	2.302,92	-	1.910,56	2.149,38	-	1.777,28	1.999,44	-	1.646,88	1.852,74	-	1.519,68	1.709,64	-	1.395,52	1.569,96
	IV	37.594	2.067,67	3.007,52	3.383,46	2.016,02	2.932,40	3.298,95	1.964,32	2.857,20	3.214,35	1.912,62	2.782,00	3.129,75	1.860,92	2.706,80	3.045,15	1.809,22	2.631,60	2.960,55	1.715,02	2.556,40	2.875,95
	V	43.768	2.407,24	3.501,44	3.939,12																		
	VI	44.299	2.436,44	3.543,92	3.986,91																		
16.459,99	I	37.610	2.068,55	3.008,80	3.384,90	1.965,15	2.858,40	3.215,70	1.861,75	2.708,00	3.046,50	1.716,81	2.557,60	2.877,30	1.493,09	2.407,20	2.708,10	1.269,37	2.256,80	2.538,90	1.045,65	2.106,40	2.369,70
	II	35.820	1.970,10	2.865,60	3.223,80	1.866,70	2.715,20	3.054,60	1.727,64	2.564,88	2.885,49	1.503,92	2.414,48	2.716,29	1.280,20	2.264,08	2.547,09	1.056,48	2.113,68	2.377,89	832,76	1.963,28	2.208,69
	III	27.348	-	2.187,84	2.461,32	-	2.048,16	2.304,18	-	1.911,68	2.150,64	-	1.778,24	2.000,52	-	1.648,00	1.854,00	-	1.520,64	1.710,72	-	1.396,48	1.571,04
	IV	37.610	2.068,55	3.008,80	3.384,90	2.016,85	2.933,60	3.300,30	1.965,15	2.858,40	3.215,70	1.913,45	2.783,20	3.131,10	1.861,75	2.708,00	3.046,50	1.810,05	2.632,80	2.961,90	1.716,81	2.557,60	2.877,30
	V	43.783	2.408,06	3.502,64	3.940,47																		
	VI	44.315	2.437,32	3.545,20	3.988,35																		
16.495,99	I	37.625	2.069,37	3.010,00	3.386,25	1.965,97	2.859,60	3.217,05	1.862,57	2.709,20	3.047,85	1.718,59	2.558,80	2.878,65	1.494,87	2.408,40	2.709,45	1.271,15	2.258,00	2.540,25	1.047,43	2.107,60	2.371,05
	II	35.836	1.970,98	2.866,88	3.225,24	1.867,58	2.716,48	3.056,04	1.729,42	2.566,08	2.886,84	1.505,70	2.415,68	2.717,64	1.281,98	2.265,28	2.548,44	1.058,26	2.114,88	2.379,24	834,54	1.964,48	2.210,04
	III	27.362	-	2.188,96	2.462,58	-	2.049,28	2.305,44	-	1.912,80	2.151,90	-	1.779,36	2.001,78	-	1.648,96	1.855,08	-	1.521,76	1.711,98	-	1.397,60	1.572,30
	IV	37.625	2.069,37	3.010,00	3.386,25	2.017,67	2.934,80	3.301,65	1.965,97	2.859,60	3.217,05	1.914,27	2.784,40	3.132,45	1.862,57	2.709,20	3.047,85	1.810,87	2.634,00	2.963,25	1.718,59	2.558,80	2.878,65
	V	43.798	2.408,89	3.503,84	3.941,82																		
	VI	44.330	2.438,15	3.546,40	3.989,70																		
16.531,99	I	37.640	2.070,20	3.011,20	3.387,60	1.966,80	2.860,80	3.218,40	1.863,40	2.710,40	3.049,20	1.720,38	2.560,00	2.880,00	1.496,66	2.409,60	2.710,80	1.272,94	2.259,20	2.541,60	1.049,22	2.108,80	2.372,40
	II	35.851	1.971,80	2.868,08	3.226,59	1.868,40	2.717,68	3.057,39	1.731,21	2.567,28	2.888,19	1.507,49	2.416,88	2.718,99	1.283,77	2.266,48	2.549,79	1.060,05	2.116,08	2.380,59	836,33	1.965,68	2.211,39
	III	27.376	-	2.190,08	2.463,84	-	2.050,40	2.306,70	-	1.913,92	2.153,16	-	1.780,32	2.002,86	-	1.650,08	1.856,34	-	1.522,72	1.713,06	-	1.398,56	1.573,38
	IV	37.640	2.070,20	3.011,20	3.387,60	2.018,50	2.936,00	3.303,00	1.966,80	2.860,80	3.218,40	1.915,10	2.785,60	3.133,80	1.863,40	2.710,40	3.049,20	1.811,70	2.635,20	2.964,60	1.720,38	2.560,00	2.880,00
	V	43.813	2.409,71	3.505,04	3.943,17																		
	VI	44.345	2.438,97	3.547,60	3.991,05																		
16.567,99	I	37.655	2.071,02	3.012,40	3.388,95	1.967,62	2.862,00	3.219,75	1.864,22	2.711,60	3.050,55	1.722,16	2.561,20	2.881,35	1.498,44	2.410,80	2.712,15	1.274,72	2.260,40	2.542,95	1.051,00	2.110,00	2.373,75
	II	35.866	1.972,63	2.869,28	3.227,94	1.869,23	2.718,88	3.058,74	1.732,99	2.568,48	2.889,54	1.509,27	2.418,08	2.720,34	1.285,55	2.267,68	2.551,14	1.061,83	2.117,28	2.381,94	838,11	1.966,88	2.212,74
	III	27.390	-	2.191,20	2.465,10	-	2.051,52	2.307,96	-	1.914,88	2.154,24	-	1.781,44	2.004,12	-	1.651,04	1.857,42	-	1.523,68	1.714,14	-	1.399,52	1.574,46
	IV	37.655	2.071,02	3.012,40	3.388,95	2.019,32	2.937,20	3.304,35	1.967,62	2.862,00	3.219,75	1.915,92	2.786,80	3.135,15	1.864,22	2.711,60	3.050,55	1.812,52	2.636,40	2.965,95	1.722,16	2.561,20	2.881,35
	V	43.828	2.410,54	3.506,24	3.944,52																		
	VI	44.360	2.439,80	3.548,80	3.992,40																		
16.603,99	I	37.670	2.071,85	3.013,60	3.390,30	1.968,45	2.863,20	3.221,10	1.865,05	2.712,80	3.051,90	1.723,95	2.562,40	2.882,70	1.500,23	2.412,00	2.713,50	1.276,51	2.261,60	2.544,30	1.052,91	2.111,28	2.375,19
	II	35.881	1.973,45	2.870,48	3.229,29	1.870,05	2.720,08	3.060,09	1.734,78	2.569,68	2.890,89	1.511,06	2.419,28	2.721,69	1.287,34	2.268,88	2.552,49	1.063,62	2.118,48	2.383,29	839,90	1.968,08	2.214,09
	III	27.404	-	2.192,32	2.466,36	-	2.052,64	2.309,22	-	1.916,00	2.155,50	-	1.782,56	2.005,38	-	1.652,16	1.858,68	-	1.524,80	1.715,40	-	1.400,48	1.575,54
	IV	37.670	2.071,85	3.013,60	3.390,30	2.020,15	2.938,40	3.305,70	1.968,45	2.863,20	3.221,10	1.916,75	2.788,00	3.136,50	1.865,05	2.712,80	3.051,90	1.813,35	2.637,60	2.967,30	1.723,95	2.562,40	2.882,70
	V	43.843	2.411,36	3.507,44	3.945,87																		
	VI	44.375	2.440,62	3.550,00	3.993,75																		
16.639,99	I	37.685	2.072,67	3.014,80	3.391,65	1.969,27	2.864,40	3.222,45	1.865,87	2.714,00	3.053,25	1.725,73	2.563,60	2.884,05	1.502,13	2.413,28	2.714,94	1.278,41	2.262,88	2.545,74	1.054,69	2.112,48	2.376,54
	II	35.896	1.974,28	2.871,68	3.230,64	1.870,88	2.721,28	3.061,44	1.736,56	2.570,88	2.892,24	1.512,84	2.420,48	2.723,04	1.289,12	2.270,08	2.553,84	1.065,40	2.119,68	2.384,64	841,68	1.969,28	2.215,44
	III	27.418	-	2.193,44	2.467,62	-	2.053,76	2.310,48	-	1.917,12	2.156,76	-	1.783,52	2.006,46	-	1.653,12	1.859,76	-	1.525,76	1.716,48	-	1.401,44	1.576,62
	IV	37.685	2.072,67	3.014,80	3.391,65	2.020,97	2.939,60	3.307,05	1.969,27	2.864,40	3.222,45	1.917,57	2.789,20	3.137,85	1.865,87	2.714,00	3.053,25	1.814,17	2.638,80	2.968,65	1.725,73	2.563,60	2.884,05
	V	43.858	2.412,19	3.508,64	3.947,22																		
	VI	44.390	2.441,45	3.551,20	3.995,10																		

SolZ/KiSt lt. Tabelle nicht für Sonstige Bezüge anwendbar.

Lohn/ Gehalt bis	Steuerklasse	Lohn-steuer	ohne Kinderfreibetrag SolZ 5,5%	Kirchensteuer 8%	9%	0,5 SolZ 5,5%	Kirchensteuer 8%	9%	1,0 SolZ 5,5%	Kirchensteuer 8%	9%	1,5 SolZ 5,5%	Kirchensteuer 8%	9%	2,0 SolZ 5,5%	Kirchensteuer 8%	9%	2,5 SolZ 5,5%	Kirchensteuer 8%	9%	3,0 SolZ 5,5%	Kirchensteuer 8%	9%
116.675,99	I	37.700	2.073,50	3.016,00	3.393,00	1.970,10	2.865,60	3.223,80	1.866,70	2.715,20	3.054,60	1.727,64	2.564,88	2.885,49	1.503,92	2.414,48	2.716,29	1.280,20	2.264,08	2.547,09	1.056,48	2.113,68	2.377,8
	II	35.911	1.975,10	2.872,88	3.231,99	1.871,70	2.722,48	3.062,79	1.738,35	2.572,08	2.893,59	1.514,63	2.421,68	2.724,39	1.290,91	2.271,28	2.555,19	1.067,31	2.120,96	2.386,08	843,59	1.970,56	2.216,8
	III	27.432	-	2.194,56	2.468,88	-	2.054,88	2.311,74	-	1.918,24	2.158,02	-	1.784,64	2.007,72	-	1.654,08	1.860,84	-	1.526,72	1.717,56	-	1.402,40	1.577,7
	IV	37.700	2.073,50	3.016,00	3.393,00	2.021,80	2.940,80	3.308,40	1.970,10	2.865,60	3.223,80	1.918,40	2.790,40	3.139,20	1.866,70	2.715,20	3.054,60	1.815,05	2.640,08	2.970,09	1.727,64	2.564,88	2.885,4
	V	43.874	2.413,07	3.509,92	3.948,66																		
	VI	44.405	2.442,27	3.552,40	3.996,45																		
116.711,99	I	37.715	2.074,32	3.017,20	3.394,35	1.970,98	2.866,88	3.225,24	1.867,58	2.716,48	3.056,04	1.729,42	2.566,08	2.886,84	1.505,70	2.415,68	2.717,64	1.281,98	2.265,28	2.548,44	1.058,26	2.114,88	2.379,2
	II	35.926	1.975,93	2.874,08	3.233,34	1.872,53	2.723,68	3.064,14	1.740,13	2.573,28	2.894,94	1.516,41	2.422,88	2.725,74	1.292,81	2.272,56	2.556,63	1.069,09	2.122,16	2.387,43	845,37	1.971,76	2.218,2
	III	27.446	-	2.195,68	2.470,14	-	2.056,00	2.313,00	-	1.919,36	2.159,28	-	1.785,76	2.008,98	-	1.655,20	1.862,10	-	1.527,84	1.718,82	-	1.403,52	1.578,9
	IV	37.715	2.074,32	3.017,20	3.394,35	2.022,62	2.942,00	3.309,75	1.970,98	2.866,88	3.225,24	1.919,28	2.791,68	3.140,64	1.867,58	2.716,48	3.056,04	1.815,88	2.641,28	2.971,44	1.729,42	2.566,08	2.886,8
	V	43.889	2.413,89	3.511,12	3.950,01																		
	VI	44.420	2.443,10	3.553,60	3.997,80																		
116.747,99	I	37.731	2.075,20	3.018,48	3.395,79	1.971,80	2.868,08	3.226,59	1.868,40	2.717,68	3.057,39	1.731,21	2.567,28	2.888,19	1.507,49	2.416,88	2.718,99	1.283,77	2.266,48	2.549,79	1.060,05	2.116,08	2.380,5
	II	35.941	1.976,75	2.875,28	3.234,69	1.873,35	2.724,88	3.065,49	1.742,04	2.574,56	2.896,38	1.518,32	2.424,16	2.727,18	1.294,60	2.273,76	2.557,98	1.070,88	2.123,36	2.388,78	847,16	1.972,96	2.219,5
	III	27.460	-	2.196,80	2.471,40	-	2.057,12	2.314,26	-	1.920,32	2.160,36	-	1.786,72	2.010,06	-	1.656,16	1.863,18	-	1.528,80	1.719,90	-	1.404,48	1.580,0
	IV	37.731	2.075,20	3.018,48	3.395,79	2.023,50	2.943,28	3.311,19	1.971,80	2.868,08	3.226,59	1.920,10	2.792,88	3.141,99	1.868,40	2.717,68	3.057,39	1.816,70	2.642,48	2.972,79	1.731,21	2.567,28	2.888,1
	V	43.904	2.414,72	3.512,32	3.951,36																		
	VI	44.436	2.443,98	3.554,88	3.999,24																		
116.783,99	I	37.746	2.076,03	3.019,68	3.397,14	1.972,63	2.869,28	3.227,94	1.869,23	2.718,88	3.058,74	1.732,99	2.568,48	2.889,54	1.509,27	2.418,08	2.720,34	1.285,55	2.267,68	2.551,14	1.061,83	2.117,28	2.381,9
	II	35.956	1.977,58	2.876,48	3.236,04	1.874,23	2.726,16	3.066,93	1.743,82	2.575,76	2.897,73	1.520,10	2.425,36	2.728,53	1.296,38	2.274,96	2.559,33	1.072,66	2.124,56	2.390,13	848,94	1.974,16	2.220,9
	III	27.476	-	2.198,08	2.472,84	-	2.058,24	2.315,52	-	1.921,44	2.161,62	-	1.787,84	2.011,32	-	1.657,28	1.864,44	-	1.529,76	1.720,98	-	1.405,44	1.581,1
	IV	37.746	2.076,03	3.019,68	3.397,14	2.024,33	2.944,48	3.312,54	1.972,63	2.869,28	3.227,94	1.920,93	2.794,08	3.143,34	1.869,23	2.718,88	3.058,74	1.817,53	2.643,68	2.974,14	1.732,99	2.568,48	2.889,5
	V	43.919	2.415,54	3.513,52	3.952,71																		
	VI	44.451	2.444,80	3.556,08	4.000,59																		
116.819,99	I	37.761	2.076,85	3.020,88	3.398,49	1.973,45	2.870,48	3.229,29	1.870,05	2.720,08	3.060,09	1.734,78	2.569,68	2.890,89	1.511,06	2.419,28	2.721,69	1.287,34	2.268,88	2.552,49	1.063,62	2.118,48	2.383,2
	II	35.972	1.978,46	2.877,76	3.237,48	1.875,06	2.727,36	3.068,28	1.745,61	2.576,96	2.899,08	1.521,89	2.426,56	2.729,88	1.298,17	2.276,16	2.560,68	1.074,45	2.125,76	2.391,48	850,73	1.975,36	2.222,2
	III	27.490	-	2.199,20	2.474,10	-	2.059,36	2.316,78	-	1.922,56	2.162,88	-	1.788,96	2.012,58	-	1.658,24	1.865,52	-	1.530,88	1.722,24	-	1.406,40	1.582,2
	IV	37.761	2.076,85	3.020,88	3.398,49	2.025,15	2.945,68	3.313,89	1.973,45	2.870,48	3.229,29	1.921,75	2.795,28	3.144,69	1.870,05	2.720,08	3.060,09	1.818,35	2.644,88	2.975,49	1.734,78	2.569,68	2.890,8
	V	43.934	2.416,37	3.514,72	3.954,06																		
	VI	44.466	2.445,63	3.557,28	4.001,94																		
116.855,99	I	37.776	2.077,68	3.022,08	3.399,84	1.974,28	2.871,68	3.230,64	1.870,88	2.721,28	3.061,44	1.736,56	2.570,88	2.892,24	1.512,84	2.420,48	2.723,04	1.289,12	2.270,08	2.553,84	1.065,40	2.119,68	2.384,6
	II	35.987	1.979,28	2.878,96	3.238,83	1.875,88	2.728,56	3.069,63	1.747,39	2.578,16	2.900,43	1.523,67	2.427,76	2.731,23	1.299,95	2.277,36	2.562,03	1.076,23	2.126,96	2.392,83	852,51	1.976,56	2.223,6
	III	27.504	-	2.200,32	2.475,36	-	2.060,48	2.318,04	-	1.923,68	2.164,14	-	1.789,92	2.013,66	-	1.659,36	1.866,78	-	1.531,84	1.723,32	-	1.407,36	1.583,2
	IV	37.776	2.077,68	3.022,08	3.399,84	2.025,98	2.946,88	3.315,24	1.974,28	2.871,68	3.230,64	1.922,58	2.796,48	3.146,04	1.870,88	2.721,28	3.061,44	1.819,18	2.646,08	2.976,84	1.736,56	2.570,88	2.892,2
	V	43.949	2.417,19	3.515,92	3.955,41																		
	VI	44.481	2.446,45	3.558,48	4.003,29																		
116.891,99	I	37.791	2.078,50	3.023,28	3.401,19	1.975,10	2.872,88	3.231,99	1.871,70	2.722,48	3.062,79	1.738,35	2.572,08	2.893,59	1.514,63	2.421,68	2.724,39	1.290,91	2.271,28	2.555,19	1.067,31	2.120,96	2.386,(
	II	36.002	1.980,11	2.880,16	3.240,18	1.876,71	2.729,76	3.070,98	1.749,18	2.579,36	2.901,78	1.525,46	2.428,96	2.732,58	1.301,74	2.278,56	2.563,38	1.078,02	2.128,16	2.394,18	854,30	1.977,76	2.224,
	III	27.518	-	2.201,44	2.476,62	-	2.061,60	2.319,30	-	1.924,80	2.165,40	-	1.791,04	2.014,92	-	1.660,32	1.867,86	-	1.532,80	1.724,40	-	1.408,32	1.584,
	IV	37.791	2.078,50	3.023,28	3.401,19	2.026,80	2.948,08	3.316,59	1.975,10	2.872,88	3.231,99	1.923,40	2.797,68	3.147,39	1.871,70	2.722,48	3.062,79	1.820,00	2.647,28	2.978,19	1.738,35	2.572,08	2.893,
	V	43.964	2.418,02	3.517,12	3.956,76																		
	VI	44.496	2.447,28	3.559,68	4.004,64																		
116.927,99	I	37.806	2.079,33	3.024,48	3.402,54	1.975,93	2.874,08	3.233,34	1.872,53	2.723,68	3.064,14	1.740,13	2.573,28	2.894,94	1.516,41	2.422,88	2.725,74	1.292,81	2.272,56	2.556,63	1.069,09	2.122,16	2.387,
	II	36.017	1.980,93	2.881,36	3.241,53	1.877,53	2.730,96	3.072,33	1.750,96	2.580,56	2.903,13	1.527,24	2.430,16	2.733,93	1.303,52	2.279,76	2.564,73	1.079,80	2.129,36	2.395,53	856,08	1.978,96	2.226,
	III	27.532	-	2.202,56	2.477,88	-	2.062,72	2.320,56	-	1.925,76	2.166,48	-	1.792,00	2.016,00	-	1.661,44	1.869,12	-	1.533,92	1.725,66	-	1.409,44	1.585,
	IV	37.806	2.079,33	3.024,48	3.402,54	2.027,63	2.949,28	3.317,94	1.975,93	2.874,08	3.233,34	1.924,23	2.798,88	3.148,74	1.872,53	2.723,68	3.064,14	1.820,83	2.648,48	2.979,54	1.740,13	2.573,28	2.894,
	V	43.979	2.418,84	3.518,32	3.958,11																		
	VI	44.511	2.448,10	3.560,88	4.005,99																		
116.963,99	I	37.821	2.080,15	3.025,68	3.403,89	1.976,75	2.875,28	3.234,69	1.873,35	2.724,88	3.065,49	1.742,04	2.574,56	2.896,38	1.518,32	2.424,16	2.727,18	1.294,60	2.273,76	2.557,98	1.070,88	2.123,36	2.388,
	II	36.032	1.981,76	2.882,56	3.242,88	1.878,36	2.732,16	3.073,68	1.752,75	2.581,76	2.904,48	1.529,03	2.431,36	2.735,28	1.305,31	2.280,96	2.566,08	1.081,59	2.130,56	2.396,88	857,99	1.980,24	2.227,
	III	27.546	-	2.203,68	2.479,14	-	2.063,84	2.321,82	-	1.926,88	2.167,74	-	1.793,12	2.017,26	-	1.662,40	1.870,20	-	1.534,88	1.726,74	-	1.410,40	1.586,
	IV	37.821	2.080,15	3.025,68	3.403,89	2.028,45	2.950,48	3.319,29	1.976,75	2.875,28	3.234,69	1.925,05	2.800,08	3.150,09	1.873,35	2.724,88	3.065,49	1.821,65	2.649,68	2.980,89	1.742,04	2.574,56	2.896,
	V	43.995	2.419,72	3.519,60	3.959,55																		
	VI	44.526	2.448,93	3.562,08	4.007,34																		
116.999,99	I	37.836	2.080,98	3.026,88	3.405,24	1.977,58	2.876,48	3.236,04	1.874,23	2.726,16	3.066,93	1.743,82	2.575,76	2.897,73	1.520,10	2.425,36	2.728,53	1.296,38	2.274,96	2.559,33	1.072,66	2.124,56	2.390,
	II	36.047	1.982,58	2.883,76	3.244,23	1.879,18	2.733,36	3.075,03	1.754,53	2.582,96	2.905,83	1.530,81	2.432,56	2.736,63	1.307,21	2.282,24	2.567,52	1.083,49	2.131,84	2.398,32	859,77	1.981,44	2.229,
	III	27.560	-	2.204,80	2.480,40	-	2.064,80	2.322,90	-	1.928,00	2.169,00	-	1.794,24	2.018,52	-	1.663,52	1.871,46	-	1.535,84	1.727,82	-	1.411,36	1.587,
	IV	37.836	2.080,98	3.026,88	3.405,24	2.029,28	2.951,68	3.320,64	1.977,58	2.876,48	3.236,04	1.925,93	2.801,36	3.151,53	1.874,23	2.726,16	3.066,93	1.822,53	2.650,96	2.982,33	1.743,82	2.575,76	2.897,
	V	44.010	2.420,55	3.520,80	3.960,90																		
	VI	44.541	2.449,75	3.563,28	4.008,69																		
117.035,99	I	37.852	2.081,86	3.028,16	3.406,68	1.978,46	2.877,76	3.237,48	1.875,06	2.727,36	3.068,28	1.745,61	2.576,96	2.899,08	1.521,89	2.426,56	2.729,88	1.298,17	2.276,16	2.560,68	1.074,45	2.125,76	2.391,
	II	36.062	1.983,41	2.884,96	3.245,58	1.880,01	2.734,56	3.076,38	1.756,32	2.584,16	2.907,18	1.532,72	2.433,84	2.738,07	1.309,00	2.283,44	2.568,87	1.085,28	2.133,04	2.399,67	861,56	1.982,64	2.230,
	III	27.574	-	2.205,92	2.481,66	-	2.065,92	2.324,16	-	1.929,12	2.170,26	-	1.795,20	2.019,60	-	1.664,48	1.872,54	-	1.536,96	1.729,08	-	1.412,32	1.588,
	IV	37.852	2.081,86	3.028,16	3.406,68	2.030,16	2.952,96	3.322,08	1.978,46	2.877,76	3.237,48	1.926,76	2.802,56	3.152,88	1.875,06	2.727,36	3.068,28	1.823,36	2.652,16	2.983,68	1.745,61	2.576,96	2.899,
	V	44.025	2.421,37	3.522,00	3.962,25																		
	VI	44.557	2.450,63	3.564,56	4.010,13																		
117.071,99	I	37.867	2.082,68	3.029,36	3.408,03	1.979,28	2.878,96	3.238,83	1.875,88	2.728,56	3.069,63	1.747,39	2.578,16	2.900,43	1.523,67	2.427,76	2.731,23	1.299,95	2.277,36	2.562,03	1.076,23	2.126,96	2.392,
	II	36.077	1.984,23	2.886,16	3.246,93	1.880,89	2.735,84	3.077,82	1.758,22	2.585,44	2.908,62	1.534,50	2.435,04	2.739,42	1.310,78	2.284,64	2.570,22	1.087,06	2.134,24	2.401,02	863,34	1.983,84	2.231,
	III	27.588	-	2.207,04	2.482,92	-	2.067,04	2.325,42	-	1.930,24	2.171,52	-	1.796,32	2.020,86	-	1.665,60	1.873,80	-	1.537,92	1.730,16	-	1.413,28	1.589,
	IV	37.867	2.082,68	3.029,36	3.408,03	2.030,98	2.954,16	3.323,43	1.979,28	2.878,96	3.238,83	1.927,58	2.803,76	3.154,23	1.875,88	2.728,56	3.069,63	1.824,18	2.653,36	2.985,03	1.747,39	2.578,16	2.900,
	V	44.040	2.422,20	3.523,20	3.963,60																		
	VI	44.572	2.451,46	3.565,76	4.011,48																		
117.107,99	I	37.882	2.083,51	3.030,56	3.409,38	1.980,11	2.880,16	3.240,18	1.876,71	2.729,76	3.070,98	1.749,18	2.579,36	2.901,78	1.525,46	2.428,96	2.732,58	1.301,74	2.278,56	2.563,38	1.078,02	2.128,16	2.394,
	II	36.093	1.985,11	2.887,44	3.248,37	1.881,71	2.737,04	3.079,17	1.760,01	2.586,64	2.909,97	1.536,29	2.436,24	2.740,77	1.312,57	2.285,84	2.571,57	1.088,85	2.135,44	2.402,37	865,13	1.985,04	2.233,
	III	27.604	-	2.208,32	2.484,36	-	2.068,16	2.326,68	-	1.931,20	2.172,60	-	1.797,44	2.022,12	-	1.666,56	1.874,88	-	1.538,88	1.731,24	-	1.414,40	1.591,
	IV	37.882	2.083,51	3.030,56	3.409,38	2.031,81	2.955,36	3.324,78	1.980,11	2.880,16	3.240,18	1.928,41	2.804,96	3.155,58	1.876,71	2.729,76	3.070,98	1.825,01	2.654,56	2.986,38	1.749,18	2.579,36	2.901,
	V	44.055	2.423,02	3.524,40	3.964,95																		
	VI	44.587	2.452,28	3.566,96	4.012,83																		
117.143,99	I	37.897	2.084,33	3.031,76	3.410,73	1.980,93	2.881,36	3.241,53	1.877,53	2.730,96	3.072,33	1.750,96	2.580,56	2.903,13	1.527,24	2.430,16	2.733,93	1.303,52	2.279,76	2.564,73	1.079,80	2.129,36	2.395,
	II	36.108	1.985,94	2.888,64	3.249,72	1.882,54	2.738,24	3.080,52	1.761,79	2.587,84	2.911,32	1.538,07	2.437,44	2.742,12	1.314,35	2.287,04	2.572,92	1.090,63	2.136,64	2.403,72	866,91	1.986,24	2.234,
	III	27.618	-	2.209,44	2.485,62	-	2.069,28	2.327,94	-	1.932,32	2.173,86	-	1.798,40	2.023,20	-	1.667,68	1.876,14	-	1.540,00	1.732,50	-	1.415,36	1.592,
	IV	37.897	2.084,33	3.031,76	3.410,73	2.032,63	2.956,56	3.326,13	1.980,93	2.881,36	3.241,53	1.929,23	2.806,16	3.156,93	1.877,53	2.730,96	3.072,33	1.825,83	2.655,76	2.987,73	1.750,96	2.580,56	2.903,
	V	44.070	2.423,85	3.525,60	3.966,30																		
	VI	44.602	2.453,11	3.568,16	4.014,18																		
117.179,99	I	37.912	2.085,16	3.032,96	3.412,08	1.981,76	2.882,56	3.242,88	1.878,36	2.732,16	3.073,68	1.752,75	2.581,76	2.904,48	1.529,03	2.431,36	2.735,28	1.305,31	2.280,96	2.566,08	1.081,59	2.130,56	2.396,
	II	36.123	1.986,76	2.889,84	3.251,07	1.883,36	2.739,44	3.081,87	1.763,58	2.589,04	2.912,67	1.539,86	2.438,64	2.743,47	1.316,14	2.288,24	2.574,27	1.092,42	2.137,84	2.405,07	868,70	1.987,44	2.235,
	III	27.632	-	2.210,56	2.486,88	-	2.070,40	2.329,20	-	1.933,44	2.175,12	-	1.799,52	2.024,46	-	1.668,64	1.877,22	-	1.540,96	1.733,58	-	1.416,32	1.593,
	IV	37.912	2.085,16	3.032,96	3.412,08	2.033,46	2.957,76	3.327,48	1.981,76	2.882,56	3.242,88	1.930,06	2.807,36	3.158,28	1.878,36	2.732,16	3.073,68	1.826,66	2.656,96	2.989,08	1.752,75	2.581,76	2.904,
	V	44.085	2.424,67	3.526,80	3.967,65																		
	VI	44.617	2.453,93	3.569,36	4.015,53																		

Anzahl Kinderfreibeträge (nur Steuerklassen I–IV)

SolZ/KiSt lt. Tabelle nicht für Sonstige Bezüge anwendbar.

Lohn/ Gehalt bis	Steuerklasse	Lohn-steuer	ohne Kinderfreibetrag			Anzahl Kinderfreibeträge (nur Steuerklassen I–IV)																	
						0,5			1,0			1,5			2,0			2,5			3,0		
			SolZ 5,5%	Kirchensteuer 8%	9%	SolZ 5,5%	Kirchensteuer 8%	9%	SolZ 5,5%	Kirchensteuer 8%	9%	SolZ 5,5%	Kirchensteuer 8%	9%	SolZ 5,5%	Kirchensteuer 8%	9%	SolZ 5,5%	Kirchensteuer 8%	9%	SolZ 5,5%	Kirchensteuer 8%	9%
117.215,99	I	37.927	2.085,98	3.034,16	3.413,43	1.982,58	2.883,76	3.244,23	1.879,18	2.733,36	3.075,03	1.754,53	2.582,96	2.905,83	1.530,81	2.432,56	2.736,63	1.307,21	2.282,24	2.567,52	1.083,49	2.131,84	2.398,32
	II	36.138	1.987,59	2.891,04	3.252,42	1.884,19	2.740,64	3.083,22	1.765,36	2.590,24	2.914,02	1.541,64	2.439,84	2.744,82	1.317,92	2.289,44	2.575,62	1.094,20	2.139,04	2.406,42	870,48	1.988,64	2.237,22
	III	27.646	-	2.211,68	2.488,14	-	2.071,52	2.330,46	-	1.934,56	2.176,38	-	1.800,64	2.025,72	-	1.669,76	1.878,48	-	1.541,92	1.734,66	-	1.417,28	1.594,44
	IV	37.927	2.085,98	3.034,16	3.413,43	2.034,28	2.958,96	3.328,83	1.982,58	2.883,76	3.244,23	1.930,88	2.808,56	3.159,63	1.879,18	2.733,36	3.075,03	1.827,48	2.658,16	2.990,43	1.754,53	2.582,96	2.905,83
	V	44.100	2.425,50	3.528,00	3.969,00																		
	VI	44.632	2.454,76	3.570,56	4.016,88																		
117.251,99	I	37.942	2.086,81	3.035,36	3.414,78	1.983,41	2.884,96	3.245,58	1.880,01	2.734,56	3.076,38	1.756,32	2.584,16	2.907,18	1.532,72	2.433,84	2.738,07	1.309,00	2.283,44	2.568,87	1.085,28	2.133,04	2.399,67
	II	36.153	1.988,41	2.892,24	3.253,77	1.885,01	2.741,84	3.084,57	1.767,15	2.591,44	2.915,37	1.543,43	2.441,04	2.746,17	1.319,71	2.290,64	2.576,97	1.095,99	2.140,24	2.407,77	872,38	1.989,92	2.238,66
	III	27.660	-	2.212,80	2.489,40	-	2.072,64	2.331,72	-	1.935,68	2.177,64	-	1.801,60	2.026,80	-	1.670,72	1.879,56	-	1.543,04	1.735,92	-	1.418,24	1.595,52
	IV	37.942	2.086,81	3.035,36	3.414,78	2.035,11	2.960,16	3.330,18	1.983,41	2.884,96	3.245,58	1.931,71	2.809,76	3.160,98	1.880,01	2.734,56	3.076,38	1.828,31	2.659,36	2.991,78	1.756,32	2.584,16	2.907,18
	V	44.116	2.426,38	3.529,28	3.970,44																		
	VI	44.647	2.455,58	3.571,76	4.018,23																		
117.287,99	I	37.957	2.087,63	3.036,56	3.416,13	1.984,23	2.886,16	3.246,93	1.880,89	2.735,84	3.077,82	1.758,22	2.585,44	2.908,62	1.534,50	2.435,04	2.739,42	1.310,78	2.284,64	2.570,22	1.087,06	2.134,24	2.401,02
	II	36.168	1.989,24	2.893,44	3.255,12	1.885,84	2.743,04	3.085,92	1.768,93	2.592,64	2.916,72	1.545,21	2.442,24	2.747,52	1.321,49	2.291,84	2.578,32	1.097,89	2.141,52	2.409,21	874,17	1.991,12	2.240,01
	III	27.674	-	2.213,92	2.490,66	-	2.073,76	2.332,98	-	1.936,64	2.178,72	-	1.802,72	2.028,06	-	1.671,84	1.880,82	-	1.544,00	1.737,00	-	1.419,20	1.596,60
	IV	37.957	2.087,63	3.036,56	3.416,13	2.035,93	2.961,36	3.331,53	1.984,23	2.886,16	3.246,93	1.932,53	2.810,96	3.162,33	1.880,89	2.735,84	3.077,82	1.829,19	2.660,64	2.993,22	1.758,22	2.585,44	2.908,62
	V	44.131	2.427,20	3.530,48	3.971,79																		
	VI	44.662	2.456,41	3.572,96	4.019,58																		
117.323,99	I	37.972	2.088,46	3.037,76	3.417,48	1.985,11	2.887,44	3.248,37	1.881,71	2.737,04	3.079,17	1.760,01	2.586,64	2.909,97	1.536,29	2.436,24	2.740,77	1.312,57	2.285,84	2.571,57	1.088,85	2.135,44	2.402,37
	II	36.183	1.990,06	2.894,64	3.256,47	1.886,66	2.744,24	3.087,27	1.770,72	2.593,84	2.918,07	1.547,11	2.443,52	2.748,96	1.323,39	2.293,12	2.579,76	1.099,67	2.142,72	2.410,56	875,95	1.992,32	2.241,36
	III	27.688	-	2.215,04	2.491,92	-	2.074,88	2.334,24	-	1.937,76	2.179,98	-	1.803,84	2.029,32	-	1.672,80	1.881,90	-	1.544,96	1.738,08	-	1.420,32	1.597,86
	IV	37.972	2.088,46	3.037,76	3.417,48	2.036,81	2.962,64	3.332,97	1.985,11	2.887,44	3.248,37	1.933,41	2.812,24	3.163,77	1.881,71	2.737,04	3.079,17	1.830,01	2.661,84	2.994,57	1.760,01	2.586,64	2.909,97
	V	44.146	2.428,03	3.531,68	3.973,14																		
	VI	44.677	2.457,23	3.574,16	4.020,93																		
117.359,99	I	37.988	2.089,34	3.039,04	3.418,92	1.985,94	2.888,64	3.249,72	1.882,54	2.738,24	3.080,52	1.761,79	2.587,84	2.911,32	1.538,07	2.437,44	2.742,12	1.314,35	2.287,04	2.572,92	1.090,63	2.136,64	2.403,72
	II	36.198	1.990,89	2.895,84	3.257,82	1.887,49	2.745,44	3.088,62	1.772,62	2.595,12	2.919,51	1.548,90	2.444,72	2.750,31	1.325,18	2.294,32	2.581,11	1.101,46	2.143,92	2.411,91	877,74	1.993,52	2.242,71
	III	27.702	-	2.216,16	2.493,18	-	2.076,00	2.335,50	-	1.938,88	2.181,24	-	1.804,80	2.030,40	-	1.673,92	1.883,16	-	1.546,08	1.739,34	-	1.421,28	1.598,94
	IV	37.988	2.089,34	3.039,04	3.418,92	2.037,64	2.963,84	3.334,32	1.985,94	2.888,64	3.249,72	1.934,24	2.813,44	3.165,12	1.882,54	2.738,24	3.080,52	1.830,84	2.663,04	2.995,92	1.761,79	2.587,84	2.911,32
	V	44.161	2.428,85	3.532,88	3.974,49																		
	VI	44.693	2.458,11	3.575,44	4.022,37																		
117.395,99	I	38.003	2.090,16	3.040,24	3.420,27	1.986,76	2.889,84	3.251,07	1.883,36	2.739,44	3.081,87	1.763,58	2.589,04	2.912,67	1.539,86	2.438,64	2.743,47	1.316,14	2.288,24	2.574,27	1.092,42	2.137,84	2.405,07
	II	36.214	1.991,77	2.897,12	3.259,26	1.888,37	2.746,72	3.090,06	1.774,40	2.596,32	2.920,86	1.550,68	2.445,92	2.751,66	1.326,96	2.295,52	2.582,46	1.103,24	2.145,12	2.413,26	879,52	1.994,72	2.244,06
	III	27.718	-	2.217,44	2.494,62	-	2.077,12	2.336,76	-	1.940,00	2.182,50	-	1.805,92	2.031,66	-	1.674,88	1.884,24	-	1.547,04	1.740,42	-	1.422,24	1.600,02
	IV	38.003	2.090,16	3.040,24	3.420,27	2.038,46	2.965,04	3.335,67	1.986,76	2.889,84	3.251,07	1.935,06	2.814,64	3.166,47	1.883,36	2.739,44	3.081,87	1.831,66	2.664,24	2.997,27	1.763,58	2.589,04	2.912,67
	V	44.176	2.429,68	3.534,08	3.975,84																		
	VI	44.708	2.458,94	3.576,64	4.023,72																		
117.431,99	I	38.018	2.090,99	3.041,44	3.421,62	1.987,59	2.891,04	3.252,42	1.884,19	2.740,64	3.083,22	1.765,36	2.590,24	2.914,02	1.541,64	2.439,84	2.744,82	1.317,92	2.289,44	2.575,62	1.094,20	2.139,04	2.406,42
	II	36.229	1.992,59	2.898,32	3.260,61	1.889,19	2.747,92	3.091,41	1.776,19	2.597,52	2.922,21	1.552,47	2.447,12	2.753,01	1.328,75	2.296,72	2.583,81	1.105,03	2.146,32	2.414,61	881,31	1.995,92	2.245,41
	III	27.732	-	2.218,56	2.495,88	-	2.078,24	2.338,02	-	1.941,12	2.183,76	-	1.807,04	2.032,92	-	1.676,00	1.885,50	-	1.548,00	1.741,50	-	1.423,20	1.601,10
	IV	38.018	2.090,99	3.041,44	3.421,62	2.039,29	2.966,24	3.337,02	1.987,59	2.891,04	3.252,42	1.935,89	2.815,84	3.167,82	1.884,19	2.740,64	3.083,22	1.832,49	2.665,44	2.998,62	1.765,36	2.590,24	2.914,02
	V	44.191	2.430,50	3.535,28	3.977,19																		
	VI	44.723	2.459,76	3.577,84	4.025,07																		
117.467,99	I	38.033	2.091,81	3.042,64	3.422,97	1.988,41	2.892,24	3.253,77	1.885,01	2.741,84	3.084,57	1.767,15	2.591,44	2.915,37	1.543,43	2.441,04	2.746,17	1.319,71	2.290,64	2.576,97	1.095,99	2.140,24	2.407,77
	II	36.244	1.993,42	2.899,52	3.261,96	1.890,02	2.749,12	3.092,76	1.777,97	2.598,72	2.923,56	1.554,25	2.448,32	2.754,36	1.330,53	2.297,92	2.585,16	1.106,81	2.147,52	2.415,96	883,09	1.997,12	2.246,76
	III	27.746	-	2.219,68	2.497,14	-	2.079,36	2.339,28	-	1.942,24	2.185,02	-	1.808,00	2.034,00	-	1.676,96	1.886,58	-	1.549,12	1.742,76	-	1.424,16	1.602,18
	IV	38.033	2.091,81	3.042,64	3.422,97	2.040,11	2.967,44	3.338,37	1.988,41	2.892,24	3.253,77	1.936,71	2.817,04	3.169,17	1.885,01	2.741,84	3.084,57	1.833,31	2.666,64	2.999,97	1.767,15	2.591,44	2.915,37
	V	44.206	2.431,33	3.536,48	3.978,54																		
	VI	44.738	2.460,59	3.579,04	4.026,42																		
117.503,99	I	38.048	2.092,64	3.043,84	3.424,32	1.989,24	2.893,44	3.255,12	1.885,84	2.743,04	3.085,92	1.768,93	2.592,64	2.916,72	1.545,21	2.442,24	2.747,52	1.321,49	2.291,84	2.578,32	1.097,89	2.141,52	2.409,21
	II	36.259	1.994,24	2.900,72	3.263,31	1.890,84	2.750,32	3.094,11	1.779,76	2.599,92	2.924,91	1.556,04	2.449,52	2.755,71	1.332,32	2.299,12	2.586,51	1.108,60	2.148,72	2.417,31	884,88	1.998,32	2.248,11
	III	27.760	-	2.220,80	2.498,40	-	2.080,48	2.340,54	-	1.943,20	2.186,10	-	1.809,12	2.035,26	-	1.678,08	1.887,84	-	1.550,08	1.743,84	-	1.425,28	1.603,44
	IV	38.048	2.092,64	3.043,84	3.424,32	2.040,94	2.968,64	3.339,72	1.989,24	2.893,44	3.255,12	1.937,54	2.818,24	3.170,52	1.885,84	2.743,04	3.085,92	1.834,14	2.667,84	3.001,32	1.768,93	2.592,64	2.916,72
	V	44.221	2.432,15	3.537,68	3.979,89																		
	VI	44.753	2.461,41	3.580,24	4.027,77																		
117.539,99	I	38.063	2.093,46	3.045,04	3.425,67	1.990,06	2.894,64	3.256,47	1.886,66	2.744,24	3.087,27	1.770,72	2.593,84	2.918,07	1.547,11	2.443,52	2.748,96	1.323,39	2.293,12	2.579,76	1.099,67	2.142,72	2.410,56
	II	36.274	1.995,07	2.901,92	3.264,66	1.891,67	2.751,52	3.095,46	1.781,54	2.601,12	2.926,26	1.557,82	2.450,72	2.757,06	1.334,10	2.300,32	2.587,86	1.110,38	2.149,92	2.418,66	886,66	1.999,52	2.249,46
	III	27.774	-	2.221,92	2.499,66	-	2.081,60	2.341,80	-	1.944,32	2.187,36	-	1.810,24	2.036,52	-	1.679,04	1.888,92	-	1.551,04	1.744,92	-	1.426,24	1.604,52
	IV	38.063	2.093,46	3.045,04	3.425,67	2.041,76	2.969,84	3.341,07	1.990,06	2.894,64	3.256,47	1.938,36	2.819,44	3.171,87	1.886,66	2.744,24	3.087,27	1.834,96	2.669,04	3.002,67	1.770,72	2.593,84	2.918,07
	V	44.236	2.432,98	3.538,88	3.981,24																		
	VI	44.768	2.462,24	3.581,44	4.029,12																		
117.575,99	I	38.078	2.094,29	3.046,24	3.427,02	1.990,89	2.895,84	3.257,82	1.887,49	2.745,44	3.088,62	1.772,62	2.595,12	2.919,51	1.548,90	2.444,72	2.750,31	1.325,18	2.294,32	2.581,11	1.101,46	2.143,92	2.411,91
	II	36.289	1.995,89	2.903,12	3.266,01	1.892,49	2.752,72	3.096,81	1.783,33	2.602,32	2.927,61	1.559,61	2.451,92	2.758,41	1.335,89	2.301,52	2.589,21	1.112,29	2.151,20	2.420,10	888,57	2.000,80	2.250,90
	III	27.788	-	2.223,04	2.500,92	-	2.082,72	2.343,06	-	1.945,44	2.188,62	-	1.811,20	2.037,60	-	1.680,16	1.890,18	-	1.552,16	1.746,18	-	1.427,20	1.605,60
	IV	38.078	2.094,29	3.046,24	3.427,02	2.042,59	2.971,04	3.342,42	1.990,89	2.895,84	3.257,82	1.939,19	2.820,64	3.173,22	1.887,49	2.745,44	3.088,62	1.835,84	2.670,32	3.004,11	1.772,62	2.595,12	2.919,51
	V	44.252	2.433,86	3.540,16	3.982,68																		
	VI	44.783	2.463,06	3.582,64	4.030,47																		
117.611,99	I	38.093	2.095,11	3.047,44	3.428,37	1.991,77	2.897,12	3.259,26	1.888,37	2.746,72	3.090,06	1.774,40	2.596,32	2.920,86	1.550,68	2.445,92	2.751,66	1.326,96	2.295,52	2.582,46	1.103,24	2.145,12	2.413,26
	II	36.304	1.996,72	2.904,32	3.267,36	1.893,32	2.753,92	3.098,16	1.785,11	2.603,52	2.928,96	1.561,39	2.453,12	2.759,76	1.337,79	2.302,80	2.590,65	1.114,07	2.152,40	2.421,45	890,35	2.002,00	2.252,25
	III	27.802	-	2.224,16	2.502,18	-	2.083,84	2.344,32	-	1.946,56	2.189,88	-	1.812,32	2.038,86	-	1.681,12	1.891,26	-	1.553,12	1.747,26	-	1.428,16	1.606,68
	IV	38.093	2.095,11	3.047,44	3.428,37	2.043,41	2.972,24	3.343,77	1.991,77	2.897,12	3.259,26	1.940,07	2.821,92	3.174,66	1.888,37	2.746,72	3.090,06	1.836,67	2.671,52	3.005,46	1.774,40	2.596,32	2.920,86
	V	44.267	2.434,68	3.541,36	3.984,03																		
	VI	44.798	2.463,89	3.583,84	4.031,82																		
117.647,99	I	38.109	2.095,99	3.048,72	3.429,81	1.992,59	2.898,32	3.260,61	1.889,19	2.747,92	3.091,41	1.776,19	2.597,52	2.922,21	1.552,47	2.447,12	2.753,01	1.328,75	2.296,72	2.583,81	1.105,03	2.146,32	2.414,61
	II	36.319	1.997,54	2.905,52	3.268,71	1.894,14	2.755,12	3.099,51	1.787,02	2.604,80	2.930,40	1.563,30	2.454,40	2.761,20	1.339,58	2.304,00	2.592,00	1.115,86	2.153,60	2.422,80	892,14	2.003,20	2.253,60
	III	27.816	-	2.225,28	2.503,44	-	2.084,96	2.345,58	-	1.947,68	2.191,14	-	1.813,44	2.040,12	-	1.682,24	1.892,52	-	1.554,24	1.748,52	-	1.429,12	1.607,76
	IV	38.109	2.095,99	3.048,72	3.429,81	2.044,29	2.973,52	3.345,21	1.992,59	2.898,32	3.260,61	1.940,89	2.823,12	3.176,01	1.889,19	2.747,92	3.091,41	1.837,49	2.672,72	3.006,81	1.776,19	2.597,52	2.922,21
	V	44.282	2.435,51	3.542,56	3.985,38																		
	VI	44.814	2.464,77	3.585,12	4.033,26																		
117.683,99	I	38.124	2.096,82	3.049,92	3.431,16	1.993,42	2.899,52	3.261,96	1.890,02	2.749,12	3.092,76	1.777,97	2.598,72	2.923,56	1.554,25	2.448,32	2.754,36	1.330,53	2.297,92	2.585,16	1.106,81	2.147,52	2.415,96
	II	36.334	1.998,37	2.906,72	3.270,06	1.895,02	2.756,40	3.100,95	1.788,80	2.606,00	2.931,75	1.565,08	2.455,60	2.762,55	1.341,36	2.305,20	2.593,35	1.117,64	2.154,80	2.424,15	893,92	2.004,40	2.254,95
	III	27.832	-	2.226,56	2.504,88	-	2.086,08	2.346,84	-	1.948,64	2.192,22	-	1.814,40	2.041,20	-	1.683,20	1.893,60	-	1.555,20	1.749,60	-	1.430,24	1.609,02
	IV	38.124	2.096,82	3.049,92	3.431,16	2.045,12	2.974,72	3.346,56	1.993,42	2.899,52	3.261,96	1.941,72	2.824,32	3.177,36	1.890,02	2.749,12	3.092,76	1.838,32	2.673,92	3.008,16	1.777,97	2.598,72	2.923,56
	V	44.297	2.436,33	3.543,76	3.986,73																		
	VI	44.829	2.465,59	3.586,32	4.034,61																		
117.719,99	I	38.139	2.097,64	3.051,12	3.432,51	1.994,24	2.900,72	3.263,31	1.890,84	2.750,32	3.094,11	1.779,76	2.599,92	2.924,91	1.556,04	2.449,52	2.755,71	1.332,32	2.299,12	2.586,51	1.108,60	2.148,72	2.417,31
	II	36.350	1.999,25	2.908,00	3.271,50	1.895,85	2.757,60	3.102,30	1.790,59	2.607,20	2.933,10	1.566,87	2.456,80	2.763,90	1.343,15	2.306,40	2.594,70	1.119,43	2.156,00	2.425,50	895,71	2.005,60	2.256,30
	III	27.846	-	2.227,68	2.506,14	-	2.087,20	2.348,10	-	1.949,76	2.193,48	-	1.815,52	2.042,46	-	1.684,32	1.894,86	-	1.556,16	1.750,68	-	1.431,20	1.610,10
	IV	38.139	2.097,64	3.051,12	3.432,51	2.045,94	2.975,92	3.347,91	1.994,24	2.900,72	3.263,31	1.942,54	2.825,52	3.178,71	1.890,84	2.750,32	3.094,11	1.839,14	2.675,12	3.009,51	1.779,76	2.599,92	2.924,91
	V	44.312	2.437,16	3.544,96	3.988,08																		
	VI	44.844	2.466,42	3.587,52	4.035,96																		

SolZ/KiSt lt. Tabelle nicht für Sonstige Bezüge anwendbar.

Lohn/Gehalt bis	Steuerklasse	Lohnsteuer	ohne Kinderfreibetrag SolZ 5,5%	ohne Kinderfreibetrag Kirchensteuer 8%	ohne Kinderfreibetrag Kirchensteuer 9%	0,5 SolZ 5,5%	0,5 Kirchensteuer 8%	0,5 Kirchensteuer 9%	1,0 SolZ 5,5%	1,0 Kirchensteuer 8%	1,0 Kirchensteuer 9%	1,5 SolZ 5,5%	1,5 Kirchensteuer 8%	1,5 Kirchensteuer 9%	2,0 SolZ 5,5%	2,0 Kirchensteuer 8%	2,0 Kirchensteuer 9%	2,5 SolZ 5,5%	2,5 Kirchensteuer 8%	2,5 Kirchensteuer 9%	3,0 SolZ 5,5%	3,0 Kirchensteuer 8%	3,0 Kirchensteuer 9%
117.755,99	I	38.154	2.098,47	3.052,32	3.433,86	1.995,07	2.901,92	3.264,66	1.891,67	2.751,52	3.095,46	1.781,54	2.601,12	2.926,26	1.557,82	2.450,72	2.757,06	1.334,10	2.300,32	2.587,86	1.110,38	2.149,92	2.418,66
	II	36.365	2.000,07	2.909,20	3.272,85	1.896,67	2.758,80	3.103,65	1.792,37	2.608,40	2.934,45	1.568,65	2.458,00	2.765,25	1.344,93	2.307,60	2.596,05	1.121,21	2.157,20	2.426,85	897,49	2.006,80	2.257,65
	III	27.860	-	2.228,80	2.507,40	-	2.088,32	2.349,36	-	1.950,88	2.194,74	-	1.816,64	2.043,72	-	1.685,44	1.896,12	-	1.557,28	1.751,94	-	1.432,16	1.611,18
	IV	38.154	2.098,47	3.052,32	3.433,86	2.046,77	2.977,12	3.349,26	1.995,07	2.901,92	3.264,66	1.943,37	2.826,72	3.180,06	1.891,67	2.751,52	3.095,46	1.839,97	2.676,32	3.010,86	1.781,54	2.601,12	2.926,26
	V	44.327	2.437,98	3.546,16	3.989,43																		
	VI	44.859	2.467,24	3.588,72	4.037,31																		
117.791,99	I	38.169	2.099,29	3.053,52	3.435,21	1.995,89	2.903,12	3.266,01	1.892,49	2.752,72	3.096,81	1.783,33	2.602,32	2.927,61	1.559,61	2.451,92	2.758,41	1.335,89	2.301,52	2.589,21	1.112,29	2.151,20	2.420,10
	II	36.380	2.000,90	2.910,40	3.274,20	1.897,50	2.760,00	3.105,00	1.794,10	2.609,60	2.935,80	1.570,44	2.459,20	2.766,60	1.346,72	2.308,80	2.597,40	1.123,00	2.158,40	2.428,20	899,28	2.008,00	2.259,00
	III	27.874	-	2.229,92	2.508,66	-	2.089,44	2.350,62	-	1.952,00	2.196,00	-	1.817,60	2.044,80	-	1.686,40	1.897,20	-	1.558,24	1.753,02	-	1.433,12	1.612,26
	IV	38.169	2.099,29	3.053,52	3.435,21	2.047,59	2.978,32	3.350,61	1.995,89	2.903,12	3.266,01	1.944,19	2.827,92	3.181,41	1.892,49	2.752,72	3.096,81	1.840,79	2.677,52	3.012,21	1.783,33	2.602,32	2.927,61
	V	44.342	2.438,81	3.547,36	3.990,78																		
	VI	44.874	2.468,07	3.589,92	4.038,66																		
117.827,99	I	38.184	2.100,12	3.054,72	3.436,56	1.996,72	2.904,32	3.267,36	1.893,32	2.753,92	3.098,16	1.785,11	2.603,52	2.928,96	1.561,39	2.453,12	2.759,76	1.337,79	2.302,80	2.590,65	1.114,07	2.152,40	2.421,45
	II	36.395	2.001,72	2.911,60	3.275,55	1.898,32	2.761,20	3.106,35	1.794,92	2.610,80	2.937,15	1.572,22	2.460,40	2.767,95	1.348,50	2.310,00	2.598,75	1.124,78	2.159,60	2.429,55	901,06	2.009,20	2.260,35
	III	27.888	-	2.231,04	2.509,92	-	2.090,56	2.351,88	-	1.953,12	2.197,26	-	1.818,72	2.046,06	-	1.687,52	1.898,46	-	1.559,20	1.754,10	-	1.434,08	1.613,34
	IV	38.184	2.100,12	3.054,72	3.436,56	2.048,42	2.979,52	3.351,96	1.996,72	2.904,32	3.267,36	1.945,02	2.829,12	3.182,76	1.893,32	2.753,92	3.098,16	1.841,62	2.678,72	3.013,56	1.785,11	2.603,52	2.928,96
	V	44.357	2.439,63	3.548,56	3.992,13																		
	VI	44.889	2.468,89	3.591,12	4.040,01																		
117.863,99	I	38.199	2.100,94	3.055,92	3.437,91	1.997,54	2.905,52	3.268,71	1.894,14	2.755,12	3.099,51	1.787,02	2.604,80	2.930,40	1.563,30	2.454,40	2.761,20	1.339,58	2.304,00	2.592,00	1.115,86	2.153,60	2.422,80
	II	36.410	2.002,55	2.912,80	3.276,90	1.899,15	2.762,40	3.107,70	1.795,75	2.612,00	2.938,50	1.574,01	2.461,60	2.769,30	1.350,29	2.311,20	2.600,10	1.126,57	2.160,80	2.430,90	902,97	2.010,48	2.261,79
	III	27.902	-	2.232,16	2.511,18	-	2.091,68	2.353,14	-	1.954,24	2.198,52	-	1.819,84	2.047,32	-	1.688,48	1.899,54	-	1.560,32	1.755,36	-	1.435,20	1.614,60
	IV	38.199	2.100,94	3.055,92	3.437,91	2.049,24	2.980,72	3.353,31	1.997,54	2.905,52	3.268,71	1.945,84	2.830,32	3.184,11	1.894,14	2.755,12	3.099,51	1.842,44	2.679,92	3.014,91	1.787,02	2.604,80	2.930,40
	V	44.373	2.440,51	3.549,84	3.993,57																		
	VI	44.904	2.469,72	3.592,32	4.041,36																		
117.899,99	I	38.214	2.101,77	3.057,12	3.439,26	1.998,37	2.906,72	3.270,06	1.895,02	2.756,40	3.100,95	1.788,80	2.606,00	2.931,75	1.565,08	2.455,60	2.762,55	1.341,36	2.305,20	2.593,35	1.117,64	2.154,80	2.424,15
	II	36.425	2.003,37	2.914,00	3.278,25	1.899,97	2.763,60	3.109,05	1.796,57	2.613,20	2.939,85	1.575,79	2.462,80	2.770,65	1.352,19	2.312,48	2.601,54	1.128,47	2.162,08	2.432,34	904,75	2.011,68	2.263,14
	III	27.916	-	2.233,28	2.512,44	-	2.092,80	2.354,40	-	1.955,20	2.199,60	-	1.820,80	2.048,40	-	1.689,60	1.900,80	-	1.561,28	1.756,44	-	1.436,16	1.615,68
	IV	38.214	2.101,77	3.057,12	3.439,26	2.050,07	2.981,92	3.354,66	1.998,37	2.906,72	3.270,06	1.946,72	2.831,60	3.185,55	1.895,02	2.756,40	3.100,95	1.843,32	2.681,20	3.016,35	1.788,80	2.606,00	2.931,75
	V	44.388	2.441,34	3.551,04	3.994,92																		
	VI	44.919	2.470,54	3.593,52	4.042,71																		
117.935,99	I	38.230	2.102,65	3.058,40	3.440,70	1.999,25	2.908,00	3.271,50	1.895,85	2.757,60	3.102,30	1.790,59	2.607,20	2.933,10	1.566,87	2.456,80	2.763,90	1.343,15	2.306,40	2.594,70	1.119,43	2.156,00	2.425,50
	II	36.440	2.004,20	2.915,20	3.279,60	1.900,80	2.764,80	3.110,40	1.797,40	2.614,40	2.941,20	1.577,70	2.464,08	2.772,09	1.353,98	2.313,68	2.602,89	1.130,26	2.163,28	2.433,69	906,54	2.012,88	2.264,49
	III	27.932	-	2.234,56	2.513,88	-	2.093,92	2.355,66	-	1.956,32	2.200,86	-	1.821,92	2.049,66	-	1.690,56	1.901,88	-	1.562,24	1.757,52	-	1.437,12	1.616,76
	IV	38.230	2.102,65	3.058,40	3.440,70	2.050,95	2.983,20	3.356,10	1.999,25	2.908,00	3.271,50	1.947,55	2.832,80	3.186,90	1.895,85	2.757,60	3.102,30	1.844,15	2.682,40	3.017,70	1.790,59	2.607,20	2.933,10
	V	44.403	2.442,16	3.552,24	3.996,27																		
	VI	44.935	2.471,42	3.594,80	4.044,15																		
117.971,99	I	38.245	2.103,47	3.059,60	3.442,05	2.000,07	2.909,20	3.272,85	1.896,67	2.758,80	3.103,65	1.792,37	2.608,40	2.934,45	1.568,65	2.458,00	2.765,25	1.344,93	2.307,60	2.596,05	1.121,21	2.157,20	2.426,85
	II	36.455	2.005,02	2.916,40	3.280,95	1.901,68	2.766,08	3.111,84	1.798,28	2.615,68	2.942,64	1.579,48	2.465,28	2.773,44	1.355,76	2.314,88	2.604,24	1.132,04	2.164,48	2.435,04	908,32	2.014,08	2.265,84
	III	27.946	-	2.235,68	2.515,14	-	2.095,04	2.356,92	-	1.957,44	2.202,12	-	1.823,04	2.050,92	-	1.691,68	1.903,14	-	1.563,36	1.758,78	-	1.438,08	1.617,84
	IV	38.245	2.103,47	3.059,60	3.442,05	2.051,77	2.984,40	3.357,45	2.000,07	2.909,20	3.272,85	1.948,37	2.834,00	3.188,25	1.896,67	2.758,80	3.103,65	1.844,97	2.683,60	3.019,05	1.792,37	2.608,40	2.934,45
	V	44.418	2.442,99	3.553,44	3.997,62																		
	VI	44.950	2.472,25	3.596,00	4.045,50																		
118.007,99	I	38.260	2.104,30	3.060,80	3.443,40	2.000,90	2.910,40	3.274,20	1.897,50	2.760,00	3.105,00	1.794,10	2.609,60	2.935,80	1.570,44	2.459,20	2.766,60	1.346,72	2.308,80	2.597,40	1.123,00	2.158,40	2.428,20
	II	36.471	2.005,90	2.917,68	3.282,39	1.902,50	2.767,28	3.113,19	1.799,10	2.616,88	2.943,99	1.581,27	2.466,48	2.774,79	1.357,55	2.316,08	2.605,59	1.133,83	2.165,68	2.436,39	910,11	2.015,28	2.267,19
	III	27.960	-	2.236,80	2.516,40	-	2.096,16	2.358,18	-	1.958,56	2.203,38	-	1.824,00	2.052,00	-	1.692,64	1.904,22	-	1.564,32	1.759,86	-	1.439,20	1.619,10
	IV	38.260	2.104,30	3.060,80	3.443,40	2.052,60	2.985,60	3.358,80	2.000,90	2.910,40	3.274,20	1.949,20	2.835,20	3.189,60	1.897,50	2.760,00	3.105,00	1.845,80	2.684,80	3.020,40	1.794,10	2.609,60	2.935,80
	V	44.433	2.443,81	3.554,64	3.998,97																		
	VI	44.965	2.473,07	3.597,20	4.046,85																		
118.043,99	I	38.275	2.105,12	3.062,00	3.444,75	2.001,72	2.911,60	3.275,55	1.898,32	2.761,20	3.106,35	1.794,92	2.610,80	2.937,15	1.572,22	2.460,40	2.767,95	1.348,50	2.310,00	2.598,75	1.124,78	2.159,60	2.429,5
	II	36.486	2.006,73	2.918,88	3.283,74	1.903,33	2.768,48	3.114,54	1.799,93	2.618,08	2.945,34	1.583,05	2.467,68	2.776,14	1.359,33	2.317,28	2.606,94	1.135,61	2.166,88	2.437,74	911,89	2.016,48	2.268,5
	III	27.974	-	2.237,92	2.517,66	-	2.097,28	2.359,44	-	1.959,68	2.204,64	-	1.825,12	2.053,26	-	1.693,76	1.905,48	-	1.565,44	1.761,12	-	1.440,16	1.620,1
	IV	38.275	2.105,12	3.062,00	3.444,75	2.053,42	2.986,80	3.360,15	2.001,72	2.911,60	3.275,55	1.950,02	2.836,40	3.190,95	1.898,32	2.761,20	3.106,35	1.846,62	2.686,00	3.021,75	1.794,92	2.610,80	2.937,1
	V	44.448	2.444,64	3.555,84	4.000,32																		
	VI	44.980	2.473,90	3.598,40	4.048,20																		
118.079,99	I	38.290	2.105,95	3.063,20	3.446,10	2.002,55	2.912,80	3.276,90	1.899,15	2.762,40	3.107,70	1.795,75	2.612,00	2.938,50	1.574,01	2.461,60	2.769,30	1.350,29	2.311,20	2.600,10	1.126,57	2.160,80	2.430,9
	II	36.501	2.007,55	2.920,08	3.285,09	1.904,15	2.769,68	3.115,89	1.800,75	2.619,28	2.946,69	1.584,84	2.468,88	2.777,49	1.361,12	2.318,48	2.608,29	1.137,40	2.168,08	2.439,09	913,68	2.017,68	2.269,8
	III	27.988	-	2.239,04	2.518,92	-	2.098,40	2.360,70	-	1.960,80	2.205,90	-	1.826,24	2.054,52	-	1.694,72	1.906,56	-	1.566,40	1.762,20	-	1.441,12	1.621,2
	IV	38.290	2.105,95	3.063,20	3.446,10	2.054,25	2.988,00	3.361,50	2.002,55	2.912,80	3.276,90	1.950,85	2.837,60	3.192,30	1.899,15	2.762,40	3.107,70	1.847,45	2.687,20	3.023,10	1.795,75	2.612,00	2.938,5
	V	44.463	2.445,46	3.557,04	4.001,67																		
	VI	44.995	2.474,72	3.599,60	4.049,55																		
118.115,99	I	38.305	2.106,77	3.064,40	3.447,45	2.003,37	2.914,00	3.278,25	1.899,97	2.763,60	3.109,05	1.796,57	2.613,20	2.939,85	1.575,79	2.462,80	2.770,65	1.352,19	2.312,48	2.601,54	1.128,47	2.162,08	2.432,3
	II	36.516	2.008,38	2.921,28	3.286,44	1.904,98	2.770,88	3.117,24	1.801,58	2.620,48	2.948,04	1.586,62	2.470,08	2.778,84	1.362,90	2.319,68	2.609,64	1.139,18	2.169,28	2.440,44	915,46	2.018,88	2.271,2
	III	28.002	-	2.240,16	2.520,18	-	2.099,52	2.361,96	-	1.961,76	2.206,98	-	1.827,20	2.055,60	-	1.695,84	1.907,82	-	1.567,36	1.763,28	-	1.442,08	1.622,3
	IV	38.305	2.106,77	3.064,40	3.447,45	2.055,07	2.989,20	3.362,85	2.003,37	2.914,00	3.278,25	1.951,67	2.838,80	3.193,65	1.899,97	2.763,60	3.109,05	1.848,27	2.688,40	3.024,45	1.796,57	2.613,20	2.939,8
	V	44.478	2.446,29	3.558,24	4.003,02																		
	VI	45.010	2.475,55	3.600,80	4.050,90																		
118.151,99	I	38.320	2.107,60	3.065,60	3.448,80	2.004,20	2.915,20	3.279,60	1.900,80	2.764,80	3.110,40	1.797,40	2.614,40	2.941,20	1.577,70	2.464,08	2.772,09	1.353,98	2.313,68	2.602,89	1.130,26	2.163,28	2.433,6
	II	36.531	2.009,20	2.922,48	3.287,79	1.905,80	2.772,08	3.118,59	1.802,40	2.621,68	2.949,39	1.588,41	2.471,28	2.780,19	1.364,69	2.320,88	2.610,99	1.140,97	2.170,48	2.441,79	917,37	2.020,16	2.272,6
	III	28.018	-	2.241,44	2.521,62	-	2.100,64	2.363,22	-	1.962,88	2.208,24	-	1.828,32	2.056,86	-	1.696,80	1.908,90	-	1.568,48	1.764,54	-	1.443,04	1.623,4
	IV	38.320	2.107,60	3.065,60	3.448,80	2.055,90	2.990,40	3.364,20	2.004,20	2.915,20	3.279,60	1.952,50	2.840,00	3.195,00	1.900,80	2.764,80	3.110,40	1.849,10	2.689,60	3.025,80	1.797,40	2.614,40	2.941,2
	V	44.494	2.447,17	3.559,52	4.004,46																		
	VI	45.025	2.476,37	3.602,00	4.052,25																		
118.187,99	I	38.335	2.108,42	3.066,80	3.450,15	2.005,02	2.916,40	3.280,95	1.901,68	2.766,08	3.111,84	1.798,28	2.615,68	2.942,64	1.579,48	2.465,28	2.773,44	1.355,76	2.314,88	2.604,24	1.132,04	2.164,48	2.435,0
	II	36.546	2.010,03	2.923,68	3.289,14	1.906,63	2.773,28	3.119,94	1.803,23	2.622,88	2.950,74	1.590,19	2.472,48	2.781,54	1.366,47	2.322,08	2.612,34	1.142,87	2.171,76	2.443,23	919,15	2.021,36	2.274,0
	III	28.032	-	2.242,56	2.522,88	-	2.101,76	2.364,48	-	1.964,00	2.209,50	-	1.829,44	2.058,12	-	1.697,92	1.910,16	-	1.569,44	1.765,62	-	1.444,16	1.624,6
	IV	38.335	2.108,42	3.066,80	3.450,15	2.056,72	2.991,60	3.365,55	2.005,02	2.916,40	3.280,95	1.953,32	2.841,20	3.196,35	1.901,68	2.766,08	3.111,84	1.849,98	2.690,88	3.027,24	1.798,28	2.615,68	2.942,6
	V	44.509	2.447,99	3.560,72	4.005,81																		
	VI	45.040	2.477,20	3.603,20	4.053,60																		
118.223,99	I	38.350	2.109,25	3.068,00	3.451,50	2.005,90	2.917,68	3.282,39	1.902,50	2.767,28	3.113,19	1.799,10	2.616,88	2.943,99	1.581,27	2.466,48	2.774,79	1.357,55	2.316,08	2.605,59	1.133,83	2.165,68	2.436,3
	II	36.561	2.010,85	2.924,88	3.290,49	1.907,45	2.774,48	3.121,29	1.804,05	2.624,08	2.952,09	1.592,10	2.473,76	2.782,98	1.368,38	2.323,36	2.613,78	1.144,66	2.172,96	2.444,58	920,94	2.022,56	2.275,3
	III	28.046	-	2.243,68	2.524,14	-	2.102,88	2.365,74	-	1.965,12	2.210,76	-	1.830,56	2.059,38	-	1.698,88	1.911,24	-	1.570,40	1.766,70	-	1.445,12	1.625,7
	IV	38.350	2.109,25	3.068,00	3.451,50	2.057,60	2.992,88	3.366,99	2.005,90	2.917,68	3.282,39	1.954,20	2.842,48	3.197,79	1.902,50	2.767,28	3.113,19	1.850,80	2.692,08	3.028,59	1.799,10	2.616,88	2.943,9
	V	44.524	2.448,82	3.561,92	4.007,16																		
	VI	45.055	2.478,02	3.604,40	4.054,95																		
118.259,99	I	38.366	2.110,13	3.069,28	3.452,94	2.006,73	2.918,88	3.283,74	1.903,33	2.768,48	3.114,54	1.799,93	2.618,08	2.945,34	1.583,05	2.467,68	2.776,14	1.359,33	2.317,28	2.606,94	1.135,61	2.166,88	2.437,7
	II	36.576	2.011,68	2.926,08	3.291,84	1.908,28	2.775,68	3.122,64	1.804,93	2.625,36	2.953,53	1.593,88	2.474,96	2.784,33	1.370,16	2.324,56	2.615,13	1.146,44	2.174,16	2.445,93	922,72	2.023,76	2.276,7
	III	28.060	-	2.244,80	2.525,40	-	2.104,00	2.367,00	-	1.966,24	2.212,02	-	1.831,52	2.060,46	-	1.700,00	1.912,50	-	1.571,52	1.767,96	-	1.446,08	1.626,8
	IV	38.366	2.110,13	3.069,28	3.452,94	2.058,43	2.994,08	3.368,34	2.006,73	2.918,88	3.283,74	1.955,03	2.843,68	3.199,14	1.903,33	2.768,48	3.114,54	1.851,63	2.693,28	3.029,94	1.799,93	2.618,08	2.945,3
	V	44.539	2.449,64	3.563,12	4.008,51																		
	VI	45.071	2.478,90	3.605,68	4.056,39																		

Anzahl Kinderfreibeträge (nur Steuerklassen I–IV)

SolZ/KiSt lt. Tabelle nicht für Sonstige Bezüge anwendbar.

Besondere Tabelle

JAHR bis 118.799,99 €

Lohn/ Gehalt bis	Steuerklasse	Lohn-steuer	ohne Kinderfreibetrag SolZ 5,5%	ohne Kinderfreibetrag Kirchensteuer 8%	ohne Kinderfreibetrag Kirchensteuer 9%	0,5 SolZ 5,5%	0,5 Kirchensteuer 8%	0,5 Kirchensteuer 9%	1,0 SolZ 5,5%	1,0 Kirchensteuer 8%	1,0 Kirchensteuer 9%	1,5 SolZ 5,5%	1,5 Kirchensteuer 8%	1,5 Kirchensteuer 9%	2,0 SolZ 5,5%	2,0 Kirchensteuer 8%	2,0 Kirchensteuer 9%	2,5 SolZ 5,5%	2,5 Kirchensteuer 8%	2,5 Kirchensteuer 9%	3,0 SolZ 5,5%	3,0 Kirchensteuer 8%	3,0 Kirchensteuer 9%
118.295,99	I	38.381	2.110,95	3.070,48	3.454,29	2.007,55	2.920,08	3.285,09	1.904,15	2.769,68	3.115,89	1.800,75	2.619,28	2.946,69	1.584,84	2.468,88	2.777,49	1.361,12	2.318,48	2.608,29	1.137,40	2.168,08	2.439,09
	II	36.592	2.012,56	2.927,36	3.293,28	1.909,16	2.776,96	3.124,08	1.805,76	2.626,56	2.954,88	1.595,67	2.476,16	2.785,68	1.371,95	2.325,76	2.616,48	1.148,23	2.175,36	2.447,28	924,51	2.024,96	2.278,08
	III	28.074	-	2.245,92	2.526,66	-	2.105,12	2.368,26	-	1.967,36	2.213,28	-	1.832,64	2.061,72	-	1.700,96	1.913,58	-	1.572,48	1.769,04	-	1.447,04	1.627,92
	IV	38.381	2.110,95	3.070,48	3.454,29	2.059,25	2.995,28	3.369,69	2.007,55	2.920,08	3.285,09	1.955,85	2.844,88	3.200,49	1.904,15	2.769,68	3.115,89	1.852,45	2.694,48	3.031,29	1.800,75	2.619,28	2.946,69
	V	44.554	2.450,47	3.564,32	4.009,86																		
	VI	45.086	2.479,73	3.606,88	4.057,74																		
118.331,99	I	38.396	2.111,78	3.071,68	3.455,64	2.008,38	2.921,28	3.286,44	1.904,98	2.770,88	3.117,24	1.801,58	2.620,48	2.948,04	1.586,62	2.470,08	2.778,84	1.362,90	2.319,68	2.609,64	1.139,18	2.169,28	2.440,44
	II	36.607	2.013,38	2.928,56	3.294,63	1.909,98	2.778,16	3.125,43	1.806,58	2.627,76	2.956,23	1.597,45	2.477,36	2.787,03	1.373,73	2.326,96	2.617,83	1.150,01	2.176,56	2.448,63	926,29	2.026,16	2.279,43
	III	28.088	-	2.247,04	2.527,92	-	2.106,24	2.369,52	-	1.968,48	2.214,54	-	1.833,76	2.062,98	-	1.702,08	1.914,84	-	1.573,60	1.770,30	-	1.448,16	1.629,18
	IV	38.396	2.111,78	3.071,68	3.455,64	2.060,08	2.996,48	3.371,04	2.008,38	2.921,28	3.286,44	1.956,68	2.846,08	3.201,84	1.904,98	2.770,88	3.117,24	1.853,28	2.695,68	3.032,64	1.801,58	2.620,48	2.948,04
	V	44.569	2.451,29	3.565,52	4.011,21																		
	VI	45.101	2.480,55	3.608,08	4.059,09																		
118.367,99	I	38.411	2.112,60	3.072,88	3.456,99	2.009,20	2.922,48	3.287,79	1.905,80	2.772,08	3.118,59	1.802,40	2.621,68	2.949,39	1.588,41	2.471,28	2.780,19	1.364,69	2.320,88	2.610,99	1.140,97	2.170,48	2.441,79
	II	36.622	2.014,21	2.929,76	3.295,98	1.910,81	2.779,36	3.126,78	1.807,41	2.628,96	2.957,58	1.599,24	2.478,56	2.788,38	1.375,52	2.328,16	2.619,18	1.151,80	2.177,76	2.449,98	928,08	2.027,36	2.280,78
	III	28.102	-	2.248,16	2.529,18	-	2.107,36	2.370,78	-	1.969,44	2.215,62	-	1.834,72	2.064,06	-	1.703,20	1.916,10	-	1.574,56	1.771,38	-	1.449,12	1.630,26
	IV	38.411	2.112,60	3.072,88	3.456,99	2.060,90	2.997,68	3.372,39	2.009,20	2.922,48	3.287,79	1.957,50	2.847,28	3.203,19	1.905,80	2.772,08	3.118,59	1.854,10	2.696,88	3.033,99	1.802,40	2.621,68	2.949,39
	V	44.584	2.452,12	3.566,72	4.012,56																		
	VI	45.116	2.481,38	3.609,28	4.060,44																		
118.403,99	I	38.426	2.113,43	3.074,08	3.458,34	2.010,03	2.923,68	3.289,14	1.906,63	2.773,28	3.119,94	1.803,23	2.622,88	2.950,74	1.590,19	2.472,48	2.781,54	1.366,47	2.322,08	2.612,34	1.142,87	2.171,76	2.443,23
	II	36.637	2.015,03	2.930,96	3.297,33	1.911,63	2.780,56	3.128,13	1.808,23	2.630,16	2.958,93	1.601,02	2.479,76	2.789,73	1.377,30	2.329,36	2.620,53	1.153,58	2.178,96	2.451,33	929,86	2.028,56	2.282,13
	III	28.118	-	2.249,44	2.530,62	-	2.108,48	2.372,04	-	1.970,56	2.216,88	-	1.835,84	2.065,32	-	1.704,16	1.917,18	-	1.575,52	1.772,46	-	1.450,08	1.631,34
	IV	38.426	2.113,43	3.074,08	3.458,34	2.061,73	2.998,88	3.373,74	2.010,03	2.923,68	3.289,14	1.958,33	2.848,48	3.204,54	1.906,63	2.773,28	3.119,94	1.854,93	2.698,08	3.035,34	1.803,23	2.622,88	2.950,74
	V	44.599	2.452,94	3.567,92	4.013,91																		
	VI	45.131	2.482,20	3.610,48	4.061,79																		
118.439,99	I	38.441	2.114,25	3.075,28	3.459,69	2.010,85	2.924,88	3.290,49	1.907,45	2.774,48	3.121,29	1.804,05	2.624,08	2.952,09	1.592,10	2.473,76	2.782,98	1.368,38	2.323,36	2.613,78	1.144,66	2.172,96	2.444,58
	II	36.652	2.015,86	2.932,16	3.298,68	1.912,46	2.781,76	3.129,48	1.809,06	2.631,36	2.960,28	1.602,81	2.480,96	2.791,08	1.379,09	2.330,56	2.621,88	1.155,37	2.180,16	2.452,68	931,65	2.029,76	2.283,48
	III	28.132	-	2.250,56	2.531,88	-	2.109,60	2.373,30	-	1.971,68	2.218,14	-	1.836,96	2.066,58	-	1.705,28	1.918,44	-	1.576,64	1.773,72	-	1.451,04	1.632,42
	IV	38.441	2.114,25	3.075,28	3.459,69	2.062,55	3.000,08	3.375,09	2.010,85	2.924,88	3.290,49	1.959,15	2.849,68	3.205,89	1.907,45	2.774,48	3.121,29	1.855,75	2.699,28	3.036,69	1.804,05	2.624,08	2.952,09
	V	44.614	2.453,77	3.569,12	4.015,26																		
	VI	45.146	2.483,03	3.611,68	4.063,14																		
118.475,99	I	38.456	2.115,08	3.076,48	3.461,04	2.011,68	2.926,08	3.291,84	1.908,28	2.775,68	3.122,64	1.804,93	2.625,36	2.953,53	1.593,88	2.474,96	2.784,33	1.370,16	2.324,56	2.615,13	1.146,44	2.174,16	2.445,93
	II	36.667	2.016,68	2.933,36	3.300,03	1.913,28	2.782,96	3.130,83	1.809,88	2.632,56	2.961,63	1.604,59	2.482,16	2.792,43	1.380,87	2.331,76	2.623,23	1.157,27	2.181,44	2.454,12	933,55	2.031,04	2.284,92
	III	28.146	-	2.251,68	2.533,14	-	2.110,72	2.374,56	-	1.972,80	2.219,40	-	1.837,92	2.067,66	-	1.706,24	1.919,52	-	1.577,60	1.774,80	-	1.452,00	1.633,50
	IV	38.456	2.115,08	3.076,48	3.461,04	2.063,38	3.001,28	3.376,44	2.011,68	2.926,08	3.291,84	1.959,98	2.850,88	3.207,24	1.908,28	2.775,68	3.122,64	1.856,63	2.700,56	3.038,13	1.804,93	2.625,36	2.953,53
	V	44.630	2.454,65	3.570,40	4.016,70																		
	VI	45.161	2.483,85	3.612,88	4.064,49																		
118.511,99	I	38.471	2.115,90	3.077,68	3.462,39	2.012,56	2.927,36	3.293,28	1.909,16	2.776,96	3.124,08	1.805,76	2.626,56	2.954,88	1.595,67	2.476,16	2.785,68	1.371,95	2.325,76	2.616,48	1.148,23	2.175,36	2.447,28
	II	36.682	2.017,51	2.934,56	3.301,38	1.914,11	2.784,16	3.132,18	1.810,71	2.633,76	2.962,98	1.606,38	2.483,36	2.793,78	1.382,78	2.333,04	2.624,67	1.159,06	2.182,64	2.455,47	935,34	2.032,24	2.286,27
	III	28.160	-	2.252,80	2.534,40	-	2.111,84	2.375,82	-	1.973,92	2.220,66	-	1.839,04	2.068,92	-	1.707,36	1.920,78	-	1.578,72	1.776,06	-	1.453,12	1.634,76
	IV	38.471	2.115,90	3.077,68	3.462,39	2.064,20	3.002,48	3.377,79	2.012,56	2.927,36	3.293,28	1.960,86	2.852,16	3.208,68	1.909,16	2.776,96	3.124,08	1.857,46	2.701,76	3.039,48	1.805,76	2.626,56	2.954,88
	V	44.645	2.455,47	3.571,60	4.018,05																		
	VI	45.176	2.484,68	3.614,08	4.065,84																		
118.547,99	I	38.487	2.116,78	3.078,96	3.463,83	2.013,38	2.928,56	3.294,63	1.909,98	2.778,16	3.125,43	1.806,58	2.627,76	2.956,23	1.597,45	2.477,36	2.787,03	1.373,73	2.326,96	2.617,83	1.150,01	2.176,56	2.448,63
	II	36.697	2.018,33	2.935,76	3.302,73	1.914,93	2.785,36	3.133,53	1.811,59	2.635,04	2.964,42	1.608,28	2.484,64	2.795,22	1.384,56	2.334,24	2.626,02	1.160,84	2.183,84	2.456,82	937,12	2.033,44	2.287,62
	III	28.174	-	2.253,92	2.535,66	-	2.112,96	2.377,08	-	1.975,04	2.221,92	-	1.840,16	2.070,18	-	1.708,32	1.921,86	-	1.579,68	1.777,14	-	1.454,08	1.635,84
	IV	38.487	2.116,78	3.078,96	3.463,83	2.065,08	3.003,76	3.379,23	2.013,38	2.928,56	3.294,63	1.961,68	2.853,36	3.210,03	1.909,98	2.778,16	3.125,43	1.858,28	2.702,96	3.040,83	1.806,58	2.627,76	2.956,23
	V	44.660	2.456,30	3.572,80	4.019,40																		
	VI	45.192	2.485,56	3.615,36	4.067,28																		
118.583,99	I	38.502	2.117,61	3.080,16	3.465,18	2.014,21	2.929,76	3.295,98	1.910,81	2.779,36	3.126,78	1.807,41	2.628,96	2.957,58	1.599,24	2.478,56	2.788,38	1.375,52	2.328,16	2.619,18	1.151,80	2.177,76	2.449,98
	II	36.712	2.019,16	2.936,96	3.304,08	1.915,81	2.786,64	3.134,97	1.812,41	2.636,24	2.965,77	1.610,07	2.485,84	2.796,57	1.386,35	2.335,44	2.627,37	1.162,63	2.185,04	2.458,17	938,91	2.034,64	2.288,97
	III	28.188	-	2.255,04	2.536,92	-	2.114,08	2.378,34	-	1.976,16	2.223,18	-	1.841,12	2.071,26	-	1.709,44	1.923,12	-	1.580,64	1.778,22	-	1.455,04	1.636,92
	IV	38.502	2.117,61	3.080,16	3.465,18	2.065,91	3.004,96	3.380,58	2.014,21	2.929,76	3.295,98	1.962,51	2.854,56	3.211,38	1.910,81	2.779,36	3.126,78	1.859,11	2.704,16	3.042,18	1.807,41	2.628,96	2.957,58
	V	44.675	2.457,12	3.574,00	4.020,75																		
	VI	45.207	2.486,38	3.616,56	4.068,63																		
118.619,99	I	38.517	2.118,43	3.081,36	3.466,53	2.015,03	2.930,96	3.297,33	1.911,63	2.780,56	3.128,13	1.808,23	2.630,16	2.958,93	1.601,02	2.479,76	2.789,73	1.377,30	2.329,36	2.620,53	1.153,58	2.178,96	2.451,33
	II	36.728	2.020,04	2.938,24	3.305,52	1.916,64	2.787,84	3.136,32	1.813,24	2.637,44	2.967,12	1.611,85	2.487,04	2.797,92	1.388,13	2.336,64	2.628,72	1.164,41	2.186,24	2.459,52	940,69	2.035,84	2.290,32
	III	28.204	-	2.256,32	2.538,36	-	2.115,20	2.379,60	-	1.977,12	2.224,26	-	1.842,24	2.072,52	-	1.710,40	1.924,20	-	1.581,76	1.779,48	-	1.456,00	1.638,00
	IV	38.517	2.118,43	3.081,36	3.466,53	2.066,73	3.006,16	3.381,93	2.015,03	2.930,96	3.297,33	1.963,33	2.855,76	3.212,73	1.911,63	2.780,56	3.128,13	1.859,93	2.705,36	3.043,53	1.808,23	2.630,16	2.958,93
	V	44.690	2.457,95	3.575,20	4.022,10																		
	VI	45.222	2.487,21	3.617,76	4.069,98																		
118.655,99	I	38.532	2.119,26	3.082,56	3.467,88	2.015,86	2.932,16	3.298,68	1.912,46	2.781,76	3.129,48	1.809,06	2.631,36	2.960,28	1.602,81	2.480,96	2.791,08	1.379,09	2.330,56	2.621,88	1.155,37	2.180,16	2.452,68
	II	36.743	2.020,86	2.939,44	3.306,87	1.917,46	2.789,04	3.137,67	1.814,06	2.638,64	2.968,47	1.613,64	2.488,24	2.799,27	1.389,92	2.337,84	2.630,07	1.166,20	2.187,44	2.460,87	942,48	2.037,04	2.291,67
	III	28.218	-	2.257,44	2.539,62	-	2.116,32	2.380,86	-	1.978,24	2.225,52	-	1.843,36	2.073,78	-	1.711,52	1.925,46	-	1.582,72	1.780,56	-	1.457,12	1.639,26
	IV	38.532	2.119,26	3.082,56	3.467,88	2.067,56	3.007,36	3.383,28	2.015,86	2.932,16	3.298,68	1.964,16	2.856,96	3.214,08	1.912,46	2.781,76	3.129,48	1.860,76	2.706,56	3.044,88	1.809,06	2.631,36	2.960,28
	V	44.705	2.458,77	3.576,40	4.023,45																		
	VI	45.237	2.488,03	3.618,96	4.071,33																		
118.691,99	I	38.547	2.120,08	3.083,76	3.469,23	2.016,68	2.933,36	3.300,03	1.913,28	2.782,96	3.130,83	1.809,88	2.632,56	2.961,63	1.604,59	2.482,16	2.792,43	1.380,87	2.331,76	2.623,23	1.157,27	2.181,44	2.454,12
	II	36.758	2.021,69	2.940,64	3.308,22	1.918,29	2.790,24	3.139,02	1.814,89	2.639,84	2.969,82	1.615,42	2.489,44	2.800,62	1.391,70	2.339,04	2.631,42	1.167,98	2.188,64	2.462,22	944,26	2.038,24	2.293,02
	III	28.232	-	2.258,56	2.540,88	-	2.117,44	2.382,12	-	1.979,36	2.226,78	-	1.844,48	2.075,04	-	1.712,48	1.926,54	-	1.583,84	1.781,82	-	1.458,08	1.640,34
	IV	38.547	2.120,08	3.083,76	3.469,23	2.068,38	3.008,56	3.384,63	2.016,68	2.933,36	3.300,03	1.964,98	2.858,16	3.215,43	1.913,28	2.782,96	3.130,83	1.861,58	2.707,76	3.046,23	1.809,88	2.632,56	2.961,63
	V	44.720	2.459,60	3.577,60	4.024,80																		
	VI	45.252	2.488,86	3.620,16	4.072,68																		
118.727,99	I	38.562	2.120,91	3.084,96	3.470,58	2.017,51	2.934,56	3.301,38	1.914,11	2.784,16	3.132,18	1.810,71	2.633,76	2.962,98	1.606,38	2.483,36	2.793,78	1.382,78	2.333,04	2.624,67	1.159,06	2.182,64	2.455,47
	II	36.773	2.022,51	2.941,84	3.309,57	1.919,11	2.791,44	3.140,37	1.815,71	2.641,04	2.971,17	1.617,21	2.490,64	2.801,97	1.393,49	2.340,24	2.632,77	1.169,77	2.189,84	2.463,57	946,05	2.039,44	2.294,37
	III	28.246	-	2.259,68	2.542,14	-	2.118,56	2.383,38	-	1.980,48	2.228,04	-	1.845,44	2.076,12	-	1.713,60	1.927,80	-	1.584,80	1.782,90	-	1.459,04	1.641,42
	IV	38.562	2.120,91	3.084,96	3.470,58	2.069,21	3.009,76	3.385,98	2.017,51	2.934,56	3.301,38	1.965,81	2.859,36	3.216,78	1.914,11	2.784,16	3.132,18	1.862,41	2.708,96	3.047,58	1.810,71	2.633,76	2.962,98
	V	44.735	2.460,42	3.578,80	4.026,15																		
	VI	45.267	2.489,68	3.621,36	4.074,03																		
118.763,99	I	38.577	2.121,73	3.086,16	3.471,93	2.018,33	2.935,76	3.302,73	1.914,93	2.785,36	3.133,53	1.811,59	2.635,04	2.964,42	1.608,28	2.484,64	2.795,22	1.384,56	2.334,24	2.626,02	1.160,84	2.183,84	2.456,82
	II	36.788	2.023,34	2.943,04	3.310,92	1.919,94	2.792,64	3.141,72	1.816,54	2.642,24	2.972,52	1.618,99	2.491,84	2.803,32	1.395,27	2.341,44	2.634,12	1.171,55	2.191,04	2.464,92	947,95	2.040,72	2.295,81
	III	28.260	-	2.260,80	2.543,40	-	2.119,68	2.384,64	-	1.981,60	2.229,30	-	1.846,56	2.077,38	-	1.714,72	1.929,06	-	1.585,76	1.783,98	-	1.460,00	1.642,50
	IV	38.577	2.121,73	3.086,16	3.471,93	2.070,03	3.010,96	3.387,33	2.018,33	2.935,76	3.302,73	1.966,63	2.860,56	3.218,13	1.914,93	2.785,36	3.133,53	1.863,23	2.710,16	3.048,93	1.811,59	2.635,04	2.964,42
	V	44.751	2.461,30	3.580,08	4.027,59																		
	VI	45.282	2.490,51	3.622,56	4.075,38																		
118.799,99	I	38.592	2.122,56	3.087,36	3.473,28	2.019,16	2.936,96	3.304,08	1.915,81	2.786,64	3.134,97	1.812,41	2.636,24	2.965,77	1.610,07	2.485,84	2.796,57	1.386,35	2.335,44	2.627,37	1.162,63	2.185,04	2.458,17
	II	36.803	2.024,16	2.944,24	3.312,27	1.920,76	2.793,84	3.143,07	1.817,36	2.643,44	2.973,87	1.620,78	2.493,04	2.804,67	1.397,17	2.342,72	2.635,56	1.173,45	2.192,32	2.466,36	949,73	2.041,92	2.297,16
	III	28.274	-	2.261,92	2.544,66	-	2.120,80	2.385,90	-	1.982,72	2.230,56	-	1.847,68	2.078,64	-	1.715,68	1.930,14	-	1.586,88	1.785,24	-	1.461,12	1.643,76
	IV	38.592	2.122,56	3.087,36	3.473,28	2.070,86	3.012,16	3.388,68	2.019,16	2.936,96	3.304,08	1.967,51	2.861,84	3.219,57	1.915,81	2.786,64	3.134,97	1.864,11	2.711,44	3.050,37	1.812,41	2.636,24	2.965,77
	V	44.766	2.462,13	3.581,28	4.028,94																		
	VI	45.297	2.491,33	3.623,76	4.076,73																		

Anzahl Kinderfreibeträge (nur Steuerklassen I–IV)

SolZ/KiSt lt. Tabelle nicht für Sonstige Bezüge anwendbar.

Lohn/ Gehalt bis	Steuerklasse	Lohnsteuer	ohne Kinderfreibetrag			Anzahl Kinderfreibeträge (nur Steuerklassen I–IV) 0,5			1,0			1,5			2,0			2,5			3,0		
			SolZ 5,5%	Kirchensteuer 8%	9%	SolZ 5,5%	Kirchensteuer 8%	9%	SolZ 5,5%	Kirchensteuer 8%	9%	SolZ 5,5%	Kirchensteuer 8%	9%	SolZ 5,5%	Kirchensteuer 8%	9%	SolZ 5,5%	Kirchensteuer 8%	9%	SolZ 5,5%	Kirchensteuer 8%	9%
118.835,99	I	38.608	2.123,44	3.088,64	3.474,72	2.020,04	2.938,24	3.305,52	1.916,64	2.787,84	3.136,32	1.813,24	2.637,44	2.967,12	1.611,85	2.487,04	2.797,92	1.388,13	2.336,64	2.628,72	1.164,41	2.186,24	2.459,52
	II	36.818	2.024,99	2.945,44	3.313,62	1.921,59	2.795,04	3.144,42	1.818,19	2.644,64	2.975,22	1.622,68	2.494,32	2.806,11	1.398,96	2.343,92	2.636,91	1.175,24	2.193,52	2.467,71	951,52	2.043,12	2.298,51
	III	28.290	-	2.263,20	2.546,10	-	2.121,92	2.387,16	-	1.983,84	2.231,82	-	1.848,64	2.079,72	-	1.716,80	1.931,40	-	1.587,84	1.786,32	-	1.462,08	1.644,84
	IV	38.608	2.123,44	3.088,64	3.474,72	2.071,74	3.013,44	3.390,12	2.020,04	2.938,24	3.305,52	1.968,34	2.863,04	3.220,92	1.916,64	2.787,84	3.136,32	1.864,94	2.712,64	3.051,72	1.813,24	2.637,44	2.967,12
	V	44.781	2.462,95	3.582,48	4.030,29																		
	VI	45.313	2.492,21	3.625,04	4.078,17																		
118.871,99	I	38.623	2.124,26	3.089,84	3.476,07	2.020,86	2.939,44	3.306,87	1.917,46	2.789,04	3.137,67	1.814,06	2.638,64	2.968,47	1.613,64	2.488,24	2.799,27	1.389,92	2.337,84	2.630,07	1.166,20	2.187,44	2.460,87
	II	36.833	2.025,81	2.946,64	3.314,97	1.922,47	2.796,32	3.145,86	1.819,07	2.645,92	2.976,66	1.624,46	2.495,52	2.807,46	1.400,74	2.345,12	2.638,26	1.177,02	2.194,72	2.469,06	953,30	2.044,32	2.299,86
	III	28.304	-	2.264,32	2.547,36	-	2.123,04	2.388,42	-	1.984,80	2.232,90	-	1.849,76	2.080,98	-	1.717,76	1.932,48	-	1.588,96	1.787,58	-	1.463,04	1.645,92
	IV	38.623	2.124,26	3.089,84	3.476,07	2.072,56	3.014,64	3.391,47	2.020,86	2.939,44	3.306,87	1.969,16	2.864,24	3.222,27	1.917,46	2.789,04	3.137,67	1.865,76	2.713,84	3.053,07	1.814,06	2.638,64	2.968,47
	V	44.796	2.463,78	3.583,68	4.031,64																		
	VI	45.328	2.493,04	3.626,24	4.079,52																		
118.907,99	I	38.638	2.125,09	3.091,04	3.477,42	2.021,69	2.940,64	3.308,22	1.918,29	2.790,24	3.139,02	1.814,89	2.639,84	2.969,82	1.615,42	2.489,44	2.800,62	1.391,70	2.339,04	2.631,42	1.167,98	2.188,64	2.462,22
	II	36.849	2.026,69	2.947,92	3.316,41	1.923,29	2.797,52	3.147,21	1.819,89	2.647,12	2.978,01	1.626,25	2.496,72	2.808,81	1.402,53	2.346,32	2.639,61	1.178,81	2.195,92	2.470,41	955,09	2.045,52	2.301,21
	III	28.318	-	2.265,44	2.548,62	-	2.124,16	2.389,68	-	1.985,92	2.234,16	-	1.850,88	2.082,24	-	1.718,88	1.933,74	-	1.589,92	1.788,66	-	1.464,00	1.647,00
	IV	38.638	2.125,09	3.091,04	3.477,42	2.073,39	3.015,84	3.392,82	2.021,69	2.940,64	3.308,22	1.969,99	2.865,44	3.223,62	1.918,29	2.790,24	3.139,02	1.866,59	2.715,04	3.054,42	1.814,89	2.639,84	2.969,82
	V	44.811	2.464,60	3.584,88	4.032,99																		
	VI	45.343	2.493,86	3.627,44	4.080,87																		
118.943,99	I	38.653	2.125,91	3.092,24	3.478,77	2.022,51	2.941,84	3.309,57	1.919,11	2.791,44	3.140,37	1.815,71	2.641,04	2.971,17	1.617,21	2.490,64	2.801,97	1.393,49	2.340,24	2.632,77	1.169,77	2.189,84	2.463,57
	II	36.864	2.027,52	2.949,12	3.317,76	1.924,12	2.798,72	3.148,56	1.820,72	2.648,32	2.979,36	1.628,03	2.497,92	2.810,16	1.404,31	2.347,52	2.640,96	1.180,59	2.197,12	2.471,76	956,87	2.046,72	2.302,56
	III	28.332	-	2.266,56	2.549,88	-	2.125,28	2.390,94	-	1.987,04	2.235,42	-	1.852,00	2.083,50	-	1.719,84	1.934,82	-	1.590,88	1.789,74	-	1.465,12	1.648,26
	IV	38.653	2.125,91	3.092,24	3.478,77	2.074,21	3.017,04	3.394,17	2.022,51	2.941,84	3.309,57	1.970,81	2.866,64	3.224,97	1.919,11	2.791,44	3.140,37	1.867,41	2.716,24	3.055,77	1.815,71	2.641,04	2.971,17
	V	44.826	2.465,43	3.586,08	4.034,34																		
	VI	45.358	2.494,69	3.628,64	4.082,22																		
118.979,99	I	38.668	2.126,74	3.093,44	3.480,12	2.023,34	2.943,04	3.310,92	1.919,94	2.792,64	3.141,72	1.816,54	2.642,24	2.972,52	1.618,99	2.491,84	2.803,32	1.395,27	2.341,44	2.634,12	1.171,55	2.191,04	2.464,92
	II	36.879	2.028,34	2.950,32	3.319,11	1.924,94	2.799,92	3.149,91	1.821,54	2.649,52	2.980,71	1.629,82	2.499,12	2.811,51	1.406,10	2.348,72	2.642,31	1.182,38	2.198,32	2.473,11	958,66	2.047,92	2.303,91
	III	28.346	-	2.267,68	2.551,14	-	2.126,40	2.392,20	-	1.988,16	2.236,68	-	1.852,96	2.084,58	-	1.720,96	1.936,08	-	1.592,00	1.791,00	-	1.466,08	1.649,34
	IV	38.668	2.126,74	3.093,44	3.480,12	2.075,04	3.018,24	3.395,52	2.023,34	2.943,04	3.310,92	1.971,64	2.867,84	3.226,32	1.919,94	2.792,64	3.141,72	1.868,24	2.717,44	3.057,12	1.816,54	2.642,24	2.972,52
	V	44.841	2.466,25	3.587,28	4.035,69																		
	VI	45.373	2.495,51	3.629,84	4.083,57																		
119.015,99	I	38.683	2.127,56	3.094,64	3.481,47	2.024,16	2.944,24	3.312,27	1.920,76	2.793,84	3.143,07	1.817,36	2.643,44	2.973,87	1.620,78	2.493,04	2.804,67	1.397,17	2.342,72	2.635,56	1.173,45	2.192,32	2.466,36
	II	36.894	2.029,17	2.951,52	3.320,46	1.925,77	2.801,12	3.151,26	1.822,37	2.650,72	2.982,06	1.631,60	2.500,32	2.812,86	1.407,88	2.349,92	2.643,66	1.184,16	2.199,52	2.474,46	960,44	2.049,12	2.305,26
	III	28.362	-	2.268,96	2.552,58	-	2.127,52	2.393,46	-	1.989,28	2.237,94	-	1.854,08	2.085,84	-	1.721,92	1.937,16	-	1.592,96	1.792,08	-	1.467,04	1.650,42
	IV	38.683	2.127,56	3.094,64	3.481,47	2.075,86	3.019,44	3.396,87	2.024,16	2.944,24	3.312,27	1.972,46	2.869,04	3.227,67	1.920,76	2.793,84	3.143,07	1.869,06	2.718,64	3.058,47	1.817,36	2.643,44	2.973,87
	V	44.856	2.467,08	3.588,48	4.037,04																		
	VI	45.388	2.496,34	3.631,04	4.084,92																		
119.051,99	I	38.698	2.128,39	3.095,84	3.482,82	2.024,99	2.945,44	3.313,62	1.921,59	2.795,04	3.144,42	1.818,19	2.644,64	2.975,22	1.622,68	2.494,32	2.806,11	1.398,96	2.343,92	2.636,91	1.175,24	2.193,52	2.467,71
	II	36.909	2.029,99	2.952,72	3.321,81	1.926,59	2.802,32	3.152,61	1.823,19	2.651,92	2.983,41	1.633,39	2.501,52	2.814,21	1.409,67	2.351,12	2.645,01	1.185,95	2.200,72	2.475,81	962,35	2.050,40	2.306,70
	III	28.376	-	2.270,08	2.553,84	-	2.128,64	2.394,72	-	1.990,40	2.239,20	-	1.855,20	2.087,10	-	1.723,04	1.938,42	-	1.594,08	1.793,34	-	1.468,00	1.651,50
	IV	38.698	2.128,39	3.095,84	3.482,82	2.076,69	3.020,64	3.398,22	2.024,99	2.945,44	3.313,62	1.973,29	2.870,24	3.229,02	1.921,59	2.795,04	3.144,42	1.869,89	2.719,84	3.059,82	1.818,19	2.644,64	2.975,22
	V	44.872	2.467,96	3.589,76	4.038,48																		
	VI	45.403	2.497,16	3.632,24	4.086,27																		
119.087,99	I	38.713	2.129,21	3.097,04	3.484,17	2.025,81	2.946,64	3.314,97	1.922,47	2.796,32	3.145,86	1.819,07	2.645,92	2.976,66	1.624,46	2.495,52	2.807,46	1.400,74	2.345,12	2.638,26	1.177,02	2.194,72	2.469,06
	II	36.924	2.030,82	2.953,92	3.323,16	1.927,42	2.803,52	3.153,96	1.824,02	2.653,12	2.984,76	1.635,17	2.502,72	2.815,56	1.411,45	2.352,32	2.646,36	1.187,85	2.202,00	2.477,25	964,13	2.051,60	2.308,05
	III	28.390	-	2.271,20	2.555,10	-	2.129,76	2.395,98	-	1.991,52	2.240,46	-	1.856,16	2.088,18	-	1.724,16	1.939,68	-	1.595,04	1.794,42	-	1.469,12	1.652,76
	IV	38.713	2.129,21	3.097,04	3.484,17	2.077,51	3.021,84	3.399,57	2.025,81	2.946,64	3.314,97	1.974,11	2.871,44	3.230,37	1.922,47	2.796,32	3.145,86	1.870,77	2.721,12	3.061,26	1.819,07	2.645,92	2.976,66
	V	44.887	2.468,78	3.590,96	4.039,83																		
	VI	45.418	2.497,99	3.633,44	4.087,62																		
119.123,99	I	38.728	2.130,04	3.098,24	3.485,52	2.026,69	2.947,92	3.316,41	1.923,29	2.797,52	3.147,21	1.819,89	2.647,12	2.978,01	1.626,25	2.496,72	2.808,81	1.402,53	2.346,32	2.639,61	1.178,81	2.195,92	2.470,41
	II	36.939	2.031,64	2.955,12	3.324,51	1.928,24	2.804,72	3.155,31	1.824,84	2.654,32	2.986,11	1.637,08	2.504,00	2.817,00	1.413,36	2.353,60	2.647,80	1.189,64	2.203,20	2.478,60	965,92	2.052,80	2.309,40
	III	28.404	-	2.272,32	2.556,36	-	2.130,88	2.397,24	-	1.992,64	2.241,72	-	1.857,28	2.089,44	-	1.725,12	1.940,76	-	1.596,00	1.795,50	-	1.470,08	1.653,84
	IV	38.728	2.130,04	3.098,24	3.485,52	2.078,39	3.023,12	3.401,01	2.026,69	2.947,92	3.316,41	1.974,99	2.872,72	3.231,81	1.923,29	2.797,52	3.147,21	1.871,59	2.722,32	3.062,61	1.819,89	2.647,12	2.978,01
	V	44.902	2.469,61	3.592,16	4.041,18																		
	VI	45.433	2.498,81	3.634,64	4.088,97																		
119.159,99	I	38.744	2.130,92	3.099,52	3.486,96	2.027,52	2.949,12	3.317,76	1.924,12	2.798,72	3.148,56	1.820,72	2.648,32	2.979,36	1.628,03	2.497,92	2.810,16	1.404,31	2.347,52	2.640,96	1.180,59	2.197,12	2.471,76
	II	36.954	2.032,47	2.956,32	3.325,86	1.929,07	2.805,92	3.156,66	1.825,72	2.655,60	2.987,55	1.638,86	2.505,20	2.818,35	1.415,14	2.354,80	2.649,15	1.191,42	2.204,40	2.479,95	967,70	2.054,00	2.310,75
	III	28.418	-	2.273,44	2.557,62	-	2.132,00	2.398,50	-	1.993,60	2.242,80	-	1.858,40	2.090,70	-	1.726,24	1.942,02	-	1.597,12	1.796,76	-	1.471,04	1.654,92
	IV	38.744	2.130,92	3.099,52	3.486,96	2.079,22	3.024,32	3.402,36	2.027,52	2.949,12	3.317,76	1.975,82	2.873,92	3.233,16	1.924,12	2.798,72	3.148,56	1.872,42	2.723,52	3.063,96	1.820,72	2.648,32	2.979,36
	V	44.917	2.470,43	3.593,36	4.042,53																		
	VI	45.449	2.499,69	3.635,92	4.090,41																		
119.195,99	I	38.759	2.131,74	3.100,72	3.488,31	2.028,34	2.950,32	3.319,11	1.924,94	2.799,92	3.149,91	1.821,54	2.649,52	2.980,71	1.629,82	2.499,12	2.811,51	1.406,10	2.348,72	2.642,31	1.182,38	2.198,32	2.473,11
	II	36.970	2.033,35	2.957,60	3.327,30	1.929,95	2.807,20	3.158,10	1.826,55	2.656,80	2.988,90	1.640,65	2.506,40	2.819,70	1.416,93	2.356,00	2.650,50	1.193,21	2.205,60	2.481,30	969,49	2.055,20	2.312,10
	III	28.432	-	2.274,56	2.558,88	-	2.133,12	2.399,76	-	1.994,72	2.244,06	-	1.859,52	2.091,96	-	1.727,20	1.943,10	-	1.598,08	1.797,84	-	1.472,00	1.656,00
	IV	38.759	2.131,74	3.100,72	3.488,31	2.080,04	3.025,52	3.403,71	2.028,34	2.950,32	3.319,11	1.976,64	2.875,12	3.234,51	1.924,94	2.799,92	3.149,91	1.873,24	2.724,72	3.065,31	1.821,54	2.649,52	2.980,71
	V	44.932	2.471,26	3.594,56	4.043,88																		
	VI	45.464	2.500,52	3.637,12	4.091,76																		
119.231,99	I	38.774	2.132,57	3.101,92	3.489,66	2.029,17	2.951,52	3.320,46	1.925,77	2.801,12	3.151,26	1.822,37	2.650,72	2.982,06	1.631,60	2.500,32	2.812,86	1.407,88	2.349,92	2.643,66	1.184,16	2.199,52	2.474,46
	II	36.985	2.034,17	2.958,80	3.328,65	1.930,77	2.808,40	3.159,45	1.827,37	2.658,00	2.990,25	1.642,43	2.507,60	2.821,05	1.418,71	2.357,20	2.651,85	1.194,99	2.206,80	2.482,65	971,27	2.056,40	2.313,45
	III	28.448	-	2.275,84	2.560,32	-	2.134,24	2.401,02	-	1.995,84	2.245,32	-	1.860,48	2.093,04	-	1.728,32	1.944,36	-	1.599,20	1.799,10	-	1.473,12	1.657,26
	IV	38.774	2.132,57	3.101,92	3.489,66	2.080,87	3.026,72	3.405,06	2.029,17	2.951,52	3.320,46	1.977,47	2.876,32	3.235,86	1.925,77	2.801,12	3.151,26	1.874,07	2.725,92	3.066,66	1.822,37	2.650,72	2.982,06
	V	44.947	2.472,08	3.595,76	4.045,23																		
	VI	45.479	2.501,34	3.638,32	4.093,11																		
119.267,99	I	38.789	2.133,39	3.103,12	3.491,01	2.029,99	2.952,72	3.321,81	1.926,59	2.802,32	3.152,61	1.823,19	2.651,92	2.983,41	1.633,39	2.501,52	2.814,21	1.409,67	2.351,12	2.645,01	1.185,95	2.200,72	2.475,81
	II	37.000	2.035,00	2.960,00	3.330,00	1.931,60	2.809,60	3.160,80	1.828,20	2.659,20	2.991,60	1.644,22	2.508,80	2.822,40	1.420,50	2.358,40	2.653,20	1.196,78	2.208,00	2.484,00	973,06	2.057,60	2.314,80
	III	28.462	-	2.276,96	2.561,58	-	2.135,36	2.402,28	-	1.996,96	2.246,58	-	1.861,60	2.094,30	-	1.729,28	1.945,44	-	1.600,16	1.800,18	-	1.474,08	1.658,34
	IV	38.789	2.133,39	3.103,12	3.491,01	2.081,69	3.027,92	3.406,41	2.029,99	2.952,72	3.321,81	1.978,29	2.877,52	3.237,21	1.926,59	2.802,32	3.152,61	1.874,89	2.727,12	3.068,01	1.823,19	2.651,92	2.983,41
	V	44.962	2.472,91	3.596,96	4.046,58																		
	VI	45.494	2.502,17	3.639,52	4.094,46																		
119.303,99	I	38.804	2.134,22	3.104,32	3.492,36	2.030,82	2.953,92	3.323,16	1.927,42	2.803,52	3.153,96	1.824,02	2.653,12	2.984,76	1.635,17	2.502,72	2.815,56	1.411,45	2.352,32	2.646,36	1.187,85	2.202,00	2.477,25
	II	37.015	2.035,82	2.961,20	3.331,35	1.932,42	2.810,80	3.162,15	1.829,02	2.660,40	2.992,95	1.646,00	2.510,00	2.823,75	1.422,28	2.359,60	2.654,55	1.198,56	2.209,20	2.485,35	974,84	2.058,80	2.316,15
	III	28.476	-	2.278,08	2.562,84	-	2.136,48	2.403,54	-	1.998,08	2.247,84	-	1.862,72	2.095,56	-	1.730,40	1.946,70	-	1.601,12	1.801,26	-	1.475,04	1.659,42
	IV	38.804	2.134,22	3.104,32	3.492,36	2.082,52	3.029,12	3.407,76	2.030,82	2.953,92	3.323,16	1.979,12	2.878,72	3.238,56	1.927,42	2.803,52	3.153,96	1.875,72	2.728,32	3.069,36	1.824,02	2.653,12	2.984,76
	V	44.977	2.473,73	3.598,16	4.047,93																		
	VI	45.509	2.502,99	3.640,72	4.095,81																		
119.339,99	I	38.819	2.135,04	3.105,52	3.493,71	2.031,64	2.955,12	3.324,51	1.928,24	2.804,72	3.155,31	1.824,84	2.654,32	2.986,11	1.637,08	2.504,00	2.817,00	1.413,36	2.353,60	2.647,80	1.189,64	2.203,20	2.478,60
	II	37.030	2.036,65	2.962,40	3.332,70	1.933,25	2.812,00	3.163,50	1.829,85	2.661,60	2.994,30	1.647,79	2.511,20	2.825,10	1.424,07	2.360,80	2.655,90	1.200,35	2.210,40	2.486,70	976,63	2.060,00	2.317,50
	III	28.490	-	2.279,20	2.564,10	-	2.137,60	2.404,80	-	1.999,20	2.249,10	-	1.863,84	2.096,82	-	1.731,52	1.947,96	-	1.602,24	1.802,52	-	1.476,00	1.660,50
	IV	38.819	2.135,04	3.105,52	3.493,71	2.083,34	3.030,32	3.409,11	2.031,64	2.955,12	3.324,51	1.979,94	2.879,92	3.239,91	1.928,24	2.804,72	3.155,31	1.876,54	2.729,52	3.070,71	1.824,84	2.654,32	2.986,11
	V	44.992	2.474,56	3.599,36	4.049,28																		
	VI	45.524	2.503,82	3.641,92	4.097,16																		

SolZ/KiSt lt. Tabelle nicht für Sonstige Bezüge anwendbar.

Besondere Tabelle

JAHR bis 119.879,99 €

Lohn/ Gehalt bis	Steuerklasse	Lohnsteuer	ohne Kinderfreibetrag			Anzahl Kinderfreibeträge (nur Steuerklassen I–IV)																	
						0,5			1,0			1,5			2,0			2,5			3,0		
			SolZ 5,5%	Kirchensteuer 8%	Kirchensteuer 9%	SolZ 5,5%	Kirchensteuer 8%	Kirchensteuer 9%	SolZ 5,5%	Kirchensteuer 8%	Kirchensteuer 9%	SolZ 5,5%	Kirchensteuer 8%	Kirchensteuer 9%	SolZ 5,5%	Kirchensteuer 8%	Kirchensteuer 9%	SolZ 5,5%	Kirchensteuer 8%	Kirchensteuer 9%	SolZ 5,5%	Kirchensteuer 8%	Kirchensteuer 9%
119.375,99	I	38.834	2.135,87	3.106,72	3.495,06	2.032,47	2.956,32	3.325,86	1.929,07	2.805,92	3.156,66	1.825,72	2.655,60	2.987,55	1.638,86	2.505,20	2.818,35	1.415,14	2.354,80	2.649,15	1.191,42	2.204,40	2.479,95
	II	37.045	2.037,47	2.963,60	3.334,05	1.934,07	2.813,20	3.164,85	1.830,67	2.662,80	2.995,65	1.649,57	2.512,40	2.826,45	1.425,85	2.362,00	2.657,25	1.202,25	2.211,68	2.488,14	978,53	2.061,28	2.318,94
	III	28.504	–	2.280,32	2.565,36	–	2.138,72	2.406,06	–	2.000,32	2.250,36	–	1.864,80	2.097,90	–	1.732,48	1.949,04	–	1.603,20	1.803,60	–	1.477,12	1.661,76
	IV	38.834	2.135,87	3.106,72	3.495,06	2.084,17	3.031,52	3.410,46	2.032,47	2.956,32	3.325,86	1.980,77	2.881,12	3.241,26	1.929,07	2.805,92	3.156,66	1.877,42	2.730,80	3.072,15	1.825,72	2.655,60	2.987,55
	V	45.008	2.475,44	3.600,64	4.050,72																		
	VI	45.539	2.504,64	3.643,12	4.098,51																		
119.411,99	I	38.849	2.136,69	3.107,92	3.496,41	2.033,35	2.957,60	3.327,30	1.929,95	2.807,20	3.158,10	1.826,55	2.656,80	2.988,90	1.640,65	2.506,40	2.819,70	1.416,93	2.356,00	2.650,50	1.193,21	2.205,60	2.481,30
	II	37.060	2.038,30	2.964,80	3.335,40	1.934,90	2.814,40	3.166,20	1.831,50	2.664,00	2.997,00	1.651,36	2.513,60	2.827,80	1.427,76	2.363,28	2.658,69	1.204,04	2.212,88	2.489,49	980,32	2.062,48	2.320,29
	III	28.520	–	2.281,60	2.566,80	–	2.139,84	2.407,32	–	2.001,44	2.251,62	–	1.865,92	2.099,16	–	1.733,60	1.950,30	–	1.604,32	1.804,86	–	1.478,08	1.662,84
	IV	38.849	2.136,69	3.107,92	3.496,41	2.084,99	3.032,72	3.411,81	2.033,35	2.957,60	3.327,30	1.981,65	2.882,40	3.242,70	1.929,95	2.807,20	3.158,10	1.878,25	2.732,00	3.073,50	1.826,55	2.656,80	2.988,90
	V	45.023	2.476,26	3.601,84	4.052,07																		
	VI	45.554	2.505,47	3.644,32	4.099,86																		
119.447,99	I	38.865	2.137,57	3.109,20	3.497,85	2.034,17	2.958,80	3.328,65	1.930,77	2.808,40	3.159,45	1.827,37	2.658,00	2.990,25	1.642,43	2.507,60	2.821,05	1.418,71	2.357,20	2.651,85	1.194,99	2.206,80	2.482,65
	II	37.075	2.039,12	2.966,00	3.336,75	1.935,72	2.815,60	3.167,55	1.832,38	2.665,28	2.998,44	1.653,26	2.514,88	2.829,24	1.429,54	2.364,48	2.660,04	1.205,82	2.214,08	2.490,84	982,10	2.063,68	2.321,64
	III	28.534	–	2.282,72	2.568,06	–	2.141,12	2.408,76	–	2.002,40	2.252,70	–	1.867,04	2.100,42	–	1.734,56	1.951,38	–	1.605,28	1.805,94	–	1.479,04	1.663,92
	IV	38.865	2.137,57	3.109,20	3.497,85	2.085,87	3.034,00	3.413,25	2.034,17	2.958,80	3.328,65	1.982,47	2.883,60	3.244,05	1.930,77	2.808,40	3.159,45	1.879,07	2.733,20	3.074,85	1.827,37	2.658,00	2.990,25
	V	45.038	2.477,09	3.603,04	4.053,42																		
	VI	45.570	2.506,35	3.645,60	4.101,30																		
119.483,99	I	38.880	2.138,40	3.110,40	3.499,20	2.035,00	2.960,00	3.330,00	1.931,60	2.809,60	3.160,80	1.828,20	2.659,20	2.991,60	1.644,22	2.508,80	2.822,40	1.420,50	2.358,40	2.653,20	1.196,78	2.208,00	2.484,00
	II	37.090	2.039,95	2.967,20	3.338,10	1.936,60	2.816,88	3.168,99	1.833,20	2.666,48	2.999,79	1.655,05	2.516,08	2.830,59	1.431,33	2.365,68	2.661,39	1.207,61	2.215,28	2.492,19	983,89	2.064,88	2.322,99
	III	28.548	–	2.283,84	2.569,32	–	2.142,24	2.410,02	–	2.003,52	2.253,96	–	1.868,00	2.101,50	–	1.735,68	1.952,64	–	1.606,40	1.807,20	–	1.480,16	1.665,18
	IV	38.880	2.138,40	3.110,40	3.499,20	2.086,70	3.035,20	3.414,60	2.035,00	2.960,00	3.330,00	1.983,30	2.884,80	3.245,40	1.931,60	2.809,60	3.160,80	1.879,90	2.734,40	3.076,20	1.828,20	2.659,20	2.991,60
	V	45.053	2.477,91	3.604,24	4.054,77																		
	VI	45.585	2.507,17	3.646,80	4.102,65																		
119.519,99	I	38.895	2.139,22	3.111,60	3.500,55	2.035,82	2.961,20	3.331,35	1.932,42	2.810,80	3.162,15	1.829,02	2.660,40	2.992,95	1.646,00	2.510,00	2.823,75	1.422,28	2.359,60	2.654,55	1.198,56	2.209,20	2.485,35
	II	37.106	2.040,83	2.968,48	3.339,54	1.937,43	2.818,08	3.170,34	1.834,03	2.667,68	3.001,14	1.656,83	2.517,28	2.831,94	1.433,11	2.366,88	2.662,74	1.209,39	2.216,48	2.493,54	985,67	2.066,08	2.324,34
	III	28.562	–	2.284,96	2.570,58	–	2.143,36	2.411,28	–	2.004,64	2.255,22	–	1.869,12	2.102,76	–	1.736,64	1.953,72	–	1.607,36	1.808,28	–	1.481,12	1.666,26
	IV	38.895	2.139,22	3.111,60	3.500,55	2.087,52	3.036,40	3.415,95	2.035,82	2.961,20	3.331,35	1.984,12	2.886,00	3.246,75	1.932,42	2.810,80	3.162,15	1.880,72	2.735,60	3.077,55	1.829,02	2.660,40	2.992,95
	V	45.068	2.478,74	3.605,44	4.056,12																		
	VI	45.600	2.508,00	3.648,00	4.104,00																		
119.555,99	I	38.910	2.140,05	3.112,80	3.501,90	2.036,65	2.962,40	3.332,70	1.933,25	2.812,00	3.163,50	1.829,85	2.661,60	2.994,30	1.647,79	2.511,20	2.825,10	1.424,07	2.360,80	2.655,90	1.200,35	2.210,40	2.486,70
	II	37.121	2.041,65	2.969,68	3.340,89	1.938,25	2.819,28	3.171,69	1.834,85	2.668,88	3.002,49	1.658,62	2.518,48	2.833,29	1.434,90	2.368,08	2.664,09	1.211,18	2.217,68	2.494,89	987,46	2.067,28	2.325,69
	III	28.576	–	2.286,08	2.571,84	–	2.144,48	2.412,54	–	2.005,76	2.256,48	–	1.870,24	2.104,02	–	1.737,76	1.954,98	–	1.608,32	1.809,36	–	1.482,08	1.667,34
	IV	38.910	2.140,05	3.112,80	3.501,90	2.088,35	3.037,60	3.417,30	2.036,65	2.962,40	3.332,70	1.984,95	2.887,20	3.248,10	1.933,25	2.812,00	3.163,50	1.881,55	2.736,80	3.078,90	1.829,85	2.661,60	2.994,30
	V	45.083	2.479,56	3.606,64	4.057,47																		
	VI	45.615	2.508,82	3.649,20	4.105,35																		
119.591,99	I	38.925	2.140,87	3.114,00	3.503,25	2.037,47	2.963,60	3.334,05	1.934,07	2.813,20	3.164,85	1.830,67	2.662,80	2.995,65	1.649,57	2.512,40	2.826,45	1.425,85	2.362,00	2.657,25	1.202,25	2.211,68	2.488,14
	II	37.136	2.042,48	2.970,88	3.342,24	1.939,08	2.820,48	3.173,04	1.835,68	2.670,08	3.003,84	1.660,40	2.519,68	2.834,64	1.436,68	2.369,28	2.665,44	1.212,96	2.218,88	2.496,24	989,24	2.068,48	2.327,04
	III	28.592	–	2.287,36	2.573,28	–	2.145,60	2.413,80	–	2.006,88	2.257,74	–	1.871,36	2.105,28	–	1.738,88	1.956,24	–	1.609,44	1.810,62	–	1.483,04	1.668,42
	IV	38.925	2.140,87	3.114,00	3.503,25	2.089,17	3.038,80	3.418,65	2.037,47	2.963,60	3.334,05	1.985,77	2.888,40	3.249,45	1.934,07	2.813,20	3.164,85	1.882,37	2.738,00	3.080,25	1.830,67	2.662,80	2.995,65
	V	45.098	2.480,39	3.607,84	4.058,82																		
	VI	45.630	2.509,65	3.650,40	4.106,70																		
119.627,99	I	38.940	2.141,70	3.115,20	3.504,60	2.038,30	2.964,80	3.335,40	1.934,90	2.814,40	3.166,20	1.831,50	2.664,00	2.997,00	1.651,36	2.513,60	2.827,80	1.427,76	2.363,28	2.658,69	1.204,04	2.212,88	2.489,49
	II	37.151	2.043,30	2.972,08	3.343,59	1.939,90	2.821,68	3.174,39	1.836,50	2.671,28	3.005,19	1.662,19	2.520,88	2.835,99	1.438,47	2.370,48	2.666,79	1.214,75	2.220,08	2.497,59	991,03	2.069,68	2.328,39
	III	28.606	–	2.288,48	2.574,54	–	2.146,72	2.415,06	–	2.008,00	2.259,00	–	1.872,32	2.106,36	–	1.739,84	1.957,32	–	1.610,40	1.811,70	–	1.484,16	1.669,68
	IV	38.940	2.141,70	3.115,20	3.504,60	2.090,00	3.040,00	3.420,00	2.038,30	2.964,80	3.335,40	1.986,60	2.889,60	3.250,80	1.934,90	2.814,40	3.166,20	1.883,20	2.739,20	3.081,60	1.831,50	2.664,00	2.997,00
	V	45.113	2.481,21	3.609,04	4.060,17																		
	VI	45.645	2.510,47	3.651,60	4.108,05																		
119.663,99	I	38.955	2.142,52	3.116,40	3.505,95	2.039,12	2.966,00	3.336,75	1.935,72	2.815,60	3.167,55	1.832,38	2.665,28	2.998,44	1.653,26	2.514,88	2.829,24	1.429,54	2.364,48	2.660,04	1.205,82	2.214,08	2.490,84
	II	37.166	2.044,13	2.973,28	3.344,94	1.940,73	2.822,88	3.175,74	1.837,33	2.672,48	3.006,54	1.663,97	2.522,08	2.837,34	1.440,25	2.371,68	2.668,14	1.216,53	2.221,28	2.498,94	992,93	2.070,96	2.329,83
	III	28.620	–	2.289,60	2.575,80	–	2.147,84	2.416,32	–	2.009,12	2.260,26	–	1.873,44	2.107,62	–	1.740,96	1.958,58	–	1.611,52	1.812,96	–	1.485,12	1.670,76
	IV	38.955	2.142,52	3.116,40	3.505,95	2.090,82	3.041,20	3.421,35	2.039,12	2.966,00	3.336,75	1.987,42	2.890,80	3.252,15	1.935,72	2.815,60	3.167,55	1.884,02	2.740,40	3.082,95	1.832,38	2.665,28	2.998,44
	V	45.129	2.482,09	3.610,32	4.061,61																		
	VI	45.660	2.511,30	3.652,80	4.109,40																		
119.699,99	I	38.970	2.143,35	3.117,60	3.507,30	2.039,95	2.967,20	3.338,10	1.936,60	2.816,88	3.168,99	1.833,20	2.666,48	2.999,79	1.655,05	2.516,08	2.830,59	1.431,33	2.365,68	2.661,39	1.207,61	2.215,28	2.492,19
	II	37.181	2.044,95	2.974,48	3.346,29	1.941,55	2.824,08	3.177,09	1.838,15	2.673,68	3.007,89	1.665,76	2.523,28	2.838,69	1.442,16	2.372,96	2.669,58	1.218,44	2.222,56	2.500,38	994,72	2.072,16	2.331,18
	III	28.634	–	2.290,72	2.577,06	–	2.148,96	2.417,58	–	2.010,24	2.261,52	–	1.874,56	2.108,88	–	1.741,92	1.959,66	–	1.612,48	1.814,04	–	1.486,08	1.671,84
	IV	38.970	2.143,35	3.117,60	3.507,30	2.091,65	3.042,40	3.422,70	2.039,95	2.967,20	3.338,10	1.988,30	2.892,08	3.253,59	1.936,60	2.816,88	3.168,99	1.884,90	2.741,68	3.084,39	1.833,20	2.666,48	2.999,79
	V	45.144	2.482,92	3.611,52	4.062,96																		
	VI	45.675	2.512,12	3.654,00	4.110,75																		
119.735,99	I	38.986	2.144,23	3.118,88	3.508,74	2.040,83	2.968,48	3.339,54	1.937,43	2.818,08	3.170,34	1.834,03	2.667,68	3.001,14	1.656,83	2.517,28	2.831,94	1.433,11	2.366,88	2.662,74	1.209,39	2.216,48	2.493,54
	II	37.196	2.045,78	2.975,68	3.347,64	1.942,38	2.825,28	3.178,44	1.838,98	2.674,88	3.009,24	1.667,66	2.524,56	2.840,13	1.443,94	2.374,16	2.670,93	1.220,22	2.223,76	2.501,73	996,50	2.073,36	2.332,53
	III	28.648	–	2.291,84	2.578,32	–	2.150,08	2.418,84	–	2.011,36	2.262,78	–	1.875,68	2.110,14	–	1.743,04	1.960,92	–	1.613,60	1.815,30	–	1.487,04	1.672,92
	IV	38.986	2.144,23	3.118,88	3.508,74	2.092,53	3.043,68	3.424,14	2.040,83	2.968,48	3.339,54	1.989,13	2.893,28	3.254,94	1.937,43	2.818,08	3.170,34	1.885,73	2.742,88	3.085,74	1.834,03	2.667,68	3.001,14
	V	45.159	2.483,74	3.612,72	4.064,31																		
	VI	45.691	2.513,00	3.655,28	4.112,19																		
119.771,99	I	39.001	2.145,05	3.120,08	3.510,09	2.041,65	2.969,68	3.340,89	1.938,25	2.819,28	3.171,69	1.834,85	2.668,88	3.002,49	1.658,62	2.518,48	2.833,29	1.434,90	2.368,08	2.664,09	1.211,18	2.217,68	2.494,89
	II	37.211	2.046,60	2.976,88	3.348,99	1.943,26	2.826,56	3.179,88	1.839,86	2.676,16	3.010,68	1.669,45	2.525,76	2.841,48	1.445,73	2.375,36	2.672,28	1.222,01	2.224,96	2.503,08	998,29	2.074,56	2.333,88
	III	28.664	–	2.293,12	2.579,76	–	2.151,20	2.420,10	–	2.012,48	2.264,04	–	1.876,64	2.111,22	–	1.744,16	1.962,18	–	1.614,56	1.816,38	–	1.488,16	1.674,18
	IV	39.001	2.145,05	3.120,08	3.510,09	2.093,35	3.044,88	3.425,49	2.041,65	2.969,68	3.340,89	1.989,95	2.894,48	3.256,29	1.938,25	2.819,28	3.171,69	1.886,55	2.744,08	3.087,09	1.834,85	2.668,88	3.002,49
	V	45.174	2.484,57	3.613,92	4.065,66																		
	VI	45.706	2.513,83	3.656,48	4.113,54																		
119.807,99	I	39.016	2.145,88	3.121,28	3.511,44	2.042,48	2.970,88	3.342,24	1.939,08	2.820,48	3.173,04	1.835,68	2.670,08	3.003,84	1.660,40	2.519,68	2.834,64	1.436,68	2.369,28	2.665,44	1.212,96	2.218,88	2.496,24
	II	37.227	2.047,48	2.978,16	3.350,43	1.944,08	2.827,76	3.181,23	1.840,68	2.677,36	3.012,03	1.671,23	2.526,96	2.842,83	1.447,51	2.376,56	2.673,63	1.223,79	2.226,16	2.504,43	1.000,07	2.075,76	2.335,23
	III	28.678	–	2.294,24	2.581,02	–	2.152,32	2.421,36	–	2.013,44	2.265,12	–	1.877,76	2.112,48	–	1.745,12	1.963,26	–	1.615,52	1.817,46	–	1.489,12	1.675,26
	IV	39.016	2.145,88	3.121,28	3.511,44	2.094,18	3.046,08	3.426,84	2.042,48	2.970,88	3.342,24	1.990,78	2.895,68	3.257,64	1.939,08	2.820,48	3.173,04	1.887,38	2.745,28	3.088,44	1.835,68	2.670,08	3.003,84
	V	45.189	2.485,39	3.615,12	4.067,01																		
	VI	45.721	2.514,65	3.657,68	4.114,89																		
119.843,99	I	39.031	2.146,70	3.122,48	3.512,79	2.043,30	2.972,08	3.343,59	1.939,90	2.821,68	3.174,39	1.836,50	2.671,28	3.005,19	1.662,19	2.520,88	2.835,99	1.438,47	2.370,48	2.666,79	1.214,75	2.220,08	2.497,59
	II	37.242	2.048,31	2.979,36	3.351,78	1.944,91	2.828,96	3.182,58	1.841,51	2.678,56	3.013,38	1.673,02	2.528,16	2.844,18	1.449,30	2.377,76	2.674,98	1.225,58	2.227,36	2.505,78	1.001,86	2.076,96	2.336,58
	III	28.692	–	2.295,36	2.582,28	–	2.153,44	2.422,62	–	2.014,56	2.266,38	–	1.878,88	2.113,74	–	1.746,24	1.964,52	–	1.616,64	1.818,72	–	1.490,08	1.676,34
	IV	39.031	2.146,70	3.122,48	3.512,79	2.095,00	3.047,28	3.428,19	2.043,30	2.972,08	3.343,59	1.991,60	2.896,88	3.258,99	1.939,90	2.821,68	3.174,39	1.888,20	2.746,48	3.089,79	1.836,50	2.671,28	3.005,19
	V	45.204	2.486,22	3.616,32	4.068,36																		
	VI	45.736	2.515,48	3.658,88	4.116,24																		
119.879,99	I	39.046	2.147,53	3.123,68	3.514,14	2.044,13	2.973,28	3.344,94	1.940,73	2.822,88	3.175,74	1.837,33	2.672,48	3.006,54	1.663,97	2.522,08	2.837,34	1.440,25	2.371,68	2.668,14	1.216,53	2.221,28	2.498,94
	II	37.257	2.049,13	2.980,56	3.353,13	1.945,73	2.830,16	3.183,93	1.842,33	2.679,76	3.014,73	1.674,80	2.529,36	2.845,53	1.451,08	2.378,96	2.676,33	1.227,36	2.228,56	2.507,13	1.003,64	2.078,16	2.337,93
	III	28.706	–	2.296,48	2.583,54	–	2.154,56	2.423,88	–	2.015,68	2.267,64	–	1.880,00	2.115,00	–	1.747,20	1.965,60	–	1.617,60	1.819,80	–	1.491,20	1.677,60
	IV	39.046	2.147,53	3.123,68	3.514,14	2.095,83	3.048,48	3.429,54	2.044,13	2.973,28	3.344,94	1.992,43	2.898,08	3.260,34	1.940,73	2.822,88	3.175,74	1.889,03	2.747,68	3.091,14	1.837,33	2.672,48	3.006,54
	V	45.219	2.487,04	3.617,52	4.069,71																		
	VI	45.751	2.516,30	3.660,08	4.117,59																		

SolZ/KiSt lt. Tabelle nicht für Sonstige Bezüge anwendbar.

JAHR bis 120.419,99 €

Besondere Tabelle

Lohn/ Gehalt bis	Steuerklasse	Lohn-steuer	ohne Kinderfreibetrag			Anzahl Kinderfreibeträge (nur Steuerklassen I–IV)																	
						0,5			1,0			1,5			2,0			2,5			3,0		
			SolZ 5,5%	Kirchensteuer 8%	Kirchensteuer 9%	SolZ 5,5%	Kirchensteuer 8%	Kirchensteuer 9%	SolZ 5,5%	Kirchensteuer 8%	Kirchensteuer 9%	SolZ 5,5%	Kirchensteuer 8%	Kirchensteuer 9%	SolZ 5,5%	Kirchensteuer 8%	Kirchensteuer 9%	SolZ 5,5%	Kirchensteuer 8%	Kirchensteuer 9%	SolZ 5,5%	Kirchensteuer 8%	Kirchensteuer 9%
119.915,99	I	39.061	2.148,35	3.124,88	3.515,49	2.044,95	2.974,48	3.346,29	1.941,55	2.824,08	3.177,09	1.838,15	2.673,68	3.007,89	1.665,76	2.523,28	2.838,69	1.442,16	2.372,96	2.669,58	1.218,44	2.222,56	2.500,38
	II	37.272	2.049,96	2.981,76	3.354,48	1.946,56	2.831,36	3.185,28	1.843,16	2.680,96	3.016,08	1.676,59	2.530,56	2.846,88	1.452,87	2.380,16	2.677,68	1.229,15	2.229,76	2.508,48	1.005,43	2.079,36	2.339,28
	III	28.722	-	2.297,76	2.584,98	-	2.155,68	2.425,14	-	2.016,80	2.268,90	-	1.880,96	2.116,08	-	1.748,32	1.966,86	-	1.618,72	1.821,06	-	1.492,16	1.678,68
	IV	39.061	2.148,35	3.124,88	3.515,49	2.096,65	3.049,68	3.430,89	2.044,95	2.974,48	3.346,29	1.993,25	2.899,28	3.261,69	1.941,55	2.824,08	3.177,09	1.889,85	2.748,88	3.092,49	1.838,15	2.673,68	3.007,89
	V	45.234	2.487,87	3.618,72	4.071,06																		
	VI	45.766	2.517,13	3.661,28	4.118,94																		
119.951,99	I	39.076	2.149,18	3.126,08	3.516,84	2.045,78	2.975,68	3.347,64	1.942,38	2.825,28	3.178,44	1.838,98	2.674,88	3.009,24	1.667,66	2.524,56	2.840,13	1.443,94	2.374,16	2.670,93	1.220,22	2.223,76	2.501,73
	II	37.287	2.050,78	2.982,96	3.355,83	1.947,38	2.832,56	3.186,63	1.843,98	2.682,16	3.017,43	1.678,37	2.531,76	2.848,23	1.454,65	2.381,36	2.679,03	1.230,93	2.230,96	2.509,83	1.007,33	2.080,64	2.340,72
	III	28.736	-	2.298,88	2.586,24	-	2.156,80	2.426,40	-	2.017,92	2.270,16	-	1.882,08	2.117,34	-	1.749,28	1.967,94	-	1.619,68	1.822,14	-	1.493,12	1.679,76
	IV	39.076	2.149,18	3.126,08	3.516,84	2.097,48	3.050,88	3.432,24	2.045,78	2.975,68	3.347,64	1.994,08	2.900,48	3.263,04	1.942,38	2.825,28	3.178,44	1.890,68	2.750,08	3.093,84	1.838,98	2.674,88	3.009,24
	V	45.250	2.488,75	3.620,00	4.072,50																		
	VI	45.781	2.517,95	3.662,48	4.120,29																		
119.987,99	I	39.091	2.150,00	3.127,28	3.518,19	2.046,60	2.976,88	3.348,99	1.943,26	2.826,56	3.179,88	1.839,86	2.676,16	3.010,68	1.669,45	2.525,76	2.841,48	1.445,73	2.375,36	2.672,28	1.222,01	2.224,96	2.503,08
	II	37.302	2.051,61	2.984,16	3.357,18	1.948,21	2.833,76	3.187,98	1.844,81	2.683,36	3.018,78	1.680,16	2.532,96	2.849,58	1.456,44	2.382,56	2.680,38	1.232,84	2.232,24	2.511,27	1.009,12	2.081,84	2.342,07
	III	28.750	-	2.300,00	2.587,50	-	2.157,92	2.427,66	-	2.019,04	2.271,42	-	1.883,20	2.118,60	-	1.750,40	1.969,20	-	1.620,80	1.823,40	-	1.494,08	1.680,84
	IV	39.091	2.150,00	3.127,28	3.518,19	2.098,30	3.052,08	3.433,59	2.046,60	2.976,88	3.348,99	1.994,90	2.901,68	3.264,39	1.943,26	2.826,56	3.179,88	1.891,56	2.751,36	3.095,28	1.839,86	2.676,16	3.010,68
	V	45.265	2.489,57	3.621,20	4.073,85																		
	VI	45.796	2.518,78	3.663,68	4.121,64																		
120.023,99	I	39.106	2.150,83	3.128,48	3.519,54	2.047,48	2.978,16	3.350,43	1.944,08	2.827,76	3.181,23	1.840,68	2.677,36	3.012,03	1.671,23	2.526,96	2.842,83	1.447,51	2.376,56	2.673,63	1.223,79	2.226,16	2.504,43
	II	37.317	2.052,43	2.985,36	3.358,53	1.949,03	2.834,96	3.189,33	1.845,63	2.684,56	3.020,13	1.682,06	2.534,24	2.851,02	1.458,34	2.383,84	2.681,82	1.234,62	2.233,44	2.512,62	1.010,90	2.083,04	2.343,42
	III	28.764	-	2.301,12	2.588,76	-	2.159,04	2.428,92	-	2.020,16	2.272,68	-	1.884,32	2.119,86	-	1.751,52	1.970,46	-	1.621,76	1.824,48	-	1.495,20	1.682,10
	IV	39.106	2.150,83	3.128,48	3.519,54	2.099,18	3.053,36	3.435,03	2.047,48	2.978,16	3.350,43	1.995,78	2.902,96	3.265,83	1.944,08	2.827,76	3.181,23	1.892,38	2.752,56	3.096,63	1.840,68	2.677,36	3.012,03
	V	45.280	2.490,40	3.622,40	4.075,20																		
	VI	45.811	2.519,60	3.664,88	4.122,99																		
120.059,99	I	39.122	2.151,71	3.129,76	3.520,98	2.048,31	2.979,36	3.351,78	1.944,91	2.828,96	3.182,58	1.841,51	2.678,56	3.013,38	1.673,02	2.528,16	2.844,18	1.449,30	2.377,76	2.674,98	1.225,58	2.227,36	2.505,78
	II	37.332	2.053,26	2.986,56	3.359,88	1.949,86	2.836,16	3.190,68	1.846,51	2.685,84	3.021,57	1.683,85	2.535,44	2.852,37	1.460,13	2.385,04	2.683,17	1.236,41	2.234,64	2.513,97	1.012,69	2.084,24	2.344,77
	III	28.778	-	2.302,24	2.590,02	-	2.160,16	2.430,18	-	2.021,28	2.273,94	-	1.885,28	2.120,94	-	1.752,48	1.971,54	-	1.622,72	1.825,56	-	1.496,16	1.683,18
	IV	39.122	2.151,71	3.129,76	3.520,98	2.100,01	3.054,56	3.436,38	2.048,31	2.979,36	3.351,78	1.996,61	2.904,16	3.267,18	1.944,91	2.828,96	3.182,58	1.893,21	2.753,76	3.097,98	1.841,51	2.678,56	3.013,38
	V	45.295	2.491,22	3.623,60	4.076,55																		
	VI	45.827	2.520,48	3.666,16	4.124,43																		
120.095,99	I	39.137	2.152,53	3.130,96	3.522,33	2.049,13	2.980,56	3.353,13	1.945,73	2.830,16	3.183,93	1.842,33	2.679,76	3.014,73	1.674,80	2.529,36	2.845,53	1.451,08	2.378,96	2.676,33	1.227,36	2.228,56	2.507,13
	II	37.348	2.054,14	2.987,84	3.361,32	1.950,74	2.837,44	3.192,12	1.847,34	2.687,04	3.022,92	1.685,63	2.536,64	2.853,72	1.461,91	2.386,24	2.684,52	1.238,19	2.235,84	2.515,32	1.014,47	2.085,44	2.346,12
	III	28.794	-	2.303,52	2.591,46	-	2.161,28	2.431,44	-	2.022,40	2.275,20	-	1.886,40	2.122,20	-	1.753,60	1.972,80	-	1.623,84	1.826,82	-	1.497,12	1.684,26
	IV	39.137	2.152,53	3.130,96	3.522,33	2.100,83	3.055,76	3.437,73	2.049,13	2.980,56	3.353,13	1.997,43	2.905,36	3.268,53	1.945,73	2.830,16	3.183,93	1.894,03	2.754,96	3.099,33	1.842,33	2.679,76	3.014,73
	V	45.310	2.492,05	3.624,80	4.077,90																		
	VI	45.842	2.521,31	3.667,36	4.125,78																		
120.131,99	I	39.152	2.153,36	3.132,16	3.523,68	2.049,96	2.981,76	3.354,48	1.946,56	2.831,36	3.185,28	1.843,16	2.680,96	3.016,08	1.676,59	2.530,56	2.846,88	1.452,87	2.380,16	2.677,68	1.229,15	2.229,76	2.508,48
	II	37.363	2.054,96	2.989,04	3.362,67	1.951,56	2.838,64	3.193,47	1.848,16	2.688,24	3.024,27	1.687,42	2.537,84	2.855,07	1.463,70	2.387,44	2.685,87	1.239,98	2.237,04	2.516,67	1.016,26	2.086,64	2.347,47
	III	28.808	-	2.304,64	2.592,72	-	2.162,56	2.432,88	-	2.023,52	2.276,46	-	1.887,52	2.123,46	-	1.754,56	1.973,88	-	1.624,80	1.827,90	-	1.498,24	1.685,52
	IV	39.152	2.153,36	3.132,16	3.523,68	2.101,66	3.056,96	3.439,08	2.049,96	2.981,76	3.354,48	1.998,26	2.906,56	3.269,88	1.946,56	2.831,36	3.185,28	1.894,86	2.756,16	3.100,68	1.843,16	2.680,96	3.016,08
	V	45.325	2.492,87	3.626,00	4.079,25																		
	VI	45.857	2.522,13	3.668,56	4.127,13																		
120.167,99	I	39.167	2.154,18	3.133,36	3.525,03	2.050,78	2.982,96	3.355,83	1.947,38	2.832,56	3.186,63	1.843,98	2.682,16	3.017,43	1.678,37	2.531,76	2.848,23	1.454,65	2.381,36	2.679,03	1.230,93	2.230,96	2.509,83
	II	37.378	2.055,79	2.990,24	3.364,02	1.952,39	2.839,84	3.194,82	1.848,99	2.689,44	3.025,62	1.689,20	2.539,04	2.856,42	1.465,48	2.388,64	2.687,22	1.241,76	2.238,24	2.518,02	1.018,04	2.087,84	2.348,82
	III	28.822	-	2.305,76	2.593,98	-	2.163,68	2.434,14	-	2.024,48	2.277,54	-	1.888,64	2.124,72	-	1.755,68	1.975,14	-	1.625,92	1.829,16	-	1.499,20	1.686,60
	IV	39.167	2.154,18	3.133,36	3.525,03	2.102,48	3.058,16	3.440,43	2.050,78	2.982,96	3.355,83	1.999,08	2.907,76	3.271,23	1.947,38	2.832,56	3.186,63	1.895,68	2.757,36	3.102,03	1.843,98	2.682,16	3.017,43
	V	45.340	2.493,70	3.627,20	4.080,60																		
	VI	45.872	2.522,96	3.669,76	4.128,48																		
120.203,99	I	39.182	2.155,01	3.134,56	3.526,38	2.051,61	2.984,16	3.357,18	1.948,21	2.833,76	3.187,98	1.844,81	2.683,36	3.018,78	1.680,16	2.532,96	2.849,58	1.456,44	2.382,56	2.680,38	1.232,84	2.232,24	2.511,27
	II	37.393	2.056,61	2.991,44	3.365,37	1.953,21	2.841,04	3.196,17	1.849,81	2.690,64	3.026,97	1.690,99	2.540,24	2.857,77	1.467,27	2.389,84	2.688,57	1.243,55	2.239,44	2.519,37	1.019,83	2.089,04	2.350,17
	III	28.836	-	2.306,88	2.595,24	-	2.164,80	2.435,40	-	2.025,60	2.278,80	-	1.889,60	2.125,80	-	1.756,80	1.976,40	-	1.626,88	1.830,24	-	1.500,16	1.687,68
	IV	39.182	2.155,01	3.134,56	3.526,38	2.103,31	3.059,36	3.441,78	2.051,61	2.984,16	3.357,18	1.999,91	2.908,96	3.272,58	1.948,21	2.833,76	3.187,98	1.896,51	2.758,56	3.103,38	1.844,81	2.683,36	3.018,78
	V	45.355	2.494,52	3.628,40	4.081,95																		
	VI	45.887	2.523,78	3.670,96	4.129,83																		
120.239,99	I	39.197	2.155,83	3.135,76	3.527,73	2.052,43	2.985,36	3.358,53	1.949,03	2.834,96	3.189,33	1.845,63	2.684,56	3.020,13	1.682,06	2.534,24	2.851,02	1.458,34	2.383,84	2.681,82	1.234,62	2.233,44	2.512,62
	II	37.408	2.057,44	2.992,64	3.366,72	1.954,04	2.842,24	3.197,52	1.850,64	2.691,84	3.028,32	1.692,77	2.541,44	2.859,12	1.469,05	2.391,04	2.689,92	1.245,33	2.240,64	2.520,72	1.021,61	2.090,24	2.351,52
	III	28.850	-	2.308,00	2.596,50	-	2.165,92	2.436,66	-	2.026,72	2.280,06	-	1.890,72	2.127,06	-	1.757,76	1.977,48	-	1.628,00	1.831,50	-	1.501,12	1.688,76
	IV	39.197	2.155,83	3.135,76	3.527,73	2.104,13	3.060,56	3.443,13	2.052,43	2.985,36	3.358,53	2.000,73	2.910,16	3.273,93	1.949,03	2.834,96	3.189,33	1.897,33	2.759,76	3.104,73	1.845,63	2.684,56	3.020,13
	V	45.370	2.495,35	3.629,60	4.083,30																		
	VI	45.902	2.524,61	3.672,16	4.131,18																		
120.275,99	I	39.212	2.156,66	3.136,96	3.529,08	2.053,26	2.986,56	3.359,88	1.949,86	2.836,16	3.190,68	1.846,51	2.685,84	3.021,57	1.683,85	2.535,44	2.852,37	1.460,13	2.385,04	2.683,17	1.236,41	2.234,64	2.513,97
	II	37.423	2.058,26	2.993,84	3.368,07	1.954,86	2.843,44	3.198,87	1.851,46	2.693,04	3.029,67	1.694,56	2.542,64	2.860,47	1.470,84	2.392,24	2.691,27	1.247,23	2.241,92	2.522,16	1.023,51	2.091,52	2.352,96
	III	28.866	-	2.309,28	2.597,94	-	2.167,04	2.437,92	-	2.027,84	2.281,32	-	1.891,84	2.128,32	-	1.758,88	1.978,74	-	1.628,96	1.832,58	-	1.502,24	1.690,02
	IV	39.212	2.156,66	3.136,96	3.529,08	2.104,96	3.061,76	3.444,48	2.053,26	2.986,56	3.359,88	2.001,56	2.911,36	3.275,28	1.949,86	2.836,16	3.190,68	1.898,21	2.761,04	3.106,17	1.846,51	2.685,84	3.021,57
	V	45.386	2.496,23	3.630,88	4.084,74																		
	VI	45.917	2.525,43	3.673,36	4.132,53																		
120.311,99	I	39.227	2.157,48	3.138,16	3.530,43	2.054,14	2.987,84	3.361,32	1.950,74	2.837,44	3.192,12	1.847,34	2.687,04	3.022,92	1.685,63	2.536,64	2.853,72	1.461,91	2.386,24	2.684,52	1.238,19	2.235,84	2.515,32
	II	37.438	2.059,09	2.995,04	3.369,42	1.955,69	2.844,64	3.200,22	1.852,29	2.694,24	3.031,02	1.696,34	2.543,84	2.861,82	1.472,74	2.393,52	2.692,71	1.249,02	2.243,12	2.523,51	1.025,30	2.092,72	2.354,31
	III	28.880	-	2.310,40	2.599,20	-	2.168,16	2.439,18	-	2.028,96	2.282,58	-	1.892,96	2.129,58	-	1.759,84	1.979,82	-	1.630,08	1.833,84	-	1.503,20	1.691,10
	IV	39.227	2.157,48	3.138,16	3.530,43	2.105,78	3.062,96	3.445,83	2.054,14	2.987,84	3.361,32	2.002,44	2.912,64	3.276,72	1.950,74	2.837,44	3.192,12	1.899,04	2.762,24	3.107,52	1.847,34	2.687,04	3.022,92
	V	45.401	2.497,05	3.632,08	4.086,09																		
	VI	45.932	2.526,26	3.674,56	4.133,88																		
120.347,99	I	39.243	2.158,36	3.139,44	3.531,87	2.054,96	2.989,04	3.362,67	1.951,56	2.838,64	3.193,47	1.848,16	2.688,24	3.024,27	1.687,42	2.537,84	2.855,07	1.463,70	2.387,44	2.685,87	1.239,98	2.237,04	2.516,67
	II	37.453	2.059,91	2.996,24	3.370,77	1.956,51	2.845,84	3.201,57	1.853,17	2.695,52	3.032,46	1.698,24	2.545,12	2.863,26	1.474,52	2.394,72	2.694,06	1.250,80	2.244,32	2.524,86	1.027,08	2.093,92	2.355,66
	III	28.894	-	2.311,52	2.600,46	-	2.169,28	2.440,44	-	2.030,08	2.283,84	-	1.893,92	2.130,66	-	1.760,96	1.981,08	-	1.631,04	1.834,92	-	1.504,16	1.692,18
	IV	39.243	2.158,36	3.139,44	3.531,87	2.106,66	3.064,24	3.447,27	2.054,96	2.989,04	3.362,67	2.003,26	2.913,84	3.278,07	1.951,56	2.838,64	3.193,47	1.899,86	2.763,44	3.108,87	1.848,16	2.688,24	3.024,27
	V	45.416	2.497,88	3.633,28	4.087,44																		
	VI	45.948	2.527,14	3.675,84	4.135,32																		
120.383,99	I	39.258	2.159,19	3.140,64	3.533,22	2.055,79	2.990,24	3.364,02	1.952,39	2.839,84	3.194,82	1.848,99	2.689,44	3.025,62	1.689,20	2.539,04	2.856,42	1.465,48	2.388,64	2.687,22	1.241,76	2.238,24	2.518,02
	II	37.468	2.060,74	2.997,44	3.372,12	1.957,39	2.847,12	3.203,01	1.853,99	2.696,72	3.033,81	1.700,03	2.546,32	2.864,61	1.476,31	2.395,92	2.695,41	1.252,59	2.245,52	2.526,21	1.028,87	2.095,12	2.357,01
	III	28.908	-	2.312,64	2.601,72	-	2.170,40	2.441,70	-	2.031,20	2.285,10	-	1.895,04	2.131,92	-	1.762,08	1.982,34	-	1.632,16	1.836,18	-	1.505,28	1.693,44
	IV	39.258	2.159,19	3.140,64	3.533,22	2.107,49	3.065,44	3.448,62	2.055,79	2.990,24	3.364,02	2.004,09	2.915,04	3.279,42	1.952,39	2.839,84	3.194,82	1.900,69	2.764,64	3.110,22	1.848,99	2.689,44	3.025,62
	V	45.431	2.498,70	3.634,48	4.088,79																		
	VI	45.963	2.527,96	3.677,04	4.136,67																		
120.419,99	I	39.273	2.160,01	3.141,84	3.534,57	2.056,61	2.991,44	3.365,37	1.953,21	2.841,04	3.196,17	1.849,81	2.690,64	3.026,97	1.690,99	2.540,24	2.857,77	1.467,27	2.389,84	2.688,57	1.243,55	2.239,44	2.519,37
	II	37.484	2.061,62	2.998,72	3.373,56	1.958,22	2.848,32	3.204,36	1.854,82	2.697,92	3.035,16	1.701,81	2.547,52	2.865,96	1.478,09	2.397,12	2.696,76	1.254,37	2.246,72	2.527,56	1.030,65	2.096,32	2.358,36
	III	28.924	-	2.313,92	2.603,16	-	2.171,52	2.442,96	-	2.032,32	2.286,36	-	1.896,16	2.133,18	-	1.763,04	1.983,42	-	1.633,12	1.837,26	-	1.506,24	1.694,52
	IV	39.273	2.160,01	3.141,84	3.534,57	2.108,31	3.066,64	3.449,97	2.056,61	2.991,44	3.365,37	2.004,91	2.916,24	3.280,77	1.953,21	2.841,04	3.196,17	1.901,51	2.765,84	3.111,57	1.849,81	2.690,64	3.026,97
	V	45.446	2.499,53	3.635,68	4.090,14																		
	VI	45.978	2.528,79	3.678,24	4.138,02																		

SolZ/KiSt lt. Tabelle nicht für Sonstige Bezüge anwendbar.

Besondere Tabelle

JAHR bis 120.959,99 €

Lohn/Gehalt bis	Steuerklasse	Lohnsteuer	ohne Kinderfreibetrag SolZ 5,5%	ohne Kinderfreibetrag Kirchensteuer 8%	ohne Kinderfreibetrag Kirchensteuer 9%	0,5 SolZ 5,5%	0,5 Kirchensteuer 8%	0,5 Kirchensteuer 9%	1,0 SolZ 5,5%	1,0 Kirchensteuer 8%	1,0 Kirchensteuer 9%	1,5 SolZ 5,5%	1,5 Kirchensteuer 8%	1,5 Kirchensteuer 9%	2,0 SolZ 5,5%	2,0 Kirchensteuer 8%	2,0 Kirchensteuer 9%	2,5 SolZ 5,5%	2,5 Kirchensteuer 8%	2,5 Kirchensteuer 9%	3,0 SolZ 5,5%	3,0 Kirchensteuer 8%	3,0 Kirchensteuer 9%
						Anzahl Kinderfreibeträge (nur Steuerklassen I–IV)																	
120.455,99	I	39.288	2.160,84	3.143,04	3.535,92	2.057,44	2.992,64	3.366,72	1.954,04	2.842,24	3.197,52	1.850,64	2.691,84	3.028,32	1.692,77	2.541,44	2.859,12	1.469,05	2.391,04	2.689,92	1.245,33	2.240,64	2.520,72
	II	37.499	2.062,44	2.999,92	3.374,91	1.959,04	2.849,52	3.205,71	1.855,64	2.699,12	3.036,51	1.703,60	2.548,72	2.867,31	1.479,88	2.398,32	2.698,11	1.256,16	2.247,92	2.528,91	1.032,44	2.097,52	2.359,71
	III	28.938	-	2.315,04	2.604,42	-	2.172,64	2.444,22	-	2.033,44	2.287,62	-	1.897,28	2.134,44	-	1.764,16	1.984,68	-	1.634,08	1.838,34	-	1.507,20	1.695,60
	IV	39.288	2.160,84	3.143,04	3.535,92	2.109,14	3.067,84	3.451,32	2.057,44	2.992,64	3.366,72	2.005,74	2.917,44	3.282,12	1.954,04	2.842,24	3.197,52	1.902,34	2.767,04	3.112,92	1.850,64	2.691,84	3.028,32
	V	45.461	2.500,35	3.636,88	4.091,49																		
	VI	45.993	2.529,61	3.679,44	4.139,37																		
20.491,99	I	39.303	2.161,66	3.144,24	3.537,27	2.058,26	2.993,84	3.368,07	1.954,86	2.843,44	3.198,87	1.851,46	2.693,04	3.029,67	1.694,56	2.542,64	2.860,47	1.470,84	2.392,24	2.691,27	1.247,23	2.241,92	2.522,16
	II	37.514	2.063,27	3.001,12	3.376,26	1.959,87	2.850,72	3.207,06	1.856,47	2.700,32	3.037,86	1.705,38	2.549,92	2.868,66	1.481,66	2.399,52	2.699,46	1.257,94	2.249,12	2.530,26	1.034,22	2.098,72	2.361,06
	III	28.952	-	2.316,16	2.605,68	-	2.173,76	2.445,48	-	2.034,56	2.288,88	-	1.898,24	2.135,52	-	1.765,28	1.985,94	-	1.635,20	1.839,60	-	1.508,32	1.696,86
	IV	39.303	2.161,66	3.144,24	3.537,27	2.109,96	3.069,04	3.452,67	2.058,26	2.993,84	3.368,07	2.006,56	2.918,64	3.283,47	1.954,86	2.843,44	3.198,87	1.903,16	2.768,24	3.114,27	1.851,46	2.693,04	3.029,67
	V	45.476	2.501,18	3.638,08	4.092,84																		
	VI	46.008	2.530,44	3.680,64	4.140,72																		
20.527,99	I	39.318	2.162,49	3.145,44	3.538,62	2.059,09	2.995,04	3.369,42	1.955,69	2.844,64	3.200,22	1.852,29	2.694,24	3.031,02	1.696,34	2.543,84	2.861,82	1.472,74	2.393,52	2.692,71	1.249,02	2.243,12	2.523,51
	II	37.529	2.064,09	3.002,32	3.377,61	1.960,69	2.851,92	3.208,41	1.857,29	2.701,52	3.039,21	1.707,17	2.551,12	2.870,01	1.483,45	2.400,72	2.700,81	1.259,73	2.250,32	2.531,61	1.036,01	2.099,92	2.362,41
	III	28.966	-	2.317,28	2.606,94	-	2.174,88	2.446,74	-	2.035,68	2.290,14	-	1.899,36	2.136,78	-	1.766,24	1.987,02	-	1.636,16	1.840,68	-	1.509,28	1.697,94
	IV	39.318	2.162,49	3.145,44	3.538,62	2.110,79	3.070,24	3.454,02	2.059,09	2.995,04	3.369,42	2.007,39	2.919,84	3.284,82	1.955,69	2.844,64	3.200,22	1.903,99	2.769,44	3.115,62	1.852,29	2.694,24	3.031,02
	V	45.491	2.502,00	3.639,28	4.094,19																		
	VI	46.023	2.531,26	3.681,84	4.142,07																		
20.563,99	I	39.333	2.163,31	3.146,64	3.539,97	2.059,91	2.996,24	3.370,77	1.956,51	2.845,84	3.201,57	1.853,17	2.695,52	3.032,46	1.698,24	2.545,12	2.863,26	1.474,52	2.394,72	2.694,06	1.250,80	2.244,32	2.524,86
	II	37.544	2.064,92	3.003,52	3.378,96	1.961,52	2.853,12	3.209,76	1.858,12	2.702,72	3.040,56	1.708,95	2.552,32	2.871,36	1.485,23	2.401,92	2.702,16	1.261,51	2.251,52	2.532,96	1.037,91	2.101,20	2.363,85
	III	28.982	-	2.318,56	2.608,38	-	2.176,00	2.448,00	-	2.036,80	2.291,40	-	1.900,48	2.138,04	-	1.767,36	1.988,28	-	1.637,28	1.841,94	-	1.510,24	1.699,02
	IV	39.333	2.163,31	3.146,64	3.539,97	2.111,61	3.071,44	3.455,37	2.059,91	2.996,24	3.370,77	2.008,21	2.921,04	3.286,17	1.956,51	2.845,84	3.201,57	1.904,81	2.770,64	3.116,97	1.853,17	2.695,52	3.032,46
	V	45.507	2.502,88	3.640,56	4.095,63																		
	VI	46.038	2.532,09	3.683,04	4.143,42																		
20.599,99	I	39.348	2.164,14	3.147,84	3.541,32	2.060,74	2.997,44	3.372,12	1.957,39	2.847,12	3.203,01	1.853,99	2.696,72	3.033,81	1.700,03	2.546,32	2.864,61	1.476,31	2.395,92	2.695,41	1.252,59	2.245,52	2.526,21
	II	37.559	2.065,74	3.004,72	3.380,31	1.962,34	2.854,32	3.211,11	1.858,94	2.703,92	3.041,91	1.710,74	2.553,52	2.872,71	1.487,14	2.403,20	2.703,60	1.263,42	2.252,80	2.534,40	1.039,70	2.102,40	2.365,20
	III	28.996	-	2.319,68	2.609,64	-	2.177,28	2.449,44	-	2.037,92	2.292,66	-	1.901,60	2.139,30	-	1.768,32	1.989,36	-	1.638,24	1.843,02	-	1.511,20	1.700,10
	IV	39.348	2.164,14	3.147,84	3.541,32	2.112,44	3.072,64	3.456,72	2.060,74	2.997,44	3.372,12	2.009,09	2.922,32	3.287,61	1.957,39	2.847,12	3.203,01	1.905,69	2.771,92	3.118,41	1.853,99	2.696,72	3.033,81
	V	45.522	2.503,71	3.641,76	4.096,98																		
	VI	46.053	2.532,91	3.684,24	4.144,77																		
20.635,99	I	39.364	2.165,02	3.149,12	3.542,76	2.061,62	2.998,72	3.373,56	1.958,22	2.848,32	3.204,36	1.854,82	2.697,92	3.035,16	1.701,81	2.547,52	2.865,96	1.478,09	2.397,12	2.696,76	1.254,37	2.246,72	2.527,56
	II	37.574	2.066,57	3.005,92	3.381,66	1.963,17	2.855,52	3.212,46	1.859,77	2.705,12	3.043,26	1.712,64	2.554,80	2.874,15	1.488,92	2.404,40	2.704,95	1.265,20	2.254,00	2.535,75	1.041,48	2.103,60	2.366,55
	III	29.010	-	2.320,80	2.610,90	-	2.178,40	2.450,70	-	2.038,88	2.293,74	-	1.902,72	2.140,56	-	1.769,44	1.990,62	-	1.639,36	1.844,28	-	1.512,32	1.701,36
	IV	39.364	2.165,02	3.149,12	3.542,76	2.113,32	3.073,92	3.458,16	2.061,62	2.998,72	3.373,56	2.009,92	2.923,52	3.288,96	1.958,22	2.848,32	3.204,36	1.906,52	2.773,12	3.119,76	1.854,82	2.697,92	3.035,16
	V	45.537	2.504,53	3.642,96	4.098,33																		
	VI	46.069	2.533,79	3.685,52	4.146,21																		
20.671,99	I	39.379	2.165,84	3.150,32	3.544,11	2.062,44	2.999,92	3.374,91	1.959,04	2.849,52	3.205,71	1.855,64	2.699,12	3.036,51	1.703,60	2.548,72	2.867,31	1.479,88	2.398,32	2.698,11	1.256,16	2.247,92	2.528,91
	II	37.589	2.067,39	3.007,12	3.383,01	1.964,05	2.856,80	3.213,90	1.860,65	2.706,40	3.044,70	1.714,43	2.556,00	2.875,50	1.490,71	2.405,60	2.706,30	1.266,99	2.255,20	2.537,10	1.043,27	2.104,80	2.367,90
	III	29.024	-	2.321,92	2.612,16	-	2.179,52	2.451,96	-	2.040,00	2.295,00	-	1.903,68	2.141,64	-	1.770,56	1.991,88	-	1.640,32	1.845,36	-	1.513,28	1.702,44
	IV	39.379	2.165,84	3.150,32	3.544,11	2.114,14	3.075,12	3.459,51	2.062,44	2.999,92	3.374,91	2.010,74	2.924,72	3.290,31	1.959,04	2.849,52	3.205,71	1.907,34	2.774,32	3.121,11	1.855,64	2.699,12	3.036,51
	V	45.552	2.505,36	3.644,16	4.099,68																		
	VI	46.084	2.534,62	3.686,72	4.147,56																		
20.707,99	I	39.394	2.166,67	3.151,52	3.545,46	2.063,27	3.001,12	3.376,26	1.959,87	2.850,72	3.207,06	1.856,47	2.700,32	3.037,86	1.705,38	2.549,92	2.868,66	1.481,66	2.399,52	2.699,46	1.257,94	2.249,12	2.530,26
	II	37.605	2.068,27	3.008,40	3.384,45	1.964,87	2.858,00	3.215,25	1.861,47	2.707,60	3.046,05	1.716,21	2.557,20	2.876,85	1.492,49	2.406,80	2.707,65	1.268,77	2.256,40	2.538,45	1.045,05	2.106,00	2.369,25
	III	29.040	-	2.323,20	2.613,60	-	2.180,64	2.453,22	-	2.041,12	2.296,26	-	1.904,80	2.142,90	-	1.771,52	1.992,96	-	1.641,44	1.846,62	-	1.514,24	1.703,52
	IV	39.394	2.166,67	3.151,52	3.545,46	2.114,97	3.076,32	3.460,86	2.063,27	3.001,12	3.376,26	2.011,57	2.925,92	3.291,66	1.959,87	2.850,72	3.207,06	1.908,17	2.775,52	3.122,46	1.856,47	2.700,32	3.037,86
	V	45.567	2.506,18	3.645,36	4.101,03																		
	VI	46.099	2.535,44	3.687,92	4.148,91																		
20.743,99	I	39.409	2.167,49	3.152,72	3.546,81	2.064,09	3.002,32	3.377,61	1.960,69	2.851,92	3.208,41	1.857,29	2.701,52	3.039,21	1.707,17	2.551,12	2.870,01	1.483,45	2.400,72	2.700,81	1.259,73	2.250,32	2.531,61
	II	37.620	2.069,10	3.009,60	3.385,80	1.965,70	2.859,20	3.216,60	1.862,30	2.708,80	3.047,40	1.718,00	2.558,40	2.878,20	1.494,28	2.408,00	2.709,00	1.270,56	2.257,60	2.539,80	1.046,84	2.107,20	2.370,60
	III	29.054	-	2.324,32	2.614,86	-	2.181,76	2.454,48	-	2.042,24	2.297,52	-	1.905,92	2.144,16	-	1.772,64	1.994,22	-	1.642,40	1.847,70	-	1.515,36	1.704,78
	IV	39.409	2.167,49	3.152,72	3.546,81	2.115,79	3.077,52	3.462,21	2.064,09	3.002,32	3.377,61	2.012,39	2.927,12	3.293,01	1.960,69	2.851,92	3.208,41	1.908,99	2.776,72	3.123,81	1.857,29	2.701,52	3.039,21
	V	45.582	2.507,01	3.646,56	4.102,38																		
	VI	46.114	2.536,27	3.689,12	4.150,26																		
20.779,99	I	39.424	2.168,32	3.153,92	3.548,16	2.064,92	3.003,52	3.378,96	1.961,52	2.853,12	3.209,76	1.858,12	2.702,72	3.040,56	1.708,95	2.552,32	2.871,36	1.485,23	2.401,92	2.702,16	1.261,51	2.251,52	2.532,96
	II	37.635	2.069,92	3.010,80	3.387,15	1.966,52	2.860,40	3.217,95	1.863,12	2.710,00	3.048,75	1.719,78	2.559,60	2.879,55	1.496,06	2.409,20	2.710,35	1.272,34	2.258,80	2.541,15	1.048,62	2.108,40	2.371,95
	III	29.068	-	2.325,44	2.616,12	-	2.182,88	2.455,74	-	2.043,36	2.298,78	-	1.907,04	2.145,42	-	1.773,60	1.995,30	-	1.643,52	1.848,96	-	1.516,32	1.705,86
	IV	39.424	2.168,32	3.153,92	3.548,16	2.116,62	3.078,72	3.463,56	2.064,92	3.003,52	3.378,96	2.013,22	2.928,32	3.294,36	1.961,52	2.853,12	3.209,76	1.909,82	2.777,92	3.125,16	1.858,12	2.702,72	3.040,56
	V	45.597	2.507,83	3.647,76	4.103,73																		
	VI	46.129	2.537,09	3.690,32	4.151,61																		
20.815,99	I	39.439	2.169,14	3.155,12	3.549,51	2.065,74	3.004,72	3.380,31	1.962,34	2.854,32	3.211,11	1.858,94	2.703,92	3.041,91	1.710,74	2.553,52	2.872,71	1.487,14	2.403,20	2.703,60	1.263,42	2.252,80	2.534,40
	II	37.650	2.070,75	3.012,00	3.388,50	1.967,35	2.861,60	3.219,30	1.863,95	2.711,20	3.050,10	1.721,57	2.560,80	2.880,90	1.497,85	2.410,40	2.711,70	1.274,13	2.260,00	2.542,50	1.050,41	2.109,60	2.373,30
	III	29.082	-	2.326,56	2.617,38	-	2.184,00	2.457,00	-	2.044,48	2.300,04	-	1.908,00	2.146,50	-	1.774,72	1.996,56	-	1.644,48	1.850,04	-	1.517,28	1.706,94
	IV	39.439	2.169,14	3.155,12	3.549,51	2.117,44	3.079,92	3.464,91	2.065,74	3.004,72	3.380,31	2.014,04	2.929,52	3.295,71	1.962,34	2.854,32	3.211,11	1.910,64	2.779,12	3.126,51	1.858,94	2.703,92	3.041,91
	V	45.612	2.508,66	3.648,96	4.105,08																		
	VI	46.144	2.537,92	3.691,52	4.152,96																		
20.851,99	I	39.454	2.169,97	3.156,32	3.550,86	2.066,57	3.005,92	3.381,66	1.963,17	2.855,52	3.212,46	1.859,77	2.705,12	3.043,26	1.712,64	2.554,80	2.874,15	1.488,92	2.404,40	2.704,95	1.265,20	2.254,00	2.535,75
	II	37.665	2.071,57	3.013,20	3.389,85	1.968,17	2.862,80	3.220,65	1.864,77	2.712,40	3.051,45	1.723,35	2.562,00	2.882,25	1.499,63	2.411,60	2.713,05	1.275,91	2.261,20	2.543,85	1.052,31	2.110,88	2.374,74
	III	29.098	-	2.327,84	2.618,82	-	2.185,12	2.458,26	-	2.045,60	2.301,30	-	1.909,12	2.147,76	-	1.775,84	1.997,82	-	1.645,60	1.851,30	-	1.518,40	1.708,20
	IV	39.454	2.169,97	3.156,32	3.550,86	2.118,27	3.081,12	3.466,26	2.066,57	3.005,92	3.381,66	2.014,87	2.930,72	3.297,06	1.963,17	2.855,52	3.212,46	1.911,47	2.780,32	3.127,86	1.859,77	2.705,12	3.043,26
	V	45.628	2.509,54	3.650,24	4.106,52																		
	VI	46.159	2.538,74	3.692,72	4.154,31																		
20.887,99	I	39.469	2.170,79	3.157,52	3.552,21	2.067,39	3.007,12	3.383,01	1.964,05	2.856,80	3.213,90	1.860,65	2.706,40	3.044,70	1.714,43	2.556,00	2.875,50	1.490,71	2.405,60	2.706,30	1.266,99	2.255,20	2.537,10
	II	37.680	2.072,40	3.014,40	3.391,20	1.969,00	2.864,00	3.222,00	1.865,60	2.713,60	3.052,80	1.725,14	2.563,20	2.883,60	1.501,42	2.412,80	2.714,40	1.277,82	2.262,48	2.545,29	1.054,10	2.112,08	2.376,09
	III	29.112	-	2.328,96	2.620,08	-	2.186,24	2.459,52	-	2.046,72	2.302,56	-	1.910,24	2.149,02	-	1.776,80	1.998,90	-	1.646,56	1.852,38	-	1.519,36	1.709,28
	IV	39.469	2.170,79	3.157,52	3.552,21	2.119,09	3.082,32	3.467,61	2.067,39	3.007,12	3.383,01	2.015,69	2.931,92	3.298,41	1.964,05	2.856,80	3.213,90	1.912,35	2.781,60	3.129,30	1.860,65	2.706,40	3.044,70
	V	45.643	2.510,36	3.651,44	4.107,87																		
	VI	46.174	2.539,57	3.693,92	4.155,66																		
20.923,99	I	39.484	2.171,62	3.158,72	3.553,56	2.068,27	3.008,40	3.384,45	1.964,87	2.858,00	3.215,25	1.861,47	2.707,60	3.046,05	1.716,21	2.557,20	2.876,85	1.492,49	2.406,80	2.707,65	1.268,77	2.256,40	2.538,45
	II	37.695	2.073,22	3.015,60	3.392,55	1.969,82	2.865,20	3.223,35	1.866,42	2.714,80	3.054,15	1.727,04	2.564,48	2.885,04	1.503,32	2.414,08	2.715,84	1.279,60	2.263,68	2.546,64	1.055,88	2.113,28	2.377,44
	III	29.126	-	2.330,08	2.621,34	-	2.187,36	2.460,78	-	2.047,84	2.303,82	-	1.911,36	2.150,28	-	1.777,92	2.000,16	-	1.647,52	1.853,46	-	1.520,32	1.710,36
	IV	39.484	2.171,62	3.158,72	3.553,56	2.119,97	3.083,60	3.469,05	2.068,27	3.008,40	3.384,45	2.016,57	2.933,20	3.299,85	1.964,87	2.858,00	3.215,25	1.913,17	2.782,80	3.130,65	1.861,47	2.707,60	3.046,05
	V	45.658	2.511,19	3.652,64	4.109,22																		
	VI	46.189	2.540,39	3.695,12	4.157,01																		
20.959,99	I	39.500	2.172,50	3.160,00	3.555,00	2.069,10	3.009,60	3.385,80	1.965,70	2.859,20	3.216,60	1.862,30	2.708,80	3.047,40	1.718,00	2.558,40	2.878,20	1.494,28	2.408,00	2.709,00	1.270,56	2.257,60	2.539,80
	II	37.710	2.074,05	3.016,80	3.393,90	1.970,65	2.866,40	3.224,70	1.867,30	2.716,08	3.055,59	1.728,83	2.565,68	2.886,39	1.505,11	2.415,28	2.717,19	1.281,39	2.264,88	2.547,99	1.057,67	2.114,48	2.378,79
	III	29.140	-	2.331,20	2.622,60	-	2.188,48	2.462,04	-	2.048,96	2.305,08	-	1.912,48	2.151,54	-	1.779,04	2.001,42	-	1.648,64	1.854,72	-	1.521,44	1.711,62
	IV	39.500	2.172,50	3.160,00	3.555,00	2.120,80	3.084,80	3.470,40	2.069,10	3.009,60	3.385,80	2.017,40	2.934,40	3.301,20	1.965,70	2.859,20	3.216,60	1.914,00	2.784,00	3.132,00	1.862,30	2.708,80	3.047,40
	V	45.673	2.512,01	3.653,84	4.110,57																		
	VI	46.205	2.541,27	3.696,40	4.158,45																		

SolZ/KiSt lt. Tabelle nicht für Sonstige Bezüge anwendbar.

JAHR bis 121.499,99 €

Besondere Tabelle

Lohn/ Gehalt bis	Steuerklasse	Lohn-steuer	ohne Kinderfreibetrag			Anzahl Kinderfreibeträge (nur Steuerklassen I–IV) 0,5			1,0			1,5			2,0			2,5			3,0		
			SolZ 5,5%	Kirchensteuer 8%	9%	SolZ 5,5%	Kirchensteuer 8%	9%	SolZ 5,5%	Kirchensteuer 8%	9%	SolZ 5,5%	Kirchensteuer 8%	9%	SolZ 5,5%	Kirchensteuer 8%	9%	SolZ 5,5%	Kirchensteuer 8%	9%	SolZ 5,5%	Kirchensteuer 8%	9%
120.995,99	I	39.515	2.173,32	3.161,20	3.556,35	2.069,92	3.010,80	3.387,15	1.966,52	2.860,40	3.217,95	1.863,12	2.710,00	3.048,75	1.719,78	2.559,60	2.879,55	1.496,06	2.409,20	2.710,35	1.272,34	2.258,80	2.541,15
	II	37.726	2.074,93	3.018,08	3.395,34	1.971,53	2.867,68	3.226,14	1.868,13	2.717,28	3.056,94	1.730,61	2.566,88	2.887,74	1.506,89	2.416,48	2.718,54	1.283,17	2.266,08	2.549,34	1.059,45	2.115,68	2.380,14
	III	29.156	-	2.332,48	2.624,04	-	2.189,76	2.463,48	-	2.050,08	2.306,34	-	1.913,44	2.152,62	-	1.780,00	2.002,50	-	1.649,60	1.855,80	-	1.522,40	1.712,70
	IV	39.515	2.173,32	3.161,20	3.556,35	2.121,62	3.086,00	3.471,75	2.069,92	3.010,80	3.387,15	2.018,22	2.935,60	3.302,55	1.966,52	2.860,40	3.217,95	1.914,82	2.785,20	3.133,35	1.863,12	2.710,00	3.048,75
	V	45.688	2.512,84	3.655,04	4.111,92																		
	VI	46.220	2.542,10	3.697,60	4.159,80																		
121.031,99	I	39.530	2.174,15	3.162,40	3.557,70	2.070,75	3.012,00	3.388,50	1.967,35	2.861,60	3.219,30	1.863,95	2.711,20	3.050,10	1.721,57	2.560,80	2.880,90	1.497,85	2.410,40	2.711,70	1.274,13	2.260,00	2.542,50
	II	37.741	2.075,75	3.019,28	3.396,69	1.972,35	2.868,88	3.227,49	1.868,95	2.718,48	3.058,29	1.732,40	2.568,08	2.889,09	1.508,68	2.417,68	2.719,89	1.284,96	2.267,28	2.550,69	1.061,24	2.116,88	2.381,49
	III	29.170	-	2.333,60	2.625,30	-	2.190,88	2.464,74	-	2.051,20	2.307,60	-	1.914,56	2.153,88	-	1.781,12	2.003,76	-	1.650,72	1.857,06	-	1.523,36	1.713,78
	IV	39.530	2.174,15	3.162,40	3.557,70	2.122,45	3.087,20	3.473,10	2.070,75	3.012,00	3.388,50	2.019,05	2.936,80	3.303,90	1.967,35	2.861,60	3.219,30	1.915,65	2.786,40	3.134,70	1.863,95	2.711,20	3.050,10
	V	45.703	2.513,66	3.656,24	4.113,27																		
	VI	46.235	2.542,92	3.698,80	4.161,15																		
121.067,99	I	39.545	2.174,97	3.163,60	3.559,05	2.071,57	3.013,20	3.389,85	1.968,17	2.862,80	3.220,65	1.864,77	2.712,40	3.051,45	1.723,35	2.562,00	2.882,25	1.499,63	2.411,60	2.713,05	1.275,91	2.261,20	2.543,85
	II	37.756	2.076,58	3.020,48	3.398,04	1.973,18	2.870,08	3.228,84	1.869,78	2.719,68	3.059,64	1.734,18	2.569,28	2.890,44	1.510,46	2.418,88	2.721,24	1.286,74	2.268,48	2.552,04	1.063,02	2.118,08	2.382,84
	III	29.184	-	2.334,72	2.626,56	-	2.192,00	2.466,00	-	2.052,32	2.308,86	-	1.915,68	2.155,14	-	1.782,24	2.005,02	-	1.651,68	1.858,14	-	1.524,48	1.715,04
	IV	39.545	2.174,97	3.163,60	3.559,05	2.123,27	3.088,40	3.474,45	2.071,57	3.013,20	3.389,85	2.019,87	2.938,00	3.305,25	1.968,17	2.862,80	3.220,65	1.916,47	2.787,60	3.136,05	1.864,77	2.712,40	3.051,45
	V	45.718	2.514,49	3.657,44	4.114,62																		
	VI	46.250	2.543,75	3.700,00	4.162,50																		
121.103,99	I	39.560	2.175,80	3.164,80	3.560,40	2.072,40	3.014,40	3.391,20	1.969,00	2.864,00	3.222,00	1.865,60	2.713,60	3.052,80	1.725,14	2.563,20	2.883,60	1.501,42	2.412,80	2.714,40	1.277,82	2.262,48	2.545,29
	II	37.771	2.077,40	3.021,68	3.399,39	1.974,00	2.871,28	3.230,19	1.870,60	2.720,88	3.060,99	1.735,97	2.570,48	2.891,79	1.512,25	2.420,08	2.722,59	1.288,53	2.269,68	2.553,39	1.064,81	2.119,28	2.384,19
	III	29.198	-	2.335,84	2.627,82	-	2.193,12	2.467,26	-	2.053,44	2.310,12	-	1.916,80	2.156,40	-	1.783,20	2.006,10	-	1.652,80	1.859,40	-	1.525,44	1.716,12
	IV	39.560	2.175,80	3.164,80	3.560,40	2.124,10	3.089,60	3.475,80	2.072,40	3.014,40	3.391,20	2.020,70	2.939,20	3.306,60	1.969,00	2.864,00	3.222,00	1.917,30	2.788,80	3.137,40	1.865,60	2.713,60	3.052,80
	V	45.733	2.515,31	3.658,64	4.115,97																		
	VI	46.265	2.544,57	3.701,20	4.163,85																		
121.139,99	I	39.575	2.176,62	3.166,00	3.561,75	2.073,22	3.015,60	3.392,55	1.969,82	2.865,20	3.223,35	1.866,42	2.714,80	3.054,15	1.727,04	2.564,48	2.885,04	1.503,32	2.414,08	2.715,84	1.279,60	2.263,68	2.546,64
	II	37.786	2.078,23	3.022,88	3.400,74	1.974,83	2.872,48	3.231,54	1.871,43	2.722,08	3.062,34	1.737,75	2.571,68	2.893,14	1.514,03	2.421,28	2.723,94	1.290,31	2.270,88	2.554,74	1.066,59	2.120,48	2.385,54
	III	29.214	-	2.337,12	2.629,26	-	2.194,24	2.468,52	-	2.054,56	2.311,38	-	1.917,92	2.157,66	-	1.784,32	2.007,36	-	1.653,76	1.860,48	-	1.526,40	1.717,20
	IV	39.575	2.176,62	3.166,00	3.561,75	2.124,92	3.090,80	3.477,15	2.073,22	3.015,60	3.392,55	2.021,52	2.940,40	3.307,95	1.969,82	2.865,20	3.223,35	1.918,12	2.790,00	3.138,75	1.866,42	2.714,80	3.054,15
	V	45.748	2.516,14	3.659,84	4.117,32																		
	VI	46.280	2.545,40	3.702,40	4.165,20																		
121.175,99	I	39.590	2.177,45	3.167,20	3.563,10	2.074,05	3.016,80	3.393,90	1.970,65	2.866,40	3.224,70	1.867,30	2.716,08	3.055,59	1.728,83	2.565,68	2.886,39	1.505,11	2.415,28	2.717,19	1.281,39	2.264,88	2.547,99
	II	37.801	2.079,05	3.024,08	3.402,09	1.975,65	2.873,68	3.232,89	1.872,25	2.723,28	3.063,69	1.739,54	2.572,88	2.894,49	1.515,82	2.422,48	2.725,29	1.292,22	2.272,16	2.556,18	1.068,50	2.121,76	2.386,98
	III	29.228	-	2.338,24	2.630,52	-	2.195,36	2.469,78	-	2.055,68	2.312,64	-	1.918,88	2.158,74	-	1.785,28	2.008,44	-	1.654,88	1.861,74	-	1.527,52	1.718,46
	IV	39.590	2.177,45	3.167,20	3.563,10	2.125,75	3.092,00	3.478,50	2.074,05	3.016,80	3.393,90	2.022,35	2.941,60	3.309,30	1.970,65	2.866,40	3.224,70	1.919,00	2.791,28	3.140,19	1.867,30	2.716,08	3.055,59
	V	45.764	2.517,02	3.661,12	4.118,76																		
	VI	46.295	2.546,22	3.703,60	4.166,55																		
121.211,99	I	39.605	2.178,27	3.168,40	3.564,45	2.074,93	3.018,08	3.395,34	1.971,53	2.867,68	3.226,14	1.868,13	2.717,28	3.056,94	1.730,61	2.566,88	2.887,74	1.506,89	2.416,48	2.718,54	1.283,17	2.266,08	2.549,34
	II	37.816	2.079,88	3.025,28	3.403,44	1.976,48	2.874,88	3.234,24	1.873,08	2.724,48	3.065,04	1.741,32	2.574,08	2.895,84	1.517,72	2.423,76	2.726,73	1.294,00	2.273,36	2.557,53	1.070,28	2.122,96	2.388,33
	III	29.242	-	2.339,36	2.631,78	-	2.196,48	2.471,04	-	2.056,64	2.313,72	-	1.920,00	2.160,00	-	1.786,40	2.009,70	-	1.655,84	1.862,82	-	1.528,48	1.719,54
	IV	39.605	2.178,27	3.168,40	3.564,45	2.126,57	3.093,20	3.479,85	2.074,93	3.018,08	3.395,34	2.023,23	2.942,88	3.310,74	1.971,53	2.867,68	3.226,14	1.919,83	2.792,48	3.141,54	1.868,13	2.717,28	3.056,94
	V	45.779	2.517,84	3.662,32	4.120,11																		
	VI	46.310	2.547,05	3.704,80	4.167,90																		
121.247,99	I	39.621	2.179,15	3.169,68	3.565,89	2.075,75	3.019,28	3.396,69	1.972,35	2.868,88	3.227,49	1.868,95	2.718,48	3.058,29	1.732,40	2.568,08	2.889,09	1.508,68	2.417,68	2.719,89	1.284,96	2.267,28	2.550,69
	II	37.831	2.080,70	3.026,48	3.404,79	1.977,30	2.876,08	3.235,59	1.873,96	2.725,76	3.066,48	1.743,23	2.575,36	2.897,28	1.519,51	2.424,96	2.728,08	1.295,79	2.274,56	2.558,88	1.072,07	2.124,16	2.389,68
	III	29.256	-	2.340,48	2.633,04	-	2.197,60	2.472,30	-	2.057,76	2.314,98	-	1.921,12	2.161,26	-	1.787,52	2.010,96	-	1.656,96	1.864,08	-	1.529,44	1.720,62
	IV	39.621	2.179,15	3.169,68	3.565,89	2.127,45	3.094,48	3.481,29	2.075,75	3.019,28	3.396,69	2.024,05	2.944,08	3.312,09	1.972,35	2.868,88	3.227,49	1.920,65	2.793,68	3.142,89	1.868,95	2.718,48	3.058,29
	V	45.794	2.518,67	3.663,52	4.121,46																		
	VI	46.326	2.547,93	3.706,08	4.169,34																		
121.283,99	I	39.636	2.179,98	3.170,88	3.567,24	2.076,58	3.020,48	3.398,04	1.973,18	2.870,08	3.228,84	1.869,78	2.719,68	3.059,64	1.734,18	2.569,28	2.890,44	1.510,46	2.418,88	2.721,24	1.286,74	2.268,48	2.552,04
	II	37.846	2.081,53	3.027,68	3.406,14	1.978,18	2.877,36	3.237,03	1.874,78	2.726,96	3.067,83	1.745,01	2.576,56	2.898,63	1.521,29	2.426,16	2.729,43	1.297,57	2.275,76	2.560,23	1.073,85	2.125,36	2.391,03
	III	29.272	-	2.341,76	2.634,48	-	2.198,72	2.473,56	-	2.058,88	2.316,24	-	1.922,24	2.162,52	-	1.788,48	2.012,04	-	1.657,92	1.865,16	-	1.530,40	1.721,70
	IV	39.636	2.179,98	3.170,88	3.567,24	2.128,28	3.095,68	3.482,64	2.076,58	3.020,48	3.398,04	2.024,88	2.945,28	3.313,44	1.973,18	2.870,08	3.228,84	1.921,48	2.794,88	3.144,24	1.869,78	2.719,68	3.059,64
	V	45.809	2.519,49	3.664,72	4.122,81																		
	VI	46.341	2.548,75	3.707,28	4.170,69																		
121.319,99	I	39.651	2.180,80	3.172,08	3.568,59	2.077,40	3.021,68	3.399,39	1.974,00	2.871,28	3.230,19	1.870,60	2.720,88	3.060,99	1.735,97	2.570,48	2.891,79	1.512,25	2.420,08	2.722,59	1.288,53	2.269,68	2.553,39
	II	37.862	2.082,41	3.028,96	3.407,58	1.979,01	2.878,56	3.238,38	1.875,61	2.728,16	3.069,18	1.746,80	2.577,76	2.899,98	1.523,08	2.427,36	2.730,78	1.299,36	2.276,96	2.561,58	1.075,64	2.126,56	2.392,38
	III	29.286	-	2.342,88	2.635,74	-	2.199,84	2.474,82	-	2.060,00	2.317,50	-	1.923,36	2.163,78	-	1.789,60	2.013,30	-	1.659,04	1.866,42	-	1.531,52	1.722,96
	IV	39.651	2.180,80	3.172,08	3.568,59	2.129,10	3.096,88	3.483,99	2.077,40	3.021,68	3.399,39	2.025,70	2.946,48	3.314,79	1.974,00	2.871,28	3.230,19	1.922,30	2.796,08	3.145,59	1.870,60	2.720,88	3.060,99
	V	45.824	2.520,32	3.665,92	4.124,16																		
	VI	46.356	2.549,58	3.708,48	4.172,04																		
121.355,99	I	39.666	2.181,63	3.173,28	3.569,94	2.078,23	3.022,88	3.400,74	1.974,83	2.872,48	3.231,54	1.871,43	2.722,08	3.062,34	1.737,75	2.571,68	2.893,14	1.514,03	2.421,28	2.723,94	1.290,31	2.270,88	2.554,74
	II	37.877	2.083,23	3.030,16	3.408,93	1.979,83	2.879,76	3.239,73	1.876,43	2.729,36	3.070,53	1.748,58	2.578,96	2.901,33	1.524,86	2.428,56	2.732,13	1.301,14	2.278,16	2.562,93	1.077,42	2.127,76	2.393,73
	III	29.300	-	2.344,00	2.637,00	-	2.201,12	2.476,26	-	2.061,12	2.318,76	-	1.924,32	2.164,86	-	1.790,72	2.014,56	-	1.660,00	1.867,50	-	1.532,48	1.724,04
	IV	39.666	2.181,63	3.173,28	3.569,94	2.129,93	3.098,08	3.485,34	2.078,23	3.022,88	3.400,74	2.026,53	2.947,68	3.316,14	1.974,83	2.872,48	3.231,54	1.923,13	2.797,28	3.146,94	1.871,43	2.722,08	3.062,34
	V	45.839	2.521,14	3.667,12	4.125,51																		
	VI	46.371	2.550,40	3.709,68	4.173,39																		
121.391,99	I	39.681	2.182,45	3.174,48	3.571,29	2.079,05	3.024,08	3.402,09	1.975,65	2.873,68	3.232,89	1.872,25	2.723,28	3.063,69	1.739,54	2.572,88	2.894,49	1.515,82	2.422,48	2.725,29	1.292,22	2.272,16	2.556,18
	II	37.892	2.084,06	3.031,36	3.410,28	1.980,66	2.880,96	3.241,08	1.877,26	2.730,56	3.071,88	1.750,37	2.580,16	2.902,68	1.526,65	2.429,76	2.733,48	1.302,93	2.279,36	2.564,28	1.079,21	2.128,96	2.395,08
	III	29.314	-	2.345,12	2.638,26	-	2.202,24	2.477,52	-	2.062,24	2.320,02	-	1.925,44	2.166,12	-	1.791,68	2.015,64	-	1.661,12	1.868,76	-	1.533,44	1.725,12
	IV	39.681	2.182,45	3.174,48	3.571,29	2.130,75	3.099,28	3.486,69	2.079,05	3.024,08	3.402,09	2.027,35	2.948,88	3.317,49	1.975,65	2.873,68	3.232,89	1.923,95	2.798,48	3.148,29	1.872,25	2.723,28	3.063,69
	V	45.854	2.521,97	3.668,32	4.126,86																		
	VI	46.386	2.551,23	3.710,88	4.174,74																		
121.427,99	I	39.696	2.183,28	3.175,68	3.572,64	2.079,88	3.025,28	3.403,44	1.976,48	2.874,88	3.234,24	1.873,08	2.724,48	3.065,04	1.741,32	2.574,08	2.895,84	1.517,72	2.423,76	2.726,73	1.294,00	2.273,36	2.557,53
	II	37.907	2.084,88	3.032,56	3.411,63	1.981,48	2.882,16	3.242,43	1.878,08	2.731,76	3.073,23	1.752,15	2.581,36	2.904,03	1.528,43	2.430,96	2.734,83	1.304,71	2.280,56	2.565,63	1.080,99	2.130,16	2.396,43
	III	29.330	-	2.346,40	2.639,70	-	2.203,36	2.478,78	-	2.063,36	2.321,28	-	1.926,56	2.167,38	-	1.792,80	2.016,90	-	1.662,08	1.869,84	-	1.534,56	1.726,38
	IV	39.696	2.183,28	3.175,68	3.572,64	2.131,58	3.100,48	3.488,04	2.079,88	3.025,28	3.403,44	2.028,18	2.950,08	3.318,84	1.976,48	2.874,88	3.234,24	1.924,78	2.799,68	3.149,64	1.873,08	2.724,48	3.065,04
	V	45.869	2.522,79	3.669,52	4.128,21																		
	VI	46.401	2.552,05	3.712,08	4.176,09																		
121.463,99	I	39.711	2.184,10	3.176,88	3.573,99	2.080,70	3.026,48	3.404,79	1.977,30	2.876,08	3.235,59	1.873,96	2.725,76	3.066,48	1.743,23	2.575,36	2.897,28	1.519,51	2.424,96	2.728,08	1.295,79	2.274,56	2.558,88
	II	37.922	2.085,71	3.033,76	3.412,98	1.982,31	2.883,36	3.243,78	1.878,91	2.732,96	3.074,58	1.753,94	2.582,56	2.905,38	1.530,22	2.432,16	2.736,18	1.306,50	2.281,76	2.566,98	1.082,90	2.131,44	2.397,87
	III	29.344	-	2.347,52	2.640,96	-	2.204,48	2.480,04	-	2.064,48	2.322,54	-	1.927,68	2.168,64	-	1.793,92	2.018,16	-	1.663,20	1.871,10	-	1.535,52	1.727,46
	IV	39.711	2.184,10	3.176,88	3.573,99	2.132,40	3.101,68	3.489,39	2.080,70	3.026,48	3.404,79	2.029,00	2.951,28	3.320,19	1.977,30	2.876,08	3.235,59	1.925,60	2.800,88	3.150,99	1.873,96	2.725,76	3.066,48
	V	45.885	2.523,67	3.670,80	4.129,65																		
	VI	46.416	2.552,88	3.713,28	4.177,44																		
121.499,99	I	39.726	2.184,93	3.178,08	3.575,34	2.081,53	3.027,68	3.406,14	1.978,18	2.877,36	3.237,03	1.874,78	2.726,96	3.067,83	1.745,01	2.576,56	2.898,63	1.521,29	2.426,16	2.729,43	1.297,57	2.275,76	2.560,23
	II	37.937	2.086,53	3.034,96	3.414,33	1.983,13	2.884,56	3.245,13	1.879,73	2.734,16	3.075,93	1.755,72	2.583,76	2.906,73	1.532,12	2.433,44	2.737,62	1.308,40	2.283,04	2.568,42	1.084,68	2.132,64	2.399,22
	III	29.358	-	2.348,64	2.642,22	-	2.205,60	2.481,30	-	2.065,60	2.323,80	-	1.928,80	2.169,90	-	1.794,88	2.019,24	-	1.664,16	1.872,18	-	1.536,48	1.728,54
	IV	39.726	2.184,93	3.178,08	3.575,34	2.133,23	3.102,88	3.490,74	2.081,53	3.027,68	3.406,14	2.029,88	2.952,56	3.321,63	1.978,18	2.877,36	3.237,03	1.926,48	2.802,16	3.152,43	1.874,78	2.726,96	3.067,83
	V	45.900	2.524,50	3.672,00	4.131,00																		
	VI	46.431	2.553,70	3.714,48	4.178,79																		

SolZ/KiSt lt. Tabelle nicht für Sonstige Bezüge anwendbar.

Lohn/ Gehalt bis	Steuerklasse	Lohn- steuer	ohne Kinderfreibetrag			Anzahl Kinderfreibeträge (nur Steuerklassen I–IV)																	
						0,5			1,0			1,5			2,0			2,5			3,0		
			SolZ 5,5%	Kirchensteuer 8%	9%	SolZ 5,5%	Kirchensteuer 8%	9%	SolZ 5,5%	Kirchensteuer 8%	9%	SolZ 5,5%	Kirchensteuer 8%	9%	SolZ 5,5%	Kirchensteuer 8%	9%	SolZ 5,5%	Kirchensteuer 8%	9%	SolZ 5,5%	Kirchensteuer 8%	9%
21.535,99	I	39.742	2.185,81	3.179,36	3.576,78	2.082,41	3.028,96	3.407,58	1.979,01	2.878,56	3.238,38	1.875,61	2.728,16	3.069,18	1.746,80	2.577,76	2.899,98	1.523,08	2.427,36	2.730,78	1.299,36	2.276,96	2.561,58
	II	37.952	2.087,36	3.036,16	3.415,68	1.983,96	2.885,76	3.246,48	1.880,56	2.735,36	3.077,28	1.757,63	2.585,04	2.908,17	1.533,91	2.434,64	2.738,97	1.310,19	2.284,24	2.569,77	1.086,47	2.133,84	2.400,57
	III	29.372	-	2.349,76	2.643,48	-	2.206,72	2.482,56	-	2.066,72	2.325,06	-	1.929,76	2.170,98	-	1.796,00	2.020,50	-	1.665,28	1.873,44	-	1.537,60	1.729,80
	IV	39.742	2.185,81	3.179,36	3.576,78	2.134,11	3.104,16	3.492,18	2.082,41	3.028,96	3.407,58	2.030,71	2.953,76	3.322,98	1.979,01	2.878,56	3.238,38	1.927,31	2.803,36	3.153,78	1.875,61	2.728,16	3.069,18
	V	45.915	2.525,32	3.673,20	4.132,35																		
	VI	46.447	2.554,58	3.715,76	4.180,23																		
21.571,99	I	39.757	2.186,63	3.180,56	3.578,13	2.083,23	3.030,16	3.408,93	1.979,83	2.879,76	3.239,73	1.876,43	2.729,36	3.070,53	1.748,58	2.578,96	2.901,33	1.524,86	2.428,56	2.732,13	1.301,14	2.278,16	2.562,93
	II	37.967	2.088,18	3.037,36	3.417,03	1.984,84	2.887,04	3.247,92	1.881,44	2.736,64	3.078,72	1.759,41	2.586,24	2.909,52	1.535,69	2.435,84	2.740,32	1.311,97	2.285,44	2.571,12	1.088,25	2.135,04	2.401,92
	III	29.388	-	2.351,04	2.644,92	-	2.207,84	2.483,82	-	2.067,84	2.326,32	-	1.930,88	2.172,24	-	1.797,12	2.021,76	-	1.666,24	1.874,52	-	1.538,56	1.730,88
	IV	39.757	2.186,63	3.180,56	3.578,13	2.134,93	3.105,36	3.493,53	2.083,23	3.030,16	3.408,93	2.031,53	2.954,96	3.324,33	1.979,83	2.879,76	3.239,73	1.928,13	2.804,56	3.155,13	1.876,43	2.729,36	3.070,53
	V	45.930	2.526,15	3.674,40	4.133,70																		
	VI	46.462	2.555,41	3.716,96	4.181,58																		
21.607,99	I	39.772	2.187,46	3.181,76	3.579,48	2.084,06	3.031,36	3.410,28	1.980,66	2.880,96	3.241,08	1.877,26	2.730,56	3.071,88	1.750,37	2.580,16	2.902,68	1.526,65	2.429,76	2.733,48	1.302,93	2.279,36	2.564,28
	II	37.983	2.089,06	3.038,64	3.418,47	1.985,66	2.888,24	3.249,27	1.882,26	2.737,84	3.080,07	1.761,20	2.587,44	2.910,87	1.537,48	2.437,04	2.741,67	1.313,76	2.286,64	2.572,47	1.090,04	2.136,24	2.403,27
	III	29.402	-	2.352,16	2.646,18	-	2.208,96	2.485,08	-	2.068,96	2.327,58	-	1.932,00	2.173,50	-	1.798,08	2.022,84	-	1.667,36	1.875,78	-	1.539,68	1.732,14
	IV	39.772	2.187,46	3.181,76	3.579,48	2.135,76	3.106,56	3.494,88	2.084,06	3.031,36	3.410,28	2.032,36	2.956,16	3.325,68	1.980,66	2.880,96	3.241,08	1.928,96	2.805,76	3.156,48	1.877,26	2.730,56	3.071,88
	V	45.945	2.526,97	3.675,60	4.135,05																		
	VI	46.477	2.556,23	3.718,16	4.182,93																		
21.643,99	I	39.787	2.188,28	3.182,96	3.580,83	2.084,88	3.032,56	3.411,63	1.981,48	2.882,16	3.242,43	1.878,08	2.731,76	3.073,23	1.752,15	2.581,36	2.904,03	1.528,43	2.430,96	2.734,83	1.304,71	2.280,56	2.565,63
	II	37.998	2.089,89	3.039,84	3.419,82	1.986,49	2.889,44	3.250,62	1.883,09	2.739,04	3.081,42	1.762,98	2.588,64	2.912,22	1.539,26	2.438,24	2.743,02	1.315,54	2.287,84	2.573,82	1.091,82	2.137,44	2.404,62
	III	29.416	-	2.353,28	2.647,44	-	2.210,08	2.486,34	-	2.070,08	2.328,84	-	1.933,12	2.174,76	-	1.799,20	2.024,10	-	1.668,32	1.876,86	-	1.540,64	1.733,22
	IV	39.787	2.188,28	3.182,96	3.580,83	2.136,58	3.107,76	3.496,23	2.084,88	3.032,56	3.411,63	2.033,18	2.957,36	3.327,03	1.981,48	2.882,16	3.242,43	1.929,78	2.806,96	3.157,83	1.878,08	2.731,76	3.073,23
	V	45.960	2.527,80	3.676,80	4.136,40																		
	VI	46.492	2.557,06	3.719,36	4.184,28																		
21.679,99	I	39.802	2.189,11	3.184,16	3.582,18	2.085,71	3.033,76	3.412,98	1.982,31	2.883,36	3.243,78	1.878,91	2.732,96	3.074,58	1.753,94	2.582,56	2.905,38	1.530,22	2.432,16	2.736,18	1.306,50	2.281,76	2.566,98
	II	38.013	2.090,71	3.041,04	3.421,17	1.987,31	2.890,64	3.251,97	1.883,91	2.740,24	3.082,77	1.764,77	2.589,84	2.913,57	1.541,05	2.439,44	2.744,37	1.317,33	2.289,04	2.575,17	1.093,61	2.138,64	2.405,97
	III	29.432	-	2.354,56	2.648,88	-	2.211,36	2.487,78	-	2.071,20	2.330,10	-	1.934,24	2.176,02	-	1.800,16	2.025,18	-	1.669,44	1.878,12	-	1.541,60	1.734,30
	IV	39.802	2.189,11	3.184,16	3.582,18	2.137,41	3.108,96	3.497,58	2.085,71	3.033,76	3.412,98	2.034,01	2.958,56	3.328,38	1.982,31	2.883,36	3.243,78	1.930,61	2.808,16	3.159,18	1.878,91	2.732,96	3.074,58
	V	45.975	2.528,62	3.678,00	4.137,75																		
	VI	46.507	2.557,88	3.720,56	4.185,63																		
21.715,99	I	39.817	2.189,93	3.185,36	3.583,53	2.086,53	3.034,96	3.414,33	1.983,13	2.884,56	3.245,13	1.879,73	2.734,16	3.075,93	1.755,72	2.583,76	2.906,73	1.532,12	2.433,44	2.737,62	1.308,40	2.283,04	2.568,42
	II	38.028	2.091,54	3.042,24	3.422,52	1.988,14	2.891,84	3.253,32	1.884,74	2.741,44	3.084,12	1.766,55	2.591,04	2.914,92	1.542,83	2.440,64	2.745,72	1.319,11	2.290,24	2.576,52	1.095,39	2.139,84	2.407,32
	III	29.446	-	2.355,68	2.650,14	-	2.212,48	2.489,04	-	2.072,32	2.331,36	-	1.935,20	2.177,10	-	1.801,28	2.026,44	-	1.670,40	1.879,20	-	1.542,72	1.735,56
	IV	39.817	2.189,93	3.185,36	3.583,53	2.138,23	3.110,16	3.498,93	2.086,53	3.034,96	3.414,33	2.034,83	2.959,76	3.329,73	1.983,13	2.884,56	3.245,13	1.931,43	2.809,36	3.160,53	1.879,73	2.734,16	3.075,93
	V	45.990	2.529,45	3.679,20	4.139,10																		
	VI	46.522	2.558,71	3.721,76	4.186,98																		
21.751,99	I	39.832	2.190,76	3.186,56	3.584,88	2.087,36	3.036,16	3.415,68	1.983,96	2.885,76	3.246,48	1.880,56	2.735,36	3.077,28	1.757,63	2.585,04	2.908,17	1.533,91	2.434,64	2.738,97	1.310,19	2.284,24	2.569,77
	II	38.043	2.092,36	3.043,44	3.423,87	1.988,96	2.893,04	3.254,67	1.885,56	2.742,64	3.085,47	1.768,34	2.592,24	2.916,27	1.544,62	2.441,84	2.747,07	1.320,90	2.291,44	2.577,87	1.097,29	2.141,12	2.408,76
	III	29.460	-	2.356,80	2.651,40	-	2.213,60	2.490,30	-	2.073,44	2.332,62	-	1.936,32	2.178,36	-	1.802,40	2.027,70	-	1.671,52	1.880,46	-	1.543,68	1.736,64
	IV	39.832	2.190,76	3.186,56	3.584,88	2.139,06	3.111,36	3.500,28	2.087,36	3.036,16	3.415,68	2.035,66	2.960,96	3.331,08	1.983,96	2.885,76	3.246,48	1.932,26	2.810,56	3.161,88	1.880,56	2.735,36	3.077,28
	V	46.006	2.530,33	3.680,48	4.140,54																		
	VI	46.537	2.559,53	3.722,96	4.188,33																		
21.787,99	I	39.847	2.191,58	3.187,76	3.586,23	2.088,18	3.037,36	3.417,03	1.984,84	2.887,04	3.247,92	1.881,44	2.736,64	3.078,72	1.759,41	2.586,24	2.909,52	1.535,69	2.435,84	2.740,32	1.311,97	2.285,44	2.571,12
	II	38.058	2.093,19	3.044,64	3.425,22	1.989,79	2.894,24	3.256,02	1.886,39	2.743,84	3.086,82	1.770,12	2.593,44	2.917,62	1.546,40	2.443,04	2.748,42	1.322,80	2.292,72	2.579,31	1.099,08	2.142,32	2.410,11
	III	29.474	-	2.357,92	2.652,66	-	2.214,72	2.491,56	-	2.074,56	2.333,88	-	1.937,44	2.179,62	-	1.803,36	2.028,78	-	1.672,48	1.881,54	-	1.544,64	1.737,72
	IV	39.847	2.191,58	3.187,76	3.586,23	2.139,88	3.112,56	3.501,63	2.088,18	3.037,36	3.417,03	2.036,48	2.962,16	3.332,43	1.984,84	2.887,04	3.247,92	1.933,14	2.811,84	3.163,32	1.881,44	2.736,64	3.078,72
	V	46.021	2.531,15	3.681,68	4.141,89																		
	VI	46.552	2.560,36	3.724,16	4.189,68																		
21.823,99	I	39.862	2.192,41	3.188,96	3.587,58	2.089,06	3.038,64	3.418,47	1.985,66	2.888,24	3.249,27	1.882,26	2.737,84	3.080,07	1.761,20	2.587,44	2.910,87	1.537,48	2.437,04	2.741,67	1.313,76	2.286,64	2.572,47
	II	38.073	2.094,01	3.045,84	3.426,57	1.990,61	2.895,44	3.257,37	1.887,21	2.745,04	3.088,17	1.772,02	2.594,72	2.919,06	1.548,30	2.444,32	2.749,86	1.324,58	2.293,92	2.580,66	1.100,86	2.143,52	2.411,46
	III	29.490	-	2.359,20	2.654,10	-	2.215,84	2.492,82	-	2.075,68	2.335,14	-	1.938,56	2.180,88	-	1.804,48	2.030,04	-	1.673,60	1.882,80	-	1.545,76	1.738,98
	IV	39.862	2.192,41	3.188,96	3.587,58	2.140,76	3.113,84	3.503,07	2.089,06	3.038,64	3.418,47	2.037,36	2.963,44	3.333,87	1.985,66	2.888,24	3.249,27	1.933,96	2.813,04	3.164,67	1.882,26	2.737,84	3.080,07
	V	46.036	2.531,98	3.682,88	4.143,24																		
	VI	46.567	2.561,18	3.725,36	4.191,03																		
21.859,99	I	39.878	2.193,29	3.190,24	3.589,02	2.089,89	3.039,84	3.419,82	1.986,49	2.889,44	3.250,62	1.883,09	2.739,04	3.081,42	1.762,98	2.588,64	2.912,22	1.539,26	2.438,24	2.743,02	1.315,54	2.287,84	2.573,82
	II	38.088	2.094,84	3.047,04	3.427,92	1.991,44	2.896,64	3.258,72	1.888,09	2.746,32	3.089,61	1.773,81	2.595,92	2.920,41	1.550,09	2.445,52	2.751,21	1.326,37	2.295,12	2.582,01	1.102,65	2.144,72	2.412,81
	III	29.504	-	2.360,32	2.655,36	-	2.216,96	2.494,08	-	2.076,80	2.336,40	-	1.939,68	2.182,14	-	1.805,60	2.031,30	-	1.674,56	1.883,88	-	1.546,72	1.740,06
	IV	39.878	2.193,29	3.190,24	3.589,02	2.141,59	3.115,04	3.504,42	2.089,89	3.039,84	3.419,82	2.038,19	2.964,64	3.335,22	1.986,49	2.889,44	3.250,62	1.934,79	2.814,24	3.166,02	1.883,09	2.739,04	3.081,42
	V	46.051	2.532,80	3.684,08	4.144,59																		
	VI	46.583	2.562,06	3.726,64	4.192,47																		
21.895,99	I	39.893	2.194,11	3.191,44	3.590,37	2.090,71	3.041,04	3.421,17	1.987,31	2.890,64	3.251,97	1.883,91	2.740,24	3.082,77	1.764,77	2.589,84	2.913,57	1.541,05	2.439,44	2.744,37	1.317,33	2.289,04	2.575,17
	II	38.104	2.095,72	3.048,32	3.429,36	1.992,32	2.897,92	3.260,16	1.888,92	2.747,52	3.090,96	1.775,59	2.597,12	2.921,76	1.551,87	2.446,72	2.752,56	1.328,15	2.296,32	2.583,36	1.104,43	2.145,92	2.414,16
	III	29.518	-	2.361,44	2.656,62	-	2.218,08	2.495,34	-	2.077,92	2.337,66	-	1.940,64	2.183,22	-	1.806,56	2.032,38	-	1.675,68	1.885,14	-	1.547,68	1.741,14
	IV	39.893	2.194,11	3.191,44	3.590,37	2.142,41	3.116,24	3.505,77	2.090,71	3.041,04	3.421,17	2.039,01	2.965,84	3.336,57	1.987,31	2.890,64	3.251,97	1.935,61	2.815,44	3.167,37	1.883,91	2.740,24	3.082,77
	V	46.066	2.533,63	3.685,28	4.145,94																		
	VI	46.598	2.562,89	3.727,84	4.193,82																		
21.931,99	I	39.908	2.194,94	3.192,64	3.591,72	2.091,54	3.042,24	3.422,52	1.988,14	2.891,84	3.253,32	1.884,74	2.741,44	3.084,12	1.766,55	2.591,04	2.914,92	1.542,83	2.440,64	2.745,72	1.319,11	2.290,24	2.576,52
	II	38.119	2.096,54	3.049,52	3.430,71	1.993,14	2.899,12	3.261,51	1.889,74	2.748,72	3.092,31	1.777,38	2.598,32	2.923,11	1.553,66	2.447,92	2.753,91	1.329,94	2.297,52	2.584,71	1.106,22	2.147,12	2.415,51
	III	29.532	-	2.362,56	2.657,88	-	2.219,20	2.496,60	-	2.079,04	2.338,92	-	1.941,76	2.184,48	-	1.807,68	2.033,64	-	1.676,64	1.886,22	-	1.548,80	1.742,40
	IV	39.908	2.194,94	3.192,64	3.591,72	2.143,24	3.117,44	3.507,12	2.091,54	3.042,24	3.422,52	2.039,84	2.967,04	3.337,92	1.988,14	2.891,84	3.253,32	1.936,44	2.816,64	3.168,72	1.884,74	2.741,44	3.084,12
	V	46.081	2.534,45	3.686,48	4.147,29																		
	VI	46.613	2.563,71	3.729,04	4.195,17																		
21.967,99	I	39.923	2.195,76	3.193,84	3.593,07	2.092,36	3.043,44	3.423,87	1.988,96	2.893,04	3.254,67	1.885,56	2.742,64	3.085,47	1.768,34	2.592,24	2.916,27	1.544,62	2.441,84	2.747,07	1.320,90	2.291,44	2.577,87
	II	38.134	2.097,37	3.050,72	3.432,06	1.993,97	2.900,32	3.262,86	1.890,57	2.749,92	3.093,66	1.779,16	2.599,52	2.924,46	1.555,44	2.449,12	2.755,26	1.331,72	2.298,72	2.586,06	1.108,00	2.148,32	2.416,86
	III	29.548	-	2.363,84	2.659,32	-	2.220,48	2.498,04	-	2.080,16	2.340,18	-	1.942,88	2.185,74	-	1.808,80	2.034,90	-	1.677,76	1.887,48	-	1.549,76	1.743,48
	IV	39.923	2.195,76	3.193,84	3.593,07	2.144,06	3.118,64	3.508,47	2.092,36	3.043,44	3.423,87	2.040,66	2.968,24	3.339,27	1.988,96	2.893,04	3.254,67	1.937,26	2.817,84	3.170,07	1.885,56	2.742,64	3.085,47
	V	46.096	2.535,28	3.687,68	4.148,64																		
	VI	46.628	2.564,54	3.730,24	4.196,52																		
22.003,99	I	39.938	2.196,59	3.195,04	3.594,42	2.093,19	3.044,64	3.425,22	1.989,79	2.894,24	3.256,02	1.886,39	2.743,84	3.086,82	1.770,12	2.593,44	2.917,62	1.546,40	2.443,04	2.748,42	1.322,80	2.292,72	2.579,31
	II	38.149	2.098,19	3.051,92	3.433,41	1.994,79	2.901,52	3.264,21	1.891,39	2.751,12	3.095,01	1.780,95	2.600,72	2.925,81	1.557,23	2.450,32	2.756,61	1.333,51	2.299,92	2.587,41	1.109,79	2.149,52	2.418,21
	III	29.562	-	2.364,96	2.660,58	-	2.221,60	2.499,30	-	2.081,28	2.341,44	-	1.944,00	2.187,00	-	1.809,76	2.035,98	-	1.678,72	1.888,56	-	1.550,72	1.744,56
	IV	39.938	2.196,59	3.195,04	3.594,42	2.144,89	3.119,84	3.509,82	2.093,19	3.044,64	3.425,22	2.041,49	2.969,44	3.340,62	1.989,79	2.894,24	3.256,02	1.938,09	2.819,04	3.171,42	1.886,39	2.743,84	3.086,82
	V	46.111	2.536,10	3.688,88	4.149,99																		
	VI	46.643	2.565,36	3.731,44	4.197,87																		
22.039,99	I	39.953	2.197,41	3.196,24	3.595,77	2.094,01	3.045,84	3.426,57	1.990,61	2.895,44	3.257,37	1.887,21	2.745,04	3.088,17	1.772,02	2.594,72	2.919,06	1.548,30	2.444,32	2.749,86	1.324,58	2.293,92	2.580,66
	II	38.164	2.099,02	3.053,12	3.434,76	1.995,62	2.902,72	3.265,56	1.892,22	2.752,32	3.096,36	1.782,73	2.601,92	2.927,16	1.559,01	2.451,52	2.757,96	1.335,29	2.301,12	2.588,76	1.111,57	2.150,72	2.419,56
	III	29.576	-	2.366,08	2.661,84	-	2.222,72	2.500,56	-	2.082,40	2.342,70	-	1.945,12	2.188,26	-	1.810,88	2.037,24	-	1.679,84	1.889,82	-	1.551,84	1.745,82
	IV	39.953	2.197,41	3.196,24	3.595,77	2.145,71	3.121,04	3.511,17	2.094,01	3.045,84	3.426,57	2.042,31	2.970,64	3.341,97	1.990,61	2.895,44	3.257,37	1.938,91	2.820,24	3.172,77	1.887,21	2.745,04	3.088,17
	V	46.126	2.536,93	3.690,08	4.151,34																		
	VI	46.658	2.566,19	3.732,64	4.199,22																		

SolZ/KiSt lt. Tabelle nicht für Sonstige Bezüge anwendbar.

Lohn/ Gehalt bis	Steuerklasse	Lohnsteuer	ohne Kinderfreibetrag			Anzahl Kinderfreibeträge (nur Steuerklassen I–IV) 0,5			1,0			1,5			2,0			2,5			3,0		
			SolZ 5,5%	Kirchensteuer 8%	9%	SolZ 5,5%	Kirchensteuer 8%	9%	SolZ 5,5%	Kirchensteuer 8%	9%	SolZ 5,5%	Kirchensteuer 8%	9%	SolZ 5,5%	Kirchensteuer 8%	9%	SolZ 5,5%	Kirchensteuer 8%	9%	SolZ 5,5%	Kirchensteuer 8%	9%
122.075,99	I	39.968	2.198,24	3.197,44	3.597,12	2.094,84	3.047,04	3.427,92	1.991,44	2.896,64	3.258,72	1.888,09	2.746,32	3.089,61	1.773,81	2.595,92	2.920,41	1.550,09	2.445,52	2.751,21	1.326,37	2.295,12	2.582,0
	II	38.179	2.099,84	3.054,32	3.436,11	1.996,44	2.903,92	3.266,91	1.893,04	2.753,52	3.097,71	1.784,52	2.603,12	2.928,51	1.560,80	2.452,72	2.759,31	1.337,20	2.302,40	2.590,20	1.113,48	2.152,00	2.421,0
	III	29.592	-	2.367,36	2.663,28	-	2.223,84	2.501,82	-	2.083,52	2.343,96	-	1.946,24	2.189,52	-	1.812,00	2.038,50	-	1.680,80	1.890,90	-	1.552,80	1.746,9
	IV	39.968	2.198,24	3.197,44	3.597,12	2.146,54	3.122,24	3.512,52	2.094,84	3.047,04	3.427,92	2.043,14	2.971,84	3.343,32	1.991,44	2.896,64	3.258,72	1.939,79	2.821,52	3.174,21	1.888,09	2.746,32	3.089,6
	V	46.142	2.537,81	3.691,36	4.152,78																		
	VI	46.673	2.567,01	3.733,84	4.200,57																		
122.111,99	I	39.983	2.199,06	3.198,64	3.598,47	2.095,72	3.048,32	3.429,36	1.992,32	2.897,92	3.260,16	1.888,92	2.747,52	3.090,96	1.775,59	2.597,12	2.921,76	1.551,87	2.446,72	2.752,56	1.328,15	2.296,32	2.583,3
	II	38.194	2.100,67	3.055,52	3.437,46	1.997,27	2.905,12	3.268,26	1.893,87	2.754,72	3.099,06	1.786,30	2.604,32	2.929,86	1.562,70	2.454,00	2.760,75	1.338,98	2.303,60	2.591,55	1.115,26	2.153,20	2.422,3
	III	29.606	-	2.368,48	2.664,54	-	2.224,96	2.503,08	-	2.084,64	2.345,22	-	1.947,20	2.190,60	-	1.812,96	2.039,58	-	1.681,92	1.892,16	-	1.553,76	1.747,9
	IV	39.983	2.199,06	3.198,64	3.598,47	2.147,36	3.123,44	3.513,87	2.095,72	3.048,32	3.429,36	2.044,02	2.973,12	3.344,76	1.992,32	2.897,92	3.260,16	1.940,62	2.822,72	3.175,56	1.888,92	2.747,52	3.090,9
	V	46.157	2.538,63	3.692,56	4.154,13																		
	VI	46.688	2.567,84	3.735,04	4.201,92																		
122.147,99	I	39.999	2.199,94	3.199,92	3.599,91	2.096,54	3.049,52	3.430,71	1.993,14	2.899,12	3.261,51	1.889,74	2.748,72	3.092,31	1.777,38	2.598,32	2.923,11	1.553,66	2.447,92	2.753,91	1.329,94	2.297,52	2.584,7
	II	38.209	2.101,49	3.056,72	3.438,81	1.998,09	2.906,32	3.269,61	1.894,75	2.756,00	3.100,50	1.788,21	2.605,60	2.931,30	1.564,49	2.455,20	2.762,10	1.340,77	2.304,80	2.592,90	1.117,05	2.154,40	2.423,7
	III	29.620	-	2.369,60	2.665,80	-	2.226,08	2.504,34	-	2.085,76	2.346,48	-	1.948,32	2.191,86	-	1.814,08	2.040,84	-	1.682,88	1.893,24	-	1.554,88	1.749,2
	IV	39.999	2.199,94	3.199,92	3.599,91	2.148,24	3.124,72	3.515,31	2.096,54	3.049,52	3.430,71	2.044,84	2.974,32	3.346,11	1.993,14	2.899,12	3.261,51	1.941,44	2.823,92	3.176,91	1.889,74	2.748,72	3.092,3
	V	46.172	2.539,46	3.693,76	4.155,48																		
	VI	46.704	2.568,72	3.736,32	4.203,36																		
122.183,99	I	40.014	2.200,77	3.201,12	3.601,26	2.097,37	3.050,72	3.432,06	1.993,97	2.900,32	3.262,86	1.890,57	2.749,92	3.093,66	1.779,16	2.599,52	2.924,46	1.555,44	2.449,12	2.755,26	1.331,72	2.298,72	2.586,0
	II	38.224	2.102,32	3.057,92	3.440,16	1.998,97	2.907,60	3.271,05	1.895,57	2.757,20	3.101,85	1.789,99	2.606,80	2.932,65	1.566,27	2.456,40	2.763,45	1.342,55	2.306,00	2.594,25	1.118,83	2.155,60	2.425,0
	III	29.636	-	2.370,88	2.667,24	-	2.227,20	2.505,60	-	2.086,88	2.347,74	-	1.949,44	2.193,12	-	1.815,20	2.042,10	-	1.684,00	1.894,50	-	1.555,84	1.750,3
	IV	40.014	2.200,77	3.201,12	3.601,26	2.149,07	3.125,92	3.516,66	2.097,37	3.050,72	3.432,06	2.045,67	2.975,52	3.347,46	1.993,97	2.900,32	3.262,86	1.942,27	2.825,12	3.178,26	1.890,57	2.749,92	3.093,6
	V	46.187	2.540,28	3.694,96	4.156,83																		
	VI	46.719	2.569,54	3.737,52	4.204,71																		
122.219,99	I	40.029	2.201,59	3.202,32	3.602,61	2.098,19	3.051,92	3.433,41	1.994,79	2.901,52	3.264,21	1.891,39	2.751,12	3.095,01	1.780,95	2.600,72	2.925,81	1.557,23	2.450,32	2.756,61	1.333,51	2.299,92	2.587,4
	II	38.240	2.103,20	3.059,20	3.441,60	1.999,80	2.908,80	3.272,40	1.896,40	2.758,40	3.103,20	1.791,78	2.608,00	2.934,00	1.568,06	2.457,60	2.764,80	1.344,34	2.307,20	2.595,60	1.120,62	2.156,80	2.426,4
	III	29.650	-	2.372,00	2.668,50	-	2.228,48	2.507,04	-	2.088,00	2.349,00	-	1.950,56	2.194,38	-	1.816,16	2.043,18	-	1.684,96	1.895,58	-	1.556,96	1.751,5
	IV	40.029	2.201,59	3.202,32	3.602,61	2.149,89	3.127,12	3.518,01	2.098,19	3.051,92	3.433,41	2.046,49	2.976,72	3.348,81	1.994,79	2.901,52	3.264,21	1.943,09	2.826,32	3.179,61	1.891,39	2.751,12	3.095,0
	V	46.202	2.541,11	3.696,16	4.158,18																		
	VI	46.734	2.570,37	3.738,72	4.206,06																		
122.255,99	I	40.044	2.202,42	3.203,52	3.603,96	2.099,02	3.053,12	3.434,76	1.995,62	2.902,72	3.265,56	1.892,22	2.752,32	3.096,36	1.782,73	2.601,92	2.927,16	1.559,01	2.451,52	2.757,96	1.335,29	2.301,12	2.588,7
	II	38.255	2.104,02	3.060,40	3.442,95	2.000,62	2.910,00	3.273,75	1.897,22	2.759,60	3.104,55	1.793,56	2.609,20	2.935,35	1.569,84	2.458,80	2.766,15	1.346,12	2.308,40	2.596,95	1.122,40	2.158,00	2.427,7
	III	29.664	-	2.373,12	2.669,76	-	2.229,60	2.508,30	-	2.089,12	2.350,26	-	1.951,68	2.195,64	-	1.817,28	2.044,44	-	1.686,08	1.896,84	-	1.557,92	1.752,6
	IV	40.044	2.202,42	3.203,52	3.603,96	2.150,72	3.128,32	3.519,36	2.099,02	3.053,12	3.434,76	2.047,32	2.977,92	3.350,16	1.995,62	2.902,72	3.265,56	1.943,92	2.827,52	3.180,96	1.892,22	2.752,32	3.096,3
	V	46.217	2.541,93	3.697,36	4.159,53																		
	VI	46.749	2.571,19	3.739,92	4.207,41																		
122.291,99	I	40.059	2.203,24	3.204,72	3.605,31	2.099,84	3.054,32	3.436,11	1.996,44	2.903,92	3.266,91	1.893,04	2.753,52	3.097,71	1.784,52	2.603,12	2.928,51	1.560,80	2.452,72	2.759,31	1.337,20	2.302,40	2.590,2
	II	38.270	2.104,85	3.061,60	3.444,30	2.001,45	2.911,20	3.275,10	1.898,05	2.760,80	3.105,90	1.794,65	2.610,40	2.936,70	1.571,63	2.460,00	2.767,50	1.347,91	2.309,60	2.598,30	1.124,19	2.159,20	2.429,1
	III	29.678	-	2.374,24	2.671,02	-	2.230,72	2.509,56	-	2.090,24	2.351,52	-	1.952,64	2.196,72	-	1.818,40	2.045,70	-	1.687,04	1.897,92	-	1.558,88	1.753,7
	IV	40.059	2.203,24	3.204,72	3.605,31	2.151,54	3.129,52	3.520,71	2.099,84	3.054,32	3.436,11	2.048,14	2.979,12	3.351,51	1.996,44	2.903,92	3.266,91	1.944,74	2.828,72	3.182,31	1.893,04	2.753,52	3.097,7
	V	46.232	2.542,76	3.698,56	4.160,88																		
	VI	46.764	2.572,02	3.741,12	4.208,76																		
122.327,99	I	40.074	2.204,07	3.205,92	3.606,66	2.100,67	3.055,52	3.437,46	1.997,27	2.905,12	3.268,26	1.893,87	2.754,72	3.099,06	1.786,30	2.604,32	2.929,86	1.562,70	2.454,00	2.760,75	1.338,98	2.303,60	2.591,5
	II	38.285	2.105,67	3.062,80	3.445,65	2.002,27	2.912,40	3.276,45	1.898,87	2.762,00	3.107,25	1.795,47	2.611,60	2.938,05	1.573,41	2.461,20	2.768,85	1.349,69	2.310,80	2.599,65	1.125,97	2.160,40	2.430,4
	III	29.694	-	2.375,52	2.672,46	-	2.231,84	2.510,82	-	2.091,20	2.352,60	-	1.953,76	2.197,98	-	1.819,36	2.046,78	-	1.688,16	1.899,18	-	1.560,00	1.755,0
	IV	40.074	2.204,07	3.205,92	3.606,66	2.152,37	3.130,72	3.522,06	2.100,67	3.055,52	3.437,46	2.048,97	2.980,32	3.352,86	1.997,27	2.905,12	3.268,26	1.945,57	2.829,92	3.183,66	1.893,87	2.754,72	3.099,0
	V	46.247	2.543,58	3.699,76	4.162,23																		
	VI	46.779	2.572,84	3.742,32	4.210,11																		
122.363,99	I	40.089	2.204,89	3.207,12	3.608,01	2.101,49	3.056,72	3.438,81	1.998,09	2.906,32	3.269,61	1.894,75	2.756,00	3.100,50	1.788,21	2.605,60	2.931,30	1.564,49	2.455,20	2.762,10	1.340,77	2.304,80	2.592,9
	II	38.300	2.106,50	3.064,00	3.447,00	2.003,10	2.913,60	3.277,80	1.899,70	2.763,20	3.108,60	1.796,30	2.612,80	2.939,40	1.575,20	2.462,40	2.770,20	1.351,48	2.312,00	2.601,00	1.127,88	2.161,68	2.431,8
	III	29.708	-	2.376,64	2.673,72	-	2.232,96	2.512,08	-	2.092,32	2.353,86	-	1.954,88	2.199,24	-	1.820,48	2.048,04	-	1.689,12	1.900,26	-	1.560,96	1.756,0
	IV	40.089	2.204,89	3.207,12	3.608,01	2.153,19	3.131,92	3.523,41	2.101,49	3.056,72	3.438,81	2.049,79	2.981,52	3.354,21	1.998,09	2.906,32	3.269,61	1.946,39	2.831,12	3.185,01	1.894,75	2.756,00	3.100,5
	V	46.263	2.544,46	3.701,04	4.163,67																		
	VI	46.794	2.573,67	3.743,52	4.211,46																		
122.399,99	I	40.104	2.205,72	3.208,32	3.609,36	2.102,32	3.057,92	3.440,16	1.998,97	2.907,60	3.271,05	1.895,57	2.757,20	3.101,85	1.789,99	2.606,80	2.932,65	1.566,27	2.456,40	2.763,45	1.342,55	2.306,00	2.594,2
	II	38.315	2.107,32	3.065,20	3.448,35	2.003,92	2.914,80	3.279,15	1.900,52	2.764,40	3.109,95	1.797,12	2.614,00	2.940,75	1.577,10	2.463,68	2.771,64	1.353,38	2.313,28	2.602,44	1.129,66	2.162,88	2.433,2
	III	29.722	-	2.377,76	2.674,98	-	2.234,08	2.513,34	-	2.093,44	2.355,12	-	1.956,00	2.200,50	-	1.821,60	2.049,30	-	1.690,24	1.901,52	-	1.561,92	1.757,
	IV	40.104	2.205,72	3.208,32	3.609,36	2.154,02	3.133,12	3.524,76	2.102,32	3.057,92	3.440,16	2.050,67	2.982,80	3.355,65	1.998,97	2.907,60	3.271,05	1.947,27	2.832,40	3.186,45	1.895,57	2.757,20	3.101,8
	V	46.278	2.545,29	3.702,24	4.165,02																		
	VI	46.809	2.574,49	3.744,72	4.212,81																		
122.435,99	I	40.120	2.206,60	3.209,60	3.610,80	2.103,20	3.059,20	3.441,60	1.999,80	2.908,80	3.272,40	1.896,40	2.758,40	3.103,20	1.791,78	2.608,00	2.934,00	1.568,06	2.457,60	2.764,80	1.344,34	2.307,20	2.595,6
	II	38.330	2.108,15	3.066,40	3.449,70	2.004,75	2.916,00	3.280,50	1.901,35	2.765,60	3.111,30	1.798,00	2.615,28	2.942,19	1.578,89	2.464,88	2.772,99	1.355,17	2.314,48	2.603,79	1.131,45	2.164,08	2.434,5
	III	29.738	-	2.379,04	2.676,42	-	2.235,20	2.514,60	-	2.094,56	2.356,38	-	1.957,12	2.201,76	-	1.822,72	2.050,56	-	1.691,20	1.902,60	-	1.563,04	1.758,4
	IV	40.120	2.206,60	3.209,60	3.610,80	2.154,90	3.134,40	3.526,20	2.103,20	3.059,20	3.441,60	2.051,50	2.984,00	3.357,00	1.999,80	2.908,80	3.272,40	1.948,10	2.833,60	3.187,80	1.896,40	2.758,40	3.103,2
	V	46.293	2.546,11	3.703,44	4.166,37																		
	VI	46.825	2.575,37	3.746,00	4.214,25																		
122.471,99	I	40.135	2.207,42	3.210,80	3.612,15	2.104,02	3.060,40	3.442,95	2.000,62	2.910,00	3.273,75	1.897,22	2.759,60	3.104,55	1.793,56	2.609,20	2.935,35	1.569,84	2.458,80	2.766,15	1.346,12	2.308,40	2.596,9
	II	38.345	2.108,97	3.067,60	3.451,05	2.005,63	2.917,28	3.281,94	1.902,23	2.766,88	3.112,74	1.798,83	2.616,48	2.943,54	1.580,67	2.466,08	2.774,34	1.356,95	2.315,68	2.605,14	1.133,23	2.165,28	2.435,9
	III	29.752	-	2.380,16	2.677,68	-	2.236,48	2.516,04	-	2.095,68	2.357,64	-	1.958,24	2.203,02	-	1.823,68	2.051,64	-	1.692,32	1.903,86	-	1.564,00	1.759,5
	IV	40.135	2.207,42	3.210,80	3.612,15	2.155,72	3.135,60	3.527,55	2.104,02	3.060,40	3.442,95	2.052,32	2.985,20	3.358,35	2.000,62	2.910,00	3.273,75	1.948,92	2.834,80	3.189,15	1.897,22	2.759,60	3.104,5
	V	46.308	2.546,94	3.704,64	4.167,72																		
	VI	46.840	2.576,20	3.747,20	4.215,60																		
122.507,99	I	40.150	2.208,25	3.212,00	3.613,50	2.104,85	3.061,60	3.444,30	2.001,45	2.911,20	3.275,10	1.898,05	2.760,80	3.105,90	1.794,65	2.610,40	2.936,70	1.571,63	2.460,00	2.767,50	1.347,91	2.309,60	2.598,3
	II	38.361	2.109,85	3.068,88	3.452,49	2.006,45	2.918,48	3.283,29	1.903,05	2.768,08	3.114,09	1.799,65	2.617,68	2.944,89	1.582,46	2.467,28	2.775,69	1.358,74	2.316,88	2.606,49	1.135,02	2.166,48	2.437,2
	III	29.766	-	2.381,28	2.678,94	-	2.237,60	2.517,30	-	2.096,80	2.358,90	-	1.959,36	2.204,28	-	1.824,80	2.052,90	-	1.693,44	1.905,12	-	1.564,96	1.760,5
	IV	40.150	2.208,25	3.212,00	3.613,50	2.156,55	3.136,80	3.528,90	2.104,85	3.061,60	3.444,30	2.053,15	2.986,40	3.359,70	2.001,45	2.911,20	3.275,10	1.949,75	2.836,00	3.190,50	1.898,05	2.760,80	3.105,9
	V	46.323	2.547,76	3.705,84	4.169,07																		
	VI	46.855	2.577,02	3.748,40	4.216,95																		
122.543,99	I	40.165	2.209,07	3.213,20	3.614,85	2.105,67	3.062,80	3.445,65	2.002,27	2.912,40	3.276,45	1.898,87	2.762,00	3.107,25	1.795,47	2.611,60	2.938,05	1.573,41	2.461,20	2.768,85	1.349,69	2.310,80	2.599,6
	II	38.376	2.110,68	3.070,08	3.453,84	2.007,28	2.919,68	3.284,64	1.903,88	2.769,28	3.115,44	1.800,48	2.618,88	2.946,24	1.584,24	2.468,48	2.777,04	1.360,52	2.318,08	2.607,84	1.136,80	2.167,68	2.438,6
	III	29.780	-	2.382,40	2.680,20	-	2.238,72	2.518,56	-	2.097,92	2.360,16	-	1.960,32	2.205,36	-	1.825,92	2.054,16	-	1.694,40	1.906,20	-	1.566,08	1.761,8
	IV	40.165	2.209,07	3.213,20	3.614,85	2.157,37	3.138,00	3.530,25	2.105,67	3.062,80	3.445,65	2.053,97	2.987,60	3.361,05	2.002,27	2.912,40	3.276,45	1.950,57	2.837,20	3.191,85	1.898,87	2.762,00	3.107,2
	V	46.338	2.548,59	3.707,04	4.170,42																		
	VI	46.870	2.577,85	3.749,60	4.218,30																		
122.579,99	I	40.180	2.209,90	3.214,40	3.616,20	2.106,50	3.064,00	3.447,00	2.003,10	2.913,60	3.277,80	1.899,70	2.763,20	3.108,60	1.796,30	2.612,80	2.939,40	1.575,20	2.462,40	2.770,20	1.351,48	2.312,00	2.601,0
	II	38.391	2.111,50	3.071,28	3.455,19	2.008,10	2.920,88	3.285,99	1.904,70	2.770,48	3.116,79	1.801,30	2.620,08	2.947,59	1.586,03	2.469,68	2.778,39	1.362,31	2.319,28	2.609,19	1.138,59	2.168,88	2.439,9
	III	29.796	-	2.383,68	2.681,64	-	2.239,84	2.519,82	-	2.099,04	2.361,42	-	1.961,44	2.206,62	-	1.826,88	2.055,24	-	1.695,52	1.907,46	-	1.567,04	1.762,9
	IV	40.180	2.209,90	3.214,40	3.616,20	2.158,20	3.139,20	3.531,60	2.106,50	3.064,00	3.447,00	2.054,80	2.988,80	3.362,40	2.003,10	2.913,60	3.277,80	1.951,40	2.838,40	3.193,20	1.899,70	2.763,20	3.108,6
	V	46.353	2.549,41	3.708,24	4.171,77																		
	VI	46.885	2.578,67	3.750,80	4.219,65																		

SolZ/KiSt lt. Tabelle nicht für Sonstige Bezüge anwendbar.

Lohn/ Gehalt bis	Steuerklasse	Lohnsteuer	ohne Kinderfreibetrag SolZ 5,5%	ohne Kinderfreibetrag Kirchensteuer 8%	ohne Kinderfreibetrag Kirchensteuer 9%	0,5 SolZ 5,5%	0,5 Kirchensteuer 8%	0,5 Kirchensteuer 9%	1,0 SolZ 5,5%	1,0 Kirchensteuer 8%	1,0 Kirchensteuer 9%	1,5 SolZ 5,5%	1,5 Kirchensteuer 8%	1,5 Kirchensteuer 9%	2,0 SolZ 5,5%	2,0 Kirchensteuer 8%	2,0 Kirchensteuer 9%	2,5 SolZ 5,5%	2,5 Kirchensteuer 8%	2,5 Kirchensteuer 9%	3,0 SolZ 5,5%	3,0 Kirchensteuer 8%	3,0 Kirchensteuer 9%
22.615,99	I	40.195	2.210,72	3.215,60	3.617,55	2.107,32	3.065,20	3.448,35	2.003,92	2.914,80	3.279,15	1.900,52	2.764,40	3.109,95	1.797,12	2.614,00	2.940,75	1.577,10	2.463,68	2.771,64	1.353,38	2.313,28	2.602,44
	II	38.406	2.112,33	3.072,48	3.456,54	2.008,93	2.922,08	3.287,34	1.905,53	2.771,68	3.118,14	1.802,13	2.621,28	2.948,94	1.587,81	2.470,88	2.779,74	1.364,09	2.320,48	2.610,54	1.140,37	2.170,08	2.441,34
	III	29.810	-	2.384,80	2.682,90	-	2.240,96	2.521,08	-	2.100,16	2.362,68	-	1.962,56	2.207,88	-	1.828,00	2.056,50	-	1.696,48	1.908,54	-	1.568,16	1.764,18
	IV	40.195	2.210,72	3.215,60	3.617,55	2.159,02	3.140,40	3.532,95	2.107,32	3.065,20	3.448,35	2.055,62	2.990,00	3.363,75	2.003,92	2.914,80	3.279,15	1.952,22	2.839,60	3.194,55	1.900,52	2.764,40	3.109,95
	V	46.368	2.550,24	3.709,44	4.173,12																		
	VI	46.900	2.579,50	3.752,00	4.221,00																		
22.651,99	I	40.210	2.211,55	3.216,80	3.618,90	2.108,15	3.066,40	3.449,70	2.004,75	2.916,00	3.280,50	1.901,35	2.765,60	3.111,30	1.798,00	2.615,28	2.942,19	1.578,89	2.464,88	2.772,99	1.355,17	2.314,48	2.603,79
	II	38.421	2.113,15	3.073,68	3.457,89	2.009,75	2.923,28	3.288,69	1.906,35	2.772,88	3.119,49	1.802,95	2.622,48	2.950,29	1.589,60	2.472,08	2.781,09	1.365,88	2.321,68	2.611,89	1.142,28	2.171,36	2.442,78
	III	29.824	-	2.385,92	2.684,16	-	2.242,08	2.522,34	-	2.101,28	2.363,94	-	1.963,68	2.209,14	-	1.829,12	2.057,76	-	1.697,60	1.909,80	-	1.569,12	1.765,26
	IV	40.210	2.211,55	3.216,80	3.618,90	2.159,85	3.141,60	3.534,30	2.108,15	3.066,40	3.449,70	2.056,45	2.991,20	3.365,10	2.004,75	2.916,00	3.280,50	1.953,05	2.840,80	3.195,90	1.901,35	2.765,60	3.111,30
	V	46.384	2.551,12	3.710,72	4.174,56																		
	VI	46.915	2.580,32	3.753,20	4.222,35																		
22.687,99	I	40.225	2.212,37	3.218,00	3.620,25	2.108,97	3.067,60	3.451,05	2.005,63	2.917,28	3.281,94	1.902,23	2.766,88	3.112,74	1.798,83	2.616,48	2.943,54	1.580,67	2.466,08	2.774,34	1.356,95	2.315,68	2.605,14
	II	38.436	2.113,98	3.074,88	3.459,24	2.010,58	2.924,48	3.290,04	1.907,18	2.774,08	3.120,84	1.803,78	2.623,68	2.951,64	1.591,38	2.473,28	2.782,44	1.367,78	2.322,96	2.613,33	1.144,06	2.172,56	2.444,13
	III	29.840	-	2.387,20	2.685,60	-	2.243,20	2.523,60	-	2.102,40	2.365,20	-	1.964,80	2.210,40	-	1.830,08	2.058,84	-	1.698,56	1.910,88	-	1.570,08	1.766,34
	IV	40.225	2.212,37	3.218,00	3.620,25	2.160,67	3.142,80	3.535,65	2.108,97	3.067,60	3.451,05	2.057,27	2.992,40	3.366,45	2.005,63	2.917,28	3.281,94	1.953,93	2.842,08	3.197,34	1.902,23	2.766,88	3.112,74
	V	46.399	2.551,94	3.711,92	4.175,91																		
	VI	46.930	2.581,15	3.754,40	4.223,70																		
22.723,99	I	40.240	2.213,20	3.219,20	3.621,60	2.109,85	3.068,88	3.452,49	2.006,45	2.918,48	3.283,29	1.903,05	2.768,08	3.114,09	1.799,65	2.617,68	2.944,89	1.582,46	2.467,28	2.775,69	1.358,74	2.316,88	2.606,49
	II	38.451	2.114,80	3.076,08	3.460,59	2.011,40	2.925,68	3.291,39	1.908,00	2.775,28	3.122,19	1.804,66	2.624,96	2.953,08	1.593,29	2.474,56	2.783,88	1.369,57	2.324,16	2.614,68	1.145,85	2.173,76	2.445,48
	III	29.854	-	2.388,32	2.686,86	-	2.244,48	2.525,04	-	2.103,52	2.366,46	-	1.965,92	2.211,66	-	1.831,20	2.060,10	-	1.699,68	1.912,14	-	1.571,20	1.767,60
	IV	40.240	2.213,20	3.219,20	3.621,60	2.161,55	3.144,08	3.537,09	2.109,85	3.068,88	3.452,49	2.058,15	2.993,68	3.367,89	2.006,45	2.918,48	3.283,29	1.954,75	2.843,28	3.198,69	1.903,05	2.768,08	3.114,09
	V	46.414	2.552,77	3.713,12	4.177,26																		
	VI	46.945	2.581,97	3.755,60	4.225,05																		
22.759,99	I	40.256	2.214,08	3.220,48	3.623,04	2.110,68	3.070,08	3.453,84	2.007,28	2.919,68	3.284,64	1.903,88	2.769,28	3.115,44	1.800,48	2.618,88	2.946,24	1.584,24	2.468,48	2.777,04	1.360,52	2.318,08	2.607,84
	II	38.466	2.115,63	3.077,28	3.461,94	2.012,23	2.926,88	3.292,74	1.908,88	2.776,56	3.123,63	1.805,48	2.626,16	2.954,43	1.595,07	2.475,76	2.785,23	1.371,35	2.325,36	2.616,03	1.147,63	2.174,96	2.446,83
	III	29.868	-	2.389,44	2.688,12	-	2.245,60	2.526,30	-	2.104,64	2.367,72	-	1.966,88	2.212,74	-	1.832,32	2.061,36	-	1.700,64	1.913,22	-	1.572,16	1.768,68
	IV	40.256	2.214,08	3.220,48	3.623,04	2.162,38	3.145,28	3.538,44	2.110,68	3.070,08	3.453,84	2.058,98	2.994,88	3.369,24	2.007,28	2.919,68	3.284,64	1.955,58	2.844,48	3.200,04	1.903,88	2.769,28	3.115,44
	V	46.429	2.553,59	3.714,32	4.178,61																		
	VI	46.961	2.582,85	3.756,88	4.226,49																		
22.795,99	I	40.271	2.214,90	3.221,68	3.624,39	2.111,50	3.071,28	3.455,19	2.008,10	2.920,88	3.285,99	1.904,70	2.770,48	3.116,79	1.801,30	2.620,08	2.947,59	1.586,03	2.469,68	2.778,39	1.362,31	2.319,28	2.609,19
	II	38.482	2.116,51	3.078,56	3.463,38	2.013,11	2.928,16	3.294,18	1.909,71	2.777,76	3.124,98	1.806,31	2.627,36	2.955,78	1.596,86	2.476,96	2.786,58	1.373,14	2.326,56	2.617,38	1.149,42	2.176,16	2.448,18
	III	29.884	-	2.390,72	2.689,56	-	2.246,72	2.527,56	-	2.105,76	2.368,98	-	1.968,00	2.214,00	-	1.833,28	2.062,44	-	1.701,76	1.914,48	-	1.573,12	1.769,76
	IV	40.271	2.214,90	3.221,68	3.624,39	2.163,20	3.146,48	3.539,79	2.111,50	3.071,28	3.455,19	2.059,80	2.996,08	3.370,59	2.008,10	2.920,88	3.285,99	1.956,40	2.845,68	3.201,39	1.904,70	2.770,48	3.116,79
	V	46.444	2.554,42	3.715,52	4.179,96																		
	VI	46.976	2.583,68	3.758,08	4.227,84																		
22.831,99	I	40.286	2.215,73	3.222,88	3.625,74	2.112,33	3.072,48	3.456,54	2.008,93	2.922,08	3.287,34	1.905,53	2.771,68	3.118,14	1.802,13	2.621,28	2.948,94	1.587,81	2.470,88	2.779,74	1.364,09	2.320,48	2.610,54
	II	38.497	2.117,33	3.079,76	3.464,73	2.013,93	2.929,36	3.295,53	1.910,53	2.778,96	3.126,33	1.807,13	2.628,56	2.957,13	1.598,64	2.478,16	2.787,93	1.374,92	2.327,76	2.618,73	1.151,20	2.177,36	2.449,53
	III	29.898	-	2.391,84	2.690,82	-	2.247,84	2.528,82	-	2.106,88	2.370,24	-	1.969,12	2.215,26	-	1.834,40	2.063,70	-	1.702,72	1.915,56	-	1.574,24	1.771,02
	IV	40.286	2.215,73	3.222,88	3.625,74	2.164,03	3.147,68	3.541,14	2.112,33	3.072,48	3.456,54	2.060,63	2.997,28	3.371,94	2.008,93	2.922,08	3.287,34	1.957,23	2.846,88	3.202,74	1.905,53	2.771,68	3.118,14
	V	46.459	2.555,24	3.716,72	4.181,31																		
	VI	46.991	2.584,50	3.759,28	4.229,19																		
22.867,99	I	40.301	2.216,55	3.224,08	3.627,09	2.113,15	3.073,68	3.457,89	2.009,75	2.923,28	3.288,69	1.906,35	2.772,88	3.119,49	1.802,95	2.622,48	2.950,29	1.589,60	2.472,08	2.781,09	1.365,88	2.321,68	2.611,89
	II	38.512	2.118,16	3.080,96	3.466,08	2.014,76	2.930,56	3.296,88	1.911,36	2.780,16	3.127,68	1.807,96	2.629,76	2.958,48	1.600,43	2.479,36	2.789,28	1.376,71	2.328,96	2.620,08	1.152,99	2.178,56	2.450,88
	III	29.912	-	2.392,96	2.692,08	-	2.248,96	2.530,08	-	2.108,00	2.371,50	-	1.970,24	2.216,52	-	1.835,52	2.064,96	-	1.703,84	1.916,82	-	1.575,20	1.772,10
	IV	40.301	2.216,55	3.224,08	3.627,09	2.164,85	3.148,88	3.542,49	2.113,15	3.073,68	3.457,89	2.061,45	2.998,48	3.373,29	2.009,75	2.923,28	3.288,69	1.958,05	2.848,08	3.204,09	1.906,35	2.772,88	3.119,49
	V	46.474	2.556,07	3.717,92	4.182,66																		
	VI	47.006	2.585,33	3.760,48	4.230,54																		
22.903,99	I	40.316	2.217,38	3.225,28	3.628,44	2.113,98	3.074,88	3.459,24	2.010,58	2.924,48	3.290,04	1.907,18	2.774,08	3.120,84	1.803,78	2.623,68	2.951,64	1.591,38	2.473,28	2.782,44	1.367,78	2.322,96	2.613,33
	II	38.527	2.118,98	3.082,16	3.467,43	2.015,58	2.931,76	3.298,23	1.912,18	2.781,36	3.129,03	1.808,78	2.630,96	2.959,83	1.602,21	2.480,56	2.790,63	1.378,49	2.330,16	2.621,43	1.154,77	2.179,76	2.452,23
	III	29.928	-	2.394,24	2.693,52	-	2.250,08	2.531,34	-	2.109,12	2.372,76	-	1.971,36	2.217,78	-	1.836,48	2.066,04	-	1.704,80	1.917,90	-	1.576,32	1.773,36
	IV	40.316	2.217,38	3.225,28	3.628,44	2.165,68	3.150,08	3.543,84	2.113,98	3.074,88	3.459,24	2.062,28	2.999,68	3.374,64	2.010,58	2.924,48	3.290,04	1.958,88	2.849,28	3.205,44	1.907,18	2.774,08	3.120,84
	V	46.489	2.556,89	3.719,12	4.184,01																		
	VI	47.021	2.586,15	3.761,68	4.231,89																		
22.939,99	I	40.331	2.218,20	3.226,48	3.629,79	2.114,80	3.076,08	3.460,59	2.011,40	2.925,68	3.291,39	1.908,00	2.775,28	3.122,19	1.804,66	2.624,96	2.953,08	1.593,29	2.474,56	2.783,88	1.369,57	2.324,16	2.614,68
	II	38.542	2.119,81	3.083,36	3.468,78	2.016,41	2.932,96	3.299,58	1.913,01	2.782,56	3.130,38	1.809,61	2.632,16	2.961,18	1.604,00	2.481,76	2.791,98	1.380,28	2.331,36	2.622,78	1.156,56	2.180,96	2.453,58
	III	29.942	-	2.395,36	2.694,78	-	2.251,36	2.532,78	-	2.110,24	2.374,02	-	1.972,48	2.219,04	-	1.837,60	2.067,30	-	1.705,92	1.919,16	-	1.577,28	1.774,44
	IV	40.331	2.218,20	3.226,48	3.629,79	2.166,50	3.151,28	3.545,19	2.114,80	3.076,08	3.460,59	2.063,10	3.000,88	3.375,99	2.011,40	2.925,68	3.291,39	1.959,70	2.850,48	3.206,79	1.908,00	2.775,28	3.122,19
	V	46.504	2.557,72	3.720,32	4.185,36																		
	VI	47.036	2.586,98	3.762,88	4.233,24																		
22.975,99	I	40.346	2.219,03	3.227,68	3.631,14	2.115,63	3.077,28	3.461,94	2.012,23	2.926,88	3.292,74	1.908,88	2.776,56	3.123,63	1.805,48	2.626,16	2.954,43	1.595,07	2.475,76	2.785,23	1.371,35	2.325,36	2.616,03
	II	38.557	2.120,63	3.084,56	3.470,13	2.017,23	2.934,16	3.300,93	1.913,83	2.783,76	3.131,73	1.810,43	2.633,36	2.962,53	1.605,78	2.482,96	2.793,33	1.382,18	2.332,64	2.624,22	1.158,46	2.182,24	2.455,02
	III	29.956	-	2.396,48	2.696,04	-	2.252,48	2.534,04	-	2.111,36	2.375,28	-	1.973,60	2.220,30	-	1.838,72	2.068,56	-	1.706,88	1.920,24	-	1.578,24	1.775,52
	IV	40.346	2.219,03	3.227,68	3.631,14	2.167,33	3.152,48	3.546,54	2.115,63	3.077,28	3.461,94	2.063,93	3.002,08	3.377,34	2.012,23	2.926,88	3.292,74	1.960,58	2.851,76	3.208,23	1.908,88	2.776,56	3.123,63
	V	46.520	2.558,60	3.721,60	4.186,80																		
	VI	47.051	2.587,80	3.764,08	4.234,59																		
23.011,99	I	40.361	2.219,85	3.228,88	3.632,49	2.116,51	3.078,56	3.463,38	2.013,11	2.928,16	3.294,18	1.909,71	2.777,76	3.124,98	1.806,31	2.627,36	2.955,78	1.596,86	2.476,96	2.786,58	1.373,14	2.326,56	2.617,38
	II	38.572	2.121,46	3.085,76	3.471,48	2.018,06	2.935,36	3.302,28	1.914,66	2.784,96	3.133,08	1.811,26	2.634,56	2.963,88	1.607,69	2.484,24	2.794,77	1.383,97	2.333,84	2.625,57	1.160,25	2.183,44	2.456,37
	III	29.972	-	2.397,76	2.697,48	-	2.253,60	2.535,30	-	2.112,48	2.376,54	-	1.974,56	2.221,38	-	1.839,84	2.069,82	-	1.708,00	1.921,50	-	1.579,36	1.776,78
	IV	40.361	2.219,85	3.228,88	3.632,49	2.168,15	3.153,68	3.547,89	2.116,51	3.078,56	3.463,38	2.064,81	3.003,36	3.378,78	2.013,11	2.928,16	3.294,18	1.961,41	2.852,96	3.209,58	1.909,71	2.777,76	3.124,98
	V	46.535	2.559,42	3.722,80	4.188,15																		
	VI	47.066	2.588,63	3.765,28	4.235,94																		
23.047,99	I	40.377	2.220,73	3.230,16	3.633,93	2.117,33	3.079,76	3.464,73	2.013,93	2.929,36	3.295,53	1.910,53	2.778,96	3.126,33	1.807,13	2.628,56	2.957,13	1.598,64	2.478,16	2.787,93	1.374,92	2.327,76	2.618,73
	II	38.587	2.122,28	3.086,96	3.472,83	2.018,88	2.936,56	3.303,63	1.915,54	2.786,24	3.134,52	1.812,14	2.635,84	2.965,32	1.609,47	2.485,44	2.796,12	1.385,75	2.335,04	2.626,92	1.162,03	2.184,64	2.457,72
	III	29.986	-	2.398,88	2.698,74	-	2.254,72	2.536,56	-	2.113,60	2.377,80	-	1.975,68	2.222,64	-	1.840,80	2.070,90	-	1.709,12	1.922,76	-	1.580,32	1.777,86
	IV	40.377	2.220,73	3.230,16	3.633,93	2.169,03	3.154,96	3.549,33	2.117,33	3.079,76	3.464,73	2.065,63	3.004,56	3.380,13	2.013,93	2.929,36	3.295,53	1.962,23	2.854,16	3.210,93	1.910,53	2.778,96	3.126,33
	V	46.550	2.560,25	3.724,00	4.189,50																		
	VI	47.082	2.589,51	3.766,56	4.237,38																		
23.083,99	I	40.392	2.221,56	3.231,36	3.635,28	2.118,16	3.080,96	3.466,08	2.014,76	2.930,56	3.296,88	1.911,36	2.780,16	3.127,68	1.807,96	2.629,76	2.958,48	1.600,43	2.479,36	2.789,28	1.376,71	2.328,96	2.620,08
	II	38.602	2.123,11	3.088,16	3.474,18	2.019,76	2.937,84	3.305,07	1.916,36	2.787,44	3.135,87	1.812,96	2.637,04	2.966,67	1.611,26	2.486,64	2.797,47	1.387,54	2.336,24	2.628,27	1.163,82	2.185,84	2.459,07
	III	30.000	-	2.400,00	2.700,00	-	2.255,84	2.537,82	-	2.114,88	2.379,24	-	1.976,80	2.223,90	-	1.841,92	2.072,16	-	1.710,08	1.923,84	-	1.581,44	1.779,12
	IV	40.392	2.221,56	3.231,36	3.635,28	2.169,86	3.156,16	3.550,68	2.118,16	3.080,96	3.466,08	2.066,46	3.005,76	3.381,48	2.014,76	2.930,56	3.296,88	1.963,06	2.855,36	3.212,28	1.911,36	2.780,16	3.127,68
	V	46.565	2.561,07	3.725,20	4.190,85																		
	VI	47.097	2.590,33	3.767,76	4.238,73																		
23.119,99	I	40.407	2.222,38	3.232,56	3.636,63	2.118,98	3.082,16	3.467,43	2.015,58	2.931,76	3.298,23	1.912,18	2.781,36	3.129,03	1.808,78	2.630,96	2.959,83	1.602,21	2.480,56	2.790,63	1.378,49	2.330,16	2.621,43
	II	38.618	2.123,99	3.089,44	3.475,62	2.020,59	2.939,04	3.306,42	1.917,19	2.788,64	3.137,22	1.813,79	2.638,24	2.968,02	1.613,04	2.487,84	2.798,82	1.389,32	2.337,44	2.629,62	1.165,60	2.187,04	2.460,42
	III	30.016	-	2.401,28	2.701,44	-	2.256,96	2.539,08	-	2.116,00	2.380,50	-	1.977,92	2.225,16	-	1.843,04	2.073,42	-	1.711,20	1.925,10	-	1.582,40	1.780,20
	IV	40.407	2.222,38	3.232,56	3.636,63	2.170,68	3.157,36	3.552,03	2.118,98	3.082,16	3.467,43	2.067,28	3.006,96	3.382,83	2.015,58	2.931,76	3.298,23	1.963,88	2.856,56	3.213,63	1.912,18	2.781,36	3.129,03
	V	46.580	2.561,90	3.726,40	4.192,20																		
	VI	47.112	2.591,16	3.768,96	4.240,08																		

Anzahl Kinderfreibeträge (nur Steuerklassen I–IV)

SolZ/KiSt lt. Tabelle nicht für Sonstige Bezüge anwendbar.

Lohn/ Gehalt bis	Steuerklasse	Lohnsteuer	ohne Kinderfreibetrag SolZ 5,5%	ohne Kinderfreibetrag Kirchensteuer 8%	ohne Kinderfreibetrag Kirchensteuer 9%	0,5 SolZ 5,5%	0,5 Kirchensteuer 8%	0,5 Kirchensteuer 9%	1,0 SolZ 5,5%	1,0 Kirchensteuer 8%	1,0 Kirchensteuer 9%	1,5 SolZ 5,5%	1,5 Kirchensteuer 8%	1,5 Kirchensteuer 9%	2,0 SolZ 5,5%	2,0 Kirchensteuer 8%	2,0 Kirchensteuer 9%	2,5 SolZ 5,5%	2,5 Kirchensteuer 8%	2,5 Kirchensteuer 9%	3,0 SolZ 5,5%	3,0 Kirchensteuer 8%	3,0 Kirchensteuer 9%
						Anzahl Kinderfreibeträge (nur Steuerklassen I–IV)																	
123.155,99	I	40.422	2.223,21	3.233,76	3.637,98	2.119,81	3.083,36	3.468,78	2.016,41	2.932,96	3.299,58	1.913,01	2.782,56	3.130,38	1.809,61	2.632,16	2.961,18	1.604,00	2.481,76	2.791,98	1.380,28	2.331,36	2.622,7
	II	38.633	2.124,81	3.090,64	3.476,97	2.021,41	2.940,24	3.307,77	1.918,01	2.789,84	3.138,57	1.814,61	2.639,44	2.969,37	1.614,83	2.489,04	2.800,17	1.391,11	2.338,64	2.630,97	1.167,39	2.188,24	2.461,7
	III	30.030	-	2.402,40	2.702,70	-	2.258,24	2.540,52	-	2.117,12	2.381,76	-	1.979,04	2.226,42	-	1.844,00	2.074,50	-	1.712,16	1.926,18	-	1.583,36	1.781,2
	IV	40.422	2.223,21	3.233,76	3.637,98	2.171,51	3.158,56	3.553,38	2.119,81	3.083,36	3.468,78	2.068,11	3.008,16	3.384,18	2.016,41	2.932,96	3.299,58	1.964,71	2.857,76	3.214,98	1.913,01	2.782,56	3.130,3
	V	46.595	2.562,72	3.727,60	4.193,55																		
	VI	47.127	2.591,98	3.770,16	4.241,43																		
123.191,99	I	40.437	2.224,03	3.234,96	3.639,33	2.120,63	3.084,56	3.470,13	2.017,23	2.934,16	3.300,93	1.913,83	2.783,76	3.131,73	1.810,43	2.633,36	2.962,53	1.605,78	2.482,96	2.793,33	1.382,18	2.332,64	2.624,2
	II	38.648	2.125,64	3.091,84	3.478,32	2.022,24	2.941,44	3.309,12	1.918,84	2.791,04	3.139,92	1.815,44	2.640,64	2.970,72	1.616,61	2.490,24	2.801,52	1.392,89	2.339,84	2.632,32	1.169,17	2.189,44	2.463,1
	III	30.044	-	2.403,52	2.703,96	-	2.259,36	2.541,78	-	2.118,24	2.383,02	-	1.980,16	2.227,68	-	1.845,12	2.075,76	-	1.713,28	1.927,44	-	1.584,48	1.782,5
	IV	40.437	2.224,03	3.234,96	3.639,33	2.172,33	3.159,76	3.554,73	2.120,63	3.084,56	3.470,13	2.068,93	3.009,36	3.385,53	2.017,23	2.934,16	3.300,93	1.965,53	2.858,96	3.216,33	1.913,83	2.783,76	3.131,7
	V	46.610	2.563,55	3.728,80	4.194,90																		
	VI	47.142	2.592,81	3.771,36	4.242,78																		
123.227,99	I	40.452	2.224,86	3.236,16	3.640,68	2.121,46	3.085,76	3.471,48	2.018,06	2.935,36	3.302,28	1.914,66	2.784,96	3.133,08	1.811,26	2.634,56	2.963,88	1.607,69	2.484,24	2.794,77	1.383,97	2.333,84	2.625,5
	II	38.663	2.126,46	3.093,04	3.479,67	2.023,06	2.942,64	3.310,47	1.919,66	2.792,24	3.141,27	1.816,26	2.641,84	2.972,07	1.618,40	2.491,44	2.802,87	1.394,68	2.341,04	2.633,67	1.170,96	2.190,64	2.464,4
	III	30.060	-	2.404,80	2.705,40	-	2.260,48	2.543,04	-	2.119,36	2.384,28	-	1.981,28	2.228,94	-	1.846,24	2.077,02	-	1.714,24	1.928,52	-	1.585,44	1.783,6
	IV	40.452	2.224,86	3.236,16	3.640,68	2.173,16	3.160,96	3.556,08	2.121,46	3.085,76	3.471,48	2.069,76	3.010,56	3.386,88	2.018,06	2.935,36	3.302,28	1.966,36	2.860,16	3.217,68	1.914,66	2.784,96	3.133,0
	V	46.625	2.564,37	3.730,00	4.196,25																		
	VI	47.157	2.593,63	3.772,56	4.244,13																		
123.263,99	I	40.467	2.225,68	3.237,36	3.642,03	2.122,28	3.086,96	3.472,83	2.018,88	2.936,56	3.303,63	1.915,54	2.786,24	3.134,52	1.812,14	2.635,84	2.965,32	1.609,47	2.485,44	2.796,12	1.385,75	2.335,04	2.626,9
	II	38.678	2.127,29	3.094,24	3.481,02	2.023,89	2.943,84	3.311,82	1.920,49	2.793,44	3.142,62	1.817,09	2.643,04	2.973,42	1.620,18	2.492,64	2.804,22	1.396,46	2.342,24	2.635,02	1.172,86	2.191,92	2.465,9
	III	30.074	-	2.405,92	2.706,66	-	2.261,60	2.544,30	-	2.120,48	2.385,54	-	1.982,24	2.230,02	-	1.847,20	2.078,10	-	1.715,36	1.929,78	-	1.586,56	1.784,8
	IV	40.467	2.225,68	3.237,36	3.642,03	2.173,98	3.162,16	3.557,43	2.122,28	3.086,96	3.472,83	2.070,58	3.011,76	3.388,23	2.018,88	2.936,56	3.303,63	1.967,18	2.861,36	3.219,03	1.915,54	2.786,24	3.134,5
	V	46.641	2.565,25	3.731,28	4.197,69																		
	VI	47.172	2.594,46	3.773,76	4.245,48																		
123.299,99	I	40.482	2.226,51	3.238,56	3.643,38	2.123,11	3.088,16	3.474,18	2.019,76	2.937,84	3.305,07	1.916,36	2.787,44	3.135,87	1.812,96	2.637,04	2.966,67	1.611,26	2.486,64	2.797,47	1.387,54	2.336,24	2.628,2
	II	38.693	2.128,11	3.095,44	3.482,37	2.024,71	2.945,04	3.313,17	1.921,31	2.794,64	3.143,97	1.817,91	2.644,24	2.974,77	1.622,08	2.493,92	2.805,66	1.398,36	2.343,52	2.636,46	1.174,64	2.193,12	2.467,2
	III	30.088	-	2.407,04	2.707,92	-	2.262,72	2.545,56	-	2.121,60	2.386,80	-	1.983,36	2.231,28	-	1.848,32	2.079,36	-	1.716,32	1.930,86	-	1.587,52	1.785,9
	IV	40.482	2.226,51	3.238,56	3.643,38	2.174,81	3.163,36	3.558,78	2.123,11	3.088,16	3.474,18	2.071,46	3.013,04	3.389,67	2.019,76	2.937,84	3.305,07	1.968,06	2.862,64	3.220,47	1.916,36	2.787,44	3.135,8
	V	46.656	2.566,08	3.732,48	4.199,04																		
	VI	47.187	2.595,28	3.774,96	4.246,83																		
123.335,99	I	40.498	2.227,39	3.239,84	3.644,82	2.123,99	3.089,44	3.475,62	2.020,59	2.939,04	3.306,42	1.917,19	2.788,64	3.137,22	1.813,79	2.638,24	2.968,02	1.613,04	2.487,84	2.798,82	1.389,32	2.337,44	2.629,6
	II	38.708	2.128,94	3.096,64	3.483,72	2.025,54	2.946,24	3.314,52	1.922,14	2.795,84	3.145,32	1.818,79	2.645,52	2.976,21	1.623,87	2.495,12	2.807,01	1.400,15	2.344,72	2.637,81	1.176,43	2.194,32	2.468,6
	III	30.104	-	2.408,32	2.709,36	-	2.263,84	2.546,82	-	2.122,72	2.388,06	-	1.984,48	2.232,54	-	1.849,44	2.080,62	-	1.717,44	1.932,12	-	1.588,48	1.787,0
	IV	40.498	2.227,39	3.239,84	3.644,82	2.175,69	3.164,64	3.560,22	2.123,99	3.089,44	3.475,62	2.072,29	3.014,24	3.391,02	2.020,59	2.939,04	3.306,42	1.968,89	2.863,84	3.221,82	1.917,19	2.788,64	3.137,2
	V	46.671	2.566,90	3.733,68	4.200,39																		
	VI	47.203	2.596,16	3.776,24	4.248,27																		
123.371,99	I	40.513	2.228,21	3.241,04	3.646,17	2.124,81	3.090,64	3.476,97	2.021,41	2.940,24	3.307,77	1.918,01	2.789,84	3.138,57	1.814,61	2.639,44	2.969,37	1.614,83	2.489,04	2.800,17	1.391,11	2.338,64	2.630,9
	II	38.723	2.129,76	3.097,84	3.485,07	2.026,42	2.947,52	3.315,96	1.923,02	2.797,12	3.146,76	1.819,62	2.646,72	2.977,56	1.625,65	2.496,32	2.808,36	1.401,93	2.345,92	2.639,16	1.178,21	2.195,52	2.469,9
	III	30.118	-	2.409,44	2.710,62	-	2.265,12	2.548,26	-	2.123,84	2.389,32	-	1.985,60	2.233,80	-	1.850,56	2.081,88	-	1.718,56	1.933,38	-	1.589,60	1.788,3
	IV	40.513	2.228,21	3.241,04	3.646,17	2.176,51	3.165,84	3.561,57	2.124,81	3.090,64	3.476,97	2.073,11	3.015,44	3.392,37	2.021,41	2.940,24	3.307,77	1.969,71	2.865,04	3.223,17	1.918,01	2.789,84	3.138,5
	V	46.686	2.567,73	3.734,88	4.201,74																		
	VI	47.218	2.596,99	3.777,44	4.249,62																		
123.407,99	I	40.528	2.229,04	3.242,24	3.647,52	2.125,64	3.091,84	3.478,32	2.022,24	2.941,44	3.309,12	1.918,84	2.791,04	3.139,92	1.815,44	2.640,64	2.970,72	1.616,61	2.490,24	2.801,52	1.392,89	2.339,84	2.632,3
	II	38.739	2.130,64	3.099,12	3.486,51	2.027,24	2.948,72	3.317,31	1.923,84	2.798,32	3.148,11	1.820,44	2.647,92	2.978,91	1.627,44	2.497,52	2.809,71	1.403,72	2.347,12	2.640,51	1.180,00	2.196,72	2.471,3
	III	30.132	-	2.410,56	2.711,88	-	2.266,24	2.549,52	-	2.124,96	2.390,58	-	1.986,72	2.235,06	-	1.851,52	2.082,96	-	1.719,52	1.934,46	-	1.590,56	1.789,3
	IV	40.528	2.229,04	3.242,24	3.647,52	2.177,34	3.167,04	3.562,92	2.125,64	3.091,84	3.478,32	2.073,94	3.016,64	3.393,72	2.022,24	2.941,44	3.309,12	1.970,54	2.866,24	3.224,52	1.918,84	2.791,04	3.139,9
	V	46.701	2.568,55	3.736,08	4.203,09																		
	VI	47.233	2.597,81	3.778,64	4.250,97																		
123.443,99	I	40.543	2.229,86	3.243,44	3.648,87	2.126,46	3.093,04	3.479,67	2.023,06	2.942,64	3.310,47	1.919,66	2.792,24	3.141,27	1.816,26	2.641,84	2.972,07	1.618,40	2.491,44	2.802,87	1.394,68	2.341,04	2.633,6
	II	38.754	2.131,47	3.100,32	3.487,86	2.028,07	2.949,92	3.318,66	1.924,67	2.799,52	3.149,46	1.821,27	2.649,12	2.980,26	1.629,22	2.498,72	2.811,06	1.405,50	2.348,32	2.641,86	1.181,78	2.197,92	2.472,6
	III	30.148	-	2.411,84	2.713,32	-	2.267,36	2.550,78	-	2.126,08	2.391,84	-	1.987,84	2.236,32	-	1.852,64	2.084,22	-	1.720,64	1.935,72	-	1.591,68	1.790,6
	IV	40.543	2.229,86	3.243,44	3.648,87	2.178,16	3.168,24	3.564,27	2.126,46	3.093,04	3.479,67	2.074,76	3.017,84	3.395,07	2.023,06	2.942,64	3.310,47	1.971,36	2.867,44	3.225,87	1.919,66	2.792,24	3.141,2
	V	46.716	2.569,38	3.737,28	4.204,44																		
	VI	47.248	2.598,64	3.779,84	4.252,32																		
123.479,99	I	40.558	2.230,69	3.244,64	3.650,22	2.127,29	3.094,24	3.481,02	2.023,89	2.943,84	3.311,82	1.920,49	2.793,44	3.142,62	1.817,09	2.643,04	2.973,42	1.620,18	2.492,64	2.804,22	1.396,46	2.342,24	2.635,0
	II	38.769	2.132,29	3.101,52	3.489,21	2.028,89	2.951,12	3.320,01	1.925,49	2.800,72	3.150,81	1.822,09	2.650,32	2.981,61	1.631,01	2.499,92	2.812,41	1.407,29	2.349,52	2.643,21	1.183,57	2.199,12	2.474,0
	III	30.162	-	2.412,96	2.714,58	-	2.268,48	2.552,04	-	2.127,20	2.393,10	-	1.988,96	2.237,58	-	1.853,76	2.085,48	-	1.721,60	1.936,80	-	1.592,64	1.791,7
	IV	40.558	2.230,69	3.244,64	3.650,22	2.178,99	3.169,44	3.565,62	2.127,29	3.094,24	3.481,02	2.075,59	3.019,04	3.396,42	2.023,89	2.943,84	3.311,82	1.972,19	2.868,64	3.227,22	1.920,49	2.793,44	3.142,6
	V	46.731	2.570,20	3.738,48	4.205,79																		
	VI	47.263	2.599,46	3.781,04	4.253,67																		
123.515,99	I	40.573	2.231,51	3.245,84	3.651,57	2.128,11	3.095,44	3.482,37	2.024,71	2.945,04	3.313,17	1.921,31	2.794,64	3.143,97	1.817,91	2.644,24	2.974,77	1.622,08	2.493,92	2.805,66	1.398,36	2.343,52	2.636,4
	II	38.784	2.133,12	3.102,72	3.490,56	2.029,72	2.952,32	3.321,36	1.926,32	2.801,92	3.152,16	1.822,92	2.651,52	2.982,96	1.632,79	2.501,12	2.813,76	1.409,07	2.350,72	2.644,56	1.185,35	2.200,32	2.475,3
	III	30.176	-	2.414,08	2.715,84	-	2.269,60	2.553,30	-	2.128,32	2.394,36	-	1.989,92	2.238,66	-	1.854,72	2.086,56	-	1.722,72	1.938,06	-	1.593,60	1.792,8
	IV	40.573	2.231,51	3.245,84	3.651,57	2.179,81	3.170,64	3.566,97	2.128,11	3.095,44	3.482,37	2.076,41	3.020,24	3.397,77	2.024,71	2.945,04	3.313,17	1.973,01	2.869,84	3.228,57	1.921,31	2.794,64	3.143,9
	V	46.746	2.571,03	3.739,68	4.207,14																		
	VI	47.278	2.600,29	3.782,24	4.255,02																		
123.551,99	I	40.588	2.232,34	3.247,04	3.652,92	2.128,94	3.096,64	3.483,72	2.025,54	2.946,24	3.314,52	1.922,14	2.795,84	3.145,32	1.818,79	2.645,52	2.976,21	1.623,87	2.495,12	2.807,01	1.400,15	2.344,72	2.637,8
	II	38.799	2.133,94	3.103,92	3.491,91	2.030,54	2.953,52	3.322,71	1.927,14	2.803,12	3.153,51	1.823,74	2.652,72	2.984,31	1.634,58	2.502,32	2.815,11	1.410,86	2.351,92	2.645,91	1.187,26	2.201,60	2.476,8
	III	30.192	-	2.415,36	2.717,28	-	2.270,88	2.554,74	-	2.129,44	2.395,62	-	1.991,04	2.239,92	-	1.855,84	2.087,82	-	1.723,68	1.939,14	-	1.594,72	1.794,0
	IV	40.588	2.232,34	3.247,04	3.652,92	2.180,64	3.171,84	3.568,32	2.128,94	3.096,64	3.483,72	2.077,24	3.021,44	3.399,12	2.025,54	2.946,24	3.314,52	1.973,84	2.871,04	3.229,92	1.922,14	2.795,84	3.145,3
	V	46.762	2.571,91	3.740,96	4.208,58																		
	VI	47.293	2.601,11	3.783,44	4.256,37																		
123.587,99	I	40.603	2.233,16	3.248,24	3.654,27	2.129,76	3.097,84	3.485,07	2.026,42	2.947,52	3.315,96	1.923,02	2.797,12	3.146,76	1.819,62	2.646,72	2.977,56	1.625,65	2.496,32	2.808,36	1.401,93	2.345,92	2.639,1
	II	38.814	2.134,77	3.105,12	3.493,26	2.031,37	2.954,72	3.324,06	1.927,97	2.804,32	3.154,86	1.824,57	2.653,92	2.985,66	1.636,36	2.503,52	2.816,46	1.412,76	2.353,20	2.647,35	1.189,04	2.202,80	2.478,1
	III	30.206	-	2.416,48	2.718,54	-	2.272,00	2.556,00	-	2.130,56	2.396,88	-	1.992,16	2.241,18	-	1.856,96	2.089,08	-	1.724,80	1.940,40	-	1.595,68	1.795,1
	IV	40.603	2.233,16	3.248,24	3.654,27	2.181,46	3.173,04	3.569,67	2.129,76	3.097,84	3.485,07	2.078,06	3.022,64	3.400,47	2.026,42	2.947,52	3.315,96	1.974,72	2.872,32	3.231,36	1.923,02	2.797,12	3.146,7
	V	46.777	2.572,73	3.742,16	4.209,93																		
	VI	47.308	2.601,94	3.784,64	4.257,72																		
123.623,99	I	40.618	2.233,99	3.249,44	3.655,62	2.130,64	3.099,12	3.486,51	2.027,24	2.948,72	3.317,31	1.923,84	2.798,32	3.148,11	1.820,44	2.647,92	2.978,91	1.627,44	2.497,52	2.809,71	1.403,72	2.347,12	2.640,5
	II	38.829	2.135,59	3.106,32	3.494,61	2.032,19	2.955,92	3.325,41	1.928,79	2.805,52	3.156,21	1.825,45	2.655,20	2.987,10	1.638,27	2.504,80	2.817,90	1.414,55	2.354,40	2.648,70	1.190,83	2.204,00	2.479,5
	III	30.220	-	2.417,60	2.719,80	-	2.273,12	2.557,26	-	2.131,68	2.398,14	-	1.993,28	2.242,44	-	1.858,08	2.090,34	-	1.725,76	1.941,48	-	1.596,80	1.796,4
	IV	40.618	2.233,99	3.249,44	3.655,62	2.182,34	3.174,32	3.571,11	2.130,64	3.099,12	3.486,51	2.078,94	3.023,92	3.401,91	2.027,24	2.948,72	3.317,31	1.975,54	2.873,52	3.232,71	1.923,84	2.798,32	3.148,1
	V	46.792	2.573,56	3.743,36	4.211,28																		
	VI	47.323	2.602,76	3.785,84	4.259,07																		
123.659,99	I	40.634	2.234,87	3.250,72	3.657,06	2.131,47	3.100,32	3.487,86	2.028,07	2.949,92	3.318,66	1.924,67	2.799,52	3.149,46	1.821,27	2.649,12	2.980,26	1.629,22	2.498,72	2.811,06	1.405,50	2.348,32	2.641,8
	II	38.844	2.136,42	3.107,52	3.495,96	2.033,02	2.957,12	3.326,76	1.929,67	2.806,80	3.157,65	1.826,27	2.656,40	2.988,45	1.640,05	2.506,00	2.819,25	1.416,33	2.355,60	2.650,05	1.192,61	2.205,20	2.480,8
	III	30.236	-	2.418,88	2.721,24	-	2.274,24	2.558,52	-	2.132,80	2.399,40	-	1.994,40	2.243,70	-	1.859,04	2.091,42	-	1.726,88	1.942,74	-	1.597,76	1.797,4
	IV	40.634	2.234,87	3.250,72	3.657,06	2.183,17	3.175,52	3.572,46	2.131,47	3.100,32	3.487,86	2.079,77	3.025,12	3.403,26	2.028,07	2.949,92	3.318,66	1.976,37	2.874,72	3.234,06	1.924,67	2.799,52	3.149,4
	V	46.807	2.574,38	3.744,56	4.212,63																		
	VI	47.339	2.603,64	3.787,12	4.260,51																		

SolZ/KiSt lt. Tabelle nicht für Sonstige Bezüge anwendbar.

Lohn/ Gehalt bis	Steuerklasse	Lohn-steuer	ohne Kinderfreibetrag SolZ 5,5%	Kirchensteuer 8%	Kirchensteuer 9%	Anzahl Kinderfreibeträge (nur Steuerklassen I–IV) 0,5 SolZ 5,5%	0,5 Kirchensteuer 8%	0,5 Kirchensteuer 9%	1,0 SolZ 5,5%	1,0 Kirchensteuer 8%	1,0 Kirchensteuer 9%	1,5 SolZ 5,5%	1,5 Kirchensteuer 8%	1,5 Kirchensteuer 9%	2,0 SolZ 5,5%	2,0 Kirchensteuer 8%	2,0 Kirchensteuer 9%	2,5 SolZ 5,5%	2,5 Kirchensteuer 8%	2,5 Kirchensteuer 9%	3,0 SolZ 5,5%	3,0 Kirchensteuer 8%	3,0 Kirchensteuer 9%
123.695,99	I	40.649	2.235,69	3.251,92	3.658,41	2.132,29	3.101,52	3.489,21	2.028,89	2.951,12	3.320,01	1.925,49	2.800,72	3.150,81	1.822,09	2.650,32	2.981,61	1.631,01	2.499,92	2.812,41	1.407,29	2.349,52	2.643,21
	II	38.860	2.137,30	3.108,80	3.497,40	2.033,90	2.958,40	3.328,20	1.930,50	2.808,00	3.159,00	1.827,10	2.657,60	2.989,80	1.641,84	2.507,20	2.820,60	1.418,12	2.356,80	2.651,40	1.194,40	2.206,40	2.482,20
	III	30.250	-	2.420,00	2.722,50	-	2.275,36	2.559,78	-	2.133,92	2.400,66	-	1.995,52	2.244,96	-	1.860,16	2.092,68	-	1.728,00	1.944,00	-	1.598,72	1.798,56
	IV	40.649	2.235,69	3.251,92	3.658,41	2.183,99	3.176,72	3.573,81	2.132,29	3.101,52	3.489,21	2.080,59	3.026,32	3.404,61	2.028,89	2.951,12	3.320,01	1.977,19	2.875,92	3.235,41	1.925,49	2.800,72	3.150,81
	V	46.822	2.575,21	3.745,76	4.213,98																		
	VI	47.354	2.604,47	3.788,32	4.261,86																		
123.731,99	I	40.664	2.236,52	3.253,12	3.659,76	2.133,12	3.102,72	3.490,56	2.029,72	2.952,32	3.321,36	1.926,32	2.801,92	3.152,16	1.822,92	2.651,52	2.982,96	1.632,79	2.501,12	2.813,76	1.409,07	2.350,72	2.644,56
	II	38.875	2.138,12	3.110,00	3.498,75	2.034,72	2.959,60	3.329,55	1.931,32	2.809,20	3.160,35	1.827,92	2.658,80	2.991,15	1.643,62	2.508,40	2.821,95	1.419,90	2.358,00	2.652,75	1.196,18	2.207,60	2.483,55
	III	30.264	-	2.421,12	2.723,76	-	2.276,48	2.561,04	-	2.135,04	2.401,92	-	1.996,64	2.246,22	-	1.861,28	2.093,94	-	1.728,96	1.945,08	-	1.599,84	1.799,82
	IV	40.664	2.236,52	3.253,12	3.659,76	2.184,82	3.177,92	3.575,16	2.133,12	3.102,72	3.490,56	2.081,42	3.027,52	3.405,96	2.029,72	2.952,32	3.321,36	1.978,02	2.877,12	3.236,76	1.926,32	2.801,92	3.152,16
	V	46.837	2.576,03	3.746,96	4.215,33																		
	VI	47.369	2.605,29	3.789,52	4.263,21																		
123.767,99	I	40.679	2.237,34	3.254,32	3.661,11	2.133,94	3.103,92	3.491,91	2.030,54	2.953,52	3.322,71	1.927,14	2.803,12	3.153,51	1.823,74	2.652,72	2.984,31	1.634,58	2.502,32	2.815,11	1.410,86	2.351,92	2.645,91
	II	38.890	2.138,95	3.111,20	3.500,10	2.035,55	2.960,80	3.330,90	1.932,15	2.810,40	3.161,70	1.828,75	2.660,00	2.992,50	1.645,41	2.509,60	2.823,30	1.421,69	2.359,20	2.654,10	1.197,97	2.208,80	2.484,90
	III	30.280	-	2.422,40	2.725,20	-	2.277,76	2.562,48	-	2.136,16	2.403,18	-	1.997,76	2.247,48	-	1.862,40	2.095,20	-	1.730,08	1.946,34	-	1.600,80	1.800,90
	IV	40.679	2.237,34	3.254,32	3.661,11	2.185,64	3.179,12	3.576,51	2.133,94	3.103,92	3.491,91	2.082,24	3.028,72	3.407,31	2.030,54	2.953,52	3.322,71	1.978,84	2.878,32	3.238,11	1.927,14	2.803,12	3.153,51
	V	46.852	2.576,86	3.748,16	4.216,68																		
	VI	47.384	2.606,12	3.790,72	4.264,56																		
123.803,99	I	40.694	2.238,17	3.255,52	3.662,46	2.134,77	3.105,12	3.493,26	2.031,37	2.954,72	3.324,06	1.927,97	2.804,32	3.154,86	1.824,57	2.653,92	2.985,66	1.636,36	2.503,52	2.816,46	1.412,76	2.353,20	2.647,35
	II	38.905	2.139,77	3.112,40	3.501,45	2.036,37	2.962,00	3.332,25	1.932,97	2.811,60	3.163,05	1.829,57	2.661,20	2.993,85	1.647,19	2.510,80	2.824,65	1.423,47	2.360,40	2.655,45	1.199,75	2.210,00	2.486,25
	III	30.294	-	2.423,52	2.726,46	-	2.278,88	2.563,74	-	2.137,28	2.404,44	-	1.998,88	2.248,74	-	1.863,36	2.096,28	-	1.731,04	1.947,42	-	1.601,92	1.802,16
	IV	40.694	2.238,17	3.255,52	3.662,46	2.186,47	3.180,32	3.577,86	2.134,77	3.105,12	3.493,26	2.083,07	3.029,92	3.408,66	2.031,37	2.954,72	3.324,06	1.979,67	2.879,52	3.239,46	1.927,97	2.804,32	3.154,86
	V	46.867	2.577,68	3.749,36	4.218,03																		
	VI	47.399	2.606,94	3.791,92	4.265,91																		
123.839,99	I	40.709	2.238,99	3.256,72	3.663,81	2.135,59	3.106,32	3.494,61	2.032,19	2.955,92	3.325,41	1.928,79	2.805,52	3.156,21	1.825,45	2.655,20	2.987,10	1.638,27	2.504,80	2.817,90	1.414,55	2.354,40	2.648,70
	II	38.920	2.140,60	3.113,60	3.502,80	2.037,20	2.963,20	3.333,60	1.933,80	2.812,80	3.164,40	1.830,40	2.662,40	2.995,20	1.648,98	2.512,00	2.826,00	1.425,26	2.361,60	2.656,80	1.201,54	2.211,20	2.487,60
	III	30.308	-	2.424,64	2.727,72	-	2.280,00	2.565,00	-	2.138,40	2.405,70	-	1.999,84	2.249,82	-	1.864,48	2.097,54	-	1.732,16	1.948,68	-	1.602,88	1.803,24
	IV	40.709	2.238,99	3.256,72	3.663,81	2.187,29	3.181,52	3.579,21	2.135,59	3.106,32	3.494,61	2.083,89	3.031,12	3.410,01	2.032,19	2.955,92	3.325,41	1.980,49	2.880,72	3.240,81	1.928,79	2.805,52	3.156,21
	V	46.882	2.578,51	3.750,56	4.219,38																		
	VI	47.414	2.607,77	3.793,12	4.267,26																		
123.875,99	I	40.724	2.239,82	3.257,92	3.665,16	2.136,42	3.107,52	3.495,96	2.033,02	2.957,12	3.326,76	1.929,67	2.806,80	3.157,65	1.826,27	2.656,40	2.988,45	1.640,05	2.506,00	2.819,25	1.416,33	2.355,60	2.650,05
	II	38.935	2.141,42	3.114,80	3.504,15	2.038,02	2.964,40	3.334,95	1.934,62	2.814,00	3.165,75	1.831,22	2.663,60	2.996,55	1.650,76	2.513,20	2.827,35	1.427,16	2.362,88	2.658,24	1.203,44	2.212,48	2.489,04
	III	30.324	-	2.425,92	2.729,16	-	2.281,12	2.566,26	-	2.139,52	2.406,96	-	2.000,96	2.251,08	-	1.865,60	2.098,80	-	1.733,12	1.949,76	-	1.604,00	1.804,50
	IV	40.724	2.239,82	3.257,92	3.665,16	2.188,12	3.182,72	3.580,56	2.136,42	3.107,52	3.495,96	2.084,72	3.032,32	3.411,36	2.033,02	2.957,12	3.326,76	1.981,37	2.882,00	3.242,25	1.929,67	2.806,80	3.157,65
	V	46.898	2.579,39	3.751,84	4.220,82																		
	VI	47.429	2.608,59	3.794,32	4.268,61																		
123.911,99	I	40.739	2.240,64	3.259,12	3.666,51	2.137,30	3.108,80	3.497,40	2.033,90	2.958,40	3.328,20	1.930,50	2.808,00	3.159,00	1.827,10	2.657,60	2.989,80	1.641,84	2.507,20	2.820,60	1.418,12	2.356,80	2.651,40
	II	38.950	2.142,25	3.116,00	3.505,50	2.038,85	2.965,60	3.336,30	1.935,45	2.815,20	3.167,10	1.832,05	2.664,80	2.997,90	1.652,67	2.514,48	2.828,79	1.428,95	2.364,08	2.659,59	1.205,23	2.213,68	2.490,39
	III	30.338	-	2.427,04	2.730,42	-	2.282,24	2.567,52	-	2.140,64	2.408,22	-	2.002,08	2.252,34	-	1.866,56	2.099,88	-	1.734,24	1.951,02	-	1.604,96	1.805,58
	IV	40.739	2.240,64	3.259,12	3.666,51	2.188,94	3.183,92	3.581,91	2.137,30	3.108,80	3.497,40	2.085,60	3.033,60	3.412,80	2.033,90	2.958,40	3.328,20	1.982,20	2.883,20	3.243,60	1.930,50	2.808,00	3.159,00
	V	46.913	2.580,21	3.753,04	4.222,17																		
	VI	47.444	2.609,42	3.795,52	4.269,96																		
123.947,99	I	40.755	2.241,52	3.260,40	3.667,95	2.138,12	3.110,00	3.498,75	2.034,72	2.959,60	3.329,55	1.931,32	2.809,20	3.160,35	1.827,92	2.658,80	2.991,15	1.643,62	2.508,40	2.821,95	1.419,90	2.358,00	2.652,75
	II	38.965	2.143,07	3.117,20	3.506,85	2.039,67	2.966,80	3.337,65	1.936,33	2.816,48	3.168,54	1.832,93	2.666,08	2.999,34	1.654,45	2.515,68	2.830,14	1.430,73	2.365,28	2.660,94	1.207,01	2.214,88	2.491,74
	III	30.352	-	2.428,16	2.731,68	-	2.283,52	2.568,96	-	2.141,76	2.409,48	-	2.003,20	2.253,60	-	1.867,68	2.101,14	-	1.735,36	1.952,28	-	1.605,92	1.806,66
	IV	40.755	2.241,52	3.260,40	3.667,95	2.189,82	3.185,20	3.583,35	2.138,12	3.110,00	3.498,75	2.086,42	3.034,80	3.414,15	2.034,72	2.959,60	3.329,55	1.983,02	2.884,40	3.244,95	1.931,32	2.809,20	3.160,35
	V	46.928	2.581,04	3.754,24	4.223,52																		
	VI	47.460	2.610,30	3.796,80	4.271,40																		
123.983,99	I	40.770	2.242,35	3.261,60	3.669,30	2.138,95	3.111,20	3.500,10	2.035,55	2.960,80	3.330,90	1.932,15	2.810,40	3.161,70	1.828,75	2.660,00	2.992,50	1.645,41	2.509,60	2.823,30	1.421,69	2.359,20	2.654,10
	II	38.980	2.143,90	3.118,40	3.508,20	2.040,55	2.968,08	3.339,09	1.937,15	2.817,68	3.169,89	1.833,75	2.667,28	3.000,69	1.656,24	2.516,88	2.831,49	1.432,52	2.366,48	2.662,29	1.208,80	2.216,08	2.493,09
	III	30.368	-	2.429,44	2.733,12	-	2.284,64	2.570,22	-	2.142,88	2.410,74	-	2.004,32	2.254,86	-	1.868,80	2.102,40	-	1.736,32	1.953,36	-	1.607,04	1.807,92
	IV	40.770	2.242,35	3.261,60	3.669,30	2.190,65	3.186,40	3.584,70	2.138,95	3.111,20	3.500,10	2.087,25	3.036,00	3.415,50	2.035,55	2.960,80	3.330,90	1.983,85	2.885,60	3.246,30	1.932,15	2.810,40	3.161,70
	V	46.943	2.581,86	3.755,44	4.224,87																		
	VI	47.475	2.611,12	3.798,00	4.272,75																		
124.019,99	I	40.785	2.243,17	3.262,80	3.670,65	2.139,77	3.112,40	3.501,45	2.036,37	2.962,00	3.332,25	1.932,97	2.811,60	3.163,05	1.829,57	2.661,20	2.993,85	1.647,19	2.510,80	2.824,65	1.423,47	2.360,40	2.655,45
	II	38.996	2.144,78	3.119,68	3.509,64	2.041,38	2.969,28	3.340,44	1.937,98	2.818,88	3.171,24	1.834,58	2.668,48	3.002,04	1.658,02	2.518,08	2.832,84	1.434,30	2.367,68	2.663,64	1.210,58	2.217,28	2.494,44
	III	30.382	-	2.430,56	2.734,38	-	2.285,76	2.571,48	-	2.144,00	2.412,00	-	2.005,44	2.256,12	-	1.869,92	2.103,66	-	1.737,44	1.954,62	-	1.608,00	1.809,00
	IV	40.785	2.243,17	3.262,80	3.670,65	2.191,47	3.187,60	3.586,05	2.139,77	3.112,40	3.501,45	2.088,07	3.037,20	3.416,85	2.036,37	2.962,00	3.332,25	1.984,67	2.886,80	3.247,65	1.932,97	2.811,60	3.163,05
	V	46.958	2.582,69	3.756,64	4.226,22																		
	VI	47.490	2.611,95	3.799,20	4.274,10																		
124.055,99	I	40.800	2.244,00	3.264,00	3.672,00	2.140,60	3.113,60	3.502,80	2.037,20	2.963,20	3.333,60	1.933,80	2.812,80	3.164,40	1.830,40	2.662,40	2.995,20	1.648,98	2.512,00	2.826,00	1.425,26	2.361,60	2.656,80
	II	39.011	2.145,60	3.120,88	3.510,99	2.042,20	2.970,48	3.341,79	1.938,80	2.820,08	3.172,59	1.835,40	2.669,68	3.003,39	1.659,81	2.519,28	2.834,19	1.436,09	2.368,88	2.664,99	1.212,37	2.218,48	2.495,79
	III	30.396	-	2.431,68	2.735,64	-	2.286,88	2.572,74	-	2.145,12	2.413,26	-	2.006,56	2.257,38	-	1.870,88	2.104,74	-	1.738,40	1.955,70	-	1.609,12	1.810,26
	IV	40.800	2.244,00	3.264,00	3.672,00	2.192,30	3.188,80	3.587,40	2.140,60	3.113,60	3.502,80	2.088,90	3.038,40	3.418,20	2.037,20	2.963,20	3.333,60	1.985,50	2.888,00	3.249,00	1.933,80	2.812,80	3.164,40
	V	46.973	2.583,51	3.757,84	4.227,57																		
	VI	47.505	2.612,77	3.800,40	4.275,45																		
124.091,99	I	40.815	2.244,82	3.265,20	3.673,35	2.141,42	3.114,80	3.504,15	2.038,02	2.964,40	3.334,95	1.934,62	2.814,00	3.165,75	1.831,22	2.663,60	2.996,55	1.650,76	2.513,20	2.827,35	1.427,16	2.362,88	2.658,24
	II	39.026	2.146,43	3.122,08	3.512,34	2.043,03	2.971,68	3.343,14	1.939,63	2.821,28	3.173,94	1.836,23	2.670,88	3.004,74	1.661,59	2.520,48	2.835,54	1.437,87	2.370,08	2.666,34	1.214,15	2.219,68	2.497,14
	III	30.412	-	2.432,96	2.737,08	-	2.288,00	2.574,00	-	2.146,24	2.414,52	-	2.007,68	2.258,64	-	1.872,00	2.106,00	-	1.739,52	1.956,96	-	1.610,08	1.811,34
	IV	40.815	2.244,82	3.265,20	3.673,35	2.193,12	3.190,00	3.588,75	2.141,42	3.114,80	3.504,15	2.089,72	3.039,60	3.419,55	2.038,02	2.964,40	3.334,95	1.986,32	2.889,20	3.250,35	1.934,62	2.814,00	3.165,75
	V	46.988	2.584,34	3.759,04	4.228,92																		
	VI	47.520	2.613,60	3.801,60	4.276,80																		
124.127,99	I	40.830	2.245,65	3.266,40	3.674,70	2.142,25	3.116,00	3.505,50	2.038,85	2.965,60	3.336,30	1.935,45	2.815,20	3.167,10	1.832,05	2.664,80	2.997,90	1.652,67	2.514,48	2.828,79	1.428,95	2.364,08	2.659,59
	II	39.041	2.147,25	3.123,28	3.513,69	2.043,85	2.972,88	3.344,49	1.940,45	2.822,48	3.175,29	1.837,05	2.672,08	3.006,09	1.663,38	2.521,68	2.836,89	1.439,66	2.371,28	2.667,69	1.215,94	2.220,88	2.498,49
	III	30.426	-	2.434,08	2.738,34	-	2.289,28	2.575,44	-	2.147,36	2.415,78	-	2.008,80	2.259,90	-	1.873,12	2.107,26	-	1.740,64	1.958,22	-	1.611,20	1.812,60
	IV	40.830	2.245,65	3.266,40	3.674,70	2.193,95	3.191,20	3.590,10	2.142,25	3.116,00	3.505,50	2.090,55	3.040,80	3.420,90	2.038,85	2.965,60	3.336,30	1.987,15	2.890,40	3.251,70	1.935,45	2.815,20	3.167,10
	V	47.003	2.585,16	3.760,24	4.230,27																		
	VI	47.535	2.614,42	3.802,80	4.278,15																		
124.163,99	I	40.845	2.246,47	3.267,60	3.676,05	2.143,07	3.117,20	3.506,85	2.039,67	2.966,80	3.337,65	1.936,33	2.816,48	3.168,54	1.832,93	2.666,08	2.999,34	1.654,45	2.515,68	2.830,14	1.430,73	2.365,28	2.660,94
	II	39.056	2.148,08	3.124,48	3.515,04	2.044,68	2.974,08	3.345,84	1.941,28	2.823,68	3.176,64	1.837,88	2.673,28	3.007,44	1.665,16	2.522,88	2.838,24	1.441,44	2.372,48	2.669,04	1.217,84	2.222,16	2.499,93
	III	30.442	-	2.435,36	2.739,78	-	2.290,40	2.576,70	-	2.148,48	2.417,04	-	2.009,76	2.260,98	-	1.874,24	2.108,52	-	1.741,60	1.959,30	-	1.612,16	1.813,68
	IV	40.845	2.246,47	3.267,60	3.676,05	2.194,77	3.192,40	3.591,45	2.143,07	3.117,20	3.506,85	2.091,37	3.042,00	3.422,25	2.039,67	2.966,80	3.337,65	1.987,97	2.891,60	3.253,05	1.936,33	2.816,48	3.168,54
	V	47.019	2.586,04	3.761,52	4.231,71																		
	VI	47.550	2.615,25	3.804,00	4.279,50																		
124.199,99	I	40.860	2.247,30	3.268,80	3.677,40	2.143,90	3.118,40	3.508,20	2.040,55	2.968,08	3.339,09	1.937,15	2.817,68	3.169,89	1.833,75	2.667,28	3.000,69	1.656,24	2.516,88	2.831,49	1.432,52	2.366,48	2.662,29
	II	39.071	2.148,90	3.125,68	3.516,39	2.045,50	2.975,28	3.347,19	1.942,10	2.824,88	3.177,99	1.838,70	2.674,48	3.008,79	1.667,07	2.524,16	2.839,68	1.443,35	2.373,76	2.670,48	1.219,63	2.223,36	2.501,28
	III	30.456	-	2.436,48	2.741,04	-	2.291,52	2.577,96	-	2.149,76	2.418,48	-	2.010,88	2.262,24	-	1.875,20	2.109,60	-	1.742,72	1.960,56	-	1.613,12	1.814,76
	IV	40.860	2.247,30	3.268,80	3.677,40	2.195,60	3.193,60	3.592,80	2.143,90	3.118,40	3.508,20	2.092,25	3.043,28	3.423,69	2.040,55	2.968,08	3.339,09	1.988,85	2.892,88	3.254,49	1.937,15	2.817,68	3.169,89
	V	47.034	2.586,87	3.762,72	4.233,06																		
	VI	47.565	2.616,07	3.805,20	4.280,85																		

SolZ/KiSt lt. Tabelle nicht für Sonstige Bezüge anwendbar.

JAHR bis 124.739,99 €

Besondere Tabelle

Lohn/ Gehalt bis	Steuerklasse	Lohn-steuer	ohne Kinderfreibetrag			Anzahl Kinderfreibeträge (nur Steuerklassen I–IV) 0,5			1,0			1,5			2,0			2,5			3,0		
			SolZ 5,5%	Kirchensteuer 8%	9%	SolZ 5,5%	Kirchensteuer 8%	9%	SolZ 5,5%	Kirchensteuer 8%	9%	SolZ 5,5%	Kirchensteuer 8%	9%	SolZ 5,5%	Kirchensteuer 8%	9%	SolZ 5,5%	Kirchensteuer 8%	9%	SolZ 5,5%	Kirchensteuer 8%	9%
124.235,99	I	40.876	2.248,18	3.270,08	3.678,84	2.144,78	3.119,68	3.509,64	2.041,38	2.969,28	3.340,44	1.937,98	2.818,88	3.171,24	1.834,58	2.668,48	3.002,04	1.658,02	2.518,08	2.832,84	1.434,30	2.367,68	2.663,64
	II	39.086	2.149,73	3.126,88	3.517,74	2.046,33	2.976,48	3.348,54	1.942,93	2.826,08	3.179,34	1.839,58	2.675,76	3.010,23	1.668,85	2.525,36	2.841,03	1.445,13	2.374,96	2.671,83	1.221,41	2.224,56	2.502,63
	III	30.470	-	2.437,60	2.742,30	-	2.292,64	2.579,22	-	2.150,88	2.419,74	-	2.012,00	2.263,50	-	1.876,32	2.110,86	-	1.743,68	1.961,64	-	1.614,24	1.816,02
	IV	40.876	2.248,18	3.270,08	3.678,84	2.196,48	3.194,88	3.594,24	2.144,78	3.119,68	3.509,64	2.093,08	3.044,48	3.425,04	2.041,38	2.969,28	3.340,44	1.989,68	2.894,08	3.255,84	1.937,98	2.818,88	3.171,24
	V	47.049	2.587,69	3.763,92	4.234,41																		
	VI	47.581	2.616,95	3.806,48	4.282,29																		
124.271,99	I	40.891	2.249,00	3.271,28	3.680,19	2.145,60	3.120,88	3.510,99	2.042,20	2.970,48	3.341,79	1.938,80	2.820,08	3.172,59	1.835,40	2.669,68	3.003,39	1.659,81	2.519,28	2.834,19	1.436,09	2.368,88	2.664,99
	II	39.101	2.150,55	3.128,08	3.519,09	2.047,21	2.977,76	3.349,98	1.943,81	2.827,36	3.180,78	1.840,41	2.676,96	3.011,58	1.670,64	2.526,56	2.842,38	1.446,92	2.376,16	2.673,18	1.223,20	2.225,76	2.503,98
	III	30.486	-	2.438,88	2.743,74	-	2.293,76	2.580,48	-	2.152,00	2.421,00	-	2.013,12	2.264,76	-	1.877,44	2.112,12	-	1.744,80	1.962,90	-	1.615,20	1.817,10
	IV	40.891	2.249,00	3.271,28	3.680,19	2.197,30	3.196,08	3.595,59	2.145,60	3.120,88	3.510,99	2.093,90	3.045,68	3.426,39	2.042,20	2.970,48	3.341,79	1.990,50	2.895,28	3.257,19	1.938,80	2.820,08	3.172,59
	V	47.064	2.588,52	3.765,12	4.235,76																		
	VI	47.596	2.617,78	3.807,68	4.283,64																		
124.307,99	I	40.906	2.249,83	3.272,48	3.681,54	2.146,43	3.122,08	3.512,34	2.043,03	2.971,68	3.343,14	1.939,63	2.821,28	3.173,94	1.836,23	2.670,88	3.004,74	1.661,59	2.520,48	2.835,54	1.437,87	2.370,08	2.666,34
	II	39.117	2.151,43	3.129,36	3.520,53	2.048,03	2.978,96	3.351,33	1.944,63	2.828,56	3.182,13	1.841,23	2.678,16	3.012,93	1.672,42	2.527,76	2.843,73	1.448,70	2.377,36	2.674,53	1.224,98	2.226,96	2.505,33
	III	30.500	-	2.440,00	2.745,00	-	2.295,04	2.581,92	-	2.153,12	2.422,26	-	2.014,24	2.266,02	-	1.878,56	2.113,38	-	1.745,76	1.963,98	-	1.616,32	1.818,36
	IV	40.906	2.249,83	3.272,48	3.681,54	2.198,13	3.197,28	3.596,94	2.146,43	3.122,08	3.512,34	2.094,73	3.046,88	3.427,74	2.043,03	2.971,68	3.343,14	1.991,33	2.896,48	3.258,54	1.939,63	2.821,28	3.173,94
	V	47.079	2.589,34	3.766,32	4.237,11																		
	VI	47.611	2.618,60	3.808,88	4.284,99																		
124.343,99	I	40.921	2.250,65	3.273,68	3.682,89	2.147,25	3.123,28	3.513,69	2.043,85	2.972,88	3.344,49	1.940,45	2.822,48	3.175,29	1.837,05	2.672,08	3.006,09	1.663,38	2.521,68	2.836,89	1.439,66	2.371,28	2.667,69
	II	39.132	2.152,26	3.130,56	3.521,88	2.048,86	2.980,16	3.352,68	1.945,46	2.829,76	3.183,48	1.842,06	2.679,36	3.014,28	1.674,21	2.528,96	2.845,08	1.450,49	2.378,56	2.675,88	1.226,77	2.228,16	2.506,68
	III	30.514	-	2.441,12	2.746,26	-	2.296,16	2.583,18	-	2.154,24	2.423,52	-	2.015,36	2.267,28	-	1.879,52	2.114,46	-	1.746,88	1.965,24	-	1.617,28	1.819,44
	IV	40.921	2.250,65	3.273,68	3.682,89	2.198,95	3.198,48	3.598,29	2.147,25	3.123,28	3.513,69	2.095,55	3.048,08	3.429,09	2.043,85	2.972,88	3.344,49	1.992,15	2.897,68	3.259,89	1.940,45	2.822,48	3.175,29
	V	47.094	2.590,17	3.767,52	4.238,46																		
	VI	47.626	2.619,43	3.810,08	4.286,34																		
124.379,99	I	40.936	2.251,48	3.274,88	3.684,24	2.148,08	3.124,48	3.515,04	2.044,68	2.974,08	3.345,84	1.941,28	2.823,68	3.176,64	1.837,88	2.673,28	3.007,44	1.665,16	2.522,88	2.838,24	1.441,44	2.372,48	2.669,04
	II	39.147	2.153,08	3.131,76	3.523,23	2.049,68	2.981,36	3.354,03	1.946,28	2.830,96	3.184,83	1.842,88	2.680,56	3.015,63	1.675,99	2.530,16	2.846,43	1.452,27	2.379,76	2.677,23	1.228,55	2.229,36	2.508,03
	III	30.530	-	2.442,40	2.747,70	-	2.297,28	2.584,44	-	2.155,36	2.424,78	-	2.016,48	2.268,54	-	1.880,64	2.115,72	-	1.748,00	1.966,50	-	1.618,40	1.820,70
	IV	40.936	2.251,48	3.274,88	3.684,24	2.199,78	3.199,68	3.599,64	2.148,08	3.124,48	3.515,04	2.096,38	3.049,28	3.430,44	2.044,68	2.974,08	3.345,84	1.992,98	2.898,88	3.261,24	1.941,28	2.823,68	3.176,64
	V	47.109	2.590,99	3.768,72	4.239,81																		
	VI	47.641	2.620,25	3.811,28	4.287,69																		
124.415,99	I	40.951	2.252,30	3.276,08	3.685,59	2.148,90	3.125,68	3.516,39	2.045,50	2.975,28	3.347,19	1.942,10	2.824,88	3.177,99	1.838,70	2.674,48	3.008,79	1.667,07	2.524,16	2.839,68	1.443,35	2.373,76	2.670,48
	II	39.162	2.153,91	3.132,96	3.524,58	2.050,51	2.982,56	3.355,38	1.947,11	2.832,16	3.186,18	1.843,71	2.681,76	3.016,98	1.677,78	2.531,36	2.847,78	1.454,06	2.380,96	2.678,58	1.230,34	2.230,56	2.509,38
	III	30.544	-	2.443,52	2.748,96	-	2.298,40	2.585,70	-	2.156,48	2.426,04	-	2.017,60	2.269,80	-	1.881,76	2.116,98	-	1.748,96	1.967,58	-	1.619,36	1.821,78
	IV	40.951	2.252,30	3.276,08	3.685,59	2.200,60	3.200,88	3.600,99	2.148,90	3.125,68	3.516,39	2.097,20	3.050,48	3.431,79	2.045,50	2.975,28	3.347,19	1.993,80	2.900,08	3.262,59	1.942,10	2.824,88	3.177,99
	V	47.124	2.591,82	3.769,92	4.241,16																		
	VI	47.656	2.621,08	3.812,48	4.289,04																		
124.451,99	I	40.966	2.253,13	3.277,28	3.686,94	2.149,73	3.126,88	3.517,74	2.046,33	2.976,48	3.348,54	1.942,93	2.826,08	3.179,34	1.839,58	2.675,76	3.010,23	1.668,85	2.525,36	2.841,03	1.445,13	2.374,96	2.671,83
	II	39.177	2.154,73	3.134,16	3.525,93	2.051,33	2.983,76	3.356,73	1.947,93	2.833,36	3.187,53	1.844,53	2.682,96	3.018,33	1.679,56	2.532,56	2.849,13	1.455,84	2.382,16	2.679,93	1.232,24	2.231,84	2.510,82
	III	30.558	-	2.444,64	2.750,22	-	2.299,68	2.587,14	-	2.157,60	2.427,30	-	2.018,72	2.271,06	-	1.882,88	2.118,24	-	1.750,08	1.968,84	-	1.620,32	1.822,86
	IV	40.966	2.253,13	3.277,28	3.686,94	2.201,43	3.202,08	3.602,34	2.149,73	3.126,88	3.517,74	2.098,03	3.051,68	3.433,14	2.046,33	2.976,48	3.348,54	1.994,63	2.901,28	3.263,94	1.942,93	2.826,08	3.179,34
	V	47.140	2.592,70	3.771,20	4.242,60																		
	VI	47.671	2.621,90	3.813,68	4.290,39																		
124.487,99	I	40.981	2.253,95	3.278,48	3.688,29	2.150,55	3.128,08	3.519,09	2.047,21	2.977,76	3.349,98	1.943,81	2.827,36	3.180,78	1.840,41	2.676,96	3.011,58	1.670,64	2.526,56	2.842,38	1.446,92	2.376,16	2.673,18
	II	39.192	2.155,56	3.135,36	3.527,28	2.052,16	2.984,96	3.358,08	1.948,76	2.834,56	3.188,88	1.845,36	2.684,16	3.019,68	1.681,35	2.533,76	2.850,48	1.457,75	2.383,44	2.681,37	1.234,03	2.233,04	2.512,17
	III	30.574	-	2.445,92	2.751,66	-	2.300,80	2.588,40	-	2.158,72	2.428,56	-	2.019,84	2.272,32	-	1.883,84	2.119,32	-	1.751,04	1.969,92	-	1.621,44	1.824,12
	IV	40.981	2.253,95	3.278,48	3.688,29	2.202,25	3.203,28	3.603,69	2.150,55	3.128,08	3.519,09	2.098,85	3.052,88	3.434,49	2.047,21	2.977,76	3.349,98	1.995,51	2.902,56	3.265,38	1.943,81	2.827,36	3.180,78
	V	47.155	2.593,52	3.772,40	4.243,95																		
	VI	47.686	2.622,73	3.814,88	4.291,74																		
124.523,99	I	40.996	2.254,78	3.279,68	3.689,64	2.151,43	3.129,36	3.520,53	2.048,03	2.978,96	3.351,33	1.944,63	2.828,56	3.182,13	1.841,23	2.678,16	3.012,93	1.672,42	2.527,76	2.843,73	1.448,70	2.377,36	2.674,53
	II	39.207	2.156,38	3.136,56	3.528,63	2.052,98	2.986,16	3.359,43	1.949,58	2.835,76	3.190,23	1.846,24	2.685,44	3.021,12	1.683,25	2.535,04	2.851,92	1.459,53	2.384,64	2.682,72	1.235,81	2.234,24	2.513,52
	III	30.588	-	2.447,04	2.752,92	-	2.301,92	2.589,66	-	2.159,84	2.429,82	-	2.020,80	2.273,40	-	1.884,96	2.120,58	-	1.752,16	1.971,18	-	1.622,40	1.825,20
	IV	40.996	2.254,78	3.279,68	3.689,64	2.203,13	3.204,56	3.605,13	2.151,43	3.129,36	3.520,53	2.099,73	3.054,16	3.435,93	2.048,03	2.978,96	3.351,33	1.996,33	2.903,76	3.266,73	1.944,63	2.828,56	3.182,13
	V	47.170	2.594,35	3.773,60	4.245,30																		
	VI	47.701	2.623,55	3.816,08	4.293,09																		
124.559,99	I	41.012	2.255,66	3.280,96	3.691,08	2.152,26	3.130,56	3.521,88	2.048,86	2.980,16	3.352,68	1.945,46	2.829,76	3.183,48	1.842,06	2.679,36	3.014,28	1.674,21	2.528,96	2.845,08	1.450,49	2.378,56	2.675,88
	II	39.222	2.157,21	3.137,76	3.529,98	2.053,81	2.987,36	3.360,78	1.950,46	2.837,04	3.191,67	1.847,06	2.686,64	3.022,47	1.685,04	2.536,24	2.853,27	1.461,32	2.385,84	2.684,07	1.237,60	2.235,44	2.514,87
	III	30.604	-	2.448,32	2.754,36	-	2.303,04	2.590,92	-	2.160,96	2.431,08	-	2.021,92	2.274,66	-	1.886,08	2.121,84	-	1.753,28	1.972,44	-	1.623,52	1.826,46
	IV	41.012	2.255,66	3.280,96	3.691,08	2.203,96	3.205,76	3.606,48	2.152,26	3.130,56	3.521,88	2.100,56	3.055,36	3.437,28	2.048,86	2.980,16	3.352,68	1.997,16	2.904,96	3.268,08	1.945,46	2.829,76	3.183,48
	V	47.185	2.595,17	3.774,80	4.246,65																		
	VI	47.717	2.624,43	3.817,36	4.294,53																		
124.595,99	I	41.027	2.256,48	3.282,16	3.692,43	2.153,08	3.131,76	3.523,23	2.049,68	2.981,36	3.354,03	1.946,28	2.830,96	3.184,83	1.842,88	2.680,56	3.015,63	1.675,99	2.530,16	2.846,43	1.452,27	2.379,76	2.677,23
	II	39.238	2.158,09	3.139,04	3.531,42	2.054,69	2.988,64	3.362,22	1.951,29	2.838,24	3.193,02	1.847,89	2.687,84	3.023,82	1.686,82	2.537,44	2.854,62	1.463,10	2.387,04	2.685,42	1.239,38	2.236,64	2.516,22
	III	30.618	-	2.449,44	2.755,62	-	2.304,16	2.592,18	-	2.162,08	2.432,34	-	2.023,04	2.275,92	-	1.887,20	2.123,10	-	1.754,24	1.973,52	-	1.624,48	1.827,54
	IV	41.027	2.256,48	3.282,16	3.692,43	2.204,78	3.206,96	3.607,83	2.153,08	3.131,76	3.523,23	2.101,38	3.056,56	3.438,63	2.049,68	2.981,36	3.354,03	1.997,98	2.906,16	3.269,43	1.946,28	2.830,96	3.184,83
	V	47.200	2.596,00	3.776,00	4.248,00																		
	VI	47.732	2.625,26	3.818,56	4.295,88																		
124.631,99	I	41.042	2.257,31	3.283,36	3.693,78	2.153,91	3.132,96	3.524,58	2.050,51	2.982,56	3.355,38	1.947,11	2.832,16	3.186,18	1.843,71	2.681,76	3.016,98	1.677,78	2.531,36	2.847,78	1.454,06	2.380,96	2.678,58
	II	39.253	2.158,91	3.140,24	3.532,77	2.055,51	2.989,84	3.363,57	1.952,11	2.839,44	3.194,37	1.848,71	2.689,04	3.025,17	1.688,61	2.538,64	2.855,97	1.464,89	2.388,24	2.686,77	1.241,17	2.237,84	2.517,57
	III	30.632	-	2.450,56	2.756,88	-	2.305,44	2.593,62	-	2.163,20	2.433,60	-	2.024,16	2.277,18	-	1.888,16	2.124,18	-	1.755,36	1.974,78	-	1.625,60	1.828,80
	IV	41.042	2.257,31	3.283,36	3.693,78	2.205,61	3.208,16	3.609,18	2.153,91	3.132,96	3.524,58	2.102,21	3.057,76	3.439,98	2.050,51	2.982,56	3.355,38	1.998,81	2.907,36	3.270,78	1.947,11	2.832,16	3.186,18
	V	47.215	2.596,82	3.777,20	4.249,35																		
	VI	47.747	2.626,08	3.819,76	4.297,23																		
124.667,99	I	41.057	2.258,13	3.284,56	3.695,13	2.154,73	3.134,16	3.525,93	2.051,33	2.983,76	3.356,73	1.947,93	2.833,36	3.187,53	1.844,53	2.682,96	3.018,33	1.679,56	2.532,56	2.849,13	1.455,84	2.382,16	2.679,93
	II	39.268	2.159,74	3.141,44	3.534,12	2.056,34	2.991,04	3.364,92	1.952,94	2.840,64	3.195,72	1.849,54	2.690,24	3.026,52	1.690,39	2.539,84	2.857,32	1.466,67	2.389,44	2.688,12	1.242,95	2.239,04	2.518,92
	III	30.648	-	2.451,84	2.758,32	-	2.306,56	2.594,88	-	2.164,32	2.434,86	-	2.025,28	2.278,44	-	1.889,28	2.125,44	-	1.756,32	1.975,86	-	1.626,56	1.829,88
	IV	41.057	2.258,13	3.284,56	3.695,13	2.206,43	3.209,36	3.610,53	2.154,73	3.134,16	3.525,93	2.103,03	3.058,96	3.441,33	2.051,33	2.983,76	3.356,73	1.999,63	2.908,56	3.272,13	1.947,93	2.833,36	3.187,53
	V	47.230	2.597,65	3.778,40	4.250,70																		
	VI	47.762	2.626,91	3.820,96	4.298,58																		
124.703,99	I	41.072	2.258,96	3.285,76	3.696,48	2.155,56	3.135,36	3.527,28	2.052,16	2.984,96	3.358,08	1.948,76	2.834,56	3.188,88	1.845,36	2.684,16	3.019,68	1.681,35	2.533,76	2.850,48	1.457,75	2.383,44	2.681,37
	II	39.283	2.160,56	3.142,64	3.535,47	2.057,16	2.992,24	3.366,27	1.953,76	2.841,84	3.197,07	1.850,36	2.691,44	3.027,87	1.692,18	2.541,04	2.858,67	1.468,46	2.390,64	2.689,47	1.244,74	2.240,24	2.520,27
	III	30.662	-	2.452,96	2.759,58	-	2.307,68	2.596,14	-	2.165,44	2.436,12	-	2.026,40	2.279,70	-	1.890,40	2.126,70	-	1.757,44	1.977,12	-	1.627,68	1.831,14
	IV	41.072	2.258,96	3.285,76	3.696,48	2.207,26	3.210,56	3.611,88	2.155,56	3.135,36	3.527,28	2.103,86	3.060,16	3.442,68	2.052,16	2.984,96	3.358,08	2.000,46	2.909,76	3.273,48	1.948,76	2.834,56	3.188,88
	V	47.245	2.598,47	3.779,60	4.252,05																		
	VI	47.777	2.627,73	3.822,16	4.299,93																		
124.739,99	I	41.087	2.259,78	3.286,96	3.697,83	2.156,38	3.136,56	3.528,63	2.052,98	2.986,16	3.359,43	1.949,58	2.835,76	3.190,23	1.846,24	2.685,44	3.021,12	1.683,25	2.535,04	2.851,92	1.459,53	2.384,64	2.682,72
	II	39.298	2.161,39	3.143,84	3.536,82	2.057,99	2.993,44	3.367,62	1.954,59	2.843,04	3.198,42	1.851,19	2.692,64	3.029,22	1.693,96	2.542,24	2.860,02	1.470,24	2.391,84	2.690,82	1.246,52	2.241,44	2.521,62
	III	30.676	-	2.454,08	2.760,84	-	2.308,80	2.597,40	-	2.166,56	2.437,38	-	2.027,52	2.280,96	-	1.891,52	2.127,96	-	1.758,56	1.978,38	-	1.628,64	1.832,22
	IV	41.087	2.259,78	3.286,96	3.697,83	2.208,08	3.211,76	3.613,23	2.156,38	3.136,56	3.528,63	2.104,68	3.061,36	3.444,03	2.052,98	2.986,16	3.359,43	2.001,28	2.910,96	3.274,83	1.949,58	2.835,76	3.190,23
	V	47.260	2.599,30	3.780,80	4.253,40																		
	VI	47.792	2.628,56	3.823,36	4.301,28																		

SolZ/KiSt lt. Tabelle nicht für Sonstige Bezüge anwendbar.

Lohn/ Gehalt bis	Steuerklasse	Lohn- steuer	ohne Kinderfreibetrag			Anzahl Kinderfreibeträge (nur Steuerklassen I–IV)																	
						0,5			1,0			1,5			2,0			2,5			3,0		
			SolZ 5,5%	Kirchensteuer 8%	9%	SolZ 5,5%	Kirchensteuer 8%	9%	SolZ 5,5%	Kirchensteuer 8%	9%	SolZ 5,5%	Kirchensteuer 8%	9%	SolZ 5,5%	Kirchensteuer 8%	9%	SolZ 5,5%	Kirchensteuer 8%	9%	SolZ 5,5%	Kirchensteuer 8%	9%
124.775,99	I	41.102	2.260,61	3.288,16	3.699,18	2.157,21	3.137,76	3.529,98	2.053,81	2.987,36	3.360,78	1.950,46	2.837,04	3.191,67	1.847,06	2.686,64	3.022,47	1.685,04	2.536,24	2.853,27	1.461,32	2.385,84	2.684,07
	II	39.313	2.162,21	3.145,04	3.538,17	2.058,81	2.994,64	3.368,97	1.955,41	2.844,24	3.199,77	1.852,01	2.693,84	3.030,57	1.695,75	2.543,44	2.861,37	1.472,14	2.393,12	2.692,26	1.248,42	2.242,72	2.523,06
	III	30.692	-	2.455,36	2.762,28	-	2.310,08	2.598,84	-	2.167,84	2.438,82	-	2.028,64	2.282,22	-	1.892,48	2.129,04	-	1.759,52	1.979,46	-	1.629,60	1.833,30
	IV	41.102	2.260,61	3.288,16	3.699,18	2.208,91	3.212,96	3.614,58	2.157,21	3.137,76	3.529,98	2.105,51	3.062,56	3.445,38	2.053,81	2.987,36	3.360,78	2.002,16	2.912,24	3.276,27	1.950,46	2.837,04	3.191,67
	V	47.276	2.600,18	3.782,08	4.254,84																		
	VI	47.807	2.629,38	3.824,56	4.302,63																		
124.811,99	I	41.117	2.261,43	3.289,36	3.700,53	2.158,09	3.139,04	3.531,42	2.054,69	2.988,64	3.362,22	1.951,29	2.838,24	3.193,02	1.847,89	2.687,84	3.023,82	1.686,82	2.537,44	2.854,62	1.463,10	2.387,04	2.685,42
	II	39.328	2.163,04	3.146,24	3.539,52	2.059,64	2.995,84	3.370,32	1.956,24	2.845,44	3.201,12	1.852,84	2.695,04	3.031,92	1.697,65	2.544,72	2.862,81	1.473,93	2.394,32	2.693,61	1.250,21	2.243,92	2.524,41
	III	30.706	-	2.456,48	2.763,54	-	2.311,20	2.600,10	-	2.168,96	2.440,08	-	2.029,76	2.283,48	-	1.893,60	2.130,30	-	1.760,64	1.980,72	-	1.630,72	1.834,56
	IV	41.117	2.261,43	3.289,36	3.700,53	2.209,73	3.214,16	3.615,93	2.158,09	3.139,04	3.531,42	2.106,39	3.063,84	3.446,82	2.054,69	2.988,64	3.362,22	2.002,99	2.913,44	3.277,62	1.951,29	2.838,24	3.193,02
	V	47.291	2.601,00	3.783,28	4.256,19																		
	VI	47.822	2.630,21	3.825,76	4.303,98																		
124.847,99	I	41.133	2.262,31	3.290,64	3.701,97	2.158,91	3.140,24	3.532,77	2.055,51	2.989,84	3.363,57	1.952,11	2.839,44	3.194,37	1.848,71	2.689,04	3.025,17	1.688,61	2.538,64	2.855,97	1.464,89	2.388,24	2.686,77
	II	39.343	2.163,86	3.147,44	3.540,87	2.060,46	2.997,04	3.371,67	1.957,12	2.846,72	3.202,56	1.853,72	2.696,32	3.033,36	1.699,43	2.545,92	2.864,16	1.475,71	2.395,52	2.694,96	1.251,99	2.245,12	2.525,76
	III	30.722	-	2.457,76	2.764,98	-	2.312,32	2.601,36	-	2.170,08	2.441,34	-	2.030,88	2.284,74	-	1.894,72	2.131,56	-	1.761,76	1.981,98	-	1.631,68	1.835,64
	IV	41.133	2.262,31	3.290,64	3.701,97	2.210,61	3.215,44	3.617,37	2.158,91	3.140,24	3.532,77	2.107,21	3.065,04	3.448,17	2.055,51	2.989,84	3.363,57	2.003,81	2.914,64	3.278,97	1.952,11	2.839,44	3.194,37
	V	47.306	2.601,83	3.784,48	4.257,54																		
	VI	47.838	2.631,09	3.827,04	4.305,42																		
124.883,99	I	41.148	2.263,14	3.291,84	3.703,32	2.159,74	3.141,44	3.534,12	2.056,34	2.991,04	3.364,92	1.952,94	2.840,64	3.195,72	1.849,54	2.690,24	3.026,52	1.690,39	2.539,84	2.857,32	1.466,67	2.389,44	2.688,12
	II	39.358	2.164,69	3.148,64	3.542,22	2.061,34	2.998,32	3.373,11	1.957,94	2.847,92	3.203,91	1.854,54	2.697,52	3.034,71	1.701,22	2.547,12	2.865,51	1.477,50	2.396,72	2.696,31	1.253,78	2.246,32	2.527,11
	III	30.736	-	2.458,88	2.766,24	-	2.313,44	2.602,62	-	2.171,20	2.442,60	-	2.032,00	2.286,00	-	1.895,84	2.132,82	-	1.762,72	1.983,06	-	1.632,80	1.836,90
	IV	41.148	2.263,14	3.291,84	3.703,32	2.211,44	3.216,64	3.618,72	2.159,74	3.141,44	3.534,12	2.108,04	3.066,24	3.449,52	2.056,34	2.991,04	3.364,92	2.004,64	2.915,84	3.280,32	1.952,94	2.840,64	3.195,72
	V	47.321	2.602,65	3.785,68	4.258,89																		
	VI	47.853	2.631,91	3.828,24	4.306,77																		
124.919,99	I	41.163	2.263,96	3.293,04	3.704,67	2.160,56	3.142,64	3.535,47	2.057,16	2.992,24	3.366,27	1.953,76	2.841,84	3.197,07	1.850,36	2.691,44	3.027,87	1.692,18	2.541,04	2.858,67	1.468,46	2.390,64	2.689,47
	II	39.374	2.165,57	3.149,92	3.543,66	2.062,17	2.999,52	3.374,46	1.958,77	2.849,12	3.205,26	1.855,37	2.698,72	3.036,06	1.703,00	2.548,32	2.866,86	1.479,28	2.397,92	2.697,66	1.255,56	2.247,52	2.528,46
	III	30.750	-	2.460,00	2.767,50	-	2.314,56	2.603,88	-	2.172,32	2.443,86	-	2.033,12	2.287,26	-	1.896,80	2.133,90	-	1.763,84	1.984,32	-	1.633,76	1.837,98
	IV	41.163	2.263,96	3.293,04	3.704,67	2.212,26	3.217,84	3.620,07	2.160,56	3.142,64	3.535,47	2.108,86	3.067,44	3.450,87	2.057,16	2.992,24	3.366,27	2.005,46	2.917,04	3.281,67	1.953,76	2.841,84	3.197,07
	V	47.336	2.603,48	3.786,88	4.260,24																		
	VI	47.868	2.632,74	3.829,44	4.308,12																		
124.955,99	I	41.178	2.264,79	3.294,24	3.706,02	2.161,39	3.143,84	3.536,82	2.057,99	2.993,44	3.367,62	1.954,59	2.843,04	3.198,42	1.851,19	2.692,64	3.029,22	1.693,96	2.542,24	2.860,02	1.470,24	2.391,84	2.690,82
	II	39.389	2.166,39	3.151,12	3.545,01	2.062,99	3.000,72	3.375,81	1.959,59	2.850,32	3.206,61	1.856,19	2.699,92	3.037,41	1.704,79	2.549,52	2.868,21	1.481,07	2.399,12	2.699,01	1.257,35	2.248,72	2.529,81
	III	30.766	-	2.461,28	2.768,94	-	2.315,84	2.605,32	-	2.173,44	2.445,12	-	2.034,08	2.288,34	-	1.897,92	2.135,16	-	1.764,80	1.985,40	-	1.634,88	1.839,24
	IV	41.178	2.264,79	3.294,24	3.706,02	2.213,09	3.219,04	3.621,42	2.161,39	3.143,84	3.536,82	2.109,69	3.068,64	3.452,22	2.057,99	2.993,44	3.367,62	2.006,29	2.918,24	3.283,02	1.954,59	2.843,04	3.198,42
	V	47.351	2.604,30	3.788,08	4.261,59																		
	VI	47.883	2.633,56	3.830,64	4.309,47																		
124.991,99	I	41.193	2.265,61	3.295,44	3.707,37	2.162,21	3.145,04	3.538,17	2.058,81	2.994,64	3.368,97	1.955,41	2.844,24	3.199,77	1.852,01	2.693,84	3.030,57	1.695,75	2.543,44	2.861,37	1.472,14	2.393,12	2.692,26
	II	39.404	2.167,22	3.152,32	3.546,36	2.063,82	3.001,92	3.377,16	1.960,42	2.851,52	3.207,96	1.857,02	2.701,12	3.038,76	1.706,57	2.550,72	2.869,56	1.482,85	2.400,32	2.700,36	1.259,13	2.249,92	2.531,16
	III	30.780	-	2.462,40	2.770,20	-	2.316,96	2.606,58	-	2.174,56	2.446,38	-	2.035,20	2.289,60	-	1.899,04	2.136,42	-	1.765,92	1.986,66	-	1.635,84	1.840,32
	IV	41.193	2.265,61	3.295,44	3.707,37	2.213,91	3.220,24	3.622,77	2.162,21	3.145,04	3.538,17	2.110,51	3.069,84	3.453,57	2.058,81	2.994,64	3.368,97	2.007,11	2.919,44	3.284,37	1.955,41	2.844,24	3.199,77
	V	47.366	2.605,13	3.789,28	4.262,94																		
	VI	47.898	2.634,39	3.831,84	4.310,82																		
125.027,99	I	41.208	2.266,44	3.296,64	3.708,72	2.163,04	3.146,24	3.539,52	2.059,64	2.995,84	3.370,32	1.956,24	2.845,44	3.201,12	1.852,84	2.695,04	3.031,92	1.697,65	2.544,72	2.862,81	1.473,93	2.394,32	2.693,61
	II	39.419	2.168,04	3.153,52	3.547,71	2.064,64	3.003,12	3.378,51	1.961,24	2.852,72	3.209,31	1.857,84	2.702,32	3.040,11	1.708,36	2.551,92	2.870,91	1.484,64	2.401,52	2.701,71	1.260,92	2.251,12	2.532,51
	III	30.796	-	2.463,68	2.771,64	-	2.318,08	2.607,84	-	2.175,68	2.447,64	-	2.036,32	2.290,86	-	1.900,16	2.137,68	-	1.767,04	1.987,92	-	1.636,96	1.841,58
	IV	41.208	2.266,44	3.296,64	3.708,72	2.214,74	3.221,44	3.624,12	2.163,04	3.146,24	3.539,52	2.111,34	3.071,04	3.454,92	2.059,64	2.995,84	3.370,32	2.007,94	2.920,64	3.285,72	1.956,24	2.845,44	3.201,12
	V	47.381	2.605,95	3.790,48	4.264,29																		
	VI	47.913	2.635,21	3.833,04	4.312,17																		
125.063,99	I	41.223	2.267,26	3.297,84	3.710,07	2.163,86	3.147,44	3.540,87	2.060,46	2.997,04	3.371,67	1.957,12	2.846,72	3.202,56	1.853,72	2.696,32	3.033,36	1.699,43	2.545,92	2.864,16	1.475,71	2.395,52	2.694,96
	II	39.434	2.168,87	3.154,72	3.549,06	2.065,47	3.004,32	3.379,86	1.962,07	2.853,92	3.210,66	1.858,67	2.703,52	3.041,46	1.710,14	2.553,12	2.872,26	1.486,42	2.402,72	2.703,06	1.262,82	2.252,40	2.533,95
	III	30.810	-	2.464,80	2.772,90	-	2.319,20	2.609,10	-	2.176,80	2.448,90	-	2.037,44	2.292,12	-	1.901,28	2.138,94	-	1.768,00	1.989,00	-	1.637,92	1.842,66
	IV	41.223	2.267,26	3.297,84	3.710,07	2.215,56	3.222,64	3.625,47	2.163,86	3.147,44	3.540,87	2.112,16	3.072,24	3.456,27	2.060,46	2.997,04	3.371,67	2.008,76	2.921,84	3.287,07	1.957,12	2.846,72	3.202,56
	V	47.397	2.606,83	3.791,76	4.265,73																		
	VI	47.928	2.636,04	3.834,24	4.313,52																		
125.099,99	I	41.238	2.268,09	3.299,04	3.711,42	2.164,69	3.148,64	3.542,22	2.061,34	2.998,32	3.373,11	1.957,94	2.847,92	3.203,91	1.854,54	2.697,52	3.034,71	1.701,22	2.547,12	2.865,51	1.477,50	2.396,72	2.696,31
	II	39.449	2.169,69	3.155,92	3.550,41	2.066,29	3.005,52	3.381,21	1.962,89	2.855,12	3.212,01	1.859,49	2.704,72	3.042,81	1.712,05	2.554,40	2.873,70	1.488,33	2.404,00	2.704,50	1.264,61	2.253,60	2.535,30
	III	30.824	-	2.465,92	2.774,16	-	2.320,48	2.610,54	-	2.177,92	2.450,16	-	2.038,56	2.293,38	-	1.902,24	2.140,02	-	1.769,12	1.990,26	-	1.639,04	1.843,92
	IV	41.238	2.268,09	3.299,04	3.711,42	2.216,39	3.223,84	3.626,82	2.164,69	3.148,64	3.542,22	2.113,04	3.073,52	3.457,71	2.061,34	2.998,32	3.373,11	2.009,64	2.923,12	3.288,51	1.957,94	2.847,92	3.203,91
	V	47.412	2.607,66	3.792,96	4.267,08																		
	VI	47.943	2.636,86	3.835,44	4.314,87																		
125.135,99	I	41.254	2.268,97	3.300,32	3.712,86	2.165,57	3.149,92	3.543,66	2.062,17	2.999,52	3.374,46	1.958,77	2.849,12	3.205,26	1.855,37	2.698,72	3.036,06	1.703,00	2.548,32	2.866,86	1.479,28	2.397,92	2.697,66
	II	39.464	2.170,52	3.157,12	3.551,76	2.067,12	3.006,72	3.382,56	1.963,72	2.856,32	3.213,36	1.860,37	2.706,00	3.044,25	1.713,83	2.555,60	2.875,05	1.490,11	2.405,20	2.705,85	1.266,39	2.254,80	2.536,65
	III	30.840	-	2.467,20	2.775,60	-	2.321,60	2.611,80	-	2.179,04	2.451,42	-	2.039,68	2.294,64	-	1.903,36	2.141,28	-	1.770,08	1.991,34	-	1.640,00	1.845,00
	IV	41.254	2.268,97	3.300,32	3.712,86	2.217,27	3.225,12	3.628,26	2.165,57	3.149,92	3.543,66	2.113,87	3.074,72	3.459,06	2.062,17	2.999,52	3.374,46	2.010,47	2.924,32	3.289,86	1.958,77	2.849,12	3.205,26
	V	47.427	2.608,48	3.794,16	4.268,43																		
	VI	47.959	2.637,74	3.836,72	4.316,31																		
125.171,99	I	41.269	2.269,79	3.301,52	3.714,21	2.166,39	3.151,12	3.545,01	2.062,99	3.000,72	3.375,81	1.959,59	2.850,32	3.206,61	1.856,19	2.699,92	3.037,41	1.704,79	2.549,52	2.868,21	1.481,07	2.399,12	2.699,01
	II	39.479	2.171,34	3.158,32	3.553,11	2.068,00	3.008,00	3.384,00	1.964,60	2.857,60	3.214,80	1.861,20	2.707,20	3.045,60	1.715,62	2.556,80	2.876,40	1.491,90	2.406,40	2.707,20	1.268,18	2.256,00	2.538,00
	III	30.854	-	2.468,32	2.776,86	-	2.322,72	2.613,06	-	2.180,16	2.452,68	-	2.040,80	2.295,90	-	1.904,48	2.142,54	-	1.771,20	1.992,60	-	1.640,96	1.846,08
	IV	41.269	2.269,79	3.301,52	3.714,21	2.218,09	3.226,32	3.629,61	2.166,39	3.151,12	3.545,01	2.114,69	3.075,92	3.460,41	2.062,99	3.000,72	3.375,81	2.011,29	2.925,52	3.291,21	1.959,59	2.850,32	3.206,61
	V	47.442	2.609,31	3.795,36	4.269,78																		
	VI	47.974	2.638,57	3.837,92	4.317,66																		
125.207,99	I	41.284	2.270,62	3.302,72	3.715,56	2.167,22	3.152,32	3.546,36	2.063,82	3.001,92	3.377,16	1.960,42	2.851,52	3.207,96	1.857,02	2.701,12	3.038,76	1.706,57	2.550,72	2.869,56	1.482,85	2.400,32	2.700,36
	II	39.495	2.172,22	3.159,60	3.554,55	2.068,82	3.009,20	3.385,35	1.965,42	2.858,80	3.216,15	1.862,02	2.708,40	3.046,95	1.717,40	2.558,00	2.877,75	1.493,68	2.407,60	2.708,55	1.269,96	2.257,20	2.539,35
	III	30.870	-	2.469,60	2.778,30	-	2.323,84	2.614,32	-	2.181,44	2.454,12	-	2.041,92	2.297,16	-	1.905,60	2.143,80	-	1.772,32	1.993,86	-	1.642,08	1.847,34
	IV	41.284	2.270,62	3.302,72	3.715,56	2.218,92	3.227,52	3.630,96	2.167,22	3.152,32	3.546,36	2.115,52	3.077,12	3.461,76	2.063,82	3.001,92	3.377,16	2.012,12	2.926,72	3.292,56	1.960,42	2.851,52	3.207,96
	V	47.457	2.610,13	3.796,56	4.271,13																		
	VI	47.989	2.639,39	3.839,12	4.319,01																		
125.243,99	I	41.299	2.271,44	3.303,92	3.716,91	2.168,04	3.153,52	3.547,71	2.064,64	3.003,12	3.378,51	1.961,24	2.852,72	3.209,31	1.857,84	2.702,32	3.040,11	1.708,36	2.551,92	2.870,91	1.484,64	2.401,52	2.701,71
	II	39.510	2.173,05	3.160,80	3.555,90	2.069,65	3.010,40	3.386,70	1.966,25	2.860,00	3.217,50	1.862,85	2.709,60	3.048,30	1.719,19	2.559,20	2.879,10	1.495,47	2.408,80	2.709,90	1.271,75	2.258,40	2.540,70
	III	30.884	-	2.470,72	2.779,56	-	2.325,12	2.615,76	-	2.182,56	2.455,38	-	2.043,04	2.298,42	-	1.906,56	2.144,88	-	1.773,28	1.994,94	-	1.643,04	1.848,42
	IV	41.299	2.271,44	3.303,92	3.716,91	2.219,74	3.228,72	3.632,31	2.168,04	3.153,52	3.547,71	2.116,34	3.078,32	3.463,11	2.064,64	3.003,12	3.378,51	2.012,94	2.927,92	3.293,91	1.961,24	2.852,72	3.209,31
	V	47.472	2.610,96	3.797,76	4.272,48																		
	VI	48.004	2.640,22	3.840,32	4.320,36																		
125.279,99	I	41.314	2.272,27	3.305,12	3.718,26	2.168,87	3.154,72	3.549,06	2.065,47	3.004,32	3.379,86	1.962,07	2.853,92	3.210,66	1.858,67	2.703,52	3.041,46	1.710,14	2.553,12	2.872,26	1.486,42	2.402,72	2.703,06
	II	39.525	2.173,87	3.162,00	3.557,25	2.070,47	3.011,60	3.388,05	1.967,07	2.861,20	3.218,85	1.863,67	2.710,80	3.049,65	1.720,97	2.560,40	2.880,45	1.497,25	2.410,00	2.711,25	1.273,53	2.259,60	2.542,05
	III	30.898	-	2.471,84	2.780,82	-	2.326,24	2.617,02	-	2.183,68	2.456,64	-	2.044,16	2.299,68	-	1.907,68	2.146,14	-	1.774,40	1.996,20	-	1.644,16	1.849,68
	IV	41.314	2.272,27	3.305,12	3.718,26	2.220,57	3.229,92	3.633,66	2.168,87	3.154,72	3.549,06	2.117,17	3.079,52	3.464,46	2.065,47	3.004,32	3.379,86	2.013,77	2.929,12	3.295,26	1.962,07	2.853,92	3.210,66
	V	47.487	2.611,78	3.798,96	4.273,83																		
	VI	48.019	2.641,04	3.841,52	4.321,71																		

SolZ/KiSt lt. Tabelle nicht für Sonstige Bezüge anwendbar.

Lohn/ Gehalt bis	Steuerklasse	Lohn- steuer	ohne Kinderfreibetrag			Anzahl Kinderfreibeträge (nur Steuerklassen I–IV) 0,5			1,0			1,5			2,0			2,5			3,0		
			SolZ 5,5%	Kirchensteuer 8%	Kirchensteuer 9%	SolZ 5,5%	Kirchensteuer 8%	Kirchensteuer 9%	SolZ 5,5%	Kirchensteuer 8%	Kirchensteuer 9%	SolZ 5,5%	Kirchensteuer 8%	Kirchensteuer 9%	SolZ 5,5%	Kirchensteuer 8%	Kirchensteuer 9%	SolZ 5,5%	Kirchensteuer 8%	Kirchensteuer 9%	SolZ 5,5%	Kirchensteuer 8%	Kirchensteuer 9%
125.315,99	I	**41.329**	2.273,09	3.306,32	3.719,61	2.169,69	3.155,92	3.550,41	2.066,29	3.005,52	3.381,21	1.962,89	2.855,12	3.212,01	1.859,49	2.704,72	3.042,81	1.712,05	2.554,40	2.873,70	1.488,33	2.404,00	2.704,50
	II	**39.540**	2.174,70	3.163,20	3.558,60	2.071,30	3.012,80	3.389,40	1.967,90	2.862,40	3.220,20	1.864,50	2.712,00	3.051,00	1.722,76	2.561,60	2.881,80	1.499,04	2.411,20	2.712,60	1.275,32	2.260,80	2.543,40
	III	**30.914**	–	2.473,12	2.782,26	–	2.327,36	2.618,28	–	2.184,80	2.457,90	–	2.045,28	2.300,94	–	1.908,80	2.147,40	–	1.775,52	1.997,46	–	1.645,12	1.850,76
	IV	**41.329**	2.273,09	3.306,32	3.719,61	2.221,39	3.231,12	3.635,01	2.169,69	3.155,92	3.550,41	2.117,99	3.080,72	3.465,81	2.066,29	3.005,52	3.381,21	2.014,59	2.930,32	3.296,61	1.962,89	2.855,12	3.212,01
	V	**47.502**	2.612,61	3.800,16	4.275,18																		
	VI	**48.034**	2.641,87	3.842,72	4.323,06																		
125.351,99	I	**41.344**	2.273,92	3.307,52	3.720,96	2.170,52	3.157,12	3.551,76	2.067,12	3.006,72	3.382,56	1.963,72	2.856,32	3.213,36	1.860,37	2.706,00	3.044,25	1.713,83	2.555,60	2.875,05	1.490,11	2.405,20	2.705,85
	II	**39.555**	2.175,52	3.164,40	3.559,95	2.072,12	3.014,00	3.390,75	1.968,72	2.863,60	3.221,55	1.865,32	2.713,20	3.052,35	1.724,54	2.562,80	2.883,15	1.500,82	2.412,40	2.713,95	1.277,22	2.262,08	2.544,84
	III	**30.928**	–	2.474,24	2.783,52	–	2.328,48	2.619,54	–	2.185,92	2.459,16	–	2.046,40	2.302,20	–	1.909,92	2.148,66	–	1.776,48	1.998,54	–	1.646,24	1.852,02
	IV	**41.344**	2.273,92	3.307,52	3.720,96	2.222,22	3.232,32	3.636,36	2.170,52	3.157,12	3.551,76	2.118,82	3.081,92	3.467,16	2.067,12	3.006,72	3.382,56	2.015,42	2.931,52	3.297,96	1.963,72	2.856,32	3.213,36
	V	**47.518**	2.613,49	3.801,44	4.276,62																		
	VI	**48.049**	2.642,69	3.843,92	4.324,41																		
125.387,99	I	**41.359**	2.274,74	3.308,72	3.722,31	2.171,34	3.158,32	3.553,11	2.068,00	3.008,00	3.384,00	1.964,60	2.857,60	3.214,80	1.861,20	2.707,20	3.045,60	1.715,62	2.556,80	2.876,40	1.491,90	2.406,40	2.707,20
	II	**39.570**	2.176,35	3.165,60	3.561,30	2.072,95	3.015,20	3.392,10	1.969,55	2.864,80	3.222,90	1.866,15	2.714,40	3.053,70	1.726,33	2.564,00	2.884,50	1.502,73	2.413,68	2.715,39	1.279,01	2.263,28	2.546,19
	III	**30.944**	–	2.475,52	2.784,96	–	2.329,76	2.620,98	–	2.187,04	2.460,42	–	2.047,52	2.303,46	–	1.911,04	2.149,92	–	1.777,60	1.999,80	–	1.647,20	1.853,10
	IV	**41.359**	2.274,74	3.308,72	3.722,31	2.223,04	3.233,52	3.637,71	2.171,34	3.158,32	3.553,11	2.119,64	3.083,12	3.468,51	2.068,00	3.008,00	3.384,00	2.016,30	2.932,80	3.299,40	1.964,60	2.857,60	3.214,80
	V	**47.533**	2.614,31	3.802,64	4.277,97																		
	VI	**48.064**	2.643,52	3.845,12	4.325,76																		
125.423,99	I	**41.374**	2.275,57	3.309,92	3.723,66	2.172,22	3.159,60	3.554,55	2.068,82	3.009,20	3.385,35	1.965,42	2.858,80	3.216,15	1.862,02	2.708,40	3.046,95	1.717,40	2.558,00	2.877,75	1.493,68	2.407,60	2.708,55
	II	**39.585**	2.177,17	3.166,80	3.562,65	2.073,77	3.016,40	3.393,45	1.970,37	2.866,00	3.224,25	1.867,03	2.715,68	3.055,14	1.728,23	2.565,28	2.885,94	1.504,51	2.414,88	2.716,74	1.280,79	2.264,48	2.547,54
	III	**30.958**	–	2.476,64	2.786,22	–	2.330,88	2.622,24	–	2.188,16	2.461,68	–	2.048,64	2.304,72	–	1.912,00	2.151,00	–	1.778,56	2.000,88	–	1.648,32	1.854,36
	IV	**41.374**	2.275,57	3.309,92	3.723,66	2.223,92	3.234,80	3.639,15	2.172,22	3.159,60	3.554,55	2.120,52	3.084,40	3.469,95	2.068,82	3.009,20	3.385,35	2.017,12	2.934,00	3.300,75	1.965,42	2.858,80	3.216,15
	V	**47.548**	2.615,14	3.803,84	4.279,32																		
	VI	**48.079**	2.644,34	3.846,32	4.327,11																		
125.459,99	I	**41.390**	2.276,45	3.311,20	3.725,10	2.173,05	3.160,80	3.555,90	2.069,65	3.010,40	3.386,70	1.966,25	2.860,00	3.217,50	1.862,85	2.709,60	3.048,30	1.719,19	2.559,20	2.879,10	1.495,47	2.408,80	2.709,90
	II	**39.600**	2.178,00	3.168,00	3.564,00	2.074,60	3.017,60	3.394,80	1.971,25	2.867,28	3.225,69	1.867,85	2.716,88	3.056,49	1.730,02	2.566,48	2.887,29	1.506,30	2.416,08	2.718,09	1.282,58	2.265,68	2.548,89
	III	**30.972**	–	2.477,76	2.787,48	–	2.332,00	2.623,50	–	2.189,28	2.462,94	–	2.049,60	2.305,80	–	1.913,12	2.152,26	–	1.779,68	2.002,14	–	1.649,28	1.855,44
	IV	**41.390**	2.276,45	3.311,20	3.725,10	2.224,75	3.236,00	3.640,50	2.173,05	3.160,80	3.555,90	2.121,35	3.085,60	3.471,30	2.069,65	3.010,40	3.386,70	2.017,95	2.935,20	3.302,10	1.966,25	2.860,00	3.217,50
	V	**47.563**	2.615,96	3.805,04	4.280,67																		
	VI	**48.095**	2.645,22	3.847,60	4.328,55																		
125.495,99	I	**41.405**	2.277,27	3.312,40	3.726,45	2.173,87	3.162,00	3.557,25	2.070,47	3.011,60	3.388,05	1.967,07	2.861,20	3.218,85	1.863,67	2.710,80	3.049,65	1.720,97	2.560,40	2.880,45	1.497,25	2.410,00	2.711,25
	II	**39.616**	2.178,88	3.169,28	3.565,44	2.075,48	3.018,88	3.396,24	1.972,08	2.868,48	3.227,04	1.868,68	2.718,08	3.057,84	1.731,80	2.567,68	2.888,64	1.508,08	2.417,28	2.719,44	1.284,36	2.266,88	2.550,24
	III	**30.988**	–	2.479,04	2.788,92	–	2.333,12	2.624,76	–	2.190,40	2.464,20	–	2.050,72	2.307,06	–	1.914,24	2.153,52	–	1.780,80	2.003,40	–	1.650,40	1.856,70
	IV	**41.405**	2.277,27	3.312,40	3.726,45	2.225,57	3.237,20	3.641,85	2.173,87	3.162,00	3.557,25	2.122,17	3.086,80	3.472,65	2.070,47	3.011,60	3.388,05	2.018,77	2.936,40	3.303,45	1.967,07	2.861,20	3.218,85
	V	**47.578**	2.616,79	3.806,24	4.282,02																		
	VI	**48.110**	2.646,05	3.848,80	4.329,90																		
125.531,99	I	**41.420**	2.278,10	3.313,60	3.727,80	2.174,70	3.163,20	3.558,60	2.071,30	3.012,80	3.389,40	1.967,90	2.862,40	3.220,20	1.864,50	2.712,00	3.051,00	1.722,76	2.561,60	2.881,80	1.499,04	2.411,20	2.712,60
	II	**39.631**	2.179,70	3.170,48	3.566,79	2.076,30	3.020,08	3.397,59	1.972,90	2.869,68	3.228,39	1.869,50	2.719,28	3.059,19	1.733,59	2.568,88	2.889,99	1.509,87	2.418,48	2.720,79	1.286,15	2.268,08	2.551,59
	III	**31.002**	–	2.480,16	2.790,18	–	2.334,40	2.626,20	–	2.191,52	2.465,46	–	2.051,84	2.308,32	–	1.915,36	2.154,78	–	1.781,76	2.004,48	–	1.651,36	1.857,78
	IV	**41.420**	2.278,10	3.313,60	3.727,80	2.226,40	3.238,40	3.643,20	2.174,70	3.163,20	3.558,60	2.123,00	3.088,00	3.474,00	2.071,30	3.012,80	3.389,40	2.019,60	2.937,60	3.304,80	1.967,90	2.862,40	3.220,20
	V	**47.593**	2.617,61	3.807;44	4.283,37																		
	VI	**48.125**	2.646,87	3.850,00	4.331,25																		
125.567,99	I	**41.435**	2.278,92	3.314,80	3.729,15	2.175,52	3.164,40	3.559,95	2.072,12	3.014,00	3.390,75	1.968,72	2.863,60	3.221,55	1.865,32	2.713,20	3.052,35	1.724,54	2.562,80	2.883,15	1.500,82	2.412,40	2.713,95
	II	**39.646**	2.180,53	3.171,68	3.568,14	2.077,13	3.021,28	3.398,94	1.973,73	2.870,88	3.229,74	1.870,33	2.720,48	3.060,54	1.735,37	2.570,08	2.891,34	1.511,65	2.419,68	2.722,14	1.287,93	2.269,28	2.552,94
	III	**31.018**	–	2.481,44	2.791,62	–	2.335,52	2.627,46	–	2.192,64	2.466,72	–	2.052,96	2.309,58	–	1.916,32	2.155,86	–	1.782,88	2.005,74	–	1.652,48	1.859,04
	IV	**41.435**	2.278,92	3.314,80	3.729,15	2.227,22	3.239,60	3.644,55	2.175,52	3.164,40	3.559,95	2.123,82	3.089,20	3.475,35	2.072,12	3.014,00	3.390,75	2.020,42	2.938,80	3.306,15	1.968,72	2.863,60	3.221,55
	V	**47.608**	2.618,44	3.808,64	4.284,72																		
	VI	**48.140**	2.647,70	3.851,20	4.332,60																		
125.603,99	I	**41.450**	2.279,75	3.316,00	3.730,50	2.176,35	3.165,60	3.561,30	2.072,95	3.015,20	3.392,10	1.969,55	2.864,80	3.222,90	1.866,15	2.714,40	3.053,70	1.726,33	2.564,00	2.884,50	1.502,73	2.413,68	2.715,39
	II	**39.661**	2.181,35	3.172,88	3.569,49	2.077,95	3.022,48	3.400,29	1.974,55	2.872,08	3.231,09	1.871,15	2.721,68	3.061,89	1.737,16	2.571,28	2.892,69	1.513,44	2.420,88	2.723,49	1.289,72	2.270,48	2.554,29
	III	**31.032**	–	2.482,56	2.792,88	–	2.336,64	2.628,72	–	2.193,92	2.468,16	–	2.054,08	2.310,84	–	1.917,44	2.157,12	–	1.784,00	2.007,00	–	1.653,44	1.860,12
	IV	**41.450**	2.279,75	3.316,00	3.730,50	2.228,05	3.240,80	3.645,90	2.176,35	3.165,60	3.561,30	2.124,65	3.090,40	3.476,70	2.072,95	3.015,20	3.392,10	2.021,25	2.940,00	3.307,50	1.969,55	2.864,80	3.222,90
	V	**47.623**	2.619,26	3.809,84	4.286,07																		
	VI	**48.155**	2.648,52	3.852,40	4.333,95																		
125.639,99	I	**41.465**	2.280,57	3.317,20	3.731,85	2.177,17	3.166,80	3.562,65	2.073,77	3.016,40	3.393,45	1.970,37	2.866,00	3.224,25	1.867,03	2.715,68	3.055,14	1.728,23	2.565,28	2.885,94	1.504,51	2.414,88	2.716,74
	II	**39.676**	2.182,18	3.174,08	3.570,84	2.078,78	3.023,68	3.401,64	1.975,38	2.873,28	3.232,44	1.871,98	2.722,88	3.063,24	1.738,94	2.572,48	2.894,04	1.515,22	2.422,08	2.724,84	1.291,50	2.271,68	2.555,64
	III	**31.046**	–	2.483,68	2.794,14	–	2.337,76	2.629,98	–	2.195,04	2.469,42	–	2.055,20	2.312,10	–	1.918,56	2.158,38	–	1.784,96	2.008,08	–	1.654,56	1.861,38
	IV	**41.465**	2.280,57	3.317,20	3.731,85	2.228,87	3.242,00	3.647,25	2.177,17	3.166,80	3.562,65	2.125,47	3.091,60	3.478,05	2.073,77	3.016,40	3.393,45	2.022,07	2.941,20	3.308,85	1.970,37	2.866,00	3.224,25
	V	**47.638**	2.620,09	3.811,04	4.287,42																		
	VI	**48.170**	2.649,35	3.853,60	4.335,30																		
125.675,99	I	**41.480**	2.281,40	3.318,40	3.733,20	2.178,00	3.168,00	3.564,00	2.074,60	3.017,60	3.394,80	1.971,25	2.867,28	3.225,69	1.867,85	2.716,88	3.056,49	1.730,02	2.566,48	2.887,29	1.506,30	2.416,08	2.718,09
	II	**39.691**	2.183,00	3.175,28	3.572,19	2.079,60	3.024,88	3.402,99	1.976,20	2.874,48	3.233,79	1.872,80	2.724,08	3.064,59	1.740,73	2.573,68	2.895,39	1.517,13	2.423,36	2.726,28	1.293,41	2.272,96	2.557,08
	III	**31.062**	–	2.484,96	2.795,58	–	2.339,04	2.631,42	–	2.196,16	2.470,68	–	2.056,32	2.313,36	–	1.919,68	2.159,64	–	1.786,08	2.009,34	–	1.655,52	1.862,46
	IV	**41.480**	2.281,40	3.318,40	3.733,20	2.229,70	3.243,20	3.648,60	2.178,00	3.168,00	3.564,00	2.126,30	3.092,80	3.479,40	2.074,60	3.017,60	3.394,80	2.022,95	2.942,48	3.310,29	1.971,25	2.867,28	3.225,69
	V	**47.654**	2.620,97	3.812,32	4.288,86																		
	VI	**48.185**	2.650,17	3.854,80	4.336,65																		
125.711,99	I	**41.495**	2.282,22	3.319,60	3.734,55	2.178,88	3.169,28	3.565,44	2.075,48	3.018,88	3.396,24	1.972,08	2.868,48	3.227,04	1.868,68	2.718,08	3.057,84	1.731,80	2.567,68	2.888,64	1.508,08	2.417,28	2.719,44
	II	**39.706**	2.183,83	3.176,48	3.573,54	2.080,43	3.026,08	3.404,34	1.977,03	2.875,68	3.235,14	1.873,63	2.725,28	3.065,94	1.742,63	2.574,96	2.896,83	1.518,91	2.424,56	2.727,63	1.295,19	2.274,16	2.558,43
	III	**31.076**	–	2.486,08	2.796,84	–	2.340,16	2.632,68	–	2.197,28	2.471,94	–	2.057,44	2.314,62	–	1.920,80	2.160,90	–	1.787,04	2.010,42	–	1.656,64	1.863,72
	IV	**41.495**	2.282,22	3.319,60	3.734,55	2.230,52	3.244,40	3.649,95	2.178,88	3.169,28	3.565,44	2.127,18	3.094,08	3.480,84	2.075,48	3.018,88	3.396,24	2.023,78	2.943,68	3.311,64	1.972,08	2.868,48	3.227,04
	V	**47.669**	2.621,79	3.813,52	4.290,21																		
	VI	**48.200**	2.651,00	3.856,00	4.338,00																		
125.747,99	I	**41.511**	2.283,10	3.320,88	3.735,99	2.179,70	3.170,48	3.566,79	2.076,30	3.020,08	3.397,59	1.972,90	2.869,68	3.228,39	1.869,50	2.719,28	3.059,19	1.733,59	2.568,88	2.889,99	1.509,87	2.418,48	2.720,79
	II	**39.721**	2.184,65	3.177,68	3.574,89	2.081,25	3.027,28	3.405,69	1.977,91	2.876,96	3.236,58	1.874,51	2.726,56	3.067,38	1.744,42	2.576,16	2.898,18	1.520,70	2.425,76	2.728,98	1.296,98	2.275,36	2.559,78
	III	**31.092**	–	2.487,36	2.798,28	–	2.341,28	2.633,94	–	2.198,40	2.473,20	–	2.058,56	2.315,88	–	1.921,76	2.161,98	–	1.788,16	2.011,68	–	1.657,60	1.864,80
	IV	**41.511**	2.283,10	3.320,88	3.735,99	2.231,40	3.245,68	3.651,39	2.179,70	3.170,48	3.566,79	2.128,00	3.095,28	3.482,19	2.076,30	3.020,08	3.397,59	2.024,60	2.944,88	3.312,99	1.972,90	2.869,68	3.228,39
	V	**47.684**	2.622,62	3.814,72	4.291,56																		
	VI	**48.216**	2.651,88	3.857,28	4.339,44																		
125.783,99	I	**41.526**	2.283,93	3.322,08	3.737,34	2.180,53	3.171,68	3.568,14	2.077,13	3.021,28	3.398,94	1.973,73	2.870,88	3.229,74	1.870,33	2.720,48	3.060,54	1.735,37	2.570,08	2.891,34	1.511,65	2.419,68	2.722,14
	II	**39.736**	2.185,48	3.178,88	3.576,24	2.082,13	3.028,56	3.407,13	1.978,73	2.878,16	3.237,93	1.875,33	2.727,76	3.068,73	1.746,20	2.577,36	2.899,53	1.522,48	2.426,96	2.730,33	1.298,76	2.276,56	2.561,13
	III	**31.106**	–	2.488,48	2.799,54	–	2.342,40	2.635,20	–	2.199,52	2.474,46	–	2.059,68	2.317,14	–	1.922,88	2.163,24	–	1.789,28	2.012,94	–	1.658,72	1.866,06
	IV	**41.526**	2.283,93	3.322,08	3.737,34	2.232,23	3.246,88	3.652,74	2.180,53	3.171,68	3.568,14	2.128,83	3.096,48	3.483,54	2.077,13	3.021,28	3.398,94	2.025,43	2.946,08	3.314,34	1.973,73	2.870,88	3.229,74
	V	**47.699**	2.623,44	3.815,92	4.292,91																		
	VI	**48.231**	2.652,70	3.858,48	4.340,79																		
125.819,99	I	**41.541**	2.284,75	3.323,28	3.738,69	2.181,35	3.172,88	3.569,49	2.077,95	3.022,48	3.400,29	1.974,55	2.872,08	3.231,09	1.871,15	2.721,68	3.061,89	1.737,16	2.571,28	2.892,69	1.513,44	2.420,88	2.723,49
	II	**39.752**	2.186,36	3.180,16	3.577,68	2.082,96	3.029,76	3.408,48	1.979,56	2.879,36	3.239,28	1.876,16	2.728,96	3.070,08	1.747,99	2.578,56	2.900,88	1.524,27	2.428,16	2.731,68	1.300,55	2.277,76	2.562,48
	III	**31.120**	–	2.489,60	2.800,80	–	2.343,68	2.636,64	–	2.200,64	2.475,72	–	2.060,80	2.318,40	–	1.924,00	2.164,50	–	1.790,24	2.014,02	–	1.659,68	1.867,14
	IV	**41.541**	2.284,75	3.323,28	3.738,69	2.233,05	3.248,08	3.654,09	2.181,35	3.172,88	3.569,49	2.129,65	3.097,68	3.484,89	2.077,95	3.022,48	3.400,29	2.026,25	2.947,28	3.315,69	1.974,55	2.872,08	3.231,09
	V	**47.714**	2.624,27	3.817,12	4.294,26																		
	VI	**48.246**	2.653,53	3.859,68	4.342,14																		

SolZ/KiSt lt. Tabelle nicht für Sonstige Bezüge anwendbar.

Besondere Tabelle

Lohn/ Gehalt bis	Steuerklasse	Lohn- steuer	ohne Kinderfreibetrag			Anzahl Kinderfreibeträge (nur Steuerklassen I–IV)																	
						0,5			1,0			1,5			2,0			2,5			3,0		
			SolZ 5,5%	Kirchensteuer 8%	Kirchensteuer 9%	SolZ 5,5%	Kirchensteuer 8%	Kirchensteuer 9%	SolZ 5,5%	Kirchensteuer 8%	Kirchensteuer 9%	SolZ 5,5%	Kirchensteuer 8%	Kirchensteuer 9%	SolZ 5,5%	Kirchensteuer 8%	Kirchensteuer 9%	SolZ 5,5%	Kirchensteuer 8%	Kirchensteuer 9%	SolZ 5,5%	Kirchensteuer 8%	Kirchensteuer 9%
25.855,99	I	41.556	2.285,58	3.324,48	3.740,04	2.182,18	3.174,08	3.570,84	2.078,78	3.023,68	3.401,64	1.975,38	2.873,28	3.232,44	1.871,98	2.722,88	3.063,24	1.738,94	2.572,48	2.894,04	1.515,22	2.422,08	2.724,84
	II	39.767	2.187,18	3.181,36	3.579,03	2.083,78	3.030,96	3.409,83	1.980,38	2.880,56	3.240,63	1.876,98	2.730,16	3.071,43	1.749,77	2.579,76	2.902,23	1.526,05	2.429,36	2.733,03	1.302,33	2.278,96	2.563,83
	III	31.136	-	2.490,88	2.802,24	-	2.344,80	2.637,90	-	2.201,76	2.476,98	-	2.061,92	2.319,66	-	1.925,12	2.165,76	-	1.791,36	2.015,28	-	1.660,80	1.868,40
	IV	41.556	2.285,58	3.324,48	3.740,04	2.233,88	3.249,28	3.655,44	2.182,18	3.174,08	3.570,84	2.130,48	3.098,88	3.486,24	2.078,78	3.023,68	3.401,64	2.027,08	2.948,48	3.317,04	1.975,38	2.873,28	3.232,44
	V	47.729	2.625,09	3.818,32	4.295,61																		
	VI	48.261	2.654,35	3.860,88	4.343,49																		
25.891,99	I	41.571	2.286,40	3.325,68	3.741,39	2.183,00	3.175,28	3.572,19	2.079,60	3.024,88	3.402,99	1.976,20	2.874,48	3.233,79	1.872,80	2.724,08	3.064,59	1.740,73	2.573,68	2.895,39	1.517,13	2.423,36	2.726,28
	II	39.782	2.188,01	3.182,56	3.580,38	2.084,61	3.032,16	3.411,18	1.981,21	2.881,76	3.241,98	1.877,81	2.731,36	3.072,78	1.751,56	2.580,96	2.903,58	1.527,84	2.430,56	2.734,38	1.304,12	2.280,16	2.565,18
	III	31.150	-	2.492,00	2.803,50	-	2.345,92	2.639,16	-	2.202,88	2.478,24	-	2.063,04	2.320,92	-	1.926,24	2.167,02	-	1.792,48	2.016,54	-	1.661,76	1.869,48
	IV	41.571	2.286,40	3.325,68	3.741,39	2.234,70	3.250,48	3.656,79	2.183,00	3.175,28	3.572,19	2.131,30	3.100,08	3.487,59	2.079,60	3.024,88	3.402,99	2.027,90	2.949,68	3.318,39	1.976,20	2.874,48	3.233,79
	V	47.744	2.625,92	3.819,52	4.296,96																		
	VI	48.276	2.655,18	3.862,08	4.344,84																		
25.927,99	I	41.586	2.287,23	3.326,88	3.742,74	2.183,83	3.176,48	3.573,54	2.080,43	3.026,08	3.404,34	1.977,03	2.875,68	3.235,14	1.873,63	2.725,28	3.065,94	1.742,63	2.574,96	2.896,83	1.518,91	2.424,56	2.727,63
	II	39.797	2.188,83	3.183,76	3.581,73	2.085,43	3.033,36	3.412,53	1.982,03	2.882,96	3.243,33	1.878,63	2.732,56	3.074,13	1.753,34	2.582,16	2.904,93	1.529,62	2.431,76	2.735,73	1.305,90	2.281,36	2.566,53
	III	31.166	-	2.493,28	2.804,94	-	2.347,04	2.640,42	-	2.204,16	2.479,68	-	2.064,16	2.322,18	-	1.927,20	2.168,10	-	1.793,44	2.017,62	-	1.662,88	1.870,74
	IV	41.586	2.287,23	3.326,88	3.742,74	2.235,53	3.251,68	3.658,14	2.183,83	3.176,48	3.573,54	2.132,13	3.101,28	3.488,94	2.080,43	3.026,08	3.404,34	2.028,73	2.950,88	3.319,74	1.977,03	2.875,68	3.235,14
	V	47.759	2.626,74	3.820,72	4.298,31																		
	VI	48.291	2.656,00	3.863,28	4.346,19																		
25.963,99	I	41.601	2.288,05	3.328,08	3.744,09	2.184,65	3.177,68	3.574,89	2.081,25	3.027,28	3.405,69	1.977,91	2.876,96	3.236,58	1.874,51	2.726,56	3.067,38	1.744,42	2.576,16	2.898,18	1.520,70	2.425,76	2.728,98
	II	39.812	2.189,66	3.184,96	3.583,08	2.086,26	3.034,56	3.413,88	1.982,86	2.884,16	3.244,68	1.879,46	2.733,76	3.075,48	1.755,13	2.583,36	2.906,28	1.531,41	2.432,96	2.737,08	1.307,81	2.282,64	2.567,97
	III	31.180	-	2.494,40	2.806,20	-	2.348,32	2.641,86	-	2.205,28	2.480,94	-	2.065,28	2.323,44	-	1.928,32	2.169,36	-	1.794,56	2.018,88	-	1.663,84	1.871,82
	IV	41.601	2.288,05	3.328,08	3.744,09	2.236,35	3.252,88	3.659,49	2.184,65	3.177,68	3.574,89	2.132,95	3.102,48	3.490,29	2.081,25	3.027,28	3.405,69	2.029,55	2.952,08	3.321,09	1.977,91	2.876,96	3.236,58
	V	47.775	2.627,62	3.822,00	4.299,75																		
	VI	48.306	2.656,83	3.864,48	4.347,54																		
25.999,99	I	41.616	2.288,88	3.329,28	3.745,44	2.185,48	3.178,88	3.576,24	2.082,13	3.028,56	3.407,13	1.978,73	2.878,16	3.237,93	1.875,33	2.727,76	3.068,73	1.746,20	2.577,36	2.899,53	1.522,48	2.426,96	2.730,33
	II	39.827	2.190,48	3.186,16	3.584,43	2.087,08	3.035,76	3.415,23	1.983,68	2.885,36	3.246,03	1.880,28	2.734,96	3.076,83	1.757,03	2.584,64	2.907,72	1.533,31	2.434,24	2.738,52	1.309,59	2.283,84	2.569,32
	III	31.196	-	2.495,68	2.807,64	-	2.349,44	2.643,12	-	2.206,40	2.482,20	-	2.066,40	2.324,70	-	1.929,44	2.170,62	-	1.795,68	2.020,14	-	1.664,96	1.873,08
	IV	41.616	2.288,88	3.329,28	3.745,44	2.237,18	3.254,08	3.660,84	2.185,48	3.178,88	3.576,24	2.133,83	3.103,76	3.491,73	2.082,13	3.028,56	3.407,13	2.030,43	2.953,36	3.322,53	1.978,73	2.878,16	3.237,93
	V	47.790	2.628,45	3.823,20	4.301,10																		
	VI	48.321	2.657,65	3.865,68	4.348,89																		
26.035,99	I	41.632	2.289,76	3.330,56	3.746,88	2.186,36	3.180,16	3.577,68	2.082,96	3.029,76	3.408,48	1.979,56	2.879,36	3.239,28	1.876,16	2.728,96	3.070,08	1.747,99	2.578,56	2.900,88	1.524,27	2.428,16	2.731,68
	II	39.842	2.191,31	3.187,36	3.585,78	2.087,91	3.036,96	3.416,58	1.984,51	2.886,56	3.247,38	1.881,16	2.736,24	3.078,27	1.758,82	2.585,84	2.909,07	1.535,10	2.435,44	2.739,87	1.311,38	2.285,04	2.570,67
	III	31.210	-	2.496,80	2.808,90	-	2.350,56	2.644,38	-	2.207,52	2.483,46	-	2.067,52	2.325,96	-	1.930,56	2.171,88	-	1.796,64	2.021,22	-	1.665,92	1.874,16
	IV	41.632	2.289,76	3.330,56	3.746,88	2.238,06	3.255,36	3.662,28	2.186,36	3.180,16	3.577,68	2.134,66	3.104,96	3.493,08	2.082,96	3.029,76	3.408,48	2.031,26	2.954,56	3.323,88	1.979,56	2.879,36	3.239,28
	V	47.805	2.629,27	3.824,40	4.302,45																		
	VI	48.337	2.658,53	3.866,96	4.350,33																		
26.071,99	I	41.647	2.290,58	3.331,76	3.748,23	2.187,18	3.181,36	3.579,03	2.083,78	3.030,96	3.409,83	1.980,38	2.880,56	3.240,63	1.876,98	2.730,16	3.071,43	1.749,77	2.579,76	2.902,23	1.526,05	2.429,36	2.733,03
	II	39.857	2.192,13	3.188,56	3.587,13	2.088,79	3.038,24	3.418,02	1.985,39	2.887,84	3.248,82	1.881,99	2.737,44	3.079,62	1.760,60	2.587,04	2.910,42	1.536,88	2.436,64	2.741,22	1.313,16	2.286,24	2.572,02
	III	31.224	-	2.497,92	2.810,16	-	2.351,84	2.645,82	-	2.208,64	2.484,72	-	2.068,64	2.327,22	-	1.931,68	2.173,14	-	1.797,76	2.022,48	-	1.667,04	1.875,42
	IV	41.647	2.290,58	3.331,76	3.748,23	2.238,88	3.256,56	3.663,63	2.187,18	3.181,36	3.579,03	2.135,48	3.106,16	3.494,43	2.083,78	3.030,96	3.409,83	2.032,08	2.955,76	3.325,23	1.980,38	2.880,56	3.240,63
	V	47.820	2.630,10	3.825,60	4.303,80																		
	VI	48.352	2.659,36	3.868,16	4.351,68																		
26.107,99	I	41.662	2.291,41	3.332,96	3.749,58	2.188,01	3.182,56	3.580,38	2.084,61	3.032,16	3.411,18	1.981,21	2.881,76	3.241,98	1.877,81	2.731,36	3.072,78	1.751,56	2.580,96	2.903,58	1.527,84	2.430,56	2.734,38
	II	39.873	2.193,01	3.189,84	3.588,57	2.089,61	3.039,44	3.419,37	1.986,21	2.889,04	3.250,17	1.882,81	2.738,64	3.080,97	1.762,39	2.588,24	2.911,77	1.538,67	2.437,84	2.742,57	1.314,95	2.287,44	2.573,37
	III	31.240	-	2.499,20	2.811,60	-	2.352,96	2.647,08	-	2.209,76	2.485,98	-	2.069,76	2.328,48	-	1.932,64	2.174,22	-	1.798,88	2.023,74	-	1.668,00	1.876,50
	IV	41.662	2.291,41	3.332,96	3.749,58	2.239,71	3.257,76	3.664,98	2.188,01	3.182,56	3.580,38	2.136,31	3.107,36	3.495,78	2.084,61	3.032,16	3.411,18	2.032,91	2.956,96	3.326,58	1.981,21	2.881,76	3.241,98
	V	47.835	2.630,92	3.826,80	4.305,15																		
	VI	48.367	2.660,18	3.869,36	4.353,03																		
26.143,99	I	41.677	2.292,23	3.334,16	3.750,93	2.188,83	3.183,76	3.581,73	2.085,43	3.033,36	3.412,53	1.982,03	2.882,96	3.243,33	1.878,63	2.732,56	3.074,13	1.753,34	2.582,16	2.904,93	1.529,62	2.431,76	2.735,73
	II	39.888	2.193,84	3.191,04	3.589,92	2.090,44	3.040,64	3.420,72	1.987,04	2.890,24	3.251,52	1.883,64	2.739,84	3.082,32	1.764,17	2.589,44	2.913,12	1.540,45	2.439,04	2.743,92	1.316,73	2.288,64	2.574,72
	III	31.254	-	2.500,32	2.812,86	-	2.354,08	2.648,34	-	2.210,88	2.487,24	-	2.070,88	2.329,74	-	1.933,76	2.175,48	-	1.799,84	2.024,82	-	1.669,12	1.877,76
	IV	41.677	2.292,23	3.334,16	3.750,93	2.240,53	3.258,96	3.666,33	2.188,83	3.183,76	3.581,73	2.137,13	3.108,56	3.497,13	2.085,43	3.033,36	3.412,53	2.033,73	2.958,16	3.327,93	1.982,03	2.882,96	3.243,33
	V	47.850	2.631,75	3.828,00	4.306,50																		
	VI	48.382	2.661,01	3.870,56	4.354,38																		
26.179,99	I	41.692	2.293,06	3.335,36	3.752,28	2.189,66	3.184,96	3.583,08	2.086,26	3.034,56	3.413,88	1.982,86	2.884,16	3.244,68	1.879,46	2.733,76	3.075,48	1.755,13	2.583,36	2.906,28	1.531,41	2.432,96	2.737,08
	II	39.903	2.194,66	3.192,24	3.591,27	2.091,26	3.041,84	3.422,07	1.987,86	2.891,44	3.252,87	1.884,46	2.741,04	3.083,67	1.765,96	2.590,64	2.914,47	1.542,24	2.440,24	2.745,27	1.318,52	2.289,84	2.576,07
	III	31.270	-	2.501,60	2.814,30	-	2.355,20	2.649,60	-	2.212,00	2.488,50	-	2.072,00	2.331,00	-	1.934,88	2.176,74	-	1.800,96	2.026,08	-	1.670,08	1.878,84
	IV	41.692	2.293,06	3.335,36	3.752,28	2.241,36	3.260,16	3.667,68	2.189,66	3.184,96	3.583,08	2.137,96	3.109,76	3.498,48	2.086,26	3.034,56	3.413,88	2.034,56	2.959,36	3.329,28	1.982,86	2.884,16	3.244,68
	V	47.865	2.632,57	3.829,20	4.307,85																		
	VI	48.397	2.661,83	3.871,76	4.355,73																		
26.215,99	I	41.707	2.293,88	3.336,56	3.753,63	2.190,48	3.186,16	3.584,43	2.087,08	3.035,76	3.415,23	1.983,68	2.885,36	3.246,03	1.880,28	2.734,96	3.076,83	1.757,03	2.584,64	2.907,72	1.533,31	2.434,24	2.738,52
	II	39.918	2.195,49	3.193,44	3.592,62	2.092,09	3.043,04	3.423,42	1.988,69	2.892,64	3.254,22	1.885,29	2.742,24	3.085,02	1.767,74	2.591,84	2.915,82	1.544,02	2.441,44	2.746,62	1.320,30	2.291,04	2.577,42
	III	31.284	-	2.502,72	2.815,56	-	2.356,48	2.651,04	-	2.213,12	2.489,76	-	2.073,12	2.332,26	-	1.936,00	2.178,00	-	1.802,08	2.027,34	-	1.671,20	1.880,10
	IV	41.707	2.293,88	3.336,56	3.753,63	2.242,18	3.261,36	3.669,03	2.190,48	3.186,16	3.584,43	2.138,78	3.110,96	3.499,83	2.087,08	3.035,76	3.415,23	2.035,38	2.960,56	3.330,63	1.983,68	2.885,36	3.246,03
	V	47.880	2.633,40	3.830,40	4.309,20																		
	VI	48.412	2.662,66	3.872,96	4.357,08																		
26.251,99	I	41.722	2.294,71	3.337,76	3.754,98	2.191,31	3.187,36	3.585,78	2.087,91	3.036,96	3.416,58	1.984,51	2.886,56	3.247,38	1.881,16	2.736,24	3.078,27	1.758,82	2.585,84	2.909,07	1.535,10	2.435,44	2.739,87
	II	39.933	2.196,31	3.194,64	3.593,97	2.092,91	3.044,24	3.424,77	1.989,51	2.893,84	3.255,57	1.886,11	2.743,44	3.086,37	1.769,53	2.593,04	2.917,17	1.545,81	2.442,64	2.747,97	1.322,20	2.292,32	2.578,86
	III	31.300	-	2.504,00	2.817,00	-	2.357,60	2.652,30	-	2.214,40	2.491,20	-	2.074,08	2.333,34	-	1.937,12	2.179,26	-	1.803,04	2.028,42	-	1.672,16	1.881,18
	IV	41.722	2.294,71	3.337,76	3.754,98	2.243,01	3.262,56	3.670,38	2.191,31	3.187,36	3.585,78	2.139,61	3.112,16	3.501,18	2.087,91	3.036,96	3.416,58	2.036,21	2.961,76	3.331,98	1.984,51	2.886,56	3.247,38
	V	47.896	2.634,28	3.831,68	4.310,64																		
	VI	48.427	2.663,48	3.874,16	4.358,43																		
26.287,99	I	41.737	2.295,53	3.338,96	3.756,33	2.192,13	3.188,56	3.587,13	2.088,79	3.038,24	3.418,02	1.985,39	2.887,84	3.248,82	1.881,99	2.737,44	3.079,62	1.760,60	2.587,04	2.910,42	1.536,88	2.436,64	2.741,22
	II	39.948	2.197,14	3.195,84	3.595,32	2.093,74	3.045,44	3.426,12	1.990,34	2.895,04	3.256,92	1.886,94	2.744,64	3.087,72	1.771,31	2.594,24	2.918,52	1.547,71	2.443,92	2.749,41	1.323,99	2.293,52	2.580,21
	III	31.314	-	2.505,12	2.818,26	-	2.358,72	2.653,56	-	2.215,52	2.492,46	-	2.075,20	2.334,60	-	1.938,24	2.180,52	-	1.804,16	2.029,68	-	1.673,28	1.882,44
	IV	41.737	2.295,53	3.338,96	3.756,33	2.243,83	3.263,76	3.671,73	2.192,13	3.188,56	3.587,13	2.140,43	3.113,36	3.502,53	2.088,79	3.038,24	3.418,02	2.037,09	2.963,04	3.333,42	1.985,39	2.887,84	3.248,82
	V	47.911	2.635,10	3.832,88	4.311,99																		
	VI	48.442	2.664,31	3.875,36	4.359,78																		
26.323,99	I	41.752	2.296,36	3.340,16	3.757,68	2.193,01	3.189,84	3.588,57	2.089,61	3.039,44	3.419,37	1.986,21	2.889,04	3.250,17	1.882,81	2.738,64	3.080,97	1.762,39	2.588,24	2.911,77	1.538,67	2.437,84	2.742,57
	II	39.963	2.197,96	3.197,04	3.596,67	2.094,56	3.046,64	3.427,47	1.991,16	2.896,24	3.258,27	1.887,82	2.745,92	3.089,16	1.773,21	2.595,52	2.919,96	1.549,49	2.445,12	2.750,76	1.325,77	2.294,72	2.581,56
	III	31.328	-	2.506,24	2.819,52	-	2.359,84	2.654,82	-	2.216,64	2.493,72	-	2.076,32	2.335,86	-	1.939,20	2.181,60	-	1.805,28	2.030,94	-	1.674,24	1.883,52
	IV	41.752	2.296,36	3.340,16	3.757,68	2.244,71	3.265,04	3.673,17	2.193,01	3.189,84	3.588,57	2.141,31	3.114,64	3.503,97	2.089,61	3.039,44	3.419,37	2.037,91	2.964,24	3.334,77	1.986,21	2.889,04	3.250,17
	V	47.926	2.635,93	3.834,08	4.313,34																		
	VI	48.457	2.665,13	3.876,56	4.361,13																		
26.359,99	I	41.768	2.297,24	3.341,44	3.759,12	2.193,84	3.191,04	3.589,92	2.090,44	3.040,64	3.420,72	1.987,04	2.890,24	3.251,52	1.883,64	2.739,84	3.082,32	1.764,17	2.589,44	2.913,12	1.540,45	2.439,04	2.743,92
	II	39.978	2.198,79	3.198,24	3.598,02	2.095,39	3.047,84	3.428,82	1.992,04	2.897,52	3.259,71	1.888,64	2.747,12	3.090,51	1.775,00	2.596,72	2.921,31	1.551,28	2.446,32	2.752,11	1.327,56	2.295,92	2.582,91
	III	31.344	-	2.507,52	2.820,96	-	2.361,12	2.656,26	-	2.217,76	2.494,98	-	2.077,44	2.337,12	-	1.940,32	2.182,86	-	1.806,24	2.032,02	-	1.675,36	1.884,78
	IV	41.768	2.297,24	3.341,44	3.759,12	2.245,54	3.266,24	3.674,52	2.193,84	3.191,04	3.589,92	2.142,14	3.115,84	3.505,32	2.090,44	3.040,64	3.420,72	2.038,74	2.965,44	3.336,12	1.987,04	2.890,24	3.251,52
	V	47.941	2.636,75	3.835,28	4.314,69																		
	VI	48.473	2.666,01	3.877,84	4.362,57																		

SolZ/KiSt lt. Tabelle nicht für Sonstige Bezüge anwendbar.

JAHR bis 126.899,99 €

Besondere Tabelle

Lohn/Gehalt bis	Steuerklasse	Lohnsteuer	ohne Kinderfreibetrag			Anzahl Kinderfreibeträge (nur Steuerklassen I–IV)																	
						0,5			1,0			1,5			2,0			2,5			3,0		
			SolZ 5,5%	Kirchensteuer 8%	Kirchensteuer 9%	SolZ 5,5%	Kirchensteuer 8%	Kirchensteuer 9%	SolZ 5,5%	Kirchensteuer 8%	Kirchensteuer 9%	SolZ 5,5%	Kirchensteuer 8%	Kirchensteuer 9%	SolZ 5,5%	Kirchensteuer 8%	Kirchensteuer 9%	SolZ 5,5%	Kirchensteuer 8%	Kirchensteuer 9%	SolZ 5,5%	Kirchensteuer 8%	Kirchensteuer 9%
126.395,99	I	41.783	2.298,06	3.342,64	3.760,47	2.194,66	3.192,24	3.591,27	2.091,26	3.041,84	3.422,07	1.987,86	2.891,44	3.252,87	1.884,46	2.741,04	3.083,67	1.765,96	2.590,64	2.914,47	1.542,24	2.440,24	2.745,27
	II	39.994	2.199,67	3.199,52	3.599,46	2.096,27	3.049,12	3.430,26	1.992,87	2.898,72	3.261,06	1.889,47	2.748,32	3.091,86	1.776,78	2.597,92	2.922,66	1.553,06	2.447,52	2.753,46	1.329,34	2.297,12	2.584,26
	III	31.358	–	2.508,64	2.822,22	–	2.362,24	2.657,52	–	2.218,88	2.496,24	–	2.078,56	2.338,38	–	1.941,44	2.184,12	–	1.807,36	2.033,28	–	1.676,32	1.885,86
	IV	41.783	2.298,06	3.342,64	3.760,47	2.246,36	3.267,44	3.675,87	2.194,66	3.192,24	3.591,27	2.142,96	3.117,04	3.506,67	2.091,26	3.041,84	3.422,07	2.039,56	2.966,64	3.337,47	1.987,86	2.891,44	3.252,87
	V	47.956	2.637,58	3.836,48	4.316,04																		
	VI	48.488	2.666,84	3.879,04	4.363,92																		
126.431,99	I	41.798	2.298,89	3.343,84	3.761,82	2.195,49	3.193,44	3.592,62	2.092,09	3.043,04	3.423,42	1.988,69	2.892,64	3.254,22	1.885,29	2.742,24	3.085,02	1.767,74	2.591,84	2.915,82	1.544,02	2.441,44	2.746,62
	II	40.009	2.200,49	3.200,72	3.600,81	2.097,09	3.050,32	3.431,61	1.993,69	2.899,92	3.262,41	1.890,29	2.749,52	3.093,21	1.778,57	2.599,12	2.924,01	1.554,85	2.448,72	2.754,81	1.331,13	2.298,32	2.585,61
	III	31.374	–	2.509,92	2.823,66	–	2.363,36	2.658,78	–	2.220,00	2.497,50	–	2.079,68	2.339,64	–	1.942,56	2.185,38	–	1.808,48	2.034,54	–	1.677,44	1.887,12
	IV	41.798	2.298,89	3.343,84	3.761,82	2.247,19	3.268,64	3.677,22	2.195,49	3.193,44	3.592,62	2.143,79	3.118,24	3.508,02	2.092,09	3.043,04	3.423,42	2.040,39	2.967,84	3.338,82	1.988,69	2.892,64	3.254,22
	V	47.971	2.638,40	3.837,68	4.317,39																		
	VI	48.503	2.667,66	3.880,24	4.365,27																		
126.467,99	I	41.813	2.299,71	3.345,04	3.763,17	2.196,31	3.194,64	3.593,97	2.092,91	3.044,24	3.424,77	1.989,51	2.893,84	3.255,57	1.886,11	2.743,44	3.086,37	1.769,53	2.593,04	2.917,17	1.545,81	2.442,64	2.747,97
	II	40.024	2.201,32	3.201,92	3.602,16	2.097,92	3.051,52	3.432,96	1.994,52	2.901,12	3.263,76	1.891,12	2.750,72	3.094,56	1.780,35	2.600,32	2.925,36	1.556,63	2.449,92	2.756,16	1.332,91	2.299,52	2.586,96
	III	31.388	–	2.511,04	2.824,92	–	2.364,64	2.660,22	–	2.221,12	2.498,76	–	2.080,80	2.340,90	–	1.943,68	2.186,64	–	1.809,44	2.035,62	–	1.678,40	1.888,20
	IV	41.813	2.299,71	3.345,04	3.763,17	2.248,01	3.269,84	3.678,57	2.196,31	3.194,64	3.593,97	2.144,61	3.119,44	3.509,37	2.092,91	3.044,24	3.424,77	2.041,21	2.969,04	3.340,17	1.989,51	2.893,84	3.255,57
	V	47.986	2.639,23	3.838,88	4.318,74																		
	VI	48.518	2.668,49	3.881,44	4.366,62																		
126.503,99	I	41.828	2.300,54	3.346,24	3.764,52	2.197,14	3.195,84	3.595,32	2.093,74	3.045,44	3.426,12	1.990,34	2.895,04	3.256,92	1.886,94	2.744,64	3.087,72	1.771,31	2.594,24	2.918,52	1.547,71	2.443,92	2.749,41
	II	40.039	2.202,14	3.203,12	3.603,51	2.098,74	3.052,72	3.434,31	1.995,34	2.902,32	3.265,11	1.891,94	2.751,92	3.095,91	1.782,14	2.601,52	2.926,71	1.558,42	2.451,12	2.757,51	1.334,70	2.300,72	2.588,31
	III	31.404	–	2.512,32	2.826,36	–	2.365,76	2.661,48	–	2.222,24	2.500,02	–	2.081,92	2.342,16	–	1.944,64	2.187,72	–	1.810,56	2.036,88	–	1.679,52	1.889,46
	IV	41.828	2.300,54	3.346,24	3.764,52	2.248,84	3.271,04	3.679,92	2.197,14	3.195,84	3.595,32	2.145,44	3.120,64	3.510,72	2.093,74	3.045,44	3.426,12	2.042,04	2.970,24	3.341,52	1.990,34	2.895,04	3.256,92
	V	48.001	2.640,05	3.840,08	4.320,09																		
	VI	48.533	2.669,31	3.882,64	4.367,97																		
126.539,99	I	41.843	2.301,36	3.347,44	3.765,87	2.197,96	3.197,04	3.596,67	2.094,56	3.046,64	3.427,47	1.991,16	2.896,24	3.258,27	1.887,82	2.745,92	3.089,16	1.773,21	2.595,52	2.919,96	1.549,49	2.445,12	2.750,7
	II	40.054	2.202,97	3.204,32	3.604,86	2.099,57	3.053,92	3.435,66	1.996,17	2.903,52	3.266,46	1.892,77	2.753,12	3.097,26	1.783,92	2.602,72	2.928,06	1.560,20	2.452,32	2.758,86	1.336,48	2.301,92	2.589,6
	III	31.418	–	2.513,44	2.827,62	–	2.366,88	2.662,74	–	2.223,52	2.501,46	–	2.083,04	2.343,42	–	1.945,76	2.188,98	–	1.811,68	2.038,14	–	1.680,48	1.890,5
	IV	41.843	2.301,36	3.347,44	3.765,87	2.249,66	3.272,24	3.681,27	2.197,96	3.197,04	3.596,67	2.146,26	3.121,84	3.512,07	2.094,56	3.046,64	3.427,47	2.042,86	2.971,44	3.342,87	1.991,16	2.896,24	3.258,2
	V	48.016	2.640,88	3.841,28	4.321,44																		
	VI	48.548	2.670,14	3.883,84	4.369,32																		
126.575,99	I	41.858	2.302,19	3.348,64	3.767,22	2.198,79	3.198,24	3.598,02	2.095,39	3.047,84	3.428,82	1.992,04	2.897,52	3.259,71	1.888,64	2.747,12	3.090,51	1.775,00	2.596,72	2.921,31	1.551,28	2.446,32	2.752,1
	II	40.069	2.203,79	3.205,52	3.606,21	2.100,39	3.055,12	3.437,01	1.996,99	2.904,72	3.267,81	1.893,59	2.754,32	3.098,61	1.785,71	2.603,92	2.929,41	1.562,11	2.453,60	2.760,30	1.338,39	2.303,20	2.591,1
	III	31.434	–	2.514,72	2.829,06	–	2.368,00	2.664,00	–	2.224,64	2.502,72	–	2.084,16	2.344,68	–	1.946,88	2.190,24	–	1.812,64	2.039,22	–	1.681,60	1.891,8
	IV	41.858	2.302,19	3.348,64	3.767,22	2.250,49	3.273,44	3.682,62	2.198,79	3.198,24	3.598,02	2.147,09	3.123,04	3.513,42	2.095,39	3.047,84	3.428,82	2.043,74	2.972,72	3.344,31	1.992,04	2.897,52	3.259,7
	V	48.032	2.641,76	3.842,56	4.322,88																		
	VI	48.563	2.670,96	3.885,04	4.370,67																		
126.611,99	I	41.873	2.303,01	3.349,84	3.768,57	2.199,67	3.199,52	3.599,46	2.096,27	3.049,12	3.430,26	1.992,87	2.898,72	3.261,06	1.889,47	2.748,32	3.091,86	1.776,78	2.597,92	2.922,66	1.553,06	2.447,52	2.753,4
	II	40.084	2.204,62	3.206,72	3.607,56	2.101,22	3.056,32	3.438,36	1.997,82	2.905,92	3.269,16	1.894,42	2.755,52	3.099,96	1.787,61	2.605,20	2.930,85	1.563,89	2.454,80	2.761,65	1.340,17	2.304,40	2.592,4
	III	31.448	–	2.515,84	2.830,32	–	2.369,28	2.665,44	–	2.225,76	2.503,98	–	2.085,28	2.345,94	–	1.948,00	2.191,50	–	1.813,76	2.040,48	–	1.682,56	1.892,8
	IV	41.873	2.303,01	3.349,84	3.768,57	2.251,31	3.274,64	3.683,97	2.199,67	3.199,52	3.599,46	2.147,97	3.124,32	3.514,86	2.096,27	3.049,12	3.430,26	2.044,57	2.973,92	3.345,66	1.992,87	2.898,72	3.261,0
	V	48.047	2.642,58	3.843,76	4.324,23																		
	VI	48.578	2.671,79	3.886,24	4.372,02																		
126.647,99	I	41.889	2.303,89	3.351,12	3.770,01	2.200,49	3.200,72	3.600,81	2.097,09	3.050,32	3.431,61	1.993,69	2.899,92	3.262,41	1.890,29	2.749,52	3.093,21	1.778,57	2.599,12	2.924,01	1.554,85	2.448,72	2.754,8
	II	40.099	2.205,44	3.207,92	3.608,91	2.102,04	3.057,52	3.439,71	1.998,70	2.907,20	3.270,60	1.895,30	2.756,80	3.101,40	1.789,40	2.606,40	2.932,20	1.565,68	2.456,00	2.763,00	1.341,96	2.305,60	2.593,8
	III	31.462	–	2.516,96	2.831,58	–	2.370,40	2.666,70	–	2.226,88	2.505,24	–	2.086,40	2.347,20	–	1.949,12	2.192,76	–	1.814,88	2.041,74	–	1.683,68	1.894,1
	IV	41.889	2.303,89	3.351,12	3.770,01	2.252,19	3.275,92	3.685,41	2.200,49	3.200,72	3.600,81	2.148,79	3.125,52	3.516,21	2.097,09	3.050,32	3.431,61	2.045,39	2.975,12	3.347,01	1.993,69	2.899,92	3.262,4
	V	48.062	2.643,41	3.844,96	4.325,58																		
	VI	48.594	2.672,67	3.887,52	4.373,46																		
126.683,99	I	41.904	2.304,72	3.352,32	3.771,36	2.201,32	3.201,92	3.602,16	2.097,92	3.051,52	3.432,96	1.994,52	2.901,12	3.263,76	1.891,12	2.750,72	3.094,56	1.780,35	2.600,32	2.925,36	1.556,63	2.449,92	2.756,1
	II	40.114	2.206,27	3.209,12	3.610,26	2.102,92	3.058,80	3.441,15	1.999,52	2.908,40	3.271,95	1.896,12	2.758,00	3.102,75	1.791,18	2.607,60	2.933,55	1.567,46	2.457,20	2.764,35	1.343,74	2.306,80	2.595,1
	III	31.478	–	2.518,24	2.833,02	–	2.371,52	2.667,96	–	2.228,00	2.506,50	–	2.087,52	2.348,46	–	1.950,24	2.194,02	–	1.815,84	2.042,82	–	1.684,64	1.895,2
	IV	41.904	2.304,72	3.352,32	3.771,36	2.253,02	3.277,12	3.686,76	2.201,32	3.201,92	3.602,16	2.149,62	3.126,72	3.517,56	2.097,92	3.051,52	3.432,96	2.046,22	2.976,32	3.348,36	1.994,52	2.901,12	3.263,7
	V	48.077	2.644,23	3.846,16	4.326,93																		
	VI	48.609	2.673,49	3.888,72	4.374,81																		
126.719,99	I	41.919	2.305,54	3.353,52	3.772,71	2.202,14	3.203,12	3.603,51	2.098,74	3.052,72	3.434,31	1.995,34	2.902,32	3.265,11	1.891,94	2.751,92	3.095,91	1.782,14	2.601,52	2.926,71	1.558,42	2.451,12	2.757,5
	II	40.130	2.207,15	3.210,40	3.611,70	2.103,75	3.060,00	3.442,50	2.000,35	2.909,60	3.273,30	1.896,95	2.759,20	3.104,10	1.792,97	2.608,80	2.934,90	1.569,25	2.458,40	2.765,70	1.345,53	2.308,00	2.596,5
	III	31.492	–	2.519,36	2.834,28	–	2.372,80	2.669,40	–	2.229,12	2.507,76	–	2.088,64	2.349,72	–	1.951,20	2.195,10	–	1.816,96	2.044,08	–	1.685,76	1.896,4
	IV	41.919	2.305,54	3.353,52	3.772,71	2.253,84	3.278,32	3.688,11	2.202,14	3.203,12	3.603,51	2.150,44	3.127,92	3.518,91	2.098,74	3.052,72	3.434,31	2.047,04	2.977,52	3.349,71	1.995,34	2.902,32	3.265,1
	V	48.092	2.645,06	3.847,36	4.328,28																		
	VI	48.624	2.674,32	3.889,92	4.376,16																		
126.755,99	I	41.934	2.306,37	3.354,72	3.774,06	2.202,97	3.204,32	3.604,86	2.099,57	3.053,92	3.435,66	1.996,17	2.903,52	3.266,46	1.892,77	2.753,12	3.097,26	1.783,92	2.602,72	2.928,06	1.560,20	2.452,32	2.758,8
	II	40.145	2.207,97	3.211,60	3.613,05	2.104,57	3.061,20	3.443,85	2.001,17	2.910,80	3.274,65	1.897,77	2.760,40	3.105,45	1.794,37	2.610,00	2.936,25	1.571,03	2.459,60	2.767,05	1.347,31	2.309,20	2.597,8
	III	31.508	–	2.520,64	2.835,72	–	2.373,92	2.670,66	–	2.230,24	2.509,02	–	2.089,76	2.350,98	–	1.952,32	2.196,36	–	1.818,08	2.045,34	–	1.686,72	1.897,5
	IV	41.934	2.306,37	3.354,72	3.774,06	2.254,67	3.279,52	3.689,46	2.202,97	3.204,32	3.604,86	2.151,27	3.129,12	3.520,26	2.099,57	3.053,92	3.435,66	2.047,87	2.978,72	3.351,06	1.996,17	2.903,52	3.266,4
	V	48.107	2.645,88	3.848,56	4.329,63																		
	VI	48.639	2.675,14	3.891,12	4.377,51																		
126.791,99	I	41.949	2.307,19	3.355,92	3.775,41	2.203,79	3.205,52	3.606,21	2.100,39	3.055,12	3.437,01	1.996,99	2.904,72	3.267,81	1.893,59	2.754,32	3.098,61	1.785,71	2.603,92	2.929,41	1.562,11	2.453,60	2.760,3
	II	40.160	2.208,80	3.212,80	3.614,40	2.105,40	3.062,40	3.445,20	2.002,00	2.912,00	3.276,00	1.898,60	2.761,60	3.106,80	1.795,20	2.611,20	2.937,60	1.572,82	2.460,80	2.768,40	1.349,10	2.310,40	2.599,2
	III	31.522	–	2.521,76	2.836,98	–	2.375,04	2.671,92	–	2.231,52	2.510,46	–	2.090,88	2.352,24	–	1.953,44	2.197,62	–	1.819,04	2.046,42	–	1.687,84	1.898,8
	IV	41.949	2.307,19	3.355,92	3.775,41	2.255,49	3.280,72	3.690,81	2.203,79	3.205,52	3.606,21	2.152,09	3.130,32	3.521,61	2.100,39	3.055,12	3.437,01	2.048,69	2.979,92	3.352,41	1.996,99	2.904,72	3.267,8
	V	48.122	2.646,71	3.849,76	4.330,98																		
	VI	48.654	2.675,97	3.892,32	4.378,86																		
126.827,99	I	41.964	2.308,02	3.357,12	3.776,76	2.204,62	3.206,72	3.607,56	2.101,22	3.056,32	3.438,36	1.997,82	2.905,92	3.269,16	1.894,42	2.755,52	3.099,96	1.787,61	2.605,20	2.930,85	1.563,89	2.454,80	2.761,6
	II	40.175	2.209,62	3.214,00	3.615,75	2.106,22	3.063,60	3.446,55	2.002,82	2.913,20	3.277,35	1.899,42	2.762,80	3.108,15	1.796,02	2.612,40	2.938,95	1.574,60	2.462,00	2.769,75	1.350,88	2.311,60	2.600,5
	III	31.538	–	2.523,04	2.838,42	–	2.376,32	2.673,36	–	2.232,64	2.511,72	–	2.092,00	2.353,50	–	1.954,56	2.198,88	–	1.820,16	2.047,68	–	1.688,80	1.899,9
	IV	41.964	2.308,02	3.357,12	3.776,76	2.256,32	3.281,92	3.692,16	2.204,62	3.206,72	3.607,56	2.152,92	3.131,52	3.522,96	2.101,22	3.056,32	3.438,36	2.049,52	2.981,12	3.353,76	1.997,82	2.905,92	3.269,1
	V	48.137	2.647,53	3.850,96	4.332,33																		
	VI	48.669	2.676,79	3.893,52	4.380,21																		
126.863,99	I	41.979	2.308,84	3.358,32	3.778,11	2.205,44	3.207,92	3.608,91	2.102,04	3.057,52	3.439,71	1.998,70	2.907,20	3.270,60	1.895,30	2.756,80	3.101,40	1.789,40	2.606,40	2.932,20	1.565,68	2.456,00	2.763,0
	II	40.190	2.210,45	3.215,20	3.617,10	2.107,05	3.064,80	3.447,90	2.003,65	2.914,40	3.278,70	1.900,25	2.764,00	3.109,50	1.796,85	2.613,60	2.940,30	1.576,39	2.463,20	2.771,10	1.352,79	2.312,88	2.601,9
	III	31.552	–	2.524,16	2.839,68	–	2.377,44	2.674,62	–	2.233,76	2.512,98	–	2.093,12	2.354,76	–	1.955,68	2.200,14	–	1.821,28	2.048,94	–	1.689,92	1.901,1
	IV	41.979	2.308,84	3.358,32	3.778,11	2.257,14	3.283,12	3.693,51	2.205,44	3.207,92	3.608,91	2.153,74	3.132,72	3.524,31	2.102,04	3.057,52	3.439,71	2.050,34	2.982,32	3.355,11	1.998,70	2.907,20	3.270,6
	V	48.153	2.648,41	3.852,24	4.333,77																		
	VI	48.684	2.677,62	3.894,72	4.381,56																		
126.899,99	I	41.994	2.309,67	3.359,52	3.779,46	2.206,27	3.209,12	3.610,26	2.102,92	3.058,80	3.441,15	1.999,52	2.908,40	3.271,95	1.896,12	2.758,00	3.102,75	1.791,18	2.607,60	2.933,55	1.567,46	2.457,20	2.764,3
	II	40.205	2.211,27	3.216,40	3.618,45	2.107,87	3.066,00	3.449,25	2.004,47	2.915,60	3.280,05	1.901,07	2.765,20	3.110,85	1.797,73	2.614,88	2.941,74	1.578,29	2.464,48	2.772,54	1.354,57	2.314,08	2.603,3
	III	31.568	–	2.525,44	2.841,12	–	2.378,56	2.675,88	–	2.234,88	2.514,24	–	2.094,24	2.356,02	–	1.956,80	2.201,40	–	1.822,24	2.050,02	–	1.690,88	1.902,2
	IV	41.994	2.309,67	3.359,52	3.779,46	2.257,97	3.284,32	3.694,86	2.206,27	3.209,12	3.610,26	2.154,62	3.134,00	3.525,75	2.102,92	3.058,80	3.441,15	2.051,22	2.983,60	3.356,55	1.999,52	2.908,40	3.271,9
	V	48.168	2.649,24	3.853,44	4.335,12																		
	VI	48.699	2.678,44	3.895,92	4.382,91																		

SolZ/KiSt lt. Tabelle nicht für Sonstige Bezüge anwendbar.

Besondere Tabelle

JAHR bis 127.439,99 €

Lohn/ Gehalt bis	Steuerklasse	Lohnsteuer	ohne Kinderfreibetrag SolZ 5,5%	ohne Kinderfreibetrag Kirchensteuer 8%	ohne Kinderfreibetrag Kirchensteuer 9%	0,5 SolZ 5,5%	0,5 Kirchensteuer 8%	0,5 Kirchensteuer 9%	1,0 SolZ 5,5%	1,0 Kirchensteuer 8%	1,0 Kirchensteuer 9%	1,5 SolZ 5,5%	1,5 Kirchensteuer 8%	1,5 Kirchensteuer 9%	2,0 SolZ 5,5%	2,0 Kirchensteuer 8%	2,0 Kirchensteuer 9%	2,5 SolZ 5,5%	2,5 Kirchensteuer 8%	2,5 Kirchensteuer 9%	3,0 SolZ 5,5%	3,0 Kirchensteuer 8%	3,0 Kirchensteuer 9%
26.935,99	I	42.010	2.310,55	3.360,80	3.780,90	2.207,15	3.210,40	3.611,70	2.103,75	3.060,00	3.442,50	2.000,35	2.909,60	3.273,30	1.896,95	2.759,20	3.104,10	1.792,97	2.608,80	2.934,90	1.569,25	2.458,40	2.765,70
	II	40.220	2.212,10	3.217,60	3.619,80	2.108,70	3.067,20	3.450,60	2.005,30	2.916,80	3.281,40	1.901,95	2.766,48	3.112,29	1.798,55	2.616,08	2.943,09	1.580,08	2.465,68	2.773,89	1.356,36	2.315,28	2.604,69
	III	31.582	-	2.526,56	2.842,38	-	2.379,68	2.677,14	-	2.236,00	2.515,50	-	2.095,36	2.357,28	-	1.957,76	2.202,48	-	1.823,36	2.051,28	-	1.692,00	1.903,50
	IV	42.010	2.310,55	3.360,80	3.780,90	2.258,85	3.285,60	3.696,30	2.207,15	3.210,40	3.611,70	2.155,45	3.135,20	3.527,10	2.103,75	3.060,00	3.442,50	2.052,05	2.984,80	3.357,90	2.000,35	2.909,60	3.273,30
	V	48.183	2.650,06	3.854,64	4.336,47																		
	VI	48.715	2.679,32	3.897,20	4.384,35																		
26.971,99	I	42.025	2.311,37	3.362,00	3.782,25	2.207,97	3.211,60	3.613,05	2.104,57	3.061,20	3.443,85	2.001,17	2.910,80	3.274,65	1.897,77	2.760,40	3.105,45	1.794,37	2.610,00	2.936,25	1.571,03	2.459,60	2.767,05
	II	40.235	2.212,92	3.218,80	3.621,15	2.109,58	3.068,48	3.452,04	2.006,18	2.918,08	3.282,84	1.902,78	2.767,68	3.113,64	1.799,38	2.617,28	2.944,44	1.581,86	2.466,88	2.775,24	1.358,14	2.316,48	2.606,04
	III	31.598	-	2.527,84	2.843,82	-	2.380,96	2.678,58	-	2.237,12	2.516,76	-	2.096,48	2.358,54	-	1.958,88	2.203,74	-	1.824,48	2.052,54	-	1.692,96	1.904,58
	IV	42.025	2.311,37	3.362,00	3.782,25	2.259,67	3.286,80	3.697,65	2.207,97	3.211,60	3.613,05	2.156,27	3.136,40	3.528,45	2.104,57	3.061,20	3.443,85	2.052,87	2.986,00	3.359,25	2.001,17	2.910,80	3.274,65
	V	48.198	2.650,89	3.855,84	4.337,82																		
	VI	48.730	2.680,15	3.898,40	4.385,70																		
27.007,99	I	42.040	2.312,20	3.363,20	3.783,60	2.208,80	3.212,80	3.614,40	2.105,40	3.062,40	3.445,20	2.002,00	2.912,00	3.276,00	1.898,60	2.761,60	3.106,80	1.795,20	2.611,20	2.937,60	1.572,82	2.460,80	2.768,40
	II	40.251	2.213,80	3.220,08	3.622,59	2.110,40	3.069,68	3.453,39	2.007,00	2.919,28	3.284,19	1.903,60	2.768,88	3.114,99	1.800,20	2.618,48	2.945,79	1.583,65	2.468,08	2.776,59	1.359,93	2.317,68	2.607,39
	III	31.612	-	2.528,96	2.845,08	-	2.382,08	2.679,84	-	2.238,24	2.518,02	-	2.097,60	2.359,80	-	1.960,00	2.205,00	-	1.825,44	2.053,62	-	1.694,08	1.905,84
	IV	42.040	2.312,20	3.363,20	3.783,60	2.260,50	3.288,00	3.699,00	2.208,80	3.212,80	3.614,40	2.157,10	3.137,60	3.529,80	2.105,40	3.062,40	3.445,20	2.053,70	2.987,20	3.360,60	2.002,00	2.912,00	3.276,00
	V	48.213	2.651,71	3.857,04	4.339,17																		
	VI	48.745	2.680,97	3.899,60	4.387,05																		
27.043,99	I	42.055	2.313,02	3.364,40	3.784,95	2.209,62	3.214,00	3.615,75	2.106,22	3.063,60	3.446,55	2.002,82	2.913,20	3.277,35	1.899,42	2.762,80	3.108,15	1.796,02	2.612,40	2.938,95	1.574,60	2.462,00	2.769,75
	II	40.266	2.214,63	3.221,28	3.623,94	2.111,23	3.070,88	3.454,74	2.007,83	2.920,48	3.285,54	1.904,43	2.770,08	3.116,34	1.801,03	2.619,68	2.947,14	1.585,43	2.469,28	2.777,94	1.361,71	2.318,88	2.608,74
	III	31.626	-	2.530,08	2.846,34	-	2.383,20	2.681,10	-	2.239,52	2.519,46	-	2.098,72	2.361,06	-	1.961,12	2.206,26	-	1.826,56	2.054,88	-	1.695,04	1.906,92
	IV	42.055	2.313,02	3.364,40	3.784,95	2.261,32	3.289,20	3.700,35	2.209,62	3.214,00	3.615,75	2.157,92	3.138,80	3.531,15	2.106,22	3.063,60	3.446,55	2.054,52	2.988,40	3.361,95	2.002,82	2.913,20	3.277,35
	V	48.228	2.652,54	3.858,24	4.340,52																		
	VI	48.760	2.681,80	3.900,80	4.388,40																		
27.079,99	I	42.070	2.313,85	3.365,60	3.786,30	2.210,45	3.215,20	3.617,10	2.107,05	3.064,80	3.447,90	2.003,65	2.914,40	3.278,70	1.900,25	2.764,00	3.109,50	1.796,85	2.613,60	2.940,30	1.576,39	2.463,20	2.771,10
	II	40.281	2.215,45	3.222,48	3.625,29	2.112,05	3.072,08	3.456,09	2.008,65	2.921,68	3.286,89	1.905,25	2.771,28	3.117,69	1.801,85	2.620,88	2.948,49	1.587,22	2.470,48	2.779,29	1.363,50	2.320,08	2.610,09
	III	31.642	-	2.531,36	2.847,78	-	2.384,48	2.682,54	-	2.240,64	2.520,72	-	2.099,84	2.362,32	-	1.962,24	2.207,52	-	1.827,68	2.056,14	-	1.696,16	1.908,18
	IV	42.070	2.313,85	3.365,60	3.786,30	2.262,15	3.290,40	3.701,70	2.210,45	3.215,20	3.617,10	2.158,75	3.140,00	3.532,50	2.107,05	3.064,80	3.447,90	2.055,35	2.989,60	3.363,30	2.003,65	2.914,40	3.278,70
	V	48.243	2.653,36	3.859,44	4.341,87																		
	VI	48.775	2.682,62	3.902,00	4.389,75																		
27.115,99	I	42.085	2.314,67	3.366,80	3.787,65	2.211,27	3.216,40	3.618,45	2.107,87	3.066,00	3.449,25	2.004,47	2.915,60	3.280,05	1.901,07	2.765,20	3.110,85	1.797,73	2.614,88	2.941,74	1.578,29	2.464,48	2.772,54
	II	40.296	2.216,28	3.223,68	3.626,64	2.112,88	3.073,28	3.457,44	2.009,48	2.922,88	3.288,24	1.906,08	2.772,48	3.119,04	1.802,68	2.622,08	2.949,84	1.589,00	2.471,68	2.780,64	1.365,28	2.321,28	2.611,44
	III	31.656	-	2.532,48	2.849,04	-	2.385,60	2.683,80	-	2.241,76	2.521,98	-	2.100,96	2.363,58	-	1.963,36	2.208,78	-	1.828,64	2.057,22	-	1.697,12	1.909,26
	IV	42.085	2.314,67	3.366,80	3.787,65	2.262,97	3.291,60	3.703,05	2.211,27	3.216,40	3.618,45	2.159,57	3.141,20	3.533,85	2.107,87	3.066,00	3.449,25	2.056,17	2.990,80	3.364,65	2.004,47	2.915,60	3.280,05
	V	48.258	2.654,19	3.860,64	4.343,22																		
	VI	48.790	2.683,45	3.903,20	4.391,10																		
27.151,99	I	42.100	2.315,50	3.368,00	3.789,00	2.212,10	3.217,60	3.619,80	2.108,70	3.067,20	3.450,60	2.005,30	2.916,80	3.281,40	1.901,95	2.766,48	3.112,29	1.798,55	2.616,08	2.943,09	1.580,08	2.465,68	2.773,89
	II	40.311	2.217,10	3.224,88	3.627,99	2.113,70	3.074,48	3.458,79	2.010,30	2.924,08	3.289,59	1.906,90	2.773,68	3.120,39	1.803,50	2.623,28	2.951,19	1.590,79	2.472,88	2.781,99	1.367,19	2.322,56	2.612,88
	III	31.672	-	2.533,76	2.850,48	-	2.386,72	2.685,06	-	2.242,88	2.523,24	-	2.102,08	2.364,84	-	1.964,32	2.209,86	-	1.829,76	2.058,48	-	1.698,24	1.910,52
	IV	42.100	2.315,50	3.368,00	3.789,00	2.263,80	3.292,80	3.704,40	2.212,10	3.217,60	3.619,80	2.160,40	3.142,40	3.535,20	2.108,70	3.067,20	3.450,60	2.057,00	2.992,00	3.366,00	2.005,30	2.916,80	3.281,40
	V	48.274	2.655,07	3.861,92	4.344,66																		
	VI	48.805	2.684,27	3.904,40	4.392,45																		
27.187,99	I	42.115	2.316,32	3.369,20	3.790,35	2.212,92	3.218,80	3.621,15	2.109,58	3.068,48	3.452,04	2.006,18	2.918,08	3.282,84	1.902,78	2.767,68	3.113,64	1.799,38	2.617,28	2.944,44	1.581,86	2.466,88	2.775,24
	II	40.326	2.217,93	3.226,08	3.629,34	2.114,53	3.075,68	3.460,14	2.011,13	2.925,28	3.290,94	1.907,73	2.774,88	3.121,74	1.804,33	2.624,48	2.952,54	1.592,69	2.474,16	2.783,43	1.368,97	2.323,76	2.614,23
	III	31.686	-	2.534,88	2.851,74	-	2.388,00	2.686,50	-	2.244,00	2.524,50	-	2.103,20	2.366,10	-	1.965,44	2.211,12	-	1.830,88	2.059,74	-	1.699,36	1.911,78
	IV	42.115	2.316,32	3.369,20	3.790,35	2.264,62	3.294,00	3.705,75	2.212,92	3.218,80	3.621,15	2.161,22	3.143,60	3.536,55	2.109,58	3.068,48	3.452,04	2.057,88	2.993,28	3.367,44	2.006,18	2.918,08	3.282,84
	V	48.289	2.655,89	3.863,12	4.346,01																		
	VI	48.820	2.685,10	3.905,60	4.393,80																		
27.223,99	I	42.130	2.317,15	3.370,40	3.791,70	2.213,80	3.220,08	3.622,59	2.110,40	3.069,68	3.453,39	2.007,00	2.919,28	3.284,19	1.903,60	2.768,88	3.114,99	1.800,20	2.618,48	2.945,79	1.583,65	2.468,08	2.776,59
	II	40.341	2.218,75	3.227,28	3.630,69	2.115,35	3.076,88	3.461,49	2.011,95	2.926,48	3.292,29	1.908,61	2.776,16	3.123,18	1.805,21	2.625,76	2.953,98	1.594,48	2.475,36	2.784,78	1.370,76	2.324,96	2.615,58
	III	31.702	-	2.536,16	2.853,18	-	2.389,12	2.687,76	-	2.245,12	2.525,76	-	2.104,32	2.367,36	-	1.966,56	2.212,38	-	1.831,84	2.060,82	-	1.700,32	1.912,86
	IV	42.130	2.317,15	3.370,40	3.791,70	2.265,50	3.295,28	3.707,19	2.213,80	3.220,08	3.622,59	2.162,10	3.144,88	3.537,99	2.110,40	3.069,68	3.453,39	2.058,70	2.994,48	3.368,79	2.007,00	2.919,28	3.284,19
	V	48.304	2.656,72	3.864,32	4.347,36																		
	VI	48.835	2.685,92	3.906,80	4.395,15																		
27.259,99	I	42.146	2.318,03	3.371,68	3.793,14	2.214,63	3.221,28	3.623,94	2.111,23	3.070,88	3.454,74	2.007,83	2.920,48	3.285,54	1.904,43	2.770,08	3.116,34	1.801,03	2.619,68	2.947,14	1.585,43	2.469,28	2.777,94
	II	40.356	2.219,58	3.228,48	3.632,04	2.116,18	3.078,08	3.462,84	2.012,83	2.927,76	3.293,73	1.909,43	2.777,36	3.124,53	1.806,03	2.626,96	2.955,33	1.596,26	2.476,56	2.786,13	1.372,54	2.326,16	2.616,93
	III	31.716	-	2.537,28	2.854,44	-	2.390,24	2.689,02	-	2.246,40	2.527,20	-	2.105,44	2.368,62	-	1.967,68	2.213,64	-	1.832,96	2.062,08	-	1.701,44	1.914,12
	IV	42.146	2.318,03	3.371,68	3.793,14	2.266,33	3.296,48	3.708,54	2.214,63	3.221,28	3.623,94	2.162,93	3.146,08	3.539,34	2.111,23	3.070,88	3.454,74	2.059,53	2.995,68	3.370,14	2.007,83	2.920,48	3.285,54
	V	48.319	2.657,54	3.865,52	4.348,71																		
	VI	48.851	2.686,80	3.908,08	4.396,59																		
27.295,99	I	42.161	2.318,85	3.372,88	3.794,49	2.215,45	3.222,48	3.625,29	2.112,05	3.072,08	3.456,09	2.008,65	2.921,68	3.286,89	1.905,25	2.771,28	3.117,69	1.801,85	2.620,88	2.948,49	1.587,22	2.470,48	2.779,29
	II	40.372	2.220,46	3.229,76	3.633,48	2.117,06	3.079,36	3.464,28	2.013,66	2.928,96	3.295,08	1.910,26	2.778,56	3.125,88	1.806,86	2.628,16	2.956,68	1.598,05	2.477,76	2.787,48	1.374,33	2.327,36	2.618,28
	III	31.732	-	2.538,56	2.855,88	-	2.391,52	2.690,46	-	2.247,52	2.528,46	-	2.106,56	2.369,88	-	1.968,80	2.214,90	-	1.834,08	2.063,34	-	1.702,40	1.915,20
	IV	42.161	2.318,85	3.372,88	3.794,49	2.267,15	3.297,68	3.709,89	2.215,45	3.222,48	3.625,29	2.163,75	3.147,28	3.540,69	2.112,05	3.072,08	3.456,09	2.060,35	2.996,88	3.371,49	2.008,65	2.921,68	3.286,89
	V	48.334	2.658,37	3.866,72	4.350,06																		
	VI	48.866	2.687,63	3.909,28	4.397,94																		
27.331,99	I	42.176	2.319,68	3.374,08	3.795,84	2.216,28	3.223,68	3.626,64	2.112,88	3.073,28	3.457,44	2.009,48	2.922,88	3.288,24	1.906,08	2.772,48	3.119,04	1.802,68	2.622,08	2.949,84	1.589,00	2.471,68	2.780,64
	II	40.387	2.221,28	3.230,96	3.634,83	2.117,88	3.080,56	3.465,63	2.014,48	2.930,16	3.296,43	1.911,08	2.779,76	3.127,23	1.807,68	2.629,36	2.958,03	1.599,83	2.478,96	2.788,83	1.376,11	2.328,56	2.619,63
	III	31.746	-	2.539,68	2.857,14	-	2.392,64	2.691,72	-	2.248,64	2.529,72	-	2.107,68	2.371,14	-	1.969,92	2.216,16	-	1.835,20	2.064,60	-	1.703,52	1.916,46
	IV	42.176	2.319,68	3.374,08	3.795,84	2.267,98	3.298,88	3.711,24	2.216,28	3.223,68	3.626,64	2.164,58	3.148,48	3.542,04	2.112,88	3.073,28	3.457,44	2.061,18	2.998,08	3.372,84	2.009,48	2.922,88	3.288,24
	V	48.349	2.659,19	3.867,92	4.351,41																		
	VI	48.881	2.688,45	3.910,48	4.399,29																		
27.367,99	I	42.191	2.320,50	3.375,28	3.797,19	2.217,10	3.224,88	3.627,99	2.113,70	3.074,48	3.458,79	2.010,30	2.924,08	3.289,59	1.906,90	2.773,68	3.120,39	1.803,50	2.623,28	2.951,19	1.590,79	2.472,88	2.781,99
	II	40.402	2.222,11	3.232,16	3.636,18	2.118,71	3.081,76	3.466,98	2.015,31	2.931,36	3.297,78	1.911,91	2.780,96	3.128,58	1.808,51	2.630,56	2.959,38	1.601,62	2.480,16	2.790,18	1.377,90	2.329,76	2.620,98
	III	31.762	-	2.540,96	2.858,58	-	2.393,76	2.692,98	-	2.249,76	2.530,98	-	2.108,80	2.372,40	-	1.971,04	2.217,42	-	1.836,16	2.065,68	-	1.704,48	1.917,54
	IV	42.191	2.320,50	3.375,28	3.797,19	2.268,80	3.300,08	3.712,59	2.217,10	3.224,88	3.627,99	2.165,40	3.149,68	3.543,39	2.113,70	3.074,48	3.458,79	2.062,00	2.999,28	3.374,19	2.010,30	2.924,08	3.289,59
	V	48.364	2.660,02	3.869,12	4.352,76																		
	VI	48.896	2.689,28	3.911,68	4.400,64																		
27.403,99	I	42.206	2.321,33	3.376,48	3.798,54	2.217,93	3.226,08	3.629,34	2.114,53	3.075,68	3.460,14	2.011,13	2.925,28	3.290,94	1.907,73	2.774,88	3.121,74	1.804,33	2.624,48	2.952,54	1.592,69	2.474,16	2.783,43
	II	40.417	2.222,93	3.233,36	3.637,53	2.119,53	3.082,96	3.468,33	2.016,13	2.932,56	3.299,13	1.912,73	2.782,16	3.129,93	1.809,33	2.631,76	2.960,73	1.603,40	2.481,36	2.791,53	1.379,68	2.330,96	2.622,33
	III	31.776	-	2.542,08	2.859,84	-	2.394,88	2.694,24	-	2.250,88	2.532,24	-	2.109,92	2.373,66	-	1.972,00	2.218,50	-	1.837,28	2.066,94	-	1.705,60	1.918,80
	IV	42.206	2.321,33	3.376,48	3.798,54	2.269,63	3.301,28	3.713,94	2.217,93	3.226,08	3.629,34	2.166,23	3.150,88	3.544,74	2.114,53	3.075,68	3.460,14	2.062,83	3.000,48	3.375,54	2.011,13	2.925,28	3.290,94
	V	48.379	2.660,84	3.870,32	4.354,11																		
	VI	48.911	2.690,10	3.912,88	4.401,99																		
27.439,99	I	42.221	2.322,15	3.377,68	3.799,89	2.218,75	3.227,28	3.630,69	2.115,35	3.076,88	3.461,49	2.011,95	2.926,48	3.292,29	1.908,61	2.776,16	3.123,18	1.805,21	2.625,76	2.953,98	1.594,48	2.475,36	2.784,78
	II	40.432	2.223,76	3.234,56	3.638,88	2.120,36	3.084,16	3.469,68	2.016,96	2.933,76	3.300,48	1.913,56	2.783,36	3.131,28	1.810,16	2.632,96	2.962,08	1.605,19	2.482,56	2.792,88	1.381,47	2.332,16	2.623,68
	III	31.792	-	2.543,36	2.861,28	-	2.396,16	2.695,68	-	2.252,00	2.533,50	-	2.111,04	2.374,92	-	1.973,12	2.219,76	-	1.838,40	2.068,20	-	1.706,56	1.919,88
	IV	42.221	2.322,15	3.377,68	3.799,89	2.270,45	3.302,48	3.715,29	2.218,75	3.227,28	3.630,69	2.167,05	3.152,08	3.546,09	2.115,35	3.076,88	3.461,49	2.063,65	3.001,68	3.376,89	2.011,95	2.926,48	3.292,29
	V	48.394	2.661,67	3.871,52	4.355,46																		
	VI	48.926	2.690,93	3.914,08	4.403,34																		

Anzahl Kinderfreibeträge (nur Steuerklassen I–IV)

SolZ/KiSt lt. Tabelle nicht für Sonstige Bezüge anwendbar.

JAHR bis 127.979,99 €

Besondere Tabelle

Lohn/Gehalt bis	Steuerklasse	Lohnsteuer	ohne Kinderfreibetrag			Anzahl Kinderfreibeträge (nur Steuerklassen I–IV)																	
						0,5			1,0			1,5			2,0			2,5			3,0		
			SolZ 5,5%	Kirchensteuer 8%	Kirchensteuer 9%	SolZ 5,5%	Kirchensteuer 8%	Kirchensteuer 9%	SolZ 5,5%	Kirchensteuer 8%	Kirchensteuer 9%	SolZ 5,5%	Kirchensteuer 8%	Kirchensteuer 9%	SolZ 5,5%	Kirchensteuer 8%	Kirchensteuer 9%	SolZ 5,5%	Kirchensteuer 8%	Kirchensteuer 9%	SolZ 5,5%	Kirchensteuer 8%	Kirchensteuer 9%
127.475,99	I	42.236	2.322,98	3.378,88	3.801,24	2.219,58	3.228,48	3.632,04	2.116,18	3.078,08	3.462,84	2.012,83	2.927,76	3.293,73	1.909,43	2.777,36	3.124,53	1.806,03	2.626,96	2.955,33	1.596,26	2.476,56	2.786,1
	II	40.447	2.224,58	3.235,76	3.640,23	2.121,18	3.085,36	3.471,03	2.017,78	2.934,96	3.301,83	1.914,38	2.784,56	3.132,63	1.810,98	2.634,16	2.963,43	1.607,09	2.483,84	2.794,32	1.383,37	2.333,44	2.625,12
	III	31.806	–	2.544,48	2.862,54	–	2.397,28	2.696,94	–	2.253,12	2.534,76	–	2.112,16	2.376,18	–	1.974,24	2.221,02	–	1.839,36	2.069,28	–	1.707,68	1.921,1
	IV	42.236	2.322,98	3.378,88	3.801,24	2.271,28	3.303,68	3.716,64	2.219,58	3.228,48	3.632,04	2.167,88	3.153,28	3.547,44	2.116,18	3.078,08	3.462,84	2.064,53	3.002,96	3.378,33	2.012,83	2.927,76	3.293,7
	V	48.410	2.662,55	3.872,80	4.356,90																		
	VI	48.941	2.691,75	3.915,28	4.404,69																		
127.511,99	I	42.251	2.323,80	3.380,08	3.802,59	2.220,46	3.229,76	3.633,48	2.117,06	3.079,36	3.464,28	2.013,66	2.928,96	3.295,08	1.910,26	2.778,56	3.125,88	1.806,86	2.628,16	2.956,68	1.598,05	2.477,76	2.787,4
	II	40.462	2.225,41	3.236,96	3.641,58	2.122,01	3.086,56	3.472,38	2.018,61	2.936,16	3.303,18	1.915,21	2.785,76	3.133,98	1.811,86	2.635,44	2.964,87	1.608,88	2.485,04	2.795,67	1.385,16	2.334,64	2.626,4
	III	31.822	–	2.545,76	2.863,98	–	2.398,40	2.698,20	–	2.254,40	2.536,20	–	2.113,28	2.377,44	–	1.975,36	2.222,28	–	1.840,48	2.070,54	–	1.708,64	1.922,2
	IV	42.251	2.323,80	3.380,08	3.802,59	2.272,10	3.304,88	3.717,99	2.220,46	3.229,76	3.633,48	2.168,76	3.154,56	3.548,88	2.117,06	3.079,36	3.464,28	2.065,36	3.004,16	3.379,68	2.013,66	2.928,96	3.295,0
	V	48.425	2.663,37	3.874,00	4.358,25																		
	VI	48.956	2.692,58	3.916,48	4.406,04																		
127.547,99	I	42.267	2.324,68	3.381,36	3.804,03	2.221,28	3.230,96	3.634,83	2.117,88	3.080,56	3.465,63	2.014,48	2.930,16	3.296,43	1.911,08	2.779,76	3.127,23	1.807,68	2.629,36	2.958,03	1.599,83	2.478,96	2.788,8
	II	40.477	2.226,23	3.238,16	3.642,93	2.122,83	3.087,76	3.473,73	2.019,49	2.937,44	3.304,62	1.916,09	2.787,04	3.135,42	1.812,69	2.636,64	2.966,22	1.610,66	2.486,24	2.797,02	1.386,94	2.335,84	2.627,8
	III	31.836	–	2.546,88	2.865,24	–	2.399,68	2.699,64	–	2.255,52	2.537,46	–	2.114,40	2.378,70	–	1.976,48	2.223,54	–	1.841,60	2.071,80	–	1.709,76	1.923,4
	IV	42.267	2.324,68	3.381,36	3.804,03	2.272,98	3.306,16	3.719,43	2.221,28	3.230,96	3.634,83	2.169,58	3.155,76	3.550,23	2.117,88	3.080,56	3.465,63	2.066,18	3.005,36	3.381,03	2.014,48	2.930,16	3.296,4
	V	48.440	2.664,20	3.875,20	4.359,60																		
	VI	48.972	2.693,46	3.917,76	4.407,48																		
127.583,99	I	42.282	2.325,51	3.382,56	3.805,38	2.222,11	3.232,16	3.636,18	2.118,71	3.081,76	3.466,98	2.015,31	2.931,36	3.297,78	1.911,91	2.780,96	3.128,58	1.808,51	2.630,56	2.959,38	1.601,62	2.480,16	2.790,1
	II	40.492	2.227,06	3.239,36	3.644,28	2.123,71	3.089,04	3.475,17	2.020,31	2.938,64	3.305,97	1.916,91	2.788,24	3.136,77	1.813,51	2.637,84	2.967,57	1.612,45	2.487,44	2.798,37	1.388,73	2.337,04	2.629,1
	III	31.852	–	2.548,16	2.866,68	–	2.400,80	2.700,90	–	2.256,64	2.538,72	–	2.115,52	2.379,96	–	1.977,60	2.224,80	–	1.842,56	2.072,88	–	1.710,72	1.924,5
	IV	42.282	2.325,51	3.382,56	3.805,38	2.273,81	3.307,36	3.720,78	2.222,11	3.232,16	3.636,18	2.170,41	3.156,96	3.551,58	2.118,71	3.081,76	3.466,98	2.067,01	3.006,56	3.382,38	2.015,31	2.931,36	3.297,7
	V	48.455	2.665,02	3.876,40	4.360,95																		
	VI	48.987	2.694,28	3.918,96	4.408,83																		
127.619,99	I	42.297	2.326,33	3.383,76	3.806,73	2.222,93	3.233,36	3.637,53	2.119,53	3.082,96	3.468,33	2.016,13	2.932,56	3.299,13	1.912,73	2.782,16	3.129,93	1.809,33	2.631,76	2.960,73	1.603,40	2.481,36	2.791,5
	II	40.508	2.227,94	3.240,64	3.645,72	2.124,54	3.090,24	3.476,52	2.021,14	2.939,84	3.307,32	1.917,74	2.789,44	3.138,12	1.814,34	2.639,04	2.968,92	1.614,23	2.488,64	2.799,72	1.390,51	2.338,24	2.630,5
	III	31.866	–	2.549,28	2.867,94	–	2.401,92	2.702,16	–	2.257,76	2.539,98	–	2.116,64	2.381,22	–	1.978,72	2.226,06	–	1.843,68	2.074,14	–	1.711,84	1.925,8
	IV	42.297	2.326,33	3.383,76	3.806,73	2.274,63	3.308,56	3.722,13	2.222,93	3.233,36	3.637,53	2.171,23	3.158,16	3.552,93	2.119,53	3.082,96	3.468,33	2.067,83	3.007,76	3.383,73	2.016,13	2.932,56	3.299,1
	V	48.470	2.665,85	3.877,60	4.362,30																		
	VI	49.002	2.695,11	3.920,16	4.410,18																		
127.655,99	I	42.312	2.327,16	3.384,96	3.808,08	2.223,76	3.234,56	3.638,88	2.120,36	3.084,16	3.469,68	2.016,96	2.933,76	3.300,48	1.913,56	2.783,36	3.131,28	1.810,16	2.632,96	2.962,08	1.605,19	2.482,56	2.792,8
	II	40.523	2.228,76	3.241,84	3.647,07	2.125,36	3.091,44	3.477,87	2.021,96	2.941,04	3.308,67	1.918,56	2.790,64	3.139,47	1.815,16	2.640,24	2.970,27	1.616,02	2.489,84	2.801,07	1.392,30	2.339,44	2.631,8
	III	31.880	–	2.550,40	2.869,20	–	2.403,20	2.703,60	–	2.258,88	2.541,24	–	2.117,76	2.382,48	–	1.979,68	2.227,14	–	1.844,80	2.075,40	–	1.712,96	1.927,0
	IV	42.312	2.327,16	3.384,96	3.808,08	2.275,46	3.309,76	3.723,48	2.223,76	3.234,56	3.638,88	2.172,06	3.159,36	3.554,28	2.120,36	3.084,16	3.469,68	2.068,66	3.008,96	3.385,08	2.016,96	2.933,76	3.300,4
	V	48.485	2.666,67	3.878,80	4.363,65																		
	VI	49.017	2.695,93	3.921,36	4.411,53																		
127.691,99	I	42.327	2.327,98	3.386,16	3.809,43	2.224,58	3.235,76	3.640,23	2.121,18	3.085,36	3.471,03	2.017,78	2.934,96	3.301,83	1.914,38	2.784,56	3.132,63	1.810,98	2.634,16	2.963,43	1.607,09	2.483,84	2.794,3
	II	40.538	2.229,59	3.243,04	3.648,42	2.126,19	3.092,64	3.479,22	2.022,79	2.942,24	3.310,02	1.919,39	2.791,84	3.140,82	1.815,99	2.641,44	2.971,62	1.617,80	2.491,04	2.802,42	1.394,08	2.340,64	2.633,2
	III	31.896	–	2.551,68	2.870,64	–	2.404,32	2.704,86	–	2.260,16	2.542,68	–	2.118,88	2.383,74	–	1.980,80	2.228,40	–	1.845,92	2.076,66	–	1.713,92	1.928,1
	IV	42.327	2.327,98	3.386,16	3.809,43	2.276,28	3.310,96	3.724,83	2.224,58	3.235,76	3.640,23	2.172,88	3.160,56	3.555,63	2.121,18	3.085,36	3.471,03	2.069,48	3.010,16	3.386,43	2.017,78	2.934,96	3.301,8
	V	48.500	2.667,50	3.880,00	4.365,00																		
	VI	49.032	2.696,76	3.922,56	4.412,88																		
127.727,99	I	42.342	2.328,81	3.387,36	3.810,78	2.225,41	3.236,96	3.641,58	2.122,01	3.086,56	3.472,38	2.018,61	2.936,16	3.303,18	1.915,21	2.785,76	3.133,98	1.811,86	2.635,44	2.964,87	1.608,88	2.485,04	2.795,6
	II	40.553	2.230,41	3.244,24	3.649,77	2.127,01	3.093,84	3.480,57	2.023,61	2.943,44	3.311,37	1.920,21	2.793,04	3.142,17	1.816,81	2.642,64	2.972,97	1.619,59	2.492,24	2.803,77	1.395,87	2.341,84	2.634,5
	III	31.910	–	2.552,80	2.871,90	–	2.405,44	2.706,12	–	2.261,28	2.543,94	–	2.120,00	2.385,00	–	1.981,92	2.229,66	–	1.846,88	2.077,74	–	1.715,04	1.929,4
	IV	42.342	2.328,81	3.387,36	3.810,78	2.277,11	3.312,16	3.726,18	2.225,41	3.236,96	3.641,58	2.173,71	3.161,76	3.556,98	2.122,01	3.086,56	3.472,38	2.070,31	3.011,36	3.387,78	2.018,61	2.936,16	3.303,1
	V	48.515	2.668,32	3.881,20	4.366,35																		
	VI	49.047	2.697,58	3.923,76	4.414,23																		
127.763,99	I	42.357	2.329,63	3.388,56	3.812,13	2.226,23	3.238,16	3.642,93	2.122,83	3.087,76	3.473,73	2.019,49	2.937,44	3.304,62	1.916,09	2.787,04	3.135,42	1.812,69	2.636,64	2.966,22	1.610,66	2.486,24	2.797,0
	II	40.568	2.231,24	3.245,44	3.651,12	2.127,84	3.095,04	3.481,92	2.024,44	2.944,64	3.312,72	1.921,04	2.794,24	3.143,52	1.817,64	2.643,84	2.974,32	1.621,37	2.493,44	2.805,12	1.397,77	2.343,12	2.636,0
	III	31.926	–	2.554,08	2.873,34	–	2.406,72	2.707,56	–	2.262,40	2.545,20	–	2.121,12	2.386,26	–	1.983,04	2.230,92	–	1.848,00	2.079,00	–	1.716,00	1.930,5
	IV	42.357	2.329,63	3.388,56	3.812,13	2.277,93	3.313,36	3.727,53	2.226,23	3.238,16	3.642,93	2.174,53	3.162,96	3.558,33	2.122,83	3.087,76	3.473,73	2.071,13	3.012,56	3.389,13	2.019,49	2.937,44	3.304,6
	V	48.531	2.669,20	3.882,48	4.367,79																		
	VI	49.062	2.698,41	3.924,96	4.415,58																		
127.799,99	I	42.372	2.330,46	3.389,76	3.813,48	2.227,06	3.239,36	3.644,28	2.123,71	3.089,04	3.475,17	2.020,31	2.938,64	3.305,97	1.916,91	2.788,24	3.136,77	1.813,51	2.637,84	2.967,57	1.612,45	2.487,44	2.798,3
	II	40.583	2.232,06	3.246,64	3.652,47	2.128,66	3.096,24	3.483,27	2.025,26	2.945,84	3.314,07	1.921,86	2.795,44	3.144,87	1.818,52	2.645,12	2.975,76	1.623,27	2.494,72	2.806,56	1.399,55	2.344,32	2.637,3
	III	31.940	–	2.555,20	2.874,60	–	2.407,84	2.708,82	–	2.263,52	2.546,46	–	2.122,24	2.387,52	–	1.984,16	2.232,18	–	1.849,12	2.080,26	–	1.717,12	1.931,7
	IV	42.372	2.330,46	3.389,76	3.813,48	2.278,76	3.314,56	3.728,88	2.227,06	3.239,36	3.644,28	2.175,41	3.164,24	3.559,77	2.123,71	3.089,04	3.475,17	2.072,01	3.013,84	3.390,57	2.020,31	2.938,64	3.305,9
	V	48.546	2.670,03	3.883,68	4.369,14																		
	VI	49.077	2.699,23	3.926,16	4.416,93																		
127.835,99	I	42.388	2.331,34	3.391,04	3.814,92	2.227,94	3.240,64	3.645,72	2.124,54	3.090,24	3.476,52	2.021,14	2.939,84	3.307,32	1.917,74	2.789,44	3.138,12	1.814,34	2.639,04	2.968,92	1.614,23	2.488,64	2.799,7
	II	40.598	2.232,89	3.247,84	3.653,82	2.129,49	3.097,44	3.484,62	2.026,09	2.947,04	3.315,42	1.922,74	2.796,72	3.146,31	1.819,34	2.646,32	2.977,11	1.625,06	2.495,92	2.807,91	1.401,34	2.345,52	2.638,7
	III	31.956	–	2.556,48	2.876,04	–	2.408,96	2.710,08	–	2.264,64	2.547,72	–	2.123,36	2.388,78	–	1.985,28	2.233,44	–	1.850,08	2.081,34	–	1.718,08	1.932,8
	IV	42.388	2.331,34	3.391,04	3.814,92	2.279,64	3.315,84	3.730,32	2.227,94	3.240,64	3.645,72	2.176,24	3.165,44	3.561,12	2.124,54	3.090,24	3.476,52	2.072,84	3.015,04	3.391,92	2.021,14	2.939,84	3.307,3
	V	48.561	2.670,85	3.884,88	4.370,49																		
	VI	49.093	2.700,11	3.927,44	4.418,37																		
127.871,99	I	42.403	2.332,16	3.392,24	3.816,27	2.228,76	3.241,84	3.647,07	2.125,36	3.091,44	3.477,87	2.021,96	2.941,04	3.308,67	1.918,56	2.790,64	3.139,47	1.815,16	2.640,24	2.970,27	1.616,02	2.489,84	2.801,0
	II	40.613	2.233,71	3.249,04	3.655,17	2.130,37	3.098,72	3.486,06	2.026,97	2.948,32	3.316,86	1.923,57	2.797,92	3.147,66	1.820,17	2.647,52	2.978,46	1.626,84	2.497,12	2.809,26	1.403,12	2.346,72	2.640,0
	III	31.970	–	2.557,60	2.877,30	–	2.410,24	2.711,52	–	2.265,76	2.548,98	–	2.124,48	2.390,04	–	1.986,40	2.234,70	–	1.851,20	2.082,60	–	1.719,20	1.934,1
	IV	42.403	2.332,16	3.392,24	3.816,27	2.280,46	3.317,04	3.731,67	2.228,76	3.241,84	3.647,07	2.177,06	3.166,64	3.562,47	2.125,36	3.091,44	3.477,87	2.073,66	3.016,24	3.393,27	2.021,96	2.941,04	3.308,6
	V	48.576	2.671,68	3.886,08	4.371,84																		
	VI	49.108	2.700,94	3.928,64	4.419,72																		
127.907,99	I	42.418	2.332,99	3.393,44	3.817,62	2.229,59	3.243,04	3.648,42	2.126,19	3.092,64	3.479,22	2.022,79	2.942,24	3.310,02	1.919,39	2.791,84	3.140,82	1.815,99	2.641,44	2.971,62	1.617,80	2.491,04	2.802,4
	II	40.629	2.234,59	3.250,32	3.656,61	2.131,19	3.099,92	3.487,41	2.027,79	2.949,52	3.318,21	1.924,39	2.799,12	3.149,01	1.820,99	2.648,72	2.979,81	1.628,63	2.498,32	2.810,61	1.404,91	2.347,92	2.641,4
	III	31.986	–	2.558,88	2.878,74	–	2.411,36	2.712,78	–	2.267,04	2.550,42	–	2.125,60	2.391,30	–	1.987,36	2.235,78	–	1.852,32	2.083,86	–	1.720,16	1.935,1
	IV	42.418	2.332,99	3.393,44	3.817,62	2.281,29	3.318,24	3.733,02	2.229,59	3.243,04	3.648,42	2.177,89	3.167,84	3.563,82	2.126,19	3.092,64	3.479,22	2.074,49	3.017,44	3.394,62	2.022,79	2.942,24	3.310,0
	V	48.591	2.672,50	3.887,28	4.373,19																		
	VI	49.123	2.701,76	3.929,84	4.421,07																		
127.943,99	I	42.433	2.333,81	3.394,64	3.818,97	2.230,41	3.244,24	3.649,77	2.127,01	3.093,84	3.480,57	2.023,61	2.943,44	3.311,37	1.920,21	2.793,04	3.142,17	1.816,81	2.642,64	2.972,97	1.619,59	2.492,24	2.803,7
	II	40.644	2.235,42	3.251,52	3.657,96	2.132,02	3.101,12	3.488,76	2.028,62	2.950,72	3.319,56	1.925,22	2.800,32	3.150,36	1.821,82	2.649,92	2.981,16	1.630,41	2.499,52	2.811,96	1.406,69	2.349,12	2.642,7
	III	32.000	–	2.560,00	2.880,00	–	2.412,48	2.714,04	–	2.268,16	2.551,68	–	2.126,72	2.392,56	–	1.988,48	2.237,04	–	1.853,44	2.085,12	–	1.721,28	1.936,4
	IV	42.433	2.333,81	3.394,64	3.818,97	2.282,11	3.319,44	3.734,37	2.230,41	3.244,24	3.649,77	2.178,71	3.169,04	3.565,17	2.127,01	3.093,84	3.480,57	2.075,31	3.018,64	3.395,97	2.023,61	2.943,44	3.311,3
	V	48.606	2.673,33	3.888,48	4.374,54																		
	VI	49.138	2.702,59	3.931,04	4.422,42																		
127.979,99	I	42.448	2.334,64	3.395,84	3.820,32	2.231,24	3.245,44	3.651,12	2.127,84	3.095,04	3.481,92	2.024,44	2.944,64	3.312,72	1.921,04	2.794,24	3.143,52	1.817,64	2.643,84	2.974,32	1.621,37	2.493,44	2.805,1
	II	40.659	2.236,24	3.252,72	3.659,31	2.132,84	3.102,32	3.490,11	2.029,44	2.951,92	3.320,91	1.926,04	2.801,52	3.151,71	1.822,64	2.651,12	2.982,51	1.632,20	2.500,72	2.813,31	1.408,48	2.350,32	2.644,1
	III	32.016	–	2.561,28	2.881,44	–	2.413,76	2.715,48	–	2.269,28	2.552,94	–	2.127,84	2.393,82	–	1.989,60	2.238,30	–	1.854,40	2.086,20	–	1.722,40	1.937,7
	IV	42.448	2.334,64	3.395,84	3.820,32	2.282,94	3.320,64	3.735,72	2.231,24	3.245,44	3.651,12	2.179,54	3.170,24	3.566,52	2.127,84	3.095,04	3.481,92	2.076,14	3.019,84	3.397,32	2.024,44	2.944,64	3.312,7
	V	48.621	2.674,15	3.889,68	4.375,89																		
	VI	49.153	2.703,41	3.932,24	4.423,77																		

SolZ/KiSt lt. Tabelle nicht für Sonstige Bezüge anwendbar.

Besondere Tabelle

JAHR bis 128.519,99 €

Lohn/ Gehalt bis	Steuerklasse	Lohn-steuer	ohne Kinderfreibetrag			Anzahl Kinderfreibeträge (nur Steuerklassen I–IV)																	
						0,5			1,0			1,5			2,0			2,5			3,0		
			SolZ 5,5%	Kirchensteuer 8%	9%	SolZ 5,5%	Kirchensteuer 8%	9%	SolZ 5,5%	Kirchensteuer 8%	9%	SolZ 5,5%	Kirchensteuer 8%	9%	SolZ 5,5%	Kirchensteuer 8%	9%	SolZ 5,5%	Kirchensteuer 8%	9%	SolZ 5,5%	Kirchensteuer 8%	9%
128.015,99	I	42.463	2.335,46	3.397,04	3.821,67	2.232,06	3.246,64	3.652,47	2.128,66	3.096,24	3.483,27	2.025,26	2.945,84	3.314,07	1.921,86	2.795,44	3.144,87	1.818,52	2.645,12	2.975,76	1.623,27	2.494,72	2.806,56
	II	40.674	2.237,07	3.253,92	3.660,66	2.133,67	3.103,52	3.491,46	2.030,27	2.953,12	3.322,26	1.926,87	2.802,72	3.153,06	1.823,47	2.652,32	2.983,86	1.633,98	2.501,92	2.814,66	1.410,26	2.351,52	2.645,46
	III	32.030	-	2.562,40	2.882,70	-	2.414,88	2.716,74	-	2.270,40	2.554,20	-	2.128,96	2.395,08	-	1.990,72	2.239,56	-	1.855,52	2.087,46	-	1.723,36	1.938,78
	IV	42.463	2.335,46	3.397,04	3.821,67	2.283,76	3.321,84	3.737,07	2.232,06	3.246,64	3.652,47	2.180,36	3.171,44	3.567,87	2.128,66	3.096,24	3.483,27	2.076,96	3.021,04	3.398,67	2.025,26	2.945,84	3.314,07
	V	48.636	2.674,98	3.890,88	4.377,24																		
	VI	49.168	2.704,24	3.933,44	4.425,12																		
28.051,99	I	42.478	2.336,29	3.398,24	3.823,02	2.232,89	3.247,84	3.653,82	2.129,49	3.097,44	3.484,62	2.026,09	2.947,04	3.315,42	1.922,74	2.796,72	3.146,31	1.819,34	2.646,32	2.977,11	1.625,06	2.495,92	2.807,91
	II	40.689	2.237,89	3.255,12	3.662,01	2.134,49	3.104,72	3.492,81	2.031,09	2.954,32	3.323,61	1.927,69	2.803,92	3.154,41	1.824,29	2.653,52	2.985,21	1.635,77	2.503,12	2.816,01	1.412,17	2.352,80	2.646,90
	III	32.046	-	2.563,68	2.884,14	-	2.416,00	2.718,00	-	2.271,52	2.555,46	-	2.130,08	2.396,34	-	1.991,84	2.240,82	-	1.856,64	2.088,72	-	1.724,48	1.940,04
	IV	42.478	2.336,29	3.398,24	3.823,02	2.284,59	3.323,04	3.738,42	2.232,89	3.247,84	3.653,82	2.181,19	3.172,64	3.569,22	2.129,49	3.097,44	3.484,62	2.077,79	3.022,24	3.400,02	2.026,09	2.947,04	3.315,42
	V	48.652	2.675,86	3.892,16	4.378,68																		
	VI	49.183	2.705,06	3.934,64	4.426,47																		
28.087,99	I	42.493	2.337,11	3.399,44	3.824,37	2.233,71	3.249,04	3.655,17	2.130,37	3.098,72	3.486,06	2.026,97	2.948,32	3.316,86	1.923,57	2.797,92	3.147,66	1.820,17	2.647,52	2.978,46	1.626,84	2.497,12	2.809,26
	II	40.704	2.238,72	3.256,32	3.663,36	2.135,32	3.105,92	3.494,16	2.031,92	2.955,52	3.324,96	1.928,52	2.805,12	3.155,76	1.825,12	2.654,72	2.986,56	1.637,67	2.504,40	2.817,45	1.413,95	2.354,00	2.648,25
	III	32.060	-	2.564,80	2.885,40	-	2.417,28	2.719,44	-	2.272,64	2.556,72	-	2.131,36	2.397,78	-	1.992,96	2.242,08	-	1.857,60	2.089,80	-	1.725,44	1.941,12
	IV	42.493	2.337,11	3.399,44	3.824,37	2.285,41	3.324,24	3.739,77	2.233,71	3.249,04	3.655,17	2.182,01	3.173,84	3.570,57	2.130,37	3.098,72	3.486,06	2.078,67	3.023,52	3.401,46	2.026,97	2.948,32	3.316,86
	V	48.667	2.676,68	3.893,36	4.380,03																		
	VI	49.198	2.705,89	3.935,84	4.427,82																		
28.123,99	I	42.508	2.337,94	3.400,64	3.825,72	2.234,59	3.250,32	3.656,61	2.131,19	3.099,92	3.487,41	2.027,79	2.949,52	3.318,21	1.924,39	2.799,12	3.149,01	1.820,99	2.648,72	2.979,81	1.628,63	2.498,32	2.810,61
	II	40.719	2.239,54	3.257,52	3.664,71	2.136,14	3.107,12	3.495,51	2.032,74	2.956,72	3.326,31	1.929,40	2.806,40	3.157,20	1.826,00	2.656,00	2.988,00	1.639,46	2.505,60	2.818,80	1.415,74	2.355,20	2.649,60
	III	32.076	-	2.566,08	2.886,84	-	2.418,40	2.720,70	-	2.273,92	2.558,16	-	2.132,48	2.399,04	-	1.994,08	2.243,34	-	1.858,72	2.091,06	-	1.726,56	1.942,38
	IV	42.508	2.337,94	3.400,64	3.825,72	2.286,29	3.325,52	3.741,21	2.234,59	3.250,32	3.656,61	2.182,89	3.175,12	3.572,01	2.131,19	3.099,92	3.487,41	2.079,49	3.024,72	3.402,81	2.027,79	2.949,52	3.318,21
	V	48.682	2.677,51	3.894,56	4.381,38																		
	VI	49.213	2.706,71	3.937,04	4.429,17																		
28.159,99	I	42.524	2.338,82	3.401,92	3.827,16	2.235,42	3.251,52	3.657,96	2.132,02	3.101,12	3.488,76	2.028,62	2.950,72	3.319,56	1.925,22	2.800,32	3.150,36	1.821,82	2.649,92	2.981,16	1.630,41	2.499,52	2.811,96
	II	40.734	2.240,37	3.258,72	3.666,06	2.136,97	3.108,32	3.496,86	2.033,62	2.958,00	3.327,75	1.930,22	2.807,60	3.158,55	1.826,82	2.657,20	2.989,35	1.641,24	2.506,80	2.820,15	1.417,52	2.356,40	2.650,95
	III	32.090	-	2.567,20	2.888,10	-	2.419,52	2.721,96	-	2.275,04	2.559,42	-	2.133,60	2.400,30	-	1.995,20	2.244,60	-	1.859,84	2.092,32	-	1.727,52	1.943,46
	IV	42.524	2.338,82	3.401,92	3.827,16	2.287,12	3.326,72	3.742,56	2.235,42	3.251,52	3.657,96	2.183,72	3.176,32	3.573,36	2.132,02	3.101,12	3.488,76	2.080,32	3.025,92	3.404,16	2.028,62	2.950,72	3.319,56
	V	48.697	2.678,33	3.895,76	4.382,73																		
	VI	49.229	2.707,59	3.938,32	4.430,61																		
28.195,99	I	42.539	2.339,64	3.403,12	3.828,51	2.236,24	3.252,72	3.659,31	2.132,84	3.102,32	3.490,11	2.029,44	2.951,92	3.320,91	1.926,04	2.801,52	3.151,71	1.822,64	2.651,12	2.982,51	1.632,20	2.500,72	2.813,31
	II	40.750	2.241,25	3.260,00	3.667,50	2.137,85	3.109,60	3.498,30	2.034,45	2.959,20	3.329,10	1.931,05	2.808,80	3.159,90	1.827,65	2.658,40	2.990,70	1.643,03	2.508,00	2.821,50	1.419,31	2.357,60	2.652,30
	III	32.106	-	2.568,48	2.889,54	-	2.420,80	2.723,40	-	2.276,16	2.560,68	-	2.134,72	2.401,56	-	1.996,16	2.245,68	-	1.860,96	2.093,58	-	1.728,64	1.944,72
	IV	42.539	2.339,64	3.403,12	3.828,51	2.287,94	3.327,92	3.743,91	2.236,24	3.252,72	3.659,31	2.184,54	3.177,52	3.574,71	2.132,84	3.102,32	3.490,11	2.081,14	3.027,12	3.405,51	2.029,44	2.951,92	3.320,91
	V	48.712	2.679,16	3.896,96	4.384,08																		
	VI	49.244	2.708,42	3.939,52	4.431,96																		
28.231,99	I	42.554	2.340,47	3.404,32	3.829,86	2.237,07	3.253,92	3.660,66	2.133,67	3.103,52	3.491,46	2.030,27	2.953,12	3.322,26	1.926,87	2.802,72	3.153,06	1.823,47	2.652,32	2.983,86	1.633,98	2.501,92	2.814,66
	II	40.765	2.242,07	3.261,20	3.668,85	2.138,67	3.110,80	3.499,65	2.035,27	2.960,40	3.330,45	1.931,87	2.810,00	3.161,25	1.828,47	2.659,60	2.992,05	1.644,81	2.509,20	2.822,85	1.421,09	2.358,80	2.653,65
	III	32.120	-	2.569,60	2.890,80	-	2.421,92	2.724,66	-	2.277,28	2.561,94	-	2.135,84	2.402,82	-	1.997,28	2.246,94	-	1.861,92	2.094,66	-	1.729,76	1.945,98
	IV	42.554	2.340,47	3.404,32	3.829,86	2.288,77	3.329,12	3.745,26	2.237,07	3.253,92	3.660,66	2.185,37	3.178,72	3.576,06	2.133,67	3.103,52	3.491,46	2.081,97	3.028,32	3.406,86	2.030,27	2.953,12	3.322,26
	V	48.727	2.679,98	3.898,16	4.385,43																		
	VI	49.259	2.709,24	3.940,72	4.433,31																		
28.267,99	I	42.569	2.341,29	3.405,52	3.831,21	2.237,89	3.255,12	3.662,01	2.134,49	3.104,72	3.492,81	2.031,09	2.954,32	3.323,61	1.927,69	2.803,92	3.154,41	1.824,29	2.653,52	2.985,21	1.635,77	2.503,12	2.816,01
	II	40.780	2.242,90	3.262,40	3.670,20	2.139,50	3.112,00	3.501,00	2.036,10	2.961,60	3.331,80	1.932,70	2.811,20	3.162,60	1.829,30	2.660,80	2.993,40	1.646,60	2.510,40	2.824,20	1.422,88	2.360,00	2.655,00
	III	32.136	-	2.570,88	2.892,24	-	2.423,20	2.726,10	-	2.278,40	2.563,20	-	2.136,96	2.404,08	-	1.998,40	2.248,20	-	1.863,04	2.095,92	-	1.730,72	1.947,06
	IV	42.569	2.341,29	3.405,52	3.831,21	2.289,59	3.330,32	3.746,61	2.237,89	3.255,12	3.662,01	2.186,19	3.179,92	3.577,41	2.134,49	3.104,72	3.492,81	2.082,79	3.029,52	3.408,21	2.031,09	2.954,32	3.323,61
	V	48.742	2.680,81	3.899,36	4.386,78																		
	VI	49.274	2.710,07	3.941,92	4.434,66																		
28.303,99	I	42.584	2.342,12	3.406,72	3.832,56	2.238,72	3.256,32	3.663,36	2.135,32	3.105,92	3.494,16	2.031,92	2.955,52	3.324,96	1.928,52	2.805,12	3.155,76	1.825,12	2.654,72	2.986,56	1.637,67	2.504,40	2.817,45
	II	40.795	2.243,72	3.263,60	3.671,55	2.140,32	3.113,20	3.502,35	2.036,92	2.962,80	3.333,15	1.933,52	2.812,40	3.163,95	1.830,12	2.662,00	2.994,75	1.648,38	2.511,60	2.825,55	1.424,66	2.361,20	2.656,35
	III	32.150	-	2.572,00	2.893,50	-	2.424,32	2.727,36	-	2.279,68	2.564,64	-	2.138,08	2.405,34	-	1.999,52	2.249,46	-	1.864,16	2.097,18	-	1.731,84	1.948,32
	IV	42.584	2.342,12	3.406,72	3.832,56	2.290,42	3.331,52	3.747,96	2.238,72	3.256,32	3.663,36	2.187,02	3.181,12	3.578,76	2.135,32	3.105,92	3.494,16	2.083,62	3.030,72	3.409,56	2.031,92	2.955,52	3.324,96
	V	48.757	2.681,63	3.900,56	4.388,13																		
	VI	49.289	2.710,89	3.943,12	4.436,01																		
28.339,99	I	42.599	2.342,94	3.407,92	3.833,91	2.239,54	3.257,52	3.664,71	2.136,14	3.107,12	3.495,51	2.032,74	2.956,72	3.326,31	1.929,40	2.806,40	3.157,20	1.826,00	2.656,00	2.988,00	1.639,46	2.505,60	2.818,80
	II	40.810	2.244,55	3.264,80	3.672,90	2.141,15	3.114,40	3.503,70	2.037,75	2.964,00	3.334,50	1.934,35	2.813,60	3.165,30	1.830,95	2.663,20	2.996,10	1.650,17	2.512,80	2.826,90	1.426,45	2.362,40	2.657,70
	III	32.166	-	2.573,28	2.894,94	-	2.425,44	2.728,62	-	2.280,80	2.565,90	-	2.139,20	2.406,60	-	2.000,64	2.250,72	-	1.865,28	2.098,44	-	1.732,80	1.949,40
	IV	42.599	2.342,94	3.407,92	3.833,91	2.291,24	3.332,72	3.749,31	2.239,54	3.257,52	3.664,71	2.187,84	3.182,32	3.580,11	2.136,14	3.107,12	3.495,51	2.084,44	3.031,92	3.410,91	2.032,74	2.956,72	3.326,31
	V	48.772	2.682,46	3.901,76	4.389,48																		
	VI	49.304	2.711,72	3.944,32	4.437,36																		
28.375,99	I	42.614	2.343,77	3.409,12	3.835,26	2.240,37	3.258,72	3.666,06	2.136,97	3.108,32	3.496,86	2.033,62	2.958,00	3.327,75	1.930,22	2.807,60	3.158,55	1.826,82	2.657,20	2.989,35	1.641,24	2.506,80	2.820,15
	II	40.825	2.245,37	3.266,00	3.674,25	2.141,97	3.115,60	3.505,05	2.038,57	2.965,20	3.335,85	1.935,17	2.814,80	3.166,65	1.831,77	2.664,40	2.997,45	1.652,07	2.514,08	2.828,34	1.428,35	2.363,68	2.659,14
	III	32.180	-	2.574,40	2.896,20	-	2.426,72	2.730,06	-	2.281,92	2.567,16	-	2.140,32	2.407,86	-	2.001,76	2.251,98	-	1.866,24	2.099,52	-	1.733,92	1.950,66
	IV	42.614	2.343,77	3.409,12	3.835,26	2.292,07	3.333,92	3.750,66	2.240,37	3.258,72	3.666,06	2.188,67	3.183,52	3.581,46	2.136,97	3.108,32	3.496,86	2.085,32	3.033,20	3.412,35	2.033,62	2.958,00	3.327,75
	V	48.788	2.683,34	3.903,04	4.390,92																		
	VI	49.319	2.712,54	3.945,52	4.438,71																		
28.411,99	I	42.629	2.344,59	3.410,32	3.836,61	2.241,25	3.260,00	3.667,50	2.137,85	3.109,60	3.498,30	2.034,45	2.959,20	3.329,10	1.931,05	2.808,80	3.159,90	1.827,65	2.658,40	2.990,70	1.643,03	2.508,00	2.821,50
	II	40.840	2.246,20	3.267,20	3.675,60	2.142,80	3.116,80	3.506,40	2.039,40	2.966,40	3.337,20	1.936,00	2.816,00	3.168,00	1.832,65	2.665,68	2.998,89	1.653,86	2.515,28	2.829,69	1.430,14	2.364,88	2.660,49
	III	32.196	-	2.575,68	2.897,64	-	2.427,84	2.731,32	-	2.283,04	2.568,42	-	2.141,44	2.409,12	-	2.002,88	2.253,24	-	1.867,36	2.100,78	-	1.734,88	1.951,74
	IV	42.629	2.344,59	3.410,32	3.836,61	2.292,89	3.335,12	3.752,01	2.241,25	3.260,00	3.667,50	2.189,55	3.184,80	3.582,90	2.137,85	3.109,60	3.498,30	2.086,15	3.034,40	3.413,70	2.034,45	2.959,20	3.329,10
	V	48.803	2.684,16	3.904,24	4.392,27																		
	VI	49.334	2.713,37	3.946,72	4.440,06																		
28.447,99	I	42.645	2.345,47	3.411,60	3.838,05	2.242,07	3.261,20	3.668,85	2.138,67	3.110,80	3.499,65	2.035,27	2.960,40	3.330,45	1.931,87	2.810,00	3.161,25	1.828,47	2.659,60	2.992,05	1.644,81	2.509,20	2.822,85
	II	40.855	2.247,02	3.268,40	3.676,95	2.143,62	3.118,00	3.507,75	2.040,28	2.967,68	3.338,64	1.936,88	2.817,28	3.169,44	1.833,48	2.666,88	3.000,24	1.655,64	2.516,48	2.831,04	1.431,92	2.366,08	2.661,84
	III	32.210	-	2.576,80	2.898,90	-	2.428,96	2.732,58	-	2.284,16	2.569,68	-	2.142,56	2.410,38	-	2.004,00	2.254,50	-	1.868,48	2.102,04	-	1.736,00	1.953,00
	IV	42.645	2.345,47	3.411,60	3.838,05	2.293,77	3.336,40	3.753,45	2.242,07	3.261,20	3.668,85	2.190,37	3.186,00	3.584,25	2.138,67	3.110,80	3.499,65	2.086,97	3.035,60	3.415,05	2.035,27	2.960,40	3.330,45
	V	48.818	2.684,99	3.905,44	4.393,62																		
	VI	49.350	2.714,25	3.948,00	4.441,50																		
28.483,99	I	42.660	2.346,30	3.412,80	3.839,40	2.242,90	3.262,40	3.670,20	2.139,50	3.112,00	3.501,00	2.036,10	2.961,60	3.331,80	1.932,70	2.811,20	3.162,60	1.829,30	2.660,80	2.993,40	1.646,60	2.510,40	2.824,20
	II	40.870	2.247,85	3.269,60	3.678,30	2.144,50	3.119,28	3.509,19	2.041,10	2.968,88	3.339,99	1.937,70	2.818,48	3.170,79	1.834,30	2.668,08	3.001,59	1.657,43	2.517,68	2.832,39	1.433,71	2.367,28	2.663,19
	III	32.226	-	2.578,08	2.900,34	-	2.430,24	2.734,02	-	2.285,44	2.571,12	-	2.143,68	2.411,64	-	2.005,12	2.255,76	-	1.869,44	2.103,12	-	1.737,12	1.954,26
	IV	42.660	2.346,30	3.412,80	3.839,40	2.294,60	3.337,60	3.754,80	2.242,90	3.262,40	3.670,20	2.191,20	3.187,20	3.585,60	2.139,50	3.112,00	3.501,00	2.087,80	3.036,80	3.416,40	2.036,10	2.961,60	3.331,80
	V	48.833	2.685,81	3.906,64	4.394,97																		
	VI	49.365	2.715,07	3.949,20	4.442,85																		
28.519,99	I	42.675	2.347,12	3.414,00	3.840,75	2.243,72	3.263,60	3.671,55	2.140,32	3.113,20	3.502,35	2.036,92	2.962,80	3.333,15	1.933,52	2.812,40	3.163,95	1.830,12	2.662,00	2.994,75	1.648,38	2.511,60	2.825,55
	II	40.886	2.248,73	3.270,88	3.679,74	2.145,33	3.120,48	3.510,54	2.041,93	2.970,08	3.341,34	1.938,53	2.819,68	3.172,14	1.835,13	2.669,28	3.002,94	1.659,21	2.518,88	2.833,74	1.435,49	2.368,48	2.664,54
	III	32.240	-	2.579,20	2.901,60	-	2.431,36	2.735,28	-	2.286,56	2.572,38	-	2.144,80	2.412,90	-	2.006,08	2.256,84	-	1.870,56	2.104,38	-	1.738,08	1.955,34
	IV	42.675	2.347,12	3.414,00	3.840,75	2.295,42	3.338,80	3.756,15	2.243,72	3.263,60	3.671,55	2.192,02	3.188,40	3.586,95	2.140,32	3.113,20	3.502,35	2.088,62	3.038,00	3.417,75	2.036,92	2.962,80	3.333,15
	V	48.848	2.686,64	3.907,84	4.396,32																		
	VI	49.380	2.715,90	3.950,40	4.444,20																		

SolZ/KiSt lt. Tabelle nicht für Sonstige Bezüge anwendbar.

Lohn/ Gehalt bis	Steuerklasse	Lohnsteuer	ohne Kinderfreibetrag SolZ 5,5%	Kirchensteuer 8%	9%	Anzahl Kinderfreibeträge (nur Steuerklassen I–IV) 0,5 SolZ 5,5%	Kirchensteuer 8%	9%	1,0 SolZ 5,5%	Kirchensteuer 8%	9%	1,5 SolZ 5,5%	Kirchensteuer 8%	9%	2,0 SolZ 5,5%	Kirchensteuer 8%	9%	2,5 SolZ 5,5%	Kirchensteuer 8%	9%	3,0 SolZ 5,5%	Kirchensteuer 8%	9%
128.555,99	I	42.690	2.347,95	3.415,20	3.842,10	2.244,55	3.264,80	3.672,90	2.141,15	3.114,40	3.503,70	2.037,75	2.964,00	3.334,50	1.934,35	2.813,60	3.165,30	1.830,95	2.663,20	2.996,10	1.650,17	2.512,80	2.826,90
	II	40.901	2.249,55	3.272,08	3.681,09	2.146,15	3.121,68	3.511,89	2.042,75	2.971,28	3.342,69	1.939,35	2.820,88	3.173,49	1.835,95	2.670,48	3.004,29	1.661,00	2.520,08	2.835,09	1.437,28	2.369,68	2.665,89
	III	32.256	-	2.580,48	2.903,04	-	2.432,48	2.736,54	-	2.287,68	2.573,64	-	2.145,92	2.414,16	-	2.007,20	2.258,10	-	1.871,68	2.105,64	-	1.739,20	1.956,60
	IV	42.690	2.347,95	3.415,20	3.842,10	2.296,25	3.340,00	3.757,50	2.244,55	3.264,80	3.672,90	2.192,85	3.189,60	3.588,30	2.141,15	3.114,40	3.503,70	2.089,45	3.039,20	3.419,10	2.037,75	2.964,00	3.334,50
	V	48.863	2.687,46	3.909,04	4.397,67																		
	VI	49.395	2.716,72	3.951,60	4.445,55																		
128.591,99	I	42.705	2.348,77	3.416,40	3.843,45	2.245,37	3.266,00	3.674,25	2.141,97	3.115,60	3.505,05	2.038,57	2.965,20	3.335,85	1.935,17	2.814,80	3.166,65	1.831,77	2.664,40	2.997,45	1.652,07	2.514,08	2.828,34
	II	40.916	2.250,38	3.273,28	3.682,44	2.146,98	3.122,88	3.513,24	2.043,58	2.972,48	3.344,04	1.940,18	2.822,08	3.174,84	1.836,78	2.671,68	3.005,64	1.662,78	2.521,28	2.836,44	1.439,06	2.370,88	2.667,24
	III	32.270	-	2.581,60	2.904,30	-	2.433,76	2.737,98	-	2.288,80	2.574,90	-	2.147,04	2.415,42	-	2.008,32	2.259,36	-	1.872,80	2.106,90	-	1.740,16	1.957,68
	IV	42.705	2.348,77	3.416,40	3.843,45	2.297,07	3.341,20	3.758,85	2.245,37	3.266,00	3.674,25	2.193,67	3.190,80	3.589,65	2.141,97	3.115,60	3.505,05	2.090,27	3.040,40	3.420,45	2.038,57	2.965,20	3.335,85
	V	48.878	2.688,29	3.910,24	4.399,02																		
	VI	49.410	2.717,55	3.952,80	4.446,90																		
128.627,99	I	42.720	2.349,60	3.417,60	3.844,80	2.246,20	3.267,20	3.675,60	2.142,80	3.116,80	3.506,40	2.039,40	2.966,40	3.337,20	1.936,00	2.816,00	3.168,00	1.832,65	2.665,68	2.998,89	1.653,86	2.515,28	2.829,69
	II	40.931	2.251,20	3.274,48	3.683,79	2.147,80	3.124,08	3.514,59	2.044,40	2.973,68	3.345,39	1.941,00	2.823,28	3.176,19	1.837,60	2.672,88	3.006,99	1.664,57	2.522,48	2.837,79	1.440,85	2.372,08	2.668,59
	III	32.286	-	2.582,88	2.905,74	-	2.434,88	2.739,24	-	2.289,92	2.576,16	-	2.148,16	2.416,68	-	2.009,44	2.260,62	-	1.873,76	2.107,98	-	1.741,28	1.958,94
	IV	42.720	2.349,60	3.417,60	3.844,80	2.297,90	3.342,40	3.760,20	2.246,20	3.267,20	3.675,60	2.194,50	3.192,00	3.591,00	2.142,80	3.116,80	3.506,40	2.091,10	3.041,60	3.421,80	2.039,40	2.966,40	3.337,20
	V	48.893	2.689,11	3.911,44	4.400,37																		
	VI	49.425	2.718,37	3.954,00	4.448,25																		
128.663,99	I	42.735	2.350,42	3.418,80	3.846,15	2.247,02	3.268,40	3.676,95	2.143,62	3.118,00	3.507,75	2.040,28	2.967,68	3.338,64	1.936,88	2.817,28	3.169,44	1.833,48	2.666,88	3.000,24	1.655,64	2.516,48	2.831,04
	II	40.946	2.252,03	3.275,68	3.685,14	2.148,63	3.125,28	3.515,94	2.045,23	2.974,88	3.346,74	1.941,83	2.824,48	3.177,54	1.838,43	2.674,08	3.008,34	1.666,35	2.523,68	2.839,14	1.442,75	2.373,36	2.670,03
	III	32.300	-	2.584,00	2.907,00	-	2.436,00	2.740,50	-	2.291,20	2.577,60	-	2.149,28	2.417,94	-	2.010,56	2.261,88	-	1.874,88	2.109,24	-	1.742,40	1.960,20
	IV	42.735	2.350,42	3.418,80	3.846,15	2.298,72	3.343,60	3.761,55	2.247,02	3.268,40	3.676,95	2.195,32	3.193,20	3.592,35	2.143,62	3.118,00	3.507,75	2.091,92	3.042,80	3.423,15	2.040,28	2.967,68	3.338,64
	V	48.909	2.689,99	3.912,72	4.401,81																		
	VI	49.440	2.719,20	3.955,20	4.449,60																		
128.699,99	I	42.750	2.351,25	3.420,00	3.847,50	2.247,85	3.269,60	3.678,30	2.144,50	3.119,28	3.509,19	2.041,10	2.968,88	3.339,99	1.937,70	2.818,48	3.170,79	1.834,30	2.668,08	3.001,59	1.657,43	2.517,68	2.832,39
	II	40.961	2.252,85	3.276,88	3.686,49	2.149,45	3.126,48	3.517,29	2.046,05	2.976,08	3.348,09	1.942,65	2.825,68	3.178,89	1.839,31	2.675,36	3.009,78	1.668,26	2.524,96	2.840,58	1.444,54	2.374,56	2.671,38
	III	32.316	-	2.585,28	2.908,44	-	2.437,28	2.741,94	-	2.292,32	2.578,86	-	2.150,40	2.419,20	-	2.011,68	2.263,14	-	1.876,00	2.110,50	-	1.743,36	1.961,28
	IV	42.750	2.351,25	3.420,00	3.847,50	2.299,55	3.344,80	3.762,90	2.247,85	3.269,60	3.678,30	2.196,20	3.194,48	3.593,79	2.144,50	3.119,28	3.509,19	2.092,80	3.044,08	3.424,59	2.041,10	2.968,88	3.339,99
	V	48.924	2.690,82	3.913,92	4.403,16																		
	VI	49.455	2.720,02	3.956,40	4.450,95																		
128.735,99	I	42.766	2.352,13	3.421,28	3.848,94	2.248,73	3.270,88	3.679,74	2.145,33	3.120,48	3.510,54	2.041,93	2.970,08	3.341,34	1.938,53	2.819,68	3.172,14	1.835,13	2.669,28	3.002,94	1.659,21	2.518,88	2.833,7
	II	40.976	2.253,68	3.278,08	3.687,84	2.150,28	3.127,68	3.518,64	2.046,88	2.977,28	3.349,44	1.943,53	2.826,96	3.180,33	1.840,13	2.676,56	3.011,13	1.670,04	2.526,16	2.841,93	1.446,32	2.375,76	2.672,7
	III	32.332	-	2.586,56	2.909,88	-	2.438,40	2.743,20	-	2.293,44	2.580,12	-	2.151,52	2.420,46	-	2.012,80	2.264,40	-	1.877,12	2.111,76	-	1.744,48	1.962,5
	IV	42.766	2.352,13	3.421,28	3.848,94	2.300,43	3.346,08	3.764,34	2.248,73	3.270,88	3.679,74	2.197,03	3.195,68	3.595,14	2.145,33	3.120,48	3.510,54	2.093,63	3.045,28	3.425,94	2.041,93	2.970,08	3.341,3
	V	48.939	2.691,64	3.915,12	4.404,51																		
	VI	49.471	2.720,90	3.957,68	4.452,39																		
128.771,99	I	42.781	2.352,95	3.422,48	3.850,29	2.249,55	3.272,08	3.681,09	2.146,15	3.121,68	3.511,89	2.042,75	2.971,28	3.342,69	1.939,35	2.820,88	3.173,49	1.835,95	2.670,48	3.004,29	1.661,00	2.520,08	2.835,0
	II	40.991	2.254,50	3.279,28	3.689,19	2.151,16	3.128,96	3.520,08	2.047,76	2.978,56	3.350,88	1.944,36	2.828,16	3.181,68	1.840,96	2.677,76	3.012,48	1.671,83	2.527,36	2.843,28	1.448,11	2.376,96	2.674,0
	III	32.346	-	2.587,68	2.911,14	-	2.439,68	2.744,64	-	2.294,56	2.581,38	-	2.152,64	2.421,72	-	2.013,92	2.265,66	-	1.878,08	2.112,84	-	1.745,44	1.963,6
	IV	42.781	2.352,95	3.422,48	3.850,29	2.301,25	3.347,28	3.765,69	2.249,55	3.272,08	3.681,09	2.197,85	3.196,88	3.596,49	2.146,15	3.121,68	3.511,89	2.094,45	3.046,48	3.427,29	2.042,75	2.971,28	3.342,6
	V	48.954	2.692,47	3.916,32	4.405,86																		
	VI	49.486	2.721,73	3.958,88	4.453,74																		
128.807,99	I	42.796	2.353,78	3.423,68	3.851,64	2.250,38	3.273,28	3.682,44	2.146,98	3.122,88	3.513,24	2.043,58	2.972,48	3.344,04	1.940,18	2.822,08	3.174,84	1.836,78	2.671,68	3.005,64	1.662,78	2.521,28	2.836,4
	II	41.007	2.255,38	3.280,56	3.690,63	2.151,98	3.130,16	3.521,43	2.048,58	2.979,76	3.352,23	1.945,18	2.829,36	3.183,03	1.841,78	2.678,96	3.013,83	1.673,61	2.528,56	2.844,63	1.449,89	2.378,16	2.675,4
	III	32.362	-	2.588,96	2.912,58	-	2.440,80	2.745,90	-	2.295,68	2.582,64	-	2.153,76	2.422,98	-	2.015,04	2.266,92	-	1.879,20	2.114,10	-	1.746,56	1.964,8
	IV	42.796	2.353,78	3.423,68	3.851,64	2.302,08	3.348,48	3.767,04	2.250,38	3.273,28	3.682,44	2.198,68	3.198,08	3.597,84	2.146,98	3.122,88	3.513,24	2.095,28	3.047,68	3.428,64	2.043,58	2.972,48	3.344,0
	V	48.969	2.693,29	3.917,52	4.407,21																		
	VI	49.501	2.722,55	3.960,08	4.455,09																		
128.843,99	I	42.811	2.354,60	3.424,88	3.852,99	2.251,20	3.274,48	3.683,79	2.147,80	3.124,08	3.514,59	2.044,40	2.973,68	3.345,39	1.941,00	2.823,28	3.176,19	1.837,60	2.672,88	3.006,99	1.664,57	2.522,48	2.837,7
	II	41.022	2.256,21	3.281,76	3.691,98	2.152,81	3.131,36	3.522,78	2.049,41	2.980,96	3.353,58	1.946,01	2.830,56	3.184,38	1.842,61	2.680,16	3.015,18	1.675,40	2.529,76	2.845,98	1.451,68	2.379,36	2.676,7
	III	32.376	-	2.590,08	2.913,84	-	2.441,92	2.747,16	-	2.296,96	2.584,08	-	2.154,88	2.424,24	-	2.016,16	2.268,18	-	1.880,32	2.115,36	-	1.747,52	1.965,9
	IV	42.811	2.354,60	3.424,88	3.852,99	2.302,90	3.349,68	3.768,39	2.251,20	3.274,48	3.683,79	2.199,50	3.199,28	3.599,19	2.147,80	3.124,08	3.514,59	2.096,10	3.048,88	3.429,99	2.044,40	2.973,68	3.345,3
	V	48.984	2.694,12	3.918,72	4.408,56																		
	VI	49.516	2.723,38	3.961,28	4.456,44																		
128.879,99	I	42.826	2.355,43	3.426,08	3.854,34	2.252,03	3.275,68	3.685,14	2.148,63	3.125,28	3.515,94	2.045,23	2.974,88	3.346,74	1.941,83	2.824,48	3.177,54	1.838,43	2.674,08	3.008,34	1.666,35	2.523,68	2.839,1
	II	41.037	2.257,03	3.282,96	3.693,33	2.153,63	3.132,56	3.524,13	2.050,23	2.982,16	3.354,93	1.946,83	2.831,76	3.185,73	1.843,43	2.681,36	3.016,53	1.677,18	2.530,96	2.847,33	1.453,46	2.380,56	2.678,1
	III	32.392	-	2.591,36	2.915,28	-	2.443,20	2.748,60	-	2.298,08	2.585,34	-	2.156,16	2.425,68	-	2.017,12	2.269,26	-	1.881,44	2.116,62	-	1.748,64	1.967,2
	IV	42.826	2.355,43	3.426,08	3.854,34	2.303,73	3.350,88	3.769,74	2.252,03	3.275,68	3.685,14	2.200,33	3.200,48	3.600,54	2.148,63	3.125,28	3.515,94	2.096,93	3.050,08	3.431,34	2.045,23	2.974,88	3.346,7
	V	48.999	2.694,94	3.919,92	4.409,91																		
	VI	49.531	2.724,20	3.962,48	4.457,79																		
128.915,99	I	42.841	2.356,25	3.427,28	3.855,69	2.252,85	3.276,88	3.686,49	2.149,45	3.126,48	3.517,29	2.046,05	2.976,08	3.348,09	1.942,65	2.825,68	3.178,89	1.839,31	2.675,36	3.009,78	1.668,26	2.524,96	2.840,5
	II	41.052	2.257,86	3.284,16	3.694,68	2.154,46	3.133,76	3.525,48	2.051,06	2.983,36	3.356,28	1.947,66	2.832,96	3.187,08	1.844,26	2.682,56	3.017,88	1.678,97	2.532,16	2.848,68	1.455,25	2.381,76	2.679,4
	III	32.406	-	2.592,48	2.916,54	-	2.444,32	2.749,86	-	2.299,20	2.586,60	-	2.157,28	2.426,94	-	2.018,24	2.270,52	-	1.882,40	2.117,70	-	1.749,76	1.968,4
	IV	42.841	2.356,25	3.427,28	3.855,69	2.304,55	3.352,08	3.771,09	2.252,85	3.276,88	3.686,49	2.201,15	3.201,68	3.601,89	2.149,45	3.126,48	3.517,29	2.097,75	3.051,28	3.432,69	2.046,05	2.976,08	3.348,0
	V	49.014	2.695,77	3.921,12	4.411,26																		
	VI	49.546	2.725,03	3.963,68	4.459,14																		
128.951,99	I	42.856	2.357,08	3.428,48	3.857,04	2.253,68	3.278,08	3.687,84	2.150,28	3.127,68	3.518,64	2.046,88	2.977,28	3.349,44	1.943,53	2.826,96	3.180,33	1.840,13	2.676,56	3.011,13	1.670,04	2.526,16	2.841,9
	II	41.067	2.258,68	3.285,36	3.696,03	2.155,28	3.134,96	3.526,83	2.051,88	2.984,56	3.357,63	1.948,48	2.834,16	3.188,43	1.845,08	2.683,76	3.019,23	1.680,75	2.533,36	2.850,03	1.457,15	2.383,04	2.680,9
	III	32.422	-	2.593,76	2.917,98	-	2.445,44	2.751,12	-	2.300,32	2.587,86	-	2.158,40	2.428,20	-	2.019,36	2.271,78	-	1.883,52	2.118,96	-	1.750,72	1.969,5
	IV	42.856	2.357,08	3.428,48	3.857,04	2.305,38	3.353,28	3.772,44	2.253,68	3.278,08	3.687,84	2.201,98	3.202,88	3.603,24	2.150,28	3.127,68	3.518,64	2.098,58	3.052,48	3.434,04	2.046,88	2.977,28	3.349,4
	V	49.030	2.696,65	3.922,40	4.412,70																		
	VI	49.561	2.725,85	3.964,88	4.460,49																		
128.987,99	I	42.871	2.357,90	3.429,68	3.858,39	2.254,50	3.279,28	3.689,19	2.151,16	3.128,96	3.520,08	2.047,76	2.978,56	3.350,88	1.944,36	2.828,16	3.181,68	1.840,96	2.677,76	3.012,48	1.671,83	2.527,36	2.843,2
	II	41.082	2.259,51	3.286,56	3.697,38	2.156,11	3.136,16	3.528,18	2.052,71	2.985,76	3.358,98	1.949,31	2.835,36	3.189,78	1.845,91	2.684,96	3.020,58	1.682,66	2.534,64	2.851,47	1.458,94	2.384,24	2.682,
	III	32.436	-	2.594,88	2.919,24	-	2.446,72	2.752,56	-	2.301,60	2.589,30	-	2.159,52	2.429,46	-	2.020,48	2.273,04	-	1.884,64	2.120,22	-	1.751,84	1.970,8
	IV	42.871	2.357,90	3.429,68	3.858,39	2.306,20	3.354,48	3.773,79	2.254,50	3.279,28	3.689,19	2.202,80	3.204,08	3.604,59	2.151,16	3.128,96	3.520,08	2.099,46	3.053,76	3.435,48	2.047,76	2.978,56	3.350,8
	V	49.045	2.697,47	3.923,60	4.414,05																		
	VI	49.576	2.726,68	3.966,08	4.461,84																		
129.023,99	I	42.886	2.358,73	3.430,88	3.859,74	2.255,38	3.280,56	3.690,63	2.151,98	3.130,16	3.521,43	2.048,58	2.979,76	3.352,23	1.945,18	2.829,36	3.183,03	1.841,78	2.678,96	3.013,83	1.673,61	2.528,56	2.844,6
	II	41.097	2.260,33	3.287,76	3.698,73	2.156,93	3.137,36	3.529,53	2.053,53	2.986,96	3.360,33	1.950,19	2.836,64	3.191,22	1.846,79	2.686,24	3.022,02	1.684,44	2.535,84	2.852,82	1.460,72	2.385,44	2.683,6
	III	32.452	-	2.596,16	2.920,68	-	2.447,84	2.753,82	-	2.302,72	2.590,56	-	2.160,64	2.430,72	-	2.021,60	2.274,30	-	1.885,76	2.121,48	-	1.752,80	1.971,9
	IV	42.886	2.358,73	3.430,88	3.859,74	2.307,08	3.355,76	3.775,23	2.255,38	3.280,56	3.690,63	2.203,68	3.205,36	3.606,03	2.151,98	3.130,16	3.521,43	2.100,28	3.054,96	3.436,83	2.048,58	2.979,76	3.352,
	V	49.060	2.698,30	3.924,80	4.415,40																		
	VI	49.591	2.727,50	3.967,28	4.463,19																		
129.059,99	I	42.902	2.359,61	3.432,16	3.861,18	2.256,21	3.281,76	3.691,98	2.152,81	3.131,36	3.522,78	2.049,41	2.980,96	3.353,58	1.946,01	2.830,56	3.184,38	1.842,61	2.680,16	3.015,18	1.675,40	2.529,76	2.845,9
	II	41.112	2.261,16	3.288,96	3.700,08	2.157,76	3.138,56	3.530,88	2.054,41	2.988,24	3.361,77	1.951,01	2.837,84	3.192,57	1.847,61	2.687,44	3.023,37	1.686,23	2.537,04	2.854,17	1.462,51	2.386,64	2.684,9
	III	32.466	-	2.597,28	2.921,94	-	2.448,96	2.755,08	-	2.303,84	2.591,82	-	2.161,76	2.431,98	-	2.022,72	2.275,56	-	1.886,72	2.122,56	-	1.753,92	1.973,
	IV	42.902	2.359,61	3.432,16	3.861,18	2.307,91	3.356,96	3.776,58	2.256,21	3.281,76	3.691,98	2.204,51	3.206,56	3.607,38	2.152,81	3.131,36	3.522,78	2.101,11	3.056,16	3.438,18	2.049,41	2.980,96	3.353,5
	V	49.075	2.699,12	3.926,00	4.416,75																		
	VI	49.607	2.728,38	3.968,56	4.464,63																		

SolZ/KiSt lt. Tabelle nicht für Sonstige Bezüge anwendbar.

Lohn/ Gehalt bis	Steuerklasse	Lohn- steuer	ohne Kinderfreibetrag SolZ 5,5%	ohne Kinderfreibetrag Kirchensteuer 8%	ohne Kinderfreibetrag Kirchensteuer 9%	0,5 SolZ 5,5%	0,5 Kirchensteuer 8%	0,5 Kirchensteuer 9%	1,0 SolZ 5,5%	1,0 Kirchensteuer 8%	1,0 Kirchensteuer 9%	1,5 SolZ 5,5%	1,5 Kirchensteuer 8%	1,5 Kirchensteuer 9%	2,0 SolZ 5,5%	2,0 Kirchensteuer 8%	2,0 Kirchensteuer 9%	2,5 SolZ 5,5%	2,5 Kirchensteuer 8%	2,5 Kirchensteuer 9%	3,0 SolZ 5,5%	3,0 Kirchensteuer 8%	3,0 Kirchensteuer 9%
129.095,99	I	42.917	2.360,43	3.433,36	3.862,53	2.257,03	3.282,96	3.693,33	2.153,63	3.132,56	3.524,13	2.050,23	2.982,16	3.354,93	1.946,83	2.831,76	3.185,73	1.843,43	2.681,36	3.016,53	1.677,18	2.530,96	2.847,33
	II	41.128	2.262,04	3.290,24	3.701,52	2.158,64	3.139,84	3.532,32	2.055,24	2.989,44	3.363,12	1.951,84	2.839,04	3.193,92	1.848,44	2.688,64	3.024,72	1.688,01	2.538,24	2.855,52	1.464,29	2.387,84	2.686,32
	III	32.482	-	2.598,56	2.923,38	-	2.450,24	2.756,52	-	2.304,96	2.593,08	-	2.162,88	2.433,24	-	2.023,84	2.276,82	-	1.887,84	2.123,82	-	1.755,04	1.974,42
	IV	42.917	2.360,43	3.433,36	3.862,53	2.308,73	3.358,16	3.777,93	2.257,03	3.282,96	3.693,33	2.205,33	3.207,76	3.608,73	2.153,63	3.132,56	3.524,13	2.101,93	3.057,36	3.439,53	2.050,23	2.982,16	3.354,93
	V	49.090	2.699,95	3.927,20	4.418,10																		
	VI	49.622	2.729,21	3.969,76	4.465,98																		
129.131,99	I	42.932	2.361,26	3.434,56	3.863,88	2.257,86	3.284,16	3.694,68	2.154,46	3.133,76	3.525,48	2.051,06	2.983,36	3.356,28	1.947,66	2.832,96	3.187,08	1.844,26	2.682,56	3.017,88	1.678,97	2.532,16	2.848,68
	II	41.143	2.262,86	3.291,44	3.702,87	2.159,46	3.141,04	3.533,67	2.056,06	2.990,64	3.364,47	1.952,66	2.840,24	3.195,27	1.849,26	2.689,84	3.026,07	1.689,80	2.539,44	2.856,87	1.466,08	2.389,04	2.687,67
	III	32.496	-	2.599,68	2.924,64	-	2.451,36	2.757,78	-	2.306,08	2.594,34	-	2.164,00	2.434,50	-	2.024,96	2.278,08	-	1.888,96	2.125,08	-	1.756,00	1.975,50
	IV	42.932	2.361,26	3.434,56	3.863,88	2.309,56	3.359,36	3.779,28	2.257,86	3.284,16	3.694,68	2.206,16	3.208,96	3.610,08	2.154,46	3.133,76	3.525,48	2.102,76	3.058,56	3.440,88	2.051,06	2.983,36	3.356,28
	V	49.105	2.700,77	3.928,40	4.419,45																		
	VI	49.637	2.730,03	3.970,96	4.467,33																		
129.167,99	I	42.947	2.362,08	3.435,76	3.865,23	2.258,68	3.285,36	3.696,03	2.155,28	3.134,96	3.526,83	2.051,88	2.984,56	3.357,63	1.948,48	2.834,16	3.188,43	1.845,08	2.683,76	3.019,23	1.680,75	2.533,36	2.850,03
	II	41.158	2.263,69	3.292,64	3.704,22	2.160,29	3.142,24	3.535,02	2.056,89	2.991,84	3.365,82	1.953,49	2.841,44	3.196,62	1.850,09	2.691,04	3.027,42	1.691,58	2.540,64	2.858,22	1.467,86	2.390,24	2.689,02
	III	32.512	-	2.600,96	2.926,08	-	2.452,64	2.759,22	-	2.307,36	2.595,78	-	2.165,12	2.435,76	-	2.026,08	2.279,34	-	1.890,08	2.126,34	-	1.757,12	1.976,76
	IV	42.947	2.362,08	3.435,76	3.865,23	2.310,38	3.360,56	3.780,63	2.258,68	3.285,36	3.696,03	2.206,98	3.210,16	3.611,43	2.155,28	3.134,96	3.526,83	2.103,58	3.059,76	3.442,23	2.051,88	2.984,56	3.357,63
	V	49.120	2.701,60	3.929,60	4.420,80																		
	VI	49.652	2.730,86	3.972,16	4.468,68																		
129.203,99	I	42.962	2.362,91	3.436,96	3.866,58	2.259,51	3.286,56	3.697,38	2.156,11	3.136,16	3.528,18	2.052,71	2.985,76	3.358,98	1.949,31	2.835,36	3.189,78	1.845,91	2.684,96	3.020,58	1.682,66	2.534,64	2.851,47
	II	41.173	2.264,51	3.293,84	3.705,57	2.161,11	3.143,44	3.536,37	2.057,71	2.993,04	3.367,17	1.954,31	2.842,64	3.197,97	1.850,91	2.692,24	3.028,77	1.693,37	2.541,84	2.859,57	1.469,65	2.391,44	2.690,37
	III	32.526	-	2.602,08	2.927,34	-	2.453,76	2.760,48	-	2.308,48	2.597,04	-	2.166,24	2.437,02	-	2.027,20	2.280,60	-	1.891,04	2.127,42	-	1.758,08	1.977,84
	IV	42.962	2.362,91	3.436,96	3.866,58	2.311,21	3.361,76	3.781,98	2.259,51	3.286,56	3.697,38	2.207,81	3.211,36	3.612,78	2.156,11	3.136,16	3.528,18	2.104,41	3.060,96	3.443,58	2.052,71	2.985,76	3.358,98
	V	49.135	2.702,42	3.930,80	4.422,15																		
	VI	49.667	2.731,68	3.973,36	4.470,03																		
129.239,99	I	42.977	2.363,73	3.438,16	3.867,93	2.260,33	3.287,76	3.698,73	2.156,93	3.137,36	3.529,53	2.053,53	2.986,96	3.360,33	1.950,19	2.836,64	3.191,22	1.846,79	2.686,24	3.022,02	1.684,44	2.535,84	2.852,82
	II	41.188	2.265,34	3.295,04	3.706,92	2.161,94	3.144,64	3.537,72	2.058,54	2.994,24	3.368,52	1.955,14	2.843,84	3.199,32	1.851,74	2.693,44	3.030,12	1.695,15	2.543,04	2.860,92	1.471,43	2.392,64	2.691,72
	III	32.542	-	2.603,36	2.928,78	-	2.454,88	2.761,74	-	2.309,60	2.598,30	-	2.167,36	2.438,28	-	2.028,32	2.281,86	-	1.892,16	2.128,68	-	1.759,20	1.979,10
	IV	42.977	2.363,73	3.438,16	3.867,93	2.312,03	3.362,96	3.783,33	2.260,33	3.287,76	3.698,73	2.208,63	3.212,56	3.614,13	2.156,93	3.137,36	3.529,53	2.105,23	3.062,16	3.444,93	2.053,53	2.986,96	3.360,33
	V	49.150	2.703,25	3.932,00	4.423,50																		
	VI	49.682	2.732,51	3.974,56	4.471,38																		
129.275,99	I	42.992	2.364,56	3.439,36	3.869,28	2.261,16	3.288,96	3.700,08	2.157,76	3.138,56	3.530,88	2.054,41	2.988,24	3.361,77	1.951,01	2.837,84	3.192,57	1.847,61	2.687,44	3.023,37	1.686,23	2.537,04	2.854,17
	II	41.203	2.266,16	3.296,24	3.708,27	2.162,76	3.145,84	3.539,07	2.059,36	2.995,44	3.369,87	1.955,96	2.845,04	3.200,67	1.852,56	2.694,64	3.031,47	1.697,05	2.544,32	2.862,36	1.473,33	2.393,92	2.693,16
	III	32.556	-	2.604,48	2.930,04	-	2.456,16	2.763,18	-	2.310,72	2.599,56	-	2.168,48	2.439,54	-	2.029,28	2.282,94	-	1.893,28	2.129,94	-	1.760,32	1.980,36
	IV	42.992	2.364,56	3.439,36	3.869,28	2.312,86	3.364,16	3.784,68	2.261,16	3.288,96	3.700,08	2.209,46	3.213,76	3.615,48	2.157,76	3.138,56	3.530,88	2.106,11	3.063,44	3.446,37	2.054,41	2.988,24	3.361,77
	V	49.166	2.704,13	3.933,28	4.424,94																		
	VI	49.697	2.733,33	3.975,76	4.472,73																		
129.311,99	I	43.007	2.365,38	3.440,56	3.870,63	2.262,04	3.290,24	3.701,52	2.158,64	3.139,84	3.532,32	2.055,24	2.989,44	3.363,12	1.951,84	2.839,04	3.193,92	1.848,44	2.688,64	3.024,72	1.688,01	2.538,24	2.855,52
	II	41.218	2.266,99	3.297,44	3.709,62	2.163,59	3.147,04	3.540,42	2.060,19	2.996,64	3.371,22	1.956,79	2.846,24	3.202,02	1.853,44	2.695,92	3.032,91	1.698,84	2.545,52	2.863,71	1.475,12	2.395,12	2.694,51
	III	32.572	-	2.605,76	2.931,48	-	2.457,28	2.764,44	-	2.312,00	2.601,00	-	2.169,60	2.440,80	-	2.030,40	2.284,20	-	1.894,40	2.131,20	-	1.761,28	1.981,44
	IV	43.007	2.365,38	3.440,56	3.870,63	2.313,68	3.365,36	3.786,03	2.262,04	3.290,24	3.701,52	2.210,34	3.215,04	3.616,92	2.158,64	3.139,84	3.532,32	2.106,94	3.064,64	3.447,72	2.055,24	2.989,44	3.363,12
	V	49.181	2.704,95	3.934,48	4.426,29																		
	VI	49.712	2.734,16	3.976,96	4.474,08																		
129.347,99	I	43.023	2.366,26	3.441,84	3.872,07	2.262,86	3.291,44	3.702,87	2.159,46	3.141,04	3.533,67	2.056,06	2.990,64	3.364,47	1.952,66	2.840,24	3.195,27	1.849,26	2.689,84	3.026,07	1.689,80	2.539,44	2.856,87
	II	41.233	2.267,81	3.298,64	3.710,97	2.164,41	3.148,24	3.541,77	2.061,07	2.997,92	3.372,66	1.957,67	2.847,52	3.203,46	1.854,27	2.697,12	3.034,26	1.700,62	2.546,72	2.865,06	1.476,90	2.396,32	2.695,86
	III	32.588	-	2.607,04	2.932,92	-	2.458,56	2.765,88	-	2.313,12	2.602,26	-	2.170,72	2.442,06	-	2.031,52	2.285,46	-	1.895,36	2.132,28	-	1.762,40	1.982,70
	IV	43.023	2.366,26	3.441,84	3.872,07	2.314,56	3.366,64	3.787,47	2.262,86	3.291,44	3.702,87	2.211,16	3.216,24	3.618,27	2.159,46	3.141,04	3.533,67	2.107,76	3.065,84	3.449,07	2.056,06	2.990,64	3.364,47
	V	49.196	2.705,78	3.935,68	4.427,64																		
	VI	49.728	2.735,04	3.978,24	4.475,52																		
129.383,99	I	43.038	2.367,09	3.443,04	3.873,42	2.263,69	3.292,64	3.704,22	2.160,29	3.142,24	3.535,02	2.056,89	2.991,84	3.365,82	1.953,49	2.841,44	3.196,62	1.850,09	2.691,04	3.027,42	1.691,58	2.540,64	2.858,22
	II	41.248	2.268,64	3.299,84	3.712,32	2.165,29	3.149,52	3.543,21	2.061,89	2.999,12	3.374,01	1.958,49	2.848,72	3.204,81	1.855,09	2.698,32	3.035,61	1.702,41	2.547,92	2.866,41	1.478,69	2.397,52	2.697,21
	III	32.602	-	2.608,16	2.934,18	-	2.459,68	2.767,14	-	2.314,24	2.603,52	-	2.171,84	2.443,32	-	2.032,64	2.286,72	-	1.896,48	2.133,54	-	1.763,52	1.983,96
	IV	43.038	2.367,09	3.443,04	3.873,42	2.315,39	3.367,84	3.788,82	2.263,69	3.292,64	3.704,22	2.211,99	3.217,44	3.619,62	2.160,29	3.142,24	3.535,02	2.108,59	3.067,04	3.450,42	2.056,89	2.991,84	3.365,82
	V	49.211	2.706,60	3.936,88	4.428,99																		
	VI	49.743	2.735,86	3.979,44	4.476,87																		
129.419,99	I	43.053	2.367,91	3.444,24	3.874,77	2.264,51	3.293,84	3.705,57	2.161,11	3.143,44	3.536,37	2.057,71	2.993,04	3.367,17	1.954,31	2.842,64	3.197,97	1.850,91	2.692,24	3.028,77	1.693,37	2.541,84	2.859,57
	II	41.264	2.269,52	3.301,12	3.713,76	2.166,12	3.150,72	3.544,56	2.062,72	3.000,32	3.375,36	1.959,32	2.849,92	3.206,16	1.855,92	2.699,52	3.036,96	1.704,19	2.549,12	2.867,76	1.480,47	2.398,72	2.698,56
	III	32.618	-	2.609,44	2.935,62	-	2.460,80	2.768,40	-	2.315,36	2.604,78	-	2.173,12	2.444,76	-	2.033,76	2.287,98	-	1.897,60	2.134,80	-	1.764,48	1.985,04
	IV	43.053	2.367,91	3.444,24	3.874,77	2.316,21	3.369,04	3.790,17	2.264,51	3.293,84	3.705,57	2.212,81	3.218,64	3.620,97	2.161,11	3.143,44	3.536,37	2.109,41	3.068,24	3.451,77	2.057,71	2.993,04	3.367,17
	V	49.226	2.707,43	3.938,08	4.430,34																		
	VI	49.758	2.736,69	3.980,64	4.478,22																		
129.455,99	I	43.068	2.368,74	3.445,44	3.876,12	2.265,34	3.295,04	3.706,92	2.161,94	3.144,64	3.537,72	2.058,54	2.994,24	3.368,52	1.955,14	2.843,84	3.199,32	1.851,74	2.693,44	3.030,12	1.695,15	2.543,04	2.860,92
	II	41.279	2.270,34	3.302,32	3.715,11	2.166,94	3.151,92	3.545,91	2.063,54	3.001,52	3.376,71	1.960,14	2.851,12	3.207,51	1.856,74	2.700,72	3.038,31	1.705,98	2.550,32	2.869,11	1.482,26	2.399,92	2.699,91
	III	32.632	-	2.610,56	2.936,88	-	2.462,08	2.769,84	-	2.316,64	2.606,22	-	2.174,24	2.446,02	-	2.034,88	2.289,24	-	1.898,72	2.136,06	-	1.765,60	1.986,30
	IV	43.068	2.368,74	3.445,44	3.876,12	2.317,04	3.370,24	3.791,52	2.265,34	3.295,04	3.706,92	2.213,64	3.219,84	3.622,32	2.161,94	3.144,64	3.537,72	2.110,24	3.069,44	3.453,12	2.058,54	2.994,24	3.368,52
	V	49.241	2.708,25	3.939,28	4.431,69																		
	VI	49.773	2.737,51	3.981,84	4.479,57																		
129.491,99	I	43.083	2.369,56	3.446,64	3.877,47	2.266,16	3.296,24	3.708,27	2.162,76	3.145,84	3.539,07	2.059,36	2.995,44	3.369,87	1.955,96	2.845,04	3.200,67	1.852,56	2.694,64	3.031,47	1.697,05	2.544,32	2.862,36
	II	41.294	2.271,17	3.303,52	3.716,46	2.167,77	3.153,12	3.547,26	2.064,37	3.002,72	3.378,06	1.960,97	2.852,32	3.208,86	1.857,57	2.701,92	3.039,66	1.707,76	2.551,52	2.870,46	1.484,04	2.401,12	2.701,26
	III	32.648	-	2.611,84	2.938,32	-	2.463,20	2.771,10	-	2.317,76	2.607,48	-	2.175,36	2.447,28	-	2.036,00	2.290,50	-	1.899,84	2.137,32	-	1.766,56	1.987,38
	IV	43.083	2.369,56	3.446,64	3.877,47	2.317,86	3.371,44	3.792,87	2.266,16	3.296,24	3.708,27	2.214,46	3.221,04	3.623,67	2.162,76	3.145,84	3.539,07	2.111,06	3.070,64	3.454,47	2.059,36	2.995,44	3.369,87
	V	49.256	2.709,08	3.940,48	4.433,04																		
	VI	49.788	2.738,34	3.983,04	4.480,92																		
129.527,99	I	43.098	2.370,39	3.447,84	3.878,82	2.266,99	3.297,44	3.709,62	2.163,59	3.147,04	3.540,42	2.060,19	2.996,64	3.371,22	1.956,79	2.846,24	3.202,02	1.853,44	2.695,92	3.032,91	1.698,84	2.545,52	2.863,71
	II	41.309	2.271,99	3.304,72	3.717,81	2.168,59	3.154,32	3.548,61	2.065,19	3.003,92	3.379,41	1.961,79	2.853,52	3.210,21	1.858,39	2.703,12	3.041,01	1.709,55	2.552,72	2.871,81	1.485,83	2.402,32	2.702,61
	III	32.662	-	2.612,96	2.939,58	-	2.464,32	2.772,36	-	2.318,88	2.608,74	-	2.176,48	2.448,54	-	2.037,12	2.291,76	-	1.900,80	2.138,40	-	1.767,68	1.988,64
	IV	43.098	2.370,39	3.447,84	3.878,82	2.318,69	3.372,64	3.794,22	2.266,99	3.297,44	3.709,62	2.215,29	3.222,24	3.625,02	2.163,59	3.147,04	3.540,42	2.111,89	3.071,84	3.455,82	2.060,19	2.996,64	3.371,22
	V	49.271	2.709,90	3.941,68	4.434,39																		
	VI	49.803	2.739,16	3.984,24	4.482,27																		
129.563,99	I	43.113	2.371,21	3.449,04	3.880,17	2.267,81	3.298,64	3.710,97	2.164,41	3.148,24	3.541,77	2.061,07	2.997,92	3.372,66	1.957,67	2.847,52	3.203,46	1.854,27	2.697,12	3.034,26	1.700,62	2.546,72	2.865,06
	II	41.324	2.272,82	3.305,92	3.719,16	2.169,42	3.155,52	3.549,96	2.066,02	3.005,12	3.380,76	1.962,62	2.854,72	3.211,56	1.859,22	2.704,32	3.042,36	1.711,33	2.553,92	2.873,16	1.487,73	2.403,60	2.704,05
	III	32.678	-	2.614,24	2.941,02	-	2.465,60	2.773,80	-	2.320,00	2.610,00	-	2.177,60	2.449,80	-	2.038,24	2.293,02	-	1.901,92	2.139,66	-	1.768,80	1.989,90
	IV	43.113	2.371,21	3.449,04	3.880,17	2.319,51	3.373,84	3.795,57	2.267,81	3.298,64	3.710,97	2.216,11	3.223,44	3.626,37	2.164,41	3.148,24	3.541,77	2.112,71	3.073,04	3.457,17	2.061,07	2.997,92	3.372,66
	V	49.287	2.710,78	3.942,96	4.435,83																		
	VI	49.818	2.739,99	3.985,44	4.483,62																		
129.599,99	I	43.128	2.372,04	3.450,24	3.881,52	2.268,64	3.299,84	3.712,32	2.165,29	3.149,52	3.543,21	2.061,89	2.999,12	3.374,01	1.958,49	2.848,72	3.204,81	1.855,09	2.698,32	3.035,61	1.702,41	2.547,92	2.866,41
	II	41.339	2.273,64	3.307,12	3.720,51	2.170,24	3.156,72	3.551,31	2.066,84	3.006,32	3.382,11	1.963,44	2.855,92	3.212,91	1.860,10	2.705,60	3.043,80	1.713,24	2.555,20	2.874,60	1.489,52	2.404,80	2.705,40
	III	32.692	-	2.615,36	2.942,28	-	2.466,72	2.775,06	-	2.321,12	2.611,26	-	2.178,72	2.451,06	-	2.039,36	2.294,28	-	1.903,04	2.140,92	-	1.769,76	1.990,98
	IV	43.128	2.372,04	3.450,24	3.881,52	2.320,34	3.375,04	3.796,92	2.268,64	3.299,84	3.712,32	2.216,99	3.224,72	3.627,81	2.165,29	3.149,52	3.543,21	2.113,59	3.074,32	3.458,61	2.061,89	2.999,12	3.374,01
	V	49.302	2.711,61	3.944,16	4.437,18																		
	VI	49.833	2.740,81	3.986,64	4.484,97																		

Anzahl Kinderfreibeträge (nur Steuerklassen I–IV)

SolZ/KiSt lt. Tabelle nicht für Sonstige Bezüge anwendbar.

Lohn/ Gehalt bis	Steuerklasse	Lohn-steuer	ohne Kinderfreibetrag			Anzahl Kinderfreibeträge (nur Steuerklassen I–IV) 0,5			1,0			1,5			2,0			2,5			3,0		
			SolZ 5,5%	Kirchensteuer 8%	Kirchensteuer 9%	SolZ 5,5%	Kirchensteuer 8%	Kirchensteuer 9%	SolZ 5,5%	Kirchensteuer 8%	Kirchensteuer 9%	SolZ 5,5%	Kirchensteuer 8%	Kirchensteuer 9%	SolZ 5,5%	Kirchensteuer 8%	Kirchensteuer 9%	SolZ 5,5%	Kirchensteuer 8%	Kirchensteuer 9%	SolZ 5,5%	Kirchensteuer 8%	Kirchensteuer 9%
129.635,99	I	**43.144**	2.372,92	3.451,52	3.882,96	2.269,52	3.301,12	3.713,76	2.166,12	3.150,72	3.544,56	2.062,72	3.000,32	3.375,36	1.959,32	2.849,92	3.206,16	1.855,92	2.699,52	3.036,96	1.704,19	2.549,12	2.867,76
	II	**41.354**	2.274,47	3.308,32	3.721,86	2.171,07	3.157,92	3.552,66	2.067,67	3.007,52	3.383,46	1.964,32	2.857,20	3.214,35	1.860,92	2.706,80	3.045,15	1.715,02	2.556,40	2.875,95	1.491,30	2.406,00	2.706,75
	III	**32.708**	–	2.616,64	2.943,72	–	2.468,00	2.776,50	–	2.322,40	2.612,70	–	2.179,84	2.452,32	–	2.040,48	2.295,54	–	1.904,16	2.142,18	–	1.770,88	1.992,24
	IV	**43.144**	2.372,92	3.451,52	3.882,96	2.321,22	3.376,32	3.798,36	2.269,52	3.301,12	3.713,76	2.217,82	3.225,92	3.629,16	2.166,12	3.150,72	3.544,56	2.114,42	3.075,52	3.459,96	2.062,72	3.000,32	3.375,36
	V	**49.317**	2.712,43	3.945,36	4.438,53																		
	VI	**49.849**	2.741,69	3.987,92	4.486,41																		
129.671,99	I	**43.159**	2.373,74	3.452,72	3.884,31	2.270,34	3.302,32	3.715,11	2.166,94	3.151,92	3.545,91	2.063,54	3.001,52	3.376,71	1.960,14	2.851,12	3.207,51	1.856,74	2.700,72	3.038,31	1.705,98	2.550,32	2.869,1[illegible]
	II	**41.369**	2.275,29	3.309,52	3.723,21	2.171,95	3.159,20	3.554,10	2.068,55	3.008,80	3.384,90	1.965,15	2.858,40	3.215,70	1.861,75	2.708,00	3.046,50	1.716,81	2.557,60	2.877,30	1.493,09	2.407,20	2.708,10
	III	**32.722**	–	2.617,76	2.944,98	–	2.469,12	2.777,76	–	2.323,52	2.613,96	–	2.180,96	2.453,58	–	2.041,60	2.296,80	–	1.905,12	2.143,26	–	1.771,84	1.993,32
	IV	**43.159**	2.373,74	3.452,72	3.884,31	2.322,04	3.377,52	3.799,71	2.270,34	3.302,32	3.715,11	2.218,64	3.227,12	3.630,51	2.166,94	3.151,92	3.545,91	2.115,24	3.076,72	3.461,31	2.063,54	3.001,52	3.376,7[illegible]
	V	**49.332**	2.713,26	3.946,56	4.439,88																		
	VI	**49.864**	2.742,52	3.989,12	4.487,76																		
129.707,99	I	**43.174**	2.374,57	3.453,92	3.885,66	2.271,17	3.303,52	3.716,46	2.167,77	3.153,12	3.547,26	2.064,37	3.002,72	3.378,06	1.960,97	2.852,32	3.208,86	1.857,57	2.701,92	3.039,66	1.707,76	2.551,52	2.870,4[illegible]
	II	**41.385**	2.276,17	3.310,80	3.724,65	2.172,77	3.160,40	3.555,45	2.069,37	3.010,00	3.386,25	1.965,97	2.859,60	3.217,05	1.862,57	2.709,20	3.047,85	1.718,59	2.558,80	2.878,65	1.494,87	2.408,40	2.709,4[illegible]
	III	**32.738**	–	2.619,04	2.946,42	–	2.470,24	2.779,02	–	2.324,64	2.615,22	–	2.182,08	2.454,84	–	2.042,72	2.298,06	–	1.906,24	2.144,52	–	1.772,96	1.994,58
	IV	**43.174**	2.374,57	3.453,92	3.885,66	2.322,87	3.378,72	3.801,06	2.271,17	3.303,52	3.716,46	2.219,47	3.228,32	3.631,86	2.167,77	3.153,12	3.547,26	2.116,07	3.077,92	3.462,66	2.064,37	3.002,72	3.378,0[illegible]
	V	**49.347**	2.714,08	3.947,76	4.441,23																		
	VI	**49.879**	2.743,34	3.990,32	4.489,11																		
129.743,99	I	**43.189**	2.375,39	3.455,12	3.887,01	2.271,99	3.304,72	3.717,81	2.168,59	3.154,32	3.548,61	2.065,19	3.003,92	3.379,41	1.961,79	2.853,52	3.210,21	1.858,39	2.703,12	3.041,01	1.709,55	2.552,72	2.871,8[illegible]
	II	**41.400**	2.277,00	3.312,00	3.726,00	2.173,60	3.161,60	3.556,80	2.070,20	3.011,20	3.387,60	1.966,80	2.860,80	3.218,40	1.863,40	2.710,40	3.049,20	1.720,38	2.560,00	2.880,00	1.496,66	2.409,60	2.710,8[illegible]
	III	**32.754**	–	2.620,32	2.947,86	–	2.471,52	2.780,46	–	2.325,76	2.616,48	–	2.183,20	2.456,10	–	2.043,68	2.299,14	–	1.907,36	2.145,78	–	1.774,08	1.995,8[illegible]
	IV	**43.189**	2.375,39	3.455,12	3.887,01	2.323,69	3.379,92	3.802,41	2.271,99	3.304,72	3.717,81	2.220,29	3.229,52	3.633,21	2.168,59	3.154,32	3.548,61	2.116,89	3.079,12	3.464,01	2.065,19	3.003,92	3.379,4[illegible]
	V	**49.362**	2.714,91	3.948,96	4.442,58																		
	VI	**49.894**	2.744,17	3.991,52	4.490,46																		
129.779,99	I	**43.204**	2.376,22	3.456,32	3.888,36	2.272,82	3.305,92	3.719,16	2.169,42	3.155,52	3.549,96	2.066,02	3.005,12	3.380,76	1.962,62	2.854,72	3.211,56	1.859,22	2.704,32	3.042,36	1.711,33	2.553,92	2.873,1[illegible]
	II	**41.415**	2.277,82	3.313,20	3.727,35	2.174,42	3.162,80	3.558,15	2.071,02	3.012,40	3.388,95	1.967,62	2.862,00	3.219,75	1.864,22	2.711,60	3.050,55	1.722,16	2.561,20	2.881,35	1.498,44	2.410,80	2.712,1[illegible]
	III	**32.768**	–	2.621,44	2.949,12	–	2.472,64	2.781,72	–	2.327,04	2.617,92	–	2.184,32	2.457,36	–	2.044,80	2.300,40	–	1.908,48	2.147,04	–	1.775,04	1.996,9[illegible]
	IV	**43.204**	2.376,22	3.456,32	3.888,36	2.324,52	3.381,12	3.803,76	2.272,82	3.305,92	3.719,16	2.221,12	3.230,72	3.634,56	2.169,42	3.155,52	3.549,96	2.117,72	3.080,32	3.465,36	2.066,02	3.005,12	3.380,7[illegible]
	V	**49.377**	2.715,73	3.950,16	4.443,93																		
	VI	**49.909**	2.744,99	3.992,72	4.491,81																		
129.815,99	I	**43.219**	2.377,04	3.457,52	3.889,71	2.273,64	3.307,12	3.720,51	2.170,24	3.156,72	3.551,31	2.066,84	3.006,32	3.382,11	1.963,44	2.855,92	3.212,91	1.860,10	2.705,60	3.043,80	1.713,24	2.555,20	2.874,6[illegible]
	II	**41.430**	2.278,65	3.314,40	3.728,70	2.175,25	3.164,00	3.559,50	2.071,85	3.013,60	3.390,30	1.968,45	2.863,20	3.221,10	1.865,05	2.712,80	3.051,90	1.723,95	2.562,40	2.882,70	1.500,23	2.412,00	2.713,5[illegible]
	III	**32.784**	–	2.622,72	2.950,56	–	2.473,92	2.783,16	–	2.328,16	2.619,18	–	2.185,44	2.458,62	–	2.045,92	2.301,66	–	1.909,60	2.148,30	–	1.776,16	1.998,1[illegible]
	IV	**43.219**	2.377,04	3.457,52	3.889,71	2.325,34	3.382,32	3.805,11	2.273,64	3.307,12	3.720,51	2.221,94	3.231,92	3.635,91	2.170,24	3.156,72	3.551,31	2.118,54	3.081,52	3.466,71	2.066,84	3.006,32	3.382,1[illegible]
	V	**49.392**	2.716,56	3.951,36	4.445,28																		
	VI	**49.924**	2.745,82	3.993,92	4.493,16																		
129.851,99	I	**43.234**	2.377,87	3.458,72	3.891,06	2.274,47	3.308,32	3.721,86	2.171,07	3.157,92	3.552,66	2.067,67	3.007,52	3.383,46	1.964,32	2.857,20	3.214,35	1.860,92	2.706,80	3.045,15	1.715,02	2.556,40	2.875,9[illegible]
	II	**41.445**	2.279,47	3.315,60	3.730,05	2.176,07	3.165,20	3.560,85	2.072,67	3.014,80	3.391,65	1.969,27	2.864,40	3.222,45	1.865,87	2.714,00	3.053,25	1.725,73	2.563,60	2.884,05	1.502,13	2.413,28	2.714,9[illegible]
	III	**32.798**	–	2.623,84	2.951,82	–	2.475,04	2.784,42	–	2.329,28	2.620,44	–	2.186,72	2.460,06	–	2.047,04	2.302,92	–	1.910,56	2.149,38	–	1.777,28	1.999,4[illegible]
	IV	**43.234**	2.377,87	3.458,72	3.891,06	2.326,17	3.383,52	3.806,46	2.274,47	3.308,32	3.721,86	2.222,77	3.233,12	3.637,26	2.171,07	3.157,92	3.552,66	2.119,37	3.082,72	3.468,06	2.067,67	3.007,52	3.383,4[illegible]
	V	**49.408**	2.717,44	3.952,64	4.446,72																		
	VI	**49.939**	2.746,64	3.995,12	4.494,51																		
129.887,99	I	**43.249**	2.378,69	3.459,92	3.892,41	2.275,29	3.309,52	3.723,21	2.171,95	3.159,20	3.554,10	2.068,55	3.008,80	3.384,90	1.965,15	2.858,40	3.215,70	1.861,75	2.708,00	3.046,50	1.716,81	2.557,60	2.877,3[illegible]
	II	**41.460**	2.280,30	3.316,80	3.731,40	2.176,90	3.166,40	3.562,20	2.073,50	3.016,00	3.393,00	1.970,10	2.865,60	3.223,80	1.866,70	2.715,20	3.054,60	1.727,64	2.564,88	2.885,49	1.503,92	2.414,48	2.716,2[illegible]
	III	**32.814**	–	2.625,12	2.953,26	–	2.476,16	2.785,68	–	2.330,40	2.621,70	–	2.187,84	2.461,32	–	2.048,16	2.304,18	–	1.911,68	2.150,64	–	1.778,24	2.000,5[illegible]
	IV	**43.249**	2.378,69	3.459,92	3.892,41	2.326,99	3.384,72	3.807,81	2.275,29	3.309,52	3.723,21	2.223,59	3.234,32	3.638,61	2.171,95	3.159,20	3.554,10	2.120,25	3.084,00	3.469,50	2.068,55	3.008,80	3.384,9[illegible]
	V	**49.423**	2.718,26	3.953,84	4.448,07																		
	VI	**49.954**	2.747,47	3.996,32	4.495,86																		
129.923,99	I	**43.264**	2.379,52	3.461,12	3.893,76	2.276,17	3.310,80	3.724,65	2.172,77	3.160,40	3.555,45	2.069,37	3.010,00	3.386,25	1.965,97	2.859,60	3.217,05	1.862,57	2.709,20	3.047,85	1.718,59	2.558,80	2.878,6[illegible]
	II	**41.475**	2.281,12	3.318,00	3.732,75	2.177,72	3.167,60	3.563,55	2.074,32	3.017,20	3.394,35	1.970,98	2.866,88	3.225,24	1.867,58	2.716,48	3.056,04	1.729,42	2.566,08	2.886,84	1.505,70	2.415,68	2.717,6[illegible]
	III	**32.828**	–	2.626,24	2.954,52	–	2.477,44	2.787,12	–	2.331,68	2.623,14	–	2.188,96	2.462,58	–	2.049,28	2.305,44	–	1.912,80	2.151,90	–	1.779,36	2.001,[illegible]
	IV	**43.264**	2.379,52	3.461,12	3.893,76	2.327,87	3.386,00	3.809,25	2.276,17	3.310,80	3.724,65	2.224,47	3.235,60	3.640,05	2.172,77	3.160,40	3.555,45	2.121,07	3.085,20	3.470,85	2.069,37	3.010,00	3.386,2[illegible]
	V	**49.438**	2.719,09	3.955,04	4.449,42																		
	VI	**49.969**	2.748,29	3.997,52	4.497,21																		
129.959,99	I	**43.280**	2.380,40	3.462,40	3.895,20	2.277,00	3.312,00	3.726,00	2.173,60	3.161,60	3.556,80	2.070,20	3.011,20	3.387,60	1.966,80	2.860,80	3.218,40	1.863,40	2.710,40	3.049,20	1.720,38	2.560,00	2.880,[illegible]
	II	**41.490**	2.281,95	3.319,20	3.734,10	2.178,55	3.168,80	3.564,90	2.075,20	3.018,48	3.395,79	1.971,80	2.868,08	3.226,59	1.868,40	2.717,68	3.057,39	1.731,21	2.567,28	2.888,19	1.507,49	2.416,88	2.718,9[illegible]
	III	**32.844**	–	2.627,52	2.955,96	–	2.478,56	2.788,38	–	2.332,80	2.624,40	–	2.190,08	2.463,84	–	2.050,40	2.306,70	–	1.913,92	2.153,16	–	1.780,32	2.002,[illegible]
	IV	**43.280**	2.380,40	3.462,40	3.895,20	2.328,70	3.387,20	3.810,60	2.277,00	3.312,00	3.726,00	2.225,30	3.236,80	3.641,40	2.173,60	3.161,60	3.556,80	2.121,90	3.086,40	3.472,20	2.070,20	3.011,20	3.387,6[illegible]
	V	**49.453**	2.719,91	3.956,24	4.450,77																		
	VI	**49.985**	2.749,17	3.998,80	4.498,65																		
129.995,99	I	**43.295**	2.381,22	3.463,60	3.896,55	2.277,82	3.313,20	3.727,35	2.174,42	3.162,80	3.558,15	2.071,02	3.012,40	3.388,95	1.967,62	2.862,00	3.219,75	1.864,22	2.711,60	3.050,55	1.722,16	2.561,20	2.881,3[illegible]
	II	**41.506**	2.282,83	3.320,48	3.735,54	2.179,43	3.170,08	3.566,34	2.076,03	3.019,68	3.397,14	1.972,63	2.869,28	3.227,94	1.869,23	2.718,88	3.058,74	1.732,99	2.568,48	2.889,54	1.509,27	2.418,08	2.720,3[illegible]
	III	**32.858**	–	2.628,64	2.957,22	–	2.479,84	2.789,82	–	2.333,92	2.625,66	–	2.191,20	2.465,10	–	2.051,52	2.307,96	–	1.914,88	2.154,24	–	1.781,44	2.004,1[illegible]
	IV	**43.295**	2.381,22	3.463,60	3.896,55	2.329,52	3.388,40	3.811,95	2.277,82	3.313,20	3.727,35	2.226,12	3.238,00	3.642,75	2.174,42	3.162,80	3.558,15	2.122,72	3.087,60	3.473,55	2.071,02	3.012,40	3.388,9[illegible]
	V	**49.468**	2.720,74	3.957,44	4.452,12																		
	VI	**50.000**	2.750,00	4.000,00	4.500,00																		
130.031,99	I	**43.310**	2.382,05	3.464,80	3.897,90	2.278,65	3.314,40	3.728,70	2.175,25	3.164,00	3.559,50	2.071,85	3.013,60	3.390,30	1.968,45	2.863,20	3.221,10	1.865,05	2.712,80	3.051,90	1.723,95	2.562,40	2.882,[illegible]
	II	**41.521**	2.283,65	3.321,68	3.736,89	2.180,25	3.171,28	3.567,69	2.076,85	3.020,88	3.398,49	1.973,45	2.870,48	3.229,29	1.870,05	2.720,08	3.060,09	1.734,78	2.569,68	2.890,89	1.511,06	2.419,28	2.721,6[illegible]
	III	**32.874**	–	2.629,92	2.958,66	–	2.480,96	2.791,08	–	2.335,04	2.626,92	–	2.192,32	2.466,36	–	2.052,64	2.309,22	–	1.916,00	2.155,50	–	1.782,56	2.005,3[illegible]
	IV	**43.310**	2.382,05	3.464,80	3.897,90	2.330,35	3.389,60	3.813,30	2.278,65	3.314,40	3.728,70	2.226,95	3.239,20	3.644,10	2.175,25	3.164,00	3.559,50	2.123,55	3.088,80	3.474,90	2.071,85	3.013,60	3.390,[illegible]
	V	**49.483**	2.721,56	3.958,64	4.453,47																		
	VI	**50.015**	2.750,82	4.001,20	4.501,35																		
130.067,99	I	**43.325**	2.382,87	3.466,00	3.899,25	2.279,47	3.315,60	3.730,05	2.176,07	3.165,20	3.560,85	2.072,67	3.014,80	3.391,65	1.969,27	2.864,40	3.222,45	1.865,87	2.714,00	3.053,25	1.725,73	2.563,60	2.884,[illegible]
	II	**41.536**	2.284,48	3.322,88	3.738,24	2.181,08	3.172,48	3.569,04	2.077,68	3.022,08	3.399,84	1.974,28	2.871,68	3.230,64	1.870,88	2.721,28	3.061,44	1.736,56	2.570,88	2.892,24	1.512,84	2.420,48	2.723,[illegible]
	III	**32.890**	–	2.631,20	2.960,10	–	2.482,24	2.792,52	–	2.336,32	2.628,36	–	2.193,44	2.467,62	–	2.053,76	2.310,48	–	1.917,12	2.156,76	–	1.783,52	2.006,4[illegible]
	IV	**43.325**	2.382,87	3.466,00	3.899,25	2.331,17	3.390,80	3.814,65	2.279,47	3.315,60	3.730,05	2.227,77	3.240,40	3.645,45	2.176,07	3.165,20	3.560,85	2.124,37	3.090,00	3.476,25	2.072,67	3.014,80	3.391,6[illegible]
	V	**49.498**	2.722,39	3.959,84	4.454,82																		
	VI	**50.030**	2.751,65	4.002,40	4.502,70																		
130.103,99	I	**43.340**	2.383,70	3.467,20	3.900,60	2.280,30	3.316,80	3.731,40	2.176,90	3.166,40	3.562,20	2.073,50	3.016,00	3.393,00	1.970,10	2.865,60	3.223,80	1.866,70	2.715,20	3.054,60	1.727,64	2.564,88	2.885,4[illegible]
	II	**41.551**	2.285,30	3.324,08	3.739,59	2.181,90	3.173,68	3.570,39	2.078,50	3.023,28	3.401,19	1.975,10	2.872,88	3.231,99	1.871,70	2.722,48	3.062,79	1.738,35	2.572,08	2.893,59	1.514,63	2.421,68	2.724,[illegible]
	III	**32.904**	–	2.632,32	2.961,36	–	2.483,36	2.793,78	–	2.337,44	2.629,62	–	2.194,56	2.468,88	–	2.054,88	2.311,74	–	1.918,24	2.158,02	–	1.784,64	2.007,[illegible]
	IV	**43.340**	2.383,70	3.467,20	3.900,60	2.332,00	3.392,00	3.816,00	2.280,30	3.316,80	3.731,40	2.228,60	3.241,60	3.646,80	2.176,90	3.166,40	3.562,20	2.125,20	3.091,20	3.477,60	2.073,50	3.016,00	3.393,[illegible]
	V	**49.513**	2.723,21	3.961,04	4.456,17																		
	VI	**50.045**	2.752,47	4.003,60	4.504,05																		
130.139,99	I	**43.355**	2.384,52	3.468,40	3.901,95	2.281,12	3.318,00	3.732,75	2.177,72	3.167,60	3.563,55	2.074,32	3.017,20	3.394,35	1.970,98	2.866,88	3.225,24	1.867,58	2.716,48	3.056,04	1.729,42	2.566,08	2.886,[illegible]
	II	**41.566**	2.286,13	3.325,28	3.740,94	2.182,73	3.174,88	3.571,74	2.079,33	3.024,48	3.402,54	1.975,93	2.874,08	3.233,34	1.872,53	2.723,68	3.064,14	1.740,13	2.573,28	2.894,94	1.516,41	2.422,88	2.725,[illegible]
	III	**32.920**	–	2.633,60	2.962,80	–	2.484,48	2.795,04	–	2.338,56	2.630,88	–	2.195,68	2.470,14	–	2.056,00	2.313,00	–	1.919,36	2.159,28	–	1.785,76	2.008,[illegible]
	IV	**43.355**	2.384,52	3.468,40	3.901,95	2.332,82	3.393,20	3.817,35	2.281,12	3.318,00	3.732,75	2.229,42	3.242,80	3.648,15	2.177,72	3.167,60	3.563,55	2.126,02	3.092,40	3.478,95	2.074,32	3.017,20	3.394,[illegible]
	V	**49.528**	2.724,04	3.962,24	4.457,52																		
	VI	**50.060**	2.753,30	4.004,80	4.505,40																		

SolZ/KiSt lt. Tabelle nicht für Sonstige Bezüge anwendbar.

Besondere Tabelle

JAHR bis 130.679,99 €

Lohn/ Gehalt bis	Steuerklasse	Lohn-steuer	ohne Kinderfreibetrag SolZ 5,5%	Kirchensteuer 8%	9%	0,5 SolZ 5,5%	Kirchensteuer 8%	9%	1,0 SolZ 5,5%	Kirchensteuer 8%	9%	1,5 SolZ 5,5%	Kirchensteuer 8%	9%	2,0 SolZ 5,5%	Kirchensteuer 8%	9%	2,5 SolZ 5,5%	Kirchensteuer 8%	9%	3,0 SolZ 5,5%	Kirchensteuer 8%	9%
						Anzahl Kinderfreibeträge (nur Steuerklassen I–IV)																	
130.175,99	I	43.370	2.385,35	3.469,60	3.903,30	2.281,95	3.319,20	3.734,10	2.178,55	3.168,80	3.564,90	2.075,20	3.018,48	3.395,79	1.971,80	2.868,08	3.226,59	1.868,40	2.717,68	3.057,39	1.731,21	2.567,28	2.888,19
	II	41.581	2.286,95	3.326,48	3.742,29	2.183,55	3.176,08	3.573,09	2.080,15	3.025,68	3.403,89	1.976,75	2.875,28	3.234,69	1.873,35	2.724,88	3.065,49	1.742,04	2.574,56	2.896,38	1.518,32	2.424,16	2.727,18
	III	32.934	-	2.634,72	2.964,06	-	2.485,76	2.796,48	-	2.339,68	2.632,14	-	2.196,80	2.471,40	-	2.057,12	2.314,26	-	1.920,32	2.160,36	-	1.786,72	2.010,06
	IV	43.370	2.385,35	3.469,60	3.903,30	2.333,65	3.394,40	3.818,70	2.281,95	3.319,20	3.734,10	2.230,25	3.244,00	3.649,50	2.178,55	3.168,80	3.564,90	2.126,90	3.093,68	3.480,39	2.075,20	3.018,48	3.395,79
	V	49.544	2.724,92	3.963,52	4.458,96																		
	VI	50.075	2.754,12	4.006,00	4.506,75																		
130.211,99	I	43.385	2.386,17	3.470,80	3.904,65	2.282,83	3.320,48	3.735,54	2.179,43	3.170,08	3.566,34	2.076,03	3.019,68	3.397,14	1.972,63	2.869,28	3.227,94	1.869,23	2.718,88	3.058,74	1.732,99	2.568,48	2.889,54
	II	41.596	2.287,78	3.327,68	3.743,64	2.184,38	3.177,28	3.574,44	2.080,98	3.026,88	3.405,24	1.977,58	2.876,48	3.236,04	1.874,23	2.726,16	3.066,93	1.743,82	2.575,76	2.897,73	1.520,10	2.425,36	2.728,53
	III	32.950	-	2.636,00	2.965,50	-	2.486,88	2.797,74	-	2.340,96	2.633,58	-	2.198,08	2.472,84	-	2.058,24	2.315,52	-	1.921,44	2.161,62	-	1.787,84	2.011,32
	IV	43.385	2.386,17	3.470,80	3.904,65	2.334,47	3.395,60	3.820,05	2.282,83	3.320,48	3.735,54	2.231,13	3.245,28	3.650,94	2.179,43	3.170,08	3.566,34	2.127,73	3.094,88	3.481,74	2.076,03	3.019,68	3.397,14
	V	49.559	2.725,74	3.964,72	4.460,31																		
	VI	50.090	2.754,95	4.007,20	4.508,10																		
130.247,99	I	43.401	2.387,05	3.472,08	3.906,09	2.283,65	3.321,68	3.736,89	2.180,25	3.171,28	3.567,69	2.076,85	3.020,88	3.398,49	1.973,45	2.870,48	3.229,29	1.870,05	2.720,08	3.060,09	1.734,78	2.569,68	2.890,89
	II	41.611	2.288,60	3.328,88	3.744,99	2.185,20	3.178,48	3.575,79	2.081,86	3.028,16	3.406,68	1.978,46	2.877,76	3.237,48	1.875,06	2.727,36	3.068,28	1.745,61	2.576,96	2.899,08	1.521,89	2.426,56	2.729,88
	III	32.964	-	2.637,12	2.966,76	-	2.488,16	2.799,18	-	2.342,08	2.634,84	-	2.199,20	2.474,10	-	2.059,36	2.316,78	-	1.922,56	2.162,88	-	1.788,96	2.012,58
	IV	43.401	2.387,05	3.472,08	3.906,09	2.335,35	3.396,88	3.821,49	2.283,65	3.321,68	3.736,89	2.231,95	3.246,48	3.652,29	2.180,25	3.171,28	3.567,69	2.128,55	3.096,08	3.483,09	2.076,85	3.020,88	3.398,49
	V	49.574	2.726,57	3.965,92	4.461,66																		
	VI	50.106	2.755,83	4.008,48	4.509,54																		
130.283,99	I	43.416	2.387,88	3.473,28	3.907,44	2.284,48	3.322,88	3.738,24	2.181,08	3.172,48	3.569,04	2.077,68	3.022,08	3.399,84	1.974,28	2.871,68	3.230,64	1.870,88	2.721,28	3.061,44	1.736,56	2.570,88	2.892,24
	II	41.626	2.289,43	3.330,08	3.746,34	2.186,08	3.179,76	3.577,23	2.082,68	3.029,36	3.408,03	1.979,28	2.878,96	3.238,83	1.875,88	2.728,56	3.069,63	1.747,39	2.578,16	2.900,43	1.523,67	2.427,76	2.731,23
	III	32.980	-	2.638,40	2.968,20	-	2.489,28	2.800,44	-	2.343,20	2.636,10	-	2.200,32	2.475,36	-	2.060,48	2.318,04	-	1.923,68	2.164,14	-	1.789,92	2.013,66
	IV	43.416	2.387,88	3.473,28	3.907,44	2.336,18	3.398,08	3.822,84	2.284,48	3.322,88	3.738,24	2.232,78	3.247,68	3.653,64	2.181,08	3.172,48	3.569,04	2.129,38	3.097,28	3.484,44	2.077,68	3.022,08	3.399,84
	V	49.589	2.727,39	3.967,12	4.463,01																		
	VI	50.121	2.756,65	4.009,68	4.510,89																		
130.319,99	I	43.431	2.388,70	3.474,48	3.908,79	2.285,30	3.324,08	3.739,59	2.181,90	3.173,68	3.570,39	2.078,50	3.023,28	3.401,19	1.975,10	2.872,88	3.231,99	1.871,70	2.722,48	3.062,79	1.738,35	2.572,08	2.893,59
	II	41.642	2.290,31	3.331,36	3.747,78	2.186,91	3.180,96	3.578,58	2.083,51	3.030,56	3.409,38	1.980,11	2.880,16	3.240,18	1.876,71	2.729,76	3.070,98	1.749,18	2.579,36	2.901,78	1.525,46	2.428,96	2.732,58
	III	32.994	-	2.639,52	2.969,46	-	2.490,40	2.801,70	-	2.344,48	2.637,54	-	2.201,44	2.476,62	-	2.061,60	2.319,30	-	1.924,80	2.165,40	-	1.791,04	2.014,92
	IV	43.431	2.388,70	3.474,48	3.908,79	2.337,00	3.399,28	3.824,19	2.285,30	3.324,08	3.739,59	2.233,60	3.248,88	3.654,99	2.181,90	3.173,68	3.570,39	2.130,20	3.098,48	3.485,79	2.078,50	3.023,28	3.401,19
	V	49.604	2.728,22	3.968,32	4.464,36																		
	VI	50.136	2.757,48	4.010,88	4.512,24																		
130.355,99	I	43.446	2.389,53	3.475,68	3.910,14	2.286,13	3.325,28	3.740,94	2.182,73	3.174,88	3.571,74	2.079,33	3.024,48	3.402,54	1.975,93	2.874,08	3.233,34	1.872,53	2.723,68	3.064,14	1.740,13	2.573,28	2.894,94
	II	41.657	2.291,13	3.332,56	3.749,13	2.187,73	3.182,16	3.579,93	2.084,33	3.031,76	3.410,73	1.980,93	2.881,36	3.241,53	1.877,53	2.730,96	3.072,33	1.750,96	2.580,56	2.903,13	1.527,24	2.430,16	2.733,93
	III	33.010	-	2.640,80	2.970,90	-	2.491,68	2.803,14	-	2.345,60	2.638,80	-	2.202,56	2.477,88	-	2.062,72	2.320,56	-	1.925,76	2.166,48	-	1.792,00	2.016,00
	IV	43.446	2.389,53	3.475,68	3.910,14	2.337,83	3.400,48	3.825,54	2.286,13	3.325,28	3.740,94	2.234,43	3.250,08	3.656,34	2.182,73	3.174,88	3.571,74	2.131,03	3.099,68	3.487,14	2.079,33	3.024,48	3.402,54
	V	49.619	2.729,04	3.969,52	4.465,71																		
	VI	50.151	2.758,30	4.012,08	4.513,59																		
130.391,99	I	43.461	2.390,35	3.476,88	3.911,49	2.286,95	3.326,48	3.742,29	2.183,55	3.176,08	3.573,09	2.080,15	3.025,68	3.403,89	1.976,75	2.875,28	3.234,69	1.873,35	2.724,88	3.065,49	1.742,04	2.574,56	2.896,38
	II	41.672	2.291,96	3.333,76	3.750,48	2.188,56	3.183,36	3.581,28	2.085,16	3.032,96	3.412,08	1.981,76	2.882,56	3.242,88	1.878,36	2.732,16	3.073,68	1.752,75	2.581,76	2.904,48	1.529,03	2.431,36	2.735,28
	III	33.026	-	2.642,08	2.972,34	-	2.492,80	2.804,40	-	2.346,72	2.640,06	-	2.203,68	2.479,14	-	2.063,84	2.321,82	-	1.926,88	2.167,74	-	1.793,12	2.017,26
	IV	43.461	2.390,35	3.476,88	3.911,49	2.338,65	3.401,68	3.826,89	2.286,95	3.326,48	3.742,29	2.235,25	3.251,28	3.657,69	2.183,55	3.176,08	3.573,09	2.131,85	3.100,88	3.488,49	2.080,15	3.025,68	3.403,89
	V	49.634	2.729,87	3.970,72	4.467,06																		
	VI	50.166	2.759,13	4.013,28	4.514,94																		
130.427,99	I	43.476	2.391,18	3.478,08	3.912,84	2.287,78	3.327,68	3.743,64	2.184,38	3.177,28	3.574,44	2.080,98	3.026,88	3.405,24	1.977,58	2.876,48	3.236,04	1.874,23	2.726,16	3.066,93	1.743,82	2.575,76	2.897,73
	II	41.687	2.292,78	3.334,96	3.751,83	2.189,38	3.184,56	3.582,63	2.085,98	3.034,16	3.413,43	1.982,58	2.883,76	3.244,23	1.879,18	2.733,36	3.075,03	1.754,53	2.582,96	2.905,83	1.530,81	2.432,56	2.736,63
	III	33.040	-	2.643,20	2.973,60	-	2.494,08	2.805,84	-	2.347,84	2.641,32	-	2.204,80	2.480,40	-	2.064,80	2.322,90	-	1.928,00	2.169,00	-	1.794,24	2.018,52
	IV	43.476	2.391,18	3.478,08	3.912,84	2.339,48	3.402,88	3.828,24	2.287,78	3.327,68	3.743,64	2.236,08	3.252,48	3.659,04	2.184,38	3.177,28	3.574,44	2.132,68	3.102,08	3.489,84	2.080,98	3.026,88	3.405,24
	V	49.649	2.730,69	3.971,92	4.468,41																		
	VI	50.181	2.759,95	4.014,48	4.516,29																		
130.463,99	I	43.491	2.392,00	3.479,28	3.914,19	2.288,60	3.328,88	3.744,99	2.185,20	3.178,48	3.575,79	2.081,86	3.028,16	3.406,68	1.978,46	2.877,76	3.237,48	1.875,06	2.727,36	3.068,28	1.745,61	2.576,96	2.899,08
	II	41.702	2.293,61	3.336,16	3.753,18	2.190,21	3.185,76	3.583,98	2.086,81	3.035,36	3.414,78	1.983,41	2.884,96	3.245,58	1.880,01	2.734,56	3.076,38	1.756,32	2.584,16	2.907,18	1.532,72	2.433,84	2.738,07
	III	33.056	-	2.644,48	2.975,04	-	2.495,20	2.807,10	-	2.349,12	2.642,76	-	2.205,92	2.481,66	-	2.065,92	2.324,16	-	1.929,12	2.170,26	-	1.795,20	2.019,60
	IV	43.491	2.392,00	3.479,28	3.914,19	2.340,30	3.404,08	3.829,59	2.288,60	3.328,88	3.744,99	2.236,90	3.253,68	3.660,39	2.185,20	3.178,48	3.575,79	2.133,50	3.103,28	3.491,19	2.081,86	3.028,16	3.406,68
	V	49.665	2.731,57	3.973,20	4.469,85																		
	VI	50.196	2.760,78	4.015,68	4.517,64																		
130.499,99	I	43.506	2.392,83	3.480,48	3.915,54	2.289,43	3.330,08	3.746,34	2.186,08	3.179,76	3.577,23	2.082,68	3.029,36	3.408,03	1.979,28	2.878,96	3.238,83	1.875,88	2.728,56	3.069,63	1.747,39	2.578,16	2.900,43
	II	41.717	2.294,43	3.337,36	3.754,53	2.191,03	3.186,96	3.585,33	2.087,63	3.036,56	3.416,13	1.984,23	2.886,16	3.246,93	1.880,89	2.735,84	3.077,82	1.758,22	2.585,44	2.908,62	1.534,50	2.435,04	2.739,42
	III	33.070	-	2.645,60	2.976,30	-	2.496,48	2.808,54	-	2.350,24	2.644,02	-	2.207,04	2.482,92	-	2.067,04	2.325,42	-	1.930,24	2.171,52	-	1.796,32	2.020,86
	IV	43.506	2.392,83	3.480,48	3.915,54	2.341,13	3.405,28	3.830,94	2.289,43	3.330,08	3.746,34	2.237,78	3.254,96	3.661,83	2.186,08	3.179,76	3.577,23	2.134,38	3.104,56	3.492,63	2.082,68	3.029,36	3.408,03
	V	49.680	2.732,40	3.974,40	4.471,20																		
	VI	50.211	2.761,60	4.016,88	4.518,99																		
130.535,99	I	43.522	2.393,71	3.481,76	3.916,98	2.290,31	3.331,36	3.747,78	2.186,91	3.180,96	3.578,58	2.083,51	3.030,56	3.409,38	1.980,11	2.880,16	3.240,18	1.876,71	2.729,76	3.070,98	1.749,18	2.579,36	2.901,78
	II	41.732	2.295,26	3.338,56	3.755,88	2.191,86	3.188,16	3.586,68	2.088,46	3.037,76	3.417,48	1.985,11	2.887,44	3.248,37	1.881,71	2.737,04	3.079,17	1.760,01	2.586,64	2.909,97	1.536,29	2.436,24	2.740,77
	III	33.086	-	2.646,88	2.977,74	-	2.497,60	2.809,80	-	2.351,36	2.645,28	-	2.208,32	2.484,36	-	2.068,16	2.326,68	-	1.931,20	2.172,60	-	1.797,44	2.022,12
	IV	43.522	2.393,71	3.481,76	3.916,98	2.342,01	3.406,56	3.832,38	2.290,31	3.331,36	3.747,78	2.238,61	3.256,16	3.663,18	2.186,91	3.180,96	3.578,58	2.135,21	3.105,76	3.493,98	2.083,51	3.030,56	3.409,38
	V	49.695	2.733,22	3.975,60	4.472,55																		
	VI	50.227	2.762,48	4.018,16	4.520,43																		
130.571,99	I	43.537	2.394,53	3.482,96	3.918,33	2.291,13	3.332,56	3.749,13	2.187,73	3.182,16	3.579,93	2.084,33	3.031,76	3.410,73	1.980,93	2.881,36	3.241,53	1.877,53	2.730,96	3.072,33	1.750,96	2.580,56	2.903,13
	II	41.747	2.296,08	3.339,76	3.757,23	2.192,74	3.189,44	3.588,12	2.089,34	3.039,04	3.418,92	1.985,94	2.888,64	3.249,72	1.882,54	2.738,24	3.080,52	1.761,79	2.587,84	2.911,32	1.538,07	2.437,44	2.742,12
	III	33.100	-	2.648,00	2.979,00	-	2.498,72	2.811,06	-	2.352,48	2.646,54	-	2.209,44	2.485,62	-	2.069,28	2.327,94	-	1.932,32	2.173,86	-	1.798,40	2.023,20
	IV	43.537	2.394,53	3.482,96	3.918,33	2.342,83	3.407,76	3.833,73	2.291,13	3.332,56	3.749,13	2.239,43	3.257,36	3.664,53	2.187,73	3.182,16	3.579,93	2.136,03	3.106,96	3.495,33	2.084,33	3.031,76	3.410,73
	V	49.710	2.734,05	3.976,80	4.473,90																		
	VI	50.242	2.763,31	4.019,36	4.521,78																		
130.607,99	I	43.552	2.395,36	3.484,16	3.919,68	2.291,96	3.333,76	3.750,48	2.188,56	3.183,36	3.581,28	2.085,16	3.032,96	3.412,08	1.981,76	2.882,56	3.242,88	1.878,36	2.732,16	3.073,68	1.752,75	2.581,76	2.904,48
	II	41.763	2.296,96	3.341,04	3.758,67	2.193,56	3.190,64	3.589,47	2.090,16	3.040,24	3.420,27	1.986,76	2.889,84	3.251,07	1.883,36	2.739,44	3.081,87	1.763,58	2.589,04	2.912,67	1.539,86	2.438,64	2.743,47
	III	33.116	-	2.649,28	2.980,44	-	2.500,00	2.812,50	-	2.353,76	2.647,98	-	2.210,56	2.486,88	-	2.070,40	2.329,20	-	1.933,44	2.175,12	-	1.799,52	2.024,46
	IV	43.552	2.395,36	3.484,16	3.919,68	2.343,66	3.408,96	3.835,08	2.291,96	3.333,76	3.750,48	2.240,26	3.258,56	3.665,88	2.188,56	3.183,36	3.581,28	2.136,86	3.108,16	3.496,68	2.085,16	3.032,96	3.412,08
	V	49.725	2.734,87	3.978,00	4.475,25																		
	VI	50.257	2.764,13	4.020,56	4.523,13																		
130.643,99	I	43.567	2.396,18	3.485,36	3.921,03	2.292,78	3.334,96	3.751,83	2.189,38	3.184,56	3.582,63	2.085,98	3.034,16	3.413,43	1.982,58	2.883,76	3.244,23	1.879,18	2.733,36	3.075,03	1.754,53	2.582,96	2.905,83
	II	41.778	2.297,79	3.342,24	3.760,02	2.194,39	3.191,84	3.590,82	2.090,99	3.041,44	3.421,62	1.987,59	2.891,04	3.252,42	1.884,19	2.740,64	3.083,22	1.765,36	2.590,24	2.914,02	1.541,64	2.439,84	2.744,82
	III	33.130	-	2.650,40	2.981,70	-	2.501,12	2.813,76	-	2.354,88	2.649,24	-	2.211,68	2.488,14	-	2.071,52	2.330,46	-	1.934,56	2.176,38	-	1.800,64	2.025,72
	IV	43.567	2.396,18	3.485,36	3.921,03	2.344,48	3.410,16	3.836,43	2.292,78	3.334,96	3.751,83	2.241,08	3.259,76	3.667,23	2.189,38	3.184,56	3.582,63	2.137,68	3.109,36	3.498,03	2.085,98	3.034,16	3.413,43
	V	49.740	2.735,70	3.979,20	4.476,60																		
	VI	50.272	2.764,96	4.021,76	4.524,48																		
130.679,99	I	43.582	2.397,01	3.486,56	3.922,38	2.293,61	3.336,16	3.753,18	2.190,21	3.185,76	3.583,98	2.086,81	3.035,36	3.414,78	1.983,41	2.884,96	3.245,58	1.880,01	2.734,56	3.076,38	1.756,32	2.584,16	2.907,18
	II	41.793	2.298,61	3.343,44	3.761,37	2.195,21	3.193,04	3.592,17	2.091,81	3.042,64	3.422,97	1.988,41	2.892,24	3.253,77	1.885,01	2.741,84	3.084,57	1.767,15	2.591,44	2.915,37	1.543,43	2.441,04	2.746,17
	III	33.146	-	2.651,68	2.983,14	-	2.502,40	2.815,20	-	2.356,00	2.650,50	-	2.212,80	2.489,40	-	2.072,64	2.331,72	-	1.935,68	2.177,64	-	1.801,60	2.026,80
	IV	43.582	2.397,01	3.486,56	3.922,38	2.345,31	3.411,36	3.837,78	2.293,61	3.336,16	3.753,18	2.241,91	3.260,96	3.668,58	2.190,21	3.185,76	3.583,98	2.138,51	3.110,56	3.499,38	2.086,81	3.035,36	3.414,78
	V	49.755	2.736,52	3.980,40	4.477,95																		
	VI	50.287	2.765,78	4.022,96	4.525,83																		

SolZ/KiSt lt. Tabelle nicht für Sonstige Bezüge anwendbar.

JAHR bis 131.219,99 €

Besondere Tabelle

Lohn/ Gehalt bis	Steuerklasse	Lohn- steuer	ohne Kinderfreibetrag			Anzahl Kinderfreibeträge (nur Steuerklassen I–IV)																	
						0,5			1,0			1,5			2,0			2,5			3,0		
			SolZ 5,5%	Kirchensteuer 8%	9%	SolZ 5,5%	Kirchensteuer 8%	9%	SolZ 5,5%	Kirchensteuer 8%	9%	SolZ 5,5%	Kirchensteuer 8%	9%	SolZ 5,5%	Kirchensteuer 8%	9%	SolZ 5,5%	Kirchensteuer 8%	9%	SolZ 5,5%	Kirchensteuer 8%	9%
130.715,99	I	**43.597**	*2.397,83*	3.487,76	3.923,73	*2.294,43*	3.337,36	3.754,53	*2.191,03*	3.186,96	3.585,33	*2.087,63*	3.036,56	3.416,13	*1.984,23*	2.886,16	3.246,93	*1.880,89*	2.735,84	3.077,82	*1.758,22*	2.585,44	2.908,62
	II	**41.808**	*2.299,44*	3.344,64	3.762,72	*2.196,04*	3.194,24	3.593,52	*2.092,64*	3.043,84	3.424,32	*1.989,24*	2.893,44	3.255,12	*1.885,84*	2.743,04	3.085,92	*1.768,93*	2.592,64	2.916,72	*1.545,21*	2.442,24	2.747,52
	III	**33.162**	–	2.652,96	2.984,58	–	2.503,52	2.816,46	–	2.357,28	2.651,94	–	2.213,92	2.490,66	–	2.073,76	2.332,98	–	1.936,64	2.178,72	–	1.802,72	2.028,06
	IV	**43.597**	*2.397,83*	3.487,76	3.923,73	*2.346,13*	3.412,56	3.839,13	*2.294,43*	3.337,36	3.754,53	*2.242,73*	3.262,16	3.669,93	*2.191,03*	3.186,96	3.585,33	*2.139,33*	3.111,76	3.500,73	*2.087,63*	3.036,56	3.416,13
	V	**49.770**	*2.737,35*	3.981,60	4.479,30																		
	VI	**50.302**	*2.766,61*	4.024,16	4.527,18																		
130.751,99	I	**43.612**	*2.398,66*	3.488,96	3.925,08	*2.295,26*	3.338,56	3.755,88	*2.191,86*	3.188,16	3.586,68	*2.088,46*	3.037,76	3.417,48	*1.985,11*	2.887,44	3.248,37	*1.881,71*	2.737,04	3.079,17	*1.760,01*	2.586,64	2.909,97
	II	**41.823**	*2.300,26*	3.345,84	3.764,07	*2.196,86*	3.195,44	3.594,87	*2.093,46*	3.045,04	3.425,67	*1.990,06*	2.894,64	3.256,47	*1.886,66*	2.744,24	3.087,27	*1.770,72*	2.593,84	2.918,07	*1.547,11*	2.443,52	2.748,96
	III	**33.176**	–	2.654,08	2.985,84	–	2.504,80	2.817,90	–	2.358,40	2.653,20	–	2.215,04	2.491,92	–	2.074,88	2.334,24	–	1.937,76	2.179,98	–	1.803,84	2.029,32
	IV	**43.612**	*2.398,66*	3.488,96	3.925,08	*2.346,96*	3.413,76	3.840,48	*2.295,26*	3.338,56	3.755,88	*2.243,56*	3.263,36	3.671,28	*2.191,86*	3.188,16	3.586,68	*2.140,16*	3.112,96	3.502,08	*2.088,46*	3.037,76	3.417,48
	V	**49.786**	*2.738,23*	3.982,88	4.480,74																		
	VI	**50.317**	*2.767,43*	4.025,36	4.528,53																		
130.787,99	I	**43.627**	*2.399,48*	3.490,16	3.926,43	*2.296,08*	3.339,76	3.757,23	*2.192,74*	3.189,44	3.588,12	*2.089,34*	3.039,04	3.418,92	*1.985,94*	2.888,64	3.249,72	*1.882,54*	2.738,24	3.080,52	*1.761,79*	2.587,84	2.911,32
	II	**41.838**	*2.301,09*	3.347,04	3.765,42	*2.197,69*	3.196,64	3.596,22	*2.094,29*	3.046,24	3.427,02	*1.990,89*	2.895,84	3.257,82	*1.887,49*	2.745,44	3.088,62	*1.772,62*	2.595,12	2.919,51	*1.548,90*	2.444,72	2.750,31
	III	**33.192**	–	2.655,36	2.987,28	–	2.505,92	2.819,16	–	2.359,52	2.654,46	–	2.216,16	2.493,18	–	2.076,00	2.335,50	–	1.938,88	2.181,24	–	1.804,80	2.030,40
	IV	**43.627**	*2.399,48*	3.490,16	3.926,43	*2.347,78*	3.414,96	3.841,83	*2.296,08*	3.339,76	3.757,23	*2.244,38*	3.264,56	3.672,63	*2.192,74*	3.189,44	3.588,12	*2.141,04*	3.114,24	3.503,52	*2.089,34*	3.039,04	3.418,92
	V	**49.801**	*2.739,05*	3.984,08	4.482,09																		
	VI	**50.332**	*2.768,26*	4.026,56	4.529,88																		
130.823,99	I	**43.642**	*2.400,31*	3.491,36	3.927,78	*2.296,96*	3.341,04	3.758,67	*2.193,56*	3.190,64	3.589,47	*2.090,16*	3.040,24	3.420,27	*1.986,76*	2.889,84	3.251,07	*1.883,36*	2.739,44	3.081,87	*1.763,58*	2.589,04	2.912,67
	II	**41.853**	*2.301,91*	3.348,24	3.766,77	*2.198,51*	3.197,84	3.597,57	*2.095,11*	3.047,44	3.428,37	*1.991,77*	2.897,12	3.259,26	*1.888,37*	2.746,72	3.090,06	*1.774,40*	2.596,32	2.920,86	*1.550,68*	2.445,92	2.751,66
	III	**33.206**	–	2.656,48	2.988,54	–	2.507,04	2.820,42	–	2.360,64	2.655,72	–	2.217,44	2.494,62	–	2.077,12	2.336,76	–	1.940,00	2.182,50	–	1.805,92	2.031,66
	IV	**43.642**	*2.400,31*	3.491,36	3.927,78	*2.348,66*	3.416,24	3.843,27	*2.296,96*	3.341,04	3.758,67	*2.245,26*	3.265,84	3.674,07	*2.193,56*	3.190,64	3.589,47	*2.141,86*	3.115,44	3.504,87	*2.090,16*	3.040,24	3.420,27
	V	**49.816**	*2.739,88*	3.985,28	4.483,44																		
	VI	**50.347**	*2.769,08*	4.027,76	4.531,23																		
130.859,99	I	**43.658**	*2.401,19*	3.492,64	3.929,22	*2.297,79*	3.342,24	3.760,02	*2.194,39*	3.191,84	3.590,82	*2.090,99*	3.041,44	3.421,62	*1.987,59*	2.891,04	3.252,42	*1.884,19*	2.740,64	3.083,22	*1.765,36*	2.590,24	2.914,02
	II	**41.868**	*2.302,74*	3.349,44	3.768,12	*2.199,34*	3.199,04	3.598,92	*2.095,99*	3.048,72	3.429,81	*1.992,59*	2.898,32	3.260,61	*1.889,19*	2.747,92	3.091,41	*1.776,19*	2.597,52	2.922,21	*1.552,47*	2.447,12	2.753,01
	III	**33.222**	–	2.657,76	2.989,98	–	2.508,32	2.821,86	–	2.361,92	2.657,16	–	2.218,56	2.495,88	–	2.078,24	2.338,02	–	1.941,12	2.183,76	–	1.807,04	2.032,92
	IV	**43.658**	*2.401,19*	3.492,64	3.929,22	*2.349,49*	3.417,44	3.844,62	*2.297,79*	3.342,24	3.760,02	*2.246,09*	3.267,04	3.675,42	*2.194,39*	3.191,84	3.590,82	*2.142,69*	3.116,64	3.506,22	*2.090,99*	3.041,44	3.421,62
	V	**49.831**	*2.740,70*	3.986,48	4.484,79																		
	VI	**50.363**	*2.769,96*	4.029,04	4.532,67																		
130.895,99	I	**43.673**	*2.402,01*	3.493,84	3.930,57	*2.298,61*	3.343,44	3.761,37	*2.195,21*	3.193,04	3.592,17	*2.091,81*	3.042,64	3.422,97	*1.988,41*	2.892,24	3.253,77	*1.885,01*	2.741,84	3.084,57	*1.767,15*	2.591,44	2.915,37
	II	**41.884**	*2.303,62*	3.350,72	3.769,56	*2.200,22*	3.200,32	3.600,36	*2.096,82*	3.049,92	3.431,16	*1.993,42*	2.899,52	3.261,96	*1.890,02*	2.749,12	3.092,76	*1.777,97*	2.598,72	2.923,56	*1.554,25*	2.448,32	2.754,36
	III	**33.236**	–	2.658,88	2.991,24	–	2.509,44	2.823,12	–	2.363,04	2.658,42	–	2.219,68	2.497,14	–	2.079,36	2.339,28	–	1.942,24	2.185,02	–	1.808,00	2.034,00
	IV	**43.673**	*2.402,01*	3.493,84	3.930,57	*2.350,31*	3.418,64	3.845,97	*2.298,61*	3.343,44	3.761,37	*2.246,91*	3.268,24	3.676,77	*2.195,21*	3.193,04	3.592,17	*2.143,51*	3.117,84	3.507,57	*2.091,81*	3.042,64	3.422,97
	V	**49.846**	*2.741,53*	3.987,68	4.486,14																		
	VI	**50.378**	*2.770,79*	4.030,24	4.534,02																		
130.931,99	I	**43.688**	*2.402,84*	3.495,04	3.931,92	*2.299,44*	3.344,64	3.762,72	*2.196,04*	3.194,24	3.593,52	*2.092,64*	3.043,84	3.424,32	*1.989,24*	2.893,44	3.255,12	*1.885,84*	2.743,04	3.085,92	*1.768,93*	2.592,64	2.916,72
	II	**41.899**	*2.304,44*	3.351,92	3.770,91	*2.201,04*	3.201,52	3.601,71	*2.097,64*	3.051,12	3.432,51	*1.994,24*	2.900,72	3.263,31	*1.890,84*	2.750,32	3.094,11	*1.779,76*	2.599,92	2.924,91	*1.556,04*	2.449,52	2.755,71
	III	**33.252**	–	2.660,16	2.992,68	–	2.510,72	2.824,56	–	2.364,16	2.659,68	–	2.220,80	2.498,40	–	2.080,48	2.340,54	–	1.943,20	2.186,10	–	1.809,12	2.035,26
	IV	**43.688**	*2.402,84*	3.495,04	3.931,92	*2.351,14*	3.419,84	3.847,32	*2.299,44*	3.344,64	3.762,72	*2.247,74*	3.269,44	3.678,12	*2.196,04*	3.194,24	3.593,52	*2.144,34*	3.119,04	3.508,92	*2.092,64*	3.043,84	3.424,3
	V	**49.861**	*2.742,35*	3.988,88	4.487,49																		
	VI	**50.393**	*2.771,61*	4.031,44	4.535,37																		
130.967,99	I	**43.703**	*2.403,66*	3.496,24	3.933,27	*2.300,26*	3.345,84	3.764,07	*2.196,86*	3.195,44	3.594,87	*2.093,46*	3.045,04	3.425,67	*1.990,06*	2.894,64	3.256,47	*1.886,66*	2.744,24	3.087,27	*1.770,72*	2.593,84	2.918,0
	II	**41.914**	*2.305,27*	3.353,12	3.772,26	*2.201,87*	3.202,72	3.603,06	*2.098,47*	3.052,32	3.433,86	*1.995,07*	2.901,92	3.264,66	*1.891,67*	2.751,52	3.095,46	*1.781,54*	2.601,12	2.926,26	*1.557,82*	2.450,72	2.757,0
	III	**33.268**	–	2.661,44	2.994,12	–	2.511,84	2.825,82	–	2.365,28	2.660,94	–	2.221,92	2.499,66	–	2.081,60	2.341,80	–	1.944,32	2.187,36	–	1.810,24	2.036,5
	IV	**43.703**	*2.403,66*	3.496,24	3.933,27	*2.351,96*	3.421,04	3.848,67	*2.300,26*	3.345,84	3.764,07	*2.248,56*	3.270,64	3.679,47	*2.196,86*	3.195,44	3.594,87	*2.145,16*	3.120,24	3.510,27	*2.093,46*	3.045,04	3.425,6
	V	**49.876**	*2.743,18*	3.990,08	4.488,84																		
	VI	**50.408**	*2.772,44*	4.032,64	4.536,72																		
131.003,99	I	**43.718**	*2.404,49*	3.497,44	3.934,62	*2.301,09*	3.347,04	3.765,42	*2.197,69*	3.196,64	3.596,22	*2.094,29*	3.046,24	3.427,02	*1.990,89*	2.895,84	3.257,82	*1.887,49*	2.745,44	3.088,62	*1.772,62*	2.595,12	2.919,5
	II	**41.929**	*2.306,09*	3.354,32	3.773,61	*2.202,69*	3.203,92	3.604,41	*2.099,29*	3.053,52	3.435,21	*1.995,89*	2.903,12	3.266,01	*1.892,49*	2.752,72	3.096,81	*1.783,33*	2.602,32	2.927,61	*1.559,61*	2.451,92	2.758,4
	III	**33.282**	–	2.662,56	2.995,38	–	2.513,12	2.827,26	–	2.366,56	2.662,38	–	2.223,04	2.500,92	–	2.082,72	2.343,06	–	1.945,44	2.188,62	–	1.811,20	2.037,6
	IV	**43.718**	*2.404,49*	3.497,44	3.934,62	*2.352,79*	3.422,24	3.850,02	*2.301,09*	3.347,04	3.765,42	*2.249,39*	3.271,84	3.680,82	*2.197,69*	3.196,64	3.596,22	*2.145,99*	3.121,44	3.511,62	*2.094,29*	3.046,24	3.427,0
	V	**49.891**	*2.744,00*	3.991,28	4.490,19																		
	VI	**50.423**	*2.773,26*	4.033,84	4.538,07																		
131.039,99	I	**43.733**	*2.405,31*	3.498,64	3.935,97	*2.301,91*	3.348,24	3.766,77	*2.198,51*	3.197,84	3.597,57	*2.095,11*	3.047,44	3.428,37	*1.991,77*	2.897,12	3.259,26	*1.888,37*	2.746,72	3.090,06	*1.774,40*	2.596,32	2.920,8
	II	**41.944**	*2.306,92*	3.355,52	3.774,96	*2.203,52*	3.205,12	3.605,76	*2.100,12*	3.054,72	3.436,56	*1.996,72*	2.904,32	3.267,36	*1.893,32*	2.753,92	3.098,16	*1.785,11*	2.603,52	2.928,96	*1.561,39*	2.453,12	2.759,7
	III	**33.298**	–	2.663,84	2.996,82	–	2.514,24	2.828,52	–	2.367,68	2.663,64	–	2.224,16	2.502,18	–	2.083,84	2.344,32	–	1.946,56	2.189,88	–	1.812,32	2.038,8
	IV	**43.733**	*2.405,31*	3.498,64	3.935,97	*2.353,61*	3.423,44	3.851,37	*2.301,91*	3.348,24	3.766,77	*2.250,21*	3.273,04	3.682,17	*2.198,51*	3.197,84	3.597,57	*2.146,81*	3.122,64	3.512,97	*2.095,11*	3.047,44	3.428,3
	V	**49.906**	*2.744,83*	3.992,48	4.491,54																		
	VI	**50.438**	*2.774,09*	4.035,04	4.539,42																		
131.075,99	I	**43.748**	*2.406,14*	3.499,84	3.937,32	*2.302,74*	3.349,44	3.768,12	*2.199,34*	3.199,04	3.598,92	*2.095,99*	3.048,72	3.429,81	*1.992,59*	2.898,32	3.260,61	*1.889,19*	2.747,92	3.091,41	*1.776,19*	2.597,52	2.922,2
	II	**41.959**	*2.307,74*	3.356,72	3.776,31	*2.204,34*	3.206,32	3.607,11	*2.100,94*	3.055,92	3.437,91	*1.997,54*	2.905,52	3.268,71	*1.894,14*	2.755,12	3.099,51	*1.787,02*	2.604,80	2.930,40	*1.563,30*	2.454,40	2.761,2
	III	**33.312**	–	2.664,96	2.998,08	–	2.515,52	2.829,96	–	2.368,80	2.664,90	–	2.225,28	2.503,44	–	2.084,96	2.345,58	–	1.947,68	2.191,14	–	1.813,44	2.040,1
	IV	**43.748**	*2.406,14*	3.499,84	3.937,32	*2.354,44*	3.424,64	3.852,72	*2.302,74*	3.349,44	3.768,12	*2.251,04*	3.274,24	3.683,52	*2.199,34*	3.199,04	3.598,92	*2.147,69*	3.123,92	3.514,41	*2.095,99*	3.048,72	3.429,8
	V	**49.922**	*2.745,71*	3.993,76	4.492,98																		
	VI	**50.453**	*2.774,91*	4.036,24	4.540,77																		
131.111,99	I	**43.763**	*2.406,96*	3.501,04	3.938,67	*2.303,62*	3.350,72	3.769,56	*2.200,22*	3.200,32	3.600,36	*2.096,82*	3.049,92	3.431,16	*1.993,42*	2.899,52	3.261,96	*1.890,02*	2.749,12	3.092,76	*1.777,97*	2.598,72	2.923,5
	II	**41.974**	*2.308,57*	3.357,92	3.777,66	*2.205,17*	3.207,52	3.608,46	*2.101,77*	3.057,12	3.439,26	*1.998,37*	2.906,72	3.270,06	*1.895,02*	2.756,40	3.100,95	*1.788,80*	2.606,00	2.931,75	*1.565,08*	2.455,60	2.762,5
	III	**33.328**	–	2.666,24	2.999,52	–	2.516,64	2.831,22	–	2.370,08	2.666,34	–	2.226,56	2.504,88	–	2.086,08	2.346,84	–	1.948,64	2.192,22	–	1.814,40	2.041,2
	IV	**43.763**	*2.406,96*	3.501,04	3.938,67	*2.355,26*	3.425,84	3.854,07	*2.303,62*	3.350,72	3.769,56	*2.251,92*	3.275,52	3.684,96	*2.200,22*	3.200,32	3.600,36	*2.148,52*	3.125,12	3.515,76	*2.096,82*	3.049,92	3.431,1
	V	**49.937**	*2.746,53*	3.994,96	4.494,33																		
	VI	**50.468**	*2.775,74*	4.037,44	4.542,12																		
131.147,99	I	**43.779**	*2.407,84*	3.502,32	3.940,11	*2.304,44*	3.351,92	3.770,91	*2.201,04*	3.201,52	3.601,71	*2.097,64*	3.051,12	3.432,51	*1.994,24*	2.900,72	3.263,31	*1.890,84*	2.750,32	3.094,11	*1.779,76*	2.599,92	2.924,9
	II	**41.989**	*2.309,39*	3.359,12	3.779,01	*2.205,99*	3.208,72	3.609,81	*2.102,65*	3.058,40	3.440,70	*1.999,25*	2.908,00	3.271,50	*1.895,85*	2.757,60	3.102,30	*1.790,59*	2.607,20	2.933,10	*1.566,87*	2.456,80	2.763,9
	III	**33.342**	–	2.667,36	3.000,78	–	2.517,76	2.832,48	–	2.371,20	2.667,60	–	2.227,68	2.506,14	–	2.087,20	2.348,10	–	1.949,76	2.193,48	–	1.815,52	2.042,4
	IV	**43.779**	*2.407,84*	3.502,32	3.940,11	*2.356,14*	3.427,12	3.855,51	*2.304,44*	3.351,92	3.770,91	*2.252,74*	3.276,72	3.686,31	*2.201,04*	3.201,52	3.601,71	*2.149,34*	3.126,32	3.517,11	*2.097,64*	3.051,12	3.432,5
	V	**49.952**	*2.747,36*	3.996,16	4.495,68																		
	VI	**50.484**	*2.776,62*	4.038,72	4.543,56																		
131.183,99	I	**43.794**	*2.408,67*	3.503,52	3.941,46	*2.305,27*	3.353,12	3.772,26	*2.201,87*	3.202,72	3.603,06	*2.098,47*	3.052,32	3.433,86	*1.995,07*	2.901,92	3.264,66	*1.891,67*	2.751,52	3.095,46	*1.781,54*	2.601,12	2.926,2
	II	**42.004**	*2.310,22*	3.360,32	3.780,36	*2.206,87*	3.210,00	3.611,25	*2.103,47*	3.059,60	3.442,05	*2.000,07*	2.909,20	3.272,85	*1.896,67*	2.758,80	3.103,65	*1.792,37*	2.608,40	2.934,45	*1.568,65*	2.458,00	2.765,2
	III	**33.358**	–	2.668,64	3.002,22	–	2.519,04	2.833,92	–	2.372,32	2.668,86	–	2.228,80	2.507,40	–	2.088,32	2.349,36	–	1.950,88	2.194,74	–	1.816,64	2.043,7
	IV	**43.794**	*2.408,67*	3.503,52	3.941,46	*2.356,97*	3.428,32	3.856,86	*2.305,27*	3.353,12	3.772,26	*2.253,57*	3.277,92	3.687,66	*2.201,87*	3.202,72	3.603,06	*2.150,17*	3.127,52	3.518,46	*2.098,47*	3.052,32	3.433,8
	V	**49.967**	*2.748,18*	3.997,36	4.497,03																		
	VI	**50.499**	*2.777,44*	4.039,92	4.544,91																		
131.219,99	I	**43.809**	*2.409,49*	3.504,72	3.942,81	*2.306,09*	3.354,32	3.773,61	*2.202,69*	3.203,92	3.604,41	*2.099,29*	3.053,52	3.435,21	*1.995,89*	2.903,12	3.266,01	*1.892,49*	2.752,72	3.096,81	*1.783,33*	2.602,32	2.927,6
	II	**42.020**	*2.311,10*	3.361,60	3.781,80	*2.207,70*	3.211,20	3.612,60	*2.104,30*	3.060,80	3.443,40	*2.000,90*	2.910,40	3.274,20	*1.897,50*	2.760,00	3.105,00	*1.794,10*	2.609,60	2.935,80	*1.570,44*	2.459,20	2.766,6
	III	**33.372**	–	2.669,76	3.003,48	–	2.520,16	2.835,18	–	2.373,60	2.670,30	–	2.229,92	2.508,66	–	2.089,44	2.350,62	–	1.952,00	2.196,00	–	1.817,60	2.044,8
	IV	**43.809**	*2.409,49*	3.504,72	3.942,81	*2.357,79*	3.429,52	3.858,21	*2.306,09*	3.354,32	3.773,61	*2.254,39*	3.279,12	3.689,01	*2.202,69*	3.203,92	3.604,41	*2.150,99*	3.128,72	3.519,81	*2.099,29*	3.053,52	3.435,2
	V	**49.982**	*2.749,01*	3.998,56	4.498,38																		
	VI	**50.514**	*2.778,27*	4.041,12	4.546,26																		

SolZ/KiSt lt. Tabelle nicht für Sonstige Bezüge anwendbar.

Lohn/ Gehalt bis	Steuerklasse	Lohn-steuer	ohne Kinderfreibetrag			Anzahl Kinderfreibeträge (nur Steuerklassen I–IV) 0,5			1,0			1,5			2,0			2,5			3,0		
			SolZ 5,5%	Kirchensteuer 8%	9%	SolZ 5,5%	Kirchensteuer 8%	9%	SolZ 5,5%	Kirchensteuer 8%	9%	SolZ 5,5%	Kirchensteuer 8%	9%	SolZ 5,5%	Kirchensteuer 8%	9%	SolZ 5,5%	Kirchensteuer 8%	9%	SolZ 5,5%	Kirchensteuer 8%	9%
131.255,99	I	43.824	2.410,32	3.505,92	3.944,16	2.306,92	3.355,52	3.774,96	2.203,52	3.205,12	3.605,76	2.100,12	3.054,72	3.436,56	1.996,72	2.904,32	3.267,36	1.893,32	2.753,92	3.098,16	1.785,11	2.603,52	2.928,96
	II	42.035	2.311,92	3.362,80	3.783,15	2.208,52	3.212,40	3.613,95	2.105,12	3.062,00	3.444,75	2.001,72	2.911,60	3.275,55	1.898,32	2.761,20	3.106,35	1.794,92	2.610,80	2.937,15	1.572,22	2.460,40	2.767,95
	III	33.388	-	2.671,04	3.004,92	-	2.521,44	2.836,62	-	2.374,72	2.671,56	-	2.231,04	2.509,92	-	2.090,56	2.351,88	-	1.953,12	2.197,26	-	1.818,72	2.046,06
	IV	43.824	2.410,32	3.505,92	3.944,16	2.358,62	3.430,72	3.859,56	2.306,92	3.355,52	3.774,96	2.255,22	3.280,32	3.690,36	2.203,52	3.205,12	3.605,76	2.151,82	3.129,92	3.521,16	2.100,12	3.054,72	3.436,56
	V	49.997	2.749,83	3.999,76	4.499,73																		
	VI	50.529	2.779,09	4.042,32	4.547,61																		
131.291,99	I	43.839	2.411,14	3.507,12	3.945,51	2.307,74	3.356,72	3.776,31	2.204,34	3.206,32	3.607,11	2.100,94	3.055,92	3.437,91	1.997,54	2.905,52	3.268,71	1.894,14	2.755,12	3.099,51	1.787,02	2.604,80	2.930,40
	II	42.050	2.312,75	3.364,00	3.784,50	2.209,35	3.213,60	3.615,30	2.105,95	3.063,20	3.446,10	2.002,55	2.912,80	3.276,90	1.899,15	2.762,40	3.107,70	1.795,75	2.612,00	2.938,50	1.574,01	2.461,60	2.769,30
	III	33.404	-	2.672,32	3.006,36	-	2.522,56	2.837,88	-	2.375,84	2.672,82	-	2.232,16	2.511,18	-	2.091,68	2.353,14	-	1.954,24	2.198,52	-	1.819,84	2.047,32
	IV	43.839	2.411,14	3.507,12	3.945,51	2.359,44	3.431,92	3.860,91	2.307,74	3.356,72	3.776,31	2.256,04	3.281,52	3.691,71	2.204,34	3.206,32	3.607,11	2.152,64	3.131,12	3.522,51	2.100,94	3.055,92	3.437,91
	V	50.012	2.750,66	4.000,96	4.501,08																		
	VI	50.544	2.779,92	4.043,52	4.548,96																		
131.327,99	I	43.854	2.411,97	3.508,32	3.946,86	2.308,57	3.357,92	3.777,66	2.205,17	3.207,52	3.608,46	2.101,77	3.057,12	3.439,26	1.998,37	2.906,72	3.270,06	1.895,02	2.756,40	3.100,95	1.788,80	2.606,00	2.931,75
	II	42.065	2.313,57	3.365,20	3.785,85	2.210,17	3.214,80	3.616,65	2.106,77	3.064,40	3.447,45	2.003,37	2.914,00	3.278,25	1.899,97	2.763,60	3.109,05	1.796,57	2.613,20	2.939,85	1.575,79	2.462,80	2.770,65
	III	33.418	-	2.673,44	3.007,62	-	2.523,84	2.839,32	-	2.376,96	2.674,08	-	2.233,28	2.512,44	-	2.092,80	2.354,40	-	1.955,20	2.199,60	-	1.820,80	2.048,40
	IV	43.854	2.411,97	3.508,32	3.946,86	2.360,27	3.433,12	3.862,26	2.308,57	3.357,92	3.777,66	2.256,87	3.282,72	3.693,06	2.205,17	3.207,52	3.608,46	2.153,47	3.132,32	3.523,86	2.101,77	3.057,12	3.439,26
	V	50.027	2.751,48	4.002,16	4.502,43																		
	VI	50.559	2.780,74	4.044,72	4.550,31																		
131.363,99	I	43.869	2.412,79	3.509,52	3.948,21	2.309,39	3.359,12	3.779,01	2.205,99	3.208,72	3.609,81	2.102,65	3.058,40	3.440,70	1.999,25	2.908,00	3.271,50	1.895,85	2.757,60	3.102,30	1.790,59	2.607,20	2.933,10
	II	42.080	2.314,40	3.366,40	3.787,20	2.211,00	3.216,00	3.618,00	2.107,60	3.065,60	3.448,80	2.004,20	2.915,20	3.279,60	1.900,80	2.764,80	3.110,40	1.797,40	2.614,40	2.941,20	1.577,70	2.464,08	2.772,09
	III	33.434	-	2.674,72	3.009,06	-	2.524,96	2.840,58	-	2.378,24	2.675,52	-	2.234,56	2.513,88	-	2.093,92	2.355,66	-	1.956,32	2.200,86	-	1.821,92	2.049,66
	IV	43.869	2.412,79	3.509,52	3.948,21	2.361,09	3.434,32	3.863,61	2.309,39	3.359,12	3.779,01	2.257,69	3.283,92	3.694,41	2.205,99	3.208,72	3.609,81	2.154,29	3.133,52	3.525,21	2.102,65	3.058,40	3.440,70
	V	50.043	2.752,36	4.003,44	4.503,87																		
	VI	50.574	2.781,57	4.045,92	4.551,66																		
131.399,99	I	43.884	2.413,62	3.510,72	3.949,56	2.310,22	3.360,32	3.780,36	2.206,87	3.210,00	3.611,25	2.103,47	3.059,60	3.442,05	2.000,07	2.909,20	3.272,85	1.896,67	2.758,80	3.103,65	1.792,37	2.608,40	2.934,45
	II	42.095	2.315,22	3.367,60	3.788,55	2.211,82	3.217,20	3.619,35	2.108,42	3.066,80	3.450,15	2.005,02	2.916,40	3.280,95	1.901,68	2.766,08	3.111,84	1.798,28	2.615,68	2.942,64	1.579,48	2.465,28	2.773,44
	III	33.448	-	2.675,84	3.010,32	-	2.526,24	2.842,02	-	2.379,36	2.676,78	-	2.235,68	2.515,14	-	2.095,04	2.356,92	-	1.957,44	2.202,12	-	1.823,04	2.050,92
	IV	43.884	2.413,62	3.510,72	3.949,56	2.361,92	3.435,52	3.864,96	2.310,22	3.360,32	3.780,36	2.258,57	3.285,20	3.695,85	2.206,87	3.210,00	3.611,25	2.155,17	3.134,80	3.526,65	2.103,47	3.059,60	3.442,05
	V	50.058	2.753,19	4.004,64	4.505,22																		
	VI	50.589	2.782,39	4.047,12	4.553,01																		
31.435,99	I	43.900	2.414,50	3.512,00	3.951,00	2.311,10	3.361,60	3.781,80	2.207,70	3.211,20	3.612,60	2.104,30	3.060,80	3.443,40	2.000,90	2.910,40	3.274,20	1.897,50	2.760,00	3.105,00	1.794,10	2.609,60	2.935,80
	II	42.110	2.316,05	3.368,80	3.789,90	2.212,65	3.218,40	3.620,70	2.109,25	3.068,00	3.451,50	2.005,90	2.917,68	3.282,39	1.902,50	2.767,28	3.113,19	1.799,10	2.616,88	2.943,99	1.581,27	2.466,48	2.774,79
	III	33.464	-	2.677,12	3.011,76	-	2.527,36	2.843,28	-	2.380,48	2.678,04	-	2.236,80	2.516,40	-	2.096,16	2.358,18	-	1.958,56	2.203,38	-	1.824,00	2.052,00
	IV	43.900	2.414,50	3.512,00	3.951,00	2.362,80	3.436,80	3.866,40	2.311,10	3.361,60	3.781,80	2.259,40	3.286,40	3.697,20	2.207,70	3.211,20	3.612,60	2.156,00	3.136,00	3.528,00	2.104,30	3.060,80	3.443,40
	V	50.073	2.754,01	4.005,84	4.506,57																		
	VI	50.605	2.783,27	4.048,40	4.554,45																		
31.471,99	I	43.915	2.415,32	3.513,20	3.952,35	2.311,92	3.362,80	3.783,15	2.208,52	3.212,40	3.613,95	2.105,12	3.062,00	3.444,75	2.001,72	2.911,60	3.275,55	1.898,32	2.761,20	3.106,35	1.794,92	2.610,80	2.937,15
	II	42.125	2.316,87	3.370,00	3.791,25	2.213,53	3.219,68	3.622,14	2.110,13	3.069,28	3.452,94	2.006,73	2.918,88	3.283,74	1.903,33	2.768,48	3.114,54	1.799,93	2.618,08	2.945,34	1.583,05	2.467,68	2.776,14
	III	33.478	-	2.678,24	3.013,02	-	2.528,48	2.844,54	-	2.381,76	2.679,48	-	2.237,92	2.517,66	-	2.097,28	2.359,44	-	1.959,68	2.204,64	-	1.825,12	2.053,26
	IV	43.915	2.415,32	3.513,20	3.952,35	2.363,62	3.438,00	3.867,75	2.311,92	3.362,80	3.783,15	2.260,22	3.287,60	3.698,55	2.208,52	3.212,40	3.613,95	2.156,82	3.137,20	3.529,35	2.105,12	3.062,00	3.444,75
	V	50.088	2.754,84	4.007,04	4.507,92																		
	VI	50.620	2.784,10	4.049,60	4.555,80																		
31.507,99	I	43.930	2.416,15	3.514,40	3.953,70	2.312,75	3.364,00	3.784,50	2.209,35	3.213,60	3.615,30	2.105,95	3.063,20	3.446,10	2.002,55	2.912,80	3.276,90	1.899,15	2.762,40	3.107,70	1.795,75	2.612,00	2.938,50
	II	42.141	2.317,75	3.371,28	3.792,69	2.214,35	3.220,88	3.623,49	2.110,95	3.070,48	3.454,29	2.007,55	2.920,08	3.285,09	1.904,15	2.769,68	3.115,89	1.800,75	2.619,28	2.946,69	1.584,84	2.468,88	2.777,49
	III	33.494	-	2.679,52	3.014,46	-	2.529,76	2.845,98	-	2.382,88	2.680,74	-	2.239,04	2.518,92	-	2.098,40	2.360,70	-	1.960,80	2.205,90	-	1.826,24	2.054,52
	IV	43.930	2.416,15	3.514,40	3.953,70	2.364,45	3.439,20	3.869,10	2.312,75	3.364,00	3.784,50	2.261,05	3.288,80	3.699,90	2.209,35	3.213,60	3.615,30	2.157,65	3.138,40	3.530,70	2.105,95	3.063,20	3.446,10
	V	50.103	2.755,66	4.008,24	4.509,27																		
	VI	50.635	2.784,92	4.050,80	4.557,15																		
31.543,99	I	43.945	2.416,97	3.515,60	3.955,05	2.313,57	3.365,20	3.785,85	2.210,17	3.214,80	3.616,65	2.106,77	3.064,40	3.447,45	2.003,37	2.914,00	3.278,25	1.899,97	2.763,60	3.109,05	1.796,57	2.613,20	2.939,85
	II	42.156	2.318,58	3.372,48	3.794,04	2.215,18	3.222,08	3.624,84	2.111,78	3.071,68	3.455,64	2.008,38	2.921,28	3.286,44	1.904,98	2.770,88	3.117,24	1.801,58	2.620,48	2.948,04	1.586,62	2.470,08	2.778,84
	III	33.508	-	2.680,64	3.015,72	-	2.530,88	2.847,24	-	2.384,00	2.682,00	-	2.240,16	2.520,18	-	2.099,52	2.361,96	-	1.961,76	2.206,98	-	1.827,20	2.055,60
	IV	43.945	2.416,97	3.515,60	3.955,05	2.365,27	3.440,40	3.870,45	2.313,57	3.365,20	3.785,85	2.261,87	3.290,00	3.701,25	2.210,17	3.214,80	3.616,65	2.158,47	3.139,60	3.532,05	2.106,77	3.064,40	3.447,45
	V	50.118	2.756,49	4.009,44	4.510,62																		
	VI	50.650	2.785,75	4.052,00	4.558,50																		
31.579,99	I	43.960	2.417,80	3.516,80	3.956,40	2.314,40	3.366,40	3.787,20	2.211,00	3.216,00	3.618,00	2.107,60	3.065,60	3.448,80	2.004,20	2.915,20	3.279,60	1.900,80	2.764,80	3.110,40	1.797,40	2.614,40	2.941,20
	II	42.171	2.319,40	3.373,68	3.795,39	2.216,00	3.223,28	3.626,19	2.112,60	3.072,88	3.456,99	2.009,20	2.922,48	3.287,79	1.905,80	2.772,08	3.118,59	1.802,40	2.621,68	2.949,39	1.588,41	2.471,28	2.780,19
	III	33.524	-	2.681,92	3.017,16	-	2.532,16	2.848,68	-	2.385,28	2.683,44	-	2.241,44	2.521,62	-	2.100,64	2.363,22	-	1.962,88	2.208,24	-	1.828,32	2.056,86
	IV	43.960	2.417,80	3.516,80	3.956,40	2.366,10	3.441,60	3.871,80	2.314,40	3.366,40	3.787,20	2.262,70	3.291,20	3.702,60	2.211,00	3.216,00	3.618,00	2.159,30	3.140,80	3.533,40	2.107,60	3.065,60	3.448,80
	V	50.133	2.757,31	4.010,64	4.511,97																		
	VI	50.665	2.786,57	4.053,20	4.559,85																		
31.615,99	I	43.975	2.418,62	3.518,00	3.957,75	2.315,22	3.367,60	3.788,55	2.211,82	3.217,20	3.619,35	2.108,42	3.066,80	3.450,15	2.005,02	2.916,40	3.280,95	1.901,68	2.766,08	3.111,84	1.798,28	2.615,68	2.942,64
	II	42.186	2.320,23	3.374,88	3.796,74	2.216,83	3.224,48	3.627,54	2.113,43	3.074,08	3.458,34	2.010,03	2.923,68	3.289,14	1.906,63	2.773,28	3.119,94	1.803,23	2.622,88	2.950,74	1.590,19	2.472,48	2.781,54
	III	33.540	-	2.683,20	3.018,60	-	2.533,28	2.849,94	-	2.386,40	2.684,70	-	2.242,56	2.522,88	-	2.101,76	2.364,48	-	1.964,00	2.209,50	-	1.829,44	2.058,12
	IV	43.975	2.418,62	3.518,00	3.957,75	2.366,92	3.442,80	3.873,15	2.315,22	3.367,60	3.788,55	2.263,52	3.292,40	3.703,95	2.211,82	3.217,20	3.619,35	2.160,12	3.142,00	3.534,75	2.108,42	3.066,80	3.450,15
	V	50.148	2.758,14	4.011,84	4.513,32																		
	VI	50.680	2.787,40	4.054,40	4.561,20																		
31.651,99	I	43.990	2.419,45	3.519,20	3.959,10	2.316,05	3.368,80	3.789,90	2.212,65	3.218,40	3.620,70	2.109,25	3.068,00	3.451,50	2.005,90	2.917,68	3.282,39	1.902,50	2.767,28	3.113,19	1.799,10	2.616,88	2.943,99
	II	42.201	2.321,05	3.376,08	3.798,09	2.217,65	3.225,68	3.628,89	2.114,25	3.075,28	3.459,69	2.010,85	2.924,88	3.290,49	1.907,45	2.774,48	3.121,29	1.804,05	2.624,08	2.952,09	1.592,10	2.473,76	2.782,98
	III	33.554	-	2.684,32	3.019,86	-	2.534,56	2.851,38	-	2.387,52	2.685,96	-	2.243,68	2.524,14	-	2.102,88	2.365,74	-	1.965,12	2.210,76	-	1.830,56	2.059,38
	IV	43.990	2.419,45	3.519,20	3.959,10	2.367,75	3.444,00	3.874,50	2.316,05	3.368,80	3.789,90	2.264,35	3.293,60	3.705,30	2.212,65	3.218,40	3.620,70	2.160,95	3.143,20	3.536,10	2.109,25	3.068,00	3.451,50
	V	50.164	2.759,02	4.013,12	4.514,76																		
	VI	50.695	2.788,22	4.055,60	4.562,55																		
31.687,99	I	44.005	2.420,27	3.520,40	3.960,45	2.316,87	3.370,00	3.791,25	2.213,53	3.219,68	3.622,14	2.110,13	3.069,28	3.452,94	2.006,73	2.918,88	3.283,74	1.903,33	2.768,48	3.114,54	1.799,93	2.618,08	2.945,34
	II	42.216	2.321,88	3.377,28	3.799,44	2.218,48	3.226,88	3.630,24	2.115,08	3.076,48	3.461,04	2.011,68	2.926,08	3.291,84	1.908,28	2.775,68	3.122,64	1.804,93	2.625,36	2.953,53	1.593,88	2.474,96	2.784,33
	III	33.570	-	2.685,60	3.021,30	-	2.535,68	2.852,64	-	2.388,64	2.687,22	-	2.244,80	2.525,40	-	2.104,00	2.367,00	-	1.966,24	2.212,02	-	1.831,52	2.060,46
	IV	44.005	2.420,27	3.520,40	3.960,45	2.368,57	3.445,20	3.875,85	2.316,87	3.370,00	3.791,25	2.265,17	3.294,80	3.706,65	2.213,53	3.219,68	3.622,14	2.161,83	3.144,48	3.537,54	2.110,13	3.069,28	3.452,94
	V	50.179	2.759,84	4.014,32	4.516,11																		
	VI	50.710	2.789,05	4.056,80	4.563,90																		
31.723,99	I	44.020	2.421,10	3.521,60	3.961,80	2.317,75	3.371,28	3.792,69	2.214,35	3.220,88	3.623,49	2.110,95	3.070,48	3.454,29	2.007,55	2.920,08	3.285,09	1.904,15	2.769,68	3.115,89	1.800,75	2.619,28	2.946,69
	II	42.231	2.322,70	3.378,48	3.800,79	2.219,30	3.228,08	3.631,59	2.115,90	3.077,68	3.462,39	2.012,56	2.927,36	3.293,28	1.909,16	2.776,96	3.124,08	1.805,76	2.626,56	2.954,88	1.595,67	2.476,16	2.785,68
	III	33.584	-	2.686,72	3.022,56	-	2.536,96	2.854,08	-	2.389,92	2.688,66	-	2.245,92	2.526,66	-	2.105,12	2.368,26	-	1.967,36	2.213,28	-	1.832,64	2.061,72
	IV	44.020	2.421,10	3.521,60	3.961,80	2.369,45	3.446,48	3.877,29	2.317,75	3.371,28	3.792,69	2.266,05	3.296,08	3.708,09	2.214,35	3.220,88	3.623,49	2.162,65	3.145,68	3.538,89	2.110,95	3.070,48	3.454,29
	V	50.194	2.760,67	4.015,52	4.517,46																		
	VI	50.725	2.789,87	4.058,00	4.565,25																		
31.759,99	I	44.036	2.421,98	3.522,88	3.963,24	2.318,58	3.372,48	3.794,04	2.215,18	3.222,08	3.624,84	2.111,78	3.071,68	3.455,64	2.008,38	2.921,28	3.286,44	1.904,98	2.770,88	3.117,24	1.801,58	2.620,48	2.948,04
	II	42.246	2.323,53	3.379,68	3.802,14	2.220,13	3.229,28	3.632,94	2.116,78	3.078,96	3.463,83	2.013,38	2.928,56	3.294,63	1.909,98	2.778,16	3.125,43	1.806,58	2.627,76	2.956,23	1.597,45	2.477,36	2.787,03
	III	33.600	-	2.688,00	3.024,00	-	2.538,08	2.855,34	-	2.391,04	2.689,92	-	2.247,04	2.527,92	-	2.106,24	2.369,52	-	1.968,48	2.214,54	-	1.833,76	2.062,98
	IV	44.036	2.421,98	3.522,88	3.963,24	2.370,28	3.447,68	3.878,64	2.318,58	3.372,48	3.794,04	2.266,88	3.297,28	3.709,44	2.215,18	3.222,08	3.624,84	2.163,48	3.146,88	3.540,24	2.111,78	3.071,68	3.455,64
	V	50.209	2.761,49	4.016,72	4.518,81																		
	VI	50.741	2.790,75	4.059,28	4.566,69																		

SolZ/KiSt lt. Tabelle nicht für Sonstige Bezüge anwendbar.

JAHR bis 132.299,99 €

Lohn/ Gehalt bis	Steuerklasse	Lohn- steuer	ohne Kinderfreibetrag			Anzahl Kinderfreibeträge (nur Steuerklassen I–IV)																	
						0,5			1,0			1,5			2,0			2,5			3,0		
			SolZ 5,5%	Kirchensteuer 8%	9%	SolZ 5,5%	Kirchensteuer 8%	9%	SolZ 5,5%	Kirchensteuer 8%	9%	SolZ 5,5%	Kirchensteuer 8%	9%	SolZ 5,5%	Kirchensteuer 8%	9%	SolZ 5,5%	Kirchensteuer 8%	9%	SolZ 5,5%	Kirchensteuer 8%	9%
131.795,99	I	44.051	2.422,80	3.524,08	3.964,59	2.319,40	3.373,68	3.795,39	2.216,00	3.223,28	3.626,19	2.112,60	3.072,88	3.456,99	2.009,20	2.922,48	3.287,79	1.905,80	2.772,08	3.118,59	1.802,40	2.621,68	2.949,39
	II	42.262	2.324,41	3.380,96	3.803,58	2.221,01	3.230,56	3.634,38	2.117,61	3.080,16	3.465,18	2.014,21	2.929,76	3.295,98	1.910,81	2.779,36	3.126,78	1.807,41	2.628,96	2.957,58	1.599,24	2.478,56	2.788,38
	III	33.614	-	2.689,12	3.025,26	-	2.539,36	2.856,78	-	2.392,16	2.691,18	-	2.248,16	2.529,18	-	2.107,36	2.370,78	-	1.969,44	2.215,62	-	1.834,72	2.064,06
	IV	44.051	2.422,80	3.524,08	3.964,59	2.371,10	3.448,88	3.879,99	2.319,40	3.373,68	3.795,39	2.267,70	3.298,48	3.710,79	2.216,00	3.223,28	3.626,19	2.164,30	3.148,08	3.541,59	2.112,60	3.072,88	3.456,99
	V	50.224	2.762,32	4.017,92	4.520,16																		
	VI	50.756	2.791,58	4.060,48	4.568,04																		
131.831,99	I	44.066	2.423,63	3.525,28	3.965,94	2.320,23	3.374,88	3.796,74	2.216,83	3.224,48	3.627,54	2.113,43	3.074,08	3.458,34	2.010,03	2.923,68	3.289,14	1.906,63	2.773,28	3.119,94	1.803,23	2.622,88	2.950,74
	II	42.277	2.325,23	3.382,16	3.804,93	2.221,83	3.231,76	3.635,73	2.118,43	3.081,36	3.466,53	2.015,03	2.930,96	3.297,33	1.911,63	2.780,56	3.128,13	1.808,23	2.630,16	2.958,93	1.601,02	2.479,76	2.789,73
	III	33.630	-	2.690,40	3.026,70	-	2.540,48	2.858,04	-	2.393,44	2.692,62	-	2.249,44	2.530,62	-	2.108,48	2.372,04	-	1.970,56	2.216,88	-	1.835,84	2.065,32
	IV	44.066	2.423,63	3.525,28	3.965,94	2.371,93	3.450,08	3.881,34	2.320,23	3.374,88	3.796,74	2.268,53	3.299,68	3.712,14	2.216,83	3.224,48	3.627,54	2.165,13	3.149,28	3.542,94	2.113,43	3.074,08	3.458,34
	V	50.239	2.763,14	4.019,12	4.521,51																		
	VI	50.771	2.792,40	4.061,68	4.569,39																		
131.867,99	I	44.081	2.424,45	3.526,48	3.967,29	2.321,05	3.376,08	3.798,09	2.217,65	3.225,68	3.628,89	2.114,25	3.075,28	3.459,69	2.010,85	2.924,88	3.290,49	1.907,45	2.774,48	3.121,29	1.804,05	2.624,08	2.952,09
	II	42.292	2.326,06	3.383,36	3.806,28	2.222,66	3.232,96	3.637,08	2.119,26	3.082,56	3.467,88	2.015,86	2.932,16	3.298,68	1.912,46	2.781,76	3.129,48	1.809,06	2.631,36	2.960,28	1.602,81	2.480,96	2.791,08
	III	33.646	-	2.691,68	3.028,14	-	2.541,76	2.859,48	-	2.394,56	2.693,88	-	2.250,56	2.531,88	-	2.109,60	2.373,30	-	1.971,68	2.218,14	-	1.836,96	2.066,58
	IV	44.081	2.424,45	3.526,48	3.967,29	2.372,75	3.451,28	3.882,69	2.321,05	3.376,08	3.798,09	2.269,35	3.300,88	3.713,49	2.217,65	3.225,68	3.628,89	2.165,95	3.150,48	3.544,29	2.114,25	3.075,28	3.459,69
	V	50.254	2.763,97	4.020,32	4.522,86																		
	VI	50.786	2.793,23	4.062,88	4.570,74																		
131.903,99	I	44.096	2.425,28	3.527,68	3.968,64	2.321,88	3.377,28	3.799,44	2.218,48	3.226,88	3.630,24	2.115,08	3.076,48	3.461,04	2.011,68	2.926,08	3.291,84	1.908,28	2.775,68	3.122,64	1.804,93	2.625,36	2.953,53
	II	42.307	2.326,88	3.384,56	3.807,63	2.223,48	3.234,16	3.638,43	2.120,08	3.083,76	3.469,23	2.016,68	2.933,36	3.300,03	1.913,28	2.782,96	3.130,83	1.809,88	2.632,56	2.961,63	1.604,59	2.482,16	2.792,43
	III	33.660	-	2.692,80	3.029,40	-	2.542,88	2.860,74	-	2.395,68	2.695,14	-	2.251,68	2.533,14	-	2.110,72	2.374,56	-	1.972,80	2.219,40	-	1.837,92	2.067,66
	IV	44.096	2.425,28	3.527,68	3.968,64	2.373,58	3.452,48	3.884,04	2.321,88	3.377,28	3.799,44	2.270,18	3.302,08	3.714,84	2.218,48	3.226,88	3.630,24	2.166,78	3.151,68	3.545,64	2.115,08	3.076,48	3.461,04
	V	50.269	2.764,79	4.021,52	4.524,21																		
	VI	50.801	2.794,05	4.064,08	4.572,09																		
131.939,99	I	44.111	2.426,10	3.528,88	3.969,99	2.322,70	3.378,48	3.800,79	2.219,30	3.228,08	3.631,59	2.115,90	3.077,68	3.462,39	2.012,56	2.927,36	3.293,28	1.909,16	2.776,96	3.124,08	1.805,76	2.626,56	2.954,88
	II	42.322	2.327,71	3.385,76	3.808,98	2.224,31	3.235,36	3.639,78	2.120,91	3.084,96	3.470,58	2.017,51	2.934,56	3.301,38	1.914,11	2.784,16	3.132,18	1.810,71	2.633,76	2.962,98	1.606,38	2.483,36	2.793,78
	III	33.676	-	2.694,08	3.030,84	-	2.544,16	2.862,18	-	2.396,96	2.696,58	-	2.252,80	2.534,40	-	2.111,84	2.375,82	-	1.973,92	2.220,66	-	1.839,04	2.068,92
	IV	44.111	2.426,10	3.528,88	3.969,99	2.374,40	3.453,68	3.885,39	2.322,70	3.378,48	3.800,79	2.271,00	3.303,28	3.716,19	2.219,30	3.228,08	3.631,59	2.167,60	3.152,88	3.546,99	2.115,90	3.077,68	3.462,39
	V	50.284	2.765,62	4.022,72	4.525,56																		
	VI	50.816	2.794,88	4.065,28	4.573,44																		
131.975,99	I	44.126	2.426,93	3.530,08	3.971,34	2.323,53	3.379,68	3.802,14	2.220,13	3.229,28	3.632,94	2.116,78	3.078,96	3.463,83	2.013,38	2.928,56	3.294,63	1.909,98	2.778,16	3.125,43	1.806,58	2.627,76	2.956,2
	II	42.337	2.328,53	3.386,96	3.810,33	2.225,13	3.236,56	3.641,13	2.121,73	3.086,16	3.471,93	2.018,33	2.935,76	3.302,73	1.914,93	2.785,36	3.133,53	1.811,59	2.635,04	2.964,42	1.608,28	2.484,64	2.795,2
	III	33.690	-	2.695,20	3.032,10	-	2.545,28	2.863,44	-	2.398,08	2.697,84	-	2.253,92	2.535,66	-	2.112,96	2.377,08	-	1.975,04	2.221,92	-	1.840,16	2.070,1
	IV	44.126	2.426,93	3.530,08	3.971,34	2.375,23	3.454,88	3.886,74	2.323,53	3.379,68	3.802,14	2.271,83	3.304,48	3.717,54	2.220,13	3.229,28	3.632,94	2.168,48	3.154,16	3.548,43	2.116,78	3.078,96	3.463,8
	V	50.300	2.766,50	4.024,00	4.527,00																		
	VI	50.831	2.795,70	4.066,48	4.574,79																		
132.011,99	I	44.141	2.427,75	3.531,28	3.972,69	2.324,41	3.380,96	3.803,58	2.221,01	3.230,56	3.634,38	2.117,61	3.080,16	3.465,18	2.014,21	2.929,76	3.295,98	1.910,81	2.779,36	3.126,78	1.807,41	2.628,96	2.957,5
	II	42.352	2.329,36	3.388,16	3.811,68	2.225,96	3.237,76	3.642,48	2.122,56	3.087,36	3.473,28	2.019,16	2.936,96	3.304,08	1.915,81	2.786,64	3.134,97	1.812,41	2.636,24	2.965,77	1.610,07	2.485,84	2.796,5
	III	33.706	-	2.696,48	3.033,54	-	2.546,56	2.864,88	-	2.399,20	2.699,10	-	2.255,04	2.536,92	-	2.114,08	2.378,34	-	1.976,16	2.223,18	-	1.841,12	2.071,2
	IV	44.141	2.427,75	3.531,28	3.972,69	2.376,05	3.456,08	3.888,09	2.324,41	3.380,96	3.803,58	2.272,71	3.305,76	3.718,98	2.221,01	3.230,56	3.634,38	2.169,31	3.155,36	3.549,78	2.117,61	3.080,16	3.465,1
	V	50.315	2.767,32	4.025,20	4.528,35																		
	VI	50.846	2.796,53	4.067,68	4.576,14																		
132.047,99	I	44.157	2.428,63	3.532,56	3.974,13	2.325,23	3.382,16	3.804,93	2.221,83	3.231,76	3.635,73	2.118,43	3.081,36	3.466,53	2.015,03	2.930,96	3.297,33	1.911,63	2.780,56	3.128,13	1.808,23	2.630,16	2.958,9
	II	42.367	2.330,18	3.389,36	3.813,03	2.226,78	3.238,96	3.643,83	2.123,44	3.088,64	3.474,72	2.020,04	2.938,24	3.305,52	1.916,64	2.787,84	3.136,32	1.813,24	2.637,44	2.967,12	1.611,85	2.487,04	2.797,9
	III	33.720	-	2.697,60	3.034,80	-	2.547,68	2.866,14	-	2.400,48	2.700,54	-	2.256,32	2.538,36	-	2.115,20	2.379,60	-	1.977,12	2.224,26	-	1.842,24	2.072,5
	IV	44.157	2.428,63	3.532,56	3.974,13	2.376,93	3.457,36	3.889,53	2.325,23	3.382,16	3.804,93	2.273,53	3.306,96	3.720,33	2.221,83	3.231,76	3.635,73	2.170,13	3.156,56	3.551,13	2.118,43	3.081,36	3.466,5
	V	50.330	2.768,15	4.026,40	4.529,70																		
	VI	50.862	2.797,41	4.068,96	4.577,58																		
132.083,99	I	44.172	2.429,46	3.533,76	3.975,48	2.326,06	3.383,36	3.806,28	2.222,66	3.232,96	3.637,08	2.119,26	3.082,56	3.467,88	2.015,86	2.932,16	3.298,68	1.912,46	2.781,76	3.129,48	1.809,06	2.631,36	2.960,2
	II	42.382	2.331,01	3.390,56	3.814,38	2.227,66	3.240,24	3.645,27	2.124,26	3.089,84	3.476,07	2.020,86	2.939,44	3.306,87	1.917,46	2.789,04	3.137,67	1.814,06	2.638,64	2.968,47	1.613,64	2.488,24	2.799,2
	III	33.736	-	2.698,88	3.036,24	-	2.548,80	2.867,40	-	2.401,60	2.701,80	-	2.257,44	2.539,62	-	2.116,32	2.380,86	-	1.978,24	2.225,52	-	1.843,36	2.073,7
	IV	44.172	2.429,46	3.533,76	3.975,48	2.377,76	3.458,56	3.890,88	2.326,06	3.383,36	3.806,28	2.274,36	3.308,16	3.721,62	2.222,66	3.232,96	3.637,08	2.170,96	3.157,76	3.552,48	2.119,26	3.082,56	3.467,8
	V	50.345	2.768,97	4.027,60	4.531,05																		
	VI	50.877	2.798,23	4.070,16	4.578,93																		
132.119,99	I	44.187	2.430,28	3.534,96	3.976,83	2.326,88	3.384,56	3.807,63	2.223,48	3.234,16	3.638,43	2.120,08	3.083,76	3.469,23	2.016,68	2.933,36	3.300,03	1.913,28	2.782,96	3.130,83	1.809,88	2.632,56	2.961,6
	II	42.398	2.331,89	3.391,84	3.815,82	2.228,49	3.241,44	3.646,62	2.125,09	3.091,04	3.477,42	2.021,69	2.940,64	3.308,22	1.918,29	2.790,24	3.139,02	1.814,89	2.639,84	2.969,82	1.615,42	2.489,44	2.800,6
	III	33.750	-	2.700,00	3.037,50	-	2.550,08	2.868,84	-	2.402,72	2.703,06	-	2.258,56	2.540,88	-	2.117,44	2.382,12	-	1.979,36	2.226,78	-	1.844,48	2.075,0
	IV	44.187	2.430,28	3.534,96	3.976,83	2.378,58	3.459,76	3.892,23	2.326,88	3.384,56	3.807,63	2.275,18	3.309,36	3.723,03	2.223,48	3.234,16	3.638,43	2.171,78	3.158,96	3.553,83	2.120,08	3.083,76	3.469,2
	V	50.360	2.769,80	4.028,80	4.532,40																		
	VI	50.892	2.799,06	4.071,36	4.580,28																		
132.155,99	I	44.202	2.431,11	3.536,16	3.978,18	2.327,71	3.385,76	3.808,98	2.224,31	3.235,36	3.639,78	2.120,91	3.084,96	3.470,58	2.017,51	2.934,56	3.301,38	1.914,11	2.784,16	3.132,18	1.810,71	2.633,76	2.962,9
	II	42.413	2.332,71	3.393,04	3.817,17	2.229,31	3.242,64	3.647,97	2.125,91	3.092,24	3.478,77	2.022,51	2.941,84	3.309,57	1.919,11	2.791,44	3.140,37	1.815,71	2.641,04	2.971,17	1.617,21	2.490,64	2.801,9
	III	33.766	-	2.701,28	3.038,94	-	2.551,20	2.870,10	-	2.404,00	2.704,50	-	2.259,68	2.542,14	-	2.118,56	2.383,38	-	1.980,48	2.228,04	-	1.845,44	2.076,1
	IV	44.202	2.431,11	3.536,16	3.978,18	2.379,41	3.460,96	3.893,58	2.327,71	3.385,76	3.808,98	2.276,01	3.310,56	3.724,38	2.224,31	3.235,36	3.639,78	2.172,61	3.160,16	3.555,18	2.120,91	3.084,96	3.470,5
	V	50.375	2.770,62	4.030,00	4.533,75																		
	VI	50.907	2.799,88	4.072,56	4.581,63																		
132.191,99	I	44.217	2.431,93	3.537,36	3.979,53	2.328,53	3.386,96	3.810,33	2.225,13	3.236,56	3.641,13	2.121,73	3.086,16	3.471,93	2.018,33	2.935,76	3.302,73	1.914,93	2.785,36	3.133,53	1.811,59	2.635,04	2.964,4
	II	42.428	2.333,54	3.394,24	3.818,52	2.230,14	3.243,84	3.649,32	2.126,74	3.093,44	3.480,12	2.023,34	2.943,04	3.310,92	1.919,94	2.792,64	3.141,72	1.816,54	2.642,24	2.972,52	1.618,99	2.491,84	2.803,3
	III	33.782	-	2.702,56	3.040,38	-	2.552,48	2.871,54	-	2.405,12	2.705,76	-	2.260,80	2.543,40	-	2.119,68	2.384,64	-	1.981,60	2.229,30	-	1.846,56	2.077,3
	IV	44.217	2.431,93	3.537,36	3.979,53	2.380,23	3.462,16	3.894,93	2.328,53	3.386,96	3.810,33	2.276,83	3.311,76	3.725,73	2.225,13	3.236,56	3.641,13	2.173,43	3.161,36	3.556,53	2.121,73	3.086,16	3.471,9
	V	50.390	2.771,45	4.031,20	4.535,10																		
	VI	50.922	2.800,71	4.073,76	4.582,98																		
132.227,99	I	44.232	2.432,76	3.538,56	3.980,88	2.329,36	3.388,16	3.811,68	2.225,96	3.237,76	3.642,48	2.122,56	3.087,36	3.473,28	2.019,16	2.936,96	3.304,08	1.915,81	2.786,64	3.134,97	1.812,41	2.636,24	2.965,7
	II	42.443	2.334,36	3.395,44	3.819,87	2.230,96	3.245,04	3.650,67	2.127,56	3.094,64	3.481,47	2.024,16	2.944,24	3.312,27	1.920,76	2.793,84	3.143,07	1.817,36	2.643,44	2.973,87	1.620,78	2.493,04	2.804,6
	III	33.796	-	2.703,68	3.041,64	-	2.553,60	2.872,80	-	2.406,24	2.707,02	-	2.261,92	2.544,66	-	2.120,80	2.385,90	-	1.982,72	2.230,56	-	1.847,68	2.078,6
	IV	44.232	2.432,76	3.538,56	3.980,88	2.381,06	3.463,36	3.896,28	2.329,36	3.388,16	3.811,68	2.277,66	3.312,96	3.727,08	2.225,96	3.237,76	3.642,48	2.174,26	3.162,56	3.557,88	2.122,56	3.087,36	3.473,2
	V	50.405	2.772,27	4.032,40	4.536,45																		
	VI	50.937	2.801,53	4.074,96	4.584,33																		
132.263,99	I	44.247	2.433,58	3.539,76	3.982,23	2.330,18	3.389,36	3.813,03	2.226,78	3.238,96	3.643,83	2.123,44	3.088,64	3.474,72	2.020,04	2.938,24	3.305,52	1.916,64	2.787,84	3.136,32	1.813,24	2.637,44	2.967,
	II	42.458	2.335,19	3.396,64	3.821,22	2.231,79	3.246,24	3.652,02	2.128,39	3.095,84	3.482,82	2.024,99	2.945,44	3.313,62	1.921,59	2.795,04	3.144,42	1.818,19	2.644,64	2.975,22	1.622,68	2.494,32	2.806,
	III	33.812	-	2.704,96	3.043,08	-	2.554,88	2.874,24	-	2.407,52	2.708,46	-	2.263,20	2.546,10	-	2.121,92	2.387,16	-	1.983,84	2.231,82	-	1.848,64	2.079,
	IV	44.247	2.433,58	3.539,76	3.982,23	2.381,88	3.464,56	3.897,63	2.330,18	3.389,36	3.813,03	2.278,48	3.314,16	3.728,43	2.226,78	3.238,96	3.643,83	2.175,08	3.163,76	3.559,23	2.123,44	3.088,64	3.474,7
	V	50.421	2.773,15	4.033,68	4.537,89																		
	VI	50.952	2.802,36	4.076,16	4.585,68																		
132.299,99	I	44.262	2.434,41	3.540,96	3.983,58	2.331,01	3.390,56	3.814,38	2.227,66	3.240,24	3.645,27	2.124,26	3.089,84	3.476,07	2.020,86	2.939,44	3.306,87	1.917,46	2.789,04	3.137,67	1.814,06	2.638,64	2.968,4
	II	42.473	2.336,01	3.397,84	3.822,57	2.232,61	3.247,44	3.653,37	2.129,21	3.097,04	3.484,17	2.025,81	2.946,64	3.314,97	1.922,47	2.796,32	3.145,86	1.819,07	2.645,92	2.976,66	1.624,46	2.495,52	2.807,4
	III	33.826	-	2.706,08	3.044,34	-	2.556,00	2.875,50	-	2.408,64	2.709,72	-	2.264,32	2.547,36	-	2.123,04	2.388,42	-	1.984,80	2.232,90	-	1.849,76	2.080,9
	IV	44.262	2.434,41	3.540,96	3.983,58	2.382,71	3.465,76	3.898,98	2.331,01	3.390,56	3.814,38	2.279,36	3.315,44	3.729,87	2.227,66	3.240,24	3.645,27	2.175,96	3.165,04	3.560,67	2.124,26	3.089,84	3.476,0
	V	50.436	2.773,98	4.034,88	4.539,24																		
	VI	50.967	2.803,18	4.077,36	4.587,03																		

SolZ/KiSt lt. Tabelle nicht für Sonstige Bezüge anwendbar.

Zusatztabelle

für rentenversicherungspflichtige Arbeitnehmer,
die privat kranken- und pflegeversichert sind

Hinweise zur Anwendung der Zusatztabelle „Abzugsbetrag bei privat Kranken- und Pflegeversicherten“ zu den Allgemeinen Lohnsteuertabellen

Anwendung der Allgemeinen Lohnsteuertabelle

Durch den Lohnsteuerabzug gilt die Einkommensteuer bei Einkünften aus nichtselbstständiger Arbeit grundsätzlich als abgegolten. Um dieses Ziel zu erreichen, muss für den jeweiligen Arbeitslohn die dafür fällige Einkommensteuer ermittelt und als Lohnsteuer ausgewiesen werden. Grundlage dafür ist der Lohnsteuertarif, der auf dem Einkommensteuertarif und dem dafür maßgebenden zu versteuernden Einkommen aufbaut.[1] Wie bei der Einkommensteuer sind auch für die Lohnsteuerermittlung vom Arbeitslohn stets abzusetzen:

- **Grundfreibetrag** (2023: 10.908 EUR), Arbeitnehmer-Pauschbetrag (1.230 EUR)[2],
- Pauschbetrag für unbeschränkt abziehbare **Sonderausgaben** (36 EUR bei Alleinstehenden bzw. 72 EUR bei Verheirateten) sowie
- **Vorsorgeaufwendungen**.

Im Lohnsteuerabzugsverfahren werden in den Steuerklassen I bis VI als Vorsorgeaufwendungen die Beiträge des Arbeitnehmers für eine Basiskranken- und Pflegeversicherung typisierend i. R. d. sog. **Vorsorgepauschale** berücksichtigt. Auf Grundlage des steuerpflichtigen Arbeitslohns setzt sich diese Vorsorgepauschale für sozialversicherungspflichtige Arbeitnehmer aus folgenden Teilbeträgen zusammen:

- Teilbetrag für die Rentenversicherung (für 2023: 9,3 % des Arbeitslohns, Altersvorsorgeaufwendungen sind **in voller Höhe** abzugsfähig)[3] und
- Teilbetrag für die gesetzliche Kranken- und soziale Pflegeversicherung (für 2023: 7 % bzw. 1,525 %[4] des Arbeitslohns, zuzüglich des hälftigen durchschnittlichen Zusatzbeitrags in Höhe von 0,8 %).[5]

Für die Beiträge zur gesetzlichen Kranken- und Pflegeversicherung ist als Mindestbetrag die sog. **Mindestvorsorgepauschale** anzusetzen. In der vorliegenden Allgemeinen Lohnsteuertabelle werden diese Beträge bereits in der zutreffenden Höhe berücksichtigt.

Ob die Voraussetzungen für den Ansatz der einzelnen Teilbeträge vorliegen, hat der Arbeitgeber jeweils gesondert zu prüfen. Hierfür ist stets der Versicherungsstatus des Arbeitnehmers am Ende des jeweiligen Lohnzahlungszeitraums maßgebend. Teilmonate des Dienstverhältnisses dürfen nicht angesetzt werden.

Anwendungsbereich der Zusatztabelle

Mindestvorsorgepauschale

Ist ein rentenversicherungspflichtiger Arbeitnehmer in der gesetzlichen Krankenversicherung und in der Pflegeversicherung weder pflichtversichert noch freiwillig versichert, darf die Vorsorgepauschale nicht angesetzt werden. Anstelle des jeweiligen Arbeitnehmeranteils ist im Lohnsteuerabzugsverfahren die sog. **Mindestvorsorgepauschale in Höhe von 12 %** des Arbeitslohns mit einem **Höchstbetrag** von

- jährlich 1.900 EUR in den Steuerklassen I, II und IV bis VI sowie
- jährlich 3.000 EUR in der Steuerklasse III

anzusetzen.[6] In diesem Fall sind die tatsächlichen Vorsorgeaufwendungen des Arbeitnehmers unbeachtlich.

Die Mindestvorsorgepauschale beträgt als **Höchstbetrag**:

- in den Steuerklassen I, II, IV, V im Jahr jeweils 1.900 EUR (**im Monat 158,33 EUR**)
- in der Steuerklasse III im Jahr 3.000 EUR (**im Monat 250,00 EUR**)

Möchte der Arbeitgeber die Allgemeine Lohnsteuertabelle verwenden, ist die dort berücksichtigte Vorsorgepauschale (siehe in Spalte 3 der Zusatztabelle die ausgewiesene **Teilvorsorgepauschale** KV/PV) zu überprüfen und eine zu hohe Vorsorgepauschale zu korrigieren. S. hierzu Abschnitt *Anwendung der Zusatztabelle* und *Beispiel 1*.

Ansatz tatsächlicher Beiträge zur privaten Basiskranken- und Pflegeversicherung

Der in einer privaten Kranken- und Pflegeversicherung versicherte Arbeitnehmer mit den Steuerklassen I bis V darf seinem Arbeitgeber die **tatsächlichen Beiträge** zur privaten Basiskranken- und Pflege(pflicht)versicherung zur Berücksichtigung im Lohnsteuerabzugsverfahren mitteilen. Hierzu muss der Arbeitnehmer eine Beitragsbescheinigung des Versicherungsunternehmens vorlegen, in der die **steuerlich abziehbaren Beträge** ausgewiesen werden.

Der Arbeitgeber hat die mitgeteilten Beiträge arbeitslohnmindernd anzusetzen, wenn sie höher sind als die maßgebende Mindestvorsorgepauschale.

Hinweise:

- **Gesetzlich krankenversicherte** Arbeitnehmer dürfen im Lohnsteuerabzugsverfahren weder für sich noch für den privat versicherten Ehegatten/Lebenspartner Beiträge für eine private Kranken- und Pflegeversicherung nachweisen.
- In der **Steuerklasse VI** dürfen keine Beiträge zur privaten Basiskranken- und Pflegeversicherung angesetzt werden.
- Eine dem Arbeitgeber vorliegende Beitragsbescheinigung ist auch im Rahmen des Lohnsteuerabzugs der Folgejahre (weiter) zu berücksichtigen, wenn der Arbeitnehmer **keine neue Beitragsbescheinigung** vorlegt.
- Beitragsbescheinigungen **ausländischer Versicherungsunternehmen** darf der Arbeitgeber nicht berücksichtigen.

1 § 39b Abs. 2 EStG.
2 § 9a Satz 1 Nr. 1a EStG.
3 § 39b Abs. 2 Satz 5 Nr. 3 Buchst. a und Abs. 4 EStG.
4 Für Beitragszahler ohne Kinder beträgt der Zuschlag zur Pflegeversicherung seit 1.1.2022 0,35 %. Aus Vereinfachungsgründen wird der ggf. zu zahlende Zuschlag für über 23 Jahre alte Kinderlose in der Pflegeversicherung in den Lohnsteuertabellen bezogen auf den Teilbetrag der Vorsorgepauschale nicht berücksichtigt.
5 § 39b Abs. 2 Satz 5 Nr. 3 Buchst. b und c EStG.
6 § 39b Abs. 2 Satz 5 Nr. 3 dritter Teilsatz EStG.

Anwendung der Zusatztabelle

Um beim Nachweis der **tatsächlichen Versicherungsbeiträge** die Allgemeine Lohnsteuertabelle anwenden zu können, ist die dort eingearbeitete Vorsorgepauschale zu berichtigen. Die nachgewiesenen tatsächlichen Beiträge des Arbeitnehmers sind **zu kürzen** um

– die in der Lohnsteuertabelle bereits berücksichtigte Vorsorgepauschale sowie
– den steuerfreien Arbeitgeberzuschuss.

Dazu ist die vorliegende Zusatztabelle mit ihren beiden **Korrekturspalten** Teilvorsorgepauschale KV/PV sowie typisierter Arbeitgeberzuschuss zu verwenden. Wie die Lohnsteuertabelle ist auch die Zusatztabelle nach Arbeitslohnstufen aufgebaut. In der jeweiligen Lohnstufe ist nach den Steuerklassen I, II, IV und V sowie nach Steuerklasse III zu unterscheiden.

Überschreitet der Arbeitslohn die **Beitragsbemessungsgrenze** in der gesetzlichen Krankenversicherung (Jahresgrenze für 2023: 59.850 EUR, Monatsgrenze 4.987,50 EUR), verändern sich die Korrekturbeträge nicht mehr. Gleiches gilt für die Pflegeversicherung.

Berechnungsschema für die Anwendung der Zusatztabelle

Monatliche tatsächliche Basiskranken- und Pflegeversicherungsbeiträge laut Nachweis	… EUR
Abzüglich in Spalte 3 ausgewiesene Teilvorsorgepauschale KV/PV	… EUR
Abzüglich in Spalte 4 ausgewiesener Typisierter Arbeitgeberzuschuss	… EUR
Differenz	… EUR

Ist die **Differenz positiv**, ist sie als (ggf. zusätzlicher) Freibetrag vom Monatsarbeitslohn **abzuziehen**. Ist die **Differenz negativ**, ist sie als zusätzlicher Arbeitslohnteil dem Monatsarbeitslohn **hinzuzurechnen**.

Für den so ermittelten **maßgebenden Arbeitslohn** kann die zu erhebende Lohnsteuer aus der **Allgemeinen Lohnsteuertabelle** abgelesen werden. Sie ist maßgebend für den durchzuführenden Lohnsteuerabzug.

Beispiele nach Monatstabelle

Fehlender Nachweis der tatsächlichen Beiträge zur privaten Basiskranken- und Pflegeversicherung

Beispiel 1 – ohne Beitragsbescheinigung PKV:

Der rentenversicherungspflichtige Arbeitnehmer mit der Steuerklasse I ist in der gesetzlichen Krankenversicherung und in der Pflegeversicherung weder pflichtversichert noch freiwillig versichert. Er legt dem Arbeitgeber **keine Beitragsbescheinigung** des Versicherungsunternehmens mit den tatsächlich entrichteten monatlichen Beiträgen zur privaten Basiskranken- und Pflegeversicherung vor.

Folglich darf der Arbeitgeber im Lohnsteuerabzugsverfahren anstelle der nach Prozentsätzen ermittelten Vorsorgepauschale lediglich die Mindestvorsorgepauschale ansetzen. Der monatliche Bruttolohn beträgt 4.600 EUR. Die nach der Allgemeinen Lohnsteuertabelle einzubehaltende Lohnsteuer ist wie folgt zu berechnen:

Berechnung maßgebender Arbeitslohn

Mindestvorsorgepauschale in Höhe von 12 % von 4 600 EUR = 552,00 EUR; **begrenzt** auf Mindestvorsorgepauschale	158,33 EUR
Abzüglich der in Zeile 4.442,99 EUR in Spalte 3 ausgewiesenen Teilvorsorgepauschale KV/PV	414,25 EUR
Differenz negativ	–255,92 EUR

Zusatztabelle Private bzw. ohne KV

Monats-Arbeitslohn bis	Steuer-klasse	Teilvorsorge-pauschale KV/PV	Typisierter Arbeitgeber-zuschuss
4.436,99	I–V	413,75	413,75
4.439,99	I–V	414,00	414,00
4.442,99	I–V	414,25	414,25
4.445,99	I–V	414,58	414,58

Hinweis: Für Löhne oberhalb der Beitragsbemessungsgrenze in der gesetzlichen Kranken- und Pflegeversicherung (2023: 4.987,50 EUR) bleiben die Abzugsbeträge unverändert. Es gilt jeweils der Höchstwert aus der letzten Tabellenzeile.

Aufgrund der **negativen Differenz** muss der Monatslohn von 4.600 EUR um 255,92 EUR **erhöht** werden (= 4.855,92 EUR) und in der Allgemeinen Lohnsteuertabelle in der Zeile „Lohn/Gehalt bis 4.856,99 EUR“ die monatliche Lohnsteuer von 829,00 EUR abgelesen werden. Hinzu kommt ggf. noch die Kirchensteuer.

Allgemeine Tabelle

Lohn/ Gehalt bis	Steuerklasse	Lohnsteuer	ohne Kinderfreibetrag			Anzahl Kinderfreibeträge (nur Steuerklassen I–IV)																	
						0,5			1,0			1,5			2,0			2,5			3,0		
			SolZ 5,5%	Kirchensteuer 8%	Kirchensteuer 9%	SolZ 5,5%	Kirchensteuer 8%	Kirchensteuer 9%	SolZ 5,5%	Kirchensteuer 8%	Kirchensteuer 9%	SolZ 5,5%	Kirchensteuer 8%	Kirchensteuer 9%	SolZ 5,5%	Kirchensteuer 8%	Kirchensteuer 9%	SolZ 5,5%	Kirchensteuer 8%	Kirchensteuer 9%	SolZ 5,5%	Kirchensteuer 8%	Kirchensteuer 9%
4.853,99	I	828,16	-	66,25	74,53	-	55,89	62,87	-	46,04	51,80	-	36,72	41,31	-	27,90	31,38	-	19,60	22,05	-	11,81	13,28
	II	704,75	-	56,38	63,42	-	46,51	52,32	-	37,15	41,79	-	28,31	31,85	-	19,99	22,49	-	12,18	13,70	-	4,93	5,54
	III	459,33	-	36,74	41,33	-	28,90	32,51	-	21,33	23,99	-	14,01	15,76	-	7,32	8,23	-	1,92	2,16	-	-	-
	IV	828,16	-	66,25	74,53	-	61,00	68,63	-	55,89	62,87	-	50,90	57,26	-	46,04	51,80	-	41,32	46,48	-	36,72	41,31
	V	1.297,91	-	103,83	116,81																		
	VI	1.342,25	-	107,38	120,80																		
4.856,99	I	829,00	-	66,32	74,61	-	55,96	62,95	-	46,10	51,86	-	36,77	41,36	-	27,96	31,45	-	19,65	22,10	-	11,86	13,34
	II	705,58	-	56,44	63,50	-	46,57	52,39	-	37,21	41,86	-	28,37	31,91	-	20,04	22,54	-	12,22	13,75	-	4,97	5,59
	III	460,00	-	36,80	41,40	-	28,96	32,58	-	21,38	24,05	-	14,05	15,80	-	7,36	8,28	-	1,94	2,18	-	-	-
	IV	829,00	-	66,32	74,61	-	61,07	68,70	-	55,96	62,95	-	50,96	57,33	-	46,10	51,86	-	41,38	46,55	-	36,77	41,36
	V	1.298,91	-	103,91	116,90																		
	VI	1.343,25	-	107,46	120,89																		

Nachweis der tatsächlichen Beiträge zur privaten Basiskranken- und Pflegeversicherung

Beispiel 2a – mit PKV-Beitragsbescheinigung:

Ein gesetzlich rentenversicherungspflichtiger Arbeitnehmer mit der **Steuerklasse I** ist in einer privaten Kranken- und Pflegeversicherung pflichtversichert. Er legt dem Arbeitgeber eine **Beitragsbescheinigung** des Versicherungsunternehmens vor, in der als monatliche Beiträge zur privaten Basiskranken- und Pflegeversicherung (KV- und PV-Versicherungsbeiträge) 750 EUR ausgewiesen sind. Der Monatslohn beträgt 3.095 EUR. Die nach der Allgemeinen Lohnsteuertabelle einzubehaltende Lohnsteuer ist wie folgt zu berechnen:

Berechnung maßgebender Arbeitslohn

Nachgewiesene monatliche KV- und PV-Versicherungsbeiträge	750,00 EUR
Abzüglich der in Zeile 3.095,99 EUR in Spalte 3 ausgewiesenen Teilvorsorgepauschale KV/PV	288,66 EUR
Abzüglich dem in o. g. Zeile in Spalte 4 ausgewiesenen Typisierten Arbeitgeberzuschuss	288,66 EUR
Differenz positiv	172,68 EUR

Zusatztabelle Private bzw. ohne KV

Monats-Arbeitslohn bis	Steuer-klasse	Teilvorsorge-pauschale KV/PV	Typisierter Arbeitgeber-zuschuss
3.089,99	I–V	288,08	288,08
3.092,99	I–V	288,41	288,41
3.095,99	I–V	288,66	288,66
3.098,99	I–V	288,91	288,91

Weil die **Differenz positiv** ist, muss der Arbeitgeber den Monatslohn von 3.095 EUR um 172,68 EUR **vermindern** (= 2.922,32 EUR) und davon in der Allgemeinen Lohnsteuertabelle in der Zeile „Lohn/Gehalt bis 2.924,99 EUR" die monatliche Lohnsteuer in Höhe von 326,58 EUR ablesen. Hinzu kommt ggf. noch die Kirchensteuer.

Allgemeine Tabelle

Lohn/ Gehalt bis	Steuerklasse	Lohnsteuer	ohne Kinderfreibetrag			Anzahl Kinderfreibeträge (nur Steuerklassen I–IV)																	
						0,5			1,0			1,5			2,0			2,5			3,0		
			SolZ 5,5%	Kirchensteuer 8%	Kirchensteuer 9%	SolZ 5,5%	Kirchensteuer 8%	Kirchensteuer 9%	SolZ 5,5%	Kirchensteuer 8%	Kirchensteuer 9%	SolZ 5,5%	Kirchensteuer 8%	Kirchensteuer 9%	SolZ 5,5%	Kirchensteuer 8%	Kirchensteuer 9%	SolZ 5,5%	Kirchensteuer 8%	Kirchensteuer 9%	SolZ 5,5%	Kirchensteuer 8%	Kirchensteuer 9%
2.921,99	I	325,91	-	26,07	29,33	-	17,88	20,12	-	10,20	11,48	-	3,29	3,70	-	-	-	-	-	-	-	-	-
	II	228,33	-	18,26	20,54	-	10,56	11,88	-	3,58	4,02	-	-	-	-	-	-	-	-	-	-	-	-
	III	75,66	-	6,05	6,80	-	0,93	1,04	-	-	-	-	-	-	-	-	-	-	-	-	-	-	-
	IV	325,91	-	26,07	29,33	-	21,91	24,65	-	17,88	20,12	-	13,98	15,72	-	10,20	11,48	-	6,56	7,38	-	3,29	3,70
	V	643,16	-	51,45	57,88																		
	VI	684,66	-	54,77	61,61																		
2.924,99	I	326,58	-	26,12	29,39	-	17,93	20,17	-	10,25	11,53	-	3,32	3,74	-	-	-	-	-	-	-	-	-
	II	229,00	-	18,32	20,61	-	10,61	11,93	-	3,62	4,07	-	-	-	-	-	-	-	-	-	-	-	-
	III	76,00	-	6,08	6,84	-	0,96	1,08	-	-	-	-	-	-	-	-	-	-	-	-	-	-	-
	IV	326,58	-	26,12	29,39	-	21,96	24,71	-	17,93	20,17	-	14,03	15,78	-	10,25	11,53	-	6,60	7,43	-	3,32	3,74
	V	644,16	-	51,53	57,97																		
	VI	685,66	-	54,85	61,70																		

Beispiel 2b – mit PKV-Beitragsbescheinigung:

Ausgangslage wie im Beispiel 2a; der Arbeitnehmer legt dem Arbeitgeber jedoch eine **Beitragsbescheinigung** des Versicherungsunternehmens vor, in der als monatliche Beiträge zur privaten Basiskranken- und Pflegeversicherung (KV- und PV-Versicherungsbeiträge) 500 EUR ausgewiesen sind.

Berechnung maßgebender Arbeitslohn

Nachgewiesene monatliche KV- und PV-Versicherungsbeiträge	500,00 EUR
Abzüglich der in Zeile 3.095,99 EUR in Spalte 3 ausgewiesenen Teilvorsorgepauschale KV/PV (wie Beispiel 2a)	288,66 EUR
Abzüglich dem in o. g. Zeile in Spalte 4 ausgewiesenen Typisierten Arbeitgeberzuschuss	288,66 EUR
Differenz negativ	–77,32 EUR

Auf Grund der **negativen Differenz** hat der Arbeitgeber den Monatslohn von 3.095 EUR um 77,32 EUR zu **erhöhen** (= 3.172,32 EUR) und davon in der Allgemeinen Lohnsteuertabelle in der Zeile „Lohn/Gehalt bis 3.173,99 EUR die monatliche Lohnsteuer in Höhe von 385,00 EUR abzulesen. Hinzu kommt ggf. noch die Kirchensteuer.

Allgemeine Tabelle

Lohn/ Gehalt bis	Steuerklasse	Lohnsteuer	ohne Kinderfreibetrag			Anzahl Kinderfreibeträge (nur Steuerklassen I–IV) 0,5			1,0			1,5			2,0			2,5			3,0		
			SolZ 5,5%	Kirchensteuer 8%	9%	SolZ 5,5%	Kirchensteuer 8%	9%	SolZ 5,5%	Kirchensteuer 8%	9%	SolZ 5,5%	Kirchensteuer 8%	9%	SolZ 5,5%	Kirchensteuer 8%	9%	SolZ 5,5%	Kirchensteuer 8%	9%	SolZ 5,5%	Kirchensteuer 8%	9%
3.170,99	I	384,25	–	30,74	34,58	–	22,26	25,04	–	14,31	16,10	–	6,87	7,73	–	0,87	0,98	–	–	–	–	–	–
	II	283,33	–	22,66	25,49	–	14,68	16,52	–	7,22	8,12	–	1,10	1,24	–	–	–	–	–	–	–	–	–
	III	117,16	–	9,37	10,54	–	3,54	3,98	–	–	–	–	–	–	–	–	–	–	–	–	–	–	–
	IV	384,25	–	30,74	34,58	–	26,44	29,74	–	22,26	25,04	–	18,22	20,50	–	14,31	16,10	–	10,52	11,84	–	6,87	7,73
	V	723,66	–	57,89	65,12																		
	VI	767,16	–	61,37	69,04																		
3.173,99	I	385,00	–	30,80	34,65	–	22,32	25,11	–	14,36	16,16	–	6,92	7,78	–	0,90	1,01	–	–	–	–	–	–
	II	284,00	–	22,72	25,56	–	14,74	16,58	–	7,26	8,17	–	1,13	1,27	–	–	–	–	–	–	–	–	–
	III	117,66	–	9,41	10,58	–	3,58	4,03	–	–	–	–	–	–	–	–	–	–	–	–	–	–	–
	IV	385,00	–	30,80	34,65	–	26,49	29,80	–	22,32	25,11	–	18,28	20,56	–	14,36	16,16	–	10,58	11,90	–	6,92	7,78
	V	724,66	–	57,97	65,21																		
	VI	768,16	–	61,45	69,13																		

Tagestabelle und Jahrestabelle

Verwendet der Arbeitgeber nicht die Monatstabelle, sondern auf Grund des Lohnzahlungszeitraums die Lohnsteuer-Tagestabelle oder die Lohnsteuer-Jahrestabelle (z. B. bei Zahlung eines sonstigen Bezugs), gelten die vorgenannten Grundsätze entsprechend. Auch in diesen Fällen kann der Arbeitgeber die für den Monatslohn erstellte Zusatztabelle verwenden. Dazu sind der Tageslohn sowie der Jahreslohn **in einen Monatslohn umzurechnen.**

Beispiel 3 – Teilmonat 15 Tage mit PKV-Beitragsbescheinigung:

Eine Arbeitnehmerin in **Steuerklasse V** nimmt nach Elternzeit ihre bisherige Tätigkeit zum 16.9.2023 wieder auf. Für den Teilmonat September stehen ihr anteilig 1.927,50 EUR zu. Da sie zuvor privat kranken-/pflegeversichert war, hat sie sich ab Wiedereintritt von der Krankenversicherungspflicht befreien lassen. Sie weist dem Arbeitgeber eine PKV-Basisprämie zur KV/PV in Summe von 290 EUR nach.

Für die Ermittlung des fiktiven Monatslohns ist der anteilige Tageslohn (128,50 EUR) mit 30 zu multiplizieren = 3.855 EUR. Hierauf ist die Nebenberechnung zur Korrektur des (auf den Monat bezogenen) lohnsteuerpflichtigen Arbeitslohns vorzunehmen:

Berechnung maßgebender Arbeitslohn

Nachgewiesene monatliche KV- und PV-Versicherungsbeiträge	290,00 EUR
Abzüglich der in Zeile 3.857,99 EUR abgelesenen Teilvorsorgepauschale KV/PV	359,75 EUR
Abzüglich dem aus gleicher Zeile abgelesenen Typisierten Arbeitgeberzuschuss	359,75 EUR
Differenz negativ	–429,50 EUR

Zusatztabelle Private bzw. ohne KV

Monats-Arbeitslohn bis	Steuerklasse	Teilvorsorgepauschale KV/PV	Typisierter Arbeitgeberzuschuss
3.851,99	I–V	359,16	359,16
3.854,99	I–V	359,41	359,41
3.857,99	I–V	359,75	359,75
3.860,99	I–V	360,00	360,00

Dem **fiktiven Monatslohn** von 3.855,00 EUR sind somit 429,50 EUR **hinzuzurechnen**, es ergibt sich ein fiktiver zu versteuernder Monatslohn von 4.284,50 EUR. Dieser ist durch 30 Tage zu teilen, woraus ein korrigierter Tageslohn von 142,82 EUR resultiert. Hierfür lesen Sie nun aus der Allgemeinen Tagestabelle die täglichen Lohnsteuerwerte ab:

Allgemeine Tabelle

Lohn/ Gehalt bis	Steuerklasse	Lohn-steuer	ohne Kinderfreibetrag			Anzahl Kinderfreibeträge (nur Steuerklassen I–IV)																	
						0,5			1,0			1,5			2,0			2,5			3,0		
			SolZ 5,5%	Kirchensteuer 8%	Kirchensteuer 9%	SolZ 5,5%	Kirchensteuer 8%	Kirchensteuer 9%	SolZ 5,5%	Kirchensteuer 8%	Kirchensteuer 9%	SolZ 5,5%	Kirchensteuer 8%	Kirchensteuer 9%	SolZ 5,5%	Kirchensteuer 8%	Kirchensteuer 9%	SolZ 5,5%	Kirchensteuer 8%	Kirchensteuer 9%	SolZ 5,5%	Kirchensteuer 8%	Kirchensteuer 9%
142,79	I	22,26	-	1,78	2,00	-	1,45	1,63	-	1,15	1,29	-	0,86	0,96	-	0,58	0,66	-	0,33	0,37	-	0,10	0,11
	II	18,41	-	1,47	1,65	-	1,16	1,31	-	0,87	0,98	-	0,60	0,67	-	0,34	0,38	-	0,11	0,12	-	-	-
	III	11,26	-	0,90	1,01	-	0,65	0,73	-	0,40	0,45	-	0,19	0,22	-	0,02	0,02	-	-	-	-	-	-
	IV	22,26	-	1,78	2,00	-	1,61	1,81	-	1,45	1,63	-	1,30	1,46	-	1,15	1,29	-	1,00	1,12	-	0,86	0,96
	V	36,77	-	2,94	3,30																		
	VI	38,24	-	3,05	3,44																		
142,89	I	22,29	-	1,78	2,00	-	1,45	1,64	-	1,15	1,29	-	0,86	0,97	-	0,58	0,66	-	0,33	0,37	-	0,10	0,11
	II	18,43	-	1,47	1,65	-	1,16	1,31	-	0,87	0,98	-	0,60	0,67	-	0,34	0,38	-	0,11	0,12	-	-	-
	III	11,28	-	0,90	1,01	-	0,65	0,73	-	0,41	0,46	-	0,19	0,22	-	0,02	0,03	-	-	-	-	-	-
	IV	22,29	-	1,78	2,00	-	1,61	1,82	-	1,45	1,64	-	1,30	1,46	-	1,15	1,29	-	1,00	1,13	-	0,86	0,97
	V	36,80	-	2,94	3,31																		
	VI	38,28	-	3,06	3,44																		

Die abgelesene Lohnsteuer von 36,80 EUR × 15 Tage ergibt für den Teilmonat September insgesamt 552,00 EUR. Der Solidaritätszuschlag beträgt 0,00 EUR (= 0,00 EUR × 15 Tage), sowie die mit 9 % anzusetzende Kirchensteuer 49,65 EUR (= 3,31 EUR × 15 Tage).

Analog ist bei Ermittlung der **Jahreslohnsteuer**, z. B. bei sonstigen Bezügen vorzugehen.

Beispiel 4 – Jahresarbeitslohn mit PKV-Beitragsbescheinigung:

Ein PKV-Versicherter Arbeitnehmer in **Steuerklasse III** hat laufende Bezüge von monatlich 5.200 EUR und erhält im Dezember 2023 ein Weihnachtsgeld in Höhe von 4.000 EUR. Seine gegenüber dem Arbeitgeber nachgewiesene PKV-Basisprämie zur KV/PV beläuft sich monatlich in Summe auf 950 EUR.

Die Lohnsteuer für den sonstigen Bezug von 4.000 EUR im Dezember 2023 errechnet sich folgendermaßen:

Zugeflossener Arbeitslohn vom 1.1.–31.12. (5.200 EUR × 12 Monate) = maßgebliche **Bemessungsgrundlage I**	**62.400 EUR**
Zuzüglich Weihnachtsgeld (sonstiger Bezug) im Dezember 2023	4.000 EUR
Maßgebender Jahresarbeitslohn (**Bemessungsgrundlage II**)	**66.400 EUR**
Beide Bemessungsgrundlagen sind nun um die Nebenberechnung (zunächst auf Monatslohn-Level) zu korrigieren.	
Nachgewiesene monatliche KV- und PV-Versicherungsbeiträge	950,00 EUR
Abzüglich der in Zeile 4.988,99 EUR abgelesenen Teilvorsorgepauschale KV/PV	465,08 EUR
Abzüglich abgelesener Typisierter Arbeitgeberzuschuss (gleiche Zeile)	465,08 EUR
Differenz positiv	19,84 EUR

Zusatztabelle Private bzw. ohne KV

Monats-Arbeitslohn bis	Steuer-klasse	Teilvorsorge-pauschale KV/PV	Typisierter Arbeitgeber-zuschuss
4.982,99	I–V	464,58	464,58
4.985,99	I–V	464,91	464,91
4.988,99	I–V	465,08	465,08

Für Löhne oberhalb der Beitragsbemessungsgrenze zur gesetzlichen Kranken- und Pflegeversicherung (2023: 4.987,50 EUR) bleiben die Abzugsbeträge unverändert. Es gilt jeweilig der Höchstwert aus der letzten Tabellenzeile.

Aus Vereinfachungsgründen kann auch der monatliche Korrekturbetrag per Multiplikation mit 12 auf das Jahr hochgerechnet werden, da dies mathematisch keinen Unterschied macht. In diesem Fall sind also sowohl die **Bemessungsgrundlage I als auch II** um 238,08 EUR (= 12 × 19,84 EUR) **zu vermindern:**

A) Korrigierte Bemessungsgrundlage II inkl. sonstigem Bezug und PKV-Nebenrechnung

66.400 EUR abzüglich 238,08 EUR	66.161,92 EUR

→ d. h. die Jahreslohnsteuer ist in der **allgemeinen Tabelle / Jahr** abzulesen:

Allgemeine Tabelle

Lohn/ Gehalt bis	Steuerklasse	Lohnsteuer	ohne Kinderfreibetrag			Anzahl Kinderfreibeträge (nur Steuerklassen I–IV) 0,5			1,0			1,5			2,0			2,5			3,0		
			SolZ 5,5%	Kirchensteuer 8%	9%	SolZ 5,5%	Kirchensteuer 8%	9%	SolZ 5,5%	Kirchensteuer 8%	9%	SolZ 5,5%	Kirchensteuer 8%	9%	SolZ 5,5%	Kirchensteuer 8%	9%	SolZ 5,5%	Kirchensteuer 8%	9%	SolZ 5,5%	Kirchensteuer 8%	9%
66.131,99	I	12.523	–	1.001,84	1.127,07	–	867,84	976,32	–	740,08	832,59	–	618,48	695,79	–	503,04	565,92	–	393,76	442,98	–	290,64	326,97
	II	10.927	–	874,16	983,43	–	746,08	839,34	–	624,16	702,18	–	508,48	572,04	–	398,88	448,74	–	295,52	332,46	–	198,24	223,02
	III	7.428	–	594,24	668,52	–	495,36	557,28	–	399,52	449,46	–	306,88	345,24	–	217,28	244,44	–	131,20	147,60	–	57,60	64,80
	IV	12.523	–	1.001,84	1.127,07	–	934,08	1.050,84	–	867,84	976,32	–	803,20	903,60	–	740,08	832,59	–	678,48	763,29	–	618,48	695,79
	V	18.516	115,78	1.481,28	1.666,44																		
	VI	19.047	178,97	1.523,76	1.714,23																		
66.167,99	I	12.535	–	1.002,80	1.128,15	–	868,80	977,40	–	740,96	833,58	–	619,36	696,78	–	503,84	556,82	–	394,56	443,88	–	291,36	327,78
	II	10.939	–	875,12	984,51	–	747,04	840,42	–	625,04	703,17	–	509,28	572,94	–	399,68	449,64	–	296,24	333,27	–	198,96	223,83
	III	7.438	–	595,04	669,42	–	496,16	558,18	–	400,32	450,36	–	307,68	346,14	–	217,92	245,16	–	131,84	148,32	–	58,24	65,52
	IV	12.535	–	1.002,80	1.128,15	–	935,04	1.051,92	–	868,80	977,40	–	804,16	904,68	–	740,96	833,58	–	679,36	764,28	–	619,36	696,78
	V	18.530	117,45	1.482,40	1.667,70																		
	VI	19.061	180,64	1.524,88	1.715,49																		

B) Analog korrigierte Bemessungsgrundlage I

62.400 EUR abzüglich 238,08 EUR — 62.161,92 EUR

Allgemeine Tabelle

Lohn/ Gehalt bis	Steuerklasse	Lohnsteuer	ohne Kinderfreibetrag			Anzahl Kinderfreibeträge (nur Steuerklassen I–IV) 0,5			1,0			1,5			2,0			2,5			3,0		
			SolZ 5,5%	Kirchensteuer 8%	9%	SolZ 5,5%	Kirchensteuer 8%	9%	SolZ 5,5%	Kirchensteuer 8%	9%	SolZ 5,5%	Kirchensteuer 8%	9%	SolZ 5,5%	Kirchensteuer 8%	9%	SolZ 5,5%	Kirchensteuer 8%	9%	SolZ 5,5%	Kirchensteuer 8%	9%
62.135,99	I	11.161	–	892,88	1.004,49	–	763,92	859,41	–	641,12	721,26	–	524,48	590,04	–	414,08	465,84	–	309,76	348,48	–	211,68	238,14
	II	9.625	–	770,00	866,25	–	646,88	727,74	–	530,00	596,25	–	419,28	471,69	–	314,72	354,06	–	216,32	243,36	–	124,08	139,59
	III	6.424	–	513,92	578,16	–	417,60	469,80	–	324,32	364,86	–	234,08	263,34	–	147,04	165,42	–	70,40	79,20	–	9,60	10,80
	IV	11.161	–	892,88	1.004,49	–	827,60	931,05	–	763,92	859,41	–	701,76	789,48	–	641,12	721,26	–	582,08	654,84	–	524,48	590,04
	V	16.994	–	1.359,52	1.529,46																		
	VI	17.525	–	1.402,00	1.577,25																		
62.171,99	I	11.173	–	893,84	1.005,57	–	764,88	860,49	–	642,00	722,25	–	525,36	591,03	–	414,88	466,74	–	310,56	349,38	–	212,40	238,95
	II	9.637	–	770,96	867,33	–	647,76	728,73	–	530,80	597,15	–	420,08	472,59	–	315,44	354,87	–	216,96	244,08	–	124,72	140,31
	III	6.434	–	514,72	579,06	–	418,24	470,52	–	324,96	365,58	–	234,72	264,06	–	147,68	166,14	–	71,04	79,92	–	9,92	11,16
	IV	11.173	–	893,84	1.005,57	–	828,56	932,13	–	764,88	860,49	–	702,64	790,47	–	642,00	722,25	–	582,88	655,74	–	525,36	591,03
	V	17.007	–	1.360,56	1.530,63																		
	VI	17.539	–	1.403,12	1.578,51																		

Finale Ermittlung der Lohnsteuer und Solidaritätszuschlag für den sonstigen Bezug Weihnachtsgeld im Dezember 2022 (Steuerklasse III):

	Lohnsteuer	Solidaritätszuschlag
Korrigierte Bemessungsgrundlage II = 66.131,92 EUR	7.438 EUR	0,00 EUR
Korrigierte Bemessungsgrundlage I = 62.131,92 EUR	6.434 EUR	0,00 EUR
Steuerabzug sonstiger Bezug	**1.004 EUR**	**0,00 EUR**

Besondere Lohnsteuertabelle

Die Besondere Lohnsteuertabelle ist anzuwenden für **nicht sozialversicherungspflichtige Arbeitnehmer** (insbesondere Beamte), die keinen Arbeitnehmeranteil zur gesetzlichen Rentenversicherung zu entrichten haben. Sie erhalten **keinen steuerfreien Arbeitgeberzuschuss**. Zudem wird in der Lohnsteuertabelle als Vorsorgepauschale stets die Mindestvorsorgepauschale angesetzt.

Folglich braucht bei einer Anwendung der Zusatztabelle die in **Spalte 4** ausgewiesene Teilvorsorgepauschale KV/PV **nicht** berücksichtigt zu werden. Bei der Ermittlung des Korrekturbetrags anhand der **Spalte 3** ist zu beachten, dass der dort ausgewiesene Betrag zusätzlich mit der Mindestvorsorgepauschale **abgeglichen** und ggf. korrigiert werden muss. Insoweit sollte die Zusatztabelle lediglich zur groben Ermittlung der Lohnsteuer herangezogen werden.

Zusatztabelle Private bzw. ohne KV

Monat bis 386,999 €

Monats-Arbeitslohn bis	Steuerklasse	Teilvorsorgepauschale KV/PV	Typisierter Arbeitgeberzuschuss
2,99	I, II, IV, V	0,33	0,25
	III	0,33	0,25
5,99	I, II, IV, V	0,66	0,50
	III	0,66	0,50
8,99	I, II, IV, V	1,00	0,83
	III	1,00	0,83
11,99	I, II, IV, V	1,41	1,08
	III	1,41	1,08
14,99	I, II, IV, V	1,75	1,33
	III	1,75	1,33
17,99	I, II, IV, V	2,08	1,66
	III	2,08	1,66
20,99	I, II, IV, V	2,50	1,91
	III	2,50	1,91
23,99	I, II, IV, V	2,83	2,16
	III	2,83	2,16
26,99	I, II, IV, V	3,16	2,50
	III	3,16	2,50
29,99	I, II, IV, V	3,58	2,75
	III	3,58	2,75
32,99	I, II, IV, V	3,91	3,00
	III	3,91	3,00
35,99	I, II, IV, V	4,25	3,33
	III	4,25	3,33
38,99	I, II, IV, V	4,66	3,58
	III	4,66	3,58
41,99	I, II, IV, V	5,00	3,83
	III	5,00	3,83
44,99	I, II, IV, V	5,33	4,16
	III	5,33	4,16
47,99	I, II, IV, V	5,75	4,41
	III	5,75	4,41
50,99	I, II, IV, V	6,08	4,75
	III	6,08	4,75
53,99	I, II, IV, V	6,41	5,00
	III	6,41	5,00
56,99	I, II, IV, V	6,83	5,25
	III	6,83	5,25
59,99	I, II, IV, V	7,16	5,58
	III	7,16	5,58
62,99	I, II, IV, V	7,50	5,83
	III	7,50	5,83
65,99	I, II, IV, V	7,91	6,08
	III	7,91	6,08
68,99	I, II, IV, V	8,25	6,41
	III	8,25	6,41
71,99	I, II, IV, V	8,58	6,66
	III	8,58	6,66
74,99	I, II, IV, V	8,91	6,91
	III	8,91	6,91
77,99	I, II, IV, V	9,33	7,25
	III	9,33	7,25
80,99	I, II, IV, V	9,66	7,50
	III	9,66	7,50
83,99	I, II, IV, V	10,00	7,75
	III	10,00	7,75
86,99	I, II, IV, V	10,41	8,08
	III	10,41	8,08
89,99	I, II, IV, V	10,75	8,33
	III	10,75	8,33
92,99	I, II, IV, V	11,08	8,66
	III	11,08	8,66
95,99	I, II, IV, V	11,50	8,91
	III	11,50	8,91
98,99	I, II, IV, V	11,83	9,16
	III	11,83	9,16
101,99	I, II, IV, V	12,16	9,50
	III	12,16	9,50
104,99	I, II, IV, V	12,58	9,75
	III	12,58	9,75
107,99	I, II, IV, V	12,91	10,00
	III	12,91	10,00
110,99	I, II, IV, V	13,25	10,33
	III	13,25	10,33
113,99	I, II, IV, V	13,66	10,58
	III	13,66	10,58
116,99	I, II, IV, V	14,00	10,83
	III	14,00	10,83
119,99	I, II, IV, V	14,33	11,16
	III	14,33	11,16
122,99	I, II, IV, V	14,75	11,41
	III	14,75	11,41
125,99	I, II, IV, V	15,08	11,66
	III	15,08	11,66
128,99	I, II, IV, V	15,41	12,00
	III	15,41	12,00
131,99	I, II, IV, V	15,83	12,25
	III	15,83	12,25
134,99	I, II, IV, V	16,16	12,58
	III	16,16	12,58
137,99	I, II, IV, V	16,50	12,83
	III	16,50	12,83
140,99	I, II, IV, V	16,91	13,08
	III	16,91	13,08
143,99	I, II, IV, V	17,25	13,41
	III	17,25	13,41
146,99	I, II, IV, V	17,58	13,66
	III	17,58	13,66
149,99	I, II, IV, V	17,91	13,91
	III	17,91	13,91
152,99	I, II, IV, V	18,33	14,25
	III	18,33	14,25
155,99	I, II, IV, V	18,66	14,50
	III	18,66	14,50
158,99	I, II, IV, V	19,00	14,75
	III	19,00	14,75
161,99	I, II, IV, V	19,41	15,08
	III	19,41	15,08
164,99	I, II, IV, V	19,75	15,33
	III	19,75	15,33
167,99	I, II, IV, V	20,08	15,58
	III	20,08	15,58
170,99	I, II, IV, V	20,50	15,91
	III	20,50	15,91
173,99	I, II, IV, V	20,83	16,16
	III	20,83	16,16
176,99	I, II, IV, V	21,16	16,50
	III	21,16	16,50
179,99	I, II, IV, V	21,58	16,75
	III	21,58	16,75
182,99	I, II, IV, V	21,91	17,00
	III	21,91	17,00
185,99	I, II, IV, V	22,25	17,33
	III	22,25	17,33
188,99	I, II, IV, V	22,66	17,58
	III	22,66	17,58
191,99	I, II, IV, V	23,00	17,83
	III	23,00	17,83
194,99	I, II, IV, V	23,33	18,16
	III	23,33	18,16
197,99	I, II, IV, V	23,75	18,41
	III	23,75	18,41
200,99	I, II, IV, V	24,08	18,66
	III	24,08	18,66
203,99	I, II, IV, V	24,41	19,00
	III	24,41	19,00
206,99	I, II, IV, V	24,83	19,25
	III	24,83	19,25
209,99	I, II, IV, V	25,16	19,50
	III	25,16	19,50
212,99	I, II, IV, V	25,50	19,83
	III	25,50	19,83
215,99	I, II, IV, V	25,91	20,08
	III	25,91	20,08
218,99	I, II, IV, V	26,25	20,41
	III	26,25	20,41
221,99	I, II, IV, V	26,58	20,66
	III	26,58	20,66
224,99	I, II, IV, V	26,91	20,91
	III	26,91	20,91
227,99	I, II, IV, V	27,33	21,25
	III	27,33	21,25
230,99	I, II, IV, V	27,66	21,50
	III	27,66	21,50
233,99	I, II, IV, V	28,00	21,75
	III	28,00	21,75
236,99	I, II, IV, V	28,41	22,08
	III	28,41	22,08
239,99	I, II, IV, V	28,75	22,33
	III	28,75	22,33
242,99	I, II, IV, V	29,08	22,58
	III	29,08	22,58
245,99	I, II, IV, V	29,50	22,91
	III	29,50	22,91
248,99	I, II, IV, V	29,83	23,16
	III	29,83	23,16
251,99	I, II, IV, V	30,16	23,41
	III	30,16	23,41
254,99	I, II, IV, V	30,58	23,75
	III	30,58	23,75
257,99	I, II, IV, V	30,91	24,00
	III	30,91	24,00
260,99	I, II, IV, V	31,25	24,33
	III	31,25	24,33
263,99	I, II, IV, V	31,66	24,58
	III	31,66	24,58
266,99	I, II, IV, V	32,00	24,83
	III	32,00	24,83
269,99	I, II, IV, V	32,33	25,16
	III	32,33	25,16
272,99	I, II, IV, V	32,75	25,41
	III	32,75	25,41
275,99	I, II, IV, V	33,08	25,66
	III	33,08	25,66
278,99	I, II, IV, V	33,41	26,00
	III	33,41	26,00
281,99	I, II, IV, V	33,83	26,25
	III	33,83	26,25
284,99	I, II, IV, V	34,16	26,50
	III	34,16	26,50
287,99	I, II, IV, V	34,50	26,83
	III	34,50	26,83
290,99	I, II, IV, V	34,91	27,08
	III	34,91	27,08
293,99	I, II, IV, V	35,25	27,33
	III	35,25	27,33
296,99	I, II, IV, V	35,58	27,66
	III	35,58	27,66
299,99	I, II, IV, V	35,91	27,91
	III	35,91	27,91
302,99	I, II, IV, V	36,33	28,25
	III	36,33	28,25
305,99	I, II, IV, V	36,66	28,50
	III	36,66	28,50
308,99	I, II, IV, V	37,00	28,75
	III	37,00	28,75
311,99	I, II, IV, V	37,41	29,08
	III	37,41	29,08
314,99	I, II, IV, V	37,75	29,33
	III	37,75	29,33
317,99	I, II, IV, V	38,08	29,58
	III	38,08	29,58
320,99	I, II, IV, V	38,50	29,91
	III	38,50	29,91
323,99	I, II, IV, V	38,83	30,16
	III	38,83	30,16
326,99	I, II, IV, V	39,16	30,41
	III	39,16	30,41
329,99	I, II, IV, V	39,58	30,75
	III	39,58	30,75
332,99	I, II, IV, V	39,91	31,00
	III	39,91	31,00
335,99	I, II, IV, V	40,25	31,25
	III	40,25	31,25
338,99	I, II, IV, V	40,66	31,58
	III	40,66	31,58
341,99	I, II, IV, V	41,00	31,83
	III	41,00	31,83
344,99	I, II, IV, V	41,33	32,16
	III	41,33	32,16
347,99	I, II, IV, V	41,75	32,41
	III	41,75	32,41
350,99	I, II, IV, V	42,08	32,66
	III	42,08	32,66
353,99	I, II, IV, V	42,41	33,00
	III	42,41	33,00
356,99	I, II, IV, V	42,83	33,25
	III	42,83	33,25
359,99	I, II, IV, V	43,16	33,50
	III	43,16	33,50
362,99	I, II, IV, V	43,50	33,83
	III	43,50	33,83
365,99	I, II, IV, V	43,91	34,08
	III	43,91	34,08
368,99	I, II, IV, V	44,25	34,33
	III	44,25	34,33
371,99	I, II, IV, V	44,58	34,66
	III	44,58	34,66
374,99	I, II, IV, V	44,91	34,91
	III	44,91	34,91
377,99	I, II, IV, V	45,33	35,16
	III	45,33	35,16
380,99	I, II, IV, V	45,66	35,50
	III	45,66	35,50
383,99	I, II, IV, V	46,00	35,75
	III	46,00	35,75
386,99	I, II, IV, V	46,41	36,08
	III	46,41	36,08

Monats-Arbeitslohn bis	Steuer-klasse	Teilvorsorge-pauschale KV/PV	Typisierter Arbeitgeber-zuschuss
389,99	I, II, IV, V III	46,75 46,75	36,33 36,33
392,99	I, II, IV, V III	47,08 47,08	36,58 36,58
395,99	I, II, IV, V III	47,50 47,50	36,91 36,91
398,99	I, II, IV, V III	47,83 47,83	37,16 37,16
401,99	I, II, IV, V III	48,16 48,16	37,41 37,41
404,99	I, II, IV, V III	48,58 48,58	37,75 37,75
407,99	I, II, IV, V III	48,91 48,91	38,00 38,00
410,99	I, II, IV, V III	49,25 49,25	38,25 38,25
413,99	I, II, IV, V III	49,66 49,66	38,58 38,58
416,99	I, II, IV, V III	50,00 50,00	38,83 38,83
419,99	I, II, IV, V III	50,33 50,33	39,08 39,08
422,99	I, II, IV, V III	50,75 50,75	39,41 39,41
425,99	I, II, IV, V III	51,08 51,08	39,66 39,66
428,99	I, II, IV, V III	51,41 51,41	40,00 40,00
431,99	I, II, IV, V III	51,83 51,83	40,25 40,25
434,99	I, II, IV, V III	52,16 52,16	40,50 40,50
437,99	I, II, IV, V III	52,50 52,50	40,83 40,83
440,99	I, II, IV, V III	52,91 52,91	41,08 41,08
443,99	I, II, IV, V III	53,25 53,25	41,33 41,33
446,99	I, II, IV, V III	53,58 53,58	41,66 41,66
449,99	I, II, IV, V III	53,91 53,91	41,91 41,91
452,99	I, II, IV, V III	54,33 54,33	42,16 42,16
455,99	I, II, IV, V III	54,66 54,66	42,50 42,50
458,99	I, II, IV, V III	55,00 55,00	42,75 42,75
461,99	I, II, IV, V III	55,41 55,41	43,00 43,00
464,99	I, II, IV, V III	55,75 55,75	43,33 43,33
467,99	I, II, IV, V III	56,08 56,08	43,58 43,58
470,99	I, II, IV, V III	56,50 56,50	43,91 43,91
473,99	I, II, IV, V III	56,83 56,83	44,16 44,16
476,99	I, II, IV, V III	57,16 57,16	44,41 44,41
479,99	I, II, IV, V III	57,58 57,58	44,75 44,75
482,99	I, II, IV, V III	57,91 57,91	45,00 45,00
485,99	I, II, IV, V III	58,25 58,25	45,25 45,25
488,99	I, II, IV, V III	58,66 58,66	45,58 45,58
491,99	I, II, IV, V III	59,00 59,00	45,83 45,83
494,99	I, II, IV, V III	59,33 59,33	46,08 46,08
497,99	I, II, IV, V III	59,75 59,75	46,41 46,41
500,99	I, II, IV, V III	60,08 60,08	46,66 46,66
503,99	I, II, IV, V III	60,41 60,41	46,91 46,91
506,99	I, II, IV, V III	60,83 60,83	47,25 47,25
509,99	I, II, IV, V III	61,16 61,16	47,50 47,50
512,99	I, II, IV, V III	61,50 61,50	47,83 47,83
515,99	I, II, IV, V III	61,91 61,91	48,08 48,08

Monats-Arbeitslohn bis	Steuer-klasse	Teilvorsorge-pauschale KV/PV	Typisierter Arbeitgeber-zuschuss
518,99	I, II, IV, V III	62,25 62,25	48,33 48,33
521,99	I, II, IV, V III	62,58 62,58	48,66 48,66
524,99	I, II, IV, V III	62,91 62,91	48,91 48,91
527,99	I, II, IV, V III	63,33 63,33	49,16 49,16
530,99	I, II, IV, V III	63,66 63,66	49,50 49,50
533,99	I, II, IV, V III	64,00 64,00	49,75 49,75
536,99	I, II, IV, V III	64,41 64,41	50,00 50,00
539,99	I, II, IV, V III	64,75 64,75	50,33 50,33
542,99	I, II, IV, V III	65,08 65,08	50,58 50,58
545,99	I, II, IV, V III	65,50 65,50	50,83 50,83
548,99	I, II, IV, V III	65,83 65,83	51,16 51,16
551,99	I, II, IV, V III	66,16 66,16	51,41 51,41
554,99	I, II, IV, V III	66,58 66,58	51,75 51,75
557,99	I, II, IV, V III	66,91 66,91	52,00 52,00
560,99	I, II, IV, V III	67,25 67,25	52,25 52,25
563,99	I, II, IV, V III	67,66 67,66	52,58 52,58
566,99	I, II, IV, V III	68,00 68,00	52,83 52,83
569,99	I, II, IV, V III	68,33 68,33	53,08 53,08
572,99	I, II, IV, V III	68,75 68,75	53,41 53,41
575,99	I, II, IV, V III	69,08 69,08	53,66 53,66
578,99	I, II, IV, V III	69,41 69,41	53,91 53,91
581,99	I, II, IV, V III	69,83 69,83	54,25 54,25
584,99	I, II, IV, V III	70,16 70,16	54,50 54,50
587,99	I, II, IV, V III	70,50 70,50	54,75 54,75
590,99	I, II, IV, V III	70,91 70,91	55,08 55,08
593,99	I, II, IV, V III	71,25 71,25	55,33 55,33
596,99	I, II, IV, V III	71,58 71,58	55,66 55,66
599,99	I, II, IV, V III	71,91 71,91	55,91 55,91
602,99	I, II, IV, V III	72,33 72,33	56,16 56,16
605,99	I, II, IV, V III	72,66 72,66	56,50 56,50
608,99	I, II, IV, V III	73,00 73,00	56,75 56,75
611,99	I, II, IV, V III	73,41 73,41	57,00 57,00
614,99	I, II, IV, V III	73,75 73,75	57,33 57,33
617,99	I, II, IV, V III	74,08 74,08	57,58 57,58
620,99	I, II, IV, V III	74,50 74,50	57,83 57,83
623,99	I, II, IV, V III	74,83 74,83	58,16 58,16
626,99	I, II, IV, V III	75,16 75,16	58,41 58,41
629,99	I, II, IV, V III	75,58 75,58	58,66 58,66
632,99	I, II, IV, V III	75,91 75,91	59,00 59,00
635,99	I, II, IV, V III	76,25 76,25	59,25 59,25
638,99	I, II, IV, V III	76,66 76,66	59,58 59,58
641,99	I, II, IV, V III	77,00 77,00	59,83 59,83
644,99	I, II, IV, V III	77,33 77,33	60,08 60,08

Monats-Arbeitslohn bis	Steuer-klasse	Teilvorsorge-pauschale KV/PV	Typisierter Arbeitgeber-zuschuss
647,99	I, II, IV, V III	77,75 77,75	60,41 60,41
650,99	I, II, IV, V III	78,08 78,08	60,66 60,66
653,99	I, II, IV, V III	78,41 78,41	60,91 60,91
656,99	I, II, IV, V III	78,83 78,83	61,25 61,25
659,99	I, II, IV, V III	79,16 79,16	61,50 61,50
662,99	I, II, IV, V III	79,50 79,50	61,75 61,75
665,99	I, II, IV, V III	79,91 79,91	62,08 62,08
668,99	I, II, IV, V III	80,25 80,25	62,33 62,33
671,99	I, II, IV, V III	80,58 80,58	62,58 62,58
674,99	I, II, IV, V III	80,91 80,91	62,91 62,91
677,99	I, II, IV, V III	81,33 81,33	63,16 63,16
680,99	I, II, IV, V III	81,66 81,66	63,50 63,50
683,99	I, II, IV, V III	82,00 82,00	63,75 63,75
686,99	I, II, IV, V III	82,41 82,41	64,00 64,00
689,99	I, II, IV, V III	82,75 82,75	64,33 64,33
692,99	I, II, IV, V III	83,08 83,08	64,58 64,58
695,99	I, II, IV, V III	83,50 83,50	64,83 64,83
698,99	I, II, IV, V III	83,83 83,83	65,16 65,16
701,99	I, II, IV, V III	84,16 84,16	65,41 65,41
704,99	I, II, IV, V III	84,58 84,58	65,66 65,66
707,99	I, II, IV, V III	84,91 84,91	66,00 66,00
710,99	I, II, IV, V III	85,25 85,25	66,25 66,25
713,99	I, II, IV, V III	85,66 85,66	66,50 66,50
716,99	I, II, IV, V III	86,00 86,00	66,83 66,83
719,99	I, II, IV, V III	86,33 86,33	67,08 67,08
722,99	I, II, IV, V III	86,75 86,75	67,41 67,41
725,99	I, II, IV, V III	87,08 87,08	67,66 67,66
728,99	I, II, IV, V III	87,41 87,41	67,91 67,91
731,99	I, II, IV, V III	87,83 87,83	68,25 68,25
734,99	I, II, IV, V III	88,16 88,16	68,50 68,50
737,99	I, II, IV, V III	88,50 88,50	68,75 68,75
740,99	I, II, IV, V III	88,91 88,91	69,08 69,08
743,99	I, II, IV, V III	89,25 89,25	69,33 69,33
746,99	I, II, IV, V III	89,58 89,58	69,58 69,58
749,99	I, II, IV, V III	89,91 89,91	69,91 69,91
752,99	I, II, IV, V III	90,33 90,33	70,16 70,16
755,99	I, II, IV, V III	90,66 90,66	70,41 70,41
758,99	I, II, IV, V III	91,00 91,00	70,75 70,75
761,99	I, II, IV, V III	91,41 91,41	71,00 71,00
764,99	I, II, IV, V III	91,75 91,75	71,33 71,33
767,99	I, II, IV, V III	92,08 92,08	71,58 71,58
770,99	I, II, IV, V III	92,50 92,50	71,83 71,83
773,99	I, II, IV, V III	92,83 92,83	72,16 72,16

Zusatztabelle Private bzw. ohne KV

Monat bis 1.160,99 €

Monats-Arbeitslohn bis	Steuer-klasse	Teilvorsorge-pauschale KV/PV	Typisierter Arbeitgeber-zuschuss
776,99	I, II, IV, V III	93,16 93,16	72,41 72,41
779,99	I, II, IV, V III	93,58 93,58	72,66 72,66
782,99	I, II, IV, V III	93,91 93,91	73,00 73,00
785,99	I, II, IV, V III	94,25 94,25	73,25 73,25
788,99	I, II, IV, V III	94,66 94,66	73,50 73,50
791,99	I, II, IV, V III	95,00 95,00	73,83 73,83
794,99	I, II, IV, V III	95,33 95,33	74,08 74,08
797,99	I, II, IV, V III	95,75 95,75	74,33 74,33
800,99	I, II, IV, V III	96,08 96,08	74,66 74,66
803,99	I, II, IV, V III	96,41 96,41	74,91 74,91
806,99	I, II, IV, V III	96,83 96,83	75,25 75,25
809,99	I, II, IV, V III	97,16 97,16	75,50 75,50
812,99	I, II, IV, V III	97,50 97,50	75,75 75,75
815,99	I, II, IV, V III	97,91 97,91	76,08 76,08
818,99	I, II, IV, V III	98,25 98,25	76,33 76,33
821,99	I, II, IV, V III	98,58 98,58	76,58 76,58
824,99	I, II, IV, V III	98,91 98,91	76,91 76,91
827,99	I, II, IV, V III	99,33 99,33	77,16 77,16
830,99	I, II, IV, V III	99,66 99,66	77,41 77,41
833,99	I, II, IV, V III	100,00 100,00	77,75 77,75
836,99	I, II, IV, V III	100,41 100,41	78,00 78,00
839,99	I, II, IV, V III	100,75 100,75	78,25 78,25
842,99	I, II, IV, V III	101,08 101,08	78,58 78,58
845,99	I, II, IV, V III	101,50 101,50	78,83 78,83
848,99	I, II, IV, V III	101,83 101,83	79,16 79,16
851,99	I, II, IV, V III	102,16 102,16	79,41 79,41
854,99	I, II, IV, V III	102,58 102,58	79,66 79,66
857,99	I, II, IV, V III	102,91 102,91	80,00 80,00
860,99	I, II, IV, V III	103,25 103,25	80,25 80,25
863,99	I, II, IV, V III	103,66 103,66	80,50 80,50
866,99	I, II, IV, V III	104,00 104,00	80,83 80,83
869,99	I, II, IV, V III	104,33 104,33	81,08 81,08
872,99	I, II, IV, V III	104,75 104,75	81,33 81,33
875,99	I, II, IV, V III	105,08 105,08	81,66 81,66
878,99	I, II, IV, V III	105,41 105,41	81,91 81,91
881,99	I, II, IV, V III	105,83 105,83	82,16 82,16
884,99	I, II, IV, V III	106,16 106,16	82,50 82,50
887,99	I, II, IV, V III	106,50 106,50	82,75 82,75
890,99	I, II, IV, V III	106,91 106,91	83,08 83,08
893,99	I, II, IV, V III	107,25 107,25	83,33 83,33
896,99	I, II, IV, V III	107,58 107,58	83,58 83,58
899,99	I, II, IV, V III	107,91 107,91	83,91 83,91
902,99	I, II, IV, V III	108,33 108,33	84,16 84,16
905,99	I, II, IV, V III	108,66 108,66	84,41 84,41
908,99	I, II, IV, V III	109,00 109,00	84,75 84,75
911,99	I, II, IV, V III	109,41 109,41	85,00 85,00
914,99	I, II, IV, V III	109,75 109,75	85,25 85,25
917,99	I, II, IV, V III	110,08 110,08	85,58 85,58
920,99	I, II, IV, V III	110,50 110,50	85,83 85,83
923,99	I, II, IV, V III	110,83 110,83	86,08 86,08
926,99	I, II, IV, V III	111,16 111,16	86,41 86,41
929,99	I, II, IV, V III	111,58 111,58	86,66 86,66
932,99	I, II, IV, V III	111,91 111,91	87,00 87,00
935,99	I, II, IV, V III	112,25 112,25	87,25 87,25
938,99	I, II, IV, V III	112,66 112,66	87,50 87,50
941,99	I, II, IV, V III	113,00 113,00	87,83 87,83
944,99	I, II, IV, V III	113,33 113,33	88,08 88,08
947,99	I, II, IV, V III	113,75 113,75	88,33 88,33
950,99	I, II, IV, V III	114,08 114,08	88,66 88,66
953,99	I, II, IV, V III	114,41 114,41	88,91 88,91
956,99	I, II, IV, V III	114,83 114,83	89,16 89,16
959,99	I, II, IV, V III	115,16 115,16	89,50 89,50
962,99	I, II, IV, V III	115,50 115,50	89,75 89,75
965,99	I, II, IV, V III	115,91 115,91	90,00 90,00
968,99	I, II, IV, V III	116,25 116,25	90,33 90,33
971,99	I, II, IV, V III	116,58 116,58	90,58 90,58
974,99	I, II, IV, V III	116,91 116,91	90,91 90,91
977,99	I, II, IV, V III	117,33 117,33	91,16 91,16
980,99	I, II, IV, V III	117,66 117,66	91,41 91,41
983,99	I, II, IV, V III	118,00 118,00	91,75 91,75
986,99	I, II, IV, V III	118,41 118,41	92,00 92,00
989,99	I, II, IV, V III	118,75 118,75	92,25 92,25
992,99	I, II, IV, V III	119,08 119,08	92,58 92,58
995,99	I, II, IV, V III	119,50 119,50	92,83 92,83
998,99	I, II, IV, V III	119,83 119,83	93,08 93,08
1.001,99	I, II, IV, V III	120,16 120,16	93,41 93,41
1.004,99	I, II, IV, V III	120,58 120,58	93,66 93,66
1.007,99	I, II, IV, V III	120,91 120,91	93,91 93,91
1.010,99	I, II, IV, V III	121,25 121,25	94,25 94,25
1.013,99	I, II, IV, V III	121,66 121,66	94,50 94,50
1.016,99	I, II, IV, V III	122,00 122,00	94,83 94,83
1.019,99	I, II, IV, V III	122,33 122,33	95,08 95,08
1.022,99	I, II, IV, V III	122,75 122,75	95,33 95,33
1.025,99	I, II, IV, V III	123,08 123,08	95,66 95,66
1.028,99	I, II, IV, V III	123,41 123,41	95,91 95,91
1.031,99	I, II, IV, V III	123,83 123,83	96,16 96,16
1.034,99	I, II, IV, V III	124,16 124,16	96,50 96,50
1.037,99	I, II, IV, V III	124,50 124,50	96,75 96,75
1.040,99	I, II, IV, V III	124,91 124,91	97,00 97,00
1.043,99	I, II, IV, V III	125,25 125,25	97,33 97,33
1.046,99	I, II, IV, V III	125,58 125,58	97,58 97,58
1.049,99	I, II, IV, V III	125,91 125,91	97,83 97,83
1.052,99	I, II, IV, V III	126,33 126,33	98,16 98,16
1.055,99	I, II, IV, V III	126,66 126,66	98,41 98,41
1.058,99	I, II, IV, V III	127,00 127,00	98,75 98,75
1.061,99	I, II, IV, V III	127,41 127,41	99,00 99,00
1.064,99	I, II, IV, V III	127,75 127,75	99,25 99,25
1.067,99	I, II, IV, V III	128,08 128,08	99,58 99,58
1.070,99	I, II, IV, V III	128,50 128,50	99,83 99,83
1.073,99	I, II, IV, V III	128,83 128,83	100,08 100,08
1.076,99	I, II, IV, V III	129,16 129,16	100,41 100,41
1.079,99	I, II, IV, V III	129,58 129,58	100,66 100,66
1.082,99	I, II, IV, V III	129,91 129,91	100,91 100,91
1.085,99	I, II, IV, V III	130,25 130,25	101,25 101,25
1.088,99	I, II, IV, V III	130,66 130,66	101,50 101,50
1.091,99	I, II, IV, V III	131,00 131,00	101,75 101,75
1.094,99	I, II, IV, V III	131,33 131,33	102,08 102,08
1.097,99	I, II, IV, V III	131,75 131,75	102,33 102,33
1.100,99	I, II, IV, V III	132,08 132,08	102,66 102,66
1.103,99	I, II, IV, V III	132,41 132,41	102,91 102,91
1.106,99	I, II, IV, V III	132,83 132,83	103,16 103,16
1.109,99	I, II, IV, V III	133,16 133,16	103,50 103,50
1.112,99	I, II, IV, V III	133,50 133,50	103,75 103,75
1.115,99	I, II, IV, V III	133,91 133,91	104,00 104,00
1.118,99	I, II, IV, V III	134,25 134,25	104,33 104,33
1.121,99	I, II, IV, V III	134,58 134,58	104,58 104,58
1.124,99	I, II, IV, V III	134,91 134,91	104,83 104,83
1.127,99	I, II, IV, V III	135,33 135,33	105,16 105,16
1.130,99	I, II, IV, V III	135,66 135,66	105,41 105,41
1.133,99	I, II, IV, V III	136,00 136,00	105,66 105,66
1.136,99	I, II, IV, V III	136,41 136,41	106,00 106,00
1.139,99	I, II, IV, V III	136,75 136,75	106,25 106,25
1.142,99	I, II, IV, V III	137,08 137,08	106,58 106,58
1.145,99	I, II, IV, V III	137,50 137,50	106,83 106,83
1.148,99	I, II, IV, V III	137,83 137,83	107,08 107,08
1.151,99	I, II, IV, V III	138,16 138,16	107,41 107,41
1.154,99	I, II, IV, V III	138,58 138,58	107,66 107,66
1.157,99	I, II, IV, V III	138,91 138,91	107,91 107,91
1.160,99	I, II, IV, V III	139,25 139,25	108,25 108,25

Monats-Arbeitslohn bis	Steuer-klasse	Teilvorsorge-pauschale KV/PV	Typisierter Arbeitgeber-zuschuss
1.163,99	I, II, IV, V	139,66	108,50
	III	139,66	108,50
1.166,99	I, II, IV, V	140,00	108,75
	III	140,00	108,75
1.169,99	I, II, IV, V	140,33	109,08
	III	140,33	109,08
1.172,99	I, II, IV, V	140,75	109,33
	III	140,75	109,33
1.175,99	I, II, IV, V	141,08	109,58
	III	141,08	109,58
1.178,99	I, II, IV, V	141,41	109,91
	III	141,41	109,91
1.181,99	I, II, IV, V	141,83	110,16
	III	141,83	110,16
1.184,99	I, II, IV, V	142,16	110,50
	III	142,16	110,50
1.187,99	I, II, IV, V	142,50	110,75
	III	142,50	110,75
1.190,99	I, II, IV, V	142,91	111,00
	III	142,91	111,00
1.193,99	I, II, IV, V	143,25	111,33
	III	143,25	111,33
1.196,99	I, II, IV, V	143,58	111,58
	III	143,58	111,58
1.199,99	I, II, IV, V	143,91	111,83
	III	143,91	111,83
1.202,99	I, II, IV, V	144,33	112,16
	III	144,33	112,16
1.205,99	I, II, IV, V	144,66	112,41
	III	144,66	112,41
1.208,99	I, II, IV, V	145,00	112,66
	III	145,00	112,66
1.211,99	I, II, IV, V	145,41	113,00
	III	145,41	113,00
1.214,99	I, II, IV, V	145,75	113,25
	III	145,75	113,25
1.217,99	I, II, IV, V	146,08	113,50
	III	146,08	113,50
1.220,99	I, II, IV, V	146,50	113,83
	III	146,50	113,83
1.223,99	I, II, IV, V	146,83	114,08
	III	146,83	114,08
1.226,99	I, II, IV, V	147,16	114,41
	III	147,16	114,41
1.229,99	I, II, IV, V	147,58	114,66
	III	147,58	114,66
1.232,99	I, II, IV, V	147,91	114,91
	III	147,91	114,91
1.235,99	I, II, IV, V	148,25	115,25
	III	148,25	115,25
1.238,99	I, II, IV, V	148,66	115,50
	III	148,66	115,50
1.241,99	I, II, IV, V	149,00	115,75
	III	149,00	115,75
1.244,99	I, II, IV, V	149,33	116,08
	III	149,33	116,08
1.247,99	I, II, IV, V	149,75	116,33
	III	149,75	116,33
1.250,99	I, II, IV, V	150,08	116,58
	III	150,08	116,58
1.253,99	I, II, IV, V	150,41	116,91
	III	150,41	116,91
1.256,99	I, II, IV, V	150,83	117,16
	III	150,83	117,16
1.259,99	I, II, IV, V	151,16	117,41
	III	151,16	117,41
1.262,99	I, II, IV, V	151,50	117,75
	III	151,50	117,75
1.265,99	I, II, IV, V	151,91	118,00
	III	151,91	118,00
1.268,99	I, II, IV, V	152,25	118,33
	III	152,25	118,33
1.271,99	I, II, IV, V	152,58	118,58
	III	152,58	118,58
1.274,99	I, II, IV, V	152,91	118,83
	III	152,91	118,83
1.277,99	I, II, IV, V	153,33	119,16
	III	153,33	119,16
1.280,99	I, II, IV, V	153,66	119,41
	III	153,66	119,41
1.283,99	I, II, IV, V	154,00	119,66
	III	154,00	119,66
1.286,99	I, II, IV, V	154,41	120,00
	III	154,41	120,00
1.289,99	I, II, IV, V	154,75	120,25
	III	154,75	120,25

Monats-Arbeitslohn bis	Steuer-klasse	Teilvorsorge-pauschale KV/PV	Typisierter Arbeitgeber-zuschuss
1.292,99	I, II, IV, V	155,08	120,50
	III	155,08	120,50
1.295,99	I, II, IV, V	155,50	120,83
	III	155,50	120,83
1.298,99	I, II, IV, V	155,83	121,08
	III	155,83	121,08
1.301,99	I, II, IV, V	156,16	121,33
	III	156,16	121,33
1.304,99	I, II, IV, V	156,58	121,66
	III	156,58	121,66
1.307,99	I, II, IV, V	156,91	121,91
	III	156,91	121,91
1.310,99	I, II, IV, V	157,25	122,25
	III	157,25	122,25
1.313,99	I, II, IV, V	157,66	122,50
	III	157,66	122,50
1.316,99	I, II, IV, V	158,00	122,75
	III	158,00	122,75
1.319,99	I, II, IV, V	158,33	123,08
	III	158,33	123,08
1.322,99	I, II, IV, V	158,33	123,33
	III	158,75	123,33
1.325,99	I, II, IV, V	158,33	123,58
	III	159,08	123,58
1.328,99	I, II, IV, V	158,33	123,91
	III	159,41	123,91
1.331,99	I, II, IV, V	158,33	124,16
	III	159,83	124,16
1.334,99	I, II, IV, V	158,33	124,41
	III	160,16	124,41
1.337,99	I, II, IV, V	158,33	124,75
	III	160,50	124,75
1.340,99	I, II, IV, V	158,33	125,00
	III	160,91	125,00
1.343,99	I, II, IV, V	158,33	125,25
	III	161,25	125,25
1.346,99	I, II, IV, V	158,33	125,58
	III	161,58	125,58
1.349,99	I, II, IV, V	158,33	125,83
	III	161,91	125,83
1.352,99	I, II, IV, V	158,33	126,16
	III	162,33	126,16
1.355,99	I, II, IV, V	158,33	126,41
	III	162,66	126,41
1.358,99	I, II, IV, V	158,33	126,66
	III	163,00	126,66
1.361,99	I, II, IV, V	158,33	127,00
	III	163,41	127,00
1.364,99	I, II, IV, V	158,33	127,25
	III	163,75	127,25
1.367,99	I, II, IV, V	158,33	127,50
	III	164,08	127,50
1.370,99	I, II, IV, V	158,33	127,83
	III	164,50	127,83
1.373,99	I, II, IV, V	158,33	128,08
	III	164,83	128,08
1.376,99	I, II, IV, V	158,33	128,33
	III	165,16	128,33
1.379,99	I, II, IV, V	158,33	128,66
	III	165,58	128,66
1.382,99	I, II, IV, V	158,33	128,91
	III	165,91	128,91
1.385,99	I, II, IV, V	158,33	129,16
	III	166,25	129,16
1.388,99	I, II, IV, V	158,33	129,50
	III	166,66	129,50
1.391,99	I, II, IV, V	158,33	129,75
	III	167,00	129,75
1.394,99	I, II, IV, V	158,33	130,08
	III	167,33	130,08
1.397,99	I, II, IV, V	158,33	130,33
	III	167,75	130,33
1.400,99	I, II, IV, V	158,33	130,58
	III	168,08	130,58
1.403,99	I, II, IV, V	158,33	130,91
	III	168,41	130,91
1.406,99	I, II, IV, V	158,33	131,16
	III	168,83	131,16
1.409,99	I, II, IV, V	158,33	131,41
	III	169,16	131,41
1.412,99	I, II, IV, V	158,33	131,75
	III	169,50	131,75
1.415,99	I, II, IV, V	158,33	132,00
	III	169,91	132,00
1.418,99	I, II, IV, V	158,33	132,25
	III	170,25	132,25

Monats-Arbeitslohn bis	Steuer-klasse	Teilvorsorge-pauschale KV/PV	Typisierter Arbeitgeber-zuschuss
1.421,99	I, II, IV, V	158,33	132,58
	III	170,58	132,58
1.424,99	I, II, IV, V	158,33	132,83
	III	170,91	132,83
1.427,99	I, II, IV, V	158,33	133,08
	III	171,33	133,08
1.430,99	I, II, IV, V	158,33	133,41
	III	171,66	133,41
1.433,99	I, II, IV, V	158,33	133,66
	III	172,00	133,66
1.436,99	I, II, IV, V	158,33	134,00
	III	172,41	134,00
1.439,99	I, II, IV, V	158,33	134,25
	III	172,75	134,25
1.442,99	I, II, IV, V	158,33	134,50
	III	173,08	134,50
1.445,99	I, II, IV, V	158,33	134,83
	III	173,50	134,83
1.448,99	I, II, IV, V	158,33	135,08
	III	173,83	135,08
1.451,99	I, II, IV, V	158,33	135,33
	III	174,16	135,33
1.454,99	I, II, IV, V	158,33	135,66
	III	174,58	135,66
1.457,99	I, II, IV, V	158,33	135,91
	III	174,91	135,91
1.460,99	I, II, IV, V	158,33	136,16
	III	175,25	136,16
1.463,99	I, II, IV, V	158,33	136,50
	III	175,66	136,50
1.466,99	I, II, IV, V	158,33	136,75
	III	176,00	136,75
1.469,99	I, II, IV, V	158,33	137,00
	III	176,33	137,00
1.472,99	I, II, IV, V	158,33	137,33
	III	176,75	137,33
1.475,99	I, II, IV, V	158,33	137,58
	III	177,08	137,58
1.478,99	I, II, IV, V	158,33	137,91
	III	177,41	137,91
1.481,99	I, II, IV, V	158,33	138,16
	III	177,83	138,16
1.484,99	I, II, IV, V	158,33	138,41
	III	178,16	138,41
1.487,99	I, II, IV, V	158,33	138,75
	III	178,50	138,75
1.490,99	I, II, IV, V	158,33	139,00
	III	178,91	139,00
1.493,99	I, II, IV, V	158,33	139,25
	III	179,25	139,25
1.496,99	I, II, IV, V	158,33	139,58
	III	179,58	139,58
1.499,99	I, II, IV, V	158,33	139,83
	III	179,91	139,83
1.502,99	I, II, IV, V	158,33	140,08
	III	180,33	140,08
1.505,99	I, II, IV, V	158,33	140,41
	III	180,66	140,41
1.508,99	I, II, IV, V	158,33	140,66
	III	181,00	140,66
1.511,99	I, II, IV, V	158,33	140,91
	III	181,41	140,91
1.514,99	I, II, IV, V	158,33	141,25
	III	181,75	141,25
1.517,99	I, II, IV, V	158,33	141,50
	III	182,08	141,50
1.520,99	I, II, IV, V	158,33	141,75
	III	182,50	141,75
1.523,99	I, II, IV, V	158,33	142,08
	III	182,83	142,08
1.526,99	I, II, IV, V	158,33	142,33
	III	183,16	142,33
1.529,99	I, II, IV, V	158,33	142,66
	III	183,58	142,66
1.532,99	I, II, IV, V	158,33	142,91
	III	183,91	142,91
1.535,99	I, II, IV, V	158,33	143,16
	III	184,25	143,16
1.538,99	I, II, IV, V	158,33	143,50
	III	184,66	143,50
1.541,99	I, II, IV, V	158,33	143,75
	III	185,00	143,75
1.544,99	I, II, IV, V	158,33	144,00
	III	185,33	144,00
1.547,99	I, II, IV, V	158,33	144,33
	III	185,75	144,33

Monats-Arbeitslohn bis	Steuerklasse	Teilvorsorgepauschale KV/PV	Typisierter Arbeitgeberzuschuss
1.550,99	I, II, IV, V III	158,33 186,08	144,58 144,58
1.553,99	I, II, IV, V III	158,33 186,41	144,83 144,83
1.556,99	I, II, IV, V III	158,33 186,83	145,16 145,16
1.559,99	I, II, IV, V III	158,33 187,16	145,41 145,41
1.562,99	I, II, IV, V III	158,33 187,50	145,66 145,66
1.565,99	I, II, IV, V III	158,33 187,91	146,00 146,00
1.568,99	I, II, IV, V III	158,33 188,25	146,25 146,25
1.571,99	I, II, IV, V III	158,33 188,58	146,58 146,58
1.574,99	I, II, IV, V III	158,33 188,91	146,83 146,83
1.577,99	I, II, IV, V III	158,33 189,33	147,08 147,08
1.580,99	I, II, IV, V III	158,33 189,66	147,41 147,41
1.583,99	I, II, IV, V III	158,33 190,00	147,66 147,66
1.586,99	I, II, IV, V III	158,33 190,41	147,91 147,91
1.589,99	I, II, IV, V III	158,33 190,75	148,25 148,25
1.592,99	I, II, IV, V III	158,33 191,08	148,50 148,50
1.595,99	I, II, IV, V III	158,33 191,50	148,75 148,75
1.598,99	I, II, IV, V III	158,33 191,83	149,08 149,08
1.601,99	I, II, IV, V III	158,33 192,16	149,33 149,33
1.604,99	I, II, IV, V III	158,33 192,58	149,58 149,58
1.607,99	I, II, IV, V III	158,33 192,91	149,91 149,91
1.610,99	I, II, IV, V III	158,33 193,25	150,16 150,16
1.613,99	I, II, IV, V III	158,33 193,66	150,50 150,50
1.616,99	I, II, IV, V III	158,33 194,00	150,75 150,75
1.619,99	I, II, IV, V III	158,33 194,33	151,00 151,00
1.622,99	I, II, IV, V III	158,33 194,75	151,33 151,33
1.625,99	I, II, IV, V III	158,33 195,08	151,58 151,58
1.628,99	I, II, IV, V III	158,33 195,41	151,83 151,83
1.631,99	I, II, IV, V III	158,33 195,83	152,16 152,16
1.634,99	I, II, IV, V III	158,33 196,16	152,41 152,41
1.637,99	I, II, IV, V III	158,33 196,50	152,66 152,66
1.640,99	I, II, IV, V III	158,33 196,91	153,00 153,00
1.643,99	I, II, IV, V III	158,33 197,25	153,25 153,25
1.646,99	I, II, IV, V III	158,33 197,58	153,50 153,50
1.649,99	I, II, IV, V III	158,33 197,91	153,83 153,83
1.652,99	I, II, IV, V III	158,33 198,33	154,08 154,08
1.655,99	I, II, IV, V III	158,33 198,66	154,41 154,41
1.658,99	I, II, IV, V III	158,33 199,00	154,66 154,66
1.661,99	I, II, IV, V III	158,33 199,41	154,91 154,91
1.664,99	I, II, IV, V III	158,33 199,75	155,25 155,25
1.667,99	I, II, IV, V III	158,33 200,08	155,50 155,50
1.670,99	I, II, IV, V III	158,33 200,50	155,75 155,75
1.673,99	I, II, IV, V III	158,33 200,83	156,08 156,08
1.676,99	I, II, IV, V III	158,33 201,16	156,33 156,33
1.679,99	I, II, IV, V III	158,33 201,58	156,58 156,58
1.682,99	I, II, IV, V III	158,33 201,91	156,91 156,91
1.685,99	I, II, IV, V III	158,33 202,25	157,16 157,16
1.688,99	I, II, IV, V III	158,33 202,66	157,41 157,41
1.691,99	I, II, IV, V III	158,33 203,00	157,75 157,75
1.694,99	I, II, IV, V III	158,33 203,33	158,00 158,00
1.697,99	I, II, IV, V III	158,33 203,75	158,33 158,33
1.700,99	I, II, IV, V III	158,58 204,08	158,58 158,58
1.703,99	I, II, IV, V III	158,83 204,41	158,83 158,83
1.706,99	I, II, IV, V III	159,16 204,83	159,16 159,16
1.709,99	I, II, IV, V III	159,41 205,16	159,41 159,41
1.712,99	I, II, IV, V III	159,66 205,50	159,66 159,66
1.715,99	I, II, IV, V III	160,00 205,91	160,00 160,00
1.718,99	I, II, IV, V III	160,25 206,25	160,25 160,25
1.721,99	I, II, IV, V III	160,50 206,58	160,50 160,50
1.724,99	I, II, IV, V III	160,83 206,91	160,83 160,83
1.727,99	I, II, IV, V III	161,08 207,33	161,08 161,08
1.730,99	I, II, IV, V III	161,33 207,66	161,33 161,33
1.733,99	I, II, IV, V III	161,66 208,00	161,66 161,66
1.736,99	I, II, IV, V III	161,91 208,41	161,91 161,91
1.739,99	I, II, IV, V III	162,25 208,75	162,25 162,25
1.742,99	I, II, IV, V III	162,50 209,08	162,50 162,50
1.745,99	I, II, IV, V III	162,75 209,50	162,75 162,75
1.748,99	I, II, IV, V III	163,08 209,83	163,08 163,08
1.751,99	I, II, IV, V III	163,33 210,16	163,33 163,33
1.754,99	I, II, IV, V III	163,58 210,58	163,58 163,58
1.757,99	I, II, IV, V III	163,91 210,91	163,91 163,91
1.760,99	I, II, IV, V III	164,16 211,25	164,16 164,16
1.763,99	I, II, IV, V III	164,41 211,66	164,41 164,41
1.766,99	I, II, IV, V III	164,75 212,00	164,75 164,75
1.769,99	I, II, IV, V III	165,00 212,33	165,00 165,00
1.772,99	I, II, IV, V III	165,25 212,75	165,25 165,25
1.775,99	I, II, IV, V III	165,58 213,08	165,58 165,58
1.778,99	I, II, IV, V III	165,83 213,41	165,83 165,83
1.781,99	I, II, IV, V III	166,16 213,83	166,16 166,16
1.784,99	I, II, IV, V III	166,41 214,16	166,41 166,41
1.787,99	I, II, IV, V III	166,66 214,50	166,66 166,66
1.790,99	I, II, IV, V III	167,00 214,91	167,00 167,00
1.793,99	I, II, IV, V III	167,25 215,25	167,25 167,25
1.796,99	I, II, IV, V III	167,50 215,58	167,50 167,50
1.799,99	I, II, IV, V III	167,83 215,91	167,83 167,83
1.802,99	I, II, IV, V III	168,08 216,33	168,08 168,08
1.805,99	I, II, IV, V III	168,33 216,66	168,33 168,33
1.808,99	I, II, IV, V III	168,66 217,00	168,66 168,66
1.811,99	I, II, IV, V III	168,91 217,41	168,91 168,91
1.814,99	I, II, IV, V III	169,16 217,75	169,16 169,16
1.817,99	I, II, IV, V III	169,50 218,08	169,50 169,50
1.820,99	I, II, IV, V III	169,75 218,50	169,75 169,75
1.823,99	I, II, IV, V III	170,08 218,83	170,08 170,08
1.826,99	I, II, IV, V III	170,33 219,16	170,33 170,33
1.829,99	I, II, IV, V III	170,58 219,58	170,58 170,58
1.832,99	I, II, IV, V III	170,91 219,91	170,91 170,91
1.835,99	I, II, IV, V III	171,16 220,25	171,16 171,16
1.838,99	I, II, IV, V III	171,41 220,66	171,41 171,41
1.841,99	I, II, IV, V III	171,75 221,00	171,75 171,75
1.844,99	I, II, IV, V III	172,00 221,33	172,00 172,00
1.847,99	I, II, IV, V III	172,25 221,75	172,25 172,25
1.850,99	I, II, IV, V III	172,58 222,08	172,58 172,58
1.853,99	I, II, IV, V III	172,83 222,41	172,83 172,83
1.856,99	I, II, IV, V III	173,08 222,83	173,08 173,08
1.859,99	I, II, IV, V III	173,41 223,16	173,41 173,41
1.862,99	I, II, IV, V III	173,66 223,50	173,66 173,66
1.865,99	I, II, IV, V III	174,00 223,91	174,00 174,00
1.868,99	I, II, IV, V III	174,25 224,25	174,25 174,25
1.871,99	I, II, IV, V III	174,50 224,58	174,50 174,50
1.874,99	I, II, IV, V III	174,83 224,91	174,83 174,83
1.877,99	I, II, IV, V III	175,08 225,33	175,08 175,08
1.880,99	I, II, IV, V III	175,33 225,66	175,33 175,33
1.883,99	I, II, IV, V III	175,66 226,00	175,66 175,66
1.886,99	I, II, IV, V III	175,91 226,41	175,91 175,91
1.889,99	I, II, IV, V III	176,16 226,75	176,16 176,16
1.892,99	I, II, IV, V III	176,50 227,08	176,50 176,50
1.895,99	I, II, IV, V III	176,75 227,50	176,75 176,75
1.898,99	I, II, IV, V III	177,00 227,83	177,00 177,00
1.901,99	I, II, IV, V III	177,33 228,16	177,33 177,33
1.904,99	I, II, IV, V III	177,58 228,58	177,58 177,58
1.907,99	I, II, IV, V III	177,91 228,91	177,91 177,91
1.910,99	I, II, IV, V III	178,16 229,25	178,16 178,16
1.913,99	I, II, IV, V III	178,41 229,66	178,41 178,41
1.916,99	I, II, IV, V III	178,75 230,00	178,75 178,75
1.919,99	I, II, IV, V III	179,00 230,33	179,00 179,00
1.922,99	I, II, IV, V III	179,25 230,75	179,25 179,25
1.925,99	I, II, IV, V III	179,58 231,08	179,58 179,58
1.928,99	I, II, IV, V III	179,83 231,41	179,83 179,83
1.931,99	I, II, IV, V III	180,08 231,83	180,08 180,08
1.934,99	I, II, IV, V III	180,41 232,16	180,41 180,41

Monats-Arbeitslohn bis	Steuerklasse	Teilvorsorgepauschale KV/PV	Typisierter Arbeitgeberzuschuss
1.937,99	I, II, IV, V III	180,66 232,50	180,66 180,66
1.940,99	I, II, IV, V III	180,91 232,91	180,91 180,91
1.943,99	I, II, IV, V III	181,25 233,25	181,25 181,25
1.946,99	I, II, IV, V III	181,50 233,58	181,50 181,50
1.949,99	I, II, IV, V III	181,83 233,91	181,83 181,83
1.952,99	I, II, IV, V III	182,08 234,33	182,08 182,08
1.955,99	I, II, IV, V III	182,33 234,66	182,33 182,33
1.958,99	I, II, IV, V III	182,66 235,00	182,66 182,66
1.961,99	I, II, IV, V III	182,91 235,41	182,91 182,91
1.964,99	I, II, IV, V III	183,16 235,75	183,16 183,16
1.967,99	I, II, IV, V III	183,50 236,08	183,50 183,50
1.970,99	I, II, IV, V III	183,75 236,50	183,75 183,75
1.973,99	I, II, IV, V III	184,00 236,83	184,00 184,00
1.976,99	I, II, IV, V III	184,33 237,16	184,33 184,33
1.979,99	I, II, IV, V III	184,58 237,58	184,58 184,58
1.982,99	I, II, IV, V III	184,83 237,91	184,83 184,83
1.985,99	I, II, IV, V III	185,16 238,25	185,16 185,16
1.988,99	I, II, IV, V III	185,41 238,66	185,41 185,41
1.991,99	I, II, IV, V III	185,75 239,00	185,75 185,75
1.994,99	I, II, IV, V III	186,00 239,33	186,00 186,00
1.997,99	I, II, IV, V III	186,25 239,75	186,25 186,25
2.000,99	I, II, IV, V III	186,58 240,08	186,58 186,58
2.003,99	I, II, IV, V III	186,83 240,41	186,83 186,83
2.006,99	I, II, IV, V III	187,08 240,83	187,08 187,08
2.009,99	I, II, IV, V III	187,41 241,16	187,41 187,41
2.012,99	I, II, IV, V III	187,66 241,50	187,66 187,66
2.015,99	I, II, IV, V III	187,91 241,91	187,91 187,91
2.018,99	I, II, IV, V III	188,25 242,25	188,25 188,25
2.021,99	I, II, IV, V III	188,50 242,58	188,50 188,50
2.024,99	I, II, IV, V III	188,75 242,91	188,75 188,75
2.027,99	I, II, IV, V III	189,08 243,33	189,08 189,08
2.030,99	I, II, IV, V III	189,33 243,66	189,33 189,33
2.033,99	I, II, IV, V III	189,66 244,00	189,66 189,66
2.036,99	I, II, IV, V III	189,91 244,41	189,91 189,91
2.039,99	I, II, IV, V III	190,16 244,75	190,16 190,16
2.042,99	I, II, IV, V III	190,50 245,08	190,50 190,50
2.045,99	I, II, IV, V III	190,75 245,50	190,75 190,75
2.048,99	I, II, IV, V III	191,00 245,83	191,00 191,00
2.051,99	I, II, IV, V III	191,33 246,16	191,33 191,33
2.054,99	I, II, IV, V III	191,58 246,58	191,58 191,58
2.057,99	I, II, IV, V III	191,83 246,91	191,83 191,83
2.060,99	I, II, IV, V III	192,16 247,25	192,16 192,16
2.063,99	I, II, IV, V III	192,41 247,66	192,41 192,41
2.066,99	I, II, IV, V III	192,66 248,00	192,66 192,66
2.069,99	I, II, IV, V III	193,00 248,33	193,00 193,00
2.072,99	I, II, IV, V III	193,25 248,75	193,25 193,25
2.075,99	I, II, IV, V III	193,58 249,08	193,58 193,58
2.078,99	I, II, IV, V III	193,83 249,41	193,83 193,83
2.081,99	I, II, IV, V III	194,08 249,83	194,08 194,08
2.084,99	I, II, IV, V III	194,41 250,00	194,41 194,41
2.087,99	I, II, IV, V III	194,66 250,00	194,66 194,66
2.090,99	I, II, IV, V III	194,91 250,00	194,91 194,91
2.093,99	I, II, IV, V III	195,25 250,00	195,25 195,25
2.096,99	I, II, IV, V III	195,50 250,00	195,50 195,50
2.099,99	I, II, IV, V III	195,75 250,00	195,75 195,75
2.102,99	I, II, IV, V III	196,08 250,00	196,08 196,08
2.105,99	I, II, IV, V III	196,33 250,00	196,33 196,33
2.108,99	I, II, IV, V III	196,58 250,00	196,58 196,58
2.111,99	I, II, IV, V III	196,91 250,00	196,91 196,91
2.114,99	I, II, IV, V III	197,16 250,00	197,16 197,16
2.117,99	I, II, IV, V III	197,50 250,00	197,50 197,50
2.120,99	I, II, IV, V III	197,75 250,00	197,75 197,75
2.123,99	I, II, IV, V III	198,00 250,00	198,00 198,00
2.126,99	I, II, IV, V III	198,33 250,00	198,33 198,33
2.129,99	I, II, IV, V III	198,58 250,00	198,58 198,58
2.132,99	I, II, IV, V III	198,83 250,00	198,83 198,83
2.135,99	I, II, IV, V III	199,16 250,00	199,16 199,16
2.138,99	I, II, IV, V III	199,41 250,00	199,41 199,41
2.141,99	I, II, IV, V III	199,66 250,00	199,66 199,66
2.144,99	I, II, IV, V III	200,00 250,00	200,00 200,00
2.147,99	I, II, IV, V III	200,25 250,00	200,25 200,25
2.150,99	I, II, IV, V III	200,50 250,00	200,50 200,50
2.153,99	I, II, IV, V III	200,83 250,00	200,83 200,83
2.156,99	I, II, IV, V III	201,08 250,00	201,08 201,08
2.159,99	I, II, IV, V III	201,41 250,00	201,41 201,41
2.162,99	I, II, IV, V III	201,66 250,00	201,66 201,66
2.165,99	I, II, IV, V III	201,91 250,00	201,91 201,91
2.168,99	I, II, IV, V III	202,25 250,00	202,25 202,25
2.171,99	I, II, IV, V III	202,50 250,00	202,50 202,50
2.174,99	I, II, IV, V III	202,75 250,00	202,75 202,75
2.177,99	I, II, IV, V III	203,08 250,00	203,08 203,08
2.180,99	I, II, IV, V III	203,33 250,00	203,33 203,33
2.183,99	I, II, IV, V III	203,58 250,00	203,58 203,58
2.186,99	I, II, IV, V III	203,91 250,00	203,91 203,91
2.189,99	I, II, IV, V III	204,16 250,00	204,16 204,16
2.192,99	I, II, IV, V III	204,41 250,00	204,41 204,41
2.195,99	I, II, IV, V III	204,75 250,00	204,75 204,75
2.198,99	I, II, IV, V III	205,00 250,00	205,00 205,00
2.201,99	I, II, IV, V III	205,33 250,00	205,33 205,33
2.204,99	I, II, IV, V III	205,58 250,00	205,58 205,58
2.207,99	I, II, IV, V III	205,83 250,00	205,83 205,83
2.210,99	I, II, IV, V III	206,16 250,00	206,16 206,16
2.213,99	I, II, IV, V III	206,41 250,00	206,41 206,41
2.216,99	I, II, IV, V III	206,66 250,00	206,66 206,66
2.219,99	I, II, IV, V III	207,00 250,00	207,00 207,00
2.222,99	I, II, IV, V III	207,25 250,00	207,25 207,25
2.225,99	I, II, IV, V III	207,50 250,00	207,50 207,50
2.228,99	I, II, IV, V III	207,83 250,00	207,83 207,83
2.231,99	I, II, IV, V III	208,08 250,00	208,08 208,08
2.234,99	I, II, IV, V III	208,33 250,00	208,33 208,33
2.237,99	I, II, IV, V III	208,66 250,00	208,66 208,66
2.240,99	I, II, IV, V III	208,91 250,00	208,91 208,91
2.243,99	I, II, IV, V III	209,25 250,00	209,25 209,25
2.246,99	I, II, IV, V III	209,50 250,00	209,50 209,50
2.249,99	I, II, IV, V III	209,75 250,00	209,75 209,75
2.252,99	I, II, IV, V III	210,08 250,00	210,08 210,08
2.255,99	I, II, IV, V III	210,33 250,00	210,33 210,33
2.258,99	I, II, IV, V III	210,58 250,00	210,58 210,58
2.261,99	I, II, IV, V III	210,91 250,00	210,91 210,91
2.264,99	I, II, IV, V III	211,16 250,00	211,16 211,16
2.267,99	I, II, IV, V III	211,41 250,00	211,41 211,41
2.270,99	I, II, IV, V III	211,75 250,00	211,75 211,75
2.273,99	I, II, IV, V III	212,00 250,00	212,00 212,00
2.276,99	I, II, IV, V III	212,25 250,00	212,25 212,25
2.279,99	I, II, IV, V III	212,58 250,00	212,58 212,58
2.282,99	I, II, IV, V III	212,83 250,00	212,83 212,83
2.285,99	I, II, IV, V III	213,16 250,00	213,16 213,16
2.288,99	I, II, IV, V III	213,41 250,00	213,41 213,41
2.291,99	I, II, IV, V III	213,66 250,00	213,66 213,66
2.294,99	I, II, IV, V III	214,00 250,00	214,00 214,00
2.297,99	I, II, IV, V III	214,25 250,00	214,25 214,25
2.300,99	I, II, IV, V III	214,50 250,00	214,50 214,50
2.303,99	I, II, IV, V III	214,83 250,00	214,83 214,83
2.306,99	I, II, IV, V III	215,08 250,00	215,08 215,08
2.309,99	I, II, IV, V III	215,33 250,00	215,33 215,33
2.312,99	I, II, IV, V III	215,66 250,00	215,66 215,66
2.315,99	I, II, IV, V III	215,91 250,00	215,91 215,91
2.318,99	I, II, IV, V III	216,16 250,00	216,16 216,16
2.321,99	I, II, IV, V III	216,50 250,00	216,50 216,50

Zusatztabelle Private bzw. ohne KV

Monat bis 2.735,99 €

Monats-Arbeitslohn bis	Steuerklasse	Teilvorsorgepauschale KV/PV	Typisierter Arbeitgeberzuschuss
2.324,99	I, II, IV, V III	216,75 250,00	216,75 216,75
2.327,99	I, II, IV, V III	217,08 250,00	217,08 217,08
2.330,99	I, II, IV, V III	217,33 250,00	217,33 217,33
2.333,99	I, II, IV, V III	217,58 250,00	217,58 217,58
2.336,99	I, II, IV, V III	217,91 250,00	217,91 217,91
2.339,99	I, II, IV, V III	218,16 250,00	218,16 218,16
2.342,99	I, II, IV, V III	218,41 250,00	218,41 218,41
2.345,99	I, II, IV, V III	218,75 250,00	218,75 218,75
2.348,99	I, II, IV, V III	219,00 250,00	219,00 219,00
2.351,99	I, II, IV, V III	219,25 250,00	219,25 219,25
2.354,99	I, II, IV, V III	219,58 250,00	219,58 219,58
2.357,99	I, II, IV, V III	219,83 250,00	219,83 219,83
2.360,99	I, II, IV, V III	220,08 250,00	220,08 220,08
2.363,99	I, II, IV, V III	220,41 250,00	220,41 220,41
2.366,99	I, II, IV, V III	220,66 250,00	220,66 220,66
2.369,99	I, II, IV, V III	221,00 250,00	221,00 221,00
2.372,99	I, II, IV, V III	221,25 250,00	221,25 221,25
2.375,99	I, II, IV, V III	221,50 250,00	221,50 221,50
2.378,99	I, II, IV, V III	221,83 250,00	221,83 221,83
2.381,99	I, II, IV, V III	222,08 250,00	222,08 222,08
2.384,99	I, II, IV, V III	222,33 250,00	222,33 222,33
2.387,99	I, II, IV, V III	222,66 250,00	222,66 222,66
2.390,99	I, II, IV, V III	222,91 250,00	222,91 222,91
2.393,99	I, II, IV, V III	223,16 250,00	223,16 223,16
2.396,99	I, II, IV, V III	223,50 250,00	223,50 223,50
2.399,99	I, II, IV, V III	223,75 250,00	223,75 223,75
2.402,99	I, II, IV, V III	224,00 250,00	224,00 224,00
2.405,99	I, II, IV, V III	224,33 250,00	224,33 224,33
2.408,99	I, II, IV, V III	224,58 250,00	224,58 224,58
2.411,99	I, II, IV, V III	224,91 250,00	224,91 224,91
2.414,99	I, II, IV, V III	225,16 250,00	225,16 225,16
2.417,99	I, II, IV, V III	225,41 250,00	225,41 225,41
2.420,99	I, II, IV, V III	225,75 250,00	225,75 225,75
2.423,99	I, II, IV, V III	226,00 250,00	226,00 226,00
2.426,99	I, II, IV, V III	226,25 250,00	226,25 226,25
2.429,99	I, II, IV, V III	226,58 250,00	226,58 226,58
2.432,99	I, II, IV, V III	226,83 250,00	226,83 226,83
2.435,99	I, II, IV, V III	227,08 250,00	227,08 227,08
2.438,99	I, II, IV, V III	227,41 250,00	227,41 227,41
2.441,99	I, II, IV, V III	227,66 250,00	227,66 227,66
2.444,99	I, II, IV, V III	227,91 250,00	227,91 227,91
2.447,99	I, II, IV, V III	228,25 250,00	228,25 228,25
2.450,99	I, II, IV, V III	228,50 250,00	228,50 228,50
2.453,99	I, II, IV, V III	228,83 250,00	228,83 228,83
2.456,99	I, II, IV, V III	229,08 250,00	229,08 229,08
2.459,99	I, II, IV, V III	229,33 250,00	229,33 229,33
2.462,99	I, II, IV, V III	229,66 250,00	229,66 229,66
2.465,99	I, II, IV, V III	229,91 250,00	229,91 229,91
2.468,99	I, II, IV, V III	230,16 250,00	230,16 230,16
2.471,99	I, II, IV, V III	230,50 250,00	230,50 230,50
2.474,99	I, II, IV, V III	230,75 250,00	230,75 230,75
2.477,99	I, II, IV, V III	231,00 250,00	231,00 231,00
2.480,99	I, II, IV, V III	231,33 250,00	231,33 231,33
2.483,99	I, II, IV, V III	231,58 250,00	231,58 231,58
2.486,99	I, II, IV, V III	231,83 250,00	231,83 231,83
2.489,99	I, II, IV, V III	232,16 250,00	232,16 232,16
2.492,99	I, II, IV, V III	232,41 250,00	232,41 232,41
2.495,99	I, II, IV, V III	232,75 250,00	232,75 232,75
2.498,99	I, II, IV, V III	233,00 250,00	233,00 233,00
2.501,99	I, II, IV, V III	233,25 250,00	233,25 233,25
2.504,99	I, II, IV, V III	233,58 250,00	233,58 233,58
2.507,99	I, II, IV, V III	233,83 250,00	233,83 233,83
2.510,99	I, II, IV, V III	234,08 250,00	234,08 234,08
2.513,99	I, II, IV, V III	234,41 250,00	234,41 234,41
2.516,99	I, II, IV, V III	234,66 250,00	234,66 234,66
2.519,99	I, II, IV, V III	234,91 250,00	234,91 234,91
2.522,99	I, II, IV, V III	235,25 250,00	235,25 235,25
2.525,99	I, II, IV, V III	235,50 250,00	235,50 235,50
2.528,99	I, II, IV, V III	235,75 250,00	235,75 235,75
2.531,99	I, II, IV, V III	236,08 250,00	236,08 236,08
2.534,99	I, II, IV, V III	236,33 250,00	236,33 236,33
2.537,99	I, II, IV, V III	236,66 250,00	236,66 236,66
2.540,99	I, II, IV, V III	236,91 250,00	236,91 236,91
2.543,99	I, II, IV, V III	237,16 250,00	237,16 237,16
2.546,99	I, II, IV, V III	237,50 250,00	237,50 237,50
2.549,99	I, II, IV, V III	237,75 250,00	237,75 237,75
2.552,99	I, II, IV, V III	238,00 250,00	238,00 238,00
2.555,99	I, II, IV, V III	238,33 250,00	238,33 238,33
2.558,99	I, II, IV, V III	238,58 250,00	238,58 238,58
2.561,99	I, II, IV, V III	238,83 250,00	238,83 238,83
2.564,99	I, II, IV, V III	239,16 250,00	239,16 239,16
2.567,99	I, II, IV, V III	239,41 250,00	239,41 239,41
2.570,99	I, II, IV, V III	239,66 250,00	239,66 239,66
2.573,99	I, II, IV, V III	240,00 250,00	240,00 240,00
2.576,99	I, II, IV, V III	240,25 250,00	240,25 240,25
2.579,99	I, II, IV, V III	240,58 250,00	240,58 240,58
2.582,99	I, II, IV, V III	240,83 250,00	240,83 240,83
2.585,99	I, II, IV, V III	241,08 250,00	241,08 241,08
2.588,99	I, II, IV, V III	241,41 250,00	241,41 241,41
2.591,99	I, II, IV, V III	241,66 250,00	241,66 241,66
2.594,99	I, II, IV, V III	241,91 250,00	241,91 241,91
2.597,99	I, II, IV, V III	242,25 250,00	242,25 242,25
2.600,99	I, II, IV, V III	242,50 250,00	242,50 242,50
2.603,99	I, II, IV, V III	242,75 250,00	242,75 242,75
2.606,99	I, II, IV, V III	243,08 250,00	243,08 243,08
2.609,99	I, II, IV, V III	243,33 250,00	243,33 243,33
2.612,99	I, II, IV, V III	243,58 250,00	243,58 243,58
2.615,99	I, II, IV, V III	243,91 250,00	243,91 243,91
2.618,99	I, II, IV, V III	244,16 250,00	244,16 244,16
2.621,99	I, II, IV, V III	244,50 250,00	244,50 244,50
2.624,99	I, II, IV, V III	244,75 250,00	244,75 244,75
2.627,99	I, II, IV, V III	245,00 250,00	245,00 245,00
2.630,99	I, II, IV, V III	245,33 250,00	245,33 245,33
2.633,99	I, II, IV, V III	245,58 250,00	245,58 245,58
2.636,99	I, II, IV, V III	245,83 250,00	245,83 245,83
2.639,99	I, II, IV, V III	246,16 250,00	246,16 246,16
2.642,99	I, II, IV, V III	246,41 250,00	246,41 246,41
2.645,99	I, II, IV, V III	246,66 250,00	246,66 246,66
2.648,99	I, II, IV, V III	247,00 250,00	247,00 247,00
2.651,99	I, II, IV, V III	247,25 250,00	247,25 247,25
2.654,99	I, II, IV, V III	247,50 250,00	247,50 247,50
2.657,99	I, II, IV, V III	247,83 250,00	247,83 247,83
2.660,99	I, II, IV, V III	248,08 250,00	248,08 248,08
2.663,99	I, II, IV, V III	248,41 250,00	248,41 248,41
2.666,99	I, II, IV, V III	248,66 250,00	248,66 248,66
2.669,99	I, II, IV, V III	248,91 250,00	248,91 248,91
2.672,99	I, II, IV, V III	249,25 250,00	249,25 249,25
2.675,99	I, II, IV, V III	249,50 250,00	249,50 249,50
2.678,99	I, II, IV, V III	249,75 250,00	249,75 249,75
2.681,99	I–V	250,08	250,08
2.684,99	I–V	250,33	250,33
2.687,99	I–V	250,58	250,58
2.690,99	I–V	250,91	250,91
2.693,99	I–V	251,16	251,16
2.696,99	I–V	251,41	251,41
2.699,99	I–V	251,75	251,75
2.702,99	I–V	252,00	252,00
2.705,99	I–V	252,33	252,33
2.708,99	I–V	252,58	252,58
2.711,99	I–V	252,83	252,83
2.714,99	I–V	253,16	253,16
2.717,99	I–V	253,41	253,41
2.720,99	I–V	253,66	253,66
2.723,99	I–V	254,00	254,00
2.726,99	I–V	254,25	254,25
2.729,99	I–V	254,50	254,50
2.732,99	I–V	254,83	254,83
2.735,99	I–V	255,08	255,08

Monats-Arbeitslohn bis	Steuer-klasse	Teilvorsorge-pauschale KV/PV	Typisierter Arbeitgeber-zuschuss
2.738,99	I–V	255,33	255,33
2.741,99	I–V	255,66	255,66
2.744,99	I–V	255,91	255,91
2.747,99	I–V	256,25	256,25
2.750,99	I–V	256,50	256,50
2.753,99	I–V	256,75	256,75
2.756,99	I–V	257,08	257,08
2.759,99	I–V	257,33	257,33
2.762,99	I–V	257,58	257,58
2.765,99	I–V	257,91	257,91
2.768,99	I–V	258,16	258,16
2.771,99	I–V	258,41	258,41
2.774,99	I–V	258,75	258,75
2.777,99	I–V	259,00	259,00
2.780,99	I–V	259,25	259,25
2.783,99	I–V	259,58	259,58
2.786,99	I–V	259,83	259,83
2.789,99	I–V	260,16	260,16
2.792,99	I–V	260,41	260,41
2.795,99	I–V	260,66	260,66
2.798,99	I–V	261,00	261,00
2.801,99	I–V	261,25	261,25
2.804,99	I–V	261,50	261,50
2.807,99	I–V	261,83	261,83
2.810,99	I–V	262,08	262,08
2.813,99	I–V	262,33	262,33
2.816,99	I–V	262,66	262,66
2.819,99	I–V	262,91	262,91
2.822,99	I–V	263,16	263,16
2.825,99	I–V	263,50	263,50
2.828,99	I–V	263,75	263,75
2.831,99	I–V	264,08	264,08
2.834,99	I–V	264,33	264,33
2.837,99	I–V	264,58	264,58
2.840,99	I–V	264,91	264,91
2.843,99	I–V	265,16	265,16
2.846,99	I–V	265,41	265,41
2.849,99	I–V	265,75	265,75
2.852,99	I–V	266,00	266,00
2.855,99	I–V	266,25	266,25
2.858,99	I–V	266,58	266,58
2.861,99	I–V	266,83	266,83
2.864,99	I–V	267,08	267,08
2.867,99	I–V	267,41	267,41
2.870,99	I–V	267,66	267,66
2.873,99	I–V	268,00	268,00
2.876,99	I–V	268,25	268,25
2.879,99	I–V	268,50	268,50
2.882,99	I–V	268,83	268,83
2.885,99	I–V	269,08	269,08
2.888,99	I–V	269,33	269,33
2.891,99	I–V	269,66	269,66
2.894,99	I–V	269,91	269,91
2.897,99	I–V	270,16	270,16
2.900,99	I–V	270,50	270,50
2.903,99	I–V	270,75	270,75
2.906,99	I–V	271,00	271,00
2.909,99	I–V	271,33	271,33
2.912,99	I–V	271,58	271,58
2.915,99	I–V	271,91	271,91
2.918,99	I–V	272,16	272,16
2.921,99	I–V	272,41	272,41
2.924,99	I–V	272,75	272,75
2.927,99	I–V	273,00	273,00
2.930,99	I–V	273,25	273,25
2.933,99	I–V	273,58	273,58
2.936,99	I–V	273,83	273,83
2.939,99	I–V	274,08	274,08
2.942,99	I–V	274,41	274,41
2.945,99	I–V	274,66	274,66
2.948,99	I–V	274,91	274,91
2.951,99	I–V	275,25	275,25
2.954,99	I–V	275,50	275,50
2.957,99	I–V	275,83	275,83
2.960,99	I–V	276,08	276,08
2.963,99	I–V	276,33	276,33
2.966,99	I–V	276,66	276,66
2.969,99	I–V	276,91	276,91
2.972,99	I–V	277,16	277,16
2.975,99	I–V	277,50	277,50
2.978,99	I–V	277,75	277,75
2.981,99	I–V	278,00	278,00
2.984,99	I–V	278,33	278,33
2.987,99	I–V	278,58	278,58
2.990,99	I–V	278,83	278,83
2.993,99	I–V	279,16	279,16
2.996,99	I–V	279,41	279,41
2.999,99	I–V	279,66	279,66
3.002,99	I–V	280,00	280,00
3.005,99	I–V	280,25	280,25
3.008,99	I–V	280,58	280,58
3.011,99	I–V	280,83	280,83
3.014,99	I–V	281,08	281,08
3.017,99	I–V	281,41	281,41
3.020,99	I–V	281,66	281,66
3.023,99	I–V	281,91	281,91
3.026,99	I–V	282,25	282,25
3.029,99	I–V	282,50	282,50
3.032,99	I–V	282,75	282,75
3.035,99	I–V	283,08	283,08
3.038,99	I–V	283,33	283,33
3.041,99	I–V	283,58	283,58
3.044,99	I–V	283,91	283,91
3.047,99	I–V	284,16	284,16
3.050,99	I–V	284,50	284,50
3.053,99	I–V	284,75	284,75
3.056,99	I–V	285,00	285,00
3.059,99	I–V	285,33	285,33
3.062,99	I–V	285,58	285,58
3.065,99	I–V	285,83	285,83
3.068,99	I–V	286,16	286,16
3.071,99	I–V	286,41	286,41
3.074,99	I–V	286,66	286,66
3.077,99	I–V	287,00	287,00
3.080,99	I–V	287,25	287,25
3.083,99	I–V	287,50	287,50
3.086,99	I–V	287,83	287,83
3.089,99	I–V	288,08	288,08
3.092,99	I–V	288,41	288,41
3.095,99	I–V	288,66	288,66
3.098,99	I–V	288,91	288,91
3.101,99	I–V	289,25	289,25
3.104,99	I–V	289,50	289,50
3.107,99	I–V	289,75	289,75
3.110,99	I–V	290,08	290,08
3.113,99	I–V	290,33	290,33
3.116,99	I–V	290,58	290,58
3.119,99	I–V	290,91	290,91
3.122,99	I–V	291,16	291,16
3.125,99	I–V	291,41	291,41
3.128,99	I–V	291,75	291,75
3.131,99	I–V	292,00	292,00
3.134,99	I–V	292,33	292,33
3.137,99	I–V	292,58	292,58
3.140,99	I–V	292,83	292,83
3.143,99	I–V	293,16	293,16
3.146,99	I–V	293,41	293,41
3.149,99	I–V	293,66	293,66
3.152,99	I–V	294,00	294,00
3.155,99	I–V	294,25	294,25
3.158,99	I–V	294,50	294,50
3.161,99	I–V	294,83	294,83
3.164,99	I–V	295,08	295,08
3.167,99	I–V	295,33	295,33
3.170,99	I–V	295,66	295,66
3.173,99	I–V	295,91	295,91
3.176,99	I–V	296,25	296,25
3.179,99	I–V	296,50	296,50
3.182,99	I–V	296,75	296,75
3.185,99	I–V	297,08	297,08
3.188,99	I–V	297,33	297,33
3.191,99	I–V	297,58	297,58
3.194,99	I–V	297,91	297,91
3.197,99	I–V	298,16	298,16
3.200,99	I–V	298,41	298,41
3.203,99	I–V	298,75	298,75
3.206,99	I–V	299,00	299,00
3.209,99	I–V	299,25	299,25
3.212,99	I–V	299,58	299,58
3.215,99	I–V	299,83	299,83
3.218,99	I–V	300,16	300,16
3.221,99	I–V	300,41	300,41
3.224,99	I–V	300,66	300,66
3.227,99	I–V	301,00	301,00
3.230,99	I–V	301,25	301,25
3.233,99	I–V	301,50	301,50
3.236,99	I–V	301,83	301,83
3.239,99	I–V	302,08	302,08
3.242,99	I–V	302,33	302,33
3.245,99	I–V	302,66	302,66
3.248,99	I–V	302,91	302,91
3.251,99	I–V	303,16	303,16
3.254,99	I–V	303,50	303,50
3.257,99	I–V	303,75	303,75
3.260,99	I–V	304,08	304,08
3.263,99	I–V	304,33	304,33
3.266,99	I–V	304,58	304,58
3.269,99	I–V	304,91	304,91
3.272,99	I–V	305,16	305,16
3.275,99	I–V	305,41	305,41
3.278,99	I–V	305,75	305,75
3.281,99	I–V	306,00	306,00
3.284,99	I–V	306,25	306,25
3.287,99	I–V	306,58	306,58
3.290,99	I–V	306,83	306,83
3.293,99	I–V	307,08	307,08
3.296,99	I–V	307,41	307,41
3.299,99	I–V	307,66	307,66
3.302,99	I–V	308,00	308,00
3.305,99	I–V	308,25	308,25
3.308,99	I–V	308,50	308,50
3.311,99	I–V	308,83	308,83
3.314,99	I–V	309,08	309,08
3.317,99	I–V	309,33	309,33
3.320,99	I–V	309,66	309,66
3.323,99	I–V	309,91	309,91
3.326,99	I–V	310,16	310,16
3.329,99	I–V	310,50	310,50
3.332,99	I–V	310,75	310,75
3.335,99	I–V	311,00	311,00
3.338,99	I–V	311,33	311,33
3.341,99	I–V	311,58	311,58
3.344,99	I–V	311,91	311,91
3.347,99	I–V	312,16	312,16
3.350,99	I–V	312,41	312,41
3.353,99	I–V	312,75	312,75
3.356,99	I–V	313,00	313,00
3.359,99	I–V	313,25	313,25
3.362,99	I–V	313,58	313,58
3.365,99	I–V	313,83	313,83
3.368,99	I–V	314,08	314,08
3.371,99	I–V	314,41	314,41
3.374,99	I–V	314,66	314,66
3.377,99	I–V	314,91	314,91
3.380,99	I–V	315,25	315,25
3.383,99	I–V	315,50	315,50
3.386,99	I–V	315,83	315,83
3.389,99	I–V	316,08	316,08
3.392,99	I–V	316,33	316,33
3.395,99	I–V	316,66	316,66
3.398,99	I–V	316,91	316,91
3.401,99	I–V	317,16	317,16
3.404,99	I–V	317,50	317,50
3.407,99	I–V	317,75	317,75
3.410,99	I–V	318,00	318,00
3.413,99	I–V	318,33	318,33
3.416,99	I–V	318,58	318,58
3.419,99	I–V	318,83	318,83
3.422,99	I–V	319,16	319,16
3.425,99	I–V	319,41	319,41
3.428,99	I–V	319,75	319,75
3.431,99	I–V	320,00	320,00
3.434,99	I–V	320,25	320,25
3.437,99	I–V	320,58	320,58
3.440,99	I–V	320,83	320,83
3.443,99	I–V	321,08	321,08
3.446,99	I–V	321,41	321,41
3.449,99	I–V	321,66	321,66
3.452,99	I–V	321,91	321,91
3.455,99	I–V	322,25	322,25
3.458,99	I–V	322,50	322,50
3.461,99	I–V	322,75	322,75
3.464,99	I–V	323,08	323,08
3.467,99	I–V	323,33	323,33
3.470,99	I–V	323,66	323,66
3.473,99	I–V	323,91	323,91
3.476,99	I–V	324,16	324,16
3.479,99	I–V	324,50	324,50
3.482,99	I–V	324,75	324,75
3.485,99	I–V	325,00	325,00
3.488,99	I–V	325,33	325,33
3.491,99	I–V	325,58	325,58
3.494,99	I–V	325,83	325,83
3.497,99	I–V	326,16	326,16
3.500,99	I–V	326,41	326,41
3.503,99	I–V	326,66	326,66
3.506,99	I–V	327,00	327,00
3.509,99	I–V	327,25	327,25
3.512,99	I–V	327,58	327,58
3.515,99	I–V	327,83	327,83
3.518,99	I–V	328,08	328,08

Zusatztabelle Private bzw. ohne KV

Monat bis 4.301,99 €

Monats-Arbeitslohn bis	Steuer-klasse	Teilvorsorge-pauschale KV/PV	Typisierter Arbeitgeber-zuschuss
3.521,99	I–V	328,41	328,41
3.524,99	I–V	328,66	328,66
3.527,99	I–V	328,91	328,91
3.530,99	I–V	329,25	329,25
3.533,99	I–V	329,50	329,50
3.536,99	I–V	329,75	329,75
3.539,99	I–V	330,08	330,08
3.542,99	I–V	330,33	330,33
3.545,99	I–V	330,58	330,58
3.548,99	I–V	330,91	330,91
3.551,99	I–V	331,16	331,16
3.554,99	I–V	331,50	331,50
3.557,99	I–V	331,75	331,75
3.560,99	I–V	332,00	332,00
3.563,99	I–V	332,33	332,33
3.566,99	I–V	332,58	332,58
3.569,99	I–V	332,83	332,83
3.572,99	I–V	333,16	333,16
3.575,99	I–V	333,41	333,41
3.578,99	I–V	333,66	333,66
3.581,99	I–V	334,00	334,00
3.584,99	I–V	334,25	334,25
3.587,99	I–V	334,50	334,50
3.590,99	I–V	334,83	334,83
3.593,99	I–V	335,08	335,08
3.596,99	I–V	335,41	335,41
3.599,99	I–V	335,66	335,66
3.602,99	I–V	335,91	335,91
3.605,99	I–V	336,25	336,25
3.608,99	I–V	336,50	336,50
3.611,99	I–V	336,75	336,75
3.614,99	I–V	337,08	337,08
3.617,99	I–V	337,33	337,33
3.620,99	I–V	337,58	337,58
3.623,99	I–V	337,91	337,91
3.626,99	I–V	338,16	338,16
3.629,99	I–V	338,41	338,41
3.632,99	I–V	338,75	338,75
3.635,99	I–V	339,00	339,00
3.638,99	I–V	339,33	339,33
3.641,99	I–V	339,58	339,58
3.644,99	I–V	339,83	339,83
3.647,99	I–V	340,16	340,16
3.650,99	I–V	340,41	340,41
3.653,99	I–V	340,66	340,66
3.656,99	I–V	341,00	341,00
3.659,99	I–V	341,25	341,25
3.662,99	I–V	341,50	341,50
3.665,99	I–V	341,83	341,83
3.668,99	I–V	342,08	342,08
3.671,99	I–V	342,33	342,33
3.674,99	I–V	342,66	342,66
3.677,99	I–V	342,91	342,91
3.680,99	I–V	343,25	343,25
3.683,99	I–V	343,50	343,50
3.686,99	I–V	343,75	343,75
3.689,99	I–V	344,08	344,08
3.692,99	I–V	344,33	344,33
3.695,99	I–V	344,58	344,58
3.698,99	I–V	344,91	344,91
3.701,99	I–V	345,16	345,16
3.704,99	I–V	345,41	345,41
3.707,99	I–V	345,75	345,75
3.710,99	I–V	346,00	346,00
3.713,99	I–V	346,25	346,25
3.716,99	I–V	346,58	346,58
3.719,99	I–V	346,83	346,83
3.722,99	I–V	347,16	347,16
3.725,99	I–V	347,41	347,41
3.728,99	I–V	347,66	347,66
3.731,99	I–V	348,00	348,00
3.734,99	I–V	348,25	348,25
3.737,99	I–V	348,50	348,50
3.740,99	I–V	348,83	348,83
3.743,99	I–V	349,08	349,08
3.746,99	I–V	349,33	349,33
3.749,99	I–V	349,66	349,66
3.752,99	I–V	349,91	349,91
3.755,99	I–V	350,16	350,16
3.758,99	I–V	350,50	350,50
3.761,99	I–V	350,75	350,75
3.764,99	I–V	351,08	351,08
3.767,99	I–V	351,33	351,33
3.770,99	I–V	351,58	351,58
3.773,99	I–V	351,91	351,91
3.776,99	I–V	352,16	352,16
3.779,99	I–V	352,41	352,41

Monats-Arbeitslohn bis	Steuer-klasse	Teilvorsorge-pauschale KV/PV	Typisierter Arbeitgeber-zuschuss
3.782,99	I–V	352,75	352,75
3.785,99	I–V	353,00	353,00
3.788,99	I–V	353,25	353,25
3.791,99	I–V	353,58	353,58
3.794,99	I–V	353,83	353,83
3.797,99	I–V	354,08	354,08
3.800,99	I–V	354,41	354,41
3.803,99	I–V	354,66	354,66
3.806,99	I–V	355,00	355,00
3.809,99	I–V	355,25	355,25
3.812,99	I–V	355,50	355,50
3.815,99	I–V	355,83	355,83
3.818,99	I–V	356,08	356,08
3.821,99	I–V	356,33	356,33
3.824,99	I–V	356,66	356,66
3.827,99	I–V	356,91	356,91
3.830,99	I–V	357,16	357,16
3.833,99	I–V	357,50	357,50
3.836,99	I–V	357,75	357,75
3.839,99	I–V	358,00	358,00
3.842,99	I–V	358,33	358,33
3.845,99	I–V	358,58	358,58
3.848,99	I–V	358,91	358,91
3.851,99	I–V	359,16	359,16
3.854,99	I–V	359,41	359,41
3.857,99	I–V	359,75	359,75
3.860,99	I–V	360,00	360,00
3.863,99	I–V	360,25	360,25
3.866,99	I–V	360,58	360,58
3.869,99	I–V	360,83	360,83
3.872,99	I–V	361,08	361,08
3.875,99	I–V	361,41	361,41
3.878,99	I–V	361,66	361,66
3.881,99	I–V	361,91	361,91
3.884,99	I–V	362,25	362,25
3.887,99	I–V	362,50	362,50
3.890,99	I–V	362,83	362,83
3.893,99	I–V	363,08	363,08
3.896,99	I–V	363,33	363,33
3.899,99	I–V	363,66	363,66
3.902,99	I–V	363,91	363,91
3.905,99	I–V	364,16	364,16
3.908,99	I–V	364,50	364,50
3.911,99	I–V	364,75	364,75
3.914,99	I–V	365,00	365,00
3.917,99	I–V	365,33	365,33
3.920,99	I–V	365,58	365,58
3.923,99	I–V	365,83	365,83
3.926,99	I–V	366,16	366,16
3.929,99	I–V	366,41	366,41
3.932,99	I–V	366,75	366,75
3.935,99	I–V	367,00	367,00
3.938,99	I–V	367,25	367,25
3.941,99	I–V	367,58	367,58
3.944,99	I–V	367,83	367,83
3.947,99	I–V	368,08	368,08
3.950,99	I–V	368,41	368,41
3.953,99	I–V	368,66	368,66
3.956,99	I–V	368,91	368,91
3.959,99	I–V	369,25	369,25
3.962,99	I–V	369,50	369,50
3.965,99	I–V	369,75	369,75
3.968,99	I–V	370,08	370,08
3.971,99	I–V	370,33	370,33
3.974,99	I–V	370,66	370,66
3.977,99	I–V	370,91	370,91
3.980,99	I–V	371,16	371,16
3.983,99	I–V	371,50	371,50
3.986,99	I–V	371,75	371,75
3.989,99	I–V	372,00	372,00
3.992,99	I–V	372,33	372,33
3.995,99	I–V	372,58	372,58
3.998,99	I–V	372,83	372,83
4.001,99	I–V	373,16	373,16
4.004,99	I–V	373,41	373,41
4.007,99	I–V	373,66	373,66
4.010,99	I–V	374,00	374,00
4.013,99	I–V	374,25	374,25
4.016,99	I–V	374,58	374,58
4.019,99	I–V	374,83	374,83
4.022,99	I–V	375,08	375,08
4.025,99	I–V	375,41	375,41
4.028,99	I–V	375,66	375,66
4.031,99	I–V	375,91	375,91
4.034,99	I–V	376,25	376,25
4.037,99	I–V	376,50	376,50
4.040,99	I–V	376,75	376,75

Monats-Arbeitslohn bis	Steuer-klasse	Teilvorsorge-pauschale KV/PV	Typisierter Arbeitgeber-zuschuss
4.043,99	I–V	377,08	377,08
4.046,99	I–V	377,33	377,33
4.049,99	I–V	377,58	377,58
4.052,99	I–V	377,91	377,91
4.055,99	I–V	378,16	378,16
4.058,99	I–V	378,50	378,50
4.061,99	I–V	378,75	378,75
4.064,99	I–V	379,00	379,00
4.067,99	I–V	379,33	379,33
4.070,99	I–V	379,58	379,58
4.073,99	I–V	379,83	379,83
4.076,99	I–V	380,16	380,16
4.079,99	I–V	380,41	380,41
4.082,99	I–V	380,66	380,66
4.085,99	I–V	381,00	381,00
4.088,99	I–V	381,25	381,25
4.091,99	I–V	381,50	381,50
4.094,99	I–V	381,83	381,83
4.097,99	I–V	382,08	382,08
4.100,99	I–V	382,41	382,41
4.103,99	I–V	382,66	382,66
4.106,99	I–V	382,91	382,91
4.109,99	I–V	383,25	383,25
4.112,99	I–V	383,50	383,50
4.115,99	I–V	383,75	383,75
4.118,99	I–V	384,08	384,08
4.121,99	I–V	384,33	384,33
4.124,99	I–V	384,58	384,58
4.127,99	I–V	384,91	384,91
4.130,99	I–V	385,16	385,16
4.133,99	I–V	385,41	385,41
4.136,99	I–V	385,75	385,75
4.139,99	I–V	386,00	386,00
4.142,99	I–V	386,33	386,33
4.145,99	I–V	386,58	386,58
4.148,99	I–V	386,83	386,83
4.151,99	I–V	387,16	387,16
4.154,99	I–V	387,41	387,41
4.157,99	I–V	387,66	387,66
4.160,99	I–V	388,00	388,00
4.163,99	I–V	388,25	388,25
4.166,99	I–V	388,50	388,50
4.169,99	I–V	388,83	388,83
4.172,99	I–V	389,08	389,08
4.175,99	I–V	389,33	389,33
4.178,99	I–V	389,66	389,66
4.181,99	I–V	389,91	389,91
4.184,99	I–V	390,25	390,25
4.187,99	I–V	390,50	390,50
4.190,99	I–V	390,75	390,75
4.193,99	I–V	391,08	391,08
4.196,99	I–V	391,33	391,33
4.199,99	I–V	391,58	391,58
4.202,99	I–V	391,91	391,91
4.205,99	I–V	392,16	392,16
4.208,99	I–V	392,41	392,41
4.211,99	I–V	392,75	392,75
4.214,99	I–V	393,00	393,00
4.217,99	I–V	393,25	393,25
4.220,99	I–V	393,58	393,58
4.223,99	I–V	393,83	393,83
4.226,99	I–V	394,16	394,16
4.229,99	I–V	394,41	394,41
4.232,99	I–V	394,66	394,66
4.235,99	I–V	395,00	395,00
4.238,99	I–V	395,25	395,25
4.241,99	I–V	395,50	395,50
4.244,99	I–V	395,83	395,83
4.247,99	I–V	396,08	396,08
4.250,99	I–V	396,33	396,33
4.253,99	I–V	396,66	396,66
4.256,99	I–V	396,91	396,91
4.259,99	I–V	397,16	397,16
4.262,99	I–V	397,50	397,50
4.265,99	I–V	397,75	397,75
4.268,99	I–V	398,08	398,08
4.271,99	I–V	398,33	398,33
4.274,99	I–V	398,58	398,58
4.277,99	I–V	398,91	398,91
4.280,99	I–V	399,16	399,16
4.283,99	I–V	399,41	399,41
4.286,99	I–V	399,75	399,75
4.289,99	I–V	400,00	400,00
4.292,99	I–V	400,25	400,25
4.295,99	I–V	400,58	400,58
4.298,99	I–V	400,83	400,83
4.301,99	I–V	401,08	401,08

Monats-Arbeitslohn bis	Steuer-klasse	Teilvorsorge-pauschale KV/PV	Typisierter Arbeitgeber-zuschuss
4.304,99	I–V	401,41	401,41
4.307,99	I–V	401,66	401,66
4.310,99	I–V	402,00	402,00
4.313,99	I–V	402,25	402,25
4.316,99	I–V	402,50	402,50
4.319,99	I–V	402,83	402,83
4.322,99	I–V	403,08	403,08
4.325,99	I–V	403,33	403,33
4.328,99	I–V	403,66	403,66
4.331,99	I–V	403,91	403,91
4.334,99	I–V	404,16	404,16
4.337,99	I–V	404,50	404,50
4.340,99	I–V	404,75	404,75
4.343,99	I–V	405,00	405,00
4.346,99	I–V	405,33	405,33
4.349,99	I–V	405,58	405,58
4.352,99	I–V	405,91	405,91
4.355,99	I–V	406,16	406,16
4.358,99	I–V	406,41	406,41
4.361,99	I–V	406,75	406,75
4.364,99	I–V	407,00	407,00
4.367,99	I–V	407,25	407,25
4.370,99	I–V	407,58	407,58
4.373,99	I–V	407,83	407,83
4.376,99	I–V	408,08	408,08
4.379,99	I–V	408,41	408,41
4.382,99	I–V	408,66	408,66
4.385,99	I–V	408,91	408,91
4.388,99	I–V	409,25	409,25
4.391,99	I–V	409,50	409,50
4.394,99	I–V	409,83	409,83
4.397,99	I–V	410,08	410,08
4.400,99	I–V	410,33	410,33
4.403,99	I–V	410,66	410,66
4.406,99	I–V	410,91	410,91
4.409,99	I–V	411,16	411,16
4.412,99	I–V	411,50	411,50
4.415,99	I–V	411,75	411,75
4.418,99	I–V	412,00	412,00
4.421,99	I–V	412,33	412,33
4.424,99	I–V	412,58	412,58
4.427,99	I–V	412,83	412,83
4.430,99	I–V	413,16	413,16
4.433,99	I–V	413,41	413,41
4.436,99	I–V	413,75	413,75
4.439,99	I–V	414,00	414,00
4.442,99	I–V	414,25	414,25
4.445,99	I–V	414,58	414,58
4.448,99	I–V	414,83	414,83
4.451,99	I–V	415,08	415,08
4.454,99	I–V	415,41	415,41
4.457,99	I–V	415,66	415,66
4.460,99	I–V	415,91	415,91
4.463,99	I–V	416,25	416,25
4.466,99	I–V	416,50	416,50
4.469,99	I–V	416,75	416,75
4.472,99	I–V	417,08	417,08
4.475,99	I–V	417,33	417,33
4.478,99	I–V	417,66	417,66
4.481,99	I–V	417,91	417,91
4.484,99	I–V	418,16	418,16
4.487,99	I–V	418,50	418,50
4.490,99	I–V	418,75	418,75
4.493,99	I–V	419,00	419,00
4.496,99	I–V	419,33	419,33
4.499,99	I–V	419,58	419,58
4.502,99	I–V	419,83	419,83
4.505,99	I–V	420,16	420,16
4.508,99	I–V	420,41	420,41
4.511,99	I–V	420,66	420,66
4.514,99	I–V	421,00	421,00
4.517,99	I–V	421,25	421,25
4.520,99	I–V	421,50	421,50
4.523,99	I–V	421,83	421,83
4.526,99	I–V	422,08	422,08
4.529,99	I–V	422,41	422,41
4.532,99	I–V	422,66	422,66
4.535,99	I–V	422,91	422,91
4.538,99	I–V	423,25	423,25
4.541,99	I–V	423,50	423,50
4.544,99	I–V	423,75	423,75
4.547,99	I–V	424,08	424,08
4.550,99	I–V	424,33	424,33
4.553,99	I–V	424,58	424,58
4.556,99	I–V	424,91	424,91
4.559,99	I–V	425,16	425,16
4.562,99	I–V	425,41	425,41
4.565,99	I–V	425,75	425,75
4.568,99	I–V	426,00	426,00
4.571,99	I–V	426,33	426,33
4.574,99	I–V	426,58	426,58
4.577,99	I–V	426,83	426,83
4.580,99	I–V	427,16	427,16
4.583,99	I–V	427,41	427,41
4.586,99	I–V	427,66	427,66
4.589,99	I–V	428,00	428,00
4.592,99	I–V	428,25	428,25
4.595,99	I–V	428,50	428,50
4.598,99	I–V	428,83	428,83
4.601,99	I–V	429,08	429,08
4.604,99	I–V	429,33	429,33
4.607,99	I–V	429,66	429,66
4.610,99	I–V	429,91	429,91
4.613,99	I–V	430,25	430,25
4.616,99	I–V	430,50	430,50
4.619,99	I–V	430,75	430,75
4.622,99	I–V	431,08	431,08
4.625,99	I–V	431,33	431,33
4.628,99	I–V	431,58	431,58
4.631,99	I–V	431,91	431,91
4.634,99	I–V	432,16	432,16
4.637,99	I–V	432,41	432,41
4.640,99	I–V	432,75	432,75
4.643,99	I–V	433,00	433,00
4.646,99	I–V	433,25	433,25
4.649,99	I–V	433,58	433,58
4.652,99	I–V	433,83	433,83
4.655,99	I–V	434,16	434,16
4.658,99	I–V	434,41	434,41
4.661,99	I–V	434,66	434,66
4.664,99	I–V	435,00	435,00
4.667,99	I–V	435,25	435,25
4.670,99	I–V	435,50	435,50
4.673,99	I–V	435,83	435,83
4.676,99	I–V	436,08	436,08
4.679,99	I–V	436,33	436,33
4.682,99	I–V	436,66	436,66
4.685,99	I–V	436,91	436,91
4.688,99	I–V	437,16	437,16
4.691,99	I–V	437,50	437,50
4.694,99	I–V	437,75	437,75
4.697,99	I–V	438,08	438,08
4.700,99	I–V	438,33	438,33
4.703,99	I–V	438,58	438,58
4.706,99	I–V	438,91	438,91
4.709,99	I–V	439,16	439,16
4.712,99	I–V	439,41	439,41
4.715,99	I–V	439,75	439,75
4.718,99	I–V	440,00	440,00
4.721,99	I–V	440,25	440,25
4.724,99	I–V	440,58	440,58
4.727,99	I–V	440,83	440,83
4.730,99	I–V	441,08	441,08
4.733,99	I–V	441,41	441,41
4.736,99	I–V	441,66	441,66
4.739,99	I–V	442,00	442,00
4.742,99	I–V	442,25	442,25
4.745,99	I–V	442,50	442,50
4.748,99	I–V	442,83	442,83
4.751,99	I–V	443,08	443,08
4.754,99	I–V	443,33	443,33
4.757,99	I–V	443,66	443,66
4.760,99	I–V	443,91	443,91
4.763,99	I–V	444,16	444,16
4.766,99	I–V	444,50	444,50
4.769,99	I–V	444,75	444,75
4.772,99	I–V	445,00	445,00
4.775,99	I–V	445,33	445,33
4.778,99	I–V	445,58	445,58
4.781,99	I–V	445,91	445,91
4.784,99	I–V	446,16	446,16
4.787,99	I–V	446,41	446,41
4.790,99	I–V	446,75	446,75
4.793,99	I–V	447,00	447,00
4.796,99	I–V	447,25	447,25
4.799,99	I–V	447,58	447,58
4.802,99	I–V	447,83	447,83
4.805,99	I–V	448,08	448,08
4.808,99	I–V	448,41	448,41
4.811,99	I–V	448,66	448,66
4.814,99	I–V	448,91	448,91
4.817,99	I–V	449,25	449,25
4.820,99	I–V	449,50	449,50
4.823,99	I–V	449,83	449,83
4.826,99	I–V	450,08	450,08
4.829,99	I–V	450,33	450,33
4.832,99	I–V	450,66	450,66
4.835,99	I–V	450,91	450,91
4.838,99	I–V	451,16	451,16
4.841,99	I–V	451,50	451,50
4.844,99	I–V	451,75	451,75
4.847,99	I–V	452,00	452,00
4.850,99	I–V	452,33	452,33
4.853,99	I–V	452,58	452,58
4.856,99	I–V	452,83	452,83
4.859,99	I–V	453,16	453,16
4.862,99	I–V	453,41	453,41
4.865,99	I–V	453,75	453,75
4.868,99	I–V	454,00	454,00
4.871,99	I–V	454,25	454,25
4.874,99	I–V	454,58	454,58
4.877,99	I–V	454,83	454,83
4.880,99	I–V	455,08	455,08
4.883,99	I–V	455,41	455,41
4.886,99	I–V	455,66	455,66
4.889,99	I–V	455,91	455,91
4.892,99	I–V	456,25	456,25
4.895,99	I–V	456,50	456,50
4.898,99	I–V	456,75	456,75
4.901,99	I–V	457,08	457,08
4.904,99	I–V	457,33	457,33
4.907,99	I–V	457,66	457,66
4.910,99	I–V	457,91	457,91
4.913,99	I–V	458,16	458,16
4.916,99	I–V	458,50	458,50
4.919,99	I–V	458,75	458,75
4.922,99	I–V	459,00	459,00
4.925,99	I–V	459,33	459,33
4.928,99	I–V	459,58	459,58
4.931,99	I–V	459,83	459,83
4.934,99	I–V	460,16	460,16
4.937,99	I–V	460,41	460,41
4.940,99	I–V	460,66	460,66
4.943,99	I–V	461,00	461,00
4.946,99	I–V	461,25	461,25
4.949,99	I–V	461,58	461,58
4.952,99	I–V	461,83	461,83
4.955,99	I–V	462,08	462,08
4.958,99	I–V	462,41	462,41
4.961,99	I–V	462,66	462,66
4.964,99	I–V	462,91	462,91
4.967,99	I–V	463,25	463,25
4.970,99	I–V	463,50	463,50
4.973,99	I–V	463,75	463,75
4.976,99	I–V	464,08	464,08
4.979,99	I–V	464,33	464,33
4.982,99	I–V	464,58	464,58
4.985,99	I–V	464,91	464,91
4.988,99	I–V	465,08	465,08

Für Löhne oberhalb der Beitragsbemessungsgrenze zur gesetzlichen Kranken- und Pflegeversicherung (2023: 4.987,50 EUR) bleiben die Abzugsbeträge unverändert. Es gilt jeweils der Höchstwert aus der letzten Tabellenzeile.